Abreviaturas usadas en este diccionario

Categoría gramatical

adj	adjetivo
adv	adverbio
s	sustantivo
v+partíc	verbo con partícula
prep	preposición
pron	pronombre
.v	verbo
v pron	verbo pronominal
v aux	verbo auxiliar
abrev	abreviatura
conj	conjunción
art det	artículo determinado
det	determinante
art indet	artículo indeterminado
interj	interjección
v mod	verbo modal
núm	número
núm ord	número ordinal
predet	predeterminante (palabra que puede preceder a un determinante)
pref	prefijo
adv oracional	adverbio oracional
suf	sufijo
abrev escrita	abreviatura escrita
sím quím	símbolo químico
contrac	contracción

Observaciones gramaticales

sing	singular
pl	plural
fem	femenino
masc	masculino
C	contable
U	incontable
T	transitivo
I	intransitivo
superl	superlativo
comp	comparativo

Registro

aprec	apreciativo
bíbl	bíblico
peyor	peyorativo
hum	humorístico
liter	literario
frml	formal
jur	jurídico
téc	técnico
malson	malsonante
coloq	coloquial
incorr	incorrecto
antic	anticuado
arc	arcaico

Otras etiquetas

sb	somebody (alguien)
sth	something (algo)
tb	también
SIN	sinónimo
ANT	antónimo
marca reg	marca registrada

Información gramatical

[C] **contable** sustantivo que tiene una forma singular y otra plural: *He lent me a **book** about photography.* | *Some of the **books** were very old.*

[U] **incontable** sustantivo que no tiene forma plural y se refiere a algo que no puede contarse: *the **importance** of education* | *a bucket of **water***

[I] **intransitivo** verbo que no tiene objeto directo: *Jack **sneezed**.* | *House prices **are rising**.*

[T] **transitivo** verbo que tiene objeto directo, que puede ser tanto un sintagma nominal como una oración: *I **love** chocolate.* | *She **said** she was too busy.* | *I **remember** going on vacation there.*

[sing] sustantivo que solo se usa en singular y no tiene forma plural: *The room has a modern **feel**.* | *a **sprinkling** of snow*

[pl] sustantivo que solo se usa en plural y no tiene forma singular: *His **clothes** were soaking wet.* | *Those are my **scissors**.*

[v copul] verbo que va seguido de un sintagma nominal o adjetival que califica al sujeto: *I **felt** very tired.* | *Her father **is** a doctor.* | *Your dinner's **getting** cold.*

[siempre + adv/prep] indica que un verbo debe ir acompañado de un adverbio o de una preposición: *She **went** upstairs.* | *Robert **put** the letter in his briefcase.*

[nunca en forma continua] indica que un verbo no se usa en la forma continua, es decir, la forma -ing después de "be": *I **admire** his work.* (**no** *I am admiring his work.*) | *I don't **know** where it is.*

[sin compar] indica que un adjetivo no se usa en las formas comparativa o superlativa, es decir, -er y -est o "more" y "most": *He played a **key** role in the negotiations.*

[solo ante s] indica que un adjetivo solo se puede usar ante un sustantivo: *the **main** reason for her visit* | *You **poor** thing!*

[nunca ante s] indica que un adjetivo no se puede usar ante un sustantivo: *I don't even know if he's still **alive**.* | *I'm glad you're **here**.*

[solo después de s] indica que un adjetivo solo se usa después de un sustantivo: *some matters to be discussed before the meeting **proper***

[usado como s plural] indica que un sustantivo que parece singular se usa como sustantivo plural para referirse a un grupo de gente: *the **rich**, the **oppressed***

[adv oracional] indica que un adverbio modifica toda una oración: ***Fortunately** no one was hurt.*

[+adj/adv] indica que un adverbio de grado se usa delante de adjetivos y de otros adverbios: *The room was **very** dark.* | *We've got to act **fairly** quickly.*

Estructuras

[+about][+along] indica que una palabra puede ir seguida de una preposición o un adverbio determinados: *I'm **worried** about Rachel.* | *The children **skipped** along.*

throw sth at sb/sth indica que un verbo puede ir seguido de un objeto y de una preposición determinada: *Tom **threw** a pillow at her.*

request that indica que una palabra puede ir seguida de una oración que empiece con "that": *He **requested** that his name be removed from the list of candidates.*

surprised (that) o **tell sb (that)** indica que una palabra puede ir seguida de una oración que empiece con "that", o que "that" puede omitirse: *I'm **surprised** you didn't know that.* | *Bill **told** me you were here.*

decide who/what/whether etc o **ask (sb) who/what/where etc** indica que una palabra puede ir seguida de una oración que empiece con "who", "what", "whether" o "where": *I can't **decide** what to do.* | *I **asked** her what she meant.*

try to do sth o **order sb to do sth** indica que una palabra puede ir seguida de un infinitivo: ***Try** to forget about it.* | *He **ordered** them to leave.* | *He's **sure** to win.*

help do sth o **see sb/sth do sth** indica que un verbo puede ir seguido de un infinitivo sin "to": *This can **help** prevent infection.* | *Did anyone **see** them leave?*

enjoy doing sth o **hear sb doing sth** indica que un verbo puede ir seguido de un gerundio: *I **enjoy** meeting new people.* | *Peter could **hear** them laughing.*

bring sb sth indica que un verbo puede ir seguido de un objeto indirecto, seguido a su vez de un objeto directo: *Could you **bring** us the bill?*

LONGMAN

Diccionario Conciso

Inglés-Español • Español-Inglés

PEARSON
Longman

Pearson Education Limited
Edinburgh Gate
Harlow
Essex CM20 2JE
Reino Unido
y compañias asociadas en todo el mundo

Visite nuestra página web: http://www.longman.com/dictionaries

Primera edición 2008

ISBN 978 1 4058 31499

Fotocomposición Letterpart, Reigate, Reino Unido
Impreso en China

Índice

Cómo usar este diccionario

La categoría gramatical y las observaciones gramaticales se presentan al principio de la entrada. Primero aparece la categoría gramatical, y a continuación se indica si una palabra es contable o incontable, transitiva o intransitiva, etc.

Se ha empleado el Alfabeto Fonético Internacional para transcribir las pronunciaciones.

Se indica dónde recaen los acentos principal y secundario en las palabras compuestas.

Las palabras con la misma grafía y distinta categoría gramatical llevan números diferenciadores y se presentan por separado.

Los distintos significados de una palabra se incluyen por orden de frecuencia. El significado más frecuente aparece en primer lugar.

Las 3.000 palabras más frecuentes en el inglés hablado y escrito aparecen en rojo. El símbolo S1 significa que cierta palabra es una de las 1.000 más frecuentes en el inglés hablado, mientras que el símbolo W1 indica que se trata de una de las 1.000 palabras más frecuentes en el inglés escrito.

Las entradas más largas incluyen al principio un resumen con todos los significados de la entrada. Encuentra en el resumen el significado adecuado y luego busca directamente dicho significado numerado sin tener que leer toda la entrada.

Los indicadores semánticos de las entradas largas te ayudarán a encontrar el significado que buscas.

---

ca·ble¹ S3 W2 /'keɪbəl/ s
1 [U] (televisión por) cable: *Do you have cable?* ¿Tienes televisión por cable? • **on cable** en (televisión por) cable • **cable channel** canal de (televisión por) cable • **cable company** compañía de (televisión por) cable • **cable network** cadena de televisión por cable
2 [C,U] (de electricidad, teléfono) cable
3 [C,U] (para puentes, construcciones) cable
4 [C] (*técn*) (en náutica) cabo, cable
5 [C] (*antic*) (telegrama) cable

calf S3 /kæf/ s (pl **calves** /kævz/)
1 [C] pantorrilla
2 [C] ternero -a
3 [C] cría (de elefante, ballena, jirafa)
4 [U] (cuero de) becerro, (piel de) becerro

,call 'waiting s [U] servicio de llamada en espera

calm¹ /kɑm/ adj **1** (persona, voz) tranquilo -a, sereno -a • **keep/stay/remain calm** mantener la calma **2** (mar, agua) en calma, sereno -a **3** (tiempo, día) apacible, sin viento **4** (lugar, periodo, situación) tranquilo -a, en calma

calm² S3 v
1 [T] calmar, tranquilizar • **calm (sb's) fears** despejar los temores (de alguien) • **calm yourself** calmarse, tranquilizarse • **calm sb's nerves** calmar/tranquilizar a alguien

camp¹ S2 W2 /kæmp/ s
1 [C,U] (con tiendas de campaña) campamento • **break camp** levantar el campamento • **set up camp** acampar • **pitch/make camp** armar la carpa/el campamento, armar la tienda de campaña/el campamento • **a base camp** un campamento base • **a mining/logging camp** un campamento minero/maderero
2 [C] (de refugiados, presos) campo, campamento • **a prison/labor/detention camp** un campo de prisioneros/de trabajos forzados/de detención
3 [C,U] (para niños) campamento • **summer/football/tennis camp** campamento de verano/fútbol/tenis
4 [C] bando • **opposing camps** bandos opuestos
5 [C] (del ejército) campamento, cuartel
6 [U] estilo retro ▶ BOOT CAMP, CONCENTRATION CAMP, DAY CAMP

can¹ S1 W1 /kən; *fuerte* kæn/ v mod (**could** /kʊd/, 3ª pers sing **can**, forma negat **cannot**, contrac negat **can't**) ▶ can es un verbo auxiliar que no se usa en infinitivo. Para esta forma usaremos **be able to** (ver nota de uso más abajo).

1 indicando capacidad
2 indicando conocimientos
3 indicando permiso
4 indicando posibilidad
5 en peticiones
6 en ofrecimientos
7 en sugerencias
8 con verbos de percepción
9 indicando falta de probabilidad
10 indicando que no se debe
11 indicando sorpresa, enojo
12 indicando que algo es ocasional
13 en órdenes

1 INDICANDO CAPACIDAD poder: *I'm sure we can win.* Estoy segura de que podemos ganar. • *He cannot pay the rent.* No puede pagar el alquiler. • *Couldn't you find your keys?* ¿No encontraste las llaves? • *The police are doing all they can.* La policía está haciendo todo lo que puede.
2 INDICANDO CONOCIMIENTOS saber: *She can speak French.* Sabe francés. • *You can swim, can't you?* Sabes nadar, ¿no? • *He could read when he was four.* Cuando tenía cuatro años ya sabía leer.

can·cel S2 W3 /'kænsəl/ v (**canceled**, **canceling** o **cancelled**, **cancelling**)
1 [I,T] cancelar, suspender (un viaje, una reunión): *Our flight was canceled.* Cancelaron nuestro vuelo.
2 [T] anular (un pedido, un contrato), cancelar (una reservación)
3 [T] anular, matasellar (una estampilla), anular (un cheque)
cancel sth ↔ out *v+partíc* neutralizar algo, contrarrestar algo

> Traducción de la palabra.

cap·i·tal¹ W2 /'kæpətl/ s
1 [C] (ciudad) capital • **a state/regional capital** una capital estatal/regional
2 [sing, U] (dinero) capital: *an attempt to attract foreign capital* un intento de atraer capital extranjero • *She started her business with $1,000 in capital.* Abrió el negocio con un capital de 1.000 dólares. • **raise capital** reunir capital
3 [C] (centro) capital: *Hollywood is the capital of the movie industry.* Hollywood es la capital de la industria del cine.
4 [U] (recursos) capital • **human/intellectual capital** capital humano/intelectual
5 [C] (letra) mayúscula: *Please write your name in capitals.* Por favor, escriba su nombre en mayúsculas.
▶ BLOCK CAPITALS, LOWER CASE, UPPER CASE

> El uso de cada palabra se ilustra con ejemplos naturales. Todos los ejemplos están basados en el Corpus Network de Longman.

> Las remisiones a otras palabras se incluyen después de la traducción.

EXPRESIONES
make capital out of sth sacar partido de/a algo

car S1 W1 /kɑr/ s [C]
1 (a) carro, coche, auto: *a parked car* un carro parqueado • *She got in the car.* Se metió en el carro. • **drive a car** conducir (un carro): *Who was driving the car?* ¿Quién conducía? • *What kind of car does Heidi drive?* ¿Qué tipo de carro tiene Heidi? • **by car** en carro/coche/auto **(b)** [solo ante otro s] *car window* ventanilla del carro • *the car industry* la industria del automóvil • **car accident** accidente automovilístico • **car crash** choque (de carros/coches) • **car dealer** vendedor -a de automóviles (persona), concesionario de automóviles (establecimiento) • **car keys** llaves (del carro/coche) • **car radio** radio, autorradio
2 vagón: *the dining car* el vagón restaurante

> Las palabras que normalmente se usan juntas aparecen en negrita.

,cardiac ar'rest s [C,U] (*técn*) paro cardiaco SIN **heart attack**

> En general, se ha dado solo una traducción para que no tengas que decidir cuál debes usar. Si hay más de una, encontrarás información sobre los distintos contextos en que dichas traducciones pueden usarse.

care·ful S1 W3 /'kɛrfəl/ *adj*
1 prudente, cuidadoso -a (persona), cauteloso -a (actitud, acción): *She's a very careful driver.* Es una conductora muy prudente. • *You have to be careful when you're crossing the street.* Tienes que tener cuidado al cruzar la calle. • **be careful with** tener cuidado con, ser cuidadoso -a con: *Be careful with that knife – it's very sharp.* Ten cuidado con ese cuchillo: está muy afilado. • **be careful who/what/how** *Be careful what you say.* Ten cuidado con lo que dices. • **(be) careful!** (*oral*) ¡(ten) cuidado! SIN **cautious** ANT **careless**

> Algunos ejemplos van precedidos de las estructuras gramaticales más frecuentes.

> Los sinónimos, antónimos y palabras afines se incluyen después de la traducción.

| portrait | caricature |
| retrato | caricatura |

> Las ilustraciones a todo color llevan leyendas en español y en inglés.

car·i·ca·ture¹ /'kærəkətʃɚ, -ˌtʃʊr/ s **1** [C] (dibujo) caricatura **2** [C] (descripción) caricatura **3** [C] (persona o cosa ridícula) caricatura **4** [U] (actividad) caricatura

ca·rouse /kə'raʊz/ v [I] (*liter*) rumbear, andar de juerga

> Las palabras que solo se usan en el inglés coloquial, formal, escrito, etc., llevan una marca de registro antes de la traducción.

Los recuadros de palabras afines incluyen palabras con significados parecidos y explican en qué se diferencian.

Si una palabra se escribe de más de una forma, las distintas grafías se indican al principio de la entrada.

La información sobre las terminaciones irregulares de sustantivos, verbos y adjetivos aparece al principio de la entrada.

Los verbos con partícula se incluyen en orden alfabético después del verbo principal. Si un verbo con partícula tiene un objeto, este se indica con las abreviaturas sb (=someone) o sth (=something). El símbolo ↔ señala que el objeto puede ir antes o después de la partícula.

Advertencias sobre palabras que pueden ofender o disgustar.

Las expresiones idiomáticas y las frases comunes se incluyen bajo la primera palabra importante de la frase. La frase aparece en negrita antes de la traducción.

Las notas sobre errores muestran los errores más frecuentes que cometen los hablantes latinoamericanos de inglés, según los datos que aparecen en el Longman Learner's Corpus.

---

cel·e·bra·tion /ˌsɛləˈbreɪʃən/ s **1** [C] festejo(s), fiesta: *New Year's celebrations* los festejos de Año Nuevo • **a birthday/an anniversary celebration** una fiesta de cumpleaños/aniversario **2** [U] celebración: *the celebration of Passover* la celebración de la Pascua judía • **in celebration of sth** para celebrar algo • **a cause for celebration** *I think this is a cause for celebration.* Me parece que esto hay que celebrarlo. **3** [C,U] homenaje: *Her latest film is a celebration of motherhood.* Su última película es un homenaje a la maternidad.

¿celebration o celebrations?
celebration en el sentido de "fiesta" suele usarse en plural para designar grandes festejos públicos: *New Year celebrations*, y en singular para celebraciones más íntimas: *a family celebration*.

cab·bie, cabby /ˈkæbi/ s [C] (*coloq*) taxista

chair·man W1 /ˈtʃɛrmən/ s [C] (pl **chairmen** /-mən/) **1** (de un comité, una empresa) presidente -a • [+of]: *the chairman of Microsoft* el presidente de Microsoft • **chairman of the board** presidente -a del directorio • **vice/deputy chairman** vicepresidente -a ► CHAIR, CHAIRPERSON, CHAIRWOMAN
2 (de una reunión) presidente -a • **Madame Chairman** señora presidenta ► CHAIR, CHAIRPERSON, CHAIRWOMAN

⚠ Casi todo el mundo evita el uso de esta palabra para referirse indistintamente a personas de ambos sexos, porque podría ofender a las mujeres. En su lugar se utiliza **chair** o **chairperson**, tanto para hombres como para mujeres. También existe la palabra **chairwoman** para referirse a una mujer.

chalk¹ /tʃɔk/ s **1** [U] (piedra) caliza SIN **limestone** **2** [C,U] tiza, gis: *a piece of chalk* una tiza

chalk² v [T] escribir con tiza, escribir con gis
chalk sth ↔ up *v+partic* **1** anotarse algo (un triunfo, un tanto) **2** registrar algo • **chalk sth up to sb/sth** *Chalk it up to my account.* Anótalo en mi cuenta. **3 chalk one up for sb** (*coloq*) *Chalk one up for everyone involved for their determination to succeed.* Y un punto para todos los que participaron, por su decisión de lograr su objetivo. **4 chalk sth up to experience** *If you fail, chalk it up to experience.* Si te va mal, por lo menos te servirá de experiencia.

col·ored¹ /ˈkʌlərd/ *adj* **1** (objeto) de color, de colores: *colored paper* papel de color • *colored lights* luces de colores • *a cream-colored sweater* un suéter color crema • **brightly colored** de colores vivos ► COLORFUL **2** (*antic*) (persona) de color **3** (en Sudáfrica) mestizo -a

⚠ Casi todo el mundo evita el uso de esta palabra para referirse a las personas porque es ofensivo. En su lugar se utiliza **black** o **African American**.

con·trar·y¹ /ˈkɑnˌtrɛri/ s (*frml*) **the contrary** lo contrario
EXPRESIONES
on the contrary al contrario, por el contrario • **quite the contrary** todo lo contrario • **to the contrary** en (sentido) contrario: *In spite of rumors to the contrary, I have no intention of resigning.* A pesar de los rumores en sentido contrario, no tengo intenciones de renunciar.

⚠ No se usa **on the contrary** cuando se trata solamente de señalar un contraste:
Older visitors like to visit the museum. Younger visitors, however (✗ *on the contrary*)*, prefer to visit the beach.*
My sister has a very responsible job. My brother, however (✗ *on the contrary*) *is unemployed.*

Agradecimientos

Director general de diccionarios
Michael Mayor

Directora de la obra
Della Summers

Coordinación y edición lexicográfica
Rosalind Combley

Editores
Sinda López Fuente
Eduardo Vallejo

Equipo lexicográfico
Victoria de los Ángeles Boschiroli
Guillermo Arroyave
Joaquin Blasco
Karen Cleveland-Marwick
Tony Galvez
Lydia Goldsmith
Andrew Hastings
Angela Janes
Victoria Ordóñez
Elena Odriozola
Kathryn Phillips-Miles
Gabriela Resnik
Alison Sadler
Howard Sargeant
Laura Wedgeworth

Gerente administrativo
Alan Savill

Producción
David Gilmour

Editora
Debora Ferrari Haines
Paola Rocchetti

Corrección de pruebas
Victoria de los Ángeles Boschiroli
Guillermo Arroyave
Joaquín Blasco
Meic Haines
Andrew Hastings
Elena Odriozola
Kathryn Phillips-Miles
Alison Sadler

Corpus y análisis computacional
Steve Crowdy
Allan Orsnes
Andrew Roberts

Fonética
Dinah Jackson

Material suplementario
Chris Fox
Jim Lawley (falsos amigos)
Rubén Chacón Beltrán (falsos amigos)
Susan Maingay

Asistencia editorial
Denise McKeough
Pauline Savill

Asistencia administrativa
Angela Wright

Diseño
Michael Harris

Ilustraciones
Chris Pavely
Oxford Designers and Illustrators
Graham Humphries

Fotografía
Photo Objects ©Hemera Technologies Inc.
(Royalty Free)

Fotocomposición
Letterpart, Reigate, Surrey, Reino Unido

Los editores del *Longman Diccionario Conciso* agradecen la contribución del equipo lexicográfico que trabajó en el Longman Advanced Bilingual Framework.

Aa

A¹ /eɪ/ *s* **1** [C] (pl **A's, a's**) (letra) A, a **2** [C] máxima calificación en exámenes, trabajos escolares, etc.: *I got an A on the test.* Saqué un excelente en la prueba. • **an A student** (tb **a straight A student**) un alumno/una alumna sobresaliente **3** [U] (grupo sanguíneo) A **4** [C,U] la (nota musical)

EXPRESIONES
from A to B de un lugar a otro • **from A to Z** de pe a pa

A² (*abrev escrita de* **amp**) A (amperio)

a Sı Wı /ə; *fuerte* eɪ/ (tb **an**) *art indet*

1 **INDICANDO ALGO ESPECÍFICO** un -a: *We have a problem.* Tenemos un problema. • *A man called to see you.* Pasó un hombre a verte. ▶ THE

2 **INDICANDO ALGO GENÉRICO** un -a: *Don't make a fuss.* No montes un escándalo. • *A square has four sides.* Un cuadrado tiene cuatro lados. • **be a cook/an architect** ser cocinero -a/arquitecto -a: *She wants to be a teacher.* Quiere ser profesora.

3 **NÚMERO** un -a: *You'll have to wait an hour or two.* Va a tener que esperar una o dos horas. • **a thousand pesos/a hundred years** mil pesos/cien años

4 **CON PRECIOS, FRECUENCIAS, PROPORCIONES** $15 **an hour** 15 dólares por hora • **once a month/twice a year** una vez al mes/dos veces al mes: *The magazine comes out once a month.* La revista sale una vez al mes. • **40 cents a pound/$50 a barrel** 40 centavos la libra/50 dólares el barril • **100 miles an hour** 100 millas por hora SIN **per**

5 **EN EXCLAMACIONES** **what a ridiculous hat/pretty girl!** ¡qué sombrero más ridículo/niña tan linda!

6 **CON PERTENENCIAS** **have a car/watch** tener carro/reloj

7 **CON SUSTANTIVOS COORDINADOS** **a cup and saucer/a needle and thread/a knife and fork** una taza y un platillo/aguja e hilo/cuchillo y tenedor

8 **CON SUSTANTIVOS QUE INDICAN UNA ACCIÓN** un -a: *Can I take a look?* ¿Puedo echar una ojeada?

9 **CON VERBOS SUSTANTIVADOS** un -a: *I heard a rustling in the trees.* Oí un ruido en los árboles.

10 **CON INCONTABLES PRECEDIDOS DE ADJETIVO** un -a: *You need to have a good knowledge of computers.* Hace falta tener un buen conocimiento de computadores.

11 **INDICANDO UN TIPO DE COMIDA, BEBIDA** un -a: *Use a strong cheese in the sauce.* Use un queso fuerte para esta salsa.

12 **INDICANDO UN VASO O UNA TAZA DE ALGO** un -a: *I'll have a coke.* Quiero una coca.

13 **INDICANDO UN DÍA O UNA FECHA EN PARTICULAR** un -a: *It was a cold wet Sunday.* Era un domingo frío y húmedo.

14 **CON NOMBRE DE FAMILIA** un -a: *She married a Kennedy.* Se casó con un Kennedy.

15 **INDICANDO UNA OBRA DE UN ARTISTA FAMOSO** un -a: *Is it a Monet?* ¿Es un Monet?

16 **CON NOMBRES O SITIOS FAMOSOS** *She has been described as a new Marilyn Monroe.* Se ha dicho que es la nueva Marilyn Monroe.

17 **CON NOMBRES DE PERSONAS DESCONOCIDAS** un tal/una tal: *I have a Mr.Tom Wilkins on the phone.* Lo llama un tal Sr. Tom Wilkins.

18 **EN CONTEXTOS NEGATIVOS** un -a: *I never received a penny.* Nunca recibí un centavo.

---

a, an
Si la palabra que sigue empieza por un sonido consonántico, se debe usar a: *a car* • *a brown egg* • *I bought a CD today.* Esto incluye a las palabras que empiezan por ese líquida y a las que se escriben con una u inicial con pronunciación de consonante: *a university* • *a U-turn* • *a spider* • *a star* En cambio, si la palabra que sigue empieza por un sonido vocálico (normalmente representado por vocales), usaremos an: *an apple* • *an orange sweater* Esto incluye a las palabras que se escriben con una hache inicial muda y a algunas letras cuya pronunciación empieza por sonido vocálico: *an MP* • *He is an honest man.*

AA /eɪ ˈeɪ/ *s* **1** [C] (**Associate of Arts**) en Estados Unidos, título de enseñanza superior que se obtiene después de dos años de estudio **2** (**Alcoholics Anonymous**) AA (Alcohólicos Anónimos) **3** **the AA** (**the Automobile Association**) asociación británica que brinda servicios para automovilistas

a·back /əˈbæk/ *adv* **be taken aback** quedarse sorprendido -a/desconcertado -a

ab·a·cus /ˈæbəkəs/ *s* [C] ábaco

a·ban·don¹ W2 /əˈbændən/ *v* [T]

1 a un hijo, un marido
2 dejar de ayudar
3 un objeto, un carro
4 dejar a una persona sola
5 un sitio
6 un partido, una búsqueda
7 un plan, una idea
8 un principio, una causa
9 un sentimiento

1 **A UN HIJO, UN MARIDO** abandonar: *He was abandoned by his father when he was only 6.* Fue abandonado por su padre con solo 6 años.

2 **DEJAR DE AYUDAR** abandonar: *Some voters feel they have been abandoned by their party.* Algunos votantes sienten que han sido abandonados por su partido.

3 **UN OBJETO, UN CARRO** abandonar, dejar abandonado -a: *They were forced to abandon the car.* Se vieron obligados a abandonar el carro.

4 **DEJAR A UNA PERSONA SOLA** abandonar: *I couldn't just abandon her here on her own.* No la podía abandonar sola aquí.

5 **UN SITIO** abandonar: *Villagers were forced to abandon their homes.* Los aldeanos se vieron obligados a abandonar sus hogares.

6 **UN PARTIDO, UNA BÚSQUEDA** suspender, abandonar: *After seven days, they abandoned the search.* Al cabo de siete días, suspendieron la búsqueda.

7 **UN PLAN, UNA IDEA** abandonar, renunciar a

8 **UN PRINCIPIO, UNA CAUSA** abandonar

9 **UN SENTIMIENTO** **abandon hope/all hope** perder las esperanzas/toda esperanza

EXPRESIONES
abandon yourself to sth (*liter*) abandonarse a algo • **abandon ship** abandonar la nave

abandon² *s* [U] **with reckless/wild/gay abandon** desenfrenadamente

a·ban·doned /əˈbændənd/ *adj* **1** (carro, bolsa, libro) abandonado -a **2** (edificio) abandonado -a **3** (persona, animal) abandonado -a

a·ban·don·ment /əˈbændənmənt/ *s* [U] **1** (de principios) abandono **2** (de un plan, una idea) abandono **3** (de un hijo, un marido) abandono **4** (de un lugar) abandono

a·bashed /əˈbæʃt/ *adj* (*liter*) avergonzado -a • **be abashed** avergonzarse

a·bate /əˈbeɪt/ *v* [I] (*frml*) amainar (viento, tormenta), calmarse, aplacarse (ira), ceder (fiebre, síntomas) SIN **die down**

ab·bey /ˈæbi/ *s* [C] (pl **abbeys**) abadía ▶ CONVENT, MONASTERY

ab·bot /ˈæbət/ *s* [C] abad

A

ab·bre·vi·ate /ə'briviˌeɪt/ v [T] abreviar • **be abbreviated to sth** abreviarse como algo

ab·bre·vi·a·tion /əˌbriviˈeɪʃən/ s **1** [C] abreviatura, sigla **2** [U] abreviación

ABC /ˌeɪ bi 'si/ s (**American Broadcasting Corporation**) ABC (cadena de televisión estadounidense)

ab·di·cate /'æbdɪˌkeɪt/ v **1** [I,T] abdicar **2** [T] (frml) **abdicate your responsibility/control** no asumir la responsabilidad/el control

ab·di·ca·tion /ˌæbdɪˈkeɪʃən/ s **1** [sing, U] abdicación • [+of]: the abdication of Edward VIII la abdicación de Eduardo VIII **2** [sing, U] **abdication of responsibility** abdicación/abandono de la responsabilidad

ab·do·men /'æbdəmən/ s [C] abdomen, vientre

ab·dom·i·nal /æb'dɑmənəl, əb-/ adj [solo ante s] abdominal

ab·duct /əb'dʌkt, æb-/ v [T] secuestrar, raptar SIN **kidnap**

ab·duc·tion /əb'dʌkʃən, æb-/ s [C,U] secuestro, rapto

a·ber·ra·tion /ˌæbəˈreɪʃən/ s [C] aberración, trastorno, anomalía

a·bey·ance /ə'beɪəns/ s **in abeyance** en suspenso

ab·hor /əb'hɔr, æb-/ v [T nunca en forma continua] (**abhorred**) (frml) aborrecer, abominar de

ab·hor·rence /əb'hɔrəns, -'hɑr-, æb-/ s [U] (frml) aborrecimiento, aversión

ab·hor·rent /əb'hɔrənt, -'hɑr-, æb-/ adj (frml) **1** (situación, crimen) aborrecible, abominable **2** (persona) aborrecible, abominable

a·bide /ə'baɪd/ v **I can't abide sth/sb** no soporto algo/a alguien: I can't abide that man! ¡No soporto a ese hombre!
abide by sth v+partíc acatar algo (una decisión, una norma), respetar algo (un acuerdo)

a·bid·ing /ə'baɪdɪŋ/ adj [solo ante s] (escrito) perdurable, permanente (interés, recuerdo)

a·bil·i·ty S2 W1 /ə'bɪləti/ s [C,U] (pl **abilities**)
1 (cualidad) capacidad, aptitud: Ann showed great leadership ability. Ann mostró una gran capacidad de liderazgo. • **ability to do sth** capacidad de/para hacer algo: I admire my ability to stay calm. Admiro su capacidad para mantenerse tranquilo. • **have/lose the ability to do sth** tener/perder la capacidad para hacer algo
2 (nivel de inteligencia o destreza) capacidad, aptitud • **musical/athletic ability** capacidad musical/atlética: a child with natural sporting ability un niño con una capacidad natural para los deportes • **of average/above-average ability** de aptitud media/media superior • **of different/mixed abilities** de distintos niveles • **of all abilities** de cualquier nivel
3 ability to pay capacidad de pago
EXPRESIONES
do sth to the best of your ability hacer algo lo mejor posible

ab·ject /'æbdʒɛkt, æb'dʒɛkt/ adj **1** (frml) **abject poverty/failure** pobreza absoluta/fracaso absoluto **2 an abject apology** una sentida disculpa

a·blaze /ə'bleɪz/ adj [nunca ante s] **1 be ablaze** estar en llamas • **set sth ablaze** prender fuego a algo **2** resplandeciente • [+with]: The hills were ablaze with fall colors. Las colinas resplandecían con los colores del otoño.
▶ BLAZE

-able /əbəl/ suf **1** (indicando posibilidad) washable lavable **2** (indicando cualidad) knowledgeable entendido -a

a·ble S1 W1 /'eɪbəl/ adj
1 be able to do sth poder hacer algo, ser capaz de hacer algo: I've always wanted to be able to speak Japanese. Siempre he querido poder hablar japonés. • Would you be able to recognize him if you saw him again? ¿Serías capaz de reconocerlo si lo volviera a ver?
2 be able to do sth poder hacer algo: Will you be able to

come? ¿Podrás venir? • I won't be able to see you today. No voy a poder verte hoy.
3 (frml) capaz, hábil: He's one of our most able students. Es uno de nuestros alumnos más capaces.

,able-'bodied adj **1** sano -a y fuerte **2 be able-bodied** no ser discapacitado -a

a·bly /'eɪbli/ adv hábilmente • **be ably assisted/supported by sb** contar con la eficaz colaboración/el eficaz respaldo de alguien

ab·nor·mal /æb'nɔrməl/ adj anormal, anómalo -a ANT **normal**

ab·nor·mal·i·ty /ˌæbnɔrˈmæləti, -nɚ-/ s [C,U] (pl **abnormalities**) anomalía, anormalidad

ab·nor·mal·ly /æb'nɔrməli/ adv de modo anormal, anormalmente • **abnormally high/low/slow** más alto -a/bajo -a/lento -a de lo normal

a·board¹ /ə'bɔrd/ adv a bordo • **go aboard** subir a bordo, embarcar • **all aboard!** (oral) ¡todos a bordo! SIN **on board**

aboard² prep a bordo de • **go aboard a ship/plane** subir a bordo de un barco/avión • **go aboard a train** subir a un tren

a·bode /ə'boʊd/ s [C]
EXPRESIONES
my/our humble abode (hum) mi/nuestra humilde morada

a·bol·ish /ə'bɑlɪʃ/ v [T] abolir

ab·o·li·tion /ˌæbəˈlɪʃən/ s [U] abolición

a·bom·i·na·ble /ə'bɑmənəbəl/ adj **1** abominable (crimen, comportamiento) SIN **terrible 2** espantoso -a (tiempo, comida) SIN **terrible**

a·bom·i·na·bly /ə'bɑmənəbli/ adv de manera abominable: She behaved abominably throughout her marriage. Se comportó de manera abominable a lo largo de su matrimonio. • **abominably cruel/rude** terriblemente cruel/increíblemente grosero -a

a·bom·i·na·tion /əˌbɑməˈneɪʃən/ s [C] abominación

ab·o·rig·i·nal /ˌæbəˈrɪdʒənəl/ adj [solo ante s] **1** (tb **Aboriginal**) aborigen (australiano): the aboriginal community la comunidad aborigen australiana **2** (frml) aborigen, indígena SIN **indigenous**

ab·o·rig·i·ne /ˌæbəˈrɪdʒəni/ (tb **Aborigine, Aboriginal**) s [C] aborigen australiano -a

a·bort /ə'bɔrt/ v **1** [T] abandonar (una misión), suspender (un vuelo): The rescue mission had to be aborted. La misión de rescate tuvo que abandonarse. **2** (en medicina) **(a)** [T] abortar (un feto) • **abort a pregnancy** interrumpir un embarazo SIN **terminate (b)** [I] abortar (de forma espontánea) ▶ MISCARRY **3** [I,T] (técn) (en informática) abortar

a·bor·tion W2 /ə'bɔrʃən/ s
1 [C] (intervención) aborto (provocado) • **have an abortion** hacerse un aborto SIN **termination** (frml o técn)
2 [U] (práctica, tema) aborto

a·bor·tive /ə'bɔrtɪv/ adj fallido -a (intento), frustrado -a (golpe de estado, ataque) • **make an abortive attempt to do sth** fallar/fracasar en el intento de hacer algo • **prove abortive** fallar, frascasar

a·bound /ə'baʊnd/ v [I] (frml) abundar
abound with/in sth v+partíc estar lleno -a de algo, abundar en algo

a·bout¹ S1 W1 /ə'baʊt/ prep

1 indicando tema
2 indicando motivo
3 indicando características
4 indicando propósito, sentido
5 indicando dirección o posición

1 INDICANDO TEMA sobre, acerca de, de: a book about politics un libro sobre política • They talked about music. Hablaron de música. • He lied about his age. Mintió acerca de su edad. • We have to talk. It's about *your mom.* Tenemos que hablar. Es sobre tu madre. • **all about sb/sth** todo sobre alguien/algo: *Rob told me all about it.* Rob me contó todo sobre el tema. • **something about sth** *She said something about leaving.* Dijo algo así como que se iba. • **be nice/unpleasant/sympathetic about sth** *I explained my mistake and she was very nice about it.* Expliqué mi error y se mostró muy comprensiva al respecto.

2 INDICANDO MOTIVO *I'm sorry about the mess.* Perdón por el desorden. • *What are you so mad about?* ¿Por qué estás tan enojado? • *We're very excited about the idea.* Estamos muy entusiasmados con la idea.

3 INDICANDO CARACTERÍSTICAS *What did you like about the book?* ¿Qué te gustó del libro? • **there's something about sb/sth** *There's something very attractive about him.* Tiene algo muy atractivo. • *There's something about this place that makes me nervous.* Hay algo en este lugar que me inquieta. • **what I hate/like about sb/sth is...** lo que me choca/me gusta de alguien/algo es...

4 INDICANDO PROPÓSITO, SENTIDO **be about sth** *To me, art is about expressing emotions.* Para mí, la función del arte es expresar emociones. • **be all about** *This is what education is all about.* De esto se trata la educación.

5 INDICANDO DIRECCIÓN O POSICIÓN por: *We spent the afternoon wandering about the city.* Pasamos la tarde paseando por la ciudad. SIN **around**

EXPRESIONES

do something about sth hacer algo acerca de algo/respecto de algo: *Can't they do something about the traffic problem?* ¿No pueden hacer algo acerca del problema del tráfico? • *If we don't do something about it, people will die.* Si no hacemos algo al respecto, morirá gente. • **look/glance about you** (*liter*) mirar a su alrededor • **what/how about...?** (*oral*) **(a)** (pidiendo información) *What about Jack, have you seen him lately?* ¿Qué es de la vida de Jack, lo has visto últimamente? **(b)** (haciendo una sugerencia) *How about salad for lunch?* ¿Qué te parece si almorzamos una ensalada?

about² S1 W1 *adv*

1 alrededor de, aproximadamente: *The work took about an hour.* El trabajo llevó alrededor de una hora. • *We left about 10:30.* Salimos a eso de las 10:30. • *I live about 5 miles from here.* Vivo a unas 5 millas de aquí. • *We're about the same age.* Tenemos más o menos la misma edad. • **somewhere about** *The temperature was somewhere about 30 degrees Celsius.* La temperatura andaba por los 30 grados centígrados. SIN **approximately, roughly**

2 (*coloq*) casi, prácticamente • **just about** casi, prácticamente: *"Are you finished?" "Just about."* –¿Has terminado? –Casi. • *It's just about the worst mistake you could make.* Es prácticamente el peor error que se podría cometer.

3 por aquí/ahí: *Is your mother about?* ¿Anda por aquí tu madre?

EXPRESIONES

be (just) about to do sth estar a punto de hacer algo, estar por hacer algo: *Work is about to start on the new building.* Las obras en el nuevo edificio están a punto de comenzar. • *I was just about to say the same thing.* Estaba por decir lo mismo. • **not be about to do sth** (*coloq*) *We are not about to surrender.* No estamos dispuestos a rendirnos. • **that's about it/all** (*oral*) nada más (que eso), no mucho más (que eso)

a,bout-'face *s* [C gralm sing] **do/make/perform an about-face** cambiar radicalmente de postura SIN **U-turn**

a·bove¹ S2 W2 /ə'bʌv/ *prep*

1 EN UNA POSICIÓN MÁS ALTA (por) encima de, sobre: *He had a scar above his eye.* Tenía una cicatriz encima del ojo. • *A painting hung above the bed.* Había un cuadro colgado sobre la cama. • *12,000 feet above sea level.* 12.000 pies sobre el nivel del mar • **high above sth/sb** por encima de algo/alguien: *high above the clouds* por encima de las nubes ▶ **OVER** ANT **below**

2 UNA CIFRA, UNA CANTIDAD, UN NIVEL *Gold rose above $400 an ounce.* El oro subió a más de 400 dólares la onza. • **be well above sth** superar algo ampliamente,

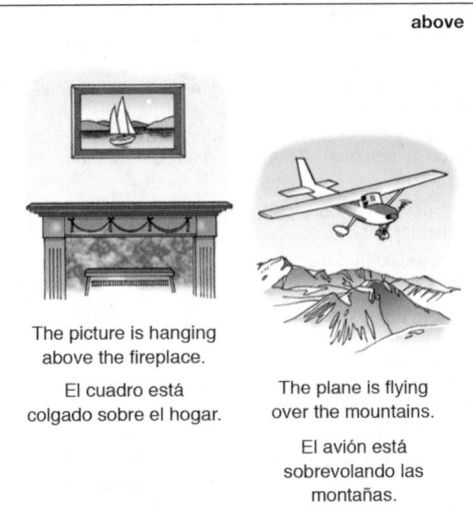

above

The picture is hanging above the fireplace.

El cuadro está colgado sobre el hogar.

The plane is flying over the mountains.

El avión está sobrevolando las montañas.

ser muy superior a algo: *The pay we offer is well above average.* El sueldo que ofrecemos es muy superior al promedio. ANT **below**

3 EN COMPARACIONES **value/prize/rate sth above sth** valorar/estimar/considerar algo más que algo: *Employers value experience above qualifications.* Los empleadores valoran la experiencia más que la educación. • *Family comes above work in my list of priorities.* La familia está antes que el trabajo en mi lista de prioridades. SIN **over**

4 UN RUIDO, UNA VOZ (por) encima de: *You could hear her voice above all the others.* Su voz se oía por encima de todas las demás.

5 UN RANGO, UN ESTATUS *He never rose above the rank of corporal.* Nunca superó el rango de cabo. • *She works hard, which pleases those above her.* Trabaja duro, lo cual les agrada a sus superiores. ANT **below**

6 INDICANDO SUPERIORIDAD MORAL **be/rise above sth** *I try to rise above such prejudices.* Procuro superar ese tipo de prejuicios. • **not be above (doing) sth** no tener problema en (hacer) algo: *Hugo was not above cheating his customers.* Hugo no tenía problema en engañar a sus clientes.

EXPRESIONES

above all (else) sobre todo, ante todo: *Above all, you must take care of your health.* Sobre todo, debes cuidar tu salud. • **above and beyond** *bravery above and beyond the call of duty* valentía que excede ampliamente el cumplimiento del deber • **be above suspicion** estar fuera de toda sospecha • **be above reproach** ser irreprochable

above² S3 W3 *adv*

1 de arriba: *I heard noises from the room above.* Oí ruidos que venían de la habitación de arriba. • **from above** desde arriba, desde lo alto: *Someone called down from above.* Alguien llamó desde arriba. • **high above** allí arriba, muy arriba: *Stars sparkled high above in the night sky.* Las estrellas brillaban allí arriba en el cielo nocturno.

2 and/or above o más: *free medical care for people aged 65 and above* asistencia médica gratuita para personas de 65 años o más SIN **over**

3 and/or above o superior: *any officer of the rank of lieutenant or above* cualquier oficial con el rango de teniente o superior • **from above** de/desde arriba: *We just obey orders from above.* Sólo obedecemos órdenes de arriba.

4 (*escrito*) más arriba (en un texto): *See the list above for details.* Para más detalles, ver la lista incluida más arriba. • **see above** ver más arriba ANT **below**

above³ *adj* [solo ante s] (*escrito*) **the above reasons/data** las razones anteriores/los datos anteriores

A

above⁴ s **the above** [sing o pl] (*escrito*) lo anterior

a·bove·board /ə'bʌv₁bɔrd/ *adj* [nunca ante s] legal, limpio -a (negocio)

ab·ra·sion /ə'breɪʒən/ s **1** [C] (en la piel) abrasión **2** [U] (proceso) abrasión

a·bra·sive¹ /ə'breɪsɪv, -zɪv/ *adj* **1** brusco -a, desconsiderado -a (persona) **2** abrasivo -a (sustancia, producto)

abrasive² s [C] abrasivo

a·bra·sive·ly /ə'breɪsɪvli, -zɪv-/ *adv* de modo brusco, sin consideración

a·breast /ə'brɛst/ *adv* uno al lado del otro/una al lado de la otra • **two/three/four abreast** (de) dos/tres/cuatro en fondo: *bicyclists riding two abreast* ciclistas de dos en fondo • **draw abreast of sb** ponerse a la altura de alguien (carro, vehículo)

EXPRESIONES

keep/stay abreast of sth mantenerse al día/corriente de algo

a·bridge /ə'brɪdʒ/ *v* [T] resumir, abreviar SIN **edit**

a·bridged /ə'brɪdʒd/ *adj* resumido -a, abreviado -a

a·broad W3 /ə'brɔd/ *adv* en el extranjero/exterior, al extranjero/exterior: *Do you like living abroad?* ¿Te gusta vivir en el extranjero? • **go/travel abroad** ir/viajar al extranjero: *She often goes abroad on business.* Viaja al extranjero por negocios con frecuencia. • **from abroad** del extranjero

a·brupt /ə'brʌpt/ *adj* **1** repentino -a • **come to an abrupt halt** detenerse de golpe: *The train came to an abrupt halt.* El tren se detuvo de golpe. • **come to an abrupt end** terminarse de golpe **2** brusco -a (tono) SIN **brusque**

a·brupt·ly /ə'brʌptli/ *adv* **1** abruptamente (terminar, parar) **2** con brusquedad (decir)

a·brupt·ness /ə'brʌptnɪs/ s [U] **1** (de un movimiento, una acción) brusquedad **2** (de carácter) brusquedad

ABS /₁eɪ bi 'ɛs/ s [U] (**anti-lock braking system**) ABS, sistema de frenos antibloqueo

abs /æbz/ s [pl] (*coloq*) abdominales

ab·scess /'æbsɛs/ s [C] absceso

ab·scond /əb'skɑnd, æb-/ *v* [I] **1 abscond with stolen goods/sb's money** fugarse con artículos robados/el dinero de alguien **2 abscond from a prison/psychiatric hospital** fugarse de una cárcel/un hospital psiquiátrico

ab·sence W3 /'æbsəns/ s **1** [C,U] ausencia, falta (de asistencia) • **in/during my/your absence** en mi/su ausencia • **unauthorized absence** ausencia no autorizada • [+from]: *the reasons for his absence from school* los motivos de sus faltas de asistencia al colegio **2** [U] **absence of sth** falta de algo: *a total absence of information* una falta total de información • **in the absence of sth** en ausencia de algo, a falta de algo ANT **presence** ▶ **to be CONSPICUOUS by your/its absence**

ab·sent¹ /'æbsənt/ *adj* **1** ausente • **be absent from school/class** faltar al colegio/a clase: *He is regularly absent from school.* Falta al colegio con frecuencia. ANT **present 2** (*frml*) **be absent** no haber, faltar: *Evidence for this claim is completely absent.* No hay ninguna prueba que respalde esta afirmación. • **conspicuously absent** visiblemente ausente • **an absent father/mother** un padre/una madre ausente • **an absent friend** un amigo/una amiga ausente **3 an absent expression/look** una expresión/mirada ausente, una expresión/mirada distraída ▶ **ABSENTLY**

ab·sent² /æb'sɛnt/ *v* [T] **absent yourself** (*frml*) ausentarse, retirarse • [+from]: *He absented himself from the table.* Se retiró de la mesa.

ab·sen·tee /₁æbsən'ti/ s **1** [C] ausente **2 absentee ballot** votación por correo • **absentee landlord** propietario -a que vive lejos de su propiedad • **absentee vote** voto por correo/correspondencia, voto postal

ab·sen·tee·ism /₁æbsən'ti₁ɪzəm/ s [U] ausentismo

ab·sent·ly /'æbsənt⌐li/ *adv* distraídamente SIN **absentmindedly**

₁absent-'minded *adj* distraído -a

₁absent-'mindedly *adv* distraídamente, por distracción

₁absent-'mindedness s [U] distracción

ab·so·lute¹ S3 /'æbsə₁lut, ₁æbsə'lut/ *adj* **1** [solo ante s] (para enfatizar) absoluto -a, total: *The way he behaved was an absolute disgrace.* El modo en que se comportó fue una vergüenza total. • *I have absolute confidence in her.* Tengo una confianza absoluta en ella. SIN **complete, total 2** [solo ante s] (no modificable) **an absolute deadline** un plazo final/definitivo • **an absolute maximum/minimum** un máximo/mínimo absoluto **3** (sin límites) absoluto -a: *absolute power* poder absoluto **4** (sin comparación) absoluto -a (verdad, valores)

EXPRESIONES

in absolute terms en términos absolutos SIN **in real terms**

absolute² s [C] absoluto

ab·so·lute·ly S1 W3 /₁æbsə'lutli, 'æbsə₁lutli/ *adv* (*oral*) **1** absolutamente, completamente, verdaderamente: *The soup was absolutely delicious.* La sopa estuvo verdaderamente deliciosa. • *Are you absolutely sure?* ¿Estás completamente seguro? • *The situation was absolutely ridiculous.* La situación era absolutamente ridícula. • **absolutely the best** sin duda el/la mejor **2 absolutely nothing/nobody** absolutamente nada/nadie, nada/nadie en absoluto: *Absolutely nobody must know about this.* Nadie en absoluto debe enterarse de esto. • **absolutely no...** *She has absolutely no work experience.* No tiene ni la más mínima experiencia laboral. • **absolutely everything/everyone** absolutamente todo/todos: *He's lost absolutely everything.* Ha perdido absolutamente todo. • **absolutely anything/anyone** absolutamente cualquier cosa/cualquiera: *You can choose absolutely anything on the menu.* Puedes elegir absolutamente cualquier cosa del menú.

EXPRESIONES

absolutely! ¡claro (que sí)!, ¡por supuesto (que sí)!: *"He needs help." "Absolutely!"* –Necesita ayuda. –¡Por supuesto! • **absolutely not!** ¡en absoluto!, ¡de ninguna manera!: *"Do you think it's my fault?" "Absolutely not!"* –¿Crees que es mi culpa? –¡En absoluto!

ab·so·lu·tion /₁æbsə'luʃən/ s [U] absolución

ab·solve /əb'zɑlv, -'sɑlv/ *v* [T] **1** (declarar no culpable) absolver • **absolve sb of/from sth** absolver/eximir a alguien de algo **2** (en la confesión) absolver

ab·sorb W3 /əb'sɔrb, -'zɔrb/ *v* [T]

1	un líquido, una sustancia
2	interesar
3	información
4	un país, una organización, un sitio
5	la luz, el calor, la energía
6	costos, pérdidas
7	recursos
8	un golpe, un impacto

1 UN LÍQUIDO, UNA SUSTANCIA absorber: *Plants absorb nutrients from the soil.* Las plantas absorben nutrientes de la tierra. • **be absorbed into sth** *Sugar is quickly absorbed into the bloodstream.* El azúcar se absorbe rápidamente en la sangre.

2 INTERESAR [gralm en pasiva] **be absorbed in sth** estar absorto -a/concentrado -a en algo: *Judith was totally absorbed in her book.* Judith estaba totalmente concentrada en la lectura.

3 INFORMACIÓN absorber, asimilar: *There is a lot of information to read and absorb.* Hay mucha información que leer y absorber.

4 UN PAÍS, UNA ORGANIZACIÓN, UN SITIO **absorb sb/sth into sth** *Azerbaijan was absorbed into the Soviet Union in the 1920s.* Azerbaijan fue absorbida por la Unión Soviética en los años 20.

5 LA LUZ, EL CALOR, LA ENERGÍA absorber

6 COSTOS, PÉRDIDAS absorber: *The university had to absorb a $14 million cut in funding.* La universidad tuvo que absorber un recorte de 14 millones de dólares.
7 RECURSOS consumir: *Defense spending absorbs over 70% of the country's budget.* Los gastos de defensa consumen más del 70% del presupuesto del país.
8 UN GOLPE, UN IMPACTO amortiguar ▶ ABSORPTION

ab·sorb·ent /əb'sɔrbənt, -'zɔr-/ *adj* absorbente

ab·sorb·ing /əb'sɔrbɪŋ, -'zɔr-/ *adj* absorbente (película, libro)

ab·sorp·tion /əb'sɔrpʃən, -'zɔrp-/ s [U] **1** (de un líquido, una sustancia) absorción **2** (de un país, una organización) absorción **3** (de información) asimilación

ab·stain /əb'steɪn/ *v* [I] **1** (de votar) abstenerse **2** (*frml*) (de beber, fumar) abstenerse • **abstain from (doing) sth** abstenerse de (hacer) algo

ab·ste·mi·ous /æb'stimiəs/ *adj* (*frml*) frugal

ab·sten·tion /əb'stenʃən/ s **1** [C,U] (en una votación) abstención **2** [U] (*frml*) (del alcohol, el tabaco) abstinencia • [+**from**]: *abstention from drink and drugs* abstinencia de alcohol y drogas

ab·sti·nence /'æbstənəns/ s [U] abstinencia • [+**from**]: *abstinence from liquor* abstinencia del consumo de alcohol

ab·stract¹ S3 /əb'strækt, æb-, 'æbstrækt/ *adj* **1** (cuadro, diseño) abstracto -a • **abstract art** arte abstracto ▶ FIGURATIVE
2 (idea, concepto) abstracto -a: *abstract thought* pensamiento abstracto SIN **theoretical**
3 (no real) abstracto -a ▶ CONCRETE

ab·stract² /'æbstrækt/ s [C] **1** obra de arte abstracto **2** resumen

EXPRESIONES
in the abstract en abstracto, en teoría

ab·stract³ /əb'strækt, æb-, 'æbstrækt/ *v* [T] (*frml*) **1** (sacar) extraer • **abstract sth from sth** extraer algo de algo **2** (información, datos) extraer

ab·strac·tion /əb'strækʃən, æb-/ s (*frml*) **1** [C] (idea general) abstracción **2** [U] (en el arte) abstracción

ab·struse /əb'strus, æb-/ *adj* (*frml*) abstruso -a

ab·surd¹ /əb'sɔd, -'zɔd/ *adj* absurdo -a, ridículo -a: *an absurd idea* una idea absurda • **it is absurd (to do sth)** es absurdo/ridículo (hacer algo) SIN **ridiculous**

absurd² s [sing] **the absurd** el absurdo

ab·surd·i·ty /əb'sɔdəti, -'zɔ-/ s [C,U] (pl **absurdities**) ridiculez, absurdo • [+**of**]: *Scott laughed at the absurdity of the situation.* Scott se rió de lo absurdo de la situación.

ab·surd·ly /əb'sɔdli, -'zɔ-/ *adv* **1** ridículamente (fácil, caro) **2** absurdamente, de forma ridícula (vestir, comportarse)

a·bun·dance /ə'bʌndəns/ s [sing, U] abundancia • **an abundance of beaches/wildlife** una abundancia de playas/fauna y flora • **in abundance** en abundancia, en grandes cantidades

a·bun·dant /ə'bʌndənt/ *adj* abundante SIN **plentiful** ANT **scarce**

a·bun·dant·ly /ə'bʌndəntli/ *adv* **1** en grandes cantidades, abundantemente **2 abundantly clear** absolutamente claro

a·buse¹ W2 /ə'byus/ s
1 [C,U] abuso(s), maltrato: *victims of abuse* víctimas de abusos • [+**of**]: *the abuse of the elderly* el maltrato de los ancianos • **domestic abuse** violencia doméstica • **child abuse** maltrato infantil • **sexual abuse** abuso sexual • **physical abuse** maltrato físico • **human rights abuses** violaciones de los derechos humanos
2 alcohol abuse abuso del alcohol • **drug/substance abuse** drogadicción, toxicomanía
3 [C,U] abuso • [+**of**]: *the president's abuse of power* el abuso de poder por parte del presidente • **be open to abuse** dar lugar a abusos SIN **misuse**

4 [U] insulto(s), improperio(s) • **shout/scream/hurl abuse (at sb)** insultar (a alguien) a gritos • **a stream/ torrent of abuse** una sarta de insultos • **a term of abuse** un insulto

a·buse² /ə'byuz/ *v* [T] **1** maltratar, abusar de • **be sexually abused** ser abusado -a sexualmente • **be physically abused** ser maltratado -a físicamente **2** (una posición, un sistema) abusar de: *politicians who abuse their power* políticos que abusan de su poder • **abuse sb's trust** abusar de la confianza de alguien **3** (la droga, el alcohol) abusar de **4** insultar SIN **insult**

a·bu·sive /ə'byusɪv/ *adj* **1** insultante, ofensivo -a • **become abusive** ponerse grosero -a, empezar a insultar **2** maltratador -a (marido, pareja): *an abusive relationship* una relación en la que hay maltrato • **be abusive** maltratar

a·bys·mal /ə'bɪzməl/ *adj* pésimo -a, terrible (condiciones, resultados), total (fracaso) SIN **terrible**

a·byss /ə'bɪs/ s [C] (*liter*) **1** (situación) abismo **2** (profundidad) abismo **3** (diferencia) abismo SIN **gulf**

AC /,eɪ 'si/ *abrev de* **1** (**alternating current**) CA (corriente alterna) **2** (**air conditioning**) aire acondicionado

ac·a·de·mi·a /,ækə'dimiə/ s [U] el mundo académico

ac·a·dem·ic¹ S3 W3 /,ækə'dɛmɪk◂/ *adj*
1 [gralm ante s] académico -a (formación, nivel): *her academic achievements* sus logros académicos • **academic freedom** libertad de cátedra
2 [gralm ante s] teórico -a (no práctico)
3 dotado -a/capaz para el estudio
4 be purely academic ser puramente teórico -a

academic² s **1** [C] profesor -a universitario -a **2 academics** [pl] asignaturas, materias

academic 'year s [C] año académico

a·cad·e·my W3 /ə'kædəmi/ s [C] (pl **academies**)
1 (institución educacional) academia
2 (en nombres de colegios) academia

ac·cede /æk'sid/ *v* (*frml*)
accede to sth *v+partíc* **1** acceder a algo (demandas, deseos) **2 accede to power/to the throne** acceder al poder/al trono

ac·cel·er·ate /ək'sɛlə,reɪt/ *v* **1** [I,T] (proceso) acelerar(se) **2** [I] (conductor, vehículo) acelerar

ac·cel·er·a·tion /ək,sɛlə'reɪʃən/ s **1** [sing, U] (de un proceso) aceleración • [+**in**]: *an acceleration in the rate of inflation* una aceleración de la tasa de inflación **2** [U] (de un vehículo) aceleración

ac·cel·er·a·tor /ək'sɛlə,reɪtɚ/ s [C] acelerador

ac·cent¹ S2 /'æksɛnt/ s [C]
1 (modo de hablar) acento • **speak with an accent/have an accent** hablar con acento/tener acento • **a strong/ slight accent** un fuerte/leve acento
2 (énfasis al decir) acento • [+**on**]: *the accent is on the first syllable* el acento recae en la primera sílaba ▶ STRESS
3 (hincapié) acento • [+**on**]: *The accent is on fresh ingredients.* Se pone el acento en los ingredientes frescos.
4 (signo) acento, tilde

ac·cent² /'æksɛnt, æk'sɛnt/ *v* [T] acentuar, realzar

ac·cen·tu·ate /ək'sɛntʃu,eɪt, æk-/ *v* [T] destacar, resaltar

ac·cept S2 W1 /ək'sɛpt/ *v*

1 un regalo, un ofrecimiento
2 un hecho, un problema
3 una teoría, una explicación
4 un medio de pago, una llamada, una solicitud
5 en una universidad, un curso
6 en un grupo, la sociedad

1 UN REGALO, UN OFRECIMIENTO [I,T] aceptar: *She offered me a drink and I accepted.* Me ofreció una copa y acepté. • **accept an offer/a job/an invitation** aceptar una oferta/un puesto/una invitación • **accept sth from sb** aceptar algo de alguien ANT **refuse**

2 UN HECHO, UN PROBLEMA [T] aceptar • **accept the situation/reality/truth** aceptar la situación/realidad/ verdad • **accept (the fact) that** aceptar (el hecho de) que
3 UNA TEORÍA, UNA EXPLICACIÓN [T] aceptar, admitir • [+**that**]: *The jury accepted that the evidence was flawed.* El jurado admitió que las pruebas estaban viciadas. • **accept the idea/argument/claim that** aceptar la idea/el argumento/la afirmación de que • **it is accepted that** se acepta que • **accept responsibility for sth** hacerse responsable/asumir la responsabilidad de algo
4 UN MEDIO DE PAGO, UNA LLAMADA, UNA SOLICITUD [T] aceptar: *Do you accept traveler's checks?* ¿Aceptan cheques de viajero?
5 EN UNA UNIVERSIDAD, UN CURSO [T] admitir • **be accepted to/at/onto sth** *I've been accepted at Yale!* ¡Me han aceptado en Yale! [ANT] **reject**
6 EN UN GRUPO, LA SOCIEDAD [T] aceptar • **accept sb as your son-in-law/boss** aceptar a alguien como yerno/ jefe • **accept sb for who/what they are** aceptar a alguien como es

ac·cept·a·bil·i·ty /əkˌsɛptə'bɪləti/ s [U] aceptabilidad

ac·cept·a·ble /ək'sɛptəbəl/ *adj* **1** (nivel, cantidad) aceptable • [+**to**]: *The result was acceptable to both sides.* El resultado era aceptable para ambas partes. **2** (conducta) admisible, aceptable • **it is acceptable to do sth** es admisible hacer algo • **it is acceptable for sb to do sth** se admite que alguien haga algo

ac·cept·ance /ək'sɛptəns/ s **1** [U] (de un ofrecimiento) aceptación: *a letter of acceptance* una carta de aceptación **2** [sing, U] (de una idea, explicación) aceptación • **gain acceptance** ganar aceptación **3** [U] (en un grupo, la sociedad) aceptación **4** [U] resignación

ac·cept·ed /ək'sɛptɪd/ *adj* establecido -a

ac·cess¹ [S2] [W2] /'æksɛs/ s [U]
1 (derecho de uso) acceso • [+**to**]: *access to education* el acceso a la educación • **have access to sth** tener acceso a algo • **deny sb access to sth** negarle a alguien el acceso a algo • **gain/get access to sth** acceder a algo • **Internet access** acceso a Internet
2 (vía de entrada) acceso • [+**to**]: *Access to the restrooms is through the hallway.* A los baños se accede por el hall. • **gain access** acceder • **wheelchair/disabled access** acceso para silla de ruedas/para discapacitados

access² *v* [T] **1** (información) **access data/e-mail** acceder a los datos/al correo electrónico **2** (un lugar) acceder a

ac·ces·si·bil·i·ty /əkˌsɛsə'bɪləti/ s [U] **1** (de un lugar) accesibilidad **2** (de la información) accesibilidad **3** (para discapacitados) accesibilidad

ac·ces·si·ble /ək'sɛsəbəl/ *adj* **1** (información, servicio) accesible • [+**to**]: *Healthcare should be made accessible to all.* Todo el mundo debería tener acceso a la atención médica. **2** (lugar) **sth is accessible by boat/public transportation** a algo se puede llegar en barco/transporte público **3** (baño, carro) acondicionado -a para discapacitados [ANT] **inaccessible**

ac·ces·sion /ək'sɛʃən, æk-/ s [U] acceso (al trono, al poder)

ac·ces·so·ry /ək'sɛsəri/ s [C] (pl **accessories**) **1** [gralm pl] (de la vestimenta) accesorio **2** [gralm pl] (de un aparato, un carro) accesorio, opcional **3** (jur) **be an accessory to sth** ser cómplice de algo

ac·ci·dent [S2] [W2] /'æksədənt, -ˌdɛnt/ s [C]
1 (en la carretera, el trabajo) accidente • **have an accident** (tb **be in an accident**) tener/sufrir un accidente • **be killed/injured in an accident** morir/resultar herido -a en un accidente • **a car/traffic/road accident** un accidente de tránsito • **accident victim** víctima de (un) accidente
2 (contratiempo) accidente, percance • **it was an accident** (oral) no fue a propósito, fue sin querer • **it is no accident (that)** no es casualidad (que)
EXPRESIONES
accidents (will) happen (oral) son cosas que pasan • **it's**

an accident waiting to happen es tentar a la suerte • **by accident (a)** por casualidad **(b)** sin querer

ac·ci·den·tal /ˌæksə'dɛntəl/ *adj* accidental (muerte, vertido), casual (error, encuentro)

ac·ci·den·tal·ly /ˌæksə'dɛntl̩-i, -'dɛntˀli/ *adv* sin querer, accidentalmente, por casualidad

'accident-ˌprone *adj* propenso -a a los accidentes

ac·claim¹ /ə'kleɪm/ s [U] elogio(s) • **public/popular acclaim** elogios del público • **to great/much acclaim** con gran éxito • **critical acclaim** elogios de la crítica

acclaim² *v* [T gralm en pasiva] (frml) aclamar, ensalzar

ac·claimed /ə'kleɪmd/ *adj* elogiado -a, aclamado -a • **highly/widely acclaimed** *Spielberg's highly acclaimed movie* la afamada película de Spielberg • **critically acclaimed** aclamado -a por la crítica

ac·cli·ma·ti·za·tion /əˌklaɪmət̬ə'zeɪʃən/ s [U] aclimatación

ac·cli·ma·tize /ə'klaɪmə,taɪz/ *v* [I,T] aclimatar(se) • **acclimatize to sth** aclimatarse a algo • **get acclimatized to sth** (tb **acclimatize yourself to sth**) aclimatarse a algo

ac·co·lade /'ækə,leɪd/ s [C] **1** elogio **2** galardón • **win/receive an accolade** recibir un galardón

ac·com·mo·date /ə'kɑmə,deɪt/ *v* [T] **1** tener capacidad para **2** satisfacer (las peticiones, necesidades) **3** albergar, alojar: *The island was used to accommodate refugees.* La isla fue usada para albergar a refugiados.

ac·com·mo·dat·ing /ə'kɑmə,deɪtɪŋ/ *adj* servicial, complaciente

ac·com·pa·ni·ment /ə'kʌmpənimənt/ s **1** [C,U] (en música) acompañamiento **2** [C] (para una comida) acompañamiento
EXPRESIONES
to the accompaniment of sth acompañado -a de algo

ac·com·pa·nist /ə'kʌmpənɪst/ s [C] acompañante (en música)

ac·com·pa·ny [W2] /ə'kʌmpəni/ *v* [T] (**accompanied**, **accompanying**, 3ª pers sing **accompanies**)
1 (a una persona) acompañar: *Children under 10 must be accompanied by an adult.* Los menores de 10 años deben ir acompañados de un adulto.
2 (en música) acompañar • **accompany sb on sth** acompañar a alguien a/con algo

ac·com·plice /ə'kʌmplɪs/ s [C] cómplice

ac·com·plish [W3] /ə'kʌmplɪʃ/ *v* [T] lograr (un objetivo), cumplir (con) (una tarea, misión)

ac·com·plished /ə'kʌmplɪʃt/ *adj* consumado -a (intérprete, cocinero), logrado -a (obra, interpretación)

ac·com·plish·ment /ə'kʌmplɪʃmənt/ s **1** [C,U] logro **2** [U] cumplimiento **3** [C,U] habilidad, capacidad

ac·cord¹ [W3] /ə'kɔrd/ s
1 [U] (frml) (coincidencia) acuerdo • **be in accord with sb/sth** concordar/coincidir con alguien/algo • **reach an accord** alcanzar un acuerdo
2 [C] (pacto) acuerdo
EXPRESIONES
of its own accord por sí mismo -a, por sí solo -a • **of your own accord** por voluntad propia • **with one accord** (antic, frml) al unísono, a la vez

accord² *v* [T] (frml) **accord sb sth** conceder/dispensar algo a alguien
EXPRESIONES
accord with sth concordar/coincidir con algo

ac·cord·ance /ə'kɔrdns/ s **in accordance with sth** conforme a algo, de acuerdo con algo

ac·cord·ing·ly /ə'kɔrdɪŋli/ *adv* **1** como corresponde, de acuerdo con esto • **act accordingly** actuar en consecuencia **2** [adv oracional] en consecuencia, por consiguiente

ac'cording to [S2] [W1] *prep* según, de acuerdo con: *You will be paid according to the amount of work you do.* Se te pagará según la cantidad de trabajo que hagas. •

according to reports/to him según informes/según él • **go according to plan** salir de acuerdo con/según lo previsto

ac•cor•di•on /ə'kɔrdiən/ *s* [C] acordeón

ac•cor•di•on•ist /ə'kɔrdiənɪst/ *s* [C] acordeonista

ac•cost /ə'kɔst, ə'kɑst/ *v* [T] (*frml*) abordar (a una persona)

ac•count¹ S2 W1 /ə'kaʊnt/ *s*

1 informe
2 explicación
3 en un banco
4 con una empresa, en una tienda
5 datos contables
6 sección de una empresa
7 por una compra, un servicio
8 cliente

1 **INFORME** [C] relato, versión, descripción: *There were several different accounts of the story.* Había varias versiones distintas de la historia. • [+**of**]: *a brief account of the meeting* un breve resumen de la reunión • **give an account of sth** relatar algo, describir algo, informar sobre algo

2 **EXPLICACIÓN** [C] [+**of**]: *a detailed account of how an engine works* una explicación detallada de cómo funciona un motor

3 **EN UN BANCO** [C] cuenta: *My salary is paid directly into my account.* Me pagan el sueldo directamente en la cuenta bancaria. • **open/close an account** abrir/cerrar una cuenta SIN **bank account** • **account number** número de cuenta

4 **CON UNA EMPRESA, EN UNA TIENDA** [C] cuenta: *an email account* una cuenta de correo electrónico • *a Macy's account* una cuenta en Macy's • **account balance** saldo • **account number** número de cuenta

5 **DATOS CONTABLES** **accounts** [pl] libros (de contabilidad): *The accounts showed a profit of $2 million.* Los libros arrojaban una ganancia de 2 millones de dólares.

6 **SECCIÓN DE UNA EMPRESA** **accounts** [pl] (el departamento de) contabilidad

7 **POR UNA COMPRA, UN SERVICIO** [C] cuenta, factura • **pay/settle your account** pagar la cuenta/factura SIN **bill**

8 **CLIENTE** [C] cuenta ▶ **BANK ACCOUNT, EXPENSE ACCOUNT, SAVINGS ACCOUNT**

EXPRESIONES

by/from all accounts según dicen • **by his/her own account** según él mismo/ella misma cuenta • **be of little/no account** (*frml*) tener poca/ninguna importancia • **on account** a cuenta • **on account of sth** debido a algo • **on sb's account** por (causa de) alguien: *Please don't change your plans on my account.* Por favor no cambies tus planes por mí. • **on no account** (tb **not on any account**) bajo ningún concepto • **on that/this account** por ese/este motivo • **on your own account** por su cuenta • **take account of sth** (tb **take sth into account**) tener/tomar algo en cuenta

account² W2 *v*

account for sth *v+partíc* **1** representar/constituir algo: *Oil accounts for more than 50% of Libya's exports.* El petróleo representa más del 50% de las exportaciones libias. **2** explicar algo, ser la causa de algo: *What accounts for the movie's enormous success?* ¿A qué se debe el enorme éxito de la película? **3** dar cuenta de algo, justificar algo: *We have to account for all our business expenses.* Tenemos que justificar todos nuestros gastos de representación. **4 be accounted for** ser localizado -a: *More than 150 people were still not accounted for.* Más de 150 personas seguían desaparecidas. **5 there's no accounting for taste** (*oral*) sobre gustos no hay nada escrito

ac•count•a•bil•i•ty /əˌkaʊntə'bɪləṭi/ *s* [U] responsabilidad (de las propias acciones)

ac•count•a•ble /ə'kaʊntəbəl/ *adj* [nunca ante s] **be accountable for sth** ser responsable de algo • **be accountable to sb** rendirle cuentas a alguien, ser responsable ante alguien • **hold sb accountable (for sth)** responsabilizar a alguien (de algo)

ac•count•an•cy /ə'kaʊntənsi, ə'kaʊnt˺nsi/ *s* [U] (*frml*) contabilidad

ac•count•ant /ə'kaʊntənt, ə'kaʊnt˺nt/ *s* [C] contador -a

ac•count•ing S3 /ə'kaʊntɪŋ/ *s* [U] contabilidad SIN **accountancy**

ac•cred•i•ta•tion /əˌkrɛdə'teɪʃən/ *s* [U] habilitación, acreditación

ac•cred•it•ed /ə'krɛdɪṭɪd/ *adj* [solo ante s] habilitado -a, acreditado -a (centro, organismo), con título (profesional, especialista)

ac•crue /ə'kru/ *v* [I,T] (*frml*) acumular(se) (intereses, ganancias)

ac•cu•mu•late /ə'kyumyəˌleɪt/ *v* [I,T] acumular(se)

ac•cu•mu•la•tion /əˌkyumyə'leɪʃən/ *s* [C,U] acumulación

ac•cu•ra•cy /'ækyərəsi/ *s* [U] exactitud, precisión ANT **inaccuracy**

ac•cu•rate W3 /'ækyərɪt/ *adj*
1 (relato, descripción) exacto -a, preciso -a • **not entirely/strictly accurate** no del todo exacto -a ANT **inaccurate**
2 (medición, cálculo) exacto -a, preciso -a: *Are these figures accurate?* ¿Son exactas estas cifras? ANT **inaccurate**
3 (aparato, instrumento) preciso -a • **be accurate to (within) 1mm/1°C** tener un margen de error de 1 mm/1 °C ANT **inaccurate**
4 (disparo, golpe) certero -a

ac•cu•rate•ly /'ækyərɪtli/ *adv* con exactitud/precisión ANT **inaccurately**

ac•cu•sa•tion /ˌækyə'zeɪʃən/ *s* [C] acusación • [+**against**]: *The accusations against me are false.* Las acusaciones contra mí son falsas. • [+**of**]: *accusations of corruption* acusaciones de corrupción • [+**(that)**]: *She denies the accusation that she lied.* Niega la acusación de haber mentido. • **make an accusation** hacer una acusación

ac•cu•sa•tive /ə'kyuzəṭɪv/ *s* [C] acusativo

ac•cuse W2 /ə'kyuz/ *v* [T] acusar • **accuse sb of sth** acusar a alguien de algo • **accuse sb of doing sth** acusar a alguien de hacer algo • **stand accused of (doing) sth** (*frml*) *He stands accused of murder.* Se le acusa de asesinato.

ac•cused /ə'kyuzd/ *s* **the accused** [sing o pl] el acusado/la acusada, los acusados/las acusadas

ac•cus•er /ə'kyuzə˞/ *s* [C] acusador -a

ac•cus•ing /ə'kyuzɪŋ/ *adj* [solo ante s] acusador -a

ac•cus•tom /ə'kʌstəm/ *v* [T] (*frml*) **accustom yourself to (doing) sth** acostumbrarse/habituarse a (hacer) algo • **accustom sb to (doing) sth** acostumbrar/habituar a alguien a (hacer) algo

ac•cus•tomed /ə'kʌstəmd/ *adj* **1 be accustomed to (doing) sth** estar acostumbrado -a a (hacer) algo • **become/grow/get accustomed to sth** acostumbrarse a algo **2** [solo ante s] (*frml*) acostumbrado -a, habitual

AC/DC /ˌeɪ si 'di si/ *adj* (*coloq*) corriente alterna/corriente continua

ace¹ /eɪs/ *s* [C] **1** (naipe) as • **the ace of hearts/spades** el as de corazones/picas, el as de corazones/espadas **2** (en tenis, voleibol) ace, as **3** (persona) as

EXPRESIONES

sb's ace in the hole (*coloq*) la mejor carta de alguien • **have an ace up your sleeve** tener un as en la manga • **hold all the aces** tener todas las de ganar

ace² *adj* **1** [solo ante s] (deportista, piloto) *an ace pilot* un as de la aviación **2** (*antic*) (cosa) estupendo -a, genial

ace³ *v* [T] (*oral*) sacarse excelente/sobresaliente en (un examen, un trabajo escrito)

a•cer•bic /ə'sə˞bɪk/ *adj* mordaz, corrosivo -a

a·ce·tic ac·id /əˌsiːtɪk ˈæsɪd/ s [U] ácido acético

ache¹ /eɪk/ v [I] **1** doler: *I'm aching all over.* Me duele todo el cuerpo. **2 ache to do sth** morirse de ganas de hacer algo • **ache for sth/sb** morirse por algo/alguien: *I'm aching for sleep.* Me muero de sueño.

ache² s [C] dolor (no agudo, pero continuo) • [+in]: *She felt a strange ache in her chest.* Sentía un dolor extraño en el pecho. • **aches and pains** achaques • **a dull ache** un dolor sordo ▶ BACKACHE, EARACHE, HEADACHE, HEARTACHE, STOMACHACHE, TOOTHACHE ▶ ver nota en DOLOR

a·chiev·a·ble /əˈtʃiːvəbəl/ adj alcanzable

a·chieve S3 W2 /əˈtʃiːv/ v [T] conseguir, lograr: *She has achieved a lot.* Ha conseguido muchas cosas. • **achieve success/a target** alcanzar el éxito/un objetivo

a·chieve·ment W3 /əˈtʃiːvmənt/ s
1 [C] (cosa conseguida) logro
2 [U] (acción) logro(s): *a lifetime of achievement* una vida de éxitos • **have a sense of achievement** sentirse satisfecho -a del éxito alcanzado

a·chiev·er /əˈtʃiːvə/ s [C] triunfador -a, persona de éxito: *a family of high achievers* una familia de gente que ha obtenido grandes logros ▶ UNDERACHIEVER

A·chil·les' heel /əˌkɪliz ˈhiːl/ s [C] talón de Aquiles

Achilles ten·don /əˌkɪliz ˈtendən/ s [C] tendón de Aquiles

ach·y /ˈeɪki/ adj dolorido -a

ac·id¹ S3 /ˈæsɪd/ s
1 [C,U] (en química) ácido
2 [U] (coloq) (droga) ácido • **be on acid** andar/estar trabado -a • **acid trip** viaje (con ácido)

acid² adj **1** (sabor) ácido -a, agrio -a SIN **acidic**
2 (comentario, humor) ácido -a, mordaz • **an acid tongue** una lengua afilada
EXPRESIONES
the acid test la prueba de fuego

a·cid·ic /əˈsɪdɪk/ adj **1** (sustancia, suelo) ácido -a
2 (sabor) ácido -a, agrio -a

a·cid·i·ty /əˈsɪdəti/ s [U] acidez

ˌacid ˈrain s [U] lluvia ácida

ac·knowl·edge W2 /əkˈnɑlɪdʒ/ v [T]
1 (un problema, un error) reconocer • [+(that)]: *I acknowledge that there is a problem.* Reconozco que hay un problema.
2 (un país, un tribunal) reconocer • **acknowledge sth/sb as sth** reconocer algo/a alguien como algo
3 agradecer • **acknowledge your debt to sb** reconocer su deuda con alguien
4 acknowledge (receipt of) a letter acusar recibo de una carta
5 saludar (a una persona)

ac·knowl·edg·ment, **acknowledgement** /əkˈnɑlɪdʒmənt/ s **1** [C,U] reconocimiento (de un hecho) • [+of]: *We want an acknowledgement of the problem.* Queremos que se reconozca que hay un problema.
2 [C,U] agradecimiento, reconocimiento • [+of]: *an acknowledgment of his support* un agradecimiento por su apoyo • **in acknowledgement of** en reconocimiento a
3 [C,U] acuse de recibo **4** [sing, U] (gesto de) saludo • **in acknowledgement** en (señal de) respuesta **5** acknowledgments [pl] menciones, agradecimientos (en un libro)

ac·me /ˈækmi/ s **the acme of sth** la cima/el súmmum de algo

ac·ne /ˈækni/ s [U] acné

ac·o·lyte /ˈækəˌlaɪt/ s [C] acólito -a

a·corn /ˈeɪkɔrn/ s [C] bellota

a·cous·tic /əˈkuːstɪk/ adj **1** (disco, versión) acústico -a • **acoustic guitar** guitarra acústica **2** (señal, propiedades) acústico -a

a·cous·tics /əˈkuːstɪks/ s [pl] acústica

ac·quaint /əˈkweɪnt/ v

acquaint yourself with sth v+partíc (frml) informarse sobre algo, familiarizarse con algo ▶ ACQUAINTED

ac·quaint·ance /əˈkweɪntᵊns/ s [C] conocido -a • **a casual acquaintance** un conocido/una conocida
EXPRESIONES
make sb's acquaintance (tb **make the acquaintance of sb**) (frml) conocer a alguien

ac·quaint·ed /əˈkweɪntɪd/ adj **1 be acquainted** conocerse (dos personas) • **get (better) acquainted** conocerse (mejor) **2 be acquainted with sth** tener conocimiento de algo, estar familiarizado -a con algo • **be well/fully acquainted with sth** tener un conocimiento cabal de algo

ac·qui·esce /ˌækwiˈes/ v [I] (frml) acceder • **acquiesce to sth** acceder a algo • **acquiesce in sth** consentir algo

ac·qui·es·cence /ˌækwiˈesəns/ s [U] (frml) aquiescencia, conformidad

ac·qui·es·cent /ˌækwiˈesᵊnt/ adj aquiescente

ac·quire W2 /əˈkwaɪə/ v [T]
1 (frml) (bienes, propiedades) adquirir
2 (conocimientos, poder) adquirir • **acquire a reputation** ganarse una reputación
EXPRESIONES
acquire a taste for sth *She acquired a taste for designer clothes.* Le empezó a gustar la ropa de marca. • **an acquired taste** *Beer is an acquired taste.* La cerveza te empieza a gustar con el tiempo.

ac·qui·si·tion /ˌækwəˈzɪʃən/ s **1** [U] (acción de comprar) adquisición **2** [C] (cosa comprada) adquisición
3 [U] (de conocimientos, capacidades) adquisición

ac·quis·i·tive /əˈkwɪzətɪv/ adj codicioso -a

ac·quit /əˈkwɪt/ v (**acquitted, acquitting**) **1** [T gralm en pasiva] absolver • **acquit sb of sth** absolver a alguien de algo ANT **convict 2 acquit yourself well/ honorably/ admirably** salir airoso -a

ac·quit·tal /əˈkwɪtᵊl/ s [C,U] absolución ANT **conviction**

a·cre S3 W3 /ˈeɪkə/ s [C] acre (0,405 hectáreas)

a·cre·age /ˈeɪkərɪdʒ/ s [U] extensión en acres

ac·rid /ˈækrɪd/ adj acre

ac·ri·mo·ni·ous /ˌækrəˈmoʊniəs/ adj (frml) agrio -a, enconado -a

ac·ri·mo·ni·ous·ly /ˌækrəˈmoʊniəsli/ adv con acritud, con aspereza

ac·ri·mo·ny /ˈækrəˌmoʊni/ s [U] (frml) acritud, aspereza

ac·ro·bat /ˈækrəˌbæt/ s [C] acróbata

ac·ro·bat·ic /ˌækrəˈbætɪk/ adj acrobático -a

ac·ro·bat·ics /ˌækrəˈbætɪks/ s [pl] acrobacias

ac·ro·nym /ˈækrənɪm/ s [C] sigla(s) • **the acronym for sth** las siglas de algo

a·cross¹ S1 W1 /əˈkrɔs/ prep
1 (de un lado a otro) *Don't try to swim across the river.* No intentes cruzar el río a nado. • *a path across the fields* un sendero que cruza los campos • *We gazed across the valley.* Miramos hacia el otro lado del valle. • *the first flight across the Atlantic* el primer vuelo a través del Atlántico • **straight across sth** (a) *The kids ran straight across the road.* Los niños cruzaron corriendo la calle. (b) *He drew a line straight across the map.* Hizo una línea que cruzaba el mapa de lado a lado.
2 (al otro lado de) *My best friend lives across the street.* Mi mejor amiga vive justo enfrente. • **be across the border/street from sth** estar enfrente de algo (al otro lado de la frontera/cruzando la calle)
3 (en todas partes de) *The company has 3,000 offices across Europe.* La empresa tiene 3.000 oficinas en toda Europa. • *towns across America* los pueblos a través de los Estados Unidos
4 (en perpendicular) *We nailed one board across another.* Clavamos las tablas en cruz.

across² S2 W3 *adv* ▶ **across** también forma parte de *phrasal verbs* como **get sth across**, **put sth across**, etc., que figuran bajo el verbo correspondiente.
1 de un lado a otro, al otro lado: *It took a long time to get across.* Llevó mucho tiempo pasar al otro lado. • *We'll have to swim across.* Tendremos que cruzar a nado. • *He walked across to where I was sitting.* Se acercó hasta donde yo estaba sentado. • **straight across**
(a) (de lado a lado) *Go straight across at the first crossroads.* Siga derecho en el primer cruce.
(b) en perpendicular
(c) (de un lado a otro sin detenerse) *They ran straight across in front of a car.* Cruzaron corriendo delante de un carro. • **across from sb/sth** enfrente de alguien/algo **2** de ancho • **10 feet/5 meters across** 10 pies/5 metros de ancho

a·cryl·ic¹ /ə'krɪlɪk/ *s* **1 acrylics** [pl] acrílicos, pintura acrílica **2** [U] (plástico) acrílico **3** [U] acrílico, fibra acrílica

acrylic² *adj* acrílico -a

act¹ S2 W1 /ækt/ *s*

1	acción
2	en derecho
3	de una obra teatral
4	fingimiento
5	en un espectáculo
6	músico, humorista

1 ACCIÓN [C] acto • **a criminal/an illegal act** un acto delictivo/una ilegalidad • **an act of violence/terrorism** un acto violento/de terrorismo • **an act of aggression** una agresión • **an act of courage/generosity** un acto de valor/generosidad • **an act of kindness** una buena acción
2 EN DERECHO [C] (tb **Act**) ley: *the Civil Rights Act* la Ley de Derechos Civiles • **an act of Congress** una ley aprobada por el congreso • **pass an act** aprobar una ley
3 DE UNA OBRA TEATRAL [C] acto • **the first/third act** el primer/tercer acto • **in act I/II** en el acto I/II
4 FINGIMIENTO [C] • **be just an act** ser puro teatro • **put on an act** hacer teatro, fingir
5 EN UN ESPECTÁCULO [C] actuación, número: *her outrageous comedy act* su escandaloso número cómico
6 MÚSICO, HUMORISTA [C] artista ▶ **CLEAN** up your act

EXPRESIONES
an act of worship un acto de oración • **get in on the act** (*coloq*) subirse al carro • **get your act together** (*coloq*) organizarse • **be a hard/tough act to follow** ser difícil de igualar

act² S1 W1 *v*

1	realizar acciones
2	tomar medidas
3	tener una conducta
4	aparentar
5	en cine, teatro
6	como representante

1 REALIZAR ACCIONES [I] actuar • **act out of compassion/greed** actuar por compasión/codicia • **act in self-defense** actuar en defensa propia
2 TOMAR MEDIDAS [I] actuar: *The government must act now.* El gobierno debe actuar ya.
3 TENER UNA CONDUCTA [I siempre + adv/prep/adj] actuar, comportarse: *She's been acting rather strangely.* Se ha estado comportando de un modo muy extraño. • **act like a child/an idiot** portarse como un niño/un idiota • **act as if...** (tb **act like...** (*coloq*)) comportarse como si..., actuar como si...: *He acts like he owns the place.* Se comporta como si fuera el dueño. • **act your age!** ¡no seas infantil!
4 APARENTAR [I,T] fingir • **act surprised/offended** hacerse el sorprendido/el ofendido, hacerse la sorprendida/la ofendida • **act as if...** (tb **act like...** (*coloq*)) hacer como si...: *Act as if you haven't heard anything.* Haz como si no hubieras oído nada. • **act the fool** hacer(se) el tonto/la tonta

5 EN CINE, TEATRO **(a)** [I] actuar • **act in a play/ movie** actuar en una obra de teatro/una película **(b)** [T] **act a part** interpretar/hacer un papel • **well/badly acted** con buenas/malas interpretaciones
6 COMO REPRESENTANTE **act for sb/act on sb's behalf** actuar en nombre/en representación de alguien ▶ **ACTING**

act as *v+partíc* **1 act as sb/sth** hacer de alguien/algo (de intérprete, anfitrión) **2 act as sth** funcionar como algo
act on sth *v+partíc* **act on sb's advice** seguir los consejos de alguien • **act on information** actuar sobre la base de cierta información
act out *v+partíc* **act sth** ↔ **out** representar algo (un papel, una fantasía)
act up *v+partíc* **1** (carro, parte del cuerpo) fallar, molestar **2** (niño) portarse mal

act·ing¹ /'æktɪŋ/ *adj* [solo ante s] interino -a, provisional: *the acting president* el presidente interino

acting² *s* [U] teatro, actuación: *I want to get into acting.* Quiero ser actor.

ac·tion S2 W1 /'ækʃən/ *s*

1	hecho de actuar
2	actuación individual
3	actividad
4	animación
5	jurídica
6	militar

1 HECHO DE ACTUAR [U] acciones, medidas • **take action** tomar medidas • **call for action on sth** exigir que se tomen medidas acerca de algo • **a course of action** un curso de acción, una medida • **a plan of action** un plan de acción
2 ACTUACIÓN INDIVIDUAL [C] acto, acción • **hold sb responsible/accountable for their actions** hacer a alguien responsable de/por sus actos • **defend/justify your actions** defender/justificar sus actos
3 ACTIVIDAD [U] **in action** en acción (persona), en marcha, en funcionamiento (máquina, sistema): *It's a chance for students to see a court in action.* Es una oportunidad para que los alumnos vean un tribunal en acción. • **out of action** lesionado -a (deportista), averiado -a, descompuesto -a (carro, máquina) • **put sb out of action** dejar a alguien fuera de combate/circulación • **put sth out of action** averiar algo • **put sth into action** poner algo en marcha • **action shot** foto en movimiento
4 ANIMACIÓN [U] acción • **where the action is** donde está la acción/rumba • **action figure** figura de acción (de Superman, X-men, etc.) • **action game** juego de acción • **action movie** película de acción
5 JURÍDICA [C,U] demanda • **file an action** presentar una demanda • **take (legal) action against sb/sth** iniciar/emprender acciones legales contra alguien/algo • **bring an action against sb/sth** presentar una demanda contra alguien/algo
6 MILITAR [C,U] acción, combate(s) • **missing/killed in action** desaparecido -a/muerto -a en combate ▶ **ACT, AFFIRMATIVE ACTION**

EXPRESIONES
actions speak louder than words obras son amores y no buenas razones • **get/want a piece/slice of the action** (*coloq*) sacar tajada/querer sacar tajada

,action-'packed *adj* animado -a, lleno -a de acción

ac·ti·vate /'æktə,veɪt/ *v* [T] **1** (una cuenta, una tarjeta) activar **2** (una alarma, un sistema) activar

ac·ti·va·tion /,æktə'veɪʃən/ *s* [U] **1** (de una cuenta) activación **2** (de una alarma) activación

ac·tive S2 W2 /'æktɪv/ *adj*
1 (persona, animal) activo -a • **remain physically active** mantener la actividad física • **an active lifestyle/life** una forma de vida/una vida activa
2 (mente) activo -a • **an active imagination** una imaginación rica
3 (en un grupo, actividad) activo -a • **be active in sth** participar activamente en algo • **be active in doing sth** desempeñar un papel activo a la hora de hacer algo • **be**

politically **active** militar en política • **be sexually active** mantener relaciones sexuales • **an active member** un miembro/partidario activo • **take/play an active role/ part in sth** desempeñar un papel activo en algo • **take an active interest in sth** interesarse mucho en algo
4 (volcán) activo -a, en actividad

ac·tive·ly /'æktɪvli/ *adv* **1** activamente • **be actively involved in sth** participar activamente en algo **2** enérgicamente, vivamente

ac·tiv·ism /'æktə,vɪzəm/ *s* [U] activismo

ac·tiv·ist[1] W2 /'æktəvɪst/ *s* [C] activista • **an environmental activist** un activista ecológico/una activista ecológica • **a human rights activist** un/una activista de (los) derechos humanos

activist[2] *adj* [solo ante s] activista

ac·tiv·i·ty S2 W1 /æk'tɪvəti/ *s* (pl **activities**)
1 [C gralm pl] (para disfrutar) actividad • **leisure/outdoor activities** actividades recreativas/al aire libre
2 [C,U] (para un fin) actividad • **political/economic activity** actividad política/económica • **criminal/terrorist activity** actividad delictiva/terrorista
3 [U] (cualidad de activo) actividad • **physical/mental activity** actividad física/mental ANT **inactivity**

ac·tor S2 W2 /'æktɚ/ *s* [C] actor, actriz • **a stage/ movie actor** un actor/una actriz de teatro/cine

⚠ La palabra inglesa **actor** puede designar tanto a un actor como a una actriz. Algunas actrices prefieren denominarse **actor** y rechazan el término **actress**.

ac·tress /'æktrɪs/ *s* [C] actriz

ac·tu·al S1 W2 /'æktʃuəl, 'ækʃuəl/ *adj* [solo ante s]
1 real, exacto -a: *a story based on actual events* una historia basada en hechos reales • *I don't know the actual score.* No sé cuál fue el resultado exacto. • *Those were his actual words.* Esas fueron sus palabras textuales. • **in actual fact** en realidad
2 propiamente dicho -a, como tal: *The actual speeches don't start until 8:30.* Los discursos propiamente dichos no empiezan hasta las 8:30. • **the actual day/place** el mismísimo día/lugar

ac·tu·al·i·ty /,æktʃu'æləti/ *s* [C gralm pl, U] (pl **actualities**) (*frml*) realidad • **in actuality** en realidad

ac·tu·al·ly S1 W1 /'æktʃuəli, -tʃəli, 'ækʃuəli, -ʃəli/ *adv*
1 [adv oracional] (*oral*) (para aclarar, opinar, enfatizar) de hecho, en realidad, la verdad es que...: *I've known her for years. Since we were kids, actually.* La conozco desde hace años. De hecho, desde que éramos niños. • *Actually, I don't want to go out tonight.* La verdad es que no quiero salir esta noche.
2 (para contradecir, pedir aclaración) en realidad: *He looks 30, but he's actually 45.* Parece que tiene 30, pero en realidad tiene 45. • *She actually said that?* ¿De verdad que dijo eso?

ac·tu·ar·y /'æktʃu,eri/ *s* [C] (pl **actuaries**) actuario -a (de seguros)

a·cu·men /ə'kyumən, 'ækyəmən/ *s* [U] sagacidad (para los negocios, las finanzas)

ac·u·punc·ture /'ækyə,pʌŋktʃɚ/ *s* [U] acupuntura

ac·u·punc·tur·ist /'ækyə,pʌŋktʃərɪst/ *s* [C] acupunturista

a·cute /ə'kyut/ *adj* **1** grave (problema, dificultad) **2** agudo -a (dolor), profundo -a (desazón, angustia) **3** agudo -a (infección, enfermedad) **4 an acute sense of smell/hearing** un agudo sentido del olfato/un oído muy agudo **5** (*técn*) **an acute angle** un ángulo agudo

a·cute·ly /ə'kyutli/ *adv* sumamente, profundamente

ad S2 W2 /æd/ *s* [C] (*coloq*) aviso, anuncio (publicitario) • **put/place an ad in a newspaper** publicar un aviso/ anuncio en un periódico • **ad agency** agencia publicitaria • **ad campaign** campaña publicitaria ▶ ver nota en **ANUNCIO**

A.D. /,eɪ 'di/ (**Anno Domini**) d. C., d. de C. • **the first/ second century A.D.** el siglo I/II d. C. ▶ **B.C.**

ad·age /'ædɪdʒ/ *s* [C] adagio

ad·a·mant /'ædəmənt/ *adj* (*frml*) firme, inflexible • **be adamant that** estar empeñado -a en que • **be adamant about sth** ser inflexible respecto a algo

ad·a·mant·ly /'ædəməntli/ *adv* categóricamente

Ad·am's ap·ple /'ædəmz ,æpəl/ *s* [C] nuez, manzana de Adán

a·dapt /ə'dæpt/ *v* **1** [I,T] (modificar) adaptar(se) • **adapt (yourself) to sth** adaptarse a algo • **be adapted for sb/sth** estar adaptado -a/acondicionado -a para alguien/ algo **2** [T gralm en pasiva] (una obra) adaptar • **adapt a book/story for television** adaptar un libro/cuento para la televisión

a·dapt·a·bil·i·ty /ə,dæptə'bɪləti/ *s* [U] capacidad de adaptación

a·dapt·a·ble /ə'dæptəbəl/ *adj* adaptable, flexible

ad·ap·ta·tion /,ædəp'teɪʃən, ,ædæp-/ *s* **1** [C] (de una obra) adaptación • **television/film adaptation** adaptación para la televisión/el cine **2** [C,U] (de un ser vivo, una máquina) adaptación

a·dapt·er, adaptor /ə'dæptɚ/ *s* [C] adaptador (para tomas de diferentes clavijas), adaptador (para corriente alterna, continua)

add S1 W1 /æd/ *v*
1 [T] (un ingrediente, una cantidad) agregar, añadir: *Gradually add the flour.* Añada lentamente la harina. • **add sth to sth** añadirle algo a algo
2 [T] (un comentario, un dato) agregar, añadir: *Is there anything you want to add?* ¿Hay algo que quieras agregar? • [+**that**]: *Mike added that his father agreed.* Mike agregó que su padre estaba de acuerdo.
3 [T] (una cualidad) dar, añadir • **add a touch of class/ romance** dar un toque de distinción/romanticismo
4 [I,T] (en matemáticas) sumar • **add sth and sth** sumar algo y algo • **add sth to sth** sumar algo a algo • **add sth together** sumar algo ▶ **SUBTRACT**; **HASTEN to add**
EXPRESIONES
add fuel to sth avivar/encender algo (una polémica, la ira) • **add fuel to the fire/flames** echar leña al fuego • **to add insult to injury** para colmo de males • **add weight to sth** dar mayor peso a algo
add sth ↔ **on** *v+partíc* **1** agregar algo (costos) • [+**to**]: *They added a tip on to the bill.* Agregaron una propina a la cuenta. **2** agregar algo, añadir algo (una habitación, un anexo)
add to sth *v+partíc* aumentar algo
add up *v+partíc* **1 add up** sumar **2 add sth** ↔ **up** sumar algo **3 add up** acumularse, sumar (gradualmente) **4 not add up** no cuadrar (historia, cifras)
add up to sth *v+partíc* dar como resultado algo

add·ed /'ædɪd/ *adj* [solo ante s] adicional: *cereal with added vitamins* cereales enriquecidos con vitaminas

ad·der /'ædɚ/ *s* [C] víbora (serpiente)

ad·dict /'ædɪkt/ *s* [C] **1** adicto -a (a las drogas): *a drug addict* un drogadicto **2** adicto -a (a la televisión, al móvil): *a T.V. addict* un adicto a la televisión

ad·dict·ed /ə'dɪktɪd/ *adj* [nunca ante s] **1** (a una droga) adicto -a • [+**to**]: *addicted to alcohol* adicto al alcohol **2** (a la televisión, al chocolate) adicto -a • [+**to**]: *addicted to video games* adicto -a a los videojuegos

ad·dic·tion /ə'dɪkʃən/ *s* [C,U] **1** (a una droga) adicción: *alcohol addiction* adicción al alcohol • *drug addiction* drogadicción **2** (a la televisión, al chocolate) adicción

ad·dic·tive /ə'dɪktɪv/ *adj* **1** (droga, substancia) adictivo -a • **highly addictive** muy adictivo -a **2** (tb **addicting** (*coloq*)) (juego, entretenimiento) adictivo -a

ad·di·tion S3 W1 /ə'dɪʃən/ *s*
1 [C] **an addition to sth** *a new addition to our range of software* una nueva incorporación a nuestra gama de software • *a new addition to the family* un nuevo miembro en la familia • **a welcome addition** una valiosa adquisición

2 [U] adición (acción)
3 [C] anexo, ampliación
4 [U] suma (en matemáticas) ▶ SUBTRACTION
in addition además • **in addition to sth** además de algo

ad·di·tion·al S3 W2 /ə'dɪʃənəl/ *adj* [solo ante s] adicional

ad·di·tion·al·ly /ə'dɪʃənəli/ *adv* además

ad·di·tive /'ædətɪv/ *s* [C] aditivo

ad·dled /'ædld/ *adj* confuso -a

'add-on *s* [C] accesorio, complemento

ad·dress¹ S1 W2 /ə'drɛs, 'ædrɛs/ *s* [C]
1 dirección, domicilio: *What's your address?* ¿Cuál es su dirección? • **name and address** nombre y dirección • **home address** domicilio particular • **return address** (dirección del) remitente • **change of address** cambio de domicilio • **address book** agenda (de direcciones/teléfonos)
2 dirección (electrónica) • **email address** dirección de correo electrónico • **Web address** (tb **website address**, **Internet address**) dirección web, dirección de Internet • **address book** libreta de direcciones
3 /ə'drɛs/ discurso • **deliver/give an address** pronunciar/dar un discurso ▶ FORWARDING ADDRESS

ad·dress² S2 W2 /ə'drɛs/ *v* [T]
1 ponerle la dirección a • **be addressed to sb** estar dirigido -a a alguien
2 (*frml*) abordar, tratar de dar respuesta a, tratar de encontrarle una solución a • **address a problem/issue** tratar de solucionar un problema/abordar una cuestión
3 dirigirse a, pronunciar un discurso ante
4 **address sb as sth** tratar a alguien de algo, dirigirse a alguien como algo (fórmula de tratamiento)

ad·dress·ee /ˌædrɛ'si, əˌdrɛs'i/ *s* [C] destinatario -a

ad·e·noids /'ædnˌɔɪdz/ *s* [pl] vegetaciones

a·dept /ə'dɛpt/ *adj* experto -a, hábil

a·dept·ly /ə'dɛptli/ *adv* hábilmente

ad·e·quate /'ædəkwɪt/ *adj* **1** adecuado -a (calidad, condiciones) • [+for]: *adequate for our needs* adecuado -a para nuestras necesidades • **be perfectly adequate** cubrir todas las necesidades, servir perfectamente ANT **inadequate** **2** suficiente (cantidad, fondos) • **be adequate to do sth** bastar para hacer algo **3** aceptable, pasable

ad·e·quate·ly /'ædəkwɪtli/ *adv* **1** adecuadamente, suficientemente **2** de manera aceptable

ad·here /əd'hɪr/ *v* [I] (*frml*) adherirse, pegarse SIN **stick** **adhere to sth** *v+partic* (*frml*) respetar/observar algo (un acuerdo, una ley)

ad·her·ence /əd'hɪrəns/ *s* [U] **1** **adherence to principles/beliefs** adhesión a principios/creencias **2** **adherence to rules/resolutions** respeto a normas/resoluciones

ad·he·sion /əd'hiʒən/ *s* [U] adherencia, adhesión

ad·he·sive¹ /əd'hisɪv, -zɪv/ *s* [C] adhesivo

adhesive² *adj* adhesivo -a

ad hoc¹ /ˌæd 'hɑk/ *adj* [gralm ante s] ad hoc • **on an ad hoc basis** según el caso

ad hoc² *adv* ad hoc

ad in·fi·ni·tum /ˌæd ɪnfɪ'naɪtəm/ *adv* (*frml*) indefinidamente

adj. (*abrev escrita de* **adjective**) adj.

ad·ja·cent /ə'dʒeɪsənt/ *adj* contiguo -a, adyacente

ad·jec·ti·val /ˌædʒɪk'taɪvəl‹ / *adj* (*técn*) adjetivo -a, adjetival

ad·jec·ti·val·ly /ˌædʒɪk'taɪvəli/ *adv* como adjetivo

ad·jec·tive /'ædʒɪktɪv, 'ædʒətɪv/ *s* [C] adjetivo

ad·join /ə'dʒɔɪn/ *v* [T] (*frml*) lindar con

ad·join·ing /ə'dʒɔɪnɪŋ/ *adj* [solo ante s] contiguo -a, vecino -a

ad·journ /ə'dʒɜːn/ *v* **(a)** [T] suspender, aplazar (una reunión, un juicio) **(b)** [I] quedar aplazado -a (juicio), levantar la sesión (tribunal): *The meeting adjourned.* Tras la reunión, se levantó la sesión.
adjourn to the bar/living room (*hum*) pasar al bar/a la sala

ad·journ·ment /ə'dʒɜːnmənt/ *s* [C,U] aplazamiento, suspensión

ad·ju·di·cate /ə'dʒudɪˌkeɪt/ *v* (*frml*) **1** [I,T] arbitrar (en un conflicto) **2** [I] actuar como jurado (en un concurso)

ad·ju·di·ca·tion /əˌdʒudɪ'keɪʃən/ *s* [U] **1** arbitraje (en un conflicto) **2** deliberación (en un concurso)

ad·ju·di·ca·tor /ə'dʒudɪˌkeɪtər/ *s* [C] **1** árbitro (en un conflicto) **2** (*frml*) jurado (en un concurso)

ad·junct /'ædʒʌŋkt/ *s* [C] **1** (*frml*) complemento (elemento extra) **2** (*técn*) complemento circunstancial

ad·just S3 W3 /ə'dʒʌst/ *v*
1 [I,T] regular(se), ajustar(se): *How do you adjust the volume?* ¿Cómo se regula el volumen?
2 **(a)** [T] arreglarse (la corbata), ajustarse (el cinturón), acomodarse, ajustarse (los lentes) **(b)** [I] ser ajustable/regulable
3 [I] adaptarse, acostumbrarse • **adjust to sth/to doing sth** adaptarse a algo/a hacer algo
4 [I] acostumbrarse (a la luz) (ojos) ▶ WELL-ADJUSTED

ad·just·a·ble /ə'dʒʌstəbəl/ *adj* regulable, ajustable: *an adjustable spanner* una llave inglesa

ad·just·ment /ə'dʒʌstmənt/ *s* [C,U] **1** ajuste, modificación (de una máquina, un plan) **2** adaptación (de una persona) • **a period of adjustment** un periodo de adaptación

ad·ju·tant /'ædʒətənt/ *s* [C] furriel, ayudante

ad·lib¹ /ˌæd'lɪb/ *adj* improvisado -a

ad·lib² *v* [I,T] (**ad-libbed, ad-libbing**) improvisar

ad·lib³ *s* [C] improvisación

ad·min /'ædmɪn/ *s* [U] administración

ad·min·is·ter /əd'mɪnəstər/ *v* **1** [T] (gestionar) administrar **2** [I,T] (proporcionar) administrar • **administer justice/punishment** administrar justicia/castigos • **administer to sb's needs** satisfacer las necesidades de alguien **3** (*frml*) (un medicamento) administrar

ad·min·is·tra·tion S3 W1 /ədˌmɪnə'streɪʃən/ *s*
1 [C] administración, gobierno: *the Kennedy Administration* la administración Kennedy
2 [U] administración, gestión
3 [C gralm sing] (de una compañía, una institución) administración

ad·min·is·tra·tive W3 /əd'mɪnəˌstreɪtɪv/ *adj* administrativo -a

ad·min·is·tra·tor W3 /əd'mɪnəˌstreɪtər/ *s* [C] administrador -a

ad·mi·ra·ble /'ædmərəbəl/ *adj* admirable

ad·mi·ra·bly /'ædmərəbli/ *adv* admirablemente

ad·mi·ral /'ædmərəl/ *s* [C] almirante

ad·mi·ra·tion /ˌædmə'reɪʃən/ *s* [U] admiración (aprecio) • [+for]: *I have a great admiration for his work.* Siento gran admiración por su trabajo.

ad·mire W3 /əd'maɪr/ *v* [T nunca en forma continua]
1 (apreciar) admirar • **admire sb for sth** admirar a alguien por algo
2 (contemplar) admirar: *We stopped to admire the view.* Paramos para admirar la vista.

ad·mir·er /əd'maɪrər/ *s* [C] admirador -a • **a secret admirer** un admirador secreto/una admiradora secreta

ad·mir·ing /əd'maɪrɪŋ/ *adj* [gralm ante s] **admiring looks** miradas de admiración • **admiring fans** admiradores -as

ad·mir·ing·ly /əd'maɪrɪŋli/ *adv* con admiración

ad·mis·si·bil·i·ty /ədˌmɪsə'bɪləti/ *s* [U] admisibilidad

A

ad·mis·si·ble /ədˈmɪsəbəl/ *adj* admisible ANT **inadmissible**

ad·mis·sion W3 /ədˈmɪʃən/ *s*
1 para un museo, un concierto
2 a un edificio, un recinto
3 en un club, una escuela
4 en un hospital
5 número de personas
6 declaración

1 **PARA UN MUSEO, UN CONCIERTO** [U] entrada • **charge admission** cobrar entrada • **free admission** entrada gratuita • **admission charge/fee** (precio de la) entrada
2 **A UN EDIFICIO, UN RECINTO** [U] entrada, acceso: *No admission after 10 p.m.* Prohibida la entrada después de las 10 de la noche. • **he/she was refused admission** le negaron la entrada
3 **EN UN CLUB, UNA ESCUELA** [U] ingreso, admisión • **admission to a school/university** el ingreso a un colegio/una universidad
4 **EN UN HOSPITAL** [U] ingreso, internación
5 **NÚMERO DE PERSONAS** **admissions** [pl] ingresos, pacientes ingresados (hospitalarios), matrícula (escolar, universitaria)
6 **DECLARACIÓN** [C] reconocimiento, confesión • **by his/your own admission** según él/usted mismo reconoce

ad·mit S2 W2 /ədˈmɪt/ *v* (**admitted, admitting**)
1 un hecho, un error
2 un delito
3 en un lugar
4 en una asociación, un colegio
5 en un hospital
6 en un juicio

1 **UN HECHO, UN ERROR** [I,T] reconocer, admitir • **[+(that)]**: *You have to admit she's good at her job.* Hay que reconocer que hace bien su trabajo. • **admit (to) doing sth** reconocer haber hecho algo: *He'd never admit to being wrong.* Jamás reconocería que está equivocado. • **admit defeat** reconocer la derrota
2 **UN DELITO** [I,T] confesar • **admit to sth** confesar algo • **admit (to) doing sth** confesar haber hecho algo • **admit responsibility** hacerse responsable: *No group has admitted responsibility for the bombing.* Ningún grupo ha reivindicado el atentado. SIN **confess** ANT **deny**
3 **EN UN LUGAR** [T frec en pasiva] permitir la entrada a, dejar entrar • **admit sb to/into sth** dejar entrar a alguien en algo
4 **EN UNA ASOCIACIÓN, UN COLEGIO** [T] admitir • **admit sb to/into sth** admitir a alguien en algo
5 **EN UN HOSPITAL** [T gralm en pasiva] ingresar • **be admitted to hospital** ser ingresado -a en el hospital, ser internado -a en el hospital
6 **EN UN JUICIO** [T] admitir • **admit sth as evidence** admitir algo como prueba

ad·mit·tance /ədˈmɪtⁿns/ *s* [U] (*frml*) entrada, ingreso
▶ ADMISSION

ad·mit·ted·ly /ədˈmɪtɪdli/ *adv* [adv oracional] sin duda: *Admittedly, the technique is painful.* Hay que reconocer que la técnica es dolorosa.

ad·mon·ish /ədˈmɑnɪʃ/ *v* [T] (*frml*) amonestar, reprender

ad nau·se·am /æd ˈnɔziəm/ *adv* hasta la saciedad

a·do /əˈdu/ *s* **without further ado** sin más (preámbulos)

a·do·les·cence /ˌædlˈɛsəns/ *s* [U] adolescencia

ad·o·les·cent¹ /ˌædlˈɛsənt/ *s* [C] adolescente

adolescent² *adj* adolescente • **adolescent girls/boys** adolescentes

a·dopt S3 W2 /əˈdɑpt/ *v*
1 [I,T] (a un niño) adoptar
2 [T] (un enfoque, una costumbre) adoptar
3 [T] aprobar (por votación)

a·dopt·ed /əˈdɑptɪd/ *adj* **1** adoptado -a, adoptivo -a (niño) **2** [solo ante s] de adopción, adoptivo -a (país)

a·dop·tion /əˈdɑpʃən/ *s* [C,U] adopción • **put/give sb up for adoption** dar a alguien en adopción

a·dop·tive /əˈdɑptɪv/ *adj* adoptivo -a (padres, familia)

a·dor·a·ble /əˈdɔrəbəl/ *adj* adorable, encantador -a

ad·o·ra·tion /ˌædəˈreɪʃən/ *s* [U] adoración (amor)

a·dore /əˈdɔr/ *v* [T nunca en forma continua] **1** adorar, querer con locura **2** (*coloq*) (indicando gustos) *Tom adores reading.* A Tom le encanta leer.

a·dor·ing /əˈdɔrɪŋ/ *adj* [solo ante s] lleno -a de adoración

a·dor·ing·ly /əˈdɔrɪŋli/ *adv* con adoración

a·dorn /əˈdɔrn/ *v* [T gralm en pasiva] (*frml*) adornar, decorar

a·dorn·ment /əˈdɔrnmənt/ *s* [C,U] (*frml*) adorno

a·dren·a·line, **adrenalin** /əˈdrɛnl-ɪn/ *s* [U] adrenalina

a·drift /əˈdrɪft/ *adj*, *adv* [nunca ante s] a la deriva • **cast/set a boat adrift** dejar un barco a la deriva

a·droit /əˈdrɔɪt/ *adj* hábil, diestro -a

a·droit·ly /əˈdrɔɪtli/ *adv* hábilmente

a·droit·ness /əˈdrɔɪtnɪs/ *s* [U] habilidad, destreza

ad·u·la·tion /ˌædʒəˈleɪʃən/ *s* [U] adulación

ad·u·la·to·ry /ˈædʒələˌtɔri/ *adj* adulador -a

a·dult¹ S3 W2 /əˈdʌlt, ˈædʌlt/ *s* [C] adulto -a

adult² W3 *adj*
1 [solo ante s] (persona, animal) adulto -a: *40% of the adult population* el 40 por ciento de la población adulta • **sb's adult life** la edad adulta de alguien
2 (comportamiento) adulto -a, maduro -a • **[+about]**: *Let's try and be adult about this.* Vamos a tratar esto como adultos.
3 [solo ante s] (película, revista) para adultos

a,dult edu'cation *s* [U] educación de adultos

a·dul·ter·ate /əˈdʌltəˌreɪt/ *v* [T] adulterar

a·dul·te·ra·tion /əˌdʌltəˈreɪʃən/ *s* [U] adulteración

a·dul·ter·ous /əˈdʌltərəs/ *adj* adúltero -a

a·dul·ter·y /əˈdʌltəri/ *s* [U] adulterio

a·dult·hood /əˈdʌlthʊd/ *s* [U] edad adulta, adultez

adv. (*abrev escrita de* **adverb**) adv.

ad·vance¹ W2 /ədˈvæns/ *v*
1 [I] (vehículo, tropas) avanzar • **advance toward sth/sb** avanzar hacia algo/alguien • **advance across/through sth** avanzar a través de/por algo • **advance on sth** avanzar sobre algo
2 (ciencia, tecnología) **(a)** [I] avanzar **(b)** [T] desarrollar
3 [T] promover (una causa, intereses)
4 [T] (*frml*) postular (una teoría), proponer (una idea, un argumento)
5 [T] (dinero) **advance sb some money/$1,000** adelantarle dinero/1.000 dólares a alguien

advance² S3 W3 *s*
1 [C] (de la ciencia) avance • **a technological/medical advance** un avance tecnológico/médico • **[+in]**: *a major advance in the treatment of cancer* un avance importante en el tratamiento del cáncer • **make an advance** realizar un avance
2 [C] (de tropas) avance • **[+on]**: *the army's advance on the capital* el avance del ejército sobre la capital ANT **retreat**
3 [C gralm sing] adelanto, anticipo • **[+on]**: *an advance on your salary* un adelanto del sueldo
4 **advances** [pl] insinuaciones (sexuales)
EXPRESIONES
in advance por adelantado, con anticipación • **well in advance** con mucha anticipación • **days/months in advance** días/meses antes

advance³ *adj* [solo ante s] previo -a, anticipado -a • **advance planning/warning/notice** planificación previa/advertencia previa/aviso previo
EXPRESIONES
an advance copy ejemplar de un libro, copia de un disco,

etc. que aún no ha salido a la venta y se distribuye con fines promocionales • **an advance payment** un adelanto, un anticipo

ad•vanced S3 W3 /əd'vænst/ *adj*
1 (equipo, tecnología) avanzado -a
2 (país, sociedad) avanzado -a
3 (nivel, curso) avanzado -a
4 **be advanced in years** ser de edad avanzada

ad•vance•ment /əd'vænsmənt/ *s* [C,U] (*frml*) progreso, desarrollo • [+**in**]: *advancements in medicine* progresos de la medicina

ad•van•tage S2 W2 /əd'væntɪdʒ/ *s* [C,U]
1 (superioridad) ventaja • **have an advantage (over sb)** tener ventaja (sobre alguien) • **give sb an advantage** darle (una) ventaja a alguien • **be at an advantage** tener ventaja, estar en situación de ventaja • **be to sb's advantage** favorecer a alguien, ser ventajoso -a para alguien
2 (aspecto favorable) ventaja • [+**of**]: *the advantages and disadvantages of living in a city* las ventajas y desventajas de la vida en la ciudad
3 (en tenis) ventaja • **advantage sb** ventaja (para) alguien

EXPRESIONES
show sb/sth (off) to good advantage hacer que alguien/algo luzca en todo su esplendor: *The dress showed off her figure to good advantage.* El vestido le permitía lucir su silueta. • **take advantage of sb** aprovecharse de alguien • **take advantage of sb's kindness/generosity** aprovecharse de la amabilidad/generosidad de alguien • **take advantage of sth** aprovechar algo

ad•van•ta•geous /ˌædvæn'teɪdʒəs, -vən-/ *adj* ventajoso -a, favorable

ad•vent /'ædvent/ *s* 1 **the advent of sth** el advenimiento de algo, la llegada de algo 2 **Advent** adviento

ad•ven•ture W3 /əd'ventʃɚ/ *s* [C,U] aventura(s): *a young man looking for adventure* un joven en busca de aventuras

ad•ven•tur•er /əd'ventʃərɚ/ *s* [C] aventurero -a

ad•ven•tur•ous /əd'ventʃərəs/ (tb **ad•ven•ture•some** /əd'ventʃɚsəm/) *adj* 1 audaz, intrépido -a 2 lleno -a de aventuras

ad•verb /'ædvɚb/ *s* [C] adverbio

ad•ver•bi•al /əd'vɚbiəl/ *adj* (*técn*) adverbial

ad•ver•sar•y /'ædvɚˌseri/ *s* [C] (pl **adversaries**) (*frml*) adversario -a, rival

ad•verse /əd'vɚs, æd-, 'ædvɚs/ *adj* [solo ante s]
1 (publicidad, críticas) adverso -a, negativo -a • **an adverse effect/impact** un efecto/impacto adverso
2 (condiciones meteorológicas) adverso -a, desfavorable

ad•verse•ly /əd'vɚsli, æd-, 'ædvɚsli/ *adv* negativamente

ad•ver•si•ty /əd'vɚsəti, æd-/ *s* [C,U] (pl **adversities**) adversidad

ad•ver•tise /'ædvɚˌtaɪz/ *v* 1 (un producto, un servicio) **(a)** [T] publicitar, promocionar, anunciar • **advertise sth on television/in a newspaper** publicitar algo en televisión/en un periódico, poner un aviso/anuncio de algo en televisión/en un periódico **(b)** [I] hacer publicidad 2 (un concierto, una oferta de empleo) **(a)** [T] anunciar **(b)** [I] **advertise for sth** poner un anuncio pidiendo algo

EXPRESIONES
advertise the fact that hacer público (el hecho de) que, revelar que

ad•ver•tise•ment /ˌædvɚ'taɪzmənt/ *s* [C] aviso, anuncio (publicitario): *a job advertisement* un anuncio de empleo • **an advertisement for sth** un anuncio/una publicidad de algo ▶ ver nota en ANUNCIO

ad•ver•tis•er /'ædvɚˌtaɪzɚ/ *s* [C] anunciante

ad•ver•tis•ing S3 W2 /'ædvɚˌtaɪzɪŋ/ *s* [U] publicidad • **television/radio/newspaper advertising** publicidad en televisión/radio/prensa • **advertising agency** agencia de publicidad • **advertising campaign** campaña publicitaria

ad•vice S3 W2 /əd'vaɪs/ *s* [U] consejo(s): *a piece of advice* un consejo • [+**on/about**]: *I need some advice about buying a house.* Necesito que me asesoren sobre la compra de una vivienda. • **give sb advice** dar consejos a alguien, aconsejar a alguien • **ask (sb) for advice** pedir consejo (a alguien) • **follow/take sb's advice** seguir el consejo/los consejos de alguien • **legal/financial/medical advice** asesoramiento legal/financiero/médico

⚠ **Advice** es un sustantivo incontable:
He asked for my advice (✗ *advices*).
She gave him some advice (✗ *an advice*).

ad•vis•a•bil•i•ty /ədˌvaɪzə'bɪləti/ *s* **the advisability of (doing) sth** la conveniencia de (hacer) algo

ad•vis•a•ble /əd'vaɪzəbəl/ *adj* [nunca ante s] (*frml*) aconsejable ANT **inadvisable**

ad•vise W3 /əd'vaɪz/ *v*
1 [I,T] aconsejar • **advise sb to do sth** aconsejarle a alguien que haga algo: *The doctor advised her to lose weight.* El médico le aconsejó que bajara de peso. • **advise that sb does sth** recomendar que alguien haga algo: *We strongly advise that you take out travel insurance.* Le recomendamos enérgicamente que contrate un seguro de viaje.
2 [I,T] asesorar • **advise (sb) on sth** asesorar (a alguien) sobre algo: *He advises them on financial matters.* Los asesora en asuntos financieros.
3 [T] (*frml*) informar, notificar • **advise sb of sth** informar a alguien de algo, notificarle algo a alguien • **advise sb that** informar a alguien de que • **keep sb advised of sth** mantener a alguien informado -a de algo

ad•vis•er W3, **advisor** /əd'vaɪzɚ/ *s* [C] asesor -a: *a financial adviser* un asesor financiero/una asesora financiera

ad•vi•so•ry¹ /əd'vaɪzəri/ *adj* consultivo -a, asesor -a: *advisory service* servicio de asesoramiento • **in an advisory capacity/role** en calidad de asesor -a

advisory² *s* [C] (pl **advisories**) advertencia (oficial)

ad•vo•ca•cy /'ædvəkəsi/ *s* [U] defensa, promoción

ad•vo•cate¹ /'ædvəˌkeɪt/ *v* [T] abogar por

ad•vo•cate² W3 /'ædvəkət, -ˌkeɪt/ *s* [C]
1 defensor -a, partidario -a
2 (*frml*) abogado -a ▶ **play/be (the)** DEVIL**'s advocate** ▶ ver nota en ABOGADO

aer•ate /'ɛreɪt/ *v* [T] (*técn*) 1 carbonatar, gasificar 2 airear (el suelo)

aer•i•al /'ɛriəl/ *adj* [solo ante s] aéreo -a

aer•o•bat•ics /ˌɛrə'bætɪks/ *s* [pl] acrobacia aérea (en avión)

ae•ro•bic /ə'roʊbɪk, ɛ-/ *adj* aeróbico -a

ae•ro•bics /ə'roʊbɪks, ɛ-/ *s* [U] aerobics

aer•o•dy•nam•ic /ˌɛroʊdaɪ'næmɪk◂/ *adj* aerodinámico -a

aer•o•dy•nam•ics /ˌɛroʊdaɪ'næmɪks/ *s* [pl] aerodinámica

aer•o•nau•tics /ˌɛrə'nɔtɪks, -'nɑ-/ *s* [U] aeronáutica

aer•o•plane /'ɛrəˌpleɪn/ , *s* [C] variante británica de AIRPLANE

aer•o•sol /'ɛrəˌsɔl, -ˌsɑl/ *s* [C] aerosol (envase)

aer•o•space /'ɛroʊˌspeɪs/ *adj* [solo ante s] aeroespacial: *the aerospace industry* la industria aeroespacial

aes•thete, **esthete** /'ɛsθit/ *s* [C] (*frml*) esteta

aes•thet•ic¹, **esthetic** /ɛs'θɛtɪk, ɪs-/ *adj* estético -a

aesthetic², **esthetic** *s* [C] (*frml*) estética

aes•thet•i•cally, **esthetically** /ɛs'θɛtɪkli, ɪs-/ *adv* estéticamente

aes•thet•ics, **esthetics** /ɛs'θɛtɪks, ɪs-/ *s* (*frml*) [sing] estética

a•far /ə'fɑr/ *adv* **from afar** (*liter*) desde lejos

af·fa·ble /ˈæfəbəl/ *adj* afable

af·fair ⓦ2 /əˈfɛr/ *s*
1 affairs [pl] (sociales, políticos) asuntos • **international/ world affairs** asuntos internacionales • **current affairs** temas de actualidad • **internal/domestic affairs** asuntos internos/nacionales • **foreign affairs** asuntos exteriores
2 affairs [pl] (personales) asuntos • **sb's private affairs** los asuntos personales de alguien • **sb's financial affairs** las finanzas de alguien
3 [C] (escándalo) caso, asunto • **the Watergate/Enron affair** el caso Watergate/Enron
4 [C] (relación amorosa) affaire, aventura • **have an affair (with sb)** tener una aventura/un affaire (con alguien) ▶ LOVE AFFAIR, PUBLIC AFFAIRS
EXPRESIONES
it's my/her (own) affair es asunto mío/de ella

af·fect ⓢ2 ⓦ2 /əˈfɛkt/ *v* [T]
1 (tener efecto sobre) afectar: *The disease affects the central nervous system.* La enfermedad afecta al sistema nervioso central. • **badly/adversely affect sb/sth** afectar gravemente/negativamente a alguien/algo • **worst affected** más afectado -a
2 (emocionalmente) afectar • **be deeply/profoundly affected** *We were all deeply affected by her death.* Su muerte nos afectó profundamente a todos.
3 fingir

af·fec·ta·tion /ˌæfɛkˈteɪʃən/ *s* [C,U] afectación

af·fect·ed /əˈfɛktɪd/ *adj* afectado -a, fingido -a (risa, voz)

af·fec·tion /əˈfɛkʃən/ *s* **1** [C,U] cariño, afecto: *Their father never showed them much affection.* Su padre nunca les demostró mucho cariño. **2 sb's affections** el corazón de alguien • **toy with sb's affections** jugar con los sentimientos de alguien

af·fec·tion·ate /əˈfɛkʃənɪt/ *adj* cariñoso -a, afectuoso -a

af·fec·tion·ate·ly /əˈfɛkʃənɪtli/ *adv* cariñosamente, afectuosamente

af·fi·da·vit /ˌæfəˈdeɪvɪt/ *s* [C] (*jur*) declaración jurada • **sign an affidavit** firmar una declaración jurada

af·fil·i·ate¹ /əˈfɪliɪt, -ˌeɪt/ *s* [C] filial, (compañía) subsidiaria

af·fil·i·ate² /əˈfɪliˌeɪt/ *v* **(a)** [I] **affiliate with/to sth** afiliarse a algo **(b)** [T gralm en pasiva] **be affiliated with/to sth** estar afiliado -a a algo

af·fil·i·a·tion /əˌfɪliˈeɪʃən/ *s* **1** [C,U] filiación (política, religiosa) **2** [U] afiliación, integración

af·fin·i·ty /əˈfɪnəti/ *s* [C,U] (pl **affinities**) afinidad

af·firm /əˈfɜm/ *v* [T] (*frml*) **1** confirmar • **affirm that** confirmar que **2** reafirmar (una creencia, etc.)

af·fir·ma·tion /ˌæfɜˈmeɪʃən/ *s* [C,U] (*frml*) **1** aseveración **2** confirmación

af·firm·a·tive¹ /əˈfɜmətɪv/ *adj* (*frml*) afirmativo -a

affirmative² *s* **answer/reply in the affirmative** responder afirmativamente

af·firmative 'action *s* [U] discriminación positiva

af·fix¹ /əˈfɪks/ *v* [T] (*frml*) colocar, pegar (un sello, una etiqueta)

af·fix² /ˈæfɪks/ *s* [C] afijo

af·flict /əˈflɪkt/ *v* [T frec en pasiva] (*frml*) aquejar

af·flic·tion /əˈflɪkʃən/ *s* [C,U] (*frml*) mal, dolencia

af·flu·ence /ˈæfluəns/ *s* [U] prosperidad, bienestar económico

af·flu·ent /ˈæfluənt/ *adj* próspero -a, opulento -a

af·ford ⓢ2 ⓦ2 /əˈfɔrd/ *v* [T]
1 (económicamente) **can/can't afford sth** *I can't afford the rent.* No puedo pagar el alquiler. • *She loved the shoes, but she couldn't afford them.* Le encantaban los zapatos, pero no podía darse el lujo de comprarlos. • **can/can't afford to do sth** *Most people can't afford to buy a new car.* La mayoría de la gente no tiene para comprarse un carro nuevo.
2 (por la reputación, el tiempo disponible) **can/can't**

afford sth *No politician can afford that kind of scandal.* Ningún político puede permitirse un escándalo de esa clase. • **can/can't afford to do sth** *We can't afford to wait.* No podemos darnos el lujo de esperar.
3 (*frml*) brindar, ofrecer

⚠ En el sentido de "poder permitirse el lujo de hacer algo", **afford** va seguido del infinitivo con to:
I cannot afford to pay (✗ paying) the rent.

af·ford·a·ble /əˈfɔrdəbəl/ *adj* accesible, asequible

af·fray /əˈfreɪ/ *s* [C,U] (*jur*) altercado, reyerta

af·front¹ /əˈfrʌnt/ *s* [C gralm sing] afrenta

affront² *v* [T gralm en pasiva] (*frml*) ofender

Af·ghan¹ /ˈæfgæn/ *s* **1** [C] (persona) afgano -a **2** [C] (tb **Afghan hound**) (perro) afgano **3** [U] (idioma) afgano

Afghan² *adj* afgano -a

Af·ghan·is·tan /æfˈgænəˌstæn/ Afganistán

a·fi·cio·na·do /əˌfɪʃəˈnɑdoʊ/ *s* [C] (pl **aficionados**) aficionado -a

a·field /əˈfild/ *adv* **far afield** muy lejos

a·float /əˈfloʊt/ *adj* [nunca ante s] a flote • **stay afloat** mantenerse a flote

a·foot /əˈfʊt/ *adj* [nunca ante s] **sth is/was afoot** se está/estaba planeando algo, se está/estaba tramando algo

a·fore·men·tioned /ˈæfɚˌmɛnʃənd, əˈfɔr-/ *adj* [solo ante s] (*jur*) antedicho -a, (anteriormente) mencionado -a

a·fraid ⓢ1 ⓦ2 /əˈfreɪd/ *adj* [nunca ante s]
1 (con miedo) asustado -a • **be afraid** estar asustado -a, tener miedo • **be afraid of sth/sb** tenerle miedo a algo/alguien: *She's afraid of spiders.* Les tiene miedo a las arañas. • **be afraid of doing sth/to do sth** tener miedo de hacer algo ▶ Se usa **be afraid of doing sth** para expresar el miedo a lo que te pueda pasar, y **be afraid to do sth** para expresar el miedo a realizar una acción, por ejemplo: *We were afraid of getting lost.* Teníamos miedo de perdernos. • *I was afraid to go back into the house.* Tenía miedo de volver a entrar en la casa. • **be afraid (that)** tener miedo de que • **be afraid for your life/your safety** temer por su vida/su seguridad
2 (reacio) **not be afraid of sth/to do sth** no tener miedo de algo/de hacer algo: *She isn't afraid of hard work.* No le asusta el trabajo duro.
EXPRESIONES
I'm afraid (*oral*) *That's the most we can offer you, I'm afraid.* Lo siento, pero es lo más que podemos ofrecerle. • **I'm afraid (that)** me temo que, lo siento, pero: *I'm afraid you'll just have to wait.* Me temo que va a tener que esperar. • **(I'm) afraid so** (*oral*) me temo que sí • **(I'm) afraid not** (*oral*) me temo que no

a·fresh /əˈfrɛʃ/ *adv* (*frml*) • **start/begin afresh** empezar de nuevo, empezar de/desde cero

Af·ri·ca /ˈæfrɪkə/ África

Af·ri·can¹ /ˈæfrɪkən/ *adj* africano -a

African² *s* [C] africano -a

African A'merican *s* [C] afroamericano -a

African-A'merican *adj* afroamericano -a

Af·ro /ˈæfroʊ/ *s* [C] (peinado) afro

aft¹ /æft/ *adj* (*técn*) de popa

aft² *adv* (*técn*) en popa, a popa

af·ter¹ ⓢ1 ⓦ1 /ˈæftɚ/ *prep*
1 EN EL TIEMPO después de: *I go swimming every day after work.* Voy a nadar todos los días después del trabajo. • *Could you call again after 6 o'clock?* ¿Podría volver a llamar después de las 6? • **the morning after the election** la mañana siguiente a las elecciones • **after doing sth** después de hacer algo: *After leaving school, he worked in a restaurant.* Después de dejar el colegio, trabajó en un restaurante. • **three weeks/four years after sth** tres semanas/cuatro años después de algo • **the**

day **after** tomorrow/the week **after** next pasado mañana/dentro de dos semanas • **after a while** después de un rato ᴬᴺᵀ **before**

2 **EN UNA SECUENCIA** después de: *Y comes after X in the alphabet.* La Y va después de la X en el abecedario. • *I go first and you're after me.* Yo voy primero y tú después. ᴬᴺᵀ **before**

3 **EN UN RECORRIDO** después de: *Turn left after the supermarket.* Gire a la izquierda después del supermercado.

4 **SIGUIENDO A ALGUIEN** detrás de, tras: *I ran after her.* Corrí tras ella. • *Go after him and apologize.* Síguelo y pídele disculpas.

5 **INDICANDO BÚSQUEDA** be after sth/sb andar tras algo/alguien, estar buscando algo/a alguien: *The police are after him for fraud.* La policía anda tras él por fraude.

6 **A PESAR DE** después de: *after all I've done for you* después de todo lo que he hecho por ti

7 **INDICANDO ORIGEN DEL NOMBRE** *His name is Harold, after his grandfather.* Se llama Harold como su abuelo.

8 **AL DECIR LA HORA** *The movie starts at a quarter after seven.* La película empieza a las siete y cuarto.
▶ **TAKE after**

EXPRESIONES
after all **(a)** al final, finalmente: *It didn't rain after all.* Al final no llovió. **(b)** al fin y al cabo, después de todo: *You shouldn't be upset – after all, you asked him to leave.* No deberías estar disgustada; al fin y al cabo, tú le dijiste que se fuera. • **after you** (*oral*) usted primero • **day after day/year after year** día tras día/año tras año • **one after another** (tb **one after the other**) uno tras otro/una tras otra

after² S1 W1 *conj* después de (que): *I arrived after he left.* Llegué después de que él se fuera. • **two days/three weeks after he/she did sth** dos días/tres semanas después de que hizo algo

after³ S2 W3 *adv* después (en el tiempo) • **soon/shortly/not long after** poco (tiempo) después, al poco rato: *He died soon after.* Murió poco tiempo después. • **the day/year after** el día/año siguiente, al día/año siguiente: *Pat arrived on Monday, and I got here the day after.* Pat llegó el lunes y yo, al día siguiente. SIN **afterward**

af·ter·birth /'æftɚ͵bɜθ/ *s* [U] placenta

af·ter·ef·fect /'æftɚ͵ɛkt/ *s* [C gralm pl] efecto secundario (de un medicamento), secuela (de una enfermedad)

af·ter·life /'æftɚ͵laɪf/ *s* [sing] más allá, vida después de la muerte

af·ter·math /'æftɚ͵mæθ/ *s* [sing] secuelas (de una guerra, una catástrofe) • **in the aftermath of sth** en el periodo posterior a algo

af·ter·noon S1 W2 /͵æftɚ'nun◂/ *s* [C,U] tarde (entre el mediodía y el atardecer): *It was a hot summer's afternoon.* Era una tarde calurosa de verano. • **on Monday/Tuesday afternoon** el lunes/martes por la tarde, lunes/martes en la tarde • **this afternoon** esta tarde • **in the afternoon** por/en la tarde

af·ter·shave /'æftɚ͵ʃeɪv/ (tb **'aftershave ͵lotion**) *s* [U] loción para después de afeitarse

af·ter·taste /'æftɚ͵teɪst/ *s* [C gralm sing] regusto, gusto • **have a bitter aftertaste** dejar un (re)gusto amargo

af·ter·thought /'æftɚ͵θɔt/ *s* [C gralm sing] idea de último momento, añadido de último momento • **as an afterthought** *As an afterthought, he said I could come too.* En el último momento, dijo que yo también podía ir.

af·ter·ward S2 /'æftɚwɚd/ *adv* después (en el tiempo): *They had dinner, and afterward they went to a movie.* Comieron y después fueron al cine. • **soon/shortly afterward** poco (tiempo) después • **five years/six months afterward** cinco años/seis meses después

a·gain S1 W1 /ə'gɛn/ *adv*
1 (una vez más) otra vez, de nuevo: *I'd like to see that*

movie again. Me gustaría ver esa película otra vez. • *Can you call again later?* ¿Puede volver a llamar más tarde?
2 (en el estado anterior) otra vez, de nuevo: *It's great to have you home again.* Es fantástico que estés de nuevo en casa. • *She had been ill, but now she was well again.* Había estado enferma, pero ya estaba recuperada.
▶ but THEN **(again)**, (every) NOW and again, OVER and over **(again)**

EXPRESIONES
again and again una y otra vez • **as much again** otro tanto • **as many again** otros tantos/otras tantas • **(but) then/there again** (*oral*) pero bueno

a·gainst S1 W1 /ə'gɛnst/ *prep* ▶ **against** también forma parte de numerosas construcciones con verbos y sustantivos, como **vote against sth, a campaign against sth** o **against sb's wishes**, que figuran bajo la entrada correspondiente.

1 indicando oposición, ataque
2 indicando infracción, desafío
3 indicando contacto
4 indicando dirección contraria
5 indicando comparación
6 indicando protección

1 **INDICANDO OPOSICIÓN, ATAQUE** contra, en contra de: *They voted against the proposal.* Votaron en contra de la propuesta. • *the war against the rebels* la guerra contra los rebeldes • *serious accusations against the president* graves acusaciones contra el presidente • *crimes against humanity* delitos de lesa humanidad • **a law/rule against sth** una ley/norma que prohíbe algo
2 **INDICANDO INFRACCIÓN, DESAFÍO** contra, en contra de: *It's against my principles to borrow money.* Pedir dinero prestado va contra mis principios. • *Martin made the trip against the advice of his doctor.* Martin viajó en contra del consejo de su médico. • **be against the law** ser ilegal • **be against the rules** ir contra las normas, estar prohibido -a
3 **INDICANDO CONTACTO** contra, en: *the sound of the rain against my window* el ruido de la lluvia en la ventana • *He was leaning against a tree.* Estaba apoyado contra un árbol.
4 **INDICANDO DIRECCIÓN CONTRARIA** contra: *We had to sail against the wind.* Tuvimos que navegar contra el viento. ᴬᴺᵀ **with**
5 **INDICANDO COMPARACIÓN** frente a: *The pound has fallen 2% against the dollar.* La libra ha bajado un 2% frente al dólar.
6 **INDICANDO PROTECCIÓN** contra: *protection against the sun's rays* protección contra los rayos solares

EXPRESIONES
be/come up against sth tener que enfrentarse a/con algo • **have nothing against sb/sth** no tener nada en contra de alguien/algo • **have something against sb/sth** tener algo en contra de alguien/algo

age¹ S1 W1 /eɪdʒ/ *s*
1 [C,U] (años vividos) edad: *people of all ages* personas de todas las edades • *She's the same age as me.* Tiene la misma edad que yo. • [+of]: *The average age of the students is 18.* La edad promedio de los alumnos es de 18 años. • **at the age of 5/60** (tb **at age 5/60**) a los 5/60 años, a la edad de 5/60 años • **be 5/60 years of age** tener 5/60 años (de edad) • **at/from an early age** a/desde temprana edad, siendo/desde muy pequeño -a • **at my/her age** a mi/su edad • **under/over the age of 5/80** menor/mayor de 5/80 años • **for sb's age** para la edad de alguien: *Anne's very tall for her age.* Anne está muy alta para su edad. • **of your own age** de su (misma) edad: *Kids need friends of their own age.* Los niños necesitan amigos de su edad.
2 [C,U] (de un objeto, un edificio) antigüedad, edad: *The buildings are around the same age.* Los edificios tienen más o menos la misma edad.
3 [C,U] época, etapa (de la vida) • **a difficult/awkward age** una etapa difícil, una edad difícil
4 [U] (vejez) la edad, los años • **with age** con/por la edad, con/por los años • **show signs of age** mostrar el paso del tiempo

5 [C gralm sing] (de la historia) era, edad: *the modern age* la era moderna • [+**of**]: *the age of the Enlightenment* la era de la Ilustración
6 ages [pl] (*coloq*) siglos, años • **for ages** *I haven't seen her for ages.* Hace siglos que no la veo. • **take ages** *It takes ages to get there.* Se tarda años en llegar. ▶ **in this DAY and age**, **GOLDEN AGE**

EXPRESIONES
come of age (a) alcanzar la madurez (b) alcanzar la mayoría de edad • **be under age** ser menor de edad

age² S3 W2 *v* (**aging**)
1 [I,T] (de aspecto) envejecer, avejentar(se) • **she/he has aged well** se conserva bien
2 [I] (de edad) envejecer
3 [I,T] madurar(se) (queso), envejecer (vino)

'age ,bracket *s* [C] grupo etario, franja de edad

aged¹ /eɪdʒd/ *adj* **aged 5/65** de 5/65 años • **aged between 5 and 10/15 and 20** de entre 5 y 10/15 y 15/20 años de edad

ag·ed² /'eɪdʒɪd/ *adj* (a) [solo ante s] anciano -a (b) **the aged** [usado como s pl] los ancianos, las personas mayores

'age group *s* [C] grupo etario, franja de edad

age·ism /'eɪˌdʒɪzəm/ *s* [U] discriminación por razón de edad

age·less /'eɪdʒlɪs/ *adj* **1** eternamente joven, clásico -a **2** (*liter*) eterno -a, intemporal

a·gen·cy S3 W1 /'eɪdʒənsi/ *s* [C] (pl **agencies**)
1 (organismo) agencia
2 (empresa) agencia • **an advertising/employment agency** una agencia de publicidad/de empleo ▶ **NEWS AGENCY, TRAVEL AGENCY**

EXPRESIONES
by/through the agency of sb/sth (*frml*) por medio de alguien/algo

a·gen·da S3 W2 /ə'dʒendə/ *s* [C] (pl **agendas**)
1 orden del día (de una reunión) • **on the agenda** en el orden del día
2 agenda, programa (de asuntos, proyectos) • **on the/ sb's agenda** *Recycling should be on the agenda.* El reciclado debería figurar en la agenda. • **be high on the agenda** ser una prioridad • **set an agenda** establecer un programa/una lista de prioridades
3 objetivos (preestablecidos)

a·gent W1 /'eɪdʒənt/ *s* [C]
1 (de una empresa) representante, agente • **an agent for sb** un representante de alguien
2 (de un artista, un deportista) representante, manager • **a literary agent** un agente literario/una agente literaria
3 (del servicio secreto, la policía) agente • **an undercover/secret agent** un agente secreto/una agente secreta ▶ **FREE AGENT, PRESS AGENT, REAL ESTATE AGENT**

,age-'old *adj* [solo ante s] antiquísimo -a, secular

ag·gra·vate /'ægrəˌveɪt/ *v* [T] **1** agravar • **aggravate the situation** agravar la situación **2** (*coloq*) irritar, exasperar

ag·gra·vat·ing /'ægrəˌveɪtɪŋ/ *adj* irritante, exasperante

ag·gra·va·tion /ˌægrə'veɪʃən/ *s* **1** [U] irritación, exasperación **2** [C,U] molestia(s) **3** [U] agravamiento, empeoramiento

ag·gre·gate /'ægrɪgɪt/ *s* **1** [sing, U] total • **in the aggregate** en total **2** [C,U] (*técn*) árido(s), agregado(s) (en la construcción)

ag·gres·sion /ə'greʃən/ *s* [C,U] **1** agresividad • **aggression toward sb** agresividad hacia alguien **2** agresión • **an act of aggression** una agresión, un acto de agresión

ag·gres·sive S3 W3 /ə'gresɪv/ *adj*
1 (niño, perro) agresivo -a: *aggressive behavior* comportamiento agresivo
2 (ejecutivo, vendedor) agresivo -a: *an aggressive marketing campaign* una campaña de mercadeo agresiva

ag·gres·sive·ly /ə'gresɪvli/ *adv* agresivamente

ag·gres·sive·ness /ə'gresɪvnɪs/ *s* [U] agresividad

ag·gres·sor /ə'gresə/ *s* [C] (*frml*) agresor -a

ag·grieved /ə'griːvd/ *adj* **1** ofendido -a, agraviado -a **2** (*jur*) perjudicado -a

a·ghast /ə'gæst/ *adj* [nunca ante s] horrorizado -a, pasmado -a

ag·ile /'ædʒəl, 'ædʒaɪl/ *adj* ágil

a·gil·i·ty /ə'dʒɪləti/ *s* [U] agilidad

ag·ing¹ /'eɪdʒɪŋ/ *adj* [solo ante s] entrado -a en años (persona), envejecido -a (población), anticuado -a, vetusto -a (maquinaria)

aging² *s* [U] envejecimiento

ag·i·tate /'ædʒəˌteɪt/ *v* **1** [I] luchar, hacer campaña • **agitate for sth** luchar por algo **2** [T] (*frml*) alterar, poner nervioso -a

ag·i·tat·ed /'ædʒəˌteɪtɪd/ *adj* alterado -a, nervioso -a

ag·i·ta·tion /ˌædʒə'teɪʃən/ *s* [U] alteración, agitación

ag·i·ta·tor /'ædʒəˌteɪtə/ *s* [C] (*peyor*) agitador -a

ag·nos·tic /æg'nɑstɪk, əg-/ *s* [C], *adj* agnóstico -a

ag·nos·ti·cism /æg'nɑstəˌsɪzəm, əg-/ *s* [U] agnosticismo

a·go S1 W1 /ə'goʊ/ *adv* **5 minutes/an hour/20 years ago** hace 5 minutos/una hora/20 años: *We met two years ago in New York.* Nos conocimos hace dos años en Nueva York. • **a long time ago** (tb **long ago** (*liter*)) hace mucho tiempo: *It all happened a very long time ago.* Todo sucedió hace muchísimo tiempo. • **not long ago** no hace mucho, hace poco: *I saw her not long ago.* La vi no hace mucho. • **as long ago as** ya en, allá por: *We knew about this disease as long ago as 1975.* Ya en 1975 sabíamos de esta enfermedad. • **a minute/moment ago** hace un momento • **some time ago** hace un tiempo

a·gog /ə'gɑg/ *adj* [nunca ante s] en ascuas, intrigadísimo -a: *He was agog with curiosity.* Se moría de curiosidad. • *We were all agog to hear more.* Estábamos ansiosos por saber más detalles.

ag·o·nize /'ægəˌnaɪz/ *v* [I] darle vueltas y más vueltas: *I've been agonizing about what to do.* Le he dado vueltas y más vueltas a qué hacer.

ag·o·niz·ing /'ægəˌnaɪzɪŋ/ *adj* **1** atroz (dolor, muerte) **2** muy difícil (decisión), angustioso -a (espera, momento), desesperante (lentitud)

ag·o·ny /'ægəni/ *s* (pl **agonies**) **1** [U] sufrimiento, dolor (intenso) • **be in agony** morirse de(l) dolor **2** [C,U] tortura, calvario: *It was agony not knowing where she was.* Era una tortura no saber dónde estaba.

ag·o·ra·pho·bi·a /ˌægərə'foʊbiə/ *s* [U] agorafobia

a·gree S1 W1 /ə'griː/ *v*
1 [I,T nunca en forma continua] estar de acuerdo (en): *Teenagers and their parents rarely agree.* Los adolescentes y sus padres casi nunca están de acuerdo. • **agree with sb** estar de acuerdo con alguien • **agree on/about sth** estar de acuerdo en algo: *We certainly don't agree on everything.* Por supuesto que no estamos de acuerdo en todo. • **I couldn't agree more** (estoy) totalmente de acuerdo • **agree (that)** estar de acuerdo en que: *Most people would agree that smoking is bad for you.* La mayoría de la gente reconoce que fumar es malo para la salud. ANT **disagree** ▶ ver nota en **ACCEPT**
2 [I,T nunca en forma continua] aceptar: *I suggested a trip to Chicago and she agreed.* Propuse hacer un viaje a Chicago y aceptó. • **agree to sth** aceptar algo: *He'll never agree to that!* ¡Jamás aceptará eso! • **agree to do sth** aceptar hacer algo: *She's agreed to sign the contract.* Ha aceptado firmar el contrato. ANT **refuse**
3 (a) [I] ponerse de acuerdo • **agree to do sth** acordar hacer algo, quedar en hacer algo: *We agreed to meet again next Monday.* Quedamos en volvernos a reunir el lunes que viene. • **agree on a date/budget** ponerse de acuerdo en una fecha/sobre un presupuesto (b) [T nunca en forma continua] acordar: *Have you agreed a price?* ¿Han acordado el precio? • **agree sth with sb** acordar algo con alguien • **agree (that)** acordar que: *It was agreed that elections would be held in May.* Se acordó que las

elecciones se celebrarían en mayo.
4 [I nunca en forma continua] coincidir, concordar (datos, declaraciones): *Our figures don't agree.* Nuestras cifras no coinciden. • **agree with sth** coincidir/concordar con algo
agree with v+partíc **1 agree with sth** estar de acuerdo con algo: *I fully agree with their decision.* Estoy totalmente de acuerdo con su decisión. • **agree with doing sth** estar de acuerdo con hacer algo: *I don't agree with hitting children.* No estoy de acuerdo con pegarles a los niños. **2 sth does not agree with sb** algo no le cae bien a alguien (comida)

a·gree·a·ble /ə'griəbəl/ *adj* (*frml*) aceptable • **be agreeable to sb** parecerle bien a alguien • **be agreeable to sth** estar de acuerdo con algo

a·gree·a·bly /ə'griəbli/ *adv* agradablemente

a·greed /ə'grid/ *adj* **1** [solo ante s] acordado -a, convenido -a: *an agreed price for the wheat* un precio acordado para el trigo **2 be agreed** estar de acuerdo • **be agreed on sth** estar de acuerdo en algo, haber acordado algo • **be agreed that** estar de acuerdo en que
EXPRESIONES
agreed (*oral*) de acuerdo: *"Let's just forget it ever happened. Agreed?" "Agreed."* –Olvidémonos de todo esto. ¿De acuerdo? –De acuerdo.

a·gree·ment S3 W1 /ə'grimənt/ s
1 [C] (pacto) acuerdo: *a peace agreement* un acuerdo de paz • [+**between**]: *an agreement between the company and its creditors* un acuerdo entre la empresa y sus acreedores • [+**on**]: *an agreement on arms reduction* un acuerdo sobre la reducción de armas • **come to/reach an agreement** llegar a/alcanzar un acuerdo • **sign an agreement** firmar un acuerdo
2 [U] (coincidencia de opinión) acuerdo, consenso • **agreement that** acuerdo/consenso de que: *There is general agreement that smoking causes cancer.* Existe el consenso de que el tabaco produce cáncer. • **be in (complete) agreement** estar (totalmente) de acuerdo • **be in agreement with sth** coincidir con algo • **reach agreement** llegar a un acuerdo, ponerse de acuerdo ANT **disagreement**
3 [C] contrato, convenio: *a credit agreement* un contrato de préstamo
4 [U] consentimiento • **the agreement of sb** el consentimiento de alguien • **give your agreement** dar su consentimiento SIN **consent**

ag·ri·cul·tur·al /ˌægrɪ'kʌltʃərəl/ *adj* agrícola

ag·ri·cul·ture /'ægrɪˌkʌltʃə/ s [U] agricultura

a·ground /ə'graʊnd/ *adv* **run aground** encallar

ah /ɑ/ *interj* ah

a·ha /ɑ'hɑ/ *interj* ajá

a·head S1 W1 /ə'hɛd/ *adv* ▶ **ahead** también forma parte de *phrasal verbs* como **lie ahead, plan ahead**, etc., que figuran bajo el verbo correspondiente.
1 INDICANDO POSICIÓN de adelante, (hacia) adelante: *He kept his eyes fixed on the car ahead.* Mantenía la mirada fija en el carro de adelante. • *The road ahead was clear.* El camino hacia adelante estaba despejado. • **up ahead** más adelante
2 INDICANDO DIRECCIÓN hacia adelante: *Diana stared ahead.* Diana miraba fijamente hacia adelante. • **straight ahead** hacia adelante: *At the intersection, go straight ahead.* Al llegar a la intersección, siga derecho.
3 INDICANDO TIEMPO FUTURO en el futuro: *There may be trouble ahead.* Puede que se presenten problemas. • **in the days/years ahead** en los próximos días/años
4 INDICANDO ANTICIPACIÓN AL SALIR *You go on ahead.* Tú adelántate. • *I'm going to send my luggage on ahead.* Voy a mandar antes mi equipaje.
5 INDICANDO PREPARACIÓN PREVIA con antelación: *Book well ahead.* Reserve con mucha antelación. • **two/three hours ahead** con dos/tres horas de antelación, dos/tres horas antes SIN **in advance**
6 INDICANDO PROGRESO adelante: *a leap ahead* un salto adelante

7 EN UNA COMPETENCIA, UNA ELECCIÓN be ahead ir ganando • **be two points/goals ahead** (tb **be ahead by two points/goals**) ir ganando por dos puntos/goles, llevar dos puntos/goles de ventaja ANT **behind**
8 EN EL HUSO HORARIO London/Lisbon is 8 hours ahead en Londres/Lisboa es 8 horas más tarde
9 EN UN RELOJ set a clock/watch ahead (tb **move a clock/watch ahead**) adelantar un reloj SIN **forward**

a'head of *prep*

1 indicando posición, dirección
2 indicando progreso
3 indicando anterioridad
4 indicando tiempo futuro
5 en una competencia, una elección
6 en el huso horario

1 INDICANDO POSICIÓN, DIRECCIÓN delante de: *Do you see that red car ahead of us?* ¿Ves el carro rojo que va delante de nosotros? • **three meters/two kilometers ahead of sb/sth** tres metros/dos kilómetros por delante de alguien/algo ANT **behind**
2 INDICANDO PROGRESO be ahead of sb/sth estar más adelantado -a que alguien/algo, llevarle ventaja a alguien/algo • **be ahead of your/its/their time** adelantarse a su época/tiempo ANT **behind**
3 INDICANDO ANTERIORIDAD antes que, delante de: *Her luggage had arrived ahead of her.* El equipaje había llegado antes que ella.
4 INDICANDO TIEMPO FUTURO *the problems ahead of us* los problemas que tenemos por delante • *I have a busy day ahead of me.* Me espera un día muy ajetreado.
5 EN UNA COMPETENCIA, UNA ELECCIÓN be ahead of sb ir ganándole a alguien • **be 3 points/76 votes ahead of sb** (tb **be ahead of sb by 3 points/76 votes**) llevarle 3 puntos/76 votos de ventaja a alguien, ir ganándole a alguien por 3 puntos/76 votos • **be well ahead of sb/sth** llevarle mucha ventaja a alguien/algo • **be ahead of the pack** llevar la delantera ANT **behind**
6 EN EL HUSO HORARIO *Hong Kong time is 12 hours ahead of New York.* En Hong Kong es 12 horas más tarde que en Nueva York. ANT **behind**
EXPRESIONES
ahead of time **(a)** con antelación, con tiempo **(b)** (tb **ahead of schedule**) antes de lo planeado

AI /ˌeɪ 'aɪ/ *s* [U] (**artificial intelligence**) IA

aid¹ S3 W2 /eɪd/ *s*
1 [U] (a un país, a refugiados) ayuda • [+**for**]: *aid for the flood victims* ayuda para las víctimas de las inundaciones • **foreign aid** ayuda internacional • **humanitarian aid** ayuda humanitaria • **aid agency** organización de ayuda humanitaria, agencia de cooperación • **aid convoy** convoy de ayuda • **aid program** programa de ayuda • **aid worker** socorrista, trabajador humanitario/trabajadora humanitaria
2 [C] (instrumento) recurso, herramienta: *memory aids* recursos mnemotécnicos • *a teaching aid* un recurso didáctico
3 [U] (apoyo) **with the aid of sth** con la ayuda de algo • **without the aid of sth** sin ayuda de algo
4 [U] (a una persona) ayuda, auxilio • **come/go to sb's aid** acudir en ayuda de alguien
5 [C] variante de AIDE
EXPRESIONES
in aid of sth a beneficio de algo ▶ FIRST AID, HEARING AID, VISUAL AID

aid² *v* [I,T] (*frml*) ayudar • **aid in sth** ayudar con/en algo • **aid sb in/with doing sth** ayudar a alguien a hacer algo
EXPRESIONES
aid and abet sth/sb (*jur*) ser cómplice de algo/alguien

aide W2, aid /eɪd/ *s* [C] asesor -a, asistente

AIDS /eɪdz/ *s* [U] (**Acquired Immune Deficiency Syndrome**) SIDA • **the AIDS virus** el virus del SIDA

'aid ˌworker *s* [C] socorrista, trabajador humanitario/trabajadora humanitaria

A

ail·ing /'eɪlɪŋ/ *adj* [gralm ante s] **1** maltrecho -a (economía, industria), con problemas (empresa) **2** (*frml*) enfermo -a

ail·ment /'eɪlmənt/ *s* [C] dolencia, achaque • **minor ailment** dolencia leve

aim¹ W2 /eɪm/ *s*
1 [C] objetivo, propósito: *Our aim is to raise $10,000 by the end of the week.* Nuestro objetivo es recaudar 10.000 dólares para cuando termine la semana. • **with the aim of doing sth** con el objeto/objetivo de hacer algo • **achieve an aim** lograr un objetivo • **aims and objectives** objetivos ► ver nota en OBJETIVO
2 [U] puntería

EXPRESIONES
take aim (at sth) apuntar (a algo) • **take aim at sth/sb (a)** criticar algo/a alguien, apuntarle a algo/alguien (con las críticas) **(b)** apuntarle a algo/alguien (con una medida, una acción)

aim² W3 *v*
1 [I siempre + adv/prep, T] **aim to do sth** proponerse hacer algo, tener la intención de hacer algo: *We're aiming to finish by Friday.* Tenemos la intención de terminar para el viernes. • **aim for sth** aspirar a algo • **be aimed at doing sth** tener como objetivo hacer algo, estar destinado -a a hacer algo
2 be aimed at sb estar dirigido -a a alguien, apuntar a alguien: *The criticism wasn't aimed at you.* La crítica no estaba dirigida a ti.
3 [I,T] apuntar (con un arma) • **aim a gun/rifle at sb/sth** apuntarle a alguien/algo con un arma/rifle • **aim a gun at sb's head/neck** apuntarle a alguien a la cabeza/al cuello con un arma
4 [I,T] **aim (sth) at sb/sth** tirarle (algo) a alguien/algo, tratar de darle a alguien/algo (con algo) • **aim for sth** tirar/apuntar a algo, tratar de darle a algo • **aim a blow/kick at sth** tratar de darle un golpe/una patada a algo, lanzarle/tirarle un golpe/una patada a algo

aim·less /'eɪmlɪs/ *adj* sin rumbo fijo, sin sentido

aim·less·ly /'eɪmlɪsli/ *adv* sin rumbo fijo

ain't /eɪnt/ (*incorr, oral*) *contrac de* **1 am not, is not, are not 2 has not, have not**

air¹ S1 W1 /ɛr/ *s*

1	gases
2	espacio
3	aviones
4	apariencia
5	equipo acondicionador
6	comportamiento

1 GASES [U] aire • **fresh air** aire fresco: *Let's go outside and get some fresh air.* Vamos afuera a tomar aire fresco. • **in the air** *There was a smell of burning in the air.* Había olor a quemado. • *There's a chill in the air.* Hace frío. • **air pollution** contaminación del aire • **air quality** calidad del aire
2 ESPACIO the air [sing] el aire • **in the air** en el aire: *He threw his arms in the air.* Alzó los brazos al cielo. • *People were shooting guns in the air.* La gente disparaba tiros al aire. • **into the air** por el aire: *She threw the ball high into the air.* Lanzó la pelota muy alta.
3 AVIONES [U] **by air** en/por avión, por vía aérea • **travel/go by air** viajar/ir en avión • **air crash** accidente aéreo • **air traffic** tráfico aéreo • **air travel** viajes aéreos/en avión
4 APARIENCIA [sing] **an air of authority/mystery** un aire de autoridad/misterio
5 EQUIPO ACONDICIONADOR the air [sing] (*coloq*) el (sistema de) aire acondicionado
6 COMPORTAMIENTO airs [pl] (*antic*) aires (de superioridad) • **airs and graces** aires de superioridad ► **a BREATH of fresh air, CLEAR the air, to DISAPPEAR/VANISH into thin air, from THIN air, be WALKing on air**

EXPRESIONES
get/catch some air (*coloq*) saltar, pegar un salto (al practicar un deporte) • **in the air (a)** (indicando sensación colectiva) *There was a sense of excitement in the*

air. Se respiraba un aire de entusiasmo. **(b)** (indicando inminencia) *Change is in the air.* Hay aires de cambio. • **be off (the) air** no estar en el aire (programa), no estar transmitiendo (canal, radio) • **be on (the) air (a)** estar en el aire (programa), estar transmitiendo (canal, radio) • **go on air** salir al aire **(b)** transmitirse (un programa) • **be up in the air** estar en el aire (plan, decisión)

air² *v* **1** [T] **air your complaints/opinions** manifestar sus quejas/opiniones **2** [I,T] transmitir(se): *The news conference will air live.* La rueda de prensa se va a transmitir en vivo. **3** [I,T] (tb **air out**) airear(se)

'air bag *s* [C] airbag

air·base /'ɛrbeɪs/ *s* [C] base aérea

air·borne /'ɛrbɔrn/ *adj* **1** en vuelo (avión) **2** propagado -a por el aire (enfermedad), que está en el aire (gérmenes, partículas) **3** aerotransportado -a (tropas, división)

air·brush /'ɛrbrʌʃ/ *v* [T] retocar con aerógrafo
airbrush sth out *v+partíc* borrar algo con aerógrafo

'air-con,ditioned *adj* con aire acondicionado

'air con,ditioner *s* [C] acondicionador de aire, (aparato de) aire acondicionado

'air con,ditioning *s* [U] (sistema de) aire acondicionado

air·craft W3 /'ɛrkræft/ *s* [C] (pl **aircraft**)
1 avión
2 aeronave

'aircraft ,carrier *s* [C] portaaviones

air·field /'ɛrfild/ *s* [C] aeródromo, campo de aviación

'air force *s* [C gralm sing] fuerza aérea

'air gun *s* [C] escopeta/pistola de aire comprimido SIN **BB gun**

air·head /'ɛr,hɛd/ *s* [C] (*coloq*) tonto -a

air·ing /'ɛrɪŋ/ *s* [sing] **1** **get/be given an airing** discutirse (propuesta, asunto) • **deserve an airing** merecer ser discutido -a **2** **give sth an airing** ventilar/airear algo (una habitación, una manta)

air·less /'ɛrlɪs/ *adj* mal ventilado -a

air·lift¹ /'ɛrlɪft/ *s* [C] traslado en avión, puente aéreo

airlift² *v* [T] trasladar/transportar en avión

air·line S3 W2 /'ɛrlaɪn/ *s* [C] línea aérea, aerolínea • **national airline** compañía (aérea) de bandera, aerolínea de bandera • **international/regional airline** línea aérea internacional/regional • **airline passenger** pasajero -a de avión • **airline pilot** piloto comercial • **airline ticket** pasaje de avión, tiquete de avión

air·lin·er /'ɛr,laɪnər/ *s* [C] (*frml*) avión de pasajeros

air·mail /'ɛrmeɪl/ *s* [U] vía aérea, correo aéreo • **send sth airmail** mandar algo vía aérea

air·man /'ɛrmən/ *s* [C] (pl **airmen** /-mən/) soldado de aviación

'air ,marshal *s* [C] agente de seguridad aérea (que viaja armado y de incógnito en vuelos comerciales) SIN **sky marshal**

air·plane S3 /'ɛrpleɪn/ *s* [C] avión • **fly an airplane** pilotear un avión SIN **plane**

air·play /'ɛrpleɪ/ *s* [U] **get (a lot of) airplay** oírse (mucho) en la radio

air·port S2 W3 /'ɛrpɔrt/ *s* [C] aeropuerto • **at the airport** en el aeropuerto

'air raid *s* [C] ataque aéreo

air·ship /'ɛr,ʃɪp/ *s* [C] dirigible

air·space /'ɛrspeɪs/ *s* [U] espacio aéreo

'air strike *s* [C] ataque aéreo

air·strip /'ɛrstrɪp/ *s* [C] pista de aterrizaje

air·tight /'ɛr,taɪt, ,ɛr'taɪt/ *adj* **1** hermético -a (envase) **2** sin fisuras (explicación), a toda prueba (seguridad)

air time, airtime /'ɛrtaɪm/ s [U] tiempo de aire, tiempo de emisión

air ˌtraffic conˈtroller s [C] controlador aéreo, controladora aérea

air·waves /'ɛrweɪvz/ s (*coloq*) **the airwaves** [pl] las transmisiones radiofónicas/televisivas • **on the airwaves** en el aire (en radio o televisión) • **over the airwaves** por radio/televisión, al aire

air·y /'ɛri/ *adj* (bien) ventilado -a

aisle /aɪl/ s [C] pasillo (en un teatro, un avión, una iglesia)
▶ be ROLLing in the aisles
EXPRESIONES
walk/go down the aisle (*coloq*) dirigirse al altar, casarse

a·jar /ə'dʒɑr/ *adj* [nunca ante s] entreabierto -a, entornado -a • **leave the door ajar** dejar la puerta entreabierta

AK *abrev escrita de* ALASKA

a.k.a. /ˌeɪ keɪ 'eɪ/ (*abrev de* **also known as**) alias

a·kin /ə'kɪn/ *adj* **akin to sth** semejante a algo

AL¹ *abrev escrita de* ALABAMA

AL² /ˌeɪ 'el/ *abrev de* AMERICAN LEAGUE

al·a·bas·ter /'ælə,bæstər/ s [U] alabastro

a·lac·ri·ty /ə'lækrəṭi/ s [U] (*frml*) presteza

a·larm¹ S3 /ə'lɑrm/ s
1 [C] (dispositivo) alarma • **a fire alarm** una alarma contra incendios • **a smoke alarm** un detector de humo • **a burglar alarm** una alarma antirrobo • **a car alarm** una alarma para carro/auto • **an alarm goes off** suena una alarma, se dispara una alarma • **alarm system** sistema de alarma
2 [C] (reloj) despertador • **set the alarm** poner el despertador • **the alarm goes off** suena el despertador
3 [U] (sensación) alarma • [+at]: *There is growing alarm at the increase in crime.* Crece la alarma por el aumento de la delincuencia. • **in/with alarm** alarmado -a ▶ FALSE ALARM
EXPRESIONES
set off alarm bells producir gran alarma • **sound/raise the alarm** dar la alarma

alarm² *v* [T] alarmar

aˈlarm clock s [C] (reloj) despertador

a·larmed /ə'lɑrmd/ *adj* **1** alarmado -a • **be alarmed to see/hear/discover that** alarmarse al ver/oír/descubrir que • **become alarmed** alarmarse **2** provisto -a de alarma • **be alarmed** tener alarma

a·larm·ing /ə'lɑrmɪŋ/ *adj* alarmante

a·larm·ing·ly /ə'lɑrmɪŋli/ *adv* de forma alarmante

a·larm·ist /ə'lɑrmɪst/ s [C], *adj* alarmista

a·las¹ /ə'læs/ *adv* oracional (*frml*) lamentablemente

alas² *interj* (*liter*) ay de mí/de nosotros

Al·ba·ni·a /æl'beɪniə, ɔl-/ Albania

Al·ba·ni·an¹ /æl'beɪniən, ɔl-/ s **1** [C] (persona) ablanés -esa **2** (idioma) albanés

Albanian² *adj* albanés -esa

al·ba·tross /'ælbə,trɔs, -,trɑs/ s [C] albatros

al·be·it /ɔl'biɪt, æl-/ *conj* (*frml*) aunque

al·bi·no /æl'baɪnou/ s [C], *adj* (pl **albinos**) albino -a

al·bum S3 W2 /'ælbəm/ s [C]
1 (disco) álbum
2 (de fotos, sellos) álbum

al·che·my /'ælkəmi/ s [U] alquimia

al·co·hol S2 W2 /'ælkə,hɔl, -,hɑl/ s
1 [U] (bebida) alcohol • **alcohol abuse** alcoholismo • **alcohol problem** problemas con el alcohol
2 [C,U] (en química) alcohol

al·co·hol·ic¹ /ˌælkə'hɔlɪk◂, -'hɑ-/ *adj* **1** (bebida) alcohólico -a ANT **nonalcoholic 2** [solo ante s] (enfermo) alcohólico -a

alcoholic² s [C] alcohólico -a • **a recovering alcoholic** un ex alcohólico/una ex alcohólica, un alcohólico/una alcohólica en recuperación

al·co·hol·ism /'ælkəhɔ,lɪzəm, -hɑ-/ s [U] alcoholismo

al·cove /'ælkouv/ s [C] hueco, nicho

ale /eɪl/ s [U] **1** tipo de cerveza amarga **2** (*antic*) cerveza

a·lert¹ /ə'lɚt/ *adj* **1** alerta, atento -a • **stay alert** prestar atención, estar alerta **2** lúcido -a • **be mentally alert** tener lucidez mental
EXPRESIONES
be alert to sth ser consciente de algo, estar alerta/atento -a a algo (un peligro, un problema)

alert² *v* [T] alertar, avisar • **alert sb to sth** alertar a alguien sobre algo

alert³ s [C] alerta, aviso • **a bomb alert** un aviso de bomba • **a flood alert** una alerta de inundación
EXPRESIONES
on the alert (for sb/sth) alerta (ante alguien/algo), atento -a (a alguien/algo)

al·fal·fa /æl'fælfə/ s [U] alfalfa

alˈfalfa sprout s [C] brote de alfalfa

al·fres·co /æl'freskou/ *adj* al aire libre

al·gae /'ældʒi/ s [U] algas

al·ge·bra /'ældʒəbrə/ s [U] álgebra

al·ge·bra·ic /ˌældʒə'breɪ·ɪk/ *adj* algebraico -a

Al·ge·ri·a /æl'dʒɪriə/ Argelia

Al·ge·ri·an¹ /æl'dʒɪriən/ s [C] argelino -a

Algerian² *adj* argelino -a

al·go·rithm /'ælgə,rɪðəm/ s [C] (*técn*) algoritmo

a·li·as¹ /'eɪliəs, 'eɪlyəs/ *adv* alias

alias² s [C] alias

al·i·bi /'ælə,baɪ/ s [C] coartada • **have an alibi for sth** tener una coartada para algo

a·li·en¹ /'eɪliən, 'eɪlyən/ *adj* **1** extraño -a, ajeno -a • **be alien to sb** serle extraño -a/ajeno -a a alguien **2** [solo ante s] extraterrestre, alienígena **3** extranjero -a

alien² s [C] **1** extraterrestre, alienígena **2** (*técn*) (residente) extranjero -a • **illegal aliens** inmigrantes ilegales

a·li·en·ate /'eɪliə,neɪt, 'eɪlyə-/ *v* [T] **1** provocar el rechazo/distanciamiento de **2** **alienate sb from sb** distanciar a alguien de alguien

al·ien·at·ed /'eɪliə,neɪṭɪd, 'eɪlyə-/ *adj* distanciado -a, marginado -a

al·ien·a·tion /ˌeɪliə'neɪʃən, ˌeɪlyə-/ s [U] distanciamiento, marginación

a·light¹ /ə'laɪt/ *adj* [nunca ante s] **be alight** estar ardiendo • **set sth alight** prenderle fuego a algo

alight² *v* [I] (**alighted** o **alit** /ə'lɪt/) **1** (*liter*) posarse • **alight on/upon sth** posarse en/sobre algo **2** (*frml*) apearse • **alight from sth** apearse de algo

a·lign /ə'laɪn/ *v* **1** [I,T] **align (yourself) with sb/sth** alinearse con alguien/algo, ponerse del lado de alguien/algo **2 (a)** [T] alinear, poner en línea • **align sth with sth** alinear algo con algo **(b)** [I] estar alineado -a

a·lign·ment /ə'laɪnmənt/ s **1** [U] (de las ruedas, los planetas) alineación, alineamiento • **be out of alignment** no estar alineado -a • **in alignment** alineado -a **2** [C,U] (en política) alineación, alineamiento

a·like¹ /ə'laɪk/ *adj* [nunca ante s] **be alike** parecerse, ser parecido -a • **look alike** parecerse, ser parecido -a (en el aspecto físico) • **sound alike** sonar igual/parecido -a

alike² *adv* **1** igual, del mismo modo: *You and I think alike.* Tú y yo pensamos igual. **2** por igual: *I learned from teachers and students alike.* Aprendí de maestros y alumnos por igual.

al·i·mo·ny /'ælə,mouni/ s [U] pensión alimenticia, cuota alimentaria

a·live S2 W2 /ə'laɪv/ adj [nunca ante s]
1 (persona, animal) vivo -a • **be alive** estar vivo -a, vivir: *We didn't know if he was dead or alive.* No sabíamos si estaba vivo o muerto. • **stay alive** sobrevivir • **keep sb alive** mantener vivo -a/con vida a alguien • **be alive and well** gozar de buena salud, estar sano y salvo/sana y salva • **alive and kicking** vivito -a y coleando • **be burned alive** morir quemado -a • **be buried alive** ser enterrado vivo/enterrada viva
2 (costumbre, cultura) vivo -a • **be alive** seguir vivo -a, pervivir • **keep a tradition/a business alive** mantener viva una tradición/mantener un negocio a flote
3 animado -a, lleno -a de vida • **feel alive** sentirse muy animado -a • **be alive with fish/birds** estar repleto -a de pescados/pájaros • **be alive with activity** estar lleno -a de actividad • **bring sth alive** darle vida a algo • **come alive** cobrar vida (obra, historia), animarse (calle, ciudad)
EXPRESIONES
be alive to sth ser consciente de algo

al·ka·li /'ælkə,laɪ/ s [C,U] base, álcali ▶ ACID

al·ka·line /'ælkə,laɪn/ adj alcalino -a ▶ ACID

all¹ S1 W1 /ɔl/ det, predet
1 (indicando totalidad) todo -a, todos -as: *Who ate all the cake?* ¿Quién se comió todo el pastel? • *Have you done all your homework?* ¿Hiciste toda la tarea? • *All children should be taught to swim.* Se les debería enseñar a nadar a todos los niños. • **all day/year** todo el día/el año, el día/el año entero: *The boys played video games all day.* Los niños se pasaron todo el día con los videojuegos. • **all your life** toda su vida, toda la vida • **all the time** todo el tiempo • **all the way** *I ran all the way home.* Fui corriendo hasta mi casa.
2 (para enfatizar) *I wish you all success.* Te deseo el mayor de los éxitos. • **in all honesty/seriousness/innocence** con toda franqueza/totalmente en serio/con total inocencia • **in all probability/likelihood** muy probablemente
EXPRESIONES
all sorts/kinds/types of sth todo tipo de algo, toda clase de algo • **for all his faults/complaining** a pesar de sus defectos/quejas • **for all the good it did/all the difference it made** para lo (poco) que sirvió • **not all** no todos -as: *Not all schools have problems.* No todas las escuelas tienen problemas. • **of all people/things/places** *You of all people should know that.* Tú deberías saberlo mejor que nadie. • *Why today of all days?* ¿Por qué justamente hoy?

all² S1 W1 pron
1 (la cantidad completa) **all of** todo -a, todos -as: *All of this land belongs to me.* Toda esta tierra me pertenece. • *Did you use all of the paint?* ¿Usaste toda la pintura? • **all of us/you/them** todos -as: *These changes will affect all of us.* Estos cambios nos van a afectar a todos. • *All of you were invited.* Estaban todos invitados. • **we/you/it/them all** *He thanked us all for coming.* Nos agradeció a todos por haber ido. • *They all work together.* Trabajan todos juntos.
2 (lo único) **all (that) you want/need** lo único que quieres/necesitas, todo lo que quieres/necesitas • **all (that) he/she said** lo único que dijo, todo lo que dijo • **all (that) I'm asking for is...** lo único que pido es...
3 (las cosas) todo: *I'm doing all I can.* Hago todo lo que puedo. • *Is that all?* ¿Nada más? • **all is well** está todo bien, todo va bien
4 (frml) (las personas) todos: *opportunities for all* oportunidades para todos ▶ AFTER all, for all I CARE, all I KNOW
EXPRESIONES
all in all en general • **all for sth** todo por algo (enfatizando la escasez): *all for $50 a week* todo por 50 dólares a la semana • **all for nothing** para nada • **at all** *They've done nothing at all to help us.* No han hecho absolutamente nada para ayudarnos. • *"Do you mind if I sit here?" "Not at all."* –¿Le importa si me siento aquí? –No, para nada. • *He's not feeling at all well.* No se siente nada bien. • *Has the situation improved at all?* ¿Ha mejorado en algo la situación? • **in all** en total • **not all** no todos

-as: *Not all of us can afford new cars.* No todos podemos permitirnos carros nuevos. • **of all** de todo • **best/worst of all** lo mejor/peor de todo: *Best of all, we got to meet the President.* Lo mejor de todo fue que conocimos al presidente. • *What do you want most of all?* ¿Qué es lo que más quieres? • **first of all** antes que nada • **when all's said and done** (oral) al fin y al cabo, después de todo

all³ S1 W1 adv
1 [siempre + adj/adv/prep] todo -a, completamente: *Ruth was sitting all alone.* Ruth estaba sentada completamente sola. • *a woman dressed all in black* una mujer vestida toda de negro • **be all for sth** estar totalmente a favor de algo • **it's all over** todo ha terminado
2 [siempre + adj/prep] (oral) muy, súper: *Her dress was all dirty.* Tenía el vestido súper sucio. • *You're getting me all confused.* Me estás confundiendo de verdad.
3 (en resultados deportivos) **one/four/ten all** empate a uno/cuatro/diez: *The final score was one all.* Empataron uno a uno. ▶ **all at** ONCE, **all of a** SUDDEN, **all/just the** SAME, **it's all the** SAME **to me,** GO **all out**
EXPRESIONES
all along (coloq) siempre, todo el tiempo: *I knew all along that we could win.* Siempre supe que podíamos ganar. • **all the better/easier** mucho mejor/más fácil todavía • **all but** prácticamente, casi • **be all over sb** (coloq) estar/echarse encima de alguien (con besos, caricias): *He was all over me.* Se me echó encima. • **be all over sth** (hum, oral) *I was all over that history test today!* ¡Hoy me sabía todo el examen de historia! • **all over** en/por todas partes: *We've been looking all over for you.* Te hemos estado buscando por todas partes. • *I was aching all over.* Me dolía todo el cuerpo. • **all over the place/floor** por todas partes/por todo el suelo • **all over again** todo de nuevo • **be all smiles/charm** ser todo sonrisas/un encanto • **all through/along/down sth** *All through the night he lay awake.* Pasó toda la noche en la cama despierto. • *all along the coast* por toda la costa • **all too** demasiado: *It's all too easy to make mistakes.* Es muy fácil cometer errores. • **all sb wants/likes** (oral) *Apologize all you like, it won't change anything.* Puedes disculparte todo lo que quieras, que da lo mismo. • *Let them threaten us all they want.* Que nos amenacen todo lo que quieran. • **sb is/was all...** (coloq, oral) *She was all, "I just love your new apartment."* Se la pasó diciendo: "Me encanta tu departamento nuevo". • **sb/sth is not all that** (coloq) algo/alguien no es para tanto • **not all that good/expensive** (oral) no tan bueno -a/caro -a: *The movie wasn't all that good.* La película no estuvo tan buena. • **not all there** (coloq) chiflado -a, zafado -a • **that's Jim/Mary all over** (oral) eso es típico de Jim/Mary

all⁴ s **give your all** (liter) darlo todo, dar todo de sí

Al·lah /'ælə, 'ɑlə/ s Alá

‚all-A'merican¹ adj **1** típicamente americano -a (de Estados Unidos) **2** referido a un deportista, que ha sido elegido uno de los mejores jugadores de las universidades de EE UU

‚all-A'merican² s [C] deportista que ha sido elegido como el mejor de su disciplina dentro de las universidades de EE UU

‚all-a'round adj [solo ante s] **1** muy completo -a: *an all-around athlete* un atleta muy completo **2** general: *an all-around nice guy* un buen tipo en todo sentido

al·lay /ə'leɪ/ v [T] (frml) disipar (un temor, una preocupación, una sospecha)

al·le·ga·tion W3 /,ælə'geɪʃən/ s [C] acusación • [+of]: *allegations of fraud* acusaciones de estafa • [+against]: *Serious allegations have been made against him.* Se han hecho graves acusaciones contra él. • [+(that)]: *allegations that prisoners have been tortured* acusaciones de que los presos han sido torturados

al·lege /ə'lɛdʒ/ v [T] afirmar • **allege (that)** afirmar que • **it is alleged that** se dice que

al·leged W3 /ə'lɛdʒd/ adj [solo ante s]
1 (delito, conspiración) supuesto -a, presunto -a

2 (criminal, víctima) presunto -a: *an alleged war criminal* un presunto criminal de guerra

al·leg·ed·ly /əˈlɛdʒɪdli/ *adv* [adv oracional] supuestamente, presuntamente

al·le·giance /əˈliːdʒəns/ *s* [C,U] lealtad • **swear/pledge allegiance (to sb/sth)** jurar lealtad (a alguien/algo) • **an oath of allegiance** (un) juramento de fidelidad • **switch/ change allegiance** *They switched allegiance from Moscow to Washington.* Le retiraron el apoyo a Moscú para dárselo a Washington.

al·le·go·ri·cal /ˌæləˈgɔrɪkəl/ (tb **al·le·go·ric** /ˌæləˈgɔrɪk‹ /) (*raro*) *adj* alegórico -a

al·le·go·ry /ˈæləˌgɔri/ *s* [C,U] (pl **allegories**) alegoría

al·le·lu·ia /ˌæləˈluyə/ *interj* aleluya SIN **hallelujah**

al·ler·gic /əˈlɜrdʒɪk/ *adj* **1** (persona) alérgico -a • **be allergic to sth** ser alérgico -a a algo, tenerle alergia a algo **2** (enfermedad, síntoma) alérgico -a • **an allergic reaction** una reacción alérgica

al·ler·gy /ˈælərdʒi/ *s* [C,U] (pl **allergies**) alergia • [+to]: *I have an allergy to cow's milk.* Le tengo alergia a la leche de vaca. • **a food allergy** una alergia alimentaria

al·le·vi·ate /əˈliviˌeɪt/ *v* [T] (*frml*) aliviar, paliar

al·le·vi·a·tion /əˌliviˈeɪʃən/ *s* [U] (*frml*) alivio, paliación

al·ley /ˈæli/ *s* [C] (pl **alleys**) **1** (tb **al·ley·way**) /ˈæliweɪ/ callejón **2** (en tenis) pasillo (de dobles) ▶ BOWLING ALLEY

all 'fours ▶ on all FOURS

al·li·ance W3 /əˈlaɪəns/ *s*
1 [C] (pacto) alianza • [+between]: *an alliance between farmers and environmentalists* una alianza entre agricultores y ecologistas • **make/form an alliance with sb** hacer/formar una alianza con alguien, aliarse con alguien
2 [C] (grupo) alianza
3 [U] **in alliance (with sb)** conjuntamente (con alguien)
4 [C] (*frml*) relación sentimental ▶ UNHOLY alliance

al·lied /əˈlaɪd, ˈælaɪd/ *adj* **1** [solo ante s] **Allied** (en la guerra mundial, la del Golfo) aliado -a, de los aliados • **Allied forces/troops** fuerzas/tropas aliadas **2** (para un fin) aliado -a • **be closely allied with sb/sth** ser firme aliado -a de alguien/algo, estar estrechamente ligado -a a alguien/algo **3** (relacionado) afín • [+to]: *industries allied to banking* sectores afines a la banca **4** (en conjunción) **allied to/with sth** *education allied to technology* la educación unida a la tecnología

al·li·ga·tor S3 /ˈæləˌgeɪtər/ *s*
1 [C] caimán
2 [U] (piel de) caimán

all-in'clusive *adj* con todo incluido

al·lit·er·a·tion /əˌlɪtəˈreɪʃən/ *s* [U] (*técn*) aliteración

all-'night *adj* de toda la noche (fiesta), abierto -a toda la noche (tienda)

all-'nighter *s* [C] (*coloq*) **1** **pull an all-nighter** quedarse toda la noche estudiando **2** fiesta, concierto, etc. que dura toda la noche

al·lo·cate /ˈæləˌkeɪt/ *v* [T] [gralm en pasiva] asignar, destinar • **allocate sth for/to sth** destinar algo a algo • **allocate sb sth** (tb **allocate sth to sb**) asignarle algo a alguien

al·lo·ca·tion /ˌæləˈkeɪʃən/ *s* **1** [C] (cantidad de dinero, bienes) asignación **2** [U] (distribución) asignación

al·lot /əˈlɑt/ *v* [T] (**allotted, allotting**) asignar • **allot sb sth** (tb **allot sth to sb**) asignarle algo a alguien • **allot sth for sth** destinar algo a/para algo

al·lot·ment /əˈlɑt⌐mənt/ *s* [C,U] asignación

al·lot·ted /əˈlɑtɪd/ *adj* [solo ante s] asignado -a (tiempo, presupuesto)

all-'out *adj* [solo ante s] sin cuartel (lucha, guerra), abierto -a (campaña) ▶ ALL out

al·low S1 W1 /əˈlaʊ/ *v*
1 [T] (dar permiso) permitir: *We do not allow eating in* *the classrooms.* No permitimos comer en las aulas. • **allow sb/sth to do sth** permitirle a alguien/algo hacer algo: *I'm allowed to stay out later on weekends.* Los fines de semana me dejan salir hasta más tarde. • **be allowed sth** *How much time are we allowed?* ¿Cuánto tiempo nos dan? • **allow sb in/out** dejar entrar/salir a alguien • **sth is allowed/not allowed** *Are dictionaries allowed?* ¿Se puede usar diccionarios? • *Smoking is not allowed.* Está prohibido fumar.⁻ • **allow yourself (to do) sth** permitirse (hacer) algo
2 [I,T] (hacer posible) permitir: *This system allows for more flexibility.* Este sistema permite una mayor flexibilidad. • **allow sb sth** brindarle algo a alguien: *The new uniform allows you more freedom.* El nuevo uniforme le brinda más libertad. • **allow sb to do sth** permitirle a alguien hacer algo • **allow for sth** permitir algo
3 [I,T] (dar margen) **allow sth for sth** dejar algo para algo: *The schedule only allows 30 minutes for lunch.* El programa deja solo 30 minutos para la comida. • **allow sth to do sth** dejar algo para hacer algo: *We haven't allowed any time to clean up.* No hemos dejado tiempo para limpiar. • **allow sb sth** *Allow yourself plenty of time to get to the airport.* Calcule bastante tiempo para llegar al aeropuerto. • **allow sth for sb** *Allow half a bottle of wine per person.* Calcule media botella de vino por persona.
4 [T] (*frml*) (en contextos jurídicos, oficiales) aceptar, dar el visto bueno a • **allow that** admitir/reconocer que

EXPRESIONES
allow me! (*frml*, *oral*) ¡permítame!, ¡déjeme que lo/la ayude!
allow for sth v+*partíc* tener en cuenta algo

¿**allow, let o permit**?
allow es el término más general, usado tanto en inglés formal como informal: *You're not allowed to wear big earrings at school.*
let es más común en el lenguaje oral: *Will your mom let you come to the party?*
permit es formal y se usa más en lenguaje escrito: *Smoking is not permitted in this building.*

al·low·a·ble /əˈlaʊəbəl/ *adj* permitido -a

al·low·ance /əˈlaʊəns/ *s* [C,U] **1** asignación (para gastos), complemento, viático(s) (en el trabajo) • **a travel allowance** un viático, viáticos • **a clothing allowance** una asignación para gastos de ropa de trabajo **2** prestación, subsidio • **family allowance** subsidio familiar • **disability allowance** prestación por discapacidad **3** mesada, domingo (que recibe un niño) **4** (máximo permitido) *The baggage allowance is 20 kilos per person.* El equipaje permitido es de 20 kilos por persona.

EXPRESIONES
make allowances/an allowance (for sb) ser comprensivo -a (con alguien) • **make (an) allowance for sth** tener en cuenta algo

al·loy /ˈælɔɪ/ *s* [C,U] (pl **alloys**) aleación • **alloy wheels** rines de aleación, rines de aluminio

all-'powerful *adj* todopoderoso -a

all-'purpose *adj* [solo ante s] multiuso(s), multipropósito(s)

all 'right S1 W3 *adj, adv, interj* [nunca ante s] (*oral*)

1 indicando acuerdo
2 indicando acuerdo reticente
3 de salud, de ánimos
4 pasable
5 pidiendo o dando consentimiento
6 pidiendo o dando confirmación
7 indicando certeza
8 en respuesta a disculpas
9 en respuesta a agradecimiento
10 para expresar alegría
11 buena persona

1 INDICANDO ACUERDO está bien, bueno: *"Shall we go out tonight?" "All right."* –¿Salimos esta noche? –Está bien. • *"You go first." "All right."* –Pasa tú primero. –Bueno.

2 INDICANDO ACUERDO RETICENTE bueno, está bien: *"Please come!" "Oh, all right."* –¡Anda, ven! –Bueno, está bien.
3 DE SALUD, DE ÁNIMOS bien: *Are you all right?* ¿Estás bien? • **feel all right** sentirse bien: *Is he feeling all right?* ¿Se siente bien? • **go all right** ir/salir bien • **he is/we are doing all right** le va/nos va bien
4 PASABLE bien, regular: *"How's school?" "All right."* –¿Qué tal el colegio? –Bien. • *The food's all right.* La comida no está mal.
5 PIDIENDO O DANDO CONSENTIMIENTO bien: *Is next Monday all right?* ¿Te parece bien el próximo lunes? • *Does that sound all right?* ¿Les parece bien? • **all right with/by/for sb** *Would Tuesday at 8 be all right for you?* ¿Te parece bien el martes a las 8? • *if that's all right with you* si no te parece mal • *That's all right by me.* Por mí, está bien.
6 PIDIENDO O DANDO CONFIRMACIÓN [adv oracional] bien, bueno: *I'll leave the key here, all right?* Dejo aquí la llave, ¿bien? • *All right, I'm coming!* Bueno, ¡ya voy!
7 INDICANDO CERTEZA seguro: *He'll be back all right.* Seguro que vuelve.
8 EN RESPUESTA A DISCULPAS it's/that's all right está bien: *"I'm so sorry I'm late." "It's all right, don't worry."* –Perdón por el retraso. –Está bien, no te preocupes.
9 EN RESPUESTA A AGRADECIMIENTO it's/that's all right de nada: *"Thanks for all your help!" "That's all right."* –Gracias por toda tu ayuda. –De nada.
10 PARA EXPRESAR ALEGRÍA (*coloq*) chévere, chido: *"I got the job." "All right!"* –Conseguí el trabajo. –¡Chévere!
11 BUENA PERSONA (*coloq*): *The new boss is all right, isn't she?* La jefa nueva es buena gente, ¿no? • *I think he's all right.* A mí me cae bien.

'all-round *adj* [solo ante s] ▶ ALL-AROUND

all·spice /'ɔlspaɪs/ *s* [U] pimienta de Jamaica

'all-time *adj* [solo ante s] de todos los tiempos, sin precedentes • **an all-time high/low** un máximo/mínimo histórico • **an all-time record** un récord histórico • **an all-time great/classic** una figura imperecedera/un clásico de todos los tiempos

al·lude /ə'lud/ *v*
allude to sb/sth *v+partíc* (*frml*) aludir a alguien/algo

al·lure¹ /ə'lʊr/ *s* [sing, U] atractivo, encanto

allure² *v* [T] atraer, cautivar

al·lur·ing /ə'lʊrɪŋ/ *adj* atractivo -a, seductor -a

al·lu·sion /ə'luʒən/ *s* [C,U] alusión, referencia • **make an allusion to sb/sth** hacer alusión/referencia a alguien/algo

al·lu·sive /ə'lusɪv/ *adj* lleno -a de alusiones, lleno -a de referencias

al·ly¹ W3 /ə'laɪ, 'ælaɪ/ *s* [C] (pl **allies**)
1 (país) aliado -a
2 (persona) aliado -a

ally² *v* [I,T] (**allies, allied, allying**) **ally with sb** aliarse con/a alguien • **ally yourself with/to sb** aliarse con/a alguien ▶ ALLIED

al·ma·nac /'ɔlmə,næk/ (tb **almanack** (*antic*)) *s* [C] almanaque (libro)

al·might·y /ɔl'maɪti/ *adj* **1** todopoderoso -a **2 the Almighty** [usado como s sing] el Todopoderoso • **Almighty God/Father** Dios/Padre Todopoderoso **3** (*coloq*) tremendo -a, de la patada
EXPRESIONES
God/Christ Almighty! ¡por el amor de Dios!

al·mond /'ɑmənd, 'æm-/ *s* [C] **1** almendra **2** (tb **almond tree**) almendro

al·most S1 W1 /'ɔlmoʊst, ɔl'moʊst/ *adv* casi: *I'm almost ready.* Ya tengo casi lista. • *It's an almost impossible task.* Es una tarea prácticamente imposible. • *Are we almost there?* ¿Falta poco para llegar? • **almost all/every** casi todos -as: *He calls me almost every day.* Me llama casi todos los días. • **almost everything/everyone**

casi todo/todas las personas • **almost nothing/nobody/none** casi nada/nadie/ninguno -a • **almost always** casi siempre • **almost certainly** casi seguro: *He will almost certainly die.* Es casi seguro que se va a morir.

alms /ɑmz/ *s* [pl] (*antic*) limosna

a·loft /ə'lɔft/ *adv* (*liter*) en lo alto

a·lone S1 W1 /ə'loʊn/ *adj, adv*
1 (sin compañía) solo -a: *I like being alone sometimes.* A veces me gusta estar sola. • *She lives alone.* Vive sola. • **leave sb alone** dejar solo -a a alguien • **be alone together** estar solos (los dos)/solas (las dos)
2 (sin amigos) solo -a • **all alone** completamente solo -a • **feel alone** sentirse solo -a • **alone in the world** solo -a en el mundo
3 (sin ayuda) solo -a: *He raised the children alone.* Crió a los niños él solo.
4 [solo después de s] (sin más cosas) solo, nada más: *The drinks alone cost over $50.* Solo las bebidas cuestan más de 50 dólares. • *Money alone cannot solve your problems.* El dinero por sí solo no puede solucionar tus problemas.
5 (para enfatizar) [solo después de s] **she/John alone** solo ella/John: *She alone knows the truth.* Solo ella sabe la verdad. ▶ LET alone
EXPRESIONES
be yours/his/mine alone *The responsibility is yours alone.* La responsabilidad es solo tuya. • **go it alone** establecerse/irse por su cuenta • **leave sb alone** dejar a alguien en paz: *Leave me alone!* ¡Déjame en paz! • **leave sth alone** no tocar algo: *Leave my papers alone.* No toques mis papeles. • **not be alone in (doing) sth** no ser el único/la única en (hacer) algo

a·long¹ S2 W1 /ə'lɔŋ/ *prep*
1 (indicando recorrido) por: *We walked along the beach.* Fuimos andando por la playa. • *She heard footsteps coming along the corridor.* Oyó pasos que se acercaban por el pasillo.
2 (indicando alineación paralela) a lo largo de: *There was a fence along the sidewalk.* Había una valla a lo largo de la acera. • *the symbols along the top of the screen* los símbolos alineados en la parte superior de la pantalla
3 (indicando emplazamiento) *The house was a few miles along the river.* La casa estaba a unas cuantas millas junto al río.
EXPRESIONES
along the way en uno u otro momento, en el ínterin: *somewhere along the way* en algún momento

along² S1 W1 *adv* (indicando movimiento) *I was driving along, listening to the radio.* Iba conduciendo, escuchando la radio. ▶ **along** forma parte de numerosas construcciones con verbos de movimiento y *phrasal verbs*, como **come along, get along**, etc., que figuran bajo la entrada correspondiente.
EXPRESIONES
along with sb/sth junto con alguien/algo, además de alguien/algo: *She was chosen along with three other students.* La eligieron junto con otras tres alumnas. • **take/bring sth/sb along** llevar/traer algo/a alguien: *Take your guitar along.* Lleva tu guitarra. • *You're welcome to bring a friend along.* Puedes traer a un amigo. • **I/he will be along** vengo/vendré más tarde: *Another train will be along in a minute.* En un minuto viene otro metro.

a·long·side¹ /ə,lɔŋ'saɪd/ *prep* **1** (indicando proximidad) al lado de, junto a: *The smaller boat sailed alongside us.* El bote más pequeño navegaba al lado del nuestro. **2** (indicando cooperación) junto a • **work alongside sb** trabajar junto a alguien **3** (indicando coexistencia) al lado de, junto a: *people of different religions living alongside each other* personas de distintas religiones conviviendo juntas **4** en comparación con • **rank alongside sth** estar al mismo nivel que algo

alongside² *adv* al lado • **come alongside/pull up alongside** *A police car pulled up alongside.* Un coche de la policía paró al lado del nuestro.

a·loof /ə'luf/ *adj* [gralm no ante s] distante • **remain/stay/stand aloof from sb** guardar distancia de/con alguien

A

a·loud /ə'laʊd/ *adv* **1 read (sth) aloud** leer (algo) en voz alta • **think aloud** pensar en voz alta SIN **out loud 2** (*liter*) fuerte, a voces

al·pha·bet /'ælfə,bɛt/ *s* [C] alfabeto, abecedario • **the Greek/Hebrew alphabet** el alfabeto griego/hebreo

al·pha·bet·i·cal /,ælfə'bɛṭɪkəl/ *adj* alfabético -a • **in alphabetical order** en/por orden alfabético

al·pha·bet·i·cally /,ælfə'bɛṭɪkli/ *adv* alfabéticamente, en/por orden alfabético

al·pine¹, **Alpine** /'ælpaɪn/ *adj* [gralm ante s] alpino -a

alpine² *s* [C gralm pl] planta alpina

al·read·y SIN /ɔl'rɛdi/ *adv*
1 (indicando anterioridad) ya: *We're late. The movie has already started.* Llegamos tarde. La película ya empezó.
2 (indicando acción finalizada) ya: *I already ate.* Ya comí. • *I've read that book twice already.* Ya leí dos veces ese libro.
3 (tan pronto) ya: *Are you leaving already?* ¿Ya se van? • *Is it already 5 o'clock?* ¿Ya son las 5?
4 (expresando fastidio) (*coloq*) ya: *Get to work already!* ¡Ponte a trabajar ya! • **Enough already!** ¡Basta ya!

al·right /ɔl'raɪt, ɔ'raɪt/ *adj, adv* (*incorr*) ▶ ALL RIGHT

al·so S1 W1 /'ɔlsoʊ/ *adv*
1 también: *She also has a dog.* También tiene un perro. • *Many of his friends are also writers.* Muchos de sus amigos también son escritores. • *He can also speak Russian.* También sabe ruso. • **not only... also** no solo... sino también
2 [adv oracional] además: *Also, you may be stopped by the police.* Además, te puede parar la policía. ▶ ver nota en TAMBIÉN

⚠ **Also** va antes del verbo principal y después del primer modal o auxiliar, si lo hay. Si el verbo es **be**, va siempre después de este:
They also organize (✗ *organize also*) *cultural shows.*
You can also play (✗ *play also*) *tennis.*
He is also interested (✗ *is also interested*) *in Greek painters.*

'also-ran *s* [C] no favorito -a, perdedor -a

al·tar /'ɔltər/ *s* [C] altar

al·ter W3 /'ɔltər/ *v*
1 [I,T] cambiar, modificar(se) • **this does not alter the fact that...** esto no quita que... • **alter the course of sth** cambiar el curso de algo SIN **change**
2 [T] reparar, arreglar (una prenda de vestir) • **have/get sth altered** hacerse arreglar algo
3 [T] esterilizar, castrar

al·ter·a·tion /,ɔltə'reɪʃən/ *s* **1** [C,U] cambio(s), modificación • [+in]: *an alteration in his behavior* un cambio en su comportamiento • **a minor alteration** un pequeño cambio, un cambio menor **2** [C gralm pl] obra, reforma (en un edificio) **3** [C,U] reparación/reparaciones, arreglo(s) (a una prenda de vestir) • **make alterations to sth** hacerle arreglos a algo

al·ter·ca·tion /,ɔltər'keɪʃən/ *s* [C] (*frml*) altercado

al·ter e·go /,æltər 'igoʊ, ,ɔl-/ *s* [C] álter ego

al·ter·nate¹ /'ɔltərnɪt/ *adj* [solo ante s] **1** SIN **alternative 2** (capas, colores) alternado -a, alterno -a **3** (periodos de tiempo) alterno -a, uno -a de cada dos: *He works alternate weekends.* Trabaja un fin de semana sí y otro no.

al·ter·nate² /'ɔltər,neɪt/ *v* **1** [I,T] (estados de ánimo, movimientos, etapas) alternar(se) • **alternate sth with sth** (tb **alternate sth and sth**) alternar algo con/y algo: *Runners alternate water and high-energy drinks.* Los corredores alternan el agua con las bebidas energéticas. • **alternate between sth and sth** oscilar entre algo y algo: *Our conversation alternated between English and French.* Nuestra conversación oscilaba entre el inglés y el francés. **2** [I] (personas) alternarse, turnarse • **alternate with sb** alternarse con alguien

al·ter·nate³ /'ɔltərnɪt/ *s* [C] suplente SIN **substitute, standby**

,alternating 'current *s* [U] corriente alterna

al·ter·na·tion /,ɔltər'neɪʃən/ *s* [C,U] alternancia

al·ter·na·tive¹ S3 W3 /ɔl'tərnəṭɪv/ *adj*
1 [solo ante s] (distinto) **an alternative way/means/ approach** otro modo/medio/enfoque • **an alternative view** una opinión diferente • **an alternative route** otro camino • **make alternative arrangements** cambiar de planes
2 [solo ante s] (no tradicional) alternativo -a • **alternative treatments/therapies** tratamientos alternativos/ terapias alternativas

alternative² W3 *s* [C] alternativa • [+to]: *a good alternative to surgery* una buena alternativa a la cirugía • **have no alternative but to do sth** no tener más remedio que hacer algo • **I/he was left with no alternative** no me/le quedó otra alternativa

al·ter·na·tive·ly /ɔl'tərnəṭɪvli/ *adv* si no: *Alternatively, you can pay by check.* Si no, puede pagar con cheque.

al·ter·na·tor /'ɔltər,neɪṭər/ *s* [C] alternador

al·though S1 W1 /ɔl'ðoʊ, ɔ'ðoʊ/ *conj* aunque, a pesar de que: *Although the car's old, it still runs well.* Aunque el carro es viejo, todavía funciona bien. • *She continued to work, although she was very sick.* Siguió trabajando, a pesar de que estaba muy enferma.

al·ti·tude /'æltə,tud/ *s* [C,U] altitud, altura • [+of]: *at an altitude of 30,000 feet* a una altura de 30.000 pies

al·to¹ /'æltoʊ/ *adj* [solo ante s] alto (clarinete, saxo)

alto² *s* [C] (pl **altos**) **1** contralto SIN **contralto 2** contratenor **3** voz de contralto **4** saxo/clarinete alto

al·to·geth·er¹ W3 /,ɔltə'gɛðər, 'ɔltə,gɛðər/ *adv*
1 por completo, totalmente: *an old custom that has vanished altogether* una vieja costumbre que ha desaparecido por completo • *They live an altogether different life.* Llevan una vida totalmente diferente. • *She is altogether a better player.* Es mucho mejor jugadora.
2 en total: *Altogether, you owe me $5,000.* En total, me debes 5.000 dólares. • *There were five of us altogether.* Éramos cinco en total.
3 [adv oracional] (*frml*) en general, en resumen
EXPRESIONES
not altogether (*frml*) no ... del todo: *The change is not altogether bad.* El cambio no es del todo malo.

altogether² *s* **in the altogether** (*hum*) en cueros

al·tru·ism /'æltru,ɪzəm/ *s* [U] (*frml*) altruismo

al·tru·ist /'æltruɪst/ *s* [C] altruista

al·tru·is·tic /,æltru'ɪstɪk‹/ *adj* altruista

a·lu·mi·num /ə'lumənəm/ *s* [U] aluminio

a,luminum 'foil *s* [U] papel aluminio

a·lum·na /ə'lʌmnə/ *s* [C] (pl **alumnae** /-ni/) (*frml*) ex-alumna

a·lum·ni /ə'lʌmnaɪ/ *s* [pl] ex alumnos -as

a·lum·nus /ə'lʌmnəs/ *s* [C] (pl **alumni** /-naɪ/) (*frml*) ex-alumno

al·ways S1 W1 /'ɔlweɪz, -wiz, -wɪz/ *adv*
1 (todas las veces, en todo momento) siempre: *I don't always agree with him.* No siempre estoy de acuerdo con él. • *We always play tennis on the weekend.* Siempre jugamos al tenis los fines de semana. • *The sun is always shining there.* Allí siempre brilla el sol.
2 (en el pasado) siempre: *I've always wanted to go to Paris.* Siempre he querido ir a París.
3 (en el futuro) siempre: *I'll always love you.* Siempre te amaré.
4 (a menudo) siempre: *This car is always breaking down.* Este carro se vara siempre.
EXPRESIONES
as always como siempre • **there's always...** siempre está/queda...: *If the bookstore doesn't have it, there's always the library.* Si la librería no lo tiene, siempre queda la biblioteca. • **you can/could always...** (*oral*)

A

siempre puedes/podrías...: *She can always take the test again next year.* Siempre puede volver a presentar el examen el año que viene.

⚠ **Always**, como los demás adverbios de frecuencia (**never**, **often**, **usually**), va antes del verbo principal y después del primer modal o auxiliar, si lo hay. Si el verbo es **be**, va siempre después de este:
They always spend (✗ *spend always*) *the summer together.*
She has always been (✗ *been always*) *devoted to her family.*
I was always busy (✗ *always was*).

Además de **always**, hay otras formas de expresar la idea de 'para siempre' en inglés, como **permanently** o **forever**: *His eyesight may be permanently damaged.* • *I could stay here forever.*
Si enfatizamos que es para el resto de la vida, se usa **for life**: *Marriage is supposed to be for life.*
Si hablamos de un cambio que podría ser para siempre, se puede usar **for good**: *I've given up smoking for good.*

Alz·heim·er's dis·ease /ˈɑltshaɪmɚz dɪˌziz, ˈɑltsaɪ-, ˈæl-/ (tb **Alzheimer's**) *s* [U] alzheimer, enfermedad de Alzheimer

AM /ˌeɪ ˈɛm◂/ *abrev de* **1** (**amplitude moderation**) AM, OM **2 AM radio** radio AM

am /m, əm; *fuerte* æm/ ▶ **BE**

a.m., **A.M.** /ˌeɪ ˈɛm/ (*abrev de* **ante meridiem**) de la mañana, a.m.: *We open at 8:30 a.m.* Abrimos a las 8:30 de la mañana. • *He caught the 11 a.m. train.* Tomó el tren de las 11 de la mañana. ▶ **P.M.**

a·mal·gam /əˈmælgəm/ *s* [C] amalgama

a·mal·ga·mate /əˈmælgəˌmeɪt/ *v* **1** [I,T] fusionar(se) SIN **merge 2** [T] unir, fundir SIN **blend**

a·mal·ga·ma·tion /əˌmælgəˈmeɪʃən/ *s* [C,U] fusión

a·mass /əˈmæs/ *v* [T] acumular • **amass a fortune** amasar una fortuna

am·a·teur¹ /ˈæmətʃɚ/ *adj* **1** [solo ante s] aficionado -a, amateur: *amateur boxing* boxeo amateur • *amateur photographers* fotógrafos aficionados ▶ **PROFESSIONAL 2** poco profesional, poco serio -a SIN **amateurish** ANT **professional**

amateur² *s* [C] **1** (en deportes, actuación) aficionado -a, amateur ▶ **PROFESSIONAL 2** (torpe) aficionado -a, poco profesional

am·a·teur·ish /ˌæməˈtʃʊrɪʃ/ *adj* poco profesional, poco serio -a

a·maze /əˈmeɪz/ *v* [T] asombrar, dejar helado -a • **amaze sb by doing sth** dejar a alguien muy sorprendido -a al hacer algo • **it amazes me that...** me asombra que... • **what amazes me is...** lo que me asombra es... • **it never ceases to amaze me** nunca deja de asombrarme

a·mazed /əˈmeɪzd/ *adj* [nunca ante s] muy asombrado -a, anonadado -a: *She's 60? I'm amazed!* ¿60 años tiene? ¡Me dejas anonadada! • **be amazed (that)** *I'm amazed you've never heard of the Beatles.* Me asombra que nunca hayas oído hablar de los Beatles. • [+**at/by**]: *We were amazed at their success.* Nos asombró muchísimo el éxito que tuvieron. • [+**how**]: *You'll be amazed how easy it is.* Te vas a asombrar de lo fácil que es. • **be amazed to see/find/discover sth** *I was amazed to see him looking so well.* Me asombró muchísimo verlo tan bien.

a·maze·ment /əˈmeɪzmənt/ *s* [U] asombro • **in amazement** asombrado -a, con asombro • **to his/everyone's amazement** para su asombro/para asombro de todos

a·maz·ing S1 /əˈmeɪzɪŋ/ *adj*
1 (*oral*) fabuloso -a, extraordinario -a
2 asombroso -a • **it's amazing how/how many...** es asombroso cómo/cuántos... • **it's amazing (that)...** es asombroso que...

a·maz·ing·ly /əˈmeɪzɪŋli/ *adv* increíblemente, asombrosamente

am·bas·sa·dor /æmˈbæsədɚ, əm-/ *s* [C] **1** (de un país) embajador -a • [+**to**]: *the U.S. ambassador to Spain* el

embajador de EE. UU. en España **2** (de un deporte, una actividad) embajador -a • [+**for**]: *He's a great ambassador for the game.* Es un gran embajador de este deporte.

am·ber¹ /ˈæmbɚ/ *s* [U] **1** (color) ámbar • **at/on amber** en amarillo (semáforo) **2** (resina) ámbar

amber² *adj* de color ámbar, ambarino -a

am·bi·ance /ˈæmbiəns, ˈɑmbiɑns/ *variante de* **AMBIENCE**

am·bi·dex·trous /ˌæmbɪˈdɛkstrəs/ *adj* ambidiestro -a

am·bi·ence, **ambiance** /ˈæmbiəns, ˈɑmbiɑns/ *s* [sing, U] (*frml*) atmósfera, ambiente

am·bi·gu·i·ty /ˌæmbəˈgyuəti/ *s* [C gram pl, U] (pl **ambiguities**) ambigüedad

am·big·u·ous /æmˈbɪgyuəs/ *adj* ambiguo -a ANT **unambiguous**

am·big·u·ous·ly /æmˈbɪgyuəsli/ *adv* ambiguamente • **ambiguously worded** formulado -a en términos ambiguos • **end ambiguously** tener un final ambiguo

am·bi·tion /æmˈbɪʃən/ *s* **1** [U] (cualidad) ambición: *She is full of ambition.* Es muy ambiciosa. **2** [C] (cosa deseada) ambición: *What is your greatest ambition?* ¿Cuál es tu máxima ambición? • **achieve/ fulfill/realize an ambition** lograr/cumplir/hacer realidad una ambición

am·bi·tious /æmˈbɪʃəs/ *adj* **1** (persona) ambicioso -a • **be ambitious for sb/sth** tener grandes planes para alguien/algo, aspirar a grandes cosas con alguien/algo **2** (plan, meta) ambicioso -a • **overly/highly ambitious** demasiado/muy ambicioso -a

am·bi·tious·ly /æmˈbɪʃəsli/ *adv* con mucha ambición, ambiciosamente

am·biv·a·lence /æmˈbɪvələns/ *s* [U] (*frml*) sentimientos contradictorios/ambivalentes

am·biv·a·lent /æmˈbɪvələnt/ *adj* ambivalente (sentimiento, relación), inseguro -a, sin las ideas claras (persona) • [+**about**]: *Many couples are ambivalent about having children.* Muchas parejas no tienen claro si quieren tener hijos o no.

am·ble /ˈæmbəl/ *v* [I siempre + adv/prep] pasear sin prisa/apuro • [+**along/up/over**]: *Joe ambled over to say hello.* Joe se acercó a saludar con toda tranquilidad.

am·bu·lance /ˈæmbyələns/ *s* [C] ambulancia • **by ambulance** en ambulancia • **call an ambulance** llamar a una ambulancia • **ambulance crew** tripulación de ambulancia • **ambulance driver** conductor -a de ambulancia • **ambulance man** tripulante de ambulancia • **ambulance workers** personal de ambulancia

am·bush¹ /ˈæmbʊʃ/ *s* [C,U] emboscada • **lie/wait in ambush** estar emboscado -a

ambush² *v* [T] tender una emboscada a

a·me·lio·rate /əˈmilyəˌreɪt/ *v* [T] (*frml*) mejorar

a·me·lio·ra·tion /əˌmilyəˈreɪʃən/ *s* [U] (*frml*) mejora

a·men /ˌeɪˈmɛn, ˌɑ-/ *interj* amén
EXPRESIONES
amen (to that)! ¡ya lo creo!

a·me·na·ble /əˈminəbəl, əˈmɛ-/ *adj* (*frml*) **1** receptivo -a • **be amenable to sth** mostrarse favorable a algo **2** **be amenable to treatment/reform** ser susceptible de tratamiento/reforma

a·mend /əˈmɛnd/ *v* [T] enmendar, corregir

a·mend·ment W2 /əˈmɛndmənt/ *s* [C,U] enmienda, corrección • [+**to**]: *an amendment to the Constitution* una enmienda a la Constitución

a·mends /əˈmɛndz/ *s* **make amends (for sth)** compensar/reparar el daño causado (con algo): *What can I do to make amends?* ¿Qué puedo hacer para compensarlo?

a·men·i·ty /əˈmɛnəti, əˈmi-/ *s* [C gram pl] (pl **amenities**) comodidad, instalación • **the basic amenities** los servicios básicos

A·mer·i·ca /əˈmɛrɪkə/ *s* **1** Estados Unidos, América **2 the Americas** [pl] América, las Américas

A·mer·i·can[1] /əˈmɛrɪkən/ *adj* **1** estadounidense: *Her mother is American*. Su madre es estadounidense. • *the American people* el pueblo estadounidense • **typically American** típicamente estadounidense • **as American as apple pie** típicamente estadounidense **2** (*técn*) americano -a, de América

American[2] *s* [C] americano -a, estadounidense

A,merican 'dream *s* **the American Dream** el sueño americano

A,merican 'Indian *adj* amerindio -a

A,merican 'Indian *s* [C] amerindio -a

A·mer·i·can·ism /əˈmɛrɪkəˌnɪzəm/ *s* [C] americanismo (de la lengua inglesa)

A·mer·i·can·ize /əˈmɛrɪkəˌnaɪz/ *v* [T] americanizar

A·mer·i·can·ized /əˈmɛrɪkəˌnaɪzd/ *adj* americanizado -a

am·e·thyst /ˈæməθɪst/ *s* [C,U] amatista

a·mi·a·ble /ˈeɪmiəbəl/ *adj* afable, amable

a·mi·a·bly /ˈeɪmiəbli/ *adv* afablemente, amablemente

am·i·ca·ble /ˈæmɪkəbəl/ *adj* (*frml*) amistoso -a

am·i·ca·bly /ˈæmɪkəbli/ *adv* amistosamente

a·mid W3 /əˈmɪd/ *prep*
1 (indicando ambiente) en medio de, entre • **amid concern/worries** *Oil prices are rising amid concern over the war*. El precio del petróleo sube ante la preocupación por la guerra. • **amid fears** ante el temor **2** (indicando posición) entre

a·miss /əˈmɪs/ *adj* [nunca ante s] **something is amiss** pasa algo, hay algún problema • **there is nothing amiss** no pasa nada, no hay ningún problema

am·mo /ˈæmoʊ/ *s* [U] (*coloq*) (**ammunition**) munición, municiones

am·mo·nia /əˈmoʊnyə/ *s* [U] **1** (líquido) amoníaco **2** (gas) amoníaco

am·mu·ni·tion /ˌæmyəˈnɪʃən/ *s* [U] **1** munición, municiones **2** argumentos • **give sb ammunition** darle argumentos a alguien

am·ne·sia /æmˈniʒə/ *s* [U] amnesia

am·nes·ty /ˈæmnəsti/ *s* [C,U] (pl **amnesties**) amnistía • **grant amnesty to sb** concederle la amnistía a alguien

a·moe·ba /əˈmibə/ *s* [C] (pl **amoebas**, **amoebae** /-bi/) ameba

a·mok /əˈmʌk, əˈmɑk/ (tb **amuck**) *adv*
EXPRESIONES
run amok (a) (tropas, manifestantes) descontrolarse, cometer desmanes **(b)** (sistema) descontrolarse, salirse de madre

a·mong S3 W1 /əˈmʌŋ/ (tb **a·mongst** /əˈmʌŋst/) *prep*
1 (en un grupo) entre: *The problem is causing concern among parents*. El problema causa preocupación entre los padres. • *the fashion among young people* la moda entre los jóvenes ▶ ver nota en **ENTRE**
2 (de un grupo) entre, de: *Among the victims were several children*. Entre las víctimas había varios niños. • *She was the oldest among them*. Era la mayor de todos ellos. • **choose/select sth from among sth** elegir algo entre algo • **among friends** entre amigos
3 (al dividir) entre: *His money was shared among his three children*. Su dinero se repartió entre sus tres hijos.
4 (en un sitio) entre: *I found the letter among her papers*. Encontré la carta entre sus papeles.

EXPRESIONES
among other things entre otras cosas • **among ourselves/yourselves/themselves** entre nosotros -as/ustedes/ellos -as: *Stop fighting among yourselves*. Dejen de pelearse.

a·mor·al /eɪˈmɔrəl, -ˈmɑr-/ *adj* amoral

am·o·rous /ˈæmərəs/ *adj* ardoroso -a, apasionado -a (persona, pareja), amoroso -a (aventura)

a·mor·phous /əˈmɔrfəs/ *adj* (*frml*) informe, amorfo -a

a·mount[1] S1 W1 /əˈmaʊnt/ *s* [C,U]
1 (de tiempo, dinero) cantidad: *It all depends on the amount you want to spend*. Todo depende de la cantidad que se quiera gastar. • **a large/considerable amount (of sth)** una gran/importante cantidad (de algo): *The system can handle large amounts of data*. El sistema puede manejar grandes cantidades de información. • **a small/tiny amount** una pequeña cantidad/una cantidad ínfima: *a small amount of milk* una pequeña cantidad de leche • **the full amount** la suma/el importe total • **a dollar amount** una suma en dólares
2 (de una cualidad, un sentimiento) **a tremendous/an enormous/a considerable amount of** muchísimo -a, una gran cantidad de: *He has a tremendous amount of energy*. Tiene muchísima energía. • **a certain/fair amount of** cierto -a/bastante: *I felt a certain amount of embarrassment*. Sentí cierta incomodidad.

EXPRESIONES
any amount of sth gran cantidad de algo: *We have any amount of evidence*. Tenemos gran cantidad de pruebas. • **no amount of sth will/can do sth** *No amount of persuasion could change her mind*. No había forma humana de convencerla de que cambiara de idea.

amount[2] *v*
amount to sth *v+partíc* **1** ascender a algo **2** equivaler a algo, ser prácticamente algo • **amount to the same thing** ser la misma cosa **3** **not amount to much/anything** (tb **not amount to a hill of beans** (*coloq*)) no ser gran cosa

amp /æmp/ *s* [C] **1** (*coloq*) amplificador **2** (tb **ampere**) amperio

am·pere /ˈæmpɪr, -pɛr/ *s* [C] amperio

am·per·sand /ˈæmpɚˌsænd/ *s* [C] el símbolo "&"

am·phet·a·mine /æmˈfɛtəˌmin, -mɪn/ *s* [C gralm pl, U] anfetamina

am·phib·i·an /æmˈfɪbiən/ *s* [C] anfibio

am·phib·i·ous /æmˈfɪbiəs/ *adj* **1** (animal) anfibio -a **2** [solo ante s] (vehículo, operación) anfibio -a

am·phi·the·a·ter /ˈæmfəˌθiətɚ/ *s* [C] anfiteatro

am·ple /ˈæmpəl/ *adj* abundante, de sobra • **ample room/space** espacio de sobra

am·pli·fi·ca·tion /ˌæmpləfəˈkeɪʃən/ *s* **1** [U] amplificación (del sonido) **2** [C,U] aclaración

am·pli·fi·er /ˈæmpləˌfaɪɚ/ *s* [C] amplificador

am·pli·fy /ˈæmpləˌfaɪ/ *v* [T] (**amplifies, amplified, amplifying**) **1** amplificar (sonidos) **2** (*frml*) aclarar (un comentario) **3** (*frml*) exacerbar, incrementar (los temores, las divisiones)

am·ply /ˈæmpli/ *adv* sobradamente

am·pu·tate /ˈæmpyəˌteɪt/ *v* [I,T] amputar

am·pu·ta·tion /ˌæmpyəˈteɪʃən/ *s* [C,U] amputación

am·pu·tee /ˌæmpyəˈti/ *s* [C] amputado -a

a·muck /əˈmʌk/ *adv* variante de **AMOK**

a·muse /əˈmyuz/ *v* [T] **1** divertir, hacer gracia a **2** entretener • **amuse yourself** entretenerse

a·mused /əˈmyuzd/ *adj* divertido -a (sonrisa, mirada) • **be amused at/by sth** *I was amused at her reaction*. Me hizo gracia su reacción.

EXPRESIONES
keep sb amused tener a alguien entretenido -a

a·muse·ment /əˈmyuzmənt/ *s* **1** [U] diversión • **with/in amusement** divertido -a • **to sb's amusement** para regocijo de alguien: *To everyone's amusement, the dog ran away with the ball*. A todo el mundo le hizo mucha gracia que el perro saliera corriendo con la pelota. **2 amusements** [pl] entretenimientos, diversiones

a'musement ,park *s* [C] parque de diversiones

a·mus·ing /əˈmyuzɪŋ/ *adj* gracioso -a, divertido -a

a·mus·ing·ly /ə'myuzɪŋli/ *adv* con gracia, de forma divertida

an S1 W1 /ən; *fuerte* æn/ *art indet, det* ▶ ver nota en **A**

an·a·bol·ic ster·oid /ˌænəbɑlɪk 'stɛrɔɪd, 'stɪr-/ *s* [C] esteroide anabolizante

a·nach·ro·nism /ə'nækrəˌnɪzəm/ *s* [C] anacronismo

a·nach·ro·nis·tic /əˌnækrə'nɪstɪk/ *adj* anacrónico -a

a·nae·mi·a /ə'nimiə/ *s* [U] variante británica de **ANEMIA**

a·nae·mic /ə'nimɪk/ *adj* variante británica de **ANEMIC**

an·aer·o·bic /ˌænə'roʊbɪk◂/ *adj* anaerobio -a

an·aes·the·sia /ˌænəs'θiʒə/ *s* [U] variante británica de **ANESTHESIA**

an·aes·thet·ic /ˌænəs'θɛt̬ɪk/ *s* [C,U] variante británica de **ANESTHETIC**

a·naes·the·tist /ə'nɛsθət̬ɪst/ *s* [C] variante británica de **ANESTHETIST**

a·naes·the·tize /'nɛsθəˌtaɪz/ *v* [T] variante británica de **ANESTHETIZE**

an·a·gram /'ænəˌgræm/ *s* [C] anagrama

a·nal /'eɪnl/ *adj* **1** anal **2** (*coloq*) quisquilloso -a

an·al·ge·sic¹ /ˌænl'dʒizɪk/ *adj* (*técn*) analgésico -a

analgesic² *s* [C] (*técn*) analgésico

a·nal·o·gous /ə'næləgəs/ *adj* (*frml*) análogo -a

a·nal·o·gy /ə'nælədʒi/ *s* (*pl* **analogies**) **1** [C] (símil) analogía • **draw/make an analogy (with/between)** establecer/hacer una analogía (con/entre) **2** [U] (acción) analogía • **by analogy (with sth)** por analogía (con algo)

a·nal·y·sis S2 W2 /ə'næləsɪs/ *s* (*pl* **analyses** /-siz/)
1 [C,U] (de datos, noticias) análisis • **do/carry out an analysis (of sth)** hacer/llevar a cabo un análisis (de algo) **2** [C,U] (de una sustancia) análisis • **for analysis** *The substance was sent to the lab for analysis.* La sustancia se envió al laboratorio para que la analizaran. **3** [C] (opinión) análisis, conclusiones • [+of]: *Marx's analysis of capitalism* el análisis del capitalismo realizado por Marx **4** [U] (terapia) psicoanálisis • **be in analysis** estar psicoanalizándose
EXPRESIONES
in the final/last analysis a fin de cuentas

an·a·lyst W1 /'ænl-ɪst/ *s* [C]
1 analista (político, financiero, etc.) **2** psicoanalista

an·a·lyt·ic /ˌænl'ɪt̬ɪk◂/ (*tb* **an·a·lyt·i·cal** /ˌænl'ɪt̬ɪkəl/) *adj* analítico -a

an·a·lyze W3 /'ænlˌaɪz/ *v* [T]
1 (datos, situaciones) analizar **2** (una sustancia) analizar **3** psicoanalizar

an·ar·chic /æ'nɑrkɪk/ *adj* **1** anárquico -a **2** transgresor -a

an·ar·chism /'ænərˌkɪzəm/ *s* [U] anarquismo

an·ar·chist /'ænərkɪst/ *s* [C] anarquista

an·ar·chy /'ænərki/ *s* [U] anarquía

a·nath·e·ma /ə'næθəmə/ *s* [sing, U] • **be (an) anathema to sb** ser anatema para alguien, resultar odioso -a a alguien

an·a·tom·i·cal /ˌænə'tɑmɪkəl/ *adj* anatómico -a

a·nat·o·my /ə'næt̬əmi/ *s* (*pl* **anatomies**) **1** [U] (disciplina) anatomía **2** [C gralm sing] (estructura) anatomía **3** [C] (*hum*) (cuerpo) anatomía

an·ces·tor /'ænˌsɛstər/ *s* [C] **1** (de una persona) antepasado -a, ancestro **2** (de un animal) antepasado -a, ancestro **3** (de una máquina, un vehículo) antecesor -a

an·ces·tral /æn'sɛstrəl/ *adj* ancestral: *ancestral home* casa solariega

an·ces·try /'ænˌsɛstri/ *s* [C gralm sing, U] (*pl* **ancestries**) ascendencia, linaje • **be of Russian/Indian ancestry** tener ascendencia rusa/india

an·chor¹ /'æŋkər/ *s* [C] **1** ancla • **at anchor** anclado -a • **drop/weigh anchor** echar/levar anclas **2** presentador -a, conductor -a (de un noticiero televisivo) **3** sostén, áncora de salvación

anchor² *v* **1** [I,T] (un buque) anclar **2** [T] presentar, conducir (un noticiero televisivo) **3** [T] (un objeto) anclar, sujetar
EXPRESIONES
be anchored in sth estar arraigado -a en algo

an·chor·man /'æŋkərˌmæn/ *s* [C] (*pl* **anchormen** /-ˌmɛn/) presentador -a, conductor -a (de un noticiero televisivo)

an·cho·vy /'ænˌtʃoʊvi, -tʃə-, æn'tʃoʊvi/ *s* [C,U] (*pl* **anchovies**) boquerón, anchoa

an·cient W2 /'eɪnʃənt/ *adj*
1 [solo ante s] (de la Antigüedad) antiguo -a • **ancient Greece/Egypt** la antigua Grecia/el antiguo Egipto ANT **modern**
2 [gralm ante s] (de muchos años) antiguo -a ANT **new**
3 (*hum*) viejísimo -a ▶ ver nota en **ANTIGUO**

an·cil·lar·y /'ænsəˌlɛri/ *adj* auxiliar

and S1 W1 /ən, n, ənd; *fuerte* ænd/ *conj*
1 INDICANDO AÑADIDO y: *We need a pencil and some paper.* Necesitamos papel y lápiz.
2 INDICANDO CONSECUTIVIDAD y: *He opened the door and went in.* Abrió la puerta y entró.
3 INDICANDO EFECTO y: *She fell and broke her leg.* Se cayó y se quebró la pierna.
4 INTRODUCIENDO COMENTARIO (*oral*) y: *And where are you going on vacation?* ¿Y dónde te vas de vacaciones?
5 PARA ENFATIZAR y: *We waited for hours and hours.* Esperamos horas y horas. • *That was years and years ago.* Eso fue hace muchísimos años. • *We ran and ran.* Corrimos sin parar. • **more and more/faster and faster** cada vez más/cada vez más rápido
6 EN LUGAR DEL "TO" DE INFINITIVO *I'll try and persuade her.* Voy a tratar de convencerla. • *Come and see my picture.* Ven a ver mi foto. • **wait and see** esperar a ver
7 TRAS FRASE CONDICIONAL *Be a good boy and I'll buy you an ice cream.* Si te portas bien, te compro un helado.
8 INDICANDO DIFERENTE CALIDAD y: *There are experts and experts.* Hay expertos y expertos.
9 EN SUMAS y: *Five and five is ten.* Cinco y cinco son diez. SIN **plus**
10 EN FRACCIONES y: *five and a quarter* cinco y cuarto • *six and a half hours* seis horas y media
11 EN CIFRAS *one hundred and sixty-three* ciento sesenta y tres • *four thousand and seventy* cuatro mil setenta
12 EN NOMBRES DE COMIDAS Y BEBIDAS *bread and butter* pan con mantequilla
EXPRESIONES
and? (*oral*) **(a)** (pidiendo más datos) ¿y?, ¿y qué más? **(b)** (indicando indiferencia) ¿y?, ¿y qué? • **nice/lovely and...** (*oral*) bien...: *The bed was nice and warm.* La cama estaba bien calientita.

An·dor·ra /æn'dɔrə/ Andorra

An·dor·ran¹ /æn'dɔrən/ *s* [C] andorrano -a

Andorran² *adj* andorrano -a

and·ro·gyn·ous /æn'drɑdʒənəs/ *adj* andrógino -a

an·droid /'ændrɔɪd/ *s* [C] androide

an·ec·dot·al /ˌænɪk'doʊt̬l/ *adj* **1** subjetivo -a • **anecdotal evidence** *We can't rely on anecdotal evidence.* No podemos basarnos en apreciaciones personales. **2** lleno -a de anécdotas

an·ec·dote /'ænɪkˌdoʊt/ *s* [C] anécdota

a·ne·mi·a /ə'nimiə/ *s* [U] anemia

a·ne·mic /ə'nimɪk/ *adj* **1** anémico -a **2** anodino -a, pobre

a·nem·o·ne /ə'nɛməni/ *s* [C] anémona

an·es·the·sia /ˌænəs'θiʒə/ s [U] anestesia

an·es·thet·ic[1] /ˌænəs'θɛtɪk/ s [C,U] anestesia • **under anesthetic** con anestesia • **local anesthetic** anestesia local • **general anesthetic** anestesia general

anesthetic[2] adj [solo ante s] anestésico -a

a·nes·thet·ist /ə'nɛsθətɪst/ s [C] anestesiólogo -a, anestesista

a·nes·the·tize /ə'nɛsθəˌtaɪz/ v [T] anestesiar

a·new /ə'nu/ adv (liter) de nuevo

EXPRESIONES
start/begin anew volver a empezar

an·gel 🔲 /'eɪndʒəl/ s [C]
1 (espíritu) ángel
2 (persona) ángel • **sb is no angel** alguien no es ningún angelito ▶ **FOOLS rush in (where angels fear to tread)**, **GUARDIAN ANGEL**

an·gel·ic /æn'dʒɛlɪk/ adj angelical

an·ger[1] /'æŋgɚ/ s [U] enojo, ira, indignación • [+at/with/against]: *public anger against the government* la indignación de los ciudadanos con el gobierno • **feel anger toward sb** estar enojado-a/indignado -a con alguien • **in anger** enojado -a, indignado -a

anger[2] v [T] (hacer) enojar, indignar: *His disobedience angered his father.* Su desobediencia hacía enojar a su padre. • **be angered by/at sth** enojarse/indignarse por algo

an·gi·na /æn'dʒaɪnə/ s [U] angina de pecho

an·gle[1] 🔲 /'æŋgəl/ s [C]
1 (entre rectas, planos) ángulo • [+between]: *the angle between the shelf and the wall* el ángulo que forma el anaquel con la pared • **an angle of 45°/90°** un ángulo de 45°/90° • **at a 45-degree/90-degree angle (to sth)** a un ángulo de 45/90 grados (de algo)
2 (en fotografía) ángulo • **from this angle** desde este ángulo • **camera angle** ángulo de cámara
3 (punto de vista) ángulo, perspectiva • **from his/my angle** desde su/mi perspectiva • **a new angle on sth** un nuevo enfoque de algo
4 at an angle inclinado -a, torcido -a • **at a slight/steep angle** con una ligera/con mucha inclinación ▶ **RIGHT ANGLE**

angle[2] v **1** [T] inclinar, ladear • **angle sth toward/away/downward** *Phil angled his chair toward the door.* Phil colocó la silla mirando a la puerta. • **be angled to do sth** estar orientado -a de modo que haga algo **2** [I] **be angling for sth** andar a la caza de algo • **be angling to do sth** andar tratando de hacer algo **3** [T gralm en pasiva] **be angled toward sb/sth** estar dirigido -a/orientado -a a alguien/algo

an·gler /'æŋglɚ/ s [C] pescador -a (con caña, por hobby)

An·gli·can /'æŋglɪkən/ s, adj [C] anglicano -a

An·gli·can·ism /'æŋglɪkəˌnɪzəm/ s [U] anglicanismo

an·gli·cism /'æŋgləˌsɪzəm/ s [C,U] anglicismo

an·gli·cize /'æŋgləˌsaɪz/ v [T] anglicanizar

an·gling /'æŋglɪŋ/ s [U] pesca (con caña, como hobby)

Anglo-, anglo- /æŋgloʊ/ pref anglo-: *an anglophile* un anglófilo • *an Anglo-Scottish family* una familia angloescocesa

,Anglo-'Saxon s [C], adj anglosajón -ona

An·go·la /æŋ'goʊlə/ Angola

An·go·lan[1] /æŋ'goʊlən/ s [C] angoleño -a

Angolan[2] adj angoleño -a

an·go·ra /æŋ'gɔrə/ s [U] angora

an·gri·ly /'æŋgrəli/ adv con enojo, con rabia

an·gry 🔲 🔲 /'æŋgri/ adj (**angrier**, **angriest**)
1 enojado -a, indignado -a: *an angry letter* una carta indignada • **be/get angry (about sth)** estar enojado -a/enojarse (por algo): *Please don't be angry!* ¡No te enojes, por favor! • **make sb angry** (hacer) enojar a alguien • [+(that)]: *They are angry that they still haven't*

been paid. Están enojados porque todavía no les pagaron. • **be angry with/at sb** estar enojado -a con alguien • **angry with/at yourself** enojado -a consigo mismo -a ▶ ver nota en **ENFADADO**
2 inflamado -a, irritado -a (hinchazón, herida)
3 (liter) embravecido -a (mar), tormentoso -a (nube, cielo)

angst /ɑŋst, æŋst/ s [U] angustia existencial

an·guish /'æŋgwɪʃ/ s [U] angustia • **in anguish** angustiado -a

an·guished /'æŋgwɪʃt/ adj angustiado -a

an·gu·lar /'æŋgyəlɚ/ adj **1** anguloso -a (facciones, cara), huesudo -a (persona) **2** de línea(s) recta(s) (diseño, formas)

an·i·mal[1] 🔲 🔲 /'ænəməl/ s [C]
1 (irracional) animal • **farm animals** animales de granja • **wild animals** animales salvajes • **animal experiments** (tb **animal testing**) experimentos/pruebas en animales • **animal lover** amante de los animales • **animal rights** derechos de los animales • **animal welfare** bienestar de los animales
2 (racional o irracional) animal • **the animal kingdom** el reino animal
3 (coloq) (persona violenta) animal, bestia
4 a political/social animal una persona buena para la política/un amante de la vida social

EXPRESIONES
a (very/completely) different animal una cosa (muy/totalmente) distinta ▶ **PARTY ANIMAL**

animal[2] adj [solo ante s] **1** (instinto, pasión) animal **2** (grasa, producto) animal

an·i·mate /'ænəˌmeɪt/ v [T] animar, dar vida a

an·i·mat·ed /'ænəˌmeɪtɪd/ adj **1** animado -a (persona, discusión) **2** de animación (película)

an·i·ma·tion /ˌænə'meɪʃən/ s **1** [U] (en cine) animación • **computer animation** animación computarizada **2** [C] película de animación **3** [U] (de una persona) animación

an·i·ma·tor /'ænəˌmeɪtɚ/ s [C] animador -a (de dibujos animados)

an·i·mos·i·ty /ˌænə'mɑsəţi/ s [C,U] (pl **animosities**) animosidad, hostilidad

an·kle 🔲 /'æŋkəl/ s [C] tobillo • **sprain/twist your ankle** torcerse el tobillo, hacerse un esguince de tobillo • **break your ankle** quebrarse el tobillo • **ankle boots** botines • **ankle socks** medias (cortas)

an·nals /'ænlz/ s [pl] anales

EXPRESIONES
in the annals of sth en los anales de algo

an·nex[1] /ə'nɛks, 'ænɛks/ v [T] anexar (territorio)

an·nex[2] /'ænɛks, -nɪks/ s [C] (edificio) anexo

an·nex·a·tion /ˌænɪk'seɪʃən, ˌænɛk-/ s [C,U] anexión

an·ni·hi·late /ə'naɪəˌleɪt/ v [T] aniquilar

an·ni·hi·la·tion /əˌnaɪə'leɪʃən/ s [U] aniquilación

an·ni·ver·sa·ry /ˌænə'vɚsəri/ s [C] (pl **anniversaries**) aniversario • **the 20th/300th anniversary of sth** el vigésimo aniversario/el tricentenario de algo • **wedding anniversary** aniversario de boda(s)

An·no Dom·i·ni /ˌænoʊ 'dɑməni, -naɪ/ adv después de Cristo ▶ **A.D.**

an·no·tate /'ænəˌteɪt/ v [T gralm en pasiva] anotar

an·nounce 🔲 🔲 /ə'naʊns/ v [T]
1 (oficialmente) anunciar • **announce (that)** anunciar que • **announce sth to sb** anunciarle algo a alguien
2 (por altavoz) anunciar
3 (en narraciones) anunciar, declarar: *"I'm not going,"* *she announced.* –No voy a ir –anunció ella. • **announce (that)** anunciar que

an·nounce·ment 🔲 🔲 /ə'naʊnsmənt/ s
1 [C] (declaración) anuncio • **make an announcement** hacer un anuncio • [+about/on]: *an announcement about tax increases* un anuncio de aumento de impuestos • [+that]: *the announcement that the athletes had*

A

taken drugs el anuncio de que los atletas habían consumido drogas
2 [sing] (acción de anunciar) anuncio • **the announcement of sth** el anuncio de algo
3 [C] (en la prensa) anuncio (en las notas sociales)

an·nounc·er /əˈnaʊnsər/ s [C] locutor -a (de radio, televisión), presentador -a (en un espectáculo)

an·noy /əˈnɔɪ/ v [T] (**annoys, annoyed, annoying**) molestar, fastidiar • **it annoys me that.../when...** me da rabia que.../cuando..., me fastidia que.../cuando...

an·noy·ance /əˈnɔɪəns/ s **1** [U] enojo, irritación • **in annoyance** enojado -a, molesto -a • **to sb's annoyance** *To his annoyance, he discovered they hadn't waited.* Le dio rabia al darse cuenta de que no lo habían esperado.
2 [C] molestia, cosa molesta

an·noyed /əˈnɔɪd/ adj enojado -a, molesto -a • **be/feel annoyed by/at/about sth** enojarse/molestarse por algo, sentirse molesto -a por algo: *He felt annoyed by her manner.* Le molestó su actitud. • [+**(that)**]: *They were annoyed that he was late.* Les molestó que llegara tarde.
• **be/feel annoyed with sb** estar enojado -a/molesto -a con alguien • **be/feel annoyed with yourself** estar enojado con uno mismo/enojada con una misma • **get annoyed** enojarse, molestarse ▶ ver nota en **ENFADADO**

an·noy·ing S3 /əˈnɔɪ-ɪŋ/ adj molesto -a, irritante • **it's annoying when.../that...** da rabia cuando.../que..., es molesto cuando.../que...

an·noy·ing·ly /əˈnɔɪ-ɪŋli/ adv irritantemente

an·nu·al[1] S3 W2 /ˈænyuəl/ adj anual • **annual conference** convención anual • **annual report** informe anual

annual[2] s [C] **1** planta anual **2** anuario (en una escuela, una universidad) SIN **yearbook** **3** anuario, número extra anual (de revista infantil, historietas)

an·nu·al·ly /ˈænyuəli/ adv anualmente, una vez al año

an·nu·i·ty /əˈnuəti/ s [C] (pl **annuities**) renta vitalicia

an·nul /əˈnʌl/ v [T] (**annulled, annulling**) (*técn*) anular (un matrimonio, una ley, unas elecciones)

an·nul·ment /əˈnʌlmənt/ s [C,U] anulación (de un matrimonio)

an·ode /ˈænoʊd/ s [C] ánodo

an·o·dyne /ˈænəˌdaɪn/ adj (*frml*) anodino -a

a·noint /əˈnɔɪnt/ v [T] ungir

a·nom·a·lous /əˈnɑmələs/ adj (*frml*) anómalo -a

a·nom·a·ly /əˈnɑməli/ s [C,U] (pl **anomalies**) anomalía

a·non /əˈnɑn/ adv luego, dentro de un rato

anon. /əˈnɑn/ (*abrev de* **anonymous**) anónimo

a·non·ymi·ty /ˌænəˈnɪməti/ s [U] **1** anonimato **2** carácter anodino/impersonal

a·non·y·mous S3 /əˈnɑnəməs/ adj
1 anónimo -a • **ask to remain anonymous** pedir permanecer en el anonimato • **an anonymous letter/call** una carta/llamada anónima
2 anodino -a, impersonal

a·non·y·mous·ly /əˈnɑnəməsli/ adv en forma anónima

an·o·rak /ˈænəˌræk/ s [C] anorak

an·o·rex·i·a /ˌænəˈrɛksiə/ (tb **anorexia nervosa** /-nərˈvoʊsə/) s [U] anorexia

an·o·rex·ic /ˌænəˈrɛksɪk/ s [C], adj anoréxico -a

an·oth·er[1] S1 W1 /əˈnʌðər/ det
1 (adicional) otro -a: *There's another train at 10 o'clock.* Hay otro tren a las 10. • **another one** otro -a: *Can I have another one?* ¿Puedo servirme otro más? • **yet another mistake/reason** otro ejemplo/motivo más
2 (diferente) otro -a: *We returned by another route.* Volvimos por otro camino.
3 (con números, cantidades) otros -as, más: *I'm retiring in another three years.* En tres años más me voy a jubilar. • *Five people were killed and another twenty injured.* Cinco personas murieron y otras veinte resultaron heridas. SIN **further**

4 (de iguales cualidades) otro -a: *He could be another David Beckham.* Podría ser otro David Beckham.

EXPRESIONES
and another thing (*oral*) y otra cosa, y algo más (en tono de enojo) • **another thing (altogether)** otra cosa (totalmente distinta) • **another time (a)** otro momento (en el futuro): *I'll see you another time.* Nos vemos en otro momento. **(b)** (indicando alternancia) otras veces • **not another... !** *Not another accident!* ¡No me digas que ha habido otro accidente!

another[2] S1 W1 pron
1 (uno más) otro -a: *Buy two CDs and get another free.* Compre dos CD y llévese otro de regalo. • **another of** otro -a de: *This is another of his stupid ideas.* Esta es otra de sus ideas estúpidas. • **one... after another** un... tras otro, una... tras otra: *He's had one problem after another.* Tuvo un problema tras otro.
2 (uno diferente) otro -a • **another of** otro -a de: *another of his girlfriends* otra de sus novias

EXPRESIONES
for one reason or another por una u otra razón • **from one... to another** de un... a otro/de una... a otra (indicando desplazamiento, diferencia): *She was rushing from one meeting to another.* Iba corriendo de reunión en reunión.
• **one another** se, nos (indicando reciprocidad): *They love one another.* Se quieren. • *We call one another every night.* Nos llamamos todas las noches. • **one/some... or another** un... u otro/una... u otra: *They all have problems of one sort or another.* Todos tienen problemas de un tipo u otro. • **one way or another** de una forma u otra

an·swer[1] S1 W1 /ˈænsər/ s
1 [C,U] (a una pregunta) respuesta, contestación: *What was her answer?* ¿Qué respondió ella? • **an answer to a question** una respuesta a una pregunta • **give (sb) an answer** responderle (a alguien), darle una respuesta (a alguien) • **get an answer** recibir una respuesta/una contestación • **the answer is no/yes** la respuesta es no/sí • **in answer to your question...** en respuesta a su pregunta... SIN **response**
2 [C] (en un examen, un concurso) respuesta • **the answer to a question** la respuesta a una pregunta • **the right/wrong answer** la respuesta correcta/equivocada: *Did you get the right answer on problem six?* ¿Tenías bien el problema número seis?
3 [C] (a un problema) solución • [+**to**]: *the answer to all our problems* la solución a todos nuestros problemas • **an easy/obvious answer** una solución fácil/obvia SIN **solution**
4 [C] (a una carta, un anuncio) respuesta • **get an answer to sth** recibir respuesta a algo SIN **reply**
5 [sing] (al teléfono, a la puerta) **there was no answer** no había nadie, no contestaron SIN **reply** ▶ **he/they won't take no for an answer**

EXPRESIONES
have/know all the answers (*peyor*) saberlo todo • **be sb's answer to sth** *The Space Needle has been called Seattle's answer to the Eiffel Tower.* Se dice que la Space Needle es la torre Eiffel de Seattle. • **be the answer to (all) sb's prayers** ser la solución a (todos) los problemas de alguien

answer[2] S1 W1 v

1 a una pregunta
2 en un examen, un concurso
3 al teléfono
4 a la puerta
5 a una carta, un anuncio
6 reaccionar
7 solventar
8 justificar

1 A UNA PREGUNTA [I,T] responder, contestar: *She didn't answer.* No respondió. • **answer a question** contestar a/responder una pregunta • **answer sb** responderle/contestarle a alguien • **answer that** responder/contestar que • **answer yes/no** responder que sí/que no
2 EN UN EXAMEN, UN CONCURSO [I,T] responder, contestar • **answer a question** responder/contestar una pregunta • **answer (sth) correctly** responder correctamente (algo)

3 AL TELÉFONO [I,T] contestar • **answer the phone/ telephone** responder/contestar el teléfono • **answer a call** atender/contestar una llamada

4 A LA PUERTA [I,T] abrir • **answer the door** abrir la puerta

5 A UNA CARTA, UN ANUNCIO [I,T] responder, contestar • **answer a letter/an advertisement/an email** responder a una carta/un anuncio/un e-mail

6 REACCIONAR [I,T] responder (a) • **answer by doing sth** responder haciendo algo SIN **respond**

7 SOLVENTAR [T] solucionar • **answer a problem/ concern** solucionar un problema/responder a una inquietud SIN **solve**

8 JUSTIFICAR [T] responder a • **answer criticism/ charges/accusations** responder a las críticas/los cargos/ las acusaciones

EXPRESIONES

answer the description responder a la descripción • **answer sb's needs/a need** dar respuesta a las necesidades de alguien/a una necesidad

answer back v+partíc **1 answer back** contestar, replicar (irrespetuosamente) **2 answer sb back** contestarle/replicarle a alguien (irrespetuosamente)

answer for sth v+partíc **1** responder por algo **2 have a lot to answer for** (coloq): *Your sister has a lot to answer for!* ¡La culpa es de tu hermana!

answer for sb v+partíc responder por alguien

answer to v+partíc **1 answer to sb** rendirle cuentas a alguien **2 answer to (the name of) sth** responder al nombre de algo

an·swer·a·ble /'ænsərəbəl/ adj **be answerable to sb (for sth)** ser responsable (de algo) ante alguien, tener que rendir cuentas a alguien (de algo)

'answering ma,chine S3 s [C] contestador (automático), contestadora (telefónica)

ant /ænt/ s [C] hormiga

EXPRESIONES

have ants in your pants (coloq, hum) no poder estarse/ quedarse quieto -a

an·tac·id /ˌænt'æsɪd/ s [C] antiácido

an·tag·o·nism /æn'tægə,nɪzəm/ s [U] antagonismo, hostilidad

an·tag·o·nist /æn'tægənɪst/ s [C] (frml) antagonista, contrincante

an·tag·o·nis·tic /æn,tægə'nɪstɪk/ hostil • **be antagonistic to/toward sb** serle hostil a alguien • **be antagonistic toward sth** serle hostil a algo

an·tag·o·nize /æn'tægə,naɪz/ v [T] contrariar, ganarse la enemistad de

Ant·arc·ti·ca /ænt'ɑrktɪkə, æn'ɑrtɪkə/ Antártida

an·te /'ænti/ s

EXPRESIONES

up/raise the ante subir la apuesta, revirar, meter más presión

ant·eat·er /'ænti̩ər/ s [C] oso hormiguero

an·te·ce·dent /ˌænti'sidnt/ s [C] antecendente

an·te·lope /'æntəl̩oʊp/ s [C] (pl **antelopes, antelope**) antílope

an·ten·na /æn'tɛnə/ s [C] **1** (pl **antennas, antennae** /-ni/) (de televisión, radio) antena **2** (pl **antennae**) (de insecto) antena

an·te·ri·or /æn'tɪriər/ adj [sin compar] anterior

an·te·room /'ænti̩rum/ s [C] antesala

an·them /'ænθəm/ s [C] **1** (de un país, una organización) himno **2** (para una generación, un movimiento) himno

ant·hill /'ænt̩hɪl/ s [C] hormiguero

an·thol·o·gy /æn'θɑlədʒi/ s [C] (pl **anthologies**) antología

an·thrax /'ænθræks/ s [U] ántrax, carbunco

an·thro·po·log·i·cal /ˌænθrəpə'lɑdʒɪkəl/ adj antropológico -a

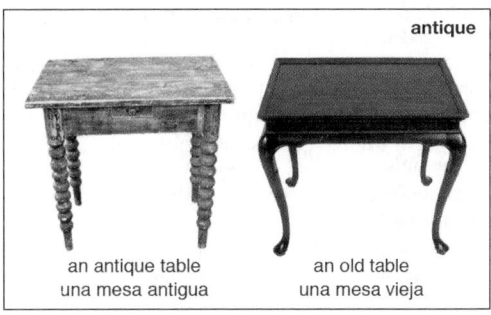

an antique table   an old table
una mesa antigua   una mesa vieja

an·thro·pol·o·gist /ˌænθrə'pɑlədʒɪst/ s [C] antropólogo -a

an·thro·pol·o·gy /ˌænθrə'pɑlədʒi/ s [U] antropología

anti- /ænti, æntaɪ, ænti/ pref **1** (indicando oposición) anti-: *antiwar* antibelicista • *anti-American* antiestadounidense ► **PRO- 2** (indicando alternativa contraria) anti-: *an antihero* un antihéroe **3** (indicando prevención) anti-: *antifreeze* anticongelante

an·ti·air·craft /ˌænti'ɛrkræft/ adj [solo ante s] antiaéreo -a

an·ti·bi·ot·ic /ˌæntɪbaɪ'ɑtɪk, ˌæntaɪ-/ s [C gralm pl] antibiótico • **be on antibiotics** estar tomando antibióticos • **a course of antibiotics** un tratamiento con antibióticos

an·ti·bod·y /'ænti̩bɑdi/ s [C gralm pl] (pl **antibodies**) anticuerpo

an·tic·i·pate W3 /æn'tɪsə,peɪt/ v [T]
1 prever: *The trip took longer than anticipated.* El viaje duró más de lo previsto. • **anticipate that** prever que • **anticipate doing sth** prever/tener previsto hacer algo SIN **expect**
2 anticiparse a, adelantarse a • **anticipate sb's question** anticiparse a la pregunta de alguien
3 aguardar con expectativa: *her eagerly anticipated new movie* su esperada nueva película
4 adelantarse a, ser el precursor/la precursora de

an·tic·i·pa·tion /æn,tɪsə'peɪʃən/ s [U] **1** expectativa, expectación **2 do sth in anticipation of sth** hacer algo en previsión de/a la expectativa de algo, hacer algo previendo algo

an·ti·cli·mac·tic /ˌæntɪklaɪ'mæktɪk/ adj decepcionante

an·ti·cli·max /ˌænti'klaɪmæks/ s [C,U] fuerte decepción

an·tics /'æntɪks/ s [pl] gracias, payasadas

an·ti·cy·clone /ˌænti'saɪkloʊn/ s [C] anticiclón

an·ti·de·pres·sant /ˌæntɪdɪ'prɛsənt, ˌæntaɪ-/ s [C gralm pl] antidepresivo • **be on antidepressants** estar tomando antidepresivos

an·ti·dote /'ænti̩doʊt/ s [C] antídoto

an·ti·freeze /'ænti̩friz/ s [U] anticongelante

An·ti·gua and Bar·bu·da /æn,tigə, -gwə ənd bɑr'budə/ (tb **Antigua**) Antigua y Barbuda

An·ti·guan[1] /æn'tigən/ s [C] antiguano -a

Antiguan[2] adj antiguano -a, de Antigua

an·ti·her·o /'ænti̩hɪroʊ, 'æntaɪ-/ s [C] (pl **antiheroes**) antihéroe

an·ti·his·ta·mine /ˌæntɪ'hɪstə,min, -mɪn/ s [C,U] antihistamínico

an·tip·a·thy /æn'tɪpəθi/ s [U] (frml) antipatía, aversión

an·ti·per·spi·rant /ˌæntɪ'pɜspərənt/ s [C,U] antitranspirante

an·ti·quar·i·an /ˌæntɪ'kwɛriən/ adj [solo ante s] especializado -a en libros antiguos (librería, librero), antiguo -a (libro)

an·ti·quat·ed /'ænti̩kweɪtɪd/ adj anticuado -a

an·tique[1] /ˌæn'tik‹/ adj antiguo -a ► ver nota en ANTIGUO

antique[2] s [C] antigüedad (objeto) • **antique dealer**

anticuario -a • **antique store** anticuario, tienda de antigüedades

an·tiq·ui·ty /æn'tɪkwəti/ s [C,U] (pl **antiquities**) antigüedad • **of great antiquity** muy antiguo -a, antiquísimo -a

anti-Se·mit·ic /ˌæntisə'mɪt̬ɪk, ˌæntaɪ-/ adj antisemita

an·ti-Sem·i·tism /ˌænti'sɛmə̩tɪzəm, ˌæntaɪ-/ s [U] antisemitismo

an·ti·sep·tic[1] /ˌæntə'sɛptɪk/ s [C,U] antiséptico

antiseptic[2] adj antiséptico -a

an·ti·so·cial /ˌænti'soʊʃəl, ˌæntaɪ-/ adj **1** antisocial **2** poco sociable **3 antisocial hours** horarios inoportunos (de trabajo)

an·tith·e·sis /æn'tɪθəsɪs/ s [C,U] (pl **antitheses**) (frml) **the antithesis of sth** la antítesis de algo

an·ti·trust /ˌænti'trʌst, ˌæntaɪ-/ adj [solo ante s] antimonopolio

ant·ler /'ænt⁻lə/ s [C gralm pl] asta (de ciervo, alce): a pair of antlers una cornamenta

an·to·nym /'æntə̩nɪm/ s [C] antónimo ANT **synonym**

a·nus /'eɪnəs/ s [C] (técn) ano

an·vil /'ænvɪl/ s [C] yunque

anx·i·e·ty W3 /æŋ'zaɪəti/ s (pl **anxieties**) **1** [U] preocupación, ansiedad • [+about/over]: There is growing anxiety about his safety. Crece la preocupación por su seguridad. **2** [C] preocupación, cosa que preocupa **3 his/her anxiety to do sth** sus ansias de hacer algo • **in his/her anxiety to do sth** en su afán de hacer algo

anx·ious /'æŋkʃəs, 'æŋʃəs/ adj **1** preocupado -a, inquieto -a • **be anxious about sth** estar preocupado -a/preocuparse por algo • **an anxious look/expression** una mirada/cara de preocupación • [+(that)]: I was anxious that he might say no. Me preocupaba que dijera que no. SIN **worried 2** de preocupación, de inquietud: There were some anxious moments. Hubo momentos de preocupación. SIN **worrying 3 be anxious to do sth** estar ansioso -a por hacer algo • **be anxious not to do sth** no querer hacer algo de ninguna manera • **be anxious for sth to happen** estar ansioso -a/impaciente por que suceda algo • [+that]: We are anxious that an agreement should be signed. Estamos deseando que se firme un acuerdo.

anx·ious·ly /'æŋkʃəsli, 'æŋʃəs-/ adv con preocupación

an·y[1] S1 /'ɛni/ det **1** (en negativas) ningún -una: We haven't had any news about him. No hemos tenido noticias de él. • Few of them had any experience. Pocos tenían experiencia. • Don't sign any document you haven't read. No firme ningún documento que no haya leído. ► También con palabras de significado negativo, como **hardly** • There's hardly any room. Casi no hay lugar. • **not any ... at all** ni el/la menor..., ni un -a...: They didn't show any interest at all. No mostraron el menor interés. • There weren't any women at all. No había ni una sola mujer. **2** (en interrogativas) algo de (con incontables), algún -una (con plurales): Is there any wine left? ¿Queda algo de vino? • Have you seen any birds? ¿Viste algún pájaro? • Do you have any money? ¿Tienes dinero? • Do you need any information? ¿Necesita información? • **any other** (algún) otro, (alguna) otra: Are there any other questions? ¿Tienen alguna otra pregunta que hacer? • Doesn't she have any other friends? ¿No tiene otros amigos? **3** (en condicionales) If I need any help, I'll let you know. Si necesito ayuda, te aviso. • If you find any shoes, they're mine. Si ves unos zapatos, son míos. **4** (en afirmativas) cualquier: Any child who breaks the rules will be punished. Cualquier niño que infrinja las normas será castigado. • They're going to need any help they can get. Van a necesitar toda la ayuda que puedan conseguir. • **any other** cualquier otro -a: It's bigger than any other city I've visited. Es más grande

que cualquier otra ciudad que haya visitado. • **any two/three** dos/tres (cualesquiera): Choose any two books for $ 10. Lleve dos libros a elección por 10 dólares. ► in any CASE

any more más: If you have any more problems, call me. Si tienes más problemas, llámame. ► **ANYMORE** • **not just any** no un -a ... cualquiera: She's not just any actress. No es una actriz cualquiera.

any[2] S1 W1 pron **1** (en negativas) ninguno -a: She had lots of friends but I didn't have any. Ella tenía muchos amigos, pero yo no tenía ninguno. • **any of** ninguno -a de: I don't understand any of these words. No entiendo ninguna de estas palabras. **2** (en interrogativas) algo (con incontables), algún -una (con plurales): "Would you like more sauce?" "Is there any left?" –¿Quieres más salsa? –¿Queda algo? • I'd love a cookie, do you have any? Me comería una galleta; ¿tienes? • **any of** alguno -a de: Have you read any of these books? ¿Leíste alguno de estos libros? • Do any of you remember? ¿Hay alguien que lo recuerde? **3** (en condicionales) There are dictionaries here, if you need any. Aquí hay diccionarios, si te hacen falta. • **if any** There will only be a few left, if any. Sólo quedarán unos pocos, si es que quedan. **4** (en afirmativas) cualquiera: Choose any you like. Elige cualquiera que te guste. • **any of** cualquiera de: Any of these people will help you. Cualquiera de estas personas te ayudará. • **few if any** Few if any of these problems are serious. Prácticamente ninguno de estos problemas es grave.

any[3] S1 W3 adv **1** (en negativas e interrogativas, generalmente antes de formas comparativas) Are you feeling any better? ¿Te sientes mejor? • I can't run any faster. No puedo correr más rápido. • **not be any different/good** no diferir en nada/no servir para nada: She doesn't look any different. No ha cambiado en nada. **2** (oral) (usado al final de la oración – en interrogativas) en/para algo; (en negativas) para nada: Has the new medicine helped any? ¿Sirvió para algo el nuevo medicamento?

any longer (tb **any more**) **(a)** (cuando algo no continúa) People don't visit the place any longer. La gente ya no visita el lugar. **(b)** (cuando algo debe terminar) I'm not waiting any longer. No voy a esperar ni un minuto más.

an·y·bod·y S1 W2 /'ɛni̩bɑdi, -̩bʌdi, -bədi/ pron ► **ANYONE**

an·y·how S3 /'ɛni̩haʊ/ adv (coloq) **1 A PESAR DE TODO** [adv oracional] de todas formas/maneras: It may not work, but let's try it anyhow. Quizá no funcione, pero vamos a probar de todas formas. SIN **anyway 2 INDICANDO MOTIVO AÑADIDO** [adv oracional] de todas formas/maneras: Anyhow, they were too expensive. De todas formas, eran demasiado caros. SIN **anyway 3 INDICANDO MATIZACIÓN** [adv oracional] (oral) por lo menos, al menos: That's what he told us, anyhow. Por lo menos eso fue lo que nos dijo. SIN **anyway 4 INDICANDO FIN DE CONVERSACIÓN, CAMBIO DE TEMA** [adv oracional] (oral) bueno: Anyhow, I need to get some work done. Bueno, me tengo que poner a trabajar. • Anyhow, let's talk about you. En fin, hablemos de ti. SIN **anyway 5 INDICANDO CONCLUSIÓN** [adv oracional] (oral) resumiendo SIN **anyway 6 CON DESCUIDO** de cualquier manera: You can't do it just anyhow! ¡Esto no se puede hacer de cualquier manera!

an·y·more S1 W3 /ˌɛni'mɔr/ adv **not... anymore** ya no...: She doesn't live here anymore. Ya no vive aquí. SIN **any more, any longer**

an·y·one S1 W1 /ˈɛniˌwʌn, -wən/ (tb anybody) *pron*
1 (en interrogativas, condicionales) alguien: *Is anyone home? ¿Hay alguien en casa?* • *If anybody calls, tell them I'm busy.* Si llama alguien, dile que estoy ocupado. • **anyone else** alguien más: *Is anyone else coming?* ¿Viene alguien más?
2 (en negativas) nadie: *Don't tell anybody about this.* No se lo cuentes a nadie. • *There was hardly anyone.* No había casi nadie. • **anyone else** nadie más
3 (en afirmativas) cualquiera: *Anyone can do it.* Cualquiera puede hacerlo. • *You can choose anyone to be your partner.* Puedes elegir a quien quieras como compañero. • **anyone else** cualquier otro -a
4 (en comparativas) nadie: *She's smarter than anyone I know.* No conozco a nadie tan lista. • **more/better than anyone else** más/mejor que nadie

EXPRESIONES
he's/she's not just anyone no es un/una cualquiera

an·y·place[1] /ˈɛniˌpleɪs/ *adv* (*coloq*) **1** (en afirmativas) *Put the box down anyplace.* Pon la caja por algún lado. • *Sit anyplace you like.* Siéntate donde quieras. • **anyplace else** *You can put the dog anyplace else, but don't put it on my desk.* Puedes poner el perro en cualquier parte, pero no sobre mi escritorio. SIN **anywhere 2** (en interrogativas, negativas) *"Did you find your keys?" "I didn't look anyplace for them, yet."* –¿Encontraste las llaves? –Todavía no las busqué en ningún lado. • *I don't go anyplace without my passport.* No voy a ninguna parte sin mi pasaporte. • **anyplace else** *Have you been anyplace else in Mexico?* ¿Estuviste en algún otro lugar en Mexico? • *I wouldn't want to live anyplace else.* No querría vivir en ningún otro lado. SIN **anywhere**

anyplace[2] *pron* **1** (en afirmativas) cualquier lugar: *Anyplace would be better than here.* Cualquier lugar sería mejor que este. • **anyplace else** *This beach is better than anyplace else in the world.* Esta playa es mejor que cualquier otro lugar en el mundo. SIN **anywhere 2** (en interrogativas) algún lugar: *Is there anyplace where we can eat?* ¿Hay algún lugar donde podamos comer? • **anyplace else** algún otro lugar: *Is there anyplace else that serves food?* ¿Hay algún otro lugar donde sirvan de comer? SIN **anywhere 3** (en negativas) ningún lugar: *There isn't anyplace I like better than New York.* No hay ningún lugar mejor que Nueva York. • **anyplace else** ningún otro lugar: *There isn't anyplace else that's open so late.* No hay ningún otro lugar que abra hasta tan tarde. SIN **anywhere**

an·y·thing S1 W1 /ˈɛniˌθɪŋ/ *pron*
1 (en interrogativas, condicionales) algo: *Do you need anything from the store?* ¿Necesitas algo de la tienda? • **anything else** algo más: *Would you like anything else?* ¿Quiere algo más? • **or anything** (*oral*) o algo así: *Do you want a drink or anything?* ¿Quieres una copa o algo?
2 (en negativas) nada: *Don't do anything dangerous.* No hagas nada peligroso. • **anything else** nada más: *There isn't anything else.* No hay nada más. • **anything to say/do** nada que decir/hacer: *I don't have anything to say to you.* No tengo nada que decirte. • *I didn't bring anything to read.* No traje nada para leer. • **or anything** (*oral*) ni nada parecido
3 (en afirmativas) cualquier cosa: *Anything would be better than this.* Cualquier cosa sería mejor que esto. • *Choose anything you like.* Elige lo que te guste. • *This cat will eat anything.* Este gato come de todo. • **anything else** cualquier otra cosa
4 (en comparativas) nada: *It's better than anything I've tried before.* Nunca probé nada mejor.

EXPRESIONES
anything but de todo menos, cualquier cosa menos: *The bridge is anything but safe.* El puente es de todo menos seguro. • **anything goes** todo vale • **not be anything like sb/sth** (*coloq*) no parecerse en nada a alguien/algo: *Does she look anything like her mother?* ¿Se parece en algo a su madre? • **anything you say** (*oral*) lo que usted diga • **as... as anything** de lo más...: *He was as nice as anything to me.* Conmigo fue de lo

más agradable. • **for anything** (*coloq*) por nada del mundo: *I wouldn't marry him for anything.* No me casaría con él por nada del mundo. • **if anything** si acaso • **like anything** (*oral*) muchísimo: *I miss him like anything.* Lo extraño muchísimo. • **not anything like enough/good enough** (*coloq*) *We don't have anything like enough money to buy a new car.* No nos alcanza ni con mucho para un carro nuevo.

an·y·time S3 /ˈɛniˌtaɪm/ *adv* en cualquier momento: *Call me anytime.* Llámame cuando quieras.

an·y·way S1 W2 /ˈɛniˌweɪ/ *adv* [adv oracional]
1 A PESAR DE TODO de todas maneras/formas: *It's not serious, but you should see a doctor anyway.* No es grave, pero de todas maneras debería ir al médico.
2 INDICANDO MOTIVO AÑADIDO (*oral*) de todas maneras/formas: *I don't like the design, and it's too expensive anyway.* No me gusta el diseño, y de todas maneras es demasiado caro.
3 INDICANDO MATIZACIÓN (*oral*) al menos, por lo menos: *I can't help you. Not at the moment, anyway.* No puedo ayudarte. Al menos, no ahora.
4 INDICANDO CAMBIO DE TEMA (*oral*) bueno, en fin: *Anyway, tell me about your vacation.* En fin, cuéntame de tus vacaciones. • *Anyway, how are things with you?* Bueno y, ¿cómo te va?
5 INDICANDO FIN DE CONVERSACIÓN (*oral*) bueno: *Anyway, I'd better go.* Bueno, tengo que irme.
6 INDICANDO CONCLUSIÓN (*oral*) resumiendo: *Anyway, after three months she was able to walk again.* Resumiendo, después de tres meses volvió a caminar.

an·y·where[1] S1 W3 /ˈɛniˌwɛr/ *adv*
1 (en afirmativas) *Sit anywhere.* Siéntate donde quieras. • *These days, you can fly anywhere in the world.* Hoy en día, se puede ir en avión a cualquier parte del mundo. • **anywhere you like/want** donde quieras
2 (en interrogativas, condicionales) *Have you seen William around anywhere?* ¿Viste a William por alguna parte? • *Did you go anywhere last night?* ¿Fueron a algún lado anoche? • *If you see this book anywhere, will you buy it for me?* Si ves este libro en algún lugar, ¿me lo compras? • **anywhere else** *Have you been anywhere else in Brazil?* ¿Estuviste en algún otro lugar de Brasil? • **anywhere nice/interesting/exciting** algún lugar bonito/interesante/exótico
3 (en negativas) *I can't find my keys anywhere.* No encuentro las llaves por ninguna parte. • **anywhere else** *I wouldn't want to live anywhere else.* No querría vivir en ningún otro lugar. ▶ **to not come (anywhere) NEAR sb/sth, not go (anywhere) NEAR sb/sth**

EXPRESIONES
anywhere between/from entre/desde: *She could be anywhere between forty-five and sixty.* Podría tener entre cuarenta y cinco y sesenta años. • **not get anywhere** no llegar a ninguna parte: *She won't get anywhere without an education.* No va a llegar a ninguna parte sin una educación. • **sth won't get you anywhere** (*oral*): *Complaining won't get you anywhere.* Con quejarte no vas a conseguir nada.

anywhere[2] *pron* **1** (en afirmativas) cualquier lugar: *Anywhere would be better than this.* Cualquier lugar sería mejor que este. • **anywhere else** *It's more beautiful than anywhere else I've been.* Es más bonito que cualquier otro lugar donde haya estado. **2** (en interrogativas) algún lugar: *Is there anywhere private where we could talk?* ¿Hay algún lugar donde podamos hablar en privado? • **anywhere else** algún otro lugar **3** (en negativas) ningún lugar: *There wasn't anywhere to sit.* No había donde sentarse. • **anywhere else** ningún otro lugar: *There isn't anywhere else we can go.* No hay ningún otro lugar donde podamos ir.

a·or·ta /eɪˈɔrtə/ *s* [C] (arteria) aorta

a·pace /əˈpeɪs/ *adv* a ritmo acelerado

a·part S2 W2 /əˈpɑrt/ *adv, adj* ▶ **apart** también forma parte de *phrasal verbs* como **fall apart**, **take sth apart**,

apes

gibbon
gibón

orangutang
orangután

baboon
babuino,
papión

tell sth/sb apart, etc., que figuran bajo el verbo correspondiente.

1 indicando distancia
2 indicando tiempo
3 indicando falta de contacto
4 indicando desacuerdo
5 indicando exclusión
6 indicando excepción

1 INDICANDO DISTANCIA separado -a: *She was standing with her feet apart.* Estaba de pie, con los pies separados. • **be three meters/five miles apart** estar a una distancia de tres metros/cinco millas • **wide apart** muy separado -a • **as far apart as** *places as far apart as Tokyo and New York* lugares tan alejados como Tokio y Nueva York
2 INDICANDO TIEMPO **two hours/six weeks apart** dos horas/seis semanas de diferencia: *Their sons are only eleven months apart.* Sus hijos solo se llevan once meses.
3 INDICANDO FALTA DE CONTACTO separado -a • **be/live apart** estar/vivir separados -as • **keep sth/sb apart** mantener algo/a alguien aislado -a
4 INDICANDO DESACUERDO alejado -a • **far apart** muy alejado -a • **be worlds/poles apart** ser polos opuestos, estar a años luz
5 INDICANDO EXCLUSIÓN [solo después de s] aparte de: *Other considerations apart,...* Aparte de otras consideraciones,... SIN **aside**
6 INDICANDO EXCEPCIÓN [only after nouns] aparte: *Britain is seen as a case apart.* Gran Bretaña se considera un caso aparte. • **a world apart** un mundo aparte • **set sb/sth apart** distinguir a alguien/algo

a'part from *prep* **1** (exceptuando) excepto por: *Apart from a few spelling mistakes, your work is fine.* Excepto por algunas faltas de ortografía, tu trabajo está bien. • **apart from doing sth** aparte de hacer algo • **apart from that** aparte de eso **2** (añadiendo) aparte de: *There are other things to see, apart from the castle.* Hay otras cosas que ver, aparte del castillo. • **apart from doing/being sth** aparte de hacer/ser algo • **quite apart from sth** (*frml*) independientemente de algo

a·part·heid /ə'pɑːrtaɪt, -teɪt, -taɪd/ *s* [U] apartheid

a·part·ment S1 W2 /ə'pɑːrtˀmənt/ *s* [C]
1 departamento • **a one-bedroom/two-bedroom apartment** un departamento de un cuarto/dos cuartos
2 [gralm pl] aposento

a'partment ˌbuilding (tb **a'partment ˌhouse**) *s* [C] edificio de departamentos

a'partment ˌcomplex *s* [C] complejo de departamentos

ap·a·thet·ic /ˌæpə'θɛtɪk◂/ *adj* apático -a

ap·a·thy /'æpəθi/ *s* [U] apatía

ape¹ /eɪp/ *s* [C] simio

EXPRESIONES
go ape (*coloq*) ponerse como loco -a

ape² *v* [T] imitar

a·per·i·tif, apéritif /ə,pɛrə'tiːf, ɑ-/ *s* [C] aperitivo (bebida)

ap·er·ture /'æpətʃər/ *s* [C] **1** apertura (del diafragma) (en una cámara) **2** (*frml o liter*) rendija

a·pex /'eɪpɛks/ *s* [C] **1** (*técn*) vértice (de una pirámide), ápice (de una hoja) **2** (*frml*) cúspide, cima (de una carrera) • **at the apex of sth** en la cúspide/cima de algo **3** (*frml*) vértice, cúspide (de una sociedad)

a·phid /'eɪfɪd/ *s* [C] áfido

aph·o·rism /'æfə,rɪzəm/ *s* [C] (*frml*) aforismo

aph·ro·di·si·ac¹ /ˌæfrə'diːziˌæk, -'dɪz-/ *s* [C] afrodisiaco

aphrodisiac² *adj* afrodisiaco -a

a·piece /ə'piːs/ *adv* cada uno -a SIN **each**

a·plen·ty /ə'plɛnti/ *adj* [solo después de s] (*liter*) en abundancia

a·plomb /ə'plɑːm, ə'plʌm/ *s* [U] **with aplomb** con aplomo

a·poc·a·lypse /ə'pɑːkəlɪps/ *s* **1** [C,U] apocalipsis, cataclismo **2 the Apocalypse** [sing] el Apocalipsis

a·poc·a·lyp·tic /ə,pɑːkə'lɪptɪk/ *adj* apocalíptico -a

a·poc·ry·phal /ə'pɑːkrəfəl/ *adj* apócrifo -a

a·po·lit·i·cal /ˌeɪpə'lɪtɪkəl/ *adj* apolítico -a

a·pol·o·get·ic /ə,pɑːlə'dʒɛtɪk/ *adj* **be apologetic (about sth)** pedir disculpas (por algo) • **an apologetic letter/ message** una carta/un mensaje pidiendo disculpas

a·pol·o·get·i·cally /ə,pɑːlə'dʒɛtɪkli/ *adv* **say sth apologetically** decir algo en tono de disculpa

a·pol·o·gize S3 /ə'pɑːlə,dʒaɪz/ *v* [I] pedir perdón, disculparse • **apologize for (doing) sth** pedirle perdón por (haber hecho) algo • **apologize to sb** pedirle perdón a alguien • **apologize profusely** pedir mil perdones, deshacerse en disculpas

a·pol·o·gy /ə'pɑːlədʒi/ *s* (pl **apologies**) **1** [C,U] disculpa • [+**for**]: *an apology for her behavior* una disculpa por su comportamiento • [+**to**]: *a formal apology to customers* una disculpa formal a los clientes • **make an apology** disculparse • **issue an apology** hacer pública una disculpa • **demand an apology** exigir una disculpa • **owe sb an apology** deberle a alguien una disculpa • **accept an apology** aceptar una disculpa: *Please accept my sincere apologies.* Le ruego que acepte mis más sinceras disculpas. • **(my) apologies for sth** (*oral*) (mis) disculpas por algo • **a letter of apology** una carta de disculpa **2 apologies** [pl] **send your apologies** excusarse, presentar/pedir excusas (por no asistir) **3** [C] (*liter*) apología

EXPRESIONES
make no apology for (doing) sth (*frml*) no tener ningún reparo en (hacer) algo

ap·o·plec·tic /ˌæpə'plɛktɪk◂/ *adj* **1** furioso -a **2** (*antic*) apoplético -a, de apoplejía

ap·o·plex·y /'æpə,plɛksi/ *s* [U] **1** furia **2** (*antic*) apoplejía SIN **stroke**

a·pos·tle, Apostle /ə'pɑːsəl/ *s* [C] apóstol

ap·os·tol·ic, Apostolic /ˌæpə'stɑːlɪk/ *adj* [solo ante s] apostólico -a

a·pos·tro·phe /ə'pɑːstrəfi/ *s* [C] apóstrofo, apóstrofe

a·poth·e·o·sis /ə,pɑːθi'oʊsɪs, æ-/ *s* [sing] (*frml*) **1** apoteosis **2** quintaesencia, paradigma

ap·pall, appal /ə'pɔːl/ *v* [T] horrorizar

ap·palled /ə'pɔːld/ *adj* horrorizado -a • **be appalled at/by sth** quedar horrorizado -a por algo • **be appalled to hear/see/discover** *He was appalled to discover the truth.* Le horrorizó descubrir la verdad.

ap·pall·ing /ə'pɔːlɪŋ/ *adj* **1** (desagradable) horroroso -a, espantoso -a **2** (pésimo) horroroso -a, espantoso -a

ap·pall·ing·ly /ə'pɔːlɪŋli/ *adv* **1** (en lo moral) horrorosamente, espantosamente **2** (en la calidad) espantosamente, horrorosamente

ap·pa·rat·us /ˌæpə'rætəs, -'reɪtəs/ *s* [C,U] (pl **apparatus**, **apparatuses**) **1** equipo, aparato(s) (de gimnasia, laboratorio) **2** aparato (de seguridad, del Estado)

ap·par·el /əˈpærəl/ s [U] **1** (frml) atavío, vestimenta **2** ropa

ap·par·ent W3 /əˈpærənt, əˈper-/ adj
1 evidente • **become apparent** hacerse evidente • **it is apparent that...** es evidente que... • **immediately/readily apparent** más que evidente
2 aparente: *his apparent lack of interest* su aparente falta de interés • **for no apparent reason** sin motivo aparente

ap·par·ent·ly S1 W2 /əˈpærəntˑli, əˈper-/ adv
1 [adv oracional] según parece, al parecer
2 aparentemente

ap·pa·ri·tion /ˌæpəˈrɪʃən/ s [C] aparición (espectral)

ap·peal¹ W2 /əˈpil/ s
1 [C] llamado, llamamiento • **an appeal for sth** un pedido/una petición de algo, un llamamiento pidiendo algo • **make an appeal** hacer un llamado/llamamiento • **an appeal to sb to do sth** un llamamiento a alguien pidiendo que haga algo
2 [C] campaña de recaudación de fondos • **launch an appeal** lanzar una campaña para recaudar fondos
3 [C,U] (recurso de) apelación • [+to]: *an appeal to the Supreme Court* un recurso de apelación ante la Corte Suprema • [+against]: *an appeal against his conviction* un recurso contra su condena • **on appeal** en segunda instancia, en recurso de apelación • **under appeal** en revisión tras la interposición de un recurso • **file an appeal** presentar/interponer un recurso de apelación
4 [U] atractivo, encanto • **have a wide appeal** atraer a un público numeroso/diverso • **lose its appeal** perder su atractivo/encanto ▶ SEX APPEAL

appeal² W3 v
1 [I] **appeal (to sb) for sth** hacer un llamamiento/llamado (a alguien) pidiendo algo • **appeal to sb to do sth** rogarle a alguien que haga algo
2 [I,T] recurrir, apelar • **appeal against sth** recurrir algo, apelar contra algo • **appeal to sb** presentar un recurso ante alguien, apelar ante alguien
3 [I] • **it appeals to me/him** me/le atrae: *The idea of living in France really appeals to me.* Me atrae mucho la idea de vivir en Francia.

EXPRESIONES
appeal to sb's better nature/common sense apelar al buen corazón/al sentido común de alguien

ap·peal·ing /əˈpilɪŋ/ adj **1** atractivo -a • **be appealing to sb** resultarle atractivo -a a alguien **2** [solo ante s] suplicante

ap·peal·ing·ly /əˈpilɪŋli/ adv **1** atractivamente **2** de manera suplicante

ap'peals ˌcourt s [C] tribunal de apelación

ap·pear S2 W1 /əˈpɪr/ v
1 [v copul, nunca en forma continua] parecer: *Roger appeared very upset.* Roger parecía muy molesto. • **appear to do sth** parecer hacer algo: *He appeared to have forgotten.* Parecía haberse olvidado. • **it appears (that)...** parece que: *It appears the aircraft were in danger.* Parece que los aviones estaban en peligro. • **it appears as if...** parece como si... • **it appears so/not** eso parece/parece que no • **so it would appear** (oral) tiene toda la pinta, así parece
2 [I] (verse, surgir) aparecer • **appear out of nowhere/appear from nowhere** aparecer de repente, surgir de la nada • **appear on the scene** entrar en escena
3 [I siempre + adv/prep] (en espectáculos) aparecer • **appear in a movie/play** actuar en una película/obra • **appear on TV/on a show** salir en la televisión/en un programa
4 [I] (en libros, documentos) aparecer, salir • **appear on the cover/in a newspaper** aparecer en la portada/en un periódico • **appear in print** salir publicado -a
5 [I] comparecer • **appear in court** comparecer en el juzgado/ante el tribunal • **appear before/in front of sb** comparecer ante alguien • **appear for the defense/the prosecution** representar a la defensa/la fiscalía

---

ap·pear·ance W2 /əˈpɪrəns/ s

1 rasgos
2 llegada
3 surgimiento
4 en películas, espectáculos
5 en público
6 en un tribunal

1 RASGOS [C,U] aspecto, apariencia • **be similar/different in appearance** tener un aspecto parecido/distinto • **physical appearance** apariencia física, aspecto físico • **personal appearance** aspecto, apariencia personal • **outward appearance** apariencia (exterior) • **judge by appearances** juzgar por las apariencias • **give/create the appearance of sth** dar/crear la impresión de algo • **from/to all appearances** aparentemente, a juzgar por las apariencias
2 LLEGADA [C gralm sing] aparición • **the sudden/unexpected appearance of sb** la aparición repentina/inesperada de alguien
3 SURGIMIENTO [sing] aparición: *the appearance of new technologies* la aparición de nuevas tecnologías
4 EN PELÍCULAS, ESPECTÁCULOS [C] aparición, actuación • **a guest appearance** una intervención/participación como artista invitado -a
5 EN PÚBLICO [C] aparición • **make an appearance** hacer su aparición • **a personal appearance** participación de una persona famosa en un acto benéfico, promocional, etc.
6 EN UN TRIBUNAL [C] comparecencia • **a court appearance** una comparecencia en el juzgado/ante el tribunal

EXPRESIONES
appearances can be deceiving/deceptive las apariencias engañan • **make an appearance** (tb **put in an appearance**) hacer acto de presencia • **keep up appearances** guardar las apariencias • **for the sake of appearance(s)** para guardar las apariencias

ap·pease /əˈpiz/ v [T] (frml) **1** apaciguar **2** saciar (el hambre, la curiosidad)

ap·pease·ment /əˈpizmənt/ s [U] apaciguamiento, contemporización

ap·pend /əˈpend/ v [T] (frml) añadir, adjuntar • **append sth to sth** adjuntar algo a algo

ap·pend·age /əˈpendɪdʒ/ s [C] (frml) apéndice (de algo mayor)

ap·pen·di·ci·tis /əˌpendəˈsaɪtɪs/ s [U] apendicitis

ap·pen·dix /əˈpendɪks/ s [C] (pl **appendixes, appendices** /-dɪsiz/) **1** (en anatomía) apéndice • **I had my/she had her appendix out** me/la operaron de apendicitis **2** (en un libro) apéndice

ap·pe·tite /ˈæpəˌtaɪt/ s **1** [C,U] apetito, ganas de comer • **a big/healthy appetite** buen apetito • **lose your appetite** perder el apetito • **spoil/ruin your appetite** quitar las ganas de comer • **give sb an appetite** abrirle el apetito a alguien • **work up an appetite** abrir/despertar el apetito **2** [C] apetito, ganas: *sexual appetite* apetito sexual • **an appetite for sth** ganas de algo • **an insatiable appetite** una sed/un ansia insaciable ▶ WHET sb's appetite (for sth)

ap·pe·tiz·er /ˈæpəˌtaɪzɚ/ s [C] entrada, primer plato

ap·pe·tiz·ing /ˈæpəˌtaɪzɪŋ/ adj apetitoso -a

ap·plaud /əˈplɔd/ v **1** [I,T] (con palmas) aplaudir SIN **clap 2** [T] (de palabra) aplaudir • **applaud sb for sth** aplaudir a alguien por algo

ap·plause /əˈplɔz/ s [U] **1** (ovación) aplauso(s) • **burst into applause** estallar en aplausos • **a round of applause** un aplauso SIN **clapping 2** (elogio) aplauso • **win applause** cosechar aplausos/elogios

ap·ple S1 W2 /ˈæpəl/ s [C] manzana • **apple pie** torta de manzana • **apple tree** manzano ▶ ADAM'S APPLE, UPSET the apple cart
EXPRESIONES
be the apple of sb's eye ser la niña de los ojos de alguien

ap·ple·sauce /'æpəlˌsɔs/ s [U] compota de manzana

ap·plet /'æplət/ s [C] (técn) applet, miniaplicación (informática)

ap·pli·ance /ə'plaɪəns/ s [C] aparato/artefacto (eléctrico) • **a domestic/kitchen appliance** un electrodoméstico • **an electrical appliance** un aparato/artefacto eléctrico

ap·pli·ca·ble /'æplɪkəbəl, ə'plɪkəbəl/ adj aplicable • **where/as applicable** donde/según corresponda

ap·pli·cant /'æplɪkənt/ s [C] candidato -a, aspirante • **job applicant** candidato -a a un puesto de trabajo

ap·pli·ca·tion S2 W2 /ˌæplɪ'keɪʃən/ s
1 [C,U] solicitud: *His application was rejected*. Le rechazaron la solicitud. • **an application for a grant/ transfer** una solicitud de beca/traslado • **a job/loan/ passport application** una solicitud de empleo/crédito/ pasaporte • **fill out an application** llenar una solicitud
2 [C] (en informática) aplicación: *a graphics application* una aplicación gráfica
3 [C,U] (uso) aplicación: *The research has many applications*. La investigación tiene muchas aplicaciones. • **the application of sth to/in sth** la aplicación de algo a/en algo
4 [C,U] (sobre una superficie) aplicación
5 [U] (esfuerzo) aplicación

appli'cation ˌform s [C] (formulario de) solicitud, (forma de) solicitud, machote

ap·pli·ca·tor /'æplɪˌkeɪtə/ s [C] aplicador

ap·plied /ə'plaɪd/ adj aplicado -a • **applied science/math** ciencias/matemáticas aplicadas

ap·ply S1 W1 /ə'plaɪ/ v (applies, applied, applying)

1	para trabajar, estudiar
2	pidiendo autorización
3	normas, leyes, ofertas
4	un método, principios, los conocimientos
5	la pintura, un cosmético
6	calor, una corriente, una fuerza
7	un término, una frase
8	esforzarse

1 PARA TRABAJAR, ESTUDIAR [I] presentarse • **apply for a job** presentarse a/solicitar un trabajo • **apply for a course** solicitar la admisión a un curso • **apply to a college** solicitar el ingreso en una universidad • **apply to a company** solicitar empleo en una empresa
2 PIDIENDO AUTORIZACIÓN [I] **apply for a permit/ scholarship** solicitar un permiso/una beca • **apply to sb/sth** presentar una solicitud ante alguien/algo
3 NORMAS, LEYES, OFERTAS [I] tener vigencia, tener validez • **apply to sb/sth** aplicarse a alguien/algo
4 UN MÉTODO, PRINCIPIOS, LOS CONOCIMIENTOS [T] aplicar • **apply sth to sth** aplicar algo a algo
5 LA PINTURA, UN COSMÉTICO [T] (frml) aplicar • **apply sth to sth** aplicar algo a algo
6 CALOR, UNA CORRIENTE, UNA FUERZA [T] (frml) aplicar • **apply the brakes** frenar
7 UN TÉRMINO, UNA FRASE [I,T gralm en pasiva] aplicar(se) • **be applied to sth** aplicarse a algo
8 ESFORZARSE [T] **apply yourself (to sth)** aplicarse (a algo)

ap·point W3 /ə'pɔɪnt/ v [T]
1 nombrar, designar • **appoint sb to sth** nombrar/ designar a alguien para algo • **appoint sb (as) sth** nombrar a alguien algo: *I was appointed chairman*. Me nombraron presidente.
2 (frml) señalar, fijar (una fecha, un sitio)

ap·point·ed /ə'pɔɪntɪd/ adj **1** [solo ante s] señalado -a, fijado -a: *at the appointed time* a la hora señalada **2** [solo ante s] designado -a **3** acondicionado -a (con muebles, decoración) ▸ **SELF-APPOINTED**

ap·point·ee /əˌpɔɪn'ti/ s [C] (frml) cargo designado, persona designada

ap·point·ment S2 W3 /ə'pɔɪnt⁻mənt/ s
1 [C] cita: *She has a doctor's appointment*. Tiene cita con el médico. • [+with]: *I have an appointment with the*

school principal. Tengo cita con el director. • **make an appointment** pedir cita • **cancel an appointment** cancelar una cita • **keep an appointment** acudir a una cita • **by appointment only** solo con cita previa
2 [C,U] nombramiento • [+as]: *his appointment as manager* su nombramiento como gerente • [+to]: *her appointment to the appeals court* su nombramiento para el tribunal de apelación
3 [C] cargo, puesto

ap'pointment ˌbook (tb **ap'pointment ˌcalendar**) s [C] agenda ▸ **DIARY**

ap·por·tion /ə'pɔrʃən/ v [T] repartir, distribuir • **apportion sth among/between sb** distribuir algo entre alguien • **apportion blame** determinar quién tiene la culpa

ap·po·site /'æpəzɪt/ adj (frml) acertado a, oportuno -a

ap·prais·al /ə'preɪzəl/ s **1** [C,U] evaluación SIN **assessment 2** [C,U] avalúo SIN **valuation**

ap·praise /ə'preɪz/ v [T] **1** evaluar **2** avaluar • **appraise sth at $200/$4,000** avaluar algo en 200/4.000 dólares SIN **evaluate 3** (liter) estudiar (observar detenidamente)

ap·pre·cia·ble /ə'priʃəbəl/ adj (frml) **1** sensible, apreciable (cambio, etc.) **2** considerable

ap·pre·cia·bly /ə'priʃəbli/ adv considerablemente

ap·pre·ci·ate S1 W2 /ə'priʃiˌeɪt/ v
1 [T nunca en forma continua] agradecer: *We really appreciate everything you've done for us*. Le agradecemos mucho todo lo que ha hecho por nosotros. • **I/we would appreciate it if...** *If you have the time to help, we'd really appreciate it*. Si tienes tiempo para ayudarnos, te lo agradeceríamos mucho. • *I'd appreciate it if you could send the money as soon as possible*. Le agradecería que enviara el dinero cuanto antes.
2 [T nunca en forma continua] apreciar: *a place for people who appreciate fine wines* un lugar para quienes saben apreciar los buenos vinos
3 [T nunca en forma continua] darse cuenta de • **appreciate how/why** darse cuenta de cómo/por qué: *At first he didn't appreciate why everyone was so concerned*. Al principio no se daba cuenta de por qué todo el mundo estaba tan preocupado. • **fully appreciate** *I don't think you fully appreciate the extent of the problem*. Creo que no acabas de darte cuenta del alcance del problema. • **fail to appreciate sth** no darse cuenta de algo SIN **realize**
4 [I] revalorizarse ANT **depreciate**

ap·pre·ci·a·tion /əˌpriʃi'eɪʃən, ə,pri-/ s **1** [U] gratitud • **in appreciation (of sth)** en agradecimiento (por algo): *Here's a little gift in appreciation of your help*. Aquí tienes un pequeño detalle en agradecimiento por tu ayuda. • **show/express your appreciation** mostrar/ expresar su agradecimiento: *To show my appreciation, let me buy you dinner*. Como muestra de mi agradecimiento, déjame que te invite a cenar. **2** [sing, U] apreciación (del arte, la música, etc.): *We share an appreciation of good food*. Ambos sabemos apreciar la buena comida. **3** [sing, U] **an appreciation of sth** *a realistic appreciation of the problem* una percepción realista del problema • *He showed no appreciation of their difficulties*. No parecía comprender sus problemas. **4** [sing, U] revalorización, apreciación • [+in]: *an appreciation of 10% in property values* una revalorización del 10% de la propiedad inmobiliaria • *a significant appreciation in the value of the yen* una apreciación significativa del yen ANT **depreciation 5** [C] (frml) crítica

ap·pre·cia·tive /ə'priʃətɪv/ adj **1** apreciativo -a **2** agradecido -a • [+of]: *I'm very appreciative of the support you have given me*. Te agradezco mucho el apoyo que me has brindado.

ap·pre·cia·tive·ly /ə'priʃətɪvli/ adv **1** de forma apreciativa **2** (mostrando agradecimiento) *He thanked me very appreciatively*. Me dio las gracias efusivamente.

ap·pre·hend /ˌæprɪ'hend/ v [T] **1** (frml) detener SIN **arrest 2** (frml) comprender, aprehender

ap·pre·hen·sion /ˌæprɪ'hɛnʃən/ s **1** [C,U] aprensión **2** [C,U] (frml) detención SIN **arrest 3** [U] (frml) comprensión, aprehensión

ap·pre·hen·sive /ˌæprɪ'hɛnsɪv/ adj aprensivo -a • [+about]: Dave's a little apprehensive about flying. La idea de volar le produce cierta aprensión a Dave. • [+that]: I was apprehensive that something would go wrong. Tenía miedo de que algo saliera mal.

ap·pre·hen·sive·ly /ˌæprɪ'hɛnsɪvli/ adv con aprensión

ap·pren·tice¹ /ə'prɛntɪs/ s [C] aprendiz -a an apprentice electrician un aprendiz de electricista

apprentice² v [T gralm en pasiva] be apprenticed to sb estar de aprendiz -a con alguien: He's apprenticed to a local plumber. Está de aprendiz con un plomero del lugar.

ap·pren·tice·ship /ə'prɛntɪˌʃɪp/ s [C,U] (período de) aprendizaje (de un oficio)

ap·prise /ə'praɪz/ v [T] (frml) **apprise sb of sth** poner a alguien al corriente/tanto de algo

ap·proach¹ S3 W2 /ə'proutʃ/ v
1 [I,T] acercarse (a): She heard footsteps approaching. Oyó pasos que se acercaban. • As I approached the house, a light came on. Cuando me acercaba a la casa, se encendió una luz.
2 [T] dirigirse (a una persona) para proponerle o pedirle algo • **approach sb for sth** An ex-employee approached her for a reference. Un antiguo empleado se puso en contacto con ella para pedirle una referencia. • **approach sb/sth about (doing) sth** I decided to approach my boss about a raise. Decidí plantearle a mi jefe la posibilidad de un aumento de sueldo. ▸ **APPROACHABLE**
3 [I, T] (indicando sucesos futuros) acercarse (a): Winter is approaching. Se acerca el invierno. • She knew she was approaching the end of her career. Sabía que se estaba acercando al final de su carrera. • **be fast approaching** acercarse rápidamente
4 [T] (una tarea, un problema) abordar, encarar: Researchers are looking for new ways to approach the problem. Los investigadores están buscando nuevas formas de abordar el problema.
5 [T] (casi llegar a) acercarse a: Nobody else even approaches her level of skill. Nadie se acerca ni de lejos a su nivel de destreza.

approach² W1 s
1 [C] enfoque • [+to]: a new approach to teaching languages un nuevo enfoque en la enseñanza de idiomas • **take/adopt an approach** adoptar un enfoque
2 [C] hecho de ponerse en contacto con alguien para proponerle o pedirle algo: We've had an interesting approach from a local charity. Una institución de beneficencia de la zona nos ha contactado con una propuesta interesante. • **make an approach (to sb)** Parents made a direct approach to the minister of education. Los padres se pusieron en contacto directo con el Ministro de Educación.
3 [C] acceso (a un lugar) • [+to]: The approach to the house was an old dirt road. Se llegaba a la casa por un viejo camino destapado. • **approach road** vía de acceso
4 [sing] acción de acercarse a un lugar: The birds were frightened by our approach. Los pájaros se asustaron cuando nos acercamos.
5 [sing] hecho de acercarse un momento futuro • **the approach of sth** (frml): with the approach of winter a medida que se va/iba acercando el invierno

ap·proach·a·ble /ə'proutʃəbəl/ adj accesible (persona)

ap·pro·ba·tion /ˌæprə'beɪʃən/ s [U] (frml) aprobación SIN **approval**

ap·pro·pri·ate¹ S2 W2 /ə'proupriɪt/ adj apropiado -a, adecuado -a: an appropriate gift un regalo apropiado • Delete as appropriate. Tache lo que no corresponda. • It seemed like an appropriate time to ask. Parecía el momento oportuno para preguntar. • [+for]: clothes that are appropriate for an interview ropa apropiada para una entrevista • [+to]: classes that are appropriate to the needs of the students clases que se adecuan a las necesidades de los alumnos • They should offer a salary that is more appropriate to his experience. Deberían ofrecerle un sueldo más acorde con su experiencia. • **it is appropriate (for sb) to do sth** It would not be appropriate for me to discuss this now. No estaría bien discutir esto ahora. • **it is appropriate that...** It seemed especially appropriate that we start our trip here. Parece especialmente apropiado que comencemos nuestro viaje aquí. • **highly/entirely appropriate** muy apropiado -a/adecuado -a ANT **inappropriate** SIN **suitable**

ap·pro·pri·ate² /ə'prouprieɪt/ v [T] **1** asignar (fondos) • **appropriate sth for sth** asignarle algo a algo **2** (frml) apropiarse de SIN **steal**, **embezzle** ▸ **MISAPPROPRIATE**

ap·pro·pri·ate·ly /ə'proupriɪtli/ adv apropiadamente, adecuadamente • **appropriately named** the appropriately named Miss Rich la señorita Rich, cuyo apellido no podría ser más apropiado • **appropriately enough** The painters met, appropriately enough, in an art gallery. Los pintores se reunieron en una galería de arte. ¡Dónde mejor!

ap·pro·pri·ate·ness /ə'proupriɪtnɪs/ s [U] cualidad de apropiado, adecuado u oportuno: the appropriateness of her question lo oportuno de su pregunta

ap·prov·al W3 /ə'pruvəl/ s [U]
1 (permiso) autorización, aprobación: We cannot take students on trips without parents' approval. No podemos llevar a los alumnos de excursión sin la autorización de los padres. • **give/grant approval (to sb/sth)** dar su aprobación (a alguien/algo) • **for approval** The plans have been sent to the Committee for approval. Los planos han sido enviados al Comité para su aprobación. • **seek approval (for sth)** intentar obtener la aprobación (de algo) • **receive/win approval** The project has won approval from the planning commission. El proyecto ha recibido la aprobación de la oficina de planeación.
2 (beneplácito) aprobación • **meet with sb's approval** contar con la aprobación de alguien: Her boyfriend did not meet with her parents' approval. Su novio no contaba con la aprobación de sus padres. • **nod/smile/clap in approval** asentir/sonreír/aplaudir en señal de aprobación. ANT **disapproval**

EXPRESIONES
on approval a prueba • **sb's seal/stamp of approval** la aprobación oficial de alguien

ap·prove S2 W2 /ə'pruv/ v
1 [I] **approve (of sth/sb)** I don't think your parents would approve. No creo que a tus padres les parecería bien. • Many people do not approve of the ban on smoking in bars. Mucha gente no está de acuerdo con la prohibición de fumar en bares. • I know he doesn't approve of me. Sé que no tiene buena opinión de mí. • I don't approve of any form of violence. Yo no apruebo ningún tipo de violencia.
2 [T] aprobar (oficialmente): The Senate approved the bill. El Senado aprobó el proyecto de ley.

ap·prov·ing /ə'pruvɪŋ/ adj [gralm ante s] de aprobación • **an approving look/smile** una mirada/sonrisa de aprobación ANT **disapproving**

ap·prov·ing·ly /ə'pruvɪŋli/ adv en señal de aprobación

ap·prox. abrev escrita de **APPROXIMATELY**

ap·prox·i·mate¹ /ə'prɑksəmɪt/ adj aproximado -a SIN **rough** ANT **exact**

ap·prox·i·mate² /ə'prɑksə,meɪt/ v (frml) **1** [I] approximate to sth aproximarse a algo **2** [T] aproximarse a, reproducir aproximadamente

ap·prox·i·mate·ly /ə'prɑksəmɪtli/ adv aproximadamente: The plane will be landing in approximately 20 minutes. El avión aterrizará en aproximadamente 20 minutos. SIN **roughly**, **about**

ap·prox·i·ma·tion /əˌprɑksə'meɪʃən/ s [C gralm sing] **1** aproximación SIN **estimate 2** [+of/to]: It was the nearest approximation to a disaster she'd ever experienced. Era lo más parecido a un desastre que jamás hubiera experimentado. • *The restaurant serves a close approximation of French cuisine.* El restaurante sirve una comida que se aproxima mucho a la francesa.

APR /ˌeɪ pi ˈɑr/ s [C gralm sing] (**Annual Percentage Rate**) TAE (tasa anual equivalente)

ap·ri·cot /ˈeɪprɪˌkɑt, ˈæ-/ s **1** [C] albaricoque, chabacano (fruta) **2** [C] (tb **apricot tree**) albaricoquero, chabacano (árbol) **3** [U] color albaricoque/chabacano

A·pril /ˈeɪprəl/ (abrev escrita **Apr.**) s [C,U] abril • **in April** en abril: *This office opened in April 1994.* Esta oficina comenzó a funcionar en abril de 1994. • **last April** abril pasado: *I saw him last April.* Lo vi en abril. • **next April** próximo abril: *I'm going to Africa next April.* Me voy a África en abril. • **on April 6th/3rd** el 6/3 de abril: *My new job starts on April 6th.* Empiezo mi nuevo trabajo el 6 de abril. • **April 6/3** el 6/3 de abril: *We got married April 6, 1982.* Nos casamos el 6 de abril de 1982.

April 'Fools' Day s Día de los Inocentes (1° de abril)

a·pron /ˈeɪprən/ s [C] **1** delantal, mandil **2** (*técn*) zona de estacionamiento (de aviones) **3** (tb **apron stage** (*técn*)) proscenio

EXPRESIONES
be tied to sb's apron strings (*peyor, coloq*) estar pegado a las faldas de alguien

ap·ro·pos¹ /ˌæprəˈpoʊ, ˈæprəˌpoʊ/ (tb **apro'pos of**) prep (*frml*) a propósito de SIN **concerning, regarding**

EXPRESIONES
apropos of nothing de la nada, sin venir a cuento

apropos² adj [nunca ante s] oportuno -a, apropiado -a

apse /æps/ s [C] (*técn*) ábside

apt /æpt/ adj **1** acertado -a, apropiado -a **2 be apt to do sth** tender a hacer algo, ser propenso -a a hacer algo: *He's apt to forget sometimes.* Tiende a olvidarse de las cosas. **3** (*antic, frml*) capaz (alumno, estudiante) ▸ **APTLY**

ap·ti·tude /ˈæptəˌtud/ s [C,U] aptitud • [+**for**]: *Becky has a natural aptitude for math.* Becky tiene una aptitud natural para las matemáticas.

'aptitude ˌtest s [C] prueba de aptitud

apt·ly /ˈæptli/ adv acertadamente, apropiadamente

aq·ua·ma·rine /ˌɑkwəməˈrin, ˌæk-/ adj de color aguamarina, azul verdoso -a

a·quar·i·um /əˈkwɛriəm/ s [C] (pl **aquariums, aquaria** /-riə/) **1** (de vidrio, plástico) acuario, pecera **2** (edificio) acuario

A·quar·i·us /əˈkwɛriəs/ s **1** [U] (signo) Acuario **2** [C] (persona) Acuario: *Dana's an Aquarius.* Dana es Acuario.

a·quat·ic /əˈkwætɪk, əˈkwɑtɪk/ adj [gralm ante s] **1** (fauna, flora) acuático -a **2** (deporte, actividad) acuático -a

aq·ue·duct /ˈækwəˌdʌkt/ s [C] acueducto

aq·ui·line /ˈækwəˌlaɪn, -lən/ adj aguileño -a

AR abrev escrita de **ARKANSAS**

Ar·ab /ˈærəb/ adj [solo ante s] árabe

Arab s [C] árabe (persona)

Ar·a·bic /ˈærəbɪk/ adj árabe

Arabic s [U] árabe (el idioma)

ˌArabic 'numeral s [C] número arábigo ▸ **ROMAN NUMERAL**

ar·a·ble /ˈærəbəl/ adj cultivable: *arable farming* agricultura • *arable land* tierra de cultivo

ar·bi·ter /ˈɑrbət̬ə/ s [C] **1 an arbiter of taste/fashion** un árbitro del buen gusto/de la moda **2** (en una disputa) árbitro -a • **be the final arbiter** tener la última palabra

ar·bi·trar·i·ly /ˌɑrbəˈtrɛrəli/ adv arbitrariamente

ar·bi·trar·y /ˈɑrbəˌtrɛri/ adj arbitrario -a: *an arbitrary decision* una decisión arbitraria

ar·bi·trate /ˈɑrbəˌtreɪt/ v [I,T] arbitrar • **arbitrate in sth** arbitrar en algo • **arbitrate between sb and sb** arbitrar entre alguien y alguien

ar·bi·tra·tion /ˌɑrbəˈtreɪʃən/ s [U] arbitraje • **go to arbitration** someterse a arbitraje

ar·bi·trator /ˈɑrbəˌtreɪt̬ə/ s [C] árbitro -a (en una disputa)

arc¹ /ɑrk/ s [C] **1** (curva) arco **2** arco eléctrico/voltaico **3** (*técn*) (en geometría, astronomía) arco

arc² v [I] [siempre + adv/prep] trazar/formar un arco

ar·cade /ɑrˈkeɪd/ s [C] **1** local de videojuegos, arcada (de videojuegos) SIN **video arcade 2** galería (comercial) **3** (*técn*) soportales

ar·cane /ɑrˈkeɪn/ adj arcano -a

arch¹ /ɑrtʃ/ s [C] **1** (bajo un puente, en un edificio) arco **2** (monumento) arco **3** (sobre una puerta o ventana) arco **4** (del pie) puente **5** (curva) arco

arch² v [I, T] arquear(se)

arch³ adj malicioso -a (comentario), de suficiencia (tono)

ar·chae·o·log·i·cal, archeological /ˌɑrkiəˈlɑdʒɪkəl/ adj arqueológico -a

ar·chae·ol·o·gist, archeologist /ˌɑrkiˈɑlədʒɪst/ s [C] arqueólogo -a

ar·chae·ol·o·gy, archeology /ˌɑrkiˈɑlədʒi/ s [U] arqueología

ar·cha·ic /ɑrˈkeɪ-ɪk/ adj arcaico -a SIN **outdated** ANT **modern**

arch·an·gel /ˈɑrkˌeɪndʒəl/ s [C] arcángel

arch·bish·op /ˌɑrtʃˈbɪʃəp‹/ s [C] arzobispo

arch·en·e·my /ˌɑrtʃˈɛnəmi/ s [C] (pl **archenemies**) archienemigo -a

ar·che·ol·o·gy /ˌɑrkiˈɑlədʒi/ s variante de **ARCHAEOLOGY**

arch·er /ˈɑrtʃə/ s [C] arquero -a (de tiro con arco)

arch·er·y /ˈɑrtʃəri/ s [U] tiro con arco

ar·che·typ·al /ˌɑrkɪˈtaɪpəl‹/ adj [solo ante s] arquetípico -a

ar·che·type /ˈɑrkɪˌtaɪp/ s [C] [gralm sing] arquetipo • **the archetype of sth** el arquetipo de algo

ar·chi·pel·a·go /ˌɑrkəˈpɛləˌgoʊ/ s [C] (pl **archipelagos**) archipiélago

ar·chi·tect /ˈɑrkəˌtɛkt/ s [C] **1** arquitecto -a **2 the architect of sth** el/la artífice de algo

ar·chi·tec·tur·al /ˌɑrkəˈtɛktʃərəl/ adj [solo ante s] arquitectónico -a

ar·chi·tec·tur·al·ly /ˌɑrkəˈtɛktʃərəli/ adv arquitectónicamente

ar·chi·tec·ture /ˈɑrkəˌtɛktʃə/ s [U] arquitectura

ar·chive¹ /ˈɑrkaɪv/ s [C often plural] **1** (colección de documentos) archivo: *interesting archive material* interesante material de archivo **2** (sitio, edificio) archivo **3** (en informática) archivo comprimido

archive² v [T] (*técn*) **1** comprimir (un archivo informático) **2** archivar

ar·chi·vist /ˈɑrkɪvɪst, -kaɪ-/ s [C] archivista

arch·ly /ˈɑrtʃli/ adv maliciosamente

arch·way /ˈɑrtʃweɪ/ s [C] (pl **archways**) **1** arco (en la entrada de un lugar) **2** pasadizo

arc·tic /ˈɑrktɪk, ˈɑrt̬ɪk/ adj **1 Arctic** [solo ante s] ártico -a ▸ **ANTARCTIC 2** glacial SIN **freezing**

ar·dent /ˈɑrdnt/ adj [gralm ante s] **1** ferviente, vehemente: *an ardent supporter of the president* un ferviente partidario del presidente SIN **fervent 2** (*liter*) apasionado -a: *an ardent kiss* un beso apasionado SIN **passionate**

ar·dent·ly /ˈɑrdntli/ adv fervientemente, vehementemente

ar·dor /'ɑrdər/ s [U] **1** fervor, ardor SIN **fervor 2** (liter) pasión SIN **passion**

ar·du·ous /'ɑrdʒuəs/ adj arduo -a, difícil

ar·du·ous·ly /'ɑrdʒuəsli/ adv arduamente

are /ɔr; fuerte ɑr/ forma pl y de 2ª pers sing del presente de **BE**

ar·e·a S1 W1 /'ɛriə/ s [C]
1 (geográfica) zona, área, región: *children from the local area* niños de la zona • **an urban/a rural area** una zona urbana/rural *the area hospital* el hospital de la zona ▶ ver nota en BARRIO
2 (para determinado uso) zona, área: *This is a no-smoking area.* Ésta es una zona de no fumadores. • *the dining area* el comedor
3 (extensión de tierra, agua, piel) área, zona: *The fire spread over a wide area.* El incendio se propagó por una extensa zona.
4 (en geometría) superficie, área: *Use this formula to calculate the area of a circle.* Utiliza esta fórmula para calcular la superficie de un círculo.
5 (de actividad, estudio) área, campo: *What kind of area does he work in?* ¿En qué área trabaja? • **an area of research/knowledge** un área de investigación/conocimiento • **an area of concern** un motivo de preocupación • **a subject area** un área temática • **a problem area** un aspecto problemático SIN **field**

'area ,code s [C] código (de ciudad/área), indicativo (de ciudad/área), clave telefónica (de ciudad/área) • [+**for**]: *I looked up the area code for Las Cruces.* Busqué el indicativo de Las Cruces.

a·re·na /ə'rinə/ s [C] **1** estadio: *a sports arena* un estadio deportivo • *an indoor arena* un pabellón de deportes **2** terreno (de actividad): *his achievements in this arena* sus logros en este terreno • **the political/international arena** la arena política/internacional

aren't /'ɑrənt/ **1** (**are not**) *They aren't here.* No están aquí. **2** (en preguntas) (**am not**) *I'm in big trouble, aren't I?* Me metí en un buen lío, ¿no?

Ar·gen·ti·na /,ɑrdʒən'tinə/ (tb **the Ar·gen·tine** /'ɑrdʒən,tain, -,tin/) (antic) Argentina

Ar·gen·tin·e·an[1], **Ar·gen·tin·i·an** /,ɑrdʒən'tiniən/ (tb **Argentine**) adj argentino -a

Argentinean[2], **Argentinian** (tb **Argentine**) s [C] argentino -a

ar·gu·a·ble /'ɑrgyuəbəl/ adj **1** discutible ▶ DEBATABLE **2** **it is arguable that... (a)** se podría afirmar que... **(b)** se podría argumentar/argüir que...

ar·gu·a·bly /'ɑrgyuəbli/ adv [adv oracional] probablemente: *Some of the legislation could arguably be considered unconstitutional.* Se podría argumentar que parte de la legislación es inconstitucional. • **arguably the best/biggest/worst** *He was arguably the greatest racing driver of all time.* Probablemente haya sido el mejor piloto de carreras de todos los tiempos.

ar·gue S2 W1 /'ɑrgyu/ v
1 [I] discutir, pelearse: *We could hear the neighbors arguing.* Oíamos discutir a los vecinos. • *Those two are always arguing with each other.* Esos dos se la pasan discutiendo. • **argue about/over sth** discutir/pelearse por algo: *They're arguing about money again.* Están discutiendo otra vez por cuestiones de dinero. • **argue among yourselves** discutir (un grupo de personas) SIN **quarrel**
2 [I] (intentar convencer) discutir: *Don't argue. Just get on with your work.* No discutas. Continúa trabajando. • **argue about sth** discutir sobre algo: *I'm too tired to argue about it.* Estoy demasiado cansada para discutir sobre ello.
3 [I,T] **argue that** argumentar/sostener que: *The report argued that more university places were needed.* El informe sostenía que hacían falta más cupos universitarios. • **argue against sth** presentar argumentos en contra de algo • **argue for doing sth** presentar argumentos a favor de (hacer) algo • **you could argue that.../it could be argued that...** se podría argumentar/argüir

que... • **argue the case** *Smith argued the case for keeping the affirmative action laws.* Smith abogó por el mantenimiento de las leyes de discriminación positiva. • **argue the point** discutir la cuestión
4 argue for/against sth (frml) ser argumentos/un argumento a favor/en contra de algo: *The patient's age argues against surgery.* La edad del paciente desaconseja una intervención quirúrgica.

EXPRESIONES
You/I can't argue with that! (oral) ¡No te puedes/me puedo quejar!, ¡Eso está más que bien!

¿**argue, row o quarrel**?
En inglés, la manera más general de expresar la idea de 'discutir' es **argue** o **have an argument**.
Si la discusión es fuerte y quienes discuten se conocen, se pueden emplear **fight**, **have a fight** o, **quarrel**: *My brothers are always fighting.* • *Have you had a fight with your boyfriend?* • *Let's not quarrel about money.*
Si el motivo de la discusión es algo sin importancia, se pueden usar **squabble** o **bicker**: *The kids were squabbling/bickering over what TV show to watch.*

ar·gu·ment S2 W2 /'ɑrgyəmənt/ s
1 [C] (riña) discusión, pelea • **have an argument** discutir, pelearse: *I had an argument with my husband.* Discutí con mi marido • *There were never any arguments between them.* Nunca se peleaban. • [+**about/over**]: *an argument about money* una discusión por dinero • **get into an argument** ponerse a discutir • **a heated argument** una discusión acalorada SIN **quarrel**, **row**, **fight**
2 [C] (intercambio de ideas) discusión, debate • [+**about/over**]: *the current argument about GM foods* el debate actual sobre los transgénicos • **lose/win the argument** perder/ganar el debate SIN **debate**
3 [C] (conjunto de razones) argumento(s), razonamiento: *I'm not sure that I agree with his argument.* No sé si estoy de acuerdo con su razonamiento. • [+**against**]: *the argument against smoking* los argumentos en contra del tabaco • [+**for**]: *the arguments for and against capital punishment* los argumentos a favor y en contra de la pena capital • [+**that**]: *the argument that poverty breeds crime* el argumento de que la pobreza alimenta la delincuencia • **a strong/convincing argument** un argumento sólido/convincente: *There's a strong argument for using electric buses.* Hay argumentos sólidos a favor del uso de buses eléctricos. • **make/put forward an argument** presentar argumentos/un argumento: *Walker made a strong argument against the war.* Walker presentó sólidos argumentos en contra de la guerra.
4 [U] (cuestionamiento) discusiones: *I don't want any argument.* No quiero discusiones. • **without argument** sin discutir

EXPRESIONES
for the sake of argument pongamos por caso

ar·gu·men·ta·tive /,ɑrgyə'mɛntətɪv/ adj (peyor) discutidor -a

a·ri·a /'ɑriə/ s [C] aria

ar·id /'ærɪd/ adj **1** (seco) árido -a **2** (frml) (poco ameno) árido -a ▶ STERILE

Ar·ies[1] /'ɛriz/ s **1** [U] (signo) Aries **2** [C] (persona) Aries: *I'm an Aries.* Soy aries.

Aries[2] adj aries: *I'm Aries.* Soy Aries.

a·rise W3 /ə'raɪz/ v [I] (**arose** /ə'roʊz/, **arisen** /ə'rɪzən/)
1 surgir • **arise from/out of sth** surgir (a raíz)de algo, tener su origen en algo • **the question arises/arose** se plantea/planteó la cuestión • **if the need arises** (tb **should the need/occasion arise**) si fuera necesario
2 (liter) levantarse (de la cama)
3 (liter) ponerse de pie
4 (liter) alzarse (para luchar por algo)

ar·is·toc·ra·cy /,ærə'stɑkrəsi/ s [C gralm sing] (pl **aristocracies**) aristocracia SIN **nobility** ▶ UPPER CLASS

ar·is·to·crat /ə'rɪstə,kræt/ s [C] aristócrata SIN **noble**

a·ris·to·crat·ic /ə,rɪstə'kræṭɪk/ adj aristocrático -a SIN **noble** ▶ UPPER-CLASS

A

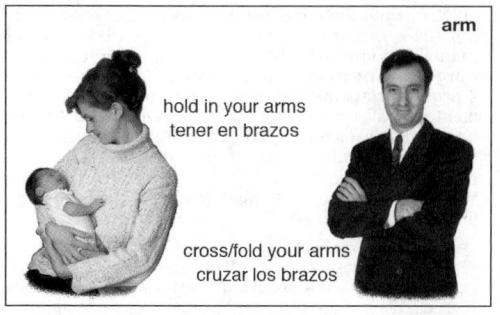

arm

hold in your arms
tener en brazos

cross/fold your arms
cruzar los brazos

a·rith·me·tic¹ /ə'rɪθmətɪk/ s [U] **1** aritmética **2** cálculos (aritméticos)

ar·ith·met·ic² /ˌærɪθ'mɛtɪk‹ / (tb **ar·ith·met·i·cal** /ˌærɪθ'mɛtɪkəl/) adj (técn) aritmético -a

ark /ɑrk/ s [C] arca

arm¹ S1 W1 /ɑrm/ s [C]
1 (miembro) brazo: *I think I've broken my arm.* Me parece que me quebré un brazo. • **in sb's arms** en (los) brazos de alguien: *She held the little cat in her arms.* Tenía al gatito en brazos. • *I can't wait to have you in my arms again.* Estoy impaciente por tenerte de nuevo entre mis brazos. • **take sb in your arms** abrazar a alguien • **put your arm(s) around sb (a)** pasar el brazo por el hombro a alguien **(b)** abrazar a alguien • **cross/fold your arms** cruzar los brazos • **under your arm** bajo el brazo: *Pat was carrying a box under his arm.* Pat llevaba una caja bajo el brazo. • **take sb by the arm** tomar/agarrar a alguien del brazo
2 (de un mueble) brazo: *the arm of the chair* el brazo del sillón
3 (de una prenda) manga: *There's a hole in the arm of my jacket.* Tengo un agujero en la manga del saco. SIN **sleeve**
4 (de una organización) brazo: *the political arm of a terrorist organization* el brazo político de un grupo terrorista ▶ WING, BRANCH ▶ a BABE in arms, TWIST sb's arm

EXPRESIONES
arm in arm del brazo: *They were walking down the street arm in arm.* Iban del brazo por la calle. • **hold sth at arm's length** tomar algo con el brazo extendido • **keep/hold sb at arm's length** mantenerse a una distancia prudente de alguien • **be up in arms** estar furioso -a • **with open arms** con los brazos abiertos • **I/he would give my/his right arm to do sth** (yo/él) daría lo que fuera por hacer algo

arm² v [T] **1** (con armas) armar • **arm yourself with sth** armarse con algo **2** (con lo necesario para algo) **arm sb with sth** proveer a alguien de algo ▶ ARMED, UNARMED

ar·ma·dil·lo /ˌɑrmə'dɪloʊ/ s [C] (pl **armadillos**) armadillo

Ar·ma·ged·don /ˌɑrmə'gɛdn/ s [sing, U] el Apocalipsis

ar·ma·ment /'ɑrməmənt/ s [C gralm pl] armamento

arm·band /'ɑrmbænd/ s [C] brazalete (distintivo, de luto)

arm·chair¹ /'ɑrmtʃɛr/ s [C] sillón, butaca

armchair² adj [solo ante s] de salón: *an armchair socialist* un socialista de salón

armed W3 /ɑrmd/ adj
1 (con armas) armado -a: *armed guards* guardias armados • [+with]: *The suspect is armed with a shotgun.* El sospechoso está armado con una escopeta • **heavily armed** fuertemente armado -a • **armed to the teeth** armado -a hasta los dientes
2 [solo ante s] **armed robbery** robo/atraco a mano armada • **armed conflict** conflicto armado • **armed struggle/rebellion** lucha/rebelión armada • **an armed attack/clash** un ataque/enfrentamiento armado • **under armed guard** custodiado -a por guardias armados
3 (con lo necesario) **armed with sth** provisto -a de algo: *She came to the meeting armed with all the facts.* Vino a

la reunión provista de toda la información.

ˌarmed 'forces (tb **armed services**) s **the armed forces** [pl] las fuerzas armadas

Ar·me·ni·a /ɑr'miniə/ Armenia

Ar·me·ni·an¹ /ɑr'miniən/ s **1** [C] (persona) armenio -a **2** [U] (idioma) armenio

Armenian² adj armenio -a

arm·ful /'ɑrmfʊl/ s [C] **armfuls/an armful of sth** *He came into the house with armfuls of lilies.* Entró en la casa con los brazos llenos de lirios.

arm·hole /'ɑrmˌhoʊl/ s [C] sisa

ar·mi·stice /'ɑrməstɪs/ s [C gralm sing] armisticio ▶ TRUCE

ar·mor /'ɑrmɚ/ s [U] **1** armadura(s): *a suit of armor* una armadura **2** blindaje

ar·mored /'ɑrmɚd/ adj **1** blindado -a: *an armored car* un carro blindado **2** acorazado -a

ar·mor·y /'ɑrmɚi/ s [C] (pl **armories**) **1** (armas) arsenal SIN **arsenal 2** (depósito) arsenal SIN **arsenal 3** (recursos) **in sb's armory** *all the skills in your armory* todas las destrezas con las que cuentas SIN **arsenal**

arm·pit /'ɑrmˌpɪt/ s [C] axila, sobaco

ˈarms conˌtrol s [U] control de armamentos

ˈarms race s [C gralm sing] carrera armamentista

ar·my S2 W1 /'ɑrmi/ s (pl **armies**)
1 the army el ejército • **be in the army** ser militar • **join the army** (tb **enlist in the army**) alistarse en el ejército ▶ AIR FORCE, MARINES, NAVY
2 [C] ejército: *Rebel armies took control of the radio station.* Ejércitos enemigos tomaron el control de la emisora de radio. • **raise an army** formar/reunir un ejército
3 [C] ejército

a·ro·ma /ə'roʊmə/ s [C] aroma ▶ SMELL

a·ro·ma·ther·a·py /əˌroʊmə'θɛrəpi/ s [U] aromaterapia

ar·o·mat·ic /ˌærə'mætɪk‹ / adj aromático -a SIN **fragrant**

a·rose /ə'roʊz/ pasado de ARISE

a·round¹ S1 W1 /ə'raʊnd/ prep
1 EN TORNO A alrededor de: *The whole family was sitting around the table.* Toda la familia estaba sentada alrededor de la mesa. • *She had a blanket wrapped around her shoulders.* Tenía una cobija cubriéndole los hombros. • *They danced around the fire.* Bailaron alrededor de la fogata. • **all around sb/sth** *We could hear birds singing all around us.* Oíamos pájaros cantando por todas partes a nuestro alrededor.
2 EN, POR VARIAS PARTES DE por: *We walked around the town.* Paseamos por la ciudad. • *The company has 250 offices around the world.* La empresa tiene 250 oficinas por todo el mundo. • **from around the area/the country** de toda la zona/todo el país: *visitors from around the world* visitantes de todo el mundo • **all around the town/the neighborhood** por toda la ciudad/todo el barrio: *There were flowers all around the house.* Había flores por toda la casa.
3 TENIENDO EN CUENTA en torno a: *Their lives revolve around their children.* Sus vidas giran en torno a sus hijos.
4 CERCA DE *the countryside around Woodstock* el campo de los alrededores de Woodstock • **around here/there** por aquí/ahí: *Is there a bank around here?* ¿Hay un banco por aquí? • **in and around the town/village** en la ciudad/el pueblo y sus alrededores: *There are thousands of homeless people in and around Washington.* Hay miles de personas sin hogar en Washington y sus alrededores.
5 APROXIMADAMENTE alrededor de, a eso de: *I'll be back around ten.* Voy a volver a eso de las diez. • **sometime/somewhere around sth** *It was built somewhere around the middle of the 19th century.* Lo construyeron hacia mediados del siglo XIX.

around

The family is sitting around the table.
La familia está sentada alrededor de la mesa.

6 POR EL OTRO LADO DE *There's another door around the back.* Hay otra puerta en la parte de atrás. • *We had to go around the lake.* Tuvimos que bordear el lago. • **around the corner** *I live just around the corner.* Vivo a la vuelta de la esquina. • *The car came around the corner at top speed.* El carro dio la vuelta a la esquina a gran velocidad.
7 PROBLEMAS, OBSTÁCULOS a way around a problem/a difficulty una solución a un problema/una dificultad: *There seemed to be no way around the problem.* Parecía que el problema no tenía solución. • **get around a problem/an obstacle** sortear un problema/un obstáculo

around² S1 W1 *adv*

1 rodeando
2 en, por varias partes
3 en, de los alrededores
4 en existencia, disponible
5 aproximadamente
6 sin hacer nada útil
7 visitas

1 RODEANDO *Reporters crowded around as she left the courtroom.* Los periodistas la rodearon cuando salió de la sala. • *The plane was circling around, waiting to land.* El avión estaba dando vueltas, esperando para aterrizar. • **all around** *a little house with trees all around* una casa pequeña rodeada de árboles
2 EN, POR VARIAS PARTES *Don't leave your clothes lying around.* No dejes tu ropa tirada por ahí. • *I traveled around for a year before going to college.* Estuve viajando durante un año antes de entrar en la universidad. • *She keeps moving the furniture around.* No para de cambiar los muebles de lugar.
3 EN, DE LOS ALREDEDORES *He hasn't been around for weeks.* Hace semanas que no viene por aquí. • *We explored Vermont and the countryside around.* Exploramos Vermont y sus alrededores. • *There's never a police officer around when you need one.* Nunca hay un policía a mano cuando lo necesitas. • *I don't want to be around when it happens.* No quiero estar ahí cuando ocurra. • **somewhere around** en algún lugar: *I know the keys are somewhere around.* Sé que las llaves están en algún lugar. • **for miles around** en kilómetros a la redonda
4 EN EXISTENCIA, DISPONIBLE *That joke's been around for years.* Ese chiste es bien antiguo. • *She's one of the best actors around today.* Es una de las mejores actrices de la actualidad.
5 APROXIMADAMENTE unos -as, en torno a: *There were around 40,000 people in the stadium.* Había unas 40.000 personas en el estadio. • *The project will cost around $3 million.* El proyecto costará alrededor de 3 millones de dólares. SIN **approximately**
6 SIN HACER NADA ÚTIL *We've been waiting around for hours.* Llevamos horas esperando. • *They stand around on street corners.* Andan por las esquinas.
7 VISITAS *I'll be around to see you in the morning.* Pasaré a verte por la mañana.

EXPRESIONES
get around to (doing) sth sacar tiempo para (hacer) algo • **she's/I've been around** (*coloq*) tiene/tengo mucho mundo • **2 feet/120 cm around** 2 pies/120 cm de

perímetro: *Some of these trees measure 30 or 40 feet around.* Algunos de estos árboles miden 30 o 40 pies de perímetro.

a·round-the-ˈclock *adj* [solo ante s] 24 horas al día

a·rou·sal /əˈraʊzəl/ *s* [U] excitación (sexual)

a·rouse /əˈraʊz/ *v* [T] **1** (interés) despertar, suscitar; (sospechas) despertar, levantar; (preocupación) causar SIN **generate 2** [gralm en pasiva] excitar (sexualmente) **3** (*liter*) despertar • **arouse sb from sleep** despertar a alguien de su sueño SIN **rouse**

ar·peg·gi·o /ɑrˈpɛdʒiˌoʊ, -dʒoʊ/ *s* [C] (pl **arpeggios**) arpegio

arr. (*abrev escrita de* **arranged by**) arr. (arreglos de)

ar·raign /əˈreɪn/ *v* [T] (*jur*) hacer comparecer (en un tribunal) • **arraign sb on sth** hacer comparecer a alguien por algo

ar·raign·ment /əˈreɪnmənt/ *s* **1** [U] (acto) comparecencia **2** [C] (ocasión) comparecencia

ar·range S3 W2 /əˈreɪndʒ/ *v*
1 [I,T] preparar, organizar (una fiesta, un viaje), concertar (una reunión, una cita, una entrevista) • [+**for**]: *We will arrange for a hotel room.* Le reservaremos una habitación de hotel. • **arrange to do sth** quedar en hacer algo • **arrange for sb to do sth** quedar con alguien para que haga algo • **arrange sth with sb** concertar algo con alguien • [+**that**]: *She arranged that we would meet.* Quedó en que nos veríamos. • **as arranged** según lo previsto/convenido
2 [T] ordenar, colocar • **arrange flowers** arreglar flores
3 [T] arreglar (una pieza musical) • **arrange sth for sth** arreglar algo para algo

ar·ranged ˈmarriage *s* [C,U] matrimonio concertado

ar·range·ment W3 /əˈreɪndʒmənt/ *s*
1 [C gralm pl] preparativo: *the wedding arrangements* los preparativos de la boda • **the arrangements for sth** los preparativos de/para algo, la organización de algo: *the arrangements for the party* los preparativos para la fiesta • **make arrangements** *We made arrangements for someone to babysit the children.* Nos organizamos para que viniera alguien a cuidar a los niños. • *The agency made all the arrangements for us.* La agencia se encargó de todo. • **make the travel arrangements** hacer las reservas para el viaje • **sleeping arrangements** *I was a little worried about the sleeping arrangements.* Me preocupaba un poco cómo íbamos a dormir.
2 [C,U] acuerdo, arreglo (entre personas, entidades) • [+**between**]: *an arrangement between the neighbors* un acuerdo entre los vecinos • [+**with**]: *The school has an arrangement with local businesses.* La escuela tiene un acuerdo con empresas locales. • **come to an arrangement (with sb)** llegar a un acuerdo (con alguien)
3 [C] arreglo, muestra (de objetos): *a flower arrangement* un arreglo floral
4 [U] **the arrangement of sth** la disposición/colocación de algo
5 [C,U] arreglo (musical): *a piano arrangement* un arreglo para piano

ar·ray¹ /əˈreɪ/ *s* [C] (pl **arrays**) variedad (de colores, opciones), colección (de cuadros, joyas), surtido (de productos), despliegue (de talento, de armas)

array² *v* [T gralm en pasiva] (**arrays, arrayed, arraying**)
1 be arrayed on/around sth (*liter*) estar desplegado -a sobre/alrededor de algo **2 be arrayed against sb/sth** (*frml*) estar preparado -a para atacar a alguien/algo **3 be arrayed in sth** (*liter*) estar ataviado -a con algo

ar·rears /əˈrɪrz/ *s* [pl] atrasos (en un pago) • **be in arrears** ir atrasado -a con los pagos • **fall/get into arrears** atrasarse en los pagos

ar·rest¹ W2 /əˈrɛst/ *v* [T]
1 detener, arrestar • **arrest sb for sth** detener a alguien por algo • **get arrested** *Joan got arrested for drug possession.* A Joan la detuvieron por posesión de drogas.
2 (*frml*) detener, frenar

A

arrest² W3 *s* [C,U] detención, arresto • [+**for**]: *his arrest for drug possession* su detención por posesión de drogas • **make an arrest** realizar una detención • **be under arrest** estar/quedar detenido -a • **place/put sb under arrest** detener a alguien ▶ CARDIAC ARREST, HOUSE ARREST

ar·riv·al W3 /əˈraɪvəl/ *s*

1 de un vuelo, una persona
2 de un invento, un producto
3 de un momento, una época
4 persona
5 en aeropuerto
6 bebé

1 DE UN VUELO, UNA PERSONA [C,U] llegada • **the arrival of sb in a city/country** la llegada de alguien a una ciudad/un país: *our arrival in Los Angeles* nuestra llegada a Los Angeles • **the arrival of sb at the office/the airport** la llegada de alguien a la oficina/al aeropuerto: *her arrival at the courthouse* su llegada a los tribunales • **on arrival** al llegar
2 DE UN INVENTO, UN PRODUCTO **the arrival of sth** la aparición/llegada de algo • **the arrival of television** la llegada de la televisión • **the arrival of the cellphone** la aparición del teléfono celular
3 DE UN MOMENTO, UNA ÉPOCA **the arrival of sth** la llegada de algo: *the arrival of winter* la llegada del invierno
4 PERSONA [C gralm pl] **a new/recent arrival** un recién llegado/una recién llegada • **late arrival** rezagado -a, persona que llega tarde
5 EN AEROPUERTO arrivals [U] (sala de) llegadas
6 BEBÉ **new arrival** *Congratulations on the new arrival!* ¡Felicidades por el nacimiento!

ar·rive S3 W1 /əˈraɪv/ *v* [I]
1 (vuelo, tren, persona) llegar: *They've arrived safely.* Llegaron bien. • **arrive in a city/country** llegar a una ciudad/un país: *What time does the plane arrive in L.A.?* ¿A qué hora llega el avión a Los Ángeles? • **arrive at the office/the airport** llegar a la oficina/al aeropuerto: *We arrived at Carol's house.* Llegamos a casa de Carol. • **arrive early/late** llegar temprano/tarde
2 (carta, paquete, pedido) llegar • [+**from**]: *The oranges have just arrived from Valencia.* Las naranjas acaban de llegar de Valencia.
3 (época, momento, hecho) llegar: *Jen's wedding day arrived.* Llegó el día de la boda de Jen.
4 (invento, producto, método) aparecer, llegar
5 (bebé) nacer, llegar
arrive at sth *v+partíc* llegar a algo, alcanzar algo (un acuerdo, un veredicto, una conclusión)

ar·ro·gance /ˈærəgəns/ *s* [U] arrogancia

ar·ro·gant /ˈærəgənt/ *adj* arrogante

ar·ro·gant·ly /ˈærəgəntli/ *adv* con arrogancia

ar·row S3 /ˈæroʊ/ *s* [C]
1 (arma) flecha • **bow and arrow** arco y flecha • **shoot/fire an arrow** disparar una flecha
2 (símbolo) flecha

ar·se·nal /ˈɑrsənl/ *s* [C] arsenal

ar·se·nic /ˈɑrsənɪk, ˈɑrsnɪk/ (símb As) *s* [U] arsénico

ar·son /ˈɑrsən/ *s* [U] incendio provocado/intencional • **arson attack** ataque incendiario

ar·son·ist /ˈɑrsənɪst/ *s* [C] incendiario -a, pirómano -a

art S1 W1 /ɑrt/ *s*

1 actividad
2 objetos
3 materia
4 manifestaciones culturales
5 grupo de asignaturas
6 destreza

1 ACTIVIDAD [U] arte • **modern art** el arte moderno • **the art world** el mundo del arte
2 OBJETOS [U] arte, obras de arte • **a work of art** una obra de arte • **art critic** crítico -a de arte

3 MATERIA [U] artes plásticas, dibujo (y pintura) • **art teacher** profesor -a de dibujo/de artes plásticas
4 MANIFESTACIONES CULTURALES **the arts** [pl] la cultura
5 GRUPO DE ASIGNATURAS arts [pl] humanidades, letras • **arts graduate** licenciado -a en humanidades • **arts subject** carrera humanística
6 DESTREZA [sing] arte: *the art of conversation* el arte de la conversación ▶ CLIP ART

ar·te·fact /ˈɑrtɪˌfækt/ *s* variante de ARTIFACT

ar·te·ri·al /ɑrˈtɪriəl/ *adj* arterial

ar·ter·y /ˈɑrtəri/ *s* [C] (pl **arteries**) **1** (en el cuerpo) arteria **2** (para transporte) arteria

art·ful /ˈɑrtfəl/ *adj* (*frml*) **1** ingenioso -a **2** artero -a, astuto -a

'art ˌgallery *s* [C] **1** museo de arte **2** galería de arte

ar·thrit·ic /ɑrˈθrɪtɪk/ *adj* artrítico -a

ar·thri·tis /ɑrˈθraɪtɪs/ *s* [U] artritis • **suffer from/have arthritis** padecer/tener artritis

ar·ti·choke /ˈɑrtɪˌtʃoʊk/ *s* [C] **1** (tb **globe artichoke**) alcachofa **2** (tb **Jerusalem artichoke**) pataca, topinambur, aguaturma

ar·ti·cle S1 W2 /ˈɑrtɪkəl/ *s* [C]
1 (texto) artículo • [+**about/on**]: *an article on environmental issues* un artículo sobre temas medioambientales • **write an article** escribir un artículo
2 [gralm pl] (objeto) artículo • **an article of clothing** una prenda de vestir • **an article of furniture** un mueble
3 (en una ley, un contrato) artículo
4 (*técn*) (en gramática) artículo ▶ DEFINITE ARTICLE, INDEFINITE ARTICLE

ar·tic·u·late¹ /ɑrˈtɪkyəlɪt/ *adj* **1** elocuente, con facilidad de palabra: *a highly articulate speaker* un orador que expresa muy bien sus ideas ANT **inarticulate** **2** hilvanado -a, articulado -a (discurso, argumento)

ar·tic·u·late² /ɑrˈtɪkyəˌleɪt/ *v* [T] expresar (con claridad)

ar·tic·u·late·ly /ɑrˈtɪkyəlɪtli/ *adv* con elocuencia, con claridad

ar·tic·u·la·tion /ɑrˌtɪkyəˈleɪʃən/ *s* **1** [U] (de sonidos) articulación **2** [C,U] (de ideas) expresión **3** [C] (*técn*) (en anatomía) articulación

ar·ti·fact, artefact /ˈɑrtɪˌfækt/ *s* [C] objeto, utensilio (de interés histórico)

ar·ti·fice /ˈɑrtɪfɪs/ *s* [C,U] (*frml*) artificio

ar·ti·fi·cial /ˌɑrtəˈfɪʃəl/ *adj* [gralm ante s] **1** (luz, sustancia, inseminación) artificial ANT **natural** **2** (flores, césped, órgano) artificial • **an artificial hip/heart** una prótesis de cadera/un corazón artificial • **an artificial arm/leg** una prótesis de brazo/una pierna ortopédica **3** (distinción, barrera, ventaja) artificial **4** (*peyor*) (sonrisa, expresión, actitud) artificial, forzado -a

ˌartificial inˈtelligence (abrev **AI**) *s* [U] inteligencia artificial

ar·ti·fi·cial·ly /ˌɑrtəˈfɪʃəli/ *adv* **1** **artificially flavored/sweetened/colored** con sabores artificiales/edulcorante artificial/colorantes artificiales **2** artificialmente, de forma artificial

ˌartificial respiˈration *s* [U] respiración artificial

ar·til·ler·y /ɑrˈtɪləri/ *s* [U] artillería

ar·ti·san /ˈɑrtəzən, -sən/ *s* [C] artesano -a

art·ist S2 W2 /ˈɑrtɪst/ *s* [C] artista ▶ CON ARTIST

ar·tiste /ɑrˈtist/ *s* [C] artista (de espectáculos)

ar·tis·tic /ɑrˈtɪstɪk/ *adj* **1** (obra, tradición) artístico -a **2** (capacidad, talento) artístico -a • **be artistic** tener dotes artísticas **3** (diseño, decoración) artístico -a

ar·tis·ti·cal·ly /ɑrˈtɪstɪkli/ *adv* **1** **artistically talented/gifted** con talento artístico/dotes artísticas **2** con mucho arte, artísticamente

art·ist·ry /ˈɑrtəstri/ *s* [U] arte (cualidad)

art·less /'ɑrtlɪs/ *adj* inocente, ingenuo -a

art·sy /'ɑrtsi/ *adj* (*coloq*) **1** (que se las da de) intelectual/culto -a **2** intelectual, de/para artistas

art·work /'ɑrt˥wɔk/ *s* [U] **1** ilustraciones, material gráfico **2** obras de arte

as¹ Sı Wı /əz; *fuerte* æz/ *conj*
1 INDICANDO MODO (tal) como: *Leave things as they are.* Deja las cosas como están. • *As you requested, we delivered the parcel to your office.* Tal como lo solicitó, entregamos el paquete en su oficina. • *I'm happy as I am.* Estoy contenta así. • **do as sb says/asks** hacer lo que alguien dice/pide • **as usual** como de costumbre
2 INDICANDO ALGO DICHO O CONOCIDO como: *David, as you know, isn't well.* David, como ya sabes, no está bien. • *as I said earlier* como dije antes
3 EN COMPARACIONES como: *She's very beautiful, as was her mother.* Es muy bonita, como lo fue su madre.
4 INDICANDO MOMENTO cuando: *I saw Peter as I was getting off the bus.* Vi a Peter cuando bajaba del bus. • **just as** justo cuando
5 INDICANDO SIMULTANEIDAD mientras: *Children need love as they grow.* Los niños necesitan cariño mientras crecen.
6 INDICANDO TRANSCURSO a medida que, conforme • **as time goes by/passes** a medida que pasa el tiempo
7 INDICANDO CAUSA como, porque: *As it was late, I went to bed.* Como era tarde, me fui a la cama.
8 INDICANDO CONTRASTE aunque: *As smart as he is, he doesn't know everything.* Por muy inteligente que sea, no lo sabe todo. • **try as he/she might** por más que lo intentó • **strange/unlikely as it may seem** por extraño que parezca ▶ **be as GOOD as sth, as/so LONG as, as SOON as, SUCH as to, as WELL**
EXPRESIONES
as against sth en contraposición a algo, en comparación con algo • **as and when necessary/required** cuando haga falta • **as for sb/sth** en cuanto a alguien/algo • **as if/as though** como si: *He behaved as if nothing had happened.* Se comportaba como si no hubiera pasado nada. • **look/sound as if/though** *You look as if you've seen a ghost.* Parece que hubieras visto un fantasma. • *It sounds as though she's been really sick.* Por lo que parece, estuvo muy enferma. • **as it is** (tb **as things are**) **(a)** tal (y) como están las cosas **(b)** ya: *Just keep quiet – you're in enough trouble as it is.* Tú no digas nada, que ya tienes suficientes problemas. • **as of** a partir de, desde • **as to sth (a)** sobre algo, acerca de algo • **some advice/an explanation as to sth** consejo sobre algo/una explicación de algo **(b)** en cuanto a algo, en lo que respecta a algo SIN **as for** • **as (of) yet** hasta el momento

as² Sı Wı *prep*
1 (indicando empleo, función) de, como: *He's been working as a waiter.* Estuvo trabajando de camarero. • *As a parent, I have certain responsibilities.* Como padre, tengo ciertas responsabilidades. • *The kids dressed up as animals.* Los niños se disfrazaron de animales.
2 (indicando concepto, consideración) como: *I like her as a friend.* Me gusta como amiga. • *The problem is regarded as serious.* El problema se considera grave.
3 (indicando utilidad) como, de: *The kids used an old blanket as a tent.* Los niños usaron una manta vieja como carpa. • *A flat stone served as a table.* Una piedra lisa sirvió de mesa.
4 (indicando época) **as a child** de niño -a • **as a young man/woman** de joven

as³ Sı Wı *adv* tan: *Aluminum is lighter than steel but not as strong.* El aluminio pesa menos que el acero, pero no es tan resistente. • **as... as** tan... como: *Tom isn't as tall as me.* Tom no es tan alto como yo. • *I work as hard as anyone else.* Trabajo tan duro como los demás. • **as much as** tanto como: *He doesn't earn as much as I do.* No gana tanto como yo. • **as soon as possible** lo antes posible • **just as important/good/bad** igual de importante/bueno/malo
EXPRESIONES
as early/many/often as (para enfatizar) *As many as 200,000 visitors come every year.* Cada año llegan a

pasar por aquí 200.000 personas. • *as early as the 7th century BC* ya en el siglo VII a.C.

ASAP, **a.s.a.p.** /ˌeɪ ɛs eɪ 'pi/ *adv* (*coloq*) lo antes posible

as·bes·tos /æs'bɛstəs, æz-, əs-, əz-/ *s* [U] amianto, asbesto

as·cend /ə'sɛnd/ *v* (*frml*) **1** [I,T] (persona) ascender, subir **2** [I] (avión) ascender **3** [I] (sendero, escaleras) ascender
EXPRESIONES
ascend to the throne subir al trono

as·cen·dan·cy /ə'sɛndənsi/ (tb **as·cen·dance** /ə'sɛndəns/) *s* [U] ascendiente, influencia • **be in the ascendancy** estar en auge

as·cen·dant /ə'sɛndənt/ *s* **be in the ascendant** ir en ascenso, estar en alza

as·cen·sion /ə'sɛnʃən/ *s* **1 the Ascension** la Ascensión **2** [U] (*frml*) ascenso (a un cargo, un puesto)

as·cent /ə'sɛnt, 'æsɛnt/ *s* [C] **1** ascenso **2** subida

as·cer·tain /ˌæsɚ'teɪn/ *v* [I,T] (*frml*) determinar, averiguar • **ascertain how/when/what** determinar cómo/quién/qué

as·cet·ic /ə'sɛtɪk/ *adj* ascético -a

ascetic *s* [C] asceta

as·cet·i·cism /ə'sɛtəˌsɪzəm/ *s* [U] ascetismo

ASCII /'æski/ *s* [U] (*técn*) ASCII

as·cribe /ə'skraɪb/ *v*
ascribe sth to sb/sth *v+partíc* (*frml*) atribuirle algo a alguien/algo

a·sep·tic /eɪ'sɛptɪk, ə-/ *adj* (*técn*) aséptico -a

a·sex·u·al /eɪ'sɛkʃuəl/ *adj* **1** asexual **2** asexuado -a

ash /æʃ/ *s* **1** [C,U] (de un objeto) ceniza: *cigarette ash* ceniza de cigarrillo **2 ashes** [pl] (de una persona) cenizas • **to scatter sb's ashes** esparcir las cenizas de alguien **3** [C] (tb **ash tree**) fresno **4** [U] (madera de) fresno
EXPRESIONES
rise from the ashes renacer/resurgir de sus/las cenizas • **turn to ashes** derrumbarse, venirse abajo

a·shamed /ə'ʃeɪmd/ *adj* [nunca ante s] **1** (de sí mismo) avergonzado -a, apenado -a: *Don't be ashamed – it wasn't your fault.* Que no te dé vergüenza; no fue tu culpa. • **I/he felt ashamed** me/le dio vergüenza, me/le dio pena • **be/feel ashamed of/at sth** *I'm ashamed of the things I said.* Me avergüenzo de las cosas que dije. • **be/feel ashamed of/at doing sth** *He feels ashamed of being a failure.* Se avergüenza de ser un fracasado. • **be/feel ashamed (that)** *She's ashamed she never replied.* Le da vergüenza no haber respondido. • **be ashamed to do sth** *Don't be ashamed to ask for help.* No tengas vergüenza de pedir ayuda. • **I'm ashamed to say/admit** me avergüenza reconocer: *I'm ashamed to admit I've never read any of her books.* Me avergüenza reconocer que no he leído ninguno de sus libros. • **be ashamed of yourself** estar/sentirse avergonzado -a, estar/sentirse apenado -a: *You should be ashamed of yourself!* ¡Debería darte vergüenza! • **it is nothing to be ashamed of** no hay de qué avergonzarse **2** (por otro) avergonzado -a, apenado -a • **be ashamed of sb/sth** *He is ashamed of his parents.* Siente vergüenza ajena de sus padres. • **be ashamed to do sth** *I'm ashamed to be seen with him.* Me da vergüenza que me vean con él.

ash·en /'æʃən/ *adj* **1** muy pálido -a **2** (*liter*) ceniciento -a

a·shore /ə'ʃɔr/ *adv* **1** hacia la costa • **come/go ashore** desembarcar (persona) • **be washed ashore** ser traído -a por el agua hasta la costa **2** en tierra

ash·tray /'æʃtreɪ/ *s* [C] (pl **ashtrays**) cenicero

Ash 'Wednesday *s* [C,U] miércoles de ceniza

A·sia /'eɪʒə/ Asia

A·sian¹ /'eɪʒən/ *s* [C] asiático -a

Asian² *adj* asiático -a

‚Asian-A'merican *adj* asiático-americano -a • **the Asian-American community** la comunidad asiático-americana

‚Asian-A'merican, Asian American *s* [C] asiático-americano -a

A·si·at·ic /‚eɪʒi'ætɪk, -zi-/ *adj* asiático -a

⚠ Casi todo el mundo evita el uso de esta palabra para referirse a personas porque es ofensivo. En su lugar, los norteamericanos utilizan **Asian** y los británicos, **Southeast Asian**.

a·side[1] S3 W3 /ə'saɪd/ *adv* ▶ **aside** también forma parte de *phrasal verbs* como **put sth aside**, **step aside**, etc., que figuran bajo el verbo correspondiente.
1 (indicando movimiento) a un lado: *She swept her hair aside*. Se peinó hacia un costado. • *He pushed his plate aside*. Apartó su plato. • **move aside** hacerse a un lado, apartarse • **take/draw sb aside** llevar a alguien aparte **2** [solo después de s] (indicando exclusión) aparte: *These problems aside, we like the plan*. Al margen de estos problemas, nos gusta el plan. • *Work aside, how are you?* ¿Aparte del trabajo, ¿tú cómo estás? • **joking aside** bromas aparte

aside[2] *s* [C] **1** comentario al margen **2** aparte (en teatro)

a'side from *prep* aparte de • **aside from doing sth** aparte de hacer algo SIN **apart from**

ask S1 W1 /æsk/ *v*
1 [I,T] preguntar: *"What's your name?" she asked*. –¿Cómo te llamas? –preguntó. • *If you want to know more, just ask*. Si quieres saber más, no tienes más que preguntar. • **ask (sb) who/what/where** preguntar (a alguien) quién/qué/dónde: *I asked him where he lived*. Le pregunté dónde vivía. • **ask sb sth** preguntarle algo a alguien: *A woman asked me the way to the hospital*. Una mujer me preguntó cómo ir al hospital. • **ask (sb) if/whether** preguntar (a alguien) si: *He asked whether I knew her name*. Preguntó si yo sabía su nombre. • **ask a question** hacer una pregunta • **ask (sb) about sth** preguntar (a alguien) por algo: *She asked me about my family*. Me preguntó por mi familia.
2 [I,T] (solicitar) pedir: *If you need any help, just ask*. Si necesitas ayuda, no tienes más que pedirla. • **ask sb to do sth** pedirle a alguien que haga algo: *Ask John to mail those letters*. Pídele a John que mande esas cartas. • **ask to do sth** pedir hacer algo: *Alex asked to see the doctor*. Alex pidió ver al médico. • **ask (sb) for sth** pedir algo (a alguien): *He hates asking for help*. No le gusta nada pedir ayuda. • **ask (sb) if/whether** preguntar (a alguien) si: *Ask if you can leave early*. Pregunta si puedes salir antes.
3 [T] invitar • **ask sb to sth** invitar a alguien a algo • **ask sb to do sth** *Let's ask them to come over for dinner*. Invitémoslos a cenar a casa. • **ask sb to dance** sacar a bailar a alguien
4 (en una venta) [T] pedir: *How much is he asking?* ¿Cuánto pide? • **ask $30/$500 for sth** pedir 30/500 dólares por algo
5 [T] **ask sth of sb** exigirle algo a alguien: *He asks a lot of his employees*. Les exige mucho a los empleados. • **it's/that's asking too much** eso es mucho pedir, eso es pedir demasiado • **all I/we ask is...** lo único que pido/pedimos es...

EXPRESIONES

ask for it buscárselo • **be asking for trouble** buscarse problemas • **ask yourself sth** preguntarse algo • **don't ask** mejor no preguntes • **don't ask me** yo qué sé • **for the asking** con solo pedirlo/pedirla • **if you ask me** para mí, en mi opinión
ask after sb *v+partíc* preguntar por alguien, interesarse por alguien
ask around *v+partíc* preguntar/averiguar por ahí
ask for sb *v+partíc* preguntar por alguien (para verlo, hablarle)
ask sb out *v+partíc* invitar a salir a alguien

ask for
En inglés hay varios verbos que expresan la idea de pedir:
ask for es el verbo más común que se usa para pedir algo
order se utiliza más bien al pedir algo en un restaurante o en pedidos comerciales: *Have you ordered some wine?*

demand es para cuando la petición se hace con firmeza y vehemencia: *They are demanding immediate payment*.
request se usa cuando se trata de una petición oficial: *The men request permission to go ashore, sir*.

a·skance /ə'skæns/ *adv* **look askance (at sth/sb)** mirar (algo/a alguien) con recelo

a·skew /ə'skyu/ *adv*, *adj* [nunca ante s] **1** torcido -a **2** **be askew** no estar (del todo) bien

'asking ‚price *s* [C] precio de venta inicial: *The asking price is $7,500*. Piden 7.500 dólares.

a·sleep S2 W3 /ə'slip/ *adj* [nunca ante s] **be asleep** estar dormido -a, estar durmiendo • **fall asleep** dormirse, quedarse dormido -a • **fast/sound/deep asleep** profundamente dormido -a

EXPRESIONES

asleep at the switch/wheel dormido -a (sin prestar atención) • **half asleep** (*coloq*) medio dormido -a

asp /æsp/ *s* [C] áspid

as·par·a·gus /ə'spærəgəs/ *s* [U] espárrago(s)

as·pect S2 W2 /'æspɛkt/ *s* [C]
1 aspecto • [+of]: *the most important aspect of my work* el aspecto más importante de mi trabajo
2 (*frml*) orientación (de una ventana, una fachada) • **with a southerly/south-facing aspect** orientado -a al sur

as·pen /'æspən/ *s* [C] (*pl* **aspens** o **aspen**) álamo temblón, alamillo: *an aspen tree* un álamo temblón/un alamillo

as·per·sion /ə'spɚʒən, -ʃən/ *s* **cast aspersions on sth/sb** (*frml*) poner en entredicho algo/a alguien

as·phalt[1] /'æsˌfɔlt/ *s* [U] asfalto

asphalt[2] *v* [T] asfaltar

as·phyx·i·ate /ə'sfɪksiˌeɪt, æ-/ *v* [I,T] (*técn*) asfixiar(se)

as·phyx·i·a·tion /əˌsfɪksi'eɪʃən, æ-/ *s* [U] asfixia

as·pic /'æspɪk/ *s* [U] gelatina

as·pi·ra·tion /ˌæspə'reɪʃən/ *s* [C gralm *pl*, U] aspiración (deseo)

as·pire /ə'spaɪɚ/ *v* [I] **aspire to do sth** aspirar a hacer algo • **aspire to sth** aspirar a algo

as·pi·rin /'æsprɪn/ *s* [C,U] (*pl* **aspirin** o **aspirins**) aspirina

as·pir·ing /ə'spaɪrɪŋ/ *adj* [solo ante s] con aspiraciones, en ciernes: *aspiring young writers* jóvenes aspirantes a escritores • *the aspiring middle class* la clase media con aspiraciones

ass /æs/ *s* [C] **1** (*malson*) culo **2** (*antic*) asno, burro SIN **donkey**

as·sail /ə'seɪl/ *v* [T] (*frml*) asaltar

as·sail·ant /ə'seɪlənt/ *s* [C] (*frml*) agresor -a

as·sas·sin /ə'sæsən/ *s* [C] asesino -a (de un personaje importante)

as·sas·si·nate /ə'sæsəˌneɪt/ *v* [T] asesinar (a un personaje importante)

as·sas·si·na·tion /əˌsæsə'neɪʃən/ *s* [C,U] asesinato (de un personaje importante) • **assassination attempt** atentado (contra un personaje importante) ▶ ver nota en **MURDER**

as·sault[1] /ə'sɔlt/ *s* **1** [C,U] agresión • [+on/against]: *assaults on staff* las agresiones a miembros del personal **2** [C] asalto, ataque (militar) • [+on]: *an assault on enemy lines* una ataque a las líneas enemigas • **assault rifle** fusil de asalto • **assault weapon** arma de asalto

as·sault[2] *v* [T] agredir, atacar • **sexually/indecently assault sb** agredir sexualmente a alguien

as‚sault and 'battery *s* [U] (*jur*) lesiones graves (como resultado de una agresión)

as·sem·ble /ə'sɛmbəl/ *v* **1** [I] reunirse, juntarse **2** [T] reunir, juntar • **the assembled crowd/reporters** la muchedumbre (allí) reunida/los periodistas (allí) congregados: *She came out to address the assembled crowd*.

Salió a hablarle al público presente. **3** [T] montar, armar, ensamblar (un mueble, una máquina)

as·sem·bly W3 /ə'sɛmbli/ s (pl **assemblies**)
1 [C] asamblea (política): *He was elected to the California State Assembly.* Fue electo para integrar la Asamblea del Estado de California.
2 [C] concurrencia, público presente
3 [C] reunión
4 [C,U] reunión periódica de los alumnos y docentes de una escuela, especialmente al principio de la jornada o de la semana
5 [U] montaje, ensamblaje

EXPRESIONES
freedom of assembly/the right of assembly (*jur*) el derecho de reunión

as'sembly ,line s [C] línea de montaje

as·sem·bly·man /ə'sɛmblimən/ s [C] miembro de una asamblea (legislativa)

as·sem·bly·wom·an /ə'sɛmbli,wumən/ s [C] miembro de una asamblea (legislativa)

as·sent¹ /ə'sɛnt/ s [U] (*frml*) consentimiento, aprobación
• **give your assent to sth** dar su consentimiento/conformidad a algo

assent² v [I] (*frml*) acceder, dar el consentimiento •
assent to sth acceder a algo, dar su consentimiento/conformidad a algo

as·sert W3 /ə'sɚt/ v [T]
1 afirmar • **assert that** afirmar que
2 assert your rights/independence reivindicar sus derechos/reafirmar su independencia • **assert your control/authority** imponer su control/autoridad
3 assert yourself hacerse oír/valer, reafirmarse

as·ser·tion /ə'sɚʃən/ s [C] **1** afirmación, aseveración
2 reafirmación

as·ser·tive /ə'sɚtɪv/ adj firme, enérgico -a: *You need to be more assertive.* Tienes que hacerte valer más.

as·ser·tive·ly /ə'sɚtɪvli/ adv con firmeza

as·ser·tive·ness /ə'sɚtɪvnɪs/ s [U] firmeza, seguridad en sí mismo -a

as·sess /ə'sɛs/ v [T] **1** evaluar • **assess whether/what/how** evaluar si/qué/cómo **2** avaluar, calcular (el valor de) • **be assessed at $1 million/$5 million** avaluarse en 1 millón/5 millones de dólares, calcularse en 1 millón/5 millones de dólares (daños, costos)

as·sess·ment W3 /ə'sɛsmənt/ s [C,U]
1 evaluación
2 avalúo

as·set W2 /'æsɛt/ s [C]
1 [gralm pl] activo (de una empresa), bien (de un particular)
2 [gralm sing] ventaja, elemento valioso: *A sense of humor is a great asset in this job.* El sentido del humor es una gran ventaja en este trabajo. • **be an asset to sb/sth** ser un elemento valioso para alguien/algo

'asset ,stripping s [U] liquidación de activos

as·sid·u·ous /ə'sɪdʒuəs/ adj (*frml*) **1** concienzudo -a (investigación, trabajo) **2** diligente, aplicado -a

as·sid·u·ous·ly /ə'sɪdʒuəsli/ adv diligentemente

as·sign S3 W3 /ə'saɪn/ v [T]
1 (una tarea) **assign sb sth** asignarle algo a alguien • **be assigned to sth** ser asignado -a a algo, ser designado -a para algo • **be assigned to do sth** ser designado -a para hacer algo
2 destinar, enviar (para trabajar)
3 (tiempo, dinero, recursos) **be assigned sth** *She was assigned her own bodyguard.* Le asignaron su propio guardaespaldas. • **assign sth to/for sth** asignar/destinar algo a algo

as·sig·na·tion /,æsɪg'neɪʃən/ s [C] (*frml*) cita a escondidas

as·sign·ment S3 W3 /ə'saɪnmənt/ s
1 [C,U] misión (de un agente, un enviado especial) • **on**

(an) assignment en una misión
2 [U] asignación • **the assignment of chores/equipment** la asignación de tareas/equipos
3 [C] trabajo, tarea (para la escuela) • **a history/English assignment** un trabajo de historia/inglés

as·sim·i·late /ə'sɪmə,leɪt/ v **1** [I,T gralm en pasiva] integrar(se), adaptar(se) (inmigrantes, marginados, etnias) • **assimilate into sth** integrarse en algo • **be assimilated into sth** integrarse en algo • **be assimilated into sth** incorporar algo a algo **2** [T] (*frml*) asimilar (ideas, datos) **3 assimilate sth into sth** incorporar algo a algo

as·sim·i·la·tion /ə,sɪmə'leɪʃən/ s [U] **1** integración, adaptación (de inmigrantes, marginados, etnias)
2 asimilación (de ideas, datos)

as·sist¹ W3 /ə'sɪst/ v (*frml*)
1 [I,T] (persona) asistir, ayudar • **assist (sb) with/in sth** ayudar (a alguien) con algo, asistir (a alguien) en algo
2 [T] (objeto) ayudar, servir de ayuda a

assist² s [C] asistencia (en deportes)

as·sist·ance W3 /ə'sɪstəns/ s [U] (*frml*) asistencia, ayuda • [+**in/with**]: *He needs assistance with reading.* Necesita que lo ayuden con la lectura. • **give/offer/provide assistance** dar/ofrecer/brindar asistencia • **be of assistance** ser de ayuda: *Can I be of any assistance?* ¿Puedo ayudar en algo? • **with the assistance of sb/sth** con la ayuda de alguien/algo • **come to sb's assistance** acudir en ayuda de alguien

as·sist·ant¹ W3 /ə'sɪstənt/ adj [solo ante s] **assistant manager/director** subgerente/subdirector -a • **assistant coach** asistente técnico -a, auxiliar técnico -a

assistant² S3 s [C,U] ayudante, asistente (en una oficina), dependiente -a (en un comercio): *an administrative assistant* un auxiliar administrativo ▶ **PERSONAL ASSISTANT**

as,sistant pro'fessor, **Assistant Professor** s [C] profesor -a asistente/adjunto -a ▶ **PROFESSOR**

as,sisted 'suicide s [U] suicidio asistido

as·so·ci·ate¹ S3 W2 /ə'souʃi,eɪt, -si,eɪt/ v
1 [T] **associate sth/sb with sth** asociar algo/a alguien con algo
2 [I] **associate with sb** juntarse/relacionarse con alguien
3 [T] **associate yourself with sb/sth** vincularse a alguien/algo

as·so·ci·ate² W3 /ə'souʃiɪt, -siɪt/ s [C]
1 colega, compañero -a de profesión
2 socio -a, asociado -a
3 miembro asociado/no permanente
4 en EU, título universitario que se obtiene al completar un curso de dos años en un **community college**

associate³ adj **associate director** subdirector -a • **associate editor** subdirector -a (de una publicación) • **associate member** miembro asociado/no permanente

as·so·ci·at·ed /ə'souʃi,eɪtɪd, -si,eɪ-/ adj relacionado -a, asociado -a: *unemployment and all its associated problems* el desempleo y todos los problemas que acarrea • **associated with sth** relacionado -a con algo

as·so·ci·a·tion W3 /ə,sousi'eɪʃən, -ʃi'eɪ-/ s
1 [C] (entidad) asociación
2 [C,U] (entre personas, grupos) relación, vinculación • [+**with**]: *her long association with the president* su larga relación con el presidente
3 [C] (entre hechos, ideas) relación • [+**between**]: *the association between smoking and heart disease* la relación del tabaco con las enfermedades cardiacas
4 [C] (sensación) connotación, recuerdo: *This place has happy associations.* Asocio este lugar con recuerdos felices.

EXPRESIONES
in association with sb/sth en colaboración con alguien/algo

as·sort·ed /ə'sɔrtɪd/ adj diverso -a, variado -a: *assorted cheeses* quesos surtidos

as·sort·ment /ə'sɔrtᵊmənt/ s [C] variedad, surtido

as·suage /ə'sweɪdʒ/ v [T] (*liter*) calmar

as·sume S1 W2 /ə'sum/ v [T]
1 assume (that) suponer que, dar por sentado que: *I assumed you were out.* Supuse que no estarías. • **it is safe to assume (that)...** se puede afirmar sin temor a equivocarse que...
2 asumir (el poder, una responsabilidad)
3 adquirir, cobrar (importancia) • SIN **take on**
4 (*frml*) adoptar (un aire, una actitud) SIN **put on**
5 partir del supuesto de, suponer (en hipótesis científicas) • **let's assume (that)...** supongamos que...
6 hacerse cargo de, asumir (una deuda, un gasto)

as·sumed 'name s [C] nombre falso • **under an assumed name** con nombre falso, bajo una identidad falsa

as·sump·tion W3 /ə'sʌmpʃən/ s
1 [C] supuesto, suposición • **make the assumption that** dar por sentado que
2 [U] (*frml*) asunción (del mando, de una responsabilidad)
3 the Assumption la Asunción

as·sur·ance /ə'ʃʊrəns/ s **1** [U] seguridad (en sí mismo -a), convicción **2** [C,U] **give sb an/your assurance that** asegurarle a alguien que

as·sure W3 /ə'ʃʊr/ v [T] **assure sb that** asegurarle a alguien que • **assure sb of sth** garantizarle algo a alguien

as·sured /ə'ʃʊrd/ adj **1** asegurado -a, garantizado -a (futuro, inversión) **2** seguro -a, confiado -a

EXPRESIONES
rest assured (that) (*frml*) tener la total seguridad (de que)

as·sur·ed·ly /ə'ʃʊrɪdli/ adv (*frml*) sin duda

as·ter·isk /'æstərɪsk/ s [C] asterisco

as·ter·oid /'æstə,rɔɪd/ s [C] asteroide

asth·ma /'æzmə/ s [U] asma • **suffer from/have asthma** padecer/tener asma

asth·mat·ic /æz'mætɪk/ s [C], adj asmático -a

as·ton·ish /ə'stɑnɪʃ/ v [T] asombrar, dejar estupefacto -a

as·ton·ished /ə'stɑnɪʃt/ adj asombrado -a, estupefacto -a • [+**at/by**]: *They were astonished at what they saw.* Lo que vieron los dejó estupefactos. • [+(**that**)]: *I'm astonished you would say that!* ¡Me asombra que digas eso!

as·ton·ish·ing /ə'stɑnɪʃɪŋ/ adj asombroso -a

as·ton·ish·ing·ly /ə'stɑnɪʃɪŋli/ adv asombrosamente

as·ton·ish·ment /ə'stɑnɪʃmənt/ s [U] (gran) asombro, estupefacción • **to my/her astonishment** para mi/su asombro • **in astonishment** asombrado -a, estupefacto -a

as·tound /ə'staʊnd/ v [T] dejar helado -a/estupefacto -a

a·stound·ed /ə'staʊndɪd/ adj estupefacto -a • [+**at/by**]: *She was astounded by his arrogance.* Su arrogancia la dejó estupefacta.

a·stound·ing /ə'staʊndɪŋ/ adj asombroso -a

a·stound·ing·ly /ə'staʊndɪŋli/ adv asombrosamente

a·stray /ə'streɪ/ adv **go astray (a)** perderse, extraviarse **(b)** descarriarse, ir por mal camino • **lead sb astray** llevar a alguien por mal camino

a·stride¹ /ə'straɪd/ prep **sit astride sth** sentarse a horcajadas en algo

astride² adv **legs astride** con las piernas bien separadas

as·trin·gent¹ /ə'strɪndʒənt/ adj **1** (*técn*) astringente **2** (*frml*) cáustico -a (comentario)

astringent² s [C,U] (*técn*) astringente

as·trol·o·ger /ə'strɑlədʒə/ s [C] astrólogo -a

as·tro·log·i·cal /,æstrə'lɑdʒɪkəl/ adj astrológico -a

as·trol·o·gy /ə'strɑlədʒi/ s [U] astrología

as·tro·naut /'æstrə,nɔt, -,nɑt/ s [C] astronauta

as·tron·o·mer /ə'strɑnəmə/ s [C] astrónomo -a

as·tro·nom·i·cal /,æstrə'nɑmɪkəl/ adj (*coloq*) astronómico -a (precio, cifra)

as·tron·o·my /ə'strɑnəmi/ s [U] astronomía

as·tro·phys·ics /,æstroʊ'fɪzɪks/ s [U] astrofísica

as·tute /ə'stut/ adj sagaz, perspicaz

as·tute·ly /ə'stutli/ adv con sagacidad

as·tute·ness /ə'stutnɪs/ s [U] sagacidad, perspicacia

a·sun·der /ə'sʌndə/ adv (*liter*) **rip/tear/split sth asunder** romper/rasgar/partir algo

a·sy·lum /ə'saɪləm/ s **1** [U] asilo (político) • **apply for/ seek asylum** pedir/solicitar asilo • **grant sb asylum** darle asilo a alguien **2** [C] (tb **lunatic asylum**) (*antic*) manicomio **3** [C] (*antic*) asilo, orfanato SIN **orphanage**

a·sym·met·ri·cal /,eɪsɪ'mɛtrɪkəl/ (tb **a·sym·met·ric** /,eɪsə'mɛtrɪk‹ /) adj (*técn*) asimétrico -a ANT **symmetrical**

at S1 W1 /ət; *fuerte* æt/ prep ▶ **at** se usa también en locuciones sustantivas que indican situación o estado, como **at ease, at war, at risk,** y en *phrasal verbs*, como **grab at sth, pick at sth,** etc., que figuran bajo el sustantivo o verbo correspondiente.

1 indicando lugar concreto
2 indicando tiempo concreto
3 indicando lugar de actividad
4 indicando dirección
5 indicando motivo
6 indicando área de aptitud
7 con precios, velocidades, temperaturas

1 INDICANDO LUGAR CONCRETO en: *I'll meet you at the station.* Nos vemos en la estación. • *I was waiting at the bus stop.* Estaba esperando en el paradero de bus. • *Turn left at the church.* Al llegar a la iglesia, gire a la izquierda. • *We live at 1250 Marina Boulevard.* Vivimos en 1250 Marina Boulevard. • **at the table/window** a la mesa/junto a la ventana • **at the top/bottom (of sth)** en lo alto/al pie (de algo): *At the top of the stairs she paused.* Se detuvo en lo alto de la escalera. • **at the side/end (of sth)** a un lado/en el extremo (de algo) • **at sb's (house)** en casa de alguien: *I spent the night at Jane's.* Me quedé a dormir en casa de Jane.

2 INDICANDO TIEMPO CONCRETO a: *The movie starts at 8 o'clock.* La película empieza a las 8. • *She left school at 16.* Terminó la escuela a los 16 años. • *He's coming home at Christmas.* Va a venir a casa en Navidad. • **at the/that time** en aquella época: *We were living in New York at the time.* En aquella época vivíamos en Nueva York. • **at night** de noche: *11 o'clock at night* 11 de la noche

3 INDICANDO LUGAR DE ACTIVIDAD en: *We met at Ann's party.* Nos conocimos en la fiesta de Ann. • *Harry was studying at Yale.* Harry estudiaba en Yale. • **at school/work** en la escuela/el trabajo: *What did you do at school today?* ¿Qué hicieron hoy en la escuela?

4 INDICANDO DIRECCIÓN *Look at this picture.* Mira esta foto. • *Stop shouting at me!* ¡Ya deja de gritarme! • *They threw stones at my windows.* Tiraban piedras a las ventanas.

5 INDICANDO MOTIVO *Nobody laughed at his jokes.* Nadie se reía con sus chistes. • *I'm surprised at you!* ¡Me sorprendes!

6 INDICANDO ÁREA DE APTITUD *How is Barry doing at his new job?* ¿Cómo le va a Barry en su nuevo trabajo? • **be good/bad at (doing) sth** *She's really good at math.* Es muy buena en matemáticas. • *I've always been bad at languages.* Nunca serví para los idiomas. • *She's bad at saying no.* No sabe decir que no.

7 CON PRECIOS, VELOCIDADES, TEMPERATURAS a: *Gas is selling at $3.59 a gallon.* La gasolina se está vendiendo a $3,59 el galón. • *The car was going at about 50 mph.* El carro iba a unas 50 millas por hora. ▶ **at ALL, at LEAST, WHILE you're at it**

EXPRESIONES
at your best/worst *This was golf at its best.* Esto era golf del mejor. • *At his worst, he is unbearable.* En sus peores momentos no hay quien lo aguante. • **at sb's invitation/suggestion/request** por invitación/por sugerencia/a petición de alguien • **at (the) most** como

máximo, como mucho: *At most, 15% of the population could be affected.* Como máximo, podría verse afectado un 15% de la población. • *Expect to pay $25 at the most.* Puede costarte 25 dólares como mucho. • **at the (very) earliest/latest** como mínimo/a más tardar • **at that** además • **where it's at** (*antic, coloq*) lo más chévere, lo más chido

ate /eɪt/ *v* pasado de EAT

a·the·ism /ˈeɪθiˌɪzəm/ *s* [U] ateísmo

a·the·ist /ˈeɪθiɪst/ *s* [C] ateo -a

a·the·is·tic /ˌeɪθiˈɪstɪk◂/ *adj* ateo -a

ath·lete W3 /ˈæθlit/ *s* [C] atleta

ath·let·ic /æθˈlɛtɪk/ *adj* atlético -a

ath·let·ics /æθˈlɛtɪks/ *s* [U] actividad física

at·las /ˈætˈləs/ *s* [C] atlas

ATM /ˌeɪ ti ˈɛm/ (*tb* **AT'M ma,chine**) *s* [C] (**Automated Teller Machine**) cajero (automático) • **ATM card** tarjeta de débito

at·mos·phere S3 W2 /ˈætˈməsˌfɪr/ *s*
1 [C,U] ambiente, atmósfera: *a very relaxed atmosphere* un ambiente muy distendido • *an atmosphere of optimism* un clima de optimismo
2 [U] ambiente, animación: *The old town is full of atmosphere.* El casco viejo tiene mucho ambiente.
3 [C] ambiente, aire: *a smoky atmosphere* un ambiente con mucho humo
4 the atmosphere [sing] la atmósfera (terrestre)
5 [C] atmósfera (de un planeta)

at·mos·pher·ic /ˌætˈməsˈfɪrɪk◂/ *adj* **1** [solo ante s] atmosférico -a **2** sugerente, envolvente (música, iluminación)

at·oll /ˈætɔl, -tɑl/ *s* [C] atolón

at·om /ˈætəm/ *s* [C] **1** átomo **2 there is not an atom of** **sth** no hay ni una pizca/un ápice de algo

a·tom·ic /əˈtɑmɪk/ *adj* [solo ante s] **1** (energía, submarino) atómico -a: *atomic weapons* armas nucleares **2** (estructura, partícula) atómico -a

a,tomic 'bomb (*tb* **'atom bomb**) *s* [C] bomba atómica

a·tone /əˈtoʊn/ *v* [I] (*frml*) **atone for sth** expiar algo

a·tone·ment /əˈtoʊnmənt/ *s* [U] (*frml*) expiación, desagravio

a·top /əˈtɑp/ *prep* (*liter*) sobre, encima de

a·tri·um /ˈeɪtriəm/ *s* [C] patio central (en un centro comercial, un complejo de oficinas)

a·tro·cious /əˈtroʊʃəs/ *adj* **1** pésimo -a, atroz (tráfico, clima) **2** atroz (crimen)

a·tro·cious·ly /əˈtroʊʃəsli/ *adv* pésimamente, espantosamente

a·troc·i·ty /əˈtrɑsəti/ *s* [C gralm pl, U] (*pl* **atrocities**) atrocidad

at·tach S2 W3 /əˈtætʃ/ *v*
1 [T] sujetar (con una cuerda, un adhesivo), enganchar (con un gancho), acoplar (a rosca, a presión), conectar (eléctricamente): *He attached the nozzle.* Acopló la boquilla. • **attach sth to sth** *You can attach speakers to your computer.* Puedes conectar parlantes a tu computador.
2 [T] adjuntar (un documento, un cheque), poner (una estampilla) • **attach sth to sth** *Attach a recent photo to your application.* Adjunte a su solicitud una foto reciente.
3 [T] adjuntar (en un correo electrónico): *I attach my invoice.* Adjunto mi factura.
4 [T] **attach importance/significance/value to sth** conceder importancia/trascendencia/valor a algo • **the risks/shame attached to sth** los riesgos/la vergüenza que conlleva algo
5 attach yourself to sb pegarse a alguien, no dejar a alguien ni a sol ni a sombra

at·tach·é /ˌætæˈʃeɪ, ˌætə-/ *s* [C] agregado -a (de embajada)

atta'ché ˌcase *s* [C] portafolio(s), maletín

at·tached /əˈtætʃt/ *adj* **1** [nunca ante s] **be attached to** **sth/sb** tenerle cariño a algo/alguien, sentir apego por algo/alguien • **become attached to sth/sb** encariñarse con algo/alguien **2** [solo ante s] (*escrito*) adjunto -a: *the attached chart* el gráfico adjunto

at·tach·ment /əˈtætʃmənt/ *s* **1** [C,U] cariño, apego • [+**to**]: *a child's attachment to its mother* el cariño de un niño por su madre **2** [C] accesorio (de un aparato) **3** [C] (archivo) adjunto (en un e-mail)

at·tack¹ S3 W1 /əˈtæk/ *s*

1 agresión
2 acción de guerra
3 crítica
4 enfermedad
5 sentimiento
6 acción deportiva

1 AGRESIÓN [C] ataque • **an attack on sb** un ataque a/contra alguien • **a racist attack** un ataque racista • **a terrorist attack** un atentado terrorista

2 ACCIÓN DE GUERRA [C,U] ataque • **an attack on sth** un ataque contra algo • **launch an attack** lanzar un ataque • **be/come under attack** ser atacado -a

3 CRÍTICA [C,U] ataque • **an attack on sb/sth** un ataque contra alguien/algo • **a fierce/scathing attack** un ataque feroz

4 ENFERMEDAD [C] ataque • **an asthma attack** un ataque de asma

5 SENTIMIENTO [C] ataque • **an attack of guilt** un repentino sentimiento de culpa • **an attack of hunger** un ataque de hambre • **a panic/anxiety attack** un ataque de pánico/ansiedad

6 ACCIÓN DEPORTIVA [C,U] ataque, ofensiva • **go on the attack** lanzarse al ataque ▶ HEART ATTACK

attack² S3 W2 *v*
1 [I,T] (agresor, animal) atacar • **attack sb with sth** atacar a alguien con algo
2 [I,T] (ejército, tropas) atacar
3 [T] (críticos, prensa) atacar • **attack sb for (doing) sth** atacar a alguien por (hacer) algo
4 [T] (virus, enfermedad) atacar
5 [I] (equipo, delantero) atacar

at·tack·er /əˈtækɚ/ *s* [C] agresor -a

at·tain /əˈteɪn/ *v* [T] (*frml*) **1** (un objetivo, un estatus) alcanzar, lograr **2** (una velocidad, una altura) alcanzar

at·tain·a·ble /əˈteɪnəbəl/ *adj* alcanzable

at·tain·ment /əˈteɪnmənt/ *s* (*frml*) [C,U] logro

at·tempt¹ W2 /əˈtɛmpt/ *s* [C]
1 intento • **an attempt to do sth** un intento de hacer algo • **an attempt at (doing) sth** un intento de (hacer) algo • **an unsuccessful/a failed attempt** un intento fallido • **make no attempt to do sth** no intentar (siquiera) hacer algo • **in an attempt to do sth** para tratar de hacer algo, en un intento de hacer algo
2 an attempt on sb's life un atentado contra la vida de alguien • **an assassination attempt /a murder attempt** un atentado (contra la vida de alguien importante) • **a suicide attempt** un intento de suicidio

attempt² W2 *v* [T] intentar • **attempt to do sth** intentar hacer algo

at·tempt·ed /əˈtɛmptɪd/ *adj* [solo ante s] **attempted murder/rape/burglary** intento de asesinato/violación/robo

at·tend S3 W2 /əˈtɛnd/ *v* [I,T] asistir (a), acudir (a)
attend to *v+partíc* **1 attend to sth** ocuparse de algo **2 attend to sb** atender a alguien

at·tend·ance /əˈtɛndəns/ *s* **1** [C,U] concurrencia, número de asistentes **2** [C,U] asistencia (a clase, a una reunión) • **take attendance** tomar/pasar lista
EXPRESIONES
be in attendance (at sth) (*frml*) estar presente (en algo)

A

at·tend·ant¹ /əˈtɛndənt/ s [C] encargado -a, vigilante, empleado -a (en un museo, un baño público, etc.)
► FLIGHT ATTENDANT

attendant² adj (fml) consiguiente, asociado -a: *the trial and its attendant publicity* el juicio y la publicidad que conlleva

at·ten·tion S1 W1 /əˈtɛnʃən/ s
1 [U] (concentración) atención • **pay attention (to sth)** prestar atención (a algo) • **give your attention to sth** prestarle atención a algo • **May/Can I have your attention?** (oral) ¡Atención, por favor! • **Attention, please!** (oral) ¡Atención, por favor! • **have sb's full/undivided attention** tener toda la atención de alguien
2 [U] (interés) atención • **get/attract attention** atraer la atención, ser objeto de atención • **give sb/sth a lot of attention** prestarle mucha atención a alguien/algo • **be the center of attention** ser el centro de atención • **media/public attention** atención de los medios/del público
3 [U] (hecho de notar) atención • **attract/get/catch (sb's) attention** llamar la atención (de alguien) • **distract/divert (sb's) attention from sth** desviar la atención (de alguien) de algo • **pay no attention (to sb)** no hacer caso (a alguien), no prestar atención (a alguien) • **draw/call attention to sth** llamar la atención sobre algo • **bring sth to sb's attention** hacer que alguien se fije en algo, hacerle notar algo a alguien • **it came to my/his attention that...** caí/cayó en la cuenta de que..., me di/se dio cuenta de que... • **escape sb's attention** pasársele por alto a alguien
4 [U] (cuidados) atención • **need (sb's) attention** *There are a couple of problems that need my attention.* Hay un par de problemas de los que debo ocuparme.
EXPRESIONES
stand to attention ponerse firme, cuadrarse

at·ten·tive /əˈtɛntɪv/ adj **1** (alerta) atento -a **2** (amable) atento -a

at·ten·tive·ly /əˈtɛntɪvli/ adv atentamente, con atención

at·ten·tive·ness /əˈtɛntɪvnɪs/ s [U] atención (al escuchar, observar)

at·test /əˈtɛst/ v **1 (a)** [T] atestiguar **(b)** [I] **attest to sth** dar fe de algo **2** [T] avalar (una firma)

at·tic /ˈætɪk/ s [C] desván, ático, altillo

at·tire /əˈtaɪər/ s [U] (fml) indumentaria

at·ti·tude S2 W2 /ˈætəˌtud/ s
1 [C,U] actitud • **sb's attitude toward/to sth** la actitud de alguien hacia algo • **a positive/good attitude** una actitud positiva • **a negative/bad attitude** una actitud negativa • **attitude problem** problema de actitud
2 [U] (coloq) carácter, personalidad • **with attitude** con carácter/personalidad

at·tor·ney W1 /əˈtɜrni/ s [C] (pl **attorneys**) abogado -a
► DISTRICT ATTORNEY, POWER OF ATTORNEY ► ver nota en ABOGADO

at,torney 'general W3 s [C] (de la nación) procurador general; (de un estado, una región) procurador regional, procurador general

at·tract S3 W2 /əˈtrækt/ v
1 [T] atraer (público, turistas) • **attract attention** llamar/captar la atención • **attract interest/support** suscitar interés/apoyo • **attract criticism** recibir críticas • **attract sb to sth** atraer a alguien a algo: *What attracted me to the job was the chance to travel.* Lo que me atrajo del puesto fue la posibilidad de viajar.
2 be attracted to sb sentirse atraído -a por alguien

at·trac·tion /əˈtrækʃən/ s **1** [sing, U] (sentimiento) atracción • **to feel/have an attraction to sb** sentir atracción por alguien **2** [C] (lugar, actividad) atracción • **main attraction** principal atracción • **tourist attraction** atracción turística **3** [C,U] atractivo • [+of]: *the attractions of city life* los atractivos de la vida en la ciudad • **an added attraction** un atractivo añadido

at·trac·tive S3 W3 /əˈtræktɪv/ adj
1 (persona) atractivo -a • **find sb attractive** *Women seem*

to find him attractive. A las mujeres les resulta atractivo.
2 agradable, bonito -a
3 (inversión, oferta, oportunidad) atractivo -a

at·trib·ut·a·ble /əˈtrɪbyətəbəl/ adj [nunca ante s] (fml) **attributable to sth** atribuible a algo

at·trib·ute¹ /əˈtrɪbyut/ v
attribute sth to sb/sth v+partíc **1** (una muerte, el éxito) atribuirle algo a alguien/algo **2** (una obra, una frase) atribuirle algo a alguien/algo **3** (una cualidad, una característica) atribuirle algo a alguien/algo

at·tri·bute² /ˈætrəˌbyut/ s [C] atributo

at·tri·bu·tion /ˌætrəˈbyuʃən/ s [U] atribución

at·trib·u·tive /əˈtrɪbyətɪv/ adj **attributive adjective** adjetivo calificativo antepuesto al sustantivo ► PREDICATIVE

at·trib·u·tive·ly /əˈtrɪbyətɪvli/ adv antepuesto -a al sustantivo ► PREDICATIVELY

at·tri·tion /əˈtrɪʃən/ s [U] (fml) desgaste

at·tuned /əˈtund/ adj [nunca ante s] **attuned to sth** en sintonía con algo, hecho -a a algo, acostumbrado -a a algo

a·typ·i·cal /eɪˈtɪpɪkəl/ adj atípico -a

au·burn /ˈɔbərn/ adj (de color) caoba

auc·tion¹ /ˈɔkʃən/ s [C,U] subasta, remate • **be sold at auction** venderse en subasta pública • **be up for auction** salir a subasta, subastarse • **auction house** casa de subastas

auction² (tb **auction ↔ off**) v [T] subastar, rematar

auc·tion·eer /ˌɔkʃəˈnɪr/ s [C] subastador -a, rematador -a

au·da·cious /ɔˈdeɪʃəs/ adj audaz, atrevido -a

au·da·cious·ly /ɔˈdeɪʃəsli/ adv audazmente, atrevidamente

au·dac·i·ty /ɔˈdæsəti/ s [U] **1** descaro, atrevimiento • **have the audacity to do sth** tener el descaro de hacer algo **2** audacia

au·di·bil·i·ty /ˌɔdəˈbɪləti/ s [U] audibilidad

au·di·ble /ˈɔdəbəl/ adj audible • **be barely audible** oírse apenas ANT **inaudible**

au·di·bly /ˈɔdəbli/ adv de manera audible

au·di·ence S2 W2 /ˈɔdiəns/ s [C]
1 (en teatros, conciertos) público • **a captive audience** un público cautivo
2 (de radio, televisión) audiencia; (de prensa, libros) público, lectores • **attract an audience** atraer a una audiencia/un público • **reach an audience** llegar a una audiencia/un público
3 (con un rey, con el Papa) **an audience with sb** una audiencia con alguien • **grant sb an audience** concederle una audiencia a alguien

au·di·o /ˈɔdioʊ/ s [U] audio • **audio equipment** equipo de audio

au·di·o·vis·u·al /ˌɔdioʊˈvɪʒuəl/ (abrev **AV**) adj [solo ante s] audiovisual

au·dit¹ /ˈɔdɪt/ s [C] auditoría • **carry out/conduct an audit** hacer/realizar una auditoría

audit² v [T] **1** auditar **2** asistir como oyente

au·di·tion¹ /ɔˈdɪʃən/ s [C] audición, prueba, casting

audition² v **1** [I] presentarse a una audición/prueba • [+for]: *She auditioned for the part of Lady Macbeth.* Se presentó a una prueba para el papel de Lady Macbeth. **2** [T] hacerle una prueba a alguien

au·di·tor /ˈɔdɪtər/ s [C] **1** auditor -a **2** oyente (en un curso universitario)

au·di·to·ri·um /ˌɔdɪˈtɔriəm/ s [C] (pl **auditoriums, auditoria** /-riə/) auditorio

Aug. (abrev escrita de **August**) ago.

aug·ment /ɔgˈmɛnt/ v [T] (fml) incrementar, aumentar

au·gur /ˈɔgər/ v [I,T] (frml) augurar • **augur well/badly (for sb/sth)** ser un buen/mal augurio (para alguien/algo)

Au·gust /ˈɔgəst/ (abrev escrita **Aug.**) s [C,U] agosto ► ver ejs en **APRIL**

au·gust /ɔˈgʌst/ adj augusto -a

aunt 🔲 /ænt, ɑnt/ s [C] tía: my aunt and uncle mis tíos

aunt·ie, aunty /ˈænti, ˈɑn-/ s [C] (coloq) tía

au pair /ou ˈpɛr/ s [C] au pair

au·ra /ˈɔrə/ [sing] aura • **an aura of sth** un aura de algo

au·ral /ˈɔrəl/ adj (frml) auditivo -a ► **ORAL**

au·ral·ly /ˈɔrəli/ adj (frml) auditivamente

aus·pic·es /ˈɔspəsɪz, -ˌsiz/ s (frml) **under the auspices of sb/sth** bajo los auspicios de alguien/algo

aus·pi·cious /ɔˈspɪʃəs/ adj (frml) prometedor -a

aus·tere /ɔˈstɪr/ adj austero -a

aus·ter·i·ty /ɔˈstɛrəti/ s [U] austeridad

Aus·tra·lia /ɔˈstreɪlyə, ɑ-/ Australia

Aus·tra·li·an /ɔˈstreɪlyən, ɑ-/ s [C], adj australiano -a

Aus·tri·a /ˈɔstriə, ˈɑs-/ Austria

Aus·tri·an /ˈɔstriən, ˈɑs-/ s [C], adj austriaco -a

au·then·tic /ɔˈθɛntɪk/ adj auténtico -a: authentic Indian food comida india auténtica • an authentic Picasso un Picasso auténtico 🆂🅸🅽 **genuine**

au·then·ti·cally /ɔˈθɛntɪkli/ adv genuinamente, auténticamente

au·then·ti·cate /ɔˈθɛntɪˌkeɪt/ v [T] autenticar, autentificar

au·then·ti·ci·ty /ˌɔθənˈtɪsəti/ s [U] autenticidad

au·thor 🆆🅲 /ˈɔθər/ s [C]
1 (de un libro) escritor -a, autor -a: a famous author un escritor famoso • the author of the novel la autora de la novela
2 (de un plan, un proyecto) (frml) autor -a

au·thor·i·tar·i·an /əˌθɔrəˈtɛriən, əˌθɑ-/ adj, s [C] autoritario -a

au·thor·i·tar·i·an·ism /əˌθɔrəˈtɛriəˌnɪzəm, əˌθɑ-/ s [U] autoritarismo

au·thor·i·ta·tive /əˈθɔrəˌteɪtɪv, əˈθɑr-/ adj **1** de gran autoridad, serio -a (obra, autor) **2** que infunde respeto

au·thor·i·ta·tively /əˈθɔrəˌteɪtɪvli, əˈθɑ-/ adv con autoridad

au·thor·i·ty 🆂🅸 🆆🅸 /əˈθɔrəti, əˈθɑr-/ s (pl **authorities**)

1	capacidad, facultad
2	personas
3	institución
4	experto
5	cualidad
6	permiso

1 CAPACIDAD, FACULTAD [U] autoridad, poder • **authority over sth/sb** autoridad sobre algo/alguien • **the authority to do sth** la autorización para hacer algo, el poder de hacer algo: Coach Harris has the authority to hire and fire players. El entrenador Harris tiene el poder de contratar y echar jugadores. • **someone in authority** una persona que tenga/tiene autoridad, un -a responsable • **a position of authority** un puesto de responsabilidad
2 PERSONAS the authorities (tb authorities) [pl] las autoridades
3 INSTITUCIÓN [C] autoridad: the Port authority la autoridad portuaria
4 EXPERTO [C] autoridad • **an authority on sth** una autoridad en (materia de) algo: an authority on Chinese food una autoridad en comida china • **a leading authority** una destacada autoridad
5 CUALIDAD [U] autoridad • **with authority** con autoridad: She spoke calmly and with authority. Habló serenamente y con autoridad.

6 PERMISO [C,U] autorización • **under the authority of sb** (tb **under sb's authority**) con la autorización de alguien • **without sb's authority** sin la autorización de alguien

EXPRESIONES
I have it on good authority sé de buenas fuentes

au·thor·i·za·tion /ˌɔθərəˈzeɪʃən/ s [U] autorización • **authorization to do sth** autorización para hacer algo

au·thor·ize /ˈɔθəˌraɪz/ v [T] autorizar: an authorized biography una biografía autorizada • **authorize sb to do sth** autorizar a alguien a hacer algo

au·thor·ship /ˈɔθəˌʃɪp/ s [U] autoría

au·tism /ˈɔˌtɪzəm/ s [U] autismo

au·tis·tic /ɔˈtɪstɪk/ adj autista

au·to 🆆🅶 /ˈɔtou/ s [C] (pl **autos**) automóvil, carro the auto industry la industria automotriz • an auto accident un accidente automovilístico

au·to·bi·o·graph·i·cal /ˌɔtəˌbaɪəˈgræfɪkəl/ adj autobiográfico -a

au·to·bi·og·ra·phy /ˌɔtəbaɪˈɑgrəfi/ s [C] (pl **autobiographies**) autobiografía ► **BIOGRAPHY**

au·toc·ra·cy /ɔˈtɑkrəsi/ s [U, C] (pl **autocracies**) autocracia ► **DEMOCRACY, DICTATORSHIP**

au·to·crat /ˈɔtəˌkræt/ s [C] autócrata

au·to·crat·ic /ˌɔtəˈkrætɪk/ adj autocrático -a ► **DEMOCRATIC**

au·to·graph¹ /ˈɔtəˌgræf/ s [C] autógrafo: Can I have your autograph? ¿Me firmaría un autógrafo? • **sign autographs** firmar autógrafos

autograph² v [T] autografiar, firmar

au·to·graphed /ˈɔtəˌgræft/ adj autografiado -a

au·to·mat·ed /ˈɔtəˌmeɪtɪd/ adj automatizado -a

au·to·mat·ic¹ 🆂🅳 /ˌɔtəˈmætɪk/ adj
1 (aparato, dispositivo) automático -a • **fully automatic** totalmente automático -a • **an automatic weapon/rifle** un arma automática/un rifle automático
2 (que ocurre siempre) automático -a: Dropping litter results in an automatic fine. Se multa automáticamente a quien tire basura al suelo.

automatic² s [C] **1** carro automático ► **STANDARD, STICK SHIFT 2** pistola automática

au·to·mat·i·cally 🆂🅾 /ˌɔtəˈmætɪkli/ adv automáticamente

au·to·ma·tion /ˌɔtəˈmeɪʃən/ s [U] automatización

au·tom·a·ton /ɔˈtɑməˌtɑn/ s [C] (pl **automata** /-tə/ o **automatons**) autómata

au·to·mo·bile /ˌɔtəməˈbil, ˈɔtəˌmoˌbil/ s [C] (antic) automóvil, carro

au·to·mo·tive /ˌɔtəˈmoutɪv/ adj [solo ante s] automotor -triz

au·ton·o·mous /ɔˈtɑnəməs/ adj autónomo -a 🆂🅸🅽 **independent**

au·ton·o·mous·ly /əˈtɑnəmˌiəsli/ adv autónomamente 🆂🅸🅽 **independently**

au·ton·o·my /ɔˈtɑnəmi/ s [U] autonomía • **autonomy from sth** autonomía de algo

au·to·pi·lot /ˈɔtouˌpaɪlət/ s [C,U] piloto automático

au·top·sy /ˈɔˌtɑpsi/ s [C] (pl **autopsies**) autopsia • **autopsy report** informe de autopsia

au·to·work·er /ˈɔtouˌwərkər/ s [C] trabajador -a automotor -triz, trabajador -a de la industria automotriz

au·tumn /ˈɔtəm/ s [C,U] **1** (estación) otoño ► ver ejs en **WINTER** autumn colors colores otoñales 🆂🅸🅽 **fall** ► **SPRING, SUMMER, WINTER 2** (de la vida de alguien) otoño

au·tum·nal /ɔˈtʌmnəl/ adj otoñal

A

aux·il·ia·ry[1] /ɔɡ'zɪləri, -'zɪlyəri/ *adj* [solo ante s] **1** (en el mundo laboral) auxiliar **2** (maquinaria) auxiliar ▶ AUXILIARY VERB

auxiliary[2] *s* [C] (pl **auxiliaries**) **1** auxiliar, asistente **2** (verbo) auxiliar

aux,iliary 'verb *s* [C] verbo auxiliar

a·vail[1] /ə'veɪl/ *s* (*frml*) **to no avail** en vano, sin resultados • **to little avail** con limitado éxito

avail[2] *v* **avail yourself of sth** (*frml*) aprovechar algo

a·vail·a·bil·i·ty /ə,veɪlə'bɪləti/ *s* [U] **1** (de un producto, un servicio) disponibilidad • **subject to availability** hasta agotar existencias **2** (de una persona) disponibilidad

a·vail·a·ble S2 W1 /ə'veɪləbəl/ *adj* **1** disponible • **available for sth** *It is available for rent.* Está en arrendamiento. • **available to sb** *Tickets are not yet available to the public.* Los boletos todavía no están a la venta. • **become available** *More money may become available next year.* Habría más dinero disponible el año próximo. • **make sth available to sb** poner algo a disposición de alguien • **every available ambulance/bed** todas las ambulancias/camas disponibles • **readily/widely/easily available** fácil de conseguir **2** [nunca ante s] (persona) libre, disponible • **available for sth** *The mayor was not available for comment.* El alcalde no quiso realizar declaraciones.

av·a·lanche /'ævə,læntʃ, -,lɑntʃ/ *s* [C] **1** avalancha, alud **2** an avalanche of sth una avalancha/un alud de algo

a·vant-garde[1] /,ævɑnt⌐'gɑrd◂, ,ɑ-/ *adj* de vanguardia

avant-garde[2] *s* [U] vanguardia

av·a·rice /'ævərɪs/ *s* [U] (*peyor, frml*) avaricia SIN **greed**

av·a·ri·cious /,ævə'rɪʃəs/ *adj* (*peyor, frml*) avaro -a SIN **greedy**

av·a·ri·cious·ly /,ævə'rɪʃəsli/ *adv* (*peyor, frml*) con avaricia SIN **greedily**

Ave. (*abrev escrita de* **Avenue**) Av., Avda.

a·venge /ə'vendʒ/ *v* [T] (*liter*) vengar

a·veng·er /ə'vendʒər/ *s* [C] vengador -a

av·e·nue /'ævə,nu/ *s* [C] **1** (en nombres de calles) avenida: *Fifth Avenue* la Quinta Avenida **2** (para lograr algo) camino, vía • **explore every avenue** agotar todas las posibilidades

av·erage[1] S2 W1 /'ævrɪdʒ/ *adj* **1** [solo ante s] (matemáticamente) promedio, medio -a: *the average age* la edad media/promedio **2** (tamaño, inteligencia) medio -a, normal • **of average height/intelligence/temperature** de estatura/inteligencia/temperatura media **3** [solo ante s] (usual) normal, medio -a: *In an average day I get about 200 e-mails.* En un día normal recibo unos 200 correos. • *your average teenager* el adolescente común y corriente **4** (ni bueno ni malo) regular

average[2] W3 (abrev **avg.**) *s* **1** [C] promedio, media • **an average of** un promedio de • **the national average** la media nacional, el promedio nacional • **above/below average** por encima/debajo de la media • **higher/lower than average** por encima/debajo de la media **2** [C gralm sing] (técn) (en la Bolsa) índice SIN **index**
EXPRESIONES
on average en promedio, como media

average[3] *v* **1** [v copul] alcanzar un promedio/una media de **2** [T] calcular el promedio/la media de
average out *v+partíc* **1 average out to/at** dar un promedio/una media de **2 average sth ↔ out** calcular el promedio de algo

a·verse /ə'vɜrs/ *adj* **1 not be averse to (doing) sth** no hacerle asco(s) a (hacer) algo, no oponerse a (hacer) algo **2 be averse to (doing) sth** (*frml*) ser reacio-a a (hacer) algo

a·ver·sion /ə'vɜrʒən/ *s* [sing, U] aversión • **have an aversion to sth** tenerle fobia a algo

a·vert /ə'vɜrt/ *v* [T] (*frml*) **1** evitar **2** apartar (la vista, la mirada)

a·vi·an flu /,eɪviən 'flu/ *s* [U] gripe aviar SIN **bird flu**

a·vi·ar·y /'eɪvi,eri/ *s* [C] (pl **aviaries**) pajarera

a·vi·a·tion /,eɪvi'eɪʃən/ *s* [U] aviación

a·vi·a·tor /'eɪvi,eɪtər/ *s* [C] (*antic*) aviador -a SIN **pilot**

av·id /'ævɪd/ *adj* [solo ante s] ávido -a • **an avid reader** un ávido lector/una ávida lectora • **an avid fan** un ferviente admirador/una ferviente admiradora

a·vid·ly /'ævɪdli/ *adv* ávidamente

av·o·ca·do /,ævə'kɑdoʊ◂, ,ɑ-/ (tb ,avocado 'pear) *s* [C,U] (pl **avocados**) aguacate

a·void S3 W1 /ə'vɔɪd/ *v* [T] **1** evitar: *We should avoid any mention of her ex-husband.* Deberíamos evitar mencionar a su ex marido. • *You should avoid fatty foods.* Deberías evitar los alimentos grasos. • **avoid doing sth** evitar hacer algo • **narrowly avoid sth** evitar algo por muy poco • **avoid sb/sth like the plague** huir de alguien/algo como de la peste **2** esquivar: *I had to swerve to avoid the truck.* Tuve que dar un timonazo para esquivar el camión.

a·void·a·ble /ə'vɔɪdəbəl/ *adj* evitable ANT **unavoidable**

a·void·ance /ə'vɔɪdns/ *s* [U] acción de evitar algo: *accident avoidance* la prevención de accidentes

a·vow /ə'vaʊ/ *v* [T] (*frml*) declarar, confesar

a·vow·al /ə'vaʊəl/ *s* [C] declaración, confesión

a·vowed /ə'vaʊd/ *adj* [solo ante s] declarado -a

a·wait /ə'weɪt/ *v* [T] (*frml*) **1** (persona) esperar, estar en espera de **2** (situación, hecho) esperar, aguardar: *They knew what awaited them.* Sabían lo que les esperaba.

a·wake[1] S2 /ə'weɪk/ *adj* [nunca ante s] **be awake** estar despierto -a • **lie awake** no dormir, estar despierto -a: *I lay awake until four.* No me dormí hasta las cuatro. • **wide awake** completamente despierto -a • **keep sb awake** no dejar dormir a alguien • **stay awake** mantenerse despierto -a
EXPRESIONES
be awake to sth ser consciente/tomar conciencia de algo

awake[2] *v* (**awoke** /ə'woʊk/, **awoken** /ə'woʊkən/) (*frml*) **1 (a)** [I] despertar(se) • **awake to sth** *We awoke to a beautiful sunny day.* Cuando nos despertamos, era un maravilloso día de sol. SIN **wake up (b)** [T] despertar **2** [I,T] (sentimientos) (*liter*) despertar
awake to sth *v+partíc* percatarse de algo, tomar conciencia de algo

a·wak·en /ə'weɪkən/ *v* (*frml*) **1 (a)** [I] despertar(se) SIN **wake up (b)** [T] despertar **2** [T] (un sentimiento) despertar • **awaken sth in sb** despertar algo en alguien SIN **awake**, **invoke**

a·wak·en·ing /ə'weɪkənɪŋ/ *s* [C] despertar
EXPRESIONES
a rude awakening una sorpresa desagradable, una amarga decepción

a·ward[1] W3 /ə'wɔrd/ *v* [T] **1** [gralm en pasiva] (un premio, un título) otorgar, conceder • **award sb sth** (tb **award sth to sb**) otorgarle/concederle algo a alguien **2** (una indemnización) conceder **3** (un penal, una puntuación) conceder

award[2] S2 W2 *s* [C] **1** premio, galardón • **win an award** ganar un premio, obtener un galardón • **receive an award** recibir un premio/un galardón **2** indemnización

a·ware S2 W2 /ə'wer/ *adj* [nunca ante s] **1** consciente • **be aware (that)** ser consciente de que: *Were you aware that your son was taking drugs?* ¿Era consciente de que su hijo se drogaba? • *I was suddenly* *aware that someone was watching me.* De repente me di cuenta de que alguien me observaba. • **be aware of sth/sb** ser consciente de algo/de la presencia de alguien • **make sb aware of sth** concienciar/concientizar a alguien de algo • **become aware of sth** darse cuenta de algo • **well/acutely/fully aware** plenamente consciente: *They were well aware that the company was losing money.* Eran plenamente conscientes de que la empresa estaba perdiendo dinero. • **not that I'm aware of** que yo sepa, no • **as far as I'm aware** que yo sepa **2 politically/environmentally/socially aware** con conciencia política/medioambiental/social

a·ware·ness /ə'wɛrnɪs/ *s* [U] **1** conciencia: *political awareness* conciencia política • **raise awareness (about sth)** concienciar/concientizar a la gente (sobre algo) **2** percepción

a·wash /ə'wɑʃ, ə'wɔʃ/ *adj* **1 awash with sth** inundado -a de algo: *awash with tourists* inundado de turistas **2** (cubierto de líquido) inundado -a

a·way[1] |S1| |W1| /ə'weɪ/ *adv* ▶ **away** también forma parte de *phrasal verbs* como **go away**, **move away**, etc., que figuran bajo el verbo correspondiente.

1 INDICANDO ALEJAMIENTO *Go away!* ¡Vete! • *I have to be away by 8:00.* Tengo que marcharme antes de las 8:00. • *away from sth/sb Keep away from the fire.* No te acerques al fuego

2 CON DISTANCIAS, TIEMPO *The car stopped a short distance away.* El carro paró a poca distancia. • *Christmas is only a month away.* Solo falta un mes para la Navidad. • **how far away?** *How far away is your place?* ¿A qué distancia está tu casa? • **not far away** no muy lejos • **five miles/ten minutes away** a cinco millas/diez minutos: *Washington is about 30 miles away.* Washington está a unas 30 millas. • **away from sth/sb** *We live not far away from here.* Vivimos no muy lejos de aquí.

3 INDICANDO AUSENCIA *I'm sorry, Ms Parker is away this week.* Lo siento, la señora Parker no está esta semana. • *Simon is away with the flu.* Simon está en casa con gripa. • **away from sth** *I was only away from my desk for a couple of minutes.* Sólo me ausenté de mi escritorio un par de minutos.

4 GUARDADO *The money was hidden away under the floor.* El dinero estaba escondido debajo del piso. • *Make sure all these clothes are tidied away.* Asegúrate de guardar esta ropa.

5 ENFATIZANDO CONTINUIDAD *He's been working away quietly.* Lleva un buen rato trabajando en silencio. • *I could hear him singing away in the bathroom.* Lo oía cantar sin parar en el baño.

6 SEÑALANDO LO QUE FALTA *The championship is only one more victory away.* Solo falta una victoria para ganar el campeonato. • **away from (doing) sth** *He's just one step away from losing his job.* Está a punto de perder el trabajo.

7 INDICANDO TOTALIDAD *They danced the night away.* Bailaron toda la noche.

8 INDICANDO DESAPARICIÓN *The water had boiled away.* El agua había hervido hasta consumirse.

9 EN DEPORTES de visitante: *The team is playing away this week.* El equipo juega de visitante esta semana. ▶ **FAR and away**, **RIGHT away**

away[2] *adj* [solo ante s] **an away game** un partido de visitante: *We've played three away games in a row.* Jugamos tres partidos seguidos de visitantes. |ANT| **home**

awe[1] /ɔ/ *s* [U] sensación de sobrecogimiento o admiración • **in/with awe** sobrecogido -a

EXPRESIONES
be/stand in awe of sb (tb **hold sb in awe**) sentirse intimidado -a por alguien, sentir un enorme respeto por alguien

awe[2] *v* [T gralm en pasiva] sobrecoger

awed /ɔd/ *adj* sobrecogido -a

'awe-in,spiring *adj* sobrecogedor -a

awe·some |S2| /'ɔsəm/ *adj* **1** sobrecogedor -a **2** (*coloq*, *oral*) impresionante |SIN| **fantastic**, **great**, **neat**

awe·struck /'ɔstrʌk/ (tb **'awe-,stricken**) *adj* sobrecogido -a, impresionado -a

aw·ful[1] |S1| /'ɔfəl/ *adj* **1** espantoso -a, horrible: *We had awful weather.* Nos tocó un tiempo espantoso. **2** [solo ante s] (*oral*) (para enfatizar) *He made an awful idiot of himself.* Quedó como un auténtico idiota. • *I had an awful thirst.* Me moría de sed. • **an awful lot** muchísimo: *I missed her an awful lot.* La extrañé muchísimo. **3 feel awful** sentirse muy mal • **look awful** tener muy mal aspecto |SIN| **terrible**

aw·ful[2] *adv* (*incorr*, *oral*) (muy, muchísimo) *an awful cute kid* un niño amorosísimo |SIN| **awfully**

aw·ful·ly /'ɔfli/ *adv* (*antic*, *oral*) (muy, mucho) *It's awfully noisy in here.* Aquí hay muchísimo ruido. |SIN| **terribly**

a·while |S3| /ə'waɪl/ *adv* un poco, un rato ▶ **a WHILE**

awk·ward /'ɔkwəd/ *adj* **1** incómodo -a: *There was an awkward silence.* Se produjo un incómodo silencio. • **feel awkward about sth** sentirse incómodo -a por algo • **put sb in an awkward position** poner a alguien en un compromiso **2** torpe |SIN| **clumsy** **3** complicado -a, difícil (de usar) **4** inoportuno -a (momento) **5** difícil (de carácter)

awk·ward·ly /'ɔkwədli/ *adv* **1** sintiéndose incómodo -a **2** torpemente |SIN| **clumsily**

awk·ward·ness /'ɔkwədnɪs/ *s* [U] **1** falta de desenvoltura, incomodidad **2** torpeza |SIN| **clumsiness**

awn·ing /'ɔnɪŋ/ *s* [C] toldo

a·woke /ə'woʊk/ pasado de **AWAKE**

a·wok·en /ə'woʊkən/ participio pasado de **AWAKE**

AWOL /'eɪ,wɔl/ *adj* [nunca ante s] (**absent without leave**) ausente sin permiso • **go AWOL** ausentarse sin permiso, desertar

a·wry /ə'raɪ/ *adj*
EXPRESIONES
go awry salir mal

ax[1], **axe** /æks/ *s* [C] hacha ▶ **PICKAX**
EXPRESIONES
the ax (*coloq*) **(a)** el despido • **get the ax** ser despedido -a **(b)** acción de suprimir algo • **get the ax** ser suprimido -a/cancelado -a • **have an ax to grind** tener un interés personal

ax[2], **axe** *v* [T] (*coloq*) **1** despedir **2** suprimir

ax·i·om /'æksiəm/ *s* [C] (*frml*) axioma

ax·i·o·mat·ic /,æksiə'mætɪk/ *adj* (*frml*) axiomático -a |SIN| **self-evident**

ax·is /'æksɪs/ *s* [C] (pl **axes** /'æksiz/) **1** (alrededor del cual gira algo) eje **2** (en un gráfico) eje

ax·le /'æksəl/ *s* [C] eje (de un vehículo)

a·ya·tol·lah /,aɪyə'toʊlə, -'tɑ-/ *s* [C] ayatola

aye /aɪ/ *s* [C] (en votaciones parlamentarias) sí • **the ayes have it** gana el sí

AZ *abrev escrita de* **ARIZONA**

a·zal·ea /ə'zeɪlyə/ *s* [C] azalea

A·zer·bai·jan /,æzəbaɪ'dʒɑn, ,ɑ-/ Azerbaiyán

Az·er·bai·ja·ni[1] /,æzəbaɪ'dʒɑni, ,ɑ-/ *s* **1** [C] (persona) azerbaiyano -a **2** [U] (idioma) azerí

Azerbaijani[2] *adj* azerbaiyano -a, azerí

A·zer·i[1] /ə'zɛri/ *s* **1** [C] (persona) azerí, azerbaiyano -a **2** [U] (idioma) azerí

Azeri[2] *adj* azerí, azerbaiyano -a

Az·tec /'æztɛk/ *s* [C], *adj* azteca

Bb

B¹, b /biː/ s [C] (pl **B's, b's**) B, b

B² /biː/ s (pl **B's**) **1** [C] (nota musical) si **2** [U] (clave musical) si **3** [C] calificación en exámenes, trabajos escolares **4** [U] (tipo sanguíneo) B ▶ **B-MOVIE**

b. (*abrev escrita de* **born**) n. (nacido)

B.A. /ˌbiː ˈeɪ/ s [C] (**Bachelor of Arts**) título (universitario) en humanidades • **have a B.A. in history/linguistics** tener título en historia/lingüística ▶ La abreviatura **B.A.** se puede poner después del nombre de alguien (por ej.: *Susan Potter B.A.*) para indicar que tiene título en humanidades. ▶ **B.S., M.A.**

baa /bɑː, bæ/ s [C] be, balido

baa v [I] balar

bab·ble¹ /ˈbæbəl/ v **1** [I,T] farfullar • **babble (on) about sb/sth** hablar sin parar de alguien/algo **2** [I,T] balbucear (bebé) **3** [I] murmurar (agua, arroyo)

babble² s **1** [sing] (de personas) murmullo, parloteo • [+of]: *a babble of angry voices* un barullo de voces indignadas **2** [sing] (del agua) murmullo

babe S3 /beɪb/ s [C]
1 (*coloq*) cariño, cielo (hablando a un ser querido)
2 (*coloq*) bizcocho, bombón
3 (*coloq*) nena (hablando a una joven)
4 (*liter*) bebé • **a babe in arms** un niño/una niña de brazos, un niño/una niña de pecho
EXPRESIONES
a babe in the woods (*coloq*) un niño/una niña (persona inocente)

ba·boon /bæˈbuːn/ s [C] babuino, papión

ba·by¹ S1 W1 /ˈbeɪbi/ s [C] (pl **babies**)

1 niño
2 animal
3 al dirigirse a un ser querido
4 el más joven
5 inmaduro
6 al dirigirse a una joven
7 creación

1 **NIÑO** bebé • **have a baby** tener un niño/hijo • **be expecting/having a baby** esperar un hijo: *They're having a baby in July.* Esperan un hijo para julio. • **baby boy** niño, hijo • **baby brother** hermanito • **baby girl** niña, hija • **baby food** comida para bebés • **baby sister** hermanita

2 **ANIMAL** cría, cachorro: *a baby panda* un cachorro de panda • **baby bird** polluelo

3 **AL DIRIGIRSE A UN SER QUERIDO** (*oral*) cariño, cielo

4 **EL MÁS JOVEN** benjamín -ina, hijo -a menor

5 **INMADURO** (*peyor, oral*) niño -a, bebé

6 **AL DIRIGIRSE A UNA JOVEN** (*oral, malson*) nena

7 **CREACIÓN** **be sb's baby** (*coloq*) ser el proyecto personal de alguien, ser cosa de alguien

¿baby, infant o toddler?
baby es la palabra general para un bebé
infant también es un término general pero es de un registro más formal
toddler se refiere al niño que acaba de aprender a caminar

ba·by² adj [solo ante s] **baby carrots** zanahorias enanas • **baby corn** maíz enano • **baby vegetables** verduritas

ba·by³ v [T] (**babies, babied, babying**) tratar como a un bebé, mimar

'baby boom s [C] explosión demográfica

'baby ˌboomer s [C] persona nacida en época de explosión demográfica, especialmente en la posterior a la Segunda Guerra Mundial

'baby ˌcarriage (tb **'baby ˌbuggy**) s [C] cochecito (de bebé), carreola

ba·by·ish /ˈbeɪbiɪʃ/ adj infantil

ba·by·sit /ˈbeɪbiˌsɪt/ v (**babysat** /-ˌsæt/, **babysitting**) **1** **(a)** [I] cuidar niños: *I'll ask my mother to babysit.* Le voy a pedir a mi madre que me cuide a los niños. • **babysit for sb** cuidarle los niños a alguien, cuidar a alguien (mientras no están sus padres) **(b)** [T] cuidar **2** [I,T] cuidar (niños) (en la propia casa)

ba·by·sit·ter /ˈbeɪbiˌsɪtər/ s [C] **1** niñera -o, babysitter **2** persona que cuida niños ajenos en su casa como actividad laboral

ba·by·sit·ting /ˈbeɪbiˌsɪtɪŋ/ s [U] **1** trabajo de niñera/niñero: *She does a lot of babysitting.* Trabaja mucho cuidando niños. • *Babysitting is available.* Se ofrece servicio de niñera. **2** actividad laboral de cuidar niños ajenos en la propia casa

bach·e·lor /ˈbætʃələr, ˈbætʃlər/ s [C] soltero • **a confirmed bachelor** un soltero empedernido, un solterón • **an eligible bachelor** un buen partido

'bachelor ˌparty s [C] despedida de soltero

'bachelor's deˌgree s [C] grado, título universitario • [+in]: *a bachelor's degree in computer science* una licenciatura en informática

back¹ S1 W1 /bæk/ adv ▶ **back** también forma parte de muchos *phrasal verbs* como **give sth back**, **turn back**, etc., que figuran bajo el verbo correspondiente.

1 **INDICANDO REGRESO** *I'll be back in a minute.* Vuelvo enseguida. • *We came back by taxi.* Volvimos en taxi. • *What time did you get back last night?* ¿A qué hora volviste anoche? • **there and back** *It's about sixty miles there and back.* Son unas sesenta millas ida y vuelta. • *We drove there and back in a day.* Fuimos y volvimos en el día.

2 **INDICANDO VUELTA A ESTADO ANTERIOR** *The pain is beginning to come back.* Está empezando a volver el dolor. • *If the insect loses a leg, it grows back.* Si el insecto pierde una pata, vuelve a crecer. • *Let's play the tape back.* Vamos a escuchar la cinta otra vez. • **go/get back to (doing) sth** volver a (hacer) algo: *I couldn't get back to sleep.* No pude volver a dormirme. • **there's no going back** ya no hay vuelta atrás

3 **INDICANDO DEVOLUCIÓN, RESPUESTA** *I want my money back.* Quiero que me devuelvan el dinero. • *If he hits you, hit him back.* Si te pega, devuélvele el golpe.

4 **INDICANDO MOVIMIENTO** atrás, hacia atrás: *I stepped back to let them pass.* Di un paso atrás para dejarlos pasar. • *He looked back over his shoulder.* Miró hacia atrás por encima del hombro. • *The police told us to move back.* La policía nos dijo que nos corriéramos para atrás. ANT **forward**

5 **INDICANDO LUGAR DE ORIGEN** *Back in Australia, summer's just beginning.* En Australia, de donde yo soy, el verano está empezando ahora. • **back home** en casa/en el pueblo/en el país natal: *Are you going back home for Christmas?* ¿Vuelves a tu casa para Navidad?

6 **INDICANDO TIEMPO PASADO** *We were friends back in high school.* Éramos amigos cuando íbamos a la secundaria. • **back in the seventies** allá por los años setenta • **two years/a few months back** hace dos años/unos meses • **a while back** hace un tiempo

7 **INDICANDO SEPARACIÓN** *Her hair was tied back.* Llevaba el pelo recogido. • *Peel back the plastic cover.* Retire la envoltura de plástico.

8 **DE MODA** **be back** volver (a estar de moda): *Miniskirts are back.* Vuelve la minifalda. ▶ **put/set/turn the CLOCK back**
EXPRESIONES
back and forth de aquí para allá, de un lado a otro • **be back where you started** volver a empezar, volver al punto de partida

back² S1 W1 *s*

1 de una persona
2 de un animal
3 de la espalda
4 superficie exterior
5 zona interior
6 de un carro
7 zona exterior
8 de un papel, una tarjeta, una moneda
9 de un libro, un periódico
10 de un asiento
11 en deportes

1 DE UNA PERSONA [C] espalda • **on your back** boca arriba • **with your back to sb/sth** de espaldas a alguien/algo: *He stood with his back to the camera.* Se puso de espaldas a la cámara. • **carry sth on your back** llevar algo sobre la espalda • **back muscles** músculos dorsales • **back pain** dolor de espalda

2 DE UN ANIMAL [C] lomo • **on sth's back** sobre el lomo de algo

3 DE LA ESPALDA [C] columna (vertebral): *Roger broke his back.* Roger se fracturó la columna. • **a bad back** problemas de columna

4 SUPERFICIE EXTERIOR [C gralm sing] parte de atrás • **the back of the closet/building** la parte de atrás del clóset/la fachada trasera del edificio • **the back of your neck** la nuca ANT **front**

5 EN EL INTERIOR DE UNA HABITACIÓN, UN MUEBLE [sing, U] fondo: *It's hard to hear from the back.* Desde atrás se oye mal. • **at the back (of the classroom/shop)** (tb **in the back of the classroom/shop**) al fondo (del aula/de la tienda) • **in back** al/en el fondo (de una sala, una habitación), en la parte trasera (de un vehículo): *Always wear a seatbelt, even in back.* Use siempre cinturón de seguridad, aun cuando viaje atrás. ANT **front**

6 DE UN CARRO [sing, U] parte trasera/de atrás • **sit in the back** sentarse atrás ANT **front**

7 ZONA EXTERIOR [sing, U] **out back** (en la parte de) atrás, en el fondo: *Tom's working on the car out back.* Tom está en el fondo arreglando el carro. • **in (the) back** (en la parte de) atrás

8 DE UN PAPEL, UNA TARJETA, UNA MONEDA [C gralm sing] **the back** (of sth) el dorso/reverso (de algo): *The back of the coin has an eagle on it.* El reverso de la moneda tiene un águila. • **on the back (of sth)** al dorso/en el reverso (de algo), en la parte de atrás (de algo): *What's written on the back?* ¿Qué hay escrito en la parte de atrás? ANT **front**

9 DE UN LIBRO, UN PERIÓDICO [C gralm sing] **the back (of sth)** el final (de algo): *Take a page from the back of my notebook.* Arranca una hoja del final de mi cuaderno. • **in the back (of sth)** al final (de algo): *The answers are in the back of the book.* Las respuestas están al final del libro.

10 DE UN ASIENTO [C] respaldo: *Jack leaned on the back of the chair.* Jack se recostó sobre el respaldo de la silla.

11 EN DEPORTES [C] defensa (jugador) ▶ **TURN your back on sb/sth**

EXPRESIONES
at your back a su espalda • **in the back of beyond** (*coloq*) en el quinto pino, donde el diablo perdió el jorongo • **back to back (a)** espalda con/contra espalda **(b)** seguidos -as, consecutivos -as ▶ **BACK-TO-BACK** • **behind sb's back** a espaldas de alguien • **go behind sb's back** actuar a espaldas de alguien • **get/put sb's back up** (*coloq*) fastidiar a alguien • **get off my back!** (*oral*) ¡déjame en paz! • **get/keep sb off your back** (*coloq*) quitarse de encima a alguien • **have your back to/against the wall** (*coloq*) estar entre la espada y la pared, no tener salida • **in/at the back of sb's mind** rondándole la cabeza a alguien • **be on sb's back** estar encima de alguien • **put/push sth to the back of your mind** borrar algo de la mente/cabeza • **put your back into it** (*coloq*) poner empeño en algo • **when/while sb's back is turned** *Do you know what your kids are up to when your back is turned?* ¿Sabes qué hacen tus hijos cuando tú no estás adelante?

back³ S2 W2 *v*

1 (caminando) **(a)** [I siempre + adv/prep] **back away** retroceder • **back toward sb/sth** retroceder hacia alguien/algo • **back across/through sth** cruzar/atravesar algo caminando hacia atrás **(b)** [T siempre + adv/prep] **back sb toward/through/into sth** hacer retroceder a alguien hacia/por/hasta algo: *He was backing her toward the door.* La hacía retroceder hacia la puerta.

2 (en un vehículo) **(a)** [I siempre + adv/prep] **back in/out** entrar/salir marcha atrás, entrar/salir en reversa • **back into/out of/down sth** entrar en algo/salir de algo/ir por algo marcha atrás, entrar en algo/salir de algo/ir por algo en reversa: *She backed into a parking space.* Se estacionó dando marcha atrás. **(b)** [T siempre + adv/prep] **back sth in/out** meter/sacar algo marcha atrás, meter/sacar algo en reversa • **back sth into/out of/down sth** *Back the car out of the garage slowly.* Saca el carro del garaje despacio en reversa.

3 [T] apoyar, respaldar (moralmente), financiar (económicamente)

4 [T gralm en pasiva] acompañar (musicalmente)

5 [T] apostar por • **back sb to do sth** apostar a que alguien va a hacer algo

back away from sth *v+partíc* echarse atrás en algo, dar marcha atrás en algo

back down *v+partíc* echarse atrás, dar el brazo a torcer

back off *v+partíc* dejar de dar la lata: *Back off!* ¡Déjame en paz!

back out *v+partíc* volverse atrás, echarse (para) atrás • **back out of sth** dar marcha atrás en algo: *At the last minute they backed out of the deal.* En el último momento se echaron atrás y no firmaron el acuerdo.

back up *v+partíc* **1 back sth/sb** ↔ **up** apoyar algo/a alguien, respaldar algo/a alguien **2 back sth** ↔ **up** hacer una copia de seguridad de algo • **back sth** ↔ **up onto a CD-ROM/a disk** hacer una copia de seguridad de algo en un CD/un disquete **3 back up** dar marcha atrás, meter en reversa (en un vehículo) **4 back sth** ↔ **up** dar marcha atrás a algo, meter algo en reversa (un vehículo): *Can you back the car up a little?* ¿Puedes echar el carro en reversa un poquito? **5 back up** atascarse, sufrir embotellamientos (tráfico) ▶ **BACKUP**

back⁴ S2 W2 *adj* [solo ante s]

1 de atrás, trasero -a: *Wait by the back entrance.* Espera en la entrada de atrás. • **the back row/page** la última fila/página ANT **front**

2 a back road una carretera secundaria • **a back lane** una callejuela

3 back rent/taxes/ pay atrasos (en la renta/los impuestos/el salario)

4 a back issue/number/copy un número atrasado (de una publicación) ▶ **BACK SEAT, BACKYARD**

back·ache /'bækeɪk/ *s* [sing, U] dolor de espalda

back·bit·ing /'bæk,baɪtɪŋ/ *s* [U] murmuraciones

back·board /'bækbɔrd/ *s* [C] tablero

back·bone /'bækboʊn/ *s* **1** [C] columna (vertebral), espina dorsal SIN **spine 2** [U] carácter, firmeza **3** [C] **the backbone of sth** el pilar de algo, la columna vertebral de algo

back·break·ing /'bæk,breɪkɪŋ/ *adj* agotador -a

back·date /'bæk,deɪt/ *v* [T] **1 be backdated** tener carácter/efecto retroactivo • **be backdated to January/2006** aplicarse con carácter retroactivo desde enero/2006 **2** datar con fecha anterior

,back 'door *s* [C] puerta trasera, puerta de atrás

back·drop /'bækdrɑp/ *s* [C] telón de fondo • **against a backdrop of sth** con algo como telón de fondo

back·er /'bækɚ/ *s* [C] promotor -a, patrocinador -a

back·fire /'bækfaɪɚ/ *v* [I] **1** tener el efecto contrario al deseado, ser contraproducente: *His plan backfired.* Le salió el tiro por la culata. **2** pistonear, detonar

back·gam·mon /'bæk,gæmən/ *s* [U] backgammon

back·ground S2 W2 /'bækgraund/ *s*

1 familiar, social
2 educativo
3 laboral
4 de un hecho, una situación
5 de una foto, una ilustración
6 sonido
7 de un diseño

1 FAMILIAR, SOCIAL [C] origen, extracción, entorno • **from/with a... background** *They come from many different ethnic backgrounds.* Tienen orígenes étnicos muy diversos. • *children with disadvantaged backgrounds* niños de entornos desfavorecidos • *people from different backgrounds* personas de distinta extracción
2 EDUCATIVO [C] formación, estudios • [+**in**]: *a background in chemistry* conocimientos de química
3 LABORAL [C] experiencia • [+**in**]: *a background in engineering* experiencia en el campo de la ingeniería
4 DE UN HECHO, UNA SITUACIÓN [C,U] antecedentes, trasfondo, contexto • [+**of/to**]: *What is the background to the case?* ¿Cuáles son los antecedentes del caso? • **against a background of sth** en un marco/contexto de algo
5 DE UNA FOTO, UNA ILUSTRACIÓN [C gralm sing] fondo • **in the background** en el fondo, en segundo plano
6 SONIDO [sing] **in the background** de fondo, en el fondo • **against the background of sth** con algo de fondo • **background music** música de fondo • **background noise** ruido de fondo
7 DE UN DISEÑO [C gralm sing] fondo: *red lettering on a white background* letras rojas sobre fondo blanco

EXPRESIONES
stay/remain in the background mantenerse/permanecer en un segundo plano • **speak on background** (*técn*) hacer declaraciones (sin permitir que se publique el nombre)

back·hand¹ /'bækhænd/ *s* [C gralm sing] revés (en tenis) ▶ FOREHAND

backhand² *adj* [solo ante s], *adv* de revés (en tenis) ▶ FOREHAND

back·hand·ed /'bæk,hændɪd/ *adj* ambivalente, ambiguo -a (elogio, comentario)

back·ing¹ /'bækɪŋ/ *s* **1** [U] apoyo, respaldo • **have the backing of sb/sth** tener el apoyo/respaldo de alguien/algo **2** [C,U] refuerzo, protección **3** [U] acompañamiento (musical)

backing² *adj* [solo ante s] **1** de acompañamiento (música): *backing vocals* coros **2** acompañante (músico): *a backing band* un grupo acompañante

back·lash /'bæklæʃ/ *s* [C] fuerte reacción • **a backlash against sth** una fuerte reacción contra algo

back·log /'bæklɔg, -lɑg/ *s* [C gralm sing] atraso, cosas pendientes • [+**of**]: *a large backlog of orders* un gran número de pedidos pendientes • **clear the backlog** ponerse al día

back·pack /'bækpæk/ *s* [C] mochila, morral

back·pack·er /'bæk,pækɚ/ *s* [C] mochilero -a

back·pack·ing /'bæk,pækɪŋ/ *s* [U] viajes con mochila • **go backpacking** viajar con/de mochila, viajar de mochilero -a

back·ped·al /'bæk,pɛdl/ *v* [I] dar marcha atrás, echarse atrás • **backpedal on sth** dar marcha atrás en algo, echarse atrás en algo SIN **backtrack**

back 'seat *s* [C] asiento trasero, asiento de atrás ▶ FRONT SEAT

EXPRESIONES
back seat driver pasajero que constantemente indica al conductor de un vehículo cómo debe manejar • **take a back seat (a)** pasar a un segundo plano **(b)** quedar relegado -a a un segundo plano

back·side /'bæksaɪd/ *s* [C] (*coloq*) trasero

EXPRESIONES
get off your backside (*coloq*) ponerse las pilas ▶ **a KICK up the backside**

back·slash /'bækslæʃ/ *s* [C] barra invertida, diagonal (signo)

back·space /'bækspeɪs/ (tb **'backspace ,key**) *s* [sing] tecla (de) retroceso

back·stab·ber /'bæk,stæbɚ/ *s* [C] conspirador -a (en el trabajo, la profesión)

back·stab·bing /'bæk,stæbɪŋ/ *s* [U] puñaladas por la espalda (en el trabajo, la profesión)

back·stage¹ /,bæk'steɪdʒ/ *adv* entre bastidores, entre bambalinas • **go backstage** ir a los camarines, ir a los camerinos

back·stage² /'bæksteɪdʒ/ *adj* [solo ante s] a los camarines, a los camerinos (visita), para camarines, para camerinos (pase)

'back street *s* [C] callejuela, callecita de atrás

back·street /'bækstrit/ *adj* [solo ante s] clandestino -a

back·stroke /'bæk,stroʊk/ *s* **1** [sing, U] (estilo) espalda, (estilo) dorso • **do (the) backstroke** nadar espalda, nadar dorso **2 the backstroke** [sing] la prueba de espalda, la prueba de dorso • **the 100/200 meter backstroke** los 100/200 metros espalda, los 100/200 metros dorso

,back-to-'back *adj* [solo ante s] seguidos -as, consecutivos -as

back·track /'bæktræk/ *v* **1** [I] dar marcha atrás, echarse (para) atrás • **backtrack on sth** dar marcha atrás en algo, echarse (para) atrás en algo SIN **backpedal 2** [I] retroceder, volver sobre sus pasos

back·up /'bækʌp/ *s* **1** [C] alternativa, recurso alternativo • **as a backup** de reserva **2** [C] copia de seguridad **3** [U] refuerzo(s), apoyo **4** [C] reserva, suplente

backward¹ W3 (tb **backwards**) *adv*
1 (indicando dirección) hacia atrás: *She stepped backward.* Dio un paso atrás. • **fall backward** caerse de espaldas SIN **back** ANT **forward**
2 (indicando ordenación) para atrás, de delante atrás: *Count backward from 10.* Cuenta para atrás desde 10.
3 (indicando desarrollo) para atrás, hacia atrás: *The country is moving backward.* El país va para atrás. • **a step backward** un paso atrás ANT **forward**
4 (indicando colocación) al revés (con lo de atrás adelante): *She had her dress on backward.* Llevaba el vestido puesto al revés. ▶ **KNOW sth backward**

EXPRESIONES
bend/lean over backward (to do sth) hacer lo imposible (para hacer algo) • **backward and forward (a)** para adelante y para atrás **(b)** de aquí para allá **(c)** de un lado para otro

back·ward² /'bækwɚd/ *adj* **1** [solo ante s] atrás, hacia atrás • **without a backward glance** sin mirar atrás **2** (*antic*) atrasado -a (país, sociedad) SIN **undeveloped**

back·wa·ter /'bæk,wɔtɚ, -,wɑ-/ *s* [C] **1** páramo, desierto (cultural, artístico): *a political backwater* un páramo político **2** lugar remoto y atrasado **3** remanso (de un río)

back·woods /'bæk,wʊdz/ *s* [pl] **the backwoods** los lugares más remotos

,back 'yard¹ *s* [C] jardín trasero

EXPRESIONES
in sb's own back yard (*coloq*) a las puertas de la casa de alguien

back·yard² /'bækyɑrd/ *adj* [solo ante s] en el jardín

ba·con S3 /'beɪkən/ *s* [U] tocino, tocineta: *bacon and eggs* huevos con tocino • **a strip of bacon** una rebanada de tocino, una tira de tocineta ▶ **SAVE sb's skin/neck/bacon**

EXPRESIONES
bring home the bacon (*coloq*) ganarse el pan/bitute

bac·te·ri·a /bæk'tɪriə/ *s* [pl] (sing **bacterium** /-riəm/) bacterias

bac·te·ri·al /bæk'tɪriəl/ *adj* bacteriano -a, bacterial

bac·te·ri·ol·o·gy /bæk,tɪri'ɑlədʒi/ *s* [U] bacteriología

bad¹ S1 W1 /bæd/ *adj* (**worse, worst**)

1 desagradable
2 en nivel, calidad
3 perjudicial
4 inadecuado
5 accidente, herida
6 con pena, culpa
7 malvado
8 niño, mascota
9 poco respetable
10 comida
11 lenguaje
12 rudo
13 muy bueno

1 DESAGRADABLE malo -a: *I have some bad news.* Tengo una mala noticia. • *a bad smell* un mal olor • *If the weather is bad, we won't go.* Si el tiempo está malo, no vamos. • **in a bad mood** de mal humor/genio ANT **good**

2 EN NIVEL, CALIDAD malo -a: *the worst movie I've ever seen* la peor película que haya visto jamás • **be bad at sth** ser malo -a en algo: *I'm really bad at chess.* Soy malísimo jugando al ajedrez. • **be bad at doing sth** no saber hacer algo: *He's bad at saying no.* No sabe decir que no. • **be a bad driver/cook** manejar/cocinar mal ANT **good**

3 PERJUDICIAL malo -a • [+for]: *Smoking is bad for your health.* Fumar es malo para la salud. • *Too much salt can be bad for you.* Demasiada sal te puede hacer mal. • **it's bad for you to do sth** no es bueno hacer algo: *It's bad for kids to be on their own so much.* No es bueno que los niños estén solos tanto tiempo. ANT **good**

4 INADECUADO [gralm ante s] malo -a • **a bad time/ moment** un mal momento ANT **good**

5 ACCIDENTE, HERIDA grave: *a bad accident* un grave accidente • *The pain was really bad.* El dolor era muy fuerte.

6 CON PENA, CULPA **feel bad** sentirse mal • **feel bad about (doing) sth** sentirse mal por (hacer) algo: *I feel bad about not helping you.* Me siento mal porque no te ayudé. • **I feel bad for Jim/Ann** me da pena Jim/Ann

7 MALVADO malo -a • **a bad person** una mala persona ANT **good**

8 NIÑO, MASCOTA **be bad** portarse mal SIN **naughty** ANT **good**

9 POCO RESPETABLE [gralm ante s] malo -a (reputación), peligroso -a (zona, barrio) • **give sb/sth a bad name** dar mala fama a alguien/algo

10 COMIDA dañado -a, podrido -a • **go bad** dañarse, pudrirse (comida), cortarse (leche)

11 LENGUAJE [gralm ante s] **bad language** palabrotas • **a bad word** una palabrota

12 RUDO (**badder, baddest**) (*incorr, coloq, aprec*) duro -a

13 MUY BUENO (**badder, baddest**) (*aprec, oral, incorr*) bacano -a, chido -a ▶ **BAD OFF**

EXPRESIONES

go from bad to worse ir de mal en peor • **it's bad enough that...** ya bastante es que..., ya bastante tenemos con... • **bad blood** rencor, resentimiento • **be in a bad way** (*antic, coloq*) estar muy mal • **that can't be bad** (*oral*) eso no está mal, eso no le hace mal a nadie • **not bad (a)** (en contestaciones) bien **(b)** (en descripciones) no malo -a: *That's not a bad idea.* No es mala idea. • **not have a bad word to say about/against sb** no tener nada malo que decir de alguien • **be not too/so bad** no estar demasiado/tan mal

bad² S3 *s*

EXPRESIONES

my bad! (*oral*) el error fue mío, perdón • **take the bad with the good** aceptar las cosas como son, aceptar lo bueno y lo malo

bad³ S2 *adv* (*incorr, oral*) mucho: *My leg hurts bad.* Me duele mucho la pierna.

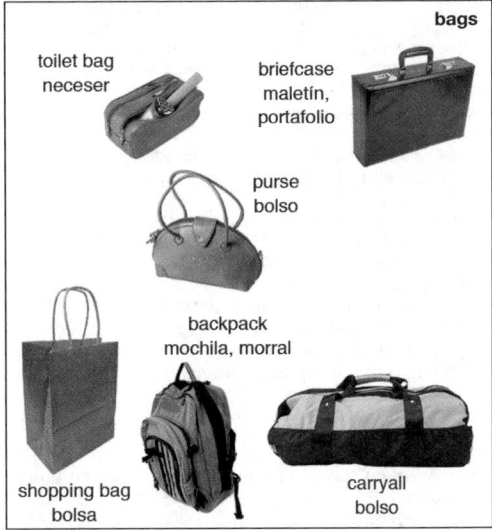

bags

toilet bag neceser
briefcase maletín, portafolio
purse bolso
backpack mochila, morral
shopping bag bolsa
carryall bolso

bade /bæd, beɪd/ pasado y participio pasado de **BID**

badge /bædʒ/ *s* [C] (de un policía, un vigilante) placa (identificativa)

badg·er¹ /'bædʒər/ *s* [C] tejón

badger² *v* [T] insistirle a (fastidiosamente), darle (la) lata a • **badger sb to do sth** insistirle a alguien para que haga algo (fastidiosamente), darle (la) lata a alguien para que haga algo

bad·lands /'bæd,lændz/ *s* [pl] tierras infértiles o sobretrabajadas

bad·ly S3 W3 /'bædli/ *adv* (**worse, worst**)

1 (insatisfactoriamente) mal: *He played badly.* Jugó mal. • *The job was badly paid.* El trabajo estaba mal pagado. • **do badly** irle mal: *Rob did very badly in the test.* A Rob le fue muy mal en el examen. • **go badly** ir/salir mal • **behave badly** portarse mal ANT **well**

2 (indicando gravedad) *He was limping badly.* Cojeaba mucho. • *They all suffered badly from frostbite.* Todos sufrieron casos graves de congelación. • **badly damaged** seriamente dañado -a • **badly injured/wounded/ hurt** gravemente herido -a • **be badly hit/affected** verse seriamente afectado -a, sufrir un fuerte impacto

3 (indicando necesidad o deseo) **need/want sth badly** necesitar/desear mucho algo: *She needed the money badly.* Le hacía muchísima falta el dinero. • **be badly in need of sth** necesitar algo con urgencia

4 (indicando opinión) mal • **think badly of sb/sth** pensar mal de alguien/algo

badly 'off (tb **bad-off**) *adj* [nunca ante s] (**worse-off, worst-off**) **be badly off** andar/estar mal de dinero, andar/estar mal de plata ANT **well-off**

bad·min·ton /'bæd,mɪntⁿn, -,mɪntən/ *s* [U] bádminton

bad·mouth /'bædmaʊθ/ *v* [T] (*coloq*) hablar pestes de

bad 'off *adj* [nunca ante s] (**worse off, worst off**) (*coloq*) mal de dinero/plata SIN **badly off**

bad-'tempered *adj* de mal carácter, de mal genio (por naturaleza), de mal humor, de mal genio (temporalmente)

baf·fle /'bæfəl/ *v* [T] desconcertar, dejar perplejo -a

baf·fled /'bæfəld/ *adj* perplejo -a, desconcertado -a

baf·fling /'bæflɪŋ/ *adj* desconcertante

bag¹ S1 W2 /bæg/ *s* [C]

1 de papel, plástico, tela
2 contenido
3 para viajar
4 de mujer
5 en la piel
6 en béisbol

1 DE PAPEL, PLÁSTICO, TELA bolsa: *a plastic bag* una bolsa de plástico [+**of**]: *a bag of clothes* una bolsa de ropa • *a bag of rice* un paquete de arroz
2 CONTENIDO bolsa: *You've eaten the whole bag!* ¡Te comiste toda la bolsa!
3 PARA VIAJAR maleta, bolso de viaje • **pack a bag** empacar, hacer una maleta/una bolsa
4 DE MUJER cartera, bolsa SIN **handbag, purse**
5 EN LA PIEL bags under your eyes ojeras, bolsas (debajo de los ojos)
6 EN BÉISBOL base ► AIRBAG, **let the CAT out of the bag, DOGGY BAG, a MIXED bag, SANDBAG, SLEEPING BAG, TEABAG, a bag/box of TRICKS**
EXPRESIONES
a bag of bones (*coloq*) un esqueleto (persona) • **be in the bag** (*coloq*) ser un hecho

bag² S2 *v* [T] (**bagged, bagging**)
1 (tb **bag up**) meter en una bolsa/en bolsas
2 (*coloq*) hacerse con, conseguir
3 (*coloq*) abandonar la idea de
4 (*coloq*) cazar, capturar
EXPRESIONES
bag it (*coloq*) **(a)** ya cállate **(b)** llevar/traer su propia comida

ba·gel /'beɪgəl/ *s* [C] panecillo en forma de rosca

bag·ful /'bægfʊl/ *s* [C] (pl **bagfuls, bagsful**) bolsa (contenido)

bag·gage /'bægɪdʒ/ *s* [U] **1** equipaje • **a piece of baggage** un bulto SIN **luggage** • **baggage allowance** equipaje permitido (peso) • **baggage cart** carrito para equipaje **2** bagaje: *emotional baggage* bagaje emocional

'baggage ,room *s* [C] guarda equipaje(s), consigna (de equipaje)

bag·gy /'bægi/ *adj* (**baggier, baggiest**) **1** ancho -a, guango -a **2** deformado -a, vaciado -a (por el uso, el lavado)

'bag ,lady *s* [C] (*malson, coloq*) vagabunda, indigente

bag·pipes /'bægpaɪps/ *s* [pl] gaita

ba·guette /bæ'gɛt/ *s* [C] baguette

Ba·ha·mas /bə'hɑməz/ **the Bahamas** las Bahamas

Ba·ha·mi·an¹ /bə'heɪmiən/ *s* [C] bahameño -a

Bahamian² *adj* bahameño -a

Bah·rain /bɑ'reɪn/ Bahrein

Bah·rain·i¹ /bɑ'reɪni/ *s* [C] bahriní

Bahraini² *adj* bahriní

bail¹ /beɪl/ *s* **1** [U] fianza (judicial) • **free/release sb on bail** dejar/poner a alguien en libertad bajo fianza • **put up/stand bail for sb** (tb **post bail for sb**) pagar la fianza de alguien **2** [C gralm pl] en cricket, cada uno de los dos palitos que se colocan horizontalmente sobre los palos verticales (**stumps**) con el fin de derribarlos

bail² *v* **1** [T gralm en pasiva] dejar/poner en libertad bajo fianza **2** [I] (*coloq, oral*) huir, salir disparado -a, borrarse
bail out *v+partíc* **1 bail sb/sth** ↔ **out** sacar de apuros a alguien/algo **2 bail out** salir de apuros **3 bail sb** ↔ **out** pagarle la fianza a alguien **4 bail out** tirarse en paracaídas **5 bail out** achicar (agua)

bail·iff /'beɪlɪf/ *s* [C] guardia, agente judicial (en un juzgado)

bail·out /'beɪlaʊt/ *s* [C] (*coloq*) rescate financiero (de una entidad)

bait¹ /beɪt/ *s* [sing, U] **1** cebo, carnada • **take the bait** picar **2** señuelo • **take the bait** morder el anzuelo, caer en la trampa
EXPRESIONES
rise to the bait enojarse, reaccionar (al ser provocado) • **bait and switch** ofrecer un producto muy barato como gancho para captar clientes

bait² *v* [T] **1** cebar (un anzuelo, una trampa) **2** provocar (para lograr que alguien se enoje)

bake S2 W3 /beɪk/ *v*
1 (pan, pasteles) **(a)** [I,T] hacer (pan/pasteles/galletas), hornear: *Mom was baking.* Mamá estaba haciendo algo al horno. • *Let's bake a cake.* Vamos a hacer un pastel. • **freshly/newly baked** recién horneado -a **(b)** [I] cocerse/ cocinarse en el horno: *the delicious smell of bread baking* el delicioso aroma de pan en el horno
2 [I,T] (papas, manzanas) cocer(se) en el horno, cocinar(se) en el horno: *Leave the apples to bake for an hour.* Deje las manzanas en el horno una hora. • **a baked potato** una papa al horno
3 [I,T] (arcilla, barro) endurecer(se), cocer(se): *earth baked hard by the sun* tierra endurecida por el sol
4 [I] (*coloq*) morirse de calor, asarse (persona), ser un horno (lugar)

,baked 'beans (tb **Boston baked beans**) *s* [pl] frijoles en salsa de tomate/jitomate

bak·er /'beɪkər/ *s* [C] panadero -a

bak·er·y /'beɪkəri/ *s* [C] (pl **bakeries**) panadería

'bake sale *s* [C] venta de galletas y pasteles en un colegio o iglesia para recaudar fondos

bak·ing /'beɪkɪŋ/ *s* [U] horneado (de pan, pasteles): *delicious smells of baking* deliciosos aromas de pan en el horno

'baking ,powder *s* [U] polvo de hornear, polvo para hornear

bal·ance¹ S2 W2 /'bæləns/ *s*
1 [U] (posición) equilibrio • **keep/lose your balance** mantener/perder el equilibrio • **catch/throw/pull sb off balance** hacerle perder el equilibrio a alguien
2 [sing, U] (igualdad) equilibrio • [+**between**]: *a healthy balance between work and play* un equilibrio saludable entre trabajo y ocio ANT **imbalance**
3 [C] (tb **bank balance**) (de una cuenta bancaria) saldo • **check your balance** verificar el saldo, checar el saldo
4 [sing] (de una deuda) saldo (pendiente): *The balance is now due.* El saldo pendiente ya ha vencido.
5 the balance [sing] el resto ► CHECKS and balances,
EXPRESIONES
be/hang in the balance estar en el aire, pender de un hilo • **off balance** perplejo -a • **catch sb off balance** agarrar a alguien desprevenido -a • **on balance** en general (teniendo todo en cuenta) • **tip/swing/tilt the balance** inclinar la balanza

balance² S3 W3 *v*
1 (a) [I] mantener el equilibrio • **balance on one foot** hacer equilibrio sobre un pie, mantener el equilibrio en un pie **(b)** [T] **balance sth on sth** sostener algo en equilibrio sobre algo: *women with baskets balanced on their heads* mujeres con cestos en equilibrio sobre la cabeza
2 [T] mantener el equilibrio entre • **balance a career with a family** compatibilizar la carrera profesional con la familia
EXPRESIONES
balance the books equilibrar las cuentas, cuadrar los libros • **balance the budget** equilibrar/cuadrar el presupuesto
balance out *v+partíc* **1 balance out** compensarse **2 balance sth** ↔ **out** compensar algo

bal·anced W3 /'bælənst/ *adj*
1 [gralm ante s] (en el enfoque) equilibrado -a, ecuánime
2 (en las cantidades) equilibrado -a • **a balanced diet** una dieta equilibrada/balanceada
3 (en la distribución) equilibrado -a, repartido -a • **be finely/delicately balanced** estar muy igualado -a/equilibrado -a • **a balanced budget** un presupuesto equilibrado
4 (mentalmente) equilibrado -a SIN **well-balanced** ANT **unbalanced**

,balance of 'payments *s* [sing] balanza de pagos • **balance of payments deficit** déficit de la balanza de pagos

,balance of 'power *s* [sing] equilibrio de poder, equilibrio de fuerzas • **hold the balance of power** mantener el equilibrio de fuerzas (partido minoritario)

,balance of 'trade *s* [sing] balanza comercial

'balance sheet *s* [C] (hoja de) balance

'balancing ,act *s* [C gralm sing] malabarismos (para lograr compatibilidad): *Her job is a balancing act.* Su trabajo consiste en hacer malabarismos.

bal·co·ny /'bælkəni/ *s* [C] (pl **balconies**) **1** balcón **2** galería (en un teatro)

bald /bɔld/ *adj* **1** calvo -a • **a bald head** una calva (cabeza) • **a bald man** un calvo • **a bald patch** una calva/un pelado (zona) • **go bald** quedarse calvo -a **2** desgastado -a (neumático, llanta)

'bald ,eagle *s* [C] águila calva

bald·ing /'bɔldɪŋ/ *adj* medio calvo -a

bald·ness /'bɔldnɪs/ *s* [U] calvicie

bale¹ /beɪl/ *s* [C] paca, fardo

bale² *v* [T] hacer pacas/fardos de

bale·ful /'beɪlfəl/ *adj* (*liter*) **1** torvo -a **2** funesto -a, siniestro -a

balk¹ /bɔk/ *s* [C] (en béisbol) obstrucción, balk (acción no permitida ejecutada por un pitcher)

balk² *v* **1** [I] resistirse, ser reacio -a • **balk at (doing) sth** resistirse a (hacer) algo, ser reacio -a a (hacer) algo **2** [I] (en béisbol) cometer una obstrucción/un balk (acción no permitida) **3** [I] rehusarse a saltar (caballo)

ball S1 W1 /bɔl/ *s*

> **1** para juegos
> **2** forma
> **3** evento
> **4** del pie, la mano
> **5** valentía
> **6** en béisbol

1 PARA JUEGOS [C] pelota, balón, bola: *The ball bounced over his head.* La pelota rebotó y le pasó por encima de la cabeza. • **a rugby/tennis/ soccer ball** una pelota de rugby/tenis/fútbol • **throw a ball** tirar/lanzar una pelota • **catch a ball** agarrar/atrapar una pelota **2 FORMA** [C] bola, ovillo: *The cat was curled up in a ball.* El gato estaba hecho un ovillo. • **[+of]:** *a ball of flame* una bola de fuego **3 EVENTO** [C] baile (de gala) **4 DEL PIE, LA MANO** **the ball of your hand/thumb** la base de la mano/del pulgar • **the ball of your foot** la zona anterior de la planta del pie **5 VALENTÍA** **balls** [pl] (*malson*) pelotas, güevas **6 EN BÉISBOL** [C] bola no válida ▶ PLAY ball with (sb)

EXPRESIONES
the ball is in sb's court a alguien le toca mover ficha • **bust/break sb's balls** (*malson*) reprender/vaciar a alguien • **have a ball** (*coloq*) divertirse mucho, pasarlo súper bien • **have something/a lot on the ball** (*coloq*) ser inteligente/muy inteligente, tener cacumen/mucho cacumen • **keep several balls in the air** hacer varias cosas al mismo tiempo • **on the ball** (*coloq*) avispado -a, despierto -a • **set/start the ball rolling** poner las cosas en marcha • **the whole ball of wax** (*coloq*) toda la vaina, toda la historia, todo

bal·lad /'bæləd/ *s* [C] **1** balada (canción) **2** romance (poema)

bal·last /'bæləst/ *s* [U] lastre (en un barco, globo)

,ball 'bearing *s* [C] balinera, cojinete de bolas

ball·cock /'bɔlkɑk/ *s* [C] válvula (de tanque del inodoro)

bal·le·ri·na /,bælə'rinə/ *s* [C] bailarina • **prima ballerina** primera bailarina

bal·let /bæ'leɪ, 'bæleɪ/ *s* **1** [C] (obra, espectáculo) ballet • **go to the ballet** ir al ballet **2** [U] (arte) ballet, danza clásica • **ballet company** compañía de ballet • **ballet music** música de ballet • **ballet school** escuela de ballet/

danza • **ballet shoes** zapatillas de ballet **3** [C] (compañía) ballet

bal'let ,dancer *s* [C] bailarín -ina

ball game /'bɔl,geɪm/ *s* [C] **1** juego de pelota (fútbol, tenis, etc.) **2** partido de béisbol

EXPRESIONES
a whole new ball game (tb **a different ball game**) (*coloq*) otra historia

bal·lis·tic /bə'lɪstɪk/ *adj* **go ballistic** (*oral*) ponerse hecho -a una furia

bal,listic 'missile *s* [C] misil balístico

bal·lis·tics /bə'lɪstɪks/ *s* [U] balística

bal·loon¹ /bə'lun/ *s* [C] **1** globo (para jugar) • **blow up a balloon** inflar un globo/una bomba **2** globo (aerostático) **3** globo, bocadillo (en una historieta)

balloon² *v* [I] **1** dispararse, crecer rápidamente **2** engordar de golpe

bal·lot¹ /'bælət/ *s* **1** [C,U] votación • **secret ballot** votación secreta • **hold a ballot** hacer una votación, votar **2** [C] votos (emitidos)

ballot² *v* **1** [T] convocar a las urnas, invitar a votar • **ballot sb on/over sth** someter algo a la votación de alguien **2** [I] **ballot for sth** votar para decidir algo

'ballot box *s* **1** the ballot box [sing] las urnas, el voto (votación) **2** [C] urna (electoral)

ball·park¹ /'bɔl,pɑrk/ *adj* [solo ante s] aproximado -a: *a ballpark figure* una cifra aproximada

ballpark² *s* [C] estadio de béisbol, parque de béisbol

EXPRESIONES
be in the right/same ballpark (*coloq*) rondar la cifra estimada

ball·point /'bɔlpɔɪnt/ *s* [C] bolígrafo, esfero(gráfico), pluma atómica

ball·room /'bɔlrum/ *s* [C] salón de baile

,ballroom 'dancing *s* [U] baile de salón

balm /bɑm/ *s* **1** [U] (sustancia) bálsamo: *lip balm* protector labial **2** [sing, U] (*liter*) (consuelo) bálsamo

balm·y /'bɑmi/ *adj* (**balmier, balmiest**) cálido -a, templado -a

ba·lo·ney /bə'louni/ *s* [U] **1** (*coloq*) disparates, tonterías SIN **nonsense 2** (*coloq*) tipo de salchicha ahumada

bal·us·trade /'bælə,streɪd/ *s* [C] balaustrada

bam·boo /,bæm'bu‹ / *s* [C,U] (pl **bamboos**) **1** (planta) bambú **2** (caña) bambú

bam·boo·zle /bæm'buzəl/ *v* [T] (*coloq*) enredar, engatusar

ban¹ W3 /bæn/ *s* [C] prohibición • **[+on]:** *a total ban on cigarette advertising* una prohibición total de los anuncios de cigarrillos • **impose a ban** imponer una prohibición • **lift a ban** levantar una prohibición

ban² W3 *v* [T] (**banned, banning**) prohibir • **ban sb from doing sth** prohibirle a alguien que haga algo: *Charlie's been banned from driving for a year.* A Charlie le suspendieron el permiso de conducir por un año.

ba·nal /bə'næl, bə'nɑl, 'beɪnl/ *adj* banal

ba·nal·i·ty /bə'næləti/ *s* [C,U] banalidad

ba·nan·a S2 /bə'nænə/ *s* [C] banano

band¹ S1 W2 /bænd/ *s*
1 [C] (de música) grupo, banda: *a rock band* un grupo de rock • **join a band** entrar en un grupo • **play in a band** tocar en un grupo • **form a band** formar un grupo • **band member** miembro/integrante de un grupo **2** [C] grupo (de voluntarios, soldados) **3** [C] banda, tira, faja (de tela), caucho, goma (elástica), liga (elástica) (para sujetar), anillo (de metal, plástico) **4** [C] (de color, luz, tierra) franja, banda **5** [C] (*técn*) banda de frecuencia SIN **waveband**
▶ BROADBAND, RUBBER BAND

band² v
band together v+partíc unirse • **band together to do sth** unirse para hacer algo

ban·dage¹ /'bændɪdʒ/ s [C] venda (para una herida)

bandage² v [T] (tb **bandage up**) vendar (una herida)

Band-Aid /'bænd eɪd/ s [C] (marca reg) curita®

ban·dan·na, bandana /bæn'dænə/ s [C] pañuelo, mascada

B and B /ˌbi ən 'bi/ s [C] (**bed and breakfast**) pensión o casa de huéspedes que ofrece desayunos

ban·dit /'bændɪt/ s [C] bandido -a

band·stand /'bændstænd/ s [C] quiosco de música (en un parque)

band·wag·on /'bænd,wægən/ s [C] • **jump/climb/get on the bandwagon** subirse al carro/al tren (unirse a una tendencia exitosa)

band·width /'bænd,wɪdθ/ s [C,U] (técn) ancho de banda

ban·dy¹ /'bændi/ adj arqueado -a, chueco -a (piernas)

bandy² v (**bandies, bandied, bandying**)
bandy sth ↔ around v+partíc barajar algo (nombres, ideas, cifras): A few names are being bandied about. Se barajan varios nombres.

bane /beɪn/ s [sing] **be the bane of sb's existence/life** ser la pesadilla/la ruina de alguien

bang¹ /bæŋ/ v **1 (a)** [I] **bang on sth** golpear/aporrear algo, dar golpes en algo: Jim was banging on the wall. Jim estaba dando golpes en la pared. **(b)** [T] golpear, aporrear: I banged my fist on the table. Di un puñetazo en la mesa. • They were banging drums. Aporreaban unos tambores. **2** [T] darse un golpe en: I banged my head. Me di un golpe en la cabeza. • **bang sth on/against sth** darse un golpe en algo con algo: She banged her elbow on the corner of the table. Se dio un golpe en el codo con la punta de la mesa. **3** [I siempre + adv/prep, T] cerrar(se) de un golpe • **bang the door** dar un portazo • **bang sth shut** cerrar algo de un golpe • **bang shut** cerrarse de un golpe/de un portazo SIN **slam 4** [I] hacer ruido

EXPRESIONES
bang your head against a (brick) wall (coloq) darse cabezazos contra la pared
bang around v+partíc andar haciendo ruido
bang sth down v+partíc She banged down the receiver. Colgó el teléfono de un golpe.
bang sth ↔up v+partíc (coloq) estropear algo

bang² s [C] **1** estrépito, estruendo **2** estallido **3** golpe: a bang on the head un golpe en la cabeza

EXPRESIONES
bang for your buck The new magazine gives you more bang for your buck than its rivals. La nueva revista le da mucho más que la competencia por el mismo precio. • **get a bang out of sth** (oral) disfrutar muchísimo (de) algo • **with a bang** a lo grande

bang³ adv
EXPRESIONES
go bang explotar, hacer pum

bang⁴ interj pum

Bang·la·desh /ˌbɑŋglə'dɛʃ, ˌbæŋ-/ Bangladesh

Bang·la·desh·i¹ /ˌbɑŋglə'dɛʃi‹, ˌbæŋ-/ s [C] bangladesí

Bangladeshi² adj bangladesí

ban·gle /'bæŋgəl/ s [C] pulsera

bangs /bæŋz/ s [pl] flequillo, capul, fleco

ban·ish /'bænɪʃ/ v [T] **1** (una práctica, una persona) desterrar • **banish sb from the house/to the garden** expulsar a alguien de la casa/confinar a alguien en el jardín: a plan to banish traffic from the downtown area un plan para prohibir la circulación en el centro de la ciudad **2** (de un país) desterrar • **banish sb from/to sth** desterrar a alguien de/a algo: Thousands were banished to Siberia. Miles de personas fueron desterradas a Siberia. SIN **exile 3** (una idea, una duda) desterrar,

desechar • **banish sth from your mind** desterrar algo de la mente **4** erradicar

ban·ish·ment /'bænɪʃmənt/ s [U] **1** destierro, exilio **2** expulsión

ban·is·ter, bannister /'bænəstər/ s [C] pasamanos, baranda, barandal

ban·jo /'bændʒoʊ/ s [C] (pl **banjos**) banjo

bank¹ S1 W1 /bæŋk/ s

1	entidad financiera
2	de un río, un lago
3	de tierra, arena
4	reserva
5	de objetos
6	de nubes, niebla
7	en juegos de azar

1 ENTIDAD FINANCIERA [C] banco: He went to the bank. Fue al banco. • **bank clerk** empleado bancario/empleada bancaria • **bank loan** préstamo bancario • **bank manager** gerente de banco
2 DE UN RÍO, UN LAGO [C] orilla, ribera • **on the river bank** a/en la orilla del río
3 DE TIERRA, ARENA [C] montículo (de tierra, nieve), banco (de arena)
4 RESERVA a blood/a sperm/an organ bank un banco de sangre/esperma/órganos
5 DE OBJETOS a bank of televisions un conjunto de televisores • **a bank of elevators** un grupo de ascensores/elevadores
6 DE NUBES, NIEBLA [C] **a fog/mist bank** un banco de niebla/neblina • **a cloud bank** una masa de nubes
7 EN JUEGOS DE AZAR [sing] banca ▶ **FOOD BANK**

bank² W2 v
1 [I siempre + adv/prep] (con un banco) **bank at/with the U.S. Bank** tener una cuenta en el U.S. Bank
2 [T] depositar (en el banco)
3 [I] inclinarse, ladearse
4 [T gralm en pasiva] apilar, amontonar
5 [I] (tb **bank up**) acumularse, formar bancos (niebla, nubes)
bank on sb/sth v+partíc **1** (depender) contar con alguien/algo • **bank on doing sth** contar con hacer algo **2** (esperar) contar con alguien/algo

'bank ac,count s [C] cuenta (bancaria): I only had $50 in my bank account. Solo tenía 50 dólares en la cuenta. • **open a bank account** abrir una cuenta

'bank ,balance s [sing] saldo (en una cuenta bancaria)

bank·er W3 /'bæŋkər/ s [C]
1 banquero -a
2 banca (en juegos de azar)

bank·ing /'bæŋkɪŋ/ s [U] **1** operaciones bancarias: online banking banca electrónica/por Internet **2** banca

bank note, bank·note /'bæŋknoʊt/ s [C] billete (de banco)

bank·roll¹ /'bæŋkroʊl/ s [C] fondos

bankroll² v [T] (coloq) financiar

bank·rupt¹ /'bæŋkrʌpt/ adj **1** en quiebra, en bancarrota • **go bankrupt** ir a la quiebra, quebrar • **be declared bankrupt** ser declarado -a en quiebra **2 bankrupt of sth** falto -a de algo • **morally bankrupt** en la bancarrota moral

bankrupt² v [T] llevar a la quiebra/a la bancarrota

bankrupt³ s [C] quebrado -a (insolvente)

bank·rupt·cy /'bæŋk,rʌptsi/ s [C,U] (pl **bankruptcies**) quiebra, bancarrota • **file for bankruptcy** presentar una solicitud de declaración de quiebra • **declare bankruptcy** declararse en quiebra

'bank ,teller s [C] cajero -a (en un banco) SIN **teller**

ban·ner¹ /'bænər/ s [C] **1** pancarta **2** (liter) estandarte, bandera

EXPRESIONES
under the banner of sth (a) bajo la bandera de algo (un principio, una causa) **(b)** en el seno de algo (un grupo, una organización)

banner² adj [solo ante s] **a banner year/season/week** un año/una temporada/una semana excepcional

,banner 'headline s [C] gran titular (en un periódico)

ban·quet /'bæŋkwɪt/ s [C] **1** (formal) banquete • **a state banquet** un banquete oficial **2** (comilona) banquete

ban·tam /'bæntəm/ s [C] gallina de Bantam

ban·tam·weight /'bæntəm,weɪt/ s [C] peso gallo

ban·ter¹ /'bæntər/ (tb **bantering**) s [U] bromas, vacilada

banter² v [I] bromear, vacilar

ban·ter·ing /'bæntərɪŋ/ adj bromista

bap /bæp/ s [C] pan (redondo), bollo SIN **roll**

bap·tism /'bæp,tɪzəm/ s [C,U] bautismo, bautizo
EXPRESIONES
a baptism of fire un bautismo de fuego

bap·tis·mal /bæp'tɪzməl/ adj [solo ante s] bautismal, de bautismo

Bap·tist /'bæptɪst/ s [C], adj baptista

bap·tize /'bæptaɪz, bæp'taɪz/ v [T gralm en pasiva] **1** bautizar **2** bautizar con el nombre de

bar¹ S1 W2 /bɑr/ s [C]

1 para beber
2 mostrador
3 bloque alargado
4 para comidas
5 en el computador
6 en una ventana, una puerta
7 en música
8 de color
9 profesión de abogado
10 examen
11 en fútbol
12 en las fuerzas armadas
13 en el ejército

1 PARA BEBER bar • **a cocktail/wine bar** una coctelería/una vinatería
2 MOSTRADOR barra • **at the bar** en la barra
3 BLOQUE ALARGADO barra: *a candy bar* una tableta/ barra de chocolate • *a bar of soap* una barra/pastilla de jabón • *a bar of gold* un lingote de oro
4 PARA COMIDAS a sushi/noodle bar pequeño restaurante especializado en sushi/en pastas chinas • **a salad bar** un bufé de ensaladas (en un restaurante), una sección de ensaladas preparadas (en un supermercado) • **a coffee bar** una cafetería, un café
5 EN EL COMPUTADOR barra: *the scroll bar* la barra de desplazamiento
6 EN UNA VENTANA, UNA PUERTA tranca: *a building with bars on the windows* un edificio con rejas en las ventanas
7 EN MÚSICA compás SIN **measure**
8 DE COLOR franja
9 PROFESIÓN DE ABOGADO **the bar** la abogacía
10 EXAMEN **the bar** examen que deben aprobar los abogados en Estados Unidos para ejercer la abogacía
11 EN FÚTBOL larguero, travesaño SIN **crossbar**
12 EN LAS FUERZAS ARMADAS banda de metal o tela que indica el rango de un militar SIN **stripe**
13 EN EL EJÉRCITO galón que indica haber recibido una condecoración dos veces
EXPRESIONES
behind bars (coloq) entre rejas • **put sb behind bars** meter a alguien entre rejas • **a bar to sth** un obstáculo para algo

bar² v [T] (**barred, barring**) **1** prohibir • **bar sb from doing sth** prohibir a alguien hacer algo **2** prohibir la entrada • **bar sb from sth** prohibirle a alguien la entrada en/a algo **3** bar sb's way cerrarle el paso a alguien **4** (tb

bar up) trancar, atrancar (una puerta, una ventana)

bar³ prep (frml) salvo, excepto: *We managed to answer every question bar one.* Logramos contestar todas las preguntas salvo una.
EXPRESIONES
bar none sin excepción

Bar·ba·di·an¹ /bɑr'beɪdiən/ s [C] barbadense

Barbadian² adj barbadense

Bar·ba·dos /bɑr'beɪdoʊs/ Barbados

bar·bar·i·an /bɑr'bɛriən/ s [C] **1** (inculto) bárbaro -a **2** (bestia) bárbaro -a **3** (germánico) bárbaro -a

bar·bar·ic /bɑr'bærɪk, -'bɛrɪk/ adj salvaje, brutal

bar·ba·rism /'bɑrbə,rɪzəm/ s [U] **1** barbarie, brutalidad **2** barbarie, incivilización

bar·ba·rous /'bɑrbərəs/ adj (antic) **1** salvaje, brutal **2** bárbaro -a, incivilizado -a

bar·be·cue¹ S3 /'bɑrbɪ,kyu/ s [C]
1 (comida) parrillada • **have a barbecue** hacer una parrillada
2 (para cocinar) parrilla, barbacoa

barbecue² v [T] asar a la parrilla: *barbecued chicken* pollo asado a la parrilla

barbed /bɑrbd/ adj **1** con punta(s) (anzuelo, flecha) **2** mordaz

,barbed 'wire s [U] alambre de púa(s) • **barbed wire fence** alambrada (de alambre de púa)

bar·ber /'bɑrbər/ s [C] peluquero (de hombres)

bar·ber·shop, **barber shop** /'bɑrbər,ʃɑp/ s [C] peluquería (de hombres)

bar·bi·tu·rate /bɑr'bɪtʃərɪt/ s [C,U] barbitúrico

'bar chart (tb **'bar graph**) s [C] diagrama de barras, gráfica de barras

'bar code s [C] código de barras

bard /bɑrd/ s [C] **1** (liter) bardo **2 the Bard** Shakespeare

bare¹ /bɛr/ adj **1** (sin ropa) desnudo -a • **bare-headed/ bare-chested/bare-legged** con la cabeza descubierta/el torso desnudo/las piernas desnudas • **in/with bare feet** descalzo -a ► ver nota en **NAKED 2** (sin vegetación) desnudo -a, pelado -a: *bare branches* ramas peladas **3** (pared, madera, suelo) desnudo -a **4** vacío -a (habitación, armario) SIN **empty 5** [solo ante s] mínimo -a, más básico -a (detalles): *a bare majority* una mayoría mínima/ajustada • **the bare bones (of sth)** lo esencial (de algo) • **the bare minimum** lo justo, lo indispensable, lo estrictamente necesario • **the bare essentials (a)** (tb **the bare necessities**) lo indispensable para vivir **(b)** lo mínimo indispensable, lo más básico
EXPRESIONES
lay sth bare (a) (frml) (lo tapado) dejar algo al descubierto **(b)** (lo secreto) dejar algo al descubierto • **with your bare hands** con sus propias manos

bare² v [T] descubrir
EXPRESIONES
bare your teeth mostrar los dientes • **bare your soul** abrir su corazón, desnudar su alma

bare·back /'bɛrbæk/ adj, adv a pelo • **ride bareback** montar a pelo

bare·faced /'bɛrfeɪst/ adj [solo ante s] descarado -a

bare·foot /'bɛrfʊt/ (tb **bare·foot·ed** /'bɛr,fʊtɪd/) adj, adv descalzo -a • **go/walk barefoot** andar descalzo -a

bare·ly S3 W2 /'bɛrli/ adv
1 (con dificultad) apenas • **sb can barely do sth** (tb **sb is barely able to do sth**) alguien apenas puede hacer algo: *She could barely understand English.* Apenas entendía el inglés. • **barely audible/visible/perceptible** apenas audible/visible/perceptible
2 (justo después) apenas: *I'd barely gotten home when the phone rang.* Apenas había llegado a casa cuando sonó el teléfono.
3 (tan solo) apenas: *a village of barely 200 inhabitants*

un pueblo de apenas 200 habitantes
4 (pobremente) *a barely furnished room* una habitación con unos pocos muebles

barf /bɑrf/ *v* [I] (*coloq*) vomitar

bar·gain¹ /'bɑrgən/ *s* [C] **1** ganga, oportunidad: *These shoes were a bargain.* Estos zapatos fueron una ganga. • **be a bargain at sth** *The house is a bargain at $200,000.* Por 200.000 dólares, la casa es un regalo. • **a real/good bargain** verdadera ganga/una buena oportunidad • **bargain flight** vuelo barato • **bargain hunter** cazador -a de gangas • **bargain price** precio de ganga **2** trato, acuerdo • **make/strike a bargain** hacer un trato, llegar a un acuerdo • **drive a hard bargain** hacer pocas concesiones • **keep your side of the bargain** cumplir con su parte (del trato)
EXPRESIONES
into the bargain (tb **in the bargain**) por si fuera poco • **make the best of a bad bargain** poner al mal tiempo buena cara

bargain² *v* [I] negociar, regatear • **bargain with sb** negociar/regatear con alguien • **bargain for sth** negociar/regatear para conseguir algo
bargain for sth *v+partíc* contar con algo • **more than sb bargained for** *The thief got more than he bargained for.* Al ladrón le fue peor de lo que esperaba.
bargain on sth *v+partíc* contar con algo • **bargain on doing sth** contar con hacer algo • **bargain on sb/sth doing sth** contar con que alguien/algo haga algo

bar·gain·ing /'bɑrgənɪŋ/ *s* [U] negociaciones, regateo • **hard bargaining** duras negociaciones ▶ COLLECTIVE BARGAINING

'bargaining ,chip *s* [C] moneda de cambio

barge¹ /bɑrdʒ/ *s* [C] barcaza

barge² *v* [I,T siempre + adv/prep] • **barge (your way) through/into** abrirse paso a empujones entre/hasta entrar en
barge in *v+partíc* irrumpir
barge in on sb/sth *v+partíc* interrumpir a alguien/algo
barge into sth *v+partíc* irrumpir en algo

'barge pole *s* [C] pértiga (para navegar)

bar·i·tone¹ /'bærə,toʊn/ *s* **1** [C] voz de barítono **2** [C] barítono **3** [sing] parte del barítono

baritone² *adj* [solo ante s] barítono

bark¹ S2 /bɑrk/ *v*
1 [I] ladrar • **bark at sb/sth** ladrarle a alguien/algo
2 [T] (tb **bark out**) rugir, vociferar
EXPRESIONES
be barking up the wrong tree (*coloq*) equivocarse de palo a palo, estar muy equivocado -a

bark² *s* **1** [U] corteza (de árbol) **2** [C] ladrido **3** [C] rugido (voz)
EXPRESIONES
his/her bark is worse than his/her bite (*oral*) perro que ladra no muerde

bar·ley /'bɑrli/ *s* [U] cebada

bar mitz·vah /,bɑr 'mɪtsvə/ *s* [C] ceremonia religiosa por la que un niño judío pasa a considerarse adulto

barn /bɑrn/ *s* [C] granero (para la cosecha), establo (para animales)

bar·na·cle /'bɑrnəkəl/ *s* [C] percebe (crustáceo marino)

barn·yard /'bɑrnyɑrd/ *s* [C] corral SIN **farmyard**

ba·rom·e·ter /bə'rɑmətər/ *s* [C] **1** (instrumento) barómetro **2** (de un proceso, un fenómeno) barómetro

bar·on /'bærən/ *s* [C] **1** magnate **2** barón

bar·on·ess /'bærənɪs, -,nɛs/ *s* [C] baronesa

bar·on·et /'bærənɪt/ *s* [C] baronet

ba·roque¹, Baroque /bə'roʊk/ *adj* barroco -a

baroque², Baroque *s* **the baroque** el barroco

bar·racks /'bærəks/ *s* [pl] cuartel

bar·rage¹ /bə'rɑʒ/ *s* **1** [C gralm sing] andanada, descarga **2 a barrage of criticism/questions** una lluvia de críticas/una andanada de preguntas

bar·rage² /'bærɪdʒ/ *s* [C] presa, dique

'bar'rage bal,loon *s* [C] globo antiaéreo

barred /bɑrd/ *adj* con barrotes (ventana, puerta)

bar·rel¹ /'bærəl/ *s* [C] **1** (recipiente) barril, tonel: *a beer barrel* un barril de cerveza **2** (tb **barrelful**) (contenido) barril • [+of]: *two million barrels of oil* dos millones de barriles de petróleo **3** cañón (de un arma de fuego) ▶ LOCK, **stock, and barrel**, SCRAPE **(the bottom of) the barrel**
EXPRESIONES
have sb over a barrel tener a alguien acorralado -a, tener a alguien entre la espada y la pared • **not be a barrel of laughs** no ser muy divertido -a

barrel² *v* [I siempre + adv/prep] (*coloq*) ir a toda velocidad

'barrel ,organ *s* [C] organillo

bar·ren /'bærən/ *adj* **1** árido -a, yermo -a **2** anodino -a **3** (planta) estéril **4** (periodo) estéril, poco productivo -a **5** (*antic*) (persona, animal) estéril

bar·rette /bə'rɛt/ *s* [C] pasador, broche (para el pelo)

bar·ri·cade¹ /'bærə,keɪd/ *s* [C] barricada

barricade² *v* [T] cerrar con barricadas (una calle), trancar (una puerta) • **barricade yourself in/inside sth** atrincherarse en algo

bar·ri·er /'bæriər/ *s* [C] **1** (obstáculo) barrera: *the removal of trade barriers* la eliminación de barreras comerciales • **a language/cultural barrier** una barrera idiomática/cultural • [+to]: *a barrier to employment* una barrera para el empleo **2** (cerca) barrera, valla: *a ticket barrier* un puesto de control de entradas **3** (separación) barrera • **a natural barrier** una barrera natural **4** (límite) barrera ▶ SOUND BARRIER

bar·ring /'bɑrɪŋ/ *prep* salvo: *barring a miracle* a menos que suceda un milagro

'bar·room /'bɑr,rum/ *s* [C] bar, taberna • **barroom brawl** pelea de bar/taberna

bar·row /'bæroʊ/ *s* [C] **1** carretilla (para transportar materiales) **2** puesto (rodante), carreta (para vender mercancía) **3** túmulo

bar·tend·er /'bɑr,tɛndər/ *s* [C] barman

bar·ter¹ /'bɑrtər/ *v* **(a)** [I] hacer trueques • **barter (with sb) for sth** hacer trueques (con alguien) para conseguir algo **(b)** cambiar • **barter sth for sth** cambiar algo por algo

barter² *s* [U] trueque

base¹ S2 W1 /beɪs/ *v* [T] instalar la sede/base de • **be based in/at sth** tener su sede/base en algo, estar radicado -a/instalado -a en algo: *a newspaper based in San Francisco* un periódico con sede en San Francisco • **base yourself in Houston/Bogotá** establecerse/instalarse en Houston/Bogotá
base sth on/upon sth *v+partíc* **1** basar algo en algo • **be based on/upon sth** estar basado -a en algo, basarse en algo: *The movie was based on a true story.* La película estaba basada en una historia real. **2 based on sth** a juzgar por algo, sobre la base de algo

base² S2 W1 *s*

1	parte inferior
2	de una entidad
3	militar
4	fundamento
5	de clientes, miembros
6	en béisbol
7	ingrediente
8	en matemáticas

1 PARTE INFERIOR [C gralm sing] base, pie: *a wine glass with a heavy base* una copa de vino con una base pesada • [+of]: *a blow to the base of the skull* un golpe en la base del cráneo • *at the base of the cliff* al pie del acantilado

2 **DE UNA ENTIDAD** [C] sede: *The company has its base in Boston.* La empresa tiene su sede en Boston.
3 **MILITAR** [C] base • **military/naval/air base** base militar/naval/aérea
4 **FUNDAMENTO** [sing] base • [+**for**]: *We are laying the base for economic recovery.* Estamos sentando las bases de la recuperación económica.
5 **DE CLIENTES, MIEMBROS** [C gralm sing] base • **customer/fan base** base de clientes/fans • **industrial/manufacturing base** base industrial/productiva
6 **EN BÉISBOL** [C] base
7 **INGREDIENTE** [sing, U] base: *paint with an oil base* pintura al óleo
8 **EN MATEMÁTICAS** [C gralm sing] (*técn*) base

EXPRESIONES
cover/touch all the bases abarcar todos los aspectos • **off base** (*coloq*) equivocado -a • **touch base (with sb)** ponerse en contacto (con alguien), mantener el contacto (con alguien)

base³ *adj* **1** (*liter*) bajo -a, vil **2 base salary/pay** salario básico, sueldo básico

base·ball S2 W2 /ˈbeɪsbɔl/ *s*
1 [U] béisbol: *He likes playing baseball.* Le gusta jugar al béisbol. • **baseball bat** bate de béisbol • **baseball game** partido de béisbol • **baseball glove** (tb **baseball mitt**) guante de béisbol • **baseball player** jugador -a de béisbol, béisbolista • **baseball stadium** estadio de béisbol, parque de béisbol • **baseball team** equipo de béisbol **2** [C] pelota de béisbol

ˈbaseball cap *s* [C] cachucha (de béisbol), gorra de béisbol

base·board /ˈbeɪsbɔrd/ *s* [C] rodapié, zócalo

base·less /ˈbeɪslɪs/ *adj* (*frml*) infundado -a

base·line /ˈbeɪslaɪn/ *s* [C gralm sing] **1** (*técn*) punto de referencia **2** línea de fondo, línea de saque (en tenis), línea final, línea de saque (en vóleibol) **3** en béisbol, zona por la que debe correr el corredor entre las bases.

base·ment S2 /ˈbeɪsmənt/ *s* [C] sótano

bas·es /ˈbeɪsiz/ *pl de* **BASIS**

bash¹ /bæʃ/ *v* (*coloq*) **1** (a) [T] golpear, pegarle a: *Police bashed down the door to get in.* La policía echó la puerta abajo a golpes para entrar. • **bash sth on/against sth** darse un golpe en algo con/contra algo (en la rodilla, la cabeza), golpear algo contra algo (un objeto) • **bash sb's head in** romperle la cara a alguien **(b)** [I siempre + adv/prep] **bash into sb/sth** chocar con alguien/algo **2** [T] despotricar contra/de

bash² *s* [C] (*coloq*) fiesta, rumba

bash·ful /ˈbæʃfəl/ *adj* **1** tímido -a (persona) **2** tímido -a (mirada, sonrisa)

bash·ing /ˈbæʃɪŋ/ *s* [sing, U] **1** (críticas) ataques **2** (golpes) paliza, madertada

Ba·sic /ˈbeɪsɪk/ *s* (lenguaje) Basic (en informática)

ba·sic S2 W2 /ˈbeɪsɪk/ *adj*
1 (idea, problema, principio) básico -a, fundamental: *Tax money pays for basic services.* El dinero de los impuestos cubre los servicios básicos. • [+**to**]: *They lack water and other things basic to life.* Carecen de agua y de otras cosas básicas para vivir. **2** (conocimientos, equipamiento) básico -a, elemental, sencillo -a: *You need at least a basic understanding of English.* Necesitas nociones básicas de inglés. • *The accommodation was very basic.* El alojamiento era de lo más sencillo. **3** [solo ante s] (derechos, necesidades) básico -a, fundamental: *basic human rights* derechos humanos fundamentales

ba·si·cally S1 W2 /ˈbeɪsɪkli/ *adv*
1 [adv oracional] (*oral*) sencillamente, básicamente: *She's basically a great boss.* Sencillamente, es una excelente jefa. • *Basically, he's lazy.* Básicamente es un perezoso. **2** basicamente, esencialmente: *All cheese is made in*

baskets

shopping basket
cesta de la compra

picnic basket
cesta de picnic

wastebasket
papelera,
bote, cesto de
los papeles

wicker basket
canasto de mimbre

laundry basket
canasto de la ropa sucia

basically the same way. Todos los quesos se elaboran básicamente de la misma manera. • *Basically, he hadn't changed.* En lo esencial, no había cambiado. **3** sencillamente, de manera sencilla

ba·sics /ˈbeɪsɪks/ *s* [pl] **1 the basics** lo básico, lo esencial • **learn/teach/know the basics** aprender/enseñar/conocer lo básico • **the basics of sth** los principios básicos de algo **2** necesidades básicas, artículos de primera necesidad

EXPRESIONES
get back/go back to basics volver a lo básico/lo esencial

ba·sil S3 /ˈbeɪzəl/ *s* [U] albahaca

ba·sil·i·ca /bəˈsɪlɪkə/ *s* [C] basílica

ba·sin /ˈbeɪsən/ *s* [C] **1** (de un río) cuenca **2** (oceánica, sedimentaria) cuenca **3** (recipiente) tazón **4** (tb **basinful**) (contenido) tazón

ba·sis S2 W2 /ˈbeɪsɪs/ *s* [C] (pl **bases** /ˈbeɪsiz/)
1 (manera) • **on a regular basis** regularmente, habitualmente • **on a daily/weekly/monthly basis** a diario/semanalmente/mensualmente • **on a voluntary/part-time/freelance basis** de voluntario -a/a tiempo parcial/por cuenta propia **2** (fundamento) base • [+**of**]: *Bread forms the basis of their diet.* El pan es la base de su dieta. • **a basis for sth** una base para algo **3** (argumento) base • **on the basis of sth** basándose/basado -a en algo, sobre la base de algo • **on the basis that** aduciendo que

bask /bæsk/ *v* [I] **1** disfrutar del calor, tomar (el) sol • **bask in the sun** tomar (el) sol, asolearse **2** regodearse • **bask in sth** regodearse en algo

bas·ket S2 W2 /ˈbæskɪt/ *s* [C]
1 canasto, canasta: *a wicker basket* un canasto de mimbre • [+**of**]: *a basket of fruit* una canasta de frutas **2** (aro de básquetbol) canasta **3** (tanto en básquetbol) canasta • **make a basket** encestar • **shoot baskets** tirar/hacer unos tiros al aro/a la canasta ▶ **put all your EGGS in one basket**, **WASTEBASKET**

bas·ket·ball S2 W2 /ˈbæskɪtˌbɔl/ *s* [U]
1 básquetbol, básketbol, básquet: *They played basketball.* Jugaron al básquet. • **basketball court** cancha de básquetbol • **basketball game** partido de básquetbol • **basketball player** jugador -a de básquetbol, básquetbolista • **basketball team** equipo de básquetbol **2** pelota, balón (de básquetbol)

bass¹ /beɪs/ *s* **1** [sing] graves (sonidos) **2** [C] bajo (cantante) **3** [C] voz de bajo **4** [sing] parte del bajo **5** [C] bajo (eléctrico) • **on bass** al bajo **6** [C] contrabajo

bass² *adj* [solo ante s] **1** grave (nota) **2** de bajo (voz)

bass³ /bæs/ *s* [C] (pl **bass**) **1** lubina, róbalo **2** perca

bas·si·net /ˌbæsɪ'nɛt/ s [C] **1** moisés **2** cuna de viaje (en un avión)

bas·soon /bə'sun, bæ-/ s [C] fagot

bas·tard /'bæstəd/ s [C] (antic) bastardo -a

baste /beɪst/ v [I,T] rociar una carne con su propio jugo o grasa durante la cocción

bas·tion /'bæstʃən/ s [C] **1** (de una tradición, principios) bastión, baluarte • [+of]: *a bastion of male privilege* un bastión de los privilegios masculinos • **the last bastion of sth** el último bastión de algo **2** (militar) bastión **3** (técn) (de un castillo) bastión, baluarte

bat¹ S3 /bæt/ s [C] **1** murciélago **2** bate: *a baseball bat* un bate de béisbol • **be at bat** estar bateando ▶ **be as BLIND as a bat**

EXPRESIONES
like a bat out of hell (coloq) como alma que lleva el diablo • **(right) off the bat** (coloq) desde el principio, de inmediato

bat² v (**batted**, **batting**) **1** [I,T] batear **2** [T] promediar, registrar un promedio de (bateando) **3** [T] dar un golpecito a **4** [T] **bat your eyes/eyelashes (at sb)** hacer ojitos (a alguien)

EXPRESIONES
go to bat for sb (coloq) apoyar a alguien • **bat a thousand** (tb **bat 1,000**) (coloq) tener mucho éxito, ser un exitazo • **not bat an eye/eyelid** (coloq) ni pestañear, no inmutarse
bat sth ↔ around v+partíc (coloq) discutir algo (una idea, un plan)

batch S3 /bætʃ/ s [C] **1** partida, lote (de productos), hornada, tanda (de galletas, pan) • **in batches** por partidas/tandas **2** grupo, tanda (de alumnos, reclutas, etc.) **3** lote (en informática) • **batch job** tarea por lotes

bat·ed /'beɪtɪd/ adj **with bated breath** con ansiedad, con el aliento contenido

bath S2 /bæθ/ s [C] **1** (acción) baño (de tina) • **take a bath** bañarse, darse un baño • **give sb a bath** bañar a alguien • **be in the bath** estar bañándose • **run a bath** llenar la tina/bañera: *I'll run you a bath.* Te llenaré la tina. **2** (habitación) (cuarto de) baño **3** (sustancia) baño • [+of]: *a bath of dye* un baño de tintura **4** (edificio) **baths** [pl] baños (públicos): *the Roman baths* las termas romanas

EXPRESIONES
take a bath (coloq) perder dinero ▶ **BLOODBATH, BUBBLE BATH**

bathe /beɪð/ v **1** [I,T] (en la tina) bañar(se) **2** [T] lavar, enjuagar (una herida, los ojos) **3** [T] (liter) (de luz, color) bañar • **bathe sth/sb in sth** bañar algo/a alguien en algo

bathing suit /'beɪðɪŋ ˌsut/ s [C] traje de baño

'bath mat s [C] tapete de baño

bath·robe /'bæθroʊb/ s [C] bata (de baño)

bath·room S1 W3 /'bæθrum/ s [C] **1** (cuarto de) baño **2** baño (en lugar público) • **use the bathroom** ir al baño • **go to the bathroom** ir al baño

bath·tub /'bæθtʌb/ s [C] tina, bañera

ba·ton /bə'tɑn/ s [C] **1** batuta (de director de orquesta) **2** bastón (en un desfile) **3** testigo, relevo (en una carrera) **4** bastón de mando

EXPRESIONES
pass the baton (to sb) pasar el testigo (a alguien)

bats·man /'bætsmən/ s [C] (pl **batsmen** /-mən/) bateador -a

bat·tal·ion /bə'tælyən/ s [C] batallón

bat·ter¹ /'bætə/ s **1** [C,U] rebozado (para frituras): *fried fish in batter* pescado frito rebozado **2** [C,U] masa (para

crepes): *pancake batter* masa para crepes **3** [C] (en béisbol) bateador -a

batter² v **1** [T] golpear, maltratar (marido, padre) • **batter sb to death** matar a alguien a golpes **2** [I siempre + adv/prep, T] aporrear • **batter at/on/against sth** aporrear algo **3** [T gralm en pasiva] azotar (tormenta, oleaje) **4** [T gralm en pasiva] golpear (desempleo, inflación, recesión)
batter sth ↔ down v+partíc derribar algo a golpes

bat·tered /'bætəd/ adj **1** desvencijado -a (mueble, carro), ajado -a (sombrero), estropeado -a (maleta) **2** golpeado -a, magullado -a (rostro, cuerpo) • **a battered woman/ child** una mujer maltratada/un niño maltratado **3** vapuleado -a, golpeado -a (industria, economía, etc.) **4** rebozado -a

bat·ter·ing /'bætərɪŋ/ s [C,U] paliza(s), madriza(s)

EXPRESIONES
take a battering (a) sufrir un duro golpe (por la derrota, las críticas) **(b)** sufrir un embate/embates (del clima, los bombardeos)

'battering ˌram s [C] ariete (para derribar)

bat·ter·y S1 /'bætəri/ s (pl **batteries**) **1** [C] pila (para reloj, calculadora), batería (para carro, celular) • **run on batteries** funcionar con pilas/batería • **charge a battery** cargar una pila/batería • **recharge a battery** recargar una pila/batería • **a dead battery** una pila/batería descargada • **battery-operated/battery-powered** a pilas/con batería **2** [U] (jur) lesiones, agresión **3** **a battery of tests/cameras** una batería de pruebas/una serie de cámaras **4** [C] batería (de cañones)

bat·tle¹ S3 W2 /'bætl/ s **1** [C,U] (entre ejércitos) batalla • [+of]: la batalla de Waterloo • [+for]: *the battle for Baghdad* la batalla por el control de Bagdad • **fight a battle** librar una batalla, luchar • **win/lose a battle** ganar/perder una batalla • **in battle** en combate • **lead sb into battle** conducir a alguien en la batalla **2** [C] (entre adversarios) batalla, lucha • [+for/over]: *the battle for the presidency* la lucha por la presidencia • **a battle between/with sb** una batalla entre/con alguien • **fight a battle** librar una batalla, luchar • **win/lose a battle** ganar/perder una batalla • **a legal/political battle** una batalla legal/política **3** [C gralm sing] (contra un problema) batalla, lucha • [+against/with]: *the battle against racism* la lucha contra el racismo • [+for]: *the battle for sexual equality* la lucha por la igualdad sexual • **fight a battle** librar una batalla, luchar • **win/lose a battle** ganar/perder la batalla • **be fighting a losing battle** estar librando una batalla perdida

EXPRESIONES
do battle (with sb) dar la batalla (a alguien), presentar batalla (a alguien) • **a battle of wills** un enfrentamiento de voluntades • **a battle of wits** un duelo de ingenio • **half the battle** *Getting an interview is half the battle.* Conseguir la entrevista es tener ganada la mitad de la batalla.

battle² v **1** [I,T] (contra un problema) luchar (contra), combatir • **battle against/with sth** luchar contra/con algo • **battle for sth** luchar por algo • **battle to do sth** luchar por hacer algo **2** [I,T] (en una guerra, un conflicto) luchar (contra), combatir • **battle for sth** luchar por algo

EXPRESIONES
battle it out luchar hasta el final

bat·tle·field /'bætl̩fild/ (tb **battleground**) s [C] **1** (en una guerra) campo de batalla **2** (en una polémica) campo de batalla **3** (en una discusión, un conflicto) campo de batalla

bat·tle·ground /'bætl̩graʊnd/ s [C] ▶ **BATTLEFIELD**

bat·tle·ments /'bætl̩mənts/ s [pl] almenas

bat·tle·ship /'bætl̩ʃɪp/ s [C] acorazado

bat·ty /'bæti/ adj chiflado -a

bau·ble /'bɔbəl, 'bɑ-/ s [C] baratija, chuchería

bawd·y /ˈbɔdi/ *adj* (**bawdier**, **bawdiest**) (*antic*) picante, verde (chiste)

bawl /bɔl/ *v* **1** [I] (*coloq*) berrear (bebé) **2** [I,T] gritar, vociferar: *The captain was bawling orders.* El capitán estaba dando órdenes a los gritos • **bawl at sb** gritarle a alguien

EXPRESIONES
bawl your eyes out (*coloq*) llorar a lágrima viva
bawl out *v+partíc* **1 bawl sb** ↔ **out** (*coloq*) regañar a alguien **2 bawl sth** ↔ **out** decir/cantar algo a los gritos

bay¹ W2 /beɪ/ *s* (pl **bays**)

  1 en la costa
  2 en una nave, un vehículo
  3 para parquear
  4 en una máquina
  5 caballo
  6 árbol
  7 condimento
  8 en una casa

1 EN LA COSTA [C] bahía: *a house with a view across the bay* una casa con vista a la bahía • *San Francisco Bay* bahía de San Francisco • *the Bay of Biscay* el Golfo de Vizcaya
2 EN UNA NAVE, UN VEHÍCULO [C] compartimento: *the space shuttle's cargo bay* el compartimento de carga del transbordador espacial
3 PARA PARQUEAR [C] plataforma (en una estación, un almacén), zona de parqueo (en parqueadero)
4 EN UNA MÁQUINA [C] compartimento, hueco, espacio: *a drive bay* un espacio para una unidad de disco
5 CABALLO [C] caballo zaino
6 ÁRBOL [C] (tb **bay tree**) laurel
7 CONDIMENTO [U] laurel
8 EN UNA CASA [C] en una habitación, espacio rectangular o curvo con una ventana saliente ► BAY WINDOW
EXPRESIONES
keep/hold sth at bay mantener algo a raya, contener algo

bay² *v* [I] (**bays**, **bayed**, **baying**) **1** aullar **2 bay for sth** clamar algo, pedir algo a gritos • **bay for sb's blood** exigir la cabeza de alguien

bay³ *adj* zaino -a

'**bay leaf** *s* [C,U] hoja de laurel

bay·o·net¹ /ˈbeɪənɪt, -,nɛt, ˌbeɪəˈnɛt/ *s* [C] bayoneta

bayonet² *v* [T] dar un bayonetazo a

bay·ou /ˈbaɪu, ˈbaɪoʊ/ *s* [C] pantano (en el sur de Estados Unidos)

ˌ**bay 'window** *s* [C] ventana que sobresale de la pared, con tres lados acristalados

ba·zaar /bəˈzɑr/ *s* [C] **1** bazar, mercado **2** venta con fines benéficos

BBC /ˌbi bi ˈsiɛ/ *s* (**British Broadcasting Corporation**) BBC • **BBC World Service** Servicio Mundial de la BBC

BB gun /ˈbibi ˌgʌn/ *s* [C] pistola/rifle de aire comprimido

BBQ /ˈbɑrbɪˌkyu/ *s* [C] (**barbecue**) parrillada (comida)

B.C. /ˌbi ˈsi/ (**before Christ**) a. C., a. de C.

be¹ S1 W1 /bi/ *v aux*

  1 en tiempos continuos
  2 en presente continuo indicando futuro
  3 en la voz pasiva
  4 indicando futuro desde el pasado
  5 indicando acto planeado
  6 en órdenes, normas
  7 indicando lo aconsejable o deseable
  8 en oraciones condicionales
  9 en vez de "have" en compuestos
  10 en respuestas cortas

1 EN TIEMPOS CONTINUOS estar: *I am listening.* Estoy escuchando. • *She's always causing trouble.* Siempre está causando problemas. • *We were watching TV.*

Estábamos viendo la tele. • *They've been asking a lot of questions.* Han estado haciendo muchas preguntas.
2 EN PRESENTE CONTINUO INDICANDO FUTURO *Are you coming with us tomorrow?* ¿Vas a venir con nosotros mañana? • *They're getting married in June.* Se van a casar en junio.
3 EN LA VOZ PASIVA ser: *They were arrested.* Fueron detenidos. • *The house was built two years ago.* La casa se construyó hace dos años. • *Smoking is not allowed.* Está prohibido fumar. • *The house is being painted.* Están pintando la casa.
4 INDICANDO FUTURO DESDE EL PASADO was/were to do sth *This discovery was to save hundreds of lives.* Este descubrimiento iba a salvar cientos de vidas. • *I was never to see him again.* Nunca volvería a verlo.
5 INDICANDO ACTO PLANEADO be to do sth (*frml*) *I am to meet the president this afternoon.* Tengo cita con el presidente esta tarde. • *She is to appear in court next week.* Comparecerá ante el tribunal la semana próxima.
6 EN ÓRDENES, NORMAS be to do sth (*frml*) deber hacer algo, tener que hacer algo: *All staff members are to wear uniforms.* Todo el personal tiene que usar uniforme. • *You are not to leave this room.* No debes salir de esta habitación.
7 INDICANDO LO ACONSEJABLE O DESEABLE be to do sth (*frml*) *What am I to tell her?* ¿Qué se supone que le tengo que decir? • *You are to be congratulated on your achievement.* Hay que felicitarte por tu éxito.
8 EN ORACIONES CONDICIONALES were sb/sth to do sth (tb if sb/sth were to do sth) (*frml*) *Were we to offer you the job, would you take it?* Si le ofreciéramos el puesto, ¿lo aceptaría? • **were it not for sth** (tb **if it were not for sth**) (*frml*) si no fuera por algo: *She would be pretty if it weren't for her nose.* Sería linda si no fuera por la nariz.
9 EN VEZ DE "HAVE" EN COMPUESTOS haber: *Gus waited until she was gone.* Gus esperó hasta que ella se hubo marchado.
10 EN RESPUESTAS CORTAS *It's nice, isn't it?* Es lindo, ¿verdad? • *They are not coming, are they?* No vienen, ¿no? • *"Are you tired?" "No, I'm not".* –¿Estás cansado? –No.
EXPRESIONES
to be seen/found/heard (*frml*) *The ruins of the old castle are to be seen nearby.* Cerca de aquí se pueden ver las ruinas del viejo castillo. • *The man was nowhere to be seen.* El hombre no aparecía por ningún lado. • *The document was never to be found.* El documento nunca se pudo encontrar.

be² S1 W1 *v*

  1 indicando identidad, pertenencia
  2 indicando posición, ubicación
  3 indicando fecha, lugar
  4 indicando cualidad
  5 indicando edad
  6 para decir la hora
  7 indicando medida
  8 indicando profesión
  9 indicando nacionalidad
  10 indicando actitud, conducta
  11 indicando precio
  12 indicando condiciones meteorológicas
  13 indicando movimiento, desplazamiento
  14 indicando existencia

1 INDICANDO IDENTIDAD, PERTENENCIA [v copul] ser: *He's my brother.* Es mi hermano. • *My name is John.* Me llamo John. • *Is this your dog?* ¿Este es tu perro? • *Our goal is to save $2,000.* Nuestro objetivo es ahorrar 2.000 dólares.
2 INDICANDO POSICIÓN, UBICACIÓN [I siempre + adv/prep] estar: *The boys are upstairs.* Los muchachos están arriba. • *Her office is next to mine.* Su despacho está al lado del mío. • *Where are my keys?* ¿Dónde están mis llaves?

3 INDICANDO FECHA, LUGAR [I siempre + adv/prep] ser: *The wedding is next week.* La boda es la semana que viene.

4 INDICANDO CUALIDAD [v copul] ser (permanentemente), estar (temporalmente): *Spiders are not really insects.* Las arañas no son insectos en realidad. • *The shoes were too small.* Los zapatos eran demasiado pequeños. • *This book is boring.* Este libro es aburrido. • *The sky was gray.* El cielo estaba gris. • *"I'm worried." "Don't be."* –Estoy preocupada –No lo estés. • **be cold/ hungry/thirsty** tener frío/hambre/sed: *I'm hot.* Tengo calor.

5 INDICANDO EDAD [v copul] *My daughter is 11.* Mi hija tiene 11 años. • *How old will you be then?* ¿Qué edad tendrás para entonces? • *I'll be 18 on my next birthday.* Voy a cumplir 18.

6 PARA DECIR LA HORA [v copul] ser: *What time is it?* ¿Qué hora es? • *It's half past five.* Son las cinco y media.

7 INDICANDO MEDIDA [v copul] medir, tener: *The tower is over 20 meters tall.* La torre mide más de 20 metros. • *The pool is four meters wide.* La piscina tiene cuatro metros de ancho.

8 INDICANDO PROFESIÓN [v copul] ser: *I'm a teacher.* Soy profesora.

9 INDICANDO NACIONALIDAD [v copul] ser: *Are you English?* ¿Usted es inglés? • *Where is she from?* ¿De dónde es?

10 INDICANDO ACTITUD, CONDUCTA [v copul] *Don't be so rude!* ¡No seas grosero! • *Be careful!* ¡Ten cuidado! • *He was just being silly.* Solo se hacía el tonto. • *Stop being an idiot!* ¡Deja de hacerte el idiota!

11 INDICANDO PRECIO [v copul] *Apples are $2 a bag.* Las manzanas están a 2 dólares la bolsa. • *How much is this watch?* ¿Cuánto cuesta este reloj?

12 INDICANDO CONDICIONES METEOROLÓGICAS [v copul] *It's hot today, isn't it?* Hoy hace calor, ¿verdad? • *It was very windy.* Hacía mucho viento.

13 INDICANDO MOVIMIENTO, DESPLAZAMIENTO have been haber ido/venido: *Has the mailman been yet?* ¿Ya pasó el cartero? • **have been to** haber estado en: *Have you been to the bank yet?* ¿Ya fuiste al banco? • *I've never been to Chicago.* Nunca he estado en Chicago. • *Where else have you been in Europe?* ¿En qué otros sitios de Europa has estado?

14 INDICANDO EXISTENCIA [I] (*frml*) *Their civilization ceased to be.* Su civilización dejó de existir. • *the story of how the universe came to be* la historia de cómo se originó el universo

EXPRESIONES

be that as it may (*frml, oral*) sea como sea • **to be precise/fair, ...** para ser exactos/justos, ... • **to be honest, ...** la verdad, ..., francamente, ... • **the be-all (and end-all)** lo único que cuenta, lo más importante

beach¹ S2 W2 /bitʃ/ s [C] playa • **go to the beach** ir a la playa • **at/on the beach** en la playa

beach² v [T] **a beached whale** una ballena varada

'beach ball s [C] pelota de playa

beach·front /'bitʃ‚frʌnt/ s [C,U] primera línea de playa

bea·con /'bikən/ s [C] **1** baliza (luminosa) • **lighthouse beacon** (luz de) faro **2** radiofaro, señal de radiofaro **3** (*liter*) modelo, ejemplo • [+of]: *a beacon of hope* un rayo de esperanza **4** fogata en un sitio elevado

bead /bid/ s [C] **1** cuenta (de collar, rosario): *a string of beads* un hilo de cuentas **2 beads** [pl] collar de cuentas • **rosary beads** rosario **3** gota (de sudor, rocío)

bead·y /'bidi/ adj **beady eyes** ojos pequeños y brillantes

bea·gle /'bigəl/ s [C] beagle (perro)

beak /bik/ s [C] **1** pico (de un pájaro) **2** (*hum*) narizota, nariz grande

beak·er /'bikɚ/ s [C] vaso de precipitados

beam¹ /bim/ s [C] **1** rayo de luz, haz de luz • [+of]: *a beam of light* un rayo de luz ▶ ver nota en **SONREÍR 2** rayo: *a laser beam* un rayo láser **3** viga **4** (tb **balance**

beam) barra de equilibrio **5** sonrisa (radiante)

beam² v **1** [I] sonreír (de oreja a oreja) **2** [T siempre + adv/prep] transmitir (señales) • **beam sth across the Atlantic/into our homes** transmitir algo al otro lado del Atlántico/a nuestros hogares **3 (a)** [I] brillar (sol) **(b)** [T] irradiar (calor, luz)

bean¹ S2 /bin/ s [C] **1** (vaina) habichuela, ejote; (semilla) frijol, fríjol: *green beans* habichuelas • *broad beans* habas **2** (planta) habichuela, frijol **3** grano (de café, cacao): *coffee beans* granos de café ▶ **SPILL the beans**

EXPRESIONES

be full of beans (*coloq*) estar lleno -a de energía • **not know beans about sb/sth** (*coloq*) no tener ni la más mínima idea sobre alguien/algo

bean² v [T] (*coloq*) golpear (en la cabeza) a (con un objeto)

bear¹ S3 W2 /bɛr/ v [T] (**bore** /bɔr/, **borne** /bɔrn/)

1 una responsabilidad
2 una situación o sensación negativa
3 una persona o cosa desagradable
4 un rasgo, una característica
5 un nombre, un título
6 un peso
7 un objeto, un arma
8 viento, agua
9 teoría, relato, actuación
10 un mal sentimiento
11 madre
12 árbol, planta
13 conductor, carretera
14 actuar

1 UNA RESPONSABILIDAD (*frml*) cargar con, hacerse cargo de • **bear the responsibility (for sth)** responsabilizarse (de algo), ser responsable (de algo) • **bear the blame (for sth)** cargar con la culpa (de algo) • **bear the cost (of sth)** cargar con el costo (de algo) • **bear the burden** hacerse cargo

2 UNA SITUACIÓN O SENSACIÓN NEGATIVA soportar, aguantar: *He bore the pain with dignity.* Soportó el dolor con dignidad. • **can't bear sth** *She couldn't bear the thought of losing him.* No soportaba la idea de perderlo. • **can't bear to do sth** *I can't bear to look.* No puedo mirar. • *She couldn't bear to be parted from her daughter.* No soportaba que la separaran de su hija. • **be hard/difficult to bear** ser difícil de soportar, ser casi insoportable • **be more than sb/sth can bear** ser más de lo que alguien/algo puede soportar • **bear the brunt of sth** llevarse la peor parte de algo • **bear the strain/ pressure** soportar la presión SIN **stand**

3 UNA PERSONA O COSA DESAGRADABLE **can't bear sth/sb** *I really can't bear him.* La verdad es que no lo soporto. • **can't bear doing sth** *I can't bear being cold.* No soporto el frío. • **can't bear sb doing sth** *She can't bear people smoking while she's eating.* No soporta que la gente fume mientras ella está comiendo.

4 UN RASGO, UNA CARACTERÍSTICA (*frml*) tener • **bear a resemblance/similarity/relation (to sb/sth)** guardar parecido/semejanza/relación (con alguien/algo): *Her remarks bore no relation to the truth.* Sus comentarios no guardaban relación alguna con la verdad. • **bear the hallmarks/signs of sth** llevar el sello/tener las características de algo • **bear the scars of sth** mostrar las huellas de algo, estar marcado -a por algo

5 UN NOMBRE, UN TÍTULO (*frml*) llevar, ostentar: *the city that once bore his name* la ciudad que un día llevara su nombre • **bear sb's signature** llevar la firma de alguien

6 UN PESO (*frml*) soportar, sostener: *The ice wasn't thick enough to bear his weight.* El hielo no tenía espesor como para soportar su peso.

7 UN OBJETO, UN ARMA (*frml*) portar, llevar: *The wedding guests arrived, bearing gifts.* Llegaron los invitados de la boda con regalos. • **bear arms** portar armas

8 VIENTO, AGUA [siempre + adv/prep, gralm en pasiva] (*liter*) llevar, arrastrar • **be borne along by the water/aloft by the wind** ser arrastrado -a por el agua/subir impulsado -a por el viento

9 TEORÍA, RELATO, ACTUACIÓN (*frml*) **not bear examination/scrutiny/inspection** no resistir un examen/un análisis/una revisión • **bear comparison (with sb/sth)** poder compararse (con alguien/algo), estar a la altura (de alguien/algo) • **bear repeating** valer la pena ser repetido -a

10 UN MAL SENTIMIENTO (*frml*) **bear a grudge (against sb)** guardar rencor (a alguien) • **bear sb no malice/no ill will** no guardarle rencor/no desearle ningún mal a alguien

11 MADRE (*frml*) dar a luz • **bear sb a son/daughter/child** (*antic*) dar a alguien un hijo/una hija/un niño

12 ÁRBOL, PLANTA (*frml*) **bear fruit/flowers** dar fruto/flores

13 CONDUCTOR, CARRETERA **bear right/left** doblar a la derecha/izquierda, dar vuelta a la derecha/izquierda

14 ACTUAR **bear yourself** (*frml*) conducirse, comportarse: *She bore herself with great dignity.* Se condujo con gran dignidad. ▶ **GRIN and bear it**

EXPRESIONES
bear fruit dar fruto • **bear sth in mind** tener algo en cuenta: *Thanks. I'll bear that in mind!* Gracias. ¡Lo tendré en cuenta! • **bear in mind (that)** tener en cuenta que • **bear witness/testimony to sth** (*frml*) **(a)** (cosa) dar testimonio de algo, ser testimonio de algo **(b)** (persona) dar fe de algo • **bring sth to bear on sth** aplicar algo a algo • **bring pressure/influence to bear on sth/sb** ejercer presión/influencia sobre algo/alguien • **not bear thinking about** dar miedo solo de pensarlo
bear down on sb/sth *v+partíc* venírsele encima a alguien/algo
bear on/upon sth *v+partíc* tener que ver con algo
bear out *v+partíc* **1 bear sth ↔ out** confirmar algo (una idea, una teoría) **2 bear sb out** confirmar que alguien está en lo cierto
bear up *v+partíc* sobrellevar una situación difícil: *How has she been bearing up since the accident?* ¿Cómo ha estado sobrellevando el accidente?
bear with *v+partíc* **1 bear with me** (*oral*) espere/aguarde un momento: *Bear with me while I check our records.* Espere un momento mientras reviso nuestro archivo. **2 bear with sth** tener paciencia con algo

bear² S2 W3 *s*
1 [C] oso -a
2 [sing] (*coloq*) engorro

bear·a·ble /ˈbɛrəbəl/ *adj* soportable, tolerable ANT **unbearable**

beard /bɪrd/ *s* [C] barba • **grow a beard** dejarse barba

beard·ed /ˈbɪrdɪd/ *adj* [gralm ante s] con barba, barbudo -a

bear·er /ˈbɛrɚ/ *s* [C] **1** (*jur*) titular (de un pasaporte, un diploma), tenedor -a, beneficiario -a (de un cheque), portador -a (de un distintivo) **2 bearer of sth** portador -a de algo: *the bearer of bad news* el portador de malas noticias **3** (*frml*) portador -a (de un ataúd): *a flag bearer* un abanderado

'bear hug *s* [C] abrazo fuerte

bear·ing /ˈbɛrɪŋ/ *s* **1** [C] (*técn*) cojinete, rodamiento **2** [C] (*técn*) marcación (en náutica) **3** [sing, U] (*frml*) porte (de una persona)
EXPRESIONES
get your bearings (a) (en el espacio) orientarse **(b)** (en una situación) orientarse • **have a/some/no bearing on sth** tener relación/tener cierta relación/no tener relación con algo, incidir/incidir un poco/no incidir en algo • **lose your bearings (a)** (en el espacio) desorientarse **(b)** (en una situación) desorientarse, perder el rumbo

'bear ,market *s* [C] (*técn*) mercado a la baja/bajista ▶ **BULL MARKET**

beast /bist/ *s* [C] **1** (*liter*) bestia, animal: *a wild beast* una bestia salvaje **2** bestia, bruto

beat¹ S1 W1 /bit/ *v* (**beat**, **beaten** /ˈbitᵊn/)
1 a un contrincante
2 una marca, un resultado
3 agredir
4 con un palo, los puños
5 lluvia, oleaje
6 en la cocina
7 un problema, una enfermedad
8 el tráfico, una molestia
9 anticiparse
10 ser mejor
11 corazón
12 un tambor
13 en música
14 las alas
15 un metal

1 A UN CONTRINCANTE [T] ganarle a, derrotar: *The Pacers were beaten 71–68 by the Bulls.* Los Bulls derrotaron a los Pacers por 71 a 68. • *Brazil beat Germany in the final.* Brasil le ganó a Alemania en la final. • **beat sb at sth** ganarle a alguien a algo: *My brother always beats me at tennis.* Mi hermano siempre me gana al tenis.

2 UNA MARCA, UN RESULTADO [T] batir, superar • **beat a record** batir un récord • **beat a score/time** superar un resultado/tiempo: *I beat my fastest time.* Superé mi mejor tiempo.

3 AGREDIR [T] pegarle a • **beat sb to death** matar a alguien a golpes

4 CON UN PALO, LOS PUÑOS [I siempre + adv/prep, T] golpear • **beat on/against/at sth** aporrear algo: *He beat on the door with his fists.* Aporreó la puerta con los puños.

5 LLUVIA, OLEAJE [I siempre + adv/prep] **beat on/against/at sth** batir contra algo, golpear contra algo

6 EN LA COCINA [I,T] batir: *Beat the eggs.* Bata los huevos. • **beat sth together** mezclar algo batiendo

7 UN PROBLEMA, UNA ENFERMEDAD [T] vencer: *advice on how to beat depression* consejos para vencer la depresión

8 EL TRÁFICO, UNA MOLESTIA [T] evitar: *We left at 5 a.m. to beat the traffic.* Salimos a las 5 de la mañana para evitar el tráfico. • **beat the rush** evitar aglomeraciones

9 ANTICIPARSE [T] (*coloq*) **beat sb to the table/the phone** llegar antes que alguien a la mesa/al teléfono • **someone beat me/her to it** alguien se me/se le adelantó

10 SER MEJOR [T nunca en forma continua] (*coloq*) ser mejor que • **it beats doing sth** es mucho mejor que hacer algo • **nothing beats sth** (tb **you can't beat sth**) no hay nada como/nada mejor que algo • **be hard to beat** (tb **take some beating**) ser de lo mejor que hay

11 CORAZÓN [I] latir: *Her heart was beating fast.* El corazón le latía muy rápido.

12 UN TAMBOR **(a)** [T] tocar **(b)** [I] redoblar

13 EN MÚSICA **beat time** marcar el ritmo

14 LAS ALAS [I,T] batir

15 UN METAL [T] forjar
EXPRESIONES
beat around the bush (*coloq*) darle vueltas a algo/alguien, andarse con rodeos • **beat your breast** (*liter*) darse golpes de pecho • **beat the clock** hacerlo en el menor tiempo posible • **beat a deadline** terminar antes de tiempo/antes de una fecha límite • **beat the drum for sth/sb** dar pantalla a algo/alguien, anunciar algo/a alguien con bombos y platillos • **beat it!** ¡largo (de aquí)!, ¡fuera (de aquí)! • **beat a path (to sb's door)** (tb **beat down sb's door**) hacer fila (frente a la casa de alguien) (para comprar algo, recibir algo) • **beat the rap** (*coloq*) salir/quedar impune • **beat the system** burlar las reglas • **(it) beats me** (*oral*) ni la menor idea, no tengo (ni) idea • **can you beat that?** (*oral*) ¿puedes/puede creerlo? • **if you can't beat 'em, join 'em** (*oral*) si no puedes con el enemigo, únete a él, si no puedes con ellos, úneteles • **to beat the band** (*coloq*) a más no poder
beat down *v+partíc* **(a)** caer a plomo (sol) **(b)** caer con fuerza (lluvia)

B

beat sth ↔ in *v+partíc* añadir algo sin dejar de batir
beat off *v+partíc* **beat sth/sb** ↔ **off (a)** repeler algo/a alguien, rechazar algo/a alguien **(b)** imponerse a algo/alguien, vencer algo/a alguien
beat out *v+partíc* **1 beat sth** ↔ **out** apagar algo (dándole con un trapo, etc.) **2 beat out a rhythm** marcar un ritmo **3 beat sb** ↔ **out** (*coloq*) **beat sb out for sth** lograr vencer a alguien en la competencia por algo
beat up *v+partíc* **1 beat sb** ↔ **up** darle una paliza a alguien, darle una madreada a alguien **2 beat up on sb** darle una paliza a alguien, ponerle/meterle una madriza a alguien **3 beat yourself up** (tb **beat up on yourself** (*coloq*)) culparse

beat² *s* **1** [C] latido (del corazón), redoble, golpe (del tambor): *a heart rate of 80 beats per minute* un ritmo cardiaco de 80 latidos por minuto • *the steady beat of the drum* el redoble sostenido del tambor **2** [C gralm sing] sonido rítmico • [+of]: *the beat of marching feet* el taconeo de pies marchando • *the beat of the bird's wings* el aleteo del pájaro **3** [sing] ritmo (de una canción, un poema): *a song with a beat you can dance to* una canción con un ritmo bailable **4** [C] tiempo (de un compás musical) **5** [sing] ronda (de un policía) • **on the beat** de ronda

beat³ *adj* [nunca ante s] (*coloq*) rendido -a, agotado -a • **dead beat** totalmente rendido -a/agotado -a

beat·en /'bitⁿn/ *adj* **1** [solo ante s] (metal) forjado -a, martillado -a **2** [solo ante s] (huevo) batido -a **3** derrotado -a, fracasado -a
EXPRESIONES
off the beaten path/track apartado -a, retirado -a (sitio, pueblo)

beat·er /'biṭɚ/ *s* [C] **1** batidora, batidor: *a carpet beater* un implemento para sacudir el polvo de las alfombras **2 a wife beater** un maltratador (de la mujer) **3** batidor -a, ojeador -a (en una excursión de caza) **4** (*coloq*) carro viejo, carcacha, carcancha

beat·ing /'biṭɪŋ/ *s* [C] **1** paliza, madreada • **give sb a beating** darle una paliza a alguien, darle una madreada a alguien **2 the beating of sb's heart** el latido del corazón de alguien • **the beating of a drum** el redoble de un tambor • **the beating of wings** el aleteo, el batir de alas ▶ **take some BEAT**ing
EXPRESIONES
take a beating recibir una paliza, perder por paliza (en una competencia)

'beat-up (tb **'beaten-up**) *adj* (*coloq*) destartalado -a, desvencijado -a

beau·ti·cian /byu'tɪʃən/ *s* [C] esteticista

beau·ti·ful S1 W2 /'byuṭəfəl/ *adj*
1 (mujer, bebé, sonrisa) precioso -a, hermoso -a: *You look beautiful.* Estás preciosa. ▶ ver nota en GOOD-LOOKING
2 (ciudad, paisaje, vestido) precioso -a, hermoso -a: *a beautiful day* un día precioso • *The music sounded beautiful.* La música era hermosa. • *a beautiful smell* un olor delicioso
3 magnífico -a, estupendo -a: *a beautiful shot* una foto magnífica

beau·ti·ful·ly /'byuṭəfəli/ *adv* **1** maravillosamente (bien) (de aspecto): *She's always beautifully dressed.* Siempre está maravillosamente vestida. **2** estupendamente, magníficamente: *You write beautifully.* Escribes estupendamente. **3** extraordinariamente, extremadamente: *The idea is beautifully simple.* La idea es extraordinariamente sencilla.

beau·ty W2 /'byuṭi/ *s* (pl **beauties**)
1 [U] (cualidad) belleza, hermosura: *a woman of great beauty* una mujer de gran belleza • *the beauty of the countryside* la belleza del campo
2 [U] (cuidado del cuerpo) belleza • **beauty product** producto de belleza • **beauty treatment** tratamiento de belleza
3 [C] (mujer) belleza: *a great beauty* una mujer muy bella

4 [C gralm sing] (*oral*) maravilla, preciosidad, preciosura: *That goal was a beauty.* Ese gol fue una preciosidad.
5 the beauty of sth lo bueno de algo: *The beauty of it is, it's so simple.* Lo bueno que tiene es lo sencillo que es.
EXPRESIONES
beauty is in the eye of the beholder sobre gustos no hay nada escrito • **beauty is only skin deep** la belleza no lo es todo

'beauty ˌparlor *s* [C] salón de belleza

'beauty queen *s* [C] reina (de la belleza)

'beauty saˌlon *s* [C] salón de belleza

bea·ver¹ /'bivɚ/ *s* [C] castor ▶ an EAGER beaver

beaver² *v*
beaver away *v+partíc* (*coloq*) trabajar como una hormiga

be·came /bɪ'keɪm/ pasado de BECOME

be·cause S1 W1 /bɪ'kɔz, -'kʌz/ *conj*
1 (indicando causa) porque: *I'm angry because you're late.* Estoy enojada porque llegaste tarde. • *Because it was raining, we stayed indoors.* Como estaba lloviendo, nos quedamos adentro. • **simply because** sencillamente porque • **largely/mainly/mostly because** en gran medida/principalmente/sobre todo porque • **partly because** en parte porque
2 (indicando conclusión) porque: *They must have been delayed, because they're not back yet.* Algo los habrá retrasado, porque todavía no volvieron.
EXPRESIONES
just because... (*oral*): *Just because he's my brother, it doesn't mean I like him.* Que sea mi hermano no significa que me caiga bien.

be'cause of *prep* a causa de, por: *The event was canceled because of bad weather.* El acto se canceló a causa del mal tiempo. • *He resigned because of ill health.* Renunció por razones de salud. • *It was because of her father that she stayed at home.* Se quedaba en su casa por su padre. • **(it's) all because of sb/sth** todo por culpa de alguien/algo

beck /bɛk/ *s*
EXPRESIONES
at sb's beck and call a la entera disposición de alguien

beck·on /'bɛkən/ *v* **1** [I,T] hacer señas: *The guard beckoned me forward.* El guardia me hizo señas para que me acercara. • **beckon to sb** hacerle señas a alguien • **beckon (to) sb to do sth** hacerle señas a alguien para que haga algo **2 (a)** [T] provocar, atraer **(b)** [I] resultar atractivo -a, resultar provocador -a

be·come S1 W1 /bɪ'kʌm/ *v* (**became** /bɪ'keɪm/, **become**)
1 [v copul] (indicando cualidad, estado) hacerse, ponerse, volverse (con adjetivos), convertirse en, hacerse (con sustantivos): *The weather is becoming warmer.* El tiempo se está poniendo más caluroso. • *It became obvious that no one was listening.* Se hizo evidente que nadie estaba escuchando. • *He's become a very unpleasant person.* Se ha vuelto muy desagradable. • *Pollution has become a major problem.* La contaminación se ha convertido en un grave problema. • **become worried/annoyed/extinct** preocuparse/enojarse/extinguirse
2 [v copul] (indicando tipo de persona) convertirse en: *He became a frequent visitor to our house.* Se convirtió en un visitante asiduo de nuestra casa. • **become a supporter/opponent** convertirse en partidario -a/opositor -a • **become a member** hacerse socio -a, convertirse en miembro • **become friends/enemies** hacerse amigos/enemigos • **become rivals** convertirse en rivales
3 [v copul] (indicando profesión, cargo) hacerse, convertirse en • **become a doctor/priest/actor** *She decided to become a doctor.* Decidió estudiar medicina. • **become president/queen/leader** *He became president at the age of 54.* Asumió la presidencia a los 54 años.
4 [v copul] (indicando función) convertirse en, pasar a ser: *The attic became their secret hideaway.* El desván se convirtió en su escondite secreto.
5 [T nunca en forma continua] (*frml*) quedarle bien a, favorecer

become of sb/sth *v+partíc* (*liter*) **what/whatever became of...?** ¿qué fue de...?, ¿qué se hizo de...?: *Whatever became of that story you wrote?* ¿Qué fue de esa historia que escribiste? • *I don't know what has become of him.* No sé qué fue de él. • **what will become of...?** ¿qué va a ser de...?

be·com·ing /bɪˈkʌmɪŋ/ *adj* (*frml*) **1** favorecedor -a **2** apropiado -a

bed¹ S1 W1 /bɛd/ *s*

1	para dormir
2	connotando sexo
3	de hospital
4	alojamiento
5	de río, lago, mar
6	de hojas, paja
7	en jardinería
8	en cocina, construcción
9	en geología

1 PARA DORMIR [C,U] cama • **be in bed** estar en la cama: *I was in bed reading.* Estaba en la cama leyendo. • *He was still in bed when I called.* Cuando llamé, todavía no se había levantado. • **go to bed** acostarse, irse a la cama: *I go to bed around eleven.* Me acuesto alrededor de las once. • **get into bed** acostarse, meterse en la cama • **make the/your bed** hacer la cama • **put sb to bed** acostar a alguien • **time for bed** hora de acostarse/de irse a la cama • **get out of bed** levantarse • **get sb out of bed** sacar a alguien de la cama • **take to your bed** caer en cama • **a double/single bed** una cama doble/sencilla, una cama matrimonial/individual

2 CONNOTANDO SEXO [U] la cama • **go to bed with sb** acostarse con alguien • **get sb into bed** llevar(se) a alguien a la cama • **be good/bad in bed** ser bueno -a/malo -a en la cama

3 DE HOSPITAL [C] cama

4 ALOJAMIENTO [C gralm sing] cama • **a bed for the night** un lugar donde pasar la noche

5 DE RÍO, LAGO, MAR [C] lecho, fondo

6 DE HOJAS, PAJA [C] lecho

7 EN JARDINERÍA [C] parterre, arriate: *a flower bed* un parterre con flores

8 EN COCINA, CONSTRUCCIÓN [C gralm sing] base • **a bed of sth** una base de algo: *Serve on a bed of rice.* Sirva sobre una base de arroz.

9 EN GEOLOGÍA [C] capa, estrato

EXPRESIONES
a bed of roses un lecho de rosas • **get up on the wrong side of the bed** (*oral*) levantarse/arrancar con el pie izquierdo • **you've made your bed and you have to lie in it** (*oral*) tú te lo buscaste

bed² *v* **1** [T gralm en pasiva] empotrar, fijar, incrustar • **be bedded in sth** estar empotrado -a en algo **2** [T] (tb **bed out**) trasplantar **3** [T] (*antic*) acostarse con
bed down *v+partíc* acostarse (para dormir)

‚bed and ˈbreakfast *s* [C] pensión o casa de huéspedes que ofrece desayuno

bed·clothes /ˈbɛdkloʊz, -kloʊðz/ *s* [pl] ropa de la cama: *She pulled the bedclothes around her.* Se arropó bien en la cama.

bed·ding /ˈbɛdɪŋ/ *s* [U] **1** ropa de cama **2** cama (para un animal)

be·dev·il /bɪˈdɛvəl/ *v* [T gralm en pasiva] acosar (a una persona), dificultar (una cosa)

bed·fel·low /ˈbɛdˌfɛloʊ/ *s* **make strange/unlikely bedfellows** formar una pareja extraña/atípica

bed·lam /ˈbɛdləm/ *s* [U] caos

bed·pan /ˈbɛdpæn/ *s* [C] bacinilla, bacinica (para un enfermo)

be·drag·gled /bɪˈdrægəld/ *adj* sucio -a y empapado -a

bed·rid·den /ˈbɛdˌrɪdn/ *adj* postrado -a en cama

bed·rock /ˈbɛdrɑk/ *s* **1** [sing] **the bedrock of sth** la base de algo, el fundamento de algo **2** [U] lecho rocoso

bed·room S1 W3 /ˈbɛdrum/ *s* [C] dormitorio, cuarto, recámara • **a two-bedroom/three-bedroom house** (tb **a two-bedroomed/three-bedroomed house**) una casa de dos/tres cuartos

bed·side /ˈbɛdsaɪd/ *s* [C] cabecera (de la cama) • **at/by sb's bedside** junto a la cabecera de la cama de alguien • **bedside lamp/light** velador, lámpara de noche • **bedside table** mesita de noche, buró

bed·spread /ˈbɛdsprɛd/ *s* [C] colcha, cubrecama

bed·time /ˈbɛdtaɪm/ *s* [sing, U] hora de acostarse, hora de irse a la cama • **bedtime story** cuento que se lee a un niño antes de que se la cama

bee S3 /bi/ *s* [C] abeja: *a swarm of bees* un enjambre de abejas ▶ the BIRDS and the bees

EXPRESIONES
have a bee in your bonnet (about sth) (*coloq*) estar obsesionado -a (con algo) • **a sewing/quilting bee** ocasión en que varias personas se reúnen a coser ropa o colchas • **be the bee's knees** (*antic, coloq*) ser lo mejor de lo mejor: *He thinks he's the bee's knees.* Se cree la vaca que más leche da.

beech /bitʃ/ *s* **1** [C] (tb **beech tree**) haya **2** [U] (tb **beech wood**) (madera de) haya

beef¹ S2 /bif/ *s*
1 [U] carne de res: *roast beef* rosbif • **ground beef** carne molida
2 (*coloq*) queja • **have a beef with sb** tener un problema con alguien

EXPRESIONES
where's the beef? (*oral*) queremos hechos, ¿dónde están los hechos?

beef² *v* [I] (*coloq*) quejarse
beef sth ↔ up *v+partíc* (*coloq*) reforzar algo

beef·y /ˈbifi/ *adj* (**beefier**, **beefiest**) (*coloq*) fornido -a, robusto -a

bee·hive /ˈbihaɪv/ *s* [C] **1** (tb **hive**) colmena **2** hervidero

bee·line /ˈbilaɪn/ *s* **make a beeline for sb/sth** (*coloq*) irse derechito a alguien/algo

been /bɪn/ participio pasado de BE

beep¹ /bip/ *v* **1** [I] hacer/emitir un pitido (aparato electrónico) **2** (a) [T] pitar, tocar, hacer sonar (el pito) (b) [I] pitar, tocar el pito **3** [T] mandarle un mensaje por bíper a

beep² *s* [C] **1** pitido (de un aparato): *Leave your message after the beep.* Deje su mensaje después de la señal. **2** pitido (de una bocina)

beep·er /ˈbipɚ/ *s* [C] beeper, bíper, radiolocalizador

beer S1 W2 /bɪr/ *s* [C,U] cerveza, amarga: *He had a few beers.* Se tomó unas cervezas. • **beer bottle** botella de cerveza • **beer can** lata de cerveza • **beer drinker** bebedor -a de cerveza: *I'm not a beer drinker.* No tomo cerveza.

bees·wax /ˈbizˌwæks/ *s* [U] cera de abeja

beet /bit/ *s* [C,U] **1** (tb **sugar beet**) remolacha azucarera **2** remolacha, betabel

EXPRESIONES
red as a beet (*coloq*) rojo -a como un tomate/un jitomate

bee·tle /ˈbitl/ *s* [C] escarabajo

be·fall /bɪˈfɔl/ *v* [T] (**befell** /bɪˈfɛl/, **befallen** /bɪˈfɔlən/) (*frml*) suceder a, ocurrir a (tragedia, accidente)

be·fit /bɪˈfɪt/ *v* [T] (**befitted**, **befitting**) (*frml*) corresponder a: *a funeral befitting a national hero* un funeral con honores de héroe nacional

be·fore¹ S1 W1 /bɪˈfɔr/ *prep*

1	en el tiempo
2	en una secuencia
3	en importancia
4	en un recorrido
5	indicando presencia
6	indicando futuro
7	indicando reacción

1 EN EL TIEMPO antes de: *Don't eat cookies before dinner.* No coman galletas antes de la comida. • **before sb** antes que alguien: *She arrived home before me.* Llegó a casa antes que yo. • **before doing sth** antes de hacer algo: *We lived in New York before moving to Chicago.* Vivimos en Nueva York antes de mudarnos a Chicago. • **the day before yesterday** antier, anteayer • **the day/ night/week before sth** el día/la noche/la semana antes de algo: *I couldn't sleep the night before the test.* La noche antes del examen no pude dormir. • **the night/ week/year before last** anteanoche/hace dos semanas/ hace dos años • **long before sth** mucho antes de algo ANT **after**

2 EN UNA SECUENCIA antes que, delante de: *C comes before D.* La C está antes que la D. • *This lady was before you, sir.* Esta señora estaba delante de usted, señor. ANT **after**

3 EN IMPORTANCIA put sth before sth anteponer algo a algo: *He puts his family before his work.* Antepone su familia al trabajo. • **come before sth** estar antes que algo: *Quality should come before speed.* La calidad debe estar antes que la rapidez. ANT **after**

4 EN UN RECORRIDO antes de: *Turn left just before the fire station.* De vuelta a la izquierda justo antes de la estación de bomberos.

5 INDICANDO PRESENCIA (*frml*) ante, delante de: *His plays were performed before the queen.* Sus obras se representaron ante la reina. • **come/appear before sb/sth** comparecer ante alguien/algo • **be put before sb/sth** ser puesto -a a la consideración de alguien/algo SIN **in front of**

6 INDICANDO FUTURO (*frml*) have sth before you tener algo por delante: *We had an unpleasant task before us.* Teníamos por delante una desagradable tarea. • **lie before sb** aguardar a alguien

7 INDICANDO REACCIÓN (*frml*) ante • **tremble/flee before sth** temblar/huir ante algo

EXPRESIONES
before long dentro de poco, poco después: *We'll know the truth before long.* Dentro de poco sabremos la verdad. • *Before long a crowd had gathered.* Poco después se había reunido una multitud.

before² S1 W1 *conj*
1 (indicando momento) antes de que: *Come and see me before you go.* Ven a verme antes de que te vayas. • *We lived in London before we moved to Sydney.* Vivimos en Londres antes de mudarnos a Sydney. • **just before** justo antes de que: *I visited her just before she died.* La visité justo antes de que muriera. • **a few days/two months before** unos días/dos meses antes de que: *We arrived a few minutes before the game started.* Llegamos minutos antes de que empezara el partido. ANT **after**
2 (indicando consecuencia) antes de que: *Lock up your bike before it gets stolen.* Guarda la bici antes de que te la roben. • *Get out before I call the police!* ¡Váyase antes de que llame a la policía!
3 (indicando transcurso) antes de que: *It was two years before I saw her again.* Pasaron dos años antes de que volviera a verla. • *It'll be another week before we're finished.* Tardaremos otra semana en terminar. • *We don't know how long it'll be before the rain stops.* No sabemos cuánto falta para que deje de llover.
4 (indicando condición) para, antes de que: *You have to pass a test before you can get a license.* Tienes que aprobar un examen para obtener el pase. • *He needs to apologize before she'll speak to him again.* Tiene que disculparse para que ella le vuelva a hablar.
5 (indicando preferencia) antes que: *She would die before she'd admit she was wrong.* Preferiría morir antes que reconocer que se equivocó. • *Consider your own faults before you criticize other people.* Piensa en tus propios defectos antes de criticar a otros.

before³ S1 W1 *adv* antes: *She's never been here before.* Jamás estuvo aquí. • *Haven't we met before somewhere?* ¿No nos hemos conocido ya en algún lugar? • *Why didn't you tell me before?* ¿Por qué no me lo dijiste antes? • **the day/week/month before** el día/la semana/el mes anterior: *I'd seen her the day before.* La había visto

el día anterior. • *The week before, she was in New York.* La semana antes, estaba en Nueva York. • **a few weeks/two days before** unas semanas/dos días antes: *I'd spoken to her a few hours before.* Había hablado con ella unas horas antes. • **as/like before** como antes: *She looked just as beautiful as before.* Estaba tan hermosa como siempre. • *The books remained popular, but not like before.* Los libros siguieron siendo populares, pero no tanto como antes. • **never before** nunca (antes), jamás: *Never before had we been so poor.* Nunca habíamos sido tan pobres. • *letters never before shown to the public* cartas que jamás se habían hecho públicas

be·fore·hand /bɪˈfɔrˌhænd/ *adv* antes, de antemano

be·friend /bɪˈfrɛnd/ *v* [T] (*frml*) hacerse amigo de

be·fud·dled /bɪˈfʌdld/ *adj* aturdido -a, confundido -a

beg S3 /bɛg/ *v* (**begged, begging**)
1 [T] rogar a, implorar: *"Please," I begged.* –Por favor –imploré. • **beg sb to do sth** rogarle a alguien que haga algo: *I begged him to stay.* Le rogué que se quedara. • **beg to do sth** *She begged to be left alone.* Rogó que la dejaran sola. • **beg sb for sth** pedirle por favor algo a alguien • **beg (sb's) forgiveness** implorar perdón (a alguien)
2 [I] implorar • **beg for sth** implorar algo
3 [I,T] mendigar: *She was forced to beg in the street.* Se vio obligada a mendigar en la calle. • **beg for sth** mendigar algo
4 [I] pedir comida (mascota)

EXPRESIONES
be going begging estar sin dueño • **I beg your pardon** (*oral*) **(a)** (para pedir repetición) ¿cómo?, ¿qué dijo/ dijiste? **(b)** (para disculparse) perdón **(c)** (al disentir) ¿cómo?, ¿cómo dijo/dijiste? • **beg to differ** (*frml*) no estar en absoluto de acuerdo • **beg the question (a)** eludir la cuestión/el problema **(b)** dar la cosa por sentada/muchas cosas por sentadas

beg·gar¹ /ˈbɛgɚ/ *s* [C] mendigo -a, limosnero -a
EXPRESIONES
beggars can't be choosers (*oral*) a buen hambre, no hay pan duro

beggar² *v* [T] (*frml*) empobrecer, arruinar
EXPRESIONES
beggar description/belief ser indescriptible/increíble

be·gin S1 W1 /bɪˈgɪn/ *v* (**began** /bɪˈgæn/, **begun** /bɪˈgʌn/)
1 [I,T] (iniciar acción) empezar, comenzar: *Shall we begin?* ¿Empezamos? • **begin to do sth** empezar a hacer algo: *She was beginning to feel tired.* Empezaba a sentir cansancio. • **begin doing sth** empezar a hacer algo: *I began working here in 1998.* Empecé a trabajar aquí en 1998. • **begin (sth) with sth** empezar (algo) con algo: *He began with a joke.* Empezó con un chiste. • **begin (sth) by doing sth** empezar (algo) haciendo algo: *Let's begin by introducing ourselves.* Empecemos por presentarnos.
2 [I] (pasar a existir) empezar, comenzar: *The peace process has only just begun.* El proceso de paz acaba de empezar. • **begin at 10 o'clock/noon** empezar a las 10/a mediodía
3 [I] (palabra, libro) empezar, comenzar • **begin with sth** empezar con algo: *What does "Katy" begin with?* ¿Con qué letra empieza "Katy"?
4 [I,T] (al hablar) empezar, comenzar: *"Ladies and gentle-men," he began.* –Damas y caballeros –empezó.

EXPRESIONES
to begin with,... para empezar,..., en primer lugar,... • **to begin with (a)** desde un principio **(b)** al principio • **I can't begin to understand/imagine** (*oral*) no alcanzo a entender/no puedo ni imaginar

begin as *v+partíc* **1 begin as sth** empezar como algo • **2 begin your career as sth** empezar su carrera como algo • **begin life as sth** empezar siendo algo

be·gin·ner /bɪˈgɪnɚ/ *s* [C] principiante
EXPRESIONES
beginner's luck la suerte de principiante

be·gin·ning S1 W2 /bɪˈgɪnɪŋ/ *s*
1 [C gralm sing] principio, comienzo • **the beginning of**

sth el principio de algo • **in/at the beginning (of sth)** al principio (de algo): *We moved at the beginning of the year.* Nos mudamos a principios de año. • **go back to the beginning** volver al principio • **(right) from the beginning** desde el principio • **from beginning to end** de principio a fin • **be just the beginning** no ser más que el principio
2 beginnings [pl] comienzos, inicios • **the beginnings of sth** los comienzos/el principio de algo • **from small/ humble beginnings** de origen modesto/humilde
EXPRESIONES
the beginning of the end el principio del fin • **a new beginning** un borrón y cuenta nueva

be·grudge /bɪˈgrʌdʒ/ *v* [T] **1** (desear tener) **begrudge sb sth** envidiarle algo a alguien **2** (lamentar pagar, gastar) *She begrudged the time away from her writing.* Le dolía el tiempo que tenía que pasar sin escribir. • **begrudge sb sth** escatimarle algo a alguien

be·guile /bɪˈgaɪl/ *v* [T] **1** engatusar • **beguile sb into (doing) sth** engatusar a alguien para (que haga) algo **2** encandilar, seducir

be·guil·ing /bɪˈgaɪlɪŋ/ *adj* seductor -a, cautivador -a

be·gun /bɪˈgʌn/ participio pasado de **BEGIN**

be·half /bɪˈhæf/ *s* **on behalf of sb/on sb's behalf** (tb **in behalf of sb/in sb's behalf**) **(a)** en nombre de alguien: *I'd like to thank you on behalf of everyone here.* Quisiera agradecerles en nombre de todos los aquí presentes. **(b)** por alguien, a causa de alguien: *Don't go to any trouble on my behalf.* No te molestes por mí.

be·have W3 /bɪˈheɪv/ *v* [I]
1 [siempre + adv/prep] (persona) portarse, actuar: *She behaved stupidly.* Actuó de forma estúpida. • **behave like sth/sb** portarse como algo/alguien: *You're behaving like a two-year-old!* ¡Te estás portando como un niño de dos años! • **behave toward sb** tratar a alguien: *We'd like to see how he behaves toward his kids.* Nos gustaría ver cómo trata a sus hijos. • **behave as if/as though** actuar como si: *He behaved as if he didn't know me.* Actuó como si no me conociera.
2 (tb **behave yourself**) comportarse, portarse bien: *They don't know how to behave.* No saben comportarse. • **well-behaved** educado -a • **badly behaved** maleducado -a
3 [I] (sustancia, átomo, luz) comportarse

be·hav·ior S2 W1 /bɪˈheɪvyɚ/ *s* [U]
1 comportamiento, conducta: *She was surprised at her son's behavior.* Le sorprendió el comportamiento de su hijo. • *criminal behavior* la conducta delictiva • **good behavior** buena conducta, buen comportamiento • **bad behavior** mala conducta, mal comportamiento • **behavior toward sb** trato a alguien, manera de tratar a alguien
2 (de una sustancia, del átomo) comportamiento
EXPRESIONES
be on your best behavior portarse mejor que nunca

be·hav·iour /bɪˈheɪvyɚ/ variante británica de **BEHAVIOR**

be·hav·iour·al /bɪˈheɪvyərəl/ variante británica de **BEHAVIORAL**

be·hav·ior·al /bɪˈheɪvyərəl/ *adj* conductual, de comportamiento

be·head /bɪˈhɛd/ *v* [T gralm en pasiva] decapitar

be·held /bɪˈhɛld/ pasado y participio pasado de **BEHOLD**

be·hind¹ S1 W1 /bɪˈhaɪnd/ *prep*
1 INDICANDO POSICIÓN detrás de, atrás de: *I was driving behind a truck.* Iba detrás de un camión. • *The children hid behind the couch.* Los niños se escondieron atrás del sofá. • *Close the door behind you.* Cierra la puerta al salir. • **right behind** justo detrás de • **from behind** de detrás de, de atrás de: *She came out from behind the drapes.* Salió de detrás de las cortinas. • **behind a desk/counter/bar** detrás de un escritorio/un mostrador/una barra, atrás de un escritorio/un mostrador/una barra • **behind the wheel** al volante
2 INDICANDO RETRASO *She's behind the rest of the class in math.* Está más atrasada que el resto de la clase en

matemáticas. • *The Dallas Cowboys are now only 5 points behind The New York Giants.* Ahora, Los Dallas Cowboys le lleva solo 5 puntos de ventaja a Los New York Giants. • **fall behind sth/sb** quedar a la zaga de algo/alguien • **be six months/two days behind schedule** llevar seis meses/dos días de retraso
3 INDICANDO APOYO **be behind sth/sb** apoyar algo/a alguien: *We're right behind you!* ¡Te apoyamos totalmente!
4 INDICANDO RESPONSABILIDAD **be behind a plan/an attack/a decision** estar detrás de un plan/un atentado/ una decisión
5 INDICANDO FACTOR OCULTO tras, detrás de: *the truth behind this mystery* lo que se esconde tras este misterio • *the reason behind her anger* el motivo de su rabia • *What's behind his change of attitude?* ¿Qué fue lo que le llevó a cambiar de actitud? • **lie behind sth** *the principles that lie behind the policy* los principios en los que se basa esta política
6 INDICANDO TIEMPO PASADO **be behind sb** *That part of my life is now behind me.* Esa parte de mi vida ha quedado atrás. • **put sth behind you** dejar algo atrás
7 INDICANDO EXPERIENCIA ACUMULADA **behind him/ them** en su haber, a sus espaldas: *a top player with years of experience behind her* una jugadora de primer nivel con años de experiencia a sus espaldas
8 INDICANDO DIFERENCIA HORARIA *We're three hours behind New York.* Aquí es tres horas más temprano que en Nueva York. ▶ **behind sb's BACK**, **behind the TIMES**

behind² S2 W2 *adv*
1 (en el espacio) atrás: *the driver in the car behind* el conductor del carro que iba atrás • *I looked behind and saw a man following me.* Miré hacia atrás y vi que me seguía un hombre. • **close behind/not far behind** de cerca • **from behind** desde atrás
2 (en el tiempo) **fall/get behind** atrasarse: *I've already fallen behind in my work.* Ya me he atrasado con el trabajo. • **be/get behind on sth** atrasarse con algo, retrasarse en algo
3 (en el desarrollo) **be/lag behind** haberse quedado/ quedarse atrás: *The other candidates are a long way behind.* Los demás candidatos se han quedado muy atrás. • **fall behind** quedarse atrás, quedarse rezagado -a • **leave sth/sb behind** dejar algo/a alguien atrás
4 (al marcharse) **stay/remain behind** quedarse: *We stayed behind to talk to the teacher.* Nos quedamos para hablar con el profesor. • **leave sth/sb behind** dejarse algo/a alguien olvidado -a: *the litter left behind on beaches* la basura que queda en las playas

behind³ *s* [C] (*coloq*) trasero, nalgas, cola

be·hold /bɪˈhoʊld/ *v* [T] (**beheld** /-ˈhɛld/) (*antic*) contemplar
EXPRESIONES
be a joy/wonder/sight to behold ser un placer para la vista

be·hold·er /bɪˈhoʊldɚ/ *s* [C] (*antic*) observador -a ▶ **BEAUTY is in the eye of the beholder**

beige /beɪʒ/ *s* [U], *adj* beige

be·ing¹ S3 W2 /ˈbiɪŋ/ *s*
1 [C] (ente) ser • **a human being** un ser humano • **an intelligent/a conscious/a rational being** un ser inteligente/consciente/racional
2 [U] (*liter*) (naturaleza) ser • **the depths/core/roots of sb's being** lo más profundo del ser de alguien • **with every fiber of your being** con toda su alma
EXPRESIONES
come into being/be brought into being nacer, ver la luz

being² *v* [v copul] **1** part pres de **BE** **2** al ser, siendo: *Being young and single, I wasn't really worried.* Al ser joven y soltera, no me preocupaba realmente.

Bel·a·rus /ˌbɛləˈrus/ Bielorrusia

Bel·a·rus·ian¹ (tb **Bel·a·rus·sian**) /ˌbɛləˈrusiən, -ˈrʌʃən/ *s* **1** [C] (persona) bielorruso -a **2** [U] (idioma) bielorruso

below

The sun is going down below the horizon.
El sol se está poniendo.

Belarusian² (tb **Belarussian**) *adj* bielorruso -a

be·lat·ed /bɪ'leɪtɪd/ *adj* **1** tardío -a **2** con retraso, atrasado -a

be·lat·ed·ly /bɪ'leɪtɪdli/ *adv* tardíamente, con retraso

belch¹ /beltʃ/ *v* **1** [I] eructar **2** [T] escupir, arrojar (humo, fuego)

belch² *s* [C] eructo

be·lea·guered /bɪ'liːgəd/ *adj* (*frml*) **1** vapuleado -a, atribulado -a **2** sitiado -a

bel·fry /'belfri/ *s* [C] (pl **belfries**) campanario

Bel·gian¹ /'beldʒən/ *adj* belga

Belgian² *s* [C] belga

Bel·gium /'beldʒəm/ Bélgica

be·lie /bɪ'laɪ/ *v* [T] (**belied, belying**) (*frml*) **1** no dejar ver, no reflejar (la edad, el carácter) **2** contradecir, desmentir (una idea, una afirmación)

be·lief W2 /bə'liːf/ *s*
1 [C,U] (hecho de creer) creencia • [+**in**]: *a belief in miracles* la creencia en los milagros • [+**that**]: *the belief that the men were innocent* la creencia de que estos hombres eran inocentes • **it is my belief that...** creo que... • **a widely held belief** una creencia generalizada • **do sth in the belief that** hacer algo en la creencia de que **2** [pl, U] (en religión, política) creencias • **religious belief** creencias religiosas • **political beliefs** convicciones políticas • [+**about**]: *people's beliefs about life and death* las creencias de la gente sobre la vida y la muerte • **it's against my/their beliefs** me lo prohíbe mi religión/se lo prohíbe su religión, va contra mis/sus principios • **his/her belief in God** su fe en Dios
3 [sing, U] fe, confianza • **belief in sth** fe/confianza en algo • **belief in sb** fe/confianza en alguien: *You need to have more belief in yourself.* Tienes que tener más fe en ti mismo. • **shake sb's belief in sb/sth** hacer flaquear la fe de alguien en alguien/algo ▶ BEGGAR description/belief, to the BEST of my knowledge/recollection, to the BEST of my belief

EXPRESIONES
be beyond belief ser increíble • **tedious/rich beyond belief** increíblemente aburrido -a/rico -a

be·liev·a·ble /bə'liːvəbəl/ *adj* verosímil, creíble SIN **plausible, convincing**

be·lieve S1 W1 /bə'liːv/ *v* [nunca en forma continua]
1 [T] (considerar cierto) creer: *He didn't believe me.* No me creyó. • *I'm not sure what to believe.* No sé muy bien qué creer. • **believe (that)...** creer que...: *Nobody believed it was an accident.* Nadie creyó que fuera un accidente. • *I don't believe that he agreed.* No puedo creer que haya dicho que sí. • **not believe a word** no creer ni una palabra
2 [T] (opinar) **believe (that)** creer que: *I believe we've met before.* Creo que ya nos conocemos. • *You wanted to see*

me, I believe. Tengo entendido que querías verme. • **it is believed (that)** se cree que • **I believe so** creo que sí • **believe sb to be sth** creer que alguien es algo: *She is believed to be the oldest person in the country.* Se cree que es la persona más anciana del país. • **have reason to believe sth** tener motivos para creer algo
3 [I] creer, ser creyente ▶ MAKE believe (that)

EXPRESIONES
believe it or not aunque no lo creas • **believe (you) me** te lo aseguro, te lo juro • **can't believe your eyes/ears** no poderlo creer, no poder creer lo que uno está viendo/oyendo • **don't you believe it!** ¡ni en sueños! • **I can't/don't believe sth** no puedo creer algo • **seeing is believing** hay que ver para creer • **would/can you believe it!** ¡habráse visto!, ¡será posible! • **you'd better believe it!** ¡como lo oyes!

believe in *v+partíc* **1 believe in sb/sth** creer en alguien/algo (Dios, los fantasmas) **2 believe in sth** creer en algo, ser partidario -a de algo: *He believes in democracy.* Cree en la democracia. • **believe in doing sth** ser partidario -a de hacer algo **3 believe in sb/sth** creer en alguien/algo, tener fe/confianza en alguien/algo • **believe in yourself** tener fe en uno mismo

be·liev·er /bə'liːvə/ *s* [C] creyente

EXPRESIONES
be a great/firm believer in sth ser un gran partidario/una gran partidaria de algo

be·lit·tle /bɪ'lɪtl/ *v* [T] menospreciar, restarle valor a

Be·lize /bə'liːz/ Belice

Be·liz·e·an¹, **Belizian** /bə'liziən/ *s* [C] beliceño -a

Belizean², **Belizian** *adj* beliceño -a

bell S3 W3 /bel/ *s* [C]
1 timbre • **ring the bell** tocar el timbre, timbrar • **a bell rings/goes** suena un timbre
2 campana • **church bells** campanas de iglesia • **cow bell** cencerro
3 cascabel ▶ RING a bell (with sb)

EXPRESIONES
bells and whistles elementos accesorios • **I'll be there with bells on** (*oral*) ten por seguro que allí estaré

bell·boy /'belbɔɪ/ *s* [C] botones (de hotel)

bel·lig·er·ence /bə'lɪdʒərəns/ *s* [U] agresividad, beligerancia

bel·lig·er·ent /bə'lɪdʒərənt/ *adj* **1** agresivo -a **2** [solo ante s] (*frml*) beligerante (país)

bel·low¹ /'beloʊ/ *v* **1** [I,T] vociferar, gritar **2** [I] mugir

bellow² *s* **1** [C] mugido **2** [C gralm sing] bramido, grito

'bell ˌpepper *s* [C] pimentón, pimiento

bel·ly¹ /'beli/ *s* (pl **bellies**) **1** [C] (cavidad) panza, barriga • **a full/an empty belly** la barriga llena/vacía **2** [C] (parte externa) panza, barriga: *She lay on her belly.* Se tumbó boca abajo. **3** [C] (de un animal) panza, barriga **4** [U] **belly of pork/pork belly** barriga de cerdo, panza de cerdo **5** [C] (de un avión) panza ▶ his EYES are bigger than his stomach/belly, POTBELLY

EXPRESIONES
go belly up (*coloq*) quebrar, ir a la quiebra

belly² *v*
belly up to sth *v+partíc* acercarse a algo (la barra de un bar, una mesa)

bel·ly·ache /'beliˌeɪk/ *s* [C,U] (*coloq*) dolor de barriga

'belly ˌbutton *s* [C] (*coloq*) ombligo SIN **navel**

'belly flop *s* [C] planchazo, panzazo (al zambullirse)

'belly laugh *s* [C] (*coloq*) carcajada

be·long S2 W2 /bɪ'lɒŋ/ *v* [I]
1 [siempre + adv/prep] **belong in/under sth** ir en/abajo de algo: *The books belong on that shelf.* Los libros van en ese estante. • *Put the chair back where it belongs.* Vuelve a poner la silla en su lugar. • *A violent man like that belongs in prison.* Un hombre así de violento tiene que estar en la cárcel.
2 sentirse a gusto: *I just don't belong here.* Es que no me

siento a gusto aquí. • [+**in**]: *They felt they no longer belonged in the party.* Sentían que ya no tenían nada que hacer en el partido. • *You don't belong in this job.* Este trabajo no es para ti.

belong to *v+partíc* **1 belong to sb/sth** pertenecer a alguien/algo, ser de alguien/algo (en propiedad): *This ring belonged to my mother.* Este anillo perteneció a mi madre. • *Who does this jacket belong to?* ¿De quién es este saco? • *You shouldn't take things that don't belong to you.* No deberías tomar lo que no es tuyo. **2 belong to sth** ser socio -a de algo, pertenecer a algo: *Do you belong to any political party?* ¿Estás afiliado a algún partido político? **3 belong to sth/sb** pertenecer a algo/alguien, ser de algo/alguien (como parte integrante): *The voice belonged to someone she knew.* La voz era de alguien que conocía.

be·long·ings /bɪˈlɔːŋɪŋz/ *s* [pl] pertenencias • **personal belongings** pertenencias, efectos personales

be·loved¹ /bɪˈlʌvd, bɪˈlʌvɪd/ *adj* (*liter, hum*) amado -a, querido -a • **beloved by/of sb** muy apreciado -a por alguien: *a book beloved by children everywhere* un libro que goza del aprecio infantil en todo el mundo

be·lov·ed² /bɪˈlʌvɪd/ *s* (*liter*) amado -a ▶ DEARLY beloved

be·low¹ S3 W2 /bɪˈloʊ/ *prep*
1 (indicando posición) bajo, abajo de: *There's a cut below his eye.* Tiene una cortada bajo el ojo. • *the apartment below mine* el departamento que está abajo del mío • **below ground** bajo tierra
2 (indicando cifra, cantidad) por debajo de: *You fail the test if you score below 50.* Se reprueba con una puntuación por debajo de 50. • **well/way below sth** muy por debajo de algo • **below average** por debajo del promedio • **fall below sth** caer por debajo de algo • **below freezing/zero** bajo cero: *a temperature of 20 degrees below zero* una temperatura de 20 grados bajo cero
3 (indicando jerarquía) por debajo de: *A captain is below a general.* Un capitán está por debajo de un general. • *officers below the rank of major* oficiales con rango inferior al de mayor

below² S3 W3 *adv*
1 (indicando posición) abajo: *people in the apartment below* gente del departamento de abajo • *Water dripped from the ceiling onto the table below.* El agua goteaba del techo a la mesa que estaba abajo. • *The ground was about 20 feet below.* El suelo estaba a unos 20 pies. • **down below** abajo • **far below** muy abajo
2 (en un texto) (más) abajo: *Answer the questions below.* Responda a las preguntas que aparecen abajo. • *Details are listed below.* Más abajo, se incluyen los datos. • **see below** véase más abajo
3 (indicando cifra, cantidad) *children who are four years old and below* niños de cuatro años para abajo • **15/20 (degrees) below** 15/20 grados bajo cero
4 (en un barco) abajo, bajo cubierta
5 (indicando jerarquía) *officers of the rank of captain and below* oficiales con el rango de capitán o inferior

belt¹ S2 W3 /belt/ *s* [C]
1 cinturón, correa: *a leather belt* un cinturón de cuero • **loosen/tighten your belt** aflojarse/ajustarse el cinturón
2 correa, banda (de un aparato)
3 región, cordón, cinturón: *America's farming belt* la región agrícola de Estados Unidos • *the commuter belt around Dallas* el cordón residencial que rodea Dallas
4 (*coloq*) golpe • **give sb/sth a belt** darle un golpe a alguien/algo
5 (*coloq*) trago: *a belt of bourbon* un trago de whisky
▶ BLACK BELT, CONVEYOR BELT, GREEN BELT, LIFE BELT, SAFETY BELT, SEAT BELT, TIGHTEN your belt

EXPRESIONES
be/hit below the belt (*coloq*) ser un golpe bajo • **have/get sth under your belt** tener algo en su haber

belt² *v* **1** [T] abrocharse el cinturón de: *a dress belted at the waist* un vestido con cinturón **2** [T] (*coloq*) darle un tortazo a **3** [T] (*coloq*) **belt a ball** chutar, disparar (una pelota)
belt sth ↔ down *v+partíc* (*coloq*) tomarse algo (una bebida alcohólica)

bow
inclinarse para saludar, saludar con una reverencia

bend agacharse

belt sth ↔ out *v+partíc* cantar algo a los gritos

belt·way /ˈbeltˌweɪ/ *s* **1** [C] carretera de circunvalación, (anillo) periférico **2 the Beltway** integrantes del gobierno nacional de Estados Unidos, junto con los políticos, abogados vinculados con su actividad, que se encuentran en Washington D.C.

be·moan /bɪˈmoʊn/ *v* [T] (*frml*) lamentarse de

be·mused /bɪˈmyuzd/ *adj* desconcertado -a

bench W3 /bentʃ/ *s*
1 [C] (en una calle, un parque) banco
2 the bench la banca/el banquillo de suplentes • **on the bench** en la banca/el banquillo
3 the bench la magistratura: *She was appointed to the bench last year.* Fue nombrada jueza el año pasado. • **serve/sit on the bench** ser juez -a
4 the bench el estrado (del juez) • **approach the bench** acercarse al estrado
5 [C] (de trabajo) banco

bench² *v* [T] dejar en la banca/el banquillo (de suplentes)

bench·mark /ˈbentʃmɑrk/ *s* [C] **1** parámetro, punto de referencia **2** cota (topográfica)

bend¹ S2 W3 /bend/ *v* (bent /bent/)
1 (a) [T] inclinar, flexionar: *She bent her head.* Inclinó la cabeza. • **bend your knees/elbow** flexionar las rodillas/el codo, doblar las rodillas/el codo **(b)** [I] inclinarse, agacharse: *Lee bent and kissed her.* Lee se inclinó y la besó. • **bend over** inclinarse, agacharse • **bend over sth** inclinarse sobre algo • **bend down** agacharse • **bend forward** inclinarse hacia delante • **bend toward sb/sth** inclinarse hacia alguien/algo ▶ ver nota en AGACHAR
2 [I,T] doblar(se): *He bent a stick to make a bow.* Dobló un palo para hacer un arco. • *The fork had bent in the middle.* El tenedor se había doblado en el medio.
3 [I] torcer: *The road bends to the right.* La carretera tuerce hacia la derecha.
4 bend your efforts/will to sth (*frml*) concentrar sus esfuerzos/poner todo su empeño en algo: *She tried to bend her mind to the task.* Trató de concentrarse en la tarea.

EXPRESIONES
bend sb's ear (*oral*) hablarle a alguien, platicarle a alguien (durante mucho tiempo) • **bend/lean over backward to do sth** hacer lo imposible para hacer algo, desvivirse por hacer algo • **bend the rules** hacerse (el/la) de la vista gorda, hacer una excepción a las reglas • **bend the truth** tergiversar la verdad • **on bended knee** de rodillas

bend² *s* [C] **1** curva • [+**in**]: *a bend in the road* una curva de la carretera • **come/go around a bend** tomar una curva • **round a bend** tomar una curva **2** flexión, inclinación **3 the bends** [pl] la enfermedad de descompresión, el accidente por descompresión

EXPRESIONES
drive sb around the bend (*coloq*) volver loco -a a alguien

be·neath¹ W3 /bɪˈniθ/ *prep* (*frml*)
1 bajo, debajo de: *The whale disappeared beneath the waves.* La ballena desapareció bajo las olas. • *We sat beneath the tree.* Nos sentamos debajo de un árbol. SIN **under**
2 be beneath sb no ser digno -a de alguien: *It would be beneath him to apologize.* Para él, disculparse sería

B

berries

blackberries
moras

strawberries
fresas

raspberries
frambuesas

rebajarse demasiado. • **be beneath sb's dignity** *It was beneath her dignity to argue about the price.* Para ella, discutir el precio significaba rebajarse. • **beneath contempt** despreciable
3 bajo, tras (una apariencia) • **lie beneath sth** ocultarse bajo algo • **beneath the surface** bajo la superficie

be·neath² *adv* (*frml*) abajo: *book shelves with cabinets beneath* estantes con armarios abajo

ben·e·dic·tion /ˌbɛnə'dɪkʃən/ *s* [C,U] bendición

ben·e·fac·tor /'bɛnə,fæktər/ *s* [C] benefactor -a

ben·e·fi·cial /ˌbɛnə'fɪʃəl/ *adj* beneficioso -a • [+to/for]: *Exercise is beneficial to all.* El ejercicio es beneficioso para todos. • **a beneficial effect/result** un efecto/resultado beneficioso

ben·e·fi·ci·ar·y /ˌbɛnə'fɪʃi,ɛri, -'fɪʃəri/ *s* [C] (pl **beneficiaries**) beneficiario -a

ben·e·fit¹ S2 W1 /'bɛnəfɪt/ *s*
1 [C,U] beneficio, ventaja: *The dangers of drinking alcohol outweigh the benefits.* Los peligros de beber alcohol son mayores que los beneficios. • [+of]: *the benefits of contact lenses* las ventajas de los lentes de contacto • **have the benefit of sth** disfrutar de (las ventajas de) algo • **for sb's benefit** (tb **for the benefit of sb**) para alguien, por el bien de alguien • **be to sb's benefit** ir en beneficio de alguien, beneficiar a alguien • **be of benefit** ser beneficioso -a, ser provechoso -a • **a health/an economic benefit** un beneficio para la salud/económico • **reap/get the benefit** sacar provecho, sacar partido • **get the full benefit** sacar el máximo provecho/partido
2 [C gram pl] beneficio adicional (en un empleo): *We offer an excellent salary plus benefits.* Ofrecemos un sueldo excelente y beneficios adicionales. • *medical benefits* prestaciones médicas
3 [C] función benéfica • **benefit concert** concierto/recital benéfico • **benefit dinner** cena benéfica/a beneficio • **benefit performance** función benéfica
EXPRESIONES
give sb the benefit of the doubt concederle/darle a alguien el beneficio de la duda

benefit² W2 *v*
1 [I] beneficiarse • **benefit from/by sth** beneficiarse de/con algo, sacar provecho de algo • **benefit from/by doing sth** beneficiarse al hacer/haciendo algo
2 [T] beneficiar

be·nev·o·lence /bə'nɛvələns/ *s* [U] benevolencia

be·nev·o·lent /bə'nɛvələnt/ *adj* **1** benévolo -a **2** benéfico -a (obras, sociedad)

be·nev·o·lent·ly /bɪ'nɛvələntli/ *adv* con benevolencia

Ben·ga·li¹ /bɛn'gɔli/ *s* **1** [C] (persona) bengalí **2** [U] (idioma) bengalí

Bengali² *adj* bengalí

be·nign /bɪ'naɪn/ *adj* **1** (técn) benigno -a: *a benign tumor* un tumor benigno ANT **malignant** **2** (*frml*) benévolo -a, sin maldad

Ben·in·ese¹ /ˌbɛnɪ'niz/ *s* [pl] beninés -esa

Beninese² *adj* beninés -esa

bent¹ /bɛnt/ pasado y participio pasado de **BEND**

bent² *adj* doblado -a, torcido -a • **bent double** doblado -a (en dos)
EXPRESIONES
be bent on doing sth estar decidido -a a hacer algo • **bent on sth** empeñado -a en algo • **bent out of shape** (*oral*) furioso -a

bent³ *s* [sing] **a musical/literary bent** una inclinación musical/literaria

be·queath /bɪ'kwiθ, bɪ'kwið/ *v* [T] (*frml*) legar • **bequeath sth to sb** (tb **bequeath sb sth**) legarle algo a alguien

be·quest /bɪ'kwɛst/ *s* [C] (*frml*) legado

be·rate /bə'reɪt/ *v* [T] (*frml*) reprender • **berate sb for (doing) sth** reprender a alguien por (hacer) algo • **berate yourself for sth** reprocharse algo

be·reaved /bə'rivd/ *adj* (*frml*) **(a)** que ha perdido a un ser querido: *a bereaved husband* un marido que ha perdido a su mujer **(b) the bereaved** [usado como s pl] los deudos (de una persona fallecida)

be·reave·ment /bə'rivmənt/ *s* [C,U] (*frml*) duelo, pérdida de un ser querido

be·reft /bə'rɛft/ *adj* (*frml*) **1** desolado -a (persona) **2 bereft of ideas/hope/meaning** desprovisto -a de ideas/esperanza/significado

be·ret /bə'reɪ/ *s* [C] boina

Ber·mu·da /bər'myudə/ Bermudas

Ber·mu·dan¹ /bər'myudn/ (tb **Ber·mu·di·an** /bər'myudiən/) *s* [C] bermudense

Bermudan², **Bermudian** *adj* bermudense

ber·ry /'bɛri/ *s* [C] (pl **berries**) baya

ber·serk /bər'sərk, -'zərk/ *adj* (*coloq*) **go berserk (a)** ponerse como una fiera **(b)** enloquecer (de entusiasmo)

berth¹ /bərθ/ *s* [C] **1** litera (en un tren, un barco) **2** atracadero (en una marina, un club náutico) **3** oportunidad de participar (en una competencia) ▶ **give sth/sb a WIDE berth**

berth² *v* [I,T gralm en pasiva] atracar (barco)

be·seech /bɪ'sitʃ/ *v* [T] (**besought** /-'sɔt/ o **beseeched**) (*liter*) rogar, suplicar

be·seech·ing /bɪ'sitʃɪŋ/ *adj* suplicante

be·set /bɪ'sɛt/ *v* [T] (**beset**, **besetting**) (*frml*) acuciar • **be beset by/with sth** verse acuciado -a por algo

be·side W3 /bɪ'saɪd/ *prep*
1 al lado de, junto a: *Wendy came and sat beside me.* Wendy vino a sentarse a mi lado. • *a cabin beside the lake* una cabaña junto al lago • **right beside** justo al lado de
2 al lado de, en comparación con: *His own troubles seemed small beside hers.* Sus problemas parecían pequeños al lado de los de ella. ▶ **be beside the POINT**
EXPRESIONES
be beside yourself estar fuera de sí • **be beside yourself with worry/rage** estar preocupadísimo -a/ciego -a de rabia

be·sides¹ S3 W3 /bɪ'saɪdz/ *adv* (*oral*)
1 [adv oracional] además, aparte: *I want to help her. Besides, I need the money.* Quiero ayudarla. Además, necesito el dinero.
2 además, también: *We've bought everything on the list and a few other things besides.* Hemos comprado todo lo que estaba en la lista y algunas otras cosas también.

besides² S2 *prep* además de, aparte de: *Who's going to be there besides me?* ¿Quién más va a ir aparte de mí? • *Besides going to college, she works 15 hours a week.* Además de ir a la universidad, trabaja 15 horas a la semana.

be·siege /bɪ'sidʒ/ *v* [T] **1** asediar, sitiar (un lugar, un edificio) **2** asediar, acosar (a una persona) **3 be besieged with letters/requests** recibir un alud de cartas/pedidos

be·sot·ted /bɪˈsɑtɪd/ *adj* perdidamente enamorado -a: *He's completely besotted with her.* Está loco por ella.

be·spec·ta·cled /bɪˈspɛktɪkəld/ *adj* (*frml*) con lentes/anteojos/gafas

best¹ S1 W1 /bɛst/ *adj* [superl de "good"]
1 (en calidad, eficacia, utilidad) mejor: *He's the best player on the team.* Es el mejor jugador del equipo. • *the best restaurant in town* el mejor restaurante de la ciudad • [+for]: *I'll try to do what's best for my family.* Trataré de hacer lo que sea mejor para mi familia. • *She's the best person for the job.* Es la persona más adecuada para el puesto. • [+at]: *Which children are best at sports?* ¿Qué niños son los mejores para deportes? • **one of the best** uno de los mejores • **easily the best** (tb **by far the best**) con mucho el/la mejor, de lejos el/la mejor ANT **worst**
2 [solo ante s] (ropa, zapatos) mejor: *I'll wear my best suit.* Voy a llevar mi mejor traje.

EXPRESIONES
sb's best friend el mejor amigo/la mejor amiga de alguien • **best wishes** **(a)** mis/nuestros mejores deseos: *Best wishes to all of you.* Nuestros mejores deseos para todos ustedes. **(b)** saludos, un saludo afectuoso/cariñoso: *Best wishes, Tom.* Saludos, Tom. • **it is best to do sth** lo mejor es hacer algo: *It's best to start early.* Lo mejor es empezar temprano. • *It would be best not to interfere.* Lo mejor sería no meterse. • **the next best thing** *If you don't have butter, margarine is the next best thing.* Si no tienes mantequilla, lo mejor es la margarina. • [+to]: *the next best thing to paradise* lo más parecido al paraíso

best² S2 W2 *adv* [superl de "well"]
1 (en mayor grado) mejor, más: *You know him best.* Eres quien mejor lo conoce. • *the country's best-loved performer* el artista más querido del país • **like sb/sth best** *I liked the first song best.* La que más me gustó fue la primera canción. • **best known** *She's best known for her poetry.* Es famosa por sus poemas.
2 (con más calidad) mejor: *Which method works best?* ¿Qué método funciona mejor? • *the best-dressed man in the office* el hombre mejor vestido de la oficina • **how best to do sth** la mejor manera de hacer algo

EXPRESIONES
as best you can (*oral*) lo mejor que pueda • **best of all** lo mejor de todo: *Best of all, the information is free!* ¡Lo mejor de todo es que la información es gratis! • **had best** (*frml*) más vale que: *They had best be careful.* Más vale que tengan cuidado.

best³ S2 W3 *s*
1 the best [sing o pl] (en calidad, capacidad) el/la/lo mejor, los/las mejores: *The most expensive isn't always the best.* Lo más caro no siempre es lo mejor. • [+of]: *the best of this year's movies* las mejores películas de este año • [+at]: *Who's the best at chess?* ¿Quién es el mejor para el ajedrez? • **the best in sport/music** lo mejor del deporte/de la música
2 the best [sing] (lo más útil, deseable) lo mejor: *We all want the best for our children.* Todos queremos lo mejor para nuestros hijos. • *I'm sorry, but it's the best I can do.* Lo siento, pero es todo lo que puedo hacer. • **hope for the best** esperar que todo vaya/salga bien: *He just throws all kinds of food into the pan and hopes for the best.* Lo que hace es tirar todo tipo de cosas en la olla y que sea lo que Dios quiera.

EXPRESIONES
all the best buena suerte • [+for]: *All the best for the New Year!* ¡Nuestros mejores deseos para el Año Nuevo! • **at best** en el mejor de los casos, como mucho, cuando mucho: *His grades were average at best.* Sus notas eran, como mucho, mediocres. • **at your/its best** en su mejor momento, en su plenitud • **at the best of times** en las mejores circunstancias, en el mejor de los casos • **sb/sth is the best** (*coloq*) alguien/algo es lo más grande que hay • **the best of both worlds** todas las ventajas (y ninguno de los inconvenientes) • **be the best of friends** ser de lo más amigos -as • **the best of intentions/motives/reasons** la mejor intención • **best of luck!** (*oral*) ¡buena suerte! • **bring out the best in sb**

lograr que alguien dé lo mejor de sí • **do your best** (tb **do the best you can**) hacer todo lo posible • **do your best to do sth** hacer todo lo posible por hacer algo • **be (all) for the best** ser para bien • **make the best of sth** aprovechar algo al máximo • **make the best of it** ponerle al mal tiempo buena cara • **not the best of sth** *He hasn't been in the best of health lately.* Últimamente no está muy bien de salud que digamos. • **to the best of your ability** lo mejor que pueda • **to the best of my knowledge/recollection** que yo sepa/recuerde • **to the best of my belief** según creo

best⁴ *v* [T] (*frml*) vencer

bes·tial /ˈbɛstʃəl, ˈbis-/ *adj* (*liter*) **1** bestial, brutal **2** animalesco -a

best 'man *s* [sing] padrino (de boda)

be·stow /bɪˈstoʊ/ *v* [T] (*frml*) conferir • **bestow sth on/upon sb** conferir/otorgar algo a alguien

best·sell·er /ˌbɛstˈsɛlər/ *s* [C] bestseller, éxito de ventas

'best-ˌselling *adj* [solo ante s, sin compar] **1** (libro, CD) de gran éxito, más vendido -a **2** (escritor) de gran éxito

bet¹ S1 W3 /bɛt/ *v* (**bet**, **betting**) [I,T] apostar, jugar • **bet on a horse/a game** apostarle a un caballo/apostar en un partido • **bet $10 on sth** apostarle/jugarle 10 dólares a algo, apostar/jugar 10 dólares en algo • **bet on sb doing sth** apostar a que alguien hará algo • **bet (sb) that** apostar (a alguien) a que • **bet sb $10/$50 that** apostarle a alguien 10/50 dólares a que • **bet the ranch/farm** (*coloq*) jugarse hasta lo que uno no tiene

EXPRESIONES
I/I'll bet (*oral*) **(a)** seguro que, me juego lo que quieras a que: *I bet that made her mad!* ¡Seguro que eso la puso furiosa! **(b)** me imagino: *"I'm so tired." "I bet you are."* –Estoy cansadísima. –Me imagino. **(c)** a que: *I bet you don't know what this is.* A que no sabes qué es esto. • **you bet** (*a*) por supuesto, cómo no **(b)** (*oral*) de nada • **you can bet (that)** seguro que • **you can bet your life (that)...** (tb **you can bet your bottom dollar (that)...**) (*coloq*) me juego lo que quieras (a que)... • **(you) want to bet?** (*oral*) ¿quieres apostar? • **what do you (want to) bet...** qué apuestas a que...
bet on sth *v+partíc* contar con algo, dar algo por hecho • **don't bet on it** (tb **I wouldn't bet on it**) (*oral*) yo no estaría tan seguro -a

bet² S3 *s* [C] apuesta: *a $50 bet* una apuesta de 50 dólares • **make/have a bet** hacer una apuesta, apostar • [+on]: *A few of us had a bet on who'd get married first.* Algunos hicimos una apuesta a ver quién se casaba primero. • **place a bet (on sth)** apostar (a algo), hacer una apuesta (a algo) • **take a bet (on sth)** aceptar una apuesta (sobre algo) • **win/lose a bet** ganar/perder una apuesta

EXPRESIONES
a good/safe bet una buena opción/elección • **your/the best bet** lo mejor que puedes/se puede hacer • **it's a safe/sure/fair bet (that)...** (*oral*) es casi seguro que... • **my bet is (that)...** (*oral*) seguro que...

bet·cha /ˈbɛtʃə/ (*incorr, oral*) *contrac de* **bet you** a que

EXPRESIONES
you betcha por supuesto, cómo no

be·tray /bɪˈtreɪ/ *v* [T] (**betrays**, **betrayed**, **betraying**) **1** (a una persona) traicionar • **betray sb to the police/the authorities** delatar a alguien a la policía/a las autoridades • **betray sb's trust** defraudar la confianza de alguien • **betray a confidence/secret** revelar un secreto **2** (a la patria) traicionar **3** [nunca en pasiva o forma continua] delatar, revelar: *Her face betrayed nothing.* Su cara no revelaba lo que sentía. • **betray sb's presence** delatar la presencia de alguien **4** (las ideas) traicionar • **betray your beliefs/principles/ideals** traicionar sus creencias/principios/ideales

be·tray·al /bɪˈtreɪəl/ *s* [C,U] traición ▶ ver nota en TRAICIÓN

be·trothed /bɪˈtroʊðd/ *s* (*antic*) prometido -a (en matrimonio)

bet·ter¹ S1 W1 /ˈbɛtər/ *adj* [compar de "good"]
1 (en calidad, eficacia, utilidad) mejor: *I like that one, but*

this one is better. Ese me gusta, pero este es mejor. • *a better-quality car* un carro mejor • *Who's the better player – John or Larry?* ¿Quién es mejor jugador, John o Larry? • [+**than**]: *Your computer is better than mine.* Tu computadora es mejor que el mío. • *She's a better driver than I am.* Conduce mejor que yo. • [+**for**]: *Which pen is better for drawing with?* ¿Qué lápiz es mejor para dibujar? • *Fruit is better for your teeth.* La fruta es mejor para los dientes. • [+**at**]: *I'm better at tennis than golf.* Juego mejor al tenis que al golf. • *She's better at swimming than I am.* Es mejor nadadora que yo. • **much/far better** (tb **a lot better**) mucho mejor: *I have a much better idea.* Tengo una idea mucho mejor. • **no better** *The other players were no better than yo.* Los demás jugadores no eran mejores que yo. • *The weather was no better the next day.* Al día siguiente, el tiempo no había mejorado. • **get better** mejorar ANT **worse**

2 [nunca ante s] (de salud) mejor: *She seems a little better today.* Hoy parece que está un poco mejor. • *Is your leg any better?* ¿Estás mejor de la pierna? • *He's looking better.* Tiene mejor aspecto. • **feel better** sentirse mejor • **feel better for sth** sentirse mejor después de (hacer) algo: *You'll feel better for a good night's sleep.* Te hará bien dormir toda la noche. ANT **worse**

3 [solo después de s] bien (del todo), totalmente recuperado -a: *Don't go swimming until you're better.* No vayas a nadar hasta que estés bien del todo. • *She was very sick, but she's better now.* Estuvo muy enferma, pero ya está bien. • **get better** mejorarse: *Get better soon.* Que te mejores pronto.

EXPRESIONES
it would be better (tb **it is better**) sería mejor, convendría: *It's better if the baby sleeps in the afternoon.* Convendría que el bebé durmiera la siesta. • **be all the better for sth** estar mucho mejor después de algo: *The meat's all the better for that extra ten minutes' cooking.* A la carne le vinieron bien esos diez minutos más de cocción. • **better still** mejor aún • **better than nothing** mejor que nada • **the bigger/sooner/quicker the better** cuanto más grande/cuanto antes/cuanto más rápido mejor • **so much the better** (tb **all the better**) tanto mejor, mucho mejor • **there is nothing better** no hay nada mejor: *There's nothing better than a walk along the beach.* No hay nada como un paseo por la playa. • **that's better** (*oral*) **(a)** así se hace, muy bien **(b)** qué alivio, mucho mejor así • **there's no better way/place** no hay mejor manera/lugar • **who better to do sth?** ¿quién mejor para hacer algo?

better² S1 W1 *adv* [compar de "well"]
1 (en mayor grado) mejor, más: *I liked his last movie better.* Me gustó más su última película. • *Which city do you know better?* ¿Qué ciudad conoces mejor? • *She was better known as a singer.* Era más conocida como cantante. • [+**than**]: *She knows the area better than I do.* Conoce la zona mejor que yo.
2 (con más calidad) mejor: *Tools work better if you keep them clean.* Las herramientas funcionan mejor si se mantienen limpias. • *Hospitals today are much better equipped.* Hoy los hospitales están mucho mejor equipados. • [+**than**]: *She sang better than ever before.* Cantó mejor que nunca. ▶ BETTER OFF, THINK **better of it**

EXPRESIONES
do better *We did better than we expected.* Nos fue mejor de lo que esperábamos. • *Come on – you can do better than that!* Vamos, ¡tú puedes hacerlo mejor! • *Some plants do better in dry conditions.* Algunas plantas crecen mejor en climas secos. • **sb had better do sth** (tb **sb better do sth** (*coloq, oral*)) **(a)** (para sugerir) *You'd better hurry if you want to catch the train.* Si quieres agarrar el tren, más vale que te apures. • *Hadn't you better put the money somewhere safe?* ¿No deberías guardar el dinero en un lugar seguro? **(b)** (para amenazar) *You'd better keep your mouth shut.* Más te vale no decir palabra. • **better late than never** más vale tarde que nunca • **better safe than sorry** más vale prevenir que curar • **go one better** (*coloq*) hacerlo mejor todavía, ir todavía más lejos

better³ S3 *s* **the better** [sing] el/la mejor • [+**of**]: *the*

better of the two el mejor de los dos

EXPRESIONES
your elders and betters sus mayores • **expect/deserve better** esperar/merecer algo mejor • **for the better** para bien • **a change for the better** un cambio para mejor • **take a turn for the better** (tb **change for the better**) dar un giro positivo, mejorar • **for better or (for) worse** para bien o para mal • **get the better of sb (a)** poder más que alguien (curiosidad, mal genio) **(b)** ganarle a alguien, vencer a alguien (rival, adversario)

better⁴ *v* [T] **1** superar (un récord, una cantidad) **2** (*frml*) mejorar **3 better yourself** superarse

,**better 'off** *adj* [sin compar] **1** en mejor posición económica: *I'll be $50 a week better off.* Voy a ganar 50 dólares más por semana. ▶ WELL-OFF **2 be better off without sb/sth** estar mejor sin alguien/algo • **you/we would be better off doing sth** te/nos convendría hacer algo ANT **worse off**

bet·ting /ˈbetɪŋ/ *s* [U] apuestas

be·tween¹ S1 W1 /bɪˈtwiːn/ *prep*

1	en el espacio
2	en el tiempo
3	con números
4	en repartos, colaboraciones
5	en comparaciones
6	indicando relación
7	de un lugar a otro
8	en descripciones aproximadas

1 EN EL ESPACIO (tb **in between**) entre: *The ball rolled between his feet.* La pelota le pasó entre las piernas. • *I sat down between my two sisters.* Me senté entre mis dos hermanas. • **halfway between** a mitad de camino entre
2 EN EL TIEMPO (tb **in between**) entre: *Are there any public holidays between now and September?* ¿Hay algún feriado de aquí a septiembre? • *Don't eat between meals.* No comas entre horas.
3 CON NÚMEROS entre: *children between 12 and 15 years old* niños de entre 12 y 15 años • *Choose a number between 50 and 100.* Elige un número del 50 al 100. • *The trip takes between 7 and 8 hours.* El viaje lleva entre 7 y 8 horas. • **somewhere between** más o menos entre
4 EN REPARTOS, COLABORACIONES entre: *The money was divided between the children.* El dinero se repartió entre los hijos. • *Between the three of us we managed to lift the box.* Entre los tres logramos levantar la caja.
5 EN COMPARACIONES entre: *What's the difference between the two computers?* ¿Qué diferencia hay entre los dos computadores? • *the gap between rich and poor* la brecha entre los ricos y los pobres
6 INDICANDO RELACIÓN entre: *relations between the two countries* las relaciones entre los dos países • *a conversation between two senators* una conversación entre dos senadores • *the link between your health and the food you eat* el vínculo entre la salud y la alimentación
7 DE UN LUGAR A OTRO entre: *flights between New York and Boston* vuelos entre Nueva York y Boston • *the highway between Los Angeles and San Francisco* la carretera que une Los Ángeles y San Francisco
8 EN DESCRIPCIONES APROXIMADAS (*oral*) entre • **something/somewhere between** algo entre: *a sound somewhere between a sigh and a cough* un sonido entre suspiro y carraspeo • **a cross between** una mezcla de

EXPRESIONES
between you and me (tb **between ourselves**) (*oral*) entre nosotros • **come between sb and sb** interponerse entre alguien y alguien • **stand between sb and sth** interponerse entre alguien y algo

between² S3 (tb **in between**) *adv*
1 (en el espacio) en medio, entremedio: *two fields with a fence in between* dos campos con un cerco en el medio
2 (en el tiempo) *the two world wars and the period of peace between* las dos guerras mundiales y el periodo de entreguerras • *big meals with small snacks in between* comidas abundantes con refrigerios entre

unas y otras
3 (en grado) en medio, entremedio: *neither blue nor green, but something in between* ni azul ni verde, sino algo entremedio

bev·er·age /'bɛvrɪdʒ, 'bɛvərɪdʒ/ s [C] (*frml*) bebida

bev·y /'bɛvi/ s [C] (pl **bevies**) ramillete, grupo • **a bevy of beauties** un ramillete de bellezas

be·wail /bɪ'weɪl/ v [T] lamentar

be·ware /bɪ'wɛr/ v [I,T solo en imperat e infin] (*escrito*) tener cuidado (con) • **beware of the dog!** ¡cuidado con el perro! • **beware of doing sth** tener cuidado de no hacer algo

be·wil·der /bɪ'wɪldər/ v [T gralm en pasiva] desconcertar, aturdir

be·wil·dered /bɪ'wɪldərd/ adj desconcertado -a, perplejo -a

be·wil·der·ing /bɪ'wɪldərɪŋ/ adj desconcertante

be·wil·der·ment /bɪ'wɪldərmənt/ s [U] desconcierto, perplejidad • **in bewilderment** desconcertado -a, perplejo -a

be·witch /bɪ'wɪtʃ/ v [T] **1** cautivar **2** embrujar, hechizar

be·witch·ing /bɪ'wɪtʃɪŋ/ adj cautivador -a

be·yond¹ S2 W1 /bɪ'yɑnd/ prep
1 PASANDO UN LUGAR del otro lado de, más allá de: *Beyond the river we could see the hills.* Del otro lado del río veíamos las montañas. • *The farm is a few hundred yards beyond the bridge.* La hacienda está unos cientos de yardas más allá del puente.
2 SALIENDO DE UN LUGAR fuera de: *He had never traveled beyond his native land.* Nunca había viajado fuera de su tierra natal. • **far beyond sth** mucho más allá de algo
3 POR SU DIFICULTAD **be beyond sb** estar fuera del alcance de alguien, exceder la capacidad de alguien: *The problem was completely beyond them.* El problema excedía totalmente su capacidad. • **be beyond sb's abilities/capabilities** exceder la capacidad de alguien
4 SUPERANDO UN LÍMITE fuera de: *The branch was just beyond my reach.* No alcanzaba la rama por muy poco. • **beyond sb's control** ajeno -a a la voluntad de alguien
5 SUPERANDO UN NIVEL más de, por encima de: *temperatures beyond 40 degrees* temperaturas de más de 40 grados • *students who are already beyond beginner's level* alumnos que ya han superado el nivel elemental
6 SUPERANDO UN HORARIO, UN MOMENTO más allá de: *those who continue to work beyond retirement age* quienes siguen trabajando más allá de la edad de jubilación • *The party went on until well beyond midnight.* La fiesta continuó hasta después de la medianoche.
7 INDICANDO EXCEPCIÓN aparte de: *There's not much to do beyond keeping the house clean.* No hay mucho que hacer aparte de mantener la casa limpia. • *I can't tell you anything beyond what you know already.* No puedo decirte nada que no sepas ya.
EXPRESIONES
beyond belief/recognition increíble/irreconocible: *The town had changed beyond all recognition.* El pueblo había cambiado tanto que estaba irreconocible. • **beyond doubt/dispute** indudable/indiscutible: *His ability is beyond doubt.* Su capacidad está fuera de toda duda. • **be beyond repair** no tener arreglo • **it is beyond me why/what** (*oral*) no puedo entender por qué/qué

beyond² adv **1** (en el espacio) más allá: *They traveled to India and beyond.* Viajaron a la India y más allá. • *a view from the mountains with the plains beyond* una vista desde las montañas con las llanuras a lo lejos **2** (en el tiempo) más allá: *their plans for 2007 and beyond* sus planes de 2007 en adelante

beyond³ s the **(great) beyond** (*liter*) el más allá ▶ the BACK of beyond

Bhu·tan /bu'tɑn, bu'tæn/ Bután

Bhu·tan·ese¹ /ˌbutˈnˈizˑ, -ˈisˑ/ s [pl] butanés -esa

Bhutanese² adj butanés -esa

bi- /baɪ/ pref bi-: *bilingual* bilingüe • *biannual* bianual

bi·as¹ /'baɪəs/ s **1** [sing, U] parcialidad, prejuicios, sesgo • [+**against**]: *a bias against women* prejuicios contra las mujeres • [+**toward/in favor of**]: *bias toward younger candidates* parcialidad a favor de los candidatos más jóvenes • **political/gender bias** sesgo político/prejuicios sexuales • **a left-wing/right-wing bias** una tendencia izquierdista/derechista **2** [sing] inclinación, afición • [+**toward**]: *The class has a bias toward modern literature.* El curso está orientado a la literatura moderna.
EXPRESIONES
on the bias al bies

bias² v [T] sesgar, influir en, predisponer

bi·ased /'baɪəst/ adj **1** parcial, tendencioso -a, sesgado -a: *politically biased reporting* información con sesgo político • **be biased against sb/sth** tener prejuicios/predisposición contra alguien/algo • **be biased toward/in favor of sth/sb** favorecer algo/a alguien **2 be biased toward sth** estar orientado -a hacia algo, mostrar inclinación por algo

bib /bɪb/ s [C] **1** babero **2** pechera (de una prenda)

bi·ble, Bible /'baɪbəl/ s [C] **1 The Bible** (libro sagrado) Biblia • **Bible study** estudio de la Biblia **2** (*coloq*) (obra básica) biblia

bib·li·cal, Biblical /'bɪblɪkəl/ adj bíblico -a

bib·li·og·ra·phy /ˌbɪbli'ɑgrəfi/ s [C] (pl **bibliographies**) bibliografía

bi·cen·ten·ni·al¹ /ˌbaɪsɛn'tɛniəl/ adj del bicentenario

bicentennial² s [C] bicentenario

bick·er /'bɪkər/ v [I] discutir, pelearse ▶ ver nota en ARGUE

bick·er·ing /'bɪkərɪŋ/ s [U] discusión, peleas

bi·cy·cle¹ S3 /'baɪsɪkəl/ s [C] bicicleta SIN **bike** • **ride a bicycle** montar/andar en bicicleta • **by bicycle** en bicicleta • **on a bicycle** en una bicicleta • **bicycle helmet** casco de ciclismo • **bicycle pump** inflador, bomba (de aire) (para bicicleta)

bicycle² v [I] (*frml*) montar en bicicleta, andar en bicicleta, ir en bicicleta SIN **cycle**

bi·cy·cling /'baɪsɪklɪŋ/ s [U] ciclismo SIN **cycling**

bi·cy·clist /'baɪsɪklɪst/ s [C] ciclista SIN **cyclist**

bid¹ W3 /bɪd/ s [C]
1 (en una subasta, una venta) oferta • **put in/make/place a bid** hacer una oferta, ofertar • [+**for/on**]: *We put in a bid on the house.* Hicimos una oferta por la casa.
2 (en una licitación) oferta • [+**for/on**]: *bids for the cleaning contract* ofertas para el contrato de limpieza
3 intento, tentativa • [+**for**]: *a bid for power* un intento de acceder al poder • **a bid to do sth** un intento de hacer algo • **in a bid to do sth** en un intento por hacer algo
4 declaración (en bridge)

bid² v (**bid, bidding**) **1** (en una subasta, una venta) (a) [T] ofrecer, ofertar • **bid (sb) sth for** ofrecer algo (a alguien) por: *She bid $200 for a vase.* Ofertó 200 dólares por un jarrón. (b) [I] hacer una oferta, ofertar • **bid on/for sth** hacer una oferta por algo, ofertar por algo • **bid against sb** competir con alguien (en una subasta) **2** [I] (en una licitación) presentar ofertas/una oferta • **bid for/on a contract** presentar una oferta para un contrato **3** [I,T] declarar (en bridge)

bid³ v (**bade** /bæd, beɪd/ o **bid, bid** o **bidden** /'bɪdn/, **bidding**) [T] (*arc*) mandar, ordenar • **bid sb do sth** mandar/ordenar a alguien hacer algo
EXPRESIONES
bid sb farewell (*liter*) despedirse de alguien • **bid sb good afternoon/good morning** (*liter*) darle a alguien las buenas tardes/los buenos días

bid·der /'bɪdər/ s [C] **1** (en una subasta, una venta) postor -a • **the highest bidder** el mejor postor **2** (en una licitación) oferente

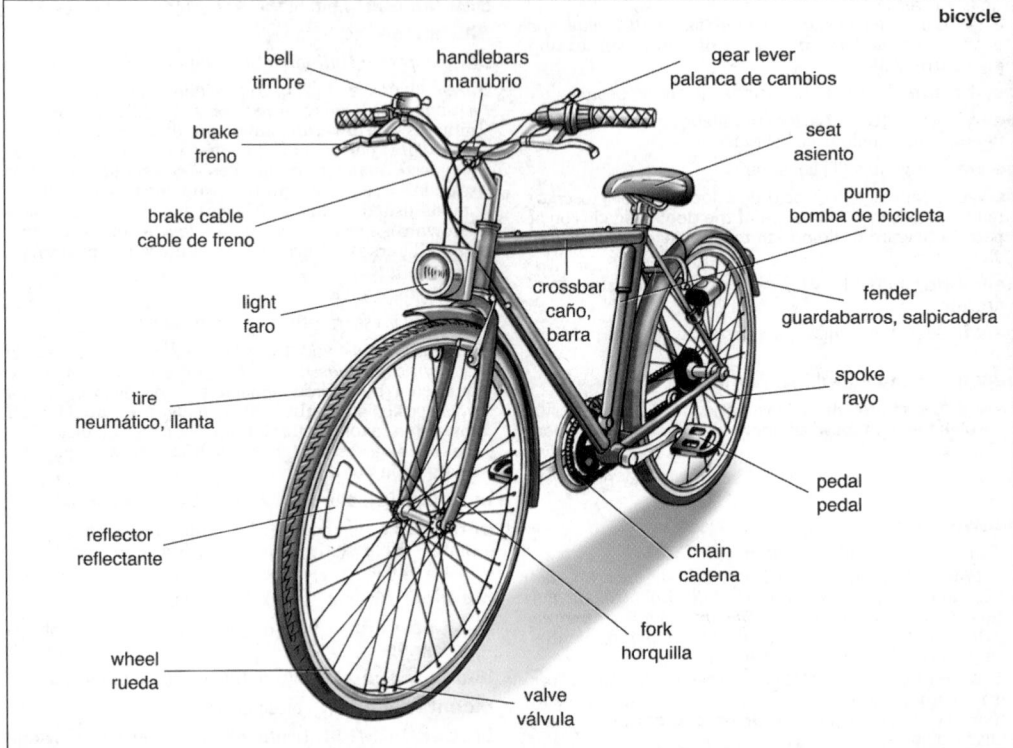

bicycle

bell / timbre — handlebars / manubrio — gear lever / palanca de cambios — brake / freno — seat / asiento — pump / bomba de bicicleta — brake cable / cable de freno — light / faro — crossbar / caño, barra — fender / guardabarros, salpicadera — tire / neumático, llanta — spoke / rayo — reflector / reflectante — chain / cadena — pedal / pedal — wheel / rueda — fork / horquilla — valve / válvula

---

bid·ding /ˈbɪdɪŋ/ s [U] **1** puja **2** licitación de ofertas

at sb's bidding (*frml*) a instancias de alguien • **do sb's bidding** (*liter*) cumplir los deseos de alguien, acatar las órdenes de alguien

bide /baɪd/ v [T] (**bode** /boʊd/, **bided**) **bide your time** esperar el momento oportuno

bi·det /bɪˈdeɪ/ s [C] bidet, bidé

bi·en·ni·al¹ /baɪˈɛniəl/ *adj* **1** [solo ante s] (evento) bienal **2** (planta) bienal, bianual

biennial² s [C] planta bienal/bianual

bi·fo·cals /ˈbaɪˌfoʊkəlz, baɪˈfoʊkəlz/ s [pl] lentes/anteojos/gafas bifocales

big¹ ⑤ⓦ /bɪg/ *adj* (**bigger**, **biggest**)

> 1 de mucho tamaño
> 2 en descripciones de tamaño
> 3 de mucho dinero
> 4 de mucha importancia
> 5 de mucho éxito
> 6 en madurez
> 7 en edad
> 8 en grado, intensidad
> 9 con vigor, entusiasmo
> 10 letra
> 11 palabra

1 **DE MUCHO TAMAÑO** grande: *a big house* una casa grande • *These jeans are too big.* Estos jeans son demasiado grandes. • **get bigger** hacerse más grande, crecer: *The business kept on getting bigger.* El negocio seguía creciendo. • **great big** enorme: *a great big bunch of flowers* un enorme ramo de flores

2 **EN DESCRIPCIONES DE TAMAÑO** **how big** de qué tamaño: *How big is the apartment?* ¿Cómo es de grande el departamento? • **as big as** del tamaño de: *The button is about as big as a dime.* El botón es más o menos del tamaño de una moneda de 10 centavos. • **big enough** *The bed is only big enough for one.* En la cama sólo

cabe uno. • *The box wasn't big enough to hold all the books.* En la caja no cabían todos los libros.

3 **DE MUCHO DINERO** [gralm ante s] *a big salary* un sueldazo • *a big check* un abultado cheque • **big money** (tb **big bucks**) (*coloq*) un dineral, un montón de plata

4 **DE MUCHA IMPORTANCIA** [gralm ante s] grande • **a big difference/mistake** una gran diferencia/un gran error • **the big day/game** el gran día/partido

5 **DE MUCHO ÉXITO** (*coloq*) grande, muy popular: *a big star* una gran estrella • **be big** tener mucho éxito, ser muy popular: *The band is big in Japan.* El grupo tiene mucho éxito en Japón. • **the big players/boys** los grandes, los gigantes • **the next big thing** el nuevo gran éxito

6 **EN MADUREZ** grande, mayor • **a big boy/girl** un niño/una niña grande

7 **EN EDAD** **big brother/sister** (*coloq*) hermano/hermana mayor

8 **EN GRADO, INTENSIDAD** [solo ante s] (*coloq*) grande • **be a big eater** ser muy comilón -ona • **he is a big drinker/gambler** toma/apuesta mucho • **a big fan/admirer** un -a gran fan, un gran admirador/una gran admiradora • **a big liar/cheat** un gran mentiroso/una gran mentirosa

9 **CON VIGOR, ENTUSIASMO** [solo ante s] grande • **give sb a big hug/kiss** darle a alguien un gran abrazo/un besote • **a big hand/cheer** un fuerte aplauso: *Let's give them a big hand.* Un fuerte aplauso para ellos.

10 **LETRA** (*coloq*) mayúscula: *big M* M mayúscula

11 **PALABRA** (*coloq*) difícil • **a big word** una palabreja, una palabra difícil

be big on sth (*oral*) ser entusiasta de algo, morirse por algo • **have big ideas/plans** tener grandes ideas/planes • **have a big mouth** (*oral*) no saber guardar un secreto, ser un chismoso/una chismosa • **me and my big mouth!** ¡quién me mandará abrir la boca/bocota! • **in a big way** (*oral*) en grande • **it is big of sb to do sth** es generoso de parte de alguien hacer algo • **be/get too big for your britches** (*coloq*) subírsele los humos a la cabeza • **what's the big idea?** ¿cómo se te ocurre?

big² *adv*

EXPRESIONES
make it big triunfar, tener éxito • **talk big** (*peyor*) fanfarronear, presumir ▶ **THINK big**

big·a·mist /ˈbɪɡəmɪst/ *s* [C] bígamo -a

big·a·mous /ˈbɪɡəməs/ *adj* bígamo -a

big·a·my /ˈbɪɡəmi/ *s* [U] bigamia

,**big 'brother**, Big Brother *s* [sing] el gran hermano (persona u organización que ejerce un control irrestricto)

,**big 'business** *s* [U] **1** la gran empresa, las grandes empresas **2** un gran negocio

,**big 'deal** S2 *s* [sing] (*oral*) **1** qué horror, qué barbaridad, pues qué barbaridad (irónicamente) • **(it's) no big deal** no pasa nada, no es para tanto • **what's the big deal?** ¿y cuál es el problema? **2** algo muy importante • **make a big deal about sth** (tb **make a big deal out of sth**) dar demasiada importancia a algo

big·head·ed /ˈbɪɡˌhɛdɪd/ *adj* (*peyor*) engreído -a, creído -a

'**big-league** *adj* **1** de las ligas mayores (de béisbol) **2** [sin compar] importante (decisión, acto), de primer nivel, de las ligas mayores (empresa, diseñador)

,**big 'name** *s* [C] gran figura

big·ot /ˈbɪɡət/ *s* [C] (*peyor*) fanático -a, intolerante

big·ot·ed /ˈbɪɡətɪd/ *adj* (*peyor*) **1** (persona) fanático -a, intolerante **2** (agresión, actitud) fanático -a

big·ot·ry /ˈbɪɡətri/ *s* [U] fanatismo, intolerancia

'**big shot** *s* [C] (*coloq*) pesado -a, peso pesado

,**big-'ticket** *adj* [solo ante s] (*coloq*) caro -a, costoso -a • **a big-ticket item** un producto/artículo caro

'**big time** *s* (*coloq*) **the big time** el estrellato • **hit the big time** alcanzar el estrellato, triunfar

'**big-time¹** *adv* [sin compar] (*oral*) en grande

'**big-time²** *adj* [solo ante s] (*coloq*) de primera línea, de las ligas mayores

,**big 'toe** *s* [C] dedo gordo (del pie)

,**big 'top** *s* [C] **the big top** la carpa del circo

big·wig /ˈbɪɡwɪɡ/ *s* [C] (*coloq*) pesado -a, peso pesado

bike¹ /baɪk/ *s* [C] **1** bici, cicla • **ride a bike** andar en bici, montar en cicla • **by bike** en bici/cicla: *They're planning to come by bike.* Tienen pensado venir en cicla. • **on a/your bike** en (una) bici/cicla: *They've gone out on their bikes.* Han salido en sus bicis. • **bike lane** ciclorruta, carril para bicicletas • **bike path** sendero para bicicletas (en un parque, una zona de montaña), ciclorruta • **bike rack** soporte para bicicletas, cicloparqueadero • **bike ride** paseo en bici, paseo en cicla • **go for a bike ride** dar un paseo en bici/cicla **2** (*coloq*) moto

bike² *v* [I] andar en bici, montar en cicla • **bike to work/school** ir en bici al trabajo/colegio

bik·er /ˈbaɪkə/ *s* [C] motociclista

bi·ki·ni /bɪˈkini/ *s* [C] bikini

bi·lat·er·al /baɪˈlætərəl/ *adj* [gralm ante s] bilateral

bile /baɪl/ *s* [U] **1** bilis **2** (*liter*) rabia

bi·lin·gual /baɪˈlɪŋɡwəl/ *adj* bilingüe

bil·ious /ˈbɪlyəs/ *adj* **1** bilioso -a (líquido), con náuseas (persona) **2** nauseabundo -a **3** (*liter*) de mal carácter, irritable

bill¹ S1 W1 /bɪl/ *s* [C]

  1 por un servicio, un trabajo
  2 en política
  3 de un espectáculo
  4 de un ave
  5 de dinero
  6 de una gorra

  1 POR UN SERVICIO, UN TRABAJO factura, cuenta • [+**for**]: *The bill for the repairs came to $650.* La factura por las reparaciones fue de 650 dólares. • **a phone/an electricity/a gas bill** una factura de teléfono/luz/gas • **a medical bill** una factura médica, una factura de gastos médicos • **pay a bill** pagar una factura/una cuenta
  2 EN POLÍTICA proyecto de ley: *a reform bill* un proyecto de ley de reforma • **approve/pass a bill** aprobar un proyecto de ley • **veto a bill** vetar un proyecto de ley • **introduce a bill** presentar un proyecto de ley
  3 DE UN ESPECTÁCULO programa, cartel • **be on the bill** estar en el cartel/programa • **a double bill** un programa doble • **top the bill** encabezar el cartel/el reparto
  4 DE UN AVE pico
  5 DE DINERO billete: *a five-dollar bill* un billete de cinco dólares
  6 DE UNA GORRA visera SIN **peak** ▶ **a CLEAN bill of health**

EXPRESIONES
fit/fill the bill reunir las condiciones, ser ideal

bill² S2 W3 *v* [T]
  1 pasarle la factura/cuenta de cobro a, facturar • **bill sth to sb/sth** cargar algo a la cuenta de alguien/algo • **bill sb for sth** pasarle la factura/la cuenta de cobro de algo a alguien, facturarle algo a alguien
  2 bill sth as sth promocionar algo como algo • **bill yourself as sth** promocionarse/presentarse como algo

bill·board /ˈbɪlbɔrd/ *s* [C] valla publicitaria, cartelera

bil·let¹ /ˈbɪlɪt/ *s* [C] alojamiento militar temporal (en una vivienda particular)

billet² *v* [T gralm en pasiva] alojar temporalmente (soldados en vivienda particular)

bill·fold /ˈbɪlfoʊld/ *s* [C] billetera, cartera SIN **wallet**

bil·liard /ˈbɪlyəd/ *adj* [solo ante s] de billar

bil·liards /ˈbɪlyədz/ *s* [U] billar (que se juega en mesa con troneras)

bill·ing /ˈbɪlɪŋ/ *s* [U] posición en el cartel (de un espectáculo, una película) • **get top/star billing** encabezar el cartel/el reparto

bil·lion /ˈbɪlyən/ *núm* (pl **billion**, **billions**) **1** (numeral) mil millones ▶ Antiguamente, **billion** significaba "billón", pero en el inglés actual equivale a mil millones (1.000.000.000), y **trillion**, a un billón (1.000.000.000.000). Cuando **billion** se usa como numeral, su plural es invariable. • **a/one billion** mil millones: *one billion dollars* mil millones de dólares • **three/five billion** tres/cinco mil millones: *three billion people* tres mil millones de personas **2 billions** [pl] (muchos millones) miles (y miles) de millones • [+**of**]: *billions of bacteria* miles de millones de bacterias **3** (*coloq*) (gran cantidad) **a billion times/things** millones de veces/un millón de cosas • **billions of** millones de **4** (dinero) miles de millones

bil·lion·aire /ˌbɪlyəˈnɛr, ˈbɪlyəˌnɛr/ *s* [C] multimillonario -a

bil·lionth¹ /ˈbɪlyənθ/ *adj* [solo ante s] milmillonésimo -a

billionth² *s* [C] milmillonésima (parte)

,**bill of 'rights** *s* [C] (pl **bills of rights**) carta/declaración de derechos

bil·low /ˈbɪloʊ/ *v* [I] **1** hincharse, inflarse (con el viento) **2 billow out/up** salir/ascender (nubes de humo)

'**billy goat** *s* [C] macho cabrío

bim·bo /ˈbɪmboʊ/ *s* [C] (pl **bimbos**) (*despec*) joven atractiva y tonta

bi·month·ly¹ /baɪˈmʌnθli/ *adj* **1** bimestral **2** bimensual, quincenal

bimonthly² *adv* **1** bimestralmente, cada dos meses **2** quincenalmente, dos veces al mes

bin /bɪn/ *s* [C] contenedor (para almacenamiento)

bi·na·ry¹ /ˈbaɪˌnɛri, ˈbaɪnəri/ (tb '**binary ,system**) *s* [U] sistema binario • **binary code** código binario

binary² *adj* (*técn*) binario -a

bind¹ W3 /baɪnd/ v (**bound** /baʊnd/)

1 acuerdo, promesa
2 mezcla, sustancias
3 a personas, países
4 a un prisionero
5 con cordel, cinta
6 un libro
7 en costura

1 ACUERDO, PROMESA [T] obligar • **bind sb to do sth** obligar a alguien a hacer algo
2 MEZCLA, SUSTANCIAS [I,T] ligar(se), unir(se) • **bind with sth** ligarse con algo, unirse a algo
3 A PERSONAS, PAÍSES [T] unir • **bind sb/sth together** unir a alguien/algo
4 A UN PRISIONERO [T] (escrito) amarrar, atar • **bind sb to sth** amarrar/atar a alguien a algo • **bound and gagged** amarrado y amordazado/amarrada y amordazada
5 CON CORDEL, CINTA (tb **bind up**) [T] atar • **bind sth with string/tape** atar algo con cordel/cinta
6 UN LIBRO [T] encuadernar
7 EN COSTURA [T] ribetear
be bound over v+partíc (jur) quedar bajo custodia (a la espera de un juicio)

bind² s fastidio, lata • **in a bind** en un lío/aprieto

bind·er /'baɪndər/ s [C] **1** carpeta **2** encuadernador -a **3** (técn) pago efectuado para garantizar un compromiso de compra de una propiedad

bind·ing¹ /'baɪndɪŋ/ adj vinculante

binding² s **1** [C] tapa, cubierta, encuadernación (de un libro) **2** [U] ribete **3** [C gralm pl] fijación (en un esquí)

binge¹ /bɪndʒ/ s [C] (de comida) comilona; (de bebida) borrachera • **go on a drinking/spending binge** emborracharse/despilfarrar el dinero

binge² v [I] (coloq) emborracharse, darse una comilona • **binge on sth** atiborrarse de algo

bin·go¹ /'bɪŋgoʊ/ s [U] bingo

bingo² interj eureka, bingo

bin·oc·u·lars /bɪˈnɑkyələz, baɪ-/ s [pl] binoculares

bi·o·chem·i·cal /ˌbaɪoʊˈkɛmɪkəl/ adj [solo ante s] bioquímico -a

bi·o·chem·ist /ˌbaɪoʊˈkɛmɪst/ s [C] bioquímico -a

bi·o·chem·is·try /ˌbaɪoʊˈkɛməstri/ s [U] bioquímica

bi·o·de·grad·a·ble /ˌbaɪoʊdɪˈgreɪdəbəl/ adj biodegradable

bi·o·di·ver·si·ty /ˌbaɪoʊdɪˈvəsəti, -daɪ-/ s [U] biodiversidad

bi·og·ra·pher /baɪˈɑgrəfər/ s [C] biógrafo -a

bi·o·graph·i·cal /ˌbaɪəˈgræfɪkəl/ adj biográfico -a

bi·og·ra·phy /baɪˈɑgrəfi/ s (pl **biographies**) **1** [C] (obra) biografía **2** [U] (género) biografía

bi·o·log·i·cal /ˌbaɪəˈlɑdʒɪkəl/ adj **1** (estudio, funciones, factores) biológico -a **2** (armas, guerra) biológico -a, bacteriológico -a **3** [solo ante s] (pariente) biológico -a • **biological mother/father** madre biológica/padre biológico

bi·ol·o·gist /baɪˈɑlədʒɪst/ s [C] biólogo -a • **marine biologist** biólogo -a marino -a • **molecular biologist** biólogo -a molecular

bi·ol·o·gy /baɪˈɑlədʒi/ s [U] **1** (ciencia) biología: She has a degree in biology. Tiene título de bióloga. **2** (fenómenos) biología: human biology la biología humana

bi·o·met·ric /ˌbaɪəˈmɛtrɪk‹/ adj biométrico -a: biometric data datos biométricos

bi·op·sy /'baɪˌɑpsi/ s [C] (pl **biopsies**) biopsia

bi·o·sphere /'baɪəˌsfɪr/ s [sing] biosfera

bi·o·tech /'baɪoʊˌtɛk/ (tb **bi·o·tech·nol·o·gy** /ˌbaɪoʊtɛkˈnɑlədʒi/) s [U] biotecnología • **biotech company** (tb **biotech firm**) empresa de biotecnología

bi·par·ti·san /baɪˈpɑrtəzən/ adj [gralm ante s] bipartidario -a, de dos partidos políticos

birch /bətʃ/ s **1** [C] (tb **'birch tree**) abedul **2** [U] (madera de) abedul

bird S1 W2 /bəd/ s [C] pájaro, ave • **a flock of birds** una bandada de pájaros ▶ **be an EARLY bird**, **the EARLY bird catches the worm**, **KILL two birds with one stone**, **a LITTLE bird told me**
EXPRESIONES
the bird has flown el hombre/la mujer ya no está • **a bird in the hand (is worth two in the bush)** más vale pájaro en mano (que ciento volando) • **the birds and the bees** (hum) información básica sobre la sexualidad y la reproducción que se da a los niños • **birds of a feather (flock together)** Dios los cría (y ellos se juntan)

bird·brain /'bədbreɪn/ s cabeza de chorlito

'bird flu s [U] ▶ AVIAN FLU

bird·ie /'bədi/ s [C] **1** (en golf) birdie **2** (en bádminton) gallo SIN **shuttlecock**

ˌbird of 'prey s [C] (pl **birds of prey**) ave de rapiña

bird·seed /'bədsid/ s [U] alpiste

'bird ˌwatcher s [C] aficionado -a a la observación de aves

birth S2 W2 /bəθ/ s
1 [C,U] (de una persona) nacimiento: It was a very difficult birth. Fue un parto muy difícil. • [+of]: Congratulations on the birth of your daughter! ¡Felicitaciones por el nacimiento de tu hija! • **give birth (to sb)** dar a luz (a alguien), parir • **at birth** al nacer • **from birth** de nacimiento: She has been blind from birth. Es ciega de nacimiento. • **place of birth** lugar de nacimiento
2 [sing] (de una nación, un arte) nacimiento • [+of]: the birth of photography el nacimiento de la fotografía
3 [U] origen, cuna • **be French/Chinese by birth** ser francés -esa/chino -a de nacimiento • **of noble/good birth** de noble/buena cuna

'birth ˌcer·tificate s [C] partida de nacimiento, certificado de nacimiento, acta de nacimiento

'birth conˌtrol s [U] control de la natalidad • **method of birth control** método anticonceptivo

birth·day S1 W3 /'bədeɪ/ s [C] (pl **birthdays**)
1 cumpleaños: It's my birthday tomorrow. Mañana es mi cumpleaños. • **happy birthday!** ¡feliz cumpleaños! • **celebrate your birthday** celebrar su cumpleaños • **birthday cake** pastel de cumpleaños • **birthday card** tarjeta de cumpleaños • **birthday party** fiesta de cumpleaños • **birthday present** regalo de cumpleaños
2 aniversario
EXPRESIONES
in your birthday suit (hum) como vino al mundo, como Dios lo trajo al mundo

birth·mark /'bəθmɑrk/ s [C] mancha/marca de nacimiento (en la piel)

birth·place /'bəθpleɪs/ s [C gralm sing] **1** lugar de nacimiento **2** cuna (de un movimiento, una institución)

birth·rate /'bəθreɪt/ s [C gralm sing] tasa de natalidad

bis·cuit /'bɪskɪt/ s [C] panecillo, bollo

bi·sect /'baɪsɛkt, baɪ'sɛkt/ v [T] dividir en dos

bi·sex·u·al /baɪ'sɛkʃuəl/ s [C], adj bisexual

bi·sex·u·al·i·ty /ˌbaɪsɛkʃu'æləti/ s [U] bisexualidad

bish·op /'bɪʃəp/ s [C] **1** obispo **2** alfil

bi·son /'baɪsən/ s [C] (pl **bison, bisons**) bisonte

bis·tro /'bistroʊ/ s [C] (pl **bistros**) bistro, bistró

bit¹ S2 /bɪt/ **a bit** [adv]
1 (indicando grado) un poco: Try to relax a bit. Intenta relajarte un poco. • That's a bit unusual. Eso es un poco raro. • **a little bit** un poquito: I'm a little bit tired. Estoy un poquito cansada. • **quite a bit** bastante: She's quite a bit older than you. Es bastante mayor que tú. • **a bit like** un poco como, medio parecido -a a: She looks a bit like my sister. Se parece un poco a mi hermana. •

bit more/better/easier un poco más/mejor/más fácil
2 (indicando frecuencia) un poco: *I played soccer a bit as a teenager*. En la adolescencia, jugué un poco al fútbol. **3** (indicando distancia) un poco: *I walked on a little bit and then turned back*. Seguí caminando un poco y después volví. **4** (indicando exceso) un poco: *It's a bit late to change your mind now*. Ya es un poco tarde para cambiar de idea.

EXPRESIONES
it's/that's a bit much! ¡eso ya es demasiado! • **not a bit** para nada, en absoluto • **not a bit of it** para nada

bit² **a bit** *pron* **1** un poco, un poquito • **a bit of sth** un poco/poquito de algo: *All you need is a bit of imagination*. Solo se necesita un poco de imaginación. **2** un ratico/ratito, un momentico/momentito • **in a bit** enseguida • **for a bit** un ratico/ratito

bit³ S1 W1 *s* [C]
1 trozo, pedazo • **a bit of** un trozo/pedazo de: *We've only got a few bits of bread*. Solo tenemos unos pedazos de pan. • **a small/tiny bit** un trocito, un pedacito • **fall/come to bits** caerse a pedazos/hacerse pedazos • **break/shatter into bits** romperse en pedazos/hacerse añicos **2** bit: *a 32-bit processor* un procesador de 32 bits **3** broca, barrena: *a drill bit* una broca de taladro **4** freno (de un caballo) ▶ ver nota en TROZO

EXPRESIONES
bit by bit poco a poco • **get the bit between your teeth** ponerse las pilas • **not in the least bit** en absoluto, lo más mínimo • **two/four bits** (*antic*) dos/cuatro centavos

bit⁴ pasado de BITE

bitch¹ /bɪtʃ/ *s* [C] perra (animal)

bitch² *v* [I] (*coloq*) **1** criticar **2** protestar, quejarse

bitch·y /ˈbɪtʃi/ *adj* (**bitchier, bitchiest**) (*coloq*) ofensivo -a • **be bitchy** ser ofensivo -a

bite¹ S1 /baɪt/ *v* (**bit** /bɪt/, **bitten** /ˈbɪtn/, **biting**)
1 [I,T] morder: *The child bit him on the arm*. El niño lo mordió en el brazo. • *Does your dog bite?* ¿Muerde tu perro? • **bite through sth** cortar algo a mordiscos • **bite your fingernails/nails** morderse/comerse las uñas **2** [I,T] (insecto) picar: *I was bitten all over by fleas*. Las pulgas me picaron todo el cuerpo. **3** [I] hacer/dejar sentir sus efectos (ley, medida) **4** [I] (pez) picar

EXPRESIONES
bite the bullet (*coloq*) tomar el toro por los cuernos • **bite the dust** (*coloq*) **(a)** irse a pique **(b)** arruinarse, dejar de funcionar **(c)** estirar la pata • **bite the hand that feeds you** morder la mano que te da de comer • **bite your tongue** morderse la lengua • **sth bites (the big one)** (*malson, coloq*) algo es una mierda • **be bitten by the bug** *She was bitten by the showbiz bug*. Le picó el gusanillo del espectáculo. • **once bitten twice shy** el gato escaldado del agua fría huye, al perro no lo capan dos veces
bite back *v+partíc* **1 bite back** contraatacar **2 bite sth ↔ back** contener algo, tragarse algo
bite into *v+partíc* **1 bite into sth** morder algo **2 bite into sth** clavarse en algo, apretar algo: *The rope bit into my skin*. La cuerda se me clavaba en la piel.
bite off *v+partíc* **1 bite sth ↔ off** arrancar algo de un mordisco/una mordida **2 bite sb's head off** (*coloq*) hablarle/contestarle mal a alguien • **bite off more than you can chew** querer abarcar demasiadas cosas

bite² S2 *s*

1 acción de morder
2 trozo de comida
3 herida
4 de insecto
5 comida rápida
6 en pesca

1 ACCIÓN DE MORDER [C] mordisco, mordida: *Joe ate his burger in one bite*. Joe se comió la hamburguesa de un mordisco. • **take a bite (of sth)** dar un mordisco (a algo), dar una mordida (a algo)

bite
nibble
mordisquear
bite
morder

2 TROZO DE COMIDA [C] bocado • **have a bite (of sth)** probar (algo)
3 HERIDA [C] mordedura
4 DE INSECTO [C] picadura ▶ STING
5 COMIDA RÁPIDA [sing] (tb **bite to eat**) bocado, refrigerio, tentempié • **have/grab a bite (to eat)** comer algo
6 EN PESCA [C] • **get a bite** pescar algo ▶ **his/her BARK is worse than his/her bite**, SOUND BITE

'bite-size (tb **'bite-sized**) *adj* [solo ante s] **1** que cabe en la boca (trozo): *bite-size pieces of chicken* trocitos de pollo **2** manejable (tarea, problema)

bit·ing /ˈbaɪtɪŋ/ *adj* **1** [gralm ante s] cortante (viento, frío) **2** mordaz

'bit part *s* [C] papel pequeño (en cine, teatro)

bit·ten /ˈbɪtn/ participio pasado de BITE

bit·ter /ˈbɪtɚ/ *adj* **1** (sabor) amargo -a: *bitter chocolate* chocolate amargo **2** amargado -a, resentido -a • [+**about**]: *Joe sounded bitter about his team's fourth straight loss*. A Joe se le notaba resentido por la cuarta derrota consecutiva de su equipo. **3** [solo ante s] (recuerdo, derrota, vivencia) amargo -a • **a bitter disappointment** una amarga decepción • **a bitter blow** un duro golpe • **know from bitter experience that** saber por propia experiencia/por haberlo sufrido en carne propia que **4** encarnizado -a: *a bitter legal battle* una encarnizada batalla legal • **bitter enemies** enemigos acérrimos **5** glacial, helado -a • **the bitter cold** el frío glacial

EXPRESIONES
a bitter pill (to swallow) un trago muy amargo • **to/until the bitter end** hasta el final

bit·ter·ly /ˈbɪtɚli/ *adv* **1** encarnizadamente: *He was bitterly opposed to the idea*. Se oponía frontalmente a la idea. **2** amargamente, con amargura • **be bitterly disappointed/ashamed** estar terriblemente decepcionado -a/avergonzado -a **3** **bitterly cold** *a bitterly cold wind* un viento helado • **be bitterly cold** hacer muchísimo frío

bit·ter·ness /ˈbɪtɚnɪs/ *s* [U] **1** amargura, resentimiento **2** encono, ensañamiento **3** amargura, desolación **4** sabor amargo **5** inclemencia

bit·ter·sweet /ˌbɪtɚˈswit◂/ *adj* agridulce

bi·week·ly¹ /baɪˈwikli/ *adj* **1** quincenal **2** bisemanal

biweekly² *adv* **1** quincenalmente, cada dos semanas **2** dos veces por semana

bi·zarre S3 /bɪˈzɑr/ *adj* extraño -a, estrafalario -a

bi·zarre·ly /bɪˈzɑrli/ *adv* de manera extraña, de manera estrafalaria

blab /blæb/ *v* (*coloq*) **(a)** [I] hablar de más, irse de la lengua **(b)** [T] contar (algo que debe guardarse en secreto)

blab·ber·mouth /ˈblæbɚˌmaʊθ/ *s* [C] (*coloq*) chismoso -a, carretudo -a, bocón

black¹ S1 W1 /blæk/ *adj* (**blacker, blackest**)

1 color
2 sin luz
3 persona, raza
4 sin leche

B

5 sucio
6 humor, comedia
7 con enojo
8 perverso

1 COLOR negro -a • **as black as coal** negro -a como el carbón
2 SIN LUZ oscuro -a • **as black as night** oscuro -a como boca de lobo
3 PERSONA, RAZA (tb **Black**) negro -a: *black music* música negra
4 SIN LECHE *a cup of black coffee* una taza de café (tinto) • *I take my tea black.* Tomo el té sin leche.
5 SUCIO negro -a • [+**with**]: *His face and hands were black with dirt.* Tenía la cara y las manos negras de la suciedad.
6 HUMOR, COMEDIA negro -a
7 CON ENOJO [solo ante s] **a black mood** muy mal humor, un humor de perros • **give sb black looks** lanzarle miradas de odio a alguien, mirar mal a alguien
8 PERVERSO (*liter*) malvado -a ▶ JET-BLACK, **(a case of) the POT calling the kettle black**
EXPRESIONES
a black mark un punto negativo

black² S3 W2 *s*
1 [C,U] (color) negro • **in black** *men in black* hombres de negro • *You look good in black.* Te queda bien el negro. • *Do you have this skirt in black?* ¿Tienen esta falda en negro? • **wear black** vestir de negro
2 [C] (tb **Black**) (persona) negro -a ▶ En singular, el término **black** puede resultar ofensivo. Es aconsejable sustituirlo por *a black man* o *a black woman*.
EXPRESIONES
be in the black tener saldo positivo ANT **be in the red**

black³ *v*
black out *v+partíc* desmayarse

'black belt *s* [C] cinturón negro

Black·Ber·ry /'blæk͵bɛri/ (*marca reg*) Blackberry (teléfono móvil con PDA, correo electrónico e Internet)

black·ber·ry /'blæk͵bɛri/ *s* [C] (pl **blackberries**) **1** mora **2** zarza, zarzamora SIN **bramble**

black·bird /'blækbɚd/ *s* [C] mirlo

black·board /'blækbɔrd/ *s* [C] tablero, pizarrón (del aula)

͵black 'box *s* [C] (*coloq*) caja negra

͵black 'comedy *s* **1** [C,U] comedia negra **2** [U] humor negro

black·cur·rant /͵blæk'kɚrənt◂, -'kʌr-/ *s* [C] **1** (fruta) grosella negra **2** (planta) grosella negra, grosellero negro

͵Black 'Death *s* **the Black Death** la peste negra

͵black e'conomy *s* [sing] economía informal

black·en /'blækən/ *v* [I,T] poner(se) negro, ennegrecer(se)
EXPRESIONES
blacken sb's name/character/reputation manchar el nombre/la figura/la reputación de alguien

͵black 'eye *s* [C] **1** ojo morado • **give sb a black eye** ponerle a alguien el ojo morado • **have a black eye** tener un ojo morado **2** baldón • **get a black eye** verse afectado -a en su reputación

black·head /'blækhɛd/ *s* [C] punto negro, espinilla

͵black 'hole *s* [C] agujero negro

͵black 'humor *s* [U] humor negro

͵black 'ice *s* [U] capa de hielo que cubre la carretera

black·jack /'blækdʒæk/ *s* **1** [U] blackjack **2** [C] cachiporra, bolillo, macana

black·list¹ /'blæk͵lɪst/ *s* [C] lista negra • **be on a blacklist** estar en una lista negra

blacklist² *v* [T gralm en pasiva] poner en una/la lista negra

͵black 'magic *s* [U] magia negra

black·mail¹ /'blækmeɪl/ *s* [U] chantaje • **emotional blackmail** chantaje emocional

blackmail² *v* [T] chantajear • **blackmail sb into doing sth** chantajear a alguien para que haga algo

black·mail·er /'blækmeɪlɚ/ *s* [C] chantajista

͵black 'market *s* [C] mercado negro • [+**in**]: *a black market in weapons* un mercado negro de armas • **on the black market** en el mercado negro

͵black market'eer *s* [C] persona que opera en el mercado negro

black·ness /'blæknɪs/ *s* [U] **1** negrura **2** oscuridad **3** negritud

black·out /'blækaʊt/ *s* [C] **1** apagón **2** desmayo **3** (tb **news/media blackout**) bloqueo informativo **4** periodo en que se deben apagar las luces en previsión de bombardeos aéreos

͵black 'sheep *s* [C gralm sing] oveja negra • **the black sheep of the family** la oveja negra de la familia

black·smith /'blæksmɪθ/ *s* [C] herrero -a

͵black-'tie *adj* de gala, de etiqueta

black·top /'blæktɑp/ *s* **1** [U] asfalto, chapopote **2 the blacktop** el asfalto (calzada asfaltada)

͵black 'widow *s* [C] viuda negra

blad·der /'blædɚ/ *s* [C] vejiga ▶ GALL BLADDER

blade S3 /bleɪd/ *s* [C]
1 hoja (de un cuchillo, una espada)
2 aspa, pala (de un ventilador, una hélice), pala (de un remo)
3 brizna • **a blade of grass** una brizna de hierba
4 cuchilla (de un patín) ▶ SHOULDER BLADE

blah S3 /blɑ/ *adj* [nunca ante s] (*coloq, oral*)
1 soso -a, insulso -a
2 deprimido -a

blame¹ S2 W2 /bleɪm/ *v* [T] culpar, echarle la culpa a: *Don't blame me.* No me eches a mí la culpa. • **blame sb/sth for sth** culpar a alguien/algo de algo, echarle la culpa a alguien/algo de algo: *Marie blames herself for James's death.* Marie se culpa de la muerte de James. • **blame sth on sb/sth** echarle a alguien/algo la culpa de algo • **I don't blame him/her (for sth)** (tb **you can't blame him/her (for sth)**) (*oral*) no lo/la culpo (de algo): *I don't blame her for being mad!* ¡No me extraña que esté enojada! • **be to blame (for sth)** tener la culpa (de algo), ser responsable (de algo) • **I only have myself/he only has himself to blame** (*oral*) la culpa es mía/suya

blame² *s* [U] culpa • [+**for**]: *The blame for the situation lies with the politicians.* La culpa de la situación la tienen los políticos. • **get the blame (for sth)** *I get the blame for everything!* ¡Me echan la culpa de todo! • **take the blame (for sth)** cargar con la culpa (de algo), asumir la responsabilidad (de algo) • **put/place/lay the blame (for sth) on sb** echarle la culpa a alguien (de algo)

blame·less /'bleɪmlɪs/ *adj* (*frml*) intachable (vida), libre de culpa, inocente (persona)

blanch /blæntʃ/ *v* **1** [I] (*liter*) palidecer **2** [T] blanquear, escaldar (en cocina)
blanch at sth *v+partíc* quedar espantado -a ante algo

bland /blænd/ *adj* **1** (barrio, música) insulso -a, anodino -a **2** (semblante, comentario) anodino -a **3** (comida) soso -a, insulso -a

blank¹ S3 /blæŋk/ *adj*
1 [sin compar] en blanco (hoja, espacio), virgen (cinta, disco) • **leave sth blank** dejar algo en blanco
2 inexpresivo -a, vacío -a: *She gave me a blank look.* Me miró con ojos vacíos.
EXPRESIONES
go blank **(a)** quedarse en blanco (persona, mente): *My mind went blank.* Me quedé en blanco. **(b)** apagarse (televisor, pantalla)

blank² s [C] **1** espacio en blanco **2** bala/cartucho de salva ▶ DRAW a blank

EXPRESIONES
my/her mind is a blank no me acuerdo/no se acuerda

blank³ v (coloq) **1** [T] ganarle a, vencer (sin que el rival tenga puntos) **2** [I] (tb **blank out**) quedarse en blanco (persona, mente)
blank out v+partíc **1** (coloq) quedarse en blanco (persona, mente) **2** (coloq) desmayarse
blank sth ↔ out v+partíc borrar algo de la mente

blank 'check s [C] cheque en blanco

blan·ket¹ ⬛ /'blæŋkɪt/ s [C]
1 cobija, manta
2 manto, capa • [+of]: a blanket of snow un manto de nieve
3 [sing] **a blanket of secrecy/silence** un halo de misterio/un manto de silencio ▶ WET BLANKET

blanket² v [T] **1** (nieve, humo) cubrir • **be blanketed in/with sth** estar cubierto -a de algo **2** (con avisos, propaganda) cubrir, tapizar (las paredes), inundar (la televisión, la radio)

blanket³ adj [solo ante s] global, general

blank·ly /'blæŋkli/ adv **gaze/look/stare blankly** observar con la mirada perdida, mirar sin comprender

blank 'verse s [U] verso blanco

blare¹ /blɛr/ (tb **blare out**) v **(a)** [I] estar puesto a todo volumen, sonar a todo volumen **(b)** [T] A loudspeaker blared out the national anthem. En un altavoz sonaba a todo volumen el himno nacional.

blare² s [sing] sonido estridente

bla·sé /blɑ'zeɪ/ adj indiferente • [+about]: He is blasé about his success. No le da ninguna importancia a su éxito.

blas·pheme /blæs'fim, 'blæsfim/ v [I] blasfemar

blas·phe·mous /'blæsfəməs/ adj blasfemo -a

blas·phe·mous·ly /'blæsfəmsli/ adv de forma blasfema

blas·phe·my /'blæsfəmi/ s [C,U] (pl **blasphemies**) blasfemia

blast¹ /blæst/ s **1** [C] ráfaga (de aire) • [+of]: a blast of cold air una ráfaga de aire frío **2** [C] explosión, onda expansiva **3** (coloq) **be a blast** ser genial/de lo mejor, ser una verraquera • **have a blast** pasarla muy bien, pasarla la verraquera, pasarla chévere **4** [C] sonido fuerte: The referee gave a blast on his whistle. El referí dio un fuerte pitido con el silbato.

EXPRESIONES
(at) full blast a tope, al máximo

blast² v

1 criticar
2 con un arma
3 música, radio
4 con explosivos
5 a otro equipo
6 una pelota

1 CRITICAR [T] emprenderla contra (con críticas) • **blast sb for (doing) sth** emprenderla contra alguien por (hacer) algo
2 CON UN ARMA [T] acribillar • **blast sb with sth** acribillar a alguien con algo • **blast a hole in sth** abrir un boquete en algo
3 MÚSICA, RADIO (tb **blast out**) **(a)** [I] estar puesto -a a todo volumen, sonar a todo volumen • **blast from sth** salir a todo volumen de algo **(b)** [T] a radio blasting out old 70s hits una radio en la que suenan a todo volumen viejos éxitos de los setenta
4 CON EXPLOSIVOS [T] volar • **blast a tunnel/path through sth** abrir con explosivos un túnel/un camino en algo
5 A OTRO EQUIPO [T gralm en pasiva] ganarle por paliza a
6 UNA PELOTA [T] chutar, disparar
blast away v+partíc disparar sin cesar

blast off v+partíc despegar (nave espacial) SIN **lift off**

blast³ interj (oral) caray, caramba • **blast her/him/it!** ¡maldita sea!

blast·ed /'blæstɪd/ adj [solo ante s] condenado -a, dichoso -a

'blast ˌfurnace s [C] alto horno

bla·tant /'bleɪt⌐nt/ adj (peyor) descarado -a

bla·tant·ly /'bleɪt⌐ntli/ adv (peyor) descaradamente, abiertamente

blaze¹ /bleɪz/ v **1** [I] arder **2** [I] brillar, resplandecer **3** [I] (tb **blaze away**) disparar sin cesar **4** [I] echar chispas, centellear (ojos)

EXPRESIONES
blaze a trail abrir camino, abrir nuevos horizontes • **blaze the trail of sth** abrir el camino a/de algo

blaze² s **1** [C] incendio • **control a blaze** controlar un incendio • **fight/tackle a blaze** combatir un incendio ▶ ver nota en INCENDIO **2** [sing] fuego, hoguera **3 a blaze of light/color** una explosión de luz/color • **a blaze of sunshine** un torrente de sol **4 a blaze of gunfire** una ráfaga de disparos

EXPRESIONES
in a blaze publicity con bombos y platillos, con gran despliegue publicitario • **in a blaze of glory** cubierto -a de gloria

blaz·er /'bleɪzɚ/ s [C] blazer, saco (sport)

blaz·ing /'bleɪzɪŋ/ adj [solo ante s] **1** abrasador -a (calor, sol) **2** en llamas (edificio), abrasador -a (fuego) **3 a blazing row** una violenta discusión

bleach¹ /blitʃ/ s [U] blanqueador, cloro

bleach² v **1** [T] (con un producto) decolorar, blanquear **2** [T] (sol) decolorar, blanquear

bleach·ers /'blitʃɚz/ s [pl] gradería, gradas

bleak /blik/ adj **1** sombrío -a, poco prometedor -a (futuro, perspectivas) **2** desolado -a, inhóspito -a (paisaje) **3** frío -a y gris (día, tarde), desapacible (clima) **4** hosco -a (mirada)

bleak·ness /'bliknɪs/ s [U] **1** desolación **2** carácter inhóspito (de un paisaje)

blear·i·ly /'blɪrəli/ adv con los ojos empañados

blear·y /'blɪri/ adj empañados (ojos)

bleat¹ /blit/ s [C] balido

bleat² v [I] **1** balar **2** (peyor) gimotear, quejarse • **bleat about sth** quejarse de algo

bleed ⬛ /blid/ v (**bled** /blɛd/)
1 [I] sangrar: Your nose is bleeding. Te sangra la nariz. • **bleed profusely/heavily** sangrar abundantemente/mucho • **bleed to death** morir desangrado -a
2 [T] **bleed sb for money** sacarle dinero a alguien • **bleed sb/sth dry** (tb **bleed sb/sth white**) desangrar a alguien/algo, chuparle la sangre a alguien/algo
3 [T] limpiar, purgar (un circuito, un radiador)

bleed·ing /'blidɪŋ/ s [U] hemorragia • **severe/heavy bleeding** una fuerte/severa hemorragia

bleep¹ /blip/ s [C] **1** pitido **2** (oral) onomatopeya del sonido usado en televisión en reemplazo de una mala palabra: What the bleep is going on here? ¿Qué... sucede aquí?

bleep² v **1** [I] sonar, emitir un pitido **2** [T] (tb **bleep ↔ out**) censurar con un pitido (en un programa de televisión)

blem·ish¹ /'blɛmɪʃ/ s [C] **1** mancha, marca **2** mancha, defecto

EXPRESIONES
without blemish (liter) sin mácula

blemish² v [T frec en pasiva] (frml) manchar, afear

blem·ished /'blɛmɪʃt/ adj manchado -a (piel), con manchas, con magulladuras/magulladas (fruta)

blend¹ /blɛnd/ v **1** [T] (sustancias, ingredientes) mezclar: Blend the sugar, eggs, and flour. Mezcle el azúcar, los

huevos y la harina. • **blend sth together** mezclar algo • **blend sth in** agregar algo mezclando **2** [I,T] (estilos, rasgos) mezclar(se), combinar(se) • **blend sth and sth** combinar algo y/con algo, mezclar algo y/con algo: *a style that blends rock, jazz, and folk* un estilo que combina el rock, el jazz y el folk • **blend with sth** combinarse (bien) con algo, salir con algo • **blend together** combinarse **3** [T gralm en pasiva] (té, café, whisky) crear mezclas de
blend in *v+partíc* **1** fundirse con el entorno • **blend in with sth** fundirse con algo **2** armonizar, no desentonar • **blend in with sth** armonizar con algo, no desentonar con algo **3** integrarse (en un grupo) • **blend in with sb** integrarse con alguien

blend² *s* [C] **1** mezcla, combinación • [+of]: *a blend of spices* una mezcla de especias $\boxed{\text{SIN}}$ **mixture 2** mezcla (café, té, whisky)

blend·er /'blɛndər/ *s* [C] licuadora

bless $\boxed{\text{S2}}$ /blɛs/ *v* [T] (**blessed** o **blest** /blɛst/) bendecir
EXPRESIONES
be blessed with sth tener la suerte de (tener) algo, gozar de algo: *He's blessed with good looks and charm.* Tiene la suerte de ser buen mozo y simpático. • **bless him/ her!** (tb **bless his/her heart!**) (*oral*) ¡es un encanto! • **bless you!** (*oral*) **(a)** ¡salud! (por un estornudo) **(b)** ¡gracias! • **bless you for (doing) sth** gracias por (hacer) algo

bless·ed /'blɛsɪd/ *adj* **1** (con nombres de santos) *the Blessed Virgin* la Santísima Virgen **2** (en la Biblia) bendito -a, bienaventurado -a **3** [solo ante s] reconfortante, bienvenido -a: *a few minutes of blessed silence* unos minutos de reconfortante silencio **4** [solo ante s] (*antic*, *oral*) (indicando irritación) bendito -a, dichoso -a

bless·ing /'blɛsɪŋ/ *s* **1** [sing] aprobación, consentimiento • **with sb's blessing/with the blessing of sb** con el consentimiento de alguien • **give your blessing to sth** dar su aprobación a algo **2** [C] (cosa buena) bendición • **it's a blessing (that)...** es una bendición (que)... **3** [U] (ayuda divina) bendición **4** [C] (oración) bendición
EXPRESIONES
be a blessing in disguise *Getting laid off turned out to be a blessing in disguise.* Al final salí ganando con que me echaran. • **count your blessings** (*oral*) dar las gracias por lo que se tiene • **be a mixed blessing** tener sus pros y sus contras

blew /blu/ pasado de **BLOW**

blight¹ /blaɪt/ *s* **1** [U] roya, peste, plaga **2** [sing] plaga, calamidad: *the environmental blight of the docklands area* la degradación medioambiental de la zona portuaria • [+on]: *Divorce is a great blight on your life.* El divorcio es una calamidad que te arruina la vida.

blight² *v* [T] (*frml*) arruinar, malograr (una carrera, una vida, un país), echar por tierra (esperanzas)

blight·ed /'blaɪtɪd/ *adj* (*frml*) arruinado -a, malogrado -a (la infancia, una carrera), frustrado -a (esperanzas, expectativas), degradado -a (zona, barrio)

blimp /blɪmp/ *s* [C] (*coloq*) dirigible, zepelín

blind¹ $\boxed{\text{W3}}$ /blaɪnd/ *adj*

1	sin visión
2	fe, lealtad, obediencia
3	ambición, odio, pánico
4	sin notar
5	ofuscado
6	esquina, giro

1 SIN VISIÓN (a) ciego -a • **go blind** quedarse ciego -a • **totally/completely/almost blind** totalmente/completemente/casi ciego -a $\boxed{\text{SIN}}$ **visually impaired** ► **COLOR-BLIND (b) the blind** [usado como s pl] los ciegos: *a library for the blind* una biblioteca para ciegos

⚠ **the blind** Algunas personas evitan el uso de esta expresión porque puede resultar ofensivo. En su lugar utilizan **blind people**.

2 FE, LEALTAD, OBEDIENCIA [solo ante s] (*peyor*) ciego -a

3 AMBICIÓN, ODIO, PÁNICO [solo ante s] ciego -a, irracional

4 SIN NOTAR be blind to sth no ver algo, ser ciego -a a algo: *He was totally blind to his children's faults.* Era incapaz de ver los defectos de sus hijos.

5 OFUSCADO be blind with rage/anger/fury estar ciego -a de rabia/ira/furia • be blind with pain estremecerse de dolor • blind with tears cegado -a por las lágrimas

6 ESQUINA, GIRO [solo ante s] sin visibilidad: *a blind bend* una curva sin visibilidad ► **BLINDLY, BLINDNESS**
EXPRESIONES
be as blind as a bat (*hum*) estar más ciego -a que un topo • **the blind leading the blind** (*esp hum*) un ciego guiando a otro ciego • **turn a blind eye (to sth)** hacerse (el/la de) la vista gorda (a/ante algo)

blind² *v* [T] **1** cegar, enceguecer (polvo, lágrimas), encandilar (luces): *I was blinded by the truck's headlights.* Me encandilaron las luces del camión. **2** enceguecer (emoción, prejuicio) • blind sb to sth impedir a alguien ver algo: *Her love blinded her to the truth.* Su amor le impedía ver la realidad. **3** dejar ciego -a
EXPRESIONES
blind sb with science confundir a alguien usando jerga técnica

blind³ *s* [C] **1** persiana • **open the blinds** subir las persianas • **pull down/close the blinds** bajar/cerrar las persianas ► **VENETIAN BLIND 2** puesto de observación (de animales, pájaros)

blind⁴ *adv* **1** fly blind pilotear un avión a ciegas, solo con la ayuda de los instrumentos **2** blind drunk (*coloq*) borracho -a como una cuba, totalmente borracho -a ► **SWEAR blind**

‚blind 'date *s* [C] cita a ciegas

blind·fold¹ /'blaɪndfould/ *s* [C] venda (para tapar los ojos)

blindfold² *v* [T] vendar los ojos a

blind·ing /'blaɪndɪŋ/ *adj* **1** cegador -a, enceguecedor -a • **a blinding light** una luz enceguecedora/cegadora • **a blinding flash/glare** un destello/resplandor enceguecedor/cegador **2** a blinding pain/headache un dolor/una jaqueca atroz

blind·ly /'blaɪndli/ *adv* **1** ciegamente (aceptar, confiar) **2** a ciegas (correr, deambular), a tientas (caminar), con la mirada perdida (mirar)

‚blind man's 'bluff *s* [U] la gallina ciega

blind·ness /'blaɪndnɪs/ *s* [U] **1** (falta de visión) ceguera **2** (falta de comprensión) ceguera • [+to]: *his blindness to his wife's needs* su ceguera ante las necesidades de su esposa

blind·side /'blaɪndsaɪd/ *v* [T] (*coloq*) **1** chocar contra (con un vehículo) **2** dejar pasmado -a

'blind spot *s* [C] **1** punto débil, punto flaco **2** ángulo muerto, zona sin visibilidad

bling /blɪŋ/ (tb bling 'bling) *s* [U] (*coloq*) joyas y adornos caros que se lucen ostentosamente

blink¹ /blɪŋk/ *v* **1** (persona) **(a)** [I] parpadear **(b)** [T] blink your eyes parpadear **2** [I] (luz) parpadear
EXPRESIONES
blink back tears (tb **blink away tears**) contener (las) lágrimas • **not (even) blink** ni pestañear (siquiera), no inmutarse (siquiera) • **without blinking an eye/eyelid** sin pestañear, sin inmutarse

blink² *s* [C] parpadeo
EXPRESIONES
give a blink parpadear • **in the blink of an eye** en un abrir y cerrar de ojos • **be on the blink** (*oral*) estar descompuesto -a, estar dañado -a, no funcionar bien

blink·er /'blɪŋkər/ *s* (*coloq*) intermitente, direccional

blink·ered /'blɪŋkərd/ *adj* (*peyor*) estrecho -a de miras, de mentalidad cerrada $\boxed{\text{SIN}}$ **narrow-minded**

blip /blɪp/ s [C] **1** problema pasajero **2** señal intermitente (en un computador, un radar)

bliss /blɪs/ s [U] dicha: *I spent all summer at the beach. It was bliss*. Pasé todo el verano en la playa. Fue la gloria. • **wedded/marital bliss** felicidad conyugal • **domestic bliss** armonía hogareña/familiar ▶ **IGNORANCE is bliss**

bliss·ful /'blɪsfəl/ adj **1** maravilloso -a, delicioso -a, placentero -a (días, sueño, etc.) **2** [solo ante s] dichoso -a (persona), de placer (sonrisa)
EXPRESIONES
blissful ignorance *She remained in blissful ignorance of his affair*. Ella siguió feliz, sin enterarse de su aventura.

bliss·ful·ly /'blɪsfəli/ adv **1 blissfully happy** sumamente feliz **2 be blissfully unaware/ignorant of sth** no ser para nada consciente de algo, no percatarse en absoluto de algo

blis·ter¹ /'blɪstər/ s [C] **1** ampolla (en la piel) **2** burbuja (en una capa de pintura)

blister² v **1** [I] ampollarse (piel): *A baby's skin blisters easily*. La piel del bebé se ampolla fácilmente. • *The paintwork had blistered in the heat*. Con el calor, le habían salido burbujas a la pintura. **2** [T] producir ampollas en (la piel), formar burbujas en (la madera, la pintura) **3** [T] emprenderla con/contra (mediante críticas)

blis·ter·ing /'blɪstərɪŋ/ adj **1** abrasador -a SIN **sweltering 2 a blistering attack** un ataque encarnizado • **blistering criticism** críticas despiadadas • **blistering sarcasm** sarcasmo hiriente **3** vertiginoso -a, veloz

blithe /blaɪð, blaɪθ/ adj **1** (*peyor*) indolente, indiferente **2** (*liter*) jovial, alegre

blithe·ly /'blaɪðli/ adv **1** (sin reflexionar) alegremente, con ligereza **2** (*liter*) (con alegría) alegremente

blitz¹ /blɪts/ s **1** [C gram sing] campaña intensa: *an advertising blitz* un bombardeo publicitario • [+on]: *a blitz on fraud* una intensa campaña contra el fraude **2** [C] (en fútbol americano) carga (defensiva) **3** bombardeo aéreo • **the Blitz** el bombardeo alemán de ciudades británicas entre 1940 y 1941

blitz² v **1** [I,T] (en fútbol americano) cargar (defensivamente) **2** [T] bombardear (una ciudad)

bliz·zard /'blɪzərd/ s [C] tormenta de nieve, ventisca SIN **snowstorm**

bloat·ed /'bloʊtɪd/ adj hinchado -a, abotagado -a

blob /blɑb/ s [C] **1** gota (de pintura, aceite, etc.) **2** mancha (imprecisa)

bloc /blɑk/ s [C gram sing] bloque (de países, partidos)

block¹ S2 W2 /blɑk/ s [C]

1 entre cruces de calles
2 entre cuatro calles
3 de piedra, madera
4 de cosas
5 de juguete
6 de la mente
7 en deportes
8 construcción

1 ENTRE CRUCES DE CALLES cuadra: *It's three blocks from here to my house*. Mi casa está a tres cuadras de aquí. • **the 300/800/2000 block of sth** la cuadra del 300/800/2000 de algo, algo al 300/800/2000

2 ENTRE CUATRO CALLES manzana: *We went for a walk around the block*. Fuimos a dar la vuelta a la manzana. • **on the block** de la manzana • **square block** manzana

3 DE PIEDRA, MADERA bloque • [+of]: *a block of ice* un bloque de hielo

4 DE COSAS paquete (de acciones), grupo (de asientos), bloque, sección (de texto)

5 DE JUGUETE [gram pl] (tb **building block**) bloque de construcción, bloque para armar

6 DE LA MENTE [gram sing] bloqueo (mental) • **have a block** quedarse bloqueado -a

7 EN DEPORTES bloqueo
8 CONSTRUCCIÓN edificio • **an office block** un edificio de oficinas ▶ **be a CHIP off the old block**, **CINDER BLOCK**, the **NEW kid on the block**, **ROADBLOCK**
EXPRESIONES
put your head/neck on the block jugarse, arriesgarse

block² S2 W2 v [T]

1 un conducto, una vía
2 el acceso, el paso
3 publicación, importaciones
4 la visión
5 la luz
6 en deportes

1 UN CONDUCTO, UNA VÍA (tb **block up**) bloquear (el tráfico, una carretera), tapar (una tubería, el desagüe): *The accident has blocked two lanes of traffic on the freeway*. El accidente bloqueó dos carriles de la autopista. • *The sink is blocked up again*. El fregadero se ha vuelto a tapar.

2 EL ACCESO, EL PASO bloquear: *A crowd was blocking the entrance*. Una multitud bloqueaba la entrada. • **block sb's way/path** obstruirle el paso a alguien

3 UNA PUBLICACIÓN, IMPORTACIONES impedir, bloquear

4 LA VISIÓN block sb's view (of sth) no dejar ver a alguien (algo), tapar la vista a alguien (de algo)

5 LA LUZ (tb **block out**) tapar: *You're blocking my light*. Estás tapándome la luz.

6 EN DEPORTES parar (el balón, un golpe), bloquear (una jugada): *Davis's shot was blocked by Jordan*. Jordan le bloqueó el tiro a Davis.
block sth/sb ↔ **in** v+partíc dejar encerrado -a algo/a alguien (al parquear)
block sth ↔ **off** v+partíc cortar algo (una carretera, un camino)
block sth ↔ **out** v+partíc **1** borrar algo (de la mente) (recuerdos, etc.) **2** tapar

block·ade¹ /blɑ'keɪd/ s [C] bloqueo (económico, militar) • **lift/raise a blockade** levantar un bloqueo • **impose a blockade (on sth)** imponer un bloqueo (a algo)

blockade² v [T] bloquear

block·age /'blɑkɪdʒ/ s [C, U] bloqueo (de una cañería), obstrucción (del oído, los vasos sanguíneos)

block·bust·er /'blɑk,bʌstər/ s [C] (*coloq*) éxito de taquilla (película), éxito de ventas (libro)

block 'capitals s [pl] (letras) mayúsculas

'block ,party s [C] en Estados Unidos, fiesta para todos los vecinos de la cuadra o del barrio

blog /blɑg/ s [C] blog: *He writes about his trip in his blog*. Escribe sobre su viaje en su blog.

blond /blɑnd/ adj rubio -a, güero -a

blonde /blɑnd/ s [C] (*coloq*) rubia, güera

blood S2 W1 /blʌd/ s
1 [U] (líquido) sangre • **lose blood** perder sangre • **give/donate blood** donar sangre • **a pool of blood** un charco de sangre • **a drop of blood** una gota de sangre • **blood cell** glóbulo • **blood clot** coágulo de sangre • **blood clotting** coagulación de la sangre • **blood count** recuento sanguíneo, hemograma • **blood poisoning** infección en la sangre • **blood relation** pariente consanguíneo/de sangre • **blood supply** circulación (de sangre) • **blood test** análisis de sangre
2 (linaje) sangre: *He has French blood on his mother's side*. Tiene sangre francesa por parte de madre. ▶ **BAD blood**
EXPRESIONES
be after sb's blood (tb **be out for sb's blood**) estar furioso -a con alguien, tenérsela jurada a alguien • **blood is thicker than water** la sangre tira • **it's like getting blood out of a stone** es pedirle peras al olmo • **her/my blood ran cold** se le/me heló la sangre • **make sb's blood run cold** hacer que a alguien se le hiele la sangre • **blood, sweat and tears** sangre, sudor y lágrimas • **get into/in sb's blood** enganchar a alguien

(afición) • **have blood on your hands** tener las manos manchadas de sangre • **sth is in sb's blood** *Music is in his blood*. Lleva la música en la sangre. • **in cold blood** a sangre fría • **murder/kill sb in cold blood** asesinar/ matar a alguien a sangre fría • **it makes my blood boil** me hierve la sangre • **new/fresh blood** sangre fresca, sangre nueva • **spill blood** derramar sangre • **sweat blood** sudar tinta • **taste blood** probar el sabor de la victoria

'**blood bank** *s* [C] banco de sangre

blood·bath /'blʌdbæθ/ *s* [sing] baño de sangre, carnicería SIN **massacre**

blood·cur·dling /'blʌd,kɚdl-ɪŋ/ *adj* espeluznante

'**blood ,donor** *s* [C] donante de sangre

blood·hound /'blʌdhaʊnd/ *s* [C] (perro) sabueso

blood·less /'blʌdlɪs/ *adj* **1** [sin compar] incruento -a, sin derramamiento de sangre ANT **bloody 2** pálido -a

'**blood ,pressure** *s* [U] presión (sanguínea), tensión (sanguínea) • **high/low blood pressure** presión alta/ baja, hipertensión/hipotensión • **take/check sb's blood pressure** tomarle/checarle la presión a alguien

'**blood-red** *adj* sanguinolento -a

blood·shed /'blʌdʃɛd/ *s* [U] derramamiento de sangre

blood·shot /'blʌdʃɑt/ *adj* enrojecido -a, inyectado -a de/en sangre (ojos)

'**blood sport** *s* [C] deporte sangriento (caza, etc.)

blood·stain /'blʌdsteɪn/ *s* [C] mancha de sangre

blood·stained /'blʌdsteɪnd/ *adj* manchado -a de sangre

blood·stream /'blʌdstrim/ *s* [sing] torrente sanguíneo • **in sb's bloodstream** en la sangre de alguien

blood·thirst·y /'blʌd,θɚsti/ *adj* (**bloodthirstier**, **bloodthirstiest**) **1** (*peyor*) sanguinario -a **2** sangriento -a (película, guerra)

'**blood trans,fusion** *s* [C,U] transfusión de sangre • **have/be given a blood transfusion** recibir una transfusión de sangre

'**blood type** *s* [C] grupo sanguíneo

'**blood ,vessel** *s* [C] vaso sanguíneo ▶ BURST a blood vessel

blood·y[1] /'blʌdi/ *adj* (**bloodier**, **bloodiest**) **1** manchado -a de sangre, ensangrentado -a (manos): *He had a bloody nose*. Sangraba por la nariz. **2** sangriento -a (batalla, guerra)

EXPRESIONES
scream/yell bloody murder (*coloq*) gritar como loco -a, poner el grito en el cielo

bloody[2] *v* [T] (**bloodies**, **bloodied**, **bloodying**) (*frml*) hacer sangrar

,**Bloody 'Mary** *s* [C,U] bloody mary

bloom[1] /blum/ *s* **1** [C] flor SIN **flower 2** [U] flores **3** [U] **in (full) bloom** en flor • **come/burst into bloom** florecer **4** [U, singular] *the bloom of youth* la flor de la juventud

bloom[2] *v* [I] **1** (planta, árbol, prado) florecer SIN **blossom 2** (amor, negocio, carrera) florecer, prosperar SIN **blossom 3** (persona) desarrollarse plenamente, ponerse pletórico -a SIN **blossom**

bloop·er /'blupɚ/ *s* [C] (*coloq*) **1** metida de pata SIN **bloomer 2** en béisbol, bola elevada y lenta que apenas pasa del cuadro

blos·som[1] /'blɑsəm/ *s* **1** [U] flores (de árbol, arbusto) SIN **bloom 2** [C] flor SIN **bloom 3 in blossom** en flor

blossom[2] *v* [I] **1** (árbol) florecer ▶ BLOOM **2** (tb **blossom out**) (amor, negocio, carrera) florecer, prosperar; (persona) desarrollarse plenamente • **blossom into sth** transformarse en algo, convertirse en algo: *Their friendship had blossomed into romance*. Su amistad se había transformado en romance. SIN **bloom**

blot[1] /blɑt/ *v* [T] (**blotted**, **blotting**) secar (con papel, etc.)

blot sth ↔ out *v+partíc* **1** tapar algo (nubes, humo, niebla) **2** borrar algo (de la mente) (malos recuerdos)

blot[2] *s* [C] **1** manchón (de tinta), mancha (de sangre) **2 be a blot on sth** afear algo: *The power station is a blot on the landscape*. La central eléctrica afea el paisaje.

blotch /blɑtʃ/ *s* [C] **1** (en la piel) mancha **2** (en un objeto) mancha

blotch·y /'blɑtʃi/ *adj* lleno -a de manchas

'**blotting ,paper** *s* [U] papel secante

blouse /blaʊs/ *s* [C] blusa ▶ SHIRT

blow[1] S1 W2 /bloʊ/ *v* (**blew** /blu/, **blown** /bloʊn/)

1	viento
2	objeto por el aire
3	con la boca
4	explosión
5	una ocasión
6	dinero
7	un silbato, el pito
8	burbujas, anillos de humo
9	neumático, llanta
10	aparato eléctrico
11	un secreto

1 VIENTO [I] soplar: *An icy wind was blowing*. Soplaba un viento helado.

2 OBJETO POR EL AIRE [I,T gralm + adv/prep] (hacer) volar: *Trash blew back and forth across the street*. La basura volaba de acá para allá por la calle. • **blow sth away** hacer que algo salga volando: *His hat was blown away*. Su sombrero salió volando. • **blow sth open/shut** abrir/cerrar algo (corriente, viento) • **blow open/shut** abrirse/cerrarse por el viento

3 CON LA BOCA [I,T siempre + adv/prep] soplar: *He blew hard*. Sopló fuerte. • **blow on the soup/into a bottle** soplar la sopa/en una botella • **blow sth off/away** quitar algo soplando

4 EXPLOSIÓN [T siempre + adv/prep, gralm en pasiva] volar • **blow sth away** volar algo • **be blown out** quedar destruido -a (por una explosión): *Several windows were blown out in the explosion*. Varias ventanas saltaron por los aires como resultado de la explosión. • **blow sth off** *His leg was blown off by a landmine*. Una mina le amputó la pierna. • **blow sth to bits/smithereens** volar algo en mil pedazos

5 UNA OCASIÓN [T] (*coloq*) echar a perder, desperdiciar: *I had blown my first chance at·talking to her*. Había desperdiciado mi primera oportunidad de hablar con ella. • **blow it** echarlo todo a perder, embarrarla, regarla • **blow your chances (of doing sth)** echar a perder la posibilidad (de hacer algo)

6 DINERO [T] (*coloq*) despilfarrar, gastar

7 UN SILBATO, EL PITO (a) [T] tocar (b) [I] sonar

8 BURBUJAS, ANILLOS DE HUMO [T] hacer (soplando, con la boca) • **blow bubbles** hacer pompas de jabón (soplando por un aro)

9 NEUMÁTICO, LLANTA [I,T] reventar(se)

10 APARATO ELÉCTRICO [I,T] (tb **blow out**) quemar(se), fundir(se) (fusible), quemar(se), descomponer(se) (televisor, computador) • **blow a fuse** quemar un fusible, fundir un fusible

11 UN SECRETO [T] revelar • **blow sb's cover** desenmascarar a alguien (un espía, un agente)

EXPRESIONES
blow sb a kiss tirarle/lanzarle un beso a alguien • **blow sb's mind** (*coloq*) dejar alucinado -a a alguien ▶ MIND-BLOWING • **be blown off course** salirse del rumbo establecido (plan, proyecto) • **blow sth (up) out of (all) proportion** exagerar la importancia de algo, dar a algo demasiada importancia • **blow sb/sth out of the water** superar por mucho a alguien/algo, darle mil vueltas a alguien/algo • **blow the whistle (on sth)** (*coloq*) dar la voz de alarma (sobre algo) • **blow the whistle on sb** (*coloq*) delatar a alguien • **blow your nose** sonarse (la nariz) • **blow your own horn** (*coloq*) echarse flores,

darse bombo • **blow your top/stack/cool** (tb **blow a fuse**) (*oral*) ponerse como una fiera, ponerse como un tití
blow sb ↔ **away** *v+partíc* **1** dejar enloquecido -a/alucinado -a a alguien **2** (*coloq*) liquidar a alguien **3** aplastar a alguien, ganarle por paliza a alguien
blow down *v+partíc* **1 blow sth** ↔ **down** derribar algo (viento) **2 blow down** venirse abajo, caerse (por el viento)
blow into sth *v+partíc* **1** desatarse sobre algo (tormenta, mal tiempo) **2 blow into town** llegar a la ciudad (figura importante)
blow off *v+partíc* **1 blow the lid off sth** (*coloq*) poner al descubierto algo, sacar a la luz algo **2 blow sb's head off** (*coloq*) volarle la tapa de los sesos a alguien **3 blow sb/sth** ↔ **off** (*oral*) dejar plantado -a a alguien/faltar a algo (no acudir) **4 blow sb** ↔ **off** (*coloq*) terminar con alguien, cortar con alguien (una novia, un amante) **5 blow off steam** (*coloq*) desahogarse
blow out *v+partíc* **1 blow sth** ↔ **out** apagar algo (la llama, las velas) **2** apagarse (llama, vela) **3** reventar(se) (llanta, neumático) **4 blow itself out** pasar, amainar (tormenta) **5 blow your/sb's brains out** volarse/volarle a alguien la tapa de los sesos **6 blow sb** ↔ **out** (*oral*) ganar a alguien por paliza, darle una madariada a alguien **7 blow sb** ↔ **out** lesionarse algo
blow over *v+partíc* **1 blow sth** ↔ **over** derribar algo (viento) **2 blow over** venirse abajo, caerse (por el viento) **3** caer en el olvido, olvidarse (escándalo) **4** pasar, amainar (tormenta)
blow up *v+partíc* **1 blow sth** ↔ **up** volar algo: *The bridge was blown up in a terrorist attack.* Volaron el puente en un atentado. **2 blow up** explotar **3 blow sth** ↔ **up** inflar algo [SIN] **inflate 4 blow sth** ↔ **up** ampliar algo (una foto, una imagen) **5 blow up** explotar (de rabia) • **blow up at sb** ponerse furioso -a con alguien **6 blow up** estallar (crisis, discusión) **7 blow up in sb's face** írsele de las manos a alguien **8 blow up** desatarse (tormenta)

blow² [SB] *s* [C]
1 (moral) golpe, revés: *Her death was a terrible blow.* Su muerte fue un golpe terrible. • **be a blow to sb/sth** ser un golpe para alguien/algo • **deal a blow to sb/sth** (tb **deal sb/sth a blow**) significar un golpe para alguien/algo **2** (físico) golpe • **a blow to the stomach/head** un golpe en el estómago/la cabeza • **a heavy blow** un fuerte golpe • **come to blows** llegar a las manos **3** (con la boca) soplido, soplo

EXPRESIONES
soften/cushion the blow (of sth) compensar (algo), amortiguar los efectos negativos (de algo) ▶ BODY BLOW, STRIKE a blow for sb/sth, STRIKE a blow to/against sth

,**blow-by-'blow** *adj* [solo ante s] **a blow-by-blow account/description** un relato/una descripción con pelos y señales

'**blow-dry¹** *v* [T] (**blow-dries, blow-dried, blow-drying**) secar con secador/secadora de mano

'**blow-dry²** *s* [C] secado con secador/secadora de mano

'**blow ,dryer** *s* [C] secador de mano, secadora de mano [SIN] **hairdryer**

blown /bləʊn/ participio pasado de BLOW

blow-out /'bləʊaʊt/ *s* [C] **1** (a) (*coloq*) paliza, derrota aplastante (b) [solo ante otro s] aplastante (victoria) **2** pinchazo, ponchadura (de una llanta) ▶ PUNCTURE **3** [gralm sing] (*coloq*) comilona

blow-torch /'bləʊtɔːtʃ/ *s* [C] soplete

'**blow-up** *adj* [solo ante s] inflable (muñeca)

BLT /ˌbiː ɛl 'tiː/ *s* [C] sándwich de tocineta, lechuga y tomate

blub-ber¹ /'blʌbər/ *v* **1** [I] lloriquear **2** [T] decir lloriqueando

blubber² *s* [U] **1** (de ballena, foca) grasa **2** (*peyor, coloq*) (de persona) grasa

blud-geon¹ /'blʌdʒən/ *v* [T] **1** [gralm en pasiva] apalear, aporrear • **be bludgeoned to death** ser apaleado -a

hasta morir **2 bludgeon sb into (doing) sth** forzar a alguien a que haga algo

bludgeon² *s* [C] palo, cachiporra, macana

blue¹ [S1] [W1] /bluː/ *adj*
1 azul: *a dark blue sweater* un suéter azul oscuro **2** [nunca ante s] (*coloq*) deprimido -a, triste • **feel blue** estar deprimido -a, estar tristón -ona [SIN] **depressed 3** (*coloq*) verde, obsceno -a ▶ NAVY BLUE, ONCE in a blue moon, ROYAL BLUE

EXPRESIONES
do sth till you're blue in the face (*coloq*) hacer algo hasta hartarse

blue² [S3] [W3] *s*
1 [C,U] azul: *She was always dressed in blue.* Siempre se vestía de azul. **2 the blue** [sing] (*liter*) el cielo, el firmamento **3 blues** [U] (the blues [pl]) (el) blues **4 the blues** [sing] la depresión • **have/get the blues** estar con la depre/depresión • **the baby blues** la depresión posparto ▶ a BOLT from the blue, the BOYS in blue, RHYTHM AND BLUES

EXPRESIONES
out of the blue cuando menos me/se lo esperaba • **do sth out of the blue** hacer algo inesperadamente/de repente

blue-bell /'bluːbɛl/ *s* [C] campanilla, jacinto silvestre

blue-ber-ry /'bluːˌbɛri/ *s* [C] (pl **blueberries**) **1** (fruto) arándano • **blueberry muffin** especie de magdalena con arándanos **2** (tb **blueberry bush**) (arbusto) arándano

blue-bird /'bluːbɜːd/ *s* [C] azulejo (americano)

,**blue-'blooded** (tb '**blue-blood**) *adj* **1** pudiente **2** de sangre azul

'**blue book**, blue-book *s* [C] **1** listado de precios de mercado de todos los carros usados **2** cuaderno para escribir respuestas en exámenes

,**blue 'cheese** *s* [C,U] queso azul

'**blue-chip** *adj* [solo ante s, sin compar] **1** de alta liquidez, de primera línea (empresa, acciones): *blue-chip stocks* valores seguros **2** (*coloq*) de primera

'**blue-collar** *adj* [solo ante s] manual (trabajo), obrero -a (zona): *blue-collar workers* obreros ▶ WHITE-COLLAR

blue-grass /'bluːɡræs/ *s* [U] **1** bluegrass (música country tocada con banjo, violín, etc.) **2** pasto azul (de Kentucky)

'**blue jeans** *s* [pl] bluyines, jeans, pantalones de mezclilla

'**blue law** *s* [C] en Estados Unidos, ley aplicada para el control de actividades como el consumo de alcohol, el trabajo dominical

,**blue 'movie** *s* [C] (*antic*) película pornográfica

blue-print /'bluːprɪnt/ *s* [C] **1 a blueprint for sth** un proyecto/anteproyecto de algo, un modelo a seguir para algo: *a blueprint for change* un proyecto de cambio • *a blueprint for healthcare reform* un anteproyecto de reforma de la salud **2** plano **3** (*técn*) mapa (en las células): *a genetic blueprint* un mapa genético

,**blue 'ribbon** *s* [C] primer premio

bluff¹ /blʌf/ *v* [I,T] engañar, farolear, blofear • **bluff your way somewhere** entrar/llegar a algún lugar a base de engaños: *I'm sure we can bluff our way past the doorman.* Seguro que conseguimos engañar al portero para que nos deje pasar.

bluff² *s* **1** [C,U] engaño, bluff, blof • **call sb's bluff** desafiar a alguien a que cumpla lo que dice **2** [C] risco, despeñadero

bluff³ *adj* campechano -a

blun-der¹ /'blʌndər/ *s* [C] error garrafal, metida de pata • **make a blunder** meter la pata

blunder² *v* **1** [I] cometer un error garrafal, meter la pata **2** [I siempre + adv/prep] **blunder into sth** meterse sin querer/por error en algo (una situación, un lugar)

blunt¹ /blʌnt/ *adj* **1** desafilado -a (cuchillo, tijera), sin punta, romo -a (lápiz) [ANT] **sharp 2** demasiado directo -a

(persona, respuesta)

EXPRESIONES
a blunt instrument (a) un objeto contundente **(b)** un instrumento/un método poco refinado

blunt² v [T] **1** mitigar (el entusiasmo), embotar (los sentidos) **2** desafilar, despuntar

blunt·ly /ˈblʌntⁿli/ adv sin rodeos, directamente • **to put it bluntly** hablando sin rodeos

blunt·ness /ˈblʌntⁿnɪs/ s [U] franqueza (excesiva), brusquedad

blur¹ /blɜː/ s **1** imagen borrosa: *Everything's a blur without my glasses.* Sin anteojos, veo todo borroso. **2** vago recuerdo, recuerdo borroso • **go by in a blur** pasarse volando

blur² v (**blurred**, **blurring**) **1** [I,T] (el límite, la diferencia) desdibujar(se), volver(se) difuso -a • **blur into sth** confundirse con algo: *The days began to blur into one another.* Los días empezaban a confundirse. **2** [I,T] (la luz, una imagen) desdibujar(se), volver(se) borroso -a **3** [I,T] (un recuerdo, las ideas) desdibujar(se), nublar(se) ▶ BLURRED

blurb /blɜːb/ s [C] texto promocional (en la cubierta de un libro)

blurred /blɜːd/ adj **1** (imagen, bulto, silueta) borroso -a: *a blurred photo* una foto fuera de foco SIN **blurry** ANT **sharp** **2** (ojos, vista) borroso -a • [+with]: *eyes blurred with tears* ojos empañados por las lágrimas SIN **blurry** **3** (límite, distinción) difuso -a: *blurred memories* vagos recuerdos

blur·ry /ˈblɜːi/ adj **1** (imagen, perfil, silueta) borroso -a: *a blurry photo* una foto fuera de foco SIN **blurred** ANT **sharp** **2** (ojos, vista) borroso -a SIN **blurred**

blurt /blɜːt/ v
blurt sth ↔ out v+partíc soltar algo: *Jackie blurted out that she was pregnant.* A Jackie se le escapó que estaba embarazada.

blush¹ /blʌʃ/ v [I] **1** ruborizarse, ponerse colorado -a **2** avergonzarse

EXPRESIONES
the blushing bride (hum) la feliz novia

blush² s **1** [C] rubor **2** [U] rubor, colorete, chapitas

EXPRESIONES
at first blush (frml) a primera vista ▶ SPARE sb's blushes

blus·ter¹ /ˈblʌstə/ v **1** (a) [I] (peyor) bravuconear, fanfarronear (b) [T] (peyor) decir fanfarroneando **2** rugir (viento, vendaval)

bluster² s [U] (peyor) fanfarronadas, bravuconadas

blus·ter·y /ˈblʌstəri/ adj **1** ventoso -a (día, tiempo): *blustery showers* chubascos acompañados de fuertes rachas de viento **2** tempestuoso -a (viento)

B-mov·ie /ˈbiː ˌmuːvi/ s [C] película de clase B

BO /ˌbiː ˈoʊ/ s [U] (**body odor**) olor a sudor

bo·a /ˈboʊə/ s [C] boa

boar /bɔː/ s [C] **1** (tb **wild boar**) jabalí **2** cerdo macho ▶ SOW

board¹ S1 W1 /bɔːd/ s

1	para informar
2	de una empresa, asociación
3	para cortar
4	para juegos de mesa
5	para construcción
6	de surf, snowboard
7	en nombres de organismos
8	alimentos
9	en básquetbol
10	para el aro
11	en hockey sobre hielo
12	en la universidad

1 PARA INFORMAR [C] tablero (en estaciones, aeropuertos), cartelera, tablero (en oficinas, organismos), tablero, pizarrón (en el aula) • **departure/arrivals board** tablero (de información) de salidas/llegadas • **on the board** en el pizarrón/el tablero

2 DE UNA EMPRESA, ASOCIACIÓN [C] **the board** el directorio, la junta directiva • **be/sit on the board** ser miembro del directorio/de la junta directiva • **board of directors** directorio • **board meeting** reunión de directorio/de la junta directiva

3 PARA CORTAR [C] tabla • **chopping/cutting board** tabla de picar • **bread board** tabla del pan

4 PARA JUEGOS DE MESA [C] tablero • **chess/Monopoly board** tablero de ajedrez/Monopoly®

5 PARA CONSTRUCCIÓN [C] tabla, tablón

6 DE SURF, SNOWBOARD [C] (coloq) tabla

7 EN NOMBRES DE ORGANISMOS [C] (tb **Board**) *the Board of Education* el Consejo de Educación • *the Board of Trade* la Secretaría de Estado de Comercio

8 ALIMENTOS [U] **room and board** pensión completa

9 EN BÁSQUETBOL [C gralm pl] (coloq) rebote

10 PARA EL ARO **the boards** [pl] el tablero

11 EN HOCKEY SOBRE HIELO **the boards** [pl] cerca de madera que rodea la pista

12 EN LA UNIVERSIDAD **boards** [C] examen de ingreso • **medical boards** examen de ingreso a medicina • **college boards** examen de ingreso a la universidad ▶ BLACKBOARD, BULLETIN BOARD, DIVING BOARD, DRAWING BOARD, FLOORBOARD, FULL BOARD, IRONING BOARD, SCOREBOARD, SKATEBOARD, SNOWBOARD, SOUNDING BOARD, SURFBOARD, TREAD **the boards**, WHITEBOARD

EXPRESIONES
on board (a) a bordo • **get on board** subir a bordo **(b)** tomando parte: *We'd like you on board for the next project.* Nos gustaría que tomaras parte en el próximo proyecto. • **across the board** en general, en todos los niveles • **go by the board** irse al traste • **take sth on board** tomar algo en cuenta

board² v **1** [I,T] (pasajeros) subir (a), embarcar (en) **2** [I] (avión, barco) *Flight 503 for Toronto is now boarding.* Los pasajeros del vuelo 503 con destino a Toronto ya pueden embarcar. **3** [I] ser interno -a (en un colegio) board sth ↔ up v+partíc cerrar algo con tablas, tapiar algo

board·er /ˈbɔːdə/ s [C] **1** huésped **2** interno -a (en un colegio)

'board game s [C] juego de mesa

board·ing /ˈbɔːdɪŋ/ s [U] tablones

'boarding pass (tb **'boarding card**) s [C] tarjeta de embarque, pasabordo, pase de abordar

'boarding school s [C,U] (colegio) internado

board·room /ˈbɔːdruːm/ s **1** [C] sala de reuniones, sala de juntas **2** [sing] directorio, junta directiva

board·walk /ˈbɔːdwɔːk/ s [C] paseo marítimo (construido con tablones)

boast¹ /boʊst/ v **1** [I,T] (peyor) alardear (de), jactarse (de) • **boast about sth** alardear de algo • **boast that** alardear de que **2** [T] contar con, gozar de

boast² s [C gralm sing] (motivo de) orgullo • **be sb's proud boast** ser motivo de orgullo/ser un orgullo para alguien

boast·ful /ˈboʊstfəl/ adj (peyor) fanfarrón -ona, jactancioso -a

boast·ful·ly /ˈboʊstfəli/ adv (peyor) con fanfarronería, jactanciosamente

boast·ful·ness /ˈboʊstfəlnɪs/ s [U] (peyor) fanfarronería, jactancia

boat S2 W2 /boʊt/ s [C] bote, barca, lancha • **fishing boat** barco pesquero • **sailing boat** (barco) velero • **motor boat** lancha a motor • **by boat** en bote/lancha • **on/in a boat** en un bote/una lancha • **boat race** regata • **boat trip** viaje en barco, paseo en bote

EXPRESIONES
be in the same boat (as sb) estar en la misma situación (que alguien)

boat·er /'boʊtə/ s [C] canotier, sombrero de paja (de ala plana y copa baja)

boat·house /'boʊthaʊs/ s [C] cobertizo (para botes)

boat·ing /'boʊtɪŋ/ s [U] paseos en bote • **go boating** ir a dar un paseo en bote • **boating accident** accidente en bote • **boating lake** lago para paseos en bote

'boat ,people s [pl] inmigrantes que viajan en embarcaciones precarias

boat·yard /'boʊt⸗yard/ s [C] astillero

bob¹ /bɑb/ v (**bobbed, bobbing**) **1** [I siempre + adv/prep] • **bob up and down** subir y bajar en el agua (pato, boya), cabecear (embarcación) **2** [I siempre + adv/prep] **bob up and down** moverse arriba y abajo **3** [T] cortar (en forma de media melena)

EXPRESIONES

bob and weave (a) hacer fintas **(b)** esquivar preguntas • **bob your head** inclinar la cabeza (en señal de respeto) bob up v+partíc asomar, aparecer

bob² s [C] **1** media melena **2** inclinación (de la cabeza), reverencia (en señal de respeto) **3** trineo de bobsleigh SIN **bobsled**

bob·bin /'bɑbɪn/ s [C] bobina (de hilo)

'bobby pin s [C] horquilla, pasador (para el pelo)

bob·cat /'bɑbkæt/ s [C] lince rojo (norteamericano)

bob·sled¹ /'bɑbslɛd/ s **1** [C] (trineo de) bobsleigh **2** [sing] carrera de bobsleigh

bobsled² v [I] practicar bobsleigh

bode /boʊd/ v [I always +adv] **bode well/ill (for sb/sth)** ser un buen/mal presagio (para alguien/algo)

bod·ice /'bɑdɪs/ s [C] **1** corpiño, canesú (de un vestido) **2** corpiño (prenda sin mangas para usar sobre blusa) **3** (antic) corsé

bod·i·ly¹ /'bɑdl-i/ adj [solo ante s] corporal • **bodily injury/harm** daño físico • **bodily functions** funciones fisiológicas

bodily² adv **1** en vilo **2** en una sola pieza, por entero

bod·y S1 W1 /'bɑdi/ s (pl **bodies**)

1	de persona, animal
2	sin las extremidades
3	muerto
4	corporación
5	de vehículo
6	del cabello
7	de datos, estudios
8	en física, matemáticas
9	en geografía
10	de un vino
11	de personas

1 DE PERSONA, ANIMAL [C] cuerpo: the human body el cuerpo humano • **body fat** grasa corporal
2 SIN LAS EXTREMIDADES [C] cuerpo, tronco
3 MUERTO [C] cuerpo, cadáver • **dead body** cadáver
4 CORPORACIÓN [C] entidad, organismo • **professional body** asociación profesional • **governing body** organismo/órgano rector
5 DE VEHÍCULO [C] carrocería (de un carro), fuselaje (de un avión)
6 DEL CABELLO [U] cuerpo, volumen
7 DE DATOS, ESTUDIOS **a body of sth** un conjunto de algo • **a body of evidence** un conjunto de pruebas • **a body of opinion** una corriente de opinión
8 EN FÍSICA, MATEMÁTICAS [C] (técn) cuerpo • **a foreign body** un cuerpo extraño
9 EN GEOGRAFÍA **a body of water** una masa de agua
10 DE UN VINO [U] cuerpo
11 DE PERSONAS [C] grupo • **in a body** en masa ▶ -BODIED, over my DEAD body!

EXPRESIONES

body and soul (a) con toda su alma **(b)** en cuerpo y alma • **keep body and soul together** sobrevivir, salir adelante

'body blow s [C] duro golpe, revés

'body ,builder s [C] fisicoculturista

'body ,building, bod·y·build·ing /'bɑdi,bɪldɪŋ/ s [U] fisicoculturismo

bod·y·guard /'bɑdi,gɑrd/ s [C] **1** guardaespaldas **2** escolta (grupo)

'body ,language s [U] lenguaje corporal

'body mass ,index s [U] índice de masa corporal

'body ,odor s [U] olor a sudor SIN **BO**

bod·y·work /'bɑdi,wərk/ s [U] carrocería

bog¹ /bɑg, bɔg/ s [C,U] ciénaga, pantano

bog² v
bog down v+partíc **1** **get/be bogged down** quedarse/estar empantanado -a (persona, proceso) **2** **get bogged down** empantanarse, quedarse atascado -a (vehículo)

bo·gey·man /'bʊgi,mæn/ s [C] coco

bog·gle /'bɑgəl/ v [I] **the mind boggles** (coloq) es difícil (de) imaginar

bog·gy /'bɑgi/ adj (**boggier, boggiest**) cenagoso -a, pantanoso -a

bo·gus /'boʊgəs/ adj (coloq) falso -a

bo·he·mi·an /boʊ'himiən/ s [C], adj bohemio -a

boil¹ S2 /bɔɪl/ v
1 [I,T] (líquido) hervir: Water boils at 100°C. El agua hierve a 100 grados centígrados.
2 [I,T] (alimentos) hervir • **a boiled egg** un huevo tibio/pasado por agua • **put sth on to boil** poner algo a hervir (hasta cocerse)
3 **boil with anger/rage/fury** estar furioso -a ▶ **it makes my BLOOD boil, BOILING POINT**
boil away v+partíc consumirse (hirviendo)
boil down v+partíc **1** **boil down to sth** reducirse a algo (cuestión, situación) **2** **boil sth** ↔ **down** reducir algo
boil over v+partíc **1** derramarse (al hervir) **2** explotar, estallar (tensión, malestar) • **boil over into sth** desembocar en algo
boil up v+partíc ir intensificándose

boil² s **1** [sing] **bring sth to a boil** calentar algo hasta que hierva • **come to a boil** hervir **2** [C] forúnculo

boil·er /'bɔɪlə/ s [C] **1** (para calefacción, agua caliente) caldera, calentador, bóiler **2** (de una locomotora) caldera

boil·ing /'bɔɪlɪŋ/ adj **1** (oral): It's boiling in here. Esto es un horno. • I'm boiling in this sweater. Me estoy asando con este suéter. • **boiling hot** a bowl of boiling hot soup un cuenco de sopa hirviendo **2** [nunca ante s] furioso -a • **boiling with rage/fury** furioso -a

'boiling point s [C,U] **1** punto de ebullición **2** • **reach the boiling point** estar al rojo vivo, estar a punto de estallar

bois·ter·ous /'bɔɪstərəs, 'bɔɪstrəs/ adj bullicioso -a, alborotado -a

bold¹ /boʊld/ adj **1** audaz, osado -a **2** nítido -a, bien definido -a (forma), vivo -a (color) **3** • **in bold letters/type/print** en negrita **4** grande y claro -a (letra), enérgico -a (trazo)

EXPRESIONES

as bold as you please (antic) como si tal cosa • **if I may be/make so bold** (frml) si me permite el atrevimiento

bold² /boʊld/ s [U] negrita • **in bold** en negrita

bold·ly /'boʊldli/ adv **1** con audacia **2** **boldly colored** con colores vivos • **boldly patterned** con dibujos llamativos **3** en negrita

bold·ness /'boʊldnɪs/ s [U] **1** audacia **2** nitidez (de las formas), viveza (de los colores) **3** grosor (de letra)

Bo·liv·i·a /bə'liviə/ Bolivia

Bo·liv·i·an¹ /bə'liviən/ s [C] boliviano -a

Bolivian² adj boliviano -a

bol·lard /'bɑlərd/ s [C] bolardo

bo·lo·gna /bə'louni/ *s* [U] tipo de salchicha ahumada grande que se sirve como carne fría

bol·ster¹ /'boulstə/ (tb **bolster up**) *v* [T] **1** reforzar, fortalecer (las defensas, la economía) **2** levantar (la moral), fortalecer (la confianza)

bolster² *s* [C] almohada (cilíndrica)

bolt¹ /boult/ *s* [C] **1** pestillo, pasador **2** perno: *nuts and bolts* tuercas y pernos **3 a bolt of cloth/silk** un rollo de tela/seda **4** cerrojo (de un arma) ▶ **SHOOT your bolt**
EXPRESIONES
a bolt from the blue un hecho inesperado • **a bolt of lightning** (tb **a lightning bolt**) un rayo

bolt² *v* **1** [I] desbocarse (caballo), salir corriendo (persona) **2** [T] cerrar con pestillo/pasador **3** [T] (tb **bolt down**) zamparse, tragar **4** [T siempre + adv/prep] **bolt sth down** atornillar algo al piso • **bolt sth to sth** atornillar algo a algo • **bolt sth together** atornillar algo

bolt³ *adv* **sit/stand bolt upright** sentarse/estar de pie bien erguido -a

bomb¹ S3 W2 /bɑm/ *s* [C]
1 bomba • **a bomb goes off/explodes** una bomba explota • **drop a bomb** arrojar una bomba • **bomb blast** explosión de una bomba
2 the bomb (tb **the Bomb**) [sing] la bomba atómica
3 aerosol (recipiente)
4 en fútbol americano, lanzamiento que recorre una gran distancia ▶ **DROP a bomb**
EXPRESIONES
be the bomb (*coloq*, *oral*) ser una verraquera, ser padre

bomb² W3 *v*
1 [T] bombardear
2 [T] poner una bomba en
3 [I] (*coloq*) ser un fracaso
4 [I,T] (*oral*) reprobar (un examen)
EXPRESIONES
bug-bomb/paint-bomb fumigar (con insecticida en aerosol)/pintar (con pintura en aerosol) • **be bombed out (a)** ser destruido -a por las bombas **(b)** quedarse sin hogar por las bombardeos

bom·bard /bɑm'bɑrd/ *v* [T] **1** (con bombas) bombardear **2 bombard sb with questions/complaints** bombardear a alguien con preguntas/quejas **3** (con partículas, rayos) bombardear

bom·bard·ment /bɑm'bɑrdmənt/ *s* [U] bombardeo

bom·bas·tic /bɑm'bæstɪk/ *adj* grandilocuente

'bomb dis,posal *s* [U] desactivación de explosivos

bomb·er /'bɑmə/ *s* [C] **1** bombardero **2** autor -a de un atentado con bomba/bombas

bomb·ing /'bɑmɪŋ/ *s* [C,U] bombardeo • **the bombing of sth** el bombardeo de algo

'bomb scare *s* [C] amenaza de bomba

bomb·shell /'bɑmʃɛl/ *s* [C] (*coloq*) (noticia) bomba • **drop a bombshell** lanzar/tirar una bomba

'bomb site *s* [C] zona arrasada por un bombardeo

bo·na fide /'bounə ,faɪd, 'bɑnə-/ *adj* genuino -a, auténtico -a

bo·nan·za /bə'nænzə, bou-/ *s* [C] filón, mina (cosa provechosa)

bond¹ W3 /bɑnd/ *s*
1 relación
2 en finanzas
3 con pegamento
4 promesa
5 en un tribunal
6 de un prisionero

1 RELACIÓN [C] lazo, vínculo • [+**between**]: *the bond between mother and child* el vínculo entre madre e hijo • **the bonds of friendship/family** los lazos de amistad/familiares
2 EN FINANZAS [C] bono • **government/corporate bonds** bonos del Estado/de empresas

3 CON PEGAMENTO [C] adherencia
4 PROMESA [C] (*liter*) palabra, compromiso • **my word is my bond** soy una persona de palabra
5 EN UN TRIBUNAL [C,U] fianza • **post (a) bond** pagar una fianza SIN **bail**
6 DE UN PRISIONERO **bonds** [pl] (*liter*) ataduras, cadenas

bond² *v* **1** [I] trabar relación, establecer un vínculo • **bond with sb** crear lazos afectivos con alguien **2** [I,T] adherir(se) (superficies), unir(se) (átomos) • **bond together** adherirse, unirse • **bond sth together** adherir/unir algo

bond·age /'bɑndɪdʒ/ *s* [U] **1** (*liter*) esclavitud **2** bondage (sadomasoquismo con cadenas o ataduras)

bond·ing /'bɑndɪŋ/ *s* [U] vinculación afectiva

bone¹ S2 W3 /boun/ *s*
1 [C] (del esqueleto) hueso • **break a bone** quebrarse un hueso • **thigh/wrist/ankle bone** fémur/muñeca/tobillo
2 [C] (en la comida) hueso (de carne), espina (de pescado)
3 [U] (como material) hueso: *tools made of bone* herramientas de hueso ▶ **a BAG of bones**, DRY **as a bone**, WORK **your fingers to the bone**
EXPRESIONES
feel/know sth in your bones presentir algo • **I have a bone to pick with you** (*oral*) contigo tengo que ajustar cuentas • **make no bones about sth** no ocultar algo, reconocer sin tapujos algo • **bone of contention** manzana de la discordia

bone² *v* [T] deshuesar (carne), limpiar, quitar las espinas a (pescado)
bone up on sth *v+partíc* (*coloq*) quemarse las pestañas estudiando algo

,bone 'china *s* [U] porcelana fina

'bone ,marrow *s* [U] médula (ósea)

bon·fire /'bɑn,faɪə/ *s* [C] hoguera, fogata

bon·gos /'bɑŋgouz/ (tb **'bongo drums**) *s* [pl] bongós

bon·kers /'bɑŋkəz/ *adj* (*coloq*) chiflado -a
EXPRESIONES
go bonkers volverse loco -a • **drive sb bonkers** volver loco -a a alguien

bon·net /'bɑnɪt/ *s* [C] **1** gorrito, gorrita (de bebé) **2** sombrero (usado antiguamente por las mujeres) ▶ **have a BEE in your bonnet (about sth)**

bon·ny /'bɑni/ *adj* (*antic*) precioso -a (niño, bebé)

bo·nus /'bounəs/ *s* [C] **1** bonificación, (mesada) adicional, bono: *a Christmas bonus* una mesada adicional de Navidad/un aguinaldo **2** ventaja • **an added bonus** una ventaja adicional

bon·y /'bouni/ *adj* (**bonier**, **boniest**) **1** huesudo -a **2** lleno -a de espinas (pescado), lleno -a de huesos (carne)

boo¹ /bu/ *v* (**booed**, **booing**) [I,T] abuchear • **boo sb off stage** echar a alguien del escenario abucheándolo

boo² *s* [C] (pl **boos**) abucheo

boo³ *interj* bu (para asustar)
EXPRESIONES
to not say boo (*oral*) no decir ni una palabra

boob /bub/ *s* **1** [C gralm pl] (*coloq*) teta **2** [C] (*antic*) tonto -a, menso -a

'boo-boo *s* [C] (*oral*) **1** metida de pata, embarrada **2** lastimadura o golpe sin importancia, en el habla infantil

'booby prize *s* [C] premio al peor/la peor

'booby trap *s* [C] bomba trampa

'booby-trapped *adj* con una bomba trampa

book¹ S1 W1 /buk/ *s* [C]
1 (obra) libro • [+**about/on**]: *a book about space travel* un libro sobre viajes espaciales • [+**by**]: *a book by William Faulkner* un libro de William Faulkner • [+**of**]: *a book of poems* un libro de poemas
2 libreta, cuaderno: *an address book* una agenda/una

libreta de direcciones
3 talonario (de cupones, cheques)
4 books [pl] libros (contables)
5 (parte de una obra) libro, volumen SIN **volume** ▶ BAL-
ANCE **the books**, CHECKBOOK, COOK **the books**, MATCH-
BOOK, ONE **for the books, can** READ **sb like a book,**
THROW **the book at sb**

bring sb to book pedir cuentas a alguien • **by the book**
según las normas • **be in sb's good/bad books** (*oral*)
ser/no ser santo de la devoción de alguien • **in my book**
(*oral*) en mi opinión • **on sb's books** en la nómina de
alguien • **be/remain on the books** estar/seguir vigente

book² W3 *v*
1 [I,T] reservar: *I booked a table for two.* Reservé una
mesa para dos. • **book sb sth** reservarle algo a alguien •
book in advance reservar con anticipación • **fully
booked** completo -a
2 [T] **book sb for sth** contratar a alguien para algo
3 [T] fichar (policía) • **book sb for sth** fichar a alguien
por algo
4 amonestar (en fútbol)
5 [I] (*coloq*) ir a toda velocidad
be booked up tener muchos compromisos
book sb into sth *v+partíc* reservar habitación para
alguien en algo
book sb on sth *v+partíc* hacerle una reserva/reservación
a alguien en algo

book·case /'bʊk-keɪs/ *s* [C] librero (mueble), biblioteca

'**book club** *s* [C] círculo de lectores

book·end /'bʊkɛnd/ *s* [C gralm pl] sujetalibros

book·ie /'bʊki/ *s* [C] (*coloq*) corredor -a de apuestas
SIN **bookmaker**

book·ing /'bʊkɪŋ/ *s* [C] **1** reserva, reservación • **make/
cancel/confirm a booking** hacer/cancelar/confirmar
una reserva, hacer/cancelar/confirmar una reservación
• **booking fee** tarifa de reserva/reservación • **booking
form** solicitud de reserva/reservación **2** contrato (para
actuar) **3** amonestación (en fútbol)

book·keep·er /'bʊk,kipɚ/ *s* [C] contador -a

book·keep·ing /'bʊk,kipɪŋ/ *s* [U] contabilidad

book·let /'bʊklɪt/ *s* [C] folleto

book·mak·er /'bʊk,meɪkɚ/ *s* [C] corredor -a de apuestas

book·mark¹ /'bʊkmɑrk/ *s* [C] **1** señalador, separador
(para libros) **2** señalador, marcador (en informática)

bookmark² *v* [T] agregar a los favoritos, insertar un
señalador/marcador en (en informática)

book·sell·er /'bʊk,sɛlɚ/ *s* [C] **1** librería (tienda o
empresa) **2** librero -a

book·shelf /'bʊkʃɛlf/ *s* [C] (pl **bookshelves** /-ʃɛlvz/)
estante (para libros)

book·stall /'bʊkstɔl/ *s* [C] **1** quiosco (de diarios, revistas
y libros) **2** puesto de libros

book·store /'bʊkstɔr/ *s* [C] librería (tienda, empresa)
▶ LIBRARY

book·worm /'bʊkwɚm/ *s* [C] **1** ratón de biblioteca
2 polilla (del papel), piojo de libro

boom¹ S3 /bum/ *s*
1 [sing] (comercial) auge, boom • **a property/an oil boom**
un auge inmobiliario/del petróleo • [+**in**]: *a boom in car
sales* un aumento espectacular de las ventas de carros
2 [sing] (de popularidad) auge, boom • [+**in**]: *the boom in
girls' soccer* el auge del fútbol femenino
3 [C] estruendo, explosión
4 [C] botavara
5 [C] caña, boom (para micrófono)
6 [C] brazo (de una grúa) ▶ BABY BOOM

boom² *v* **1** [I gralm en forma continua] experimentar un
crecimiento rápido • **business is booming** el negocio va
viento en popa **2** [I] (tb **boom out**) retumbar, resonar
3 [T] (tb **boom out**) decir con voz de trueno, tronar

boo·mer·ang¹ /'bumə,ræŋ/ *s* [C] bumerán

boomerang² *v* [I] volverse contra uno -a, tener el efecto
contrario al deseado SIN **backfire**

boom·ing /'bumɪŋ/ *adj* [solo ante s] **1** floreciente,
próspero -a **2** estruendoso -a

boon /bun/ *s* [C gralm sing] bendición, gran ayuda

boon·docks /'bundaks/ *s* (*coloq*) **in the boondocks** en
medio del campo, en (el) medio de la nada

boor /bʊr/ *s* [C] grosero -a

boor·ish /'bʊrɪʃ/ *adj* grosero -a

boost¹ /bust/ *v* [T] **1** impulsar, incrementar • **boost
sales/earnings** incrementar las ventas/los ingresos •
boost sb's confidence/morale darle a alguien más confianza en sí mismo/levantarle la moral a alguien
2 aumentar la popularidad de **3** (*coloq*) robar, bajar

boost² *s* **1** [sing] impulso, incremento • **give sth a
boost** darle un impulso/un espaldarazo a algo • **get/
receive a boost** recibir un impulso • [+**in**]: *a boost in
education spending* un incremento del gasto en educación • [+**to/for**]: *a major boost to the economy* un
impulso importante para la economía **2** [sing] ánimos,
aliento • **give sb a boost** darle ánimos a alguien, alentar
a alguien • **morale/ego boost** *The team needs a morale
boost.* El equipo necesita levantar la moral.

boost·er /'bustɚ/ *s* [C] **1** dosis de refuerzo (de una
vacuna) **2** promotor -a (de una idea, una organización)
3 (tb **booster rocket**) cohete propulsor
a morale/ego booster *Her visit was a morale booster
for the troops.* Su visita les levantó la moral a las
tropas.

boot¹ S2 /but/ *s*
1 [C] bota
2 [C] cepo, inmovilizador (para carros) SIN **clamp** ▶ **be/
get too** BIG **for your boots,** LICK **his/her boots**
get the boot (*coloq*) *He got the boot.* Lo echaron del
trabajo. • **give sb the boot** (*coloq*) echar a alguien (del
trabajo), despedir a alguien (del trabajo) • **to boot**
(*coloq*) por si fuera poco

boot² *v* **1** [I,T] (tb **boot up**) encender(se), prender,
bootear (un computador) **2** [T] inmovilizar con el cepo,
inmovilizar (con el inmovilizador) (un carro) **3** [T]
(*coloq*) darle una patada a **4** [T] (*coloq*) echar, despedir
(del trabajo) • **be booted from sth** *He was booted from
the Navy.* Lo echaron de la Armada.
boot sb ↔ **out** *v+partíc* echar a alguien, botar a alguien
a la calle
boot up *v+partíc* encender(se), prender, bootear (un
computador)

'**boot camp** *s* [C] campamento de entrenamiento militar

boo·tee /'buti/ *s* [C] botita tejida (para bebé)

booth S2 /buθ/ *s* [C]
1 cabina, caseta (telefónica, electoral)
2 reservado (en un restaurante)
3 caseta (en una feria, un parque) SIN **kiosk**

boot·leg¹ /'butˈlɛg/ *adj* [solo ante s] pirata (programa,
disco), fabricado -a ilegalmente, de contrabando (alcohol)

bootleg² *s* [C] copia pirata

bootleg³ *v* [T] piratear (programas, grabaciones),
fabricar ilegalmente, vender de contrabando (alcohol)

boot·leg·ger /'butˈlɛgɚ/ *s* [C] pirata (de programas,
discos), contrabandista (de alcohol)

boot·leg·ging /'butˈlɛgɪŋ/ *s* [U] piratería (de software,
música), contrabando (de alcohol)

boo·ty /'buti/ *s* [U] (*liter*) botín (de guerra)

booze¹ /buz/ *s* [U] (*coloq*) trago, bebida (alcohólica)

booze² *v* [I] (*coloq*) tomar (bebidas alcohólicas)

booz·er /'buzɚ/ *s* [C] (*coloq*) borrachín -ina

booz·ing /'buːzɪŋ/ s [U] (*coloq*) la bebida (actividad de beber alcohol)

bop¹ /bɑp/ v (**bopped, bopping**) (*coloq*) **1** [T] darle un puñetazo a **2** [I] bailar **3** [I siempre + adv/prep] (*coloq*) ir a un sitio: *I'll bop over later and see you.* Más tarde pasaré a verte. SIN **pop**

bop² s [C] puñetazo

bor·der¹ S3 W2 /'bɔːrdər/ s [C]
1 (entre estados) frontera • [+between]: *the border between the U.S. and Canada* la frontera entre EU y Canadá • [+with]: *Chile's border with Peru* la frontera de Chile con Perú • **cross the border** cruzar la frontera • **over the border** al otro lado de la frontera • **border crossing** paso fronterizo • **border dispute** conflicto fronterizo • **border guard** guardia fronterizo -a • **border patrol** patrulla fronteriza • **border town** ciudad fronteriza/de frontera • **border region** zona fronteriza **2** ribete, guarda, borde (para decorar) **3** (de la ciencia, el conocimiento) frontera **4** arriate

border² v [T] **1** limitar con **2** bordear
border on sth v+partíc rayar en algo: *suspicion bordering on hostility* desconfianza que raya en la hostilidad

bor·der·line¹ /'bɔːrdər,laɪn/ adj **1 be borderline** estar en el límite (de lo aceptable) • **a borderline case** un caso límite/dudoso **2** [solo ante s] rayano -a • **be a borderline genius** rayar en la genialidad

borderline² s **1 the borderline** el límite, la línea divisoria (entre cualidades, situaciones) **2** [C] frontera (entre estados)

bore¹ /bɔːr/ v **1** [T] aburrir • **bore sb with sth** aburrir a alguien con algo: *I won't bore you with all the details.* No te aburriré con todos los detalles. • **bore sb to tears/ death** matar a alguien de aburrimiento, aburrir mortalmente a alguien **2** [I,T siempre + adv/prep] **bore through/into sth** perforar algo • **bore a hole through/ into sth** hacer un agujero en algo
bore into sb v+partíc traspasar a alguien (mirada)

bore² s **1** [sing] fastidio, lata **2** [C] pesado -a, plomo • **be a wine/fitness bore** ser/ponerse cansón -ona con el tema de los vinos/del ejercicio, ser/ponerse pesado -a con el tema de los vinos/del ejercicio • **a crashing/crushing bore** *The man sitting next to her was a crashing bore.* El hombre que estaba sentado a su lado era un verdadero pelmazo. **3** [sing] calibre

bore³ pasado de BEAR

bored S3 /bɔːrd/ adj aburrido -a (que siente aburrimiento) • **be bored** estar aburrido -a • **get/become bored** aburrirse • [+with]: *I was bored with my life.* Estaba harta de mi vida. • **be bored to death/tears** (tb **be bored stiff**) morirse de aburrimiento ▶ ver nota en ABURRIDO

bore·dom /'bɔːrdəm/ s [U] aburrimiento • **relieve the boredom** matar el aburrimiento

bor·ing S2 /'bɔːrɪŋ/ adj aburrido -a (que causa aburrimiento): *The movie was really boring.* La película era verdaderamente aburrida. ▶ ver nota en ABURRIDO

born S1 W1 /bɔːrn/ adj
1 be born (persona, animal) nacer: *Where were you born?* ¿Dónde naciste? • **be born with sth** nacer con algo • **be born to sb** nacer de alguien: *More babies are being born to older parents.* Cada vez nacen más hijos de padres mayores. • **be born into great poverty/into a family of artists** nacer en medio de una enorme pobreza/en el seno de una familia de artistas • **be born and raised/bred in sth** nacer y criarse en algo • **be born blind/deaf** nacer ciego -a/sordo -a • **newly born** recién nacido -a
2 [solo ante s] nato -a • **a born leader** un líder nato/una líder nata • **be a born teacher** haber nacido para ser maestro -a • **a born loser** un perdedor nato/una perdedora nata
3 be born (objeto, idea) nacer • **be born (out) of sth** nacer de algo

EXPRESIONES
born and bred de pura cepa • **sb was born to do/be sth**

alguien nació para hacer/ser algo • **sb was born with a silver spoon in their mouth** alguien nació en cuna de oro • **there's one born every minute** (tb **there's a sucker born every minute**) la gente es tonta • **I wasn't born yesterday** yo no nací ayer, yo no me chupo el dedo

'born-,again adj [solo ante s] *a born-again Christian* un cristiano convertido a la iglesia evangélica

borne /bɔːrn/ participio pasado de BEAR

bor·ough /'bɜːroʊ, 'bʌroʊ/ s [C] distrito, municipio

bor·row S2 W3 /'bɑːroʊ, 'bɔːroʊ/ v ▶ El verbo **borrow** sirve para expresar la idea de préstamo desde el punto de vista de quien pide o toma prestado algo, frente a **lend**, que refleja el punto de vista del que hace el préstamo. En español, lo habitual es invertir la frase y emplear el verbo "prestar".
1 [T] (el carro, una cámara, una prenda) *Can I borrow your camera?* ¿Me prestas la cámara? • *Laura borrowed my sweater.* Le presté mi suéter a Laura. • **borrow sth from sb** *Who did you borrow the jacket from?* ¿Quién te prestó el saco? • *I borrowed this book from the library.* Saqué este libro de la biblioteca.
2 [I,T] (dinero) *We had to borrow a lot to buy the house.* Tuvimos que pedir un préstamo muy grande para comprar la casa. • *Can I borrow $20?* ¿Me prestas 20 dólares? • **borrow (sth) from sb** pedirle prestado (algo) a alguien: *He has to borrow from friends to pay the rent.* Tiene que pedirles prestado a sus amigos para pagar el alquiler. • *I borrowed the money from my sister.* Mi hermana me prestó el dinero.
3 (ideas, palabras) **(a)** [T] tomar, sacar • **borrow sth from sb/sth** tomar/sacar algo de alguien/algo: *English has borrowed words from many languages.* El inglés ha tomado palabras de muchos idiomas. **(b)** [I] **borrow from sb/sth** sacar ideas de alguien/algo, copiarse de alguien/algo ▶ **be living on borrowed time** (LIVE)
▶ LEND

EXPRESIONES
borrow trouble (*coloq*) inventarse problemas

⚠ El sujeto de **borrow** es la persona que pide algo prestado; el sujeto de **lend** es la persona que hace el préstamo: *I asked if I could borrow* (✗ *lend*) *her car for the day.* *My American friends lent* (✗ *borrowed*) *me some money.*

bor·row·er /'bɑːroʊər, 'bɔːr-/ s [C] prestatario -a

bor·row·ing /'bɑːroʊɪŋ, 'bɔː-/ s **1** [pl, U] (dinero) préstamo(s), endeudamiento **2** [U] (acción) endeudamiento, préstamos **3** [C] (palabra, idea) préstamo • [+from]: *a borrowing from Russian* un préstamo del ruso

Bos·ni·a /'bɑːzniə/ Bosnia

Bos·ni·an¹ /'bɑːzniən/ s [C] bosnio -a

Bosnian² adj bosnio -a

bos·om /'bʊzəm/ s **1** [C gralm sing] (*liter*) pecho, busto **2** [C gralm pl] (*antic*) pecho, seno **3** [sing] (*liter*) pecho, alma

EXPRESIONES
a bosom buddy/friend un amigo íntimo/una amiga íntima, un amigo/una amiga del alma • **the bosom of sth** el seno de algo

boss¹ S2 W3 /bɔːs/ s [C]
1 jefe -a (en el trabajo) • **be your own boss** trabajar por cuenta propia
2 (*coloq*) directivo -a, dirigente
3 (the) boss el/la que manda • **show sb who's boss** enseñarle a alguien quién es el que manda

boss² v [T] (tb **boss around**) mandonear

boss·i·ly /'bɔːsəli/ adv de manera autoritaria

boss·i·ness /'bɔːsɪnɪs/ s [U] carácter mandón, autoritarismo

boss·y /'bɔːsi/ adj (**bossier, bossiest**) mandón -ona

bo·tan·i·cal /bə'tænɪkəl/ adj [solo ante s] botánico -a

bo,tanical 'garden s [C often plural] jardín botánico

bot·a·nist /'bɑːtˀnɪst/ s [C] botánico -a

bot·a·ny /'bɑːtˀn-i/ s [U] botánica

botch¹ /bɑtʃ/ (tb **botch up**) v [T] (coloq) hacer una chapucería con, chapucear con

botch² s [C] (coloq) **make a botch of sth** hacer una chapucería con algo, chapucear con algo

botched /bɑtʃt/ (tb **'botched-up**) adj chapucero -a

both¹ [S1] /boʊθ/ det, predet los/las dos, ambos -as: *Hold it in both hands.* Sujétalo con las dos manos. • *Both my parents are lawyers.* Mis padres son los dos abogados.

EXPRESIONES
you can't have it both ways tienes que elegir entre una cosa o la otra • **want to have it both ways** quererlo todo

both² [S1] [W1] /boʊθ/ pron los/las dos, ambos -as: *Berkeley is not far from San Francisco, so you can visit both in a day.* Berkeley no está lejos de San Francisco, así que puedes visitar los dos el mismo día. • *"Rice or noodles?" "I'd like to try a little of both."* –¿Arroz o fideos? –Me gustaría probar un poquito de cada uno. • **both of** *Both of her legs were broken.* Se quebró ambas piernas. • *I want to speak to both of you.* Quiero hablar con ustedes dos. • *She called both of us to her office.* Nos llamó a los dos a su oficina. • **we/you/they both** los/las dos: *We are both going on vacation.* Nos vamos los dos de vacaciones. • **us/you/them both** los/las dos: *I'd like to speak to you both.* Me gustaría hablar con los dos.

both³ [S3] [W3] conj **both... and** tanto... como: *Both he and his wife enjoyed the movie.* Tanto a él como a su mujer les gustó la película. • *He plays both football and baseball.* Juega fútbol y béisbol. • *He is both handsome and intelligent.* Es buen mozo e inteligente a la vez.

both·er¹ [S1] [W3] /'bɑðɚ/ v

1	interrumpir
2	inquietar
3	hacer el esfuerzo
4	considerar importante
5	doler
6	con insinuaciones, contacto físico

1 **INTERRUMPIR** [T] molestar: *Don't bother Ellen when she's reading.* No la molestes a Ellen cuando está leyendo. • **sorry to bother you** (oral) disculpe que lo/la moleste

2 **INQUIETAR** [T] preocupar: *Something's bothering him.* Algo le preocupa. • **bother sb with sth** preocupar a alguien con algo

3 **HACER EL ESFUERZO** [I,T] **not bother doing sth** (tb **not bother to do sth**) no molestarse en hacer algo, no tomarse la molestia de hacer algo: *Many young people didn't bother voting.* Muchos jóvenes no se molestaron en ir a votar. • **not bother yourself** (tb **not bother your head**) no molestarse, no preocuparse • **don't bother** no te molestes

4 **DOLER** [T gralm en forma continua] molestar: *Is your knee bothering you?* ¿Te molesta la rodilla?

5 **CON INSINUACIONES, CONTACTO FÍSICO** [T solo en forma continua] molestar

both·er² s **1** [sing] (persona, tarea) molestia, fastidio • **be a bother** molestar, ser una molestia/un fastidio: *I hate to be a bother, but...* Perdone la molestia, pero... **2** [U] (efecto) molestia, problemas • **the bother of doing sth** la molestia de hacer algo • **(it's) no bother** (oral) no es ninguna molestia • **go to the bother of doing sth** tomarse la molestia de hacer algo • **sth is more bother than it's worth** algo no vale la pena

both·ered /'bɑðɚd/ adj [nunca ante s] preocupado -a, molesto -a • [+**about**]: *Are you bothered about getting old?* ¿Te preocupa envejecer? • [+**that**]: *I wasn't bothered that he forgot my birthday.* No me molestó que se olvidara de mi cumpleaños.

both·er·some /'bɑðɚsəm/ adj (antic) molesto -a

Bot·swa·na /bɑt'swɑnə/ Botsuana

Bot·swa·nan¹ /bɑt'swɑnən/ s [C] botsuano -a

Botswanan² adj botsuano -a

bot·tle¹ [S1] [W3] /'bɑtl̩/ s [C]
1 (recipiente) botella (de vino, leche), frasco (de perfume, champú) • **a wine/beer bottle** una botella de vino/ cerveza
2 (tb **bottleful**) (contenido) botella (de vino, leche), frasco (de perfume, champú) • [+**of**]: *He drank a whole bottle of gin.* Se tomó una botella entera de ginebra.
3 biberón, tetero, mamila
4 **the bottle** [sing] (alcohol) la bebida • **hit the bottle** (coloq) darse a la bebida • **be on the bottle** (coloq) darle a la botella, beber a base de bien

bottle² v [T gralm en pasiva] embotellar
bottle sth ↔ **up** v+partíc **1** reprimir algo **2** demorar algo (un proyecto)

bot·tled /'bɑtld/ adj embotellado -a

'bottle-feed v [T] (**bottle-fed**) criar con biberón/tetero/ mamila

'bottle ,green s [U] verde botella

bot·tle·neck /'bɑtl̩ˌnɛk/ s [C] cuello de botella

'bottle ,opener s [C] abrebotellas, destapador (de botel- las)

bot·tom¹ [S1] [W2] /'bɑtəm/ s

1	parte inferior
2	cara inferior
3	base interna
4	nivel más bajo
5	en una masa de agua
6	parte del cuerpo
7	en un conjunto de ropa
8	en béisbol

1 **PARTE INFERIOR** **the bottom** [C gralm sing] la parte de abajo (de un montón, de la pantalla, etc.), el pie (de una montaña, una página, etc.) • **at the bottom (of sth)** al pie/en la parte de abajo (de algo): *I was standing at the bottom of the stairs.* Estaba al pie de la escalera. • **in the bottom (of sth)** en el fondo (de algo): *a hole in the bottom of the bag* un agujero en el fondo de la bolsa [ANT] **top**

2 **CARA INFERIOR** **the bottom** [C gralm sing] la parte de abajo, la base (de una caja, un mueble, etc.), la suela (de un zapato), la planta (del pie) • [+**of**]: *Something scraped the bottom of my car.* Algo rozó la parte de abajo del carro. • **on the bottom (of sth)** *What's that on the bottom of your shoe?* ¿Qué es eso que tienes en la suela del zapato? • *Careful, these plates are hot on the bottom.* Cuidado, que la parte de abajo de los platos quema.

3 **BASE INTERNA** **the bottom** [C gralm sing] el fondo • **at the bottom (of sth)** en el fondo (de algo): *She found the keys at the bottom of her purse.* Encontró las llaves en el fondo de la cartera. • **on the bottom (of sth)** en el fondo (de algo): *Spread the sauce on the bottom of the dish.* Extienda la salsa en el fondo del plato.

4 **NIVEL MÁS BAJO** **the bottom** el último lugar • **at the bottom (of sth)** en el último lugar (de algo): *The Giants are at the bottom of the league.* Los Giants están últi- mos en la clasificación. • **start at the bottom** empezar desde abajo • **the very bottom** lo más bajo [ANT] **top**

5 **EN UNA MASA DE AGUA** **the bottom** [C gralm sing] el fondo: *I couldn't touch the bottom.* No hacía pie. • **at the bottom (of sth)** en el fondo (de algo) • **the ocean/lake/ river bottom** el fondo del mar/lago/río

6 **PARTE DEL CUERPO** [C] trasero, nalgas, cola

7 **EN UN CONJUNTO DE ROPA** [C gralm pl] pantalón (de la piyama), parte de abajo (del bikini) [ANT] **top**

8 **EN BÉISBOL** **the bottom of the first/fifth (inning)** la segunda mitad del primer/quinto inning [ANT] **top** ▶ **you can BET your bottom dollar (that)**, **-BOTTOMED**, **ROCK BOTTOM**, **SCRAPE (the bottom of) the barrel**, **(from) TOP to bottom**

EXPRESIONES
be at the bottom of the list ser la menor de las preo- cupaciones • **be/lie at the bottom of sth** estar en el fondo de algo • **the bottom drops/falls out (of the market)** los precios caen (en picada) • **bottoms up!** (oral) ¡salud! • **from the bottom of your heart** de (todo)

corazón • **from the bottom up** desde abajo, empezando por abajo • **get to the bottom of sth** (*coloq*) llegar al fondo de algo

bottom² ▨ *adj* [solo ante s]
1 inferior, de (más) abajo: *the bottom right-hand corner of the screen* el ángulo inferior derecho de la pantalla • *The book is on the bottom shelf.* El libro está en el estante de más abajo. ANT **top**
2 más bajo -a, peor: *Tim is in the bottom 10% of his class.* Tim está entre el 10% con peor rendimiento de su clase. ANT **top**

bottom³ *v*
bottom out *v+partíc* tocar fondo

bot·tom·less /'baṭəmlɪs/ *adj* **1** muy profundo -a: *The well seemed bottomless.* El pozo parecía no tener fondo. **2** infinito -a, ilimitado -a
EXPRESIONES
a bottomless cup en un restaurante o bar, taza de café, etc. que se vuelve a llenar las veces que el cliente quiera sin que tenga que volver a pagar

,bottom 'line *s* **1 the bottom line is...** la cuestión es..., lo que no tiene vuelta de hoja es... **2** [sing] balance, saldo final **3** [sing] precio mínimo (en una venta)

bough /baʊ/ *s* [C] (*liter*) rama

bought /bɔt/ pasado y participio pasado de **BUY**

boul·der /'boʊldər/ *s* [C] roca

bou·le·vard /'bʊləvɑrd, 'bu–/ *s* [C] bulevar

bounce¹ ▨ /baʊns/ *v*

1	balón, piedra, tiro
2	en la cama, el sofá
3	en todas direcciones
4	cheque
5	correo electrónico
6	a un niño, un bebé
7	de un puesto, una organizacion

1 BALÓN, PIEDRA, TIRO [I,T] (hacer) rebotar, picar, botar • **bounce off sth** rebotar en algo, botar en algo: *The ball bounced off the post.* La pelota rebotó en el poste. • **bounce down/across sth** *A rock bounced down the hill.* Una roca cayó cuesta abajo rebotando. • **bounce sth on/against sth** hacer que algo rebote/bote en algo
2 EN LA CAMA, EL SOFÁ [I] saltar, brincar • **bounce on the bed/trampoline** saltar en la cama/en la cama elástica: *The kids love to bounce on the bed.* A los niños les encanta saltar en la cama. • **bounce up and down** saltar, brincar
3 EN TODAS DIRECCIONES **(a)** [I] moverse para todos los lados • **bounce around** dar tumbos **(b)** [T] sacudir • **bounce sb/sth around** hacer que alguien/algo vaya dando tumbos • **bounce sth/sb against/off sth** arrojar algo/a alguien contra/de algo
4 CHEQUE **(a)** [I] ser devuelto -a por falta de fondos, rebotar por falta de fondos **(b)** [T] devolver por falta de fondos, rebotar por falta de fondos
5 CORREO ELECTRÓNICO (tb **bounce back**) **(a)** [I] ser devuelto -a, rebotar(se) **(b)** [T] devolver, rebotar
6 A UN NIÑO, UN BEBÉ **bounce sb on your knee/lap** hacerle caballito a alguien (en las piernas)
7 DE UN PUESTO, UNA ORGANIZACION [T] (*coloq*) botar a la calle, echar, botar • **bounce sb from sth** echar a alguien de algo, botar a alguien de algo
bounce back *v+partíc* **1 bounce back** recuperarse • **bounce back from sth** recuperarse de algo **2 bounce back** ser devuelto -a, rebotar(se) (correo electrónico) **3 bounce sth ↔ back** devolver, rebotar algo (correo electrónico)

bounce² *s* **1** [C] rebote, bote **2** [U] rebote, bote (de una pelota), elasticidad (de una superficie) **3** [sing] aumento **4** [sing, U] energía, dinamismo **5** [U] elasticidad (del cabello)

bounc·er /'baʊnsər/ *s* [C] gorila, sacabullas (de discoteca)

bounc·ing /'baʊnsɪŋ/ *adj* **a bouncing baby boy/girl** un bebé sano y hermoso

bounc·y /'baʊnsi/ *adj* (**bouncier, bounciest**) **1** alegre, lleno -a de vida **2** elástico -a

bound¹ /baʊnd/ *adj* [sin compar] **1** (indicando probabilidad) **be bound to do sth** *Mom's bound to find out.* Seguro que mamá se va a enterar. • *The job is bound to take a long time.* El trabajo va a llevar mucho tiempo. • **there is/are bound to be sth** *There are bound to be problems.* Seguro que va a haber problemas. **2** (indicando obligación legal) **be bound (by sth)** estar obligado -a (por algo) • **be bound (by sth) to do sth** estar obligado -a (por algo) a hacer algo: *The government is bound by the treaty to help.* El tratado obliga al gobierno a prestar ayuda. • **legally bound** obligado -a por ley **3** (indicando obligación moral) **be/feel bound to do sth** estar/sentirse obligado -a a hacer algo • **I'm bound to say (that)...** debo decir que... **4** (indicando rumbo) *Where are you bound?* ¿Adónde te diriges? • **bound for** con rumbo/destino a: *a plane bound for Peru* un avión con rumbo a Perú • **be homeward bound** ir camino a casa **5** (libro, documento) encuadernado -a • **leather-bound** encuadernado -a en cuero ▶ **-BOUND, EASTBOUND, NORTHBOUND, SOUTHBOUND, WESTBOUND**
EXPRESIONES
bound and determined totalmente decidido -a • **be bound (together) by sth** estar ligados -as/unidos -as por algo • **be bound up in/with sth (a)** estar estrechamente ligado -a con algo **(b)** estar absorto -a en algo • **I'll be bound** (*antic*) estoy seguro -a

bound² *v* [I siempre + adv/prep] dar grandes saltos/zancadas

bound³ *s* [C] (*liter*) gran salto ▶ **by /in LEAPS and bounds**

bound⁴ pasado y participio pasado de **BIND**

bound·a·ry ▨ /'baʊndəri, –dri/ *s* (pl **boundaries**) **1** [C] (de un territorio) límite, frontera • [+**between**]: *the boundary between two states* el límite entre dos estados • [+**of**]: *the southern boundary of his farm* el límite sur de su hacienda • **mark a boundary** marcar un límite • **boundary dispute** disputa territorial • **boundary line** línea divisoria, linde
2 [C] (de algo inmaterial) límite, frontera • [+**of**]: *the boundaries of our imagination* los límites de nuestra imaginación • **push back the boundaries (of sth)** ampliar los límites/las fronteras (de algo) • **go beyond the boundaries of sth** superar los límites de algo, ir más allá de algo

bound·less /'baʊndlɪs/ *adj* sin límites, ilimitado -a

bounds /baʊndz/ *s* [pl] límites • **within/beyond the bounds of sth** dentro de/más allá de los límites de algo ▶ **KNOW no bounds**
EXPRESIONES
in bounds dentro del terreno de juego • **out of bounds (a)** en zona de acceso prohibido: *The railroad tracks are out of bounds.* Está prohibido el acceso a las vías del tren. **(b)** fuera del terreno de juego

boun·ti·ful /'baʊntɪfəl/ *adj* **1** abundante **2** (*liter*) pródigo -a, generoso -a

boun·ty /'baʊnti/ *s* (pl **bounties**) **1** [C] recompensa (por una captura) • **a bounty on sb's head** una recompensa por la captura de alguien **2** [C,U] (*liter*) abundancia **3** [U] (*liter*) prodigalidad, generosidad

'bounty ,hunter *s* [C] cazador -a de recompensas

bou·quet /boʊ'keɪ, bu–/ *s* **1** [C] bouquet, ramo (de flores) **2** [C,U] bouquet, aroma (del vino)

bour·bon /'bɜrbən/ *s* [C,U] whisky americano

bour·geois¹ /bʊr'ʒwɑ, 'bʊrʒwɑ/ *adj* **1** burgués -esa, de clase media (acomodada) **2** (*peyor*) burgués -esa, aburguesado -a (actitud) **3** burgués -esa (capitalista)

bourgeois² *s* [C] (pl **bourgeois**) (*antic*) burgués -esa

bour·geoi·sie /,bʊrʒwɑ'zi/ *s* **1 the bourgeoisie** la burguesía, la clase capitalista **2 the bourgeoisie** la burguesía, la clase media acomodada

bout /baʊt/ s [C] **1** ataque, episodio (de una enfermedad) • **a bout of depression** un episodio de depresión • **a bout of flu** una gripe, una gripa **2** racha, periodo **3** pelea, combate (de boxeo, lucha)

bou·tique /buˈtik/ s [C] boutique

bo·vine /ˈboʊvaɪn/ *adj* bovino -a

bow¹ /baʊ/ v **1** [I] inclinarse (para saludar), saludar (con una reverencia) • **bow to sb** hacerle una reverencia/una caravana a alguien, inclinarse ante alguien **2** [T] agachar • **bow your head** agachar la cabeza **3** [I,T] doblar(se), inclinar(se)

EXPRESIONES
bow and scrape arrastrarse, ser servil
bow down *v+partíc* **1 bow down before sb** inclinarse ante alguien **2 bow down to sb** someterse a alguien
bow out *v+partíc* **1** retirarse (de una actividad) • **bow out of sth** retirarse de algo **2** abandonar algo, retirarse de algo (un proyecto)
bow to sb/sth *v+partíc* ceder ante alguien/a algo • **bow to pressure** ceder a la presión • **bow to the inevitable** resignarse a lo inevitable

bow² s **1** [C] reverencia, caravana • **take/give a bow** saludar (un artista al público) **2** [C] (tb **bows** [pl]) proa ▶ STERN

bow³ /boʊ/ s [C] **1** moño • **tie sth in a bow** atar algo con un moño **2** (para flechas) arco **3** (para el violín, el chelo) arco

bow·el /ˈbaʊəl/ s **1 bowels** [pl] intestinos • **move/empty/open your bowels** (*frml*) mover el vientre **2** [sing] intestino • **bowel cancer** cáncer intestinal

EXPRESIONES
the bowels of sth (*liter*) las entrañas de algo

bowl¹ S2 W2 /boʊl/ s
1 [C] (recipiente) tazón, bol • **a soup/cereal bowl** un tazón de sopa/un tazón para cereales • **a salad bowl** una ensaladera
2 [C] (tb **bowlful**) (contenido) tazón, bol • [+**of**]: *a bowl of rice* un tazón de arroz
3 [C] parte cóncava (de una cuchara), taza (del inodoro), cazoleta (de una pipa)
4 [C gralm sing] en fútbol americano, copa especial disputada por los mejores equipos al finalizar la temporada: *college bowl games* partidos entre los mejores equipos universitarios

bowl² S3 v [I,T] (en bolos) lanzar ▶ BOWLING
bowl sb ↔ out *v+partíc* eliminar a alguien (en cricket)
bowl sb ↔ over *v+partíc* **1** dejar boquiabierto -a a alguien **2** derribar a alguien sin querer

bow-leg·ged /ˈboʊˌlɛgɪd, -ˌlɛgd/ *adj* de piernas arqueadas

bowl·er /ˈboʊlər/ s [C] **1** jugador -a de bolos, jugador -a de boliche **2** (tb **bowler hat**) bombín, sombrero hongo

bowl·ing /ˈboʊlɪŋ/ s [U] **1** bolos, boliche (juego) • **go bowling** ir a jugar bolos, ir a jugar boliche **2** lanzamiento (en cricket)

ˈbowling ˌalley s [C] bolera, boliche

ˈbowling green s [C] campo de césped para practicar el deporte británico de las bochas

bow tie /ˈboʊ taɪ/ s [C] corbatín, corbata de moño

box¹ S1 W1 /baks/ s

1	recipiente
2	contenido
3	en formularios
4	en un teatro
5	para correo
6	en el terreno de juego
7	televisión

1 RECIPIENTE [C] caja: *a cardboard box* una caja de cartón • *Put those books in the box.* Mete esos libros en la caja.
2 CONTENIDO [C] (tb **boxful**) caja • [+**of**]: *He ate a whole box of crackers.* Se comió una caja entera de galletas.

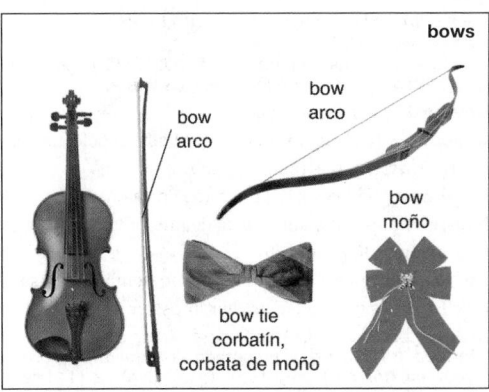

bows
bow arco
bow arco
bow moño
bow tie
corbatín,
corbata de moño

3 EN FORMULARIOS [C] casilla, casillero, recuadro: *Write the total in the box.* Escribe el resultado en la casilla. • **check a box** marcar una casilla, hacer un chulo/una palomita en una casilla
4 EN UN TEATRO [C] palco • **box seats** asientos de palco
5 PARA CORREO [C gralm sing] casilla de correo, apartado postal: *Box 3101, Wilmington* Apartado de correos 3101 de Wilmington SIN P.O. Box
6 EN EL TERRENO DE JUEGO [C] área: *the penalty box* el área
7 TELEVISIÓN the box (*coloq*) la tele ▶ BALLOT BOX, BLACK BOX, BOX OFFICE, MATCHBOX, THINK outside the box

EXPRESIONES
in a box (*coloq*) en un ataúd (muerto)

box² v **1** [I,T] boxear (con) **2** [T] (tb **box up**) embalar
EXPRESIONES
box sb's ears (*antic*) darle un sopapo a alguien
box sth/sb in *v+partíc* **1** encerrar algo/a alguien **2 box yourself in** meterse en un callejón sin salida **3 feel boxed in (a)** sentirse en un callejón sin salida **(b)** verse encerrado -a/arrinconado -a

box·car /ˈbaksˌkar/ s [C] vagón de carga, furgón (en un tren)

box·er /ˈbaksər/ s [C] **1** boxeador -a **2** bóxer (perro)

ˈboxer ˌshorts (tb **boxers**) s [pl] interiores, calzoncillo(s), bóxer

box·ing /ˈbaksɪŋ/ s [U] boxeo, box • **boxing gloves** guantes de box • **boxing match** combate de boxeo, pelea de box • **boxing ring** ring, cuadrilátero

ˈbox ˌnumber s [C] apartado de correos, apartado postal

ˈbox ˌoffice s **1** [C] (punto de venta) boletería, taquilla **2** [sing] (recaudación) taquilla • **at the box office** en taquilla • **box office hit** éxito de taquilla • **box office receipts** (tb **box office takings**) la recaudación en taquilla

ˈbox spring s [C gralm pl] resorte (de colchón, sofá)

boy¹ S1 W1 /bɔɪ/ s (pl **boys**)
1 [C] (pequeño) niño, chico, varón; (mayor) muchacho, chico: *a teenage boy* un adolescente • *Their last child was a boy.* Su último hijo fue un varón. • *You're a big boy now.* Ya eres mayor. • **little/small boy** niño pequeño • **bad/naughty boy!** ¡malo!
2 [C] hijo: *They have two girls and a boy.* Tienen dos hijas y un hijo. • **little boy** hijo: *Her little boy is three.* Su hijito tiene tres años.
3 [C] (hablando a un animal) *Come here, boy!* ¡Ven aquí!
4 [C] (*coloq*) muchacho (de un grupo) • **a city/country boy** un muchacho de ciudad/campo • **a college/frat boy** un estudiante (universitario) ▶ GIRL
5 the boys [pl] (*coloq*) los amigos, los cuates • **one of the boys** uno más

EXPRESIONES
the boys in blue (*coloq*) la policía • **boys will be boys** los jóvenes son así

boy² S1 *interj* (*oral*) (tb **oh ˈboy**) vaya, órale: *Boy, that's*

B

some car he has! ¡Vaya, qué carrito tiene!

EXPRESIONES

oh boy qué vaina, qué lata: *He forgot his key again. Oh boy.* Otra vez se olvidó la llave. Qué vaina.

boy·cott[1] /'bɔɪkɑt/ *v* [T] boicotear

boycott[2] *s* [C] boicot • **a boycott of sth** un boicot a algo

boy·friend W2 /'bɔɪfrɛnd/ *s* [C] novio

boy·hood /'bɔɪhʊd/ *s* [U] niñez (de un varón)

boy·ish /'bɔɪ-ɪʃ/ *adj* aniñado -a, de niño/muchacho

'boy scout *s* [C] boy scout

bo·zo /'boʊzoʊ/ *s* [C] (pl **bozos**) (*coloq*) tonto -a, menso -a

bra W3 /brɑ/ *s* [C] sostén, brasier, brassier

brace[1] /breɪs/ *v* **1** [I,T] preparar(se) (para algo malo) • **be braced for sth** estar preparado -a para algo • **brace yourself (for sth)** prepararse (para algo) **2** [T] **brace yourself (against sth)** apoyarse (en algo) • **brace your back/knee against sth** apoyar la espalda/la rodilla en algo **3** [T] apuntalar **4 (a)** [I] agarrarse bien **(b)** [T] mantener firme (las piernas, el cuerpo)

brace[2] *s* **1** [C] puntal **2** [C] aparato ortopédico • **wear a brace** usar un aparato ortopédico • **a neck/back/knee brace** un collar ortopédico/un corsé/una rodillera **3** [C] (tb **braces**) aparato (de ortodoncia), frenos (para los dientes) **4 braces** [pl] aparato ortopédico (para las piernas) **5** [C] (pl **brace**) par (de piezas de caza)

brace·let /'breɪslɪt/ *s* [C] pulsera

brac·ing /'breɪsɪŋ/ *adj* **1** vigorizante, estimulante (caminata) **2** estimulante, desafiante (ideas, libros)

brack·en /'brækən/ *s* [U] helechos

brack·et[1] /'brækɪt/ *s* [C] **1** tramo, franja • **tax/income bracket** tramo impositivo/franja de ingresos • **age bracket** franja de edad **2** [gralm pl] corchete • **in brackets** entre corchetes **3** ménsula, soporte (de un estante, etc.)

bracket[2] *v* [T gralm en pasiva] **1** poner entre corchetes **2** equiparar • **be bracketed with sb/sth** ser equiparado -a con alguien/algo, ser incluido -a en la categoría de alguien/algo • **be bracketed together** estar en el mismo grupo

brack·ish /'brækɪʃ/ *adj* salobre

brag /bræg/ *v* [I,T] (**bragged, bragging**) (*peyor*) alardear, presumir • **brag that** alardear de que, presumir de que • **brag about sth** alardear de algo, presumir de algo SIN **boast**

brag·gart /'brægərt/ *s* [C] (*antic*) fanfarrón -ona, presumido -a

braid[1] /breɪd/ *s* **1** [C] trenza • **in braids** con trenzas ▶ ver nota en PONYTAIL **2** [U] galón

braid[2] *v* [T] trenzar

braid·ed /'breɪdɪd/ *adj* **1** trenzado -a **2** [solo ante s] con galón, con ribetes trenzados

braille /breɪl/ *s* [U] braille • **in braille** en braille

brain[1] W2 W3 /breɪn/ *s*
1 [C] (órgano) cerebro: *the human brain* el cerebro humano • **brain cell** neurona • **brain tumor** tumor cerebral
2 [sing] (tb **brains** [pl]) (inteligencia) cabeza, cerebro: *The job requires brains.* Para el trabajo se necesita cabeza. • **use your brain** usar la cabeza
3 [C] (*coloq*) (persona) cerebro ▶ HAREBRAINED, PICK sb's **brain(s)**, RACK your **brain(s)**

EXPRESIONES

be the brains behind/in sth ser el cerebro de algo, ser el autor intelectual de algo • **have sth on the brain** (*coloq*) no poder quitarse algo de la cabeza

brain[2] *v* [T] (*antic*) romperle la cabeza a

brain·child /'breɪntʃaɪld/ *s* [sing] (*coloq*) creación • **be sb's brainchild** ser creación/obra de alguien

'brain ˌdamage *s* [U] daño cerebral

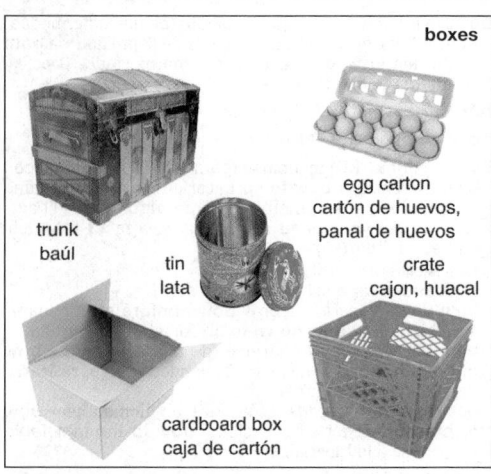

boxes

trunk
baúl

tin
lata

egg carton
cartón de huevos,
panal de huevos

crate
cajon, huacal

cardboard box
caja de cartón

'brain drain *s* [C] fuga de cerebros

brain·less /'breɪnlɪs/ *adj* (*coloq*) estúpido -a

brain·pow·er, brain power /'breɪnˌpaʊər/ *s* [U] capacidad intelectual

brain·storm[1] /'breɪnstɔrm/ *s* [C] **1** idea brillante **2** lluvia de ideas, puesta en común (para buscar soluciones)

brainstorm[2] *v* [I] hacer una lluvia de ideas, hacer una puesta en común (para buscar soluciones)

brain·storm·ing /'breɪnˌstɔrmɪŋ/ *s* [U] lluvia de ideas, brainstorming (para buscar soluciones)

brain·wash /'breɪnwɑʃ, -wɔʃ/ *v* [T gralm en pasiva] lavarle el cerebro a

brain·wash·ing /'breɪnˌwɑʃɪŋ, -ˌwɔʃ-/ *s* [U] lavado de cerebro

brain wave, brain·wave /'breɪnweɪv/ *s* [C] onda cerebral

brain·y /'breɪni/ *adj* (**brainier, brainiest**) (*coloq*) inteligente, listo -a

braise /breɪz/ *v* [T] estofar, brasear

braised /breɪzd/ *adj* [solo ante s] estofado -a, sudado -a

brake[1] W3 /breɪk/ *s* [C gralm pl] freno • **put on the/your brakes** frenar • **slam on the brakes** (tb **hit the brakes**) dar un frenazo • **the brakes failed** los frenos fallaron • **brake fluid** líquido de frenos • **brake light** luz de freno • **brake pad** pastilla de freno, balata • **brake pedal** pedal del freno

EXPRESIONES

act/serve as a brake on sth frenar algo, actuar como freno de algo • **put the brakes on sth** ponerle freno a algo

brake[2] *v* [I] frenar • **brake hard** dar un frenazo

bram·ble /'bræmbəl/ *s* [C] zarza, zarzamora

bran /bræn/ *s* [U] salvado (de trigo, etc.)

branch[1] W3 W2 /bræntʃ/ *s* [C]

1 de un árbol
2 de un comercio
3 de un sistema, una organización
4 de una disciplina
5 de una carretera
6 de un río
7 de una familia

1 DE UN ÁRBOL rama: *the lowest branches* las ramas más bajas

2 DE UN COMERCIO sucursal (de banco, empresa), establecimiento, tienda (de una cadena comercial): *the New York branch of a Swiss bank* la sucursal en Nueva York de un banco suizo

3 DE UN SISTEMA, UNA ORGANIZACIÓN rama, división, sección

4 DE UNA DISCIPLINA rama, área

5 **DE UNA CARRETERA** ramal
6 **DE UN RÍO** afluente, brazo
7 **DE UNA FAMILIA** rama

branch² v [I] **1** (carretera, sendero) ramificarse • **branch into sth** ramificarse en algo, bifurcarse en algo **2** (*técn*) (planta, árbol) ramificarse
branch off v+*partíc* **1** salir, abrirse (carretera, sendero): *The road branches off toward Springfield*. De la carretera sale un ramal hacia Springfield. • **branch off into/from sth** bifurcarse en algo/salir de algo **2** irse por las ramas, desviarse del tema • **branch off into sth** derivar/desviarse hacia algo **3** desviarse, tomar un desvío • **branch off from/into sth** salirse de/desviarse hacia algo
branch out v+*partíc* diversificarse, diversificar actividades • **branch out into (doing) sth** diversificar sus actividades haciendo algo

brand¹ S3 W3 /brænd/ s [C]
1 marca • **store brand** marca propia • **brand awareness** conciencia de marca • **brand image** imagen de marca • **brand loyalty** fidelidad a una marca
2 tipo, clase • **sb's brand of humor/politics** el tipo de humor/política de alguien
3 marca, fierro (de ganado)

brand² v [T] **1** etiquetar • **brand sth/sb (as) sth** tildar algo/a alguien de algo, ponerle a algo/alguien la etiqueta de algo: *They branded her a liar*. La tildaban de mentirosa. • **brand sb for life** arruinarle la reputación a alguien de por vida **2** [gralm en pasiva] marcar, herrar (el ganado)

bran·dish /'brændɪʃ/ v [T] blandir

'brand ,name s [C] marca (nombre comercial)

,brand-'new S2 adj flamante, completamente nuevo -a

bran·dy /'brændi/ s [C,U] (pl **brandies**) coñac, brandy

brash /bræʃ/ adj **1** (*peyor*) arrogante, insolente **2** estridente, chillón -ona

brass /bræs/ s **1** [U] latón, bronce **2** [C gralm pl] objeto de latón/bronce **3** [U] metales, bronces (instrumentos musicales) • **the brass section** los metales, los bronces **4** **the brass** los metales, los bronces (músicos) **5** **the brass** (*coloq*) los altos mandos, los mandamases (de una empresa, el ejército)
EXPRESIONES
get down to brass tacks (*coloq*) ir al grano

brass 'band s [C] banda (de música)

bras·siere /brə'zɪr/ s [C] (*frml*) sostén, brasier, brassier

,brass 'knuckles s [pl] manopla, puño americano

'brass ,rubbing s [U] técnica de calcado sobre papel del grabado de una placa de latón por frotación

brass·y /'bræsi/ adj (**brassier**, **brassiest**) **1** brillante, chillón -ona **2** (*peyor*) chabacana, charra

brat /bræt/ s [C] (*coloq*) mocoso -a, escuincle • **a spoiled brat** un mocoso malcriado/una mocosa malcriada

bra·va·do /brə'vɑdoʊ/ s [U] bravuconería

brave¹ /breɪv/ adj **1** (persona, acción) **(a)** valiente • **it is brave of sb to do sth** alguien es muy valiente al hacer algo **(b)** **the brave** (usado como s pl) los valientes **2** (decisión, actuación) valiente: *The team gave a brave performance*. El equipo actuó con arrojo. • **a brave effort/attempt** un valiente esfuerzo/intento
EXPRESIONES
the brave new world of sth *the brave new world of digital TV* el nuevo y maravilloso mundo de la televisión digital • **put on a brave face** poner al mal tiempo buena cara

brave² v [T] hacer frente a • **brave the elements** desafiar al mal tiempo

brave³ s [C] guerrero indígena (de Norteamérica)

brave·ly /'breɪvli/ adv valientemente, con valor

brav·er·y /'breɪvəri/ s [U] valor, valentía

bra·vo /'brɑvoʊ, brɑ'voʊ/ *interj* bravo

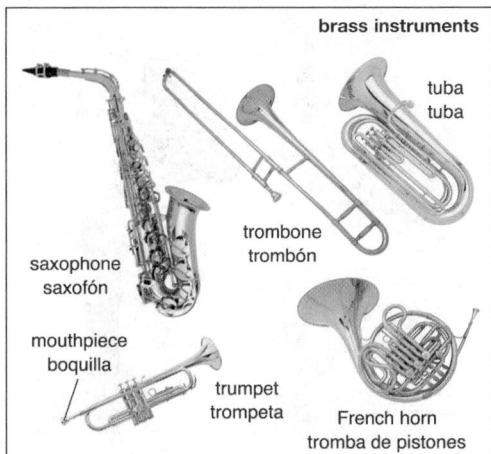

brass instruments

saxophone
saxofón

mouthpiece
boquilla

trombone
trombón

tuba
tuba

trumpet
trompeta

French horn
tromba de pistones

brawl¹ /brɔl/ s [C] pelea, gresca, bronca

brawl² v [I] pelearse

brawn /brɔn/ s [U] músculos, fuerza bruta

brawn·y /'brɔni/ adj (**brawnier**, **brawniest**) musculoso -a

bray¹ /breɪ/ v [I] **1** rebuznar **2** hablar, cantar o reírse ruidosamente

bray² s [C] **1** rebuzno **2** risa, canto o grito estridente

bra·zen¹ /'breɪzən/ adj descarado -a • **a brazen hussy** (*hum*) una descocada, una desprejuiciada

brazen² v [T] **brazen it out** poner la cara y darle para delante

bra·zen·ly /'breɪzənli/ adv con descaro, sin pudor

bra·zier /'breɪʒər/ s [C] brasero

Bra·zil /brə'zɪl/ Brasil

Bra·zil·i·an /brə'zɪliən/ s [C], adj brasileño -a

breach¹ /britʃ/ s **1** [C,U] violación, infracción • [+of]: *a breach of the agreement* una violación del acuerdo • **be in breach of the law/rules** haber infrigido la ley/las normas • **breach of contract** incumplimiento de contrato **2** [C] ruptura (de relaciones) • **a breach with sb/sth** una ruptura con alguien/algo • **a breach between sb and sb** una ruptura entre alguien y alguien **3** [C] brecha, grieta • **a breach in the wall/defenses** una brecha en el muro/en las defensas
EXPRESIONES
breach of confidence/trust abuso de confianza, infidencia • **breach of security** violación de la seguridad • **breach of the peace** alteración del orden público • **step into the breach** hacerse cargo (del trabajo de otro)

breach² v [T] **1** violar, infringir, incumplir **2** abrir una brecha/grieta en

bread S1 W2 /brɛd/ s [U]
1 pan • **bread and butter** pan con mantequilla • **a loaf/slice of bread** una barra/rebanada de pan • **white/ brown bread** pan blanco/negro • **fresh/stale bread** pan fresco/duro
2 (*antic*, *coloq*) dinero, lana
EXPRESIONES
sb's bread and butter (*coloq*) el sustento de alguien: *Teaching English is my bread and butter*. Me gano la vida enseñando inglés. • **know which side your bread is buttered (on)** (*coloq*) saber bien qué le conviene

,bread-and-'butter adj [solo ante s] **1** básico -a, primordial (cuestión) **2** para sobrevivir (trabajo), de primera necesidad (productos)

bread·board /'brɛdbɔrd/ s [C] tabla (para cortar el pan)

bread·crumb /'brɛdkrʌm/ s **1** breadcrumbs [pl] pan rallado, pan molido **2** [C gralm pl] miga de pan

bread·ed /'brɛdɪd/ adj empanado -a, apanado -a

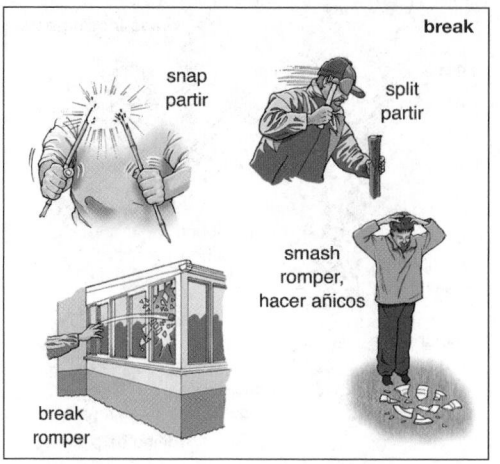

break

snap
partir

split
partir

smash
romper,
hacer añicos

break
romper

bread·line /'brɛdlaɪn/ *s* [C] **be/live on the breadline** tener apenas para vivir

breadth /brɛdθ, brɛtθ/ *s* **1** [C,U] ancho, anchura • **a breadth of four inches/two meters** un ancho de cuatro pulgadas/dos metros • **be two meters/18 inches in breadth** medir dos metros/18 pulgadas de ancho **2** [U] variedad, amplitud • [+of]: *the breadth of our product range* la variedad de nuestra línea de productos • **breadth of knowledge** amplitud de conocimientos • **breadth of experience** amplia experiencia • **breadth of vision** amplitud de miras ▶ BROAD, HAIR'S BREADTH, the LENGTH and breadth of the country

bread·win·ner /'brɛd,wɪnɚ/ *s* [C] **be the breadwinner** ser el sostén del hogar, ser quien mantiene (económicamente) a la familia

break¹ S1 W1 /breɪk/ *v* (**broke** /broʊk/, **broken** /'broʊkən/)

1	objeto
2	hueso
3	máquina, mecanismo
4	una norma, una ley
5	una promesa, un pacto
6	una situación negativa
7	noticia
8	para descansar
9	moralmente
10	amanecer
11	ola
12	voz de niño
13	tormenta
14	tiempo, clima
15	en billar

1 **OBJETO** [I,T] romper(se), partir(se): *I broke a plate.* Rompí un plato. • *Those plates break easily.* Esos platos se rompen con facilidad. • **break sth in two/half** partir algo en dos/por la mitad • **break in two/half** partirse en dos/por la mitad • **break sth into pieces** romper algo en pedazos, hacer pedazos algo • **break into pieces** romperse en pedazos, hacerse pedazos

2 **HUESO** [I,T] romper(se) • **break your arm/wrist/nose** quebrarse el brazo/la muñeca/la nariz: *She broke her leg skiing.* Se quebró la pierna esquiando.

3 **MÁQUINA, MECANISMO** [I,T] dañar(se), romper(se), descomponer(se): *He's broken the CD player.* Ha dañado el reproductor de CD. • *My cellphone has broken.* Se me ha roto el celular.

4 **UNA NORMA, UNA LEY** [T] **break the law** violar la ley • **break a rule** infringir una norma • **break the speed limit** exceder el límite de velocidad, rebasar el límite de velocidad

5 **UNA PROMESA, UN PACTO** [T] **break a promise** romper una promesa • **break your word** no cumplir con su palabra, faltar a su palabra • **break a contract/an**

agreement romper un contrato/acuerdo, incumplir un contrato/acuerdo • **break a vow** violar un voto

6 **UNA SITUACIÓN NEGATIVA** [T] **break the cycle (of sth)** romper el ciclo (de algo) • **break the monotony** romper la monotonía • **break the deadlock/stalemate** salir del punto muerto/del impasse

7 **NOTICIA** **(a)** [I] conocerse, hacerse público -a: *The news broke that he was dead.* Se hizo pública la noticia de que había muerto. **(b)** [T] dar a conocer, hacer público -a: *The Post was first to break the story.* El Post fue el primero en dar a conocer la noticia.

8 **PARA DESCANSAR** [I] parar, hacer una pausa • **break for lunch/coffee** parar para almorzar/para tomar un café

9 **MORALMENTE** **(a)** [T] vencer, quebrantar • **break sb's spirit** quebrantar el ánimo/el espíritu de alguien **(b)** [I] desmoronarse, quebrarse

10 **AMANECER** [I] **dawn/the day was breaking** estaba amaneciendo

11 **OLA** [I] romper

12 **VOZ DE NIÑO** [I] cambiar • **his voice broke** le cambió la voz

13 **TORMENTA** [I] desatarse

14 **TIEMPO, CLIMA** [I] empeorar, cambiar (para peor)

15 **EN BILLAR** [I] abrir el juego

EXPRESIONES
break the back of sth *These arrests will break the back of organized crime.* Estas detenciones van a asestar un serio golpe al crimen organizado. • *We've broken the back of it.* Ya nos hemos quitado de encima lo peor. • **break your back** romperse el lomo, sudar sangre • **break camp** levantar campamento • **break a code** descifrar un código • **break sb's concentration** distraer/desconcentrar a alguien • **break cover** salir del escondite • **break even** recuperar los gastos, salir tablas (no tener ganancias ni pérdidas) • **break sb's fall** amortiguar la caída de alguien • **break free (a)** liberarse (persona, país) **(b)** (tb **break loose**) soltarse, escaparse (animal, prisionero) • **break new ground** abrir nuevos caminos • **break a/the habit** dejar un/el vicio, quitarse una/la mala costumbre • **break sb's heart** romperle/partirle el corazón a alguien • **break the ice** romper el hielo • **break your neck** romperse la crisma/la cabeza • **break the news to sb** darle la (mala) noticia a alguien • **break it to sb** darle la (mala) noticia a alguien: *Try to break it to her gently.* Trata de decírselo suavemente. • **break ranks** romper filas (no actuar igual que un grupo) • **break a record** batir un récord • **break sb's serve** romperle el servicio a alguien • **break the silence** romper el silencio • **break a strike** romper una huelga • **break links/ties** romper lazos/relaciones con alguien/algo • **break wind** (*frml*) eliminar/expeler gases

break away *v+partíc* **1** separarse, escindirse **2** soltarse (de quien te agarra) **3** escapar, liberarse (de una situación) **4** despegarse, adelantarse (en una carrera) • **break away from sb** despegarse de alguien, adelantarse a alguien **5** soltarse, desprenderse (pieza, parte) ▶ BREAKAWAY

break down *v+partíc* **1** **break down** vararse, descomponerse, averiarse: *My car broke down.* Se me varó el carro. **2** **break down** fracasar, fallar **3** **break sth** ↔ **down** echar abajo algo, derribar algo **4** **break sth** ↔ **down** eliminar algo, superar algo • **break down barriers** derribar barreras **5** **break down** ponerse a llorar, quebrarse • **break down and cry** ponerse a llorar **6** **(a) break down** descomponerse **(b) break sth** ↔ **down** descomponer algo **7** **break sth** ↔ **down** dividir algo en partes, desglosar algo • **break sth down into sth** dividir/desglosar algo en algo: *We break the total down into monthly payments.* Se divide el total en pagos mensuales. **8** **(a) break down** doblegarse, dejarse vencer **(b) break sb** ↔ **down** doblegar a alguien **9** **break sth** ↔ **down** superar algo, vencer algo

break in *v+partíc* **1** **break in** entrar (forzando la entrada) **2** **break sb** ↔ **in** formar a alguien **3** **break sth** ↔ **in** domar algo (un caballo) **4** **break in** interrumpir • **break in on sth** interrumpir algo **5** **break sth** ↔ **in** ablandar algo (zapatos) ▶ BREAK-IN

break into sth *v+partíc* **1** entrar en algo (forzando la entrada) **2** **break into a run** echarse/largarse a correr

break into a gallop/trot empezar a galopar/trotar **3** abrirse paso en algo (una profesión), introducirse/ingresar en algo (un mercado) **4 break into applause** prorrumpir en aplausos • **break into a smile** esbozar una sonrisa **5** interrumpir algo (una actividad) **6** echar mano de algo (los ahorros)

break off *v+partíc* **1 break sth** ↔ **off** romper algo (relaciones, un compromiso) **2 break sth** ↔ **off** partir algo (un trozo de algo) **3 break off** partirse, desprenderse **4 (a) break off** interrumpirse, dejar de hablar **(b) break sth** ↔ **off** interrumpir algo (la conversación, las negociaciones)

break out *v+partíc* **1** declararse (incendio, epidemia), estallar (guerra, enfrentamientos) **2 break out in a rash/in spots/in a sweat** *She broke out in spots.* Le salieron granos. • *My whole body broke out in a sweat.* Empecé a sudar por todo el cuerpo. **3** escaparse, fugarse ▶ BREAKOUT

break out of sth *v+partíc* liberarse de algo, escaparse de algo (la rutina)

break through *v+partíc* **1 (a) break through** abrirse paso **(b) break through sth** abrirse paso a través de algo, atravesar algo **2 break through sth** vencer/superar algo (un prejuicio, un problema, un obstáculo) **3 break through** dejarse ver, despuntar: *His humor occasionally breaks through.* Cada tanto, se deja ver su humor. **4 (a) break through** salir (sol) **(b) break through sth** *A few rays of sun broke through the clouds.* Unos rayos de sol asomaron entre las nubes. **5 break through** saltar al estrellato/a la fama

break up *v+partíc* **1 (a) break up** separarse, fracasar **(b) break sth** ↔ **up** romper algo, acabar con algo (un matrimonio) **2 break up** separarse **3 break sth** ↔ **up** dividir algo **4 (a) break up** deshacerse **(b) break sth** ↔ **up** deshacer algo **5 (a) break up** terminarse **(b) break sth** ↔ **up break up a fight/scuffle** separar a quienes están peleando: *I broke up a scuffle between two men.* Separé a dos hombres que se estaban peleando. • **break it up!** ¡basta! **6 break sth** ↔ **up** dispersar algo, disolver algo **7 break up** terminar(se) (reunión, fiesta) **8 break sb up** (*coloq*) matar de risa a alguien ▶ BREAKUP

break up with sb *v+partíc* romper con alguien, terminar con alguien (un novio, una novia)

break with sb/sth *v+partíc* **1** romper con alguien/algo (un grupo, una organización) **2 break with tradition** romper con la tradición • **break with the past** romper con el pasado

break² S1 W2 *s*

1 para descansar
2 en una actividad, una situación
3 de unos días
4 cambio
5 en radio, televisión
6 espacio vacío
7 para triunfar
8 en un hueso
9 en tenis
10 en billar

1 PARA DESCANSAR [C] pausa, descanso: *a ten-minute break* una pausa de diez minutos • **take/have a break** hacer una pausa, tomarse un descanso • **without a break** sin pausa/descanso, sin parar • **a coffee/lunch break** *It's time for a coffee break.* Es hora de parar para tomar un café. • *When is your lunch break?* ¿A qué hora paras para almorzar?

2 EN UNA ACTIVIDAD, UNA SITUACIÓN [C] **a break in sth** una pausa/interrupción en algo • **a break from sb/sth** *She needed a break from the children.* Necesitaba descansar de los niños. • *I wanted a break from corporate life.* Quería alejarme por un tiempo de la vida de empresa. • **have a break from the norm/the usual** hacer algo distinto de lo habitual • **take a break from work/university** dejar por un tiempo el trabajo/la universidad

3 DE UNOS DÍAS [C] vacaciones (de pocos días): *I really need a break.* Me hace mucha falta tomarme unos días. • **a weekend break in Paris/Prague** un fin de

semana en París/Praga • **a city break** unas vacaciones cortas recorriendo una ciudad

4 CAMBIO [sing] **a break with sth** un cambio respecto a algo • **a break with tradition** una ruptura con la tradición • **have/make a clean break** cortar por lo sano, hacer borrón y cuenta nueva • **make the break** romper con el pasado

5 EN RADIO, TELEVISIÓN [C] (*tb* **commercial break**) anuncios, avisos (pausa publicitaria)

6 ESPACIO VACÍO [C] claro, hueco • [+in]: *a break in the clouds* un claro en las nubes

7 PARA TRIUNFAR [C] (*coloq*) oportunidad • **a big break** una gran oportunidad

8 EN UN HUESO [C] fractura, rotura

9 EN TENIS [C] (*tb* **break of serve**) ruptura (del servicio)

10 EN BILLAR [C] serie (puntos, carambolas en una entrada)

EXPRESIONES
a break in the weather un cambio del tiempo • **the break of day** (*liter*) el alba, el amanecer • **give sb a break** (*oral*) dejar en paz a alguien • **give me a break!** (*oral*) ¡déjame en paz!, ¡no me vengas con esas! • **make a break for sth** salir corriendo hacia algo • **make a break for it** tratar de escaparse

break·a·ble /ˈbreɪkəbəl/ *adj* frágil • **it is breakable** se puede romper

break·age /ˈbreɪkɪdʒ/ *s* (*frml*) **1** [U] rotura **2 breakages** [pl] objetos que se han roto: *All breakages must be paid for.* La mercadería dañada o rota deberá pagarse.

break·a·way¹ /ˈbreɪkəˌweɪ/ *adj* [solo ante s] **1** separatista (república, provincia) **2** disidente (grupo)

breakaway² *s* [sing] **1** escisión, separación **2 a breakaway from tradition/orthodoxy** una ruptura con la tradición/ortodoxia **3** contraataque (en fútbol, rugby), escapada (en ciclismo)

break·down /ˈbreɪkdaʊn/ *s* **1** [C,U] ruptura (de una relación, negociaciones), falla (en un sistema) • [+in]: *a breakdown in communications* una falla en las comunicaciones • [+of]: *the breakdown of the peace process* el fracaso del proceso de paz **2** [C] colapso nervioso, crisis nerviosa • **have/suffer a breakdown** tener/sufrir un colapso nervioso, tener/sufrir una crisis nerviosa **3** [C] desglose • **a breakdown of spending/figures** un desglose de los gastos/las cifras **4** [C] varada, descompostura (de un carro), avería, falla (de un equipo) • [+in]: *a breakdown in the cooling system* una avería en el sistema de refrigeración • **we had a breakdown** se nos varó el carro, se nos descompuso el carro ▶ BREAK **down**

break·er /ˈbreɪkə/ *s* [C] ola grande

break·fast¹ S1 W2 /ˈbrɛkfəst/ *s* [C,U] desayuno • **have/eat breakfast** desayunar • **have sth for breakfast** desayunar algo • **a light/hearty breakfast** un desayuno ligero/abundante • **breakfast in bed** desayuno en la cama • **breakfast cereal** cereales para el desayuno • **breakfast time** hora del desayuno ▶ CONTINENTAL BREAKFAST, ENGLISH BREAKFAST

breakfast² *v* [I] (*frml*) desayunar • **breakfast on sth** desayunar algo

ˈbreak-in *s* [C] robo (con violación de domicilio)

ˈbreaking ˌpoint *s* [sing] límite • **at the breaking point** al límite

break·neck /ˈbreɪknɛk/ *adj* **at breakneck speed/pace** a toda velocidad • **drive at breakneck speed** conducir como un loco/una loca

break·out¹ /ˈbreɪkaʊt/ *s* [C] fuga, evasión

breakout² *adj* [solo ante s] sobresaliente

break·through /ˈbreɪkθru/ *s* [C] **1** avance, adelanto • **make a breakthrough (in sth)** realizar un avance (en algo) **2** salto adelante, consagración (en una carrera artística, deportiva)

break·up /'breɪkʌp/ s [C] **1** ruptura, separación (de una pareja, un grupo musical) **2** disolución, desintegración (de un país, una organización)

break·wa·ter /'breɪkˌwɔtə/ s [C] rompeolas

breast S3 W2 /brɛst/ s
1 [C] (órgano femenino) pecho • **breast cancer** cáncer de mama • **breast milk** leche materna
2 [C,U] (pieza de carne) pechuga • **turkey/chicken breast** pechuga de pavo/pollo
3 [C] (parte del pájaro) pecho
4 [C] (parte del cuerpo) (liter) pecho SIN **chest**
▶ **-BREASTED**, **BEAT** your breast, make a **CLEAN** breast of it

'**breast-feed**, breast·feed /'brɛstfid/ v [I,T] (**breast-fed**) amamantar, dar pecho (a)

breast·stroke /'brɛstˌstroʊk/ s [U] **1** (tb **the breast-stroke**) (estilo de natación) (estilo) pecho, (estilo de) pecho • **do/swim (the) breaststroke** nadar (estilo/estilo de) pecho **2 The breaststroke** (prueba) (estilo) pecho, (estilo de) pecho • **the 100/200 meter breaststroke** los 100/200 metros pecho

breath S2 W3 /brɛθ/ s
1 [U] (aire espirado) aliento: *Let your breath out slowly.* Suelta el aire despacio. • **bad breath** mal aliento
2 [C,U] (aire inspirado) **take a breath of sth** respirar algo • **take a deep/big breath** respirar hondo • **draw breath** tomar aire • **hold your breath** contener la respiración/el aliento
3 [C,U] (acción de respirar) respiración, aliento • **out of breath** sin aliento • **short of breath** sin aliento: *I was very short of breath.* Me faltaba el aire. • **pause for breath** parar para tomar aire • **get your breath back** recuperar el aliento • **gasp/fight for breath** hacer esfuerzos para respirar
4 not a breath of criticism/scandal (liter) ni el menor asomo de crítica/escándalo
5 not a breath of air/wind ni una gota de aire/viento
▶ with **BATED** breath, **CATCH** your breath

EXPRESIONES
a breath of fresh air **(a)** (tb a breath of air) un poco de aire fresco • **go/come out for a breath of (fresh) air** salir a tomar aire (fresco) **(b)** un soplo de aire fresco, aires de renovación • **don't hold your breath** (coloq) puedes esperar sentado -a • **don't waste your breath** (tb **save your breath**) (oral) no gastes saliva • **hold your breath** estar en vilo/en ascuas • **in the same breath (a)** a la vez, al mismo tiempo: *He seemed to be praising and criticizing us in the same breath.* Parecía que nos elogiaba y nos criticaba al mismo tiempo. **(b)** como si se tratara de lo mismo • **in the same breath as sb/sth** al mismo nivel que alguien/algo: *He has been mentioned in the same breath as Elvis.* Se le ha comparado con Elvis. • **take sb's breath away** quitarle el aliento a alguien, dejar a alguien sin aliento • **under your breath** entre dientes • **with your last/dying breath** con el último aliento

breath·a·lyze /'brɛθəˌlaɪz/ v [T] hacer la prueba de alcoholemia a

Breath·a·lyz·er /'brɛθəˌlaɪzə/ s [C] (marca reg) alcoholímetro

breathe S2 W2 /brið/ v
1 [I,T] (persona) respirar: *I could hardly breathe.* Apenas podía respirar. • *the air we breathe* el aire que respiramos • **breathe deeply** respirar hondo • **breathe heavily** respirar con dificultad • **breathe hard** jadear
2 [I,T] exhalar • **breathe on sb/sth** echarle el aliento a alguien/algo • **breathe smoke/garlic over sb** echarle el humo/el aliento a ajo a alguien
3 [T] susurrar, decir entre dientes
4 [I] (vino) respirar
5 [I] dejar pasar el aire (tela, prenda) ▶ **LIVE** and breathe sth

EXPRESIONES
breathe easy (tb breathe easily, breathe again) respirar (tranquilo -a) • **breathe your last (breath)** (liter) exhalar el último suspiro/aliento • **breathe (new) life into sth** darle nueva vida a algo • **breathe a sigh of relief** respirar aliviado -a • **be breathing down sb's neck** (coloq) estar

todo el tiempo encima de alguien, enchinchar a alguien • **not breathe a word** no decir ni una palabra
breathe in v+partíc **1 breathe in** tomar aire, inhalar **2 breathe sth ↔ in** respirar algo
breathe out v+partíc **1 breathe out** exhalar **2 breathe sth ↔ out** exhalar algo

breath·er /'briðə/ s respiro, descanso • **take a breather** tomarse un respiro

breath·ing /'briðɪŋ/ s [U] respiración

breath·less /'brɛθlɪs/ adj **1** sin aliento (persona), entrecortado -a (voz, suspiro) **2** sobrecogido -a, sin habla • **breathless with admiration/rage** lleno -a de admiración/rabia **3** (liter) vertiginoso -a

breath·less·ly /'brɛθlɪsli/ adv **1** sin aliento **2 wait breathlessly** esperar ansiosamente

breath·tak·ing /'brɛθˌteɪkɪŋ/ adj **1** sobrecogedor -a, imponente (paisaje, belleza) **2** impresionante, increíble (cambios, ritmo)

breath·tak·ing·ly /'brɛθˌteɪkɪŋli/ adv increíblemente

'**breath test** s [C] prueba de alcoholemia

breath·y /'brɛθi/ adj susurrante (voz)

breed[1] S3 /brid/ v (**bred** /brɛd/)
1 [T] criar (animales), cultivar (plantas)
2 [I] reproducirse
3 [T] (un sentimiento, una situación) generar, producir
4 [T] (un tipo de persona) generar, producir ▶ **BREEDING**, **BORN** and bred

breed[2] S3 s [C]
1 raza (de animal), variedad (de planta)
2 especie, tipo (de personas, cosas) • **a new breed of computers/journalists** una nueva generación de computadores/periodistas • **a dying breed** una especie en extinción • **a rare breed** un caso singular, una rara avis

breed·er /'bridə/ s [C] criador -ora, cultivador -ora

breed·ing /'bridɪŋ/ s [U] **1** reproducción **2** cría (de animales), cultivo (de plantas) **3** (tb **good breeding**) (antic) buena educación

'**breeding ˌground** s [C] **1** zona de reproducción **2** caldo de cultivo • **a breeding ground for crime** un caldo de cultivo para el delito

breeze[1] /briz/ s [C] brisa • **an ocean breeze** una brisa marina

EXPRESIONES
be a breeze (oral) ser pan comido ▶ **SHOOT** the breeze

breeze[2] v [I siempre + adv/prep] **breeze in** entrar como si nada/como si tal cosa • **breeze into sth** entrar en algo como si tal cosa
breeze through sth v+partíc hacer algo con suma facilidad

breez·i·ly /'brizəli/ adv como si tal cosa, con toda tranquilidad

breez·y /'brizi/ adj **1** ventoso -a **2** alegre, despreocupado -a

breth·ren /'brɛðrən/ s [pl] (antic) hermanos

brev·i·ty /'brɛvəti/ s [U] (frml) **1** (de un texto) brevedad, concisión **2** (de un hecho) brevedad

brew[1] /bru/ v **1** [T] elaborar, fabricar (cerveza) **2 (a)** [I] hacerse (café), reposar (té) **(b)** [T] hacer, preparar (café, té) **3 be brewing** avecinarse

brew[2] s [C] **1** variedad de cerveza **2** (oral) cerveza, amarga, chela

brew·er /'bruə/ s [C] (empresa) cervecera, cervecería

brew·er·y /'bruəri/ s [C] (pl **breweries**) **1** fábrica de cerveza **2** (empresa) cervecera, cervecería

bribe[1] /braɪb/ v [T] sobornar a, darle una mordida a • **bribe sb to do sth** sobornar a alguien para que haga algo, darle una mordida a alguien para que haga algo • **bribe sb with sth** sobornar a alguien con algo

bribe[2] s [C] soborno, mordida • **take/accept bribes** recibir/aceptar sobornos, recibir/aceptar mordidas •

offer bribes ofrecer sobornos/un soborno, ofrecer mordidas/una mordida

brib·er·y /ˈbraɪbəri/ s [U] soborno, mordida

bric-a-brac /ˈbrɪk ə ˌbræk/ s [U] baratijas, chécheres

brick¹ W3 /brɪk/ s
1 [C,U] ladrillo, tabique: *The houses were built of brick.* Las casas eran de ladrillo. • **lay a brick** poner un ladrillo, poner un tabique • **brick house** casa de ladrillo, casa de tabique • **brick wall** pared de ladrillo, pared de tabique
2 [C] (*coloq*) tiro fallido (en básquetbol) • **shoot a brick** hacer un tiro fallido ▸ **be like TALKing to a brick wall**, **come down on sb like a TON of bricks**, **hit sb like a TON of bricks**

EXPRESIONES
bricks and mortar bienes inmuebles, inversiones inmobiliarias • **come up against a brick wall** (tb **hit a brick wall**) llegar a un punto muerto

brick² v
brick sth ↔ up v+partíc (tb **brick sth ↔ in**) tapiar algo (una ventana, una puerta)

brick·lay·er /ˈbrɪkˌleɪə/ s [C] albañil

brick·lay·ing /ˈbrɪkˌleɪ-ɪŋ/ s [U] albañilería

brick·work /ˈbrɪkwɜːk/ s [U] enladrillado, ladrillos

bri·dal /ˈbraɪdl/ adj [solo ante s] nupcial, de novia: *bridal gowns* vestidos de novia • *a bridal magazine* una revista para novias

bride /braɪd/ s [C] novia (en una boda) • **the bride and groom** los novios

bride·groom /ˈbraɪdgrʊm/ s [C] novio (en una boda)

brides·maid /ˈbraɪdzmeɪd/ s [C] dama de honor (en una boda)

bridge¹ S2 W2 /brɪdʒ/ s

1	construcción
2	nexo
3	juego
4	de la nariz
5	de los anteojos
6	de un buque
7	de un instrumento de cuerda
8	en la dentadura

1 CONSTRUCCIÓN [C] puente • [+**over/across**]: *the bridges over the Mississippi* los puentes sobre el Mississippi • **build a bridge** construir un puente • **cross a bridge** cruzar un puente • **a bridge spans the river/valley** un puente cruza el río/valle • **a road bridge** un puente de carretera • **a railroad bridge** un puente ferroviario
2 NEXO [C] puente • [+**between**]: *a bridge between school and work* un puente entre la escuela y el trabajo • **build bridges** tender puentes
3 JUEGO [U] bridge: *a game of bridge* una partida de bridge
4 DE LA NARIZ [C gralm sing] puente, caballete • **the bridge of your nose** el puente/caballete de la nariz
5 DE LOS ANTEOJOS [C gralm sing] puente
6 DE UN BUQUE [C] puente de mando
7 DE UN INSTRUMENTO DE CUERDA [C gralm sing] puente
8 EN LA DENTADURA [C] puente ▸ BURN your bridges, we'll CROSS that bridge when we come to it, FOOTBRIDGE, SUSPENSION BRIDGE, be WATER under the bridge

bridge² v [T] **1** superar (diferencias, divisiones) • **bridge the gap between sth and sth** *our failure to bridge the gap between the rich and the poor* el hecho de que no hayamos reducido las diferencias entre ricos y pobres • *She has managed to bridge the gap between ballet and modern dance.* Ha logrado tender un puente entre el ballet y la danza moderna. **2** construir un puente sobre, tender un puente sobre (un río)

bri·dle¹ /ˈbraɪdl/ s [C] brida

bridle² v **1** [T] poner la brida a **2** [I] enojarse • **bridle at sth** irritarse por algo

brief¹ W2 /briːf/ adj
1 (acto, pausa, aparición) breve: *a brief visit to Tokyo* una breve visita a Tokio • *a brief training period* un breve periodo de capacitación
2 (texto, discurso) breve: *Keep your answers brief.* Sea breve en sus respuestas. • **be brief** ser breve
3 [gralm ante s] diminuto -a (falda, bikini)
4 [nunca ante s] seco -a, cortante

EXPRESIONES
in brief (a) en pocas palabras, en resumen (b) de manera resumida, suscintamente

brief² v [T] informar • **brief sb on/about sth** informar a alguien sobre algo, dar instrucciones a alguien sobre algo

brief³ s **1** [C gralm sing] instrucciones • **my/his brief is to do sth** tengo/tiene instrucciones de hacer algo • **follow a brief** seguir las instrucciones/indicaciones • **be part of sb's brief** ser competencia de alguien **2** [C] escrito, expediente (judicial) • **file a brief** presentar un escrito **3** [C] informe (breve)

brief·case /ˈbriːfkeɪs/ s [C] portafolio(s), maletín

brief·ing /ˈbriːfɪŋ/ s **1** [C,U] informe, instrucciones **2** [C] reunión informativa

brief·ly W3 /ˈbriːfli/ adv
1 brevemente, por un breve lapso
2 brevemente, suscintamente
3 en pocas palabras, en resumen

briefs /briːfs/ s [pl] calzoncillos

bri·gade /brɪˈɡeɪd/ s [C] **1** brigada (unidad militar) **2** brigada, equipo (de rescate, seguridad) **3** (*coloq*) huestes, grupo ▸ FIRE BRIGADE

brig·a·dier /ˌbrɪɡəˈdɪə/ s [C,U] general de brigada

bright S2 W2 /braɪt/ adj
1 brillante, radiante, luminoso -a: *a bright sunny day* un día de sol radiante • *a large bright room* una habitación amplia y luminosa • **shine bright** brillar con fuerza
2 vivo -a, fuerte (color) • **bright red/blue** rojo vivo/azul fuerte
3 inteligente, listo -a
4 halagüeño -a, prometedor -a: *The outlook for the economy is not very bright.* El panorama de la economía no es muy halagüeño.
5 alegre (voz, mirada): *a bright smile* una sonrisa radiante

EXPRESIONES
(as) bright as a button muy despierto -a, muy listo -a • **bright and early** (*oral*) bien temprano • **bright-eyed and bushy-tailed** (*hum*) fresco -a como una lechuga • **a bright idea** (*oral*) (a) una idea brillante (b) una brillante idea (irónicamente): *Whose bright idea was that?* ¿De quién fue la brillante idea? • **the bright lights** la vida de la gran ciudad • **the one/only bright spot** la única alegría, lo único bueno • **look on the bright side** ver el lado bueno de las cosas, ver el lado positivo • **on the bright side** en el aspecto positivo

bright·en /ˈbraɪtn/ v **1** [I,T] (tb **brighten up**) (con luz) iluminar(se) **2** [T] (tb **brighten up**) (con decoración) alegrar **3** (tb **brighten up**) (con felicidad) (a) [I] alegrarse (persona), iluminarse (rostro, mirada) (b) [T] alegrar **4** [I,T] mejorar (situación, perspectiva)

bright·ly /ˈbraɪt li/ adv **1** **shine/burn brightly** brillar intensamente/arder con fuerza • **brightly lit** muy iluminado -a **2** **brightly colored** de colores vivos/fuertes • **brightly painted** pintado -a de colores vivos **3** alegremente, con alegría

bright·ness /ˈbraɪtnɪs/ s [U] brillo, luminosidad

brights /braɪts/ s [pl] (*coloq*) luces altas (de un vehículo)

bril·liance /ˈbrɪlyəns/ s [U] **1** (de una persona, un plan) brillantez **2** (de una luz, un color) brillo, brillantez

bril·liant /ˈbrɪlyənt/ adj **1** (persona, idea, actuación) brillante • **be brilliant at sth** ser un genio/una genia en algo

2 [solo ante s] (luz, color) brillante **3** (carrera, éxito) brillante

bril·liant·ly /ˈbrɪlyəntli/ *adv* **1** con brillantez • **brilliantly written/played** escrito -a/interpetado -a con brillantez **2** **shine brilliantly** brillar intensamente • **brilliantly colored** de colores vivos/fuertes

brim¹ /brɪm/ *s* [C] **1** ala (de un sombrero): *a hat with a wide brim* un sombrero de ala ancha **2** borde (de un recipiente) • **filled/full to the brim (with sth)** lleno -a hasta el borde (de algo)

brim² *v* [I] (**brimmed, brimming**) **brim (with tears)** *Her eyes were brimming with tears.* Tenía los ojos llenos de lágrimas.

EXPRESIONES
be brimming (over) with sth (a) rebosar de algo (recipiente) **(b)** estar rebosante de algo (persona)

brim·ful /ˈbrɪmfʊl/ *adj* [nunca ante s] **brimful of/with sth** lleno -a hasta el borde de algo

brine /braɪn/ *s* [U] salmuera

bring S1 W1 /brɪŋ/ *v* [T] (**brought** /brɔt/)

1 mover consigo
2 hacer que suceda algo
3 oportunidades, prosperidad, empleo
4 impulsar a ir
5 pasar a un estado
6 una reacción
7 época, acontecimiento
8 una parte del cuerpo, un objeto
9 al venderse
10 una acción judicial
11 un total, un resultado
12 en radio, televisión

1 MOVER CONSIGO traer, llevar: *Did you bring an umbrella?* ¿Trajiste paraguas? • *It was the first time he had ever brought a girl home.* Era la primera vez que llevaba una muchacha a su casa. • *Bring your stuff in.* Pon tus cosas adentro. • **bring sth/sb to sth** llevar/traer algo/a alguien a algo: *Is it okay if I bring some friends to the party?* ¿Puedo llevar a unos amigos a la fiesta? • **bring sth/sb with you** traer algo/a alguien, llevar algo/a alguien: *Jesse had brought his camera with him.* Jesse había llevado su cámara. • **bring sb sth** traerle/llevarle algo a alguien: *Could you bring me a glass of water?* ¿Me traerías un vaso de agua? • **bring sth for sb** traerle/llevarle algo a alguien: *We brought some presents for the kids.* Les trajimos unos regalos a los niños. • *I brought food for everyone.* Traje comida para todos.
2 HACER QUE SUCEDA ALGO traer, llevar, causar • **bring sth to sb/sth** *Bad weather brought chaos to the roads.* El mal tiempo provocó caos en las carreteras. • *efforts to bring peace to the region* esfuerzos para llevar paz a la región • **bring (you) happiness** dar la felicidad • **bring you luck** traer suerte
3 OPORTUNIDADES, PROSPERIDAD, EMPLEO traer, proporcionar • **bring money/jobs to the area** traer dinero/puestos de trabajo a la zona
4 IMPULSAR A IR [siempre + adv/prep] **bring sb to a place** llevar a alguien a un sitio, hacer que alguien vaya a un sitio • **what brings you here?** ¿qué te trae por aquí?
5 PASAR A UN ESTADO **bring sb/sth to sth** llevar a alguien/algo a algo: *The dispute brought the countries to the brink of war.* El enfrentamiento llevó a los países al borde de la guerra. • **bring sth to an end/a close** cerrar/concluir algo • **bring sth to a stop/halt** detener algo • **bring sth to fruition** llevar a cabo algo
6 UNA REACCIÓN producir, provocar: *The speech brought an angry response.* El discurso produjo una airada reacción. • **bring a smile to sb's face/lips** hacer sonreír a alguien • **it brings tears to my eyes** hace que se me salten las lágrimas
7 ÉPOCA, ACONTECIMIENTO traer (consigo): *Adolescence brings many changes.* La adolescencia trae consigo muchos cambios. • *Who knows what the future will bring?* ¿Quién sabe qué nos deparará el futuro?

8 UNA PARTE DEL CUERPO, UN OBJETO [siempre + adv/prep] **bring sth up/down** levantar/bajar algo: *Jane brought her hands up to her face.* Jane se llevó las manos a la cara.
9 AL VENDERSE (tb **bring in**) dejar: *The painting brought $540,000 at auction.* El cuadro se remató en 540.000 dólares.
10 UNA ACCIÓN JUDICIAL **bring a case/lawsuit (against sb)** emprender/entablar acciones legales (contra alguien) • **bring charges (against sb)** presentar cargos (contra alguien)
11 UN TOTAL, UN RESULTADO **bring the total/score to sth** llevar el total/el resultado a algo
12 EN RADIO, TELEVISIÓN **this show/program is brought to you by sb** este programa se emite por gentileza de alguien, este programa es patrocinado por alguien ▶ **bring home the BACON, bring sth to BEAR on sth, bring things/matters to a HEAD, bring sth HOME, bring sth to its KNEES, bring sth to LIFE, bring sth to MIND, bring sb to their SENSES**

EXPRESIONES
bring sth into being (*frml*) hacer que algo vea la luz, dar vida a algo • **bring sth to sb's attention/notice** (*frml*) hacerle ver/saber algo a alguien • **bring your own bottle** traer algo de beber • **I can't bring myself to do sth** no tengo fuerzas/valor para hacer algo, no me atrevo a hacer algo: *She still can't bring herself to talk about it.* Todavía no tiene fuerzas para hablar de ello. • **which brings me to...** lo cual me lleva a...

bring sth ↔ about *v+partíc* provocar algo, producir algo
bring sth/sb ↔ along *v+partíc* traer algo/a alguien, llevar algo/a alguien
bring around *v+partíc* **1 bring sb around** hacer volver en sí a alguien SIN **bring sb to** **2 bring sth/sb around** llevar algo/a alguien (a casa de otro): *I'll bring Jody around tomorrow for you to meet.* Mañana llevo a Jody a tu casa para que la conozcas. **3 bring sb around** convencer a alguien • **bring sb around to your point of view** convencer a alguien **4 bring the conversation around to sth** llevar la conversación a algo
bring back *v+partíc* **1 bring sth/sb ↔ back** traer algo/a alguien, volver con algo/alguien: *a souvenir that we brought back from India* un recuerdo que trajimos de la India • **bring sb back sth** (tb **bring sb sth back**) traerle algo a alguien **2 bring sth ↔ back** devolver algo, regresar algo **3 bring sth ↔ back** traer algo a la memoria • **bring back memories (of sth)** traer recuerdos (de algo) **4 bring sth ↔ back** reinstaurar algo, volver a implantar algo: *They're bringing back trams in the downtown area.* Van a volver a poner tranvías en el centro. **5 bring sb ↔ back** restituir en el cargo a alguien, volver a nombrar a alguien **6 bring sb back (to life)** devolverle la vida a alguien, revivir a alguien **7 bring sb ↔ back to sth** *This brings us back to my original question.* Esto nos lleva de nuevo a mi pregunta del principio.
bring before *v+partíc* **1 bring sb before sb/sth** hacer comparecer a alguien ante alguien/algo • **be brought before a court/judge** ser llevado -a a juicio **2 bring sth before sth** presentar algo en/a algo: *The motion was brought before Congress.* La moción fue presentada en el Congreso.
bring down *v+partíc* **1 bring sth ↔ down** bajar algo, reducir algo • [+to]: *Our aim is to bring inflation down to 2%.* Nuestro objetivo es reducir la inflación a un 2%. **2 bring sth/sb ↔ down** derrocar algo/a alguien, provocar la caída de algo/alguien **3 bring sth ↔ down** derribar algo **4 bring sth ↔ down** bajar algo **5 bring sth ↔ down** aterrizar algo **6 bring sb ↔ down** derribar a alguien **7 bring sb down** deprimir a alguien **8 bring the house down** hacer que la sala/el auditorio se venga abajo
bring forth sth *v+partíc* (*frml*) traer algo consigo, provocar algo
bring sth ↔ forward *v+partíc* **1** presentar algo (un plan, una propuesta) **2** (*técn*) pasar algo a la página siguiente (un subtotal, una suma parcial) • **balance brought forward** saldo anterior
bring in *v+partíc* **1 bring in sth** recaudar algo, dejar algo (película, libro), ganar algo (empleado) **2 bring sth ↔ in**

introducir algo, poner en práctica algo **3 bring sb ↔ in** pedir la ayuda de alguien, recurrir a alguien **4 bring sb ↔ in** hacer pasar a alguien: *Bring the next candidate in, please.* Haga pasar al próximo postulante, por favor. **5 bring sth/sb ↔ in** atraer algo/a alguien: *The art gallery brings in a lot of money for the city.* La galería le deja mucho dinero a la ciudad. **6 bring sb ↔ in** invitar a participar a alguien **7 bring sth ↔ in** incluir algo, mencionar algo **8 bring in a verdict** emitir un veredicto • **bring in a verdict of guilty/not guilty** emitir un veredicto de culpable/inocente **9 bring sb ↔ in** detener a alguien • **bring sb in for questioning** detener a alguien para interrogarlo
bring into *v+partíc* **bring sb into sth** incorporar a alguien a algo, hacer que alguien participe en algo: *This could bring other countries into the war.* Esto podría arrastrar a otros países a la guerra.
bring sth ↔ off *v+partíc* sacar adelante algo, llevar a cabo algo
bring on *v+partíc* **1 bring sth ↔ on** provocar algo, causar algo: *What's brought this on?* ¿Y esto a qué se debe? **2 bring sb ↔ on** hacer salir a alguien (a un suplente) **3 bring sb ↔ on** ayudar a alguien **4 bring sth ↔ on** acelerar el crecimiento de algo (una planta)
bring sth on/upon sb *v+partíc* **bring shame on sb** deshonrar a alguien • **have brought it (all) on yourself** habérselo buscado
bring sb onto sth *v+partíc* llevar a alguien a algo (a un tema al hablar)
bring out *v+partíc* **1 bring sth ↔ out** realzar algo (un sabor, un color) **2 bring sth ↔ out** sacar algo (a la venta) **3 bring out the best/worst in sb** sacar lo mejor/peor de alguien, hacer que aflore lo mejor/peor de alguien **4 bring out the child/poet in sb** hacer que aflore el niño/el poeta que alguien lleva dentro **5 bring sb out** ayudar a alguien a vencer la timidez
bring sb out in sth *v+partíc* **bring sb out in spots/a rash** hacer que a alguien le salgan granos/le salga sarpullido
bring sth/sb over *v+partíc* llevar algo/a alguien (a casa de otro), traer algo/a alguien: *Bring your friend over.* Trae a tu amiga.
bring sb to *v+partíc* hacer volver en sí a alguien SIN **bring sb around**
bring sb together *v+partíc* unir a alguien
bring up *v+partíc* **1 bring sth ↔ up** [gralm en pasiva] criar/educar a alguien: *I was born and brought up in Madison.* Nací y me crié en Madison. • *Ben was brought up by his grandparents.* A Ben lo criaron sus abuelos. • **be brought up to do sth** *Our kids were brought up to respect other people.* Nuestros hijos fueron criados en el respeto a los demás. • **be brought up (a) Catholic/Muslim** tener una educación católica/musulmana • **be brought up on sth** crecer con algo • **well/badly brought up** bien/mal educado -a **2 bring sth ↔ up** sacar (a relucir) algo, mencionar algo: *Why did you have to bring that up?* ¿Por qué tuviste que sacar eso a relucir? **3 be brought up on charges (of sth)** ser acusado -a (de algo) **4 bring sth ↔ up** abrir algo (un archivo informático) **5 bring sth ↔ up** vomitar algo **6 bring up the rear** cerrar la marcha **7 bring sb up short** dejar perplejo -a a alguien

brink /brɪŋk/ **1 on/at the brink of sth** al borde de algo • **to the brink of sth** al borde de algo • **back from the brink (of sth)** *The species has come back from the brink of extinction.* La especie se ha recuperado después de estar al borde de la extinción. **2** (*liter*) borde (de un precipicio)

brin·y /'braɪni/ s **the briny** (*antic, coloq*) el mar

brisk /brɪsk/ *adj* **1** (paso) enérgico -a, rápido -a **2 do a brisk trade** vender mucho • **business is brisk** hay mucho movimiento/trabajo **3** (tono, respuesta) enérgico -a, expeditivo -a **4** fresco -a (tiempo)

bris·ket /'brɪskɪt/ s [U] corte de carne del cuarto delantero

brisk·ly /'brɪskli/ *adv* **1** con energía • **walk briskly** caminar a buen paso **2** de manera expeditiva

bris·tle¹ /'brɪsəl/ *v* [I] **1** crisparse, irritarse • **bristle at sth** irritarse por algo **2** erizarse
bristle with sth *v+partíc* estar repleto -a de algo

bristle² s [C,U] **1** (en el rostro) pelo(s) (de la barba) **2** cerda, pelo (de pincel, cepillo)

bris·tly /'brɪsəli, -sli/ *adj* **1** que pincha (barba, bigote) **2** con barba

Brit /brɪt/ s [C] (*coloq*) británico -a

Bri·tain /'brɪtⁿn/ Gran Bretaña

Brit·ish¹ /'brɪtɪʃ/ *adj* británico -a

British² s **the British** [pl] los británicos

Brit·on /'brɪtⁿn/ s [C] (*frml*) britanico -a

brit·tle¹ /'brɪtl/ *adj* **1** frágil, quebradizo -a **2** frágil, precario -a **3** forzado -a, crispado -a

brittle² s [U] golosina crocante de caramelo y frutos secos

broach /broʊtʃ/ *v* [T] **broach a subject/question/topic** sacar un tema, abordar un tema

broad W2 /brɔd/ *adj*

1 camino, río
2 espalda, caderas
3 inclusivo
4 sin detalles
5 sonrisa
6 zona, llanura
7 acento
8 indirecta

1 CAMINO, RÍO ancho -a • **a broad street/avenue** una calle/avenida ancha
2 ESPALDA, CADERAS ancho -a • **broad-shouldered** ancho -a de espaldas
3 INCLUSIVO amplio -a: *a broad range of subjects* una amplia gama de asignaturas • **broad consensus/ agreement** un amplio consenso/acuerdo • **broad support** un amplio apoyo
4 SIN DETALLES general: *the broad aim of the course* el objetivo general del curso • **give a broad outline of sth** describir algo a grandes rasgos • **in broad terms** en líneas generales • **in the/its broadest sense** en el/su sentido más amplio • **be in broad agreement** estar de acuerdo en líneas generales
5 SONRISA a broad smile/grin una amplia sonrisa, una sonrisa de oreja a oreja
6 ZONA, LLANURA extenso -a • **a broad expanse (of sth)** una vasta extensión (de algo)
7 ACENTO a broad accent un acento marcado
8 INDIRECTA a broad hint una clara indirecta
EXPRESIONES
in broad daylight a plena luz del día

broad² s [C] (*antic, coloq*) vieja, mujer

broad·band /'brɔdbænd/ s [U] banda ancha • **broadband connection** conexión de banda ancha

ˌbroad-ˈbased *adj* de amplia base

ˈbroad bean s [C] haba

broad·cast¹ /'brɔdkæst/ s [C] programa • **a live broadcast** una transmisión en directo • **a news broadcast** un noticiero • **a party political broadcast** un espacio electoral, un espacio gratuito para la campaña electoral

broadcast² *v* (**broadcast**) **1** [I,T] transmitir(se) (por radio, televisión) • **broadcast (sth) live** transmitir (algo) en directo **2** [T] contar, divulgar

broad·cast·er /'brɔdˌkæstər/ s [C] locutor -a, presentador -a

broad·cast·ing /'brɔdˌkæstɪŋ/ s [U] televisión, radiodifusión

broad·en /'brɔdn/ *v* **1** [T] (los conocimientos, la experiencia) ampliar • **broaden your horizons** ampliar sus horizontes • **travel broadens the mind** viajando se aprende a ser más abierto -a **2** [I,T] (debate, investigación) ampliar(se) **3** [I,T] ensanchar(se)

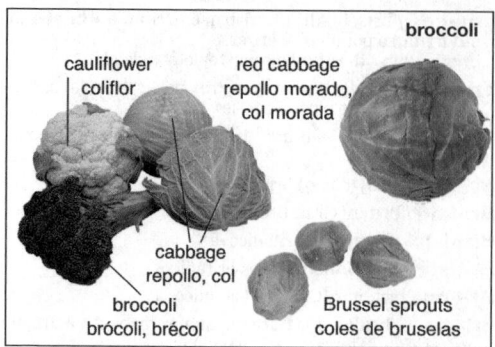

broccoli

cauliflower
coliflor

red cabbage
repollo morado,
col morada

cabbage
repollo, col

broccoli
brócoli, brécol

Brussel sprouts
coles de bruselas

broaden out *v+partíc* **1 broaden out** ensancharse **2 broaden sth ↔ out** ampliar algo (un debate)

broad·ly /ˈbrɔdli/ *adv* **1** en líneas generales, a grandes rasgos • **broadly speaking** (hablando) en términos generales **2 broadly based** de base amplia • **be broadly supported** tener un amplio apoyo • **be broadly welcomed** tener una acogida favorable, ser muy bien recibido -a

EXPRESIONES
smile/grin broadly sonreír de oreja a oreja

broad-ˈminded *adj* abierto -a, de mentalidad abierta

broad·side¹ /ˈbrɔdˌsaɪd/ *s* [C] crítica

broadside² *adv* de costado

Broad·way /ˈbrɔdweɪ/ calle de la ciudad de Nueva York que concentra una gran cantidad de teatros

bro·cade /broʊˈkeɪd/ *s* [U] brocado

broc·co·li /ˈbrɑkəli/ *s* [U] brócoli, brécol

bro·chure [S3] /broʊˈʃʊr/ *s* [C] folleto

brogue /broʊɡ/ *s* [C] **1** zapato de vestir tipo inglés **2** [gralm sing] acento (irlandés, escocés)

broil /brɔɪl/ *v* [T] cocinar en la parrilla, asar en el gratinador

broil·er /ˈbrɔɪlər/ *s* [C] **1** parrilla, gratinador **2** (tb **broiler chicken**) pollo (para asar)

broke¹ /broʊk/ pasado de BREAK

broke² *adj* [nunca ante s] (*coloq*) en la olla, bruja (de dinero) • **flat/stony broke** sin un centavo/un peso

EXPRESIONES
go broke (*coloq*) arruinarse, quebrar (empresa) • **go for broke** (*coloq*) jugarse el todo por el todo

bro·ken¹ /ˈbroʊkən/ participio pasado de BREAK

broken² [S3] [W3] *adj*

1	objeto
2	aparato
3	hueso
4	promesa, contrato
5	hogar, matrimonio
6	idioma
7	con huecos
8	con interrupciones
9	persona, ánimo
10	corazón

1 OBJETO roto -a, quebrado -a, desbaratado -a: *One of the chairs is broken.* Una de las sillas está rota. • **get broken** romperse
2 APARATO descompuesto -a, roto -a
3 HUESO roto -a, quebrado -a: *My ankle's broken.* Tengo el tobillo quebrado. • **have a broken leg/arm** tener una pierna quebrada/un brazo quebrado
4 PROMESA, CONTRATO [gralm ante s] incumplido -a, roto -a
5 HOGAR, MATRIMONIO [solo ante s] **a broken home** un hogar deshecho • **a broken marriage** un matrimonio roto

6 IDIOMA [solo ante s] **in broken English/French** en un inglés/francés chapurreado
7 CON HUECOS [gralm ante s] discontinuo -a (línea), aislado -a (nubosidad)
8 CON INTERRUPCIONES [gralm ante s] **broken sleep** sueño interrumpido • **broken night** noche de sueño interrumpido
9 PERSONA, ÁNIMO [gralm ante s] (*liter*) destrozado -a: *broken health* salud precaria
10 CORAZÓN a broken heart un corazón destrozado/deshecho • **die of a broken heart** morir de pena

broken-ˈdown *adj* [solo ante s] **1** descompuesto -a, varado -a **2** derruido -a

broken-ˈhearted *adj* con el corazón destrozado/deshecho

bro·ker¹ /ˈbroʊkər/ *s* [C] **1** agente: *an insurance broker* un agente de seguros **2** corredor -a de Bolsa, comisionista ▶ STOCKBROKER, POWER BROKER

broker² *v* [T] **1** negociar, auspiciar (un acuerdo) **2** gestionar (una venta, un contrato)

bro·ker·age /ˈbroʊkərɪdʒ/ *s* **1** [C] (tb **brokerage house/firm**) agencia de Bolsa **2** [U] (comisión de) corretaje **3** [U] corretaje

bron·chi·tis /brɑŋˈkaɪtɪs/ *s* [C] bronquitis

bron·co /ˈbrɑŋkoʊ/ *s* [C] caballo salvaje

bron·to·sau·rus /ˌbrɑntəˈsɔrəs/ *s* [C] brontosaurio

bronze¹ /brɑnz/ *s* **1** [U] (metal) bronce **2** [U] color bronce **3** [C] (obra) bronce **4** [C] (medalla de) bronce

bronze² *adj* **1** de bronce **2** dorado -a, de color bronce

ˈBronze Age *s* **the Bronze Age** la Edad de Bronce

bronzed /brɑnzd/ *adj* bronceado -a

bronze ˈmedal *s* [C] medalla de bronce

brooch /broʊtʃ, brutʃ/ *s* [C] prendedor, broche

brood¹ /brud/ *v* [I] **1** cavilar • **brood over/about/on sth** darle vueltas a algo, rumiar algo **2** empollar • **a brooding hen** una gallina clueca

brood² *s* [C] **1** nidada, polluelos **2** (*hum*) prole

brood³ *adj* [solo ante s] **brood mare/sow/bitch** yegua/cerda/perra de cría ▶ STUD

brood·y /ˈbrudi/ *adj* **1** pensativo -a **2** clueca: *a broody hen* una gallina clueca

brook¹ /brʊk/ *s* [C] arroyo

brook² *v* **brook no nonsense/disagreement/delay** (*frml* o *liter*) no consentir tonterías/desacuerdos/retrasos

broom /brum, brʊm/ *s* **1** [C] escoba, cepillo (para barrer) **2** [U] retama

EXPRESIONES
a new broom sweeps clean escoba nueva barre bien

broom·stick /ˈbrumˌstɪk, ˈbrʊm-/ *s* [C] **1** escoba (de bruja) **2** palo de escoba

Bros. (*abrev escrita de* **Brothers**) Hnos.

broth /brɔθ/ *s* [U] **1** sopa **2** caldo

broth·el /ˈbrɑθəl, ˈbrɔ-, -ðəl/ *s* [C] burdel

broth·er¹ [S1] [W1] /ˈbrʌðər/ *s* [C]
1 (pariente) hermano: *Do you have any brothers or sisters?* ¿Tienes hermanos? • **sb's elder/older brother** el hermano mayor de alguien • **sb's younger brother** el hermano menor de alguien • **little/kid brother** (*coloq*) hermanito • **big brother** (*coloq*) hermano mayor
2 compañero, camarada (de profesión, sindicato), hermano (de religión) • **brothers in arms** (*liter*) compañeros de armas
3 (*oral*) (afroamericano) hermano (negro)
4 (pl **brothers, brethren**) (monje) hermano • **Brother Cadfael** el Hermano Cadfael
5 miembro de una asociación de estudiantes universitarios de sexo masculino ▶ BIG BROTHER, STEPBROTHER

brother² *interj* (*coloq*) ah que caray, qué vaina

broth·er·hood /'brʌðəˌhʊd/ s **1** [U] (entre la gente) fraternidad, hermandad **2** [C] hermandad, cofradía **3** [U] (entre hermanos) fraternidad, hermandad **4** [C] sindicato

'**brother-in-law** s [C] (pl **brothers-in-law**) **1** cuñado **2** concuñado, concuño

broth·er·ly /'brʌðəli/ adj fraterno -a, fraternal

brought /brɔt/ pasado y participio pasado de BRING

brow /braʊ/ s [C] **1** frente (parte de la cabeza) • **furrow/ wrinkle/knit your brow** fruncir el entrecejo, arrugar la frente **2** ceja

EXPRESIONES
the brow of a hill la cima de una colina

brow·beat /'braʊbit/ v [T] (**browbeat**, **browbeaten** /-ˌbit n/) intimidar • **browbeat sb into doing sth** obligar a alguien a hacer algo

brown¹ S2 W2 /braʊn/ adj **1** café, carmelito (zapatos, suéter), castaño -a (pelo): *brown eyes* ojos castaños • *a pair of brown shoes* unos zapatos café • **light/dark brown** (beige) habano/café, beige/café • **golden brown** dorado -a • **turn brown** dorarse (comida), secarse (hojas) **2** moreno -a, bronceado -a • **get brown** ponerse moreno -a/bronceado -a

brown² s [C,U] café, carmelito • **in brown** de (color) café: *He was dressed in brown.* Estaba vestido de color café.

brown³ v **1** [I,T] dorar(se) (comida) **2** [I,T] broncear(se) (piel), secar(se) (pastos, hoja)

'**brown bread** s [U] pan negro

Brown·ie /'braʊni/ s **1** [C] hadita, gacela (niña scout de menor edad) **2 the Brownies** [pl] las Haditas, las Gacelas

brown·ie /'braʊni/ s [C] trozo de pastel de chocolate con nueces

EXPRESIONES
get/earn/win brownie points (coloq) hacer méritos, apuntarse tantos

'**brown-nose** v [I,T] (peyor, coloq) lambonear (a)

ˌ**brown 'rice** s [U] arroz integral

brown·stone /'braʊnstoʊn/ s **1** [C] en Estados Unidos, casa con fachada de piedra rojiza **2** [U] piedra rojiza

'**brown ˌsugar** s [U] azúcar morena, azúcar moreno

browse¹ /braʊz/ v **1** [I] curiosear, mirar (en una tienda) **2** [I] **browse through sth** hojear algo **3** [T] **browse the web** navegar por la Red (buscando información) **4** [I] pacer, pastar (animal)

browse² s [sing] **1 have a browse around sth** curiosear en algo, mirar en algo (una tienda) **2 a browse through sth** una ojeada a algo (un libro, una revista) **3 have a browse on the web** navegar por la Red (buscando información)

brows·er /'braʊzə/ s [C] **1** navegador: *a Web browser* un navegador de Internet **2** curioso -a (comprador que solo mira)

bruise¹ /bruz/ s [C] **1** moretón **2** magulladura, magullada (en una fruta)

bruise² v **1** [I,T] (parte del cuerpo) magullar(se): *She bruised her knee.* Se hizo un moretón en la rodilla. **2** [T] (experiencia, comentario) herir **3** [I,T] (fruta) magullar(se)

bruis·ing¹ /'bruzɪŋ/ s **1** [U] moretones **2 take a bruising** sufrir un duro golpe

bruising² adj durísimo -a

brunch /brʌntʃ/ s [C,U] desayuno-almuerzo, brunch

Bru·nei /bru'naɪ/ Brunei

Bru·nei·an¹ /bru'naɪən/ s [C] bruneano -a

Bruneian² adj bruneano -a

bru·nette /bru'nɛt/ s [C] morena (mujer)

brunt /brʌnt/ s **bear/take/suffer the brunt of sth** llevarse la peor parte de algo, ser el más castigado/la más castigada por algo

brush¹ S3 /brʌʃ/ s
1 PARA LIMPIAR, PEINAR [C] cepillo
2 PARA PINTAR [C] pincel, brocha
3 CONTACTO LIGERO [sing] roce • [+of]: *the brush of her lips on my cheek* el roce de sus labios con mi mejilla
4 EXPERIENCIA BREVE [C] **a brush with sb/with the law** un roce con alguien/con la justicia • **a brush with danger** un encuentro con el peligro
5 ACTO [sing] cepillado • **give sth a brush** cepillar algo, pasarle el cepillo a algo
6 ARBUSTOS [U] maleza, matorral
7 RAMAS [U] broza, ramas secas
8 DE UN ZORRO [C] cola ▶ HAIRBRUSH, NAILBRUSH, PAINTBRUSH, TOOTHBRUSH

brush² S2 v
1 [T] cepillar(se) • **brush your hair** cepillarse el pelo, peinarse • **brush your teeth** lavarse los dientes
2 [T] barrer
3 [T siempre + adv/prep] **to brush sth off/away** quitar algo con la mano/un cepillo • **brush sth off/from sth** quitar algo de algo con la mano/un cepillo: *She brushed the crumbs off her coat.* Se sacudió las migas del abrigo.
4 [T siempre + adv/prep] **brush sth with milk/water** pintar algo con leche/agua • **brush varnish/glue on(to) sth** pintar algo con barniz/aplicar pegamento sobre algo
5 [I always + adv/prep,T] rozar • **brush against sth/sb** rozar algo/a alguien • **brush past (sb)** pasar rozando (a alguien)
brush aside v+partíc **1 brush sth** ↔ **aside** hacer caso omiso de algo, pasar algo por alto **2 brush sb** ↔ **aside** no hacerle caso a alguien
brush down v+partíc **1 brush sth** ↔ **down** limpiar(se)/sacudir(se) algo (con las manos) **2 brush sb** ↔ **down** limpiar a alguien (con las manos) **3 brush yourself** ↔ **down** limpiarse (con las manos) **4 brush sth** ↔ **down** cepillar algo, limpiar algo con un cepillo
brush off v+partíc **1 brush sth/sb** ↔ **off** no hacer caso a algo/alguien **2 brush sb off** limpiar a alguien (con las manos) **3 brush yourself off** limpiarse (con las manos)
brush up (on) sth v+partíc darle un repaso a algo, pulir algo (los conocimientos)

'**brush-off** s [sing] **give sb the brush-off** rechazar a alguien (de modo poco amistoso) • **get the brush-off** ser rechazado -a (de modo poco amistoso)

brusque /brʌsk/ adj brusco -a, seco -a

brusque·ly /'brʌskli/ adv bruscamente, con sequedad

brusque·ness /'brʌsknɪs/ s [U] brusquedad, sequedad

Brus·sels sprout /ˌbrʌsəlz 'spraʊt/ (tb **sprout**) s [C] col de Bruselas

bru·tal /'brutl/ adj **1** brutal, cruel **2** crudo -a (realidad, franqueza) **3** brutal, exagerado -a

bru·tal·i·ty /bru'tæləti/ s (pl **brutalities**) **1** [U] brutalidad **2 brutalities** [pl] brutalidades

bru·tal·ize /'brutlˌaɪz/ v [T gralm en pasiva] **1** tratar con brutalidad **2** embrutecer, insensibilizar

bru·tal·ly /'brutl-i/ adv **1** brutalmente, salvajemente **2 to be brutally honest/frank...** te voy a ser absolutamente franco -a...

brute¹ /brut/ s [C] **1** (hombre) bestia, bruto **2** (animal) (liter, hum) bestia

brute² adj [sin compar] **brute force/strength** fuerza bruta

brut·ish /'brutɪʃ/ adj brutal

brut·ish·ly /'brutɪʃli/ adv brutalmente

B.S. /ˌbi 'ɛs/ s [C] (**Bachelor of Science**) licenciatura en (una carrera de) ciencias • [+**in**]: *She earned her B.S. in biochemistry from Arizona State University.* Se licenció en bioquímica por la Universidad de Arizona.

B

BSE /ˌbi ɛs 'si/ s [U] (**bovine spongiform encephalopathy**) EEB, encefalopatía espongiforme bovina SIN **mad cow disease**

bub·ble[1] S3 /'bʌbəl/ s [C]
1 (en un líquido) burbuja: *soap bubbles* pompas de jabón • **blow bubbles** hacer burbujas, hacer pompas de jabón 2 (en un sólido) burbuja 3 (de chicle) globo • **blow bubbles** hacer globos 4 (en una historieta) globo

EXPRESIONES
the bubble bursts la burbuja estalla • **on the bubble** en la cuerda floja

bubble[2] v [I] 1 burbujear, borbotear, hacer burbujas/ borbotones • **bubble up** salir a borbotones, hacer burbujas 2 (tb **bubble away**) borbotear, hacer un borboteo (sonido) 3 (siempre + adv/prep) (tb **bubble away**) bullir, estar latente: *Resentment was still bubbling inside him.* El resentimiento aún bullía en su interior.
bubble (over) with sth v+partíc rebosar de algo

'**bubble bath** s 1 [U] espuma/gel de baño 2 [C] baño de espuma

'**bubble gum** s [U] chicle (para hacer globos)

bub·bly[1] /'bʌbli/ adj 1 chispeante, lleno -a de vida 2 burbujeante, con burbujas

bubbly[2] s [U] (*coloq*) champaña, champagne

buc·ca·neer /ˌbʌkə'nɪr/ s [C] bucanero

buck[1] S1 /bʌk/ s [C]
1 (*coloq*) dólar: *Could I borrow ten bucks?* ¿Me prestas diez dólares?
2 (pl **buck**, **bucks**) ciervo (macho), conejo (macho)
▶ DOE

EXPRESIONES
the buck stops here la responsabilidad es mía/nuestra • **pass the buck** pasar la pelota • **big bucks** (*coloq*) un dineral • **make a buck** ganarse unos pesos • **make a fast/quick buck** hacer plata/dinero fácil

buck[2] v 1 [I] corcovear, dar coces 2 [T] (*coloq*) eludir • **buck the trend** romper la tendencia
EXPRESIONES
buck the system rebelarse contra el sistema, ganarle al sistema
buck for sth v+partíc esforzarse para conseguir algo
buck up v+partíc 1 **buck sb up** levantarle el ánimo a alguien 2 **buck up** levantar el ánimo • **buck up!** ¡arriba ese ánimo!

buck[3] adv **buck naked** (*coloq*) totalmente desnudo -a

buck·et S3 /'bʌkɪt/ s [C]
1 (recipiente) balde, cubeta SIN **pail**
2 (tb **bucketful**) (contenido) balde, cubeta: *a bucket of water* un balde de agua SIN **pail**
3 pala, cuchara (de una excavadora) ▶ **a DROP in the bucket/ocean**, **KICK the bucket**

buck·le[1] /'bʌkəl/ v 1 [T] (tb **buckle up**) abrochar(se) 2 [I] (tb **buckle up**) abrocharse: *The strap buckles at the side.* La correa se abrocha al costado. 3 [I,T] doblar(se), combar(se), deformar(se) • **buckle under sth** doblarse/ deformarse por (efecto de) algo 4 [I] (piernas, rodillas) doblarse 5 [I] (tb **buckle under**) ceder, claudicar • **buckle under the pressure/strain** ceder ante la presión/ tensión
buckle down v+partíc **buckle down** ponerse manos a la obra • **buckle down to sth** ponerse en serio con algo

buckle[2] s [C] hebilla

buck·skin /'bʌkˌskɪn/ s [U] gamuza

ˌ**buck 'teeth** s [pl] dientes salidos, dientes salientes

bud[1] /bʌd/ s [C] 1 brote (de hoja, tallo), capullo (de flor) • **be in bud** tener brotes/capullos • **come into bud** echar brotes/capullos ▶ ROSEBUD 2 (*coloq*) amigo -a, llave, cuate SIN **buddy** ▶ **NIP sth in the bud**, TASTE BUD

bud[2] v [I] (**budded**, **budding**) echar brotes/capullos

Bud·dha /'budə, 'bʊ-/ Buda

Bud·dhism /'budɪzəm, 'bʊ-/ s [U] budismo ▶ NIRVANA

Bud·dhist /'budɪst, 'bʊ-/ s [C], adj budista

bud·ding /'bʌdɪŋ/ adj 1 **a budding writer/actor** un escritor/actor en ciernes, una escritora/actriz en ciernes 2 [solo ante s] **a budding romance/relationship** un idilio/una relación incipiente

bud·dy S2 /'bʌdi/ s [C] (pl **buddies**) (*coloq*)
1 amigo, llave, cuate
2 (*coloq, oral*) (al dirigirse a alguien) man, llave, mano
3 (tb **buddy boy**) (*coloq, oral*) (con tono de enfado) man, llave, mano SIN **bud**

budge /bʌdʒ/ v 1 (a) [I gralm en negat] moverse, menearse • **budge from your seat/room** moverse de su asiento/habitación • **budge an inch** no moverse ni un milímetro (b) [T gralm en negat] mover 2 (a) [I gralm en negat] dar su brazo a torcer, ceder • **budge on sth** ceder en algo • **not budge an inch** no ceder un ápice/ centímetro (b) [T gralm en negat] hacer cambiar de idea

bud·ge·ri·gar /'bʌdʒərɪgɑr/ s [C] (*frml*) periquito

budg·et[1] S2 W1 /'bʌdʒɪt/ s [C] presupuesto: *More cuts in the defense budget are expected.* Se esperan más recortes en el presupuesto de Defensa. • *a budget of $35 million* un presupuesto de 35 millones de dólares • *The budget for training is pretty small.* El presupuesto para entrenamiento es muy bajo. • **balance the budget** equilibrar/cuadrar el presupuesto • **on a budget** con un presupuesto ajustado: *a family on a very tight budget* una familia con un presupuesto muy ajustado • **over/ under budget** por encima/por debajo de lo presupuestado • **go/run over budget** pasarse del presupuesto • **the budget deficit** el déficit presupuestario • **within budget** dentro de lo presupuestado *the budget deficit* el déficit presupuestario

budget[2] v (a) [T] presupuestar (b) [I] hacer (el) presupuesto • **budget for sth** incluir algo en el presupuesto

budget[3] adj [solo ante s, sin compar] económico -a, de bajo costo: *a budget flight/airline* un vuelo/una aerolínea de bajo costo • *a list of budget hotels* una lista de hoteles económicos SIN **cheap**

budg·et·ar·y /'bʌdʒəˌtɛri/ adj presupuestario -a

bud·gie /'bʌdʒi/ s [C] periquito

buff[1] /bʌf/ s 1 [C] aficionado -a, experto -a: *chess buffs* aficionados al ajedrez • *a wine buff* un experto en vinos • *a movie buff* un cinéfilo/una cinéfila 2 [U] beige (amarillento) SIN **beige**
EXPRESIONES
in the buff (*antic, coloq*) en cueros, empelota SIN **naked**

buff[2] v [T] embolar, bolear (los zapatos), pulir (las uñas)
buff up v+partíc hacer pesas/ejercicio (para aumentar la musculatura)

buff[3] (tb **buffed** /bʌft/) adj de color beige (amarillento) SIN **beige**

buf·fa·lo /'bʌfəˌloʊ/ s [C] (pl **buffalos**, **buffaloes**, **buffalo**) 1 bisonte (americano), búfalo SIN **bison** 2 búfalo (africano o asiático)

buff·er[1] /'bʌfɚ/ s [C] 1 barrera, protección • [+**against**]: *Eastern Europe was important to Russia as a buffer against the West.* Europa del Este le servía a Rusia de barrera contra Occidente. • [+**between**]: *She often had to act as a buffer between father and son.* A menudo tenía que actuar de colchón entre el padre y el hijo. 2 buffer, memoria intermedia 3 [gralm pl] tope, amortiguador (de un tren, en una vía)
EXPRESIONES
run into/hit the buffers (*coloq*) irse al garete

buffer[2] v [T] 1 paliar, amortiguar 2 almacenar provisoriamente (en informática)

'**buffer zone** s [C] zona de separación/amortiguamiento (entre ejércitos en conflicto)

buf·fet[1] /bə'feɪ, bʊ-/ s [C] 1 bufé 2 (tb **buffet table**) (mesa del) bufé 3 aparador 4 cafetería (en una estación)

buf·fet[2] /'bʌfɪt/ v [T gralm en pasiva] azotar, zarandear

buf·foon /bə'fun/ s [C] (*antic*) bufón, payaso -a

buf·foon·er·y /bə'funəri/ s [U] (*antic*) bufonería, payasadas

bug¹ S2 /bʌg/ s
1 [C] (insecto) bicho
2 [C] (enfermedad) (*coloq*) bicho (virus, bacteria, etc.): *There's a nasty bug going around.* Hay un virus muy malo circulando por ahí. • **catch/pick up/get a bug** coger un virus/una infección, agarrarse un virus/una infección • **a stomach bug** *I missed school because of a stomach bug.* No fui a clase porque estaba mal del estómago.
3 [C] error (del sistema) (en informática) ▶ DEBUG
4 [sing] (*coloq*) gusanillo, gusanito (afición) • **be bitten by/catch/get the bug** *I had one flying lesson and immediately caught the bug.* Tomé una clase de vuelo y enseguida me picó el gusanillo. • **the travel/sailing bug** el gusanillo de viajar/navegar
5 [C] (*coloq*) micrófono (oculto)

EXPRESIONES
put a bug in sb's ear (*coloq*) dejar pensando a alguien (sobre la posibilidad de hacer algo)

bug² S2 v [T] (**bugged, bugging**) (*coloq*)
1 fastidiar: *It really bugs me when I can't remember someone's name.* Me fastidia un montón no acordarme del nombre de alguien.
2 dar (la) lata • **bug sb to do sth** darle la lata a alguien para que haga algo • **bug sb about sth** darle la lata a alguien con algo SIN **nag**
3 poner micrófonos ocultos en

bug·bear /'bʌgbɛr/ s [C] pesadilla

bug·gy /'bʌgi/ s [C] (pl **buggies**) **1** calesa **2** cochecito (de bebé) SIN **baby carriage**

bu·gle /'byugəl/ s [C] corneta, clarín (instrumento)

bu·gler /'byuglə/ s [C] corneta, clarín (persona)

build¹ S1 W1 /bɪld/ v (**built** /bɪlt/)
1 [I,T] (un edificio, un muro, una carretera un nido) construir, edificar, hacer: *They are building new houses for local people.* Están construyendo casas nuevas para la gente de la zona. • *Developers want to build on this land.* Hay promotores inmobiliarios que quieren edificar en este terreno. • **be built of sth** estar hecho -a de algo, ser de algo: *a house built of stone* una casa de piedra • **build sb sth** construirle algo a alguien
2 [T] (un carro, una máquina, un arma) fabricar; (un armario) hacer; (un barco) construir
3 [T] (una reputación, una carrera) forjarse, labrarse; (un negocio, un imperio) levantar; (una red, una base de datos) crear; (fidelidad, confianza, autoestima) desarrollar, consolidar: *She had built a reputation as a criminal lawyer.* Se había forjado una reputación como abogada criminalista. SIN **build up**
4 [I] (tensión, tránsito) intensificarse, crecer: *Traffic begins to build around six in the evening.* El tránsito comienza a intensificarse hacia las seis de la tarde. ▶ BUILD UP, -BUILT

EXPRESIONES
build bridges (between/with) tender puentes (entre/con)
build sth around sth v+*partíc* basar/cimentar algo en algo
build sth ↔ in v+*partíc* empotrar/encastrar algo ▶ BUILT-IN
build sth into sth v+*partíc* **1** incorporar algo a algo **2** empotrar/encastrar algo en algo
build on v+*partíc* **1 build on sth** continuar desarrollando algo, apoyarse/basarse en algo: *The new plan will build on the success of the previous program.* El nuevo plan se apoyará en el éxito del anterior programa. **2 build sth on sth** basar/cimentar algo en algo: *Our relationship is built on trust.* Nuestra relación está basada en la confianza. **3 build sth ↔ on** añadir/incorporar algo
build up v+*partíc* **1 build up** crecer, intensificarse: *The level of pollution has been steadily building up.* El nivel de contaminación ha ido creciendo constantemente. **2 build sth ↔ up** desarrollar algo: *He began to train with weights to build up his muscles.* Empezó a hacer pesas para desarrollar la musculatura. • *Ross took twenty years to build up his business.* A Ross le llevó veinte

años levantar su negocio. • **build up a picture of sb/sth** hacer(se) una imagen de alguien/algo, hacerse una idea de (cómo es) alguien/algo: *We're trying to build up a picture of what happened.* Estamos intentando hacernos una idea de lo que ocurrió. **3 build sb up** fortalecer a alguien, hacer que alguien recupere las fuerzas **4 build sth/sb ↔ up** hablar muy bien de algo/alguien: *Being an actor isn't as great as it's built up to be.* Ser actor no es tan fantástico como lo pintan. **5 build sb ↔ up** darle ánimos a alguien • **build up your hopes** hacerse ilusiones • **build up sb's hopes** dar (falsas) esperanzas a alguien ▶ BUILD-UP
build up to sth v+*partíc* preparar el camino/terreno para algo, prepararse para algo: *I could tell she was building up to telling me something.* Notaba que estaba preparando el terreno para decirme algo.

build² s [sing, U] complexión, contextura: *She has a slim build.* Es de complexión delgada. • **of medium/athletic build** de complexión media/atlética • **of slight build** menudo -a

build·er /'bɪldə/ s [C] **1** albañil **2** constructor -a, contratista de obras

build·ing S1 W3 /'bɪldɪŋ/ s
1 [C] edificio: *the top floor of the building* el piso superior del edificio
2 [U] construcción, edificación: *the building of a new stadium* la construcción de un nuevo estadio SIN **construction** • **the building industry** el sector de la construcción • **building regulations** normas de edificación • **building materials** materiales de construcción

'building ,block s **1** [C] bloque (para jugar) SIN **block** **2** [gralm pl] componente (básico)

'building ,site s [C] obra (en construcción)

build-up, build-up /'bɪldʌp/ s **1** [sing] incremento/aumento (gradual): *a military buildup* una escalada militar • *a dangerous buildup of chemicals in the water* un peligroso incremento de sustancias químicas en el agua **2** [C] hecho de generar un clima de expectación o gran interés • **a big build-up** *Despite a big build-up in the press, the movie was disappointing.* A pesar de las grandes expectativas creadas por la prensa, la película defraudó. **3** [sing, U] periodo previo/de preparación • **the build-up to sth** el periodo previo/anterior a algo: *the build-up to next year's World Cup* el periodo de preparación para el Mundial del año próximo • *the busy build-up to Christmas* las ajetreadas vísperas navideñas ▶ BUILD up

built¹ /bɪlt/ pasado y participio pasado de BUILD

built² adj **heavily/powerfully built** de complexión robusta/fuerte, de contextura robusta/fuerte • **slightly built** menudo -a

,built-'in adj integrado -a, incorporado -a: *a camera with a built-in flash* una cámara con flash incorporado • **built-in bookshelves** estantes empotrados, entrepaños empotrados ▶ BUILD in

,built-'up adj urbanizado -a, con edificios: *a built-up area* una zona urbanizada

bulb S3 /bʌlb/ s [C]
1 (tb **light bulb**) bombillo, foco: *The bulb needs changing.* Hay que cambiar el bombillo.
2 bulbo: *tulip bulbs* bulbos de tulipán • *bulbs of garlic* cabezas de ajo

bul·bous /'bʌlbəs/ adj **1** protuberante, abultado -a **2** bulboso -a, tuberoso -a

Bul·gar·i·a /bʌl'gɛriə, -'gær-/ Bulgaria

Bul·gar·i·an¹ /bʌl'gɛriən, -'gær-/ s **1** [C] (persona) búlgaro -a **2** [U] (idioma) búlgaro

Bulgarian² adj búlgaro -a

bulge¹ /bʌldʒ/ s [C] **1** bulto, abultamiento **2** aumento repentino • **a bulge in sth** un aumento repentino de algo

bulge² v [I] **1** (tb **bulge out**) inflarse, sobresalir: *His cheeks bulged as he held his breath.* Se le inflaron las mejillas al contener la respiración. • *She had eyes that bulged out.* Tenía ojos saltones. **2 be bulging with sth**

(*coloq*) rebosar (de) algo, estar abarrotado -a de algo

bu·li·mia /buˈlimiə/ *s* [U] bulimia ▶ ANOREXIA

bu·li·mic /buˈlimɪk/ *s* [C], *adj* bulímico -a ▶ ANOREXIC

bulk¹ /bʌlk/ *s* **1 the bulk (of sth)** el grueso (de algo), la mayor parte (de algo) **2** [U] (dimensiones) volumen, tamaño **3** [sing] (corpulencia) (gran) volumen: *Despite its bulk, the whale is a graceful swimmer.* A pesar de su volumen, la ballena es elegante al nadar. • **the bulk of sth** *The great bulk of the building towered above him.* La gran mole del edificio se alzaba ante él.
EXPRESIONES
in bulk al por mayor, en grandes cantidades

bulk² *adj* [solo ante s] al por mayor, en grandes cantidades • **bulk mail** envío masivo de correo • **bulk buying** compra al por mayor/en grandes cantidades • **a bulk order** un pedido grande

bulk³ *v*
bulk out *v+partíc* **bulk sth ↔ out** engordar/engrosar algo

bulk·head /ˈbʌlkhɛd/ *s* [C] mamparo

bulk·y /ˈbʌlki/ *adj* (**bulkier, bulkiest**) **1** voluminoso -a **2** corpulento -a

bull¹ W3 /bʊl/ *s*
1 [C] toro: *bull calves* becerros
2 [C] macho: *a bull elephant* un elefante macho • *a bull seal* una foca macho
3 [U] (*coloq*) tonterías, sandeces ▶ **like waving a RED flag in front of a bull**, PIT BULL, SHOOT **the bull/breeze**
EXPRESIONES
take/grab the bull by the horns coger el toro por los cuernos, tomar/agarrar el toro por los cuernos • **be like a bull in a china shop (a)** comportarse como un energúmeno **(b)** ser como un elefante en cristalería/cacharrería, ser como un chivo en cristalería

bull² *interj* (*coloq*) tonterías

bull³ *v* [I,T] chocar (contra), empujar SIN **barge**

bull·dog /ˈbʊldɔg/ *s* [C] bulldog

bull·doze /ˈbʊldoʊz/ *v* [T] **1** derribar (con buldózer/niveladora) **2** retirar (con buldózer/niveladora) **3** forzar, obligar • **bulldoze sb into (doing) sth** forzar/obligar a alguien a hacer algo

bull·doz·er /ˈbʊlˌdoʊzər/ *s* [C] buldózer, (máquina) niveladora

bul·let S3 W3 /ˈbʊlɪt/ *s* [C]
1 (proyectil) bala: *Six bullets were fired.* Se dispararon seis balas. • **bullet hole** agujero/orificio de bala, balazo • **bullet wound** balazo, herida de bala ▶ SHELL, SHOT
2 BULLET POINT ▶ BITE **the bullet**

bul·le·tin /ˈbʊlətˀn, ˈbʊlətɪn/ *s* [C] **1** boletín (publicación) **2** (*tb* **news bulletin**) boletín informativo/de noticias **3** comunicado/nota oficial

ˈbulletin ˌboard *s* [C] (*tb* **electronic bulletin board**) tablón/tablero de anuncios

ˈbullet point *s* [C] **1** punto (de una lista) **2** punto, bullet

bul·let·proof /ˈbʊlɪtˀˌpruf/ *adj* antibalas, a prueba de balas

bull·fight /ˈbʊlfaɪt/ *s* [C] corrida de toros

bull·fight·er /ˈbʊlˌfaɪtər/ *s* [C] torero -a SIN **matador**

bull·fight·ing /ˈbʊlˌfaɪtɪŋ/ *s* [U] el toreo, la tauromaquia, las corridas de toros

bull·horn /ˈbʊlhɔrn/ *s* [C] (*antic*) megáfono SIN **megaphone**

bul·lion /ˈbʊlyən/ *s* [U] lingotes: *gold bullion* lingotes de oro

bull·ish /ˈbʊlɪʃ/ *adj* **1** [nunca ante s] optimista (comentarios, perspectivas) • **be bullish about sth** ser optimista respecto de algo **2** (*técn*) alcista, al alza (mercado, tendencia)

ˈbull ˌmarket *s* [C] mercado alcista ANT **bear market**

bul·lock /ˈbʊlək/ *s* [C] buey (joven)

bull·pen /ˈbʊlpɛn/ *s* [C gralm sing] **1** zona de calentamiento, calentadero **2** lanzador -a/pitcher de reserva, reservista (en béisbol) **3** calabozo **4** espacio de oficinas sin paredes

bull·ring /ˈbʊlrɪŋ/ *s* [C] plaza de toros

ˌbull ˈterrier *s* [C] bulterrier

bul·ly¹ /ˈbʊli/ *s* [C] (pl **bullies**) matón -ona, bravucón -ona: *the school bully* el matón del colegio

bully² *v* [T] (**bullies, bullied, bullying**) **1** intimidar, acosar **2** presionar • **bully sb into (doing) sth** forzar a alguien a hacer algo (presionándolo)
bully off *v+partíc* hacer un saque neutral para iniciar un partido de hockey sobre césped

bully³ *adj* **bully for you/him** (*oral, antic*) felicidades, felicitaciones (en tono irónico)

bul·ly·ing /ˈbʊliɪŋ/ *s* [U] acoso escolar/laboral, intimidación

bum¹ /bʌm/ *s* [C] **1 a beach bum** un -a fanático -a de la playa • **a ski bum** un -a loco -a del esquí **2** vagabundo -a **3** (*coloq*) vago -a, flojo -a
EXPRESIONES
give sb the bum's rush (*coloq*) echar/sacar a patadas a alguien

bum² *v* [T] (**bummed, bumming**) (*coloq*) gorrear, gotorear: *He managed to bum a ride home.* Consiguió que alguien le llevara en carro a casa. • **bum sth from sb** gorrearle/gotorearle algo a alguien
bum around *v+partíc* (*coloq*) **1 bum around** flojear **2 bum around a place** vagabundear por un lugar
bum sb out *v+partíc* (*coloq*) deprimir a alguien ▶ BUMMED

bum³ *adj* [solo ante s, sin compar] (*coloq*) inútil • **get a bum deal** *Jim got a bum deal.* A Jim lo trataron muy mal.

bum·ble·bee /ˈbʌmbəlˌbi/ *s* [C] abejorro

bum·bling /ˈbʌmblɪŋ/ *adj* [solo ante s] torpe

bummed /bʌmd/ (*tb* ˌbummed ˈout) *adj* (*coloq*) deprimido -a • **be bummed about sth** estar deprimido -a por algo • [+(that)]: *I was really bummed that I missed the game.* Estaba muy deprimido por haberme perdido el partido.

bum·mer /ˈbʌmər/ *s* [sing] (*coloq*) jartera, lata • **(what a) bummer!** ¡qué lata!, ¡qué jartera!

bump¹ S3 /bʌmp/ *v*
1 (a) [I siempre + adv/prep] **bump against sb/sth** chocarse/toparse con alguien/algo: *He bumped against something hard in the darkness.* En la oscuridad se topó con algo duro. • **bump into sb/sth** toparse con alguien/algo, darse con alguien/algo, darse contra alguien/algo: *We bumped into each other in the hallway.* Nos topamos en el vestíbulo. • *He bumped into the car in front of him.* Se dio contra el carro que iba delante. **(b)** [T] golpearse (en), darse (un golpe) en: *The roof was so low he bumped his head.* El techo era tan bajo que se golpeó la cabeza. • **bump sth on sth** darse (un golpe) en algo con algo: *She bumped her head on the roof getting out of the car.* Se dio en la cabeza con el techo al salir del carro.
2 [I siempre + adv/prep] **bump along (sth)** ir dando botes/tumbos (por algo): *The plane was bumping along the runway.* El avión traqueteaba por la pista. • **bump down sth** ir dando botes/tumbos por algo
3 [T siempre + adv/prep] (*coloq*) dejar en tierra: *The flight was overbooked and he was bumped.* Había sobrecupo en el vuelo y lo dejaron en tierra.
bump into sb *v+partíc* encontrarse/toparse con alguien: *I bumped into Leo at the fair.* Me encontré con Leo en la feria.
bump sb ↔ off *v+partíc* (*coloq*) liquidar a alguien
bump sth ↔ up *v+partíc* aumentar/subir algo

bump² *s* [C] **1** bulto, chichón, chipote • **a bump on sth** un chichón en algo • **bumps and bruises** golpes y hematomas **2** abolladura; (en una carretera) bache: *The car rattled every time it went over a bump.* El carro hacía ruidos cada vez que pasaba un bache. **3** (acción de chocar) golpe: *I was backing up when I felt a bump.* Estaba dando marcha atrás cuando sentí un golpe. • **fall/sit down with a bump** dar un golpe al caer/sentarse **4** (sonido) golpe: *We heard a bump in the next room.* Oímos un golpe en la habitación de al lado.

bump·er¹ /ˈbʌmpər/ s [C] parachoques, bómper, defensa

bumper² *adj* [solo ante s] muy abundante, excepcional: *a bumper crop* una cosecha excepcional • *a bumper issue* una edición extra/especial

'bumper ˌsticker s [C] calcomanía (con un mensaje político, humorístico, etc., que se adhiere en la parte trasera del carro)

bump·tious /ˈbʌmpʃəs/ *adj* engreído -a

bump·y /ˈbʌmpi/ *adj* (**bumpier, bumpiest**) **1** irregular, con muchos baches: *a bumpy road* una carretera con muchos baches ⟨ANT⟩ **smooth** ⟨SIN⟩ **uneven 2** (con botes, traqueteo) *The plane made a bumpy landing.* El avión aterrizó dando muchos botes. • *It was a bumpy ride to the farm.* El carro fue traqueteando hasta la granja. ⟨ANT⟩ **smooth 3** accidentado -a, problemático -a (proceso, periodo) • **a bumpy ride/road** un camino lleno de obstáculos, un periodo/proceso difícil

ˌbum 'rap s [C gralm sing] (*coloq*) **1** acusación falsa **2** crítica injusta

bun /bʌn/ s **1** [C] panecillo, (pan) bollo: *a hamburger bun* un pan de hamburguesa **2** [C] moño, chongo: *She always wore her hair in a bun.* Siempre usaba moño. **3 buns** [pl] (*coloq*) nalgas

bunch¹ ⟨S1⟩ /bʌntʃ/ s [C]
1 [gralm sing] montón • **a (whole) bunch of sth** un montón de algo, un bonche de algo: *He asked me a bunch of questions.* Me hizo un montón de preguntas. • *There's a whole bunch of places I want to visit.* Hay un montón de lugares que quiero visitar.
2 [gralm sing] (grupo de) gente: *The fans are a great bunch.* Los fans son unas personas fantásticas. • [+of]: *a bunch of kids* una pandilla de niños • *a friendly bunch of people* un grupo de gente muy simpática
3 ramo (de flores), racimo (de uvas, plátanos), manojo (de hierba, objetos): *The roses are $15 a bunch.* Las rosas cuestan 15 dólares el ramo. • [+of]: *a large bunch of keys* un gran manojo de llaves
EXPRESIONES
the best/pick of the bunch el/la mejor de todos -as, lo mejor de lo mejor

bunch² *v* **1** **(a)** [I siempre + adv/prep] **bunch up/together** apiñarse: *The children bunched together in small groups.* Los niños se apiñaban en grupitos. **(b)** **be bunched up/together** estar apiñado -a **2** **(a)** [T] (tb **bunch up**) fruncir **(b)** [I] (tb **bunch up**) arrugarse

bun·dle¹ /ˈbʌndl/ s **1** [C] (de ropa) fardo, bulto, hato; (de papeles, billetes, correspondencia) fajo; (de leña, palos) haz, manojo: *They were all carrying small bundles of clothes and food.* Todos llevaban hatillos de ropa y comida. • **tie sth in/into a bundle** atar algo formando un fardo/fajo/haz **2** [C] paquete (extra) (de material informático): *a software bundle* un paquete extra de software **3** [C] **a bundle of sth** un conjunto de algo: *a bundle of safety regulations* un conjunto de normas de seguridad **4 a bundle** [sing] (*coloq*) un dineral • **make a bundle** ganar una fortuna
EXPRESIONES
be a bundle of laughs/fun (*coloq*) ser muy divertido -a • **be a bundle of nerves** (*coloq*) estar hecho -a un manojo de nervios

bundle² *v* **1** [T] incluir como parte del paquete (extra gratuito) (una impresora, software, etc.) **2** [T siempre + adv/prep] **bundle sth/sb into** meter algo/a alguien a empujones en: *They bundled him into the car.* Lo metieron a empujones en el carro. • **bundle sth/sb out of** sacar algo/a alguien a empujones de **3** [I siempre + adv/prep] **bundle into/out of** entrar en/salir de en tropel: *We all bundled into a taxi.* Nos metimos todos en tropel en un taxi.

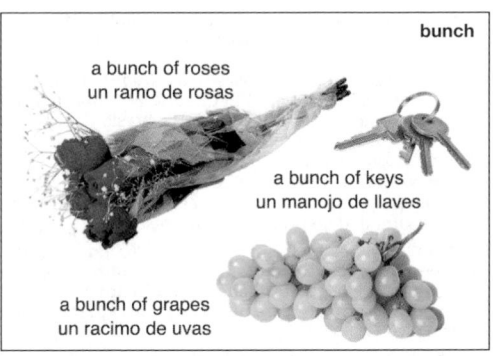

bunch

a bunch of roses
un ramo de rosas

a bunch of keys
un manojo de llaves

a bunch of grapes
un racimo de uvas

bundle sb ↔ **off** *v+partíc* despachar o mandar a alguien a un sitio: *Amy was bundled off to stay with her grandmother.* A Amy la despacharon a casa de su abuela.
bundle sth ↔ **together** *v+partíc* reunir/juntar algo
bundle up *v+partíc* **1 bundle sth** ↔ **up** hacer un fardo/paquete/haz con algo **2 (a) bundle sb up** abrigar (bien) a alguien • **be bundled up in sth** ir (muy) abrigado -a con algo **(b) bundle up** abrigarse

bung /bʌŋ/ s [C] tapón (de un barril, un recipiente)

bun·ga·low /ˈbʌŋgəˌloʊ/ s [C] casa (de una sola planta)

bun·gee jump /ˈbʌndʒi dʒʌmp/ s (salto de) bungee

bungee jump *v* [I] hacer bungee (jumping) • **go bungee jumping** ir a hacer bungee (jumping)

bungee jum·ping /ˈbʌndʒi ˌdʒʌmpɪŋ/ s [U] bungee (jumping)

bun·gle¹ /ˈbʌŋgəl/ *v* [T] arruinar, echar a perder

bungle² s [C] falla, chapuza

bun·gled /ˈbʌŋgəld/ *adj* [gralm ante s] fallido -a, echado -a a a perder

bun·gling /ˈbʌŋglɪŋ/ *adj* [solo ante s] chapucero -a

bun·ion /ˈbʌnyən/ s [C] juanete

bunk¹ /bʌŋk/ s **1** [C] (en un tren, un barco) litera **2** [C] (tb **bunk bed**) (una de dos) litera: *My brother slept on the top bunk.* Mi hermano dormía en la litera de arriba. **3** [U] (*antic, coloq*) mentiras, tonterías

bunk² (tb **bunk down**) *v* [I] (*coloq*) dormir (fuera de casa): *You can bunk down on the sofa.* Puedes dormir en el sofá.

bun·ker /ˈbʌŋkər/ s [C] **1** búnker **2** (tb **coal bunker**) carbonera

bun·ny /ˈbʌni/ (tb **'bunny ˌrabbit**) s [C] (pl **bunnies**) conejito

bunt·ing /ˈbʌntɪŋ/ s [U] banderines

buoy¹ /ˈbui, bɔɪ/ s [C] (pl **buoys**) boya ▶ LIFE BUOY

buoy² (tb **bouy up**) *v* [T] **1** animar • **be buoyed (up) by sth** estar/sentirse animado -a por algo • **buoy up sb's spirits** levantarle el ánimo a alguien **2** mantener alto/al alza, sostener **3** mantener a flote

buoy·an·cy /ˈbɔɪənsi/ s [U] **1** flotabilidad **2** empuje **3** optimismo **4** capacidad de recuperación

buoy·ant /ˈbɔɪənt/ *adj* **1** optimista (persona, ánimo) **2** floreciente, próspero -a, boyante **3** dotado -a de flotabilidad **4** capaz de ejercer empuje

bur·ble /ˈbɜrbəl/ *v* **1** [I,T] farfullar, mascullar • **burble on/away** hablar sin parar, platicar sin parar **2** [I] borbot(e)ar

bur·den¹ ⟨W3⟩ /ˈbɜrdn/ s [C]
1 (moral) carga, peso: *Running the business on my own has been a huge burden.* Encargarme del negocio yo solo ha sido una gran carga. • *the burden of responsibility* el peso de la responsabilidad • **be a burden on sb** ser una carga para alguien • **carry/bear the burden of sth** llevar (todo) el peso de algo • **assume/shoulder a**

burden asumir/soportar un peso • **ease/lighten the burden (on sb)** disminuir/aligerar el peso (que soporta alguien)
2 (económica) carga: *countries struggling under a huge burden of debt* países en dificultades por el peso de su enorme deuda • **the tax burden** la presión fiscal • **a financial burden** una carga financiera
3 (*frml*) (cosa transportada) carga SIN **load**

EXPRESIONES
the burden of proof (*jur*) la carga de la prueba, la responsabilidad de probar que algo es cierto

burden² *v* [T frec en pasiva] **1** agobiar (con problemas, responsabilidades) • **burden sb with sth** agobiar a alguien con algo • **be burdened by/with sth** soportar el peso/la carga de algo **2 be burdened with sth** ir cargado -a con algo

bu·reau W2 /'bjʊroʊ/ *s* [C] (pl **bureaus** o **bureaux** /-roʊz/)
1 departamento (gubernamental), oficina
2 agencia: *an employment bureau* una agencia de colocación
3 sucursal
4 cómoda

bu·reauc·ra·cy /bjʊˈrɑkrəsi/ *s* [C, U] (pl **bureaucracies**) burocracia ▶ RED TAPE

bu·reau·crat /'bjʊrəˌkræt/ *s* [C] burócrata

bu·reau·crat·ic /ˌbjʊrəˈkrætɪk◂/ *adj* burocrático -a

bur·geon /'bɝdʒən/ *v* [I] florecer (mercado, industria), crecer (crisis, popularidad)

bur·geon·ing /'bɝdʒənɪŋ/ *adj* [sin compar] (*escrito*) (demanda, población) creciente, cada vez mayor; (mercado, industria) floreciente

burg·er S3 /'bɝɡɚ/ *s* [C] hamburguesa: *a burger and fries* una hamburguesa con papas fritas SIN **hamburger** ▶ CHEESEBURGER; FLIP **burgers**

bur·glar /'bɝɡlɚ/ *s* [C] ladrón -ona (que roba una casa o un local) ▶ ver nota en THIEF

'burglar a,larm *s* [C] alarma antirrobo

bur·glar·ize /'bɝɡləˌraɪz/ *v* [T gralm en pasiva] robarle a, entrar a robar en

bur·gla·ry /'bɝɡləri/ *s* [C,U] (pl **burglaries**) robo (en el que se entra en una casa, un local, etc.) • **charge sb with burglary** acusar a alguien de robo (con allanamiento de morada)

bur·gun·dy¹ /'bɝɡəndi/ *adj* (color) vino tinto, (color) burdeos

burgundy² *s* (pl **burgundies**) **1** [C,U] (tb **Burgundy**) borgoña, vino de Borgoña **2** [U] (color) vinotinto, (color) burdeos

bur·i·al /'bɛriəl/ *s* **1** [C] (ceremonia) entierro • **give sb a Christian/decent burial** dar cristiana sepultura/un entierro digno a alguien • **burial service** honras fúnebres, exequias **2** [U] (acción de enterrar) enterramiento, entierro • **burial ground** cementerio

Bur·ki·na Fa·so /bɚˌkinə ˈfæsoʊ/ Burkina Faso

Bur·ki·nan¹ /bɚˈkinən/ (tb **Burkinese**) *s* [C] burkinés -esa

Burkinan² (tb **Burkinese**) *adj* burkinés -esa

Bur·ki·nese /ˌbɚkɪˈniz◂/ *s, adj* burkinés -esa

bur·lap /'bɝlæp/ *s* [U] estopa

bur·lesque /bɚˈlɛsk/ *s* [C,U] parodia

bur·ly /'bɝli/ *adj* robusto -a, fornido -a

burn¹ S1 W2 /bɝn/ *v* (**burned**, **burnt** /bɝnt/)
1 fuego, vela, fósforo
2 destruir
3 hacer(se) daño
4 sol
5 comida
6 sustancias químicas
7 combustible
8 grasas, calorías
9 luz, foco
10 ojos, piel
11 por vergüenza, disgusto
12 un CD, un DVD

1 FUEGO, VELA, FÓSFORO [I] arder: *A fire was burning in the fireplace.* El fuego ardía en la chimenea.

2 DESTRUIR (a) [T] quemar: *I burned all his old letters.* Quemé todas sus viejas cartas. • **burn sth to the ground** reducir algo a cenizas, quemar algo por completo • **burn a hole in sth** hacer un agujero en algo (quemándolo): *He burned a hole in the shirt with his cigarette.* Se hizo un agujero en la camisa con el cigarrillo. **(b)** [I] quemarse, arder: *Parts of the building are still burning.* Aún están ardiendo algunas partes del edificio.

3 HACER(SE) DAÑO [T] quemar: *I burned my hand.* Me quemé la mano. • *She was badly burned.* Tenía quemaduras muy graves. • **burn your arm/leg on sth** quemarse el brazo/la pierna con algo • **be burned to death** (tb **be burned alive**) morir carbonizado -a/quemado -a

4 SOL [I,T] quemar(se): *Her face was badly burned.* Tenía la cara muy quemada por el sol. • *I burn easily.* Me quemo con facilidad.

5 COMIDA [I,T] quemar(se): *I burned the pizza.* Se me quemó la pizza. • **burn sth to a crisp/cinder** achicharrar algo • **burn to a crisp/cinder** achicharrarse

6 SUSTANCIAS QUÍMICAS [I,T] quemar, abrasar

7 COMBUSTIBLE (a) [T] funcionar con/a: *The boiler burns oil.* La caldera funciona con petróleo. • *Her new car burns a lot of fuel.* Su carro nuevo gasta mucha gasolina. **(b)** [I] arder: *Coal burns longer than wood.* El carbón arde más tiempo que la madera.

8 GRASAS, CALORÍAS [T] quemar: *exercises that burn fat* ejercicios que ayudan a quemar grasas

9 LUZ, FOCO [I] estar encendido -a

10 OJOS, PIEL [I,T] arder: *My eyes were burning from the smoke.* Me ardían los ojos por el humo. • *The eye drops really burn.* Las gotas para los ojos arden mucho. • *The whiskey burned my throat.* El whisky me quemaba la garganta. SIN **sting**

11 POR VERGÜENZA, DISGUSTO [I] *My cheeks were burning as I spoke.* Las mejillas me ardían mientras hablaba. • *He felt his face burn with embarrassment.* Sintió que la cara se le ponía como un tomate de la vergüenza.

12 UN CD, UN DVD [T] grabar, quemar: *They burned a CD of their wedding photographs.* Grabaron un CD con las fotos de la boda. ▶ **your/his** EARS **are burning**

EXPRESIONES
burn sb at the stake quemar a alguien en la hoguera • **burn your bridges/boats** quemar las naves • **burn the candle at both ends** tener una vida muy ajetreada • **burn a hole in your pocket** *Money was burning a hole in his pocket.* Se quería gastar la plata. • **burn the midnight oil** trabajar/estudiar hasta muy tarde • **burning to do sth** morirse por hacer algo, estar deseando hacer algo • **be burning with rage/desire** arder de furia/deseo • **get/have your fingers burned** salir perdiendo • **it burns me (that)** (*oral*) me da rabia (que)
burn away *v+partíc* **1 burn away** quemarse por completo **2 burn sth ↔ away** quemar algo por completo
burn down *v+partíc* **1 burn down** incendiarse, quemarse (edificio): *Their house burned down while they were away.* Su casa se incendió estando ellos afuera. **2 burn sth ↔ down** incendiar/quemar algo **3 burn down** apagarse (fuego)
burn off *v+partíc* disiparse (niebla)
burn out *v+partíc* **1 burn (itself) out** apagarse, consumirse (fuego, hoguera), extinguirse (incendio) **2 be burned out** estar calcinado -a (edificio, carro) **3 burn out** agotarse, quemarse (en el trabajo) **4 burn out** quemarse (motor) **5 burn sth ↔ out** quemar algo (un motor)
burn up *v+partíc* **1 burn up** quedar reducido -a a cenizas **2 burn sth ↔ up** (*coloq*) despilfarrar, gastar algo a lo tonto (plata, electricidad, etc.) **3 be burning up** (*oral*) estar ardiendo (por la fiebre) **4 burn sth ↔ up** quemar

algo (energía, grasas, calorías) **5 burn sb up** (*coloq*) darle rabia a alguien **6 burn up sth** (*coloq*) correr, bailar o atravesar a gran velocidad

burn² *s* [C] **1** (lesión) quemadura, quemada • **severe/ serious burns** quemaduras graves • [+**to/on**]: *burns to the legs* quemaduras en las piernas • *He had burns on his back.* Tenía quemaduras en la espalda. ▶ **THIRD-DEGREE 2** (marca) quemadura, marca: *I had carpet burns on my knees.* Tenía rozaduras de la alfombra en las rodillas.

burned /bɚnd/ *adj* quemado -a

burn·er /'bɚnɚ/ *s* [C] (en una cocina) quemador
EXPRESIONES
put/leave sth on the back burner (*coloq*) dejar algo en suspenso, congelar algo

burn·ing¹ /'bɚnɪŋ/ *adj* [solo ante s] **1** en llamas **2** ardiente (mejillas, sol): *a burning sensation* una sensación de ardor **3** acuciante (necesidad): *a burning desire to travel* un deseo ardiente de viajar • **sb's burning ambition** la máxima aspiración de alguien
EXPRESIONES
a burning issue/question un tema/asunto candente

burning² *adv*
EXPRESIONES
burning hot ardiente, abrasador -a

bur·nish /'bɚnɪʃ/ *v* [T] bruñir, sacarle brillo a

bur·nished /'bɚnɪʃt/ *adj* [gralm ante s] bruñido -a

burn·out /'bɚnaʊt/ *s* [U] agotamiento

burnt¹ /bɚnt/ pasado y participio pasado de **BURN**

burnt² *adj* quemado -a

burp¹ /bɚp/ *v* **1** [I] eructar **2** [T] hacer eructar (a un bebé)

burp² *s* [C] eructo

bur·row¹ /'bɚoʊ, 'bʌroʊ/ *v* **1** [I always + adv/prep,T] excavar • **burrow into/under/through sth** excavar en/bajo/por algo **2** [I siempre + adv/prep] **burrow in/into sth** hurgar en algo • **burrow through sth** revolver algo

burrow² *s* [C] madriguera

bur·sar /'bɚsɚ, -sɑr/ *s* [C] tesorero -a (de una institución docente)

burst¹ /bɚst/ *v* (**burst**) **1** [I,T] reventar (cañería, globo, bolsa) • **burst open** abrirse de golpe **2** [I siempre + adv/prep] **burst through/into sth** aparecer de repente por algo/irrumpir en algo • **burst in** irrumpir, entrar de sopetón **3 be bursting with sth** estar repleto -a de algo • **be bursting with pride/energy** no caber en sí de orgullo/rebosar energía ▶ **the BUBBLE bursts**
EXPRESIONES
burst its banks desbordarse (río) • **burst a blood vessel** (*oral*) ponerse como una fiera • **be bursting at the seams** (*coloq*) estar (lleno -a) hasta el tope • **be bursting to do sth** (*coloq*) morirse por hacer algo/de ganas de hacer algo
burst in on sb *v+partíc* interrumpir a alguien entrando de sopetón
burst into sth *v+partíc* **1** prorrumpir en algo (risas, aplausos) • **burst into song** ponerse a cantar • **burst into tears** ponerse/echarse a llorar **2 burst into flames** estallar en llamas
burst out *v+partíc* **1 burst out laughing/crying** echarse a reír/llorar **2 burst out** espetar, decir de repente ▶ **OUTBURST**

burst² *s* [C] **1** esfuerzo, arranque • **a burst of activity/ enthusiasm** un súbito incremento de la actividad/un arranque de entusiasmo • **a burst of speed/energy** una acelerada/un arranque de energía • **in bursts** a/en rachas **2** salva (de aplausos), ráfaga (de disparos) **3 a burst of anger/resentment** un arranque de ira/de rencor **4** rotura (de una tubería, un neumático)

Bu·run·di /bʊ'rundi, -'rʊn-/ Burundi

Bu·run·di·an¹ /bʊ'rundiən, -'rʊn-/ *s* [C] burundés -esa

Burundian² *adj* burundés -esa

bur·y S3 W3 /'bɛri/ *v* [T] (**buries, buried, burying**)

1 en una tumba
2 bajo tierra
3 en nieve, escombros, papeles
4 en la memoria
5 en un documento, un texto
6 sobre una superficie
7 una idea, un mito, un rumor
8 en un partido, una competencia
9 en fútbol, hockey
10 la cabeza, el rostro

1 EN UNA TUMBA enterrar, sepultar • **lie/be buried** yacer/estar enterrado -a • **bury sb alive** enterrar vivo -a a alguien

2 BAJO TIERRA enterrar • **buried treasure** tesoro enterrado

3 EN NIEVE, ESCOMBROS, PAPELES [gralm en pasiva] sepultar • **be buried under/beneath/in sth** quedar sepultado -a bajo/debajo de/en algo • **bury sb alive** sepultar vivo -a a alguien

4 EN LA MEMORIA **bury your memories/ disappointment** enterrar los recuerdos/olvidar la decepción

5 EN UN DOCUMENTO, UN TEXTO esconder • **bury sth in the small print** esconder algo en la letra pequeña

6 SOBRE UNA SUPERFICIE **bury your teeth/knife in sth** clavar los dientes/el cuchillo en algo • **bury itself in sth** clavarse en algo

7 UNA IDEA, UN MITO, UN RUMOR acabar con, disipar

8 EN UN PARTIDO, UNA COMPETENCIA (*coloq*) aplastar, pasarle por encima a

9 EN FÚTBOL, HOCKEY meter (la pelota, el disco, etc.)

10 LA CABEZA, EL ROSTRO **bury your head/face in sth** hundir la cabeza/la cara en algo
EXPRESIONES
be buried in the past estar enterrado -a en el pasado • **bury the hatchet** hacer las paces • **bury your head in the sand** esconder la cabeza como el avestruz/debajo del ala • **bury yourself in your work/studies** refugiarse en el trabajo/los estudios

bus¹ S1 W2 /bʌs/ *s* [C] (pl **buses, busses**) **1** bus, camión • **on the bus** en el bus • **by bus** en bus • **get on the bus** subirse al bus • **get off the bus** bajarse del bus • **catch/take a bus** alcanzar/tomar un bus • **wait for a bus** esperar a un bus • **miss the bus** perder el bus • **ride a bus** ir en bus • **a school bus** un bus escolar • **bus conductor** cobrador -a • **bus driver** conductor -a (de bus), camionero -a • **bus fare** (precio del) tiquete de bus • **bus route** línea de bus • **bus service** servicio de buses **2** bus (en informática)

bus² *v* [T] (**bused, busing** o **bussed, bussing**) **1** [siempre + adv/prep, gralm en pasiva] **be bused to/into** ser transportado -a en bus a **2 bus tables** trabajar de mesero -a/camarero -a

bus·boy /'bʌsbɔɪ/ *s* [C] ayudante de camarero

bush S3 /bʊʃ/ *s* **1** [C] arbusto: *a holly bush* un acebo **2 the bush** el monte ▶ **BEAT around the bush**

bushed /bʊʃt/ *adj* [nunca ante s] (*coloq*) molido -a

bush·y /'bʊʃi/ *adj* (**bushier, bushiest**) **1** espeso -a (pelo), poblado -a (cejas, barba), peludo -a (cola, rabo) **2** tupido -a (planta)

bus·i·ly /'bɪzəli/ *adv* afanosamente • **be busily doing sth** estar muy ocupado -a haciendo algo

busi·ness S1 W1 /'bɪznɪs/ *s*

1 actividad comercial
2 actividad laboral
3 empresa, tienda
4 ventas
5 tema
6 obligaciones
7 cuestion personal

1 ACTIVIDAD COMERCIAL [U] negocios • **do business (with sb)** hacer negocios (con alguien) • **the**

transportation/advertising/fashion **business** el sector del transporte/el negocio de la publicidad/la industria de la moda • **go into business/set up in business** establecerse por su cuenta, poner un negocio • **go out of business** cerrar, quebrar • **a line of business** un ramo/ tipo de negocio: *What line of business are you in?* ¿A qué te dedicas? • **be open for business** estar abierto -a (al público) • **business activities** actividades comerciales • **business associate** socio -a (comercial) • **business community** comunidad empresarial • **business interests** intereses comerciales • **business partner** socio -a (empresarial) • **business sense** visión para los negocios/ sentido comercial

2 ACTIVIDAD LABORAL [U] trabajo • **mix business with pleasure** mezclar los negocios con el placer • **on business** por trabajo • **business lunch** almuerzo de trabajo • **business meeting** reunión de trabajo • **business trip** viaje de negocios/trabajo

3 EMPRESA, TIENDA [C] negocio: *She owns her own business.* Tiene su propio negocio. • **run a business** estar al frente de un negocio, administrar una empresa • **a small business** una pequeña empresa • **a printing/ grocery/photographic business** una imprenta/una tienda de abarrotes/una empresa de fotografía • **set up/start a business** poner un negocio • **a family business** una empresa familiar

4 VENTAS [U] *Business has doubled.* El volumen de negocios se ha duplicado. • *We get a lot of business from them.* Trabajamos mucho para ellos. • **business is good/bad** la empresa anda bien/mal • **business is slow/ brisk** hay poco/mucho movimiento • **drum up business** potenciar la actividad comercial

5 TEMA [sing] asunto • **a serious/strange business** un asunto serio/extraño: *It's been a terrible business.* Ha sido terrible.

6 OBLIGACIONES [U] tarea(s) • **[+of]**: *the routine business of government* las tareas de gobierno habituales • **sb's business is to do sth** es tarea/responsabilidad de alguien hacer algo: *Our business is to look after our members.* Es nuestra responsabilidad velar por nuestros socios.

7 CUESTION PERSONAL [U] **sb's business** asunto de alguien: *How I spend my free time is my business.* Lo que haga en mi tiempo libre es asunto mío. • **it's none of your business** (oral) no es asunto tuyo • **mind your own business** (oral) y a ti qué te importa ▶ **BIG BUSINESS, MONKEY business, SHOW BUSINESS**

EXPRESIONES

any other business otros asuntos, ruegos y preguntas • **it is business as usual** *It was business as usual in the market today.* Hoy la actividad en el mercado seguía siendo la habitual. • **the business end (of sth)** (coloq) la parte de un arma o herramienta con la que se dispara, se corta, etc. • **do its business** (oral) hacer sus necesidades (animal) • **funny business** (tb **monkey business**) (coloq) chanchullos, trinquetes • **get down to business** ponerse manos a la obra • **go about your business** ocuparse de sus cosas, hacer su vida normal • **have no business doing sth** (tb **have no business to do sth**) no tener por qué hacer algo • **be in business** **(a)** funcionar, estar en actividad (como empresa): *We have been in business for over thirty years.* Llevamos funcionando más de de treinta años. **(b)** (oral) estar listo -a para empezar • **make it your business to do sth** procurar hacer algo, encargarse de hacer algo • **be (just) minding your own business** estar de lo más tranquilo -a (sin molestar a nadie) • **not be in the business of doing sth** no tener ninguna intención de hacer algo

'**business ,card** s [C] tarjeta de visita, tarjeta de presentación

'**business class** s [U] clase ejecutiva

busi·ness·like /'bɪznɪs,laɪk/ adj eficiente, profesional

busi·ness·man W3 /'bɪznɪs,mæn/ s [C] (pl **business-men** /-,mɛn/)
1 hombre de negocios, empresario
2 be a businessman ser bueno/tener olfato para los negocios

⚠ Casi todo el mundo evita el uso de esta palabra para referirse indistintamente a personas de ambos sexos, porque podría ofender a las mujeres. En su lugar se utiliza **businessperson**, tanto para hombres como para mujeres. También existe la palabra **businesswoman** para referirse a una mujer.

'**business ,park** s [C] parque empresarial

'**business ,suit** s [C] traje de calle, traje sastre

busi·ness·wom·an /'bɪznɪs,wʊmən/ s [C] (pl **businesswomen** /-,wɪmɪn/) **1** mujer de negocios, empresaria **2 be a businesswoman** ser buena/tener olfato para los negocios

bus·ing /'bʌsɪŋ/ s [U] traslado de estudiantes en buses hacia otras zonas, con el fin de lograr la integración racial en las escuelas

'**bus lane** s [C] carril bus, carril de transporte público

'**bus pass** s [C] **1** pase de transporte, abono de transporte (para el bus) **2** subsidio de transporte, tarjeta de cortesía (para mayores de 60)

'**bus ,shelter** s [C] paradero de bus, parada de camión (con cubierta)

'**bus ,station** s [C] **1** estación de buses (interurbanos), camionera **2** terminal de buses (urbanos)

'**bus stop** s [C] paradero de bus, parada de camión • **at the bus stop** en el paradero de bus

bust¹ S3 /bʌst/ v (**busted**) (coloq)
1 [I,T] romper(se)
2 [T] **get/be busted (for sth)** ser detenido -a (por algo)
3 [T] hacer una redada en
4 [T] **bust sb's budget** dejar a alguien sin un centavo
5 [T] degradar (en el ejército) SIN **demote**
EXPRESIONES
bust your butt/ass (oral) matarse trabajando • **bust a gut** (oral) **(a)** herniarse, matarse **(b)** desternillarse de risa, doblarse de risa • **...or bust!** ¡...cueste lo que cueste!
bust out v+partíc escapar, fugarse
bust up v+partíc **1 bust sth ↔ up** desbaratar algo **2 bust sth ↔ up** destrozar algo, hacer pedazos algo **3** desternillarse de risa, doblarse de risa SIN **crack up** ▶ **BUST-UP**

bust² s [C] **1** busto, pecho: *she's a 36-inch bust* tiene 90 de busto **2** busto (escultura) **3** (coloq) redada • **a drug bust** una redada antidroga **4** fracaso

bust³ adj (coloq) **go bust** quebrar, ir a la bancarrota

bust·er /'bʌstər/ s (oral) mano, güey

bus·tle¹ /'bʌsəl/ v [I siempre + adv/prep] **1 bustle about/around** trajinar, ir de acá para allá **2 bustle with activity/people** bullir de actividad/gente ▶ **BUSTLING**

bustle² s **1** [U] ajetreo **2** [C] polisón ▶ **HUSTLE and bustle**

bus·tling /'bʌslɪŋ/ adj animado -a, bullicioso -a

'**bust-up** s [C] (coloq) **1** trifulca • **have a bust-up (with sb)** tener una trifulca (con alguien) **2** ruptura, separación ▶ **BUST up**

bus·y¹ S1 W3 /'bɪzi/ adj (**busier, busiest**)
1 (persona) ocupado -a • **[+with]**: *Everybody is busy with preparations for the wedding.* Todos están ocupados con los preparativos de la boda. • **be busy doing sth** estar ocupado -a haciendo algo • **keep sb busy** mantener a alguien ocupado -a
2 ajetreado -a, movido -a: *You've had a busy day.* Has tenido un día movido. • *a busy schedule* una agenda muy apretada
3 de mucho tránsito, con mucho movimiento • **a busy road/street** una carretera/calle de mucho tránsito • **a busy airport/station** un aeropuerto/una estación con mucho movimiento • **get busy** empezar a tener movimiento
4 (línea telefónica) ocupado -a • **be busy** estar/dar ocupado • **the busy signal** el tono de ocupado
5 recargado -a (decoración, diseño)

get busy ponerse a trabajar • **be too busy doing sth**
estar demasiado ocupado -a haciendo algo (irónicamente)

busy² *v* [T] (**busies, busied, busying**) • **busy yourself
with sth** entretenerse/ocupar su tiempo con algo • **busy
yourself (by/with) doing sth** entretenerse/ocupar su
tiempo haciendo algo

bus·y·bod·y /ˈbɪziˌbɑdi, -ˌbʌdi/ *s* [C] (pl **busybodies**)
metiche, entrometido -a

but¹ S1 W1 /bət; *fuerte* bʌt/ *conj*

1 indicando contraste
2 indicando motivo
3 en correlación con frase negativa
4 para cambiar de tema
5 en correlación con frase de disculpa
6 para contradecir
7 indicando sorpresa, enojo
8 indicando recurrencia
9 para enfatizar

1 INDICANDO CONTRASTE pero: *It's an old car, but it's
very reliable.* Es un carro viejo pero muy fiable. • *He
lost the first game but won the second.* Perdió el primer
partido pero ganó el segundo.
2 INDICANDO MOTIVO pero: *He'd like to go, but he's too
busy.* Le gustaría ir, pero está demasiado ocupado.
3 EN CORRELACIÓN CON FRASE NEGATIVA sino: *They
are doing this not to make money, but to help the
church.* No hacen esto para ganar dinero, sino para
ayudar a la iglesia. • *He lied not just once, but several
times.* Mintió no una sino varias veces.
4 PARA CAMBIAR DE TEMA (*oral*) pero: *But now let's
look at the main issue.* Pero ahora vayamos a la
cuestión más importante.
5 EN CORRELACIÓN CON FRASE DE DISCULPA (*oral*)
pero: *Excuse me, but aren't you Julie?* Perdone, pero ¿no
es usted Julie? • *I'm sorry, but you can't smoke here.* Lo
siento, pero aquí no se puede fumar.
6 PARA CONTRADECIR (*oral*) pero: *"It was a great
idea." "But it didn't work."* –Era una idea genial. –Pero
no funcionó.
7 INDICANDO SORPRESA, ENOJO (*oral*) pero: *"I've
decided to resign." "But why?"* –He decidido renunciar.
–Pero, ¿por qué? • *"I've got a new job." "But that's
fabulous!"* –Tengo trabajo nuevo. –¡Pero qué bien!
8 INDICANDO RECURRENCIA (*liter*) sin: *Not a day goes
by but that I think of him.* No pasa un solo día sin que
piense en él.
9 PARA ENFATIZAR (*oral*) pero: *Everyone, but everyone,
is coming.* Van a venir todos, pero todos.

but then aunque en realidad: *You're lucky, but then you
always were.* Has tenido suerte, aunque en realidad
siempre fuiste suertudo. • **but then again** pero también,
pero la verdad es que

but² S1 W2 *prep* ["but" puede ir seguido de infinitivo con o
sin "to"] salvo, menos: *There's no one here but me.* Aquí
no hay nadie salvo yo. • *I could come any day but
Thursday.* Podría venir cualquier día menos el jueves.
• *We had no choice but to fire him.* No nos quedó otro
remedio que echarlo. • **nothing but** solo: *We could see
nothing but smoke.* Solo veíamos humo. • *You're nothing but a fool!* ¡No eres más que un tonto!

anything but (a) cualquier cosa menos, (de) todo menos
(b) para nada, ni mucho menos • **but for sb/sth** (*frml*)
(a) de no haber sido por alguien/algo: *But for my family,
I'd be in real trouble.* De no haber sido por mi familia,
tendría un serio problema. **(b)** salvo por alguien/algo:
The plan was perfect but for one small thing. El plan era
perfecto salvo por un pequeño detalle.

but³ *adv* (*liter*) solo: *You can but try.* Con intentarlo no
pierdes nada. • *This is but one example.* Este no es más
que un ejemplo.

sb cannot but do something (*frml*) alguien no puede
evitar hacer algo

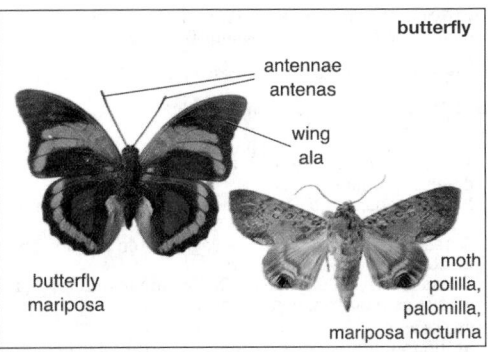

butterfly

antennae
antenas

wing
ala

moth
polilla,
palomilla,
mariposa nocturna

butterfly
mariposa

but⁴ /bʌt/ *s*
no buts (*oral*) nada de peros

bu·tane /ˈbyuteɪn/ *s* [U] butano

butch /bʊtʃ/ *adj* (*coloq*) 1 hombruna, marimacho
2 machote, muy macho

butch·er¹ /ˈbʊtʃɚ/ *s* [C] 1 carnicero -a 2 **butcher's**
carnicería 3 carnicero -a, asesino -a

butcher² *v* [T] 1 matar, sacrificar (animales) 2 [gralm
en pasiva] masacrar, asesinar 3 (*coloq*) arruinar,
destrozar

butch·er·y /ˈbʊtʃəri/ *s* [U] 1 masacre, carnicería
2 carneada (de un animal)

but·ler /ˈbʌt⌐lɚ/ *s* [C] mayordomo

butt¹ S2 /bʌt/ *s* [C]
1 (*coloq*) trasero, culo
2 colilla: *a cigarette butt* una colilla
3 **be the butt of sb's jokes/ humor** ser el blanco de las
bromas de alguien
4 culata (de un arma)
5 (tb **head butt**) cabezazo ▶ **BUST** your butt/ass
butt ugly (*coloq*) feísimo -a • **get off your butt** (*coloq*,
oral) muévete: *Get off your butt, and go mow the lawn.*
Muévete y ve a cortar el pasto. • **get your butt in/out/
over** (*coloq*, *oral*) *Get your butt out of that bathroom
now!* ¡Sal del baño ahora mismo, carajo! • **sit on your
butt** (*coloq*, *oral*) rascarse la panza/la barriga • **work/play
your butt off** (*coloq*, *oral*) partirse el alma trabajando/
dejar el alma en la cancha

butt² *v* [T] 1 (tb **headbutt**) dar un cabezazo a 2 embestir,
cornear
butt in *v+partíc* interrumpir (en una conversación)
butt in on sth *v+partíc* meterse/inmiscuirse en algo
butt out *v+partíc* (*coloq*, *oral*) **butt out!** ¡tú no te metas!,
¡lárgate!

butte /byut/ *s* [C] cerro

but·ter¹ S2 W3 /ˈbʌtɚ/ *s* [U] mantequilla: *bread and
butter* pan con mantequilla ▶ BREAD-AND-BUTTER, PEA-
NUT BUTTER
butter wouldn't melt in her/his mouth es una mosquita
muerta

butter² *v* [T] untar con mantequilla: *buttered toast* tostadas con mantequilla
butter sb up *v+partíc* (*coloq*) lamerle (las botas) a alguien

'butter bean *s* [C] frijol blanco

but·ter·cup /ˈbʌtɚˌkʌp/ *s* [C] ranúnculo, botón de oro

but·ter·fin·gers /ˈbʌtɚˌfɪŋgɚz/ *s* [sing] (*coloq*) torpe

but·ter·fly /ˈbʌtɚˌflaɪ/ *s* [C] (pl **butterflies**) 1 mariposa
2 **the butterfly** (tb **butterfly stroke**) [U] (estilo) mariposa
have butterflies (in your stomach) (*coloq*) estar nervioso -a

but·ter·milk /ˈbʌtɚˌmɪlk/ *s* [U] suero de la leche

but·ter·scotch /ˈbʌtɚˌskɑtʃ/ s [U] caramelo duro o crema que se hace con mantequilla y azúcar morena

but·ter·y /ˈbʌtəri/ adj mantecoso -a

but·tock /ˈbʌtək/ s [C gralm pl] nalga

but·ton¹ S1 W3 /ˈbʌtʰn/ s [C]
1 (de la ropa) botón • **undo a button** abrochar/desabrochar un botón
2 (de un aparato) botón • **press/push a button** apretar un botón
3 (técn) (en un cuadro de diálogo) botón • **click on a button** hacer clic en un botón
4 (con una leyenda o imagen) botón, pin (circular) ▸ **(as) BRIGHT as a button, PUSH-BUTTON**
EXPRESIONES
at the touch/push of a button con solo apretar un botón • **(right) on the button** (coloq) en punto • **be (right) on the button** (coloq) dar en el clavo • **push/press (all) the right buttons** decir lo más adecuado • **push/press sb's buttons** (coloq) provocar a alguien

button² (tb **button up**) v [I,T] abrochar(se), abotonar(se)
EXPRESIONES
button it (tb **button your lip/mouth**) (coloq, oral) cerrar el pico

but·ton·hole /ˈbʌtʰnˌhoʊl/ s [C] ojal

but·tress¹ /ˈbʌtrɪs/ s [C] **1** contrafuerte **2** pilar, sostén (de un sistema, una idea)

buttress² v [T] reforzar, respaldar

bux·om /ˈbʌksəm/ adj pechugona

buy¹ S1 W1 /baɪ/ v (**bought** /bɔt/)

1	adquirir
2	ser suficiente
3	tiempo
4	una explicación, una excusa
5	a un juez, a un funcionario
6	votos, voluntades, influencia
7	sacrificando algo

1 ADQUIRIR [I,T] comprar: *customers who buy on the Internet* clientes que compran por Internet • **buy sb sth** comprarle algo a alguien: *Can I buy you a drink?* Te invito un trago. • **buy sth for sb/sth** comprar algo para alguien/algo • **buy sth from sb/sth** comprarle algo a alguien/algo (al vendedor): *We buy eggs from a local farmer.* Le compramos huevos a un granjero de la zona. • **buy sth for $5/$100** comprar algo por 5/100 dólares • **buy in bulk** comprar al por mayor ANT **sell**
2 SER SUFICIENTE [T] alcanzar para (comprar) • **buy sb sth** alcanzarle a alguien para (comprar) algo: *$15 should buy us a pizza and a drink.* Con 15 dólares debería alcanzarnos para una pizza y una bebida.
3 TIEMPO [T] ganar • **buy time** ganar tiempo
4 UNA EXPLICACIÓN, UNA EXCUSA [T] (coloq) tragarse
5 A UN JUEZ, A UN FUNCIONARIO [T] (tb **buy off**) (coloq) comprar, sobornar
6 VOTOS, VOLUNTADES, INFLUENCIA [T] comprar
7 SACRIFICANDO ALGO [T] **buy sth with sth** *They bought peace with their lives.* La paz les costó la vida. • **buy sth at the expense/cost of sth** conseguir algo a costa de algo ▸ **BOUGHT**
buy sth ↔ back v+partíc volver a comprar algo
buy sth ↔ in v+partíc abastecerse de algo, comprar gran cantidad de algo
buy into sth v+partíc **1** comprar acciones de algo **2** (coloq) hacer suyo algo (una idea)
buy sb ↔ off v+partíc **1** comprar el silencio de alguien **2** comprar/sobornar a alguien
buy out v+partíc **1 buy sb/sth ↔ out** comprar la parte de alguien/algo ▸ **BUYOUT 2 buy out sth** comprarse algo (en gran cantidad)
buy sth ↔ up v+partíc acaparar algo (comprando)

buy² S3 s **a good buy** una buena compra • **the best buy** la mejor oferta

buy·er W3 /ˈbaɪɚ/ s [C]
1 comprador -a • **a first-time buyer** persona que compra su primera vivienda • **house/home buyers** los compradores de vivienda
2 encargado -a de compras

'buyer's ˌmarket s [sing] mercado favorable al comprador ▸ **SELLER'S MARKET**

buy·out /ˈbaɪaʊt/ s [C] compra (de una empresa mediante adquisición de la mayoría de sus acciones): *a management buyout* compra de una empresa por parte de sus directivos ▸ **BUY out**

buzz¹ /bʌz/ v

1	producir sonido
2	volar
3	moverse
4	lugar, muchedumbre
5	en interfono, portero eléctrico
6	oídos, cabeza
7	pilotear

1 PRODUCIR SONIDO [I] zumbar, emitir un zumbido
2 VOLAR [I siempre + adv/prep] **buzz around/above/against sth** *Mosquitoes buzzed around my head.* Los mosquitos me zumbaban alrededor de la cabeza.
3 MOVERSE *Rumors were buzzing around the office.* Por la oficina circulaban rumores. • **buzz around** trajinar, ir de un lado para otro
4 LUGAR, MUCHEDUMBRE [I] bullir • **be buzzing with excitement/gossip** bullir de entusiasmo/ser un hervidero de rumores
5 EN INTERFONO, PORTERO ELÉCTRICO [I,T] tocar(le) el timbre (a)
6 OÍDOS, CABEZA [I] zumbar
7 PILOTEAR [T gralm en pasiva] (coloq) volar a baja altura sobre
EXPRESIONES
sb's head/mind is buzzing with sth algo bulle en la cabeza de alguien • **buzz off!** (coloq, oral) ¡lárgate!

buzz² s **1** [C gralm sing] zumbido **2** [sing] rumor, murmullo **3** [sing] (coloq) entusiasmo, excitación • **give sb a buzz** volver loco -a a alguien • **get a buzz from sth** *She gets a buzz from her work.* Su trabajo la estimula. **4** (coloq) traba (por la droga), pasón SIN **high**
EXPRESIONES
give sb a buzz (coloq) darle un toque/un telefonazo a alguien

buz·zard /ˈbʌzɚd/ s [C] gallinazo, zopilote SIN **vulture**

buzz·er /ˈbʌzɚ/ s [C] timbre (de un interfono, portero eléctrico)

buzz·word /ˈbʌzˌwɚd/ s [C] palabra clave, término de moda

by¹ S1 W1 /baɪ/ prep ▸ **by** también forma parte de phrasal verbs como **get by, pass by**, etc., que figuran bajo el verbo correspondiente.
1 (con la voz pasiva) por: *a letter signed by the principal* una carta firmada por el director • *Jim was bitten by a dog.* A Jim lo mordió un perro.
2 (indicando medio) por: *You can reserve tickets by phone.* Puede reservar los boletos por teléfono. • *She referred to him by name.* Se refirió a él por su nombre. • **by doing sth** haciendo algo: *She earns extra money by babysitting.* Gana un dinero extra cuidando niños. • **by car/train/plane/bus** en carro/tren/avión/bus • **by air/sea/land** por aire/mar/tierra
3 (indicando tiempo) para: *I'll be home by 9:30.* Para las 9:30 ya estaré en casa. • *The report must be ready by Friday.* El informe tiene que estar para el viernes.
4 (indicando autoría) de: *paintings by Picasso* cuadros de Picasso
5 (indicando camino) por: *Enter by the back door.* Entre por la puerta trasera.
6 (indicando cercanía) junto a, al lado de: *a house by the ocean* una casa junto al mar • *The dog walked by my side.* El perro caminaba a mi lado.
7 (indicando aproximación) *He walked by me without*

saying hello. Pasó de largo sin saludarme. • *I go by the station on my way to work.* Cuando voy al trabajo, paso por la estación.
8 (indicando conformidad) según: *We'll arrive around 5 o'clock by my calculations.* Según mis cálculos, llegaremos a eso de las 5. • *You must play by the rules.* Debes jugar de acuerdo con las reglas. • **it's fine/okay by me** (*oral*) por mí no hay problema • **by law** por ley
9 (indicando diferencia) por: *We missed the train by two minutes.* Perdimos el tren por dos minutos. • *The price of oil fell by $2 a barrel.* El precio del petróleo bajó 2 dólares el barril. • **by far** con mucho, lejos
10 (indicando contacto) de: *She grabbed him by the arm.* Lo agarró del brazo. • *Pick the pot up by the handle.* Tome la olla por el asa.
11 (al multiplicar, dividir) por: *What's 48 divided by 4?* ¿Cuánto es 48 dividido por 4? • *Multiply 6 by 10.* Multiplica 6 por 10.
12 (en medidas de superficie) por: *The swimming pool is 25 meters by 10 meters.* La piscina mide 25 metros por 10.
13 (indicando unidad de medida) por: *We are paid by the hour.* Nos pagan por horas. • *We sell eggs by the dozen.* Vendemos los huevos por docena.
14 (indicando origen, profesión) de, por: *She is French by birth.* Es francesa de nacimiento. • *He's cautious by nature.* Es cauto por naturaleza. • *I'm a lawyer by profession.* Soy abogado de profesión.
15 (indicando causa) por • **by mistake/chance** por error/casualidad • **by accident** sin querer
16 (indicando paternidad) de: *She has two children by her ex-husband.* Tiene dos hijos de su ex marido.
17 (indicando iluminación) a • **by moonlight/candlelight/lamplight** a la luz de la luna/de las velas/de una lámpara
EXPRESIONES
by day/night de día/de noche • **by the hour/minute** hora a hora/minuto a minuto • **by the way** (tb **by the by** (*antic*)) (*oral*) a propósito • **(all) by yourself/itself (a)** (sin compañía) solo -a: *He's spending Christmas by himself.* Va a pasar la Navidad solo. **(b)** (sin ayuda) solo -a: *The girls made the cake all by themselves.* Las niñas hicieron el pastel solas. • **day by day/little by little** día a día/poco a poco

by² S1 W1 *adv* ► **by** también forma parte de *phrasal verbs* como **get by**, **pass by**, etc., que figuran bajo el verbo correspondiente.
1 (indicando movimiento) **go by** pasar • **walk/run by** pasar caminando/corriendo
2 (indicando tiempo) **go by** pasar: *Three hours went by.* Pasaron tres horas. • **fly/drag by** pasar volando/lentamente
EXPRESIONES
by and large en general, por lo general • **drop/stop/come by** pasar(se) (de visita) • **by and by** (*antic*) dentro de poco, al poco tiempo

bye S1 /baɪ/ (tb bye-'bye) *interj* (*oral*) adiós, chao: *Bye, everyone!* ¡Adiós a todos! • **bye for now** hasta luego

by·gone /'baɪɡɔn, -ɡɑn/ *adj* **bygone age/era/days** época pasada/era pasada/días pasados

by·gones /'baɪɡɔnz, -ɡɑnz/ *s* **let bygones be bygones** (ya) lo pasado, pasado

by·pass¹ /'baɪpæs/ *s* [C] **1** (tb **heart bypass**) by-pass, derivación coronaria **2** carretera circunvalar, libramiento

bypass² *v* [T] **1** circunvalar (una población) **2** evitarse (una cola), saltarse (una norma), pasar por encima de (a un superior) **3** hacer un by-pass en

by·prod·uct, by-product /'baɪ͵prɑdʌkt/ *s* [C] **1** subproducto, derivado **2** consecuencia

by·stand·er /'baɪ͵stændər/ *s* [C] transeúnte, curioso -a • **innocent bystanders** personas inocentes, transeúntes

byte /baɪt/ *s* [C] (*técn*) byte

by·way /'baɪ͵weɪ/ *s* [C] **1** camino (poco frecuentado) • **highways and byways** carreteras y caminos **2** **byways** [pl] entresijos, aspectos menos conocidos

by·word /'baɪ͵wɜd/ *s* **be/become a byword for sth** ser/convertirse en sinónimo de algo

Cc

C¹, c /si/ s (pl **C's, c's**) **1** [C,U] do (nota musical) • **in (the key of) C** en do **2** [C] calificación usada en exámenes y trabajos escolares para indicar que el examen trabajo o alcanza el nivel requerido

C² abrev escrita de **1** CELSIUS **2** CENTURY

CA abrev escrita de **1** CALIFORNIA **2** CENTRAL AMERICA

cab /kæb/ s [C] (coloq) **1** taxi • **by cab** en taxi • **take/get a cab** tomar un taxi • **call (sb) a cab** llamar un taxi (para alguien) • **hail a cab** parar un taxi (en la calle) **2** cabina (del conductor, maquinista) **3** coche de caballos

cab·a·ret /ˌkæbə'reɪ/ s **1** [C,U] (espectáculo) cabaret **2** [C] (local) cabaret

cab·bage /'kæbɪdʒ/ s [C] repollo, col

cab·bie, cabby /'kæbi/ s [C] (coloq) taxista

cab·in S3 W3 /'kæbɪn/ s [C]
1 cabaña: a log cabin una cabaña de troncos
2 camarote
3 cabina (del piloto, de pasajeros)

'cabin crew s [C] tripulación de cabina (de pasajeros)

cab·i·net S3 W3 /'kæbənɪt/ s [C]
1 armario, gabinete: a medicine cabinet un botiquín • kitchen cabinets armarios de cocina • a display cabinet una vitrina
2 (tb **Cabinet**) consejo de ministros, gabinete • **cabinet meeting** reunión del consejo de ministros, reunión de gabinete • **member of the cabinet/cabinet member** ministro -a del gobierno

ca·ble¹ S3 W2 /'keɪbəl/ s
1 [U] (televisión por) cable: Do you have cable? ¿Tienes televisión por cable? • **on cable** en (televisión por) cable • **cable channel** canal de (televisión por) cable • **cable company** compañía de (televisión por) cable • **cable network** cadena de televisión por cable
2 [C,U] (de electricidad, teléfono) cable
3 [C,U] (para puentes, construcciones) cable
4 [C] (técn) (en náutica) cabo, cable
5 [C] (antic) (telegrama) cable

cable² v [I,T] (antic) cablegrafiar, telegrafiar

'cable car s [C] **1** teleférico, funicular **2** tranvía

ˌcable 'television (tb **ˌcable T'V**) s [U] televisión por cable

ca·boose /kə'bus/ s [C] furgón de cola, cabús (en un tren)

cad·dy, caddie /'kædi/ s caddie

cad·mi·um /'kædmiəm/ s [U] cadmio

ca·dre /'kædri, 'kɑ-, -dreɪ/ s [C] (frml) **1** (grupo) cuadro **2** (integrante) cuadro

cae·sar·e·an /sɪ'zɛriən/ s variante de CESAREAN

ca·fé /kæ'feɪ, kə-/ s [C] café, cafetería

caf·e·te·ri·a /ˌkæfə'tɪriə/ s [C] (en un colegio, una fábrica) comedor, cantina, cafetería

caf·feine /kæ'fin, 'kæfin/ s [U] cafeína

cage¹ S3 /keɪdʒ/ s [C]
1 jaula
2 sitio cerrado con alambrada para practicar bateo en béisbol
3 celda, calabozo ▶ RIB CAGE

cage² v [T] enjaular

cag·ey /'keɪdʒi/ adj (**cagier, cagiest**) (coloq) reservado -a, evasivo -a

ca·hoots /kə'huts/ s **be in cahoots (with sb)** (coloq) estar confabulado -a (con alguien), estar amangualado-a (con alguien)

cairn /kɛrn/ s [C] mojón de piedras apiladas

ca·jole /kə'dʒoʊl/ v [I,T] engatusar • **cajole sb into doing sth** engatusar a alguien para que haga algo

cake¹ S1 W3 /keɪk/ s
1 [C,U] pastel, torta, ponqué: a chocolate cake un ponqué de chocolate • **a piece/slice of cake** un trozo/una porción de pastel • **a birthday/wedding cake** un ponqué de cumpleaños/un pastel de boda, un pastel de cumpleaños/de boda • **make/bake a cake** hacer un pastel/un ponqué ▶ ver nota en TARTA
2 especie de croqueta circular y aplanada: potato cakes croquetas de papas • rice cakes galletas de arroz
3 [C] **a cake of soap** una pastilla de jabón ▶ **be selling/going like** HOTCAKES, **be a** PIECE **of cake**, PANCAKE

EXPRESIONES
have your cake and eat it too (coloq) tenerlo todo (sin perder nada)

cake² v [I] coagularse, cuajar
EXPRESIONES
be caked with/in mud/blood estar cubierto -a de barro seco/de manchas de sangre

ca·lam·i·tous /kə'læmətəs/ adj calamitoso -a, desastroso -a

ca·lam·i·ty /kə'læməti/ s [C,U] (pl **calamities**) calamidad, desastre

cal·ci·fy /'kælsə,faɪ/ v [I,T] (**calcifies, calcified, calcifying**) calcificar(se)

cal·ci·um /'kælsiəm/ s [U] calcio

cal·cu·late W3 /'kælkyə,leɪt/ v [T]
1 (matemáticamente) calcular • **calculate (that)** calcular que • **calculate how much/many** calcular cuánto/cuántos
2 (por indicios, observaciones) calcular, suponer • **calculate (that)** calcular/suponer que • **calculate what/whether** calcular qué/si
3 **be calculated to do sth** estar pensado -a para hacer algo
calculate on sth v+partíc contar con algo, dar por hecho algo • **calculate on sb/sth doing sth** contar con que alguien/algo haga algo

cal·cu·lat·ed /'kælkyə,leɪtɪd/ adj premeditado -a, deliberado -a
EXPRESIONES
a calculated risk/gamble un riesgo calculado/una apuesta calculada

cal·cu·lat·ing /'kælkyə,leɪtɪŋ/ adj (peyor) calculador -a

cal·cu·la·tion /ˌkælkyə'leɪʃən/ s **1** [C gralm pl, U] (operación matemática) cálculo(s) • **do/make a calculation** hacer un cálculo • **by our/some calculations** según nuestros/algunos cálculos **2** [C,U] (planificación) cálculo premeditado, acto(s) calculado(s)

cal·cu·la·tor /'kælkyə,leɪtə/ s [C] calculadora

cal·cu·lus /'kælkyələs/ s [U] cálculo (infinitesimal)

Cal·e·do·ni·an¹ /ˌkælə'doʊniən/ s [C] (liter, hum) escocés -esa

Caledonian² adj (liter, hum) escocés -esa

cal·en·dar S2 /'kæləndə/ s [C]
1 (almanaque) calendario
2 (libro, cuaderno) agenda
3 (programa de actividades) agenda: My calendar is full for next week. Tengo la agenda completa para la semana que viene.
4 (división del tiempo) calendario • **the Gregorian/Islamic calendar** el calendario gregoriano/islámico
5 (fechas importantes) calendario

ˌcalendar 'month s [C] mes

ˌcalendar 'year s [C] año (natural)

calf ⑤ /kæf/ s (pl **calves** /kævz/)
 1 [C] pantorrilla
 2 [C] ternero -a
 3 [C] cría (de elefante, ballena, jirafa)
 4 [U] (cuero de) becerro, (piel de) becerro

cal·i·ber, calibre /'kæləbər/ s **1** (sing, U) (de una persona, un trabajo) calibre, nivel • **of (a) high caliber** de alto nivel • **of sb's caliber** del nivel/calibre de alguien **2** [C] (técn) (de un arma, una bala) calibre

cal·i·brate /'kælə,breɪt/ v [T] (técn) **1** calibrar **2** graduar

cal·i·bra·tion /ˌkælə'breɪʃən/ s (técn) **1** [U] calibración **2** [C] graduación

cal·i·co /'kælɪˌkoʊ/ s [U] **1** percal **2** (tb **calico cat**) gato blanco, negro y café

cal·i·pers /'kælɪpərz/ s [pl] calibrador

cal·is·then·ics /ˌkælɪs'θɛnɪks/ s [U] calisternia

call¹ ⑤ ⑥ /kɔl/ v

 1 por teléfono
 2 con un calificativo
 3 con un nombre, un tratamiento
 4 solicitar la presencia de
 5 organizar
 6 en voz alta
 7 con un nombre de pila
 8 de una lista
 9 ante un tribunal, un comité
 10 sentir impulso
 11 anticipar
 12 de visita
 13 árbitro
 14 animal
 15 posponer

 1 POR TELÉFONO [I,T] llamar: *I'll call you tomorrow.* Te llamo mañana. • *Your wife called.* Llamó su mujer. • **who's calling?** ¿de parte de quién? ▶ ver nota en **PHONE**
 2 CON UN CALIFICATIVO [T] **call sb sth** llamar algo a alguien, decirle a alguien algo: *Are you calling me a liar?* ¿Me estás llamando mentiroso? • **call sth sth** calificar algo como/de algo: *I would call the meeting a success.* Yo calificaría la reunión como un éxito. • **call yourself sth** decirse algo, llamarse a sí mismo -a algo: *They call themselves experts.* Se dicen expertos. • **he's/ that's what I call...** él/eso es lo que yo llamo...
 3 CON UN NOMBRE, UN TRATAMIENTO [T] **call sb sth** llamar a alguien algo, decirle a alguien algo: *Everyone calls him Bob.* Todos lo llaman Bob. • **be called sth** llamarse algo: *The arrow on the screen is called a cursor.* La flecha que aparece en pantalla se llama cursor. • **call sb by sth** llamar a alguien por algo • **what do you call...?** ¿cómo se llama...?
 4 SOLICITAR LA PRESENCIA DE [T] llamar • **call sb into/up to sth** llamar a alguien a algo: *The boss called me into her office.* La jefa me llamó a su oficina. • **call sb over** llamar a alguien para que venga/vaya • **call the police/a doctor** llamar a la policía/a un médico • **be called to sth** ser llamado -a a algo
 5 ORGANIZAR [T] convocar (a) • **call a strike/meeting** convocar (a) una huelga/reunión • **call an election** convocar a elecciones
 6 EN VOZ ALTA [I,T] gritar, llamar a gritos: *Someone called my name.* Alguien gritó mi nombre.
 7 CON UN NOMBRE DE PILA [T] **call sb sth** ponerle algo a alguien: *They called the baby Louise.* A la niña le pusieron Louise. ⓢⓘⓝ **name**
 8 DE UNA LISTA [T] decir/nombrar (en voz alta) ⓢⓘⓝ **call out**
 9 ANTE UN TRIBUNAL, UN COMITÉ [T gralm en pasiva] **be called to do sth** ser citado -a para hacer algo
 10 SENTIR IMPULSO **be/feel called to (do) sth** sentirse llamado -a a (hacer) algo
 11 ANTICIPAR [T] prever, predecir • **hard/difficult to call** difícil de predecir • **too close to call** demasiado reñido -a para dar un pronóstico/anticipar un resultado
 12 DE VISITA [I] pasar

 13 ÁRBITRO [T] declarar, dictaminar
 14 ANIMAL [I] cantar (pájaro), aullar (lobo)
 15 POSPONER [T] suspender, cancelar (un partido)
 ▶ **call sb's BLUFF**, **call a HALT to sth**, **call a HUDDLE**, **call it QUITS**, **call a SPADE a spade**, **draw/call ATTENTION to sth**, **SO-CALLED**

EXPRESIONES
 call collect llamar con cobro revertido, llamar por cobrar ▶ **COLLECT CALL** • **call it $15/2 hours** (oral) digamos 15 dólares/2 horas • **call it even** (oral) estar a mano (sin deudas) • **call it a day** • **call it a night** (coloq) dar por terminado el día: *Let's just call it a night, okay?* Dejémoslo por hoy, ¿les parece? • **call sb names** insultar a alguien • **call the shots** (coloq) tener la sartén por el mango • **call to mind sth** (frml) recordar a algo • **call sb to order** (frml) llamar a alguien al orden • **call sth to order** (frml) declarar abierto -a algo (una reunión, una asamblea)
 call at sth v+partíc **call at Yonkers/White Plains** parar en Yonkers/White Plains
 call back v+partíc **1 call back** volver a llamar **2 call sb back** devolverle la llamada a alguien, llamar a alguien (que llamó antes): *Can he call you back later?* ¿Puede devolverle la llamada más tarde?
 call for v+partíc **1 call for sth** reclamar algo • **call for sb to do sth** convocar a alguien para hacer algo **2 call for sth** requerir (de) algo: *This calls for a celebration!* ¡Esto hay que celebrarlo! • **sth is not called for** algo está de más **3 call for sth** anunciar algo, pronosticar algo (lluvia, buen tiempo)
 call in v+partíc **1 call sb/sth ↔ in** llamar a alguien/algo (para solucionar algo) **2 call in** llamar (al trabajo) • **call in sick** llamar (al trabajo) para avisar que se está enfermo -a **3 call in** llamar (a un programa de radio, televisión) **4 call in a loan/debt** exigir el pago inmediato de un préstamo/una deuda **5 call in a favor** cobrarse un favor
 call sth ↔ off v+partíc **1** cancelar algo, suspender algo (un evento, un partido no iniciado) **2** suspender algo (un evento, un partido iniciado) **3** llamar (a un perro para que no ataque)
 call on sb v+partíc **1** (tb **call upon sb**) **call on/upon sb to do sth** invitar a alguien a hacer algo • **call on/upon sb for sth** recurrir a alguien en busca de algo **2** visitar a alguien (brevemente)
 call out v+partíc **1 call sth ↔ out** decir algo (en voz alta) **2 call out** gritar • **call out to sb** llamar a alguien (gritando) **3 call sb/sth ↔ out** llamar a alguien/algo (para solucionar algo) ▶ **CALL-OUT**
 call up v+partíc **1 call sth** llamar por teléfono **2 call sb ↔ up** llamar a alguien por teléfono **3 call sth ↔ up** abrir algo (en un computador) **4 call sth ↔ up** evocar algo, traer algo a la memoria **5 call sth ↔ up** hacer aparecer algo

call² ⑤ ⑥ s [C]

 1 por teléfono
 2 petición
 3 a voces
 4 de un árbitro
 5 de un animal
 6 en un asunto
 7 poder de atracción
 8 un paciente, un amigo
 9 en un aeropuerto
 10 cosa que atender

 1 POR TELÉFONO llamada • **get/receive a call** recibir una llamada: *I got a call from Jane.* Me llamó Jane. • **give sb a call** llamar a alguien • **make a call** hacer una llamada • **return sb's call** devolverle la llamada a alguien • **take a call** atender una llamada
 2 PETICIÓN petición, llamamiento • [+**for**]: *the call for an end to the fighting* el llamamiento para que se ponga fin a los combates • **a call for sb to do sth** una petición/un llamamiento a alguien para que haga algo
 3 A VOCES grito, llamada • [+**for**]: *a call for help* un grito de auxilio
 4 DE UN ÁRBITRO decisión
 5 DE UN ANIMAL grito, aullido • [+**of**]: *the call of an owl* el grito de una lechuza

6 EN UN ASUNTO (*coloq*) be sb's call ser decisión de alguien • **a hard/an easy call** una decisión difícil/fácil
7 PODER DE ATRACCIÓN the call of sth (*liter*) la llamada de algo
8 A UN PACIENTE, UN AMIGO (*antic*) visita • **pay a call on sb** (tb **pay sb a call**) visitar a alguien • **make a call** hacer una visita
9 EN UN AEROPUERTO anuncio, llamada
10 COSA QUE ATENDER have a lot of calls on your time estar muy solicitado -a • **have a lot of calls on your resources** tener mucho que atender con los recursos disponibles ▸ at sb's BECK and call, PORT OF CALL, ROLL CALL

EXPRESIONES
answer the call of nature (*hum*) hacer sus necesidades • **the call of duty** la llamada del deber • **a call to action/arms** una llamada a la acción/a las armas • **on call** de guardia • **there is no call to do sth** (*oral*) no hay ninguna necesidad de/no hay por qué hacer algo • **there is no call for sth** (*oral*) no hay ninguna necesidad de algo • **there isn't much call for sth** no hay mucha demanda de algo

'**call box** *s* [C] teléfono de emergencias (en una carretera)

call·er /'kɔlə/ *s* [C] **1** persona que llama por teléfono: *Didn't the caller say who she was?* ¿La que llamó no dijo quién era? **2** (*antic*) visita (persona)

'**call girl** *s* [C] prostituta (que da citas por teléfono)

cal·lig·ra·phy /kə'lɪgrəfi/ *s* [U] caligrafía

'**call-in** *s* [C] programa con intervenciones telefónicas de los telespectadores/radioyentes

call·ing /'kɔlɪŋ/ *s* [C] **1** vocación **2** (*frml*) profesión

cal·lous /'kæləs/ *adj* cruel, insensible

cal·lous·ly /'kæləsli/ *adv* cruelmente, sin piedad

cal·lous·ness /'kæləsnɪs/ *s* [U] crueldad, falta de sensibilidad

cal·low /'kæloʊ/ *adj* inmaduro -a

cal·lus /'kæləs/ *s* [C] callo

,**call 'waiting** *s* [U] servicio de llamada en espera

calm[1] /kɑm/ *adj* **1** (persona, voz) tranquilo -a, sereno -a • **keep/stay/remain calm** mantener la calma **2** (mar, agua) en calma, sereno -a **3** (tiempo, día) apacible, sin viento **4** (lugar, periodo, situación) tranquilo -a, en calma

calm[2] S3 *v*
1 [T] calmar, tranquilizar • **calm (sb's) fears** despejar los temores (de alguien) • **calm yourself** calmarse, tranquilizarse • **calm sb's nerves** calmar/tranquilizar a alguien
2 [I] calmarse, tranquilizarse (situación)
calm down *v+partíc* **1 calm down** calmarse, tranquilizarse (persona): *Calm down and tell me what happened.* Tranquilízate y dime qué ocurrió. **2 calm down** calmarse, tranquilizarse (situación) **3 calm sb ↔ down** calmar/tranquilizar a alguien • **calm yourself down** calmarse, tranquilizarse

calm[3] *s* [sing, U] calma, tranquilidad • **appeal/call for calm** hacer un llamamiento a la calma, llamar a la calma

EXPRESIONES
the calm before the storm la calma que precede a la tormenta

calm·ly /'kɑmli/ *adv* **1** con calma **2** tranquilamente, tan campante

calm·ness /'kɑmnɪs/ *s* [U] calma, tranquilidad

cal·o·rie S3 /'kæləri/ *s* [C]
1 (en alimentación) caloría • **low-calorie/high-calorie** bajo -a/alto -a en calorías, de bajo/alto contenido calórico
2 (*técn*) (en física) caloría

cal·o·rif·ic /ˌkæləˈrɪfɪk◂/ *adj* **1** calórico -a **2** [solo antes] (*técn*) calorífico -a

cal·um·ny /'kæləmni/ *s* [C,U] (pl calumnies) calumnia

calves /kævz/ pl de CALF

Cal·vin·ist /'kælvənɪst/ *s* [C], *adj* calvinista

ca·ma·ra·der·ie /ˌkæm'rɑdəri, kɑm-/ *s* [U] camaradería

Cam·bo·di·a /kæm'boʊdiə/ Camboya

Cam·bo·di·an[1] /kæm'boʊdiən/ *s* [C] camboyano -a

Cambodian[2] *adj* camboyano -a

cam·cord·er /'kæmˌkɔrdə/ *s* [C] cámara de video, videocámara

came /keɪm/ pasado de COME

cam·el /'kæməl/ *s* **1** [C] camello **2** [U] beige ▸ the STRAW that breaks the camel's back

ca·mel·lia /kə'milyə/ *s* [C] camelia

cam·e·o /'kæmioʊ/ *s* [C] (pl cameos) **1** breve aparición de un actor o actriz famosos en una película u obra de teatro • **cameo appearance** breve aparición estelar **2** camafeo **3** breve descripción

cam·er·a S1 W2 /'kæmrə, -mərə/ *s* [C]
1 (de fotografía) cámara • **camera lens** lente de una cámara, lente fotográfica
2 (de cine, video) cámara: *television cameras* cámaras de televisión • **on camera** frente a la cámara • **off camera** fuera de cámara • **be caught on camera** ser captado -a por las cámaras • **the camera is rolling** la cámara está rodando • **camera angle** ángulo de cámara • **camera crew** cámaras, equipo de filmación ▸ VIDEO CAMERA

EXPRESIONES
in camera (*jur*) a puerta cerrada

cam·er·a·man /'kæmrəˌmæn, -mən/ *s* [C] (pl cameramen /-ˌmɛn, -mən/) camarógrafo, cameraman

Cam·e·roon /ˌkæmə'run, 'kæməˌrun/ Camerún

Cam·e·roon·i·an[1] /ˌkæmə'runiən/ *s* [C] camerunés -esa

Cameroonian[2] *adj* camerunés -esa

ca·mi·sole /'kæmɪˌsoʊl/ *s* [C] blusa de tiritas, camiseta de tirantes

cam·o·mile /'kæməˌmil/ *s* variante de CHAMOMILE

cam·ou·flage[1] /'kæməˌflɑʒ, -ˌflɑdʒ/ *s* **1** [U] (militar, natural) camuflaje **2** [U] ropa de camuflaje, traje de fatiga • **in camouflage** en traje de fatiga con ropa de camuflaje **3** [sing, U] (de una actividad, un defecto) camuflaje

camouflage[2] *v* [T] **1** (un vehículo, un animal) camuflar **2** (un defecto, un problema) camuflar

camp[1] S2 W2 /kæmp/ *s*
1 [C,U] (con tiendas de campaña) campamento • **break camp** levantar el campamento • **set up camp** acampar • **pitch/make camp** armar la carpa/el campamento, armar la tienda de campaña/el campamento • **a base camp** un campamento base • **a mining/logging camp** un campamento minero/maderero
2 [C] (de refugiados, presos) campo, campamento • **a prison/labor/detention camp** un campo de prisioneros/de trabajos forzados/de detención
3 [C,U] (para niños) campamento • **summer/football/tennis camp** campamento de verano/fútbol/tenis
4 [C] bando • **opposing camps** bandos opuestos
5 [C] (del ejército) campamento, cuartel
6 [U] estilo retro ▸ BOOT CAMP, CONCENTRATION CAMP, DAY CAMP

camp[2] S2 *v* [I] **(a)** acampar • **go camping** ir a acampar **(b) be camped on/at sth** estar acampado -a en algo
camp out *v+partíc* **1** acampar, dormir a la intemperie **2** alojarse temporalmente **3** (tb be camped out) apostarse, quedarse apostado -a
camp it up *v+partíc* **1** sobreactuar **2** actuar amaneradamente (homosexual)

camp[3] *adj* **1** retro, camp **2** amanerado -a

cam·paign[1] W1 /kæm'peɪn/ *s* [C]
1 (social, política, comercial) campaña • **an election/advertising campaign** una campaña electoral/publicitaria • **a campaign to do sth** una campaña para hacer algo • **a campaign for/against sth** una campaña a

favor de/en contra de algo, una campaña por/contra algo
2 campaign contribution contribución (monetaria) a una campaña • **campaign finance** (tb **campaign financing**) financiación de campaña • **campaign funds** fondos de campaña • **campaign manager** director -a de campaña
3 (militar) campaña

campaign² [W3] *v* [I] hacer campaña • **campaign for/against sth** hacer campaña a favor de/en contra de algo • **campaign to do sth** hacer campaña para hacer algo

cam·paign·er /kæm'peɪnər/ *s* [C] defensor -a, activista

camp·er /'kæmpər/ *s* [C] **1** campista, acampante **2** cámper, tráiler, casa rodante **3** campista, acampante (en un campamento de verano)

camp·ground /'kæmpgraʊnd/ *s* [C] camping (instalaciones)

cam·phor /'kæmfər/ *s* [U] alcanfor

camp·ing /'kæmpɪŋ/ *s* [U] camping, campismo (actividad) • **camping equipment** equipos de camping, equipos de campismo • **camping trip** (excursión de) camping

camp·site /'kæmpsaɪt/ *s* [C] sitio para acampar

cam·pus [S1] [W3] /'kæmpəs/ *s* [C]
1 campus • **on campus** en el campus
2 sede empresarial

cam·shaft /'kæmʃæft/ *s* [C] árbol de leva(s)

can¹ [S1] [W1] /kən; *fuerte* kæn/ *v mod* (**could** /kʊd/, 3ª pers sing **can**, forma negat **cannot**, contrac negat **can't**)
▶ **can** es un verbo auxiliar que no se usa en infinitivo. Para esta forma usaremos **be able to** (ver nota de uso más abajo).

1	indicando capacidad
2	indicando conocimientos
3	indicando permiso
4	indicando posibilidad
5	en peticiones
6	en ofrecimientos
7	en sugerencias
8	con verbos de percepción
9	indicando falta de probabilidad
10	indicando que no se debe
11	indicando sorpresa, enojo
12	indicando que algo es ocasional
13	en órdenes

1 INDICANDO CAPACIDAD poder: *I'm sure we can win.* Estoy segura de que podemos ganar. • *He cannot pay the rent.* No puede pagar el alquiler. • *Couldn't you find your keys?* ¿No encontraste las llaves? • *The police are doing all they can.* La policía está haciendo todo lo que puede.
2 INDICANDO CONOCIMIENTOS saber: *She can speak French.* Sabe francés. • *You can swim, can't you?* Sabes nadar, ¿no? • *He could read when he was four.* Cuando tenía cuatro años ya sabía leer.
3 INDICANDO PERMISO poder: *You can't go in there.* No puede entrar ahí. • *"Can I go home now?" "No, you can't."* –¿Me puedo ir ya a casa? –No, no puedes.
4 INDICANDO POSIBILIDAD poder: *You can buy the dictionary in any bookstore.* Puede adquirir el diccionario en cualquier librería. • *The manager can't see you now.* El gerente no puede atenderla ahora. • *There cannot be any doubt that he is guilty.* No cabe ninguna duda de que es culpable.
5 EN PETICIONES (*oral*) poder: *Can I have the check, please?* ¿Me puede traer la cuenta, por favor? • *Can you help me move this table?* ¿Me ayudas a correr esta mesa?
6 EN OFRECIMIENTOS [en interrog] (*oral*) poder: *Can I help you?* ¿Lo puedo ayudar en algo? • *Can I get you something to drink?* ¿Quieres algo de beber?
7 EN SUGERENCIAS (*oral*) poder: *If you want, we can go fishing.* Si quieres, podemos ir a pescar. • *You can always leave a message.* Siempre puedes dejar un mensaje.

8 CON VERBOS DE PERCEPCIÓN *I can see their car.* Veo su carro. • *I can't understand why you're so upset.* No entiendo por qué estás tan enojada. • *Can you smell something burning?* ¿No hueles algo quemándose?
9 INDICANDO FALTA DE PROBABILIDAD poder: *This can't be the right road.* Este camino no puede ser el correcto. • **can't have done/been sth** *You can't have been paying attention.* No puedes haber estado prestando atención.
10 INDICANDO QUE NO SE DEBE [en negat] poder: *You can't leave the kids by themselves.* No puedes dejar a los niños solos. • *They can't expect me to agree.* No esperarán que acepte.
11 INDICANDO SORPRESA, ENOJO [gralm en negat e interrog] (*oral*) poder: *How can you be so stupid!* ¡Cómo puedes ser tan tonto! • *You can't be serious!* ¿No estarás hablando en serio?
12 INDICANDO QUE ALGO ES OCASIONAL poder: *It can get very cold at night.* Puede llegar a hacer mucho frío de noche. • *Peter can be really annoying.* A veces Peter es insoportable.
13 EN ÓRDENES (*oral*) poder: *If you won't keep quiet, you can get out.* Si no te vas a quedar callado, te puedes ir.
EXPRESIONES
happy/nice as can be (*antic*) de lo más contento -a/lindo -a • **bad as can be** (*antic*) de lo peor • **no can do** (*coloq, oral*) me es imposible

¿can, could o be able to?
A la hora de expresar que alguien tiene la capacidad o los conocimientos para hacer algo, usaremos can o be able to, que es más formal: *Can you swim?* (¿Sabes nadar?) • *Young children are not able to open the bottle.* (Los niños pequeños no pueden abrir la botella.) También podemos expresar estas ideas en pasado.
El pasado de can es could: *She could ride a bike when she was three.* (Cuando tenía tres años ya sabía andar en bici.) • *He was able to walk with a cane.* (Podía caminar con ayuda de un bastón.)
También usaremos could cuando alguien tiene la capacidad o los conocimientos, pero no los utiliza: *He could do a lot better.* (Lo podría hacer mucho mejor.) Casos en los que debemos usar be able to y nunca can:
– para expresar la idea de capacidad en infinitivo: *to be able to pay the rent* (poder pagar el alquiler) con el verbo used to
– para expresar que alguien ha perdido la capacidad o los conocimientos que tenía: *I used to be able to play the violin.* (Yo sabía tocar bien el violín.)
– para expresar la idea de capacidad en el futuro; aquí usaremos will be able to: *After only a few lessons you will be able to understand basic Spanish.* (Después de unas pocas lecciones, podrás entender el español básico.)
– después de otros verbos, como might, may, would, want o hope: *He might be able to fix your car.* (Él podría arreglarte el carro.) • *You should be able to taste the difference.* (Tendrías que notar la diferencia de sabor.) • *I want her to be able to use a computer.* (Quiero que sepa usar el computador.)

can² [S2] /kæn/ *s* [C]
1 (envase metálico) lata, tarro: *a beer can* una lata de cerveza • [+of]: *some cans of soup* algunas latas de sopa
2 (envase con tapa) bidón, tarro, bote: *a gasoline can* un bidón de gasolina • [+of]: *three cans of paint* tres botes de pintura
3 (envase a presión) (tarro de) aerosol, (bote de) aerosol • [+of]: *a can of hairspray* un aerosol de laca
4 (contenido) **a can of beer/paint/gasoline** una lata de cerveza/un bote de pintura/un bidón de gasolina
5 the can (*coloq*) el bote, la cana (la cárcel)
6 the can (*coloq*) el inodoro ▶ GARBAGE CAN, TRASH CAN
EXPRESIONES
be in the can (*coloq*) estar listo -a (película, grabación) • **a can of worms** un avispero • **open (up) a can of worms** remover el avispero, agitar el avispero

can³ *v* [T] (**canned**, **canning**) **1** enlatar **2** (*coloq*) echar, botar, correr (del trabajo) **3** (*coloq*) cancelar, interrumpir

C

C

can it! (*coloq, oral*) ¡basta!

Can·a·da /'kænədə/ Canadá

Ca·na·di·an¹ /'kə'neɪdiən/ s [C] canadiense

Canadian² *adj* canadiense

ca·nal /kə'næl/ s [C] **1** (para embarcaciones) canal: *the Panama Canal* el Canal de Panamá • **by canal** por canal **2** (en anatomía) canal, conducto

ca·nar·y /kə'nɛri/ s [C] (pl **canaries**) canario (pájaro)

can·cel S2 W3 /'kænsəl/ v (**canceled, canceling** o **cancelled, cancelling**)
1 [I,T] cancelar, suspender (un viaje, una reunión): *Our flight was canceled.* Cancelaron nuestro vuelo.
2 [T] anular (un pedido, un contrato), cancelar (una reservación)
3 [T] anular, matasellar (una estampilla), anular (un cheque)
cancel sth ↔ out v+partíc neutralizar algo, contrarrestar algo

can·cel·la·tion /ˌkænsə'leɪʃən/ s **1** [C,U] cancelación (de un vuelo, una reunión), suspensión (de un partido) **2** [C,U] anulación (de un pedido, un contrato) **3** [C] cancelación (de una reservación)

Can·cer /'kænsə/ s **1** [U] Cáncer **2** [C] persona del signo de Cáncer: *I'm a Cancer.* Soy (de) Cáncer.

can·cer S2 W2 /'kænsə/ s [C,U] cáncer: *He died of cancer.* Murió de cáncer. • **have cancer** tener cáncer • **lung/breast/stomach cancer** cáncer de pulmón/de mama/de estómago • **cancer cell** célula cancerosa • **cancer patient** paciente oncológico -a • **cancer research** investigaciones oncológicas • **cancer specialist** oncólogo -a

can·cer·ous /'kænsərəs/ *adj* canceroso -a

can·did /'kændɪd/ *adj* **1** franco -a, sincero -a **2 candid shot/photograph** foto indiscreta (tomada con una cámara oculta)

can·di·da·cy /'kændədəsi/ s [C,U] (pl **candidacies**) candidatura

can·di·date W1 /'kændəˌdeɪt, -dɪt/ s [C]
1 (en una elección) candidato -a • [+for]: *the Republican candidate for mayor* el candidato republicano a alcalde • *a candidate for governor* un candidato a gobernador **2** (a un empleo) candidato -a, postulante: *a job candidate* un postulante al puesto
3 (a un premio) candidato -a • **a candidate to do sth** un candidato/una candidata a hacer algo • **a likely/an obvious candidate** un candidato/una candidata firme
4 (a un doctorado) aspirante

can·did·ly /'kændɪdli/ *adv* con franqueza

can·died /'kændid/ *adj* **1** confitado -a: *candied fruit* fruta cristalizada **2** azucarado -a **3** (hecho -a) de azúcar

can·dle S2 /'kændl/ s [C] vela (de cera) • **blow out/light a candle** apagar/encender una vela ▶ BURN the candle at both ends

can·dle·light /'kændlˌlaɪt/ s [U] luz de vela • **by candlelight** a la luz de las velas

can·dle·stick /'kændlˌstɪk/ s [C] candelero, candelabro

can·dor /'kændə/ s [U] franqueza, sinceridad

can·dy S2 /'kændi/ s (pl **candies**)
1 [U] golosinas • **candy store** tienda de golosinas
2 [C] caramelo, golosina, dulce

be like taking candy from a baby (*coloq*) ser pan comido, ser un regalo

'candy bar s [C] golosina (bañada en chocolate)

cane¹ /keɪn/ s **1** [C] bastón (para caminar) **2** [U] mimbre • **cane furniture** muebles de mimbre **3** caña (de bambú), tallo leñoso (de arbustos) **4** [C] guía, tutor (para plantas) **5** [U] caña de azúcar **6** [C] vara (para castigar)

cane² v [T] dar con la vara a

ca·nine¹ /'keɪnaɪn/ *adj* [solo ante s] canino -a

canine² s [C] **1** (tb **canine tooth**) canino, colmillo **2** (*técn*) cánido

can·is·ter /'kænəstə/ s [C] **1** (para té, harina) bote, lata **2** (de humo, gas lacrimógeno) bote, lata **3** pipeta, tanque (de gas), cilindro (de oxígeno)

can·ker /'kæŋkə/ s [C] (tb **canker sore**) afta, úlcera

can·na·bis /'kænəbɪs/ s [U] marihuana SIN **marijuana**

canned /kænd/ *adj* **1** enlatado -a, en/de lata: *canned tomatoes* tomates en lata **2** en conserva (en frascos de vidrio) **3 canned laughter** risas grabadas (en televisión, radio) **4 canned music** (*peyor*) música ambiental, música enlatada

can·ner·y /'kænəri/ s [C] (pl **canneries**) fábrica de conservas

can·ni·bal /'kænəbəl/ s [C] caníbal

can·ni·bal·ism /'kænəbəˌlɪzəm/ s [U] canibalismo

can·ni·bal·ize /'kænəbəˌlaɪz/ v [T] desmontar, desguazar (para reutilizar las piezas)

can·non¹ /'kænən/ s [C] (pl **cannons, cannon**) cañón (arma) ▶ **a LOOSE cannon**

cannon² v [I siempre + adv/prep] **cannon into sb/sth** chocar con alguien/algo, chocar contra alguien/algo

'cannon ˌfodder s [U] carne de cañón

can·not /'kænɑt, kə'nɑt, kæ-/ ▶ CAN

can·ny /'kæni/ *adj* (**cannier, canniest**) astuto -a SIN **shrewd**

ca·noe¹ /kə'nu/ s [C] canoa ▶ KAYAK

canoe² v **(a)** [I] ir en canoa **(b)** [T] recorrer en canoa

can·oe·ing /kə'nuɪŋ/ s [U] canotaje

ca·noe·ist /kə'nuɪst/ s [C] remero -a, canoísta

can·on /'kænən/ s [C] **1** (*frml*) (regla) canon **2** (tb **Canon**) (clérigo) canónigo **3** (*frml*) (de un escritor, un músico) obra **4** (*frml*) (escuela) canon

can·on·ize /'kænəˌnaɪz/ v [T] canonizar

'can ˌopener s [C] abrelatas

can·o·py /'kænəpi/ s [C] (pl **canopies**) **1** (sobre una cama) dosel **2** (delante de una tienda) toldo ▶ AWNING **3** (*técn*) (en la selva, el bosque) dosel

can't /kænt/ *contrac de* **can not, cannot**

can·tan·ker·ous /kæn'tæŋkərəs/ *adj* cascarrabias SIN **bad-tempered**

can·teen /kæn'tin/ s [C] **1** (recipiente) cantimplora **2** (en un cuartel) cantina

can·ter¹ /'kæntə/ v [I] ir a medio galope ▶ GALLOP

canter² s **1** [sing] galope medio **2** [C] paseo a medio galope

can·ti·le·ver /'kæntəˌlivə/ s [C] viga en voladizo

Can·ton·ese¹ /ˌkæntən'iz◂/ *adj* cantonés -esa

Cantonese² s **1** [C] (persona) cantonés -esa **2** [U] (idioma) (chino) cantonés

can·vas /'kænvəs/ s **1** [U] lona (tela) • **canvas shoe** zapatilla de lona, tenis de lona **2** [C] lienzo, tela (cuadro) **3** [U] bastidor (para pintar) **4** [U] lienzo, tela (para pintura al óleo)

can·vass¹ /'kænvəs/ v **1** (en política) **(a)** [I] hacer campaña • **canvass for sth** hacer campaña para conseguir algo **(b)** [T] tratar de conseguir (votos, apoyo, votantes) **2** (para obtener información) **(a)** [I] hacer sondeos/un sondeo **(b)** [T] encuestar, sondear

canvass² s [sing] **1** (en política) *The party did a complete canvass of every house in the area.* El partido visitó todas las casas de la zona haciendo campaña. **2** (para obtener información) sondeo, encuesta

can·yon /'kænyən/ s [C] cañón (valle)

cap¹ [S2] [W3] /kæp/ s [C]
1 para cubrir la cabeza
2 de uniforme
3 para baño
4 para tapar un objeto
5 límite
6 para un diente
7 letras
8 para pistolas de juguete
9 de una montaña

1 PARA CUBRIR LA CABEZA gorra, cachucha: *He was wearing a cap.* Llevaba gorra. • *a baseball cap* una gorra de béisbol
2 DE UNIFORME gorra, cofia: *a chauffeur's peaked cap* una gorra de chofer con visera • *a nurse's cap* una cofia de enfermera
3 PARA BAÑO gorro: *a swimming cap* un gorro de natación
4 PARA TAPAR UN OBJETO tapa (de un frasco, un objetivo fotográfico, etc.), tapón, tapa (de una botella), capuchón, tapa (de una pluma)
5 LÍMITE tope: *a spending cap* un tope de gastos • **put a cap on sth** ponerle un tope a algo
6 PARA UN DIENTE funda
7 LETRAS caps [pl] (*coloq*) **in (all) caps** en/con mayúsculas
8 PARA PISTOLAS DE JUGUETE fulminante
9 DE UNA MONTAÑA cima, cumbre ▶ BASEBALL CAP, a FEATHER in your cap, ICE CAP, KNEECAP

cap² *v* [T] (**capped**, **capping**) **1** (lugar) **be capped with/by sth** estar cubierto -a de/por algo: *The mountain tops are capped with snow.* Las cumbres de las montañas están cubiertas de nieve. **2** (gastos) limitar, poner un tope a (un proceso) coronar, rematar **4** (un diente) [gralm en pasiva] poner una funda a
EXPRESIONES
to cap it all (off) (*oral*) para colmo (de males)

ca·pa·bil·i·ty /ˌkeɪpəˈbɪləti/ s [C,U] (pl **capabilities**)
1 (de una persona, una máquina) capacidad: *the factory's manufacturing capability* la capacidad productiva de la fábrica • **the capability to do sth** la capacidad de hacer algo • **be beyond sb's capabilities** estar por encima de la(s) capacidad(es) de alguien • **be within sb's capabilities** estar dentro de las posibilidades de alguien **2** (de un país) **military/nuclear capability** potencial militar/nuclear

ca·pa·ble [W2] /ˈkeɪpəbəl/ *adj*
1 (con dotes) capaz, competente: *a strong, capable woman* una mujer fuerte y capaz [SIN] **able**
2 (con capacidad) **be capable of doing sth** ser capaz de hacer algo, poder hacer algo • **be capable of sth** *I don't think he's capable of murder.* No lo creo capaz de cometer un asesinato. • *He was capable of great kindness.* Podía llegar a ser muy bondadoso. [ANT] **incapable**
EXPRESIONES
in sb's capable hands en las expertas manos de alguien

ca·pac·i·ty [W2] /kəˈpæsəti/ s (pl **capacities**)
1 [sing] (de un recipiente, un lugar) capacidad • [+of]: *The gas tank has a capacity of 25 gallons.* El tanque de combustible tiene una capacidad de 40 litros. • *a seating capacity of 1,400* capacidad para 1.400 espectadores • **filled to capacity** lleno -a hasta el tope • **capacity crowd** (tb **capacity audience**) lleno total
2 [C,U] (aptitud) **capacity for doing sth** capacidad de hacer algo: *a child's capacity for learning* la capacidad de aprender de un niño • **capacity for sth** capacidad para algo • **capacity to do sth** capacidad de hacer algo: *the capacity to think in an original way* la capacidad de pensar de forma original
3 [sing] (*frml*) (función) **visit the city/school in an official/a private capacity** realizar una visita oficial/de carácter privado a la ciudad/escuela • **in a voluntary/ professional capacity** en calidad de voluntario(s)/ profesional(es): *Rollins will be working in an advisory capacity on this project.* Rollins va a trabajar en este proyecto en calidad de asesor. • **in your capacity as sth** en (su) calidad de algo [SIN] **role**

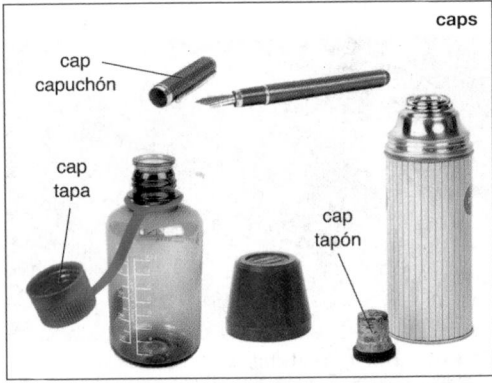
caps
cap capuchón
cap tapa
cap tapón

4 [sing, U] (de una fábrica, una máquina) capacidad • **work/operate at full capacity** trabajar/funcionar a pleno rendimiento
5 [sing, U] potencia, cilindrada: *engine capacity* potencia/cilindrada del motor

cape /keɪp/ s [C] **1** capa (prenda) **2** cabo (geográfico)

ca·per¹ /ˈkeɪpə/ s [C] **1** alcaparra **2** travesura, broma: *I'm too old for this sort of caper.* Ya estoy vieja para estas tonterías. **3** fechoría (mala acción) **4** brinco, salto **5** historia/relato (de ficción)

caper² *v* [I siempre + adv/prep] dar saltos

Cape Verde /keɪp ˈvɜːd/ Cabo Verde

Cape Ver·de·an¹ /keɪp ˈvɜːdiən/ s [C] caboverdiano -a

Cape Verdean² *adj* caboverdiano -a

cap·il·lar·y /ˈkæpəˌleri/ s [C] (pl **capillaries**) **1** (vaso) capilar **2** (tubo) capilar

cap·i·tal¹ [W2] /ˈkæpətl̩/ s
1 [C] (ciudad) capital • **a state/regional capital** una capital estatal/regional
2 [sing, U] (dinero) capital: *an attempt to attract foreign capital* un intento de atraer capital extranjero • *She started her business with $1,000 in capital.* Abrió el negocio con un capital de 1.000 dólares. • **raise capital** reunir capital
3 [C] (centro) capital: *Hollywood is the capital of the movie industry.* Hollywood es la capital de la industria del cine.
4 [U] (recursos) capital • **human/intellectual capital** capital humano/intelectual
5 [C] (letra) mayúscula: *Please write your name in capitals.* Por favor, escriba su nombre en mayúsculas. ▶ BLOCK CAPITALS, LOWER CASE, UPPER CASE
EXPRESIONES
make capital out of sth sacar partido de/a algo

capital² [W2] *adj*
1 [solo ante s] (letra) mayúscula: *It's written with a capital "A".* Se escribe con "A" mayúscula.
2 [solo ante s] (delito) **a capital crime/offense** un delito castigado con (la) pena de muerte ▶ CAPITAL PUNISHMENT
EXPRESIONES
trouble with a capital "T"/fast with a capital "F" *When you want culture with a capital C, you go to an art museum.* Cuando uno busca cultura con mayúsculas, va a un museo.

cap·i·tal·ism /ˈkæpətl̩ˌɪzəm/ s [U] capitalismo

cap·i·tal·ist¹ /ˈkæpətl̩ɪst/ s [C] capitalista

capitalist² (tb **cap·i·tal·is·tic** /ˌkæpətl̩ˈɪstɪk/) *adj* capitalista

cap·i·tal·ize /ˈkæpətl̩ˌaɪz/ *v* [T] **1** escribir con mayúscula(s)/en mayúsculas **2** [gralm en pasiva] (*técn*) aportar capital a **3** [gralm en pasiva] (*técn*) determinar el valor de
capitalize on sth *v+partíc* sacar provecho de algo, capitalizar algo

ˌcapital ˈpunishment s [U] pena de muerte

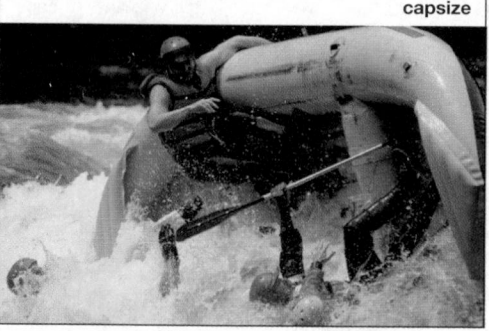

capsize

Cap·i·tol Hill /ˌkæpɪtl 'hɪl/ *s* **1** el Congreso de los Estados Unidos **2** elevación natural donde está situado el Congreso de los Estados Unidos

ca·pit·u·late /kə'pɪtʃəˌleɪt/ *v* [I] (*frml*) **1** (en una discusión) capitular • **capitulate to sb/sth** capitular ante alguien/algo SIN **give in 2** (en una guerra) capitular • **capitulate to sb** capitular ante alguien SIN **surrender**

ca·pit·u·la·tion /kəˌpɪtʃə'leɪʃən/ *s* [C,U] (*frml*) **1** (en una discusión) capitulación **2** (en una guerra) capitulación SIN **surrender**

cap·puc·ci·no /ˌkæpə'tʃinoʊ, ˌkɑ-/ *s* [C,U] (pl **cappuccinos**) capuchino (café)

ca·price /kə'pris/ *s* [C,U] capricho SIN **whim**

ca·pri·cious /kə'prɪʃəs/ *adj* **1** antojadizo -a (persona) **2** (*frml*) variable, inestable (viento, tiempo)

Cap·ri·corn /'kæprɪˌkɔrn/ *s* **1** [U] (signo) Capricornio **2** [C] (persona) persona del signo de Capricornio: *Greg's a Capricorn.* Greg es (de) Capricornio.

cap·si·cum /'kæpsɪkəm/ *s* [C,U] pimiento, pimentón, chile

cap·size /'kæpsaɪz, kæp'saɪz/ *v* (embarcación) **(a)** [I] voltearse, darse una vuelta de campana **(b)** [T] voltear, hacer que se dé una vuelta de campana

cap·sule /'kæpsəl/ *s* [C] **1** cápsula (medicamento, recipiente) **2** cápsula (espacial)

Capt. (*abrev escrita de* **Captain**) Cap.

cap·tain¹ W3 /'kæptən/ *s* [C] **1** (de un barco) capitán -ana; (de un avión) comandante: *Hello, this is your captain speaking.* Buenos días, les habla el comandante. **2** (del ejército) capitán -ana: *Captain Smith* el capitán Smith **3** (de policía) capitán -ana **4** (de un equipo) capitán -ana: *Who is the team captain?* ¿Quién es el capitán del equipo?

captain² *v* [T] **1** (un equipo) capitanear **2** (un barco) capitanear; (un avión) comandar, estar al mando de

cap·tain·cy /'kæptənsi/ (*tb* **cap·tain·ship** /'kæptənˌʃɪp/) *s* [U] capitanía: *under his/her captaincy* siendo capitán/capitana

cap·tion /'kæpʃən/ *s* [C] pie de foto/ilustración, epígrafe (de una foto, una ilustración) rótulo, subtítulo (en cine, televisión)

cap·ti·vate /'kæptəˌveɪt/ *v* [T frec en pasiva] cautivar: *He was captivated by her beauty.* Lo cautivó su belleza.

cap·ti·vat·ing /'kæptəˌveɪtɪŋ/ *adj* cautivador -a

cap·tive¹ /'kæptɪv/ *adj* **1** (persona) cautivo -a • **be taken captive** *Several people were taken captive.* Hicieron prisioneras a varias personas. • **hold sb captive** tener a alguien prisionero -a/en cautiverio **2** [solo ante s] (un animal) cautivo -a, en cautividad ANT **wild**

EXPRESIONES
a captive audience un público cautivo

captive² *s* [C] prisionero -a, cautivo -a

cap·tiv·i·ty /kæp'tɪvəti/ *s* [U] **1** (de una persona) cautiverio • **in captivity** en cautiverio **2** (de un animal) cautividad • **in captivity** en cautividad

cap·tor /'kæptər/ *s* [C] captor -a

cap·ture¹ W3 /'kæptʃər/ *v* [T]

1 personas
2 lugares, vehículos
3 votos, medallas, clientes
4 animales
5 plasmar
6 con cámara, grabadora
7 la atención, el interés
8 en informática
9 en ajedrez

1 PERSONAS capturar: *Government troops have succeeded in capturing the rebel leader.* Las tropas del gobierno han logrado capturar al líder rebelde.
2 LUGARES, VEHÍCULOS tomar (una ciudad, un fortín): *Rebel forces captured the town.* Fuerzas rebeldes tomaron la ciudad.
3 VOTOS, MEDALLAS, CLIENTES conseguir, captar: *He captured 38% of the vote.* Captó el 38% de los votos.
4 ANIMALES capturar SIN **catch**
5 PLASMAR captar: *This photo captures the mood of the day.* Esta foto capta bien el ambiente de la época.
6 CON CÁMARA, GRABADORA captar, grabar • **capture sth on film** filmar algo • **capture sth on tape/videotape** grabar algo (en cinta/video)
7 LA ATENCIÓN, EL INTERÉS atraer, captar • **capture sb's imagination** cautivar a alguien
8 EN INFORMÁTICA (*técn*) capturar
9 EN AJEDREZ comer(se)

EXPRESIONES
capture the headlines ocupar los titulares

capture² *s* [U] **1** (de una persona) captura • **elude/evade capture** evitar ser capturado -a **2** (de un lugar, un vehículo) **the capture of Constantinople/a strategic point** la toma de Constantinopla/un punto estratégico • **the capture of an enemy ship/tank** el apresamiento de un barco/tanque enemigo **3** (de un animal) captura **4** (en informática) **data/screen capture** (*técn*) captura de datos/pantalla

car S1 W1 /kɑr/ *s* [C]
1 (a) carro, coche, auto: *a parked car* un carro parqueado • *She got in the car.* Se metió en el carro. • **drive a car** conducir (un carro): *Who was driving the car?* ¿Quién conducía? • *What kind of car does Heidi drive?* ¿Qué tipo de carro tiene Heidi? • **by car** en carro/coche/auto **(b)** [solo ante otro s] *car window* ventanilla del carro • *the car industry* la industria del automóvil • **car accident** accidente automovilístico • **car crash** choque (de carros/coches) • **car dealer** vendedor -a de automóviles (persona), concesionario de automóviles (establecimiento) • **car keys** llaves (del carro/coche) • **car radio** radio, autorradio
2 vagón: *the dining car* el vagón restaurante
3 cabina (de un ascensor)

ca·rafe /kə'ræf/ *s* [C] **1** jarra **2** jarra (de una cafetera eléctrica)

car·a·mel /'kærəməl, -ˌmɛl, 'kɑrməl/ *s* **1** [C,U] (golosina) caramelo hecho con azúcar fundido y leche **2** [U] (azúcar fundido) caramelo

car·at /'kærət/ *s* [C] quilate: *a 45-carat diamond* un diamante de 45 quilates

car·a·van /'kærəˌvæn/ *s* **1** [C] caravana (de animales, vehículos) **2** carreta, carro, caravana SIN **wagon**

car·a·way /'kærəˌweɪ/ *s* [C,U] alcaravea

car·bo·hy·drate /ˌkɑrboʊ'haɪdreɪt, -drɪt, -bə-/ *s* **1** [C gralm pl] (en nutrición) hidrato de carbono **2** [C,U] (*técn*) hidrato de carbono

'car bomb *s* [C] carro bomba, coche bomba

car·bon /'kɑrbən/ *s* **1** [U] (símb quím **C**) carbono **2** [C,U] papel carbón, papel carbónico, papel calca SIN **carbon paper**

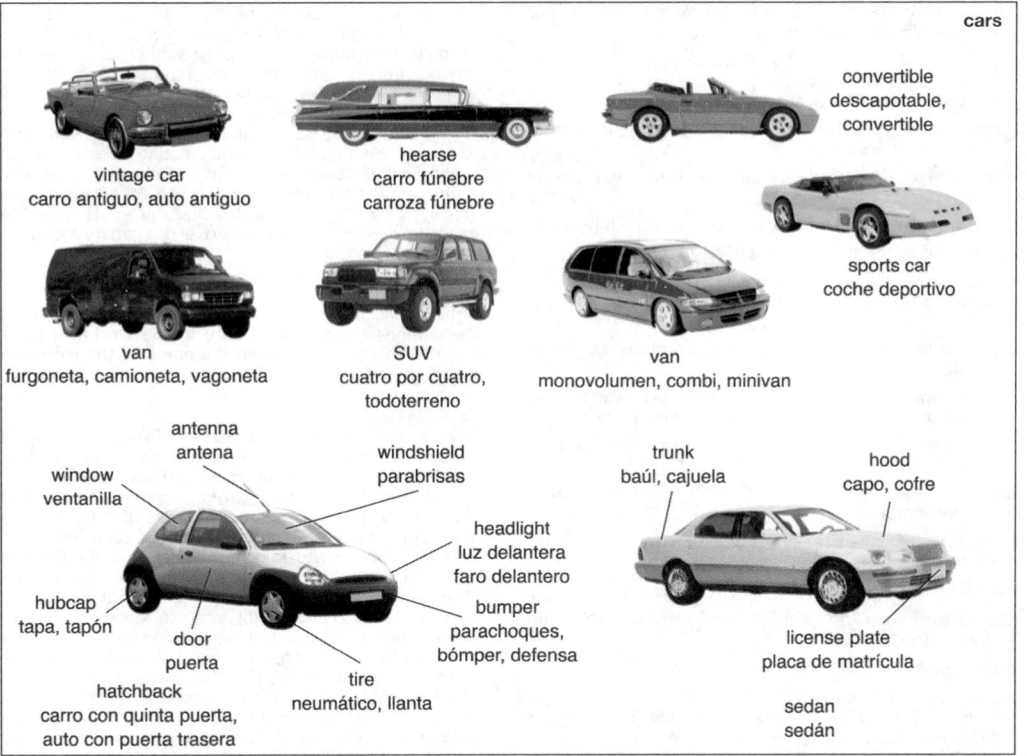

cars

vintage car
carro antiguo, auto antiguo

hearse
carro fúnebre
carroza fúnebre

convertible
descapotable,
convertible

sports car
coche deportivo

van
furgoneta, camioneta, vagoneta

SUV
cuatro por cuatro,
todoterreno

van
monovolumen, combi, minivan

antenna
antena

window
ventanilla

windshield
parabrisas

trunk
baúl, cajuela

hood
capo, cofre

headlight
luz delantera
faro delantero

hubcap
tapa, tapón

door
puerta

bumper
parachoques,
bómper, defensa

license plate
placa de matrícula

hatchback
carro con quinta puerta,
auto con puerta trasera

tire
neumático, llanta

sedan
sedán

---

car·bon·at·ed /ˈkɑrbəˌneɪt̬ɪd/ *adj* con gas, gaseoso -a

carbon ˈcopy *s* [C] (pl **carbon copies**) **1 a carbon copy of sb** el vivo retrato de alguien • **a carbon copy of sth** una réplica exacta un calco de algo, una réplica exacta/una calca de algo **2** copia con papel carbón, copia al carbón

carbon di·ox·ide /ˌkɑrbən daɪˈɑksaɪd/ (símb quím **CO₂**) *s* [U] dióxido de carbono

carbon mon·ox·ide /ˌkɑrbən məˈnɑksaɪd/ (símb quím **CO**) *s* [U] monóxido de carbono

ˈcarbon ˌpaper *s* [C,U] papel carbón, papel carbónico, papel calca SIN **carbon**

car·bun·cle /ˈkɑrˌbʌŋkəl/ *s* [C] forúnculo

car·bu·re·tor /ˈkɑrbəˌreɪt̬ər/ *s* [C] carburador

car·cass /ˈkɑrkəs/ *s* [C] **1** (cuerpo de) animal muerto **2** armazón, carcasa

car·cin·o·gen /kɑrˈsɪnədʒən/ *s* [C] sustancia cancerígena

car·cin·o·gen·ic /ˌkɑrsɪnəˈdʒɛnɪk/ *adj* cancerígeno -a

car·ci·no·ma /ˌkɑrsəˈnoʊmə/ *s* [C] carcinoma

card¹ S1 W1 /kɑrd/ *s* [C]

1	de identidad
2	para felicitar
3	para pagos, compras
4	de teléfono
5	desde lugar de vacaciones
6	para jugar
7	juego
8	con datos
9	con el nombre, la dirección
10	en informática
11	estampa coleccionable
12	en fútbol
13	en carreras, pruebas deportivas
14	persona

1 DE IDENTIDAD carnet, credencial: *a library card* un carnet de biblioteca • **a membership card** un carnet/una credencial de socio

2 PARA FELICITAR tarjeta: *a birthday card* una tarjeta de cumpleaños

3 PARA PAGOS, COMPRAS tarjeta (de un banco): *a VISA card* una tarjeta VISA • **card number** número de tarjeta ▶ **CARDHOLDER**

4 DE TELÉFONO tarjeta (telefónica) SIN **phone card**

5 DESDE LUGAR DE VACACIONES (tarjeta) postal SIN **postcard**

6 PARA JUGAR carta, naipe • **a deck of cards** una baraja • **play a card** tirar una carta, jugar una carta • **shuffle the cards** barajar • **deal the cards** repartir/dar (las cartas) SIN **playing card** • **card trick** truco con cartas

7 JUEGO cards [pl] cartas: *He always won at cards.* Siempre ganaba a las cartas. • **a game of cards** una partida de cartas • **play cards** jugar cartas

8 CON DATOS ficha (bibliográfica, culinaria), tarjeta (en golf)

9 CON EL NOMBRE, LA DIRECCIÓN tarjeta (de visita) SIN **business card**

10 EN INFORMÁTICA tarjeta: *a sound card* una tarjeta de sonido • *a network card* una tarjeta de red

11 ESTAMPA COLECCIONABLE tarjeta coleccionable, figurita coleccionable

12 EN FÚTBOL tarjeta: *He got a red card.* Le sacaron tarjeta roja.

13 EN CARRERAS, PRUEBAS DEPORTIVAS programa

14 PERSONA [gralm sing] (*antic*) persona muy graciosa
▶ **BUSINESS CARD, CASH CARD, CHARGE CARD, CHRISTMAS CARD, CREDIT CARD, DEBIT CARD, IDENTITY CARD, GREEN CARD, PLAY your cards right, PLAYING CARD, RED CARD, SMART CARD, the cards are STACKED against sb, SWIPE CARD, YELLOW CARD**

EXPRESIONES
hold all the cards (*coloq*) tener la sartén por el mango • **be in the cards** verse venir, ser previsible: *A military takeover was not in the cards.* Nada indicaba que fuese a haber un golpe militar. • **play/keep/hold your cards close to your chest** (tb **play/keep/hold your cards close to your vest**) no soltar prenda • **put/lay your**

cards on the table poner las cartas sobre la mesa • **your strongest/best card** la mejor baza/carta

card² S2 v [T]
1 pedir un documento de identidad a
2 (en golf) tener/firmar una tarjeta de

card·board¹ /'kɑrdbɔrd/ s [U] cartón (material): *sheets of cardboard* cartones

cardboard² adj de cartón: *a cardboard box* una caja de cartón

'card ,catalog s [C] fichero, catálogo (de una biblioteca)

card·hold·er /'kɑrd,hoʊldər/ s [C] titular (de una tarjeta)

car·di·ac /'kɑrdi,æk/ adj [solo ante s] (*técn*) cardiaco -a: *a cardiac surgeon* un cardiocirujano • *cardiac surgery* cardiocirugía

,cardiac ar'rest s [C,U] (*técn*) paro cardiaco SIN **heart attack**

car·di·gan /'kɑrdəgən/ (tb **'cardigan ,sweater**) s [C] chaqueta de punto, cárdigan, suéter (con botones)

car·di·nal¹ /'kɑrdn-əl, -nəl/ s [C] 1 (sacerdote) cardenal 2 (pájaro) cardenal

cardinal² adj [solo ante s] (*frml*) cardinal, capital SIN **fundamental**

,cardinal 'number s [C] (número) cardinal ▸ ORDINAL NUMBER

car·di·ol·o·gy /,kɑrdi'ɑlədʒi/ s [U] cardiología

car·di·o·vas·cu·lar /,kɑrdioʊ'væskyələr/ adj [solo ante s] (*técn*) cardiovascular

'card ,table s [C] mesa de juego

care¹ S1 W1 /kɛr/ v
1 (hechos, situaciones) (a) [I] *Cook what you want – I don't care.* Haz lo que quieras de comer; me da igual. • **care about sth** *Children care about the environment.* Los niños se preocupan por el medio ambiente. • *She doesn't care about money.* No le preocupa el dinero. (b) [T] **care who/what/whether** *I don't care what you think.* Me da igual lo que pienses. • *I don't care how you do it. Just do it.* No me importa cómo lo hagas, pero hazlo. • **I/they don't care either way** (tb **I/they don't care one way or another**) a mí me da/a ellos les da lo mismo
2 [I] (personas) *You're the only one who cares.* Tú eres el único que se preocupa. • **care about sb** querer a alguien: *parents who care about their children* padres que quieren a sus hijos • *I really care about you.* Me importas mucho. ▸ CARING

any... you care to mention/name cualquier... que se te ocurra: *an expert on any topic you care to name* un experto en cualquier tema que se te ocurra • **I/they couldn't care less** me/les importa un pepino/un comino, me/les importa un cacahuate • **for all I care** por mí: *They can fire me for all I care.* Por mí, que me echen. • **not care to do sth** preferir no hacer algo: *It's not something I care to discuss.* Es algo de lo que prefiero no hablar. • **what does he/do they care?** ¿a él/ellos qué más le/les da?, a él le da/a ellos les da igual • **who cares?** ¿y qué?, ¿a quién le importa? • **would you care to do sth?** (*frml*) *Would you care to step into my office?* ¿Le molestaría pasar a mi oficina? ▸ MORE sth than I care to remember/admit, be PAST caring
care for v+*partíc* 1 (un enfermo, un niño) **care for sb** cuidar a alguien: *The children are being well cared for.* Los niños están bien cuidados. 2 (un ser querido) **care for sb** querer a alguien, preocuparse por alguien 3 (ropa, muebles) **care for sth** cuidar algo 4 **not care for sb/sth** *I don't really care for Jeff's parents.* La verdad es que no me gustan demasiado los padres de Jeff. 5 **would you care for a glass of wine/a cup of coffee?** (*frml*) ¿le gustaría tomar una copa de vino/un café?

care² S1 W1 s
1 [U] (de un enfermo, un animal) cuidado(s), atención: *Babies need constant care.* Los bebés necesitan cuidados constantes. • *Not all the wounded needed hospital care.* No todos los heridos necesitaron ser internados. •

in my/his care a mi/su cuidado, a mi/su cargo (de una niñera): *I would never hit a child in my care.* Jamás le pegaría a un niño que estuviese a mi cuidado. • **under my/his care** a mi/su cuidado, a mi/su cargo (de un profesional): *Dr. Cook has 99 patients under his care.* El Dr. Cook tiene 99 pacientes a su cargo.
2 [U] (al hacer algo) cuidado: *A lot of care has gone into this work.* Se ha puesto mucho cuidado en este trabajo. • **handle with care** manejar con cuidado (cosas frágiles): *The box was stamped "Handle with care."* En la caja decía: "Frágil". • **reasonable/due care** (*jur*) el debido cuidado: *the teacher's failure to use due care* la negligencia del profesor
3 [U] (mantenimiento en buen estado) cuidado: *skin care* el cuidado de la piel
4 [C,U] (*liter*) (cosa que preocupa) preocupación, preocupaciones • **not have a care in the world** no tener preocupación alguna • **have the cares of the world on your shoulders** estar abrumado -a por las preocupaciones

care of sb (tb **in care of sb**) (abrev **c/o**) a la atención de alguien (escrito en el sobre) • **take care (a)** (al hacer algo) tener cuidado • **take care (that)** tener cuidado (de), asegurarse de que: *Take care you don't fall.* Ten cuidado, no te vayas a caer. • *Take care that the meat is thoroughly cooked.* Asegúrate de que la carne esté bien cocida. • **take care doing sth** tener cuidado al hacer algo: *Take care driving home!* De vuelta a casa, ¡conduce con cuidado! • **take care to do sth** asegurarse de/procurar hacer algo (b) (*oral*) (al despedirse) **take care!** ¡que te/les vaya bien!, ¡cuídate/cuídense! • **take care of sth/sb** (un niño, un animal) cuidar algo/a alguien: *Who's taking care of the dog while you're away?* ¿Quién cuida al perro mientras estás fuera? • **take care of yourself** valerse por sí mismo -a, arreglarse solo -a • **take care of sth (a)** (al usar algo) cuidar algo: *She takes very good care of her apartment.* Cuida mucho su departamento. (b) (al organizar) ocuparse de algo, encargarse de algo: *Her secretary will take care of the details.* Su secretaria se ocupará de los detalles. (c) (al pagar) *She picked up the check and said "I'll take care of that".* Levantó la cuenta y dijo: "Esto corre por mi cuenta".

ca·reer¹ S3 W1 /kə'rɪr/ s [C]
1 (actividad laboral) (a) profesión, carrera (profesional): *the problems of combining a career and a family* los problemas para compatibilizar la profesión con la vida familiar • *What careers are possible with a degree in biology?* ¿Qué salidas profesionales tiene un título de Biología? • [+in]: *Have you thought of a career in law?* ¿Has pensado en dedicarte al derecho? • [+as]: *her career as a model* su carrera como modelo • *She's interested in a career as a doctor.* Le interesa dedicarse a la medicina. • **pursue a career in medicine/politics** dedicarse a la medicina/política, ejercer la medicina/política • **pursue a career as a journalist/model** ser periodista/modelo, trabajar de periodista/modelo (b) • **career change** cambio de profesión • **career opportunity** oportunidad profesional • **career path** trayectoria profesional • **career prospects** perspectivas profesionales ▸ JOB
2 (vida laboral) carrera, trayectoria (profesional): *He had a long and distinguished career as a diplomat.* Tuvo una larga y brillante carrera como diplomático. • **a singing/dancing career** una carrera como cantante/bailarín -ina • **a professional/political career** una carrera profesional/política • **be the highlight of sb's career** ser el punto culminante de la carrera de alguien • **be at the height/peak of your career** estar en la cúspide de su carrera ▸ a CHECKERED career

career² adj [solo ante s] **a career politician/diplomat/soldier** un político/diplomático/militar de carrera, una política/diplomática/militar de carrera

career³ v [I siempre + adv/prep] ir a toda velocidad • **career down/along/around** *A truck careered down the hill.* Un camión bajó la cuesta a toda velocidad.

care·free /'kɛrfri/ adj sin preocupaciones (época, días), despreocupado -a (actitud), libre de preocupaciones (persona): *We were young and carefree.* Éramos jóvenes y no teníamos preocupaciones.

care·ful ⓢ¹ ⓦ³ /'kɛrfəl/ *adj*
1 prudente, cuidadoso -a (persona), cauteloso -a (actitud, acción): *She's a very careful driver.* Es una conductora muy prudente. • *You have to be careful when you're crossing the street.* Tienes que tener cuidado al cruzar la calle. • **be careful with** tener cuidado con, ser cuidadoso -a con: *Be careful with that knife – it's very sharp.* Ten cuidado con ese cuchillo; está muy afilado. • **be careful who/what/how** *Be careful what you say.* Ten cuidado con lo que dices. • **(be) careful!** (*oral*) ¡(ten) cuidado! ⓢᴵᴺ **cautious** ⓐᴺᵀ **careless**
2 cuidadoso -a, minucioso -a, detenido -a: *Officers made a careful examination of the room.* Los agentes realizaron un examen minucioso de la habitación. • *a careful worker* un trabajador cuidadoso • **careful attention** especial atención: *Pay careful attention to what he tells you.* Presta mucha atención a lo que te dice. • **give sth careful consideration/thought** considerar algo detenidamente: *After careful consideration, we've decided to stay.* Después de considerarlo detenidamente, hemos decidido quedarnos. • **careful study/analysis** estudio/análisis minucioso • **be careful about sth** tener cuidado con algo, ser cuidadoso -a con algo: *Nina was careful about what she ate.* Nina tenía cuidado con lo que comía. ⓢᴵᴺ **thorough, conscientious**
3 [nunca ante s] **be careful to do sth** asegurarse de hacer algo: *Be careful to lock the door when you leave.* Asegúrate de echar la llave cuando te vayas. • [+(that)]: *We were careful that he didn't find out.* Nos aseguramos de que no se enterara.
4 cuidadoso -a (con el dinero): *a careful shopper* un comprador que mira en qué gasta el dinero • **careful with money** cuidadoso -a con el dinero ⓢᴵᴺ **thrifty**
EXPRESIONES
if you are/she is not careful si no tienes/tiene cuidado: *You'll make yourself sick if you're not careful.* Si no tienes cuidado, te vas a enfermar. • **you can't be too careful** toda prudencia/precaución es poca

care·ful·ly ⓦ² /'kɛrfəli/ *adv*
1 cuidadosamente, minuciosamente: *The cost has been calculated carefully.* El costo se ha calculado minuciosamente. • **listen/look carefully** escuchar/mirar atentamente, escuchar/mirar con atención: *We've been listening carefully to people's opinions.* Hemos escuchado con atención las opiniones de la gente. • **think carefully** pensar detenidamente, pensar muy bien: *You should think carefully about your future.* Deberías pensar detenidamente sobre tu futuro. • **examine/consider sth carefully** examinar/considerar algo detenidamente • **carefully planned/designed** cuidadosamente planeado -a/diseñado -a
2 con cuidado, cuidadosamente: *The painting must be handled carefully.* El cuadro debe manipularse con cuidado. • **carefully chosen/controlled** cuidadosamente elegido -a/controlado -a: *carefully chosen words* palabras cuidadosamente escogidas ⓐᴺᵀ **carelessly**

care·giv·er /'kɛrˌgɪvɚ/ *s* [C] cuidador -a (de un adulto mayor, un enfermo)

care·less /'kɛrlɪs/ *adj* **1** descuidado -a (persona, comportamiento): *Fires are started when people get careless.* Los incendios se producen cuando la gente no tiene cuidado. • *a careless mistake* un descuido • *a careless student* un estudiante poco aplicado • **be careless with sth** no tener cuidado con algo, ser descuidado -a con algo: *You shouldn't be so careless with your possessions.* Deberías tener más cuidado con tus cosas. • **be careless about sth** ser descuidado -a con algo: *Many older people are careless about taking their medication.* Muchas personas mayores son descuidadas con la toma de sus medicamentos. **2** distraído -a (gesto, actitud) ⓢᴵᴺ **casual, nonchalant** **3** (*liter*) indiferente • **careless of sth** indiferente a algo, sin preocuparse por algo

care·less·ly /'kɛrlɪsli/ *adv* **1** descuidadamente ⓐᴺᵀ **carefully** **2** despreocupadamente, con indiferencia ⓐᴺᵀ **carefully**

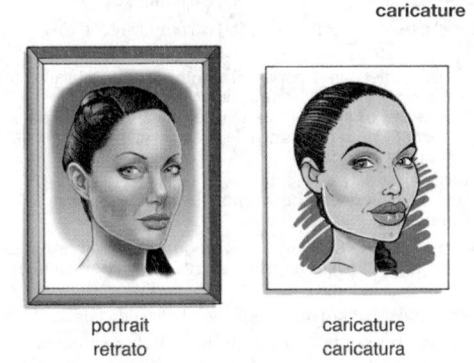

caricature

portrait   caricature
retrato   caricatura

care·less·ness /'kɛrlɪsnɪs/ *s* [U] **1** descuido, falta de cuidado ⓐᴺᵀ **care 2** despreocupación, indiferencia ⓐᴺᵀ **care**

ca·ress¹ /kə'rɛs/ *v* [T] acariciar

caress² *s* [C] caricia

care·tak·er /'kɛrˌteɪkɚ/ *s* [C] **1** persona que cuida una casa, un campo mientras no está el propietario **2** cuidador -a (de un adulto mayor, un enfermo) ⓢᴵᴺ **caregiver 3 caretaker government** gobierno provisional/interino **caretaker manager** entrenador -a provisional

care·worn /'kɛrwɔrn/ *adj* agobiado -a

car·go /'kɑrgoʊ/ *s* (pl **cargoes**) [C,U] carga, cargamento • **cargo plane** avión de carga • **cargo ship** buque de carga

Car·ib·be·an¹ /ˌkærə'biən, kə'rɪbiən/ *adj* [solo ante s] caribeño -a

Caribbean² *s* **the Caribbean** el caribe

ca·ri·bou /'kærəbu/ *s* [C] (pl **caribou**) caribú

car·i·ca·ture¹ /'kærəkətʃɚ, -ˌtʃʊr/ *s* **1** [C] (dibujo) caricatura **2** [C] (descripción) caricatura **3** [C] (persona o cosa ridícula) caricatura **4** [U] (actividad) caricatura

caricature² *v* [T] [gralm en pasiva] caricaturizar • **caricature sb/sth as sth** caricaturizar a alguien/algo como algo

car·ing /'kɛrɪŋ/ *adj* bondadoso -a, generoso -a

car·jack·ing /'kɑrˌdʒækɪŋ/ *s* [C, U] robo a mano armada de un vehículo o secuestro del conductor ▶ HIJACKING

car·nage /'kɑrnɪdʒ/ *s* [U] carnicería, matanza

car·nal /'kɑrnl/ *adj* [solo ante s] carnal
EXPRESIONES
carnal knowledge conocimiento carnal • **carnal relations** relaciones carnales

car·na·tion /kɑr'neɪʃən/ *s* [C] clavel

car·ni·val /'kɑrnəvəl/ *s* **1** [C] parque de diversiones ⓢᴵᴺ **fair 2** [C] kermés, feria ⓢᴵᴺ **fair 3** [C] (fiesta callejera) carnaval **4** [U] (antes de la Cuaresma) **Carnival** carnaval ⓢᴵᴺ **Mardi Gras**

car·ni·vore /'kɑrnəˌvɔr/ *s* [C] carnívoro ▶ HERBIVORE, OMNIVORE

car·niv·o·rous /kɑr'nɪvərəs/ *adj* carnívoro -a

car·ol /'kærəl/ *s* [C] villancico ⓢᴵᴺ **Christmas carol**

ca·rouse /kə'raʊz/ *v* [I] (*liter*) rumbear, andar de juerga

car·ou·sel, carrousel /ˌkærə'sɛl/ *s* [C] **1** cinta transportadora, banda transportadora (para equipaje) **2** carrusel, tiovivo ⓢᴵᴺ **merry-go-round 3** carrusel (para diapositivas)

carp¹ /kɑrp/ *s* (pl **carp**) **1** [C] (pez) carpa **2** [U] (pescado) carpa **3** [C] (de la familia de las carpas) ciprínido

carp² *v* [I] protestar, quejarse • **carp about sb/sth** quejarse (constantemente) de alguien/algo • **carp at sb** criticar a alguien

car·pen·ter /ˈkɑrpəntɚ/ s [C] carpintero -a

car·pen·try /ˈkɑrpəntri/ s [U] carpintería (oficio)

car·pet¹ S2 /ˈkɑrpɪt/ s
1 [C,U] (de pared a pared) alfombra, alfombrado; (no adherido al piso) alfombra, tapete ▶ RUG
2 a carpet of sth (*liter*) un manto/una alfombra de algo: *a carpet of snow* un manto de nieve ▶ RED CARPET, SWEEP sth under the carpet
EXPRESIONES
be/get called on the carpet (*coloq*) ser reprendido -a duramente

carpet² v [T] **1** alfombrar **2 be carpeted with sth** (*liter*) estar tapizado -a de algo, estar cubierto -a por un manto de algo

car·pet·bag /ˈkɑrpɪtˌbæg/ s [C] bolso de viaje

car·pet·bag·ger /ˈkɑrpɪtˌbægɚ/ s [C] oportunista

car·pet·ing /ˈkɑrpətɪŋ/ s [U] alfombras, alfombrado

car pool, car·pool /ˈkɑrpul/ s [C] **1** grupo de personas que se organiza para desplazarse en un solo carro y compartir los gastos del trayecto **2** flota de vehículos

car·port /ˈkɑrpɔrt/ s [C] garaje abierto (techado) ▶ GARAGE

car·riage /ˈkærɪdʒ/ s **1** [C] (de caballos) carruaje, coche de caballos ▶ CART **2** [C] (para mover objetos) *a gun carriage* una cureña **3** [C] (de una máquina de escribir) carro **4** [U] (*frml*) (de una persona) porte ▶ BABY CARRIAGE

car·ri·er W3 /ˈkæriɚ/ s [C]
1 línea aérea
2 empresa de transportes
3 compañía (de seguros, telefonía)
4 vehículo de transporte militar • **aircraft carrier** portaaviones • **armored personnel carrier** vehículo blindado de transporte de tropas
5 portador -a (de genes, enfermedades)
6 repartidor -a (de periódicos, correspondencia)

'carrier ,pigeon s [C] paloma mensajera

car·ri·on /ˈkæriən/ s [U] carroña

car·rot S3 /ˈkærət/ s
1 [C,U] zanahoria • **carrot cake** torta de zanahoria, panqué de zanahoria • **carrot juice** jugo de zanahoria • **carrot soup** sopa de zanahoria
2 [sing] incentivo • **carrot and stick** incentivos y amenazas

car·ry¹ S1 W1 /ˈkæri/ v (**carries**, **carried**, **carrying**)

1	en la mano, en brazos, a la espalda
2	vehículo, barco, avión
3	conducto, cable, vía
4	agua, aire
5	el pasaporte, un paraguas, un arma
6	periódico
7	radio, televisión
8	un aviso, una inscripción
9	una cualidad, autoridad, reconocimiento
10	una responsabilidad
11	a una posición o situación
12	tienda
13	una enfermedad
14	un gen
15	delito
16	al moverse, al caminar
17	voz, risas, sonido
18	ley, moción, enmienda
19	en elecciones
20	con persuasión
21	en un equipo
22	pared, columna
23	una garantía
24	en sumas, restas
25	embarazada

1 EN LA MANO, EN BRAZOS, A LA ESPALDA [T] llevar, cargar con: *I'll carry the bags.* Yo llevo las bolsas. • **carry sth to/across sth** *Could you carry the drinks to the table?* ¿Puedes llevar las bebidas a la mesa?

2 VEHÍCULO, BARCO, AVIÓN [T] llevar, transportar: *These planes carry hundreds of passengers.* Estos aviones llevan cientos de pasajeros.
3 CONDUCTO, CABLE, VÍA [T] llevar, transportar: *These roads carry a lot of traffic.* En estas carreteras hay mucho tráfico. • **carry sth across/under sth** *Pipes carry the oil across the desert.* Hay tuberías que transportan el petróleo a través del desierto.
4 AGUA, AIRE [T siempre + adv/prep] llevar: *The wind carried the poisonous gas for miles.* El viento llevó el gas tóxico a millas de distancia.
5 EL PASAPORTE, UN PARAGUAS, UN ARMA [T] llevar (encima) • **carry cash** llevar dinero encima • **carry a gun** estar armado -a • **carry guns/arms** estar armado -a, portar armas
6 PERIÓDICO [T] publicar • **carry sth on the front page** publicar algo en primera página
7 RADIO, TELEVISIÓN [T] transmitir
8 UN AVISO, UNA INSCRIPCIÓN [T] llevar, tener • **carry a health warning** llevar una advertencia de riesgos para la salud
9 UNA CUALIDAD, AUTORIDAD, RECONOCIMIENTO [T] tener, gozar de • **carry weight** tener peso, influir • **carry conviction** sonar convincente • **carry a risk** suponer un riesgo
10 UNA RESPONSABILIDAD [T] asumir, cargar con • **carry the responsibility/blame (for sth)** hacerse responsable/asumir la culpa (de algo) • **carry the burden of doing sth** tener la responsabilidad de hacer algo, cargar con el peso de hacer algo
11 A UNA POSICIÓN O SITUACIÓN [T siempre + adv/prep] **carry sth/sb to/into sth** llevar algo/a alguien a algo • **carry sb to victory** llevar a alguien a la victoria
12 TIENDA [T] tener, ofrecer
13 UNA ENFERMEDAD [T] ser portador -a de, transmitir
14 UN GEN [T] ser portador -a de, tener
15 DELITO [T] estar penado -a con, ser castigado -a con
16 AL MOVERSE, AL CAMINAR [T] **carry yourself well/with confidence** tener buen porte/un andar seguro
17 VOZ, RISAS, SONIDO [I siempre + adv/prep] llegar, oírse • **your voice carries (well)** su voz se oye bien desde lejos
18 LEY, MOCIÓN, ENMIENDA [T] **be carried** aprobarse
19 EN ELECCIONES [T] ganar en (un distrito, una circunscripción)
20 CON PERSUASIÓN [T] convencer, ganarse • **carry sb with you** ganarse a alguien
21 EN UN EQUIPO [T] (*coloq*) hacer el trabajo de: *We can't afford to carry anyone.* No podemos permitirnos tener gente que no hace su trabajo.
22 PARED, COLUMNA [T] soportar, sostener
23 UNA GARANTÍA [T] tener • **carry a 12-month guarantee/warranty** tener 12 meses de garantía
24 EN SUMAS, RESTAS [T] llevarse
25 EMBARAZADA [T] (*antic*) estar embarazada de
EXPRESIONES
be carried along by sth verse impulsado -a por algo • **carry the day (a)** triunfar (en una competencia, un debate) **(b)** imponerse (enfoque, argumento) • **carry sth too far** (tb **carry sth to extremes/excess**) llevar algo demasiado lejos • **carry a torch for sb** estar enamorado -a de alguien (sin ser correspondido) • **I/they can't carry a tune** desafino/desafinan mucho al cantar • **get carried away (a)** dejarse llevar **(b)** entusiasmarse
carry sth ↔ forward v+partíc **1** pasar/trasladar algo (al siguiente periodo) **2** seguir adelante con algo, continuar con algo
carry sth ↔ off v+partíc **1** realizar/desempeñar bien algo • **carry off a role** interpretar bien un papel **2** ganar algo (un premio)
carry on v+partíc **1 carry on** seguir, continuar (hablando, trabajando, etc.) • **carry on with sth** seguir (adelante) con algo • **carry on doing sth** seguir haciendo algo **2 carry on sth** continuar con algo (iniciado por otro) **3 carry on sth** llevar a cabo algo, realizar algo • **carry on a conversation** mantener una conversación **4 carry on**

(oral) hacer escándalo ▶ **CARRY-ON 5 carry sth ↔ on** llevar algo en la cabina (de pasajeros) (equipaje) ▶ **CARRY-ON 6 carry on (with sb)** *(antic)* tener una aventura (con alguien)

carry on about sth *v+partíc* *(coloq)* insistir con algo, machacar con algo

carry sth ↔ out *v+partíc* **1** llevar a cabo algo, realizar algo **2** cumplir algo (una orden, una promesa)

carry sth ↔ over *v+partíc* pasar/trasladar algo (al siguiente periodo)

carry over into sth *v+partíc* repercutir en algo

carry through *v+partíc* **1 carry sth ↔ through** llevar a cabo algo **2 carry sth through** llevar a término algo **3 carry sb through** ayudar a alguien a salir adelante • **carry sb through sth** ayudar a alguien a superar algo • **carry through on sth** *v+partíc* cumplir algo (prometido)

carry² *s* [C] (en fútbol americano) acarreo, corrida

car·ry·all /'kæri,ɔl/ *s* [C] bolso

'carry-on¹ *adj* [solo ante s] de mano (bolso, equipaje)

'carry-on² *s* [C] bolso de mano

car·ry·out¹, carry-out /'kæri,aʊt/ *s* [C,U] **1** comida para llevar **2** establecimiento de comida para llevar

carryout², carry-out *adj* **1** para llevar SIN **takeout** **2** [solo ante s] de comida para llevar SIN **takeout**

'car seat *s* [C] asiento/butaca para bebés (para el carro)

car·sick /'kɑr,sɪk/ *adj* mareado -a (en el carro) • **get carsick** marearse (en el carro)

car·sick·ness /'kɑr,sɪknɪs/ *s* [U] mareo (al viajar en carro)

cart¹ /kɑrt/ *s* [C] **1** carro, carreta **2** carrito (de supermercado) **3** mesa rodante (para bebidas, postres)

EXPRESIONES
put the cart before the horse empezar por el final, empezar la casa por el tejado ▶ UPSET **the apple cart**

cart² *v* [T siempre + adv/prep] **1** *(coloq)* cargar (con), acarrear • **cart sth around/away/into** *I don't want to cart these bags around all day.* No quiero andar todo el día cargando con estas bolsas. **2** llevar, transportar (en un carro, un camión)

cart sb ↔ off/away *v+partíc* llevarse a alguien (por la fuerza)

carte blanche /,kɑrt 'blɑnʃ/ *s* [U] **give sb carte blanche (to do sth)** darle carta blanca a alguien (para hacer algo) • **have carte blanche (to do sth)** tener carta blanca (para hacer algo)

car·tel /kɑr'tɛl/ *s* [C] cártel, cartel ▶ ver nota en SIGN

cart·horse /'kɑrthɔrs/ *s* [C] caballo de tiro

car·ti·lage /'kɑrtḷ-ɪdʒ/ *s* [U] cartílago

car·tog·ra·pher /kɑr'tɑgrəfə/ *s* [C] cartógrafo -a

car·tog·ra·phy /kɑr'tɑgrəfi/ *s* [U] cartografía

car·ton /'kɑrt̚n/ *s* [C] **1** (envase) cartón, panal (de huevos), cartón, tetrabrik® (de jugo, leche): *a milk carton* un cartón de leche • [+of]: *a carton of orange juice* un cartón de jugo de naranja **2** (contenido) cartón, tetrabrik® • [+of]: *I drank a whole carton of milk.* Me tomé un cartón de leche entero. **3** caja de cartón

car·toon¹ S3 /kɑr'tun/ *s* [C]
1 dibujos animados, caricaturas
2 viñeta, chiste (gráfico)
3 *(técn)* cartón (en arte)

cartoon² *adj* [solo ante s] **1** de dibujos animados, de caricaturas **2** de animación

car·toon·ist /kɑr'tunɪst/ *s* [C] caricaturista, dibujante de humor gráfico, monero -a

car·tridge /'kɑrtrɪdʒ/ *s* [C] **1** (de tinta, videojuegos) cartucho **2** (de pólvora) cartucho

cart·wheel /'kɑrt̚wil/ *s* [C] voltereta lateral • **do/turn cartwheels** dar volteretas laterales

carve /kɑrv/ *v* **1** [T] tallar, esculpir • **carve sth out of marble/bone** esculpir algo en mármol/tallar algo en

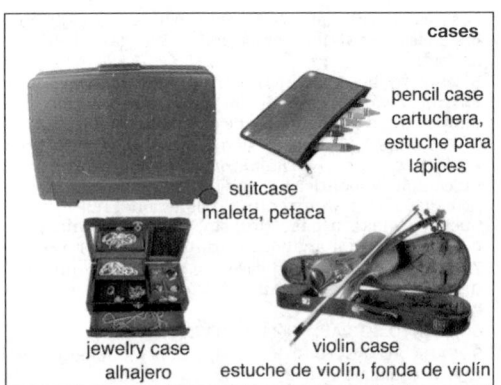

cases

pencil case
cartuchera,
estuche para
lápices

suitcase
maleta, petaca

jewelry case
alhajero

violin case
estuche de violín, fonda de violín

hueso • **carve wood/stone into sth** tallar algo en madera/esculpir algo en piedra **2** [T] grabar (en la madera, la piedra) • **carve your initials on/in/into sth** grabar sus iniciales en algo **3** [I,T] trinchar (la carne), cortar (la carne) **4** [T] **carve a place/niche for yourself** hacerse un lugar, crearse un nicho **5** [T] erosionar, excavar • **carve sth in/into the rock** horadar algo en la piedra ▶ **not be carved/etched in** STONE

carve sth ↔ out *v+partíc* **carve out a new life for yourself** empezar una nueva vida • **carve out a niche** hacerse un lugar, crearse un nicho • **carve out a career (for yourself)** labrarse/forjarse una carrera

carve sth ↔ up *v+partíc* repartir(se) algo, dividir algo

carv·ing /'kɑrvɪŋ/ *s* **1** [C] talla, pieza tallada **2** [U] tallado

'carving knife *s* [C] cuchillo de trinchar

'car wash *s* [C] lavadero de carros, túnel de lavado, autolavado

cas·cade¹ /kæ'skeɪd/ *s* [C] *(liter)* cascada

cascade² *v* [I siempre + adv/prep] *(liter)* **1** precipitarse, derramarse (agua) **2** caer en cascada (cabello, flores)

case¹ S1 W1 /keɪs/ *s*

1 ejemplo
2 situación
3 asunto judicial
4 argumentación jurídica
5 asunto policial
6 razones
7 asunto médico
8 asunto social, administrativo
9 para almacenar
10 para guardar, proteger
11 gramatical

1 EJEMPLO [C] caso • [+of]: *a case of mistaken identity* un caso de identidad errónea • **a classic/clear case of sth** un caso clásico/claro de algo • **in some/many cases** en algunos/muchos casos • **in most cases** en la mayoría de los casos • **a case in point** un buen ejemplo

2 SITUACIÓN [C gralm sing] caso • **be the case** ser así, ser el caso: *People think violent crime is increasing, but this is not the case.* La gente cree que los delitos violentos están en aumento, pero no es así. • **be the case that** *Isn't it the case that he lied?* ¿Acaso no mintió? • *It may be the case that they don't know.* Puede ser que no lo sepan. • **in my/her case** en mi/su caso • **in this case** en este caso • **if that is the case** si es así • **in which case** en cuyo caso • **as is the case with sb/sth** como sucede con alguien/algo

3 ASUNTO JUDICIAL [C] caso, causa, juicio • **a court case** un proceso judicial • **win/lose a case** ganar/perder un juicio

4 ARGUMENTACIÓN JURÍDICA [C] **the prosecution's/ defense's case** the case for the prosecution/ defense) (los argumentos de) la fiscalía/la defensa • **present/put your case** exponer los argumentos • **have a**

C

case tener argumentos suficientes para ganar el juicio • **the case against him/her** los argumentos/las pruebas en su contra

5 ASUNTO POLICIAL [C] caso • [+**of**]: *the case of a missing child* el caso de un niño desaparecido • **a murder/fraud case** un caso de asesinato/fraude

6 RAZONES [C gralm sing] razones, argumentos • [+**for**]: *the case for a change of policy* las razones para un cambio de política • [+**against**]: *the case against the new airport* los argumentos en contra del nuevo aeropuerto • **make a case (for sth)** (tb **make/state your case (for sth)**) dar argumentos/razones (en favor de algo)

7 ASUNTO MÉDICO [C] caso: *an urgent case* un caso urgente • [+**of**]: *a bad case of food poisoning* un caso grave de intoxicación

8 ASUNTO SOCIAL, ADMINISTRATIVO [C] caso

9 PARA ALMACENAR [C] caja, cajón • **packing case** caja de embalaje • **case of wine** caja de vino

10 PARA GUARDAR, PROTEGER [C] estuche, funda • **a jewelry case** un alhajero • **a glass case** una vitrina

11 GRAMATICAL [C,U] (*técn*) caso ▶ LOWER CASE, PENCIL CASE, I REST my CASE, TEST CASE, UPPER CASE

EXPRESIONES

in any case en todo caso, en cualquier caso • **in case (a)** por si: *Take an umbrella, in case it rains.* Llévate un paraguas, por si llueve. • **just in case** por si acaso, por las dudas **(b)** si • **in case of fire/emergency** en caso de incendio/emergencia • **in that case** si es así, en ese caso • **it's a case of sth** (*oral*) *It was a case of love at first sight.* Fue uno de esos casos de amor a primera vista. • *It's a case of getting there early.* Es cuestión de llegar temprano. • **make a (federal) case out of sth** hacer un drama de algo • **be on sb's case** criticar continuamente a alguien • **be on the case** estar ocupándose del asunto

case² *v* [T] **1 be cased in sth** estar revestido -a/recubierto -a de algo **2** (*coloq*) vigilar (un sitio para robarlo) • **case the joint** estudiar el terreno (para cometer un robo)

'**case ˌhistory** *s* [C] historia clínica, antecedentes

'**case law** *s* [U] jurisprudencia

case·load /ˈkeɪsloʊd/ *s* [C gralm sing] número de casos (que atiende un profesional)

'**case ˌstudy** *s* [C] (pl **case studies**) estudio de casos

cash¹ S2 W2 /kæʃ/ *s* [U]
1 (dinero en) efectivo • **in cash** en efectivo • **pay cash (for sth)** pagar (algo) en efectivo
2 dinero • **raise cash** recaudar dinero • **be strapped for cash** (*oral*) (tb **be short of cash**) andar mal de dinero ▶ HARD CASH, PETTY CASH

EXPRESIONES

cash on delivery pago contra entrega SIN **C.O.D.** • **pay cash up front** pagar al contado

cash² *v* [T] cobrar (un cheque)
cash in *v+partíc* **1 cash in** aprovecharse, sacar provecho • **cash in on sth** aprovecharse de algo, sacar provecho de algo **2 cash sth ↔ in** cobrar algo (un bono, un seguro)
cash out *v+partíc* **1 cash out** hacer la caja (en una tienda) **2 cash sth ↔ out** cobrar algo, redimir algo

'**cash card** *s* [C] tarjeta de débito, tarjeta de (de) ATM (para cajero automático)

'**cash crop** *s* [C] cultivo comercial

cash·ew /ˈkæʃu, kæˈʃu/ *s* [C] **1** (tb **cashew nut**) (fruto) nuez de marañón/cajuil, nuez de la India **2** (árbol) nuez de marañón/cajuil, nuez de la India

'**cash flow** *s* [sing, U] flujo de caja

cash·ier /kæˈʃɪr/ *s* [C] cajero -a

'**cash maˌchine** *s* [C] cajero automático SIN **ATM**

cash·mere /ˈkæʒmɪr, ˈkæʃ-/ *s* [U] cachemir, cachemira

'**cash ˌregister** *s* [C] caja registradora

cas·ing /ˈkeɪsɪŋ/ *s* [C] revestimiento, cubierta, carcasa

ca·si·no /kəˈsinoʊ/ *s* [C] (pl **casinos**) casino

cask /kæsk/ *s* [C] barril, tonel

cas·ket /ˈkæskɪt/ *s* [C] **1** ataúd, féretro SIN **coffin 2** (*antic*) cofre, alhajero

cas·sa·va /kəˈsɑvə/ *s* [C,U] mandioca

cas·se·role /ˈkæsəˌroʊl/ *s* [C] **1** guisado, guiso (hecho al horno) **2** (tb **casserole dish**) cacerola o fuente con tapa para horno

casserole² *v* [T] guisar

cas·sette /kəˈsɛt/ **1** [C,U] casete • **on cassette** en casete **2** [C] videocasete

cas'sette ˌplayer *s* [C] casetera (portátil), (auto) estéreo, pasacinta (de un carro)

cas'sette reˌcorder *s* [C] casetera, grabador, grabadora

cas·sock /ˈkæsək/ *s* [C] sotana

cast¹ S3 W3 /kæst/ *v* (**cast**)

1	la mirada
2	una luz, una sombra
3	una opinión negativa
4	un voto
5	a un actor
6	describir
7	pescador, marinero
8	una estatua, un objeto
9	a un calabozo, al infierno
10	leña al fuego, una piedra
11	serpiente

1 LA MIRADA [T] **cast a look/glance (at sth/sb)** echarle una mirada (a algo/alguien) • **cast sb a look/ glance** lanzarle una mirada a alguien • **cast your eyes down** bajar la mirada • **cast your eyes toward/at sth** dirigir la mirada hacia algo • **cast an/your eye over sth** echarle un vistazo a algo

2 UNA LUZ, UNA SOMBRA [T] **cast a light on/over sth** iluminar algo, arrojar/proyectar luz sobre algo • **cast a shadow on/over sth** proyectar una sombra sobre/en algo

3 UNA OPINIÓN NEGATIVA **cast doubt on sth** poner algo en duda/en tela de juicio • **cast blame on sb/sth** echarle la culpa a alguien/algo • **cast suspicion on sth/sb** levantar sospechas sobre algo/alguien

4 UN VOTO **cast a vote/ballot** emitir un voto, votar

5 A UN ACTOR **cast sb as Dracula/a single mother** darle a alguien el papel de Drácula/de una madre soltera • **cast sb in sth** darle a alguien un papel en algo • **be cast in a role** interpretar un papel • **be cast alongside/ opposite sb** actuar (como coprotagonista) junto a alguien

6 DESCRIBIR [T gralm en pasiva] **be cast as the villain/ victim** representar el papel de malo/de víctima • **be cast in the role of sth** *He was cast in the role of reformer.* Lo presentaron como un reformador.

7 PESCADOR, MARINERO [I,T] lanzar (la red/el sedal)

8 UNA ESTATUA, UN OBJETO [T gralm en pasiva] **be cast in bronze/iron** ser de bronce/hierro fundido

9 A UN CALABOZO, AL INFIERNO [T siempre + adv/ prep] (*liter*) **cast sb into prison/hell** enviar a alguien a la cárcel/arrojar a alguien al infierno

10 LEÑA AL FUEGO, UNA PIEDRA [T siempre + adv/ prep] (*liter*) arrojar, lanzar

11 SERPIENTE [T] mudar (piel)

EXPRESIONES

cast light on sth arrojar luz sobre algo • **cast your mind back** retrotraerse • **cast your net wide** explorar diferentes alternativas • **cast a shadow over/on sth** (tb **cast a cloud over/on sth**) ensombrecer/empañar algo • **cast a spell on sb (a)** hechizar/embrujar a alguien **(b)** hechizar/cautivar a alguien

cast around for sth *v+partíc* tratar de pensar en algo, intentar encontrar algo

cast aside *v+partíc* **1 cast sb aside** dejar a alguien a un/de lado **2 cast sth aside** desechar/descartar algo

cast off *v+partíc* **1 cast sth/sb ↔ off** deshacerse de algo/alguien, abandonar algo/a alguien **2 cast off** soltar amarras **3 cast off** cerrar (al tejer)

cast on v+partíc montar/poner los puntos (al tejer)
cast sb ↔ out v+partíc (liter) expulsar algo/a alguien

cast² s [C] **1** [gralm sing] reparto, elenco **2** yeso (para fractura) **3** pieza de fundición **4** molde (para vaciados) **5** tono

EXPRESIONES
a cast of characters una galería de personajes • **your cast of mind** (liter) la forma de pensar, la mentalidad • **a cast of thousands** (hum) una multitud

cas·ta·nets /ˌkæstəˈnɛts/ s [pl] castañuelas

cast·a·way /ˈkæstəˌweɪ/ s [C] náufrago -a

caste /kæst/ s [C] casta • **a high/low caste** una casta superior/inferior • **caste system** sistema de castas

cast·er, castor /ˈkæstər/ s [C] rueda (de un mueble)

cas·ti·gate /ˈkæstəˌgeɪt/ v [T] (frml) fustigar, censurar

cast·ing /ˈkæstɪŋ/ s **1** [U] casting, elección del reparto **2** [C] pieza de fundición

,cast 'iron s [U] hierro fundido

,cast-'iron adj [gralm ante s] **1** de hierro fundido **2** perfecto -a (coartada), total (garantía) **3 a cast-iron stomach** un estómago de hierro

cas·tle /ˈkæsəl/ s [C] **1** castillo: *Edinburgh Castle* el castillo de Edimburgo **2** torre (en ajedrez) SIN **rook**

EXPRESIONES
castles in the air castillos en el aire

'cast-off adj [solo ante s] viejo -a, usado -a (ropa)

'cast-offs s [pl] ropa usada

cas·tor /ˈkæstər/ s variante de CASTER

'castor oil s [U] aceite de ricino

cas·trate /ˈkæstreɪt/ v [T] castrar

cas·tra·tion /kæˈstreɪʃən/ s [U] castración

cas·u·al¹ /ˈkæʒuəl, -ʒəl/ adj

1 ropa, estilo, aspecto
2 actitud, tono, manera
3 mirada, ojeada
4 relación
5 encuentro, contacto
6 trabajo, trabajador

1 ROPA, ESTILO, ASPECTO informal, casual: *casual wear* ropa de sport ANT **formal**
2 ACTITUD, TONO, MANERA despreocupado -a, relajado -a • **be casual about sth** no dar mucha importancia a algo, tomarse algo con mucha tranquilidad
3 MIRADA, OJEADA rápido -a • **to the casual observer** a primera vista
4 RELACIÓN superficial, ocasional • **a casual acquaintance** un conocido/una conocida • **casual sex** relaciones sexuales ocasionales
5 ENCUENTRO, CONTACTO fortuito -a, casual: *a casual remark* un comentario al pasar
6 TRABAJO, TRABAJADOR temporal, eventual • **on a casual basis** de forma temporal

casual² s casuals [pl] ropa de sport, ropa informal

cas·u·al·ly /ˈkæʒuəli, -ʒəli/ adv **1** con ropa informal, de sport **2** despreocupadamente (caminar, pasar), al pasar, como quien no quiere la cosa (preguntar, mencionar) **3** distraídamente (mirar)

cas·u·al·ty /ˈkæʒəlti, -ʒuəlti/ s [C] (pl **casualties**) **1** (en un accidente, una guerra) víctima, baja: *heavy casualties* muchas bajas • *road casualties* víctimas de accidentes de tránsito **2** (en una situación adversa) víctima, afectado -a: *the latest casualty of cutbacks* la última víctima de los recortes

cat S1 W3 /kæt/ s [C]
1 gato -a • **a stray cat** un gato callejero/una gata callejera • **cat food** comida para gatos, alimento para gatos **2** felino ▶ CURIOSITY killed the cat, a FAT cat, it's RAINING cats and dogs, there's not enough ROOM to swing a cat

EXPRESIONES
be the cat's pajamas ser de lo mejor, ser padrísimo, ser chimba • **(has the) cat got your tongue?** (oral) ¿te comieron la lengua los ratones? • **let the cat out of the bag** (coloq) hablar de más • **like a cat on a hot tin roof** hecho -a un manojo de nervios • **like the cat that ate the canary** más ancho que largo/más ancha que larga • **look like something the cat dragged in** (coloq) tener un aspecto desastroso • **play (a game of) cat and mouse** jugar al gato y al ratón • **when the cat's away (the mice will play)** cuando el gato no está los ratones bailan

cat·a·clysm /ˈkætəˌklɪzəm/ s [C] (liter) cataclismo

cat·a·clys·mic /ˌkætəˈklɪzmɪk/ adj (frml) cataclísmico -a

cat·a·comb /ˈkætəˌkoʊm/ s [C gralm pl] catacumbas

Cat·a·lan¹ /ˈkætəˌlæn, -ˌlɑn/ s **1** [C] (persona) catalán -ana **2** [U] (idioma) catalán

Catalan² adj catalán -ana

cat·a·log¹ S2, catalogue /ˈkætlˌɔg, -ˌɑg/ s [C]
1 (de productos) catálogo: *a mail-order catalog* un catálogo de venta por correo
2 (de un museo, una biblioteca) catálogo
3 a catalog of disasters/errors una serie de desastres/errores

catalog², catalogue v [T] (**catalogued, cataloguing**, 3ª pers sing **catalogues**) **1** catalogar **2** enumerar

cat·a·lyst /ˈkætl-ɪst/ s [C] **1** (causa) catalizador • [+for]: *a catalyst for social change* un catalizador del cambio social **2** (sustancia) (técn) catalizador

,catalytic con'verter s [C] catalizador

cat·a·ma·ran /ˈkætəməˌræn/ s [C] catamarán

cat·a·pult¹ /ˈkætəˌpʌlt, -ˌpʊlt/ s [C] catapulta

catapult² v [T siempre + adv/prep] **be catapulted into the air/through the windshield** salir despedido -a por o por el aire/el parabrisas

EXPRESIONES
catapult sb to fame/stardom catapultar a alguien a la fama/al estrellato

cat·a·ract /ˈkætəˌrækt/ s [C] **1** (enfermedad) catarata • **have cataracts** tener cataratas **2** (liter) (cascada) catarata

ca·tas·tro·phe /kəˈtæstrəfi/ s [C,U] catástrofe

cat·a·stroph·ic /ˌkætəˈstrɑfɪk‹/ adj catastrófico -a

cat·call /ˈkætˌkɔl/ s [C] silbido

catch¹ S1 W1 /kætʃ/ v (**caught** /kɔt/)

1 en el aire
2 de repente
3 a un delincuente, un fugitivo
4 al que corre o escapa
5 en acto indebido
6 una enfermedad
7 en mal momento
8 peces
9 animales
10 un tren, un avión
11 a tiempo para algo
12 atascarse
13 la atención, el interés
14 lo dicho
15 un concierto, una exposición
16 con la vista, el olfato
17 un problema
18 el ambiente, el espíritu
19 fuego
20 golpe
21 en situación difícil
22 en un recipiente
23 luz
24 el viento, una ola
25 viento, corriente, ola
26 en béisbol

1 EN EL AIRE [I,T] agarrar, atajar, cachar: *He caught the ball.* Atajó la pelota. • *Here, catch!* ¡Toma, agárralo!

C

2 DE REPENTE [T] agarrar, atajar • **catch hold of sth** agarrarse a/de algo, agarrar algo: *Rob caught hold of my sleeve*. Rob me agarró la manga. • **catch hold of sb** agarrar a alguien

3 A UN DELINCUENTE, UN FUGITIVO [T] agarrar, atrapar • **he/they got caught** lo/los atraparon

4 AL QUE CORRE O ESCAPA [T] agarrar, atrapar: *You can't catch me!* ¡A que no me agarras!

5 EN ACTO INDEBIDO [T] pillar, pescar, cachar • **catch sb doing sth** pillar/pescar a alguien haciendo algo

6 UNA ENFERMEDAD [T] pescarse, contagiarse • **catch sth from sb** contagiarse algo de alguien • **catch a cold** resfriarse

7 EN MAL MOMENTO [T] agarrar, tomar: *You caught me at a bad time*. Me agarraste en un mal momento. • **catch sb by surprise** tomar a alguien por sorpresa

8 PECES [T] pescar

9 ANIMALES [T] cazar

10 UN TREN, UN AVIÓN [T] tomar: *He caught the next plane home.* Tomó el siguiente avión de vuelta a casa.

11 A TIEMPO PARA ALGO [T] pescar: *If you call around 8:30, you might catch her.* Si pasas alrededor de las 8:30, puede que la pesques.

12 ATASCARSE **(a)** [T] **catch your fingers/thumb in sth** agarrarse los dedos/el pulgar con algo • **I caught my shirt/my skirt on sth** se me enganchó la camisa/la falda en algo, se me atoró la camisa/la falda en algo • **get caught in/on sth** *Her hair got caught on a button.* Se le enredó el pelo en un botón. **(b)** [I] quedarse enredado -a/enganchado -a/atorado -a: *Her sleeve caught in the machine.* Se le quedó atorada la manga en la máquina.

13 LA ATENCIÓN, EL INTERÉS [T] **catch sb's attention/ interest** captar la atención/el interés de alguien • **catch sb's imagination** cautivar la imaginación de alguien

14 LO DICHO [T] *(oral)* entender: *I'm sorry, I didn't catch your name.* Perdón, no entendí bien su nombre.

15 UN CONCIERTO, UNA EXPOSICIÓN [T] *(oral)* ir a ver • **catch a movie** ir a ver una película

16 CON LA VISTA, EL OLFATO [T nunca en forma continua] percibir fugazmente • **catch sight of sth/sb** alcanzar a ver algo/a alguien: *I caught sight of her in the crowd.* La alcancé a ver en medio del gentío. • **catch a glimpse of sth/sb** alcanzar a ver algo/a alguien

17 UN PROBLEMA [T] detectar • **catch sth early** detectar algo temprano/precozmente

18 EL AMBIENTE, EL ESPÍRITU [T] captar

19 FUEGO [I,T] prender • **catch fire** incendiarse

20 GOLPE [T] dar: *The punch caught him right in the face.* El puñetazo le dio en plena cara.

21 EN SITUACIÓN DIFÍCIL **be caught in a storm/in traffic** estar atrapado -a en una tormenta/estar en medio de un trancón, estar atrapado -a en una tormenta/estar en medio de un atasco • **be caught in the middle (of sth)** quedar atrapado -a en medio (de algo)

22 EN UN RECIPIENTE [T] recoger

23 LUZ [T] **the light catches sth** la luz se refleja en algo • **it catches the light** refleja la luz

24 EL VIENTO, UNA OLA [T] agarrar: *The sails caught the wind.* Las velas se inflaron con el viento.

25 VIENTO, CORRIENTE, OLA [T] llevarse, arrastrar

26 EN BÉISBOL [I] atrapar, agarrar

EXPRESIONES

catch your breath **(a)** tomar aire, recuperar el aliento **(b)** tomarse un respiro • **catch sb's eye** **(a)** lograr captar la atención de alguien con la mirada: *He caught my eye and waved.* Logré que lo viera y me saludó. **(b)** llamar la atención de alguien • **catch it/hell** *(oral)* *You'll catch it if Dad finds out where you've been.* Te las vas a ver negras si tu padre se entera de dónde has estado. • **catch a ride** *(oral)* ir en el carro de alguien: *Can I catch a ride with you?* ¿Puedo ir contigo? • **catch the sun** ponerse/estar al sol • **catch you later!** *(oral)* ¡nos vemos!, ¡hasta luego! • **catch yourself** contenerse • **catch yourself doing sth** sorprenderse haciendo algo • **he/she was caught with his/her pants down** lo pillaron desprevenido/la pillaron desprevenida, lo agarraron

desprevenido/la agarraron desprevenida • **you won't catch me doing sth** *(oral)* no me verás haciendo algo

catch on *v+partíc* **1** darse cuenta • **catch on to sth** entender algo, darse cuenta de algo **2** ponerse de moda, imponerse

catch sb out *v+partíc* pillar/agarrar a alguien desprevenido -a • **be/get caught out** *The climbers had gotten caught out by bad weather.* Los alpinistas se vieron sorprendidos por el mal tiempo.

catch up *v+partíc* **1** ponerse al día: *If you miss a lot of school, it's difficult to catch up.* Si pierdes muchas clases, cuesta ponerse al día. • **catch up with sb/sth** ponerse al nivel de alguien/algo, alcanzar el mismo nivel que alguien/algo **2** *We had to run to catch up.* Tuvimos que correr para alcanzarlos. • **catch up with sb/sth** alcanzar algo/a alguien **3** ponerse al día • **catch up on your work/reading** (tb **catch up with your work/ reading**) ponerse al día con el trabajo/la lectura • **catch up on some sleep** recuperar el sueño perdido **4** ponerse al día, ponerse al corriente • **catch up on the news/ gossip** (tb **catch up with the news/gossip**) ponerse al día con las noticias/los chismes **5 be/get caught up in sth** verse metido -a/atrapado -a en algo

catch up with sb *v+partíc* **1** agarrar/atrapar a alguien **2** empezar a hacer sentir su efecto en alguien, empezar a afectar a alguien: *His lack of sleep was catching up with him.* La falta de sueño empezaba a afectarle.

catch² *s*

1	de la pelota
2	juego
3	problema oculto
4	mecanismo
5	de pescado
6	por la emoción
7	persona

1 DE LA PELOTA [C] atrapada, atajada (en juegos)

2 JUEGO [U] **play catch** jugar a tirar y atajar una pelota, jugar a aventar y cachar una pelota

3 PROBLEMA OCULTO [C gralm sing] *(coloq)* truco, trampa: *What's the catch?* ¿Dónde está el truco?

4 MECANISMO [C] pestillo (de una puerta), cierre, gancho (de una tapa, un collar)

5 DE PESCADO [C] pesca (cantidad pescada)

6 POR LA EMOCIÓN [sing] **a catch in your voice/ throat** un nudo en la garganta

7 PERSONA [sing] *(antic)* **be a (good) catch** ser un buen partido

catch·er /ˈkætʃɚ/ *s* [C] catcher, cácher

catch·ing /ˈkætʃɪŋ/ *adj* [nunca ante s] *(coloq)* contagioso -a

catch·ment ar·e·a /ˈkætʃmənt ˌɛriə/ *s* [C] zona de influencia (de un colegio, un hospital)

'catch phrase *s* [C] frase típica (de un humorista, un político)

catch·y /ˈkætʃi/ *adj* (**catchier**, **catchiest**) pegajoso -a (música, melodía)

cat·e·chism /ˈkætəˌkɪzəm/ *s* [C] catecismo

cat·e·gor·i·cal /ˌkætəˈɡɔrɪkəl, -ˈɡɑr-/ *adj* [gralm ante s] categórico -a

cat·e·gor·i·cally /ˌkætəˈɡɔrɪkli, -ˈɡɑr-/ *adv* categóricamente

cat·e·go·rize /ˈkætəɡəˌraɪz/ *v* [T] clasificar: *Her books are not always easy to categorize.* Sus libros no siempre son fáciles de clasificar. • **categorize sth as sth** clasificar algo como algo • **categorize sth/sb according to sth** clasificar algo/a alguien según algo: *The population is categorized according to age.* Se clasifica a la población según la edad. SIN **classify**

cat·e·go·ry S2 W2 /ˈkætəˌɡɔri/ *s* [C] (pl **categories**) categoría • **fall into a category** pertenecer a una categoría • **fall into two/three categories** dividirse en dos/tres categorías

ca·ter /ˈkeɪtɚ/ *v* [I,T] hacer el catering (en/para), hacer el servicio de banquetes (en/para), encargarse de la

comida y la bebida (en/para) • **cater for sb/sth** *Can you cater for 500 guests?* ¿Puede encargarse de la comida y la bebida para 500 invitados? • **cater sth for sb/sth** ofrecer algo para alguien/algo
cater for sb/sth (tb **cater to sb/sth**) *v+partíc* satisfacer/atender las necesidades de alguien/algo: *We are unable to cater for people with disabilities.* No podemos atender a personas discapacitadas.

ca·ter·er /ˈkeɪtərə(r)/ *s* [C] empresa o persona que se encarga del servicio de banquetes para una fiesta o un evento

ca·ter·ing /ˈkeɪtərɪŋ/ *s* [U] servicio de banquetes, (servicio de) catering

cat·er·pil·lar /ˈkætə(r)ˌpɪlə(r), ˈkætə-/ *s* [C] oruga

cat·fish /ˈkætˌfɪʃ/ *s* [C,U] bagre

ca·thar·sis /kəˈθɑːrsɪs/ *s* [sing, U] (*frml*) catarsis

ca·thar·tic /kəˈθɑːrtɪk/ *adj* catártico -a

ca·the·dral /kəˈθiːdrəl/ *s* [C] catedral

cath·e·ter /ˈkæθətə(r)/ *s* [C] (*medical*) catéter

cath·ode /ˈkæθoʊd/ *s* [C] cátodo

Cath·o·lic¹ /ˈkæθlɪk, -θəlɪk/ *adj* católico -a SIN **Roman Catholic**

Catholic² *s* [C] católico -a: *I'm a Catholic.* Soy católica.

catholic *adj* (*frml*) variado -a (gustos, intereses)

Ca·thol·i·cism /kəˈθɑːləˌsɪzəm/ *s* [U] catolicismo

cat·kin /ˈkætˌkɪn/ *s* [C] amento

cat·nap¹ /ˈkætˌnæp/ *s* [C] (*coloq*) siestita, siestica, siestecita

catnap² *v* [I] echar una siestita/siestica, echarse una siestecita

cat·nip /ˈkætˌnɪp/ *s* [U] hierba gatera, nébeda

CAT scan /ˈkæt skæn/ *s* [C] TAC, tomografía axial computarizada

cat·suit /ˈkætˌsut/ *s* [C] catsuit (traje enterizo ajustado al cuerpo)

cat·sup /ˈkɛtʃəp, ˈkæ-/ *s* [U] ketchup, catsup SIN **ketchup**

cat·ti·ness /ˈkætinɪs/ *s* [U] (*peyor*, *coloq*) malicia, mala leche

cat·tle S3 /ˈkætl/ *s* [pl] ganado (vacuno) • **beef cattle** ganado vacuno (para carne) • **dairy cattle** vacas lecheras • **cattle farm** finca ganadera, rancho ganadero • **cattle farmer** ganadero -a • **cattle ranch** finca ganadera, rancho ganadero • **cattle rancher** ganadero -a

cat·ty /ˈkæti/ *adj* (*coloq*) malicioso -a, con mala leche

cat·walk /ˈkætˌwɔk/ *s* [C] **1** (en desfiles de moda) pasarela SIN **runway** **2** (de un puente) pasarela **3** (en un teatro) puente, paso de gatos

Cau·ca·sian¹ /kɔˈkeɪʒən/ *adj* (*frml*) de raza blanca, caucásico -a

Caucasian² *s* [C] persona de raza blanca

cau·cus /ˈkɔkəs/ *s* [C] (pl **caucuses**) **1** reunión de los militantes locales de un partido para elegir delegado o candidato **2** facción (dentro de un partido)

caught /kɔt/ *v* pasado y participio pasado de CATCH

caul·dron, **caldron** /ˈkɔldrən/ *s* [C] **1** (recipiente) caldero **2** (situación) **be a boiling cauldron** estar en ebullición

cau·li·flow·er /ˈkɔliˌflaʊə(r), ˈkɑ-/ *s* [C,U] coliflor

cau·sal·i·ty /kɔˈzæləti/ *s* [U] causalidad

cause¹ S1 W1 /kɔz/ *s*
1 [C] (desencadenante) causa • [+of]: *The cause of the crash is not known.* Se desconoce la causa del accidente. • **cause of death** causa de (la) muerte • **discover/establish/identify the cause** descubrir/determinar/identificar la causa • **the underlying/root cause** la causa subyacente/principal • **cause and effect** (relación de) causa y efecto, (relación de) causalidad • **a major/primary cause** una causa importante/fundamental • **die**

of/from natural causes morir de muerte natural
2 [C,U] (razón suficiente) **cause for alarm/celebration/concern** motivo de alarma/festejo/preocupación: *There is no cause for alarm.* No hay por qué alarmarse. • *The patient's condition is giving cause for concern.* El estado del paciente es preocupante. • **cause for optimism** *The report gives little cause for optimism.* El informe no da muchos motivos para ser optimista. • **without (good) cause** sin motivo, sin una buena razón • **with good cause** con razón • **have (good) cause to do sth** tener (buenas) razones para hacer algo SIN **reason**
3 [C] (ideal) causa • [+of]: *the cause of women's rights* la causa de los derechos de la mujer • **the nationalist/republican cause** la causa nacionalista/republicana • **champion/further/promote a cause** defender/trabajar por/promover una causa
4 [C] (fin benéfico) causa • **a good/worthy cause** una buena causa, una causa noble • **be for/in a good cause** ser por/para una buena causa ▸ **make COMMON cause (with sb)**, a LOST cause

cause² S1 W1 *v* [T] causar, producir, provocar • **cause damage/harm** causar daños, provocar daños • **cause confusion** producir confusión, confundir • **cause disease/pain** causar enfermedades/dolor • **cause sb/sth to do sth** hacer que alguien/algo haga algo: *The power failure caused the whole computer system to shut down.* El corte eléctrico hizo que dejara de funcionar todo el sistema informático. • **cause problems/difficulties/trouble for sb** (tb **cause sb problems/difficulties/trouble**) causarle problemas a alguien • **cause sb concern** preocupar a alguien, ser motivo de preocupación para alguien

cause·way /ˈkɔzweɪ/ *s* [C] carretera elevada que cruza una zona inundada

caus·tic /ˈkɔstɪk/ *adj* **1** (comentario, ingenio) cáustico -a, mordaz **2** (sustancia, producto) cáustico -a

cau·ter·ize /ˈkɔtəˌraɪz/ *v* [T] cauterizar

cau·tion¹ /ˈkɔʃən/ *s* **1** [U] cautela, precaución: *We must proceed with extreme caution.* Debemos actuar con la mayor cautela. • **treat sth with caution** tomar algo con cautela/precaución • **urge caution** pedir cautela, llamar a la cautela **2** [C,U] advertencia: *Caution: not suitable for children under the age of 3.* Precaución: no es aconsejable para niños menores de 3 años. • **a word/note of caution** una advertencia

EXPRESIONES
throw/cast caution to the wind(s) (*liter*) abandonar toda precaución ▸ ERR **on the side of caution**

caution² *v* [I,T] advertir • **caution sb against sth** advertir a alguien de algo, desaconsejar algo a alguien: *People were cautioned against travel.* Se advirtió a la gente de los peligros de viajar. • **caution sb against doing sth** aconsejar a alguien que no haga algo • **caution (sb) that** advertir (a alguien) que: *He cautioned that interest rates could rise.* Advirtió que los tipos de interés podrían subir. SIN **warn**

cau·tion·ar·y /ˈkɔʃəˌnɛri/ *adj* de advertencia (mensaje, palabras) • **a cautionary tale** una historia con moraleja

cau·tious /ˈkɔʃəs/ *adj* prudente, cauteloso -a • [+about]: *Be cautious about giving people your address.* Sea prudente respecto de dar su dirección a otras personas. • **cautious optimism** moderado optimismo

cau·tious·ly /ˈkɔʃəsli/ *adv* cautelosamente, con cautela • **cautiously optimistic** moderadamente optimista

cav·al·cade /ˌkævəlˈkeɪd, ˈkævəlˌkeɪd/ *s* [C] cabalgata

cav·a·lier /ˌkævəˈlɪr/ *adj* (*peyor*) displicente, desdeñoso -a

cav·al·ry /ˈkævəlri/ *s* [U] caballería

cave¹ /keɪv/ *s* [C] cueva

cave² *v*
cave in *v+partíc* **1** hundirse, derrumbarse (techo, pared) • **cave in on sb** derrumbarse sobre alguien SIN **fall in**, **collapse 2** (*peyor*) ceder, claudicar • **cave in to sb's demands/to pressure** ceder a las exigencias de alguien/a las presiones SIN **give in**, **capitulate**

C

ca·ve·at /ˈkævi,ɑt/ s [C] (frml) advertencia, reparo, salvedad • [+that]: *She will be offered treatment, with the caveat that it may not work.* Se le ofrecerá tratamiento, pero se le advertirá que es posible que no funcione.

cave·man /ˈkeɪvmæn/ s [C] (pl **cavemen** /-mɛn/) cavernícola

cav·ern /ˈkævən/ s [C] caverna

cav·ern·ous /ˈkævənəs/ adj amplio -a y profundo -a

cav·i·ar, caviare /ˈkævi,ɑr/ s [U] caviar

cav·i·ty /ˈkævəti/ s [C] (pl **cavities**) **1** caries **2** cavidad • **the chest/oral/abdominal cavity** la cavidad torácica/bucal/abdominal

ca·vort /kəˈvɔrt/ v [I] retozar • **cavort with sb** retozar con alguien

caw /kɔ/ v [I,C] graznar

CB /ˌsi ˈbi◂/ (tb ˌ**CB 'radio**) s **1** [U] (**Citizen's Band**) banda ciudadana **2** [C] radiotransmisor de banda ciudadana

CBS /ˌsi bi ˈɛs/ (marca reg) (**Columbia Broadcasting System**) CBS

cc¹ abrev escrita de **1** (**carbon copy**) CC, con copia a **2** (**cubic centimeter(s)**) cm³, c. c.

cc² /si ˈsi/ v [T] (coloq) mandar copia de

CD /ˌsi ˈdi◂/ s [C]
1 (**compact disc**) CD, (disco) compacto ▶ CD-ROM, DVD
2 (**certificate of deposit**) certificado de depósito (bancario)

C'D ˌplayer s [C] reproductor de CD

CD-R /ˌsi di ˈɑr/ s [C,U] (**compact disc – recordable**) CD-R, CD grabable

CD-ROM /ˌsi di ˈrɑm/ s [C,U] (**compact disc read-only memory**) CD-ROM • **on CD-ROM** en CD-ROM

CD-RW /ˌsi di ɑr ˈdʌbəlyu/ s [C,U] (**compact disc – rewritable**) CD-RW, CD regrabable

cease¹ /sis/ v [I,T] (frml) parar, cesar: *The rain had ceased.* Había parado de llover. • **cease production/ publication** suspender la producción/publicación • **cease doing sth** (tb **cease to do sth**) dejar de hacer algo
EXPRESIONES
it/she never ceases to amaze me no deja de sorprenderme ▶ WONDERS will never cease?

cease² s **without cease** (frml) sin cesar

cease·less /ˈsislɪs/ adj (frml) incesante

cease·less·ly /ˈsislɪsli/ adv incesantemente

ce·dar /ˈsidə/ s **1** [C] (árbol) cedro **2** [U] (tb **cedarwood**) (madera) cedro • **cedar chest** arcón de cedro

cede /sid/ v [T] (frml) ceder (un territorio, un derecho) • **cede sth to sb/sth** cederle algo a alguien/algo

ce·dil·la /sɪˈdɪlə/ s [C] cedilla

ceil·ing /ˈsilɪŋ/ s [C]
1 techo, cielorraso: *rooms with high ceilings* habitaciones con techos altos • **ceiling fan** ventilador de techo • **ceiling light** lámpara de techo
2 techo, tope, límite • **impose/set/put a ceiling on sth** imponer/fijar/poner un límite a algo ▶ GLASS CEILING

cel·e·brate /ˈsɛləˌbreɪt/ v
1 [I,T] (hacer un acto festivo) celebrar, festejar: *She celebrated her success with a glass of champagne.* Festejó su éxito con una copa de champaña. • *Congratulations on your promotion – we must go out and celebrate!* Felicitaciones por el ascenso, ¡hay que salir a celebrar! • **celebrate sb's birthday/anniversary** festejar el cumpleaños/aniversario de alguien • **celebrate Christmas/New Year** celebrar la Navidad/el Año Nuevo
2 [T] (frml) (alabar) celebrar
3 [T] (misa) celebrar

cel·e·brat·ed /ˈsɛləˌbreɪtɪd/ adj célebre, famoso -a

cel·e·bra·tion /ˌsɛləˈbreɪʃən/ s **1** [C] festejo(s), fiesta: *New Year's celebrations* los festejos de Año Nuevo • a

birthday/an anniversary celebration una fiesta de cumpleaños/aniversario **2** [U] celebración: *the celebration of Passover* la celebración de la Pascua judía • **in celebration of sth** para celebrar algo • **a cause for celebration** *I think this is a cause for celebration.* Me parece que esto hay que celebrarlo. **3** [C,U] homenaje: *Her latest film is a celebration of motherhood.* Su última película es un homenaje a la maternidad.

¿celebration o celebrations?
celebration en el sentido de "fiesta" suele usarse en plural para designar grandes festejos públicos: *New Year celebrations*, y en singular para celebraciones más íntimas: *a family celebration.*

cel·e·bra·to·ry /ˈsɛləbrəˌtɔri/ adj [solo ante s] de celebración, de festejo (cena, etc.)

ce·leb·ri·ty W3 /səˈlɛbrəti/ s (pl **celebrities**)
1 [C] celebridad, famoso -a
2 [U] (frml) celebridad, fama SIN fame

cel·er·y /ˈsɛləri/ s [U] apio • **a stalk/stick of celery** una rama/un tallo de apio

ce·les·tial /səˈlɛstʃəl/ adj [solo ante s] (liter) **1** celeste **2** celestial

cel·i·ba·cy /ˈsɛləbəsi/ s [U] celibato ▶ CHASTITY

cel·i·bate /ˈsɛləbɪt/ s [C], adj célibe

cell W2 /sɛl/ s

1	de un ser vivo
2	teléfono
3	en la cárcel, la comisaría
4	en un monasterio
5	de un panal
6	eléctrica
7	de un grupo político

1 DE UN SER VIVO [C] célula: *brain cells* células cerebrales • *cancer cells* células cancerígenas • **a red/white blood cell** un glóbulo rojo/blanco • **cell growth** crecimiento celular • **cell wall** pared celular
2 TELÉFONO [C] (oral) (teléfono) celular, (teléfono) móvil: *Call me on my cell.* Llámame al celular.
3 EN LA CÁRCEL, LA COMISARÍA [C] celda, calabozo: *He spent a night in the cells.* Pasó la noche en el calabozo.
4 EN UN MONASTERIO [C] celda
5 DE UN PANAL [C] celda, celdilla
6 ELÉCTRICA [C] celda: *fuel cells* celdas de combustible
7 DE UN GRUPO POLÍTICO [C] célula: *a terrorist cell* una célula terrorista

cel·lar /ˈsɛlə/ s [C] **1** sótano ▶ BASEMENT **2** (also, **wine cellar**) bodega (de vinos) **3** the cellar (coloq) último lugar (en una tabla de posiciones)

cel·list /ˈtʃɛlɪst/ s [C] (violon)chelista, (violon)cellista

cel·lo /ˈtʃɛloʊ/ s [C] (pl **cellos**) (violon)chelo, (violon)cello

cel·lo·phane /ˈsɛləˌfeɪn/ s [U] (marca reg) celofán

cell phone S1 W2, cell·phone /ˈsɛlfoʊn/ s [C] **(a)** (teléfono) celular, (teléfono) móvil: *She called me on her cell phone.* Me llamó con el celular. **(b)** [ante otro s] *a cell phone call* una llamada de celular • **cell phone service** servicio de telefonía móvil/celular • **cell phone user** usuario de teléfono móvil/celular SIN **mobile phone**

cel·lu·lar /ˈsɛlyələ/ adj [solo ante s] **1** celular **2** de telefonía móvil/celular

ˈ**cellular ˌphone** s [C] (frml) (teléfono) celular, (teléfono) móvil

cel·lu·lite /ˈsɛlyəˌlaɪt/ s [U] celulitis

cel·lu·loid /ˈsɛlyəˌlɔɪd/ s [U] **1** (cine, película) celuloide • **on celluloid** en celuloide SIN **film 2** (sustancia) celuloide

cel·lu·lose /ˈsɛlyəˌloʊs/ s **1** [U] celulosa **2** [U] (tb **cellulose acetate**) (técn) acetato de celulosa

Cel·si·us /'sɛlsiəs, -ʃəs/ *adj* centígrado -a, (de) Celsius • **10°/10 degrees Celsius** 10°/10 grados centígrados

Celsius (abrev **C**) *s* [U] escala Celsius SIN **Centigrade**

Celt /kɛlt, sɛlt/ *s* [C] celta

Celt·ic /'kɛltɪk, 'sɛltɪk/ *adj* celta, céltico -a

ce·ment¹ /sɪ'mɛnt/ *s* [U] **1** cemento ► CONCRETE **2** masilla (para tapar grietas) **3** cemento, pegante, pegamento (para papel, cuero, etc.)

cement² *v* [T] **1** cimentar, consolidar (una relación) **2** (tb **cement over**) cubrir de concreto/hormigón

cem·e·ter·y /'sɛmə,tɛri/ *s* [C] (pl **cemeteries**) cementerio ► GRAVEYARD

cen·o·taph /'sɛnə,tæf/ *s* [C] cenotafio

cen·sor¹ /'sɛnsɚ/ *v* [T] **1** censurar **2 censor yourself** autocensurarse, ejercer la autocensura

censor² *s* [C] censor -a

cen·sor·ship /'sɛnsɚˌʃɪp/ *s* [U] censura • [+of]: *government censorship of the media* la censura de los medios por parte del gobierno

cen·sure¹ /'sɛnʃɚ/ *s* [U] (*frml*) censura, condena • **a vote of censure** un voto/una moción de censura

censure² *v* [T] (*frml*) censurar, condenar • **censure sb for (doing) sth** censurar/condenar a alguien por (hacer) algo

cen·sus /'sɛnsəs/ *s* [C] (pl **censuses**) censo

cent S1 W2 /sɛnt/ (símb ¢) *s* [C] centavo (de dólar) ► **not one RED cent**

EXPRESIONES
put in your two cents' worth (*coloq*) dar su opinión

cen·te·nar·i·an /ˌsɛntə'nɛriən/ *s* [C] centenario -a

cen·ten·ni·al /sɛn'tɛniəl/ (tb **cen·ten·ar·y** /sɛn'tɛnɛri, 'sɛnt'n,ɛri/) *s* [C] centenario • [+of]: *the centennial of his birth* el centenario de su nacimiento

cen·ter¹ S1 W1 /'sɛntɚ/ *s* [C]

1 de un espacio, un objeto
2 edificio
3 de una actividad
4 de hechos, ideas
5 de un caramelo, chocolate
6 en política
7 en básquetbol

1 DE UN ESPACIO, UN OBJETO centro, medio: *a flower with a purple center* una flor con el centro violeta • **in the center of sth** en el centro de algo: *There was a table in the center of the room.* Había una mesa en el centro de la habitación. SIN **middle**

2 EDIFICIO centro • **a shopping/distribution center** un centro comercial/de distribución • **a conference center** un centro de convenciones • **a medical/research/rehabilitation center** un centro médico/de investigación/de rehabilitación • [+for]: *the San Jose Center for the Performing Arts* el Centro San José de Artes Interpretativas

3 DE UNA ACTIVIDAD centro, núcleo • **a commercial/financial/cultural center** un centro comercial/financiero/cultural • [+of]: *Nashville is the center of the country music industry.* Nashville es el centro del negocio de la música country. • **a center of excellence** un centro de excelencia

4 DE HECHOS, IDEAS be at the center of sth ocupar un lugar central en algo: *The policy is at the center of the government's program.* Esta política ocupa un lugar central en el programa del gobierno. • **be at the center of things/events** estar en el centro de todo/de los acontecimientos • **be at the center of a dispute/controversy/scandal** estar en el centro de una disputa/una polémica/un escándalo SIN **heart**

5 DE UN CARAMELO, CHOCOLATE relleno: *candies with soft centers* caramelos rellenos

6 EN POLÍTICA the center el centro • **right/left of center** de centro derecha/izquierda • **center-right/center-left** de centro derecha/izquierda

7 EN BÁSQUETBOL pivote

EXPRESIONES
be the center of attention ser el centro de atención • **be center stage** centrar toda la atención • **take center stage** ocupar un lugar protagónico, pasar a ser el centro de atención

center² *v* [T] **1** centrar (texto, etc.) **2 be centered in/at sth** concentrarse en algo, estar concentrado -a en algo (en un lugar): *Most of the fighting is centered in the southeast of the country.* La mayoría de los combates se concentran en el sudeste del país.

center around sth (tb **bem centered around sth**) *v+partíc* centrarse en algo, girar en torno a algo (actividad, relato, etc.)

center on/upon sb/sth (tb **be centered on/upon sb/sth**) *v+partíc* centrarse en alguien/algo, girar en torno a alguien/algo (debate, atención, etc.)

'center field *s* [C] jardín central (en béisbol)

'center 'fielder *s* [C] jardinero -a central (en béisbol)

ˌcenter of 'gravity *s* [sing] centro de gravedad

cen·ter·piece /'sɛntɚ,pis/ *s* [C] **1** centro de mesa **2 the centerpiece of sth** el eje/el núcleo de algo: *Health care reform was the centerpiece of his campaign.* La reforma del sistema de salud era el eje de su campaña.

Cen·ti·grade¹ /'sɛntə,greɪd/ *s* [U] escala Celsius SIN **Celsius**

Centigrade² *adj* [solo después de s] centígrado -a SIN **Celsius**

cen·ti·me·ter /'sɛntə,miːtɚ/ (abrev escrita **cm**) *s* [C] centímetro

cen·ti·pede /'sɛntə,pid/ *s* [C] ciempiés

cen·tral W1 /'sɛntrəl/ *adj* [sin compar]
1 [solo ante s] (situado en el centro) central • **central California/Arizona** el centro de California/Arizona • **Central Africa/Asia/Europe** África/Asia/Europa central
2 [solo ante s] (con control general) central: *the party's central office* la sede central del partido • **central planning** planificación centralizada
3 (esencial) central, fundamental • **of central importance** de vital importancia • **be central to sth** ser fundamental en/para algo: *values which are central to our society* valores que son fundamentales en nuestra sociedad • **a central theme/issue/idea** un tema/un asunto/una idea central • **play a central role (in sth)** desempeñar un papel fundamental (en algo) • **a central feature of sth** una característica fundamental de algo • **the central character** el personaje central
4 (en una ciudad) céntrico -a: *a central location* un sitio céntrico • *Their apartment is very central.* Su departamento es muy céntrico.

EXPRESIONES
party/comedy central (*coloq*) *Tim's house became party central for the band and their friends.* La casa de Tim se convirtió en el lugar donde la banda y sus amigos hacían las fiestas.

ˌCentral A'merica América Central, Centroamérica

cen·tral·i·za·tion /ˌsɛntrələ'zeɪʃən/ *s* [U] centralización • [+of]: *the centralization of political power* la centralización del poder político

cen·tral·ize /'sɛntrə,laɪz/ *v* [T] centralizar ANT **decentralize**

cen·tral·ized /'sɛntrə,laɪzd/ *adj* centralizado -a

cen·tral·ly /'sɛntrəli/ *adv* **1** centralizadamente, de forma centralizada • **a centrally planned economy** una economía centralizada **2** céntricamente, en el centro • **be centrally located** estar en una zona céntrica • **a centrally located hotel** un hotel céntrico **3** (esencialmente) *His novels are centrally concerned with language.* El lenguaje es la principal preocupación en sus novelas. • *Fantasy figures centrally in the work of Salman Rushdie.* La fantasía ocupa un lugar central en la obra de Salman Rushdie.

ˌCentral 'Standard ˌTime *s* [U] hora oficial en los estados centrales de EU

cen·tre /'sɛntə/ variante británica de CENTER

cen·tri·fuge /'sɛntrə,fyudʒ/ s [C] centrifugadora

cen·tu·ri·on /sɛn'tʃuriən/ s [C] centurión

cen·tu·ry S2 W1 /'sɛntʃəri/ s (pl **centuries**)
1 [C] siglo: *a century later* un siglo después • **the 18th/21st century** el siglo XVIII/XXI: *the 21st century job market* el mercado laboral del siglo XXI • **the twentieth/twenty-first century** el siglo veinte/veintiuno: *the first half of the twentieth century* la primera mitad del siglo veinte • **the early/mid/late ... century** principios/mediados/finales del siglo...: *from the early nineteenth century* desde principios del siglo diecinueve • *in the mid 16th century* a mediados del siglo XVI • **(at) the turn of the century** a fines de siglo
2 centuries [pl] siglos, cientos de años: *The cities were abandoned centuries ago.* Las ciudades fueron abandonadas hace cientos de años.
3 [C] cien carreras (en cricket)

CEO /,si i 'oʊ/ s [C] (**Chief Executive Officer**) presidente ejecutivo -a, director -a general

ce·ram·ic¹ /sə'ræmɪk/ s **1 ceramics** [U] (arte) cerámica **2 ceramics** [pl] (objetos) (objetos de) cerámica **3** [U] (material) cerámica

ceramic² adj [solo ante s] de cerámica • **a ceramic tile** un azulejo, una baldosa (de cerámica)

ce·re·al S3 /'sɪriəl/ s
1 [C,U] (para desayunar) cereal(es): *a bowl of cereal* un bol de cereales • **breakfast cereal** cereales para el desayuno • **cereal bowl** bol para cereales • **cereal box** caja de cereales • **cereal packet** paquete de cereales
2 [C] (planta) cereal • **cereal crop** cultivo de cereales

ce·re·bral /sə'ribrəl, 'sɛrə-/ adj **1** [solo ante s] (técn) (hemisferio, edema) cerebral • **cerebral hemorrhage** hemorragia cerebral **2** (frml) (persona, obra) cerebral

ce,rebral 'palsy s [U] parálisis cerebral

cer·e·mo·ni·al¹ /,sɛrə'moʊniəl/ adj **1** ceremonial (traje, acto), protocolario -a (tareas, funciones), solemne (ocasión) **2** simbólico -a, honorario -a (puesto)

ceremonial² s (frml) [C,U] ceremonial

cer·e·mo·ny S3 W3 /'sɛrə,moʊni/ s (pl **ceremonies**)
1 [C] (acto) ceremonia: *the opening ceremony of the Olympic Games* la ceremonia de apertura de los Juegos Olímpicos
2 [U] (formalismo) ceremonia: *He left without ceremony.* Se marchó sin demasiadas ceremonias.

cer·tain¹ S3 W2 /'sət̮n/ adj
1 [nunca ante s] (que no tiene dudas) seguro -a • **certain (that)** seguro -a de que: *I'm absolutely certain I left the keys here.* Estoy absolutamente segura de que dejé las llaves aquí. • *I felt certain that I'd passed the test.* Estaba segura de que había aprobado el examen. • **not certain who/what/how** *Doctors are not certain what causes the disease.* Los médicos no saben con certeza cuál es la causa de la enfermedad. • *No one was certain how the accident happened.* Nadie sabía con seguridad cómo había ocurrido el accidente. • [+of/about]: *Are you certain about that?* ¿Estás seguro de eso? • *They were watching him. He was certain of it.* Lo vigilaban. Estaba seguro. SIN **sure** ANT **uncertain**
2 (inevitable, verdadero) seguro -a: *They faced almost certain death.* Se enfrentaban a una muerte casi segura. • *Computer prices will continue to fall – that much is certain.* Los precios de los computadores seguirán bajando; de eso no hay duda. • **it seems/is certain (that)...** parece seguro/está claro que...: *It now seems certain that there will be an election in May.* Ya parece seguro que va a haber elecciones en mayo. • **be/look certain to do sth** *Many people look certain to lose their jobs.* Parece inevitable que muchos pierdan sus empleos. • **it is not certain who/what/how...** *It's not certain where he lived.* No se sabe con certeza dónde vivía. • **be certain of (doing) sth** *Apply early to be certain of obtaining a place.* Inscríbase pronto para asegurarse una plaza. • **almost/fairly/virtually certain** casi/bastante/prácticamente seguro: *An appeal against*

the decision is virtually certain Es prácticamente seguro que se apelará el fallo.
EXPRESIONES
make certain (that) (a) (verificar) asegurarse (de que) SIN **make sure (b)** (procurar) asegurarse (de que) SIN **make sure** • **for certain** con seguridad, a ciencia cierta • **know/say for certain** saber(lo)/decir(lo) con seguridad, saber(lo)/decir(lo) a ciencia cierta • **one thing's for certain** una cosa es segura, de eso no cabe duda • **that's for certain** (oral) no te quepa la menor duda SIN **for sure**

certain² S1 W1 det
1 [solo ante s] (específico) cierto -a, determinado -a • **a certain kind/type/sort** un cierto tipo, un determinado tipo: *certain kinds of behavior* ciertos tipos de comportamiento • **in certain circumstances/cases** en determinadas circunstancias/determinados casos SIN **particular**
2 (alguno) cierto -a • **a certain amount of sth** *I felt a certain amount of embarrassment.* Me dio un poco de vergüenza. • *There is a certain amount of risk involved.* Supone cierto riesgo.
EXPRESIONES
to a certain extent/degree hasta cierto punto • **a certain sb** (frml) un tal/una tal alguien: *a certain Mrs. Jones/Robert Smith* una tal Sra. Jones/un tal Robert Smith • **a certain sth** *The place has a certain charm.* El lugar tiene cierto encanto. • *There was a certain sadness in his voice.* Había algo de tristeza en su voz. • **a certain person/someone** (oral) cierta persona, alguien que yo sé

certain³ pron **certain of the students/arguments** (frml) algunos de los estudiantes/argumentos: *Certain of his criticisms have been accepted.* Se han aceptado algunas de sus críticas. SIN **some**

cer·tain·ly S1 W1 /'sət̮nli/ adv [adv oracional]
1 (para enfatizar) sin duda, por supuesto, desde luego: *We're certainly a lot better off than before.* Sin duda alguna estamos mucho mejor que antes. • *I certainly never expected that news.* Por supuesto que no me esperaba esa noticia. • *The shoes are certainly not mine.* Seguro que estos zapatos no son míos. • **almost certainly** casi seguro: *The girl was almost certainly murdered.* Es casi seguro que la joven fue asesinada. • **most certainly** con toda seguridad: *The whole thing was most certainly a mistake.* Está claro que todo fue un error. SIN **definitely**
2 (frml, oral) (indicando asentimiento) claro, por supuesto, desde luego: *"May I come with you?" "Certainly."* –¿Puedo ir con usted? –Claro. • *"I'd like a beer, please." "Certainly, sir."* –Una cerveza, por favor. –Cómo no, caballero. SIN **yes, of course**
3 (indicando negativa) **certainly not** (oral) claro que no, por supuesto que no, de ninguna manera: *"Can I come too?" "Certainly not."* –¿Puedo ir yo también? –¡De ninguna manera! • *"Do you think it's been a waste of time?" "Certainly not."* –¿Te parece que ha sido una pérdida de tiempo? –Por supuesto que no.

cer·tain·ty /'sət̮nti/ s (pl **certainties**) **1** [C gralm sing] (hecho seguro) *Further job cutbacks are a certainty.* Es seguro que habrá más despidos. • *The only certainty is that there will need to be changes.* Lo único seguro es que van a hacer falta cambios. **2** [U] (de una persona) certeza, seguridad • **with certainty** con certeza/seguridad • **with absolute certainty** con absoluta certeza, con toda seguridad **3** [U] (de un hecho) certeza, seguridad • [+of]: *the certainty of failure* la certeza del fracaso • **there's no certainty (that)...** no es seguro que...: *There's no certainty that he'll remember.* No es seguro que se acuerde.

cer·ti·fi·a·ble /,sət̮ə'faɪəbəl/ adj **1** (coloq) demente, loco -a SIN **crazy 2** [solo ante s] evidente, claro -a SIN **definite 3** [solo ante s] certificable

cer·tif·i·cate S2 /sə'tɪfəkɪt/ s [C]
1 certificado • **a marriage certificate** una partida de matrimonio, un acta de matrimonio • **a death certificate** un certificado/un acta de defunción
2 diploma, título: *a teaching certificate* un título docente ▶ BIRTH CERTIFICATE, GIFT CERTIFICATE

cer·ti·fied S3 /'sɜ⁀tə‚faɪd/ *adj*
1 con título (profesor, maestro), diplomado -a (enfermera) **2** certificado -a

‚**certified 'check** *s* [C] cheque certificado

‚**certified 'mail** *s* [U] correo certificado

‚**certified ‚public ac'countant** (abrev **CPA**) *s* [C] contador público/contadora pública

cer·ti·fy /'sɜ⁀tə‚faɪ/ *v* [T] (**certifies**, **certified**, **certifying**)
1 certificar • **certify (that)** certificar que • **certify sb as sth** certificar que alguien es algo **2 be certified as sth** tener título de algo, recibir el título de algo

cer·vi·cal /'sɜ⁀vɪkəl/ *adj* [solo ante s] cervical, del cuello del útero

cer·vix /'sɜ⁀vɪks/ *s* [C] cuello del útero, cérvix

ce·sar·e·an /sɪ'zɛriən/ (tb **ce'sarean ‚section**) *s* [C] cesárea

ces·sa·tion /sɛ'seɪʃən/ *s* [C,U] (*frml*) cese, suspensión • [+of]: *a cessation of hostilities* un cese de las hostilidades ▶ CEASE

cess·pit /'sɛs‚pɪt/ (tb **cess·pool** /'sɛs‚pul/) *s* [C] **1** pozo séptico, pozo negro **2 a cesspit of crime/corruption** un nido de delincuencia/corrupción

cf. (*abrev escrita de* **compare**)

CFC /‚si ɛf 'si/ *s* [C] (**chlorofluorocarbon**) (gas) CFC (clorofluorocarbono)

CGI /‚si dʒi 'aɪ/ *s* [U] (**computer-generated images**) animación digital

ch. (*abrev escrita de* **chapter**) cap.

Chad /tʃæd/ Chad

Chad·i·an¹ /'tʃædiən/ *s* [C] chadiano -a

Chadian² *adj* chadiano -a

chafe /tʃeɪf/ *v* **1** (a) [I,T] rozar (prenda, calzado) (b) [I] irritarse (parte del cuerpo) **2** [I] irritarse, alterarse • **chafe at/under sth** irritarse por algo

chaff /tʃæf/ *s* [U] granzas, ahechadura(s)

cha·grin /ʃə'grɪn/ *s* [U] (*frml*) desilusión, disgusto

chain¹ S3 W2 /tʃeɪn/ *s*
1 [C,U] (de metal) cadena: *a gold chain* una cadena de oro • **a bicycle chain** una cadena de bicicleta **2** [C gralm pl] (de un preso) cadena • **in chains** encadenado -a **3** [C] (de establecimientos) cadena • **a chain of bookstores/health clubs** una cadena de librerías/gimnasios • **a supermarket/restaurant chain** una cadena de supermercados/restaurantes **4** [C] (de personas, objetos) cadena: *They formed a human chain.* Formaron una cadena humana. • **a chain of islands** una cadena de islas • **a daisy chain** una guirnalda de margaritas • **a mountain chain** una cadena montañosa, una cordillera **5** [C] (de hechos, ideas) **a chain of sth** una cadena de algo: *a chain of communication* una cadena de comunicación • **a chain of events** una serie/cadena de acontecimientos • **a chain of reasoning** una línea de razonamiento ▶ CHAIN OF COMMAND, CHAIN REACTION, CHAIN STORE, FOOD CHAIN

chain² *v* [T] **chain sth to sth** atar algo a algo con (una) cadena • **chain sb to sth** encadenar a alguien a algo • **chain sth/sb up** atar algo con cadena/encadenar a alguien • **chain sb/sth together** *The convicts worked all chained together.* Los presos trabajaban encadenados entre sí. • *His hands and feet were chained together.* Estaba atado de pies y manos con cadenas.

EXPRESIONES
be chained to a desk/to the kitchen sink estar atado -a al escritorio/lavaplatos, estar atado -a al escritorio/fregadero

'**chain ‚letter** *s* [C] carta en cadena

'**chain mail** *s* [U] cota de malla

‚**chain of com'mand** *s* [C gralm sing] cadena de mando

‚**chain re'action** *s* [C] reacción en cadena

chain·saw, **chain saw** /'tʃeɪnsɔ/ *s* [C] motosierra

chain·smoke /'tʃeɪn‚smoʊk/ *v* [I,T] fumar uno atrás del otro, fumarse uno detrás del otro

chain·smok·er /'tʃeɪn‚smoʊkɚ/ *s* [C] fumador empedernido/fumadora empedernida

'**chain store** *s* [C] tienda de una cadena SIN **chain**

chair¹ S1 W2 /tʃɛr/ *s*
1 [C] silla, sillón • **on a chair** en una silla: *You're sitting on my chair!* ¡Estás sentado en mi silla! • **in a chair** en un sillón: *Mom was asleep in her chair.* Mamá dormía en su sillón. • **a kitchen/dining/garden chair** una silla de cocina/comedor/jardín • **pull/draw up a chair** arrimar/acercar una silla: *Martin drew up a chair for me.* Martin me arrimó una silla. • **have/take a chair** tomar asiento **2** [C] presidente -a (de una reunión, una asociación, etc.) • [+of]: *the chair of the board of governors* el presidente del consejo directivo • **be in/take the chair** ocupar la presidencia, presidir SIN **chairperson** ▶ CHAIRMAN, CHAIRWOMAN **3** [C] cátedra • [+of]: *a new Chair of Medicine* una nueva cátedra de medicina **4 the chair** (*coloq*) la silla eléctrica • **get the chair** ser condenado -a a la silla eléctrica SIN **electric chair** ▶ ARMCHAIR, DECKCHAIR, EASY CHAIR, HIGHCHAIR, ROCKING CHAIR, WHEELCHAIR

chair² *v* [T] presidir

chair·lift /'tʃɛr‚lɪft/ *s* [C] telesilla

chair·man W1 /'tʃɛrmən/ *s* [C] (pl **chairmen** /-mən/)
1 (de un comité, una empresa) presidente -a • [+of]: *the chairman of Microsoft* el presidente de Microsoft • **chairman of the board** presidente -a del directorio • **vice/deputy chairman** vicepresidente -a ▶ CHAIR, CHAIRPERSON, CHAIRWOMAN **2** (de una reunión) presidente -a • **Madame Chairman** señora presidenta ▶ CHAIR, CHAIRPERSON, CHAIRWOMAN

⚠ Casi todo el mundo evita el uso de esta palabra para referirse indistintamente a personas de ambos sexos, porque podría ofender a las mujeres. En su lugar se utiliza **chair** o **chairperson**, tanto para hombres como para mujeres. También existe la palabra **chairwoman** para referirse a una mujer.

chair·man·ship /'tʃɛrmən‚ʃɪp/ *s* [U] presidencia

chair·per·son /'tʃɛr‚pɚsən/ *s* [C] (pl **chairpersons**) presidente -a (de una reunión, una comisión, una organización)

chair·wom·an /'tʃɛr‚wʊmən/ *s* [C] (pl **chairwomen** /-‚wɪmɪn/) presidenta (de una reunión, una comisión, una organización)

cha·let /ʃæ'leɪ, 'ʃæleɪ/ *s* [C] chalet, cabaña (tipo alpino)

chal·ice /'tʃælɪs/ *s* [C] cáliz

chalk¹ /tʃɔk/ *s* **1** [U] (piedra) caliza SIN **limestone** **2** [C,U] tiza, gis: *a piece of chalk* una tiza

chalk² *v* [T] escribir con tiza, escribir con gis
chalk sth ↔ up *v+partíc* **1** anotarse algo (un triunfo, un tanto) **2** registrar algo • **chalk sth up to sb/sth** *Chalk it up to my account.* Anótalo en mi cuenta. **3 chalk one up for sb** (*coloq*) *Chalk one up for everyone involved for their determination to succeed.* Y un punto para todos los que participaron, por su decisión de lograr su objetivo. **4 chalk sth up to experience** *If you fail, chalk it up to experience.* Si te va mal, por lo menos te servirá de experiencia.

chalk·board /'tʃɔkbɔrd/ *s* [C] tablero, pizarrón SIN **blackboard** ▶ WHITEBOARD

chalk·y /'tʃɔki/ *adj* **1** calizo -a, calcáreo -a **2 chalky white** blanco tiza, blanco gis

chal·lenge¹ S3 W2 /'tʃæləndʒ/ *s*
1 [C,U] (tarea) reto, desafío: *My new job is quite a challenge.* Mi nuevo trabajo es todo un reto. • **the challenge of (doing) sth** el desafío de (hacer) algo: *I like*

C

the challenge of learning new things. Me gusta enfrentar el reto de aprender cosas nuevas. • **face a challenge** enfrentar un reto • **rise to a challenge** (tb **meet a challenge**) responder a un reto, superar un reto • **intellectual challenge** reto/desafío intelectual • **pose/present a challenge** plantear un reto
2 [C] (contra la autoridad, lo establecido) **a challenge to sth** un desafío a algo, un cuestionamiento de algo: *He resisted any challenge to his authority*. No aceptaba que se cuestionara su autoridad. • **pose/present a challenge to sth/sb** cuestionar algo/a alguien • **a legal challenge** una recusación/impugnación • **mount/launch a challenge (to sth)** hacer una recusación/impugnación (de algo)
3 [C] (en enfrentamientos, competiciones) reto, desafío: *I accept your challenge!* ¡Acepto el reto! • [+**for**]: *a challenge for the Olympic title* un intento de obtener el título olímpico • [+**from**]: *The president faces a strong challenge from nationalists*. El presidente tiene un serio rival en los nacionalistas.
4 [C] (de tipo moral) reto, desafío • **a challenge to sb to do sth** un desafío a que alguien haga algo • **issue a challenge** lanzar un reto
5 [C] (de un guardia) (voz de) alto, orden de detenerse: *We expected a challenge from the guards*. Creíamos que los guardias nos darían la voz de alto.

challenge² W2 *v* [T]
1 (la autoridad, lo establecido) desafiar, cuestionar; (una ley) impugnar; (un jurado) recusar: *She was always challenging his authority*. Siempre desafiaba su autoridad. • **challenge a view/an assumption/a decision** cuestionar una opinión/un supuesto/una decisión • **challenge sb on sth** cuestionar algo a alguien: *She never challenged him again on money matters*. Nunca volvió a cuestionarlo en temas de dinero.
2 (moralmente) **challenge sb to do sth** retar/desafiar a alguien a que haga algo: *I challenge you to find people who agree*. Te reto a que encuentres gente que esté de acuerdo. ▶ **DARE**
3 (en enfrentamientos, competiciones) retar, desafiar • **challenge sb to a game/race** retar a alguien a un partido/una carrera • **challenge sb to a duel** retar/desafiar a alguien a un duelo • **challenge sb for sth** *He is challenging Federer for the Wimbledon title*. Es un serio rival de Federer para ganar Wimbledon.
4 (en el rendimiento, las capacidades) constituir un desafío para: *I want a job that will really challenge me*. Quiero un trabajo que de verdad suponga un reto para mí. • **challenge sb to do sth** animar a alguien a hacer algo
5 (guardia, policía) dar el alto/la voz de alto a

chal·lenged /'tʃæləndʒd/ *adj* **1** **(a) visually/mentally/physically challenged** con discapacidad visual/mental/física **(b) the visually/mentally/physically challenged** [usado como s pl] las personas con discapacidad visual/mental/física **2** (*hum*) **be conversationally/computationally challenged** no ser muy bueno -a conversando/con los computadores, no ser muy bueno -a platicando/con las computadoras • **vertically challenged** bajito -a

chal·leng·er /'tʃæləndʒər/ *s* [C] rival, competidor -a • **a challenger to a title** un -a aspirante a un título

chal·leng·ing /'tʃæləndʒɪŋ/ *adj* **1** estimulante (tarea, juego) • **be challenging** constituir un desafío **2** difícil (persona, conducta)

cham·ber W3 /'tʃeɪmbər/ *s* [C]
1 (habitación) cámara: *a torture chamber* una cámara de torturas ▶ **GAS CHAMBER**
2 (en el cuerpo, en una máquina) cámara, cavidad
3 (legislativa) cámara • **the upper/lower chamber** la cámara alta/baja
4 (en un edificio público) sala

cham·ber·maid /'tʃeɪmbərˌmeɪd/ *s* [C] camarera, mucama, recamarera (de un hotel)

'chamber ˌmusic *s* [U] música de cámara

cha·me·leon /kə'mil yən, -liən/ *s* [C] **1** (animal) camaleón **2** (persona) camaleón

cham·ois /'ʃæmi/ *s* (pl **chamois** /-miz/) gamuza (animal)

cham·o·mile, camomile /'kæmə,mil, -,maɪl/ *s* [U] manzanilla

champ /tʃæmp/ *s* [C] (*coloq*) campeón -ona

cham·pagne /ʃæm'peɪn/ *s* [C,U] champán, champaña

cham·pi·on¹ /'tʃæmpiən/ *s* [C] **1** campeón -ona • **the national/world/Olympic champion** el campeón nacional/mundial/olímpico, la campeona nacional/mundial/olímpica **2** **champion of sth** paladín de algo, abanderado -a de algo

champion² *v* [T] (*escrito*) abanderar, defender

cham·pi·on·ship W3 /'tʃæmpiən,ʃɪp/ *s* [C] (tb **championships** [pl]) • **the state/national/world championship** el campeonato estatal/nacional/mundial • **championship game** partido del campeonato

chance¹ S1 W1 /tʃæns/ *s*
1 [C] oportunidad, chance • **a chance to do sth** una oportunidad de hacer algo • **a chance for sb to do sth** una oportunidad para alguien de hacer algo • **a chance of (doing) sth** una oportunidad de (hacer) algo • **give sb a chance (to do sth)** darle a alguien la oportunidad (de hacer algo) • **take the/this chance** aprovechar la/esta oportunidad • **have/get a chance to do sth** tener oportunidad de hacer algo • **now's your chance** esta es tu oportunidad
2 [C,U] posibilidad, chance • **the chance of infection/rain** la posibilidad de infección/las posibilidades de lluvia • **the chance of sth happening** la posibilidad de que algo ocurra • [+**(that)**]: *the chance that there is life on Mars* la posibilidad de que haya vida en Marte • **there's a chance (that)...** es posible que..., cabe la posibilidad de que... • **chances are (that)...** lo más probable es que... • **sb's chances of (doing) sth** las posibilidades de alguien de (hacer) algo: *What are her chances of passing?* ¿Qué posibilidades tiene de aprobar? • **his chances are good/slim** tiene muchas/pocas posibilidades • **stand/have a chance (of doing sth)** tener alguna posibilidad (de hacer algo) • **there is some/no/little chance** hay alguna posibilidad/ninguna posibilidad/pocas posibilidades
3 [U] la casualidad • **by chance** por casualidad • **not leave anything to chance** (tb **leave nothing to chance**) no dejar nada librado al azar • **as chance would have it,...** *As chance would have it, she wasn't in*. Quiso el azar que ella no estuviera. • **pure/sheer chance** pura casualidad ▶ **not a GHOST of a chance, OFF-CHANCE**

EXPRESIONES
any chance of...? (*oral*) ¿hay alguna posibilidad de...? • **by any chance** (*oral*) por casualidad • **fat chance!/not a chance!/no chance!** (*oral*) ¡ni por casualidad! • **take a chance** correr un riesgo • **take a chance on sb/sth** apostar por alguien/algo • **not take any chances** no correr riesgos • **take your chances** correr el riesgo

chance² *v* [T] **1** (*coloq*) arriesgarse con/a • **chance doing sth** arriesgarse a hacer algo • **chance it** arriesgarse **2** (*liter*) **chance to do sth** hacer algo por casualidad • **it chanced that...** dio la casualidad de que...
chance on/upon sth/sb *v+partíc* (*frml*) encontrarse con algo/alguien por casualidad

chance³ *adj* [solo ante s] casual, fortuito -a: *a chance meeting* un encuentro casual

chan·cel /'tʃænsəl/ *s* [C] presbiterio

chan·cel·lor, Chancellor /'tʃænsələr/ *s* [C] **1** canciller (jefe de gobierno) **2** rector -a (de una universidad)

chanc·y /'tʃænsi/ *adj* (**chancier, chanciest**) (*coloq*) arriesgado -a, riesgoso -a

chan·de·lier /ˌʃændə'lɪr/ *s* [C] araña (lámpara)

change¹ S1 W1 /tʃeɪndʒ/ *v*

1	transformarse
2	por algo de la misma clase
3	por rotura, avería
4	de ropa
5	en transportes
6	en billetes, monedas
7	en otra divisa
8	a un bebé
9	en la cama

1 TRANSFORMARSE [I,T] cambiar: *Susan has changed a lot.* Susan ha cambiado mucho. • **change to sth** convertirse/transformarse en algo: *The water had changed to ice.* El agua se había convertido en hielo. • **change sth to sth** cambiar algo a algo: *Saul changed his name to Paul.* Saul se cambió el nombre a Paul. • **change from sth to sth** pasar de algo a algo: *The meeting time has changed from 10:00 to 11:00.* La hora de la reunión pasó de las 10 a las 11. • **change into sth** transformarse en algo, volverse algo: *The sugar changes into alcohol.* El azúcar se transforma en alcohol. • **change sb/sth into sth** convertir algo/a alguien en algo: *A witch had changed him into a mouse.* Una bruja lo había convertido en ratón. • **change color** cambiar de color • **change for the better/worse** cambiar para mejor/peor

2 POR ALGO DE LA MISMA CLASE [I,T] cambiar (de) • **change the subject/your name** cambiar de tema/de nombre • **change jobs/cars** cambiar de trabajo/de carro • **change (from sth) to sth** cambiar (de algo) a algo, pasar (de algo) a algo

3 POR ROTURA, AVERÍA [T] cambiar • **change the locks/a tire** cambiar las chapas/una llanta, cambiar las cerraduras/una llanta

4 DE ROPA [I,T] cambiarse (de): *Aren't you going to change?* ¿No te vas a cambiar? • *Are you going to change your shirt?* ¿Te vas a cambiar de camisa? • **get changed** cambiarse • **change into sth** (cambiarse y) ponerse algo • **change out of sth** quitarse algo, cambiarse algo

5 EN TRANSPORTES [I,T] hacer transbordo (de), cambiar (de) • **change at New Haven/in Rome** hacer transbordo en New Haven/Roma • **change planes/trains** cambiar de avión/tren

6 EN BILLETES, MONEDAS [T] cambiar: *Can you change a $10 bill?* ¿Me puede cambiar un billete de 10 dólares?

7 EN OTRA DIVISA [T] cambiar • **change sth into dollars/euros** cambiar algo por dólares/euros

8 A UN BEBÉ [T] cambiar • **change the baby** cambiar al bebé • **change sb's diaper** cambiarle el pañal a alguien

9 EN LA CAMA [T] **change the sheets/bed** cambiar las sábanas/la cama ▶ **change/mend your WAYS**

EXPRESIONES
change course/direction cambiar de rumbo/de dirección • **change hands** **(a)** cambiar de dueño/de manos **(b)** pasar de una mano a otra: *I saw a piece of paper change hands.* Vi que se pasaban un papel. • **change your mind** cambiar de opinión/de idea • [+about/on]: *If you change your mind about the job, give me a call.* Si cambias de idea respecto al trabajo, llámame. • **change places (with sb)** **(a)** cambiarse de sitio (con alguien) **(b)** estar en el lugar (de alguien) • **change your tune** (*coloq*) cambiar de parecer
change sth ↔ **around** *v+partíc* cambiar algo de lugar: *We've changed the furniture around.* Hemos cambiado los muebles de lugar.
change back *v+partíc* **1 change back** volver a ser como antes • **change back to sth** volver a ser algo **2 change sth/sb** ↔ **back** devolver algo/a alguien a su estado anterior • **change sth back to sth** cambiar algo otra vez a algo, convertir algo otra vez en algo
change over *v+partíc* cambiar (a otra cosa distinta) • **change over to sth** cambiar/pasarse a algo

change² S1 W1 *s*

1	transformación
2	sustitución
3	nueva situación
4	dinero devuelto
5	monedas
6	en monedas, billetes pequeños
7	ropa
8	en medios de transporte

1 TRANSFORMACIÓN [C,U] cambio • [+in]: *a change in the weather* un cambio del tiempo • *changes in the immigration laws* cambios en las leyes de inmigración • [+of]: *a change of temperature* un cambio de temperatura • **make a change** hacer un cambio • [+to]: *They made several changes to the book.* Le hicieron varios cambios al libro. • **no change** ningún cambio • **a change of heart** un cambio de idea/actitud • **have a change of heart** cambiar de idea/actitud • **a change for the better/worse** un cambio para mejor/peor

2 SUSTITUCIÓN [C] cambio • [+of]: *a change of address* un cambio de dirección • **a change (from sth) to sth** un cambio (de algo) a algo, una transición (de algo) a algo: *The change from communism to democracy has been very difficult.* La transición del comunismo a la democracia ha sido muy difícil. • **make a change** hacer un cambio • **an oil/a name/a staff change** un cambio de aceite/nombre/personal

3 NUEVA SITUACIÓN [sing] cambio • [+from]: *a welcome change from the heat* un cambio bien recibido después de tanto calor • **for a change** para variar • **a change of scenery/scene/air** un cambio de aires • *it makes a change* *It makes a change to eat out once in a while.* Es bueno salir a comer afuera de vez en cuando, para variar.

4 DINERO DEVUELTO [U] vueltas, vuelto, cambio: *Here's your change.* Aquí tiene las vueltas. • **make change** calcular las vueltas/el vuelto • **keep the change!** ¡quédese con las vueltas!, ¡quédese con el cambio! ▶ **MONEY**

5 MONEDAS [U] cambio, menuda, feria • **in change** en monedas • **small change** monedas, cacharpa

6 EN MONEDAS, BILLETES PEQUEÑOS [U] cambio • [+for]: *Do you have change for $1?* ¿Tiene cambio de 1 dólar? • **make change** cambiar, descambiar

7 ROPA [C] **a change of clothes/underwear/socks** una muda de ropa/de ropa interior/de medias

8 EN MEDIOS DE TRANSPORTE [C] transbordo ▶ **CHANGE PURSE**

change·a·ble /ˈtʃeɪndʒəbəl/ *adj* variable, cambiante

change·o·ver /ˈtʃeɪndʒ,oʊvər/ *s* [C] transición, cambio

'change purse *s* [C] monedero

chan·nel¹ S2 W2 /ˈtʃænl/ *s*
1 [C] (de televisión) canal • **be on channel 1/2/3** estar en el canal 1/2/3: *What channel is the movie on?* ¿En qué canal pasan la película? • **change/switch channels** cambiar de canal • **a news/sports/children's channel** un canal de noticias/de deportes/infantil
2 [C gralm pl] (de información, distribución) canal, vía: *diplomatic channels* canales diplomáticos • **a channel of communication** un canal de comunicación
3 [C] (de navegación) canal
4 [C] (de riego, drenaje) canal, acequia
5 [C] (de radiocomunicación) canal
6 the Channel (tb **the English Channel**) el Canal de la Mancha

channel² *v* [T] **1** (la energía, la agresividad) canalizar • **channel sth into sth** canalizar algo a través de algo: *I channeled all my anger into running.* Desahogué mi enojo corriendo. **2** (los fondos, la ayuda) **channel sth/sb into sth** canalizar algo/orientar a alguien hacia algo • **channel sth through sth** canalizar algo a través de la ONU/la Cruz Roja **3** (el agua, la luz, el sonido) canalizar • **channel sth to/into/through sth** canalizar algo hacia/en/a través de algo

'channel-surf (tb **'channel-hop**) *v* [I] zapear, hacer zapping, cambiar constantemente de canal

'channel-,surfing (tb **'channel-,hopping**) *s* [U] zapping, zapeo

chant¹ /tʃænt/ *v* [I,T] **1** corear, entonar consignas (de) **2** cantar, salmodiar

chant² *s* [C] **1** cántico, consigna **2** cántico, canto (religioso)

Cha·nu·kah /ˈhɑnəkə/ variante de **HANUKKAH**

cha·os /ˈkeɪɑs/ *s* [U] caos • **bring/cause chaos** sembrar/provocar el caos • **be in chaos** ser un caos

cha·ot·ic /keɪˈɑtɪk/ *adj* caótico -a

chap /tʃæp/ *v* [I,T] agrietar(se) (manos, labios)

chap. (*abrev escrita de* **chapter**) cap.

chap·el /'tʃæpəl/ s [C] capilla

chap·er·on[1], chaperone /'ʃæpə,roʊn/ s [C] acompañante

chaperon[2], chaperone v [T] acompañar

chap·lain /'tʃæplɪn/ s [C] capellán: *an army chaplain* un capellán castrense

chapped /tʃæpt/ adj agrietado -a (manos, labios)

chap·ter S2 W1 /'tʃæptər/ s [C]
1 (de un libro) capítulo • [+**on/about**]: *a chapter on the Roman Empire* un capítulo sobre el Imperio Romano
2 (de la vida, la historia) capítulo • [+**in/of**]: *a sad chapter in our country's history* un capítulo triste de la historia de nuestro país
3 sede, sección • [+**of**]: *the local chapter of the American Legion* la sede local de la American Legion
EXPRESIONES
chapter and verse todos los detalles

char /tʃɑr/ v [T] (**charred, charring**) carbonizar

char·ac·ter S2 W1 /'kærɪktər/ s
1 personalidad
2 índole
3 originalidad
4 en un libro, una película
5 en lo moral
6 persona poco común
7 persona
8 buen nombre
9 signo, letra

1 **PERSONALIDAD** [sing] carácter, personalidad • **be in character/out of character (for sb)** ser/no ser típico -a (de alguien) • **character defect** (tb **character flaw**) defecto • **character trait** rasgo de personalidad
2 **ÍNDOLE** [C,U] carácter, condición • [+**of**]: *The character of the school has changed.* El carácter de la escuela ha cambiado. • **political/scientific in character** de carácter político/científico
3 **ORIGINALIDAD** [U] estilo propio, personalidad • **lack character** carecer de estilo propio
4 **EN UN LIBRO, UNA PELÍCULA** [C] personaje • **the main/central/lead character** el personaje principal, el/la protagonista
5 **EN LO MORAL** [U] carácter, integridad • **strength of character** carácter, entereza
6 **PERSONA POCO COMÚN** [C] personaje: *Max is quite a character!* ¡Max es todo un personaje!
7 **PERSONA** [C] (*coloq*) tipo -a: *He's a repulsive character.* Es un tipo repulsivo.
8 **BUEN NOMBRE** [U] reputación • **of good character** de buena reputación
9 **SIGNO, LETRA** [C] carácter

char·ac·ter·is·tic[1] /,kærɪktə'rɪstɪk/ s [C gralm pl] característica • **a distinguishing/defining characteristic** una característica distintiva

characteristic[2] adj característico -a • **be characteristic of sb/sth** ser característico -a de alguien/algo

char·ac·ter·is·ti·cally /,kærɪktə'rɪstɪkli/ adv **be characteristically blunt/brief** hablar con la franqueza/brevedad que lo/la caracteriza

char·ac·ter·i·za·tion /,kærɪktərə'zeɪʃən/ s [C,U]
1 caracterización/composición de personajes 2 caracterización, descripción

char·ac·ter·ize W3 /'kærɪktə,raɪz/ v [T]
1 caracterizar, describir • **characterize sth/sb as sth** describir algo/a alguien como algo SIN **describe**
2 caracterizar, distinguir

cha·rade /ʃə'reɪd/ s 1 [C] farsa, charada 2 **charades** [U] juego en que hay que adivinar una palabra o frase a través de la mímica

char·coal /'tʃɑrkoʊl/ s [C,U] 1 carbón (vegetal) 2 carboncillo

charge[1] S2 W1 /tʃɑrdʒ/ s
1 dinero
2 responsabilidad
3 delito
4 acusación
5 electricidad
6 ataque
7 explosivo
8 básquetbol

1 **DINERO** [C,U] cargo, recargo • [+**for**]: *There is a $5 charge for delivery.* Hay un recargo de 5 dólares por gastos de envío. • **make a charge for (doing) sth** cobrar por (hacer) algo • **free of charge** gratis • **at no (extra) charge** sin recargo
2 **RESPONSABILIDAD** [U] **be in charge** estar a cargo, ser el/la responsable: *Who's in charge here?* ¿Quién es el responsable aquí? • **be in charge of sth** estar a cargo de algo, encargarse de algo • **take charge** hacerse cargo, tomar el control • **have charge of sth** tener algo a su cargo • **in/under sb's charge** a cargo de alguien
3 **DELITO** [C] cargo, acusación • [+**of**]: *a charge of fraud* un cargo de fraude • [+**against**]: *He was cleared of all the charges against him.* Lo absolvieron de todos los cargos en su contra. • **on a murder/fraud charge** por asesinato/fraude • **face a charge of sth** estar acusado -a de algo • **press/bring charges** presentar cargos • **drop the charges** retirar los cargos
4 **ACUSACIÓN** [C] acusación • [+**of**]: *a charge of racism* una acusación de racismo • [+**that**]: *the charge that movies encourage violence* la acusación de que el cine alienta la violencia
5 **ELECTRICIDAD** [C,U] carga: *a positive electrical charge* una carga eléctrica positiva
6 **ATAQUE** [C] carga (militar, policial), embestida (de un animal)
7 **EXPLOSIVO** [C] carga
8 **BÁSQUETBOL** [C] falta ofensiva • **take a charge** provocar una falta ofensiva
EXPRESIONES
I get a charge out of sth (*oral*) me encanta hacer algo

charge[2] S1 W1 v
1 al vender
2 en una cuenta
3 con tarjeta
4 en los tribunales
5 atacar
6 ir corriendo
7 pilas, aparato

1 **AL VENDER** [I,T] cobrar • **charge for sth** cobrar (por) algo • **charge (sb) sth for sth** cobrar algo (a alguien) por algo: *They charge $10 for a glass of wine.* Cobran 10 dólares por una copa de vino. • **be charged at sth** costar algo: *Calls are charged at 20 cents a minute.* Las llamadas cuestan 20 centavos el minuto.
2 **EN UNA CUENTA** [T] **charge sth to the company/to your room** cargar algo a la cuenta de la empresa/de su habitación
3 **CON TARJETA** [T] pagar con tarjeta de crédito • **charge sth on sth** pagar algo con algo
4 **EN LOS TRIBUNALES** [T] presentar cargos contra • **charge sb with sth** acusar a alguien de algo
5 **ATACAR** [I,T] (policía, soldados) cargar (contra); (animal) embestir • **charge at/toward sth/sb** cargar contra algo/alguien, cargar/embestir algo/a alguien
6 **IR CORRIENDO** [I siempre + adv/prep] *He charged into the room.* Irrumpió en la habitación.
7 **PILAS, APARATO** (a) [T] (tb **charge ↔ up**) cargar (b) [I] cargarse

'charge ac,count s [C] cuenta de crédito

'charge card s [C] tarjeta de pago, tarjeta comercial (emitida por una cadena de comercios)

charged /tʃɑrdʒd/ adj tenso -a (ambiente, clima)

char·gé d'af·faires /,ʃɑrʒeɪ dæ'fɛr/ s [C] (pl **chargés d'affaires**) encargado -a de negocios

charg·er /'tʃɑrdʒər/ s [C] corcel

char·i·ot /'tʃæriət/ s [C] cuadriga, biga

cha·ris·ma /kə'rɪzmə/ s [U] carisma

char·is·mat·ic /ˌkærɪz'mætɪk◂/ adj carismático -a

char·i·ta·ble /'tʃærətəbəl/ adj **1** [solo ante s] de caridad, benéfico -a • **charitable status** carácter de entidad sin ánimo de lucro, carácter de entidad sin fines de lucro **2** benévolo -a

char·i·ta·bly /'tʃærətəbli/ adv con benevolencia

char·i·ty /'tʃærəti/ s (pl **charities**) **1** [C] institución benéfica, institución de caridad: *an AIDS charity* una institución benéfica de ayuda a las víctimas del SIDA • **charity event** gala benéfica, fiesta benéfica • **do some charity work** trabajar para una institución benéfica • **charity worker** voluntario -a (de institución benéfica) **2** [U] **do sth for charity** hacer algo con fines benéficos • **give/donate sth to charity** donar algo a obras benéficas • **go to charity** destinarse a obras benéficas/fines benéficos **3** [U] (donativos) caridad, beneficencia • **accept charity (from sb)** aceptar la caridad (de alguien) **4** [U] (*frml*) (cualidad) caridad • **show charity (to sb)** ser caritativo -a (con alguien)

EXPRESIONES
charity begins at home la caridad empieza por casa

char·la·tan /'ʃɑrlətən/ s [C] (*peyor*) charlatán -ana, farsante

charm¹ /tʃɑrm/ s **1** [U] (de una persona) encanto • **turn on the charm** utilizar todos sus encantos, ponerse encantador -a **2** [U] (de un lugar, una música) encanto, atractivo **3** [C gralm pl] (rasgo que atrae) encanto, atractivo **4** [C] dije • **a lucky charm** un amuleto (de la suerte) **5** [C] encantamiento, hechizo

charm² v [T] **1** cautivar, conquistar **2** seducir, engatusar • **charm sb into doing sth** seducir a alguien para que haga algo

charmed /tʃɑrmd/ adj **1 lead a charmed life/existence** tener mucha suerte en la vida **2** cautivado -a, encantado -a

charm·er /'tʃɑrmər/ s [C] seductor -a

charm·ing /'tʃɑrmɪŋ/ adj encantador -a

charm·ing·ly /'tʃɑrmɪŋli/ adv **1** de un modo encantador **2** con encanto: *charmingly old-fashioned* con el encanto de lo antiguo

charred /tʃɑrd/ adj carbonizado -a

chart¹ /tʃɑrt/ s
1 [C] gráfica, tabla
2 the charts [pl] la cartelera de éxitos, el hit parade • **in the charts** (tb **on the charts**) en el hit parade
3 [C] carta de navegación ▶ **BAR CHART, FLIP CHART, FLOW CHART, PIE CHART**

chart² v [T] **1** registrar, hacer una gráfica de (un proceso, un desarrollo) **2** trazar, elaborar (un plan, un calendario) **3** cartografiar, trazar el mapa de

EXPRESIONES
chart a course seguir un rumbo

char·ter¹ /'tʃɑrtər/ s **1** [C] (de un grupo de personas) carta (de derechos y obligaciones), estatuto(s) (de una organización) **2** [U] alquiler (de un barco, un avión) • **charter flight** (vuelo) chárter **3** [C] fuero (para fundar una ciudad), permiso, decreto (para la creación de una universidad)

char·ter² v [T] **1** fletar, alquilar (un barco, un avión) **2** fundar oficialmente

ˌcharter ˈmember s [C] miembro fundador

ˈcharter ˌschool s [C] escuela pública de gestión privada, pero financiada con fondos del estado

char·wom·an /'tʃɑrˌwʊmən/ s [C] (pl **charwomen** /-ˌwɪmɪn/) (*antic*) señora de la limpieza

char·y /'tʃɛri, 'tʃæri/ adj cauto -a

chase¹ /tʃeɪs/ v
1 [I always + adv/prep,T] perseguir • **chase after sth/sb**

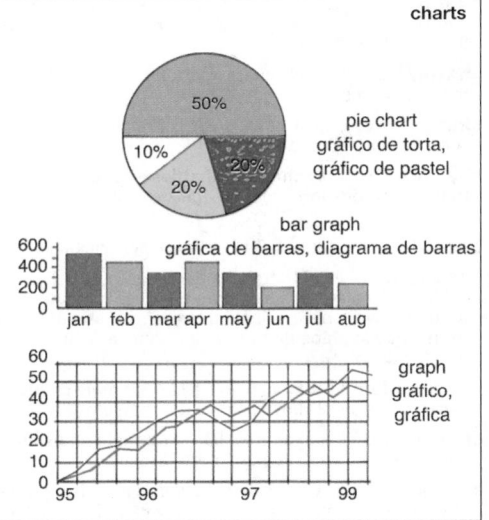

charts

50%
10%
20%
20%
pie chart
gráfico de torta,
gráfico de pastel

bar graph
gráfica de barras, diagrama de barras
600
400
200
0
jan feb mar apr may jun jul aug

60
50
40
30
20
10
0
95 96 97 99
graph
gráfico,
gráfica

perseguir algo/a alguien • **chase sb along/around/through sth** perseguir a alguien por algo
2 [T siempre + adv/prep] **chase sb away/off** echar/ahuyentar a alguien, hacer que alguien salga corriendo • **chase sb out of sth** echar a alguien de algo
3 [I,T] (tb **chase after**) andar detrás de, tratar de conquistar a
4 [I,T] (tb **chase after**) andar detrás de, tratar de hacerse con
chase sth ↔ away v+partíc alejar/ahuyentar algo (la tristeza, el aburrimiento)
chase sth/sb ↔ down v+partíc **1** atrapar algo/a alguien (tras perseguirlo): *Officers chased them down in the subway.* Los policías lo atraparon tras perseguirlo en el metro. **2** encontrar algo/a alguien, hallar algo/a alguien: *Engineers have failed to chase down the cause of the problem.* Los ingenieros no han podido hallar la causa del problema. SIN **track down**

chase² s [C] persecución • **a car chase** una persecución en carro • **a high-speed chase** una persecución a toda velocidad ▶ **WILD GOOSE CHASE**

EXPRESIONES
give chase (*liter*) salir a la caza/a darle caza

chas·er /'tʃeɪsər/ s [C] bebida de poca graduación que se toma después de un licor fuerte, o licor fuerte que se toma después de una bebida alcohólica más floja

chasm /'kæzəm/ s [C] **1** [gralm sing] abismo, brecha **2** abismo, sima

chas·sis /'tʃæsi, 'ʃæ-/ s [C] (pl **chassis** /-siz/) chasis, carrocería (de un vehículo)

chaste /tʃeɪst/ adj **1** (*antic*) (persona) casto -a **2** (beso) casto -a

chas·ten /'tʃeɪsən/ v [T gralm en pasiva] (*frml*) (hacer) escarmentar

chas·tise /tʃæ'staɪz, 'tʃæstaɪz/ v [T] **1** (*frml*) reprender **2** (*antic*) castigar (físicamente)

chas·ti·ty /'tʃæstəti/ s [U] castidad

chat¹ /tʃæt/ v [I] (**chatted, chatting**) **1** (tb **chat away**) charlar, platicar • **chat about sth** charlar de/sobre algo, platicar de/sobre algo • **chat with/to sb** charlar con alguien, platicar con alguien **2** chatear

chat² s **1** [C] charla, plática • **have a chat (with sb about sth)** charlar (con alguien sobre algo), platicar (con alguien sobre algo) **2** [U] chat • **live chat** chat en vivo

chat·eau, **château** /ʃæ'toʊ/ s [C] (pl **chateaux** /-'toʊz/) mansión rural o castillo en Francia ▶ **HOUSE**

ˈchat room s [C] (sala de) chat

chat·ter¹ /'tʃætə/ v [I] **1** (tb **chatter away/on**) parlotear, cotorrear, echar carreta **2** chillar (monos, pájaros) **3** castañetear (dientes)

chatter² s [U] **1** cháchara, parloteo **2** chillidos (de monos, pájaros)

chat·ter·box /'tʃætəˌbɑks/ s [C] parlanchín -ina, carretudo -a, platicador -a

chat·ty /'tʃæti/ adj (**chattier, chattiest**) (coloq) **1** carretudo -a, platicador -a **2** en tono coloquial, informal (carta)

chauf·feur¹ /'ʃoufə, ʃou'fə/ s [C] chofer (particular)

chauffeur² v **1** (a) [I] trabajar de chofer (particular) (b) [T] llevar (chófer) **2** [T siempre + adv/prep] **chauffeur sb around** llevar y traer a alguien (en carro) • **chauffeur sb from place to place** llevar y traer a alguien de un lugar a otro (en carro)

chau·vin·ism /'ʃouvəˌnɪzəm/ s [U] **1** (tb **male chauvinism**) machismo **2** chovinismo, patrioterismo

chau·vin·ist¹ /'ʃouvənɪst/ s [C] **1** (tb **male chauvinist**) machista **2** chovinista, patriotero -a

chauvinist² adj **1** (tb **male chauvinist**) machista • **male chauvinist pig** machista asqueroso **2** chovinista, patriotero -a

cheap¹ S1 W3 /tʃip/ adj
1 barato -a, económico -a • **dirt cheap** (coloq) baratísimo -a, regalado -a • **a cheap plumber/builder** un plomero/albañil que cobra barato • **a cheap supermarket/store** un supermercado barato/una tienda barata • **cheap labor** mano de obra barata
2 (peyor) barato -a, ordinario -a
3 (peyor) agarrado -a, amarrado -a, tacaño -a
4 (peyor) bajo -a, vil • **a cheap trick** una mala pasada • **a cheap shot/remark** un comentario de mal gusto, un comentario malintencionado
5 (peyor) indecente • **feel cheap** sentirse humillado -a
EXPRESIONES
life is cheap la vida no vale nada

cheap² adv **get sth cheap** conseguir algo barato • **sth does not come cheap** algo tiene su precio

cheap³ s **do sth on the cheap** escatimar recursos/dinero para hacer algo

cheap·en /'tʃipən/ v [T] **1** rebajar, degradar • **cheapen yourself** rebajarse, degradarse **2** abaratar

cheap·ly /'tʃipli/ adv con poco dinero, económicamente

cheap·ness /'tʃipnɪs/ s [U] **1** bajo precio **2** (peyor) tacañería

cheap·o /'tʃipoʊ/ adj [solo ante s] (coloq) barato -a, ordinario -a

cheap·skate /'tʃipˌskeɪt/ s [C] (peyor, coloq) agarrado -a, amarrado -a, tacaño -a

cheat¹ S2 /tʃit/ v
1 [I] hacer trampa (en un juego, un concurso) • **he cheats at cards/chess** hace trampa cuando juega cartas/ajedrez • **cheat on a test** copiarse en un examen
2 [I] copiar, copiarse (en un examen)
3 [T] engañar, estafar • **cheat sb (out) of sth** quitarle algo a alguien con engaños
4 [I] ser infiel (a la pareja) • **cheat on sb** engañar a alguien
5 **be cheated of sth** verse privado -a de algo: They'd been cheated of success. Les habían robado el éxito.
EXPRESIONES
cheat death/fate burlar a la muerte/al destino • **feel cheated** sentirse defraudado -a/engañado -a

cheat² s [C] **1** tramposo -a **2** truco (en un videojuego)

Chech·en¹ /'tʃɛtʃən/ s **1** [C] (persona) checheno -a **2** [U] (idioma) checheno

Chechen² adj checheno -a

Chech·nya /'tʃɛtʃnyə, -niˌɑ/ Chechenia

check¹ S1 W2 /tʃɛk/ v

1 verificar
2 averiguar
3 reprimir
4 poner una marca en
5 el equipaje
6 un abrigo, un sombrero
7 detener

1 VERIFICAR [I,T] revisar, checar; (el corazón, la presión) controlar: Have you checked your spelling? ¿Has revisado la ortografía? • **check sth for errors/leaks** revisar algo para ver si hay errores/fugas • **check for sth** comprobar/ver si hay algo • **check (that) sth is locked/right** comprobar que algo está cerrado/está bien • **check your facts** verificar los datos • **double check** volver a revisar/checar
2 AVERIGUAR [I,T] ver, mirar: "Is she here yet?" "I'll go and check." –¿Ya ha llegado? –Voy a ver. • He stopped to check his watch. Se paró a mirar la hora. • **check whether/if/how/who** Let me just check if the potatoes are cooked. Deja que mire si las papas están cocidas. • **check with sb** consultar a/con alguien
3 REPRIMIR [T] contener (las ganas, la ira) • **check yourself** contenerse
4 PONER UNA MARCA EN [T] marcar (una casilla)
5 EL EQUIPAJE [T] registrar, documentar (una maleta, el equipaje) SIN **check in**
6 UN ABRIGO, UN SOMBRERO [T] depositar, consignar (en un guardarropa)
7 DETENER [T] frenar, detener (la delincuencia, una epidemia) • **check the spread/growth of sth** frenar la propagación/el crecimiento de algo
check in v+partíc **1 check in** registrar/documentar el equipaje (en un aeropuerto), registrarse (en un hotel) **2 check sb ↔ in** registrar/documentar el equipaje de alguien (en un aeropuerto), registrar a alguien (en un hotel) **3 check sth ↔ in** registrar/facturar algo (una maleta, el equipaje) **4 check in** llamar (para avisar que uno está bien): I wish he'd check in once in a while. Podría llamar de vez en cuando para decir que está bien.
check sth ↔ off v+partíc marcar algo (en una lista, un impreso)
check on sb/sth v+partíc ver cómo está alguien/algo, ver si alguien/algo está bien
check out v+partíc **1 check sth ↔ out** (coloq) verificar/checar algo • **check sth out with sb** consultar algo con alguien, checar algo con alguien **2 check sth ↔ out** probar algo, visitar algo (para ver qué tal es): For more information, check out our website. Si desea más información, visite nuestra web. **3 check sth/sb ↔ out** fijarse en algo/alguien, mirar algo/a alguien: Check out that car! ¡Mira ese carro! **4 check out** cuadrar (coartada, historia), ser correcto -a (declaración) **5 check out** irse del hotel, dejar la habitación • **check out of the hotel/your room** irse del hotel/dejar la habitación **6 check sth ↔ out** probar algo (para comprobar que funciona bien) **7 check sb ↔ out** (coloq) investigar a alguien, buscar información sobre alguien **8 check out** pagar (en un supermercado) **9 check sth ↔ out** sacar algo (un libro, un video, etc.) **10 check sb ↔ out** cobrarle a alguien (en un supermercado)
check over v+partíc **1 check sth ↔ over** revisar algo **2 check sb/sth ↔ over** hacer un chequeo (médico) a alguien/algo
check through v+partíc **1 check through sth** mirar/buscar en algo **2 check sth through** registrar/documentar algo (una maleta, el equipaje) • **check sth through to Miami/Seattle** registrar/facturar algo a Miami/Seattle
check up on v+partíc **1 check up on sth/sb** controlar algo/a alguien, vigilar algo/a alguien **2 check up on sth/sb** investigar algo/a alguien (en secreto) **3 check up on sth** verificar/confirmar algo

check² S1 W2 s

1 verificación
2 en telas, ropa
3 para evitar excesos

4 en ajedrez
5 del banco
6 en un restaurante
7 en una casilla, una lista

1 VERIFICACIÓN [C] control, inspección • [+**on**]: *checks on water quality* controles de la calidad del agua • **run/carry out/make/do a check** realizar un control/una inspección • **keep a check on sth/sb** controlar algo/a alguien, vigilar algo/a alguien • **a security check** un control de seguridad • **a background check** una verificación/investigación de antecedentes penales • **a medical/health check** un chequeo médico, una revisión médica

2 EN TELAS, ROPA [C,U] cuadro, cuadrito: *a shirt with black and white checks* una camisa a cuadros blancos y negros • **check shirt** camisa a/de cuadros, camisa a/de cuadritos SIN **checked**

3 PARA EVITAR EXCESOS [C gralm sing] freno, control • **act/serve as a check on sth** actuar como/servir de freno a algo

4 EN AJEDREZ [U] jaque • **be in check** estar en jaque

5 DEL BANCO [C] cheque • **a check for $50** un cheque de 50 dólares • **write (sb) a check** hacer un cheque (a alguien) • **by check** con cheque: *Can I pay by check?* ¿Puedo pagar con cheque? • **cash a check** cobrar un cheque

6 EN UN RESTAURANTE [C] cuenta

7 EN UNA CASILLA, UNA LISTA [C] (tb **check mark**) marca, palomita

EXPRESIONES
checks and balances mecanismos (de control) de equilibrio de poderes • **keep/hold sth in check** poner freno a algo, controlar algo

check³ *interj* (*coloq*) listo, sí (verificando una lista)

check·book /'tʃɛkbʊk/ s [C] chequera

checked /tʃɛkt/ *adj* a/de cuadros, a/de cuadritos ► **CHECK**

check·ered /'tʃɛkəd/ *adj* **1** a/de cuadros (de dos colores), ajedrezado -a **2 a checkered history/career** una historia/carrera llena de altibajos

check·ers /'tʃɛkəz/ s [U] damas

'check-in s **1** [U] chequeo, facturación (en un aeropuerto), registro (en un hotel) **2** [C] (tb **check-in counter**) módulo de chequeo, mostrador de documentación (en un aeropuerto), (mostrador de) recepción (en un hotel)

'checking ac,count s [C] cuenta corriente, cuenta de cheques

check·list /'tʃɛk,lɪst/ s [C] lista (de tareas que hay que hacer, puntos que hay que verificar, etc.)

check·mate¹ /'tʃɛkmeɪt/ s [U] jaque mate

checkmate² v [T] dar jaque mate a

check·out /'tʃɛk-aʊt/ s **1** [C] (tb **checkout counter**) caja (en un supermercado, una tienda) **2** [U] (en un hotel) *Checkout is at noon.* Hay que dejar la habitación antes del mediodía. ► **CHECK out**

check·point /'tʃɛkpɔɪnt/ s [C] (puesto de) control (militar, fronterizo)

check·up, **check-up** /'tʃɛk-ʌp/ s [C] chequeo (médico), control (dental) • **have a checkup** hacerse un chequeo, hacerse un control • **go for a checkup** ir a hacerse un chequeo, ir a hacerse un control

ched·dar, **Cheddar** /'tʃɛdə/ s [U] (queso) Cheddar

cheek W3 /tʃik/ s
1 [C] mejilla, cachete: *I kissed her on the cheek.* Le di un beso en la mejilla. • **rosy/pink cheeks** mejillas sonrosadas, cachetes colorados
2 [C] (*coloq*) nalga, cachete SIN **buttock**
3 [sing, U] (*antic*) insolencia, descaro ► **-CHEEKED, TONGUE-IN-CHEEK**

EXPRESIONES
cheek by jowl (with sb/sth) uno junto al otro • **dance**

cheek to cheek bailar muy abrazados -as • **turn the other cheek** poner la otra mejilla

cheek·bone /'tʃikboʊn/ s [C gralm pl] pómulo • **high cheekbones** pómulos salientes/altos

cheek·i·ly /'tʃikəli/ *adv* descaradamente

cheek·y /'tʃiki/ *adj* (**cheekier, cheekiest**) (*antic*) caradura, descarado -a

cheep¹ /tʃip/ v [I] piar

cheep² s [C] sonido emitido por un pájaro al piar

cheer¹ /tʃɪr/ v **1** [I] lanzar vítores ANT **boo 2** [T] ovacionar, aclamar ANT **boo 3** [T gralm en pasiva] alegrar, levantar el ánimo a
cheer sb ↔ on v+partíc alentar a alguien (en una competición)
cheer up v+partíc **1 cheer sb ↔ up** alegrar a alguien (levantarle el ánimo) **2 cheer up** animarse, alegrarse • **Cheer up!** (*oral*) ¡Ánimo! **3 cheer sth ↔ up** alegrar algo

cheer² s **1** [C] porra (dicho con el que se aclama o se alienta a alguien): *We heard clapping and cheers.* Oíamos aplausos y ovaciones. • **Let's give Mark/the team a (big) cheer!** ¡Un (gran) aplauso para Mark/el equipo! • **Three cheers for sb!** (*oral*) ¡Viva alguien!, ¡Una porra para alguien! ▶ **BOO 2** [C] porra (frase con la que se alienta a un equipo) **3** [U] (*frml*) alegría • **bring cheer to sb** alegrar a alguien, levantarle el ánimo a alguien • **good cheer** buena onda • **Christmas/festive cheer** alegría navideña/de las fiestas (navideñas) ▶ **CHEERS**

cheer·ful /'tʃɪrfəl/ *adj* **1** (feliz) alegre, contento • **in a cheerful voice** en tono alegre • **a cheerful smile/face** una sonrisa/cara de alegría **2** (lugar, color) alegre **3** [solo ante s] voluntarioso -a, alegre: *a cheerful approach to the job* una buena disposición al trabajo

cheer·ful·ly /'tʃɪrfəli/ *adv* **1** alegremente SIN **cheerily 2** (expresando indiferencia) *He cheerfully admits it.* Lo reconoce sin inmutarse. SIN **blithely**

EXPRESIONES
I could cheerfully have killed/strangled him! ¡De haber podido, lo habría matado/estrangulado!

cheer·ful·ness /'tʃɪrfəlnɪs/ s [U] alegría

cheer·i·ly /'tʃɪrəli/ *adv* alegremente SIN **cheerfully**

cheer·lead·er /'tʃɪr,lidə/ s [C] **1** porrista **2** seguidor -a • **be a cheerleader for sth/sb** apoyar fervientemente algo/a alguien

cheer·less /'tʃɪrlɪs/ *adj* triste SIN **gloomy**

cheers /tʃɪrz/ *interj* salud (al brindar)

cheer·y /'tʃɪri/ *adj* (**cheerier, cheeriest**) alegre, jovial SIN **cheerful**

cheese S1 W3 /tʃiz/ s [C,U] queso • **a piece of cheese** un pedazo/trozo de queso • **a slice of cheese** una tajada/rebanada de queso • **grated cheese** queso rallado • **goat cheese** queso de cabra • **cheese sandwich** sándwich de queso

EXPRESIONES
(say) cheese di/digan whisky (para una foto)

cheese·board /'tʃizbɔrd/ s [C] **1** tabla para el queso **2** tabla de quesos

cheese·burg·er /'tʃiz,bɜgə/ s [C] hamburguesa con queso

cheese·cake /'tʃizkeɪk/ s **1** [C,U] torta/pastel de queso (dulce), cheesecake **2** [U] (*antic*) fotos de jovencitas con poca ropa

cheese·cloth /'tʃizklɔθ/ s [U] lienzo, manta de cielo

chees·y /'tʃizi/ *adj* (**cheesier, cheesiest**) **1** (*coloq*) cursi, sentimentaloide **2 a cheesy smile/grin** (*coloq*) una sonrisa de oreja a oreja **3** de/con queso, con sabor/olor a queso

chee·tah /'tʃitə/ s [C] chita, guepardo

chef /ʃɛf/ s [C] chef ▶ **COOK**

chem·i·cal¹ W3 /'kɛmɪkəl/ s [C] sustancia química, producto químico • **toxic/hazardous chemicals** sustancias

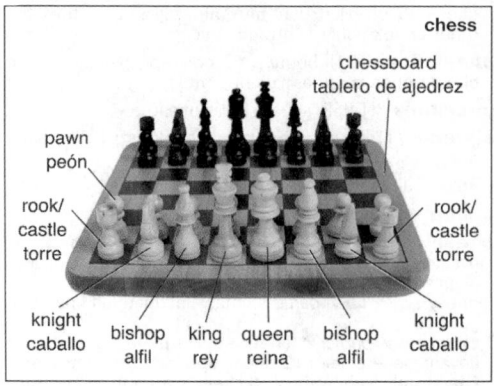

chess

chessboard
tablero de ajedrez

pawn
peón

rook/
castle
torre

rook/
castle
torre

knight
caballo

bishop
alfil

king
rey

queen
reina

bishop
alfil

knight
caballo

químicas tóxicas/peligrosas • **the chemical industry** la industria química

chemical² W3 *adj* [solo ante s] químico -a • **chemical analysis** análisis químico • **a chemical imbalance** un desequilibrio químico ▶ CHEMICALLY

chem·i·cally /'kɛmɪkli/ *adv* químicamente

chem·ist /'kɛmɪst/ *s* [C] químico -a

chem·is·try /'kɛməstri/ *s* [U] **1** (ciencia) química **2** (de una sustancia, un órgano) (composición) química **3** (entre dos personas) química

che·mo·ther·a·py /ˌkimoʊ'θɛrəpi/ *s* [U] quimioterapia

cheque /tʃɛk/ variante británica de CHECK

cheque·book /'tʃɛkbʊk/ variante británica de CHECK-BOOK

chequ·ered /'tʃɛkəd/ variante británica de CHECKERED

cher·ish /'tʃɛrɪʃ/ *v* [T] **1** valorar mucho: *a man who cherished his privacy* un hombre que valoraba mucho su intimidad • **cherish a memory** atesorar un recuerdo **2 cherish a hope/a dream** albergar una esperanza/un sueño **3** (*frml*) querer mucho: *my most cherished possession* mi bien más preciado

cher·ry¹ S3 /'tʃɛri/ *s* (pl **cherries**) **1** [C] (fruta) cereza **2** [C] (árbol) (tb **cherry tree**) cerezo • **cherry blossom** flor de cerezo **3** [U] (madera) (tb **cherrywood**) cerezo **4** [U] (color) (tb **cherry red**) (color) cereza

cherry² (tb **,cherry 'red**) *adj* (de) color cereza

cher·ub /'tʃɛrəb/ *s* [C] **1** querubín **2** angelito (niño)

cher·vil /'tʃɜvəl/ *s* [U] perifollo

chess /tʃɛs/ *s* [U] ajedrez • **play chess** jugar ajedrez • **a game of chess** una partida de ajedrez • **computer chess** ajedrez por computador

chess·board /'tʃɛsbɔrd/ *s* [C] tablero de ajedrez

chess set *s* [C] juego de ajedrez

chest S2 W3 /tʃɛst/ *s* [C] **1** pecho • **a hairy chest** un pecho peludo • **chest cold** catarro • **chest pain** dolores en el pecho **2** arcón, baúl • **a toy chest** un arcón/baúl para los juguetes
EXPRESIONES
get sth off your chest desahogarse (contándole algo a alguien) • **chest-pounding** (tb **chest-thumping**) (*peyor*) autobombo

chest·nut¹ /'tʃɛsnʌt/ *s* **1** [C] (fruto) castaña **2** [C] (árbol) (tb **chestnut tree**) castaño **3** [U] (color) (color) castaño **4** [C] (caballo) alazán, zaino **5** [U] (madera) castaño ▶ HORSE CHESTNUT
EXPRESIONES
an old chestnut (*coloq*) un chiste viejísimo, una historia viejísima

chestnut² *adj* castaño -a (pelo), zaino -a (caballo)

,chest of 'drawers *s* [C] (pl **chests of drawers**) cómoda, cajonera SIN **dresser**, **bureau**

chest·y /'tʃɛsti/ *adj* de pecho (tos)

chew¹ S2 /tʃu/ *v* **1** [I,T] (al comer) masticar • **chew on sth** masticar/mordisquear algo **2** [T] (chicle, tabaco) masticar, mascar **3** [I,T] morderse (las uñas, el labio, etc.) • **chew on/at sth** mordisquear algo, morderse algo (las uñas, el labio, etc.) ▶ BITE off more than you can chew
EXPRESIONES
chew the cud **(a)** rumiar **(b)** (*coloq*) pensar bien el asunto
chew on sth *v+partíc* (*coloq*) rumiar algo (una idea, un asunto)
chew sb ↔ out *v+partíc* (*coloq*) gritarle a alguien (regañándolo)
chew sth ↔ over *v+partíc* rumiar algo
chew sth ↔ up *v+partíc* **1** mordisquear/masticar algo **2** (*coloq*) destrozar algo

chew² *s* [C] mascada (de tabaco)

'chewing gum *s* [U] chicle, goma de mascar: *a stick of chewing gum* un chicle

chew·y /'tʃui/ *adj* (**chewier**, **chewiest**) duro -a, fibroso -a (carne), masticable, chicloso -a (caramelo)

chic¹ /ʃik/ *adj* chic, elegante

chic² *s* [U] estilo, elegancia

Chi·ca·no¹ /tʃɪ'kɑnoʊ/ *s* [C] (pl **Chicanos**) chicano -a ▶ LATINO

Chicano² *adj* chicano -a

chick S2 /tʃɪk/ *s* [C] **1** polluelo -a, pollito -a **2** (*coloq*) vieja (muchacha)

chick·a·dee /'tʃɪkəˌdi/ *s* [C] carbonero (ave)

chick·en¹ S1 W3 /'tʃɪkən/ *s* **1** [C] (ave) pollo ▶ HEN, ROOSTER, CHICK **2** [U] (carne) pollo: *fried chicken* pollo frito **3** [C] (cobarde) (*coloq*) gallina SIN **coward** ▶ SPRING CHICKEN
EXPRESIONES
a chicken and egg situation el dilema/problema del huevo y la gallina • **his/her chickens have come home to roost** está pagando las consecuencias • **which came first, the chicken or the egg?** ¿qué fue primero, el huevo o la gallina?

chicken² *adj* [nunca ante s] (*coloq*) gallina (cobarde)

chicken³ *v*
chicken out *v+partíc* (*coloq*) acobardarse, agallinarse, achicarse • **chicken out of doing sth** no atreverse a hacer algo

'chicken ,feed *s* [U] miseria

'chicken ,pox *s* [U] varicela, peste cristal

'chicken wire *s* [U] malla de gallinero, tela de gallinero

chick·pea, chick-pea /'tʃɪkpi/ *s* [C] garbanzo SIN **garbanzo**

chic·o·ry /'tʃɪkəri/ *s* [U] **1** achicoria **2** (lechuga) escarola

chide /tʃaɪd/ *v* [T] (**chided** o **chid** /tʃɪd/, **chided** o **chidden** /'tʃɪdn/) (*liter*) reprender • **chide sb for (doing) sth** reprender a alguien por (hacer) algo SIN **rebuke**, **scold**

chief¹ W1 /tʃif/ *adj* [solo ante s] **1** (más importante) principal • **chief among sth** *Chief among their problems is pollution.* La contaminación es su principal problema. SIN **main**, **principal** **2** (en rango) principal • **Commander in Chief** Comandante en Jefe • **editor in chief** redactor (en) jefe/redactora (en) jefe

chief² S3 W2 *s* **1** [C] (de una organización, una empresa) jefe -a SIN **head** **2** [C] (de una tribu) jefe -a, cacique SIN **chieftain**

chief 'justice s [C] presidente -a del tribunal

chief·ly /'tʃifli/ adv principalmente, mayormente SIN **largely, mainly**

chief of 'staff s [C] (pl **chiefs of staff**) **1** (en el gobierno) jefe de gabinete • [+**to**]: *the chief of staff to the Secretary of Education* el jefe de gabinete del Secretario de Educación **2** (en las fuerzas armadas) jefe de(l) estado mayor

chief·tain /'tʃiftən/ s [C] cacique, jefe (de una tribu), jefe -a (de un clan escocés)

chif·fon /ʃi'fɑn/ s [U] **1** chifón, gasa **2** de chifón/gasa

chil·blain /'tʃilbleɪn/ s [C] sabañón

child S1 W1 /tʃaɪld/ s [C] (pl **children** /'tʃildrən/) **1** niño -a: *a six-year-old child* un niño de seis años • *a child of five* un niño de cinco años • *She's a lovely child.* Es una niña encantadora. • **as a child** de niño -a, cuando era niño -a: *He learned German as a child.* Aprendió alemán de niño. • **a young/small/little child** un niño pequeño/una niña pequeña **2** hijo -a, niño -a • **have a child** tener un hijo: *Do you have children?* ¿Tienen hijos? • *She was desperate to have a child.* Estaba desesperada por tener un hijo. • **be an only child** ser hijo único/hija única • **adult/grown-up children** hijos -as adultos -as **3** **a child of the sixties/of the Reagan era** un producto de los años sesenta/la época de Reagan **4** (persona infantil) niño -a ► **CHILDISH, JUVENILE; CHILD'S PLAY**

child·bear·ing /'tʃaɪld,bɛrɪŋ/ s [U] maternidad • **childbearing age** edad fértil

child·birth /'tʃaɪldbɜθ/ s [U] parto • **die in childbirth** morir en el parto

'child care s [U] cuidado de los niños, puericultura

child·hood S3 W3 /'tʃaɪldhʊd/ s [C,U] infancia, niñez: *a happy childhood* una infancia feliz *a childhood friend* un amigo de la infancia • *happy childhood memories* recuerdos felices de la infancia

child·ish /'tʃaɪldɪʃ/ adj **1** (peyor) (inmaduro) infantil: *Don't be so childish!* ¡No seas infantil! SIN **immature** ANT **mature** ► **CHILDLIKE 2** (típico de un niño) infantil: *childish excitement* entusiasmo infantil SIN **childlike** ANT **adult**

child·ish·ly /'tʃaɪldɪʃli/ adv (peyor) como un niño/una niña, infantilmente

child·ish·ness /'tʃaɪldɪʃnɪs/ s [U] (peyor) infantilismo

child·less /'tʃaɪldlɪs/ adj sin hijos • **a childless couple** una pareja sin hijos

child·like /'tʃaɪldlaɪk/ adj (aprec) infantil, de niño • **childlike innocence/simplicity/directness** inocencia/sencillez/franqueza infantil ► **CHILDISH**

child·proof /'tʃaɪldpruf/ adj [gralm ante s] a prueba de niños

chil·dren /'tʃildrən/ pl de **CHILD**

'child's play s [U] (coloq) juego de niños, pan comido

'child sup,port s [U] pensión alimenticia que alguien paga a su ex cónyuge para el mantenimiento de sus hijos

Chil·e /'tʃili/ Chile

Chil·e·an¹ /'tʃiliən/ s [C] chileno -a

Chilean² adj chileno -a

chil·i S3 /'tʃili/ s (pl **chilies**) **1** [C] (tb **'chili ,pepper**) ají, chile • **red/green chili** ají rojo/verde, chile rojo/verde **2** [U] chile con carne **3** [U] (tb **'chili ,powder**) chile en polvo, ají molido/en polvo

chill¹ /tʃil/ v **1** (a) [T] enfriar (b) [I] enfriarse **2** [I] (calmarse) (tb **chill out**) (coloq) tranquilizarse: *Chill out!* ¡Ya cálmate! **3** [I] (haciendo algo placentero) (tb **chill out**) (coloq) relajarse: *We can go to the beach and just chill out.* Podemos ir a la playa a relajarnos. **4** [T] (liter) horrorizar, dejar helado -a a • **chill sb to the bone/marrow** (tb **chill sb's blood**) helarle la sangre a alguien ► **CHILLING**

chill² s **1** [sing, U] frío, fresco • **there is/was a chill in the air** hace/hacía frío **2** [C] escalofrío • **send a chill through sb** dejar helado -a a alguien, helarle la sangre a alguien **3** [C] resfriado, catarro **4** [sing] enfriamiento (de una actividad, un proceso) ► **THRILLS and chills**

chill³ adj (liter) gélido -a

EXPRESIONES
take a chill pill (coloq) tranquilizarse

chil·ling /'tʃilɪŋ/ adj **1** escalofriante, espeluznante **2** paralizante (efecto)

chill·y /'tʃili/ adj (**chillier**, **chilliest**) **1** (de temperatura) frío -a: *It's chilly today.* Hoy hace frío. ► ver nota en **COLD 2** (en las actitudes) frío -a

chime¹ /tʃaɪm/ v **1** [I,T] dar (la hora) (reloj), repicar (campana) • **chime six/midnight** dar las seis/la medianoche • **chime the hour** dar la hora **2** [T] decir alegremente **3** [I] estar en armonía, coincidir (ideas, opiniones)

chime in v+partíc intervenir (en una conversación) • **chime in with an idea/a suggestion** *I couldn't resist chiming in with a few ideas.* No pude resistirme a intervenir para aportar algunas ideas.

chime² s **1** [C] repique, campanada **2 chimes** [pl] carrillón

chim·ney /'tʃimni/ s [C] chimenea

'chimney sweep s [C] deshollinador -a

chim·pan·zee /,tʃimpæn'zi/ (tb **chimp** /tʃimp/ (coloq)) s [C] chimpancé

chin /tʃin/ s [C] barbilla, mentón

EXPRESIONES
(keep your) chin up! (oral) ¡(arriba el) ánimo! • **take it on the chin** aguantar el varillazo, aguantar mecha/vara

Chi·na /'tʃaɪnə/ China

chi·na /'tʃaɪnə/ s [U] **1** porcelana, loza (fina) **2** (tb **chinaware**) (vajilla de) porcelana, (vajilla de) loza ► **be like a BULL in a china shop**

Chi·na·town /'tʃaɪnə,taʊn/ s [C,U] barrio chino (en el que vive la comunidad china)

Chi·nese¹ /,tʃaɪ'niz/ s **1** [U] (idioma) chino **2** [C gralm pl] (persona) **the Chinese** los chinos **3** [U, C] (coloq) comida china

Chinese² adj chino -a

chink¹ /tʃiŋk/ s [C] **1** rendija, grieta **2 a chink of light** un rayo de luz (que se cuela por una rendija) **3** tintineo, sonido metálico ► **CLINK**

EXPRESIONES
a chink in sb's armor el punto débil de alguien

chink² v **1** (a) [I] tintinear, sonar (b) [T] hacer tintinear (monedas), chocar (copas, vasos) SIN **clink 2** [T] tapar, rellenar (grietas, hendiduras)

chi·nos /'tʃinoʊz/ s [pl] chinos (pantalones de algodón)

chintz /tʃints/ s [U] **1** chintz (tela de algodón estampado) **2** [solo ante s] chintz (estampado -a)

chintz·y /'tʃintsi/ adj (**chintzier**, **chintziest**) **1** (coloq) ordinario -a, corriente SIN **cheap 2** (coloq) tacaño -a, agarrado -a SIN **cheap**, **stingy 3** de chintz, estampado -a

chin-up, chin·up /'tʃinʌp/ s [C] flexión (en la barra horizontal) • **do chin-ups** hacer flexiones SIN **pull-up**

chip¹ S2 W2 /tʃip/ s [C]

1	de bolsa
2	en informática
3	rotura
4	trozo roto
5	en la ruleta
6	en deportes

1 DE BOLSA [gralm pl] papa frita: *a bag of chips* una bolsa de papas fritas • **potato chips** papas fritas

C

2 EN INFORMÁTICA chip SIN **microchip** ▶ MICROPRO-CESSOR
3 ROTURA desportilladura, despostilladura, muesca: *My plate had a chip in it.* Mi plato estaba desportillado.
4 TROZO ROTO astilla (de madera), esquirla (de piedra)
5 EN LA RULETA ficha
6 EN DEPORTES (tb **chip shot**) tiro (para arriba); (en golf) chip ▶ BLUE CHIP, CHOCOLATE CHIP

EXPRESIONES
be a chip off the old block (*coloq*) ser idéntico al padre o a la madre: *He's certainly a chip off the old block.* No cabe duda de que de tal palo, tal astilla. • **have a chip on your shoulder** ser un resentido/una resentida • **let the chips fall (where they may)** dejar que pase lo que tenga que pasar • **when the chips are down** (*oral*) a la hora de la verdad

chip² *v* (**chipped, chipping**) **1** [I,T] desportillar(se), despostillar(se) **2** [T] picar, bombear (una pelota)
chip sth ↔ away *v+partíc* quitar algo (a trocitos)
chip away at sth *v+partíc* **1** ir socavando algo, ir debilitando algo **2** ir rompiendo algo en trozos pequeños para quitarlo
chip in *v+partíc* **1 chip in** contribuir, colaborar (con dinero) **2 chip in sth** poner algo/contribuir con algo (dinero) **3 chip in** intervenir (con sugerencias, opiniones)
chip off *v+partíc* **1 chip sth ↔ off** quitar algo (a trocitos) **2 chip sth ↔ off sth** quitar algo de algo (a trocitos) **3 chip off** desprenderse, saltarse

chip·munk /'tʃɪpmʌŋk/ *s* [C] ardilla listada, ardilla rayada

chipped /tʃɪpt/ *adj* desportillado -a, despostillado -a, mellado -a

chi·ro·prac·tor /'kaɪrə,præktər/ *s* [C] quiropráctico -a

chirp¹ /tʃɜːp/ (tb **chir·rup** /'tʃɪrəp/) *v* **1** [I] piar, chirriar **2 (a)** [I] hablar animadamente, platicar animadamente **(b)** [T] decir alegremente

chirp² (tb **chir·rup**) *s* [C] trino, gorjeo, chirrido

chis·el¹ /'tʃɪzəl/ *s* [C] **1** cincel **2** escoplo, formón

chisel² *v* [T siempre + adv/prep] (**chiseled** o **chiseling, chiselled, chiselling**) **1** tallar la piedra con un cincel, trabajar la madera con un escoplo, etc.: *You have to chisel out the old mortar.* Hay que quitar el mortero viejo. **2** (*antic*) estafar • **chisel sb out of sth** tumbarle algo a alguien, birlarle algo a alguien

chit /tʃɪt/ *s* [C] **1** nota, ticket (que se firma en conformidad por una deuda) **2** recibo SIN **receipt 3** vale, voucher SIN **voucher**

chit-chat, chit·chat /'tʃɪt,tʃæt/ *s* [U] (*coloq*) charla, plática, carreta

chiv·al·rous /'ʃɪvəlrəs/ *adj* caballeroso -a

chiv·al·ry /'ʃɪvəlri/ *s* [U] **1** caballerosidad **2** caballería (en la Edad Media)

chives /tʃaɪvz/ *s* [pl] cebollinos, cebollitas cambray

chlo·ride /'klɔraɪd/ *s* [C,U] cloruro

chlo·rine /'klɔrin, klɔ'rin/ (símb quím **Cl**) *s* [U] cloro

chlo·ro·fluo·ro·car·bon /,klɔrə,flʊroʊ'kɑrbən/ (abrev **CFC**) *s* [C] (*técn*) clorofluorocarbono

chlo·ro·form /'klɔrə,fɔrm/ *s* [U] cloroformo

chlo·ro·phyll /'klɔrə,fɪl/ *s* [U] clorofila

chock¹ /tʃɑk/ *s* [C] cuña, calzo

chock² *v* [T] poner una cuña en, calzar

'chock-a-,block *adj* [nunca ante s] (*coloq*) abarrotado -a • [+with]: *Paris was chock-a-block with tourists.* París estaba abarrotado de turistas.

,chock-'full *adj* [nunca ante s] (*coloq*) abarrotado -a • [+of]: *Kiwis are chock-full of vitamin C.* Los kiwis tienen muchísima vitamina C.

choco·late¹ SI /'tʃɑklɪt/ *s*
1 [U] chocolate • **milk chocolate** chocolate con leche •

dark chocolate chocolate negro/amargo *chocolate cake* pastel de chocolate
2 [C] bombón, chocolate: *a box of chocolates* una caja de bombones
3 [U] (tb ,**chocolate 'brown**) de color chocolate

,chocolate 'chip *s* [C] chip/trocito de chocolate

choice¹ S2 W1 /tʃɔɪs/ *s*
1 [sing] (posibilidad de elección) **have a/the choice** poder elegir/escoger: *You have the choice: you can stay or leave.* Puedes elegir: te quedas o te vas. • *"Are you going to help?" "Do I have a choice?"* –¿Vas a ayudar? –¿Tengo alternativa? • [+**between**]: *Voters have a choice between three candidates.* Los votantes pueden elegir entre tres candidatos. • [+**of**]: *There's a choice of soup or salad.* Puedes elegir entre sopa o ensalada. • **have no choice** *She had no choice but to agree.* No le quedó más remedio que acceder. • **leave sb with no choice** no dejar otra opción a alguien • **give sb the choice** dar a elegir a alguien • **given the choice** si pudiera/pudieras elegir • **freedom of choice** libertad de elección • **exercise choice** tomar decisiones
2 [C] (decisión) **make a choice** tomar una decisión • [+**between**]: *I made a choice between my family and my job.* Elegí entre mi familia y el trabajo. • **a difficult/hard choice** una decisión difícil • **be faced with a choice** tener que tomar una decisión
3 [sing, U] (cosas entre las que se puede elegir) opciones: *We offer you more choice.* Te ofrecemos más opciones. • [+**of**]: *There's a choice of six colors.* Puedes escoger entre seis colores. • **a wide choice** una amplia gama de opciones • **be spoiled for choice** no saber qué elegir al tener una gran variedad de opciones
4 [sing] (cosa elegida) [+**of**]: *I didn't like her choice of dress.* No me gustó el vestido que había escogido. • **sb's first/second choice** la primera/segunda opción de alguien • **a good/wise choice** *You've made a wise choice.* Elegiste bien. • *The hotel was a good choice as a venue for the conference.* Fue una buena elección de hotel para el congreso. • **a bad choice** *a bad choice of husband* un marido mal elegido • **the right/wrong choice** la elección acertada/equivocada • **the obvious choice** la elección obvia • **a popular choice** *The bar is a popular choice with college students.* El bar es muy popular entre los estudiantes universitarios. ▶ CHOOSE

EXPRESIONES
by choice por decisión propia • **of your choice** a elegir: *dinner at the restaurant of your choice* cena en un restaurante a elegir • **the drink/brand of choice** la bebida/marca preferida

choice² *adj* [solo ante s] **1** de primera, escogido -a **2** de buena calidad pero no la mejor ▶ PRIME

EXPRESIONES
a few choice words/phrases unas cuantas palabras/ frases escogidas

choir /kwaɪər/ *s* **1** [C] (grupo) coro SIN **chorus** ▶ CHORAL **2** [C gralm sing] (parte de una iglesia) coro

choke¹ S3 /tʃoʊk/ *v*
1 (a) [I] asfixiarse, ahogarse • **choke on sth** atragantarse/atorarse con algo • **choke to death** morir asfixiado -a **(b)** [T] asfixiar
2 [T] estrangular • **choke sb to death** estrangular a alguien
3 [T] **be choked with emotion/grief** *He was choked with emotion and could hardly speak.* Lo embargaba la emoción y casi no podía hablar. • **be choked with envy** estar muerto -a de envidia
4 [T] atascar, atorar, taponar
5 [I] (*coloq*) no poder hacer o concretar algo por la presión

EXPRESIONES
enough... to choke a horse (*oral*) más que suficiente/ suficientes..., un montón de...
choke sth ↔ back *v+partíc* ahogar/contener algo (el llanto, un grito, etc.) SIN **hold back**
choke sth ↔ down *v+partíc* **1** tragarse algo (desagradable) **2** ahogar/contener algo (el llanto, un grito, etc.) SIN **hold back**

choke off sth *v+partíc* cortar algo (un suministro), frenar algo (la inflación, la exportación, etc.)

choke² *s* [C] choque, estrangulador, ahogador

chok·er /'tʃoʊkə/ *s* [C] gargantilla

chol·er·a /'kɑlərə/ *s* [U] cólera

cho·les·ter·ol /kə'lɛstə,rɔl, -,roʊl/ *s* [U] colesterol • **high/low in cholesterol** con alto colesterol/bajo en colesterol

choose S1 W1 /tʃuz/ *v* [I,T] (**chose** /tʃoʊz/, **chosen** /'tʃoʊzən/)
1 elegir, escoger: *I don't mind what we do. You choose.* No me importa lo que hagamos. Elige tú. • **choose which/when/who** elegir qué/cuándo/quién: *You can choose when to make payments.* Puedes elegir cuándo efectuar los pagos. • **choose from sth** *There are lots of restaurants to choose from.* Hay muchos restaurantes para elegir. • **choose between sth and sth** escoger/elegir entre algo y algo • **choose sb to do sth** elegir a alguien para que haga algo: *Who will be chosen to take over as manager?* ¿A quién elegirán para ocupar el cargo de director? • **choose sth/sb as sth** elegir algo/alguien como algo: *Susan has been chosen as our spokesperson.* Hemos elegido a Susan como portavoz. • **choose sth/sb from sth** *We chose one winner from the thousands who applied.* Elegimos un ganador de entre los miles de concursantes. • **be chosen for sth** ser elegido -a por algo: *Chicago was chosen for its central location.* Eligieron Chicago por su ubicación céntrica. • **be free to choose** tener libertad para elegir
2 choose to do sth decidir hacer algo: *They've chosen to ignore the problem.* Decidieron ignorar el problema. • **if you choose** si lo prefiere: *You can, if you choose, leave now.* Puede, si lo prefiere, irse ahora. ▸ **CHOICE**

EXPRESIONES
choose your words (carefully) *I advised him to choose his words carefully.* Le aconsejé que pensara bien lo que iba a decir. • **there is nothing/little to choose between sth and sth** no hay gran diferencia entre algo y algo

¿**choose, pick, select** o **go for**?
Varios verbos ingleses expresan la idea de "elegir":
choose es el más general y común
pick implica elección entre una gama de elementos: *Pick a number from one to ten.*
go for, propio del lenguaje oral, indica las preferencias del sujeto: *He always goes for the most expensive thing on the menu.*
select es de un nivel más formal e indica que la elección se hace con cuidado: *She helped us select the music for the wedding.*

choos·y /'tʃuzi/ *adj* (**choosier, choosiest**) exigente, delicado -a, selectivo -a • **be choosy about sth** ser selectivo -a con algo SIN **picky**

chop¹ S3 W3 /tʃɑp/ *v* (**chopped, chopping**)
1 [T] (leña) cortar, partir; (carne) cortar en trocitos; (cebolla, ajo, verduras) picar • **chop sth into pieces** cortar algo en trozos • **chop sth into chunks/cubes** cortar algo en trozos grandes/en cuadritos • **finely chopped** finamente/bien picado -a • **roughly/coarsely chopped** cortado -a/picado -a en trozos grandes
2 [T] (*coloq*) (puestos de trabajo) eliminar; (gastos, fondos) recortar drásticamente • **chop sth off of sth** *They chopped nearly 50% off of our funding.* Nos recortaron los fondos casi en un 50%. SIN **cut, slash**
3 [T] (una pelota) cortar
chop sth ↔ down *v+partíc* talar algo, cortar algo SIN **cut down**
chop sth ↔ off *v+partíc* cortar algo SIN **cut off**
chop sth ↔ up *v+partíc* cortar algo • **chop sth up into pieces** cortar algo en trozos • **chop sth up into chunks/cubes** cortar algo en trozos grandes/en cuadritos

chop² *s* [C] **1** chuleta (de cerdo, etc.) **2** golpe (de kárate) **3** hachazo

chop·per /'tʃɑpə/ *s* [C] **1** (*coloq*) helicóptero **2** (bicicleta) chopper

'chopping ,board *s* [C] tabla de picar

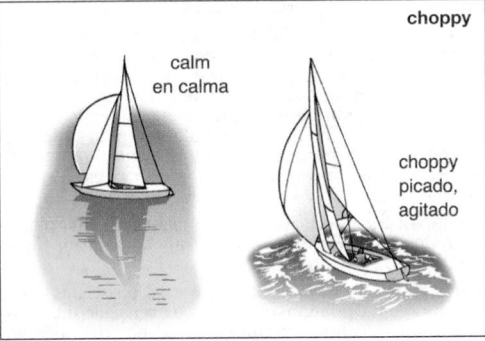
choppy
calm
en calma
choppy
picado,
agitado

chop·py /'tʃɑpi/ *adj* (**choppier, choppiest**) picado -a (mar), agitado -a (agua)

chop·sticks /'tʃɑpstɪks/ *s* [pl] palitos (chinos), palillos (chinos): *a pair of chopsticks* unos palitos

cho·ral /'kɔrəl/ *adj* [solo ante s] coral (música, grupo)

chord /kɔrd/ *s* [C] **1** acorde **2** (*técn*) cuerda (en geometría)
EXPRESIONES
strike/touch a chord (with sb) calar hondo (en alguien), tocar la fibra (de alguien)

chore /tʃɔr/ *s* [C] **1** tarea: *household chores* tareas domésticas **2** lata, jartera: *I find driving a real chore.* Para mí, conducir es una verdadera jartera.

cho·re·o·graph /'kɔriə,græf/ *v* **1** [I,T] coreografiar **2** [T] planificar (al detalle) (una reunión, una actividad), escenificar (un acontecimiento)

cho·re·og·ra·pher /,kɔri'ɑgrəfə/ *s* [C] coreógrafo -a

cho·re·og·ra·phy /,kɔri'ɑgrəfi/ *s* [U] coreografía

cho·ris·ter /'kɔrɪstə, 'kɑr-/ *s* [C] cantante de coro

chor·tle /'tʃɔrtl/ *s* [C] carcajada

chortle *v* [I] reírse a carcajadas, carcajearse

cho·rus¹ /'kɔrəs/ *s*

1 de una canción
2 grupo musical
3 en un musical
4 obra musical
5 de protestas
6 unísono

1 DE UNA CANCIÓN [C] estribillo: *a song with a catchy chorus* una canción con un estribillo pegadizo
2 GRUPO MUSICAL [C] coro: *a 100-voice chorus* un coro de 100 voces SIN **choir** ▸ **CHORAL**
3 EN UN MUSICAL [C] coro: *a dancer in the chorus* un bailarín del coro • **chorus girl** corista • **chorus line** coro
4 OBRA MUSICAL [C] coro
5 DE PROTESTAS a chorus of complaints/disapproval/protest un coro de quejas/críticas/protestas
6 UNÍSONO in chorus a coro

chorus² *v* [T] (*liter*) decir a coro/al unísono

chose /tʃoʊz/ pasado de **CHOOSE**

cho·sen¹ /'tʃoʊzən/ participio pasado de **CHOOSE**

chosen² *adj* [solo ante s] elegido -a (carrera, sucesor, etc.): *his chosen profession* la profesión de su elección
EXPRESIONES
the chosen few los elegidos, unos cuantos afortunados • **the chosen people** (tb **God's chosen people**) el pueblo elegido

chow¹ /tʃaʊ/ *s* **1** [U] (*coloq*) comida, yuca, bitute **2** [C] (tb **chow chow**) (perro) chow-chow

chow² *v*
chow down *v+partíc* (*coloq*) comer • **chow down on sth** devorar algo

chow·der /'tʃaʊdə/ *s* [U] sopa (crema) (de pescado, marisco)

Christ /kraɪst/ (tb ˌChrist 'Jesus) s Cristo SIN **Jesus**

chris·ten /'krɪsn/ v [T] **1** (a una persona) bautizar • **be christened sth** *She was christened Elizabeth.* La bautizaron con el nombre de Elizabeth. ▶ BAPTIZE **2** (un barco, un edificio) bautizar **3** (con un mote, un calificativo) **christen sth/sb sth** bautizar algo/a alguien con el nombre de algo, apodar algo/a alguien algo **4** (*coloq*) estrenar: *We christened three new mugs that same night.* Estrenamos las tazas nuevas esa misma noche.

chris·ten·ing /'krɪsnɪŋ/ s [C] bautizo ▶ BAPTISM • **christening gown/robe** vestido/traje de bautizo, ropón de bautizo

Chris·tian[1] /'krɪstʃən, 'krɪʃtʃən/ s [C] cristiano -a • **a born-again Christian** un cristiano renacido/una cristiana renacida, un cristiano redivivo/una cristiana rediviva

Christian[2] adj **1** (persona) cristiano -a **2** (doctrina) cristiano -a: *Christian beliefs* creencias cristianas • **the Christian church/faith/religion** la Iglesia/fe/religión cristiana **3** (tb **christian**) (actitud) cristiano -a: *That's not a very christian attitude.* Esa no es una actitud muy cristiana.

Chris·ti·an·i·ty /ˌkrɪstʃi'ænəti/ s [U] cristianismo

'Christian name s [C] nombre de pila SIN **first name** ▶ FAMILY NAME, MIDDLE NAME, SURNAME

ˌChristian 'Science s [U] Ciencia Cristiana

ˌChristian 'Scientist s [C] miembro de la Ciencia Cristiana

Christ·mas /'krɪsməs/ s [C,U] (la) Navidad: *I always spend Christmas with my parents.* Siempre paso la Navidad con mis padres. • **Merry Christmas!** ¡Feliz Navidad! • **do sth for Christmas** hacer algo en/para Navidad: *Jennifer always comes home for Christmas.* Jennifer siempre viene a casa para Navidad. • **get sth for Christmas** recibir algo como regalo de Navidad: *John got a new bike for Christmas.* A John le regalaron una bicicleta para Navidad. • **over/at Christmas** en Navidad: *Julie went skiing over Christmas.* Julie se fue a esquiar en Navidad. • **Christmas decorations** adornos navideños • **Christmas dinner** comida/almuerzo/cena de Navidad (el día 25) • **Christmas lights** luces de Navidad • **Christmas party** fiesta de Navidad • **Christmas present** regalo de Navidad • **Christmas shopping** compras navideñas/de Navidad ▶ FATHER CHRISTMAS

'Christmas card s [C] tarjeta navideña/de Navidad

ˌChristmas 'carol s [C] villancico SIN **carol**

ˌChristmas 'Day s [C,U] (día de) Navidad

ˌChristmas 'Eve s [C,U] Nochebuena

'Christmas tree s [C] árbol de Navidad

EXPRESIONES
be lit up like a Christmas tree tener un montón de luces encendidas, estar todo iluminado/toda iluminada

chro·mat·ic /kroʊ'mætɪk, krə-/ adj cromático -a

chrome /kroʊm/ s [U] cromo (material) • **chrome plating** cromado

chro·mi·um /'kroʊmiəm/ s [U] (símb quím **Cr**) cromo

chro·mo·some /'kroʊməˌsoʊm, -ˌzoʊm/ s [C] cromosoma

chron·ic /'krɑnɪk/ adj **1** (enfermedad) crónico -a ▶ ACUTE **2** (problema, escasez) crónico -a: *chronic unemployment* desempleo crónico **3** [solo ante s] empedernido -a (mentiroso, fumador), crónico -a (alcohólico)

chron·i·cal·ly /'krɑnɪkli/ adj **1** (de manera crónica) *chronically ill* que padece una enfermedad crónica **2** permanentemente: *The service is chronically short of resources.* El servicio está permanentemente falto de recursos.

chron·i·cle[1] /'krɑnɪkəl/ s [C] crónica (histórica)

chronicle[2] v [T] relatar

chron·i·cler /'krɑnɪklər/ s [C] cronista

chron·o·log·i·cal /ˌkrɑnl'ɑdʒɪkəl/ adj cronológico -a • **in chronological order** en/por orden cronológico

chron·o·log·i·cally /ˌkrɑnl'ɑdʒɪkli/ adv cronológicamente

chro·nol·o·gy /krə'nɑlədʒi/ s [C] (*frml*) **1** (orden) cronología **2** (narración) cronología

chrys·a·lis /'krɪsəlɪs/ s [C] crisálida

chry·san·the·mum /krɪ'sænθəməm/ s [C] crisantemo

chub·by /'tʃʌbi/ adj (**chubbier, chubbiest**) regordete -a, gordiflón -ona SIN **plump**

chuck[1] /tʃʌk/ v [T] (*coloq*) **1** (arrojar) tirar, aventar • **chuck sth onto/into/over** *Someone chucked a bottle onto the field.* Alguien tiró una botella al campo. • *I chucked a few things into a suitcase and left.* Metí unas cuantas cosas en una maleta y me fui. • **chuck sb sth** tirarle algo a alguien SIN **throw 2** (tb **chuck away, chuck out**) (a la basura) tirar, botar **3** (un empleo) dejar: *She's chucked her job.* Ha dejado su trabajo.
chuck sth ↔ away v+partíc **1** (a la basura) tirar, botar **2** desperdiciar algo (ventajas, oportunidades) SIN **throw away**
chuck off v+partíc **1** **chuck sb off sth** (*coloq*) echar a alguien de algo (de un lugar) **2** **chuck yourself off sth** tirarse de algo (de un puente, etc.)
chuck out v+partíc **1** **chuck sth ↔ out** (a la basura) tirar, botar **2** **chuck sb ↔ out** echar a alguien (de clase, de casa, etc.) SIN **kick out, throw out**
chuck up v+partíc (*coloq*) vomitar, guacarear, trasbocar SIN **throw up**

chuck[2] (tb **'chuck steak**) s corte de carne que abarca la zona del cuello de la vaca

chuck·le /'tʃʌkəl/ s [C] risita ▶ ver nota en LAUGH

chuckle v **1** [I] reírse (entre dientes) • **chuckle about/at/ over sth** reírse de/por algo **2** [T] decir entre risitas ▶ ver nota en LAUGH

chug /tʃʌg/ v (**chugged, chugging**) **1** [I siempre + adv/ prep] (desplazarse) *The boat chugged out of the harbor.* El barco salió poco a poco del puerto con el motor ronroneando. **2** [I siempre + adv/prep] (progresar) *The economy just keeps chugging along.* La economía avanza muy poco a poco. **3** [T] (tb **chug-a-lug**) (*coloq*) tomarse de un trago, beberse de un trago

chum /tʃʌm/ s [C] (*antic, coloq*) compa, cuate

chum·my /'tʃʌmi/ adj (**chummier, chummiest**) (*antic, coloq*) **be/become chummy** ser/hacerse amigos -as

chump /tʃʌmp/ s [C] (*antic, coloq*) tonto -a, menso -a

'chump change s [U] monedas, morralla

chunk ⌧ /tʃʌŋk/ s [C]
1 pedazo (grande), trozo (grande) (de carne, etc.) • [+**of**]: *a chunk of bread* un pedazo de pan
2 bloque, parte grande (de texto, trabajo, etc.)
EXPRESIONES
a chunk of change (*coloq*) una fortuna ▶ ver nota en TROZO

chunk·y /'tʃʌŋki/ adj (**chunkier, chunkiest**) **1** grueso -a (ropa, etc.), pesado -a (joyas) **2** con trozos (sopa, salsa) **3** robusto -a (persona)

church ⌧ /tʃɜrtʃ/ s
1 [C] iglesia (edificio) • **church bells** campanas de la iglesia • **church service** oficio religioso • **church wedding** boda por la Iglesia ▶ CATHEDRAL
2 [U] misa • **go to church** ir a misa • **at church** en misa • **in church** en misa
3 the Church [sing] la Iglesia • **the Catholic/Baptist/ Methodist Church** la Iglesia católica/baptista/metodista ▶ **church HALL**

church·go·er /'tʃɜrtʃˌgoʊər/ s [C] practicante -a

church·yard /'tʃɜrtʃyard/ s [C] cementerio de la iglesia

churl·ish /'tʃɜrlɪʃ/ adj grosero -a, maleducado -a

churn[1] /tʃɜːn/ v 1 [I] (estómago) revolverse 2 [I,T] (mar, agua) revolver(se), agitar(se) 3 [T] (mantequilla) hacer (con una mantequera)
churn sth ↔ **out** v+partíc hacer algo como chorizos, hacer algo en serie
churn sth ↔ **up** v+partíc 1 (la tierra, el césped) remover algo 2 (el agua) agitar algo 3 (el polvo) levantar algo

churn[2] s [C] mantequera (para hacer mantequilla)

chute /ʃuːt/ s [C] 1 rampa (para descargar cosas), tobogán (en piscinas, parques acuáticos) 2 (coloq) paracaídas SIN **parachute**

chut·ney /'tʃʌtni/ s [C,U] chutney (salsa agridulce)

chutz·pah /'hʊtspə/ s [U] (aprec, coloq) agallas, pelotas (valor) SIN **nerve**

CIA /ˌsi aɪ 'eɪ/ **the CIA** (**the Central Intelligence Agency**) la CIA ▶ FBI, THE

ci·ca·da /sɪ'keɪdə/ s [C] cigarra

ci·der /'saɪdə/ s [U] jugo de manzana

ci·gar /sɪ'gɑː/ s [C] (cigarro) puro

cig·a·rette S2 W2 /ˌsɪgə'ret, 'sɪgəˌret/ s [C] cigarrillo: a pack of cigarettes un paquete de cigarrillos • **light a cigarette** encender un cigarrillo • **smoke a cigarette** fumar (un) cigarrillo ▶ CIGAR • **cigarette ashes** ceniza (de cigarrillo) • **cigarette butt/end** colilla (de cigarrillo) • **cigarette case** cigarrera • **cigarette holder** boquilla • **cigarette lighter** encendedor • **cigarette paper** papel de fumar • **cigarette smoke** humo de cigarrillo

ci·lan·tro /sə'læntroʊ, -'lɑːn-/ s [U] cilantro

cinch[1] /sɪntʃ/ s [sing] (coloq) 1 **be a cinch to do sth** ser el principal candidato a lograr algo: The president is a cinch to win reelection. De fijo el presidente ganará la reelección. 2 **be a cinch** ser pan comido

cinch[2] v [T] asegurarse (un lugar, un puesto, etc.)

cin·der /'sɪndə/ s [C gralm pl] ceniza, carbonilla
EXPRESIONES
burned to a cinder carbonizado -a, achicharrado -a

'cinder block s [C] bloque de concreto

cin·e·ma /'sɪnəmə/ s [sing, U] (arte, industria) cine: Spanish cinema el cine español

cin·e·ma·tog·ra·pher /ˌsɪnəmə'tɒgrəfə/ s [C] director -a de fotografía

cin·e·ma·tog·ra·phy /ˌsɪnəmə'tɒgrəfi/ s [U] fotografía (cinematográfica)

cin·na·mon /'sɪnəmən/ s [U] canela • **cinnamon stick** astilla de canela, rama de canela

ci·pher /'saɪfə/ s 1 [C,U] cifra, clave, lenguaje cifrado • **in cipher** en clave, cifrado -a SIN **code** 2 [C] (frml) cero a la izquierda (persona)

cir·ca /'sɜːkə/ prep (frml) hacia, circa: built circa 1778 construido hacia 1778

cir·cle[1] S2 W2 /'sɜːkəl/ s [C]
1 (línea circular) círculo, circunferencia • **fly/move in circles** volar/moverse en círculo(s) SIN **ring**
2 (plano circular) círculo • [+of]: a circle of light un círculo de luz
3 (de personas, objetos) **in a circle** en círculo: The women sat in a circle. Las mujeres se sentaron en círculo. • **form a circle** formar un círculo • [+of]: a circle of chairs un círculo de sillas SIN **ring**
4 (ambiente) círculo: We don't move in the same circles. No nos movemos en los mismos círculos. • [+of]: a wide circle of friends un amplio círculo de amigos • **political/literary/scientific circles** círculos políticos/literarios/científicos • **a social circle** un círculo social
▶ INNER CIRCLE, SEMICIRCLE, TRAFFIC CIRCLE, VICIOUS CIRCLE
EXPRESIONES
go/run around in circles no llegar a ninguna parte (en una conversación o discusión)

circle[2] S3 v
1 [T] marcar con un círculo, rodear con un círculo:

Circle the correct answer. Marque con un círculo la respuesta correcta.
2 [I] dar vueltas en círculo(s), volar en círculo(s) • **circle above/overhead** volar/sobrevolar en círculo(s)
3 [T] dar vueltas en círculo(s) alrededor de, volar en círculo(s) sobre: The plane circled the airport before landing. El avión voló sobre el aeropuerto en círculos antes de aterrizar.

cir·cuit /'sɜːkɪt/ s [C] 1 (en electrónica) circuito 2 (trayecto) vuelta, recorrido (circular) • [+of]: We did a circuit of the old city. Hicimos un recorrido por el casco antiguo de la ciudad. 3 (de lugares, torneos) circuito • **the tennis/club circuit** el circuito del tenis/de las discotecas • **the cabaret circuit** el mundo del cabaret
▶ SHORT CIRCUIT

'circuit board s [C] placa base

'circuit ,breaker s [C] cortacircuitos

'circuit ,court s [C] en Estados Unidos, tribunal que tiene jurisdicción sobre un distrito

cir·cu·i·tous /sə'kjuːətəs/ adj [gralm ante s] 1 (camino, recorrido) sinuoso -a, tortuoso -a 2 (argumento, discusión) enrevesado -a

cir·cuit·ry /'sɜːkətri/ s [U] sistema de circuitos

cir·cu·lar[1] /'sɜːkjələ/ adj 1 (objeto, forma) circular, redondo -a 2 (recorrido, movimiento) circular 3 (razonamiento) circular

circular[2] s [C] circular

cir·cu·lar·i·ty /ˌsɜːkjə'lærəti/ s [U] circularidad (de un razonamiento)

cir·cu·late /'sɜːkjəˌleɪt/ v 1 [I,T] (aire, agua, sangre) (hacer) circular: Open windows allow air to circulate. Tener las ventanas abiertas permite que el aire circule. 2 [I] (noticia, rumor) circular: Rumors began to circulate. Empezaron a circular rumores. 3 [T] (un documento, una petición) hacer circular, distribuir • **circulate sth to sb** hacerle llegar algo a alguien: The report will be circulated to all members. Se les hará llegar el informe a todos los miembros. 4 [I] (en una fiesta) alternar con la gente

cir·cu·la·tion /ˌsɜːkjə'leɪʃən/ s 1 [U] (de la sangre) circulación • **poor/bad circulation** mala circulación 2 [U] (de dinero, información) **in/out of circulation** en/fuera de circulación • **withdraw sth from circulation** retirar algo de (la) circulación • **general/wide circulation** circulación general/amplia difusión 3 [C gralm sing] (de una publicación) tirada, tiraje 4 [C,U] (de aire, líquido) circulación
EXPRESIONES
be out of circulation estar fuera de circulación (por estar enfermo, con mucho trabajo, etc.)

cir·cu·la·tor·y /'sɜːkjələˌtɔːri/ adj [gralm ante s] circulatorio -a

cir·cum·cise /'sɜːkəmˌsaɪz/ v [T gralm en pasiva] 1 circuncidar 2 practicarle la ablación del clítoris/circuncisión femenina

cir·cum·ci·sion /ˌsɜːkəm'sɪʒən/ s [C,U] 1 circuncisión 2 (tb **female circumcision**) ablación del clítoris, circuncisión femenina

cir·cum·fer·ence /sə'kʌmfrəns/ s [C,U] circunferencia, perímetro • [+of]: the circumference of a circle el perímetro de un círculo • **be nine miles/inches in circumference** tener un perímetro de nueve millas/pulgadas ▶ DIAMETER, PERIMETER, RADIUS

cir·cum·flex /'sɜːkəmˌfleks/ s [C] acento circunflejo

cir·cum·nav·i·gate /ˌsɜːkəm'nævəˌgeɪt/ v [T] circunnavegar

cir·cum·scribe /'sɜːkəmˌskraɪb/ v [T] circunscribir

cir·cum·spect /'sɜːkəmˌspekt/ adj (frml) cauto -a, prudente SIN **cautious**

cir·cum·stance W2 /'sɜːkəmˌstæns/ s
1 [C gralm pl] (situación) circunstancia: changing political circumstances circunstancias políticas cambiantes

C

• **in these/certain circumstances** en estas/determinadas circunstancias • **in similar/exceptional circumstances** en circunstancias similares/excepcionales • **under normal/ideal circumstances** en circunstancias normales/ideales • **under any circumstances** bajo cualquier circunstancia • **suspicious circumstances** circunstancias sospechosas
2 [U] (frml) (azar) las circunstancias • **a victim of circumstance** una víctima de las circunstancias
3 circumstances [pl] (frml) (condiciones de vida) circunstancias • **family/personal circumstances** circunstancias familiares/personales ▶ **POMP and circumstance**
EXPRESIONES
under/given the circumstances dadas las circunstancias • **under no circumstances** bajo ninguna circunstancia, bajo ningún concepto

cir·cum·stan·tial /ˌsəkəm'stænʃəl◄/ adj (jur) basado -a en pruebas indiciarias/circunstanciales • **circumstantial evidence** pruebas indiciarias/circunstanciales

cir·cum·vent /ˌsəkəm'vɛnt, 'səkəmˌvɛnt/ v [T] (frml) burlar (una ley), eludir (un problema) SIN **get round**

cir·cus /'səkəs/ s (pl **circuses**) **1** [C] (compañía) circo • **circus act** número de circo **2 the circus** (espectáculo) el circo • **go to the circus** ir al circo **3** [sing] (coloq) (desmadre) circo • **media circus** circo mediático

cir·rho·sis /sɪ'rəʊsɪs/ s [U] cirrosis

cis·tern /'sɪstən/ s [C] **1** tanque de agua, cisterna SIN **tank 2** cisterna (de inodoro)

cit·a·del /'sɪtədəl, -ˌdɛl/ s [C] ciudadela SIN **fortress**

ci·ta·tion /saɪ'teɪʃən/ s **1** [C] cita (de una obra, un autor) SIN **quotation 2** [C] boleta de citación, boleta de infracción **3** mención (por méritos, buenas acciones)

cite W2 /saɪt/ v [T]
1 (como ejemplo) citar, mencionar • **be cited as the cause/an example of sth** citarse como causa/ejemplo de algo
2 (una obra, un autor) citar SIN **quote**
3 [gralm en pasiva] (en la justicia) **be cited for sth** recibir una citación por algo, recibir una notificación por algo
4 [gralm en pasiva] (por méritos, buenas acciones) **be cited for sth** recibir una mención por algo

cit·i·zen W2 /'sɪtəzən/ s [C]
1 ciudadano -a, habitante • [+of]: *the citizens of San Francisco* los habitantes de San Francisco
2 ciudadano -a (de un estado): *a U.S. citizen* un ciudadano estadounidense ▶ **NATIONAL**, a **SECOND-CLASS citizen**, **SENIOR CITIZEN**

citizen's ar'rest s [C] detención realizada por un ciudadano

cit·i·zen·ship /'sɪtəzənˌʃɪp/ s [U] ciudadanía, nacionalidad • **dual citizenship** doble nacionalidad • **French/Brazilian citizenship** ciudadanía francesa/brasileña ▶ **NATIONALITY**

cit·ric ac·id /ˌsɪtrɪk 'æsɪd/ s [U] ácido cítrico

cit·rus /'sɪtrəs/ adj cítrico -a, de cítricos • **citrus fruit(s)** cítricos

cit·y S1 W1 /'sɪti/ s [C] (pl **cities**)
1 (urbe) ciudad • **a capital city** una capital • **the city of Boston/Barcelona** la ciudad de Boston/Barcelona • **a big/major city** una ciudad grande/principal • **city life** la vida en la ciudad, la vida urbana • **city streets** calles de la ciudad
2 [gralm sing] (habitantes) ciudad: *Panic swept the city.* Cundió el pánico en la ciudad.
3 the city la alcaldía, el ayuntamiento: *The city is working to improve public transportation.* La alcaldía está trabajando para mejorar el transporte público. ▶ **INNER CITY**

city 'hall, **City Hall** s **1** [C gralm sing] (edificio) alcaldía, ayuntamiento **2** [U] (gobierno) alcaldía, ayuntamiento
EXPRESIONES
You can't fight City Hall. No se puede (ir) contra la burocracia.

civ·ic /'sɪvɪk/ adj [solo ante s] **1** municipal, de la ciudad **2** cívico -a, ciudadano -a • **civic pride** orgullo cívico • **civic duty** deber cívico

civ·ics /'sɪvɪks/ s [U] educación cívica, formación cívica

civ·il S3 W2 /'sɪvəl/ adj
1 [solo ante s] (conflicto, enfrentamiento) civil • **civil disturbances/disorder/unrest** disturbios, desórdenes públicos
2 [solo ante s] (no penal) **a civil case** un proceso civil • **a civil court** un juzgado civil ▶ **CRIMINAL**
3 [solo ante s] (no religioso) civil: *a civil marriage ceremony* una boda por lo civil
4 [solo ante s] (no militar) civil: *civil aviation* aviación civil
5 (persona) correcto -a, educado -a

civil diso'bedience s [U] desobediencia civil

civil engi'neer s [C] ingeniero -a civil

civil engi'neering s [U] ingeniería civil

ci·vil·ian¹ /sə'vɪlyən/ s [C] civil (no militar)

civilian² adj [solo ante s] civil (no militar)

civ·i·li·za·tion /ˌsɪvələ'zeɪʃən/ s **1** [C,U] (sociedad) civilización **2** [U] (hum) (comodidades) civilización, mundo civilizado

civ·i·lize /'sɪvəˌlaɪz/ v [T] **1** (un territorio, un pueblo) civilizar **2** (a una persona) civilizar, educar

civ·i·lized /'sɪvəˌlaɪzd/ adj **1** (territorio, país) civilizado -a • **(a) civilized society** una sociedad civilizada **2** (costumbre, estilo de vida) civilizado -a, refinado -a **3** (al hablar o discutir) civilizado -a
EXPRESIONES
a civilized hour (hum) una hora decente (no muy temprano)

civil 'liberty s [C gralm pl, U] (pl **civil liberties**) libertad civil, libertad individual

civ·il·ly /'sɪvəli/ adv educadamente, cortésmente

civil 'partnership s [C,U] unión civil (entre homosexuales)

civil 'rights W3 s [pl] derechos civiles • **civil rights demonstration** manifestación en/a favor de los derechos civiles • **civil rights movement** movimiento por los derechos civiles, movimiento de derechos civiles ▶ **BILL OF RIGHTS**

civil 'servant s [C] funcionario -a (público -a)

civil 'service s **the civil service** la administración pública, la función pública

civil 'war s [C,U] guerra civil

civ·vies /'sɪviz/ s [pl] ropa de civil

cl [C] abrev escrita de **centiliter**

clack¹ /klæk/ v [I] repiquetear; (zapatos) taconear

clack² s [sing] repiqueteo; (de zapatos) taconeo

clad /klæd/ adj (liter) **be clad in sth** estar vestido -a de/con algo: *She stood there clad only in her underwear.* Estaba allí de pie, vestida solo con la ropa interior. • **scantily clad** ligero -a de ropa • **casually/expensively clad** vestido -a con ropa informal/cara • **warmly clad** abrigado -a

claim¹ S2 W1 /kleɪm/ v

1	un hecho
2	dinero, un subsidio
3	propiedades, derechos
4	un objeto perdido o robado
5	vidas, víctimas
6	la atención, el tiempo
7	títulos, premios

1 UN HECHO [T] asegurar, afirmar: *Opposition leaders were claiming victory.* Los líderes de la oposición se adjudicaban la victoria. • **claim (that)** asegurar/afirmar que: *He claims he was with friends at the time.* Asegura que en ese momento se hallaba con unos amigos. • **claim to be sth** decir/asegurar ser algo: *He claims to be the leader of the gang.* Dice ser el cabecilla de la banda.

• **claim responsibility** reivindicar la autoría • **claim responsibility for sth** reivindicar algo: *The group has claimed responsibility for the bombing.* El grupo ha reivindicado el atentado. • **claim credit (for sth)** arrogarse el mérito (de/por algo)
2 DINERO, UN SUBSIDIO [I,T] reclamar, exigir: *You can claim compensation for accidents at work.* Se puede exigir una indemnización por accidente laboral. • **claim damages** reclamar daños y perjuicios • **claim welfare/an allowance** solicitar un subsidio/una prestación social • **claim sth from sb** reclamarle/exigirle algo a alguien: *The company is claiming $250 million in damages from the government.* La empresa le reclama al gobierno 250 millones de dólares por daños y perjuicios. • **claim for sth** reclamar/exigir algo: *the right to claim for damages* el derecho a reclamar daños y perjuicios
3 PROPIEDADES, DERECHOS [T] reclamar: *The territory is claimed by both countries.* Ambos países reclaman para sí el territorio. • **claim the right to (do) sth** reivindicar el derecho a (hacer) algo • **claim asylum** pedir/solicitar asilo político
4 UN OBJETO PERDIDO O ROBADO [T] reclamar
5 VIDAS, VÍCTIMAS [T] **claim a life/victim** cobrarse una vida/víctima
6 LA ATENCIÓN, EL TIEMPO [T] acaparar
7 TÍTULOS, PREMIOS [T] quedarse con: *The Australians claimed the title easily.* Los australianos se quedaron con el título fácilmente.

claim² S3 W2 *s* [C]
1 reclamación, solicitud (de dinero, indemnización): *an insurance claim* una reclamación al seguro • [+**for**]: *claims for compensation* solicitudes de indemnización • **make/put in/file a claim** poner/presentar una demanda • **a pay/wage claim** una demanda de aumento salarial, una reivindicación salarial • **claim form** formulario de reclamación, formato de reclamación
2 afirmación, declaración • **make a claim** hacer una afirmación • **make no claim(s) to be/do sth** no pretender ser/hacer algo • **a false claim** una afirmación/acusación falsa • **a claim to be/do sth** *the girl's claim to have seen a ghost* la afirmación de la chica de que había visto un fantasma
3 derecho(s) (sobre una propiedad, etc.) • [+**to**]: *They have given up their claim to the estate.* Han renunciado a sus derechos sobre la herencia. • **have a claim on/to sth** tener derechos sobre algo • **lay claim to sth** (*frml*) reclamar (derechos sobre) algo
4 exigencia, demanda (de atención, tiempo, etc.) • **have many claims on your time/attention** tener muchas cosas que demandan tiempo/atención ▸ **SMALL CLAIMS COURT**, **STAKE a claim to sth**
EXPRESIONES
sb's/sth's claim to fame *The village's only claim to fame is its castle.* El castillo es lo único por lo que se destaca el pueblito.

claim·ant /ˈkleɪmənt/ *s* [C] (*jur*) **1** (de prestaciones) solicitante, demandante **2** (ante el seguro) reclamante **3** (de una herencia) reclamante

clair·voy·ance /klɛrˈvɔɪəns/ *s* [U] clarividencia, videncia

clair·voy·ant¹ /klɛrˈvɔɪənt/ *s* [C] vidente SIN **psychic** ▸ **MEDIUM**

clairvoyant² *adj* [nunca ante s] clarividente (con dotes adivinatorias) SIN **psychic**

clam¹ /klæm/ *s* [C] **1** almeja **2 clams** [pl] (*antic, coloq*) dólares
EXPRESIONES
as happy as a clam (*coloq*) feliz de la vida

clam² *v* (**clammed, clamming**)
clam up *v+partíc* (*coloq*) quedarse mudo -a

clam·ber /ˈklæmbər, ˈklæmə/ *v* [I siempre + adv/prep] **clamber over/to sth** trepar con dificultad por/a algo, encaramarse a algo

clam·my /ˈklæmi/ *adj* (**clammier, clammiest**) frío -a y húmedo: *clammy hands* manos sudorosas

clam·or¹ /ˈklæmər/ *s* (sing, U) barullo, griterío

clamor² *v* [I] **clamor for sth** clamar (por) algo, pedir algo a gritos • **clamor to do sth** pedir a gritos hacer algo

clamp¹ /klæmp/ *s* [C] tornillo, abrazadera (para sujetar piezas)

clamp² *v* **1** [T] sujetar firmemente, apretar: *She clamped her hands over her ears.* Se tapó las orejas apretándoselas con las manos. **2** [T siempre + adv/prep] sujetar (con tornillo o abrazadera)
clamp down on sth *v+partíc* tomar medidas drásticas contra algo

clamp·down /ˈklæmpdaʊn/ *s* [C gralm sing] medidas drásticas: *There's been a massive security clampdown at airports.* Se han tomado fuertes medidas de seguridad en los aeropuertos. • [+**on**]: *The government has ordered a clampdown on illegal immigration.* El gobierno ha ordenado tomar medidas drásticas contra la inmigración ilegal.

clan /klæn/ *s* [C] **1** (*coloq*) (familia numerosa) clan **2** (familias emparentadas) clan

clan·des·tine /klænˈdɛstɪn/ *adj* clandestino -a

clang¹ /klæŋ/ *v* [I] sonar (con un ruido metálico)

clang² *s* [sing] ruido metálico

clank¹ /klæŋk/ *v* [I] hacer ruido (metálico y sordo)

clank² *s* [sing] ruido metálico

clap¹ /klæp/ *v* (**clapped, clapping**) **1** [I] **(a)** aplaudir, batir palmas **(b)** [T] aplaudir SIN **applaud 2** [I] dar una palmada (para llamar la atención)
EXPRESIONES
clap your hands (a) aplaudir, batir palmas **(b)** dar una palmada (para llamar la atención) • **clap your hand on/over sth** *She clapped a hand over her mouth.* Se tapó la boca con la mano. • **clap sb on the back/shoulder** darle una palmada a alguien en la espalda/el hombro ▸ **CLAPPING**

clap² *s* [C] aplauso • **give sb a clap** aplaudir a alguien
EXPRESIONES
a clap of thunder un trueno • **a clap on the back/shoulder** una palmada en la espalda/el hombro

clap·board /ˈklæbərd, ˈklæpbɔrd/ *s* [U] tablas de madera (como revestimiento)

clap·per /ˈklæpər/ *s* [C] badajo

clap·ping /ˈklæpɪŋ/ *s* [U] aplausos SIN **applause**

clap·trap /ˈklæptræp/ *s* [U] tonterías

clar·et¹ /ˈklærət/ *s* [C,U] (vino de) Burdeos

claret² *adj* burdeos

clar·i·fi·ca·tion /ˌklærəfəˈkeɪʃən/ *s* [C,U] (*frml*) aclaración • [+**of**]: *We asked for clarification of some of the details.* Pedimos que nos aclararan algunos de los detalles. • [+**on**]: *There needs to be clarification on the law.* Es necesario aclarar la ley.

clar·i·fy /ˈklærəˌfaɪ/ *v* [T] (**clarifies, clarified, clarifying**) **1** aclarar, poner en claro • **clarify your position** poner en claro su posición **2** clarificar (la mantequilla, el caldo)

clar·i·net /ˌklærəˈnɛt/ *s* [C] clarinete ▸ **WOODWIND**

clar·i·net·ist /ˌklærəˈnɛtɪst/ *s* [C] clarinetista

clar·i·ty /ˈklærəti/ *s* (sing, U) **1** (de ideas, explicaciones) claridad • [+**of**]: *the clarity of his writing* la claridad de su escritura **2** (de los recuerdos) claridad, nitidez • **clarity of purpose/vision** claridad en los objetivos/la visión • **clarity of mind/thought** claridad mental/de pensamiento **3** (de un sonido, una imagen) nitidez, claridad

clash¹ /klæʃ/ *v* **1** [I] (en las ideas, las creencias) tener un enfrentamiento, enfrentarse • **clash with sb** tener un enfrentamiento con alguien • **clash over sth** tener un enfrentamiento por algo **2** [I] (físicamente) chocar, enfrentarse • **clash with sb** chocar/enfrentarse con alguien: *Demonstrators clashed with police.* Hubo choques entre los manifestantes y la policía. **3** [I] (colores, estilos) desentonar • **clash with sth** desentonar con algo **4** [I,T] (platillos, espadas) (hacer) sonar

clash² *s* [C] **1** (entre ejércitos) enfrentamiento, choque • [+**between**]: *clashes between rival gangs* enfrentamientos entre pandillas rivales • [+**with**]: *clashes with rioters* choques con alborotadores **2** (de ideas) enfrentamiento, choque • [+**between**]: *a clash between pro-war and anti-war factions* un enfrentamiento entre las facciones que están a favor y en contra de la guerra • **a culture clash** un choque de culturas • **a personality clash** un choque de personalidades **3** (de colores, estilos) *a clash of styles* estilos que no combinan para nada **4** (de espadas, platillos) sonido, ruido (al entrechocarse)

clasp¹ /klæsp/ *v* [T] agarrar, apretar: *She clasped the photograph to her chest.* Apretó la fotografía contra el pecho.

clasp² *s* [C] broche

class¹ S1 W1 /klæs/ *s*

1 alumnos
2 graduados
3 lección
4 serie de lecciones
5 grupo social
6 sistema social
7 en transportes
8 en una clasificación
9 elegancia

1 ALUMNOS [C] clase: *How big is your class?* ¿Cuántos son en tu clase? • **in a class** *We're in the same class for math.* Estamos en la misma clase en matemáticas. • **the class of '89/2001** la promoción (del) '89/2001

2 GRADUADOS [C] promoción • **the class of '89/2001** la promoción del '89/2001 • **class reunion** reunión de ex alumnos de la misma promoción ▶ CLASSMATE

3 LECCIÓN [C,U] clase: *Were you late for class this morning?* ¿Llegaste tarde a clase esta mañana? • **a geography/cooking/French class** una clase de geografía/cocina/francés • **have a class** (tb **have class**) tener clase • **go to/attend (a) class** ir/asistir a clase • **in class** en clase • **cut/skip (a) class** faltar a clase(s)

4 SERIE DE LECCIONES [C] curso • [+**in**]: *a class in computer design* un curso de diseño asistido por computador • *classes in English literature* curso de literatura inglesa • **take/attend a class** hacer un curso/ asistir a un curso • **a self-defense/Spanish class** un curso de defensa personal/español • **a beginners'/an intermediate/an advanced class** un curso básico/ intermedio/avanzado

5 GRUPO SOCIAL [C] clase • **the professional/ruling/ working class** la clase profesional/dirigente/trabajadora • **a social class** una clase social

6 SISTEMA SOCIAL [U] clase: *The concept of class still dominates British life.* El concepto de clase sigue dominando la vida británica. • **class structure** (tb **class system**) estructura de clases, sistema de clases

7 EN TRANSPORTES [C graml sing] **first/business/ economy class** primera clase/clase ejecutiva/clase económica

8 EN UNA CLASIFICACIÓN [C] categoría, clase • [+**of**]: *a new class of drugs* una nueva clase de fármacos • **not be in the same class** no tener el mismo nivel • **be in a class of your own** (tb **be in a class by yourself**) ser único -a, ser incomparable

9 ELEGANCIA [U] (*coloq*) clase: *a dress with a touch of class* un vestido con un toque de distinción • **have/ show class** tener/mostrar clase ▶ CLASSY; BUSINESS CLASS, ECONOMY CLASS, FIRST CLASS, HIGH-CLASS, LOWER CLASS, MIDDLE CLASS, SECOND CLASS, UPPER CLASS, WORK-ING CLASS, WORLD-CLASS

class² S1 *v* [T] (*frml*) [graml en pasiva] clasificar • **class sth/sb as sth** clasificar algo/a alguien como algo: *Heroin is classed as a hard drug.* La heroína está clasificada como droga dura. SIN **classify**

class³ *adj* [solo ante s] (*coloq*) de primera (clase), de primera (línea)

'class-ˌconscious *adj* con conciencia de clase

clas·sic¹ W3 /'klæsɪk/ *adj* [solo ante s]
1 (obra, canción) clásico -a • **a classic car** un auto clásico • **a classic movie/novel** una película/novela clásica **2** (tradicional) clásico -a: *a classic blue suit* un clásico traje azul **3** (característico) típico -a, clásico -a: *the classic symptoms of the disease* los síntomas típicos de la enfermedad • **a classic example/case (of sth)** un ejemplo/caso clásico (de algo) **4** (gol, actuación) espectacular, memorable ▶ CLASSICAL

clas·sic² *s* [C] **1** clásico • [+**of**]: *one of the classics of French cinema* uno de los clásicos del cine francés • **an all-time/a modern/a design classic** un clásico de todos los tiempos/moderno/del diseño • **be a classic** ser memorable/hacer época **2 classics** [U] estudios clásicos (latín, griego)

clas·si·cal /'klæsɪkəl/ *adj* **1** (tradicional) clásico -a: *classical ballet* ballet clásico **2** (compositor, instrumentista) de música clásica, clásico -a: *a classical CD* un CD de música clásica **3** (de Grecia y Roma) clásico -a: *classical architecture* arquitectura clásica

clas·si·cally /'klæsɪkli/ *adv* **1** de/a la manera clásica, a la manera tradicional (educar, cocinar, etc.): *a classically trained dancer* una bailarina con formación clásica **2** en (un) estilo clásico (vestir, decorar, etc.): *a classically designed dress* un vestido de diseño clásico **3** típicamente

ˌclassical 'music *s* [U] música clásica

clas·si·fi·ca·tion /ˌklæsəfəˈkeɪʃən/ *s* **1** [U] (proceso) clasificación **2** [C] (categoría) clasificación

clas·si·fied /'klæsəˌfaɪd/ *adj* confidencial, secreto -a (documento, información)

ˌclassified 'ad *s* [C] (aviso) clasificado, anuncio clasificado

clas·si·fy /'klæsəˌfaɪ/ *v* [T] (**classifies, classified, classifying**) clasificar • **classify sth as sth** clasificar algo como algo: *Whales are classified as mammals.* Las ballenas se clasifican como mamíferos. • **classify sth under sth** clasificar algo bajo el rótulo de algo: *Rowling's books are classified under "fiction."* Los libros de Rowling están clasificados bajo el rótulo de "ficción".

class·less /'klæslɪs/ *adj* sin clases (sociedad)

class·mate /'klæsmeɪt/ *s* [C] compañero -a (de clase)

class·room S2 W3 /'klæsrum/ *s* [C] aula, (salón de) clase
EXPRESIONES
in the classroom en el aula

ˌclass 'struggle *s* [sing, U] lucha de clases

class·work /'klæswɚk/ *s* [U] trabajo de aula ▶ HOME-WORK, COURSEWORK

class·y /'klæsi/ *adj* (**classier, classiest**) (*coloq*) **1** elegante, de categoría (restaurante, hotel) **2** con clase (persona)

clat·ter¹ /'klætɚ/ *v* **1** [I] (al golpearse) *The pots clattered to the floor.* Las ollas se cayeron al suelo haciendo mucho ruido. **2** [I siempre + adv/prep] (al moverse) *The kids clattered down the stairs.* Los niños bajaron las escaleras ruidosamente.

clat·ter² *s* [sing, U] ruido seco, estrépito

clause S3 /klɔz/ *s* [C]
1 cláusula (de un contrato, etc.)
2 (*técn*) (en gramática) proposición, oración (subordinada) ▶ RELATIVE CLAUSE, SUBORDINATE CLAUSE

claus·tro·pho·bi·a /ˌklɔstrəˈfoʊbiə/ *s* [U] claustrofobia ▶ PHOBIA

claus·tro·pho·bic /ˌklɔstrəˈfoʊbɪk/ *adj* **1** claustrofóbico -a (persona) **2** agobiante, sofocante (ambiente, lugar)

claw¹ /klɔ/ s [C] **1** garra (de un gato, un ave) **2** pinza (de una langosta, un cangrejo) **3** uña (sacaclavos) (de un martillo), cucharón (de una excavadora)

claw² v **1** [I,T] (rayar) arañar, rascar • **claw at sth** arañar algo: *The cat was clawing at the rug.* El gato estaba arañando la alfombra. **2** [T gralm en pasiva] (herir) arañar

EXPRESIONES
claw your way abrirse paso (con esfuerzo)
claw sth ↔ back v+partíc (una posición) recuperar algo (con esfuerzo)

clay /kleɪ/ s [U] **1** (material) arcilla **2** (en tenis) (cancha de) arcilla: *She prefers to play on clay.* Prefiere jugar en canchas de arcilla.

clean¹ S2 W2 /klin/ adj

1 sin suciedad
2 por su aspecto, sus costumbres
3 aire, agua
4 energía, combustible
5 juego, elecciones
6 imagen, reputación
7 sin drogas, armas
8 sin drogarse
9 no ofensivo
10 papel, hoja
11 imágenes, escritura, estilo
12 documento
13 disparo, aterrizaje

1 SIN SUCIEDAD limpio -a: *a clean towel* una toalla limpia • *Are your hands clean?* ¿Tienes las manos limpias? • **keep sth clean** mantener algo limpio -a • **wipe sth clean** limpiar algo • **neat and clean** limpio -a y ordenado -a • **as clean as a whistle** (tb **spotlessly clean**) limpio -a como una patena, impecable ANT **dirty**

2 POR SU ASPECTO, SUS COSTUMBRES limpio -a: *Cats are very clean animals.* Los gatos son animales muy limpios. ANT **dirty**

3 AIRE, AGUA limpio -a, puro -a, no contaminado -a: *clean beaches* playas no contaminadas • **clean air/water** aire limpio/agua limpia ANT **dirty**

4 ENERGÍA, COMBUSTIBLE limpio -a, no contaminante • **clean energy/fuel** energía limpia/combustible limpio

5 JUEGO, ELECCIONES [gralm ante s] limpio -a: *a good clean fight* una pelea limpia SIN **fair** ANT **dirty**

6 IMAGEN, REPUTACIÓN intachable • **have a clean record** no tener antecedentes penales

7 SIN DROGAS, ARMAS [nunca ante s] (coloq) **be clean** no llevar nada: *The police searched the man, but he was clean.* La policía requisó al hombre, pero no llevaba nada.

8 SIN DROGARSE [nunca ante s] (coloq) *Dave's been clean for over a year now.* Dave lleva más de un año sin tomar drogas. • **clean and sober** sin probar las drogas o el alcohol

9 NO OFENSIVO inocente, sano -a: *a clean joke* un chiste inocente • **good, clean fun** diversión sana • **keep it clean** *There'll be a prize for the best joke — but try to keep it clean!* Habrá un premio para el mejor chiste ... pero ¡no se pasen de la raya! • **clean living** vida sana ANT **dirty**

10 PAPEL, HOJA en blanco: *a clean sheet of paper* una hoja en blanco SIN **blank**

11 IMÁGENES, ESCRITURA, ESTILO limpio -a, nítido -a: *the car's clean lines* la pureza de líneas del carro • *a clean cut* un corte limpio

12 DOCUMENTO *a clean copy* una copia en limpio

13 DISPARO, ATERRIZAJE certero -a ▶ **CLEAN-CUT, CLEANLINESS, CLEANLY, keep your NOSE clean**

EXPRESIONES
give sb a clean bill of health declarar a alguien en perfecto estado de salud • **give sth a clean bill of health** declarar algo en condiciones óptimas de funcionamiento • **a clean break (a)** (en una relación) un corte/una ruptura radical **(b)** (de un hueso) una fractura completa • **make a clean break (with sth)** cortar radicalmente (con algo), cortar por lo sano (con algo) • **start (sth) with**

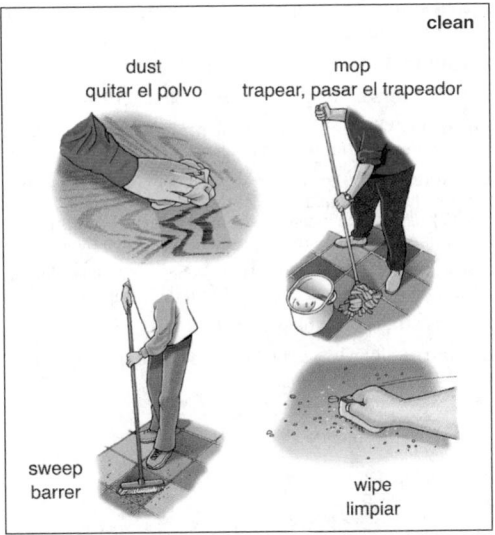

clean

dust
quitar el polvo

mop
trapear, pasar el trapeador

sweep
barrer

wipe
limpiar

a clean slate empezar (algo) de cero • **a clean sweep (a)** una victoria aplastante **(b)** un borrón y cuenta nueva • **come clean** (coloq) confesar, blanquear la situación • **come clean about sth** confesar algo: *He finally came clean about his part in the robbery.* Finalmente confesó su participación en el robo. • **make a clean breast of it** (oral) confesarlo todo

clean² S1 v

1 [I,T] (quitar suciedad) limpiar: *We need to clean the windows.* Tenemos que limpiar las ventanas. • *He's outside cleaning the car.* Está afuera, lavando el carro. • **clean sth off/from sth** *He cleaned the blood off the floor.* Limpió la sangre del suelo. ▶ **CLEANSE**

2 [I] (en una casa, una oficina) hacer la limpieza, limpiar: *Jan comes and cleans once a week.* Jan viene a hacer la limpieza una vez a la semana.

EXPRESIONES
clean sb's clock (hum, antic) darle (una) paliza a alguien
clean sth ↔ down v+partíc limpiar algo
clean sth ↔ off v+partíc **1** despejar algo (la mesa, el mostrador, etc.), dejar algo limpio -a (el mantel) **2** quitar algo (de una superficie)
clean out v+partíc **1 clean sth ↔ out** limpiar y ordenar algo (el clóset, el refrigerador) **2 clean sth/sb ↔ out** (coloq) vaciar algo/desplumar a alguien (en un robo) **3 clean sb out** (coloq) dejar a alguien sin un peso **4 clean sth out of sth** quitar algo de algo (lo inservible)
clean up v+partíc **1 clean up** limpiar y ordenar **2 clean sth ↔ up** limpiar algo (una habitación, una casa, etc.) **3 clean sth ↔ up** limpiar algo (de una superficie) **4 clean sb ↔ up** lavar a alguien • **get cleaned up** (tb **clean yourself up**) lavarse **5 clean sth ↔ up** limpiar algo, sanear algo (una playa, una zona) ▶ **CLEANUP 6 clean up** (coloq) hacer mucho dinero **7 clean sth ↔ up** sanear algo (el partido, la política), limpiar algo (las calles) • **clean up your image** limpiar su imagen • **clean up your act** (coloq) enmendarse
clean up after sb v+partíc limpiar/ordenar lo que alguien ensucia/desordena ▶ **DRY-CLEAN, SPRING-CLEANING**

clean³ adv (coloq) **get clean away** escapar sin dejar rastro • **break clean off** desprenderse completamente • **I clean forgot** me olvidé completamente

ˌclean-ˈcut adj pulcro (hombre)

clean·er /ˈklinə/ s **1** [C] señor -a de la limpieza, afanador -a **2** [C,U] limpiador, producto de limpieza **3** [C] máquina/aparato de limpieza: *a vacuum cleaner* una aspiradora **4 the cleaners** [sing] la tintorería

EXPRESIONES
take sb to the cleaners (coloq) **(a)** desplumar a alguien, dejar a alguien en la calle **(b)** derrotar a alguien

clean·ing /ˈkliːnɪŋ/ s [U] limpieza (acción de limpiar) • **do the cleaning** hacer la limpieza

ˈcleaning ˌlady s [C] señora de la limpieza

clean·li·ness /ˈklɛnlɪnɪs/ s [U] limpieza (cualidad)

clean·ly /ˈklinli/ adv **1** limpiamente (romper, partir) **2** sin emisiones (contaminantes)

cleanse /klɛnz/ v **1** (la cara, la piel) **(a)** [I] limpiar el cutis **(b)** [T] limpiar **2** [T] (una herida) limpiar, lavar **3** [T] (liter) (una persona, el alma) purificar, limpiar • **cleanse sth/sb of sth** limpiar algo/a alguien de algo

cleans·er /ˈklɛnzər/ s [C,U] **1** leche limpiadora, loción limpiadora **2** limpiador, producto de limpieza

ˌclean-ˈshaven adj bien afeitado -a

clean·up /ˈklinʌp/ s [C gralm sing] limpieza, saneamiento

clear¹ S2 W1 /klɪr/ adj

1 fácil de entender
2 obvio
3 sin dudas
4 no opaco
5 sin nubes o niebla
6 fácil de ver
7 fácil de oír
8 sin obstáculos
9 ojos
10 piel
11 conciencia
12 sin actividades
13 después de impuestos
14 alejado
15 análisis clínico, examen médico

1 FÁCIL DE ENTENDER claro -a: *clear instructions* instrucciones claras • **make sth clear** dejar algo en claro: *He has made his position very clear.* Ha dejado muy en claro su postura. • **make it clear (that)** dejar (en) claro que • **make yourself clear** explicarse (bien) • **do I make myself clear?** ¿me explico?, ¿está claro? • **get sth clear** entender bien algo

2 OBVIO claro -a, evidente: *the clear winner* el claro ganador • *They won by a clear majority.* Ganaron por amplia mayoría. • **it is (not) clear whether/why/how...** (no) está claro si/por qué/cómo...: *It is not clear why this happened.* No está claro por qué ocurrió esto. • **it is clear (that)...** es claro/evidente que...: *It is clear that the drug does benefit some patients.* Es claro que el fármaco beneficia sin lugar a dudas a algunos pacientes. • **a clear case/example of sth** un caso/ejemplo claro de algo: *a clear case of discrimination* un caso claro de discriminación

3 SIN DUDAS claro -a: *a clear understanding of the issues* una clara comprensión de los problemas • **be clear about/on sth** tener algo en claro, saber algo a ciencia cierta • **be clear in your mind (about sth)** estar seguro -a (de algo)

4 NO OPACO claro -a (líquido, agua), transparente (vidrio, plástico, barniz) • **crystal clear** cristalino -a SIN **transparent** ANT **cloudy, opaque**

5 SIN NUBES O NIEBLA despejado -a: *a clear June morning* una mañana despejada de junio

6 FÁCIL DE VER nítido -a, claro -a: *a TV with a clear picture* un televisor con una imagen nítida • *clear handwriting* letra clara

7 FÁCIL DE OÍR claro -a: *a clear, confident voice* una voz clara y segura

8 SIN OBSTÁCULOS despejado -a, libre: *The roads are now clear.* Las carreteras están ya despejadas. • **have a clear view of sth** ver bien algo • **[+of]**: *The ground is clear of snow at last.* Por fin no hay nieve en el suelo.

9 OJOS límpido -a, brillante

10 PIEL sano -a: *a clear complexion* un cutis sano

11 CONCIENCIA tranquilo -a: *My conscience is clear.* Tengo la conciencia tranquila.

12 SIN ACTIVIDADES libre: *Next Monday is clear; how about 10 o'clock?* El próximo lunes lo tengo libre, ¿qué te parece a las 10?

13 DESPUÉS DE IMPUESTOS neto -a: *We've made a clear profit on the deal.* Hemos sacado una ganancia neta del negocio. SIN **net**

14 ALEJADO clear of sth *a couple of inches clear of the floor* a un par de pulgadas del suelo

15 ANÁLISIS CLÍNICO, EXAMEN MÉDICO negativo -a: *The test came back clear.* El resultado del análisis fue negativo. SIN **negative** ► CLARITY, CLEARLY, **the COAST is clear**

EXPRESIONES

(as) clear as day (a) (fácil de ver) perfectamente, bien claro: *I saw him clear as day.* Le vi bien claro. **(b)** (fácil de entender) tan claro como/más claro que el agua • **a clear head** la mente despejada: *I need to keep a clear head for the meeting.* Tengo que tener la mente despejada para la reunión.

clear² S2 W2 v

1 quitar obstáculos, objetos
2 mover personas, vehículos
3 en los tribunales
4 día, cielo, neblina
5 dar permiso
6 para navegar, despegar
7 un cheque
8 ganancias, beneficios
9 sin tocar
10 una deuda
11 mente, ideas
12 mercancías, viajeros
13 líquido

1 QUITAR OBSTÁCULOS, OBJETOS [T] limpiar, despejar • **clear sth of sth** *The streets were cleared of snow.* Quitaron la nieve de las calles. • *They are clearing the land of trees and shrubs.* Están despejando el terreno de árboles y arbustos. • **clear sth off/from sth** quitar algo de algo: *Clear those papers off the chair and sit down.* Quita esos papeles de la silla y siéntate. • *We'll have to clear the leaves from the pond.* Vamos a tener que quitar las hojas del estanque. • **clear the table** recoger la mesa • **clear a space for sth/sb** hacer lugar para algo/alguien

2 MOVER PERSONAS, VEHÍCULOS [T] despejar, desalojar: *The police soon cleared the area.* La policía pronto despejó la zona. • **clear sth/sb from sth** desalojar algo/a alguien de algo: *They used force to clear demonstrators from the square.* Usaron la fuerza para desalojar de la plaza a los manifestantes.

3 EN LOS TRIBUNALES [T gralm en pasiva] declarar inocente, absolver • **clear sb of sth** absolver a alguien de algo: *She was cleared of all charges.* Fue absuelta de todos los cargos. • **clear sb's name** limpiar el nombre de alguien

4 DÍA, CIELO, NEBLINA [I] despejarse SIN **clear up**

5 DAR PERMISO [T] autorizar: *The program was eventually cleared for broadcast.* Finalmente se autorizó la emisión del programa. • **clear sth with sb** obtener la autorización de alguien para algo: *All requests have to be cleared with managers.* Para todas las solicitudes, se debe obtener la autorización de los gerentes.

6 PARA NAVEGAR, DESPEGAR [T gralm en pasiva] *The plane had been cleared for takeoff.* El avión tenía permiso para despegar.

7 UN CHEQUE (a) [T] compensar, dar conformidad de pago a **(b)** [I] estar abonado en cuenta, tener conformidad de pago: *When will the check clear?* ¿Cuándo estará el cheque abonado en la cuenta?

8 GANANCIAS, BENEFICIOS [T] (coloq) dar limpio -a, sacar limpio -a: *The business clears $300,000 a year.* El negocio da 300.000 dólares limpios al año.

9 SIN TOCAR [T] pasar sin tocar: *Her horse only just cleared the fence.* Su caballo pasó rozando la valla.

10 UNA DEUDA [T] saldar, liquidar

11 MENTE, IDEAS [I,T] despejar(se), aclarar(se)

12 MERCANCÍAS, VIAJEROS [T] pasar por (la aduana, el control de inmigración), despachar (un cargamento, etc.) • **clear customs/immigration** pasar la aduana/el control de inmigración
13 LÍQUIDO [I] aclararse ▶ **clear a BACKLOG**

EXPRESIONES
clear the air aclarar las cosas • **clear the decks** ponerse al día con lo pendiente • **clear your throat** aclararse la voz, carraspear • **clear the way for sb/sth** allanar el camino para alguien/algo
clear sth ↔ away v+partíc retirar algo, guardar algo (al ordenar)
clear off v+partíc (coloq) irse, largarse
clear out v+partíc **1 clear sth ↔ out** hacer una limpieza en algo, ordenar algo (el clóset, el garaje, etc.) ▶ **CLEAR-OUT 2** (coloq) largarse (definitivamente)
clear up v+partíc **1 clear sth ↔ up** aclarar algo, explicar algo **2 clear up** despejarse (tiempo) **3 clear up** irse, curarse (infección, resfriado)

clear³ S3 adv
1 (indicando movimiento) *Firefighters managed to pull the driver clear.* Los bomberos lograron sacar al conductor. • [+of]: *Please stand clear of the doors.* Por favor, manténganse alejados de las puertas. • *We'll soon be clear of the town.* Pronto habremos salido de la ciudad.
2 (coloq) (indicando distancia) *You can see clear to the mountains.* Se puede ver hasta las montañas.
3 (después de impuestos) neto -a, limpio -a ▶ **LOUD and clear**

EXPRESIONES
steer/stay/keep clear of sth/sb mantenerse alejado -a de algo/alguien, evitar algo/a alguien

clear⁴ s **in the clear (a)** fuera de toda sospecha **(b)** fuera de peligro, a salvo

clear·ance /'klɪrəns/ s

1 permiso oficial
2 holgura
3 por razones de seguridad
4 para aterrizar o despegar
5 de un cheque
6 de viviendas precarias, maleza
7 de personas
8 en deportes

1 PERMISO OFICIAL [U] autorización • **get/receive/obtain clearance** conseguir/recibir/obtener autorización • **clearance to do sth** autorización para hacer algo
2 HOLGURA [U] espacio (libre), margen
3 POR RAZONES DE SEGURIDAD [C,U] autorización
4 PARA ATERRIZAR O DESPEGAR [U] autorización, permiso
5 DE UN CHEQUE [U] compensación SIN **clearing**
6 DE VIVIENDAS PRECARIAS, MALEZA [U] erradicación, eliminación SIN **clearing**
7 DE PERSONAS [C] desalojo
8 EN DEPORTES [C] despeje, rechace

'clearance sale s [C] liquidación, realización (rebajas)
'clear-cut adj claro -a, definido -a (ganador, decisión)
,clear-'headed adj lúcido -a
clear·ing /'klɪrɪŋ/ s **1** [C] claro (de bosque) **2** [U] compensación (bancaria) SIN **clearance**
clear·ly S2 W1 /'klɪrli/ adv
1 [adv oracional] obviamente, claramente: *Clearly, ignoring him had been a mistake.* Obviamente, no hacerle caso había sido un error. SIN **obviously**
2 (ver, oír, indicar) claramente, con claridad: *Please speak clearly.* Por favor, habla claro.
3 (pensar) claramente, con claridad
,clear-'sighted adj lúcido -a
cleat /klit/ s [C] **1** [gralm pl] tache, tachón (en botas de fútbol, etc.) **2 cleats** [pl] taches, tachones, guayos ▶ **SPIKES**
cleav·age /'klivɪdʒ/ s [C,U] **1** escote (parte del busto) **2** (frml) escisión

clea·ver /'klivə/ s [C] cuchillo de carnicero (de hoja rectangular)
clef /klɛf/ s [C] clave (en música)
cleft¹ /klɛft/ s [C] **1** grieta, hendidura (en una roca) **2** hoyuelo (en la barbilla)
cleft² adj (liter) partido -a, dividido -a: *a cleft chin* una barbilla partida
clem·a·tis /'klɛmətɪs, klɪ'mætɪs/ s [C,U] clemátide
clem·en·cy /'klɛmənsi/ s [U] (frml) clemencia
clem·en·tine /'klɛmən,tin, -,taɪn/ s [C] clementina
clench /klɛntʃ/ v **1** [I,T] contraer(se) (músculos, estómago) • **clench your fists** apretar los puños • **clench your teeth** apretar los dientes **2** [T] aferrar, agarrar
cler·gy /'klɝdʒi/ s **the clergy** el clero • **a member of the clergy** un miembro del clero ▶ **CLERICAL**
cler·gy·man /'klɝdʒimən/ s [C] (pl **clergymen** /-mən/) clérigo ▶ **PRIEST**
cler·ic /'klɛrɪk/ s [C] (frml) clérigo
cler·i·cal /'klɛrɪkəl/ adj de oficina: *clerical staff* personal de oficina • **a clerical job** un trabajo de oficina • **a clerical worker** un/una oficinista • **a clerical error** un error administrativo
clerk¹ /klɝk/ s [C] **1** vendedor -a, dependiente -a (de una tienda) **2** (tb **desk clerk**) recepcionista (de un hotel) **3** oficinista, empleado -a: *a bank clerk* un empleado bancario **4** secretario -a (de un juzgado, una alcaldía)
clerk² v [I] trabajar de vendedor -a (en una tienda), trabajar de recepcionista (en un hotel), trabajar de secretario -a (en un juzgado) • **clerk for sb** ser secretario -a de alguien
clev·er S3 /'klɛvə/ adj
1 inteligente, listo -a: *Tony was not a clever boy.* Tony no era un niño inteligente. SIN **intelligent, smart**
2 hábil, habilidoso -a: *Bill's very clever with his hands.* Bill es muy hábil con las manos. • **clever of sb** *That was very clever of you.* Qué habilidoso. • **be clever at doing sth** ser bueno -a para hacer algo: *She was clever at making clothes.* Era buena para la costura.
3 astuto -a, listo -a: *a clever lawyer* un abogado astuto
4 ingenioso -a: *a clever disguise* un ingenioso disfraz
clev·er·ly /'klɛvəli/ adv **1** hábilmente, con astucia (actuar) **2** ingeniosamente (diseñado, hecho)
clev·er·ness /'klɛvənɪs/ s [U] **1** inteligencia (capacidad) ▶ **INTELLIGENCE 2** habilidad **3** brillantez (de una idea, un plan)
cli·ché, **cliche** /kli'ʃeɪ/ s [C] (peyor) cliché, lugar común
cli·chéd, **cliched** /kli'ʃeɪd/ adj estereotipado -a
click¹ S3 /klɪk/ v
1 [I,T] (hacer un sonido) hacer clic (con): *Don clicked his pen a few times.* Don hizo varias veces clic con la pluma. • **click your tongue** chasquear la lengua • **click your heels (together)** dar un taconazo (soldado al saludar, etc.) • **click shut** cerrarse con un clic
2 [I,T] (en informática) hacer clic (en) • **click on sth** hacer clic en algo, darle a algo • **right-click/left-click on sth** hacer clic con el botón derecho/izquierdo en algo
3 [I] (coloq) salir bien: *If everything clicks, we should have a good season.* Si todo sale bien, deberíamos tener una buena temporada.
4 [I] **it/everything clicked (into place)** se me/le prendió el foco, se me/le prendió el bombillo
5 [I] (coloq) congeniar: *We clicked straight away.* Congeniamos enseguida.
click² s [C] **1** (sonido) clic, chasquido **2** (en informática) clic: *at the click of a mouse* con un clic del ratón
cli·ent S2 W2 /'klaɪənt/ s [C]
1 (de una empresa, un profesional) cliente -a ▶ **CUSTOMER**
2 (técn) (en informática) cliente
cli·en·tele /,klaɪən'tɛl, ,klian-/ s [C gralm sing] clientela

cliff

on the edge of a cliff
al borde de un acantilado

cliff /klɪf/ s [C] **1** acantilado **2 cliff edge** borde del acantilado • **cliff face** pared de un acantilado • **cliff top** cima del acantilado **3** precipicio

cliff·hang·er /ˈklɪfˌhæŋə/ s [C] (*coloq*) **1** situación de suspenso (al final de un episodio, una película, etc.) **2** concurso o votación cuyo resultado no se define hasta último momento

cli·mac·tic /klaɪˈmæktɪk/ *adj* culminante ▶ CLIMAX

cli·mate /ˈklaɪmɪt/ s [C] **1** (meteorológico) clima • **a warm/hot/mild/cold climate** un clima cálido/caluroso/templado/frío **2** (político, económico) clima • **the economic/social climate** el clima económico/social • [+**of**]: *a climate of fear* un clima de miedo • **the climate of opinion** el clima de opinión

cli·mat·ic /klaɪˈmætɪk/ *adj* [solo ante s] climático -a

cli·max¹ /ˈklaɪmæks/ s [C gralm sing] **1** clímax, momento culminante • [+**of**]: *the climax of the evening* el clímax de la noche • **a climax to sth** una culminación de algo: *an exciting climax to the team's season* una emocionante culminación de la temporada del equipo • **reach/come to a climax** llegar a/tener su clímax **2** orgasmo

climax² *v* **1** [I] tener un orgasmo **2** [I] llegar a su clímax, tener su momento culminante • **climax with/in sth** llegar a su clímax con algo

climb¹ S2 W2 /klaɪm/ *v*

1 con las manos y los pies
2 una cuesta, una escalera
3 temperaturas, precios
4 a un vehículo, la cama
5 camino, sol, avión
6 como deporte
7 social o profesionalmente

1 CON LAS MANOS Y LOS PIES **(a)** [I siempre + adv/prep] **climb up/down/along** *The wall is too high to climb over.* La pared es demasiado alta para trepar por ella. • *Climb down right now!* ¡Baja ahora mismo! **(b)** [T] trepar(se) a: *The kids were climbing trees.* Los niños se trepaban a los árboles.

2 UNA CUESTA, UNA ESCALERA [I always + adv/prep,T] subir: *Harry climbed the steps.* Harry subió las escaleras. • **climb up sth** subir algo: *You have to climb up three flights of stairs.* Tienes que subir tres tramos de escaleras.

3 TEMPERATURAS, PRECIOS [I] subir, ascender: *The temperature has climbed steadily all day.* La temperatura ha ido subiendo poco a poco todo el día. • **climb to sth** ascender a algo: *Stock prices climbed to record levels on Friday.* Los precios de las acciones ascendieron a niveles récord el viernes.

4 A UN VEHÍCULO, LA CAMA [I siempre + adv/prep] *She stopped the car and I climbed in.* Detuvo el carro y me subí. • **climb into/out of bed** meterse en la cama/levantarse de la cama • **climb into/out of a car** subirse a/bajarse de un carro

5 CAMINO, SOL, AVIÓN [I] subir, ascender • **climb to/into/up sth** *The path climbed high into the mountain.* El camino subía hasta lo alto de la montaña.

6 COMO DEPORTE [I,T] escalar: *the first man to climb Mount Everest* el primer hombre que escaló el Everest

7 SOCIAL O PROFESIONALMENTE [I,T] ascender • **climb the career/social/corporate ladder** ascender en el escalafón profesional/social/de la empresa ▶ CLIMBING

climb² s [C gralm sing] **1** (por una cuesta, una montaña) ascenso, escalada: *the long climb to the top of the hill* el largo ascenso a la cima del cerro **2** (de precio, de valor) alza, subida • [+**in**]: *a steep climb in the number of flu cases* un pronunciado aumento del número de casos de gripa **3** (social, económica, profesionalmente) ascenso **4** (pendiente) subida

climb·er /ˈklaɪmə/ s [C] **1** escalador -a, montañista **2** enredadera, planta trepadora ▶ SOCIAL CLIMBER

climb·ing /ˈklaɪmɪŋ/ s [U] montañismo, alpinismo, andinismo • **go climbing** ir a escalar

clinch¹ /klɪntʃ/ *v* **1** [T] asegurarse (un contrato, un puesto), decidir (un campeonato, un partido) • **clinch the deal** cerrar (el) trato **2** [I] abrazarse, estar en clinch (en boxeo)

EXPRESIONES
that clinched it for me/us (*coloq*) eso hizo que me decidiera/nos decidiéramos

clinch² s [C] **1** (en boxeo) abrazo, clinch **2** (de afecto) abrazo • **in a clinch** abrazados -as

clinch·er /ˈklɪntʃə/ s [C] (*coloq*) factor decisivo

cling /klɪŋ/ *v* [I] (**clung** /klʌŋ/) **1** [siempre + adv/prep] • **cling to sb/sth** (tb **cling onto sb/sth**) aferrarse a alguien/algo, abrazarse a alguien/algo **2** [siempre + adv/prep] **cling to sth** pegarse a algo, adherirse a algo
cling to sth *v+partic* **1** aferrarse a algo (a una idea) • **cling to the hope/belief (that)** aferrarse a la esperanza/creencia de que **2** aferrarse a algo (al poder, a la vida)

cling·y /ˈklɪŋi/ *adj* (**clingier, clingiest**) **1** (*peyor*) dependiente (emocionalmente) **2** ceñido -a (ropa)

clin·ic W3 /ˈklɪnɪk/ s [C]
1 consulta, clínica, consultorio (de un médico) • **a health clinic** un centro de salud • **a baby clinic** una consulta pediátrica (para bebés) • **a dental clinic** una consulta odontológica, un consultorio dental
2 en Estados Unidos, sitio donde se brinda tratamiento médico a bajo costo
3 centro médico, consultorio, clínica

clin·i·cal /ˈklɪnɪkəl/ *adj* **1** [solo ante s] clínico -a, de clínica • **clinical trials** ensayos clínicos • **clinical medicine/practice** (medicina) clínica, práctica de la medicina **2** [solo ante s] clínico -a, patológico -a • **clinical signs/symptoms** signos/síntomas clínicos **3** aséptico -a, frío -a

clin·i·cally /ˈklɪnɪkli/ *adv* **1** clínicamente: *clinically depressed* con un cuadro clínico de depresión **2** en la medicina clínica **3** asépticamente, fríamente

clink¹ /klɪŋk/ *v* [I,T] (hacer) tintinear

clink² s **1** [C gralm sing] tintineo **2 the clink** (*antic, coloq*) la cárcel, el bote

clip¹ S3 /klɪp/ s [C]
1 clip, gancho: *a paper clip* un clip
2 fragmento, clip, corto (de una película): *a video clip* un videoclip • **news clips** flashes informativos • [+**from**]: *clips from the new James Bond movie* clips de la nueva película de James Bond
3 broche, prendedor
4 recorte (de un periódico): *A friend sent me a clip from the "Boston Globe".* Un amigo me envió un recorte del "Boston Globe". SIN **clipping**

EXPRESIONES
50 cents/$100 a clip (*coloq*) 50 centavos/100 dólares cada uno -a

clip² *v* (**clipped, clipping**) **1 (a)** [T] sujetar con un clip/un gancho • **clip sth to/on/onto sth** sujetar algo a algo con un clip/un gancho • **clip sth together** sujetar algo con un clip/un gancho **(b)** [I siempre + adv/prep] **clip on/to/onto sth** sujetarse a algo con un clip/un gancho **2** [T] podar (el seto, las ramas), cortar (las uñas), recortar (la barba) **3** [T] **clip sth out of/from sth** recortar algo de algo (de un periódico, una revista) **4** [T] rozar (por accidente) **5** [T] **clip sth off/from sth** recortar/reducir algo en algo

EXPRESIONES
clip sb's wings cortarle las alas a alguien

'**clip art** s [U] imágenes prediseñadas (para agregar a documentos digitales)

clip·board /'klɪpbɔrd/ s [C] **1** tablilla con sujetapapeles que sirve de apoyo al escribir **2** (técn) portapapeles (en informática)

'**clip-on** adj [solo ante s] de clip, con broche (aretes)

clipped /klɪpt/ adj **1** bien podado -a (seto), bien recortado -a (césped, bigote) **2** impersonal (voz, tono), sucinto -a (oración)

clip·per /'klɪpə/ s [C] clíper

clip·pers /'klɪpəz/ s [pl] maquinilla (para el pelo), cortaúñas (para uñas), (tijera) podadora (para setos)

clip·ping /'klɪpɪŋ/ s [C] recorte • **press/newspaper clippings** recortes de prensa/de periódicos

clique /klik, klɪk/ s [C] (peyor) camarilla

cliqu·ey /'kliki, 'klɪki/ (tb **cliqu·ish** /'klikɪʃ, 'klɪkɪʃ/) adj (peyor) elitista

clit·o·ral /'klɪtərəl/ adj clitoridiano -a, del clítoris

clit·o·ris /'klɪtərɪs/ s [C] clítoris

cloak[1] /klouk/ s **1** [C] capa (prenda) **2** [sing] **a cloak of secrecy** un manto de silencio • **under the cloak of sth** al amparo de algo

cloak[2] v [T gralm en pasiva] **1** (hechos, ideas) ocultar, esconder • **be cloaked in secrecy/mystery** estar rodeado -a de silencio/misterio **2** [gralm en pasiva] (nieve, niebla) ocultar, cubrir • **be cloaked in mist/darkness** estar cubierto -a por un manto de niebla/oscuridad, estar envuelto -a en la niebla/la oscuridad

,**cloak-and-'dagger** adj [gralm ante s] secreto -a, clandestino -a (operación)

cloak·room /'klouk-rum/ s [C] guardarropa (de un local)

clob·ber /'klɑbə/ v [T] (coloq) **1** darle una paliza/golpiza a, pegarle a **2** darle una paliza a (derrotar) **3** castigar (con pérdidas, críticas)

clock[1] S2 W3 /klɑk/ s [C] reloj (de pie, de pared) • **the clock says two o'clock/half past six** el reloj marca las dos/las seis y media • **a clock strikes four/six** un reloj da las cuatro/las seis • **set a clock** poner un reloj en hora • **the clock is slow/fast** el reloj está atrasado/adelantado, el reloj (se) atrasa/(se) adelanta ▶ ALARM CLOCK, ROUND-THE-CLOCK

EXPRESIONES
around the clock las veinticuatro horas • **the clock is ticking** el tiempo se acaba • **on the clock** **(a)** (en un partido) *With fifteen seconds on the clock, the score is Oregon 61, Santa Clara 59.* A quince segundos de finalizar el partido, el resultado es Oregon 61, Santa Clara 59. **(b)** (en el cuentakilómetros) **have 50,000 miles on the clock** tener 50.000 millas • **put/turn/set the clock back** **(a)** significar un retroceso **(b)** volver al pasado, retroceder en el tiempo • **set the clock back/forward** atrasar/adelantar los relojes • **race/work against the clock** correr/trabajar contra reloj • **run out the clock** (tb **kill the clock**) (en deportes) hacer tiempo • **the twenty-four hour clock** el reloj de veinticuatro horas

clock[2] S3 v [T]
1 medir, registrar (la velocidad) • **clock sb/sth at 42/84 mph** registrar que alguien/algo va a una velocidad de 42/84 millas por hora
2 hacer un tiempo de, alcanzar una velocidad de
clock in v+partíc marcar tarjeta, checar tarjeta (al entrar al trabajo)
clock out v+partíc marcar tarjeta, checar tarjeta (al salir del trabajo)
clock up sth v+partíc anotarse algo (triunfos), hacer algo (kilómetros)

,**clock 'radio** s [C] radioreloj

clock·wise[1] /'klɑk-waɪz/ adv en el sentido de las agujas del reloj

clockwise[2] adj [solo ante s] **in a clockwise direction** en el sentido de las agujas del reloj

clock·work /'klɑk-wək/ s [U] mecanismo de cuerda

EXPRESIONES
go/run like clockwork marchar sobre ruedas • **like clockwork** (tb **regular as clockwork**) como un reloj

clod /klɑd/ s [C] terrón (de tierra)

clog[1] /klɑg/ (tb **clog up**) v (**clogged, clogging**) **1** (un conducto, una vía) **(a)** [T] obstruir, bloquear • **be/get clogged with sth** estar/quedar obstruido -a por algo **(b)** [I] obstruirse, taparse **2** [T] (un sistema, un proceso) obstruir, bloquear • **be clogged with sth** estar bloqueado -a con algo

clog[2] s [C gralm pl] zueco

clogged /klɑgd/ adj obstruido -a, bloqueado -a, tapado -a

clois·ter[1] /'klɔɪstə/ s [C] **1** [gralm pl] claustro **2** monasterio, convento

cloister[2] v **cloister yourself** (frml) enclaustrarse

clois·tered /'klɔɪstəd/ adj enclaustrado -a

clone[1] /kloun/ s [C] **1** clon **2** (coloq) réplica, copia exacta **3** (técn) (computador) clon, (computadora) clon, ensamble

clone[2] v [T] clonar

close[1] S1 W1 /klouz/ v

1	una puerta, un libro, la boca
2	por vacaciones, de noche
3	por cese de actividad
4	en informática
5	una carretera, la frontera
6	oferta, concurso, exposición
7	un discurso, una reunión, un libro
8	un acuerdo, un negocio
9	la distancia, la diferencia

1 UNA PUERTA, UN LIBRO, LA BOCA [I,T] cerrar(se): *She closed her eyes.* Cerró los ojos. • *Shall I close the window?* ¿Cierro la ventana? • *She heard the door close.* Oyó que la puerta se cerraba. • *Close the curtains.* Corre las cortinas. SIN **shut** ANT **open**
2 POR VACACIONES, DE NOCHE [I,T] cerrar: *The store closes at 10.* La tienda cierra a las 10. • **close for an hour/for the winter** cerrar una hora/en invierno
3 POR CESE DE ACTIVIDAD [I,T] cerrar: *The company is closing one of its plants.* La empresa va a cerrar una de sus fábricas. • **close an account** cerrar una cuenta SIN **close down, shut down**
4 EN INFORMÁTICA [T] cerrar ANT **open**
5 UNA CARRETERA, LA FRONTERA [T] cerrar • "**Road closed**" "Carretera cerrada" • **close sth to traffic** cerrar algo al tráfico ANT **open**
6 OFERTA, CONCURSO, EXPOSICIÓN [I] finalizar: *The show closed after three weeks.* El espectáculo solo estuvo en cartel tres semanas. ANT **open**
7 UN DISCURSO, UNA REUNIÓN, UN LIBRO [I,T] cerrar(se), terminar • **close a speech with sth/by doing sth** cerrar un discurso con algo/haciendo algo
8 UN ACUERDO, UN NEGOCIO [I,T] cerrar(se), formalizar(se) • **close a deal/sale/contract** cerrar un acuerdo/una venta/un contrato
9 LA DISTANCIA, LA DIFERENCIA [I,T] reducir(se), acortar(se) • **close the gap (on sth)** reducir la brecha/la distancia (con algo) ▶ CLOSED, CLOSING DATE, **close/shut your EARS to sth, close/shut your EYES to sth, close the DOOR**

EXPRESIONES
close your doors (to the public) cerrar sus puertas (al público) • **close ranks** cerrar filas • **close ranks against sb/sth** cerrar filas contra alguien/algo
close down v+partíc **1 close down** cerrar (definitivamente) SIN **shut down 2 close sth ↔ down** cerrar algo (definitivamente) SIN **shut down**

close in v+partíc **1** acercarse (para atacar) • **close in on sb/sth** acercarse cada vez más a alguien/algo, cercar a alguien/algo **2** empeorar (tiempo), cerrarse (niebla) **3** (liter) caer (noche), cernirse (sombras) **4** (liter) venirse encima (paredes), volverse agobiante (silencio) • **close in on/around sb** venírsele encima a alguien, cercar a alguien

close sth ↔ **off** v+partíc cerrar algo (una carretera, un carril) • **close sth off to sb** cerrar algo a alguien

close on v+partíc **1 close on sb/sth** acercarse a alguien/algo (desde atrás) **2 close on sth** cerrar la compra/la venta de algo SIN **close**

close up v+partíc **1 close sth** ↔ **up** cerrar algo (una casa, una tienda) **2 close up** cerrar (temporalmente) (tienda, servicio) **3 close up** cerrarse (herida, agujero) **4 close up** cerrarse (flor, canal)

close² S1 W1 /kloʊs/ adj

1 en el espacio
2 en el tiempo
3 indicando inminencia
4 indicando similitud
5 examen, observación
6 cifra, cantidad
7 partido, torneo, elecciones
8 al evitar un peligro
9 indicando amistad, intimidad
10 colaboración, relación, contacto
11 pariente
12 tiempo, día

1 EN EL ESPACIO cercano -a • **be close** quedar cerca • **close to sth** cerca de algo • **close together** juntos -as • **at close range** de cerca (disparar) • **at close quarters** de cerca (observar) • **in close proximity (to sb/sth)** (frml) cerca (de alguien/algo)

2 EN EL TIEMPO cercano -a, próximo -a • [+to]: It was close to midnight. Era cerca de medianoche. • **be close together** ser seguidos -as (fechas)

3 INDICANDO INMINENCIA • **be close to tears/death/despair** estar a punto de llorar/morir/desesperarse • **be close to doing sth** estar a punto de hacer algo

4 INDICANDO SIMILITUD parecido -a • **be close** parecerse • [+to]: I felt something close to jealousy. Sentí algo parecido a los celos. • **the closest thing to** lo más parecido a

5 EXAMEN, OBSERVACIÓN [gralm ante s] detenido -a, minucioso -a • **take/have/get a close look (at sth/sb)** mirar detenidamente (algo/a alguien) • **keep a close watch/eye on sth/sb** vigilar algo/a alguien de cerca, tener cuidado con algo/alguien • **pay close attention to sth** prestar mucha atención a algo

6 CIFRA, CANTIDAD aproximado -a • [+to]: Inflation is now close to 6%. La inflación ronda el 6%.

7 PARTIDO, TORNEO, ELECCIONES reñido -a • **come/finish a close second** Nick came a close second. Nick llegó segundo, a escasa distancia del ganador. • **too close to call** At this point the game is too close to call. A esta altura, el partido está muy reñido para arriesgar un resultado.

8 AL EVITAR UN PELIGRO (oral) **that was close!** ¡por un pelito!, ¡por un pelito de rana calva! • **it was a close call/shave** se salvaron/nos salvamos por un pelito

9 INDICANDO AMISTAD, INTIMIDAD We're very close. Somos muy unidas. • **be close to sb** llevarse muy bien con alguien • **close friends** amigos íntimos/amigas íntimas

10 COLABORACIÓN, RELACIÓN, CONTACTO estrecho -a • [+to]: sources close to the President fuentes cercanas al Presidente • **a close colleague/associate** un estrecho colaborador, un colaborador cercano • **close links/ties** vínculos/lazos estrechos

11 PARIENTE [solo ante s] cercano -a • **a close relative/relation** un pariente cercano/una pariente cercana ANT **distant**

12 TIEMPO, DÍA pesado -a, sofocante ▶ **at close QUARTERS**

EXPRESIONES
(you're/that's) close (oral) casi aciertas/acierta,

estuviste/estuvo cerca • **be close to home (a)** dar donde más duele, tocar muy de cerca (comentario) **(b)** estar ocurriendo a las puertas de la casa/cerca de tu casa (conflicto) • **in close contact/touch** en contacto directo • **too close for comfort** peligrosamente cerca

close³ S1 W1 /kloʊs/ adv

1 (en el espacio) cerca: Come closer. Acércate. • [+to]: They stayed close to their mother. Permanecieron cerca de su madre. • [+by]: Her parents live close by. Sus padres viven cerca. • **sit/stand close together** sentarse/estar de pie juntos -as • **get close** acercarse

2 (en el tiempo) cerca • **grow/come/get closer** acercarse **3** al ras (cortar) ▶ **play/keep/hold your CARDS to your chest**

EXPRESIONES
close to/on a million people/2,000 years cerca de un millón de personas/2.000 años • **come close (to sb/sth)** acercarse (a alguien/algo) (en calidad): It's not as good as his last movie, but it comes close. No es tan buena como su última película, pero casi. • **come close to (doing) sth** casi hacer algo, estar cerca de hacer algo • **come/follow close on the heels of sth** ocurrir inmediatamente después de algo • **see sth/sb close up** (tb **see sth/sb up close**) ver algo/a alguien de cerca

close⁴ /kloʊz/ s [sing] (frml) fin, final • **at/by the close of the year/the 1990s** al/para el final del año/de los años 90 • **come to a close** finalizar • **bring sth to a close** poner fin a algo • **draw to a close** tocar a su fin

close-cropped /ˌkloʊs ˈkrɑpt‹/ adj cortado -a al ras

closed S1 /kloʊzd/ adj
1 (ventana, tapa, ojos) cerrado -a • **tightly closed** bien cerrado -a SIN **shut** ANT **open**
2 [nunca ante s] (local, edificio) cerrado -a • **closed to the public/visitors** cerrado -a al público SIN **shut** ANT **open**
3 (reunión) a puerta cerrada
4 [gralm ante s] (sociedad, modo de vida) cerrado -a • **a closed world/society** un mundo cerrado/una sociedad cerrada
5 (mentalidad) cerrado -a • **a closed mind** una mentalidad cerrada ANT **open**

EXPRESIONES
behind closed doors a puerta cerrada • **be a closed book (to sb)** ser un misterio (para alguien) • **the subject/matter is closed** el asunto está cerrado

ˌclosed-circuit ˈtelevision s [U] circuito cerrado de televisión

close·down /ˈkloʊzdaʊn/ s cierre (de un negocio)

ˌclosed ˈshop s [C] empresa que solo emplea a trabajadores de un determinado sindicato

close-knit /ˌkloʊs ˈnɪt‹/ (tb ˌclosely ˈknit) adj muy unido -a (familia, comunidad)

close·ly W2 /ˈkloʊsli/ adv
1 (con vínculo profundo) estrechamente • **closely resemble sb/sth** ser muy parecido -a a alguien/algo • **closely related/connected** estrechamente relacionado -a/vinculado -a
2 (con cuidado) detenidamente • **watch/study sth closely** observar/estudiar algo detenidamente • **closely controlled/monitored** controlado -a/vigilado -a muy de cerca • **a closely guarded secret** un secreto celosamente guardado
3 (indicando cooperación) estrechamente • **work closely with sb** trabajar en estrecha colaboración con alguien
4 (a poca distancia) **follow sb/sth closely** seguir a alguien/algo de cerca • **closely packed** muy juntos -as, apretados -as • **fit the boards/pack the chairs closely together** colocar las tablas muy pegadas/las sillas muy juntas
5 (en el tiempo) **follow closely (after sth)** ir inmediatamente después (de algo) • **closely followed by** seguido -a inmediatamente por

close·ness /ˈkloʊsnɪs/ s [U] **1** intimidad, relación estrecha **2** proximidad, cercanía

clos·et¹ /ˈklɑzɪt/ s [C] clóset, armario: a bedroom closet un clóset • **a walk-in closet** un vestier, un vestidor

EXPRESIONES
be in the closet (*coloq*) estar en el clóset (homosexual) • **come out of the closet** (tb **come out**) (*coloq*) **(a)** salir del clóset (homosexual) **(b)** sincerarse (político, intelectual)

closet² *adj* [solo ante s] **a closet homosexual** un homosexual no declarado, una homosexual no declarada, un -a gay de clóset

closet³ *v* [T gralm en pasiva] encerrar, enclaustrar • **be closeted with sb/together** estar encerrado -a con alguien/estar encerrados -as (trabajando, discutiendo) • **closet yourself (away)** encerrarse, enclaustrarse

close-up /ˈkloʊs ʌp/ *s* [C,U] primer plano (en cine, fotografía) • **in close-up** en primer plano

clos·ing /ˈkloʊzɪŋ/ *adj* [solo ante s] final, de cierre • **closing ceremony** ceremonia de clausura • **the closing stages/minutes** las etapas/los minutos finales • **closing remarks** comentarios finales

ˈclosing ˌdate *s* [C] fecha límite, fecha de cierre

ˈclosing ˌtime *s* [C] hora de cierre

clo·sure /ˈkloʊʒər/ *s* **1** [C,U] (de una empresa, un hospital) cierre, clausura **2** [C,U] (de un puente, una carretera) cierre **3** [U] (de una experiencia traumática) asimilación

clot¹ /klɑt/ *v* (**clotted, clotting**) [I,T] coagular(se) (sangre), cuajar(se) (leche)

clot² *s* [C] coágulo • **a blood clot** un coágulo de sangre

cloth S3 /klɔθ/ *s*
1 [U] tela ▶ ver nota en TELA
2 [C] trapo (para limpiar), mantel (para comer)
EXPRESIONES
a man of the cloth un clérigo, un cura

clothe S3 /kloʊð/ *v* [T] (*frml*)
1 [gralm en pasiva] (ponerse ropa) **fully/partially clothed** totalmente/parcialmente vestido -a • **be clothed in sth** estar/ir vestido -a con/de algo
2 (proporcionar ropa) vestir
3 [gralm en pasiva] cubrir (plantas, bosques, nieve) • **clothed with/in sth** estar cubierto -a de algo

clothes S1 W2 /kloʊz, kloʊðz/ *s* [pl] ropa: *I need to buy some new clothes.* Necesito comprarme ropa. • **wear clothes** tener puesta/llevar/traer ropa • **put on clothes** ponerse ropa • **take off your clothes** quitarse la ropa • **change your clothes** (tb **change into some different clothes**) cambiarse de ropa • **not have any clothes on** estar desnudo -a • **casual clothes** ropa informal • **work/school/sports clothes** ropa de trabajo/escolar/deportiva • **clothes shop** tienda de ropa ▶ CLOTHING, DESIGNER clothes

clothes·horse /ˈkloʊzhɔrs/ *s* [C] tendedero plegable

clothes·line /ˈkloʊzlaɪn/ *s* [C] cuerda (de tender la ropa), tendedero

clothes·pin /ˈkloʊzpɪn/ *s* [C] gancho (para colgar ropa), pinza (para colgar ropa)

cloth·ing S3 W3 /ˈkloʊðɪŋ/ *s* [U] ropa, indumentaria • **warm clothing** ropa de abrigo • **an item/article of clothing** una prenda de vestir

cloud¹ S3 W3 /klaʊd/ *s*
1 [C,U] (en el cielo) nube(s): *There wasn't a cloud in the sky.* En el cielo no había ni una nube. • **heavy/thick/dense cloud** nubes densas • **low/high cloud** nubes bajas/altas
2 [C] (en el aire) **a cloud of dust/smoke/gas** una nube de polvo/humo/gas • **a cloud of flies/mosquitoes** una nube de moscas/mosquitos
3 [C] sombra (cosa sombría) • **a cloud on the horizon** una nube en el horizonte • **cast a cloud over sth** ensombrecer algo
EXPRESIONES
every cloud has a silver lining no hay mal que por bien no venga • **be on cloud nine** (*coloq*) estar/sentirse en el séptimo cielo • **under a cloud** (*coloq*) en circunstancias sospechosas

cloud² *v* **1** [T] obnubilar, ofuscar • **cloud sb's judgment** obnubilar a alguien • **cloud your mind/brain** nublar la razón **2** (rostro, mirada) **(a)** [I] (tb **cloud over**) ensombrecerse **(b)** [T gralm en pasiva] ensombrecer • **be clouded with sth** *His face was clouded with worry.* La preocupación ensombrecía su rostro. **3** [T gralm en pasiva] (la felicidad, el triunfo) empañar **4** **cloud the issue/picture** complicar el asunto/las cosas **5** **(a)** [T] empañar (un vidrio), enturbiar (un líquido) • **be clouded with sth** estar empañado -a de algo **(b)** [I] empañarse (vidrio), enturbiarse (líquido)
cloud over *v+partíc* **1** nublarse (cielo) **2** ensombrecerse (rostro, mirada)

cloud·burst /ˈklaʊdbɜrst/ *s* [C] aguacero

cloud·less /ˈklaʊdlɪs/ *adj* despejado -a (cielo)

cloud·y /ˈklaʊdi/ *adj* (**cloudier, cloudiest**) **1** nublado -a, encapotado -a (día, tiempo) **2** turbio -a (líquido), empañado -a (vidrio, ojos) **3** confuso -a, incierto -a

clout¹ /klaʊt/ *s* (*coloq*) **1** [U] peso, influencia **2** [C] bofetada, cachetada

clout² *v* [T] (*coloq*) darle una bofetada a

clove¹ /kloʊv/ *s* [C] **1** diente (de ajo) **2** clavo de olor

clove² pasado de CLEAVE

clo·ver /ˈkloʊvər/ *s* [U] trébol ▶ FOUR-LEAF CLOVER
EXPRESIONES
be/live in clover (*coloq*) vivir a cuerpo de rey, nadar en la abundancia

clo·ver·leaf /ˈkloʊvərˌlif/ *s* [C] hoja de trébol

clown¹ /klaʊn/ *s* [C] **1** (en el circo) payaso -a **2** (persona graciosa, molesta) payaso -a • **the class clown** el payaso de la clase

clown² (tb **clown around**) *v* [I] payasear

cloy·ing /ˈklɔɪ-ɪŋ/ *adj* empalagoso -a

club¹ S1 W2 /klʌb/ *s* [C]

1	para hacer deporte
2	para bailar, oír música
3	de deporte profesional
4	para comprar productos
5	en golf
6	arma
7	palo de baraja
8	naipe

1 **PARA HACER DEPORTE** club • **a golf/tennis/chess club** un club de golf/tenis/ajedrez • **join a club** hacerse socio -a de un club • **be a member of a club** ser socio -a de un club
2 **PARA BAILAR, OÍR MÚSICA** discoteca, club, bar: *a jazz club* un club de jazz • *a comedy club* un bar con espectáculos de humor
3 **DE DEPORTE PROFESIONAL** club • **ball club** equipo de béisbol
4 **PARA COMPRAR PRODUCTOS** club • **a book/wine club** un club de libros/vinos
5 **EN GOLF** (tb **golf club**) palo (de golf)
6 **ARMA** cachiporra, bolillo, macana
7 **PALO DE BARAJA** **clubs** [pl] tréboles
8 **NAIPE** trébol ▶ COUNTRY CLUB, FAN CLUB, NIGHTCLUB, YOUTH CLUB
EXPRESIONES
join the club (tb **welcome to the club**) (*oral*) ya somos dos, no eres el único/la única

club² *v* [T] (**clubbed, clubbing**) aporrear, macanear
club together *v+partíc* hacer una vaca/una vaquita, cooperarse

club·bing /ˈklʌbɪŋ/ *s* [U] (*coloq*) • **go clubbing** ir a bailar, (ir a) rumbiar

club·house /ˈklʌbhaʊs/ *s* [C] **1** vestuario, vestidor SIN **locker room** **2** sede social del club

ˌclub ˈsandwich *s* [C] sándwich de fiambre, lechuga y tomate con tres rebanadas de pan

ˌclub ˈsoda *s* **1** [U] (bebida) soda **2** [C] (copa) soda

C

cluck¹ /klʌk/ v **1** [I] cloquear **2** [I,T] chasquear (la lengua), hacer un chasquido (con la lengua)

cluck² s [C] **1** cloqueo **2** chasquido (de la lengua)

EXPRESIONES
dumb/stupid cluck (coloq) tonto -a, idiota

clue¹ S2 /klu/ s [C]
1 pista (indicio) • **look for/search for/hunt for clues** buscar pistas • [+about/to]: *a clue to the bomber's identity* una pista sobre la identidad de quien puso la bomba
2 pista, clave (en un crucigrama, un acertijo) • **give sb a clue** darle una pista a alguien

EXPRESIONES
not have a clue (coloq) no tener (ni) idea, no tener (ni) veniales

clue²
clue sb in (on sth) v+partíc (coloq) poner a alguien al tanto (de algo)

clue·less /'kluːlɪs/ adj (peyor, coloq) negado -a, sin la menor idea: *Joe's totally clueless.* Joe no tiene ni la menor idea.

clump¹ /klʌmp/ s **1** [C] grupo (de árboles), montón (de hierbas), macizo (de flores) **2** [C] agrupación, agrupamiento (de células, átomos), bloque (de hielo), grumo (de una sustancia) • **a clump of earth/mud/soil** un terrón (de tierra)

clump² v **1** [I,T] (tb **clump together**) agrupar(se) (células, plantas), apelmazar(se), agrumar(se) (sustancia) **2** [I siempre + adv/prep] **clump up/down/along sth** subir/bajar/caminar por algo dando fuertes pisadas

clum·si·ly /'klʌmzəli/ adv **1** torpemente **2** toscamente, de manera descuidada

clum·si·ness /'klʌmzinɪs/ s [U] **1** torpeza **2** falta de fluidez (expresiva)

clum·sy /'klʌmzi/ adj (**clumsier, clumsiest**) **1** torpe (de movimientos) **2** torpe, burdo -a (poco hábil) • **a clumsy attempt** un burdo/torpe intento **3** tosco -a, difícil de manejar

clung /klʌŋ/ pasado y participio pasado de **CLING**

clunk¹ /klʌŋk/ s [sing] ruido sordo

clunk² v [I] hacer un ruido sordo

clunk·er /'klʌŋkər/ s [C] (coloq) **1** cacharro, carcacha (carro viejo) **2** bodrio (en cine, televisión) SIN **turkey**

clus·ter¹ /'klʌstər/ s [C] **1** grupo (de personas, plantas, estrellas), racimo (de flores, frutos) **2** (técn) brote (de una enfermedad)

cluster² v [I siempre + adv/prep] • **cluster together** apiñarse • **cluster around sth/sb** apiñarse alrededor de algo/alguien

clutch¹ /klʌtʃ/ v **1** [T] llevar apretado -a, tener apretado -a, aferrarse a **2** (a) [T] agarrarse de, tratar de agarrar (b) [I] **clutch at sth/sb** agarrarse de algo/alguien, tratar de agarrar algo/a alguien **3** [I] paralizarse (por los nervios, etc.) ▶ **be clutching at STRAWS** ▶ ver nota en **AGARRAR**

clutch² s **1** [C] (pedal) embrague, cloch • **let out/release the clutch** soltar el embrague **2** [C] (dispositivo) embrague **3 clutches** [pl] **sb's clutches** las garras de alguien • **in/into sb's clutches** en las garras de alguien **4** [C] **a clutch of sth** un puñado de algo **5** [C] nidada **6** [sing] (coloq) emergencia (situación difícil) SIN **crunch**

clutch³ adj **1** salvador -a (jugada, intervención) **2** [solo ante s] que se desempeña bien en situaciones difíciles

clut·ter¹ /'klʌtər/ (tb **clutter up**) v [T] abarrotar, atestar • **be cluttered (up) with sth** estar abarrotado -a/atestado -a de algo

clutter² s [sing, U] revoltijo, desorden de cosas: *I try to keep my desk free of clutter.* Trato de que mi mesa no sea un desorden de cosas.

cm (abrev escrita de **centimeter**) cm

CNN /ˌsi ɛn 'ɛn/ (marca reg) (**Cable News Network**) CNN

CO abrev escrita de **COLORADO**

Co. abrev escrita de **1** COMPANY **2** COUNTY

c/o abrev escrita de **1** CARE OF **2** CARRIED OVER

co- /koʊ/ pref **1** (indicando presencia) co-: *coexist* coexistir **2** (indicando actividad) co-: *the copilot* el copiloto

C.O.D. /ˌsi oʊ 'di/ adv (**cash on delivery**) pago contra entrega

coach¹ S3 W1 /koʊtʃ/ s
1 [C] entrenador -a
2 [C] profesor -a particular
3 [U] (clase) turista, clase económica • **fly coach** viajar en (clase) turista: *We flew coach to Atlanta.* Viajamos en turista a Atlanta. • **coach class** (clase) turista, clase económica
4 [C] coche (de caballos), carruaje

coach² W3 v [T]
1 entrenar
2 dar clases particulares a
3 preparar (para un juicio, una rueda de prensa)

coach·ing /'koʊtʃɪŋ/ s **1** [U] entrenamiento • **tennis/football coaching** clases de tenis/fútbol **2** [U] preparación, clases (particulares)

co·ag·u·late /koʊ'ægyəˌleɪt/ v [I] coagularse

co·ag·u·la·tion /koʊˌægyə'leɪʃən/ s [U] coagulación

coal W3 /koʊl/ s
1 [U] carbón (mineral): *a lump of coal* un trozo de carbón
2 [C gralm pl] trozo de carbón (encendido), brasa: *red-hot coals* brasas de carbón al rojo vivo
3 [C gralm pl] (trozo de) carbón

EXPRESIONES
rake sb over the coals echarle una bronca a alguien, echarle la aburridora a alguien

co·a·lesce /ˌkoʊə'lɛs/ v [I] (frml) unirse (grupos, facciones), fundirse, fusionarse (sustancias, factores)

co·a·les·cence /ˌkoʊə'lɛsəns/ s [U] fusión, unión

coal·field /'koʊlfild/ s [C] yacimiento de carbón

co·a·li·tion W3 /ˌkoʊə'lɪʃən/ s [C] coalición • **form a coalition** formar una coalición • **coalition government** gobierno de coalición • **coalition partner** compañero -a de coalición

'coal mine s [C] mina de carbón

'coal ˌminer s [C] minero -a (en una mina de carbón)

coarse /kɔrs/ adj **1** áspero -a, basto -a (textura, piel) **2** grueso -a (sal, arena) ANT **fine 3** grosero -a, ordinario -a (lenguaje, chistes)

coarse·ly /'kɔrsli/ adv **1** en trozos gruesos/tiras gruesas (cortar, moler, rallar) SIN **finely 2** de forma grosera

coarse·ness /'kɔrsnɪs/ s [U] **1 the coarseness of sth** la aspereza de algo **2** grosería, ordinariez

coast¹ S3 W3 /koʊst/ s [C] costa • **on the coast** en la costa • **off the coast** frente a la costa • **(from) coast to coast** de costa a costa

EXPRESIONES
the coast is clear no hay moros en la costa ▶ ver nota en **SHORE**

coast² v **1** [I siempre + adv/prep] ir en punto muerto/sin pedalear **2** [I] no esforzarse demasiado, dormirse en los laureles • **coast to victory** ganar con facilidad

coast·al /'koʊstl/ adj [solo ante s] costero -a • **coastal waters** aguas costeras

coast·er /'koʊstər/ s [C] **1** posavasos, portavaso **2** barco de cabotaje ▶ **ROLLER COASTER**

'Coast Guard s the Coast Guard la Guardia Costera estadounidense ▶ **MARINES, NAVY**

coast·line /'koʊstlaɪn/ s [C] costa, litoral ▶ ver nota en **SHORE**

coat¹ S2 W3 /koʊt/ s [C]
1 abrigo (prenda) • **put on/take off your coat** ponerse/quitarse el abrigo

2 saco, chaqueta SIN **jacket**
3 pelaje
4 capa (de barniz, pintura) • **a coat of paint** una mano de pintura ▶ **DUFFEL COAT, OVERCOAT, PETTICOAT, RAINCOAT, TRENCH COAT, TURNCOAT**

coat² v [T] cubrir, bañar • **coat sth with/in sth** cubrir algo con/de algo: *almonds coated with chocolate* almendras bañadas en chocolate.

'coat ,hanger s [C] percha, gancho (para la ropa)

coat·ing /'koʊtɪŋ/ s [C] capa, baño (sobre una superficie)

,coat of 'arms s [C] (pl **coats of arms**) escudo de armas

coat·tails /'koʊt-teɪlz/ s [pl] faldones

coax /koʊks/ v [T] convencer, persuadir • **coax sb into (doing) sth/to do sth** convencer a alguien de que haga algo
coax sth out of/from sb v+partíc sonsacarle algo a alguien

cob /kɑb/ s [C] **1** centro duro de la mazorca donde se insertan los granos **2** cisne macho **3** caballo de baja altura

co·balt /'koʊbɔlt/ s [U] cobalto

cob·ble¹ /'kɑbəl/ v
cobble sth ↔ together v+partíc improvisar algo

cobble² s [C] adoquín

cob·bled /'kɑbəld/ adj adoquinado -a

cob·bler /'kɑblɚ/ s [C] (antic) zapatero -a (remendón -ona)

cob·ble·stone /'kɑbəl,stoʊn/ s [C] adoquín

co·bra /'koʊbrə/ s [C] cobra

cob·web /'kɑbwɛb/ s [C] telaraña
EXPRESIONES
blow/clear away the cobwebs despejarse

Co·ca-Co·la /,koʊkə 'koʊlə/ s (marca reg) [C,U] Coca-Cola-® SIN **Coke**

co·caine /koʊ'keɪn, 'koʊkeɪn/ s [U] cocaína SIN **coke** • **cocaine addict** cocainómano -a

coc·cyx /'kɑksɪks/ s [C] (pl **coccyxes** o **coccyges** /'kɑksədʒiz, kɑk'saɪdʒiz/) (técn) coxis

cock¹ /kɑk/ s [C] **1** gallo SIN **rooster 2** ave macho, pájaro macho ▶ **HEN**
EXPRESIONES
cock of the walk (coloq) el dueño del mundo

cock² v [T] **1 cock your head** ladear la cabeza **2** arquear (las cejas), levantar (una pierna, una pata) **3** montar, amartillar (un arma)

cock-a-doo·dle-doo /,kɑk ə ,dudl 'du/ s [C] quiquiriquí

cock·a·too /'kɑkə,tu/ s [C] cacatúa

cock·er·el /'kɑkərəl/ s [C] gallo joven

cock·eyed, cock-eyed /'kɑkaɪd/ adj (coloq) **1** descabellado -a, disparatado -a **2** torcido -a

cock·i·ness /'kɑkɪnɪs/ s [U] fanfarronería

cock·le /'kɑkəl/ s [C] berberecho

cock·ney¹, Cockney /'kɑkni/ s **1** [C] cockney (persona del este de Londres, generalmente de clase obrera) **2** [U] cockney (acento y dialecto del inglés característicos del este de Londres)

cockney² adj [solo ante s] (del) cockney

cock·pit /'kɑk,pɪt/ s [C] cabina (de un avión, un coche de carreras), cabina, puente de mando (de un barco)

cock·roach /'kɑk-roʊtʃ/ s [C] cucaracha

cock·sure /,kɑk'ʃʊr/ adj (antic) presumido -a

cock·tail /'kɑkteɪl/ s [C] **1** (bebida) coctel, cóctel **2** (mezcla) coctel, cóctel • [+of]: *a cocktail of sex and violence* un coctel de sexo y violencia • **lethal cocktail** un coctel mortal **3 seafood/shrimp cocktail** coctel de mariscos/langostinos

'cocktail ,party s [C] coctel, cóctel (fiesta)

cock·y /'kɑki/ adj (**cockier, cockiest**) (coloq) gallito -a, fanfarrón -ona, picado -a

co·coa /'koʊkoʊ/ s [U] **1** (tb **cocoa powder**) (polvo) cacao **2** (bebida) chocolate

'cocoa bean s [C] grano de cacao

co·co·nut /'koʊkə,nʌt/ s [C,U] coco (fruto, pulpa) • **coconut palm** cocotero

co·coon¹ /kə'kun/ s [C] **1** capullo (de un insecto) **2** burbuja (refugio): *She lives safely within her family cocoon.* Vive protegida en la burbuja de su familia.

cocoon² v [T] **1** (sobre)proteger, tener/criar en una burbuja **2 cocoon sb in sth** arropar a alguien con algo

cod /kɑd/ s [C,U] (pl **cod**) bacalao

cod·dle /'kɑdl/ v [T] mimar

code¹ S1 W2 /koʊd/ s
1 [C] (normas) código • **a moral code** un código ético • **a code of ethics/conduct** un código ético/de conducta • **a code of practice** un código de conducta • **dress code** normas de vestimenta • **a code of silence** un código de silencio
2 [C,U] (para mensajes secretos) código, clave • **in code** en clave, cifrado -a • **break/crack a code** descifrar un código/una clave
3 [C] (en productos) código • **code number** número de código
4 [C] (en sistemas de seguridad) clave, código • **an access/a security code** una clave de acceso/un código de seguridad
5 [U] (en informática) código de programación ▶ **BAR CODE, ZIP CODE**

code² S3 v [T gralm en pasiva]
1 poner código a (un producto, una etiqueta)
2 cifrar, poner en clave
3 escribir el código de (programas informáticos)

cod·ed /'koʊdɪd/ adj **1** cifrado -a, en clave • **a coded message** un mensaje cifrado **2** con código (producto, etiqueta) • **color-coded wires/labels** cables/etiquetas con colores (para identificación) **3** [solo ante s] velado -a, indirecto -a

co·deine /'koʊdin/ s [U] codeína

'code name¹ s [C] nombre de guerra, nombre en clave

'code name² v [T] denominar

cod·i·cil /'kɑdɪsɪl/ s [C] (jur) codicilo

cod·i·fy /'kɑdə,faɪ, 'koʊ-/ v [T] (**codifies, codified, codifying**) codificar

,cod-liver 'oil s [U] aceite de hígado de bacalao

co·ed¹, co-ed /,koʊ'ɛd◂/ adj mixto -a (escuela, colegio, etc.) • **go coed** *The school went co-ed last year.* Desde el año pasado, el colegio es mixto.

coed², co-ed s [C] (antic) alumna (universitaria)

co·ef·fi·cient /,koʊə'fɪʃənt/ s [C] (técn) coeficiente

co·erce /koʊ'ɚs/ v [T] coaccionar, obligar • **coerce sb into doing sth** coaccionar a alguien para que haga algo, obligar a alguien a hacer algo

co·er·cion /koʊ'ɚʃən, -ʒən/ s [U] coacción, coerción

co·ex·ist /,koʊɪg'zɪst/ v [I] (frml) coexistir

co·ex·is·tence /,koʊɪg'zɪstəns/ s [U] (frml) coexistencia

cof·fee S1 W2 /'kɔfi, 'kɑ-/ s
1 (bebida) [U] café: *a cup of coffee* una taza de café • **black coffee** tinto, café solo • **white coffee** café con leche • **coffee cup** taza de café (pequeña)
2 [U] (granos, polvo) café • **instant/real coffee** café instantáneo/en grano
3 [C] (taza llena) café, tinto: *Two coffees, please.* Dos cafés, por favor. ▶ **WAKE UP and smell the coffee**

'coffee bar s [C] café, cafetería

'coffee bean s [C] grano de café

C

'coffee house s [C] café, cafetería ► COFFEE BAR, COFFEE SHOP

'coffee ma,chine s [C] **1** máquina de café (expendedora) **2** cafetera, máquina de café (en casa, en un bar)

'coffee shop s [C] cafetería

'coffee ,table s [C] mesa de centro

cof·fer /'kɔfə, 'kɑ-/ s [C] cofre

cof·fin /'kɔfɪn/ s [C] ataúd ► **be another NAIL in the coffin of sth**

cog /kɑg/ s [C] **1** rueda dentada, piñón **2** diente (de una rueda) **3** pieza, peón (empleado, miembro) • **a cog in a machine/wheel** una pieza del engranaje

co·gen·cy /'koʊdʒənsi/ s [U] (frml) solidez (de un argumento, un análisis)

co·gent /'koʊdʒənt/ adj (frml) convincente, sólido -a

co·gent·ly /'koʊdʒəntli/ adv (frml) convincentemente

cog·nac /'kɑnyæk, 'kɔn-, 'koʊn-/ s [C,U] coñac

co·hab·it /ˌkoʊ'hæbɪt/ v [I] cohabitar

co·hab·i·ta·tion /koʊˌhæbə'teɪʃən/ s [U] cohabitación

co·her·ence /koʊ'hɪrəns/ s [U] coherencia

co·her·ent /koʊ'hɪrənt/ adj coherente

co·her·ent·ly /koʊ'hɪrəntli/ adv coherentemente, de forma coherente

co·he·sion /koʊ'hiʒən/ s [U] (frml) cohesión

coil¹ /kɔɪl/ v **1** [I,T] (tb **coil up**) enrollar(se), enroscar(se) **2** [I siempre + adv/prep] salir en espiral (humo), serpentear (río)

coil² s [C] **1** rollo (de alambre, soga), anillo (de la serpiente) **2 a coil of smoke/steam** (liter) una espiral de humo/vapor **3** (técn) resistencia (eléctrica) (de un aparato)

coin¹ /kɔɪn/ s [C] moneda

EXPRESIONES
the other side of the coin la otra cara de la moneda • **toss/flip a coin** tirar una moneda al cara y sello, echar un volado

coin² v [T] **1** (un término) acuñar **2** (moneda) acuñar

EXPRESIONES
to coin a phrase... como se suele decir...

coin·age /'kɔɪnɪdʒ/ s **1** [U] moneda(s) **2** [C] término de nuevo cuño **3** [U] acuñación (de moneda) **4** [U] acuñación (de términos)

co·in·cide /ˌkoʊɪn'saɪd/ v [I] **1** (en el tiempo) coincidir • **be planned/timed to coincide with sth** hacerse coincidir con algo, estar pensado -a para coincidir con algo **2** [nunca en forma continua] (ideas, intereses, opiniones) coincidir

co·in·ci·dence /koʊ'ɪnsədəns/ s [C,U] coincidencia, casualidad • **by coincidence** por casualidad • **it is no coincidence (that)...** no es casualidad que... • **what a coincidence!** (oral) ¡qué coincidencia!, ¡qué casualidad! • **be sheer/pure coincidence** ser pura casualidad

co·in·ci·den·tal /koʊˌɪnsə'dɛntl/ adj casual, fortuito -a • **be purely/entirely coincidental** ser puramente/totalmente casual

co·in·ci·den·tal·ly /koʊˌɪnsə'dɛntl-i, -'dɛntli/ adv [adv oracional] casualmente

'coin toss s [C gralm sing] lanzamiento (de una moneda) al cara y sello, volado (para decidir algo) SIN **toss**

co·i·tus /'kɔɪtəs, 'koʊəṭəs/ s [U] coito

coke /koʊk/ s [U] **1** (coloq) coca (droga) **2** coque

co·la /'koʊlə/ s [C,U] **1** (refresco) cola **2** (planta) cola

col·an·der /'kɑləndə, 'kʌ-/ s [C] colador (de verduras)

cold¹ S1 W1 /koʊld/ adj

1 agua, comida, objeto, sitio
2 tiempo, día, viento
3 en el cuerpo

4 en el trato, la actitud
5 en adivinanzas, juegos de búsqueda
6 color, luz

1 AGUA, COMIDA, OBJETO, SITIO frío -a • **go/get cold** enfriarse • **ice/freezing cold** helado -a, muy frío -a • **eat/serve sth cold** comer/servir algo frío ANT **hot**

2 TIEMPO, DÍA, VIENTO frío -a • **a cold day/winter** un día/invierno frío • **it is cold** hace frío • **a freezing/bitterly cold day** un día de mucho frío • **be freezing/bitterly cold** hacer un frío espantoso ANT **hot**

3 EN EL CUERPO **be/feel cold** tener frío: *My feet are really cold!* ¡Tengo los pies helados! • **cold people/children** personas/niños con frío • **get cold** tener/pasar frío: *We were beginning to get cold.* Estábamos empezando a tener frío. • **you/they look cold** parece que tienes/tienen frío • **as cold as ice** congelado -a, helado -a

4 EN EL TRATO, LA ACTITUD frío -a ANT **warm**

5 EN ADIVINANZAS, JUEGOS DE BÚSQUEDA (oral): *You're still very cold!* ¡Frío, frío! ANT **warm**

6 COLOR, LUZ frío -a ANT **warm** ► **be cold/small COMFORT**

EXPRESIONES
in cold blood a sangre fría • **get/have cold feet** (coloq) echarse atrás, meter reversa • **be a cold fish** ser frío -a como un témpano • **give sb the cold shoulder** (coloq) hacer(le) el vacío a alguien, hacer(le) el feo a alguien • **I/he was in a cold sweat** empecé/empezó a sudar frío • **leave sb cold** (coloq) serle indiferente a alguien • **pour cold water on sth** poner muchos peros a algo • **the trail/scent has gone cold** se ha perdido la pista

¿cold, cool, chilly o freezing?
La traducción normal del adjetivo frío es cold.
Cuando es un frío agradable, se usa cool: *a cool sea breeze* • *a cool drink.*
freezing o freezing cold sugieren que es un frío extremo y desagradable: *It was freezing cold last night.*
Cuando hace frío, pero no es extremo, se usa chilly: *a chilly autumn day* o el adjetivo coloquial nippy: *It's a little nippy out there.*

cold² S2 s
1 [C] resfriado, catarro • **have (got) a cold** estar resfriado -a • **catch/get a cold** resfriarse • **a bad/nasty/heavy cold** un resfriado muy fuerte
2 [U] (corporal) frío: *I was shivering with cold.* Estaba tiritando de frío.
3 the cold [U] (climatológico) el frío: *Don't stand out there in the cold!* ¡No te quedes ahí afuera pasando frío! • **feel the cold** ser friolento -a ► COMMON COLD, **you'll catch your DEATH (of cold)**

EXPRESIONES
come in from the cold salir del ostracismo • **(leave sb) out in the cold** (coloq) (dejar a alguien) al margen

cold³ S3 adv
1 así como así, sin preparación
2 stop cold detenerse en seco • **turn sb down cold** rechazar a alguien de plano ► STONE-COLD **sober**

EXPRESIONES
out (coloq) sin conocimiento, inconsciente • **knock sb out cold** dejar inconsciente a alguien

,cold-'blooded adj **1** cruel, despiadado -a • **a cold-blooded murderer/killer** un asesino despiadado/una asesina despiadada • **cold-blooded murder/killing** asesinato/matanza a sangre fría **2** de sangre fría (animal)

'cold cuts s [pl] carnes frías, fiambre

,cold-'hearted adj desalmado -a, insensible

cold·ly /'koʊldli/ adv fríamente

cold·ness /'koʊldnɪs/ s [U] **1** (de una persona, la voz) frialdad **2** (del agua, el metal) frialdad, frío

'cold snap s [C] ola de frío

'cold sore s [C] herpes labial, fuego labial

,cold 'storage s [U] almacenamiento en cámara frigorífica

,cold 'war s **1 the Cold War** (tras la Guerra Mundial) la Guerra Fría **2** [sing, U] (entre países) guerra fría

cole·slaw, cole slaw /'koʊlslɔ/ s [U] ensalada de col, zanahoria y cebolla, cortados en tiras y con mayonesa

col·ic /'kɑlɪk/ s [U] cólico

col·ick·y /'kɑlɪki/ adj con cólico

col·lab·o·rate /kə'læbə,reɪt/ v [I] **1** colaborar • **collaborate with sb** colaborar con alguien • **collaborate on sth** colaborar en algo **2** ser colaboracionista, colaborar con el enemigo

col·lab·o·ra·tion /kə,læbə'reɪʃən/ s **1** [U] colaboración • **in collaboration with sb** en colaboración con alguien **2** [C] **be a collaboration with sb** ser (producto de) una colaboración con alguien **3** [U] colaboracionismo

col·lab·o·ra·tive /kə'læbrətɪv/ adj conjunto -a, colectivo -a

col·lab·o·ra·tor /kə'læbə,reɪtə/ s [C] **1** colaboracionista **2** colaborador -a

col·lage /kə'lɑʒ, koʊ-/ s [C,U] collage

col·lapse¹ /kə'læps/ v **1** [I] (edificio, tejado) derrumbarse, venirse abajo • **collapse under sth** ceder bajo el peso de algo **2** [I] (persona) desplomarse, caerse redondo **3** [I] (país, régimen, sistema) hundirse, desmoronarse • **collapse under the pressure/strain** desmoronarse bajo la presión **4** [I] (precios, mercado) desplomarse, hundirse **5** [I,T] plegar(se) (mesa, silla)

collapse² s **1** [sing, U] (de un país, un régimen, un sistema) hundimiento, colapso • **financial/economic collapse** colapso financiero/económico • **on the brink/ verge/point of collapse** al borde del colapso **2** [U] (de un edificio, un tejado) derrumbe, hundimiento **3** [sing] (por el cansancio, una enfermedad) colapso, desfallecimiento • **on the point of collapse** al borde del colapso **4** [sing] (del mercado, los precios) desplome, hundimiento

col·laps·i·ble /kə'læpsəbəl/ adj plegable

col·lar¹ S3 /'kɑlə/ s [C]
1 cuello (de la camisa, del vestido)
2 collar (de perro, gato)
3 (tb **dog collar**) alzacuello
4 abrazadera ▶ BLUE-COLLAR, DOG COLLAR, HOT under the collar, WHITE-COLLAR

collar² v [T] (coloq) **1** abordar **2** pescar, atrapar

col·lar·bone /'kɑlə,boʊn/ s [C] clavícula

col·late /kə'leɪt, kɑ-, 'koʊleɪt, 'kɑ-/ v [T] **1** (frml) cotejar, confrontar **2** ordenar (las páginas de)

col·lat·er·al¹ /kə'lætərəl/ s [U] garantía prendaria • **put up sth as collateral** ofrecer algo como garantía prendaria

collateral² adj (frml) colateral, secundario -a

col,lateral 'damage s [U] daños colaterales

col·league W2 /'kɑlig/ s [C] colega, compañero -a de trabajo

col·lect¹ S2 W2 /kə'lɛkt/ v
1 muestras, firmas, datos
2 sellos, arte, antigüedades
3 la pensión, una multa
4 dinero, ropa, medicamentos
5 lo que está listo o disponible
6 a quien llega o espera
7 el polvo, el agua
8 un premio, una medalla
9 gente, grupo

1 MUESTRAS, FIRMAS, DATOS [T] juntar, recoger • **collect information/data/evidence** recoger información/datos/pruebas
2 SELLOS, ARTE, ANTIGÜEDADES [T] coleccionar
3 LA PENSIÓN, UNA MULTA [T] cobrar • **collect taxes/ the rent/a debt** cobrar impuestos/el alquiler/una deuda
4 DINERO, ROPA, MEDICAMENTOS [I,T] **collect for sb/sth** hacer una colecta para alguien/algo, juntar dinero para alguien/algo • **collect sth for sb/sth** juntar/ recoger algo para alguien/algo

5 LO QUE ESTÁ LISTO O DISPONIBLE [T] (pasar a) recoger: *I'll collect the book tomorrow.* Pasaré a recoger el libro mañana.
6 A QUIEN LLEGA O ESPERA [T] ir a buscar, recoger • **collect sb from school/the airport** ir a buscar a alguien a la escuela/al aeropuerto SIN **pick up**
7 EL POLVO, EL AGUA [I,T] juntar(se), acumular(se)
8 UN PREMIO, UNA MEDALLA [T] recibir, obtener
9 GENTE, GRUPO [I] (frml) reunirse SIN **gather**
EXPRESIONES
collect yourself (tb **collect your thoughts**) serenarse, poner sus ideas en orden
collect sth ↔ up v+partíc recoger algo (repartido o desperdigado)

collect² adv **call/phone (sb) collect** llamar (a alguien) por cobrar, llamar (a alguien) con cobro revertido

col'lect ,call s [C] llamada por cobrar, llamada de/a cobro revertido

col·lect·ed /kə'lɛktɪd/ adj **1** sereno -a **2** [solo ante s] completo -a (obras, poesías)

col·lec·tion S2 W2 /kə'lɛkʃən/ s

1 de sellos, discos, pinturas
2 grupo de objetos
3 de dinero
4 de información
5 de algo listo o disponible
6 en moda
7 de cuentos, poemas, canciones
8 de gente

1 DE SELLOS, DISCOS, PINTURAS [C] colección • [+of]: *his collection of antique clocks* su colección de relojes antiguos • **a coin/an art collection** una colección de monedas/de obras de arte
2 GRUPO DE OBJETOS conjunto, montón • [+of]: *a collection of old newspapers* un montón de periódicos viejos
3 DE DINERO [C] colecta • [+for]: *a collection for charity* una colecta benéfica • **have a collection** hacer una colecta
4 DE INFORMACIÓN [U] recogida, recopilación: *data collection* recogida de datos
5 DE ALGO LISTO O DISPONIBLE [C,U] *Your suit is now ready for collection.* Ya puede pasar a recoger su traje. • *There is only one mail collection each day.* El correo se recoge solo una vez al día.
6 EN MODA [C] colección • **a spring/summer collection** una colección de primavera/verano
7 DE CUENTOS, POEMAS, CANCIONES [C] antología • [+of]: *a collection of love poems* una compilación de poemas de amor
8 DE GENTE [C gralm sing] (coloq) grupo

col·lec·tive¹ /kə'lɛktɪv/ adj colectivo -a

collective² s [C] cooperativa

col,lective 'bargaining s [U] negociación colectiva

col·lec·tive·ly /kə'lɛktɪvli/ adv en conjunto, conjuntamente • **be collectively known as sth** denominarse conjuntamente algo

col·lec·tor /kə'lɛktə/ s [C] coleccionista ▶ DEBT COLLECTOR, GARBAGE COLLECTOR

col·lege S1 W1 /'kɑlɪdʒ/ s
1 [C,U] universidad • **go to college** ir a la universidad • **in college** en la universidad • **college campus** campus de la universidad • **college course** curso universitario • **college education** formación/educación universitaria • **college graduate** graduado -a (universitario -a), licenciado -a • **college student** estudiante universitario -a
2 [C] facultad: *the College of Engineering* la Facultad de Ingeniería
3 [C] escuela universitaria con títulos propios que forma parte de una gran universidad, como Oxford o Cambridge
4 [C] colegio (profesional) ▶ ELECTORAL COLLEGE, TECHNICAL COLLEGE

col·le·giate /kə'lidʒət/ adj [solo ante s] universitario -a

col·lide /kə'laɪd/ v [I] **1** (vehículos, personas) chocar, estrellarse • **collide with sth/sb** chocar con algo/alguien **2** (ideas, civilizaciones) chocar, enfrentarse ► COLLISION

col·lie /'kɑli/ s [C] collie, pastor escocés (perro)

col·lier·y /'kɑlyəri/ s [C] (pl **collieries**) (antic) mina de carbón

col·li·sion /kə'lɪʒən/ s [C,U] choque, colisión • [+**with**/ **between**] • **a head-on collision** un choque de frente • **be in collision with sth** (frml) chocar con algo, estrellarse contra algo ► COLLIDE

EXPRESIONES
be on a collision course (with sb/sth) (a) (países, gobiernos) ir camino de un enfrentamiento (con alguien/ algo) **(b)** (vehículos, cuerpos celestes) llevar rumbo de colisión (con alguien/algo)

col·lo·qui·al /kə'loʊkwiəl/ adj coloquial

col·lo·qui·al·ism /kə'loʊkwiə,lɪzəm/ s [C] coloquia- lismo, término coloquial

col·lo·qui·al·ly /kə'loʊkwiəli/ adv coloquialmente, de forma coloquial

col·lude /kə'lud/ v [I] (frml) **collude (with sb)** actuar en connivencia (con alguien), ser cómplice (de alguien) • **collude with/in sth** ser cómplice de/en algo

col·lu·sion /kə'luʒən/ s [U] (frml) connivencia, complici- dad • **be in collusion with sb** actuar en connivencia con alguien

co·logne /kə'loʊn/ (tb **eau de cologne**) s [U] (agua de) colonia ► PERFUME

Co·lom·bi·a /kə'lʌmbiə/ Colombia

Co·lom·bi·an[1] /kə'lʌmbiən/ s [C] colombiano -a

Colombian[2] adj colombiano -a

co·lon /'koʊlən/ s **1** [C] (técn) colon **2** [C] dos puntos (signo de puntuación) ► SEMICOLON

colo·nel, Colonel /'kɝnl/ s [C] coronel: *Colonel Matter- son* el coronel Matterson

co·lo·ni·al[1] /kə'loʊniəl/ adj **1** colonial • **colonial rule** régimen colonial • **a colonial power** una potencia colo- nial ► COLONY **2** (tb **Colonial**) de estilo colonial nortea- mericano **3** de las colonias británicas de Norteamérica

colonial[2] s [C] **1** colono -a **2** casa de estilo colonial

co·lo·ni·al·ism /kə'loʊniə,lɪzəm/ s [U] colonialismo ► COLONY, IMPERIALISM

co·lo·ni·al·ist /kə'loʊniəlɪst/ adj colonialista

col·o·nist /'kɑlənɪst/ s [C] colono -a

col·o·ni·za·tion /,kɑlənə'zeɪʃən/ s [U] colonización ► COLONY

col·o·nize /'kɑlə,naɪz/ v [T] colonizar ► COLONY

col·o·ny /'kɑləni/ s [C] (pl **colonies**) **1** (territorio) colonia ► COLONIAL **2** colonia (inglesa) (asentada en territorio de Norteamérica) **3** (de personas) colonia, comunidad: *an artists' colony* una comunidad de artistas **4** (de ani- males, plantas) colonia: *an ant colony* una colonia de hormigas

col·or[1] S1 W1 /'kʌlə/ s

  1 cualidad
  2 tonalidades
  3 sustancia
  4 raza
  5 en la cara
  6 rasgos interesantes
  7 de un equipo

1 CUALIDAD [C,U] color: *Red is her favorite color.* El rojo es su color preferido. • *the artist's use of color* el uso del color por parte del artista • **What color...?** ¿De qué color...?: *What color are his eyes?* ¿De qué color son sus ojos? • *What color dress did you buy?* ¿De qué color es el vestido que te compraste? • **change color** cambiar de color • **bright/bold/strong colors** colores vivos/intensos/

fuertes • **pale/light colors** colores claros • **pastel colors** colores pastel • **red/green/blue in color** de color rojo/ verde/azul

2 TONALIDADES [U] color, colorido: *Her outfit needs more color.* A su conjunto le falta color. • **a blaze/riot of color** un estallido/una explosión de color

3 SUSTANCIA [C,U] color: *food containing artificial colors* comida que contiene colorantes artificiales

4 RAZA [C,U] color de (la) piel: *people of all colors* gente de todas las razas

5 EN LA CARA [sing, U] color: *A walk will put some color in your cheeks.* Un paseo te devolverá el color. • **the color drains from sb's face/cheeks** *I saw the color drain from her face.* Vi que se ponía pálida.

6 RASGOS INTERESANTES [U] color, colorido: *The descriptions lack color.* A las descripciones les falta color. • **give/add color (to)** dar color/colorido (a) • **local color** color local

7 DE UN EQUIPO **colors** [pl] colores • **national colors** colores nacionales ► SHOW your true colors

EXPRESIONES
in color a/en color: *Is the movie in color or in black and white?* ¿La película es a color o en blanco y negro? • **a person/woman/man of color** una persona/una mujer/un hombre de color • **off-color** (coloq) subido -a de tono, grosero -a (humor), verde (chiste) • **see the color of sb's money** (oral) *Don't give him the car until you see the color of his money.* No le des el carro hasta que veas el dinero.

⚠ Cuando se habla de colores, es suficiente decir **red**, **yellow**, **blue**, etc. No se suele añadir *color*:
My purse is brown (✗ *brown color*).
I need ladies size 12, in green (✗ *green color*).
"What color is your dog?" "Black". (✗ *"Black color"*).

color[2] S2 v
1 [T] teñir, pintar • **color sth red/blue** teñir algo de rojo/azul
2 [I,T] colorear
3 [T] influir en • **color sb's judgment/opinion/attitude** influir en el criterio/la opinión/la actitud de alguien
4 [I] (frml) sonrojarse, ruborizarse
color sth ↔ in v+partíc colorear algo

color[3] adj [solo ante s] a/en color: *a color TV* una tele a color ANT monochrome

col·or·blind /'kʌlə,blaɪnd/ adj **1** daltónico -a **2** no dis- criminatorio -a (ley, política)

color-co'ordinated adj haciendo juego (con colores combinados)

col·ored[1] /'kʌlə·d/ adj **1** (objeto) de color, de colores: *colored paper* papel de color • *colored lights* luces de colores • *a cream-colored sweater* un suéter color crema • **brightly colored** de colores vivos ► COLORFUL **2** (antic) (persona) de color **3** (en Sudáfrica) mestizo -a

⚠ Casi todo el mundo evita el uso de esta palabra porque referirse a las personas porque es ofensivo. En su lugar se utiliza **black** o **African American**.

colored[2] s [C] **1** (antic) persona de color **2** mestizo -a (en Sudáfrica)

color·fast /'kʌlə,fæst/ adj que no destiñe, que no se despinta (tejido)

col·or·ful /'kʌlə·fəl/ adj **1** lleno -a de color, de colores vivos **2** pintoresco -a, interesante • **a colorful life/ history** una vida/una historia muy rica • **a colorful char- acter** un personaje pintoresco **3** subido -a de tono, grosero -a

col·or·ing /'kʌlərɪŋ/ s **1** [C,U] colorante **2** [U] color de la piel, el pelo y los ojos: *She has her mother's fair coloring.* Tiene la tez blanca y el pelo rubio de su madre. **3** [U] coloración (de un animal o planta)

'coloring book s [C] libro para colorear

col·or·less /'kʌlə·lɪs/ adj **1** incoloro -a **2** pálido -a, descolorido -a **3** gris, anodino -a

'color scheme s [C] combinación de colores

co·los·sal /kəˈlɑsəl/ *adj* colosal, enorme

co·los·sus /kəˈlɑsəs/ *s* [C] (pl **colossuses**, **colossi** /-saɪ/) (*liter*) coloso, gigante

col·our /ˈkʌlə/ variante británica de COLOR

col·oured /ˈkʌləd/ variante británica de COLORED

col·our·ful /ˈkʌləfəl/ variante británica de COLORFUL

col·our·ing /ˈkʌlərɪŋ/ variante británica de COLORING

col·our·less /ˈkʌləlɪs/ variante británica de COLORLESS

colt /koʊlt/ *s* [C] potro (caballo) ▶ FILLY, STALLION

col·umn S2 W2 /ˈkɑləm/ *s* [C]
  1 (en un edificio) columna SIN **pillar**
  2 (en un periódico) columna • **write a column for a newspaper/magazine** ser columnista de un periódico/una revista • **sports/gardening column** columna de deportes/jardinería • **advice column** consultorio
  3 (en una página, una tabla) columna
  4 (en el aire) columna • [+of]: *a column of smoke* una columna de humo
  5 (en un ejército) columna ▶ GOSSIP COLUMN

col·um·nist /ˈkɑləmnɪst, ˈkɑləmɪst/ *s* [C] columnista • **a political/financial columnist** un columnista político/financiero ▶ REPORTER, WRITER

com /kɑm/ (*abrev de* **commercial organization**) com (en direcciones de Internet) ▶ DOT COM

co·ma /ˈkoʊmə/ *s* [C] coma (por accidente, etc.) • **in a coma** en coma

co·ma·tose /ˈkoʊməˌtoʊs, ˈkɑ-/ *adj* **1** (*técn*) comatoso -a, en estado comatoso **2** (*coloq*) muerto -a de cansancio

comb¹ /koʊm/ *s* [C] **1** peine, peinilla **2** peineta

comb² *v* [T] **1** (el cabello) peinar: *She was combing her hair.* Se estaba peinando. • *Mom combed my hair.* Mamá me peinó. **2** (un lugar) peinar, rastrear: *Officers are still combing the area.* Los agentes aún están peinando la zona. • **comb sth for sth/sb** rastrear algo en busca de algo/alguien
  comb through sth *v+partíc* revisar algo, escalcar algo

com·bat¹ /ˈkɑmbæt/ *s* [U] combate(s) (entre soldados, etc.) • **in combat** *killed in combat* muerto en combate • **unarmed combat** combate sin armas • **mortal combat** (*liter*) lucha a muerte • **combat boots** botas militares **combat zone** zona de combate

com·bat² /kəmˈbæt, ˈkɑmbæt/ *v* [T] (**combated**, **combating**) (*frml*) combatir (la delincuencia, el desempleo, etc.): *measures to combat terrorism* medidas para combatir el terrorismo

com·bat·ant /kəmˈbætˀnt/ *s* [C] (*técn*) combatiente ANT **noncombatant**

com·ba·tive /kəmˈbætɪv/ *adj* combativo -a

com·bi·na·tion¹ S2 W2 /ˌkɑmbəˈneɪʃən/ *s*
  1 [C,U] (mezcla) combinación • **a combination of factors/circumstances** una combinación de factores/una serie de circunstancias • **a combination of bad weather and human error/of fear and anger** una combinación de mal tiempo y errores humanos/una mezcla de miedo y rabia • **in combination (with sth)** conjuntamente (con algo), en combinación (con algo)
  2 [C] (de una caja fuerte, una cerradura) combinación

com·bi·na·tion² /ˌkɑmbəˈneɪʃən/ *adj* [solo ante s] combinado -a: *combination drug therapies* terapias combinadas de fármacos

combi'nation lock *s* [C] cerradura de combinación

com·bine¹ W2 /kəmˈbaɪn/ *v*
  1 [I,T] (distintos elementos, cualidades) combinar(se): *It's a philosophy that combines the teachings of several ancient religions.* Es una filosofía que combina las enseñanzas de varias religiones antiguas. • **combine sth and/with sth** combinar algo y/con algo: *You have to combine diet with exercise.* Tienes que combinar la dieta con el ejercicio. • **combined with** combinado -a con, junto con • **combine to do sth** combinarse para hacer algo

2 [I,T] (ingredientes, sustancias) mezclar(se), combinar(se): *Combine the ingredients in a small saucepan.* Mezcle los ingredientes en una olla pequeña. • **combine sth with sth** mezclar/combinar algo con algo • **combine with sth** combinarse/mezclarse con algo
  3 [T] (actividades) compaginar, combinar • **combine sth with/and sth** combinar algo con/y algo: *parents combining family life with a career* padres que combinan la vida familiar con la profesional
  4 [I] (empresas, instituciones) fusionarse, asociarse • **combine to do sth** fusionarse para hacer algo • **combine with sth** fusionarse con algo SIN **merge**

com·bine² /ˈkɑmbaɪn/ *s* [C] **1** (tb ˌcombine ˈharvester) cosechadora **2** grupo empresarial, combinada

com·bus·ti·ble /kəmˈbʌstəbəl/ *adj* combustible, inflamable • **highly combustible** altamente inflamable SIN **flammable** ANT **nonflammable**

com·bus·tion /kəmˈbʌstʃən/ *s* [U] combustión

come S1 W1 /kʌm/ *v* (**came** /keɪm/, **come**)
  1 aproximarse
  2 visitar, acudir
  3 arribar
  4 viajar
  5 acompañar
  6 ocurrir
  7 venderse
  8 ocupar posicion
  9 alcanzar cierta altura

1 APROXIMARSE [I] venir: *Come over beside me.* Ven aquí a mi lado. • *Come a little closer.* Acércate un poquito. • **come towards sb** venir hacia alguien: *A car came towards us.* Un carro venía hacia nosotros. • **come across sth** cruzar algo: *She came across the room to our table.* Cruzó el salón y se acercó a nuestra mesa. • **come into sth** entrar a/en algo • **come out of sth** salir de algo • **come and do sth** venir a hacer algo: *Come and look at this.* Ven a ver esto. • **come to do sth** venir a hacer algo: *I've come to apologize.* He venido a disculparme. • **come here** ven/vengan aquí: *Come here quick!* ¡Corre, ven aquí! • **I'm coming** voy: *"Dinner's ready!" "I'm coming!"* –¡La cena está lista! –¡Voy! • **come running/flying/rushing** venir corriendo, venir a toda velocidad: *The nurse came rushing in.* La enfermera entró corriendo. • **here comes sth/sb** ahí viene algo/alguien: *Here comes the train at last!* ¡Ahí viene el tren por fin!

2 VISITAR, ACUDIR [I] venir: *We come here every summer.* Venimos aquí todos los veranos. • *Who else is coming tonight?* ¿Quién más viene esta noche? • **come to sth** venir a algo: *A lot of students come to this bar.* A este bar vienen muchos estudiantes. • **come to dinner** venir a comer/cenar (a la noche) • **come to lunch** venir a almorzar/comer (a mediodía) • **come to see sb** venir a ver a alguien

3 ARRIBAR [I] llegar: *Sarah came late.* Sarah llegó tarde. • *A letter came for you this morning.* Esta mañana llegó una carta para ti. • **come home** llegar a casa

4 VIAJAR [I,T] *Which way did you come?* ¿Por qué camino vinieron? • *We must have come 10 miles already.* Ya debemos de haber recorrido 10 millas. • *She's come a long way to see you.* Viene desde muy lejos para verte. • **come by car/train** venir en carro/tren

5 ACOMPAÑAR [I] venir: *Can Billy come too?* ¿Puede venir Billy también? • **come with sb** ir/venir con alguien: *Why don't you come to the concert with me?* ¿Por qué no vienes conmigo al concierto? • *"We're going into town." "Can I come with you?"* –Vamos al centro. –¿Puedo ir con ustedes?

6 OCURRIR [I] llegar: *Christmas is coming.* Ya llega la Navidad. • **come before/after sth** llegar antes/después de algo: *This good news has come after years of economic crisis.* Esta buena noticia llega después de años de crisis económica. • *The storms came the week before our vacation.* Las tormentas fueron la semana antes de nuestras vacaciones. • **the time has come for sth** ha llegado el momento de algo • **be yet/still to come** estar áun por venir: *Economists say the worst is yet to come.* Los economistas dicen que lo peor está aún por venir. • **coming soon** próximamente: *A new version of the software is coming soon.* Próximamente saldrá una nueva versión del programa.

7 **VENDERSE** [I siempre + adv/prep] **come in sth** *These shoes don't come in size 11.* Estos zapatos no vienen en número 11. • *It comes in four colors.* Viene en cuatro colores. • **sth doesn't come cheap** algo no es/sale barato

8 **OCUPAR POSICION** [I siempre + adv/prep] venir: *Whose speech comes next?* ¿A quién le toca hablar ahora? • **come before/after sth** venir antes/después de algo: *P comes before Q in the alphabet.* La P viene antes de la Q en el abecedario. • **come first/second/last** llegar primero -a/segundo -a/último -a

9 **ALCANZAR CIERTA ALTURA** [I siempre + adv/prep] llegar • **come (up) to sth** llegar a/hasta algo (por arriba): *The grass came to my knees.* La hierba me llegaba a las rodillas. • **come down to sth** llegar a/hasta algo (por abajo): *Her hair comes down to her waist.* El pelo le llega hasta la cintura. ▶ **come CLEAN, come to LIFE, come to PASS (that)**

EXPRESIONES

as big/heavy/good as they come de lo más grande/de lo más pesado/de lo mejor: *He's as smart as they come.* Es listo como él solo. • **come first** ser lo primero: *I enjoy my work, but my family comes first.* Me gusta mi trabajo, pero mi familia es lo primero. • **come and go (a)** entrar y salir, ir y venir (personas) **(b)** ir y venir (modas, etc.): *The pain comes and goes.* El dolor va y viene. • **come July/spring/next year** para julio/la primavera/el año que viene • **come naturally/easily (to sb)** resultar(le) fácil (a alguien): *Acting has always come naturally to her.* Siempre ha tenido mucha facilidad para la actuación. • **come of age (a)** llegar a la mayoría de edad (muchacho) **(b)** alcanzar la madurez (profesional, tecnológica) • **come open/loose** abrirse/aflojarse • **come undone** desatarse, desamarrarse: *Your shoelace just came undone.* Se te han desatado los cordones. • **come to be doing sth** llegar a hacer algo: *How did you come to be working here?* ¿Y cómo es que llegaste a trabajar aquí? • **come to be done** llegarse a hacer: *I don't know how the mistake came to be discovered.* No sé cómo se llegó a descubrir el error. • **come to think of it** ahora que lo pienso • **come sb's way** presentársele a alguien: *We'll take every opportunity that comes our way.* Aprovecharemos cualquier oportunidad que se nos presente. • **come what may** pase lo que pase/pasara lo que pasara • **for years/weeks/days to come** durante años/semanas/días: *It will cause problems for years to come.* Causará problemas durante años. • **have come a long way** haber recorrido un largo camino, haber progresado mucho • **have it coming** merecérselo • **how come...?** (*oral*) ¿cómo es qué...?: *How come they're still here?* ¿Cómo es que todavía están aquí? • *"She's moving to Alaska." "How come?"* –Se va a vivir a Alaska. –¿Cómo? • **in days/weeks/years to come** durante días/semanas/años • **in the days/weeks/years to come** en los próximos días/las próximas semanas/los próximos años • **not know whether you are coming or going** (*coloq*) *I'm so busy I don't know whether I'm coming or going.* Estoy tan ocupada que no sé ni lo que hago. • **take sth as it comes** tomarse algo como viene • **take it as it comes** tomar las cosas como vienen

come about v+partíc darse, surgir: *How did it come about?* ¿Cómo ocurrió?

come across v+partíc **1** **come across sb** [nunca en pasiva] encontrarse con alguien, toparse con alguien **2 come across sth** [nunca en pasiva] encontrar algo (por casualidad): *I came across these old photos.* Encontré estas fotos viejas. **3 come across** [siempre + adv/prep] *How did he come across to you?* ¿Qué impresión te dio? • **come across well/badly/better** causar buena/mala/ mejor impresión • **come across as (being) sth** dar la impresión de ser algo: *I hope I didn't come across as unfriendly.* Espero no haber quedado como un antipático. SIN **come over**

come after sb v+partíc [nunca en pasiva] perseguir a alguien, buscar a alguien: *The cops will come after you.* La policía te buscará.

come along v+partíc **1** llegar, presentarse: *Their second child came along a year later.* Su segundo hijo llegó un año después. • *Jobs like this don't come along very often.* Trabajos como este no se presentan todos los días. **2** (*coloq*) **be coming along** ir progresando/ marchando • **come along with sth** *How is she coming along with her swimming?* ¿Qué tal le va con la natación? **3** ir, venir (con alguien): *We're going to a movie. Do you want to come along?* Vamos al cine. ¿Quieres venir? **4** ir, venir (a un lugar): *I'll come along later.* Iré más tarde. **5 come along!** ¡vamos!, ¡apúrate!, ¡ándale! SIN **come on**

come apart v+partíc **1** deshacerse (objeto) **2** desmontarse, ser desmontable (aparato, instrumento, etc.) **3** venirse abajo, desmoronarse (matrimonio, vida, etc.) • **be coming apart at the seams** estar desmoronándose

come around v+partíc **1** **(a)** **come around** venir, pasar (de visita): *I'll come around later.* Voy a pasar más tarde. **(b)** **come around sth** *I don't want him coming around the apartment.* No quiero que venga al departamento. **2 come around** convencerse: *Just give her some time, she'll come around.* Dale tiempo, ya se convencerá. • **come around to sth** *They eventually came around to the idea.* Terminaron por hacerse a la idea. **3 come around** llegar (la Navidad, las vacaciones) **4 come around** volver en sí

come as sth v+partíc **1** ser algo, suponer algo: *The news came as a great relief.* La noticia supuso un gran alivio. • **come as a surprise/shock** ser una sorpresa/ una gran sorpresa **2** venir (disfrazado -a) de algo

come at v+partíc **1** **come at sb** abalanzarse sobre alguien, venírsele encima a alguien: *He came at me with a knife.* Se me vino encima con un cuchillo. **2 come at sb** venírsele encima a alguien (problemas, etc.): *Questions just kept coming at me from the audience.* El público no paraba de hacerme preguntas. **3 come at sth** afrontar algo, encarar algo

come away v+partíc **1** salirse, soltarse: *The handle came away in my hand.* Me quedé con la manija en la mano. • **come away from sth** despegarse/desprenderse de algo **2** salir: *He came away from the interview feeling confident.* Salió de la entrevista muy seguro de sí mismo. • **come away with an impression/idea** quedarse con una impresión/una idea

come back v+partíc **1** (persona) volver: *I'm coming back tomorrow.* Vuelvo mañana. **2** (dolor, sentimiento) volver: *It took a while for my confidence to come back.* Tardé en recuperar la confianza. **3** (imágenes, recuerdos) *Memories came flooding back.* Me sobrevino un alud de recuerdos. • **come back to sb** (*oral*) *Everything he had said suddenly came back to me.* De pronto recordé todo lo que había dicho. **4** (estilo, moda) volver • **come back into fashion** volver a ponerse de moda

come before sb/sth v+partíc estar antes que alguien/ algo: *My children come before everything else.* Mis hijos están antes que todo lo demás.

come between sb and sb/sth v+partíc interponerse entre alguien y alguien/algo: *Nothing will ever come between us.* Nada se interpondrá jamás entre nosotros.

come by v+partíc **1** **(a)** **come by** pasar (de visita): *I'll come by later.* Pasaré más tarde. **(b)** **come by sth** [nunca en pasiva] *Do you want to come by our place?* ¿Quieres pasar por casa? **2 come by sth** [nunca en pasiva] conseguir algo • **be hard to come by** ser difícil de conseguir

come down v+partíc **1** bajar (precios, niveles, etc.): *We expect interest rates to come down.* Esperamos que bajen los tipos de interés. • **come down in price** bajar de precio **2** caerse, venirse abajo (muro, árbol, etc.) **3** venir (desde el norte): *They've come down from Canada.* Han venido de Canadá. **4 come down in the world** venirse a menos **5 come (back) down to earth** volver a la realidad

come down on v+partíc **1** **come down on sth/sb** [nunca en pasiva] castigar duramente algo/a alguien

2 come down on the side of sb/sth ponerse de parte de alguien/algo (en un enfrentamiento), fallar a favor de alguien/algo (en un juicio)

come down to sth *v+partíc* [nunca en pasiva] reducirse a algo • **it comes down to sth** *It all comes down to politics in the end*. Al final todo se reduce a política.

come down with sth *v+partíc* [nunca en pasiva] pescarse algo, contraer algo (una enfermedad): *I'm coming down with a cold*. Me estoy pescando un resfriado.

come for sb/sth *v+partíc* [nunca en pasiva] venir a buscar a alguien/a llevarse algo

come forward *v+partíc* presentarse • **come forward with sth** ofrecer algo: *Several witnesses came forward with information*. Varios testigos ofrecieron información.

come from *v+partíc* **1 come from sth/sb** [nunca en pasiva] *She comes from Texas*. Es de Texas. • *Most of them come from wealthy backgrounds*. La mayoría de ellos viene de familias ricas. **2 come from sth** [nunca en pasiva] venir/proceder de algo: *Milk comes from cows*. La leche viene de la vaca. • *The expression comes from Latin*. La expresión viene del latín. **3 come from sth** [nunca en pasiva] venir de algo, ser el resultado de algo: *The mistakes came from lack of concentration*. Los errores venían de la falta de concentración. **4 where sb is coming from** (*coloq*) adónde quiere llegar alguien, qué es lo que alguien se propone: *I knew exactly where she was coming from*. Sabía exactamente adónde quería llegar.

come in *v+partíc* **1** entrar, pasar: *A voice called, "Come in!"* Se oyó una voz que dijo: "¡Adelante!". • *He came right in without knocking*. Entró directamente sin llamar. SIN **enter 2** llegar (tren, avión): *What time does her plane come in?* ¿A qué hora llega su avión? SIN **arrive 3** llegar (quejas, llamadas, etc.): *Reports are coming in of an earthquake*. Están llegando noticias de un terremoto. • *There isn't enough money coming in*. No entra suficiente dinero. **4** ponerse de moda **5** intervenir (en una conversación) **6 come in useful/handy** resultar útil/venir bien **7** subir (la marea)

come in for sth *v+partíc* **come in for criticism** recibir críticas

come into *v+partíc* **1 come into sth** [nunca en pasiva] tener que ver con algo, participar/entrar en algo • **come into it** tener algo que ver: *I don't think money comes into it*. No creo que el dinero tenga nada que ver. **2 come into sth** heredar algo, recibir algo en herencia **3 come into being/existence** nacer, crearse **4 come into effect/force/operation** entrar en vigor **5 come into fashion** ponerse de moda **6 come into your own** dar lo mejor de sí mismo -a, demostrar lo que vale **7 come into view/sight** aparecer (ante la vista): *The whales suddenly came into sight*. De pronto pudimos ver las ballenas.

come of sth *v+partíc* *Did anything ever come of that job application?* ¿Pasó algo con aquella solicitud de empleo? • **nothing comes of sth** *He said he might have some work for me, but nothing came of it*. Dijo que podría haber trabajo para mí, pero todo quedó en la nada. • **that's what comes of sth** *That's what comes of trusting people you don't know*. Eso es lo que pasa por confiar en gente que uno no conoce.

come off *v+partíc* **1 (a) come off** salirse, desprenderse, despegarse: *The label has come off*. Se ha despegado la etiqueta. **(b) come off sth** [nunca en pasiva] salirse/desprenderse/despegarse de algo: *A button has come off my coat*. Se me desprendió un botón del abrigo. **2 come off** (*coloq*) salir, resultar: *The joke didn't come off very well*. La broma no salió muy bien. **3 come off better/worse than sb** salir mejor/peor parado -a que alguien • **come off best/worst** llevarse la mejor/peor parte **4 come off it!** (*oral*) ¡ándale!, ¡ya párale! (expresando incredulidad): *Oh, come off it! He wouldn't do that*. ¡Anda! Él nunca haría eso.

come off as sth *v+partíc* [nunca en pasiva] parecer algo, dar la impresión de algo

come on *v+partíc* **1** (luz, aparato) encenderse **2** (programa, película) empezar **3** (dolor, enfermedad) empezar: *I feel a headache coming on*. Me está empezando a doler la cabeza. **4** (hacer progresos) mejorar: *Her English is really coming on*. Su inglés está mejorando mucho. **5** (desarrollarse) **be coming on** marchar, ir: *How is the project coming on?* ¿Cómo marcha el proyecto? **6 come on!** (*oral*) **(a)** (para meter prisa) ¡vamos!, ¡apúrate!, ¡ándale!: *Come on, we'll be late!* ¡Apúrate, que llegamos tarde! **(b)** (para dar ánimo) ¡vamos!: *Come on, cheer up!* ¡Vamos, anímate! **(c)** (indicando incredulidad) ¡anda!, ¡ándale!

come out *v+partíc* **1** (hechos, noticias) saberse, salir a la luz: *The truth finally came out*. Al final se supo la verdad. • **it comes out that...** *It eventually came out that she had lied*. Finalmente se supo que había mentido. **2** (libro, disco) salir **3** (mancha) salir, quitarse • **come out of sth** salir de algo **4** (palabras, comentario) *I didn't intend for that to come out as a criticism*. No quería que se interpretara como una crítica. • **come out all wrong** *When I try to explain, it comes out all wrong*. Cuando intento explicarme, me sale todo al revés. **5** [siempre + adv/prep] (labor, producto) salir: *My cake hasn't come out very well*. El pastel no me ha salido muy bien. **6** (foto) salir **7** (sol, luna, estrellas) salir **8** (flores) salir, brotar **9** (homosexual) salir del clóset • **come out to sb** decirle/confesarle a alguien que es homosexual **10** (opinar) *Just come out and say what you think*. Pues habla y di lo que piensas. • **come out in favor of sth/sb** declararse a favor/en contra de algo/alguien

come out of sth *v+partíc* **1** [nunca en pasiva] salir de algo (de una crisis, una situación difícil) **2** salir de algo (en determinado estado): *She came out of the divorce quite well*. Salió del divorcio bastante bien parada. **3** salir de algo (como consecuencia): *Some great ideas came out of the meeting*. De la reunión salieron ideas estupendas.

come out with sth *v+partíc* **1** [nunca en pasiva] sacar (a la venta) algo **2** (*oral*) salir con algo (en una conversación): *Children come out with some funny things*. Los niños salen con cosas muy graciosas.

come over *v+partíc* **1 come over** venir, pasar (de visita): *Why don't you come over for lunch?* ¿Por qué no vienen a almorzar a casa? **2 come over** venir (del extranjero) • **come over from sth** *Her dad came over from Italy in the 1950s*. Su padre vino de Italia en los años cincuenta. **3 come over sb** invadir a alguien (sensación, sentimiento) • **I don't know what came over me!** ¡no sé qué me pasó! **4 come over** [siempre + adv/prep] *The first candidate came over very well*. El primer candidato causó muy buena impresión. • **come over as (being) sth** dar la impresión de (ser) algo

come through *v+partíc* **1 (a) come through sth** salir de algo, sobrevivir a algo: *Bill came through the operation all right*. Bill salió bien de la operación. **(b) come through** salir adelante, sobrevivir SIN **survive 2 come through** llegar (noticias, resultados): *This report has just come through*. Este informe acaba de llegar.

come to *v+partíc* **1 come to** volver en sí **2 come to sb** [nunca en pasiva] venirle a la mente a alguien, ocurrírsele a alguien **3 come to sth** [nunca en pasiva] llegar a algo (situación): *I never thought it would come to this*. Nunca pensé que la cosa llegaría a esta situación. **4 come to $20/350** salir 20/350 dólares, costar 20/350 dólares **5 come to a decision/an agreement/a conclusion** llegar a una decisión/un acuerdo/una conclusión **6 come to a halt/stop (a)** detenerse (vehículo) **(b)** cortarse, interrumpirse (financiación, relación) **7 what is the world/country coming to?** (*oral*) ¡adónde hemos llegado! **8 when it comes to sth** (*oral*) cuando se trata de algo, en lo que se refiere a algo

come together *v+partíc* **1** ir/salir bien (proyecto, actividad) **2** reunirse, juntarse (personas) SIN **gather**

come under sth *v+partíc* **1** [nunca en pasiva] estar bajo algo (país, organización) • **come under military control/under the authority of the Senate** estar bajo control militar/del Senado **2** ir bajo algo (un epígrafe, una categoría) **3 come under attack/fire/pressure** recibir ataques/disparos/presiones

come up *v+partíc* **1** (persona) acercarse • **come up to sb** acercarse a alguien SIN **approach 2** (tema, asunto) surgir, salir: *This question came up at the last meeting*.

C

Esta pregunta surgió en la última reunión. **3** (problema, inconveniente) surgir • **something's come up** ha surgido algo SIN **occur, crop up 4** (puesto, oportunidad) salir, surgir: *Don't worry. Something will come up.* No te preocupes. Ya saldrá algo. **5** (desde el sur) venir: *They are coming up from Texas.* Vienen de Texas. **6** (sol, luna) salir SIN **rise 7 be coming up** (hecho, evento) venir, llegar: *My birthday is coming up.* Ya viene mi cumpleaños. **8 coming (right) up!** (*oral*) (en un bar, restaurante) ¡marchando!, ¡en seguida se lo traigo! **9 come up in the world** progresar, prosperar
come up against sth/sb *v+partíc* [nunca en pasiva] tener que enfrentarse con algo/a alguien
come up for sth *v+partíc* **1 come up for review/renewal/discussion** llegar el momento de revisar, renovar o discutir: *The contract comes up for renewal next year.* El año que viene toca renovar el contrato. **2 come up for sale** salir a la venta
come up on sth *v+partíc* **be coming up on sth** (*coloq*) acercarse a algo (una fecha, un momento)
come upon sth/sb *v+partíc* [nunca en pasiva] (*frml*) encontrarse/toparse con algo/alguien
come up to sth *v+partíc* estar a la altura de algo: *The performance failed to come up to expectations.* La actuación no estuvo a la altura de lo esperado.
come up with sth *v+partíc* **1** [nunca en pasiva] *He's always coming up with crazy ideas.* Siempre se le ocurren ideas descabelladas. **2** (*coloq*) conseguir algo (una suma de dinero)
come with sth *v+partíc* **1** (producto, plato) venir con algo: *All dishes come with French fries.* Todos los platos vienen con papas fritas. • *The camera comes complete with batteries.* La cámara viene con pilas. **2** (cualidad) venir con algo: *Experience comes with age.* La experiencia la da la edad.

come·back /'kʌmbæk/ *s* **1** [C] regreso, reaparición (de una moda, un actor, etc.) • **make/stage a comeback** volver a ponerse de moda, reaparecer: *make a political comeback* volver a la escena política **2** [C] recuperación (en deportes) • **make a comeback** recuperarse **3** [U] posibilidad de reclamo, derecho a compensación ▶ COME **back**

co·me·di·an /kə'midiən/ *s* [C] **1** humorista, actor cómico/actriz cómica **2** (*coloq*) gracioso -a

co·me·di·enne /kə,midi'ɛn/ *s* [C] humorista (femenina)

come·down /'kʌmdaʊn/ *s* [C gralm sing] humillación, situación humillante ▶ COME **down**

com·e·dy W3 /'kʌmədi/ *s* (pl **comedies**)
1 [U] humorismo, comedia (actividad) • **stand-up comedy** espectáculos humorísticos (unipersonales)
2 [C] comedia (obra, película)
3 [U] comicidad, aspecto humorístico ▶ BLACK COMEDY, SITUATION COMEDY

'come-on *s* [C] (pl **come-ons**) (*coloq*) insinuación • **give sb the come-on** insinuársele a alguien ▶ COME **on**

com·er /'kʌmə/ *s* (*coloq*) **be open to all comers** estar abierto -a a todo aquel que quiera participar, estar abierto -a al público en general • **take on all comers** enfrentarse a todo el que se ponga delante

com·et /'kʌmɪt/ *s* [C] cometa (en astronomía)

come·up·pance /kʌm'ʌpəns/ *s* [sing] (*coloq*) castigo • **get your comeuppance** recibir su merecido

com·fort¹ W3 /'kʌmfət/ *s*
1 [U] comodidad, confort • **in comfort** con comodidad • **in the comfort of your own home** en la comodidad de su propio hogar
2 [U] (sentimiento) consuelo • **take/draw/derive comfort from sth** encontrar consuelo en algo • **find/take comfort in sth** consolarse con algo • **if it's any comfort** si te sirve de consuelo
3 [U] desahogo, holgura (económica) • **live in comfort** vivir desahogadamente
4 [C] (hecho, persona) consuelo • **be a comfort to sb** ser un consuelo para alguien • **it's a comfort to know/think sth** es un consuelo saber/pensar algo
5 comforts [pl] comodidades • **all the comforts of home**

todas las comodidades del hogar
EXPRESIONES
be cold/small comfort no servir de consuelo

comfort² *v* [T] consolar

com·fort·a·ble S1 W2 /'kʌmftəbəl, 'kʌmfəṭəbəl/ *adj*
1 asiento, ropa, vivienda
2 físicamente
3 psicológicamente
4 económicamente
5 victoria, ventaja, margen
6 paciente

1 ASIENTO, ROPA, VIVIENDA cómodo -a ANT **uncomfortable**
2 FÍSICAMENTE cómodo -a • **make yourself comfortable** ponerse cómodo -a • **get comfortable** ponerse cómodo -a ANT **uncomfortable**
3 PSICOLÓGICAMENTE [nunca ante s] cómodo -a • **feel comfortable with sb/sth** sentirse cómodo -a con alguien/algo, sentirse a gusto con alguien/algo ANT **uncomfortable**
4 ECONÓMICAMENTE desahogado -a • **a comfortable life/existence** una vida desahogada
5 VICTORIA, VENTAJA, MARGEN amplio -a, holgado -a • **a comfortable win/victory** una amplia victoria
6 PACIENTE [nunca ante s] estable, sin dolor • **make sb comfortable** hacer que alguien no sufra/no sienta dolor

com·fort·a·bly /'kʌmftəbli, -fəṭəbli/ *adv* **1** (en el aspecto físico) cómodamente **2** por amplio margen **3** holgadamente • **be comfortably off** vivir holgadamente **4** (en el aspecto social) cómodamente, a gusto

com·fort·er /'kʌmfəṭə/ *s* [C] edredón

com·fort·ing /'kʌmfəṭɪŋ/ *adj* reconfortante, tranquilizador -a • **it's comforting to know/think that...** es un consuelo saber/pensar que...

com·fort·ing·ly /'kʌmfəṭɪŋli/ *adv* reconfortantemente

com·fy /'kʌmfi/ *adj* (**comfier, comfiest**) (*oral*) cómodo -a

com·ic¹ /'kɑmɪk/ *adj* [solo ante s] **1** cómico -a, humorístico -a **2** cómico -a, gracioso -a

comic² *s* **1** [C] humorista, actor cómico/actriz cómica **2 the comics** [pl] las historietas, las tiras cómicas, los monitos SIN **the funnies**

com·i·cal /'kɑmɪkəl/ *adj* cómico -a, gracioso -a

com·i·cally /'kɑmɪkli/ *adv* cómicamente, graciosamente

'comic book *s* [C] revista de historietas, comic, (revista de) monitos SIN **comic**

'comic strip *s* [C] historieta, tira cómica, monitos

com·ing¹ /'kʌmɪŋ/ **the coming of sth** la llegada/el advenimiento de algo

coming² *adj* [solo ante s] próximo -a, venidero -a: *this coming Friday* el viernes que viene

,comings and 'goings comings and goings (*coloq*) idas y venidas

com·ma S3 /'kɑmə/ *s* [C] coma (signo)

com·mand¹ S3 W3 /kə'mænd/ *s*
1 sobre subordinados
2 sobre la situación
3 instrucción
4 grupo militar
5 en informática
6 de un idioma, una disciplina

1 SOBRE SUBORDINADOS [U] mando • **under sb's command** al mando/bajo el mando de alguien • **in command (of sth)** al mando (de algo) • **at sb's command** al mando de alguien
2 SOBRE LA SITUACIÓN [U] control, dominio • **take command (of sth)** tomar el control (de algo)
3 INSTRUCCIÓN [C] orden • **give the command (to do sth)** dar la orden (de hacer algo) • **on/at sb's command** por orden de alguien
4 GRUPO MILITAR [C] comando

5 EN INFORMÁTICA [C] comando
6 DE UN IDIOMA, UNA DISCIPLINA [sing] **a basic/good command of sth** un dominio básico/un buen dominio de algo

command² v **1** [T] ordenar, mandar • **command sb to do sth** ordenar a alguien hacer algo **2** [I,T] estar al mando (de) **3** [T] inspirar (respeto, lealtad), captar, atraer (la atención, el apoyo) • **command a high price/ salary** alcanzar un precio alto/sueldo alto **4** [T] controlar, dominar **5** [T] contar con (una vista panorámica)

com·man·dant /ˈkɑmənˌdɑnt/ s [C] comandante (de un puesto, una unidad)

com·man·deer /ˌkɑmənˈdɪr/ v [T] **1** requisar (militares) **2** apropiarse de

com·mand·er W3 /kəˈmændər/ s [C]
1 comandante (del ejército)
2 capitán -ana de fragata

com·mand·ing /kəˈmændɪŋ/ adj [solo ante s] **1** (aprec) imponente (voz, presencia): a commanding figure una figura que infunde respeto **2 have a commanding view/position** contar con una vista panorámica/un emplazamiento privilegiado **3** de liderazgo, de superioridad (posición) • **a commanding lead** un liderazgo claro

com‚manding 'officer s [C] oficial al mando

com·mand·ment /kəˈmændmənt/ s [C] mandamiento • **the Ten Commandments** los Diez Mandamientos

com·man·do /kəˈmændoʊ/ s [C] (pl **commandos, commandoes**) comando (soldado)

EXPRESIONES
go commando (hum) no llevar ropa interior

com·mem·o·rate /kəˈmɛməˌreɪt/ v [T] conmemorar

com·mem·o·ra·tion /kəˌmɛməˈreɪʃən/ s [C,U] conmemoración • **in commemoration of sb/sth** en conmemoración de alguien/algo

com·mem·o·ra·tive /kəˈmɛmərəˌtɪv/ adj [solo ante s] conmemorativo -a

com·mence /kəˈmɛns/ v (frml) [I,T] comenzar • **commence doing sth** comenzar a hacer algo

com·mence·ment /kəˈmɛnsmənt/ s (frml) **1** [U] comienzo **2** [C,U] (ceremonia de) graduación, (ceremonia de) entrega del título • **commencement address** (tb **commencement speech**) discurso pronunciado en la ceremonia de graduación SIN **graduation**

com·mend /kəˈmɛnd/ v [T] **1** [gralm en pasiva] (frml) elogiar • **(be) highly commended** (recibir una) mención honorífica/de honor **2** (frml) recomendar • **sth has much/little to commend it** algo tiene mucho/poco mérito **3** (liter) **commend sth/sb to sb** encomendar algo/alguien a alguien

com·mend·a·ble /kəˈmɛndəbəl/ adj (frml) loable, encomiable

com·mend·a·bly /kəˈmɛndəbli/ adv de manera encomiable

com·men·da·tion /ˌkɑmənˈdeɪʃən/ s (frml) **1** [C] distinción, galardón **2** [U] elogio, encomio

com·men·su·rate /kəˈmɛnsərət, -ʃərɪt/ adj (frml) acorde

com·ment¹ S2 W2 /ˈkɑmɛnt/ s
1 [C,U] (opinión) comentario(s) • **make a comment** hacer un comentario, comentar • **without comment** sin decir nada
2 [U] (debate) comentarios • **not be available for comment** no querer hacer ningún comentario

EXPRESIONES
no comment (oral) sin comentarios

comment² S3 W3 v **(a)** [I] hacer comentarios • **comment on sth** hacer comentarios sobre algo • **decline/refuse to comment** negarse a hacer comentarios **(b)** [T] **comment that** comentar que

com·men·tar·y /ˈkɑmənˌtɛri/ s [C,U] (pl **commentaries**) **1** (en una transmisión televisiva, radial) comentarios, narración • **a running commentary** una narración en

directo **2** [C] (en la prensa, en un libro) comentario

com·men·tate /ˈkɑmənˌteɪt/ v [I] hacer los comentarios, hacer la narración (en una transmisión televisiva, radial)

com·men·ta·tor /ˈkɑmənˌteɪtər/ s [C] **1** (político, financiero) comentarista **2** (en una transmisión deportiva) comentarista, narrador -a

com·merce W2 /ˈkɑmərs/ s [U] comercio

com·mer·cial¹ S3 W2 /kəˈmərʃəl/ adj
1 [solo ante s] (del comercio) comercial
2 (rentable) comercial
3 (peyor) (sin calidad artística) comercial
4 [solo ante s] (con anuncios) comercial • **commercial television/radio** televisión/radio comercial

commercial² S3 s [C] anuncio (publicitario), comercial, propaganda ▶ ver nota en **ANUNCIO**

com·mer·cial·ism /kəˈmərʃəˌlɪzəm/ s [U] (peyor) comercialismo

com·mer·cial·ize /kəˈmərʃəˌlaɪz/ v [T] (peyor) comercializar, mercantilizar

com·mer·cial·ized /kəˈmərʃəˌlaɪzd/ adj **1** (peyor) comercial, mercantilizado -a **2** comercial, rentable

com·mer·cial·ly /kəˈmərʃəli/ adv **1** comercialmente, desde el punto de vista comercial • **commercially viable** rentable **2** con fines comerciales **3 be commercially available** estar a la venta

com·mis·e·rate /kəˈmɪzəˌreɪt/ v [I] (frml) expresar lástima/pesar (a alguien por lo ocurrido): I wanted to commiserate with you on your defeat. Quería decirles que siento mucho que hayan perdido.

com·mis·er·a·tion /kəˌmɪzəˈreɪʃən/ s (frml) [pl, U] lástima, pesar: He sent a letter of commiseration. Envió una carta para decir cuánto lo sentía.

com·mis·sion¹ S3 W2 /kəˈmɪʃən/ s
1 [C] (grupo) comisión
2 [C,U] (dinero) comisión, comisiones • **on commission** a/por comisión
3 [C] (a un artista, un arquitecto) comisión, encargo • **get/receive a commission from sb** recibir un encargo de alguien
4 [C] cargo de oficial

EXPRESIONES
in commission en servicio, en uso • **out of commission (a)** fuera de servicio **(b)** (coloq) fuera de combate

commission² v [T] **1** encargar • **commission sb/sth to do sth** encargar a alguien/algo que haga algo **2 be commissioned** ser nombrado -a oficial, recibir el cargo de oficial

com·mis·sion·er /kəˈmɪʃənər/ s [C] **1** (tb **police commissioner**) jefe -a de policía, inspector -a **2** comisionado -a **3** presidente (de una asociación deportiva): the NBA commissioner el presidente de la NBA **4** comisario -a, miembro de la comisión

com·mit S2 W2 /kəˈmɪt/ v (**committed, committing**)
1 [T] cometer • **commit a crime** cometer un delito • **commit suicide** suicidarse • **commit adultery (with sb)** cometer adulterio (con alguien) • **commit a sin** cometer un pecado
2 [I,T] comprometer(se) • **commit yourself** comprometerse • **commit (yourself) to doing sth** comprometerse a hacer algo
3 commit sb to (doing) sth obligar/comprometer a alguien a (hacer) algo
4 [T] asignar, destinar (dinero, recursos), enviar (tropas) • **commit time/resources to sth** destinar tiempo/recursos a algo
5 [T] internar (en un psiquiátrico) • **commit sb to a mental institution** internar a alguien en un hospital psiquiátrico • **commit sb to prison** enviar a alguien a prisión

EXPRESIONES
commit sth to memory (frml) memorizar algo • **commit sth to paper** (frml) consignar algo por escrito

com·mit·ment S3 W2 /kəˈmɪtˀmənt/ s
1 [C,U] compromiso • **a commitment to sth/to do sth**

C

un compromiso con algo/de hacer algo • **make a commitment** asumir un compromiso, comprometerse
2 [U] dedicación, entrega • **commitment to a job/company** entrega a un trabajo/lealtad a una empresa
3 [U] compromiso afectivo
4 [C] responsabilidad, obligación

com·mit·ted /kə'mɪtɪd/ *adj* dedicado -a, comprometido -a

com·mit·tee S2 W1 /kə'mɪti/ *s* [C] comité, comisión • **be on a committee** ser miembro de un comité/una comisión

com·mode /kə'məʊd/ *s* [C] **1** inodoro, excusado **2** silla con bacinilla incorporada

com·mod·i·ty /kə'mɑdəti/ *s* [C] (pl **commodities**) **1** producto (básico), materia prima, commodity • **commodity market** (tb **commodities market**) mercado de materias primas **2** bien (cosa útil)

com·mo·dore /'kɑmə,dɔr/ *s* [C] comodoro

com·mon[1] S2 W1 /'kɑmən/ *adj*
1 común, frecuente • **be a common occurence** ser algo bastante común • **a common cause of sth** una causa frecuente de algo • **it's common for sb to do sth** es común que alguien haga algo
2 [gralm ante s, sin compar] (compartido) común • [+**to**]: *These problems are common to all societies.* Estos problemas son comunes a todas las sociedades. • **sth is common knowledge** algo es vox populi, todos saben algo
3 [solo ante s, sin compar] (no especial) común, corriente, ordinario -a • **a common criminal** un delincuente común • **the common man** el hombre común/de la calle • **the common people** la gente común (y corriente)
4 [solo ante s, sin compar] (en botánica, zoología) común: *the common housefly* la mosca común

EXPRESIONES
by common consent de común acuerdo • **common courtesy/decency** la cortesía/consideración más elemental • **the common good** el bien común • **common ground** puntos en común • **have/lose the common touch** tener/perder el don de ponerse al nivel de la gente común • **make common cause (with sb)** (*frml*) hacer causa común (con alguien)

⚠ La frase **it is common** va seguida de **for sth to happen**: *In the US, it is common for both parents to work.* (✗ that both parents work.)

common[2] *s* [C] terrenos comunitarios destinados al ocio y los deportes
EXPRESIONES
have sth in common (with sb/sth) tener algo en común (con alguien/algo) • **in common with sb/sth** al igual que alguien/algo

ˌ**common ˈcold** *s* [C gralm sing] resfriado, gripa, catarro

ˌ**common deˈnominator** *s* [C] denominador común

ˌ**common ˈlaw** *s* [U] derecho consuetudinario

ˈ**common-law** *adj* [solo ante s] **common-law husband/wife/marriage** esposo/esposa/unión de hecho

com·mon·ly /'kɑmənli/ *adv* **1** comúnmente • **be commonly called/known as** conocerse comúnmente como **2** generalmente

com·mon·place[1] /'kɑmən,pleɪs/ *adj* común, frecuente

commonplace[2] *s* [C gralm sing] **be a commonplace** ser algo común/frecuente

ˌ**common ˈsense** *s* [U] sentido común

com·mon·wealth /'kɑmən,wɛlθ/ *s* [C] **1** estado: *the Commonwealth of Massachusetts* el Estado de Massachusetts **2** estado libre asociado

com·mo·tion /kə'məʊʃən/ *s* [sing, U] alboroto, revuelo

com·mu·nal /kə'myunl/ *adj* compartido -a, comunal

com·mune[1] /'kɑmyun/ *s* [C] **1** (hippie, religiosa) comuna **2** (en países comunistas) comuna **3** ayuntamiento (en Francia, Bélgica)

com·mune[2] /kə'mjun/ *v*
commune with sb/sth *v+partic* (*liter*) entrar en comunión con alguien/algo, comunicar con alguien/algo • **commune with nature** estar en contacto íntimo con la naturaleza

com·mu·ni·ca·ble /kə'myunɪkəbəl/ *adj* **1** contagioso -a, transmisible **2** (*frml*) comunicable

com·mu·ni·cate S3 W3 /kə'myunə,keɪt/ *v*
1 [I,T] (información) comunicar(se): *We communicate by e-mail.* Nos comunicamos por correo electrónico. • **communicate with sb** comunicarse con alguien • **communicate sth to sb** comunicarle algo a alguien
2 [I] (en el plano emocional) comunicarse, entenderse • **communicate with sb** comunicarse/entenderse con alguien
3 [T gralm en pasiva] contagiar, transmitir
4 [I] (habitaciones) comunicarse: *a communicating door* una puerta de comunicación

com·mu·ni·ca·tion S3 W2 /kə,myunə'keɪʃən/ *s*
1 (actividad) [U] comunicación • [+**between**]: *communication between parents and teachers* la comunicación entre padres y profesores • **be in communication with sb** (*frml*) estar en comunicación/en contacto con alguien • **a breakdown in communication** una falla de comunicación, un problema de comunicación
2 communications [pl] (medios) comunicaciones, telecomunicaciones • **communications system** (tb **communications network**) sistema de comunicación, red de comunicaciones
3 [C] (*frml*) (mensaje) comunicación

com·mu·ni·ca·tive /kə'myunəkətɪv, -,keɪtɪv/ *adj* **1** (persona) comunicativo -a **2** (*técn*) (capacidad, actividad) comunicativo -a

com·mun·ion /kə'myunyən/ *s* [U] **(Holy) Communion** la comunión • **take Communion** comulgar

com·mu·ni·qué /kə'myunə,keɪ, kə,myunə'keɪ/ *s* [C] comunicado

com·mu·nism, Communism /'kɑmyə,nɪzəm/ *s* [U] comunismo

com·mu·nist W2, **Communist** /'kɑmyənɪst/ *s* [C], *adj* comunista

com·mu·ni·ty S2 W1 /kə'myunəti/ *s* (pl **communities**)

1	lugareños
2	lugar
3	tipo de personas
4	sociedad
5	sentimiento
6	grupo que convive

1 LUGAREÑOS [C] comunidad (local) • **community leader** líder/autoridad local
2 LUGAR [C] comunidad, localidad: *a small rural community* una pequeña localidad rural
3 TIPO DE PERSONAS [C] comunidad • **an ethnic community** una comunidad étnica • **the gay/black community** la comunidad gay/negra • **the business/academic community** la comunidad empresarial/académica
4 SOCIEDAD the community la sociedad • **the international community** la comunidad internacional
5 SENTIMIENTO unidad • **a sense of community** un espíritu de comunidad
6 GRUPO QUE CONVIVE [C] comunidad

comˈmunity ˌcollege *s* [C] en EU y Canadá, establecimiento terciario que ofrece cursos de dos años SIN **junior college**

comˌmunity ˈservice *s* [U] trabajo comunitario, servicios a la comunidad

com·mute[1] /kə'myut/ *v* **1** [I] hacer un viaje largo a diario para ir al trabajo **2** [T] conmutar (una pena)

commute[2] *s* [C gralm sing] viaje largo diario para ir a trabajar

com·mut·er /kə'myutə/ *s* [C] persona que se desplaza una distancia considerable a diario para ir a trabajar

Com·o·ran[1] /'kɑmərən/ *s* [C] comorense

Comoran² *adj* comorense

Com·o·ros /'kɑməˌroʊs/ Comoras

com·pact¹ /'kɑmpækt, kəm'pækt/ *adj* **1** con buena distribución (departamento, cuarto), práctico -a (diseño), compacto -a (carro) **2** compacto -a (nieve, masa)

com·pact² /'kɑmpækt/ *s* [C] **1** polvera **2** compacto, utilitario

com·pact³ /kəm'pækt/ *v* [T] compactar, comprimir

compact disc /ˌkɑmpækt 'dɪsk/ *s* [C] compact (disc), (disco) compacto

com·pact·ed /'kɑmpæktɪd, kəm'pæk-/ *adj* compactado -a

com·pan·ion /kəm'pænyən/ *s* [C] **1** (persona) compañero -a • **a traveling/drinking companion** un compañero/una compañera de viaje/copas **2** (guante, medias) compañero -a **3** guía, manual

com·pan·ion·a·ble /kəm'pænyənəbəl/ *adj* cordial • **companionable silence** agradable silencio (sin sentir la obligación de hablar)

com·pan·ion·ship /kəm'pænyənˌʃɪp/ *s* [U] compañía, relación

com·pa·ny S1 W1 /'kʌmpəni/ *s* (pl **companies**)

> 1 entidad
> 2 de una persona
> 3 invitados
> 4 de teatro, danza
> 5 amistades
> 6 unidad militar

1 ENTIDAD [C] empresa, compañía • **a multinational company** una empresa multinacional • **an insurance/ oil/record company** una aseguradora/una empresa petrolera/una compañía discográfica • **run a company** llevar/dirigir una empresa • **company director** director -a de empresa • **company policy** política de la empresa ▶ ver nota en **EMPRESA**
2 DE UNA PERSONA [U] compañía • **enjoy sb's company** disfrutar de la compañía de alguien • **keep sb company** hacerle compañía a alguien • **in the company of sb** en compañía de alguien • **he/she is good company** da gusto estar con él/ella
3 INVITADOS [U] visitas • **have company** tener visita(s) • **be expecting company** esperar visita(s)
4 DE TEATRO, DANZA [C] compañía
5 AMISTADES [U] compañías • **the company sb keeps** las compañías que frecuenta alguien • **bad company** malas compañías
6 UNIDAD MILITAR [C] compañía ▶ in MIXED company, PART company, in POLITE company, PRESENT company excepted

EXPRESIONES
be in good company no ser el único/la única • **two's company, three's a crowd** (*coloq*) dos son compañía, tres son multitud

com·pa·ra·ble /'kɑmpərəbəl/ *adj* comparable • **comparable in size/importance (to sth)** comparable en tamaño/importancia (a algo)

com·par·a·tive¹ /kəm'pærətɪv/ *adj* **1** [solo ante s] relativo -a: *comparative safety* seguridad relativa **2** [solo ante s] (de comparación) comparativo -a: *a comparative study* un estudio comparativo **3** (*técn*) (en gramática) comparativo -a

comparative² *s* **1 the comparative** (*técn*) (en gramática) el (grado) comparativo **2** [C] comparativo

com·par·a·tive·ly /kəm'pærətɪvli/ *adv* relativamente

com·pare¹ S2 W1 /kəm'pɛr/ *v*
1 [T] (confrontar) comparar • **compare sth/sb to sth/sb** (tb **compare sth/sb with sth/sb**) comparar algo/a alguien con algo/alguien • **compared to sb/sth** (tb **compared with sb/sth**) en comparación con alguien/algo
2 [T] (equiparar) comparar • **compare sth/sb to sth/sb** (tb **compare sth/sb with sth/sb**) comparar algo/a

alguien con algo/alguien: *He has been compared to Tolstoy.* Se le ha comparado con Tolstoi.
3 [I] (ser mejor o peor) **compare with sb/sth** *How does this job compare with your last one?* ¿Qué tal es este trabajo comparado con el anterior? • **sth doesn't/can't compare with sth** algo no tiene comparación con algo • **sth compares favorably/unfavorably with sth** algo es bueno/malo en comparación con algo

EXPRESIONES
compare notes (with sb) (*coloq*) cambiar impresiones (con alguien), intercambiar experiencias (con alguien)

compare² *s* **beyond/without compare** (*liter*) incomparable, sin comparación

com·par·i·son W3 /kəm'pærəsən/ *s*
1 [U] (proceso de confrontar) la comparación • **in comparison (to/with sth)** en comparación (con algo) • **by comparison (with sth)** en comparación (con algo)
2 [C] (acto individual de confrontar) comparación • **make a comparison** hacer una comparación • [+of/between]: *a comparison of pollution levels in major cities* una comparación de los niveles de contaminación en grandes ciudades
3 [C,U] (equiparación) comparación • **the comparison of sb/sth to sb/sth** la comparación de alguien/algo con alguien/algo • **make/draw a comparison between** comparar, establecer una comparación entre • **invite comparison with** ser comparable con, recordar a • **stand/ bear comparison (with sth)** poder compararse (con algo)

EXPRESIONES
there's no comparison (*oral*) no hay punto de comparación

com·part·ment /kəm'pɑrtˉmənt/ *s* [C] **1** (en un recipiente, un aparato) compartimento, compartimiento **2** (en un tren) compartimento, compartimiento • **a first-class/second-class compartment** un compartimento de primera/segunda clase ▶ GLOVE COMPARTMENT

com·part·men·tal·ize /kəmˌpɑrtˉ'mɛntəlˌaɪz/ *v* [T] compartimentar

com·part·men·tal·ized /kəmˌpɑrtˉ'mɛntəlˌaɪzd/ *adj* compartimentado -a

com·pass /'kʌmpəs/ *s* **1** [C] brújula **2** [C] (tb **pair of compasses**) compás (para hacer círculos) **3** [U] (*frml*) **within/beyond the compass of sth** dentro de/más allá de los límites de algo, en el ámbito/fuera del alcance de algo

com·pas·sion /kəm'pæʃən/ *s* [U] compasión

com·pas·sion·ate /kəm'pæʃənɪt/ *adj* compasivo -a

com·passionate 'leave *s* [U] licencia por motivos familiares

com·pas·sion·ate·ly /kəm'pæʃənɪtli/ *adv* compasivamente

com·pat·i·bil·i·ty /kəmˌpætə'bɪləti/ *s* [U] **1** (*técn*) (en informática) compatibilidad **2** (de personas, ideas, estilos) compatibilidad

com·pat·i·ble¹ /kəm'pætəbəl/ *adj* **1** (en informática) compatible • **Windows compatible** compatible con Windows **2** (personas, ideas, estilos) compatible

compatible² *s* [C] compatible (computador, dispositivo) • **an IBM compatible** un computador compatible con IBM

com·pa·tri·ot /kəm'peɪtriət/ *s* [C] **sb's compatriot** el/la compatriota de alguien

com·pel /kəm'pɛl/ *v* [T] (**compelled, compelling**)
1 obligar • **compel sb to do sth** obligar a alguien a hacer algo • **feel compelled to do sth** sentirse obligado -a a hacer algo **2** (*frml*) imponer (respeto, obediencia), llamar (la atención)

com·pel·ling /kəm'pɛlɪŋ/ *adj* **1** fascinante, apasionante (relato, película) **2** convincente, de peso (argumento, razón, pruebas) **3** imperioso -a (necesidad, deseo)

com·pen·di·um /kəm'pɛndiəm/ *s* [C] (pl **compendiums, compendia** /-diə/) compendio

com·pen·sate /'kɑmpən,seɪt/ v 1 [I] compensar • **compensate for sth** compensar algo 2 [T] indemnizar • **compensate sb for sth** indemnizar a alguien por algo

com·pen·sa·tion /,kɑmpən'seɪʃən/ s 1 [U] indemnización • **$30,000 in compensation** 30.000 dólares de indemnización • **pay sb compensation** indemnizar a alguien 2 [C,U] compensación 3 [U] remuneración (de un ejecutivo) *a compensation package worth $16 million* un paquete salarial de 16 millones de dólares

com·pen·sa·to·ry /kəm'pɛnsə,tɔri/ adj [solo ante s] 1 indemnizatorio -a • **compensatory damages** indemnización por daños y perjuicios 2 (medida, licencia) compensatorio -a 3 (educación) compensatorio -a

com·pete S3 W2 /kəm'pit/ v [I] 1 (en negocios) competir • **compete with/against sth** competir con algo, hacer la competencia a algo • **compete for sth** competir por algo 2 (en el trabajo, en el amor) competir • **compete for sth** competir por algo • **compete with/against sb (for sth)** competir con alguien (por algo) 3 (en concursos, deportes) competir • **compete against sb** competir con alguien

com·pe·tence /'kɑmpətəns/ s (pl **competencies**) 1 [U] (tb **competency**) competencia, capacidad ANT **incompetence** 2 [U] (jur) competencia, jurisdicción 3 [C] (tb **competency**) (frml) (habilidad) competencia

com·pe·tent /'kɑmpətənt/ adj 1 competente, capaz • **competent to do sth** capacitado -a para hacer algo ANT **incompetent** 2 (de nivel) aceptable 3 en pleno uso de sus facultades mentales

com·pe·tent·ly /'kɑmpətəntli/ adv competentemente, de manera satisfactoria

com·pet·ing /kəm'pitɪŋ/ adj [solo ante s] 1 en conflicto, encontrado -a (intereses), contradictorio -a (versiones, relatos) 2 rival (empresas, productos)

com·pe·ti·tion S3 W2 /,kɑmpə'tɪʃən/ s 1 [U] (situación) competencia • [+for]: *Competition for the job was intense.* La competencia por el puesto fue dura. • [+between/among]: *competition among suppliers* competencia entre proveedores • **fierce/stiff competition** competencia feroz/dura • **be in competition with sb/sth** competir con alguien/algo 2 [sing, U] (personas, empresas) competencia • **the competition** la competencia • **there's no competition** no hay competencia 3 [C] concurso, competición: *a photography competition* un concurso de fotografía • **a competition to do sth** concurso para hacer algo • **enter a competition** participar en un concurso • **hold a competition** celebrar un concurso

com·pet·i·tive W3 /kəm'pɛtətɪv/ adj 1 (mercado, sector, entorno) competitivo -a 2 (empresa) competitivo -a 3 (persona, actitud) competitivo -a 4 (actividad, negocio) competitivo -a 5 [solo ante s] (deporte) de competición, competitivo -a: *competitive sports* deportes de competición 6 (precios, sueldos) competitivo -a

com·pet·i·tive·ness /kəm'pɛtətɪvnɪs/ s [U] 1 (de una persona) competitividad 2 (de una empresa, un producto) competitividad

com·pet·i·tor W3 /kəm'pɛtətər/ s [C] 1 (en negocios) competidor -a 2 (en deportes) competidor -a

com·pi·la·tion /,kɑmpə'leɪʃən/ s 1 [C] (obra) recopilación, compilación 2 [U] (proceso) recopilación, compilación

com·pile /kəm'paɪl/ v [T] recopilar, compilar

com·pla·cen·cy /kəm'pleɪsənsi/ (tb **com·pla·cence** /kəm'pleɪsəns/) s [U] autocomplacencia

com·pla·cent /kəm'pleɪsənt/ adj autocomplaciente, satisfecho -a de sí mismo -a: *We won, but we're not going to get complacent.* Hemos ganando, pero no vamos a dormirnos en los laureles.

com·pla·cent·ly /kəm'pleɪsəntli/ adv con autocomplacencia, con suficiencia

com·plain S2 W2 /kəm'pleɪn/ v 1 [I,T nunca en pasiva] quejarse • **complain (that)** quejarse de que • [+about]: *The neighbors complained about the noise.* Los vecinos se quejaron del ruido. • **complain to sb** quejarse a alguien, presentar una queja a alguien 2 **complain of sth** quejarse de algo (un dolor, un síntoma)
EXPRESIONES
(I) can't complain (oral) no me puedo quejar

com·plaint S3 W2 /kəm'pleɪnt/ s 1 [C,U] queja (reclamación) • [+about]: *complaints about the barking dog* quejas por los ladridos del perro • [+that]: *complaints that children are being mistreated* quejas de que se está maltratando a los niños • **make a complaint** presentar una queja • **cause/grounds for complaint** motivo(s) de queja 2 [C] (motivo de) queja 3 [C] (frml) dolencia, afección

com·ple·ment[1] /'kɑmpləmənt/ s [C] 1 **a complement to sth** un complemento de algo 2 dotación • **a/the full complement of sth** una/la dotación completa de algo 3 (técn) (en gramática) (complemento) predicativo ▶ COMPLIMENT

comp·le·ment[2] /'kɑmplə,mɛnt/ v [T] complementar ▶ COMPLIMENT

com·ple·men·ta·ry /,kɑmplə'mɛntri◂, -'mɛntəri◂/ adj 1 complementario -a 2 [solo ante s] complementario -a, de medicina complementaria

,complementary 'medicine s [U] medicina complementaria

com·plete[1] S2 W2 /kəm'plit/ adj 1 completo -a • **the complete works of Shakespeare/Plato** las obras completas de Shakespeare/Platón 2 [solo ante s] total, absoluto -a: *a complete waste of time* una verdadera pérdida de tiempo • *a complete idiot* un auténtico idiota 3 [nunca ante s] terminado -a, finalizado -a ANT **incomplete**
EXPRESIONES
complete with sth con algo incluido

complete[2] S2 W2 v [T] 1 terminar, completar (un curso, un edificio) 2 completar (una colección, una frase) 3 rellenar (un formulario, un cuestionario)

com·plete·ly S1 W2 /kəm'plit⌐li/ adv 1 (para enfatizar) completamente, totalmente 2 (incluyendo todo) completamente, por completo

com·ple·tion /kəm'pliʃən/ s [U] 1 (estado) finalización • **be nearing completion** *Repair work is nearing completion.* Las obras de reparación están próximas a finalizar. • **completion date** fecha de finalización 2 (acción) finalización • **on/upon completion of sth** al finalizar algo

com·plex[1] W2 /kəm'plɛks, kɑm-, 'kɑmplɛks/ adj complejo -a, complicado -a

com·plex[2] /'kɑmplɛks/ s [C] 1 (en urbanismo) complejo 2 (en psicología) complejo ▶ INFERIORITY COMPLEX

com·plex·ion /kəm'plɛkʃən/ s 1 [C,U] tez, cutis 2 [sing] carácter, índole

com·plex·i·ty /kəm'plɛksəti/ s (pl **complexities**) 1 [U] complejidad 2 **complexities** [pl] complejidades

com·pli·ance /kəm'plaɪəns/ s [U] cumplimiento ▶ COMPLY

com·pli·ant /kəm'plaɪənt/ adj 1 dócil 2 **be compliant with sth** cumplir (con) algo ▶ COMPLY

com·pli·cate /'kɑmplə,keɪt/ v [T] complicar

com·pli·cat·ed S2 W3 /'kɑmplə,keɪtɪd/ adj 1 (difícil) complicado -a, complejo -a 2 [gralm ante s] (con muchos elementos) complejo -a, complicado -a

C

com·pli·ca·tion /ˌkɑmplə'keɪʃən/ *s* **1** [C,U] (dificultad) complicación **2** [C gralm pl] (en medicina) complicación

com·plic·i·ty /kəm'plɪsəṯi/ *s* [U] *(frml)* complicidad

com·pli·ment¹ /'kɑmpləmənt/ *s* **1** [C] (expresión) cumplido, halago, piropo • **pay sb a compliment** hacerle un cumplido a alguien, decirle un piropo a alguien **2** [sing] (acto) halago, cumplido **3 compliments** [pl] felicitaciones, enhorabuena ▶ COMPLEMENT

EXPRESIONES

return the compliment devolver el cumplido • **with the compliments of sb** con un cordial/atento saludo de alguien, (por) gentileza de alguien

comp·li·ment² /'kɑmpləˌmɛnt/ *v* [T] elogiar, halagar • **compliment sb on sth** felicitar a alguien por algo ▶ COMPLEMENT

com·pli·men·ta·ry /ˌkɑmplə'mɛntri, -'mɛnṯəri/ *adj* **1** de regalo • **complimentary tickets** invitaciones, entradas/boletos de regalo **2** elogioso -a, halagador -a

com·ply /kəm'plaɪ/ *v* [I] (**complies, complied, complying**) *(frml)* **comply with sth** cumplir (con) algo (la ley, las normas)

com·po·nent¹ W3 /kəm'poʊnənt/ *s* [C] componente, pieza

component² *adj* [solo ante s] componente, integrante • **component parts** partes integrantes

com·pose /kəm'poʊz/ *v* **1 be composed of sth** componerse de algo, estar compuesto -a de algo **2** [I,T] componer (música) **3** [T] *(frml)* redactar, escribir **4** [T] **compose yourself** serenarse, recuperar la compostura • **compose your thoughts** poner en orden sus ideas

com·posed /kəm'poʊzd/ *adj* **1** sereno -a, calmado -a **2** referido a una ensalada, distribuida ornamentalmente en un plato

com·pos·er /kəm'poʊzɚ/ *s* [C] compositor -ora

com·pos·ite¹ /kəm'pɑzɪt/ *adj* [solo ante s] **1** compuesto -a, complejo -a (con distintos elementos) **2 composite drawing/sketch/photograph** retrato hablado, identikit

composite² *s* [C] **1** compuesto, amalgama **2** retrato hablado, identikit

com·po·si·tion /ˌkɑmpə'zɪʃən/ *s* **1** [C,U] (de una sustancia, un gobierno) composición **2** [C] (obra musical, artística) composición **3** [C] (tarea escolar) redacción, composición **4** [U] (proceso creativo) composición

com·post¹ /'kɑmpoʊst/ *s* [U] abono, compost

compost² *v* [T] hacer abono con

com·po·sure /kəm'poʊʒɚ/ *s* [U] compostura, serenidad • **regain/recover your composure** recuperar la compostura

com·pound¹ /'kɑmpaʊnd/ *s* [C] **1** recinto **2** *(técn)* compuesto (químico) **3** *(técn)* (en gramática) compuesto, locución sustantiva

com·pound² /kəm'paʊnd/ *v* [T] agravar

com·pound³ /'kɑmpaʊnd, kɑm'paʊnd/ *adj* [solo ante s] *(técn)* **1** (en gramática) compuesto -a, pluriverbal **2** (de varias partes) compuesto -a

ˌcompound 'interest *s* [U] interés compuesto

com·pre·hend /ˌkɑmprɪ'hɛnd/ *v* [I,T nunca en forma continua] *(frml)* comprender, entender

com·pre·hen·si·ble /ˌkɑmprɪ'hɛnsəbəl/ *adj* comprensible, inteligible

com·pre·hen·si·bly /ˌkɑmprɪ'hɛnsəbli/ *adv* de manera comprensible

com·pre·hen·sion /ˌkɑmprɪ'hɛnʃən/ *s* **1** [U] comprensión • **have no comprehension of sth** no comprender algo • **be beyond (sb's) comprehension** resultar incomprensible (a alguien) **2** [C] (tb **comprehension exercise**) ejercicio de comprensión (oral, lectora)

com·pre·hen·sive¹ /ˌkɑmprɪ'hɛnsɪv◂/ *adj* exhaustivo -a, completo -a (estudio, plan, lista)

comprehensive² *s* [C gralm pl] examen integral que se da al finalizar una carrera universitaria de grado o posgrado

com·pre·hen·sive·ly /ˌkɑmprɪ'hɛnsɪvli/ *adv* exhaustivamente, por completo

com·press¹ /kəm'prɛs/ *v* **1** [T] apretar, comprimir **2** [T gralm en pasiva] (un proceso, un periodo) condensar **3** [T] (un texto) condensar

com·press² /'kɑmprɛs/ *s* [C] compresa (para fiebre, heridas)

com·pres·sion /kəm'prɛʃən/ *s* [U] compresión

com·prise /kəm'praɪz/ *v* [nunca en forma continua] *(frml)* **1** [v copul] constar de, componerse de • **be comprised of sth/sb** componerse de algo/alguien **2** [T] constituir, componer

com·pro·mise¹ /'kɑmprəˌmaɪz/ *s* **1** [C] acuerdo (de compromiso), solución de compromiso • **reach a compromise** alcanzar un acuerdo/una solución de compromiso **2 a compromise between sth and sth** un equilibrio entre algo y algo, una solución a medio camino entre algo y algo

compromise² *v* **1** [I] transigir, ceder • [+**on**]: *He won't compromise on the price.* No va a ceder en el precio. **2** [T] comprometer, poner en peligro **3** [T] **compromise your principles/beliefs** comprometer sus principios/creencias • **compromise yourself** ponerse en un compromiso

com·pro·mis·ing /'kɑmprəˌmaɪzɪŋ/ *adj* comprometedor -a

comp time /'kɑmp ˌtaɪm/ *s* [U] tiempo compensatorio (vacaciones)

com·pul·sion /kəm'pʌlʃən/ *s* **1** [C] compulsión, impulso irrefrenable • **a compulsion to do sth** la compulsión de hacer algo **2** [U] obligación • **be under no compulsion to do sth** no tener (la) obligación de hacer algo

com·pul·sive /kəm'pʌlsɪv/ *adj* **1** (conducta, hábito) compulsivo -a **2** [solo ante s] (persona) compulsivo -a • **a compulsive liar/gambler** un mentiroso/jugador compulsivo, una mentirosa/jugadora compulsiva **3** (libro, programa) • **be compulsive viewing/reading** ser verdaderamente fascinante, ser algo que no se puede dejar de ver/leer

com·pul·sive·ly /kəm'pʌlsɪvli/ *adv* compulsivamente

com·pul·so·ry /kəm'pʌlsəri/ *adj* *(frml)* obligatorio -a

com·punc·tion /kəm'pʌŋkʃən/ *s* [U] *(frml)* reparo, escrúpulo

com·pu·ta·tion /ˌkɑmpyə'teɪʃən/ *s* [C,U] *(frml)* cálculo, cómputo

com·pute /kəm'pyut/ *v* *(frml)* **1** [I,T] calcular, contabilizar **2** [I] *(oral)* cuadrar, tener sentido

com·put·er S1 W1 /kəm'pyuṯɚ/ *s* [C] computador, computadora • **be held/stored/kept on computer** estar computarizado -a *a computer screen* una pantalla de computador • *computer software* programas de computador

'computer ˌgame *s* [C] juego de computador

com·pu·ter·i·za·tion /kəmˌpyuṯərə'zeɪʃən/ *s* [U] computarización

com·put·er·ize /kəm'pyuṯəˌraɪz/ *v* [I,T] informatizar(se), computarizar(se)

comˌputer 'literacy *s* [U] conocimientos de computadores

comˌputer 'literate *adj* con conocimientos de computadores

com'puter ˌsystem *s* [C] sistema de computadores

com·put·ing /kəm'pyuṯɪŋ/ *s* [U] informática

com·rade /'kɑmræd/ *s* [C] **1** *(frml)* (compañero) camarada **2** (como apelativo) camarada

com·rade·ship /'kɑmrædˌʃɪp/ *s* [U] *(frml)* camaradería

con[1] /kɑn/ v [T] (**conned**, **conning**) (*coloq*) timar, estafar, embaucar • **con sb out of sth** timarle algo a alguien

con[2] s [C] timo, estafa

'**con ˌartist** s [C] timador -a, estafador -a

con·cave /ˌkɑn'keɪv‹/ adj cóncavo -a

con·ceal /kən'sil/ v [T] (*frml*) **1** (objetos, personas) ocultar **2** (los sentimientos) ocultar, disimular • **conceal sth from sb** ocultarle algo a alguien **3** (información, la verdad) ocultar • **conceal sth from sb** ocultarle algo a alguien

con·ceal·ment /kən'silmənt/ s [U] (*frml*) **1** (de una persona, un animal) *He ran out from the concealment of the bushes.* Salió corriendo de los arbustos donde estaba escondido. **2** (de información, de la verdad) ocultación, ocultamiento **3** (de los sentimientos) ocultación, ocultamiento

con·cede W3 /kən'sid/ v
1 [T] admitir • **concede (that)** admitir que
2 [I,T] **concede (defeat)** admitir la derrota, darse por vencido -a
3 [T] ceder • **concede sth to sb** cederle algo a alguien
4 concede a goal/point recibir un gol/un punto (en contra) • **concede a penalty** cometer un penal

con·ceit /kən'sit/ s **1** [U] (*peyor*) engreimiento, vanidad **2** [C] (*frml*) artificio/truco ingenioso (en cine, teatro), concepto (en teoría literaria)

con·ceit·ed /kən'sitɪd/ adj (*peyor*) engreído -a

con·ceit·ed·ly /kən'sitɪdli/ adv (*peyor*) con engreimiento, vanidosamente

con·ceiv·a·ble /kən'sivəbəl/ adj concebible, posible, imaginable • **it is conceivable (that)...** cabe la posibilidad de que... • **every conceivable thing/type/way** todas las cosas/clases/maneras imaginables ANT **inconceivable**

con·ceiv·a·bly /kən'sivəbli/ adv posiblemente: *Unemployment could conceivably fall this year.* Cabe la posibilidad de que el desempleo disminuya este año.

con·ceive /kən'siv/ v **1** [I,T] (*frml*) (un hecho, una situación) concebir, imaginar • **conceive of sth** concebir/imaginar algo • **conceive of doing sth** concebir hacer algo **2** [T] (un plan, una idea) concebir **3** [I,T] (un hijo) concebir

con·cen·trate[1] S3 W3 /'kɑnsən,treɪt/ v
1 [I] (mentalmente) concentrarse • **concentrate on (doing) sth** concentrarse en (hacer) algo
2 [T] (reunir) concentrar

EXPRESIONES
concentrate your/the mind (*frml*) hacer ver las cosas con claridad, hacer que uno recapacite
concentrate on v+partíc **concentrate on sth** centrarse/concentrarse en algo: *Let's concentrate on the important issues.* Centrémonos en las cuestiones importantes.

concentrate[2] s [C,U] concentrado

con·cen·trat·ed /'kɑnsən,treɪtɪd/ adj [gralm ante s]
1 (jugo, detergente) concentrado -a **2** (acción, actividad, grupo) concentrado -a **3** [solo ante s] (esfuerzo) consciente

con·cen·tra·tion W3 /ˌkɑnsən'treɪʃən/ s
1 [U] (mental) concentración • **lose (your) concentration** desconcentrarse, perder la concentración
2 [U] (en una actividad, un problema) **concentration on sth** concentración en algo, dedicación a algo
3 [C,U] (de personas, sustancias) concentración

ˌ**concen'tration ˌcamp** s [C] campo de concentración

con·cen·tric /kən'sɛntrɪk/ adj (*técn*) concéntrico -a

con·cept S2 W2 /'kɑnsɛpt/ s [C] concepto • **have no concept of sth** no tener noción de algo, no tener el concepto de algo

con·cep·tion /kən'sɛpʃən/ s **1** [C,U] concepción, concepto • **have no conception of sth** no tener idea de algo **2** [U] concepción, embarazo

con·cep·tu·al /kən'sɛptʃuəl/ adj (*frml*) conceptual

con·cep·tu·al·ly /kən'sɛptʃuəli/ adv conceptualmente

con·cern[1] S3 W1 /kən'sən/ s
1 [U] (sentimiento) preocupación • [+about/over]: *public concern about the environment* preocupación pública por el medio ambiente • [+for]: *concern for the child's safety* preocupación por la seguridad del niño
2 [C] (cosa que preocupa) preocupación • [+about/over/for]: *My only concern about the trip is whether I'll be ready.* Lo único que me preocupa del viaje es si estaré lista. • [+that]: *There are concerns that the two men may not receive fair trials.* Existe la preocupación de que los dos hombres no tengan un juicio justo. • **main/major/biggest concern** principal/gran/mayor preocupación
3 [U] (por los demás) interés, preocupación • [+for]: *She shows no concern for others.* No muestra preocupación alguna por los demás.
4 [C,U] (cosa que importa) preocupación • **be of concern to sb** concernir a alguien • **not be sb's concern** (*frml*) no ser asunto de alguien/no ser de la incumbencia de alguien
5 [C] negocio, empresa • **a going concern** un negocio rentable

concern[2] v [T] **1** [nunca en pasiva] concernir, afectar **2** preocupar, inquietar **3** [nunca en pasiva] tratar de, versar sobre ▶ **CONCERNED**

con·cerned S2 W2 /kən'sənd/ adj
1 (con inquietud) preocupado -a • [+about]: *I'm very concerned about my daughter.* Estoy muy preocupado por mi hija. • [+for]: *Rescuers are concerned for the men's safety.* A los rescatistas les preocupa la seguridad de los hombres. • [+(that)]: *The police are concerned the protests may become violent.* A la policía le preocupa que las protestas se vuelvan violentas.
2 [nunca ante s] afectado -a, interesado -a: *All those concerned will be informed.* Se informará a todos los interesados. • **where sb/sth is concerned** cuando hay alguien/algo de por medio • **all concerned** todos los interesados
3 (por los demás) [+for/about]: *They are not concerned about our happiness.* No les preocupa si somos felices o no.
4 be concerned with sb/sth tratar de alguien/algo, versar sobre alguien/algo

EXPRESIONES
as far as I'm/she's concerned (*oral*) por lo que a mí/a ella respecta, para mí/ella • **as far as sth is concerned** (*oral*) por lo que respecta a algo

con·cern·ing /kən'sənɪŋ/ prep (*frml*) acerca de, respecto a/de, en relación con

con·cert S2 W3 /'kɑnsət/ s [C] concierto, recital

con·cert·ed /kən'sətɪd/ adj [solo ante s] coordinado -a, concertado -a • **make a concerted effort** hacer un gran esfuerzo

'**concert hall** s [C] auditorio, sala de conciertos

con·cer·ti·na /ˌkɑnsə'tinə/ s [C] concertina

con·cert·mas·ter /'kɑnsət ˌmæstə/ s [C] primer violín

con·cer·to /kən'tʃɛrtoʊ/ s [C] (pl **concertos**) concierto (composición)

con·ces·sion /kən'sɛʃən/ s **1** [C gralm pl] (en una disputa) concesión • **make concessions** hacer concesiones **2** [C] (negocio) concesión ▶ **CONCESSION STAND 3 concessions** [pl] bebidas y comidas ligeras o al paso que se venden en un estadio o un centro comercial

con·ces·sion·ar·y /kən'sɛʃəˌnɛri/ adj con concesiones, concesionario -a

con'cession ˌstand s [C] concesión, tienda (en un estadio, un teatro, etc.)

con·cierge /kɔn'syɛrʒ/ s [C] conserje (de un hotel)

con·cil·i·a·tion /kənˌsɪli'eɪʃən/ s [U] (*frml*) conciliación

con·cil·i·a·to·ry /kən'sɪliəˌtɔri/ adj conciliatorio -a

con·cise /kən'saɪs/ adj **1** conciso -a **2** abreviado -a

con·cise·ly /kən'saɪsli/ adv concisamente

con·clave /'kɑŋkleɪv/ s [C] (*frml*) cónclave

con·clude W2 /kənˈklud/ v
1 [T] (por los datos) concluir • **conclude (that)** llegar a la conclusión de que, concluir que • **conclude from sth that** concluir a partir de algo que
2 [T] (frml) (lo comenzado) concluir, finalizar
3 [I,T siempre + adv/prep] (frml) (con un remate) concluir, terminar • **conclude with sth** concluir/terminar con algo • **conclude sth with sth** concluir/terminar algo con algo
4 [T] cerrar, sellar (un acuerdo, un tratado)

con·clud·ing /kənˈkludɪŋ/ adj [solo ante s] final

con·clu·sion W2 /kənˈkluʒən/ s
1 [C] (decisión) conclusión • **come to the conclusion that** llegar a la conclusión de que • **reach/draw a conclusion** llegar a/extraer una conclusión
2 [sing] (frml) (final) conclusión • **bring sth to a conclusion** concluir algo, poner fin a algo
3 [sing] firma (de un acuerdo, tratado) ► FOREGONE CONCLUSION

EXPRESIONES
in conclusion en conclusión, para concluir • **jump to conclusions** sacar conclusiones precipitadas/apresuradas

con·clu·sive /kənˈklusɪv/ adj concluyente ANT **inconclusive**

con·clu·sive·ly /kənˈklusɪvli/ adv de manera concluyente

con·coct /kənˈkakt/ v [T] **1** inventarse, tramar (una historia, una excusa) **2** preparar, elaborar (una comida, una bebida)

con·coc·tion /kənˈkakʃən/ s [C] brebaje, mejunje, menjurge

con·cord /ˈkaŋkɔrd/ s [U] concordia, armonía

con·course /ˈkaŋkɔrs/ s [C] ambulatorio, hall (de estación, aeropuerto)

con·crete¹ /kanˈkrit, ˈkaŋkrit/ adj **1** [solo ante s] de hormigón, de concreto **2** concreto -a (prueba, ejemplo)

con·crete² /ˈkaŋkrit/ s [U] hormigón, concreto

con·crete·ly /kanˈkritli, ˈkaŋkritli/ adv concretamente

con·cur /kənˈkɚ/ v (**concurred**, **concurring**) (frml)
1 [I,T] coincidir (en), estar de acuerdo (en) • **concur with sb/sth** coincidir con alguien/algo • **concur that** coincidir en que **2** [I] coincidir, concurrir • **concur to do sth** concurrir para hacer algo

con·cur·rence /kənˈkɚəns, -ˈkʌrəns/ s (frml) **1** [U] acuerdo **2** [C] coincidencia

con·cur·rent /kənˈkɚənt, -ˈkʌrənt/ adj concurrente, simultáneo -a

con·cur·rent·ly /kənˈkɚəntli, -ˈkʌr-/ adv simultáneamente

con·cuss /kənˈkʌs/ v [T] producir conmoción cerebral a

con·cussed /kənˈkʌst/ adj conmocionado -a, con conmoción cerebral

con·cus·sion /kənˈkʌʃən/ s [C] conmoción (cerebral)

con·demn /kənˈdɛm/ v [T] **1** (moralmente) condenar • **condemn sth/sb as unfair/corrupt/hypocritical** condenar algo/a alguien por considerarlo injusto/corrupto/hipócrita • **condemn sb for (doing) sth** condenar a alguien por (hacer) algo **2** (judicialmente) **be condemned to 20 years/life imprisonment** ser condenado -a a 20 años de prisión/a cadena perpetua • **be condemned to death** ser condenado -a a muerte **3** (a una situación) **condemn sb to (do) sth** condenar a alguien a (hacer) algo **4** declarar inhabitable/en ruina (un edificio)

con·dem·na·tion /ˌkandəmˈneɪʃən/ s [C,U] condena, repulsa

con·den·sa·tion /ˌkandənˈseɪʃən/ s [U] condensación, vaho

con·dense /kənˈdɛns/ v **1** [I] condensarse (gas, vapor) **2** [T] condensar, resumir • **condense sth into sth** condensar/resumir algo en algo

con·dens·er /kənˈdɛnsɚ/ s [C] condensador

con·de·scend /ˌkandɪˈsɛnd/ v (peyor) **1** [I] actuar con arrogancia, mostrar aires de superioridad • **condescend to sb** mirar a alguien por encima del hombro **2** [T] **condescend to do sth** rebajarse/condescender a hacer algo

con·de·scend·ing /ˌkandɪˈsɛndɪŋ/ adj (peyor) arrogante, con aires de superioridad • [+to]: *Mother was so condescending to my friends.* Mamá era muy arrogante con mis amigos. • **a condescending attitude/tone** una actitud/un tono de superioridad

con·de·scend·ing·ly /ˌkandɪˈsɛndɪŋli/ adv con aires de superioridad

con·de·scen·sion /ˌkandɪˈsɛnʃən/ s [U] (peyor) arrogancia, aires de superioridad

con·di·ment /ˈkandəmənt/ s [C] (frml) condimento

con·di·tion¹ S2 W1 /kənˈdɪʃən/ s

1	estado
2	ambiente
3	tiempo
4	circunstancias
5	salud
6	en un acuerdo, un contrato
7	requisito
8	enfermedad

1 ESTADO [sing, U] condiciones, estado • **in (an) excellent/immaculate condition** en excelentes condiciones/en un estado impecable
2 AMBIENTE **conditions** [pl] condiciones • **working conditions** condiciones de trabajo/laborales • **living conditions** condiciones de vida
3 TIEMPO **conditions** [pl] condiciones (meteorológicas) • **cold/windy conditions** condiciones de frío/viento • **freezing conditions** heladas
4 CIRCUNSTANCIAS **conditions** [pl] condiciones • **under certain/normal/different conditions** en ciertas condiciones/en condiciones normales/en otras condiciones
5 SALUD [sing, U] estado (de salud) • **in (a) critical condition** en estado grave • **be in no condition to do sth** no estar en condiciones de hacer algo • **be out of condition** no estar en forma
6 EN UN ACUERDO, UN CONTRATO [C] condición • **meet/satisfy a condition** cumplir/satisfacer una condición • **on condition that** a condición de que • **on one condition** con una condición • **terms and conditions** términos y condiciones
7 REQUISITO [C] **condition for/of sth** condición para/de algo
8 ENFERMEDAD [C] afección, dolencia: *a medical condition* un problema de salud • **a heart/lung condition** una afección cardiaca/pulmonar

condition² v **1** [T gralm en pasiva] condicionar, someter a condicionamientos • **be conditioned to do sth** estar condicionado -a para hacer algo **2** [I,T] acondicionar (el cabello), tonificar (la piel) **3** [T gralm en pasiva] (frml) condicionar, determinar

con·di·tion·al¹ /kənˈdɪʃənəl/ adj **1** condicionado -a, condicional • **be conditional on/upon sth** estar supeditado -a a algo ANT **unconditional 2** (técn) condicional (en gramática)

conditional² s (técn) **1** [C] (oración) condicional **2 the conditional** [sing] el condicional

con·di·tion·er /kənˈdɪʃənɚ/ s [C,U] acondicionador (de pelo)

con·di·tion·ing /kənˈdɪʃənɪŋ/ s [U] **1** condicionamiento **2** preparación ► AIR CONDITIONING

con·do /ˈkandoʊ/ (tb **condominium**) s [C] (pl **condos**) (coloq) **1** departamento (en régimen de propiedad horizontal), departamento (en condominio) **2** edificio de departamentos (en régimen de propiedad horizontal), (edificio en) condominio

con·do·lence /kən'doʊləns/ s [C gralm pl, U] (frml) **a letter/message of condolence** una carta/un mensaje de pésame • **send/offer/extend your condolences** dar el pésame

con·dom /'kɑndəm/ s [C] condón, preservativo

con·do·min·i·um /ˌkɑndə'mɪniəm/ s [C] ► CONDO

con·done /kən'doʊn/ v [T] justificar, aprobar

con·du·cive /kən'dusɪv/ adj **be conducive to sth** (frml) ser propicio -a para algo, invitar a algo

con·duct¹ /kən'dʌkt/ v **1** [T] realizar, llevar a cabo (un experimento, una investigación, etc.), oficiar (una ceremonia): *The interview was conducted in English.* La entrevista se llevó a cabo en inglés. • *Classes are conducted entirely in the foreign language.* Las clases se dan totalmente en la lengua extranjera. • **conduct a survey/a study** realizar una encuesta/un estudio **2** [I,T] dirigir (en música) • **conduct an orchestra/a choir** dirigir una orquesta/un coro ► CONDUCTOR **3** [T] conducir (la electricidad, el calor) ► CONDUCTOR **4 conduct yourself** (frml) conducirse, comportarse **5** [T siempre + adv/prep] (frml) conducir, guiar: *They were conducted to the manager's office.* Los condujeron a la oficina del director.

con·duct² /'kɑndʌkt, -dəkt/ s [U] (frml) conducta, comportamiento • **ethical/professional conduct** conducta ética/profesional SIN **behavior** ► CODE OF CONDUCT

con·duc·tor /kən'dʌktɚ/ s [C] **1** director -a (de orquesta) **2** jefe de tren, inspector (de tren/tiquetes) **3** conductor (de la electricidad)

con·du·it /'kɑnduɪt/ s [C] conducto

cone /koʊn/ s [C] **1** cono **2** cucurucho, barquillo **3** piña (de un pino) ► CONIFER **4** (tb **traffic cone**) cono (de tráfico) SIN **pylon** ► ICE CREAM CONE

con·fec·tion·er /kən'fɛkʃənɚ/ s [C] confitero -a, repostero -a

con'fectioners' ,sugar s azúcar glass, azúcar en polvo

con·fec·tion·er·y /kən'fɛkʃəˌnɛri/ s (pl **confectioneries**) (frml) **1** [U] dulces **2** [C] (antic) dulcería (tienda)

con·fed·er·a·cy /kən'fɛdərəsi/ s (pl **confederacies**) **1 the Confederacy** la Confederación (en la guerra civil de EU) ► UNION **2** [C] confederación SIN **confederation**

con·fed·er·ate¹ /kən'fɛdərɪt/ s [C] **1** cómplice SIN **accomplice** **2 Confederate** confederado -a (en la guerra civil de EU)

confederate², Confederate adj confederado -a (en la guerra civil de EU)

con·fed·e·ra·tion /kənˌfɛdə'reɪʃən/ s [C] confederación SIN **confederacy**

con·fer /kən'fɚ/ v (**conferred, conferring**) (frml) **1** [I] **confer with sb** deliberar con alguien **2** [T] conferir, otorgar • **confer sth on/upon sb** otorgarle algo a alguien

con·ference S2 W2 /'kɑnfrəns/ s [C] **1** congreso, conferencia, convención • [+on]: *a UN conference on the environment* una conferencia de la ONU sobre el medio ambiente • **attend a conference** asistir a un congreso • **hold a conference** celebrar un congreso • **conference center** centro de convenciones **2** reunión, junta • **be in conference** estar reunido -a • **a conference room** una sala de reuniones **3** conferencia (grupo de equipos que se enfrentan entre sí) ► PRESS CONFERENCE

'conference ,call s [C] multiconferencia

con·fess /kən'fɛs/ v [I,T] **1** (algo que está mal o que es ilegal) confesar • **confess to (doing) sth** confesar (haber hecho) algo: *He finally confessed to stealing the money.* Acabó confesando que había robado el dinero. • **confess (that)** confesar que: *Her husband confessed he'd had an affair.* Su marido confesó que había tenido una aventura. **2** (algo que da vergüenza) confesar • **confess (that)** confesar que: *He confessed that he had never used a computer before.* Confesó que nunca había usado un computador. • **confess to doing sth** *He confessed to*

having a secret admiration for his opponent. Confesó admirar en secreto a su rival. • **I must confess** (oral) tengo que confesar **3** (con un sacerdote) confesar(se)

con·fessed /kən'fɛst/ adj [solo ante s] confeso -a

con·fes·sion /kən'fɛʃən/ s **1** [C] (de algo que está mal o es ilegal) confesión: *a confession of murder* una confesión de asesinato • **make a confession** hacer una confesión, confesar: *He made a full confession.* Confesó todo. **2** [C] (de algo que da vergüenza) confesión: *I have a confession to make.* Tengo que hacer una confesión. **3** [C,U] (con un sacerdote) confesión • **go to confession** (ir a) confesarse **4 a confession of faith** (frml) una profesión de fe

con·fes·sion·al /kən'fɛʃənəl/ s [C] confesionario

con·fes·sor /kən'fɛsɚ/ s [C] (frml) confesor -a

con·fet·ti /kən'fɛti/ s [U] confeti, papel picado

con·fi·dant /'kɑnfəˌdɑnt/ s [C] confidente

con·fi·dante /'kɑnfəˌdɑnt/ s [C] confidente (mujer)

con·fide /kən'faɪd/ v [I,T] confiar(se) • **confide to sb that** confiar a alguien que
confide in sb v+partíc confiarse a alguien, hacerle una confidencia a alguien • **confide in sb that** confiar a alguien que

con·fi·dence S3 W2 /'kɑnfədəns/ s **1** [U] confianza • [+in]: *the customer's confidence in our product* la confianza del cliente en nuestro producto • **have confidence in sb/sth** tener confianza en alguien/algo, confiar en alguien/algo: *She has complete confidence in the doctors.* Tiene absoluta confianza en los médicos. • **lose confidence in sb/sth** perder la confianza en alguien/algo: *People have lost confidence in the administration.* La gente ha perdido la confianza en el gobierno. • **gain/win sb's confidence** ganarse la confianza de alguien • **inspire confidence** inspirar confianza • **restore confidence (in sb/sth)** devolver la confianza (en alguien/algo) • **lack of confidence** falta de confianza • **public confidence** confianza de la gente/del público **2** [U] confianza (en sí mismo -a), seguridad • [+in]: *I didn't have any confidence in myself.* No tenía ninguna confianza en mí mismo. • **lack confidence** (tb **be lacking in confidence**) *He was shy and lacking in confidence.* Era tímido y le faltaba confianza en sí mismo. • **lose confidence** perder la confianza (en sí mismo -a) • **the confidence to do sth** la confianza para hacer algo SIN **self-confidence** **3** [U] **say/state with confidence** decir/afirmar con seguridad • **have confidence (that)** estar seguro -a (de que): *I have every confidence that you will succeed.* Estoy completamente seguro de que lo lograrás. • **have confidence in sth** confiar en algo **4** [C] confidencia ► VOTE OF CONFIDENCE

EXPRESIONES
in confidence confidencialmente • **in strict/the strictest confidence** con la más absoluta reserva: *Anything you tell me will be in strict confidence.* Trataré todo lo que me diga con la más absoluta reserva. • **take sb into your confidence** confiarse a alguien

'confidence trick s [C] estafa, timo

con·fi·dent W3 /'kɑnfədənt/ adj **1** seguro -a (de sí mismo -a) • [+about]: *I feel much more confident about myself these days.* Últimamente me siento mucho más seguro de mí mismo. • **in a confident manner** con seguridad • **in a confident voice** en tono seguro **2** [nunca ante s] **be confident (that)** confiar (en) que, estar seguro -a de que: *Doctors are confident he'll make a full recovery.* Los médicos están seguros de que se va a recuperar del todo. • **be confident of (doing) sth** *They are confident of winning the election.* Confían en ganar las elecciones. • *She's confident of success.* Está segura de que lo va a lograr. • **be confident about sth** *Investors are less confident about the economic situation.* Los inversionistas tienen menos confianza en la situación económica. • **be quietly confident** sentirse seguro -a (sin

exteriorizarlo) • **be quietly confident that** estar íntimamente convencido -a de que
3 seguro -a (respuesta) ▶ CONFIDENTLY, SELF-CONFIDENT

con·fi·den·tial /ˌkɑnfəˈdɛnʃəl◂/ *adj* **1** (información) confidencial • **highly/strictly confidential** altamente/estrictamente confidencial **2** (tono) confidencial

con·fi·den·ti·al·i·ty /ˌkɑnfədɛnʃiˈæləti/ *s* [U] confidencialidad

con·fi·den·tial·ly /ˌkɑnfəˈdɛnʃəli/ *adv* **1** confidencialmente **2** de forma/en tono confidencial **3** [adv oracional] entre tú y yo

con·fi·dent·ly /ˈkɑnfədəntli/ *adv* con confianza, con seguridad (en sí mismo)

con·fig·u·ra·tion /kənˌfɪgyəˈreɪʃən/ *s* [C,U] **1** (*frml o técn*) configuración SIN **layout** **2** (*técn*) (en informática) configuración

con·fig·ure /kənˈfɪgyər/ *v* [T] (*técn*) configurar

con·fine /kənˈfaɪn/ *v* [T gralm en pasiva] **1 confine sth to sth** limitar algo a algo: *We confined our study to 10 cases.* Limitamos nuestro estudio a 10 casos. • **be confined to (doing) sth** limitarse a (hacer) algo • **confine yourself to (doing) sth** limitarse a (hacer) algo: *Owen did not confine himself to writing poetry.* Owen no se limitó a escribir poesía. SIN **restrict** **2 be confined to sth** *He is confined to a wheelchair.* Está confinado a una silla de ruedas. • *The soldiers were confined to barracks.* Los soldados estaban recluidos en el cuartel. • *She had the flu and was confined to bed.* Estaba con gripa y tenía que guardar cama. **3 be confined to sb/sth** limitarse a alguien/algo: *Deprivation is not confined to urban areas.* La pobreza no se limita a las zonas urbanas. **4 confine sth to sth** confinar algo en algo: *Fire-fighters managed to confine the blaze to one room.* Los bomberos consiguieron confinar el incendio a una única sala.

con·fined /kənˈfaɪnd/ *adj* [solo ante s] restringido -a (espacio)

con·fine·ment /kənˈfaɪnmənt/ *s* **1** [U] reclusión, confinamiento **2** [C,U] (*antic*) parto ▶ SOLITARY CONFINEMENT

con·fines /ˈkɑnfaɪnz/ *s* [pl] (*frml*) confines, límites • **within/beyond the confines of sth** dentro/más allá de los confines de algo, dentro/más allá de los límites de algo

con·firm S3 W2 /kənˈfɜrm/ *v* [T]
1 (probar la veracidad de) confirmar: *New evidence has confirmed his story.* Nuevas pruebas han confirmado su historia. • **confirm that** confirmar que
2 (afirmar la veracidad de) confirmar • **confirm or deny sth** confirmar o negar algo: *A company spokesperson refused to confirm or deny the rumors.* Un portavoz de la empresa se negó a confirmar o negar los rumores. • **confirm that** confirmar que
3 (hacer definitivo) confirmar (una reserva, una fecha)
4 (temores, sospechas) confirmar

con·fir·ma·tion /ˌkɑnfərˈmeɪʃən/ *s* **1** [U] (de la veracidad de algo) confirmación: *official confirmation of the report* confirmación oficial de la información • **confirmation that** confirmación de que: *confirmation that payment has been made* confirmación de que ha sido efectuado el pago **2** [U] (carta, mensaje) confirmación: *written confirmation of your booking* confirmación por escrito de su reserva **3** [C,U] (ceremonia religiosa) confirmación

con·firmed /kənˈfɜrmd/ *adj* [solo ante s] **a confirmed bachelor** un solterón empedernido • **a confirmed atheist** un ateo/una atea militante

con·fis·cate /ˈkɑnfəˌskeɪt/ *v* [T] confiscar

con·fis·ca·tion /ˌkɑnfəˈskeɪʃən/ *s* [C,U] confiscación

con·flate /kənˈfleɪt/ *v* [T] (*frml*) combinar

con·flict¹ S3 W2 /ˈkɑnˌflɪkt/ *s*
1 [C,U] (entre personas, países) conflicto: *the conflict between tradition and innovation* el conflicto entre la tradición y la innovación • **be in conflict with sb** estar en conflicto con alguien • **come into conflict with sb**

entrar en conflicto con alguien • **bring sb into conflict with sb** hacer entrar en conflicto a alguien con alguien • **political/racial/class conflict** conflicto político/racial/de clase
2 [C,U] (guerra) conflicto
3 [C,U] (entre opciones) conflicto: *a conflict of loyalties* un conflicto de lealtades • **be in conflict with sth** estar en conflicto con algo
4 [C] compromiso (previo)

con·flict² /kənˈflɪkt/ *v* [I] **1 conflict (with sth)** estar reñido -a (con algo): *groups of individuals whose interests may conflict* grupos de individuos cuyos intereses pueden estar reñidos • *new evidence which conflicts with previous findings* nuevas pruebas que contradicen hallazgos anteriores **2** coincidir (en horario), ser a la misma hora • **conflict with sth** coincidir con algo (en horario)

con·flict·ing /kənˈflɪktɪŋ/ *adj* [solo ante s] encontrado -a, contradictorio -a: *conflicting opinions* opiniones encontradas • *conflicting information* información contradictoria • **conflicting interests** intereses encontrados

con·flu·ence /ˈkɑnfluəns/ *s* [sing] confluencia

con·form /kənˈfɔrm/ *v* [I] **1** comportarse como los demás: *the pressure to conform* la presión para no ser diferente • [+to]: *people who do not conform to traditional standards of behavior* gente que no se ajusta a las normas tradicionales de comportamiento ANT **rebel** **2 conform to /with sth** (a normas, reglas) cumplir algo, ajustarse a algo: *products that conform to international safety standards* productos que cumplen las normas internacionales de seguridad **3 conform to sth** (a un modelo, un estereotipo, etc.) ajustarse a algo: *He didn't conform to the stereotype of a police officer.* No se ajustaba al estereotipo del agente de policía ▶ CONFORMIST

con·form·ist /kənˈfɔrmɪst/ *s* [C], *adj* conformista ANT **nonconformist**

con·form·i·ty /kənˈfɔrməti/ *s* [U] (conformidad con) las convenciones

con·found /kənˈfaʊnd/ *v* [T] **1** desconcertar, sorprender • **confound the pundits/experts** desconcertar/sorprender a los expertos **2** (una teoría) echar por tierra **3** (problemas, preguntas) desconcertar SIN **baffle**

con·front W3 /kənˈfrʌnt/ *v* [T]
1 [gralm en pasiva] presentarse ante: *the problems confronting the new government* los problemas a los que se enfrenta el nuevo gobierno • **be confronted with sth** verse enfrentado -a a algo
2 enfrentar, hacer frente a (problemas, temores): *the courage to confront your fears* el valor para hacer frente a tus temores
3 [gralm en pasiva] hacer frente a (de forma amenazante): *Troops were confronted by an angry mob.* Una multitud encolerizada hizo frente a las tropas.
4 confront sb about/with sth plantearle algo a alguien (acusaciones): *I confronted him with my suspicions.* Le planteé a la cara mis sospechas. • *I'm afraid to confront her about her drinking.* Tengo miedo de plantearle cara a cara su problema con la bebida.

con·fron·ta·tion /ˌkɑnfrənˈteɪʃən/ *s* [C,U] **1** (disputa) enfrentamiento, confrontación **2** (lucha, batalla) enfrentamiento, confrontación

con·fron·ta·tion·al /ˌkɑnfrənˈteɪʃənəl/ *adj* agresivo -a, polémico -a

con·fuse /kənˈfyuz/ *v* [T] **1** (desconcertar) confundir **2** (a una persona o cosa con otra) confundir • **confuse sb/sth with sb/sth** (tb **confuse sb/sth and sb/sth**) confundir a alguien/algo con alguien/algo: *I always confuse you with your sister.* Siempre te confundo con tu hermana. **3** (hacer más complicado) **confuse the issue** complicar el asunto • **confuse matters/things** complicar las cosas

con·fused S2 /kənˈfyuzd/ *adj*
1 (persona) confundido -a, confuso -a • [+about]: *We're confused about what to do now.* Ahora no tenemos

claro qué tenemos que hacer. • **get confused** confundirse
2 (difícil de entender) confuso -a (ideas, relato, etc.)

con·fus·ing ⧈ /kən'fyuzɪŋ/ *adj* confuso -a: *a confusing message* un mensaje confuso • [+**to/for**]: *The system can be confusing for new students.* El sistema puede resultar confuso para los nuevos estudiantes.

con·fus·ing·ly /kən'fyuzɪŋli/ *adv* de forma que resulta confuso de entender: *Their names are confusingly similar.* Sus nombres se parecen tanto que confunden. • *Confusingly, private institutions are referred to as "public schools."* A las instituciones privadas se les llama "public schools", lo cual resulta confuso.

con·fu·sion /kən'fyuʒən/ *s* [U] confusión • [+**about/over/as to**]: *There has been some confusion over dates.* Ha habido cierta confusión sobre las fechas. • **create/cause confusion** crear confusión

con·geal /kən'dʒil/ *v* [I] coagularse, solidificarse

con·ge·nial /kən'dʒinyəl/ *adj* **1** simpático -a, agradable SIN **friendly 2** agradable, propicio -a (lugar, situación)

con·gen·i·tal /kən'dʒɛnəṭl/ *adj* **1** (*técn*) congénito -a **2** patológico -a: *a congenital liar* un mentiroso patológico

con·gest·ed /kən'dʒɛstɪd/ *adj* **1** (con tráfico) congestionado -a **2** (referido a partes del cuerpo) congestionado -a

con·ges·tion /kən'dʒɛstʃən/ *s* [U] **1** (en el tráfico) congestión **2** (de una parte del cuerpo) congestión

con·glom·er·ate /kən'glamərɪt/ *s* [C] conglomerado (de empresas)

con·glom·er·a·tion /kən,glamə'reɪʃən/ *s* [C] (*frml*) conglomerado (grupo de cosas)

Con·go·lese[1] /,kɑŋɡə'liz◂ , -'lis◂/ *s* [C] congoleño -a

Congolese[2] *adj* congoleño -a

con·grat·u·late /kən'grætʃə,leɪt/ *v* [T] felicitar, dar la enhorabuena • **congratulate sb on (doing) sth** felicitar a alguien por (haber hecho) algo: *She congratulated me on my promotion.* Me felicitó por mi ascenso.

con·grat·u·la·to·ry /kən'grætʃələ,tɔri/ *adj* (*frml*) de felicitación, de enhorabuena: *a congratulatory letter* una carta de felicitación

con·gre·gate /'kɑŋɡrə,ɡeɪt/ *v* [I] congregarse, reunirse SIN **gather**

con·gre·ga·tion /,kɑŋɡrə'ɡeɪʃən/ *s* [C] feligreses, fieles

con·gress ⧈ /'kɑŋɡrɪs/ *s*
1 [C] congreso (reunión) SIN **conference**
2 Congress el Congreso (órgano legislativo)

con·gres·sion·al ⧈, **Congressional** /kən'grɛʃənəl/ *adj* [solo ante s] referido al Congreso estadounidense: *Republican congressional candidates* candidatos republicanos al Congreso

con·gress·man, **Congressman** /'kɑŋɡrɪsmən/ *s* [C] (pl **congressmen**) congresista (hombre miembro del Congreso estadounidense)

con·gress·wom·an, **Congresswoman** /'kɑŋɡrɪs,wʊmən/ *s* [C] (pl **congresswomen**) congresista (mujer miembro del Congreso estadounidense)

con·i·cal /'kɑnɪkəl/ (tb **con·ic** /'kɑnɪk/) *adj* cónico -a

con·i·fer /'kɑnəfər/ *s* [C] conífera

co·nif·er·ous /kə'nɪfərəs, koʊ-/ *adj* conífero -a
▶ DECIDUOUS

con·jec·ture[1] /kən'dʒɛktʃər/ *s* (*frml*) **1** [U] conjeturas SIN **guesswork 2** [C] conjetura, suposición SIN **guess**

conjecture[2] *v* [I,T] (*frml*) conjeturar SIN **guess**

con·ju·gal /'kɑndʒəɡəl/ *adj* [solo ante s] (*frml*) conyugal

con·ju·gate /'kɑndʒə,ɡeɪt/ *v* (*técn*) **(a)** [T] conjugar **(b)** [I] conjugarse

con·ju·ga·tion /,kɑndʒə'ɡeɪʃən/ *s* (*técn*) [C] conjugación

con·junc·tion /kən'dʒʌŋkʃən/ *s* **1 in conjunction with sb/sth** junto con alguien/algo, conjuntamente con alguien/algo **2** [C] (*técn*) conjunción (categoría gramatical)

con·junc·ti·vi·tis /kən,dʒʌŋktɪ'vaɪṭɪs/ *s* [U] conjuntivitis

con·jure /'kɑndʒər/ *v* **(a)** [I] hacer magia **(b)** [T] hacer aparecer o desaparecer como por arte de magia: *The magician conjured a rabbit out of his hat.* El mago sacó un conejo de su chistera.

EXPRESIONES
a name to conjure with un nombre muy destacado
conjure sth ↔ up *v+partíc* **1** evocar algo, traer algo (a la memoria) **2** (indicando logro) *They conjured up enough votes to get the proposal passed.* De alguna manera consiguieron los votos suficientes para que se aprobara la propuesta. **3** invocar algo (espíritus)

con·jur·er, **conjuror** /'kɑndʒərər/ *s* [C] mago -a, prestidigitador -a SIN **magician**

con·jur·ing /'kɑndʒərɪŋ/ *s* [U] magia, prestidigitación SIN **magic** • **conjuring trick** truco de magia

con·man, **con man** /'kɑn,mæn/ *s* [C] (pl **conmen** /-,mɛn/) (*coloq*) timador, estafador SIN **con artist**
▶ CON

con·nect ⧈ /kə'nɛkt/ *v*

1	cables, tuberías, aparatos
2	lugares
3	ver la relación con
4	servicios
5	transporte
6	comunicación telefónica
7	personas

1 CABLES, TUBERÍAS, APARATOS [T] conectar • **connect sth to/with sth** conectar algo a algo: *Connect the printer to the computer.* Conecta la impresora al computador.
2 LUGARES [T] comunicar • **connect sth to/with sth** comunicar algo con algo: *A ferry connects the island to the mainland.* Un ferry comunica la isla con el continente. SIN **link**
3 VER LA RELACIÓN CON [T] relacionar, asociar • **connect sb/sth with sth** (tb **connect sb/sth to sth**) relacionar a alguien/algo con algo: *The police didn't connect him with the case.* La policía no lo relacionó con el caso. SIN **link**
4 SERVICIOS (a) [T] (tb **connect up**) conectar: *Has the phone been connected yet?* ¿Ya conectaron el teléfono? • **be connected to sth** estar conectado -a a algo: *Is your computer connected to a network?* ¿Tu computador está conectado a una red? **(b)** [I] **connect to sth** conectarse a algo: *Click here to connect to the Internet.* Haz clic aquí para conectarte a Internet. ANT **disconnect**
5 TRANSPORTE [I] enlazar, conectar • **connect with/to** enlazar/conectar con: *This train connects with the one to Pittsburgh.* Este tren enlaza con el de Pittsburgh.
6 COMUNICACIÓN TELEFÓNICA [T] pasar, comunicar: *Please hold the line. I'm trying to connect you.* Por favor, no cuelgue. Estoy intentando comunicarlo. ANT **disconnect**
7 PERSONAS [I] **connect (with sb)** sintonizar (con alguien), conectar (con alguien)

con·nect·ed ⧈ /kə'nɛktɪd/ *adj*
1 relacionado -a • **closely connected** íntimamente relacionado -a • [+**with**]: *problems connected with drug abuse* problemas relacionados con el consumo de drogas • [+**to**]: *diseases connected to industrial pollution* enfermedades relacionadas con la contaminación industrial
2 conectado -a • [+**to**]: *computers connected to the Internet* computadores conectados a Internet ▶ WELL-CONNECTED

con·nec·tion ⧈ ⧈ /kə'nɛkʃən/ *s*

1	entre hechos, personas
2	a una red, un sistema
3	entre teléfonos, computadores

4 en electricidad
5 tren, vuelo
6 personas conocidas

1 ENTRE HECHOS, PERSONAS [C] relación, conexión: *the connection between smoking and cancer* la relación entre el tabaco y el cáncer • *He had no connection with terrorist activity.* No tenía ninguna relación con actividades terroristas. • [+to]: *his connections to the tobacco industry* sus conexiones con la industria del tabaco • **make the connection** ver la relación entre dos o más hechos: *The evidence existed but no one made the connection.* Había pruebas, pero nadie ató cabos. SIN **link**
2 A UNA RED, UN SISTEMA [U] conexión: *free Internet connection* conexión gratis a Internet
3 ENTRE TELÉFONOS, COMPUTADORES [C] conexión
4 EN ELECTRICIDAD [C] conexión • **a loose connection** un cable suelto, una conexión suelta
5 TREN, VUELO [C] conexión, enlace: *The train was late and we missed our connection.* El tren llegó tarde y perdimos la conexión.
6 PERSONAS CONOCIDAS **connections** [pl] conexiones, contactos

EXPRESIONES
in connection with sth en relación con algo: *Two men have been arrested in connection with the attack.* Dos hombres han sido detenidos en relación con el ataque.

con·niv·ance /kə'naɪvəns/ s [U] connivencia, complicidad

con·nive /kə'naɪv/ v **1** [I] **connive at sth** ser cómplice de algo **2** [I] confabularse • **connive (with sb) to do sth** confabularse (con alguien) para hacer algo SIN **conspire**

con·nois·seur /ˌkɒnə'sɜː, -'sʊr/ s [C] entendido -a

con·no·ta·tion /ˌkɒnə'teɪʃən/ s [C] connotación • **have connotations of sth** tener connotaciones de algo

con·note /kə'nəʊt/ v [T] (*frml*) connotar ▸ DENOTE

con·quer /'kɒŋkə/ v [T] **1** conquistar, vencer **2** vencer, dominar (un temor, una adicción, etc.), controlar (la inflación) SIN **overcome** ▸ DIVIDE and conquer/rule

con·quer·or /'kɒŋkərə/ s [C] conquistador -a

con·quest /'kɒŋkwest/ s **1** [sing, U] (acción de conquistar) conquista **2** [C] (territorio obtenido) conquista **3** [C] conquista (amorosa)

con·science /'kɒnʃəns/ s [C gralm sing] conciencia: *I must do what my conscience tells me.* Debo hacer lo que me dicta la conciencia. • **on your conscience** *Could you live with that on your conscience?* ¿Podrías vivir con ese cargo de conciencia? • **a guilty conscience** *It was his guilty conscience that made him offer to help.* Se ofreció a ayudar porque le remordía la conciencia. • **a clear conscience** la conciencia tranquila • **a social conscience** conciencia social

EXPRESIONES
not in all conscience (*frml*) *I could not in all conscience recommend him for the job.* En conciencia, no podría recomendarle para el trabajo.

con·sci·en·tious /ˌkɒnʃi'enʃəs/ adj responsable, concienzudo -a

con·sci·en·tious·ly /ˌkɒnʃi'enʃəsli/ adv concienzudamente

ˌconscientious ob'jector s [C] objetor -a de conciencia

con·scious S2 /'kɒnʃəs/ adj
1 [nunca ante s] (con conocimiento, noción) **conscious of sth** consciente de algo: *I was very conscious of the fact that I had to make a good impression.* Era muy consciente del hecho de que tenía que causar una buena impresión. • *I became conscious of someone watching me.* Me di cuenta de que alguien me observaba. • **conscious that** consciente de que: *She was conscious that Marie was listening.* Era consciente de que Marie estaba escuchando. SIN **aware**
2 (no inconsciente) consciente: *He was still conscious when the ambulance arrived.* Todavía estaba consciente cuando llegó la ambulancia. ANT **unconscious**
3 [solo ante s] (hecho tras reflexión) **a conscious effort/**

attempt un esfuerzo/intento deliberado • **a conscious decision** una decisión meditada SIN **deliberate**
4 (con plena conciencia) **conscious of sth** consciente de algo: *He was conscious of his responsibilities.* Era consciente de sus responsabilidades. • **politically/socially/environmentally conscious** con conciencia política/social/medioambiental
5 (en psicología) consciente: *the conscious mind* el consciente ▸ SELF-CONSCIOUS, SUBCONSCIOUS

con·scious·ly /'kɒnʃəsli/ adv deliberadamente, conscientemente ▸ SUBCONSCIOUSLY, UNCONSCIOUSLY

con·scious·ness S2 W3 /'kɒnʃəsnɪs/ s [U]
1 (hecho de estar consciente) conocimiento, conciencia: *a temporary loss of consciousness* una pérdida temporal del conocimiento • **lose consciousness** perder el conocimiento/la conciencia • **regain/recover consciousness** recobrar el conocimiento/la conciencia
2 (mente, pensamientos) conciencia
3 (de un tema, un problema) conciencia • **raise consciousness** crear (una mayor) conciencia SIN **awareness**

cons·cript¹ /kən'skrɪpt/ v [T] (*frml*) reclutar • **be conscripted into the army** ser llamado -a a filas SIN **draft**

con·script² /'kɒnskrɪpt/ s [C] (*frml*) recluta (soldado no profesional)

con·scrip·tion /kən'skrɪpʃən/ s [U] (*frml*) reclutamiento obligatorio SIN **draft**

con·se·crate /'kɒnsəkreɪt/ v [T] consagrar ▸ ORDAIN

con·se·cra·tion /ˌkɒnsə'kreɪʃən/ s [U] consagración

con·sec·u·tive /kən'sekyətɪv/ adj [solo ante s] consecutivo -a, seguido -a: *The team has lost six consecutive games.* El equipo ha perdido seis partidos consecutivos.

con·sec·u·tive·ly /kən'sekyətɪvli/ adv consecutivamente

con·sen·su·al /kən'senʃuəl/ adj consensual (de común acuerdo)

con·sen·sus /kən'sensəs/ s [sing, U] consenso • [+that]: *a consensus that the system is not working* una opinión generalizada de que el sistema no está funcionando • **general consensus** consenso general

con·sent¹ S2 /kən'sent/ s [U]
1 consentimiento, permiso • **with/without sb's consent** con/sin el consentimiento de alguien • **give (your) consent** dar su consentimiento SIN **permission**
2 acuerdo • **by mutual consent** por mutuo acuerdo • **by common consent** *They are, by common consent, the best team in the league.* Están considerados como el mejor equipo de la liga. ▸ ASSENT, DISSENT

consent² v [I] acceder, dar su consentimiento • **consent to sth** acceder a algo, dar su consentimiento para algo: *Her father would not consent to the marriage.* Su padre se negaba a dar su consentimiento para la boda. • **consent to do sth** acceder a hacer algo, dar su consentimiento para hacer algo: *She rarely consents to give interviews.* Rara vez accede a conceder entrevistas.

con·se·quence W2 /'kɒnsəˌkwens, -kwəns/ s [C gralm pl] consecuencia: *Is she aware of the consequences of her actions?* ¿Se da cuenta de las consecuencias de sus acciones? • **dire/disastrous/serious consequences** consecuencias nefastas/catastróficas/graves: *Minor errors can have dire consequences.* A veces un pequeño error puede tener consecuencias nefastas. • **suffer/face the consequences (of sth)** sufrir/afrontar las consecuencias (de algo)

EXPRESIONES
as a consequence (tb **in consequence** (*frml*)) como consecuencia • **of little/no consequence** (*frml*) de poca/ninguna trascendencia, de poca/ninguna importancia: *Your opinion is of little consequence to me.* Su opinión me tiene sin cuidado.

con·se·quent /'kɒnsəˌkwent, -kwənt/ adj (*frml*) consiguiente

con·se·quent·ly /'kɑnsə,kwɛntli, -kwənt-/ *adv* [adv oracional] por consiguiente, en consecuencia SIN **therefore**

con·ser·va·tion /,kɑnsə'veɪʃən/ *s* [U] **1** protección, conservación: *wildlife conservation* protección de la vida silvestre SIN **preservation** ▶ CONSERVE **2** ahorro: *energy conservation* ahorro de energía ▶ CONSERVE

,conser'vation ,area **,conser'vation ,area** *s* [C] zona protegida

con·ser·va·tion·ism /,kɑnsə'veɪʃənɪzəm/ *s* [U] conservacionismo, conservación del medio ambiente

con·ser·va·tion·ist /,kɑnsə'veɪʃənɪst/ *s* [C] conservacionista, ecologista

con·serv·a·tism /kən'sɝvə,tɪzəm/ *s* [U] **1** (en costumbres, ideas) conservadurismo, conservatismo **2** (en política) conservadurismo, conservatismo ▶ LIBERALISM

con·serv·a·tive¹ W2 /kən'sɝvətɪv/ *adj*
1 (en las costumbres, las ideas) conservador -a: *conservative views* opiniones conservadoras ▶ LIBERAL, PROGRESSIVE
2 (en política) conservador -a ▶ LIBERAL
3 (ropa) tradicional, clásico -a SIN **traditional**
4 (cálculos) prudente, a la baja

conservative² W3 *s* [C] conservador -a ▶ LIBERAL

con·serv·a·tive·ly /kən'sɝvətɪvli/ *adv* **1** por lo bajo **2** de forma conservadora

con·serv·a·to·ry /kən'sɝvə,tɔri/ *s* [C] (pl **conservatories**) **1** conservatorio **2** invernadero

con·serve¹ /kən'sɝv/ *v* [T] **1** preservar **2** ahorrar, conservar

con·serve² /'kɑnsɝv/ *s* [C,U] confitura, mermelada

con·sid·er S1 W1 /kən'sɪdɚ/ *v* [T]
1 (reflexionar sobre) considerar: *We are considering a number of options.* Estamos considerando una serie de opciones. • **consider doing sth** plantearse hacer algo, considerar hacer algo: *I seriously considered resigning.* Me planteé seriamente la posibilidad de dimitir. • **consider the possibility of (doing) sth** considerar la posibilidad de (hacer) algo • **consider whether** considerar si: *Our job is to consider whether buildings are safe.* Lo nuestro es considerar si los edificios están seguros. • **consider where/why** considerar dónde/por qué: *I've been considering how best to answer that question.* He estado considerando la mejor forma de contestar a esa pregunta.
2 (opinar) considerar • **consider sb/sth (to be) sth** *We do not consider this motion picture suitable for young children.* No consideramos que esta película sea apta para menores. • *I consider it a great honor to be invited.* Considero un gran honor que me hayan invitado. • **consider yourself (to be) sth** considerarse algo: *I consider myself a reasonable person.* Me considero una persona razonable. • **consider it necessary/important to do sth** *I did not consider it necessary to report the incident.* No me pareció necesario informar del incidente. SIN **regard**
3 (al tomar una decisión) tener en cuenta, tomar en consideración • **consider (the fact) that** tener en cuenta que: *You have to consider the fact that Sam's still young.* Tienes que tener en cuenta que Sam todavía es joven. • **all things considered** bien mirado SIN **considering**
4 (a los demás, sus sentimientos) considerar, tener en cuenta
5 (discutir formalmente) considerar, estudiar: *The jury is still considering its verdict.* El jurado todavía está deliberando. • **be considered for sth** ser considerado -a para algo ▶ CONSIDERED

EXPRESIONES
consider it done (*oral*) dalo por hecho • **consider yourself lucky/fortunate** considerarse afortunado -a: *Consider yourself lucky you weren't in the car at the time.* Da gracias que no estabas en el carro en ese momento.

con·sid·er·a·ble W3 /kən'sɪdərəbəl/ *adj* considerable • **a considerable amount/number of sth** una cantidad/un número considerable de algo

con·sid·er·a·bly /kən'sɪdərəbli/ *adv* considerablemente, bastante

con·sid·er·ate /kən'sɪdərɪt/ *adj* considerado -a, atento -a: *It was considerate of him to let us know.* Tuvo el detalle de avisarnos. ANT **inconsiderate**

con·sid·er·ate·ly /kən'sɪdərɪtli/ *adv* con consideración, de forma considerada

con·sid·er·a·tion W2 /kən,sɪdə'reɪʃən/ *s*
1 [U] (*frml*) (análisis, reflexión) *This merits further consideration.* Esto merece ser estudiado con más detenimiento. • **under consideration** *There are several proposals under consideration.* Se están estudiando varias propuestas. • **give consideration to sth** (tb **give sth consideration**) considerar algo: *I hope you'll give my offer serious consideration.* Espero que considere seriamente mi oferta. • **careful/due consideration** *After careful consideration I decided to resign.* Después de considerarlo detenidamente, decidí dimitir. • *They said they would give the matter due consideration.* Dijeron que estudiarían el asunto con la debida atención.
2 [C] (factor) consideración: *practical considerations* consideraciones de orden práctico
3 [U] (actitud) consideración: *Show some consideration!* ¡Ten un poco de consideración! • [+for]: *He shows no consideration for others.* Es desconsiderado con los demás. • **out of consideration for sb** por consideración hacia alguien

EXPRESIONES
take sth into consideration tomar algo en consideración

con·sid·ered /kən'sɪdɚd/ *adj* [solo ante s] (*frml*) meditado -a • **sb's considered opinion** *It is my considered opinion that you should resign.* Tras haberlo pensado detenidamente, considero que debería dimitir.

considering¹ /kən'sɪdərɪŋ/ *prep, conj* teniendo en cuenta, si se tiene en cuenta • **considering (that)** teniendo en cuenta (que), si se tiene en cuenta (que): *You did well, considering it was your first attempt.* Te fue muy bien, teniendo en cuenta que era tu primer intento. • **considering how/who** *The camera is very light, considering how big it is.* La cámara es muy ligera para lo grande que es.

considering² *adv* (*oral*) después de todo: *He didn't look too tired, considering.* No parecía muy cansado, después de todo.

con·sign /kən'saɪn/ *v* [T] (*frml*) **1 consign sth/sb to sth** condenar algo/a alguien a algo: *They are consigning millions of people to poverty.* Están condenando a millones de personas a la pobreza. **2 consign sth to sth** poner algo en algo, tirar algo a algo: *She consigned the letter to the trash.* Tiró la carta a la basura. **3** consignar, enviar (mercancías)

con·sign·ment /kən'saɪnmənt/ *s* **1** [C] (mercancías) remesa, consignación: *a consignment of weapons* un envío de armas **2** [U] (acción de enviar) envío

EXPRESIONES
on consignment en consignación

con·sist /kən'sɪst/ *v*
consist in (doing) sth *v+partíc* (*frml*) consistir en (hacer) algo
consist of sth *v+partíc* estar compuesto -a de algo, componerse de algo: *Your password should consist of at least 5 characters.* Su contraseña debe estar compuesta de 5 caracteres como mínimo. • **consist mainly/largely/mostly of sb/sth** estar compuesto -a principalmente por alguien/algo: *The audience consisted mainly of teenagers.* El público estaba compuesto principalmente por adolescentes. • **consist entirely/solely of sb/sth** estar compuesto -a exclusivamente por alguien/algo: *groups consisting entirely of women* grupos compuestos exclusivamente por mujeres SIN **be made up of**

⚠ Con el sentido de "componerse de algo", **consist** va seguido por la preposición **of**:
The examination consists of (✗ on/in) two written essays and an oral exam.

con·sist·en·cy /kən'sɪstənsi/ *s* (pl **consistencies**) **1** [U] coherencia (en las actitudes, el comportamiento), regularidad (en el rendimiento) • [+in]: *consistency in the labeling of food products* coherencia en el etiquetado de los alimentos ANT **inconsistency 2** [C,U] consistencia: *a creamy consistency* una consistencia cremosa

con·sist·ent W3 /kən'sɪstənt/ *adj*
1 (en las actitudes, el comportamiento) coherente, consecuente; (en el rendimiento) regular: *one of our most consistent players* uno de nuestros jugadores más regulares • [+**in**]: *We need to be consistent in our approach.* Tenemos que tener un enfoque coherente. ANT **inconsistent**
2 (referido al desarrollo de algo) constante: *a consistent improvement* una mejora constante ANT **inconsistent**
3 (referido a teorías, ideas) coherente • **be consistent with sth** ser coherente con algo: *The results are consistent with his theory.* Los resultados son coherentes con su teoría. ANT **inconsistent**

con·sist·ent·ly /kən'sɪstəntli/ *adv* sistemáticamente, uniformemente: *She has consistently denied the allegations.* Ha negado las acusaciones sistemáticamente. • *a consistently good performance* una actuación uniformemente buena

con·so·la·tion /ˌkɑnsə'leɪʃən/ *s* [C,U] consuelo: *He had the consolation of knowing that he had done his best.* Tenía el consuelo de saber que había hecho todo lo posible. • **if it's any consolation** si te sirve de consuelo

ˌconso'lation prize *s* [C] premio de consolación

con·sole[1] /kən'soʊl/ *v* [T] consolar • **console yourself with sth** consolarse con algo • **console yourself that** consolarse pensando que ▶ CONSOLATION

con·sole[2] /'kɑnsoʊl/ *s* [C] **1** (de videojuegos) consola **2** (mueble) consola

con·sol·i·date /kən'sɑlə,deɪt/ *v* [T] **1** amalgamar, reunir, consolidar **2** (fortalecer) consolidar

con·sol·i·da·tion /kən,sɑlə'deɪʃən/ *s* [C,U] **1** fusión, consolidación **2** (fortalecimiento) consolidación

con·som·mé /ˌkɑnsə'meɪ/ *s* [U] consomé

con·so·nant /'kɑnsənənt/ *s* [C] (*técn*) consonante ▶ VOWEL

con·sort[1] /kən'sɔrt/ *v*
consort with sb *v+partíc* (*frml*) asociarse con alguien, tener relaciones con alguien

con·sort[2] /'kɑnsɔrt/ *s* [C] (*frml*) consorte

con·sor·ti·um /kən'sɔrʃiəm, -tiəm/ *s* [C] (pl **consortiums, consortia** /-ʃiə, -tiə/) consorcio

con·spic·u·ous /kən'spɪkyuəs/ *adj* **1** muy fácil de ver o notar: *I felt very conspicuous in my red coat.* Sentía que estaba llamando la atención con mi abrigo rojo. • *The sign must be displayed in a conspicuous place.* Hay que poner el cartel en un lugar bien visible. ANT **inconspicuous 2** [solo ante s] destacado -a, notable
EXPRESIONES
be conspicuous by your/its absence brillar por su ausencia

con·spic·u·ous·ly /kən'spɪkyuəsli/ *adv* visiblemente ANT **inconspicuously**

con·spir·a·cy /kən'spɪrəsi/ *s* [C,U] (pl **conspiracies**) conspiración • [+**against**]: *a conspiracy against the government* una conspiración contra el gobierno • **conspiracy to do sth** conspiración para hacer algo • **a conspiracy of silence** un pacto de silencio

con'spiracy ˌtheory *s* [C] teoría de la conspiración

con·spir·a·tor /kən'spɪrətər/ *s* [C] conspirador -a

con·spir·a·to·ri·al /kən,spɪrə'tɔriəl/ *adj* cómplice (gesto, voz)

con·spire /kən'spaɪr/ *v* [I] **1** (personas) conspirar • **conspire (with sb) to do sth** conspirar (con alguien) para hacer algo • **conspire against sb** conspirar contra alguien **2** (*frml*) (acontecimientos) **conspire to do sth** confabularse para hacer algo • **conspire against sb** confabularse/volverse contra alguien

con·sta·ble /'kɑnstəbəl/ *s* [C] alguacil

con·stan·cy /'kɑnstənsi/ *s* [U] (*frml*) **1** constancia **2** lealtad

con·stant[1] W3 /'kɑnstənt/ *adj*
1 (sin interrupciones) continuo -a, constante: *There was a constant stream of visitors.* Había un continuo ir y venir de visitantes.
2 (sin cambios) constante: *He drove at a constant speed.* Conducía a una velocidad constante.

constant[2] *s* [C] (*frml*) constante

con·stant·ly S2 W3 /'kɑnstəntˀli/ *adv* constantemente, continuamente

con·stel·la·tion /ˌkɑnstə'leɪʃən/ *s* [C] constelación

con·ster·na·tion /ˌkɑnstər'neɪʃən/ *s* [U] consternación

con·sti·pat·ed /'kɑnstə,peɪtɪd/ *adj* estreñido -a

con·sti·pa·tion /ˌkɑnstə'peɪʃən/ *s* [U] estreñimiento

con·stit·u·en·cy /kən'stɪtʃuənsi/ *s* [C] (pl **constituencies**) **1** circunscripción/distrito electoral **2** electores

con·stit·u·ent[1] /kən'stɪtʃuənt/ *s* [C] **1** elector -a **2** (*frml*) componente, elemento constitutivo ▶ COMPONENT

constituent[2] *adj* [solo ante s] constituyente, integrante

con·sti·tute W3 /'kɑnstə,tut/ *v* [v copul, nunca en forma continua] (*frml*)
1 (significar, considerarse) constituir
2 (formar) constituir ▶ COMPRISE

con·sti·tu·tion W2 /ˌkɑnstə'tuʃən/ *s* [C] (tb **Constitution**) constitución (ley)

con·sti·tu·tion·al /ˌkɑnstə'tuʃənəl‹ / *adj* **1** (derecho, ley) constitucional **2** [gralm ante s] (reforma, enmienda) constitucional

con·sti·tu·tion·al·ly /ˌkɑnstə'tuʃənəli/ *adv* constitucionalmente

con·strain /kən'streɪn/ *v* [T] (*frml*) **1** (impedir actuar) constreñir • **constrain sb from doing sth** coartar a alguien a la hora de hacer algo SIN **restrict 2** (impedir desarrollarse) restringir SIN **restrict 3** [gralm en pasiva] (forzar) **constrain sb to do sth** obligar a alguien a hacer algo • **feel constrained to do sth** sentirse obligado -a a hacer algo

con·strained /kən'streɪnd/ *adj* forzado -a (sonrisa), reprimido -a (emoción)

con·straint /kən'streɪnt/ *s* **1** [C] (cosa que limita) restricción, limitación • [+**on**]: *constraints on spending* limitaciones del gasto • **financial/legal constraints** restricciones económicas/legales • **time/budget constraints** restricciones de tiempo/presupuestarias SIN **restriction 2** [U] (acción de coartar) restricción: *talk without constraint* hablar abiertamente

con·strict /kən'strɪkt/ *v* **1** **(a)** [T] oprimir, constreñir (los pulmones, los vasos sanguíneos, etc.) **(b)** [I] encogerse (garganta, pecho), estrecharse (vasos sanguíneos) **2** [T] restringir

con·stric·tion /kən'strɪkʃən/ *s* [C,U] **1** estrechamiento, constricción (de los vasos sanguíneos) **2** restricción, limitación (de la libertad)

con·struct[1] W3 /kən'strʌkt/ *v* [T]
1 (una casa, un puente) construir • **be constructed of/from sth** estar construido -a de/con algo SIN **build**
2 (una frase, una teoría) construir, elaborar

con·struct[2] /'kɑnstrʌkt/ *s* [C] (*frml*) **1** concepto, constructo **2** creación, construcción (algo construido)

con·struc·tion S3 W2 /kən'strʌkʃən/ *s*
1 [U] (proceso) construcción • [+**of**]: *Construction of Highway 85 will begin soon.* La construcción de la Autopista 85 empezará pronto. • **under construction** en construcción • **construction industry** industria de la construcción • **construction site** obra (lugar) • **construction worker** obrero -a de la construcción
2 [U] (materiales) **be of wooden/concrete/brick construction** estar hecho -a de madera/hormigón/ladrillo
3 [C] (edificio) (*frml*) construcción
4 [C,U] (en gramática) construcción

C

con·struction ,paper s [U] cartulina, cartoncillo

con·struc·tive /kən'strʌktɪv/ adj constructivo -a • **constructive criticism** crítica(s) constructiva(s)

con·struc·tive·ly /kən'strʌktɪvli/ adv constructivamente

con·strue /kən'struː/ v [T gralm en pasiva] interpretar • **construe sth as sth** interpretar algo como algo ▶ MIS-CONSTRUE

con·sul, Consul /'kɑnsəl/ s [C] cónsul

con·su·lar /'kɑnsələ/ adj [gralm ante s] consular

con·sul·ate, Consulate /'kɑnsəlit/ s [C] consulado

con·sult W3 /kən'sʌlt/ v [I,T]
1 (para pedir consejo, información) consultar • **consult sb about sth** consultar a alguien sobre algo • **consult with sb** consultar con alguien
2 (para pedir permiso) consultar
3 (un mapa, una lista) consultar

con·sul·tan·cy /kən'sʌltənsi/ s **1** [C] consultora **2** [U] asesoría, consultoría

con·sult·ant W2 /kən'sʌltənt/ s [C] asesor -a, consultor -a

con·sul·ta·tion /ˌkɑnsəl'teɪʃən/ s **1** [C,U] (para pedir opinión) consulta • [+**with**]: *The decision was reached after consultation with parents.* Se llegó a esta decisión tras consultar con los padres. • **in consultation with** tras consultar a, con el asesoramiento de • **consultation document** borrador • **consultation exercise** consulta **2** [C] (con un médico, especialista) consulta

con·sum·a·bles /kən'sumǝbǝlz/ s [pl] consumibles

con·sume /kən'sum/ v [T] **1** (usar, agotar) consumir **2** (frml) (comer, beber) consumir **3** (atormentar) consumir • **be consumed with guilt/jealousy** *After the accident Joe was consumed with guilt.* Después del accidente, Joe sentía un enorme cargo de conciencia. **4** (frml) (quemar) consumir ▶ CONSUMING, CONSUMPTION, TIME-CONSUMING

con·sum·er W1 /kən'sumǝ/ s
1 [C gralm pl] (comprador) consumidor -a • **consumer demand** demanda de consumo • **consumer durables** bienes de consumo duraderos • **consumer goods** bienes de consumo • **consumer protection** protección del consumidor • **consumer spending** consumo privado
2 the consumer (en general) el consumidor ▶ CUSTOMER, PRODUCER, CONSUMPTION

con·sum·er·ism /kən'sumǝˌrɪzəm/ s [U] (peyor) consumismo

con·sum·ing /kən'sumɪŋ/ adj [solo ante s] absorbente, obsesivo -a • **a consuming interest** un interés apasionado, un ferviente interés • **a consuming passion** una pasión arrolladora • **all-consuming** obsesivo -a, devorador -a ▶ TIME-CONSUMING

con·sum·mate[1] /'kɑnsəmit/ adj (frml) consumado -a

con·sum·mate[2] /'kɑnsəˌmeit/ v [T] (frml) consumar

con·sum·ma·tion /ˌkɑnsə'meɪʃən/ s [sing, U] (frml) consumación

con·sump·tion /kən'sʌmpʃən/ s [U] **1** (gasto) consumo: *fuel consumption* el consumo de combustible • [+**of**]: *domestic consumption of electricity* el consumo doméstico de electricidad **2** (frml) (ingestión) consumo • [+**of**]: *the consumption of alcohol* el consumo de alcohol • **fit/unfit for human consumption** apto/no apto para el consumo humano

cont. (abrev escrita de **contents**) contenido

con·tact[1] S2 W2 /'kɑntækt/ s

1	comunicación
2	proximidad física
3	persona
4	experiencia, relación
5	para los ojos
6	en un circuito

1 COMUNICACIÓN [U] contacto • [+**with**]: *I haven't had much contact with him recently.* Últimamente no he tenido mucho contacto con él. • *The village is cut off from contact with the outside world.* El pueblo está aislado del resto del mundo. • **be/get in contact (with sb)** estar/ponerse en contacto (con alguien): *I'm sure he'll get in contact soon.* Seguro que pronto dará señales de vida. • **keep/stay in contact (with sb)** mantener el contacto/mantenerse en contacto (con alguien): *We stay in contact by email.* Mantenemos el contacto por correo electrónico. • **lose contact (with sb)** perder el contacto (con alguien): *After she moved we lost contact.* Perdimos el contacto cuando se mudó. • **make contact (with sb)** ponerse en contacto (con alguien): *I've been trying to make contact with her all week.* Llevo toda la semana tratando de ponerme en contacto con ella.
2 PROXIMIDAD FÍSICA [U] contacto • **come in/into contact with sb/sth** entrar en contacto con alguien/algo: *He had come into contact with the virus.* Había estado en contacto con el virus. • **on contact (with sth)** al contacto (con algo)
3 PERSONA [C] contacto: *business contacts* contactos en el mundo de los negocios
4 EXPERIENCIA, RELACIÓN [U] contacto • **come into contact with sb/sth** entrar en contacto con alguien/algo: *She comes into contact with many artists.* Está en contacto con muchos artistas.
5 PARA LOS OJOS [C] (coloq) lente de contacto SIN **contact lens**
6 EN UN CIRCUITO [C] contacto (eléctrico)

contact[2] S2 v [T] contactar, contactarse con: *Don't hesitate to contact me if you have any questions.* No dude en contactarse conmigo si quiere hacer alguna pregunta.

contact[3] adj [solo ante s] de contacto (número, señas, etc.)

'contact ,lens s [C] lente de contacto

con·ta·gious /kən'teɪdʒəs/ adj **1** (enfermedad) contagioso -a **2** (enfermo) contagioso -a **3** (risa, entusiasmo) contagioso -a

con·tain W1 /kən'teɪn/ v [T]
1 (lugar, recipiente) contener, tener: *a box containing photographs* una caja con fotografías
2 (libro, película) contener, tener: *The book contains some useful material.* El libro tiene material útil. • **be contained in/within sth** figurar en algo, estar incluido -a en algo: *words which are contained in the dictionary* palabras que figuran en el diccionario
3 (sustancia) contener: *Some paints contain lead.* Algunas pinturas contienen plomo.
4 (el enojo, la emoción) contener, reprimir: *She could hardly contain her impatience.* Apenas podía contener la impaciencia. • **contain yourself** contenerse
5 (una enfermedad, un incendio) controlar: *Doctors are struggling to contain the epidemic.* Los médicos luchan por controlar la epidemia. ▶ SELF-CONTAINED

con·tain·er S3 /kən'teɪnǝ/ s [C]
1 recipiente, envase: *ice cream in plastic containers* helado en envases de plástico
2 contenedor, container: *cargo containers* contenedores de carga • **container ship** buque de carga, buque portacontenedores • **container truck** camión para contenedores
3 jardinera, matera
4 caneca, bote (de basura)

con·tain·ment /kən'teɪnmənt/ s [U] contención, control (del gasto, etc.)

con·tam·i·nate /kən'tæməˌneɪt/ v [T] contaminar

con·tam·i·nated /kən'tæməˌneɪt̬ɪd/ adj contaminado -a • [+**with**]: *water contaminated with sewage* agua contaminada por las aguas residuales

con·tam·i·na·tion /kənˌtæmə'neɪʃən/ s [U] contaminación

con·tem·plate /'kɑntəm,pleɪt/ v **1** [T] (una acción futura) pensar en, contemplar la posibilidad de • **contemplate doing sth** contemplar la posibilidad de/pensar en hacer algo SIN **consider** **2** [T] (la certeza de un hecho) pensar en, considerar • **it's just too terrible/ awful to contemplate** *The thought that she might be dead was just too awful to contemplate.* La idea de que ella estuviera muerta le resultaba intolerable. **3** [I,T] (detenidamente) reflexionar (sobre), meditar (sobre) • **contemplate your navel** (hum) mirarse el ombligo **4** [I] (liter) (con la mirada) contemplar

con·tem·pla·tion /,kɑntəm'pleɪʃən/ s [U] contemplación, meditación

con·tem·pla·tive /kən'templətɪv/ adj [gralm ante s] contemplativo -a

con·tem·po·rar·y¹ /kən'tempə,reri/ adj **1** contemporáneo -a, moderno -a • **contemporary art/music** arte contemporáneo/música contemporánea • **contemporary dance** danza moderna SIN **modern** **2** contemporáneo -a, coetáneo -a • [+with]: *writers who were contemporary with Shakespeare* escritores que fueron contemporáneos de Shakespeare

contemporary² s [C] (pl **contemporaries**) (persona) contemporáneo -a, coetáneo -a • [+of]: *He was a contemporary of mine in college.* Fuimos en la misma época a la universidad.

con·tempt /kən'tempt/ s [U] **1** desprecio • [+for]: *Jimmy has nothing but contempt for his boss.* Jimmy no siente más que desprecio por su jefe. • **with contempt** con desprecio • **beneath contempt** absolutamente despreciable **2** (tb **contempt of court**) (técn) desacato (al tribunal) • **be in contempt (of court)** incurrir en desacato (al tribunal)

con·tempt·i·ble /kən'temptəbəl/ adj despreciable SIN **despicable**

con·tempt·i·bly /kən'temptəbli/ adv despreciablemente

con·temp·tu·ous /kən'temptʃuəs/ adj despectivo -a, despreciativo -a • **be contemptuous of sth/sb** tener una actitud despreciativa para con algo/alguien, desdeñar algo/a alguien

con·temp·tu·ous·ly /kən'temptʃuəsli/ adv despectivamente, desdeñosamente

con·tend W3 /kən'tend/ v (frml)
1 [I] **contend for sth** competir por algo
2 [T] **contend (that)** sostener (que) SIN **maintain**
contend with sth v+partíc hacer frente a algo, lidiar con algo

con·tend·er /kən'tendər/ s [C] contendiente, competidor -a • [+for]: *a strong contender for the Democratic nomination* un serio candidato a la postulación por el partido demócrata

con·tent¹ W3 /'kɑntent/ s
1 contents [pl] (de un recipiente, una habitación) contenido • [+of]: *the contents of her purse* el contenido de su bolsa
2 contents [pl] (de un informe, un mensaje) contenido • [+of]: *She kept the contents of the letter a secret.* Mantuvo en secreto el contenido de la carta.
3 contents [pl] (tb **table of contents**) (en un libro) índice • **contents page** página de(l) índice
4 (de un producto, un alimento) **fat/water/alcohol content** [sing] contenido de grasa/agua/alcohol, porcentaje de grasa/agua/alcohol
5 [sing, U] (de un discurso, una obra) contenido: *I liked the look of the movie, but not its content.* Me gustó la estética de la película, pero no su contenido.

con·tent² S3 /kən'tent/ adj [nunca ante s] contento -a, satisfecho -a • [+with]: *Carla seems content with her life.* Carla parece contenta con su vida. • **not content with (doing) sth,...** no contento -a con (hacer) algo,... • **be content (for sb) to do sth** conformarse/contentarse con (dejar a alguien) hacer algo

content³ v [T] **content yourself with sth** conformarse/contentarse con algo

con·tent·ed /kən'tentɪd/ adj satisfecho -a, contento -a ANT **discontented**

con·tent·ed·ly /kən'tentɪdli/ adv con satisfacción

con·ten·tion /kən'tenʃən/ s **1** [C] (frml) aserto, argumento • [+that]: *the contention that male fertility is declining* el aserto de que la fertilidad masculina va en declive **2** [U] (frml) controversia, polémica **3 in/out of contention (for sth)** en/fuera de carrera (por algo) ▶ **BONE of contention**

con·ten·tious /kən'tenʃəs/ adj **1** controvertido -a, polémico -a SIN **controversial** **2** (frml) pendenciero -a, discutidor -a, alegador -a

con·ten·tious·ly /kən'tenʃəsli/ adv controvertidamente, polémicamente

con·tent·ment /kən'tent̚mənt/ s [U] satisfacción ANT **discontent**

con·test¹ S3 W3 /'kɑntest/ s [C]
1 concurso • **hold a contest** organizar un concurso • **enter a contest** participar en un concurso
2 contienda: *a leadership contest* una contienda por el liderazgo • [+for]: *the contest for the building contract* la licitación del contrato de construcción • **a close contest** una contienda reñida • [+between]: *the contest between these two great tennis champions* la contienda ente estos dos grandes campeones del tenis
EXPRESIONES
no contest (oral) indiscutiblemente • **it was no contest** fue una victoria aplastante, fue pan comido • **plead no contest** (jur) en un tribunal, declarar que no se presentarán argumentos para defenderse de una acusación

con·test² /kən'test/ v [T] **1** impugnar (un testamento, etc.), rebatir (una acusación, una afirmación, etc.) **2** disputar (un escaño, unas elecciones) • **hotly contested** muy reñido -a

con·test·ant /kən'testənt/ s [C] concursante

con·text S2 W3 /'kɑntekst/ s [C,U]
1 (de hechos, circunstancias) contexto • **political/social/ historical context** contexto político/social/histórico • **in context** en contexto • **understand/place/see sth in the context of sth** entender/situar/ver algo en el contexto de algo
2 (de palabras) contexto
EXPRESIONES
quote sth/sb out of context citar algo/las palabras de alguien fuera de contexto • **take sth out of context** sacar algo de contexto

con·tig·u·ous /kən'tɪgyuəs/ adj (frml) contiguo -a

con·tig·u·ous·ly /kən'tɪgyuəsli/ adv (frml) en lugares contiguos

con·ti·nent¹ /'kɑntənənt, 'kɑnt̚n-ənt/ s [C] continente: *the continent of Australia* el continente australiano

continent² adj capaz de controlar los esfínteres ANT **incontinent**

con·ti·nen·tal /,kɑntə'nentl◂, ,kɑnt̚n'entl◂/ adj **1 the continental U.S./United States** Estados Unidos continental (sin incluir Alaska y Hawai) **2 continental Europe/Asia** Europa/Asia continental

,continental 'breakfast s [C] desayuno continental (con café, pan, bollos, etc.) ▶ **ENGLISH BREAKFAST**

con·tin·gen·cy /kən'tɪndʒənsi/ s [C] (pl **contingencies**) eventualidad, contingencia • **contingency plan** plan de emergencia

con·tin·gent¹ /kən'tɪndʒənt/ s [C] **1** (grupo) contingente **2** (en el ejército) contingente

contingent² adj (frml) **be contingent on/upon sth** estar supeditado -a algo SIN **conditional**

con·tin·u·al /kən'tɪnyuəl/ adj **1** (frecuente) constante, continuo -a SIN **repeated** **2** (ininterrumpido) continuo -a SIN **continuous** ▶ ver nota en **CONTINUOUS**

con·tin·u·al·ly /kən'tɪnyuəli/ adv continuamente, constantemente: *The situation is continually changing.* La situación cambia continuamente.

C

con·tin·u·a·tion /kən͵tɪnyu'eɪʃən/ s **1** [sing, U] continuación, prolongación • [+of]: *the continuation of family traditions* la continuación de las tradiciones familiares **2** [sing, U] continuación, reanudación • [+of]: *the continuation of peace talks* la reanudación de las conversaciones de paz

con·tin·ue S2 W1 /kən'tɪnyu/ v **1** [I,T] (sin interrupción) continuar, seguir (con): *The warm weather will continue.* Continuará el tiempo cálido. • *He will be continuing his education in the U.S.* Continuará sus estudios en los EE.UU. • **continue to do sth** continuar/seguir haciendo algo: *Oil prices continued to rise.* El precio del petróleo seguía subiendo. • **continue with sth** continuar/seguir con algo: *I'm continuing with my studies.* Voy a seguir con los estudios. • **continue doing sth** continuar/seguir haciendo algo: *We continued talking until after midnight.* Seguimos hablando hasta pasada la media noche. **2** [I,T] (tras una interrupción) continuar, reanudar(se): *Rescue teams will continue the search tomorrow.* Los equipos de rescate continuarán la búsqueda mañana. • *The rain stopped, allowing the game to continue.* Dejó de llover y pudo reanudarse el partido. • **continue doing sth** continuar/seguir haciendo algo: *He picked up his book and continued reading.* Tomó el libro y siguió leyendo. SIN **resume, carry on 3** [I] (en la misma dirección) seguir, continuar: *The path continues northward to the border.* El camino sigue hacia el norte hasta la frontera. • [+**down/along/into**]: *We continued along the road for some time.* Seguimos un rato por la carretera. **4** [I,T] (hablando) seguir, continuar: *Shall I continue?* ¿Sigo? SIN **go on 5** [I] (en un puesto, empleo) seguir, permanecer • **continue in office/in a job** permanecer en el cargo/seguir en un trabajo • **continue as manager/director** seguir como gerente/director -a

EXPRESIONES
to be continued continuará

con·tin·ued /kən'tɪnyud/ adj [solo ante s] **1** (ininterrumpido) sostenido -a, continuo -a: *the continued support of her parents* el apoyo sostenido de sus padres **2** (frecuente) constante, continuo -a SIN **repeated**

con͵tinuing edu'cation s [U] educación de adultos (en general), formación continua (para el trabajo)

con·ti·nu·i·ty /͵kɑntə'nuəti/ s [U] **1** (en las actividades) continuidad **2** (técn) (en cine, televisión) continuidad • **continuity error** error de continuidad

con·tin·u·ous /kən'tɪnyuəs/ adj **1** (ininterrumpido) continuo -a ▶ **CONTINUAL 2** (línea, curva) continuo -a **3** (técn) (en gramática) continuo -a SIN **progressive**

¿continual o continuous?
Estos dos adjetivos se usan de forma similar: *continual rain/continuous rain*, aunque continuous es bastante más frecuente y sirve para especificar tanto la ausencia de pausas: *a continuous process* como de huecos o espacios vacíos: *a continuous line*.
Por otro lado, continual se usa cuando algo ocurre repetidas veces, especialmente si es molesto: *continual interruptions*.

con·tin·u·ous·ly /kən'tɪnyuəsli/ adv continuamente, sin parar

con·tin·u·um /kən'tɪnyuəm/ s [C] (pl **continuums, continua** /-nyuə/) (frml) continuo

con·tort /kən'tɔrt/ v [I,T] retorcer(se) • **be contorted with sth** *Her face was contorted with pain.* Tenía la cara crispada de dolor. • **contort in/with sth** *His body contorted in agony.* Se retorcía del dolor.

con·tor·tion /kən'tɔrʃən/ s [C] contorsión: *facial contortions* muecas

con·tor·tion·ist /kən'tɔrʃənɪst/ s [C] contorsionista

con·tour /'kɑntʊr/ s [C] **1** contorno • [+of]: *the soft contours of her face* el suave contorno de su rostro **2** (tb **contour line**) curva de nivel (en un mapa)

con·tra·band /'kɑntrə͵bænd/ s [U] contrabando: *contraband cigarettes* cigarrillos de contrabando

con·tra·cep·tion /͵kɑntrə'sɛpʃən/ s [U] anticoncepción: *methods of contraception* métodos anticonceptivos • *Are you using any contraception?* ¿Estás usando anticonceptivo?

con·tra·cep·tive¹ /͵kɑntrə'sɛptɪv/ s [C] anticonceptivo

con·tra·cep·tive² /͵kɑntrə'sɛptɪv/ adj [solo ante s] anticonceptivo a • **contraceptive pill** píldora anticonceptiva

con·tract¹ S2 W1 /'kɑntrækt/ s [C]
1 (acuerdo escrito) contrato: *a contract of employment* un contrato de trabajo • [+**with**]: *She has a contract with a major publisher.* Tiene contrato con una importante editorial. • **sign a contract** firmar contrato, fichar • **renew sb's contract** renovarle el contrato a alguien • **the terms of a contract** las cláusulas de un contrato • **be under contract** tener contrato • **breach of contract** incumplimiento de contrato
2 (trabajo específico) contrato • **a contract to do sth** un contrato para hacer algo • **win a contract** ganar un contrato • **award a contract to sb** adjudicarle un contrato a alguien • **put sth out to contract** subcontratar algo
3 (coloq) encargo de asesinato • **put a contract out on sb** ponerle precio a la cabeza de alguien • **contract killer** asesino -a a sueldo • **contract killing** asesinato por encargo

con·tract² S3 W3 /kən'trækt/ v
1 [T] (una enfermedad) contraer SIN **catch**
2 [I] (material) contraerse ANT **expand**
3 [I] (músculo) contraerse
4 (a) [I] **contract to do sth** firmar contrato para hacer algo, comprometerse a hacer algo (mediante un contrato): *They had contracted to finish their work by early August.* Según el contrato, debían terminar el trabajo a principios de agosto. **(b)** [T gralm en pasiva] **be contracted to do sth** ser/estar contratado -a para hacer algo: *I'm contracted to work 35 hours a week.* Estoy contratado para trabajar 35 horas semanales.
contract sth ↔ out v+partíc subcontratar algo: *We contract out all our computer maintenance.* Subcontratamos el mantenimiento de los computadores.

con·trac·tion /kən'trækʃən/ s **1** [C] (en el embarazo) contracción **2** [U] (de un material, un órgano) contracción **3** [C,U] (de los músculos) contracción **4** [C] (de una palabra) contracción

con·trac·tor S3 /'kɑn͵træktɚ, kən'træk-/ s [C] contratista: *a building contractor* un contratista de obras

con·trac·tu·al /kən'træktʃuəl/ adj contractual

con·trac·tu·al·ly /kən'træktʃuəli/ adv por contrato

con·tra·dict /͵kɑntrə'dɪkt/ v **1** [T] (una afirmación) contradecir **2** [I,T] (a una persona) contradecir
EXPRESIONES
contradict yourself contradecirse

con·tra·dic·tion /͵kɑntrə'dɪkʃən/ s **1** [C] (entre ideas, afirmaciones) contradicción • [+**between**]: *There is no contradiction between these points of view.* Estos puntos de vista no se contradicen. • **an apparent contradiction** una aparente contradicción **2** [C,U] (entre hechos, situaciones) contradicción • [+of]: *This is a complete contradiction of the government's commitment.* Esto está en total contradicción con el compromiso del gobierno. **3** [U] (de lo que otro dice) contradicción: *Harris resented my contradiction of his claims.* A Harris le molestó que yo contradijera lo que él aseguraba. • **without fear of contradiction** sin temor a equivocarse
EXPRESIONES
a contradiction in terms una contradicción en sí misma

con·tra·dic·to·ry /͵kɑntrə'dɪktəri/ adj contradictorio -a

con·tral·to /kən'træltoʊ/ s [C] (pl **contraltos**) contralto

con·trap·tion /kən'træpʃən/ s [C] (coloq) aparato, artefacto (de aspecto extraño)

con·trar·y¹ /'kɑn͵trɛri/ s (frml) **the contrary** lo contrario
EXPRESIONES
on the contrary al contrario, por el contrario • **quite the**

contrary todo lo contrario • **to the contrary** en (sentido) contrario: *In spite of rumors to the contrary, I have no intention of resigning.* A pesar de los rumores en sentido contrario, no tengo intenciones de renunciar.

⚠ No se usa **on the contrary** cuando se trata solamente de señalar un contraste:
Older visitors like to visit the museum. Younger visitors, however (✗ on the contrary), prefer to visit the beach.
My sister has a very responsible job. My brother, however (✗ on the contrary) is unemployed.

con·trar·y² /kən'trɛri/ *adj* **1** [solo ante s] contrario -a, opuesto -a (opinión, idea, etc.) **2** que siempre lleva la contraria (persona)

con·trar·y³ /'kɑn‚trɛri/ *adv* **1** (perjudicando) **contrary to sth** en contra de algo • **run/go contrary to sth** ir en contra de algo **2** (negando, desmintiendo) **contrary to sth** contrariamente a algo • **contrary to popular belief/ opinion** al contrario de lo que la gente cree, contrariamente a lo que se suele creer

con·trast¹ W2 /'kɑntræst/ *s*
1 [C,U] (diferencia) contraste • [+between]: *the contrast between the two brothers* el contraste entre ambos hermanos • [+with]: *a strange contrast with the surrounding forests* un extraño contraste con los bosques circundantes • **a sharp/stark/marked contrast** un agudo/fuerte/marcado contraste • **in contrast** por el contrario • **in contrast to/with sth** a diferencia de algo • **by contrast** por el contrario • **by contrast to/with sth** a diferencia de algo
2 [C] (cosa diferente) contraste • [+to]: *a pleasant contrast to our usual routine* un agradable contraste con nuestra rutina habitual

con·trast² /kən'træst/ *v* **1** [I] contrastar • [+with]: *the snowy mountains contrasting with the brilliant blue sky* las montañas nevadas que contrastan con el luminoso cielo azul • **contrast sharply/markedly with sth** contrastar fuertemente con algo **2** [T] comparar, confrontar • **contrast sth with sth** comparar algo con algo: *In her article, she contrasts Edinburgh with Athens.* En su artículo, compara Edimburgo con Atenas.

con·trast·ing /kən'træstɪŋ/ *adj* opuesto -a (opinión, actitud, etc.)

con·tra·vene /‚kɑntrə'vin/ *v* [T] (frml) contravenir

con·tra·ven·tion /‚kɑntrə'vɛnʃən/ *s* (frml) [C,U] contravención • **be in contravention of sth** contravenir algo

con·trib·ute W2 /kən'trɪbyut, -yət/ *v*
1 [I,T] (donar) contribuir (con), aportar • **contribute (sth) to/toward sth** contribuir (con algo) a/para algo, hacer contribuciones (de algo) a/para algo: *City employees cannot contribute to political campaigns.* Los empleados municipales no pueden hacer contribuciones a las campañas políticas.
2 [I] (ser causa) contribuir • **contribute to sth** contribuir a algo • **be a contributing factor (in/to sth)** ser un factor determinante (en/de algo)
3 (en una conversación, un debate) **(a)** [I] intervenir, participar • **contribute to a debate/the discussion** intervenir en un debate/en la discusión **(b)** [T] aportar, intervenir con • **contribute sth to a debate/the discussion** aportar algo a un debate/a la discusión
4 [I,T] (en prensa) escribir, colaborar (con) • **contribute (sth) to a magazine/newspaper** escribir (algo) para una revista/un periódico

con·tri·bu·tion W2 /‚kɑntrə'byuʃən/ *s* [C]
1 contribución (de trabajo, esfuerzo) • [+to/ toward]: *her contribution toward world peace* su contribución a la paz mundial • **make a contribution** hacer una contribución
2 aporte, contribución (de dinero) • [+to]: *contributions to charity* donativos para entidades de beneficencia • **make a contribution** hacer un aporte, dar una contribución
3 aporte, aportación, cotización (a la seguridad social, etc.)
4 colaboración (para una publicación)

con·trib·u·tor /kən'trɪbyətə/ *s* [C] **1** persona que contribuye, donante, aportante (de dinero) **2** colaborador -a • [+to]: *a contributor to New Yorker magazine* un colaborador de la revista New Yorker

con·trib·u·to·ry /kən'trɪbyə‚tɔri/ *adj* **1** [solo ante s] que contribuye (factor): *Smoking is a contributory factor in the disease.* Fumar es un factor que contribuye a que se desarrolle la enfermedad. **2** contributivo -a (régimen, jubilación)

con·trite /kən'traɪt/ *adj* (frml) contrito -a, arrepentido -a

con·tri·tion /kən'trɪʃən/ *s* [U] (frml) contrición, arrepentimiento

con·tri·vance /kən'traɪvəns/ *s* (frml) **1** artilugio **2** artimaña

con·trive /kən'traɪv/ *v* [T] **1** tramar (un plan), arreglar, urdir (una situación, un encuentro) **2** (frml) **contrive to do sth** arreglárselas para hacer algo, lograr hacer algo

con·trived /kən'traɪvd/ *adj* artificioso -a

con·trol¹ S1 W1 /kən'troʊl/ *s*

1	mando
2	dominio
3	contención
4	serenidad
5	dispositivo
6	en informática

1 **MANDO** [U] control, dominio: *The chairman has overall control.* El presidente tiene el control general. • [+of/over]: *Jones asked for editorial control of the project.* Jones pidió tener el control editorial del proyecto. • **have control of/over sth** tener el control de algo, controlar algo: *The rebels now have control of the northern territories.* Ahora los rebeldes controlan los territorios del norte. • **take control (of sth)** tomar el control (de algo): *a bid to take control of the company* un intento de tomar el control de la empresa • **be in control (of sth)** estar al mando (de algo): *The military government is now in control.* El gobierno militar está ahora al mando. • **lose control (of/over sth)** perder el control (de algo): *The Democrats lost control of Congress.* Los demócratas perdieron el control del Congreso. • **gain control (of/over sth)** obtener el control (de algo), hacerse con el control (de algo) • **under the Captain's/the army's control** bajo el mando del capitán/ bajo el control del ejército

2 **DOMINIO** [U] control • [+of/over]: *His control of the ball is superb.* Su control de la pelota es magnífico. • **have control of/over sb** controlar a alguien: *She's a good teacher who has control of her class.* Es una buena profesora que sabe controlar la clase. • **under control** bajo control: *She seems to have everything under control.* Parece tenerlo todo bajo control. • **lose control (of/over sth)** perder el control (de algo): *The driver lost control and the truck crashed into a wall.* El conductor perdió el control y el camión se estrelló contra un muro. • **be beyond/outside sb's control** escapar al control de alguien, ser ajeno -a a la voluntad de alguien: *They resent being blamed for problems beyond their control.* Les molesta que los culpen de problemas que escapan a su control. • **out of control** descontrolado -a, fuera de control

3 **CONTENCIÓN** [C,U] control: *pest control* control de plagas • [+of]: *the control of inflation* el control de la inflación • [+on]: *strict controls on the dumping of waste* controles estrictos de los vertidos de desechos • **under control** bajo control: *the need to keep costs under control* la necesidad de controlar los costos • **crowd control** control de multitudes

4 **SERENIDAD** [U] control • **lose control** perder el control • **keep control** mantener el control • **in control** *I felt calm and in control.* Sentía que estaba tranquilo y que controlaba la situación. ► **SELF-CONTROL**

5 **DISPOSITIVO** [C] control, botón, mando: *the TV remote control* el control remoto del televisor • **at the controls** al volante (de un carro, un camión), al mando (de un avión)

C

6 **EN INFORMÁTICA** [U] (tecla de) control ▶ ARMS CONTROL, BIRTH CONTROL, GUN CONTROL, PASSPORT CONTROL, QUALITY CONTROL, REMOTE CONTROL, RENT CONTROL, SELF-CONTROL

control² S2 W1 *v* [T] (**controlled, controlling**)
1 (mandar) controlar: *The Democrats continued to control the Senate until last year.* Los demócratas siguieron controlando el Senado hasta el año pasado.
2 (limitar) controlar: *an economic plan to control inflation* un plan económico para controlar la inflación
3 (dominar) controlar: *Please control your dog.* Por favor controle a su perro.
4 (la temperatura, los niveles) regular, controlar: *Insulin controls blood sugar levels in the body.* La insulina regula los niveles corporales de azúcar en la sangre.
5 (las emociones, un impulso) controlar, dominar: *Sarah tried to control her temper.* Sarah intentó no perder los estribos. • **control yourself** controlarse, contenerse

con'trol ˌfreak *s* [C] (*coloq*) persona muy controladora: *She admits to being a control freak.* Reconoce que tiene la manía de querer controlar todo.

con·trolled /kən'trəʊld/ *adj* **1** (persona, voz) controlado -a, sereno -a **2** (experimento, movimientos) controlado -a: *tests done under controlled conditions* pruebas realizadas en condiciones controladas **3** (acceso) controlado -a, restringido -a

con·trol·ler /kən'trəʊlər/ *s* [C] supervisor -a, director -a: *air traffic controllers* controladores aéreos

con'trol ˌpanel *s* [C] tablero de control, cuadro de mandos

con'trol ˌtower *s* [C] torre de control

con·tro·ver·sial W3 /ˌkɑntrə'vɜrʃəl◂/ *adj* polémico -a, controvertido -a • **highly controversial** altamente controvertido -a • **a controversial figure** una figura controvertida

con·tro·ver·sial·ly /ˌkɑntrə'vɜrʃəli/ *adv* con gran polémica, de manera controvertida: *Controversially, he ordered his troops to fire.* En una decisión controvertida, ordenó a sus tropas que disparasen.

con·tro·ver·sy W3 /'kɑntrəˌvɜrsi/ *s* [C,U] (pl **controversies**) polémica, controversia • [+**over/about**]: *controversy over the drug's safety* polémica sobre la seguridad de la droga • **controversy surrounding sth** polémica en torno a algo

co·nun·drum /kə'nʌndrəm/ *s* [C] acertijo, adivinanza

con·ur·ba·tion /ˌkɑnɜr'beɪʃən/ *s* [C] conurbación

con·va·lesce /ˌkɑnvə'lɛs/ *v* [I] convalecer

con·va·les·cence /ˌkɑnvə'lɛsəns/ *s* [sing, U] convalecencia

con·va·les·cent /ˌkɑnvə'lɛsənt/ *s* [C] convaleciente

ˌconva'lescent ˌhome (tb **ˌconva'lescent ˌhospital**) *s* [C] clínica de recuperación (post-hospitalaria)

con·vec·tion /kən'vɛkʃən/ *s* [U] convección

con·vene /kən'vin/ *v* **(a)** [I] reunirse **(b)** [T] convocar

con·ven·ience /kən'vinyəns/ *s* **1** [U] (cualidad) comodidad • **for convenience** para mayor comodidad • **the convenience of doing sth** la comodidad de hacer algo
2 [U] conveniencia • **at your convenience** cuando le convenga, cuando le resulte conveniente • **for your convenience** para su comodidad **3** [C] (cosa, servicio) comodidad
EXPRESIONES
at your earliest convenience (*frml*) a la mayor brevedad

con'venience ˌfood *s* [C,U] comida lista para consumir/servir, platos precocinados

con'venience ˌstore *s* [C] tienda de barrio que vende periódicos, alimentos y bebidas, y suele abrir las 24 horas

con·ven·ient S3 /kən'vinyənt/ *adj*
1 oportuno -a, adecuado -a (momento), cómodo -a, práctico -a (método, manera) • [+**for**]: *Is Friday convenient for you?* ¿Te viene bien el viernes? • **be convenient for sb to do sth** venirle bien a alguien hacer algo: *It's more convenient to go by car.* Es más cómodo ir en carro. • **convenient to use/prepare** fácil de usar/preparar ANT **inconvenient**
2 bien situado -a (sitio) • [+**to**]: *The hotel is convenient to the downtown area.* El hotel queda muy cerca de la zona del centro.

con·ven·ient·ly /kən'vinyəntli/ *adv* **1** de forma práctica o útil: *Conveniently, my parents are always willing to babysit the children.* Mis padres siempre están dispuestos a cuidar de los niños, lo cual nos viene muy bien. **2** **conveniently located** bien situado -a: *The hotel is conveniently located near the airport.* El hotel está convenientemente cerca del aeropuerto.

con·vent /'kɑnvɛnt, -vənt/ *s* [C] convento

con·ven·tion W2 /kən'vɛnʃən/ *s*
1 [C] (reunión) convención, congreso
2 [C] (pacto) convención
3 [C,U] (costumbre) convención, (las) convenciones

con·ven·tion·al W3 /kən'vɛnʃənəl/ *adj*
1 [solo ante s] (productos, métodos, servicios) convencional, estándar
2 (persona, ideas) convencional, tradicional ANT **unconventional**
3 [solo ante s] (arma) convencional
4 [solo ante s] (guerra, tropas) convencional
EXPRESIONES
(the) conventional wisdom la opinión generalizada

con·ven·tion·al·ly /kəm'vɛnʃənəli/ *adv* **1** convencionalmente, tradicionalmente **2** de manera convencional **3** por lo general

con·verge /kən'vɜrdʒ/ *v* [I] **1** reunirse, congregarse • **converge on Washington/the stadium** reunirse en Washington/en el estadio **2** (ríos, caminos) confluir, converger **3** (ideas, opiniones) coincidir, converger • **converge with sth** *Popular opinion does not always converge with government policy.* La opinión pública no siempre coincide con la política del gobierno.

con·verg·ence /kən'vɜrdʒəns/ *s* **1** [sing, U] (de ideas, opiniones) coincidencia, convergencia **2** [U] (de caminos, ríos) confluencia, convergencia

con·ver·sant /kən'vɜrsənt/ *adj* [nunca ante s] **1** (*frml*) **be conversant with sth** estar familiarizado -a con algo
2 [+**in**]: *She was fluent in Chinese and conversant in Russian.* Hablaba bien el chino y se hacía entender en ruso.

con·ver·sa·tion S2 W2 /ˌkɑnvər'seɪʃən/ *s*
1 [C] (acción individual) conversación, charla, plática • [+**with**]: *a short conversation with the teacher* una breve conversación con la profesora • [+**about**]: *our conversations about school* nuestras conversaciones sobre la escuela • [+**between**]: *conversations between the two men* conversaciones entre los dos hombres • **have a conversation** tener/mantener una conversación, platicar • **strike up a conversation** trabar conversación
2 [U] (hecho general) (la) conversación • **a topic of conversation** un tema de conversación • **make conversation (with sb)** dar conversación (a alguien)

con·ver·sa·tion·al /ˌkɑnvər'seɪʃənəl/ *adj* **1** coloquial, informal **2** [solo ante s] **conversational English/French** inglés/francés hablado: *classes in conversational Spanish* clases de conversación en español

con·ver·sa·tion·al·ist /ˌkɑnvər'seɪʃənəlɪst/ *s* [C] conversador -a

con·verse¹ /kən'vɜrs/ *v* [I] (*frml*) conversar • **converse with sb** conversar con alguien

con·verse² /'kɑnvərs/ *s* (*frml*) **the converse** lo contrario, lo opuesto

con·verse·ly /kən'vɜrsli, 'kɑnvərsli/ *adv* [adv oracional] (*frml*) por el contrario, a la inversa

con·ver·sion /kən'vɜrʒən, -ʃən/ *s* **1** [U] (cambio) transformación (de residuos, materiales), reforma, remodelación (de un edificio) • [+**into**]: *the warehouse's conversion into apartments* la reforma del depósito para convertirlo en departamentos **2** [C,U] (a otra religión) conversión • [+**to**]: *his conversion to Islam* su conversión al islam **3** [C,U] (a otro sistema) conversión **4** [C] (en rugby) conversión

con·vert[1] S3 W3 /kən'vɜːt/ v
1 (a) [T] convertir, transformar • **convert sth into/to sth** convertir algo en algo: *They converted the spare room into an office.* Convirtieron el cuarto de huéspedes en una oficina. **(b)** [I] **convert into/to sth** convertirse/transformarse en algo: *a sofa that converts into a bed* un sofá que se convierte en cama
2 [I] (de hábitos) **convert (from sth) to sth** pasarse (de algo) a algo: *She has converted to vegetarianism.* Se ha hecho vegetariana.
3 [I,T] (de religión) convertir(se): • **convert to Judaism/Christianity** convertirse al judaísmo/cristianismo • **convert sb to sth** convertir a alguien a algo
4 [T] (en rugby) convertir

con·vert[2] /'kɒnvɜːt/ s [C] converso -a

con·vert·i·ble[1] /kən'vɜːtəbəl/ s [C] descapotable, convertible

convertible[2] *adj* convertible

con·vex /ˌkɒn'veks◂, kən-/ *adj* convexo -a

con·vey /kən'veɪ/ v [T] **1** transmitir (un mensaje, una idea, una impresión) • **convey sth to sb** (*frml*) transmitir algo a alguien **2** (*frml*) **convey sth to/into sth** trasladar/transportar algo a algo

con·vey·ance /kən'veɪəns/ s [C] vehículo

con·vey·or, conveyer /kən'veɪə/ s [C] cinta transportadora, banda transportadora

con'veyor belt s [C] cinta transportadora, banda transportadora

con·vict[1] W3 /kən'vɪkt/ v [T] condenar • **convict sb of sth** condenar a alguien por algo

con·vict[2] /'kɒnvɪkt/ s [C] recluso -a, convicto -a

con·vic·tion W3 /kən'vɪkʃən/ s
1 [C] (creencia) convicción • [+**that**]: *her conviction that she was always right* su convicción de que siempre tenía razón • **religious/political convictions** convicciones religiosas/políticas
2 [C] condena • [+**for**]: *He has a conviction for theft.* Tiene una condena por robo. • **criminal conviction** sentencia condenatoria: *Do you have any criminal convictions?* ¿Tiene antecedentes penales? • **prior/previous convictions** condenas anteriores
3 [U] (seguridad) convicción • **with/without conviction** con/sin convicción ▶ have the COURAGE of your (own) convictions

con·vince S2 W3 /kən'vɪns/ v [T]
1 (asegurar) convencer • **convince sb (that)** convencer a alguien de que: *He convinced her he was telling the truth.* La convenció de que decía la verdad. • **convince sb of sth** convencer a alguien de algo
2 (animar) **convince sb to do sth** convencer a alguien para/de que haga algo: *I tried to convince him to come.* Traté de convencerlo de que viniera.

con·vinced W3 /kən'vɪnst/ *adj* [nunca ante s] convencido -a • [+(**that**)]: *She was convinced that she would win.* Estaba convencida de que ganaría. • [+**of**]: *He is convinced of her innocence.* Está convencido de su inocencia.

con·vinc·ing /kən'vɪnsɪŋ/ *adj* convincente
EXPRESIONES
a convincing victory/win una victoria contundente/convincente

con·vinc·ing·ly /kən'vɪnsɪŋli/ *adv* **1** convincentemente, con convicción **2** convincentemente, con contundencia

con·viv·i·al /kən'vɪviəl/ *adj* agradable: *convivial conversation* conversación amena

con·vo·lut·ed /'kɒnvəˌluːtɪd/ *adj* **1** enrevesado -a, enredado -a **2** (*frml*) tortuoso -a, lleno -a de curvas; (ruta, diseño) con muchas vueltas

con·voy /'kɒnvɔɪ/ s [C] convoy

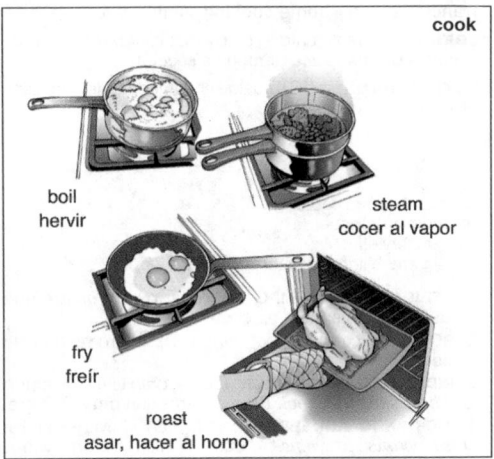

cook

boil
hervir

steam
cocer al vapor

fry
freír

roast
asar, hacer al horno

con·vul·sion /kən'vʌlʃən/ s [C gralm pl] convulsión

coo[1] /kuː/ s [C] arrullo, gorjeo (de una paloma)

coo[2] v **1** [I] arrullar, gorjear (paloma) **2** [I] hacer gorgoritos, gorgotear (bebé)

cook[1] S1 W2 /kʊk/ v
1 (persona) **(a)** [I] cocinar, hacer la comida: *Where did you learn to cook?* ¿Dónde aprendiste a cocinar? **(b)** [T] cocinar, hacer, cocer: *Cook the pasta for about 5 minutes.* Cocine la pasta durante unos 5 minutos. • **cook lunch/breakfast** preparar el almuerzo/desayuno **cook sb sth** (tb **cook sth for sb**) hacerle/prepararle algo a alguien: *She cooked us a wonderful meal.* Nos preparó una comida maravillosa. • *Jimmy's cooking dinner for all of us.* Jimmy va a hacer de comer para todos. • **cook sth for lunch/breakfast** hacer algo para el almuerzo/desayuno
2 [I] (alimento) cocinarse, hacerse, cocerse: *the smell of onions cooking* el olor de las cebollas cocinándose
▶ COOKED, COOKING
EXPRESIONES
be cooking (*coloq*) cocerse, tramarse: *Hey, guys! What's cooking?* ¡Hola, muchachos!, ¿qué pasa? • **cook the books** falsificar la contabilidad, amañar las cuentas **cook sth ↔ up** v+partíc **1** (*coloq*) tramar algo (un plan), inventarse algo (una historia, un pretexto) **2** preparar algo de comer

cook[2] S2 s [C]
1 (en restaurante) cocinero -a SIN chef
2 (en casa) cocinero -a • **be a good/terrible cook** cocinar bien/muy mal
EXPRESIONES
too many cooks (spoil the broth) (*coloq*) tantas manos en un plato no hay peor rato, demasiados cocineros estropean el caldo

cook·book /'kʊkbʊk/ s [C] libro de cocina

cooked /kʊkt/ *adj* **1** cocido -a, cocinado -a **2 a cooked meal/breakfast/dinner** una comida/un desayuno/una cena caliente

cook·er /'kʊkə/ s [C] aparato eléctrico que se calienta y cocina la comida: *a rice cooker* una olla arrocera ▶ PRESSURE COOKER

cook·er·y /'kʊkəri/ s [U] cocina (actividad)

cook·ie S1 /'kʊki/ s [C]
1 galleta
2 (*técn*) (en informática) cookie
EXPRESIONES
a tough/smart cookie (*coloq*) un tipo duro/inteligente, una tipa dura/inteligente • **that's the way the cookie crumbles** (*coloq, oral*) así es la vida

cook·ing[1] /'kʊkɪŋ/ s [U] **1** (actividad) cocina: *I enjoy cooking.* Me gusta la cocina. • **do the cooking** hacer la comida, cocinar **2** (alimentos) comida, cocina • **French/Chinese cooking** cocina francesa/china, comida francesa/china • **home cooking** comida casera

cooking² *adj* [solo ante s] de cocina: *cooking salt* sal de cocina • *cooking time* tiempo de cocción

'cooking ,apple *s* [C] cualquier variedad de manzana utilizada para cocinar

cool¹ S1 W3 /kul/ *adj*

1 bebida, sitio, tiempo
2 ropa
3 indicando aprobación
4 indicando acuerdo
5 sin nervios
6 sin amabilidad o entusiasmo

1 BEBIDA, SITIO, TIEMPO fresco -a: *a cool breeze* una brisa fresca ▶ ver nota en **COLD**
2 ROPA fresco -a: *a cool cotton dress* un vestido de algodón fresco
3 INDICANDO APROBACIÓN (*coloq, oral*) chévere, chido -a: *Those shoes are cool.* Esos zapatos son muy chévere.
4 INDICANDO ACUERDO (*coloq, oral*) chévere, padre: *"Lisa wants to come." "Cool."* –Lisa quiere venir. –Chévere. • *Pizza would be cool.* Una pizza estaría bien chévere.
5 SIN NERVIOS tranquilo -a, sereno -a • **stay/keep cool** mantener la calma • **cool, calm and collected** totalmente tranquilo -a • **(as) cool as a cucumber** muy tranquilo -a
6 SIN AMABILIDAD O ENTUSIASMO frío -a • [+**toward/to**]: *His manner toward me has been cool.* Conmigo ha estado frío. • **a cool reception/response** una fría acogida

cool² S2 *v*
1 [I,T] (comida, bebida) enfriar(se)
2 [I] (relación, entusiasmo, interés) enfriarse
EXPRESIONES
cool it **(a)** (*coloq*) tomárselo/tomarse las cosas con más calma **(b)** (*oral*) fresco, cálmense: *Come on, guys, cool it.* Vamos, muchachos, fresco. • **cool your heels** esperar (con impaciencia)
cool down *v+partíc* **1 cool down** enfriarse, refrescar(se): *The air has cooled down a little now.* Ahora ha refrescado un poco. **2 cool sb ↔ down** refrescar a alguien: *A glass of lemonade will cool you down.* Un vaso de limonada te va a refrescar. **3 cool sth ↔ down** enfriar/refrigerar algo **4 cool down** calmarse, tranquilizarse
cool off *v+partíc* **1 cool off** refrescar(se), enfriarse: *It doesn't cool off at night.* De noche no refresca. **2 cool sb ↔ off** refrescar a alguien **3 cool sth ↔ off** enfriar/refrigerar algo **4 cool off** calmarse, tranquilizarse

cool³ *s* **the cool of sth** el fresco de algo: *the cool of the evening* el fresco de la noche
EXPRESIONES
keep your cool mantener la calma • **lose your cool** perder la calma

cool⁴ *adv* **play it cool** mantener el tipo, no perder la calma

cool·er S3 /'kulə/ *s* [C]
1 nevera portátil, hielera portátil
2 (tb **water cooler**) dispensador de agua (fría), enfriador de agua
3 **the cooler** (*coloq*) chirona, la cárcel

,cool-'headed *adj* sereno -a

,cooling-'off ,period *s* [C] **1** tregua laboral **2** periodo durante el cual es posible dejar sin efecto un contrato mercantil sin sufrir penalidades

cool·ly /'kul-li/ *adv* **1** con serenidad **2** con frialdad

co-op /'kouap/ *s* [C] cooperativa

coop /kup/ *s* **a chicken coop** un gallinero

,cooped 'up *adj* encerrado -a

co·op·er·ate /kou'apə,reɪt/ *v* [I] **1** (actuar en equipo) cooperar, colaborar • **cooperate with sb** cooperar/colaborar con alguien: *They refused to cooperate with each other.* Se negaban a colaborar el uno con el otro.

2 (acceder a algo) colaborar • **cooperate with sb** colaborar con alguien

co·op·er·a·tion W3 /kou,apə'reɪʃən/ *s* [U]
1 (trabajo en equipo) cooperación, colaboración • [+**between**]: *cooperation between major world powers* la cooperación entre grandes potencias mundiales • **in cooperation with sb/sth** en colaboración con alguien/algo
2 (ayuda) colaboración: *Thank you for your cooperation.* Gracias por su colaboración.

co·op·era·tive¹ /kou'aprətɪv/ *adj* **1** dispuesto -a a colaborar • **be cooperative** colaborar SIN **uncooperative** **2** conjunto -a, común: *a cooperative agreement* un acuerdo de cooperación

cooperative² *s* [C] **1** cooperativa **2** edificio de departamentos cuyos habitantes son accionistas de la empresa propietaria del edificio **3** (tb **cooperative apartment**) departamento en un edificio cuyos habitantes son accionistas de la empresa propietaria del edificio ▶ **CONDOMINIUM**

co-opt /kou'apt/ *v* [T] **1** (*peyor*) aprovecharse de, robar (un diseño, una propuesta, etc.) **2** convencer, persuadir

co·or·di·nate¹ /kou'ɔrdn,eɪt/ *v* **1** [T] (esfuerzos, tareas, personas) coordinar **2** [T] (partes del cuerpo) coordinar

co·or·di·nate² /kou'ɔrdn-ɪt/ *s* (*técn*) [C] coordenada (número)

co·or·di·na·tion /kou,ɔrdn'eɪʃən/ *s* [U] **1** (de movimientos) coordinación • **hand-eye coordination** coordinación entre la vista y las manos **2** (de tareas, personas) coordinación • [+**of**]: *the coordination of sales and marketing operations* la coordinación de las operaciones de venta y de marketing • [+**between**]: *coordination between central and local government* la coordinación entre el gobierno central y el local

co·or·di·na·tor /kou'ɔrdn,eɪtə/ *s* [C] coordinador -a

coo·ties /'kutɪz/ *s* [pl] (*oral*) piojos, bichos • **he/she has cooties** no quiero jugar con él/ella, no quiero sentarme junto a él/ella

cop¹ S2 W3 /kap/ *s* [C] (*coloq*)
1 policía, tira
2 the cops [pl] la policía, los tiras
EXPRESIONES
cops and robbers policías y ladrones (juego)

cop² *v* [T] (**copped, copping**) (*coloq, oral*) conseguir, quedarse con • **cop a feel** manosear a alguien, toquetear a alguien
EXPRESIONES
cop an attitude darse aires • **cop a plea** declararse culpable (para conseguir una reducción de pena)
cop out *v+partíc* (*peyor*) escurrir el bulto

cope /koup/ *v* [I] arreglárselas: *I'm sure he'll cope.* Estoy segura de que se las arreglará. • *Sometimes I find it hard to cope.* A veces me cuesta seguir adelante. • **cope with sth** arreglárselas con algo, afrontar algo: *advice on how to cope with stress* consejos para afrontar el estrés

cop·i·er /'kapiə/ *s* [C] (foto)copiadora

co·pi·lot /'kou,paɪlət/ *s* [C] copiloto

co·pi·ous /'koupiəs/ *adj* [solo ante s] (*frml*) copioso -a

co·pi·ous·ly /'koupiəsli/ *adv* (*frml*) copiosamente

'cop-out *s* [C] (*peyor, coloq*) forma de escurrir el bulto: *Blaming your parents for your problems is a cop-out.* Culpar a tus padres de tus problemas es una forma de escurrir el bulto.

cop·per¹ /'kapə/ *s* **1** [U] (símb **Cu**) cobre **2 coppers** [pl] monedas, quintos

copper² *adj* [solo ante otro s] de cobre

,copper 'beech *s* [C] haya roja

copse /kaps/ *s* [C] bosquecillo

cop·u·late /'kapyə,leɪt/ *v* [I] (*técn o hum*) copular • **copulate with sb/sth** copular con alguien/algo

cop·u·la·tion /,kapyə'leɪʃən/ *s* [U] cópula, copulación

cop·y[1] ⓢ1 ⓦ2 /'kɑpi/ s (pl **copies**)
1 [C] copia, reproducción • [+**of**]: *Keep a copy of all documents.* Guarde una copia de todos los documentos. • **make a copy (of sth)** hacer/sacar una copia (de algo)
2 [C] ejemplar, copia (de un libro, un disco), número, ejemplar (de un periódico, una revista) • [+**of**]: *We have six copies of the movie to give away.* Tenemos seis copias de la película para regalar.
3 [U] texto(s) (para publicación): *All copy must be on my desk by Monday morning.* Todos los artículos deben estar en mi mesa el lunes por la mañana. ▸ CAR-BON COPY, HARD COPY

EXPRESIONES
make/be good copy (*coloq*) tener gancho con los lectores, vender muchos periódicos

cop·y[2] ⓢ2 v (**copied**, **copying**, 3ª pers sing **copies**)
1 [I,T] (un texto, un archivo, una foto) copiar, hacer una copia (de) • **copy (sth) from sth** copiar (algo) de algo • **copy sth into a book/notebook** copiar algo en un libro/cuaderno • **copy sth to a file/disk** hacer una copia de algo en un archivo/disquete
2 [T] copiar, plagiar: *ideas copied from other writers* ideas copiadas de otros escritores
3 [I,T] imitar: *Children often copy what they see on television.* Los niños suelen copiar lo que ven en la televisión.
4 [I,T] (en un examen) copiar(se): *Any student caught copying will fail the test.* El alumno al que se cache copiando reprobará el examen.
copy sth ↔ down v+*partíc* anotar/copiar algo
copy sb in on sth v+*partíc* mandarle a alguien (una) copia de algo (correo electrónico, circular)
copy sth ↔ out v+*partíc* copiar algo (por escrito)
copy sth to sb v+*partíc* mandar a alguien (una) copia de algo

cop·y·cat[1] /'kɑpi,kæt/ s [C] (*coloq*) copión -ona

copycat[2] *adj* [solo ante s] inspirado -a en otro famoso (crimen, asesino)

cop·y·right[1] /'kɑpi,raɪt/ s [C,U] derechos de autor, copyright, propiedad intelectual

copyright[2] v [T] obtener los derechos de autor sobre

copyright[3] *adj* con derechos de autor, con copyright

cop·y·writ·er /'kɑpi,raɪtɚ/ s [C] creativo -a, redactor -a publicitario -a

cor·al[1] /'kɔrəl, 'kɑrəl/ s [U] coral (marino)

coral[2] *adj* [solo ante s] de coral

cord ⓢ3 /kɔrd/ s
1 [C,U] cable, cordón
2 [C,U] cuerda, cordón
3 [C] cantidad específica de leña
4 [C gralm sing] (tb **umbilical cord**) cordón umbilical
▸ EXTENSION CORD, SPINAL CORD, VOCAL CORDS

cor·dial[1] /'kɔrdʒəl/ s [C,U] licor

cordial[2] *adj* cordial

cor·di·al·i·ty /,kɔrdʒi'æləti/ s [U] cordialidad

cor·dial·ly /'kɔrdʒəli/ *adv* cordialmente

cord·less /'kɔrdlɪs/ *adj* inalámbrico -a

cor·don[1] /'kɔrdn/ s [C] cordón (policial, militar) • **security cordon** cordón de seguridad

cordon[2] v
cordon sth ↔ off v+*partíc* acordonar algo

cor·du·roy /'kɔrdə,rɔɪ/ s **1** [U] pana **2 corduroys** [pl] pantalones de pana

core[1] ⓢ3 ⓦ2 /kɔr/ s [C]
1 núcleo, esencia, meollo • [+**of**]: *subjects that form the core of a good education* materias que forman la base de una buena educación • **at the core of sth** *Poverty lies at the core of the problem.* El meollo del problema es la pobreza.
2 a core of supporters/volunteers un núcleo sólido de partidarios/voluntarios, un grupo de partidarios/voluntarios incondicionales

3 corazón, centro (de una manzana, una pera)
4 (de un planeta) núcleo
5 (de un reactor nuclear) núcleo ▸ HARD CORE

EXPRESIONES
to the core hasta la médula, de pies a cabeza • **rotten to the core** totalmente corrompido -a/corrupto -a

core[2] /kɔr/ *adj* **1** básico -a, fundamental • **your core business** su actividad principal • **core skills/competencies** destrezas/competencias básicas • **be core to sth** ser fundamental para algo **2 core subjects/courses** materias comunes/obligatorias, asignaturas comunes/obligatorias

core[3] v [T] quitar el centro/corazón a (una manzana, una pera)

co·ri·an·der /'kɔri,ændɚ/ s [U] cilantro, coriandro

cork[1] /kɔrk/ s **1** [U] corcho **2** [C] (tapón de) corcho

cork[2] v [T] tapar (con un corcho), encorchar

cork·screw /'kɔrkskru/ s [C] sacacorchos

cor·mo·rant /'kɔrmərənt, -,rænt/ s [C] cormorán

corn ⓢ2 /kɔrn/ s
1 [U] (planta) maíz
2 [U] (alimento) chócolo, choclo, elote • **an ear of corn** un elote, un choclo (mazorca)
3 [C] callo (en el pie)

cor·ne·a /'kɔrniə/ s [C] córnea

corned beef /,kɔrnd 'bif‹/ s [U] corned beef (carne curada y en lata)

cor·ner[1] ⓢ1 ⓦ2 /'kɔrnɚ/ s

1 de una mesa, un pañuelo, un triángulo
2 en una habitación, un jardín, una caja
3 entre calles
4 en una carretera
5 sitio tranquilo
6 de los labios, el ojo
7 sitio lejano
8 aprieto
9 en fútbol, hockey

1 DE UNA MESA, UN PAÑUELO, UN TRIÁNGULO [C] punta, ángulo • [+**of**]: *the corner of the table* la punta de la mesa • **on the corner of sth** *She sat on the corner of the bed.* Se sentó en la esquina de la cama. • **right-hand/left-hand corner** esquina derecha/izquierda
2 EN UNA HABITACIÓN, UN JARDÍN, UNA CAJA [C] rincón • **in a/the corner (of sth)** en un/el rincón (de algo) • **the far corner (of sth)** el otro lado (de algo) • **corner seat** asiento del rincón • **corner table** mesa del/de un rincón
3 ENTRE CALLES [C gralm sing] esquina • [+**of**]: *the corner of West Street and South Street* la esquina de West Street con South Street • **on the corner (of sth)** en la esquina (de algo): *We live in the house on the corner.* Vivimos en la casa de la esquina. • **around the corner** a la vuelta (de la esquina) • **at the corner (of sth)** en la esquina (de algo) • **on a street corner** en una esquina • **turn the corner** doblar la esquina
4 EN UNA CARRETERA [C] curva (cerrada): *He slowed down just before the corner.* Disminuyó la velocidad justo antes de la curva.
5 SITIO TRANQUILO [C] rincón • **a quiet corner (of sth)** un rincón tranquilo (de algo)
6 DE LOS LABIOS, EL OJO [C] comisura • [+**of**]: *A tear appeared in the corner of his eye.* Una lágrima le brotó por la comisura del ojo.
7 SITIO LEJANO [C] **a corner of sth** un rincón de algo: *offices in every corner of the globe* oficinas en cada rincón del planeta • **the four corners of the world/earth/globe** los cuatro puntos cardinales, todas las partes del mundo
8 APRIETO [sing] aprieto, apuro: *Employees could find themselves in a corner.* Los empleados podrían verse en un aprieto. • **force/push sb into a corner** poner a alguien en un aprieto • **in a tight corner** en un serio aprieto

9 EN FÚTBOL, HOCKEY [C] tiro de esquina, córner • **take a corner** sacar un córner ► **KITTY-CORNER**
EXPRESIONES
(just) around the corner (a) a la vuelta de la esquina: *Spring is just around the corner.* La primavera está a la vuelta de la esquina. **(b)** aquí a la vuelta: *My friend lives just around the corner.* Mi amigo vive aquí a la vuelta. • **cut corners** hacer las cosas de prisa (y corriendo) • **out of/from the corner of your eye** de reojo, por/con el rabillo del ojo • **turn the corner** empezar a recuperarse
corner² *v* **1** [T] acorralar, arrinconar **2** [T] abordar (a una persona) **3** [I] doblar, tomar una curva
EXPRESIONES
corner the market acaparar el mercado

cor·ner·stone /'kɔrnə,stoʊn/ *s* [C] piedra angular • [+of]: *the cornerstone of the government's economic policy* la piedra angular de la política económica del gobierno

cor·net /kɔr'nɛt/ *s* [C] corneta

corn·flakes /'kɔrnfleɪks/ *s* [pl] copos de maíz, hojuelas de maíz

corn·flow·er /'kɔrnflaʊə/ *s* [C] aciano, azulejo

cor·nice /'kɔrnɪs/ *s* [C] cornisa

corn·meal /'kɔrnmil/ *s* [U] harina de maíz

corn·starch /'kɔrnstartʃ/ *s* [U] maizena®, fécula de maíz

cor·nu·co·pi·a /ˌkɔrnə'koʊpiə/ *s* [sing] cornucopia, cuerno de la abundancia

corn·y /'kɔrni/ *adj* (**cornier, corniest**) poco original, viejo -a (chiste), cursi, trillado -a (película, situación)

cor·ol·lar·y /'kɔrə,lɛri, 'kar-/ *s* [C] (pl **corollaries**) (*frml*) corolario

cor·o·na·ry¹ /'kɔrə,nɛri/ *adj* coronario -a

coronary² *s* [C] (pl **coronaries**) infarto (de miocardio)

cor·o·na·tion /ˌkɔrə'neɪʃən/ *s* [C] coronación

cor·o·ner /'kɔrənə/ *s* [C] médico -a forense, juez -a de instrucción (en casos de muerte violenta o sospechosa) • **coroner's inquest** indagación/investigación del juez de instrucción

cor·o·net /ˌkɔrə'nɛt, ˌkar-/ *s* [C] corona (pequeña)

Corp. /kɔrp, kɔr/ *abrev escrita de* **1** (**Corporal**) cabo (en el ejército) **2** (**Corporation**) S.A.

cor·po·ral /'kɔrpərəl/ *s* [C] cabo (en el ejército)

ˌcorporal 'punishment *s* [U] castigo físico, castigo corporal

cor·po·rate W1 /'kɔrpərɪt/ *adj* [solo ante s]
1 corporativo -a • **corporate hospitality** entretenimiento corporativo, evento(s) corporativo(s)
2 colectivo -a

cor·po·ra·tion W2 /ˌkɔrpə'reɪʃən/ *s* [C]
1 empresa, corporación
2 asociación, entidad, corporación ► ver nota en **EMPRESA**

corps W3 /kɔr/ *s* [C] (pl **corps** /kɔrz/) cuerpo (del ejército)
► **PRESS CORPS**

corpse /kɔrps/ *s* [C] cadáver

cor·pu·lent /'kɔrpyələnt/ *adj* (*frml*) gordo -a

cor·pus·cle /'kɔr,pʌsəl/ *s* [C] glóbulo

cor·ral¹ /kə'ræl/ *s* [C] corral

corral² *v* [T] (**corralled, corralling**) **1** encerrar en un corral, encorralar (ganado) **2** encerrar (personas)

cor·rect¹ S2 W3 /kə'rɛkt/ *adj*
1 (sin errores) correcto -a • **a correct answer** una respuesta correcta ANT **incorrect**
2 (decisión, enfoque) correcto -a, adecuado -a: *the correct thing to do* lo correcto ANT **incorrect**
3 (*frml*) (indicando aprobación) **be correct in doing sth** (tb **be correct to do sth**) hacer bien en hacer algo, hacer

lo correcto al hacer algo
4 (posición, sitio) correcto -a
5 (persona, comportamiento) correcto -a ANT **incorrect**
► **POLITICALLY CORRECT**

correct² S2 *v* [T]
1 (un error) corregir
2 (un problema, un defecto) corregir: *Technicians are working to correct the problem.* Los técnicos están trabajando para corregir el problema.
3 (a alguien, lo dicho) corregir • **correct yourself** corregirse
4 (profesor) corregir
EXPRESIONES
correct me if I'm wrong (*oral*) quizá me equivoco, corrígeme/corríjame si me equivoco

cor·rec·tion /kə'rɛkʃən/ *s* **1** [C] (cambio) corrección • **make a correction** hacer una corrección **2** [U] (acción) corrección **3** [C,U] correctivo, sanción

cor·rec·tive /kə'rɛktɪv/ *adj* (*frml*) corrector -a, correctivo -a

cor·rect·ly /kə'rɛktli/ *adv* **1** (sin errores) correctamente ANT **incorrectly** **2** (adecuadamente) correctamente

cor·rect·ness /kə'rɛktnɪs/ *s* [U] corrección (cualidad)
► **POLITICAL CORRECTNESS**

cor·re·late /'kɔrə,leɪt, 'kar-/ *v* **(a)** [I] estar correlacionado -a • **correlate with sth** estar correlacionado -a con algo, tener correlación con algo **(b)** [T siempre en pasiva] **be correlated** estar correlacionado -a

cor·re·la·tion /ˌkɔrə'leɪʃən, ˌkar-/ *s* [C,U] correlación

cor·re·spond /ˌkɔrə'spand, ˌkar-/ *v* [I] **1** corresponderse, concordar • **correspond to/with sth** corresponderse con algo **2** coincidir • **correspond to sth** equivaler/corresponder a algo **3** escribirse, cartearse • **correspond with sb** cartearse con alguien, mantener correspondencia con alguien

cor·re·spond·ence /ˌkɔrə'spandəns, ˌkar-/ *s* **1** [U] (cartas) correspondencia **2** [sing, U] (comunicación escrita) correspondencia • **be in correspondence (with sb)** cartearse (con alguien) **3** [C,U] (relación) correspondencia

corre'spondence ˌcourse *s* [C] curso por correspondencia

cor·re·spond·ent /ˌkɔrə'spandənt, ˌkar-/ *s* [C] corresponsal, enviado -a (en una zona) • **political correspondent** columnista político -a • **foreign correspondent** especialista en temas internacionales

cor·re·spond·ing /ˌkɔrə'spandɪŋ, ˌkar-/ *adj* [solo ante s] correspondiente

cor·re·spond·ing·ly /ˌkɔrə'spandɪŋli, ˌkar-/ *adv* proporcionalmente

cor·ri·dor /'kɔrədə, -,dɔr, 'kar-/ *s* [C] **1** (en un edificio) pasillo, corredor **2** (entre ciudades) corredor
EXPRESIONES
the corridors of power las altas instancias del poder

cor·rob·o·rate /kə'rabə,reɪt/ *v* [T] (*frml*) corroborar

cor·rob·o·ra·tion /kə,rabə'reɪʃən/ *s* [U] (*frml*) corroboración

cor·rob·o·ra·tive /kə'rabərətɪv/ *adj* (*frml*) corroborador -a, corroborativo -a

cor·rode /kə'roʊd/ *v* [I,T] corroer(se)

cor·ro·sion /kə'roʊʒən/ *s* [U] **1** corrosión **2** herrumbre

cor·ro·sive /kə'roʊsɪv/ *adj* **1** (sustancia) corrosivo -a **2** (sentimiento, efecto) corrosivo -a, dañino -a

cor·ru·gat·ed /'kɔrə,geɪtɪd, 'kar-/ *adj* corrugado -a, ondulado -a • **a corrugated tin roof** un techo de tejas de zinc, un techo de láminas acanaladas

cor·rupt¹ /kə'rʌpt/ *adj* **1** corrupto -a **2** dañado -a (archivo, disco, datos)

corrupt² *v* [T] **1** corromper **2** dañar (archivos, datos)

cor·rup·tion W3 /kə'rʌpʃən/ s
1 [U] corrupción • **bribery and corruption** soborno y corrupción
2 [C,U] daño (en informática)

cor·set /'kɔrsɪt/ s [C] **1** (ropa interior) corsé **2** (ortopédico) corsé

cor·tege /kɔr'tɛʒ/ s [C] cortejo (fúnebre)

cor·tex /'kɔrtɛks/ s [C] (pl **cortices** /-ʇɪsiz/) (técn) corteza: *the cerebral cortex* la corteza cerebral

cos·met·ic /kaz'mɛtɪk/ adj **1** (productos, industria) cosmético -a **2** (cambios, reformas) cosmético -a, superficial ▸ COSMETICS, COSMETIC SURGERY

cos·met·ics /kaz'mɛtɪks/ s [pl] cosméticos

cos,metic 'surgery s [U] cirugía estética

cos·mic /'kazmɪk/ adj cósmico -a

cos·mol·o·gy /kaz'malədʒi/ s [U] cosmología

cos·mo·naut /'kazmə,nɔt/ s [C] cosmonauta

cos·mo·pol·i·tan¹ /,kazmə'palətən, -lət'n/ adj (aprec) cosmopolita

cosmopolitan² s [C] cosmopolita

cos·mos /'kazmoʊs, -məs/ s **the cosmos** el cosmos

cos·set /'kasɪt/ v [T] mimar

cost¹ S1 W1 /kɔst/ s
1 [C,U] (precio) costo • **the cost of doing sth** el costo de hacer algo • **at a cost of** a un costo de • **high/low cost** alto/bajo costo • [+**to**]: *the total cost to taxpayers* el costo total para los contribuyentes • **at no extra cost (to sb)** sin costo adicional (para alguien)
2 costs [pl] (pagos) gastos, costos • **housing costs** gastos de (la) vivienda • **living costs** costo de la vida, gastos diarios • **cut/reduce costs** reducir costos • **cover (your) costs** cubrir gastos
3 [C,U] (perjuicio) costo • **at a cost** pagando un precio: *We won, but at a cost.* Ganamos, pero a qué precio. • **at the cost of (doing) sth** a costa de (hacer) algo • **social/human cost** costo social/humano • **whatever the cost** cueste lo que cueste
4 costs [pl] (jur) costas, gastos judiciales ▸ COST OF LIVING, RUNNING COSTS

EXPRESIONES
at all costs/at any cost a toda costa • **at cost** al costo, a precio de costo • **know/learn something to your cost** saber/aprender algo por experiencia propia

cost² S1 W2 v [T] (**cost**)
1 (dinero) costar: *How much does it cost?* ¿Cuánto cuesta? • *My bike cost $150.* Mi bici costó 150 dólares. • **cost sb sth** costarle algo a alguien: *The coat cost me $150.* El abrigo me costó 150 dólares. • **it costs sth to do sth** *How much will it cost to repair the damage?* ¿Cuánto va a costar reparar los daños?
2 (la vida, el empleo) costar: *The plans could cost thousands of jobs.* Los planes podrían costar miles de empleos. • **cost sb their job/life/marriage** costarle a alguien el empleo/la vida/el matrimonio • **cost sb dear/dearly** costarle caro a alguien

EXPRESIONES
sth costs money (oral) algo cuesta plata/dinero • **it'll cost you** (oral) te va a costar dinero, te va a salir caro

cost³ S1 W2 v [T gralm en pasiva] (**costed**) calcular el costo de

Cos·ta Ri·ca /,kastə 'rikə, ,koʊ-/ Costa Rica

Costa Ri·can¹ /,kastə 'rikən, ,koʊ-/ s [C] costarricense

Costa Rican² adj costarricense

,cost-'benefit a,nalysis s [C] análisis (de) costo-beneficio

'cost-ef,fective, cost effective adj rentable

'cost-ef,fectiveness s [U] rentabilidad

cost·ly /'kɔstli/ adj (**costlier**, **costliest**) **1** (en dinero) costoso -a, caro -a **2** (por las consecuencias) caro -a, que sale caro: *a costly mistake* un error por el que pagó/pagaron caro • **prove costly** salir/costar caro

,cost of 'living s [sing] costo de la vida

cos·tume S3 /'kastum/ s
1 [C,U] vestuario (de un actor) • **in costume** vestido -a para actuar • **costume designer** vestuarista, diseñador -a de vestuario
2 [C,U] disfraz • **costume party** fiesta de disfraces
3 [C,U] traje (regional, de época) • **national/period costume** traje típico del país/traje de época

'costume ,jewelry s [U] bisutería, bijuterie

cot /kat/ s [C] catre

cot·tage /'katɪdʒ/ s [C] casa de campo pequeña

,cottage 'cheese s [U] queso cottage, requesón

,cottage 'industry s [C] industria artesanal

cot·ton¹ /'kat'n/ s [U] **1** (tejido) algodón **2** (planta) algodón **3** (para limpiar heridas, el maquillaje) algodón

cotton² v
cotton on v+partíc darse cuenta, caer en la cuenta
cotton to sb/sth v+partíc **I didn't cotton to sb/sth** alguien/algo no me cayó simpático -a, alguien/algo no me resultó agradable

'cotton ball s [C] mota de algodón, bolita de algodón

'cotton ,candy s [U] algodón de azúcar

cot·ton·wood /'kat'n,wʊd/ s (pl **cottonwoods**, **cottonwood**) **1** [C] (árbol) álamo (carolino), chopo (norteamericano) **2** [U] (madera) álamo

couch¹ S2 /kaʊtʃ/ s [C]
1 sofá
2 diván (de psicólogo)

couch² v [T] **couch sth in general terms/in legal jargon** (frml) formular algo en términos generales/en jerga legal

'couch po,tato s [C] (peyor, coloq) persona que pasa mucho tiempo sentado viendo televisión

cou·gar /'kugə/ s [C] puma

cough¹ S3 /kɔf/ v [I] toser
cough up v+partíc **1 cough up** (coloq) pagar (a disgusto), apoquinar **2 cough up sth** (coloq) pagar algo (a disgusto), apoquinar algo **3 cough up sth** esputar/expectorar algo

cough² s [C] **1** (síntoma) tos • **have a (bad) cough** tener (mucha) tos **2** (acción, sonido) tos ▸ WHOOPING COUGH

'cough ,syrup s [C,U] jarabe para la tos SIN **cough medicine**

could S1 W1 /kəd; fuerte kʊd/ v mod (3ª pers sing **could**, contrac negat **couldn't**)

1	indicando capacidad, conocimientos, permiso
2	indicando posibilidad
3	indicando posibilidad no concretada
4	indicando parecido
5	en pedidos
6	en sugerencias
7	indicando ocasionalidad
8	indicando improbabilidad
9	indicando irritación

1 INDICANDO CAPACIDAD, CONOCIMIENTOS, PERMISO [pasado de "can"] *We couldn't come yesterday.* Ayer no pudimos venir. • *I couldn't hear him.* No lo oía. • *Could you speak English before you came to England?* ¿Hablabas inglés antes de venir a Inglaterra? • *The teacher said we could go home.* La maestra dijo que podíamos irnos a casa.

2 INDICANDO POSIBILIDAD *It could be weeks before we get a reply.* Podrían pasar semanas hasta que tengamos una respuesta. • *Such a thing could never happen.* Jamás podría suceder algo así. • *Where could they be hiding?* ¿Dónde pueden haberse escondido? • **could have done/been** *They could have gotten lost.* Podrían haberse perdido. • *Do you think he could have forgotten?* ¿Crees que puede haberse olvidado? • **could easily** *One small spark could easily cause an explosion.* Una pequeña chispa podría provocar una explosión fácilmente.

3 INDICANDO POSIBILIDAD NO CONCRETADA could have done/been *You could have been killed.* Te podrías haber matado. • *She could have come with us.* Podría haber venido con nosotros.

4 INDICANDO PARECIDO could be *It's so hot, it could be the middle of summer.* Hace tanto calor que podríamos estar en pleno verano. • *They could easily be sisters.* Podría pensarse que son hermanas.

5 EN PEDIDOS *Could Sam come along too?* ¿Puede venir Sam también? • *Could you pass me that knife, please?* ¿Me pasas ese cuchillo, por favor? • *I wonder if I could use your phone.* ¿Le importaría que hiciera una llamada?

6 EN SUGERENCIAS *You could ask your doctor.* Podrías preguntarle a tu médico. • **could always** *You could always try something different.* Siempre puedes intentar algo diferente.

7 INDICANDO OCASIONALIDAD [pasado de "can"] *He could be very annoying at times.* A veces se ponía insoportable.

8 INDICANDO IMPROBABILIDAD [pasado de "can"] **could not be** *The rumors could not be true.* Los rumores no podían ser ciertos. • **could not have** *I couldn't have been away for more than ten minutes.* No debo de haber estado afuera más de diez minutos.

9 INDICANDO IRRITACIÓN *How could you be so stupid?* ¿Cómo pudiste ser tan tonto? • *You could have told me you were going to be late.* Podías haberme dicho que ibas a llegar tarde. • **could at least** *You could at least apologize!* ¡Podrías pedir perdón por lo menos! ▶ **CAN, ABLE; I couldn't AGREE more, sb could do WORSE (than do sth)**

EXPRESIONES
could be (*oral*) puede ser, a lo mejor SIN **maybe** • **sth couldn't be better/worse** algo no podría ser mejor/peor • **sb/sth could do with sth** (*oral*) a alguien/algo le vendría bien algo: *I could do with a vacation.* Qué bien me vendrían unas vacaciones. • **I could have killed/hit sb** habría matado/acogotado a alguien (en tono enojado)

coun·cil W2 /'kaʊnsəl/ s [C]
1 consejo (municipal): *the Los Angeles city council* el consejo de la ciudad de Los Ángeles • **council member** concejal -a • **council seat** escaño en el consejo • **council meeting** reunión/sesión de consejo
2 consejo (órgano)

coun·cil·man /'kaʊnsəlmən/ s [C] (pl **councilmen** /-mən/) concejal

coun·cil·or /'kaʊnsələ/ s [C] concejal -a

coun·cil·wom·an /'kaʊnsəl,wʊmən/ s [C] (pl **councilwomen** /-,wɪmɪn/) concejala

coun·sel¹ W3 /'kaʊnsəl/ s
1 [C] (pl **counsel**) abogado -a • [+**for**]: *counsel for the defense* (el) abogado defensor • *counsel for the prosecution* (el) fiscal
2 [U] (*frml*) consejo(s)

EXPRESIONES
keep your own counsel reservarse la opinión, guardar silencio

counsel² *v* [T] (**counseled, counseling** o **counselled, counselling**) **1** brindar asistencia/atención psicológica a **2 counsel sb to do sth** (*frml*) aconsejar a alguien que haga algo **3** (*frml*) aconsejar (cautela, mesura)

coun·sel·ing S3 /'kaʊnsəlɪŋ/ s [U] atención/asistencia psicológica, terapia

coun·sel·or S3 /'kaʊnsələ/ s [C]
1 orientador -a (psicológico -a), psicólogo -a • **marriage counselor** consejero -a matrimonial
2 (tb **camp counselor**) orientador -a, tutor -a (en un campamento de verano)

count¹ S1 W2 /kaʊnt/ v
1 determinar la cantidad de
2 decir números
3 tener validez
4 incluir
5 considerar
6 tener importancia

1 DETERMINAR LA CANTIDAD DE [T] contar, contabilizar: *All the votes have been counted.* Se han contado todos los votos.

2 DECIR NÚMEROS [I] contar • **count (up) to sth** contar hasta algo: *Count to ten slowly.* Cuenta despacio hasta diez.

3 TENER VALIDEZ (a) [I] contar, valer • **count as sth** contar como algo, considerarse algo: *This money does not count as taxable income.* Este dinero no está sujeto a gravamen. **(b)** [T] contar, considerar • **count sb as sth** considerar a alguien algo • **be counted as sth** contarse como algo, considerarse algo: *Today's session is counted as training.* La sesión de hoy cuenta como entrenamiento.

4 INCLUIR [T] contar: *Counting the helpers, 60 people turned up.* Contando a los asistentes, acudieron 60 personas. • **not counting sth** sin contar algo • **if you count sth** si se cuenta algo

5 CONSIDERAR [T] **count sth/sb as sth** considerar algo/a alguien algo • **count yourself (as)** sth considerarse algo • **count yourself lucky** considerarse afortunado -a

6 TENER IMPORTANCIA [I] contar, valer: *First impressions count.* La primera impresión es la que cuenta. • **count for something/nothing** *His promises don't count for much.* Sus promesas no valen mucho. • *People feel their vote doesn't count for anything.* La gente siente que su voto no cuenta para nada. • **make sth count** hacer que algo cuente, hacer valer algo

EXPRESIONES
...and counting ...y sigue aumentando: *Total cost is $2m and counting.* El costo total es de 2 millones de dólares y sigue aumentando. • **count the cost (of sth)** contabilizar las pérdidas (de algo) • **count the days/hours** contar los días/las horas

count against *v+partíc* **count against sb** perjudicar a alguien: *Will my age count against me?* ¿Me perjudicará la edad?

count down *v+partíc* **count sth ↔ down** contar algo (los días, los minutos) ▶ **COUNTDOWN**

count sb in *v+partíc* contar con alguien (para una actividad)

count on sb/sth *v+partíc* **1** (confiar) contar con alguien/algo: *We're all counting on you.* Todos contamos contigo. • **count on sb/sth doing sth** contar con que alguien/algo haga algo • **count on doing sth** contar con hacer algo, confiar en hacer algo • **count on sb to do sth** contar con alguien para hacer algo • **don't count on it** no lo des por hecho/por seguro **2** (considerar) contar con alguien/algo: *He hadn't counted on the fog.* No había previsto que podía haber niebla. • **count on sb/sth doing sth** contar con que alguien/algo haga algo

count out *v+partíc* **1 count sb out** (*coloq*) no contar con alguien (para una actividad) **2 count sth ↔ out** contar algo (uno por uno)

count sth ↔ up *v+partíc* contar/contabilizar algo

count² S2 W3 *s* [C]
1 recuento, contabilización • **at last count** en el último recuento
2 cifra total
3 recuento (de glóbulos), nivel (de colesterol)
4 (*técn*) cargo, acusación
5 conde ▶ **HEAD COUNT, POLLEN COUNT**

EXPRESIONES
keep count llevar la cuenta • **lose count** perder la cuenta • **on all/both counts** en todos/los dos aspectos • **be out/down for the count (a)** (*coloq*) estar fuera de combate, haber fracasado por completo **(b)** (*coloq*) estar roque, estar frito -a **(c)** estar fuera de combate (boxeador)

count·a·ble /'kaʊntəbəl/ *adj* contable, numerable (sustantivo) ANT **uncountable**

count·down /'kaʊntˌdaʊn/ s [C,U] cuenta regresiva, cuenta atrás

coun·te·nance¹ /'kaʊntənəns/ s (*frml*) [C] semblante, rostro

countenance² v [T] (frml) consentir, tolerar • **countenance doing sth** consentir hacer algo

coun·ter¹ S2 /'kaʊntə/ s [C]
1 mesón, superficie de trabajo (en una cocina)
2 mostrador
3 ficha (de juego de mesa)
4 contador (del video) ► GEIGER COUNTER
EXPRESIONES
over the counter sin receta médica • **under the counter** bajo cuerda, en el mercado negro ► OVER-THE-COUNTER

counter² v **1 (a)** [T] rebatir, refutar **(b)** [I,T] replicar, responder **2** [T] contrarrestar

counter³ adj, adv **be/run/go counter to sth** ir en contra de algo

counter- /kaʊntə/ pref **1** (indicando oposición) contra-: counterespionage contraespionaje **2** (indicando reacción, respuesta) contra-: a counterproposal una contrapropuesta

coun·ter·act /ˌkaʊntə'ækt/ v [T] contrarrestar

coun·ter·at·tack¹ /'kaʊntərə,tæk/ s [C] contraataque • **launch a counterattack** lanzar un contraataque

coun·ter·at·tack² /ˌkaʊntərə'tæk/ v [I] contraatacar

coun·ter·bal·ance¹ /ˌkaʊntə'bæləns/ v [T] compensar, contrarrestar

coun·ter·balance² /'kaʊntə,bæləns/ s [C] contrapeso

coun·ter·clock·wise /ˌkaʊntə'klɑk-waɪz/ adv en el sentido contrario al de las agujas/manecillas del reloj ANT **clockwise**

coun·ter·es·pi·o·nage /ˌkaʊntə'ɛspiə,nɑʒ/ s [U] contraespionaje

coun·ter·feit¹ /'kaʊntəfɪt/ adj falso -a (billete, producto)

counterfeit² v [T] falsificar

coun·ter·feit·er /'kaʊntə,fɪtə/ s [C] falsificador -a

coun·ter·foil /'kaʊntə,fɔɪl/ s [C] talón (de un cheque, etc.)

coun·ter·mand /'kaʊntə,mænd/ v [T] (frml) revocar

coun·ter·mea·sure /'kaʊntə,mɛʒə/ s [C gralm pl] contramedida

coun·ter·of·fen·sive /'kaʊntərə,fɛnsɪv/ s [C] contraofensiva

coun·ter·part /'kaʊntə,pɑrt/ s [C] **sb's counterpart** el homólogo/la homóloga de alguien • **sth's counterpart** el equivalente de algo

coun·ter·pro·duc·tive /ˌkaʊntəprə'dʌktɪv/ adj contraproducente

coun·ter·sign /'kaʊntə,saɪn/ v [T gralm en pasiva] refrendar, ratificar

count·ess /'kaʊntɪs/ s [C] condesa

count·less /'kaʊnt⌐lɪs/ adj innumerables, infinidad de

coun·try¹ S1 W1 /'kʌntri/ s (pl **countries**)
1 [C] país • **a foreign country** un país extranjero • **across/throughout the country** en todo el país
2 [sing, U] campo, zona rural • **in the country** en el campo
3 **the country** el país, la población
4 [U] zona, terreno: farming country terreno agrícola • **familiar/unknown country** terreno conocido/desconocido
5 [U] (música) country

⚠ Cuando hablas de tu propio país, es más natural decir "Colombia", "Mexico", etc. que "my country":
"Christmas is an important festival in the US. How is it in your country?" "It is the same in Colombia (✗ in my country)".
In Mexico (✗ in my country) restaurants are cheaper.

country² adj **1** [solo ante s] rural, rústico -a: a country walk un paseo por el campo • a country girl una chica de campo • **a country road/lane** una carretera/un camino rural **2** country, de música country

country and 'western s [U] música country

country ,club s [C] club de campo

coun·try·man /'kʌntrimən/ s [C] (pl **countrymen** /-mən/) **sb's (own) countryman** un compatriota de alguien • **fellow countryman** compatriota

country ,music s [U] (música) country

coun·try·side /'kʌntri,saɪd/ s [U] campo, campiña

coun·try·wom·an /'kʌntri,wʊmən/ s [C] (pl **countrywomen** /-,wɪmɪn/) **sb's countrywoman** una compatriota de alguien • **fellow countrywoman** compatriota (mujer)

coun·ty S2 W2 /'kaʊnti/ s [C] (pl **counties**) condado

county 'fair s [C] feria que se realiza anualmente en distintos lugares de un condado, con juegos y premios

coup /ku/ s [C] **1** (tb **coup d'é·tat** ,ku deɪ'tɑ) golpe (de estado) **2** golpe de efecto, éxito

coup de grâce /,ku də 'grɑs/ s [sing] golpe de gracia

cou·ple¹ S1 W1 /'kʌpəl/ s
1 **a couple** (unos pocos) un par • **a couple of times/things/hours** un par de veces/de cosas/de horas
2 **a couple** (dos) un par, dos • [+of]: A couple of girls arrived. Llegaron dos muchachas.
3 [C] pareja • **a married couple** un matrimonio ► ver nota en PAR

couple² v [T] **couple sth to sth** enganchar/acoplar algo a algo
couple sth with sth v+partíc unir algo a algo, acompañar algo con algo

cou·plet /'kʌplɪt/ s [C] pareado

cou·pon S2 /'kupɑn, 'kyu-/ s [C]
1 (de descuento) cupón, vale
2 (de pedido, inscripción) cupón

cour·age /'kɜrɪdʒ, 'kʌr-/ s [U] valor, valentía • **have the courage to do sth** tener el valor de hacer algo • **pluck up/find the courage (to do sth)** armarse de valor (para hacer algo)
EXPRESIONES
have the courage of your (own) convictions tener firmes convicciones, ser fiel a sus principios

cou·ra·geous /kə'reɪdʒəs/ adj valiente, valeroso -a

cou·ra·geous·ly /kə'reɪdʒəsli/ adv con valor, con valentía

cou·ri·er¹ /'kʊriə, 'kɜ-/ s [C] mensajero -a (persona), courier, mensajería (empresa) • **by courier** por mensajería

courier² v [T] enviar por mensajería

course¹ S1 W1 /kɔrs/ s

1	clases
2	desarrollo
3	tiempo
4	acciones
5	para un objetivo
6	de un avión, un barco
7	en una comida
8	en deportes
9	de un río

1 CLASES [C] curso • [+in/on]: a basic course in computers un curso básico de informática • **take a course** hacer un curso • **teach a course** dar un curso • **a training course** un curso de formación

2 DESARROLLO [sing] curso • [+of]: events which changed the course of history hechos que cambiaron el curso de la historia

3 TIEMPO [sing] **in/during the course of sth** en el transcurso de algo, durante algo: There were five more cases in the course of a month. Hubo cinco casos más en el transcurso de un mes. • **over/throughout the course of sth** en el transcurso de algo

4 ACCIONES [C] camino (a seguir) • **course of action** línea de acción, manera de proceder: What would be the best course of action? ¿Cuál sería la mejor manera de proceder?

5 PARA UN OBJETIVO [sing, U] rumbo • **change course** cambiar de rumbo • **steer a course** seguir una línea: *We will try to steer a middle course between the two extremes.* Trataremos de seguir una línea intermedia entre ambos extremos. • **be on course** ir por buen camino, seguir su curso • **be on course for sth** ir en camino de (lograr) algo • **be on course to do sth** ir camino de/a hacer algo • **be off course** haber perdido el rumbo

6 DE UN AVIÓN, UN BARCO [C] rumbo, ruta • **be on course** seguir su rumbo • **get off course** desviarse de su rumbo • **change course** cambiar de rumbo

7 EN UNA COMIDA [C] plato • **the main course** el plato principal • **the first/second course** el primer/segundo plato • **a three-course/five-course meal** una comida de tres/cinco platos

8 EN DEPORTES [C] campo (de golf), pista (de carreras)

9 DE UN RÍO [C] curso ► CORRESPONDENCE COURSE, CRASH COURSE, in DUE COURSE, GOLF COURSE, as a MATTER of course/routine, OBSTACLE COURSE, be PAR for the course, RACECOURSE, REFRESHER COURSE

EXPRESIONES

in the normal course of events en circunstancias normales • **let sth run/take its course** dejar que algo siga su curso • **of course** (a) (indicando evidencia) está claro, claro está: *Of course there are exceptions to every rule.* Está claro que cada regla tiene sus excepciones. • *We'll be spending more money, of course.* Gastaremos más dinero, claro está. (b) (*coloq*) (indicando acuerdo, permiso) por supuesto, claro: *"Can I have a word with you?" "Of course."* –¿Puedo hablar un momento contigo? –Claro. (c) (*coloq*) (para enfatizar) claro: *Well of course you're right.* Pues claro que tienes razón. • **of course not** (*oral*) claro que no: *"Do you mind if I come a little late?" "Of course not!"* –¿Te molesta si llego un poco tarde? –¡Claro que no!

course² *v* [I siempre + adv/prep] (*liter*) **course down/ along/through sth** correr/fluir rápidamente por algo

course·work /'kɔrswɜrk/ s [U] trabajos de clase

court¹ S2 W1 /kɔrt/ s
1 [C,U] (lugar) tribunal, juzgado: *a court of law* un tribunal • **in court** en la sala del tribunal, ante un tribunal • **take sb to court** llevar a alguien a juicio, demandar a alguien • **go to court** ir a juicio • **appear in court** presentarse ante un tribunal • **settle out of court** llegar a un acuerdo extrajudicial • **court case** causa judicial
2 the court [sing] (personas) el tribunal • **the courts** [pl] los tribunales (el sistema)
3 [C,U] cancha (de básquetbol, tenis, etc.) • **on (the) court** en la cancha • **a tennis/squash court** una cancha de tenis/squash
4 [C] corte, palacio
5 [C] patio, cortijo ► the BALL is in sb's court, CIRCUIT COURT, DISTRICT COURT, be LAUGHED out of court, SMALL CLAIMS COURT, SUPREME COURT

EXPRESIONES

hold court dar audiencia (irónicamente)

court² *v* **1** [T] tratar de ganarse/conquistar a (votantes, jugadores) **2** [T] **court disaster** tentar a la suerte • **court danger** desafiar al peligro **3** [T] tratar a toda costa de alcanzar (la fama, popularidad) **4** [I] (*antic*) **be courting** estar de novios

cour·te·ous /'kɜrtiəs/ *adj* (*frml*) cortés ANT **discourteous**

cour·te·ous·ly /'kɜrtiəsli/ *adv* (*frml*) cortésmente

cour·te·sy¹ /'kɜrtəsi/ *s* (pl **courtesies**) **1** [U] (conducta) cortesía • **out of courtesy** por cortesía **2** [C] (detalle) cortesía, atención • **as a courtesy to sb** en atención a alguien

EXPRESIONES

(by) courtesy of sb/sth (por) gentileza de alguien/algo • **courtesy of sth** gracias a algo, a causa de algo

courtesy² *adj* [solo ante s] **1** (gratuito) de cortesía, de obsequio **2** (cortés) de cortesía: *a courtesy call* una visita de cortesía

court·house /'kɔrthaʊs/ s [C] palacio de justicia

court·i·er /'kɔrtiə/ s [C] cortesano -a

court-'martial¹ s [C] (pl **courts-martial**, **court-martials**) corte marcial, consejo de guerra

court-martial² *v* [T] (**court-martialed**, **court-martialing** o **court-martialled**, **court-martialling**) [gralm en pasiva] juzgar en corte marcial, juzgar en consejo de guerra

court of 'law s [C] (pl **courts of law**) tribunal (de justicia)

court 'order s [C] orden judicial

court·room /'kɔrtˌrum/ s [C] sala de audiencias (en tribunales) • **courtroom battle** batalla legal

court·ship /'kɔrtˌʃɪp/ s [C,U] noviazgo, cortejo

court·yard /'kɔrtˌyɑrd/ s [C] patio

cous·in S2 W3 /'kʌzən/ s [C] primo -a

cove /koʊv/ s [C] cala, ensenada

cov·e·nant /'kʌvənənt/ s [C] pacto, convenio

cov·er¹ S1 W1 /'kʌvə/ *v* [T]

1	poner encima
2	estar encima
3	formar una capa
4	un tema, un periodo
5	ley, norma, acuerdo
6	una distancia
7	una superficie
8	en radio, televisión, prensa
9	dinero
10	pagar
11	en seguros
12	proteger con arma
13	dirigir un arma

1 PONER ENCIMA (tb **cover up**) tapar, cubrir • **cover sth/sb with sth** tapar algo/a alguien con algo: *Dan covered his face with his hands.* Dan se tapó la cara con las manos.

2 ESTAR ENCIMA (tb **cover up**) cubrir: *A scarf covered her head.* Un pañuelo le cubría la cabeza. • **be covered with sth** estar cubierto -a con algo: *The table was covered with a cloth.* La mesa estaba cubierta con un mantel.

3 FORMAR UNA CAPA cubrir • **be covered with/in sth** estar cubierto -a de algo: *books covered with dust* libros cubiertos de polvo

4 UN TEMA, UN PERIODO tratar, abarcar: *The course covers all aspects of computers.* El curso trata todos los aspectos de la informática.

5 LEY, NORMA, ACUERDO afectar a, contemplar: *a law covering both illegal and legal immigrants* una ley que afecta tanto a inmigrantes ilegales como legales

6 UNA DISTANCIA recorrer: *They're hoping to cover 40 miles today.* Hoy esperan recorrer 40 millas.

7 UNA SUPERFICIE abarcar: *The building covers three city blocks.* El edificio abarca tres manzanas.

8 EN RADIO, TELEVISIÓN, PRENSA cubrir, informar sobre

9 DINERO alcanzar para (pagar): *$100 should cover the hotel bill.* 100 dólares deberían alcanzar para la cuenta del hotel.

10 PAGAR costear, pagar • **cover the cost of sth** cubrir el costo de algo

11 EN SEGUROS cubrir, asegurar • **cover sb against/ for sth** asegurar a alguien contra algo: *Are we covered for theft?* ¿Estamos asegurados contra robo?

12 PROTEGER CON ARMA cubrir

13 DIRIGIR UN ARMA apuntar ► **cover/hide a MULTI-TUDE of sins**

EXPRESIONES

cover your back (tb **cover yourself**) cubrirse las espaldas • **cover all (the) bases** (*coloq*) anticipar cualquier problema/imprevisto, tener todo bajo control • **cover your tracks** no dejar pistas

cover for sb *v+partic* **1** sustituir a alguien, cubrir el puesto de alguien (por licencia, vacaciones) **2** encubrir a alguien, dar la cara por alguien

cover up *v+partíc* **1 cover sth/sb** ↔ **up** tapar algo/a alguien, cubrir algo/a alguien **2 cover sth/sb** ↔ **up** tapar algo/a alguien, cubrir algo/a alguien **3 cover sth** ↔ **up** ocultar/encubrir algo **4 cover up** (tb **cover yourself up**) taparse, cubrirse (para protegerse, por pudor), abrigarse (por el frío)

cover² S2 W2 *s*

1   para tapar
2   de libro, revista
3   de la cama
4   protección
5   para encubrir
6   en música
7   en un restaurante

1 PARA TAPAR [C] funda, tapa: *a cushion cover* una funda de cojín • *Remove cover for the last 15 minutes of cooking.* Retire la tapa los últimos 15 minutos de cocción.
2 DE LIBRO, REVISTA [C] tapa, cubierta, portada • **front/back cover** portada/contraportada, cubierta/ contracubierta • **read sth from cover to cover** leerse algo de cabo a rabo, leerse algo de principio a fin
3 DE LA CAMA the covers [pl] las cobijas y sábanas, la ropa de cama
4 PROTECCIÓN [U] resguardo, abrigo • **run/dive for cover** correr a resguardarse • **take cover** resguardarse, ponerse a cubierto
5 PARA ENCUBRIR [C gralm sing] tapadera, pantalla • [+**for**]: *The gang used the store as a cover for drug deals.* La banda usaba la tienda como pantalla para el narcotráfico.
6 EN MÚSICA [C] (tb **cover version**) (nueva) versión, cover
7 EN UN RESTAURANTE [C,U] valor adicional (que se paga en un restaurante por un espectáculo, etc.) SIN **cover charge** ▶ BLOW sb's cover, don't JUDGE a book by its cover

EXPRESIONES
under cover (a) de incógnito, en la clandestinidad • **go under cover** entrar a trabajar como agente encubierto, pasar a la clandestinidad • **work under cover** trabajar como agente encubierto -a **(b)** bajo techo • **under cover of darkness/night** (*liter*) al abrigo de la oscuridad/de la noche

cov·er·age W3 /ˈkʌvrɪdʒ, -vərɪdʒ/ *s* [U]
1 (en prensa, radio, televisión) cobertura • **news/media/ press coverage** cobertura informativa/mediática/ periodística • **live coverage** transmisión en directo/vivo
2 (de un seguro) cobertura
3 (en un programa de estudios) contenidos; (en un libro, una revista) *It provides good coverage of the subject.* Brinda mucha información sobre el tema.
4 (de telefonía, Internet) cobertura

cov·er·alls /ˈkʌvəˌɔlz/ *s* [pl] overol (de mangas largas)

'cover charge *s* [C] valor adicional (que se cobra en un restaurante por un espectáculo, etc.)

'cover girl *s* [C] modelo de tapa de revista

cov·er·ing /ˈkʌvrɪŋ, -vərɪŋ/ *s* **1** [sing] cubierta, capa
2 [C] revestimiento, recubrimiento

'cover ˌletter *s* [C] carta (adjunta)

co·vert /ˈkoʊvət, ˈkʌ-, koʊˈvət/ *adj* secreto -a, encubierto -a (operación, misión), disimulado -a, furtivo -a (mirada, sonrisa)

co·vert·ly /ˈkoʊvətli, ˈkʌ-, koʊˈvət-/ *adv* de manera encubierta, furtivamente

'cover-up *s* [C] encubrimiento

cov·et /ˈkʌvɪt/ *v* [T] (*frml*) codiciar

cov·et·ed /ˈkʌvətɪd/ *adj* [gralm ante s] codiciado -a

cow¹ S2 W3 /kaʊ/ *s* [C]
1 (hembra de toro) vaca: *cow's milk* leche de vaca
2 (macho o hembra) vaca, res (vacuna): *a herd of cows* una manada de vacas

3 hembra (de elefante, ballena, búfalo) ▶ MAD COW DISEASE, SACRED COW
EXPRESIONES
have a cow (*coloq*) ponerse bravo -a, encabronarse • **till the cows come home** (*coloq*) eternamente

cow² *v* [T gralm en pasiva] intimidar, acobardar • **be cowed into submission/silence by sb** someterse/callar ante la intimidación de alguien

cow·ard /ˈkaʊəd/ *s* [C] cobarde

cow·ard·ice /ˈkaʊədɪs/ (tb **cow·ard·li·ness** /ˈkaʊədlinɪs/) *s* [U] cobardía

cow·ard·ly /ˈkaʊədli/ *adj* cobarde

cow·boy /ˈkaʊbɔɪ/ *s* [C] **1** (en una finca ganadera) vaquero **2** (en cine, relatos) vaquero, cowboy • **cowboys and Indians** indios y vaqueros

'cowboy ˌhat *s* [C] sombrero vaquero

cow·er /ˈkaʊə/ *v* [I] encogerse, retroceder (de miedo)

cow·slip /ˈkaʊˌslɪp/ *s* [C] prímula

coy /kɔɪ/ *adj* **1** tímido -a (por coquetería) **2** esquivo -a

coy·ly /ˈkɔɪli/ *adv* **1** tímidamente, con timidez fingida (por coquetería) **2** de manera esquiva, lacónicamente

coy·ote /kaɪˈoʊti, ˈkaɪˌoʊt/ *s* [C] coyote

co·zi·ly /ˈkoʊzəli/ *adv* **1** cómodamente **2** amigablemente

co·zi·ness /ˈkoʊzinɪs/ *s* [U] **1** lo acogedor, confort **2** (*peyor*) excesiva confianza, connivencia

co·zy¹ /ˈkoʊzi/ *adj* (**cozier, coziest**) **1** acogedor -a, confortable **2** ameno -a, amigable **3** (*peyor*) de excesiva confianza, de connivencia

cozy² *v*
cozy up to sb *v+partíc* (*peyor*) adular (para obtener ventajas)

CPA /ˌsi pi ˈeɪ/ *s* [C] (**Certified Public Accountant**) contador público/contadora pública

CPR /ˌsi pi ˈɑr/ *s* [U] (**cardiopulmonary resuscitation**) RCP, resucitación cardiopulmonar

CPU /ˌsi pi ˈyu/ *s* [C] (**central processing unit**) CPU, unidad central de proceso, unidad central de procesamiento

crab S3 /kræb/ *s*
1 [C,U] cangrejo, jaiba (de mar)
2 [sing] (*coloq*) rezongón -ona
3 crabs [pl] (*coloq*) ladillas, manetos

crab² *v* [I] (**crabbed, crabbing**) (*coloq*) rezongar

'crab ˌapple *s* [C] **1** (árbol) manzano silvestre **2** (fruta) manzana silvestre

crab·by /ˈkræbi/ *adj* (**crabbier, crabbiest**) (*coloq*) rezongón -ona, de mal genio

crack¹ S2 W3 /kræk/ *v*

1   con grietas
2   una nuez, un huevo
3   con ruido
4   al caerse
5   un problema, un caso
6   por la adversidad, la presión
7   voz
8   para robar
9   una bebida alcohólica
10   una ventana, una ventanilla
11   un chiste
12   impedir el éxito

1 CON GRIETAS [I,T] resquebrajar(se) (muro), rajar(se) (vidrio), fracturar(se) (hueso)
2 UNA NUEZ, UN HUEVO [T] cascar, romper
3 CON RUIDO (a) [I] crujir (articulación, rama), chasquear (látigo), retumbar (trueno) **(b)** [T] chasquear (un látigo) • **crack your knuckles** hacer crujir los nudillos
4 AL CAERSE [T] golpear
5 UN PROBLEMA, UN CASO [T] resolver • **crack a code** descifrar una clave/un código

6 POR LA ADVERSIDAD, LA PRESIÓN [I] quebrarse, desmoronarse • **crack under the pressure/strain** desmoronarse por la presión

7 VOZ [I] quebrarse (por la emoción)

8 PARA ROBAR [T] **crack a safe** forzar una caja fuerte

9 UNA BEBIDA ALCOHÓLICA [T] **crack (open) a bottle/a can/the champagne** (*coloq*) destapar una botella/abrir una lata/descorchar la champaña

10 UNA VENTANA, UNA VENTANILLA [T] **crack a window** entreabrir una ventana, abrir un poco una ventanilla

11 UN CHISTE [T] **crack a joke** (*coloq*) hacer/contar un chiste

12 IMPEDIR EL ÉXITO [T] (*coloq*) derrotar (a un rival), desarticular (una banda) ▶ **a hard/tough NUT to crack**

EXPRESIONES
crack a book/the books (*coloq*) abrir un libro, estudiar • **crack the whip** (*coloq*) apretar las clavijas • **get cracking** (*coloq*) poner manos a la obra, ponerse en marcha (de inmediato)

crack down *v+partíc* tomar medidas enérgicas, usar mano dura • **crack down on sb/sth** tomar medidas enérgicas contra alguien/algo, usar mano dura contra alguien/algo

crack up *v+partíc* **1 crack up** (*coloq*) sufrir una crisis nerviosa, trastornarse **2 crack up** (*coloq*) morirse de (la) risa **3 crack sb up** (*coloq*) hacer morirse de (la) risa a alguien **4 sth's not all it's cracked up to be** (*coloq*) algo no es tan bueno como lo pintan

crack² ▧ *s*

1 abertura
2 rotura
3 en las ideas, un sistema, una organización
4 sonido
5 burla
6 intento
7 droga
8 en la cabeza, la sien

1 ABERTURA [C] abertura, rendija • [+**between**]: *the cracks between the floorboards* las rendijas que hay entre las tablas del piso • [+**in**]: *He could see them through a crack in the door.* Les veía por una rendija de la puerta.
2 ROTURA [C] grieta (en la piedra), fisura (en el hueso), rajadura (en el vidrio) • [+**in**]: *There are a few cracks in the plaster.* El yeso tiene algunas grietas.
3 EN LAS IDEAS, UN SISTEMA, UNA ORGANIZACIÓN [C] falla, fisura • [+**in**]: *the cracks in their relationship* las fisuras en su relación
4 SONIDO [C] chasquido (de una rama, un hueso), estruendo (de un disparo) • [+**of**]: *a crack of thunder* un trueno
5 BURLA [C] (*coloq*) broma de mal gusto, comentario burlón • **make a crack about sb/sth** hacer una broma de mal gusto/un comentario burlón sobre alguien/algo
6 INTENTO [C] (*coloq*) tentativa, intento • [+**at**]: *another crack at the title* una nueva tentativa de hacerse con el título • **have a crack at doing sth** tratar de hacer algo, probar a hacer algo
7 DROGA [U] (tb **crack cocaine**) crack
8 EN LA CABEZA, LA SIEN [sing] golpe ▶ **give sb a FAIR crack of the whip, a HAIRLINE crack/fracture, PAPER over the cracks**

EXPRESIONES
at the crack of dawn al amanecer • **fall/slip through the cracks** no recibir la asistencia y atención de un sistema creado para brindarlas

crack³ *adj* [solo ante s] de primera, de élite • **a crack shot** un tirador/una tiradora excelente

crack·down /'krækdaʊn/ *s* [C] ofensiva, medidas enérgicas • [+**on/against**] contra: *a crackdown on crime* una ofensiva contra la delincuencia ▶ **CRACK down**

cracked /krækt/ *adj* **1** rajado -a (vidrio, espejo), resquebrajado -a (tierra, muro), agrietado -a (labios, piel) **2** [nunca ante s] (*coloq*) chiflado -a, loco -a

crack·er ▧ /'krækə/ *s* [C]
1 galleta, galletita (salada)
2 petardo (de pirotecnia)

crack·le¹ /'krækəl/ *v* [I] crepitar (fuego), crujir (hojas secas), sonar con ruido de fondo (radio)

crackle² *s* [C,U] crepitar (del fuego), crujido (de hojas secas), tableteo (de disparos), ruido de fondo (en la radio, una línea)

crack·ly /'krækli/ *adj* con ruido de fondo, con interferencias (radio, línea telefónica)

crack·pot¹ /'krækpɑt/ *adj* [solo ante s] (*coloq*) descabellado -a

crackpot² *s* [C] (*coloq*) chiflado -a, loco -a

cra·dle¹ /'kreɪdl/ *s* [C] cuna ▶ **ROB the cradle**

EXPRESIONES
the cradle of sth la cuna de algo • **from (the) cradle to (the) grave** desde la cuna hasta la tumba

cradle² *v* [T] **1** acunar **2** sostener con el hombro (el teléfono)

craft¹ /kræft/ *s* **1** [C] artesanía, manualidad *a craft fair* una feria artesanal **2** [C] oficio, profesión **3** [C] (pl **craft**) nave, embarcación **4** [U] astucia

craft² *v* [T gralm en pasiva] elaborar: *finely crafted furniture* muebles de excelente factura • *a carefully crafted statement* una declaración formulada con sumo cuidado

craft·i·ly /'kræftəli/ *adv* astutamente

crafts·man /'kræftsmən/ *s* [C] (pl **craftsmen** /-mən/) artesano -a

crafts·man·ship /'kræftsmən,ʃɪp/ *s* [U] **1** trabajo artesanal **2** destreza artesanal, artesanía

craft·y /'kræfti/ *adj* (**craftier**, **craftiest**) astuto -a

crag /kræg/ *s* [C] risco, peñasco

crag·gy /'krægi/ *adj* (**craggier**, **craggiest**) **1** [solo ante s] escarpado -a (pico, montaña) **2** surcado -a de arrugas (rostro)

cram /kræm/ *v* (**crammed**, **cramming**) **1** [T siempre + adv/prep] **cram sth into sth** meter algo en algo (a presión) **2** [I siempre + adv/prep] **cram into/onto sth** abarrotar algo, meterse en algo (hasta ocuparlo por completo) **3** [T] atestar, abarrotar **4** [I] macear, machetear (para un examen)

crammed /kræmd/ *adj* abarrotado -a, atestado -a • [+**with**]: *The streets were crammed with people.* Las calles estaban atestadas de gente.

cramp¹ /kræmp/ *s* **1** [C,U] calambre(s) • **have/get (a) cramp** tener un calambre **2 cramps** [pl] retortijones, retorcijones: *menstrual cramps* dolores menstruales

cramp² *v* [T] entorpecer, obstaculizar

EXPRESIONES
cramp sb's style cohibir a alguien

cramped /kræmpt/ *adj* **1** reducido -a, con poco espacio (lugar): *I couldn't sleep on the plane – it was too cramped.* No pude dormir en el avión: había poquísimo espacio. • **cramped conditions** falta de espacio **2** apretado -a, apretujado -a (persona, parte del cuerpo)

cram·pon /'kræmpɑn/ *s* [C gralm pl] crampón

cran·ber·ry /'kræn,bɛri/ *s* [C] (pl **cranberries**) arándano

crane¹ /kreɪn/ *s* [C] **1** grúa (de construcción) **2** grulla

crane² *v* **(a)** [I siempre + adv/prep] **crane forward** estirarse (para ver algo) • **crane over** asomarse **(b)** [T] **crane your neck/head** estirar el cuello/asomar la cabeza

cra·ni·um /'kreɪniəm/ *s* [C] (pl **craniums** o **crania** /-niə/) (*técn*) cráneo

crank¹ /kræŋk/ *s* [C] **1** (*coloq*) excéntrico -a, maniático -a **2** (*coloq*) cascarrabias **3** manivela

crank² *v* [T] arrancar con la manivela
crank sth ↔ out *v+partíc* sacar algo como churros

crank sth ↔ up *v+partíc* subir algo (la calefacción, el volumen)

'crank call *s* [C] llamada amenazante, llamada en broma

crank·shaft /'kræŋkʃæft/ *s* [C] cigüeñal

crank·y /'kræŋki/ *adj* (**crankier, crankiest**) malhumorado -a (por el cansancio) SIN **grumpy**

cran·ny /'kræni/ *s* [C] (pl **crannies**) hendidura ▶ **every NOOK and cranny**

craps /kræps/ *s* [pl] juego en que se tiran dos dados y se gana sacando 7 u 11

crash¹ S3 /kræʃ/ *v*
1 [I,T] chocar (con), estrellarse (con) • **crash into sth** chocar contra algo (tren, coche, avión): *His car crashed into a barrier.* Su carro chocó contra una barrera. • **crash sth into sth** estrellarse con algo contra algo, chocar algo contra algo (conductor, piloto): *They crashed the car into a wall.* Se estrellaron con el carro contra un muro.
2 [I siempre + adv/prep] golpear con fuerza • [+into/ through]: *A brick crashed through the window.* Por la ventana entró un ladrillo que hizo añicos el vidrio. • **go crashing into/through sth** *He stopped suddenly, and I went crashing into him.* Se paró de repente y me di contra él. • **crash to the floor/ground** caer al suelo con gran estrépito
3 [I] retumbar: *Thunder crashed overhead.* Arriba retumbaban los truenos.
4 (**a**) [I] colgarse, congelarse (programa, computador), caerse (sistema, red) (**b**) [T] colgar, congelar (un programa, un computador), hacer que se caiga (un sistema, una red)
5 [I] caerse, desplomarse (mercado, acciones)
crash down *v+partíc* **come crashing down** (**a**) irse al traste, derrumbarse (esperanzas, sueños) (**b**) derrumbarse (sistema, economía)
crash out *v+partíc* (*oral*) quedarse dormido -a (de inmediato)

crash² W3 *s* [C]
1 accidente, choque • **a plane/train crash** un accidente aéreo/ferroviario • **a car crash** un choque (de carros), un choque automovilístico • **in a crash** en un accidente/un choque: *Her husband died in a plane crash.* Su marido murió en un accidente aéreo.
2 estrépito • **with a crash** con gran estrépito • [+of]: *a crash of thunder* un trueno
3 (en informática) *In a crash all unsaved data is lost.* Cuando el computador se cuelga, todos los datos que no han sido guardados se pierden.
4 caída, desplome (de la Bolsa)

'crash course *s* [C] curso intensivo • [+in]: *a crash course in computer programming* un curso intensivo de programación de computadores

'crash ,diet *s* [C] dieta drástica, dieta relámpago

'crash ,helmet *s* [C] casco (protector)

'crash-land *v* [I,T] aterrizar de emergencia

,crash 'landing *s* [C] aterrizaje forzoso, aterrizaje de emergencia

crass /kræs/ *adj* grosero -a, zafio -a

crate¹ /kreɪt/ *s* [C] cajón, huacal (para transportar bebidas, fruta, etc.)

crate² (tb **crate up**) *v* [T] embalar, meter en cajones/huacales

cra·ter /'kreɪtər/ *s* [C] **1** (lunar, terrestre) cráter **2** (de un volcán) cráter

cra·vat /krə'væt/ *s* [C] pañuelo, fular (para hombre)

crave /kreɪv/ *v* [T] ansiar, tener ansias de (atención, independencia, etc.), tener antojo(s) de (chocolate, comida)

crav·ing /'kreɪvɪŋ/ *s* [C] antojo, ansia • **have/get a craving for sth** tener antojo(s) de algo

crawl¹ S2 /krɔl/ *v*
1 [I] arrastrarse (adulto), gatear (niño) • **crawl across/**

under *We had to crawl under the fence.* Tuvimos que pasar arrastrándonos debajo de la cerca.
2 [I] moverse lentamente por cansancio, malestar • **crawl into/under** *I put on my pajamas and crawled into bed.* Me puse la piyama y me metí como pude en la cama.
3 [I] pasearse, andar (insecto) • **crawl over/up** *There were flies crawling over the food.* Había moscas pululando por la comida.
4 [I always+ adv/prep] **crawl by/along** ir a paso de tortuga, avanzar lentamente (vehículo)
5 [I] pasar lentamente (tiempo) • **crawl by/past** *The minutes crawled by until it was time to go home.* Los minutos pasaron lentamente hasta la hora de volver a casa. ▶ **crawl out of the WOODWORK**
EXPRESIONES
be crawling with sth/sb estar infestado -a de algo/ alguien, estar repleto -a de algo/alguien

crawl² *s* [sing] **1** paso de tortuga **2 the crawl** el (estilo) crol • **do the crawl** nadar (de) crol

cray·fish /'kreɪfɪʃ/ *s* [C,U] (pl **crayfish**) cangrejo (de río)

cray·on¹ /'kreɪən, -ən/ *s* [C] crayón, crayola

crayon² *v* [I,T] pintar con crayones/crayolas

craze /kreɪz/ *s* [C] furor, moda

crazed /kreɪzd/ *adj* [sin compar] demente, enloquecido -a

craz·i·ly /'kreɪzəli/ *adv* **1** como un loco/como una loca **2** a lo loco

craz·i·ness /'kreɪzɪnɪs/ *s* [U] **1** locura, vorágine **2** locura, trastorno mental

cra·zy¹ S1 W2 /'kreɪzi/ *adj* (**crazier, craziest**) (*coloq*)
1 (poco sensato) loco -a (persona), disparatado -a, absurdo -a (idea, acción) • **seem/sound crazy** parecer absurdo -a • **absolutely/completely crazy** completamente loco -a/absurdo -a • **be crazy to do sth** ser un disparate hacer algo
2 (trastornado) loco -a
EXPRESIONES
be crazy about sb estar loco -a por alguien: *He's crazy about her.* Ella lo trae loco. • **be crazy about sth** ser loco -a por algo: *He's crazy about basketball.* El básquetbol lo enloquece. • **drive sb crazy** volver loco -a a alguien • **go crazy** (**a**) (molesto, enojado) ponerse furioso -a, ponerse como loco -a (**b**) (entusiasmado) volverse loco -a (de contento) (**c**) (insensato) volverse loco -a (**d**) (mentalmente) volverse loco -a, enloquecer • **like crazy** como un loco/como una loca

crazy² *s* [C] (*despec*) loco -a

⚠ Casi todo el mundo evita el uso de esta palabra porque es ofensivo. En su lugar se utiliza la expresión **mentally ill**.

creak¹ /krik/ *v* [I] crujir (madera, tarima), chirriar (puerta, silla)

creak² *s* [C] crujido (de la madera), chirrido (de la puerta)

creak·y /'kriki/ *adj* (**creakier, creakiest**) **1** que cruje (madera), que chirría (puerta) **2** [solo ante s] decrépito -a (empresa, fábrica)

cream¹ S2 /krim/ *s*
1 [U] (producto lácteo) crema (de leche)
2 [U] (en cocina) crema • **cream of mushroom/carrot soup** crema de champiñones/zanahorias
3 [C,U] (en cosmética, farmacia) crema
4 [U] (color) crema ▶ **ICE CREAM, SHAVING CREAM, SOUR CREAM, WHIPPED CREAM**
EXPRESIONES
the cream of sb/sth la flor y nata de alguien/algo, lo más selecto de alguien/algo

cream² *adj* de color crema

cream³ S3 *v* [T]
1 hacer puré/crema de: *Cream the butter and sugar together.* Mezcle la mantequilla y el azúcar hasta obtener una crema.
2 (*coloq*) aplastar, hacer polvo a • **get creamed** *They got creamed in the game last Saturday.* Los aplastaron en el partido del sábado pasado.

cream off v+partíc **1 cream sth/sb ↔ off** seleccionar algo/a alguien: *The best students are creamed off by the large companies.* Las grandes empresas seleccionan a los mejores alumnos. **2 cream sth ↔ off** quedarse con algo, llevarse algo (dinero, beneficios)

'cream cheese s [U] queso crema

cream·er /'krimɚ/ s [C] cremera (jarrita)

cream·er·y /'kriməri/ s [C] (pl **creameries**) (antic) **1** lechería **2** planta de productos lácteos, fábrica de productos lácteos

cream·y /'krimi/ adj (**creamier, creamiest**) **1** (de textura) cremoso -a **2** (con crema) cremoso -a

crease¹ /kris/ s [C] **1** arruga (en la tela) **2** pliegue (en la tela), doblez (en el papel), raya (en el pantalón) **3 the crease** la línea de bateo/lanzamiento (en cricket)

crease² v **1** [I,T] arrugar(se) (tela) **2** [T] plegar, doblar (un papel) **3** [I] arrugarse (rostro, ceño)

creased /krist/ adj **1** arrugado -a (tela, prenda) **2** con raya (pantalones)

cre·ate S1 W1 /kri'eɪt/ v [T] **1** (empleos, un ambiente, el universo) crear: *Her behavior is creating a lot of problems.* Su comportamiento está creando muchos problemas. • **create an impression** causar una impresión **2** (un personaje, un estilo, un diseño) crear

cre·a·tion W3 /kri'eɪʃən/ s **1** [U] (proceso) creación **2** [C] (resultado) creación **3** [U] el universo • **in (all) creation** del universo

cre·a·tive S3 W3 /kri'eɪtɪv/ adj **1** (proceso, trabajo, talento) creativo -a • **creative thinking** creatividad **2** (persona, autor) creativo -a, imaginativo -a • **a creative artist** un/una artista • **a creative writer** un escritor (literario)/una escritora (literaria)

cre·a·tive·ly /kri'eɪtɪvli/ adv **1** (aprec) creativamente, con creatividad **2** creativamente, en el aspecto creativo

cre·a·tiv·i·ty /ˌkrieɪ'tɪvəti/ s [U] creatividad

cre·a·tor /kri'eɪtɚ/ s [C] creador -a

crea·ture S3 W3 /'kritʃɚ/ s [C] **1** ser (vivo), criatura: *living creatures* los seres vivos • *sea creatures* animales marinos **2** ser (imaginario), criatura: *creatures from outer space* seres del espacio exterior **3** (liter) ser (humano), criatura • **a creature of habit** un animal de costumbres

ˌcreature 'comforts s [pl] comodidades

crèche, creche /krɛʃ/ s [C] pesebre (navideño)

cre·dence /'kridns/ s [U] (frml) **give credence to sth** dar crédito a algo, creer algo • **gain credence** ganar credibilidad

cred·i·bil·i·ty /ˌkrɛdə'bɪləti/ s [U] **1** credibilidad • **credibility gap** falta de credibilidad **2** posibilidades reales de éxito **3** veracidad, verosimilitud

cred·i·ble /'krɛdəbəl/ adj **1** creíble, digno -a de crédito: *a credible witness* un testigo digno de crédito **2** real, concreto -a **3** [solo ante s] con posibilidades (candidato, competidor), plausible (plan, argumento)

cred·it¹ S1 W2 /'krɛdɪt/ s

1 préstamo
2 reconocimiento, aprobación
3 en la universidad
4 en cine, televisión
5 en una cuenta bancaria
6 aceptación como cierto

1 PRÉSTAMO [U] crédito • **on credit** a crédito • **give credit** vender a crédito (tienda), dar un crédito (banco) • **credit agreement** (contrato de) crédito • **credit facility** facilidades de pago

2 RECONOCIMIENTO, APROBACIÓN [U] mérito: *Credit must go to Fiona.* El mérito le debe corresponder a Fiona. • **give sb credit (for sth)** reconocerle a alguien el mérito (de algo) • **take (the) credit (for sth)** atribuirse el mérito (de algo) • **to sb's credit** *To Jamie's credit, he remained calm.* Hay que reconocer que Jamie mantuvo la calma.

3 EN LA UNIVERSIDAD [C] crédito

4 EN CINE, TELEVISIÓN the credits [pl] los títulos, los créditos

5 EN UNA CUENTA BANCARIA [C] depósito, suma acreditada

6 ACEPTACIÓN COMO CIERTO [U] crédito

EXPRESIONES
be a credit to sb/sth (tb **do sb/sth credit**) ser un (motivo de) orgullo para alguien/algo • **have sth to your credit** tener algo en su haber • **be in credit** tener saldo positivo, tener fondos • **on the credit side** entre los aspectos positivos

cred·it² v [T nunca en forma continua] **1** acreditar (dinero en una cuenta bancaria) • **be credited to your account** ser acreditado -a en su cuenta • **credit your account with funds/$100** acreditar dinero/100 dólares en su cuenta **2** (frml) creer: *Would you credit it?* ¿Lo puedes creer? • **difficult/hard to credit** difícil de creer • [+that]: *It is hard to credit that he's the same person.* Cuesta creer que sea la misma persona. SIN **believe**

EXPRESIONES
be credited to sb/sth atribuirse a alguien/algo • **credit sb with (doing) sth** atribuirle a alguien (haber hecho) algo

cred·it·a·ble /'krɛdɪtəbəl/ adj [solo ante s] encomiable, loable

cred·it·a·bly /'krɛdɪtəbli/ adv de manera encomiable, de manera loable

'credit card S2 s [C] tarjeta de crédito • **by credit card** con tarjeta de crédito • **put sth on your credit card** pagar algo con la tarjeta de crédito

'credit ˌlimit s [C] cupo de crédito, límite de crédito (en una tarjeta de crédito)

cred·i·tor /'krɛdətɚ/ s [C] acreedor -a

'credit ˌrating s [C] calificación crediticia, índice de solvencia

cred·it·wor·thy /'krɛdɪt̚ˌwɚði/ adj (frml) solvente (económicamente)

cre·do /'kridoʊ/ s [C] (pl **credos**) credo

cre·du·li·ty /krɪ'duləti/ s [U] (frml) credulidad

cred·u·lous /'krɛdʒələs/ adj (frml) crédulo -a

creed /krid/ s [C] **1** credo • **of every creed** de todos los credos **2 the Creed** el Credo

creek /krik, krɪk/ s [C] arroyo, riachuelo

EXPRESIONES
be up the creek (without a paddle) (coloq, oral) estar en aprietos, estar con el agua hasta el cuello

creep¹ /krip/ v [I siempre + adv/prep] (**crept** /krɛpt/) **1** (persona) **creep into/up/around sth** entrar a/subir por/rodear algo sigilosamente • **creep away** alejarse sigilosamente/sin hacer ruido **2** (insecto, vehículo) **creep down/along sth** bajar/avanzar despacio por algo: *We crept along at 5 miles per hour.* Íbamos a paso de tortuga a 5 millas por hora. **3** (asunto, problema, sensación) **creep in** deslizarse, introducirse poco a poco • **creep into/over sth** *Mistakes were starting to creep into her work.* En su trabajo empezaban a deslizarse errores. **4** (planta) **creep up/around sth** trepar por/alrededor de algo: *The fence had ivy creeping all over it.* La cerca estaba cubierta de hiedra. ▶ **make sb's FLESH creep**

creep up on v+partíc **1 creep up on sb** ir en aumento, suceder sin que alguien se dé cuenta: *Tiredness can creep up on you.* El cansancio se te viene encima sin que te des cuenta. **2 creep up on sb/sth** acercarse sigilosamente a alguien/algo

creep² s [C] (*coloq*, *oral*) asqueroso -a
EXPRESIONES
give sb the creeps ponerle los pelos de punta a alguien, darle escalofríos a alguien

creep·er /ˈkriːpə/ s [U] enredadera

creep·y /ˈkriːpi/ *adj* (**creepier**, **creepiest**) tétrico -a, escalofriante

‚creepy ˈcrawly s [C] bicho

cre·mate /ˈkriːmeɪt, krɪˈmeɪt/ v [T] **be cremated** ser cremado -a

cre·ma·tion /krɪˈmeɪʃən/ s [C,U] cremación

cre·ma·to·ri·um /ˌkriːməˈtɔːriəm/ (tb **cre·ma·to·ry** /ˈkriːməˌtɔːri, ˈkrɛm-/) s [C] (pl **crematoriums**, **crematoria** /-riə/) crematorio

crème de la crème /ˌkrɛm də lɑ ˈkrɛm, -lə-/ s [sing] flor y nata

cre·ole¹ /ˈkriːoʊl/ s **1** [C,U] criollo, lengua criolla **2** [U] cocina muy condimentada, típica de Nueva Orleans y el sur de Estados Unidos **3** **Creole** [C] estadounidense descendiente de franceses **4** **Creole** [C] antillano -a descendiente de europeos y africanos **5** **Creole** [C] criollo -a (descendiente de españoles)

creole² *adj* [solo ante s] **1** de la cocina típica de Nueva Orleans y el sur de Estados Unidos **2** criollo -a (lengua, dialecto) **3** descendiente de franceses (estadounidense) **4** descendiente de europeos y africanos (antillano) **5** criollo -a (descendiente de españoles)

cre·o·sote¹ /ˈkriːəˌsoʊt/ s [U] creosota

creosote² v [T] pintar con creosota

crepe /kreɪp/ s **1** [U] (tela) crepe, crepé **2** [C] (torta) crepe, crepa **3** [U] (goma) (caucho) crepé, (hule) crepé

ˈcrepe ˌpaper s [U] papel crepé

crept /krɛpt/ pasado y participio pasado de **CREEP**

cre·scen·do /krəˈʃɛndoʊ/ s [C] (pl **crescendos**) **1** crescendo (en música) **2** (*liter*) punto culminante • **reach a crescendo** alcanzar el punto culminante

cres·cent /ˈkrɛsənt/ s **1** [C] (forma) media luna, medialuna **2** (en países árabes) media luna

‚crescent ˈmoon s [C gralm sing] luna en cuarto creciente

cress /krɛs/ s [U] berro (de hoja pequeña)

crest /krɛst/ s [C] **1** [gralm sing] (de una montaña, una ola) cresta **2** (de un ave) cresta **3 the crest of sth** la cresta de la ola de algo • **on the crest of a wave** en la cresta de la ola **4** emblema, escudo

crest·fall·en /ˈkrɛstˌfɔːlən/ *adj* abatido -a

cre·tin /ˈkriːtⁿn/ s [C] cretino -a

cre·vasse /krəˈvæs/ s [C] grieta (en el hielo)

crev·ice /ˈkrɛvɪs/ s [C] grieta (en la roca)

crew¹ S2 W2 /kruː/ s
1 [C] tripulación
2 [C] equipo (de trabajadores)
3 [sing] (*coloq*) grupo, pandilla (de amigos, etc.)
▶ **GROUND CREW**

crew² v [T] tripular (un barco)

ˈcrew cut s [C] corte de pelo a(l) rape

crew·man /ˈkruːmən/ s [C] (pl **crewmen** /-mən/) tripulante

ˈcrew neck s [C] cuello redondo

crib¹ /krɪb/ s **1** [C] cuna **2** [U] juego de naipes en que los puntos se anotan mediante clavijas en un tablero

crib² v [T] (**cribbed**, **cribbing**) copiar(se) (en un examen), plagiar (un trabajo) • **crib sth off/from sb** copiar(se) algo de alguien, plagiar algo de alguien

crib·bage /ˈkrɪbɪdʒ/ (tb **crib**) s [U] juego de naipes en que se anotan los puntos mediante clavijas en un tablero

ˈcrib death s [C] muerte de cuna, síndrome de muerte súbita infantil/del lactante

ˈcrib sheet (tb **ˈcrib note**) s [C] (*coloq*) pastel, acordeón (para copiarse)

crick¹ /krɪk/ s [C] **a crick in your neck** tortícolis

crick² v [T] **crick your neck** hacer un mal movimiento con el cuello

crick·et /ˈkrɪkɪt/ s **1** [C] grillo **2** [U] cricket

crick·et·er /ˈkrɪkɪtə/ s [C] jugador -a de cricket

crime W2 /kraɪm/ s
1 [U] delincuencia • **fight/combat crime** combatir la delincuencia • **violent crime** delitos violentos • **crime fiction** novelas policiacas • **crime prevention** prevención de la delincuencia • **crime rate** índice de criminalidad **2** [C] delito, crimen • **commit a crime** cometer un delito/crimen • [+**against**]: *crimes against elderly people* delitos contra personas mayores • **the scene of the crime** la escena del crimen/delito **3** [sing] crimen (cosa censurable) ▶ **HATE CRIME**, **ORGANIZED CRIME**, **WAR CRIME**, **sb's PARTNER in crime**
EXPRESIONES
a crime against humanity un crimen contra la humanidad/de lesa humanidad • **crime doesn't pay** el crimen no paga • **a crime of passion** un crimen pasional • **it's a crime** (*oral*) es un pecado/un crimen

> ¿**crime** u **offense**?
> Para referirse a un delito en general, se usa **crime**, especialmente si el delito es grave: *violent crimes* • *rape and other sexual crimes*.
> **offense** es la palabra que se usa en situaciones formales y puede designar tanto delitos graves: *He is in jail for various offenses* como pequeñas infracciones: *a parking offense*

crim·i·nal¹ W2 /ˈkrɪmənəl/ *adj*
1 delictivo -a, criminal • **a criminal offense/act** un delito, un crimen • **criminal activity** actividad delictiva **2** [solo ante s] penal • **criminal proceedings** acciones penales • **criminal charges** cargos penales • **a criminal lawyer** un abogado/una abogada penalista **3** (*coloq*) vergonzoso -a

criminal² s [C] delincuente, criminal • **a dangerous/violent criminal** un delincuente peligroso/violento, una delincuente peligrosa/violenta ▶ **WAR CRIMINAL**

crim·i·nal·ly /ˈkrɪmənəli/ *adv* penalmente, criminalmente

crim·i·nol·o·gy /ˌkrɪməˈnɑlədʒi/ s [U] criminología

crimp¹ /krɪmp/ v [T] **1** frenar (la demanda, la producción) **2** plisar (la tela, el papel), hacer pliegues en (la masa) **3** ondular, encrespar, enchinar (el pelo)

crimp² s **put a crimp in/on sth** ser un freno para algo

crim·son /ˈkrɪmzən/ s [U] (color) carmesí

crimson² *adj* **1** (de color) carmesí **2** colorado -a (cara) • **go/turn crimson** ponerse colorado -a/rojo -a

cringe /krɪndʒ/ v [I] **1** morirse de vergüenza/pena • **cringe at sth** *Paul cringed at the thought of singing in public.* Paul se moría de vergüenza solo de pensar en cantar en público. **2** encogerse (de miedo), arrugarse

crin·kle¹ /ˈkrɪŋkəl/ (tb **crinkle up**) v [I] **1** arrugarse (rostro, nariz) **2** arrugarse (tela, papel)

crinkle² s [C] arruga (en tela, papel)

crin·kled /ˈkrɪŋkəld/ *adj* arrugado -a (tela, papel)

crin·kly /ˈkrɪŋkli/ *adj* arrugado -a (papel), rizado -a (hojas)

crip·ple¹ /ˈkrɪpəl/ v [T] **1** [gralm en pasiva] dejar inválido -a **2** perjudicar seriamente (la economía, las exportaciones), averiar (un barco, un avión) **3** traumatizar

cripple² s [C] (*despec*) inválido -a

crip·pled /'krɪpəld/ adj 1 inválido -a 2 averiado -a (barco, avión), maltrecho -a (economía, industria) 3 traumatizado -a

⚠ Casi todo el mundo evita el uso de esta palabra porque es ofensivo. En su lugar se utiliza **disabled**.

crip·pling /'krɪplɪŋ/ adj 1 agobiante (deuda), nefasto -a (efecto, huelga, inflación) 2 discapacitante 3 traumatizante, traumático -a

cri·sis W2 /'kraɪsɪs/ s [C,U] (pl **crises** /-siz/) 1 (en política, economía) crisis • **a political/financial crisis** una crisis política/financiera • **in crisis** en crisis • **a crisis of confidence (in sth)** una crisis de confianza (en algo) • **crisis management** gestión de crisis 2 (personal, emocional) crisis • **an identity crisis** una crisis de identidad • **a crisis of conscience** una crisis de conciencia • **crisis point** punto crítico ▶ MIDLIFE CRISIS

crisp¹ /krɪsp/ adj 1 crujiente, crocante (tocino frito, galleta), fresco -a y crujiente (manzana, lechuga) 2 crujiente (nieve, hojas) 3 nuevo -a (billete), bien planchado -a (camisa, sábana) 4 frío -a y despejado -a (tiempo, día), frío -a y seco -a (aire) 5 enérgico -a, tajante 6 nítido -a (imagen, sonido)

crisp² (tb **crisp up**) v **(a)** [T] dejar crujiente **(b)** [I] ponerse crujiente

crisp·ly /'krɪspli/ adv tajantemente, enérgicamente

crisp·y /'krɪspi/ adj (**crispier**, **crispiest**) crujiente, crocante

criss·cross¹ /'krɪskrɒs/ adj entrecruzado -a

crisscross², **criss-cross** v 1 [T] ir y venir por 2 [I] entrecruzarse

crisscross³ s [C] [+of]: a crisscross of tracks un entramado de senderos que se cruzan

cri·te·ri·on /kraɪ'tɪriən/ s [C gralm pl] (pl **criteria** /-riə/) criterio

crit·ic W2 /'krɪtɪk/ s [C] 1 crítico -a (en medios de comunicación) • **a movie/a music/an art critic** un crítico/una crítica de cine/musical/de arte • **a literary critic** un crítico literario/una crítica literaria 2 detractor -a, crítico -a

crit·i·cal S3 W2 /'krɪtɪkəl/ adj

1 que desaprueba
2 importante
3 momento, situación
4 paciente, herido
5 valoración, análisis
6 en cine, arte

1 QUE DESAPRUEBA crítico -a • [+of]: Many parents are critical of the school. Muchos padres critican el colegio.

2 IMPORTANTE crucial • [+to]: meetings critical to the company's future reuniones cruciales para el futuro de la compañía • **of critical importance** de crucial importancia

3 MOMENTO, SITUACIÓN crítico -a

4 PACIENTE, HERIDO en estado crítico, muy grave • **be/remain in critical condition** hallarse/seguir en estado crítico • **be on the critical list** hallarse en estado crítico

5 VALORACIÓN, ANÁLISIS [solo ante s] crítico -a • **with a critical eye** con ojo crítico

6 EN CINE, ARTE de la crítica (especializada) • **be a critical success** ser un éxito de crítica • **critical acclaim** elogios de la crítica: The book came out last year to critical acclaim. El libro se publicó el año pasado y fue aclamado por la crítica.

crit·i·cal·ly /'krɪtɪkli/ adv 1 **critically ill/injured** gravemente enfermo -a/herido -a 2 crucialmente: The first five years of life are critically important. Los primeros cinco años de vida son de importancia crucial. 3 gravemente, críticamente 4 de manera crítica (mirar),

en tono crítico (hablar) 5 con espíritu crítico (pensar, analizar) 6 **critically acclaimed** aclamado -a por la crítica

crit·i·cism W3 /'krɪtə,sɪzəm/ s 1 [U] (censura) crítica(s) • [+of]: criticism of the government críticas al gobierno • **strong/severe/fierce criticism** críticas fuertes/duras/despiadadas • **constructive criticism** crítica constructiva • **accept/take criticism** aceptar las críticas • **come in for/attract criticism (from sb for sth)** recibir críticas (de alguien por algo) 2 [C] (observación) crítica • [+of]: criticisms of the prison system críticas al sistema penitenciario • **a valid/fair criticism** una crítica válida/justa 3 [U] (de cine, arte) crítica: literary criticism crítica literaria ▶ LEVEL **a criticism at sb**

crit·i·cize W3 /'krɪtə,saɪz/ v 1 [I,T] (censurar) criticar • **criticize sth/sb for (doing) sth** criticar algo/a alguien por (hacer) algo: The United Nations was criticized for failing to react sooner. La ONU recibió críticas por no reaccionar antes. 2 [T] (valorar) criticar, hacer una crítica de

cri·tique /krɪ'tik/ s [C] crítica, estudio crítico • [+of]: a critique of modern economic theory una crítica de la teoría económica moderna

crit·ter /'krɪtər/ s [C] (coloq) bicho, criatura SIN **creature**

croak /krouk/ v 1 [I] croar 2 [I] graznar 3 [I] (coloq) estirar la pata 4 **(a)** [T] decir con voz ronca **(b)** [I] hablar con voz ronca

Cro·at /'krouæt/ (tb **Croatian**) s 1 [C] (persona) croata 2 [U] (idioma) croata

Cro·a·tia /krou'eɪʃə/ Croacia

Cro·a·tian /krou'eɪʃən/ adj croata

cro·chet¹ /krou'ʃeɪ/ v **(a)** [I] tejer (al) crochet, hacer ganchillo **(b)** [T] tejer en/al crochet, hacer a ganchillo

crochet² s [U] crochet, ganchillo

crock /krɒk/ s [C] (antic) vasija de barro

croc·o·dile /'krɒkə,daɪl/ s 1 [C] cocodrilo 2 [U] (tb **crocodile leather**) (piel de) cocodrilo
EXPRESIONES
cry/weep crocodile tears derramar/llorar lágrimas de cocodrilo

cro·cus /'kroukəs/ s [C] azafrán (planta ornamental)

crois·sant /krwɑ'sɑnt/ s [C] croissant, cuernito, cruasán

crone /kroun/ s [C] (malson) bruja

cro·ny /'krouni/ s [C gralm pl] (pl **cronies**) (peyor) compinche, adlátere

crook¹ /krʊk/ s [C] 1 (coloq) ladrón -ona 2 sinvergüenza 3 recodo (de una calle, un río) • **the crook of your arm/elbow** la parte interior del codo: He was carrying his jacket in the crook of his arm. Llevaba la chaqueta colgada del brazo. 4 cayado ▶ **by HOOK or by crook**

crook² v [T] doblar (un brazo, un dedo)

crook·ed /'krʊkɪd/ adj 1 torcido -a • **a crooked smile/grin** una mueca (torciendo la boca) 2 (coloq) sinvergüenza, corrupto -a: a crooked business deal un negocio sucio

croon /krun/ v [I,T] 1 cantar en voz baja 2 hablar/decir en voz baja

croon·er /'krunər/ s [C] crooner, cantante melódico

crop¹ /krɒp/ s [C] 1 cultivo (planta) • **crop failure** pérdida de la cosecha 2 cosecha • [+of]: this season's crop of strawberries la cosecha de fresas de esta temporada • **a bumper/record crop** una cosecha récord 3 **a crop of sth** una camada de algo, una tanda de algo 4 (tb **riding crop**) fusta ▶ CASH CROP
EXPRESIONES
a crop of blond hair/dark curls una mata de pelo rubio/de rizos oscuros

crop² v (**cropped, cropping**) **1** [T] cortar muy corto (el pelo) **2** [T] recortar (una foto, una imagen) **3** [I] dar fruto (planta)
crop up v+partíc **1** surgir (problema, gastos) • **something has cropped up** ha surgido un imprevisto **2** surgir, aparecer (tema, nombre)

cro·quet /kroʊˈkeɪ/ s [U] cróquet

cross¹ S2 W2 /krɔs/ v

1 una calle, un río, un puente
2 la frontera, la meta
3 líneas, carreteras
4 las piernas, los brazos
5 animales, plantas
6 oponerse a
7 en religión
8 en fútbol, hockey
9 cartas, mensajes

1 UNA CALLE, UN RÍO, UN PUENTE [I,T] (tb **cross over**) cruzar: *The traffic stopped and we crossed.* El tránsito se detuvo y cruzamos. • **cross a road/street** cruzar una calle
2 LA FRONTERA, LA META [I,T] cruzar • **cross into** pasar a, entrar a: *We crossed into Spain.* Pasamos a España.
3 LÍNEAS, CARRETERAS [I,T] cruzar(se): *The two paths cross near the river.* Los dos senderos se cruzan cerca del río. • *where North Lane crosses Main Street* en el cruce de North Lane y Main Street
4 LAS PIERNAS, LOS BRAZOS [T] **cross your legs/arms/ankles** cruzar las piernas/los brazos/los pies
5 ANIMALES, PLANTAS [T] cruzar • **cross sth with sth** cruzar algo con algo: *If you cross a horse with a donkey, you get a mule.* Si cruzas un caballo con un burro, sale una mula.
6 OPONERSE A [T] contrariar, llevar la contraria a
7 EN RELIGIÓN cross yourself persignarse
8 EN FÚTBOL, HOCKEY [I,T] cruzar
9 CARTAS, MENSAJES [I] cruzarse (en el correo)
▶ CROSS, DOT **the i's and cross the t's**, get your WIRES crossed

EXPRESIONES
cross a boundary/line pasarse de la raya, sobrepasar el límite • **we'll cross that bridge when we come to it** (oral) *"What if it doesn't work?" "We'll cross that bridge when we come to it."* –¿Qué hacemos si no funciona? –Eso lo vamos a resolver cuando llegue el momento. • **cross your eyes** poner los ojos bizcos, hacer bizcos • **cross your fingers** (tb **keep your fingers crossed**) cruzar los dedos • **cross my heart (and hope to die)** (oral) te lo juro, que me parta un rayo si te miento • **cross sb's mind** ocurrírsele a alguien • **cross swords** pelearse, enfrentarse • **sb's paths cross** los caminos de alguien se cruzan
cross off v+partíc **cross sth/sb** ↔ **off** tachar algo/a alguien (de una lista)
cross sth ↔ **out** v+partíc tachar algo (en un escrito)
cross over v+partíc **1 cross over sth** cruzar algo **2 cross over into/to sth** pasar(se) a algo, dar el salto a algo ▶ CROSSOVER

cross² S3 W3 s [C]
1 (combinación) cruce, cruza, mezcla • **a cross between sth and sth** una cruce/una cruza de algo con algo, una mezcla de algo y algo: *His expression was a cross between amusement and disbelief.* Su expresión era una mezcla de diversión e incredulidad.
2 (símbolo) cruz • **the Cross** la Cruz
3 (castigo) cruz • **the cross** *The rebels were put to death on the cross.* Los rebeldes eran crucificados.
4 (en fútbol, hockey) centro ▶ NAIL **sb to the cross**, RED CROSS, **the** SIGN **of the Cross**

EXPRESIONES
a cross sb has to bear una cruz que alguien debe cargar

cross³ adj [nunca ante s] enojado -a • **get cross** enojarse • [+**with**]: *I was really cross with him!* ¡Estaba muy enojada con él! • **make sb cross** enojar a alguien ▶ **a cross WORD** ▶ ver nota en ENFADADO

cross-legged

with your legs crossed
con las piernas cruzadas

cross-legged
sentada con las piernas cruzadas

cross·bar /ˈkrɔsbɑr/ s [C] **1** travesaño, horizontal (de un arco de fútbol) **2** barra, caño (de una bicicleta)
'cross-,border adj [solo ante s] a través de la frontera
cross·bow /ˈkrɔsboʊ/ s [C] ballesta
cross·breed¹ /ˈkrɔsbrid/ v [I,T] (**crossbred** /-brɛd/) cruzar
crossbreed² s [C] cruce, híbrido
cross-'country¹ adj [solo ante s] **1** a campo traviesa • **cross-country skiing** esquí de fondo **2** de un lado a otro del país **3** todoterreno (vehículo)
cross-country² s (pl **cross-countries**) **1** [U] cross (country), campo traviesa **2** [C] cross (country), carrera a campo traviesa
cross-country³ adv **1** a campo traviesa **2** a través del país
cross-'cultural adj intercultural
cross·cur·rent /ˈkrɔsˌkɜrənt/ s [C] contracorriente
cross-'dress v [I] travestirse
cross-'dresser s [C] travesti
cross-'dressing s [U] travestismo
cross-exami'nation s [C,U] interrogatorio (de un testigo, un acusado)
cross-ex'amine v [T] interrogar (a un testigo, un acusado)
cross-'eyed adj bizco -a
cross-'fertilize v [T] fecundar por fertilización cruzada
cross·fire /ˈkrɔsfaɪər/ s [U] **1** (en una guerra) fuego cruzado • **be/get caught in the crossfire** quedar atrapado -a en medio del fuego cruzado **2** (en una discusión) fuego cruzado • **be/get caught in the crossfire** estar/quedar atrapado -a entre dos fuegos
cross·ing /ˈkrɔsɪŋ/ s [C] **1** cruce (peatonal), paso de peatones (en una carretera), paso a nivel, crucero (ferroviario) (en las vías), vado (en un río) **2** cruce, intersección **3** cruce, travesía (en barco) **4** paso fronterizo, cruce ▶ GRADE CROSSING
cross-leg·ged /ˈkrɔs ˌlɛgɪd, -ˌlɛgd/ adj (sentado -a) con las piernas cruzadas (en el suelo)
cross-legged adv **sit cross-legged** estar sentado -a con las piernas cruzadas (en el suelo)
cross·o·ver¹ /ˈkrɔsˌoʊvər/ s [C,U] paso, cambio (a otro medio, otro estilo): *Few actors have made a successful crossover from T.V. to movies.* Pocos actores han pasado con éxito de la televisión al cine. ▶ CROSS **over**
crossover² adj [solo ante s] versátil (artista, público): *the band's crossover album* el álbum que marcó el cambio de estilo del grupo
cross-'purposes s **be at cross-purposes** tener diferentes objetivos/enfoques • **be talking at cross-purposes** estar hablando de cosas distintas
cross-'reference¹ s [C] remisión, referencia
cross-reference² v [T] remitir

crouch

squat
ponerse en
cuclillas

kneel
arrodillarse

crouch
agacharse

cross·roads /'krɔsroʊdz/ s [C] (pl **crossroads**) **1** cruce, crucero (de carreteras) **2** encrucijada (situación) • **at a crossroads** en una encrucijada **3** punto de encuentro

'**cross ,section**, cross-section s [C] **1** corte transversal • **in cross-section** en corte transversal **2** muestra representativa • [+**of**]: *a wide cross-section of the population* una amplia muestra representativa de la población

'**cross street** s [C] calle que cruza otra calle: *Turn left at the second cross street.* Voltee a la izquierda en la segunda calle. • *I live on 17th Street, and the cross street is Pine.* Vivo en la 17 con Pine.

cross·walk /'krɔswɔk/ s [C] cruce peatonal, paso de peatones

cross·wind /'krɔs,wɪnd/ s [C] viento de costado

cross·wise /'krɔs,waɪz/ adv en diagonal

cross·word /'krɔs,wərd/ (tb '**crossword ,puzzle**) s [C] crucigrama

crotch /krɑtʃ/ s [C] **1** (del cuerpo) entrepierna **2** (de una prenda) entrepierna

crotch·et·y /'krɑtʃəti/ adj (coloq) cascarrabias

crouch /kraʊtʃ/ v [I] **1** (tb **crouch down**) agacharse, ponerse en cuclillas **2 crouch over sth** inclinarse sobre algo **3** agazaparse (animal) ▶ ver nota en AGACHAR

crou·pi·er /'krupiə/ s [C] crupier

crou·ton /'krutɑn/ s [C gralm pl] crutón

crow¹ /kroʊ/ s **1** [C] cuervo **2** [sing] cacareo, canto (del gallo)

EXPRESIONES
as the crow flies en línea recta

crow² v **1** [I] cantar (gallo) **2** [I,T] (peyor) alardear • **crow over/about sth** alardear de algo

crow·bar /'kroʊbɑr/ s [C] palanca, barra

crowd¹ S3 W1 /kraʊd/ s
1 [C] multitud, muchedumbre • **crowds of** multitud(es) de • **a crowd gathers** una multitud se reúne • **draw/pull a crowd** atraer multitudes • **crowd control** control de masas, control de multitudes • **crowd trouble** disturbios **2** [C] público • **a capacity/sellout crowd** un lleno total • **draw/pull a crowd** atraer público **3** [sing] (coloq) grupo (de amigos, conocidos, etc.) • **the usual crowd** el grupo de siempre **4 the crowd** la gente corriente, el común de los mortales • **be one of the crowd** ser uno/una más • **follow the crowd** dejarse llevar por la corriente, seguir la corriente ▶ **two's COMPANY, three's a crowd**

crowd² S3 v
1 [I siempre + adv/prep] **crowd into** meterse en, apiñarse en (gran cantidad de personas) • **crowd around sth/sb** amontonarse alrededor de algo/alguien, arremolinarse en torno a algo/alguien
2 [T siempre + adv/prep, gralm en pasiva] **be crowded into** *We were all crowded into one tiny office.* Nos metieron a todos en una oficina diminuta.
3 [T] abarrotar, atestar
4 [T] agobiar, echarse encima de (físicamente)
5 [T] atosigar, agobiar (con exigencias)

6 [T] invadir, inundar (preocupaciones, ideas)
crowd in on sb v+partíc adueñarse de alguien, agobiar a alguien (temores, preocupaciones)
crowd sth/sb ↔ out v+partíc desplazar a algo/alguien

crowd·ed /'kraʊdɪd/ adj **1** lleno -a, atestado -a (de gente) • [+**with**]: *The bus was crowded with schoolchildren.* El autobús iba lleno de escolares. **2** apretado -a (agenda, calendario), atestado -a (mesa, estante)

crown¹ /kraʊn/ s

1	del monarca
2	monarca
3	dignidad real
4	en odontología
5	de la cabeza
6	de un sombrero
7	de una montaña

1 **DEL MONARCA** [C] corona: *a crown of solid gold* una corona de puro oro
2 **MONARCA** **the Crown** (tb **the crown**) la Corona: *the relationship between the nobility and the crown* la relación entre la nobleza y la corona
3 **DIGNIDAD REAL** **the Crown** (tb **the crown**) la Corona
4 **EN ODONTOLOGÍA** [C] corona
5 **DE LA CABEZA** [C] coronilla
6 **DE UN SOMBRERO** [C] copa: *a hat with a high crown* un sombrero de copa alta
7 **DE UNA MONTAÑA** [C] cima: *a house on the crown of a hill* una casa en la cima de una montaña ▶ **the JEWEL in the crown**

crown² v [T] **1** (en monarquías) coronar • **crown sb king/queen** coronar a alguien rey/reina **2** coronar, culminar • **to crown it all** para colmo (de males) **3** (en competencias) coronar, colocar la corona a • **be crowned sth** ser coronado -a como algo **4** (en odontología) poner una corona a

crown·ing /'kraʊnɪŋ/ adj [solo ante s] culminante, máximo -a • **crowning glory** mayor atractivo

'**crow's feet** s [pl] patas de gallo (arrugas)

'**crow's nest** s [C] cofa

cru·cial W3 /'kruʃəl/ adj crucial • **of crucial importance** de importancia crucial • [+**to**]: *Trade is crucial to the development of this country.* El comercio es crucial para el desarrollo de este país.

cru·cial·ly /'kruʃəli/ adv de manera crucial: *crucially important* de crucial importancia

cru·ci·ble /'krusəbəl/ s [C] crisol

cru·ci·fix /'krusə,fɪks/ s [C] crucifijo

cru·ci·fix·ion /,krusə'fɪkʃən/ s **1** [C,U] crucifixión **2 the Crucifixion** la Crucifixión

cru·ci·fy /'krusə,faɪ/ v [T gralm en pasiva] (**crucifies**, **crucified**, **crucifying**) **1** crucificar (en una cruz) **2** destrozar (con críticas)

crud /krʌd/ s [U] (peyor, coloq) **1** porquería, asquerosidad **2** porquería (cosa de mala calidad)

crud·dy /'krʌdi/ adj (**cruddier**, **cruddiest**) (peyor, coloq) asqueroso -a, de mala calidad

crude¹ /krud/ adj **1** rudimentario -a **2** (peyor) grosero -a **3** aproximado -a • **in crude terms** en líneas generales, grosso modo **4** [solo ante s] bruto -a, en bruto • **crude oil** (petróleo) crudo

crude² s [U] (petróleo) crudo

crude·ly /'krudli/ adv **1** toscamente, rudimentariamente **2** de forma muy general • **to put it crudely** hablando en plata (blanca), dicho sin rodeos **3** (peyor) groseramente

cru·el /'kruəl/ adj **1** cruel (persona, acción) • [+**to**]: *Her husband had been very cruel to her.* Su marido había sido muy cruel con ella. **2** cruel (vida, mundo), crudo -a (invierno) • **a cruel irony** una cruel ironía

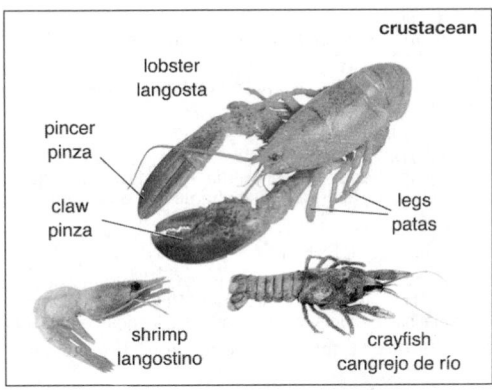

crustacean

lobster
langosta

pincer
pinza

claw
pinza

legs
patas

shrimp
langostino

crayfish
cangrejo de río

EXPRESIONES
you have to be cruel to be kind quien bien te quiere te hará llorar, porque te quiero te aporreo

cru·el·ly /'kruəli/ *adv* cruelmente

cru·el·ty /'kruəlti/ *s* (pl **cruelties**) **1** [C,U] (maltrato) crueldad • [+**to**]: *cruelty to animals* crueldad con los animales **2** [U] (saña) crueldad **3** [U] (injusticia) crueldad

cru·et /'kruət/ *s* [C] vinagreras

cruise¹ /kruz/ *v* **1** [I,T] hacer un crucero (por), navegar (por) **2** [I gralm + adv/prep] ir, volar (a velocidad de crucero) • **cruising speed** velocidad de crucero **3** [I siempre + adv/prep, T] deambular (por) (en carro) **4** [T] patrullar **5** [I siempre + adv/prep] (*coloq*) **cruise to/into/ through sth** conseguir algo sin esfuerzo: *They cruised to a 7–0 victory.* Ganaron sin despeinarse por 7 a 0. **6** [I, T] (*coloq*) ir a ligar (a), ir de levante (a)

cruise² S3 *s* [C]
1 crucero (viaje) • **go on a cruise** hacer un crucero • **a world/Caribbean cruise** un crucero alrededor del mundo/por el Caribe
2 paseo en barco

ˌcruise 'missile *s* [C] misil de crucero

cruis·er /'kruzə/ *s* [C] **1** crucero (de guerra) **2** yate, lancha (con camarotes) **3** (*coloq*) radiopatrulla, patrulla

ˈcruise ship *s* [C] transatlántico

crumb /krʌm/ *s* [C] **1** miga, migaja **2 a crumb of comfort/hope** un leve (motivo de) consuelo/un atisbo de esperanza ▶ **BREADCRUMBS**

crum·ble¹ /'krʌmbəl/ *v* **1** [I] (tb **crumble away**) desmoronarse (pared, roca) **2** [I,T] desmenuzar(se), deshacer(se) (queso, galletas, etc.) **3** [I] flaquear, derrumbarse (defensas, sociedad, matrimonio) ▶ **that's the way the COOKIE crumbles**

crumble² *s* [C,U] postre hecho al horno con una base de fruta cubierta con una mezcla de harina, mantequilla y azúcar

crum·bly /'krʌmbli/ *adj* que se desmigaja (pan)

crum·my /'krʌmi/ *adj* (**crummier, crummiest**) (*coloq*) de mala muerte, de pacotilla

crum·pet /'krʌmpɪt/ *s* [C] bollo redondo y plano que se come caliente y con mantequilla

crum·ple /'krʌmpəl/ *v* **1** (a) [T] (tb **crumple ↔ up**) estrujar, hacer un bollo con (b) [I] (tb **crumple up**) arrugarse **2** [I] (tb **crumple up**) desplomarse • **crumple to the ground/to your knees** desplomarse/caer de rodillas **3** [I] descomponerse, desencajarse (rostro)

crum·pled /'krʌmpəld/ *adj* **1** (tb **crumpled up**) arrugado -a, estrujado -a (papel, lata) **2** arrugado -a (camisa, traje) **3** desplomado -a (cuerpo, persona)

crunch¹ /krʌntʃ/ *s* [sing] **1** crujido **2** crisis (por falta de recursos, etc.) • **a budget/cash/financial crunch** una crisis financiera **3** (tb **crunch time**) hora de la verdad • **when/if it comes to the crunch** a la hora de la verdad

crunch² *v* **1** [I] crujir **2** [I always + adv/prep,T] morder, masticar (haciendo ruido) • **crunch on sth** morder/ masticar algo
EXPRESIONES
crunch (the) numbers (*coloq*) hacer números, hacer cálculos

crunch·y /'krʌntʃi/ *adj* (**crunchier, crunchiest**) crujiente

cru·sade¹ /kru'seɪd/ *s* [C] **1** campaña, cruzada • [+**against**]: *a crusade against crime* una campaña contra la delincuencia **2** cruzada (medieval)

crusade² *v* [I] hacer campaña/una cruzada

cru·sad·er /kru'seɪdə/ *s* [C] **1** luchador -a (por una causa) **2** cruzado (medieval)

cru·sad·ing /kru'seɪdɪŋ/ *adj* [solo ante s] entregado -a a una causa

crush¹ /krʌʃ/ *v* [T] **1** aplastar • **be crushed to death** morir aplastado -a **2** machacar (ajo), picar (hielo), triturar (piedras) **3** aplastar (una rebelión, al enemigo, la oposición) **4** abatir, desmoralizar

crush² *s* **1** [C] enamoramiento (de adolescente) • **have a crush on sb** estar enamorado -a de alguien **2** [sing] aglomeración, tumulto **3 a crush of sth** un montón/ montones de algo

crush·ing /'krʌʃɪŋ/ *adj* [gralm ante s] **1** abrumador -a, agobiante: *a crushing blow* un golpe muy duro **2** aplastante (derrota, victoria) **3** demoledor -a (crítica)

crust S3 /krʌst/ *s* [C]
1 (de pan) corteza • **a crust of bread** un mendrugo
2 (de pizza, pastel) masa
3 (de un planeta) corteza: *the Earth's crust* la corteza terrestre
4 (de hielo) capa

crus·ta·cean /krʌ'steɪʃən/ *s* [C] (*técn*) crustáceo

crust·y /'krʌsti/ (**crustier, crustiest**) *adj* **1** crujiente (pan) **2** (*peyor, coloq*) cascarrabias, gruñón -ona

crutch /krʌtʃ/ *s* **1** [C gralm pl] muleta (para andar) • **on crutches** con muletas **2** [sing] sostén, apoyo

crux /krʌks/ *s* **the crux** el quid de la cuestión, el meollo del asunto • **the crux of the matter/problem** el quid de la cuestión

cry¹ S1 W2 /kraɪ/ *v* (**cried, crying**, 3ª pers sing **cries**)
1 [I,T] llorar • **cry about sth** llorar por algo: *What are you crying about?* ¿Por qué lloras? • **cry over sb/sth** llorar por alguien/algo: *She was crying over some guy.* Lloraba por un tipo. • **make sb cry** hacer llorar a alguien • **cry with frustration/rage/relief** llorar de frustración/rabia/alivio • **cry your eyes/heart out** llorar a mares • **cry yourself to sleep** llorar hasta quedarse dormido -a
2 [I,T] gritar • **cry for help/mercy** pedir ayuda/clemencia a gritos
3 [I] chillar (animal) ▶ **a SHOULDER to cry on**
EXPRESIONES
it's no use crying over spilled milk a lo hecho, pecho • **cry wolf** *Is he just crying wolf again?* ¿Otra vez con el mismo cuento? • **for crying out loud** (*oral*) por el amor de Dios
cry out *v+partíc* **1 cry out** gritar • **cry out in pain/fear** gritar de dolor/miedo **2 cry out** gritar, vociferar • **cry out for sth/sb** pedir algo/llamar a alguien a gritos **3 cry out sth** decir algo a gritos, gritar algo
cry out for sth *v+partíc* **be crying out for sth** (*coloq*) estar pidiendo a gritos algo ▶ ver nota en **LLORAR**

cry² *s* [C] (pl **cries**) **1** (de miedo, dolor, asombro) grito • **let out a cry** soltar un grito • **a cry of delight/surprise/ alarm** un grito de placer/sorpresa/alarma **2** (de llamada) grito • **a cry for help** un grito de socorro **3** chillido (de gaviota), aullido (de perro) **4** (petición) *the cry of protest in the Italian press* la protesta airada en la prensa italiana • [+**for**]: *the cry for justice* la demanda de justicia **5** consigna, lema ▶ **be a FAR cry from sth**

C

a cry for help un grito de auxilio, una llamada de atención

cry·ba·by /'kraɪˌbeɪbi/ s [C] (pl **crybabies**) (peyor, coloq) llorón – ona, quejica

cry·ing¹ /'kraɪ-ɪŋ/ adj
a crying need for sth una necesidad imperiosa/apremiante de algo • **a crying shame** una verdadera pena

crying² s [U] llanto

crypt /krɪpt/ s [C] cripta

cryp·tic /'krɪptɪk/ adj **1** críptico -a, enigmático -a **2** [solo ante s] **a cryptic crossword/clue** un crucigrama/una definición que encierra acertijos o juegos de palabras

cryp·ti·cal·ly /'krɪptɪkli/ adv de forma críptica, enigmáticamente

crys·tal /'krɪstəl/ s **1** [U] (vidrio) cristal **2** [C] (mineral) cristal **3** [C,U] (trozo de) cristal de roca

crystal 'ball s [C] bola de cristal

crystal 'clear adj **1** clarísimo -a, bien claro -a **2** (aprec) cristalino -a

crys·tal·lize /'krɪstəˌlaɪz/ v **1** [I,T] (sustancia) cristalizar(se) **2** (idea, plan) **(a)** [T] consolidar, materializar **(b)** [I] cristalizar(se), materializarse

CT abrev escrita de **1** CENTRAL TIME **2** CONNECTICUT

ct. abrev escrita de **1** (**carat**) quilate **2** (**cent**) centavo (de dólar)

cub /kʌb/ s **1** [C] cachorro -a (de león, foca, etc.) **2 Cubs** [pl] Lobatos (scouts de entre 7 y 11 años) **3** [C] lobato -a (scout)

Cu·ba /'kyubə/ Cuba

Cu·ban¹ /'kyubən/ s [C] cubano -a

Cuban² adj cubano -a

cub·by hole /'kʌbi ˌhoʊl/ s [C] cuartito, casillero

cube¹ /kyub/ s [C] **1** (en cocina) cubo (de carne, queso), terrón (de azúcar): *ice cubes* cubitos de hielo **2** (en geometría) cubo **3** (en matemáticas) cubo • **the cube of sth** el cubo de algo

cube² v [T] **1** elevar al cubo **2** cortar en cubos

cu·bic /'kyubɪk/ adj [solo ante s] cúbico -a: *cubic capacity* volumen

cu·bi·cle /'kyubɪkəl/ s [C] probador, vestidor (en una tienda), cabina, cubículo (en un vestidor de gimnasio, una oficina), baño (en baños públicos)

cub·ism /'kyuˌbɪzəm/ s [U] cubismo

cuck·old /'kʌkəld, -koʊld/ s [C] (antic) cornudo

cuck·oo¹ /'kuku/ s [C] cucú, cuclillo

cuckoo² adj [nunca ante s] (coloq) chiflado -a

cu·cum·ber /'kyuˌkʌmbər/ s [C,U] pepino
(as) cool as a cucumber tan campante, tan fresco -a como una lechuga

cud·dle¹ /'kʌdl/ v **(a)** [T] abrazar, hacerle mimos a, apapachar **(b)** [I] abrazarse, hacerse mimos, apapacharse
cuddle up v+partíc acurrucarse

cuddle² s [C] abrazo, mimo, apapacho

cud·dly /'kʌdli/ adj (**cuddlier**, **cuddliest**) **1** tierno -a, adorable (que dan ganas de abrazarlo) **2** [solo ante s] **a cuddly toy** un (muñeco de) peluche **3** adorable, bonachón -ona

cud·gel¹ /'kʌdʒəl/ s [C] porra, cachiporra, macana

cudgel² v [T] aporrear

cue¹ /kyu/ s [C] **1** señal (para hacer algo) • [+**for**]: *Robin's arrival was a cue for more wine.* La llegada de Robin dio pie a que se sirviera más vino. **2** pie (en teatro) • **on cue** al darle el pie **3** taco (de billar)

right on cue/as if on cue justo en ese momento • **take your cue from sb** seguir la línea marcada por alguien, seguir el ritmo de alguien

cue² v [T] dar la señal/el pie a

cuff¹ /kʌf/ s [C] **1** puño (de la manga) **2** dobladillo, vuelta (de un pantalón) **3 cuffs** [pl] (coloq) esposas (para las manos) SIN **handcuffs 4** palmada

cuff² v [T] **1** esposar **2** dar una palmada a

'cuff link s [C] mancorna, mancuerna, mancuernilla

cui·sine /kwɪ'zin/ s [U] **1** (de un país, un tipo) cocina, gastronomía **2** (de un establecimiento) cocina

cul-de-sac /ˌkʌl də 'sæk, ˌkʊl-/ s [C] (pl **cul-de-sac**) **1** calle sin salida **2** callejón sin salida (situación)

cu·li·nar·y /'kʌləˌnɛri, 'kyu-/ adj [solo ante s] (frml) culinario -a, gastronómico -a

cull¹ /kʌl/ v [T] **1** (frml) extraer, seleccionar (datos, nombres) • **be culled from sth** extraerse de algo **2** hacer una matanza selectiva de (animales)

cull² s [C] matanza selectiva, sacrificio selectivo

cul·mi·nate /'kʌləˌneɪt/ v [T] (frml) ser la culminación de
culminate in/with sth v+partíc culminar en/con algo

cul·mi·na·tion /ˌkʌləˈneɪʃən/ s [sing] **1** culminación • **the culmination of sth** la culminación de algo **2** momento culminante • **the culmination of sth** el momento culminante de algo

cu·lottes /ku'lɑts, 'kulɑts/ s [pl] falda pantalón

cul·pa·bil·i·ty /ˌkʌlpəˈbiləti/ s [U] culpabilidad

cul·pa·ble /'kʌlpəbəl/ adj (frml) culpable

cul·prit /'kʌlprɪt/ s [C] **1** (situación) culpable, causa **2** (persona) culpable

cult¹ /kʌlt/ s [C] **1** secta **2** (moda) culto • **the cult of sth** el culto a algo **3** (frml) (religión) culto • **the cult of sb** el culto a alguien

cult² adj [solo ante s] de culto • **a cult movie/series** una película/serie de culto • **a cult following** un grupo minoritario de seguidores (de culto)

cul·ti·vate /'kʌltəˌveɪt/ v [T] **1** (la tierra) cultivar **2** (plantas, frutos) cultivar **3** (una imagen, los conocimientos) cultivar **4** (una amistad) cultivar

cul·ti·vat·ed /'kʌltəˌveɪtɪd/ adj **1** culto -a **2** (planta, hongos) de cultivo, cultivado -a **3** (campo, terreno) cultivado -a

cul·ti·va·tion /ˌkʌltəˈveɪʃən/ s [U] **1** (de tierras) cultivo **2** (de plantas) cultivo **3** (de una cualidad) cultivo **4 the cultivation of sth** el cultivo de algo (una amistad, relaciones)

cul·tur·al S3 W2 /'kʌltʃərəl/ adj [solo ante s]
1 (de una sociedad) cultural • **cultural heritage** patrimonio/acervo cultural • **cultural identity** identidad cultural • **cultural diversity** diversidad cultural, multiculturalidad
2 (de arte, música) cultural • **cultural life** vida cultural • **cultural activities** actividades culturales

cul·tur·al·ly /'kʌltʃərəli/ adv culturalmente • **culturally diverse** multicultural

cul·ture¹ S2 W1 /'kʌltʃər/ s
1 [C,U] (de una sociedad) cultura: *people from different cultures* gentes de diferentes culturas
2 [C,U] (de un grupo) cultura: *youth culture* cultura juvenil • **a culture of violence** una cultura de la violencia
3 [U] (arte, música) cultura • **popular culture** cultura popular
4 [C] (sociedad) cultura
5 [C] (técn) cultivo (de bacterias, células) ▶ CULTURE SHOCK, SUBCULTURE

culture² v [T] (técn) cultivar (células, bacterias)

cul·tured /'kʌltʃərd/ adj culto -a

'culture ,shock s [sing, U] **1** (en culturas exóticas) choque cultural **2** (en situaciones nuevas) choque cultural

cum·ber·some /'kʌmbəsəm/ adj **1** engorroso -a **2** voluminoso -a, incómodo -a **3** farragoso -a

cum·in /'kyumən/ s [U] **1** comino (en polvo) **2** (tb **cumin seeds**) [pl] comino (semilla)

cu·mu·la·tive /'kyumyələtɪv, -ˌleɪ-/ adj acumulativo -a • **the cumulative effect of sth** el efecto acumulativo de algo • **a cumulative GPA/grade-point average** un promedio general acumulado

cun·ning¹ /'kʌnɪŋ/ adj **1** (peyor) astuto -a, taimado -a **2** (aprec) (persona, plan) ingenioso -a **3** (aparato, instrumento) ingenioso -a **4** (antic) atractivo -a, precioso -a

cunning² s [U] **1** (aprec) ingenio **2** (peyor) astucia

cun·ning·ly /'kʌnɪŋli/ adv astutamente

cup¹ S1 W1 /kʌp/ s [C]

1 con asa
2 sin asa
3 bebida
4 medida
5 trofeo
6 competición
7 de un brasier
8 prenda masculina

1 CON ASA taza • **a cup and saucer** una taza y un platillo
2 SIN ASA vaso • **plastic/paper cup** vaso de plástico/papel
3 BEBIDA taza, vaso • **a cup of tea/coffee** una taza de té/café

⚠ A **tea/coffee cup** designa una taza de las de té o café, pero que puede estar vacía. A **cup of tea/coffee** hace referencia a una taza llena de té o café, o al contenido en sí.

4 MEDIDA (tb **cupful**) taza • [+of]: Mix the powder with a cup of water. Mezcle el polvo con una taza de agua.
5 TROFEO copa
6 COMPETICIÓN (tb **Cup**) Copa: the World Cup el Mundial
7 DE UN BRASIER copa
8 PRENDA MASCULINA coquilla (protector genital)

EXPRESIONES
not be my/her cup of tea (oral) no ser lo que más me/le gusta

¿cup, glass o mug?
glass puede designar tanto un vaso como una copa, pero siempre de vidrio o cristal: a wine glass • a glass of water
Si es de plástico o papel, usamos cup: a plastic cup • a paper cup, palabra que también designa una taza normal.
La taza grande y alta para desayunar o tomar té se llama mug: He was drinking a mug of coffee.

cup² v (**cupped, cupping**) **1 cup your hands (together)** ahuecar las manos **2 cup sth in your hand(s)** tomar algo con las manos, sostener algo entre las manos

cup·board /'kʌbəd/ s [C] armario, gabinete: kitchen cupboards armarios de cocina

cup·cake /'kʌpkeɪk/ s [C] pastelito/panquecito glaseado (relleno con crema)

cup·ful /'kʌpfʊl/ s [C] taza (cantidad)

Cu·pid /'kyupɪd/ s Cupido

cu·po·la /'kyupələ/ s [C] cúpula

cur·a·ble /'kyʊrəbəl/ adj curable ANT **incurable**

cu·rate /'kyʊrət/ s [C] coadjutor

cu·ra·tor /'kyʊˌreɪtə, -rətə, kyʊ'reɪtə/ s [C] **1** comisario -a, curador -a (de una exposición), conservador -a (de un museo) **2** cuidador -a (en un zoológico)

curb¹ /kɔb/ s [C] **1** bordillo, sardinel (de un andén), borde (de una banqueta) **2** freno, límite • [+on]: curbs on expenditure límites al gasto

curb² v [T] frenar, poner coto a

curd /kɔd/ s [U] (tb **curds**) [pl] cuajada

cur·dle /'kɔdl/ v [I,T] cuajar(se), cortar(se)
EXPRESIONES
make sb's blood curdle helar la sangre a alguien ▶ **BLOODCURDLING**

cure¹ /kyʊr/ v [T] **1** (una enfermedad) curar **2** (a un enfermo) curar • **cure sb of sth** curar a alguien de algo: Most patients can be cured of the disease. Es posible curar a la mayoría de los pacientes de esta enfermedad. **3** remediar, subsanar **4** (de un vicio) **cure sb of sth** quitarle algo a alguien **5** curar (alimentos), curtir (pieles)

cure² s [C] **1** cura (para una enfermedad) • [+for]: a cure for cancer una cura para el cáncer • **a miracle cure** una cura milagrosa **2** remedio (a un problema) • [+for]: the cure for unemployment el remedio al desempleo

cur·few /'kɔfyu/ s **1** [C] (medida) toque de queda • **under curfew** All major towns were under curfew. En todas las ciudades importantes se había impuesto el toque de queda. **2** [U] (hora) toque de queda

cu·ri·o /'kyʊriˌoʊ/ s [C] (pl **curios**) curiosidad (objeto)

cu·ri·os·i·ty /ˌkyʊri'ɑsəti/ s (pl **curiosities**) **1** [sing, U] (deseo) curiosidad • **out of curiosity** por curiosidad **2** [C] (objeto) curiosidad
EXPRESIONES
curiosity killed the cat la curiosidad mató al gato

cu·ri·ous S2 W3 /'kyʊriəs/ adj
1 curioso -a, con curiosidad • **be curious about sth/sb** tener curiosidad acerca de algo/alguien • **be curious to know/see** tener curiosidad por saber/ver
2 curioso -a, extraño -a • **it's curious that...** es curioso que... • **the curious thing is...** lo curioso es...

cu·ri·ous·ly /'kyʊriəsli/ adv **1** curiosamente, extrañamente • **curiously enough** curiosamente, aunque parezca mentira **2** con curiosidad

curl¹ /kɔl/ s [C] rizo, chino
EXPRESIONES
a curl of your lip una mueca de disgusto

curl² v **1** [I,T] rizar(se), enchinar(se) (pelo, cinta) **2** [I siempre + adv/prep] enroscarse, enrollarse (gato, planta)
EXPRESIONES
curl your lip hacer una mueca de disgusto ▶ **sth would make your HAIR curl**
curl up v+partíc **1** acurrucarse • **be curled up** estar acurrucado -a **2** enrollarse

curl·er /'kɔlə/ s [C gralm pl] rulo (para el pelo)

cur·lew /'kɔlyu/ s [C] zarapito

curl·ing /'kɔlɪŋ/ s [U] curling

'curling ,iron s [C] encrespador (de pelo), rizador (de pelo)

curl·y /'kɔli/ adj (**curlier, curliest**) rizado -a, crespo -a, chino -a (pelo), enroscado -a (cuerno, cola)

cur·rant /'kɔənt, 'kʌr-/ s [C] **1** grosella **2** pasa de Corinto

cur·ren·cy W2 /'kɔənsi, 'kʌr-/ s (pl **currencies**)
1 [C,U] moneda (de un país): foreign currency divisas • **local currency** moneda del país
2 [U] aceptación, vigencia • **gain currency** ganar aceptación, extenderse ▶ **HARD CURRENCY**

cur·rent¹ S2 W1 /'kɔənt, 'kʌr-/ adj
1 [solo ante s] actual: the current year el año en curso • **the current trend** la tendencia actual
2 común, generalizado -a (idea)
3 vigente, en vigor (documento)

current² s [C] **1** (de agua) corriente **2** (de aire) corriente **3** (de electricidad) corriente • **an electrical current** una corriente eléctrica **4** (de opinión) corriente • [+of]: a current of thought una corriente de pensamiento

cur·rent·ly WS /'kɜːəntli, 'kʌr-/ *adv* actualmente, en la actualidad

cur·ric·u·lum S3 /kə'rɪkyələm/ *s* [C] (pl **curricula** /-lə/, **curriculums**) plan de estudios, currículo • **in the curriculum** en el plan de estudios

curriculum vi·tae /kə,rɪkyələm 'viːtə, -'viːti, -'vaɪti/ *s* [C] hoja de vida, currículum (vitae) (de un docente) SIN **résumé**

cur·ry¹ /'kɜːi, 'kʌri/ *s* [C,U] (pl **curries**) plato al curry: *chicken curry* pollo al curry

curry² *v* [T] (**curries**, **curried**, **currying**) cepillar (un caballo)

EXPRESIONES
curry favor with sb (*peyor*) tratar de ganarse el favor de alguien, congraciarse con alguien

'curry ˌpowder *s* [U] curry

curse¹ /kɜːs/ *v* **1** [I] (con palabras ofensivas) maldecir, decir palabrotas/malas palabras • [+**at**]: *She cursed at us and threatened us.* Nos insultó y nos amenazó. **2** [T] (decir o pensar cosas desagradables de) maldecir • **curse sth/sb for doing sth** maldecir algo/a alguien por hacer algo **3** [T] (con magia) maldecir, echar una maldición a
curse sb↔out *v+partíc* insultar a alguien

curse² *s* [C] **1** mala palabra, palabrota **2** desgracia, maldición • **the curse of sth** la maldición de algo **3** (palabras) maldición, maleficio • **put a curse on sb/sth** lanzarle una maldición a alguien/algo, hacer un maleficio a alguien/algo **4** (efecto) maldición, maleficio **5 the curse** (*antic*, *coloq*) la regla, la visita

cursed /kɜːst/ *adj* **1** (*liter*) maldito -a **2 be cursed by/with sth** padecer algo

cur·sor /'kɜːsə/ *s* [C] cursor

cur·so·ri·ly /'kɜːsərəli/ *adv* someramente, por encima

cur·so·ry /'kɜːsəri/ *adj* somero -a, rápido -a

curt /kɜːt/ *adj* seco -a, cortante

cur·tail /kə'teɪl/ *v* [T] (*frml*) reducir, restringir

cur·tail·ment /kə'teɪlmənt/ *s* [sing, U] restricción

cur·tain S3 /'kɜːtˈn/ *s*
1 [C] cortina: *net curtains* visillos • **close/draw/pull the curtains** cerrar/correr las cortinas • **open/draw/pull the curtains** abrir/descorrer las cortinas
2 [sing] telón • **the curtain falls/comes down** se baja el telón

EXPRESIONES
bring down the curtain on sth poner punto final a algo • **the final curtain** **(a)** el telón final, el último telón **(b)** la conclusión, el punto final • **it's curtains for you/him** (*antic*, *oral*) estás/está acabado

'curtain call *s* [C] (en teatro) *He took five curtain calls.* Salió a saludar cinco veces.

'curtain ˌraiser *s* [C] prólogo (a un evento)

curt·ly /'kɜːtli/ *adv* secamente, de manera cortante

curt·ness /'kɜːtnɪs/ *s* [U] sequedad, brusquedad

curt·sy¹, curtsey /'kɜːtsi/ *s* [C] (pl **curtsies**) reverencia, genuflexión

curtsy², curtsey *v* [I] (**curtsies**, **curtsied**, **curtsying**) hacer una reverencia/genuflexión

cur·va·ceous /kə'veɪʃəs/ *adj* de buenas curvas

cur·va·ture /'kɜːvətʃə/ *s* [C,U] (*técn*) curvatura

curve¹ /kɜːv/ *s* [C] **1** (línea) curva • [+**of**]: *the curve of a bay* la curva de una bahía **2** (en la carretera) curva **3** (del cuerpo) curva **4** (de un gráfico) curva • **the supply/demand curve** la curva de la oferta/demanda **5** (en béisbol) (tb **curve ball**) curva: *He threw me a difficult curve.* Me lanzó una curva difícil. ▶ **LEARNING CURVE**

EXPRESIONES
throw sb a curve (ball) coger/tomar a alguien desprevenido -a

curve² *v* [I] hacer/describir una curva, curvarse

curved /kɜːvd/ *adj* curvo -a, curvado -a

curv·y /'kɜːvi/ *adj* (**curvier**, **curviest**) (*coloq*) **1** sinuoso -a, con muchas curvas **2** escultural, curvilíneo -a

cush·ion¹ /'kʊʃən/ *s* [C] **1** cojín, almohadón • **cushion cover** funda de cojín **2** colchón, amortiguación • [+**of**]: *a cushion of air* un colchón de aire **3** colchón, protección • [+**against**]: *Savings can act as a cushion against unemployment.* Los ahorros pueden servir de colchón en caso de desempleo. **4** banda (de billar)

cushion² *v* [T] **1** amortiguar • **cushion sb's fall** amortiguar la caída de alguien **2** mitigar, paliar • **cushion the blow** mitigar el impacto • **cushion sb from/against sth** proteger a alguien de algo

cush·y /'kʊʃi/ *adj* (**cushier**, **cushiest**) (*coloq*) **1** cómodo -a (trabajo) **2** fácil, regalado -a (vida) **3** mullido -a (asiento)

cusp /kʌsp/ *s*

EXPRESIONES
on the cusp entre dos signos del zodiaco • **on the cusp of sth** al borde de algo

cuss /kʌs/ *v* [I,T] (*oral*) **1** maldecir, decir palabrotas/malas palabras • [+**at**]: *He was yelling and cussing at me.* Me estaba gritando e insultando. SIN **curse 2** [T] insultar SIN **curse**
cuss sb↔out *v+partíc* (*oral*) insultar a alguien SIN **curse↔sb out**

'cuss word *s* [C] (*oral*) palabrota, mala palabra

cus·tard /'kʌstəd/ *s* [C,U] tipo de flan

cus·to·di·al /kə'stoʊdiəl/ *adj* (*frml*) **1** [solo ante s] que tiene la custodia legal **2** de mantenimiento y limpieza

cus·to·di·an /kə'stoʊdiən/ *s* [C] **1** encargado -a de mantenimiento (en un edificio) **2** guardián -ana

cus·to·dy /'kʌstədi/ *s* [U] **1** custodia (legal) • **have custody of a child** tener la custodia legal de un hijo • **get custody** tener/conseguir la custodia • **custody battle** (tb **custody dispute**) pelea por la custodia de un hijo **2** (*frml*) detención/prisión preventiva • **be held/kept in custody** estar en detención preventiva, estar en prisión preventiva • **be taken into custody** ser detenido -a

cus·tom¹ /'kʌstəm/ *s* **1** [C,U] (de una sociedad) costumbre • **an old/ancient custom** una vieja/antigua costumbre **2** [C gralm sing] (*liter*) (de una persona) costumbre

custom² *adj* [solo ante s] a medida, personalizado -a

cus·tom·ar·i·ly /,kʌstə'merəli/ *adv* habitualmente

cus·tom·ar·y /'kʌstə,meri/ *adj* **1** habitual, usual • **it is customary to do sth** es costumbre/se acostumbra hacer algo • **it is customary for sb to do sth** es costumbre/se acostumbra que alguien haga algo **2** [solo ante s] acostumbrado -a, habitual

'custom-built *adj* (hecho -a) a medida

cus·tom·er S1 W1 /'kʌstəmə/ *s* [C]
1 cliente -a • **a regular customer** un cliente/una clienta habitual • **a satisfied customer** un cliente satisfecho • **customer care** atención al cliente • **customer relations** relación con el cliente • **customer satisfaction** (grado de) satisfacción del cliente
2 (*coloq*) **a cool customer** un tipo/una tipa con sangre fría • **an awkward/a tough customer** un tipo/una tipa difícil

cus·tom·ize /'kʌstə,maɪz/ *v* [T] personalizar, adaptar a su gusto

'custom-made *adj* hecho -a a medida, de encargo

cus·toms /'kʌstəmz/ *s* [pl] **1** la aduana, el control de aduana • **go through customs** pasar por la aduana **2** derechos de aduana **3** la aduana, el servicio de aduanas • **customs duty** derechos de aduana • **customs officer** funcionario de aduanas

cut¹ S1 W1 /kʌt/ *v* (**cut**, **cutting**)

1 con cuchillo, tijeras
2 el pelo, las uñas
3 impuestos, costos, gastos
4 una parte del cuerpo
5 en una superficie
6 cuchillo, hoja, herramienta
7 en piedra, metal, madera
8 persona aprisionada
9 un discurso, una película
10 una escena, un párrafo
11 ropa
12 en informática
13 una zona
14 una carretera, el suministro
15 en juegos de naipes
16 una droga

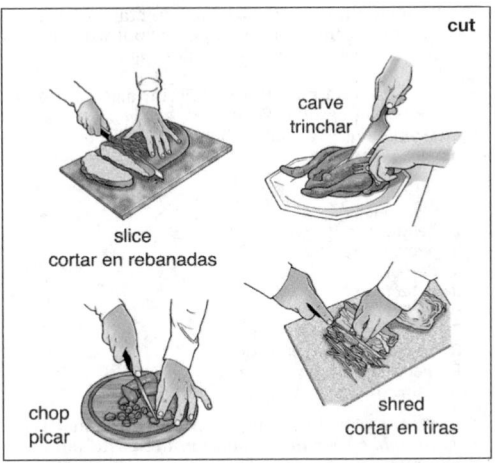

cut
carve
trinchar
slice
cortar en rebanadas
chop
picar
shred
cortar en tiras

1 CON CUCHILLO, TIJERAS [I,T] cortar: *Shall I cut the pizza?* ¿Corto la pizza? • **cut sth with a knife/a saw/ scissors** cortar algo con un cuchillo/una sierra/unas tijeras • **cut sth off sth** cortar algo de algo • **cut sth into pieces/chunks/slices** cortar algo en trozos/pedazos/ rodajas • **cut sth in half/two** cortar algo por la mitad/en dos • **cut sb sth** cortar algo a alguien

2 EL PELO, LAS UÑAS [T] cortar • **have/get your hair cut** cortarse el pelo • **cut the lawn/grass** cortar el césped

3 IMPUESTOS, COSTOS, GASTOS [T] rebajar, reducir, recortar • **cut crime** reducir la delincuencia

4 UNA PARTE DEL CUERPO [T] cortar, hacer un corte a/en • **cut your finger/hand (on sth)** cortarse el dedo/la mano (con algo) • **cut yourself (on sth)** cortarse (con algo) • **cut sb's throat** degollar a alguien, cortarle el cuello a alguien

5 EN UNA SUPERFICIE [I,T] **cut into sth** hacer un corte en algo, cortar algo • **cut letters/names into sth** grabar letras/nombres en algo, tallar letras/nombres en algo • **cut a hole in sth** hacer un agujero en algo

6 CUCHILLO, HOJA, HERRAMIENTA [I] cortar

7 EN PIEDRA, METAL, MADERA [T] **cut sth from/out of sth** hacer/tallar/esculpir algo de algo • **cut sth into a cliff/the rock** excavar algo en un acantilado/en la roca • **have/get a key cut** hacer una copia de una llave

8 PERSONA APRISIONADA [T] **cut sb from a car** rescatar a alguien de un carro (que ha sufrido un accidente) • **cut sb free/loose** liberar a alguien

9 UN DISCURSO, UNA PELÍCULA [T] acortar

10 UNA ESCENA, UN PÁRRAFO [T] (tb **cut out**) cortar, suprimir

11 ROPA [T gralm en pasiva] **be cut** tener determinado corte: *Her dress was cut low at the front.* Su vestido era escotado por delante.

12 EN INFORMÁTICA [I,T] cortar • **cut and paste** cortar y pegar

13 UNA ZONA [I,T] **cut a region/forest/town in two** dividir una región/un bosque/una ciudad en dos • **cut through sth** atravesar algo

14 UNA CARRETERA, EL SUMINISTRO [T] (tb **cut off**) cortar

15 EN JUEGOS DE NAIPES [I,T] cortar

16 UNA DROGA [T gralm en pasiva] (*coloq*) cortar

EXPRESIONES

cut! ¡corten! • **cut and run** (*coloq*) largarse • **cut both ways** (*coloq*) ser un arma de doble filo • **cut a check** (*coloq*) hacer un cheque • **cut class/school** (*coloq*) capar clase, irse de pinta • **cut corners** escatimar (tiempo, dinero, esfuerzo) • **cut sb dead** (*coloq*) ignorar a alguien por completo, dejar a alguien con la palabra en la boca • **cut a deal** cerrar un trato, llegar a un acuerdo • **cut a handsome/lonely/ridiculous figure** (*liter*) tener un porte elegante/un aire solitario/un aspecto ridículo • **cut in line** colarse (en una fila) • **cut it close** ir/estar con el tiempo justo • **cut your/her losses** cortar por lo sano • **cut sb short** cortar/interrumpir a alguien • **cut sth short** interrumpir algo, terminar algo abruptamente • **cut sb to the quick** (*liter*) herir a alguien en lo más íntimo • **not cut it** (tb **not cut the mustard**) (*coloq*) no dar la talla • **to cut a long story short,...** resumiendo,..., en resumidas cuentas,... ► **cut a DASH**, **cut sb some SLACK**, **cut a SWATHE through sth**

cut across sth *v+partíc* **1** tomar un atajo a través de algo **2** atravesar/cruzar algo **3** trascender algo • **cut across boundaries/divisions** trascender límites/ divisiones

cut sth ↔ away *v+partíc* cortar/eliminar algo

cut back *v+partíc* **1 cut sth ↔ back** recortar/reducir algo **2 cut back** hacer recortes, economizar • **cut back on spending/staff** reducir gastos/recortar personal ► **CUTBACK**

cut down *v+partíc* **1 cut sth ↔ down** reducir algo **2 cut down on sth** reducir algo **3 cut down** reducir el consumo • **cut down on fatty foods/cigarettes/alcohol** reducir el consumo de grasas/tabaco/alcohol **4 cut sth ↔ down** talar algo **5 cut sth ↔ down** acortar/abreviar algo **6 cut sb ↔ down** (*liter*) segar la vida de alguien **7 cut sb down to size** poner a alguien en su sitio/lugar, bajarle los humos a alguien

cut in *v+partíc* **1** interrumpir, intervenir **2** cruzarse/ meterse adelante (carro) • **cut in on sb** cruzarse/meterse adelante de alguien

cut into sth *v+partíc* **1** mermar algo **2** hacer herida/ rozadura en algo (cuerda, cinturón)

cut off *v+partíc* **1 cut sth ↔ off** cortar algo (separándolo del resto) **2 cut sb/sth ↔ off** cortar el suministro a alguien/cortar algo • **cut off the gas/electricity/water** cortar el gas/la electricidad/el agua **3 be cut off** quedarse/estar aislado -a, quedarse/estar incomunicado -a • **be cut off from sth** estar aislado -a de algo **4 cut sb ↔ off** darle la espalda a alguien: *She was completely cut off by her family.* Su familia le dio totalmente la espalda. **5 cut sb off** cruzársele a alguien (en un carro): *A woman in a green station wagon cut me off on the highway.* Una mujer en una camioneta verde se me cruzó en la carretera. **6 cut sb ↔ off** cortarle a alguien • **I was/we got cut off** se cortó la comunicación **7 cut sb ↔ off** desheredar a alguien • **cut sb off without a penny** desheredar a alguien **8 you'll be cutting off your nose to spite your face** te va a salir el tiro por la culata

cut out *v+partíc* **1 cut sth ↔ out** extraer algo (una bala), extirpar algo (un tumor) **2 cut sth ↔ out** recortar algo • **cut sth out of a magazine/newspaper** recortar algo de una revista/un periódico **3 cut sth ↔ out** recortar algo **4 cut out sth** dejar algo **5 cut out sth** eliminar algo **6 Cut it/that out!** (*coloq*) ¡Basta!, ¡Ya párale! **7 cut sth ↔ out** suprimir algo **8 cut out** pararse: *Bob cut out right after the movie.* Bob se largó apenas terminó la película. **10 cut sth ↔ out** tapar/quitar algo: *Big trees can cut out a lot of light.* Los árboles grandes pueden quitar mucha luz. **11 not be cut out for sth** (tb **not be cut out to be sth**) no estar hecho -a para (ser) algo, no tener madera/pasta para (ser) algo

C

cut through sth *v+partíc* **1** tomar un atajo a través de algo **2** abrirse camino entre algo • **cut your way through sth** abrirse camino entre algo **3** deslizarse por/a través de algo

cut up *v+partíc* **1 cut sth ↔ up** cortar algo en pedazos **2** (*coloq*) hacer barullo: *No one was cutting up or telling jokes anymore.* Ya nadie hacía barullo o contaba chistes.

cut² S2 W2 *s* [C]

1 disminución
2 herida
3 acción de cortar
4 de pelo
5 de la ropa
6 de las ganancias
7 de carne
8 en una película, un texto
9 dicho malicioso
10 camino

1 DISMINUCIÓN [gralm pl] recorte, reducción • [+**in**]: *cuts in public spending* reducción del gasto público • **make cuts (in sth)** hacer recortes (en algo) • **job cuts** recortes de personal • **pay cuts** recortes salariales • **tax cuts** reducción de impuestos • **a big/drastic cut** un gran/drástico recorte • [+**of**]: *a cut of 1% in interest rates* una reducción de los tipos de interés del 1%

2 HERIDA corte • **cuts and bruises** cortes y moretones • **a deep/minor cut** un corte profundo/sin importancia • **a nasty cut** un corte muy feo • [+**on**]: *some cuts on her face* unos cortes en la cara

3 ACCIÓN DE CORTAR corte: *He sliced the log in two with one clean cut.* Partió el tronco en dos de un corte limpio.

4 DE PELO [gralm sing] corte • **a cut and blow-dry** un corte y peinado, un corte y secado

5 DE LA ROPA [gralm sing] corte: *I like the cut of this jacket.* Me gusta el corte de ese saco.

6 DE LAS GANANCIAS [gralm sing] (*coloq*) tajada, parte • [+**of**]: *a cut of the profits* una parte de los beneficios

7 DE CARNE corte

8 EN UNA PELÍCULA, UN TEXTO corte

9 DICHO MALICIOSO comentario (malicioso) • [+**at**]: *That remark was a cut at me.* Ese comentario era para mí. SIN **dig**

10 CAMINO carretera, camino, etc. excavado en la roca ► COLD CUTS, CREW CUT

EXPRESIONES
be a cut above sb/sth ser superior a alguien/algo, estar por encima de alguien/algo • **make the cut** pasar el corte, ser seleccionado -a

cut³ *adj* [solo ante s] **1** con un corte (dedo, ojo) **2** cortado -a (hierba, flor)

,cut and 'dried (tb ,cut and 'dry) *adj* definitivo -a, decidido -a (de antemano)

cut·back /'kʌtbæk/ *s* [C gralm pl] recorte (del gasto) • [+**in**]: *cutbacks in funding for libraries* recortes en la financiación de bibliotecas ► CUT back

cute S1 /kyut/ *adj* (*coloq*)
1 divino -a, lindo -a: *a cute little dog* un perrito divino
2 atractivo -a, guapo -a
3 vivo -a, listo -a • **get cute with sb** pasarse de vivo -a con alguien, hacerse el vivo/la viva con alguien

cute·ly /'kyutli/ *adv* **1** divinamente, de una manera muy mona **2** (*coloq*) de una manera atractiva **3** (*coloq*) con viveza, con descaro

cute·ness /'kyutnɪs/ *s* [U] **1** cualidad de divino o encantador: *the cuteness of a koala bear* lo encantador que es un koala **2** (*coloq*) belleza, atractivo **3** (*coloq*) viveza, descaro

cu·ti·cle /'kyuṭɪkəl/ *s* [C] cutícula

cut·ler·y /'kʌtˈləri/ *s* [U] cuchillería, cubiertos

cut·let /'kʌtˈlɪt/ *s* [C] **1** chuleta (fina) **2** croqueta (de verduras, frutos secos)

'cut-off *adj* [solo ante s] recortados (pantalones)

cut·off /'kʌtɔf/ *s* **1** [C] (fecha) límite, (fecha) tope • **cutoff date** fecha límite/tope **2** corte (de suministro) **3** atajo ► CUT off

cut·out /'kʌtaʊt/ *s* [C] (figura) recortable

,cut-'price *adj* [solo ante s] **1** rebajado -a (producto) **2** con productos rebajados/a bajo precio (establecimiento)

'cut-rate *adj* [solo ante s] **1** rebajado -a (producto) SIN **cut-price 2** con productos rebajados/a bajo precio (establecimiento) SIN **cut-price**

cut·ter /'kʌtə/ *s* [C] **1** [gralm pl] cortador, cutter (de papel, cartón): *a pair of wire cutters* una pinza cortacables **2** cúter (velero) **3** guardacostas (buque armado)

cut·throat¹ /'kʌtˈθroʊt/ *adj* **1** (negocio, mundo) despiadado -a: *cutthroat competition* competencia feroz **2** (ejecutivo, abogado) implacable, despiadado -a

cutthroat² *s* [C] (*antic*) asesino -a

cut·ting¹ /'kʌṭɪŋ/ *s* [C] esqueje

cutting² *adj* hiriente

'cutting board *s* [C] tabla de picar, tabla de cocina

,cutting 'edge¹ *s* **1 the cutting edge** la vanguardia • [+**of**]: *the cutting edge of computer technology* la vanguardia de la tecnología informática • **at/on the cutting edge** a la vanguardia **2** [sing] ventaja, superioridad

'cutting-edge² *adj* de punta (tecnología, investigación), de vanguardia (música, arte)

'cutting room *s* [C] sala de montaje, sala de edición

cy·a·nide /'saɪəˌnaɪd/ *s* [U] cianuro

cy·ber·ca·fé /'saɪbəˌkæˌfeɪ/ *s* [C] cibercafé

cy·ber·net·ics /ˌsaɪbəˈnɛṭɪks/ *s* [U] cibernética

cy·ber·space /'saɪbəˌspeɪs/ *s* [U] ciberespacio

cy·cla·men /'saɪkləmən, 'sɪ-/ *s* [C] (pl **cyclamen**) ciclamen

cy·cle¹ W3 /'saɪkəl/ *s* [C]
1 (de hechos) ciclo • [+**of**]: *the cycle of the seasons* el ciclo de las estaciones • **break the cycle** romper el ciclo **2** (de una máquina) ciclo: *the rinse cycle* el ciclo de enjuague
3 bicicleta, motocicleta ► LIFE CYCLE

cycle² *v* **1** [I] ir en bicicleta **2 (a)** [I] repetir el (mismo) ciclo • **cycle through sth** repetir algo **(b)** [T] repetir

cy·clic /'saɪklɪk, 'sɪ-/ (tb cy·clic·al /'saɪklɪkəl, 'sɪ-/) *adj* cíclico -a

cy·cli·cally /'saɪklɪkli, 'sɪ-/ *adv* cíclicamente

cy·cling /'saɪklɪŋ/ *s* [U] ciclismo • **cycling holiday** vacaciones haciendo cicloturismo • **cycling shorts** pantaloneta, shorts para ciclismo

cy·clist /'saɪklɪst/ *s* [C] ciclista

cy·clone /'saɪkloʊn/ *s* [C] ciclón

cyg·net /'sɪgnɪt/ *s* [C] polluelo de cisne

cyl·in·der /'sɪləndə/ *s* [C] **1** (tubo) cilindro **2** (de gas) cilindro, tanque • [+**of**]: *a cylinder of oxygen* un cilindro de oxígeno **3** (del motor) cilindro **4** (en geometría) cilindro

EXPRESIONES
be firing/hitting on all cylinders funcionar bien

cy·lin·dri·cal /səˈlɪndrɪkəl/ *adj* cilíndrico -a

cym·bal /'sɪmbəl/ *s* [C] platillo (en música)

cyn·ic /'sɪnɪk/ *s* [C] **1** escéptico -a, suspicaz **2** escéptico -a, agorero -a

cyn·i·cal /'sɪnɪkəl/ *adj* **1** escéptico -a, suspicaz • **cynical about sth** escéptico -a respecto a algo **2** cínico -a, desvergonzado -a **3** escéptico -a, agorero -a

cyn·i·cally /'sɪnɪkli/ *adv* **1** escépticamente, con suspicacia **2** cínicamente, sin escrúpulos **3** escépticamente, de forma agorera

cyn·i·cism /'sɪnə,sɪzəm/ s [U] **1** escepticismo, suspicacia **2** escepticismo, falta de confianza **3** cinismo, desvergüenza

cy·pher /'saɪfə/ s variante de CIPHER

cy·press /'saɪprəs/ s [C] ciprés

Cyp·ri·ot[1] /'sɪpriət/ s [C] chipriota

Cypriot[2] adj chipriota

Cy·prus /'saɪprəs/ Chipre

Cy·ril·lic /sə'rɪlɪk/ adj cirílico -a

cyst /sɪst/ s [C] quiste

cys·tic fi·bro·sis /,sɪstɪk faɪ'broʊsɪs/ s [U] fibrosis quística

cys·ti·tis /sɪ'staɪtɪs/ s [U] cistitis

czar, tsar /zɑr/ s [C] **1** zar **2** funcionario nombrado por el gobierno para ocuparse de un tema específico

cza·ri·na /zɑ'rinə/ s [C] zarina

Czech[1] /tʃɛk/ s **1** [C] (persona) checo -a **2** [U] (idioma) checo

Czech[2] adj checo -a

Czech 'Republic República Checa

Dd

D, **d** /di/ s (pl **D's, d's**) **1** [C,U] re (nota musical) • **in (the key of) D** en re **2** [C] aprobado, calificación aprobatoria (calificación baja)

d. (*abrev escrita de* **died**) m., fallecido -a en

-'d /d/ *contrac de* **1 would 2 had**

D.A. /,di 'eɪ/ s [C] (**district attorney**) fiscal (de distrito), procurador -a

dab¹ /dæb/ s [C] **1 a dab of paint/cream/glue** un toque de pintura/un poquito de crema/una gota de pegamento **2** toque, toquecito (a) (con un pañuelo, un pincel)

dab² v (**dabbed, dabbing**) **1** [I,T] dar unos toques/toquecitos (con un pañuelo, un pincel) **2** [T] **dab paint/cream/glue onto sth** darle unos toques de pintura/aplicarle un poquito de crema/ponerle una gota de pegamento a algo

dab·ble /'dæbəl/ v [I] **dabble in sth** incursionar en algo (como actividad ocasional)

dachs·hund /'dɑkshʊnt, -hʊnd/ s [C] perro -a salchicha, teckel

dad S1 W2, **Dad** /dæd/ s [C] (*coloq*) papá: *She lives with her mom and dad.* Vive con su mamá y su papá. • *Hey Dad, look at me!* ¡Eh, papá, mírame!

dad·dy S1, **Daddy** /'dædi/ s [C] (pl **daddies**) papá, papi

daddy long·legs /,dædi 'lɔŋlɛgz/ s [C] (pl **daddy longlegs**) típula

daf·fo·dil /'dæfə,dɪl/ s [C] narciso

dag·ger /'dægɚ/ s [C] daga

EXPRESIONES
be at daggers drawn estar en pie de guerra • **look daggers at sb** fulminar a alguien con la mirada
▶ CLOAK-AND-DAGGER

dahl·ia /'dælyə/ s [C] dalia

dai·ly¹ S3 W2 /'deɪli/ adj [solo ante s]
1 diario -a, cotidiano -a: *a daily newspaper* un diario • **on a daily basis** a diario, diariamente
2 diario -a, por día: el salario diario
EXPRESIONES
daily life la vida diaria/cotidiana

daily² adv todos los días, a diario • **once/twice daily** una vez/dos veces al día

daily³ s (pl **dailies**) **1** (tb **daily paper**) [C gralm pl] diario, periódico **2 dailies** [pl] tomas diarias (del rodaje de una película) SIN **rushes**

dain·ti·ly /'deɪntl-i/ adv delicadamente, con delicadeza

dain·ty /'deɪnti/ adj (**daintier, daintiest**) **1** delicado -a, fino -a: *dainty little flowers* delicadas florecitas **2** grácil: *a dainty movement of her hand* un movimiento grácil de la mano
EXPRESIONES
a dainty eater quisquilloso -a para comer

dair·y /'dɛri/ s (pl **dairies**) **1** [C] central lechera, empresa láctea/lechera **2** [C] lechería (en un establecimiento agrícola)

'dairy ,cattle s [pl] vacas lecheras

'dairy ,farm s [C] lechería, finca/granja lechera

'dairy ,farmer s [C] productor -a de leche

'dairy ,farming s [U] producción de leche, lechería

da·is /'deɪəs/ s [sing] estrado

dai·sy /'deɪzi/ s [C] (pl **daisies**) margarita

dale /deɪl/ s [C] valle

dal·ly /'dæli/ v [I] (**dallies, dallied, dallying**) (*antic*) perder el tiempo
dally with sth v+partíc coquetear con algo (una idea)
dally with sb v+partíc (*antic*) tener una aventura con alguien

Dal·ma·tian, **dalmatian** /dæl'meɪʃən/ s [C] (perro) dálmata

dam¹ /dæm/ s [C] dique, represa, presa

dam² v [T] (**dammed, damming**) construir una represa/un dique en, represar
dam sth ↔ up v+partíc represar algo

dam·age¹ S3 W2 /'dæmɪdʒ/ s
1 [U] (físico) daño(s) • [+to]: *There was no damage to the building.* El edificio no sufrió daños. • **serious/severe damage** daños graves/severos • **cause/do damage** causar daños • **flood/fire damage** daños por inundaciones/incendio • **brain/liver damage** daño cerebral/trastornos hepáticos
2 [U] (mental) daño(s), trastornos • **psychological/emotional damage** daño psicológico/trastornos emocionales
3 [U] (a la reputación, la economía) **damage to sth** perjuicio/daño a algo
4 damages [pl] (indemnización por) daños y perjuicios • **£5 million/$20,000 in damages** 5 millones de libras/20.000 dólares por daños y perjuicios
EXPRESIONES
the damage is done (*oral*) el daño ya está hecho • **what's the damage?** (*coloq, oral*) ¿qué se debe? (al pagar una cuenta)

damage² W3 v [T]
1 dañar (un edificio), lesionar, hacer daño en (una parte del cuerpo), perjudicar, ser perjudicial para (la salud, el medio ambiente): *Was your car damaged at all?* ¿Le pasó algo a tu carro? • **badly/seriously damage sth** dañar severamente/perjudicar gravemente algo
2 perjudicar, afectar (la reputación, la imagen, la economía), menoscabar, minar (la autoridad)

dam·ag·ing /'dæmɪdʒɪŋ/ adj **1** (físicamente) perjudicial, dañino -a • [+to]: *less damaging to the environment* menos perjudicial para el medio ambiente **2** (para la mente, la reputación) perjudicial • [+to]: *The scandal could be very damaging to her career.* El escándalo podría ser muy perjudicial para su carrera.

dam·ask /'dæməsk/ s [U] damasco

Dame /deɪm/ s título honorífico concedido a una mujer

dame /deɪm/ s [C] (*antic, coloq*) tipa, vieja

damn /dæm/ v [T gralm en pasiva] condenar, criticar duramente
EXPRESIONES
be damned ser condenado -a, ir al infierno • **damn (sb/sth) with faint praise** *The report damns with faint praise.* Los tibios elogios del informe son una velada crítica.

dam·na·tion¹ /dæm'neɪʃən/ interj ¡maldición!

damnation² s [U] condenación

damned /dæmd/ s [usado como s pl] **the damned** los condenados (al infierno)

damn·ing /'dæmɪŋ/ adj condenatorio -a (pruebas), muy crítico -a (informe, comentario)

damp¹ /dæmp/ adj húmedo -a: *a damp cloth* un trapo húmedo • *damp walls* paredes con humedad • *a damp patch* una mancha de humedad ▶ ver nota en HÚMEDO

damp² v [T] debilitar, enfriar (la demanda, el consumo), hacer perder (el entusiasmo, las esperanzas)
damp sth ↔ down v+partíc apagar algo (un fuego)

damp·en /'dæmpən/ v [T] **1** humedecer **2** desanimar, hacer decaer (el entusiasmo) • **dampen sb's enthusi·asm** hacerle perder el entusiasmo a alguien **3** (tb

dampen down) acallar (los rumores), enfriar (la demanda, el mercado)

damp·er /'dæmpə/ s [C] **1** regulador de tiro (de una chimenea) **2** sordina (en piano)

EXPRESIONES
put a damper on sth restarle brillo a algo, empañar algo

damp·ly /'dæmpli/ adv (liter) *Her nightdress clung damply to her body.* El camisón húmedo se le pegaba al cuerpo.

damp·ness /'dæmpnɪs/ s [U] humedad

dam·sel /'dæmzəl/ s [C] (antic) damisela, doncella

EXPRESIONES
a damsel in distress (hum) una damisela/doncella en apuros

dance¹ S2 W2 /dæns/ s
1 [C] (movimientos) baile, danza • **a traditional/folk dance** una danza tradicional/folclórica • **do a dance** *Could you teach me how to do that dance?* ¿Me enseñas ese baile?
2 [C] (fiesta) baile: *a school dance* un baile en el colegio
3 [C] (acto de bailar) pieza (de baile) • **may I have the next dance?** ¿me concede esta pieza? • **dance craze** baile de moda • **dance move** movimiento de baile • **dance step** paso de baile
4 [C] (composición) pieza, baile
5 [U] (arte) baile, danza: *modern dance* danza moderna
▶ **a SONG and dance about sth**

dance² S1 W2 v
1 [I] bailar • [+**with**]: *The bride danced with her father.* La novia bailó con su padre. • [+**to**]: *Everyone danced to the music.* Todos bailaban al ritmo de la música. • **go dancing** ir a bailar
2 [T] bailar • **dance the waltz/tango** bailar el vals/tango
3 [I,T] bailar (profesionalmente): *She danced with the San Francisco Ballet.* Bailó en el San Francisco Ballet.

EXPRESIONES
dance to sb's tune (peyor) bailar al son que toca alguien

danc·er /'dænsə/ s [C] bailarín -ina: *a ballet dancer* una bailarina de ballet

EXPRESIONES
be a good/bad dancer bailar bien/mal

danc·ing /'dænsɪŋ/ s [U] baile: *ballroom dancing* baile de salón • *Dancing is a lot of fun.* Bailar es muy divertido. • *dancing lessons* clases de baile

dan·de·li·on /'dændə,laɪən/ s [C] diente de león

dan·druff /'dændrəf/ s [U] caspa

dan·dy¹ /'dændi/ adj (**dandier, dandiest**) (oral) chido -a, chévere • **fine and dandy** perfecto -a, padrísimo -a

dandy² s [C] (pl **dandies**) (antic) dandy

Dane /deɪn/ s [C] danés -esa

dan·ger W2 /'deɪndʒə/ s
1 [U] (situación) peligro • **Danger!** ¡Peligro! • **in danger** en peligro • **put sth/sb in danger** poner algo/a alguien en peligro • **out of danger** fuera de peligro • **grave/serious danger** grave peligro
2 [C,U] (posibilidad) riesgo, peligro • [+(**that**)]: *There is a danger that the conflict might spread.* Existe el riesgo de que el conflicto se extienda. • **the danger of doing sth** el peligro/riesgo de hacer algo • **be in danger of sth** correr peligro de algo • **be in danger of doing sth** correr el riesgo de hacer algo
3 [C gralm pl] (cosa, persona) peligro, riesgo • **be/pose a danger to sb/sth** ser/representar un peligro para alguien/algo • **the dangers of sth** los riesgos de algo

dan·ger·ous S2 W2 /'deɪndʒərəs/ adj
1 peligroso -a: *a dangerous road* una carretera peligrosa • [+**to**]: *chemicals that are dangerous to the environment* sustancias químicas peligrosas para el medio ambiente • **it is dangerous to do sth** es peligroso hacer algo ANT **safe**
2 arriesgado -a • **play a dangerous game** jugar con fuego
3 **dangerous ground/territory** terreno peligroso • **be on dangerous ground** pisar (un) terreno peligroso ▶ **DAN-GEROUS DRIVING**

dan·ger·ous·ly /'deɪndʒərəsli/ adv peligrosamente: *We came dangerously close to losing everything.* Estuvimos a punto de perderlo todo. • **dangerously high/low** peligrosamente alto -a/bajo -a • **drive dangerously** manejar en forma temeraria • **live dangerously** vivir al límite

dan·gle /'dæŋgəl/ v [siempre + adv/prep] **(a)** [T] balancear, hacer oscilar • **dangle your feet/fingers in the water** tener los pies/las manos colgando dentro del agua • **dangle your legs over the side of sth** tener las piernas colgando al borde de algo **(b)** [I] colgar, pender • **dangle from sth** colgar de algo

EXPRESIONES
dangle sth before/in front of sb tratar de tentar a alguien con algo • **leave sb dangling** dejar a alguien en ascuas/con la intriga • **leave sth dangling** dejar algo pendiente

Dan·ish¹ /'deɪnɪʃ/ s **1** [U] danés (idioma) **2** [C] (tb **Danish pastry**) pastelito de hojaldre, pan de dulce (con fruta o pasas)

Danish² adj danés -esa

dank /dæŋk/ adj frío -a y húmedo -a ▶ ver nota en **HÚMEDO**

dank·ness /'dæŋknɪs/ s [U] frío y humedad

dap·per /'dæpə/ adj atildado -a, aliñado -a

dap·pled /'dæpəld/ adj moteado -a

dare¹ W3 /dɛr/ v
1 [I, v modal, nunca en forma continua] atreverse, animarse • **dare not** *I should call the police, but I daren't.* Debería llamar a la policía, pero no me atrevo. • **not dare** *He wanted to speak to her, but he didn't dare.* Quería hablarle, pero no se atrevía. • **dare (to) do sth** atreverse a hacer algo, animarse a hacer algo
2 [T] desafiar • **dare sb to do sth** desafiar a alguien a que haga algo • **I dare you!** ¡A que no te atreves!

EXPRESIONES
dare I say (it) (frml, oral) me atrevería a decir, sin ánimo de ofender • **don't you dare (do sth)!** (oral) ¡ni se te ocurra (hacer algo)! • **how dare you/they?** (oral) ¿cómo te atreves/se atreven? • **I dare say...** (antic, oral) me imagino (que)..., supongo (que)...

dare² s [C] reto, apuesta • **on a dare** por una apuesta

dare·dev·il¹ /'dɛr,dɛvəl/ s [C] temerario -a, arriesgado -a

daredevil² adj [solo ante s] temerario -a, arriesgado -a

dare·n't /'dɛrənt/ contrac de **dare not**

dar·ing¹ /'dɛrɪŋ/ adj **1** (plan, deporte) arriesgado -a, audaz **2** (persona) arriesgado -a, intrépido -a **3** (diseño, ropa) audaz, atrevido -a

daring² s [U] **1** (ante el peligro) audacia, intrepidez **2** (para innovar) audacia, osadía

dar·ing·ly /'dɛrɪŋli/ adv **1** con audacia, con arrojo **2** con osadía, con atrevimiento

dark¹ S1 W1 /dɑrk/ adj

1	sin luz
2	color
3	ojos, piel, pelo
4	persona
5	misterioso
6	malvado
7	momentos, periodo
8	triste

1 **SIN LUZ** oscuro -a • **it is dark** es de noche, está oscuro • **it gets dark** oscurece, se hace de noche • **go dark** oscurecerse • **pitch dark** oscuro -a como boca de lobo
2 **COLOR** oscuro -a: *dark clouds* nubes oscuras • **dark blue/green/brown** azul/verde/marrón oscuro
3 **OJOS, PIEL, PELO** oscuro -a
4 **PERSONA** moreno -a
5 **MISTERIOSO** [solo ante s] oscuro -a: *a dark secret* un oscuro secreto
6 **MALVADO** [solo ante s] oscuro -a, siniestro -a
7 **MOMENTOS, PERIODO** [solo ante s] aciago -a • **dark days** días aciagos

8 TRISTE sombrío -a, negro -a: *my darkest fears* mis peores temores

dark² *s* **1 the dark** la oscuridad • **in the dark** en la oscuridad • **the pitch dark** la oscuridad total, la más absoluta oscuridad **2** **after/before dark** después/antes del anochecer ▶ a LEAP in the dark, a SHOT in the dark
EXPRESIONES
be in the dark no saber absolutamente nada • **keep sb in the dark (about sth)** ocultarle información a alguien (sobre algo)

'Dark ,Ages *s* [pl] **the Dark Ages** la Alta Edad Media

dark·en /'dɑrkən/ *v* **1** [I,T] oscurecer(se) **2** [I,T] ensombrecer(se)
EXPRESIONES
never darken my door again! (*hum*) ¡no vuelvas a poner los pies en mi casa!

,dark 'glasses *s* [pl] gafas oscuras, anteojos oscuros

,dark 'horse *s* [C] (*coloq*) gallo tapado (en una competencia, una carrera, etc.)

dark·ly /'dɑrkli/ *adv* **1 say/stare darkly** decir con tono amenazante/echar una mirada amenazante **2** sombríamente

dark·ness W3 /'dɑrknɪs/ *s* [U]
1 oscuridad • **in darkness** a oscuras • **darkness falls** (*liter*) oscurece, cae la noche
2 color moreno, tono oscuro
3 (*liter*) el mal • **the forces/powers of darkness** las fuerzas del mal

dark·room /'dɑrkrum/ *s* [C] cuarto oscuro (en fotografía)

dar·ling¹ /'dɑrlɪŋ/ *s* [C] **1** (*oral*) mi amor, querido -a **2** encanto (de persona/mujer etc.) **3** niño -a mimado -a (de la prensa, la hinchada) • **the darling of sth** el niño mimado/la niña mimada de algo

darling² *adj* (*oral*) **1** [solo ante s] querido -a **2** mono -a, cuco -a

darn¹ /dɑrn/ *v* [T] zurcir, remendar
EXPRESIONES
darn it! (*oral*) ¡maldita sea!, ¡pucha! • **darn you/them** (*oral*) maldito seas/malditos sean • **I'll be darned** (*oral*) caray • **(I'll be/I am) darned if...** (*oral*) ni de vainas..., ni muerto -a...: *I'll be darned if I know how the animals got in.* Ni idea de cómo entraron los animales.

darn² *interj* (*oral*) maldita sea, pucha

darn³ (*tb* **darned** /dɑrnd/) *adj* [solo ante s] (*oral*) **1** maldito-a **2** verdadero -a (enfáticamente)

darn⁴ (*tb* **darned**) *adv* (*oral*) (para enfatizar) *This food is darned good.* Esta comida es súper rica. • **pretty darn good/serious** buenísimo -a/gravísimo -a

darn⁵ *s* [C] zurcido, remiendo
EXPRESIONES
I don't/she doesn't give a darn (*oral*) me/le importa un bledo/pepino, me vale madres • **not be worth a darn** (*oral*) no valer un pepino/un cacahuate

dart¹ /dɑrt/ *v* [I siempre + adv/prep] *Swallows darted across the evening sky.* Unas golondrinas cruzaron como flechas el cielo del atardecer. • **dart into/out of sth** entrar en/salir de algo como una flecha, entrar en/salir de algo disparado -a

dart² *s* **1** [C] (arma) dardo **2** [C] (para jugar) dardo **3 darts** [pl] (juego) (los) dardos **4** [sing] (movimiento) **make a dart for sth** salir disparado -a/como una flecha hacia algo **5** [C] (en costura) pinza

dart·board /'dɑrtˌbɔrd/ *s* [C] diana (para dardos)

dash¹ /dæʃ/ *v* **1** [I] correr, ir como una flecha • **dash into/out of sth** entrar corriendo en/salir corriendo de algo • **dash across sth** cruzar algo corriendo/como una flecha **2** **(a)** [T siempre + adv/prep] (*liter*) **dash sth against/onto sth** estrellar algo contra algo • **dash sth to the ground/the floor** arrojar algo al suelo **(b)** [I siempre + adv/prep] (*liter*) **dash against sth** romper contra algo (olas)

EXPRESIONES
dash sb's hopes/dreams (*liter*) acabar con las esperanzas/los sueños de alguien
dash off *v+partíc* **1 dash sth ↔ off** *I dashed off a letter of complaint.* Escribí una carta de reclamación a toda prisa. **2 dash off** irse corriendo

dash² *s* **1** [sing] **a dash of romance/glamor** un toque de romanticismo/glamor **2** [sing] chorrito (de leche, vinagre), pizca (de sal) • [+**of**]: *a dash of salt* una pizca de sal **3** [C gralm sing] **a dash for the door/freedom** una corrida a toda velocidad hacia la puerta/una huida hacia la libertad • **make a dash for the door/the exit** precipitarse hacia la puerta/la salida **4** [C] (en puntuación) raya, guión largo **5** [sing] (*antic*) carrera (de velocidad) SIN sprint **6** [C] (en Morse) raya
EXPRESIONES
cut a dash (*antic*) llamar la atención

dash·board /'dæʃbɔrd/ *s* [C] tablero (de un carro)

dash·ing /'dæʃɪŋ/ *adj* (*antic*) **1** apuesto, gallardo **2** elegante

DAT /dæt/ *s* [C] (**digital audio tape**) cinta DAT, cinta de audio digital

da·ta S2 W1 /'deɪtə, 'dætə/ *s* [pl, U]
1 (información) datos • **collect/gather data** recoger/recopilar datos • [+**on**]: *data on pesticide use* datos sobre el uso de pesticidas • **historical/statistical data** datos históricos/estadísticos • **raw data** datos en bruto • **data analysis** análisis de datos • **data collection** recolección de datos
2 (en informática) datos • **store data** almacenar datos • **data retrieval** recuperación de datos • **data storage** almacenamiento de datos

da·ta·base /'deɪtəˌbeɪs/ *s* [C] base de datos • **search a database** hacer una búsqueda en una base de datos

,data 'processing *s* [U] procesamiento de datos

date¹ S1 W2 /deɪt/ *s* [C]
1 día
2 encuentro romántico
3 persona
4 encuentro social
5 fruto
6 de un artista

1 DÍA fecha: *What's today's date?* ¿Qué fecha es hoy? • **set/fix a date (for sth)** ponerle fecha (a algo), fijar una fecha (para algo) • **at some/that date** en alguna/esa fecha, en algún/ese momento • **at a later/future date** (*frml*) en una fecha posterior/futura • **to date** hasta la fecha

2 ENCUENTRO ROMÁNTICO cita: *their second date* la segunda vez que salieron • **have a date (with sb)** salir (con alguien), tener una cita (con alguien) • **go (out) on a date (with sb)** salir (con alguien)

3 PERSONA *Who's your date tonight?* ¿Con quién sales esta noche?

4 ENCUENTRO SOCIAL **make a date** quedar en encontrarse, citarse: *We made a date for 7:30 the following day.* Quedamos en encontrarnos a las 7:30 del día siguiente. • **have a lunch/dinner date** salir a almorzar/comer

5 FRUTO dátil

6 DE UN ARTISTA actuación, presentación • **play a date** dar una actuación/presentación, presentarse ▶ a HOT date, BLIND DATE, DOUBLE DATE, OUT-OF-DATE, UP-TO-DATE

date² S2 W3 *v*
1 [T] fechar, poner la fecha a: *The letter was dated December 22, 2000.* La carta estaba fechada el 22 de diciembre de 2000.
2 **(a)** [T] salir con (en una relación sentimental) **(b)** [I] salir: *How long have Paul and Sue been dating?* ¿Cuánto hace que salen Paul y Sue?
3 [T] datar, determinar la antigüedad de
4 [I] perder vigencia, pasar de moda ▶ DATED

date back *v+partíc* **date back 200 years/five centuries** tener 200 años/cinco siglos de antigüedad • **date back to 1830** datar de/remontarse a 1830
date from sth *v+partíc* **date from 1100/the 19th century** datar del 1100/del siglo XIX

dat·ed /'deɪtɪd/ *adj* pasado -a de moda, anticuado -a
▶ ver nota en OLD-FASHIONED

'**date rape** *s* [C,U] violación cometida por alguien con quien una mujer se ha encontrado para salir

daub¹ /dɔb/ *v* [T] embadurnar, pintarrajear

daub² *s* [C] **a daub of sth** una mancha/un manchón de algo

daugh·ter S1 W1 /'dɔtər/ *s* [C] hija: *I have two daughters and a son.* Tengo dos hijas y un hijo.

'**daughter-in-law** *s* [C] (*pl* **daughters-in-law**) nuera

daunt /dɔnt, dɑnt/ *v* [T gralm en pasiva] intimidar, desalentar

daunt·ing /'dɔntɪŋ/ *adj* abrumador -a • **a daunting task** una tarea ingente/colosal • **a daunting prospect** una perspectiva desalentadora

daw·dle /'dɔdl/ *v* [I] perder el tiempo • **dawdle over sth** *I dawdled over a second cup of coffee.* Me tardé en acabar una segunda taza de café.

dawn¹ /dɔn/ *s* **1** [C,U] amanecer, alba • **at dawn** al amanecer • **dawn breaks** amanece • **at the crack of dawn** al amanecer • **from dawn to dusk** (tb **from dawn to dark**) de sol a sol **2 the dawn of sth** los albores/el amanecer de algo • **the dawn of civilization/time** los albores de la civilización/el principio de los tiempos

dawn² *v* [I] **1** (*liter*) amanecer **2** (*frml*) (hecho, realidad) *Suddenly the truth began to dawn.* De pronto, empecé a darme cuenta de la verdad. **3** (*liter*) nacer, amanecer
dawn on sb *v+partíc You're being used, or hasn't that dawned on you yet?* Te están usando, ¿o es que todavía no te has dado cuenta? • **it dawned on me that...** caí en la cuenta de que...

day S1 W1 /deɪ/ *s*

1 24 horas
2 por oposición a noche
3 tiempo de actividad
4 horas de trabajo, colegio
5 tiempo pasado
6 tiempo presente
7 momento futuro
8 vida
9 en menús

1 24 HORAS [C] día: *We spent three days in New York.* Pasamos tres días en Nueva York. • **on the day (that)** el día en que: *the day she died* el día en que murió • **for days** durante (varios) días • **the following/next day** al día siguiente • **the day before yesterday** anteayer • **the day after tomorrow** pasado mañana • **twice/$10 a day** dos veces/10 dólares al día • **every day** todos los días
2 POR OPOSICIÓN A NOCHE [C,U] día: *a warm, sunny day* un día cálido y soleado • **on a cold/rainy day** en un día frío/lluvioso • **on a day like this** (en) un día como este, (en) un día así • **during the day** de día, durante el día • **by day** de día • **time of day** momento del día, hora: *at this time of day* a esta hora ANT **night**
3 TIEMPO DE ACTIVIDAD [C gralm sing] día: *How was your day?* ¿Cómo te fue hoy? • **a bad/good day** un buen/mal día • **a long day** un día largo • **all day (long)** todo el día • **a day out** una salida, un paseo: *a day out at the zoo* una salida al zoológico
4 HORAS DE TRABAJO, COLEGIO [C gralm sing] jornada: *a ten hour day* una jornada de diez horas
5 TIEMPO PASADO [C] día: *the days before people had washing machines* la época en que la gente no tenía lavadora • **one day** un día • **the other day** el otro día • **in those days** en aquella época, en aquellos tiempos • **(in) the days of the Beatles/of computers** (en) la época de los Beatles/de los computadores • **in my day** en mis tiempos • **your childhood/student days** los días de su

infancia/su época de estudiante • **in my/her younger days** de joven • **of his/its day** de su época
6 TIEMPO PRESENTE [C] **these days** hoy (en) día • **to this day** hasta ahora/hoy • **until/up to/to the present day** hasta el día de hoy • **in this day and age** en los tiempos que corren
7 MOMENTO FUTURO [C] día • **one/some day** un/algún día • **one of these days** uno de estos días, un día de estos
8 VIDA **to end/spend your days doing sth** terminar sus días/pasarse la vida haciendo algo • **the rest of my/her days** el resto de mis/sus días
9 EN MENÚS **soup/dish of the day** sopa/plato del día
▶ **BIG day, CALL it a day, every DOG has its/his day, at the END of the day, have a FIELD DAY, have a NICE day?, NAME the day, the OLD days, the good OLD days, the PRESENT day, save sth for a RAINY day, SAVE the day**
EXPRESIONES
be all in a day's work ser gajes del oficio • **any day** (*oral*) **(a)** cualquier día de estos **(b)** con mucho (indicando preferencia): *A glass of champagne beats coffee any day.* Prefiero mil veces una copa de champaña que un café. • **back in those days** (*oral*) por aquella época • **by the day** día a día, de día en día • **day after day** día tras día • **sb's/sth's days are numbered** alguien/algo tiene los días contados • **day and night** día y noche • **day in, day out** día tras día • **sb's day will come** (*oral*) ya le llegará el día a alguien • **from day one** desde el primer momento/día • **from day to day (a)** de un día para otro, día a día (muy a menudo) **(b)** día a día, al día (sin pensar en el futuro) • **have had his/its day** ser parte del pasado • **have seen/known better days** (*coloq*) haber visto tiempos mejores • **he's 40/50 if he's a day** tiene 40/50 años como poco • **it's not my/his day** (*oral*) no es mi/su día • **it's not every day (that)...** (*coloq*) no todos los días... • **it's (just) one of those days** (*oral*) es un día de perros • **make sb's day** alegrarle el día a alguien • **make a day of it** quedarse todo el día • **not have all day** (*oral*) no tener todo el día • **be on days** hacer/tener el turno de día • **that'll be the day** (*oral*) cuando las ranas críen pelo • **take each day as it comes** (tb **take one day at a time**) vivir al día (sin pensar en el futuro) • **those were the days** qué tiempos aquellos

day·break /'deɪbreɪk/ *s* [U] amanecer, alba

'**day camp** *s* [C,U] vacaciones recreativas, campamento de verano

day·care, **day care** /'deɪkɛr/ *s* [U] servicio de atención a ancianos o enfermos en centros de día, o a niños en guarderías • **in daycare** en una guardería/en un centro de día • **daycare provider** persona o institución (pública o privada) que se ocupa del cuidado de ancianos, enfermos o niños durante algunas horas del día

'**daycare ,center** *s* [C] guardería (infantil)

day·dream¹ /'deɪdrim/ *v* [I] soñar despierto -a, fantasear • **daydream about/of doing sth** soñar/fantasear con hacer algo

daydream² *s* [C] fantasía, ensoñación

day·dream·er /'deɪˌdrimər/ *s* [C] soñador -a, fantasioso -a

Day-Glo /'deɪ ɡloʊ/ *adj* [gralm ante s] (*marca reg*) fluorescente, fosforecente

day·light /'deɪlaɪt/ *s* [U] **1** (horas diurnas) *It was daylight when we arrived.* Cuando llegamos era de día. • **in daylight** de día • **daylight hours** horas de luz **2** luz (del día) **3** el amanecer

,**daylight 'saving time** (tb ,**daylight 'savings**) *s* [U] horario de verano

,**day 'off** *s* [C] (*pl* **days off**) día libre • **take a day off** tomarse un día libre

day·time /'deɪtaɪm/ *s* [U] día (por oposición a noche) • **in/during the daytime** de día, durante el día • **daytime telephone number** (número de) teléfono de contacto durante el día • **daytime television/TV** programación diurna, programas diurnos (en la TV)

D

day-to-'day *adj* [solo ante s] **1** diario -a, cotidiano -a • **day-to-day work/life** trabajo diario/vida cotidiana **2 on a day-to-day basis** día a día

daze /deɪz/ *s* **in a daze** aturdido -a

dazed /deɪzd/ *adj* aturdido -a • **a dazed look/expression** una mirada/expresión aturdida

daz·zle¹ /'dæzəl/ *v* [T gralm en pasiva] **1** (con una luz fuerte) encandilar, deslumbrar **2** (por la belleza, el encanto) deslumbrar • **dazzle sb with sth** deslumbrar a alguien con algo

dazzle² *s* [sing, U] resplandor

daz·zling /'dæzlɪŋ/ *adj* **1** (sonrisa, belleza) deslumbrante **2** (sol, luz) deslumbrante, enceguecedor -a

DC /ˌdi 'si/ (*abrev de* **direct current**) CC, cc (corriente continua)

D.C., **DC** /ˌdi 'si/ *s* (*coloq*) (**District of Columbia**) Washington (la ciudad)

D-Day /'di deɪ/ *s* día D

DDT /ˌdi di 'ti/ *s* [U] DDT

DE *abrev escrita de* **DELAWARE**

de- /di, dɪ/ *pref* **1** (indicando acción inversa) des-, de-: *deindustrialization* desindustrialización **2** (indicando eliminación) des-, de-: *Debone the fish.* Quítele las espinas al pescado. **3** (indicando reducción) de-: *devalue* devaluar

dea·con /'dikən/ *s* [C] diácono

de·ac·ti·vate /di'æktə‚veɪt/ *v* [T] desactivar

dead¹ S1 W1 /ded/ *adj* [sin compar]

1 persona, animal, planta
2 dispositivo, aparato
3 obsoleto
4 bar, calles, época
5 para enfatizar
6 muy cansado
7 sin emoción
8 lengua

1 PERSONA, ANIMAL, PLANTA muerto -a: *dead flowers* flores secas • *My father has been dead for three years.* Mi padre murió hace tres años. • **a dead body** un cadáver • **find sb dead** encontrar a alguien muerto -a • **leave sb for dead** abandonar a alguien dándolo-la por muerto -a • **be shot dead** morir a tiros/de un disparo • **be dead and gone** haber muerto ANT **alive**
2 DISPOSITIVO, APARATO cortado -a (línea, teléfono), descargado -a (batería), gastado -a (pila): *The line's dead.* No hay línea. • **go dead** cortarse (línea, teléfono), dejar de funcionar (aparato)
3 OBSOLETO muerto -a, acabado -a • **be dead and buried** estar enterrado -a, haber pasado a la historia
4 BAR, CALLES, ÉPOCA muerto -a
5 PARA ENFATIZAR [solo ante s] **the dead center** el centro mismo • **dead silence** absoluto silencio • **a dead loss** un desastre • **come to a dead stop** parar en seco
6 MUY CANSADO [nunca ante s] (*oral*) muerto -a • **be dead on your feet** no poder tenerse en pie • **half dead** medio muerto -a
7 SIN EMOCIÓN apagado -a (ojos, mirada), inexpresivo -a (voz, tono)
8 LENGUA [gralm ante s] muerto -a ▶ **CUT sb dead**, **DIE**, **DROP dead!**, **be FLOGging a dead horse**, **be a dead GIVEAWAY**

EXPRESIONES
be dead in the water (*coloq*) haberse ido al garete • **be dead on arrival** (a) llegar/ingresar muerto -a (b) (*coloq*) no merecer ser considerado • **be dead to the world** dormir como un tronco, estar profundamente dormido -a • **I wouldn't be caught/seen dead** (*oral*) *I wouldn't been seen dead in a dress like that.* No me pondría un vestido como ése ni loca. • **over my dead body!** (*oral*) ¡por encima de mi cadáver!, ¡de ninguna manera!

dead² *adv* **1** (para enfatizar) *Stop laughing! I'm dead serious.* ¡Ya deja de reírte! Estoy hablando muy en serio. • *Everything went dead quiet.* Todo quedó en el más absoluto silencio. • **stop dead (in your tracks)** pararse en seco • **dead straight** completamente recto -a/liso -a • **be dead (set) against sth** estar absolutamente en contra de algo • **be dead set on sth/on doing sth** estar empeñado -a en algo/en hacer algo **2** (indicando precisión) **dead ahead** justo delante/enfrente • **dead on time** justo a tiempo
EXPRESIONES
have sb dead to rights tener atrapado -a/agarrado -a a alguien

dead³ /ded/ *s* **1 the dead** [usado como s pl] los muertos **2 in the dead of night** (*liter*) en plena noche • **in the dead of winter** (*liter*) en pleno invierno **3 rise/come back from the dead** resucitar de entre los muertos

dead·beat /'dedbiːt/ *s* [C] (*coloq*) **1** moroso -a **2** holgazán -ana

dead·en /'dedn/ *v* [T] amortiguar (un ruido), aliviar (el dolor)

ˌdead 'end¹ *s* [C] callejón sin salida SIN **cul-de-sac**
EXPRESIONES
come to/reach a dead end llegar a un callejón sin salida

dead end² *v* [I] terminar (calle, carretera)

ˌdead 'heat *s* [C] empate (en una carrera, una competición)

dead·line /'dedlaɪn/ *s* [C] fecha límite, plazo • [+for]: *the deadline for applications* la fecha límite para la presentación de solicitudes • **meet a deadline** cumplir con un plazo, terminar a tiempo • **miss a deadline** no cumplir con un plazo • **a tight/strict deadline** un plazo muy ajustado

dead·lock¹ /'dedlɑk/ *s* [C] punto muerto (en un proceso) • **reach a deadlock** llegar a un punto muerto • **break the deadlock** encontrar una salida a la situación

deadlock² *v* [I siempre + adv/prep] **deadlock on/over sth** no ponerse de acuerdo en algo

dead·ly¹ /'dedli/ *adj* (**deadlier**, **deadliest**) **1** mortal, letal: *a deadly poison* un veneno mortal • *deadly weapons* armas letales **2** [solo ante s] absoluto -a: *in deadly silence* en absoluto silencio **3** certero -a: *with deadly accuracy* con precisión certera

deadly² *adv* **deadly dull/boring** mortalmente aburrido -a • **be deadly serious** decirlo muy en serio, ir muy en serio

ˌdeadly 'nightshade *s* [C,U] belladona

dead·pan¹ /'dedpæn/ *adj* inexpresivo -a: *a deadpan expression* cara de palo • *deadpan humor* humor seco

deadpan² *adv* con cara de palo

deaf /def/ *adj* **(a)** sordo -a • **go deaf** quedarse sordo -a • **deaf as a post** (*coloq*) más sordo -a que una tapia, sordo -a como una tapia **(b) the deaf** [usado como s pl] los sordos ▶ **STONE DEAF, TONE-DEAF**

⚠ **the deaf** Algunas personas evitan el uso de esta expresión porque puede resultar ofensivo. En su lugar utilizan **deaf people**.

EXPRESIONES
be deaf to sth (*liter*) hacer oídos sordos a algo • **fall on deaf ears** caer en saco roto • **turn a deaf ear to sth** hacer oídos sordos a algo

deaf·en /'defən/ *v* [T gralm en pasiva] **1** ensordecer, no dejar oír **2** ensordecer, dejar sordo -a

deaf·en·ing /'defənɪŋ/ *adj* ensordecedor -a

ˌdeaf-'mute *s* [C] sordomudo -a

deaf·ness /'defnɪs/ *s* [U] sordera

deal¹ S1 W1 /dil/ *s*
1 [C] trato, acuerdo • **make/strike a deal** hacer un trato, llegar a un acuerdo • [+with]: *I'll make a deal with you.* Haré un trato contigo. • [+between]: *the deal between*

the president and Congress el acuerdo entre el presidente y el Congreso • **sign a deal** firmar un contrato • **get a good deal on sth** conseguir algo barato • **it's a deal** (*oral*) trato hecho • **a business deal** un acuerdo comercial
2 a great deal mucho • **a great deal of** mucho -a: *It took a great deal of effort.* Llevó mucho esfuerzo.
3 [C gralm sing] trato (recibido) • **a better deal** un trato mejor • **a fair deal** un trato justo • **get a raw/rough /bum deal** no recibir un trato justo
4 [sing] turno de dar/repartir (en naipes): *It's your deal, Mike.* Te toca repartir, Mike. ▶ BIG DEAL

EXPRESIONES
good deal genial

deal² S1 W1 *v* (**dealt** /dɛlt/)
1 [I,T] dar, repartir (en naipes)
2 [I,T] (*coloq*) traficar (con)

EXPRESIONES
deal a blow to sb/sth asestarle un golpe a alguien/algo
deal in sth *v+partíc* comerciar con algo (antigüedades, joyas), traficar (con) algo (drogas, armas)
deal sth ↔ out *v+partíc* **1** repartir/dar algo (naipes) **2** imponer algo (un castigo)
deal with *v+partíc* **1 deal with sb/sth** tratar con alguien/ocuparse de algo, lidiar con alguien/algo: *Don't worry, I'll deal with this.* No te preocupes, yo me ocupo de esto. SIN **handle 2 deal with sth** tratar de/sobre algo (libro, discurso) **3 deal with sb/sth** hacer tratos/ negocios con alguien/algo

deal·er W3 /'dilɚ/ *s* [C]
1 comerciante, vendedor -a • [+**in**]: *dealers in government securities* agentes colocadores de bonos del Estado • **a car dealer (a)** un vendedor/una vendedora de carros **(b)** un concesionario de carros/automóviles
2 traficante
3 jugador -a/persona que reparte (en naipes) ▶ WHEELER-DEALER

deal·er·ship /'dilɚˌʃɪp/ *s* [C] concesionario (de automóviles)

deal·ing /'dilɪŋ/ *s* **1** [U] comercio, compraventa (de productos), tráfico (de armas, drogas) **2 dealings** [pl] negocios, transacciones: *business dealings* negocios ▶ WHEELING AND DEALING

dealt /dɛlt/ pasado y participio pasado de DEAL

dean /din/ *s* [C] **1** (en la universidad) decano -a **2** deán **3** (persona con mucha experiencia) decano -a

'dean's list *s* [C] cuadro de honor (en una universidad)

dear¹ /dɪr/ *adj* **1** (en cartas) **Dear** Querido -a, Estimado -a: *Dear Rachel,...* Querida Rachel:... • *Dear Sir:...* Estimado señor:... **2** (*frml*) (amado) querido -a: *a dear friend* un amigo muy querido • **be dear to sb** *His sister was very dear to him.* Quería mucho a su hermana.

EXPRESIONES
hold on/cling on for dear life agarrarse con todas sus fuerzas • **hold sth dear** apreciar/valorar algo

dear² *s* [C] (*oral*) **1** (a un ser querido) mi amor, querido -a **2** (a alguien más joven) *Can I help you, dear?* ¿En qué te puedo ayudar, querida? **3** [C] divino -a: *Sarah's such a dear!* ¡Sarah es tan divina!

dear³ *interj* **Oh dear** (tb **Dear me** (*antic*)) ay (caray), híjole

dear·ly /'dɪrli/ *adv* **1** muchísimo • **I would dearly like...** me encantaría... **2 cost sb dearly** costarle caro a alguien • **pay dearly for sth** pagar caro algo

EXPRESIONES
dearly beloved (*oral*) queridos/amados hermanos

dearth /dɚθ/ *s* [sing] (*frml*) **a dearth of sth** una falta/ escasez de algo

death S2 W1 /dɛθ/ *s*
1 [C,U] (hecho general) muerte • **the cause of death** la causa de (la) muerte • **bleed/starve/freeze to death** morir desangrado -a/de hambre/de frío • **be beaten/ stabbed to death** morir apaleado -a/apuñalado -a • **be close to death** estar a punto de morir • **sentence sb to death** condenar a alguien a muerte • **put sb to death** ejecutar a alguien

2 [C] (caso particular) muerte • [+**from**]: *deaths from cancer* muertes por cáncer
3 (símbolo) **Death** la muerte ▶ **be the** KISS **of death**

EXPRESIONES
you'll catch your death (of cold) (*antic, oral*) te vas a pescar una pulmonía • **he/she will be the death of me!** (*antic, oral*) ¡va a acabar conmigo! • **be at death's door** estar a las puertas de la muerte • **bore/scare sb to death** (*coloq*) hacer morir a alguien de aburrimiento/susto • **do a joke/song to death** (*coloq*) repetir un chiste/una canción hasta la saciedad • **look/feel like death warmed over** (*coloq*) tener muy mal aspecto/sentirse muy mal • **be sick to death of sb/sth** estar hasta la coronilla de alguien/algo • **to the death** hasta la muerte, a muerte

death·bed /'dɛθbɛd/ *s* [sing] lecho de muerte • **on your deathbed** en el lecho de muerte

'death knell *s* [sing] presagio (de un fin, una desaparición)

death·ly¹ /'dɛθli/ *adv* **deathly pale/cold** blanco -a como el papel/terriblemente frío -a

deathly² *adj* [solo ante s] **a deathly hush/silence** un silencio sepulcral • **deathly pallor** palidez mortal

'death ˌpenalty *s* **the death penalty** la pena de muerte

'death rate *s* [C] índice de mortalidad

ˌdeath 'row *s* [U] el corredor de la muerte • **on death row** a la espera de la ejecución de la pena de muerte

'death ˌsentence *s* [C] pena de muerte

'death squad *s* [C] escuadrón de la muerte

'death toll *s* [C] número de bajas/de víctimas mortales

de·ba·cle /deɪ'bɑkəl, -'bæ-/ *s* [C] debacle

de·bar /di'bɑr/ *v* [T gralm en pasiva] (**debarred, debarring**) excluir

de·base /dɪ'beɪs/ *v* [T] (*frml*) **1** degradar, envilecer **2** degradar, humillar

de·base·ment /dɪ'beɪsmənt/ *s* [U] **1** degradación, envilecimiento **2** degradación, humillación

de·bat·a·ble /dɪ'beɪtəbəl/ *adj* discutible • **it is debatable whether...** es discutible que...

de·bate¹ W2 /dɪ'beɪt/ *s*
1 [C,U] (general) debate • [+**on/about**]: *widespread public debate about healthcare* amplio debate público sobre el servicio de salud • **a heated debate** un debate acalorado
2 [C] (particular) debate • [+**on/about**]: *a debate on legalized gambling* un debate sobre la legalización del juego

EXPRESIONES
be open/subject to debate ser discutible

debate² *v* [T] **1** debatir **2** considerar

de·bauched /dɪ'bɔʃt/ *adj* (*frml*) libertino -a, licencioso -a

de·bauch·er·y /dɪ'bɔtʃəri/ *s* [U] (*frml*) libertinaje

de·ben·ture /dɪ'bɛntʃɚ/ *s* [C] (*técn*) obligación (en finanzas)

de·bil·i·tat·ing /dɪ'bɪləˌteɪtɪŋ/ *adj* **1** debilitante, extenuante **2** perjudicial, pernicioso -a

de·bil·i·ty /dɪ'bɪləti/ *s* [C,U] (pl **debilities**) (*frml*) debilidad

deb·it¹ /'dɛbɪt/ *s* [C] **1** (*técn*) (en cuenta bancaria) débito **2** (*técn*) (en contabilidad) débito

EXPRESIONES
on the debit side entre los aspectos negativos

debit² *v* [T] (*técn*) cargar en cuenta, debitar • **debit sth from your account** cargar algo en su cuenta

'debit card *s* [C] tarjeta de débito ▶ CASH CARD, CREDIT CARD

deb·o·nair /ˌdɛbə'nɛr/ *adj* (*antic*) gallardo (hombre)

de·brief /di'brif/ *v* [T] interrogar sobre una misión, pedir un informe de

de·brief·ing /di'brifɪŋ/ *s* [C,U] interrogatorio/informe sobre una misión, puesta en común

de·bris /dɪ'briː/ s [U] **1** restos, escombros **2** desechos, basura

debt W2 /dɛt/ s
1 [C] (dinero) deuda • **run up debts** acumular deudas • **pay (off)/repay a debt** pagar/saldar una deuda **2** [U] (endeudamiento) deuda • **be in debt (to sb)** estar endeudado -a (con alguien), tener deudas (con alguien) • **be $1000/$20,000 in debt** deber 1.000/20.000 dólares • **be heavily/deeply in debt** tener fuertes deudas • **get/run into debt** endeudarse • **get out of debt** saldar todas las deudas **3** [C gralm sing] (por aprendizaje, influencia) deuda • **a debt to sb/sth** una deuda con alguien/algo ▶ **sb has paid their debt to society** (PAY)
EXPRESIONES
be in sb's debt estar en deuda con alguien • **owe a debt of gratitude/thanks to sb** tener una deuda de gratitud con alguien, estar agradecido -a a alguien

'debt col,lector s [C] cobrador -a (de deudores morosos)

debt·or /'dɛtər/ s [C] (técn) deudor -a, moroso -a

de·bug /diː'bʌɡ/ v [T] (**debugged, debugging**) **1** (técn) depurar (en informática) **2** quitar los micrófonos ocultos de

de·bunk /diː'bʌŋk/ v [T] derribar (un mito), desacreditar (una idea, una afirmación)

de·but¹ /deɪ'byuː, 'deɪbyuː/ s [C] debut (de un deportista, un artista), presentación (de un producto) • **make your debut** debutar, hacer su presentación • **his/her acting debut** su debut como actor/actriz • **debut album** álbum de debut/presentación

debut² v [I] debutar (deportista, actor), estrenarse (película, programa), presentarse (producto, álbum)

Dec. (abrev escrita de **December**) Dic.

dec·ade W3 /'dɛkeɪd/ s [C] década

dec·a·dence /'dɛkədəns/ s [U] decadencia

dec·a·dent /'dɛkədənt/ adj decadente

de·caf, decaff /'diːkæf/ s [C,U] (coloq) (café) descafeinado

de·caf·fein·at·ed /diː'kæfəˌneɪtɪd/ (tb **decaf** (coloq)) adj descafeinado -a

de·cal /'diːkæl/ s [C] calcomanía

de·camp /dɪ'kæmp/ v [I] (frml) irse, esfumarse

de·cant /dɪ'kænt/ v [T] decantar

de·cant·er /dɪ'kæntər/ s [C] licorera (de vidrio)

de·cap·i·tate /dɪ'kæpəˌteɪt/ v [T] decapitar

de·cap·i·ta·tion /dɪˌkæpə'teɪʃən/ s [U] decapitación

de·cath·lon /dɪ'kæθlɑn, -lən/ s [sing] decatlón

de·cay¹ /dɪ'keɪ/ v (**decays, decayed, decaying**) **1** [I,T] picar(se), cariar(se) (dientes), pudrir(se) (madera, comida), descomponer(se) (cadáver) **2** [I] deteriorarse (edificio, barrio)

decay² s [U] **1** putrefacción, descomposición • **tooth decay** caries **2** deterioro (de un edificio, un barrio) • **fall into decay** deteriorarse **3** decadencia (de un sistema, una sociedad) • **in decay** en decadencia

de·ceased /dɪ'siːst/ adj (frml) **(a)** difunto -a **(b) the deceased** [usado como s sing o pl] el difunto/la difunta, los difuntos

de·ceit /dɪ'siːt/ s [C,U] engaño(s)

de·ceit·ful /dɪ'siːtfəl/ adj engañoso -a (acto, práctica), falso -a (sonrisa, actitud), mentiroso -a (persona)

de·ceit·ful·ly /dɪ'siːtfəli/ adv con falsedad, con engaños

de·ceit·ful·ness /dɪ'siːtfəlnɪs/ s [U] falsedad, engaño

de·ceive /dɪ'siːv/ v [I,T] **1** (persona) engañar • **deceive sb into doing sth** engañar a alguien para que haga algo • **deceive sb about sth** engañar a alguien respecto de algo **2** (vista, tono de voz, aspecto) engañar: *Unless my eyes deceive me, that's Ed sitting over there.* Si la vista no me engaña, ese que está ahí sentado es Ed. **3 deceive yourself** engañarse

de·cel·er·ate /diː'sɛləˌreɪt/ v [I] (frml) desacelerar

De·cem·ber /dɪ'sɛmbər/ (abrev escrita **Dec.**) s [C,U] diciembre ▶ ver ejs en **APRIL**

de·cen·cy /'diːsənsi/ s [U] decencia, decoro: *a sense of decency* sentido del decoro • **common/human decency** el decoro más elemental • **have the decency to do sth** tener la decencia/el detalle de hacer algo

de·cent S3 /'diːsənt/ adj
1 (suficiente) decente: *I have a decent job now.* Ahora tengo un trabajo decente. **2** (bondadoso) decente, bueno -a: *a decent, caring man* un hombre bueno y considerado • **it is/was decent of sb to do sth** es/fue un detalle por parte de alguien hacer algo **3** (decoroso) decente • **decent people/folk** gente decente/personas decentes • **do the decent thing** hacer lo que es debido **4** [nunca ante s] (hum) (con ropa) **be decent** estar visible/presentable ANT **indecent**

de·cent·ly /'diːsəntli/ adv **1** (suficientemente) decentemente: *a decently paid job* un trabajo decentemente pagado **2** con consideración **3** (con decoro) decentemente

de·cen·tral·i·za·tion /diːˌsɛntrələ'zeɪʃən, ˌdiːsɛn-/ s [U] descentralización

de·cen·tral·ize /diː'sɛntrəˌlaɪz/ v [I,T] descentralizar(se)

de·cen·tral·ized /diː'sɛntrəˌlaɪzd/ adj descentralizado -a

de·cep·tion /dɪ'sɛpʃən/ s [C,U] engaño(s)

de·cep·tive /dɪ'sɛptɪv/ adj engañoso -a

de·cep·tive·ly /dɪ'sɛptɪvli/ adv **1** (menos de lo que parece) engañosamente: *Her voice was deceptively calm.* Su voz era engañosamente tranquila. **2** (más de lo que parece) *The house was deceptively spacious.* La casa era más amplia de lo que parecía.

dec·i·bel /'dɛsəˌbɛl, -bəl/ (abrev escrita **dB**) s [C] decibel

de·cide S1 W1 /dɪ'saɪd/ v
1 (tomar una decisión) **(a)** [T] decidir • **decide to do sth** decidir hacer algo: *They decided to sell the house.* Decidieron vender la casa. • **decide (that)** decidir que: *We decided it was too expensive.* Decidimos que era demasiado caro. • **decide who/what/whether** decidir quién/qué/si: *Have you decided what to wear?* ¿Ya decidiste qué vas a ponerte? **(b)** [I] decidir(se): *I found it hard to decide.* Me costaba decidirme. • **decide between sth** decidir entre algo • **decide against sth** decidir no hacer algo: *They decided against a big wedding.* Decidieron no celebrar una gran boda. ▶ **DECISION 2** [T] (ser decisivo en) decidir: *His second touchdown decided the game.* Su segunda anotación decidió el partido. **3** [I,T] (jur) fallar • **decide in favor of sb** fallar a favor de alguien • **decide against sb** fallar en contra de alguien
decide on sth v+partíc decidirse por algo: *Have you decided on a career yet?* ¿Te has decidido ya por alguna carrera?

de·cid·ed /dɪ'saɪdɪd/ adj [solo ante s] claro -a

de·cid·ed·ly /dɪ'saɪdɪdli/ adv decididamente

de·cid·u·ous /dɪ'sɪdʒuəs/ adj de hoja caduca, caducifolio -a

dec·i·mal¹ /'dɛsəməl/ adj decimal

decimal² (tb **,decimal 'number**) s [C] decimal

,decimal 'point s [C] coma (de los decimales) ▶ En el mundo anglosajón la parte entera se separa de los decimales con un punto: *9.5*, que se lee "nine point five".

dec·i·mate /'dɛsəˌmeɪt/ v [T gralm en pasiva] **1** diezmar **2** dañar gravemente, destruir

de·ci·pher /dɪ'saɪfər/ v [T] **1** (algo confuso o ilegible) descifrar **2** (algo en clave) descifrar

de·ci·sion S1 W1 /dɪ'sɪʒən/ s
1 [C] (elección) decisión • **make a decision** tomar una decisión • **a decision to do sth** una decisión de hacer algo: *Her decision to resign surprised everyone.* Su

decisión de renunciar sorpendió a todos. • [+**about/on**]: *decisions about the future* decisiones sobre el futuro
2 [C] fallo (de un tribunal)
3 [U] (firmeza) decisión: *We must act with decision.* Debemos actuar con decisión. ANT **indecision**
4 [U] (acción) decisión: *This is a time for decision.* Este es un momento de tomar decisiones.

de·**cision-**ˌmaking *s* [U] toma de decisiones

de·**ci·sive** /dɪˈsaɪsɪv/ *adj* **1** decisivo -a • **a decisive factor/effect** un factor/efecto decisivo **2** decidido -a • **decisive action/steps** medidas concretas/pasos concretos **3** contundente, claro -a • **a decisive victory/defeat** una victoria/derrota contundente

de·**ci·sive·ly** /dɪˈsaɪsɪvli/ *adv* **1** de manera decisiva **2** con decisión

de·**ci·sive·ness** /dɪˈsaɪsɪvnɪs/ *s* [U] **1** decisión, seguridad **2** contundencia, claridad

deck[1] S3 /dɛk/ *s* [C]
1 cubierta (de un barco) • **on deck** en cubierta • **above/below deck(s)** sobre/bajo cubierta
2 piso (de un bus, un avión), gradería, piso (de un estadio)
3 patio trasero con piso de madera
4 baraja
5 **a cassette/tape deck** una casetera ▶ CLEAR the decks, FLIGHT DECK, all HANDS on deck

EXPRESIONES
be on deck esperar turno (para batear), estar en círculo de espera

deck[2] *v* [T] (tb **deck sb/sth** ↔ **out**) **be decked (out) in/with sth** estar engalanado -a con algo

deck·chair /ˈdɛktʃer/ *s* [C] (silla) asoleadora, silla reclinable, tumbona

de·**claim** /dɪˈkleɪm/ *v* [I,T] (*escrito*) declamar

de·**clam·a·to·ry** /dɪˈklæməˌtɔri/ *adj* declamatorio -a

dec·**la·ra·tion** /ˌdɛkləˈreɪʃən/ *s* [C,U] declaración

de·**clare** W2 /dɪˈklɛr/ *v*
1 [T] (oficialmente) declarar • **declare that** declarar que • **declare sb/sth (to be) sth** declarar que alguien/algo es algo: *I declare you husband and wife.* Los declaro marido y mujer.
2 [T] declarar, manifestar • **declare that** declarar/manifestar que
3 [T] (fiscalmente) declarar: *Do you have anything to declare?* ¿Tiene algo para declarar? • **declare an interest** declararse parte interesada

EXPRESIONES
declare war (on sb/sth) declarar la guerra (a alguien/algo)
declare for *v+partíc* **1** **declare for sb/sth** (*frml*) pronunciarse a favor de algo, suscribir algo: *He was the first to declare for reform.* Fue el primero en pronunciarse a favor de una reforma. **2** **declare for sth** postularse a algo: *The president has formally declared for reelection.* El presidente anunció formalmente su candidatura para la reelección.

de·**cline**[1] W2 /dɪˈklaɪn/ *s* [C,U] descenso, disminución (en la cantidad), declive, deterioro (en la calidad) • [+**in**]: *a decline in sales* un descenso de las ventas • [+**of**]: *the decline of the steel industry* la caída de la industria del acero • **in decline** (tb **on the decline**) en descenso, en declive

decline[2] W2 *v*
1 [I] descender, disminuir: *Spending on information technology has declined.* El gasto en tecnologías de la información ha descendido.
2 (a) [T] (*frml*) declinar, rehusar • **decline an offer/invitation** declinar un ofrecimiento/una invitación • **decline to do sth** rehusarse a hacer algo **(b)** [I] rehusarse
3 [I] deteriorarse, empeorar: *The general standard of work has declined.* El nivel general del trabajo ha empeorado.

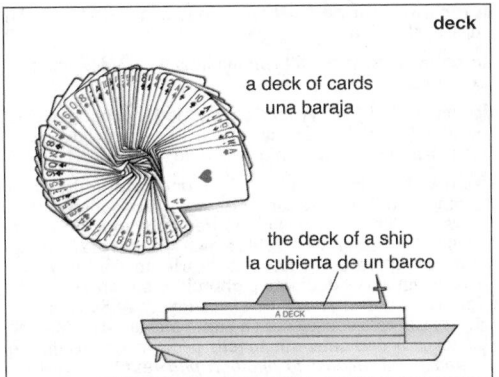
deck
a deck of cards
una baraja
the deck of a ship
la cubierta de un barco
A DECK

de·**code** /diˈkoʊd/ *v* [T] **1** descifrar (un mensaje secreto) **2** (en electrónica) de(s)codificar **3** (*técn*) (en lingüística) de(s)codificar

de·**cod·er** /diˈkoʊdɚ/ *s* [C] descodificador, decodificador

de·**com·mis·sion** /ˌdikəˈmɪʃən/ *v* [T] poner fuera de servicio, desmantelar

de·**com·pose** /ˌdikəmˈpoʊz/ *v* [I,T] descomponer(se), pudrir(se)

de·**com·po·si·tion** /ˌdikɑmpəˈzɪʃən/ *s* [U] descomposición, putrefacción

de·**con·struc·tion** /ˌdikənˈstrʌkʃən/ *s* [U] deconstrucción

de·**cor** /ˈdeɪkɔr, deɪˈkɔr/ *s* [sing, U] decoración: *the hotel's elegant decor* la elegante decoración del hotel

dec·**o·rate** /ˈdɛkəˌreɪt/ *v* [T] **1** (persona) decorar, adornar: *We decorated the Christmas tree.* Decoramos el árbol de Navidad. • **decorate sth with sth** decorar/adornar algo con algo **2** (objeto) decorar, adornar: *Children's pictures decorated the classroom walls.* Había dibujos infantiles adornando las paredes del aula. **3** condecorar • **be decorated for bravery/valor** recibir una condecoración al valor/por su valor

dec·**o·ra·tion** /ˌdɛkəˈreɪʃən/ *s* **1** [C gralm pl] adorno: *Christmas decorations* adornos navideños **2 for decoration** de adorno **3** [C] condecoración • [+**for**]: *a decoration for bravery* una condecoración al valor

dec·**o·ra·tive** /ˈdɛkərətɪv/ *adj* decorativo -a, ornamental

dec·**o·ra·tive·ly** /ˈdɛkerətɪvli/ *adv* con fines decorativos

dec·**o·ra·tor** /ˈdɛkəˌreɪtɚ/ *s* [C] decorador -a (de interiores) SIN **interior designer**

dec·**o·rous** /ˈdɛkərəs, dɪˈkɔrəs/ *adj* decoroso -a

de·**cor·um** /dɪˈkɔrəm/ *s* [U] (*frml*) decoro: *He lacks all sense of decorum.* No tiene ningún sentido del decoro.

de·**coy**[1] /ˈdikɔɪ/ *s* [C] (pl **decoys**) **1** (para engañar) señuelo **2** (para la caza) señuelo

de·**coy**[2] /dɪˈkɔɪ/ *v* [T] engañar con señuelos

de·**crease**[1] /dɪˈkris, ˈdikris/ *v* **(a)** [I] disminuir, bajar • **decrease in number/frequency** reducirse en número/frecuencia • **decrease significantly/gradually** disminuir significativamente/gradualmente SIN **go down** ANT **increase (b)** [T] reducir, disminuir SIN **reduce** ANT **increase**

de·**crease**[2] /ˈdikris, dɪˈkris/ *s* [C] descenso, disminución • [+**in**]: *a decrease in demand for new cars* un descenso en la demanda de automóviles nuevos SIN **reduction** ANT **increase**

de·**cree**[1] /dɪˈkri/ *s* [C,U] decreto • **issue a decree** promulgar un decreto • **by decree** por decreto

decree[2] *v* [T] decretar

de·**crep·it** /dɪˈkrɛpɪt/ *adj* **1** decrépito -a **2** muy deteriorado -a, en muy mal estado

D

de·crim·i·nal·i·za·tion /dɪˌkrɪmənələ'zeɪʃən/ s [U] despenalización

de·crim·i·nal·ize /dɪ'krɪmənəˌlaɪz/ v [T] despenalizar ▶ **LEGALIZE**

de·cry /dɪ'kraɪ/ v [T] (**decries, decried, decrying**) **decry sth/sb (as sth)** condenar algo/a alguien (como algo), censurar algo/a alguien (como algo)

ded·i·cate /'dɛdəˌkeɪt/ v [T] **1 dedicate yourself to (doing) sth** dedicarse/consagrarse a (hacer) algo, entregarse de lleno a (hacer) algo • **dedicate your life to sth** dedicarle/consagrarle su vida a algo SIN **devote 2 dedicate a book/a song to sb** dedicarle un libro/una canción a alguien **3 dedicate a church to sb** consagrar una iglesia a alguien: *The church is dedicated to Saint Mary.* La iglesia está consagrada a Santa María. **4** (a determinado uso) **dedicate sth to sth** dedicar algo a algo: *a magazine dedicated to photography* una revista dedicada a la fotografía SIN **devote**

ded·i·cat·ed /'dɛdəˌkeɪtɪd/ adj **1** abnegado -a, entregado -a: *a team of dedicated volunteers* un equipo de abnegados voluntarios • **dedicated to sth** entregado -a/consagrado -a a algo: *She is completely dedicated to her work.* Está totalmente entregada a su trabajo. **2** [solo ante s] exclusivo -a: *a dedicated telephone line for members* una línea telefónica exclusiva para socios

ded·i·ca·tion /ˌdɛdə'keɪʃən/ s **1** [U] dedicación, entrega • [+**to**]: *I admire his dedication to the job.* Admiro su entrega al trabajo. **2** [C] consagración **3** [C] dedicatoria

de·duce /dɪ'dus/ v [T nunca en forma continua] (*frml*) deducir (inferir) • **deduce sth from sth** deducir algo de algo SIN **infer** ▶ **DEDUCTION**

de·duct /dɪ'dʌkt/ v [T] deducir, descontar • [+**from**]: *The payments will be deducted from your salary.* Los pagos se le descontarán del sueldo. SIN **subtract** ANT **add** ▶ **DEDUCTION**

de·duct·i·ble¹ /dɪ'dʌktəbəl/ adj deducible

deductible² s [C] deducible, franquicia

de·duc·tion /dɪ'dʌkʃən/ s **1** [C, U] (inferencia) deducción **2** [C, U] (descuento) deducción

de·duc·tive /dɪ'dʌktɪv/ adj deductivo -a

deed /did/ s **1** [C,U] (*liter*) obra, acto, acción: *by word and deed* de palabra y obra • *tales of heroic deeds* historias de hazañas heroicas • **a good/an evil deed** una buena/mala obra • **my/his good deed for the day** (*hum*) mi/su buena acción del día **2** [C] (*jur*) escritura: *the deeds to the house* las escrituras de la vivienda

deem /dim/ v [T nunca en forma continua] (*frml*) considerar, estimar • **deem sth appropriate/necessary** estimar algo conveniente/necesario: *Judges are free to give whatever punishment they deem appropriate.* Los jueces tienen la libertad de imponer el castigo que estimen conveniente. SIN **consider**

deep¹ S2 W2 /dip/ adj

1 verticalmente
2 horizontalmente
3 en medidas
4 serio, grave
5 fuerte
6 sonido
7 color
8 respiración
9 sueño
10 deuda
11 conversación, pensamiento
12 persona

1 VERTICALMENTE profundo -a, hondo -a: *a deep river* un río profundo • *The cut on his arm was very deep.* Tenía una cortada muy profunda en el brazo. ANT **shallow**

2 HORIZONTALMENTE profundo -a, amplio -a SIN **shallow**

3 EN MEDIDAS **how deep is the water/are the shelves?** ¿qué profundidad tiene el agua/tienen los anaqueles? • **1 meter/3 feet deep** 1 metro/3 pies de profundidad

4 SERIO, GRAVE (depresión, recesión) profundo -a: *deep divisions* profundas diferencias

5 FUERTE [solo ante s] (decepción, fe) profundo -a, grande; (preocupación) profundo -a, hondo -a • **make/leave a deep impression on sb** causar una fuerte impresión a alguien SIN **profound**

6 SONIDO profundo -a, grave: *a deep voice* una voz profunda ANT **high**

7 COLOR [solo ante s] intenso -a, fuerte ANT **pale, light**

8 RESPIRACIÓN hondo -a, profundo -a: *a deep sigh* un hondo suspiro • **take a deep breath** respirar hondo

9 SUEÑO **deep sleep** sueño profundo • **fall into a deep sleep** caer en un sueño profundo

10 DEUDA **deep in debt** muy endeudado -a

11 CONVERSACIÓN, PENSAMIENTO profundo -a ANT **shallow**

12 PERSONA profundo -a, enigmático -a ANT **shallow** ▶ **DEPTH**

EXPRESIONES

deep in thought/conversation absorto -a en sus pensamientos/una conversación • **be in deep trouble** estar metido -a en un buen problema ▶ **THROW sb in at the deep end**

deep² W3 adv

1 [siempre + adv/prep] **deep into sth** *She pushed her stick deep into the mud.* Clavó profundamente su bastón en el barro. • **deep under/below sth** muy por debajo de algo • **deep underground** a gran profundidad bajo tierra

2 [siempre + adv/prep] **deep in/inside sth** *His house is deep inside the forest.* Su casa está en lo profundo del bosque.

3 three/five/ten deep *People were standing four deep at the bar.* Había cuatro hileras de personas en la barra. ▶ **STILL waters run deep**

EXPRESIONES

deep down en el fondo: *She knew deep down that he did not love her.* En el fondo sabía que él no la quería. • **deep into the night** hasta bien entrada la noche • **in too deep** (*coloq*) muy metido -a • **run deep** estar muy arraigado -a, ser muy profundo -a

deep³ s **the deep** (*liter*) el mar, el océano

deep·en /'dipən/ v **1** [I,T] agudizar(se), agravar(se), acentuar(se): *The crisis began to deepen.* La crisis comenzó a agudizarse. **2** (hacerse más fuerte) **(a)** [I] aumentar (respeto), fortalecerse, vínculo: *She liked Simon but did not want the relationship to deepen.* Le gustaba Simon pero no quería que la relación fuera a más. **(b)** [T] fortalecer, intensificar **3** [I,T] (misterio) aumentar **4** [I,T] (voz) hacer(se) más profundo -a **5** (río, arroyo, canal) [I,T] hacer(se) más hondo -a/profundo -a

'deep ˌfreeze s [C] **1** congelador, freezer SIN **freezer 2** muy bajas temperaturas

EXPRESIONES

in the deep freeze (a) (relaciones) congelado -a **(b)** (proyecto) congelado -a

ˌdeep-'fry v [T] freír (en mucho aceite)

deep·ly W3 /'dipli/ adv **1** profundamente, intensamente: *a deeply religious man* un hombre profundamente religioso **2** a mucha profundidad: *The seeds had been planted too deeply.* Habían plantado las semillas a demasiada profundidad. **3 breathe deeply** respirar hondo • **sigh deeply** suspirar profundamente **4 sleep deeply** dormir profundamente

ˌdeep-'rooted adj profundamente arraigado -a SIN **deep-seated**

ˌdeep-'seated adj profundamente arraigado -a

ˌdeep-'set adj hundido -a (ojos)

deer /dɪr/ s [C] (pl **deer**) ciervo ▶ **DOE, FAWN, STAG**

deer·stalk·er /ˈdɪrˌstɔkər/ s [C] gorra de cazador

de·face /dɪˈfeɪs/ v [T] pintarrajear (con pintas, etc.), afear

de·face·ment /dɪˈfeɪsmənt/ s [U] acción de pintarrajear o estropear intencionalmente

de fac·to /dɪ ˈfæktoʊ, di-/ adj, adv de facto

def·a·ma·tion /ˌdɛfəˈmeɪʃən/ s [U] (jur) difamación • **defamation of character** difamación ▶ **LIBEL**, **SLANDER**

de·fam·a·to·ry /dɪˈfæməˌtɔri/ adj difamatorio -a ▶ **SLANDEROUS**

de·fault[1] /dɪˈfɔlt/ s **1** [C,U] (jur) incumplimiento (de obligaciones financieras, etc.), mora, cesación de pagos • **be in default on sth** The company is in default on its loan agreement. La empresa no ha cumplido con las obligaciones del crédito. **2** [C] (técn) valor predeterminado • **default configuration** configuración por defecto, configuración predeterminada

EXPRESIONES
by default (a) a falta de otra alternativa, por defecto: By default, I became a writer. A falta de otra alternativa, me hice escritor. **(b) win (sth) by default** ganar (algo) por doble u (por incomparecencia del adversario)

default[2] v [I] no cumplir, no pagar • **default on sth** no cumplir las obligaciones de algo, no pagar algo

de·feat[1] /dɪˈfit/ s **1** [C,U] derrota: an election defeat una derrota electoral • **a crushing/heavy defeat** una derrota aplastante/contundente • **a narrow defeat** una derrota por un estrecho/escaso margen • **suffer a defeat** sufrir una derrota, ser derrotado -a • **concede/admit defeat** darse por vencido -a, reconocer/admitir la derrota: She was a woman who hated to admit defeat. Era una mujer que detestaba darse por vencida. **2 the defeat of sb/sth** la derrota de algo/alguien: the defeat of Napoleon's army la derrota del ejército de Napoleón

defeat[2] W3 v [T]
1 derrotar, vencer • **defeat sb by 10 points/3 runs to 1** derrotar a alguien por 10 puntos/3 carreras a 1 • **easily/narrowly defeat sb** derrotar a alguien fácilmente/por poco SIN **beat** ▶ **WIN**
2 (examen, tarea) It was the last question that defeated me. Fue la última pregunta la que me superó. • I can remember faces, but names defeat me. Soy buen fisonomista, pero no puedo con los nombres.
3 (un proyecto de ley, una propuesta) rechazar, no aprobar: Lack of money defeated their plan. Su plan fracasó por falta de dinero.

EXPRESIONES
defeat the purpose no servir de nada

de·feat·ism /dɪˈfiṭɪzəm/ s [U] derrotismo

de·feat·ist /dɪˈfiṭɪst/ s [C], adj derrotista

def·e·cate /ˈdɛfəˌkeɪt/ v [I] (frml) defecar ▶ **URINATE**

def·e·ca·tion /ˌdɛfəˈkeɪʃən/ s [U] defecación

de·fect[1] /ˈdifɛkt, dɪˈfɛkt/ s [C] **1** falla: a mechanical defect una falla mecánica • [+in]: a defect in the car's braking system una falla en el sistema de frenos del vehículo **2** defecto • **a congenital/birth defect** un defecto congénito/de nacimiento • **a genetic defect** un defecto genético • **a heart defect** un defecto cardiaco ▶ **DEFECTIVE**; ▶ ver nota en **FAULT**

de·fect[2] /dɪˈfɛkt/ v [I] desertar (de un país, una causa, etc.) • **defect from/to sth** a Soviet actor who had defected to the West un actor soviético que se había pasado a Occidente

de·fec·tion /dɪˈfɛkʃən/ s [C,U] defección, deserción

de·fec·tive /dɪˈfɛktɪv/ adj defectuoso -a SIN **faulty**

de·fec·tor /dɪˈfɛktər/ s [C] desertor -a (de un país, una causa, etc.)

de·fence /dɪˈfɛns/ s variante británica de **DEFENSE**

de·fence·less /dɪˈfɛnslɪs/ adj variante británica de **DEFENSELESS**

de·fend W2 /dɪˈfɛnd/ v
1 (de un ataque físico) [T] defender: Hundreds of soldiers

died defending the town. Cientos de soldados murieron defendiendo la ciudad. • **defend sb/sth against sth** (tb **defend sb/sth from sb/sth**) defender (a) alguien/algo de alguien/algo • **defend yourself** defenderse • **defend against sth** defenderse de/ante algo ANT **attack**
2 [T] (de una crítica) defender: She was quick to defend her husband. Enseguida salió en defensa de su marido. • **defend sb against sth** defender a alguien de/ante algo
3 [T] (derechos, intereses) reivindicar, defender: We are defending the right to demonstrate. Reivindicamos el derecho a manifestarnos.
4 [I,T] (en deportes) defender SIN **attack**
5 [I,T] (en un juicio) defender ANT **prosecute**
6 [T] (intentar volver a ganar) defender: The boxer will defend his title in New York. El boxeador defenderá su título en Nueva York.

de·fend·ant /dɪˈfɛndənt/ s [C] (jur) acusado -a ▶ **PLAINTIFF**

de·fend·er /dɪˈfɛndər/ s [C] **1** defensor -a **2** defensa (en deportes) ▶ **PUBLIC DEFENDER**

de·fense[1] W1 /dɪˈfɛns/ s

1	acción de defender(se)
2	sistema militar
3	edificio, artefacto
4	tropas, armamento
5	argumento
6	apoyo
7	argumento legal
8	abogados
9	del organismo
10	de un título en una competición

1 ACCIÓN DE DEFENDER(SE) [U] defensa: the defense of the nation la defensa de la nación • **in defense of sth** en defensa de algo • **come to sb's defense** salir en defensa de alguien ANT **attack**
2 SISTEMA MILITAR [U] defensa • **defense budget** presupuesto de defensa • **defense industry** industria armamentista/de armamentos • **defense spending** gasto en defensa
3 EDIFICIO, ARTEFACTO [C] defensa, protección • [+against]: The castle was built as a defense against invasion. El castillo se construyó como defensa frente a una invasión.
4 TROPAS, ARMAMENTO defenses [pl] fuerzas de defensa
5 ARGUMENTO [sing] defensa, alegato (en defensa): a defense of police methods un alegato en defensa de los métodos policiales ANT **attack**
6 APOYO [U] **in defense of sb/sth** en defensa de alguien/algo • **in my/his defense** en mi/su defensa • **in defense of sth** en/a favor de algo • **come/go to sb's defense** salir en defensa de alguien
7 ARGUMENTO LEGAL [C] defensa
8 ABOGADOS the defense [sing] la defensa ANT **prosecution** • **defense lawyer** (tb **defense attorney**) abogado -a defensor -a • **defense witness** testigo de la defensa
9 DEL ORGANISMO [C] defensa: the body's natural defenses las defensas naturales del organismo • [+against]: the body's main defense against infection la principal defensa del organismo frente a las infecciones
10 DE UN TÍTULO EN UNA COMPETICIÓN defensa ▶ **SELF-DEFENSE**

de·fense[2] /ˈdifɛns/ s [C] defensa (grupo de jugadores) ANT **offense**

de·fense·less /dɪˈfɛnslɪs/ adj indefenso -a

de'fense ˌmechanism s [C] mecanismo de defensa

de·fen·si·ble /dɪˈfɛnsəbəl/ adj defendible ANT **indefensible**

de·fen·sive[1] W3 /dɪˈfɛnsɪv/ adj
1 defensivo -a • **a defensive weapon/measure** un arma/una medida defensiva ANT **offensive**
2 a la defensiva: Why are you being so defensive? ¿Por qué estás tan a la defensiva? • **get defensive** ponerse a la defensiva

defensive² s be/go on the defensive estar/ponerse a la defensiva • put/force sb on the defensive hacer que alguien se ponga a la defensiva

de·fen·sive·ly /dɪˈfɛnsɪvli/ adv (poniéndose) a la defensiva

de·fen·sive·ness /dɪˈfɛnsɪvnɪs/ s [U] actitud defensiva

de·fer /dɪˈfɜ/ v [T] (deferred, deferring) posponer, prorrogar • defer sth until April/later posponer algo hasta abril/más adelante SIN postpone, put back
defer to sb/sth v+partíc someterse al criterio de alguien/algo, ceder ante alguien/algo

def·er·ence /ˈdɛfərəns/ s [U] (frml) deferencia

def·e·ren·tial /ˌdɛfəˈrɛnʃəl◄/ adj deferente

def·e·ren·tial·ly /ˌdɛfəˈrɛnʃəli/ adv deferentemente, con deferencia

de·fi·ance /dɪˈfaɪəns/ s [U] desafío • in defiance of sth desafiando algo ► DEFY

de·fi·ant /dɪˈfaɪənt/ adj desafiante

de·fi·ant·ly /dɪˈfaɪəntli/ adv de forma desafiante

de·fi·cien·cy /dɪˈfɪʃənsi/ s (pl deficiencies) 1 [C,U] (carencia) deficiencia • iron/vitamin deficiency deficiencia de hierro/vitaminas SIN shortage, lack 2 [C] (falla, defecto) deficiencia SIN weakness

de·fi·cient /dɪˈfɪʃənt/ adj deficiente • [+in]: a diet deficient in calcium una dieta deficiente en calcio

def·i·cit W2 /ˈdɛfəsɪt/ s [C] déficit (en economía) diferencia (en deportes) • a budget deficit un déficit presupuestario • a trade deficit un déficit comercial ► SHORTFALL

de·file /dɪˈfaɪl/ v [T] (frml) profanar, deshonrar, mancillar

de·fin·a·ble /dɪˈfaɪnəbəl/ adj definible

de·fine S2 W2 /dɪˈfaɪn/ v [T]
1 (describir) definir • to define sb/sth as sth definir a alguien/algo como algo • well/clearly defined bien/claramente definido -a
2 (una palabra, un concepto) definir • define sth as sth definir algo como algo
3 delimitar • clearly/sharply defined claramente/perfectamente delimitado -a ► DEFINITION

def·i·nite S3 /ˈdɛfənɪt/ adj
1 evidente, claro -a: a definite improvement una mejora evidente • She rarely gives a definite answer. Rara vez da una respuesta clara. SIN clear
2 definitivo -a, concreto -a: Is that date definite? ¿Esa fecha es definitiva? • I don't have any definite plans for the weekend. No tengo planes concretos para el fin de semana.
3 [nunca ante s] seguro -a, convencido -a • [+that]: The teacher was most definite that Max needed to see a doctor. El profesor estaba totalmente convencido de que Max necesitaba ir al médico. • [+about]: We're still not definite about our plans. Todavía no estamos seguros acerca de nuestros planes.

definite 'article s [C] artículo definido ► INDEFINITE ARTICLE; ARTICLE

def·i·nite·ly S1 W3 /ˈdɛfənɪtli/ adv [adv oracional]
1 sin duda (alguna), decididamente: The watch is definitely broken. No cabe duda de que el reloj está roto. • I definitely need a vacation. Decididamente necesito unas vacaciones. • definitely not de ninguna manera, para nada: He's definitely not married. No está casado, seguro. ► CERTAINLY, SURELY
2 (como respuesta) sin duda, totalmente de acuerdo: "I think Mark would make a good team captain, don't you?" "Definitely!" –Creo que Mark sería un buen capitán del equipo ¿no te parece? –¡Claro que sí! • definitely not desde luego que no ► OF COURSE

def·i·ni·tion S2 W3 /ˌdɛfəˈnɪʃən/ s
1 [C] (de una palabra) definición: a dictionary definition una definición de diccionario ► DEFINE
2 [U] (de una imagen, una forma) definición ► DEFINE

by definition por definición: Writing is, by definition, a lonely task. Escribir es, por definición, una tarea solitaria.

de·fin·i·tive /dɪˈfɪnətɪv/ adj 1 definitivo -a, concluyente 2 the definitive study/work el estudio definitivo/la obra definitiva

de·fin·i·tive·ly /dɪˈfɪnətɪvli/ adv de forma concluyente

de·flate /dɪˈfleɪt, di-/ v 1 [I, T] desinflar(se) 2 [T] herir (el ego), minar (la autoestima, la confianza): Martin was deflated by his brother's answer. Martin se quedó desinflado tras la contestación de su hermano.

de·fla·tion /dɪˈfleɪʃən, di-/ s [U] (técn) deflación ANT inflation

de·fla·tion·ar·y /dɪˈfleɪʃəˌnɛri, di-/ adj deflacionario -a

de·flect /dɪˈflɛkt/ v 1 [I,T] desviar(se) 2 [T] deflect attention (away) from sth desviar la atención de algo • deflect criticism acallar las críticas

de·flec·tion /dɪˈflɛkʃən/ s [C,U] desviación

de·for·es·ta·tion /diˌfɔrəˈsteɪʃən/ s [U] deforestación

de·form /dɪˈfɔrm/ v [I,T] deformar(se)

de·for·ma·tion /ˌdifɔrˈmeɪʃən/ s [C,U] deformación

de·formed /dɪˈfɔrmd/ adj deformado -a, deforme

de·form·i·ty /dɪˈfɔrməti/ s (pl deformities) 1 [C,U] (parte del cuerpo) malformación, deformidad 2 [U] (condición) malformaciones, deformidad: a drug known to cause deformity una droga que se sabe que causa malformaciones

de·fraud /dɪˈfrɔd/ v [T] estafar, defraudar • defraud sb/sth (out) of sth estafarle algo a alguien/algo, estafar a alguien en algo

de·fray /dɪˈfreɪ/ v [T] sufragar

de·frock /ˌdiˈfrɑk/ v [T] expulsar del sacerdocio

de·frost /dɪˈfrɔst/ v 1 [I, T] descongelar(se) 2 [T] desempañar

deft /dɛft/ adj 1 hábil, diestro -a 2 ágil (movimiento)

deft·ly /ˈdɛftli/ adv hábilmente, agilmente

de·funct /dɪˈfʌŋkt/ adj (frml) extinto -a, desaparecido -a

de·fuse /diˈfyuz/ v [T] 1 defuse tensions aliviar tensiones, distender el ambiente • defuse a situation reducir la tensión de una situación 2 desactivar (una bomba, un dispositivo)

de·fy /dɪˈfaɪ/ v [T] (defies, defied, defying) 1 (una orden, la ley) desafiar, incumplir ► DEFIANCE 2 (una convención) desafiar; (la tradición) romper con • defy reason/logic no ser razonable/lógico -a • defy the odds Their win over United defied the odds. Derrotaron a United contra todo pronóstico. 3 defy description/explanation ser indescriptible/inexplicable

de·gen·er·ate¹ /dɪˈdʒɛnəˌreɪt/ v [I] (frml) degenerar • degenerate into violence/chaos degenerar en violencia/en el caos

de·gen·er·ate² /dɪˈdʒɛnərɪt/ s [C], adj degenerado -a

deg·ra·da·tion /ˌdɛgrəˈdeɪʃən/ s [C,U] degradación

de·grade /dɪˈgreɪd, di-/ v [T] degradar

de·grad·ing /dɪˈgreɪdɪŋ/ adj degradante • [+to]: Pornography is degrading to women. La pornografía es degradante para las mujeres.

de·gree S1 W1 /dɪˈgri/ s
1 [C] (de temperatura) grado • 20 degrees Celsius/70 degrees Fahrenheit 20 grados centígrados/70 grados Fahrenheit
2 [C] (de un ángulo) grado: an angle of 45 degrees un ángulo de 45 grados • a 45-/90-degree angle un ángulo de 45/90 grados
3 [C,U] (de riesgo, de éxito) grado, nivel, medida • [+of]: a degree of risk cierto grado de riesgo • to a large degree en gran medida • to some/a certain degree (tb to a degree) hasta cierto punto, en cierta medida • the degree to which... el grado en el que...: the degree to

which diet influences health el grado en el que la dieta influye en la salud • **to what degree?** ¿hasta qué punto? **4** [C] grado, título universitario • [+**in**]: *a degree in history* un título en historia • **a law/physics degree** un título en derecho/física: *She graduated from USC with a history degree.* Se graduó en historia por la USC. • **have a degree** tener un título universitario • **get/gain a degree** obtener un título universitario • **a higher degree** un título superior, una carrera superior ▸ BACHELOR'S DEGREE, MASTER'S DEGREE, THIRD-DEGREE, **give sb the** THIRD DEGREE

EXPRESIONES
by degrees gradualmente

de·hu·man·ize /di'hyumə‚naɪz/ *v* [T] deshumanizar

de·hy·drate /di'haɪdreɪt/ *v* [I,T] deshidratar(se)

de·hy·drat·ed /di'haɪ‚dreɪtɪd/ *adj* deshidratado -a

de·hy·dra·tion /‚dihaɪ'dreɪʃən/ *s* [U] deshidratación

de·i·fy /'deɪə‚faɪ, 'diə-/ *v* [T] (**deifies, deified, deifying**) deificar

deign /deɪn/ *v* [T] **deign to do sth** dignarse a hacer algo

de·i·ty /'diəti, 'deɪ-/ *s* [C] (pl **deities**) (*frml*) **1** deidad **2 the Deity** la Divinidad, Dios

dé·jà vu /‚deɪʒɑ 'vu/ *s* [U] déjà vu

de·ject·ed /dɪ'dʒɛktɪd/ *adj* abatido -a, desilusionado -a

de·ject·ed·ly /dɪ'dʒɛktɪdli/ *adv* tristemente, con abatimiento

de·jec·tion /dɪ'dʒɛkʃən/ *s* [U] abatimiento

de·lay¹ W3 /dɪ'leɪ/ *v*
1 [T] retrasar, aplazar • **delay doing sth** *He delayed signing the contract.* Pospuso la firma del contrato.
2 [I,T] esperar: *We cannot delay any longer.* No podemos esperar más. • **delay doing sth** *Big companies often delay paying their bills.* Las grandes empresas con frecuencia se retrasan en los pagos.
3 [T] retrasar (un vuelo, un tren), entretener (a una persona)

delay² *s* (pl **delays**) **1** [C,U] retraso, trancón: *traffic delays* embotellamientos • **a delay in doing sth** un retraso en hacer algo • **be subject to delay** estar sujeto -a a retrasos **2** [U] demora: *There is no time for further delay.* No hay tiempo que perder. • **without delay** sin demora

de·layed /dɪ'leɪd/ *adj* [solo ante s] retrasado -a • **a delayed reaction** una reacción tardía

de·lec·ta·ble /dɪ'lɛktəbəl/ *adj* (*frml*) exquisito -a SIN **delicious**

del·e·gate¹ W3 /'dɛləgɪt/ *s* [C]
1 delegado -a • [+**to**]: *student delegates to the University Council* los delegados estudiantiles en el Consejo Universitario
2 en algunos estados de EU, representante de la cámara baja
3 en EU, representante legislativo de un territorio que tiene voz pero no voto

del·e·gate² /'dɛlə‚geɪt/ *v* **1** [I,T] delegar • **delegate sth to sb** delegar algo en alguien, delegarle algo a alguien: *She delegated some of her responsibilities to her assistant.* Le delegó algunas de sus responsabilidades a su asistente. **2** [T] **delegate sb to do sth** *I was delegated to attend the meeting.* Me enviaron como delegada a la reunión.

del·e·ga·tion /‚dɛlə'geɪʃən/ *s* **1** [C] (grupo) delegación: *a trade delegation* una delegación comercial **2** [U] (acción de delegar) delegación • [+**of**]: *the delegation of authority* la delegación de autoridad

de·lete /dɪ'lit/ *v* [T] **1** borrar, omitir: *You could delete the second paragraph.* Podrías borrar el segundo párrafo. • **delete sth from sth** borrar/omitir algo de algo **2** (en informática) borrar, suprimir

de·le·tion /dɪ'liʃən/ *s* [C,U] eliminación, supresión

del·i /'dɛli/ *s* [C] (*coloq*) charcutería, tienda de delicatessen, sección de delicatessen SIN **delicatessen**

de·lib·er·ate¹ /dɪ'lɪbrɪt, -bərɪt/ *adj* **1** deliberado -a: *I'm sorry if I offended you. It wasn't deliberate.* Perdona si te ofendí. No fue a propósito. • **a deliberate attempt/effort** un intento/esfuerzo deliberado: *a deliberate attempt to deceive people* un intento deliberado de engañar a la gente ▸ INTENTIONAL ANT **accidental, unintentional 2** pausado -a, cuidadoso -a

de·lib·e·rate² /dɪ'lɪbə‚reɪt/ *v* [I,T] deliberar • **deliberate about/on sth** deliberar sobre algo • **deliberate over who/what** deliberar sobre quién/qué

de·lib·er·ate·ly /dɪ'lɪbrɪt⁻li/ *adv* **1** a propósito, deliberadamente: *He didn't hurt her deliberately.* No le hizo daño a propósito. SIN **on purpose** ANT **accidentally 2** pausadamente, cuidadosamente

de·lib·er·a·tion /dɪ‚lɪbə'reɪʃən/ *s* **1** [U] deliberación **2 deliberations** [pl] deliberaciones **3** [U] **with deliberation** pausadamente, cuidadosamente

del·i·ca·cy /'dɛlɪkəsi/ *s* (pl **delicacies**) **1** [C] exquisitez **2** [U] delicadeza (en el trato) SIN **tact 3** [U] (dificultad) *She was well aware of the delicacy of her task.* Era consciente de lo delicado de su tarea. • *a matter of some delicacy* una cuestión bastante delicada **4** [U] fragilidad SIN **fragility**

del·i·cate /'dɛlɪkɪt/ *adj* **1** (objeto) delicado -a: *a delicate glass ornament* un delicado adorno de cristal • **delicate skin** piel delicada SIN **fragile 2** (situación, asunto) delicado -a: *delicate negotiations* delicadas negociaciones • **a delicate subject/issue** un asunto/tema delicado ▸ INDELICATE **3** (manos, rostro) delicado -a • **delicate features** rasgos delicados **4** (sabor, olor, color) delicado -a: *a delicate pink* un delicado tono rosa ANT **strong 5** (*antic*) (enfermizo) delicado -a

del·i·cate·ly /'dɛlɪkɪtli/ *adv* con delicadeza, delicadamente

del·i·ca·tes·sen /‚dɛlɪkə'tɛsən/ *s* [C] charcutería, tienda de delicatessen, sección de delicatessen SIN **deli**

de·li·cious S2 /dɪ'lɪʃəs/ *adj* delicioso -a: *The soup was absolutely delicious.* La sopa estaba absolutamente deliciosa. • **smell/taste delicious** oler/saber delicioso

de·light¹ /dɪ'laɪt/ *s* **1** [U] (sensación) gran alegría, placer • **with delight** *She smiled with delight.* Sonrió encantada. • **to my/their delight** para mi/su gran alegría: *To the delight of his parents, he has made a full recovery.* Para gran alegría de sus padres, se ha recuperado totalmente. • **take delight in doing sth** disfrutar/regodearse haciendo algo • **sheer delight** total alegría, absoluto placer **2** [C] (cosa disfrutable) placer, delicia • **the delights of sth** las delicias/el placer de algo: *the delights of rural life* las delicias de la vida en el campo • **it is/was a delight to do sth** *It was a delight to see her again.* Fue un placer volverla a ver.

delight² *v* [T] deleitar, hacer las delicias de • **delight sb with sth** deleitar a alguien con algo
delight in sth/in doing sth *v+partíc* disfrutar/regodearse con algo/haciendo algo

de·light·ed /dɪ'laɪtɪd/ *adj* encantado -a, muy contento -a: *I was delighted when they offered me the job.* Quedé encantada cuando me ofrecieron el trabajo. • **be delighted to do sth** estar encantado-a de hacer algo: *We were delighted to be back home.* Estábamos encantados de estar de vuelta en casa. • [+**(that)**]: *We're delighted that you can come.* Estamos encantados de que puedas venir. • [+**with/by/at**]: *We are delighted with the result.* Estamos encantados con el resultado. • *They were delighted by the news.* La noticia les alegró muchísimo. • *He was delighted at the birth of his son.* Estaba muy contento por el nacimiento de su hijo. • **absolutely delighted** *It's great news, and we're absolutely delighted.* Es una gran noticia, y nos alegramos muchísimo.

EXPRESIONES
I/we would be delighted me/nos encantaría: *"Could you help me?" "I'd be delighted!"* –¿Me podrías ayudar? –¡Encantado!

de·light·ful /dɪ'laɪt⁻fəl/ *adj* encantador -a SIN **charming**

de·light·ful·ly /dɪˈlaɪt⌐fəli/ adv **1** encantadoramente, deliciosamente **2** de forma encantadora

de·lin·e·ate /dɪˈlɪniˌeɪt/ v [T] (frml) delinear

de·lin·quen·cy /dɪˈlɪŋkwənsi/ s (pl **delinquencies**) **1** [U] delincuencia • **juvenile delinquency** delincuencia juvenil **2** [C] (técn) mora, deuda impaga

de·lin·quent[1] /dɪˈlɪŋkwənt/ adj **1** delincuente, delictivo -a **2** (técn) impago -a, moroso -a: *delinquent loans* créditos morosos

de·lin·quent[2] /dɪˈlɪŋkwənt/ s [C] delincuente • **a juvenile delinquent** un delincuente juvenil

de·lir·i·ous /dɪˈlɪriəs/ adj **1** delirante: *He developed a high fever and became delirious.* Le subió mucho la fiebre y empezó a delirar. **2** loco -a de contento -a • **delirious with joy/pleasure** loco -a de contento/placer

de·lir·i·ous·ly /dɪˈlɪriəsli/ adv **1** de forma delirante **2** desenfrenadamente, locamente

de·lir·i·um /dəˈlɪriəm/ s [U] **1** (trastorno) delirio, desvarío **2** (entusiasmo) delirio

de·liv·er [S2] [W2] /dɪˈlɪvər/ v

1	un paquete, la correspondencia
2	una alocución
3	lo prometido
4	atención, un servicio, un ahorro
5	un bebé
6	jurado, tribunal
7	dar
8	salvar

1 UN PAQUETE, LA CORRESPONDENCIA **(a)** [T] entregar, repartir • **deliver sth to sb** entregarle algo a alguien • **have sth delivered** hacer que se lleve/se entregue algo **(b)** [I] repartir a domicilio, hacer reparto/entrega a domicilio: *Do you deliver on Saturdays?* ¿Hacen reparto los sábados?
2 UNA ALOCUCIÓN [T] **deliver a speech/lecture** pronunciar un discurso/dar una conferencia
3 LO PROMETIDO [I,T] cumplir (con) • **deliver the goods** (coloq) hacer lo que se espera de uno • **deliver on sth** cumplir (con) algo: *Can the administration deliver on its promises?* ¿Puede cumplir el gobierno sus promesas?
4 ATENCIÓN, UN SERVICIO, UN AHORRO [T] proporcionar, brindar • **deliver sth to sb** brindarle algo a alguien
5 UN BEBÉ [T] asistir en el parto de, traer al mundo
6 JURADO, TRIBUNAL [T] **deliver a verdict/ruling** emitir un veredicto/fallo
7 DAR [T] **deliver a blow/punch** dar un golpe/un puñetazo • **deliver a shock** producir una descarga (eléctrica) • **deliver a warning** hacer una advertencia
8 SALVAR [T] **deliver sb from sth** (bíbl o liter) librar a alguien de algo

de·liv·er·y [S3] [W3] /dɪˈlɪvəri/ s (pl **deliveries**) **1** [C,U] entrega, reparto: *Please allow ten days for delivery.* El plazo de entrega es de diez días. • *There are two mail deliveries a day.* Hay dos repartos de correo diarios. • **free delivery** entrega gratuita • **make a delivery** realizar una entrega, hacer un reparto • **take delivery of sth** recibir algo • **cash on delivery** pago contra reembolso • **delivery charge** gastos de envío • **delivery man** repartidor • **delivery truck** camión de reparto • **delivery van** camioneta repartidora/de reparto **2** [C,U] parto • **delivery room** sala de partos, sala de expulsión **3** [sing] manera de hablar/actuar (en público)

del·ta /ˈdɛltə/ s [C] **1** (de un río) delta **2** (letra) delta

de·lude /dɪˈluːd/ v [T] **1** engañar • **delude sb into thinking/believing (that)** hacer pensar/creer a alguien que **2** **delude yourself** engañarse • **delude yourself into thinking/believing (that)** engañarse pensando/creyendo que

de·lud·ed /dɪˈluːdɪd/ adj **1** iluso -a, engañado -a **2** absurdo -a, descabellado -a

del·uge[1] /ˈdɛljuːdʒ/ s [C gralm sing] **1** avalancha (de quejas, cartas) **2** (liter) diluvio

del·uge[2] v [T] **1** [gralm en pasiva] • **be deluged with sth** recibir una avalancha/un alud de algo **2** (frml) inundar

de·lu·sion /dɪˈluːʒən/ s **1** [C,U] falsa ilusión, fantasía • **under the delusion (that)** en la falsa creencia de que **2** [C gralm pl, U] delirio, desvarío

EXPRESIONES
delusions of grandeur delirios de grandeza

de·luxe /dɪˈlʌks/ adj de lujo

delve /dɛlv/ v [I] **1** profundizar • **delve into sth** ahondar en algo **2** **delve into/in sth** hurgar en algo

Dem. (abrev escrita de **Democratic/Democrat**) demócrata

dem·a·gog·ic /ˌdɛməˈɡɑdʒɪk/ adj demagógico -a

dem·a·gogue /ˈdɛməˌɡɑɡ/ s [C] (peyor) demagogo -a

dem·a·gog·y /ˈdɛməˈɡɑɡi, -ˌɡɑdʒi/ (tb **dem·a·gogu·er·y** /ˈdɛməˌɡɑɡəri/) s [U] demagogia

de·mand[1] [W1] /dɪˈmænd/ s **1** [U] (de productos, servicios) demanda • [+**for**]: *demand for new cars* la demanda de carros nuevos • **be in demand** estar muy solicitado -a • **a huge/growing demand** una demanda enorme/creciente **2** [C] exigencia, demanda • **make demands** exigir, hacer demandas **3** **demands** [pl] (de una tarea, una actividad, una profesión) [+**of**]: *the demands of the job* las exigencias del trabajo • [+**on**]: *There are many demands on her time.* Está ocupadísima. • **make/place demands on sb/sth** exigirle algo a alguien/algo

EXPRESIONES
by popular demand a petición del público • **on demand** según las necesidades: *Medical care should be available on demand.* Debe disponerse de atención médica cuando sea necesaria.

demand[2] [W2] v [T] **1** (justicia, disculpas, explicaciones) exigir, reclamar • **demand (that)** exigir que: *He demanded that he be allowed to call his lawyer.* Exigió que le dejaran llamar a su abogado. • **demand to know/see** exigir saber/ver **2** preguntar enojado -a: *"What do you think you're doing?" he demanded.* –¿Qué crees que estás haciendo? –preguntó enojado. **3** (a los hijos, los empleados) **demand sth of sb** exigirle algo a alguien: *She demands a lot of her staff.* Les exige mucho a sus empleados. **4** (tiempo, atención) requerir, exigir: *His job demands a lot of his time.* Su trabajo le quita mucho tiempo.
▶ ver nota en ASK

de·mand·ing /dɪˈmændɪŋ/ adj **1** exigente, arduo -a, difícil: *a demanding job* un trabajo exigente • *a demanding role* un papel difícil • **physically/emotionally demanding** agotador -a desde el punto de vista físico/emocional **2** exigente (persona)

de·mar·cate /diˈmɑrkeɪt, ˈdiːmɑrˌkeɪt/ v [T] (frml) demarcar

de·mean /dɪˈmiːn/ v [T] **1** degradar **2** **demean yourself** rebajarse

de·mean·ing /dɪˈmiːnɪŋ/ adj degradante • [+**to**]: *comments that were demeaning to black people* comentarios degradantes sobre los negros

de·mean·or /dɪˈmiːnər/ s [sing, U] (frml) porte, manera de conducirse

de·ment·ed /dɪˈmɛntɪd/ adj loco -a, demente

de·men·tia /dɪˈmɛnʃə/ s [U] (técn) demencia

de·mer·it /dɪˈmɛrɪt/ s [C] **1** [gralm pl] demérito, desventaja **2** advertencia, sanción (en la escuela)

de·mil·i·ta·rize /diˈmɪlətəˌraɪz/ v [T gralm en pasiva] desmilitarizar

de·mise /dɪˈmaɪz/ s [sing] **1** (frml) desaparición **2** (frml o jur) fallecimiento

dem·o[1] /'dɛmoʊ/ s [C] (pl **demos**) (*coloq*) **1** (de una grabación) demo • **demo tape** demo **2** (carro) demo **3** (del uso de algo) demostración

demo[2] v [T] (*coloq*) hacer una demostración de

demo- /'dɛmə/ *pref* demo-

de·mo·bil·ize /di'moʊbə,laɪz/ v [T gralm en pasiva] desmovilizar

de·moc·ra·cy W2 /dɪ'mɑkrəsi/ s (pl **democracies**) **1** [U] (sistema) democracia **2** [C] (país) democracia: *Western democracies* las democracias occidentales **3** [U] (participación) democracia

dem·o·crat /'dɛmə,kræt/ s [C] **1** demócrata **2 Democrat** demócrata (en EU)

dem·o·crat·ic W3 /,dɛmə'krætɪk‹/ *adj* **1** (en política) democrático -a: *the nation's first democratic elections* las primeras elecciones democráticas de la nación **2 Democratic** (del partido) demócrata: *the Democratic candidate* el candidato demócrata **3** (participativo) democrático -a **4** (igualitario) democrático -a

dem·o·crat·i·cal·ly /,dɛmə'krætɪkli/ *adv* democráticamente

de·moc·ra·tize /dɪ'mɑkrə,taɪz/ v [T] democratizar

dem·o·graph·ic /,dɛmə'græfɪk‹/ *adj* demográfico -a

dem·og·ra·phy /dɪ'mɑgrəfi/ s [U] demografía

de·mol·ish /dɪ'mɑlɪʃ/ v [T] **1** demoler (un edificio) **2** destruir (en un accidente) **3** rebatir, refutar (un argumento, una teoría) **4** acabar con (las esperanzas, la confianza) **5** (*coloq*) arrollar, arrasar con (en competiciones) **6** (*coloq*) tragarse

dem·o·li·tion /,dɛmə'lɪʃən/ s [C,U] demolición

de·mon /'dimən/ s [C] **1** (espíritu) demonio **2 demons** [pl] (pensamientos) demonios **3** (*hum*) as, fiera • [+**at**]: *She's a demon at computer games.* Es buenísima con los juegos de computador.

EXPRESIONES
like a demon como un loco/una loca

de·mon·ic /dɪ'mɑnɪk/ *adj* **1** (risa, crimen) diabólico -a **2** (posesión, fuerzas) demoniaco -a

de·mon·stra·ble /dɪ'mɑnstrəbəl/ *adj* (*frml*) demostrable

dem·on·strate S3 W2 /'dɛmən,streɪt/ v **1** [T] demostrar, probar • **demonstrate (that)** demostrar que • **as sth demonstrates** como algo demuestra **2** [I,T] mostrar, hacer una demostración (de) • **demonstrate how/what** mostrar cómo/qué **3** [I] manifestarse, marchar • **demonstrate in support of/against sth** manifestarse a favor/en contra de algo

dem·on·stra·tion W3 /,dɛmən'streɪʃən/ s [C] **1** manifestación (de protesta), marcha • **a demonstration in support of/against sth** una manifestación a favor/en contra de algo • **go on a demonstration** ir a una manifestación **2** demostración (práctica) • **give a demonstration of sth** hacer una demostración de algo **3 a demonstration of sth** una demostración/una prueba de algo (de los problemas, las necesidades) **4 a demonstration of sth** una demostración/una muestra de algo (de amor, cariño)

¿demonstration, protest o rally?
demonstration es una manifestación en general: *a demonstration against the government*
Si es de protesta, también podemos usar protest:
Demonstrators staged a protest outside UN headquarters.

de·mon·stra·tive /dɪ'mɑnstrətɪv/ *adj* efusivo -a, demostrativo -a

dem·on·strat·or /'dɛmən,streɪtər/ s [C] **1** manifestante, marchante **2** demostrador -a (de productos, aparatos)

de·mor·al·i·za·tion /dɪ,mɔrələ'zeɪʃən, di-, -,mɑr-/ s [U] desmoralización

de·mor·al·ize /dɪ'mɔrə,laɪz, di-, -'mɑr-/ v [T] desmoralizar

de·mor·al·ized /dɪ'mɔrə,laɪzd, di-, -'mɑr-/ *adj* desmoralizado -a

de·mor·al·iz·ing /dɪ'mɔrə,laɪzɪŋ, di-, -'mɑr-/ *adj* desmoralizador -a, desmoralizante

de·mote /dɪ'moʊt, di-/ v [T frec en pasiva] rebajar de categoría, degradar • **demote sb to sth** rebajar a alguien a la categoría de algo

de·mo·tion /dɪ'moʊʃən, di-/ s [C,U] descenso de categoría, degradación

de·mur /dɪ'mɚ/ v [I] (**demurred, demurring**) objetar, poner objeciones

de·mure /dɪ'myʊr/ *adj* recatado -a

de·mys·ti·fy /di'mɪstə,faɪ/ v [T] (**demystifies, demystified, demystifying**) desmitificar

den /dɛn/ s [C] **1** cuarto de estar (para mirar televisión, leer, etc.) **2** refugio (construido por los niños) **3** guarida, madriguera **4** antro, guarida: *a gambling den* un antro de juego • **an opium den** un fumadero de opio **5** grupo (de Scouts, Lobatos)

EXPRESIONES
a den of iniquity un antro de perdición

de·na·tion·al·ize /di'næʃənə,laɪz/ v [T] privatizar

de·ni·al /dɪ'naɪəl/ s **1** [C] desmentido • **a firm/strong denial** un desmentido categórico **2** [U] negativa **3 the denial of sth** la denegación de algo (un derecho, una libertad, etc.) **4** [U] negación (de la realidad) • **be in denial about sth** no poder aceptar algo

den·i·grate /'dɛnɪ,greɪt/ v [T] denigrar, menospreciar

den·i·gra·tion /,dɛnɪ'greɪʃən/ s [U] menosprecio

den·im /'dɛnəm/ s **1** [U] tela de bluyin, (tela de) mezclilla **2 denims** [pl] (*antic*) bluyines, pantalones de mezclilla

den·i·zen /'dɛnəzən/ s [C] (*liter*) morador -a, habitante

Den·mark /'dɛnmɑrk/ Dinamarca

de·nom·i·na·tion /dɪ,nɑmə'neɪʃən/ s **1** [C] confesión (religiosa) **2** [C] valor, denominación (de una moneda, un billete): *coupons in denominations of $1 and $10* cupones de 1 y 10 dólares

de·nom·i·na·tion·al /dɪ,nɑmə'neɪʃənəl/ *adj* confesional

de·note /dɪ'noʊt/ v [T] (*frml*) **1** (término) denotar **2** (símbolo) representar, denotar **3** (gesto, sonido) indicar, denotar

de·noue·ment /,deɪnu'mɑnt⌐, deɪ'numɑnt⌐/ s [C] (*frml*) desenlace

de·nounce /dɪ'naʊns/ v [T] **1** condenar, censurar • **denounce sth/sb as sth** condenar algo/a alguien por algo **2** denunciar • **denounce sb to sb** denunciar a alguien a/ante alguien

dense /dɛns/ *adj* **1** tupido -a, frondoso -a (vegetación), denso -a (población, tráfico) • **dense forest/jungle** bosque espeso/selva tupida **2** denso -a, espeso -a (nubes) • **dense smoke/fog** humo denso/niebla espesa **3** (*coloq*) burro -a, duro -a (persona) **4** denso -a (sustancia)

dense·ly /'dɛnsli/ *adv* **densely populated** densamente poblado -a • **densely packed** atiborrado -a, atestado -a

den·si·ty /'dɛnsəti/ s [C,U] (pl **densities**) **1** (de población, viviendas) densidad **2** (en física) densidad

dent[1] /dɛnt/ s [C] abolladura (en metal), marca (en madera, pared) • [+**in**]: *a dent in the side of my car* una abolladura en el lado del carro

EXPRESIONES
make/put a dent in sth hacer mella en algo: *The trip made a big dent in our savings.* El viaje se comió buena parte de nuestros ahorros.

dent[2] v **1** [I,T] abollar(se) **2** [T] hacer mella en, menoscabar

den·tal /'dɛntəl/ *adj* [solo ante s] dental, odontológico -a

,dental 'floss s [U] hilo/seda dental

den·tist S3 /'dɛntɪst/ s [C]
1 dentista, odontólogo -a
2 **the dentist** (tb **the dentist's**) el dentista, el consultorio del dentista: *When did you last go to the dentist?* ¿Cuándo fue al dentista por última vez?

den·tis·try /'dɛntəstri/ s [U] odontología

den·tures /'dɛntʃəz/ s [pl] dentadura postiza

de·nude /dɪ'nud/ v [T gralm en pasiva] (*frml*) despojar

de·nun·ci·a·tion /dɪ,nʌnsi'eɪʃən/ s [C,U] 1 condena (crítica) 2 denuncia (ante la autoridad)

de·ny S3 W2 /dɪ'naɪ/ v [T] (**denies, denied, denying**)
1 (la culpabilidad, la participación) negar, rechazar: *I saw you do it, so don't try to deny it!* ¡Te vi hacerlo, así que no trates de negarlo! • **deny doing sth** negar haber hecho algo • **deny (that)** negar que: *She denied that she had lied.* Negó que hubiera mentido. • **categorically/strongly deny sth** negar/rechazar algo categóricamente
2 (las acusaciones, los rumores) negar: *She continues to deny the rumors.* Sigue desmintiendo los rumores. • **deny (that)** negar que: *I can't deny that what she said hurt me.* No puedo negar que lo que dijo me hirió.
3 [gralm en pasiva] negar (el acceso, un derecho), denegar (una solicitud, una visa) • **deny sb sth** (tb **deny sth to sb**) negarle algo a alguien
4 **deny yourself sth** privarse de algo
5 (un sentimiento, una emoción) negar
EXPRESIONES
there's no denying (that)... (*oral*) es innegable que..., no puede negarse que...

de·o·dor·ant /di'oʊdərənt/ s [C,U] desodorante

de·o·dor·ize /di'oʊdə,raɪz/ v [T] desodorizar

de·part /dɪ'pɑrt/ v [I,T] salir (de), partir (de): *The train was due to depart at 10 a.m.* El tren salía a las 10 de la mañana. • **depart from sth** salir/partir de algo • **depart for sth** partir con destino a algo
EXPRESIONES
depart this life (*frml*) fallecer, dejar de existir
depart from sth v+partíc alejarse/apartarse de algo (de las normas, la tradición)

de·part·ed /dɪ'pɑrtɪd/ adj [solo ante s] difunto -a

de·part·ment S1 W1 /dɪ'pɑrt⌐mənt/ s [C]
1 departamento (de una empresa, una facultad, una institución), ministerio, secretaría (de un gobierno), servicio, unidad (de un hospital): *the marketing department* el departamento de mercadeo • *the Justice Department* el Ministerio de Justicia
2 sección, departamento (de una tienda): *the toy department* la sección juguetes • **the men's/women's department** la sección de hombres/damas, el departamento de caballeros/damas ▶ FIRE DEPARTMENT, POLICE DEPARTMENT

de'partment ,store s [C] tienda de departamentos, tienda departamental

de·par·ture /dɪ'pɑrtʃə/ s 1 [C,U] (de un avión, un tren) salida, partida: *You should be at the airport an hour before departure.* Tiene que estar en el aeropuerto una hora antes de la salida. • **departure lounge** sala de embarque 2 [U] (de una persona) partida • [+from]: *Mozart's sudden departure from Paris* la partida repentina de Mozart de París • [+for]: *her departure for the U.S.* su partida para Estados Unidos 3 **departures** [U] salidas (en aeropuerto) 4 [C gralm sing] cambio (respecto de lo esperado, etc.): *a new departure* una novedad • [+from]: *a radical departure from the usual style* un cambio radical respecto del estilo habitual

de·pend S1 W2 /dɪ'pɛnd/ v
EXPRESIONES
it/that depends (*oral*) depende: *"Are you going to her party?" "It depends. I might have to work."* –¿Vas a ir a su fiesta? –Depende. Quizá tenga que trabajar. • **it depends what/how/whether...** depende de qué/cómo/si...

depend on (**depend upon** (*frml*)) v+partíc 1 **depend on sth** depender de algo (estar determinado): *The amount you earn depends on your experience.* El sueldo depende de su experiencia. • **depend on what/how/where** depender de qué/cómo/dónde • **depending on** según: *Prices vary depending on when you travel.* Los precios varían según la fecha de viaje. 2 **depend on sb/sth** depender de alguien/algo (necesitar): *The city depends heavily on tourism.* La ciudad depende mucho del turismo. • **depend on sb/sth for sth** depender de alguien/algo para algo • **depend on sb/sth to do sth** depender de alguien/algo para hacer algo 3 **depend on sb/sth** confiar en alguien/algo, contar con alguien/algo: *I know I can depend on you.* Sé que puedo confiar en ti.

de·pend·a·bil·i·ty /dɪ,pɛndə'bɪləti/ s [U] formalidad (de una persona), confiabilidad (de un carro)

de·pend·a·ble /dɪ'pɛndəbəl/ adj confiable, de confianza

de·pend·ence /dɪ'pɛndəns/ s [U] 1 dependencia • [+on/upon]: *the U.S.'s dependence on imported oil* la dependencia estadounidense de las importaciones de petróleo 2 dependencia, adicción

de·pend·en·cy /dɪ'pɛndənsi/ s [C,U] (pl **dependencies**) dependencia

de·pend·ent¹ /dɪ'pɛndənt/ adj 1 dependiente • **be dependent on/upon sb/sth** depender de alguien/algo • **be dependent on sb for sth** depender de alguien para algo • **be heavily dependent on sth** depender fuertemente de algo • **be emotionally dependent on sb** depender afectivamente de alguien • **dependent children** hijos a cargo 2 adicto -a • [+on]: *people who are dependent on drugs* gente que tiene dependencia de las drogas 3 **be dependent on sth** depender de algo, estar determinado -a por algo

dependent² s [C] persona a cargo: *She has no dependents.* No tiene a nadie a su cargo.

de·pict /dɪ'pɪkt/ v [T] describir, retratar (verbalmente), representar (visualmente) • **depict sth/sb as sth** describir algo/a alguien como algo

de·pic·tion /dɪ'pɪkʃən/ s [C,U] descripción, retrato

de·pil·a·to·ry /dɪ'pɪlə,tɔri/ s [C] (pl **depilatories**) (*frml*) depilatorio

de·plete /dɪ'plit/ v [T gralm en pasiva] mermar, reducir

de·ple·tion /dɪ'pliʃən/ s [U] merma, reducción

de·plor·a·ble /dɪ'plɔrəbəl/ adj (*frml*) deplorable, lamentable

de·plor·a·bly /dɪ'plɔrəbli/ adv deplorablemente, vergonzosamente

de·plore /dɪ'plɔr/ v [T] (*frml*) deplorar, condenar

de·ploy /dɪ'plɔɪ/ v (**deploys, deployed, deploying**) 1 [T gralm en pasiva] desplegar (tropas, armas) 2 [T] utilizar (equipos, recursos)

de·ploy·ment /dɪ'plɔɪmənt/ s 1 [C,U] despliegue (de tropas, armas) 2 [U] utilización (de recursos, equipos)

de·pop·u·late /di'pɑpyə,leɪt/ v [T gralm en pasiva] despoblar

de·port /dɪ'pɔrt/ v [T] 1 deportar 2 **deport yourself** (*frml*) conducirse, comportarse

de·por·ta·tion /,dipɔr'teɪʃən/ s [C,U] deportación • [+to]: *He faced deportation to India.* Se enfrentaba a la deportación a la India.

de·port·ment /dɪ'pɔrt⌐mənt/ s [U] porte

de·pose /dɪ'poʊz/ v 1 [T] derrocar, deponer 2 [T gralm en pasiva] (*jur*) declarar, deponer

de·pos·it¹ S3 /dɪ'pɑzɪt/ s [C]
1 (pago) inicial, enganche • [+of]: *A deposit of 10% is required.* Se exige un pago inicial del 10%. • **put (down) a deposit on sth** entregar un depósito para algo, hacer el pago inicial de algo, pagar el enganche de algo 2 (entregado como garantía) depósito, fianza • **lose your deposit** perder el depósito/la fianza 3 (en una cuenta bancaria) depósito • **make a deposit** hacer un depósito

4 (de minerales, metales) depósito, yacimiento
5 (acumulación) depósito: *fatty deposits in the arteries* depósitos de grasa en las arterias

de·posit² S3 *v* [T]
1 [siempre + adv/prep] (*frml*) (poner) depositar • **deposit sth on/in sth** depositar algo sobre/en algo
2 (dejar sedimento) depositar • **deposit sth on/over sth** depositar algo sobre algo
3 (en cuenta bancaria) depositar • **deposit sth in/into an account** depositar algo en una cuenta

dep·o·si·tion /ˌdɛpəˈzɪʃən/ *s* **1** [U] (*técn*) sedimentación **2** [C] (*jur*) declaración (jurada) **3** [C,U] destitución

de·pos·i·tor /dɪˈpɑzɪt̮ə/ *s* [C] depositante

de·pot /ˈdipoʊ/ *s* [C] **1** almacén, depósito **2** estación (de trenes o buses) **3** depósito (militar)

de·praved /dɪˈpreɪvd/ *adj* depravado -a

de·prav·i·ty /dɪˈprævət̮i/ *s* **1** [U] depravación **2** [C] acto de depravación

dep·re·cat·ing /ˈdɛprəˌkeɪt̮ɪŋ/ *adj* (*frml*) de desaprobación

de·pre·ci·ate /dɪˈpriʃiˌeɪt/ *v* **1** [I] depreciarse (valor, propiedad), devaluarse (moneda) **2** [T] devaluar (moneda)

de·pre·ci·a·tion /dɪˌpriʃiˈeɪʃən/ *s* [U] depreciación, devaluación

de·pre·cia·to·ry /dɪˈpriʃəˌtɔri/ *adj* (*frml*) despreciativo -a, muy crítico -a

de·press /dɪˈprɛs/ *v* [T] **1** (a una persona) deprimir • **it depresses me/him** me/le deprime **2** (*frml*) presionar (un pedal, la palanca), pulsar (un botón) **3** (la economía) deprimir **4** hacer bajar (los precios, las acciones)

de·pressed /dɪˈprɛst/ *adj* **1** (triste) deprimido -a • [+**about/over**]: *She felt depressed about the divorce.* Estaba deprimida por lo del divorcio. • **get/become depressed** deprimirse **2** (clínicamente) deprimido -a **3** (económicamente) deprimido -a

de·press·ing /dɪˈprɛsɪŋ/ *adj* deprimente

de·press·ing·ly /dɪˈprɛsɪŋli/ *adv* deprimentemente: *depressingly poor results* resultados de una deficiencia deprimente

de·pres·sion W3 /dɪˈprɛʃən/ *s*
1 [C,U] (tristeza) depresión • **deep depression** gran depresión
2 [U] (enfermedad) depresión • **suffer from depression** padecer depresión • **clinical depression** depresión clínica
3 [C,U] (en economía) depresión
4 the (Great) Depression la Gran Depresión
5 [C] (en una superficie) depresión
6 [C] (*técn*) depresión atmosférica

de·pres·sive¹ /dɪˈprɛsɪv/ *adj* depresivo -a

depressive² *s* [C] depresivo -a

dep·ri·va·tion /ˌdɛprəˈveɪʃən/ *s* **1** [C,U] privación, falta **2** [U] pobreza

de·prive /dɪˈpraɪv/ *v*
deprive sb of sth *v+partíc* privar a alguien de algo: *If the brain is deprived of oxygen, it stops working.* Si al cerebro le falta oxígeno, deja de funcionar.

de·prived /dɪˈpraɪvd/ *adj* desfavorecido -a

dept. (*abrev escrita de* **department**) dpto., depto.

depth W3 /dɛpθ/ *s*

1	de una piscina, un agujero
2	de un mueble, un cajón, un estante
3	de las emociones
4	de una situación
5	de pensamiento, conocimientos
6	océano
7	interior
8	de un equipo

1 DE UNA PISCINA, UN AGUJERO [C,U] profundidad • [+**of**]: *the depth of the pond* la profundidad del estanque

• **at a depth of 50 cm/100 m** a una profundidad de 50 cm/100 m • **be 3 feet/2 meters in depth** tener 3 pies/2 metros de profundidad
2 DE UN MUEBLE, UN CAJÓN, UN ESTANTE [C,U] profundidad • [+**of**]: *a depth of 50 centimeters* 50 centímetros de profundidad
3 DE LAS EMOCIONES **the depth of sb's feelings/despair** [U] la profundidad de los sentimientos/de la desesperación de alguien • **in the depths of despair** (*liter*) en lo más hondo de la desesperación
4 DE UNA SITUACIÓN [C,U] **the depth of the problem/crisis** la gravedad del problema/de la crisis • **the depths of recession/war** los peores momentos de la recesión/la guerra
5 DE PENSAMIENTO, CONOCIMIENTOS [U] profundidad: *The report lacks depth.* Al informe le falta profundidad. • **in (great) depth** a fondo ► IN-DEPTH
6 OCÉANO **the depths** [pl] (*liter*) las profundidades • **the depths of the ocean/sea** las profundidades del océano/mar
7 INTERIOR **the depths of the forest/earth** lo más profundo del bosque/de la tierra
8 DE UN EQUIPO [U] solvencia, solidez
EXPRESIONES
in the depths of winter en pleno invierno • **be out of your depth (a)** sentirse perdido -a, no entender nada **(b)** no hacer pie

dep·u·ta·tion /ˌdɛpyəˈteɪʃən/ *s* [C] (*frml*) delegación

dep·u·tize /ˈdɛpyəˌtaɪz/ *v* **deputize sb to do sth** comisionar a alguien para que haga algo

dep·u·ty W3 /ˈdɛpyət̮i/ *s* [C] (pl **deputies**)
1 segundo -a (asistente, sustituto) *the deputy chairman* el vicepresidente • *the deputy secretary of state* el subsecretario de estado
2 ayudante del sheriff

de·rail /dɪˈreɪl, di-/ *v* **1** [I,T gralm en pasiva] (hacer) descarrilar **2** [T] desbaratar, echar a perder

de·rail·ment /dɪˈreɪlmənt/ *s* [C,U] **1** descarrilamiento **2** desbaratamiento

de·ranged /dɪˈreɪndʒd/ *adj* trastornado -a, demente: *a deranged killer* un asesino demente

de·range·ment /dɪˈreɪndʒmənt/ *s* [U] locura, demencia

der·by /ˈdɜbi/ *s* [C] (pl **derbies**) **1 the Derby** el Derby (hípico) **2** carrera **3** sombrero (de) hongo, bombín

de·reg·u·late /diˈrɛgyəˌleɪt/ *v* [T gralm en pasiva] liberalizar, desregular

der·e·lict¹ /ˈdɛrəˌlɪkt/ *adj* [gralm ante s] abandonado -a, en ruinas: *derelict buildings in the downtown area* edificios abandonados de la zona del centro

derelict² *s* [C] (*peyor*) marginado -a

de·ride /dɪˈraɪd/ *v* [T] (*frml*) ridiculizar, mofarse de • **deride sth/sb as sth** ridiculizar algo/a alguien tildándolo -a de algo

de·ri·sion /dɪˈrɪʒən/ *s* [U] escarnio, burla

de·ri·sive /dɪˈraɪsɪv, -ˈrɪ-/ *adj* despreciativo -a, despectivo -a

de·ri·sive·ly /dɪˈraɪsɪvli, -ˈrɪ-/ *adv* burlonamente, con sorna

de·ri·so·ry /dɪˈraɪsəri/ *adj* **1** (*peyor*) irrisorio -a **2** despreciativo -a, despectivo -a

de·riv·a·tion /ˌdɛrəˈveɪʃən/ *s* **1** [C,U] origen, etimología **2** [C,U] origen, procedencia **3** [U] deducción, inferencia

de·riv·a·tive¹ /dɪˈrɪvət̮ɪv/ *s* [C] **1** derivado (sustancia) **2** derivación (cosa derivada): *Jazz is a derivative of earlier forms of music.* El jazz deriva de formas musicales anteriores.

derivative² *adj* (*peyor*) poco original

de·rive /dɪˈraɪv/ *v* [T] (*frml*) deducir, obtener
derive from *v+partíc* **1 derive sth from sth** sacar/obtener algo de algo: *Many people derive pleasure from reading.* Mucha gente disfruta con la lectura. **2 be**

derived from sth (tb **derive from sth**) derivar/proceder de algo: *The word is derived from Latin.* La palabra deriva del latín.

der·ma·ti·tis /ˌdɜːməˈtaɪtɪs/ s [U] dermatitis

der·ma·tol·o·gist /ˌdɜːməˈtɑːlədʒɪst/ s [C] dermatólogo -a

der·ma·tol·o·gy /ˌdɜːməˈtɑːlədʒi/ s [U] dermatología

de·rog·a·to·ry /dɪˈrɑːɡəˌtɔːri/ adj peyorativo -a, despectivo -a

der·rick /ˈdɛrɪk/ s [C] **1** grúa (en barcos, puertos) **2** torre de perforación

de·scend /dɪˈsɛnd/ v **1** [I,T] (*frml*) (persona, vehículo) descender • **descend to/from sth** descender a/de algo: *The elevator descended to the first floor.* El ascensor descendió al primer piso. **2** [I] (camino, río) descender: *After a mile, the road started to descend.* Después de una milla, la carretera empezó a descender. **3** [I] (*liter*) caer, sobrevenir (noche, silencio), descender (niebla) • **descend on/over sth** caer sobre algo

EXPRESIONES
in descending order en orden descendente
descend from v+partíc **1 be descended from sb** descender de alguien **2 descend from sth** proceder/provenir de algo
descend into sth v+partíc caer/sumirse en algo
descend on sth/sb v+partíc invadir algo/a alguien
descend to sth v+partíc rebajarse a algo • **descend to sb's level** rebajarse al nivel de alguien

de·scend·ant /dɪˈsɛndənt/ s [C] descendiente • **a direct descendant of sb** un descendiente directo/una descendiente directa de alguien

de·scent /dɪˈsɛnt/ s **1** [C,U] (*frml*) descenso, bajada **2** [U] **be of Russian/Italian descent** ser de ascendencia rusa/italiana **3 descent into sth** caída en algo: *her descent into drug addiction* su caída en la drogadicción **4** [C] pendiente

de·scribe S2 W1 /dɪˈskraɪb/ v [T] describir (con datos, rasgos), definir, calificar (con cualidades): *Can you describe the man?* ¿Puede describir al individuo? • *Calm is not a word I would use to describe Mary.* Yo no definiría a Mary como "tranquila" precisamente. • **describe sth/sb as sth** describir algo/a alguien como algo, calificar algo/a alguien como algo: *He described the house as compact.* Dijo que la casa era compacta. • **describe yourself as sth** definirse como algo • **describe what/how/where** describir qué/cómo/dónde

de·scrip·tion S2 W3 /dɪˈskrɪpʃən/ s **1** [C] descripción • **a detailed/full description** una descripción detallada/completa • **a brief/short description** una descripción breve • **fit/match a description of sb/sth** responder a la descripción de alguien/algo **2** [U] **be beyond description** ser indescriptible ▶ JOB DESCRIPTION

EXPRESIONES
of any description de ningún tipo • **of every description** de todo tipo • **of some description** de algún tipo

de·scrip·tive /dɪˈskrɪptɪv/ adj descriptivo -a

des·e·crate /ˈdɛsəˌkreɪt/ v [T] profanar

des·e·cra·tion /ˌdɛsəˈkreɪʃən/ s [U] profanación

de·seg·re·gate /diˈsɛɡrəˌɡeɪt/ v [T] abolir la segregación racial en

de·seg·re·gat·ed /diˈsɛɡrəˌɡeɪtɪd/ adj sin segregación racial, racialmente integrado -a

de·seg·re·ga·tion /diˌsɛɡrəˈɡeɪʃən/ s [U] abolición de la segregación racial

de·sen·si·tize /diˈsɛnsəˌtaɪz/ v [T] insensibilizar

des·ert¹ S2 W3 /ˈdɛzɚt/ s [C,U] desierto: *the Sahara Desert* el desierto del Sahara • **in the desert** en el desierto

de·sert² /dɪˈzɝt/ v **1** [T] (a una persona) abandonar: *How could she desert her children?* ¿Cómo pudo abandonar a sus hijos? **2** [I] desertar • **desert from the army** desertar del ejército **3** [T] (un sitio) abandonar

de·sert·ed /dɪˈzɝtɪd/ adj **1** desierto -a **2** (edificio, pueblo) abandonado -a **3** (persona) abandonado -a

de·sert·er /dɪˈzɝtɚ/ s [C] desertor -a

de·ser·tion /dɪˈzɝʃən/ s **1** [C,U] deserción **2** [U] (*jur*) abandono del hogar

desert 'island s [C] isla desierta

de·serve S3 W3 /dɪˈzɝv/ v [T nunca en forma continua] **1** (persona, trabajo, esfuerzo) merecer • **deserve to do sth** merecer hacer algo: *We didn't deserve to win.* No merecíamos ganar. • **fully/thoroughly deserve sth** merecer algo plenamente • **he/she got what he/she deserved** recibió su merecido • **deserve better** merecer algo mejor, merecer un mejor trato **2** (idea, asunto, propuesta) **deserve consideration/attention** merecer ser considerado -a/merecer atención **3 deserve an explanation/apology** merecer una explicación/una disculpa

EXPRESIONES
sb deserves a medal (*oral*) alguien merece que le den una medalla • **one good turn deserves another** favor con favor se paga

de·served /dɪˈzɝvd/ adj merecido -a

de·serv·ed·ly /dɪˈzɝvɪdli/ adv merecidamente

EXPRESIONES
(and) deservedly so y con razón

de·serv·ing /dɪˈzɝvɪŋ/ adj **1** [gralm ante s] necesitado -a (persona) **2 be deserving of sth** (*frml*) ser merecedor -a de algo, merecer algo

de·sign¹ S2 W2 /dɪˈzaɪn/ s **1** [C,U] (características) diseño: *The car's design has been improved.* Se ha mejorado el diseño del carro. • **in design** *The two stadiums are similar in design.* Los dos estadios tienen un diseño similar. • **design fault** falla de diseño • **design feature** característica de diseño **2** [U] (arte) diseño: *software design* diseño de software/programas de computador • **design stage** fase de diseño **3** [C] dibujo, motivo (decorativo): *a floral design* un dibujo de flores **4** [C] (dibujo, plano) diseño • [+for]: *the design for the new sports center* el diseño del nuevo polideportivo **5** [C,U] plan, propósito • **by design** a propósito, adrede ▶ GRAPHIC DESIGN INTERIOR DESIGN

EXPRESIONES
have designs on sth tener los ojos puestos en algo, tener echado el ojo a algo • **have designs on sb** tener echado el ojo a alguien

design² S2 W1 v [T]
1 diseñar • **well/badly designed** bien/mal diseñado -a • **design sth for sth** diseñar algo para algo **2** [siempre en pasiva] **be designed to do sth** estar pensado -a para hacer algo: *The exercises are designed to strengthen the muscles.* La finalidad de los ejercicios es fortalecer los músculos. • **be designed for sb** ir dirigido -a a alguien: *The class is designed for beginners.* El curso va dirigido a principiantes. • **be designed for sth** estar pensado -a para algo ▶ DESIGNER

des·ig·nate¹ /ˈdɛzɪɡˌneɪt/ v [T gralm en pasiva] **1** designar/nombrar a alguien algo • **designate sth as sth** destinar algo a algo • **be designated for sth** destinarse a algo **2 be designated (as) sth** ser declarado -a algo

des·ig·nate² /ˈdɛzɪɡnət, -neɪt/ adj [solo después de s] (*frml*) designado -a: *the Director-designate* el director designado

designated 'driver s [C] en una salida en grupo, persona que se compromete a no beber alcohol para conducir de vuelta a casa

des·ig·na·tion /ˌdɛzɪɡˈneɪʃən/ s (*frml*) **1** [U] designación, declaración • **the designation of sb as sth** la designación de alguien como algo • **the designation of sth as sth** la declaración de algo como algo **2** [C] denominación

de·sign·er¹ /dɪˈzaɪnɚ/ s [C] diseñador -a: *a jewelry designer* un diseñador de joyas ▶ **INTERIOR DESIGNER**

designer² *adj* [solo ante s] de diseño, de marca • **designer clothes/jeans** ropa de diseño/bluyines de marca • **designer label** marca exclusiva (de ropa)

de·sir·a·bil·i·ty /dɪˌzaɪrəˈbɪləti/ s [U] **1** conveniencia • **the desirability of sth** la conveniencia de algo **2** atractivo (sexual)

de·sir·a·ble /dɪˈzaɪrəbəl/ *adj* **1** (*frml*) deseable, conveniente **2** deseable, atractivo -a

de·sire¹ S3 W2 /dɪˈzaɪɚ/ s
1 [C,U] deseo • **desire to do sth** deseo de hacer algo • **desire for sth** deseo(s) de algo • **have no desire to do sth** no tener deseo alguno/ninguna gana de hacer algo • **an overwhelming/a burning desire** un deseo irresistible/ferviente
2 [U] (*frml*) deseo (sexual)

desire² W3 *v* [T nunca en forma continua]
1 (*frml*) desear • **desire to do sth** desear hacer algo • **if desired** si lo desea • **everything you could desire** todo lo que podría desear
2 (*liter*) desear (sexualmente) ▶ **LEAVE a lot to be desired**

de·sir·ous /dɪˈzaɪrəs/ *adj* [nunca ante s] (*frml*) **desirous of (doing) sth** deseoso -a de (hacer) algo

de·sist /dɪˈzɪst, dɪˈsɪst/ *v* [I] (*frml*) desistir

desk S1 W2 /dɛsk/ s [C]
1 escritorio (de despacho), pupitre (en la escuela) • **be at your desk** estar en su escritorio (trabajando)
2 mostrador (de información) • **front desk** recepción • **information desk** mostrador de información • **reception desk** (mostrador de) recepción • **check-in desk** mostrador de chequeo, mostrador de documentación
3 sección, redacción • **news/sports desk** sección de noticias/redacción de deportes

desk·top /ˈdɛsktɑp/ s **1** [C] escritorio (en informática) **2** [C] (tb **desktop computer**) computador de escritorio, computadora de escritorio **3** [C] tapa de la mesa, superficie de la mesa

desktop 'publishing (abrev **DTP**) s [U] autoedición

des·o·late¹ /ˈdɛsəlɪt/ *adj* (*liter*) **1** desolado -a, inhóspito -a **2** desolado -a, desconsolado -a

des·o·late² /ˈdɛsəˌleɪt/ *v* [T gralm en pasiva] (*liter*) **1** desolar, desconsolar **2** desolar, arrasar

des·o·la·tion /ˌdɛsəˈleɪʃən/ s [U] (*liter*) **1** desolación, carácter inhóspito **2** desolación, desconsuelo

de·spair¹ /dɪˈspɛr/ s [U] desesperación • **be in despair** estar desesperado -a • **to the despair of sb** para desesperación de alguien

despair² *v* [I] (*frml*) **1** desesperar, perder la esperanza • **despair of (doing) sth** perder la esperanza de (hacer) algo **2 despair of sb** darse por vencido -a con alguien (un hijo, un alumno)

de·spair·ing /dɪˈspɛrɪŋ/ *adj* de desesperación (mirada, grito)

de·spair·ing·ly /dɪˈspɛrɪŋli/ *adv* con desesperación

des·per·ate /ˈdɛsprɪt, -pərɪt/ *adj* **1** (sin esperanza) desesperado -a • **get desperate** (empezar a) desesperarse **2** (con urgencia) desesperado -a • **be desperate for a drink/a cigarette** morirse de ganas de tomar una copa/de fumar • **be desperate to do sth** morirse de ganas de hacer algo, estar desesperado -a por hacer algo **3** [solo ante s] (como último recurso) desesperado -a • **a desperate attempt/effort** un intento/esfuerzo desesperado • **desperate measures** medidas desesperadas **4** grave • **be in desperate need of sth** tener una necesidad urgente de algo

des·per·ate·ly /ˈdɛsprɪtli/ *adv* **1** desesperadamente **2** gravemente, extremadamente • **desperately want/need sth** querer/necesitar algo desesperadamente • **desperately poor/ill** extremadamente pobre/gravemente enfermo -a

des·per·a·tion /ˌdɛspəˈreɪʃən/ s [U] **in desperation** desesperado -a • **out of desperation** por desesperación

de·spic·a·ble /dɪˈspɪkəbəl/ *adj* despreciable

de·spic·a·bly /dɪˈspɪkəbli/ *adv* de manera despreciable

de·spise /dɪˈspaɪz/ *v* [T nunca en forma continua] despreciar

de·spite W1 /dɪˈspaɪt/ *prep* a pesar de, pese a: *Despite being rich, he's not happy.* A pesar de ser rico, no es feliz. • **despite the fact that** a pesar de que: *The trade continues despite the fact that it is illegal.* El comercio continúa a pesar de que es ilegal. SIN **in spite of**

EXPRESIONES
despite yourself a pesar suyo: *Despite herself, she started to laugh.* A pesar suyo, empezó a reírse.

de·spond·en·cy /dɪˈspɑndənsi/ s [U] desaliento, desánimo

de·spond·ent /dɪˈspɑndənt/ *adj* desalentado -a, desanimado -a

de·spond·ent·ly /dɪˈspɑndəntli/ *adv* con desaliento, con desánimo

des·pot /ˈdɛspɑt, -pət/ s [C] déspota

de·spot·ic /dɛˈspɑtɪk/ *adj* [gralm ante s] despótico -a

de·spot·i·cally /dɪˈspɑtɪkli/ *adv* despóticamente

des·pot·ism /ˈdɛspəˌtɪzəm/ s [U] despotismo

des·sert S2 /dɪˈzɚt/ s [C,U] postre • **for dessert** de postre

des·sert·spoon /dɪˈzɚtˌspun/ s [C] **1** cuchara de postre **2** cucharada (de postre)

de·sta·bi·lize /diˈsteɪbəˌlaɪz/ *v* [T] desestabilizar

des·ti·na·tion /ˌdɛstəˈneɪʃən/ s [C] (lugar de) destino • **my/her destination** mi/su destino: *Our final destination was Vancouver.* Nuestro destino final era Vancouver. • **a vacation destination** un destino de vacaciones/vacacional • **a tourist destination** un destino turístico

des·tined /ˈdɛstənd/ *adj* **1** [nunca ante s] **be destined for something** estar destinado -a a algo • **be destined to do sth** estar destinado -a a hacer algo **2 destined for sth** con destino a algo

des·ti·ny /ˈdɛstəni/ s (pl **destinies**) **1** [C gralm sing] (acontecimientos) destino • **control your own destiny** controlar su propio destino **2** [U] (fuerza desconocida) el destino

des·ti·tute /ˈdɛstəˌtut/ *adj* **1** (a) indigente • **be destitute** estar en la miseria, vivir en la indigencia (b) **the destitute** [usado como s pl] los indigentes **2 destitute of sth** (*liter*) carente de algo

des·ti·tu·tion /ˌdɛstəˈtuʃən/ s [U] indigencia, miseria

de·stroy S2 W2 /dɪˈstrɔɪ/ *v* [T]
1 destruir: *The school was destroyed by fire.* La escuela quedó destruida por el fuego. • **completely/totally destroy sth** destruir algo completamente/totalmente • **destroy sb's confidence/hope** acabar con la confianza/las esperanzas de alguien
2 acabar con, destrozar la vida a: *The scandal destroyed him.* El escándalo acabó con él.
3 sacrificar (a un animal) ▶ **DESTRUCTION**

de·stroy·er /dɪˈstrɔɪɚ/ s [C] **1** destructor (barco) **2** destructor -a (persona, factor)

de·struc·tion /dɪˈstrʌkʃən/ s [U] **1** (acción) destrucción **2** (daños) destrucción

de·struc·tive /dɪˈstrʌktɪv/ *adj* destructivo -a

de·struc·tive·ly /dɪˈstrʌktɪvli/ *adv* destructivamente

de·struc·tive·ness /dɪˈstrʌktɪvnɪs/ s [U] destructividad

des·ul·to·ry /ˈdɛsəlˌtɔri/ *adj* (*frml*) desganado -a • **in a desultory way/fashion** con desgano

Det. *adj* (**Detective**) detective

de·tach /dɪˈtætʃ/ *v* **1** [I,T] separar(se), desmontar(se): *toys with parts that detach* juguetes con piezas desmontables • **detach sth from sth** quitarle algo a algo,

detail

separar algo de algo **2 detach yourself from sb/sth** distanciarse de alguien/algo

de·tach·a·ble /dɪ'tætʃəbəl/ *adj* desmontable, de quita y pon

de·tached /dɪ'tætʃt/ *adj* **1** distante • [+**from**]: *He appeared totally detached from the effects of his crimes.* Parecía totalmente indiferente a las consecuencias de sus delitos. **2 detached house** casa que no está pegada a las casas vecinas

de·tach·ment /dɪ'tætʃmənt/ *s* **1** [U] distanciamiento, indiferencia **2** [C] destacamento

de·tail[1] S2 W2 /'diteɪl, dɪ'teɪl/ *s*
1 [C] detalle, pormenor: *I can't remember the exact details.* No recuerdo los detalles exactos. • **a minor detail** un pequeño detalle, un detalle sin importancia **2** [U] detalles: *a great deal of detail* muchos detalles • **in detail** detalladamente, en detalle • **go into detail** entrar en detalles • **attention to detail** minuciosidad, meticulosidad
3 details [pl] detalles, información detallada • [+**about**]: *She refused to give any details about what happened.* Se negó a dar detalles de lo ocurrido. • **sb's (personal) details** datos personales de alguien

detail[2] W3 *v* [T]
1 detallar: *a letter detailing her complaints* una carta en que detalla sus quejas
2 destacar (soldados) • **detail sb to do sth** destacar a alguien para hacer algo, encargarle a alguien que haga algo
3 lavar (un carro)

de·tailed /dɪ'teɪld, 'diteɪld/ *adj* detallado -a: *detailed plans* planes detallados • **a detailed description/account** una descripción detallada/un relato detallado

de·tain /dɪ'teɪn/ *v* [T] **1** detener (policía) **2** [gralm en pasiva] (*frml*) entretener, retener

de·tain·ee /di,teɪ'ni/ *s* [C] (*frml*) detenido -a: *political detainees* presos políticos

de·tect /dɪ'tekt/ *v* [T] detectar • **difficult to detect** difícil de detectar

de·tect·a·ble /dɪ'tektəbəl/ *adj* detectable, apreciable

de·tec·tion /dɪ'tekʃən/ *s* [U] detección

de·tec·tive /dɪ'tektɪv/ *s* [C] **1** investigador -a (de la policía) **2** detective (privado) • **detective agency** agencia de detectives **3 detective story/novel** relato policiaco/novela policiaca
EXPRESIONES
detective work investigaciones, pesquisas

de·tect·or /dɪ'tektər/ *s* [C] detector • **a metal detector** un detector de metales • **a smoke detector** un detector de humo ▶ LIE DETECTOR

de·tente, **détente** /deɪ'tɑnt/ *s* [sing, U] (*frml*) distensión

de·ten·tion /dɪ'tenʃən/ *s* **1** [C,U] detención, encarcelamiento • **in detention** detenido -a, en custodia **2** [C,U] **get (a) detention** (tb **be put in detention**) quedarse castigado -a después de clase

de'tention ,center *s* [C] **1** correccional (de menores) **2** centro donde se alberga a refugiados e inmigrantes ilegales mientras se tramitan sus casos

de·ter /dɪ'tər/ *v* [T] (**deterred**, **deterring**) disuadir • **deter sb from (doing) sth** disuadir a alguien de (hacer) algo

de·ter·gent /dɪ'tərdʒənt/ *s* [C,U] detergente, jabón (para la ropa), detergente (para máquinas lavavajillas)

de·te·ri·o·rate /dɪ'tɪriə,reɪt/ *v* [I] deteriorarse • **deteriorate into sth** degenerar en algo

de·te·ri·o·ra·tion /dɪ,tɪriə'reɪʃən/ *s* [U] deterioro

de·ter·mi·na·tion /dɪ,tərmə'neɪʃən/ *s* [U] determinación, resolución • **determination to do sth** empeño en hacer algo ▶ SELF-DETERMINATION

de·ter·mine S2 W1 /dɪ'tərmɪn/ *v* [T]
1 (averiguar) determinar • **determine how/what/who** determinar cómo/qué/quién • **determine that** determinar que
2 (condicionar) determinar: *Your votes will determine the outcome of the election.* Sus votos van a determinar el resultado de las elecciones. • **determine how/whether/what** determinar cómo/si/qué
3 (fijar) determinar
4 determine to do sth (*frml*) decidir hacer algo

de·ter·mined W3 /dɪ'tərmɪnd/ *adj*
1 (persona) decidido -a, resuelto -a • **determined to do sth** decidido -a a hacer algo: *She is determined to win.* Está decidida a ganar. • **determined (that)** empeñado -a en que: *She is determined that her children should have a good education.* Está empeñada en que sus hijos reciban una buena educación.
2 (acción, campaña, oposición) decidido -a, enérgico -a • **a determined attempt/effort** un decidido esfuerzo

de·ter·min·er /dɪ'tərmənər/ *s* [C] (*técn*) determinante

de·ter·rence /dɪ'tərəns/ *s* [U] disuasión

de·ter·rent[1] /dɪ'tərənt/ *s* [C] **1** elemento disuasorio • **be a deterrent to sb** ser un elemento disuasorio para alguien • **act as a deterrent** servir como elemento disuasorio **2** armamento disuasorio

deterrent[2] *adj* [solo ante s] **1** (medida, valor) disuasorio -a • **a deterrent effect** un efecto disuasorio **2** (armamento) disuasorio -a

de·test /dɪ'test/ *v* [T nunca en forma continua] (*frml*) detestar

de·test·a·ble /dɪ'testəbəl/ *adj* (*frml*) detestable

de·throne /di'θroʊn/ *v* [T] destronar

det·o·nate /'detˀn,eɪt, -tə,neɪt/ *v* [I,T] detonar

det·o·na·tion /,detˀn'eɪʃən, ,detə'neɪ-/ *s* [C,U] detonación

det·o·na·tor /'detˀn,eɪtər, -tə,neɪtər/ *s* [C] detonador

de·tour[1] /'ditʊr/ *s* [C] **1** (cambio de trayectoria) rodeo, desvío, desviación • **make/take a detour** dar un rodeo, tomar un desvío/una desviación **2** (camino provisional) desvío, desviación • **detour sign** señal de desvío

detour[2] *v* **1** [I] desviarse, dar un rodeo **2** [T] desviar (el tráfico)

de·tox[1] /'ditɑks/ *s* [U] (*coloq*) cura de desintoxicación • **in detox** en cura de desintoxicación

detox[2] *v* [I] (*coloq*) someterse a una cura de desintoxicación

de·tox·i·fi·ca·tion /di,tɑksəfə'keɪʃən/ *s* [U] desintoxicación

de·tract /dɪ'trækt/ *v*
detract from sth *v+partíc* **1** quitarle mérito a algo, desmerecer algo **2** distraer de algo, desviar la atención de algo • **detract attention from sth** desviar la atención de algo

de·trac·tor /dɪ'træktər/ *s* [C] detractor -a

det·ri·ment /'dɛtrəmənt/ s (frml) [U] detrimento, perjuicio • **to the detriment of sth** en detrimento/en perjuicio de algo • **without detriment to sth** sin perjuicio para algo

det·ri·men·tal /ˌdɛtrə'mɛntl/ adj (frml) perjudicial • **a detrimental effect (on sth)** un efecto perjudicial (sobre algo) • [+**to**]: *Smoking is detrimental to health.* Fumar es perjudicial para la salud.

det·ri·men·tal·ly /ˌdɛtrə'mɛntəli/ adv (frml) perjudicialmente, negativamente

de·val·u·a·tion /diˌvælyu'eɪʃən/ s [C,U] **1** (técn) devaluación **2** subvaloración, infravaloración

de·val·ue /di'vælyu/ v **1** [I,T] (técn) devaluar (la moneda) **2** [T] subvalorar, infravalorar

dev·as·tate /'dɛvəˌsteɪt/ v [T] **1** devastar, asolar: *A bomb has devastated the city center.* Una bomba ha devastado el centro de la ciudad. **2** [gralm en pasiva] desolar (a una persona): *She was devastated by his death.* Quedó desolada por su muerte.

dev·as·tat·ed /'dɛvəˌsteɪtɪd/ adj **1** desolado -a (persona) **2** devastado -a (país, economía)

dev·as·tat·ing /'dɛvəˌsteɪtɪŋ/ adj **1** devastador -a • **a devastating blow** un golpe demoledor • **a devastating effect/impact** un efecto/impacto devastador • **devastating results/consequences** resultados devastadores/consecuencias devastadoras **2** tremendo -a, desolador -a: *a devastating piece of news* una noticia tremenda **3** apabullante, arrollador -a **4** irresistible (sonrisa)

dev·as·ta·tion /ˌdɛvə'steɪʃən/ s [U] **1** devastación **2** desolación

de·vel·op S1 W1 /dɪ'vɛləp/ v

1	evolucionar
2	un plan, un método, un producto
3	una enfermedad, un síntoma
4	un hábito, un sentimiento
5	una falla
6	terrenos
7	fotos

1 EVOLUCIONAR [I,T] desarrollar(se): *Their relationship developed slowly.* Su relación se fue desarrollando lentamente. • *We need to develop our economy.* Necesitamos desarrollar nuestra economía. • **develop into sth** transformarse en algo: *Chicago developed into a big city in the late 1800s.* Chicago se transformó en una gran ciudad a fines del siglo XIX. • **develop from sth** desarrollarse a partir de algo: *the insects that develop from these eggs* los insectos que se desarrollan a partir de estos huevos

2 UN PLAN, UN MÉTODO, UN PRODUCTO [T] desarrollar, elaborar: *Scientists are developing new drugs to treat arthritis.* Los científicos están desarrollando nuevas drogas para tratar la artritis.

3 UNA ENFERMEDAD, UN SÍNTOMA (a) [T] contraer, empezar a presentar: *Some alcoholics develop liver disease.* Algunos alcohólicos contraen enfermedades hepáticas. **(b)** [I] presentarse, aparecer: *Spots and rashes can develop.* Pueden aparecer granos y sarpullidos.

4 UN HÁBITO, UN SENTIMIENTO [T] tomar, adquirir: *He had developed a certain affection for me.* Me había tomado cierto cariño. • **develop a taste for sth** tomarle el gusto a algo

5 UNA FALLA [T] *The plane developed engine trouble.* Surgieron problemas de motor en el avión.

6 TERRENOS [T] urbanizar

7 FOTOS [T] revelar • **get/have sth developed** llevar a revelar algo

de·vel·oped /dɪ'vɛləpt/ adj **1** [solo ante s] (país, economía) desarrollado -a • **the developed world** el mundo desarrollado **2** (sentido, cualidad) **well/highly developed** muy desarrollado -a: *a highly developed sense of smell* un sentido del olfato muy agudo

de·vel·op·er /dɪ'vɛləpɚ/ s **1** [C] empresa constructora, promotor -a inmobiliario -a **2** [C] desarrollador -a (en

informática): *software developers* desarrolladores de programas

de·vel·op·ing /dɪ'vɛləpɪŋ/ adj [solo ante s] **1** en (vías de) desarrollo • **the developing world** los países en vías de desarrollo **2** creciente, en desarrollo: *the child's developing interest in reading* el creciente interés del niño en la lectura

de·vel·op·ment S2 W1 /dɪ'vɛləpmənt/ s

1	de la persona, las cualidades
2	de una disciplina, una actividad
3	de productos, proyectos
4	en economía
5	suceso
6	en un producto, una tecnología
7	de terrenos
8	edificios
9	de una enfermedad

1 DE LA PERSONA, LAS CUALIDADES [U] desarrollo • **personal/professional development** desarrollo personal/profesional • **career development** desarrollo profesional

2 DE UNA DISCIPLINA, UNA ACTIVIDAD [U] desarrollo, evolución • [+**of**]: *the development of modern psychology* la evolución de la psicología moderna

3 DE PRODUCTOS, PROYECTOS [U] desarrollo, elaboración: *software development* desarrollo de software/programas de computador • **under/in development** en desarrollo

4 EN ECONOMÍA [U] **economic/industrial development** desarrollo económico/industrial

5 SUCESO [C gralm pl] acontecimiento, novedad: *the latest developments in the Middle East* los últimos acontecimientos en Oriente Medio

6 EN UN PRODUCTO, UNA TECNOLOGÍA [C] innovación, avance

7 DE TERRENOS [U] urbanización, desarrollo (inmobiliario): *urban development* desarrollo urbanístico • **for development** *sites suitable for development* terrenos urbanizables

8 EDIFICIOS [C] conjunto, complejo: *a new office development* un nuevo complejo de oficinas • **a housing development** un complejo residencial

9 DE UNA ENFERMEDAD [U] [+**of**]: *the development of some cancers* la aparición de algunos tipos de cáncer

de·vi·ant¹ /'diviənt/ adj desviado -a, anómalo -a

deviant² s [C] (frml) pervertido -a, persona con conducta desviada

de·vi·ate /'diviˌeɪt/ v [I] (frml) **deviate from sth** desviarse/apartarse de algo

de·vi·a·tion /ˌdivi'eɪʃən/ s [C,U] (frml) desviación, alejamiento • [+**from**]: *a deviation from the normal procedure* una desviación del procedimiento normal

de·vice S3 W2 /dɪ'vaɪs/ s [C]
1 dispositivo, artefacto
2 artefacto (explosivo) • **an explosive/an incendiary device** un artefacto explosivo/incendiario
3 recurso (literario, artístico) ▸ **LEAVE sb to their own devices**

dev·il /'dɛvəl/ s **1 the devil** (tb the Devil) el diablo **2** [C] demonio **3** [C] (coloq) diablillo -a: *the cunning devil* el muy astuto • *that little devil* ese diablillo **4 poor devil!** ¡pobre diablo! • **you lucky devil!** ¡qué suerte tienes! ▸ **DEVIL'S ADVOCATE, SELL your soul (to the devil)**

EXPRESIONES

better the devil you know (than the devil you don't) (oral) más vale malo conocido (que bueno por conocer) • **between the devil and the deep blue sea** entre la espada y la pared • **have a devil of a job/time** (antic, oral) vérselas negras • **like the devil** (antic) **(a)** muchísimo, terriblemente **(b)** a toda máquina, a toda velocidad • **speak/talk of the devil** (oral) hablando del rey de Roma • **there'll be the devil to pay** (antic, oral) se va a armar la gorda, va a arder Troya • **What/Who/Why the devil?** (antic, oral) ¿Qué/Quién/Por qué demonios?

dev·il·ish¹ /'dɛvəlɪʃ/ adj (liter) diabólico -a

devilish² adv (antic, coloq) endemoniadamente

dev·il·ish·ly /'dɛvəlɪʃli/ adv (antic) endemoniadamente

,devil-may-'care adj imprudente, temerario -a

,devil's 'advocate s [C] **play devil's advocate** hacer de abogado del diablo

de·vi·ous /'diviəs/ adj **1** artero -a, astuto -a **2** [solo ante s] (frml) tortuoso -a, sinuoso -a

de·vi·ous·ly /'diviəsli/ adv arteramente, astutamente

de·vi·ous·ness /'diviəsnɪs/ s [U] astucia

de·vise /dɪ'vaɪz/ v [T] idear, crear • **devise a system/method** idear un sistema/método

de·void /dɪ'vɔɪd/ adj (frml) **be devoid of sth** carecer de algo, estar desprovisto -a de algo

dev·o·lu·tion /,dɛvə'luʃən/ s [U] transferencia de poderes de un gobierno central a uno regional

de·volve /dɪ'vɑlv/ v [I] (frml) **devolve on/upon sb** corresponder a alguien, recaer sobre alguien

de·vote /dɪ'voʊt/ v [T]
devote to v+partíc **1 devote sth to sth** dedicar algo a algo (tiempo, atención, energías) • **devote yourself to sth** dedicarse a algo **2 devote sth to sth** destinar algo a algo (recursos, espacio)

de·vot·ed /dɪ'voʊtɪd/ adj **1** abnegado -a (madre, padre), devoto -a, fiel (marido, esposa, amigo) • **be devoted to sth/sb** sentir devoción por algo/alguien **2 be devoted to sth** estar dedicado -a a algo (museo, portada, capítulo) **3** ferviente, incondicional • **a devoted fan** un admirador/una admiradora incondicional • **a devoted following** un séquito incondicional de seguidores

de·vot·ed·ly /dɪ'voʊtɪdli/ adv abnegadamente, fielmente

dev·o·tee /,dɛvə'ti, -'teɪ, -voʊ-/ s [C] adepto -a, amante

de·vo·tion /dɪ'voʊʃən/ s **1** [U] devoción, amor incondicional • [+to]: his devotion to his wife su devoción por su esposa **2** [U] dedicación • [+to]: He has shown great devotion to the company. Ha mostrado una gran dedicación a la compañía. • **devotion to duty** sentido del deber **3** [U] devoción, fervor religioso **4 devotions** [pl] (frml) oraciones, plegarias

de·vour /dɪ'vaʊə/ v [T] **1** (un alimento, una presa) devorar **2** (un libro, una revista) devorar **3** (liter) (celos, envidia) devorar **4** consumir, agotar

de·vout /dɪ'vaʊt/ adj **1** devoto -a, piadoso -a **2** [solo ante s] (frml) ferviente, sincero -a

de·vout·ly /dɪ'vaʊtli/ adv **1** devotamente, con fervor **2** fervientemente, sinceramente

dew /du/ s [U] rocío

,dewy-'eyed adj ingenuo -a

dex·ter·i·ty /dɛk'stɛrəti/ s [U] destreza

dex·terous, dextrous /'dɛkstrəs/ adj diestro -a, hábil

di·a·be·tes /,daɪə'biţiz, -'biţɪs/ s [U] diabetes

di·a·bet·ic¹ /,daɪə'bɛţɪk‹ / adj **1** (paciente) diabético -a **2** [solo ante s] (coma, úlcera) diabético -a **3** [solo ante s] para diabéticos

diabetic² s [C] diabético -a

di·a·bol·i·cal /,daɪə'bɑlɪkəl/ (tb **di·a·bol·ic** /,daɪə'bɑlɪk/) adj diabólico -a, cruel

di·ag·nose /,daɪəg'noʊs, 'daɪəg,noʊs/ v [T] **1** diagnosticar • **she was diagnosed with tuberculosis/cancer** le diagnosticaron tuberculosis/cáncer • **he was diagnosed as diabetic/as HIV-positive** le diagnosticaron que era diabético/que tenía VIH • **he/she was diagnosed as having sth** le diagnosticaron que tenía algo **2** encontrar, detectar (una falla, un problema)

di·ag·no·sis /,daɪəg'noʊsɪs/ s (pl **diagnoses** /-siz/) **1** [C,U] (de una enfermedad) diagnóstico • **make a diagnosis** hacer un diagnóstico **2** [U] (de un problema, una falla) **the diagnosis of sth** el diagnóstico/la detección de algo

di·ag·nos·tic /,daɪəg'nɑstɪk/ adj diagnóstico -a

di·ag·o·nal¹ /daɪ'ægənəl/ adj **1** (línea) diagonal • **be diagonal** estar en diagonal **2** (franja, corte) (en) diagonal

diagonal² s [C] diagonal

di·ag·o·nal·ly /daɪ'ægənəli/ adv en diagonal, diagonalmente

di·a·gram /'daɪə,græm/ s [C] diagrama, gráfico • [+of]: a diagram of the heating system un diagrama del sistema de calefacción

di·a·gram·mat·ic /,daɪəgrə'mæţɪk‹ / adj esquemático -a, en forma de diagrama

di·al¹ 🔊 /'daɪəl/ v [I,T] marcar (un número), llamar (a)

dial² 🔊 s [C]
1 cuadrante, carátula (del reloj, el velocímetro)
2 dial, cuadrante (de la radio), botón, control (del volumen, de la temperatura)

di·a·lect 🔊 /'daɪə,lɛkt/ s [C,U] dialecto • **the local dialect** el dialecto local • **a Chinese/Indian dialect** un dialecto chino/indio • **in dialect** en dialecto

di·a·logue 🔊, dialog /'daɪə,lɔg, -,lɑg/ s [C,U]
1 (en novelas, películas) diálogo(s)
2 (conversación) diálogo

'dial tone s [C] tono de marcar, tono de discado

'dial-up adj [solo ante s] de acceso telefónico a Internet, dial-up: dial-up service servicio de acceso telefónico a Internet ► BROADBAND

'dial-up s [U] acceso telefónico a Internet, conexión dial-up

di·al·y·sis /daɪ'æləsɪs/ s [U] diálisis

di·am·e·ter /daɪ'æməţə/ s [C,U] diámetro • **3 inches/1 meter in diameter** 3 pulgadas/1 metro de diámetro

di·a·met·ri·cally /,daɪə'mɛtrɪkli/ adv **diametrically opposed/opposite** diametralmente opuesto -a

dia·mond 🔊 /'daɪmənd, 'daɪə-/ s
1 [C,U] (gema) diamante, brillante • **diamond necklace** collar de diamantes • **diamond ring** anillo de diamantes
2 [C] rombo
3 [C] (en béisbol) diamante (entre las cuatro bases)
4 [C] (en béisbol) estadio, campo: the baseball diamond el estadio de béisbol
5 [C] (naipe) diamante
6 diamonds [pl] (palo) diamantes

dia·per 🔊 /'daɪpə, 'daɪə-/ s [C] pañal

diaper v [T] cambiarle el pañal/los pañales a

di·a·phragm /'daɪə,fræm/ s [C] **1** (músculo) diafragma **2** (anticonceptivo) diafragma

di·ar·rhe·a /,daɪə'riə/ s [U] diarrea

di·a·ry /'daɪəri/ s [C] (pl **diaries**) diario (íntimo) • **keep a diary** llevar un diario, escribir un diario

di·a·tribe /'daɪə,traɪb/ s [C] (frml) diatriba

dice¹ /daɪs/ s **1** [pl] (sing **die**) (para jugar) dados • **throw/roll the dice** tirar los dados **2** [U] (juego de) dados • **play dice** jugar a los dados
EXPRESIONES
the dice are loaded against/in favor of sb alguien tiene la suerte en contra/a favor • **no dice** (oral) de ninguna manera

dice² (tb dice up) v [T] cortar en cubos, cortar en cubitos, cortar en cuadritos
EXPRESIONES
dice with death jugar con la muerte

dic·ey /'daɪsi/ adj (coloq) riesgoso -a, peligroso -a

di·chot·o·my /daɪ'kɑţəmi/ s [C] (pl **dichotomies**) (frml) dicotomía

Dick·en·si·an /dɪ'kɛnziən/ adj dickensiano -a

Dic·ta·phone /'dɪktə,foʊn/ s [C] (marca reg) dictáfono

dic·tate¹ /'dɪkteɪt, dɪk'teɪt/ v **1** [I,T] dictar • **dictate sth to sb** dictarle algo a alguien **2** [I,T] imponer • **dictate to**

sb darle órdenes a alguien • **dictate who/what/how** decidir quién/qué/cómo

dic·tate² /'dɪkteɪt/ s [C gralm pl] (frml) dictado (norma)

dic·ta·tion /dɪk'teɪʃən/ s [U] dictado (de un texto)

dic·ta·tor /'dɪkteɪt̬ɚ/ s [C] (peyor) dictador -a

dic·ta·to·ri·al /ˌdɪktə'tɔriəl/ adj (peyor) dictatorial

dic·ta·tor·ship /dɪk'teɪt̬ɚˌʃɪp, 'dɪkteɪt̬ɚ-/ s [C,U] dictadura: a military dictatorship una dictadura militar

dic·tion /'dɪkʃən/ s [U] dicción

dic·tion·ar·y /'dɪkʃəˌnɛri/ s [C] (pl **dictionaries**) diccionario

did /dəd; fuerte dɪd/ pasado de **DO**

di·dac·tic /daɪ'dæktɪk/ adj (frml) **1** (papel, intención) didáctico -a **2** (obra) didáctico -a **3** (peyor) (persona) inclinada a decirles a otros qué deben hacer

did·n't /'dɪdnt/ contrac de **did not**

die¹ S1 W1 /daɪ/ v [I,T] (**died, dying**)
1 (ser vivo) morir, morirse: He died in 1985. Murió en 1985. • **die of/from sth** morir(se) de algo: My mother died of cancer. Mi madre murió de cáncer. • **die for sth/sb** morir por algo/alguien: They were willing to die for their faith. Estaban dispuestos a morir por su fe. • **die young/happy** morir joven/feliz • **die a horrible/an agonizing death** tener una muerte espantosa/atroz
2 (sentimiento, tradición) morir • **die with sb** The secret died with him. Se llevó el secreto a la tumba.
3 (coloq) (motor, máquina) pararse, dejar de funcionar ▶ **old HABITS die hard**

EXPRESIONES
be dying for sth (coloq) morirse por algo • **be dying to do sth** (coloq) morirse por hacer algo • **be dying of hunger/boredom** estar muerto -a de hambre/aburrimiento • **die laughing** morirse de risa • **never say die** (oral) no te des por vencido -a • **to die for** (coloq) para morirse, buenísimo -a: She had hair to die for. Tenía un pelo precioso. • **to your dying day** hasta el día de su muerte

die away v+partíc desvanecerse (sonido), acallarse (risas, aplausos), amainar (viento): Her footsteps died away. Sus pasos se alejaron hasta desaparecer.
die back v+partíc marchitarse, perder las hojas
die down v+partíc **1** amainar (viento), irse acallando (ruido), irse extinguiendo (incendio) **2** acallarse (rumores), disminuir (combates)
die off v+partíc ir muriendo, irse extinguiendo
die out v+partíc extinguirse, desaparecer

die² s [C] **1** troquel, cuño **2** (sing de **dice**) dado (para jugar) ▶ La mayoría de la gente usa **dice** tanto para el singular como para el plural.

EXPRESIONES
the die is cast la suerte está echada

die·hard¹, die-hard /'daɪhɑrd/ adj [solo ante s] **1** intransigente **2** incondicional, a ultranza

diehard² s [C] intransigente

die·sel /'dizəl/ s **1** [U] diesel, gasoil **2** [C] (coloq) (carro, motor) diesel **3** locomotora diesel

di·et¹ S3 W2 /'daɪət/ s
1 [C,U] (alimentos) dieta, alimentación • **in sb's diet** en la dieta de alguien • [+of]: They exist on a diet of fish. Se alimentan a base de pescado. • **a healthy diet** una alimentación/dieta sana • **a poor diet** una mala alimentación • **a balanced diet** una dieta equilibrada
2 [C] (tratamiento) dieta, régimen: a strict diet un régimen estricto • **be/go on a diet** estar/ponerse a dieta, estar/ponerse a régimen
3 (actividad) **a diet of sth** They are raised on a diet of television. Se crían mirando tele.

diet² v [I] hacer dieta, hacer régimen

diet³ adj [solo ante s] dietético -a, bajo -a en calorías: a diet yogurt un yogur dietético

di·e·tar·y /'daɪəˌtɛri/ adj [solo ante s] dietético -a

di·e·ti·cian /ˌdaɪə'tɪʃən/ s [C] dietista

dif·fer W3 /'dɪfɚ/ v [I]
1 diferenciarse, diferir, ser diferente • **differ from sth/sb** diferenciarse de algo/alguien: People differ from one another in their ability to handle stress. La capacidad de controlar el estrés difiere de unas personas a otras. • **differ in sth** diferenciarse/variar en algo: The cheeses differ in texture. Los quesos tienen diferentes texturas.
2 differ on/about sth discrepar sobre algo, no estar de acuerdo en algo
3 opinions differ about/over sth hay diferentes opiniones sobre algo ▶ **BEG to differ**

dif·fer·ence S1 W1 /'dɪfrəns/ s
1 [C,U] (desigualdad) diferencia • [+**between**]: The main difference between the groups was age. La principal diferencia entre los grupos era la edad. • [+**in**]: subtle differences in meaning sutiles diferencias de significado • There was a marked difference in his behavior toward me. Había una diferencia notable en su comportamiento conmigo. • **tell the difference (between sth and sth)** notar la diferencia (entre algo y algo) ANT similarity
2 [sing, U] (de cantidad) diferencia • [+**in**]: There's not much difference in price. No hay mucha diferencia de precio. • [+**between**]: There's a five-hour time difference between London and New York. Hay una diferencia de cinco horas entre Londres y Nueva York.
3 differences [pl] (desacuerdo) diferencias • **settle your differences** resolver sus diferencias ▶ **SPLIT the difference**

EXPRESIONES
a difference of opinion una diferencia de opinión, una discrepancia • **make a big difference** hacer que las cosas sean muy distintas • **make a difference** cambiar las cosas, servir de algo: Will the reforms make a difference? ¿Servirán de algo las reformas? • **make no difference (a)** dar igual, no servir de nada **(b) it makes no difference to me/him** me/le da igual

dif·fer·ent S1 W1 /'dɪfrənt/ adj
1 (no igual) diferente, distinto -a • **completely/totally different** completamente/totalmente diferente • **slightly different** ligeramente distinto -a • [+**from**]: It's different from the one we saw in the store. Es distinto del que vimos en la tienda. • [+**than**]: He seemed different than he did in New York. Se veía distinto que en Nueva York. ANT similar
2 [solo ante s pl] (varios) diferentes, distintos -as: We have different types of fabric. Tenemos distintos tipos de telas.
3 [solo ante s] otro -a: She walked back by a different route. Volvió por otro camino.
4 (oral) original, distinto -a: The movie was certainly different. No hay duda de que la película era original.

dif·fer·en·tial¹ /ˌdɪfə'rɛnʃəl/ s [C] (frml) diferencial (cantidad)

differential² adj [solo ante s] (frml) diferencial

dif·fer·en·ti·ate /ˌdɪfə'rɛnʃiˌeɪt/ v **1** [I,T] (reconocer diferencia) distinguir • **differentiate between sth and sth** distinguir entre algo y algo • **differentiate sth/sb from sth/sb** distinguir algo/a alguien de algo/alguien
2 [T] (hacer diferente) distinguir • **differentiate sth/sb from sth/sb** distinguir a algo/alguien de algo/alguien
3 [I] (discriminar) **differentiate between sb/sth and sb/sth** hacer distinciones entre alguien/algo y alguien/algo

dif·fer·en·ti·a·tion /ˌdɪfəˌrɛnʃi'eɪʃən/ s [U] (frml) diferenciación, distinción

dif·fer·ent·ly /'dɪfrəntli/ adv de manera diferente, de distinta manera • [+**from/than**]: They treated me no differently from anyone else. Me trataron igual que a los demás.

dif·fi·cult S2 W1 /'dɪfəˌkʌlt/ adj
1 (trabajo, examen) difícil: a difficult question una pregunta difícil • **be difficult to find/explain** ser difícil de encontrar/explicar • **it is difficult to do sth** es difícil hacer algo: It was difficult to concentrate. Era difícil concentrarse. SIN hard ANT easy
2 (circunstancias, tiempos) difícil • **make life difficult for**

sb hacerle la vida imposible a alguien, complicarle la vida a alguien
3 (persona) difícil: *Stop being difficult!* ¡No seas tan difícil!

dif·fi·cul·ty W2 /'dɪfɪˌkʌlti/ *s* (pl **difficulties**)
1 [U] (condición general) **have difficulty (in) doing sth** tener problemas/dificultades para hacer algo: *They had great difficulty in finding a replacement.* Tuvieron muchos problemas para encontrar un sustituto. • **with difficulty** con dificultad • **without difficulty** sin dificultad, sin problemas
2 [C gralm pl] (circunstancia particular) dificultad, problema: *Mechanical difficulties caused the flight to be delayed.* El vuelo se retrasó debido a problemas mecánicos. • [+**with**]: *difficulties with concentration* problemas de concentración • **have/experience difficulties** tener/experimentar problemas • **cause/pose difficulties** ocasionar/plantear problemas • **financial/technical difficulties** problemas económicos/técnicos • **the difficulty is...** el problema es...
3 [U] (situación personal) **be in difficulty** tener problemas, estar en apuros: *The business is in financial difficulty.* La empresa tiene problemas financieros. • **get/run into difficulty** empezar a tener problemas, meterse en problemas
4 [U] (cualidad) dificultad: *varying levels of difficulty* diversos niveles de dificultad

dif·fi·dence /'dɪfədəns/ *s* [U] timidez, inseguridad

dif·fi·dent /'dɪfədənt/ *adj* (*frml*) tímido -a, inseguro -a • [+**about**] *He was diffident about his success.* No estaba seguro de triunfar.

dif·fi·dent·ly /'dɪfədəntli/ *adv* tímidamente, con inseguridad

dif·fuse¹ /dɪ'fyuz/ *v* **1** [T] (*frml*) apaciguar (el enojo, la situación) **2** [I,T] (*técn*) (luz) difundir(se) **3** [I,T] (*frml*) (información, ideas) difundir(se)

dif·fuse² /dɪ'fyus/ *adj* (*frml*) **1** disperso -a **2** difuso -a (luz)

dig¹ S2 /dɪg/ *v* (**dug** /dʌg/, **digging**)
1 [I,T] cavar, excavar • **dig a hole/tunnel** cavar un pozo/excavar un túnel • **dig for sth** excavar en busca de algo: *birds digging for worms* pájaros picoteando en busca de lombrices • **dig down** cavar
2 [I] **dig in/into sth** rebuscar/hurgar en algo, esculcar (en) algo • **dig through the drawers/your pockets** rebuscar en los cajones/hurgar en los bolsillos
3 [T] cosechar (papas, zanahorias)
4 [T] (*antic*, *coloq*): *Do you dig his music?* ¿Te gusta su música?

EXPRESIONES
dig a hole for yourself meterse en problemas, cavarse su propia tumba • **dig deep** hacer un gran esfuerzo • **dig in your heels** mantenerse en sus trece, no dar su brazo a torcer • **dig your own grave** cavarse su propia tumba
dig around *v+partíc* **1** rebuscar, hurgar **2** investigar
dig in *v+partíc* **1 dig in** (*coloq*, *oral*) empezar a comer: *Come on, everyone – dig in!* ¡Vamos, todos a comer! **2 dig in** atrincherarse • **be dug in** estar atrincherado -a **3 dig sth ↔ in** clavar algo **4 dig in** clavarse
dig into *v+partíc* **1 dig into sth** empezar a comer algo (con ganas) **2 dig into sth** clavarse en algo **3 dig into sth** investigar algo, hurgar en algo **4 dig into sth** echar mano de algo **5 dig sth into sth** clavar algo en algo
dig out *v+partíc* **1 dig sth/sb ↔ out** sacar algo/a alguien, desenterrar algo/a alguien: *They dug the survivors out from under the rubble.* Sacaron a los sobrevivientes de entre los escombros. **2 dig sth ↔ out** conseguir/encontrar algo • **dig sth out of sth** sacar algo de algo
dig sth ↔ up *v+partíc* **1** arrancar algo (malezas), desenterrar algo (objetos, cuerpos) **2** levantar algo (una calle, el piso) **3** (*coloq*) averiguar algo, sacar a la luz algo

dig² *s* [C] **1** indirecta, pulla • **have a dig at sb** lanzar una pulla/indirecta a alguien **2** codazo, empujoncito **3** excavación (arqueológica)

di·gest¹ /daɪ'dʒɛst, dɪ-/ *v* **1** [I,T] (alimentos) digerir(se) **2** [T] (información) digerir, asimilar

di·gest² /'daɪdʒɛst/ *s* [C] resumen

di·gest·i·ble /daɪ'dʒɛstəbəl, dɪ-/ *adj* digerible ANT **indigestible**

di·ges·tion /daɪ'dʒɛstʃən, dɪ-/ *s* [C,U] digestión

di·ges·tive /daɪ'dʒɛstɪv/ *adj* [solo ante s] digestivo -a

dig·ger /'dɪgɚ/ *s* [C] **1** (máquina) excavadora **2** (persona) excavador -a: *a grave digger* un sepulturero ▶ GOLD DIGGER

di·gi·cam /'dɪdʒɪkæm/ *s* [C] (**digital camera**) cámara digital

dig·it /'dɪdʒɪt/ *s* [C] **1** dígito, cifra: *an eight-digit identification number* un número de identificación de ocho dígitos **2** (*frml*) dedo

dig·i·tal S3 W3 /'dɪdʒɪtl/ *adj* digital: *a digital clock* un reloj digital • *a digital signal* una señal digital

dig·ni·fied /'dɪgnəˌfaɪd/ *adj* (*aprec*) digno -a

dig·ni·tar·y /'dɪgnəˌtɛri/ *s* [C] (pl **dignitaries**) dignatario -a

dig·ni·ty /'dɪgnəṭi/ *s* [U] dignidad • **with dignity** con dignidad, dignamente • **maintain/retain your dignity** mantener/no perder la dignidad • **lose your dignity** perder la dignidad

EXPRESIONES
be beneath your dignity *Arguing was beneath her dignity.* No se rebajaba a discutir.

di·gress /daɪ'grɛs, dɪ-/ *v* [I] (*frml*) apartarse del tema

di·gres·sion /daɪ'grɛʃən/ *s* [C,U] digresión

dike, **dyke** /daɪk/ *s* [C] dique

di·lap·i·dat·ed /də'læpəˌdeɪṭɪd/ *adj* derruido -a (edificio), destartalado -a (vehículo)

di·lap·i·da·tion /dɪˌlæpə'deɪʃən/ *s* [U] deterioro, ruina

di·late /daɪ'leɪt, 'daɪleɪt/ *v* [I,T] dilatar(se)

di·la·tion /daɪ'leɪʃən/ *s* [U] dilatación

di·lem·ma /də'lɛmə/ *s* [C] dilema • **in a dilemma** en un dilema

dil·et·tante /'dɪləˌtɑnt/ *s* [C] diletante, aficionado -a

dil·i·gence /'dɪlədʒəns/ *s* [U] diligencia (cualidad)

dil·i·gent /'dɪlədʒənt/ *adj* diligente

dil·i·gent·ly /'dɪlədʒəntli/ *adv* diligentemente

dill /dɪl/ *s* [U] eneldo

di·lute¹ /daɪ'lut, dɪ-/ *v* [T] **1** diluir (un líquido) • **dilute sth with water/oil** diluir algo con agua/aceite **2** debilitar

dilute² *adj* diluido -a

di·lut·ed /daɪ'luṭɪd, dɪ-/ *adj* diluido -a

di·lu·tion /daɪ'luʃən, dɪ-/ *s* **1** [C,U] dilución **2** [sing, U] debilitamiento

dim¹ /dɪm/ *adj* (**dimmer**, **dimmest**)

1 no luminoso
2 figura, perfil
3 futuro, perspectiva
4 recuerdo
5 pasado
6 vista

1 NO LUMINOSO tenue (luz), oscuro -a, poco iluminado -a (lugar): *The interior of the store was dim.* El interior de la tienda estaba oscuro.
2 FIGURA, PERFIL [solo ante s] borroso -a: *the dim outline of a ship in the distance* el perfil borroso de un buque a la distancia
3 FUTURO, PERSPECTIVA [nunca ante s] sombrío -a, poco prometedor -a
4 RECUERDO a **dim memory/recollection** un vago recuerdo
5 PASADO [solo ante s] lejano -a • **in the dim and distant past** en tiempos lejanos/remotos
6 VISTA [nunca ante s] (*liter*) **his/her eyes are dim** no ve bien

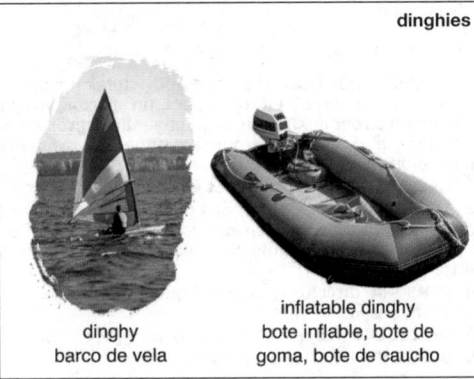

dinghies

inflatable dinghy
bote inflable, bote de
goma, bote de caucho

dinghy
barco de vela

take a dim view of sth ver algo con malos ojos

dim² v (**dimmed**, **dimming**) **1** [I,T] atenuar(se), bajar (luces) **2** [I,T] borrar(se) (recuerdo), apagar(se), enfriar(se) (entusiasmo), (hacer) disminuir (esperanza) **3 dim your headlights/lights** bajar las luces (de un vehículo)

dime S3 /daɪm/ s [C] (moneda de) diez centavos

they are a dime a dozen (*coloq*) (los) hay a montones • **not a dime** ni un peso/centavo: *I don't have a dime.* No tengo ni un peso. • **on a dime (a)** en muy poco espacio **(b)** en un instante

di·men·sion /dɪˈmɛnʃən, daɪ-/ s **1** [C] (aspecto) dimensión • **add/bring a new dimension to sth** añadir una nueva dimensión a algo **2** [C,U] (importancia) dimensión, envergadura **3** [C] (en el espacio) dimensión **4 dimensions** [pl] (medidas) dimensiones • [+**of**]: *Measure the dimensions of the box.* Mida la caja.

'dime store s [C] tienda que vende artículos de bajo precio, en particular para el hogar

di·min·ish /dɪˈmɪnɪʃ/ v **1** [I,T] (*frml*) disminuir, reducir(se) **2** [T] minimizar

di·min·u·tive /dɪˈmɪnyəṭɪv/ adj (*frml*) diminuto -a

dim·ly /ˈdɪmli/ adv **1** (iluminar) tenuemente, débilmente: *a dimly lit room* una habitación poco iluminada **2** (ver, oír) vagamente **3** (recordar, comprender) vagamente

dim·mer /ˈdɪmɚ/ s [C] regulador de la intensidad de luz

dim·ple /ˈdɪmpəl/ s [C] **1** hoyuelo **2** hoyito

dim·pled /ˈdɪmpəld/ adj **1** con hoyuelos **2** con hoyitos

dim·wit /ˈdɪmwɪt/ s [C] (*oral*) bobo -a

din¹ /dɪn/ s [sing, U] barullo, bulla

din² v
din sth into sb v+*partíc* inculcar algo a alguien, machacar algo a alguien

dine /daɪn/ v [I] (*frml*) cenar, comer (por la noche) ▶ WINE **and dine sb**
dine on/off sth v+*partíc* comer algo, cenar algo
dine out v+*partíc* (*frml*) comer fuera (de casa) (por la noche), cenar afuera

din·er /ˈdaɪnɚ/ s [C] **1** restaurante económico **2** comensal

ding-dong /ˈdɪŋ dɔŋ, -dɑŋ/ s [U] ding dong

din·ghy /ˈdɪŋi/ s [C] (pl **dinghies**) **1** bote inflable, bote de goma/caucho **2** barco de vela (sin cabina)

din·gi·ness /ˈdɪndʒɪnɪs/ s [U] sordidez

din·go /ˈdɪŋgoʊ/ s [C] (pl **dingoes**) dingo

din·gy /ˈdɪndʒi/ adj (**dingier**, **dingiest**) sórdido -a

'dining car s [C] coche comedor (en un tren)

'dining room S3 s [C] comedor

'dining ˌtable s [C] mesa (de comedor)

din·ner S1 W2 /ˈdɪnɚ/ s
1 [C,U] comida (por la noche), cena • **have/eat dinner** comer, cenar: *What time do you usually have dinner?* ¿A qué hora acostumbran cenar? • **cook/make dinner** (tb **fix dinner**) preparar/hacer la comida, preparar/hacer la cena • **have dinner with sb** comer/cenar con alguien • **for dinner** de/para comer, de/para cenar: *We're having fish for dinner.* Para cenar hay pescado. • **go out to/for dinner** salir a comer/cenar, ir a comer/cenar afuera **2** [C,U] almuerzo, comida • **Sunday/Christmas /Thanksgiving dinner** el almuerzo del domingo/de Navidad/de Acción de Gracias, la comida del domingo/de Navidad/de Acción de Gracias **3** [C] comida de gala, cena de gala ▶ TV DINNER

'dinner ˌparty s [C] comida, cena (con invitados)

din·ner·time /ˈdɪnɚˌtaɪm/ s [U] **1** la hora de comer/cenar, la hora de la comida/cena **2** la hora de comer, la hora del almuerzo

di·no·saur S3 /ˈdaɪnəˌsɔr/ s [C]
1 (animal) dinosaurio
2 (*coloq*) (persona) dinosaurio, fósil

dint /dɪnt/ s by dint of sth a fuerza de algo

di·oc·e·san /daɪˈɑsəsən/ adj [solo ante s] diocesano -a

di·o·cese /ˈdaɪəsɪs, -ˌsiz/ s [C] diócesis

di·ox·ide /daɪˈɑksaɪd/ s [C,U] dióxido

dip¹ S3 /dɪp/ v (**dipped**, **dipping**)
1 [T] dip sth in/into sth meter/sumergir/mojar algo en algo: *The nuts are dipped in chocolate.* Las nueces se bañan en chocolate.
2 [I] bajar (moneda, temperatura): *Profits dipped slightly last year.* Las ganancias bajaron ligeramente el año pasado.
3 (a) [I siempre + adv/prep] descender, hundirse: *The sun dipped below the horizon.* El sol se ocultó en el horizonte. **(b)** [T] **dip your head** agachar la cabeza
4 [T] bañar con parasiticida (ganado)
dip into sth v+*partíc* **1** echar mano de algo, recurrir a algo (ahorros, fondos) • **dip into your pockets** pagar/poner de su propio bolsillo **2** leer/ver/escuchar algo a ratos

dip² s **1** [C,U] dip, salsa (para mojar papas fritas, verduras, etc.) **2** [C] (*coloq*) chapuzón • **go for a dip** ir a darse un chapuzón **3** [C] **a dip in sth** una baja de algo (temperaturas, precios) **4** [C] pendiente, bajada (en un camino) • [+**in**]: *a dip in the road* una bajada en la carretera **5** [C,U] parasiticida (para bañar ganado)

diph·the·ri·a /dɪfˈθɪriə, dɪp-/ s [U] difteria

di·plo·ma /dɪˈploʊmə/ s [C] diploma, título • **a high-school/college diploma** un diploma de secundaria/un título universitario

di·plo·ma·cy /dɪˈploʊməsi/ s [U] **1** (actividad) diplomacia **2** (cualidad) diplomacia

dip·lo·mat /ˈdɪpləˌmæt/ s [C] **1** diplomático -a **2** persona diplomática

dip·lo·mat·ic /ˌdɪpləˈmæṭɪk◂ / adj [solo ante s] **1** (solución, misión) diplomático -a **2** (persona, lenguaje) diplomático -a: *a diplomatic answer* una respuesta diplomática

dip·lo·mat·i·cally /ˌdɪpləˈmæṭɪkli/ adv **1** diplomáticamente, de forma diplomática **2** por la vía diplomática

dip·stick /ˈdɪpstɪk/ s [C] varilla (medidora) del aceite, medidor de aceite

dire /daɪɚ/ adj **1** extremo -a (pobreza, situación) • **be in dire need of sth** necesitar algo desesperadamente • **be in dire straits** estar en graves problemas • **dire consequences** consecuencias nefastas **2** alarmante • **a dire warning** una advertencia alarmante **3** (*coloq*) espantoso -a

di·rect¹ S3 W2 /dəˈrɛkt, daɪ-/ adj

1 acceso, contacto, influencia
2 camino
3 total

D

4 persona
5 calor, luz
6 descendiente

1 **ACCESO, CONTACTO, INFLUENCIA** [gralm ante s] directo -a • **a direct effect/impact** un efecto/impacto directo • **a direct link/connection** una relación/conexión directa • **a direct result/consequence** un resultado directo/una consecuencia directa
2 **CAMINO** directo -a • **a direct flight** un vuelo directo
3 **TOTAL** [solo ante s] **direct contrast** *The results of this study are in direct contrast to earlier findings.* Los resultados de este estudio contrastan fuertemente con otros anteriores.
4 **PERSONA** directo -a • **a direct question/answer** una pregunta/respuesta directa
5 **CALOR, LUZ** [solo ante s] directo -a
6 **DESCENDIENTE** [solo ante s] directo -a

direct² S3 W2 *v*
1 [T siempre + adv/prep] (una pregunta, el esfuerzo) **direct sth at/toward sth/sb** dirigir algo a algo/alguien
2 [T] (una investigación, un proyecto) dirigir
3 [I,T] (una película, una obra) dirigir
4 [T] (*frml*) orientar, dirigir • **direct sb to the station/ post office** indicar a alguien cómo llegar a la estación/al correo • **direct traffic** dirigir el tráfico
5 [T] (*frml*) indicar, ordenar • **direct sb to do sth** indicar a alguien que haga algo

direct³ *adv* 1 directo: *I'm flying direct to New York.* Vuelo directo a Nueva York. 2 directamente: *They wanted to talk to you direct.* Querían hablar directamente contigo.

di‚rect 'debit *s* [C,U] domiciliación (de pagos)

di‚rect de'posit *s* [U] depósito en cuenta bancaria (para el pago de sueldos)

di·rec·tion S2 W1 /də'rɛkʃən, daɪ-/ *s*

1 rumbo
2 para llegar
3 para hacer algo
4 gestión
5 en la vida
6 en cine, teatro

1 **RUMBO** [C] dirección • **change direction** cambiar de dirección • **in the direction of Miami/the park** en dirección a Miami/al parque • **in my/our direction** hacia mí/nosotros • **in the opposite direction** en dirección contraria • **in a southerly/easterly direction** hacia el sur/el este
2 **PARA LLEGAR directions** [pl] indicaciones: *She wanted directions to the museum.* Quería que le indicaran cómo llegar al museo. • **give sb directions (to sb's house/the station)** darle indicaciones a alguien (para llegar a la casa de alguien/a la estación) • **ask for directions** pedir indicaciones
3 **PARA HACER ALGO directions** [pl] instrucciones • **follow the directions** seguir las instrucciones: *Just follow the directions on the package.* Siga las instrucciones del envase.
4 **GESTIÓN** [U] dirección • **under sb's direction** bajo la dirección de alguien
5 **EN LA VIDA** [U] rumbo
6 **EN CINE, TEATRO** [U] dirección ▶ **a STEP in the right direction**

di·rec·tive /də'rɛktɪv/ *s* [C] directiva, norma

di·rect·ly S2 W2 /də'rɛktli, daɪ-/ *adv*
1 directamente • [+**to**] *We sell directly to the customer.* Vendemos directamente al cliente.
2 justo • **directly behind/opposite** justo detrás/enfrente • **directly above/below sth** justo encima/debajo de algo
3 **say sth/answer directly** decir algo/responder abiertamente

di‚rect 'mail *s* [U] correo directo, correo comercial

di·rect·ness /dɔ'rɛktnɔs, daɪ-/ *s* [U] franqueza

‚direct 'object *s* [C] (*técn*) complemento directo, objeto directo

di·rec·tor S2 W1 /də'rɛktɚ, daɪ-/ *s* [C]
1 (de cine, teatro) director -a: *a movie director* un director de cine
2 (de un departamento) director -a • **director of sth** director -a de algo • **marketing/sales director** director -a de marketing/ventas
3 (de una empresa) director -a, directivo -a: *the board of directors* la junta directiva ▶ **FUNERAL DIRECTOR, MANAGING DIRECTOR**

di·rec·tor·ship /də'rɛktɚˌʃɪp/ *s* [C] dirección (gestión)

di·rec·to·ry /də'rɛktəri, daɪ-/ *s* [C] (pl **directories**) 1 (tb **telephone directory**) guía (telefónica), directorio (telefónico) 2 letrero con nombres de empresas, profesionales, etc. que hay en un edificio 3 (*técn*) directorio (en informática)

di‚rectory as'sistance *s* [U] servicio telefónico que ofrece información sobre los números de los abonados SIN **information**

dirge /dɔdʒ/ *s* [C] canto fúnebre

dirt S2 W3 /dɔt/ *s* [U]
1 suciedad: *The floor was covered with dirt.* El piso estaba totalmente sucio.
2 tierra • **dirt road** (tb **dirt track**) camino/calle de tierra, camino destapado
3 (*coloq*) trapos sucios (información) • **dig up dirt on sb** sacarle a alguien los trapos/trapitos al sol
4 obscenidad, porquería SIN **filth** ▶ **DISH the dirt (on sb)**

dirt-'cheap *adj* tirado -a (de precio), regalado -a

dirt·y¹ S2 W3 /'dɔti/ *adj* (**dirtier, dirtiest**)
1 (con suciedad) sucio -a: *a stack of dirty dishes* una pila de platos sucios • **get dirty** ensuciarse • **dirty clothes** ropa sucia ANT **clean**
2 [gralm ante s] pornográfico -a (revista, película): *dirty words* palabrotas • **a dirty joke** un chiste verde, un chiste colorado
3 [solo ante s] (poco honrado) sucio -a: *a dirty business* un negocio sucio • *You're a dirty liar!* ¡Eres un mentiroso inmundo!

EXPRESIONES
do sb's dirty work hacerle el trabajo sucio a alguien • **give sb a dirty look** mirar mal a alguien • **it's a dirty job, but someone has to do it** es un fastidio/una lata, pero alguien tiene que hacerlo

dirty² *adv*
EXPRESIONES
play dirty (*coloq*) jugar sucio

dirty³ *v* [T] (**dirties, dirtied, dirtying**) ensuciar

‚dirty old 'man *s* [C] (*coloq*) viejo verde

dis, diss /dɪs/ *v* [T] (**dissed, dissing**) (*coloq*) criticar a, echar pestes de

dis- /dɪs/ *pref* 1 (indicando negación) des-: *discontented* descontento -a 2 (indicando interrupción, eliminación) des-: *disconnect* desconectar

dis·a·bil·i·ty S3 /ˌdɪsə'bɪləti/ *s* (pl **disabilities**)
1 [C] (problema) discapacidad, minusvalía • **people with disabilities** personas con discapacidad • **a physical/ learning disability** una discapacidad física/un problema de aprendizaje
2 [U] (estado) discapacidad, minusvalía: *learning to cope with disability* aprender a sobrellevar la discapacidad • **disability pension** pensión de/por invalidez (permanente)
3 [U] **on disability** *He has been living on disability for ten years.* Lleva diez años cobrando pensión por invalidez.

dis·a·ble /dɪs'eɪbəl/ *v* [T] inutilizar (un sistema, una máquina)

dis·a·bled /dɪs'eɪbəld/ *adj* 1 **(a)** discapacitado -a, minusválido -a: *disabled drivers* conductores discapacitados • **physically disabled** con discapacidad(es) física(s) **(b) the disabled** [usado como s pl] los discapacitados, los minusválidos 2 [solo ante s] para discapacitados

⚠ **the disabled** Algunas personas evitan el uso de esta expresión porque puede resultar ofensivo. En su lugar utilizan **disabled person**.

dis·a·buse /ˌdɪsəˈbyuz/ v [T] (frml) **disabuse sb of sth** desengañar a alguien de algo

dis·ad·van·tage[1] /ˌdɪsədˈvæntɪdʒ/ s [C,U] desventaja • [+**of**] *the biggest disadvantage of my job* la mayor desventaja de mi trabajo • **advantages and disadvantages** ventajas y desventajas • **be at a disadvantage** estar en desventaja

disadvantage[2] v [T] poner en desventaja a, perjudicar

dis·ad·van·taged /ˌdɪsədˈvæntɪdʒd/ adj **(a)** desfavorecido -a **(b) the disadvantaged** [usado como s pl] los desfavorecidos

dis·ad·van·ta·geous /ˌdɪsædvænˈteɪdʒəs, -vən-/ adj (frml) desfavorable, desventajoso -a • [+**to**]: *This system is disadvantageous to small businesses.* Este sistema perjudica a las pequeñas empresas.

dis·af·fect·ed /ˌdɪsəˈfɛktɪd◂/ adj (frml) desafecto -a, descontento -a

dis·af·fec·tion /ˌdɪsəˈfɛkʃən/ s [U] (frml) desafección, descontento

dis·a·gree S3 /ˌdɪsəˈgri/ v [I]
1 no estar de acuerdo • **I (totally) disagree** no estoy (para nada) de acuerdo • **disagree with sb/sth** no estar de acuerdo con alguien/algo • **disagree about/on sth** no ponerse de acuerdo en algo, discrepar en algo
2 no coincidir (cifras, declaraciones) • **disagree with sth** no coincidir con algo
disagree with sb v+partíc (oral) caerle mal a alguien (comida, bebida)

dis·a·gree·a·ble /ˌdɪsəˈgriəbəl/ adj (frml) desagradable

dis·a·gree·a·bly /ˌdɪsəˈgriəbli/ adv (frml) de forma desagradable

dis·a·gree·ment /ˌdɪsəˈgrimənt/ s **1** [C] discusión • **have a disagreement (with sb)** tener una discusión (con alguien) • [+**about/over**]: *a disagreement between two students over a girl* una discusión entre dos estudiantes por una muchacha **2** [U] desacuerdo: *The meeting ended in disagreement.* La reunión concluyó sin acuerdo. • [+**between/among**]: *disagreement among doctors about the best way to treat the disease* desacuerdo entre los médicos sobre la mejor forma de tratar la enfermedad **3** [C,U] discrepancia (entre cifras, declaraciones) • [+**between**]: *disagreements between the two witnesses' testimony* discrepancias entre los testimonios de los dos testigos

dis·al·low /ˌdɪsəˈlaʊ/ v [T] desestimar (pruebas), anular (un gol)

dis·ap·pear S3 W2 /ˌdɪsəˈpɪr/ v [I]
1 (dejarse de ver) desaparecer: *The scars will disappear in a year or two.* Las cicatrices desaparecerán en un año o dos. • **disappear into/behind sth** desaparecer en/detrás de algo • **disappear from sight/view** perderse de vista
2 (perderse) desaparecer: *My keys have disappeared again.* Me han vuelto a desaparecer las llaves. • **disappear without (a) trace** desaparecer sin dejar rastro
3 (extinguirse) desaparecer: *The rain forest may disappear forever.* La selva tropical podría desaparecer para siempre.

dis·ap·pear·ance /ˌdɪsəˈpɪrəns/ s [C,U] **1** (extravío) desaparición • [+**of**]: *the mysterious disappearance of a child* la misteriosa desaparición de un niño **2** (extinción) **the disappearance of ancient forests/the Soviet Union** la desaparición de bosques centenarios/la Unión Soviética

dis·ap·point /ˌdɪsəˈpɔɪnt/ v [I,T] decepcionar, desilusionar: *He didn't want to disappoint his parents.* No quería decepcionar a sus padres.

dis·ap·point·ed S3 /ˌdɪsəˈpɔɪntɪd/ adj decepcionado -a, desilusionado -a • [+**(that)**]: *I'm disappointed that we lost the game.* Estoy desilusionado por haber perdido el

partido. • [+**with/by**]: *I felt really disappointed by the show.* El espectáculo me decepcionó mucho. • [+**at/about**]: *I'm disappointed about missing the trip.* Me decepciona perderme el viaje. • **deeply/bitterly disappointed** tremendamente decepcionado -a/desilusionado -a • **be disappointed in sb** *I'm very disappointed in you.* Me has decepcionado enormemente. • **be disappointed to hear/see** decepcionarse al oír/ver, desilusionarse al oír/ver: *We were very disappointed to hear that you will not be attending.* Cuando nos enteramos de que no vendrían nos decepcionamos mucho.

¿disappointed o disillusioned?
disappointed es la forma más común de decir "decepcionado" o "desilusionado": *disappointed customers* disillusioned es de uso algo más restringido y se reserva para quien ha perdido la fe en lo que creía: *disillusioned voters*
Si alguien no cumple su promesa o te falla, puedes usar el verbo let down: *We feel let down; we were promised a pay raise, and nothing has happened.*

dis·ap·point·ing /ˌdɪsəˈpɔɪntɪŋ/ adj decepcionante

dis·ap·point·ing·ly /ˌdɪsəˈpɔɪntɪŋli/ adv de forma decepcionante: *disappointingly slow* tan lento -a que resulta decepcionante

dis·ap·point·ment /ˌdɪsəˈpɔɪnt¯mənt/ s **1** [U] (sentimiento) decepción, desilusión • **deep/bitter disappointment** profunda/tremenda decepción • **to sb's disappointment** para decepción/desilusión de alguien • [+**at/over**]: *disappointment over the way the crisis was handled* decepción por la forma en que se ha manejado la crisis **2** [C] (causa) decepción, desilusión • **a big/major disappointment** una gran/enorme decepción • [+**for/to**]: *The team's performance has been a disappointment for the fans.* La actuación del equipo ha defraudado a los hinchas. • **sb is a disappointment to sb** *She felt she was a disappointment to her family.* Sentía que había decepcionado a su familia.

dis·ap·prov·al /ˌdɪsəˈpruvəl/ s [U] desaprobación • **in/with disapproval** con desaprobación, en señal de desaprobación ▶ **CHORUS of disapproval**

dis·ap·prove /ˌdɪsəˈpruv/ v [I] *I could tell that she disapproved.* Me di cuenta de que no le parecía bien. • **disapprove of sth/sb** no ver algo/a alguien con buenos ojos: *She disapproved of gossip.* No le gustaba el chismorreo. • **disapprove of sb doing sth** *My friends disapprove of me smoking.* A mis amigos les parece mal que fume.

dis·ap·prov·ing /ˌdɪsəˈpruvɪŋ◂/ adj de desaprobación

dis·ap·prov·ing·ly /ˌdɪsəˈpruvɪŋli/ adv con desaprobación

dis·arm /dɪsˈɑrm/ v **1** [I] desarmarse, realizar un desarme **2** [T] (a un ejército, un soldado) desarmar **3** [T] (aplacar) desarmar **4** [T] desactivar (un explosivo) ▶ **DISARMING**

dis·ar·ma·ment /dɪsˈɑrməmənt/ s [U] desarme • **nuclear disarmament** desarme nuclear

dis·arm·ing /dɪsˈɑrmɪŋ/ adj que desarma, encantador -a

dis·arm·ing·ly /dɪsˈɑrmɪŋli/ adv de manera encantadora: *He smiled at her disarmingly.* La desarmó con su sonrisa.

dis·ar·ray /ˌdɪsəˈreɪ/ s [U] (frml) **1** desorganización • **in disarray** desorganizado -a **2** desorden • **in disarray** desordenado -a, desarreglado -a

dis·as·so·ci·ate /ˌdɪsəˈsoʊʃiˌeɪt, -siˌeɪt/ v variante de **DISSOCIATE**

dis·as·ter W3 /dɪˈzæstər/ s [C,U]
1 (accidente) desastre, catástrofe: *the Chernobyl disaster* la catástrofe de Chernobyl • **a natural disaster** un desastre natural • **be a disaster for sb/sth** ser un desastre para alguien/algo
2 (fracaso) desastre: *The party was a disaster.* La fiesta fue un desastre. • **a complete/total disaster** un verdadero desastre

EXPRESIONES
be a disaster waiting to happen ser una bomba de tiempo

dis·as·trous /dɪ'zæstrəs/ adj desastroso -a, catastrófico -a • **disastrous consequences/results** consecuencias desastrosas/resultados desastrosos

dis·a·vow /ˌdɪsə'vaʊ/ v [T] (frml) negar, rechazar

dis·a·vow·al /ˌdɪsə'vaʊəl/ s [C,U] desmentido

dis·band /dɪs'bænd/ v [I,T] disolver(se) (grupo, ejército)

dis·be·lief /ˌdɪsbə'liːf/ s [U] incredulidad • **in/with disbelief** lleno -a de incredulidad: *Bill stared at him in disbelief.* Bill lo miró incrédulo. ▶ **SUSPEND your disbelief**

dis·be·lieve /ˌdɪsbə'liːv/ v [I,T] (frml) no creer, dejar de creer

dis·be·liev·ing /ˌdɪsbə'liːvɪŋ/ adj incrédulo -a, de incredulidad

disc [S3] /dɪsk/ s variante de **DISK**

dis·card /dɪ'skɑːrd/ v [T] (frml) desechar, deshacerse de

dis·cern /dɪ'sɜːn, dɪ'zɜːn/ v [T nunca en forma continua] (frml) **1** (una tendencia, un cambio) discernir, distinguir **2** (una imagen, un sonido) percibir, distinguir

dis·cern·i·ble /dɪ'sɜːnəbəl, -'zɜː-/ adj **1** (tendencia, cambio) perceptible, apreciable **2** (imagen, sonido) perceptible

dis·cern·i·bly /dɪ'sɜːnəbli, -'zɜː-/ adv sensiblemente, visiblemente

dis·cern·ing /dɪ'sɜːnɪŋ, -'zɜː-/ adj (aprec) exigente, entendido -a

dis·cern·ment /dɪ'sɜːnmənt, -'zɜː-/ s [U] (frml) criterio, discernimiento

dis·charge¹ /dɪs'tʃɑːrdʒ/ v **1** [T] dar de baja (a un soldado), dar de alta (a un paciente) • **discharge sb from hospital** dar a alguien de alta del hospital • **discharge sb from the army** dar de baja a alguien del ejército **2** [T] despedir (humo), verter (residuos) • **discharge sth into sth** verter algo a/en algo: *Raw sewage was discharged into the ocean.* Se vertieron al mar aguas negras. **3** [I,T] (frml) disparar(se) (un arma) **4** [T] (frml) saldar, liquidar (una deuda) **5** [T] (frml) desembarcar, descargar (pasajeros, mercancías)

dis·charge² /'dɪstʃɑːrdʒ/ s **1** [C,U] alta (del hospital), baja (del ejército) • [+**from**]: *his discharge from the army* su baja del ejército • **discharge papers** documento donde consta la baja de las fuerzas armadas **2** [C] puesta en libertad (de la cárcel) **3** [C,U] vertido, emisión • [+**of**]: *the discharge of toxic waste into the ocean* el vertido de residuos tóxicos al mar **4** [C,U] (frml) disparo **5** [C,U] descarga: *an electrical discharge* una descarga eléctrica

dis·ci·ple /dɪ'saɪpəl/ s [C] **1** (seguidor) discípulo -a • [+**of**]: *a disciple of Freud* un discípulo de Freud **2** (apóstol) discípulo

dis·ci·pli·nar·i·an /ˌdɪsəplə'neəriən/ s [C] persona estricta: *My father was a strict disciplinarian.* Mi padre imponía una disciplina estricta.

dis·ci·pli·nar·y /'dɪsəplə,neri/ adj [solo ante s] disciplinario -a: *a disciplinary committee* un comité de disciplina • **disciplinary action** medidas disciplinarias

dis·ci·pline¹ [W3] /'dɪsəplɪn/ s **1** [U] (en el ejército, el colegio) disciplina **2** [U] (para estudiar, entrenar) disciplina **3** [C] (rama del saber) disciplina

discipline² v [T] **1** [gralm en pasiva] sancionar, castigar **2** disciplinar **3** **discipline yourself (to do sth)** disciplinarse (para hacer algo)

dis·ci·plined /'dɪsəplɪnd/ adj disciplinado -a

'disc jockey variante de **DISK JOCKEY**

dis·claim /dɪs'kleɪm/ v [T] (frml) negar, rechazar

dis·claim·er /dɪs'kleɪmə/ s [C] declaración de limitación de responsabilidad

dis·close /dɪs'kloʊz/ v [T] (frml) revelar, dar a conocer

dis·clo·sure /dɪs'kloʊʒə/ s **1** [U] (proceso) revelación **2** [C] (información) revelación

dis·co /'dɪskoʊ/ s (pl **discos**) **1** [U] (tb **disco music**) música disco **2** [C] discoteca **3** [C] baile (fiesta con DJ)

dis·col·or /dɪs'kʌlə/ v **1** [T] manchar, teñir **2** [I] perder el color, decolorarse

dis·col·or·a·tion /dɪsˌkʌlə'reɪʃən/ s **1** [U] decoloración **2** [C] mancha

dis·com·fort /dɪs'kʌmfət/ s **1** [U] molestia(s), malestar: *You may experience some slight discomfort.* Puede que sienta alguna ligera molestia. **2** [U] incomodidad **3** [C] molestia

dis·com·fort·ing /dɪs'kʌmfətɪŋ/ adj incómodo -a, que incomoda

dis·con·cert /ˌdɪskən'sɜːt/ v [T] desconcertar

dis·con·cert·ed /ˌdɪskən'sɜːtɪd/ adj desconcertado -a

dis·con·cert·ing /ˌdɪskən'sɜːtɪŋ/ adj desconcertante

dis·con·cert·ing·ly /ˌdɪskən'sɜːtɪŋli/ adv de manera desconcertante

dis·con·nect¹ /ˌdɪskə'nekt/ v **1** [T] desconectar, desenchufar • **disconnect sth from sth** desconectar algo de algo **2** [T] desenganchar (un vagón, un remolque) • **disconnect sth from sth** desenganchar algo de algo **3** [T gralm en pasiva] cortar (el gas, el agua), cortar el suministro a (un usuario): *Their phone had been disconnected.* Les habían cortado el teléfono. **4** [T] cortar (la comunicación a): *We got disconnected.* Se cortó la comunicación.

disconnect² s [sing] desconexión, falta de comunicación [SIN] **disconnection**

dis·con·nect·ed /ˌdɪskə'nektɪd/ adj inconexo -a, incoherente

dis·con·nec·tion /ˌdɪskə'nekʃən/ s [C,U] corte (de suministro)

dis·con·so·late /dɪs'kɑnsələt/ adj (frml) inconsolable

dis·con·tent /ˌdɪskən'tent/ (tb **dis·con·tent·ment** /ˌdɪskən'tentmənt/) s [U] descontento

dis·con·tent·ed /ˌdɪskən'tentɪd/ adj descontento -a, disconforme, inconforme

dis·con·tin·u·a·tion /ˌdɪskənˌtɪnyu'eɪʃən/ s [U] (frml) interrupción

dis·con·tin·ue /ˌdɪskən'tɪnyu/ v [T] interrumpir, suspender (un servicio, un tratamiento), dejar de fabricar, discontinuar (un producto)

dis·cord /'dɪskɔrd/ s [U] (frml) discordia

dis·cor·dant /dɪs'kɔrdnt/ adj **1** (música, sonido) disonante, discordante **2** (frml) (opinión, resultado) discordante, contradictorio -a

dis·co·theque /'dɪskə,tek, ˌdɪskə'tek/ s [C] discoteca [SIN] **disco**

dis·count¹ [S3][W3] /'dɪskaʊnt/ s [C] descuento • **a 10% discount/a discount of 25%** un 10% de descuento/un descuento del 25% • [+**on**]: *a discount on rail travel* un descuento en los viajes en tren • **discount fare** tarifa reducida • **discount price** precio rebajado/con descuento • **discount store** tienda de descuento

dis·count² /dɪs'kaʊnt/ v [T gralm en pasiva] rebajar

discount³ v [T] descartar • **discount the possibility** descartar la posibilidad

dis·cour·age /dɪ'skɜːrɪdʒ, -'skʌr-/ v [T] **1** disuadir (a una persona), desalentar, frenar (una acción): *efforts to discourage smoking* esfuerzos orientados a desalentar el consumo de tabaco • **discourage sb from doing sth** disuadir a alguien de hacer algo **2** desanimar: *Don't be discouraged by one bad test score.* No te desanimes por una mala nota.

dis·cour·aged /dɪ'skɜːrɪdʒd, -'skʌr-/ adj desanimado -a • **get/become discouraged** desanimarse

dis·cour·age·ment /dɪˈskɜːɪdʒmənt, -ˈskʌr-/ s **1** [U] desánimo, desaliento **2** [U] disuasión **3** [C] obstáculo, freno

dis·cour·a·ging /dɪˈskɜːɪdʒɪŋ, -ˈskʌr-/ adj desalentador -a

dis·cour·a·ging·ly /dɪˈskɜːɪdʒɪŋli, -ˈskʌr-/ adv de manera desalentadora

dis·course¹ /ˈdɪskɔːrs/ s [U] (frml) **1** conversación **2** discurso (en lingüística)

dis·course² /dɪsˈkɔːrs, ˈdɪskɔːrs/ v
discourse on sth v+partíc (frml) disertar sobre algo

dis·cour·te·ous /dɪsˈkɜːtiəs/ adj (frml) descortés

dis·cour·te·ous·ly /dɪsˈkɜːtiəsli/ adv (frml) de manera descortés

dis·cour·te·sy /dɪsˈkɜːtəsi/ s (frml) [C,U] descortesía

dis·cov·er S2 W1 /dɪˈskʌvər/ v [T]
1 (lo perdido o escondido) descubrir: *I discovered the key in a drawer.* Descubrí la llave en un cajón.
2 (información desconocida) descubrir, enterarse de • **discover (that)** descubrir que: *She discovered that she was pregnant.* Descubrió que estaba embarazada. • **discover who/what/how** descubrir quién/qué/cómo
3 (nuevas tierras, un fenómeno) descubrir: *The island was first discovered by Captain Cook.* La isla fue descubierta por el Capitán Cook.

dis·cov·er·er /dɪˈskʌvərə/ s [C] descubridor -a

dis·cov·er·y W3 /dɪˈskʌvri, -vəri/ s (pl discoveries)
1 [C,U] (acción) descubrimiento • [+of]: *the discovery of a lost civilization* el descubrimiento de una civilización perdida • **make a discovery** hacer un descubrimiento
2 [C] (cosa) descubrimiento, hallazgo: *recent archeological discoveries* hallazgos arqueológicos recientes

dis·cred·it¹ /dɪsˈkrɛdɪt/ v **1** [T] desacreditar, desprestigiar: *an attempt to discredit the president* un intento de desacreditar al presidente **2** [T gralm en pasiva] desacreditar, cuestionar

discredit² s [U] descrédito, desprestigio • **bring discredit on/to sth/sb** desprestigiar algo/a alguien

dis·creet /dɪˈskriːt/ adj **1** (persona) discreto -a, prudente • [+about]: *He was always discreet about his love affairs.* Siempre fue discreto con sus aventuras. ANT **indiscreet 2** (sonrisa, gesto) discreto -a: *discreet inquiries* discretas averiguaciones

dis·creet·ly /dɪˈskriːtli/ adv discretamente, con discreción

dis·crep·an·cy /dɪsˈkrɛpənsi/ s [C,U] (pl **discrepancies**) discrepancia, falta de concordancia • [+between] *discrepancies between the two reports* discrepancias entre los dos informes

dis·crete /dɪˈskriːt/ adj separado -a, diferenciado -a

dis·cre·tion /dɪˈskrɛʃən/ s [U] **1** criterio, discrecionalidad • **at sb's discretion** a discreción/criterio de alguien: *Punishment is at the discretion of the teacher.* El castigo queda a discreción del profesor. • **leave sth to sb's discretion** dejar algo a criterio de alguien • **use your discretion** usar su propio criterio **2** discreción • **be the soul of discretion** ser la discreción personificada

EXPRESIONES
discretion is the better part of valor la prudencia es buena consejera

di·scre·tion·a·ry /dɪˈskrɛʃəˌnɛri/ adj discrecional

dis·crim·i·nate /dɪˈskrɪməˌneɪt/ v **1** [I] discriminar • **discriminate against sb** discriminar a alguien: *a policy that discriminates against disabled people* una política que discrimina a los discapacitados • **discriminate in favor of sb/sth** favorecer a alguien/algo, discriminar a favor de alguien/algo **2** [I,T] **discriminate between sth and sth** distinguir entre algo y algo • **discriminate sth from sth** distinguir algo de algo

dis·crim·i·nat·ing /dɪˈskrɪməˌneɪtɪŋ/ adj exigente, entendido -a

dis·crim·i·na·tion W3 /dɪˌskrɪməˈneɪʃən/ s [U]
1 discriminación • [+against]: *discrimination against women* discriminación de las mujeres • **racial/sex discrimination** discriminación racial/sexual
2 criterio, juicio ▶ REVERSE DISCRIMINATION

dis·crim·i·na·tor·y /dɪˈskrɪmənəˌtɔri/ adj dicriminatorio -a

dis·cus /ˈdɪskəs/ s **1** [C] (pl **discuses**) disco (en atletismo) **2 the discus** (el) lanzamiento de(l) disco

dis·cuss S2 W1 /dɪˈskʌs/ v [T]
1 hablar de, discutir: *Can we discuss this later?* ¿Podemos hablar de esto luego? • **discuss sth with sb** hablar de/discutir algo con alguien • **discuss what/who/where** hablar de lo que/de quién/de dónde
2 tratar, analizar (autor, artículo): *This topic will be discussed further in Chapter 4.* Este tema se tratará más a fondo en el capítulo 4.

⚠ **Discuss** va seguido directamente del sustantivo sin preposición:
They met to discuss (✗ discuss about) *arrangements for the party.*
We need to discuss (✗ discuss about) *this problem.*

dis·cus·sion S2 W2 /dɪˈskʌʃən/ s [C,U]
1 discusión, conversación, debate: *The issue has attracted a great deal of discussion in the media.* El asunto ha generado mucho debate en los medios. • [+with]: *a discussion with her husband* una conversación con su marido • [+between]: *discussions between the two governments* conversaciones entre los dos gobiernos • [+about]: *There was much discussion about women's rights.* Se discutió mucho sobre los derechos de la mujer. • **be under discussion** estar discutiéndose/debatiéndose • **hold discussions** mantener conversaciones
2 a discussion of sth un análisis de algo: *The report includes a discussion of the causes of global warming.* El informe analiza las causas del calentamiento global.

dis·dain¹ /dɪsˈdeɪn/ s [U] (frml) desdén

disdain² v [T] (frml) **1** desdeñar, despreciar **2 disdain to do sth** no dignarse hacer algo

dis·dain·ful /dɪsˈdeɪnfəl/ adj (frml) desdeñoso -a • **be disdainful of sth** desdeñar algo

dis·dain·ful·ly /dɪsˈdeɪnfəli/ adv (frml) con desdén, desdeñosamente

dis·ease S3 W1 /dɪˈziːz/ s [C,U] enfermedad(es) • **suffer from a disease** padecer una enfermedad • **heart/liver disease** enfermedades cardiacas/hepáticas • **catch a disease** contraer una enfermedad • **spread a disease** contagiar/propagar una enfermedad • **an infectious disease** una enfermedad infecciosa/contagiosa ▶ ver nota en ENFERMEDAD

dis·eased /dɪˈziːzd/ adj enfermo -a

dis·em·bark /ˌdɪsɪmˈbɑːrk/ v [I] (frml) desembarcar • **disembark from sth** desembarcar de algo

dis·em·bar·ka·tion /ˌdɪsɛmbɑːrˈkeɪʃən/ s [U] (frml) desembarque

dis·em·bod·ied /ˌdɪsɪmˈbɑːdid/ adj **1** [solo ante s] fantasmal **2** incorpóreo -a, inmaterial **3** [solo ante s] amputado -a

dis·em·bow·el /ˌdɪsɪmˈbaʊəl/ v [T] (**disembowelled, disembowelling**) destripar

dis·en·chant·ed /ˌdɪsɪnˈtʃæntɪd/ adj desencantado -a • [+with]: *I was becoming disenchanted with my job.* Empezaba a sentirme desencantado con el trabajo.

dis·en·chant·ment /ˌdɪsɪnˈtʃæntˀmənt/ s [U] desencanto

dis·en·fran·chise /ˌdɪsɪnˈfræntʃaɪz/ v [T] privar del derecho de voto

dis·en·fran·chised /ˌdɪsɪnˈfræntʃaɪzd/ adj **1** privado -a del derecho de voto **2 (a)** marginado -a, excluido -a **(b) the disenfranchised** [pl] los marginados

dis·en·gage /ˌdɪsɪnˈgeɪdʒ/ v **1 disengage from sth** desvincularse de algo **2 disengage yourself** soltarse, desprenderse **3** [I,T] liberar(se) (mecanismo) **4** [I] retirarse, batirse en retirada • **disengage from sth** retirarse de algo

dis·en·gage·ment /ˌdɪsɪnˈgeɪdʒmənt/ s [U] retirada (de las tropas)

dis·en·tan·gle /ˌdɪsɪnˈtæŋgəl/ v [T] desenmarañar, desenredar • **disentangle sth from sth** separar algo de algo

dis·fa·vor /dɪsˈfeɪvɚ/ s [U] (frml) desaprobación, hostilidad • **be in disfavor with sb** no contar con la aprobación de alguien, haber caído en desgracia con alguien

dis·fig·ure /dɪsˈfɪgyɚ/ v [T] desfigurar (el rostro), estropear, afear (el paisaje)

dis·fig·ured /dɪsˈfɪgyɚd/ adj desfigurado -a (rostro, cuerpo), estropeado -a, afeado -a (paisaje)

dis·fig·ure·ment /dɪsˈfɪgyɚmənt/ s **1** [U] desfiguración (del rostro, del cuerpo), afeamiento (del paisaje) **2** [C] deformación, elemento que afea

dis·fig·ur·ing /dɪsˈfɪgyɚrɪŋ/ adj [gralm ante s] desfigurador -a, que desfigura

dis·grace¹ /dɪsˈgreɪs/ s **1** [U] deshonra, oprobio • **in disgrace** deshonrado -a, en medio del oprobio • **bring disgrace on your family/country** ser una deshonra para su familia/país **2** [sing] vergüenza (cosa, persona) • **it is a disgrace that...** es una vergüenza/un escándalo que... • **be an absolute disgrace** ser una verdadera vergüenza/un verdadero escándalo • **be a disgrace to your family/profession** ser una vergüenza/deshonra para su familia/profesión

disgrace² v [T] **1** deshonrar, hacerle pasar vergüenza a • **disgrace yourself** hacer un papelón, hacer un papelazo, hacer el oso **2 be disgraced** ser desacreditado -a

dis·grace·ful /dɪsˈgreɪsfəl/ adj vergonzoso -a • **it is disgraceful that...** es vergonzoso que...

dis·grace·ful·ly /dɪsˈgreɪsfəli/ adv vergonzosamente, de forma vergonzosa

dis·grun·tled /dɪsˈgrʌntəld/ adj descontento -a, disconforme, inconforme

dis·guise¹ /dɪsˈgaɪz/ v [T] **1** disfrazar • **disguise yourself as sb** disfrazarse de alguien: *She disguised herself as a man.* Se disfrazó de hombre. • **(be) disguised as sb** (estar) disfrazado -a de algo **2** (sentimientos) disimular **3** (un objeto, un acento) disimular

disguise² s [C,U] disfraz • **in disguise** disfrazado -a ▶ be a BLESSING in disguise

dis·gust¹ /dɪsˈgʌst/ s [U] **1** indignación • **in disgust** indignado -a: *Barber walked out of the meeting in disgust.* Barber abandonó la reunión indignado. • **with disgust** indignado -a • **to sb's disgust** para indignación de alguien **2** asco • **with disgust** con asco

disgust² v [T] **1** indignar **2** darle asco a

dis·gust·ed /dɪsˈgʌstɪd/ adj indignado -a • [+at]: *We were disgusted at the way we'd been treated.* Estábamos indignados por la forma en que nos habían tratado. • [+with]: *I was disgusted with the behavior of the fans.* Estaba indignado con la conducta de los hinchas.

dis·gust·ed·ly /dɪsˈgʌstɪdli/ adv con indignación, con asco

dis·gust·ing S2 /dɪsˈgʌstɪŋ/ adj **1** (sabor, comida) asqueroso -a, desagradable: *a disgusting smell* un olor asqueroso SIN **revolting** **2** (trato, comportamiento, lenguaje) indignante, vergonzoso -a

dis·gust·ing·ly /dɪsˈgʌstɪŋli/ adv **1** (hum) asquerosamente: *They're disgustingly rich.* Son asquerosamente ricos. **2** asquerosamente, repugnantemente

dish¹ S2 W3 /dɪʃ/ s [C]
1 (recipiente) plato (para comer), fuente, platón (para cocinar, servir): *a serving dish* una fuente de servir •

[+of]: *a dish of salad* un plato de ensalada **2 the dishes** [pl] (de una comida) los platos, los trastes • **do/wash the dishes** lavar los platos • **dry the dishes** secar los platos **3** (comida) plato, platillo: *a traditional French dish* un plato típico francés **4** (objeto en forma de) plato: *a soap dish* una jabonera ▶ SATELLITE DISH, SIDE DISH

dish² v [T]

EXPRESIONES
dish the dirt (on sb) (coloq) sacar(le) los trapos/trapitos al sol (a alguien)
dish sth ↔ out v+partíc **1** servir algo (comida) **2** (coloq) repartir algo a diestra y siniestra
dish sth ↔ up v+partíc **1** servir algo (comida) **2** presentar algo (producido sin cuidado)

dish·cloth /ˈdɪʃklɔθ/ s [C] paño de cocina, limpión

dis·heart·en /dɪsˈhɑrtn/ v [T] (frml) desalentar, descorazonar

dis·heart·ened /dɪsˈhɑrt⌐nd/ adj (frml) desalentado -a, descorazonado -a

dis·heart·en·ing /dɪsˈhɑrt⌐n-ɪŋ/ adj (frml) desalentador -a, descorazonador -a

dis·heart·en·ing·ly /dɪsˈhɑrt⌐n-ɪŋli/ adv de forma desalentadora/descorazonadora

di·shev·eled /dɪˈʃɛvəld/ adj despeinado -a (pelo), desaliñado -a (ropa, aspecto)

dis·hon·est /dɪsˈɑnɪst/ adj deshonesto -a ANT **honest**

dis·hon·est·ly /dɪsˈɑnɪstli/ adv deshonestamente, de manera deshonesta

dis·hon·est·y /dɪsˈɑnɪsti/ s [U] falta de honestidad, deshonestidad

dis·hon·or¹ /dɪsˈɑnɚ/ s [U] (frml) deshonra, deshonor • **bring dishonor on your family/country** deshonrar a su familia/país ANT **honor**

dishonor² v [T] **1** (frml) deshonrar **2** devolver, rechazar (un cheque) ANT **honor**

dis·hon·or·a·ble /dɪsˈɑnərəbəl/ adj deshonroso -a, falto -a de ética

dis·hon·or·a·bly /dɪsˈɑnərəbli/ adv de forma deshonrosa, sin ética

'dish rack s [C] escurridor

dish·tow·el, dish towel /ˈdɪʃˌtaʊəl/ s [C] limpión, trapo de cocina

dish·wash·er S2 /ˈdɪʃˌwɑʃɚ/ s [C]
1 (máquina) lavavajillas, lavaplatos
2 (persona) lavacopas, lavaplatos

'dishwashing ˌliquid s [U] lavatrastes, lavavajillas (jabón líquido)

dish·y /ˈdɪʃi/ adj atractivo -a

dis·il·lu·sion /ˌdɪsəˈluʒən/ v [T] desilusionar

dis·il·lu·sioned /ˌdɪsəˈluʒənd/ adj desilusionado -a, desencantado -a • **become/grow disillusioned with sth** desencantarse de algo ▶ ver nota en DISAPPOINTED

dis·il·lu·sion·ment /ˌdɪsəˈluʒənmənt/ s [U] desilusión, desencanto

dis·in·cen·tive /ˌdɪsɪnˈsɛntɪv/ s [C] elemento disuasorio, desincentivo ANT **incentive**

dis·in·clined /ˌdɪsɪnˈklaɪnd/ adj **disinclined (for sth/to do sth)** mal dispuesto -a (hacia algo/a hacer algo)

dis·in·fect /ˌdɪsɪnˈfɛkt/ v [T] desinfectar

dis·in·fect·ant /ˌdɪsɪnˈfɛktənt/ s [C,U] desinfectante

dis·in·for·ma·tion /ˌdɪsɪnfɚˈmeɪʃən/ s [U] desinformación

dis·in·gen·u·ous /ˌdɪsɪnˈdʒɛnyuəs/ adj (frml) poco sincero -a

dis·in·her·it /ˌdɪsɪnˈhɛrɪt/ v [T] desheredar

dis·in·her·i·tance /ˌdɪsɪn'herɪtəns/ s [U] desheredamiento

dis·in·te·grate /dɪs'ɪntəˌgreɪt/ v [I] **1** (avión, muro) desintegrarse, hacerse pedazos **2** (país, sociedad) desintegrarse

dis·in·te·gra·tion /dɪsˌɪntə'greɪʃən/ s [U] **1** (de un avión, muro) desintegración **2** (de un país, una sociedad) desintegración

dis·in·terest /dɪs'ɪntrɪst/ s [U] **1** desinterés **2** imparcialidad

dis·in·terest·ed /dɪs'ɪntrɪstɪd, -'ɪntəˌrɛstɪd/ adj imparcial

dis·joint·ed /dɪs'dʒɔɪntɪd/ adj inconexo -a, deshilvanado -a

disk 🆂 /dɪsk/ s [C]
  1 disco, disco duro, disquete • **on disk** en un disco, en el disco duro, en un disquete
  2 (CD o DVD) disco
  3 (objeto en forma de) disco
  4 (en la columna vertebral) disco

'disk drive s [C] unidad de disco, disquetera

disk·ette /dɪ'skɛt/ s [C] disquete, diskette

'disk ˌjockey s [C] disk jockey, disc jockey

dis·like[1] /dɪs'laɪk/ v [T nunca en forma continua] encontrar desagradable algo o a alguien: *He disliked meat.* No le gustaba la carne. • *Why do you dislike her so much?* ¿Por qué te desagrada tanto?

dislike[2] s **1** [sing, U] desagrado, aversión • [+of]: *his dislike of being told what to do* lo poco que le gusta que le digan lo que tiene que hacer • **I took an instant dislike to him** Me cayó mal desde el principio. **2 dislikes** [pl] **one of his/her dislikes** una de las cosas que no le gustan • **likes and dislikes** *a list of likes and dislikes* una lista de cosas que a uno le gustan y cosas que no

dis·lo·cate /dɪs'loukeɪt, 'dɪslouˌkeɪt/ v [T] dislocar(se): *I dislocated my shoulder.* Me disloqué el hombro.

dis·lo·ca·tion /ˌdɪslou'keɪʃən/ s [C,U] dislocación

dis·lodge /dɪs'lɑdʒ/ v [T] **1** hacer caer/salir (de su posición normal), sacar, extraer (algo pegado o atascado) **2** desalojar

dis·loy·al /dɪs'lɔɪəl/ adj desleal • **be disloyal to sb** ser desleal con alguien ᴬᴺᵀ **loyal**

dis·loy·al·ly /dɪs'lɔɪəli/ adv de forma desleal

dis·loy·al·ty /dɪs'lɔɪəlti/ s [U] deslealtad

dis·mal /'dɪzməl/ adj **1** (lugar, tiempo) lúgubre, deprimente **2** (futuro, noticias) nefasto -a, funesto -a **3** (actuación, resultado) nefasto -a, pésimo -a • **a dismal failure** un fracaso estrepitoso

dis·mal·ly /'dɪzməli/ adv **1** pésimamente, desastrosamente **2** con desánimo

dis·man·tle /dɪs'mæntəl/ v [T] **1** desarmar **2** desmantelar

dis·may[1] /dɪs'meɪ/ s [U] consternación • **in dismay** consternado -a • **to sb's dismay** para consternación de alguien

dismay[2] v [T] dejar consternado -a

dis·mem·ber /dɪs'mɛmbər/ v [T] (frml) descuartizar

dis·miss 🆆🅳 /dɪs'mɪs/ v [T]
  1 rechazar (un rumor, una posibilidad) • **dismiss sth as ridiculous/unimportant** rechazar algo por considerarlo ridículo/irrelevante
  2 despedir (de un trabajo) • **dismiss sb for (doing) sth** despedir a alguien por (hacer) algo
  3 [gralm en pasiva] desestimar, sobreseer
  4 descartar, apartar de la mente (una idea)
  5 permitir retirarse, dejar salir: *Company dismissed!* ¡Rompan filas! • **class dismissed** (oral) la clase ha terminado

dis·miss·al /dɪs'mɪsəl/ s **1** [C,U] despido **2** [C,U] desestimación, sobreseimiento **3** [U] rechazo (de una idea, una sugerencia)

dis·mis·sive /dɪs'mɪsɪv/ adj desdeñoso -a, displicente

dis·mis·sive·ly /dɪs'mɪsɪvli/ adv desdeñosamente, displicentemente

dis·mount /dɪs'maunt/ v [I] bajarse (de una bicicleta, un caballo)

dis·o·be·di·ence /ˌdɪsə'bidiəns/ s [U] desobediencia
  ▶ CIVIL DISOBEDIENCE

dis·o·be·di·ent /ˌdɪsə'bidiənt/ adj desobediente
  ᴬᴺᵀ **obedient**

dis·o·bey /ˌdɪsə'beɪ/ v [I,T] desobedecer • **disobey a rule/an order** desobedecer una norma/una orden ᴬᴺᵀ **obey**

dis·or·der 🆆🄸 /dɪs'ɔrdər/ s
  1 [C] trastorno, afección • **a mental/blood disorder** un trastorno mental/sanguíneo
  2 [U] disturbios • **civil/public disorder** desórdenes públicos ᴬᴺᵀ **order**
  3 [U] desorden • **in disorder** desordenadamente ᴬᴺᵀ **order** ▶ EATING DISORDER

dis·or·dered /dɪs'ɔrdərd/ adj **1** trastornado -a **2** desordenado -a

dis·or·der·ly /dɪs'ɔrdəli/ adj **1** **be disorderedly** alterar el orden público • **disorderly conduct/ behavior** alteración del orden público **2** desordenado -a

dis·or·ga·nized /dɪs'ɔrgəˌnaɪzd/ adj desorganizado -a ᴬᴺᵀ **organized**

dis·o·ri·ent /dɪs'ɔriˌɛnt/ v [T] desorientar

dis·o·ri·en·ta·tion /dɪsˌɔriən'teɪʃən/ s [U] **1** (mental) desorientación **2** (espacial) desorientación

dis·o·ri·ent·ed /dɪs'ɔriˌɛntɪd/ adj **1** (confuso) desorientado -a **2** (perdido) desorientado -a

dis·o·ri·ent·ing /dɪs'ɔriˌɛntɪŋ/ adj **1** (mentalmente) desorientador -a **2** (espacialmente) desorientador -a

dis·own /dɪs'oun/ v [T nunca en forma continua] renegar de, desconocer

dis·par·age /dɪ'spærɪdʒ/ v [T] (frml) menospreciar

dis·par·age·ment /dɪ'spærɪdʒmənt/ s [C,U] (frml) menosprecio

dis·par·a·ging /dɪ'spærədʒɪŋ/ adj despreciativo -a, desdeñoso -a

dis·par·a·ging·ly /dɪ'spærədʒɪŋli/ adv despreciativamente

dis·par·ate /'dɪspərɪt/ adj (frml) dispar

dis·par·i·ty /dɪ'spærəti/ s [C,U] (pl **disparities**) (frml) disparidad

dis·pas·sion·ate /dɪs'pæʃənɪt/ adj desapasionado -a, ecuánime

dis·pas·sion·ate·ly /dɪs'pæʃənɪtli/ adv desapasionadamente, con ecuanimidad

dis·patch[1] /dɪ'spætʃ/ v [T] **1** (enviar) despachar **2** (ocuparse de) despachar **3** (liter) eliminar, dar muerte a

dispatch[2] s **1** [C] despacho (entre funcionarios, militares) **2** [C] despacho (de prensa) **3** [U] envío, despacho

dis·pel /dɪ'spɛl/ v [T] (**dispelled**, **dispelling**) (frml) disipar (temores, dudas), erradicar (creencias, ideas)

di·spen·sa·ble /dɪ'spɛnsəbəl/ adj prescindible

dis·pen·sa·ry /dɪ'spɛnsəri/ s [C] (pl **dispensaries**) farmacia (de un hospital)

dis·pen·sa·tion /ˌdɪspən'seɪʃən, -pɛn-/ s **1** [C,U] dispensa, permiso especial • **special dispensation** permiso especial **2** [U] (frml) **the dispensation of justice** la administración de justicia

dis·pense /dɪ'spɛns/ v [T] **1** (frml) suministrar, distribuir (alimentos, mantas) **2** (frml) brindar, dispensar

(asesoramiento, información) • **dispense justice** administrar justicia **3** expender (máquina) **4** dispensar (medicamentos)
dispense with sth *v+partíc* prescindir de algo: *Let's dispense with the formalities.* Vamos a prescindir de las formalidades.

dis·pens·er /dɪ'spɛnsəʳ/ *s* [C] máquina (expendedora) (de café, golosinas), dispensador, despachador (de jabón líquido)

di·sper·sal /dɪ'spɜʳsəl/ *s* [U] (*frml*) dispersión

dis·perse /dɪ'spɜʳs/ *v* [I,T] **1** dispersar(se) (personas) **2** disipar(se) (nubes), diluir(se) (líquido), dispersar(se) (gas, humo)

dis·pir·it·ed /dɪ'spɪrɪt̬ɪd/ *adj* (*frml*) desanimado -a, abatido -a

dis·pir·it·ed·ly /dɪ'spɪrɪt̬ɪdli/ *adv* (*frml*) con desánimo

dis·place /dɪs'pleɪs/ *v* [T] **1** reemplazar, ocupar el lugar de **2** (del hogar, del hábitat) desplazar, desalojar **3** (en física) desplazar, desalojar

dis·place·ment /dɪs'pleɪsmənt/ *s* [U] desplazamiento

dis·play¹ W2 /dɪ'spleɪ/ *s* (pl **displays**)
1 [C] muestra, exhibición • [+**of**]: *a display of children's work* una muestra de trabajos infantiles • **a window display** una vitrina, un aparador, un escaparate • **display case** (tb **display cabinet**) vitrina
2 [C] (de intérpretes, deportistas) exhibición • [+**of**]: *a display of acrobatics* una exhibición de acrobacias • **a fireworks display** un espectáculo de fuegos artificiales
3 [C] pantalla (de reloj, monitor)
4 [C] (entre animales) demostración, despliegue: *a mating display* un ritual de cortejo
EXPRESIONES
a display of emotion/affection una demostracion de sentimientos/afecto • **on display** expuesto -a **(a) put sth on display** exponer algo • **go on display** exponerse, quedar expuesto -a **(b)** desplegado -a

display² W3 *v* [T]
1 exhibir, exponer (objetos), mostrar (horarios, rótulos)
2 demostrar (emociones, cualidades)
3 mostrar (en pantalla)

dis·please /dɪs'pliz/ *v* [T] (*frml*) desagradar, disgustar ANT **please**

dis·pleased /dɪs'plizd/ *adj* (*frml*) disgustado -a

dis·pleas·ure /dɪs'plɛʒəʳ/ *s* [U] (*frml*) desagrado, disgusto

dis·pos·a·ble /dɪ'spoʊzəbəl/ *adj* **1** desechable, descartable: *disposable diapers* pañales desechables **2** disponible (activos, capital)

dis,posable 'income *s* [U] ingreso disponible

dis·pos·al /dɪ'spoʊzəl/ *s* **1** [U] eliminación (de residuos) • [+**of**]: *the safe disposal of waste* la eliminación segura de los residuos **2** [U] (*técn*) venta (de bienes, activos) **3** [U] (*frml*) disposición (de fondos) **4** [C] triturador (de basura/desperdicios) SIN **garbage disposal** ▶ BOMB DISPOSAL
EXPRESIONES
have sth at your disposal tener algo a su disposición

dis·pose /dɪ'spoʊz/ *v*
dispose of sth *v+partíc* **1** desechar algo, deshacerse de algo **2** vender algo

dis·posed /dɪ'spoʊzd/ *adj* **disposed to do sth** (*frml*) dispuesto -a a hacer algo • **disposed to sth** (*frml*) propenso -a a algo, con tendencia a algo • **be favorably/well disposed to/toward sth** mostrarse favorable a algo

dis·po·si·tion /ˌdɪspə'zɪʃən/ *s* (*frml*) **1** [C gralm sing] temperamento, carácter • **people of a nervous disposition** personas sensibles: *The movie is not suitable for people of a nervous disposition.* La película no es apta para personas sensibles. **2** [sing] propensión, predisposición

dis·pos·sess /ˌdɪspə'zɛs/ *v* [T gralm en pasiva] (*frml*) desposeer, despojar • **be dispossessed of sth** verse

desposeído -a/despojado -a de algo

dis·pos·ses·sion /ˌdɪspə'zɛʃən/ *s* [U] desposesión

dis·pro·por·tion /ˌdɪsprə'pɔrʃən/ *s* [C,U] (*frml*) desproporción

dis·pro·por·tion·ate /ˌdɪsprə'pɔrʃənɪt/ *adj* desproporcionado -a

dis·pro·por·tion·ate·ly /ˌdɪsprə'pɔrʃənɪtli/ *adv* desproporcionadamente

dis·prove /dɪs'pruv/ *v* [T] refutar, desmentir ANT **prove**

dis·pute¹ W3 /dɪ'spyut/ *s* [C,U] conflicto, discusión • **a dispute over/about sth** una discusión por algo • **a labor/dispute** un conflicto laboral • **a domestic dispute** una discusión/riña familiar • **be involved in a dispute** verse envuelto -a en un conflicto • **get into a dispute** trenzarse en una discusión • **resolve/settle a dispute** resolver/solucionar un conflicto
EXPRESIONES
be beyond dispute (*frml*) ser indiscutible, estar fuera de toda duda • **be in dispute** estar en discusión • **be open to dispute** ser discutible

dispute² *v* **1** [T] cuestionar, poner en duda • **dispute that** negar que, poner en duda que **2** [I,T] discutir, debatir

dis·qual·i·fi·ca·tion /dɪsˌkwɑləfə'keɪʃən/ *s* [C,U] descalificación, inhabilitación • **a disqualification from driving** suspensión de la licencia de conducir/manejo

dis·qual·i·fy /dɪs'kwɑləˌfaɪ/ *v* [T] (**disqualifies, disqualified, disqualifying**) **1** [gralm en pasiva] descalificar (en una competencia), inhabilitar (para un cargo) • **disqualify sb from a competition** descalificar a alguien • **disqualify sb from driving** suspenderle la licencia de conducir/manejo a alguien **2** excluir • **disqualify sb from sth** excluir a alguien de algo • **disqualify sb from doing sth** hacer a alguien no apto -a para hacer algo, impedir que alguien haga algo

dis·qui·et /dɪs'kwaɪət/ *s* [U] (*frml*) inquietud, desazón

dis·re·gard¹ /ˌdɪsrɪ'gɑrd/ *v* [T] ignorar, no tener en cuenta

disregard² *s* [sing, U] **disregard for sth** indiferencia hacia algo

dis·re·pair /ˌdɪsrɪ'pɛr/ *s* [U] **in disrepair** en mal estado • **fall into disrepair** deteriorarse

dis·rep·u·ta·ble /dɪs'rɛpyət̬əbəl/ *adj* (*frml*) deshonroso -a, vergonzoso -a (conducta, acción), de mala reputación (lugar) ANT **reputable**

dis·rep·u·ta·bly /dɪs'rɛpyət̬əbli/ *adv* deshonrosamente

dis·re·pute /ˌdɪsrə'pyut/ *s* [U] **bring sth into disrepute** desacreditar algo

dis·re·spect¹ /ˌdɪsrɪ'spɛkt/ *s* [U] falta de respeto • **show disrespect** ser una falta de respeto ANT **respect**

disrespect² *v* [T] faltar al respeto

dis·re·spect·ful /ˌdɪsrɪ'spɛktfəl/ *adj* irrespetuoso -a

dis·re·spect·ful·ly /ˌdɪsrɪ'spɛktfəli/ *adv* irrespetuosamente

dis·rupt /dɪs'rʌpt/ *v* [T] trastornar, impedir el desarrollo normal de (un proceso)

dis·rup·tion /dɪs'rʌpʃən/ *s* [C,U] trastorno(s)

dis·rup·tive /dɪs'rʌptɪv/ *adj* **1** revoltoso -a, alborotador -a • **a disruptive influence** una mala influencia **2** pernicioso -a, perjudicial

dis·sat·is·fac·tion /dɪˌsætɪs'fækʃən, dɪsˌsæ-/ *s* [U] insatisfacción, descontento

dis·sat·is·fied /dɪ'sætɪsˌfaɪd, dɪs'sæ-/ *adj* insatisfecho -a, descontento -a ANT **satisfied**

dis·sect /dɪ'sɛkt, daɪ-/ *v* [T] **1** (un cuerpo) hacer la disección de, disecar **2** (noticias, textos) diseccionar, analizar

dis·sec·tion /dɪ'sɛkʃən, daɪ-/ *s* [C,U] **1** (de un cuerpo) disección **2** (de noticias, textos) disección

dis·sem·i·nate /dɪ'semə,neɪt/ v [T] (frml) difundir, divulgar

dis·sem·i·na·tion /dɪ,semə'neɪʃən/ s [U] (frml) difusión, divulgación

dis·sent¹ /dɪ'sent/ s **1** [U] (frml) disenso, discrepancia **2** [C,U] (jur) en un tribunal, escrito en el que un juez da las razones de su disidencia con la mayoría ▶ CONSENT, ASSENT

dissent² v [I] (frml) disentir, discrepar

dis·sent·er /dɪ'sentə/ s [C] disidente

dis·ser·ta·tion /,dɪsə'teɪʃən/ s [C] tesis (de doctorado o maestría)

dis·serv·ice /dɪ'sɜːvɪs, dɪs'sɜː-/ s [sing] **do sb/sth a disservice** no hacerle ningún favor a alguien/algo, perjudicar a alguien/algo

dis·si·dence /'dɪsədəns/ s [U] disidencia

dis·si·dent /'dɪsədənt/ s [C] disidente

dis·sim·i·lar /dɪ,sɪmələ, dɪs'sɪ-/ adj (frml) disímil, distinto -a • **not dissimilar to sth** no muy distinto -a de algo

dis·sim·i·lar·i·ty /dɪ,sɪmə'lærəti, dɪs,sɪ-/ s [C,U] (frml) disimilitud, desemejanza

dis·si·pate /'dɪsə,peɪt/ v [I,T] (frml) **1** (humo, nubes) disipar(se) **2** (enojo, miedo) disipar(se)

dis·so·ci·ate /dɪ'soʊʃi,eɪt, -si,eɪt/ (tb **disassociate**) v **dissociate yourself from sb/sth** (frml) desvincularse de alguien/algo

dis·so·lute /'dɪsə,luːt/ adj (peyor, frml) disoluto -a

dis·so·lu·tion /,dɪsə'luːʃən/ s [U] **1** (del parlamento) disolución **2** (de una sociedad, un matrimonio) disolución **3** (de una institución) disolución

dis·solve /dɪ'zɑːlv/ v **1** (en un líquido) **(a)** [T] **dissolve sth in sth** disolver algo en algo **(b)** [I] disolverse • [+in]: *Sugar dissolves in water.* El azúcar se disuelve en agua. **2** [T] (el parlamento, una empresa) disolver **3** [T gralm en pasiva] (una sociedad, un matrimonio) disolver **4** [I] (timidez, objeciones) disiparse

dis·suade /dɪ'sweɪd/ v [T] (frml) disuadir • **dissuade sb from (doing) sth** disuadir a alguien de (hacer) algo

dis·sua·sion /dɪ'sweɪʒən/ s [U] (frml) disuasión

dis·tance¹ S2 W2 /'dɪstəns/ s
1 [C,U] (espacio) distancia • **the distance from Paris to Madrid/between Paris and Madrid** la distancia de París a Madrid/entre París y Madrid • **a short/long distance** una distancia corta/larga • **be some distance away** estar a cierta distancia, estar bastante lejos
2 [sing] (lugar) **from a distance** desde lejos • **in the distance** a lo lejos • **at a distance** de lejos ▶ LONG-DISTANCE, MIDDLE DISTANCE

distance² v [T] **distance sb from sb** distanciar a alguien de alguien

EXPRESIONES
distance yourself (from sb) distanciarse (de alguien) • **distance yourself from sth** tomar distancia de algo

dis·tant W3 /'dɪstənt/ adj
1 (esp escrito) (en el espacio) distante, lejano -a • **a distant sound/bell** un sonido distante/una campana lejana • **distant lands** tierras lejanas
2 (en el tiempo) lejano -a, remoto -a • **a distant memory** un recuerdo lejano • **the (dim and) distant past** el pasado remoto
3 (emocionalmente) distante
4 ausente (mirada)
5 [solo ante s] (pariente) lejano -a ANT **close**

dis·tant·ly /'dɪstəntli/ adv **1** remotamente, vagamente **2** a lo lejos

dis·taste /dɪs'teɪst/ s [sing, U] desagrado, aversión • **a distaste for sth** una aversión a algo

dis·taste·ful /dɪs'teɪstfəl/ adj desagradable • **find sth distasteful** encontrar algo de mal gusto

dis·taste·ful·ly /dɪs'teɪstfəli/ adv despectivamente

dis·tem·per¹ /dɪs'tempə/ s [U] moquillo

dis·till /dɪ'stɪl/ v [T] **1** (alcohol) destilar **2** (agua) destilar

dis·til·la·tion /,dɪstə'leɪʃən/ s [U] destilación

dis·till·er·y /dɪ'stɪləri/ s [C] (pl **distilleries**) destilería

dis·tinct /dɪ'stɪŋkt/ adj **1** (frml) (de otro tipo) distinto -a • **distinct from sth** distinto -a de algo **2** (no parecido) diferente, distinto -a • **as distinct from sth** en contraste con algo **3** (imagen, sonido) claro -a, inconfundible: *a distinct smell of burning* un olor inconfundible a quemado **4** [solo ante s] (impresión, sensación) claro -a, evidente • **sth is a distinct possibility** algo es una posibilidad real • **a distinct advantage** una clara ventaja

dis·tinc·tion S3 W3 /dɪ'stɪŋkʃən/ s
1 [C] distinción, diferencia • **draw a distinction (between)** establecer una distinción (entre)
2 [sing] honor, particularidad • **have/hold the distinction of (doing) sth** tener el honor/la particularidad de (hacer) algo
3 [U] mérito, carácter excepcional • **of (great) distinction** (muy) destacado -a • **with distinction** con gran mérito, excepcionalmente

dis·tinc·tive /dɪ'stɪŋktɪv/ adj inconfundible, característico -a

dis·tinc·tive·ly /dɪ'stɪŋktɪvli/ adv inconfundiblemente, típicamente

dis·tinc·tive·ness /dɪ'stɪŋktɪvnɪs/ s [U] particularidad, carácter inconfundible

dis·tinct·ly /dɪ'stɪŋktli/ adv **1** (percibir) claramente • **distinctly remember** recordar perfectamente • **distinctly see/hear** ver/oír claramente **2** (escrito) (muy) claramente, decididamente **3** (hablar, pronunciar) con claridad

dis·tin·guish W3 /dɪ'stɪŋgwɪʃ/ v
1 [I,T] (discriminar) distinguir, diferenciar • **distinguish between** distinguir entre • **distinguish sth from sth** distinguir algo de algo
2 [T nunca en forma continua] (caracterizar) distinguir • **distinguish sth/sb from sth/sb** distinguir algo/a alguien de algo/alguien
3 [T nunca en forma continua] (escrito) (percibir) distinguir
4 distinguish yourself destacarse, distinguirse

dis·tin·guish·a·ble /dɪ'stɪŋgwɪʃəbəl/ adj **1** distinguible, diferenciable • **be distinguishable from sth** distinguirse de algo **2** distinguible, perceptible

dis·tin·guished /dɪ'stɪŋgwɪʃt/ adj **1** (labor, trayectoria) destacado -a **2** (personaje, familia) distinguido -a, destacado -a **3** (persona, aspecto, modales) distinguido -a

dis·tort /dɪ'stɔːt/ v **1** [T] tergiversar **2** [I,T] distorsionar(se), deformar(se)

dis·tort·ed /dɪ'stɔːtɪd/ adj **1** distorsionado -a, deformado -a **2** tergiversado -a

dis·tor·tion /dɪ'stɔːrʃən/ s **1** [C,U] tergiversación **2** [C,U] distorsión

dis·tract S3 /dɪ'strækt/ v [T] distraer • **distract sb from sth** distraer a alguien de algo • **distract attention from sth** distraer la atención de algo

dis·tract·ed /dɪ'stræktɪd/ adj distraído -a • **be easily distracted** distraerse con facilidad

dis·tract·ed·ly /dɪ'stræktɪdli/ adv distraídamente

dis·trac·tion /dɪ'strækʃən/ s **1** [C] (cosa) distracción: *I can't work at home – there are too many distractions.* No puedo trabajar en casa, hay demasiadas cosas que me distraen. • [+from]: *For me, watching sports is a distraction from the stresses of life.* Ver deporte me sirve de distracción. **2** [U] (estado) distracción • **to distraction** hasta decir basta

EXPRESIONES
drive sb to distraction (frml) sacar a alguien de quicio

dis·traught /dɪ'strɔːt/ adj angustiado -a, consternado -a • [+over/about]: *He was distraught over the breakup of* *his marriage*. Estaba muy angustiado por la ruptura de su matrimonio.

dis·tress¹ /dɪ'strɛs/ *s* [U] **1** angustia, aflicción • [+**over**]: *their distress over the loss of their child* su angustia por la pérdida de su hijo • **in distress** angustiado -a **2** miseria, pobreza • **in distress** en la miseria **3 in distress** en peligro • **distress signal** señal de socorro ▶ **a DAMSEL in distress**

distress² *v* [T] angustiar, afligir • **it distresses sb to hear/see** a alguien lo angustia oír/ver

dis·tressed /dɪ'strɛst/ *adj* **1** angustiado -a, disgustado -a • [+**by**]: *He was distressed by the news*. La noticia lo angustió. • [+**at/about**]: *My client is distressed at the treatment she received*. Mi clienta está disgustada por el trato recibido. • **be distressed to hear/see** llevarse un disgusto al oír/ver **2** [solo ante s] (*frml*) con dificultades económicas

dis·tress·ing /dɪ'strɛsɪŋ/ *adj* angustioso -a, angustiante

dis·trib·ute 🔲 /dɪ'strɪbyət/ *v* [T] **1** (entregar) distribuir, repartir • **distribute sth among/to sb** distribuir/repartir algo entre alguien: *Clothes and blankets have been distributed to the refugees*. Se distribuyeron ropa y mantas entre los refugiados. **2** (dividir) distribuir, repartir **3 be distributed** distribuirse, extenderse

dis·tri·bu·tion 🔲 /ˌdɪstrə'byuʃən/ *s* [U] distribución

dis·trib·u·tor /dɪ'strɪbyətə/ *s* [C] **1** distribuidor -a, (empresa) distribuidora **2** (en un automóvil) distribuidor

dis·trict 🔲 🔲 /'dɪstrɪkt/ *s* [C] **1** barrio, zona (de una ciudad), región (de un país): *She works in the financial district*. Trabaja en la zona financiera. • *a suburban district* un barrio residencial ▶ ver nota en **BARRIO 2** distrito, circunscripción ▶ **RED-LIGHT DISTRICT**

ˌdistrict at'torney *s* [C] fiscal (de distrito), procurador -a

ˌdistrict 'court *s* [C] tribunal nacional, tribunal federal

dis·trust¹ /dɪs'trʌst/ *s* [U] desconfianza

distrust² *v* [T] desconfiar de

dis·trust·ful /dɪs'trʌstfəl/ *adj* desconfiado -a

dis·trust·ful·ly /dɪs'trʌstfəli/ *adv* con desconfianza

dis·turb 🔲 🔲 /dɪ'stɜb/ *v* [T] **1** molestar, interrumpir: *If she's sleeping, don't disturb her*. Si está durmiendo no la moleste. • **do not disturb** no molestar • **I am sorry to disturb you** perdone que lo moleste **2** perturbar, inquietar **3** desordenar, remover

EXPRESIONES
disturb the peace (*jur*) alterar el orden público

dis·turb·ance /dɪ'stɜbəns/ *s* **1** [C] (*frml*) disturbio, altercado • **cause/create a disturbance** provocar disturbios, provocar un altercado **2** [U] molestia(s)

dis·turbed /dɪ'stɜbd/ *adj* **1** perturbado -a, muy preocupado -a • [+**by/about/at**]: *He was deeply disturbed by what he saw*. Lo que vio le dejó muy perturbado. • **be disturbed to learn/hear** quedarse muy preocupado -a al saber/oír **2** trastornado -a • **mentally disturbed** trastornado -a • **emotionally disturbed** con problemas emocionales

dis·turb·ing /dɪ'stɜbɪŋ/ *adj* inquietante, perturbador -a

dis·use /dɪs'yus/ *s* [U] desuso • **fall into disuse** caer en desuso

dis·used /ˌdɪs'yuzd‹/ *adj* [gralm ante s] en desuso

ditch¹ /dɪtʃ/ *s* [C] zanja: *irrigation ditches* acequias

ditch² *v* **1** [T] (*coloq*) abandonar (un plan): *I think we should ditch the idea*. Creo que deberíamos abandonar la idea. **2** [T] (*coloq*) deshacerse de, botar (un objeto): *He ditched the car and escaped on foot*. Dejó botado el

carro y escapó a pie. **3** [T] (*coloq*) dejar, botar (a un novio) **4** [I] hacer un amerizaje/amaraje de emergencia

dith·er¹ /'dɪðə/ *v* [I] titubear • [+**about/over**]: *I dithered about what to wear*. No sabía qué ponerme.

dither² *s* **be/get in a dither** estar/ponerse muy nervioso -a

dith·er·er /'dɪðərə/ *s* [C] (*peyor*) indeciso -a

dit·to¹ /'dɪtoʊ/ *adv* (*coloq*) ídem, lo mismo

ditto² (tb **'ditto mark**) *s* [C] (pl **dittos**) comillas (de repetición)

dit·ty /'dɪti/ *s* [C] (*hum*) versito, cancioncilla

di·u·ret·ic¹ /ˌdaɪyə'rɛtɪk/ *s* [C] diurético

diuretic² *adj* diurético -a

di·va /'divə/ *s* [C] diva

di·van /dɪ'væn, 'daɪvæn/ *s* [C] **1** diván **2** cama turca, otomana

dive¹ /daɪv/ *v* [I] (**dived** o **dove** /doʊv/, **dived**) **1** zambullirse, tirarse de cabeza, echarse clavado -a • **dive into the water/pool/river** zambullirse en el agua/la piscina/el río • **dive off a board/cliff** tirarse de cabeza desde un trampolín/acantilado **2** [siempre + adv/prep] tirarse, saltar: *He dived to his left and caught the ball*. Se tiró a la izquierda y atrapó la pelota. • **dive for cover** ponerse a cubierto de un salto **3** bucear, hacer submarinismo • **go diving** ir a bucear • **dive for sth** buscar algo buceando bajo el agua **4** caer/lanzarse en picada ▶ **NOSE-DIVE, SCUBA DIVING, SKYDIVING**
dive in *v+partíc* zambullirse, tirarse de cabeza

dive² *s* [C] **1 make a dive (for sth)** tirarse (para agarrar algo) **2 take a dive** caer en picada (ventas, precios) **3** zambullida, salto de cabeza **4** caída en picada (de un avión, un pájaro) • **go into a dive** caer/bajar en picado **5** inmersión, buceo: *my first dive on the coral reef* la primera vez que buceé en el arrecife de coral **6** (*coloq*) antro, tugurio

EXPRESIONES
take a dive dejarse ganar

div·er /'daɪvə/ *s* [C] **1** buzo, buceador -a, submarinista **2** clavadista

di·verge /də'vɜdʒ, daɪ-/ *v* [I] **1** divergir, irse apartando **2** divergir, diferir • [+**from**]: *Her views diverged from his*. Sus opiniones divergían de las de él. **3** separarse, bifurcarse • [+**from**]: *the point where the two lines diverged from each other* el punto donde las dos líneas se separaban

di·ver·gence /də'vɜdʒəns, daɪ-/ *s* [C,U] **1** divergencia, discrepancia • [+**between**]: *political divergence between the US and Europe* divergencias políticas entre EU y Europa **2** divergencia, diferencia

di·ver·gent /də'vɜdʒənt, daɪ-/ *adj* divergente

di·verse /də'vɜs, daɪ-/ *adj* **1** diverso -a, distinto -a **2** diverso -a, variado -a • **culturally diverse** multicultural

di·ver·si·fi·ca·tion /dəˌvɜsəfə'keɪʃən, daɪ-/ *s* [U] (*técn*) **1** (del negocio) diversificación **2** (de las inversiones) diversificación

di·ver·si·fy /də'vɜsəˌfaɪ, daɪ-/ *v* (**diversifies, diversified, diversifying**) **1** [I,T] (empresa, economía) diversificar(se) • [+**into**]: *We diversified into other areas such as wine production*. Nos hemos diversificado, entrando en otros sectores, como el vitivinícola. **2** [I] (artista, profesional) diversificarse **3** [I] (especies, formas) diversificarse

di·ver·sion /də'vɜʒən, daɪ-/ *s* **1** [C gralm sing] (señuelo) distracción • **create a diversion** distraer la atención **2** [C,U] (*frml*) (entretenimiento) distracción • [+**from**]: *The course was a welcome diversion from work*. El curso me vino muy bien para olvidarme un poco del trabajo.

di·ver·sion·a·ry /də'vɜʒəˌnɛri, daɪ-/ *adj* (*escrito*) de distracción

di·ver·si·ty /də'vɜsəti, daɪ-/ *s* **1** [U] diversidad, variedad • **cultural/ethnic diversity** diversidad étnica/cultural

2 [sing] **a diversity of sth** una variedad de algo

di·vert /dəˈvɜːt, daɪ-/ v [T] **1** (el tráfico, un avión) desviar • **divert sth to/from** desviar algo a/de **2** (la corriente, un río) desviar **3** distraer, desviar la atención de: *One man diverted the driver while the other broke into his car.* Un hombre distrajo al conductor mientras el otro se introducía en su carro. • **divert attention/suspicion from sb/sth** desviar la atención/alejar las sospechas de alguien/algo **4** (*frml*) distraer, entretener

di·vest /dɪˈvest, daɪ-/ v [I,T] (*técn*) desinvertir, vender
divest sb of sth v+*partíc* **divest yourself of sth** (*técn*) desinvertir algo, deshacerse de algo

di·vide¹ S2 W2 /dəˈvaɪd/ v
1 [I,T] (en partes, grupos) dividir(se): *Divide the pizza evenly.* Divida la pizza en partes iguales. • **divide sth into sth** dividir algo en algo: *The book is divided into six sections.* El libro está dividido en seis partes. • **divide into sth** dividirse en algo: *We divided into groups of four.* Nos dividimos en grupos de cuatro.
2 [T] (zonas, países) dividir, separar • **divide sth from sth** separar algo de algo
3 [T] (tb **divide** ↔ **up**) dividir, repartir: *How will the money be divided?* ¿Cómo se va a repartir el dinero? • **divide sth between sth and sth** repartir algo entre algo y algo • **divide sth among sb** dividir algo entre alguien
4 (en matemáticas) **(a)** [I,T] dividir • **divide (sth) by sth** dividir (algo) entre/por algo: *12 divided by 4 is 3.* Doce dividido entre 4 es 3. • *Add 12, then divide by 10.* Suma 12 y después divide por 10. **(b)** [I] **divide into sth** *8 divides into 64 eight times.* 64 dividido por 8 es 8.
5 [I,T] dividir(se), escindir(se): *The incident has divided the community.* El incidente ha dividido a la comunidad.

EXPRESIONES
divide and conquer/rule divide y vencerás/reinarás

divide² s **1** [sing] división, enfrentamiento • [+**between**]: *the divide between north and south* la división entre el norte y el sur **2** [C] (línea) divisoria de aguas

di,vided 'highway s [C] autovía, carretera/autopista de doble carril

div·i·dend W3 /ˈdɪvəˌdend, -dənd/ s [C] dividendo (accionario) • **pay a dividend** pagar dividendos
EXPRESIONES
pay dividends compensar, reportar beneficios

di·vid·er /dəˈvaɪdər/ s [C] **1** mampara (en una habitación) **2** sardinel, separador (central) (en una autopista) **3** dividers [pl] compás de puntas

di'viding ,line s [C] línea divisoria

di·vine¹ /dəˈvaɪn/ adj divino -a: *man's belief in divine beings* la creencia del hombre en seres divinos • **divine intervention** intervención divina • **divine retribution** castigo divino

divine² v **1** [T] (*liter*) adivinar • **divine (that)** adivinar que **2** [I] buscar (agua/minerales con una vara de zahorí)

div·ing /ˈdaɪvɪŋ/ s [U] **1** (tb **'scuba diving**) buceo, submarinismo **2** clavados, saltos ornamentales

'diving board s [C] trampolín

di·vin·i·ty /dəˈvɪnəti/ s (pl **divinities**) **1** [U] teología **2** [U] (estado) divinidad **3** [C] (*liter*) (ser) divinidad

di·vis·i·ble /dəˈvɪzəbəl/ adj divisible • [+**by**]: *15 is divisible by 3.* 15 es divisible por 3. • [+**into**]: *The nervous system is divisible into four parts.* El sistema nervioso puede dividirse en cuatro partes.

di·vi·sion S3 W2 /dəˈvɪʒən/ s

1 de territorios, dinero
2 de una empresa, una organización
3 en un partido, un grupo
4 en la sociedad
5 en matemáticas
6 en deportes
7 del ejército

1 **DE TERRITORIOS, DINERO** [sing, U] división, reparto • [+**of**]: *the division of Korea in 1948* la división de Corea en 1948 • *a fifty-fifty division of profits* un reparto de beneficios al 50% • **the division of sth between/among sb** el reparto de algo entre alguien • **the division of sth into sth** la división de algo en algo
2 **DE UNA EMPRESA, UNA ORGANIZACIÓN** [C] departamento, sección: *the sales division* el departamento de ventas
3 **EN UN PARTIDO, UN GRUPO** [C,U] división, desacuerdo • [+**within**]: *divisions within the church* divisiones en el seno de la iglesia • [+**among/between**]: *a division between London and Paris over the Iraq war* un enfrentamiento entre Londres y París por la guerra de Iraq
4 **EN LA SOCIEDAD** [C] diferencia, división: *class divisions* diferencias de clase
5 **EN MATEMÁTICAS** [U] división
6 **EN DEPORTES** [C] división • **the first/second division** la primera/segunda división
7 **DEL EJÉRCITO** [C] división

di·vi·sion·al /dəˈvɪʒənəl/ adj [solo ante s] **1** (en deportes) de (la) división **2** (en el ejército) de división **3** (en una empresa, una organización) de departamento, de sección

di·vi·sive /dəˈvaɪsɪv, -ˈvɪs-/ adj divisivo -a, que causa divisiones

di·vorce¹ S3 W3 /dəˈvɔːs/ s [C,U] divorcio: *She said she wanted a divorce.* Dijo que quería el divorcio. • **get a divorce** divorciarse • **give/grant sb a divorce** darle/concederle a alguien el divorcio • **divorce proceedings** trámites de divorcio • **divorce rate** índice de divorcios • **divorce settlement** acuerdo de divorcio

divorce² S2 v
1 [I,T] divorciarse (de): *She threatened to divorce me.* Me amenazó con divorciarse de mí. • **be divorced from sb** estar divorciado -a de alguien
2 [T] (*frml*) divorciar, separar • **divorce sth from sth** divorciar algo de algo
EXPRESIONES
divorce yourself from sth apartarse/distanciarse de algo

di·vorced /dəˈvɔːst/ adj divorciado -a • **get divorced** divorciarse
EXPRESIONES
divorced from sth (*frml*) divorciado -a/separado -a de algo • **be divorced from reality** estar alejado -a de la realidad

di·vor·cee /dəˌvɔːˈsi, -ˈseɪ/ s [C] (*antic*) (mujer) divorciada

di·vulge /dəˈvʌldʒ, daɪ-/ v [T] divulgar, revelar • **divulge what/where** divulgar qué/dónde • **divulge sth to sb** revelarle algo a alguien

Dix·ie /ˈdɪksi/ (*coloq*) nombre que se les daba a los estados del Sur que lucharon contra el Norte en la Guerra Civil de EU

diz·zi·ness /ˈdɪzinɪs/ s [U] mareo(s), vértigo

diz·zy /ˈdɪzi/ adj (**dizzier, dizziest**) **1** mareado -a • **feel dizzy** marearse • **dizzy spells** mareos **2** **be dizzy with excitement/confusion** estar embargado -a por la emoción/sumido -a en la confusión **3** **dizzy pace/speed** ritmo vertiginoso/velocidad vertiginosa **4** (*coloq*) atolondrado -a
EXPRESIONES
reach (the) dizzy heights alcanzar la fama

DJ¹ /ˈdiː dʒeɪ/ s [C] (**disc jockey**) DJ

DJ² v [I] trabajar de DJ

Dji·bou·ti /dʒɪˈbuːti/ Yibuti

Dji·bou·ti·an¹ /dʒɪˈbuːtiən/ s [C] yibutiano -a

Djiboutian² adj yibutiano -a

DNA /ˌdiː en ˈeɪ/ s [U] (*técn*) (**deoxyribonucleic acid**) ADN

do¹ S1 W1 /də; *fuerte* duː/ v aux (**does** /dʌz/, **did** /dɪd/, **done** /dʌn/)
1 (para negativas e interrogativas) *Do you know his*

name? ¿Sabes su nombre? • *Where do you live?* ¿Dónde vives? • *I didn't say anything.* No dije nada.
2 (*oral*) (en preguntas al final de una oración) *You didn't go alone, did you?* No habrás ido sola, ¿no? • *The house looks lovely, doesn't it?* La casa es preciosa, ¿no?
3 (para enfatizar) *You do look beautiful!* ¡Qué bonita estás! • *Do be careful!* ¡Por favor, ten cuidado!
4 (para sustituir al verbo principal) *"I didn't hear you." "Yes, you did!"* –No te oí. –¡Claro que me oíste! • *She speaks much better English than I do.* Habla inglés mucho mejor que yo. • *"You broke my glasses!" "No, I didn't."* –¡Me rompiste las gafas! –Yo no fui. • **so does sb/sth** *"I need a rest." "Yeah, so do I."* –Necesito descansar. –Sí, yo también. • **neither does sb/sth** *"She didn't have any lunch." "Neither did I."* –No ha almorzado nada. –Yo tampoco.

do² S1 W1 /duː/ *v* (**does**, **did**, **done**)

1 una acción, una actividad
2 progresar
3 un efecto
4 un trabajo, una profesión
5 viajar
6 ser adecuado
7 un periodo de tiempo
8 una comida
9 un servicio, un producto
10 comportarse
11 una obra de teatro
12 una casa, una habitación
13 cobrar caro

1 UNA ACCIÓN, UNA ACTIVIDAD [T] hacer: *I did my homework.* Hice los deberes. • *She needed something exciting to do.* Necesitaba hacer algo emocionante. • **do the dishes/ironing** lavar los platos/planchar • **do business** hacer negocios • **do your hair/makeup** peinarse/maquillarse

2 PROGRESAR [I] *How are you doing? Are you nearly finished?* ¿Qué tal? ¿Ya estás terminando? • *How did she do in the race?* ¿Cómo le fue en la carrera? • **do well/badly** *He's doing very well at school this year.* Este año le está yendo muy bien en la escuela.

3 UN EFECTO [T] hacer • **do sth to sb/sth** hacerle algo a alguien/algo: *Can't you see what this is doing to our family?* ¿Es que no ves lo que esto le está haciendo a nuestra familia? • **do nothing/a lot** no hacer nada/hacer mucho: *The changes have done nothing to improve the situation.* Los cambios no han mejorado en nada la situación. • **do good/harm** beneficiar/perjudicar • **do sb good** hacerle bien a alguien

4 UN TRABAJO, UNA PROFESIÓN [T] dedicarse a, trabajar en: *What do you want to do when you finish school?* ¿A qué te quieres dedicar cuando termines los estudios? • *What does she do for a living?* ¿En qué trabaja?

5 VIAJAR [T] ir a (una velocidad), recorrer, hacer (una distancia): *I'm only doing 50 miles an hour.* Voy solo a 50 millas por hora. • *We did 300 miles on the first day.* Recorrimos 300 millas el primer día.

6 SER ADECUADO [I,T nunca en forma continua] valer, servir • **sth will do** *If you don't have butter, margarine will do.* Si no tienes mantequilla, se puede usar margarina.

7 UN PERIODO DE TIEMPO [T] (*coloq*) pasar, estar: *I did three years in the army.* Estuve tres años en el ejército.

8 UNA COMIDA [T] (*coloq*) hacer, preparar: *I could do you a salad.* Te puedo hacer una ensalada.

9 UN SERVICIO, UN PRODUCTO [T] ofrecer, tener: *We do all kinds of adventure vacations.* Ofrecemos vacaciones de aventura de todo tipo. • *They do mostly women's clothes.* Venden sobre todo ropa femenina. • *Do yo do sandwiches?* ¿Tienen sandwiches?

10 COMPORTARSE [I] hacer: *Do as you're told!* ¡Haz lo que se te dice!

11 UNA OBRA DE TEATRO [T] hacer, representar: *They did "Hamlet" last year.* El año pasado hicieron "Hamlet".

12 UNA CASA, UNA HABITACIÓN [T] pintar, empapelar: *We're going to do my office in blue.* Vamos a pintar mi oficina de azul.

13 COBRAR CARO [T] (*coloq*) estafar, timar: *I realized I'd been done.* Me di cuenta de que me habían estafado.
▶ be DONE for, HOW do you do?

EXPRESIONES

That'll do! ¡Basta!, ¡Ya párale! • **what is sb/sth doing?** ¿qué hace alguien/algo? • **what will you do for money/transportation?** ¿cómo tienes pensado conseguir dinero/moverte?
do away with v+*partíc* **1 do away with sth** suprimir algo, abolir algo **2 do away with sb** (*coloq*) liquidar a alguien, matar a alguien
do sth/sb ↔ down v+*partíc* criticar algo/a alguien
do sb in v+*partíc* **1** (*coloq*) reventar a alguien, agotar a alguien **2** (*coloq*) liquidar a alguien, matar a alguien
do sb out of sth v+*partíc* quitarle/birlarle algo a alguien
do over v+*partíc* **1** volver a hacer algo, rehacer algo • *if I had it to do over* si pudiera volver atrás **2 do sth ↔ over** pintar/empapelar algo (diferente de como estaba), redecorar algo
do up v+*partíc* **1 do sth ↔ up do your shirt/jacket/buttons up** abrocharse la camisa/el saco/los botones • **do your zipper up** subirse el cierre/la cremallera • **do your laces up** amarrarse/atarse los cordones/las agujetas, amarrarse los zapatos **2 do sth ↔ up** arreglar algo (pintando, reparando): *He likes to do up old cars.* Le gusta arreglar carros viejos.
do with sth v+*partíc* **1 sth/sb could do with sth** a algo/alguien le vendría bien algo: *I could do with a cold drink.* Me vendría bien una bebida fría. **2 have/be nothing to do with sb** no ser asunto de alguien: *My private life has nothing to do with you.* Mi vida privada no es asunto tuyo. • **have/be to do with sth** tener que ver con algo **3 what sb does with himself/herself** lo que hace alguien con su vida: *What will you do with yourself over the summer?* ¿Qué vas a hacer este verano? **4 what has sb done with sth?** ¿qué ha hecho alguien con algo?: *What have you done with the scissors?* ¿Qué has hecho con las tijeras?
do without v+*partíc* **1 do without sth** arreglárselas sin algo, prescindir de algo **2 do without** arreglárselas: *There's no milk, so we'll have to do without.* No hay leche, así que nos las tendremos que arreglar.

do³ *s* [C] (*coloq*) peinado SIN **hairdo**

EXPRESIONES

the dos and don'ts lo que se debe y no se debe hacer, las reglas básicas

do⁴, doh /doʊ/ *s* (*sing*, U) do

d.o.b. (*abrev escrita de* **date of birth**) fecha de nacimiento

do·a·ble /ˈduəbəl/ *adj* (*coloq*) factible

doc /dɑk/ *s* [C] (*coloq*, *oral*) doctor -a, médico -a

doc·ile /ˈdɑsəl/ *adj* dócil

do·cil·i·ty /dɑˈsıləti/ *s* [U] docilidad

dock¹ /dɑk/ *s* **1** [C] dársena **2** [C] (en un puerto) muelle **3 the docks** [pl] el puerto **4 the dock** el banquillo (de los acusados) • **in the dock** en el banquillo **5** [C] (en un lago, un río) muelle, embarcadero SIN **jetty 6** [C] (tb **loading dock**) zona de carga y descarga (de trenes, camiones)

dock² *v* **1** [I,T] atracar (barco) **2** [I] acoplarse (naves espaciales) • **dock with sth** acoplarse con algo **3** [T] descontar (salario): *They dock your wages if you're late.* Si llegas tarde, te descuentan dinero del sueldo.

dock·et /ˈdɑkıt/ *s* [C] **1** (*jur*) lista de casos (pendientes) **2** (lista de) temas pendientes • **on the docket** *So what's on the docket for today's meeting?* ¿Cuál es la orden del día para la reunión de hoy? SIN **agenda 3** (*técn*) recibo (de entrega), (nota de) remisión

dock·yard /ˈdɑkyɑrd/ *s* [C] astillero

doc·tor¹ S1 W1, Doctor /ˈdɑktər/ *s* [C]
1 (*abrev escrita* **Dr.**) médico -a, doctor -a • **go to the doctor** ir al médico • **see/visit a doctor** consultar a un médico

2 doctor -a (título de posgrado) • **a Doctor of Law/ Science** un doctor/una doctora en derecho/ciencias

EXPRESIONES
(just) what the doctor ordered (*coloq*) justo lo que hace/hacía falta

doctor² *v* [T] **1** falsear (un dato, una cifra), trucar (una foto) **2** adulterar

doc·tor·ate /'dɑktərɪt/ *s* [C] doctorado • [+in]: *a doctorate in economics* un doctorado en economía

doc·tri·nal /'dɑktrɪnl, dɑk'traɪnl/ *adj* [solo ante s] doctrinal

doc·trine /'dɑktrɪn/ *s* [C,U] **1** (religiosa, filosófica) doctrina **2** (militar, política) doctrina

doc·u·ment¹ S3 W2 /'dɑkyəmənt/ *s* [C]
1 (papel oficial) documento: *travel documents* documentos de viaje • *legal documents* documentos legales
2 (en informática) documento • **open/close a document** abrir/cerrar un documento • **save a document** guardar un documento, salvar un documento

doc·u·ment² /'dɑkyə,mɛnt/ *v* [T] **1** documentar, registrar • **document sth in sth** registrar algo en algo: *The findings were documented in a report.* Los resultados quedaron registrados en un informe. **2** documentar, respaldar con datos • **be well documented** estar bien documentado -a

doc·u·men·ta·ry¹ /,dɑkyə'mɛntri, -'mɛntəri/ *s* [C] (pl **documentaries**) documental: *documentary makers* documentalistas • [+on/about]: *a documentary on killer whales* un documental sobre las orcas

documentary² *adj* [solo ante s] **1** (fuente, prueba) documental • **documentary evidence/proof** pruebas documentales **2** (película, programa) documental

doc·u·men·ta·tion /,dɑkyəmən'teɪʃən/ *s* [U] **1** documentación **2** manual de usuario (de un computador, un programa): *the documentation that came with your new PC* el manual de usuario que venía con su nuevo computador

dod·der·ing /'dɑdərɪŋ/ *adj* vacilante (al moverse, caminar)

dodge¹ /dɑdʒ/ *v* **1** **(a)** [T] esquivar **(b)** [I] escabullirse • **dodge through/around** *George dodged around the truck.* George se escabulló detrás del camión. • **dodge behind sth** esconderse detrás de algo **2** [T] eludir • **dodge a question/issue** eludir una pregunta/un tema • **dodge the draft** no presentarse a la convocatoria para prestar el servicio militar

dodge² *s* [C] (*coloq*) artimaña, trampa

doe /doʊ/ *s* [C] cierva, coneja, cabra (hembra), canguro hembra, liebre hembra

does /dəz; *fuerte* dʌz/ 3ª per sing del presente de DO

does·n't /'dʌzənt/ *contrac de* **does not**

dog¹ S1 W1 /dɔg/ *s* [C]
1 perro -a
2 (perro/zorro/lobo) macho
3 (*coloq*) perrito caliente, hot dog
4 (*coloq*) porquería (en calidad)
5 dogs [pl] (*coloq*) pies, patas (de persona)
6 (*oral*) tramposo: *You sly old dog!* ¡Qué socarrón te has vuelto! • *He's a lucky dog.* Es un tipo con suerte. ▸ **be in the** DOGHOUSE, **the** HAIR **of the dog**, **let** SLEEPING **dogs lie**, **it's (a case of) the** TAIL **wagging the dog**

EXPRESIONES
a dog and pony show (*coloq*) un gran espectáculo (para vender un producto) • **dog eat dog** lucha a cara de perro, sálvese quien pueda • **a dog's life** (*oral*) una vida de perros • **every dog has its/his day** todo el mundo tiene su momento de gloria • **be going to the dogs** (*coloq*) irse a pique • **put on the dog** (*antic*) hacerse el rico/la rica

dog² *v* [T] (**dogged**, **dogging**) **1** perseguir (mala suerte, problemas): *Funding problems have dogged the project from the start.* Los problemas de financiación han marcado el proyecto desde su inicio. **2** acosar, perseguir (persona) **3** (*coloq*) burlarse de

'dog ,collar *s* [C] **1** collar (de perro) **2** (*coloq*) alzacuello

'dog-eared *adj* con las puntas dobladas (libro, página)

dog·fight /'dɔgfaɪt/ *s* [C] **1** combate aéreo **2** pelea de perros

dog·ged /'dɔgɪd/ *adj* tenaz

dog·ged·ly /'dɔgɪdli/ *adv* con tenacidad

dog·ged·ness /'dɔgɪdnɪs/ *s* [U] tenacidad

dog·ge·rel /'dɔgərəl, 'dɑ-/ *s* [U] poesía burda, generalmente de intención humorística o burlesca

dog·gone /,dɔ'gɔn◂/ (tb **dog·goned** /,dɔ'gɔnd◂/) *adj, adv* (*antic, oral*) (usado para enfatizar) *Where's that doggone book?* ¿Dónde está el maldito libro?

EXPRESIONES
Doggone it! ¡Maldita sea!

dog·gy, **doggie** /'dɔgi/ *s* [C] perrito -a

'doggy bag *s* [C] bolsa proporcionada por un restaurante para poder llevarse las sobras a casa

dog·house /'dɔghaʊs/ *s* [C] perrera (casita para un perro) SIN **kennel**

EXPRESIONES
be in the doghouse (*coloq*) haber caído en desgracia

dog·ma /'dɔgmə, 'dɑgmə/ *s* [C,U] dogma

dog·mat·ic /dɔg'mætɪk, dɑg-/ *adj* dogmático -a

dog·mat·i·cally /dɔg'mætɪkli, dɑg-/ *adv* dogmáticamente

do-good·er /'du ,gʊdɚ/ *s* [C] (*peyor*) persona muy caritativa o servicial, pero que resulta pesada o entrometida

'dog ,paddle *s* [U] (*coloq*) estilo perrito (al nadar), nado de perrito

,dog-'tired *adj* (*coloq*) rendido -a

doi·ly /'dɔɪli/ *s* [C] (pl **doilies**) blonda, carpeta

do·ing /'duɪŋ/ *s* **1** **be sb's (own) doing** ser obra/ser cosa de alguien **2** **take some doing** costar mucho trabajo **3** **doings** [pl] actividades

,do-it-your'self *s* [U] bricolaje

dol·drums /'doʊldrəmz, 'dɑl-/ *s* [pl] **1** estancamiento • **be in the doldrums** estar estancado -a **2** decaimiento • **be in the doldrums** estar/andar de capa caída **3** **the doldrums** la zona de calmas ecuatoriales

dole /doʊl/ *v*
dole sth ↔ out *v+partíc* repartir algo

dole·ful /'doʊlfəl/ *adj* (*escrito*) **1** alicaído -a, apesadumbrado -a **2** funesto -a, sombrío -a

doll¹ S3 /dɑl/ *s* [C]
1 muñeca, muñeco
2 (*coloq*) encanto (de persona)
3 (*antic, coloq*) muñeca (a una mujer) ▸ RAG DOLL

doll² *v*
doll sb up *v+partíc* **doll yourself up**, **get dolled up** (*coloq*) ponerse de punta en blanco

dol·lar S1 W1 /'dɑlɚ/ *s* [C]
1 (símb **$**) (unidad monetaria) dólar: *a contract worth over a billion dollars* un contrato por más de mil millones de dólares • *They spent millions of dollars.* Gastaron millones de dólares.
2 (billete, moneda) dólar: *He gave me a dollar.* Me dio un dólar. • **dollar bill** billete de un dólar • **a hundred-dollar/ twenty-dollar bill** un billete de cien/veinte dólares
3 **the dollar** (divisa estadounidense) el dólar ▸ **feel/look like a** MILLION **bucks/dollars**, **you can** BET **your bottom dollar (that)**

dol·lop¹ /'dɑləp/ *s* [C] **a dollop of mashed potato/ice-cream** una cucharada de puré de papas/una bola de helado

dollop² *v* [T] servir una cucharada/bola de

dol·phin /'dɑlfɪn, 'dɔl-/ *s* [C] delfín

do·main /doʊ'meɪn, də-/ *s* [C] (*frml*) **1** campo, ámbito: *the political domain* el campo de la política **2** terreno •

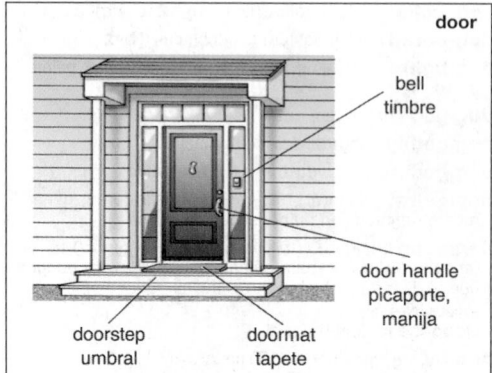

door

bell
timbre

door handle
picaporte,
manija

doorstep   doormat
umbral   tapete

be outside sb's domain caer fuera de la competencia de alguien **3** dominios, territorios

do'main ˌname s [C] (nombre de) dominio

dome /doʊm/ s [C] cúpula

domed /doʊmd/ adj **1** abovedado -a **2** abombado -a

do·mes·tic¹ W2 /dəˈmestɪk/ adj [solo ante s]
1 nacional: *the domestic economy* la economía nacional • *domestic flights* vuelos nacionales • *domestic policy* política interna
2 doméstico -a, del hogar • **domestic violence** violencia doméstica
3 hogareño -a
4 [solo ante s] doméstico -a (animal)
5 [solo ante s] de/para uso doméstico: *domestic fuel* combustible para uso doméstico • **domestic appliance** electrodoméstico

domestic² s [C] (antic) (empleado -a) doméstico -a

do·mes·ti·cat·ed /dəˈmestɪˌkeɪtɪd/ adj **1** domesticado -a **2** hogareño -a

do·mes·ti·ca·tion /dəˌmestɪˈkeɪʃən/ s [U] domesticación

do·mes·tic·i·ty /ˌdoʊmeˈstɪsəti/ s [U] vida doméstica/ hogareña

do,mestic 'partner s [C] (frml) pareja (con el o la que se convive)

do,mestic 'partnership s [C,U] convivencia (en pareja) de hecho

dom·i·nance /ˈdɑmənəns/ s [U] dominio, supremacía

dom·i·nant¹ /ˈdɑmənənt/ adj **1** (clase, ideología) dominante, predominante: *the dominant position in the group* la posición predominante en el grupo **2** (peyor) (persona, conducta) dominante: *a dominant personality* un carácter dominante **3** (color, rasgo) predominante, preponderante

dominant² s [C] dominante

dom·i·nate W2 /ˈdɑməˌneɪt/ v
1 [I,T] (equipo, grupo) dominar, predominar (en): *Movie directing is dominated by men.* En la dirección cinematográfica predominan los hombres.
2 [T] (persona) dominar, controlar
3 [T] (asunto, actividad) dominar, predominar en
4 [T] (edificio, objeto) dominar

dom·i·na·tion /ˌdɑməˈneɪʃən/ s [U] dominación

dom·i·neer·ing /ˌdɑməˈnɪrɪŋ/ adj (peyor) dominante, autoritario -a

Dom·i·ni·ca /ˌdɑməˈnikə, dəˈmɪnɪkə/ Dominica

Do·min·i·can¹ /dəˈmɪnɪkən/ s [C] dominico -a (religioso)

Dom·i·ni·can² /ˌdɑməˈnikən, dəˈmɪnɪkən/ adj dominiqués -esa (de Dominica)

do·min·ion /dəˈmɪnyən/ s **1** [U] (liter) dominio, poder • **have/hold dominion over sth/sb** ejercer el dominio sobre algo/alguien **2** [C] (frml) dominio, territorio

dom·i·no /ˈdɑməˌnoʊ/ s (pl **dominoes**) **1** [C] ficha de

dominó **2 dominoes** [U] dominó (juego)
EXPRESIONES
a domino effect un efecto dominó

don¹ /dɑn/ v [T] (**donned, donning**) (frml) ponerse (una prenda)

don² s [C] capo (mafioso)

do·nate S3 /ˈdoʊneɪt, doʊˈneɪt/ v [I,T]
1 donar • **donate sth to charity/the Red Cross** donar algo a instituciones benéficas/a la Cruz Roja
2 donate blood donar sangre • **donate an organ/a kidney** donar un órgano/un riñón

do·na·tion S3 /doʊˈneɪʃən/ s
1 [C] (de dinero) donación • **make a donation to sth** hacer una donación para algo
2 [C,U] (de sangre, órganos) donación
3 [U] (de ropa, juguetes) donación

done¹ /dʌn/ participio pasado de **DO**

done² adj [nunca ante s] **1** (trabajo) hecho -a, terminado -a • **over and done with** *I'll be glad when my final exams are over and done with.* Me va a parecer mentira cuando me haya quitado de encima los exámenes. **2** (persona) **be done** haber terminado: *I'm almost done here.* Ya casi termino. **3** (comida) hecho -a: *Is the pasta done yet?* ¿Ya está cocida la pasta? ▶ **be feel/ HARD done by**
EXPRESIONES
be done for (coloq) estar perdido -a, estar hecho -a • **be done in** (coloq) estar agotado -a/reventado -a • **be/have done with sth** terminar de una vez con algo

done³ interj hecho, trato hecho

don·key /ˈdɑŋki, ˈdʌn-, ˈdɔn-/ s [C] (pl **donkeys**) burro -a

do·nor /ˈdoʊnɚ/ s [C] **1** (de dinero, ropa) donante **2** (de sangre, órganos) donante, donador -a

don't /doʊnt/ contrac de **do not**

do·nut /ˈdoʊnʌt/ s variante de **DOUGHNUT**

doo·dad /ˈdudæd/ s [C] (coloq) cosa

doo·dle /ˈdudl/ s [C] garabato

doodle v [I,T] garabatear

doom¹ /dum/ s [U] (frml) fatalidad, desgracia: *He fell down a rocky cliff to his doom.* Encontró la muerte al caer desde un acantilado. • **impending doom** fatalidad inminente
EXPRESIONES
doom and gloom pesimismo

doom² v [T] condenar al fracaso/a la muerte, malograr • **doom sb/sth to sth** condenar a alguien/algo a algo

doomed /dumd/ adj condenado -a al fracaso/a morir: *the doomed flight* el fatídico vuelo • **be doomed to failure** estar condenado -a al fracaso

door S1 W1 /dɔr/ s [C]
1 (objeto) puerta • **open the door** abrir la puerta • **close/shut the door** cerrar la puerta • **answer the door** (ir a) abrir la puerta • **the kitchen/bathroom door** la puerta de la cocina/del baño • **door frame** marco de la puerta • **door handle** pomo, picaporte, manija ▶ ver nota en **PUERTA**
2 (hueco) puerta • **out (of) the door** por la puerta: *She walked out the door.* Salió por la puerta. • **in the door** por la puerta: *I walked in the back door.* Entré por la puerta de atrás. • **through the door** por la puerta: *every customer who comes through the door* todos los clientes que cruzan la puerta
3 (ocasión) **open the door to sth** abrir la(s) puerta(s) a algo • **open doors for sb** abrir puertas a alguien ▶ **behind CLOSED doors, be at DEATH's door, FRONT DOOR, NEXT DOOR, SHOW sb the door**
EXPRESIONES
at the door (a) esperando en la puerta: *I think there's somebody at the door.* Creo que llaman a la puerta. (b) en taquilla, en la puerta • **as one door closes, another (one) opens** cuando una puerta se cierra, otra se abre • **(from) door to door** (a) de puerta a puerta (b) de puerta en puerta • **out of doors** afuera, al aire libre

door·bell /'dɔrbɛl/ s [C] timbre (junto a la puerta)

door·knob /'dɔrnɑb/ s [C] pomo, perilla (de una puerta)

door·man /'dɔrmæn, -mən/ s [C] (pl **doormen** /-mɛn, -mən/) portero

door·mat /'dɔrmæt/ s [C] **1** tapete (de entrada) (para limpiarse los zapatos) **2** (*coloq*) **treat sb like a doormat** pisotear a alguien *Don't let him treat you like a doormat.* No permitas que te pisotee.

door·step /'dɔrstɛp/ s [C] umbral (de la puerta de entrada)
EXPRESIONES
on sb's doorstep (a) en casa de alguien **(b)** a un paso (de donde vive alguien), a la vuelta (de la esquina) **(c)** muy cerca de alguien

door-to-'door, door to door *adj, adv* a domicilio, (de) puerta a puerta: *They are interviewing residents door to door.* Van puerta a puerta entrevistando a los vecinos. • *a door-to-door salesman* un vendedor a domicilio

door·way /'dɔrweɪ/ s [C] puerta, entrada

dope¹ /doʊp/ s (*coloq*) **1** [U] yerba, mota (marihuana) **2** [C] (*oral*) bobo -a, idiota **3 the dope** la información más fresca • [+on]: *What's the dope on the new guy?* ¿Qué se sabe del tipo nuevo?

dope² (tb **dope up**) *v* [T] (*coloq*) drogar, dopar ▶ **DOPING**

dope³ *adj* [nunca ante s] (*coloq*) bueno -a, bien

dop·ey /'doʊpi/ *adj* (*coloq*) bobo -a

dop·ing /'doʊpɪŋ/ s [U] dopaje, doping

dork /dɔrk/ s [C] (*despec, coloq*) idiota, güevón -ona

dorm /dɔrm/ s [C] (*coloq*) residencia universitaria

dor·man·cy /'dɔrmənsi/ s [U] (*frml*) reposo vegetativo (de una planta), letargo (de un animal)

dor·mant /'dɔrmənt/ *adj* **1** latente (virus, bacteria), en reposo vegetativo (planta) • **lie dormant** estar/permanecer latente **2** inactivo (volcán)

dor·mer /'dɔrmɚ/ (tb **'dormer ,window**) s [C] claraboya (de buhardilla)

dor·mi·to·ry /'dɔrmə,tɔri/ s [C] (pl **dormitories**) residencia universitaria

dor·mouse /'dɔrmaʊs/ s [C] (pl **dormice** /-maɪs/) lirón

dor·sal /'dɔrsəl/ *adj* [solo ante s] (*técn*) dorsal

dos·age /'doʊsɪdʒ/ s [C] dosis

dose¹ /doʊs/ s [C] **1** (de un medicamento) dosis **2** (de una sustancia) **a dose of sth** una dosis de algo: *a small dose of radiation* una pequeña dosis de radiación **3 in small doses** en pequeñas dosis

dose² (tb **dose up**) *v* [T] administrarle un medicamento a • **dose yourself with sth** tomar algo • **dose sb with sth** administrar algo a alguien

dos·si·er /'dɑsi,eɪ, 'dɔ-/ s [C] dossier, expediente

dot¹ S3 /dɑt/ s [C]
1 (marca) punto
2 (*oral*) (en direcciones de Internet) punto
3 (en la lejanía) punto
4 (en código Morse) punto ▶ **POLKA DOT, the YEAR dot**
EXPRESIONES
on the dot (*coloq*) en punto, puntualmente: *I'm leaving at six on the dot.* Salgo a las seis en punto. • **on the dot of six/four thirty** a las seis/cuatro y media en punto

dot² *v* [T] (**dotted, dotting**) **1** [gralm en pasiva] **be dotted with trees/villages** estar salpicado -a de árboles/pueblitos • **be dotted around sth** estar desperdigado -a por algo **2** poner el punto a ▶ **DOTTED LINE**
EXPRESIONES
dot the i's and cross the t's (*coloq*) dar los últimos toques

dot-com¹, dot com /,dɑt 'kɑm/ *adj* [solo ante s] (*coloq*) puntocom

dot-com² s [C] (empresa) puntocom

dote /doʊt/ *v*
dote on/upon sb *v+partíc* adorar/mimar a alguien

dot·ing /'doʊtɪŋ/ *adj* [solo ante s] *a doting grandparent* un abuelo que la adora • *her doting husband* su esposo que la adora

dot·ing·ly /'doʊtɪŋli/ *adv* amorosamente, con adoración

dotted 'line s [C] línea punteada/de puntos
EXPRESIONES
sign on the dotted line firmar, comprometerse

dot·ty /'dɑti/ *adj* (*antic, coloq*) **1** chiflado -a **2** descabellado -a, disparatado -a

dou·ble¹ S3 W2 /'dʌbəl/ *adj*
1 (de dos partes) doble: *double doors* puertas de doble hoja • *a double sink* un lavaplatos doble
2 (dos veces mayor) doble: *a double whiskey* un whisky doble
3 (para dos) doble: *a double bed* una cama doble • *a double room* una habitación doble ▶ **SINGLE**
4 (que contiene dos) doble: *a double murder case* un doble caso de asesinato • **a double meaning** un doble sentido

double² S3 s
> **1** cantidad
> **2** para dos personas
> **3** bebida
> **4** persona
> **5** en tenis
> **6** en béisbol

1 CANTIDAD [U] el doble: *We'll pay double if it's ready before Friday.* Le pagaremos el doble si está listo antes del viernes.
2 PARA DOS PERSONAS [C] habitación doble, cama doble ▶ **SINGLE**
3 BEBIDA [C] doble
4 PERSONA [C] doble
5 EN TENIS doubles [U] dobles ▶ **SINGLES**
6 EN BÉISBOL [C] doble
EXPRESIONES
on the double a toda prisa • **double or nothing** doble o nada

double³ S3 *v*
1 [I,T] duplicar(se) • **double in size/value** duplicar su tamaño/valor • **double the number/size of sth** duplicar la cantidad/el tamaño de algo
2 [T] doblar (por la mitad) SIN **double ↔ up**
3 [I] (en béisbol) doblar
EXPRESIONES
double your fists cerrar los puños
double (up) as sth *v+partíc* hacer las veces de algo
double back *v+partíc* dar la vuelta, volver sobre sus pasos • **double back on yourself** retroceder sobre sus pasos
double up *v+partíc* **1 double up** doblarse, encogerse: *She doubled up in pain.* Se retorcía de dolor. **2 double sth ↔ up** doblar algo por la mitad

double⁴ *adv*
EXPRESIONES
be bent double doblarse: *Alice was bent double with laughter.* Alice se partía de risa. • **fold sth double** doblar algo por la mitad • **see double** ver doble

double⁵ S3 *predet* el doble de: *The painting's worth double what we paid for it.* La pintura vale el doble de lo que nos costó.

double 'agent s [C] agente doble

double-'barreled *adj* [gralm ante s] de dos cañones

double bass /,dʌbəl 'beɪs/ s [C] contrabajo

double 'bed s [C] cama doble, cama matrimonial

double 'bill s [C] programa doble

double-'book *v* [I,T] reservar para dos personas distintas

double-'breasted *adj* **a double-breasted coat/jacket** un abrigo/saco cruzado

double-'check¹ v [I,T] revisar, volver a mirar/comprobar

double-check² s [C] revisión, repaso, segunda comprobación

double 'chin s [C] papada

double-'click v [I,T] hacer doble clic (en): *Double-click on the picture you want and then press "print."* Haga doble clic en la imagen deseada y pulse "imprimir".

double-'cross¹ v [T] traicionar

double-cross² s [C] traición

double-'crosser s [C] traidor -a

double 'date s [C] salida de dos parejas juntas

double-'date v [I] salir dos parejas juntas

double-'digit adj [solo ante s] de dos dígitos

double 'digits s [pl] cifras de dos dígitos • **in (the) double digits** *Unemployment was in double digits.* El desempleo estaba en los dos dígitos.

double 'duty s **do double duty** hacer las veces, tener una doble función

double-'edged adj de doble filo

double-'header s [C] doble juego, dos partidos seguidos

double-'jointed adj **be double-jointed** tener articulaciones muy flexibles

double 'life s [C] doble vida • **lead/live a double life** llevar una doble vida

double-'park v [I,T] parquear en doble fila, estacionar(se) en doble fila

double 'play s [C] doble matanza

double 'standard s [C] (*peyor*) doble rasero, stándard

double 'take s **do a double take** volver a mirar (con incredulidad)

double 'time s [U] tarifa doble

double 'vision s [U] visión doble

double wham·my /ˌdʌbəl 'wæmi/ s [C] (*coloq*) doble desgracia

dou·bly /'dʌbli/ adv **1** doblemente, el doble: *Make doubly sure that everything is locked.* Asegúrese bien de que todo esté cerrado con llave. **2** doblemente, por dos motivos

doubt¹ S3 W2 /daʊt/ s [C,U] duda(s) • [+**about**]: *Elizabeth had no doubts at all about his abilities.* Elizabeth no tenía la menor duda sobre su capacidad. • **doubt (as to) whether/who/what** dudas sobre si/quién/qué: *There is doubt as to whether the deaths were accidental.* Hay dudas sobre si las muertes fueron accidentales. • **there's no/little doubt (that)...** no hay duda de que... • **have your doubts** tener sus dudas • **cast doubt on sth** poner algo en duda ▶ **give sb the BENEFIT of the doubt, be OPEN to question/doubt, beyond/without a SHADOW of a doubt**

EXPRESIONES
beyond doubt fuera de toda duda • **prove/show sth beyond doubt** demostrar algo inequívocamente • **be in doubt** ser dudoso -a/incierto -a • **no doubt** sin duda • **without doubt** sin duda, sin lugar a dudas

doubt² S2 W3 v [T nunca en forma continua] **1** (un hecho, un comentario) dudar (de) • **doubt (that)** dudar (de) que: *I doubt we'll ever see him again.* Dudo que volvamos a verlo. • **doubt if/whether** dudar (de) que: *I doubt whether I'll be able to find an affordable car.* Dudo que pueda encontrar un carro accesible. • **I doubt it** lo dudo **2** (una persona) dudar de: *How could he ever have doubted her?* ¿Cómo pudo haber dudado de ella?

doubt·ful /'daʊtfəl/ adj **1** [nunca ante s] incierto -a, poco probable • **it is doubtful if/whether...** es poco probable/no es seguro que... • **it is doubtful that...** es poco probable que... **2** dubitativo -a • **be doubtful if/whether** tener dudas sobre si, tener dudas de que • **be doubtful**

about (doing) sth tener dudas sobre (si hacer o no) algo

doubt·ful·ly /'daʊt⌐fəli/ adv dubitativamente, sin convicción

doubt·less /'daʊt⌐lɪs/ adv sin duda, seguramente: *Doubtless there will be some complaints.* Sin duda habrá quejas.

dough /doʊ/ s **1** [sing, U] masa (para pan, bollos, etc.) **2** [U] (*coloq*) guita, lana, plata

dough·nut, donut /'doʊnʌt/ s [C] donut, dona

dour /'daʊər, dʊər/ adj **1** adusto -a **2** deprimente, lúgubre

douse, dowse /daʊs/ v [T] **1** (llamas) apagar (con agua) **2 douse sth in/with sth** empapar algo con algo **3** (*escrito*) (una luz) apagar

dove¹ /dʌv/ s [C] **1** (ave) paloma **2** (en política) paloma

dove² /doʊv/ pasado de **DIVE**

dow·a·ger /'daʊədʒər/ s [C] viuda de un noble

dow·dy /'daʊdi/ adj **1** soso -a, sin gracia (ropa, cuarto) **2** sin estilo (mujer)

down¹ S1 W1 /daʊn/ adv ▶ **down** también forma parte de **phrasal verbs** como **turn sth down**, **break down**, etc., que figuran bajo el verbo correspondiente

1 ABAJO *Her hair hung down to her waist.* El pelo le caía hasta la cintura. • *She looked down from her window to the gardens below.* Miró por la ventana a los jardines de abajo. • *I'll be down in a minute.* Bajo en un momento. • **down below** abajo: *We could hear laughter down below.* Oíamos risas abajo. ANT **up**

2 AL SUELO *Many trees were blown down by the wind.* El viento derribó muchos árboles. • *They pushed me down on the ground.* Me empujaron y me tiraron al suelo.

3 EN UNA CALLE, UN PASILLO *He lives a few doors down.* Vive unas casas más allá. • *The park is just three streets down from here.* El parque solo está a tres calles de aquí.

4 AL SUR *We drove down from Boston.* Fuimos en carro desde Boston. • **down to** *People come down to Florida for the winter.* La gente viene a Florida a pasar el invierno. • **down south** en el sur ANT **up**

5 EN CANTIDAD, INTENSIDAD *Can I turn the volume down?* ¿Puedo bajar el volumen? • **down by** *Profits are down by 3%.* Las utilidades han disminuido un 3%. ANT **up**

6 INDICANDO ADHERENCIA, FIRMEZA *Stick the cover down with glue.* Pegue bien la tapa con pegamento.

7 EN UNA LISTA down for sth anotado -a en/para algo, apuntado -a en/para algo: *I'm down for both races.* Estoy anotada en las dos carreras.

8 EN UN PARTIDO be six points/one goal down ir perdiendo por seis puntos/un gol ANT **up**

9 A LA POSTERIDAD *These traditions have come down to us from medieval times.* Estas tradiciones nos llegan de la época medieval. • **down through the ages/years** a través de los tiempos/los años

10 EN INFORMÁTICA sin funcionar: *Our computers are down.* Nuestros computadores no funcionan. ANT **up**

11 COMO PAGO INICIAL *Drive away a new car with no money down.* Llévese un carro nuevo sin pago inicial.

12 LLANTA sin aire, desinflado -a

EXPRESIONES
be down to sb (a) corresponderle a alguien, depender de alguien **(b)** ser culpa de alguien • **be down to sth** deberse a algo • **we are down to our last $10/piece of bread** nos quedan solo 10 pesos/nos queda un solo trozo de pan • **Down with...!** ¡Abajo...!, ¡Fuera...! • **be down with sb** (*oral*) andar con alguien • **get sb down** deprimir a alguien

down² S1 prep

1 HACIA ABAJO *We ran down the stairs.* Bajamos corriendo las escaleras. • *Tears were running down his face.* Las lágrimas le corrían por la cara.

2 MÁS ABAJO *The bathroom's down those stairs.* El baño está bajando esas escaleras. • *There's an explanation farther down the page.* Hay una explicación más adelante en la misma página.
3 INDICANDO RECORRIDO por: *I was walking down the street.* Iba caminando por la calle.
4 EN UNA CALLE, UN PASILLO *There's another restaurant down the road.* Hay otro restaurante más adelante.
5 HACIA EL SUR *They sailed down the east coast of Africa.* Navegaron rumbo sur por la costa oriental de África.

down³ ⬛ *adj* [nunca ante s] deprimido -a, alicaído -a • **down in the mouth/dumps** deprimido -a, de capa caída

down⁴ *v* [T] **1** tomarse, beberse, tragarse **2** derribar

down⁵ *s* **1** [U] plumón **2** [C] down (en fútbol americano) **3 downs** [pl] colinas ▶ **UPS and downs**

down·beat /'daʊnbit/ *adj* pesimista

down·cast /'daʊnkæst/ *adj* (*escrito*) **1** abatido -a, desanimado -a **2** bajo -a (mirada, ojos)

down·er /'daʊnə/ *s* (*coloq*) **1** [sing] bajón (cosa que deprime) **2** [C] tranquilizante, sedante ▶ **UPPER**

down·fall /'daʊnfɔl/ *s* [sing] **1** caída: *the downfall of the Soviet Union* la caída de la Unión Soviética **2** perdición, ruina: *Greed was his downfall.* La avaricia fue su perdición.

down·grade /'daʊngreɪd/ *v* [T] **1** bajar de categoría (en el trabajo) ᴬᴺᵀ **upgrade 2** restar importancia a ᴬᴺᵀ **upgrade**

down·heart·ed /ˌdaʊn'hɑrtɪd◂/ *adj* [gralm no ante s] desmoralizado -a, desanimado -a

down·hill¹ /ˌdaʊn'hɪl/ *adv* cuesta abajo ᴬᴺᵀ **uphill**
> EXPRESIONES
> **go downhill** ir de mal en peor, venirse abajo

down·hill² *adj* en pendiente, cuesta abajo ᴬᴺᵀ **uphill**
> EXPRESIONES
> **it's (all) downhill (a)** todo va a ir sobre ruedas **(b)** todo va de mal en peor, todo va cuesta abajo

down·load¹ /'daʊnloʊd/ *v* [I,T] bajar(se), descargar(se) (de Internet) • **download sth from sth** descargar/bajar algo de algo: *You can download these games free from this site.* Puedes bajarte estos juegos gratis de este sitio web. ▶ **UPLOAD**

download² *s* **1** [C] archivo descargable/descargado **2** [C,U] descarga (de archivos o programas)

down·mar·ket¹ /'daʊnmɑrkɪt/ *adj* de poca categoría, dirigido a los sectores populares: *an area of downscale hotels* una zona de hoteles de baja categoría ᴬᴺᵀ **upscale**

downmarket² *adv* **go/move downscale** apelar a un sector más popular, hacerse menos selecto -a

ˌdown 'payment *s* [C] pago inicial, enganche

down·play /'daʊnpleɪ/ *v* [T] (**downplays, downplayed, downplaying**) restar importancia a, minimizar ꜱɪɴ **play down**

down·pour /'daʊnpɔr/ *s* [C] chaparrón, aguacero

down·right¹ /'daʊnraɪt/ *adj* [solo ante s] redomado -a (mentiroso, imbécil, etc.), descarado -a (mentira)

downright² *adv* (*coloq*) francamente, verdaderamente: *He's downright rude at times.* A veces es francamente grosero.

down·scale /'daʊnskeɪl/ *adj* de poca categoría, dirigido a los sectores populares ꜱɪɴ **downmarket** ᴬᴺᵀ **upscale**

down·shift /'daʊnʃɪft/ *v* [I] **1** bajar un cambio **2** cambiar la vida laboral (reduciendo el horario, la responsabilidad, etc.) para tener una mejor calidad de vida

down·side /'daʊnsaɪd/ *s* [sing] inconveniente, desventaja ᴬᴺᵀ **upside**

down·size /'daʊnsaɪz/ *v* [I,T] hacer una reducción de personal (en), racionalizar

down·siz·ing /'daʊnˌsaɪzɪŋ/ *s* [U] reducción de personal, racionalización de operaciones

Down's syn·drome /'daʊnz ˌsɪndroʊm/ (tb **Down Syndrome**) *s* [U] síndrome de Down

down·stairs¹ ⬛ /ˌdaʊn'stɛrz/ *adv* abajo, a/en la planta de abajo: *Rosie ran downstairs to answer the door.* Rosie bajó corriendo a abrir la puerta. ▶ **UPSTAIRS**

down·stairs² /'daʊnstɛrz/ *adj* [solo ante s] de abajo, de la planta baja ▶ **UPSTAIRS**

down·stairs³ /ˌdaʊn'stɛrz/ *s* **the downstairs** la planta baja ▶ **UPSTAIRS**

down·state¹ /'daʊnsteɪt/ *adj* [solo ante s] el sur de (un estado): *a town in downstate Illinois* una ciudad en el sur de Illinois ᴬᴺᵀ **upstate**

down·state² /ˌdaʊn'steɪt/ *adv* al sur de (un estado), en el sur (de un estado) ᴬᴺᵀ **upstate**

down·stream /ˌdaʊn'strim/ *adv* río abajo ᴬᴺᵀ **upstream**

ˌdown-to-'earth *adj* (*aprec*) sensato -a, con los pies en la tierra

down·town¹ ⬛ ⬛ /ˌdaʊn'taʊn◂/ *adv* al centro, en el centro (de una ciudad) ▶ **UPTOWN**

down·town² /'daʊntaʊn/ *adj* [solo ante s] del centro, en el centro (de una ciudad): *She works in downtown Miami.* Trabaja en el centro de Miami. ▶ **UPTOWN**

down·trod·den /'daʊnˌtrɑdn/ *adj* (*liter*) oprimido -a

down·turn /'daʊntɜn/ *s* [C] caída, descenso (de la economía, la producción, etc.) • [+**in**]: *a downturn in the auto industry* una caída de la industria automotriz ᴬᴺᵀ **upturn**

down·ward¹ /'daʊnwəd/ (tb **downwards**) *adv* **1** hacia/para abajo • **face downward** boca abajo ꜱɪɴ **down** ᴬᴺᵀ **up, upward 2** (a un nivel, valor inferior) *The temperature continued to drift downward.* La temperatura siguió descendiendo. • *We had to adjust our estimate downward.* Tuvimos que ajustar nuestro presupuesto a la baja.
> EXPRESIONES
> **from sb downward** de alguien para/hacia abajo: *The changes affect everyone from the CEO downward.* Los cambios afectan a todo el mundo, del director general para abajo.

downward² *adj* [solo ante s] **1** descendiente ᴬᴺᵀ **upward 2** a la baja • **a downward trend** una tendencia a la baja • **a downward spiral** una caída en espiral

down·wind /ˌdaʊn'wɪnd/ *adv* en la dirección del viento • [+**of**]: *people who live downwind of the factory* gente que vive en la zona a la que llegan las emanaciones de la fábrica

dow·ry /'daʊri/ *s* [C,U] (pl **dowries**) dote (que se aporta al matrimonio)

dowse /daʊz/ *v* variante de **DOUSE**

doz. (*abrev escrita de* **dozen**) docena

doze¹ /doʊz/ *s* [sing] siesta (corta)

doze² *v* [I] dormitar
doze off *v+partíc* quedarse dormido -a ꜱɪɴ **drop off, nod off**

doz·en ⬛ ⬛ /'dʌzən/ (*abrev escrita* **doz.**) (pl **dozen** o **dozens**)
1 a/two/three dozen *a dozen eggs* una docena de huevos • *two dozen people* dos docenas de personas • **half a dozen** media docena: *He made half a dozen phone calls.* Hizo media docena de llamadas.
2 dozens (*coloq*) muchos -as, decenas • [+**of**]: *She's had dozens of boyfriends.* Ha tenido cantidades de novios.
▶ **they are a DIME a dozen, it's SIX of one and half a dozen of the other**

do·zy /'doʊzi/ *adj* amodorrado -a, somnoliento -a

D.Phil. /di 'fɪl/ *s* [C] **1** doctor -a (universitario) **2** título de doctor

Dr. *abrev escrita de* **1** DOCTOR **2** DRIVE

drab /dræb/ *adj* **1** (ropa, paisaje) soso -a, gris; (color) apagado -a SIN **dull** **2** (vida, existencia) anodino -a, aburrido -a ▶ DRIBS AND DRABS

dra·co·ni·an /dræ'koʊniən/ *adj* (*frml*) draconiano -a

draft¹ /dræft/ *s* **1** [C] **(a)** borrador • **a rough draft** un borrador • **a first draft** una primera versión • **the final draft** la versión final **(b)** [ante otro s] **a draft constitution/treaty/law** un proyecto de constitución/tratado/ley **2** [C] (tb **bank draft**) letra de cambio (respaldada por un banco) **3** **the draft** el llamado a filas, la conscripción SIN **conscription** **4** [C gralm sing] en algunos deportes, sistema por el cual equipos profesionales seleccionan jugadores universitarios

EXPRESIONES
on draft de barril

draft² *v* [T] **1** escribir/redactar el borrador de **2** [gralm en pasiva] **be/get drafted (into the army)** ser llamado -a a filas SIN **conscript** **3** seleccionar (a un jugador universitario) para que se incorpore a un equipo profesional

draft sb into sth *v+partíc* *After college her brother was drafted into the family business.* Al terminar la universidad, incorporaron a su hermano al negocio familiar. • *Two new players have been drafted into the squad.* Incorporaron a dos nuevos jugadores universitarios al equipo.

'draft ˌdodger *s* [C] persona que no se presenta a la convocatoria para realizar el servicio militar ▶ CONSCIENTIOUS OBJECTOR

drafts·man /'dræftsmən/ *s* [C] (pl **draftsmen** /-mən/) delineante, dibujante

draft·y /'dræfti/ *adj* (**draftier**, **draftiest**) con corrientes de aire: *It's drafty in here.* Hay mucha corriente aquí.

drag¹ S2 W3 /dræg/ *v* (**dragged**, **dragging**)

1 por el piso
2 con violencia
3 con dificultad
4 obligar
5 en informática
6 durar
7 vaciar

1 **POR EL PISO** **(a)** [T] arrastrar • **drag sth/sb into sth** arrastrar algo/a alguien hasta algo: *I dragged the table into the kitchen.* Arrastré la mesa hasta la cocina. **(b)** [I] **drag on/along the ground** arrastrar por el suelo: *Her skirt dragged on the ground.* La falda le arrastraba por el suelo.

2 **CON VIOLENCIA** [T siempre + adv/prep] *Several protesters were dragged away by police.* La policía se llevó a rastras a varios manifestantes. • *He grabbed her arm and dragged her into the room.* La agarró por el brazo y la arrastró hasta la habitación. • **drag sb to the ground** derribar a alguien

3 **CON DIFICULTAD** **drag yourself up the stairs/out of bed** subir las escaleras/levantarse con gran esfuerzo

4 **OBLIGAR** [T siempre + adv/prep] (*coloq*) llevar a rastras: *We had to drag the kids out of the pool.* Tuvimos que sacar a los niños de la piscina por la fuerza. • **drag yourself away from sth** despegarse de algo

5 **EN INFORMÁTICA** [T siempre + adv/prep] arrastrar • **drag and drop** arrastrar y soltar

6 **DURAR** [I] hacerse eterno -a/interminable

7 **VACIAR** **drag a lake/river** dragar un lago/río ▶ LOOK what the cat dragged in!

EXPRESIONES
drag your feet/heels (*coloq*) dar muchas vueltas/dar largas (a un asunto) • **drag sb's name through the mud** manchar el buen nombre de alguien

drag down *v+partíc* **1** **drag sth** ↔ **down** hacer que algo baje **2** **drag sb** ↔ **down** deprimir a alguien **3** **drag sb** ↔ **down** arrastrar a alguien: *Don't let them drag you down to their level.* No dejes que te arrastren a su nivel.

drag in *v+partíc* **1** **drag sth/sb** ↔ **in** sacar/traer algo/a alguien a colación **2** **drag sb** ↔ **in** meter/involucrar a alguien

drag sth/sb into sth *v+partíc* meter algo/a alguien en algo: *I'm sorry to drag you into this mess.* Siento meterte en este problema. • *Don't drag my family into this!* ¡No metas a mi familia en esto!

drag on *v+partíc* alargarse, eternizarse

drag sth ↔ out *v+partíc* alargar algo

drag sth out of sb *v+partíc* (son)sacar algo a alguien

drag up *v+partíc* **drag sth** ↔ **up** desenterrar algo (algo desagradable del pasado)

drag² S3 *s*
1 **a drag** (*coloq*) una lata, un camello
2 [U] (*coloq*) **in drag** travestido -a, vestido de mujer/vestida de hombre *a drag show* un espectáculo de travestis
3 [C] (de un cigarrillo) (*coloq*) **take a drag** dar una calada/fumada
4 (peso, lastre) **be a drag on sb** ser una carga para alguien • **be a drag on sth** ser un obstáculo/un lastre para algo
5 [sing, U] (en aerodinámica) (*técn*) resistencia (al aire)
6 **a drag** (*coloq*) un plomo, un latoso/una latosa ▶ DRAG RACE, MAIN DRAG

drag·on /'drægən/ *s* [C] dragón

drag·on·fly /'drægənˌflaɪ/ *s* [C] (pl **dragonflies**) libélula

'drag race *s* [C] carrera de dragsters (carrera de aceleración sobre una pista muy corta)

'drag ˌracing *s* [U] deporte que consiste en correr **drag races**

drain¹ S3 /dreɪn/ *v*
1 (líquido) **(a)** [T] (dejar) escurrir, drenar • **drain sth from sth** *Drain the grease from the potatoes.* Dejar que escurra el aceite de las papas. **(b)** [I] **drain away** vaciarse, escurrirse
2 [T] (arroz, pasta) colar, escurrir; (un recipiente) escurrir, vaciar
3 [I] (recipiente, platos) escurrirse, vaciarse; (arroz, pasta) colarse, escurrirse: *He washed the dishes and left them to drain.* Lavó los platos y los dejó escurrirse.
drain sth ↔ off (tb **drain sth** ↔ **out**) *v+partíc* dejar escurrir algo, vaciar algo

drain² *s* [C] **1** (tubería de) desagüe SIN **drainpipe** **2** alcantarilla, sumidero, coladera

EXPRESIONES
a drain on sth una sangría para algo • **down the drain** (*coloq*) botado -a (a la basura), echado -a por la borda: *That's money down the drain!* ¡Eso es botar el dinero! • **go down the drain** (país, organización) irse al garete, irse a pique

drain·age /'dreɪnɪdʒ/ *s* [U] **1** desagüe, alcantarillado • **drainage ditch** zanja de drenaje • **drainage system** alcantarillado, sistema de desagüe **2** drenaje

'drain board *s* [C] escurridero, escurridor (de platos)

drained /dreɪnd/ *adj* [nunca ante s] **1** agotado -a, exhausto -a **2** **well-drained/poorly drained** bien/mal drenado -a

drain·pipe /'dreɪnpaɪp/ *s* [C] (tubería de) desagüe SIN **drain**

drake /dreɪk/ *s* [C] pato (macho)

dra·ma W3 /'drɑmə, 'dræmə/ *s*
1 [C] obra/película/serie dramática, drama: *a courtroom drama* un drama judicial
2 [U] teatro: *twentieth-century drama* teatro del siglo XX
3 [U] arte dramático • **drama school** escuela de arte dramático
4 [C,U] dramatismo, drama
5 **make a drama out of sth** hacer un drama de algo

dra·mat·ic W2 /drə'mætɪk/ *adj*
1 (mejora, crecimiento) enorme, espectacular • **a dramatic increase/drop** un drástico aumento/descenso • **a dramatic change/shift** un cambio/giro radical • **a dramatic effect** un gran impacto

2 (paisaje) imponente; (suceso) emocionante
3 [solo ante s] (relacionado con el teatro) teatral, dramático
4 (exagerado) dramático -a, teatral

dra·mat·i·cally /drəˈmætɪkli/ *adv* **1** radicalmente, enormemente **2** teatralmente, con dramatismo

dra·mat·ics /drəˈmætɪks/ s **1** [U] arte dramático, teatro **2** [pl] (*peyor*) número, teatro (para llamar la atención) SIN **histrionics**

dram·a·tist /ˈdræmətɪst, ˈdrɑ-/ s [C] dramaturgo -a SIN **playwright**

dram·a·ti·za·tion /ˌdræmətəˈzeɪʃən, ˌdrɑ-/ s [C] adaptación (de una novela), dramatización (de un suceso)

dram·a·tize /ˈdræmə͵taɪz, ˈdrɑ-/ v [T] **1** (una novela) adaptar, llevar al cine/a la pantalla; (un suceso) dramatizar, llevar al cine/a la pantalla **2** (*peyor*) (exagerar) dramatizar

drank /dræŋk/ participio pasado de DRINK

drape /dreɪp/ v **1** [T gralm en pasiva] **be draped over sth** estar colocado -a sobre algo (formando pliegues): *His clothes were draped over the back of a chair.* Su ropa colgaba del respaldo de una silla. **2** [T gralm en pasiva] **be draped with sth** estar cubierto -a con/por algo: *The soldiers' coffins were draped with American flags.* Los ataúdes de los soldados estaban cubiertos con la bandera estadounidense. **3** [T] (un brazo, una pierna) **drape sth around/over sth** *I draped an arm around her waist.* Le pasé el brazo por la cintura. • *He draped a leg over an arm of the chair.* Pasó una pierna por encima del brazo del sillón.

drap·er·y /ˈdreɪpəri/ s **draperies** [pl] cortinaje, cortinas

drapes /dreɪps/ s [pl] cortinas ▶ CURTAIN

dras·tic /ˈdræstɪk/ adj drástico -a • **a drastic change** un cambio radical/drástico • **drastic action/measures** medidas drásticas

dras·ti·cally /ˈdræstɪkli/ adv drásticamente, radicalmente

draught /dræft/ s variante británica de DRAFT

draughts·man /ˈdræftsmən/ s variante británica de DRAFTSMAN

draugh·ty /ˈdræfti/ adj variante británica de DRAFTY

draw¹ S1 W1 /drɔ/ v (**drew** /dru/, **drawn** /drɔn/)

1	con lápiz, pinturas
2	espectadores, turistas
3	la atención
4	deducir
5	establecer
6	una diferencia
7	extraer
8	desplazarse
9	cortinas
10	conseguir
11	del banco
12	en un sorteo

1 CON LÁPIZ, PINTURAS, ETC. [I, T] dibujar: *She can draw really well.* Dibuja muy bien. • *He drew a picture of a tree.* Dibujó un árbol.

2 ESPECTADORES, TURISTAS, ETC. [T] atraer • **draw sb to sb/sth** *What first drew you to teaching?* ¿Qué fue lo que en un principio te atrajo de la enseñanza?

3 LA ATENCIÓN [T] **draw sb's attention** llamar/atraer la atención de alguien • **draw sb's attention to sth** hacer que alguien se fije en algo • **draw sb's eye** atraer la mirada de alguien • **draw attention to yourself** llamar la atención

4 DEDUCIR **draw a conclusion** llegar a una conclusión.

5 ESTABLECER [T] **draw a comparison/parallel between sth and sth** establecer una comparación/un paralelo entre algo y algo

6 UNA DIFERENCIA **draw a distinction** hacer una distinción, establecer una diferencia

7 EXTRAER [T] **draw sth from sth** sacar algo de algo: *She drew some papers from her briefcase.* Sacó unos papeles de su maletín. • **draw a sword** desenvainar una espada • **draw a gun/knife (on sb)** sacar una pistola/navaja (y amenazar a alguien)

8 DESPLAZARSE [I siempre + adv/prep] **draw into sth** *The Paris train drew into the station.* El tren de París entró en la estación. • **draw away** alejarse, apartarse: *The boat slowly drew away.* El barco se alejó lentamente. • **draw back** retroceder, apartarse: *The crowd drew back to let the police car through.* La multitud se apartó para dejar pasar a la patrulla. • **draw near/close** acercarse • **draw to a halt/stop** detenerse • **draw level with sb** alcanzar a alguien (en una carrera, etc.)

9 CORTINAS [T] **draw the curtains** correr las cortinas • **draw the blinds** subir/bajar las persianas

10 CONSEGUIR **draw sth from sth** obtener/extraer algo de algo • **draw comfort from sth** encontrar consuelo en algo • **draw satisfaction from sth** obtener satisfacción de algo • **draw inspiration from sth** inspirarse en algo

11 DEL BANCO [T] retirar, sacar (dinero) • **draw a check** girar/librar un cheque SIN **withdraw**

12 EN UN SORTEO [T] sacar, extraer (el número premiado, etc.) • **be drawn against sb** salir seleccionado -a para jugar contra alguien

EXPRESIONES
draw a blank no conseguir nada, no obtener ningún resultado • **draw blood (a)** hacer (que salga) sangre **(b)** (hacer daño moral) hacer sangre • **draw breath** respirar • **draw level** tener la misma cantidad de puntos, igualar el marcador • **draw the line** plantarse • **draw the line at doing sth** negarse a hacer algo • **draw to an end/a close** llegar a su fin • **draw a veil over sth** correr/echar un velo sobre algo, tender/echar un manto de silencio sobre algo • **draw the short straw** sacar la pajita más corta
draw sb aside *v+partíc* llevar a alguien aparte
draw back from sth *v+partíc* echarse atrás con respecto a algo
draw in/into *v+partíc* **draw sb ↔ in** atraer a alguien • **draw sb into sth** meter/involucrar a alguien en algo: *I refuse to be drawn into the argument.* Me niego a que me metan en la discusión.
draw on *v+partíc* **1 draw on sth** hacer uso de algo **2 draw on sth** echar mano de algo
draw out *v+partíc* **1 draw sth ↔ out** alargar algo **2 draw sb out** hacer que alguien se sienta cómodo y hable más **3 draw sth ↔ out draw money/$500 out** sacar dinero/500 dólares (de una cuenta bancaria)
draw up *v+partíc* **1 draw sth ↔ up** redactar algo (un contrato), elaborar algo (un plan, una lista) **2 draw up** detenerse, parar (vehículo) **3 draw up a chair** (tb **draw a chair up**) acercar una silla **4 draw yourself up (to your full height)** erguirse (todo lo alto -a que se es)

draw² S3 s [C]
1 empate: *The game ended in a draw.* El partido terminó en empate. SIN **tie**
2 (en juegos de azar) sorteo
3 (para un campeonato) sorteo
4 (para la gente, los turistas) atracción, gancho • [+for]: *a big draw for tourists* un gancho seguro para los turistas ▶ **be QUICK on the draw**

draw·back /ˈdrɔbæk/ s [C] inconveniente, desventaja

draw·bridge /ˈdrɔbrɪdʒ/ s [C] puente levadizo

drawer S2 /drɔr/ s [C] cajón, gaveta (de un mueble) ▶ CHEST OF DRAWERS

draw·ing /ˈdrɔ-ɪŋ/ s **1** [C] (obra) dibujo • **do a drawing** hacer un dibujo **2** [U] (técnica) dibujo **3** [C] sorteo • **prize drawing** sorteo de premios

'drawing board s [C] mesa de dibujo, tablero de dibujo
EXPRESIONES
go back to the drawing board volver al punto de partida

'drawing room s [C] sala, salón (de una casa) ▶ LIVING ROOM

drawl¹ /drɔl/ v **(a)** [T] decir arrastrando las palabras **(b)** [I] arrastrar las palabras

D

drawl² *s* [sing] acento o manera de hablar que consiste en alargar las vocales

drawn¹ /drɔn/ participio pasado de DRAW

drawn² *adj* demacrado -a

‚drawn-'out *adj* interminable, largo -a • **long drawn-out** eterno -a

draw·string /'drɔstrɪŋ/ *s* [C] cordel, tira, mecate (que cierra una bolsa, un pantalón, etc.)

dread¹ /drɛd/ *v* [T] tenerle terror a: *I was beginning to dread my parents' visits.* Estaba empezando a tenerles terror a las visitas de mis padres. • **dread doing sth** *I'm dreading going back to work.* Me da pánico volver al trabajo. • **I dread to think** no quiero ni pensar: *I dread to think how much we've spent.* No quiero ni pensar en lo que hemos gastado.

dread² *s* **1** [sing, U] terror, pánico • **fill sb with dread** aterrorizar a alguien **2 dreads** [pl] (*coloq*) rastas (en el pelo) SIN **dreadlocks**

dread·ful /'drɛdfəl/ *adj* **1** (accidente, noticia) espantoso -a, terrible: *How dreadful!* ¡Qué horror! • **feel dreadful** sentirse terriblemente mal **2** [solo ante s] (para enfatizar) espantoso -a, terrible: *a dreadful headache* un dolor de cabeza espantoso • *He'd made a dreadful mistake.* Había cometido un terrible error.

dread·ful·ly /'drɛdfəli/ *adv* (*frml*) **1** (muy) terriblemente: *I'm dreadfully sorry.* Lo siento muchísimo. **2** (muy mal) terriblemente mal: *You both behaved dreadfully!* ¡Se portaron terriblemente mal los dos!

dread·locks /'drɛdlɑks/ *s* [pl] rastas (en el pelo), cachumbos

dream¹ SI W2 /drim/ *s*
1 [C] (al dormir) sueño • **have a dream** soñar, tener un sueño • **in a dream** en un sueño • **a bad dream** una pesadilla • **Sweet dreams!** ¡Que sueñes con los angelitos! ▶ NIGHTMARE
2 [C] (deseo) sueño • **my/her dream of (doing) sth** mi/su sueño de (hacer) algo: *his dream of becoming world champion* su sueño de llegar a ser campeón mundial • **be a dream come true** ser un sueño hecho realidad • **not/never in your wildest dreams** ni en sus mejores sueños • **beyond my/her wildest dreams** como jamás me/se hubiese atrevido a soñar • **the man/woman/house of your dreams** el hombre/la mujer/la casa de sus sueños **3** [solo ante s] (ideal) sueño, maravilla: *every young girl's dream* el sueño de toda muchacha joven • *The car is a dream to drive.* Conducir este carro es una maravilla. ▶ AMERICAN DREAM, DAYDREAM

EXPRESIONES

In your dreams! (*coloq*) ¡Ni lo sueñes! • **like a dream** de maravilla

dream² S3 W2 *v*
1 [I, T] (al dormir) soñar • **dream about sb/sth** soñar con alguien/algo: *I dreamed about you last night.* Soñé contigo anoche.
2 (desear) [I, T] soñar • **dream of/about (doing) sth** soñar con (hacer) algo: *the type of job that people dream about* el tipo de trabajo con el que la gente sueña • *She dreamt of getting into Yale.* Soñaba con ser admitida en Yale.
3 [I] (estar absorto) soñar despierto -a, estar distraído -a SIN **daydream**

EXPRESIONES

Dream on! (*coloq*) ¡Sigue soñando! • **I/she never dreamed (that)...** nunca hubiese soñado que... • **never dreamed possible** *a freedom that they never dreamed possible* una libertad con la que nunca hubiesen soñado • **I wouldn't dream of (doing) sth** (*coloq*) ni se me ocurriría (hacer) algo, ni de fundas (haría algo): *I wouldn't dream of going without you!* ¡Ni se me ocurriría ir sin ti!

dream sth ↔ **up** *v+partíc* (un plan, una historia) *Who dreams up these ridiculous ideas?* ¿A quién se le ocurren estas ideas ridículas?

dream³ *adj* [solo ante s] *my dream car* el carro de mis sueños • *a dream home* una casa de ensueño

dream·er /'drimɚ/ *s* [C] soñador -a

dream·i·ly /'drimɪli/ *adv* con aire soñador

dream·like /'drimlaɪk/ *adj* onírico -a, de ensueño

dream·y /'drimi/ *adj* (**dreamier**, **dreamiest**) **1** soñador -a **2** fantasioso -a **3** tranquilo -a, relajante **4** (*antic*, *coloq*) de ensueño

drear·i·ly /'drɪrəli/ *adv* **1** sombríamente, con resignación **2** deprimentemente

drear·y /'drɪri/ (tb **drear** /drɪr/) *adj* (**drearier**, **dreariest**) deprimente, sombrío -a

dredge /drɛdʒ/ *v* [I, T] dragar
dredge sth ↔ **up** *v+partíc* **1** (*coloq*) sacar algo a relucir, desenterrar algo (una historia, un escándalo) **2** reavivar algo (un recuerdo, una imagen)

dredg·er /'drɛdʒɚ/ *s* [C] **1** draga (máquina) **2** espolvoreador (para azúcar, harina)

dregs /drɛgz/ *s* [pl] **1** restos, borra (de té, café) **2** (*despec*) escoria • **the dregs of humanity/society** la escoria de la humanidad/sociedad

drench /drɛntʃ/ *v* [T] empapar

drenched /drɛntʃt/ *adj* empapado -a • [+**with/in**]: *I woke up, drenched with sweat.* Me desperté, empapado de sudor.

dress¹ S1 W2 /drɛs/ *v*
1 [I,T] (ponerse ropa) (*esp escrito*) vestir(se): *She dressed quickly.* Se vistió rápidamente. • **dress yourself** vestirse (solo -a) • **dress for sth** vestirse para algo: *I went upstairs to dress for dinner.* Subí a vestirme para la comida. • **dress as sth** vestirse/disfrazarse de algo: *She decided to dress as an astronaut for the party.* Decidió disfrazarse de astronauta para la fiesta.
2 [T] (a un niño, un enfermo) vestir: *I washed and dressed the children.* Bañé y vestí a los niños. • **dress sb in sth** *She dressed him in a T-shirt and shorts.* Le puso una camiseta y unos pantalones cortos. • *My mother always used to dress me in pink.* Mi madre siempre me vestía de rosa.
3 [I] (de determinada manera) vestirse: *Why does he dress like that?* ¿Por qué se viste así? • *Dress warmly if you're going out.* Abrígate si vas a salir. • **dress casually** vestirse informal/de sport • **dress in black/white** vestirse de negro/blanco
4 [T] (una herida, un corte) curar
5 [T] (un pollo, un cangrejo) limpiar y preparar ▶ DRESSED

dress down *v+partíc* **1** vestirsese informal/de sport
2 dress sb ↔ **down** regañar a alguien SIN **tell off**

dress up *v+partíc* **1** disfrazarse • **dress up as sth** disfrazarse de algo: *The children all dressed up as pirates.* Todos los niños se disfrazaron de piratas. • **dress up in sth** ponerse algo: *They dressed up in soldiers' uniforms.* Se pusieron uniformes de soldado.
2 ponerse elegante **3 dress sth** ↔ **up** disfrazar algo (mejorar su aspecto) • **dress sth up as sth** *Everyone tried to dress their marriage up as a love match, but it wasn't.* Todo el mundo trató de hacer creer que se casaban por amor, pero no era cierto.

dress² S2 W2 *s*
1 [C] vestido (de mujer) • **in a dress** *a woman in a white dress* una mujer de vestido blanco ▶ SKIRT
2 [U] vestimenta, ropa: *I don't like his style of dress.* No me gusta su forma de vestir. • *The women wore traditional dress.* Las mujeres llevaban el traje tradicional. • **formal dress** ropa de etiqueta

'dress code *s* [C] normas de vestimenta

dressed /drɛst/ *adj* **1** vestido -a: *The children aren't dressed.* Los niños no están vestidos. • **get dressed** vestirse • **fully dressed** completamente vestido -a • **half dressed** a medio vestir, medio desnudo -a **2** [+**in**]: *He was dressed in a dark blue suit.* Tenía puesto un traje azul oscuro. • *The children were all dressed in white.* Los niños estaban todos vestidos de blanco. • *He was dressed as a police officer.* Estaba vestido de policía. • [+**for**]: *She was dressed for the beach.* Estaba vestida para ir a la playa. **3 be dressed up (a)** estar elegante **(b)** estar disfrazado -a: *He was dressed up as a cowboy.* Estaba disfrazado de vaquero. ▶ **WELL-DRESSED**

EXPRESIONES
be dressed to kill (*coloq*) estar vestido -a llamativamente

dress·er /'drɛsɚ/ s [C] **1** cómoda **2 be a snappy dresser** vestirse con elegancia: *He is known as a snappy dresser.* Se sabe que siempre está vestido a la última moda. ▶ **HAIRDRESSER**

dress·ing /'drɛsɪŋ/ s **1** [C,U] aliño, aderezo (para ensaladas) **2** [C,U] relleno (en cocina): *turkey with dressing* pavo relleno **3** [C] vendaje ▶ **SALAD DRESSING, WINDOW DRESSING**

'**dressing room** s [C] **1** probador, vestidor **2** camerino (de un teatro, un plató), vestier, vestidores (de un estadio, un pabellón)

'**dressing ˌtable** s [C] tocador

dress·mak·er /'drɛsˌmeɪkɚ/ s [C] modisto -a

dress·mak·ing /'drɛsˌmeɪkɪŋ/ s [U] costura, corte y confección

'**dress reˌhearsal** s [C] ensayo general

'**dress shirt** s [C] camisa de etiqueta

dress·y /'drɛsi/ adj (**dressier**, **dressiest**) de vestir, elegante

drew /dru/ pasado de **DRAW**

drib·ble[1] /'drɪbəl/ v **1** [I,T] babear: *He was dribbling ketchup out of his mouth.* Le chorreaba catsup de la boca. **2** [I siempre + adv/prep] chorrear • [+**down**]: *Sweat was dribbling down my face.* Me chorreaba sudor por la cara. **3** [I,T] driblar, driblear: *He dribbled the ball past his opponents.* Dribló a sus rivales.

drib·ble[2] s **1** [U] baba **2** [C] chorrito, hilo **3** [C] dribling

dribs and drabs /ˌdrɪbz ən 'dræbz/ s [pl] **in dribs and drabs** poco a poco

dried /draɪd/ adj seco -a: *dried flowers* flores secas • **dried fruit** fruta seca (pasas de uva, ciruelas pasas, etc.)

dri·er /'draɪɚ/ s variante de **DRYER**

drift[1] /drɪft/ v [I] **1** (en el aire, el agua) flotar, desplazarse • **drift across** *A few clouds drifted slowly across the sky.* Unas nubes atravesaban el cielo lentamente. • **drift out** *The boat had drifted out to sea.* La corriente se había llevado el barco mar adentro. **2** [siempre + adv/prep] (a un lugar) **drift into** entrar lentamente en: *Guests began to drift into the church.* Los invitados iban entrando poco a poco en la iglesia. • **drift off/away** irse yendo/dispersando • **drift from sth to sth** ir/pasar de algo a algo **3** [gralm + adv/prep] (al azar) ir sin rumbo a la deriva (persona), derivar (conversación), dispersarse (atención), vagar (mente) • **drift by/past** *Another hour drifted by.* Pasó otra hora. • **drift from sth to sth** *He'd drifted from one job to another.* Había ido sin rumbo de trabajo en trabajo. • **drift into sth** acabar metido en algo **4** (nieve, arena) acumularse **5** (sonido, olor) flotar
drift apart v+partíc distanciarse
drift off v+partíc (tb **drift off to sleep**) quedarse dormido -a

drift[2] s **1** [C] acumulación, montón (de nieve, arena) **2** [C] (*coloq*) sentido general, idea general • **if you get/catch my drift** ya sabes a qué me refiero **3 a drift to/toward sth** un giro gradual hacia algo **4** [sing, U] migración

drift·er /'drɪftɚ/ s [C] **1** (*peyor*) persona sin rumbo en la vida **2** pesquero (que usa redes de deriva)

drift·wood /'drɪftwʊd/ s [U] madera que flota a la deriva

drill[1] /drɪl/ s **1** [C] taladro (para madera, metal), fresa, torno (de dentista) • **drill bit** broca **2** [C] ejercicio (de aprendizaje): *grammar drills* ejercicios de gramática **3** [C] simulacro: *an air-raid drill* un simulacro de ataque aéreo **4 the drill** el procedimiento habitual, lo que hay que hacer **5** [U] instrucción (militar) **drill sergeant**

(tb **drill instructor**) suboficial a cargo de la instrucción de los reclutas ▶ **FIRE DRILL**

drill[2] v **1** [I,T] perforar • **drill a hole (in sth)** hacer un agujero (en algo) • **drill into sth** perforar algo • **drill through sth** perforar algo de lado a lado • **drill for oil/gas** hacer perforaciones en busca de petróleo/gas **2** [T] enseñar (mediante la repetición) • **be drilled in sth** *The crew has been well drilled in emergency procedures.* La tripulación está muy bien entrenada para actuar en caso de emergencia. • **drill sb in sth** enseñarle algo a alguien (haciéndoselo repetir) **3** [T] dar instrucción militar a
drill sth into sb v+partíc inculcarle algo a alguien

dri·ly /'draɪli/ adv variante británica de **DRYLY**

drink[1] S1 W1 /drɪŋk/ v (**drank** /dræŋk/, **drunk** /drʌŋk/) **1** [I,T] beber, tomar • **drink sth from/out of sth** beber algo de/en algo • **drink from/out of sth** beber de/en algo • **something to drink** algo de beber **2** [I] tomar (bebidas alcohólicas): *You drink too much!* ¡Tomas demasiado! • **drink heavily** tomar mucho • **drink and drive** manejar embriagado -a

EXPRESIONES
drink to sb's health beber a la salud de alguien, brindar por alguien • **drink like a fish** tomar mucho, beber como un camello • **drink sb under the table** tumbar a alguien bebiendo (sin embriagarse) • **drink yourself silly/into a stupor** ponerse como una cuba • **drink yourself to death** *If he goes on this way he'll drink himself to death.* Si sigue así, lo va a matar la bebida • **What are you drinking?** ¿Qué quieres tomar?
drink sth ↔ in v+partíc empaparse de algo, recrearse con algo
drink to sth/sb v+partíc **1** brindar por algo/alguien **2 drink a toast to sb** brindar por alguien **3 I'll drink to that!** (*oral*) ¡Brindo por eso!
drink up v+partíc **1** terminar de tomar **2 drink sth ↔ up** terminar(se) algo (una bebida): *Drink up your milk!* ¡Termínate tu leche!

drink[2] S2 W2 s **1** [C] (líquido) bebida: *Would you like a drink?* ¿Quieres algo de beber? • **a hot/cold drink** una bebida caliente/fría **2** [C] (trago) [+**of**]: *a drink of water* un poco de agua • **have a drink** tomar/beber algo • **take a drink (of sth)** beber un trago (de algo) **3** [U] (cosas para beber) bebida(s): *We've run out of drink.* Nos hemos quedado sin bebidas. • **food and drink** comida y bebida **4** [C] (bebida alcohólica) copa, trago • **go for a drink** ir/salir a tomar algo • **have a drink** tomarse una copa **5** [U] (alcohol) (la) bebida • **take to drink** darse a la bebida • **drive sb to drink** llevar a alguien a tomar/a la bebida ▶ **SOFT DRINK**

drink·er /'drɪŋkɚ/ s [C] bebedor -a, tomatrago • **be a heavy drinker** tomar mucho, ser un/una tomatrago • **beer/tea drinker** persona que suele tomar cerveza, té

drink·ing /'drɪŋkɪŋ/ s [U] la bebida, el alcohol

'**drinking ˌfountain** s [C] fuente (de agua) SIN **water fountain**

'**drinking ˌwater** s [U] agua potable

drip[1] /drɪp/ v (**dripped**, **dripping**) **1** [I] gotear (agua, sangre, cera) **2 (a)** [I] gotear (llave, herida), chorrear (pelo) • **be dripping with blood/water/sweat** chorrear sangre/agua/sudor **(b)** [T] chorrear

EXPRESIONES
be dripping with sth estar cargado -a/cubierto -a de algo

drip[2] s **1** [C] gota **2** [sing, U] (sonido) goteo **3** [C] (en medicina) goteo • **be on a drip** tener puesto suero **4** [C] (*coloq*) soso -a

drip-'dry adj que no necesita plancha (prenda de vestir)

drip·ping /'drɪpɪŋ/ s [U] grasa (de carne asada)

drive¹ S1 W1 /draɪv/ *v* (**drove** /droʊv/, **driven** /'drɪvən/)

1   guiar vehículo
2   trasladarse en carro
3   llevar en carro
4   tener como vehículo
5   obligar a irse
6   obligar a una acción
7   idea, deseo, ambición
8   en el trabajo
9   un clavo, un poste
10   un motor, una máquina
11   el ganado, un rebaño
12   la pelota, el balón
13   viento

1   **GUIAR VEHÍCULO** [I,T] manejar: *Can you drive?* ¿Sabes manejar? • *I've never driven a truck before.* Es la primera vez que manejo un camión. • **learn to drive** aprender a manejar

2   **TRASLADARSE EN CARRO** [I gralm + adv/prep] ir en carro, ir en auto: *Do you want to drive or take the bus?* ¿Vamos en carro o tomamos el bus?

3   **LLEVAR EN CARRO** [T siempre + adv/prep] **drive sb to the station/to school** llevar a alguien a la estación/al colegio (en carro) • **drive sb home** llevar a alguien a su casa (en carro)

4   **TENER COMO VEHÍCULO** [T] *He drives a blue Mercedes.* Tiene un Mercedes azul.

5   **OBLIGAR A IRSE** [T siempre + adv/prep] **drive sb from sth** obligar a alguien a abandonar algo

6   **OBLIGAR A UNA ACCIÓN** [T] **drive sb to sth** conducir/llevar a alguien a algo: *His financial losses drove him to suicide.* Las pérdidas económicas lo llevaron al suicidio. • **drive sb to do sth** llevar/impulsar a alguien a hacer algo • **drive sb crazy/insane** (*coloq*) volver loco -a a alguien • **drive sb to distraction** distraer a alguien • **drive sb to despair** llevar a alguien a la desesperación

7   **IDEA, DESEO, AMBICIÓN** [T] mover, impulsar • **be driven by sth** *She is driven by greed.* La mueve la codicia. • **drive sb on** empujar a alguien (a seguir adelante)

8   **EN EL TRABAJO** [T] exigir mucho de, hacer trabajar mucho • **drive yourself** exigirse

9   **UN CLAVO, UN POSTE** [T] **drive sth into sth** clavar algo en algo

10   **UN MOTOR, UNA MÁQUINA** [T] hacer funcionar, alimentar • **be driven by sth** funcionar con algo: *The ship is driven by nuclear energy.* El buque funciona con energía nuclear.

11   **EL GANADO, UN REBAÑO** [T] llevar: *We drove the cows into the barn.* Hicimos entrar las vacas al establo.

12   **LA PELOTA, EL BALÓN** [T] mandar, lanzar

13   **VIENTO** [T] empujar, llevar ▶ **drive sb to** DRINK, **drive yourself into the** GROUND

EXPRESIONES
drive a hard bargain regatear hasta el último centavo • **drive sth home (to sb)** dejar algo bien claro (a alguien) • **drive a wedge between sb** abrir una brecha entre alguien, sembrar la discordia entre alguien
drive at sth *v+partíc* **what sb is driving at** adónde quiere llegar alguien SIN **get at**
drive sb ↔ away *v+partíc* **1** hacer que alguien se aleje **2** espantar a alguien, ahuyentar a alguien
drive off *v+partíc* irse (conductor, vehículo)
drive on *v+partíc* seguir adelante, seguir manejando
drive up *v+partíc* llegar (en carro)

drive² S2 W2 *s*

1   en carro
2   esfuerzo conjunto
3   en informática
4   en una casa
5   necesidad física
6   iniciativa
7   de un motor
8   en tenis, golf

1   **EN CARRO** [C] viaje (en carro/auto): *a scenic drive* un trayecto por carretera con bonitos paisajes • **go for a drive** (tb **take a drive**) ir a dar una vuelta, ir a pasear (en carro) • **an hour's drive** un viaje de una hora (en carro)

2   **ESFUERZO CONJUNTO** [C sing] campaña • [+**for**]: *the drive for political freedom* la campaña en favor de la libertad política • **a drive to do sth** una campaña para hacer algo • **an economy drive** una campaña de ahorro

3   **EN INFORMÁTICA** [C] unidad de disco: *the C drive* la unidad de disco C

4   **EN UNA CASA** [C] entrada (para carros/autos)

5   **NECESIDAD FÍSICA** [C] instinto, impulso • **sex drive** apetito sexual

6   **INICIATIVA** [U] empuje • **drive to do sth** empuje para hacer algo

7   **DE UN MOTOR** [U] **front-/rear-wheel drive** tracción delantera/trasera

8   **EN TENIS, GOLF** [C] drive ▶ DISK DRIVE, TEST DRIVE ▶ ver nota en VIAJE

'drive-by¹ *adj* [solo ante s] **a drive-by shooting/killing/murder** asesinato perpetrado desde un carro en movimiento

drive-by² *s* [C] asesinato perpetrado desde un carro en movimiento

'drive-in¹ *s* [C] **1** autocine, autocinema **2** restaurante donde se puede pedir la comida desde el carro

'drive-in² *adj* [solo ante s] **1** *a drive-in movie theater* un autocine • *a drive-in restaurant* un restaurante donde se puede pedir la comida desde el carro **2** *We went to a drive-in movie on Friday.* El viernes fuimos a ver una película en un autocine.

driv·el /'drɪvəl/ *s* [U] tonterías

driv·en¹ /'drɪvən/ participio pasado de DRIVE

driven² *adj* **1** tenaz, tesonero -a **2** acumulado -a (nieve) ▶ **as** PURE **as the driven snow**

driv·er S2 W2 /'draɪvə/ *s* [C]
1 conductor -a, chofer: *She's a very good driver.* Maneja muy bien. • **taxi driver** taxista • **truck driver** camionero -a • **bus driver** conductor -a de bus, busero -a, camionero -a • **racing driver** piloto de carreras
2 (*técn*) controlador, driver (en informática): *a printer driver* un controlador de impresora
3 driver, madera (en golf)
EXPRESIONES
be in the driver's seat llevar las riendas ▶ BACK SEAT DRIVER, DESIGNATED DRIVER, HIT-AND-RUN driver, SLAVE DRIVER

'driver's ‚license (tb **'driver ‚license**) *s* [C] licencia de conducir/manejo

'drive-through¹, drive-thru *adj* [solo ante s] referido a restaurantes, bancos, etc. donde se atiende al cliente sin que tenga que parquear o bajarse del carro

'drive-through² *s* [C] restaurante, banco, etc. o parte del restaurante, banco, etc. donde se atiende al cliente sin que tenga que parquear o bajarse del carro

drive·way S3 /'draɪveɪ/ *s* [C] (pl **driveways**) entrada (para carros/autos) SIN **drive**

driv·ing¹ /'draɪvɪŋ/ *s* [U] actividad de manejar un vehículo: *I enjoy driving.* Me gusta manejar. • **dangerous driving** conducción/manejo imprudente • **driving conditions** condiciones de circulación • **driving instructor** instructor -a de escuela de conducción/manejo • **driving lesson** clase de manejo ▶ DRUNK DRIVING

driving² *adj* [solo ante s] **1** **driving rain** lluvias torrenciales • **driving snow** ventisca (de nieve) **2** **the driving force** el motor, la fuerza impulsora • [+**behind**]: *the driving force behind the project* el motor del proyecto **3** **driving ambition** fuerte ambición

'driving school *s* [C] escuela de conducción/manejo

'driving test *s* [C] examen de conducción/manejo

driz·zle¹ /'drɪzəl/ *v* **1** **it is drizzling** está lloviznando **2** [T siempre + adv/prep] echar un chorrito de (salsa)

3 [T siempre + adv/prep] rociar (pizzas, ensaladas)

drizzle² s [sing, U] llovizna

droll /droʊl/ adj divertido -a, gracioso -a

drone¹ /droʊn/ v [I] zumbar
drone on v+partíc hablar interminablemente

drone² s **1** [sing] sonsonete (de una voz), zumbido (de un motor) **2** [C] zángano (abeja) **3** [C] zángano -a (persona)

drool¹ /druːl/ v [I] **1** (perro, bebé) babear **2** (de admiración) babear(se) • **he was drooling over her/the car** se le caía la baba con ella/el carro

drool² s [U] baba

droop /druːp/ v [I] ponerse mustio -a, apachurrarse (planta, flor), colgar (brazo, mano)

drop¹ S1 W1 /drɑːp/ v

1	soltar sin querer
2	con intención
3	caer
4	dejarse caer
5	una parte del cuerpo
6	desde un avión
7	en carro
8	precio, nivel, temperatura
9	una idea, un plan
10	llevar a un sitio
11	no incluir
12	tema de discusión
13	un curso, los estudios
14	perder peso
15	un novio, una novia
16	una letra, un sonido
17	voz
18	viento

1 **SOLTAR SIN QUERER** [T] *I think I have dropped my keys somewhere.* Creo que se me cayeron las llaves en algún sitio.
2 **CON INTENCIÓN** [T] dejar, soltar: *You can drop your bag over there.* Deja la bolsa por ahí. • **drop litter** tirar basura (al suelo)
3 **CAER** [I] **drop to the floor/ground** caer al suelo
4 **DEJARSE CAER** [I siempre + adv/prep] **drop into/ onto sth** dejarse caer sobre algo, desplomarse en algo: *He dropped down into a chair, exhausted.* Agotado, se desplomó en una silla. • **drop to your knees** caer de rodillas
5 **UNA PARTE DEL CUERPO** **(a)** [T] bajar (los brazos), agachar, inclinar (la cabeza) **(b)** [I] *His hand dropped onto her shoulder.* Le puso una mano en el hombro.
6 **DESDE UN AVIÓN** [T] lanzar, tirar • **drop a bomb** tirar una bomba
7 **EN CARRO** [T siempre + adv/prep] dejar: *I'll drop you at the station.* Te dejo en la estación.
8 **PRECIO, NIVEL, TEMPERATURA** **(a)** [I] bajar, caer: *The temperature drops rapidly after dark.* La temperatura baja muy rápido por la noche. • **drop sharply/ dramatically** caer en picada/espectacularmente • **drop to 20%/$100** bajar al 20%/a 100 dólares • **drop below sth** caer por debajo de algo: *Wages have dropped way below the national average.* Los salarios han caído muy por debajo del promedio nacional. SIN **fall** ANT **rise** **(b)** [T] bajar, reducir: *We're dropping our prices again.* Volvemos a bajar los precios. SIN **reduce**
9 **UNA IDEA, UN PLAN** [T] abandonar, desechar: *The proposal was later dropped.* Luego se desechó la propuesta. • **drop everything** dejarlo todo • **drop the charges/a case** retirar los cargos/abandonar un caso
10 **LLEVAR A UN SITIO** [T siempre + adv/prep] dejar: *You can drop your stuff at my place.* Puedes dejar tus cosas en mi casa. SIN **drop off**
11 **NO INCLUIR** [T, usually passive] excluir, dejar fuera (a una persona), suprimir, omitir (un párrafo, una frase) • **drop sb from a team/list** excluir a alguien de un equipo/una lista

12 **TEMA DE DISCUSIÓN** [I,T] **drop the subject** dejar el tema, cambiar de tema • **let the subject/matter drop** dejar el tema, cambiar de tema • **drop it!** ¡basta!, ¡olvídalo!
13 **UN CURSO, LOS ESTUDIOS** [T] dejar, abandonar
14 **PERDER PESO** [T] bajar: *I need to drop 25 pounds.* Tengo que bajar 25 libras. SIN **lose** ANT **gain**
15 **UN NOVIO, UNA NOVIA** [T] (coloq) dejar, cortar con
16 **UNA LETRA, UN SONIDO** [T] **drop your h's** no pronunciar/comerse las haches
17 **VOZ** [I,T] bajar (de tono): *His voice dropped to a whisper.* Su voz se convirtió en un susurro.
18 **VIENTO** [I] amainar ▶ **DRAG and drop**, **you could HEAR a pin drop**, **my/her JAW dropped**

EXPRESIONES
drop dead **(a)** (coloq) caerse muerto -a **(b)** (coloq, oral) **drop dead!** ¡vete al diablo! • **drop sb a line/note** (coloq) escribirle unas líneas a alguien • **drop your pants** bajarse los pantalones • **until/till you drop** hasta no poder más
drop back v+partíc retroceder
drop behind v+partíc **1** quedarse atrás **2** retrasarse (en los estudios)
drop by v+partíc venir, ir (de visita) SIN **drop in**
drop in v+partíc venir, ir (de visita) • **drop in on sb** ir/pasar por la casa de alguien SIN **drop by**
drop off v+partíc **1 drop off** quedarse dormido -a • **drop off to sleep** quedarse dormido -a **2 drop sth/sb ↔ off** llevar algo/dejar a alguien (con el carro): *I'll drop you off on my way home.* Te dejo de camino a casa. **3 drop off** decaer, disminuir
drop out v+partíc **1** dejar los estudios • [+of]: *He dropped out of art school.* Abandonó la escuela de bellas artes. **2** abandonar • [+of]: *Matthew had to drop out of the race.* Matthew tuvo que abandonar la carrera. **3** adoptar un estilo de vida alternativo ▶ **DROP-OUT**

drop² S2 W3 s

1	líquido
2	pequeña cantidad
3	disminución
4	altura
5	de una cualidad
6	de mercancía, provisiones
7	golosina
8	medicamento

1 **LÍQUIDO** [C] gota: *a drop of rain* una gota de lluvia
2 **PEQUEÑA CANTIDAD** [C gralm sing] **a drop of milk/ vinegar** una gota de leche/vinagre, un chorrito de leche/vinagre
3 **DISMINUCIÓN** [sing] descenso, caída • [+in]: *a sudden drop in temperature* una descenso repentino de la temperatura • **a sharp/dramatic drop in sth** una caída en picada/espectacular de algo SIN **fall**, **reduction**
4 **ALTURA** [sing] caída: *a 30-foot drop* una caída de 30 pies • **a sheer drop** una caída vertical/a plomo
5 **DE UNA CUALIDAD** [gralm sing] gota • [+of]: *every drop of energy he has* cada gota de energía que tiene
6 **DE MERCANCÍA, PROVISIONES** [C] entrega • **an air drop** un lanzamiento de provisiones desde el aire
7 **GOLOSINA** [C] pastilla, caramelo
8 **MEDICAMENTO** **drops** [pl] gotas • **eye drops** gotas para los ojos

EXPRESIONES
a drop in the bucket una insignificancia • **do sth at the drop of a hat** hacer algo sin pensarlo dos veces • **not touch a drop** no probar una gota (de alcohol)

'drop-down ,menu s [C] menú desplegable

drop·let /'drɑːplɪt/ s [C] gotita

drop·out /'drɑːp-aʊt/ s [C] **1** persona que deja los estudios sin terminar • **a high-school/college dropout** persona que abandonó la escuela secundaria/la universidad **2** persona automarginada de la sociedad

drop·pings /'drɑːpɪŋz/ s [pl] excremento(s)

drought /draʊt/ s [C,U] sequía

drove¹ /droʊv/ pasado de DRIVE

drove² s **1 droves** [pl] multitud(es) • **arrive/go in droves** acudir/ir en masa **2** [C] manada, rebaño

drown /draʊn/ v **1** [I,T] ahogar(se) (en el agua) **2** (tb **drown sth ↔ out**) [T] ahogar (el sonido de) algo, no dejar oír algo **3** [I] **drown in sth** hundirse/sumirse en algo: *The country is drowning in debt.* El país está ahogado por las deudas. **4** [T] **drown sth in/with sth** inundar algo con algo (salsa, aceite)

EXPRESIONES
drown your sorrows ahogar las penas

drown·ing /ˈdraʊnɪŋ/ s **1** [U] *a fear of drowning* miedo a morir ahogado **2** [C] *There have been several drownings along this stretch of river.* Varias personas han muerto ahogadas en este tramo del río.

drow·si·ness /ˈdraʊzɪnɪs/ s [U] somnolencia

drows·y /ˈdraʊzi/ adj (**drowsier**, **drowsiest**) **1** somnoliento -a, adormecido -a **2** apacible

drudge /drʌdʒ/ s [C] esclavo -a (persona que hace un trabajo poco gratificante)

drudg·er·y /ˈdrʌdʒəri/ s [U] trabajo tedioso

drug¹ S1 W1 /drʌg/ s [C]
1 droga • **take/use drugs** drogarse • **do drugs** (coloq) drogarse • **be on drugs** drogarse • **hard/soft drugs** drogas duras/blandas • **drug overdose** sobredosis (de drogas) • **drug smuggling** narcotráfico • **drug trafficking** tráfico de drogas
2 droga, fármaco • **drug company** compañía farmacéutica ▸ MIRACLE drug

drug² v (**drugged**, **drugging**) **1** [T] drogar **2** [T gralm en pasiva] poner droga en

ˈdrug aˌbuse s [U] abuso de drogas, drogadicción

ˈdrug ˌaddict s [C] drogadicto -a

ˈdrug adˌdiction s [U] drogadicción

drug·gist /ˈdrʌgɪst/ s [C] farmacéutico -a

ˈdrug ˌrunner s [C] mula (de narcotráfico)

drug·store /ˈdrʌgstɔr/ s [C] farmacia, droguería

drum¹ S3 /drʌm/ s [C]
1 (instrumento) tambor: *a bass drum* un bombo • **on drums** a la batería • **play (the) drums** tocar la batería **2** barril **3** (de una lavadora, un freno) tambor ▸ BEAT the drum for sth/sb, EARDRUM

drum² v (**drummed**, **drumming**) **1** [I] tocar la batería **2** [I,T] repiquetear, retumbar • **drum your fingers (on sth)** tamborilear con los dedos (en algo)
drum sth into sb v+partíc meterle algo en la cabeza a alguien
drum sb out of sth v+partíc expulsar a alguien de algo
drum sth up v+partíc esforzarse por conseguir algo • **drum up support (for sth)** conseguir apoyo (para algo) • **drum up interest (in sth)** despertar el interés (en algo)

drum·mer /ˈdrʌmər/ s [C] baterista (músico)

drum·stick /ˈdrʌmˌstɪk/ s [C] **1** pata (de pollo, pavo) **2** baqueta (para tambor, batería)

drunk¹ /drʌŋk/ participio pasado de DRINK

drunk² adj [nunca ante s] borracho -a • **get drunk** emborracharse • [+on]: *I got drunk on vodka.* Me emborraché con vodka. • **drunk as a skunk** (coloq) borracho -a como una cuba, completamente borracho -a ▸ ROARING drunk

EXPRESIONES
drunk and disorderly (jur) estado de embriaguez y alteración del orden público • **be drunk with happiness/joy** estar loco -a de alegría

drunk³ (tb **drunk·ard** /ˈdrʌŋkərd/) s [C] borracho -a

ˈdrunk ˌdriver s [C] conductor -a en estado de embriaguez

ˌdrunk ˈdriving (tb **ˌdrunken ˈdriving**) s [U] conducción en estado de embriaguez

ˌdrunk-ˈdriving adj [solo ante s] *a drunk-driving accident* un accidente por manejar en estado de embriaguez

drunk·en /ˈdrʌŋkən/ adj [solo ante s] **1** borracho -a **2** de borracho -a: *a drunken brawl* una pelea de borrachos • **in a drunken stupor** en estado de ebriedad total

drunk·en·ly /ˈdrʌŋkənli/ adv bajo los efectos de la borrachera, con voz/risa de borracho -a

drunk·en·ness /ˈdrʌŋkən-nɪs/ s [U] borrachera, ebriedad

dry¹ S2 W2 /draɪ/ adj (**drier**, **driest**)

1	ropa, cauce, superficie
2	pintura, pegante
3	tiempo, clima, región
4	piel, cabello, labios
5	boca, garganta
6	humor
7	tema, debate
8	vino, jerez
9	país, estado
10	comida, carne

1 ROPA, CAUCE, SUPERFICIE seco -a: *Store disks in a dry place.* Guarde los discos en un sitio seco. • **dry as a bone** totalmente seco -a • **run dry** secarse
2 PINTURA, PEGANTE seco -a: *Wait until the paint is completely dry.* Espere hasta que la pintura esté totalmente seca.
3 TIEMPO, CLIMA, REGIÓN seco -a: *Tomorrow will be sunny and dry.* Mañana será un día seco y soleado. • **the dry season** la estación seca
4 PIEL, CABELLO, LABIOS seco -a: *a moisturizing cream for dry skin* una crema humectante para piel seca
5 BOCA, GARGANTA seco -a
6 HUMOR socarrón -ona, seco -a
7 TEMA, DEBATE árido -a
8 VINO, JEREZ seco -a
9 PAÍS, ESTADO que prohíbe el consumo de alcohol
10 COMIDA, CARNE seco -a • **dry bread/toast** pan/pan tostado sin mantequilla ▸ BLEED sb/sth dry, leave sb HIGH and dry

dry² S2 W3 v (**dries**, **dried**, **drying**)
1 [I,T] (las manos, el pelo, la ropa) secar(se) • **dry yourself** secarse
2 [I] (pintura, pegante) secarse SIN **dry up** ▸ CUT AND DRIED, DRIED

EXPRESIONES
dry your eyes secarse las lágrimas
dry off v+partíc **1** secarse **2 dry sth ↔ off** secar algo • **dry yourself off** secarse
dry out v+partíc secarse (tierra, masa)
dry up v+partíc **1** secarse (río, lago) **2** acabarse, agotarse (dinero, trabajo) **3** quedarse con la mente en blanco

ˌdry-ˈclean, **dry clean** v [T] [gralm en pasiva] limpiar en/a seco, lavar en/a seco

dry·er S3 /ˈdraɪər/ s [C] (máquina) secadora (de pelo, ropa), secador, secamanos (para manos); (utensilio) tendedero (portátil)

ˈdry goods s [pl] alimentos no perecederos

ˌdry ˈice s [U] hielo seco, nieve carbónica

dry·ly, **drily** /ˈdraɪli/ adv con socarronería

dry·ness /ˈdraɪnɪs/ s [U] sequedad

ˌdry ˈrot s [U] putrefacción seca de la madera

ˌdry ˈrun s [C] ensayo

du·al /ˈduəl/ adj [solo ante s] doble • **dual role/purpose** doble función/propósito • **dual citizenship/nationality** doble ciudadanía/nacionalidad • **dual controls** doble (co)mando (en carro, avión)

dub¹ /dʌb/ v [T] (**dubbed**, **dubbing**) **1** doblar (una película, una serie) • **dubbed into French/Spanish** doblado -a al francés/español **2** [gralm en pasiva] apodar, bautizar

dub² s [U] dub (estilo musical)

du·bi·ous /'dubiəs/ *adj* **1** sospechoso -a (personaje, prácticas), discutible, dudoso -a (argumento) **2** [nunca ante s] **be dubious (about sth)** tener dudas (sobre algo) **3** dudoso -a (gusto, calidad, reputación) **4 have the dubious honor/distinction of** tener el dudoso honor de

duch·ess, Duchess /'dʌtʃɪs/ *s* [C] duquesa

duch·y /'dʌtʃi/ *s* [C] (pl **duchies**) ducado

duck¹ S3 W3 /dʌk/ *s*
1 [C] (animal) pato -a • **duck pond** estanque de los patos **2** [U] (comida) pato ▸ LAME DUCK, be (like) WATER off a **duck's back**

duck² *v* **1** [I,T] agachar(se) • **duck under sth** agacharse (por) debajo de algo • **duck your head** agachar la cabeza **2** [I siempre + adv/prep] escabullirse: *She ducked into a doorway.* Se escabulló por una puerta. **3 duck into sth** pasar por algo, hacer una visita (corta) a algo SIN **pop 4** [T] evadir, eludir • **duck a question** esquivar una pregunta • **duck the issue** evadir la cuestión, eludir el tema
duck out *v+partíc* escabullirse • **duck out of sth** eludir algo

duck·ling /'dʌklɪŋ/ *s* [C] patito -a

duct /dʌkt/ *s* [C] **1** (en un edificio) conducto **2** (en el organismo) conducto

dud¹ /dʌd/ *s* [C] (coloq) **1** objeto inservible: *The bomb was a dud.* La bomba no explotó. **2** bodrio

dud² *adj* inservible, que no funciona: *a dud check* un cheque sin fondos

dude S1 /dud/ *s* [C] (coloq)
1 tipo, cuate, chavo
2 hombre elegante

'dude ranch *s* [C] finca ganadera en la zona oeste de Estados Unidos a la que se da uso turístico

due¹ S2 W2 /du/ *adj* [sin compar]
1 (previsto) **be due** *When is your baby due?* ¿Para cuándo esperan el bebé? • [+**at/in**]: *The flight is due at 6:30 p.m.* El vuelo llega a las 18:30. • [+**for**]: *The movie is due for release in July.* Está previsto que la película se estrene en julio. • **be due to do sth** *The theme park is due to open next year.* El parque temático abrirá sus puertas el año que viene.
2 [nunca ante s] (dinero, préstamo) **be/fall due** vencer • [+**on**]: *The payment is due on Friday.* El plazo de pago vence el viernes. • [+**to**]: *the amount due to you* la cantidad que se le debe
3 [nunca ante s] (con derecho) *He gives praise when it's due.* Hace elogios cuando es debido. • **be due for sth** *He's due for a pay raise.* Le corresponde un aumento de sueldo.
4 [solo ante s] (frml) (apropiado) debido -a • **without due care/warning** sin el debido cuidado/la debida antelación ▸ DUE TO
in due course/time (frml) a su debido tiempo • **with (all) due respect** (oral) con el debido respeto, con todo respeto

due² *adv* **due north/south/east/west** justo al norte/sur/este/oeste

due³ *s* **1 be sb's due** corresponderle a alguien • **to give him his due/give her her due,...** para ser justos con él/ella,... **2 dues** [pl] cuota • **pay dues** pagar una cuota

du·el¹ /'duəl/ *s* [C] **1** (con armas) duelo **2** (entre equipos, empresas) duelo

duel² *v* [I] (**dueled**, **dueling** o **duelled**, **duelling**) batirse en/a duelo

‚due 'process *s* [U] (jur) debido proceso

du·et /du'ɛt/ *s* [C] dúo, dueto

'due to *prep* debido a: *The game was canceled due to bad weather.* El partido se suspendió debido al mal tiempo. • *due to illness* por enfermedad • **be (largely/partly) due to** deberse (en gran parte/en parte) a SIN **because of**

duff /dʌf/ *adj* inservible, sin valor

duf·fel bag, duffle bag /'dʌfəl ‚bæg/ *s* [C] tula, bolsa de lona (para colgar al hombro)

duffel coat, duffle coat /'dʌfəl ‚koʊt/ *s* [C] abrigo de lana pesada con capucha y botones de madera

dug /dʌg/ pasado y participio pasado de DIG

dug·out /'dʌgaʊt/ *s* [C] **1** banquillo (techado) (para los jugadores, el entrenador) **2** refugio subterráneo **3** (tb **dugout canoe**) canoa (tallada en un tronco)

duh /dʌ/ (tb **no duh**) *interj* (oral) pues claro

duke¹, Duke /duk/ *s* [C] duque
put up your dukes (coloq) enseñar los puños

duke² *v* (coloq) **duke it out (with sb) (a)** agarrarse/pelearse a puñetazos (con alguien) **(b)** pelearse a muerte (con alguien)

dull¹ /dʌl/ *adj* **1** aburrido -a, tedioso -a **2** opaco -a, sin brillo **3** gris, nublado -a **4** (ruido) sordo -a • **a dull thud** un golpe sordo **5** (dolor) sordo -a • **a dull ache** un dolor sordo ANT **sharp**

dull² *v* **1** [T] calmar (un dolor, el apetito) **2** [T] embotar (la mente, los sentidos) **3** [T] opacar, quitar el brillo a

dull·ness /'dʌlnɪs/ *s* [U] **1** aburrimiento **2** falta de brillo

dul·ly /'dʌl-li/ *adv* **1** sin ánimo, con desgana **2** tenuemente, sin brillo

du·ly /'duli/ *adv* **1** debidamente **2** como estaba previsto

dumb¹ S2 /dʌm/ *adj*
1 (coloq) bobo -a, tonto -a
2 (del susto, la rabia) mudo -a • **be struck dumb** quedarse mudo -a
3 (antic) (discapacitado) mudo -a
dumb luck (coloq) chiripa: *It was just dumb luck that we found the place at all.* Encontramos el sitio de pura chiripa. • **dumb animals/creatures** los indefensos animales

dumb² *v*
dumb sth ↔ down *v+partíc* (peyor) bajar el nivel de algo, empobrecer el contenido de algo

dumb·bell /'dʌmbɛl/ *s* [C] **1** pesa, mancuerna **2** (coloq) tarado -a

dumb·found·ed /'dʌm‚faʊndɪd/ *adj* atónito -a, perplejo -a

‚dumbing 'down *s* [U] estupidización, empobrecimiento de contenidos

dumb·ly /'dʌmli/ *adv* en silencio, sin articular palabra

dum·my¹ /'dʌmi/ *s* [C] (pl **dummies**) **1** maniquí **2** imitación, réplica (de juguete) **3** (coloq) bobo -a, tonto -a **4** muñeco (de ventrílocuo)

dummy² *adj* [solo ante s] falso -a, de juguete

dump¹ S2 /dʌmp/ *v*
> **1** poner con descuido
> **2** lo molesto o inservible
> **3** basura, residuos
> **4** un novio, una novia
> **5** niños, ancianos
> **6** en informática

1 PONER CON DESCUIDO [T siempre + adv/prep] tirar, dejar tirado -a: *Dump your bags here.* Deja tus maletas aquí. • **dump sth on sth** tirar algo en algo, dejar algo tirado -a en algo
2 LO MOLESTO O INSERVIBLE [T] botar, tirar
3 BASURA, RESIDUOS [T] botar, tirar, verter
4 UN NOVIO, UNA NOVIA [T] (coloq) botar, dejar
5 NIÑOS, ANCIANOS [T] (peyor) dejar: *She dumped the kids with a neighbor.* Dejó a los niños con un vecino.
6 EN INFORMÁTICA [T] (técn) copiar • **dump sth onto sth** copiar algo en algo
dump on *v+partíc* **1 dump sth on sb** endilgarle algo a alguien **2 dump on sb** darle duro a alguien, criticar

mucho a alguien **3 dump sth on sb** confesarle algo a alguien **4 dump on sb** desahogarse con alguien, sincerarse con alguien

dump² s [C] **1** botadero, vertedero, tiradero • **a garbage dump** un botadero, un basurero, un tiradero **2** (coloq) pocilga, sitio de mala muerte **3** depósito militar **4** (tb **screen dump**) captura de pantalla ▶ DOWN **in the mouth/dumps**

dump·ling /'dʌmplɪŋ/ s [C] **1** bola de masa hervida que acompaña a sopas y estofados **2** especie de empanadilla de la cocina oriental **3** postre de fruta envuelta en una masa dulce

Dump·ster /'dʌmpstə/ s [C] (marca reg) contenedor, volquete (para basura)

'**dump truck** s [C] (camión) volquete, volqueta

dump·y /'dʌmpi/ adj (coloq) regordete -a, achaparrado -a

dunce /dʌns/ s [C] (antic) burro -a, zoquete

dune /dun/ (tb **sand dune**) s [C] duna

dung /dʌŋ/ s [U] excrementos (de animales), estiércol

dun·ga·rees /ˌdʌŋɡə'riz, 'dʌŋɡəˌriz/ s [pl] (antic) jeans, pantalones de mezclilla SIN **jeans**

dun·geon /'dʌndʒən/ s [C] mazmorra, calabozo

dunk /dʌŋk/ v [T] **1** mojar, sopear (galletas, pan) **2** sumergir (un instante)

dun·no /də'noʊ/ (incorr) contrac de **don't know**

du·o /'duoʊ/ s [C] (pl **duos**) dúo (pareja)

du·o·de·num /ˌduə'dinəm, du'ɑdn-əm/ s [C] duodeno

dupe¹ /dup/ s [C] ingenuo -a

dupe² v [T gralm en pasiva] engañar

du·plex /'dupleks/ s [C] **1** dúplex **2** casa dividida en dos unidades familiares

du·pli·cate¹ /'dupləˌkeɪt/ v [T] **1** hacer copias de, hacer un duplicado de **2** repetir

du·pli·cate² /'dupləkɪt/ adj [solo ante s] **a duplicate copy** un duplicado • **a duplicate key** una copia de la llave

duplicate³ s [C,U] duplicado, copia • **a duplicate of sth** un duplicado de algo • **in duplicate** por duplicado

du·pli·ca·tion /ˌduplə'keɪʃən/ s [U] **1** (repetición) duplicación **2** (proceso) duplicación, duplicado

du·plic·i·ty /du'plɪsəti/ s [U] (frml) duplicidad (moral)

dur·a·bil·i·ty /ˌdʊrə'bɪləti/ s [U] **1** durabilidad **2** perdurabilidad

dur·a·ble /'dʊrəbəl/ adj **1** (material, producto) duradero -a, durable **2** (paz, obra) duradero -a, perdurable

du·ra·tion /du'reɪʃən/ s [U] duración • **for the duration of sth** durante todo algo, mientras dure algo

du·ress /dʊ'rɛs/ s [U] coacción • **under duress** bajo coacción

dur·ing S1 W1 /'dʊrɪŋ/ prep durante: The town is busy during the summer. La ciudad está muy concurrida durante el verano. • She heard noises during the night. Oyó ruidos durante la noche. • during office hours en horario de oficina

dusk /dʌsk/ s [U] anochecer: at dusk al anochecer

dusk·y /'dʌski/ adj oscuro -a

dust¹ S3 W3 /dʌst/ s
1 [U] (suciedad, tierra) polvo • **a speck/cloud of dust** una mota/nube de polvo • **gather dust** acumular polvo • **dust particles** partículas de polvo • **dust storm** tormenta de polvo
2 [U] (mineral) polvo • **coal dust** carbonilla • **gold dust** polvo de oro, oro en polvo ▶ BITE **the dust**
EXPRESIONES
wait until the dust settles esperar a que pase la tormenta

dust² v **1** [I,T] quitar el polvo (a) **2** [T] sacudirse el polvo de • **dust sth from/off sth** sacudirse algo de algo **3** [T] **dust sth with sth** espolvorear algo con algo

dust sth ↔ off v+partíc **1** quitar el polvo a algo • **dust yourself off/down** sacudirse el polvo **2** desempolvar algo

dust·er /'dʌstə/ s [C] (antic) guardapolvo (prenda)

'**dust ˌjacket** s [C] sobrecubierta

dust·pan /'dʌstpæn/ s [C] pala, recogedor (de la basura)

dust·y /'dʌsti/ adj (**dustier**, **dustiest**) **1** polvoriento -a, cubierto -a de polvo **2 dusty blue/pink** azul/rosa mate

Dutch¹ /dʌtʃ/ adj holandés -esa
EXPRESIONES
Dutch treat ocasión en que se comparte el costo de una comida, etc. • **go Dutch** pagar la cuenta de un restaurante entre todos

Dutch² s **1 the Dutch** [pl] los holandeses **2** [U] neerlandés (idioma)

Dutch·man /'dʌtʃmən/ s [C] (pl **Dutchmen** /-mən/) holandés

Dutch·wom·an /'dʌtʃˌwʊmən/ s [C] (pl **Dutchwomen** /-ˌwɪmɪn/) holandesa

du·ti·ful /'dutɪfəl/ adj obediente, responsable

du·ti·ful·ly /'dutɪfəli/ adv obedientemente

du·ty S2 W2 /'duti/ s (pl **duties**)
1 [C,U] deber • **have a duty to do sth** tener el deber de hacer algo • **a duty to sb/sth** un deber hacia alguien/algo • **do your duty** cumplir con su deber • **a sense of duty** (el) sentido del deber • **(above and) beyond the call of duty** más allá de lo que es su obligación
2 [C gralm pl, U] tarea, función • **carry out your duties** (tb **perform your duties**) llevar a cabo sus tareas, cumplir sus funciones • **official duties** funciones/responsabilidades oficiales
3 [C,U] impuesto, tasa • [+**on**]: the duty on cigarettes el impuesto a los cigarrillos • **pay duty** pagar impuestos ▶ DOUBLE DUTY, JURY DUTY, **in the** LINE **of duty**
EXPRESIONES
do duty as sth hacer las veces de algo • **be on/off duty** estar/no estar de guardia, estar/no estar en servicio • **go on/off duty** empezar/terminar el turno

,**duty-'free¹** adj libre de impuestos

,**duty-'free²** adv sin pagar impuestos

duty-free³ s **1 duty-frees** [pl] artículos libres de impuestos **2** [U] (tb **duty-free shop**) duty-free, tienda libre de impuestos

'**duty ˌofficer** s oficial de guardia

du·vet /du'veɪ/ s [C] edredón • **duvet cover** funda de edredón, funda nórdica

DVD /ˌdi vi 'di/ s [C,U] (**Digital Video Disc, Digital Versatile Disc**) DVD • **on DVD** en DVD • **DVD player** reproductor/lector de DVD

dwarf¹ /dwɔrf/ s [C] (pl **dwarfs**, **dwarves** /dwɔrvz/) **1** (personaje) enano -a **2** (persona) enano -a

⚠ Algunas personas evitan el uso de esta palabra porque puede resultar ofensivo. En su lugar utilizan **person of restricted growth**.

dwarf² adj [solo ante s] enano -a

dwarf³ v [T] empequeñecer, hacer que parezca pequeño -a

dweeb /dwib/ s [C] (coloq) persona débil, de aspecto extraño, torpe en el trato

dwell /dwɛl/ v [I always+ adv/prep] (**dwelled**, **dwelt** /dwɛlt/) (liter) morar, vivir
dwell on sth v+partíc dar muchas vueltas a algo, detenerse mucho en algo

dwell·er /'dwɛlə/ s [C] **city dweller** habitante de la ciudad • **town dweller** habitante de la ciudad/del pueblo • **cave dweller** cavernícola

dwell·ing /'dwɛlɪŋ/ s [C] (frml) vivienda

dwelt /dwɛlt/ pasado y participio pasado de DWELL

dwin·dle /'dwɪndl/ (tb **dwindle away**) v [I] ir disminuyendo, irse reduciendo

dwin·dling /'dwɪndlɪŋ/ adj [solo ante s] menguante, cada vez menor

dye[1] /daɪ/ s [C,U] tinte, tintura
EXPRESIONES
a dye job (coloq) una tintura

dye[2] v [T] (**dyes**, **dyed**, **dyeing**) teñir • **dye sth black/blue/blond** teñir algo de negro/azul/rubio

dyed /daɪd/ adj teñido -a

dyed-in-the-'wool adj [solo ante s] acérrimo -a

dy·ing[1] /'daɪ-ɪŋ/ part pres de DIE

dying[2] adj [solo ante s] **1 (a)** moribundo -a, agonizante **(b) the dying** [usado como s pl] los desahuciados, los moribundos **2** último -a, postrero -a • **sb's dying wish** la última voluntad de alguien **3** en (vías de) extinción, moribundo -a • **a dying breed** una rara avis, un caso excepcional
EXPRESIONES
to his/her dying day hasta el fin de sus días

dyke /daɪk/ s variante de DIKE

dy·nam·ic[1] /daɪ'næmɪk/ adj **1** (aprec) (persona) dinámico -a **2** (proceso, sociedad) dinámico -a **3** [solo ante s] (técn) (en física) dinámico -a

dynamic[2] s **1** [C gralm pl] (de un grupo, una actividad) dinámica **2 dynamics** [U] (en física) dinámica

dy·nam·i·cally /daɪ'næmɪkli/ adv con dinamismo, dinámicamente

dy·na·mism /'daɪnə,mɪzəm/ s [U] dinamismo

dy·na·mite[1] /'daɪnə,maɪt/ s [U] **1** (explosivo) dinamita **2** (noticia, hecho) bomba **3** (antic) (persona, grupo) (pura) dinamita

dynamite[2] v [T] dinamitar

dy·na·mo /'daɪnə,moʊ/ s [C] (pl **dynamos**) **1** dinamo **2** (coloq) motor (persona)

dy·nas·tic /daɪ'næstɪk/ adj dinástico -a

dy·nas·ty /'daɪnəsti/ s [C] (pl **dynasties**) dinastía

dys·en·ter·y /'dɪsən,tɛri/ s [U] disentería

dys·func·tion·al /dɪs'fʌŋkʃənəl/ adj disfuncional • **a dysfunctional family** una familia disfuncional, una familia con problemas

dys·lex·i·a /dɪs'lɛksiə/ s [U] dislexia

dys·lex·ic /dɪs'lɛksɪk/ s [C], adj disléxico -a

dys·tro·phy /'dɪstrəfi/ s [U] distrofia

Ee

E, **e** /i/ s (pl **E's**, **e's**) **1** [C,U] mi (nota musical) **2** [U] éxtasis, XTC (droga)

e-, **E-** /i/ pref (**electronic**) ciber-, electrónico -a, por Internet: *e-shopping* compras por Internet ▶ **CYBER-**

each¹ S1 W1 /itʃ/ det [siempre seguido de s sing contable] cada: *She had a bag in each hand.* Tenía una bolsa en cada mano. • **each one** cada uno -a • **each day/week/month** cada día/semana/mes: *She spends several hours each day writing letters.* Pasa varias horas al día escribiendo cartas. • **each time** cada vez que • **each way** *an hour's train trip each way* una hora de viaje en tren de ida y otra de vuelta • **each and every** todos y cada uno ▶ **EVERY**

each² S1 W1 /itʃ/ pron cada uno -a • **each of** cada uno -a de: *He kissed each of the children.* Besó a cada uno de los niños. • **we/you/they each** *They each arrived separately.* Llegaron cada uno por su lado. • *We each have a job to do.* Cada uno de nosotros tiene un trabajo que hacer. • **us/you/them each** *They pay us $ 100 a day each.* Nos pagan 100 dólares al día a cada uno. • **three/four each** *The tickets cost $10 each.* Las entradas cuestan 10 dólares cada una. • *The kids were given $5 each.* Le dieron 5 dólares a cada niño. • **one/two/half of each** uno/dos/la mitad de cada uno: *She likes both cats and dogs and has two of each.* Le gustan los gatos y los perros y tiene dos de cada uno.

EXPRESIONES

each to his/their own (tb **to each his/their own**) cada cual tiene sus gustos

each 'other S1 W1 pron [nunca como suj de la oración] **1** (indicando reciprocidad) *They love each other.* Se quieren. • *The children played happily with each other.* Los niños jugaban entre sí alegremente. • **each other's** *They looked into each other's eyes.* Se miraron a los ojos.
2 (indicando contacto) *We sit next to each other in class.* Nos sentamos uno al lado del otro en clase. ▶ **be at each other's THROATS**

ea·ger W3 /ˈiɡər/ adj ansioso -a, impaciente: *a team of eager volunteers* un equipo de voluntarios entusiastas • **be eager to do sth** estar ansioso -a por hacer algo, estar deseando hacer algo • **be eager for sth** estar ávido -a de algo: *He was eager for revenge.* Tenía sed de venganza.

EXPRESIONES

an eager beaver (coloq) un trabajador nato/una trabajadora nata • **be eager to please** esforzarse por complacer a los demás, estar deseando agradar

ea·ger·ly /ˈiɡəli/ adv ansiosamente, con impaciencia • **eagerly await/anticipate sth** esperar ansiosamente algo

ea·ger·ness /ˈiɡənɪs/ s [U] entusiasmo, ansiedad

ea·gle /ˈiɡəl/ s [C] águila ▶ **BALD EAGLE**

EXPRESIONES

keep an eagle eye on sb no quitarle el ojo de encima a alguien • **under sb's eagle eye** bajo la mirada escrutadora de alguien

ear S1 W2 /ɪr/ s
1 [C] oreja, oído • **in sb's ear** al oído: *She whispered something in my ear.* Me susurró algo al oído. • **the inner/middle ear** el oído interno/medio • **ear infection** otitis
2 [C] espiga (de cereal) ▶ **BEND sb's EAR**, **turn a DEAF ear to sth**, **PRICK (up) your ears**, **be WET behind the ears**

EXPRESIONES

be all ears (coloq) ser todo -a oídos • **I/he can't believe my/his ears** no puedo/puede creer lo que estoy/está

oyendo • **close your ears to sth** **(a)** no prestar atención a algo **(b)** hacer oídos sordos a algo • **your/his ears are burning** te/le deben de estar zumbando los oídos • **go in one ear and out the other** (coloq) entrar por un oído y salir por el otro • **be grinning from ear to ear** (coloq) sonreír de oreja a oreja • **I/we have sth coming out of our ears** *I've got paperwork coming out of my ears!* ¡Ya me salen papeles hasta por las orejas! • **have a good ear (for music)** tener buen oído (para la música) • **have a good ear for languages** tener facilidad para los idiomas • **keep your ear to the ground** estar muy atento -a • **I'll/we'll be out on my/our ear** (coloq) me/nos van a poner de patitas en la calle • **be up to your ears in debt/work** estar lleno -a de deudas/trabajo • **play sth by ear** tocar algo de oído • **play it by ear** ver sobre la marcha

ear·ache /ˈɪreɪk/ s [C,U] **have (an) earache** tener dolor de oídos

ear·drum /ˈɪrdrʌm/ s [C] tímpano (del oído)

ear·ful /ˈɪrfʊl/ s [C] **give sb an earful** (coloq) regañar a alguien

earl /ərl/ s [C] conde

ear·lobe /ˈɪrloʊb/ s [C] lóbulo (de la oreja)

ear·ly¹ S1 W1 /ˈərli/ adj (**earlier**, **earliest**)

1	en el día
2	en un periodo
3	en la vida
4	al inicio
5	antes de tiempo
6	fruto, cultivo

1 **EN EL DÍA** temprano -a: *It's early.* Es temprano. • **make an early start** (tb **get off to an early start**) salir/empezar temprano • **in the early hours** de madrugada, en las primeras horas • **be an early riser** madrugar, ser madrugador -a • **an early train/plane** un tren/un vuelo a primera hora
2 **EN UN PERIODO** [gralm ante s] • **(in) early spring/winter** (a) principios de primavera/invierno • **in the early morning** (tb **early in the morning**) en la mañana temprano • **in the early afternoon/evening** (tb **early in the afternoon/evening**) a primera hora de la tarde/noche • **the early 1960s/1560s** principios de los años 60/principios de la década de 1560 • **be in his/her early twenties/thirties** tener poco más de veinte/treinta años • **the early days/months/years of sth** los primeros días/meses/años de algo
3 **EN LA VIDA** [gralm ante s] temprano -a • **at an early age** a temprana edad • **from an early age** desde niño -a • **early works/paintings** obra temprana/primeros cuadros
4 **AL INICIO** [gralm ante s] inicial: *If we had known this earlier, ...* De haberlo sabido antes, ... • **at an early stage** en una etapa inicial • **the early days of sth** los primeros tiempos de algo • **early computers/cameras** los primeros computadores/las primeras cámaras • **early humans/man** el hombre primitivo • **an early sign/indication** una señal temprana/una primera indicación • **it's too early to say/know** es demasiado pronto para decir/saber
5 **ANTES DE TIEMPO** **be early** llegar temprano • **be five minutes/three hours early** llegar cinco minutos/tres horas antes de lo previsto • [+**for**]: *I was early for my appointment.* Llegué temprano a mi cita. • **have an early night** acostarse temprano • **early retirement** jubilación anticipada
6 **FRUTO, CULTIVO** [solo ante s] temprano -a: *early potatoes* papas tempranas

EXPRESIONES

be an early bird madrugar, ser madrugador -a • **the early bird catches the worm** (coloq) al que madruga Dios lo ayuda

early² S1 W2 adv (**earlier**, **earliest**)
1 (antes de tiempo) temprano • **five minutes/two hours early** cinco minutos/dos horas antes de lo previsto, con cinco minutos/dos horas de adelanto
2 (a primera hora) temprano: *I usually get up very early.* Suelo levantarme muy temprano.
3 (a principios) • **early next month/year** a principios del

mes/año que viene • **early in the day/year/spring** a primera hora del día/a principios de año/a principios de la primavera • **early on** pronto, al principio • **early in life** en la juventud

EXPRESIONES
as early as ya en: *Wine was being made as early as 2500 B.C.* Ya en el año 2500 a. C. se hacía vino.

ear·mark /'ɪrmɑrk/ *v* [T gralm en pasiva] **be earmarked for sth** destinarse/estar destinado -a para algo

ear·muffs /'ɪrmʌfs/ *s* [pl] orejeras

earn S2 W1 /ɜrn/ *v*
1 [I,T] ganar (dinero): *She earns $60,000 a year.* Gana 60.000 dólares al año. • **earn sb millions/$500** significarle a alguien ganancias millonarias/por 500 dólares • **earn a living** ganarse la vida • **earn good money** ganar bien • **earn interest** generar intereses
2 [T] ganarse • **earn sb's friendship** ganarse la amistad de alguien • **earn sb respect/a good reputation** *His work earned him respect.* Su trabajo le ha valido el respeto de sus colegas. • *His first novel earned him a lot of praise.* Con su primera novela, ganó muchos elogios. • **earn yourself sth** ganarse algo ► **WELL-EARNED**

EXPRESIONES
earn your keep ganarse la manutención haciendo tareas en la casa

earn·er /'ɜrnɚ/ *s* [C] persona que trabaja, persona con ingresos

ear·nest¹ /'ɜrnɪst/ *adj* **1** serio -a, formal **2** sincero -a, ferviente

earnest² *s*

EXPRESIONES
be in earnest hablar en serio • **in earnest** en serio, de verdad

ear·nest·ly /'ɜrnɪstli/ *adv* **1** seriamente **2** sinceramente, de corazón

earn·ings W2 /'ɜrnɪŋz/ *s* [pl]
1 ingresos • **loss of earnings** lucro cesante
2 ganancias

ear·piece /'ɪrpis/ *s* [C] auricular

ear·plug /'ɪrplʌg/ *s* [C gralm pl] tapones para los oídos

ear·ring S3 /'ɪrɪŋ/ *s* [C] arete, pendiente

ear·shot /'ɪrʃɑt/ *s*

EXPRESIONES
out of earshot demasiado lejos como para oír • **within earshot** lo suficientemente cerca para oír

'ear-ˌsplitting *adj* ensordecedor -a

earth S2 W1 /ɜrθ/ *s*
1 [sing] (tb **Earth**) (planeta) Tierra • **the earth** la Tierra • **on earth** en la Tierra: *life on earth* la vida en la Tierra • **the tallest building/the most expensive car on earth** el edificio más alto/el carro más caro del mundo
2 [U] (materia) tierra: *footprints in the earth* huellas en la tierra
3 [U] (corteza terrestre) tierra: *The earth began to shake.* La tierra empezó a temblar. • **fall to earth** caer a tierra
4 [C] madriguera ► **DOWN-TO-EARTH**, **move** HEAVEN **and earth to do sth**, **the** SALT **of the earth**

EXPRESIONES
bring sb back down to earth hacer bajar de las nubes a alguien • **come back down to earth** bajar de las nubes • **like nothing on earth** (*coloq*) espantoso -a (saber, oler) • **no... on earth** *There is no place on earth I would rather be.* No hay otro lugar en el mundo donde prefiera estar. • **nothing on earth** *Nothing on earth could make me change my mind.* No cambiaría de idea por nada del mundo. • **who/what/how on earth...?** (*coloq*) ¿quién/qué/cómo diablos...?

earth·en·ware¹ /'ɜrθənwɛr, -ðən-/ *adj* [solo ante s] de cerámica, de barro

earthenware² *s* [U] cerámica, cacharros de barro

earth·ly /'ɜrθli/ *adj* **1** (*liter*) terrenal, terreno -a **2** [solo ante s] **there's no earthly reason** no hay razón alguna •

there's no earthly use/point no tiene el más mínimo sentido

earth·quake /'ɜrθkweɪk/ *s* [C] terremoto, temblor de tierra

'earth-ˌshattering (tb **'earth-ˌshaking**) *adj* trascendental, revolucionario -a

earth·worm /'ɜrθwɜrm/ *s* [C] lombriz de tierra

earth·y /'ɜrθi/ *adj* (**earthier**, **earthiest**) **1** llano -a, sencillo -a (persona) **2** terroso -a (color): *These potatoes have an earthy flavor.* Estas papas tienen un sabor a tierra. **3** crudo -a, descarnado -a (lenguaje, humor)

ear·wig /'ɪrˌwɪg/ *s* [C] tijereta (insecto)

ease¹ W3 /iz/ *s* [U]
1 facilidad • **with ease** con facilidad, fácilmente: *the ease with which he made friends* la facilidad con que hacía amigos
2 for ease of cleaning/reference para facilitar la limpieza/la consulta
3 desenvoltura, soltura

EXPRESIONES
at ease (a) cómodo -a, relajado -a • **be/feel at ease** estar/sentirse cómodo -a • **be/feel ill at ease** estar/sentirse incómodo -a • **put sb at (their) ease** hacer sentirse cómodo -a a alguien (b) en posición de descanso • **(stand) at ease!** ¡descansen!

ease² *v* **1** (a) [T] aliviar, paliar (el dolor, un problema, la tensión) (b) [I] (tb **ease off/up**) aliviarse (dolor, tensión) **2** [T] relajar, flexibilizar (las sanciones, las restricciones) **3** [T] facilitar (un proceso) • **ease the way for sth** allanar el camino para algo **4** [T siempre + adv/prep] mover con cuidado: *He eased himself into a chair.* Se sentó con cuidado en una silla. **5** [I,T] aflojar(se), disminuir (presión), normalizar(se) (respiración) **6** [I] (tb **ease off/up**) amainar (lluvia, viento)

EXPRESIONES
ease his/my mind tranquilizarlo/tranquilizarme

ea·sel /'izəl/ *s* [C] caballete

eas·i·ly S2 W2 /'izəli/ *adv*
1 (sin dificultad) fácilmente, fácil
2 (sin motivo) fácilmente, con facilidad
3 (claramente) con mucho, fácil • **easily the best/most important** con mucho el/la mejor/más importante
4 can/could easily *Gambling can easily become an addiction.* El juego puede perfectamente convertirse en una adicción. • *We could easily lose a lot of money.* No sería raro que perdiéramos mucho dinero.
5 con soltura, con desenvoltura

east¹ S2 W3, **East** /ist/ *s*
1 [U] (abrev escrita **E.**) (el) este • **from the east** del este: *The wind was blowing from the east.* Soplaba viento del este. • **to the east** hacia el/al este: *We traveled to the east.* Viajamos hacia el este.
2 the east el este: *There will be rain in the east later.* En el transcurso del día, habrá lluvias en la zona este. • [+**of**]: *the biggest town in the east of Arizona* la ciudad más grande del este de Arizona
3 the East en Estados Unidos, zona situada al este de la cadena Allegheny
4 the East el Este, Oriente
5 the East el Este (bloque comunista): *people who managed to escape from the East* personas que lograron huir del Este ► **FAR EAST**, **MIDDLE EAST**

east² (abrev escrita **E.**) *adj* [solo ante s] **1** (del) este, oriental: *the east coast of Africa* la costa este de África **2** (del) este (viento)

east³ S3 W3 *adv*
1 hacia el este, al este: *We drove east along Brooklyn Avenue.* Fuimos hacia el este por la Avenida Brooklyn.
2 east of sth al este de algo
3 out east en el/al este ► **OUT WEST**

EXPRESIONES
back East en el/al este

east·bound /'istbaʊnd/ *adj* [usado ante s], *adv* en dirección este

,**East 'Coast** *s* **the East Coast** la costa este (de Estados Unidos)

Eas·ter /'istər/ *s* [C,U] **1** Pascua (de Resurrección) **2** Semana Santa • **at Easter** en Semana Santa

'**Easter egg** *s* [C] huevo pintado como adorno para celebrar la Semana Santa

east·er·ly¹ /'istəli/ *adj* **1** [solo ante *s*] este (dirección) **2** [solo ante *s*] oriental **3** (del) este (viento)

easterly² *s* [C] (pl **easterlies**) viento (del) este

east·ern W2, **Eastern** /'istən/ *adj* **1** [solo ante *s*] (geográficamente) oriental, del este **2** (culturalmente) oriental

,**Eastern 'Europe** Europa del Este

East Ti·mor /,ist 'timɔr/ Timor Oriental

East Ti·mor·ese¹ /,ist timə'riz/ *s* [pl] **the East Timorese** los timorenses

East Timorese² *adj* timorense

east·ward¹ /'istwəd/ *adj* este (dirección, rumbo)

eastward² (tb **eastwards**) *adv* hacia el este

eas·y¹ S1 W2 /'izi/ *adj* (**easier, easiest**)

1 sin complicación
2 sin problemas
3 sin preocupaciones
4 en el trato
5 común
6 mujer

1 SIN COMPLICACIÓN fácil • **be easy to do** ser fácil de hacer: *This cake is very easy to make.* Este pastel es muy fácil de preparar. • **be easy for sb to use/understand** ser fácil de usar/entender para alguien • **it is easy for sb to do sth** es fácil para alguien hacer algo • **that's easy for you to say** (*oral*) para ti es fácil decirlo • **make sth easier** facilitar algo • **sth is not easy** (tb **sth is far from easy**) algo no es (nada) fácil

2 SIN PROBLEMAS have an easy time (of it) tenerla fácil, no tener problemas • **have an easy life** llevar una vida fácil • **make life easy (for sb)** facilitarle las cosas (a alguien)

3 SIN PREOCUPACIONES tranquilo -a • [+about]: *I feel a lot easier about it now.* Ahora estoy mucho más tranquila al respecto. ANT **uneasy**

4 EN EL TRATO agradable (trato), fácil (sonrisa), natural (encanto) • **be easy to be with** ser agradable en el trato, ser de trato fácil • **be on easy terms with sb** llevarse bien con alguien

5 COMÚN fácil, normal • **an easy mistake (to make)** un error fácil (de cometer) • **it is easy to forget/believe** es fácil olvidar/creer

6 MUJER (*antic*) fácil ▶ **EASE, EASILY**

EXPRESIONES
be (as) easy as ABC/as pie ser pan comido • **easy on the eye** agradable a la vista • **an easy target** un blanco fácil • **eggs over easy** huevos fritos (cocidos de ambos lados) • **I'm easy** (*oral*) me da lo mismo • **take the easy way out** (a) optar por el camino más corto (b) quitarse la vida • **within easy reach** (a) muy cerca (b) a mano, al alcance de la mano

easy² S1 *adv*

EXPRESIONES
easy come, easy go (*oral*) lo que por agua viene, por agua se va • **easy does it** (*oral*) despacito • **get off easy** (*coloq*) salir bien librado -a • **go easy on sb** no ser demasiado duro -a con alguien • **go easy on/with sth** no pasarse con algo • **rest/sleep/breathe easy** quedarse/dormir/respirar tranquilo • **take it easy** (a) (tb **take things easy**) tomarse las cosas con calma (b) (*oral*) ir/conducir despacio • **take it easy!** (a) (*coloq, oral*) ¡nos vemos! (b) (*oral*) ¡tranquilo -a! • **that's easier said than done** es más fácil decirlo que hacerlo

'**easy chair** *s* [C] butaca, sillón

eas·y·go·ing /,izi'goʊɪŋ‹ / *adj* fácil de tratar (persona), tranquilo -a (temperamento, actitud)

,**easy 'listening** *s* [U] música melódica

eat S1 W1 /it/ *v* (**ate** /eɪt/, **eaten** /'itⁿn/)
1 [I,T] (alimentarse) comer • **have/want something to eat** comer algo/querer comer algo • **there's nothing to eat** no hay nada para comer: *I've had nothing to eat.* No he comido nada. • **I couldn't eat another thing** (*oral*) ya estoy satisfecho -a
2 [I,T] (almorzar, cenar) comer: *What time do you want to eat?* ¿A qué hora quieren comer? • **eat breakfast/lunch/dinner** desayunar/almorzar/comer, desayunar/comer/cenar
3 [T] consumir mucho -a: *This car eats gas!* ¡Este carro consume mucha gasolina!

EXPRESIONES
eat your heart out chúpate esa/esta, ¡muérete! • **he/she will eat you alive** (tb **he/she will eat you for breakfast**) (*coloq*) (a) (enfadarse) te va a matar/a comer vivo (b) (derrotar) te va a comer vivo • **eat crow** tragarse su orgullo/sus palabras • **eat like a horse** (*coloq*) comer como un buey/una bestia • **have sb eating out of my/your hand** (*coloq*) tener a alguien a sus pies • **eat sb out of house and home** (*coloq*) vaciarle la nevera/el refrigerador a alguien • **eat your words** (*coloq*) tragarse sus palabras • **I could eat a horse** (*coloq*) me muero de hambre, estoy muerto -a de hambre • **I'll eat my hat** (*antic*) que me cuelguen/maten • **what's eating you?** (*coloq*) ¿qué bicho te picó?, ¿qué te pica? • **he/she won't eat you** no te va a comer
eat sth ↔ away *v+partíc* comerse algo, corroer algo
eat away at sth *v+partíc* **eat away at sth** comerse algo, corroer algo
eat in *v+partíc* comer en casa
eat into sth *v+partíc* **1** comerse algo (ahorros) **2** comerse algo, corroer algo
eat out *v+partíc* comer fuera (de casa)
eat up *v+partíc* **1 eat up** (*oral*) terminar de comer **2 eat sth ↔ up** (*oral*) terminar de comer algo **3 eat sth ↔ up** (*coloq*) comerse algo, consumir (gran cantidad de) algo **4 be eaten up** (*coloq*): *He was eaten up by jealousy.* Lo consumía la envidia. • *They were eaten up with guilt.* Los carcomía la culpa.

eat·en /'itⁿn/ participio pasado de **EAT**

eat·er /'itər/ *s* [C] **be a big eater** ser muy comilón -ona • **be a fussy eater** ser quisquilloso -a para comer, ser remilgoso -a con la comida

eat·e·ry /'itəri/ *s* [C] (pl **eateries**) (*coloq*) restaurante

'**eating ,apple** *s* [C] manzana de mesa

'**eating dis,order** *s* [C] trastorno de la alimentación

eau de co·logne /,oʊ də kə'loʊn/ *s* [U] ▶ **COLOGNE**

eaves /ivz/ *s* [pl] alero (del techo)

eaves·drop /'ivzdrɑp/ *v* [I] (**eavesdropped, eavesdropping**) escuchar (a escondidas) • **eavesdrop on sth/sb** escuchar algo/a alguien (a escondidas)

ebb¹ /ɛb/ *s* **1** [C] baja, disminución **2** [sing] (tb **ebb tide**) reflujo, marea baja

EXPRESIONES
the ebb and flow (of sth) el ir y venir (de algo) • **be at a low ebb** estar en un mal momento

ebb² *v* [I] **1** (tb **ebb away**) decaer (entusiasmo, apoyo) **2** bajar (marea)

eb·o·ny¹ /'ɛbəni/ *s* [U] ébano

ebony² *adj* (*liter*) de color ébano

EC /,i 'si‹ / *s* **the EC** la CE, la Comunidad Europea

ec·cen·tric /ɪk'sɛntrɪk/ *s* [C], *adj* excéntrico -a

ec·cen·tric·i·ty /,ɛksɛn'trɪsəti/ *s* [C,U] (pl **eccentricities**) excentricidad

ec·cle·si·as·ti·cal /ɪˌklizi'æstɪkəl/ (tb **ec·cle·si·as·tic** /ɪˌklizi'æstɪk/) adj eclesiástico -a

ECG /ˌi si 'dʒi/ s [C] electrocardiograma ▶ **EKG**

ech·e·lon /'ɛʃəˌlɑn/ s [C] **the upper/higher echelons of sth** las (más) altas esferas de algo

ech·o¹ /'ɛkoʊ/ v (**echoed**, **echoes**) **1** [I] resonar: *Their voices echoed.* Se oía el eco de sus voces. **2** [T] ser similar a, repetir **3** [T] reflejar, hacerse eco de **4** [T] (liter) repetir
echo with sth v+partíc *The theater echoed with laughter and applause.* Las risas y los aplausos resonaron en el teatro.

echo² s [C] (pl **echoes**) **1** eco (sonido) **2** eco, reminiscencia

e·clec·tic /ɪ'klɛktɪk/ adj ecléctico -a

e·clec·ti·cism /ɪ'klɛktəˌsɪzəm/ s [U] eclecticismo

e·clipse¹ /ɪ'klɪps/ s **1** [C] (de un astro) eclipse • **an eclipse of the sun/moon** un eclipse de Sol/Luna • **a total/partial eclipse** un eclipse total/parcial **2** [sing] (frml) (de un personaje, una actividad) eclipse

eclipse² v [T] **1** (a una persona, actividad) eclipsar **2** (a un astro) eclipsar

eco- /ikoʊ/ pref eco-: *eco-toys* juguetes ecológicos • *eco-education* educación ambiental

e·co·log·i·cal /ˌikə'lɑdʒɪkəl, ˌɛ-/ adj [solo ante s] **1** ecológico -a **2** ecologista

e·co·log·i·cally /ˌikə'lɑdʒɪkli, ˌɛ-/ adv ecológicamente

e·col·o·gist /ɪ'kɑlədʒɪst/ s [C] ecólogo -a

e·col·o·gy /ɪ'kɑlədʒi/ s **1** [sing, U] (ecosistema) ecología **2** [U] (ciencia) ecología

e·com·merce /'i ˌkɑmɚs/ s [U] comercio electrónico

ec·o·nom·ic /ˌɛkə'nɑmɪk‹ , ˌi-/ adj **1** [solo ante s] (de la economía) económico -a: *economic activity* actividad económica **2** (de dinero) económico -a: *for economic reasons* por motivos económicos **3** rentable

ec·o·nom·i·cal /ˌɛkə'nɑmɪkəl, ˌi-/ adj **1** económico -a (barato) **2** ahorrador -a, ahorrativo -a
EXPRESIONES
be economical with the truth decir la/una verdad a medias

ec·o·nom·i·cally /ˌɛkə'nɑmɪkli, ˌi-/ adv **1** económicamente, desde el punto de vista de la economía **2** de manera económica

ec·o·nom·ics /ˌɛkə'nɑmɪks, ˌi-/ s **1** [U] economía, ciencias económicas **2** [pl] aspecto económico

e·con·o·mist /ɪ'kɑnəmɪst/ s [C] economista

e·con·o·mize /ɪ'kɑnəˌmaɪz/ v [I] economizar, ahorrar • **economize on sth** economizar/ahorrar algo

e·con·o·my¹ /ɪ'kɑnəmi/ s (pl **economies**) **1** [C] (actividad) economía **2** [C] (país) economía **3** [U] (ahorro) economía • **economy drive** campaña de ahorro **4** [U] (clase) turista, clase económica ▶ **MARKET ECONOMY**
EXPRESIONES
economies of scale economías de escala • **a false economy** un falso ahorro • **make economies** economizar, hacer economía

economy² adj [solo ante s] **1 economy size/pack** tamaño/envase económico, presentación económica **2 economy airline/flight** compañía aérea/vuelo de bajo precio

e'conomy ˌclass s [U] (clase) turista, clase económica

e·co·sys·tem /'ikoʊˌsɪstəm/ s [C] ecosistema

e·co·tour·ism /ˌikoʊ'tʊrɪzəm/ s [U] ecoturismo, turismo ecológico

e·co·tour·ist /ˌikoʊ'tʊrɪst/ s [C] ecoturista

at the water's edge
en la orilla del agua

ec·sta·sy /'ɛkstəsi/ s (pl **ecstasies**) **1** [C,U] (estado) éxtasis • **in ecstasy** extasiado -a **2** [U] (tb **Ecstasy**) (droga) éxtasis
EXPRESIONES
go into ecstasies over sth deshacerse en elogios a/con algo

ec·stat·ic /ɪk'stætɪk, ɛk-/ adj **1** eufórico -a, contentísimo -a **2** entusiasta (críticas), clamoroso -a (bienvenida)

Ec·ua·dor /'ɛkwəˌdɔr/ Ecuador

Ec·ua·dor·e·an¹, Ecuadorian /ˌɛkwə'dɔriən/ s [C] ecuatoriano -a

Ecuadorean², Ecuadorian adj ecuatoriano -a

ec·u·men·i·cal /ˌɛkyə'mɛnɪkəl/ adj ecuménico -a

ec·ze·ma /'ɛksəmə, 'ɛgzəmə, ɪg'zimə/ s [U] eccema

ed. abrev escrita de **1 EDITION 2 EDITOR 3 EDUCATION**

ed·dy¹ /'ɛdi/ s [C] (pl **eddies**) remolino

eddy² v [I] (**eddies**, **eddied**, **eddying**) formar remolinos

edge¹ /ɛdʒ/ s
1 [C] borde • **the edge of the table/cliff** el borde de la mesa/del acantilado • **on the edge of sth** al/en el borde de algo • **on the edge of town/the village** en las afueras de la ciudad/del pueblo • **at the edges** en los bordes
2 [sing] orilla (del mar, río) • **the water's edge** la orilla del agua
3 [C] filo (del cuchillo, la espada)
4 [sing] ventaja, superioridad • **give sb an/the edge over sb** darle a alguien ventaja sobre alguien • **have an/the edge over sb** tener (una) ventaja sobre alguien, ser superior a alguien
5 [sing, U] osadía, provocación ▶ **CUTTING EDGE**
EXPRESIONES
go over the edge volverse loco -a, sufrir una crisis nerviosa • **live on the edge** vivir al límite • **be on edge** estar nervioso -a • **on the edge** (tb **close to the edge**) al borde de la locura/la desesperación • **on the edge of sth** al borde/filo de algo • **on the edge of your seat** en vilo • **take the edge off sth** aliviar/calmar algo

edge² v **1** [I,T siempre + adv/prep] mover o moverse lentamente: *The taxi edged slowly forward.* El taxi avanzó lentamente. • **edge your way through sth** avanzar poco a poco entre algo **2** [T gralm en pasiva] bordear • **be edged with sth** estar bordeado -a/ribeteado -a de algo **3** [T] ganarle a, derrotar (por muy poco)
edge sb ↔ out v+partíc derrotar por muy poco a alguien

edge·ways /'ɛdʒweɪz/ (tb **edge·wise** /'ɛdʒwaɪz/) adv de canto, de lado ▶ **get a word in (edgeways/edgewise)**

edg·ing /'ɛdʒɪŋ/ s [C,U] borde

edg·y /'ɛdʒi/ adj (**edgier**, **edgiest**) **1** nervioso -a, alterado -a **2** provocativo -a, osado -a

ed·i·ble /'ɛdəbəl/ adj **1** comestible ANT **inedible** **2** comible ANT **inedible**

e·dict /'idɪkt/ s [C] (frml) edicto

ed·i·fice /'ɛdəfɪs/ s [C] (frml) **1** (construcción) edificio **2** (sistema) edificio

E

ed·it S2 /'ɛdɪt/ v [T]
1 (en informática) editar
2 (un libro, una antología) editar
3 corregir, revisar, hacer modificaciones/recortes en (un texto, artículo)
4 editar, montar (una película, un programa)
5 dirigir (un diario, una revista)
edit sth ↔ out v+partíc suprimir/eliminar algo

e·di·tion /ɪ'dɪʃən/ s [C] **1** (ejemplares) edición **2** (ejemplar) edición **3** (de un informativo) edición

ed·i·tor W2 /'ɛdətər/ s [C]
1 (de un diario, una revista) director -a • **the political/sports editor** el redactor/la redactora de la sección política/deportes
2 (en una editorial) editor -a
3 (en cine, televisión) editor -a, montajista
4 (de un noticiero) director -a • **the political/business editor** el/la comentarista político -a/de economía

ed·i·to·ri·al¹ /ˌɛdə'tɔriəl/ adj **1** editorial, de edición **2** [solo ante s] de opinión, editorial

editorial² s [C] editorial

ed·u·cate S3 /'ɛdʒə,keɪt/ v [T]
1 educar • **be educated at Harvard/a private school** estudiar en Harvard/un colegio privado
2 concientizar, sensibilizar • **educate sb about sth** concientizar a alguien de/sobre algo

ed·u·cat·ed /'ɛdʒə,keɪtɪd/ adj culto -a, instruido -a • **well educated** culto -a, instruido -a • **college-educated/Harvard-educated** egresado -a universitario -a/de Harvard

EXPRESIONES
an educated guess una conjetura basada en cierta información

ed·u·ca·tion S2 W1 /ˌɛdʒə'keɪʃən/ s
1 [C,U] (actividad) educación, formación, enseñanza • **elementary education** educación/enseñanza primaria • **a university education** una educación/formación universitaria • **get an education** recibir una educación
2 [U] (instituciones, servicio) la educación, la enseñanza • **education department** departamento de educación • **education system** sistema educativo
3 [U] concientización, sensibilización • **sex education** educación sexual
4 [U] pedagogía, ciencias de la educación ▶ SPECIAL EDUCATION

EXPRESIONES
be an education ser muy instructivo -a

ed·u·ca·tion·al W3 /ˌɛdʒə'keɪʃənəl/ adj
1 educativo -a, instructivo -a
2 educativo -a, educacional

ed·u·ca·tor /'ɛdʒə,keɪtər/ s [C] (frml) **1** educador -a **2** pedagogo -a

ed·u·tain·ment /ˌɛdʒu'teɪnmənt/ s [U] material didáctico de carácter lúdico

Ed·ward·i·an /ɛd'wɑrdiən, -'wɔr-/ adj eduardiano -a (del tiempo de Eduardo VII, rey de Inglaterra entre 1901 y 1910)

EEC /ˌi i 'si/ s (European Economic Community) the EEC la CEE

eel /il/ s [C,U] anguila

ee·rie /'ɪri/ adj sobrecogedor -a, inquietante

ef·face /ɪ'feɪs/ v [T] (frml) borrar

ef·fect¹ S2 W1 /ɪ'fɛkt/ s
1 [C,U] (resultado) efecto • [+of]: the harmful effects of smoking los efectos nocivos del tabaco • [+on]: the drug's effect on behavior el efecto de la droga en la conducta • **have an effect on sb/sth** surtir efecto en/sobre alguien/algo, tener/producir un efecto en/sobre alguien/algo • **have no effect** no tener/surtir efecto • **the desired effect** el efecto deseado • **cause and effect** causa y efecto • **sth has the effect of doing sth** The decision had the immediate effect of weakening the system. La decisión tuvo como efecto inmediato el debilitamiento del sistema. • **feel the effects of sth**

sentir los efectos de algo
2 [C] (en los sentidos) efecto
3 [C gralm pl] (en cine, teatro, televisión) efecto ▶ SIDE EFFECT, SOUND EFFECTS

EXPRESIONES
do sth for effect hacer algo para impresionar/para llamar la atención • **come into effect** entrar en vigencia • **in effect** de hecho, en realidad • **be in effect** estar en vigencia • **put/bring sth into effect** poner algo en práctica • **take effect** **(a)** hacer efecto **(b)** entrar en vigencia • **to good/great effect** con buenos resultados • **to no effect** sin resultado • **to that effect** de ese tenor, por el estilo • **with effect from 1 April/from today** (frml) a partir del 1 de abril/de hoy • **with immediate effect** (frml) con efecto inmediato

effect² v [T] (frml) efectuar, lograr • **effect change** lograr/efectuar cambios

ef·fec·tive S3 W2 /ɪ'fɛktɪv/ adj
1 eficaz, efectivo -a • **be effective in treating the disease/improving standards** ser eficaz en el tratamiento de la enfermedad/para subir el nivel • **highly effective** muy eficaz ANT ineffective
2 efectivo -a, lleno -a de efecto: the effective use of color el uso efectivo del color
3 [gralm no ante s, sin compar] **be/become effective** estar/entrar en vigencia: The appointment is effective immediately. El nombramiento entra en vigencia de inmediato.
4 [solo ante s, sin compar] efectivo -a, real • **an effective dismissal/rejection** un despido de hecho/un rechazo efectivo

ef·fec·tive·ly W3 /ɪ'fɛktɪvli/ adv
1 eficazmente
2 [adv oracional] de hecho, en realidad: The game was effectively over. En realidad, el partido ya había terminado.

ef·fec·tive·ness /ɪ'fɛktɪvnɪs/ s [U] eficacia

ef·fem·i·nate /ɪ'fɛmənɪt/ adj afeminado -a

ef·fer·ves·cence /ˌɛfə'vɛsəns/ s [U] **1** efervescencia, vitalidad **2** (técn) efervescencia

ef·fer·ves·cent /ˌɛfə'vɛsənt/ adj **1** efervescente, lleno -a de vitalidad **2** (técn) efervescente

ef·fi·cien·cy /ɪ'fɪʃənsi/ s **1** [U] eficiencia, eficacia ANT inefficiency **2** efficiencies [pl] ahorro (a través de la eficiencia)

ef·fi·cient S3 /ɪ'fɪʃənt/ adj eficiente, eficaz • **fuel-/energy-efficient** an energy-efficient heating system un sistema de calefacción que no malgasta energía ANT inefficient

ef·fi·cient·ly /ɪ'fɪʃəntli/ adv eficientemente, con eficiencia

ef·fi·gy /'ɛfədʒi/ s [C,U] (pl effigies) efigie (objeto de culto), monigote, muñeco (en una protesta)

ef·flu·ent /'ɛfluənt/ s [C,U] vertido(s)

ef·fort S2 W1 /'ɛfət/ s
1 [sing, U] esfuerzo • **take/require effort** requerir esfuerzo • **be an effort** significar/resultar un esfuerzo: It was an effort to keep smiling. Fue difícil seguir sonriendo. • **it takes effort to do sth** cuesta hacer algo • **put effort into sth** esforzarse en algo • **be worth the effort** valer la pena • **take the effort out of sth** facilitar/simplificar algo
2 [C,U] intento, esfuerzo • **efforts to do sth** intentos de hacer algo, esfuerzos por hacer algo • **in an effort to do sth** en un intento de/por hacer algo • [+at]: their efforts at conversation sus intentos de mantener una conversación • **make an/the effort to do sth** esforzarse por hacer algo, intentar hacer algo • **make no effort to do sth** no hacer ningún esfuerzo por hacer algo • **make every effort to do sth** hacer todo lo posible por hacer algo • **a conscious effort** un esfuerzo consciente, un esfuerzo deliberado • **an effort of will** (frml) un esfuerzo de voluntad • **do sth with an effort** With an effort she managed a smile. Tuvo que esforzarse para lograr sonreír.
3 [C] campaña: the international relief effort la

campaña internacional de ayuda humanitaria
4 [C] trabajo, obra, actuación: *his first effort as a director* su primer trabajo como director • **be a good effort** no estar nada mal • **be a poor effort** dejar mucho que desear • **a joint effort** un esfuerzo conjunto, un trabajo en equipo

ef·fort·less /'ɛfət⌐lɪs/ *adj* sencillo -a, fácil: *He makes the game look effortless.* Hace que el juego parezca sencillo. • **make sth effortless** facilitar algo

ef·fort·less·ly /'ɛfət⌐lɪsli/ *adv* sin esfuerzo

ef·front·er·y /ɪ'frʌntəri/ *s* [U] (*frml*) descaro

ef·fu·sive /ɪ'fyusɪv/ *adj* efusivo -a

ef·fu·sive·ly /ə'fyusɪvli/ *adv* efusivamente

EFL /ˌi ɛf 'ɛl/ *s* [U] (**English as a foreign language**) inglés como lengua extranjera

e.g. /ˌi 'dʒi/ (*abrev escrita de* **for example**) p. ej., por ejemplo

e·gal·i·tar·i·an /ɪˌgælə'tɛriən/ *adj* igualitario -a, igualitarista

egg¹ S1 W2 /ɛg/ *s*
1 [C] (de ave, reptil, insecto) huevo • **eggs hatch** *The eggs hatch after 26 days.* Las crías nacen a los 26 días. • **lay eggs** poner huevos
2 [C,U] (alimento) huevo: *bacon and eggs* huevos con tocino • **egg box** panal, cartón de huevos • **egg white** clara (de huevo) • **egg yolk** yema (de huevo)
3 [C] (tb **egg cell**) óvulo
EXPRESIONES
have egg on your face haber quedado en ridículo • **put all your eggs in one basket** poner todos los huevos en una sola/la misma canasta, jugárselo/jugar todo a una sola carta

egg² /ɛg/ *v*
egg sb ↔ **on** *on v+partíc* incitar a alguien

egg·cup /'ɛgkʌp/ *s* [C] huevera (para huevo pasado por agua o tibio)

egg·head /'ɛghɛd/ *s* [C] (*coloq*) intelectual

egg·plant /'ɛgplænt/ *s* [C,U] berenjena

egg·shell /'ɛgʃɛl/ *s* [C,U] cáscara de huevo, cascarón de huevo

'egg ,timer *s* [C] reloj de arena

e·go /'igoʊ/ *s* [C] (pl **egos**) **1** ego **2 the ego** (*técn*) el yo

e·go·cen·tric /ˌigoʊ'sɛntrɪk⌐/ *adj* egocéntrico -a

e·go·ism /'igoʊˌɪzəm/ *s* [U] (*peyor*) egocentrismo, egoísmo

e·go·ist /'igoʊɪst/ *s* [C] (*peyor*) egocéntrico -a, egoísta

e·go·is·tic /ˌigoʊ'ɪstɪk⌐/ *adj* (*peyor*) egocéntrico -a, egoísta

e·go·tism /'igəˌtɪzəm/ *s* [U] (*peyor*) egocentrismo, egoísmo

e·go·tis·ti·cal /ˌigə'tɪstɪkəl/ *adj* (*peyor*) egocéntrico -a, egoísta

'ego ,trip *s* [C] (*peyor*) cosa muy gratificante para el ego • **be on an ego trip** creerse el ombligo del mundo

E·gypt /'idʒɪpt/ Egipto

E·gyp·tian /ɪ'dʒɪpʃən/ *s* [C], *adj* egipcio -a

eh /eɪ, ɛ/ *interj* (*oral*) **1** (al no entender bien) ¿eh?, ¿qué? **2** (pidiendo confirmación) ¿eh?, ¿no? **3** (indicando incredulidad) ¿cómo?

ei·der·down /'aɪdəˌdaʊn/ *s* [U] plumón

eight /eɪt/ *núm* ocho ▶ ver ejs en **SIX**
EXPRESIONES
be behind the eight ball (*oral*) estar en un aprieto

eight·een /ˌeɪ'tin⌐/ *núm* dieciocho ▶ ver ejs en **SIX**

eight·eenth¹ /ˌeɪ'tinθ⌐/ (abrev escrita **18th**) *adj, adv* decimoctavo -a, en decimoctavo lugar ▶ ver ejs en **SIXTH**

eighteenth² *s, pron* **1** (abrev escrita **18th**) decimoctavo -a **2** (abrev escrita **18th**) (día) dieciocho **3** (abrev escrita

1/18) dieciochoavo, dieciochoava parte **4** (*oral*) decimoctavo cumpleaños, cumpleaños número dieciocho **5** (abrev escrita **XVIII**) (en nombres de monarcas, papas) dieciocho ▶ ver ejs en **SIXTH**

eighth¹ /eɪtθ/ (abrev escrita **8th**) *adj, adv* octavo -a, en octavo lugar ▶ ver ejs en **SIXTH**

eighth² *s, pron* **1** (abrev escrita **8th**) octavo -a **2** (abrev escrita **8th**) (día) ocho **3** (abrev escrita **1/8**) octavo, octava parte **4** (*oral*) octavo cumpleaños, cumpleaños número ocho **5** (abrev escrita **VIII**) (en nombres de monarcas, papas) octavo -a ▶ ver ejs en **SIXTH**

'eighth note *s* [C] (*técn*) corchea

eight·ies /'eɪtiz/ *s* [pl] **1 the eighties** (tb **the 80s, the 1980s**) los (años) ochenta, la década de los ochenta **2 be in your eighties** tener ochenta y pico/ochenta y tantos **3 the eighties** (tb **the 80s**) temperaturas de entre 80 y 90 grados (Fahrenheit) ▶ ver ejs en **SIXTIES**

eight·i·eth¹ /'eɪtiɪθ/ (abrev escrita **80th**) *adj, adv* octogésimo -a ▶ ver ejs en **SIXTH**

eightieth² *s, pron* **1** (abrev escrita **80th**) octogésimo -a **2** (abrev escrita **1/80**) ochentavo -a, ochentava parte **3** (*oral*) octogésimo cumpleaños, cumpleaños número ochenta ▶ ver ejs en **SIXTH**

eight·y /'eɪti/ *núm* ochenta ▶ ver ejs en **SIX** ▶ **EIGHTIES**

ei·ther¹ S1 W2 /'iðər, 'aɪ-/ *conj*
1 (en afirmaciones) **either... or** o... o: *You can have either rice or pasta.* Puede servirse arroz o pastas. • *You can either phone me or send me an e-mail.* Puedes llamarme por teléfono o enviarme un correo electrónico. • *Either you agree or you don't.* O estás de acuerdo o no lo estás.
2 (en tono de amenaza) **either... or** o... o: *Either you apologize, or I leave.* O te disculpas o me voy. • *You can either shut up or get out!* ¡O te callas la boca o te vas!
3 (en negaciones) **either... or** ni... ni: *The new manager hasn't made any changes, either good or bad.* El nuevo gerente no ha hecho ningún cambio, ni bueno ni malo.
EXPRESIONES
an either/or situation una situación en la que sólo hay dos opciones

either² S2 W3 *det*
1 cualquiera de los/las dos: *You could use either method.* Podrías usar cualquiera de los dos métodos. • *Either team could win.* Cualquiera de los dos equipos podría ganar. • **either one** cualquiera de los/las dos
2 ambos -as, los/las dos • **on either side** a ambos lados, a cada lado • **at either end** en los dos extremos
3 ninguno de los dos/ninguna de las dos: *I don't support either team.* No estoy con ninguno de los dos equipos. • **either one** ninguno de los dos/ninguna de las dos
EXPRESIONES
sth could go either way algo podría ir en una u otra dirección • **either way** (*oral*) **(a)** en cualquiera de los dos casos **(b)** de más o de menos, más o menos: *I can guess her age to within two years either way.* Puedo calcularle la edad con un error de dos años de más o de menos. • **I don't mind/care either way** me da igual, me da lo mismo

either³ S2 *pron*
1 cualquiera (de los/las dos): *They're both good players, so either could win.* Los dos son buenos jugadores, así que podría ganar cualquiera. • *There's tea and coffee — you can have either.* Hay té y café, puedes tomar lo que prefieras. • **either of** cualquiera de: *Did you speak to either of the parents?* ¿Has hablado con alguno de los padres?
2 ninguno -a (de los/las dos): *I don't like either.* No me gusta ninguno. • **either of** ninguno de (los dos), ninguna de (las dos): *She didn't like either of the movies.* No le gustó ninguna de las películas.

either⁴ S1 W2 *adv*
1 (en respuestas o añadidos negativos) *"I can't swim." "I can't either."* –No sé nadar. –Yo tampoco. • *I don't like him and I don't like his wife either.* No me caen bien ni él ni su mujer.
2 (para enfatizar) *It's not an attractive car, and it's not cheap either.* No es un carro atractivo y ni siquiera es

barato. • *She likes baseball, and she's not a bad player either.* Le gusta el béisbol y no juega nada mal, por cierto.

EXPRESIONES
me either (*incorr*, *oral*) yo tampoco

e·jac·u·late /ɪˈdʒækyəˌleɪt/ *v* **1** [I,T] eyacular **2** [T] (*antic*) exclamar

e·jac·u·la·tion /ɪˌdʒækyəˈleɪʃən/ *s* **1** [C,U] eyaculación **2** [C] (*antic*) exclamación

e·ject /ɪˈdʒɛkt/ *v* **1** [T] expulsar, desalojar • **eject sb from sth** expulsar a alguien de algo **2** [T] expulsar (un CD, un casete) **3** [T] (*frml*) expeler, arrojar **4** [I] eyectarse (piloto)

e·jec·tion /ɪˈdʒɛkʃən/ *s* **1** [C,U] expulsión, desalojo **2** [U] eyección (de un piloto)

eke /ik/ *v*
eke sth ↔ out *v+partíc* **1 eke out a living/an existence** subsistir, ganar lo justo para vivir **2** hacer que algo alcance (el dinero, la comida)

EKG /ˌi keɪ ˈdʒi/ *s* [C] electrocardiograma

e·lab·o·rate¹ /ɪˈlæbərɪt/ *adj* **1** intrincado -a, muy ornamentado -a (dibujo, talla, diseño) **2** enredado -a, detallado -a (plan, excusa, explicación), complicado -a, enrevesado -a (sistema, red)

e·lab·o·rate² /ɪˈlæbəˌreɪt/ *v* (*frml*) **(a)** [I] dar más detalles • **elaborate on sth** explicar algo con más detalle, desarrollar algo **(b)** [T] desarrollar, explicar con más detalle

e·lab·o·rate·ly /ɪˈlæbərɪtli/ *adv* **1** de manera intrincada, con mucho ornamento **2** minuciosamente, detalladamente

e·lab·o·ra·tion /ɪˌlæbəˈreɪʃən/ *s* [C,U] desarrollo (de una idea, un argumento)

e·lapse /ɪˈlæps/ *v* [I] (*frml*) transcurrir

e·las·tic¹ /ɪˈlæstɪk/ *s* [U] elástico

elastic² *adj* **1** (con elástico) (de) elástico -a **2** (que vuelve al tamaño anterior) elástico -a ▶ **ELASTICITY**

e·las·tic·i·ty /ɪˌlæˈstɪsəti, ˌɪlæ-/ *s* [U] elasticidad

e·lat·ed /ɪˈleɪtɪd/ *adj* eufórico -a

e·la·tion /ɪˈleɪʃən/ *s* [U] euforia

el·bow¹ [S3] /ˈɛlboʊ/ *s* [C] codo

EXPRESIONES
at sb's elbow al lado de alguien, junto a alguien • **elbow grease** (*coloq*) fuerza, brío • **elbow room** (*coloq*) espacio (para moverse) • **give sb the elbow** (*coloq*) despedir a alguien, deshacerse de alguien

elbow² *v* [T] dar un codazo a • **elbow your way through the crowd** abrirse paso a codazos entre la multitud • **elbow sb aside** apartar a alguien a codazos

el·der¹ /ˈɛldər/ *s* [C] **1 your elders** sus/tus mayores • **be sb's elder** ser mayor que alguien • **be two/five years sb's elder** ser dos/cinco años mayor que alguien **2** anciano -a (de una tribu) **3** [gralm pl] persona mayor [SIN] **senior** **4** en algunas iglesias cristianas, persona con un cargo de responsabilidad **5** saúco

elder² *adj* mayor • **sb's elder brother/sister** el hermano/la hermana mayor de alguien

¿elder o older?
elder solo se usa para referirse a personas, especialmente a los miembros de una familia: *She has two elder brothers.* Como comparativo, elder solo se usa cuando se trata de dos personas y no puede ir seguido de than: *Jane is the elder of the two sisters.*
Para decir que una persona es mayor que otra, hay que usar older: *Tom is older than you.*

el·der·ber·ry /ˈɛldərˌbɛri/ *s* [C] (pl **elderberries**) baya de saúco

el·der·ly [W3] /ˈɛldərli/ *adj*
1 mayor, anciano -a

⚠ **elderly** Algunas personas evitan el uso de esta palabra porque puede resultar ofensivo. En su lugar utilizan **senior**.

2 the elderly [usado como s pl] las personas mayores, los ancianos

⚠ **the elderly** Algunas personas evitan el uso de esta expresión porque puede resultar ofensivo. En su lugar utilizan **senior citizens**.

el·dest /ˈɛldɪst/ *adj* **the eldest son/daughter** el hijo/la hija mayor • **the eldest** el/la mayor

¿eldest o oldest?
eldest solo se usa para referirse a personas, especialmente a los miembros de una familia: *I'm the eldest of three sisters.*
oldest puede referirse tanto a cosas como a personas

e·lect¹ [W2] /ɪˈlɛkt/ *v*
1 elegir (por votación) • **elect sb mayor/president** elegir a alguien alcalde/presidente
2 elect to do sth (*frml*) decidir hacer algo

elect² *adj* [solo después de s] **president elect** presidente -a electo -a

e·lec·tion [W1] /ɪˈlɛkʃən/ *s*
1 [C] elecciones, comicios • **hold an election** celebrar elecciones • **win an election** ganar unas elecciones • **election campaign** campaña electoral • **Election Day** día de las elecciones • **election manifesto** programa electoral, plataforma electoral • **election results** resultados de las elecciones • **election year** año de elecciones
2 [U] elección (para un cargo) ▶ **GENERAL ELECTION**

e·lec·tion·eer·ing /ɪˌlɛkʃəˈnɪrɪŋ/ *s* [U] campaña electoral

e·lec·tive¹ /ɪˈlɛktɪv/ *adj* (*frml*) **1** (cargo, órgano) electivo -a **2** (cirugía, tratamiento) electivo -a, optativo -a **3** (curso, asignatura) electivo -a, optativo -a

elective² *s* [C] asignatura electiva, materia optativa

e·lec·tor /ɪˈlɛktər, -tɔr/ *s* [C] **1** elector -a, votante **2** miembro del colegio electoral

e·lec·tor·al /ɪˈlɛktərəl/ *adj* [solo ante s] electoral

e,lectoral 'college *s* [C] colegio electoral • **the Electoral College** el Colegio Electoral (grupo de electores encargado de la elección del presidente y vicepresidente de EU, sobre la base de los votos de cada estado)

e·lec·tor·ate /ɪˈlɛktərɪt/ *s* [sing] electorado ▶ **ELECTOR, VOTER**

e·lec·tric [S3] [W3] /ɪˈlɛktrɪk/ *adj*
1 (aparato, motor) eléctrico -a ▶ ver nota en **ELÉCTRICO**
2 [solo ante s] (campo, circuito) eléctrico -a: *the electric bill* la factura/el recibo de la luz • **electric current** corriente eléctrica
3 (excitante, animado) electrizante: *The atmosphere was electric.* El ambiente era electrizante.

e·lec·tri·cal [S3] /ɪˈlɛktrɪkəl/ *adj* [solo ante s] (sistema, equipo) eléctrico -a • **electrical goods/appliances** aparatos eléctricos • **an electrical fault** una falla eléctrica ▶ ver nota en **ELÉCTRICO**

e,lectric 'chair *s* **the electric chair** [sing] la silla eléctrica

e·lec·tri·cian /ɪˌlɛkˈtrɪʃən, i-/ *s* [C] electricista

e·lec·tric·i·ty [S3] /ɪˌlɛkˈtrɪsəti, i-/ *s* [U]
1 (energía, suministro) electricidad: *materials that conduct electricity* materiales conductores de electricidad • *Turn the electricity off before you start.* Desconecte la electricidad antes de empezar. • **generate electricity** generar/producir electricidad • **electricity bill** factura/recibo de la luz • **electricity board** empresa eléctrica, compañía de electricidad • **electricity meter** medidor de la electricidad
2 (excitación) electricidad ▶ **STATIC ELECTRICITY**

e,lectric 'shock *s* [C] descarga eléctrica, choque eléctrico

e·lec·tri·fied /ɪˈlɛktrəˌfaɪd/ *adj* electrificado -a

e·lec·tri·fy /ɪˈlɛktrəˌfaɪ/ v [T] (**electrifies**, **electrified**, **electrifying**) **1** (al público, a los espectadores) electrizar **2** (una red, un sistema) electrificar

e·lec·tri·fy·ing /ɪˈlɛktrəˌfaɪ-ɪŋ/ adj electrizante

e·lec·tro·cute /ɪˈlɛktrəˌkyut/ v [T] [gralm en pasiva] electrocutar

e·lec·tro·cu·tion /ɪˌlɛktrəˈkyuʃən/ s [U] electrocución

e·lec·trode /ɪˈlɛkˌtroʊd/ s [C] electrodo

e·lec·trol·y·sis /ɪˌlɛkˈtrɑlɪsɪs/ s [U] **1** (técn) electrólisis **2** depilación eléctrica, electrólisis

e·lec·tro·lyte /ɪˈlɛktrəˌlaɪt/ s [C] (técn) electrolito, electrólito

e·lec·tron /ɪˈlɛktrɑn/ s [C] electrón ▶ NEUTRON, PROTON

e·lec·tron·ic W2 /ɪˌlɛkˈtrɑnɪk/ adj [gralm ante s] **1** (aparato, sistema) electrónico -a ▶ ELECTRIC **2** (música) electrónico -a

e·lec·tron·i·cally /ɪˌlɛkˈtrɑnɪkli/ adv electrónicamente

e·lec·tron·ics /ɪˌlɛkˈtrɑnɪks/ s [U] electrónica

el·e·gance /ˈɛləgəns/ s [U] elegancia

el·e·gant /ˈɛləgənt/ adj elegante

el·e·gant·ly /ˈɛləgəntli/ adv elegantemente, con elegancia

el·e·gi·ac /ˌɛləˈdʒaɪək‹ / adj (liter) elegíaco -a

el·e·gy /ˈɛlədʒi/ s [C] (pl **elegies**) elegía

el·e·ment S3 W2 /ˈɛləmənt/ s

1	de un todo
2	en química
3	grado
4	gente
5	rudimentos
6	del clima
7	dispositivo eléctrico

1 DE UN TODO [C] elemento • **a key/crucial element** un elemento clave/crucial

2 EN QUÍMICA [C] elemento: *the chemical elements* los elementos químicos ▶ COMPOUND

3 GRADO [C gralm sing] **an element of risk** cierto riesgo • **an element of truth/luck** algo de verdad/suerte: *There was an element of truth in what he said.* Había algo de verdad en lo que dijo.

4 GENTE [C] (peyor) grupúsculo • **a criminal element** delincuentes

5 RUDIMENTOS [pl] **the elements of sth** las bases/los fundamentos de algo SIN **rudiments**

6 DEL CLIMA **the elements** [pl] los elementos

7 DISPOSITIVO ELÉCTRICO [C] resistencia

EXPRESIONES

the element of surprise el factor sorpresa • **be in your element** estar en su elemento/salsa

el·e·men·tal /ˌɛləˈmɛntəl/ adj primario -a

el·e·men·tary /ˌɛləˈmɛntri, -ˈmɛntəri/ adj **1** elemental, básico -a: *the elementary principles of justice* los principios elementales de la justicia **2** [solo ante s] **elementary** biology/physics biología/física básica ▶ INTERMEDIATE, ADVANCED **3** [solo ante s] **elementary education** enseñanza primaria

ele'mentary ˌschool s en Estados Unidos, escuela para niños de entre 5 y 11 años

el·e·phant /ˈɛləfənt/ s [C] elefante: *a herd of elephants* una manada de elefantes ▶ WHITE ELEPHANT

el·e·vate /ˈɛləˌveɪt/ v [T] **1** (frml) elevar, ascender • **be elevated to sth** ser ascendido -a a algo, ser elevado -a a la categoría de algo **2** (técn) levantar, subir

el·e·vat·ed /ˈɛləˌveɪtɪd/ adj **1** (alto) elevado -a **2** [solo ante s] (categoría, rango) elevado -a

el·e·va·tion /ˌɛləˈveɪʃən/ s **1** [C] altura, altitud • **an elevation of 300 meters/1400 feet** una altura de 300 metros/1400 pies **2** [U] (frml) ascenso (social, profesional) • [+to]: *Drake's elevation to deputy director* El ascenso

de Drake al cargo de subdirector. **3** [C] (técn) alzado, vista: *the front elevation* la fachada

el·e·va·tor /ˈɛləˌveɪtɚ/ s [C] **1** ascensor, elevador **2** elevador (de/para granos)

e·lev·en /ɪˈlɛvən/ núm once ▶ ver ejs en SIX

e·lev·enth¹ /ɪˈlɛvənθ/ (abrev escrita **11th**) adj, adv undécimo -a, en undécimo lugar, en onceavo lugar ▶ ver ejs en SIXTH

EXPRESIONES

at the eleventh hour en el último momento

eleventh² pron, s **1** (abrev escrita **11th**) undécimo -a **2** (abrev escrita **11th**) (día) once **3** (abrev escrita **1/11**) onceavo, onceava parte **4** (oral) cumpleaños número once, onceavo cumpleaños: *It's Amy's eleventh today.* Amy cumple once años hoy. **5** (abrev escrita **XI**) (en nombres de monarcas, papas) once ▶ ver ejs en SIXTH

elf /ɛlf/ s [C] (pl **elves** /ɛlvz/) elfo -a

el·fin /ˈɛlfɪn/ adj menudo -a, delicado -a

e·lic·it /ɪˈlɪsɪt/ v [T] (frml) (lograr) obtener (información, una reacción, una respuesta), suscitar, provocar (una reacción) • **elicit sth from sb** *He had elicited the information from the police.* Había obtenido la información de la policía.

e·lide /ɪˈlaɪd/ v [T] (técn) elidir

el·i·gi·bil·i·ty /ˌɛlədʒəˈbɪləti/ s [U] elegibilidad (para recibir prestaciones, solicitar un crédito, etc.) • [+for]: *an assessment of a person's eligibility for medical benefits* una evaluación de si una persona reúne los requisitos para recibir prestaciones médicas

el·i·gi·ble /ˈɛlədʒəbəl/ adj **1** con derecho a algo • [+for]: *If you're over 65, you're eligible for a discount.* Si tienes más de 65 años, tienes derecho a un descuento. • *Some students are not eligible for a loan.* Algunos estudiantes no reúnen los requisitos para solicitar un crédito. • **be eligible to do sth** tener derecho a hacer algo: *All members are eligible to vote.* Todos los socios tienen derecho a votar. **2** (buen partido) *America's most eligible bachelor* el soltero más codiciado de Estados Unidos

e·lim·i·nate W2 /ɪˈlɪməˌneɪt/ v [T] **1** eliminar • **eliminate sth from sth** eliminar algo de algo: *You can't completely eliminate fat from your diet.* No puedes eliminar la grasa por completo de tu dieta. **2** descartar SIN **rule out** **3** [gralm en pasiva] **be eliminated** quedar eliminado -a (de una competencia)

e·lim·i·na·tion /ɪˌlɪməˈneɪʃən/ s **1** [U] (supresión) eliminación • [+of] **2** [C,U] (de una competencia) eliminación

e·lite¹, élite /eɪˈlit, ɪ-/ s [C] élite, elite: *the ruling elite* la élite gobernante

elite², élite adj [solo ante s] de élite, exclusivo -a

e·lit·ism /eɪˈliˌtɪzəm, ɪ-/ s [U] (peyor) elitismo

e·lit·ist /eɪˈliˌtɪst, ɪ-/ s [C], adj (peyor) elitista

E·liz·a·be·than /ɪˌlɪzəˈbiθən/ n [C], adj isabelino -a (relativo a Isabel I de Inglaterra o contemporáneo de ella)

elk /ɛlk/ s [C] (pl **elk**, **elks**) alce ▶ MOOSE

el·lipse /ɪˈlɪps/ s [C] elipse SIN **oval**

el·lip·ti·cal /ɪˈlɪptɪkəl/ (tb **el·lip·tic** /ɪˈlɪptɪk/) adj **1** (órbita, forma) elíptico -a ▶ ELLIPSE **2** (frml) (lenguaje, estilo) elíptico -a, críptico -a

elm /ɛlm/ s **1** [C] olmo **2** [U] (madera de) olmo

el·o·cu·tion /ˌɛləˈkyuʃən/ s [U] dicción

e·lon·gate /ɪˈlɔŋgeɪt, i-/ v [I,T] alargar(se)

e·lon·gat·ed /ɪˈlɔŋˌgeɪtɪd, i-/ adj alargado -a

e·lope /ɪˈloʊp/ v [I] fugarse (para casarse)

el·o·quence /ˈɛləkwəns/ s [U] elocuencia

el·o·quent /ˈɛləkwənt/ adj elocuente ▶ WAX eloquent

el·o·quent·ly /ˈɛləkwəntli/ adv elocuentemente

El Sal·va·dor /ɛl ˈsælvəˌdɔr/ El Salvador

else S1 W1 /ɛls/ *adv* ► **else** va siempre precedido por palabras que empiezan con **any-**, **some-**, **every-** o **no-** o por palabras interrogativas como **what**, **who**, etc.: **someone/somebody else** otra persona, otro -a: *It wasn't Matt, it was someone else.* No era Matt, era otra persona. • *somebody else's coat* el abrigo de otro • **everyone/everybody else** (todos) los demás • **no one/nobody else** nadie más • **something else** algo más, otra cosa: *Wear something else.* Ponte otra cosa. • **anything else** algo más, otra cosa • **anything else?** (*oral*) ¿algo más? (en una tienda) • **somewhere else** otro sitio • **what/who/where else...?** ¿qué/quién/dónde más...?, ¿qué otra cosa/otra persona/otro sitio...?: *Who else was at the party?* ¿Quién más estaba en la fiesta? • *What else did you do today?* ¿Qué más han hecho hoy? • *Where else can she have gone?* ¿A qué otro sitio puede haber ido? • **little else** poco más, no mucho más: *She does little else but watch TV.* Aparte de ver la tele, no hace mucho más. • **all else** (*frml*) todo lo demás ► **if NOTHING else**

EXPRESIONES

or else... **(a)** si no...: *Hurry up or else we'll miss the train.* Apúrate, si no vamos a perder el tren. **(b)** si no...: *I'm sure he's asleep, or else he would be crying.* Seguro que duerme, si no, estaría llorando. • *We can lower the price or else give you free insurance.* Podemos bajar el precio o si no ofrecerle seguro gratis. **(c)** si no..., o: *Leave now, or else I'll call the police.* Vete ahora mismo o llamo a la policía. • *Give me the money, or else!* ¡Dame el dinero, que si no...! • **be something else** (*coloq*) ser otra cosa, ser de lo que no hay

else·where W3 /'ɛlswɛr/ *adv* (*frml*) a/en otra(s) parte(s) • **look elsewhere** buscar en otra parte • **go elsewhere** ir a otra parte

e·lu·ci·date /ɪ'lusəˌdeɪt/ *v* [I,T] (*frml*) elucidar, dilucidar

e·lude /ɪ'lud/ *v* [T] **1** burlar, evitar (a un perseguidor) SIN **avoid 2** (*escrito*) ser esquivo -a a: *Again success eluded her.* Una vez más el éxito le fue esquivo. • *Sleep still eluded her.* Seguía sin poder conciliar el sueño. **3** (palabra, concepto) *The exact term eludes me for the moment.* No puedo recordar el término exacto en este momento. SIN **escape**

e·lu·sive /ɪ'lusɪv/ *adj* **1** (enemigo, presa) huidizo -a; (persona, mirada) esquivo -a **2** (resultado) difícil de conseguir

elves /ɛlvz/ pl de **ELF**

e·ma·ci·at·ed /ɪ'meɪʃiˌeɪtɪd/ *adj* escuálido -a, consumido -a ► **THIN**

e·mail[1] S2 W2, **E-mail** /'i meɪl/ *s*
1 [U] (sistema) e-mail, correo electrónico • **by email** por e-mail/correo electrónico SIN **mail** • **email account** cuenta de e-mail/correo electrónico • **email address** dirección de e-mail/correo electrónico, dirección electrónica
2 [C] (mensaje) mail, correo electrónico: *I'll send you an email.* Te voy a mandar un mail. SIN **mail**
3 [U] (correspondencia) e-mails, mails: *I'm just checking my email.* Estoy consultando los mails. • *Do you get much email?* ¿Recibes muchos e-mails? SIN **mail**

email[2] S2 W2 *v* [T] mandarle un e-mail/mail a: *I'll email you.* Te mandaré un mail. • **email sb sth** (tb **email sth to sb**) mandarle algo por e-mail/correo electrónico a alguien: *Can you email me that file?* ¿Puedes enviarme ese archivo por correo electrónico? • *I'll email the details to you.* Te enviaré los detalles por correo electrónico.

em·a·nate /'ɛməˌneɪt/ *v* (*frml*) **1** [I] (olor, sonido) **emanate from sth** emanar de algo **2** [T] (una cualidad, un sentimiento) irradiar **3** [I] (información, dato) **emanate from sth** proceder/provenir de algo

e·man·ci·pate /ɪ'mænsəˌpeɪt/ *v* [T] (*frml*) emancipar

e·man·ci·pat·ed /ɪ'mænsəˌpeɪtɪd/ *adj* **1** [solo ante s] (esclavo) emancipado -a **2** (mujer) emancipada

e·man·ci·pa·tion /ɪˌmænsə'peɪʃən/ *s* [U] emancipación

em·balm /ɪm'bɑm/ *v* [T] embalsamar

em·bank·ment /ɪm'bæŋkmənt/ *s* [C] terraplén

em·bar·go /ɪm'bɑrgoʊ/ *s* [C] (pl **embargoes**) **1** (comercial) embargo: *an arms embargo* un embargo de armas • [+on]: *the embargo on wheat exports* el embargo a la exportación de trigo • **impose an embargo on sth** imponer un embargo a/sobre algo • **lift an embargo** levantar un embargo **2** (de información) embargo

em·bark /ɪm'bɑrk/ *v* [I] **1 embark on a trip** emprender un viaje **2** (en un barco, un avión) embarcar, embarcarse ANT **disembark**
embark on sth *v+partíc* emprender algo, embarcarse en algo: *He embarked on a new career as a teacher.* Emprendió una nueva carrera como docente.

em·bar·ka·tion /ˌɛmbɑr'keɪʃən/ *s* [U] embarque

em·bar·rass /ɪm'bærəs/ *v* [T] **1** hacerle pasar vergüenza a, poner en evidencia a, apenar: *Don't embarrass him in front of his friends.* No le hagas pasar vergüenza delante de sus amigos. **2** poner en una situación comprometida

em·bar·rassed S2 /ɪm'bærəst/ *adj* avergonzado -a, incómodo -a, apenado -a • **I feel/she is embarrassed** me da/le da vergüenza, me da/le da pena: *She was so embarrassed.* Le dio tanta vergüenza. • *His compliments made her feel embarrassed.* Sus cumplidos la hicieron sentirse incómoda • [+about/at]: *She was embarrassed about crying.* Le daba vergüenza llorar. • **be (too) embarrassed to do sth** *He'd be embarrassed to speak in public.* Le daría vergüenza hablar en público. • **get embarrassed** sentirse incómodo -a, avergonzarse, apenarse • **an embarrassed silence** un silencio incómodo ► **GUILTY**

EXPRESIONES

financially embarrassed en apuros económicos, corto -a de dinero

em·bar·ras·sing /ɪm'bærəsɪŋ/ *adj* incómodo -a, que da vergüenza/pena, penoso -a: *embarrassing questions* preguntas incómodas • [+for]: *The incident was very embarrassing for him.* El incidente le dio mucha vergüenza. • **an embarrassing situation/position** una situación/posición comprometida, un apuro

em·bar·rass·ment /ɪm'bærəsmənt/ *s* **1** [U] vergüenza, incomodidad, pena • [+at]: *his embarrassment at his children's rudeness* su vergüenza ante la falta de modales de sus hijos ► **SHAME 2** [C] persona o cosa que hace pasar vergüenza • [+to]: *Her family was an embarrassment to her.* Se avergonzaba de su familia. • *He's an embarrassment to the company.* Es una vergüenza para la empresa.

EXPRESIONES

an embarrassment of riches demasiado para elegir

em·bas·sy /'ɛmbəsi/ *s* [C] (pl **embassies**) embajada • **the American/British Embassy** la embajada estadounidense/británica • **embassy spokesman** portavoz de la/una embajada • **embassy staff** personal de la/una embajada

em·bat·tled /ɪm'bætld/ *adj* [solo ante s] (*frml*) atribulado -a, asediado -a (por problemas)

em·bed /ɪm'bɛd/ *v* (**embedded**, **embedding**) **be embedded in sth** estar incrustado -a en algo, estar arraigado -a en algo

em·bed·ded /ɪm'bɛdɪd/ *adj* **1** (sentimiento) arraigado -a **2** (periodista, reportero) adscripto -a, incorporado -a (a una unidad de combate)

em,bedded 'journalist *s* [C] periodista destinado -a a una unidad de combate

em·bel·lish /ɪm'bɛlɪʃ/ *v* [T] **1** (un relato, un recuerdo) adornar **2** (la ropa, un objeto) adornar

em·bel·lish·ment /ɪm'bɛlɪʃmənt/ *s* **1** [C,U] (de un relato) adorno(s) **2** [C] (decoración) adorno

em·ber /'ɛmbər/ *s* **1** [C gralm pl] brasa **2** (*liter*) **the embers of sth** los rescoldos de algo

em·bez·zle /ɪm'bɛzəl/ *v* [I,T] malversar, desfalcar

em·bez·zle·ment /ɪm'bɛzəlmənt/ *s* [U] malversación (de fondos), desfalco

em·bit·tered /ɪmˈbɪtəd/ *adj* amargado -a

em·blem /ˈembləm/ *s* [C] emblema ▶ SYMBOL, LOGO

em·blem·at·ic /ˌembləˈmætɪk/ *adj* (*frml*) emblemático -a • **emblematic of sth** emblemático -a de algo ▶ EPITOME

em·bod·i·ment /ɪmˈbɑdɪmənt/ *s* **the embodiment of sth** la personificación/encarnación de algo ▶ EPITOME

em·bod·y /ɪmˈbɑdi/ *v* [T] (**embodies, embodied, embodying**) encarnar, ser la personificación/ encarnación de ▶ REPRESENT

em·boss /ɪmˈbɔs, ɪmˈbɑs/ *v* [T gralm en pasiva] **embossed with sth** con algo estampado -a en relieve • **embossed on sth** repujado -a en algo, estampado -a en relieve sobre algo

em·bossed /ɪmˈbɔst, ɪmˈbɑst/ *adj* repujado -a, estampado -a en relieve

em·brace¹ /ɪmˈbreɪs/ *v* **1** [I,T] (*liter*) (con los brazos) abrazar(se) **2** [T] (*frml*) (una creencia, una fe) abrazar; (una idea) suscribir **3** [T] (*frml*) (incluir) abarcar

embrace² *s* [C] abrazo

em·broi·der /ɪmˈbrɔɪdə/ *v* **1** [I,T] bordar **2** [T] adornar (un relato) SIN **embellish**

em·broi·der·y /ɪmˈbrɔɪdəri/ *s* [U] bordado(s)

em·broil /ɪmˈbrɔɪl/ *v* [T gralm en pasiva] **become embroiled in sth** verse envuelto -a en algo

em·bry·o /ˈembriˌoʊ/ *s* [C] (pl **embryos**) embrión ▶ FOE-TUS

EXPRESIONES
in embryo en estado embrionario

em·bry·o·nic /ˌembriˈɑnɪk‹/ *adj* embrionario -a

em·cee¹ /ˌemˈsi/ *s* [C] (**master of ceremonies**) maestro -a de ceremonias, presentador -a

emcee² *v* [I,T] ser maestro -a de ceremonias, ser el presentador/la presentadora

em·er·ald¹ /ˈemərəld/ *s* **1** [C] esmeralda **2** [U] (*liter*) (color) verde esmeralda

emerald² *adj* (*liter*) (de color) verde esmeralda

e·merge W2 /ɪˈmɜdʒ/ *v* [I]
1 (mostrarse) salir, aparecer • **emerge from sth** salir de algo: *The sun emerged from behind the clouds.* El sol salió de detrás de las nubes.
2 (información) revelarse, surgir • **it emerged that** trascendió que
3 (de una situación difícil) salir • **emerge from sth** salir de algo: *The country is emerging from a deep recession.* El país está saliendo de una profunda recesión. ▶ EMERGING

e·mer·gence /ɪˈmɜdʒəns/ *s* [U] surgimiento, aparición

e·mer·gen·cy S3 W3 /ɪˈmɜdʒənsi/ *s* (pl **emergencies**)
1 [C,U] emergencia • **in an emergency** (tb **in case of emergency**) en caso de emergencia *an emergency landing* un aterrizaje de emergencia
2 [U] (*coloq*) (sala de) urgencias ▶ STATE OF EMERGENCY

e'mergency ˌbrake *s* [C] freno de mano, freno de emergencia

e'mergency ˌroom (abrev **ER**) *s* [C] (sala de) urgencias

e'mergency ˌservices *s* [pl] servicios de emergencia

e·merg·ing /ɪˈmɜdʒɪŋ/ *adj* [solo ante s] emergente, incipiente

em·er·y board /ˈeməri bɔrd/ *s* [C] lima (de uñas) (de esmeril)

em·i·grant /ˈeməgrənt/ *s* [C] emigrante ▶ IMMIGRANT

em·i·grate /ˈeməˌgreɪt/ *v* [I] emigrar • [+to]: *They emigrated to Australia.* Emigraron a Australia. ▶ IMMI-GRATE

em·i·gra·tion /ˌeməˈgreɪʃən/ *s* [C,U] emigración ▶ IMMI-GRATION

em·i·nence /ˈemɪnəns/ *s* [U] prestigio, renombre

em·i·nent /ˈemənənt/ *adj* [gralm ante s] eminente ▶ FAMOUS

em·i·nent·ly /ˈemənəntˀli/ *adv* (*aprec, frml*) sumamente

em·ir·ate /ˈemərɪt/ *s* [C] emirato

em·is·sar·y /ˈeməˌseri/ *s* [C] (pl **emissaries**) (*frml*) emisario -a

e·mis·sion /ɪˈmɪʃən/ *s* **1** [C gralm pl] emisión, emanación (gas, sustancia química, etc.): *carbon monoxide emissions* emisiones de monóxido de carbono **2** [U] (acción de emitir) **the emission of sth** la emisión de algo: *the emission of greenhouse gases* la emisión de gases de invernadero

e·mit /ɪˈmɪt/ *v* [T] (**emitted, emitting**) (*escrito*) **1** (gases, calor) emitir **2** (un sonido) emitir; (un suspiro) exhalar

Em·my /ˈemi/ (tb **ˈEmmy Aˌward**) *s* [C] (premio) Emmy

e·mo·tion W2 /ɪˈmoʊʃən/ *s*
1 [C] sentimiento • **show an emotion** expresar un sentimiento • **mixed emotions** sentimientos encontrados • **emotions run high** hay tensión
2 [U] emoción: *Her voice was full of emotion.* Su voz estaba cargada de emoción.

e·mo·tion·al S3 W2 /ɪˈmoʊʃənəl/ *adj*
1 (ceremonia, despedida) emotivo -a
2 (persona) emocionado -a, muy sensible • **get/become emotional** emocionarse
3 [solo ante s] (problemas, crisis) afectivo -a, emocional
4 [gralm ante s] (decisión, reacción) impulsivo -a
EXPRESIONES
emotional blackmail (*peyor*) chantaje emocional

e·mo·tion·al·ly /ɪˈmoʊʃənəli/ *adv* emocionalmente, afectivamente

e·mo·tive /ɪˈmoʊtɪv/ *adj* cargado -a de emotividad, que despierta sentimientos fuertes

em·pa·thize /ˈempəˌθaɪz/ *v* [I] sentir empatía • **empathize with sb** identificarse/compenetrarse con alguien, establecer lazos de empatía con alguien • **empathize with sth** identificarse con algo ▶ SYMPATHIZE

em·pa·thy /ˈempəθi/ *s* [U] empatía ▶ SYMPATHY

em·per·or /ˈempərə/ *s* [C] emperador ▶ EMPRESS

em·pha·sis W3 /ˈemfəsɪs/ *s* [C,U] (pl **emphases** /-siz/)
1 (atención especial) énfasis • [+on]: *an increased emphasis on reducing crime* un énfasis cada vez mayor en la reducción de la delincuencia • **a change/shift of emphasis** un cambio de prioridades
2 (al hablar) acento, énfasis • [+on]: *The emphasis is on the first syllable.* El acento recae sobre la primera sílaba. SIN **stress**

em·pha·size W2 /ˈemfəˌsaɪz/ *v* [T]
1 (algo importante) hacer hincapié en, destacar • **emphasize that** hacer hincapié en (el hecho de que) • *Experts emphasize that more research is needed.* Los expertos hacen hincapié en el hecho de que hay que investigar más. • **it must/should be emphasized that** cabe destacar/hacer hincapié en (el hecho de) que
2 (una palabra, una sílaba) poner énfasis en, acentuar SIN **stress**
3 (un sabor, un color) (hacer) resaltar: *sauces that emphasize the flavor of the meat* salsas que realzan el sabor de la carne

em·phat·ic /ɪmˈfætɪk/ *adj* **1** (respuesta) categórico -a; (negativa, desmentida) rotundo -a **2** [solo ante s] (victoria, derrota) aplastante

em·phat·i·cally /ɪmˈfætɪkli/ *adv* **1** categóricamente, rotundamente **2** irrefutablemente

em·phy·se·ma /ˌemfəˈzimə, -ˈsi-/ *s* [U] enfisema

em·pire W3 /ˈempaɪə/ *s* [C]
1 (conjunto de estados) imperio: *the Roman empire* el Imperio Romano
2 (en negocios) imperio, emporio • **a business empire** un imperio empresarial

em·pir·i·cal /ɪmˈpɪrɪkəl, em-/ *adj* [solo ante s] (*frml*) empírico -a ANT **hypothetical, theoretical**

em·pir·i·cal·ly /ɪm'pɪrɪkli, ɛm-/ *adv* (*frml*) empíricamente

em·ploy¹ W2 /ɪm'plɔɪ/ *v* [T] (**employs**, **employed**, **employing**)
1 emplear, contratar: *The factory employs over 2,000 people.* La fábrica emplea a más de 2.000 personas. • **be employed as sth** trabajar de algo, ser contratado -a como algo: *Kelly is employed as a mechanic.* Kelly trabaja de mecánica. ▶ UNEMPLOYED, SELF-EMPLOYED
2 usar, emplear

employ² *s* (*frml*) **in sb's employ** *Mr. Morton had a number of servants in his employ.* El Sr. Morton tenía varios sirvientes a su servicio. • **be/remain in sb's employ** trabajar/seguir trabajando para alguien

em·ploy·ee S2 W1 /ɪm'plɔɪ-i, ˌɪmplɔɪ'i, ˌɛm-/ *s* [C] empleado -a

em·ploy·er S3 W2 /ɪm'plɔɪə/ *s* [C] patrono -a, patrón -ona, empleador -a

em·ploy·ment S3 W2 /ɪm'plɔɪmənt/ *s* [U]
1 (situación) empleo, trabajo • **be in employment** trabajar
2 (parámetro económico) empleo • **full employment** pleno empleo ANT **unemployment**
3 **the employment of sb** el empleo/la contratación de alguien • **employment agency** agencia de empleo, agencia de colocación • **employment law** derecho laboral, leyes laborales

em·pow·er /ɪm'paʊə/ *v* **1** [I,T] dar poder a, dar autonomía a **2** **empower sb to do sth** (*frml*) darle potestad a alguien para hacer algo

em·press /'ɛmprɪs/ *s* [C] emperatriz ▶ EMPEROR

emp·ti·ness /'ɛmptinɪs/ *s* [U] **1** vacío (emocional) **2** (espacio) vacío

emp·ty¹ S2 W2 /'ɛmpti/ *adj* (**emptier**, **emptiest**)
1 (recipiente) vacío -a
2 (lugar) vacío -a • **stand empty** estar vacío -a/ abandonado -a • **be empty of sth** estar desprovisto -a de algo: *The beach was almost empty of people.* En la playa casi no había gente.
3 (asiento, mesa, sitio) libre, vacío -a
4 (vida, existencia) vacío -a
5 [gralm ante s] (promesas, palabras, gesto) vano -a, vacío -a
EXPRESIONES
do sth on an empty stomach hacer algo con el estómago vacío

empty² *v* (**empties**, **emptied**, **emptying**) **1** [T] (tb **empty out**) (un recipiente) vaciar • **empty sth into sth** vaciar/ verter algo en algo: *Empty the contents of the packet into a bowl.* Vierta el contenido del paquete en un bol. **2** (un lugar) **(a)** [I] vaciarse, quedar vacío -a **(b)** [T] desalojar

ˌempty-'handed *adj* [nunca ante s] con las manos vacías

em·u·late /'ɛmjəˌleɪt/ *v* [T] emular

e·mul·sion /ɪ'mʌlʃən/ *s* [C] (*técn*) emulsión

en·a·ble W3 /ɪ'neɪbəl/ *v* [T] posibilitar • **enable sb to do sth** permitirle a alguien hacer algo

en·act /ɪ'nækt/ *v* [T] **1** promulgar, aprobar **2** (*frml*) representar, interpretar

en·am·el¹ /ɪ'næməl/ *s* [U] **1** (material) esmalte **2** (de los dientes) esmalte **3** (pintura) esmalte

enamel² *adj* [gralm ante s] esmaltado -a

enamel³ *v* [T gralm en pasiva] esmaltar

en·am·ored /ɪ'næməd/ *adj* (*frml*) **1** **be enamored of/with sth** ser un enamorado/una enamorada de algo **2** [gralm no ante s] **be enamored of sb** estar enamorado -a de alguien • **become enamored of sb** enamorarse de alguien

en·camp·ment /ɪn'kæmp'mənt/ *s* [C] campamento

en·cap·su·late /ɪn'kæpsəˌleɪt/ *v* [T] condensar (una idea, un sentimiento)

en·case /ɪn'keɪs/ *v* [T] (re)cubrir, revestir • **be encased in sth** estar cubierto -a de algo

en·chant /ɪn'tʃænt/ *v* [T] cautivar, fascinar

en·chant·ed /ɪn'tʃæntɪd/ *adj* **1** [nunca ante s] cautivado -a, encantado -a **2** encantado -a, embrujado -a

en·chant·ing /ɪn'tʃæntɪŋ/ *adj* cautivador -a, encantador -a

en·chant·ment /ɪn'tʃænt'mənt/ *s* **1** [U] encanto, embeleso **2** [C] encantamiento, hechizo

en·chi·la·da /ˌɛntʃə'lɑdə/ *s* [C] enchilada
EXPRESIONES
the big enchilada (*coloq*) el pez gordo • **the whole enchilada** (*coloq*) todo bien completo, el paquete completo

en·cir·cle /ɪn'sɜkəl/ *v* [T] rodear • **encircled by sth** rodeado -a de algo

en·clave /'ɛnkleɪv, 'ɑŋ-/ *s* [C] enclave

en·close /ɪn'kloʊz/ *v* [T] **1** adjuntar (en un sobre) • **enclose sth with sth** adjuntar algo a algo **2** cercar

en·closed /ɪn'kloʊzd/ *adj* **1** adjunto -a • **please find enclosed...** le adjunto..., le envío adjunto -a... **2** cercado -a: *a fear of enclosed spaces* miedo a los espacios cerrados

en·clo·sure /ɪn'kloʊʒə/ *s* [C] **1** recinto **2** (*frml*) documento adjunto

en·code /ɪn'koʊd/ *v* [T] cifrar, codificar

en·com·pass /ɪn'kʌmpəs/ *v* [T] (*frml*) **1** (temas, opiniones) abarcar **2** (zonas, territorios) abarcar

en·core¹ /'ɑŋkɔr/ *s* [C] bis, encore • **do an encore** hacer un bis

encore² *interj* ¡otra!

en·coun·ter¹ W3 /ɪn'kaʊntə/ *v* [T]
1 encontrar, encontrarse con • **encounter problems/ difficulties** encontrarse/toparse con problemas/dificultades • **encounter opposition/resistance** encontrarse con oposición/resistencia
2 (*frml*) toparse con (de casualidad)

encounter² *s* [C] **1** (entre personas) encuentro • **chance encounter (with sb)** un encuentro casual (con alguien) **2** (con algo) encuentro, contacto • **a close encounter (with sth)** un encuentro cercano/cara a cara (con algo) **3** enfrentamiento, encontronazo

en·cour·age S2 W2 /ɪn'kɜrɪdʒ, -'kʌr-/ *v* [T]
1 alentar, apoyar • **encourage sb to do sth** alentar/ animar a alguien a hacer algo ANT **discourage**
2 fomentar, favorecer

en·cour·aged /ɪn'kɜrɪdʒd, -'kʌr-/ *adj* [nunca ante s] animado -a

en·cour·age·ment /ɪn'kɜrɪdʒmənt, -'kʌr-/ *s* [U]
1 ánimo, aliento • **give/provide encouragement** dar ánimo/aliento **2** fomento

en·cour·ag·ing /ɪn'kɜrɪdʒɪŋ, -'kʌr-/ *adj* alentador -a

en·cour·ag·ing·ly /ɪn'kɜrɪdʒɪŋli, -'kʌr-/ *adv* de manera alentadora: *She patted my arm encouragingly.* Me dio una palmadita en el brazo para darme aliento.

en·croach /ɪn'kroʊtʃ/ *v* [I] **1** **encroach on sth** invadir algo **2** interferir • **encroach on sth** *federal laws that encroach on state power* leyes federales que le restan poder a los estados • *Her political activities don't encroach on her writing.* Sus actividades políticas no le quitan tiempo para escribir.

en·crust·ed /ɪn'krʌstɪd/ *adj* **1** encrusted with mud/ice con una costra de barro/capa de hielo **2** encrusted with diamonds/beads incrustado -a de diamantes/bordado -a en pedrería • **diamond-encrusted** incrustado de diamantes

en·cum·ber /ɪn'kʌmbə/ *v* [T gralm en pasiva] **1** (*frml*) estorbar • **be encumbered by/with sth** *He was encumbered by his diving gear.* Le estorbaba el equipo de buceo. **2** be encumbered with/by sth verse agobiado -a por algo (persona), verse obstaculizado -a por algo (proceso)

en·cum·brance /ɪn'kʌmbrəns/ s [C] (frml) **1** estorbo **2** carga, bulto

en·cy·clo·pe·di·a /ɪn,saɪklə'piːdiə/ s [C] enciclopedia

end¹ S1 W1 /ɛnd/ s

1	en el tiempo
2	en el espacio, en objetos
3	de una situación
4	propósito
5	de algo alargado
6	de una escala
7	en un trayecto, una comunicación
8	de una empresa, actividad
9	muerte
10	de un campo, estadio

1 EN EL TIEMPO [sing] final, fin • **the end of the year/of July** finales de año/de julio • **at the end** al final: *At the end, the hero dies*. Al final el héroe muere. • **the very end (of sth)** el final (de algo): *She didn't leave until the very end*. No se fue hasta el final. • **from beginning to end** de principio a fin
2 EN EL ESPACIO, EN OBJETOS [C] final, extremo: *a long corridor with a door at the end* un pasillo largo con una puerta al final • [+of]: *the north end of the lake* el extremo norte del lago • **at the far end (of sth)** en la parte más alejada (de algo) • **at opposite ends of sth** en extremos opuestos de algo: *They sat at opposite ends of the sofa*. Se sentaron cada uno en una punta del sofá. • **from end to end** de punta a punta, de una punta a la otra • **put/lay sth end to end** juntar algo por los extremos • **on end** de pie, en vertical
3 DE UNA SITUACIÓN [sing] **the end of sth** el fin/final de algo: *Injury could mean the end of his career*. Una lesión podría suponer el fin de su carrera. • **an end to sth** el fin de algo: *There is still no sign of an end to the fighting*. Aún no hay visos del fin de los combates. • **be at an end** haber llegado a su fin, haberse acabado • **come to an end** llegar a su fin, acabarse • **put/bring an end to sth (tb bring sth to an end)** poner fin a algo
4 PROPÓSITO [C] fin • **for your own ends** para sus propios fines • **to that end** (frml) a este fin, con esta finalidad • **be an end in itself** ser un fin en sí mismo • **the end justifies the means** el fin justifica los medios
5 DE ALGO ALARGADO [C] punta, extremo • [+of]: *the end of his finger* la punta de su dedo
6 DE UNA ESCALA [C] **the top/high end of sth** el nivel máximo/superior de algo: *the top end of the income scale* el extremo superior de la escala de ingresos • **the bottom/lower end of sth** el nivel mínimo/inferior de algo: *the lower end of the tax scale* el tramo más bajo de la escala impositiva
7 EN UN TRAYECTO, UNA COMUNICACIÓN [C] *the voice on the other end* la voz al otro lado del teléfono • *Someone will be there to meet you at the other end*. Habrá alguien esperándote cuando llegues. • **the end of the line** el final del trayecto • **at your end** *What's the weather like at your end?* ¿Cómo está el tiempo por allí?
8 DE UNA EMPRESA, ACTIVIDAD [sing] (coloq) parte, área • **your end of the bargain/deal** su parte del trato SIN **side**
9 MUERTE [C gralm sing] fin, final • **meet your end** encontrar la muerte
10 DE UN CAMPO, ESTADIO [C] lado ▶ **the BE -all (and end-all),** to/until **the BITTER END, DEAD END, be at LOOSE ends, ODDS AND ENDS, be at your WITS' end**
EXPRESIONES
at the end of the day (oral) a fin de cuentas, al fin y al cabo • **be at the end of your rope** no poder más • **end of story** (oral) y punto, se acabó la historia • **for days/hours/weeks on end** durante días/horas/semanas • **go to the ends of the earth** ir hasta el fin del mundo • **in the end** (a) (en el tiempo) al final: *In the end, they persuaded him to go*. Al final, lo convencieron de que fuera. (b) (en conclusión) al final • **it's not the end of the world** (oral) no es el fin del mundo • **sb/sth is the living end** (oral) alguien/algo es el colmo • **make ends**

meet llegar a fin de mes • **no end of sth** (oral) un montón de algo, millones de algo • **sth has reached the end of the road/line** es el fin de algo

end² S1 W1 v

1 [I] terminar, acabar: *The war ended in 1945*. La guerra terminó en 1945. • *How does the story end?* ¿Cómo termina la historia? • *The game ended 2–2*. El partido terminó 2–2. • **end well/badly** acabar bien/mal • **end with sth** terminar/acabar con algo: *The festival will end with fireworks*. El festival terminará con fuegos artificiales. • **end by doing sth** terminar haciendo algo
2 [T] terminar con, poner fin a: *talks aimed at ending the conflict* conversaciones encaminadas a terminar con el conflicto • **end sth with sth** terminar algo con algo • **end sth by doing sth** terminar algo haciendo algo
3 [T] terminar, acabar • **end the day/year** terminar el día/año • **end your days** terminar sus días
EXPRESIONES
end it all acabar con todo • **end your life** acabar con su vida • **the show/party to end all shows/parties** (coloq) el mejor espectáculo del mundo/la mayor de todas las fiestas • **the year/week ending sth** *the week ending June 30* la semana que termina el 30 de junio
end in sth v+partíc terminar en/con algo • **end in divorce/violence** terminar en divorcio/con violencia
end up v+partíc **1** (en una situación): terminar: *You could end up dead*. Podrías terminar muerto. • **end up with sth** terminar con algo • **end up doing sth** terminar haciendo algo • **end up like sb** terminar como alguien **2** (en un lugar) **end up here/in New York** terminar aquí/en Nueva York

en·dan·ger /ɪn'deɪndʒər/ v [T] poner en peligro

en·dan·gered /ɪn'deɪndʒərd/ adj amenazado -a, en peligro (de extinción)

en,dangered 'species s [C] especie en peligro de extinción

en·dear /ɪn'dɪr/ v
endear sb to sb v+partíc granjearle a alguien el cariño/la simpatía de alguien • **endear yourself to sb** granjearse el cariño/la simpatía de alguien

en·dear·ing /ɪn'dɪrɪŋ/ adj encantador -a, simpático -a, atractivo -a

en·dear·ment /ɪn'dɪrmənt/ s [C,U] palabra cariñosa, expresión de cariño • **a term of endearment** un apelativo cariñoso

en·deav·or¹ /ɪn'dɛvə/ s **1** [C] (frml) intento, esfuerzo • **make every endeavor to do sth** procurar por todos los medios hacer algo **2** [U] empeño, esfuerzo

endeavor² v **endeavor to do sth** (frml) procurar/intentar hacer algo

en·dem·ic /ɛn'dɛmɪk, ɪn-/ adj endémico -a

end·ing /'ɛndɪŋ/ s [C] **1** final • **a happy ending** un final feliz • **a sad ending** un final triste • **a surprise ending** un final sorprendente **2** terminación, desinencia

en·dive /'ɛndaɪv/ s [C,U] **1** (tb **Belgian endive**) achicoria **2** (tb **curly endive, frisee**) endibia

end·less /'ɛndlɪs/ adj **1** interminable, infinito -a • **an endless stream/succession of sth** una serie/sucesión interminable de algo • **the list is endless** la lista es interminable **2** interminable, incesante

end·less·ly /'ɛndlɪsli/ adv **1** (peyor) sin parar, constantemente **2** (aprec) infinitamente

en·do·crine /'ɛndəkrɪn/ adj endocrino -a

en·dorse W3 /ɪn'dɔrs/ v [T]
1 apoyar, aprobar (una propuesta)
2 apoyar, respaldar (a un candidato)
3 promocionar (un producto)
4 endosar (un cheque)

en·dorse·ment /ɪn'dɔrsmənt/ s **1** [C,U] apoyo, aprobación **2** [C] promoción

en·dow /ɪn'daʊ/ v [T] financiar, dotar de fondos
endow sb/sth with sth v+partíc (frml) dotar a alguien/algo de algo

E

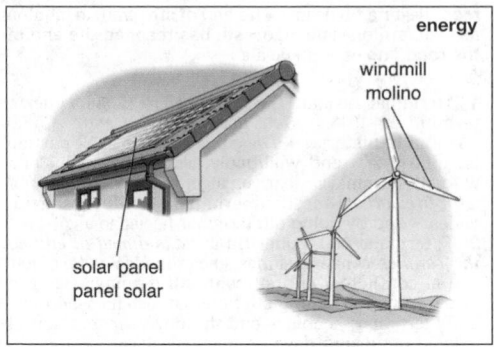

energy

windmill
molino

solar panel
panel solar

en·dow·ment /ɪnˈdaʊmənt/ s [C,U] donación

,**end 'product** s **1** [C] producto final **2** [C gralm sing] resultado final

,**end re'sult** s [C gralm sing] resultado final

en·dur·ance /ɪnˈdʊrəns/ s [U] resistencia

en·dure /ɪnˈdʊr/ v **1** [T] soportar, sufrir **2** [I] perdurar

en·dur·ing /ɪnˈdʊrɪŋ/ adj perdurable

'**end ,user** s [C] usuario -a final

'**end zone** s [C gralm sing] zona final (en fútbol americano)

en·e·ma /ˈɛnəmə/ s [C] enema

en·e·my W2 /ˈɛnəmi/ s [C] (pl **enemies**)
1 enemigo -a • **make an enemy** crearse un enemigo • **not wish sth on your worst enemy** no desearle algo ni a su peor enemigo
2 the enemy el enemigo • **enemy forces** fuerzas enemigas • **enemy lines** líneas enemigas • **behind enemy lines** tras las líneas enemigas • **enemy troops** tropas enemigas
EXPRESIONES
he/she is his/her own worst enemy él mismo es su peor enemigo/ella misma es su peor enemiga

en·er·get·ic /ˌɛnəˈdʒɛtɪk◂/ adj **1** enérgico -a, lleno -a de energía: *I don't want to do anything energetic.* No quiero hacer nada que requiera esfuerzo. • **feel energetic** tener mucha energía **2** decidido -a, enérgico -a: *energetic efforts* denodados esfuerzos

en·er·get·i·cally /ˌɛnəˈdʒɛtɪkli/ adv **1** con energía **2** enérgicamente, de manera decidida

en·er·gize /ˈɛnəˌdʒaɪz/ v **1** [T] dar energía a (una persona) **2** [T gralm en pasiva] (técn) hacer funcionar (una máquina)

en·er·gy S2 W1 /ˈɛnədʒi/ s
1 [U] (fuerza) energía • **not have the energy to do sth** no tener energía/fuerza para hacer algo • **put energy into sth** dedicar energías a algo • **nervous energy** tensión, nervios
2 [C,U] (de un combustible) energía • **nuclear energy** energía nuclear • **renewable energy** energía renovable • **energy conservation** ahorro de energía • **energy efficiency** uso eficaz de la energía • **energy prices** tarifas energéticas
3 [C,U] (técn) (de un cuerpo) energía
4 energies [pl] (esfuerzo) energías

en·fold /ɪnˈfoʊld/ v [T] envolver, rodear • **enfold sb in/with sth** envolver a alguien en/con algo

en·force W3 /ɪnˈfɔrs/ v [T]
1 aplicar, hacer cumplir (una ley, norma)
2 imponer (orden, disciplina)

en·force·a·ble /ɪnˈfɔrsəbəl/ adj **be (legally) enforceable** ser aplicable, ser de obligado cumplimiento

en·force·ment /ɪnˈfɔrsmənt/ s [U] aplicación (de una ley, norma)

en·fran·chise /ɪnˈfræn̩tʃaɪz/ v [T] conceder el derecho al voto a ANT **disenfranchise**

en·gage S3 W2 /ɪnˈɡeɪdʒ/ v
1 [T] (frml) atraer • **engage sb's interest/attention** atraer el interés/la atención de alguien, concitar el interés/la atención de alguien
2 [T] (frml) contratar • **engage sb as sth** contratar a alguien como algo • **engage sb to do sth** contratar a alguien para hacer algo
3 (a) [T] **engage first/third gear** (frml) poner primera/tercera, meter primera/tercera (marcha) • **engage the clutch** (frml) meter/pisar el cloch, pisar el embrague **(b)** [I] engranar (mecanismo, piezas) ANT **disengage**
engage in v+partíc **1 engage in sth** (frml) realizar algo, tomar parte en algo **2 engage sb in sth** hacer que alguien tome parte en algo, involucrar a alguien en algo • **engage sb in conversation** entablar conversación con alguien
engage with v+partíc **1 engage with sb** relacionarse con alguien **2 engage with sth** conectarse con algo, meterse en algo (un libro, un tema, etc.)

en·gaged /ɪnˈɡeɪdʒd/ adj **1** prometido -a (para casarse) • **be engaged to sb** estar prometido -a con alguien • **get engaged** prometerse **2** [nunca ante s] (frml) ocupado -a (persona) • **be engaged in sth** estar ocupado -a en/con algo **3** [nunca ante s] comprometido -a, involucrado -a
EXPRESIONES
be otherwise engaged (frml) estar ocupado -a, tener otras cosas que atender

en·gage·ment /ɪnˈɡeɪdʒmənt/ s **1** [C] compromiso (matrimonial) • **break off an engagement** romper un compromiso **2** [C] (período de) noviazgo **3** [C] (frml) compromiso (social, de trabajo) • **have a previous/prior engagement** tener otro compromiso **4** [C,U] (técn) batalla, combate

en'gagement ring s [C] anillo de compromiso

en·gag·ing /ɪnˈɡeɪdʒɪŋ/ adj atractivo -a, encantador -a

en·gen·der /ɪnˈdʒɛndə/ v [T] (frml) generar, engendrar

en·gine S3 W2 /ˈɛndʒɪn/ s [C]
1 motor • **start an engine** arrancar (un motor) • **turn off an engine** apagar un motor
2 locomotora ► FIRE ENGINE, SEARCH ENGINE ► ver nota en MOTOR

en·gi·neer¹ S3 W2 /ˌɛndʒəˈnɪr/ s [C]
1 ingeniero -a
2 mecánico -a/ingeniero -a de vuelo, maquinista (naval)
3 conductor -a (de tren), maquinista (de tren) ► CIVIL ENGINEER

engineer² v [T] **1** tramar, maquinar **2** [T] modificar genéticamente

en·gi·neer·ing W3 /ˌɛndʒəˈnɪrɪŋ/ s [U] ingeniería ► CIVIL ENGINEERING, GENETIC ENGINEERING

Eng·land /ˈɪŋɡlənd/ Inglaterra

En·glish¹ /ˈɪŋɡlɪʃ/ s **1** [U] inglés (idioma): *Do you speak English?* ¿Hablas inglés? • **in English** en inglés **2** [U] literatura inglesa (asignatura) **3 the English** [pl] los ingleses

English² adj inglés -esa

,**English 'breakfast** s [C gralm sing] desayuno inglés (con huevos, tocineta, hongos, salchicha, etc.)

Eng·lish·man /ˈɪŋɡlɪʃmən/ s [C] (pl **Englishmen** /-mən/) inglés (hombre)

Eng·lish·wom·an /ˈɪŋɡlɪʃˌwʊmən/ s [C] (pl **Englishwomen** /-ˌwɪmɪn/) inglesa

en·grave /ɪnˈɡreɪv/ v [T] grabar, tallar • **be engraved on sth** estar grabado -a en algo • **be engraved with sth** ir grabado -a con algo
EXPRESIONES
be engraved on your memory/mind (liter) estar grabado -a en la memoria/mente

en·grav·er /ɪnˈɡreɪvə/ s [C] grabador -a

en·grav·ing /ɪnˈɡreɪvɪŋ/ s **1** [C] (dibujo) grabado **2** [C] inscripción **3** [U] (técnica) grabado

en·gross /ɪnˈɡroʊs/ v [T] absorber

en·grossed /ɪnˈɡrəʊst/ *adj* [nunca ante s] **engrossed in sth** enfrascado -a/absorto -a en algo

en·gross·ing /ɪnˈɡrəʊsɪŋ/ *adj* absorbente, fascinante

en·gulf /ɪnˈɡʌlf/ *v* [T] **1** (*liter*) apoderarse de (miedo, desesperación) **2** asolar (guerra) **3** [gralm en pasiva] sepultar (avalancha), tragarse (ola) • **engulfed in flames** envuelto -a en llamas

en·hance W3 /ɪnˈhæns/ *v* [T] realzar, mejorar

en·hanced /ɪnˈhænst/ *adj* [solo ante s] mejorado -a

en·hance·ment /ɪnˈhænsmənt/ *s* **1** [U] (proceso) mejora, mejoramiento **2** [C] (resultado) mejora

e·nig·ma /ɪˈnɪɡmə/ *s* [C] enigma

en·ig·mat·ic /ˌenɪɡˈmætɪk‹/ *adj* enigmático -a

en·ig·mat·i·cally /ˌenɪɡˈmætɪkli/ *adv* enigmáticamente

en·join /ɪnˈdʒɔɪn/ *v* [T] (*frml*) **enjoin sb to do sth** instar a alguien a hacer algo

en·joy S1 W1 /ɪnˈdʒɔɪ/ *v* [T] (**enjoys, enjoyed, enjoying**) **1** disfrutar (de): *I really enjoyed my trip.* Disfruté mucho de mi viaje. • *Did you enjoy the movie?* ¿Te gustó la película? • *Enjoy your meal!* ¡Buen provecho! • **enjoy doing sth** *He enjoys playing with the kids.* Le gusta jugar con los niños. • **enjoy yourself** pasarla bien, divertirse: *They were all enjoying themselves.* Todos la estaban pasando bien. • **enjoy every minute/moment** disfrutar cada minuto/momento
2 gozar de, disfrutar de (apoyo, éxito)
EXPRESIONES
enjoy! (*oral*) ¡buen provecho!, ¡que aproveche! (en un restaurante), ¡que te diviertas!, ¡que se diviertan(n)! (en una salida, un teatro)

⚠ En la mayoría de los casos **enjoy** es transitivo o reflexivo: *We enjoyed the party./We enjoyed ourselves at the party.* (✗ *We enjoyed at the party.*)

Si va seguido de verbo, es con la forma –ing: **enjoy doing sth**: *She really enjoys playing* (✗ *to play*) *golf.*

Se puede decir **really enjoy** o **very much enjoy**, pero el segundo es más formal. En ambos casos el adverbio va antes del verbo principal y después del primer modal o auxiliar, si lo hay:
We have very much enjoyed (✗ *enjoyed very much*) *staying with you.*
They really enjoy (✗ *enjoy very much*) *Mexican food.*

en·joy·a·ble /ɪnˈdʒɔɪəbəl/ *adj* agradable, entretenido -a

en·joy·ment /ɪnˈdʒɔɪmənt/ *s* [U] placer, disfrute, diversión • **do sth for enjoyment** hacer algo por placer • **get enjoyment out of sth** disfrutar de algo, divertirse con algo • **add to/spoil sb's enjoyment (of sth)** hacer que alguien disfrute más/deje de disfrutar (de algo)

en·large /ɪnˈlɑrdʒ/ *v* [T] **1** ampliar, agrandar (una fotografía, habitación) **2** ampliar, aumentar (conocimientos, vocabulario)
enlarge on sth *v+partíc* (*frml*) extenderse sobre algo, abundar en algo

en·large·ment /ɪnˈlɑrdʒmənt/ *s* **1** [C] ampliación (fotográfica) **2** [C,U] ampliación (de una misión, institución), aumento (de un órgano)

en·larg·er /ɪnˈlɑrdʒər/ *s* [C] ampliadora

en·light·en /ɪnˈlaɪt⌐n/ *v* [T] (*frml*) **enlighten sb as to/about sth** explicarle/aclararle algo a alguien

en·light·ened /ɪnˈlaɪt⌐nd/ *adj* progresista, amplio -a

en·light·en·ing /ɪnˈlaɪt⌐nɪŋ/ *adj* esclarecedor -a, instructivo -a

en·light·en·ment /ɪnˈlaɪt⌐nmənt/ *s* [U] **1** (*frml*) aclaración: *I glanced at David for enlightenment.* Miré a David esperando una aclaración. **2** iluminación (espiritual) **3 the Enlightenment** la Ilustración, el Siglo de las Luces

en·list /ɪnˈlɪst/ *v* **1** [I] alistarse • **enlist in sth** alistarse en algo **2** [T] **enlist sb's help/support** conseguir la ayuda/el apoyo de alguien • **enlist sb to do sth** conseguir la ayuda de alguien para hacer algo

EXPRESIONES
enlist sb's services (*frml*) contratar los servicios de alguien

en·list·ed /ɪnˈlɪstɪd/ *adj* [solo ante s] raso -a (soldado)

en·list·ment /ɪnˈlɪstmənt/ *s* [C,U] **1** alistamiento **2** reclutamiento **3** servicio (en el ejército, la armada, etc.)

en·liv·en /ɪnˈlaɪvən/ *v* [T] animar

en masse /ɑn ˈmæs, -ˈmɑs, ɛn-/ *adv* en bloque, en masa

en·mi·ty /ˈenməti/ *s* [C,U] (pl **enmities**) (*frml*) enemistad

e·nor·mi·ty /ɪˈnɔrməti/ *s* [U] inmensidad, magnitud

e·nor·mous W2 /ɪˈnɔrməs/ *adj* enorme • **an enormous amount/number of sth** una cantidad enorme de algo

e·nor·mous·ly /ɪˈnɔrməsli/ *adv* **1** enormemente, sumamente **2** enormemente, muchísimo

e·nor·mous·ness /ɪˈnɔrməsnɪs/ *s* [U] inmensidad

e·nough¹ S1 W1 /ɪˈnʌf/ *det, adj* [siempre seguido de s pl o incontable]
1 (indicando suficiencia) suficiente: *I don't have enough time.* No tengo tiempo suficiente. • *Are there enough chairs?* ¿Hay suficientes sillas? • **enough... to do sth** suficiente... para hacer algo: *I don't have enough flour to make a pizza.* No tengo suficiente harina para hacer una pizza. • *We didn't score enough points to win.* No conseguimos los puntos que necesitábamos para ganar. • **enough... for sb/sth** suficiente... para alguien/algo: *There isn't enough food for everyone.* No hay suficiente comida para todos. • *Do we have enough space for a bigger table?* ¿Tenemos espacio suficiente para una mesa más grande? • **not enough** *Not enough work has been done.* No se ha trabajado lo suficiente.
2 (*oral*) (indicando exceso) suficiente, bastante • **enough problems/trouble** suficientes problemas, bastantes problemas: *She has enough problems already.* Ya tiene bastantes problemas.
EXPRESIONES
more than enough money/people dinero/gente más que suficiente

enough² S1 W1 *pron*
1 (indicando suficiencia) suficiente, bastante: *We've got $20 each. Will that be enough?* Tenemos 20 dólares cada uno. ¿Será suficiente? • **enough of** *Are there enough of us to make a football team?* ¿Somos bastantes para formar un equipo de fútbol? • **enough for sb/sth** suficiente para alguien/algo • **enough to do sth** suficiente para hacer algo: *Everyone has enough to eat.* Todos tienen suficiente para comer. • **not enough** *Not enough has been done.* No se ha hecho lo suficiente. • **more than enough** más que suficiente
2 (indicando exceso) suficiente, bastante: *He has enough to worry about already.* Bastantes preocupaciones tiene ya.
3 (en comparación enfática) **be enough to do sth** ser como para hacer algo: *The noise is enough to drive you crazy!* ¡El ruido es para volverse loco!
EXPRESIONES
enough already! (*coloq, oral*) ¡(ya) basta!, ¡ya párale/párenle! • **enough is enough** ya está bien • **enough said** no (me) digas más • **I've/he's had enough (of sth/sb)** (*oral*) estoy/está harto -a (de algo/alguien) • **that's enough!** (*oral*) ¡(ya) basta!

enough³ S1 W1 *adv* [siempre después de v, adj o adv]
1 (indicando suficiencia) lo suficiente, lo bastante: *I've talked enough.* Ya he dicho lo suficiente. • *Are you warm enough?* ¿Estás bien o tienes frío? • *The posts aren't close enough together.* Los postes no están lo suficientemente juntos. • **big/easy enough for sth/sb** lo bastante grande/fácil para algo/alguien • **well/intelligent enough to do sth** lo bastante bien/inteligente como para hacer algo • **it's not good enough** (*oral*) eso no está nada bien
2 (sugiriendo insuficiencia) *She's smart enough.* Es inteligente. • *He sings well enough.* No canta mal. • *He seems a nice enough young man.* No parece un mal muchacho. ▶ **SURE enough**

EXPRESIONES

it's bad/difficult enough (without...) bastante mal/difícil está ya (como para que encima...) • **strangely/oddly/funnily enough** curiosamente, aunque parezca extraño • **be stupid/silly/fool enough to...** ser tan tonto -a que...: *I was fool enough to trust him.* Fui tan tonta que confié en él. • **be unlucky/unfortunate enough to...** tener la mala suerte de..., tener tan mala suerte que... • **would you be good/kind enough to...?** (*frml, oral*) ¿tendría la amabilidad de...?

en·quire /ɪnˈkwaɪə/ v variante de INQUIRE

en·quir·y /ɪnˈkwaɪəri, ˈɪŋkwəri/ s variante de INQUIRY

en·rage /ɪnˈreɪdʒ/ v [T] enfurecer

en·raged /ɪnˈreɪdʒd/ adj (*escrito*) enfurecido -a

en·rich /ɪnˈrɪtʃ/ v [T] **1** (espiritual o intelectualmente) enriquecer **2** (con sustancias) enriquecer

en·rich·ment /ɪnˈrɪtʃmənt/ s [U] enriquecimiento

en·roll /ɪnˈroʊl/ v [I,T] inscribir(se), apuntar(se), matricular(se) • **enroll in a college/course** inscribirse en una universidad/un curso, matricularse en una universidad/un curso

en·roll·ment /ɪnˈroʊlmənt/ s **1** [U] matriculación, inscripción **2** [C,U] matrícula, número de inscriptos -as

en route /ɑn ˈrut, ɛn-/ adv por el camino • **be en route to Washington/California** ir camino a Washington/California

en·sconce /ɪnˈskɑns/ v [T gralm en pasiva] **be ensconced in a place** estar cómodamente instalado -a en un lugar

en·sem·ble /ɑnˈsɑmbəl/ s **1** [C] conjunto (musical) **2** [C gralm sing] conjunto (de ropa y accesorios)

en·shrine /ɪnˈʃraɪn/ v [T gralm en pasiva] (*frml*) **be enshrined in sth** estar recogido -a/consagrado -a en algo

en·sign /ˈɛnsən/ s [C] **1** alférez (en la armada) **2** pabellón, bandera **3** insignia, jineta

en·slave /ɪnˈsleɪv/ v [T] (*frml*) **1** esclavizar **2** [gralm en pasiva] atrapar, dominar

en·sue /ɪnˈsu/ v [I] (*frml*) **1** desatarse (una discusión, el caos) **2** seguir, producirse después

en·su·ing /ɪnˈsuɪŋ/ adj [solo ante s] (*frml*) **1 the ensuing months/years** los meses/años subsiguientes **2 the ensuing discussion/silence** la posterior discusión/el silencio posterior • **the ensuing battle/chaos** la posterior batalla/el consiguiente caos

en·sure W3 /ɪnˈʃʊr/ v [T] (*frml*) garantizar, asegurar • **ensure (that)** asegurarse de que

en·tail /ɪnˈteɪl/ v [T] implicar, suponer • **entail doing sth** implicar hacer algo

en·tan·gle /ɪnˈtæŋgəl/ v [T] **1** enredar, involucrar **2** enredar, atrapar

en·tan·gle·ment /ɪnˈtæŋgəlmənt/ s [C,U] enredo, lío

en·ter S2 W1 /ˈɛntə/ v

1 en un lugar
2 en un cuerpo, sistema
3 en una entidad, profesión, universidad
4 datos informáticos
5 usuario informático
6 en un concurso, examen
7 en un juicio, una investigación

1 EN UN LUGAR [I,T] entrar (en), ingresar (en): *They stood up when the teacher entered.* Se levantaron cuando entró el profesor. • *He had entered the country illegally.* Había ingresado en el país ilegalmente.
2 EN UN CUERPO, SISTEMA [I,T] penetrar (en), introducirse (en): *The bullet had entered his brain.* La bala había penetrado en su cerebro.
3 EN UNA ENTIDAD, PROFESIÓN, UNIVERSIDAD [T] entrar en, ingresar en: *He entered politics in 1997.* Empezó a dedicarse a la política en 1997.

4 DATOS INFORMÁTICOS [T] ingresar, introducir: *Enter your password.* Ingrese su contraseña. • **enter sth into/on sth** ingresar/introducir algo en algo: *The names are entered into a database.* Los nombres se introducen en una base de datos.
5 USUARIO INFORMÁTICO [I,T] ingresar (en), acceder (a)
6 EN UN CONCURSO, EXAMEN [I,T] presentarse (a) • **enter for sth** presentarse a algo, participar en algo
7 EN UN JUICIO, UNA INVESTIGACIÓN [T] (*frml*) **enter sth as evidence** presentar algo como prueba • **enter a plea of guilty/of not guilty** declararse culpable/inocente

EXPRESIONES

enter sb's life entrar en la vida de alguien

enter into sth v+partíc **1 enter into an agreement/contract** firmar un acuerdo/contrato **2** entrar en algo, pasar a tratar algo (un tema), entablar algo (una conversación) • **enter into discussions/negotiations** iniciar conversaciones/negociaciones **3 money/age does not enter into it** el dinero/la edad no tiene nada que ver, el dinero/la edad no importa **4 enter into the spirit of sth** conseguir entusiasmarse con algo

en·ter·prise W3 /ˈɛntəˌpraɪz/ s
1 [C] (entidad) empresa
2 [U] iniciativa empresarial, actividad empresarial
3 [C] (proyecto) empresa, emprendimiento • **a joint enterprise** una empresa conjunta
4 [U] iniciativa, espíritu emprendedor ▶ **FREE ENTERPRISE, PRIVATE ENTERPRISE**

en·ter·pris·ing /ˈɛntəˌpraɪzɪŋ/ adj (*aprec*) emprendedor -a

en·ter·tain S3 /ˌɛntəˈteɪn/ v
1 [T] entretener • **entertain sb with sth** entretener a alguien con algo • **entertain yourself** entretenerse
2 (a) [I] tener invitados **(b)** [T] invitar
3 [T] (*frml*) contemplar, plantearse (una idea, posibilidad), albergar (esperanzas, dudas)

en·ter·tain·er /ˌɛntəˈteɪnə/ s [C] artista (del espectáculo), animador -a

en·ter·tain·ing[1] /ˌɛntəˈteɪnɪŋ/ adj entretenido -a, divertido -a • **highly/hugely entertaining** muy divertido -a

entertaining[2] s [U] (*práctica*) *I love entertaining.* Me encanta tener invitados. • **corporate entertaining** eventos empresariales (sociales)

en·ter·tain·ment W2 /ˌɛntəˈteɪnmənt/ s [C,U] ocio, entretenimiento, diversión • **light entertainment** puro entretenimiento • **live entertainment** actuaciones en vivo • **the entertainment industry** la industria del entretenimiento/ocio

en·thrall /ɪnˈθrɔl/ v [T] fascinar, cautivar

en·thrall·ing /ɪnˈθrɔlɪŋ/ adj fascinante, apasionante

en·throne /ɪnˈθroʊn/ v [T] entronizar

en·thuse /ɪnˈθuz/ v [I] hablar con entusiasmo • **enthuse about sth** hablar entusiasmado -a sobre algo

en·thu·si·asm /ɪnˈθuziˌæzəm/ s **1** [U] entusiasmo • [+for]: *her enthusiasm for painting* su entusiasmo por la pintura • **with enthusiasm** con entusiasmo • **show little/no enthusiasm** mostrar escaso entusiasmo/no mostrar ningún entusiasmo **2** [C] (*frml*) afición, pasión

en·thu·si·ast /ɪnˈθuziəst/ s [C] entusiasta, aficionado -a: *a sports enthusiast* un entusiasta del deporte

en·thu·si·as·tic /ɪnˌθuziˈæstɪk/ adj entusiasta • **be enthusiastic about (doing) sth** estar entusiasmado -a con (hacer) algo

en·thu·si·as·ti·cally /ɪnˌθuziˈæstɪkli/ adv con entusiasmo

en·tice /ɪnˈtaɪs/ v [T] tentar, incitar • **entice sb to do sth** incitar a alguien a hacer algo • **entice sb away from sth** alejar a alguien de algo

en·tice·ment /ɪnˈtaɪsmənt/ s [C,U] aliciente(s)

en·tic·ing /ɪnˈtaɪsɪŋ/ adj tentador -a, atrayente

en·tic·ing·ly /ɪnˈtaɪsɪŋli/ adv tentadoramente

en·tire S2 W1 /ɪn'taɪə/ *adj* [solo ante s] todo -a: *the worst day of my entire life* el peor día de toda mi vida

en·tire·ly S3 W2 /ɪn'taɪəli/ *adv* completamente

EXPRESIONES
not entirely no del todo

en·tire·ty /ɪn'taɪəti/ *s* (*frml*) **in its/their entirety** en su totalidad, íntegramente

en·ti·tle /ɪn'taɪtl/ *v* **entitle sb to (do) sth** dar a alguien derecho a (hacer) algo • **be entitled to (do) sth** tener derecho a (hacer) algo

en·ti·tle·ment /ɪn'taɪtlmənt/ *s* **1** [C] programa de asistencia (social, sanitaria, etc.) **2** [U] (posibilidad) derecho • **entitlement to sth** derecho a algo

en·ti·ty S3 /'ɛntəti/ *s* [C] (pl **entities**) (*frml*) entidad

en·to·mo·log·i·cal /,ɛntəmə'lɑdʒɪkəl/ *adj* entomológico -a

en·to·mol·o·gist /,ɛntə'mɑlədʒɪst/ *s* [C] entomólogo -a

en·to·mol·o·gy /,ɛntə'mɑlədʒi/ *s* [U] entomología

en·tou·rage /,ɑntu'rɑʒ/ *s* [C gralm sing] séquito

en·trails /'ɛntreɪlz/ *s* [pl] **1** entrañas, tripas **2 the entrails of sth** (*liter*) las entrañas de algo

en·trance¹ /'ɛntrəns/ *s*

1 lugar
2 derecho
3 acción
4 en una entidad, profesión, universidad
5 en un mercado, una actividad, una institución
6 en teatro

1 LUGAR [C] entrada • [+**to**]: *the entrance to the harbor* la entrada del puerto • **main/side/back entrance** entrada principal/lateral/trasera ANT **exit**
2 DERECHO [U] entrada • [+**to**]: *Entrance to the museum is free.* La entrada al museo es gratuita. • **gain entrance (to sth)** (*frml*) acceder (a algo) • **entrance fee** (precio de) entrada
3 ACCIÓN [C gralm sing] entrada • **make your/an entrance** hacer su entrada ANT **exit**
4 EN UNA ENTIDAD, PROFESIÓN, UNIVERSIDAD [U] acceso, ingreso • [+**to**]: *He has applied for entrance to four universities.* Ha solicitado su ingreso en cuatro universidades. • **entrance exam** (tb **entrance examination** (*frml*)) examen de ingreso • **entrance requirements** requisitos de ingreso
5 EN UN MERCADO, UNA ACTIVIDAD, UNA INSTITUCIÓN [C] entrada, ingreso
6 EN TEATRO [C gralm sing] entrada en escena • **make your/an entrance** entrar en escena ANT **exit**

en·trance² /ɪn'træns/ *v* [T] maravillar, deslumbrar

en·tranced /ɪn'trænst/ *adj* [gralm no ante s] maravillado -a, deslumbrado -a

en·tranc·ing /ɪn'trænsɪŋ/ *adj* maravilloso -a, deslumbrante

en·trant /'ɛntrənt/ *s* [C] participante

en·trap /ɪn'træp/ *v* [T] (**entrapped**, **entrapping**) **1** (*frml*) enredar, embaucar **2** tender una trampa, inducir a cometer un delito

en·trap·ment /ɪn'træp'mənt/ *s* [U] inducción a cometer un delito (para atrapar a un delincuente)

en·treat /ɪn'trit/ *v* [T] (*frml*) suplicar

en·treat·y /ɪn'triti/ *s* [C,U] (pl **entreaties**) (*frml*) súplica

en·trée, entree /'ɑntreɪ/ *s* [C] plato principal

en·trenched /ɪn'trɛntʃt/ *adj* **1** arraigado -a • **firmly/deeply entrenched** fuertemente/profundamente arraigado -a **2** atrincherado -a

en·tre·pre·neur W3 /,ɑntrəprə'nɚ, -'nʊr/ *s* [C] emprendedor -a

en·tre·pre·neur·i·al /,ɑntrəprə'nʊriəl/ *adj* [gralm ante s] (de) emprendedor -a, (como) emprendedor -a

en·trust /ɪn'trʌst/ *v* [T] **entrust sb with sth** (tb **entrust sth to sb**) confiarle algo a alguien (una responsabilidad, una tarea)

en·try W3 /'ɛntri/ *s* (pl **entries**)

1 en un lugar
2 en una profesión, actividad, institución
3 derecho de admisión
4 en un concurso, una competición
5 en un diccionario
6 en un diario
7 puerta

1 EN UN LUGAR [C,U] entrada, ingreso • [+**into**]: *his entry into the country* su ingreso al país • **gain entry** entrar, ingresar ANT **exit**
2 EN UNA PROFESIÓN, ACTIVIDAD, INSTITUCIÓN [U] entrada, ingreso • [+**into**]: *Britain's entry into the EU* el ingreso de Gran Bretaña en la UE • **entry form** solicitud de inscripción
3 DERECHO DE ADMISIÓN [U] acceso, entrada • **refuse/deny sb entry** negar/denegar la entrada a alguien • **No Entry** Prohibido el paso • **entry fee** (precio de) entrada
4 EN UN CONCURSO, UNA COMPETICIÓN [C] respuesta (enviada), trabajo (presentado)
5 EN UN DICCIONARIO [C] entrada
6 EN UN DIARIO [C] anotación
7 PUERTA [C] entrada SIN **entrance**

en·twine /ɪn'twaɪn/ *v* [I,T] entrelazar(se)

e·nu·mer·ate /ɪ'numə,reɪt/ *v* [T] (*frml*) enumerar

e·nun·ci·ate /ɪ'nʌnsi,eɪt/ *v* **1** [I,T] vocalizar **2** [T] (*frml*) enunciar

e·nun·ci·a·tion /ɪ,nʌnsi'eɪʃən/ *s* **1** [U] vocalización **2** [C] (*frml*) aseveración, enunciación

en·vel·op /ɪn'vɛləp/ *v* [T] envolver • **be enveloped in sth** estar envuelto -a en algo

en·ve·lope S2 /'ɛnvə,loʊp, 'ɑn-/ *s* [C] sobre (de una carta) • **seal an envelope** cerrar un sobre

EXPRESIONES
push the envelope (of sth) darle una vuelta de tuerca (a algo), ir un paso más allá (en algo)

en·vel·op·ment /ɪn'vɛləpmənt/ *s* [C,U] (*frml*) envolvimiento

en·vi·a·ble /'ɛnviəbəl/ *adj* [gralm ante s] envidiable • **in an enviable position** en una posición envidiable

en·vi·a·bly /'ɛnviəbli/ *adv* *an enviably mild climate* un clima templado envidiable

en·vi·ous /'ɛnviəs/ *adj* envidioso -a: *envious looks* miradas de envidia • **be envious of sth/sb** envidiarle algo/a alguien, tener envidia de algo/alguien

en·vi·ous·ly /'ɛnviəsli/ *adv* con envidia

en·vi·ron·ment S2 W2 /ɪn'vaɪrənmənt/ *s*
1 the environment el medio ambiente • **protect/damage the environment** proteger/dañar el medio ambiente
2 [C,U] (de una persona) ambiente, entorno: *a safe environment for children* un ambiente seguro para los niños • **sb's work/home environment** el ambiente de trabajo/familiar de alguien
3 [C] (de un lugar) ambiente, medio, entorno: *a desert environment* un ambiente desértico

en·vi·ron·men·tal W2 /ɪn,vaɪrən'mɛntl/ *adj*
1 [solo ante s] medioambiental, del medio ambiente • **environmental issues** problemas medioambientales/del medio ambiente • **environmental damage/impact** deterioro/impacto medioambiental
2 [solo ante s] ecologista • **environmental groups** grupos ecologistas
3 [gralm ante s] ambiental, del entorno

en·vi·ron·men·tal·ism /ɪn,vaɪrən'mɛntl,ɪzəm/ *s* [U] ambientalismo, ecologismo

en·vi·ron·men·tal·ist /ɪn,vaɪrən'mɛntl-ɪst/ *s* [C] ambientalista, ecologista

en·vi·ron·men·tal·ly /ɪn,vaɪrən'mɛntl-i/ *adv* desde el punto de vista ambiental/ecológico

en,vironmentally 'friendly (tb **en,vironment-'friendly**) adj ecológico -a, que no daña el medio ambiente

en·vi·rons /ɪn'vaɪrənz, ɛn-/ s [pl] (frml) inmediaciones, alrededores

en·vis·age /ɪn'vɪzɪdʒ/ v [T] vislumbrar, imaginar • **envisage doing sth** imaginarse haciendo algo

en·vi·sion /ɪn'vɪʒən/ v [T] concebir, imaginarse • **envision sth as sth** concebir algo como algo • **envision doing sth** *They envision spending $ 2 million.* Prevén que van a gastar 2 millones de dólares.

en·voy /'ɛnvɔɪ, 'ɑn-/ s [C] (pl **envoys**) enviado -a

en·vy¹ /'ɛnvi/ v [T] (**envies, envied, envying**) envidiar • **envy sb sth** envidiarle algo a alguien

EXPRESIONES
I don't envy you/her (oral) no me gustaría estar en tu/su lugar

envy² s [U] envidia ▶ **be GREEN with envy**

EXPRESIONES
be the envy of sb/sth ser la envidia de alguien/algo

en·zyme /'ɛnzaɪm/ s [C] enzima

e·on /'iɑn/ s [C gralm pl] siglos, una eternidad

ep·au·let, epaulette /,ɛpə'lɛt, 'ɛpə,lɛt/ s [C] charretera

e·phem·er·al /ɪ'fɛmərəl/ adj (frml) efímero -a

ep·ic¹ /'ɛpɪk/ s [C] **1** película/obra épica **2** epopeya

epic² adj [solo ante s] épico -a

ep·i·cen·ter /'ɛpə,sɛntər/ s [C gralm sing] **1** epicentro (de un terremoto) **2** epicentro, centro neurálgico

ep·i·dem·ic¹ /,ɛpə'dɛmɪk/ s [C] **1** epidemia (enfermedad) **2** ola, epidemia • [+of]: *an epidemic of car theft* una ola de robos de carros

epidemic² adj **reach epidemic proportions** alcanzar proporciones epidémicas/una magnitud enorme

ep·i·der·mis /,ɛpə'dərmɪs/ s [C,U] epidermis

ep·i·dur·al /,ɛpɪ'dʊrəl◂/ s [C] (anestesia) epidural

ep·i·gram /'ɛpə,græm/ s [C] epigrama

ep·i·gram·mat·ic /,ɛpəgrə'mætɪk/ adj (frml) epigramático -a

ep·i·lep·sy /'ɛpə,lɛpsi/ s [U] epilepsia

ep·i·lep·tic /,ɛpə'lɛptɪk◂/ s [C], adj epiléptico -a

ep·i·logue, epilog /'ɛpə,lɔg, -,lɑg/ s **1** [C] (de una obra) epílogo **2** [sing] (liter) (de unos hechos) epílogo

e·pis·co·pal /ɪ'pɪskəpəl/ adj episcopal

E·pis·co·pa·li·an /ɪ,pɪskə'peɪliən/ s [C], adj episcopaliano -a

ep·i·sode W3 /'ɛpə,soʊd/ s [C]
1 (en la vida) episodio, incidente
2 (de una serie, un programa) episodio, capítulo
3 (técn) (en medicina) episodio

ep·i·sod·ic /,ɛpə'sɑdɪk/ adj (frml) episódico -a, esporádico -a

e·pis·tle, Epistle /ɪ'pɪsəl/ s [C] epístola

ep·i·taph /'ɛpə,tæf/ s [C] **1** epitafio **2** colofón (final)

ep·i·thet /'ɛpə,θɛt/ s [C] epíteto, calificativo • **a racial epithet** un insulto racista

e·pit·o·me /ɪ'pɪtəmi/ s **the epitome of sth** el paradigma/arquetipo de algo

e·pit·o·mize /ɪ'pɪtə,maɪz/ v [T nunca en forma continua] simbolizar, ser el paradigma/arquetipo de

ep·och /'ɛpək/ s [C] era, época

e·pon·y·mous /ɪ'pɑnəməs/ adj [solo ante s] epónimo -a

eq·ua·ble /'ɛkwəbəl/ adj **1** sereno -a, ecuánime **2** estable (clima)

e·qual¹ S3 W2 /'ikwəl/ adj
1 (en tamaño, valor) igual: *Divide the dough into three equal parts.* Divida la masa en tres partes iguales. • **be equal to sth** equivaler a algo • **an equal number/amount of sth** el mismo número/la misma cantidad de algo
2 (en derechos) igual • **equal rights/opportunities** igualdad de derechos/oportunidades • **equal pay** igualdad salarial • **on equal terms** en condiciones de igualdad, en igualdad de condiciones ANT **unequal**

EXPRESIONES
be equal to sth (a) estar a la altura de algo, ser capaz de sacar adelante algo (b) estar a la altura/al nivel de algo • **all (other) things being equal** (oral) en condiciones normales

equal² S3 v
1 [v copul] ser igual a (en tamaño, cantidad): *Three plus three equals six.* Tres más tres es igual a seis.
2 [T] igualar (en calidad)
3 [T] traducirse en

equal³ s [C] igual

EXPRESIONES
be without equal (have no equal) (frml) no tener igual/rival

e·qual·i·ty /ɪ'kwɑləti/ s [U] igualdad • **equality between/with sb** igualdad entre/con alguien ANT **inequality**

e·qual·ize /'ikwə,laɪz/ v [T] equilibrar, repartir equitativamente

e·qual·ly W3 /'ikwəli/ adv
1 [+ adj/adv] igualmente: *All three of these programs work equally well.* Estos tres programas funcionan igual de bien. • **equally good/bad/important** igual de bueno/malo/importante
2 equitativamente, en partes iguales • **divide/share sth equally** dividir/repartir algo en partes iguales
3 por igual, de la misma manera: *He treats all his customers equally.* Trata a todos sus clientes por igual.
4 [adv oracional] por otro lado, también

'equal sign s [C] igual, signo de igualdad

e·qua·nim·i·ty /,ikwə'nɪməti, ,ɛk-/ s [U] (frml) ecuanimidad

e·quate /ɪ'kweɪt/ v [T] equiparar • **equate sth with sth** equiparar algo con/a algo
equate to sth v+partíc equivaler a algo

e·qua·tion /ɪ'kweɪʒən/ s **1** [C] ecuación • **mathematical/algebraic equation** ecuación matemática/expresión algebraica • **solve an equation** resolver una ecuación **2** [C gralm sing] cuestión/situación (compleja): *the positive side of the equation* el lado positivo de la cuestión • **enter (into) the equation** ser un factor a tener en cuenta

e·qua·tor, Equator /ɪ'kweɪtər/ s **the equator** el Ecuador (terrestre) • **north/south of the equator** al norte/sur del Ecuador

e·qua·to·ri·al /,ɛkwə'tɔriəl◂/ adj [solo ante s] ecuatorial

Equatorial 'Guinea Guinea Ecuatorial

Equatorial Guin·e·an¹ /,ɛkwətɔriəl 'gɪniən/ s [C] guineano -a, guineoecuatorial

Equatorial Guinean² adj guineano -a, guineoecuatorial

e·ques·tri·an /ɪ'kwɛstriən/ adj [solo ante s] ecuestre

equestrian s [C] jinete

e·qui·dis·tant /,ikwə'dɪstənt◂, ,ɛkwə-/ adj equidistante • **equidistant from sth** equidistante de algo

e·qui·lib·ri·um /,ikwə'lɪbriəm/ s [sing, U] equilibrio • **upset/disturb the equilibrium** romper/alterar el equilibrio

e·qui·nox /'ikwə,nɑks, 'ɛ-/ s [C] equinoccio

e·quip /ɪ'kwɪp/ v [T] (**equipped, equipping**) **1** equipar • **well equipped** bien equipado -a • **be equipped with sth** estar/ir equipado -a con algo • **equip sth with sth** dotar a algo de algo, equipar algo con algo • **be equipped to do sth** estar equipado -a para hacer algo **2** **equip sb for a job/role** preparar a alguien para un trabajo/una función • **equip sb to do sth** preparar a alguien para hacer algo •

equip sb with the skills/knowledge... preparar a alguien en las habilidades/los conocimientos... • **well equipped to do sth** bien preparado -a para hacer algo
▶ ILL-EQUIPPED

e·quip·ment S2 W2 /ɪ'kwɪpmənt/ s [U] equipo, equipamiento, material • **sports/camping equipment** equipamiento deportivo/de camping

eq·ui·ta·ble /'ɛkwətəbəl/ adj (frml) equitativo -a, justo -a

eq·ui·ta·bly /'ɛkwətəbli/ adv equitativamente

eq·ui·ty W3 /'ɛkwəti/ s [U]
1 (técn) patrimonio neto
2 (frml) equidad: *pay equity* igualdad salarial ANT **inequity**
3 (tb **equities** [pl]) (técn) acciones ordinarias

e·quiv·a·lence /ɪ'kwɪvələns/ s [U] equivalencia

e·quiv·a·lent¹ /ɪ'kwɪvələnt/ s [C] equivalente • **the equivalent of sth** el equivalente a algo

equivalent² adj equivalente • **be equivalent to sth** equivaler a algo • **be roughly equivalent** equivaler aproximadamente

e·quiv·o·cal /ɪ'kwɪvəkəl/ adj **1** equívoco -a, ambiguo-a **2** no concluyente, contradictorio -a ANT **unequivocal**

e·quiv·o·cate /ɪ'kwɪvə,keɪt/ v [I] andar con evasivas, no dar una respuesta clara

ER /,i 'ɑr/ s [C] (**emergency room**) (técn) (sala de) urgencias

er /ɚ/ interj eh, pues SIN **um**

e·ra W2 /'ɪrə, 'ɛrə/ s [C]
1 (período de tiempo) era, época • **the end of an era** el final de una época • **a new era** una nueva era
2 (período histórico) época, era

e·rad·i·cate /ɪ'rædə,keɪt/ v [T] erradicar • **eradicate sth from sth** erradicar algo de algo

e·rad·i·ca·tion /ɪ,rædə'keɪʃən/ s [U] erradicación

e·rase S3 /ɪ'reɪs/ v [T] borrar, eliminar
EXPRESIONES
erase sth from your mind/memory borrar algo de su mente/memoria • **erase the memory of sth** borrar el recuerdo de algo

e·ras·er /ɪ'reɪsɚ/ s [C] goma (de borrar), borrador

e·rect¹ /ɪ'rɛkt/ v [T] (frml) **1** erigir, construir **2** armar, montar (una carpa, un andamio)

erect² adj **1** erguido -a • **stand erect** estar de pie erguido -a **2** erecto -a (pene, pezón)

e·rec·tion /ɪ'rɛkʃən/ s **1** [C] erección • **have/get an erection** tener una erección **2** [U] construcción

er·go·nom·ic /,ɚgə'nɑmɪk◂/ adj ergonómico -a

er·go·nom·i·cally /,ɚgə'nɑmɪkli/ adv ergonómicamente

er·go·nom·ics /,ɚgə'nɑmɪks/ s [U] ergonomía

Er·i·tre·a /,ɛrɪ'triə/ Eritrea

Er·i·tre·an¹ /,ɛrə'triən◂/ s [C] eritreo -a

Eritrean² adj eritreo -a

er·mine /'ɚmɪn/ s **1** [U] (piel de) armiño **2** [C] armiño (animal)

e·rode /ɪ'roʊd/ (tb **erode away**) v **1** [I,T] erosionar(se) **2** [I,T] minar(se), reducir(se)

e·ro·sion /ɪ'roʊʒən/ s [U] **1** erosión **2** desgaste, reducción (gradual)

e·rot·ic /ɪ'rɑtɪk/ adj erótico -a

e·rot·i·cally /ɪ'rɑtɪkli/ adv eróticamente

e·rot·i·cism /ɪ'rɑtə,sɪzəm/ s [U] erotismo

err /ɛr, ɚ/ v [I] (frml) errar • **err in (doing) sth** errar en (hacer) algo
EXPRESIONES
to err is human (to forgive, divine) errar es humano • **err on the side of caution/safety** pecar de precavido -a

er·rand /'ɛrənd/ s [C] mandado • **run/do an errand** hacer un mandado • **be on an errand** ir a hacer un mandado
EXPRESIONES
an errand of mercy una misión de rescate

er·rant /'ɛrənt/ adj [solo ante s] (frml) descarriado -a, díscolo -a

er·rat·ic /ɪ'rætɪk/ adj irregular, errático -a, imprevisible

er·rat·i·cally /ɪ'rætɪkli/ adv irregularmente, de forma errática

er·ro·ne·ous /ɪ'roʊniəs/ adj (frml) erróneo -a

er·ro·ne·ous·ly /ɪ'roʊniəsli/ adv erróneamente

er·ror S3 W3 /'ɛrɚ/ s
1 [C,U] (fallo) error • **make an error** cometer un error • **a spelling/accounting error** una falta de ortografía/un error contable • **an error in sth** un error en/de algo • **human error** error humano • **an error of judgment** un error de cálculo
2 (en informática) error • **error message** mensaje de error ▶ **by/through** TRIAL **and error**
EXPRESIONES
see the error of your ways (esp hum) darse cuenta de su error

erst·while /'ɚstwaɪl/ adj [solo ante s] (frml) antiguo -a: *the erstwhile ambassador to Bogotá* el antiguo embajador en Bogotá

er·u·dite /'ɛryə,daɪt, 'ɛrə-/ adj erudito -a

er·u·di·tion /,ɛryə'dɪʃən, ,ɛrə-/ s [U] erudición

e·rupt /ɪ'rʌpt/ v [I] **1** (guerra, violencia, discusión) estallar **2** entrar en erupción **3** (en aplausos, carcajadas) estallar

e·rup·tion /ɪ'rʌpʃən/ s [C,U] **1** erupción (volcánica) • **a volcanic eruption** una erupción volcánica **2** an eruption of anger/violence** un estallido de ira/violencia

es·ca·late /'ɛskə,leɪt/ v **1** [I,T] agravar(se), intensificar(se) • **escalate into sth** agravarse hasta llegar a algo **2** [I,T] aumentar drásticamente, (hacer) dispararse (precios, gastos)

es·ca·la·tion /,ɛskə'leɪʃən/ s [C,U] **1** escalada, agravamiento **2** escalada, aumento drástico

es·ca·la·tor /'ɛskə,leɪtɚ/ s [C] escalera mecánica/eléctrica

es·ca·pade /'ɛskə,peɪd/ s [C] **1** andanza, aventura **2** aventura amorosa

es·cape¹ W2 /ɪ'skeɪp/ v

1	de un cautiverio
2	de un lugar peligroso
3	de una mala situación
4	evitar
5	gas, líquido
6	risa, suspiro, gemido
7	no recordar

1 DE UN CAUTIVERIO [I,T] escapar (de), huir (de), fugarse (de): *She was able to escape her kidnappers.* Logró escapar de sus secuestradores. • [+**from**]: *He escaped from prison.* Se fugó de la cárcel. • [+**to**]: *She escaped to Mexico.* Huyó a México.
2 DE UN LUGAR PELIGROSO [I,T] escapar (de), salir (de): *They managed to escape the burning building.* Lograron escapar del edificio en llamas. • *She escaped from the car unharmed.* Salió del carro ilesa.
3 DE UNA MALA SITUACIÓN [I,T] escapar (de), huir (de): *They went to the hills to escape the heat.* Fueron a la montaña huyendo del calor. • [+**from**]: *Education helps people escape from poverty.* La educación ayuda a salir de la pobreza.
4 EVITAR [I,T] escapar (de), librarse (de), salvarse (de) • **escape unharmed/unhurt** resultar ileso -a • **escape criticism/justice** librarse de las críticas/escapar de la justicia • **escape detection** pasar inadvertido -a • **narrowly escape death/injury** salvarse de morir/de sufrir heridas por muy poco
5 GAS, LÍQUIDO [I] escapar(se), perderse

6 RISA, SUSPIRO, GEMIDO [I,T] (*liter*) escaparse: *A small laugh escaped him.* Se le escapó una risita. • **escape from sb's lips** escapar de los labios de alguien

7 NO RECORDAR [T] **his name/the title escapes me** no me acuerdo de su nombre/del título

EXPRESIONES

escape sb's attention/notice escapársele a alguien, pasar inadvertido -a a alguien • **it has not escaped my/our notice that...** no ha pasado inadvertido que... • **there's no escaping the fact that** es un hecho incuestionable que, no se puede negar que

escape² *s*

1 de un cautiverio
2 de una mala situación
3 de un lugar peligroso
4 evitación
5 de los problemas
6 de gas, líquido

1 DE UN CAUTIVERIO [C,U] huida, fuga: *The girl had no chance of escape.* La muchacha no tenía escapatoria. • [+from]: *his escape from jail* su fuga de la cárcel • **make your escape** darse a la fuga, conseguir huir

2 DE UNA MALA SITUACIÓN [C,U] huida • [+from]: *There was no escape from the heat.* No había forma de escapar del calor. • **make your escape** escabullirse

3 DE UN LUGAR PELIGROSO [C] salida, huida • [+from]: *her escape from the burning plane* su salida del avión en llamas

4 EVITACIÓN [C] [+from]: *his escape from serious punishment* la forma en que logró salvarse de un duro castigo • **have a narrow escape** salvarse por muy poco

5 DE LOS PROBLEMAS [sing, U] evasión, distracción

6 DE GAS, LÍQUIDO [C,U] escape, pérdida ▶ FIRE ESCAPE

es·caped /ɪˈskeɪpt/ *adj* [solo ante s] fugado -a, huido -a • **an escaped convict/prisoner** un preso fugado/una presa fugada

es·cap·ee /ɪˌskeɪˈpi, ˌeskeɪˈpi/ *s* [C] fugitivo -a

es·cap·ism /ɪˈskeɪpˌɪzəm/ *s* [U] evasión, distracción, escapismo

es·cap·ist /ɪˈskeɪpɪst/ *adj* de evasión, escapista

es·carp·ment /ɪˈskɑrpmənt/ *s* [C] escarpadura

es·chew /esˈtʃu/ *v* [T] (*frml*) renunciar a, rehuir

es·cort¹ /ɪˈskɔrt, ˈeskɔrt/ *v* [T] **1** escoltar • **escort sb to/into a place** escoltar a alguien hasta un lugar **2** acompañar (guiando) **3** (*antic*) acompañar, ir como acompañante de

es·cort² /ˈeskɔrt/ *s* [C] **1** escolta • **with a police escort** con escolta policial **2** acompañante (en una cena, un baile) **3** escort, acompañante (pagado)

Es·ki·mo /ˈeskəˌmoʊ/ *s* [C] (pl **Eskimo**, **Eskimos**) esquimal

⚠ Casi todo el mundo evita el uso de esta palabra porque es ofensivo. En su lugar se utiliza el singular **Inuk** o el plural **Inuit**.

ESL /ˌi es ˈel/ *s* [U] (**English as a Second Language**) inglés como segunda lengua

e·soph·a·gus /ɪˈsɑfəgəs/ *s* [C] esófago

es·o·ter·ic /ˌesəˈterɪk/ *adj* (*frml*) esotérico -a, para iniciados

ESP /ˌi es ˈpi/ *s* [U] **1** (**extrasensory perception**) percepción extrasensorial **2** (**English for Special Purposes**) inglés para/con fines específicos, inglés especializado

esp. *abrev escrita de* ESPECIALLY

es·pa·drille /ˈespəˌdril/ *s* [C] alpargata

es·pe·cial /ɪˈspeʃəl/ *adj* (*frml*) especial

es·pe·cial·ly S1 W1 /ɪˈspeʃəli/ *adv*
1 (para enfatizar) especialmente, sobre todo, en especial • [+if/when]: *Bring a hat, especially if it's hot.* Traigan sombrero, especialmente si hace calor.

2 (más de lo normal) especialmente, en particular, particularmente: *I especially like this picture.* Este cuadro me gusta especialmente. • **especially important/busy** particularmente importante/más ocupado -a que lo habitual

3 (específicamente) especialmente • [+for]: *especially for the occasion* especialmente para la ocasión • **especially to do sth** especialmente para hacer algo

EXPRESIONES

not especially no demasiado

Es·pe·ran·to /ˌespəˈræntoʊ, -ˈrɑntoʊ/ *s* [U] esperanto

es·pi·o·nage /ˈespiəˌnɑʒ/ *s* [U] espionaje

es·pla·nade /ˈespləˌneɪd, ˌespləˈneɪd/ *s* [C] explanada

ESPN /ˌi es pi ˈen/ (*marca reg*) ESPN (canal de cable deportivo)

es·pouse /ɪˈspaʊz, ɪ-/ *v* [T] (*frml*) adoptar, abrazar (una causa, un ideal)

es·pres·so /eˈspresoʊ/ *s* [C,U] (pl **espressos**) café exprés/expreso • **espresso machine** máquina de café exprés

es·say S3 /ˈeseɪ/ *s* [C] (pl **essays**)
1 redacción, trabajo (escolar, universitario), monografía • [+on/about]: *an essay on the French Revolution* un trabajo sobre la Revolución Francesa • **write an essay** hacer una redacción/un trabajo
2 ensayo (obra) • [+on]: *Rousseau's Essay on the Origin of Languages* el Ensayo sobre el origen de las lenguas, de Rousseau

es·sence /ˈesəns/ *s* **1** [sing, U] (cualidad) **the essence of sth** la esencia de algo • **in essence** en esencia, esencialmente **2** [C,U] (líquido) esencia • **vanilla essence** esencia de vainilla

EXPRESIONES

time/speed is of the essence el tiempo/la rapidez es esencial

es·sen·tial¹ W3 /ɪˈsenʃəl/ *adj*
1 (necesario) esencial, fundamental • **be essential for/to sth** ser esencial para algo • **it is essential (that)** es fundamental que • **it is essential to do sth** es esencial hacer algo • **absolutely essential** de vital importancia • **essential services** servicios básicos
2 (principal) esencial, fundamental: *the essential difference between the two designs* la diferencia fundamental entre los dos diseños

essential² *s* **1** [C gralm pl] necesidad básica • **the bare essentials** lo estrictamente necesario, lo mínimo indispensable **2** **the essentials** [pl] lo básico, las nociones básicas

es·sen·tial·ly S2 W3 /ɪˈsenʃəli/ *adv*
1 esencialmente, básicamente
2 [adv oracional] básicamente

es,sential 'oil *s* [C] aceite esencial

es·tab·lish S3 W1 /ɪˈstæblɪʃ/ *v* [T]
1 crear, fundar: *The company was established in 1959.* La empresa se fundó en 1959.
2 **establish a relationship (with sb)** establecer una relación (con alguien) • **establish relations/links (with sb)** establecer relaciones/vínculos (con alguien) • **establish contact (with sb)** ponerse en contacto (con alguien)
3 establecer, determinar • **establish the cause of sth** determinar la causa de algo • **establish (that)** establecer/determinar que • **establish whether/if** establecer si, determinar si
4 **establish yourself (as sth)** hacerse un nombre (como algo), consagrarse (como algo) • **establish a reputation (as sth)** ganarse un nombre (como algo)

es·tab·lished /ɪˈstæblɪʃt/ *adj* [solo ante s] **1** sólido -a, consolidado -a: *an established fact* un hecho probado • *the established order* el orden establecido • **well-established** consagrado -a, respetado -a **2** consagrado -a, reputado -a **3** **established church/religion** iglesia/religión oficial

es·tab·lish·ment W3 /ɪˈstæblɪʃmənt/ *s*
1 [C] (*frml*) establecimiento, centro • **educational/**

research establishment centro educativo/de investigación
2 [sing] **the establishment of sth** el establecimiento de algo, la creación de algo
3 the establishment [sing] (tb **the Establishment**) el sistema, los poderosos • **the medical/legal establishment** la corporación médica/jurídica

es·tate /ɪ'steɪt/ s **1** [sing] herencia, patrimonio **2** [C] finca, propiedad (extensa, especialmente rural)
▶ REAL ESTATE

es·teem[1] /ɪ'stim/ s [U] aprecio, estima • **a mark of his/her esteem** una muestra de aprecio • **hold sb in high esteem** tener en mucha estima a alguien, tener muy buena opinión de alguien ▶ SELF-ESTEEM

esteem[2] v [T gralm en pasiva] apreciar

es·thete /'ɛsθit/ s variante de AESTHETE

es·thet·ic /ɛs'θɛtɪk/ adj variante de AESTHETIC

es·ti·mate[1] W2 /'ɛstə,meɪt/ v [T] calcular • **be estimated to be/do sth** The tree is estimated to be at least 700 years old. Se calcula que el árbol tiene por lo menos 700 años. • **estimate sth at sth** Organizers estimated the crowd at 50,000. Los organizadores calcularon que había 50.000 personas. • **estimate (that)** calcular que

es·ti·mate[2] W3 /'ɛstəmɪt/ s [C]
1 cálculo • **a conservative estimate** un cálculo por lo bajo • **a rough estimate** un cálculo aproximado
2 presupuesto (para una obra, reparación)

es·ti·mat·ed /'ɛstə,meɪtɪd/ adj [solo ante s] estimado -a, calculado -a • **an estimated 500/one million people** 500 personas/un millón de personas según los cálculos

es·ti·ma·tion /,ɛstə'meɪʃən/ s [U] opinión • **in my/his estimation** en mi/su opinión

Es·to·ni·a /ɛ'stoʊniə/ Estonia

Es·to·ni·an[1] /ɛ'stoʊniən/ s **1** [C] (persona) estonio -a
2 [U] (idioma) estonio

Estonian[2] adj estonio -a

es·tranged /ɪ'streɪndʒd/ adj **1** [solo ante s] **sb's estranged husband/wife/partner** el marido/la mujer/la pareja de quien alguien está separado -a **2 his/her estranged father/mother/son/daughter** su padre/madre/hijo/hija, con quien no se habla • [+from]: people who are estranged from their families gente que está peleada con su familia **3 be/feel estranged from sth** estar/sentirse al margen de algo

es·trange·ment /ɪ'streɪndʒmənt/ s [sing, U] **1** (de familiares, cónyuges) distanciamiento, separación
2 (entre países, grupos) distanciamiento **3** exclusión, marginación

es·tu·ar·y /'ɛstʃu,ɛri/ s [C] (pl **estuaries**) estuario • **the Delaware estuary** el estuario del río Delaware

ETA /,i ti 'eɪ/ s (**estimated time of arrival**) hora estimada de llegada

etc. /ɛt 'sɛtrə, -ʈərə/ adv (**et cetera**) etc.

etch /ɛtʃ/ v **1** [I,T] grabar, tallar • **etch sth on/onto sth** grabar algo en algo **2 be etched on/in your memory** (liter) quedar grabado -a en la memoria

etch·ing /'ɛtʃɪŋ/ s [C] aguafuerte, grabado (obra)

e·ter·nal /ɪ'tɚnl/ adj **1** (para siempre) eterno -a • **an eternal optimist** un -a optimista incorregible/incurable
2 (largo) eterno -a

e·ter·nal·ly /ɪ'tɚnl-i/ adv eternamente

e·ter·ni·ty /ɪ'tɚnəti/ s **1 an eternity** [sing] una eternidad
2 [U] la eternidad • **for (all) eternity** para toda la eternidad **3** [U] vida eterna

e·ther /'iθɚ/ s **1** [U] (sustancia) éter **2 the ether** [sing] (aire) el éter **3 the ether** [sing] (liter) (cielo) el éter

e·the·re·al /ɪ'θɪriəl/ adj (liter) etéreo -a

e·the·re·al·ly /ɪ'θɪriəli/ adv de manera etérea: ethereally lovely una etérea belleza

eth·ic W2 /'ɛθɪk/ s
1 [sing] (personal, colectiva) ética
2 ethics [pl] (en una actividad) ética • **professional/ medical ethics** ética profesional/médica

eth·i·cal /'ɛθɪkəl/ adj **1** (de la ética) ético -a • **ethical issue/question** cuestión ética **2** (correcto) ético -a
ANT unethical

eth·i·cal·ly /'ɛθɪkli/ adv éticamente

E·thi·o·pi·a /,iθi'oʊpiə/ Etiopía

E·thi·o·pi·an[1] /,iθi'oʊpiən/ s [C] etíope

Ethiopian[2] adj etíope

eth·nic[1] W3 /'ɛθnɪk/ adj [solo ante s] étnico -a • **ethnic background/origin** procedencia étnica/origen étnico

ethnic[2] s [C] miembro de una minoría étnica

ethnic 'cleansing s [U] limpieza étnica

eth·nic·i·ty /ɛθ'nɪsəti/ s [C,U] (pl **ethnicities**) (frml) etnia

ethnic mi'nority s [C] minoría étnica

e·thos /'iθɑs/ s [sing] ideario, espíritu

e·tick·et /'i ,tɪkɪt/ s [C] (**electronic ticket**) tiquete electrónico, boleto electrónico (de avión)

et·i·quette /'ɛtɪkɪt/ s [U] etiqueta, código de conducta •
a breach of etiquette una falta de educación

et·y·mo·log·i·cal /,ɛtəmə'lɑdʒɪkəl/ adj etimológico -a

et·y·mo·log·i·cally /,ɛtəmə'lɑdʒɪkli/ adv etimológicamente

et·y·mol·o·gy /,ɛtə'mɑlədʒi/ s **1** [C] (pl **etymologies**) (origen) etimología **2** [U] (estudio) etimología

EU /,i 'yu/ abrev de **the EU** la UE, la Unión Europea

eu·ca·lyp·tus /,yukə'lɪptəs/ s [C,U] eucalipto

Eu·cha·rist /'yukərɪst/ s **the Eucharist** la Eucaristía

eu·lo·gize /'yulə,dʒaɪz/ v [I,T] elogiar • **eulogize over/ about sth** elogiar algo

eu·lo·gy /'yulədʒi/ s [C] (pl **eulogies**) **1** panegírico
2 último adiós, palabras de despedida (en un funeral)

eu·phe·mism /'yufə,mɪzəm/ s **1** [C] eufemismo **2** [U] eufemismos

eu·phe·mis·tic /,yufə'mɪstɪk‹/ adj eufemístico -a

eu·phe·mis·ti·cally /,yufə'mɪstɪkli/ adv eufemísticamente

eu·pho·ri·a /yu'fɔriə/ s [U] euforia

eu·phor·ic /yu'fɔrɪk/ adj eufórico -a

eu·phor·i·cally /yu'fɔrɪkli/ adv eufóricamente

eu·ro /'yʊroʊ/ s [C] (pl **euros**) **1** (divisa) euro **2 the euro** (sistema) el euro

Eu·rope /'yʊrəp/ Europa

Eu·ro·pe·an /,yʊrə'piən‹/ s [C], adj europeo -a

European 'Union the European Union la Unión Europea

eu·tha·na·sia /,yuθə'neɪʒə/ s [U] eutanasia

eu·than·ize /'yuθə,naɪz/ v [T] sacrificar (a un animal enfermo)

e·vac·u·ate /ɪ'vækyu,eɪt/ v [T gralm en pasiva] evacuar •
evacuate people from their homes/village evacuar gente de sus hogares/pueblos

e·vac·u·a·tion /ɪ,vækyu'eɪʃən/ s [C,U] evacuación

e·vac·u·ee /ɪ,vækyu'i/ s [C] evacuado -a

e·vade /ɪ'veɪd/ v [T] **1** (una cuestión, responsabilidad) eludir **2 evade taxes** evadir impuestos **3** (a la policía, la detención) eludir, evadir

e·val·u·ate /ɪ'vælyu,eɪt/ v [T] evaluar

e·val·u·a·tion S3 /ɪ,vælyu'eɪʃən/ s [C,U] evaluación

e·van·gel·i·cal /,ivæn'dʒɛlɪkəl, ,ɛvən-/ s [C], adj evangélico -a

e·van·ge·lism /ɪ'vændʒə,lɪzəm/ s [U] evangelismo

e·van·ge·list /ɪ'vændʒəlɪst/ s [C] evangelista, predicador -a

e·van·ge·lis·tic /ɪ,vændʒə'lɪstɪk/ adj evangélico -a

e·vap·o·rate /ɪ'væpə,reɪt/ v **1** [I,T] (líquido) evaporar(se) **2** [I] (sentimiento) desvanecerse, esfumarse

e·vap·o·rat·ed 'milk s [U] leche evaporada

e·vap·o·ra·tion /ɪ,væpə'reɪʃən/ s [U] **1** evaporación (de líquido) **2** desaparición

e·va·sion /ɪ'veɪʒən/ s **1** [U] evasión, elusión • **tax evasion** evasión fiscal/de impuestos **2** [C,U] evasiva(s)

e·va·sive /ɪ'veɪsɪv/ adj evasivo -a

EXPRESIONES

take evasive action realizar maniobras evasivas (un piloto, un conductor, etc.)

e·va·sive·ly /ɪ'veɪsɪvli/ adv evasivamente, con evasivas

e·vas·ive·ness /ɪ'veɪsɪvnɪs/ s [U] lo evasivo

eve /iv/ s [C gram sing] **the eve of sth** la víspera de algo • **Christmas Eve** Nochebuena • **New Year's Eve** (noche de) fin de año, Nochevieja

e·ven¹ S1 W1 /'ivən/ adv
1 (indicando sorpresa) incluso, hasta: *The house is always warm, even in winter.* La casa siempre está calurosa, incluso en invierno. • *He has even appeared on television.* Hasta ha aparecido en televisión. • **never even** ni siquiera: *They never even said goodbye* Ni siquiera se despidieron. • **not even** ni siquiera
2 (indicando matiz) incluso: *She looked sad, even depressed.* Parecía triste, incluso deprimida.
3 (con comparativos) **even bigger** todavía mayor • **even better/worse** aún mejor/peor

EXPRESIONES

even as mientras, a la vez que • **even as we speak** en este mismo instante • **even if** aunque: *Even if I knew, I wouldn't tell you.* Aunque lo supiera, no te lo diría. • **even so** aún así • **even though** aunque: *I still remember, even though it was so long ago.* Todavía me acuerdo, aunque fue hace mucho tiempo. • **even with sth** a pesar de algo

⚠ Por lo general **even** va antes de la palabra o frase en que quieres hacer hincapié:
✔ *Even Tony was satisfied.*
✔ *We were so worried, we even phoned the fire department.*
✔ *It's even better than her last novel.*
Pero va después del verbo modal o auxiliar, si lo hay:
He hasn't even finished the first chapter (✗ *he even hasn't finished*).
I can't even reach the bottom shelf (✗ *I even can't reach*).

even² adj **1** plano -a, llano -a: *an even surface* una superficie plana • *an even stretch of road* un tramo llano de carretera SIN **flat 2 be even (with sth)** quedar a la misma altura (que algo), estar nivelado -a (con algo) SIN **level 3** regular, constante: *an even pace* un ritmo regular SIN **steady 4** igual, equitativo -a: *an even distribution* un reparto equitativo SIN **equal 5** par (número) ANT **odd 6** parejo -a • **an even game/match** un partido parejo **7** uniforme, parejo -a: *small even teeth* dientes pequeños y parejos

EXPRESIONES

be even (coloq) estar a mano (sin deudas) • **an even chance** un cincuenta por ciento de posibilidades • **get even (with sb)** (coloq) vengarse (de alguien)

even³ v [T] nivelar, igualar: *I wanted to even the score.* Quería igualar el marcador.
even out v+partíc **1 even out** igualarse, equilibrarse **2** (un color, un tono) **even sth ↔ out** emparejar, igualar algo
even sth ↔ up v+partíc (en deportes) emparejar algo, igualar algo

even-'handed adj ecuánime, imparcial

even-'handedly adv ecuánimemente, de manera imparcial

eve·ning S1 W2 /'ivnɪŋ/ s
1 [C,U] noche, tarde (desde más o menos las seis) • **in**

the evening en la noche/tarde • **a spring/summer evening** una noche de primavera/verano • **(on) Monday/Tuesday evening** el lunes/martes en la noche/tarde • **this evening** esta noche, esta tarde • **yesterday/tomorrow evening** ayer/mañana en la noche/tarde • **early/late evening** primeras/últimas horas de la noche • **for the evening** toda la noche: *I'm going out for the evening.* Voy a salir esta noche.
2 [C] velada • **an evening of music/comedy** una velada musical/noche de humor

EXPRESIONES

Good evening (frml, oral) buenas noches, buenas tardes (como saludo)

'evening dress s **1** [U] **in/wearing evening dress** vestido -a de etiqueta, en traje de etiqueta/noche **2** [C] vestido/traje de noche

'evening gown s [C] vestido de noche, traje de noche

even·ly /'ivənli/ adv **1** uniformemente • **spread/distribute sth evenly** untar/distribuir algo uniformemente **2** por igual, en partes iguales • **be evenly matched** estar parejos -as **3** regularmente

even·ness /'ivən-nɪs/ s [U] **1** lo plano (de una superficie, un terreno) **2** regularidad (en temperatura, velocidad)

e·vent S1 W1 /ɪ'vent/ s [C]
1 hecho, acontecimiento • **a sequence/chain of events** una secuencia/cadena de acontecimientos • **the course of events** el curso de los acontecimientos
2 evento • **a social event** un acto/evento social • **a sporting event** un evento deportivo
3 in any event en cualquier caso, de cualquier modo • **in either event** en cualquiera de los dos casos • **in the event of** (frml) en caso de
4 prueba (en una competencia deportiva)
5 disciplina (atlética, gimnástica)

e·vent·ful /ɪ'vent̚fəl/ adj lleno -a de acontecimientos, azaroso -a: *She's led a very eventful life.* Ha tenido muchas vivencias.

e·ven·tu·al /ɪ'ventʃuəl/ adj [solo ante s] final: *the eventual outcome* el resultado final

e·ven·tu·al·i·ty /ɪ,ventʃu'æləti/ s [C] (pl **eventualities**) (frml) eventualidad

e·ven·tual·ly S2 W2 /ɪ'ventʃəli, -tʃuəli/ adv finalmente, al final: *He eventually escaped.* Finalmente se escapó. • *Eventually, I got a job in a bank.* Al final, conseguí trabajo en un banco.

ev·er S1 W1 /'evə/ adv
1 (en preguntas y condicionales) alguna vez: *If you're ever in London, call me.* Si alguna vez vienes a Londres, llámame. • **Have you ever...?** *Have you ever been to Paris?* ¿Has estado en París alguna vez?
2 (en negaciones) nunca: *I don't think I've ever been here before.* No creo haber estado aquí antes. • *Don't ever do that again!* ¡No vuelvas a hacer eso nunca! • **hardly ever** casi nunca
3 (con comparativos) **better/worse than ever** mejor/peor que nunca: *You look more beautiful than ever.* Estás más bonita que nunca. • **the best/worst ever** el mejor/peor de todos los tiempos: *her best ever performance* la mejor actuación de su vida • **the best/worst I've ever seen** el mejor/peor que he visto
4 (ante adjetivos, participios, frases nominales) siempre: *the ever popular music of George Gershwin* la siempre popular música de George Gershwin • *Stan, ever the leader, made all the decisions.* Stan, como siempre el líder, tomó todas las decisiones.
5 (indicando desarrollo constante) **ever higher/closer/stronger** cada vez más alto/cerca/fuerte • **ever growing/increasing** cada vez mayor ► NEVER ever

EXPRESIONES

as ever como siempre, como de costumbre • **did you ever see...?** (antic) ¡hábrase visto...! • **for ever** para siempre: *Nothing lasts for ever.* Nada es para siempre. • **live happily ever after** vivir felices para siempre • **ever since** (a) desde: *ever since the accident* desde el accidente (b) desde entonces: *They've been together ever* *since*. Han estado juntos desde entonces. • **was sb ever...!** (*coloq, oral*) *Boy, was he ever angry!* ¡Caray, estaba super enojado!

ev·er·green¹ /'ɛvəˌgrin/ *s* [C] planta/árbol de hoja perenne

evergreen² *adj* de hoja perenne

ev·er·last·ing /ˌɛvə'læstɪŋ⟨/ *adj* eterno -a

ev·er·more /ˌɛvə'mɔr/ *adv* **for evermore** (*liter*) por siempre jamás

ev·ery S1 W1 /'ɛvri/ *det* [siempre seguido de s sing contable]
1 (indicando totalidad) todos los/todas las, cada: *Every student will take the test.* Todos los alumnos presentarán el examen. • *I enjoyed every minute of the movie.* Disfruté cada minuto de la película. • **every single** *He knows every single person in the school.* Conoce a todas y cada una de las personas del colegio. • **every last drop/bit/ cent** hasta la última gota/el último pedazo/el último centavo • **not every** no todos los/todas las: *Not every teenager likes pop music.* No a todos los adolescentes les gusta la música pop. • **in every way** en todo sentido, en todos los sentidos
2 (indicando frecuencia, distribución) cada, todos los/ todas las • **every day/week/month** todos los días/todas las semanas/todos los meses • **every time (that)** cada vez que • **every five minutes/ten days** cada cinco minutos/ diez días • **every few miles/ten meters** cada varias millas/diez metros • **every now and then/again** (tb **every so often**) de vez en cuando • **every other day/week** día por medio/una semana sí y otra no • **one in every three/two out of every ten** uno de cada tres/dos de cada diez
3 (para enfatizar) **wish sb every success/happiness** desear a alguien el mayor de los éxitos/toda la felicidad del mundo • **there is every chance that/of** hay muchísimas posibilidades de que/de • **have every reason to do sth** tener razones de sobra para hacer algo • **have every intention of doing sth** tener toda la intención de hacer algo • **every bit as much/good/important as** tanto/tan bueno -a/tan importante como ▶ EACH and every, **every INCH**

EXPRESIONES
every little helps todo suma • **every Tom, Dick, and Harry** (*coloq, oral*) todo el mundo (sin discriminar) • **every which way** (*coloq*) en todas direcciones, para todos lados

ev·ery·bod·y /'ɛvriˌbɑdi, -ˌbʌdi/ *pron* ▶ EVERYONE

ev·ery·day /'ɛvriˌdeɪ/ *adj* [solo ante s] cotidiano -a, diario -a: *simple, everyday language* lenguaje sencillo, de todos los días • **everyday life** la vida cotidiana/diaria

ev·ery·one S1 W1 /'ɛvriˌwʌn/ (tb **everybody**) *pron*
1 (en un grupo) todos -as, todo el mundo: *Is everyone ready to go?* ¿Están todos listos? • *Everyone says you're leaving.* Todo el mundo dice que te vas. • **everyone else** todos los demás/todas las demás • **not everyone** no todo el mundo, no todos
2 (la gente) todo el mundo, todos -as: *Everyone needs love.* Todo el mundo necesita amor.

ev·ery·place /'ɛvriˌpleɪs/ *adv* (*coloq*) por/a todas partes, por/a todos lados: *They searched everyplace.* Buscaron por todas partes. • **everyplace else** todos los otros/ demás lugares

ev·ery·thing S1 W1 /'ɛvriˌθɪŋ/ *pron*
1 (todas las cosas) todo: *Everything was covered in dust.* Todo estaba cubierto de polvo. • *I decided to tell her everything.* Decidí contarle todo. • **everything else** todo lo demás
2 (la vida en general) todo: *Everything was going wrong.* Todo iba mal. ▶ **take everything but the** KITCHEN **sink**

EXPRESIONES
it means everything to me/us es todo para mí/nosotros • **sth is everything** algo (lo) es todo: *Money isn't everything.* El dinero no lo es todo. • **have everything** tenerlo todo, tener de todo • **have everything going for you** tener todo a (su) favor

ev·ery·where S2 W2 /'ɛvriˌwɛr/ *adv* por/a todas partes, por/a todos lados: *I looked everywhere for my keys.* He buscado mis llaves por todas partes. • **everywhere I go/you look** dondequiera que voy/miras

e·vict /ɪ'vɪkt/ *v* [T] desalojar • **evict sb from sth** desalojar a alguien de algo

e·vic·tion /ɪ'vɪkʃən/ *s* [C,U] desalojo • **eviction notice** aviso de desalojo • **eviction order** orden de desalojo

ev·i·dence¹ S3 W1 /'ɛvədəns/ *s* [U]
1 (señales) pruebas, indicios: *We have no evidence of life on other planets.* No tenemos pruebas de que haya vida en otros planetas. • *He had left no evidence of his visit.* No había dejado rastro de su visita. • **there is evidence/no evidence for sth** hay pruebas/no hay pruebas a favor de algo • **have evidence (that)** tener pruebas de que • **medical/scientific evidence** estudios médicos/ evidencia científica
2 (en un juicio) pruebas • **evidence against sb** pruebas contra alguien: *There was not enough evidence against her.* No había suficientes pruebas en su contra. • **use/ admit sth in evidence** utilizar/aceptar algo como prueba
3 (de un testigo) declaración, testimonio • **give evidence** prestar declaración, declarar

EXPRESIONES
be in evidence (*frml*) ser visible/manifiesto -a

evidence² *v* [T gralm en pasiva] (*frml*) evidenciar, demostrar

ev·i·dent /'ɛvədənt/ *adj* evidente • **it is evident (that)** es evidente que • **it became evident that** se hizo evidente que ▶ SELF-EVIDENT

ev·i·dent·ly /'ɛvədəntli, ˌɛvə'dɛntli/ *adv* [adv oracional]
1 visiblemente, evidentemente **2** aparentemente, al parecer

e·vil¹ S2 W3 /'ivəl/ *adj*
1 malvado -a (persona)
2 vil, pernicioso -a (sistema, hábito)
3 (*coloq*) asqueroso -a, repugnante (olor, comida)
4 maligno -a, maléfico -a (espíritus, poderes)

EXPRESIONES
the evil eye el mal de ojo • **the evil hour/day** la hora fatídica/el día fatídico

evil² *s* **1** [U] el mal: *the struggle between good and evil* la lucha entre el bien y el mal **2** [U] maldad **3** [C] mal (cosa mala) • **the evils of war/the modern world** los estragos de la guerra/los males del mundo moderno ▶ the LESSER **of two evils**

ev·o·ca·tion /ˌɛvə'keɪʃən, ˌivoʊ-/ *s* [C,U] (*frml*) evocación

e·voc·a·tive /ɪ'vɑkətɪv/ *adj* evocador -a • **be evocative of sth** evocar algo

e·voke /ɪ'voʊk/ *v* [T] evocar (recuerdos, imágenes), despertar (temor, simpatía), provocar (una respuesta, reacción)

ev·o·lu·tion /ˌɛvə'luʃən/ *s* [U] **1** (de las especies) evolución: *the theory of evolution* la teoría de la evolución **2** (social, tecnológica) evolución

ev·o·lu·tion·ar·y /ˌɛvə'luʃəˌnɛri/ *adj* **1** (teoría, biología) evolutivo -a **2** (proceso, cambio) evolutivo -a

e·volve W3 /ɪ'vɑlv/ *v*
1 (especies) **(a)** [I] evolucionar • **evolve from sth** provenir de algo, evolucionar a partir de algo • **evolve into sth** (evolucionar hasta) transformarse en algo **(b)** [T] desarrollar
2 (lengua, sistema, tecnología) **(a)** [I] evolucionar, desarrollarse • **evolve from sth** *The country is evolving from a rural economy.* El país se está desarrollando y dejando de ser una economía rural. • **evolve into sth** desarrollarse hasta convertirse en algo **(b)** [T] desarrollar

ewe /yu/ *s* [C] oveja (hembra) ▶ RAM

ex /ɛks/ *s* [C gralm sing] (*coloq*) ex

ex- /ɛks/ *pref* ex-: *ex-boyfriend* ex novio

ex·ac·er·bate /ɪg'zæsəˌbeɪt/ *v* [T] (*frml*) exacerbar

ex·act[1] S2 /ɪgˈzækt/ *adj*
1 [solo ante s] (preciso) exacto -a • **the exact location/ spot** el lugar exacto • **the exact date/time** la fecha/hora exacta • **the exact amount/figure** la cantidad/cifra exacta
2 [gralm ante s] (correcto) exacto -a • **an exact copy/ replica** una copia/réplica exacta
3 (para enfatizar) **the exact opposite** todo lo contrario: *the exact opposite of what he had intended* todo lo contrario de lo que pretendía • **the exact same thing** (*coloq*) exactamente lo mismo

EXPRESIONES
sth is not an exact science algo no es una ciencia exacta • **to be exact...** para ser exactos...

exact[2] *v* [T] (*frml*) imponer (una multa), arrancar (una promesa), exigir (obediencia, un pago) • **exact sth from sb** exigirle algo a alguien

EXPRESIONES
exact revenge (on sb) vengarse (de alguien)

ex·act·ing /ɪgˈzæktɪŋ/ *adj* **1** arduo -a **2** exigente • **exacting standards/requirements** estándares/requisitos rigurosos

ex·act·ly S1 W2 /ɪgˈzæktli/ *adv*
1 (en todos los aspectos) exactamente • **exactly how/ where** exactamente cómo/dónde • **exactly the same (as sth)** exactamente el mismo/la misma (que algo) • **exactly like sb/sth** exactamente igual que alguien/algo • **exactly the opposite** todo lo contrario
2 (ni más ni menos) exactamente: *I've been here exactly a year.* Llevo aquí exactamente un año.
3 (para pedir precisión) **what/where/when exactly...?** ¿qué/dónde/cuándo... exactamente?: *Where exactly are we going?* ¿Adónde vamos exactamente?
4 (*oral*) (para dar la razón) exactamente, así es: *"So you think he's lying?" "Exactly."* –¿Así que crees que miente? –Exactamente.

EXPRESIONES
not exactly (a) no ... precisamente: *It's not exactly easy.* No es precisamente fácil. (b) no exactamente: *"Is anything wrong?" "Not exactly."* –¿Algo va mal? –No exactamente.

ex·ag·ger·ate /ɪgˈzædʒəˌreɪt/ *v* [I,T] exagerar

ex·ag·ger·at·ed /ɪgˈzædʒəˌreɪtɪd/ *adj* exagerado -a

ex·ag·ger·a·tion /ɪgˌzædʒəˈreɪʃən/ *s* [C,U] exageración • **without exaggeration** sin exagerar

ex·alt /ɪgˈzɔlt/ *v* [T] (*frml*) exaltar, ensalzar

ex·al·ta·tion /ˌɛgzɔlˈteɪʃən, ˌɛksɔl-/ *s* [U] (*frml*) **1** júbilo, entusiasmo **2** exaltación, ensalzamiento

ex·alt·ed /ɪgˈzɔltɪd/ *adj* (*frml*) **1** (posición, personalidad) eminente, elevado -a **2** (feliz) exaltado -a, jubiloso -a **3** (lenguaje, idea) noble, elevado -a

ex·am S2 /ɪgˈzæm/ *s* [C]
1 examen • **a French/ math/history exam** un examen de francés/matemáticas/historia • **pass an exam** aprobar un examen • **fail an exam** (tb **flunk an exam** (*coloq*)) no aprobar/reprobar un examen • **an entrance exam** un examen de admisión/ingreso • **exam question** pregunta de examen • **exam results** resultados del examen
2 examen (hoja con preguntas)
3 examen, revisión: *an eye exam* un examen oftalmológico • **have an exam** hacerse un examen

ex·am·i·na·tion /ɪgˌzæməˈneɪʃən/ *s* **1** [C,U] (visualmente) examen, inspección • **carry out an examination** examinar: *He carried out an examination of the engine.* Examinó el motor. • **(a) detailed examination** un examen minucioso • **on closer examination** tras un examen más detenido **2** [C,U] (de una propuesta, datos) examen, estudio • **under examination** en estudio **3** [C] (en enseñanza) (*frml*) examen • **pass an examination** aprobar un examen • **examination results** resultados del examen **4** [C] (en medicina) examen, revisión • **carry out/do an examination** realizar/hacer un examen • **give sb an examination** hacerle una revisión a alguien **5** [C,U] (en un juicio) interrogatorio ▶ **CROSS-EXAMINATION**

ex·am·ine W2 /ɪgˈzæmɪn/ *v* [T]
1 (una propuesta, datos) examinar, estudiar • **examine how/whether/what** estudiar cómo/si/qué
2 (visualmente) examinar • **examine sth for fingerprints/ clues** examinar algo en busca de huellas/pistas
3 (en medicina) examinar, revisar
4 (en un juicio) interrogar ▶ **CROSS-EXAMINE**
5 (*frml*) (en enseñanza) examinar • **examine sb on sth** examinar a alguien sobre algo

ex·am·in·er /ɪgˈzæmɪnə/ *s* [C] examinador -a

ex·am·ple S1 W1 /ɪgˈzæmpəl/ *s* [C]
1 (caso) ejemplo • **give sb an example** darle a alguien un ejemplo • **a good/typical example** un buen ejemplo/un ejemplo típico
2 (modelo) ejemplo • **be an example to sb** ser un ejemplo para alguien • **set an example (to/for sb)** (tb **set a good example (to/for sb)**) dar ejemplo (a alguien) • **set a bad example (to/for sb)** dar mal ejemplo (a alguien)

EXPRESIONES
for example por ejemplo • **make an example of sb** darle un castigo ejemplar a alguien

ex·as·per·ate /ɪgˈzæspəˌreɪt/ *v* [T] exasperar, sacar de quicio

ex·as·pe·rat·ed /ɪgˈzæspəˌreɪtɪd/ *adj* exasperado -a • **get/become exasperated with sb** exasperarse con alguien

ex·as·per·at·ing /ɪgˈzæspəˌreɪtɪŋ/ *adj* exasperante

ex·as·per·at·ing·ly /ɪgˈzæspəˌreɪtɪŋli/ *adv Sometimes the computer is exasperatingly slow.* A veces, el computador va tan lento que te exaspera.

ex·as·pe·ra·tion /ɪgˌzæspəˈreɪʃən/ *s* [U] exasperación

ex·ca·vate /ˈɛkskəˌveɪt/ *v* [I,T] excavar, hacer excavaciones arqueológicas (en): *Roman remains have been excavated.* Han hallado restos romanos en una excavación.

ex·ca·va·tion /ˌɛkskəˈveɪʃən/ *s* [C,U] excavación

ex·ca·va·tor /ˈɛkskəˌveɪtə/ *s* [C] excavadora

ex·ceed W3 /ɪkˈsid/ *v* [T] (*frml*)
1 exceder, superar (una cantidad)
2 superar, sobrepasar (un límite, nivel, objetivo)

EXPRESIONES
exceed sb's expectations superar las expectativas de alguien

ex·ceed·ing·ly /ɪkˈsidɪŋli/ *adv* (*frml*) extremadamente, sumamente

ex·cel /ɪkˈsɛl/ *v* [I] (**excelled, excelling**) [nunca en forma continua] sobresalir, destacarse • **excel at/in sth** sobresalir en algo

ex·cel·lence /ˈɛksələns/ *s* [U] excelencia (calidad superior)

ex·cel·lent S2 W3 /ˈɛksələnt/ *adj* [sin compar]
1 (muy bueno) excelente
2 (*oral*) (en respuestas) perfecto: *"I'll see you tomorrow." "Excellent."* –Nos vemos mañana. –Perfecto.

ex·cel·lent·ly /ˈɛksələntli/ *adv* de maravilla, magníficamente

ex·cept[1] S1 W3 /ɪkˈsɛpt/ *prep* excepto, salvo, menos: *We're open every day except Monday.* Abrimos todos los días salvo los lunes. • *everyone except Scott* todos menos Scott • **except for** excepto, salvo: *She felt fine except for being a little tired.* Se sentía bien, salvo que estaba un poco cansada. • **except that** salvo que • **except when/where/if** salvo cuando/donde/si

except[2] S3 W3 *conj*
1 (tb **except that**) salvo que, sólo que: *I have a car just like yours, except mine's blue.* Tengo un carro igual al tuyo, sólo que el mío es azul.
2 (tb **except that**) pero, si no fuera porque: *I would have called you, except my phone's not working.* Te habría llamado, pero mi teléfono no funciona.

except³ v [T] (frml) exceptuar, eximir • **be excepted from sth** quedar exceptuado -a/eximido -a de algo

ex·cept·ed /ɪk'sɛptɪd/ adj **sth/sb excepted** exceptuando algo/a alguien, a excepción de algo/alguien ► **PRESENT company excepted**

ex·cep·tion S3 W3 /ɪk'sɛpʃən/ s [C,U] excepción • **be an/no exception** ser/no ser una excepción • **make an exception** hacer una excepción • **an exception to the rule** ser una excepción a la regla • **be the exception rather than the rule** ser una excepción a la regla • **with the exception of sb/sth** a excepción de alguien/algo • **without exception** sin excepción

EXPRESIONES
be the exception that proves the rule ser la excepción que confirma la regla • **take exception to sth/sb** ofenderse por algo/alguien

ex·cep·tion·al /ɪk'sɛpʃənəl/ adj **1** (buenísimo) excepcional **2** (infrecuente) excepcional • **in exceptional circumstances** en circunstancias excepcionales **3** (referido a un niño) especial, con capacidades diferentes

ex·cep·tion·al·ly /ɪk'sɛpʃənəli/ adv excepcionalmente

ex·cerpt /'ɛksɜːpt/ s [C] pasaje, fragmento • **an excerpt from/of sth** un pasaje/fragmento de algo

ex·cess¹ /'ɛksɛs, ɪk'sɛs/ adj [solo ante s] **1** (más de lo necesario) **excess fat/liquid** exceso de grasa/líquido **2** (más de lo permitido) **excess alcohol/speed** exceso de alcohol/velocidad **3** (adicional) **excess postage** franqueo/porte insuficiente • **excess fare** recargo (sobre el valor de un pasaje)

excess² s **1** [sing, U] (cantidad) exceso **2 excesses** [pl] (abusos) excesos **3** [U] (frml) (falta de moderación) exceso(s)

EXPRESIONES
in excess of sth (frml) superior a algo • **to excess** en exceso

excess 'baggage s [U] exceso de equipaje

ex·ces·sive /ɪk'sɛsɪv/ adj excesivo -a

ex·change¹ S3 W2 /ɪks'tʃeɪndʒ/ s

1 de información, libros
2 discusión
3 de divisas
4 de estudiantes, empleados
5 en finanzas
6 con armas
7 en telefonía

1 DE INFORMACIÓN, LIBROS [C,U] intercambio • **in exchange (for sth)** a cambio (de algo): *He didn't expect anything in exchange.* No esperaba nada a cambio. • **(an) exchange of ideas/views/information** un intercambio de ideas/opiniones/información
2 DISCUSIÓN [C,U] (frml) discusión, intercambio de palabras • **a heated exchange** una acalorada discusión
3 DE DIVISAS [U] cambio • **the rate of exchange** el tipo de cambio • **foreign exchange** cambio de divisas
4 DE ESTUDIANTES, EMPLEADOS [C] intercambio • **exchange program** programa de intercambio
5 EN FINANZAS [C] bolsa, mercado de valores: *a commodities exchange* un mercado de materias primas
6 CON ARMAS [C] **an exchange of fire/gunfire** un tiroteo • **a nuclear exchange** un ataque mutuo con armas nucleares
7 EN TELEFONÍA [C] (tb **telephone exchange**) central telefónica ► **FOREIGN EXCHANGE**

exchange² v [T] **1** intercambiar: *We exchanged phone numbers.* Intercambiamos números de teléfono. • **exchange words/greetings (with sb)** intercambiar unas palabras/saludarse (con alguien) • **exchange information/ideas** intercambiar información/ideas • **exchange glances/looks** cruzar miradas/la mirada • **exchange blows/insults** golpearse/insultarse **2** (en un trueque) **exchange sth for sth** cambiar algo por algo **3** (en una tienda) cambiar • **exchange sth for sth** cambiar algo por algo **4** (divisas) cambiar • **exchange**

dollars/pounds for pesos cambiar dólares/libras por pesos

ex·change·a·ble /ɪks'tʃeɪndʒəbəl/ adj canjeable

ex'change ,rate s [C] tipo de cambio

ex·cise¹ /'ɛksaɪz, -saɪs/ (tb **'excise ,duty**) s [U] impuestos indirectos

ex·cise² /ɪk'saɪz/ v [T] (técn) extirpar

ex·ci·sion /ɪk'sɪʒən/ s [C,U] (técn) extirpación

ex·cit·a·bil·i·ty /ɪkˌsaɪtə'bɪləti/ s [U] excitabilidad

ex·cit·a·ble /ɪk'saɪtəbəl/ adj excitable

ex·cite /ɪk'saɪt/ v [T] **1** [nunca en forma continua] entusiasmar **2** despertar, suscitar • **excite interest/curiosity** despertar interés/curiosidad **3** excitar (sexualmente) **4** agitar, alterar (emocionalmente)

ex·cit·ed S2 /ɪk'saɪtɪd/ adj
1 entusiasmado -a, excitado -a • **get excited** entusiasmarse • **be excited about sth** estar entusiasmado -a con algo • [+**by/at**]: *He was excited at the thought.* Le entusiasmaba la idea.
2 [nunca ante s] **get/become excited** agitarse, alterarse **3** excitado -a (sexualmente)

EXPRESIONES
be nothing to get excited about (coloq) no ser nada del otro mundo

ex·cit·ed·ly /ɪk'saɪtɪdli/ adv con entusiasmo

ex·cite·ment /ɪk'saɪtˀmənt/ s [U] **1** emoción, entusiasmo • **with excitement** de/por la emoción **2** excitación (sexual)

ex·cit·ing S2 W3 /ɪk'saɪtɪŋ/ adj
1 emocionante, apasionante: *How exciting!* ¡Qué emoción! • **an exciting opportunity** una oportunidad fascinante
2 excitante (sexualmente)

ex·claim /ɪk'skleɪm/ v [I,T] exclamar

ex·cla·ma·tion /ˌɛksklə'meɪʃən/ s [C] exclamación

excla'mation ,point s [C] signo de admiración/exclamación

ex·clude /ɪk'sklud/ v [T] **1** (de una ley, una dieta) excluir: *The price excludes airport tax.* El precio no incluye las tasas aeroportuarias. • **exclude sth from sth** excluir algo de algo **2** (de un club, una actividad) excluir, dejar fuera • **exclude sb from sth** *Journalists were excluded from the event.* No se permitió la presencia de la prensa en el acto. **3** (como posibilidad) excluir, descartar

ex·clud·ing /ɪk'skludɪŋ/ prep excluyendo, sin incluir ANT **including**

ex·clu·sion /ɪk'skluʒən/ s [U] exclusión: *the exclusion of women from the priesthood* la exclusión de las mujeres del sacerdocio

EXPRESIONES
do sth to the exclusion of other things/everything else hacer exclusivamente algo (sin tener en cuenta otras cosas/lo demás)

ex·clu·sive¹ /ɪk'sklusɪv, -zɪv/ adj **1** [solo ante s] (solo para alguien) exclusivo -a • **exclusive to our readers/to this store** exclusivo -a para nuestros lectores/de esta tienda • **an exclusive right** un derecho exclusivo • **have exclusive use of sth** tener el uso exclusivo de algo **2** (selecto) exclusivo -a **3** excluyente ANT **inclusive** **4** [solo ante s] (único) exclusivo -a ► **be MUTUALLY exclusive**

EXPRESIONES
exclusive of sth sin incluir algo: *All prices are exclusive of tax.* Los precios no incluyen impuestos.

exclusive² s [C] exclusiva

ex·clu·sive·ly /ɪk'sklusɪvli, -zɪv-/ adv exclusivamente

ex·com·mu·ni·cate /ˌɛkskə'myunəˌkeɪt/ v [T] excomulgar

ex·com·mu·ni·ca·tion /ˌɛkskəˌmyunə'keɪʃən/ s [C,U] excomunión

ex·cre·ment /'ɛkskrəmənt/ *s* [U] (*frml*) excremento

ex·crete /ɪk'skrit/ *v* [I,T] (*técn*) excretar

ex·cre·tion /ɪk'skriʃən/ *s* [U] (*técn*) excreción

ex·cru·ci·at·ing /ɪk'skruʃi,eɪtɪŋ/ *adj* **1** atroz (dolor) **2** horroroso -a, espantoso -a (situación, aburrimiento) • **excruciating detail/silence** minuciosidad desesperante/ silencio incómodo

ex·cru·ci·at·ing·ly /ɪk'skruʃi,eɪtɪŋli/ *adv* **1** terriblemente (doloroso, incómodo) **2** extremadamente, tremendamente (aburrido, mortificante)

ex·cur·sion /ɪk'skɚʒən/ *s* [C] excursión • **go on an excursion** ir de excursión

ex·cus·a·ble /ɪk'skyuzəbəl/ *adj* perdonable, disculpable ⟨ANT⟩ **inexcusable**

ex·cuse¹ ⟨S1⟩ /ɪk'skyuz/ *v* [T]
1 disculpar, perdonar: *Please excuse my bad handwriting.* Por favor, disculpa la mala letra. • **excuse sb for (doing) sth** disculpar a alguien por (haber hecho) algo **2** justificar • **excuse yourself** justificarse **3 ask to be excused** *She asked to be excused and left the room.* Pidió que la disculparan y salió de la sala. • **excuse yourself** disculparse, pedir permiso (para marcharse) • **if you'll excuse me/us...** con su permiso..., si me/nos disculpan... **4** [gralm en pasiva] dispensar, eximir • **excuse sb from (doing) sth** dispensar/eximir a alguien de (hacer) algo

EXPRESIONES
sb can be excused for doing sth es normal/ comprensible que alguien haga algo • **excuse me** (*oral*) **(a)** (para reclamar atención) disculpe, disculpa **(b)** (para disculparse) perdón **(c)** (para pasar) permiso, perdón **(d)** (al no entender) ¿cómo dijo?, ¿cómo? **(e)** (indicando sorpresa o disgusto) ¿cómo?

ex·cuse² ⟨S3⟩ /ɪk'skyus/ *s* [C]
1 excusa, razón • **an excuse for (doing) sth** una excusa por (haber hecho) algo • **make excuses for sth/sb** justificar algo/a alguien • **have an excuse (for doing sth)** tener una excusa/razón (para haber hecho algo) **2** excusa, pretexto • **an excuse to do sth** una excusa/un pretexto para hacer algo • **give sb an excuse (to do sth)** darle a alguien una excusa (para hacer algo) **3** justificación (de los padres, el médico)

EXPRESIONES
make your excuses presentar sus excusas • **there is no excuse for (doing) sth** no hay excusa para (hacer) algo: *There's no excuse for what he said.* Lo que dijo no tiene excusa.

ex·ec /ɪg'zɛk/ *s* [C] (*coloq*) ejecutivo -a

ex·e·cute /'ɛksɪ,kyut/ *v* [T] **1** (a un condenado) ejecutar **2** (*frml*) (un plan) ejecutar **3** (*técn*) (en informática) ejecutar **4** (*jur*) (un contrato, testamento) ejecutar

ex·e·cu·tion /,ɛksɪ'kyuʃən/ *s* **1** [C,U] (de un condenado) ejecución **2** [U] (*frml*) (de un plan) ejecución **3** [U] (*jur*) (de un contrato, testamento) ejecución ▶ **a STAY of execution**

ex·e·cu·tion·er /,ɛksɪ'kyuʃənɚ/ *s* [C] verdugo

ex·ec·u·tive¹ ⟨W2⟩ /ɪg'zɛkyətɪv/ *s*
1 [C] ejecutivo -a • **a senior/top executive** un alto ejecutivo/una alta ejecutiva • **a sales executive** un ejecutivo/una ejecutiva de ventas **2 the executive** el poder ejecutivo

executive² ⟨W2⟩ *adj* [solo ante s]
1 (en negocios) ejecutivo -a: *the executive producer of a TV show* el productor ejecutivo de un programa televisivo **2** de ejecutivos, para ejecutivos • **executive toys** juguetes para ejecutivos **3** (de lujo) ejecutivo -a (carro, avión) **4** (en política) ejecutivo -a: *the executive branch of government* el poder ejecutivo

ex·ec·u·tor /ɪg'zɛkyətɚ/ *s* [C] albacea

ex·em·pla·ry /ɪg'zɛmpləri/ *adj* ejemplar

ex·em·pli·fy /ɪg'zɛmplə,faɪ/ *v* [T] (**exemplifies**, **exemplified**, **exemplifying**) **1** demostrar, ilustrar **2** ejemplificar, ilustrar

ex·empt¹ /ɪg'zɛmpt/ *adj* **1** exento -a • [+**from**]: *Children are exempt from dental charges in Britain.* Los niños están exentos del pago de tarifas por atención odontológica en Gran Bretaña. **2** exento -a de impuestos • [+**from**]: *Their income is exempt from state taxes.* Su ingreso está exento de impuestos estatales. ▶ **TAX EXEMPT**

exempt² *v* [T] eximir • **exempt sb from (doing) sth** eximir a alguien de (hacer) algo

ex·emp·tion /ɪg'zɛmpʃən/ *s* **1** [C] (tb **tax exemption**) desgravación fiscal **2** [C,U] exención: *exemption from customs duties* exención de tarifas aduaneras

ex·er·cise¹ ⟨S2⟩ ⟨W2⟩ /'ɛksɚ,saɪz/ *s*

1	actividad física
2	de abdominales, musculación
3	para practicar algo
4	en enseñanza
5	para lograr algo
6	en el ejército

1 ACTIVIDAD FÍSICA [U] ejercicio: *I'll walk to work today. I need the exercise.* Hoy voy a ir caminando al trabajo. Necesito hacer ejercicio. • **exercise class** clase de gimnasia • **exercise equipment** aparatos de gimnasia • **exercise routine** rutina de ejercicios

2 DE ABDOMINALES, MUSCULACIÓN [C] ejercicio • **do an exercise** hacer un ejercicio

3 PARA PRACTICAR ALGO [C gralm pl] ejercicio: *relaxation exercises* ejercicios de relajación • **do an exercise** hacer un ejercicio

4 EN ENSEÑANZA [C] ejercicio • **do an exercise** hacer un ejercicio

5 PARA LOGRAR ALGO [C gralm sing] ejercicio, operación: *a cost-cutting exercise* una operación de reducción de costos

6 EN EL EJÉRCITO [C] ejercicio, maniobra: *military exercises* ejercicios militares

exercise² ⟨S3⟩ ⟨W2⟩ *v*
1 [T] (*frml*) ejercer (el poder, la influencia): *People should exercise their right to vote.* La gente debería ejercer su derecho al voto. **2** [T] (*frml*) hacer uso de, recurrir a (la discreción, el juicio): *I think we should exercise caution.* Pienso que deberíamos actuar con cautela. **3** [I] hacer ejercicio **4** [T] ejercitar (un músculo) **5** [T] ejercitar (a un caballo), pasear (a un perro)

'exercise ,bike (tb **'exercise ,bicycle**) *s* [C] bicicleta estática, bicicleta fija

ex·ert /ɪg'zɚt/ *v* [T] **1** ejercer (autoridad, influencia, presión) **2** tener, producir (un efecto, impacto) **3 exert yourself** hacer esfuerzos, esforzarse

ex·er·tion /ɪg'zɚʃən/ *s* **1** [pl, U] esfuerzo: *physical exertion* esfuerzo físico **2** [U] **the exertion of sth** el ejercicio de algo

ex·hale /ɛks'heɪl, ɛk'seɪl/ *v* [I,T] exhalar, espirar

ex·haust¹ /ɪg'zɔst/ *v* [T] **1** agotar, extenuar • **exhaust yourself** agotarse **2** agotar, consumir • **exhaust the supply of sth** agotar las reservas de algo

exhaust² *s* **1** [C] (tubo de) escape, exhosto, mofle **2** [U] gases (de la combustión)

ex·haust·ed /ɪg'zɔstɪd/ *adj* **1** agotado -a, exhausto -a • **exhausted from (doing) sth** agotado -a de (hacer) algo • **exhausted by sth** *He was exhausted by the climb.* El ascenso lo había dejado exhausto. **2** agotado -a, consumido -a: *My patience was exhausted.* Se me había agotado la paciencia.

ex·haust·ing /ɪg'zɔstɪŋ/ *adj* agotador -a

ex·haus·tion /ɪg'zɔstʃən/ *s* [U] agotamiento ▶ **NERVOUS exhaustion**

ex·haus·tive /ɪg'zɔstɪv/ *adj* exhaustivo -a

ex·haus·tive·ly /ɪgˈzɔstɪvli/ *adv* exhaustivamente

ex·hib·it¹ /ɪgˈzɪbɪt/ *v* **1** [T] (hallazgos, obras de arte) exponer: *Her paintings have been exhibited all over the world.* Sus cuadros se han expuesto en todo el mundo. **2** [I] (artista) exponer **3** [T] (*frml*) exhibir, mostrar

exhibit² S3 *s* [C]
1 exposición, muestra: *a major photography exhibit* una muy importante exposición de fotografía SIN **exhibition**
2 obra, pieza (expuesta)
3 (*jur*) prueba (material) (en un juicio)
EXPRESIONES
on exhibit expuesto -a

ex·hi·bi·tion /ˌɛksəˈbɪʃən/ *s* **1** [C] exposición, muestra: *an art exhibition* una exposición de arte • **exhibition hall** sala de exposiciones **2** [U] exposición (hecho de exponer) • **be on exhibition** estar expuesto -a

ex·hi·bi·tion·ism /ˌɛksəˈbɪʃəˌnɪzəm/ *s* [U] exhibicionismo (para llamar la atención)

ex·hi·bi·tion·ist /ˌɛksəˈbɪʃənɪst/ *s* [C] exhibicionista (para llamar la atención)

ex·hib·i·tor /ɪgˈzɪbɪtər/ *s* [C] expositor -a

ex·hil·a·rate /ɪgˈzɪləˌreɪt/ *v* [T] poner eufórico -a, excitar

ex·hil·a·rat·ed /ɪgˈzɪləˌreɪtɪd/ *adj* eufórico -a

ex·hil·a·rat·ing /ɪgˈzɪləˌreɪtɪŋ/ *adj* estimulante, excitante

ex·hil·a·ra·tion /ɪgˌzɪləˈreɪʃən/ *s* [U] euforia, excitación

ex·hort /ɪgˈzɔrt/ *v* [T] (*frml*) exhortar • **exhort sb to do sth** exhortar a alguien a hacer algo

ex·hor·ta·tion /ˌɛksɔrˈteɪʃən, ˌɛgzɔr-/ *s* [C,U] (*frml*) exhortación

ex·hu·ma·tion /ˌɛgzyuˈmeɪʃən, ˌɛkshyu-/ *s* [C,U] (*frml*) exhumación

ex·hume /ɪgˈzum, ɛksˈhyum/ *v* [T] (*frml*) exhumar

ex·ile¹ /ˈɛgzaɪl, ˈɛksaɪl/ *s* **1** [sing, U] exilio • **in exile** en el exilio • **go into exile** exiliarse **2** [C] exiliado -a

exile² *v* [T gralm en pasiva] exiliar • **be exiled from your homeland/to France** ser exilado -a de su tierra natal/a Francia

ex·iled /ˈɛgzaɪld, ˈɛksaɪld/ *adj* [solo ante s] exiliado -a

ex·ist S2 W2 /ɪgˈzɪst/ *v* [I nunca en forma continua]
1 (ocurrir) existir: *Stop pretending that the problem doesn't exist.* Deja de fingir que el problema no existe. • **cease to exist** dejar de existir
2 (tener vida) existir: *Do you think ghosts really exist?* ¿Crees que los fantasmas existen de verdad?
3 subsistir • **exist on sth** subsistir a base de algo

ex·ist·ence W2 /ɪgˈzɪstəns/ *s*
1 [U] existencia • **in existence** existente: *The organization has been in existence for 25 years.* La organización tiene 25 años de existencia. • **come into existence** nacer, crearse
2 [C gralm sing] vida, existencia ▶ **EKE out a living/an existence**

ex·is·ten·tial /ˌɛgzɪˈstɛnʃəl◂/ *adj* [solo ante s] (*frml*) existencial

ex·is·ten·tial·ism /ˌɛgzɪˈstɛnʃəˌlɪzəm/ *s* [U] (*técn*) existencialismo

ex·ist·ing W3 /ɪgˈzɪstɪŋ/ *adj* [solo ante s] existente, actual: *existing customers* los clientes actuales

ex·it¹ S3 /ˈɛgzɪt, ˈɛksɪt/ *s* [C]
1 (puerta) salida: *There are two exits at the back of the plane.* Hay dos salidas en la parte trasera del avión. • **an emergency/a fire exit** una salida de emergencia/de incendios ANT **entrance**
2 [gralm sing] (acción) salida • [+from]: *A car was blocking her exit from the parking lot.* Un carro le impedía salir del parqueadero. • **make an exit** salir ANT **entrance**
3 (en una carretera) salida: *a highway exit* una salida de autopista

4 [gralm sing] eliminación (en una competencia), abandono (de una actividad) • [+from]: *Brazil's exit from the World Cup* la eliminación de Brasil del Mundial

exit² *v* [I,T] **1** (*frml*) (de un lugar) salir (de) • **exit through a door/window** salir por una puerta/ventana **2** (en informática) salir (de) • **exit from a program/page** salir de un programa/una página **3** (de una autopista) salir (de) • **exit at sth** salir en algo

ex·o·dus /ˈɛksədəs/ *s* [sing] éxodo • **mass exodus** éxodo masivo

ex·on·er·ate /ɪgˈzɑnəˌreɪt/ *v* [T] (*frml*) exonerar • **exonerate sb of sth** exonerar a alguien de algo

ex·on·er·a·tion /ɪgˌzɑnəˈreɪʃən/ *s* [U] (*frml*) exoneración

ex·or·bi·tant /ɪgˈzɔrbətənt/ *adj* exorbitante

ex·or·bi·tant·ly /ɪgˈzɔrbətəntli/ *adv* exorbitantemente

ex·or·cise /ˈɛksɔrˌsaɪz, -sə-/ *v* [T] exorcizar • **exorcise sth from sth/sb** exorcizar algo de algo/alguien

ex·or·cism /ˈɛksɔrˌsɪzəm/ *s* [C,U] exorcismo

ex·or·cist /ˈɛksɔrsɪst/ *s* [C] exorcista

ex·ot·ic /ɪgˈzɑtɪk/ *adj* (*aprec*) exótico -a: *exotic birds* pájaros exóticos

ex·pand S3 W2 /ɪkˈspænd/ *v* [I,T]
1 expandir(se) (líquido, gas), dilatar(se) (metal), desarrollar(se) (músculos), aumentar (población), ampliar(se) (conocimientos) • **expand the number/range of sth** ampliar la cantidad/variedad de algo
2 expandir(se) (empresa), ampliar(se) (negocio, producción): *the rapidly expanding field of IT* el campo cada vez más amplio de la tecnología informática • **expand into Europe/new markets** expandirse a Europa/a otros mercados
expand on/upon sth *v+partíc* extenderse sobre algo, dar más detalles de algo

ex·pand·a·ble /ɪkˈspændəbəl/ *adj* ampliable

ex·panse /ɪkˈspæns/ *s* [C] extensión • [+of]: *a vast expanse of desert* una vasta extensión de desierto

ex·pan·sion W3 /ɪkˈspænʃən/ *s*
1 [C,U] expansión, ampliación, dilatación, aumento • [+in]: *an expansion in student numbers* un aumento del número de alumnos
2 [C,U] (económica, comercial) expansión • [+into]: *our expansion into North American markets* nuestra expansión a mercados norteamericanos
3 [U] (territorial) expansión

ex·pan·sion·ism /ɪkˈspænʃəˌnɪzəm/ *s* [U] expansionismo

ex·pan·sion·ist /ɪkˈspænʃənɪst/ *adj* expansionista

ex·pan·sive /ɪkˈspænsɪv/ *adj* comunicativo -a, expansivo -a

ex·pat /ˈɛks,pæt/ *s* [C] (*coloq*) emigrado -a

ex·pa·tri·ate /ɛksˈpeɪtriɪt/ *s* [C] emigrado -a, expatriado -a **expatriate community** comunidad extranjera

ex·pect S1 W1 /ɪkˈspɛkt/ *v* [T]
1 esperar, prever: *The police were expecting trouble.* La policía preveía problemas. • **expect sb/sth to do sth** esperar que alguien/algo haga algo: *I hadn't expected him to leave so early.* No esperaba que se fuera tan pronto. • **expect to do sth** esperar hacer algo: *I didn't expect to win.* No esperaba ganar. • **expect (that)** esperar que • **as expected** como se esperaba, como era de esperar • **fully expect** *I fully expected him to be angry with me.* Estaba convencida de que se iba a enojar conmigo. • **half expect sth** esperarse algo en cierto modo • **when you least expect it** cuando menos te lo esperas
2 esperar, pretender • **expect sb to do sth** pretender/esperar que alguien haga algo: *You can't expect young children to sit still for a long time.* No se puede pretender que los niños estén quietos mucho tiempo. • **expect to do sth** pretender/esperar hacer algo: *I expect to be treated fairly.* Lo que espero es que se me trate justamente. • **be too much to expect** ser mucho pedir
3 esperar (una visita, una carta): *I'm expecting a friend*

very soon. Espero a un amigo que está por llegar. • **expect sb back/home** esperar que alguien esté de vuelta

be expecting (a baby) estar esperando un bebé • **I expect** (*oral*) supongo: *She's very busy, I expect.* Estará muy ocupada, supongo. • **I expect (that)** supongo que: *I expect she was tired.* Supongo que estaba cansada. • **I expect so** supongo (que sí) • **What can/do you expect?** (*oral*) ¿qué se puede esperar?

ex·pect·an·cy /ɪk'spɛktənsi/ *s* [U] expectación, expectativa ▶ LIFE EXPECTANCY

ex·pect·ant /ɪk'spɛktənt/ *adj* **1** expectante **2 an expectant mother** una embarazada, una mujer en estado interesante

ex·pect·ant·ly /ɪk'spɛktəntli/ *adv* con expectación

ex·pec·ta·tion S3 W2 /ˌɛkspɛk'teɪʃən/ *s* **1** [C gralm pl, U] esperanza, expectativa • [+**that**]: *the expectation that we would succeed* la esperanza de que tendríamos éxito • **above/beyond sb's expectations** *Gina has succeeded beyond our expectations.* El éxito de Gina ha superado nuestras expectativas. • **contrary to (all) expectations** contrariamente a lo que se esperaba • **exceed (sb's) expectations** superar las expectativas (de alguien) **2** [C gralm pl] expectativa, aspiración • [+**of**]: *She has high expectations of her students.* Espera mucho de sus alumnos. • **come/live up to (sb's) expectations** cumplir las expectativas (de alguien), estar a la altura de las expectativas (de alguien)

ex·pect·ed S3 W3 /ɪk'spɛktɪd/ *adj* [solo ante s] **1** (fecha, temperatura) previsto -a **2** (visitantes, espectadores) *an expected crowd of 80,000* un público que se espera alcance las 80.000 personas

ex·pe·di·en·cy /ɪk'spidiənsi/ (tb **ex·pe·di·ence** /ɪk'spidiəns/) *s* [C,U] (pl **expediencies**) (*frml*) conveniencia

ex·pe·di·ent¹ /ɪk'spidiənt/ *adj* (*frml*) **1** conveniente, oportuno -a **2** conveniente, apropiado -a

expedient² *s* [C] (*frml*) recurso, solución

ex·pe·dite /'ɛkspəˌdaɪt/ *v* [T] (*frml*) acelerar (un proceso)

ex·pe·di·tion /ˌɛkspə'dɪʃən/ *s* [C] **1** (viaje) expedición • [+**to**]: *an expedition to the North Pole* una expedición al Polo Norte • **go on an expedition** ir de expedición **2** (personas) expedición **3** (excursión) salida, expedición: *a fishing expedition* una expedición de pesca

ex·pel /ɪk'spɛl/ *v* [T] (**expelled, expelling**) **1** (a una persona) expulsar • **expel sb from school/a political party** expulsar a alguien del colegio/de un partido político **2** (aire, gases) expeler

ex·pend /ɪk'spɛnd/ *v* [T] (*frml*) gastar • **expend sth on/in (doing) sth** gastar algo en (hacer) algo

ex·pend·a·ble /ɪk'spɛndəbəl/ *adj* **1** prescindible **2** [solo ante s] disponible para gastar ▶ DISPOSABLE

ex·pend·i·ture /ɪk'spɛndətʃər/ *s* **1** [C,U] (dinero) gasto(s): *government expenditure* gasto público • [+**on**]: *expenditure on education* gasto en educación • [+**of**]: *an annual expenditure of $ 100 million* un gasto anual de 100 millones de dólares **2** [U] (acción) **the expenditure of sth** el gasto de algo

ex·pense W2 /ɪk'spɛns/ *s* **1** [C,U] (dinero) gasto(s) • **living expenses** gastos básicos • **legal/medical expenses** gastos legales/médicos • **at great/considerable/vast expense** *It would have to be professionally cleaned at great expense.* Habría que mandar limpiarlo, lo cual saldría muy caro. • **go to great expense** gastar muchísimo • **spare no expense** no reparar en gastos **2 expenses** [pl] (en el trabajo) gastos: *travel expenses* gastos de viaje • **put/claim sth on expenses** incluir algo como gastos • **plus expenses** más gastos

all expenses paid con todos los gastos pagados/pagos •

at sb's expense **(a)** a cargo de alguien **(b)** a costa de alguien • **at the expense of sb/sth** en detrimento de alguien/algo

ex'pense ac,count *s* [C] cuenta de gastos de representación

ex·pen·sive S1 W2 /ɪk'spɛnsɪv/ *adj* **1** (en dinero) caro -a: *the most expensive restaurant in town* el restaurante más caro de la ciudad • **expensive tastes** gustos caros **2** (por las consecuencias) caro -a: *an expensive mistake* un error caro

ex·pe·ri·ence¹ S1 W1 /ɪk'spɪriəns/ *s* **1** [U] (laboral) experiencia • **have experience** tener experiencia • [+**of**]: *You need to have some experience of working in a hotel.* Necesitas tener experiencia de trabajo en hoteles. • **lack of experience** falta de experiencia • **previous experience** experiencia previa **2** [U] (vital) experiencia • **in my/our experience** por mi/nuestra experiencia **3** [C] (hecho) experiencia • **have an experience** vivir una experiencia • [+**of/with**]: *Peter's first experience of living abroad* la primera experiencia de Peter de vivir en el extranjero • **a memorable/unforgettable experience** una experiencia memorable/inolvidable

experience² S2 W2 *v* [T] **1** experimentar (una situación) • **experience problems/difficulties** experimentar problemas/dificultades **2** experimentar, sentir: *She was experiencing nausea.* Sentía náuseas.

ex·pe·ri·enced /ɪk'spɪriənst/ *adj* experimentado -a, con experiencia: *an experienced pilot* un piloto experimentado • [+**in**]: *a lawyer who is experienced in libel cases* un abogado con experiencia en casos de difamación

ex·per·i·ment¹ S3 W3 /ɪk'spɛrəmənt/ *s* **1** [C,U] experimento (científico) • [+**on/with**]: *experiments on animals* experimentos con animales • **carry out/do an experiment** llevar a cabo/hacer un experimento • **by experiment** por vía experimental **2** [C] prueba, experimento (para comprobar algo): *The system was installed four years ago as an experiment.* El sistema se instaló hace cuatro años a modo de prueba.

ex·per·i·ment² /ɪk'spɛrəˌmɛnt/ *v* [I] **1** experimentar, hacer pruebas (para comprobar algo) • **experiment with sth** experimentar con algo **2** experimentar, hacer experimentos (científicamente) • **experiment on/with sth** experimentar con algo

ex·per·i·men·tal /ɪkˌspɛrə'mɛntəl/ *adj* **1** [solo ante s] (basado en experimentos) experimental: *experimental evidence* datos experimentales **2** (con nuevos métodos) experimental: *experimental surgery* cirugía experimental

ex·per·i·men·tal·ly /ɪkˌspɛrə'mɛntl-i/ *adv* experimentalmente, de forma experimental

ex·per·i·men·ta·tion /ɪkˌspɛrəmən'teɪʃən/ *s* [U] **1** experimentación, pruebas (para comprobar algo) **2** experimentación (científica) • [+**on**]: *medical experimentation on cats* experimentación médica con gatos

ex·pert¹ W2 /'ɛkspərt/ *s* [C] experto -a • [+**on/in**]: *a world expert on marine mammals* un experto mundial en mamíferos marinos • **a medical/legal expert** un experto/una experta en medicina/derecho • **an expert at (doing) sth** un experto/una experta en (hacer) algo

expert² *adj* **1** experto -a: *an expert sailor* un marinero experto • [+**at/in**]: *The police are expert at handling situations like this.* La policía es experta en el manejo de situaciones como esta. **2** [solo ante s] de experto -a: *Can I have your expert opinion?* ¿Me puedes dar tu opinión de experto? • **an expert eye** una mirada experta

ex·per·tise /ˌɛkspər'tiz/ *s* [U] conocimientos y experiencia, pericia • [+**in**]: *expertise in hotel management* conocimientos y experiencia en gestión hotelera • **the expertise to do sth** los conocimientos y la experiencia para hacer algo

ex·pert·ly /'ɛkspərtli/ *adv* diestramente, con destreza

ex·pi·ra·tion /ˌɛkspəˈreɪʃən/ s [U] vencimiento

expi'ration ˌdate s [C] fecha de vencimiento

ex·pire /ɪkˈspaɪə/ v [I] **1** vencer (contrato, pasaporte) • [+**on/at/in**]: *My driver's license expires in May.* Mi licencia de conducción vence en mayo. **2** terminar (mandato, periodo)

ex·plain S1 W1 /ɪkˈspleɪn/ v
1 [I,T] (hacer entender) explicar: *Let me explain.* Déjame que te explique. • **explain sth to sb** explicarle algo a alguien: *Could you explain the rules to me again?* ¿Podrías volver a explicarme las reglas? • **explain (to sb) what/how/who** explicar(le a alguien) qué/cómo/quién • **explain that** explicar que
2 [I,T] (dar razones) explicar: *Wait! I can explain.* ¡Esperen! Puedo explicarlo. • **explain that** explicar que: *She explained that she had been sick.* Explicó que había estado enferma. • **explain why/how/what** explicar por qué/cómo/qué
3 [T] (causa) explicar • **explain why/how/what** explicar por qué/cómo/qué: *She told me he was sick, which explains why he was a little quiet.* Me dijo que estaba enfermo, lo cual explica por qué estaba tan callado.
EXPRESIONES
explain yourself (a) (justificarse) dar una explicación **(b)** (hacerse entender) explicarse
explain sth ↔ away v+partíc dar explicaciones de algo, justificar algo

ex·pla·na·tion W3 /ˌɛkspləˈneɪʃən/ s
1 [C,U] (justificación) explicación • [+**for**]: *There was no explanation for the attack.* El atentado no tenía explicación • **without explanation** sin dar explicaciones • **give/provide an explanation** dar una explicación
2 [C] (para hacer entender) explicación: *a detailed explanation* una explicación detallada • [+**for**]: *a scientific explanation for the change* una explicación científica del cambio

ex·plan·a·to·ry /ɪkˈsplænəˌtɔri/ adj explicativo -a
▶ SELF-EXPLANATORY

ex·ple·tive /ˈɛksplətɪv/ s [C] (frml) improperio

ex·pli·ca·ble /ɪkˈsplɪkəbəl, ˈɛkspli-/ adj explicable

ex·plic·it /ɪkˈsplɪsɪt/ adj **1** (claro) explícito -a: *explicit instructions* instrucciones explícitas • [+**about**]: *Can you be more explicit about your problems?* ¿Puede ser más explícito con respecto a sus problemas? **2** (con sexo, violencia) explícito -a: *movies which are sexually explicit* películas con sexo explícito

ex·plic·it·ly /ɪkˈsplɪsɪtli/ adv **1** explícitamente **2 explicitly sexual/violent** de sexo explícito/violencia explícita

ex·plode W3 /ɪkˈsploʊd/ v
1 (bomba) **(a)** [I] explotar, estallar **(b)** [T] hacer explotar, detonar
2 [I] (cifra, niveles) dispararse: *Florida's population exploded after World War II.* La población de Florida se disparó después de la Segunda Guerra Mundial.
3 [I] (persona) explotar, estallar • **explode with laughter/rage** echarse a reír a carcajadas/estallar de rabia
4 [I] (disturbios, situación) estallar • **explode into revolution/violence** terminar en un estallido revolucionario/de violencia
EXPRESIONES
explode the myth destruir el mito

ex·ploit¹ /ɪkˈsplɔɪt/ v [T] **1** (peyor) (a una persona) explotar: *I feel I'm being exploited.* Siento que me están explotando. **2** (peyor) (una situación, posición) explotar, aprovecharse de **3** (una cualidad, oportunidad) explotar, aprovechar **4** (los recursos) explotar

ex·ploit² /ˈɛksplɔɪt/ s [C gralm pl] hazaña

ex·ploi·ta·tion /ˌɛksplɔɪˈteɪʃən/ s [U] **1** (peyor) (de una persona) explotación **2** (peyor) (de una situación, posición) explotación **3** (de los recursos) explotación **4** (de ideas, oportunidades) explotación, aprovechamiento

ex·ploi·ta·tive /ɪkˈsplɔɪtətɪv/ adj explotador -a

ex·plo·ra·tion /ˌɛkspləˈreɪʃən/ s **1** [C,U] exploración **2** [C,U] análisis, estudio

ex·plo·ra·to·ry /ɪkˈsplɔrəˌtɔri/ adj exploratorio -a (estudio, cirugía), preliminar (conversaciones)

ex·plore W3 /ɪkˈsplɔr/ v
1 [I,T] explorar: *We explored the city on foot.* Exploramos la ciudad a pie.
2 [T] estudiar, analizar • **explore how/what/whether** analizar cómo/qué/si • **explore the possibility of (doing) sth** estudiar la posibilidad de (hacer) algo
3 [T] (escrito) palpar
EXPRESIONES
explore for oil/minerals hacer exploraciones en busca de petróleo/minerales

ex·plor·er /ɪkˈsplɔrə/ s [C] explorador -a

ex·plo·sion W3 /ɪkˈsploʊʒən/ s
1 [C] explosión, estallido • **a bomb explosion** la explosión de una bomba • **a gas explosion** una explosión de gas
2 [C,U] explosión, detonación: *a controlled explosion* una explosión controlada
3 [C] explosión, aumento brusco • [+**in**]: *an explosion in house prices* un aumento brusco del precio de la vivienda
4 [C] estallido, arrebato, arranque

ex·plo·sive¹ /ɪkˈsploʊsɪv/ adj **1** explosivo -a • **highly explosive** muy explosivo -a • **an explosive device** un artefacto explosivo **2** explosivo -a, conflictivo -a: *an explosive situation* una situación explosiva **3** explosivo -a, exponencial

explosive² s [C,U] explosivo

ex·po·nent /ɪkˈspoʊnənt, ˈɛkspoʊ-/ s [C] **1** defensor -a (de una idea) **2** exponente (de un arte, estilo)

ex·po·nen·tial /ˌɛkspoʊˈnɛnʃəl/ adj (técn) exponencial

ex·port¹ W3 /ˈɛkspɔrt/ s
1 [U] exportación • **for export** para exportación: *the production of goods for export* la producción de artículos para exportación
2 [C] (producto de) exportación

ex·port² /ɪkˈspɔrt/ v [I,T] exportar • **export sth to Asia/from the US** exportar algo a Asia/de EU

ex·por·ta·tion /ˌɛkspɔrˈteɪʃən/ s [U] exportación

ex·port·er /ɪkˈspɔrtə, ˈɛkspɔrtə/ s [C] exportador -a

ex·pose W3 /ɪkˈspoʊz/ v [T]
1 expose sth/sb to sth exponer algo/a alguien a algo: *Workers had been exposed to high levels of radiation.* Los trabajadores habían estado expuestos a altos niveles de radiación.
2 dejar al descubierto
3 expose sb to sth poner a alguien en contacto con algo (la música, unas ideas)
4 sacar a la luz, poner al descubierto (un escándalo, delito), desenmascarar (a una persona) • **expose sb as sth** *He was exposed as a spy.* Se reveló que era espía.
5 expose yourself hacer exhibicionismo (sexual) ▶ EXPOSURE

ex·po·sé /ˌɛkspoʊˈzeɪ/ s [C] película, artículo o programa de investigación que denuncia una situación o un hecho

ex·posed /ɪkˈspoʊzd/ adj **1** desprotegido -a, expuesto -a a las inclemencias **2** vulnerable **3** al descubierto, desnudo -a

ex·po·si·tion /ˌɛkspəˈzɪʃən/ s **1** [C] exposición, muestra **2** [C,U] (frml) exposición, explicación

ex·po·sure /ɪkˈspoʊʒə/ s **1** [U] exposición (a un peligro) • [+**to**]: *exposure to toxic chemicals* exposición a sustancias químicas tóxicas **2 exposure to sth** contacto con algo (un idioma, ideas) **3** [U] revelación (de un escándalo), desenmascaramiento (de una persona) **4** [U] cobertura informativa, difusión, publicidad **5** [U] congelamiento **6** [C] (en fotografía) (tiempo de) exposición

ex·pound /ɪkˈspaʊnd/ v [I,T] (frml) exponer • **expound on sth** exponer algo

ex·press¹ S3 W2 /ɪk'sprɛs/ v [T]
1 (manifestar) expresar • **express yourself** expresarse: *He's not very good at expressing himself.* No se expresa muy bien.
2 (en arte) expresar: *His paintings express a deep feeling of despair.* Sus cuadros expresan una profunda desesperación.
3 enviar por correo expreso

express² adj [solo ante s] **1** rápido -a: *express lanes on the freeway* carriles de alta velocidad en la autopista **2** (correo) expreso **3** (tren) expreso, rápido; (bus, autobús) directo -a: *the express train to London* el tren expreso con destino a Londres ▶ LOCAL **4** (propósito, objetivo) expreso -a **5** (frml) (expresado) expreso -a, explícito -a

express³ s **1** [C gralm sing] (tren) expreso, tren rápido; (bus, autobús) bus directo, autobús directo ▶ LOCAL **2** [U] correo expreso

express⁴ adv por correo expreso

ex·pres·sion S3 W2 /ɪk'sprɛʃən/ s
1 [C] (de la cara) expresión
2 [C,U] (de sentimientos) expresión, muestra: *music as a means of expression* la música como medio de expresión • [+of]: *expressions of concern* muestras de preocupación • **freedom of expression** libertad de expresión • **artistic expression** expresión artística
3 [C] (frase) expresión
4 [U] (en música, teatro) expresión, expresividad: *Try to put a little more expression into your playing.* Trata de darle un poco más de expresión a tu interpretación.

ex·pres·sion·ism /ɪk'sprɛʃəˌnɪzəm/ s [U] expresionismo

ex·pres·sion·less /ɪk'sprɛʃənlɪs/ adj inexpresivo -a

ex·pres·sive /ɪk'sprɛsɪv/ adj **1** expresivo -a **2 be expressive of sth** (frml) expresar algo

ex·press·ly /ɪk'sprɛsli/ adv (frml) **1** (de forma explícita) expresamente, explícitamente **2** (para determinado objetivo) expresamente

ex·press·way /ɪk'sprɛsˌweɪ/ s [C] autopista ▶ FREEWAY

ex·pro·pri·ate /ɛks'prouprɪˌeɪt/ v [T] (frml) **1** expropiar **2** apropiarse de

ex·pro·pri·a·tion /ˌɛksˌprouprɪ'eɪʃən/ s **1** [C,U] expropiación **2** [U] apropiación

ex·pul·sion /ɪk'spʌlʃən/ s [C,U] (frml) expulsión (de un país, una institución) • [+from]: *her expulsion from the Soviet Union* su expulsión de la Unión Soviética ▶ EXPEL

ex·punge /ɪk'spʌndʒ/ v [T] (frml) borrar, eliminar • **expunge sth from sth** borrar algo de algo

ex·quis·ite /ɪk'skwɪzɪt, 'ɛkskwɪ-/ adj **1** (persona, objeto) exquisito -a, bello -a; (comida) exquisito -a **2** (gusto, cuidado) exquisito -a

ex·quis·ite·ly /ɪk'skwɪzɪtli, 'ɛkskwɪ-/ adv exquisitamente

ex·tant /'ɛkstənt, ɛk'stænt/ adj (frml) existente

ex·tend S3 W2 /ɪk'stɛnd/ v
1 incluir, afectar
2 aumentar el alcance
3 en el tiempo
4 hacer más grande
5 superficie, distancia
6 proyectarse
7 expresar
8 un brazo, una pierna
9 hacerse más largo, más grande

1 INCLUIR, AFECTAR [I siempre + adv/prep] **extend to sth** *The controversy extends to the U.S. Administration.* La polémica alcanza al Gobierno estadounidense. • *My job does not extend to taking care of your children.* Mi trabajo no incluye cuidar a sus hijos. • **extend beyond sth** no limitarse a algo: *My duties extend beyond just teaching.* Mis obligaciones no se limitan a enseñar.

2 AUMENTAR EL ALCANCE [T] ampliar, extender: *The company is extending its New York operations.* La empresa está ampliando sus operaciones en Nueva York.
3 EN EL TIEMPO **(a)** [T] ampliar, extender: *They've extended the deadline.* Han ampliado el plazo. **(b)** [I siempre + adv/prep] **extend into February/2010** prolongarse hasta febrero/2010, extenderse hasta febrero/2010
4 HACER MÁS GRANDE [T] ampliar, agrandar
5 SUPERFICIE, DISTANCIA [I siempre + adv/prep] **extend across/over sth** ocupar algo, extenderse por algo
6 PROYECTARSE [I siempre + adv/prep] sobresalir, extenderse
7 EXPRESAR [T] (frml) **extend a warm welcome/your thanks to sb** darle una calurosa bienvenida/las gracias a alguien • **extend an invitation to sb** invitar a alguien • **extend your sympathy to sb** darle sus condolencias a alguien
8 UN BRAZO, UNA PIERNA [T] estirar, extender: *"Hello, Tom," he said, extending his hand.* –Hola, Tom –dijo, tendiéndole la mano.
9 HACERSE MÁS LARGO, MÁS GRANDE [I] extenderse, alargarse
EXPRESIONES
extend your lead aumentar su ventaja

ex·tend·ed /ɪk'stɛndɪd/ adj [solo ante s] **1** prolongado -a **2** extenso -a

ex,tended 'family s [C] familia extendida/extensa ▶ NUCLEAR FAMILY

ex·ten·sion S3 /ɪk'stɛnʃən/ s
1 más tiempo
2 número de teléfono
3 aparato de teléfono
4 de un objeto
5 de poderes, de una ley
6 de una idea, una actividad
7 en informática

1 MÁS TIEMPO [C] prórroga, extensión; (de una visa, un contrato) renovación • [+to]: *I'm applying for an extension to my contract.* Voy a pedir que me renueven el contrato.
2 NÚMERO DE TELÉFONO [C] extensión, anexo: *The number is 555–5687, extension 589.* El número es 555–5687, extensión 589.
3 APARATO DE TELÉFONO [C] teléfono (adicional)
4 DE UN OBJETO [C] extensión, alargador
5 DE PODERES, DE UNA LEY **an extension of sth** una ampliación de algo
6 DE UNA IDEA, UNA ACTIVIDAD **an extension of sth** una extensión de algo
7 EN INFORMÁTICA [C] (técn) extensión
EXPRESIONES
by extension por extensión

ex'tension ,cord s [C] (cable) alargador, extensión (de cable)

ex·ten·sive W3 /ɪk'stɛnsɪv/ adj
1 (estudio, investigación) exhaustivo -a
2 (grande) amplio -a, considerable (daños, experiencia, etc.) • **make extensive use of sth** hacer abundante uso de algo, usar mucho algo
3 (superficie) extenso -a

ex·ten·sive·ly /ɪk'stɛnsɪvli/ adv **1** (investigar, estudiar) exhaustivamente **2** (mucho) **be extensively used** ser muy usado -a, ser de uso extendido • **be extensively damaged** quedar muy dañado -a **3** (por muchas partes) *He has traveled extensively in the Middle East.* Ha viajado mucho por Oriente Medio.

ex·tent S3 W3 /ɪk'stɛnt/ s
1 (alcance) **the extent of sth** el grado/la medida de algo: *the extent of their influence in America* el grado de influencia que tienen en América • *the full extent of the damage* la envergadura de los daños

2 [U] (superficie) extensión • **be 10,000/500 square kilometers in extent** tener 10.000/500 kilómetros cuadrados de extensión
3 [sing] (grado) **to some extent** (tb **to a certain extent**) hasta cierto punto • **to a large/great extent** en gran medida • **to a greater/lesser extent** en mayor/menor medida • **to what extent?** ¿en qué medida?, ¿hasta qué punto? • **to the extent that** hasta tal punto que • **the extent to which** la medida en (la) que: *No-one knows the extent to which he lied.* Nadie sabe hasta qué punto mintió.

ex·ten·u·at·ing /ɪk'stɛnyuˌeɪtɪŋ/ *adj* atenuante

ex·te·ri·or[1] /ɪk'stɪriɚ/ *s* [C] **1** [gralm sing] (de un edificio) exterior ▶ **INTERIOR 2** [gralm sing] (de una persona) apariencia

exterior[2] *adj* [solo ante s] **1** exterior ANT **interior 2** de/para exteriores ANT **interior**

ex·ter·mi·nate /ɪk'stɚməˌneɪt/ *v* [T] exterminar

ex·ter·mi·na·tion /ɪkˌstɚmə'neɪʃən/ *s* [C,U] exterminación, exterminio

ex·ter·mi·na·tor /ɪk'stɚməˌneɪtɚ/ *s* [C] fumigador -a (persona)

ex·ter·nal /ɪk'stɚnl/ *adj* [solo ante s] **1** (desde el exterior) externo -a ANT **internal 2** (de la parte exterior) externo -a • **for external use only** exclusivamente para uso externo ANT **internal 3** (del extranjero) exterior ANT **internal 4** (del entorno, la situación) externo -a

ex·ter·nal·ize /ɪk'stɚnlˌaɪz/ *v* [T] (*frml*) exteriorizar

ex·tinct /ɪk'stɪŋkt/ *adj* **1** (especie, animal) extinguido -a, extinto -a **2** (volcán) apagado -a, extinto -a

ex·tinc·tion /ɪk'stɪŋkʃən/ *s* [U] extinción • **in danger of extinction** en peligro de extinción

ex·tin·guish /ɪk'stɪŋgwɪʃ/ *v* [T] (*frml*) apagar, extinguir SIN **put out**

ex·tin·guish·er /ɪk'stɪŋgwɪʃɚ/ (tb **fire extinguisher**) *s* [C] extinguidor, extintor

ex·tol /ɪk'stoʊl/ *v* [T] (**extolled, extolling**) (*frml*) **extol the virtues of sth** ensalzar las virtudes de algo

ex·tort /ɪk'stɔrt/ *v* [T] **extort money from sb** extorsionar a alguien

ex·tor·tion /ɪk'stɔrʃən/ *s* [C,U] extorsión

ex·tor·tion·ate /ɪk'stɔrʃənɪt/ *adj* **1** desorbitado -a, exorbitante (precio) SIN **exorbitant 2** excesivo -a, desmesurado -a (exigencia)

ex·tra[1] S1 W2 /'ɛkstrə/ *adj*
1 [solo ante s] extra, adicional • **at no extra cost** sin costo adicional • **an extra five minutes/ten dollars** cinco minutos/diez dólares más
2 [nunca ante s] (no incluido) **be extra** *Dinner costs $30 but wine is extra.* La comida cuesta 30 dólares, pero no incluye el vino.

extra[2] *adv* **1** más **2** muy, particularmente: *You're going to have to work extra hard to pass the test.* Vas a tener que estudiar muchísimo para aprobar el examen.

extra[3] S3 *s* [C]
1 (de un carro, un computador) extra, opcional
2 (en cine) extra
3 (trabajo adicional) favor: *Shirley did a lot of little extras for the clients.* Shirley les hacía muchos pequeños favores a los clientes.
4 (de un periódico) edición extraordinaria/extra

extra[4] *pron* más (dinero): *I earn extra for working on Sundays.* Me pagan más por trabajar los domingos. SIN **more**

ex·tract[1] /ɪk'strækt/ *v* [T] **1** extraer, sacar: *You'll have to have that tooth extracted.* Te van a tener que sacar esa muela. • **extract sth from sth** sacar/extraer algo de algo **2** (*frml*) (información, dinero, una confesión) arrancar, obtener (por la fuerza) • **extract sth from sb** *She extracted a promise from him.* Consiguió arrancarle

una promesa. **3 extract yourself from sth** evadirse/zafarse de algo

ex·tract[2] /'ɛkstrækt/ *s* **1** [C] (de un libro) fragmento **2** [C,U] (de una planta) extracto: *vanilla extract* extracto de vainilla

ex·trac·tion /ɪk'strækʃən/ *s* [U] extracción

EXPRESIONES
be of German/Chinese/Indian extraction ser de origen alemán/chino/indio

ex·tra·cur·ric·u·lar /ˌɛkstrəkə'rɪkyələ/ *adj* [solo ante s] extracurricular

ex·tra·dite /'ɛkstrəˌdaɪt/ *v* [T] extraditar • **extradite sb to Colombia/Canada** extraditar a alguien a Colombia/Canadá

ex·tra·di·tion /ˌɛkstrə'dɪʃən/ *s* [C,U] extradición

ex·tra·mar·i·tal /ˌɛkstrə'mærətl/ *adj* [solo ante s] extramatrimonial, extraconyugal

ex·tra·ne·ous /ɪk'streɪniəs/ *adj* (*frml*) superfluo -a • [+to]: *Such comments are extraneous to the matter in hand.* Esos comentarios son ajenos al asunto que nos ocupa. SIN **irrelevant**

ex·traor·di·nar·i·ly /ɪkˌstrɔrdn'ɛrəli/ *adv* extraordinariamente

ex·traor·di·nar·y W3 /ɪk'strɔrdnˌɛri/ *adj*
1 (sorprendente) increíble, asombroso -a: *It's extraordinary that they haven't been invited.* Es increíble que no los hayan invitado. • **an extraordinary thing to do/say** algo que a nadie se le ocurre hacer/decir
2 (magnífico) extraordinario -a: *a woman of extraordinary beauty* una mujer de extraordinaria belleza
3 [solo ante s] (reunión, sesión, medidas) extraordinario -a

ex·trap·o·late /ɪk'stræpəˌleɪt/ *v* [I,T] extrapolar • **extrapolate from sth** extrapolar/hacer una extrapolación de algo • **extrapolate sth from sth** extrapolar algo a algo, obtener algo a partir de algo

ex·tra·sen·so·ry per·cep·tion /ˌɛkstrəsɛnsəri pə'sɛpʃən/ *s* [U] percepción extrasensorial

ex·tra·ter·res·tri·al /ˌɛkstrətə'rɛstriəl/ *s* [C], *adj* extraterrestre

ex·trav·a·gance /ɪk'strævəgəns/ *s* **1** [U] derroche, despilfarro **2** [C] lujo

ex·trav·a·gant /ɪk'strævəgənt/ *adj* **1** derrochador -a, despilfarrador -a: *Would it be too extravagant to buy both?* ¿Sería excesivo comprar los dos? **2** lujoso -a **3** desmesurado -a, desproporcionado -a **4** excesivo -a • [+with]: *Don't be extravagant with the wine.* No te excedas con el vino.

ex·trav·a·gant·ly /ɪk'strævəgəntli/ *adv* **1** a lo grande **2** lujosamente

ex·trav·a·gan·za /ɪkˌstrævə'gænzə/ *s* [C] gran espectáculo (con una puesta en escena lujosa y colorida)

ex·tra·vert /'ɛkstrəvət/ *adj* variante de EXTROVERT

ex·treme[1] /ɪk'strim/ *adj* **1** [solo ante s] (muy grande) **extreme poverty** extrema pobreza • **extreme caution/care** sumo cuidado **2** (condiciones, circunstancias) extremo -a: *extreme weather conditions* condiciones climatológicas extremas **3** (en política) extremista: *extreme political views* opiniones políticas extremistas • **the extreme left/right** la extrema izquierda/derecha **4** [solo ante s] (parte más alejada) *the extreme ends of the social spectrum* los extremos del espectro social • **the extreme north/east** la zona más septentrional/oriental • **the extreme left/right of sth** el extremo izquierdo/derecho de algo SIN **far**

extreme[2] *s* [C] extremo • **at the other extreme** en el otro extremo • **at the opposite extreme** en el extremo opuesto • **from one extreme to the other/to another** de un extremo al otro

EXPRESIONES
go to extremes llegar a extremos • **in the extreme** (*frml*) extremadamente: *The situation had become dangerous*

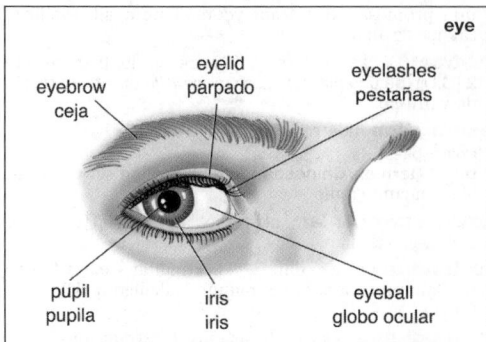

eye

eyebrow
ceja

eyelid
párpado

eyelashes
pestañas

pupil
pupila

iris
iris

eyeball
globo ocular

in the extreme. La situación se había vuelto extremadamente peligrosa. SIN **extremely** • **take/carry sth to extremes** llevar algo al extremo

ex·treme·ly S2 W2 /ɪkˈstriːmli/ *adv* extremadamente, sumamente

extreme ,sport *s* [C gralm pl] deporte extremo, deporte de riesgo

ex·trem·ism /ɪkˈstriːˌmɪzəm/ *s* [U] extremismo

ex·trem·ist /ɪkˈstriːmɪst/ *s* [C], *adj* extremista

ex·trem·i·ty /ɪkˈstrɛməti/ *s* (pl **extremities**) **1** [C gralm pl] (pie, mano) extremidad **2** [U] (de opiniones) extremismo **3** [C] (ubicación lejana) extremo • **the northern/western extremity of sth** el extremo norte/oeste de algo

ex·tri·cate /ˈɛkstrəˌkeɪt/ *v* [T] **1** rescatar, sacar (con dificultad) • **extricate sb from sth** sacar a alguien de algo • **extricate yourself from sth** liberarse/salir de algo **2** (de una situación, un problema) rescatar, salvar • **extricate sb from sth** rescatar/salvar a alguien de algo • **extricate yourself from sth** escapar/salir de algo

ex·tro·vert /ˈɛkstrəˌvɜːt/ *s* [C], *adj* extrovertido -a, extravertido -a ANT **introvert**

ex·tro·vert·ed /ˈɛkstrəˌvɜːtɪd/ (tb **extrovert**) *adj* extrovertido -a, extravertido -a SIN **extrovert** ANT **introverted**

ex·u·ber·ance /ɪɡˈzuːbərəns/ *s* [U] **1** entusiasmo, euforia **2** exuberancia, riqueza

ex·u·ber·ant /ɪɡˈzuːbərənt/ *adj* **1** entusiasmado -a, eufórico -a **2** exuberante

ex·ude /ɪɡˈzuːd, ɪkˈsuːd/ *v* **1** [T] irradiar (confianza, entusiasmo) **2** **(a)** [T] (*frml*) rezumar (un líquido), despedir (un olor) **(b)** [I] rezumar (líquido), emanar (olor) • [+from]: *the aromas exuding from the kitchen* los aromas que emanan de la cocina

ex·ult /ɪɡˈzʌlt/ *v* [I] (*frml*) estar exultante • [+at/over]: *They exulted at the election results.* Estaban exultantes por los resultados de las elecciones.

ex·ul·tant /ɪɡˈzʌltənt/ *adj* (*frml*) exultante

ex·ul·ta·tion /ˌɛɡzʌlˈteɪʃən, ˌɛksʌl-/ *s* [U] exultación, júbilo

eye¹ S1 W1 /aɪ/ *s*

  1 órgano
  2 forma de ver
  3 de una aguja
  4 de un huracán
  5 en una papa
  6 de un broche de metal

1 **ÓRGANO** [C] ojo: *She has brown eyes.* Tiene los ojos castaños. • *an eye test* un examen de la vista • **close/shut your eyes** cerrar los ojos • **open your eyes** abrir los ojos • **lower your eyes** bajar los ojos/la mirada • **roll your eyes** subir los ojos (en señal de exasperación) • **her/his eyes narrowed** (*escrito*) frunció el ceño
2 **FORMA DE VER** [C gralm sing] ojo: *Read it with a critical eye.* Léelo con ojo crítico. • **through the eyes of sb** a través de los ojos de alguien • **to my/your eyes** para mí/ti • **in the eyes of sb** *Carl could do no wrong in the*

eyes of his parents. Para sus padres, Carl era incapaz de hacer nada malo. • *in the eyes of the law* ante la ley
3 **DE UNA AGUJA** [C] ojo
4 **DE UN HURACÁN** [sing] ojo
5 **EN UNA PAPA** [C] ojo, yema
6 **DE UN BROCHE DE METAL** [C] hembra ▶ **be the APPLE of sb's eye**, **not BAT an eye/eyelid**, **BLACK EYE**, **turn a BLIND eye (to sth)**, **CATCH sb's eye**, **keep an EAGLE eye on sb**, **under sb's EAGLE eye**, **EASY on the eye**, **the EVIL eye**, **-EYED**, **there's more to this/him than MEETS the eye**, **in your MIND's eye**, **OPEN sb's eyes (to sth)**, **in the PUBLIC eye**, **a SIGHT for sore eyes**, **pull the WOOL over sb's eyes**

EXPRESIONES
all eyes are on sth/sb algo/alguien es el centro de todas las miradas, algo/alguien está en el punto de mira • **before your very eyes** (**right in front of your eyes**) ante sus propios ojos • **I can't take my eyes off her/them** no puedo quitarle/quitarles los ojos de encima • **close/shut your eyes to sth** cerrar los ojos a algo • **you could do sth with your eyes shut/closed** podrías hacer algo con los ojos cerrados • **an eye for an eye** ojo por ojo • **his eyes are bigger than his stomach/belly** le hace más el ojo que la barriga • **for your/his eyes only** sólo para ti/él • **have your eye on sb/sth** tenerle el ojo echado a alguien/algo, tener la vista puesta en alguien/algo • **have eyes in the back of your head** tener cuatro ojos • **have/keep your eye on sb** tener a alguien vigilado -a • **have an eye for sth** tener (buen) ojo para algo • **in a pig's eye!** (*oral*) ¡ni por asomo! • **keep an eye on sb** cuidar a alguien • **keep an eye on sth** **(a)** (cuidar) cuidar algo, echar ojo a algo **(b)** (vigilar) estar atento -a a algo • **keep your eyes peeled/skinned** mantener los ojos bien abiertos, estar atento -a • **make eyes at sb** (*coloq*) (tb **give sb the eye**) hacerle miraditas a alguien, aventarle miradas/miraditas a alguien • **to/with the naked eye** a simple vista • **only have eyes for sb** tener ojos sólo para alguien • **run/cast your eye over sth** echarle un vistazo a algo • **see eye to eye** estar de acuerdo • **set/lay eyes on sb/sth** (*oral*) *from the minute I set eyes on him* desde que lo vi por primera vez • *the most beautiful building I had ever laid eyes on* el edificio más precioso que jamás hubiera visto • **with your eyes open** con conocimiento de causa

eye² *v* [T] (**eyeing** o **eying**) **1** mirar, observar (detenidamente) **2** mirar (con interés sexual)

eye·ball¹ /ˈaɪbɔːl/ *s* [C] globo ocular
EXPRESIONES
drugged up to the eyeballs (*coloq*) totalmente drogado -a/sedado -a • **eyeball to eyeball** cara a cara, frente a frente • **be up to your eyeballs in/with sth** (*coloq*) estar hasta el cuello de algo: *She's up to her eyeballs in debt.* Está endeudada hasta el cuello.

eyeball² *v* [T] (*coloq*) mirar (fijamente)

eye·brow /ˈaɪbraʊ/ *s* [C] ceja: *He had bushy eyebrows.* Tenía las cejas pobladas.
EXPRESIONES
raise eyebrows causar asombro, escandalizar • **raise your eyebrows** arquear las cejas: *She didn't even raise an eyebrow.* Ni se inmutó.

eyebrow ,pencil *s* [C,U] lápiz para cejas

eye ,candy *s* [U] (*coloq*) regalo para la vista/los ojos

eye-,catching *adj* llamativo -a, vistoso -a

eye ,contact *s* [U] contacto visual • **make eye contact with sb** mirar a alguien a los ojos

eye drops *s* [pl] colirio, gotas para los ojos

eye·ful /ˈaɪfʊl/ *s* [C] **to have/get an eyeful (of sth)** echar un buen vistazo (a algo)

eye·lash /ˈaɪlæʃ/ *s* [C gralm pl] pestaña
EXPRESIONES
flutter your eyelashes pestañear (con coquetería)

eye ,level *s* [U] la altura de los ojos • **at eye level** a la altura de los ojos

eye·lid /ˈaɪˌlɪd/ s [C gralm sing] párpado ▶ **not BAT an eye/eyelid**

eye·lin·er /ˈaɪˌlaɪnɚ/ s [C,U] delineador (de ojos)

'eye-ˌopener s [C] revelación, descubrimiento ▶ **OPEN sb's eyes (to sth)**

eye·piece /ˈaɪpis/ s [C] ocular

'eye ˌshadow s [C,U] sombra (de ojos)

eye·sight /ˈaɪsaɪt/ s [U] vista, visión • **good/poor eyesight** buena/mala vista SIN **sight**

eye·sore /ˈaɪsɔr/ s [C gralm sing] (*peyor*) adefesio

'eye tooth s [C] colmillo

eye·wit·ness /ˌaɪˈwɪt⌐nɪs, ˈaɪˌwɪt⌐nɪs/ s [C] testigo ocular • **eyewitness account** testimonio (de un testigo) ocular

Ff

F¹, f /ɛf/ (pl **F's, f's**) s **1** [C,U] F, f **2** [C,U] fa **3** [U] clave de fa **4** [C] calificación usada en exámenes y trabajos escolares, para indicar que el trabajo no alcanza el nivel requerido

F² abrev escrita de **1** (**Fahrenheit**) F **2** (**female**) M (mujer)

f (abrev escrita de **female**) m (mujer), h (hembra)

fa·ble /'feɪbəl/ s [C] fábula

fa·bled /'feɪbəld/ adj [solo ante s] legendario -a (admirado)

fab·ric /'fæbrɪk/ s **1** [C,U] tela ▶ ver nota en TELA **2** [sing] tejido (social) **3** [sing] (técn) estructura (de un edificio)

fab·ri·cate /'fæbrə,keɪt/ v [T] **1** inventar (una excusa, un cuento), falsificar (pruebas) **2** (técn) fabricar

fab·ri·ca·tion /,fæbrə'keɪʃən/ s **1** [C,U] invención, mentira **2** [U] (técn) fabricación

fab·u·lous S3 /'fæbyələs/ adj
1 fabuloso -a, fantástico -a
2 [solo ante s] (frml) fabuloso -a, enorme

fab·u·lous·ly /'fæbyələsli/ adv fabulosamente

fa·cade, **façade** /fə'sɑd/ s [C] **1** (de un edificio) fachada **2** [gralm sing] (apariencia) fachada SIN **mask**

face¹ S1 W1 /feɪs/ s [C]
1 parte del cuerpo
2 expresión
3 persona
4 de un país, un partido, un sistema
5 de una montaña
6 de un reloj
7 de un dado, un edificio
8 de una moneda

1 PARTE DEL CUERPO cara • **the look on his/her face** su expresión
2 EXPRESIÓN cara • **make faces (at sb)** hacer muecas (a alguien) • **you should have seen his/your face!** ¡deberías haber visto la cara que puso/pusiste! • **a long face** (una) cara larga • **a face like thunder** cara de perro, cara de pocos amigos • **see sth in sb's face** notarle algo a alguien en la cara
3 PERSONA a new face una cara nueva • **a familiar face** una cara conocida • **a famous face** una cara famosa
4 DE UN PAÍS, UN PARTIDO, UN SISTEMA the face of sth la fisonomía de algo
5 DE UNA MONTAÑA cara, pared • **the north/south face of sth** la cara norte/sur de algo • **a cliff face** la pared de un acantilado • **a rock face** una pared de roca
6 DE UN RELOJ esfera
7 DE UN DADO, UN EDIFICIO cara
8 DE UNA MONEDA cara ▶ **do sth till you're BLUE in the face, put on a BRAVE face, have EGG on your face, -FACED, FACE-TO-FACE, FLY in the face of sth, LOSE face, not be just a PRETTY face, SAVE face, SHUT your mouth/trap/face!, a SLAP in the face, be staring sb in the face (STARE), a STRAIGHT face, WIPE the smile/grin off sb's face, written all over your face (WRITE)**

EXPRESIONES
face down boca abajo • **face to face (a)** cara a cara, frente a frente • **come face to face with sb** encontrarse cara a cara con alguien **(b)** cara a cara, en persona • **come face to face with sth** encontrarse cara a cara con algo • **face up** boca arriba • **in the face of sth** frente a algo • **on the face of it** a primera vista • **say sth to sb's**

face decirle algo a alguien en la cara • **vanish/disappear off the face of the earth** (coloq) desaparecer de la faz de la tierra

face² S2 W1 v [T]
1 en una situación difícil
2 admitir
3 soportar
4 en una dirección
5 en un partido, un torneo
6 con una persona desagradable

1 EN UNA SITUACIÓN DIFÍCIL enfrentarse a, enfrentar (un problema, una dificultad), presentársele a (una persona): He faces a difficult choice. Se enfrenta a una difícil elección. • the dilemma facing the President el dilema que se le presenta al Presidente • **be faced with sth** enfrentarse a algo, estar frente a algo • **face a problem/challenge** enfrentarse a un problema/desafío • **face the prospect of sth** enfrentarse a la perspectiva de algo • **face the future** afrontar el futuro • **face charges/prosecution** enfrentarse a una acusación/un juicio
2 ADMITIR afrontar, aceptar • **face the fact that** afrontar el hecho de que • **face facts** aceptar la realidad • **let's face it** (tb **face it**) (oral) seamos realistas
3 SOPORTAR can't face sth I just can't face another argument. No podría soportar otra discusión. • **can't face it** I don't want to go back to school – I just can't face it . No quiero volver al colegio: es demasiado para mí. • **can't face doing sth** He can't face selling his home. Se le hace muy cuesta arriba vender su casa.
4 EN UNA DIRECCIÓN dar a (un lugar), estar frente a, ponerse mirando a (una persona): Dean turned to face me. Dean se volteó hacia mí. • **face east/north** dar al este/norte • **facing up/down** boca arriba/abajo
5 EN UN PARTIDO, UN TORNEO enfrentarse a
6 CON UNA PERSONA DESAGRADABLE enfrentarse a: How can I face him after what happened? ¿Cómo puedo mirarlo a la cara después de lo que ocurrió? ▶ **-FACING**

EXPRESIONES
face the music (coloq) dar la cara • **face the world** enfrentarse al mundo
face sb ↔ down v+partíc hacerle frente a alguien
face off v+partíc enfrentarse • **face off against sb** enfrentarse con alguien ▶ **FACE-OFF**
face up to sth v+partíc afrontar algo, aceptar algo • **face up to it** aceptarlo, afrontarlo

face·less /'feɪslɪs/ adj **1** (peyor) impersonal, anodino -a **2** anónimo -a

face·lift, **face-lift** /'feɪslɪft/ s [C] **1** remozamiento • **give sth a facelift** remozar algo **2** lifting (facial), estiramiento facial

'face-,saving adj [solo ante s] para guardar/salvar las apariencias

fac·et /'fæsɪt/ s [C] faceta

fa·ce·tious /fə'siʃəs/ adj (peyor) burlón -ona, jocoso -a

fa·ce·tious·ly /fə'siʃəsli/ adv (peyor) en tono burlón

face-to-'face adj [solo ante s] cara a cara, frente a frente

face 'value s [sing, U] valor nominal

EXPRESIONES
take sth at face value aceptar algo sin desconfiar ni buscar intenciones ocultas: You'll just have to take what he says at face value. Vas a tener que confiar en sus palabras.

fa·cial¹ /'feɪʃəl/ adj [solo ante s] facial: facial hair vello facial

facial² s [C] higiene facial, limpieza de cutis

fac·ile /'fæsəl/ adj (frml) **1** (peyor) simplista **2** fácil

fa·cil·i·tate /fə'sɪlə,teɪt/ v [T] (frml) facilitar

fa·cil·i·ta·tor /fə'sɪlə,teɪtər/ s [C] facilitador -a, coordinador -a

fa·cil·i·ty W2 /fəˈsɪləti/ s (pl **facilities**)
1 **facilities** [pl] instalaciones, servicios: *recreational facilities* instalaciones recreativas • *childcare facilities* servicio de guardería
2 [C] centro (industrial, de investigación, etc.)
3 [C gralm sing] (*frml*) función (de un aparato, un programa informático)
4 **the facilities** [pl] (*oral*) el baño

fac·ing /ˈfeɪsɪŋ/ s [C,U] revestimiento

fac·sim·i·le /fækˈsɪməli/ s 1 [C] facsímil 2 [C,U] (*frml*) fax

fact S1 W1 /fækt/ s
1 [C] hecho, dato: *First, we need to establish the facts.* Primero hay que esclarecer los hechos. • [+about]: *The book is full of interesting facts about plants.* El libro está lleno de datos interesantes sobre las plantas. • **it's a well-known fact that** es bien sabido que • **get your facts right/straight** asegurarse de que se está en lo cierto • **know for a fact that** saber a ciencia cierta que • **facts and figures** datos concretos
2 **the fact that** el hecho de que: *I don't deny the fact that we've made mistakes.* No niego el hecho de que hemos cometido errores. • **despite the fact that** a pesar de que • **given the fact that** teniendo en cuenta que, visto que
3 [U] hechos reales: *You have to separate fact from fiction* Tienes que separar los hechos reales de la ficción. ▸ HARD **facts**, as a MATTER of **fact**, in POINT of **fact**

EXPRESIONES
the fact (of the matter) is (*oral*) el hecho es que • **a fact of life** un dato de la realidad • **is that a fact?** (*oral*) ¿en serio?, ¡no me digas! • **the fact remains that** es que, la realidad es que • **talk to sb about the facts of life** hablarle a alguien sobre el sexo y la reproducción • **in fact** (tb **in actual fact**) (a) de hecho, en realidad: *In fact, it's cheaper to fly than it is to drive.* De hecho, es más barato ir en avión que en carro. (b) es más: *I know the mayor really well — in fact, I had dinner with him last week.* Conozco bien al alcalde; es más, comí con él la semana pasada.

⚠ in fact **In fact** se usa en contextos muy específicos (ver la entrada de arriba). Evita usar **in fact** si meramente quieres dar o agregar información sin hacer hincapié en lo que acabas de decir:
Many countries have a problem with young smokers. (✗ In fact) *most of them smoke because their parents smoke.*
How should we choose a vacation? Family, money and time are (✗ in fact) *the most important considerations.*

'fact-,finding *adj* de investigación

fac·tion /ˈfækʃən/ s [C] facción

fac·tion·al /ˈfækʃənəl/ *adj* [solo ante s] entre facciones

fac·tor¹ S3 W2 /ˈfæktər/ s [C]
1 (causa) factor • [+in]: *The weather will be a factor in tomorrow's game.* El tiempo será un factor que influirá en el partido de mañana. • **a key/major factor** un factor clave/importante
2 (de protección solar) factor
3 (*técn*) factor, submúltiplo

EXPRESIONES
increase by a factor of five/10 multiplicarse por cinco/10

factor² *v*
factor sth ↔ **in** *v+partíc* tener en cuenta algo, incluir algo (en un cálculo o plan)
factor sth into sth *v+partíc* tener en cuenta algo en algo, incluir algo en algo (en un cálculo o plan)

fac·to·ry S3 W3 /ˈfæktəri/ s [C] (pl **factories**) fábrica *factory workers* obreros • *factory work* trabajo fabril

fac·tu·al /ˈfæktʃuəl/ *adj* objetivo -a, basado -a en hechos: *factual errors* errores en los datos • **factual information** datos objetivos, información fáctica

fac·tu·al·ly /ˈfæktʃuəli/ *adv* en cuanto a los hechos

fac·ul·ty S3 /ˈfækəlti/ s (pl **faculties**)
1 [C] (de una universidad) facultad
2 [C,U] personal docente (en una universidad)

3 [C] (*frml*) (física, mental) facultad: *the patient's mental faculties* las facultades mentales del paciente
4 [C gralm sing] (*frml*) aptitud • [+for]: *a great faculty for music* una gran aptitud para la música

fad /fæd/ s [C] moda (costumbre)

fade S3 W3 /feɪd/ *v*
1 [I] (tb **fade away**) desvanecerse, desaparecer • **fade from view/sight** desaparecer de la vista • **fade into the distance/background** perderse en la distancia/pasar inadvertido -a
2 [I,T] desteñir(se)
3 [I] (tb **fade away**) (*liter*) consumirse (enfermo)
4 [I] marchitarse (flor)
fade in *v+partíc* 1 **fade in** aparecer lentamente (imagen), empezar a oírse (sonido) 2 **fade sth** ↔ **in** hacer aparecer lentamente algo (una imagen), hacer que se empiece a oír (un sonido)
fade out *v+partíc* 1 **fade out** desaparecer lentamente (imagen), dejarse de oír (sonido) 2 **fade sth** ↔ **out** hacer desaparecer algo lentamente (una imagen), hacer que algo se deje de oír (un sonido)

Fahr·en·heit /ˈfærənˌhaɪt/ (abrev escrita **F**) s [U] (escala) Fahrenheit

fail¹ S3 W1 /feɪl/ *v*

1	no tener éxito
2	dejar de hacer
3	decepcionar
4	un examen, una prueba
5	a un alumno
6	empresa
7	máquina, órgano
8	memoria, vista
9	cosecha

1 **NO TENER ÉXITO** [I] fracasar • **fail to do sth** *Doctors failed to save the girl's life.* Los médicos no lograron salvar la vida de la niña. • **fail in sth** fracasar en algo: *He failed in his attempt to regain the world title.* Fracasó en su intento de recuperar el título mundial. • **fail miserably** fracasar estrepitosamente
2 **DEJAR DE HACER** [I] **fail to do sth** no hacer algo: *The letter failed to arrive.* La carta no llegó. • **fail in your duty/responsibility** faltar a su deber/no cumplir con su responsabilidad
3 **DECEPCIONAR** [T] **fail sb** fallarle a alguien
4 **UN EXAMEN, UNA PRUEBA** [I,T] no aprobar, no pasar, reprobar: *I failed my driving test.* No aprobé el examen de conducción. ANT **pass**
5 **A UN ALUMNO** [T] reprobar
6 **EMPRESA** [I] quebrar
7 **MÁQUINA, ÓRGANO** [I] fallar
8 **MEMORIA, VISTA** [I] fallar
9 **COSECHA** [I] perderse

EXPRESIONES
your courage fails you te falta valor • **I fail to see...** (*frml*, *oral*) no veo... • [+how/why/what]: *I fail to see what you are trying to prove.* No veo qué pretendes demostrar. • **if all else fails** como último recurso • **never fail to do sth** no dejar nunca de hacer algo: *You never fail to astonish me.* Nunca dejas de sorprenderme. • **it never fails** nunca falla

fail² s
EXPRESIONES
without fail (a) (siempre) sin falta (b) (ineludiblemente) sin falta

failed /feɪld/ *adj* [solo ante s] 1 fracasado -a (actor, escritor) 2 fracasado -a, fallido -a

fail·ing¹ /ˈfeɪlɪŋ/ s [C] falla, defecto

failing² *prep* a falta de • **failing that** en su defecto

failing³ *adj* [solo ante s] de/con mal desempeño (empresa), que anda mal (matrimonio)

'fail-safe *adj* [solo ante s] 1 de seguridad (mecanismo, interruptor) 2 infalible

F

fail·ure W2 /ˈfeɪlyɚ/ s

1 falta de éxito
2 intento, persona sin éxito
3 falta de acción
4 de una empresa
5 de una máquina, un órgano
6 de la cosecha

1 FALTA DE ÉXITO [C,U] fracaso • **failure to do sth** *failure to reach an agreement* el que no hayan logrado alcanzar un acuerdo • **end in failure** fracasar SIN **success**
2 INTENTO, PERSONA SIN ÉXITO [C] fracaso (cosa), fracasado -a (persona) • **be a failure** ser un fracaso, ser un fracasado/una fracasada • **a complete/total failure** un fracaso absoluto/total SIN **success**
3 FALTA DE ACCIÓN failure to do sth *Failure to pay could result in a fine.* La falta de pago podría tener como resultado la aplicación de una multa. • *their failure to come up with any good suggestions* el hecho de que no propusieran nada interesante
4 DE UNA EMPRESA [C,U] quiebra: *business failures* quiebras de empresas
5 DE UNA MÁQUINA, UN ÓRGANO [C,U] falla • [+in]: *a failure in the computer system* una falla del sistema informático • **engine failure** falla en el motor • **heart/ liver failure** insuficiencia cardiaca/hepática
6 DE LA COSECHA [C,U] **crop failure** pérdida de la cosecha

faint¹ /feɪnt/ *adj* **1** leve (sonido, olor), borroso -a (contorno), suave (brisa), tenue (luz) **2 a faint hope/ possibility** una remota esperanza/posibilidad **3** [nunca ante s] **feel faint** marearse, estar mareado -a • [+with]: *He was faint with hunger.* Estaba mareado de hambre.
▶ **DAMN (sb/sth) with faint praise**

EXPRESIONES
not have the faintest idea no tener ni la más remota idea

faint² *v* [I] desmayarse

faint-'hearted *adj* apocado -a, pusilánime

faint·ly /ˈfeɪntli/ *adv* **1** apenas, ligeramente **2** ligeramente, un tanto

fair¹ S2 W2 /fɛr/ *adj*

1 razonable
2 equitativo
3 según las reglas
4 en calidad, resultados
5 en color
6 en tamaño, cantidad
7 tiempo meteorológico

1 RAZONABLE justo -a • **it is fair to do sth** es justo hacer algo: *It's not fair to expect her to do all the work.* No es justo pretender que ella haga todo el trabajo. • **it's only fair that...** lo justo es que... • **it's fair to say that...** es cierto que..., hay que decir que... ANT **unfair**
2 EQUITATIVO justo -a: *Our teacher is strict but fair.* Nuestra maestra es estricta pero justa. • **It's not fair!** ¡No es justo! • **be fair to sb** ser justo -a con alguien ANT **unfair**
3 SEGÚN LAS REGLAS limpio -a, justo -a: *free and fair elections* elecciones libres y justas
4 EN CALIDAD, RESULTADOS pasable
5 EN COLOR rubio -a, mono -a, güero -a (pelo), blanco -a (piel) ANT **dark**
6 EN TAMAÑO, CANTIDAD [solo ante s] considerable: *There's a fair amount of work left to do.* Queda bastante trabajo por hacer.
7 TIEMPO METEOROLÓGICO bueno -a ▶ **it's a fair BET (that)**

EXPRESIONES
a fair chance bastantes posibilidades • **be fair!** (*oral*) ¡no seas injusto -a! • **fair comment** (*oral*) tienes razón • **fair enough** (*oral*) está bien, es entendible • **fair's fair** (*oral*) seamos justos, lo justo es justo • **get a fair shake** (*coloq*) tener oportunidades • **have a fair idea of sth** tener una idea bastante aproximada de algo • **have had more than**

your fair share of problems/bad luck haber tenido demasiados problemas/muy mala suerte • **to be fair,...** para ser justos,... • **give sb a fair crack of the whip** darle a alguien la oportunidad que le corresponde/que se merece

fair² S2 *s* [C]

1 feria (ganadera) • **a state/county fair** una feria del estado/condado
2 (de productos) feria • **an antiques/craft fair** una feria de antigüedades/artesanías • **a trade fair** una exposición/ feria industrial, una exposición/feria comercial • **a book fair** una feria del libro
3 evento organizado para informar sobre el mercado laboral y facilitar la contratación de personal

fair³ *adv*

EXPRESIONES
fair and square (*coloq*) limpiamente ▶ **PLAY fair**

‚fair 'game *s* [U] blanco de (las) críticas

fair·ground /ˈfɛrɡraʊnd/ *s* [C] recinto ferial, recinto de exposiciones

fair·ly S2 W3 /ˈfɛrli/ *adv*
1 bastante: *She speaks English fairly well.* Habla inglés bastante bien. • *I was fairly certain.* Estaba bastante segura. ▶ ver nota en **BASTANTE**
2 justamente, con justicia

fair·ness /ˈfɛrnɪs/ *s* [U] justicia, imparcialidad
EXPRESIONES
in fairness (to sb) para ser justos (con alguien)

‚fair 'play *s* [U] **1** juego limpio **2** justicia

fair·way /ˈfɛrweɪ/ *s* [C] calle, fairway (en golf)

fair·y /ˈfɛri/ *s* [C] (*pl* **fairies**) hada

‚fairy 'godmother *s* [C] hada madrina

fair·y·land /ˈfɛri‚lænd/ *s* [U] el país de las hadas

'fairy tale (*tb* **'fairy ‚story**) *s* [C] **1** cuento de hadas **2** (*coloq*) cuento chino

fai·ry·tale /ˈfɛri‚teɪl/ *adj* [solo ante s] de cuento de hadas

fait ac·com·pli /‚feɪt əkɑmˈpli, ‚fɛt ækɔmˈpli/ *s* [sing] hecho consumado

faith S3 W2 /feɪθ/ *s*
1 [U] (confianza) fe • **have faith in sb/sth** tener fe en alguien/algo • **lose faith in sb/sth** perder la fe en alguien/ algo • **put your faith in sb/sth** confiar en alguien/algo, depositar la confianza en alguien/algo
2 [U] (en Dios) fe • [+in]: *my faith in God* mi fe en Dios
3 [C] (religión) fe • **the Jewish/Hindu faith** la fe judía/ hindú
4 (in) bad faith (de) mala fe • **(in) good faith** (de) buena fe
▶ **a LEAP of faith**

faith·ful¹ /ˈfeɪθfəl/ *adj* **1** [gralm ante s] (amigo, servidor) fiel **2** (en la pareja) fiel ANT **unfaithful** **3** [solo ante s] (objeto) fiel

faithful² *s* **1 the faithful** [pl] los incondicionales • **the party faithful** los votos cautivos **2 the faithful** [pl] los fieles **3** [C *gralm ante s*] seguidor -a fiel

faith·ful·ly /ˈfeɪθfəli/ *adv* **1** fielmente, con lealtad: *She promised faithfully never to tell.* Dio su palabra de que nunca diría nada. **2** religiosamente, sin falta ▶ **SINCERELY**

fake¹ /feɪk/ *s* [C] **1** falsificación (objeto) **2** impostor -a

fake² *adj* [gralm ante s] **1** (joyas, pasaporte) falso -a: *a fake fur coat* un abrigo de piel sintética **2** (acento, nombre, sonrisa) falso -a: *a fake tan* un bronceado artificial

fake³ *v* **1** [I,T] fingir: *She faked illness.* Fingió estar enferma. **2** [T] falsificar

fal·con /ˈfælkən, ˈfɔl-/ *s* [C] halcón

fall¹ S1 W1 /fɔl/ *v* (**fell** /fɛl/, **fallen** /ˈfɔlən/)

1 desde arriba
2 al correr, caminar
3 nivel, cantidad

4 en un grupo o categoría
5 en un estado
6 noche
7 luz, sombra
8 festividad
9 régimen, gobierno
10 acento

1 DESDE ARRIBA [I] caer: *The rain was falling steadily.* La lluvia caía sin parar. • **fall to your death** morir al caer

2 AL CORRER, CAMINAR [I] caerse: *I fell and hit my head.* Me caí y me golpeé la cabeza. • **slip and fall** resbalarse y caer • **fall flat on your face** irse de bruces, caer de bruces • **fall to the ground** caerse al suelo

3 NIVEL, CANTIDAD [I] bajar, caer • **fall sharply/steeply** bajar bruscamente • **fall (from sth) to sth** bajar (de algo) a algo: *The number of members has fallen to 1,000.* El número de socios ha bajado a 1.000. • **fall by sth** *The number of accidents fell by 15%.* El número de accidentes cayó un 15%. SIN **drop** ANT **rise**

4 EN UN GRUPO O CATEGORÍA [I siempre + adv/prep] **fall into sth** pertenecer a algo, entrar en algo: *The students fall into two groups.* Los alumnos se clasifican en dos grupos. • **fall outside the scope/area of sth** quedar fuera (del alcance/ámbito) de algo • **fall within the scope/area of sth** quedar comprendido -a en algo/entrar en (el ámbito de) algo

5 EN UN ESTADO [v copul] **fall in love (with sb)** enamorarse (de alguien) • **fall asleep** quedarse dormido -a, dormirse • **fall ill /sick** enfermarse • **fall silent** quedarse en silencio, quedarse callado -a

6 NOCHE **night/darkness falls** (*liter*) cae la noche, anochece

7 LUZ, SOMBRA [I siempre + adv/prep] caer, proyectarse

8 FESTIVIDAD [siempre + adv/prep] caer • **fall on sth** caer en algo: *My birthday falls on a Friday this year.* Este año mi cumpleaños cae en viernes.

9 RÉGIMEN, GOBIERNO [I] caer • **fall from power** caer, perder el poder

10 ACENTO **the stress falls on sth** el acento recae en algo ▶ **fall on your feet** (FOOT), STAND or **fall by/on**
EXPRESIONES
fall flat no hacer gracia, no ser bien recibido -a • **fall into place** **(a)** encajar, cobrar sentido **(b)** salir bien • **fall into the hands of sb** (tb **fall into sb's hands**) caer en manos de alguien • **fall into the wrong hands** caer en las manos equivocadas • **fall short of sth** no alcanzar algo (una cifra, un nivel), no cumplir (con) algo (los pronósticos, las expectativas) • **be falling to pieces** caerse a pedazos • **fall to pieces** **(a)** deshacerse, hacerse pedazos **(b)** desmoronarse • **fall to your knees** arrodillarse, ponerse de rodillas • **fall victim/prey to sb/sth** ser víctima de alguien/algo

fall apart *v+partíc* **1** deshacerse, hacerse pedazos **2** irse a pique, desmoronarse (sistema, proyecto) • **fall apart at the seams** irse totalmente a pique **3** desmoronarse, quedarse deshecho -a (persona) • **my/his life/world falls apart** la vida/el mundo se me/le vino abajo **4** **be falling apart** caerse a pedazos
fall away *v+partíc* **1** descender abruptamente (terreno) **2** disminuir
fall back *v+partíc* **1** (*liter*) retroceder **2** replegarse **3** rezagarse, quedarse atrás
fall back into sth *v+partíc* volver a algo (una rutina, un hábito)
fall back on sth *v+partíc* recurrir a algo • **have sb/sth to fall back on** poder recurrir a alguien/algo
fall behind *v+partíc* **1** **fall behind** atrasarse (en pagos, plazos) • **fall behind with the rent/your work** atrasarse en el pago del alquiler/con su trabajo **2** **fall behind schedule** ir atrasado -a, atrasarse en los plazos **3** **fall behind** atrasarse, quedarse atrás (en nivel, resultados) **4** **fall behind** quedarse atrás, quedarse rezagado -a **5** **fall behind sb** quedarse atrás/rezagado -a con respecto a alguien

fall down *v+partíc* **1** caerse (persona, árbol) **2** **be falling down** caerse a pedazos **3** venirse abajo (argumento, teoría) **4** caerse (pantalones, falda)
fall for *v+partíc* **1** **fall for sth** tragarse algo, creerse algo • **fall for it** tragárselo **2** **fall for sb** enamorarse de alguien
fall in *v+partíc* **1** venirse abajo, desplomarse (techo) **2** formar (fila) (soldados)
fall into sth *v+partíc* **1** dejarse caer en/sobre algo: *She fell into his arms.* Se arrojó en sus brazos. **2** caer en algo (una depresión) **3** terminar en algo (sin haberlo planeado): *I kind of fell into the job, really.* La verdad es que empecé a trabajar aquí un poco por casualidad. • **fall into the habit of doing sth** adquirir el hábito de hacer algo **4** caer en algo (desuso, la ruina) • **fall into debt** endeudarse
fall in with *v+partíc* **1** **fall in with sth** aceptar algo **2** **fall in with sb** juntarse con alguien
fall off *v+partíc* **1** **fall off** caerse, salirse **2** **fall off sth** caerse de algo, salirse de algo: *A branch had fallen off the tree.* Se había caído una rama del árbol. **3** **fall off** reducirse, disminuir
fall on/upon *v+partíc* **sb's eyes fall on sb/sth** alguien se fija en alguien/algo
fall out *v+partíc* **1** pelearse, discutir • **fall out with sb** pelearse con alguien **2** caerse (pelo, diente) **3** romper filas
fall over *v+partíc* **1** caerse (persona) **2** **fall over sth** tropezarse con algo **3** caerse (objeto)
fall through *v+partíc* fracasar, quedar en la nada
fall to *v+partíc* **fall to sb** (*frml*) recaer en alguien • **it falls to sb to do sth** le toca/corresponde a alguien hacer algo

fall² S2 W1 *s*

1 estación
2 al suelo
3 en nivel, cantidad
4 de un régimen, un gobierno
5 de un país, una ciudad
6 en un río
7 de nieve

1 ESTACIÓN [sing, U] otoño • **in the fall** en (el) otoño • **the fall of 2000/1998/2004** el otoño de 2000/1998/2004 • **last/next fall** el otoño pasado/el próximo otoño *fall fashions* modas otoñales

2 AL SUELO [C graml sing] caída • [+**from**]: *The boy died after a fall from a cliff.* El niño murió al caer de un acantilado. • **have a fall** caerse

3 EN NIVEL, CANTIDAD [C graml sing] caída, baja • [+**in**]: *a fall in temperature* una caída de las temperaturas • [+**of**]: *a fall of 20% in profits* una caída del 20% en las ganancias SIN **drop** ANT **rise**

4 DE UN RÉGIMEN, UN GOBIERNO [sing] caída • [+**of**]: *the fall of the Soviet Union* la caída de la Unión Soviética • **his/her fall from power** su caída (del poder)

5 DE UN PAÍS, UNA CIUDAD [sing] derrota, caída • **the fall of sth (to sb)** la derrota de algo (a manos de alguien), la caída de algo (en poder de alguien)

6 EN UN RÍO **falls** [pl] cataratas: *Niagara Falls* las Cataratas del Niágara

7 DE NIEVE [C] **fall of snow** nevada ▶ RISE and fall
EXPRESIONES
take the fall for sth cargar con la culpa de algo

fal·la·cious /fəˈleɪʃəs/ *adj* (*frml*) falaz

fal·la·cy /ˈfæləsi/ *s* [C,U] (*pl* **fallacies**) (*frml*) falacia

fall·en¹ /ˈfɔlən/ participio pasado de FALL

fallen² *adj* [solo ante s] **1** caído -a **2 the fallen** [usado como s pl] (*frml*) los caídos (en combate)

'fall guy *s* [C] (*coloq*) chivo expiatorio

fal·li·bil·i·ty /ˌfæləˈbɪləti/ *s* [U] (*frml*) falibilidad

fal·li·ble /ˈfæləbəl/ *adj* (*frml*) falible

fal·lo·pi·an tube /fəˌloupiən ˈtub/ *s* [C] (*técn*) trompa de Falopio

fall·out /ˈfɔlaʊt/ *s* [U] **1** lluvia radiactiva **2** repercusiones negativas

fal·low /ˈfæloʊ/ *adj* en barbecho

F

false ⓦ₃ /fɔls/ *adj* [sin compar]

1 no verdadero
2 equivocado
3 para engañar
4 no natural
5 no sincero
6 delito
7 mal dado

1 NO VERDADERO falso -a: *false information* información falsa • **true or false** verdadero -a o falso -a ᴬᴺᵀ **true**
2 EQUIVOCADO erróneo -a, falso -a: *a false belief* una creencia errónea • **a false impression** una falsa impresión • **a false sense of security** una falsa sensación de seguridad • **false hopes** falsas esperanzas
3 PARA ENGAÑAR falso -a: *a false name* un nombre falso • *a false passport* un pasaporte falso • *a false bottom* un doble fondo
4 NO NATURAL [gralm ante s] postizo -a: *false eyelashes* pestañas postizas
5 NO SINCERO falso -a • **false modesty** falsa modestia
6 DELITO **false imprisonment** detención ilegal
7 MAL DADO **one false move/step** un movimiento/ paso en falso
EXPRESIONES
under false pretenses con engaños

ˌfalse aˈlarm *s* [C] falsa alarma

ˌfalse eˈconomy *s* [C] falso ahorro

false·hood /ˈfɔlshʊd/ *s* (*frml*) **1** [C] (afirmación) falsedad **2** [U] (acción) falsedad **3** [U] (condición) falsedad

ˌfalse ˈstart *s* [C] **1** intento fallido **2** salida en falso, salida nula

ˌfalse ˈteeth *s* [pl] dentadura postiza

fal·set·to¹ /fɔlˈsɛt̮oʊ/ *s* [C] (pl **falsettos**) falsete

falsetto² *adj, adv* en falsete

fal·si·fi·ca·tion /ˌfɔlsəfəˈkeɪʃən/ *s* [C,U] falsificación

fal·si·fy /ˈfɔlsəˌfaɪ/ *v* [T] (**falsifies, falsified, falsifying**) falsificar

fal·ter /ˈfɔltɚ/ *v* [I] **1** flaquear, decaer **2** balbucear (persona), quebrarse (voz) **3** vacilar, titubear **4** tambalearse (persona)

fame /feɪm/ *s* [U] fama • **fame and fortune** fama y fortuna • **of Disney/football fame** famoso -a por Disney/ por el fútbol ► **sb's/sth's CLAIM to fame, HALL OF FAME**

famed /feɪmd/ *adj* famoso -a, afamado -a • [+**for**]: *The city is famed for its markets.* La ciudad es famosa por sus mercados.

fa·mil·iar ⓢ₂ ⓦ₂ /fəˈmɪlyɚ/ *adj*
1 conocido -a, familiar • [+**to**]: *His voice was familiar to radio listeners.* Su voz les resultaba familiar a los oyentes. • **a familiar face** una cara conocida • **look familiar** resultar familiar/conocido -a • **sound familiar** *The name sounds familiar.* El nombre me suena. • **all too familiar** *Stories of environmental damage are becoming all too familiar.* Se está volviendo costumbre leer notas que hablan de daños al medio ambiente. • **a familiar sight/figure** una imagen/figura habitual
2 be familiar with sth estar familiarizado -a con algo, conocer bien algo: *I'm not familiar with his books.* No conozco bien sus libros.
3 [nunca ante s] confianzudo -a: *His manners were very familiar.* Se tomaba demasiadas confianzas. • **be on familiar terms with sb** (*frml*) tener confianza con alguien • **be too familiar (with sb)** tomarse demasiadas confianzas (con alguien)
4 informal, coloquial ► **FAMILIARLY**

fa·mil·iar·i·ty /fəˌmɪlˈyærət̮i, -ˌmɪliˈær-/ *s* [U] **1** conocimiento(s), familiaridad • **familiarity with sth** conocimiento de algo, familiaridad con algo **2** familiaridad (de un rostro, un lugar) **3** familiaridad, confianza
EXPRESIONES
familiarity breeds contempt cuanto más conocemos a alguien, más defectos le encontramos (y menos lo respetamos)

fa·mil·iar·ize /fəˈmɪlyəˌraɪz/ *v* [T] **familiarize sb with sth** familiarizar a alguien con algo • **familiarize yourself with sth** familiarizarse con algo

fa·mil·iar·ly /fəˈmɪlyɚli/ *adv* amistosamente, sin ceremonias • **familiarly known as sth** conocido -a familiarmente como algo, llamado -a informalmente algo

fam·ily¹ ⓢ₁ ⓦ₁ /ˈfæmli, -məli/ *s* (pl **families**)
1 [C] (hogar) familia • **a family of four/five** una familia de cuatro/cinco miembros • **a close family** una familia unida
2 [C,U] (genealogía) familia: *a house owned by the same family for 200 years* una casa que ha pertenecido 200 años a la misma familia • **a member of your/her family** un miembro de tu/su familia, un/una pariente • **one of the family** uno -a más de la familia • **in my/her family** en la/su familia • **my/her immediate family** mis/sus parientes cercanos • **sth runs in the family** algo es (cosa) de familia • **family and friends** familiares y amigos • **she's/ you're family** es/eres de la familia
3 [C] (hijos) familia • **start a family** tener familia • **a young family** hijos pequeños
4 [C] (*técn*) (en biología) familia
5 [C] (en lingüística) familia ► **the BLACK SHEEP of the family, EXTENDED FAMILY, NUCLEAR FAMILY**

family² *adj* [solo ante s] **1** familiar, de la familia • **a family member** un miembro de la familia, un familiar • **a family business** una empresa familiar **2** familiar, para la familia: *family entertainment* entretenimiento para la familia

ˈfamily ˌman *s* [C] padre de familia

ˈfamily ˌname *s* [C] apellido

ˌfamily ˈplanning *s* [U] planificación familiar

ˈfamily ˌroom *s* [C] **1** sala de estar (familiar), family (room) **2** habitación de hotel con espacio para una pareja y sus hijos

ˌfamily ˈtree *s* [C] árbol genealógico

fam·ine /ˈfæmɪn/ *s* [C,U] hambruna

fam·ished /ˈfæmɪʃt/ *adj* [nunca ante s] (*coloq*) muerto -a de hambre, hambriento -a

fam·ous ⓢ₂ ⓦ₂ /ˈfeɪməs/ *adj* **(a)** famoso -a • [+**for**]: *France is famous for its wine.* Francia es famosa por sus vinos. • [+**as**]: *He became famous as a television presenter.* Se hizo famoso como presentador de televisión. **(b) the famous** [usado como s pl] los famosos • **the rich and famous** los ricos y famosos ► **WORLD-FAMOUS**
EXPRESIONES
famous last words (*oral*): *"Don't worry, I can manage on my own." Famous last words, he thought to himself.* –No te preocupes, puedo arreglármelas solo. "Sí, claro, cómo no", pensó para sí.

fa·mous·ly /ˈfeɪməsli/ *adv* (*frml*) *He was famously badtempered.* Era bien conocido su mal humor.
EXPRESIONES
get on/along famously (*antic*) llevarse a las mil maravillas

fan¹ ⓢ₂ ⓦ₂ /fæn/ *s* [C]
1 fan, admirador -a (de un grupo musical, un actor), hincha, aficionado -a (de un deporte, un equipo de fútbol): *Red Sox fans* hinchas de los Red Sox • **a sports fan** un aficionado/una aficionada al deporte • **a music fan** un/una amante de la música • **fan letters** cartas de admiradores • **fan mail** correspondencia de los admiradores
2 ventilador
3 abanico

fan² *v* [T] (**fanned, fanning**) **1** abanicar • **fan yourself** abanicarse **2** avivar, alimentar (la pasión, las especulaciones) • **fan the flames** echar más leña al fuego
fan out *v+partíc* **1** avanzar en abanico **2 fan sth ↔ out** disponer algo en forma de abanico

fa·nat·ic /fəˈnæt̮ɪk/ *s* [C] **1** (*peyor*) (radical) fanático -a **2** (entusiasta) fanático -a • **a soccer/golf fanatic** un fanático/una fanática del fútbol/golf

fa·nat·i·cal /fə'nætɪkəl/ *adj* **1** (*peyor*) (radical) fanático -a **2** (entusiasta) fanático -a **3** (obsesionado) fanático -a

fa·nat·i·cism /fə'nætə,sɪzəm/ *s* [U] (*peyor*) fanatismo

'fan belt *s* [C] correa de ventilador

fan·ci·ful /'fænsɪfəl/ *adj* **1** descabellado -a **2** imaginativo -a, original

'fan club *s* club de admiradores

fan·cy¹ S2 /'fænsi/ *adj* (**fancier, fanciest**)
1 fino -a, elegante
2 intrincado -a, sofisticado -a, complicado -a
3 complicado -a, difícil, complejo -a
4 [solo ante s] (de calidad) extra

fancy² *s* **1** [sing] capricho, antojo • **take a fancy to sb/sth** sentirse atraído -a por alguien/algo **2** [C,U] (*liter*) fantasía

EXPRESIONES
take your fancy llamar la atención, provocar • **tickle your fancy** atraer, resultar atractivo -a/divertido -a

fancy³ *v* [T] (**fancies, fancied, fancying**) (*liter*) imaginar • **fancy (that)** imaginar que

fan·fare /'fænfɛr/ *s* **1** [C] fanfarria **2** [U] bombo (publicidad): *with much fanfare* con bombos y platillos

fang /fæŋ/ *s* [C] colmillo (de perro, serpiente)

fan·ta·size /'fæntə,saɪz/ *v* [I,T] fantasear • **fantasize about sth** fantasear con algo

fan·tas·tic S3 /fæn'tæstɪk/ *adj*
1 (muy bueno) fantástico -a, estupendo -a
2 (*oral*) (ante una buena noticia) genial, fantástico
3 [solo ante s] (suma, cantidad) enorme, fabuloso -a

fan·tas·ti·cally /fæn'tæstɪkli/ *adv* enormemente, increíblemente

fan·ta·sy W3 /'fæntəsi, -zi/ *s* (pl **fantasies**)
1 [C] (cosa imaginada) fantasía
2 [U] (hechos irreales) fantasía • **pure fantasy** pura fantasía
3 [C] historia fantástica (novela, película)
4 [U] literatura fantástica, cine fantástico

fan·zine /'fænzin/ *s* [C] fanzine

FAQ /fæk, ˌɛf eɪ 'kju/ *s* [C gralm pl] (pl **FAQs**) (**frequently asked question**) pregunta frecuente (en la web, un manual) • **FAQs** (listado de) preguntas frecuentes

far¹ S1 W1 /fɑr/ *adv* (**farther** o **further**, **farthest** o **furthest**)
1 (en distancia): *Is it far to Boston?* ¿Queda lejos Boston? • **how far** *How far is it to the airport?* ¿A cuánto queda el aeropuerto? • *How far are you going?* ¿Qué tan lejos vas? • **far from sth** lejos de algo: *He died far from home.* Murió lejos de casa. • **not far** *She lives not far from here.* No vive lejos de aquí. • **far away** muy lejos: *the sound of water far away* el sonido de agua a lo lejos • **far behind (sb)** muy por detrás (de alguien) • **far below (sth)** muy por debajo (de algo) • **far back** muy atrás • **as far as the coast/the door** hasta la costa/la puerta • **as far as the eye can see** hasta donde alcanza la vista
2 (en grado) **far better/worse** mucho mejor/peor • **far easier** mucho más fácil • **far greater** mucho más grande • **far more/less** mucho más/menos • **far different** muy diferente • **by far** (tb **far and away**) con mucho, de lejos • **far too** *I'm far too busy to talk now.* Ahora estoy ocupadísimo y no puedo hablar. • **as far as possible** en lo posible
3 (en progresión) lejos • **get far** llegar lejos, avanzar mucho • **get as far as doing sth** llegar a hacer algo • **how far** *How far have you gotten with your homework?* ¿Hasta dónde llegaste con la tarea? • **things have gone too far** las cosas han llegado demasiado lejos
4 (en tiempo) lejos • **far away/off** *Christmas is not very far away.* No falta mucho para Navidad. • **far back** *I can't remember that far back.* No tengo recuerdos tan lejanos. • **as far back as 400 BC/1530** ya en el 400 a. C./en 1530 ▶ **FAR-OFF, from NEAR and far**

EXPRESIONES
as/so far as I know (*oral*) que yo sepa • **as far as it goes**

hasta cierto punto • **far and wide** por todas partes • **far be it from me to do sth** (*oral*) nada más lejos de mi intención que hacer algo, no es que yo quiera hacer algo ni mucho menos • **far from doing sth** lejos de hacer algo, en lugar de hacer algo • **far from it** todo lo contrario: *"Did you enjoy yourself?" "Far from it!"* –¿Lo pasaste bien? –¡Todo lo contrario! • **be far from over** no haber terminado ni mucho menos • **he/she will go far** llegará lejos • **go too far** ir demasiado lejos, pasarse de la raya • **in so far as** (*frml*) en la medida en que • **not be far off/out/wrong** (*coloq*) no estar muy errado -a • **not go far** no alcanzar para mucho (dinero, provisiones) • **not go far enough** no llegar lo suficientemente lejos, quedarse corto -a (ley, reformas) • **so/thus far** hasta ahora • **so far so good** por ahora, bien, como vamos, vamos bien

far² S2 *adj* [solo ante s] (**farther** o **further**, **farthest** o **furthest**)
1 **the far end** la (otra) punta, el (otro) extremo • **the far side** el otro lado • **the far corner** el (otro) rincón, la (otra) esquina
2 (*liter*) lejano -a: *a far country* un país lejano

EXPRESIONES
be a far cry from sth ser muy diferente de algo • **the far left/right** la extrema izquierda/derecha • **the far north/south** el extremo norte/sur • **in the far distance** en la lejanía

far·a·way /'fɑrə,weɪ/ *adj* [solo ante s] (*liter*) lejano -a, distante

EXPRESIONES
a faraway look/expression una mirada/expresión perdida

farce /fɑrs/ *s* **1** [sing, U] (*peyor*) farsa, fiasco **2** [C] farsa (obra de teatro)

far·ci·cal /'fɑrsɪkəl/ *adj* (*peyor*) absurdo -a, ridículo -a

fare¹ /fɛr/ *s* **1** [C] (precio del) pasaje, (precio de la) boleta, tarifa: *The company will pay your fare.* La compañía se hará cargo del viaje. • **air/train fare** precio del pasaje de avión/boleto de tren **2** [U] (*escrito*) platos, comida **3** [U] entretenimiento

fare² *v* (*escrito*) **he fared well/badly** le fue bien/mal

ˌFar 'East *s* **the Far East** el Lejano Oriente

ˌFar 'Eastern *adj* del Lejano Oriente

fare·well¹ /ˌfɛr'wɛl/ *s* [C,U] (*antic*) despedida • **say farewell to sb** despedirse de alguien • **farewell speech** discurso de despedida

farewell² *interj* (*antic*) adiós

ˌfar-'fetched *adj* rebuscado -a, traído -a de los cabellos, jalado -a de los pelos

ˌfar-'flung *adj* [solo ante s] **1** remoto -a, alejado -a **2** extenso -a, vasto -a (territorio), muy alejado -a (amigos, sucursales)

farm¹ S2 W2 /fɑrm/ *s* [C]
1 granja, hacienda, finca, rancho • **on a farm** en una granja • **farm animal** animal de granja • **farm produce** productos del campo • **farm worker** trabajador -a agropecuario -a, trabajador -a rural
2 granja, criadero (de animales), plantación (de tabaco, café): *pig farms* granjas porcinas
3 casa (de una granja, una hacienda, etc.) ▶ **BET the ranch/farm, DAIRY FARM**

farm² *v* **(a)** [I] vivir del campo, dedicarse a la agricultura/ganadería **(b)** [T] criar (animales), cultivar (tierras, cultivos)
farm out *v+partíc* **1 farm sth ↔ out** encargar algo a otros, subcontratar algo • **farm sth out to sb** encargarle algo a alguien, subcontratar a alguien para (hacer) algo **2 farm sb ↔ out** dejar a alguien al cuidado de otros

farm·er S3 W2 /'fɑrmər/ *s* [C] agricultor -a, ganadero -a, granjero -a, hacendado -a, ranchero -a

farm·hand /'fɑrmhænd/ *s* [C] jornalero -a rural, peón rural, peón de campo

farm·house /'fɑrmhaʊs/ s [C] casa (de una granja, una hacienda, etc.)

farm·ing /'fɑrmɪŋ/ s [U] agricultura, ganadería

farm·land /'fɑrmlænd/ s [U] tierras de labranza

farm·yard /'fɑrmyɑrd/ s [C] corral

,far-'off adj [solo ante s] (liter) **1** (en el espacio) lejano -a **2** (en el tiempo) lejano -a

,far-'reaching adj trascendental, de gran alcance

Far·si /'fɑrsi/ s persa

far·sight·ed, far-sighted /'fɑr,saɪtɪd/ adj **1** (aprec) con visión de futuro **2** hipermétrope ANT **nearsighted**

fart[1] /fɑrt/ v [I] (malson) tirarse un pedo, echarse un pedo

fart[2] s (malson) pedo

far·ther[1] /'fɑrðər/ adv [compar de "far"] **1** (en distancia) más lejos: How much farther is the beach? ¿Falta mucho para la playa? • **farther than sth** más lejos que algo, más allá de algo • **farther away** más lejos **2** (en el tiempo) más tarde (después), más atrás (antes): We need to look farther into the future. Tenemos que pensar a más largo plazo. **3** (en progresión) más lejos: Haven't you gotten any farther with your homework? ¿No avanzaste nada con los deberes? **4** (en grado) más: The cost of the project rose even farther. El costo del proyecto aumentó más aún.

EXPRESIONES
go farther ir más lejos

farther[2] adj [compar de "far"] [solo ante s] **the farther end** el (otro) extremo, la (otra) punta • **the farther side** el otro lado

far·thest[1] /'fɑrðɪst/ adv [superl de "far"] **1** (en distancia) más lejos • **the farthest** Who can swim the farthest? ¿Quién puede llegar más lejos nadando? • **farthest from** My desk was farthest from the door. Mi escritorio era el más alejado de la puerta. • **farthest away** más lejos **2** (en progresión) **get farthest** The second chapter was the farthest I got with the book. El segundo capítulo fue lo más lejos que llegué con el libro. **3** (en tiempo) You have to plan the farthest ahead that is possible. Tienes que hacer planes con la mayor antelación posible. **4** (en grado) más: The value of the dollar has fallen farthest of all. El valor del dólar es el que más cayó.

farthest[2] adj [superl de "far"] [solo ante s] más alejado -a, más remoto -a: the farthest corners of the universe los rincones más remotos del universo

fas·ci·nate /'fæsə,neɪt/ v [I,T nunca en forma continua] fascinar

fas·ci·nat·ed /'fæsə,neɪtɪd/ adj fascinado -a • **be fascinated to see/discover sth** quedarse fascinado -a al ver/descubrir algo • [+by/with]: I've always been fascinated by the stars. Siempre me fascinaron las estrellas.

fas·ci·nat·ing /'fæsə,neɪtɪŋ/ adj fascinante • **find sth/sb fascinating** I found her quite fascinating. Me resultó fascinante.

fas·ci·na·tion /,fæsə'neɪʃən/ s [sing, U] **1** fascinación (estado) • [+with/for]: The public has a fascination with celebrities. El público siente fascinación por los famosos. **2** fascinación, carácter fascinante

fas·cism, Fascism /'fæʃɪzəm/ s [U] fascismo

fas·cist[1] /'fæʃɪst/ s [C] **1** (tb **Fascist**) fascista (en política) **2** (peyor, frml) fascista, tirano -a

fascist[2] adj [solo ante s] fascista

fash·ion[1] S3 W3 /'fæʃən/ s
1 [C,U] (hábito) moda • [+for]: the fashion for barbecues la moda de las parrilladas • [+in]: current fashions in gardening modas actuales en jardinería • **be in fashion** (tb **be the fashion**) estar de moda • **be out of fashion** estar pasado -a de moda, estar fuera de moda • **go out of fashion** pasar de moda • **come back into fashion** volver a ponerse de moda
2 [C,U] (ropa, complementos) moda: fashions for older women moda para señoras • **the latest fashions** la

última moda • **fashion accessory** accesorio/complemento de moda
3 [U] (industria) moda • **fashion designer** diseñador -a de modas • **fashion editor** director -a de revista de modas • **fashion industry** industria de la moda • **fashion magazine** revista de modas • **fashion model** modelo • **fashion photographer** fotógrafo -a de modas
4 (manera) **in an orderly/similar fashion** de manera ordenada/semejante ▶ **learn/repeat sth PARROT fashion**
EXPRESIONES
after a fashion más o menos, hasta cierto punto: I can speak French, after a fashion. Hablo francés, como puedo. • **in the fashion of sb/sth** al estilo de alguien/algo • **like it's going out of fashion** (coloq) como si le fuera la vida en ello

fashion[2] v [T] (frml) fabricar (con pocos elementos) • **fashion sth from/out of sth** fabricar algo con algo

fash·ion·a·ble /'fæʃənəbəl/ adj **1** (ropa, colores, ideas) de moda • **it is fashionable to do sth** está de moda hacer algo **2** (barrio, restaurante) de moda: fashionable restaurants restaurantes de moda **3** (persona) a la moda ANT **unfashionable**

fash·ion·a·bly /'fæʃənəbli/ adv a la moda
EXPRESIONES
fashionably late Lucy and Rose arrived fashionably late. Lucy y Rose llegaron un poco más tarde, para no pasar inadvertidas.

'fashion show s [C] desfile de modas

fast[1] S1 W3 /fæst/ adv
1 (en el movimiento) rápido • **as fast as you can** lo más rápido que se pueda • **as fast as your legs could carry you** a toda velocidad
2 (en el tiempo) rápido, rápidamente: Tickets are selling fast. Las entradas se están vendiendo rápidamente. • **be fast becoming sth** estar convirtiéndose rápidamente en algo • **be fast approaching sth** acercarse rápidamente a algo
3 fast asleep profundamente dormido -a • **fall fast asleep** quedarse profundamente dormido -a
4 (firmemente) **be stuck fast** quedar totalmente atascado -a • **hold sth fast** agarrar bien algo
EXPRESIONES
be going/getting nowhere fast (coloq) no ir ni para atrás ni para adelante, no ir a ningún lado • **Not so fast!** (oral) ¡No tan deprisa!, ¡Momentito! ▶ ver nota en RÁPIDO

fast[2] S2 adj

1	en el movimiento
2	en el tiempo
3	reloj
4	en una actividad
5	con mucha acción
6	carretera, vía
7	en fotografía
8	color

1 EN EL MOVIMIENTO rápido -a: fast cars carros rápidos
2 EN EL TIEMPO rápido -a: a fast rate of growth un ritmo rápido de crecimiento
3 RELOJ [nunca ante s] adelantado • **be five minutes/an hour fast** estar cinco minutos/una hora adelantado, adelantar(se) cinco minutos/una hora
4 EN UNA ACTIVIDAD [solo ante s] rápido -a • **be a fast learner/reader** aprender/leer rápido
5 CON MUCHA ACCIÓN vertiginoso -a • **fast and furious** vertiginoso -a
6 CARRETERA, VÍA [solo ante s] rápido -a
7 EN FOTOGRAFÍA **a fast film** una película de alta sensibilidad
8 COLOR [nunca ante s] firme ▶ **make a fast/quick BUCK, live life in the FAST LANE, PULL a fast one (on sb)**
EXPRESIONES
a fast talker una persona con mucha labia • **be a fast worker** (coloq) no ser de los/las que pierden el tiempo ▶ ver nota en RÁPIDO

fast[3] v [I] ayunar

fast⁴ s [C] ayuno • **break a fast** romper un ayuno

fas·ten /ˈfæsən/ v **1** [T] abrochar(se), ajustar(se): *She fastened her coat.* Se abrochó el abrigo. • **fasten your seatbelt** (tb **fasten your safety belt**) abrocharse el cinturón de seguridad • **fasten a button** abrochar un botón • **fasten a zipper** cerrar/subir una cremallera, cerrar/subir un cierre **2** [I] abrocharse: *My belt won't fasten!* ¡No me abrocha el cinturón! **3** [I,T] sujetar(se), pegar(se), amarrar(se) • **fasten sth to sth** sujetar/pegar/amarrar algo a algo: *The shelves are fastened to the wall.* Los estantes están sujetos a la pared. **4** [I,T] cerrar bien (ventana, puerta) [ANT] **unfasten**
fasten on sth v+partíc centrarse en algo
fasten onto sb v+partíc no dejar a alguien ni a sol ni a sombra

fas·ten·er /ˈfæsənə/ (tb **fas·ten·ing** /ˈfæsənɪŋ/) s [C] cierre, broche

ˈfast food s [U] fast food, comida rápida

fast ˈforward¹, **fast-forward** v **1** [I,T] (en una grabadora) adelantar, (hacer) avanzar rápidamente **2** [I] (en un relato) avanzar rápidamente

fast forward² s [U] avance rápido

fas·tid·i·ous /fæˈstɪdiəs, fə-/ adj (fml) pulcro -a, escrupuloso -a, puntilloso -a

fas·tid·i·ous·ly /fæˈstɪdiəsli, fə-/ adv (fml) escrupulosamente

ˈfast lane s **the fast lane** el carril rápido, el carril de alta velocidad
EXPRESIONES
live life in the fast lane (coloq) vivir al máximo, vivir a tope

ˈfast track s [sing] vía rápida

ˈfast-track¹ adj [solo ante s] rápido -a, por la vía rápida

ˈfast-track² v [T] tramitar por la vía rápida (una solicitud, una ley), atender de urgencia (a un paciente)

fat¹ [S1] [W2] /fæt/ adj (**fatter**, **fattest**)
1 gordo -a (persona) • **get fat** engordar
2 abultado -a, grueso -a: *a fat envelope* un abultado sobre
3 [solo ante s] (coloq) abultado -a, pingüe
EXPRESIONES
big fat (coloq, oral): *He's a big fat liar.* Es un gran mentiroso. • *her big fat mouth* su bocaza • **a fat cat** (peyor, frml) un pesado, un pez gordo • **fat chance** (coloq) ni de vainas, ni de fundas • **be in fat city** (antic) nadar en la abundancia • **a fat lot of good/use** (coloq): *A fat lot of good his excuses do me now!* ¡Para lo que me sirven sus excusas ahora! • **it's not over till the fat lady sings** mientras hay vida, hay esperanza

⚠ Algunas personas evitan el uso de esta palabra para referirse a las personas porque puede resultar ofensivo. En su lugar utilizan **heavy**, **big** u **overweight**.

fat² s [U] **1** (bajo la piel) grasa **2** [U] (en la carne) grasa **3** [C,U] (en los alimentos) grasa(s) • **be high/low in fat** tener alto/bajo contenido graso, tener alto/bajo contenido en grasas **4** [C,U] grasa, manteca ▶ **FAT-FREE**, **LOW-FAT**, **there's not an OUNCE of fat on him/her**
EXPRESIONES
the fat is in the fire la cosa está que arde • **live off the fat of the land** vivir de las rentas

fa·tal /ˈfeɪtl/ adj **1** fatal, mortal • **a fatal accident/injury** un accidente fatal/una herida mortal • **prove fatal** resultar mortal **2** fatal, nefasto -a, fatídico -a • **a fatal blow** un golpe fatal • **a fatal mistake/error** un error fatídico • **be fatal to sb's chances/hopes** echar por tierra las posibilidades/esperanzas de alguien

fa·tal·ism /ˈfeɪtl̩ˌɪzəm/ s [U] fatalismo

fa·tal·ist /ˈfeɪtl̩-ɪst/ s [C] fatalista

fa·tal·is·tic /ˌfeɪtl̩ˈɪstɪk‹/ adj fatalista

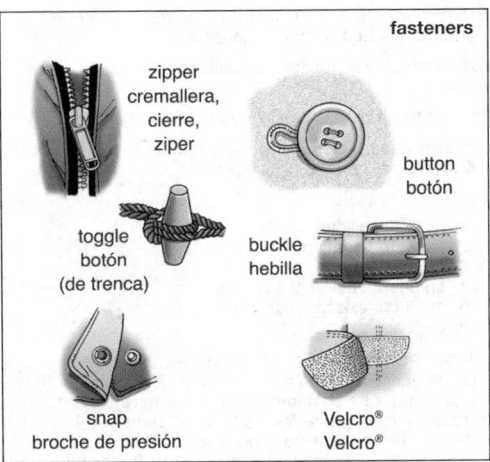
fasteners

zipper
cremallera, cierre, ziper

button
botón

toggle
botón
(de trenca)

buckle
hebilla

snap
broche de presión

Velcro®
Velcro®

fa·tal·i·ty /feɪˈtæləti, fə-/ s (pl **fatalities**) (frml) **1** [C] víctima mortal, víctima fatal **2** [U] mortalidad **3** [U] fatalidad (inevitabilidad)

fa·tal·ly /ˈfeɪtl̩-i/ adv **1** mortalmente, de muerte **2** fatídicamente: *The strategy is fatally flawed.* La estrategia tiene fallas que pueden acarrear consecuencias funestas.

fate [W3] /feɪt/ s
1 [C] suerte (hechos vividos o futuros) • **suffer a worse/the same fate** correr peor/la misma suerte • **decide/seal sb's fate** decidir la suerte de alguien
2 [U] (tb **Fate**) el destino • **a twist/quirk of fate** un giro del destino ▶ **TEMPT fate**

fat·ed /ˈfeɪtɪd/ adj (liter) **1** **be fated to do sth** estar predestinado -a/condenado -a a hacer algo **2** inevitable • **be fated** estar escrito -a ▶ **ILL-FATED**

fate·ful /ˈfeɪtfəl/ adj [solo ante s] fatídico -a

fat-ˈfree adj sin grasas, libre de grasa(s)

fat·head /ˈfæthɛd/ s [C] (coloq) imbécil

fa·ther¹ [S1] [W1] /ˈfɑðə/ s
1 [C] (progenitor) padre • **be a father of two/three** ser padre de dos/tres hijos • **be like a father to sb** ser como un padre para alguien • **your biological/real father** su padre biológico/verdadero
2 **Father** [C] (sacerdote) padre: *Father Devlin* el padre Devlin
3 **Father** [sing] (Dios) Padre
4 (iniciador) **the father of sth** el padre de algo
5 **fathers** [pl] (antepasados) padres
EXPRESIONES
like father, like son de tal palo, tal astilla

father² v [T] ser padre de, engendrar

ˈfather ˌfigure s [C] figura paterna

fa·ther·hood /ˈfɑðəˌhʊd/ s [U] paternidad

ˈfather-in-ˌlaw s [C] (pl **fathers-in-law**) suegro

fa·ther·land /ˈfɑðəˌlænd/ s [sing] patria

fa·ther·ly /ˈfɑðəli/ adj paternal

ˈFather's Day s [U] Día del Padre

fath·om¹ /ˈfæðəm/ (tb **fathom out**) v [T] entender, comprender

fathom² s [C] braza (unidad de medida)

fa·tigue¹ /fəˈtiɡ/ s [U] **1** fatiga, cansancio **2** hartazgo **3** (técn) fatiga (de material) **4** **fatigues** [pl] traje de fatiga, uniforme de combate

fatigue² v [T] (frml) fatigar

fat·ten /ˈfætn̩/ v [T] **1** cebar, engordar **2** engrosar (una suma)
fatten sth/sb ↔ up v+partíc engordar algo/a alguien

fat·ten·ing /'fæt⁷n-ɪŋ/ *adj fattening foods* alimentos que engordan • **be fattening** engordar

fat·ty /'fæti/ *adj* (**fattier, fattiest**) grasoso -a, con mucha grasa

fat·u·ous /'fætʃuəs/ *adj* (*frml*) necio -a, estúpido -a

fau·cet /'fɔsɪt/ *s* [C] llave (de agua): *I turned on the faucet.* Abrí la llave. SIN **tap**

fault¹ S2 W3 /fɔlt/ *s*

1 responsabilidad
2 aspecto negativo
3 en el carácter
4 en una máquina, un sistema
5 en la corteza terrestre
6 en tenis

1 RESPONSABILIDAD [U] culpa • **be sb's fault** ser culpa de alguien: *The accident was my fault.* El accidente fue culpa mía. • **be sb's fault (that)** ser culpa de alguien que: *It's your fault we're late!* ¡Es culpa tuya que hayamos llegado tarde! • **be your/his own fault** no ser culpa de nadie más que tuya/de él • **through no fault of your/his own** no por culpa tuya/suya

2 ASPECTO NEGATIVO [C] defecto • **for all its faults** a pesar de sus defectos

3 EN EL CARÁCTER [C] defecto • **for all your/his faults** a pesar de tus/sus defectos

4 EN UNA MÁQUINA, UN SISTEMA [C] falla • [+**in**]: *a fault in the wiring* una falla en la instalación eléctrica • **an electrical/mechanical fault** una falla eléctrica/mecánica • **a design fault** una falla de diseño

5 EN LA CORTEZA TERRESTRE [C] falla

6 EN TENIS [C] falta

EXPRESIONES

be at fault tener la culpa • **find fault with sth/sb** encontrarle defectos a algo/alguien, criticar algo/a alguien • **generous/honest to a fault** generoso -a/honrado -a a más no poder

¿fault, defect o flaw?
fault es una falla en el funcionamiento de una máquina o un sistema: *a technical fault*
defect es un defecto de fabricación o de diseño: *a defect in the braking system*
flaw puede aplicarse tanto a materiales o sistemas como a ideas o al carácter: *a flaw in the software* • *There are flaws in his argument.*

fault² *v* [T] criticar

fault·less /'fɔltlɪs/ *adj* perfecto -a, impecable

fault·y /'fɔlti/ *adj* **1** defectuoso -a: *faulty goods* productos defectuosos **2** incorrecto -a, errado -a

faun /fɔn, fɑn/ *s* [C] fauno

fau·na /'fɔnə/ *s* [C,U] (*técn*) fauna

faux pas /ˌfoʊ 'pɑ/ *s* [C] metida de pata

fa·va bean /'fɑvə ˌbin/ *s* [C] haba

fa·vor¹ S3 W2 /'feɪvər/ *s*

1 ayuda
2 apoyo
3 popularidad
4 obsequio
5 privilegio
6 sexo

1 AYUDA [C] favor • **do sb a favor** (tb **do a favor for sb**) hacerle un favor a alguien: *Will you do me a favor and carry my bag?* ¿Me haría el favor de llevarme la maleta? • **ask sb (for) a favor** (tb **ask a favor of sb**) pedirle un favor a alguien • **I have a favor to ask** tengo que pedirte un favor • **do sth as a favor to sb** hacer algo como un favor a alguien

2 APOYO [C] **be in favor of sth** estar a favor de algo • **be all in favor of sth** estar totalmente a favor de algo

3 POPULARIDAD [U] **be in/out of favor** gozar/no gozar de aceptación • **be in/out of favor with sb** gozar/no gozar

de la simpatía de alguien • **fall/go out of favor (with sb)** caer en desgracia (con alguien), perder el apoyo (de alguien)

4 OBSEQUIO [C] recuerdo, souvenir (para una fiesta)

5 PRIVILEGIO [U] favoritismo • **show favor to sb** favorecer a alguien (injustamente), tener favoritismos hacia alguien

6 SEXO favors [pl] (*antic*) favores • **sexual favors** favores sexuales

EXPRESIONES

do me/us a favor haz/hazme/haznos el favor: *Do me a favor and shut up!* ¡Haz el favor de callarte! • **do yourself a favor** hazme caso (por tu bien) • **not do sb any favors** no hacerle ningún favor a alguien • **be in sb's favor** favorecer a alguien (situación, hecho)

favor² *v* [T] **1** ser partidario -a de • **favor sth/sb over sth/sb** preferir algo/a alguien a algo/alguien **2** favorecer (injustamente) • **favor sb over sb** favorecer a alguien frente a/antes que a alguien **3** favorecer, facilitar
favor sb with sth *v+partic* (*frml*) dispensarle algo a alguien, honrar a alguien con algo, regalarle algo a alguien

fa·vor·a·ble /'feɪvərəbəl/ *adj* **1** (reacción, opinión) favorable **2** (situación, condiciones) favorable • [+**to**]: *a financial environment that is favorable to job creation* un entorno financiero favorable para la creación de empleo **3** [solo ante s] (impresión) favorable • **in a favorable light** con una buena imagen

fa·vor·a·bly /'feɪvərəbli/ *adv* **1** favorablemente, con buenos ojos **2** favorablemente, adecuadamente

fa·vor·ite¹ S3 W3 /'feɪvrɪt, -vərɪt/ *adj* [solo ante s] preferido -a, favorito -a

favorite² S2 W2 *s* [C]
1 (al escoger) preferido -a, favorito -a • **a great/particular favorite** *This poem is my particular favorite.* Este es mi poema predilecto.
2 (en la escuela, la familia) preferido -a, favorito -a • **play favorites** tener un preferido/una preferida
3 (en deportes) favorito -a • **favorite to do sth** favorito -a para hacer algo ▶ FAVORITISM

fa·vor·it·ism /'feɪvrəˌtɪzəm/ *s* [U] favoritismo

fa·vour /'feɪvər/ *s, v* variante británica de FAVOR

fa·vour·a·ble /'feɪvərəbəl/ *adj* variante británica de FAVORABLE

fa·vour·a·bly /'feɪvərəbli/ *adv* variante británica de FAVORABLY

fa·vour·ite /'feɪvrɪt, -vərɪt/ *adj, s* variante británica de FAVORITE

fa·vour·i·tism /'feɪvrəˌtɪzəm/ *s* variante británica de FAVORITISM

fawn¹ /fɔn/ *v* [I] (*peyor*) **fawn on/over sb** adular/cepillar a alguien

fawn² *s* **1** [C] cervatillo **2** [U] beige

fawn³ *adj* beige

fax¹ S3 /fæks/ *s*
1 [C] (documento) fax
2 [C] (tb **fax machine**) (máquina) fax
3 [U] (sistema) fax • **by fax** por fax

fax² S3 *v* [T] mandar por fax • **fax sb sth** mandarle algo a alguien por fax

faze /feɪz/ *v* [T] (*coloq*) perturbar, desconcertar

FBI /ˌɛf bi 'aɪ/ *s* **the FBI** (**the Federal Bureau of Investigation**) el FBI

fear¹ S3 W1 /fɪr/ *s*
1 [C gralm sing, U] miedo • [+**of**]: *fear of flying* miedo a volar • **with fear** de miedo • **shake/tremble with fear** temblar de miedo • **in fear of sb/sth** vivir con miedo de alguien/algo: *He lives in fear of being caught.* Vive con miedo de que lo atrapen.
2 [C,U] temor, preocupación • [+**about**]: *fears about the safety of the drug* preocupación por la seguridad de la droga • [+**of**]: *There are fears of another recession.*

Existe el temor de una nueva recesión. • [+**that**]: *There was the fear that the crisis would get worse.* Se temía que la crisis empeorara. • [+**for**]: *fears for the children's safety* temor por la seguridad de los niños • **my/her greatest fear** mi/su mayor temor
3 [C,U] posibilidad • **there's no fear** no hay posibilidad: *There is no fear of us getting caught now.* No hay posibilidad de que nos pillen ahora.

EXPRESIONES
for fear of sth por temor a algo • **put the fear of God into sb** (*coloq*) amedrentar a alguien

fear² W2 v
1 [I,T] temer (algo negativo): *Hundreds of people are feared dead.* Se teme que cientos de personas hayan muerto. • **fear (that)** temer que: *Police fear that there may be further terrorist attacks.* La policía teme que puedan producirse nuevos atentados. • **fear for sb/sth** temer por alguien/algo
2 [T] temer, tener miedo a

EXPRESIONES
I fear (that) (*frml*) me temo que

fear·ful /'fɪrfəl/ *adj* **1** (*frml*) temeroso -a, atemorizado -a • **be fearful of (doing) sth** temer (hacer) algo, tener miedo de (hacer) algo • **be fearful that** temer que **2** [solo ante s] (*liter*) aterrador -a

fear·less /'fɪrlɪs/ *adj* valiente, intrépido -a

fear·less·ly /'fɪrlɪsli/ *adv* valientemente, sin miedo

fear·less·ness /'fɪrlɪsnɪs/ *s* [U] valentía, intrepidez

fear·some /'fɪrsəm/ *adj* aterrador -a

fea·si·bil·i·ty /ˌfizə'bɪləṭi/ *s* [U] viabilidad

fea·si·ble /'fizəbəl/ *adj* viable, factible

fea·si·bly /'fizəbli/ *adv* de manera factible: *We cannot feasibly get this done by Friday.* No hay manera de tener esto hecho para el viernes.

feast¹ /fist/ *s* **1** [C] festín, banquete **2** [C] festín, comilona **3** [sing] festín, deleite: *a visual feast* un festín para la vista **4** [C] (tb **feast day**) fiesta (de guardar), festividad (religiosa)

feast² *v* [I] festejar (comiendo y bebiendo)

EXPRESIONES
feast your eyes on sb/sth regalarse la vista con alguien/algo
feast on sth *v+partíc* darse un festín de algo

feat /fit/ *s* [C] hazaña, proeza • **a feat of engineering** una maravilla/proeza de la ingeniería • **be no mean feat** ser toda una hazaña, no ser una hazaña menor

feath·er¹ /'fɛðər/ *s* [C] pluma (de ave) ▶ BIRDS of a **feather**, LIGHT **as air/as light as a feather**, RUFFLE **sb's feathers**

EXPRESIONES
a feather in your cap (*coloq*) un triunfo personal

feather² *v*

EXPRESIONES
feather your own nest (*peyor*) hacer su agosto, ponerse las botas (a costa de los demás)

feath·er·weight /'fɛðərˌweɪt/ *s* [C] peso pluma

feath·er·y /'fɛðəri/ *adj* ligero -a, sedoso -a

fea·ture¹ S3 W2 /'fitʃər/ *s* [C]
1 característica, rasgo • **a common feature** un rasgo común
2 [gralm pl] rasgo, facción: *delicate features* facciones delicadas
3 artículo, nota (en un periódico, una revista) • [+**on**]: *a feature on endangered animals* una nota sobre animales en peligro
4 hito (del paisaje) • **a geographical feature** un hito geográfico, un accidente geográfico

feature² W2 *v*
1 [T] incluir, presentar (disco, película, exposición) • **feature sb as sth** *The movie features Frank Sinatra as Nathan Detroit.* En la película aparece Frank Sinatra en el papel de Nathan Detroit. • **be featured in sth**

salir/aparecer en algo (una revista, un periódico)
2 [I siempre + adv/prep] **feature in sth** ocupar un lugar importante en algo, figurar en algo
3 [T] traer, incluir (aparato, oferta)

feature ˌfilm *s* [C] largometraje

fea·ture·less /'fitʃəlɪs/ *adj* sin rasgos característicos

Feb·ru·ar·y /'fɛbyuˌɛri, 'fɛbruˌɛri/ (abrev escrita **Feb.**) *s* [C,U] febrero ▶ ver ejs en MAY

fe·ces /'fisiz/ *s* [pl] (*frml*) heces

feck·less /'fɛklɪs/ *adj* (*frml*) irresponsable, sin objetivos

Fed /fɛd/ *s* (*coloq*) **1 the Fed** (**the Federal Reserve System**) la Fed (el Sistema de la Reserva Federal) **2 the Fed** (**the Federal Reserve Board**) la Junta de la Reserva Federal

fed¹ /fɛd/ pasado y participio pasado de FEED

fed² *s* [C] (*coloq*) agente federal (del FBI)

fed·er·al S3 W1 /'fɛdərəl/ *adj* [gralm ante s]
1 nacional, federal: *federal law* legislación nacional
2 federal (república, sistema)

fed·er·al·ism /'fɛdərəˌlɪzəm/ *s* [U] federalismo

fed·er·al·ist /'fɛdərəlɪst/ *s* [C] federalista

fed·er·a·tion /ˌfɛdə'reɪʃən/ *s* [C] federación

ˌfed 'up *adj* [nunca ante s] (*coloq*) harto -a, jarto -a • [+**with**]: *I'm fed up with this rain.* Estoy jarta de tanta lluvia. • **be fed up with doing sth** estar harto -a de hacer algo, estar jarto -a de hacer algo

fee S2 W2 /fi/ *s* [C]
1 honorarios, comisión • **charge a fee** cobrar honorarios/una comisión: *Lawyers often charge high fees.* Los abogados suelen cobrar honorarios altos. • **pay a fee** pagar honorarios/una comisión: *exchange fees* comisión por cambio de divisa • [+**for**]: *The fee for the course is $250.* La matrícula del curso es de 250 dólares.
2 cuota, tarifa • **an entrance fee** una entrada • **a membership fee** una cuota (de socio) • **a flat fee** una tarifa única/fija ▶ COST, PAY

fee·ble /'fibəl/ *adj* **1** (persona) débil **2** (sonido, luz) débil **3** (excusa, argumento) pobre, poco convincente • **a feeble attempt/effort** un intento fallido, un intento poco efectivo

ˌfeeble-'minded *adj* estúpido -a, menso -a

feed¹ S1 W2 /fid/ *v* (**fed** /fɛd/)

1	a una persona, un animal
2	a un grupo
3	bebé, animal
4	una planta
5	en informática
6	suministrar
7	en un aparato, un sistema
8	un sentimiento
9	una adicción, la demanda

1 A UNA PERSONA, UN ANIMAL [T] darle de comer a: *Have you fed the dog?* ¿Le diste de comer al perro? • **feed a baby** darle de mamar a un bebé, darle el biberón/la mamila a un bebé • **feed sth to sb** darle de comer algo a alguien • **feed sb on sth** alimentar a alguien con algo • **feed yourself** comer solo -a
2 A UN GRUPO [T] alimentar: *enough food to feed a family of six* comida como para alimentar a una familia de seis personas
3 BEBÉ, ANIMAL [I] comer: *Frogs generally feed at night.* Las ranas suelen comer de noche.
4 UNA PLANTA [T] abonar
5 EN INFORMÁTICA [T siempre + adv/prep] **feed sth into a computer** ingresar algo en un computador/una computadora
6 SUMINISTRAR [T] suministrar (electricidad, agua), trasmitir (una señal): *Small streams feed the main river.* El río principal recibe agua de unos arroyuelos. • **be fed to sth** *The sound is fed directly to the headphones.* El sonido se transmite directamente a los auriculares.

7 EN UN APARATO, UN SISTEMA [T] **feed sth into sth** introducir algo en algo: *You feed the document into the fax machine.* Se introduce el documento en el fax. • **feed the meter** echarle monedas al parquímetro

8 UN SENTIMIENTO [T] avivar, alimentar

9 UNA ADICCIÓN, LA DEMANDA [T] satisfacer ▶ **BREAST-FEED, FEEDING, FORCE-FEED, a MOUTH to feed, SPOON-FEED**

feed back ↔ **sth** v+partíc proporcionar algo, aportar algo (comentarios, impresiones) • **feed sth back to sb** proporcionarle algo a alguien

feed off sth v+partíc **1** alimentarse de algo **2** aprovecharse de algo, vivir de algo

feed on sth v+partíc **1** alimentarse de algo (animal) **2** nutrirse de algo (sentimiento)

feed² s [U] alimento

feed·back [S3] /'fidbæk/ s [U]
1 comentario(s) (evaluativo(s)), feedback • **have/get feedback** recibir comentarios: *We haven't had any feedback from anybody.* Nadie nos ha comentado nada. • **give feedback** hacer comentarios
2 realimentación, retroalimentación (de un micrófono)

feed·er /'fidə/ s [C] **1** comedero (para animales) **2** bandeja de alimentación (en una impresora, una fotocopiadora)

feed·ing /'fidɪŋ/ s [C] comida, mamada

'feeding ,frenzy s [C gralm sing] **1** carrera desenfrenada (para conseguir algo) **2** festín (de tiburones)

feel¹ [S1] [W1] /fil/ v (**felt** /fɛlt/)

1 una sensación, un sentimiento
2 el contacto
3 un cambio corporal
4 algo inmaterial
5 opinar
6 dar sensación física
7 dar sensación anímica
8 con los dedos
9 buscar

1 UNA SENSACIÓN, UN SENTIMIENTO [v copul, T] sentir • **feel guilty/confident** sentirse culpable/seguro -a • **feel sorry** *I feel sorry I didn't see her.* Siento no haberla visto. • **feel hungry** tener hambre • **feel as if** (tb **feel as though**) sentir(se) como si • **feel like** sentirse como: *I felt like I was going crazy.* Sentí que me volvía loco. • **feel the need to do sth** tener la necesidad de hacer algo

2 EL CONTACTO [T nunca en forma continua] sentir: *He felt a hand on his shoulder.* Sintió una mano sobre el hombro. • **feel sb do sth** sentir que alguien hace algo

3 UN CAMBIO CORPORAL [T nunca en forma continua] **feel sth do sth** *She felt her mouth go dry.* Sintió que se le secaba la boca. • **feel yourself do sth** *She felt herself blush.* Sintió que se ponía colorada.

4 ALGO INMATERIAL [T nunca en forma continua] sentir, notar: *You could feel the tension.* Se sentía la tensión. • **feel the effects of sth** sentir los efectos de algo • **feel sb doing sth** notar que alguien hace algo

5 OPINAR [T gralm no en forma continua] pensar, creer • **feel (that)** pensar/creer (que): *I feel that improvements need to be made.* Creo que es necesario hacer mejoras. • **feel about sth** *We asked what students felt about the changes.* Preguntamos qué les parecían los cambios a los estudiantes. • **feel strongly about sth** tener opiniones muy firmes sobre algo • **feel strongly that** tener la firme convicción de que • **feel sure/certain** estar seguro -a • **feel it necessary to do sth** (fml) considerar necesario hacer algo

6 DAR SENSACIÓN FÍSICA [v copul] *My hair still feels damp.* Todavía tengo el pelo húmedo. • **feel wet/cool** estar mojado -a/fresco -a • **feel like sth** *Her hands felt like ice.* Tenía las manos heladas. • *It feels like velvet.* Al tacto, parece terciopelo.

7 DAR SENSACIÓN ANÍMICA [v copul] *Seeing him again felt strange.* Me resultaba extraño volver a verle. • **it feels good/great to do sth** es agradable/genial hacer algo, se siente bien/padre hacer algo • **feel like** parecer

que: *It felt like I'd known them all my life.* Parecía que los conociera de toda la vida.

8 CON LOS DEDOS [T] tocar, palpar • **feel how hard/ soft sth is** sentir lo duro/suave que está algo, notar lo duro/suave que está algo

9 BUSCAR [I] **feel in sth** buscar en algo • **feel around** buscar a tientas

EXPRESIONES

feel your age sentirse viejo -a • **feel the cold** ser friolento -a • **feel free** (oral) por supuesto, adelante: *"Could I use your phone for a minute?" "Feel free."* –¿Puedo usar el teléfono por un momento? –Por supuesto. • **feel free to do sth** *Please feel free to make suggestions.* Por favor, hagan todas las sugerencias que quieran. • **feel the heat (a)** sentir el calor **(b)** sentir la presión • **feel like (doing) sth** *Do you feel like another drink?* ¿Te provoca otra copa? • *He didn't feel like going to work.* No tenía ganas de ir a trabajar. • **feel your way (a)** andar a tientas **(b)** tantear el terreno • **I know how you feel** (oral) te entiendo • **not feel yourself** (oral) no sentirse bien

feel for sb v+partíc sentir pena por alguien, compadecer a alguien: *I really feel for him.* Me da mucha pena.

feel sth/sb ↔ **out** v+partíc tantear algo/a alguien

feel sb ↔ **up** v+partíc (coloq) manosear a alguien

feel up to sth v+partíc sentirse con ánimo de algo, sentirse con fuerzas para algo: *She didn't feel up to driving.* No se sentía con fuerzas para conducir.

feel² s **1** [sing] (aspecto) aire • **have a French/happy feel to it** tener un aire francés/alegre **2** [sing] (textura) tacto • **the feel of leather/her skin** el tacto del cuero/de su piel **3** [U] (acción) tacto

EXPRESIONES

a feel for sth (a) una idea de algo • **get a feel for sth** hacerse una idea de algo **(b)** talento para algo • **have a feel for sth** tener talento para algo • **get the feel of sth** acostumbrarse a algo, familiarizarse con algo

feel·er /'filə/ s [C gralm pl] antena (de insecto)

EXPRESIONES

put/send out feelers tantear el terreno

'feel-good adj [solo ante s] optimista (historia, canción)

EXPRESIONES

the feel-good factor la sensación de bienestar

feel·ing [S1] [W2] /'filɪŋ/ s

1 cosa sentida
2 ideas, actitudes
3 idea personal
4 idea mayoritaria
5 impresión corporal
6 facultad de sentir
7 efecto

1 COSA SENTIDA [C] sentimiento, sensación: *A strange feeling came over him.* Le sobrevino una extraña sensación. • [+of]: *I had terrible feelings of guilt.* Tenía un terrible sentimiento de culpa. • **feelings are running high** los ánimos están caldeados • **mixed feelings** sentimientos encontrados

2 IDEAS, ACTITUDES feelings [pl] sentimientos • **hurt sb's feelings** herir los sentimientos de alguien

3 IDEA PERSONAL [C] opinión: *My feeling is that we should stop.* Creo que deberíamos parar. • **have strong feelings on/about sth** tener firmes convicciones sobre algo • **a gut feeling** una intuición

4 IDEA MAYORITARIA [sing, U] opinión general, sensación generalizada • **a general feeling** una sensación generalizada

5 IMPRESIÓN CORPORAL [C] sensación • [+of]: *feelings of dizziness* sensación de mareo

6 FACULTAD DE SENTIR [U] sensibilidad • **lose the feeling in your legs/hands** perder la sensibilidad en las piernas/manos

7 EFECTO [sing] ambiente, aire • [+of]: *a feeling of light and space* una sensación de luminosidad y amplitud • *a feeling of calm* un aire de tranquilidad ▶ **no HARD feelings**

bad/ill feeling resentimiento • **a feeling for sth** (a) una idea de algo • **give sb a feeling for sth** darle a alguien una idea de algo (b) talento para algo • **the feeling is mutual** (*oral*) el sentimiento es mutuo • **have a bad feeling about sth/sb** tener un mal presentimiento sobre algo/alguien • **have feelings for sb** (*oral*) sentir algo por alguien • **have a good feeling about sth** tener un buen presentimiento sobre algo • **have/get a feeling (that)** (tb **have/get the feeling (that)**) tener la impresión de que • **I know the feeling** (*oral*) te entiendo perfectamente • **with feeling** con sentimiento

feet /fit/ pl de FOOT ▶ get/have COLD feet, ITCHY feet

feign /feɪn/ v [T] (*frml*) fingir: *He feigned sleep.* Fingió que dormía.

feint¹ /feɪnt/ s [C] amago, finta

feint² v [I] amagar, hacer una finta

feist·y /ˈfaɪsti/ adj (**feistier, feistiest**) (*aprec*) de carácter, que se hace valer

fe·line¹ /ˈfilaɪn/ adj [solo ante s] felino -a

feline² s [C] (*técn*) felino -a

fell¹ /fɛl/ pasado de FALL

fell² v [T] **1** talar **2** tumbar, derribar

fell³ s [C] montaña, monte

fell⁴ adj **in/at one fell swoop** de un plumazo

fel·low¹ S2 W2 /ˈfɛloʊ/ s [C]
1 (*antic*) tipo, hombre
2 becario -a (en un posgrado)
3 miembro de número (de una Academia)

fellow² adj [solo ante s] **fellow worker/student** compañero -a de trabajo/estudios • **fellow citizen/countrymen** conciudadano -a/compatriotas • **fellow Republicans/Conservatives** correligionarios del Partido Republicano/Conservador
your/their fellow man el/su prójimo

fel·low·ship /ˈfɛloʊˌʃɪp, -lə-/ s **1** [C] beca **2** [C] comisión encargada de adjudicar becas **3** [C] hermandad, cofradía **4** [U] hermandad, compañerismo

fel·on /ˈfɛlən/ s [C] (*jur*) delincuente, autor -a de un delito grave

fel·o·ny /ˈfɛləni/ s [C,U] (pl **felonies**) (*jur*) delito grave

felt¹ /fɛlt/ pasado y participio pasado de FEEL

felt² s [U] **1** fieltro **2** fieltro asfáltico

felt tip 'pen (tb **'felt tip**) s [C] plumón, marcador

fe·male¹ S3 W2 /ˈfimeɪl/ adj
1 de sexo femenino: *Over half the employees are female.* Más de la mitad de los empleados son mujeres.
2 [solo ante s] femenino -a: *female sexuality* sexualidad femenina
3 hembra: *a female whale* una ballena hembra

female² S3 W3 s [C]
1 hembra
2 mujer

fem·i·nine /ˈfɛmənɪn/ adj **1** (típico de mujer) femenino -a: *a feminine hairstyle* un corte de pelo femenino **2** [solo ante s] (de la mujer) femenino -a: *feminine roles* roles femeninos **3** (*técn*) (en lingüística) femenino -a

fem·i·nin·i·ty /ˌfɛməˈnɪnəti/ s [U] feminidad

fem·i·nism /ˈfɛməˌnɪzəm/ s [U] feminismo

fem·i·nist /ˈfɛmənɪst/ s [C], adj [solo ante s] feminista

femme fa·tale /ˌfɛm fəˈtal, -ˈtæl/ s [C] (pl **femmes fatales** /ˌfɛm fəˈtal, -ˈtæl/) mujer fatal

fe·mur /ˈfimər/ s [C] (*técn*) fémur

fence¹ S2 /fɛns/ s [C]
1 (en un terreno) cerca, cerco: *a barbed wire fence* una cerca de alambre de púa
2 (en hípica) valla

3 (*coloq*) reducidor -a, comprador -a de objetos robados
▶ PICKET FENCE
sit on the fence no tomar partido, no definirse

fence² v [I] hacer esgrima
fence in v+partíc **1 fence sth ↔ in** cercar algo (para protegerlo) **2 fence sb ↔ in** coartar a alguien
fence sth ↔ off v+partíc cercar algo (para aislarlo)

fenced-in /ˌfɛnst ˈɪn◂/ adj **1** [nunca ante s] coartado -a, encerrado -a **2** cercado -a

fenc·ing /ˈfɛnsɪŋ/ s [U] **1** esgrima **2** cerca, cerco

fend /fɛnd/ v **fend for yourself** valerse por sí mismo -a
fend sth/sb ↔ off v+partíc **1** repeler algo/a alguien, rechazar algo/a alguien **2** eludir algo/a alguien, esquivar algo/a alguien

fend·er /ˈfɛndər/ s [C] **1** (en un carro) guardabarro(s), salpicadera **2** (en una bicicleta) guardabarro(s), salpicadera

fen·nel /ˈfɛnl/ s [U] hinojo

fer·ment¹ /fərˈmɛnt/ v [I,T] fermentar

fer·ment² /ˈfərmɛnt/ s [sing, U] agitación (social, política)

fer·men·ta·tion /ˌfərmənˈteɪʃən/ s [U] fermentación

fern /fərn/ s [C] helecho

fe·ro·cious /fəˈroʊʃəs/ adj **1** [gralm ante s] feroz, encarnizado -a (animal, batalla) **2** implacable (calor), muy fuerte (viento), tremendo -a (velocidad)

fe·ro·cious·ly /fəˈroʊʃəsli/ adv **1** con ferocidad, encarnizadamente **2** a toda velocidad

fe·roc·i·ty /fəˈrɑsəti/ s [U] **1** ferocidad (de un ataque, un animal) **2** furia (de una tormenta)

fer·ret¹ /ˈfɛrɪt/ s [C] hurón

ferret² v [I siempre + adv/prep] cazar (con hurones)
ferret out v+partíc **1 ferret sth ↔ out** dar con algo, descubrir algo **2 ferret sb ↔ out** detectar a alguien

fer·ris wheel, Ferris wheel /ˈfɛrɪs ˌwil/ s [C] rueda de la fortuna, rueda de Chicago

fer·rous /ˈfɛrəs/ adj [solo ante s] (*técn*) ferroso -a (con hierro)

fer·ry¹ /ˈfɛri/ s [C] (pl **ferries**) ferry, transbordador

ferry² v [T siempre + adv/prep] (**ferries, ferried, ferrying**) **ferry sb/sth to sth** transportar algo/a alguien a algo, trasladar algo/a alguien a algo

fer·ry·man /ˈfɛrimən/ s [C] (pl **ferrymen** /-mən/) piloto (de un transbordador, un ferry)

fer·tile /ˈfərtl/ adj **1** (tierra) fértil **2** (persona, animal) fértil **3** (situación) fértil, fecundo -a • **fertile ground for sth** terreno fértil para algo
a fertile imagination una imaginación fértil

fer·til·i·ty /fərˈtɪləti/ s [U] **1** (de una persona, un animal) fertilidad • **fertility treatment** tratamiento de fertilidad **2** (de la tierra) fertilidad

fer·til·i·za·tion /ˌfərtləˈzeɪʃən/ s [U] **1** fecundación **2** fertilización, abono

fer·til·ize /ˈfərtlˌaɪz/ v [T] **1** fertilizar, abonar **2** fecundar

fer·til·iz·er /ˈfərtlˌaɪzər/ s [C,U] fertilizante, abono

fer·vent /ˈfərvənt/ adj [gralm ante s] ferviente, fervoroso -a

fer·vent·ly /ˈfərvəntli/ adv **1** fervientemente, con emoción **2** fervientemente, con todas sus fuerzas

fer·vor /ˈfərvər/ s [U] fervor

fest /fɛst/ s **a gossip/video fest** (*coloq*) un festín de chismes/videos

fes·ter /ˈfɛstər/ v [I] **1** enconarse (situación, problema) **2** infectarse (herida)

fes·ti·val S3 W3 /ˈfɛstəvəl/ s [C]
1 festival • **a music/film festival** un festival de música/cine

2 fiesta (de las flores, la cerveza, etc.)
3 fiesta, festividad: *a religious festival* una festividad religiosa

fes·tive /ˈfɛstɪv/ *adj* **1** festivo -a, alegre **2** [solo ante s] festivo -a, de celebración (ocasión, día) **3** [solo ante s] navideño -a • **the festive season** las fiestas navideñas

fes·tiv·i·ty /fɛˈstɪvəti/ *s* [C,U] (pl **festivities**) celebración

fes·toon¹ /fɛˈstun/ *v* [T gralm en pasiva] engalanar, adornar • **be festooned with sth** estar engalanado -a con algo

festoon² *s* [C gralm pl] (*frml*) guirnalda

fe·tal /ˈfitl/ *adj* [solo ante s] (*técn*) fetal

'fetal po,sition *s* [sing] posición fetal

fetch /fɛtʃ/ *v* [T] **1** venderse en: *The painting fetched $100,000.* El cuadro se vendió en 100.000 dólares. **2** (*antic*) ir a buscar, traer • **fetch sth/sb from sth** traer algo/a alguien de algo • **fetch sb sth** traerle algo a alguien, ir a buscarle algo a alguien

EXPRESIONES
fetch and carry (*antic*) hacer de mandadero -a

fetch·ing /ˈfɛtʃɪŋ/ *adj* (*antic*) atractivo -a

fete¹ /feɪt/ *v* [T gralm en pasiva] agasajar

fete² *s* [C] agasajo

fet·id /ˈfɛtɪd/ *adj* (*frml*) fétido -a

fet·ish /ˈfɛtɪʃ/ *s* [C] **1** fetichismo (sexual) **2** (*peyor*) obsesión, manía • [+**for**]: *She has a fetish for old books.* Tiene obsesión por los libros antiguos. **3** fetiche

fet·ter /ˈfɛtər/ *v* [T] **1** [gralm en pasiva] (*liter*) coartar, ponerle trabas a **2** encadenar, ponerle grilletes a

fet·ters /ˈfɛtərz/ *s* [pl] **1** (*liter*) cadenas, trabas **2** grilletes, cadenas

fet·tle /ˈfɛtl/ *s* (*antic*) **in fine/good fettle** en buenas condiciones

fe·tus /ˈfitəs/ *s* [C] (*técn*) feto

feud¹ /fyud/ *s* [C] disputa, enemistad (enconada)

feud² *v* [I] pelearse • **feud with sb** pelearse con alguien

feud·al /ˈfyudl/ *adj* [solo ante s] feudal

feu·dal·is·m /ˈfyudlˌɪzəm/ *s* [U] feudalismo

fe·ver /ˈfivər/ *s* **1** [C,U] (temperatura) fiebre, calentura • **have a fever** (tb **be running a fever**) tener fiebre • **a high/slight fever** mucha fiebre/algo de fiebre **2** [U] (agitación) fiebre: *Harry Potter fever* la fiebre de Harry Potter • **election fever** locura electoral, vorágine electoral ▸ HAY FEVER

EXPRESIONES
reach fever pitch ponerse al rojo vivo

fe·vered /ˈfivərd/ *adj* [solo ante s] (*liter*) febril (actividad)

EXPRESIONES
a fevered imagination una imaginación febril

fe·ver·ish /ˈfivərɪʃ/ *adj* **1** (persona) afiebrado -a, acalenturado -a: *He felt feverish.* Se sentía afiebrado. **2** [solo ante s] (entusiasmo, ansiedad) febril **3** [solo ante s] (actividad) febril

fe·ver·ish·ly /ˈfivərɪʃli/ *adv* **1** febrilmente **2** con ansiedad, con entusiasmo

few¹ S1 W1 /fyu/ *det, adj* [usado con s pl] (**fewer, fewest**) **1 a few** [sin compar] algunos -as, unos -as: *A few people disagreed.* Hubo algunos que no estuvieron de acuerdo. • **a few more...** algunos -as... más • **just a few** *The ceremony will begin in just a few minutes.* La ceremonia empezará en unos minutos. [ANT] **a lot** **2** pocos -as: *Few people were willing to help.* Hubo pocas personas dispuestas a ayudar. • **very few** muy pocos -as • **so few** tan pocos -as • **too few** demasiado pocos -as • **how few** *It is surprising how few students fail.* Es sorprendente que sean tan pocos los alumnos que no aprueban. • **be few and far between** ser contados -as **3 the few** los pocos/las pocas: *I enjoyed the few months I spent there.* Disfruté los pocos meses que pasé allí. • **my/her few** *I gathered together my few possessions.*

Reuní las pocas cosas que tenía. • **the last few** los últimos/las últimas: *They've lost their last few games.* Han perdido los últimos partidos. • **the next few** los próximos/las próximas: *Read the next few pages carefully.* Lea las páginas siguientes con atención.

EXPRESIONES
every few days/weeks cada pocos días/pocas semanas • **every few feet/miles** cada pocos pies/pocas millas • **quite a few** bastantes

⚠ **¿a few o few?**
Observa que **a few** significa "unos" o "algunos", pero que **few** a secas significa "pocos":
✔ *Let's wait a few minutes.*
✔ *She has very few friends.*
✔ *Few people know this secret.*

few² S1 W1 *pron* [pl]
1 a few algunos -as: *Most of the pictures were good, and a few were excellent.* La mayoría de las fotos eran buenas y algunas, excelentes. • **a few of** algunos -as de: *A few of my friends helped.* Algunos de mis amigos ayudaron. • **just a few** *These are just a few of the problems we've had.* Estos no son más que algunos de los problemas que hemos tenido. • **only a few** solo algunos -as • **a few more** algunos -as más
2 pocos -as: *There were many books, but few worth reading.* Había muchos libros, pero pocos que valiera la pena leer. • **few of** pocos -as: *Few of the employees like working here.* Pocos miembros del personal trabajan a gusto aquí. • **(a) very few** muy pocos -as: *We've tried several methods, but very few have worked.* Hemos probado varios métodos, pero muy pocos han funcionado. • **too few** demasiado pocos -as
3 the few una minoría, unos pocos: *Most people agreed. The few who disagreed left the meeting.* La mayoría estuvo de acuerdo. Los pocos que no, abandonaron la reunión. • **the chosen few** los elegidos ▸ **to** NAME but a **few**

EXPRESIONES
as few as tan solo: *As few as 20 out of 500 candidates passed the test.* Tan solo 20 de 500 candidatos aprobaron el examen. • **have had a few (too many)** (*coloq*) haber bebido unas cuantas copas de más, haber bebido demasiado • **no fewer than** nada menos que • **quite a few** bastantes

fi·an·cé /ˌfiɑnˈseɪ, fiˈɑnseɪ/ *s* [C] prometido, novio

fi·an·cée /ˌfiɑnˈseɪ, fiˈɑnseɪ/ *s* [C] prometida, novia

fi·as·co /fiˈæskoʊ/ *s* [C] (pl **fiascoes, fiascos**) fiasco, fracaso

fib¹ /fɪb/ *s* [C] (*coloq*) mentirita, mentirilla • **tell a fib** decir una mentirita/mentirilla

fib² *v* [I] (**fibbed, fibbing**) (*coloq*) decir una mentirita/mentirilla

fi·ber /ˈfaɪbər/ *s* **1** [U] (en alimentos) fibra **2** [C,U] (en tejidos) fibra **3** [C,U] (en el organismo) fibra • **a nerve/muscle fiber** una fibra nerviosa/muscular

fi·ber·glass /ˈfaɪbərˌglæs/ *s* [U] fibra de vidrio

fiber-'optic *adj* [solo ante s] de fibra óptica

fiber 'optics *s* [U] fibra óptica

fi·brous /ˈfaɪbrəs/ *adj* [gralm ante s] fibroso -a

fick·le /ˈfɪkəl/ *adj* **1** voluble, veleidoso -a **2** inestable, cambiante

fic·tion /ˈfɪkʃən/ *s* **1** [U] (literatura) (obras de) ficción • **romantic/crime/historical fiction** la novela romántica/policiaca/histórica • **a work of fiction** una obra de ficción [ANT] **nonfiction** **2** [C] (mentira) ficción ▸ SCIENCE FICTION

fic·tion·al /ˈfɪkʃənəl/ *adj* ficticio -a, de ficción

fic·ti·tious /fɪkˈtɪʃəs/ *adj* ficticio -a, falso -a

fid·dle¹ /ˈfɪdl/ *v*

EXPRESIONES
fiddle while Rome burns perder (el) tiempo en tonterías
fiddle around with sth *v+partíc* **1** andar cambiando algo **2** hacerle ajustes a algo (para hacerlo funcionar)

fiddle with sth *v+partíc* **1** juguetear con algo (nerviosamente) **2** hacerle ajustes a algo (para hacerlo funcionar) **3** meter mano en algo, tocar algo **4** andar cambiando algo

fiddle² *s* (*coloq*) **1** [C] violín **2** [C] chanchullo ▸ **PLAY second fiddle (to sb)**

fid·dler /ˈfɪdlə/ *s* [C] (*coloq*) violinista

fi·del·i·ty /fəˈdɛləti, faɪ-/ *s* [U] fidelidad ᴬᴺᵀ **infidelity**

fidg·et /ˈfɪdʒɪt/ *v* [I] no estarse quieto -a, moverse inquieto -a • **fidget with sth** juguetear con algo

fidg·et·y /ˈfɪdʒəti/ *adj* (*coloq*) inquieto -a, nervioso -a

field¹ ꜱ1 ꝝ1 /fild/ *s*

> 1 para agricultura, ganadería
> 2 de deportes
> 3 de estudio, trabajo
> 4 en investigación, pruebas
> 5 de compañías, productos
> 6 en una carrera
> 7 en informática
> 8 de la vista

1 PARA AGRICULTURA, GANADERÍA [C] campo: *cotton fields* campos de algodón
2 DE DEPORTES [C] campo, cancha • **a football/ baseball field** una cancha de fútbol/un campo de béisbol • **off the field** fuera del terreno de juego
3 DE ESTUDIO, TRABAJO [C] campo, área • **in his/her field** en su campo ꜱɪɴ **area**
4 EN INVESTIGACIÓN, PRUEBAS [sing] **in the field** sobre el terreno
5 DE COMPAÑÍAS, PRODUCTOS [sing] (conjunto de) competidores • **lead the field** llevar la delantera
6 EN UNA CARRERA [sing] (conjunto de) participantes • **lead the field** llevar la delantera, ir a la cabeza
7 EN INFORMÁTICA [C] campo
8 DE LA VISTA a field of vision un campo visual ▸ **LEFT FIELD, compete on a LEVEL playing field, PLAY the field, PLAYING FIELD, TRACK AND FIELD**
EXPRESIONES
leave the field clear for sb dejarle el camino abierto a alguien

field² *v* **1** [T] presentar (un candidato), alinear (un equipo) **2** [T] dar respuesta a (llamadas, preguntas) **3** [I] fildear (en béisbol) **4** [T] atrapar (en béisbol)

ˈfield day *s* [C] día de encuentros deportivos (en un colegio)
EXPRESIONES
have a field day (*coloq*) darse un festín, darle vuelo a la hilacha

field·er /ˈfildə/ *s* [C] en cricket o béisbol, jugador del equipo que defiende y no está bateando ▸ **CENTER FIELDER**

ˈfield ˌevent *s* [C] prueba de atletismo

ˈfield ˌgoal *s* [C] **1** (en fútbol americano) gol de campo **2** (en básquetbol) canasta

ˈfield ˌhockey *s* [U] hockey (sobre césped)

ˈfield test *s* [C] prueba sobre el terreno

ˈfield-test *v* [T] probar sobre el terreno

ˈfield trip *s* [C] salida (pedagógica)

field·work /ˈfildwɜk/ *s* [U] trabajo de campo

fiend /find/ *s* [C] **1 a dope/drug fiend** un/una drogata **2** desalmado -a • **a sex fiend** (*peyor*) un maniaco/una maniaca sexual, un maniático/una maniática sexual **3** (*liter*) demonio

fiend·ish /ˈfindɪʃ/ *adj* [gralm ante s] **1** perverso -a, malvado -a **2** diabólico -a, astuto -a **3** endemoniado -a, complicadísimo -a

fiend·ish·ly /ˈfindɪʃli/ *adv* endemoniadamente, diabólicamente

fierce /fɪrs/ *adj* **1** (persona, animal) feroz, fiero -a **2** (lucha, resistencia) feroz • **fierce fighting** enfrentamientos encarnizados • **a fierce attack** un feroz ataque **3** (polémica, críticas) feroz, encarnizado -a • **a fierce argument/fight** una fuerte discusión • **fierce opposition/competition** oposición/competencia encarnizada • **come under fierce attack** ser objeto de críticas virulentas **4** apasionado -a (amor), visceral (odio): *fierce loyalty* lealtad inquebrantable • **fierce determination** determinación férrea **5** implacable (calor), fuertísimo -a (viento)
EXPRESIONES
something fierce (*oral*) una barbaridad

fierce·ly /ˈfɪrsli/ *adv* **1** extremadamente: *He is fiercely opposed to any changes.* Se opone férreamente a cualquier cambio. **2** ferozmente, con ferocidad

fierce·ness /ˈfɪrsnɪs/ *s* [U] **1** apasionamiento, visceralidad, intensidad **2** ferocidad, fiereza

fi·er·y /ˈfaɪəri/ *adj* **1** encendido -a (cielo, color) **2** exaltado -a (persona) • **a fiery temper** un temperamento exaltado **3** fogoso -a, enardecido -a (palabras) **4** picante (comida) **5 fiery red** rojo encendido

fi·es·ta /fiˈɛstə/ *s* [C] **1** festividad religiosa **2** fiesta ▸ ver nota en **CELEBRATION**

fif·teen¹ /ˌfɪfˈtin◂/ *núm* quince ▸ ver ejs en **SIX**

fifteen² *s* [C] equipo de rugby

fif·teenth¹ /ˌfɪfˈtinθ◂/ (abrev escrita **15th**) *adj, adv* decimoquinto -a, en decimoquinto lugar ▸ ver ejs en **SIXTH**

fifteenth² *s, pron* **1** (abrev escrita **15th**) decimoquinto -a **2** (abrev escrita **15th**) (día) quince **3** (abrev escrita **1/15**) quinceavo, quinceava parte **4** (*oral*) cumpleaños número quince, decimoquinto cumpleaños **5** (abrev escrita **XV**) (en nombres de monarcas, papas) quince ▸ ver ejs en **SIXTH**

fifth¹ /fɪfθ/ (abrev escrita **5th**) *adj, adv* quinto -a, en quinto lugar ▸ ver ejs en **SIXTH**

fifth² *s, pron* **1** (abrev escrita **5th**) quinto -a **2** (abrev escrita **5th**) (día) cinco **3** (abrev escrita **1/5**) quinto, quinta parte **4** (*oral*) quinto cumpleaños, cumpleaños número cinco **5** (abrev escrita **V**) (en nombres de monarcas, papas) quinto -a ▸ ver ejs en **SIXTH**
EXPRESIONES
take/plead the Fifth negarse a declarar (acogiéndose a la quinta enmienda)

fifth³ *s* [C] medida equivalente a 0,757 litros

ˌfifth ˈcolumn *s* [C] quinta columna

fif·ties /ˈfɪftiz/ *s* [pl] **1 the fifties** (tb **the 50s, the 1950s**) los (años) cincuenta, la década de los cincuenta **2 be in your fifties** tener cincuenta y pico/cincuenta y tantos **3 the fifties** (tb **the 50s**) temperaturas de entre 50 y 60 grados (Fahrenheit) ▸ ver ejs en **SIXTIES**

fif·ti·eth¹ /ˈfɪftiɪθ/ (abrev escrita **50th**) *adj, adv* quincuagésimo -a, en quincuagésimo lugar ▸ ver ejs en **SIXTH**

fiftieth² *s, pron* **1** (abrev escrita **50th**) quincuagésimo -a **2** (abrev escrita **1/50**) cincuentavo, cincuentava parte **3** (*oral*) cumpleaños número cincuenta, quincuagésimo cumpleaños ▸ ver ejs en **SIXTH**

fif·ty¹ /ˈfɪfti/ *núm* cincuenta ▸ ver ejs en **SIX, FIFTIES**

fifty² *s* [C] (pl **fifties**) billete de cincuenta

ˌfifty-ˈfifty¹ *adj* (*oral*) **1**: *We'll share it on a fifty-fifty basis.* Lo vamos a compartir a medias. **2** del cincuenta por ciento (posibilidades) • **a fifty-fifty chance of (doing) sth** un cincuenta por ciento de posibilidades de (hacer) algo

ˌfifty-ˈfifty² *adv* (*oral*) a medias • **split/share sth fifty-fifty** dividir/repartir algo a medias

fig /fɪg/ *s* [C] **1** higo **2** (tb **fig tree**) higuera

fig. *abrev escrita de* **1 FIGURATIVE 2 FIGURE**

fight¹ S1 W1 /faɪt/ v (**fought** /fɔt/)

1 en una guerra
2 a golpes
3 verbalmente
4 por una causa
5 contra el terrorismo, el hambre
6 por un puesto
7 en boxeo
8 los miedos, las emociones

1 EN UNA GUERRA [I,T] luchar (contra), pelear (contra) • **fight against sb** luchar contra alguien • **fight with sb** combatir del lado de alguien • **fight for freedom/democracy** luchar por la libertad/democracia • **fight over land/control of sth** disputarse un territorio/el control de algo

2 A GOLPES [I,T] pelearse (con), luchar (con) • **fight with sb** pelearse con alguien: *He's always fighting with his sister.* Siempre se está peleando con su hermana. • **fight over/about a woman/toy** pelearse por una mujer/un juguete • **fight to the death** pelear a muerte

3 VERBALMENTE [I] pelearse, discutir • **fight with sb** pelearse con alguien • **fight about/over money/a parking space** discutir por dinero/por un sitio para parquear

4 POR UNA CAUSA [I,T] **fight for better pay/your rights** luchar por un salario mejor/por sus derechos • **fight to do sth** luchar por hacer algo: *Parents and teachers are fighting to save the school.* Padres y maestros luchan por salvar el colegio.

5 CONTRA EL TERRORISMO, EL HAMBRE [I,T] combatir, luchar (contra): *countries uniting to fight terrorism* países unidos para combatir el terrorismo • **fight against sth** luchar contra algo

6 POR UN PUESTO [I,T] enfrentarse (a), pelear (con) • **fight an election/a campaign** presentarse a elecciones/hacer una campaña • **fight for power/a job** pelearse por el poder/un trabajo

7 EN BOXEO [I,T] enfrentarse (a)

8 LOS MIEDOS, LAS EMOCIONES [T] luchar contra • **fight the urge/desire to do sth** aguantar las ganas de hacer algo

EXPRESIONES
fight like cats and dogs (*coloq*) **(a)** pelearse continuamente **(b)** llevarse como perro y gato • **fight your corner** defender lo suyo • **fight fire with fire** pagar con la misma moneda • **fighting fit** en plena forma • **be fighting for your life** luchar por su vida • **be fighting a losing battle** librar una batalla perdida • **fight your own battles** defenderse solo -a • **fight tooth and nail to do sth** luchar con uñas y dientes por hacer algo • **fight your way (a)** abrirse paso a empujones **(b)** *She had fought her way to the top of her profession.* Había luchado para llegar a la cima de su profesión. • **have a fighting chance** tener una posibilidad

fight back v+*partíc* **1** (ante la agresión) contraatacar, defenderse **2** (ante la derrota, la adversidad) contraatacar, defenderse **3 fight back sth** aguantar algo, contener algo (las ganas, la risa)

fight off v+*partíc* **1 fight sb ↔ off** rechazar a alguien (un atacante) **2 fight sth ↔ off** repeler algo (un ataque) **3 fight sth ↔ off** librarse de algo (una enfermedad)

fight out v+*partíc* **fight it out** resolverlo (discutiendo, peleando)

fight² S2 W2 s

1 a golpes
2 por un objetivo
3 verbal
4 en una guerra
5 por un puesto, un contrato
6 en boxeo
7 combatividad

1 A GOLPES [C] pelea, pleito • [+**with**]: *He had a fight with his brother.* Se peleó con su hermano. • [+**between**]: *fights between protesters and the police* enfrentamientos entre manifestantes y la policía • [+**about/over**]: *What was the fight about?* ¿Por qué se

pelearon? • **have a fight with sb** (tb **get into a fight with sb**) pelearse con alguien • **a fight to the death** una pelea a muerte

2 POR UN OBJETIVO [sing] lucha • [+**for**]: *their long fight for justice* su larga lucha por que se haga justicia • [+**against**]: *the fight against crime* la lucha contra la delincuencia • **a fight to do sth** una lucha por hacer algo: *his fight to prove his innocence* su lucha por demostrar su inocencia

3 VERBAL [C] pelea, discusión • **have a fight with sb** pelearse/discutir con alguien • [+**over/about**]: *fights over money* peleas por dinero

4 EN UNA GUERRA [C] combate, batalla • [+**for**]: *the fight for control of the island* la batalla por el control de la isla

5 POR UN PUESTO, UN CONTRATO [C] disputa, lucha • [+**for**]: *the fight for control of the company* la disputa por el control de la compañía

6 EN BOXEO [C] pelea, combate

7 COMBATIVIDAD [U] espíritu de lucha ▶ **be SPOILING for a fight**

EXPRESIONES
sb's fight for life la lucha de alguien por su vida • **have a fight on your hands** *She'll have a fight on her hands to prove it.* Le va a costar mucho demostrarlo. • **put up a good fight** dar (la) pelea, oponer resistencia

fight·er W3 /ˈfaɪtər/ s [C]
1 (tb **fighter plane**) (avión de) caza
2 be a good fighter ser bueno -a peleando
3 luchador -a (que no se rinde)
4 boxeador -a ▶ **FIREFIGHTER, FREEDOM FIGHTER**

fight·ing /ˈfaɪtɪŋ/ s [U] enfrentamientos, combates, peleas • [+**between**]: *fighting between government and rebel forces* enfrentamientos entre fuerzas rebeldes y gubernamentales

fig·ment /ˈfɪgmənt/ s [C] **a figment of your/his imagination** un producto de tu/su imaginación

fig·u·ra·tive /ˈfɪgyərətɪv/ adj **1** figurado -a, metafórico -a **2** (*técn*) figurativo -a

fig·u·ra·tive·ly /ˈfɪgyərətɪvli/ adv figuradamente, en sentido figurado

fig·ure¹ S1 W1 /ˈfɪgyər/ s [C]

1 dato oficial
2 de 0 a 9
3 dinero
4 silueta femenina
5 forma humana
6 persona importante
7 dibujo

1 DATO OFICIAL [gralm pl] cifra, número • **facts and figures** datos concretos • **sales figures** cifras de ventas • **government figures** cifras del gobierno • **official figures** cifras oficiales

2 DE 0 A 9 dígito, cifra

3 DINERO cifra, suma • [+**of**]: *a figure of $200 million* una suma de 200 millones de dólares • **four/five/six figures** *executives with salaries in six figures* ejecutivos con sueldos de seis cifras • **a four-/five-/six-figure sum** una suma de cuatro/cinco/seis cifras

4 SILUETA FEMENINA figura • **keep your figure** mantener la línea • **lose your figure** perder la línea

5 FORMA HUMANA figura

6 PERSONA IMPORTANTE figura, personalidad • **a key/leading figure** una figura clave/principal • **a public figure** un personaje público • **a cult figure** una figura de culto

7 DIBUJO figura: *See Figure 3.* Véase la figura 3.

EXPRESIONES
a father figure una figura paterna • **a figure of fun** un hazmerreír • **put a figure on sth** decir cuánto vale algo, dar una cifra

fig·ure² S1 W2 v

1 [I] figurar • **figure in sth** figurar en algo • **figure prominently in sth** destacar en algo, tener un papel destacado en algo

2 [T] suponer, imaginar • **figure (that)** figurarse/suponer que: *I figured it was worth a try.* Supuse que merecía la pena intentarlo.
3 [T] calcular SIN **calculate, work out**

go figure qué raro • **that figures** (tb **(it) figures**) **(a)** es/ era de esperar **(b)** no es de extrañar
figure on sth *v+partíc* contar con algo • **figure on doing sth** contar con hacer algo
figure out *v+partíc* **1 figure sth** ↔ **out** descifrar algo, resolver algo: *Don't worry, we'll figure something out.* No te preocupes, ya se nos ocurrirá algo. • **figure out how/what/why** lograr entender cómo/qué/por qué **2 figure sb** ↔ **out** entender a alguien

figure 'eight *s* [C] ocho (forma)

fig·ure·head /'fɪgjɚˌhɛd/ *s* [C] **1** figura decorativa **2** mascarón de proa

figure of 'speech *s* [C] (pl **figures of speech**) figura retórica: *I didn't mean anything by it – it was just a figure of speech.* No quise decir nada concreto, era solo una manera de hablar.

'figure ˌskater *s* [C] patinador artístico/patinadora artística

'figure ˌskating *s* [U] patinaje artístico

Fi·ji /'fidʒi/ Fiyi

Fi·ji·an[1] /'fidʒiən, fɪ'dʒiən/ *s* **1** [C] (persona) fiyiano -a **2** [U] (idioma) fiyiano

Fijian[2] *adj* fiyiano -a

fil·a·ment /'fɪləmənt/ *s* [C] **1** (de una telaraña, una planta) filamento **2** (de un bombillo) filamento

filch /fɪltʃ/ *v* [T] (*coloq*) birlar, abatanear, afanar

file[1] SIN W2 /faɪl/ *s* [C]
1 archivo, expediente, legajo • **on file** archivado -a • **keep a file on sth/sb** tener un legajo/una ficha de algo/alguien, tener fichado -a algo/a alguien • **close the file on sth/sb** cerrar el expediente de algo/alguien **2** carpeta, fólder
3 archivo, fólder (en informática) • **open/close a file** abrir/cerrar un archivo • **save a file** guardar/salvar un archivo
4 lima (herramienta) ▶ NAIL FILE, RANK AND FILE, SINGLE FILE

file[2] S2 W2 *v*
1 [T] presentar (una solicitud, declaración) • **file charges against sb/sth** presentar cargos contra alguien/algo, presentar cargos en contra de alguien/algo • **file a claim** entablar una demanda • **file a complaint** presentar una queja
2 [T] archivar • **file sth under sth** archivar algo bajo/en algo
3 [I siempre + adv/prep] **file into the courtroom/church** entrar en fila en la sala del tribunal/la iglesia • **file out** salir en fila • **file past sth** pasar en fila por delante de algo
4 [T] limar • **file your nails** limarse las uñas
file sth ↔ **away** *v+partíc* archivar algo
file sth ↔ **down** *v+partíc* limar algo
file for sth *v+partíc* presentar una demanda/petición de algo: *His wife filed for divorce.* Su esposa presentó la demanda de divorcio.

'file ˌcabinet *s* [C] ▶ FILING CABINET

fi·let /fɪ'leɪ/ *s* variante de FILLET

fil·i·al /'fɪliəl/ *adj* (*frml*) filial

fil·i·bus·ter[1] /'fɪləˌbʌstɚ/ *v* [I] tratar de retrasar la aprobación de una ley prolongando el debate

filibuster[2] *s* [C] intento de retrasar la aprobación de una ley prolongando el debate

fil·i·gree /'fɪləˌgri/ *s* [U] filigrana

'filing ˌcabinet *s* [C] archivador, archivero (mueble)

Fil·pi·no[1] /ˌfɪləˈpinoʊ/ *s* **1** [C] (persona) filipino -a **2** [U] (idioma) filipino

Filipino[2] *adj* filipino -a

fill[1] S1 W1 /fɪl/ *v*
1 un recipiente
2 espacio, recipiente
3 los asientos, una habitación
4 emoción, sentimiento
5 lo que falta
6 el tiempo
7 un agujero, una grieta
8 sonido, olor
9 de lágrimas
10 en el trabajo

1 UN RECIPIENTE [T] llenar • **fill sth with sth** llenar algo de algo: *She filled the jug with orange juice.* Llenó la jarra de jugo de naranja.
2 ESPACIO, RECIPIENTE [I] llenarse • **fill with sth** llenarse de algo: *The streets began to fill with people.* Las calles empezaron a llenarse de gente. SIN **fill up**
3 LOS ASIENTOS, UNA HABITACIÓN [T] ocupar, llenar: *Pictures fill every available space.* Está todo lleno de fotos. • **be filled with sth** estar lleno o de algo
4 EMOCIÓN, SENTIMIENTO [T] llenar • **be filled with admiration/fear** sentir gran admiración/mucho miedo • **fill sb with horror** horrorizar a alguien
5 LO QUE FALTA [T] **fill a need for sth** cubrir una necesidad de algo • **fill the demand for sth** satisfacer la demanda de algo • **fill a gap/vacuum** llenar un vacío, ocupar un hueco
6 EL TIEMPO [T] **fill your time/days** ocupar su tiempo/los días
7 UN AGUJERO, UNA GRIETA [T] rellenar
8 SONIDO, OLOR [T] invadir, llenar • **be filled with sth** estar lleno o de algo
9 DE LÁGRIMAS sb's **eyes fill with tears** a alguien se le llenan los ojos de lágrimas
10 EN EL TRABAJO **fill a position/vacancy** **(a)** ocupar un puesto/una vacante **(b)** cubrir un puesto/una vacante ▶ **fill sb's SHOES**
fill in *v+partíc* **1 fill sth** ↔ **in** llenar algo, completar algo (un formulario): *Could you just fill in this form, please?* ¿Podría llenar este formulario? **2 fill sb** ↔ **in** poner a alguien al tanto • **fill sb in on sth** poner a alguien al tanto de algo **3 fill sth** ↔ **in** rellenar algo • **fill in sth with sth** rellenar algo con algo **4 fill in for sb** sustituir a alguien, reemplazar a alguien
fill out *v+partíc* **1 fill sth** ↔ **out** llenar algo, completar algo (un formulario) **2 fill out** engordar **3 fill sth** ↔ **out** completar algo (una historia, una descripción)
fill up *v+partíc* **1 fill sth** ↔ **up** llenar algo (un recipiente) **2 fill up** llenarse (sitio) • **fill up with sth** llenarse de algo **3 fill up** tanquear, cargar gasolina **4 fill sb up** (*coloq*) llenar a alguien, dejar a alguien lleno -a (comida)

fill[2] *s*
have had your fill of sth haber tenido bastante de algo • **eat/drink your fill** (*liter*) comer/beber hasta saciarse

fill·er /'fɪlɚ/ *s* [C,U] masilla

fil·let[1], filet /fɪ'leɪ/ *s* [C,U] filete • **fillet steak** filete (de res)

fillet[2], filet *v* [T] filetear, cortar en filetes

fill·ing[1] /'fɪlɪŋ/ *s* **1** [C] amalgama, calza, tapadura **2** [C,U] relleno (de un pastel, una almohada)

filling[2] *adj* **be (very) filling** llenar mucho (comida)

fil·ly /'fɪli/ *s* [C] (pl **fillies**) potra, potranca

film[1] S1 W1 /fɪlm/ *s*
1 [C] película
2 [C,U] película (para filmar, fotografiar) • **capture/record sth on film** filmar algo, fotografiar algo • **a roll of film** un rollo de película
3 [U] el (mundo del) cine: *She wants to work in film.* Quiere dedicarse al cine.
4 [sing] película (capa) • **a film of oil/perspiration** una película de aceite/sudor

film[2] S3 *v* [I,T] rodar, filmar

film·ing /'fɪlmɪŋ/ *s* [U] rodaje, filmación

film·mak·er /ˈfɪlmˌmeɪkə/ s [C] director -a (de cine), realizador -a

film·mak·ing /ˈfɪlmˌmeɪkɪŋ/ s [U] cinematografía, realización cinematográfica

'film star s [C] ▶ MOVIE STAR

fil·ter¹ S3 /ˈfɪltə/ s [C]
1 (de agua, aceite) filtro
2 (para cámara, telescopio) filtro

filter² v **1** [T] filtrar (agua, gas) **2** [I siempre + adv/prep] **filter back** ir llegando (noticia) • **filter through** irse sabiendo/conociendo **3** [I siempre + adv/prep] filtrarse (luz, sonido) • **filter through sth** filtrarse por algo • **filter in** entrar • **filter into sth** filtrarse en algo
filter out v+partíc **1 filter sth** ↔ **out** eliminar algo (con un filtro) **2 filter sth/sb** ↔ **out** excluir algo/a alguien

filth /fɪlθ/ s [U] **1** mugre, suciedad **2** (peyor) obscenidades, porquerías

filth·y¹ /ˈfɪlθi/ adj (**filthier**, **filthiest**) **1** sucio -a, mugriento -a, mugroso -a **2** obsceno -a, grosero -a • **have a filthy mind** tener una mente sucia **3** [solo ante s] asqueroso -a, repugnante **4** de perros (humor), furioso -a (mirada)

filthy² adv **1 filthy rich** (coloq) asquerosamente rico -a, podrido -a de dinero **2 filthy dirty** (coloq) mugriento -a, mugroso -a

fin /fɪn/ s [C] **1** (de un pez) aleta **2** (tb **tailfin**) (de un carro) alerón, aleta **3** estabilizador vertical (de cola)

fi·nal¹ S3 W1 /ˈfaɪnl/ adj
1 [solo ante s] último -a, final: the final episode el último episodio • final exams exámenes finales • the final stages of sth las últimas etapas de algo • the final whistle el pitido final, el silbatazo final
2 definitivo -a • a final decision on sth una decisión definitiva sobre algo • final answer respuesta definitiva • have the final say tener la última palabra • and that's final y no hay más que hablar
3 [solo ante s] final (producto, resultado) • the final result/outcome el resultado final ▶ in the final ANALYSIS

final² S3 s
1 [C] final (en deportes, concursos)
2 [C] examen que se presenta al final de cada semestre

fi·nal·e /fɪˈnæli, -ˈnɑ-/ s [C] final (apoteósico)

fi·nal·ist /ˈfaɪnl-ɪst/ s [C] finalista

fi·nal·i·ty /faɪˈnæləti, fə-/ s [U] (frml) irrevocabilidad, carácter definitivo

fi·nal·ize /ˈfaɪnlˌaɪz/ v [T] ultimar

fi·nal·ly S1 W1 /ˈfaɪnl-i/ adv
1 (tras mucho tiempo) finalmente, al final: After several delays we finally took off. Tras varias demoras, finalmente despegamos. SIN **eventually**
2 [adv oracional] (en discursos, presentaciones) por último: Finally, I'd like to thank you all for coming. Por último, me gustaría agradecerles a todos su presencia. • **and finally** y para terminar: And finally, here's Jane with the weather report. Y para terminar, Jane nos trae la información del tiempo. ANT **firstly**
3 (en series, enumeraciones) finalmente, por último

fi·nance¹ W2 /fəˈnæns, ˈfaɪnæns/ s
1 [U] finanzas • **finance committee** comisión de finanzas, comité financiero • **finance director** director financiero/directora financiera • **finance minister** ministro -a de economía
2 finances [pl] situación financiera, finanzas
3 [U] financiación, fondos

finance² W2 v [T]
1 financiar, dar financiación para
2 financiar, pagar a crédito

fi·nan·cial S3 W1 /fəˈnænʃəl, faɪ-/ adj [solo ante s] financiero -a, económico -a: a financial adviser un asesor financiero/una asesora financiera

fi,nancial 'aid s [U] ayuda financiera

fi·nan·cial·ly /fəˈnænʃəli, faɪ-/ adv económicamente: financially independent independiente económicamente

fin·an·cier /ˌfaɪnænˈsɪr, fəˌnæn-, ˌfɪnən-/ s [C] financista

finch /fɪntʃ/ s [C] pinzón

find¹ S1 W1 /faɪnd/ v [T] (**found** /faʊnd/)

1 buscando
2 por casualidad
3 investigando
4 saber por experiencia
5 considerar
6 en un estado
7 sin planearlo
8 el dinero, la energía
9 existir
10 un sentimiento
11 en un tribunal

1 BUSCANDO encontrar: I can't find the car keys. No encuentro las llaves del carro. • Hold on while I find a pen. Espera, que busco un bolígrafo. • **find sb sth** encontrarle algo a alguien: We found him a nice apartment. Le encontramos un lindo apartamento.
2 POR CASUALIDAD encontrar(se)
3 INVESTIGANDO hallar, descubrir • **find that** hallar/descubrir que: The study found that happy people live longer. El estudio halló que las personas que son felices viven más. • **be found to do sth** The liquid was found to contain poison. Se halló que el líquido contenía veneno.
4 SABER POR EXPERIENCIA find (that) ver/descubrir que: I find most people are happy to help. Veo que la mayoría de la gente ayuda con gusto. • **find sb/sth to be sth** ver/descubrir que alguien/algo es algo
5 CONSIDERAR encontrar • **find sth easy/useful** encontrar algo fácil/útil: I found the class interesting. El curso me resultó interesante. • **I find him attractive/boring** me parece atractivo/aburrido, lo encuentro atractivo/aburrido • **find it hard/easy to do sth** Young children find it difficult to concentrate. A los niños pequeños les cuesta concentrarse.
6 EN UN ESTADO descubrir, encontrar • **find sb doing sth** encontrar a alguien haciendo algo
7 SIN PLANEARLO Sheila found herself attracted to this man. Sheila se vio atraída por este hombre. • **find yourself doing sth** encontrarse/verse haciendo algo
8 EL DINERO, LA ENERGÍA encontrar, conseguir • **find the energy to do sth** encontrar las energías para hacer algo • **find the time to do sth** encontrar el tiempo para hacer algo
9 EXISTIR be found [siempre + adv/prep] This insect is only found in West Africa. Este insecto solo se encuentra en África Occidental.
10 UN SENTIMIENTO find pleasure in sth disfrutar con algo • **find happiness** encontrar la felicidad
11 EN UN TRIBUNAL be found guilty/not guilty ser declarado -a culpable/inocente ▶ be NOWHERE to be found

EXPRESIONES

find fault with sth/sb encontrarle defectos a algo/alguien, criticar a algo/alguien • **find your feet** empezar a pisar firme • **find it in your heart to do sth** (liter) poder hacer algo • **find your way** saber ir • **find yourself** (hum) encontrarse a sí mismo -a
find out v+partíc **1 find sth** ↔ **out** averiguar algo, descubrir algo • **find out who/what/how** averiguar quién/qué/cómo: I went to find out what had gone wrong. Fui para averiguar qué había salido mal. • **find out (that)** descubrir que: I found out that my parents had never been married. Descubrí que mis padres nunca se casaron. • **find out about sb/sth** averiguar sobre alguien/algo **2 be/get found out** What happens if we get found out? ¿Qué pasa si nos descubren?

find² s [C] **1 a find** (aprec) (sorprendente) un hallazgo **2** (arqueológico, científico) hallazgo

find·ing W3 /'faɪndɪŋ/ s [C] [gralm pl] conclusión (de un informe, un estudio)

fine¹ S1 W2 /faɪn/ *adj*

---

1 satisfactorio
2 muy bueno
3 de salud
4 tiempo
5 hilo, pelo, rodaja
6 detalles, diferencias
7 niebla, polvo
8 refinado
9 irónicamente
10 persona

---

1 SATISFACTORIO [nunca ante s] *"We're meeting at 8." "Okay, fine."* –Hemos quedado a las 8. –Perfecto. • **that's fine by/with me** (*oral*) por mí no hay problema • **sound fine** sonar bien • **everything is fine** todo está bien, todo está en orden • **I'm fine, thanks** (*oral*) está bien así, gracias
2 MUY BUENO excelente, de primera calidad, fino -a • **a fine example of sth** un magnífico ejemplo de algo • **do a fine job** hacer un trabajo excelente
3 DE SALUD [nunca ante s] *"How are you?" "Fine, thanks."* –¿Cómo estás? –Bien, gracias. • **feel fine** sentirse bien
4 TIEMPO bueno -a: *If it's fine tomorrow we'll go out.* Si mañana hace buen tiempo, saldremos. • **a fine day** un día de buen tiempo
5 HILO, PELO, RODAJA fino -a
6 DETALLES, DIFERENCIAS sutil, mínimo -a • **the fine/ finer points of sth** los matices más sutiles de algo
7 NIEBLA, POLVO fino -a
8 REFINADO fino -a, delicado -a • **fine features** rasgos delicados
9 IRÓNICAMENTE [solo ante s] (*oral*) • **a fine mess** un buen lío, menudo lío • **he/she is a fine one to talk** mira quién habla
10 PERSONA [solo ante s] extraordinario -a, de bien ▶ FINE PRINT

EXPRESIONES
a fine figure of a man/woman (*liter*) un hombre/una mujer con buena estampa • **his/its finest hour** su gran/su mejor momento • **a fine line** una sutil línea • **a fine line between sth and sth** la sutil línea que separa algo de algo • **walk/tread a fine line** estar en un equilibrio precario • **get sth down to a fine art** llegar a dominar el arte de algo • **not to put too fine a point on it** (*frml*) hablando en plata

fine² S1 *adv* (*oral*) bien: *The TV's working fine now.* Ahora la tele funciona bien. • **suit sb fine** irle/venirle bien a alguien

EXPRESIONES
cut it fine (*coloq*) estar con el tiempo justo • **do fine** (*oral*) **(a)** bastar, ser suficiente **(b)** ir bien, arreglarse bien **(c)** estar bien (de salud, ánimos)

fine³ S2 *v* [T] multar • **fine sb $50** imponerle a alguien una multa de 50 dólares • **be fined for sth** ser multado -a por algo

fine⁴ S3 W3 *s* [C] multa • **pay a fine** pagar una multa

fine 'art *s* [U] bellas artes

fine·ly /'faɪnli/ *adv* **1** muy fino, finamente **2** con precisión **3 finely balanced** delicadamente equilibrado -a **4** finamente, delicadamente

fine 'print *s* [U] letra menuda, letra pequeña (en un contrato)

fi·ne·ry /'faɪnəri/ *s* [U] (*liter*) galas • **in his/their finery** con sus mejores galas

fi·nesse¹ /fɪ'nɛs/ *s* [U] sutileza, finura

finesse² *v* [T] resolver con astucia

fine-'tune *v* [T] ajustar, poner a punto

fine-'tuning *s* [U] ajuste, puesta a punto

fin·ger¹ S2 W2 /'fɪŋgɚ/ *s* [C]
1 (de la mano) dedo • **the tip of your finger** la yema del

dedo • **point a finger at sth/sb** señalar algo/a alguien con el dedo
2 barrita, varita (de chocolate, pescado)
3 (del guante) dedo ▶ **get/have your fingers** BURNED, -FINGERED, have a GREEN thumb, INDEX FINGER, LITTLE FINGER, MIDDLE FINGER, POINT the finger at sb, RING FINGER, SLIP through sb's fingers, have STICKY fingers, WORK your fingers to the bone

EXPRESIONES
fingers crossed crucemos los dedos • **give sb the finger** (*coloq*) hacer un gesto grosero con el dedo mayor • **have a finger in every pie/many pies** estar metido -a en todo • **have your finger on the pulse** estar al corriente • **keep your fingers crossed (that...)** cruza los dedos (para que...): *Keep your fingers crossed for me!* ¡Deséame suerte! • **lay a finger on sb** ponerle la mano encima a alguien • **point the finger of blame at sb** señalar con el dedo a alguien • **put your finger on sth** precisar algo, dar en el clavo con algo • **snap your fingers** chasquear los dedos • **wrap sb around your little finger** hacer con alguien lo que uno quiere, manejar a alguien con el dedo chiquito

finger² *v* [T] **1** tocar (con los dedos) **2** (*coloq*) delatar, sapear, chivatear

fin·ger·nail /'fɪŋgɚ,neɪl/ *s* [C] uña (de la mano)

fin·ger·print¹ /'fɪŋgɚ,prɪnt/ *s* [C] [gralm pl] huella digital, impresión digital

fingerprint² *v* [T] tomar las huellas digitales a

fin·ger·tip /'fɪŋgɚ,tɪp/ *s* [C] yema del dedo

EXPRESIONES
at your fingertips a su disposición, al alcance de la mano

fin·ick·y /'fɪnɪki/ *adj* exigente, delicado -a

fin·ish¹ S1 W1 /'fɪnɪʃ/ *v*
1 [I,T] (completar) terminar, acabar: *What time do you finish work?* ¿A qué hora sales del trabajo? • *Have you finished that book yet?* ¿Ya terminaste ese libro? • *The builders have nearly finished.* Los albañiles ya casi acabaron. • **finish doing sth** terminar/acabar de hacer algo
2 [I,T] (dar toque final) terminar • **finish (sth) with sth** terminar (algo) con algo: *The celebrations finished with a firework display.* Los festejos terminaron con un espectáculo de fuegos artificiales. SIN **end**
3 [I] (llegar a su fin) terminar, acabar: *The football season finishes in May.* La temporada de fútbol termina en mayo. SIN **end**
4 [I,T] (comiendo, bebiendo) terminar: *I'll just finish my coffee.* Espera que termine el café. • *I've finished – can I leave the table?* Terminé, ¿puedo levantarme de la mesa?
5 [I,T] (en una competición) terminar, llegar • **finish second/third** terminar segundo -a/tercero -a, llegar en segundo/tercer lugar

EXPRESIONES
the finishing touch el toque final • **add/put the finishing touch(es) to sth** dar los últimos toques/el toque final a algo
finish off *v+partíc* **1 finish sth ↔ off** terminar algo: *Finish off what you're doing, then we can go.* Termina lo que estás haciendo así podremos irnos. **2 finish sth ↔ off** terminarse algo, acabarse algo (de comer, beber) **3 finish sth/sb ↔ off** rematar algo/a alguien
finish up *v+partíc* **1 finish sth ↔ up** terminarse algo, acabarse algo (de comer, beber) **2 finish sth ↔ up** terminar algo, acabar algo **3 finish up** (*coloq*) terminar, acabar (en un lugar) **4 finish up** (*coloq*) terminar, acabar (en una situación) • **finish up as sth** terminar/acabar siendo algo • **finish up with sth** terminar/acabar con algo
finish with *v+partíc* **1 have finished with sth** haber terminado/acabado con algo: *Are you finished with the salt?* ¿Ya acabaste con la sal? **2 finish with sb** terminar con alguien (con quien se está enojado) **3 finish with sb** terminar con alguien (un novio)

finish² *s* **1** [C] final • **the finish of sth** el final de algo • **from start to finish** de principio a fin • **a close finish** un final muy reñido, un apretado final **2** [C] clasificación, resultado final: *His best finish was third at last year's U.S. Open.* Su mejor clasificación fue tercero en el Abierto de Estados Unidos del año pasado. • **a second-place/fourth-place finish** un segundo/cuarto puesto • **a top-three/top-10 finish** *He has had 13 top-10 finishes from 27 starts.* Ha terminado 13 veces en los 10 mejores puestos en 27 carreras corridas. **3** [C,U] acabado, terminación **4 the finish** la meta ▶ **PHOTO FINISH**

fin·ished /ˈfɪnɪʃt/ *adj* **1** [nunca ante s] **be finished** haber terminado/acabado: *When will you be finished?* ¿Cuándo habrás terminado? • [+**with**]: *Are you finished with my tools?* ¿Ya terminaste con las herramientas? • **be finished doing sth** haber terminado de hacer algo **2** terminado -a, acabado -a (objeto): *the finished product* el producto final **3** [nunca ante s] **be finished** estar acabado -a (sin futuro)

ˈfinishing ˌschool *s* [C] escuela privada femenina donde se aprende etiqueta

ˈfinish line *s* **the finish line** la meta

fi·nite /ˈfaɪnaɪt/ *adj* finito -a

Fin·land /ˈfɪnlənd/ Finlandia

Finn /fɪn/ *s* [C] finlandés -esa, finés -esa

Fin·nish¹ /ˈfɪnɪʃ/ *s* [U] finlandés, finés

Finnish² *adj* finlandés -esa, finés -esa

fir /fɜr/ *s* [C,U] abeto • **fir tree** abeto

fire¹ [S1] [W1] /faɪr/ *s*
1 [U] fuego (llamas, calor) • **be on fire** estar en llamas: *The house is on fire.* La casa está en llamas. • **catch fire** prenderse fuego • **set sth on fire** (tb **set fire to sth**) prenderle fuego a algo ▶ ver nota en **INCENDIO**
2 [C] incendio • **start a fire** provocar un incendio • **put out a fire** apagar un incendio • **a fire breaks out** un incendio estalla • **a forest fire** un incendio forestal • **a house fire** un incendio en una vivienda • **fire crew** equipo de bomberos • **fire hazard** foco de posibles incendios
3 [C] fuego: *a camp fire* una fogata • **light a fire** hacer fuego, encender el fuego
4 [U] fuego, disparos • **open fire** abrir fuego • **come under fire** ser atacado -a (con armas de fuego) ▶ **FIGHT fire with fire**, **FRIENDLY FIRE**, **get on like a HOUSE on fire**, **PLAY with fire**, **there's no SMOKE without fire**

be/come under fire ser blanco de las críticas • **fire and brimstone** amenazas de castigo infernal, imprecaciones • **go through fire (and water)** hacer lo indecible • **light a fire under sb** (*oral*) pinchar a alguien, apretarle las clavijas a alguien (para que trabaje)

fire² [S2] [W2] *v*

1	de un trabajo
2	con armas
3	una pregunta
4	el entusiasmo, la imaginación
5	motor
6	un fuego, un horno
7	una pieza de cerámica

1 DE UN TRABAJO [T] despedir • **get fired (from your job)** ser despedido -a del trabajo • **fire sb for sth** despedir a alguien por algo
2 CON ARMAS [I,T] disparar • **fire at sb/sth** dispararle a alguien/algo • **fire sth at sb** dispararle algo a alguien • **fire into sb/sth** disparar a/contra alguien/algo: *The police fired into the crowd.* La policía disparó contra la multitud. • **fire a shot** disparar un tiro • **fire a gun/rifle** disparar una pistola/un rifle
3 UNA PREGUNTA [T] hacer • **fire questions at sb** hacerle preguntas a alguien
4 EL ENTUSIASMO, LA IMAGINACIÓN [T] avivar • **fire sb's imagination** avivar la imaginación de alguien • **be fired with sth** estar lleno -a de algo
5 MOTOR [I] encenderse
6 UN FUEGO, UN HORNO [T] (*frml*) alimentar
7 UNA PIEZA DE CERÁMICA [T] cocer

be firing on all cylinders (*coloq*) trabajar a toda máquina
fire away *v+partíc* (*oral*): *"Do you mind if I ask you something?" "Fire away."* –¿Te importa si te pregunto algo? –Adelante.
fire up *v+partíc* **fire sb** ↔ **up** infundirle entusiasmo a alguien, enardecer a alguien • **be/get (all) fired up** estar enardecido -a/enardecerse

ˈfire aˌlarm *s* [C] alarma contra incendios

fire·arm /ˈfaɪrɑrm/ *s* [C gralm pl] (*frml*) arma de fuego

fire·bomb¹ /ˈfaɪrbɑm/ *s* [C] bomba incendiaria

firebomb² *v* [T] colocar bombas incendiarias en

fire·brand /ˈfaɪrbrænd/ *s* [C] (*liter*) **1** agitador -a **2** tea

ˈfire briˌgade *s* [C] bomberos (voluntarios)

fire·crack·er /ˈfaɪrˌkrækər/ *s* [C] petardo (de pirotecnia)

ˈfire deˌpartment *s* [C] (cuerpo de) bomberos

ˈfire drill *s* [C] simulacro de incendio

ˈfire ˌengine *s* [C] carro de bomberos

ˈfire esˌcape *s* [C] escalera de incendios

ˈfire exˌtinguisher *s* [C] extintor (de incendios), extinguidor (de incendios)

fire·fight·er, **fire fighter** /ˈfaɪrˌfaɪtər/ *s* [C] bombero -a

fire·fly /ˈfaɪrflaɪ/ *s* [C] (pl **fireflies**) luciérnaga

ˈfire ˌhydrant *s* [C] hidrante (para incendios)

fire·light /ˈfaɪrlaɪt/ *s* [U] luz de la lumbre/del fuego

fire·man /ˈfaɪrmən/ *s* [C] (pl **firemen** /-mən/) bombero

⚠ Casi todo el mundo evita el uso de esta palabra para referirse indistintamente a personas de ambos sexos, porque podría ofender a las mujeres. En su lugar se utiliza **firefighter** tanto para hombres como para mujeres.

fire·place /ˈfaɪrpleɪs/ *s* [C] chimenea, hogar

fire·pow·er /ˈfaɪrˌpaʊər/ *s* [U] potencia de fuego

fire·proof /ˈfaɪrpruf/ *adj* a prueba de incendio, ignífugo -a

fireproof *v* [T] proteger contra incendios

fire·side /ˈfaɪrsaɪd/ *s* [C gralm sing] zona cercana al fuego de un hogar

ˈfire ˌstation *s* [C] cuartel de bomberos, estación de bomberos

ˈfire truck *s* [C] carro de bomberos [SIN] **fire engine**

fire·wall /ˈfaɪrwɔl/ *s* [C] **1** (en un edificio) cortafuegos **2** (en informática) cortafuegos

fire·wood /ˈfaɪrwʊd/ *s* [U] leña

fire·work /ˈfaɪrwɜrk/ *s* [C gralm pl] **1** (de pirotecnia) artículo de pirotecnia, fuego artificial **2 fireworks** [pl] (*oral*) (discusión) *There'll be fireworks if I get home late again.* Si vuelvo a llegar tarde, se va a armar la gorda.

fir·ing /ˈfaɪrɪŋ/ *s* **1** [U] disparos **2** [C,U] despido **3** [U] cocción (de cerámica)

ˈfiring squad *s* [C] pelotón de fusilamiento

firm¹ [W1] /fɜrm/ *s* [C] compañía, firma, empresa • **a firm of accountants/lawyers** una firma de contadores/un despacho de abogados ▶ ver nota en **EMPRESA**

firm² *adj*

1	no blando
2	definitivo
3	estricto
4	bien sujeto
5	información, pruebas
6	al agarrar

1 NO BLANDO firme, duro -a: *a firm mattress* un colchón firme
2 DEFINITIVO [gralm ante s] firme: *He hasn't reached a firm decision.* No ha tomado una decisión en firme. • **be a firm believer in sth** creer firmemente en algo

3 ESTRICTO firme • **be firm with sb** ser firme con alguien

4 BIEN SUJETO firme

5 INFORMACIÓN, PRUEBAS [solo ante s] concluyente, cierto -a

6 AL AGARRAR fuerte • **take a firm grip/hold of sth** agarrar algo con fuerza

EXPRESIONES
a firm hand mano dura

firm³ *v* [T] apisonar
firm sth ↔ up *v+partíc* **1** concretar algo **2** endurecer algo (un músculo)

firm·ly /'fɜ·mli/ *adv* **1** (creer, establecer) firmemente: *His reputation was firmly established.* Su reputación estaba firmemente establecida. **2** (decir) firmemente, con firmeza: *"We still can't afford it," she said firmly.* –Aun así, no podemos pagarlo –dijo con firmeza. **3** (estar sujeto) firmemente **4** (agarrar, apretar) con fuerza

firm·ness /'fɜ·mnɪs/ *s* [U] **1** (de un objeto) firmeza, dureza **2** (de un maestro) firmeza **3** (de una actitud) firmeza

first¹ S1 W1 /fɜ·st/ *adj*
1 [gramI ante s] (abrev escrita **1st**) (en orden) primero -a: *Ours is the first house on the right.* Nuestra casa es la primera de la derecha. • *the First Century A.D.* el siglo I d. C. • **the first two/three** los dos/tres primeros
2 [solo ante s] principal, primordial: *My first duty is to protect my family.* Mi principal obligación es proteger a mi familia.
3 [solo ante s] (en grado, calidad) primero -a • **first prize** primer premio • **sb's first choice** la primera opción de alguien, el/la/lo que alguien prefiere ▶ FIRST-HAND, **in the first INSTANCE**, **it was LOVE at first sight**
EXPRESIONES
at first sight/glance a primera vista • **(at) first hand** de primera mano, directamente • **first thing** a primera hora • **first things first** lo primero es lo primero • **in the first place (a)** en primer lugar (al argumentar) **(b)** para empezar: *Why did you agree to meet her in the first place?* ¿Y de entrada por qué aceptaste encontrarte con ella? • **not know the first thing about (doing) sth** no saber ni jota de (hacer) algo • **there's a first time for everything** siempre hay una primera vez

first² S1 W1 *adv*
1 (en primer lugar) primero: *Joe arrived first.* Joe llegó primero. • **ladies first** (antic, oral) las damas primero
2 al principio: *When we were first married, we lived in Toronto.* Al principio cuando nos casamos vivimos en Toronto.
3 por primera vez: *The book was first published in Australia.* El libro se publicó por primera vez en Australia.
4 (antes de lo demás) primero: *Do you want to go now, or do you want to eat first?* ¿Nos vamos ya o quieres comer primero? • **first of all** antes que nada, primero que nada
5 (oral) (al enumerar, argumentar) primero, en primer lugar: *First, I want to thank you all for coming.* En primer lugar, quiero darles las gracias a todos por venir. • **first of all** antes que nada, ante todo SIN **firstly**
EXPRESIONES
at first al principio • **come first (a)** estar antes que nada: *The children must come first.* Los niños deben estar antes que nada. **(b)** (tb **finish first**) salir primero/primera • **first and foremost** ante todo • **first and last** por encima de todo • **first come, first served** *Tickets are sold on a first come, first served basis.* Las entradas se venden por orden de llegada. • **first off** (oral) (lo) primero de todo • **put sth/sb first** anteponer algo/a alguien a todo lo demás

first³ *s, pron* **1** primero -a • **the first to do sth** el primero/la primera en hacer algo: *He was among the first to travel into space.* Fue de los primeros en viajar al espacio. **2** (abrev escrita **1st**) (fecha) el primero **3** (abrev escrita **I**) (en nombres de reyes, papas) *Queen Elizabeth the First* la reina Isabel primera ▶ ver ejs en SIXTH

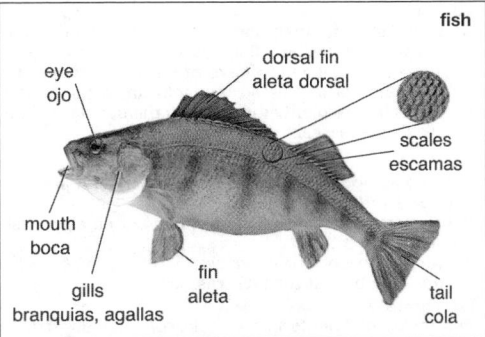
fish

eye   ojo
dorsal fin   aleta dorsal
scales   escamas
mouth   boca
fin   aleta
gills   branquias, agallas
tail   cola

EXPRESIONES
the first I heard/knew (oral) lo primero que oí/supe: *The email was the first I knew about the decision.* Me enteré de la decisión por el correo electrónico que recibí. • **from the (very) first** (frml) desde el principio

first⁴ *s* **1** [C gramI sing] primicia, novedad: *another first for America's space program* otra primicia del programa espacial estadounidense **2** [U] (coloq) primera (en la caja de cambios) • **in/into first** en primera

first 'aid *s* [U] primeros auxilios

first 'base *s* [U] primera base
EXPRESIONES
get to first base lograr dar el primer paso • **get to first base with sb** (antic, coloq) llegar a besar a alguien

first-born¹ /'fɜ·stbɔrn/ *adj* mayor

firstborn² *s* [sing] primogénito -a

first 'class¹ *s* [U] **1** primera clase (para viajar) **2** en Estados Unidos, clase de envío postal para correspondencia personal y comercial ▶ SECOND CLASS

first 'class² *adv* **1** **travel first class** viajar en primera (clase) **2** por la clase de correo empleada en Estados Unidos para envíos de correspondencia comercial y personal

first-'class *adj* **1** de primera, de primera categoría **2** [solo ante s] de primera clase (correo) **3** [solo ante s] de primera clase (vagón, asientos)

first-'ever *adj* [solo ante s] primerísimo -a, primero -a de todos

first 'floor *s* **the first floor** el primer piso, la planta baja

first-hand, first·hand /'fɜ·st,hænd/ *adj* [solo ante s] de primera mano ▶ **(at) FIRST hand**

first 'lady W3 *s* [C gramI sing] primera dama

first 'language *s* [C] lengua materna

first·ly /'fɜ·stli/ *adv* [adv oracional] en primer lugar, primero: *Firstly, I would like to thank my wife.* En primer lugar, me gustaría dar las gracias a mi esposa.

'first name S2 *s* [C] nombre (de pila): *What's your mom's first name?* ¿Cómo se llama tu madre?
EXPRESIONES
be on first name terms (with sb) llamarse por el nombre de pila (con alguien) (equivalente a tutearse)

first 'person *s* (técn) **the first person** la primera persona

first-'rate *adj* de primera, de primer nivel, de primera categoría

fis·cal W3 /'fɪskəl/ *adj* (frml) fiscal

fiscal 'year *s* [C] **1** (en el gobierno) año fiscal **2** (en las finanzas de una empresa) ejercicio

fish¹ S1 W2 /fɪʃ/ *s* (pl **fish, fishes**)
1 [C] pez • **catch a fish** pescar un pez • **a shoal/school of fish** un banco de peces • **fish food** comida para peces • **fish pond** estanque (de peces) • **fish tank** pecera
2 [U] pescado: *I don't eat fish.* No como pescado. ▶ **be a COLD fish**, **DRINK like a fish**

be a big fish in a small pond ser el tuerto en el país de los ciegos • **feel like/be a fish out of water** sentirse/estar como pez fuera del agua • **have other/bigger fish to fry** (*coloq*) tener otras cosas/cosas más importantes que hacer • **there are plenty more fish in the sea** hay mucho más de donde escoger

fish² S3 *v*
1 [I] pescar • **go fishing** ir(se) de pesca, ir(se) a pescar • **fish for trout/tuna** pescar truchas/atún
2 [I siempre + adv/prep] **fish in sth** buscar en algo • **fish around** revolver
3 [I] tratar de obtener información: *He was fishing for gossip.* Andaba a la caza de chismes.
EXPRESIONES
fish for compliments buscar halagos/cumplidos, tratar de conseguir halagos/cumplidos
fish sth/sb ↔ **out** *v+partíc* sacar algo/a alguien del agua

fish·bowl /'fɪʃboʊl/ *s* [C] pecera

fish·er·man /'fɪʃəmən/ *s* [C] (pl **fishermen** /-mən/) pescador

fish·er·y /'fɪʃəri/ *s* [C] (pl **fisheries**) **1** caladero **2** piscifactoría

fish·ing /'fɪʃɪŋ/ *s* [U] **1** (deporte) la pesca • **the fishing season** la temporada de pesca **2** (industria) la pesca: *a ban on commercial fishing* una prohibición de la pesca comercial • **fishing boat** barco pesquero • **fishing fleet** flota pesquera • **fishing net** red de pesca • **the fishing industry** la industria pesquera

'**fishing line** *s* [C,U] sedal

'**fishing rod** (tb '**fishing pole**) *s* [C] caña de pescar

fish·mon·ger /'fɪʃˌmʌŋgɚ, -ˌmʌn-/ *s* [C] pescadero -a, vendedor -a de pescado

fish·net /'fɪʃnɛt/ *s* [U] red (para medias): *fishnet stockings* unas medias de red

fish·y /'fɪʃi/ *adj* **1** (*coloq*) sospechoso -a (asunto): *There's something fishy going on.* Aquí hay algo encerrado.
2 a fishy smell/taste un olor/sabor a pescado

fis·sion /'fɪʃən/ *s* [U] (*técn*) **1** fisión (nuclear) **2** división celular

fis·sure /'fɪʃɚ/ *s* [C] fisura

fist /fɪst/ *s* [C] puño • **clench your fists** apretar los puños • **shake your fist** amenazar con el puño ▶ TIGHT-FISTED

fist·ful /'fɪstfʊl/ *s* [C] puñado

fit¹ S1 W2 /fɪt/ *v* (**fit**, **fitted**, **fitting**)

1	ropa
2	con la forma justa
3	con sitio de sobra
4	en su lugar
5	en proporción, semejanza
6	un motor, un aparato, una pieza

1 ROPA [I,T nunca en forma continua] quedar bien (a): *My jeans don't fit me anymore.* Ya no me quedan los bluyines. • **fit (sb) like a glove** quedar (a alguien) como un guante
2 CON LA FORMA JUSTA [I,T nunca en forma continua] encajar (en): *I couldn't find a key that fit the lock.* No encontraba una llave que encajara en la chapa. • **fit in/into** encajar en, caber en: *I want a camera that will fit in my pocket.* Quiero una cámara que me quepa en el bolsillo.
3 CON SITIO DE SOBRA (a) [I] caber: *The desk won't fit next to the window.* El escritorio no cabe al lado de la ventana. **(b)** [T] meter • **fit sth in/into sth** meter algo en algo: *We can't fit any more people into the car.* No podemos meter más gente en el carro.
4 EN SU LUGAR [T siempre + adv/prep] encajar
5 EN PROPORCIÓN, SEMEJANZA [I,T nunca en forma continua] concordar (con), ser acorde (con) • **fit the description (of sth)** encajar/concordar con la descripción (de algo)

6 UN MOTOR, UN APARATO, UNA PIEZA [T] instalar • **fit sth on/to sth** instalar algo en algo • **be fitted with sth** estar equipado -a con algo ▶ **fit the BILL**, FITTED, FITTING
EXPRESIONES
if the shoe fits (, wear it) al que le caiga el guante, que se lo chante, al que le quede el saco, que se lo ponga
fit in *v+partíc* **1 fit in** encajar, integrarse: *I never really fitted in at school.* Nunca encajé del todo en el colegio. **2 fit sb/sth** ↔ **in** hacer un hueco a alguien/para algo: *Dr. Lincoln can fit you in at 4:00.* El doctor Lincoln puede hacerle un hueco a las 4.
fit sth/sb ↔ **out** *v+partíc* equipar algo/a alguien (con lo necesario): *The office had been fitted out in style.* Habían equipado la oficina con mucho estilo. • **fit sb out** ↔ **with sth** equipar a alguien con algo
fit together *v+partíc* **1 fit sth together** unir algo, encajar algo: *I couldn't see how to fit all the pieces together.* No encontraba el modo de encajar todas las piezas.
2 fit together encajar

fit² S3 *s*
1 [C] **a fit of anger/rage** un arranque de ira/furia
2 [C] **a coughing/sneezing fit** un acceso de tos/un ataque de estornudos • **in fits (of laughter)** muerto -a de risa: *Her stories had us all in fits.* Nos moríamos de risa con sus historias.
3 [sing] • **be a good/tight fit** quedar bien/justo -a
4 [C] ataque (en medicina): *an epileptic fit* un ataque de epilepsia • **have a fit** sufrir un ataque
EXPRESIONES
have/throw a fit (*coloq*): *When I refused he threw a fit.* Cuando me negué, casi le da un ataque. • **in/by fits and starts** a los tropezones

fit³ *adj* (**fitter**, **fittest**) **1** en forma, en buen estado físico • **physically fit** en buen estado físico • **keep fit** mantenerse en forma ANT **unfit 2** sano -a • [+for]: *He may not be fit for Saturday's match.* Podría no estar recuperado para el partido del sábado. • **fit as a fiddle** rebosante de salud ANT **unfit 3** apto -a, adecuado -a • [+for]: *The meat was not fit for human consumption.* La carne no era apta para el consumo humano. • **be fit to do sth** servir para hacer algo • **be fit to drink/eat** poder beberse/comerse, ser apto -a para el consumo ▶ SURVIVAL of the fittest
EXPRESIONES
fit for a king digno -a de un rey • **see/think fit (to do sth)** (*frml*) estimar conveniente/parecer apropiado (hacer algo)

fit·ful /'fɪtfəl/ *adj* irregular, intermitente

fit·fully /'fɪtfəli/ *adv* a ratos, de manera irregular

fit·ness /'fɪtⁿnɪs/ *s* [U] **1** buen estado físico, buena forma • **physical fitness** buen estado físico • **fitness center** gimnasio • **fitness instructor** profesor -a de gimnasia **2 fitness for sth** capacidad para algo, idoneidad para algo

fit·ted /'fɪtɪd/ *adj* **1 be fitted (out) with sth** estar equipado -a con algo **2** [solo ante s] entallado -a: *a fitted jacket* una chaqueta entallada

fit·ting¹ /'fɪtɪŋ/ *s* [C] **1** [gralm pl] accesorio: *a sink with chrome fittings* un lavamanos con llaves de cromo **2** prueba (en la modista, el sastre)

fitting² *adj* (*frml*) digno -a, apropiado -a • **it's only fitting (that)...** es totalmente apropiado que..., corresponde que...

'**fitting room** *s* [C] probador, vestidor

five¹ /faɪv/ *núm* cinco ▶ ver ejs en SIX
EXPRESIONES
give me five (*coloq, oral*) choca esos cinco, chócalos • **take five** (*coloq*) tomarse un descanso ▶ NINE-TO-FIVE

five² *s* [C] billete de cinco dólares

‚**five o'clock 'shadow** *s* [sing] tono oscuro que adquiere la cara de un hombre al empezar a crecerle la barba en el transcurso del día

fix¹ S1 W2 /fɪks/ *v*

1	algo roto
2	la comida, un trago
3	un límite, una cantidad

4 una cita
5 una fecha, un lugar
6 un problema
7 el pelo, el maquillaje
8 en una superficie
9 los precios
10 un resultado
11 una herida

1 ALGO ROTO [T] arreglar: *He's outside fixing his bike.* Está fuera arreglando la cicla. • **get/have sth fixed** llevar algo a arreglar: *We've just had the roof fixed.* Nos acaban de arreglar el techo. SIN **mend** ▶ ver nota en **ARREGLAR**

2 LA COMIDA, UN TRAGO [T] (*coloq*) preparar: *I have to fix supper now.* Ahora tengo que preparar la comida • **fix sb sth** prepararle algo a alguien: *Can I fix you a snack?* ¿Quieres que te prepare un pasabocas? SIN **make**

3 UN LÍMITE, UNA CANTIDAD [T] fijar • **be fixed at sth** quedar fijado -a en algo: *The interest rate has been fixed at 6%.* La tasa de interés se ha fijado en el 6%.

4 UNA CITA (a) [T] arreglar, organizar: *I need to fix another appointment.* Tengo que arreglar otra cita. **(b)** [I] hacer planes

5 UNA FECHA, UN LUGAR [T] fijar: *We should fix a time and place to meet.* Deberíamos fijar un sitio y una hora para encontrarnos.

6 UN PROBLEMA [T] solucionar, arreglar

7 EL PELO, EL MAQUILLAJE [T] arreglar(se): *Let me just fix my face before we go out.* Espera, que me pinto antes de salir.

8 EN UNA SUPERFICIE [T] sujetar • **fix sth to/on sth** sujetar algo a algo: *A bulletin board is fixed to the wall.* Hay una tablón de anuncios en la pared.

9 LOS PRECIOS [T] arreglar, manipular (empresas de un sector)

10 UN RESULTADO [T] **fix a game/the elections** arreglar un partido/las elecciones, amañar un partido/las elecciones

11 UNA HERIDA [T] (*coloq*) curar, sanar ▶ **FIXED**

EXPRESIONES
be fixing to do sth (*oral*) tener pensado hacer algo
fix on *v+partíc* **1 fix on sth/sb** decidirse por algo/alguien: *Have you fixed on a date for the wedding?* ¿Te decidiste por una fecha para la boda? **2 fix sth on sth/sb** fijar algo en algo/alguien: *Every eye was fixed on the new girl.* Todas las miradas estaban puestas en la muchacha nueva.
fix up *v+partíc* **1 fix sth** ↔ **up** arreglar algo: *We fixed up the guest bedroom.* Arreglamos el cuarto de huéspedes. **2 fix sth** ↔ **up** organizar algo: *I fixed up an interview with him.* Arreglé una entrevista con él. **3 fix sb** ↔ **up with sth** conseguirle algo a alguien: *Can you fix me up with a bed for the night?* ¿Me puedes conseguir un sitio donde dormir hoy? **4 fix sb** ↔ **up with sb** (*coloq*) cuadrar a alguien con alguien, hacerle el paro a alguien con alguien

fix² *s* **1 a quick fix** [C] una solución fácil **2 be in a fix** [sing] (*coloq*) estar en un aprieto/apuro **3** [C gralm sing] dosis, pico (de droga) **4** [C gralm sing] dosis (de tele, café) **5** [sing] arreglo, tongo

EXPRESIONES
get a fix on sth/sb (a) establecer la posición de algo/alguien **(b)** entender algo/a alguien

fix·at·ed /ˈfɪkseɪt̬ɪd/ *adj* obsesionado -a • [+**on**]: *She is fixated on losing weight.* Está obsesionada con bajar de peso.

fix·a·tion /fɪkˈseɪʃən/ *s* [C] fijación, obsesión • [+**on**]: *his fixation on history* su fijación con la historia

fix·a·tive /ˈfɪksət̬ɪv/ *s* [C,U] fijador

fixed /fɪkst/ *adj* **1** fijo -a: *Subscribers pay a fixed monthly fee.* Los abonados pagan una cuota mensual fija. • *a fixed term contract* un contrato temporal • **a fixed amount/rate** una cantidad/tarifa fija **2** rígido -a (idea): *He has very fixed ideas about discipline.* Es de ideas rígidas en cuanto a la disciplina. **3** inmutable,

fijo -a (sonrisa)
EXPRESIONES
how is sb fixed for sth? (*oral*) ¿cómo anda alguien de algo? • **of no fixed abode/address** (*jur*) sin domicilio fijo

fix·ed·ly /ˈfɪkstɪdli/ *adv* (*escrito*) fijamente

fix·ture /ˈfɪkstʃɚ/ *s* [C gralm pl] elemento fijo (de una vivienda): *light fixtures* luces y lámparas

fizz¹ /fɪz/ *v* [I] **1** burbujear **2** silbar (balas, petardos)

fizz² *s* [sing, U] **1** burbujeo, efervescencia **2** emoción, efervescencia

fiz·zle /ˈfɪzəl/ (tb **fizzle out**) *v* (*coloq*) [I] ir apagándose, quedar en nada

fiz·zy /ˈfɪzi/ *adj* con gas (gaseosa), espumoso -a (vino)

fjord /fyɔrd/ *s* [C] fiordo

FL *abrev escrita de* **FLORIDA**

flab /flæb/ *s* [U] (*peyor, coloq*) grasa, gordura

flab·ber·gast·ed /ˈflæbɚˌgæstɪd/ *adj* (*coloq*) atónito -a, pasmado -a

flab·by /ˈflæbi/ *adj* (**flabbier, flabbiest**) (*peyor*) fofo -a

flac·cid /ˈflæsɪd/ *adj* (*frml*) flácido -a

flag¹ S2 W3 /flæg/ *s* [C]
1 (de un país, una organización) bandera: *the Mexican flag* la bandera mexicana • **wave a flag** agitar una bandera
2 (como señal) bandera: *the corner flag* el banderín de córner ▶ **FLY the flag for sth, RED FLAG**
EXPRESIONES
show/fly/wave the flag ponerse la camiseta

flag² *v* (**flagged, flagging**) **1** [I] decaer (conversación, entusiasmo) **2** [I] flaquear, desfallecer (persona)
flag sth/sb ↔ **down** *v+partíc* hacer señas para que algo/alguien se detenga

flag·ging /ˈflægɪŋ/ *adj* [solo ante s] alicaído -a, cada día menor

flag·pole /ˈflægpoʊl/ *s* [C] asta, mástil (de una bandera)

fla·grant /ˈfleɪgrənt/ *adj* [gralm ante s] flagrante

flag·rant·ly /ˈfleɪgrəntli/ *adv* flagrantemente

'flag·ship *adj* [solo ante s] **1** insignia (producto, edificio) **2** líder (compañía)

flag·ship /ˈflægˌʃɪp/ *s* [C] **1** buque insignia (barco) **2** [gralm sing] distintivo (producto, edificio)

flag·stone /ˈflægstoʊn/ *s* [C] losa, laja

flail /fleɪl/ *v* **1** [T] agitar (los brazos, las manos) **2** [I] agitarse (persona, brazos): *He lost his balance, his arms flailing.* Perdió el equilibrio y empezó a agitar los brazos.

flair /flɛr/ *s* **1 have a flair for languages/design** tener facilidad para los idiomas/talento para el diseño **2** [U] estilo, elegancia

flak /flæk/ *s* [U] **1** (*coloq*) críticas **2** fuego antiaéreo

flake¹ /fleɪk/ *s* [C] **1** copo (de nieve, cereales), escama (de jabón, piel) **2** (*coloq*) bicho raro, distraído -a ▶ **SNOWFLAKE**

flake² (tb **flake off**) *v* [I] descascararse (pintura), salirse (enduido, yeso), descamarse (piel)
flake out *v+partíc* **flake out on sb** fallarle a alguien (no cumpliendo lo dicho)

flak·y /ˈfleɪki/ *adj* (**flakier, flakiest**) **1** hojaldrado -a (masa, pasta), escamoso -a (piel), descascarado -a (pintura) **2** (*coloq*) raro -a, distraído -a

flam·boy·ance /flæmˈbɔɪəns/ *s* [U] **1** extravagancia **2** carácter llamativo

flam·boy·ant /flæmˈbɔɪənt/ *adj* **1** extravagante **2** llamativo -a, vistoso -a

flame¹ /fleɪm/ *s* [C,U] llama: *Flames poured out of the windows.* Las llamas salían por las ventanas. • **in flames** en llamas • **burst into flames** estallar en llamas •

go up in flames incendiarse ▶ **ADD** fuel to the fire/flames, **FAN** the flames, a **NAKED** flame, an **OLD** flame

EXPRESIONES

a flame of passion/desire (liter) una intensa pasión/un intenso deseo

flame² v **1** [I] (liter) encenderse, ponerse rojo -a (mejillas, rostro) **2** [I] (tb **flame up**) (liter) arder (leña, fuego) **3** [T] mandar mensajes insultantes a (en Internet)

fla·men·co /fləˈmɛŋkoʊ/ s [sing, U] flamenco (baile, música)

flam·ing /ˈfleɪmɪŋ/ adj [solo ante s] **1** en llamas **2** (liter) rojo -a encendido -a

fla·min·go /fləˈmɪŋgoʊ/ s [C] (pl **flamingos** o **flamingoes**) flamenco (ave)

flam·ma·ble /ˈflæməbəl/ adj inflamable SIN **inflammable** ANT **nonflammable**

flan /flæn, flɑn/ s [C] flan ▶ ver nota en TARTA

flange /flændʒ/ s [C] pestaña (en una rueda, etc.)

flank¹ /flæŋk/ s [C] **1** costado (de una persona, un animal) **2** flanco (de un ejército)

flank² v [T gralm en pasiva] flanquear

flan·nel /ˈflænl/ s [U] franela

flap¹ /flæp/ s **1** [C] solapa (de un sobre), tapa (de un bolsillo), colgajo (de piel), puerta (de una tienda de campaña) **2** a **flap** (coloq) un lío • **be in/get into a flap** estar/ponerse de los nervios **3** [C] alerón (de un avión)

flap² v (**flapped**, **flapping**) **1** (a) [T] batir (las alas) (b) [I] agitarse (alas) **2** [I] ondear, flamear (bandera, vela) **3** [I,T] agitar(se) (brazos)

flare¹ /fler/ v **1** [I] llamear **2** [I] estallar (violencia, furia): _Tempers flared during the debate._ Durante el debate, se encendieron los ánimos. **3** [T] **flare your nostrils** bufar, resoplar (de furia, por miedo, etc.) **4** [I siempre + adv/prep] ensancharse, tener vuelo
flare out v+partíc ensancharse, tener vuelo
flare up v+partíc **1** recrudecer, empeorar (enfermedad) **2** llamear **3** estallar (violencia, disturbios)

flare² s **1** [C] bengala **2** **flares** [pl] pantalones (de) bota campana, pantalones acampanados

'flare-up s [C] **1** altercado **2** recrudecimiento (de una enfermedad)

flash¹ /flæʃ/ v

1	luz
2	imagen
3	recuerdos, ideas
4	el carnet, la identificación
5	una sonrisa, un gesto
6	una noticia, información
7	vehículo, paisaje
8	ojos
9	tiempo, vacaciones
10	pervertido

1 LUZ **(a)** [I] destellar **(b)** [T] encender (un faro, una linterna) • **flash sth into/at** enfocar algo en/a: _Why did that guy flash his headlights at me?_ ¿Por qué ese tipo me hizo señales con las luces?

2 IMAGEN [I siempre + adv/prep] **flash across/onto/past sth** _Images of the war flashed across the screen._ En la pantalla aparecieron imágenes de la guerra una tras otra.

3 RECUERDOS, IDEAS [I siempre + adv/prep] **flash across/through/into** _The remark Bob had made flashed into her head._ De pronto recordó el comentario que había hecho Bob.

4 EL CARNET, LA IDENTIFICACIÓN [T] enseñar (rápidamente)

5 UNA SONRISA, UN GESTO [T] hacer (brevemente)

6 UNA NOTICIA, INFORMACIÓN [T siempre + adv/prep] transmitir rápidamente

7 VEHÍCULO, PAISAJE [I siempre + adv/prep] **flash by/past** pasar velozmente • **flash through** cruzar velozmente

8 OJOS [I] (liter) centellear • **flash with anger** centellear de ira

9 TIEMPO, VACACIONES [I siempre + adv/prep] **flash by/past** pasar volando

10 PERVERTIDO (coloq) **(a)** [I] hacer exhibicionismo, exhibirse **(b)** [T] enseñar (los genitales), hacer exhibicionismo ante (una mujer)
flash sth around v+partíc (peyor) hacer ostentación de algo
flash back v+partíc **1** **flash back to sth** retroceder a algo (relato, película) **2** **flash back to sth** volver a algo (pensamiento, mente)
flash forward v+partíc saltar hacia delante (relato, película) • **flash forward to sth** saltar hasta algo
flash on v+partíc (coloq) darse cuenta de, recordar

flash² s **1** [C] (de luz) destello: _a flash of lightning_ un relámpago **2** [C,U] flash (de una cámara) **flash photography** fotografía con flash **3** [C] (de color) destello: _There was a flash of white in the bushes._ Se vió un destello blanco entre los arbustos. **4** [C] (de profesionalidad, inteligencia) destello • **a flash of brilliance/inspiration** un destello de brillantez/inspiración

EXPRESIONES

a flash in the pan flor de un día, llamarada de petate • **in a flash** (tb **quick as a flash**) en un abrir y cerrar de ojos, en un dos por tres

flash³ adj (peyor, coloq) ostentoso -a, fardón -ona

flash·back /ˈflæʃbæk/ s **1** [C,U] flashback, escena retrospectiva **2** [C] recuerdo vívido **3** [C] recurrencia del efecto de una droga alucinógena tiempo después de consumida

flash·card /ˈflæʃkɑrd/ s [C] tarjeta con palabras, imágenes o números, utilizada como material didáctico

flash·er /ˈflæʃɚ/ s [C] luz intermitente (en un carro)

'flash flood s [C] inundación

flash·light /ˈflæʃlaɪt/ s [C] linterna

flash·point /ˈflæʃpɔɪnt/ s [C] foco de conflicto

flash·y /ˈflæʃi/ adj (**flashier**, **flashiest**) (peyor, coloq) ostentoso -a

flask /flæsk/ s [C] **1** petaca, anforita (para licor) **2** matraz

flat¹ S2 W2 /flæt/ adj (**flatter**, **flattest**)

1	por su superficie
2	por su grosor
3	sobre el piso, la mesa
4	en pagos
5	llanta, pelota
6	refresco, champaña
7	en negocios
8	en música
9	sin afinar
10	zapato

1 POR SU SUPERFICIE plano -a (superficie), llano -a (terreno): _flat roofs_ techos planos • _a flat landscape_ un paisaje llano ANT **curved**, **bumpy**

2 POR SU GROSOR plano -a, chato -a: _a flat screen monitor_ un monitor de pantalla plana

3 SOBRE EL PISO, LA MESA [nunca ante s] extendido -a: _Put your hands flat on the floor._ Apoyen las manos extendidas en el suelo. • **be flat on your back** estar acostado -a boca arriba

4 EN PAGOS [solo ante s] fijo -a • **a flat rate/fee** una tarifa única/una cuota fija

5 LLANTA, PELOTA desinflado -a • **I got a flat tire** se me pinchó/ponchó una llanta

6 REFRESCO, CHAMPAÑA sin efervescencia, sin gas

7 EN NEGOCIOS flojo -a (negocio), sin variaciones (precios)

8 EN MÚSICA bemol: _an E flat_ un mi bemol

9 SIN AFINAR desafinado -a (más bajo de lo que corresponde)

10 ZAPATO de tacón bajo, de piso

as flat as a pancake liso -a como una tabla

flat² ⬚ *adv*
1 (por su posición) *The box can be folded flat for storage.* La caja se puede plegar para guardarla. • **lie flat** estar acostado -a
2 (en música) *She was singing flat.* Cantaba desafinado.
be flat broke (*coloq*) estar pelado -a, andar sin un quinto • **fall flat** (*coloq*) **(a)** no hacer gracia (chiste) **(b)** fracasar (plan, idea) • **fall flat on its face** fracasar estrepitosamente • **fall flat on your face** caer de bruces • **flat out** (*coloq*) **(a)** a toda velocidad **(b)** totalmente, indudablemente • **in 10 seconds/two minutes flat** (*coloq*) en menos de 10 segundos/dos minutos

flat³ *s* [C] **1** pinchazo, ponchadura **2** bemol **3 the flat of your hand** la palma de la mano **4 flats** [pl] zapatos de tacón bajo, zapatos de piso

flat-'chested *adj* de pechos pequeños (mujer)

flat·ly /'flætli/ *adv* **1** categóricamente, rotundamente **2** sin inmutarse, con impavidez

flat screen *s* [C] pantalla plana

flat·ten /'flæt̚n/ *v* **1** [I,T] aplastar(se), aplanar(se) **2** [T] arrasar, tirar abajo **3** [T] (*coloq*) darle un tortazo/trancazo a, darle un madrazo a **4 flatten yourself against sth** pegarse a algo
flatten out *v+partíc* **1 flatten out** allanarse, volverse más llano -a **2 flatten sth ↔ out** aplastar algo, aplanar algo

flat·ter /'flætɚ/ *v* [T] **1** halagar **2** (ropa, peinado) favorecer, sentar bien a: *The elegant dress flattered her figure.* El elegante vestido realzaba su silueta. **3** (retrato, resultado) favorecer **4 flatter yourself (that)** preciarse de que
don't flatter yourself (*oral*) no te engañes, no te hagas ilusiones

flat·ter·er /'flætərɚ/ *s* [C] adulador -a

flat·ter·ing /'flætərɪŋ/ *adj* **1** favorecedor -a (colores, peinado, ropa) **2** halagador -a (oferta) **3** elogioso -a (comentario)

flat·ter·y /'flætəri/ *s* [U] halagos
flattery will get you nowhere (*hum*, *oral*) con halagos no vas a conseguir nada

flat·u·lence /'flætʃələns/ *s* [U] (*frml*) flatulencia

flaunt /flɔnt, flɑnt/ *v* [T] (*peyor*) hacer ostentación de
if you've got it, flaunt it (*hum*, *oral*) ya que lo tienes, que se note

flau·tist /'flaʊtɪst, 'flɔ-/ (tb **flu·tist** /'fluːtɪst/) *s* [C] flautista

fla·vor¹ ⬚ ⬚ /'fleɪvɚ/ *s*
1 [C] (de un alimento, una bebida) sabor • **a strong flavor** un sabor fuerte • **a rich/distinctive flavor** un sabor intenso/distintivo • **a mild/delicate flavor** un sabor suave/delicado
2 [U] (cualidad de sabroso) sabor • **add/give flavor (to sth)** dar sabor (a algo)
3 [C,U] aromatizante: *artificial flavors* aromatizantes artificiales
4 [sing] aire, carácter: *The music had a strong Spanish flavor.* La música tenía un marcado aire español.
flavor of the month/week la figura/tendencia del momento

flavor² *v* [T] condimentar, sazonar, darle sabor a • **flavor sth with sth** condimentar algo con algo

fla·vored /'fleɪvɚd/ *adj* [solo ante s] saborizado -a, aromatizado -a

fla·vor·ing /'fleɪvərɪŋ/ *s* [C,U] saborizante, aromatizante

flaw /flɔ/ *s* [C] **1** (en materiales, productos) falla, imperfección • [+in]: *a slight flaw in the glass* una leve imperfección del vidrio **2** (en un plan, una idea) falla, error • [+in]: *the flaw in Benson's argument* el error del argumento de Benson **3** (en la personalidad) defecto ► ver nota en **FAULT**

flawed /flɔd/ *adj* **1** defectuoso -a, con fallas (objeto) **2** con defectos (persona)

flaw·less /'flɔlɪs/ *adj* perfecto -a, impecable

flaw·less·ly /'flɔlɪsli/ *adv* perfectamente

flax /flæks/ *s* [U] lino

flax·en /'flæksən/ *adj* (*liter*) muy rubio -a, muy güero -a

flay /fleɪ/ *v* [T] desollar

flea /fli/ *s* [C] pulga

flea·bag /'flibæg/ (tb **'fleabag ,hotel**) *s* [C] (*peyor*, *coloq*) hotel de mala muerte

'flea ,market *s* [C] mercado de las pulgas, mercado de chácharas

fleck /flɛk/ *s* [C] **1** mota **2 flecks of sth** salpicaduras de algo

flecked /flɛkt/ *adj* **1** moteado -a, con motas • [+**with**]: *red cloth flecked with white* tela roja moteada de blanco **2 flecked with sth** salpicado -a de algo

fledg·ling¹, fledgeling /'flɛdʒlɪŋ/ *adj* [solo ante s] **1** joven (democracia, empresa) **2** novato -a

fledgling², fledgeling *s* [C] polluelo

flee ⬚ /fli/ *v* [I,T] (**fled** /flɛd/) huir (de) • **flee from/to sth** huir de/a algo • **flee the country** huir del país

fleece¹ /flis/ *s* **1** [C,U] vellón (lana) **2** [U] (material) polar **3** [C] (prenda) polar

fleece² *v* [T] (*peyor*, *coloq*) estafar, engañar

fleec·y /'flisi/ *adj* suave y esponjoso -a

fleet¹ /flit/ *s* [C] **1** (de barcos) flota **2** (de taxis, aviones) flota

fleet² *adj* (*liter*) veloz • **be fleet of foot** tener pies ligeros, correr rápido

fleet·ing /'flitɪŋ/ *adj* [gralm ante s] fugaz

fleet·ing·ly /'flitɪŋli/ *adv* fugazmente

Flem·ish¹ /'flɛmɪʃ/ *adj* flamenco -a

Flemish² *s* **1** [U] flamenco (idioma) **2 the Flemish** [pl] los flamencos

flesh¹ /flɛʃ/ *s* [U] **1** carne (humana, de animal) **2** piel (de una persona) **3** pulpa **4 the flesh** (*liter*) la carne (en religión) ► **PRESS** the flesh
your (own) flesh and blood alguien de su propia sangre • **be flesh and blood** ser de carne y hueso • **make sb's flesh crawl/creep** ponerle los pelos de punta/la carne de gallina a alguien • **see/meet sb in the flesh** conocer a alguien en persona

flesh² *v*
flesh sth ↔ out *v+partíc* desarrollar algo (con mayor detalle)

flesh·y /'flɛʃi/ *adj* **1** gordo -a **2** carnoso -a

flew /flu/ participio pasado de **FLY**

flex /flɛks/ *v* [T] flexionar
flex your muscles demostrar su capacidad/talento

flex·i·bil·i·ty /ˌflɛksə'bɪləti/ *s* [U] **1** (para cambiar) flexibilidad **2** (para doblarse) flexibilidad

flex·i·ble /'flɛksəbəl/ *adj* **1** (para cambiar) flexible: *flexible working hours* horario de trabajo flexible ᴀɴᴛ **inflexible** **2** (para doblarse) flexible: *flexible rubber soles* suelas de caucho flexible

flex·time /'flɛks,taɪm/ *s* [U] horario flexible

flick¹ /flɪk/ *v* **1** [T gralm+ adv/prep] (con la punta del dedo) *He flicked the cigarette out of the window.* Tiró el cigarrillo por la ventana. • **flick sth from/off sth** sacudir algo de algo: *She flicked a mosquito off her arm.* Se sacudió un mosquito del brazo con la punta del dedo. **2** [I,T gralm + adv/prep] (una parte del cuerpo) *She flicked her head in his direction.* Giró rápidamente la cabeza hacia él. • *The cow's tail flicked from side to side.* La vaca sacudía la cola de un lado a otro. **3** [T] apretar (un botón), mover (un interruptor) • **flick sth on/off** encender/apagar algo: *She flicked the light off.* Apagó la luz. **flick through sth** v+partíc hojear algo

flick² s [C] **1** (coloq) película **2** [gralm sing] toquecito, golpecito **3 the flicks** [pl] (antic) el cine

EXPRESIONES
at the flick of a switch con sólo apretar un botón

flick·er¹ /ˈflɪkɚ/ v [I] **1** parpadear (luz, vela), llamear (fuego) **2** [gralm + adv/prep] (escrito) asomar (emoción): *A look of pleasure flickered across her face.* Una expresión de placer asomó en su rostro.

flicker² s [C] **1** parpadeo (de una luz) **2** movimiento fugaz **3 a flicker of sth** (escrito) un atisbo de algo

fli·er, flyer /ˈflaɪɚ/ s [C] **1** volante (papel) **2** (coloq) aviador -a, piloto **3** pasajero -a (de avión) **4** insecto o animal que vuela

EXPRESIONES
take a flier (on sth) (coloq) arriesgarse (con algo)

flies /flaɪz/ pl de **FLY**

flight S3 W2 /flaɪt/ s

1	viaje
2	avión
3	movimiento
4	de escalera
5	de un peligro
6	capacidad

1 VIAJE [C] vuelo: *It's an hour's flight to Detroit from here.* Desde aquí es una hora de vuelo a Detroit. • **book a flight** reservar un pasaje de avión • **a scheduled flight** un vuelo regular • **a domestic /internal flight** un vuelo nacional • **an international flight** un vuelo internacional • **a space flight** un viaje espacial
2 AVIÓN [C] vuelo • **catch a flight** tomar un avión • **miss a flight** perder un avión
3 MOVIMIENTO [C,U] vuelo • **take flight** echar a volar, alzar vuelo
4 DE ESCALERA [C] tramo • **a flight of stairs/steps** un tramo de escalera
5 DE UN PELIGRO [U] huida • [+**across/through/out of**]: *the flight of the refugees across the border* la huida de los refugiados al otro lado de la frontera
6 CAPACIDAD [U] *the development of flight* el desarrollo de la aviación • *mankind's desire for flight* el deseo del hombre de volar ▶ **IN-FLIGHT**

EXPRESIONES
a flight of imagination/fancy/fantasy una fantasía

'flight at,tendant s [C] auxiliar de vuelo, sobrecargo

'flight deck s [C] **1** cabina de mando (en un avión) **2** cubierta de vuelo (en un portaaviones)

flight·i·ness /ˈflaɪtinɪs/ s [U] (peyor) inconstancia, volubilidad

flight·less /ˈflaɪtlɪs/ adj no volador -a

flight·y /ˈflaɪti/ adj (peyor) inconstante, voluble

flim·sy /ˈflɪmzi/ adj (**flimsier, flimsiest**) (peyor) **1** muy ligero -a, muy fino -a (tela, ropa) **2** endeble **3** poco convincente

flinch /flɪntʃ/ v [I] **1** (tb **flinch away**) retroceder, estremecerse, encogerse • **flinch at sth** estremecerse por algo **2** echarse atrás • **not flinch from (doing) sth** no rehuir (hacer) algo, no eludir (hacer) algo **3** disgustarse: *without flinching* sin inmutarse

fling¹ /flɪŋ/ v [T] (**flung** /flʌŋ/) **1** [siempre + adv/prep] (un objeto) tirar, arrojar, aventar • **fling sth at/into/on sth** *He flung the box into the river.* Tiró la caja al río. **2** [siempre + adv/prep] (el cuerpo) **fling yourself (down) on sth** dejarse caer en/sobre algo • **fling yourself into sth**

arrojarse a algo • **fling your arms around sth/sb** rodear algo/a alguien con los brazos **3** (a una persona) tirar, empujar **4** (palabras, acusaciones) **fling sth at sb** lanzar/espetar algo a alguien **5 fling a door/window open** abrir una puerta/ventana de golpe

EXPRESIONES
fling yourself at sb (peyor, coloq) echarle los perros (descaradamente) a alguien, echarse en brazos de alguien • **fling yourself into sth** meterse de lleno en algo
fling sth ↔ off v+partíc quitarse algo rápidamente, arrancarse algo (ropa)
fling sth ↔ on v+partíc ponerse algo rápidamente (ropa)

fling² s [C gralm sing] **1** aventura (amorosa) **2** incursión (en una actividad)

flint /flɪnt/ s **1** [U] sílex, pedernal **2** [C] piedra de sílex **3** [C] piedra, pedernal (de encendedor)

flip¹ S2 /flɪp/ v
1 (a) [T] dar (la) vuelta a, voltear, mover de golpe • **flip sth over/down/up** *The wave flipped the boat over.* La ola le hizo dar una vuelta de campana al barco. • **flip sth across/over/off sth** *He flipped the top off the bottle and poured himself a drink.* Le quitó la tapa a la botella y se sirvió un trago. **(b)** [I] darse (la) vuelta, voltearse, moverse de golpe • **flip over/up/down** *The car flipped over.* El carro se dio una vuelta de campana. **2** [T] darle la vuelta en el aire a, voltear en el aire (tortillas, pizzas) • **flip a coin** lanzarlo a águila o sol, echar un volado
3 [I] (coloq) ponerse como un tití, ponerse como loco -a **4** [I] (antic, coloq) volverse loco -a

EXPRESIONES
flip burgers (coloq) trabajar en un local de comidas rápidas • **flip your lid** (coloq) ponerse como loco -a, ponerse como un tití
flip sb ↔ off v+partíc hacerle un gesto grosero a alguien
flip out v+partíc (coloq) ponerse como loco -a, ponerse como un tití

flip² s [C] salto mortal

flip³ adj (peyor, coloq) frívolo -a, displicente

'flip chart s [C] rotafolios

'flip-flop¹ v [I] (peyor, coloq) cambiar de opinión, hacer un viraje de 180° • **flip-flop on sth** cambiar de opinión sobre algo

'flip-flop² s [C] (peyor, coloq) cambio de opinión, viraje de 180° • [+**on**] en relación con

flip·pan·cy /ˈflɪpənsi/ s [U] frivolidad, displicencia

flip·pant /ˈflɪpənt/ adj frívolo -a, displicente

flip·pant·ly /ˈflɪpəntli/ adv con frivolidad, displicentemente

flip·per /ˈflɪpɚ/ s [C] **1** (de un animal) aleta **2** (para bucear) pata de rana, aleta

'flip side s [sing] **1** lado negativo **2** (antic) lado B (de un disco)

flirt¹ /flɚt/ v [I] coquetear, flirtear • **flirt with sb** coquetear con alguien
flirt with sth v+partíc **1 flirt with an idea/thought** coquetear con una idea **2** incursionar en algo (la política, las drogas) **3 flirt with danger** jugar con el peligro

flirt² s [C] (peyor) persona que está siempre flirteando o coqueteando

flir·ta·tion /flɚˈteɪʃən/ s **1** [C gralm sing] incursión (en una actividad) • [+**with**]: *his brief flirtation with political life* su breve incursión en la vida política **2** [U] coqueteo, flirteo **3** [C] devaneo (amoroso)

flir·ta·tious /flɚˈteɪʃəs/ adj insinuante

flir·ta·tious·ly /flɚˈteɪʃəsli/ adv de manera insinuante, con coquetería

flir·ta·tious·ness /flɚˈteɪʃəsnɪs/ s [U] actitud insinuante, coquetería

flit /flɪt/ v [I siempre + adv/prep] (**flitted, flitting**) **1** revolotear **2** ir de aquí para allá **3** (imagen, sonrisa, mirada)

An image flitted into her mind. Una imagen se le presentó fugazmente. **4** echar un vistazo, echar una mirada rápida **5** saltar de una actividad a otra, saltar de un tema a otro • **flit from sth to sth** *I tend to flit from idea to idea.* Tiendo a saltar de una idea a otra.

float¹ S3 W3 /fləʊt/ *v*

1 en el agua
2 en el aire
3 sonido, olor
4 una idea, un plan
5 una moneda, un tipo de cambio
6 una empresa

1 EN EL AGUA [I,T] (hacer) flotar: *I wasn't sure if the raft would float.* No estaba segura de si la balsa flotaría. • *The logs are cut and then floated down the river.* Cortan los troncos y después los hacen flotar río abajo. • **float in/on sth** flotar en algo
2 EN EL AIRE [I siempre + adv/prep] flotar • **float away** alejarse flotando • **float down** *Leaves floated gently down from the trees.* Las hojas se mecían en el aire al caer de los árboles.
3 SONIDO, OLOR [I siempre + adv/prep] **float up/down/into sth** *His voice floated up to her.* Oyó la voz de él que llegaba desde abajo.
4 UNA IDEA, UN PLAN [T] sugerir
5 UNA MONEDA, UN TIPO DE CAMBIO [I,T] (*técn*) (dejar) flotar, (dejar) fluctuar
6 UNA EMPRESA [T] empezar a cotizar (en bolsa)
EXPRESIONES
float a check escribir un cheque sin fondos • **float sb a loan** (*coloq*) hacerle un préstamo a alguien
float around *v+partíc There was a lot of bad feeling floating around.* Había mucho resentimiento flotando en el ambiente.

float² *s* [C] **1** carroza, carro alegórico (de carnaval) **2** refresco con helado **3** flotador (para pescar) **4** (reserva de) dinero efectivo (en una tienda, etc.)

float·ing /'fləʊtɪŋ/ *adj* [solo ante s] flotante

flock¹ /flɒk/ *s* **1** [C] rebaño (de ovejas), bandada (de pájaros) **2** [C gralm sing] muchedumbre, multitud **3** [C gralm sing] (*antic*) grey, feligreses

flock² *v* [I siempre + adv/prep] **flock to/into sth** acudir en masa a algo: *Thousands of people flocked to the exhibition.* Miles de personas acudieron en masa a la exposición. • **flock to do sth** acudir en masa a hacer algo • **flock around sb** apiñarse alrededor de alguien

flog /flɒɡ, flɔɡ/ *v* [T] (**flogged, flogging**) [gralm en pasiva] azotar
EXPRESIONES
be flogging a dead horse (*coloq*) pedirle peras al olmo

flog·ging /'flɒɡɪŋ, 'flɔ-/ *s* [C,U] flagelación, azotes

flood¹ /flʌd/ *v*

1 casas, pueblos
2 río
3 en grandes grupos
4 enviar en cantidad
5 luz
6 lágrimas
7 sentimiento
8 un motor

1 CASAS, PUEBLOS [I,T] inundar(se): *Several villages along the river have been flooded.* Se han inundado varios pueblos a lo largo del río.
2 RÍO [I] desbordarse: *The river floods once or twice a year.* El río se desborda una o dos veces al año.
3 EN GRANDES GRUPOS [I siempre + adv/prep] **flood into/out of sth** entrar en/salir de algo en masa: *Refugees are still flooding across the border.* Los refugiados siguen cruzando en masa la frontera. • **flood in** llegar a montones: *Offers of help soon started flooding in.* Pronto empezaron a llover ofertas de ayuda. • **flood out** salir en masa
4 ENVIAR EN CANTIDAD [T] **flood sth/sb with sth** inundar algo/a alguien con algo, enviar a algo/alguien

una avalancha de algo: *Voters flooded Congress with letters of protest.* Los votantes inundaron el Congreso con cartas de protesta. • **be flooded with sth** *The office has been flooded with applications for the job.* En la oficina han llovido las solicitudes para el trabajo.
5 LUZ [I,T] (*liter*) inundar: *Sunlight flooded the room.* La luz del sol inundó la habitación. • **flood in** entrar a raudales • **flood into sth** inundar algo • **be flooded with sth** estar bañado -a/inundado -a de algo
6 LÁGRIMAS [I,T] (*liter*) **sb's eyes flood with tears** los ojos de alguien se inundan de lágrimas • **tears flood sb's eyes** las lágrimas inundan los ojos de alguien
7 SENTIMIENTO [I,T] (*liter*) invadir • **flood over/through sb** invadir a alguien, embargar a alguien: *He saw her and relief flooded over him.* Cuando la vio, sintió un gran alivio.
8 UN MOTOR [I,T] ahogar(se)
EXPRESIONES
flood the market inundar/saturar el mercado
flood back *v+partíc* volver (de repente) (recuerdos, sentimientos) • **come flooding back** *Her childhood memories came flooding back.* Los recuerdos de la infancia se agolparon en su mente.
flood out *v+partíc* **be flooded out** verse obligado -a a abandonar el hogar (por una inundación)

flood² *s* **1** [C] inundación • **flood damage** daños por inundaciones • **flood defenses** defensas contra las inundaciones • **flood victim** víctima de las inundaciones • **flood warning** aviso de inundaciones **2 a flood of refugees/complaints/memories** una avalancha de refugiados/quejas/recuerdos **3 in flood** (*técn*) desbordado -a (río) **4 a flood of light** un torrente de luz

flood·gate /'flʌdɡeɪt/ *s* [C gralm pl] compuerta
EXPRESIONES
open the floodgates abrir el camino • **open the floodgates for/to sth** abrir el camino/las puertas a algo

flood·ing /'flʌdɪŋ/ *s* [U] inundaciones

flood·light /'flʌdlaɪt/ *s* [C gralm pl] reflector

flood·lit /'flʌd‚lɪt/ *adj* iluminado -a con reflectores

floor¹ S1 W1 /flɔr/ *s*

1 de una habitación
2 nivel
3 en la naturaleza
4 en el congreso
5 en un debate
6 en la bolsa
7 para bailar

1 DE UNA HABITACIÓN [C] piso, suelo • **floor covering** revestimiento de pisos • **floor tile** baldosa
2 NIVEL [C] piso • **the top floor** el último piso *a small third-floor apartment* un pequeño departamento en el tercer piso
3 EN LA NATURALEZA [C gralm sing] piso (de un bosque), lecho (de un río), fondo (del mar) • **the ocean floor** el fondo del mar
4 EN EL CONGRESO the floor [sing] el recinto • **take/ have the floor** hacer uso de/tener el uso de la palabra
5 EN UN DEBATE the floor [sing] los asistentes, el público
6 EN LA BOLSA [C] recinto
7 PARA BAILAR [C] (tb **dance floor**) pista de baile • **on the floor** en la pista, bailando • **take the floor** salir a la pista/a bailar ► FIRST FLOOR, FLOOR SPACE, GROUND FLOOR, be/get in on the GROUND FLOOR, SHOP FLOOR, WIPE the floor with sb
EXPRESIONES
go through the floor caer en picada (precios, ventas)

floor² *v* [T] **1** dejar sin saber qué decir **2** derribar (de un puñetazo) **3** (*coloq*) pisar (el acelerador de) • **floor it** pisar el acelerador **4** revestir el piso de

floor·board /'flɔrbɔrd/ *s* [C] **1** tabla, tablón (de un piso) **2** piso (de un carro)

floor·ing /'flɔrɪŋ/ *s* [U] revestimiento para pisos

'floor lamp *s* [C] lámpara de pie

'floor plan s [C] (plano de la) planta

floo·zy, floozie /'fluzi/ s [C] (pl **floozies**) (antic, peyor, coloq) guaricha

flop[1] /flɑp/ v [I] (**flopped, flopping**) **1** [siempre + adv/prep] • **flop down (on/onto sth)** dejarse caer (sobre algo), desplomarse (sobre algo) **2** [siempre + adv/prep] colgar, caer **3** (coloq) fracasar

flop[2] s [C] (coloq) fracaso

flop·house /'flɑphaʊs/ s [C] pensión (alojamiento)

flop·py[1] /'flɑpi/ adj (**floppier, floppiest**) caído -a (orejas), flexible, de ala blanda (sombrero)

floppy[2] s [C] (pl **floppies**) disquete, diskette

,floppy 'disk, floppy s [C] disquete, diskette

flo·ra /'flɔrə/ s [U] (técn) flora • **flora and fauna** flora y fauna

flo·ral /'flɔrəl/ adj **1** [solo ante s] (frml) floral **2** de flores (dibujo, vestido)

flor·id /'flɔrɪd, 'flɑrɪd/ adj **1** (liter) rubicundo -a **2** (peyor, frml) florido -a (prosa, estilo)

flo·rist /'flɔrɪst, 'flɑr-/ s [C] **1** florista **2** (tb **florist's**) florería, floristería

floss[1] /flɔs, flɑs/ s [U] seda dental, hilo dental

floss[2] v [I,T] limpiar(se) con seda/hilo dental

flo·ta·tion /floʊ'teɪʃən/ s **1** [C,U] salida a bolsa **2 a flotation device** un flotador

flo·til·la /floʊ'tɪlə/ s [C] flotilla

flot·sam /'flɑtsəm/ s [U] restos flotantes

flounce[1] /flaʊns/ v [I siempre + adv/prep] caminar airadamente

flounce[2] s [C] volante (en costura)

floun·der[1] /'flaʊndɚ/ v [I] **1** tambalear (economía), hacer agua (proyecto, carrera) **2** [siempre + adv/prep] • **flounder around/about** avanzar a trancas y barrancas, avanzar con mucha dificultad **3** no saber qué decir, vacilar, titubear

flounder[2] s (pl **flounder, flounders**) [C] especie de lenguado

flour[1] /flaʊɚ/ s [U] harina • **all-purpose flour** harina • **bread/cake flour** harina integral/harina (blanca) • **whole wheat flour** harina integral

flour[2] v [T] enharinar

flour·ish[1] /'flɚɪʃ, 'flʌrɪʃ/ v **1** [I] prosperar, florecer **2** [I] crecer bien, desarrollarse bien **3** [T] agitar, blandir

flourish[2] s [C] **1 with a flourish** con gesto teatral **2** broche de oro • **with a flourish** con un broche de oro **3** toque, floritura (en música) **4** rúbrica (de una firma), adorno (en caligrafía)

flout /flaʊt/ v [T] (frml) incumplir, desacatar (una ley, una orden), desafiar (las convenciones)

flow[1] /floʊ/ v [I]

1 líquido, gas, electricidad
2 mercancías, personas, datos
3 tráfico
4 alcohol
5 conversación
6 escritura
7 ropa, pelo
8 sentimientos, emociones
9 marea

1 LÍQUIDO, GAS, ELECTRICIDAD fluir, correr • **flow down sth** Tears flowed down her cheeks. Las lágrimas le corrían por las mejillas. • **flow into sth** desembocar en algo: The river flows into the lake. El río desemboca en el lago. • **flow freely** circular libremente

2 MERCANCÍAS, PERSONAS, DATOS [siempre + adv/prep] **flow in** llegar de manera ininterrumpida • **flow into the country/area** llegar al país/a la zona de manera

ininterrumpida • **flow out of sth** Refugees were flowing out of Afghanistan. El flujo de refugiados que salía de Afganistán era incesante.

3 TRÁFICO circular con fluidez

4 ALCOHOL correr • **flow freely** correr como agua

5 CONVERSACIÓN fluir

6 ESCRITURA fluir, ser fluido -a

7 ROPA, PELO [siempre + adv/prep] caer (con gracia)

8 SENTIMIENTOS, EMOCIONES [siempre + adv/prep] Relief flowed over me. Me invadió una sensación de alivio.

9 MAREA subir ▶ FLOWING

flow from sth v+partíc (frml) derivarse de algo

flow[2] W3 s

1 [C gralm sing] (de líquido, gas, electricidad) flujo, circulación • **blood flow** flujo sanguíneo • **air flow** circulación de aire

2 [C gralm sing, U] **traffic flow** la circulación del tránsito

3 [C gralm sing] (de personas, mercancías, datos) circulación, flujo

4 [U] (de palabras, ideas) hilo, flujo • **interrupt sb's flow** hacerle perder el hilo a alguien

5 [sing] (de la marea) flujo, subida • **ebb and flow** flujo y reflujo ▶ CASH FLOW

EXPRESIONES

in full flow (coloq) en pleno discurso • **go with the flow (a)** dejarse llevar, no complicarse la vida **(b)** dejarse llevar por la corriente, ir con la corriente

'flow chart (tb **'flow ,diagram**) s [C] diagrama de flujo

flow·er[1] S2 W2 /'flaʊɚ/ s [C]

1 (en una planta) flor

2 (para decorar) flor • **a bunch of flowers** un ramo de flores • **a bouquet of flowers** un ramo de flores • **pick a flower** arrancar una flor • **flower arrangement** arreglo floral

3 (planta) flor • **flower garden** jardín de flores

EXPRESIONES

come into flower florecer • **in flower** en flor, florecido -a

flower[2] v [I] florecer

flow·erbed /'flaʊɚ,bɛd/ s [C] arriate (de flores)

flow·er·pot /'flaʊɚ,pɑt/ s [C] maceta, matera (para plantas)

flow·er·y /'flaʊəri/ adj **1** de flores (tela, vestido) **2** florido -a (lenguaje)

flow·ing /'floʊɪŋ/ adj [gralm ante s] **1** suelto -a (pelo, vestimenta) **2** fluido -a (movimiento, líneas)

flown /floʊn/ participio pasado de FLY

flu /flu/ s [U] (**influenza**) gripa, gripe • **get/have the flu** agarrar(se)/tener gripa • **with the flu** con gripa, con gripe • **flu epidemic** epidemia de gripa/gripe • **flu shot** vacuna contra la gripa/gripe • **flu virus** virus de la gripa/gripe

flub /flʌb/ v [T] (**flubbed, flubbing**) (coloq) embarrar, pifiar, echar a perder • **flub your lines** equivocarse al decir el texto (actor) SIN **mess up**
flub up v+partíc **1 flub up** (coloq) embarrarla, pifiarla, meter la pata SIN **mess up 2 flub sth ↔up** (coloq) echar a perder algo SIN **mess up**

fluc·tu·ate /'flʌktʃu,eɪt/ v [I] fluctuar, variar • **fluctuate between sth and sth** fluctuar entre algo y algo

fluc·tu·a·tion /,flʌktʃu'eɪʃən/ s [C,U] fluctuación, variación • [+in]: the fluctuation in interest rates la fluctuación de las tasas de interés

flue /flu/ s [C] tiro, salida de humos (de un calentador), tiro (de una chimenea)

flu·en·cy /'fluənsi/ s [U] **1** (en un idioma) fluidez **2** (de expresión, movimientos) fluidez, soltura

flu·ent /'fluənt/ adj **1 be fluent in Chinese/German** hablar chino/alemán con fluidez **2 speak fluent Chinese/German** hablar chino/alemán con fluidez **3 be a fluent reader/writer** leer/escribir con fluidez, leer/escribir con soltura **4** fluido -a (movimientos, estilo)

flu·ent·ly /ˈfluəntli/ *adv* **1** (hablar un idioma) con fluidez **2** (expresarse, moverse) con fluidez, con soltura

fluff[1] /flʌf/ *s* [U] **1** pelusa(s) (de hilo) **2** (*peyor*) insignificancias, pavadas **3** pelusa, plumón

fluff[2] *v* [T] **1** (*coloq*) embarrar, pifiar, echar a perder **2** (tb **fluff up/out**) ahuecar, mullir (una almohada, el pelo) **3** (tb **fluff up/out**) ahuecar (las plumas)

fluff·y /ˈflʌfi/ *adj* (**fluffier, fluffiest**) **1** suave y sedoso -a (animal), esponjoso -a (toalla) **2** esponjoso -a (masa, pastel) **3** esponjoso -a (nube)

flu·id[1] /ˈfluɪd/ *s* [C,U] (*técn*) fluido, líquido • **body/bodily fluids** fluidos corporales

fluid[2] *adj* **1** inestable, incierto -a (situación) **2** fluido -a (movimiento)

flu·id·i·ty /fluˈɪdəti/ *s* [U] **1** inestabilidad (de una situación) **2** fluidez (de movimientos)

fluid 'ounce *s* [C] onza líquida (= 28 ml en Gran Bretaña y 30 ml en Estados Unidos)

fluke /fluk/ *s* [C] (*coloq*) golpe de suerte, chiripa, casualidad

fluk·y, flukey /ˈfluki/ *adj* de chiripa, de casualidad

flum·mox /ˈflʌməks/ *v* [T] desconcertar

flung /flʌŋ/ pasado y participio pasado de **FLING**

flunk /flʌŋk/ *v* (*coloq*) **1** [I,T] no aprobar, no pasar **2** [T] no aprobar, corchar SIN **fail** flunk out *v+partíc* (*coloq*) ir mal (en el colegio, la universidad) • **flunk out of school/college** tener que dejar el colegio/la universidad (por tener malas calificaciones)

flun·ky, flunkey /ˈflʌŋki/ *s* [C] (*pl* **flunkies**) (*coloq*) **1** (*peyor*) lacayo, esbirro **2** mandadero -a

flu·o·res·cent /fluˈrɛsənt, flɔ-/ *adj* **1** (color) fluorescente **2** [solo ante s] (tubo, luz) fluorescente

fluor·ide /ˈflɔraɪd/ *s* [U] fluoruro (en química), flúor (para los dientes)

flur·ry /ˈfləri, ˈflʌri/ *s* (*pl* **flurries**) **1 a flurry of sth** un aluvión/una oleada de algo: *a flurry of activity* una explosión de actividad **2** [gralm pl] ráfaga (de nieve), chaparrón (de lluvia)

flush[1] /flʌʃ/ *v* **1 (a)** [T] **flush the toilet** tirar (de) la cadena, bajar el agua (del inodoro), jalarle (al excusado) • **flush sth down the toilet** tirar algo al inodoro, echar algo al excusado **(b)** [I] *The toilet won't flush.* El tanque del inodoro no funciona. **2** [I] sonrojarse, ponerse colorado -a **3** [T] limpiar (radiadores, tuberías) flush out *v+partíc* **1 flush sb/sth ↔ out** hacer salir a alguien/algo **2 flush sth ↔ out** limpiar algo (radiadores, tuberías) SIN **flush 3 flush sth ↔ out** eliminar algo (con agua)

flush[2] *s* **1** [C] acto de bajar el agua (del inodoro): *The average toilet uses 5 gallons of water per flush.* El inodoro promedio usa 5 galones de agua cada vez que se baja el agua. **2** [C] tanque **3** [sing] rubor **4** [C] color (en póquer)
EXPRESIONES
the first flush of youth (*liter*) la flor de la juventud

flush[3] *adj* **1** alineado -a, al ras, al mismo nivel **2** [solo después de s] (*coloq*) con mucho dinero

flushed /flʌʃt/ *adj* sonrojado -a, colorado -a • [+**with**]: *Her face was flushed with anger.* Tenía la cara roja de ira.
EXPRESIONES
be flushed with success estar eufórico -a por el éxito

flus·ter /ˈflʌstər/ *v* [T] poner nervioso -a (interrumpiendo, apurando)

flus·tered /ˈflʌstərd/ *adj* nervioso -a • **get (all) flustered** ponerse nervioso -a

flute /flut/ *s* [C] **1** flauta **2** (tb **champagne flute**) copa de champaña

flut·ist /ˈflutɪst/ *s* [C] flautista

flut·ter[1] /ˈflʌtər/ *v* **1** [I siempre + adv/prep] revolotear **2** [T] agitar, batir (las alas) **3** [I] ondear (bandera) **4** [I]

palpitar (corazón), contraerse (estómago) **5** [I] temblar (párpados)
EXPRESIONES
flutter your eyelashes at sb hacerle ojitos a alguien

flutter[2] *s* [sing] agitación, revuelo • **a flutter of sth** *She felt a flutter of excitement.* Se sintió entusiasmada.

flux /flʌks/ *s* [U] **be in (a state of) flux** estar en proceso de cambio

fly[1] S1 W1 /flaɪ/ *v* (**flew** /flu/, **flown** /floʊn/)

1 avión, globo
2 animal, insecto
3 pasajero
4 una aerolínea
5 un avión, un helicóptero
6 en avión, helicóptero
7 una cometa
8 moverse rápido
9 platos, balas, vidrios
10 tiempo
11 pelo, abrigo
12 bandera
13 rumor

1 AVIÓN, GLOBO [I] volar • **fly over sth** sobrevolar algo, volar sobre algo
2 ANIMAL, INSECTO [I] volar • **fly away/off** irse volando
3 PASAJERO [I] ir en avión • **fly to sth** *We're flying nonstop to Orlando.* Vamos directos a Orlando. • **fly from/out of sth** *Are you flying from JFK or La Guardia?* ¿Sales de Kennedy o La Guardia?
4 UNA AEROLÍNEA [T] viajar con/en, ir en: *They flew British Airways.* Viajaron con British Airways.
5 UN AVIÓN, UN HELICÓPTERO [I,T] pilotar, pilotear
6 EN AVIÓN, HELICÓPTERO [T] llevar, traer • **fly sth/sb to sth** llevar algo/a alguien a algo (por aire): *The injured boy was flown to the hospital.* El niño herido fue trasladado por aire al hospital. • **fly sth/sb into sth** llevar algo/a alguien a algo (por aire)
7 UNA COMETA [T] volar
8 MOVERSE RÁPIDO [I siempre + adv/prep] **fly down sth** *Timmy flew down the stairs.* Timmy bajó las escaleras volando. • **fly across sth** cruzar algo volando • **fly out of sth** salir a toda velocidad de algo • **fly open** abrirse de golpe
9 PLATOS, BALAS, VIDRIOS [I] volar: *Glass was flying everywhere.* Volaban vidrios por todos lados. • **send sth/sb flying** hacer salir algo/a alguien volando/disparado -a • **go flying** salir volando
10 TIEMPO [I] pasar(se) volando: *Is it 5:30 already? Boy, time flies!* ¿Ya son las cinco y media? ¡Cómo se pasó volando el tiempo! • **fly past/by** pasar(se) volando
11 PELO, ABRIGO [I] ondear
12 BANDERA (a) [I] ondear **(b)** [T] desplegar, enarbolar
13 RUMOR [I] circular ► **the BIRD has flown, as the CROW flies, PIGS might fly, (the) SPARKS fly**
EXPRESIONES
fly the coop (*coloq*) irse, largarse • **fly the flag for sth** ser el/la representante de algo, ser el abanderado/la abanderada de algo • **be flying high** estar en un buen momento • **fly in the face of sth** oponerse abiertamente a algo, ir en contra de algo • **fly into a temper/rage** ponerse hecho -a una furia, ponerse hecho -a un tití • **fly off the handle** (*coloq*) perder los estribos • **go fly a kite** (*oral*) irse a freír espárragos • **let fly** (*coloq*) **(a)** empezar a despotricar • **let fly with sth** lanzar algo (palabrotas, insultos) • **let fly at sb** empezar a despotricar contra/de alguien **(b)** atacar • **let fly with sth** lanzar algo (balas, piedras)
fly at sb *v+partíc* (tb **fly into sb**) arremeter contra alguien, embestir a alguien

fly[2] *s* [C] (*pl* **flies**) **1** (insecto) mosca **2** bragueta, cierre **3** elevado (en béisbol) **4** (en pesca) señuelo ► **FRUIT FLY**
EXPRESIONES
drop like flies (*coloq*) caer como moscas • **a fly in the ointment** (*coloq*) una pega • **be a fly on the wall** *I wish I'd been a fly on the wall during that conversation.*

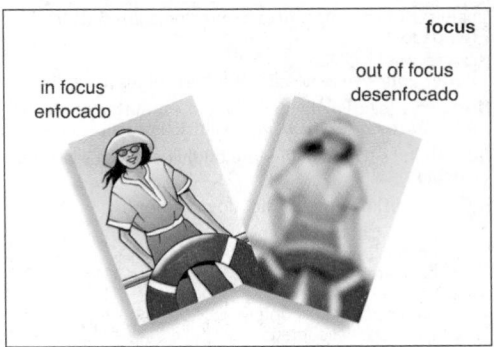

focus

in focus
enfocado

out of focus
desenfocado

Ojalá hubiera podido estar allí para escuchar la conversación. • **on the fly** a la carrera • **he/she wouldn't hurt a fly** (*oral*) es incapaz de matar una mosca

fly³ *v* [I] (**flied**) (en béisbol) batear un elevado
fly out *v+partíc* batear un elevado

'fly-by-ˌnight *adj* [solo ante s] (*coloq*) sin escrúpulos, nada fiable

fly·er, flier /ˈflaɪə/ *s* [C] **1** volante (de publicidad) **2** aviador -a, piloto **3** viajero -a, pasajero -a (de avión)

fly·ing¹ /ˈflaɪ-ɪŋ/ *adj* [solo ante s] volador -a
EXPRESIONES
a flying jump/leap un gran salto • **a flying visit** una visita relámpago • **a flying start** un muy buen comienzo • **get off to a flying start** arrancar/comenzar/empezar con el pie derecho • **with flying colors** con muy buena nota

flying² *s* [U] la aviación, los vuelos en avión: *fear of flying* miedo a volar • **flying instructor** instructor -a de vuelo • **flying lesson** clase de vuelo • **flying school** escuela de aviación/de vuelo

ˌflying 'saucer *s* [C] platillo volador

'fly leaf *s* [C] guarda (hoja en blanco de un libro)

fly·o·ver /ˈflaɪˌoʊvə/ *s* [C] desfile aéreo, exhibición aérea

fly·swat·ter /ˈflaɪˌswɑtə/ *s* [C] matamoscas

fly·weight /ˈflaɪweɪt/ *s* [C] peso mosca

fly·wheel /ˈflaɪwil/ *s* [C] volante (para regular)

FM /ˌɛf 'ɛm/ *s* [U] FM

foal¹ /foʊl/ *s* [C] potro, potranca

foal² *v* [I] parir (yegua)

foam¹ /foʊm/ *s* [U] **1** (tb **ˌfoam 'rubber**) (goma) espuma, gomaespuma **2** (en el café, las olas) espuma **3** (de afeitar, antiincendios) espuma

foam² *v* [I] hacer espuma
EXPRESIONES
foam at the mouth (a) echar espuma por la boca **(b)** estar/ponerse como un perro rabioso

fob¹ /fɑb/ *v* (**fobbed, fobbing**)
fob off *v+partíc* fob sth ↔ off on/onto sb (*peyor*) dejarle algo a alguien (que uno no quiere), empacarle algo a alguien, enjaretarle algo a alguien

fob² *s* [C] **1** leontina, cadena de reloj **2** colgante de llavero

fo·cal point /ˈfoʊkəl ˌpɔɪnt/ *s* **1** [C gram sing] núcleo, centro, elemento central **2** [C] (*técn*) foco, punto focal (en óptica)

fo·cus¹ S2 W1 /ˈfoʊkəs/ *v*
1 [I,T] centrar(se) • **focus on sth** centrarse en algo • **focus attention on sth** centrar la atención en algo
2 [I,T] enfocar(se) (fotógrafo, cámara) • **focus on sth** enfocar algo • **focus your binoculars/telescope on sth** enfocar algo con los binoculares/el telescopio
3 (a) [I] ver con nitidez, enfocar la vista • **focus on sth/sb** enfocar algo/a alguien con la vista **(b)** [T] enfocar (la vista) • **focus your eyes on sb/sth** fijar la vista en alguien/algo

focus² S3 W2 *s*
1 [sing, U] eje central, centro de atención • [+on]: *The company's focus is on growth.* El eje central de la empresa es el crecimiento. • **be the focus of attention/interest** ser el centro de atención/interés
2 [U] enfoque (en objetivos concretos)
3 [sing] (de una cámara, un telescopio) foco
4 [C] (pl **foci** /-saɪ, -kaɪ/) (*técn*) (en física, óptica) foco
EXPRESIONES
bring sth into (sharp) focus poner algo sobre el tapete • **in focus** enfocado -a • **out of focus** desenfocado -a

fo·cused /ˈfoʊkəst/ *adj* centrado -a, concentrado -a

'focus group *s* [C] grupo de discusión, grupo focal (en mercadeo, política)

fod·der /ˈfɑdə/ *s* [U] **1** forraje **2** (*peyor*) materia prima (para la prensa, los chismes) **3** (*peyor*) carne de cañón

foe /foʊ/ *s* [C] (*liter*) enemigo -a

fog¹ /fɑg, fɔg/ *s* **1** [C,U] niebla • **the fog lifts/clears** la niebla se disipa/despeja/aclara **2** [sing] confusión • **in a fog** confundido -a, desorientado -a

fog² (tb **fog up**) *v* [I,T] (**fogged, fogging**) empañar(se) (cristal)

fog·bound /ˈfɑgbaʊnd, ˈfɔg-/ *adj* paralizado -a por la niebla

fo·gey, fogy /ˈfoʊgi/ *s* [C] (pl **fogeys, fogies**) (*peyor*) (**old**) **fogey** vejete, carroza, carcamán

fog·gy /ˈfɑgi, ˈfɔgi/ *adj* (**foggier, foggiest**) **1** de niebla (día, mañana) **2** vago -a (recuerdo) **3** confuso -a, confundido -a
EXPRESIONES
not have the foggiest (*oral*) no tener ni la menor idea

fog·horn /ˈfɑghɔrn, ˈfɔg-/ *s* [C] sirena de niebla
EXPRESIONES
a voice like a foghorn (*hum*) un vozarrón

foi·ble /ˈfɔɪbəl/ *s* [C gram pl] (*frml*) debilidad, flaqueza

foil¹ /fɔɪl/ *s* **1** [U] (tb **aluminum foil**) papel (de) aluminio **2 be a foil to sb/sth** ser el complemento ideal para alguien/algo **3** [C] florete

foil² *v* [T gram en pasiva] frustrar

foist /fɔɪst/
foist sth on sb *v+partíc* empacarle algo a alguien, encajarle/enjaretarle algo a alguien

-fold /foʊld/ *suf* **1** [en adjs] (indicando aspectos, funciones) *two-fold* doble **2** [en advs] (indicando multiplicación) *fourfold* cuatro veces

fold¹ S3 W3 /foʊld/ *v*
1 [T] (por una línea) doblar • **fold sth in half/two** doblar algo por la mitad • **fold sth over** doblar algo
2 [T] (para guardar) doblar SIN **fold up**
3 [I,T] plegar(se) (silla, mesa) • **fold flat** plegarse totalmente SIN **fold up**
4 [I] quebrar, cerrar SIN **fold up**
EXPRESIONES
fold your arms/hands cruzar los brazos/las manos • **arms folded** de brazos cruzados
fold away *v+partíc* plegarse y guardarse (cama, silla)
fold out *v+partíc* abrirse, desplegarse
fold up *v+partíc* **1** fold sth ↔ up doblar algo **2 fold up** plegarse (silla, paraguas) **3 fold sth ↔ up** plegar algo

fold² *s* [C] **1** pliegue, doblez **2** [gram pl] pliegue (de la piel, la ropa): *folds of skin* pliegues de piel **3** (*liter*) redil
EXPRESIONES
the fold el redil (grupo) • **return to the fold** volver al redil

fold·a·way /ˈfoʊldəˌweɪ/ *adj* [solo ante s] plegable

fold·er S2 /ˈfoʊldə/ *s* [C]
1 (para papeles) carpeta, fólder
2 (en informática) carpeta

fold·ing /ˈfoʊldɪŋ/ *adj* [solo ante s] plegable

fo·li·age /ˈfoʊliɪdʒ/ *s* [U] follaje

folk¹ S1 /foʊk/ *s*
1 [pl] (tb **folks**) (*coloq*) gente

2 folks [pl] (*oral*) amigos -as (hablando a un grupo): *What do you think, folks?* ¿Qué les parece?
3 folks [pl] (*coloq*) padres (padre y madre)
4 [U] (música) folk

folk² *adj* [solo ante s] **1** folclórico -a, tradicional **2** popular, del pueblo

'folk dance *s* [C] baile popular, baile regional

folk·lore /'fook-lɔr/ *s* [U] folclore

'folk ˌmusic *s* [U] **1** música folclórica **2** (tb **folk**) música folk

folk·sy /'fooksi/ *adj* (*coloq*) **1** campechano -a, informal **2** del campo

fol·li·cle /'falɪkəl/ *s* [C] folículo

fol·low S1 W1 /'faloʊ/ *v*

> **1** en igual dirección
> **2** para vigilar
> **3** en el tiempo
> **4** en el orden
> **5** pautas, normas
> **6** señales, indicaciones
> **7** un camino, un río
> **8** hacer igual
> **9** comprender
> **10** con interés, atención
> **11** como consecuencia
> **12** una línea, un patrón

1 EN IGUAL DIRECCIÓN (a) [T] seguir: *They followed us in their car.* Nos siguieron en su carro. • **follow sb into the kitchen/office** entrar en la cocina/oficina detrás de alguien **(b)** [I] ir detrás/después: *You go ahead. I'll follow later.* Tú sigue adelante, que yo iré después.
2 PARA VIGILAR [T] seguir: *She was being followed.* Alguien la seguía.
3 EN EL TIEMPO [I,T] seguir (a): *the years following World War I* los años que siguieron a la Primera Guerra Mundial • **be followed by sth** ir seguido -a de algo • **follow shortly** *The next program follows shortly.* En unos instantes, el siguiente programa. • **to follow** *The wedding is at 2:30, with a reception to follow.* La boda es a las 2:30 y a continuación se realizará una recepción. • **in the days/weeks that followed** en los días/las semanas siguientes
4 EN EL ORDEN [I,T] seguir (a): *A full report follows this chapter.* A este capítulo le sigue un informe completo. • **be followed by sth** ir seguido -a de algo • **to follow** *We had fish, with a fruit salad to follow.* Comimos pescado y después ensalada de fruta.
5 PAUTAS, NORMAS [T] seguir • **follow orders** cumplir órdenes • **follow the instructions** seguir las instrucciones • **follow sb's advice** seguir los consejos de alguien • **follow rules** respetar las reglas • **follow your instincts** dejarse guiar por el instinto
6 SEÑALES, INDICACIONES [T] **follow the signs** seguir las señales
7 UN CAMINO, UN RÍO [T] seguir (por)
8 HACER IGUAL (a) [T] hacer lo mismo que, imitar • **follow sb into sth** seguir los pasos de alguien en algo • **follow sb's example** seguir el ejemplo de alguien • **follow in sb's footsteps** seguir los pasos de alguien **(b)** [I] hacer lo propio, hacer lo mismo
9 COMPRENDER [I,T] entender: *Sorry, I don't follow you.* Disculpa, no te entiendo. • **be difficult/hard to follow** ser difícil de entender/de seguir • **be easy to follow** ser fácil de entender/de seguir
10 CON INTERÉS, ATENCIÓN [T] seguir: *Do you follow baseball at all?* ¿Eres aficionado al béisbol?
11 COMO CONSECUENCIA [I,T] (*frml*) seguirse, deducirse: *That doesn't necessarily follow.* Eso no es necesariamente así. • **follow from sth** seguirse/deducirse de algo • **it follows (that)...** se sigue que, se deduce que...
12 UNA LÍNEA, UN PATRÓN [T] **follow a pattern/course** seguir un patrón/un curso

EXPRESIONES
as follows (*frml*) como sigue, de la siguiente manera:

The winners are as follows:... Los ganadores son los siguientes:... • **follow the crowd** seguir al rebaño/a los demás • **be a hard act to follow** (*oral*) ser muy difícil de igualar • **follow suit** hacer lo mismo, seguir su/tu ejemplo

follow sb around *v+partíc* seguir a alguien a todas partes, no dejar a alguien ni a sol ni a sombra
follow on *v+partíc* **1** estar relacionado -a • **follow on from sth** ser resultado de algo, estar relacionado -a con algo **2** ir después • **follow on behind** ir detrás
follow through *v+partíc* **1 follow sth ↔ through** llevar algo a término, terminar algo **2 follow through** seguir adelante • **follow through on sth** cumplir (con) algo (una promesa, una amenaza) • **follow through with sth** seguir adelante con algo **3 follow through** acompañar el golpe (en tenis, golf)
follow up *v+partíc* **1 follow sth ↔ up** investigar algo, hacer un seguimiento de algo **2 follow sth ↔ up** consolidar algo • **follow sth up with sth** acompañar/reforzar algo con algo: *Follow up your letter with a phone call.* Acompañe su carta con una llamada telefónica.

fol·low·er /'faloʊə/ *s* [C] seguidor -a

fol·low·ing¹ /'faloʊɪŋ/ *adj* [solo ante s] **1** (en el tiempo, el orden) siguiente • **the following day/afternoon** el día/la tarde siguiente: *The following day, he felt much better.* Al día siguiente se sentía mucho mejor. **2** (antes de enumerar) **the following...** el/la siguiente...: *Give the following information: name, address, and date of birth.* Dé los siguiente datos: nombre, dirección y fecha de nacimiento.

following² *s* **1 the following** [pl] *The following have been selected:* Louise, Fiona, Carol... Las siguientes personas han sido seleccionadas: Louise, Fiona, Carol... **2** [C gram sing] seguidores

following³ *prep* tras

'follow-up *s* **1** [C,U] seguimiento **2** [C] continuación (de un libro, una película) • [+**to**]: *the follow-up to their hit album* el disco posterior a su álbum de mayor éxito

fol·ly /'fali/ *s* (pl **follies**) **1** [C,U] (*frml*) locura, insensatez **2** [C] (*liter*) capricho (edificación extravagante)

fo·ment /'foʊmɛnt, foʊ'mɛnt/ (*frml*, *peyor*) instigar a, fomentar

fond /fand/ *adj* **1** [nunca ante s] **be fond of sb** tenerle cariño a alguien • **grow fond of sb** tomarle cariño a alguien, encariñarse con alguien **2** [nunca ante s] **I'm/she's fond of (doing) sth** me/le gusta (hacer) algo • **be not very/not overly fond of sth** *I'm not overly fond of cooking.* No me vuelve loco la cocina. **3** [solo ante s] cariñoso -a (abrazo, sonrisa): *a fond farewell* una despedida cariñosa

EXPRESIONES
a fond hope/belief (*frml*) una esperanza vana/una ingenuidad • **in the fond hope/belief that** con la vana esperanza/en la ingenua creencia de que • **fond memories** muy buenos recuerdos • **be fond of doing sth** ser aficionado -a a hacer algo, soler hacer algo

fon·dle /'fandl/ *v* [T] **1** (sexualmente) acariciar **2** (*frml*) (con cariño) acariciar

fond·ly /'fandli/ *adv* con cariño, cariñosamente

EXPRESIONES
fondly believe/hope (*frml*) creer ingenuamente/esperar en vano • **fondly remember/recall** (*frml*) recordar con cariño

fond·ness /'fandnɪs/ *s* [U] (*frml*) **1** (gusto) **a fondness for (doing) sth** afición a (hacer) algo: *My mother had a great fondness for animals.* A mi madre le gustaban mucho los animales. **2** cariño **3** (hábito) **a fondness for (doing) sth** afición a (hacer) algo, tendencia a (hacer) algo

font /fant/ *s* [C] **1** fuente (en artes gráficas) **2** pila bautismal

food S1 W1 /fud/ *s* [C,U] comida, alimento(s) • **frozen food** alimentos congelados • **canned food** comida enlatada, conservas • **food allergy** alergia alimentaria •

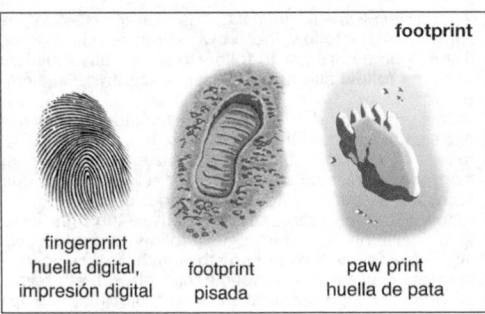

footprint

fingerprint
huella digital,
impresión digital

footprint
pisada

paw print
huella de pata

food shortage escasez de alimentos ▶ CONVEN-
IENCE FOOD, FAST FOOD, HEALTH FOOD, JUNK FOOD, SEAFOOD
EXPRESIONES
give sb food for thought darle a alguien que pensar

'**food bank** s [C] banco de comida (lugar que da de comer
a personas de escasos recursos, distribuye comida entre
organizaciones asistenciales, etc.)

'**food chain** s **the food chain** (a) la cadena alimenticia/
alimentaria (b) (hum) pirámide jerárquica

'**food ,poisoning** s [U] intoxicación alimentaria

'**food ,processor** s [C] procesador/procesadora (de alimentos)

'**food stamp** s [C] cupón entregado por el gobierno de EU
para canjear por comida

food·stuff /'fudstʌf/ s [C gralm pl, U] comestible(s),
producto(s) alimenticio(s)

fool¹ S3 /ful/ s [C] tonto -a • **like a fool** como un tonto/una
tonta
EXPRESIONES
any fool... (oral) cualquiera con dos dedos de frente... • **a
fool and his money are soon parted** (antic) cuando el
dinero se gasta sin pensar, no dura • **be fool enough to
do sth** ser tan tonto -a como para hacer algo • **fools rush
in (where angels fear to tread)** la ignorancia es osada
(los tontos actúan sin pensar) • **be living in a fool's
paradise** engañarse, vivir de ilusiones • **make a fool of
sb** dejar a alguien en ridículo • **make a fool of yourself**
quedar/ponerse en ridículo • **be no fool** (aprec) (tb **be
nobody's fool**) no tener un pelo de tonto -a • **play the
fool** hacer payasadas, hacerse el payaso

fool² S3 v
1 [T] engañar • **be fooled into doing sth** Don't be fooled
into thinking this is easy. No te vayas a creer que esto
es sencillo. • **have sb fooled** haber engañado a alguien
2 **fool yourself** engañarse
EXPRESIONES
you could have fooled me (oral) no me digas (dicho
irónicamente) • **be only/just fooling** estar bromeando,
estar mamando gallo
fool around v+partíc 1 güevonear, flojear SIN **mess
around** 2 perder el tiempo 3 tener aventuras • **fool
around with sb** tener una aventura con alguien
fool around with sth v+partíc andar con algo, juguetear
con algo
fool with sth v+partíc andar tocando algo, jugar con algo

fool³ adj [solo ante s] (coloq) tonto -a

fool·har·dy /'ful,hardi/ adj imprudente, temerario -a

fool·ish /'fuliʃ/ adj 1 (irreflexivo) tonto-a, insensato -a •
be foolish enough to do sth ser lo bastante tonto -a
como para hacer algo 2 (ridículo) estúpido -a, tonto -a •
feel foolish sentirse como un/una idiota • **look foolish**
hacer el ridículo, quedar como un/una idiota

fool·ish·ly /'fuliʃli/ adv 1 de manera insensata, como un
tonto/una tonta 2 ridículamente, como un/una idiota

fool·ish·ness /'fuliʃnɪs/ s [U] estupidez

fool·proof /'fulpruf/ adj infalible

foot¹ S1 W1 /fut/ s
1 [C] (pl **feet** /fit/) (parte del cuerpo) pie • **bare feet** pies

descalzos • **wipe your feet** limpiarse los zapatos/los pies
2 [C] (unidad de medida) (abrev escrita **ft.**) (pl **feet, foot**)
pie (30,48 cm): He's over six feet tall. Mide más de uno
ochenta. • **square/cubic feet** pies cuadrados/cúbicos a
20-foot pole un poste de 20 pies
3 [sing] (base) pie • **the foot of a ladder/mountain** el pie
de una escalera/montaña ANT **top**
4 [sing] (de una cama) pies • **the foot of the bed** los pies
de la cama ▶ get/have COLD feet, DRAG your feet, FIND
your feet, -FOOTED, (from) HEAD to foot/toe, have two
LEFT feet, SHOOT yourself in the foot, SIX feet under,
STAND on your own (two) feet, SWEEP sb off his/her
feet, UNDERFOOT, VOTE with your feet, have the WORLD at
your feet
EXPRESIONES
back on your/its feet recuperado -a (tras una enfermedad, una crisis) • **be quick on your feet** (a) ser ágil (b)
(aprec) tener rapidez de reflejos (ante problemas) • **feet
first** (a) de pie, con los pies primero (al entrar, zambullirse), de nalgas (en el parto) (b) (coloq) sin pensar •
(have) your feet on the ground (tener) los pies sobre la
tierra • **get a foot in the door (of sth)** poner un pie
dentro (de algo), tener una primera oportunidad (en
algo) • **get off on the wrong foot** (coloq) entrar/empezar
con el pie izquierdo • **have one foot in the grave** estar
con un pie en la tumba • **land/fall on your feet** caer de
pie • **my foot** (antic, oral, coloq) An artistic disagreement, my foot. He was fired! ¡Qué desacuerdo artístico
ni qué ocho cuartos! ¡Lo echaron! • **on foot** a pie • **on
your feet** de pie • **not/never put a foot wrong** no dar un
paso en falso, no cometer ni un error • **put your feet up**
(coloq) descansar • **put your foot down** ponerse firme,
imponerse • **set foot in his house/on the island** poner
un pie en su casa/la isla • **be under sb's feet** (peyor) no
despegarse de alguien, no dejar a alguien ni a sol ni a
sombra

foot² v **foot the bill** correr con los gastos • **foot the bill for
sth** correr con los gastos de algo

foot·age /'futɪdʒ/ s [U] secuencias, metraje

foot·ball S2 W2 /'fut⌐bɔl/ s
1 [U] fútbol/fútbol americano • **football coach** entrenador -a de fútbol/fútbol americano • **football fan** aficionado -a del fútbol/fútbol americano, fanático -a del
fútbol/fútbol americano • **football game** partido de
fútbol/fútbol americano • **football player** jugador -a de
fútbol/fútbol americano • **football stadium** estadio de
fútbol/fútbol americano • **football team** equipo de fútbol/
fútbol americano
2 [C] pelota (de fútbol/fútbol americano) ▶ SOCCER

foot·bridge /'fut,brɪdʒ/ s [C] puente peatonal

foot·hill /'fut,hɪl/ s [C gralm pl] estribación

foot·hold /'futhould/ s [C] 1 [gralm sing] **gain/get a
foothold (in sth)** introducirse (en algo), afianzarse (en
algo) 2 punto de apoyo (para trepar)

foot·ing /'futɪŋ/ s 1 [sing] **on a sound/secure footing** en
una posición/situación sólida • **on an equal footing** en
pie de igualdad, en igualdad de condiciones 2 [sing]
lose/miss your footing perder pie, perder el equilibrio

foot·lights /'futlaɪts/ s [pl] candilejas

'**foot ,locker** s [C] baúl (para guardar las pertenencias)

foot·loose /'futlus/ adj sin responsabilidades
EXPRESIONES
footloose and fancy free libre como el viento

foot·man /'fut⌐mən/ s [C] (pl **footmen** /-mən/) lacayo

foot·note /'fut⌐nout/ s [C] nota a pie de página

foot·path /'futpæθ/ s [C] sendero, senda

foot·print /'fut,prɪnt/ s [C] huella, pisada

foot·sie /'futsi/ s **play footsie with sb** (coloq) (a) acariciar a alguien con el pie por debajo de la mesa (b)
(peyor) cooperar con alguien para obtener ventajas

foot·step /'futstɛp/ s [C] pisada (sonido) ▶ FOLLOW in
sb's footsteps

foot·stool /'futstul/ s [C] reposapiés, escabel

foot·wear /ˈfʊtˌwɛr/ *s* [U] calzado

foot·work /ˈfʊtˌwɚk/ *s* [U] juego de piernas, juego de pies

for¹ S1 W1 /fɚ; *fuerte* fɔr/ *prep* ▶ for también forma parte de phrasal verbs como **look for, stand for**, etc., que figuran bajo el verbo correspondiente.

1 INDICANDO DESTINATARIO para: *I have a present for you.* Tengo un regalo para ti. • *I'll take care of the kids for you.* Yo te cuido a los niños. • *Save some ice cream for Peter.* Guárdale helado a Peter. • **what can I do for you?** ¿en qué puedo servirle? • **luckily/fortunately for sb** afortunadamente/por suerte para alguien

2 INDICANDO FINALIDAD para: *We made cookies for the party.* Hicimos galletas para la fiesta. • *For information, write to the address below.* Para recibir información escriba a la dirección de abajo. • *They bought me a bike for Christmas.* Me regalaron una bici para Navidad. • **what is sth for?** ¿para qué es/sirve algo? • **for doing sth** para hacer algo: *a knife for cutting bread* un cuchillo para cortar pan • **the right person/tool for (doing) sth** la persona/herramienta idónea para (hacer) algo • **go for a walk/swim/run** ir a dar un paseo/a nadar/a correr

3 INDICANDO DURACIÓN durante: *Bake the bread for 35 minutes.* Hornear el pan durante 35 minutos. • *I've known Kim for a long time.* La conozco a Kim desde hace tiempo. • **for a while** *He's been sick for a while.* Hace un tiempo que está enfermo. • *Can I borrow your drill for a while?* ¿Me prestas un rato el taladro? • **for years** *We've lived here for years.* Hace años que vivimos aquí.

4 CON FECHAS, HORAS para: *I made an appointment for October 18th.* Pedí cita para el 18 de octubre. • **time for sth** hora de algo: *It's time for bed.* Es hora de irse a la cama.

5 INDICANDO MOTIVO por: *If, for any reason, you cannot attend, please inform us.* Si por cualquier motivo no puede asistir, por favor notifíquenoslo. • *You'll feel better for a rest.* Cuando descanses te sentirás mejor. • **for doing sth** por hacer algo: *She was arrested for driving dangerously.* La detuvieron por conducción temeraria. • *Joe could hardly speak for laughing.* Joe apenas podía hablar de la risa que le daba.

6 INDICANDO DESTINO a, para: *the next train for Tokyo* el próximo tren para Tokio • *I usually leave for work at 7:30.* Generalmente salgo para el trabajo a las 7:30.

7 INDICANDO DISTANCIA en, a lo largo de: *We walked for miles.* Caminamos millas y millas.

8 INDICANDO PRECIO por (valor de): *a check for a hundred dollars* un cheque de cien dólares • **for free/nothing** gratis

9 INDICANDO PAGO por: *How much do they want for the car?* ¿Cuánto piden por el carro?

10 INDICANDO EMPRESA para, en: *She works for an IT company.* Trabaja para una empresa de informática. • *Which team does he play for?* ¿En qué equipo juega?

11 INDICANDO APOYO a favor de: *Most people are for the new system.* La mayoría de la gente está a favor del nuevo sistema. • *Are you for us or against us?* ¿Estás de nuestra parte o en contra nuestra? • **for and against** a favor y en contra • **be all for sth** estar totalmente a favor de algo

12 CONSIDERANDO para: *It's cold for this time of year.* Hace frío para esta época del año. • *She's tall for her age.* Es alta para su edad. • *For a small house, it's expensive.* Para ser una casa pequeña, es cara.

13 CON ACTITUDES, SENTIMIENTOS por: *He has a lot of respect for his teachers.* Les tiene mucho respeto a sus maestros. • *I feel sorry for them.* Me da pena por ellos.

14 EXPRESANDO SIGNIFICADO **be for sth** significar algo • **the word for sth** la palabra que significa algo: *What's the Spanish word for "thank you"?* ¿Cómo se dice "thank you" en español?

15 EN REPRESENTACIÓN en nombre de: *I know I speak for everyone here.* Sé que hablo en nombre de todos los aquí presentes. • *a spokesman for the disabled* un portavoz de los discapacitados

16 INDICANDO COMIDA DEL DÍA **have sth for breakfast/lunch/dinner** desayunar/almorzar/cenar algo

17 INDICANDO INCUMBENCIA de: *This is a matter for the police.* Esto es asunto para la policía. • **be for sb to do sth** *It's not for me to say what you should do.* Yo no soy quién para decir lo que deberías hacer.

18 INDICANDO IDONEIDAD **be for sb** ser para alguien, estar hecho -a para alguien: *Life in a big city is not for me.* La vida de la gran ciudad no es para mí. ▶ **ONCE and for all**, **for SURE**

EXPRESIONES
for all (a) *For all the good I did, I may as well have done nothing.* Para lo que ha servido mi ayuda, mejor no haber hecho nada. **(b)** a pesar de: *For all her faults, Jo was a good friend.* A pesar de sus defectos, Jo era una buena amiga. • **for all I/you know** (*oral*) *For all I know, she could be lying.* Yo qué sé si está mintiendo. • **for each/every** por cada: *For each mistake, you lose one point.* Por cada error pierdes un punto. • **for now** por el momento: *Put the photos in a drawer for now.* Mete las fotos en un cajón por el momento. • **for one thing... (and for another)** por un lado... (y por el otro): *For one thing, it's too big.* Por un lado, es demasiado grande. • **for yourself** por sí (mismo -a): *Let Charles speak for himself.* Que Charles hable por sí mismo. • **if it weren't for sb/sth** si no fuera por alguien/algo, de no ser por alguien/algo • **if it had not been for sth/sb** si no hubiera sido por algo/alguien, de no haber sido por algo/alguien • **you're/we're in for it** (*coloq*) la que te/nos espera, vas/vamos a sacar boleto • **not for anything** (tb **not for all the world**) (*oral*) por nada del mundo • **what... for?** (*oral*) ¿por qué...?: *What did you say that for?* ¿Por qué dijiste eso?

for² S1 W2 *conj* (*liter*) pues, puesto que

for·age¹ /ˈfɔrɪdʒ, ˈfɑr-/ *v* [I] buscar alimento • **forage for sth** buscar algo

forage² *s* [U] forraje

for·ay¹ /ˈfɔreɪ, ˈfɑreɪ/ *s* [C] (pl **forays**) (*escrito*) incursión • [+into]: *his first foray into the music business* su primera incursión en el negocio de la música

foray² *v* [I] (*frml*) **1** incursionar, hacer incursiones • **foray into sth** incursionar en algo **2** hacer una excursión

for·bade /fɚˈbæd/ pasado de **FORBID**

for·bear·ance /fɔrˈbɛrəns, fɚ-/ *s* [U] (*frml*) paciencia, tolerancia

for·bear·ing /fɔrˈbɛrɪŋ/ *adj* (*frml*) paciente, tolerante

for·bid /fɚˈbɪd/ *v* [T] (**forbade** /-ˈbæd/ o **forbid**, **forbidden** /-ˈbɪdn/) **1** prohibir • **be forbidden to do sth** *He was forbidden to leave the house.* Se le prohibió salir de casa. • **forbid sb from doing sth** prohibirle a alguien hacer algo **2** (*frml*) impedir

EXPRESIONES
God/Heaven forbid (*oral*) Dios no lo quiera

for·bid·den /fɚˈbɪdn/ *adj* **1** prohibido -a • **it is forbidden to do sth** está prohibido hacer algo **2** prohibido -a, vedado -a (zona) **3** [gralm ante s] prohibido -a, tabú (tema, placer)

EXPRESIONES
forbidden fruit fruta prohibida, fruto prohibido

for·bid·ding /fɚˈbɪdɪŋ/ *adj* imponente, intimidante

force¹ S2 W1 /fɔrs/ *s*

1	grupo militar
2	acción militar
3	violencia
4	potencia
5	en física
6	elemento influyente
7	profesionales

1 GRUPO MILITAR [C gralm pl] fuerza, tropa: *fighting between government and rebel forces* enfrentamientos entre las fuerzas del gobierno y las rebeldes

2 ACCIÓN MILITAR [U] la fuerza • **by force** por la fuerza • **use force** hacer uso de la fuerza • **the use of force** el uso de la fuerza

3 VIOLENCIA [U] la fuerza • **by force** a la fuerza, por la fuerza • **use force** hacer uso de la fuerza • **brute force** la fuerza bruta
4 POTENCIA [U] fuerza: *the force of the explosion* la fuerza de la explosión
5 EN FÍSICA [C,U] (*técn*) fuerza
6 ELEMENTO INFLUYENTE [C] fuerza • **the driving force behind/of sth** el motor de algo, la fuerza impulsora de algo • **forces beyond my/their control** factores que escapan a mi/su control • **a force to be reckoned with** alguien/algo a tener en cuenta • **the forces of evil/darkness** (*liter*) las fuerzas del mal/de la oscuridad
7 PROFESIONALES [C] equipo • **sales force** equipo de ventas ▶ ARMED FORCES, MARKET FORCES, POLICE FORCE, TASK FORCE

EXPRESIONES
join forces (with sb) unir fuerzas (con alguien) • **force of habit** la fuerza de la costumbre • **go/come into force** entrar en vigor • **be in force** estar en vigor • **be out in force** acudir en gran número

force² S2 W1 *v* [T]
1 obligar, forzar • **force sb to do sth** obligar a alguien a hacer algo: *The storms forced people to flee their homes.* El temporal obligó a la gente a abandonar sus hogares. • **force sb into (doing) sth** obligar a alguien a (hacer) algo
2 [siempre + adv/prep] obligar a desviarse: *Gales forced the ship off course.* El vendaval desvió al barco de su rumbo.
3 force your way through/past abrirse paso por la fuerza/a empujones
4 precipitar, provocar
5 forzar (para abrir) • **force a lock/window** forzar una cerradura/ventana

EXPRESIONES
force a smile esbozar una sonrisa forzada • **force his/ their hand** forzarlo/forzarlos a hacerlo, torcerle/ torcerles el brazo
force back *v+partíc* **1 force sth ↔ back** contener algo, reprimir algo **2 force sth/sb ↔ back** hacer retroceder algo/a alguien
force sth ↔ down *v+partíc* **1** hacer bajar algo (niveles, costos) **2** tragar algo **3** obligar a algo a aterrizar
force sth on sb *v+partíc* imponerle algo a alguien
force sth ↔ up *v+partíc* hacer subir algo (niveles, costos)

forced /fɔrst/ *adj* **1** forzado -a: *a forced smile* una sonrisa forzada **2** [solo ante s] forzoso -a: *a forced landing* un aterrizaje forzoso

'force-feed *v* [T] (**force-fed**) **1** alimentar a la fuerza **2** obligar a aprender, obligar a aceptar: *They were force-fed official propaganda.* Les llenaron la cabeza con propaganda oficial.

force·ful /'fɔrsfəl/ *adj* **1** firme, fuerte (carácter) **2** convincente (argumento, motivo) **3** enérgico -a, decidido -a

force·ful·ly /'fɔrsfəli/ *adv* **1** enérgicamente, de manera decidida **2** con fuerza

for·ceps /'fɔrsəps, -sɛps/ *s* [pl] fórceps

for·ci·ble /'fɔrsəbəl/ *adj* por la fuerza

forc·i·bly /'fɔrsəbli/ *adv* **1** por la fuerza, a la fuerza **2** enérgicamente, vivamente

ford¹ /fɔrd/ *s* [C] vado

ford² *v* [T] vadear

fore¹ /fɔr/ *s* **come to the fore** saltar a un primer plano, cobrar relieve

fore² *adj* [solo ante s] (*técn*) de proa (mástil), anterior, delantero -a (alas, patas)

fore·arm /'fɔrɑrm/ *s* [C] antebrazo ▶ FOREWARNed is **forearmed**

fore·bears /'fɔrbɛrz/ *s* [pl] (*frml*) antepasados

fore·bod·ing /fɔr'boʊdɪŋ/ *s* [U] malos presentimientos, malos presagios

fore·cast¹ /'fɔrkæst/ *s* [C] pronóstico • **the weather forecast** el pronóstico del tiempo

forecast² *v* [T] (**forecast** o **forecasted**) pronosticar

fore·cast·er /'fɔrkæstɚ/ *s* [C] metereólogo -a, analista: *the weather forecaster* el metereólogo • *economic forecasters* analistas económicos

fore·fa·thers /'fɔr,fɑðɚz/ *s* [pl] (*frml*) ancestros

fore·fin·ger /'fɔr,fɪŋgɚ/ *s* [C] (dedo) índice

fore·front /'fɔrfrʌnt/ *s* **be at the forefront of sth** estar a la vanguardia de algo

fore·go /fɔr'goʊ/ *v* variante de FORGO

fore·go·ing /'fɔr,goʊɪŋ/ *s* (*frml*) **the foregoing** lo ya mencionado, lo anterior

fore·gone con·clu·sion, forgone conclusion /,fɔrgɒn kən'kluʒən/ *s* **be a foregone conclusion** ser totalmente previsible/inevitable

fore·ground /'fɔrgraʊnd/ *s* **the foreground** el primer plano • **in the foreground** en primer plano

fore·hand¹ /'fɔrhænd/ *adj* [solo ante s] de drive, de derecha

forehand² *s* [sing] drive, derecha

fore·head /'fɔrhɛd, 'fɔrɪd, 'fɑrɪd/ *s* [C] frente (en la cabeza)

for·eign S3 W1 /'fɑrɪn, 'fɔrɪn/ *adj*
1 extranjero -a • **foreign language/country** idioma/país extranjero
2 [solo ante s] exterior (política, comercio) • **foreign correspondent** corresponsal extranjero • **foreign policy** política exterior • **foreign minister/office** secretario -a/secretaría de Relaciones Exteriores, ministro -a/ministerio de Relaciones Exteriores ANT **domestic**
3 (*frml*) ajeno -a, extraño -a
4 [nunca ante s] (*técn*) extraño -a • **a foreign body** un cuerpo extraño

foreign af'fairs *s* [pl] relaciones exteriores

for·eign·er /'fɑrənɚ, 'fɔr-/ *s* [C] extranjero -a

foreign ex'change *s* **1** [C] mercado de divisas **2** [U] divisas

fore·leg /'fɔrlɛg/ *s* [C] pata delantera

fore·man /'fɔrmən/ *s* [C] (pl **foremen** /-mən/) **1** capataz **2** presidente (de un jurado)

fore·most /'fɔrmoʊst/ *adj* **1** [solo ante s] principal, más destacado -a **2** [nunca ante s] **be foremost (among)** destacarse (entre) *The economy is foremost in many voters' minds.* La economía es la mayor preocupación de muchos votantes. ▶ FIRST and foremost

fo·ren·sic /fə'rɛnsɪk, -zɪk/ *adj* [solo ante s] forense

fore·play /'fɔrpleɪ/ *s* [U] los preliminares, preludio (juego sexual)

fore·run·ner /'fɔr,rʌnɚ/ *s* [C] precursor -a

fore·see /fɔr'si/ *v* [T] (**foresaw** /-'sɔ/, **foreseen** /-'sin/) prever • **foresee that** prever que

fore·see·a·ble /fɔr'siəbəl/ *adj* [gralm ante s] previsible

EXPRESIONES
for the foreseeable future en un futuro próximo • **in the foreseeable future** en un futuro inmediato/no muy lejano

fore·shad·ow /fɔr'ʃædoʊ/ *v* [T] anunciar, presagiar

fore·sight /'fɔrsaɪt/ *s* [U] previsión

fore·skin /'fɔr,skɪn/ *s* [C] prepucio

for·est S3 W2 /'fɔrɪst, 'fɑr-/ *s* [C,U] bosque, selva: *tropical forests* selvas tropicales • **forest fire** incendio forestal ▶ FOREST RANGER, RAIN FOREST, TREE

fore·stall /fɔr'stɔl/ *v* [T] (*frml*) prevenir

for·est·ed /'fɔrɪstɪd, 'fɑr-/ *adj* boscoso -a

forest 'ranger *s* [C] guardabosques

for·est·ry /'fɔrəstri, 'fɑr-/ *s* [U] ingeniería forestal, silvicultura

fore·taste /'fɔrteɪst/ s [sing] (frml) **a foretaste of sth** un anticipo de algo

fore·tell /fɔr'tɛl/ v [T] (**foretold** /-'toʊld/) (frml) predecir

fore·thought /'fɔrθɔt/ s [U] previsión, planificación • **have the forethought to do sth** tener la feliz idea de hacer algo: *No one had the forethought to bring a map.* A nadie se le ocurrió traer un mapa.

for·ev·er S1 W2, **for ever** /fə'rɛvər, fɔ-/ adv
1 para siempre • **last forever** durar (para) siempre ▶ ver nota en ALWAYS
2 (oral) eternamente, una eternidad: *I waited forever for a taxi.* Estuve un siglo esperando un taxi. • **take forever** tardar una eternidad
EXPRESIONES
be forever doing sth estar siempre/constantemente haciendo algo • **go on forever** no acabarse nunca

fore·warn /fɔr'wɔrn/ v [T frec en pasiva] advertir
EXPRESIONES
forewarned is forearmed hombre prevenido vale por dos

fore·wom·an /'fɔr,wʊmən/ s [C] (pl **forewomen** /-,wɪmɪn/) **1** capataza **2** presidenta (de un jurado)

fore·word /'fɔrwərd/ s [C] prólogo

for·feit[1] /'fɔrfɪt/ v [T] perder (un derecho)

forfeit[2] s [C,U] **1** sanción: *winner by forfeit* ganador por incomparecencia **2** prenda, penitencia (en un juego) • **pay a forfeit** cumplir/perder una penitencia, pagar/cumplir una prenda

for·gave /fə'geɪv/ pasado de FORGIVE

forge[1] /fɔrdʒ/ v **1** [T] (una amistad, una alianza) forjar • **forge ties/links** forjar lazos/vínculos **2** [T] falsificar • **a forged document/passport** un documento/pasaporte falso **3** [T] (una carrera, un acuerdo) forjarse, forjar **4** [I siempre + adv/prep] **forge on/ahead** seguir adelante, avanzar sin descanso **5** [T] (metal) forjar

forge[2] s [C] **1** (taller) fragua **2** (horno) fragua

forg·er /'fɔrdʒər/ s [C] falsificador -a

for·ger·y /'fɔrdʒəri/ s (pl **forgeries**) **1** [C] (objeto) falsificación **2** [U] (delito) falsificación

for·get S1 W1 /fə'gɛt/ v (**forgot** /-'gɑt/, **forgotten** /-'gɑtⁿn/, **forgetting**)
1 [I,T] (hechos, datos, ideas) olvidarse (de), olvidar: *I forgot her name.* Se me olvidó su nombre. • *I'm sorry, I completely forgot.* Disculpa, se me olvidó por completo. • **forget (that)** olvidarse de que, no acordarse de que: *I forgot that you used to live in New York.* No me acordaba de que viviste un tiempo en Nueva York. • **forget how/where** olvidar cómo/dónde • **forget to do sth** olvidarse de hacer algo: *I forgot to check what time the plane arrives.* Se me olvidó ver a qué hora llega el avión. • **forget about (doing) sth** olvidarse de (hacer) algo • **before I forget** (oral) antes de que se me olvide • **never forget sth** no olvidar nunca algo
2 [T] (un objeto) olvidar(se): *I think I forgot my keys.* Me parece que se me olvidaron las llaves.
3 [I,T] (borrar de la mente) olvidar: *I'll never forget you.* Nunca te olvidaré. • **forget (that)** olvidar que: *I forgot I was angry.* Olvidé que estaba enfadado. • **forget about sth/sb** olvidar algo/a alguien
4 [I,T] (abandonar la idea) olvidarse (de) • **you can forget (doing) sth** puedes olvidarte/despedirte de (hacer) algo • **forget about doing sth** olvidarse/despedirse de hacer algo • **forget the whole thing/idea** dejarlo, olvidarse de todo
EXPRESIONES
...and don't you forget it ...que no se te olvide • **aren't you forgetting...?** (oral) ¿no se te olvida...? • **don't forget (a)** (oral) (para recordarle a alguien que haga algo) no te olvides • **don't forget to do sth** no te olvides de hacer algo, acuérdate de hacer algo **(b) don't forget (that)...** recuerda que... **(c)** (para recordarle a alguien que lleve algo) no te olvides (de) • **forget it** (oral) **(a)** (ante una disculpa) no es nada **(b)** (para negar algo) olvídate/olvídense, dije que no, ni lo sueñes **(c)** (tb **forget that**)

(para negarse a algo) ni hablar, olvídate/olvídense • **forget yourself** (liter) perder el control

for·get·ful /fə'gɛtfəl/ adj olvidadizo -a

for·get·ful·ness /fə'gɛtfəlnɪs/ s [U] mala memoria

for'get-me-,not s [C] nomeolvides

for·give /fə'gɪv/ v (**forgave** /-'geɪv/, **forgiven** /-'gɪvən/) [I,T] perdonar • **forgive sb for sth** perdonarle algo a alguien: *He lied to me, and I can't forgive him for that.* Me mintió y no se lo puedo perdonar. • **forgive sb for doing sth** perdonarle a alguien que haya hecho algo • **forgive yourself** perdonarse (a sí mismo -a) • **forgive and forget** perdonar y olvidar
EXPRESIONES
you could/can be forgiven for thinking/feeling... no sería disparatado pensar/sentir... • **forgive me** (oral) perdona/perdone, disculpa/disculpe • **forgive me for asking/saying sth** perdona que te pregunte/diga algo, perdone que le pregunte/diga algo

for·give·ness /fə'gɪvnɪs/ s [U] perdón • **ask/beg for forgiveness** pedir/implorar perdón • **ask/beg sb's forgiveness** pedir/implorar perdón a alguien

for·giv·ing /fə'gɪvɪŋ/ adj indulgente

for·go, **forego** /fɔr'goʊ/ v [T] (**forgoes**, **forwent** /-'wɛnt/, **forgone** /-'gɔn/, **forgoing**) (frml) privarse de, renunciar a

for·got /fə'gɑt/ pasado de FORGET

for·got·ten[1] /fə'gɑtⁿn/ participio pasado de FORGET

forgotten[2] adj [gralm ante s] olvidado -a

fork[1] S2 /fɔrk/ s [C]
1 tenedor: *a knife and fork* cuchillo y tenedor
2 bifurcación
3 horca, horqueta (herramienta)

fork[2] v [I] bifurcarse
fork out v+partíc **1 fork out** (coloq) poner (mucha) plata **2 fork out sth** (coloq) desembolsar/poner algo (dinero) • **fork out $100 for/on sth** desembolsar/poner 100 dólares por algo
fork sth ↔ **over** v+partíc (coloq) poner/desembolsar algo (dinero), largar algo

forked /fɔrkt/ adj bifurcado -a (palo, cola), bífido -a (lengua)

fork·lift /'fɔrk,lɪft/ s (tb **'forklift ,truck**) s [C] carretilla elevadora (horquilla)

for·lorn /fə'lɔrn, fɔr-/ adj (liter) **1** desdichado -a **2** desolado -a (sitio) **3** vano -a (intento) • **a forlorn hope** una vana esperanza

form[1] S1 W1 /fɔrm/ s

1	clase
2	presentación
3	documento
4	silueta
5	de una obra de arte
6	rendimiento
7	en gramática

1 CLASE [C] tipo, forma: *a rare form of cancer* un tipo de cáncer poco común
2 PRESENTACIÓN [C,U] **in book/tablet form** en forma de libro/comprimidos • **in the form of sth** en forma de algo • **take the form of sth** consistir en algo
3 DOCUMENTO [C] formulario, formato, forma • **an application form** una solicitud, un formulario/un formato/una forma de solicitud • **fill out/in a form** completar/llenar un formulario, llenar una forma
4 SILUETA [C] forma, figura • **the female/male form** (frml) la figura femenina/masculina
5 DE UNA OBRA DE ARTE [U] la forma
6 RENDIMIENTO [U] forma, nivel • **in good form** en buena forma
7 EN GRAMÁTICA [C] forma ▶ **TRUE to form**

F

form² S2 W1 *v*

1 un grupo, un gobierno, un comité
2 ser parte
3 iniciarse
4 producir
5 una fila, un círculo
6 una amistad, una relación

1 UN GRUPO, UN GOBIERNO, UN COMITÉ [T] formar: *They formed an alliance.* Formaron una alianza.
2 SER PARTE [v copul] formar, constituir • **form the basis of sth** formar/constituir la base de algo • **form part of sth** formar parte de algo
3 INICIARSE [I,T gralm en pasiva] formar(se): *An idea started to form in his mind.* Una idea empezó a cobrar forma en su mente. • *The rocks were formed 4,000 million years ago.* Las rocas se formaron hace 4.000 millones de años.
4 PRODUCIR [T] formar
5 UNA FILA, UN CÍRCULO [I,T] formar(se) • **form sth into a circle/ball** hacer un círculo/una bola con algo, dar forma circular/de bola a algo
6 UNA AMISTAD, UNA RELACIÓN [T] trabar, establecer
EXPRESIONES
form an opinion/impression (*frml*) formarse una opinión/llevarse una impresión

for·mal¹ S3 W3 /ˈfɔrməl/ *adj*

1 protesta, declaración, acuerdo
2 conducta, saludo
3 lenguaje, estilo
4 cena, baile
5 ropa
6 persona
7 educación, formación, título
8 jardín, parque, habitación

1 PROTESTA, DECLARACIÓN, ACUERDO [gralm ante s] formal, oficial: *a formal investigation* una investigación oficial
2 CONDUCTA, SALUDO formal: *The atmosphere at work is fairly formal.* El ambiente de trabajo es bastante formal.
3 LENGUAJE, ESTILO formal: *a formal business letter* una carta comercial formal
4 CENA, BAILE de gala, de etiqueta • **formal occasions** eventos formales
5 ROPA de etiqueta
6 PERSONA [nunca ante s] formal, ceremonioso -a
7 EDUCACIÓN, FORMACIÓN, TÍTULO [solo ante s] académico -a, formal
8 JARDÍN, PARQUE, HABITACIÓN [gralm ante s] clásico -a, de estilo clásico ▶ FORMALLY

formal² *s* [C] **1** baile de etiqueta **2** vestido de gala

for·mal·de·hyde /fəˈmældəˌhaɪd, fɔr-/ *s* [U] formaldehído, formol

for·mal·i·ty /fɔrˈmæləti/ *s* (pl **formalities**) **1** [C gralm pl] (requisito) formalidad **2** [C gralm sing] formalidad, trámite • **be just a formality** ser una mera formalidad/un mero trámite **3** [U] (en la conducta) formalidad

for·mal·ize /ˈfɔrməˌlaɪz/ *v* [T] formalizar

for·mal·ly /ˈfɔrməli/ *adv* **1** formalmente, oficialmente **2** formalmente (con educación)

for·mat¹ S3 /ˈfɔrmæt/ *s* [C]
1 (de una competición, una reunión) formato
2 (de un documento, un libro) formato
3 (en informática) formato

format² *v* [T] (**formatted, formatting**) **1** dar(le) formato a **2** (*técn*) formatear

for·ma·tion /fɔrˈmeɪʃən/ *s* **1** [U] (de un grupo, una entidad) formación **2** [U] (proceso natural) formación **3** [C,U] (de tropas, jugadores) formación • **in formation** en formación **4** [C] (objeto natural) formación

form·a·tive /ˈfɔrmətɪv/ *adj* [gralm ante s] formativo -a • **my/his formative years** mis/sus años de formación • **a**

formative stage/period una etapa/un periodo de formación

for·mat·ted /ˈfɔrmætɪd/ *adj* formateado -a

for·mat·ting /ˈfɔrmætɪŋ/ *s* [U] (características del) formato

for·mer¹ /ˈfɔrmɚ/ *adj* [solo ante s] **1** ex • **former president/wife** ex presidente/ex esposa **2** antiguo -a: *a former British colony* una antigua colonia británica
EXPRESIONES
his/your former self el que era/eras, la que era/eras • **in former times** antiguamente, en la antigüedad

former² *s* **the former** el primero, la primera: *Of the two possibilities, the former seems more likely.* De las dos posibilidades, la primera parece más probable.

for·mer·ly /ˈfɔrmɚli/ *adv* antiguamente • **formerly known as** conocido -a antiguamente como • **formerly of sth** *Harry Smith, formerly of CBS's "This Morning" show* Harry Smith, ex presentador de "This Morning" en la CBS

for·mi·da·ble /ˈfɔrmədəbəl, fɔrˈmɪdə-/ *adj* **1** imponente, temible **2** tremendo -a, arduo -a

form·less /ˈfɔrmlɪs/ *adj* amorfo -a, informe

'form ˌletter *s* [C] carta tipo/estándar (que se le envía a muchas personas)

for·mu·la /ˈfɔrmyələ/ *s* (pl **formulas, formulae** /-li/) **1** [C gralm sing] (método) fórmula • [+**for**]: *the right formula for success* la fórmula del éxito **2** [C] (en matemáticas) fórmula **3** [C] (en química) fórmula **4** [U] fórmula (láctea)

for·mu·late /ˈfɔrmyəˌleɪt/ *v* [T] **1** (un plan, una teoría) formular **2** (una respuesta) formular **3 specially formulated** formulado -a especialmente

for·mu·la·tion /ˌfɔrmyəˈleɪʃən/ *s* **1** [U] formulación (de un plan, una teoría) **2** [C] fórmula (de un fármaco, cosmético)

for·ni·cate /ˈfɔrnəˌkeɪt/ *v* [I] fornicar

for·sake /fəˈseɪk, fɔr-/ *v* [T] (**forsook** /-ˈsʊk/, **forsaken** /-ˈseɪkən/) (*frml*) **1** renunciar a **2** abandonar (a una persona) ▶ GODFORSAKEN

fort /fɔrt/ *s* [C] **1** fuerte (fortificación) **2** cuartel

forte¹ /fɔrt, ˈfɔrteɪ/
EXPRESIONES
be my/his forte ser mi/su fuerte

for·te² /ˈfɔrteɪ/ *adj, adv* (*técn*) forte

forth S1 W2 /fɔrθ/ *adv* [solo después de v] (*liter*) ▶ **forth** también forma parte de **phrasal verbs** como **come forth, sally forth**, etc., que figuran bajo el verbo correspondiente.
1 (hacia afuera) *The burning house poured forth black smoke.* La casa en llamas despedía humo negro.
2 (hacia adelante) *They went forth into battle.* Partieron a la batalla. ▶ BACK and forth, PUT forth, and so on/forth
EXPRESIONES
from this day/time forth desde ese día/a partir de ese momento

forth·com·ing /ˌfɔrθˈkʌmɪŋ◂/ *adj* **1** [solo ante s] próximo -a, venidero -a: *her forthcoming novel* su novela, de próxima aparición **2** [nunca ante s] **no help/explanation was forthcoming** no se prestó ninguna ayuda/no se dio ninguna explicación **3** [nunca ante s] comunicativo -a

forth·right /ˈfɔrθraɪt/ *adj* (*aprec*) directo -a, franco -a

forth·with /fɔrθˈwɪθ/ *adv* (*frml*) de inmediato, inmediatamente

for·ties /ˈfɔrtiz/ *s* [pl] **1 the forties** (tb **the 40s, the 1940s**) los (años) cuarenta, la década de los cuarenta **2 be in your forties** tener cuarenta y pico/cuarenta y tantos **3 the forties** (tb **the 40s**) temperaturas de entre 40 y 50 grados ▶ ver ejs en SIXTIES

for·ti·eth /'fɔrt̬iɪθ/ (abrev escrita **40th**) *núm* **1** cuarenta, cuadragésimo -a **2** (*oral*) cumpleaños número cuarenta, cuadragésimo cumpleaños ▶ ver ejs en SIXTH

for·ti·fi·ca·tion /ˌfɔrt̬əfə'keɪʃən/ *s* **1** [C gralm pl] (obra) fortificación **2** [U] (acción) fortificación

for·ti·fy /'fɔrt̬əˌfaɪ/ *v* [T] (**fortifies, fortified, fortifying**) **1** fortificar (una población) **2** reforzar (una actitud, un sentimiento), fortalecer (una posición) **3** [gralm en pasiva] enriquecer, fortificar (alimentos, bebidas) • **fortified with** enriquecido -a con, fortificado -a con

for·ti·tude /'fɔrt̬əˌtud/ *s* [U] (*frml*) fortaleza, entereza

for·tress /'fɔrtrɪs/ *s* [C] fortaleza (edificio)

for·tu·i·tous /fɔr'tuət̬əs/ *adj* (*frml*) fortuito -a

for·tu·nate /'fɔrtʃənɪt/ *adj* **1** (**a**) afortunado -a, con suerte • **be fortunate (enough) to do sth** tener la fortuna/suerte de hacer algo (**b**) **the fortunate** [usado como s pl] los más afortunados • **the less fortunate** los menos afortunados **2 be fortunate** tener suerte (de no salir herido, verse afectado) **3** afortunado -a, feliz • **it is fortunate (that)...** es una suerte que...

for·tu·nate·ly /'fɔrtʃənɪtli/ *adv* [adv oracional] afortunadamente, por suerte: *Fortunately, no one was hurt.* Afortunadamente, nadie resultó herido. ANT **unfortunately**

for·tune W3 /'fɔrtʃən/ *s*
1 [C,U] fortuna (riqueza) • **make a fortune** ganar mucho dinero • **make your fortune** hacer fortuna
2 [sing] fortuna, dineral • **cost a fortune** costar una fortuna • **spend a fortune on sth** gastarse una fortuna en algo • **be worth a fortune** valer una fortuna • **a small fortune** (*coloq*) un dineral
3 [U] la suerte, la fortuna, el azar • **good fortune** buena suerte • **have the good fortune to do sth** tener la suerte/la fortuna de hacer algo
4 fortunes [pl] suerte • **a change in sb's fortunes** un cambio en la suerte de alguien
EXPRESIONES
tell sb's fortune predecirle/adivinarle el futuro a alguien

'**fortune ,cookie** *s* [C] galleta de la suerte/fortuna (que traen papelitos que predicen el futuro)

for·ty /'fɔrt̬i/ *núm* cuarenta ▶ ver ejs en SIX

fo·rum W3 /'fɔrəm/ *s* [C]
1 (reunión, entidad) foro
2 (en Internet) foro

for·ward¹ S2 W2 /'fɔrwəd/ *adv*
1 (tb **forwards**) (indicando dirección) hacia adelante: *Sit facing forward.* Siéntate mirando hacia adelante.
2 (indicando progreso) para adelante • **go/move forward** avanzar • **a way forward** una salida (de un conflicto, un problema) • **a step forward** un paso adelante, un avance
3 look forward mirar hacia el futuro
4 (indicando posición) adelante: *Are there any seats further forward?* ¿Hay asientos más adelante? ▶ BRING forward, COME forward, FAST FORWARD, GO forward, LOOK forward to sth, PUT forward
EXPRESIONES
from this/that day forward a partir de hoy/de ese día

forward² *adj* **1** [solo ante s] (indicando dirección) hacia adelante **2** [gralm ante s] (indicando posición) avanzado -a, de vanguardia **3** (indicando progreso) adelante • **be no further forward** no haber avanzado nada/mucho **4** [solo ante s] (anticipando el futuro) anticipado -a • **forward planning/thinking** previsión **5** [nunca ante s] (en la conducta) atrevido -a

forward³ *v* [T] **1** reenviar • **forward an email/a message to sb** reenviarle un correo electrónico/un mensaje a alguien **2** remitir (a un nuevo domicilio) • **forward mail/letters to sb** remitirle la correspondencia/las cartas a alguien

forward⁴ *s* [C] delantero -a (en fútbol, rugby), alero -a (en baloncesto) ▶ CENTRE FORWARD

'**forwarding ad,dress** *s* [C] nueva dirección (a la que remitir la correspondencia)

'**forward-,looking** *adj* (*aprec*) previsor -a, con visión de futuro

for·wards /'fɔrwədz/ *adv* hacia adelante

'**forward slash** *s* [C] barra (signo tipográfico)

for·went /fɔr'wɛnt/ pasado de FORGO

for·went /fɔr'wɛnt/ pasado de FORGO

fos·sil /'fɑsəl/ *s* [C] fósil

'**fossil ,fuel** *s* [C,U] combustible fósil

fos·sil·ized /'fɑsəˌlaɪzd/ *adj* fosilizado -a

fos·ter¹ /'fɔstə, 'fɑ-/ *v* **1** [T] (*frml*) fomentar **2** [T] acoger (a un niño en forma transitoria)

foster² *adj* [solo ante s] sustituto -a • **a foster mother/father** una madre sustituta/un padre sustituto • **foster parents** padres sustitutos • **a foster child/son/daughter** un niño/un hijo/una hija que vive con una familia sustituta • **a foster home** un hogar sustituto • **foster care** proceso de acogimiento de un niño en un hogar sustituto

fought /fɔt/ pasado y participio pasado de FIGHT

foul¹ /faʊl/ *adj*
1 olor, sabor
2 en deportes
3 sustancia
4 lenguaje
5 tiempo, día
6 humor

1 OLOR, SABOR asqueroso -a, maluco -a: *That smells absolutely foul.* Eso tiene un olor totalmente asqueroso. • **foul-smelling** apestoso -a, hediondo -a • **foul-tasting** repugnante
2 EN DEPORTES malo -a, afuera (pelota): *He hit five foul balls in a row.* Arrojó cinco bolas nulas seguidas.
3 SUSTANCIA viciado -a (aire), sucio -a (agua)
4 LENGUAJE grosero -a • **have a foul mouth** (*coloq*) ser muy malhablado -a
5 TIEMPO, DÍA horrible
6 HUMOR pésimo -a, de perros • **be in a foul temper/mood** estar de pésimo humor

foul² *v* **1** [I,T] hacer una falta (a) **2** [I,T] tirar afuera (en béisbol) **3** [T] ensuciar **4** [T] (*técn*) enganchar, enredar (una cuerda, una cadena), atascar, bloquear (una pieza, un motor)
foul out *v+partíc* **1** salir (de la cancha) por cinco faltas (personales) **2** tirar afuera
foul up *v+partíc* **1 foul up** embarrarla, meter la pata **2 foul sth ↔ up** arruinar algo, dañar algo **3 foul sth ↔ up** trastocar algo, alterar el funcionamiento de algo (un proceso, un sistema) **4 foul sth ↔ up** enganchar/enredar algo (una cuerda, una cadena), atascar/bloquear algo (un motor, una pieza)

foul³ *s* [C] **1** falta (en deportes) • [+on]: *a foul on the goalkeeper* una falta al arquero **2** tiro afuera ▶ STRIKE

foul-'mouthed *adj* malhablado -a

'**foul ,play** *s* [U] **1** crimen, delito **2** fraude, juego sucio

'**foul-up** *s* [C] (*coloq*) falla, metedura de pata ▶ FOUL UP

found¹ S3 /faʊnd/ pasado y participio pasado de FIND

found² W2 *v* [T] fundar
EXPRESIONES
be founded on sth fundarse/basarse en algo

foun·da·tion W2 /faʊn'deɪʃən/ *s*
1 [C gralm pl] cimientos (de un edificio)
2 [C] **the foundation of sth** el fundamento/la base de algo • **the foundation for sth** el fundamento/la base para algo • **lay the foundation(s) for sth** sentar las bases de/para algo • **a solid/firm foundation** una base sólida/firme
3 [C] (entidad) fundación
4 [U] (acción) fundación
5 [C,U] base (de maquillaje)
EXPRESIONES
be without foundation (tb **have no foundation**) (*frml*)

ser infundado -a, carecer de fundamento • **shake/rock sth to its foundations** sacudir los cimientos de algo

foun'dation ,stone *s* [C] piedra fundamental

found·er¹ /'faʊndə/ *s* [C] fundador -a

founder² *v* [I] (*frml*) **1** (matrimonio, negocio) hundirse, zozobrar **2** (barco) hundirse, zozobrar

,founding 'father *s* [C] fundador, padre

found·ry /'faʊndri/ *s* [C] (pl **foundries**) fundición (taller)

fount /faʊnt/ *s* [C] fuente (origen)

foun·tain /'faʊntⁿn/ *s* [C] **1** (ornamental) fuente **2** (tb **water fountain**) (para beber) fuente, bebedero **3 a fountain of blood/lava/sparks** un chorro de sangre/lava/chispas **4 a fountain of information/inspiration** (*escrito*) una fuente de información/inspiración ▶ DRINKING FOUNTAIN

'fountain pen *s* [C] estilógrafo, pluma (fuente)

four¹ /fɔr/ *núm* cuatro ▶ ver ejs en SIX ▶ TWO-BY-FOUR

EXPRESIONES
the four corners of the world/earth (*liter*) todos los rincones del mundo

four² *s* [C] **1** bote de cuatro (remos) (con o sin timonel) **2** en cricket, tiro que le da a un equipo cuatro carreras

EXPRESIONES
on all fours a/en cuatro patas

four·fold¹ /'fɔrfoʊld/ *adj* cuádruple, de cuatro veces

fourfold² *adv* **rise/increase fourfold** cuadruplicarse

,four-leaf 'clover *s* [C] trébol de cuatro hojas

,four-letter 'word *s* [C] **1** mala palabra, palabrota **2** [gralm sing] (*hum*) mala palabra, palabra tabú

,four-poster 'bed (tb **,four-'poster**) *s* [C] cama con dosel (de cuatro columnas)

four·some /'fɔrsəm/ *s* [C] cuarteto, grupo de cuatro (para una actividad), foursome (en golf)

four·teen /,fɔr'tin‹/ *núm* catorce ▶ ver ejs en SIX

four·teenth¹ /,fɔr'tinθ‹/ (abrev escrita **14th**) *adj*, *adv* decimocuarto -a, en decimocuarto lugar ▶ ver ejs en SIXTH

fourteenth² *s*, *pron* **1** (abrev escrita **14th**) decimocuarto -a **2** (abrev escrita **14th**) (día) catorce **3** (abrev escrita **1/14**) catorceavo, catorceava parte **4** (*oral*) catorce cumpleaños, decimocuarto cumpleaños **5** (abrev escrita **XIV**) (en nombres de monarcas, papas) catorce ▶ ver ejs en SIXTH

fourth¹ /fɔrθ/ (abrev escrita **4th**) *adj*, *adv* cuarto -a, en cuarto lugar ▶ ver ejs en SIXTH

fourth² *s*, *pron* **1** (abrev escrita **4th**) cuarto -a **2** (abrev escrita **4th**) (día) cuatro **3** (abrev escrita **1/4**) cuarto, cuarta parte ▶ QUARTER **4** (*oral*) cuatro cumpleaños, cuarto cumpleaños **5** (abrev escrita **IV**) cuarto -a ▶ ver ejs en SIXTH

,four-wheel 'drive *s* **1** [C,U] tracción en las cuatro ruedas **2** [C] cuatro por cuatro, (vehículo) 4x4

fowl /faʊl/ *s* (pl **fowls**, **fowl**) [C] ave de corral

fox /fɑks/ *s* **1** [C] (animal) zorro -a **2** [sing] (*coloq*) mamacita, bizcocho **3** [C] (persona) zorro -a

fox·glove /'fɑksglʌv/ *s* [C] digital, dedalera

fox·hound /'fɑkshaʊnd/ *s* [C] perro de caza

fox·hunt·ing /'fɑks,hʌntɪŋ/ *s* [U] caza del zorro

fox·trot¹ /'fɑkstrɑt/ *s* [C] foxtrot

foxtrot² *v* [I] bailar el foxtrot

fox·y /'fɑksi/ *adj* (**foxier**, **foxiest**) **1** (*coloq*) sexy **2** astuto -a

foy·er /'fɔɪə/ *s* [C] **1** (de un teatro, un hotel) vestíbulo **2** (de una casa) vestíbulo

Fr. (*abrev escrita de* **Father**) P. (Padre)

frac·as /'frækəs, 'freɪ-/ *s* [sing] altercado, reyerta

frac·tion /'frækʃən/ *s* [C] **1 a fraction of a second/of the price** una fracción de segundo/una mínima parte del precio • **a small/tiny fraction** una pequeña/mínima parte **2** fracción

frac·tion·al·ly /'frækʃənəli/ *adv* ligeramente, levemente

frac·tious /'frækʃəs/ *adj* irritable

frac·ture¹ /'fræktʃə/ *v* [I,T] fracturar(se) • **fracture your arm/leg** fracturarse el brazo/la pierna

fracture² *s* [C] fractura

frag·ile /'frædʒəl/ *adj* **1** (objeto, pieza) frágil **2** (economía, sistema, relaciones) frágil, precario -a: *a fragile peace* una paz precaria **3** (de salud) frágil, delicado -a: *His parents are in fragile health.* Sus padres están delicados de salud. **4** (de moral) frágil: *his fragile ego* su frágil moral

fra·gil·i·ty /frə'dʒɪləṭi/ *s* [U] fragilidad

frag·ment¹ /'frægmənt/ *s* [C] fragmento

frag·ment² /'fræg,mɛnt/ *v* [I] fragmentarse

frag·men·tar·y /'frægmən,tɛri/ *adj* fragmentario -a

frag·ment·ed /'fræg,mɛntɪd/ *adj* fragmentado -a

fra·grance /'freɪgrəns/ *s* **1** [C,U] (olor) fragancia **2** [C] (perfume) fragancia

fra·grant /'freɪgrənt/ *adj* fragante

frail /freɪl/ *adj* **1** frágil, débil **2** frágil, precario -a

frail·ty /'freɪlti/ *s* (pl **frailties**) **1** [U] fragilidad, debilidad **2** [C,U] debilidad, punto flaco • **human frailties** debilidades humanas

frame¹ S2 W3 /freɪm/ *s* **1** [C] marco (de un cuadro, un espejo) • **a picture frame** un marco para fotos • **a window/door frame** el marco de una ventana/puerta **2** [C] armazón, estructura • **a bicycle frame** un marco/cuadro de bicicleta **3** [C] (*escrito*) cuerpo (de una persona) **4** [C gralm pl] montura, armazón (de anteojos) **5** [C] fotograma ▶ TIME FRAME

frame² S3 *v* [T] **1** enmarcar, ponerle marco a **2** [gralm en pasiva] (*escrito*) enmarcar (el rostro, la escena) **3** tenderle una trampa a **4** (*frml*) formular (una pregunta, respuesta), elegir (las palabras)

,frame of 'mind *s* [C] estado de ánimo • **be in the right frame of mind for sth** estar de ánimo para algo

,frame of 'reference *s* [C] marco de referencia

'frame-up *s* [C] trampa (para incriminar a alguien)

frame·work /'freɪmwɔk/ *s* [C] **1** [gralm sing] **a framework for sth** un marco para algo **2 the framework of sth** el marco de algo (social, legal, político): *within the framework of the Constitution* en el marco de la Constitución **3** armazón, estructura

franc /fræŋk/ *s* [C] franco (moneda)

France /fræns/ Francia

fran·chise¹ /'fræntʃaɪz/ *s* **1** [C] franquicia, franquiciado **2** [C,U] franquicia, concesión **3** [C] equipo (deportivo profesional) • **a sports/baseball/football franchise** un equipo deportivo/de béisbol/de fútbol **4** [U] (*frml*) derecho al voto

franchise² *v* [T] otorgar la franquicia de

frank /fræŋk/ *v* [T gralm en pasiva] franquear (correspondencia)

frank¹ *adj* franco -a • **be frank with sb** ser franco -a con alguien

EXPRESIONES
to be frank (*oral*) francamente, a decir verdad

frank² *s* [C] (*coloq*) salchicha (de Frankfurt) SIN **frankfurter**, **hot dog**

frank·fur·ter /ˈfræŋkˌfɚtɚ/ s [C] (*frml*) salchicha (de Frankfurt)

frank·ly /ˈfræŋkli/ *adv* **1** francamente: *Quite frankly, I'm worried.* La verdad, estoy preocupada. **2** con franqueza, con sinceridad

fran·tic /ˈfræntɪk/ *adj* **1** desesperado -a • **be frantic with worry** estar preocupadísimo -a **2** frenético -a (actividad, carrera): *frantic attempts to save his life* intentos desesperados de salvar su vida

fran·ti·cal·ly /ˈfræntɪkli/ *adv* frenéticamente

frat /fræt/ *s* [C] (*coloq*) en EU, asociación masculina de estudiantes universitarios SIN **fraternity**

fra·ter·nal /frəˈtɚnl/ *adj* (*frml*) **1** [gralm ante s] (entre compañeros) fraternal **2** [gralm ante s] (entre hermanos) fraternal

fra·ter·ni·ty /frəˈtɚnəti/ *s* (pl **fraternities**) **1** [C] en EU, asociación masculina de estudiantes universitarios **2** **the racing/criminal fraternity** los aficionados a las carreras/el mundo del hampa **3** [U] fraternidad

frat·er·nize /ˈfrætɚˌnaɪz/ *v* [I] confraternizar • **fraternize with sb** confraternizar con alguien

fraud W3 /frɔd/ *s*
1 [C,U] fraude, estafa • **credit card fraud** fraude/estafa con tarjetas de crédito • **electoral fraud** fraude electoral
2 [C] impostor -a

fraud·u·lent /ˈfrɔdʒələnt/ *adj* fraudulento -a

fraud·u·lent·ly /ˈfrɔdʒələntli/ *adv* por medios fraudulentos, fraudulentamente

fraught /frɔt/ *adj* **1 fraught with sth** plagado -a de algo • **be fraught with danger** ser muy peligroso -a • **fraught with problems/difficulties** plagado -a de problemas/dificultades **2** tenso -a

fray¹ /freɪ/ *s* **1 the fray** la contienda, la disputa • **enter/join the fray** entrar en liza **2 the fray** (*frml*) la refriega, el combate

fray² *v* (**frays, frayed, fraying**) **1** [I] deshilacharse **2** [I] crisparse (nervios), caldearse (ánimos)

frayed /freɪd/ *adj* **1** deshilachado -a, raído -a **2** crispado -a (nervios), caldeado -a (ánimos)

fraz·zled /ˈfræzəld/ *adj* (*coloq*) agotado -a, cansadísimo -a

freak¹ /frik/ *s* [C] **1** (*coloq*) fanático -a: *a fitness freak* un fanático de la actividad física **2** bicho raro **3** anomalía • **freak of nature** capricho/anomalía de la naturaleza **4** hecho insólito ▶ CONTROL FREAK

freak² *adj* [solo ante s] insólito -a, inusitado -a

freak³ S2 (tb **freak out**) *v* [I] (*coloq, oral*) alucinar, friquearse (de asombro, excitación, rabia), ponerse con los pelos de punta (del pánico), ponerse como un tití (del enojo)
freak sb ↔ out *v+partíc* alucinar/friquear a alguien, poner con los pelos de punta a alguien, poner como un tití a alguien

freak·y /ˈfriki/ *adj* (**freakier, freakiest**) (*oral*) rarito -a, estrafalario -a, friki

freck·le /ˈfrɛkəl/ *s* [C gralm pl] peca

free¹ S1 W1 /fri/ *adj*
1	sin pagar
2	sin restricciones
3	no preso
4	no enjaulado
5	sin ocupaciones
6	sin usar, sin ocupar
7	no afectado
8	en su contenido
9	en lo que se da
10	sin sujeción
11	sin obstáculos

1 SIN PAGAR gratis, gratuito -a: *a free gift* un obsequio • *Admission is free for children.* Los niños entran gratis. • **free of charge** gratis

2 SIN RESTRICCIONES libre: *He was given free access to the documents.* Se le dio libre acceso a los documentos. • **be free to do sth** ser libre de hacer algo: *The kids are free to come too.* Los niños también pueden venir, si quieren. • ˈ[+from]: *newspapers free from government control* periódicos libres del control gubernamental • **a free press** una prensa libre • **a free country/society** un país/una sociedad libre • **free elections** elecciones libres • **free speech** libertad de expresión

3 NO PRESO libre: *He walked out of the courtroom a free man .* Salió libre del juzgado. • **set sb free** poner a alguien en libertad • **walk free** quedar en libertad • **break free** soltarse

4 NO ENJAULADO libre • **set sth free** liberar/soltar a algo • **run free** andar libremente, estar en libertad • **break free** escaparse

5 SIN OCUPACIONES libre • [+for]: *Are you free for lunch?* ¿Tienes algo que hacer al mediodía? • **be free to do sth** poder hacer algo, tener tiempo para hacer algo • **free time** tiempo libre • **a free morning/afternoon** una mañana/tarde libre

6 SIN USAR, SIN OCUPAR libre: *Is this seat free?* ¿Está libre este asiento? • **your free hand/arm** la mano/el brazo libre

7 NO AFECTADO **free from/of sth** libre de algo, sin algo: *a life free from pain* una vida sin dolor

8 EN SU CONTENIDO **free from/of sth** sin algo: *free from artificial colorings* sin colorantes artificiales • **be free from/of sth** no tener/no contener algo

9 EN LO QUE SE DA **be free with sth** ser muy liberal/generoso -a con algo: *She is always free with her advice.* Siempre anda dando consejos.

10 SIN SUJECIÓN libre, suelto -a • **work itself free** soltarse

11 SIN OBSTÁCULOS libre: *the free movement of traffic* la circulación fluida de los vehículos

EXPRESIONES
break free from sth librarse/liberarse de algo • **feel free to do sth** (*oral*): *Feel free to ask any questions.* Haz todas las preguntas que quieras. • **feel free** por supuesto, pues claro • **free and clear** libre de deudas • **free and easy** fácil, sin preocupaciones • **a free hand/rein** carta blanca • **give sb a free hand/rein** darle carta blanca a alguien • **get a free ride** gorrear, gorronear • **it's a free country** (*oral*) esto es un país libre • **there's no free lunch** (*hum*) nadie te regala nada

free² W3 *v* [T] (**freed, freeing**)
1	de prisión, cautiverio
2	de restricciones
3	de obstáculos, sujeciones
4	dinero, tiempo
5	de trabajo, tareas
6	de problemas, sufrimiento

1 DE PRISIÓN, CAUTIVERIO liberar, soltar • **free sb from prison/jail** excarcelar a alguien, liberar a alguien

2 DE RESTRICCIONES liberar • **free sth/sb from sth** liberar algo/a alguien de algo • **be freed of sth** quedar liberado -a de algo • **free yourself of sth** liberarse de algo

3 DE OBSTÁCULOS, SUJECIONES soltar • **free yourself** soltarse

4 DINERO, TIEMPO (tb **free ↔ up**) liberar, dejar disponible

5 DE TRABAJO, TAREAS (tb **free ↔ up**) liberar (de ciertas tareas), dejar tiempo a • **free (up) sb to do sth** *We have freed up some staff to deal with the extra work.* Hemos liberado de sus tareas habituales a algunos empleados para que se ocupen del trabajo extra.

6 DE PROBLEMAS, SUFRIMIENTO **free sth/sb from sth** librar a algo/liberar a alguien de algo

free³ S3 *adv*
1 gratis: *Children under four can travel free.* Los menores de cuatro años pueden viajar gratis. • **for free** gratis • **free of charge** gratis
2 sin sujeción: *The ropes were hanging free.* Las cuerdas estaban sueltas. ▶ FREELY, SCOT-FREE

free 'agent s [C] **1 be a free agent** no tener que rendir cuentas a nadie, obrar por cuenta propia **2** deportista profesional que es dueño de su pase

free·bie /'fribi/ s [C] (coloq) regalo

free·dom S2 W2 /'fridəm/ s
1 [U, tb usado como s pl contable] (derecho) libertad • **freedom to do sth** libertad de hacer algo • **freedom of speech/expression** libertad de expresión • **religious freedom** libertad religiosa • **individual/personal freedom** libertad individual • **freedom of the press** libertad de prensa
2 [U] (estado) libertad • **freedom to do sth** libertad de hacer algo • **freedom of choice** libertad de elección
3 [U] (de prisión) libertad
4 freedom from hunger/disease/oppression ausencia de hambre/enfermedades/opresión
EXPRESIONES
freedom of information libertad de acceso a la información

'freedom ,fighter s [C] (aprec) luchador político/luchadora política, guerrillero -a

free 'enterprise s [U] libre empresa

free-for-'all s [sing] (coloq) **1** gresca, trifulca **2** (peyor) caos, vale todo

free·hand[1] /'frihænd/ adj [solo ante s] a mano alzada, a pulso

freehand[2] adv a mano alzada, a pulso

free 'kick s [C] golpe franco, tiro libre

free·lance[1] /'frilæns/ adj por cuenta propia, autónomo -a, freelance

freelance[2] adv por cuenta propia

freelance[3] (tb **free·lanc·er** /'frilænsər/) s [C] trabajador -a por cuenta propia, colaborador -a externo -a

freelance[4] v [I] trabajar por cuenta propia

free·load /'friloʊd/ v [I] (peyor, coloq) gorrear, gorronear

free·load·er /'fri,loʊdər/ s [C] (peyor, coloq) gorrón -ona, gorrero -a

free·ly /'frili/ adv **1** libremente, con libertad • **talk/speak freely** hablar con libertad **2** libremente, con facilidad (moverse, fluir) **3** abiertamente • **freely admit/acknowledge sth** no tener problemas en admitir/reconocer algo **4** generosamente, a manos llenas **5** libremente (traducir): a freely translated version of the text una traducción libre del texto
EXPRESIONES
be freely available conseguirse fácilmente

free 'market s [C] libre mercado

Free·ma·son /'fri,meɪsən/ s [C] masón -ona

free-'range adj **1** campero -a (criado -a en libertad) **2** campero -a, de granja: free-range eggs huevos de granja

free 'speech s [U] libertad de expresión

free 'spirit s [C] persona que no vive atada a convencionalismos

free·style /'fristaɪl/ s [U] estilo libre

free 'throw s [C] tiro libre

free 'trade s [U] libre comercio

free·way S3 /'friweɪ/ s [C] (pl **freeways**) autopista

free·wheel /,fri'wil/ v [I] **1** ir (en bici) sin pedalear **2** ir en punto muerto

free·wheel·ing /,fri'wilɪŋ‹/ adj [solo ante s] despreocupado -a

free 'will s [U] libre albedrío
EXPRESIONES
do sth of your own free will hacer algo por voluntad propia

freeze[1] S1 /friz/ v (**froze** /froʊz/, **frozen** /'froʊzən/)

1	agua, lago
2	alimentos
3	tubo, máquina
4	tener frío
5	precios, salarios
6	fondos, cuentas
7	detenerse
8	por los nervios
9	tiempo meteorológico
10	la imagen, una escena
11	computador

1 AGUA, LAGO [I] helarse, congelarse: The lake had frozen overnight. El lago se había congelado durante la noche.
2 ALIMENTOS **(a)** [T] congelar: If you freeze it, it'll keep for about 3 months. Si lo congelas, se conserva unos 3 meses. **(b)** [I] conservarse congelado -a: Tomatoes don't freeze well. Los tomates no se conservan bien congelados.
3 TUBO, MÁQUINA [I,T] congelar(se)
4 TENER FRÍO [I] helarse de frío, congelarse • **freeze to death** morirse de frío, morir congelado -a
5 PRECIOS, SALARIOS [T] congelar
6 FONDOS, CUENTAS [T] congelar, inmovilizar • **freeze his/their assets** congelar sus activos
7 DETENERSE [I] quedarse inmóvil: Freeze! Drop your weapons! ¡Alto! ¡Suelten las armas!
8 POR LOS NERVIOS [I] bloquearse, paralizarse
9 TIEMPO METEOROLÓGICO **it's freezing** está helado, cae una helada
10 LA IMAGEN, UNA ESCENA [T] congelar
11 COMPUTADOR [I] bloquearse, congelarse
EXPRESIONES
sb's blood freezes a alguien se le hiela la sangre
freeze sb ↔ out v+partíc excluir/marginar a alguien
freeze over v+partíc helarse, congelarse (por la superficie)
freeze up v+partíc **1** congelarse (máquina, tubo) **2** bloquearse (persona)

freeze[2] s **1** [C] congelación (del gasto, los precios) • **a pay/wage freeze** una congelación salarial • **a price freeze** una congelación de precios • [+on]: a freeze on pay raises una congelación de los aumentos salariales **2** [C] suspensión • [+on]: a temporary freeze on immigration una suspensión temporal de la entrada de inmigrantes **3** [C] ola de frío ▶ DEEP FREEZE

freeze-'dried adj [gralm ante s] liofilizado -a

freez·er S3 /'frizər/ s
1 [C] (independiente) congelador
2 [C] (en una nevera) congelador

freez·ing[1] /'frizɪŋ/ adj **1** helado -a, gélido -a • **it was/it is freezing** hacía/hace un frío terrible • **I'm/he's freezing** estoy/está helado de frío • **freezing cold** helado -a, gélido -a ▶ ver nota en COLD **2 in freezing temperatures/conditions** con temperaturas bajo cero

freezing[2] s [U] **above/below freezing** sobre/bajo cero

'freezing ,point s [C,U] punto de congelación

freight[1] /freɪt/ s **1** [U] carga, mercadería **2** [U] gastos de envío **3** [U] **rail/air freight** transporte ferroviario/aéreo **4** [C] (coloq) tren de carga

freight[2] v [T] transportar (carga)

'freight car s [C] vagón de carga

freight·er /'freɪtər/ s [C] carguero, buque/avión de carga

'freight train s [C] tren de carga

French[1] /frɛntʃ/ adj francés -esa

French[2] s **1** [U] francés (idioma) **2 the French** [pl] los franceses

French 'bread s [U] pan francés

French 'dressing s [U] (salsa) vinagreta

French 'fry s [C gralm pl] (pl **French fries**) papa frita (de sartén, freidora), papa a la francesa

French Gui·a·na /ˌfrɛntʃ giˈænə, -ˈɑnə/ Guayana Francesa

French Gui·an·an¹ /ˌfrɛntʃ giˈænən/ (tb **French Gui·a·nese** /ˌfrɛntʃ gaɪəˈniz/) s [C] guayanés -esa

French Guianan², French Guianese adj guayanés -esa

French·man /ˈfrɛntʃmən/ s [C] (pl **Frenchmen** /-mən/) francés (hombre)

French 'toast s [U] tostada francesa, pan tostado francés

French 'windows s [pl] puerta ventana

French·wom·an /ˈfrɛntʃˌwʊmən/ s [C] (pl **French-women** /-ˌwɪmɪn/) francesa

fre·ne·tic /frəˈnɛtɪk/ adj frenético -a

fren·zied /ˈfrɛnzid/ adj **frenzied activity** actividad febril/frenética • **a frenzied attack** un salvaje ataque

fren·zy /ˈfrɛnzi/ s (pl **frenzies**) **1** [C,U] exaltación • **in a frenzy** exaltado -a, frenético -a **2** [C] frenesí: a buying frenzy un frenesí de compras ▸ FEEDING FRENZY

fre·quen·cy S3 /ˈfrikwənsi/ s (pl **frequencies**) **1** [U] (veces) frecuencia • **high/low frequency** alta/baja frecuencia • **with increasing frequency** con una frecuencia cada vez mayor **2** [U] (cualidad) frecuencia • **with alarming frequency** con una frecuencia alarmante **3** [C,U] (técn) (en radio) frecuencia

fre·quent¹ W3 /ˈfrikwənt/ adj frecuente: She was a frequent visitor to the house. Era una visitante asidua de la casa. ANT **infrequent**

fre·quent² /ˈfrikwənt, frɪˈkwɛnt/ v [T gralm en pasiva] frecuentar

fre·quent·ly S3 W2 /ˈfrikwəntˈli/ adv frecuentemente, con frecuencia SIN **often**

fres·co /ˈfrɛskoʊ/ s [C] (pl **frescoes** o **frescos**) fresco (cuadro)

fresh S2 W2 /frɛʃ/ adj

1 alimentos, flores
2 sin usar
3 adicional
4 diferente
5 sangre, pisadas, cemento
6 agua
7 aire, sabor, olor
8 sin cansancio
9 impertinente
10 sexualmente
11 muy bueno

1 ALIMENTOS, FLORES fresco -a: The fish was very fresh. El pescado era muy fresco. • [+**from**]: The lettuce is fresh from the garden. La lechuga está recién cortada de la huerta. • **fresh flowers** flores frescas • **fresh coffee** café recién hecho • **stay/keep fresh** conservarse fresco -a
2 SIN USAR [gralm ante s] limpio -a, nuevo -a: I'll bring you a fresh glass. Te voy a traer un vaso limpio. • **a fresh coat of paint** una nueva mano de pintura • **a fresh sheet of paper** una hoja nueva • **a fresh pot of coffee** otra cafetera, de café recién hecho
3 ADICIONAL [gralm ante s] nuevo -a: a fresh wave of violence una nueva ola de violencia
4 DIFERENTE nuevo -a, distinto -a • **a fresh approach** un enfoque distinto • **fresh ideas** ideas nuevas • **take a fresh look (at sth)** mirar (algo) con otros ojos
5 SANGRE, PISADAS, CEMENTO fresco -a • **sth is/was fresh in sb's mind** alguien tiene/tenía algo fresco en la memoria
6 AGUA dulce
7 AIRE, SABOR, OLOR [gralm ante s] fresco -a
8 SIN CANSANCIO [gralm ante s] fresco -a, descansado -a • **(as) fresh as a daisy** fresco -a como una lechuga
9 IMPERTINENTE (coloq) descarado -a, fresco -a

10 SEXUALMENTE (antic, coloq) fresco -a • **get fresh with sb** propasarse con alguien
11 MUY BUENO (oral) chido -a, bacano -a SIN **cool** ▸ a BREATH of fresh air, new/fresh BLOOD

EXPRESIONES
fresh from sth (a) (tb **fresh out of sth**) recién salido -a de algo **(b)** (que acaba de volver de un lugar o tener una experiencia) The team is fresh from their victory over the French. El equipo viene de triunfar frente a los franceses. • **be fresh out of sth** (oral) quedarse sin algo • **a fresh start** un nuevo comienzo • **make a fresh start** empezar de cero/de nuevo

fresh 'air s [U] aire fresco: Let's go and get some fresh air. Vamos a tomar el aire.

fresh·en /ˈfrɛʃən/ v **1** [T] renovar, remozar SIN **freshen up 2** [I] refrescar (viento, tiempo)
freshen up v+partíc **1 freshen up** lavarse (la cara y las manos), refrescarse **2 freshen sth up** remozar/renovar algo

fresh·ly /ˈfrɛʃli/ adv recién: freshly ground black pepper pimienta negra recién molida

fresh·man S2 /ˈfrɛʃmən/ s [C] (pl **freshmen** /-mən/) primíparo -a, estudiante (universitario -a) de primer año ▸ JUNIOR, SENIOR, SOPHOMORE

fresh·ness /ˈfrɛʃnɪs/ s [U] **1** frescura, originalidad **2** frescura (de alimentos, flores) **3** frescura, frescor (del aire) **4** frescura, nuevos bríos **5** frescura, limpieza

fresh·wa·ter /ˈfrɛʃˌwɔtər, -ˌwɑtər/ adj [solo ante s] de agua dulce

fret¹ /frɛt/ v [I] (**fretted**, **fretting**) preocuparse, inquietarse • **fret about/over sth** preocuparse por algo

fret² s [C] traste (de una guitarra)

fret·ful /ˈfrɛtfəl/ adj inquieto -a, quejoso -a

Freud·i·an /ˈfrɔɪdiən/ adj [gralm ante s] **1** freudiano -a **2** con connotaciones freudianas

Freudian 'slip s [C] lapsus (linguae)

Fri. (abrev escrita de **Friday**) viern.

fri·ar /ˈfraɪər/ s [C] fraile

fric·tion /ˈfrɪkʃən/ s **1** [C,U] fricciones, desavenencias **2** [U] rozamiento **3** [U] fricción

Fri·day /ˈfraɪdi, -deɪ/ (abrev escrita **Fri.**) s [C,U] viernes: It's Friday. Es viernes. • We are open Monday to Friday. Abrimos de lunes a viernes. • **on Friday** el viernes: See you on Friday. Nos vemos el viernes. • **on Fridays** (todos) los viernes: I go swimming on Fridays. Voy a nadar los viernes. • **on a Friday** un viernes, en viernes: We got married on a Friday. Nos casamos un viernes. • **on Friday morning/afternoon** el viernes por la mañana/tarde, el viernes en la mañana/tarde • **on Friday evening/night** el viernes por la noche, el viernes en la noche • **every Friday** todos los viernes • **last/next Friday** el pasado/próximo viernes, el viernes pasado/que viene • **this Friday** este viernes • **Friday April 4th** viernes 4 de abril • **Friday afternoon** viernes por/en la tarde • **Friday evening** viernes por/en la noche • **Friday morning** viernes por/en la mañana • **Friday night** viernes por/en la noche

fridge S3 /frɪdʒ/ s [C] refrigeradora, refrigerador, nevera

fried¹ /fraɪd/ pasado y participio pasado de FRY

fried² adj **1** frito -a **2** (coloq) atontado -a, aturdido -a (de cansancio), trabado -a, colocado -a (por las drogas) • **my/her brain is fried** tengo/tiene el cerebro seco

friend S1 W1 /frɛnd/ s [C]
1 (con amistad) amigo -a • **be friends with sb** ser amigo -a de alguien • **make friends** hacer amigos • **a friend of Paul's/of mine** (tb **one of Paul's/my friends**) un amigo de Paul/mío, una amiga de Paul/mía • **a good/close friend** un buen amigo/un amigo íntimo, una buena amiga/una amiga íntima • **a best friend** un gran amigo/una gran amiga • **your best friend** su mejor amigo/amiga • **be just friends** (oral) ser solamente amigos • **an old friend** un viejo amigo/una vieja amiga • **a friend of a**

friend un amigo de un amigo
2 (no enemigo) amigo -a
EXPRESIONES
a friend in need (is a friend indeed) en la cárcel y en el hospital se conocen a los amigos, los amigos se conocen en las malas • **have friends in high places** tener amigos importantes • **be no friend of sth** no ser amigo -a de algo

friend·li·ness /'frɛndlinɪs/ s [U] simpatía, cordialidad

friend·ly S2 W3 /'frɛndli/ adj (**friendlier, friendliest**)
1 simpático -a, cordial, amable • [+**to/ toward**]: *She was always friendly to me.* Siempre fue simpática conmigo. **2** amigo -a (persona): *I didn't know that you and Ken were so friendly.* No sabía que tú y Ken fueran tan amigos. • [+**with**]: *Betty's very friendly with the Jacksons.* Betty es muy amiga de los Jackson. • **become/ get friendly with sb** hacerse amigo -a de alguien • **become/get friendly** hacerse amigos -as
3 amigo -a (país), amistoso -a (relación): *friendly nations* naciones amigas
4 amistoso -a, amigable
EXPRESIONES
get friendly (*coloq*) besarse y abrazarse, fajarse • **get friendly with sb** besarse y abrazarse con alguien, fajar con alguien

,**friendly 'fire** s [U] fuego/disparos del propio bando

friend·ship /'frɛndʃɪp/ s **1** [C,U] (entre amigos) amistad • [+**with**]: *my friendship with Sam* mi amistad con Sam **2** [C,U] (entre países) amistad

fries /fraɪz/ s [pl] papas fritas (de sartén, freidora), papas francesas

frieze /friz/ s [C] friso

frig·ate /'frɪgɪt/ s [C] fragata

fright /fraɪt/ s [sing, U] susto • **give sb a fright** darle un susto a alguien • **get a fright** asustarse, darse un susto ▶ **STAGE FRIGHT**
EXPRESIONES
look a fright (*antic*) ir hecho -a un adefesio • **take fright** asustarse • **the fright of my/her life** el susto de mi/su vida

fright·en /'fraɪt̚n/ v [T] asustar • **frighten sb to death** matar de un susto a alguien SIN **scare**
frighten away (tb **frighten off**) v+partíc **1 frighten sb/sth ↔ away/off** espantar/ahuyentar a alguien/algo (ladrones, animales) **2 frighten sb ↔ away/off** ahuyentar a alguien (turistas, inversores)
frighten sb into doing sth v+partíc amedrentar a alguien para que haga algo

fright·ened /'fraɪt̚nd/ adj asustado -a • **be frightened of sb/sth** tenerle miedo a alguien/algo • **be frightened to do sth** tener miedo de hacer algo • **frightened to death** muerto -a de miedo • [+(**that**)]: *I was frightened I'd lose my job.* Tenía miedo de perder el trabajo. SIN **scared**

fright·en·ing /'fraɪt̚nɪŋ/ adj aterrador -a • **be frightening** dar miedo SIN **scary**

fright·ful /'fraɪtfəl/ adj (*antic*) **1** [solo ante s] espantoso -a (para enfatizar) **2** horrible, horrendo -a

fright·ful·ly /'fraɪtfəli/ adv (*antic*) tremendamente, terriblemente (para enfatizar)

frig·id /'frɪdʒɪd/ adj **1** gélido -a, glacial **2** frígida (mujer)

fri·gid·i·ty /frɪ'dʒɪdəti/ s [U] frigidez

frill /frɪl/ s [C] **1** frills [pl] florituras, lujos: *It was a basic apartment, with no frills.* Era un departamento sencillo, sin lujos. **2** volante, olán (de un vestido) ▶ **NO-FRILLS**

frill·y /'frɪli/ adj (**frillier, frilliest**) con volantes, con olanes

fringe¹ /frɪndʒ/ s [C] **1** flecos **2** marginalidad • **the fringes of sth** los sectores más marginales de algo • **a lunatic fringe** un ala radical **3** margen, periferia: *the urban fringes* la periferia urbana

fringe² adj [solo ante s] alternativo -a, marginal

fringe³ v [T] (*escrito*) bordear

'fringe ,benefit s [C] [gralm pl] beneficio adicional (en un empleo)

fringed /frɪndʒd/ adj [gralm ante s] con flecos

Fris·bee, frisbee /'frɪzbi/ s (*marca reg*) [C] frisbee, disco (volador)

frisk /frɪsk/ v [T] cachear, registrar

frisk·y /'frɪski/ adj (**friskier, friskiest**) **1** retozón -ona, juguetón -ona **2** (*coloq*) cachondo -a, caliente

frit·ter¹ /'frɪt̬ɚ/ s [C] buñuelo

fritter² v
fritter sth ↔ away v+partíc (*peyor*) **1** derrochar/dilapidar algo **2** desperdiciar algo (una oportunidad, el talento) **3** desperdiciar algo (el tiempo, las energías)

fritz /frɪts/ s **be on the fritz** (*coloq*) estar averiado -a, estar descompuesto -a

fri·vol·i·ty /frɪ'valəti/ s (pl **frivolities**) (*frml*) **1** [U] (actitud) frivolidad **2** [C] (cosa banal) frivolidad

friv·o·lous /'frɪvələs/ adj (*peyor*) **1** frívolo -a **2** poco serio -a (demanda, apelación)

frizz·y /'frɪzi/ adj (**frizzier, frizziest**) ensortijado -a, enchinado -a, encrespado -a

fro /froʊ/ adv ▶ **TO AND FRO**

frock /frak/ s [C] (*antic*) vestido

,**frock 'coat** s [C] levita

frog /frɔg, frag/ s [C] **1** rana • **frogs' legs** ancas de rana **2** Frog (*tabú*) franchute
EXPRESIONES
have a frog in your throat (*coloq*) tener carraspera

frog·man /'frɔgmən, 'frag-/ s [C] (pl **frogmen** /-mən/) hombre rana, buzo

frol·ic¹ /'fralɪk/ v [I] (**frolicked, frolicking**) (*escrito*) retozar, jugar

frolic² s [C] (*escrito*) [gralm pl] juerga, jolgorio

from S1 W1 /frəm; *fuerte* frʌm/ prep ▶ **from** también forma parte de numerosas construcciones y *phrasal verbs*, como **away from, benefit from, far from, come from** o **prevent from**, que figuran bajo la entrada correspondiente.
1 INDICANDO PUNTO DE PARTIDA de, desde: *the train from Toronto* el tren de Toronto • *Where did he fall from?* ¿Desde dónde cayó? • **from sth to sth** de algo a algo, desde algo hasta algo: *How do I get from the airport to the university?* ¿Cómo se va del aeropuerto a la universidad? • **from place to place** de aquí para allá, de un lugar a otro
2 INDICANDO ORIGEN de: *You need permission from your parents.* Necesitas permiso de tus padres. • *music from the movie "Star Wars"* música de la película "La Guerra de las Galaxias" • *We buy our rice from the market.* Compramos el arroz en el mercado. • *I had a phone call from Claire.* Me llamó por teléfono Claire.
3 INDICANDO ALEJAMIENTO de: *We live about 5 miles from Boston.* Vivimos a unas 5 millas de Boston.
4 INDICANDO MOMENTO INICIAL desde, a partir de: *The store will be open from seven o'clock.* La tienda estará abierta a partir de las siete. • *Karen is on vacation from May 15.* Karen está de vacaciones desde el 15 de mayo. • **from today** a partir de hoy • **from now on** de ahora en adelante • **an hour/five days from now** dentro de una hora/cinco días: *My birthday is two weeks from today.* Mi cumpleaños es de aquí a dos semanas. • **from day to day/week to week** de un día para otro/de una semana para otra
5 INDICANDO NACIMIENTO, RESIDENCIA de: *Where are you from?* ¿De dónde eres? • *I'm from Texas.* Soy de Texas.
6 INDICANDO ESTADO ORIGINAL de: *The story has been translated from French.* El relato se tradujo del francés. • **from sth to/into sth** de algo a algo: *The price had risen from $25 to $40.* El precio había subido de 25 a 40 dólares. • **go from bad to worse** ir de mal en peor

7 **INDICANDO LÍMITE** **from sth to sth** de algo a algo, desde algo hasta algo: *Prices range from $10 to over $100.* Los precios van de 10 dólares a más de 100.
8 **INDICANDO EXTRACCIÓN** de: *He took a notebook from his pocket.* Sacó una libreta del bolsillo. • **from under sth** de debajo de algo
9 **INDICANDO LUGAR DE LA ACCIÓN** desde: *From the top of the hill, you can see for miles.* Desde la cima de la montaña se puede ver a millas de distancia. • *My dad works from home.* Mi papá trabaja en casa. • **from behind sth** desde detrás de algo: *He watched from behind the fence.* Observó desde detrás de la cerca.
10 **INDICANDO CAUSA** por, de: *deaths from heart disease* muertes por enfermedades cardiacas • *From what I've read, the company is in difficulty.* Por lo que he leído, la empresa tiene problemas.
11 **INDICANDO PUNTO DE VISTA** desde: *These changes are good from my point of view.* Desde mi punto de vista, estos cambios son buenos.
12 **INDICANDO MATERIAL** de, con: *The house is built from local stone.* La casa está construida con piedra de la zona. • **be made from sth** estar hecho -a de/con algo
13 **EN RESTAS** a: *Subtract three from fifteen.* A quince réstale tres. • *5 from 100 leaves 95.* 100 menos 5 son 95.
▶ **APART FROM**

frond /frɒnd/ s [C] [gralm pl] fronda (de helecho), palma (de palmera, cocotero)

front¹ S1 W1 /frʌnt/ s
1 en un aula, una fila, un avión
2 lado exterior
3 del cuerpo
4 cara principal
5 primeras páginas
6 afuera de un edificio
7 en meteorología
8 para ocultar sentimientos
9 en la guerra

1 **EN UN AULA, UNA FILA, UN AVIÓN** **the front** la parte delantera/de adelante • **the front of sth** la parte delantera de algo: *I pushed my way toward the front of the crowd.* Me abrí paso entre la gente hasta llegar adelante. • **at the front of sth** en la parte delantera de algo • **at the front** adelante: *The smaller glasses go at the front.* Los vasos más pequeños van adelante. • **the front of the line** el principio de la cola ANT **back**
2 **LADO EXTERIOR** [C] parte delantera (de un vehículo, una prenda), fachada, frente (de un edificio), frente (de un mueble) • **the front of sth** la parte delantera de algo • **on the front of sth** en la parte delantera de algo ANT **back**
3 **DEL CUERPO** sb's front *You've spilled juice all down your front!* ¡Te derramaste el jugo por toda la pechera! • *I was lying on my front.* Estaba acostado boca abajo.
4 **CARA PRINCIPAL** **the front** la portada (de un periódico, una revista), la parte delantera (de una tarjeta), la cara (de una moneda) • **on the front** *The postcard had a picture of the Eiffel Tower on the front* La postal tenía en la parte de adelante una foto de la Torre Eiffel. ANT **back**
5 **PRIMERAS PÁGINAS** **the front** el principio, las primeras páginas • **in/at the front of the book/magazine** al principio del libro/de la revista, en las primeras páginas del libro/de la revista ANT **back**
6 **AFUERA DE UN EDIFICIO** **the front** *A cab drove up to the front of the hotel.* Un taxi se detuvo delante del hotel. ANT **back**
7 **EN METEOROLOGÍA** [C] frente • **a cold/warm front** un frente frío/cálido
8 **PARA OCULTAR SENTIMIENTOS** **a front** una fachada • **put on a front** (tb **put up a front**) fingir • **a united front** un frente unido
9 **EN LA GUERRA** [C] frente • **be sent to the front** ser enviado -a al frente ▶ **right in front of your EYES, UPFRONT**

EXPRESIONES
in front **(a)** (indicando posición) (de) adelante: *He drove*

front

Joe ran in front of the bus.
Joe pasó corriendo delante del bus/camión.

Joe got a seat at the front of the bus.
Joe se sentó en la parte delantera del bus/camión.

straight into the car in front. Se dio contra el carro de adelante. ANT (en una competición) adelante • **be in front** ir por delante, llevar la delantera SIN **ahead** ANT **behind** **(c)** (en un edificio) (en la parte de) adelante **(d)** (en el carro) adelante: *Can I sit in front?* ¿Puedo sentarme adelante? • **in front of sb/sth** **(a)** (en línea) adelante de alguien/algo: *He was standing in front of her in the line.* Estaba adelante de ella en la cola. ANT **behind** **(b)** (cerca de la parte principal) frente a alguien/algo, enfrente de alguien/algo: *The bus stopped in front of the station.* El bus se detuvo frente a la estación. ANT **behind** **(c)** (en el lado opuesto) frente a alguien/algo, enfrente de alguien/algo: *She sat down in front of the mirror.* Se sentó frente al espejo. • **in front of the TV/your computer** frente al televisor/computador • **in front of sb** **(a)** (en presencia) delante de alguien: *Don't swear in front of the children!* ¡No digas palabrotas delante de los niños! **(b)** (en el futuro) *We have a lot of work in front of us.* Tenemos mucho trabajo por delante. SIN **ahead** • **front and center** *The immigration issue has come front and center in the election.* El tema de la inmigración pasó a ocupar un lugar central en las elecciones. • **on the... front** en el aspecto..., en el plano... • **on the economic/domestic front** en el aspecto económico/en el plano nacional • **on all fronts** en todos los aspectos • **out front** **(a)** afuera (de un edificio) **(b)** en un restaurante, teatro, donde se encuentra la gente: *How many people are out front tonight?* ¿Cuánto público hay esta noche? • **up front** (*coloq*) **(a)** por adelantado (pagar) **(b)** sinceramente, sin tapujos **(c)** adelante (en un carro)

front² S1 W2 adj [solo ante s]
1 (en posición frontal) de adelante, delantero -a: *front teeth* dientes de adelante • **the front row** la primera fila • **the front seat** el asiento delantero
2 (afuera de un edificio) de adelante, delantero -a: *the front garden* el jardín de delante

front³ v [T] 1 (tb **front onto/on**) dar a (edificio, zona) 2 liderar, ser el/la principal de (un grupo musical) 3 presentar (un programa de televisión)

front·age /ˈfrʌntɪdʒ/ s [C,U] frente (de un terreno), fachada (de una casa)

fron·tal /ˈfrʌntəl/ adj [solo ante s] **a frontal attack/assault** (*frml*) un ataque frontal

front ˈdoor s [C] puerta de entrada, puerta principal

fron·tier /frʌnˈtɪr/ s [C] 1 (*frml*) frontera (de un país) • [+**between**]: *the frontier between France and Spain* la frontera entre Francia y España • [+**with**]: *the frontier with Argentina* la frontera con Argentina 2 límite (del conocimiento) • **the frontiers of science** los límites de la ciencia 3 límite de territorios colonizados, en el oeste de Estados Unidos: *a lawless frontier region* una región sin ley en el oeste

fron·tis·piece /ˈfrʌntɪsˌpis/ s [C] frontispicio

ˈfront line, front-line s 1 [C] frente (de batalla), primera línea de fuego 2 [sing] primera línea (en la lucha contra el crimen, el sida)

front-line, **frontline** *adj* [solo ante s] **1** de primera línea, del frente de batalla **2** de campo, sobre el terreno (trabajador social)

'**front man** *s* [C gralm sing] **1** testaferro (de una organización) **2** líder (de un grupo musical)

,**front 'page** *s* [C] primera plana (de un periódico)

'**front-page** *adj* [solo ante s] de primera plana

front·run·ner, **front-runner** /'frʌntˌrʌnə/ *s* [C] favorito -a (en una competición)

frost¹ /frɔst/ *s* **1** [U] escarcha **2** [U] hielo (en una nevera) **3** [C,U] helada: *There might be a frost tonight.* Esta noche podría helar. ▸ **FROSTED, FROSTY**

frost² *v* [T] glasear, escarchar
frost over *v+partíc* (tb **frost up**) helarse, cubrirse de escarcha

frost·bite /'frɔstbaɪt/ *s* [U] congelación (de los dedos, pies)

frost·bit·ten /'frɔstˌbɪtn/ *adj* congelado -a (dedos, pies)

frost·ed /'frɔstɪd/ *adj* **1** [solo ante s] esmerilado -a (vidrio) **2** glaseado -a, escarchado -a (pastel, galletas) **3** descolorido -a (pelo, melena)

frost·ing /'frɔstɪŋ/ *s* [U] baño, glasé, betún ▸ **ICING**
EXPRESIONES
the frosting on the cake la guinda del pastel

frost·y /'frɔsti/ *adj* (**frostier**, **frostiest**) **1** helado -a, gélido -a • **a frosty day/night** un día/una noche de helada • **in frosty weather** cuando hiela, en época de heladas **2** [solo ante s] helado -a, cubierto -a de escarcha **3** frío -a, glacial (sonrisa, mirada)

froth¹ /frɔθ/ *s* **1** [sing, U] espuma (en un líquido, la boca) **2** [U] insustancialidades, banalidades

froth² *v* [I] **1** hacer espuma (líquido) **2** echar espuma (boca)
EXPRESIONES
froth at the mouth (a) echar espuma por la boca **(b)** (*coloq*) estar hecho -a una furia, estar hecho -a un tití

froth·y /'frɔθi, -ði/ *adj* (**frothier**, **frothiest**) espumoso -a, con mucha espuma

frown¹ /fraʊn/ *v* [I] fruncir el ceño • **frown at sb** mirar a alguien con el ceño fruncido
frown on/upon sth *v+partíc* ver/mirar algo con malos ojos: *Second marriages were frowned upon.* Los segundos matrimonios estaban mal vistos.

frown² *s* [C gralm sing] ceño fruncido

froze /froʊz/ pasado de **FREEZE**

fro·zen¹ /'froʊzən/ participio pasado de **FREEZE**

frozen² *adj* **1** (alimentos) congelado -a **2** (lago, tubería) helado -a, congelado -a • **frozen solid** totalmente congelado -a **3** (*oral*) helado -a de frío, congelado -a • **frozen stiff** totalmente congelado -a

fruc·tose /'frʊktoʊs, 'frʌk-/ *s* [U] fructosa

fru·gal /'frugəl/ *adj* **1** austero -a **2** [gralm ante s] frugal

fru·gal·ly /'frugəli/ *adv* austeramente

fruit S2 W3 /frut/ *s* (pl **fruit**, **fruits**)
1 [C,U] fruta • **fresh fruit** fruta fresca • **a piece of fruit** una fruta • **fruit bowl** frutero, frutera (recipiente) • **fruit juice** jugo de fruta • **fruit tree** árbol frutal **2** [C,U] (*técn*) (en botánica) fruto **3** (resultado) **the fruit/fruits of sth** el fruto/los frutos de algo • **the fruits of my/her labors** el fruto de mi/su esfuerzo ▸ **BEAR fruit**

fruit·cake /'frutˌkeɪk/ *s* [C,U] ponqué de frutas, pastel de frutas, plum cake

'**fruit ,cocktail** *s* [U] ensalada de frutas, cocktail de frutas (de lata)

'**fruit fly** *s* [C] mosca de la fruta

fruit·ful /'frutfəl/ *adj* fructífero -a

fru·i·tion /fru'ɪʃən/ *s* [U] (*frml*) **come to fruition** hacerse realidad, concretarse • **bring sth to fruition** hacer realidad algo

fruit·less /'frutlɪs/ *adj* (*frml*) infructuoso -a

,**fruit 'salad** *s* [C,U] ensalada de frutas (natural)

fruit·y /'fruti/ *adj* (**fruitier**, **fruitiest**) **1** afrutado -a **2** de fruta **3** (*coloq*) estúpido -a, tonto -a (idea, plan)

frump /frʌmp/ *s* [C] persona anticuada (en la manera de vestir)

frump·y /'frʌmpi/ *adj* (**frumpier**, **frumpiest**) (*peyor*) **1** sin gracia, anticuado -a (ropa) **2** desaliñada, abandonada (mujer)

frus·trate /'frʌstreɪt/ *v* [T] **1** (irritar) frustrar **2** (*frml*) (impedir) frustrar

frus·trat·ed /'frʌˌstreɪtɪd/ *adj* **1** frustrado -a, descontento -a **2** sexualmente insatisfecho -a, frustrado -a sexualmente **3** [solo ante s] frustrado -a: *a frustrated writer* un escritor frustrado

frus·trat·ing /'frʌˌstreɪtɪŋ/ *adj* frustrante, irritante

frus·tra·tion /frʌ'streɪʃən/ *s* **1** [C,U] (sentimiento) frustración **2** [C] (situación) frustración **3** [U] insatisfacción (sexual)

fry¹ S2 /fraɪ/ *v* (**fried**, **fries**)
1 [I,T] freír(se)
2 [I] (*coloq*) asarse (de calor)
3 [T] quemar ▸ **have other/bigger FISH to fry, STIR-FRY**

fry² S2 *s* [C gralm pl] (pl **fries**) papa frita (de sartén, freidora)

'**frying ,pan** *s* [C] sartén
EXPRESIONES
go out of the frying pan (and) into the fire (*oral*) salir de Guatemala para entrar en Guatepeor

ft. (*abrev escrita de* **foot, feet**) pie, pies (unidad de media)

fuch·sia /'fyuʃə/ *s* **1** [C,U] (planta) fucsia **2** [U] (color) fucsia

fud·dy-dud·dy /'fʌdi ˌdʌdi/ *s* [C] (pl **fuddy-duddies**) vejestorio

fudge¹ /fʌdʒ/ *s* [U] caramelo blando de leche, mantequilla y generalmente chocolate

fudge² *v* **1** [T] arreglar, amañar (cifras, datos) **2** **(a)** [T] eludir (una cuestión) **(b)** [I] irse por la tangente

fudge³ *interj* caray, miércoles

fuel¹ W3 /'fyuəl, fyul/ *s*
1 [C,U] combustible • **fuel consumption** consumo de combustible • **fuel tank** tanque de combustible **2** [U] pábulo ▸ **ADD fuel to the fire/flames, FOSSIL FUEL**

fuel² *v* (**fueled**, **fueling**) **1** [T] alimentar, dar pábulo a **2** (tb **fuel up**) **(a)** [T] abastecer de combustible **(b)** [I] tanquear, cargar combustible

fu·gi·tive /'fyudʒətɪv/ *s* [C] fugitivo -a

ful·fill /fʊl'fɪl/ *v* [T] **1** (un sueño, un objetivo) cumplir, hacer realidad **2** **fulfill sb's expectations** colmar las expectativas de alguien **3** (un papel, una función) cumplir, desempeñar **4** (requisitos, criterios) cumplir (con) **5** (deberes, obligaciones) cumplir (con)

ful·fill·ing /fʊl'fɪlɪŋ/ *adj* gratificante (trabajo, experiencia): *a fulfilling life* una vida plena

ful·fill·ment /fʊl'fɪlmənt/ *s* [U] **1** realización (personal) (en el trabajo, la vida) **2** cumplimiento, realización (de un deseo) • [+of]: *the fulfillment of a long-held dream* la realización de un sueño largamente acariciado **3** **the fulfillment of a duty/an obligation** el cumplimiento de un deber/una obligación **4** **the fulfillment of requirements/criteria** el cumplimiento de requisitios/criterios

full¹ S1 W1 /fʊl/ *adj*

> **1** sin espacio sobrante
> **2** sin faltar nada
> **3** mayor posible
> **4** con abundancia

5 de ideas, sentimientos
6 después de comer
7 para enfatizar
8 día, semana
9 ropa
10 sonido, aroma
11 cara, labios, figura

1 SIN ESPACIO SOBRANTE lleno -a • [+of]: *The bar was full of students.* El bar estaba lleno de estudiantes. • half full medio lleno -a • be crammed/packed full of sth estar atestado -a de algo • be full to the brim estar lleno -a hasta el borde • be full to capacity estar completo -a, tener lleno total (teatro) ANT empty

2 SIN FALTAR NADA [solo ante s] completo -a: *your full name and address* su nombre completo y dirección • full details información detallada • the full story todo lo que pasó: *He's not telling us the full story.* No nos lo está contando todo.

3 MAYOR POSIBLE [solo ante s] máximo -a, pleno -a: *the full price* el precio total • *full employment* pleno empleo • at full speed a toda velocidad • (at) full blast a tope, al máximo

4 CON ABUNDANCIA [+of]: *My clothes are full of holes.* Tengo la ropa llena de agujeros. • *a magazine full of gossip* una revista llena de chismes

5 DE IDEAS, SENTIMIENTOS [+of]: *a young man who is full of ideas* un joven con muchas ideas • *a smile full of sadness* una sonrisa llena de tristeza • be full of life estar lleno -a de vida, tener mucha vitalidad

6 DESPUÉS DE COMER (tb full up) (*coloq*) be full estar lleno -a • do sth on a full stomach hacer algo con el estómago lleno

7 PARA ENFATIZAR [solo ante s] *We had to wait for three full hours.* Tuvimos que esperar tres horas enteras. • *He's grown a full ten centimeters this year.* Este año ha crecido nada menos que diez centímetros.

8 DÍA, SEMANA ocupado -a, ajetreado -a • a full life una vida muy activa

9 ROPA amplio -a

10 SONIDO, AROMA intenso -a: *coffee with a full flavor* café con sabor intenso

11 CARA, LABIOS, FIGURA redondo -a (cara), carnoso -a (labios), grande, turgente (pechos) • have a full/fuller figure estar rellenita: *a store selling clothes for the fuller figure* una tienda de ropa de tallas grandes ▶ full SCALE of sth, full SIZE, FULLY, have your HANDS full

EXPRESIONES
be full of yourself ser muy creído -a, ser muy engreído -a • full speed/steam ahead! ¡a toda máquina! • in full swing en su apogeo, en pleno desarrollo • in full view of sb a la vista de alguien

full² *s* **1** in full en su totalidad, por completo • pay sth in full pagar la totalidad de algo **2** to the full al máximo

full³ *adv* de lleno, directamente • [+in]: *She hit him full in the face.* Le dio de lleno en la cara. • [+on]: *He kissed me full on the lips.* Me besó justo en los labios.

EXPRESIONES
full on (a) al máximo (b) de lleno • know sth full well saber algo de sobra/muy bien

full·back /ˈfʊlbæk/ *s* [C] **1** (en fútbol americano) corredor, fulbac, fullback **2** (posición) defensa

ˈfull-blown *adj* [solo ante s, sin compar] a gran escala (crisis, guerra)

ˌfull ˈboard *s* [U] pensión completa

ˌfull-ˈbodied *adj* con cuerpo

ˌfull-ˈfledged *adj* [solo ante s] con todas las de la ley, de pleno derecho

ˌfull-ˈgrown *adj* adulto -a

ˌfull ˈhouse *s* [C graml sing] **1** lleno total: *The orchestra played to a full house.* La orquesta tocó con lleno total. **2** full (en póquer)

ˌfull-ˈlength *adj* [solo ante s] **1** de cuerpo entero **2** extenso -a (libro, novela): *a full-length movie* un largometraje **3** largo -a (vestido, falda)

ˌfull ˈmoon *s* [sing] luna llena

full·ness /ˈfʊlnɪs/ *s* [U] **1** saciedad **2** redondez (del cuerpo), carnosidad (de los labios)

EXPRESIONES
in the fullness of time a su debido tiempo

ˌfull-ˈpage *adj* [solo ante s] a toda página

ˌfull-ˈscale *adj* [solo ante s] **1** total, completo -a • a full-scale inquiry/investigation una investigación a fondo • a full-scale war una guerra a gran escala **2** a escala real, a escala natural

ˌfull-ˈtime¹ *adj* de tiempo completo

EXPRESIONES
be a full-time job (*coloq*) ser una tarea que exige plena dedicación

ˈfull-time² *adv* a tiempo completo

ful·ly S3 W2 /ˈfʊli/ *adv* **1** totalmente, del todo: *She is fully aware of the problem.* Se da perfecta cuenta del problema. **2** (*frml*) por lo menos, como mínimo

ful·some /ˈfʊlsəm/ *adj* (*frml*) excesivo -a

fum·ble /ˈfʌmbəl/ *v* **1** [I] (tb fumble around) (con las manos) *He was fumbling around on his desk.* Buscaba torpemente en su escritorio. • fumble for sth buscar algo a tientas • fumble with sth manejar torpemente algo **2** [T] (al hablar) *The second candidate fumbled her response.* La segunda candidata titubeó al responder.

fume /fyum/ *v* (a) [I] estar furioso -a (b) [T] decir furioso -a

fumes /fyumz/ *s* [pl] gases, emanaciones tóxicas

fu·mi·gate /ˈfyuməˌgeɪt/ *v* [T] fumigar

fun¹ S1 W2 /fʌn/ *s* [U]
1 (efecto) diversión • have fun divertirse • have a lot of fun divertirse mucho
2 (actividad) diversión • be fun ser divertido -a • be great fun ser muy divertido -a • it's fun doing sth (tb it's fun to do sth) es divertido hacer algo: *It was fun seeing all my old friends again.* Fue divertido volver a ver a mis viejos amigos. • sound like fun parecer/sonar divertido • join in the fun participar (en una actividad divertida) • spoil the fun aguar la fiesta • it's no fun no es para nada divertido
3 be a lot of fun ser muy divertido -a: *My uncle's a lot of fun.* Mi tío es muy divertido.
4 (conducta) be full of fun ser gracioso -a/divertido -a • a sense of fun sentido del humor • for fun (tb just for the fun of it) por diversión, por gusto ▶ a FIGURE of fun, FUNNY, POKE fun at sb/sth

EXPRESIONES
fun and games (a) diversiones, entretenimiento (b) una odisea: *We had real fun and games putting the tent up.* Fue toda una odisea montar la carpa. • good clean fun diversión sana • like fun (*antic*) ni de vainas, ni por el chiras • make fun of sb/sth reírse/burlarse de alguien/algo • not be my/her idea of fun no ser lo que yo/ella llamaría divertido

¿fun o funny?
Usamos la palabra fun para referirnos a situaciones o actividades con las que se disfruta: *Ice skating is a lot of fun.* En cambio, funny se aplica a algo o alguien que hace reír: *The movie was so funny we couldn't stop laughing.*

fun² S2 *adj* [solo ante s]
1 (actividad, experiencia) divertido -a
2 (persona) divertido -a

func·tion¹ S3 W2 /ˈfʌŋkʃən/ *s*
1 [C] (finalidad) función
2 [C] (*frml*) (en el trabajo) función
3 [C] acto, ceremonia
4 [C,U] (del cuerpo) función
5 be a function of sth depender de algo

function² W3 *v* [I]
1 (cosa) funcionar
2 (persona) funcionar

function as sth *v+partíc* funcionar como algo, servir de algo

func·tion·al /'fʌŋkʃənəl/ *adj* **1** funcional **2** en perfecto estado de funcionamiento, en condiciones de funcionar

'**function key** *s* [C] (*técn*) tecla de función

fund¹ S2 W1 /fʌnd/ *s*
1 [C] (dinero acumulado) fondo: *an investment fund* un fondo de inversiones
2 [sing] (institución) fondo: *the Cancer Research Fund* el Fondo para la Investigación del Cáncer
3 funds [pl] (dinero disponible) fondos: *They are running short of funds.* Se están quedando sin fondos.
4 a fund of stories/knowledge un caudal de historias/conocimientos ► PENSION FUND, SLUSH FUND, TRUST FUND

fund² S2 W1 *v* [T gralm en pasiva] financiar

fun·da·men·tal¹ W3 /ˌfʌndə'mɛntəl‹ / *adj*
1 (básico) fundamental
2 (necesario) **be fundamental to sth** ser fundamental para algo

fundamental² *s* [C gralm pl] concepto básico

fun·da·men·tal·ism /ˌfʌndə'mɛntəlˌɪzəm/ *s* [U] **1** fundamentalismo **2** fundamentalismo cristiano

fun·da·men·tal·ist /ˌfʌndə'mɛntəlɪst/ *s* [C], *adj* fundamentalista

fun·da·men·tal·ly /ˌfʌndə'mɛntəl-i/ *adv* **1** fundamentalmente **2** [adv oracional] básicamente

fund·ing /'fʌndɪŋ/ *s* [U] financiación, fondos

fund·rais·er /'fʌndˌreɪzɚ/ *s* [C] recaudador -a de fondos

fund·rais·ing /'fʌndˌreɪzɪŋ/ *s* [U] recaudación de fondos

fu·ner·al S3 W3 /'fyunərəl/ *s* [C] funeral, entierro • **funeral procession** cortejo fúnebre • **funeral service** exequias
EXPRESIONES
it's your funeral! (*oral*) ¡allá tú!

'**funeral di,rector** *s* [C] encargado -a de una funeraria

'**funeral home** (tb '**funeral ,parlor**) *s* [C] funeraria

fun·gi·cide /'fʌngəˌsaɪd, 'fʌndʒə-/ *s* [C,U] fungicida

fun·gus /'fʌŋgəs/ *s* (pl **fungi** /-gaɪ, -dʒaɪ/, **funguses**) [C,U] hongo

funk /fʌŋk/ *s* [U] **1** funk **2** (*coloq*) olor desagradable

funk·y S /'fʌŋki/ *adj* (**funkier, funkiest**) (*coloq*)
1 de onda, de moda
2 funky
3 sucio -a, apestoso -a

fun·nel /'fʌnl/ *s* [C] **1** embudo **2** chimenea (de un vapor, una locomotora)

fun·nies /'fʌniz/ *s* **the funnies** [pl] (*coloq*) las historietas, las tiras cómicas, los monitos

fun·ni·ly /'fʌnəli/ *adv* de un modo extraño
EXPRESIONES
funnily enough curiosamente, casualmente

fun·ny S1 W2 /'fʌni/ *adj* (**funnier, funniest**)
1 gracioso -a, divertido -a • **find sth/sb funny** verle la gracia a algo/alguien: *I don't find his jokes very funny.* Sus bromas no me resultan muy graciosas. • **hilariously funny** graciosísimo -a, divertidísimo -a • **see the funny side of sth** verle/encontrarle el lado gracioso a algo • **What's so funny?** ¿Y tú de qué te ríes? • **It's/That's not funny!** ¡No es nada gracioso! • **very funny!** ¡muy gracioso! (con ironía) • **make a funny face** hacer una mueca (graciosa)
2 raro -a, extraño -a: *What's that funny smell?* ¿Qué es ese olor tan raro? • **it's funny (that)...** es raro que...: *It's funny that he hasn't phoned.* Es raro que no haya llamado. • **it's funny how...** es curioso cómo...: *It's funny how things work out.* Es curioso cómo salen las cosas al final. • **That's funny!** ¡qué raro!: *That's funny. I was sure I left $5 on the table.* ¡Qué raro! Estaba segura de haber dejado 5 dólares en la mesa. • **The funny thing is, ...** Lo curioso (del caso) es que... • **funny feeling** extraña sensación • **a funny look** una mirada de desaprobación

3 raro -a, sospechoso -a: *There's something funny going on here.* Aquí pasa algo raro. • **funny business** trucos, tejemanejes
4 [nunca ante s] decaído -a, maluco -a: *I feel sort of funny.* No me siento demasiado bien.
EXPRESIONES
funny weird or funny ha ha? ► expresión usada para despejar la ambigüedad de **funny**

'**funny bone** *s* [C gralm sing] **1** hueso del codo **2** sentido del humor

fur /fɚ/ *s* **1** [U] pelo, pelaje **2** [C,U] piel (de animal) • **fur coat** abrigo de piel • **fur trade** comercio de pieles **3** [C] (prenda de) piel **4** [U] sarro ► FURRY

fu·ri·ous /'fyʊriəs/ *adj* **1** furioso -a, enojadísimo -a • [+**with**]: *Gina was furious with him for forgetting.* Gina estaba furiosa con él porque se había olvidado. **2** [solo ante s] feroz, encarnizado -a (pelea, batalla), vertiginoso -a (ritmo) • **at a furious pace** a un ritmo vertiginoso • **fast and furious** vertiginoso -a

fu·ri·ous·ly /'fyʊriəsli/ *adv* **1** con furia **2** vertiginosamente, frenéticamente

fur·long /'fɚlɔŋ/ *s* [C] 201 metros, unidad de medida empleada en carreras de caballos

fur·lough¹ /'fɚloʊ/ *s* **1** [C,U] licencia, permiso (para volver al país) • **on furlough** de/con licencia SIN **leave 2** [C] suspensión temporal por falta de trabajo ► LAYOFF **3** [C,U] salida transitoria (de un interno, un preso) • **on furlough** en salida transitoria

furlough² *v* [T] suspender temporalmente a (por falta de trabajo)

fur·nace /'fɚnɪs/ *s* [C] **1** caldera (de calefacción) **2** horno (de fundición)
EXPRESIONES
be like a furnace parecer un horno

fur·nish /'fɚnɪʃ/ *v* [T] **1** amueblar • **furnish sth with sth** amueblar algo con algo **2** (*frml*) proporcionar • **furnish sb with sth** proporcionarle algo a alguien

fur·nished /'fɚnɪʃt/ *adj* amueblado -a

fur·nish·ings /'fɚnɪʃɪŋz/ *s* [pl] muebles, cortinas, alfombras, etc.

fur·ni·ture S2 W3 /'fɚnɪtʃɚ/ *s* [U] muebles, mobiliario: *antique furniture* muebles antiguos • *office furniture* muebles de oficina • **a piece of furniture** un mueble
EXPRESIONES
part of the furniture parte del decorado

fu·ror /'fyʊrɔr/ *s* [sing] ola de protestas, escándalo

fur·ri·er /'fɚiɚ, 'fʌriɚ/ *s* [C] peletero -a

fur·row¹ /'fɚoʊ, 'fʌroʊ/ *s* [C] **1** (en un campo) surco **2** (en la piel) surco

furrow² *v* **1** [I,T] fruncir(se) (el ceño) **2** [T] arar, surcar

fur·rowed /'fɚoʊd, 'fʌr-/ *adj* **1** fruncido -a (ceño) **2** surcado -a, arado -a (tierra, campo)

fur·ry /'fɚi/ *adj* (**furrier, furriest**) **1** peludo -a (animal, pecho) • **our furry friends** (*hum*) los animales en general **2** de peluche (juguete), afelpado -a (hojas)

fur·ther¹ S2 W2 /'fɚðɚ/ *adv* [compar de "far"]
1 (en grado, cantidad) (aún) más: *I won't trouble you any further.* No te molestaré más. • **further and further** cada vez más: *The company slid further and further into debt.* La empresa se iba endeudando cada vez más. • **still/even further** aún más
2 (en distancia) más lejos: *Let's walk a little further.* Vamos un poco más allá. • **further away** más lejos • **further back** más atrás • **further from sth** más lejos/más allá de algo • **further down the road/river** más adelante por la carretera/río abajo • **further on** más lejos, más allá • **further north/south** más al norte/sur • **further and further** cada vez más lejos
3 (en el tiempo) *The planners were looking further into the future.* Los urbanistas estaban pensando en el futuro más lejano. • **further back** *The records don't go further back than 1970.* No hay registros anteriores a

1970. • **further ahead** *You need to plan further ahead.* Tienes que hacer planes a más largo plazo. • **further on** más tarde: *Five years further on, the factory has closed.* Cinco años más tarde, la fábrica ha cerrado. • **further down the road** más adelante
4 (en progresión) más lejos, más allá: *Have discussions progressed any further?* ¿Avanzaron algo las conversaciones? • **get further** avanzar, adelantar
5 (*frml*) más aún, además
EXPRESIONES
go further (a) ir más lejos (ser más radical) **(b)** seguir hablando • **sth must not go any further** algo no debe salir de aquí • **nothing could be further from my/his mind** nada más lejos de mi/su intención • **nothing could be further from the truth** nada más lejos de la verdad • **take sth further** llevar algo más lejos

further² W2 *adj* [solo ante s] más: *Are there any further questions?* ¿Hay alguna otra pregunta? • **further details/information** más información • **a further 5 minutes/10 miles** 5 minutos/10 millas más, otros 5 minutos/otras 10 millas
EXPRESIONES
until further notice hasta nuevo aviso

further³ *v* [T] promover, favorecer

fur·ther·more /'fɚðɚˌmɔr/ *adv* [adv oracional] (*frml*) es más, más aún

fur·thest¹ /'fɚðɪst/ *adv* [superl de "far"] **1** más lejos • **furthest from sth** más lejos de algo • **furthest away** más lejos • **the furthest** lo más lejos: *This is the furthest I've ever walked in a day.* Esto es lo más que he llegado a caminar en un día. • **(the) furthest north/south** lo más al norte/sur **2** más: *The space program has been developed furthest in the US.* El programa espacial ha alcanzado su mayor desarrollo en EU.

furthest² *adj* [superl de "far"] [solo ante s] más alejado -a
EXPRESIONES
be the furthest thing from sb's mind ser lo último en lo que alguien está pensando

fur·tive /'fɚtɪv/ *adj* **1** furtivo -a (mirada) **2** reservado -a, hermético -a

fur·tive·ly /'fɚtɪvli/ *adv* furtivamente, sigilosamente

fu·ry /'fyʊri/ *s* **1** [sing, U] furia, ira **2 a fury of sth** un arrebato de algo **3** [sing] (*liter*) furia (de la tormenta, el viento)
EXPRESIONES
like fury como un loco/una loca

fuse¹ /fyuz/ *s* [C] **1** fusible **2** (tb **fuze**) mecha, espoleta
▶ **BLOW a fuse**
EXPRESIONES
have a short fuse (*coloq*) tener malas pulgas, ser un cascarrabias

fuse² *v* **1** [I,T] (estilos, elementos, empresas) fusionar(se), amalgamar(se) • **fuse sth with/and sth** fusionar algo con algo • **fuse sth into sth** fusionar algo para dar lugar a algo • **fuse sth together** fusionar algo • **fuse with sth** fusionarse con algo • **fuse into sth** fusionarse para dar lugar a algo, fusionarse en algo **2** [I,T] (metales, rocas) fundir(se)

'fuse box *s* [C] caja de fusibles

fu·se·lage /'fyusəˌlɑʒ, -lɪʤ, -zə-/ *s* [C] fuselaje

fu·sil·lade /'fyuzəˌleɪd/ *s* [C gralm sing] descarga cerrada (de fusiles)

fu·sion /'fyuʒən/ *s* **1** [sing, U] (de estilos, grupos, ideas) fusión **2** [U] fusión (de átomos), fundición (de metales) **3** [U] (tb **fusion jazz**) (en música) fusión

fuss¹ /fʌs/ *s* [sing, U] **1** escándalo, alboroto, bulla • **make a fuss** (tb **kick up a fuss, raise a fuss**) montar un escándalo • [+**about/over**]: *a lot of fuss about violence on TV* una bulla enorme por la violencia en la tele • **a fuss about nothing** mucho ruido y pocas nueces • **not see/understand what all the fuss is about** no ver/ entender a qué viene tanta bulla **2** tropel(es), lío(s): *We didn't want the fuss of a big wedding.* Queríamos ahorrarnos el lío que supone un gran casorio.

fuss² *v* [I] **1** preocuparse (por cosas sin importancia) **2** estar inquieto -a, llorar (bebé)
fuss over sb *v+partíc* hacer fiestas a alguien
fuss over sth *v+partíc* preocuparse por algo
fuss with sth *v+partíc* toquetear algo, tentonear algo

fuss·y /'fʌsi/ *adj* (**fussier, fussiest**) **1** exigente, quisquilloso -a, tiquismiquis • [+**about**]: *She's very fussy about what she wears.* Es muy exigente con la ropa que se pone. • **I'm/we're not fussy** (*oral*) me/nos da igual • **be a fussy eater** ser quisquilloso -a con la comida **2** quejica (niño) SIN **fractious 3** recargado -a

fus·ty /'fʌsti/ *adj* **1** que huele a cerrado **2** que huele a humedad

fu·tile /'fyuṭl/ *adj* vano -a, inútil • **a futile attempt/effort to do sth** un intento vano de hacer algo

fu·til·i·ty /fyu'tɪləṭi/ *s* [U] inutilidad

fu·ton /'futɑn/ *s* [C] futón

fu·ture¹ S2 W1 /'fyutʃɚ/ *s*
1 the future (tiempo) el futuro • **what the future holds** (tb **what the future will bring**) lo que depara el futuro • **in the future** en el futuro • **in the near/immediate future** en un futuro próximo/inmediato
2 [C] (hechos) futuro • **a promising future** un futuro prometedor • **an uncertain future** un futuro incierto
3 the future (*técn*) (en gramática) el futuro

future² W3 *adj* [solo ante s]
1 (en el tiempo) futuro -a • **your future wife/husband** su futura esposa/futuro esposo • **for future reference (a)** para consultas posteriores **(b)** para que quede claro • **at a/some future date** en una fecha posterior • **future generations** generaciones futuras
2 (*técn*) (en gramática) futuro -a: *the future tense* el futuro

ˌfuture 'perfect *s* [sing] (*técn*) **the future perfect** el futuro perfecto

fu·tur·is·tic /ˌfyutʃə'rɪstɪk◂/ *adj* futurista

fuzz /fʌz/ *s* **1** [sing, U] (pelo fino) pelusa **2** [U] (suciedad) pelusa

fuzz·y /'fʌzi/ *adj* (**fuzzier, fuzziest**) **1** confuso -a, vago -a **2** cubierto -a de pelusa **3** confuso -a (sonido), borroso -a (imagen) **4** crespo -a, chino -a (pelo)

fwy. *abrev escrita de* FREEWAY

FYI (*abrev de* **for your information**) sigla utilizada en notas y correos electrónicos para introducir algún dato útil

G g

G¹, g /dʒi/ s (pl **G's, g's**) **1** [C,U] G, g **2** [C,U] sol (nota musical) **3** [U] clave de sol

G² /dʒi/ s **1** [C] (*técn*) G (gravedad) **2** [C,U] (*oral*) mil dólares

g (*abrev escrita de* **gram**) g, gr

GA *abrev escrita de* GEORGIA

gab /gæb/ v [I] (**gabbed, gabbing**) (*coloq*) charlar, echar carreta, platicar ▶ the GIFT of gab

gab·ble /'gæbəl/ v [I,T] (**gabbled, gabbling**) farfullar

ga·ble /'geɪbəl/ s [C] hastial, cubierta a dos aguas

Ga·bon /gæ'bɑn, -'boʊn/ Gabón

Gab·on·ese¹ /ˌgæbə'niz‹, -'nis‹/ s [pl] gabonés -esa

Gabonese² *adj* gabonés -esa

gadg·et /'gædʒɪt/ s [C] aparato

gadg·et·ry /'gædʒɪtri/ s [U] aparatos

gaffe /gæf/ s [C] metida de pata

gag¹ /gæg/ v (**gagged, gagging**) **1** [I] tener arcadas: *The smell made her gag.* El olor le dio arcadas. • **gag on sth** atragantarse con algo **2** [T] amordazar • **be bound and gagged** estar atado -a y amordazado -a **3** [T] silenciar, acallar

EXPRESIONES
gag me (with a spoon)! (*oral*) ¡qué asco!

gag² s [C] **1** (*coloq*) chiste **2** mordaza

ga·ga /'gɑgɑ/ *adj* [nunca ante s] (*coloq*) chocho -a, gagá

gage /geɪdʒ/ s variante de GAUGE

gag·gle /'gægəl/ s
EXPRESIONES
a gaggle of tourists/children (*hum*) un grupo de turistas/niños • **a gaggle of geese** una bandada de gansos

gai·e·ty /'geɪəti/ (*antic*) **1** [U] júbilo, alegría **2 gaieties** [pl] actividades sociales

gai·ly /'geɪli/ *adv* (*antic*) **1** alegremente **2 gaily colored** de colores vistosos **3** (*peyor*) como si nada

gain¹ S3 W1 /geɪn/ v

1 la independencia, un puesto
2 una cualidad, un estado
3 una ventaja
4 velocidad, altura
5 reloj
6 la cima, la orilla

1 LA INDEPENDENCIA, UN PUESTO [T] conseguir • **gain control (of/over sth)** tomar el control (de algo)
2 UNA CUALIDAD, UN ESTADO [T] **gain support** conseguir/ganar apoyo • **gain experience** adquirir experiencia • **gain confidence** ganar confianza • **gain a reputation for/as sth** hacerse famoso -a por/como algo
3 UNA VENTAJA [T] obtener, conseguir • **gain sth from doing sth** ganar algo haciendo algo • **there's nothing to be gained** no se gana nada
4 VELOCIDAD, ALTURA [T] ganar, cobrar • **gain weight** aumentar de peso, engordar
5 RELOJ [I,T] adelantar
6 LA CIMA, LA ORILLA [T] (*escrito*) ganar, alcanzar
▶ nothing VENTUREd, nothing gained

EXPRESIONES
gain access/entry to sth conseguir acceder a/entrar en algo • **gain ground** ganar terreno • **gain time** ganar tiempo
gain on sb/sth v+partíc **1** alcanzar a alguien/algo (en una carrera, persecución) **2** acortar distancias con alguien/algo, acercarse a alguien/algo

gain² W2 s
1 [C,U] aumento • [+in]: *the show's gain in popularity* el aumento de popularidad del programa • **make big/considerable gains** ganar mucho terreno
2 [C,U] ganancia(s) • **financial gain** beneficio económico • **for personal gain** para su enriquecimiento personal
EXPRESIONES
ill-gotten gains (*hum*) dinero mal habido

gain·ful /'geɪnfəl/ *adj* remunerado -a

gait /geɪt/ s [sing] andar, paso

gal S3 /gæl/ s [C] (*coloq*) mujer, muchacha, chica

ga·la /'gælə, 'geɪlə/ s [C] gala *a gala performance* una función de gala

ga·lac·tic /gə'læktɪk/ *adj* [solo ante s] galáctico -a, de la galaxia

gal·ax·y /'gæləksi/ s [C] (pl **galaxies**) galaxia • **the Galaxy** la galaxia
EXPRESIONES
a galaxy of stars/talent una constelación de estrellas/talentos

gale /geɪl/ s [C] vendaval, viento fuerte
EXPRESIONES
a gale of laughter carcajadas sonoras

gall¹ /gɔl/ s [U] (*antic*) hiel, rencor
EXPRESIONES
have the gall to do sth (*peyor*) tener el descaro/la desfachatez de hacer algo

gall² v [T] irritar

gal·lant /'gælənt/ *adj* [gralm ante s] **1** (*liter*) gallardo -a, aguerrido -a **2** (*antic*) galante **3** valiente, noble • **a gallant effort/attempt** un noble esfuerzo/un valiente intento

gal·lant·ry /'gæləntri/ s [U] (*frml*) **1** valor, gallardía **2** galantería

'gall ˌbladder s [C] vesícula biliar

gal·ler·y /'gæləri/ s (pl **galleries**) **1** [C] (tb **art gallery**) galería (de arte), museo (de arte): *a small private gallery in Manhattan* una pequeña galería de Manhattan • *famous art galleries in Paris* museos famosos de París **2** [C] galería • **the public gallery** la galería para el público **3** [C] palco, galería (en un teatro) **4 the gallery** el público
EXPRESIONES
play to the gallery actuar para la galería

gal·ley /'gæli/ s [C] (pl **galleys**) **1** cocina (en un barco) **2** galera (barco antiguo)

gall·ing /'gɔlɪŋ/ *adj* irritante, mortificante

gal·lon S3 /'gælən/ s
1 [C] galón (= 3,79 l) • **miles to the gallon** (tb **miles per gallon**) millas por galón
2 gallons [pl] (*coloq*) litros y litros

gal·lop¹ /'gæləp/ v **1** [I,T] galopar **2** [I gralm + adv/prep] ir corriendo (persona) **3** [I siempre + adv/prep] pasar como un rayo (hecho, tiempo)

gallop² s **1** [sing] galope • **at full gallop** a todo galope **2** [C] **go for a gallop** salir a galopar

gal·lop·ing /'gæləpɪŋ/ *adj* [solo ante s] galopante

gal·lows /'gæloʊz/ s [C] (pl **gallows**) horca, patíbulo

gall·stone, **gall stone** /'gɔlstoʊn/ s [C] cálculo biliar, piedra en la vesícula

ga·lore /gə'lɔr/ *adj* [solo después de s] en abundancia: *bargains galore* infinidad de gangas

gal·va·nize /'gælvə,naɪz/ v [T] movilizar • **galvanize sb into doing sth** impulsar a alguien a hacer algo • **galvanize sb into action** impulsar a alguien a actuar

gal·va·nized /'gælvə,naɪzd/ adj galvanizado -a

Gam·bi·a /'gæmbiə/ (tb **The Gambia**) Gambia

Gam·bi·an¹ /'gæmbiən/ s [C] gambiano -a

Gambian² adj gambiano -a

gam·bit /'gæmbɪt/ s [C] **1** táctica • **an opening gambit** una manera de romper el hielo, una manera de iniciar una conversación: *"You don't like Jamie very much," she said as an opening gambit, "do you?"* –Jamie no te cae muy bien –dijo, para romper el hielo –¿no? **2** (en ajedrez) gambito

gam·ble¹ /'gæmbəl/ v **1** [I,T] (en juegos de azar) jugar, apostar **2** [I,T] (en la vida) arriesgar(se) • **gamble on sth** contar con algo: *Don't gamble on the weather.* No cuentes con que haga buen tiempo. • **gamble sth on sth** jugarse algo con/en algo: *He gambled his reputation on this one movie.* Se jugó la reputación con esta película. • **gamble with people's lives/your reputation** jugar con la vida de las personas/con su reputación
gamble sth ↔ away v+partíc perder algo jugando

gam·ble² s [sing] riesgo • **it's a gamble** es una lotería, es arriesgado • **the gamble paid off** valió la pena arriesgarse

gam·bler /'gæmblər/ s [C] jugador -a (de juegos de azar)

gam·bling /'gæmblɪŋ/ s [U] el juego (por dinero, a juegos de azar)

gam·bol /'gæmbəl/ v [I] (*liter*) brincar

game¹ S1 W1 /geɪm/ s

  1 deporte, actividad
  2 encuentro
  3 torneo
  4 en tenis
  5 manera de jugar
  6 infantil
  7 cosa poco seria
  8 animales
  9 trabajo

  1 DEPORTE, ACTIVIDAD [C] juego • **play games** jugar (juegos) • **computer/card/ball game** juego de computador/de cartas/de pelota • **board game** juego de mesa
  2 ENCUENTRO [C] partido, partida • [+**of**]: *a game of tennis* un partido de tenis • *a game of chess* una partida de ajedrez • [+**against**]: *Mexico's game against Colombia* el partido de México contra Colombia
  3 TORNEO **the games** [pl] los juegos: *the Olympic Games* los Juegos Olímpicos
  4 EN TENIS [C] game, juego
  5 MANERA DE JUGAR **your/her/his game** su juego • **improve/raise your game** mejorar su juego
  6 INFANTIL [C] juego • **play a game** jugar (un juego)
  7 COSA POCO SERIA **be (just) a game** ser (sólo) un juego
  8 ANIMALES [U] caza
  9 TRABAJO [sing] (*coloq*) negocio ▶ **FAIR GAME, VIDEO GAME, WAR GAME, FUN and games, the NAME of the game, a MUG's game**
  EXPRESIONES
  ahead of the game a la vanguardia, en la delantera • **game, set, and match (a)** juego, set y partido **(b)** por paliza, por madriza • **give the game away** delatarse • **play games** jugar • **play games with sb** jugar con alguien, tomarle el pelo a alguien • **two can play at that game** donde las dan las toman

game² adj [nunca ante s] *Okay. I'm game if you are.* Bueno. Si te animas, yo también. • **be game for sth/to do sth** estar dispuesto a algo/a hacer algo, animarse a algo/a hacer algo • **be game for a laugh** estar dispuesto -a a pasar un buen rato

game³ v
EXPRESIONES
game the system (*coloq*) aprovechar las normas/leyes para beneficio propio

game·keep·er /'geɪm,kipər/ s [C] guarda (de un coto de caza)

game plan s [C] plan de juego, estrategia de juego

gam·er /'geɪmər/ s [C] aficionado -a a los videojuegos

game show s [C] programa de concursos (en televisión)

gam·ma /'gæmə/ s [C] gamma

gamma ray s [C gralm pl] rayo gamma

gam·ut /'gæmət/ s [sing] **a gamut of sth** una gama de algo • **run the gamut** cubrir toda la gama

gan·der /'gændər/ s [C] ganso (macho)
EXPRESIONES
have/take a gander at sth (*coloq, oral*) echar un vistazo a algo

gang¹ S3 W3 /gæŋ/ s
  1 [C] pandilla, parche (de alborotadores, vándalos) *gang members* pandilleros • *gang violence* violencia entre pandillas
  2 [C] banda (de delincuentes), hampa, de criminales
  3 [sing] (*coloq*) grupo, pandilla, parche (de amigos)
  4 [C] cuadrilla (de obreros)

gang² v
gang up on sb v+partíc confabularse contra alguien

gang·bust·ers /'gæŋ,bʌstərz/ s **like gangbusters** (*coloq*) a más no poder

gang·land /'gæŋlænd/ adj [solo ante s] mafioso -a: *a gangland murder* un asesinato mafioso

gan·gling /'gæŋglɪŋ/ (tb **gan·gly** /'gæŋgli/) adj [gralm ante s] desgarbado -a, larguirucho -a

gang·plank /'gæŋplæŋk/ s [C] pasarela (de un barco)

gan·grene /'gæŋgrin, gæŋ'grin/ s [U] gangrena

gan·gren·ous /'gæŋgrənəs/ adj gangrenado -a, gangrenoso -a

gang·ster /'gæŋstər/ s [C] gánster

gang·way¹ /'gæŋweɪ/ s [C] **1** pasillo (de un tren, teatro) **2** pasarela, escalerilla (de un barco, edificio)

gangway² interj abran paso

gan·net /'gænɪt/ s [C] alcatraz

gap W3 /gæp/ s [C]
  1 hueco, abertura • [+**in**]: *a gap in the fence* una abertura en la cerca • [+**between**]: *the gap between the drapes* la abertura que hay entre las cortinas
  2 brecha, diferencia • [+**between**]: *the gap between rich and poor* la brecha entre los ricos y los pobres • **narrow/close the gap** cerrar la brecha, acortar la diferencia
  3 vacío, laguna • [+**in**]: *gaps in my knowledge of history* lagunas en mis conocimientos de historia • **fill/plug the gap** llenar un vacío, llenar un hueco
  4 intervalo • [+**in**]: *a gap in the conversation* un silencio en la conversación
  EXPRESIONES
  a gap in the market un nicho en el mercado ▶ **GENERATION GAP**

gape /geɪp/ v [I] **1** quedarse boquiabierto -a • **gape at sth/sb** mirar algo/a alguien boquiabierto -a **2** (tb **gape open**) (*escrito*) abrirse

gap·ing /'geɪpɪŋ/ adj [solo ante s] abierto -a (herida, boca)

ga·rage S2 /gə'rɑʒ, gə'rɑdʒ/ s
  1 [C] garaje, garaje, cochera (para parquear) • **a single/double garage** un garaje para un carro/dos carros, una cochera para un auto/dos autos
  2 [C] (tb **parking garage**) parqueadero
  3 [C] taller mecánico, serviteca
  4 [U] (tb **garage music**) (música de) garage

ga'rage ,sale s [C] venta de garage, venta de garaje

garb /gɑrb/ s [U] (*frml*) atuendo, vestimenta

gar·bage S2 /'gɑrbɪdʒ/ s
1 [sing, U] (desperdicios) basura • **garbage collection** recolección de residuos, recolección de basura • **take out the garbage** sacar la basura • **garbage bag** bolsa de basura • **garbage dump** botadero, basurero, tiradero ▶ ver nota en **BASURA**
2 [U] (coloq) estupideces, tonterías • **talk garbage** decir estupideces/tonterías • **a load of garbage** (tb **absolute garbage**) un montón de estupideces
3 [U] (coloq) (cosa sin calidad) basura
EXPRESIONES
garbage in, garbage out (abrev escrita **GIGO**) si los datos que se meten en un computador no son buenos, los resultados tampoco

'garbage ,can s [C] caneca (de la basura), bote (de la basura), basurero

'garbage col,lector s [C] recolector -a de residuos, recolector -a de basura

'garbage dis,posal s [C] triturador de desperdicios

'garbage dump s [C] botadero, basurero, tiradero ▶ **LANDFILL**

'garbage man s [C] recolector de residuos, recolector de basura SIN **garbage collector**

'garbage ,truck s [C] camión recolector de residuos/basura

gar·bled /'gɑrbəld/ adj confuso -a (mensaje, relato)

gar·den[1] S2 W2 /'gɑrdn/ s
1 [C] jardín • **a vegetable garden** una huerta
2 [C gralm pl] parque ▶ **BOTANICAL GARDEN**

garden[2] v [I] trabajar en el jardín

gar·den·er /'gɑrdnər/ s [C] 1 jardinero -a 2 aficionado -a a la jardinería

gar·den·ing /'gɑrdn-ɪŋ/ s [U] jardinería • **do some gardening** trabajar un poco en el jardín

gar·gan·tu·an /gɑr'gæntʃuən/ adj [gralm ante s] (escrito) titánico -a

gar·gle /'gɑrgəl/ v [I,T] hacer gárgaras (con) • **gargle with sth** hacer gárgaras con algo

gar·goyle /'gɑrgɔɪl/ s [C] gárgola

gar·ish /'gærɪʃ, 'gɛr-/ adj (peyor) chillón -ona, charro -a (ropa, colores)

gar·land[1] /'gɑrlənd/ s [C] guirnalda

garland[2] v [T gralm en pasiva] (liter) engalanar, adornar con guirnaldas

gar·lic S2 /'gɑrlɪk/ s [U] ajo • **a clove of garlic** un diente de ajo • **garlic bread** pan de ajo • **garlic butter** mantequilla con sabor a ajo • **garlic press** triturador de ajo

gar·lick·y /'gɑrlɪki/ adj con olor/sabor a ajo

gar·ment /'gɑrmənt/ s [C] (frml) prenda (de vestir)

gar·ner /'gɑrnər/ v [T] (frml) obtener, conseguir (votos, apoyo), concitar (atención)

gar·net /'gɑrnɪt/ s [C,U] granate (gema)

gar·nish[1] /'gɑrnɪʃ/ v [T] 1 decorar, adornar (comida) • **garnish sth with sth** decorar algo con algo 2 (tb **garnishee**) (técn) embargar (el sueldo)

garnish[2] s [C] guarnición (de un plato)

gar·ret /'gærɪt/ s [C] buhardilla

gar·ri·son[1] /'gærəsən/ s [C] 1 guarnición (tropa) 2 cuartel

garrison[2] v [T] 1 guarnecer (una ciudad, un castillo) 2 **be garrisoned** estar acuartelado -a

gar·ru·lous /'gærələs/ adj conversador -a, parlanchín -ina, platicador -a

gar·ter /'gɑrtər/ s [C] 1 (para liguero) liga 2 (rodeando la pierna) liga

'garter ,belt s [C] liguero

gas[1] S1 W2 /gæs/ s
1 [C,U] (pl **gases** o **gasses**) (sustancia) gas

2 [U] (tb **gasoline**) gasolina • **gas pump** surtidor de gasolina, bomba (de gasolinera) • **gas tank** tanque de gasolina
3 (combustible) [U] gas
4 **the gas** el acelerador • **step on the gas** (tb **put your foot on the gas**) acelerar • **take your foot off the gas** bajar la velocidad SIN **accelerator**
5 [U] gas (anestésico) • **give sb gas** anestesiar a alguien
6 [U] (coloq) flatulencia, gases • **have gas** tener gases • **give sb gas** provocarle gases a alguien

gas[2] v (**gassed**, **gassing**) [T] asfixiar con gas • **gas yourself** suicidarse aspirando gas
gas up v+partíc **gas sth ↔ up**, **gas up** tanquear, cargar gasolina

'gas ,chamber s [C] cámara de gas

gas·e·ous /'gæsiəs, 'gæʃəs/ adj gaseoso -a

'gas-fired adj propulsado -a a gas

gash[1] /gæʃ/ s [C] 1 tajo (herida) 2 corte, tajo (en un objeto)

gash[2] v [T] hacer un tajo en

gas·ket /'gæskɪt/ s [C] junta
EXPRESIONES
blow a gasket (a) His truck blew a gasket. A su camión se le rompió la junta. **(b)** (coloq) explotar, ponerse furioso -a

'gas mask s [C] máscara antigás

gas·o·line /,gæsə'lin, 'gæsə,lin/ s [U] gasolina

gasp[1] /gæsp/ v 1 [I] ahogar un grito 2 [T] (tb **gasp out**) (escrito) decir jadeando, decir con voz entrecortada 3 [I] jadear • **gasp for air/breath** respirar con dificultad

gasp[2] s [C] 1 grito ahogado 2 jadeo, boqueada
EXPRESIONES
last gasp el último respiro

'gas ,pedal s [C] acelerador SIN **accelerator**

'gas ,station s [C] estación de servicio, gasolinera

gas·tric /'gæstrɪk/ adj [solo ante s] (técn) gástrico -a

gas·tro·en·ter·i·tis /,gæstroʊ,ɛntə'raɪtɪs/ s [U] (técn) gastroenteritis

gas·tro·nom·ic /,gæstrə'nɑmɪk◂/ adj [solo ante s] (frml) gastronómico -a

gas·works /'gæswərks/ s [C] (pl **gasworks**) planta de gas

gate S2 W3 /geɪt/ s
1 [C] verja, portón, puerta • **the main gate(s)** la puerta/entrada principal • **the school/factory gates** las puertas de la escuela/fábrica • **a garden gate** una verja de jardín ▶ ver nota en **PUERTA**
2 [C] puerta de embarque: Your flight leaves from gate 15. Su vuelo embarca por la puerta 15.
3 [C] público (en un evento deportivo, concierto)
4 [U] (tb **gate money**) taquilla, recaudación

gate·crash /'geɪt,kræʃ/ v [I,T] colarse (en)

gate·crash·er /'geɪt,kræʃər/ s [C] persona sin invitación

gate·house /'geɪthaʊs/ s [C] garita (de un vigilante, un guarda)

gate·keep·er /'geɪt,kipər/ s [C] portero -a

gate·post /'geɪtpoʊst/ s [C] poste (de un portón, una verja)

gate·way /'geɪtweɪ/ s [C] (pl **gateways**) 1 **the gateway to sth** la puerta de acceso a algo, el medio para acceder a algo 2 punto de acceso, puerta de entrada • [+to]: St. Louis was once the gateway to the West. Hubo un tiempo en que St. Louis era la puerta de entrada al Oeste. 3 puerta, entrada (en un muro) 4 (técn) pórtico (en informática)

gath·er[1] S3 W2 /'gæðər/ v

1	un grupo, una multitud
2	una conclusión
3	objetos dispersos
4	datos, pruebas
5	velocidad, impulso
6	nubes
7	una tela

1 UN GRUPO, UNA MULTITUD [I,T] reunir(se), juntar(se) • **gather around (sth)** reunirse/congregarse (en torno de algo) • **be gathered** estar reunido -a • **gather sb together** reunir a alguien: *Quickly, gather the men together!* ¡Rápido, reúnan a los hombres!
2 UNA CONCLUSIÓN [I,T nunca en forma continua] deducir: *You two know each other, I gather.* Tengo entendido que ya se conocen. • **gather from sth that** deducir por/de algo que • **gather (that)** deducir que • **from what I can gather** por lo que veo, según tengo entendido • **so I gather** así parece
3 OBJETOS DISPERSOS [T] juntar, recoger • **gather sth up** juntar/recoger algo • **gather sth together** juntar/recoger algo
4 DATOS, PRUEBAS [T] reunir, recabar
5 VELOCIDAD, IMPULSO gather speed cobrar velocidad • **gather momentum** cobrar impulso
6 NUBES [I] formarse, cubrir el cielo
7 UNA TELA [T] fruncir
EXPRESIONES
gather dust (a) juntar polvo (por falta de uso) **(b)** juntar polvo (por el material, el acceso difícil) • **gather yourself (together)** prepararse • **gather your thoughts** organizar sus ideas

gather² *s* [C gralm pl] frunce, fruncido

gath·er·ing /ˈgæðərɪŋ/ *s* [C] reunión

GATT /gæt/ *s* (**General Agreement on Tariffs and Trade**) GATT

gauche /gouʃ/ *adj* torpe (al actuar)

gaud·i·ness /ˈgɔdinɪs/ *s* [U] cursilería, chabacanería

gaud·y /ˈgɔdi/ *adj* (**gaudier, gaudiest**) (*peyor*) charro -a, chillón -ona, chabacano -a

gauge¹, **gage** /geɪdʒ/ *s* [C] **1** (instrumento) indicador • **a fuel gauge** un indicador de combustible **2** (dato) indicador **3** (de un alambre, una aguja) calibre **4** (de un arma) calibre **5** ancho de vía, trocha

gauge² *v* [T] **1** (una reacción, un efecto) medir, evaluar • **gauge what/how** evaluar qué/cómo **2** (una dimensión, el grado) medir, calcular

gaunt /gɔnt, gɑnt/ *adj* **1** demacrado -a **2** adusto -a, sombrío -a (edificio)

gaunt·let /ˈgɔntˈlɪt, ˈgɑntˈ-/ *s* **1** [C] guante (de trabajo) **2** [C] manopla, guantelete (de una armadura)
EXPRESIONES
run the gauntlet of sth/sb soportar el acoso de alguien/hacer frente a la andanada de algo • **throw down the gauntlet** arrojar el guante, desafiar

gauze /gɔz/ *s* [U] **1** (venda) gasa **2** (tela) gasa **3** malla (de metal, plástico)

gave /geɪv/ pasado de GIVE

gav·el /ˈgævəl/ *s* [C] martillo (de juez, subastador)

gawk /gɔk/ *v* [I] (*coloq*) mirar absorto -a • **gawk at sth/sb** mirar absorto -a a algo/alguien

gawk·y /ˈgɔki/ *adj* (**gawkier, gawkiest**) desgarbado -a

gay¹ S2 W2 /geɪ/ *adj*
1 gay, homosexual • **the gay community** la comunidad gay/homosexual • **gay rights** los derechos de los homosexuales SIN **homosexual** ANT **straight**
2 (*antic*) alegre
EXPRESIONES
with gay abandon alegremente, despreocupadamente

gay² *s* [C gralm pl] (pl **gays**) gay, homosexual SIN **homosexual**

gaze¹ /geɪz/ *v* [I siempre + adv/prep] **gaze at sth/sb** mirar fijamente a algo/alguien • **gaze into sth** *They sat gazing into each other's eyes.* Estaban sentados mirándose fijamente a los ojos. ▶ ver nota en LOOK

gaze² *s* [sing] mirada fija • **meet sb's gaze** mirar a alguien a los ojos, cruzar la mirada con alguien • **lower/drop your gaze** bajar la vista/los ojos

ga·ze·bo /gəˈzibou/ *s* [C] (pl **gazebos**) cenador, templete, toldo

ga·zelle /gəˈzɛl/ *s* [C] gacela

ga·zette /gəˈzɛt/ *s* [C] gaceta

GB *abrev escrita de* GREAT BRITAIN

GDP /ˌdʒi di ˈpi/ *s* [sing, U] (**gross domestic product**) PIB (producto interno bruto)

gear¹ S3 /gɪr/ *s*

1 en un vehículo
2 esfuerzo
3 de pesca, fotografía
4 vestimenta
5 pertenencias
6 maquinaria

1 EN UN VEHÍCULO [C,U] cambio, velocidad • **first/third gear** primera/tercera (velocidad) • **put the car in gear** meter el cambio, meter la velocidad • **change gear** (tb **shift gear**) cambiar de velocidad • **change into first/second gear** meter primera/segunda • **low gear** velocidad baja • **top gear** quinta
2 ESFUERZO [C,U] **step/move up a gear** redoblar los esfuerzos • **change gear** cambiar el ritmo • **be in top gear** funcionar al máximo • **be stuck in second gear** funcionar a media máquina
3 DE PESCA, FOTOGRAFÍA [U] equipo
4 VESTIMENTA [U] ropa, equipo
5 PERTENENCIAS [U] (*coloq*) cosas, bártulos
6 MAQUINARIA [U] equipo, aparatos: *the winding gear used at the mine* el cabrestante usado en la mina • **lifting gear** poleas ▶ LANDING GEAR

gear² *v* **be geared to sb/sth** estar dirigido -a/orientado -a a alguien/algo
gear up *v+partíc* **gear up for sth** estar preparado -a para algo • **be geared up to do sth** estar preparado -a para hacer algo

gear·box /ˈgɪrbɑks/ *s* [C] caja de cambios

ˈgear shift *s* [C] palanca de cambios, palanca de velocidades, barra de cambios

GED /ˌdʒi i ˈdi/ (**general equivalency diploma**) en Estados Unidos, diploma para adultos equivalente al otorgado al finalizar la educación secundaria

gee S1 /dʒi/ *interj* caramba, caray

geek /gik/ *s* [C] (*coloq*) bicho raro: *a computer geek* un fanático de la informática

geek·y /ˈgiki/ *adj* (*coloq*) con pinta de bicho raro

geese /gis/ *s* pl de GOOSE

gee·zer /ˈgizɚ/ *s* [C] (*coloq*) (*antic*) viejo

Gei·ger count·er /ˈgaɪgɚ ˌkaʊntɚ/ *s* [C] contador Geiger

gei·sha /ˈgeɪʃə, ˈgiʃə/ (tb **ˈgeisha girl**) *s* [C] geisha

gel¹ /dʒɛl/ *s* [C,U] gel (para el cabello, la ducha)

gel² *v* (**gelled, gelling**) **1** [I] (tb **jell**) congeniar **2** [I] (tb **jell**) cristalizar, concretarse **3** [T gralm en pasiva] ponerse gel (en el cabello)

gel·a·tin, **gelatine** /ˈdʒɛlətən, -lətˈn/ *s* [U] gelatina

geld·ing /ˈgɛldɪŋ/ *s* [C] caballo castrado

gel·ig·nite /ˈdʒɛlɪgˌnaɪt/ *s* [U] gelignita

gem /dʒɛm/ *s* [C] **1** piedra preciosa **2** (obra) joya **3** (persona) joya • **be a gem** ser una joya

Gem·i·ni /ˈdʒɛməˌnaɪ/ *s* **1** [U] Géminis **2** [C] persona del signo de Géminis: *I'm a Gemini.* Soy (de) Géminis.

gen·der W3 /ˈdʒɛndɚ/ *s* [C,U]
1 sexo, género
2 (*técn*) género (en gramática)

gene W3 /dʒin/ *s* [C] gen • [+**for**]: *the gene for asthma* el gen del asma • **carry a gene** ser portador -a de un gen

ge·ne·a·log·i·cal /ˌdʒiniəˈlɑdʒɪkəl/ *adj* [gralm ante s] genealógico -a

ge·ne·al·o·gy /ˌdʒiniˈɑlədʒi/ s [C,U] (pl **genealogies**) genealogía

gen·er·a /ˈdʒɛnərə/ pl de GENUS

gen·er·al¹ S1 /ˈdʒɛnərəl/ adj [gralm ante s]
1 (opuesto a detallado) general: *a general description of the disease* una descripción general de la enfermedad • **have a general idea (of sth)** tener una idea (de algo) • **a general impression** una impresión general • **in general terms** en términos generales
2 (global) general: *a general decline in performance* una caída general del rendimiento
3 (común) general: *These products are too expensive for general use.* Estos productos son demasiado caros para el uso general. • **the general public** el público (en general)
4 (de la mayoría) general: *topics of general interest* temas de interés general • **the general opinion is that...** la opinión general es que... • **there is general agreement that...** la opinión general/el consenso es que...
5 (en cargos) general • **the general manager** el director general
EXPRESIONES
as a general rule por lo general, por regla general

general² W3 s [C] general, del ejército
EXPRESIONES
in general (a) (habitualmente) en general, por lo general: *In general, I prefer novels to short stories.* En general, prefiero las novelas a los relatos cortos. **(b)** (globalmente) en general: *people in general* la gente en general • **life in general** la vida en general SIN **as a whole**

ˌgeneral anesˈthetic s [C,U] anestesia general ▶ LOCAL ANESTHETIC

ˌgeneral eˈlection s [C] elecciones generales

gen·er·al·i·ty /ˌdʒɛnəˈræləti/ s (pl **generalities**) **1** [C gralm pl] generalidad • **talk in generalities** hablar en términos generales **2** **the generality of sth** (frml) la mayoría de algo SIN **majority**

gen·er·al·i·za·tion /ˌdʒɛnərələˈzeɪʃən/ s [C] generalización • **make generalizations** hacer generalizaciones

gen·er·al·ize /ˈdʒɛnərəˌlaɪz/ v [I] generalizar • **generalize about sb/sth** generalizar sobre alguien/algo

ˌgeneral ˈknowledge s [U] cultura general

gen·er·al·ly S2 W2 /ˈdʒɛnərəli/ adv
1 (globalmente) en general: *It was generally a positive conversation.* En general, fue una conversación positiva.
2 (por la mayoría) **generally regarded/considered** *They are generally thought of as a punk band.* En general se los considera un grupo punk. SIN **widely**
3 (habitualmente) generalmente, en general: *I generally get in to work by eight.* Suelo entrar a trabajar antes de las ocho. SIN **usually**
EXPRESIONES
generally speaking en/por lo general, en términos generales

ˌgeneral ˈpractice s **1** [U] medicina general **2** [C] consultorio (de medicina general)

ˌgeneral pracˈtitioner s [C] **1** (frml) médico -a general **2** abogado -a (especializado en derecho civil y comercial)

ˌgeneral-ˈpurpose adj [gralm ante s] de uso general

ˈgeneral ˌstore s [C] almacén

ˌgeneral ˈstrike s [C] huelga general

gen·er·ate S3 W2 /ˈdʒɛnəˌreɪt/ v [T]
1 (empleo, riqueza) generar
2 (interés) suscitar
3 (energía) producir, generar

gen·er·a·tion S2 W2 /ˌdʒɛnəˈreɪʃən/ s
1 [C] (grupo de la misma edad) generación: *the new generation of writers* la nueva generación de escritores • **the older/younger generation** los mayores/más jóvenes

2 [C] (de una familia) generación: *Arguments are common when three generations live together.* Es inevitable que haya discusiones cuando conviven tres generaciones.
3 [C] (periodo) generación • **for generations** (durante) muchas generaciones, mucho tiempo
4 [C] (en tecnología) generación: *the next generation of cell phones* la próxima generación de teléfonos celulares
5 [U] (de energía) producción, generación: *electricity generation* la generación de electricidad ▶ -GENERATION

ˌgeneˈration ˌgap s [sing] brecha generacional

Generation X /ˌdʒɛnəreɪʃən ˈɛks/ (abrev **Gen X** (coloq)) s [U] la generación X

gen·er·a·tive /ˈdʒɛnərətɪv/ adj (frml) generativo -a

gen·er·a·tor /ˈdʒɛnəˌreɪtə/ s [C] generador

ge·ner·ic /dʒəˈnɛrɪk/ adj [gralm ante s] **1** (sin marca) genérico -a: *generic drugs* medicamentos genéricos **2** (común) genérico -a • **generic term/name (for sth)** término/nombre genérico (para/de algo)

gen·er·os·i·ty /ˌdʒɛnəˈrɑsəti/ s [U] generosidad

gen·er·ous /ˈdʒɛnərəs/ adj **1** (dadivoso) generoso -a • **be generous with sth** ser generoso -a con algo: *You've been very generous with your time.* Has sido muy generoso con tu tiempo. • **generous support** generosa ayuda • **a generous offer** una oferta generosa • **a generous donation/gift** una donación generosa/un regalo generoso **2** [gralm ante s] (cuantioso) abundante, generoso -a • **a generous helping** una porción abundante **3** (bien intencionado) generoso -a, amable ▶ **generous/honest to a FAULT**

gen·er·ous·ly /ˈdʒɛnərəsli/ adv **1** amablemente, generosamente: *He generously offered to pick me up from the airport.* Se ofreció amablemente a irme a buscar al aeropuerto. **2** (en gran cantidad) generosamente, abundantemente: *Please give generously.* Por favor, sean generosos. • *Spread each slice generously with butter.* Untar cada rebanada con abundante mantequilla.

Gen·e·sis /ˈdʒɛnəsɪs/ s el (libro del) Génesis

gen·e·sis /ˈdʒɛnəsɪs/ s (frml) **the genesis (of sth)** el génesis (de algo)

ge·net·ic /dʒəˈnɛtɪk/ adj genético -a

ge·net·i·cal·ly /dʒəˈnɛtɪkli/ adv genéticamente

geˌnetically ˈmodified (abrev **GM**) adj transgénico -a, modificado -a genéticamente

geˌnetic enginˈeering s [U] ingeniería genética

geˌnetic ˈfingerprinting s [U] pruebas de ADN, identificación por ADN

ge·net·i·cist /dʒəˈnɛtəsɪst/ s [C] genetista

ge·net·ics /dʒəˈnɛtɪks/ s [U] **1** (ciencia) genética **2** (de un individuo) genética, características genéticas

ge·nial /ˈdʒinyəl, -niəl/ adj simpático -a, jovial

ge·nie /ˈdʒini/ s [C] genio (ser imaginario)
EXPRESIONES
the genie is out of the bottle se ha abierto la caja de Pandora

gen·i·tal /ˈdʒɛnətl/ adj [solo ante s] genital

gen·i·tals /ˈdʒɛnətlz/ (tb **gen·i·ta·lia** /ˌdʒɛnəˈteɪlyə/) s [pl] (técn) genitales

ge·nius /ˈdʒinyəs/ s **1** [U] (brillantez) genio, genialidad • **a man/woman/writer of genius** un hombre/una mujer/un escritor genial **2** [C] (persona) genio • **a musical/comic genius** un genio de la música/del humor **3** (habilidad) **a genius for (doing) sth** un talento especial para (hacer) algo ▶ **a STROKE of genius**

gen·o·cide /ˈdʒɛnəˌsaɪd/ s [U] genocidio

ge·nome /ˈdʒinoʊm/ s [C] (técn) genoma

gen·re /ˈʒɑnrə/ s [C] (frml) género (literario, cinematográfico, etc.)

gent /dʒɛnt/ s [C] (*antic, coloq*) **1** (hombre) caballero [SIN] **gentleman 2** (hombre galante) caballero [SIN] **gentleman**

gen·teel /dʒɛn'tiːl/ *adj* **1** (*antic*) refinado -a **2** de/para gente bien

gen·tile, Gentile /'dʒɛntaɪl/ s [C], *adj* gentil (no judío)

gen·til·i·ty /dʒɛn'tɪləti/ s [U] (*frml*) **1** refinamiento **2** distinción

gen·tle /'dʒɛntəl/ *adj*

1 persona, forma de actuar
2 no extenuante
3 presión, roce
4 viento, lluvia
5 pendiente, colina
6 champú, detergente

1 PERSONA, FORMA DE ACTUAR dulce, delicado -a • [+**with**]: *Be gentle with the baby*. Trata al bebé con delicadeza. • **a gentle smile** una dulce/amable sonrisa • **a gentle voice** una voz suave • **a gentle giant** un noble bruto, un gigantón gentil [ANT] **rough**
2 NO EXTENUANTE *a short, gentle stroll down to the beach* un paseíto tranquilo hasta la playa • **gentle exercise** ejercicio moderado/suave [ANT] **strenuous**
3 PRESIÓN, ROCE leve, ligero -a: *a gentle reminder* un discreto recordatorio • **gentle persuasion** una paciente labor de persuasión • **over a gentle heat** a fuego lento/suave
4 VIENTO, LLUVIA suave, ligero -a
5 PENDIENTE, COLINA poco pronunciado -a [ANT] **steep**
6 CHAMPÚ, DETERGENTE suave [ANT] **harsh** ▶ GENTLY

gen·tle·man [S3] /'dʒɛntəlmən/ s [C] (pl **gentlemen** /-mən/)
1 (hombre) caballero: *Please show this gentleman to his seat*. Por favor, lleve al caballero a su asiento. ▶ LADY
2 gentlemen caballeros (para dirigirse a un grupo de hombres) • **ladies and gentlemen** damas y caballeros ▶ LADY
3 (hombre galante) caballero • **a perfect/real gentleman** un perfecto caballero, todo un caballero ▶ LADY

gen·tle·man·ly /'dʒɛntəlmənli/ *adj* caballeroso -a

gen·tle·ness /'dʒɛntəlnɪs/ s [U] dulzura, delicadeza

gen·tly /'dʒɛntˈli/ *adv* **1** (sin hacer daño) con cuidado, delicadamente, suavemente **2** (con poca fuerza) suavemente **3** (con poca inclinación) *a gently sloping hill* una cuesta poco pronunciada **4** (calentar, freír) a fuego lento/suave **5** (a modo de advertencia) con cuidado

gen·tri·fi·ca·tion /ˌdʒɛntrɪfə'keɪʃən/ s [U] gentrificación (urbana)

gen·tri·fy /'dʒɛntrɪˌfaɪ/ v [T] gentrificar (una zona urbana)

gen·try /'dʒɛntri/ s [pl] (*antic*) clase alta • **the landed gentry** la clase terrateniente

gen·u·flect /'dʒɛnjəˌflɛkt/ v [I] hacer una genuflexión

gen·u·ine /'dʒɛnjuɪn/ *adj* **1** (miedo, interés) auténtico -a, genuino -a [SIN] **real 2** (opuesto a falso) auténtico -a: *a genuine Van Gogh* un Van Gogh auténtico • *a genuine mistake* un auténtico error **3** (persona) sincero -a [SIN] **sincere**
EXPRESIONES
the genuine article (*coloq*) **(a)** (persona) *He was a true English lord, the genuine article*. Era el arquetípico lord inglés. **(b)** (cosa) *It was a Louis Vuitton, the genuine article*. Era un Louis Vuitton auténtico. [SIN] **the real thing**

gen·u·ine·ly /'dʒɛnjuɪnli/ *adv* realmente, verdaderamente: *The boy seemed genuinely interested*. El muchacho parecía realmente interesado.

ge·nus /'dʒiːnəs/ s [C] (pl **genera** /'dʒɛnərə/) (*técn*) género (categoría taxonómica)

ge·og·ra·pher /dʒi'ɑɡrəfər/ s [C] geógrafo -a

ge·o·gra·phi·cal /ˌdʒiə'ɡræfɪkəl/ (tb **ge·o·graph·ic** /ˌdʒiə'ɡræfɪk/) *adj* [gralm ante s] geográfico -a

ge·og·ra·phy /dʒi'ɑɡrəfi/ s **1** (disciplina) [U] geografía **2** (de un país, una zona) geografía

geological /ˌdʒiə'lɑdʒɪkəl/ (tb **ge·o·log·ic** /ˌdʒiə'lɑdʒɪk/) *adj* [solo ante s] geológico -a

ge·ol·o·gist /dʒi'ɑlədʒɪst/ s [C] geólogo -a

ge·ol·o·gy /dʒi'ɑlədʒi/ s [U] geología

ge·o·met·ric /ˌdʒiə'mɛtrɪk/ (tb **ge·o·met·ri·cal** /ˌdʒiə'mɛtrɪkəl/) *adj* [gralm ante s] **1** (diseño, figura) geométrico -a **2** (geometría) geométrico -a

ge·om·e·try /dʒi'ɑmətri/ s [U] geometría

Geor·gian /'dʒɔrdʒən/ *adj* georgiano -a

ge·ra·ni·um /dʒə'reɪniəm/ s [C] geranio

ger·bil /'dʒɜbəl/ s [C] jerbo, gerbo

ger·i·at·ric[1] /ˌdʒɛri'ætrɪk/ *adj* **1** [solo ante s] geriátrico -a **2** (*coloq*) viejo -a

geriatric[2] s [C] (*coloq*) vejestorio

ger·i·at·rics /ˌdʒɛri'ætrɪks/ s [U] geriatría

germ /dʒɜm/ s [C] **1** germen, bacteria **2 the germ of an idea/a story** el germen de una idea/historia

Ger·man[1] /'dʒɜmən/ *adj* alemán -ana

German[2] s **1** [U] (idioma) alemán **2** [C] (persona) alemán -ana

ger·mane /dʒɜ'meɪn/ *adj* (*frml*) pertinente

Ger·man·ic /dʒɜ'mænɪk/ *adj* germánico -a

German 'measles s [U] rubeola [SIN] **rubella**

German 'shepherd (tb **German 'shepherd dog**) s [C] pastor alemán

Ger·ma·ny /'dʒɜməni/ Alemania

ger·mi·nate /'dʒɜməˌneɪt/ v **1** [I] (semilla) germinar **2** [I] (idea, proyecto) germinar

ger·mi·na·tion /ˌdʒɜmə'neɪʃən/ s [U] germinación

ger·ry·man·der·ing /'dʒɛriˌmændərɪŋ/ s [U] hecho de alterar los límites de las circunscripciones electorales para dar ventaja a determinado partido

ger·und /'dʒɛrənd/ s [C] (*técn*) gerundio (nominalizado)

ges·ta·tion /dʒɛ'steɪʃən/ s [U] (*técn*) gestación • **gestation period** periodo de gestación

ges·tic·u·late /dʒɛ'stɪkjəˌleɪt/ v [I] gesticular

ges·ture[1] /'dʒɛstʃər, 'dʒɛtʃər/ s [C] **1** (ademán) gesto • **make a gesture** hacer un gesto **2** (detalle) gesto: *a gesture of friendship* un gesto de amistad • *The flowers were a really nice gesture*. Las flores fueron un detalle muy lindo.

gesture[2] v [I] gesticular, hacer gestos • **gesture to sth** señalar algo • **gesture toward sth** señalar hacia algo • **gesture for sb to do sth** hacer señas a alguien para/de que haga algo

get [S1] [W1] /ɡɛt/ v (**got** /ɡɑt/, **gotten** /'ɡɑtˈn/, **getting**)

1 hacerse con
2 un regalo, un mensaje
3 adquirir
4 traer
5 moverse, desplazarse
6 un sueldo
7 en estructuras equivalentes a verbos pronominales
8 llegar a ser
9 causar
10 una calificación, un premio
11 una enfermedad
12 sensaciones, impresiones
13 lograr
14 mover
15 lograr poner
16 enviar
17 llegar
18 alcanzar un punto
19 un taxi, un tren
20 tener la oportunidad
21 experimentar, tener

22 comenzar a
23 comprender
24 de una venta
25 pagar
26 una radio, un canal
27 por teléfono
28 responder
29 comidas
30 atacar
31 oír

1 HACERSE CON [T nunca en pasiva] conseguir, obtener: *I wish I could get another job.* Ojalá pudiera conseguir otro trabajo. • **get sth from sth** (tb **get sth out of sth**) sacar algo de algo, conseguir algo en/de algo: *I need to get some money out of the bank.* Tengo que sacar dinero del banco. • *She got the information from the Internet.* Consiguió la información en Internet. • **get help** conseguir ayuda • **get advice** hacerse asesorar • **get permission** obtener permiso • **get sb sth** (tb **get sth for sb**) conseguirle algo a alguien: *His father got him a job at the local factory.* Su padre le consiguió un trabajo en la fábrica de la zona. ▶ **OBTAIN**

2 RECIBIR, UN MENSAJE [T nunca en pasiva] recibir: *I got your message.* Recibí tu mensaje. • *What did you get for your birthday?* ¿Qué te regalaron por tu cumpleaños? • **get sth from sb** *I got a letter from him this morning.* Recibí una carta suya esta mañana. ▶ **RECEIVE**

3 ADQUIRIR [T] comprar: *Where did you get those shoes?* ¿Dónde compraste esos zapatos? • *We usually get the New York Times.* Solemos comprar el New York Times. • **get sb sth** (tb **get sth for sb**) comprarle algo a alguien: *Her boyfriend got her flowers.* Su novio le compró flores. • **get sth from sth** comprar algo en algo: *I usually get all our vegetables from the farmers' market.* Suelo comprar todas las verduras en el mercado. • **get yourself sth** comprarse algo • **get sth for $100/$15** comprar/conseguir algo por 100 dólares/15 dólares • **get sth cheap** comprar algo barato ⑤ⓘⓝ **buy**

4 TRAER [T nunca en pasiva] traer, ir a buscar: *Can you go and get my glasses?* ¿Puedes ir a buscarme los anteojos? • *I need to get my suit from the cleaner's.* Tengo que ir a buscar mi traje a la lavandería. • *Who gets the kids from school?* ¿Quién va a recoger a los niños de la escuela? • **get sb sth** (tb **get sth for sb**) traerle algo a alguien: *Get me a towel, will you?* Tráeme una toalla, por favor. • **go and get sth/sb** ir a buscar algo/a alguien ⑤ⓘⓝ **fetch**

5 MOVERSE, DESPLAZARSE [I siempre + adv/prep] *How did he get into the house?* ¿Cómo consiguió entrar en la casa? • *Everybody got down on the floor.* Todos se tiraron al suelo. • **get to your feet** ponerse de pie

6 UN SUELDO [T nunca en pasiva] ganar: *He gets around $60,000 a year.* Gana unos 60.000 dólares al año. ⑤ⓘⓝ **earn**

7 EN ESTRUCTURAS EQUIVALENTES A VERBOS PRO-NOMINALES [v copul] *They got married last year.* Se casaron el año pasado. • *Our car got stuck in the mud.* Nuestro carro se quedó atascado en el barro. • **get hurt/injured** lastimarse • **get killed** matarse • **get broken/damaged** romperse/dañarse

8 LLEGAR A SER [v copul] hacerse: *It's getting late.* Se está haciendo tarde. • **get cold** enfriarse • **get angry/mad** enojarse • **get upset** (a) disgustarse (b) enojarse • **get to be sth** convertirse en/llegar a ser algo: *Her attitude is getting to be a problem.* Su actitud se está convirtiendo en un problema. ⑤ⓘⓝ **become**

9 CAUSAR [T nunca en pasiva] *You're going to get us all killed!* ¡Vas a hacer que nos matemos todos! • **get sth dirty/wet/ready** ensuciar/mojar/preparar algo • **get sth fixed** llevar algo a arreglar • **get your hair cut** ir a cortarse el pelo

10 UNA CALIFICACIÓN, UN PREMIO [T nunca en pasiva o forma continua] sacar, obtener: *She got first prize in the poetry competition.* Obtuvo el primer premio en el concurso de poesía. ⑤ⓘⓝ **gain**

11 UNA ENFERMEDAD [T nunca en pasiva] agarrarse: *I got the flu last winter.* El invierno pasado me agarré

una gripa. • **get a headache/backache/stomachache** *I always get a headache when I drink red wine.* Siempre me duele la cabeza cuando tomo vino tinto.

12 SENSACIONES, IMPRESIONES [T nunca en pasiva] **get the feeling/impression (that)** tener la sensación/impresión de que: *I got the feeling that she was unhappy.* Me dio la sensación de que estaba triste. • **get an idea** *Where did you get that idea?* ¿De dónde sacaste esa idea? • **get a shock/surprise** llevarse un susto/una sorpresa • **get pleasure from sth** disfrutar con algo

13 LOGRAR [T nunca en pasiva] **get sb/sth to do sth** hacer que alguien/algo haga algo: *Get the children to wash their hands.* Haz que los niños se laven las manos. • **get sb/sth doing sth** hacer que alguien/algo haga algo.: *We've got the TV working again.* Hicimos que la tele vuelva a funcionar.

14 MOVER [T siempre + adv/prep, nunca en pasiva] *Can you get the bags out of the car?* ¿Puedes sacar las bolsas del carro? • *I helped Paul get his suitcase down the stairs.* Lo ayudé a Paul a bajar la maleta.

15 LOGRAR PONER [T siempre + adv/prep] meter, hacer entrar: *She couldn't get all her clothes into the suitcase.* No pudo meter toda su ropa en la maleta. • *I managed to get the title onto one line.* Conseguí que el título entrara en una línea.

16 ENVIAR get sth to sb mandarle/hacerle llegar algo a alguien: *I'll get the check to you tomorrow.* Le mando el cheque mañana.

17 LLEGAR [I nunca en pasiva] **get to sth** llegar a algo: *Call me when you get to the airport.* Llámame cuando llegues al aeropuerto. • **get home** llegar a casa • **get here/there** llegar aquí/allí

18 ALCANZAR UN PUNTO [I siempre + adv/prep] llegar: *I've gotten as far as chapter 5.* Llegué hasta el capítulo 5. • **get to sth** llegar a algo: *She couldn't wait to get to the end of the book.* Estaba impaciente por llegar al final del libro. ⑤ⓘⓝ **reach**

19 UN TAXI, UN TREN [T nunca en pasiva] tomar: *Why don't we get a cab?* ¿Por qué no tomamos un taxi? ⑤ⓘⓝ **catch, take**

20 TENER LA OPORTUNIDAD [T] **get to do sth** poder hacer algo: *Will we get to ride the horses?* ¿Podremos montar los caballos? • *I didn't get to sit down all day.* No pude sentarme en todo el día. • **get the chance/opportunity to do sth** tener la ocasión/oportunidad de hacer algo

21 EXPERIMENTAR, TENER [T nunca en pasiva] *Do you get much rain here?* ¿Llueve mucho aquí? • *I didn't know you got tigers in India.* No sabía que hubiera tigres en la India.

22 COMENZAR A [T] **get talking** ponerse a hablar • **get going/moving** (tb **get cracking** (*coloq*)) ponerse en marcha/movimiento • **get to know sth/sb** llegar a conocer algo/a alguien • **get to like sth/sb** empezar a apreciar algo/a alguien

23 COMPRENDER [T nunca en pasiva o forma continua] **get what/how/who** entender qué/cómo/quién: *She still doesn't get what I mean.* Aún no entiende lo que quiero decir. • **get the point** entender lo que alguien está diciendo: *He didn't get the point at first.* Al principio, no lo entendía. • **get the message** captar el mensaje • **get the joke** entender el chiste • **get it** entenderlo • **get sth wrong** no entender algo, malinterpretar algo • **don't get me wrong** no me malinterpretes/malinterpreten ⑤ⓘⓝ **understand**

24 DE UNA VENTA [T nunca en pasiva] sacar, conseguir: *You should get a good price.* Deberías venderlo a un buen precio. • **get $100 for sth** *He got $2,000 for the car.* Le dieron 2.000 dólares por el carro.

25 PAGAR [T nunca en pasiva] invitar: *You got the drinks – let me buy the meal.* Tú invitaste a las bebidas, déjame pagar la comida.

26 UNA RADIO, UN CANAL [T nunca en pasiva o forma continua] recibir: *Can you get channel 24?* ¿Pueden ver el canal 24? • *Do you get cable here?* ¿Tienen cable aquí? ⑤ⓘⓝ **receive**

27 POR TELÉFONO [T nunca en pasiva] *You can get me on this number.* Me puedes llamar a este número.
28 RESPONDER [T nunca en pasiva] (*coloq*) abrir (la puerta), contestar (el teléfono): *I'll get the door.* Voy yo a abrir. SIN **answer**
29 COMIDAS [T nunca en pasiva] preparar, hacer: *She's just getting lunch ready.* Está preparando el almuerzo. • **get sb a drink/sandwich/meal** *Can I get you a drink?* ¿Te traigo algo de beber? • *Do you want me to get you a sandwich?* ¿Quieres que te prepare un sándwich?
30 ATACAR [T nunca en pasiva o forma continua] (*coloq*) ir en busca de (para hacer daño) • **be out to get sb** andar tras alguien • **get sb for sth** *I'll get you for that!* ¡Esto me lo vas a pagar!
31 OÍR (*esp oral*) oír bien: *I'm sorry, I didn't get your name.* Lo siento, no oí bien tu nombre. SIN **catch**

EXPRESIONES

get it (*coloq*) recibir un castigo • **get nowhere** (tb **not get anywhere**) no llegar a ninguna parte • **get sb nowhere** (tb **not get sb anywhere**) no llevar a alguien a ninguna parte: *All this talk isn't getting us anywhere.* Hablar y hablar así no nos está llevando a ninguna parte. • **get somewhere** avanzar: *I think we're getting somewhere at last.* Creo que por fin estamos avanzando. • **be getting there** (*coloq*) estar avanzando/progresando • **What gets me is...** (tb **It gets me when...**) (*coloq, oral*) Lo que me indigna es...
get across *v+partíc* **1 get sth** ↔ **across** comunicar/hacer entender algo • **get sth across to sb** hacerle entender algo a alguien: *I can't seem to get my point across to him.* Parece que no hay forma de que entienda lo que le digo. **2 get across to sb** llegar a alguien (idea, mensaje): *The message isn't getting across to young people.* El mensaje no les está llegando a los jóvenes.
get ahead *v+partíc* triunfar, progresar (en la vida profesional)
get along *v+partíc* **1** llevarse bien ▶ **get on like a HOUSE on fire 2** salir adelante: *Is Sam getting along okay at college?* ¿Le va bien a Sam en la facultad? • **get along without sb/sth** arreglárselas sin alguien/algo SIN **get on 3** (*oral*) irse: *We'd better be getting along.* Nos tenemos que ir.
get around *v+partíc* **1 get around sth** moverse por algo (una ciudad, una zona): *It's easy to get around New York.* Es fácil moverse por Nueva York. **2 get around** viajar mucho **3 get around** movilizarse (enfermo, persona mayor) **4 get around sth** burlar/eludir algo (una norma, una regla): *She's very good at getting around the rules.* Sabe muy bien cómo burlar las reglas. **5 get around sth** sortear algo (un problema, una dificultad): *We'll have to find some way of getting around the problem.* Vamos a tener que encontrar alguna manera de sortear el problema.
get around to (doing) sth *v+partíc* encontrar tiempo para (hacer) algo: *I was going to phone her but I never got around to it.* Iba a llamarla pero no pude encontrar el tiempo.
get at *v+partíc* **1 what you're/he's is getting at** lo que quieres/quiere decir, lo que estás/está insinuando **2 get at sth/sb** alcanzar algo/a alguien, llegar a algo/alguien: *I can see the ring under the stove, but I can't get at it.* Veo el anillo debajo de la estufa, pero no lo alcanzo. • *software that enables you to get at the information you need quickly* un programa que te permite acceder rápidamente a la información que necesitas **3 get at sb** [gralm en pasiva] amenazar a alguien: *The jury had been got at.* El jurado había recibido amenazas.
get away *v+partíc* **1** irse: *She couldn't wait to get away.* Estaba deseando irse. • **get away from sth** huir de algo **2** huir, escaparse: *The two men got away in a blue pickup truck.* Los dos hombres huyeron en una camioneta azul. SIN **escape 3** irse de vacaciones: *Will you be able to get away this summer?* ¿Vas a poder irte de vacaciones este año? SIN **go away**
get away with sth *v+partíc* **1** hacer algo impunemente: *Students will cheat if they think they can get away with it.* Los alumnos se copian si creen que no les va a pasar nada. • *No one insults my family and gets away with it!*

¡Nadie insulta a mi familia y se queda tan fresco! • **get away with doing sth** *They were allowed to get away with not paying taxes.* Se permitió que evadieran impuestos impunemente. • **get away with murder** *His parents let him get away with murder.* Sus padres le dejan hacer lo que se le antoja. **2** librarse con un castigo mínimo: *She got away with three years in prison.* Sólo le dieron tres años de cárcel. **3** arreglárselas con lo mínimo: *Do you think we'll get away with one coat of paint?* ¿Crees que bastará con una mano de pintura?
get back *v+partíc* **1 get back** volver: *I'll call you when I get back.* Te llamo cuando vuelva. • [+**to**]: *It was dark by the time we got back to the hotel.* Era de noche cuando volvimos al hotel. SIN **return 2 get sth** ↔ **back** recuperar algo: *I got my money back.* Me devolvieron el dinero. **3 Get back!** ¡Atrás!, ¡Aléjate! SIN **stand back 4 get sb back** vengarse de alguien • **get sb back for sth** vengarse de alguien por algo: *I'll get you back for this!* ¡Me las pagarás por esto! **5 get sb back** hacer que alguien vuelva
get back at *v+partíc* **get back at sb** vengarse de alguien • **get back at sb for doing sth** vengarse de alguien por haber hecho algo
get back into sth *v+partíc* retomar una actividad: *My husband wants to get back into teaching.* Mi marido quiere volver a la docencia.
get back to *v+partíc* **1 get back to sb** volver a ponerse en contacto con alguien: *I'll check the price and get back to you.* Confirmo el precio y lo llamo. **2 get back to sth** volver a algo (una actividad): *I must get back to work.* Tengo que volver al trabajo. **3 get back to sth** volver a algo (una situación anterior): *She wanted things to get back to how they used to be.* Quería que las cosas volviesen a ser como antes. • **get back to normal** volver a la normalidad • **get back to sleep** volver a dormirse **4 get back to sth** volver a algo (un tema)
get back together *v+partíc* reconciliarse
get behind *v+partíc* **1 get behind** atrasarse, quedarse atrás • **get behind with sth** *I don't want to get behind with my work.* No quiero atrasarme en mi trabajo. SIN **fall behind 2 get behind sb** apoyar a alguien, cerrar filas en torno a alguien: *The fans were great – they really got behind us.* Los admiradores se portaron muy bien: nos apoyaron mucho.
get by *v+partíc* **1** arreglárselas (económicamente): *I don't earn much, but we get by.* No gano mucho, pero nos las arreglamos. SIN **scrape by 2** defenderse, arreglárselas: *"Can you speak English?" "Just enough to get by."* –¿Hablas inglés? –Lo justo para salir del paso. • **get by on sth** *He gets by on four hours of sleep a night.* Se las arregla con cuatro horas de sueño al día. SIN **manage**
get down *v+partíc* **1 get sth** ↔**down** reducir algo: *an attempt to get costs down* un intento de reducir costos • **get sth down to sth** *The government has got inflation down to 4%.* El gobierno ha reducido la inflación al 4%. SIN **bring down, reduce 2 get sth** ↔ **down** apuntar algo: *Let me get your number down before I forget it.* Déjame anotar tu teléfono antes de que me lo olvide. SIN **write down 3 get sb down** deprimir a alguien: *His work is really getting him down.* Su trabajo lo deprime mucho. • **let sb/sth get you down** dejar que alguien/algo te deprima SIN **depress 4 get sth down** comer(se) algo, tomar(se) algo, tragar(se) algo: *You'll feel better once you get some food down.* Te sentirás mejor cuando hayas comido algo.
get down to sth *v+partíc* ponerse a hacer algo: *By the time we got down to work, it was 10:00.* Cuando por fin nos pusimos a trabajar, eran las 10. • **get down to doing sth** *I must get down to writing that letter.* Tengo que ponerme a escribir esa carta.
get in *v+partíc* **1 get in** entrar: *We managed to get in through a window.* Conseguimos entrar por la ventana. • *You have to be 21 to get in.* Tienes que tener 21 años para poder entrar. ANT **get out 2 get in** subirse (a un carro): *Get in – I'll give you a ride.* Súbete que te llevo. ANT **get out 3 get in** llegar (tren, avión): *What time does your plane get in?* ¿A qué hora llega tu avión? SIN **arrive 4 get in** llegar (a casa, al trabajo): *We didn't get in till late.* No llegamos a casa hasta tarde. **5 get in**

entrar, ser admitido -a (en una universidad) **6 get sth in** presentar algo (una solicitud, una carta), entregar algo (un trabajo, la tarea): *Make sure you get your homework in by Thursday.* No se olviden de entregar la tarea antes del jueves. **7** ganar (elecciones): *The Democrats got in with a huge majority.* Los Demócratas ganaron por una amplia mayoría. **8 get sth ↔ in** comprar algo, aprovisionarse de algo **9 get sth ↔in** recoger algo (una cosecha, la ropa) **10 get sb ↔ in** llamar a alguien (un plomero, un electricista, etc.) **11 get sth ↔ in** hacer tiempo para determinada actividad: *I want to get a couple of hours' work in before we go out.* Quiero trabajar un par de horas antes de salir. SIN **fit in 12 get sth ↔ in** recibir algo (mercancías para la venta)

get in on sth *v+partíc* meterse en algo, participar en algo • **get in on the act** subirse al carro/al tren

get in with sb *v+partíc* hacerse amigo -a de alguien

get into sth *v+partíc* **1 get into sth** entrar a algo (un sitio): *I can't get into the house.* No puedo entrar a la casa. **2 get into sth** llegar a algo (un sitio): *We got into Chicago at midnight.* Llegamos a Chicago a medianoche. **3 get into sth** meterse en algo • **get into a fight** meterse en una pelea/un pleito • **get into an argument** ponerse a discutir • **get into a mess** meterse en un lío • **get into trouble** meterse en líos/problemas • **get into debt** endeudarse • **get sb into trouble** meter a alguien en líos • **get sb into a mess** meter a alguien en un lío **4 get into a panic** entrar en pánico • **get into a state** ponerse muy mal/angustiado -a **5 get into a routine/a habit** acostumbrarse a una rutina/adquirir un hábito **6 get into sth** meterse en algo (una actividad profesional): *How did you first get into journalism?* ¿Cómo te metiste en el mundo del periodismo? **7 get into sth** empezar a interesarse por algo: *He first got into jazz at college.* Empezó a gustarle el jazz en la universidad. **8 get into sth** entrar en algo, empezar a hablar de algo (un tema): *Let's not get into that now.* No entremos en eso ahora. • **get into a discussion/debate** ponerse a discutir/debatir **9 What's gotten into him/you?** ¿Qué le/te pasa?, ¿Qué mosca le/te picó? **10 get into sth** ponerse algo (una prenda): *I can't get into these jeans.* Estos bluyines no me entran. **11 get into power** llegar al poder **12 get into pairs/groups** formar parejas/grupos

get off *v+partíc* **1 get off** bajarse (de un avión, un tren, etc.): *I got off at the next stop.* Me bajé en la siguiente parada. • **get off sth** bajarse de algo (un avión, un tren, etc.): *We all got off the train.* Nos bajamos todos del tren. ANT **get on 2 get off (work)** salir (del trabajo): *I get off at 6.* Salgo a las 6. • *What time do you get off work?* ¿A qué hora sales de trabajar? **3 get off** salir (de viaje): *I want to get off early.* Quiero salir temprano. **4 get off sth** salir de algo: *Get off my land!* ¡Fuera de mi propiedad! **5 get sb off** ayudar a preparar a alguien para ir a un sitio: *I have to get the kids off to school.* Tengo que arreglar a los niños para que se vayan a la escuela. **6 get off** hacer algo impunemente: *They got off because they had a good lawyer.* No les pasó nada porque tenían un buen abogado. • **get off with sth** librarse con algo (un castigo mínimo): *He got off with just a small fine.* Se libró pagando sólo una pequeña multa. **7 get off sth** dejar algo (una adicción): *He's been trying to get off drugs.* Está intentando dejar la droga. **8 get sth off** enviar/mandar algo (por correo): *I have to get the application off today.* Tengo que enviar la solicitud hoy. • **get sth off to sb** enviarle/mandarle algo a alguien: *We'll get the check off to you immediately.* Le mandaremos el cheque inmediatamente. SIN **send off 9 get off sth** dejar algo (un tema): *Can we get off the subject of death, please?* ¿Podemos dejar el tema de la muerte, por favor? **10 get off** (*coloq*) dejar de tocar algo/a alguien: *Hey, get off! That's mine!* ¡Eh, suelta! ¡Eso es mío! **11 get off to sleep** dormirse: *I finally got off to sleep at about two o'clock.* Al final me dormí cerca de las dos. **12 get sth ↔ off** quitarse algo: *Can you help me get my shoes off?* ¿Me ayudas a quitarme los zapatos? **13 get off** (*coloq*) llegar al orgasmo, venirse **14 where does he/she get off?** (*coloq, oral*) ¿qué se cree/ha creído? **15 tell sb where to get off** (*coloq*) cantarle la tabla a alguien, pararle el carro a alguien **16 get off to a good/bad start** comenzar bien/mal, comenzar con el pie derecho/

izquierdo **17 get off on the wrong foot** comenzar con el pie izquierdo (una relación, un trabajo, etc.)

get off on doing sth *v+partíc* **1** (*peyor, coloq*) regodearse haciendo algo **2** (*coloq*) excitarse (sexualmente) haciendo algo

get on *v+partíc* **1 get on** subirse (a un avión, un tren, etc.): *I got on at Baker Street.* Me subí en Baker Street. • **get on sth** subirse a algo: *She got on the plane to San Francisco.* Tomó el avión que iba a San Francisco. ANT **get off get on without sb/sth** SIN arreglárselas sin alguien/algo **2 get sth on** ponerse algo: *Get your coat on!* ¡Ponte el abrigo! **3 be getting on** (*coloq*) estar viejo -a **4 time is getting on** se está haciendo tarde

get on at sb *v+partíc* [gralm en forma continua] regañar a alguien

get on for *v+partíc* **be getting on for S1,000/10 o'clock** ser casi/cerca de 1.000 dólares/las diez • **be getting on for 80/50** andar rondando los 80/50

get on with sth *v+partíc* **1** seguir con algo: *I'd better get on with my work.* Mas vale que siga trabajando. **2 Get on with it!** (*coloq*) ¡Hazlo de una vez!

get onto (tb **get on to**) *v+partíc* **1 get onto sth** empezar a hablar de algo • **get onto a subject** empezar a hablar de un tema **2 get onto sb** ponerse en contacto con alguien **3 get onto sth/sb** descubrir algo/a alguien: *How did the police get onto him?* ¿Cómo lo encontró la policía? **4 get onto sth** ser elegido -a para algo, empezar a integrar (una comisión, una organización, etc.) **5 get onto sth** (*coloq*) encargarse de algo, ocuparse de algo: *I'll get onto the case straight away.* Me encargaré del caso enseguida. **6 get into sth** entrar a algo, ser admitido -a en algo (una universidad, un equipo): *I got into the swimming team.* Entré al equipo de natación.

get out *v+partíc* **1 get out** salir: *Get out and don't come back!* ¡Sal de aquí y no vuelvas! • **get out of sth** salir de algo: *We'd better get out of the building quickly.* Tenemos que salir del edificio rápidamente. **2 get out** bajarse (de un carro): *He got out and checked the lights.* Se bajó del carro y revisó las luces. • **get out of sth** *The men got out of the car.* Los hombres se bajaron del carro. **3 get out** escapar: *They were lucky to get out alive.* Tuvieron suerte de escapar vivos. • **get out of sth** escapar de algo SIN **escape 4 get out** salir, escaparse (de una situación desagradable) • **get out of sth** *You've got to help me get out of this mess.* Tienes que ayudarme a salir de este lío. **5 get sb out** sacar a alguien (de la cárcel, de una situación peligrosa, etc.) • **get sb out of sth** *Get me out of here!* ¡Sácame de aquí! **6 get sth ↔ out** sacar algo (de una bolsa, un cajón, etc.): *Get out your books.* Saquen los libros. **7 get out** salir (como esparcimiento): *You should get out more.* Deberías salir más. **8 get sth out** quitar algo (una mancha) **9** difundirse, saberse (secreto, noticia): *If the story gets out, we might lose our jobs.* Si se sabe la historia, podríamos perder el trabajo. • **word gets out that...** se corre la voz de que... **10 get sth out** lograr decir algo: *I couldn't get the words out.* No me salían las palabras.

get out of *v+partíc* **1 get out of sth** librarse de algo: *He couldn't get out of the meeting.* No pudo librarse de la reunión. • **get out of doing sth** librarse de hacer algo **2 get sth out of sth** sacar algo de algo (un beneficio): *Are you getting anything out of your classes?* ¿Les estás sacando algún provecho a tus clases? • **get sth out of doing sth** *She gets a lot of pleasure out of painting.* Disfruta mucho pintando. **3 get sth out of sb** sacarle algo a alguien (información) **4 get out of sth** dejar algo (una actividad): *I want to get out of teaching.* Quiero dejar la enseñanza. **5 get out of sth** quitarse una prenda: *You should get out of those wet clothes.* Deberías quitarte esa ropa mojada.

get over *v+partíc* **1 get over sth** superar algo, reponerse de algo (una enfermedad, un disgusto, etc.): *She never got over the death of her son.* Nunca superó la muerte de su hijo. **2 get over sth** superar algo (la timidez, el miedo, etc.) **3 get sth over** comunicar/hacer entender algo algo: *The party is having difficulty getting its message over.* Al partido le está costando lograr comunicar su mensaje. • **get sth over to sb** hacerle entender algo a alguien SIN **get across 4 get sth over** (tb **get sth over with**) acabar de una vez con algo, quitarse algo de encima: *I'll be in touch once I've got my exams over.* Te llamaré cuando me haya quitado los exámenes de encima. • **get sth over and done with** hacer algo de una vez por todas **5 sb can't/couldn't get over sth** (*oral*) alguien no puede/podía creer algo: *I can't get over how thin you are!* ¡Es increíble lo delgada que estás!

get through *v+partíc* **1 get through sth** superar algo (un momento difícil) **2 get sb through** *It was only their love that got them through.* Superaron sus problemas sólo gracias al amor que los unía. • **get sb through sth** ayudar a alguien a superar algo **3 get through** comunicarse (por teléfono) • **get through to sb** comunicarse con alguien: *I finally managed to get through to the manager.* Por fin conseguí que me comunicaran con el gerente. **4 get through sth** gastar(se) algo (dinero), terminar(se) algo (una botella de vino, etc.): *We got through at least four bottles of wine.* Nos terminamos por lo menos cuatro botellas de vino. • *She soon got through all her savings.* Enseguida se gastó todos sus ahorros. **5 get through sth** terminar algo: *We have a lot of work to get through.* Nos queda mucho trabajo por hacer. • *I want to get through this chapter before I go to bed.* Quiero terminar este capítulo antes de acostarme. **6 get through sth** aprobar algo (un examen): *He got through all his exams.* Aprobó todos los exámenes. **7 get through** llegar a destino • **get through to sb/sth** llegar hasta alguien/a algo: *Rescue workers finally got through to the survivors.* El equipo de rescate llegó por fin hasta los sobrevivientes. **8 get sth through** hacer llegar algo • **get sth through to sb** hacerle llegar algo a alguien

get through to *v+partíc* **1 get through to sb** *Sometimes I just can't get through to her.* A veces no consigo que me entienda. **2 get through to sth** pasar a algo (clasificar para algo): *The team got through to the final round.* El equipo pasó a la última vuelta.

get to *v+partíc* **1 get to sth** llegar a algo (un sitio): *What time did you get to the hotel?* ¿A qué hora llegaste al hotel? SIN **reach 2 get to sth** llegar a algo (en un proceso): *I never got to the end of the book.* Nunca llegué al final del libro. SIN **reach 3 Where has sb/sth got to?** ¿Dónde estará alguien/algo?, ¿Dónde se habrá metido alguien/algo?: *Where have the children got to?* ¿Dónde se habrán metido los niños? **4 get to sb** (*coloq*) irritar/deprimir a alguien: *Don't let him get to you.* No le hagas caso. **5 get to doing sth** (*incorr*) ponerse a hacer algo

get together *v+partíc* **1 get together** verse, juntarse (con amigos, etc.): *We should get together for lunch sometime.* Deberíamos juntarnos para almorzar alguna vez. • **get together with sb** verse/juntarse con alguien SIN **meet up 2 get sth ↔ together** juntar/reunir algo: *She got together all her old clothes.* Juntó toda su ropa vieja. **3 get sb ↔ together** reunir a alguien: *He got together a team of top advisers.* Reunió un equipo de asesores de primer nivel. **4 get sth ↔ together** preparar algo: *I'll start to get lunch together.* Voy a empezar a preparar la comida. **5 get sth ↔ together** reunir algo (dinero) **6 get together** (*coloq*) empezar a salir (juntos) (una pareja) **7 get yourself together** (tb **get your life together**) rehacer su vida **8 get it together** (tb **get your act together**) organizarse, hacer las cosas bien

get up *v+partíc* **1 get up** levantarse (de la cama): *I got up at five o'clock.* Me levanté a las cinco. **2 get sb up** despertar a alguien **3 get up** levantarse (de una silla, del suelo, etc.)

get up to sth *v+partíc* hacer algo (travesuras, etc.): *We used to get up to all sorts of things at school.* Hacíamos todo tipo de maldades en la escuela.

get with *v+partíc* **get with it** (*coloq*) (tb **get with the program**) ponte/pónganse las pilas

get·a·way /'gɛtəˌweɪ/ *s* [C] **1** huida, fuga • **make a getaway** escaparse, darse a la fuga *the getaway van* la camioneta usada para la fuga **2** sitio para visitar en una vacación corta **3** vacación corta, escapada

'get-go *s* **from the get-go** (*coloq*) desde el principio

'get-to,gether *s* [C] reunión (familiar, de amigos)

get·up /'gɛtʌp/ *s* [C gralm sing] (*coloq*) vestimenta, atuendo

gey·ser /'gaɪzɚ/ *s* [C] géiser

Gha·na /'gɑnə/ Ghana

Gha·nai·an¹ /gɑ'neɪən/ *s* [C] ghanés -esa

Ghanaian² *adj* ghanés -esa

ghast·ly /'gæstli/ *adj* (**ghastlier**, **ghastliest**) **1** horroroso -a, espantoso -a **2** (*frml*): *You're looking ghastly.* Tienes muy mala cara.

gher·kin /'gɚkɪn/ *s* [C] pepinillo

ghet·to /'gɛtoʊ/ *s* [C] (pl **ghettos**, **ghettoes**) gueto

'ghetto ,blaster *s* [C] (*antic*) radiocasetera (portátil)

ghost /goʊst/ *s* [C] **1** fantasma • **you look as if you've seen a ghost** parece que hubieras visto un fantasma **2** **the ghost of a smile** un amago de sonrisa

EXPRESIONES
give up the ghost (a) (*hum*) pasar a mejor vida (carro, aparato) **(b)** (*hum*) tirar la toalla **(c)** pasar a mejor vida (persona) • **not a ghost of a chance** ni la menor/más remota posibilidad

ghost·ly¹ /'goʊstli/ *adj* fantasmal, fantasmagórico -a

ghostly² *adv* **ghostly pale** (*liter*) pálido -a como un muerto • **ghostly white** (*liter*) de un blanco fantasmal

'ghost ,story *s* [C] historia/relato de fantasmas

'ghost town *s* [C] pueblo/ciudad fantasma

ghost writer, ghost·writ·er /'goʊstˌraɪtɚ/ *s* [C] escritor -a fantasma

ghoul /gul/ *s* [C] **1** demonio necrófago **2** morboso -a

ghoul·ish /'gulɪʃ/ *adj* **1** demoníaco -a **2** morboso -a

GHQ /ˌdʒi eɪtʃ 'kyu/ *s* [U] (**general headquarters**) cuartel general

GI, G.I. /ˌdʒi 'aɪ/ *s* [C] (**Government Issue**) soldado estadounidense

gi·ant¹ S3 W3 /'dʒaɪənt/ *adj* [solo ante s] **1** gigantesco -a, gigante **2** gigante (en nombres de plantas, animales)

giant² *s* [C] **1** (de ficción) gigante **2** (empresa) gigante **3** (de éxito) gigante, coloso **4** (alto) gigante

gib·ber /'dʒɪbɚ/ *v* [I] farfullar, hablar atropelladamente

gib·ber·ish /'dʒɪbərɪʃ/ *s* [U] galimatías, tonterías: *computer gibberish* jerga informática

gib·bet /'dʒɪbɪt/ *s* [C] horca

gib·bon /'gɪbən/ *s* [C] gibón

gibe /dʒaɪb/ *s*, *v* variante de JIBE

gib·lets /'dʒɪblɪts/ *s* [pl] menudencias (de pollo)

gid·dy¹ /'gɪdi/ *adj* (**giddier**, **giddiest**) **1** alegre, aturdido -a • [+**with**]: *The children are giddy with excitement.* Los niños están locos de entusiasmo. **2** **giddy heights** *He has risen to the giddy heights of company director.* Ha sido encumbrado al cargo de director de la empresa.

giddy² **giddy up!** ¡arre!

gift S1 W2 /gɪft/ *s*
1 [C] regalo • **a free gift** un regalo (con una compra, una revista) SIN **present**
2 [C] don especial • [+**for**]: *a gift for languages* un don especial para los idiomas • **a rare gift** un raro don SIN **talent**
3 a gift un regalo (algo fácil): *The third goal was an absolute gift.* El tercer gol fue un verdadero regalo.
▶ GOD's gift to sb/sth

EXPRESIONES
the gift of gab (*coloq*) labia • **never/don't look a gift horse in the mouth** (*oral*) a caballo regalado, no se le mira el diente/el colmillo

'gift cer,tificate *s* [C] vale de regalo, certificado de regalo(s)

gift·ed /'gɪftɪd/ *adj* de gran talento: *a gifted child* un niño superdotado

'gift shop *s* [C] tienda de regalos

'gift wrap (tb **'gift ‚wrapping**) *s* [U] papel de regalo

gig¹ /gɪg/ *s* [C] **1** (*coloq*) actuación, concierto **2** (*coloq*) trabajo (de poca duración)

gig² *v* [I] (**gigged**, **gigging**) (*coloq*) dar conciertos, hacer actuaciones

gig·a·byte /'gɪgə‚baɪt/ (abrev escrita **Gb**) *s* [C] gigabyte

gi·gan·tic /dʒaɪ'gæntɪk/ *adj* [sin compar] gigantesco -a, enorme

gig·gle¹ /'gɪgəl/ *v* [I] (**giggled**, **giggling**) reírse (tratando de disimular) ▶ ver nota en LAUGH

giggle² *s* [C] risita, risa tonta: *a nervous giggle* una risita nerviosa • **the giggles** un ataque de risa

gig·o·lo /'dʒɪgə‚loʊ/ *s* [C] (pl **gigolos**) gigoló

gild /gɪld/ *v* [T] [gralm en pasiva] dorar, bañar en oro
EXPRESIONES
gild the lily rizar el rizo

gill¹ /gɪl/ *s* [C] branquia, agalla

gill² /jɪl/ *s* [C] cuarto de pinta (= 12 cl)

gilt¹ /gɪlt/ *adj* [solo ante s] dorado -a, bañado -a en oro

gilt² *s* **1** [U] dorado, baño de oro **2 gilts** [pl] bonos del Estado

‚gilt-'edged *adj* (*técn*) de valores del Estado, de títulos de deuda pública • **gilt-edged stock/securities** valores del Estado

gim·let /'gɪmlɪt/ *s* [C] barrena de mano

gim·me¹ /'gɪmi/ (*incorr*) *contrac de* **give me**

gimme² *s* [C] (*coloq*) regalo, pan comido

gim·mick /'gɪmɪk/ *s* [C] (*peyor*) truco, ardid (publicitario): *advertising gimmicks* trucos publicitarios

gim·mick·ry /'gɪmɪkri/ *s* [U] (*peyor*) trucos, ardides (publicitarios)

gim·mick·y /'gɪmɪki/ *adj* (*peyor*) efectista

gin /dʒɪn/ *s* [C,U] ginebra, gin

gin·ger¹ /'dʒɪndʒər/ *s* [U] jengibre

ginger² *adj* [solo ante s] de jengibre

'ginger ale *s* [C,U] ginger ale

gin·ger·bread /'dʒɪndʒər‚brɛd/ *s* [U] galleta(s) de jengibre

gin·ger·ly /'dʒɪndʒərli/ *adv* (*escrito*) con cuidado, con cautela

ging·ham /'gɪŋəm/ *s* [U] tela de algodón (a cuadros)

gin·seng /'dʒɪnsɛŋ, -sɪŋ/ *s* [U] ginseng

gip·sy /'dʒɪpsi/ *s* variante de GYPSY

gi·raffe /dʒə'ræf/ *s* [C] (pl **giraffe** o **giraffes**) jirafa

gird·er /'gərdər/ *s* [C] viga

gir·dle /'gərdl/ *s* [C] **1** faja (prenda interior) **2** (*liter*) a **girdle of sth** un cinturón de algo

girl S1 W1 /gərl/ *s* [C]

1 pequeña
2 hija
3 joven
4 grupo
5 al hablar a una amiga
6 novia
7 empleada

1 PEQUEÑA niña, nena: *a teenage girl* una adolescente • **a little/young girl** una niña pequeña

2 HIJA hija: *I need to go pick up my girls from school.* Tengo que ir a buscar a mis hijas al colegio. • **my/your little girl** mi/tu hijita

3 JOVEN muchacha, chica (*coloq*): *girl students* las alumnas • *a new girl singer* una nueva cantante

4 GRUPO the girls [pl] (*coloq*) las amigas

5 AL HABLAR A UNA AMIGA (*coloq, oral*): *Hey, girl. What's up?* Hola, ¿quiubo?/Hola, ¿Cómo estás? • *Come on, girls.* Vamos, muchachas.

6 NOVIA my/his girl (*antic*) mi/su novia

7 EMPLEADA (*antic*) chica, muchacha

girl·friend S2 /'gərlfrɛnd/ *s* [C]
1 novia
2 amiga

girl·ish /'gərlɪʃ/ *adj* de niña

'Girl Scout *s* **1 the Girl Scouts** las niñas scout, las girl scouts **2** [C] niña scout

girth /gərθ/ *s* **1** [C,U] circunferencia, perímetro **2** [C,U] (contorno de la) cintura **3** [C] cincha

gist /dʒɪst/ *s* **the gist** lo fundamental, lo esencial • [+of]: *the gist of the story* lo fundamental de la historia • **get the gist (of sth)** captar la idea (de algo)

give¹ S1 W1 /gɪv/ *v* (**gave** /geɪv/, **given** /'gɪvən/)
▶ El verbo **give** se usa en numerosas frases con sustantivos para indicar una acción, como **give sth a try**, **give sb a smile**, **give sb a call**, etc. Todas figuran bajo el sustantivo correspondiente.

1 entregar, proporcionar
2 contribuir
3 un regalo
4 ante un auditorio
5 causar, producir
6 para obras benéficas
7 una cualidad
8 como pago
9 como castigo
10 trato
11 tiempo
12 tela, zapatos
13 romperse, moverse
14 al discutir, negociar

1 ENTREGAR, PROPORCIONAR [T] dar • **give sb sth** (tb **give sth to sb**) darle algo a alguien: *Give me the letter, please.* Dame la carta, por favor. • *They gave the job to some guy from Texas.* Le dieron el puesto a alguien de Texas. • *Can you give me your name?* ¿Me puede decir su nombre? • **give sb advice** aconsejar a alguien • **give orders/instructions** dar órdenes/instrucciones

2 CONTRIBUIR [I,T] dar: *They give more than they take.* Dan más de lo que reciben. • **give sb help/support** ayudar/apoyar a alguien

3 UN REGALO [T] regalar • **give sb sth** regalarle algo a alguien: *Jack gave me this watch.* Jack me regaló este reloj. • *What did Bob give you for your birthday?* ¿Qué te regaló Bob para tu cumpleaños?

4 ANTE UN AUDITORIO [T] **give a talk/speech** dar una charla/una plática • **give a concert** dar un concierto

5 CAUSAR, PRODUCIR [T] dar • **give sb sth** (tb **give sth to sb**) darle algo a alguien: *Being here gives me a lot of pleasure.* Siento un gran placer de estar aquí. • **give sb confidence** darle confianza a alguien

6 PARA OBRAS BENÉFICAS [I,T] darle/donarle • **give sth to sb/sth** darle/donarle algo a alguien/para algo • **give to charity** hacer donaciones a obras de beneficencia, dar dinero para obras de beneficencia

7 UNA CUALIDAD [T nunca en forma continua] dar • **give sb/sth sth** darle algo a alguien/algo: *The ginger gives the dish a spicy flavor.* El jengibre le da al plato un sabor picante.

8 COMO PAGO [T] dar, pagar • **give sb $200/a lot of money for sth** darle a alguien 200 dólares/mucho dinero por algo

9 COMO CASTIGO [T] imponer • **give sb a fine** imponerle una multa a alguien • **give sb a sentence** imponerle una condena a alguien • **give sb 6 months/3 years** condenar a alguien a 6 meses/3 años de cárcel

10 TRATO [T] dar • **give sb/sth preference** darle preferencia a alguien/algo • **give sth thought/consideration** pensar algo, reflexionar sobre algo

11 TIEMPO [T] **give sb two days/another week** darle a alguien dos días/otra semana • **give sth six weeks/two years** darle a algo seis semanas/dos años: *I give it about two months.* Le doy unos dos meses.

12 TELA, ZAPATOS [I] ceder

13 ROMPERSE, MOVERSE [I] ceder: *The branch suddenly gave beneath him.* De pronto la rama cedió bajo su peso.

14 AL DISCUTIR, NEGOCIAR [I] ceder • **not give an inch** no ceder un ápice ▶ **give sb a HAND**

EXPRESIONES
don't give me that! (*coloq, oral*) ¡no me vengas con eso! • **give and take** (*coloq*) dar y recibir • **give as good as you get** saberse defender • **give sb a call/buzz** llamar a alguien (por teléfono) • **give me sth (any day/time)** prefiero algo toda la vida • **give or take a few minutes/a mile** (*oral*) minutos más, minutos menos/milla más, milla menos • **give sth a try/shot** (*coloq*) intentar algo • **give sb to understand/believe that** (*frml*) darle a entender a alguien que • **I'll give you that** lo admito, tengo que reconocerlo • **give yourself to sth** entregarse a algo • **something has (got) to give** algo tiene que cambiar

give away v+*partíc* **1 give sth ↔ away** dar/regalar algo **2 give sth ↔ away** revelar algo (un secreto) • **give the game away** revelarlo todo **3 give sb away** delatar a alguien • **give yourself away** descubrirse, delatarse **4 give sth ↔ away** regalar algo (un gol, las elecciones) **5 give sb ↔ away** llevar a alguien hasta el altar (padrino)
give sth ↔ back v+*partíc* **1** devolver algo, regresar algo (dinero, cosas prestadas) • **give sth back to sb** (tb **give sb sth back**) devolverle algo a alguien, regresarle algo a alguien: *Give me back my pencil.* Devuélveme el lápiz. SIN **return 2** devolver algo (la vista, la libertad) • **give sb sth back** (tb **give sth back to sb**) devolverle algo a alguien **3** devolver algo (un favor, el trato recibido)
give in v+*partíc* **1 give in** ceder (transigir) • **give in to sth** ceder a algo **2 give in** rendirse, darse por vencido -a
give in to sth v+*partíc* caer en algo (la tentación, desesperación)
give off sth v+*partíc* despedir algo (gas, olor)
give out v+*partíc* **1 give sth ↔ out** repartir algo • **give sth out to sb** darle algo a alguien, repartirle algo a alguien **2 give out** fallar (piernas, corazón) **3 give out** agotarse, acabarse **4 give out sth** despedir algo (calor, luz)
give up v+*partíc* **1 give sth ↔ up** dejar algo (una actividad): *She gave up her job.* Dejó su trabajo. • **give up doing sth** dejar de hacer algo **2 give up** rendirse, darse por vencido -a • **give up easily** rendirse fácilmente • **give up on sth** renunciar a hacer algo • **I give up** me rindo **3 give up sth** renunciar a algo **4 give yourself up** entregarse (a la policía) **5 give up sth** renunciar a cierto tiempo para destinarlo a un fin: *Carol has generously given up two evenings a week to help us on this project.* Carol ha cedido generosamente dos tardes a la semana para ayudarnos con este proyecto. **6 give sth/sb ↔ up** entregar algo/a alguien, renunciar a algo/alguien • **give sb/sth up to sb** ceder algo/a alguien a alguien **7 give sb up for dead/lost** dar por muerto -a/desaparecido -a a alguien **8 give up hope** perder las esperanzas ▶ **give up the GHOST**
give up on sth v+*partíc* dar algo por perdido, renunciar a algo
give up on sb v+*partíc* considerar a alguien un caso perdido, desahuciar a alguien: *Doctors had almost given up on him.* Los médicos casi lo habían desahuciado.

give² s [U] elasticidad: *The rope has quite a bit of give in it.* La cuerda cede bastante.

give·a·way¹ /ˈɡɪvəˌweɪ/ s (pl **giveaways**) **1** [C] regalo, obsequio (promocional, como premio) **2** [sing] pista, señal inequívoca: *His accent's a giveaway.* Su acento lo delata. • **be a dead giveaway** ser una señal inequívoca

giveaway² adj [solo ante s] regalado (precios)

giv·en¹ /ˈɡɪvən/ participio pasado de **GIVE**

given² adj [solo ante s] dado -a, determinado -a • **any given situation/person** cualquier situación/persona • **at**

any given time/moment en cualquier momento, en un momento dado

EXPRESIONES
be given to doing sth ser dado -a a hacer algo, tener tendencia a hacer algo

given³ prep dado -a: *You've done really well, given the circumstances.* Dadas las circunstancias, te ha ido muy bien. • **given (that)** dado que, teniendo en cuenta que

given⁴ s [C] hecho (indiscutible)

'given name s [C] nombre (de pila) SIN **first name**, **Christian name** ▶ **SURNAME**

giz·mo /ˈɡɪzmoʊ/ s [C] (pl **gizmos**) (*coloq*) aparatejo, novedad (electrónica)

gla·cial /ˈɡleɪʃəl/ adj glacial

gla·cier /ˈɡleɪʃər/ s [C] glaciar

glad /ɡlæd/ adj (**gladder, gladdest**) [nunca ante s] contento -a: *You got the job? I'm so glad!* ¿Conseguiste el trabajo? ¡Cuánto me alegro! • **be glad (that)** alegrarse de que: *We're glad you were able to come.* Nos alegramos de que hayas podido venir. • **be glad to see/hear that** alegrarse de ver/oír que • [+about]: *She wasn't leaving after all. He was glad about that.* Al final no se iba, lo cual la alegraba. ▶ **GLADLY, HAPPY** ▶ ver nota en CONTENTO

EXPRESIONES
be glad of sth agradecer algo • **be glad of the opportunity/chance to do sth** agradecer la oportunidad/posibilidad de hacer algo • **be glad to do sth** hacer algo con gusto, estar encantado -a de hacer algo

glad·den /ˈɡlædn/ v [T] alegrar

glade /ɡleɪd/ s [C] (*liter*) claro (de un bosque)

glad·i·a·tor /ˈɡlædiˌeɪtər/ s [C] gladiador

glad·ly /ˈɡlædli/ adv **1** con (mucho) gusto **2** (*escrito*) con alegría, alegremente

glam·or·ize /ˈɡlæməˌraɪz/ v [T] pintar de color de rosa, idealizar

glam·or·ous /ˈɡlæmərəs/ adj glamoroso -a, con mucho glamour

glam·our, glamor /ˈɡlæmər/ s [U] glamour

glance¹ /ɡlæns/ v [I siempre + adv/prep] **1** (mirar) **glance at sth** echarle un vistazo/una mirada a algo • **glance at sb** mirar a alguien ▶ ver nota en **LOOK 2** (leer) **glance at sth** echarle un vistazo/darle una ojeada a algo • **glance through/over sth** echarle un vistazo/darle una ojeada a algo
glance off v+*partíc* **1 glance off** rebotar **2 glance off sth** rebotar en algo

glance² s [C] vistazo, mirada rápida • **exchange glances** mirarse, intercambiar miradas

EXPRESIONES
at a glance con sólo echar un vistazo • **at first glance** a primera vista

glanc·ing /ˈɡlænsɪŋ/ adj [solo ante s] **a glancing blow** un golpe de refilón

gland /ɡlænd/ s [C] glándula

glan·du·lar /ˈɡlændʒələr/ adj glandular

glare¹ /ɡlɛr/ v [I] **1** mirar enfurecido -a, lanzar una mirada asesina • **glare at sb** fulminar a alguien con la mirada **2** [siempre + adv/prep] resplandecer, brillar con intensidad

glare² s **1** [sing, U] resplandor • **the glare of the lights/sun** el resplandor de las luces/del sol **2 under the glare of publicity/the media** en el centro de la atención pública/de los medios **3** [C] mirada furiosa, mirada asesina

glar·ing /ˈɡlɛrɪŋ/ adj [solo ante s] **1** flagrante, palmario -a • **a glaring mistake/error** un error flagrante **2** deslumbrante, cegador -a **3 glaring eyes** mirada furiosa, mirada asesina

glar·ing·ly /ˈɡlɛrɪŋli/ adv claramente • **be glaringly obvious** saltar a la vista

G

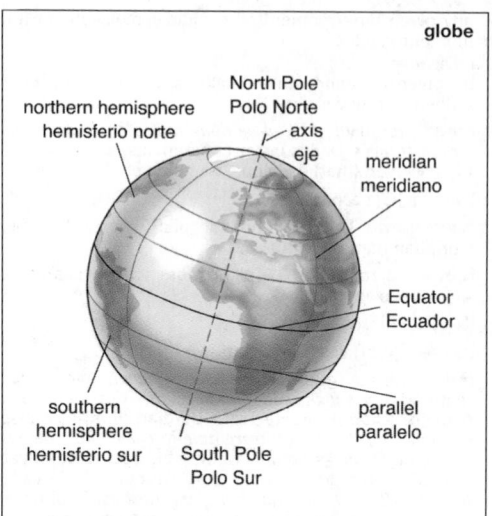

globe

North Pole
Polo Norte
axis
eje

northern hemisphere
hemisferio norte

meridian
meridiano

Equator
Ecuador

southern
hemisphere
hemisferio sur

South Pole
Polo Sur

parallel
paralelo

glass S1 W1 /glæs/ s

1 material
2 recipiente
3 contenido
4 para ver bien
5 para mirarse
6 para medir presión

1 MATERIAL [U] vidrio: *a piece of broken glass* un vidrio roto • **a pane/sheet of glass** un vidrio
2 RECIPIENTE [C] vaso, copa • **a wine glass** una copa de vino • **raise your glass** brindar ▶ ver nota en CUP
3 CONTENIDO [C] vaso, copa • **a glass of water/wine** un vaso de agua/una copa de vino
4 PARA VER BIEN **glasses** [pl] anteojos, gafas, lentes • **a pair of glasses** unos anteojos, unas gafas, unos lentes • **wear glasses** usar anteojos • **reading glasses** anteojos de lectura
5 PARA MIRARSE [C] (*antic*) espejo
6 PARA MEDIR PRESIÓN **the glass** (*antic*) el barómetro
▶ DARK GLASSES, MAGNIFYING GLASS, PLATE GLASS, STAINED GLASS, SUNGLASSES

ˌglass 'ceiling s [sing] barrera (invisible), techo de cristal

glass·ful /'glæsfʊl/ s [C] vaso (contenido)

glass·ware /'glæswɛr/ s [U] (*frml*) cristalería

glass·y /'glæsi/ adj (**glassier, glassiest**) **1** vidrioso -a (ojos, mirada) **2** (*liter*) cristalino -a (agua)

glau·co·ma /glɑʊ'koʊmə, glɔ-/ s [U] glaucoma

glaze¹ /gleɪz/ v **1** [I] (tb **glaze over**) vidriarse (mirada) **2** [T] glasear • **glaze sth with sth** glasear algo con algo **3** [T] vidriar (cerámica) **4** [T] poner vidrios a, acristalar

glaze² s [C,U] **1** vidriado (de cerámica) **2** glaseado

glazed /gleɪzd/ adj [solo ante s] **1** vidrioso -a (ojos, mirada) **2** vidriado -a (cerámica) **3** acristalado -a, vidriado -a (puerta, techo) **4** glaseado -a

gla·zier /'gleɪʒɚ, -ziɚ/ s [C] vidriero -a

gleam¹ /glim/ v [I] **1** brillar, relucir (metal, dientes) **2** brillar (ojos), resplandecer (rostro)

gleam² s **1** [sing] brillo • [+of]: *the gleam of gold* el brillo del oro **2** [C gralm sing] chispa, brillo (en los ojos) **3** [C gralm sing] destello • [+of]: *a gleam of light in the distance* un destello de luz a lo lejos

glean /glin/ v [T] extraer, obtener (datos)

glee /gli/ s [U] regocijo • **with glee** con regocijo

glee·ful /'glifəl/ adj lleno -a de regocijo

glee·ful·ly /'glifəli/ adv con regocijo

glen /glɛn/ s [C] cañada

glib /glɪb/ adj (**glibber, glibbest**) (*peyor*) **1** superficial, vacío -a **2** con mucha labia

glib·ly /'glɪbli/ adv (*peyor*) a la ligera

glide /glaɪd/ v [I siempre + adv/prep] **1** deslizarse: *The boat glided across the lake.* El barco se deslizaba por el lago. **2** planear (ave)

glid·er /'glaɪdɚ/ s [C] planeador ▶ HANG GLIDER

glid·ing /'glaɪdɪŋ/ s [U] vuelo en planeador • **go gliding** volar en planeador ▶ HANG GLIDING

glim·mer¹ /'glɪmɚ/ s [U] **1** atisbo • [+of]: *a faint glimmer of hope* un leve atisbo de esperanza **2** luz tenue

glimmer² v [I] brillar débilmente

glimpse¹ /glɪmps/ s [C] **1** (mirada) visión fugaz • **get/catch a glimpse of sth** ver fugazmente algo, alcanzar a ver algo **2** (conocimiento) **give sb a glimpse of sth** permitirle a alguien vislumbrar algo

glimpse² v [T] ver fugazmente, alcanzar a ver ▶ ver nota en SEE

glint¹ /glɪnt/ v [I] **1** (metal, joya) brillar, destellar **2** (luz) **glint off/on sth** reflejarse/brillar en algo **3** (ojos) brillar

glint² s [C] **1** brillo, destello **2** brillo (en los ojos)

glis·ten /'glɪsən/ v [I] brillar, relucir • **glisten with tears/sweat** brillar por las lágrimas/el sudor

glitch /glɪtʃ/ s [C] falla (pequeña) • **without a glitch** sin inconvenientes

glit·ter¹ /'glɪtɚ/ v [I] destellar, relucir
EXPRESIONES
all that glitters is not gold no todo lo que brilla es oro

glitter² s [U] **1** brillo, destellos **2** brillo, glamour **3** purpurina

glit·ter·ing /'glɪtərɪŋ/ adj [solo ante s] **1** (joya, metal) brillante **2** (sociedad, estreno) glamoroso -a, rutilante **3** (carrera) brillante, rutilante

glitz /glɪts/ s [U] glamour, brillo

glit·zy /'glɪtsi/ adj glamoroso -a, rutilante

gloat /gloʊt/ v [I] presumir, alardear • **gloat over sth** regodearse en/con algo

glob·al W2 /'gloʊbəl/ adj [gralm ante s]
1 mundial, global • **on a global scale** a escala mundial
2 (*frml*) global, de conjunto

glob·al·i·za·tion /ˌgloʊbələ'zeɪʃən/ s [U] globalización

glo·bal·ly /'gloʊbəli/ adv mundialmente

ˌglobal 'warming s [U] calentamiento global, calentamiento del planeta

globe W3 /gloʊb/ s [C]
1 the globe el mundo • **around the globe** por todo el mundo
2 globo (terráqueo) (esfera con mapa)
3 esfera

globe·trot·ter /'gloʊb,trɑtɚ/ s [C] trotamundos

glob·ule /'glɑbyul/ s [C] glóbulo, gota

gloom /glum/ s [U] **1** (*liter*) penumbra, oscuridad **2** desánimo, abatimiento ▶ DOOM and GLOOM

gloom·i·ly /'gluməli/ adv **1** sombríamente **2** lúgubremente

gloom·y /'glumi/ adj (**gloomier, gloomiest**) **1** sombrío -a, apesadumbrado -a **2** desalentador -a (pronóstico) **3** lúgubre (lugar, día)

glo·ri·fi·ca·tion /ˌglɔrəfə'keɪʃən/ s [U] (*peyor*) ensalzamiento, exaltación

glo·ri·fied /'glɔrə,faɪd/ adj [solo ante s] (*peyor*): *The restaurant is just a glorified fast-food place.* No es más que un sitio de comida rápida con pretensiones de restaurante.

glo·ri·fy /'glɔrə,faɪ/ v [T] (**glorifies, glorified, glorifying**) **1** (*peyor*) ensalzar, exaltar **2** glorificar, alabar (a Dios)

G

glo·ri·ous /'glɔriəs/ *adj* **1** (paisaje, vistas) espléndido -a **2** (día, tiempo) espléndido -a **3** (vacaciones) espléndido -a **4** (pasado, triunfo) glorioso -a

glo·ri·ous·ly /'glɔriəsli/ *adv* **1** maravillosamente (para enfatizar) **2** espléndidamente

glo·ry¹ /'glɔri/ *s* (pl **glories**) **1** [U] gloria (fama) • **get all the glory** llevarse los laureles • **in a blaze of glory** cubierto -a de gloria **2** [C] maravilla • **the crowning glory** lo más maravilloso: *the crowning glory of her career* el punto culminante de su carrera **3** [U] esplendor • **in all its glory** en todo su esplendor • **restore sth to its former glory** devolver algo a su antiguo esplendor

glory² *v* (**glories, gloried, glorying**)
glory in sth *v+partíc* disfrutar de algo, enorgullecerse de algo

gloss¹ /glɔs, glɑs/ *s* **1** [sing, U] brillo, lustre **2** [C] glosa, nota al margen **3** [C] glosario SIN **glossary 4** [U] (tb **gloss paint**) esmalte (pintura) ▶ LIP GLOSS

gloss² *v* [T] glosar, explicar en nota/notas al margen
gloss over sth *v+partíc* pasar algo por alto

glos·sa·ry /'glɑsəri, 'glɔ-/ *s* [C] (pl **glossaries**) glosario

gloss·y /'glɔsi, 'glɑsi/ *adj* (**glossier, glossiest**) **1** brillante, lustroso -a **2** en papel satinado, en papel cuché

ˌglossy 'magazine *s* [C] revista en/de papel cuché

glove S3 /glʌv/ *s* [C] guante • **a pair of gloves** unos guantes • **boxing gloves** guantes de boxeo • **a baseball glove** un guante de béisbol ▶ **FIT (sb) like a glove**, **treat/handle someone with** KID **gloves**
EXPRESIONES
the gloves are off se terminaron los miramientos

'glove com,partment (tb **'glove box**) *s* [C] guantera

glow¹ /gloʊ/ *s* [sing] **1** brillo, resplandor **2 feel a glow of pride/satisfaction** sentirse lleno -a de orgullo/satisfacción **3** rubor

glow² *v* [I] **1** brillar, resplandecer (tenuemente) **2 glow with happiness/pride** estar radiante de felicidad/orgullo **3** estar colorado -a (cara) • **be glowing with health** rebosar salud

glow·er /'glaʊər/ *v* [I] mirar enfurecido -a • **glower at sb** fulminar a alguien con la mirada

glow·er·ing /'glaʊərɪŋ/ *adj* [solo ante s] fulminante, enfurecido -a

glow·ing /'gloʊɪŋ/ *adj* **1** elogioso -a • **in glowing terms** en términos elogiosos **2** [solo ante s] de un resplandor rojizo **3** [solo ante s] encendido -a (piel, rostro)

glow·ing·ly /'gloʊɪŋli/ *adv* elogiosamente

glow·worm /'gloʊwɜːm/ *s* [C] luciérnaga

glu·cose /'glukoʊs/ *s* [U] glucosa

glue¹ /glu/ *s* [C,U] pegamento, pegante, goma (de pegar): *wood glue* cola de carpintero

glue² *v* [T] (**gluing** o **glueing**) pegar (con pegamento) • **glue sth to sth** pegar algo a algo • **glue sth together** pegar algo • **glue sth back together** volver a pegar algo
EXPRESIONES
be glued to sth (*coloq*) estar pegado -a a algo, no apartar la vista de algo • **be glued to your seat/chair** estar clavado -a en el asiento/la silla

glum /glʌm/ *adj* (**glummer, glummest**) sombrío -a, apesadumbrado -a

glut /glʌt/ *s* [C gralm sing] exceso de oferta, saturación

glu·ti·nous /'glutɴn-əs/ *adj* pegajoso -a

glut·ton /'glʌtɴn/ *s* [C] glotón -ona
EXPRESIONES
be a glutton for punishment ser un/una masoquista

glut·ton·y /'glʌtɴn-i/ *s* [U] (*frml*) glotonería

glyc·er·in, glycerine /'glɪsərɪn/ *s* [U] glicerina

gm (pl **gm** o pl **gms**) *abrev escrita de* g (gramo)

GMAT /'dʒimæt/ (**Graduate Management Admission Test**) (*marca reg*) examen al que se deben presentar los

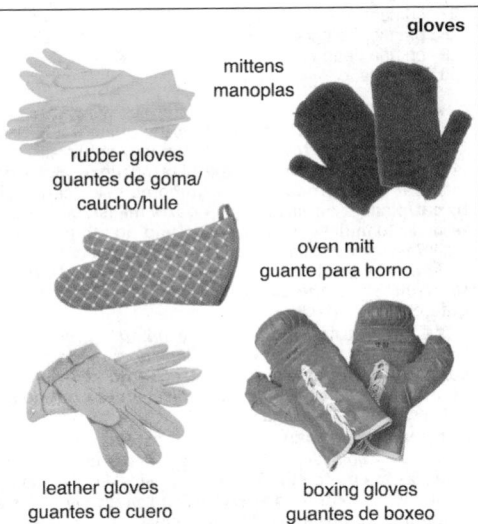

gloves
mittens
manoplas
rubber gloves
guantes de goma/caucho/hule
oven mitt
guante para horno
leather gloves
guantes de cuero
boxing gloves
guantes de boxeo

G

aspirantes a ingresar a un posgrado de administración, economía o áreas afines en Estados Unidos

GMO /ˌdʒi ɛm 'oʊ/ *s* [C] (pl **GMOs**) (**genetically modified organism**) producto transgénico, producto modificado genéticamente

GMT /ˌdʒi ɛm 'ti/ *s* [U] (**Greenwich Mean Time**) GMT (hora del meridiano de Greenwich)

gnarled /nɑrld/ *adj* nudoso -a

gnash /næʃ/ *v* [T] rechinar (los dientes)

gnash·ing /'næʃɪŋ/ *s* **much (wailing and) gnashing of teeth** airadas protestas

gnat /næt/ *s* [C] mosquito

gnaw /nɔ/ *v* [I,T] roer, mordisquear • **gnaw on/at sth** roer algo
gnaw (away) at sb *v+partíc* atormentar a alguien

gnaw·ing /'nɔ-ɪŋ/ *adj* [solo ante s] persistente: *gnawing doubts* dudas que atormentan

gnome /noʊm/ *s* [C] **1** gnomo **2** (tb **garden gnome**) enanito de jardín, gnomo de jardín

GNP /ˌdʒi ɛn 'pi/ *s* [sing, U] (**gross national product**) PNB (producto nacional bruto)

go¹ S1 W1 /goʊ/ *v* (**goes** /goʊz/, **went** /wɛnt/, **gone** /gɔn, gɑn/)

1	a un lugar
2	de un lugar
3	de viaje, de visita
4	acudir
5	moverse para una actividad
6	moverse de cierta manera
7	suceder
8	cambiar de estado
9	sufrir un estado
10	camino, carretera
11	llegar hasta un punto
12	encajar
13	tener su sitio
14	ropa, colores, sabores
15	correo, mensaje
16	no estar
17	dinero
18	tiempo
19	ser eliminado
20	al demostrar un movimiento
21	canción, chiste
22	campana, silbato, alarma
23	un sonido
24	introduciendo estilo directo
25	funcionar bien
26	funcionar mal

27 comenzar
28 premio, herencia
29 en una tienda
30 en el baño

1 A UN LUGAR [I siempre + adv/prep] ir: *Where are you going?* ¿Adónde vas? • **go to Paris/the office** ir a París/a la oficina • **go into town/the kitchen** ir al centro/entrar a la cocina • **go over sth** ir/pasar al otro lado de algo • **go in** entrar • **go by/past** pasar • **go home** irse a casa • **go by car/plane** ir en carro/avión • **go 10 miles/200 meters** recorrer 10 millas/200 metros • **go and do sth** ir a hacer algo: *I went and spoke to the manager.* Fui a hablar con el gerente. • **go do sth** ir a hacer algo: *Go ask Tanya if she wants something to eat.* Ve a preguntarle a Tanya si quiere comer algo.

2 DE UN LUGAR [I] irse: *Come on, it's time to go.* Vamos, es hora de irse. • *What time does the last train go?* ¿A qué hora sale el último tren? • **go at 7 p.m./on Monday** irse/salir a las 7 de la tarde/el lunes • **get going** irse, ponerse en marcha

3 DE VIAJE, DE VISITA [I] (**been**) ir: *Buenos Aires is beautiful – you should go.* Buenos Aires es preciosa: deberías ir. • **go to sth** *Nancy has gone to Japan.* Nancy se ha ido a Japón. • **go see/visit** ir a visitar: *Let's go see Grandma.* Vamos a visitar a la abuela.

4 ACUDIR [I] (**been**) ir • **go to sth** ir a algo: *I used to go to concerts a lot.* Iba mucho a conciertos. • **go to school/college/church** ir a la escuela/universidad/iglesia • **go to prison/jail** ir a la cárcel

5 MOVERSE PARA UNA ACTIVIDAD [I] **go for a walk/swim/drink** salir a caminar/ir a nadar/ir a tomar algo • **go shopping/fishing/dancing** ir de compras/a pescar/a bailar • **go on a trip/tour/cruise** irse de viaje/salir de gira/hacer un crucero

6 MOVERSE DE CIERTA MANERA [I] **go rushing/flying/crashing** ir a toda velocidad/salir volando/estrellarse

7 SUCEDER [I siempre + adv/prep] ir: *The evening did not go as I had hoped.* La noche no fue como había esperado. • **go well/fine/smoothly** marchar bien, salir bien • **go wrong** ir/salir mal • **How is school/your job going?** ¿Cómo te va en la escuela/el trabajo? • **How did the test/the party go?** ¿Cómo te fue en el examen?/¿Qué tal salió la fiesta? • **How are things going?** (tb **How's it going?**) (*oral*) ¿Qué tal?

8 CAMBIAR DE ESTADO [v copul] **go bald/deaf/blind** quedarse calvo -a/sordo -a/ciego -a • **go wild** volverse loco -a • **go red/white/black** ponerse colorado -a/blanco -a/negro -a • **go bad/sour** echarse a perder/cortarse

9 SUFRIR UN ESTADO [v copul] **go hungry** pasar hambre • **go unheard** *Their cries went unheard.* Nadie oyó sus gritos. • **go unanswered/unnoticed** quedar sin respuesta/pasar inadvertido -a

10 CAMINO, CARRETERA [I siempre + adv/prep, nunca en forma continua] **go to sth** ir a algo: *Does this road go to the station?* ¿Esta carretera va a la estación? • **go through sth** cruzar algo

11 LLEGAR HASTA UN PUNTO [I siempre + adv/prep, nunca en forma continua] **go around/round sth** dar la vuelta a algo • **go up to sth** llegar hasta algo • **go down to sth** llegar a algo

12 ENCAJAR [I nunca en forma continua] caber, ir • **go on** *The lid won't go on.* No le puedo poner la tapa. • **go on sth** *The top won't go on this jar.* La tapa no va en este frasco. • **go in** entrar: *I can't get the last piece to go in.* No puedo encajar la última pieza. • **go in sth** caber/entrar en algo

13 TENER SU SITIO [I siempre + adv/prep, nunca en forma continua] ir: *Where do these plates go?* ¿Dónde van estos platos?

14 ROPA, COLORES, SABORES [I] quedar bien, pegar • **go with sth** quedar bien/pegar con algo • **go (well) together** quedar bien, hacer juego

15 CORREO, MENSAJE [I] ir, salir • **go to sb** ser enviado -a a alguien

16 NO ESTAR [I] desaparecer: *My purse has gone!* ¡Se me ha desaparecido la bolsa! • *Has your headache gone yet?* ¿Se te ha quitado el dolor de cabeza?

17 DINERO [I] irse • **go on rent/bills/food** irse en la renta/las cuentas/la comida

18 TIEMPO [I siempre + adv/prep] pasar • **go quickly/slowly** pasar rápido/lento

19 SER ELIMINADO [I] desaparecer • **sb/sth has to go** *This old couch has to go.* Hay que tirar este sofá viejo. • **sth can go** *These boots can go, I never wear them.* Me puedo deshacer de estas botas; nunca me las pongo.

20 AL DEMOSTRAR UN MOVIMIENTO [I siempre + adv/prep] *She went like this with her pencil.* Hizo así con el lápiz.

21 CANCIÓN, CHISTE [I siempre + adv/prep, T nunca en forma continua] decir

22 CAMPANA, SILBATO, ALARMA [I] sonar

23 UN SONIDO [T] hacer

24 INTRODUCIENDO ESTILO DIRECTO [T] (*incorr*) decir: *He goes "Hey!" and I go "What?"* Dice: –Eh! y yo: –¿Qué?

25 FUNCIONAR BIEN [I] andar, funcionar • **get sth going** poner algo en marcha

26 FUNCIONAR MAL [I] fallar, dañarse: *The bulb's gone in the bathroom.* Se ha quemado el bombillo del baño. • *His sight's starting to go.* Le está empezando a fallar la vista.

27 COMENZAR [I] empezar • **get going** ponerse en marcha

28 PREMIO, HERENCIA [I siempre + adv/prep] ir • **go to sb** ser para alguien, ir a parar a alguien

29 EN UNA TIENDA [I] venderse • **go for $ 100/$ 1,000** venderse por 100/1.000 dólares • **be going cheap** estar barato -a

30 EN EL BAÑO [I] (*oral*) ir al baño ▶ **-GOER, GOING, -GOING, GONE, GONNA; ANYTHING goes, HERE goes/here we go, go to SEED, go up in SMOKE, THERE goes/go sth, THERE you go**

EXPRESIONES

as cars/lawyers go (*coloq*) para lo que suelen ser los carros/los abogados • **be going to do sth** (a) (indicando intención) ir a hacer algo: *I'm going to tell him what you said.* Voy a contarle lo que dijiste. (b) (indicando futuro) ir a hacer algo: *It's going to rain.* Va a llover. • **don't go doing sth** (*oral*) no hagas algo, no vayas por ahí haciendo algo • **go all out** • **go far** llegar lejos • **go it alone** arreglarse solo -a • **go one better (than)** ir un paso más allá (que) • **go out of your way to do sth** esforzarse mucho por hacer algo • **go too far** ir demasiado lejos, pasarse de la raya • **have a lot going for you** tener mucho a su favor • **Here/There sb goes again!** (*oral*) ¡Otra vez con lo mismo! • **it/that goes to show** eso demuestra que • **Let's not go there!** (*oral*) ¡Mejor no tocar el tema! • **Don't even go there!** ¡Ni lo menciones! • **not go far** no alcanzar para mucho (dinero) • **to go** (a) (indicando tiempo) **a week/month/day to go** falta una semana/un mes/un día: *Only a week to go before my birthday!* ¡Sólo falta una semana para mi cumpleaños! (b) (pendiente) *I have ten more pages to go.* Me faltan diez páginas para terminar. (c) (indicando distancia) *We still have five more miles to go.* Todavía nos quedan cinco millas. (d) (en un restaurante) para llevar: *I'll have a burger and fries to go, please.* Una hamburguesa y papas fritas para llevar, por favor. ▶ **TAKEOUT** • **what he/she says goes** lo que él/ella dice se hace

go about *v+partíc* **1 go about sth** emprender algo, hacer algo • **go about doing sth** (ponerse a) hacer algo • **go about it** hacerlo **2 go about sth** hacer algo (como de costumbre) • **go about your business** ocuparse de sus cosas **3 go about doing sth** ir/andar por ahí haciendo algo **4 be going about** circular (rumor) **5 be going about** andar por ahí (virus)

go after *v+partíc* **1 go after sth/sb** ir tras algo/alguien, perseguir a algo/alguien **2 go after sth** andar detrás de algo, tratar de conseguir algo

go against *v+partíc* **1 go against sth** ir en contra de algo (principios, creencias) **2 go against sth** actuar en contra de algo (deseos, consejos) **3 go against sb** no ser favorable a alguien (fallo, votación)

go ahead *v+partíc* **1** (*oral*) **Go ahead!** ¡Adelante!: *Go ahead, I'm listening.* Adelante, te escucho. • **go right ahead** *If you want to leave, go right ahead.* Si quieres irte, hazlo. **2** seguir adelante • **go ahead with sth** seguir adelante con algo • **go ahead and do sth** mantenerse en la raya y hacer algo **3** llevarse a cabo **4** adelantarse (en un grupo) **5** tomar la delantera (en un partido, una competencia)

go along *v+partíc* **1** ir (acudir) • **go along to sth** ir a algo **2** ir, marchar (desarrollarse) **3 as you go along** sobre la marcha

go along with sb/sth *v+partíc* estar de acuerdo con alguien/algo

go around *v+partíc* **1 go around** ir (de visita) **2 go around** ir, andar (con cierto aspecto) **3 go around doing sth** andar por ahí haciendo algo **4 be going around** circular (rumor) **5 be going around sth** circular por algo (rumor) **6 be going around** andar por ahí (virus) **7 go around** girar, dar vueltas SIN **turn 8 enough/plenty to go around** *There aren't enough books to go around.* Los libros no alcanzan. **9 what goes around comes around** el que las hace las paga, lo que por agua viene, por agua se va ▶ **go/run around in CIRCLES**

go around with sb *v+partíc* andar con alguien, juntarse con alguien

go around together *v+partíc* andar juntos -as (como amigos)

go at *v+partíc* **go at sb/sth** atacar a alguien/algo • **go at it** pelear

go away *v+partíc* **1** irse: *Go away and leave me alone!* ¡Vete y déjame en paz! **2** irse (de viaje, vacaciones): *We're going away for the weekend.* Nos vamos el fin de semana. **3** desaparecer (problema), irse, pasarse (dolor)

go back *v+partíc* **1** volver, regresar • **go back to sth** volver a algo: *I'm going back to bed.* Me vuelvo a la cama. • **go back for sth** volver a buscar algo **2** remontarse (en el pasado): *a tradition that goes back over 100 years* una tradición que se remonta a más de 100 años • **go back to sth** remontarse a algo, datar de algo **3 there's no going back** no hay vuelta atrás **4 go back a long way** (tb **go way back**) conocerse desde hace mucho tiempo

go back to *v+partíc* **1 go back to sth** volver a algo (que se estaba haciendo) • **go back to doing sth** volver a hacer algo **2 go back to sth** volver a algo (una situación anterior) **3 go back to sth** volver a algo (un tema, una pregunta)

go back on sth *v+partíc* no cumplir algo, faltar a algo • **go back on your promise/word** faltar a su promesa/palabra

go back over sth *v+partíc* **1** revisar algo, volver a examinar algo **2** repetir algo

go before *v+partíc* **1 go before sb/sth** comparecer ante alguien/algo, presentarse ante alguien/algo **2 go before** existir antes

go beyond sth *v+partíc* ir más allá de algo

go by *v+partíc* **1 go by** pasar • **as time goes by** a medida que pase/pasa el tiempo • **in days/years gone by** antes, antiguamente **2 go by sth** guiarse por algo (un mapa, unas instrucciones) • **go by the rules** obedecer las normas, seguir las reglas • **go by the book** seguir las reglas **3 go by sth** guiarse por algo (las apariencias, una impresión) • **if sth/sb is anything to go by** a juzgar por algo/por cómo es alguien

go down *v+partíc* **1 go down** bajar, disminuir • **go down in price/value** bajar de precio/perder valor • **go down by 10%/$ 100** bajar un 10%/100 dólares **2 go down sth** ir por algo (una calle, un camino) **3 go down to sth, go down sth** ir a algo (un sitio cercano) **4 go down** bajar (en un edificio) **5 go down** caerse **6 go down to sth** llegar a/hasta algo (pelo, ropa) **7 go down** caerse (sistema, red, computador) **8 go down** ponerse (sol) **9 go down** hundirse (barco) **10** caerse (avión) **11 go down** bajar (hinchazón) **12 go down** desinflarse (llanta, globo) **13 go down well/badly** tener buena/mala acogida (libro, película), caer bien/mal (broma, chiste) **14 go down as sth** quedar registrado -a como algo, ser recordado -a como algo • **go down in history** pasar a la historia **15 go down** pasar (comida, bebida): *I couldn't get the pill to go down.* No conseguía tragar la pastilla.

16 the lights go down se apagan las luces (en el cine, teatro) **17 go down** (*coloq*) ocurrir, suceder

go down with sth *v+partíc* caer enfermo -a de algo

go for *v+partíc* **1 go for sth** ir tras algo • **Go for it!** (*oral*) ¡Adelante! **2 go for sth/sb** (*oral*) preferir algo/a alguien: *She normally goes for older men.* Le gustan más los hombres mayores. **3 go for sth** (*oral*) optar por algo, decidirse por algo **4 go for sth/sb** ir para algo/alguien (comentario, consejo) **5 go for sth** hacer ademán de agarrar algo **6 have everything/a lot going for you** tener todo/mucho a su favor

go forward *v+partíc* **1** avanzar **2** pasar a la siguiente ronda **3** (para un trabajo, un premio) *Six names will go forward for the position of chairman.* Se propondrán seis nombres para el cargo de presidente.

go in *v+partíc* **1** entrar **2** ir (al trabajo, a la escuela) **3** ingresar, internarse (en un hospital) **4** entrar, caber **5** ocultarse (sol, luna)

go in for sth *v+partíc* **1** inclinarse por algo: *Our family don't really go in for big formal meals.* A nuestra familia no le gustan mucho los grandes banquetes. **2** tomar parte en algo (una competencia, un concurso)

go into sth *v+partíc* **1** ir a algo (el trabajo, a la escuela) **2** entrar/caber en algo **3** entrar en algo (un tema, explicaciones) • **go into detail** entrar en detalles **4** (un estado, una sensación) *She went into a panic.* Le entró pánico. • *They suddenly went into fits of laughter.* De pronto, se echaron a reír. • **go into debt** endeudarse **5** dedicarse a algo (una profesión) • **go into business** dedicarse a los negocios **6** dedicarse a algo (dinero, esfuerzo) • **go into doing sth** *A lot of effort goes into making sure that everything runs smoothly.* Se hace un gran esfuerzo para que todo salga bien. **7** [nunca en pasiva] chocar contra algo **8** incluirse en algo, formar parte de algo (una receta, un informe): *the ingredients that go into this recipe* los ingredientes que lleva esta receta **9** [nunca en pasiva] (en matemática) *12 goes into 60 five times.* Sesenta dividido por 12 da 5. • *Three doesn't go into ten exactly.* Diez no es divisible por tres.

go off *v+partíc* **1 go off** irse • **go off to sth** irse a algo: *He's gone off to work.* Se fue a trabajar. • **go off to do sth** irse a hacer algo **2 go off** estallar, explotar (bomba) **3 go off** dispararse (arma) **4 go off** sonar (despertador, alarma) **5 go off** apagarse (luces, máquina) **6 go off well/badly** salir bien/mal

go off on *v+partíc* **go off on sb** (*coloq*) tratar muy mal a alguien

go off with *v+partíc* **1 go off with sb** irse con alguien (un amante) **2 go off with sth** llevarse algo (sin permiso)

go on *v+partíc* **1 go on** seguir: *The noise went on for hours.* El ruido siguió varias horas. • **go on doing sth** seguir haciendo algo: *He went on working until he was 75.* Siguió trabajando hasta los 75 años. • **go on with sth** seguir (adelante) con algo • **go on and on** seguir interminablemente • **I can't go on** no puedo más **2 go on** seguir (hablando): *Go on, I'm listening.* Sigue, te escucho. • **go on with sth** seguir con algo • **go on to say/explain sth** pasar a decir/explicar algo **3 go on** seguir (viajando, desplazándose) • **go on to London/New York** seguir hasta Londres/Nueva York **4 go on** seguir (delante del grupo): *You go on – don't wait for me.* Tú sigue, no me esperes. • **go on ahead** ir adelante **5 go on to sth** pasar a algo: *She went on to a successful career as a surgeon.* Después, inició una exitosa carrera como cirujana. • **go on to do sth** pasar a hacer algo: *She went on to write several children's books.* A continuación, escribió varios libros infantiles. **6 be going on** pasar: *There's a war going on.* Se está librando una guerra. • **what is going on?** ¿qué pasa? **7 go on** pasar (tiempo) • **as time goes on** a medida que pase/pasa el tiempo • **as the day/evening went on** a medida que avanzaba el día/la noche **8 go on** encenderse (luces, máquina) **9 go on** (*coloq*) no parar de hablar/quejarse • **go on about sth** no parar de hablar/quejarse de algo **10 go on sth** basarse en algo • **not have much to go on** no tener mucho en qué basarse **11 go on sth** irse en algo, gastarse en algo (dinero): *Most of his money goes on beer.* La mayor parte del dinero se le va en cerveza. **12 be going on sth** ser casi algo, tener casi algo: *It's going on 10 o'clock.* Ya son casi las 10. **13 be**

going on for sth ir para algo, tener casi algo: *She must be going on for 80.* Debe de tener casi 80 años. **14 Go on!** (*oral*) ¡Anda!, ¡Ándale!

go out *v+partíc* **1** salir (de un lugar) **2** salir (a cenar, de fiesta): *Are you going out tonight?* ¿Vas a salir esta noche? • **go out for a meal/drink** ir a comer afuera/a tomar algo • **go out to dinner/lunch** salir a comer/almorzar, salir a cenar/comer **3** salir (como novios) • **go out with sb** salir con alguien: *Is he going out with anyone?* ¿Sale con alguien? • **go out together** salir juntos **4** apagarse (luz, fuego) **5** pasar de moda • **go out of fashion/style** pasar de moda **6** irse (a un lugar remoto) • **go out to Australia/Saudi Arabia** irse a Australia/Arabia Saudita **7** caer eliminado -a **8** bajar (marea) **9** salir, enviarse (un mensaje, una declaración): *An appeal went out for food and medicines.* Se hizo un llamamiento solicitando comida y medicinas. **10 go out like a light** (*coloq*) dormirse al instante

go out of *v+partíc* **1 go out of sth** *All the fun had gone out of the game for him.* El juego había perdido toda la gracia para él. **2 go out of sb** abandonar a alguien (fuerzas, vitalidad)

go out to sb *v+partíc* **our hearts/thoughts go out to sb** acompañamos en el sentimiento a alguien, nos solidarizamos con alguien

go over *v+partíc* **1 go over** acercarse • **go over to sb/sth** acercarse a alguien/algo • **go over to do sth** acercarse para hacer algo **2 go over sth** repasar algo (mentalmente): *I keep going over what happened in my mind.* Repaso mentalmente lo que ocurrió una y otra vez. **3 go over sth** repasar algo (explicándolo) **4 go over sth** revisar algo, examinar algo **5 go over sth** registrar algo (un edificio, una zona) **6 go over sth** repasar algo (apuntes, un discurso) **7 go over well/badly** caer bien/mal, tener buena/mala acogida • **go over big** (*coloq*) tener muy buena acogida

go over to sth *v+partíc* **1** pasarse a algo (un bando opuesto) **2** pasarse a algo, adoptar algo **3** ir/pasar a algo (en radio, televisión)

go through *v+partíc* **1 go through sth** pasar por algo (un divorcio, una crisis) • **after all that sb has been through** después de todo lo que alguien ha pasado/sufrido **2 go through sth** atravesar algo (una transformación, un proceso) • **go through a period/phase** atravesar un periodo/una fase **3 go through sth** registrar algo, esculcar algo (una maleta, un cajón) **4 go through sth** revisar algo (una lista, un informe) **5 go through sth** repasar algo (los detalles, un tema) **6 go through sth** ensayar algo, practicar algo **7 go through sb's mind/head** pasársele a alguien por la cabeza **8 go through** salir aprobado -a (ley) **9 go through Congress/Parliament** ser aprobado -a por el Congreso/Parlamento **10 go through** cerrarse (trato, venta) **11 go through sth** consumir algo **12 go through sth** someterse a algo (un examen, una revisión) **13 go through** pasar a la siguiente ronda • **go through to the final/semifinal** pasar a la final/las semifinales

go through with sth *v+partíc* seguir adelante con algo

go to sth *v+partíc* **1 go to sleep** dormirse • **go to war** entrar en guerra • **go to waste** desperdiciarse **2 go to a lot of trouble/effort** tomarse muchas molestias/esforzarse mucho • **go to great lengths/pains** hacer lo imposible/esmerarse mucho • **go to great expense** gastar muchísimo **3 go to it** (*coloq*) anda, ándale

go together *v+partíc* **1** ir juntos -as (cosas) **2** quedar bien, pegar (ropa, colores) • **go together well/perfectly** quedar bien/perfectamente

go toward sth *v+partíc* destinarse a algo • **go toward doing sth** destinarse a hacer algo

go under *v+partíc* **1** hundirse, quebrar (empresa) **2** hundirse, irse a pique (buque) **3** quedar inconsciente

go up *v+partíc* **1** aumentar, subir: *Crime has gone up.* La delincuencia ha aumentado. • **go up from 100/10% to 150/15%** aumentar de 100/un 10% a 150/un 15% • **go up by 100/20%** aumentar en 100/en un 20% **2** acercarse • **go up to sb/sth** acercarse a alguien/algo **3 go up** subir (en un edificio) • **go up to sth** subir a algo **4** construirse, levantarse (edificio) **5** estallar, incendiarse • **go up in flames** incendiarse **6** alzarse, oírse (grito) **7 the lights go up** se encienden las luces (en el cine, teatro)

go with *v+partíc* **1 go with sth** quedar bien/pegar con algo: *Do you think these shoes go with this dress?* ¿Te parece que estos zapatos quedan bien con este vestido? • **go well/perfectly with sth** quedar bien/perfectamente con algo **2 go with sth** acompañar a algo, ir junto con algo **3 go with sth** ir con algo (producto) **4 go with sth** aceptar algo (una idea, sugerencia) **5 go with sth** optar por algo

go without *v+partíc* **1 go without** pasar privaciones **2 go without sth** arreglárselas sin algo **3 it goes without saying** no es necesario decirlo, huelga decir

go² S3 *s*
1 [C] (*esp oral*) intento • **have a go** intentar, hacer la prueba • **give sth a go** probar algo • **sth is worth a go** vale la pena intentar/probar algo
2 [C] (*esp oral*) turno: *It's your go.* Te toca a ti. • **have/get a go** *Be patient, everyone will get a go.* Paciencia, a todos les va a llegar el turno.
EXPRESIONES
$300/50 cents a go (*coloq*) 300 dólares/50 centavos cada uno -a • **be a go** (*coloq*) estar aprobado -a (proyecto, plan) • **have sth on the go** (*coloq*) tener algo en marcha • **in/at one go** al mismo tiempo • **make a go of sth** (*coloq*) sacar algo adelante • **make a go of it** salir adelante • **be on the go** (*coloq*) no parar

goad /goʊd/ *v* [T] aguijonear, espolear • **goad sb into doing sth** aguijonear a alguien para que haga algo
goad sb ↔ **on** *v+partíc* provocar a alguien

'go-a,head¹ *s* **the go-ahead** luz verde • **give sb/sth the go-ahead** dar luz verde a alguien/algo • **get the go-ahead** recibir luz verde

go-ahead² *adj* **a go-ahead goal/touchdown/basket** un gol/una anotación/una canasta que da la ventaja al equipo

goal S2 W1 /goʊl/ *s*
1 [C] objetivo • **achieve a goal** alcanzar un objetivo • **set yourself a goal** proponerse un objetivo ▶ ver nota en OBJETIVO
2 [C] gol • **score a goal** marcar/anotar/hacer un gol
3 [C,U] portería, arco • **be/play in goal** jugar de portero -a/arquero -a ▶ FIELD GOAL

goal·ie /'goʊli/ *s* [C] (*coloq*) portero -a, arquero -a (en deportes)

goal·keep·er /'goʊl,kipər/ *s* [C] portero -a, arquero -a (en deportes)

'goal line *s* [C] línea de fondo

goal·post, **goal post** /'goʊlpoʊst/ *s* [C gralm pl] poste (de una portería)
EXPRESIONES
move the goalposts cambiar las reglas del juego

goat /goʊt/ *s* [C] cabra
EXPRESIONES
it gets my/his goat (*coloq*) me/le saca de quicio

goat·ee /goʊ'ti/ (tb **goa'tee ,beard**) *s* [C] barbita (de chivo), chivera

goat·herd /'goʊthərd/ *s* [C] pastor -a de cabras

gob /gɑb/ *s* [C] (*coloq*) **1** cantidad pequeña de algo húmedo y pegajoso • [+of]: *There's a gob of gum on my chair.* Hay un chicle pegoteado en mi silla. **2 gobs of sth** (tb **a (whole) gob of sth**) montones de algo, muchísimo -a algo

gob·ble /'gɑbəl/ *v* (*coloq*) **1** [T] (tb **gobble up/down**) tragarse, zamparse **2** [I] gluglutear (pavo)
gobble sth ↔ **up** *v+partíc* devorar/consumir algo

gob·ble·dy·gook /'gɑbəldi,gʊk/ *s* [U] (*peyor*, *coloq*) **1** galimatías **2** blabla

'go-be,tween *s* [C] mediador -a, intermediario -a

gob·let /'gɑblɪt/ *s* [C] cáliz, copa

gob·lin /'gɑblɪn/ *s* [C] duende

'go-cart, **go-kart** *s* [C] **1** kart, go-kart **2** carro de pedal

god S1 W1 /gɑd/ s
1 [sing] **God** (monoteísta) Dios • **believe in God** creer en Dios
2 [C] (politeísta) dios: *pagan gods* dioses paganos
3 [C] (famoso) dios, ídolo ▶ **ACT of God, by/through the GRACE of God, SO HELP me (God), THANK God/goodness/heavens**

EXPRESIONES
God bless (*oral*) que Dios te bendiga • **God forbid** (*oral*) Dios no lo quiera • **God's gift to sb/sth** *He thinks he's God's gift to women!* ¡Se cree que las mujeres mueren por él! • *He's not exactly God's gift to tennis, is he?* No es precisamente un fenómeno del tenis. • **God help sb** que Dios ayude a alguien • **God willing** si Dios quiere • **honest to God** (*oral*) lo juro por Dios

god·child /'gɑdtʃaɪld/ s [C] (pl **godchildren** /-,tʃɪldrən/) ahijado -a

god·daugh·ter /'gɑd,dɔtər/ s [C] ahijada

god·dess /'gɑdɪs/ s [C] 1 (deidad) diosa 2 (mujer) diosa • **screen goddess** una diva (de la pantalla)

god·fa·ther /'gɑd,fɑðər/ s [C] 1 (en un bautizo) padrino 2 (*coloq*) (de la mafia) padrino 3 (de un movimiento, estilo) **the godfather of sth** el padre de algo, el padrino de algo

'God-,fearing *adj* (*arc*) temeroso -a de Dios

god·for·sak·en /'gɑdfər,seɪkən/ *adj* [solo ante s] dejado -a de la mano de Dios

god·less /'gɑdlɪs/ *adj* [gralm ante s] impío -a

god·like /'gɑdlaɪk/ *adj* [gralm ante s] divino -a

god·ly /'gɑdli/ *adj* (*frml*) piadoso -a

god·moth·er /'gɑd,mʌðər/ s [C] madrina (en un bautizo)

god·par·ent /'gɑd,pɛrənt/ s [C] padrino, madrina (en un bautizo) • **godparents** padrinos

god·send /'gɑdsɛnd/ s [sing] bendición (algo caído del cielo)

god·son /'gɑdsʌn/ s [C] ahijado

go·fer /'goʊfər/ s [C] (*coloq*) mandadero -a, miluzos

,go-'getter s [C] (*coloq*) persona tenaz, persona con empuje

gog·gle /'gɑgəl/ v [I] (*antic*) mirar con ojos desorbitados • **goggle at sth/sb** mirar algo/a alguien con ojos desorbitados

gog·gles /'gɑgəlz/ s [pl] gafas (de natación, esquí, buceo), goggles

'go-go ,dancer s [C] bailarina a gogó

go·ing¹ /'goʊɪŋ/ s [U] 1 **hard/heavy going** bastante pesado -a • **be slow going** ir/avanzar despacio • **be good going** (tb **not bad going**) estar bastante bien, no estar nada mal 2 partida • **sb's going** la partida de alguien

EXPRESIONES
when the going gets rough/tough cuando las cosas se ponen feas • **when the going gets tough, the tough get going** al mal tiempo, buena cara • **while the going is good** ahora que las cosas están bien

going² *adj* 1 **the going rate/price** la tarifa/el precio vigente 2 **the nicest man going/the best bargains going** el hombre más encantador/las mejores ofertas

EXPRESIONES
have a lot going for you/it tienes/tiene mucho a tu/su favor

,going con'cern s [C] empresa/negocio en funcionamiento

,going-'over s [sing] (*coloq*) 1 revisión 2 limpieza a fondo

,goings-'on s [pl] (*coloq*) acontecimientos

gold¹ S3 W2 /goʊld/ s
1 [U] oro • **pure/solid gold** oro puro/macizo • **9/24 carat gold** oro de 9/24 quilates
2 [U] (color) dorado
3 [C,U] (*coloq*) (medalla de) oro • **win (the) gold** ganar el oro • **go for gold** ir por el oro
4 [U] (objetos de) oro ▶ **have a HEART of gold**

gold² S3 W2 *adj*
1 de oro
2 dorado -a

'gold ,digger s [C] 1 (*peyor, coloq*) cazafortunas 2 buscador -a de oro

'gold dust s [U] oro en polvo

gold·en W2 /'goʊldən/ *adj*
1 (por su color) dorado -a
2 [solo ante s] de oro
3 [solo ante s] (época) dorado -a • **golden years** años dorados

EXPRESIONES
be golden (*coloq*) ir por buen camino, estar de suerte • **the golden boy/girl** el niño/la niña de oro

'golden age s [sing] época dorada, edad de oro • **the golden age of radio/economic grow** la época dorada del radio/crecimiento económico, la edad de oro del radio/crecimiento económico

,golden anni'versary s [C] bodas de oro

,golden 'eagle s [C] águila real

,golden oppor'tunity s [C] oportunidad de oro

,golden 'raisin s [C] (uva) pasa sultana, (uva) pasa rubia

'golden years s [pl] últimos años (de la vida de alguien), vejez

gold·finch /'goʊld,fɪntʃ/ s [C] jilguero

gold·fish /'goʊld,fɪʃ/ s [C] (pl **goldfish, goldfishes**) pez dorado, bailarina

,gold 'leaf s [U] pan de oro

,gold 'medal s [C] medalla de oro

,gold 'medalist s [C] medallista de oro

gold·mine /'goʊldmaɪn/ s [C] 1 (*coloq*) (negocio) mina de oro 2 (donde se extrae) mina de oro

,gold 'plate s [U] baño de oro

'gold rush s [C] fiebre del oro

'gold ,standard s **the gold standard** el patrón oro

golf S3 W3 /gɑlf, gɔlf/ s [U] golf • **play golf** jugar (al) golf • **a round of golf** una ronda/un partido de golf ▶ ver ilustración en la página 350

'golf club s [C] 1 palo de golf 2 club de golf

'golf course s [C] campo de golf

golf·er /'gɑlfər, 'gɔl-/ s [C] golfista

gon·do·la /'gɑndələ, gɑn'doʊlə/ s [C] 1 góndola (veneciana) 2 cabina (de un dirigible) 3 góndola, barquilla (en un globo)

gone¹ /gɔn, gɑn/ participio pasado de GO

gone² *adj* [nunca ante s] 1 **be gone** haberse ido, haber desaparecido: *She was gone by the time I got home.* Cuando llegué a casa ya se había ido. • *All the computer equipment was gone.* Había desaparecido todo el equipo informático. • **be long gone** haberse ido hace tiempo 2 **be gone** estar afuera, ausentarse: *They're looking after the dogs while we're gone.* Cuidan de los perros durante nuestra ausencia. 3 **be gone** haber pasado, no existir *Many of the old houses are gone now.* Muchas de las antiguas casas ya no existen. • **those days are gone** esa época pertenece al pasado 4 **be all gone** haberse acabado, no quedar 5 (*coloq*) ido -a (por las drogas, el alcohol) ▶ **be DEAD and gone**

gon·er /'gɔnər, 'gɑ-/ s [C] (*coloq*) **be a goner** estirar la pata, colgar los tenis/guayos

gong /gɔŋ, gɑŋ/ s [C] gong

gon·na /'gɔnə, gənə/ (*incorr*) contrac de **going to**

gon·or·rhe·a /,gɑnə'riə/ s [U] gonorrea

goo /gu/ s [U] (*coloq*) pegote

golf

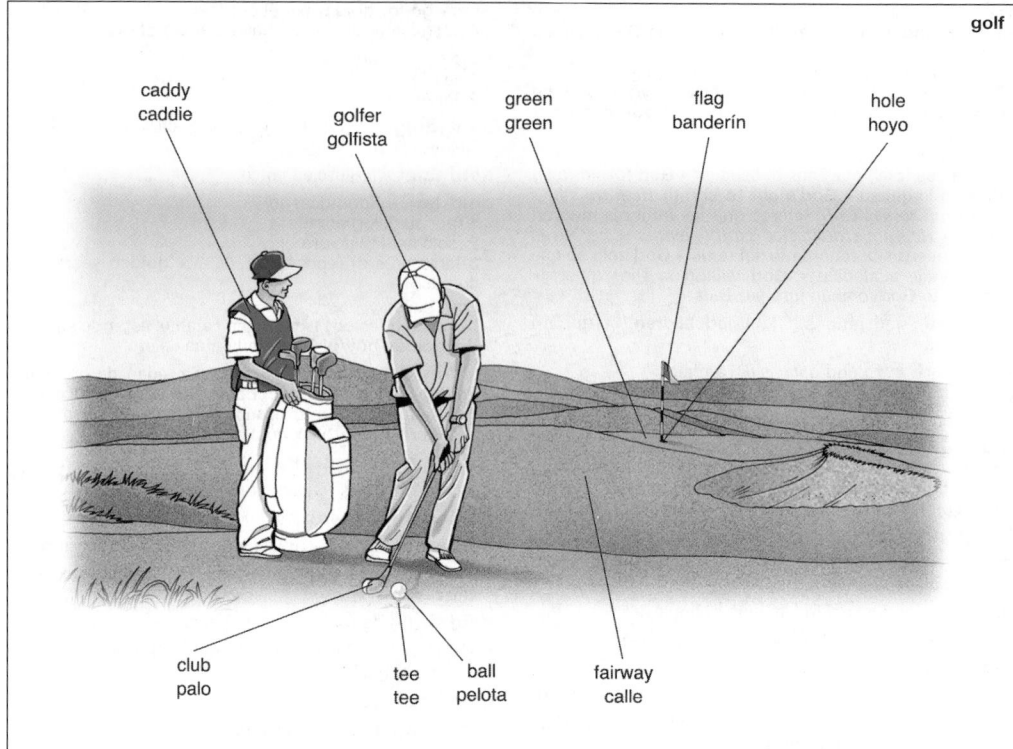

caddy / caddie

golfer / golfista

green / green

flag / banderín

hole / hoyo

club / palo

tee / tee

ball / pelota

fairway / calle

---

good¹ S1 W1 /gʊd/ *adj* (**better**, **best**)

1 en calidad
2 en capacidad
3 en disfrute
4 a los sentidos
5 eficaz, conveniente
6 beneficioso
7 saludable
8 sano, contento
9 en comportamiento
10 en funcionamiento
11 moralmente
12 en el trato con los demás
13 en amistad
14 para enfatizar
15 socialmente
16 en probabilidad
17 en utilidad, validez

1 EN CALIDAD bueno -a: *a good hotel* un buen hotel • *The train service is not very good.* El servicio ferroviario no es muy bueno. • *My French is better than my Spanish.* Mi francés es mejor que mi español. • **very/really good** muy bueno -a • **good quality** (de) buena calidad: *good quality cloth* tela de buena calidad • **be as good as sth** ser tan bueno -a como algo • **not good enough** deficiente • **do/make a good job of (doing) sth** hacer algo muy bien • **good work** buen trabajo • **keep up the good work!** ¡Sigue/Sigan así!

2 EN CAPACIDAD bueno -a: *Andrea is a good cook.* Andrea es buena cocinera. • **be good at (doing) sth** *Brice is good at crossword puzzles.* Brice es bueno haciendo crucigramas. • **be good with sth** *He's good with numbers.* Tiene facilidad con los números.

3 EN DISFRUTE bueno -a: *The picnic was really good.* El picnic estuvo muy bien. • **it is good to do sth** es bueno/está bien hacer algo: *It's good to see you again.* Me alegro de volver a verte. • **have a good evening/vacation** pasar una buena tarde/unas buenas vacaciones • **have a good time** pasarla bien

4 A LOS SENTIDOS **taste/smell good** saber/oler bien, saber/oler rico *This tastes good.* Está rico. • **look good**

quedar/sentar bien (ropa, peinado), estar guapo -a (persona): *I think she looks good for her age.* Yo la veo muy bien para su edad. • **it feels good to do sth** es agradable hacer algo

5 EFICAZ, CONVENIENTE bueno -a • **a good time/place to do sth** (tb **a good time/place for doing sth**) un buen momento/lugar para hacer algo • **a good way to do sth** una buena forma de hacer algo • **a good idea** una buena idea • **make good use of sth** hacer buen uso de algo • **Tuesday/this week is good for me** el martes/esta semana me viene bien

6 BENEFICIOSO bueno -a • **be good for business/taxpayers** ser bueno -a para el negocio/los contribuyentes • **good news** buenas noticias • **good luck/fortune** buena suerte ANT **bad**

7 SALUDABLE bueno -a • **be good for sb** hacerle bien a alguien: *Fish is good for you.* El pescado es bueno para la salud. ANT **bad**

8 SANO, CONTENTO **feel good/better** sentirse bien/mejor • **look good** tener buen aspecto • **feel good about yourself** estar a gusto consigo mismo -a • **in a good mood** de buen humor

9 EN COMPORTAMIENTO bueno -a • **be good** (tb **be a good girl/boy**) portarse bien • **good manners** buenos modales

10 EN FUNCIONAMIENTO bueno -a: *Are these batteries good?* ¿Funcionan estas pilas? • **in good condition** en buenas condiciones, en buen estado • **in good shape** en forma (persona), en un buen momento (economía) • **in good working order** en perfecto estado de funcionamiento • **as good as new** como nuevo -a • **your good arm/eye** el brazo/el ojo bueno

11 MORALMENTE bueno -a • **a good deed** una buena obra • **the good guy** el bueno (de la película)

12 EN EL TRATO CON LOS DEMÁS amable • **be good about sth** tomarse bien algo • **it's good of you/him to do sth** es muy amable de tu/su parte hacer algo • **be good to sb** portarse bien con alguien

13 EN AMISTAD **a good friend** un buen amigo, una buena amiga

14 **PARA ENFATIZAR** bueno -a: *The bedrooms are a good size.* Las habitaciones son bastante grandes. • **a good number/amount of sth** un buen número/una buena cantidad de algo • **a good many** muchos -as • **get/take a good look at sth** mirar/ver bien algo, echar un buen vistazo a algo

15 **SOCIALMENTE** [solo ante s] bueno -a: *a good neighborhood* un buen barrio • **be too good for sb** ser demasiado bueno -a para alguien • **be too good to do sth** hacer algo que sería rebajarse mucho

16 **EN PROBABILIDAD** there's a good chance that es muy probable que • **have good prospects/chances of doing sth** tener muchas posibilidades de hacer algo • **good odds** muchas posibilidades

17 **EN UTILIDAD, VALIDEZ** be good for three years/six months servir para tres años/seis meses (objetos, vehículos), ser válido -a para tres años/seis meses (documento) • **be good for one free flight/two free drinks** valer por un vuelo/dos bebidas gratis ▶ **SO FAR** so good, while the **GOING** is good, for good **MEASURE**, (all) **WELL** and good

EXPRESIONES
as good as casi • **be as good as it gets** (*oral*) ser lo que hay (no muy bueno), ser insuperable (muy bueno) • **good** (*oral*) **(a)** (indicando satisfacción) bien **(b)** (para felicitar) bien • **a good deal** mucho • **a good deal of time/money** mucho tiempo/dinero • **a good deal older/better** mucho más viejo/mucho mejor • **good for you/her/him** (*oral*) bien hecho • **be good for a laugh** (*oral*) ser divertido -a • **good for nothing** (*coloq*) inútil • **the good life** la buena vida • **the good old days** los viejos tiempos • **good old John/Karen** el bueno de John/la buena de Karen • **(that's a) good point/question** es verdad/(es una) buena pregunta • **a good three miles/ten years** (*oral*) por lo menos tres millas/diez años • **be good to go** (*oral*) listo -a para hacer algo • **it's a good thing (that)** (*oral*) menos mal que • **put in a good word for sb** hablar bien de alguien • **that's good** (*oral*) qué bien • **be too good to be true** (*coloq*) de eso tan bueno no dan tanto

good² S3 W2 *s* [U]
1 algo bueno, cosas buenas: *I hope some good will come out of this.* Espero que de esto salga algo bueno. • **do sb good** hacerle bien a alguien • **for your/his own good** por tu/su bien • **for the good of sb/sth** por el bien de alguien/algo • **do more harm than good** hacer más mal que bien • **too kind/nice for your own good** demasiado amable/simpático • **the common good** (*frml*) el bien común
2 bien (moral): *She sees the good in everyone.* Ve el bien en todos. • **good and evil** el bien y el mal • **do good** hacer el bien ▶ **do sb a/the WORLD of good**

EXPRESIONES
any good (*oral*) **(a)** (de calidad) bueno -a: *Was the movie any good?* ¿Era buena la película? **(b)** (conveniente) bien: *I can't see you Monday. Is Tuesday any good?* No puedo verte el lunes. ¿Te viene bien el martes? • **for good** para siempre • **be no good (a)** no servir, no valer (objeto), no venir bien (fecha) • **that's no good for/to me** no me viene bien, no me sirve **(b)** no servir/valer de nada (acción): *Apologizing is no good.* De nada sirve pedir perdón. • **it's no good** no lo consigo, no hay caso • **it's no good doing sth** no servir de nada hacer algo • **not do any good** no servir de nada **(c)** no ser bueno, ser malo para la salud • **it's no good for me/you** no me/te conviene • **not do sb any good** no hacerle nada bien a alguien • **be no good at (doing) sth** *I'm no good at speaking in public.* No sirvo para hablar en público. • **not much good (a)** no muy bueno -a (cosa) **(b)** malo -a (persona) • **be up to no good** (*coloq*) estar tramando algo • **what's the good of sth?** (tb **what good is sth?**) (*coloq*) ¿para qué sirve algo?, ¿qué sentido tiene algo?

good³ *adv* (*incorr, oral*) bien • **do good** ir(le) bien ▶ **good and PROPER**

good⁴ *interj* (*oral*) **1** (indicando satisfacción) bien: *Good. I'm glad that's finished.* Bien. Me alegro de que haya acabado. **2** (para felicitar) bien: *Good, now try with your left hand.* Bien, ahora inténtalo con la mano izquierda.

good ,after'noon S2 *interj* (*frml*) buenas tardes

good·bye¹ /gʊd'baɪ, gəd'baɪ/ *interj* adiós

maneras de decir adiós
La forma más común de despedirse es bye.
Cuando se quiere ser más educado o usar un tono más formal, se usa goodbye.

goodbye² *s* [C] adiós, despedida • **say goodbye** decir adiós, despedirse • **say your goodbyes** despedirse
EXPRESIONES
say/wave/kiss goodbye to sth (*coloq*) irse despidiendo de algo

good 'evening *interj* (*frml*) buenas tardes, buenas noches

,good 'faith *s* buena fe, buena voluntad • **in good faith** de buena fe

,good-for-'nothing *s* [C], *adj* (*antic, coloq*) inútil

,Good 'Friday *s* [C,U] Viernes Santo

,good-'humored *adj* alegre, jovial

good·ie /'gʊdi/ *s* variante de **GOODY**

,good-'looking *adj* guapo -a, buen mozo

¿good-looking, pretty, beautiful o handsome?
good-looking se usa para decir que una persona es guapa, aunque es más común aplicarlo a hombres que a mujeres
pretty se refiere específicamente a mujeres
beautiful se usa para una mujer que es muy atractiva
handsome describe a un hombre muy buen mozo

,good 'looks *s* [pl] atractivo, guapura

good 'morning S2 *interj* (*frml*) buenos días

,good-'natured *adj* **1** bueno -a, bondadoso -a **2** amigable, amistoso -a

good·ness¹ S1 /'gʊdnɪs/ *interj* (tb **my 'goodness**, **goodness 'gracious (me)**) (*antic*) Dios mío ▶ **THANK** God/goodness/heavens
EXPRESIONES
for goodness' sake(s) por el amor de Dios • **goodness (only) knows** sabe Dios

goodness² *s* [U] **1** bondad **2** alimento, nutrientes
EXPRESIONES
out of the goodness of your/his heart porque eres/es muy buena persona

good 'night S3 *interj* buenas noches, hasta mañana ▶ A diferencia de **good evening**, **good night** no es un saludo formal, sino una manera familiar de despedirse antes de irse a dormir.

goods /gʊdz/ *s* [pl] **1** productos, artículos • **goods and services** productos y servicios • **consumer goods** bienes de consumo **2** (*frml*) bienes • **stolen goods** mercancías robadas ▶ **WORLDLY goods**
EXPRESIONES
come up with the goods (tb **deliver the goods**) (*coloq*) cumplir • **have/get the goods on sb** (*coloq*) tener/conseguir pruebas contra alguien

good·will /gʊd'wɪl/ *s* [U] **1** buena voluntad • **a gesture of goodwill** un gesto de buena voluntad **2** fondo de comercio, (buen) nombre (de una empresa)

good·y¹ /'gʊdi/ *s* (pl **goodies**) (*coloq*) **1** goodies [pl] cosas ricas, exquisiteces **2** goodies [pl] regalos, obsequios

goody² *interj* (*antic, coloq*) yupi

'goody-,goody (tb ,**goody-'two-shoes**) *s* [C] (pl **goody-goodies**) (*peyor, coloq*) santo -a, angelito -a

goo-ey /'gui/ *adj* (**gooier, gooiest**) (*coloq*) **1** pegajoso -a **2** empalagoso -a, sentimentaloide

goof¹ /guf/ *v* [I] (*coloq*) embarrarla, regarla **SIN** goof up
goof around v+partíc (*coloq*) güevonear, flojear
goof off v+partíc (*coloq*) güevonear, flojear
goof up v+partíc **goof up** (*coloq*) embarrarla, regarla

goof² *s* [C] (*coloq*) **1** pifia, error **2** tonto -a

goof·y /'gufi/ *adj* (**goofier, goofiest**) tonto -a, bobo -a

goon /gun/ *s* [C] (*coloq*) matón

goop /gup/ s [U] (*coloq*) pegote

goose /gus/ s [C,U] (pl **geese** /gis/) ganso, oca
▶ WILD GOOSE CHASE

goose·ber·ry /'gus͟bɛri/ s [C] (pl **gooseberries**)
1 grosella espinosa, uva espina **2** (tb **gooseberry bush**) grosellero

goose·bumps /'gusbʌmps/ (tb **'goose ,pimples**) s [pl] piel/carne de gallina

GOP /,dʒi oʊ 'pi/ s the GOP (the Grand Old Party) el Partido Republicano (de EU)

go·pher /'goʊfɚ/ s **1** [C] tuza, taltuza (roedor americano) **2** variante de GOFER

gore¹ /gɔr/ v [T] cornear

gore² s [U] **1** violencia, escenas violentas (en películas, novelas) **2** (*liter*) sangre

gorge¹ /gɔrdʒ/ s [C] garganta, desfiladero

gorge² v **1 gorge yourself on sth** (tb **gorge on sth**) atiborrarse de algo **2 be gorged with sth** estar atiborrado -a de algo

gor·geous S2 /'gɔrdʒəs/ adj (*esp oral*)
1 guapísimo -a • **be drop-dead gorgeous** estar buenísimo -a
2 maravilloso -a, divino -a

go·ril·la /gə'rɪlə/ s [C] **1** (animal) gorila **2** (*coloq*) (hombre) gorila

gorse /gɔrs/ s [U] tojo, aulaga

gor·y /'gɔri/ adj (**gorier, goriest**) (*coloq*) sangriento -a
EXPRESIONES
(all) the gory details (*esp hum*) todos los detalles escabrosos

gosh /gɑʃ/ interj (*antic, coloq*) vaya, mi Dios

gos·ling /'gɑzlɪŋ/ s [C] ansarón, cría de ganso

gos·pel /'gɑspəl/ s **1** [C] (tb **Gospel**) (libro) evangelio **2 the gospel** (tb **the Gospel**) (doctrina) el evangelio • **spread/preach the gospel** difundir/predicar el evangelio **3** [U] (tb **gospel music**) (música) gospel
EXPRESIONES
the gospel truth la pura verdad • **take sth as gospel** creerse algo al pie de la letra/a pies juntillas

gos·sa·mer /'gɑsəmɚ/ s [U] tejido delicado y vaporoso

gos·sip¹ /'gɑsəp/ s **1** [U] chismes, chismorreo • **a piece of gossip** un chisme **2 have a gossip** chismosear, chismear, chismorrear **3** [C] (*peyor*) chismoso -a

gossip² v [I] chismosear, chismear, chismorrear

'gossip ,column s [C] sección/columna de chismes

'gossip ,columnist s [C] periodista que escribe en la sección de chismes

got /gɑt/ pasado de GET

got·cha /'gɑtʃə/ interj (*coloq*) **1** (**I've got you**) te pesqué **2** (**I've got you**) caíste, picaste **3** (**I've got you**) OK

Goth·ic¹, **gothic** /'gɑθɪk/ adj gótico -a

Gothic² s [U] gótico

got·ta /'gɑtə/ (*incorr*) contrac de **1 have/has got to 2 have/has got a**

got·ten /'gɑt'n/ participio pasado de GET

gouge /gaʊdʒ/ v [I,T] **1** abrir, hacer (un agujero, una herida) **2** (*coloq*) esquilmar
gouge sth ↔ **out** v+partíc arrancar algo, quitar algo raspando • **gouge sb's eyes out** arrancarle los ojos a alguien

gourd /gɔrd, gʊrd/ s [C] calabaza

gour·met¹ /gʊr'meɪ, 'gʊrmeɪ/ adj [solo ante s] **1** gourmet, para gourmets **2** de alta cocina

gourmet² s [C] gourmet

gout /gaʊt/ s [U] gota (enfermedad)

gov·ern W3 /'gʌvɚn/ v
1 [I,T] gobernar
2 [T] regular (leyes, normas)
3 [T] regir (principios, lógica)
4 [T] (*antic*) dominar (las emociones)

gov·ern·ess /'gʌvɚnɪs/ s [C] institutriz

gov·ern·ing /'gʌvɚnɪŋ/ adj **1** gobernante • **the governing party/coalition** el partido/la coalición gobernante **2 governing body** órgano directivo/organismo rector

gov·ern·ment S2 W1 /'gʌvɚmənt, 'gʌvɚnmənt/ s
1 [C] (tb **Government**) (personas) gobierno • **government agency** agencia/organismo gubernamental • **government official** (alto) funcionario del gobierno, (alta) funcionaria del gobierno • **government policy** la política gubernamental
2 [U] (acción) gobierno • **in government** en el gobierno
3 [U] control estatal • **big/small government** mucho/poco control estatal ▶ LOCAL GOVERNMENT

gov·ern·men·tal /,gʌvɚ'mentəl, ,gʌvɚn-/ adj gubernamental

gov·er·nor W2, **Governor** /'gʌvənɚ, -vɚ-/ s [C]
1 (de un estado) gobernador -a
2 (de una colonia, región) gobernador -a
3 (de un banco) gobernador -a, presidente
4 regulador (en mecánica)

govt. (*abrev escrita de* **Government**) gobierno

gown /gaʊn/ s [C] **1** vestido de gala/fiesta **2** bata, filipina (de un cirujano, un paciente) **3** toga (de un juez, un catedrático) SIN **robe** ▶ NIGHTGOWN

G.P. /,dʒi 'pi/ (*abrev escrita de* **General Practitioner**) médico -a general

GPA /,dʒi pi 'eɪ/ s [C] (**grade point average**) promedio (de calificaciones)

grab¹ S1 W3 /græb/ v [T] (**grabbed, grabbing**)
1 agarrar, coger (con la mano) • **grab hold of sth/sb** agarrar algo/a alguien, agarrarse a algo/alguien: *Kay grabbed hold of my arm.* Kay me agarró del brazo. • **grab sth from sth** coger/agarrar algo de algo: *I grabbed a drink from the tray.* Cogí una copa de la charola. • **grab sth from sb** arrebatarle/quitarle algo a alguien SIN **seize**, **snatch**
2 coger, agarrar (un buen asiento, etc.) • **grab a chance/opportunity** aprovechar una oportunidad • **grab your/her attention** captar su atención
3 (*coloq*) dormir o comer algo rápido por falta de tiempo: *I'll just grab a cup of coffee.* Me tomaré un café rápidamente. • *We can grab some lunch on the way.* Podemos comer cualquier cosa de camino.
4 (*coloq*) atrapar (libro, película)
5 (*oral*) interrumpir, parar (a alguien): *Can I grab you for a minute?* ¿Puedo interrumpirte un momentico?
EXPRESIONES
grab the headlines acaparar los titulares • **how does that grab you?** (*oral*) ¿qué te parece?, ¿cómo lo ves?
grab at/for sth v+partíc tratar de agarrar algo ▶ ver nota en AGARRAR

grab² s [C] **1 a grab for sth** *a grab for publicity* un golpe publicitario • *a grab for power* un intento de hacerse con el poder • **a land grab** una apropiación de terrenos **2 make a grab for sth/sb** (tb **make a grab at sth/sb**) intentar agarrar algo/a alguien, abalanzarse sobre algo/alguien
EXPRESIONES
be up for grabs (*coloq*) estar libre/disponible (empleo, vacante), estar en juego (premio, votos)

grace¹ S3 /greɪs/ s

1 al moverse
2 en el comportamiento
3 en sociedad
4 plazo
5 de dios
6 rezo

1 AL MOVERSE [U] gracia, gracilidad: *She walks with grace.* Camina con gracia.

2 EN EL COMPORTAMIENTO [U] gentileza, cortesía, elegancia • **have the grace to do sth** tener la delicadeza de hacer algo

3 EN SOCIEDAD graces [pl] modales: *the social graces* los buenos modales

4 PLAZO [U] (tb **grace period**) período de gracia, prórroga • **a day's/week's grace** un día/una semana de prórroga

5 DE DIOS [C,U] gracia • **by/through the grace of God** por la gracia de Dios

6 REZO [C,U] bendición de la mesa • **say grace** bendecir la mesa ▶ **AIRS and graces**

EXPRESIONES
His/Her/Your Grace Su Excelencia, Señoría (duque), Su Ilustrísima (arzobispo)

grace² *v* [T] adornar, embellecer

EXPRESIONES
grace sth/sb with your presence (*hum*) honrar algo/a alguien con su presencia

grace·ful /ˈgreɪsfəl/ *adj* **1** (movimiento, bailarín) grácil, elegante **2** (edificio, mueble) grácil, elegante

grace·ful·ly /ˈgreɪsfəli/ *adv* **1** con gracia, con gracilidad (en los movimientos) **2** con dignidad, de buena gana • **age gracefully** envejecer con dignidad **3** elegantemente (en la forma)

gra·cious¹ /ˈgreɪʃəs/ *adj* **1** gentil, cortés **2** lujoso -a, elegante • **gracious living** la vida refinada, la buena vida **3** misericordioso -a

gracious² *interj* (*antic*) (tb **good gracious, goodness gracious**) ¡Dios santo!

gra·cious·ly /ˈgreɪʃəsli/ *adv* gentilmente, cortésmente • **graciously accept/agree** tener la gentileza de aceptar/acceder

grad¹ /græd/ *s* [C] (*coloq*) egresado -a (de una universidad)

grad² *adj* [solo ante s] (*coloq*) de posgrado

gra·da·tion /greɪˈdeɪʃən, grə-/ *s* [C] matiz, gradación • [**+of**]: *gradations of color* gradaciones de color

grade¹ S1 W2 /greɪd/ *s* [C]
1 nota, calificación: *Grade "C" or above is regarded as a pass.* Una nota de C o más alta se considera aprobada. • **get a grade** *Tom gets good grades.* Tom saca buenas calificaciones.
2 calidad, clase (de un producto, material, etc.) • **grade A/1** de primera calidad/clase
3 categoría, nivel (de un empleado) SIN **level**
4 grado • **first/second/third grade** primer/segundo/tercer grado
5 pendiente (de un camino)

EXPRESIONES
make the grade tener éxito, triunfar

grade² S3 *v* [T]
1 clasificar • **grade sth according to size/weight** clasificar algo por su tamaño/peso
2 corregir (un examen)

'grade ˌcrossing *s* [C] paso a nivel, crucero (ferroviario)

'grade point ˌaverage *s* [C] ▶ **GPA**

'grade ˌschool *s* [C] escuela primaria

gra·di·ent /ˈgreɪdiənt/ *s* [C] pendiente, cuesta

'grad school *s* [C,U] (*coloq*) escuela de posgrado

grad·u·al /ˈgrædʒuəl/ *adj* **1** gradual, paulatino -a ANT **sudden 2** [solo ante s] suave (pendiente)

grad·u·al·ly W3 /ˈgrædʒuəli, -dʒəli/ *adv* gradualmente, poco a poco ANT **suddenly**

grad·u·ate¹ S2 /ˈgrædʒuɪt/ *s* [C]
1 licenciado -a, graduado -a (universitario) • [**+of**]: *a graduate of Harvard University* un egresado de la Universidad de Harvard • **a history graduate** un licenciado en historia ▶ **UNDERGRADUATE**
2 egresado -a (de la secundaria, de un instituto tecnológico, etc.) • [**+of**]: *a graduate of West Point* un egresado de West Point

grad·u·ate² S2 W3 /ˈgrædʒuˌeɪt/ *v*
1 [I] graduarse, recibirse (en una universidad) • **graduate from Princeton/medical school** graduarse de Princeton/en medicina
2 [I,T] egresar (de la secundaria, de un instituto tecnológico, etc.)
3 graduate (from sth) to sth pasar (de algo) a algo (más complejo, mejor, etc.)
4 [T] otorgar un título

grad·u·ate³ /ˈgrædʒuɪt/ *adj* [solo ante s] de posgrado

'graduate ˌschool *s* **1** [U] estudios de posgrado **2** [C] escuela de posgrado

grad·u·a·tion S3 /ˌgrædʒuˈeɪʃən/ *s*
1 [C,U] (ceremonia de) graduación, (ceremonia de) entrega de títulos (universitaria, escolar)
2 [U] graduación (universitaria, escolar)
3 [C] (marca de) graduación (en un aparato de medida)

graf·fi·ti /grəˈfiti/ *s* [U] pintas, graffiti • **graffiti artist** grafitero -a

graft¹ /græft/ *s* **1** [C] (en medicina) injerto: *a skin graft* un injerto de piel **2** [C] (en una planta) injerto **3** [U] corrupción

graft² *v* [T] **1** (en medicina) injertar • **graft sth onto sth** injertar algo en algo **2** (en una planta) injertar • **graft sth onto sth** injertar algo en algo **3 graft sth onto sth** insertar algo en algo: *The program was grafted onto an old operating system.* Se insertó el programa en un sistema operativo antiguo.

graft off sb *v+partíc* (*coloq*) obtener beneficios de alguien (usando su influencia)

grain /greɪn/ *s*

1 alimento
2 cultivo
3 semilla
4 de arena, azúcar
5 en la madera
6 cantidad pequeña

1 ALIMENTO [C,U] cereal(es): *Whole grains are high in fiber.* Los cereales integrales son ricos en fibra.
2 CULTIVO [U] cereal(es), grano: *the cultivation and harvesting of grain* el cultivo y la cosecha del cereal
3 SEMILLA [C] grano • [**+of**]: *grains of rice* granos de arroz
4 DE ARENA, AZÚCAR [C] grano • [**+of**]: *grains of salt* granos de sal
5 EN LA MADERA [sing] veta
6 CANTIDAD PEQUEÑA a grain of sth un poquito de algo • **a grain of truth** una pizca de verdad

EXPRESIONES
go against the grain ir a contrapelo/a contracorriente: *It went against the grain for her to tell lies.* Mentir iba contra su naturaleza.

grain·y /ˈgreɪni/ *adj* (**grainier, grainiest**) **1** granulado -a (foto) **2** granuloso -a (sustancia, textura) ANT **smooth**

gram /græm/ *s* (abrev escrita **gm**) *s* [C] gramo

gram·mar S3 /ˈgræmər/ *s*
1 [U] (sistema) gramática ▶ **SYNTAX**
2 [C] (obra) gramática

gram·mar·ian /grəˈmɛriən/ *s* gramático -a

'grammar ˌschool *s* [C] (*antic*) escuela primaria

gram·mat·i·cal /grəˈmætɪkəl/ *adj* **1** [solo ante s] gramatical, de (la) gramática **2** gramatical, gramaticalmente correcto -a ANT **ungrammatical**

gram·mat·i·cally /grəˈmætɪkli/ *adv* gramaticalmente, según las reglas de la gramática

gram·o·phone /ˈgræməˌfoʊn/ *s* [C] (*antic*) gramófono

gran·a·ry /ˈgreɪnəri, ˈgræ-/ *s* [C] (pl **granaries**) granero

grand¹ S3 W2 /grænd/ *adj*

1 edificio, banquete, acontecimiento
2 plan, idea, estrategia
3 por su aspecto

4 de aire arrogante
5 en nombres de lugares
6 en títulos nobiliarios
7 muy bueno
8 por su antigüedad

1 EDIFICIO, BANQUETE, ACONTECIMIENTO grandioso
-a, magnífico -a • **on a grand scale** a lo grande
ANT **humble**
2 PLAN, IDEA, ESTRATEGIA [solo ante s] ambicioso -a •
a grand design un gran plan, un ambicioso plan
3 POR SU ASPECTO distinguido -a
4 DE AIRE ARROGANTE *She was behaving like some
grand lady.* Se daba aires de gran señora.
5 EN NOMBRES DE LUGARES **Grand** Gran: *the Grand
Hotel* el Gran Hotel
6 EN TÍTULOS NOBILIARIOS **Grand** Gran
7 MUY BUENO (*coloq*, *antic*) estupendo -a, genial
8 POR SU ANTIGÜEDAD **grand old** venerable • **the
grand old age of 70/80** la venerable edad de 70/80 años
EXPRESIONES
the grand old man of sth la figura mítica de algo (del
teatro, del deporte, etc.) • **the grand total** el total, la
suma total

grand² *s* [C] (*coloq*) **1** (pl **grand**) mil dólares **2** piano de
cola SIN **grand piano**

gran·dad, granddad /'grændæd/ *s* [C] (*coloq*) abuelo,
abuelito

grand·child S3 /'grænt͡ʃaɪld/ *s* [C] (pl **grandchildren**
/-,t͡ʃɪldrən/) nieto -a: *her grandchildren* sus nietos
▶ GRANDSON, GRANDDAUGHTER

grand·dad /'grændæd/ *s* variante de GRANDAD

grand·daugh·ter /'græn,dɔːtə/ *s* [C] nieta ▶ GRAND-
CHILD, GRANDSON

gran·deur /'grændʒə, -dʒʊr/ *s* [U] grandiosidad, grandeza ▶ DELUSIONS of grandeur

grand·fa·ther¹ S2 W3 /'grænd,fɑːðə/ *s* [C] abuelo

grandfather² *v* [T] dar permiso especial, hacer una
excepción con

'grandfather ,clock *s* [C] reloj de pie

,grand fi'nale *s* [C] gran escena final

gran·di·ose /'grændi,oʊs, ,grændi'oʊs/ *adj* **1** ambicioso
-a, grande (planes, ideas) **2** ostentoso -a, grandioso -a

,grand 'jury *s* [C] (*jur*) jurado (de acusación)

grand·ly /'grændli/ *adv* con grandilocuencia

grand·ma S2 /'grændma, 'græma/ *s* [C] (*coloq*) abuela,
abuelita

,grand 'master *s* [C] gran maestro -a

grand·moth·er S2 W2 /'grænd,mʌðə/ *s* [C] abuela

grand·pa S2 /'grændpa, 'græmpa/ *s* [C] (*coloq*) abuelo,
abuelito

grand·parent /'grænd,perənt/ *s* [C] abuelo -a: *my
grandparents* mis abuelos

,grand pi'ano *s* [C] piano de cola

,grand 'slam *s* [C] **1** (tb **Grand Slam**) gran(d) slam
2 jonrón con casa llena

grand·son /'grændsʌn/ *s* [C] nieto ▶ GRAND-
CHILD, GRANDDAUGHTER

grand·stand /'grændstænd/ *s* [C] tribuna (en estadios,
circuitos, etc.)

gran·ite /'grænɪt/ *s* [U] granito

gran·ny, grannie /'græni/ *s* [C] (*coloq*) abuela, abuelita

gra·no·la¹ /grə'noʊlə/ *s* [U] granola ▶ MUESLI

granola² *adj* [solo ante s] (*hum*, *coloq*) que come comida
sana, se preocupa por la ecología, etc.

grant¹ S3 W2 /grænt/ *v* [T]
1 (*frml*) (dar) **grant sb sth** (tb **grant sth to sb**) concederle/
otorgarle algo a alguien
2 (admitir) conceder, reconocer • **I/I'll grant you** lo

reconozco, no lo discuto
EXPRESIONES
take sth for granted no valorar suficientemente algo,
dar algo por hecho/por sentado algo • **take sb for granted**
no valorar en su justa medida a alguien • **take it for
granted (that)** dar por hecho/por sentado que

grant² S2 W3 *s* [C]
1 subvención, subsidio
2 beca ▶ ver nota en BECA

gran·u·lat·ed /'grænyə,leɪtɪd/ *adj* [gralm ante s] granulado -a (azúcar)

gran·ule /'grænyul/ *s* [C] gránulo, partícula

grape S3 /greɪp/ *s* [C] uva: *a bunch of grapes* un racimo
de uvas

grape·fruit /'greɪpfrut/ *s* [C,U] toronja, pomelo

grape·vine /'greɪpvaɪn/ *s* [C] **1** I/we **heard it
on/through the grapevine** lo oí/oímos por ahí, me/nos lo
contó un pajarito **2** vid SIN **vine**

graph /græf/ *s* [C] gráfico, gráfica ▶ CHART, DIAGRAM

graph·ic¹ /'græfɪk/ *adj* **1** (descripción) (muy) gráfico -a;
(relato) detallado -a • **in graphic detail** con todo lujo de
detalles SIN **vivid 2** [solo ante s] (artista) gráfico -a

graphic² *s* [C gralm pl] gráfico, imagen (de computador)

graph·i·cally /'græfɪkli/ *adv* (muy) gráficamente

,graphic de'sign *s* [U] diseño gráfico

,graphic de'signer *s* [C] diseñador -a gráfico -a

graph·ite /'græfaɪt/ *s* [U] grafito

'graph ,paper *s* [U] papel milimetrado

grap·ple /'græpəl/ *v* [I] forcejear, pelear • **grapple with
sb** forcejear/pelear con alguien SIN **wrestle**
grapple with sth *v+partíc* lidiar con algo, enfrentarse a
algo

grasp¹ /græsp/ *v* [T] **1** agarrar, agarrarse de (con fuerza)
SIN **grip** ▶ ver nota en AGARRAR **2** [nunca en forma
continua] entender, captar **3** **grasp an opportunity/
chance** aprovechar una oportunidad ▶ **be clutching at
STRAWS**
grasp at sth *v+partíc* **1** tratar de agarrarse a/de algo
2 aferrarse a algo, tratar como sea de aprovechar algo

grasp² *s* [sing] **1** conocimientos, nociones • [+of]: *Her
grasp of geography was not very great.* Sus conocimientos de geografía no eran muy buenos. • **have a
good grasp of sth** comprender/dominar bien algo
2 **within my/her grasp** a mi/su alcance, dentro de mis/
sus posibilidades • **be beyond my/her grasp** no estar a
mi/su alcance, estar fuera de mis/sus posibilidades
3 **take a firm grasp on sth** agarrar algo con fuerza,
agarrarse con fuerza a/de algo • **fall/slip from your
grasp** caérsele/escapársele de las manos SIN **grip**
4 (*liter*) control, dominio

grasp·ing /'græspɪŋ/ *adj* avaro -a, codicioso -a

grass¹ S2 W2 /græs/ *s*
1 [U] hierba, zacate, pasto • **a blade of grass** una brizna
de hierba
2 **the grass** el césped, el pasto
3 [U] (*coloq*) hierba, bareta, mota SIN **marijuana**
EXPRESIONES
the grass is greener (on the other side) nadie está
contento con su suerte • **not let the grass grow under
your feet** no perder el tiempo, no dormirse en los laureles • **put sb out to grass** (*coloq*) retirar/jubilar a alguien

grass² *v*
grass sth ↔ over *v+partíc* plantar césped/pasto en algo

grass·hop·per /'græs,hɑpə/ *s* [C] saltamontes,
chapulín ▶ **be KNEE-HIGH to a grasshopper**

grass·land /'græslænd/ *s* [U] (tb **grasslands** [pl]) pastos,
pradera SIN **prairie**

,grass 'roots *s* **the grass roots** las bases, la gente
común

'grass-roots *adj* [solo ante s] de base (militante, trabajador), de las bases (apoyo, oposición)

'grass snake *s* [C] culebra (no venenosa)

gras·sy /'græsi/ *adj* [gralm ante s] (**grassier, grassiest**) cubierto -a de hierba

grate¹ /greɪt/ *s* [C] **1** parrilla, rejilla (en una chimenea) **2** reja, rejilla (de metal) SIN **grating**

grate² *v* **1** [T] rallar **2** [I] irritar, resultar irritante • **grate on sb** irritar a alguien • **it grates on my/his nerves** me/le pone los nervios de punta, me/le crispa los nervios **3** [I] chirriar • **grate against sth** chirriar al contacto/al chocar con algo

grate·ful /'greɪtfəl/ *adj* agradecido -a • **be grateful for sth/to sb** estar agradecido -a por algo/a alguien, agradecer algo/a alguien: *I was grateful for the advice.* Agradecí los consejos. • *I am very grateful to the doctors.* Les estoy muy agradecido a los médicos. • **be grateful (that)** agradecer que: *She was grateful there wasn't much traffic.* Agradecía que no hubiera mucho tráfico. • **our/her grateful thanks** nuestro/su más profundo agradecimiento ANT **ungrateful**

EXPRESIONES
I/we would be grateful if you could/would do sth (*frml*) le agradecería/agradeceríamos que hiciera algo • **I/we would be grateful for sth** (*frml*) le agradecería/agradeceríamos algo

grate·ful·ly /'greɪtfəli/ *adv* con gratitud: *We gratefully accepted their offer.* Aceptamos agradecidos su ofrecimiento. • *All contributions will be gratefully received.* Se agradece cualquier colaboración.

grat·er /'greɪtər/ *s* [C] rallador

grat·i·fi·ca·tion /ˌgrætəfə'keɪʃən/ *s* [C,U] **1** (de un deseo, una necesidad) satisfacción **2** (placer) satisfacción

grat·i·fy /'grætəˌfaɪ/ *v* [T] (**gratifies, gratified, gratifying**) (*frml*) **1** [gralm en pasiva] complacer, satisfacer **2** satisfacer (un deseo, una necesidad)

grat·i·fy·ing /'grætəˌfaɪ-ɪŋ/ *adj* gratificante • **it is gratifying to know** resulta gratificante saber

grat·ing¹ /'greɪtɪŋ/ *s* [C] reja, rejilla (de metal) SIN **grate**

grating² *adj* **1** chirriante **2** irritante

gra·tis /'grætɪs, 'grɑ-/ *adv* gratis SIN **free**

grat·i·tude /'grætəˌtud/ *s* [U] gratitud, agradecimiento • **with gratitude** con gratitud ANT **ingratitude** ► owe a DEBT of gratitude to sb

gra·tu·i·tous /grə'tuətəs/ *adj* gratuito -a (violencia, insultos, etc.)

gra·tu·i·tous·ly /grə'tuətəsli/ *adv* gratuitamente, injustificadamente

gra·tu·i·ty /grə'tuəti/ *s* [C] (pl **gratuities**) (*frml*) propina SIN **tip**

grave¹ /greɪv/ *s* [C] tumba, sepultura ► TOMB; from (the) CRADLE to (the) grave, DIG your own grave, have one FOOT in the grave

EXPRESIONES
an early grave una muerte prematura • **from beyond the grave** desde el más allá • **take sth to the grave** llevarse algo a la tumba • **he would turn in his grave** (tb **he would turn over in his grave**) se revolvería/revolcaría en su tumba

grave² *adj* **1** (situación, dificultad, error) grave, serio -a • **be in grave danger** estar en grave peligro, correr grave peligro • **grave concern** honda preocupación • **grave doubts** serias dudas SIN **serious** **2** (expresión, rostro) grave, serio -a SIN **serious** ► GRAVITY

grave³ /greɪv, grɑv/ (tb **ˌgrave 'accent**) *s* [C] acento grave ► ACUTE, CIRCUMFLEX

grav·el /'grævəl/ *s* [U] grava, gravilla

grav·el·ly /'grævəli/ *adj* ronco -a (voz)

grave·ly /'greɪvli/ *adv* **1** (escrito) con gravedad, con gesto serio **2** gravemente (enfermo), seriamente (preocupado)

grave·side /'greɪvsaɪd/ *s* **the graveside** el pie/borde de la tumba • **at the graveside** junto a la tumba, al pie de la tumba

grave·stone /'greɪvstoʊn/ *s* [C] lápida SIN **headstone**

grave·yard /'greɪvjɑrd/ *s* [C] **1** cementerio (normalmente junto a una iglesia) ► CEMETERY, CHURCHYARD **2 be a graveyard for sth** *Florida will be the graveyard of his presidential ambition.* Sus aspiraciones presidenciales van a quedar sepultadas en Florida.

'graveyard ˌshift *s* [C] turno (de) noche

grav·i·tate /'grævəˌteɪt/ *v* [I siempre + adv/prep] **1** (*frml*) **gravitate to/ toward sb/sth** verse atraído -a por alguien/ algo, aproximarse a alguien/algo: *At college, they gravitated to each other.* En la universidad sintieron una atracción mutua. **2** (*técn*) **gravitate toward sth** gravitar hacia algo, ser atraído -a por algo (en física)

grav·i·ta·tion /ˌgrævə'teɪʃən/ *s* [U] (*técn*) gravitación

grav·i·ta·tion·al /ˌgrævə'teɪʃənəl/ *adj* (*técn*) gravitacional, gravitatorio -a

grav·i·ty /'grævəti/ *s* [U] **1** (*técn*) (en física) gravedad: *the force of gravity* la fuerza de gravedad **2** (de un hecho, un problema) gravedad: *the gravity of the situation* la gravedad de la situación **3** (en los gestos, las palabras) gravedad, seriedad ► CENTER OF GRAVITY

gra·vy S3 /'greɪvi/ *s* [U]
1 salsa de jugo de carne
2 (*coloq*) algo bueno que excede lo esperado

'gravy ˌtrain *s* **the gravy train** (*coloq*) ganga, oportunidad (negocio o actividad)

gray¹ S2 W3 /greɪ/ *adj*

1 color, objeto
2 pelo
3 persona
4 día, cielo
5 piel, rostro
6 deprimente
7 de los mayores

1 COLOR, OBJETO gris: *a gray coat* un abrigo gris
2 PELO canoso -a, blanco -a: *Her hair was now gray.* Ahora tenía el pelo canoso.
3 PERSONA canoso -a, con canas • **I/he turned/went gray** me/le salieron canas, se me/le puso el pelo blanco
4 DÍA, CIELO gris: *a gray winter morning* una gris mañana de invierno ANT **bright**
5 PIEL, ROSTRO pálido -a
6 DEPRIMENTE gris ANT **colorful**
7 DE LOS MAYORES [solo ante s] de la tercera edad: *the gray vote* el voto de la tercera edad

gray² *s* **1** [C,U] gris **2** [C] rucio -a

gray³ *v* [I] encanecer

'gray ˌarea *s* [C] zona intermedia, medias tintas

gray·ing /'greɪ-ɪŋ/ *adj* canoso

'gray ˌmatter *s* [U] (*coloq*) materia gris, seso

graze¹ /greɪz/ *v* **1** (a) [I] pastar (b) [T] pastorear, llevar a pastar **2** [T] rasparse, hacerse un rasguño en: *He grazed his knee.* Se hizo un rasguño en la rodilla. **3** [T] rozar, pasar rozando **4** [I] (*coloq*) picar, picotear (entre horas)

graze² *s* [C] rasguño, raspón, raspada

GRE /ˌdʒi ɑr 'i/ *s* [C] (*marca reg*) (**Graduate Record Examination**) en EU, examen para ingresar a una escuela de posgrado

grease¹ /gris/ *s* [U] **1** (de la comida) grasa **2** (de máquina, motor) grasa, aceite **3** (de la piel) grasa

grease² *v* [T] **1** (una olla, una fuente) enmantequillar, untar con aceite **2** (un motor, una pieza) engrasar

like greased lightning (*coloq*) como un rayo

greas·y /'grisi, -zi/ *adj* (**greasier, greasiest**) **1** grasiento -a, grasoso -a, pringoso -a **2** graso -a **3** (*peyor*) untuoso -a, adulador -a

great¹ S1 W1 /greɪt/ *adj*

1 en cantidad, grado
2 en calidad
3 importante
4 célebre
5 indicando alegría o asentimiento
6 en nombres geográficos
7 entusiasta
8 para enfatizar el tamaño
9 en nombres históricos
10 indicando fastidio

1 EN CANTIDAD, GRADO [gralm ante s] grande: *She has great difficulty in walking.* Tiene grandes dificultades para caminar. • *He took great care over his work.* Hacía su trabajo con mucho cuidado. • **a great number of sth** un gran número/una gran cantidad de algo • **a great deal** mucho • **a great deal of effort/money** mucho esfuerzo/ dinero • **a great many** muchos -as
2 EN CALIDAD fantástico -a, muy bueno -a: *She's a great teacher.* Es una profesora fantástica. • *He's a great guy!* ¡Es un tipo genial! • *Swimming is a great way to get in shape.* La natación es una manera muy buena de mantenerse en forma. • *It's great to be home.* Qué bueno es estar en casa. • **look great** tener muy buen aspecto: *You look great in your new suit!* ¡Ese traje nuevo te queda fantástico! • **sound great** *Your trip sounds great.* Por lo que cuentas, tu viaje estuvo genial. • **be great at doing sth** hacer algo genial/muy bien: *She's great at singing.* Canta genial. • [+for]: *The beach is great for children.* La playa es fantástica para los niños. • **the great thing about sb/sth** lo bueno de alguien/algo SIN **excellent**
3 IMPORTANTE [solo ante s] grande: *a great scientific achievement* un gran logro científico
4 CÉLEBRE [solo ante s] grande: *one of the greatest writers of the 20th century* uno de los más grandes escritores del siglo XX
5 INDICANDO ALEGRÍA O ASENTIMIENTO (*oral*) muy bien, chévere, padrísimo: *"I'll see you tomorrow." "Great."* –Nos vemos mañana. –Genial. • *"We're getting married." "That's great. Congratulations!"* –Nos vamos a casar. –¡Qué bien! ¡Felicidades!
6 EN NOMBRES GEOGRÁFICOS Great Grande: *the Great Lakes* los Grandes Lagos • *the Great Wall of China* la Gran Muralla China • **Greater Los Angeles/ London** el área metropolitana de Los Ángeles/Londres
7 ENTUSIASTA [solo ante s] grande: *I'm a great fan of his music.* Soy un gran admirador de su música. • **he's a great one for gossip/telling stories** el chisme/contar historias es su fuerte
8 PARA ENFATIZAR EL TAMAÑO great big enorme, grandísimo -a: *a great big dog* un perro enorme
9 EN NOMBRES HISTÓRICOS Great Gran: *the Great War* la Gran Guerra
10 INDICANDO FASTIDIO (*coloq, oral*) genial, padrísimo
▶ **be a great BELIEVER in sth**

great minds (think alike) (*oral*) ¡qué casualidad, yo estaba pensando lo mismo! • **be no great shakes** (*coloq*) no ser gran cosa, no ser nada del otro mundo

great² S3 *adv* (*coloq*) fantástico, genial

great³ *s* [C] **1** [gralm pl] grande (famoso) • **all-time greats** *one of golf's all-time greats* uno de los grandes del golf de todos los tiempos **2** [gralm pl] gran éxito **3 the Great** *Alexander the Great* Alejandro Magno • *Catherine the Great* Catalina la Grande

great·coat /'greɪt˺kout/ *s* [C] sobretodo

great-'granddaughter *s* [C] bisnieta

great-'grandfather *s* [C] bisabuelo

great-'grandmother *s* [C] bisabuela

great-'grandson *s* [C] bisnieto

great·ly /'greɪt˺li/ *adv* (*frml*) enormemente, considerablemente

great·ness /'greɪt˺nɪs/ *s* [U] grandeza

Greece /gris/ Grecia

greed /grid/ *s* [U] (*peyor*) **1** codicia, ambición: *greed for power* ambición de poder **2** glotonería, gula

greed·i·ly /'gridəli/ *adv* **1** con avidez **2** con codicia

greed·y /'gridi/ *adj* (**greedier, greediest**) **1** (*peyor*) codicioso -a **2 be greedy for sth** estar ávido -a de algo

Greek¹ /grik/ *adj* griego -a

Greek² *s* **1** [C] (persona) griego -a **2** [U] (idioma) griego **3** [C] miembro de una **fraternity** o **sorority**

it's all Greek to me/him (*coloq*) me/le suena a chino, no entiendo/entiende ni jota

green¹ S1 W1 /grin/ *adj*

1 color, objeto
2 campo, terreno
3 productos, métodos
4 fruto, fruta
5 hortalizas
6 persona
7 en política

1 COLOR, OBJETO verde • **light/pale green** verde claro • **dark green** verde oscuro
2 CAMPO, TERRENO verde: *the city's green spaces* las zonas verdes de la ciudad ▶ **GREEN BELT**
3 PRODUCTOS, MÉTODOS verde, ecológico -a: *green energy* energía limpia
4 FRUTO, FRUTA verde, poco maduro -a
5 HORTALIZAS [solo ante s] (de hoja) verde: *a green salad* una ensalada verde • *green vegetables* verduras
6 PERSONA (*coloq*) verde, novato -a, inexperto -a SIN **naive**
7 EN POLÍTICA (tb **Green**) verde, ecologista: *Green politics* política ecologista • *the Green Party* el Partido Verde

be green with envy morirse de envidia • **have a green thumb** tener buena mano para las plantas • **the green stuff** (*coloq*) la plata

green² S3 W3 *s*
1 [C,U] (color) verde
2 [C] green (en golf)
3 greens [pl] verduras, hortalizas (de hoja verde)
4 [C] **Green** verde, ecologista
5 [C] parque o zona verde en el centro de un pueblo
6 greens [pl] adornos vegetales usados en Navidad
▶ **BOWLING GREEN**

green·back /'grinbæk/ *s* (*coloq*) **1** [C] billete (de dólares) **2 the greenback** el dólar SIN **the dollar**

green 'bean *s* [C gralm pl] habichuela, ejote

'green belt *s* [C,U] cinturón verde/ecológico

green 'card *s* [C] permiso de trabajo y residencia (en Estados Unidos)

green·er·y /'grinəri/ *s* [U] vegetación

green·field site /'grinfild ˌsaɪt/ *s* [C] terreno sin construir

green·fly /'grinflaɪ/ *s* (pl **greenflies** o **greenfly**) pulgón

green·horn /'grinhɔrn/ *s* [C] (*coloq*) novato -a SIN **novice**

green·house /'grinhaus/ *s* [C] invernadero

'greenhouse ef,fect *s* **the greenhouse effect** el efecto invernadero

'greenhouse ,gas *s* [C] gas de efecto invernadero

green·ish /'grinɪʃ/ *adj* verdoso -a

Green·land /'grinlənd, -lænd/ Groenlandia

Green·land·er /'griːnləndə-, -læn-/ s [C] groenlandés -esa

Green·land·ic¹ /griːn'lændɪk/ s [U] groenlandés (idioma)

Greenlandic² adj groenlandés -esa

green 'light s [C] luz verde (del semáforo)

EXPRESIONES
give sb/sth the green light darle luz verde a alguien/algo

green 'onion s [C] cebolleta, cebolla/cebollita de Cambray SIN **scallion**

green 'pepper s [C] pimentón verde, pimiento verde

Green·wich Mean Time /ˌgrenɪtʃ min 'taɪm, ˌgrenɪtʃ 'min ˌtaɪm/ (abrev **GMT**) s [U] hora (del meridiano) de Greenwich

greet W3 /griːt/ v [T]
1 saludar, dar la bienvenida a
2 *Complete silence greeted us.* Nos encontramos con un silencio absoluto. • **be greeted with applause/laughter** ser recibido -a con aplausos/risas

greet·ing /'griːtɪŋ/ s [C,U] **1** saludo **2 greetings!** (antic) ¡buenas!

greeting ˌcard s [C] tarjeta de felicitación

gre·gar·i·ous /grɪ'geəriəs/ adj sociable, gregario -a

grem·lin /'gremlən/ s [C] duende, diablillo

Gre·na·da /grə'neɪdə/ Granada

gre·nade /grə'neɪd/ (tb **'hand greˌnade**) s [C] granada (de mano)

Gre·na·di·an¹ /grə'neɪdiən/ s [C] granadino -a (del Estado caribeño de Granada)

Grenadian² adj granadino -a (del Estado caribeño de Granada)

grew /gruː/ pasado de **GROW**

grey /greɪ/ s variante de **GRAY**

grey·hound /'greɪhaʊnd/ s [C] galgo • **greyhound racing** carreras de galgos

grey·ing /'greɪ-ɪŋ/ adj variante de **GRAYING**

grid /grɪd/ s **1** [C] cuadrícula • **grid pattern** cuadrícula **2** [C] red (eléctrica) **3** [C] rejilla **4** [C] (tb **starting grid**) parrilla/línea de salida

grid coˌordinate (tb **'grid ˌreference**) s [C] coordenadas (en un mapa)

grid·dle /'grɪdl/ s [C] plancha (para cocinar)

grid·i·ron /'grɪdaɪən/ s **1 the gridiron** el fútbol/fútbol americano, el emparrillado **2** [C] campo (de fútbol americano), emparrillado **3** [C] parrilla

grid·lock /'grɪdlɒk/ s [U] **1** grandes embotellamientos, paralización total del tránsito **2** punto muerto, callejón sin salida

grid·locked /'grɪdlɒkt/ adj **1** paralizado -a por el tránsito, atascado -a de tránsito **2** atascado -a (tránsito, vehículo) **3** estancado -a, en un punto muerto

grief /griːf/ s [U] dolor, pena

EXPRESIONES
come to grief (a) naufragar, fracasar **(b)** accidentarse: *Many ships have come to grief along this shore.* Muchas naves han naufragado en estas costas. • **give sb grief about sth** (coloq) criticar a alguien por algo • **good grief!** (oral) ¡madre mía!

griev·ance /'griːvəns/ s [C] (motivo de) queja • **have a grievance against sb** tener motivos de queja contra alguien • **air your grievances** expresar sus quejas

grieve /griːv/ v **1** [I,T] estar de duelo (por) • **grieve for sb** llorar la pérdida de alguien **2** [T] (frml) **it grieves me to see/say sth** me apena ver/decir algo

griev·ous /'griːvəs/ adj [gralm ante s] (frml) **1** (error, daños) serio -a, grave **2** (lesión) grave

griev·ous·ly /'griːvəsli/ adv (frml) seriamente, gravemente • **grievously injured** gravemente herido -a

grift /grɪft/ v [T] estafar

grift·er /'grɪftə-/ s [C] (coloq) estafador -a SIN **conman**

grill¹ /grɪl/ v [T] **1** hacer al grill/a la parrilla, asar a la parrilla **2** interrogar, acribillar a preguntas

grill² s [C] **1** parrilla (de carbón, gas, etc.) **2** plancha, parrilla (utensilio) **3** variante de **GRILLE**

grille, grill /grɪl/ s [C] **1** reja **2** rejilla (del radiador)

grim /grɪm/ adj (**grimmer**, **grimmest**) **1** desalentador -a, deprimente: *the grim news* la triste noticia • **look grim** no ser nada halagüeño -a: *The future looks grim.* El futuro se presenta negro. • **the grim reality of sth** la cruda realidad de algo **2** serio -a, apesadumbrado -a: *a grim smile* una sonrisa triste ▶ **GRIMLY**

grim·ace¹ /'grɪməs/ v [I] (escrito) hacer una mueca

grimace² s [C] (escrito) mueca

grime /graɪm/ s [U] mugre, suciedad

grim·ly /'grɪmli/ adv **1** sombríamente **2 hang/cling on grimly** agarrarse con todas sus fuerzas

grim·y /'graɪmi/ adj (**grimier**, **grimiest**) mugriento -a

grin¹ /grɪn/ v [I] (**grinned**, **grinning**) sonreír (ampliamente) • **grin at sb** sonreírle a alguien • **grin at sth** sonreír ante algo • **grin from ear to ear** sonreír de oreja a oreja ▶ ver nota en **SONREÍR**

EXPRESIONES
grin and bear it aguantarse, tragar

grin² s [C] (amplia) sonrisa ▶ **WIPE the grin off sb's face**

grind¹ /graɪnd/ v (**ground** /graʊnd/)
1 [T] (pimienta, café) moler: *freshly ground pepper* pimienta recién molida
2 [T] (carne) moler, picar
3 [T] afilar (un cuchillo, unas tijeras), pulir (una piedra, un cristal)
4 [I siempre + adv/prep] **grind against sth** *the sound of metal grinding against metal* el chirrido de metales al chocar entre sí • **grind together** rechinar al chocar ▶ **have an AX to grind**

EXPRESIONES
grind to a halt (a) llegar a un punto muerto (negociaciones), paralizarse (producción, país) **(b)** detenerse (vehículo) **(c)** atascarse (tránsito) • **grind your teeth** hacer rechinar los dientes
grind sb ↔ down v+partíc agobiar a alguien, desgastar a alguien
grind on v+partíc prolongarse SIN **drag on**
grind sth ↔ out v+partíc **1** producir algo en grandes cantidades: *Frank just keeps grinding out detective stories.* Frank escribe una historia de detectives tras otra. **2** apagar algo (un cigarrillo) **3** (coloq) alcanzar (una victoria)
grind sth ↔ up v+partíc moler algo

grind² s **1** [sing] friega, lata (tarea pesada) • **the daily grind** la rutina diaria **2** (peyor, coloq) nerdo, matado -a

grind·er /'graɪndə-/ s [C] **1** molinillo: *a coffee grinder* un molinillo de café **2** moledora, picadora **3** pulidora, afiladora **4** en el noreste de EU, sándwich alargado y redondeado de carne, queso, etc. SIN **hero**, **submarine sandwich**

grind·ing /'graɪndɪŋ/ adj **1** [solo ante s] tremendo -a: *grinding poverty* pobreza absoluta **2** [solo ante s] **a grinding noise/sound** un chirrido

EXPRESIONES
come to a grinding halt (a) detenerse, paralizarse (actividad, proceso) **(b)** frenar en seco (vehículo) **(c)** atascarse (tránsito)

grind·stone /'graɪndstoʊn/ s [C] muela, piedra de afilar

EXPRESIONES
keep your nose to the grindstone (coloq) trabajar duro/sin descanso

grip¹ /grɪp/ s
1 acción de agarrar
2 dominio
3 comprensión
4 fuerza al agarrar

5 de llantas, calzado
6 de una pala, raqueta
7 de equipaje

1 ACCIÓN DE AGARRAR [C gralm sing] *I lost my grip on the branch.* No pude seguir agarrado a la rama. • **loosen your grip (on sth)** soltar (algo) • **tighten your grip (on sth)** agarrar (algo) con más fuerza
2 DOMINIO [sing] **keep a grip on sth** controlar algo • **have a grip on sth** dominar algo • **lose your grip on sth** perder el control de algo • **tighten your grip on sth** reforzar el dominio/control de algo • **relax/loosen your grip on sth** ceder el dominio/control de algo
3 COMPRENSIÓN [sing] **get a grip on sth** entender algo • **lose your grip on reality** perder el contacto con la realidad
4 FUERZA AL AGARRAR [C gralm sing] agarre
5 DE LLANTAS, CALZADO [sing, U] adherencia, agarre
6 DE UNA PALA, RAQUETA [C] mango, empuñadura, grip
7 DE EQUIPAJE [C] (*antic*) maleta, bolso de mano
EXPRESIONES
get a grip! (*oral*) ¡cálmate!, ¡contrólate! • **get a grip on yourself** controlarse, dominarse • **get to grips with sth** asimilar algo, llegar a entender algo • **be in the grip of sth** estar sumido -a en/a merced de algo: *The region was in the grip of a terrible drought.* Una sequía tremenda azotaba la región. • **lose your grip** (*coloq*) perder el control: *I think I'm losing my grip.* Me parece que las cosas se me están yendo de las manos.

grip² v (**gripped, gripping**) **1** [T] agarrar con fuerza, agarrarse con fuerza de ▶ ver nota en **AGARRAR 2** [T] apoderarse de (temor, pánico), azotar (mal tiempo) **3** [T gralm en pasiva] atrapar, cautivar **4** [I,T] adherirse (a) ▶ **GRIPPING**

gripe¹ /graɪp/ v [I] (*coloq*) quejarse, refunfuñar

gripe² s [C] (*coloq*) queja

grip·ping /ˈɡrɪpɪŋ/ adj absorbente, cautivante

gris·ly /ˈɡrɪzli/ adj (**grislier, grisliest**) espeluznante

grist /ɡrɪst/ s **it's (all) grist for the mill** todo suma, todo ayuda

gris·tle /ˈɡrɪsəl/ s [U] cartílago

gris·tly /ˈɡrɪsli/ adj con mucho cartílago (carne)

grit¹ /ɡrɪt/ s **1** [U] arenilla **2** [U] (*coloq*) agallas **3 grits** [pl] sémola (de maíz)

grit² v [T] (**gritted, gritting**)
EXPRESIONES
grit your teeth (a) armarse de valor **(b)** apretar los dientes

grit·ty /ˈɡrɪti/ adj (**grittier, grittiest**) **1** enérgico -a, resuelto -a **2** descarnado -a **3** arenoso -a

griz·zled /ˈɡrɪzəld/ adj [gralm ante s] (*liter*) canoso -a, entrecano -a

griz·zly bear /ˈɡrɪzli ˌbɛr/ (tb **grizzly**) s [C] oso pardo americano

groan¹ /ɡroʊn/ v **1** [I] gemir (de dolor, placer), gruñir (de disgusto) **2** [I,T] quejarse (de) **3** [I] crujir (árbol, cama)

groan² s [C] gemido (de dolor, placer), gruñido (de disgusto) • **a groan of protest** un gruñido (de protesta)

gro·cer /ˈɡroʊsər, -ʃər/ s [C] tendero -a (dueño de una tienda de comestibles, abarrotes)

gro·cer·y /ˈɡroʊsəri, -ʃəri/ s **1 groceries** [pl] comestibles, abarrotes **2** [C] tienda de abarrotes, tienda de comestibles

ˈgrocery ˌstore S3 s [C] tienda de abarrotes ▶ **SUPERMARKET, GROCERY**

grog·gy /ˈɡrɑɡi/ adj [gralm no ante s] (**groggier, groggiest**) mareado -a

groin /ɡrɔɪn/ s [C] ingle(s)

groom¹ /ɡrum/ v **1** [T] cepillar (a un perro, caballo) **2** [T] **be groomed for sth** ser preparado -a para algo, recibir

preparación para algo **3** [T] arreglar, acicalar **4** [I,T] acicalar(se) (gato, mono) ▶ **WELL-GROOMED**

groom² s [C] **1** novio (en una boda) SIN **bridegroom 2** mozo de cuadra, cuidador -a de caballos

groom·ing /ˈɡrumɪŋ/ s [U] **1** aseo personal, acicalamiento **2** cepillado (de un caballo, perro) **3** acicalamiento (entre animales)

groove /ɡruv/ s [C] **1** ranura, surco **2** (*coloq*) ritmo
EXPRESIONES
be in the groove (*coloq*) estar en vena, estar en la jugada • **be stuck in a groove** estancarse, estar estancado -a

groov·y /ˈɡruvi/ adj (*antic*) moderno -a

grope¹ /ɡroʊp/ v **1** [I siempre + adv/prep] buscar a tientas **2** [I,T] andar a tientas • **grope your way** avanzar a tientas **3 grope for sth** *He groped for something to say.* No sabía que decir. • *I was still groping for a plan.* Todavía estaba pensando un plan. **4** [T] (*peyor, coloq*) toquetear, manosear

grope² s [C] (*coloq*) toqueteo, manoseo

gross¹ S2 /ɡroʊs/ adj
1 [solo ante s] bruto -a (ingresos, peso) ▶ **NET**
2 [solo ante s] flagrante, escandaloso -a: *a gross distortion of the truth* una burda tergiversación de la realidad
3 (*peyor, coloq*) asqueroso -a, repugnante SIN **disgusting**
4 (*peyor*) obeso -a, gordísimo -a

gross² adv (en) bruto, antes de impuestos (sueldo) ▶ **NET**

gross³ v [T] ganar en bruto, recaudar en bruto ▶ **NET**
gross sb out v+*partíc* (*oral*) asquear a alguien SIN **disgust**

gross⁴ s [C] (pl **gross**) gruesa, doce docenas

ˌgross doˌmestic ˈproduct (abrev **GDP**) s [sing, U] (*técn*) producto interno bruto

gross·ly /ˈɡroʊsli/ adv extremadamente, enormemente

ˌgross ˌnational ˈproduct (abrev **GNP**) s [sing, U] (*técn*) producto nacional bruto

gro·tesque /ɡroʊˈtɛsk/ adj **1** escandaloso -a, indignante **2** grotesco -a

gro·tesque·ly /ɡroʊˈtɛskli/ adv **1** grotescamente **2** extremadamente

grot·to /ˈɡrɑtoʊ/ s [C] (pl **grottoes, grottos**) gruta

grouch¹ /ɡraʊtʃ/ s [C] (*peyor*) gruñón -ona

grouch² v [I] (*coloq*) quejarse, rezongar

grouch·y /ˈɡraʊtʃi/ adj (**grouchier, grouchiest**) de mal humor

ground¹ S1 W1 /ɡraʊnd/ s

1 del planeta
2 para plantas, cultivos
3 en torno a un edificio
4 en el campo
5 temas, ideas
6 razones
7 circunstancias
8 progreso
9 zona con un fin
10 de café, vino
11 en electricidad

1 DEL PLANETA [sing, U] **the ground** el suelo • **on the ground** en el suelo, en tierra • **below/under ground** bajo tierra • **above ground** en la superficie
2 PARA PLANTAS, CULTIVOS [sing, U] suelo, terreno
3 EN TORNO A UN EDIFICIO **grounds** [pl] recinto, jardines • **school/hospital grounds** el patio de la escuela/el recinto del hospital
4 EN EL CAMPO [U] terreno, tierra, campo • **higher ground** tierras altas • **open ground** campo abierto
5 TEMAS, IDEAS [sing, U] **familiar ground** terreno conocido • **common ground** puntos en común • **a/the middle**

ground una/la postura intermedia, un/el término medio • **be on dangerous ground** pisar terreno peligroso • **be on solid/safe ground** ir sobre seguro, hablar con conocimiento de causa • **the center ground** el centro • **cover the same ground** (tb **go over the same ground**) volver sobre los mismos temas • **cover a lot of ground** abarcar muchos temas

6 RAZONES grounds [pl] **grounds for sth** motivo(s) de algo • **grounds for doing sth** motivos para hacer algo • **on medical/moral grounds** por motivos de salud/morales • **on the grounds that** con el argumento de que • **on the grounds of cost/age** debido al costo/a la edad

7 CIRCUNSTANCIAS [sing] **a breeding ground for sth** un caldo de cultivo de/para algo • **a fertile ground for sth** terreno fértil para algo • **prepare/lay the ground for sth** preparar el terreno para algo

8 PROGRESO [U] **gain ground** ganar terreno • **lose ground** perder terreno • **make up/recover (lost) ground** recuperar terreno

9 ZONA CON UN FIN [C] **a feeding ground** un área de alimentación

10 DE CAFÉ, VINO grounds [pl] borras, posos

11 EN ELECTRICIDAD [sing] (cable a) tierra ▶ **be/get in on the GROUND FLOOR**, **BREAK new ground**, **have your feet on the ground** (FOOT), **HIT the ground running**, **THIN on the ground**, **UNDERGROUND**

EXPRESIONES
break ground dar la primera palada, iniciar obras • **get off the ground** despegar (proyecto) • **get sth off the ground** sacar adelante algo • **give ground** ceder terreno • **stand/hold your ground** **(a)** resistir (frente a una amenaza), mantenerse en la raya **(b)** mantenerse en sus trece • **on the ground** sobre el terreno • **on my/their own ground** en mi/su propio terreno • **to the ground** por completo, totalmente (quemar, talar) • **work/drive/run sb into the ground** hacer que alguien caiga enfermo de tanto trabajar • **work/drive/run yourself into the ground** matarse trabajando

ground² *v* **1** [T gralm en pasiva] obligar a permanecer en tierra, no autorizar el vuelo de **2 be grounded in sth** basarse en algo, estar basado -a en algo **3** [T] (coloq) castigar a alguien no dejándolo salir: *You'll be grounded for a week if I catch you smoking again.* Si te vuelvo a encontrar fumando, no te voy a dejar salir por una semana. **4** [I,T] (hacer) encallar, (hacer) varar ▶ **BEACH, RUN AGROUND 5** [T] (técn) conectar a tierra
ground sb in sth *v+partíc* **be grounded in sth** recibir los conocimientos básicos de algo
ground out *v+partíc* roll out, roletear

ground³ *adj* **1** [gralm ante s] molido -a • **ground beef/turkey/pork** carne molida/pavo molido/cerdo molido **2** [gralm ante s] molido -a (café, almendras) **3** [solo ante s] terrestre, de tierra (vehículo, tropas)

ground⁴ pasado y participio pasado de GRIND

ˌground ˈbeef *s* [U] carne molida

ground·break·ing /ˈgraʊndˌbreɪkɪŋ/ *adj* (aprec) revolucionario -a, innovador -a

ˈground crew *s* [C] personal de tierra

ˌground ˈfloor *s* [C] el primer piso, la planta baja
EXPRESIONES
be/get in on the ground floor estar desde el primer momento, meterse desde el principio

ground·hog /ˈgraʊndˌhɔg/ *s* [C] marmota SIN **wood-chuck**

ˈGroundhog ˌDay 2 de febrero (día festivo en Estados Unidos; según la tradición, si ese día la marmota sale de su madriguera, habrá primavera temprana, si no, el invierno seguirá un mes y medio más)

ground·ing /ˈgraʊndɪŋ/ *s* [sing] **a good/solid grounding** una buena formación/una formación sólida, una buena base/una base sólida

ground·less /ˈgraʊndlɪs/ *adj* sin fundamento, infundado -a

ground·nut /ˈgraʊndnʌt/ *s* [C] maní, cacahuate

ˈground rules *s* [pl] reglas básicas

ˈground staff *s* [C] personal de tierra

ground·swell /ˈgraʊndswɛl/ *s* [sing] sentimiento creciente • [+of]: *a groundswell of interest in natural products* un creciente interés en los productos naturales

ground·work /ˈgraʊndwɚk/ *s* [U] trabajo preliminar • **lay/do the groundwork (for sth)** sentar las bases (de algo)

ˌground ˈzero *s* [U] zona cero

group¹ S1 W1 /grup/ *s* [C]
1 (en un lugar) grupo • [+of]: *groups of children* grupos de niños • **in groups** en grupos • **groups of three/ten** grupos de tres/diez • **group discussion** discusión en grupo • **group leader** líder del grupo • **group photo** foto de grupo
2 (con fines comunes) grupo, agrupación: *terrorist groups* grupos terroristas • *student groups* agrupaciones estudiantiles • **join a group** incorporarse a un grupo/una agrupación • **form a group** formar un grupo/una agrupación
3 (clase) grupo • **food/muscle groups** grupos de alimentos/músculos
4 (de música) grupo: *a rock group* un grupo de rock
5 (de empresas) grupo • **group chairman** presidente -a del grupo ▶ FOCUS GROUP, INTEREST GROUP, PRESSURE GROUP, SPLINTER GROUP, SUPPORT GROUP, WORKING GROUP

group² S3 W3 *v*
1 [T siempre + adv/prep, gralm en pasiva] agrupar, clasificar • **group people/things according to sth** agrupar personas/cosas según algo • **group sth/sb together** agrupar algo/a alguien
2 [I,T gralm en pasiva] **group around sth** (tb **be grouped around sth**) agruparse/reunirse alrededor de algo
3 [T gralm en pasiva] agrupar, disponer en grupo • **group sth/sb together** agrupar algo/a alguien, juntar algo/a alguien
group together *v+partíc* asociarse, unirse

group·ie /ˈgrupi/ *s* [C] groupie, fan

group·ing /ˈgrupɪŋ/ *s* [C] agrupación, grupo

ˌgroup ˈpractice *s* [C] grupo de médicos (que trabajan en el mismo edificio)

ˌgroup ˈtherapy *s* [U] terapia de grupo

grouse¹ /graʊs/ *v* [I,T] (coloq) quejarse, refunfuñar

grouse² *s* (pl **grouse**) **1** [C,U] urogallo **2** [C] queja

grove /groʊv/ *s* **1** [C] bosquecito, huerta • **orange grove** naranjal, huerta de naranjas • **olive grove** olivar **2 Grove** nombre de algunas calles

grov·el /ˈgrɑvəl, ˈgrʌ-/ *v* [I] **1** (peyor) arrastrarse, humillarse • **grovel to sb** arrastrase ante alguien **2** postrarse

grow S1 W1 /groʊ/ *v* (**grew** /gru/, **grown** /groʊn/)

1	persona, animal
2	aumentar
3	plantas, cultivos
4	pelo, uñas
5	negocio, economía
6	con adjetivos

1 PERSONA, ANIMAL [I] crecer • **grow three inches/5 centimeters** crecer tres pulgadas/5 centímetros • **a growing boy/girl** un niño/una niña que está creciendo, un niño/una niña en edad de crecimiento

2 AUMENTAR [I] crecer • **grow from sth to sth** crecer de algo a algo: *The number of students has grown from 200 to over 500.* El número de alumnos ha crecido de 200 a más de 500. • **grow by 10%/half** crecer un 10%/la mitad • **grow by 10,000** crecer en 10.000 • **grow in importance** cobrar importancia • **grow in confidence** ganar confianza • **grow in size/number** aumentar de tamaño/crecer en número ANT **shrink**

3 PLANTAS, CULTIVOS (a) [I] crecer • **grow to sth** *Redwood trees can grow to 100 meters.* Las secuoyas pueden alcanzar los 100 metros. **(b)** [T] cultivar ▶ RAISE

G

4 PELO, UÑAS (a) [I] crecer (b) [T] **grow your hair/ nails** dejarse crecer el pelo/las uñas • **grow a beard/ mustache** dejarse barba/bigote
5 NEGOCIO, ECONOMÍA [I,T] (hacer) crecer
6 CON ADJETIVOS [v copul] (*liter*): *The sound was growing louder.* El ruido era cada vez más fuerte. • *She grew tired of his complaints.* Se cansó de sus quejas. • **grow used/accustomed to sth** acostumbrarse a algo • **grow to love sth/sb** tomarle cariño a algo/alguien • **grow to hate sth/sb** tomarle odio a algo/alguien ▶ FULL-GROWN, GROWING PAINS, GROWN-UP

EXPRESIONES
money doesn't grow on trees (*coloq*, *oral*) el dinero no crece en los árboles
grow apart *v+partíc* distanciarse
grow into sth *v+partíc* **1** convertirse en algo **2** crecer lo suficiente para ponerse algo: *He'll grow into the coat.* En un tiempo, el abrigo le quedará bien de tamaño.
grow on sb *v+partíc* llegar a gustarle a alguien con el tiempo
grow out of sth *v+partíc* **1** perder el hábito de algo: *He grew out of it eventually.* Al final se le pasó. **2** surgir de algo, evolucionar a partir de algo **3** crecer demasiado como para ponerse algo: *You're growing out of that sweater.* Ese suéter te está quedando pequeño.
grow up *v+partíc* **1** crecer (hacerse mayor): *I grew up in Chicago.* Crecí en Chicago. • *What would you like to be when you grow up?* ¿Que te gustaría ser cuando seas grande? **2** crecer, madurar • **grow up!** (*coloq*, *oral*) ¡no seas infantil! **3** crecer, desarrollarse (industria, zona comercial)

grow·er /ˈɡroʊɚ/ s [C] cultivador -a

growing ˌpains s [pl] **1** problemas iniciales **2** dolores de crecimiento

growl¹ /ɡraʊl/ v **1** (perro, oso) [I] gruñir • **growl at sb/sth** gruñirle a alguien/algo **2** (persona) [I,T] gruñir, mascullar

growl² s [C] gruñido

grown¹ /ɡroʊn/ *adj* **a grown man/woman** un hombre adulto/una mujer adulta, un adulto/una adulta

grown² participio pasado de GROW

grown-up¹ *adj* **1** adulto -a, mayor **2** (*aprec*) maduro -a **3** adulto -a, de adultos

grown-up² s [C] adulto -a, persona mayor

growth W1 /ɡroʊθ/ s
1 [sing, U] crecimiento, aumento (en cantidad, nivel) • [+of]: *the growth of the Internet* el crecimiento de Internet • **economic growth** crecimiento económico • **rapid growth** rápido crecimiento/aumento • **slow growth** crecimiento lento • **growth area** sector en expansión • **growth industry** industria en crecimiento, sector en expansión • **growth rate** tasa de crecimiento
2 [U] crecimiento, desarrollo (físico)
3 [C] tumor
4 [C,U] brote(s) (en una planta)

grub /ɡrʌb/ s **1** [U] (*coloq*) comida **2** [C] larva, gusano

grub·by /ˈɡrʌbi/ *adj* (**grubbier**, **grubbiest**) **1** mugriento -a **2** [gralm ante s] turbio -a (actividad)

grudge¹ /ɡrʌdʒ/ s [C] rencor, resentimiento • [+against]: *She's got a grudge against me.* Me guarda rencor. • **hold/bear/ harbor a grudge** ser rencoroso -a, estar resentido -a

EXPRESIONES
a grudge match un partido de gran rivalidad

grudge² v [T] **1** *He grudged paying for poor service.* Le daba rabia pagar por un mal servicio. • **grudge sb sth** escatimarle algo a alguien SIN **begrudge** **2** **grudge sb sth** envidiarle algo a alguien SIN **begrudge**

grudg·ing /ˈɡrʌdʒɪŋ/ *adj* [gralm ante s] a regañadientes, de mala gana

grudg·ing·ly /ˈɡrʌdʒɪŋli/ *adv* a regañadientes, de mala gana

gru·el·ing /ˈɡruəlɪŋ/ *adj* agotador -a

grue·some /ˈɡrusəm/ *adj* horripilante

gruff /ɡrʌf/ *adj* **1** brusco -a, antipático -a **2** ronco -a, áspero -a (voz)

gruff·ly /ˈɡrʌfli/ *adv* con voz áspera

grum·ble¹ /ˈɡrʌmbəl/ v **1** [I,T] rezongar, refunfuñar • **grumble about sth** quejarse de/por algo **2** [I] retumbar (truenos), hacer ruidos (estómago)

grumble² s [C] **1** queja **2** ruido (de los truenos, un motor): *the grumble of thunder* el retumbar de los truenos

grump·i·ly /ˈɡrʌmpəli/ *adv* de mal humor

grump·y /ˈɡrʌmpi/ *adj* (**grumpier**, **grumpiest**) gruñón -ona

grun·gy /ˈɡrʌndʒi/ *adj* (**grungier**, **grungiest**) (*coloq*) mugriento -a, roñoso -a

grunt¹ /ɡrʌnt/ v **1** (persona) [I,T] gruñir **2** [I] (animal) gruñir

grunt² s [C] gruñido

G-string /ˈdʒi strɪŋ/ s [C] tanga

gua·ca·mo·le /ˌɡwɑkəˈmoʊleɪ/ s [U] guacamole

guar·an·tee¹ S3 W3 /ˌɡærənˈti/ v [T]
1 (prometer) garantizar • **guarantee (that)** garantizar que: *I can't guarantee this will work.* No puedo garantizar que esto vaya a funcionar.
2 (hacer seguro) garantizar: *Talent doesn't guarantee success.* El talento no garantiza el éxito. • **guarantee sb sth** garantizarle algo a alguien • **be guaranteed to do sth** *This is guaranteed to make the situation worse.* Seguramente, esto va a empeorar la situación.
3 (en comercio) garantizar: *All our products are fully guaranteed.* Todos nuestros productos están plenamente garantizados. • **be guaranteed against failure/corrosion** tener garantía contra fallas/la corrosión
4 (en créditos, hipotecas) avalar, garantizar

guarantee² W3 s
1 [C,U] (de un producto) garantía • [+on]: *There's a two-year guarantee on all electrical goods.* Todos los aparatos eléctricos tienen dos años de garantía. • **be under guarantee** estar bajo garantía SIN **warranty**
2 (seguridad) garantía(s) • [+of]: *Money is no guarantee of happiness.* El dinero no garantiza la felicidad. • [+that]: *There's no guarantee that the peace will last.* No hay garantías de que la paz sea duradera.
3 [C] (promesa) garantía • [+that]: *a guarantee that the borders will remain open* garantía de que las fronteras permanecerán abiertas • **give sb a guarantee (that)** garantizar a alguien que

guar·an·tor /ˌɡærənˈtɔr, ˈɡærəntɚ/ s [C] (*frml*) garante

guard¹ S2 W2 /ɡɑrd/ s

1	vigilante
2	grupo de vigilantes
3	unidad militar
4	en la carcel
5	para deportistas
6	en máquinas, dispositivos
7	en boxeo, esgrima

1 VIGILANTE [C] guardia • **a border/security guard** un guardia fronterizo/de seguridad • **post a guard** apostar un guardia • **on guard duty** de guardia
2 GRUPO DE VIGILANTES [U] guardia: *They change the guard at 4 o'clock.* Cambian la guardia a las 4.
3 UNIDAD MILITAR [sing, U] guardia
4 EN LA CÁRCEL [C] (tb **prison guard**) guardián -ana, carcelero -a
5 PARA DEPORTISTAS [C] **a face/mouth guard** un protector facial/bucal
6 EN MÁQUINAS, DISPOSITIVOS [C] protector, mampara protectora
7 EN BOXEO, ESGRIMA [sing] guardia • **put/keep your guard up** subir la guardia/mantener la guardia alta • **On guard!** ¡En guardia!

G

drop/lower your guard (tb **let your guard down**) bajar la guardia • **his/her guard is down** tiene la guardia baja • **off (your) guard** desprevenido -a • **catch sb off guard** agarrar desprevenido -a a alguien • **the old guard** la vieja guardia • **on guard** de guardia • **on your guard** en guardia, alerta • **stand/keep guard** hacer guardia • **under guard** bajo custodia

guard² W3 *v* [T]
1 (para proteger) custodiar, vigilar • **guard sth against sth/sb** proteger algo de algo/alguien • **heavily guarded** fuertemente custodiado -a
2 (un prisionero) vigilar, custodiar
3 proteger • **jealously/fiercely guard sth** proteger celosamente/con uñas y dientes algo
4 guardar • **a closely guarded secret** un secreto celosamente guardado
guard against sth *v+partíc* **1** prevenir algo, proteger de algo **2 guard against sth** evitar algo

guard·ed /'gɑrdɪd/ *adj* cauteloso -a

guard·house /'gɑrdhaʊs/ *s* [C] cuartel

guard·i·an /'gɑrdiən/ *s* [C] **1** tutor -a (de un menor) **2** (*frml*) guardián -ana (de la democracia, la moralidad)

,guardian 'angel *s* [C] ángel de la guarda

guard·rail /'gɑrd-reɪl/ *s* [C] **1** baranda, barandal (de un puente, barco) **2** barrera, valla (en una autopista, carretera)

guards·man /'gɑrdzmən/ *s* [C] (pl **guardsmen** /-mən/) soldado de la Guardia Real

Gua·te·ma·la /ˌgwɑtəˈmɑlə/ Guatemala

Gua·te·ma·lan¹ /ˌgwɑtəˈmɑlən/ *s* [C] guatemalteco -a

Guatemalan² *adj* guatemalteco -a

gua·va /'gwɑvə/ *s* [C,U] guayaba

guer·ril·la, guerilla /gəˈrɪlə/ *s* [C] guerrillero -a • **guerilla warfare** guerra de guerrillas

guess¹ S1 W2 /gɛs/ *v*
1 (a) [T] suponer, imaginarse • **guess (that)** suponer que: *I guessed that it was about 4 o'clock.* Supuse que serían alrededor de las 4. (b) [I] hacer conjeturas: *Are you sure, or are you just guessing?* ¿Estás segura o lo supones?
2 [I,T] adivinar • **guess who/what/why** adivinar quién/qué/por qué • **guess (that)** *I guessed that they were sisters.* Me di cuenta de que eran hermanas. • **guess right** acertar • **guess wrong** equivocarse
sb can only guess sth alguien sólo puede imaginar algo • **guess what!** (*oral*) ¿sabes qué?, ¡adivina qué! • **how did you guess?** (*oral*) ¿cómo lo adivinaste? • **I guess** (*oral*) supongo • **I guess so** (*oral*) supongo que sí • **I guess not** (*oral*) supongo que no • **keep sb guessing** tener a alguien en suspenso • **I might have guessed** debería haberlo imaginado • **you'll never guess who/what/where** (*oral*) no te puedes ni imaginar quién/qué/dónde

guess² S3 *s* [C] conjetura • **take a guess** tratar de adivinar: *"How old is she?" "Take a guess!"* –¿Cuántos años tiene? –¡Adivina! • **make a lucky guess** acertar de casualidad • **make a wild guess** decir lo primero que viene a la cabeza
sth is anybody's guess vaya usted/uno a saber algo • **at a guess** (*oral*) a ojo de buen cubero: *At a guess, I'd say he's about 40.* Yo diría que tiene alrededor de 40 años. • **I'll give you three guesses** (*oral*) a que (lo) adivinas • **my guess is (that)...** (*oral*) supongo que... • **your guess is as good as mine** (*oral*) vaya a saber (uno)

guess·ti·mate¹ /'gɛstəˌmeɪt/ *v* [I,T] (*coloq*) calcular aproximadamente

guess·ti·mate² /'gɛstəmɪt/ *s* [C] (*coloq*) cálculo aproximado

guess·work /'gɛswɚk/ *s* [U] conjeturas

guest¹ S2 W2 /gɛst/ *s* [C]

1	en un acto, una fiesta
2	en un espectáculo
3	en una casa
4	en un hotel
5	quien no paga
6	quien no es socio

1 EN UN ACTO, UNA FIESTA invitado -a • **the guest of honor** el invitado/la invitada de honor
2 EN UN ESPECTÁCULO invitado -a • **appear as a guest on sth** aparecer como invitado -a en algo • **a special guest** un invitado/una invitada especial • **guest appearance** aparición como invitado -a • **guest speaker** orador invitado/oradora invitada
3 EN UNA CASA invitado -a, huésped • **guest bedroom** (tb **guest room**) cuarto/habitación de huéspedes, recámara de huéspedes
4 EN UN HOTEL huésped
5 QUIEN NO PAGA invitado -a: *You're my guest.* Yo te invito.
6 QUIEN NO ES SOCIO invitado -a
be my guest (*oral*) (a) por supuesto, cómo no (ante una petición) (b) por mí, encantado -a (ante un ofrecimiento)

guest² *v* [I siempre + adv/prep] participar como invitado -a

guest·house, guest house /'gɛsthaʊs/ *s* [C] casa de huéspedes (casa pequeña en los jardines de otra para alojar invitados)

'guest star, guest-star *v* [I] participar como estrella invitada

guf·faw¹ /gəˈfɔ/ *v* [I] reírse a carcajadas

guffaw² *s* [C] carcajada

guid·ance /'gaɪdns/ *s* [U] **1** orientación (de un experto) • **under the guidance of sb** bajo la supervisión de alguien **2** dirección (de un misil, una nave) • **guidance system** sistema de dirección

'guidance ,counselor *s* [C] en un colegio, persona que brinda consejo y orientación académica a los alumnos

guide¹ S3 W3 /gaɪd/ *s* [C]
1 (persona) guía • **a tour guide** un guía turístico/una guía turística • **a mountain guide** un guía de montaña
2 (sobre un tema) guía, manual • **a guide to sth** una guía de algo
3 (sobre una ciudad, un país) guía • **a travel guide** una guía de viaje SIN **guidebook**
4 (orientación) guía • **a good guide to sth** una buena indicación de algo • **a rough guide** una idea aproximada • **use sth as a guide** usar algo para guiarse

guide² W3 *v* [T]
1 (enseñando el camino) guiar, llevar
2 (sujetando, de la mano) conducir, llevar: *He guided her toward the armchair.* La ayudó a llegar al sillón.
3 (un vehículo) conducir
4 (en acciones, decisiones) guiar, orientar

guide·book /'gaɪdbʊk/ *s* [C] guía (libro) SIN **guide**

guide·line /'gaɪdlaɪn/ *s* **guidelines** [pl] directrices, pautas • [+**on**]: *company guidelines on safety* normas de seguridad de la empresa

guid·ing /'gaɪdɪŋ/ *adj* orientador -a

guild /gɪld/ *s* [C] gremio

guile /gaɪl/ *s* [U] (*frml*) astucia

guile·less /'gaɪl-lɪs/ *adj* (*frml*) ingenuo -a, cándido -a

guil·lo·tine¹ /'gɪləˌtin, 'giə-, ˌgiəˈtin/ *s* **the guillotine** la guillotina

guillotine² *v* [T] guillotinar

guilt¹ /gɪlt/ *s* [U] **1** culpa (sentimiento) **2** culpabilidad (condición): *an admission of guilt* un reconocimiento de culpabilidad ANT **innocence**

G

guilt² v [T] (coloq) sentirse culpable de/por • **guilt sb into (doing) sth** obligar/llevar a alguien a (hacer) algo (haciéndolo sentirse culpable)

guilt·i·ly /ˈgɪltəli/ adv con aire de culpabilidad

guilt·y S3 W3 /ˈgɪlti/ adj (**guiltier, guiltiest**)
1 (avergonzado, apenado) culpable • **feel guilty (about sth)** sentirse culpable (por algo) • **have a guilty conscience** tener remordimientos (de conciencia) • **a guilty secret** un secreto vergonzoso
2 (de un delito) culpable • **guilty of murder/robbery** culpable de asesinato/robo • **find sb guilty/not guilty** declarar a alguien culpable/inocente
3 [nunca ante s] (responsable) culpable • **be guilty of (doing) sth** ser culpable de (hacer) algo, tener la culpa de (hacer) algo
EXPRESIONES
the guilty party (frml) el/la culpable

Guin·ea /ˈgɪni/ Guinea

Guin·e·an¹ /ˈgɪniən/ s [C] guineano -a

Guinean² adj guineano -a

guin·ea pig /ˈgɪni pɪg/ s [C] **1** (animal) conejillo de Indias, cobayo **2** (coloq) (persona) conejillo de Indias

guise /gaɪz/ s [C] (frml) apariencia, forma, aspecto • **in various/different guises** de varias/distintas formas
EXPRESIONES
in/under the guise of sth bajo la apariencia de algo, bajo el disfraz de algo

gui·tar S2 /gɪˈtɑr/ s [C] guitarra

gui·tar·ist /gɪˈtɑrɪst/ s [C] guitarrista

gulch /gʌltʃ/ s [C] barranca, valle

gulf /gʌlf/ s [C] **1** [gralm sing] golfo (geográfico) **2** [gralm sing] brecha, abismo **3 the Gulf** el Golfo Pérsico

gull /gʌl/ s [C] gaviota

gul·let /ˈgʌlɪt/ s [C] **1** esófago **2** (coloq) gaznate, garganta

gul·li·bil·i·ty /ˌgʌləˈbɪləti/ s [U] credulidad

gul·li·ble /ˈgʌləbəl/ adj crédulo -a, incauto -a

gul·ly /ˈgʌli/ s [C] (pl **gullies**) **1** barranca, valle (pequeño) **2** zanja

gulp¹ /gʌlp/ v **1** [I] tragar saliva **2** [T nunca en pasiva] (tb **gulp down**) tomarse de un trago **3** [T] (tb **gulp in**) inspirar profundamente • **gulp for air/breath** tratar de tomar aire/respirar
gulp sth ↔ back v+partíc tragarse algo • **gulp back (the) tears** tragarse las lágrimas

gulp² s [C] **1** trago • **take a gulp of sth** tomar un trago de algo **2** bocanada

gum S2 /gʌm/ s
1 [C] encía • **gum disease** gingivitis
2 [U] (tb **chewing gum**) chicle, goma de mascar
3 [U] resina (natural)
4 [C,U] (tb **gum tree** [C]) árbol productor de resina y aceites, como el eucalipto

gum·bo /ˈgʌmboʊ/ s [U] candia, quimbombó

gump·tion /ˈgʌmpʃən/ s [U] **1** agallas **2** sentido común

ˈgum tree s [C] eucalipto

gun¹ S2 W2 /gʌn/ s [C]
1 arma de fuego (pistola, rifle, escopeta) • **fire a gun** disparar un arma • **carry a gun** portar un arma, ir armado -a • **a gun goes off** un arma se dispara • **gun battle** tiroteo, balacera • **gun laws** leyes sobre tenencia de armas
2 cañón (de artillería)
3 pistola (herramienta): *a paint gun* una pistola para pintar • *a staple gun* una engrapadora industrial
4 disparo (de salida) ▶ JUMP the gun, SMOKING GUN, STICK to your guns
EXPRESIONES
be going great guns (coloq) ir viento en popa • **with all guns blazing** con todo

gun² v [T] (**gunned, gunning**) (coloq) acelerar (a fondo), pisar el acelerador (a fondo) • **gun the engine** (tb **gun it**) acelerar a fondo
gun sb ↔ down v+partíc [gralm en pasiva] matar a alguien a tiros
gun for sb/sth v+partíc **1 be gunning for sb** tener a alguien en la mira **2 be gunning for sth** andar a la caza de algo

gun·boat /ˈgʌnboʊt/ s [C] (lancha) cañonera

ˈgun conˌtrol s [U] control legislativo de las armas de fuego

gun·fire /ˈgʌnfaɪr/ s [U] fuego, disparos

gung-ho /ˌgʌŋˈhoʊ/ adj (coloq) belicoso -a, belicista

gunk /gʌŋk/ s [U] (coloq) cosa pegajosa

gun·man /ˈgʌnmən/ s [C] pistolero, hombre armado

gun·ner /ˈgʌnər/ s [C] artillero

gun·point /ˈgʌnpɔɪnt/ s **at gunpoint** a punta de pistola • **hold sb at gunpoint** retener a alguien a punta de pistola

gun·pow·der /ˈgʌnˌpaʊdər/ s [U] pólvora

gun·shot /ˈgʌnʃɑt/ s [C,U] disparo(s) • **gunshot wound** herida de bala

gur·gle¹ /ˈgərgəl/ v [I] **1** gorgotear **2** hacer ruido(s) (estómago) **3** gorjear (bebé)

gurgle² s [C] **1** gorgoteo **2** gorjeo (de un bebé)

gu·ru /ˈguru, ˈgʊru/ s [C] **1** (coloq) (especialista) gurú **2** (líder espiritual) gurú

gush¹ /gʌʃ/ v **1** [I siempre + adv/prep] **gush from sth** salir a borbotones de algo **2** (coloq) **(a)** [I] deshacerse en elogios • [+over/about]: *They were all gushing over the baby.* Todos se deshacían en elogios con el bebé. **(b)** [T] decir deshaciéndose en elogios **3** (tb **gush out**) [I] brotar como un torrente (palabras)

gush² s [C gralm sing] **1** chorro, borbotón **2** torrente, fuerte sensación

gush·ing /ˈgʌʃɪŋ/ (tb **gush·y** /ˈgʌʃi/) adj (peyor, coloq) exagerado -a, demasiado efusivo -a

gus·set /ˈgʌsɪt/ s [C] entrepierna

gust¹ /gʌst/ s [C] ráfaga, racha

gust² v [I] soplar (en rachas)

gus·to /ˈgʌstoʊ/ s [U] **with gusto** con entusiasmo

gust·y /ˈgʌsti/ adj racheado -a

gut¹ /gʌt/ s
1 guts [pl] (coloq) agallas • **have the guts to do sth** tener agallas para hacer algo • **it takes guts to do sth** hay que tener agallas para hacer algo
2 [C] (coloq) barriga, panza
3 guts [pl] (coloq) tripas: *blood and guts* sangre y tripas
4 [C] intestino ▶ BUST a gut, HATE sb's guts, SPILL your guts
EXPRESIONES
a gut feeling (coloq) una intuición • **a gut reaction** (coloq) una reacción instintiva • **work your guts out** (coloq) hacer un enorme esfuerzo

gut² v [T] (**gutted, gutting**) **1** [gralm en pasiva] destruir el interior de (un edificio) **2** limpiar (el pescado)

gut·sy /ˈgʌtsi/ adj (**gutsier, gutsiest**) (coloq) con agallas, valiente

gut·ted /ˈgʌtɪd/ adj destruido -a por dentro

gut·ter /ˈgʌtər/ s **1** [C] alcantarilla **2** [C] canaleta **3 the gutter** (peyor) la olla, la miseria, la inmunda

gut·tur·al /ˈgʌtərəl/ adj gutural

guy S1 W1 /gaɪ/ s [C]
1 (coloq) tipo • **some guy** un tipo • **a tough guy** un tipo duro
2 guys (tb **you guys**) (coloq, oral) (al dirigirse a un grupo) *I'll see you guys Sunday!* ¡Los veo el domingo!
3 the guys [pl] (coloq) los muchachos, los compas
4 (tb **guy rope**) viento (en tienda de campaña)

one of the guys uno más, un miembro del grupo ▶ **no more MR. Nice Guy!**

Guy·an·a /gaɪˈɑnə/ Guyana

Guy·a·nese[1] /ˌgaɪəˈnɪz◂ , -ˈnis◂ / s [pl] guyanés, -esa

Guyanese[2] adj guyanés, -esa

guz·zle /ˈgʌzəl/ v (coloq) **1** [T] chupar (bebida) **2** [T] (peyor) gastar mucho (combustible)

gym ⬛ /dʒɪm/ s (coloq)
   1 [C] (para el público) gimnasio
   2 [C] (en un colegio) gimnasio
   3 [U] educación física

gym·na·si·um /dʒɪmˈneɪziəm/ s [C] (frml) gimnasio

gym·nast /ˈdʒɪmnæst, -nəst/ s [C] gimnasta

gym·nas·tics /dʒɪmˈnæstɪks/ s [U] gimnasia

gy·ne·co·log·i·cal /ˌgaɪnəkəˈlɑdʒɪkəl/ adj ginecológico -a

gy·ne·col·o·gist /ˌgaɪnəˈkɑlədʒɪst/ s [C] ginecólogo -a

gy·ne·col·o·gy /ˌgaɪnəˈkɑlədʒi/ s [U] ginecología

gyp·sy /ˈdʒɪpsi/ s [C] (pl **gypsies** o **gipsies**) gitano -a

gy·rate /ˈdʒaɪreɪt/ v [I] **1** bailar (de forma sugerente) **2** girar

G

H, h /eɪtʃ/ s [C,U] (pl **H's, h's**) H, h

ha, hah /hɑ/ interj ajá

ha·be·as corpus /ˌheɪbiəs 'kɔrpəs/ s [U] hábeas corpus

hab·er·dash·er /'hæbəˌdæʃər/ s [C] dueño o empleado de una tienda de ropa para hombres

hab·er·dash·er·y /'hæbəˌdæʃəri/ s **1** [C] (antic) tienda o parte de una tienda donde se vende ropa para hombres **2** [U] (antic) ropa para hombre (en una tienda)

hab·it S2 W3 /'hæbɪt/ s
1 [C] (práctica concreta) costumbre, hábito • **a bad habit** una mala costumbre • **become a habit** convertirse en un hábito • **have a habit of doing sth** tener la costumbre de hacer algo • **get into the habit of doing sth** acostumbrarse a hacer algo • **get out of the habit of doing sth** perder la costumbre de hacer algo • **make a habit of doing sth** adoptar la costumbre de hacer algo • **be in the habit of doing sth** tener la costumbre de hacer algo • **break the habit** quitarse la costumbre
2 [U] (manera de obrar) la costumbre • **out of habit** (tb **from habit**) por costumbre • **force of habit** la fuerza de la costumbre
3 [C] adicción, vicio • **kick the habit** dejar el vicio
4 [C] (de monja) hábito ▶ **a CREATURE of habit**
EXPRESIONES
old habits die hard hay costumbres que son muy difíciles de abandonar

hab·it·a·ble /'hæbətəbəl/ adj habitable

hab·i·tat /'hæbəˌtæt/ s [C] hábitat

hab·i·ta·tion /ˌhæbə'teɪʃən/ s [U] (frml) habitación (acción) • **be unfit for human habitation** no reunir las condiciones de habitabilidad

'habit-ˌforming adj adictivo -a

ha·bit·u·al /hə'bɪtʃuəl/ adj **1** [solo ante s] empedernido -a: *habitual drinkers* bebedores empedernidos • *habitual criminals* delincuentes reincidentes **2** habitual, acostumbrado -a

ha·bit·u·al·ly /hə'bɪtʃuəli/ adv habitualmente, por lo general

hack¹ /hæk/ v **1** [I,T] cortar a cuchilladas, descuartizar • **hack sth/sb to pieces** cortar algo en pedazos/ descuartizar a alguien **2** [I,T] hackear • **hack into a database/network** acceder ilegalmente a una base de datos/una red, hackear una base de datos/una red **3** I/ **she can't hack sth** (oral, coloq) no aguanto/no aguanta algo
hack sb off v+partíc (coloq) enojar a alguien, molestar a alguien

hack² s [C] (coloq) **1** gacetillero -a **2** escritor -a de mala muerte **3** don nadie (en la política, el cine) **4** taxi

hack·er /'hækər/ s [C] hacker

hack·ing /'hækɪŋ/ s [U] hacking, hackeo

hack·les /'hækəlz/ s [pl] pelo del lomo, cresta (que se eriza ante el peligro)
EXPRESIONES
his/her hackles rise se pone hecho/hecha una furia

hack·neyed /'hæknid/ adj trillado -a, manido -a (frase)

hack·saw /'hæksɔ/ s [C] sierra (para metales)

had /d, əd, həd; fuerte hæd/ pasado y participio pasado de **HAVE**
EXPRESIONES
be had (coloq, oral) ser engañado -a, ser estafado -a •

have had it (coloq, oral) **(a)** no dar más, estar rendido -a **(b)** estar hasta la coronilla, estar hasta la madre **(c)** (persona) estar fregado -a **(d)** (máquina, vehículo) no dar para más, estar fregado -a

had·dock /'hædək/ s [C,U] (pl **haddock**) eglefino

had·n't /'hædnt/ contrac de **had not**

hae·mo·phil·i·a /ˌhiməˈfɪliə, -'filyə/ s variante británica de **HEMOPHILIA**

hae·mo·phil·i·ac /ˌhiməˈfɪliˌæk/ adj variante británica de **HEMOPHILIAC**

haem·or·rhage /'hɛmərɪdʒ/ v variante británica de **HEMORRHAGE**

hag /hæg/ s [C] (despec) bruja

hag·gard /'hægərd/ adj demacrado -a

hag·gle /'hægəl/ v [I] **1** regatear (el precio) • **haggle over sth** regatear el precio de algo **2** discutir

hah /hɑ/ variante de **HA**

ha ha /hɑ 'hɑ/ interj **1** (indicando risa) ja, ja **2** (oral) (irónicamente) ja, ja ▶ **FUNNY weird or funny haha?**

hail¹ /heɪl/ v **1** [T] aclamar • **hail sth/sb as sth** aclamar algo/a alguien como algo • **be hailed as sth** ser aclamado -a como algo **2** [I] granizar **3** [T] (frml) llamar • **hail a taxi/cab** parar un taxi
hail from v+partíc (antic) **hail from Germany/New York** ser natural de Alemania/Nueva York

hail² s **1** [U] granizo **2 a hail of bullets** una lluvia de balas **3 a hail of criticism/abuse** una andanada de críticas/una sarta de insultos

hail³ interj (liter) salve, ave

hail·stone /'heɪlstoʊn/ s [C gralm pl] piedra de granizo

hail·storm /'heɪlstɔrm/ s [C] granizada, tormenta de granizo

hair S1 W1 /hɛr/ s
1 [U] pelo, cabello: *He is losing his hair.* Se le está cayendo el pelo. • **long/short hair** pelo largo/corto • **curly hair** pelo/cabello crespo, pelo/cabello chino • **brush your hair** cepillarse el pelo • **comb your hair** peinarse • **have/get your hair done** (ir a) cortarse el pelo, ir a la peluquería • **hair care** cuidado del cabello • **hair gel** fijador para el cabello • **hair loss** caída del cabello • **hair spray** laca (para el pelo), spray fijador
2 [U] vello • **facial hair** vello facial (en una mujer), barba, bigote (en un hombre)
3 [U] (de animal) pelo
4 [C] (individual) pelo ▶ **-HAIRED, SPLIT hairs**
EXPRESIONES
(the) hair of the dog (hum) una copa para quitarse la cruda, un trago para quitarse el guayabo • **get out of sb's hair** (coloq) dejar a alguien en paz • **let your hair down** (coloq) soltarse la melena, soltarse el pelo • **make sb's hair stand on end** ponerle a alguien los pelos de punta • **tear/pull your hair out** subirse por las paredes • **sth would make your hair curl** (coloq) algo te pondría los pelos de punta

hair·brush /'hɛrbrʌʃ/ s [C] cepillo (para el pelo)

hair·cut /'hɛrkʌt/ s [C] **1** (acción) corte de pelo • **get/ have a haircut** cortarse el pelo **2** (efecto) corte de pelo SIN **hairstyle**

hair·do /'hɛrdu/ s [C] (pl **hairdos**) (coloq) peinado

hair·dress·er /'hɛrˌdrɛsər/ s [C] **1** peluquero -a **2** peluquería

hair·dryer, hairdrier /'hɛrˌdraɪər/ s [C] secador/secadora de pelo

hair·less /'hɛrlɪs/ adj sin pelo

hair·line¹ /'hɛrlaɪn/ s [C] nacimiento del pelo: *a receding hairline* entradas

hairline² adj **a hairline fracture** una fisura (en un hueso) • **a hairline crack** una grieta muy fina

hair·net /'hɛrnɛt/ s [C] redecilla (para el pelo)

hair·pin /'hɛrˌpɪn/ s [C] horquilla, pasador (para el pelo)

hair-,raising *adj* espeluznante

hair's breadth *s* [sing] **a hair's breadth** un pelo: *by a hair's breadth* por un pelo

hair·style /'hɛrstaɪl/ *s* [C] peinado

hair·y /'hɛri/ *adj* (**hairier**, **hairiest**) **1** peludo -a **2** (*coloq*) espeluznante

Hai·ti /'heɪti/ Haití

Hai·tian¹ /'heɪʃən/ *s* **1** [C] (persona) haitiano -a **2** [U] (tb **Haitian Creole**) (lengua) haitiano criollo

Haitian² *adj* haitiano -a

hake /heɪk/ *s* [C,U] (pl **hake**) merluza

ha·lal, hallal /həˈlɑl/ *adj* halal (de animal sacrificado según la ley islámica)

hal·cy·on /'hælsiən/ *adj* **halcyon days** (*liter*) días felices

hale /heɪl/ *adj* (*liter*) **hale and hearty** sano -a y fuerte

half¹ S1 W1 /hæf/ *predet, adj* [solo ante s]
1 (por la mitad) medio -a: *a half century* medio siglo • *a half circle* un semicírculo • *a half share of the money* la mitad del dinero • **half an hour/a mile/a pound** (tb **a half hour/mile/pound**) media hora/milla/libra
2 (para enfatizar) **half the time/my life** la mitad del tiempo/de mi vida: *For kids, getting dirty is half the fun.* Para los niños, ensuciarse es buena parte de la diversión.
3 (con números, medidas) medio -a • **one/two/three and a half...** uno/dos/tres ... y medio -a: *The insect is two and a half centimeters long.* El insecto mide dos centímetros y medio. • **half a million dollars/euros** medio millón de dólares/euros

EXPRESIONES
half a chance (*coloq*) la más mínima oportunidad • **half a dozen** (tb **a half dozen**) **(a)** (seis) media docena de **(b)** (*coloq*) (número no determinado) unos cuantos/unas cuantas • **have half a mind to do sth** (*oral*) tener ganas de hacer algo • **half a minute/second** (*oral*) un momentico, un momento

half² S1 W1 *pron, s* [C] (pl **halves** /hævz/)

1	50%
2	una de dos partes
3	gran cantidad
4	de edad
5	en un partido
6	fracción
7	jugador

1 **50%** la mitad • **half of sth** la mitad de algo: *Half of the children passed the test.* La mitad de los niños aprobó el examen. • *We've spent half of our money already.* Ya nos hemos gastado la mitad del dinero.
2 **UNA DE DOS PARTES** mitad • **the first/second half of sth** la primera/segunda mitad de algo • **the top/bottom half of sth** la mitad superior/inferior de algo
3 **GRAN CANTIDAD** **half of sth** (*coloq*) la mitad de algo: *I didn't understand half of it.* No entendí la mitad. • **half of you/them** la mitad de ustedes/ellos
4 **DE EDAD** **two/three and a half** dos/tres años y medio
5 **EN UN PARTIDO** **the first/second half** el primer/segundo tiempo
6 **FRACCIÓN** medio
7 **JUGADOR** **left/right/ center half** medio izquierdo/ medio derecho/mediocampista

EXPRESIONES
a... and a half (*oral*): *That was a meal and a half!* ¡Esa sí que fue una comida! • **cut/reduce sth by half** reducir algo a la mitad • **rise/increase by half** aumentar un cincuenta por ciento • **go halves (with sb)** pagar a medias (con alguien) • **you/they don't know the half of it** (*oral*) no sabes/saben ni la mitad • **half past one/two/ three** la una/las dos/las tres y media

half³ S2 W3 *adv*
1 (no del todo) medio: *I only half understood.* Lo entendí solo a medias. • *I said it half jokingly.* Lo dije medio en broma. • *He was half in the water and half out.* Tenía mitad del cuerpo en el agua y mitad afuera.

hairstyle

bob
media melena

dreadlocks
rastas, cachumbos

ponytail
colita, coleta

braid
trenza

bun
moño, chongo

braids/pigtails
trenzas

• *I half hoped that they wouldn't come.* De algún modo esperaba que no vinieran. • **half full/empty** medio lleno -a/vacío -a
2 (al 50%) **half..., half...** mitad..., mitad...: *He's half English, half Swiss.* Es mitad inglés, mitad suizo.
3 (para enfatizar) *The cat looked half starved.* El gato parecía muerto de hambre. • *I was half out of my mind with worry.* Me moría de preocupación.

EXPRESIONES
half as many/much la mitad (de): *She earns $ 65,000 a year. I earn about half as much.* Gana 65.000 dólares al año. Yo gano más o menos la mitad. • *half as many mistakes* la mitad de errores • **not half as good/big as sth** ni la mitad de bueno -a/grande que algo

,half-and-'half *s* [U] mezcla de leche y crema

half·back /'hæfbæk/ *s* [C] **1** (en fútbol) mediocampista **2** (en fútbol americano) halfback

,half-'baked *adj* poco elaborado -a, pensado -a sin detenimiento

'half ,brother *s* [C] hermanastro, medio hermano

,half-'hearted *adj* no muy entusiasta

,half-'heartedly *adv* con poco entusiasmo, sin ganas

'half-'hour¹ *adj* [solo ante s] de media hora

,half-'hour², half hour *s* [C] media hora

,half-'hourly *adj* [solo ante s] cada media hora: *half-hourly news updates* últimas noticias cada media hora • **at half-hourly intervals** cada media hora

,half-'mast *s* **at half-mast** a media asta

'half ,measures, half-measures *s* [pl] medias tintas

'half moon *s* [C] media luna

,half 'price *adv* a mitad de precio

,half-'timbered *adj* con entramado de madera

,half-'time *adj, adv* de/a tiempo parcial, de/a medio tiempo

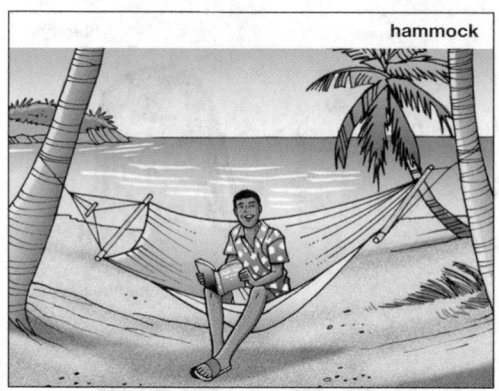

hammock

half·time, half-time /'hæftaɪm/ s [U] entretiempo, mediotiempo (en un partido) • **at halftime** en el entretiempo/mediotiempo ► FULL TIME

half·way[1] /,hæf'weɪ‹/ adv **1** (en el espacio) a mitad de camino • **halfway between** a mitad de camino entre: *They live halfway between New York and Philadelphia.* Viven a mitad de camino entre Nueva York y Filadelfia. • **halfway across the road/bridge** en medio del camino/del puente • **halfway up/down the stairs/the mountain** a mitad de la escalera/la montaña **2** (en el tiempo) **halfway through the meal/the movie** a mitad de la comida/la película • **halfway through** por la mitad, a la mitad: *It was terrible – I left halfway through.* Estuvo terrible: me fui a la mitad. ► MEET (sb) halfway
EXPRESIONES
be halfway there tener la mitad del camino recorrida

halfway[2] adj [solo ante s] **1 the halfway stage/point** la mitad: *They've just reached the halfway stage of the project.* Acaban de llegar a la mitad del proyecto. **2** (coloq) mínimamente: *the only halfway decent hotel in the area* el único hotel mínimamente decente de la zona

,halfway 'house s [sing] punto medio

'half-wit s [C] (coloq) imbécil, tonto -a

,half-'witted adj imbécil, tonto -a

hal·i·but /'hæləbət/ s [C,U] (pl halibut) halibut

hall [S2] [W2] /hɔl/ s [C]
1 pasillo, corredor
2 (habitación) salón, sala: *a lecture hall* un salón de conferencias • **arrivals hall** sala de llegadas • **dining hall** comedor • **sports hall** pabellón de deportes
3 (edificio) salón, sala • **church hall** salón parroquial • **concert hall** auditorio, sala de conciertos • **dance hall** salón de baile

hal·le·lu·jah /,hælə'luyə/ interj aleluya

hall·mark[1] /'hɔlmɑrk/ s [C] **1** distintivo, sello característico • **have/bear all the hallmarks of sth** tener/llevar todas las características de algo **2** contraste (en metales nobles)

hallmark[2] v [T] contrastar, grabar con el contraste (un metal noble)

,Hall of 'Fame s **1** [C] lista de estrellas de un deporte **2** [C] edificio donde se exhiben uniformes, equipos deportivos, etc. de jugadores famosos **3** [sing] estrellas (personalidades destacadas de una actividad)

hal·lowed /'hæloʊd/ adj (escrito) **1** (en religión) sagrado -a, santificado -a **2** (respetado) sagrado -a, sacrosanto -a

Hal·low·een, Hallowe'en /,hælə'win, ,hɑ-/ s [C,U] Halloween (noche del 31 de octubre, en que los niños se disfrazan de esqueletos, brujas, etc., y salen a pedir golosinas)

hal·lu·ci·nate /hə'lusə,neɪt/ v [I] alucinar, tener alucinaciones

hal·lu·ci·na·tion /hə,lusə'neɪʃən/ s [C] alucinación

hal·lu·ci·na·to·ry /hə'lusənə,tɔri/ adj [gralm ante s] alucinógeno -a

hal·lu·ci·no·gen·ic /hə,lusənə'dʒɛnɪk/ adj (técn) alucinógeno -a

hall·way [S3] /'hɔlweɪ/ s [C]
1 hall, entrada, vestíbulo
2 pasillo, corredor

ha·lo /'heɪloʊ/ s [C] (pl **halos**) **1** (de imagen sagrada) aureola, halo **2** (de luz) halo, aureola

hal·o·gen /'hælədʒɪn/ s [U] halógeno

halt[1] /hɔlt/ s **bring sth to a halt** detener/interrumpir algo: *Heavy snowfalls brought traffic to a halt.* Las intensas nevadas paralizaron el tráfico. • **come to a halt** detenerse: *The train came to a sudden halt.* El tren se detuvo de repente. • **to a halt** *The car screeched to a halt.* El carro hizo un chirrido y se detuvo en seco. • **call for a halt to sth** exigir el cese de algo • **call a halt to sth** poner fin a algo • **a halt in sth** una interrupción de algo, un alto en algo

halt[2] v **1** [I,T] (en el desarrollo) detener(se), interrumpir(se) **2** [I] (escrito) (en el movimiento) detenerse

halt[3] interj alto

hal·ter /'hɔltər/ s [C] **1** cabestro, ronzal **2** (tb **halter top**) top de espalda descubierta (con tirante al cuello)

halt·ing /'hɔltɪŋ/ adj [gralm ante s] vacilante (pasos), entrecortado -a (voz, discurso)

halt·ing·ly /'hɔltɪŋli/ adv vacilantemente (caminar, moverse), sin fluidez, entrecortadamente (hablar, expresarse)

halve /hæv/ v **1** [I,T] reducir(se) a la mitad **2** [T] partir en dos, cortar por la mitad

halves /hævz/ pl de HALF

ham[1] [S3] /hæm/ s
1 [C,U] jamón • **ham sandwich** sándwich de jamón, torta de jamón
2 [C] (tb **ham actor**) (coloq) actor/actriz que sobreactúa
3 [C] (tb **radio ham**) radioaficionado -a

ham[2] v **ham it up** (coloq) sobreactuar

ham·burg·er [S3] /'hæm,bɚgɚ/ s
1 [C] hamburguesa
2 [U] carne molida

,ham-'fisted adj (coloq) torpe (con las manos)

ham·let /'hæmlɪt/ s [C] aldea, caserío

ham·mer[1] /'hæmɚ/ s [C] **1** martillo (herramienta) **2 the hammer** [sing] el lanzamiento de martillo
EXPRESIONES
go at it hammer and tongs (coloq) discutir acaloradamente

hammer[2] v **1 (a)** [T] clavar (a martillazos) **(b)** [I] martillar, dar martillazos **2 hammer on sth** golpear/aporrear algo **3** [I] latir con fuerza (corazón), golpetear (lluvia) • **hammer on sth** golpetear algo (lluvia) **4** [T gralm en pasiva] criticar (duramente) • **be hammered for (doing) sth** ser criticado -a por (hacer) algo **5** [T] (coloq) darle una muenda a, darle una paliza a (en un partido, enfrentamiento) **6** [T siempre + adv/prep] (coloq) clavar (la pelota, el balón)
EXPRESIONES
hammer home a point/message dejar clara una idea/dejar claro un mensaje
hammer away v+partíc **1** martillar, dar martillazos **2** darle duro **3 hammer away at sth** insistir con algo, recalcar algo
hammer sth into sb v+partíc inculcarle algo a alguien, meterle algo a alguien en la cabeza
hammer sth ↔ out v+partíc negociar algo (con dificultad)

ham·mer·ing /'hæmərɪŋ/ s **1** [sing, U] golpes, martillazos **2** [C] muenda, paliza (derrota)

ham·mock /'hæmək/ s [C] hamaca

ham·per[1] /'hæmpɚ/ v [T] obstaculizar

hamper² s [C] canasto de la ropa (sucia), cesto de la ropa (sucia)

ham·ster /'hæmstə/ s [C] hámster

ham·string¹ /'hæm,strɪŋ/ s [C] ligamento de la rodilla

hamstring² v [T] (**hamstrung** /-,strʌŋ/) atar de pies y manos, coartar

hand¹ S1 W1 /hænd/ s

1 parte del cuerpo
2 ayuda
3 trabajador
4 en naipes
5 de un reloj
6 al escribir

1 PARTE DEL CUERPO [C] mano • **in my/your hand** en la mano • **hold hands** tomarse de la mano, estar tomados -as de la mano • **hold hands with sb** tomar de la mano a alguien, ir tomado -a de la mano con alguien • **hand in hand** (tomados -as) de la mano • **take sb's hand** tomar a alguien de la mano, darle la mano a alguien • **shake sb's hand** darle la mano a alguien (como saludo) • **raise your hand** levantar la mano • **clap your hands** batir palmas • **hand cream** crema de manos • **hand signal** seña/señal con la mano

2 AYUDA a hand [sing] **give sb a hand** darle una mano a alguien, echarle una mano a alguien • **need/want a hand** necesitar ayuda: *Do you want a hand?* ¿Te ayudo? • **sb could do with a hand** a alguien no le vendría mal un poco de ayuda • **lend a hand** dar una mano, echar una mano

3 TRABAJADOR [C] **farm hand** peón agrícola, jornalero -a del campo • **factory hand** obrero -a

4 EN NAIPES [C] mano • **(play) a hand of poker/bridge** (jugar) una mano de póquer/bridge

5 DE UN RELOJ [C] aguja, manecilla

6 AL ESCRIBIR [sing] letra, caligrafía SIN **handwriting** ▶ **with your BARE hands**, **a BIRD in the hand (is worth two in the bush)**, BITE **the hand that feeds you**, CHANGE **hands**, **have sb EATing out of my/your hand**, FALL **into the hands of sb**, **a FIRM hand**, (at) FIRST **hand**, FORCE **his/her hand**, FREEHAND, HANDS-ON, **take the LAW into your own hands**, LEFT-HAND, LEFT-HANDED, **take your LIFE in your hands**, OFFHAND, RIGHT-HAND, RIGHT-HANDED, SHOW **your hand**, TURN **your hand to sth**, WASH **your hands of sb/sth**, WIN **hands down**

EXPRESIONES
all hands on deck todos tienen que colaborar • **ask for sb's hand (in marriage)** (*antic*) pedir la mano de alguien • **at hand (a)** a la vuelta de la esquina (cerca) **(b)** entre manos: *the task at hand* la tarea que tenemos entre manos • **at the hands of sb** (*escrito*) a manos de alguien • **by hand (a)** a mano (manualmente) **(b)** en mano, personalmente • **close at hand** a mano (a la mano) • **I could/can do sth with one hand (tied) behind my back** (*oral*) podría/puedo hacer algo con los ojos cerrados • **get/lay your hands on sth** conseguir algo, encontrar algo, echarle el guante a algo • **get your hands on sb** echarle mano a alguien, agarrar a alguien • **get out of hand** salirse de las manos • **give sb a (big) hand** dar un (fuerte) aplauso a alguien • **go hand in hand** ir de la mano • **my/our hands are tied** tengo/tenemos las manos atadas • **hands off!** ¡no se toca!, ¡no toques! • **keep your hands off sth/sb** no tocar algo/a alguien • **hands up!** ¡arriba las manos! • **hands up if...** levantan la mano si... • **have a hand in sth** tomar parte en algo • **have sth/sb on your hands** tener algo/a alguien entre manos • **have your hands full** estar muy ocupado -a, no dar abasto • **in good/safe/capable hands** en buenas manos/manos seguras/manos expertas • **in hand** entre manos, bajo control • **in the hands of sb** (tb **in sb's hands**) en manos de alguien • **sth/sb is off sb's hands** algo/alguien ya no es responsabilidad de alguien • **take sth/sb off sb's hands** quitarle algo/a alguien de encima a alguien, liberar a alguien de algo/alguien • **on hand** disponible, a mano • **on the one hand... on the other hand...** por un lado... por el otro... • **on your hands and knees** en cuatro

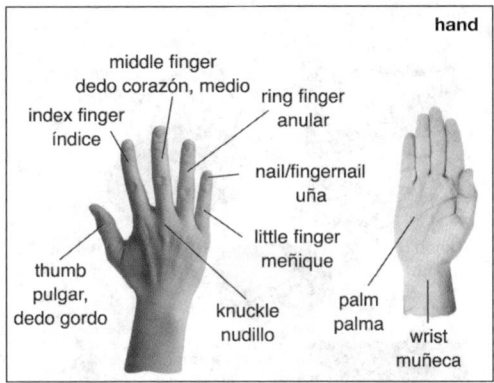

hand

middle finger
dedo corazón, medio
index finger
índice
ring finger
anular
nail/fingernail
uña
little finger
meñique
thumb
pulgar,
dedo gordo
knuckle
nudillo
palm
palma
wrist
muñeca

patas • **reject/dismiss sth out of hand** rechazar algo sin más • **be out of my/her hands** no estar en mis/sus manos ▶ ver nota en MANO

⚠ **On the other hand** se usa para introducir una idea contrapuesta a la anterior. No se usa cuando no hay contraste: *We cannot accept your suggestion. May we, however, thank you for writing* (✗ *On the other hand we thank you...*). *The students were fascinated by your talk. They also enjoyed the discussion afterward.* (✗ *On the other hand they enjoyed...*) *The organization helps sick children. It also helps children with no parents.* (✗ *On the other hand it helps...*)

hand² S1 W2 v [T] **hand sb sth** (tb **hand sth to sb**) entregarle algo a alguien, pasarle algo a alguien: *John handed me a letter.* John me entregó una carta. • *He handed the phone to his wife.* Le pasó el teléfono a su mujer.

EXPRESIONES
you have to hand it to sb (*oral*) hay que reconocérselo a alguien
hand sth ↔ **around** v+partíc ofrecer algo, repartir algo
hand sth ↔ **back** v+partíc devolver algo • **hand sth back to sb** (tb **hand sb sth back**) devolverle algo a alguien, regresarle algo a alguien
hand sth ↔ **down** v+partíc **1** [gralm en pasiva] legar algo, transmitir algo • **be handed down to sb** *The business was handed down to his son.* Le dejó la empresa en herencia a su hijo. • **be handed down from sb to sb** *a tradition handed down from generation to generation* una tradición transmitida de generación en generación **2** [gralm en pasiva] pasar algo (juguetes, ropa) **3** bajar algo (de un sitio alto) • **hand sth down to sb** (tb **hand sb down sth**) pasarle algo a alguien
hand sth ↔ **in** v+partíc entregar algo • **hand in your resignation/notice** presentar su renuncia
hand sth ↔ **out** v+partíc repartir algo • **hand out sth to sb** repartir algo a/entre alguien
hand over v+partíc **1 hand sth** ↔ **over** entregar algo (las armas, el dinero) **2 hand sb** ↔ **over** entregar a alguien • **hand sb over to sb** entregar a alguien a alguien **3 hand sth** ↔ **over** entregar algo (el poder, el mando) **4 hand over to sb** pasarle la palabra a alguien

hand·bag /'hændbæg/ s [C] bolso (de mujer) SIN **purse**

hand·ball /'hændbɔl/ s [U] **1** handball **2** frontón, pelota vasca

hand·book /'hændbʊk/ s [C] manual

hand·cuff /'hændkʌf/ v [T] esposar

hand·cuffs /'hændkʌfs/ s [pl] esposas (para encadenar)

hand·ful /'hændfʊl/ s **1** [C] puñado **2** [sing] **a handful of people/cars** un puñado de personas/unos pocos carros
EXPRESIONES
be a handful (*coloq*) dar mucho trabajo (niño)

'hand gre,nade s [C] granada (de mano)

hand·gun /'hændgʌn/ s [C] pistola

,hand-'held adj [gralm ante s] de mano, portátil

H

handles

handles
asas

knob
pomo

handle
mango

door handle
picaporte

handle
tirador

hand·held /ˈhændhɛld/ s [C] computador de mano, computadora de mano

hand·i·cap¹ /ˈhændiˌkæp/ s **1** [C,U] (antic) minusvalía, discapacidad SIN **disability 2** [C] desventaja **3** [C] (en golf) hándicap **4** [C] (en carreras de caballos) hándicap

handicap² v [T gralm en pasiva] (**handicapped, handicapping**) significar una desventaja para

hand·i·capped /ˈhændiˌkæpt/ adj (antic) **(a)** minusválido -a, discapacitado -a SIN **disabled (b) the handicapped** los minusválidos, los discapacitados SIN **the disabled**

⚠ La gente evita usar esta palabra porque es ofensiva. En su lugar se utiliza **disabled**, **challenged** o **impaired**, refiriéndose por ejemplo a alguien con una discapacidad física como **physically challenged** o **physically impaired**.

hand·i·craft /ˈhændiˌkræft/ (tb **craft**) s **1** [C,U] manualidades, artesanía(s) **2** [C gralm pl] artesanía (objeto): *local handicrafts* artesanías locales

hand·i·work /ˈhændiˌwɔ˞k/ s [U] **1** obra (de artesanía), trabajo **2** obra (cosa hecha): *The explosion looks like the handiwork of terrorists.* La explosión parece obra de terroristas.

hand·ker·chief /ˈhæŋkɚtʃɪf, -ˌtʃif/ s [C] pañuelo (de tela)

han·dle¹ S1 W2 /ˈhændl/ v

1 una situación, un problema
2 un trabajo, un caso
3 a una persona
4 con las manos
5 carro, vehículo
6 una pelota, un caballo
7 productos

1 UNA SITUACIÓN, UN PROBLEMA [T] manejar, llevar (un asunto, una situación), ocuparse de, resolver (un problema), soportar (la presión): *He handled the situation very well.* Manejó muy bien la situación. SIN **deal with**

2 UN TRABAJO, UN CASO [T] encargarse de, ocuparse de: *The case is being handled by a top lawyer.* Un abogado de primera línea se está ocupando del caso. SIN **deal with**

3 A UNA PERSONA [T] tratar SIN **deal with**

4 CON LAS MANOS [T] tocar, manipular • **"handle with care"** "frágil"

5 CARRO, VEHÍCULO [I] responder

6 UNA PELOTA, UN CABALLO [T] manejar, llevar

7 PRODUCTOS [T] comerciar con, trabajar (con) • **handle stolen goods** comerciar con mercancía robada

handle² S3 s [C]
1 picaporte, manija, pomo (de una puerta, ventana), tirador (de un cajón) • **turn the handle** girar el picaporte/la manija
2 asa (de una taza, un bolso), mango (de una sartén, un cuchillo)

EXPRESIONES
get a handle on sth entender algo • **have a handle on sth** entender/dominar algo ▶ FLY off the handle

han·dle·bars /ˈhændlˌbɑrz/ s [pl] (tb **handlebar** [C]) manubrio

han·dler /ˈhændlɚ/ s [C] **1** cargador -a, manipulador -a de carga (de transporte aéreo) • **baggage handler** equipajero -a, maletero -a • **cargo/freight handler** cargador -a, estibador -a **2** adiestrador -a (de animales) **3 food handler** manipulador -a de alimentos, preparador -a de comida **4** mánager, apoderado -a

hand·made /ˌhændˈmeɪd◄/ adj hecho -a a mano

ˈhand-me-ˌdown s [C gralm pl] prenda heredada (de un hermano, primo)

hand·out /ˈhændaʊt/ s [C] **1** ayuda, limosna **2** documento, notas (distribuido entre asistentes a un curso, etc.)

hand·o·ver /ˈhændˌoʊvɚ/ s [C gralm sing] **1** transferencia, traspaso (de poderes) **2** entrega ▶ HAND over

hand·picked /ˌhændˈpɪkt◄/ adj cuidadosamente seleccionado -a (equipo)

hand·rail /ˈhændreɪl/ s [C] baranda, pasamano

hand·set /ˈhændsɛt/ s [C] **1** auricular, bocina (del teléfono) **2** aparato (de telefonía celular)

hand·shake /ˈhændʃeɪk/ s [C] **1** apretón de manos **2** (técn) protocolo de establecimiento de comunicación (entre módems, fax)

ˈhands-off adj [solo ante s] de no intervención, no intervencionista

hand·some /ˈhænsəm/ adj **1** guapo, buen mozo (hombre) ▶ ver nota en GOOD-LOOKING **2** con mucha presencia (mujer) **3** [solo ante s] generoso -a, abultado -a (suma de dinero) **4** [gralm ante s] imponente, magnífico -a (edificio)

EXPRESIONES
a handsome victory una amplia victoria

ˈhands-on adj **1** [solo ante s] práctico -a (experiencia) **2** que participa en todas las actividades, que delega poco (jefe, gerente): *She's much more hands-on than our old boss.* Delega mucho menos que el jefe anterior.

hand·stand /ˈhændstænd/ s [C] **do a handstand** pararse en las manos, hacer la vertical

ˌhand to ˈhand adv cuerpo a cuerpo (pelear)

ˌhand-to-ˈhand adj cuerpo a cuerpo (combate)

ˌhand to ˈmouth adv al día (vivir)

ˌhand-to-ˈmouth adj [gralm ante s] precario -a

hand·writ·ing /ˈhændˌraɪtɪŋ/ s [U] letra, caligrafía • **in his/your handwriting** de su/tu puño y letra

hand·writ·ten /ˌhændˈrɪt ̄n◄/ adj manuscrito -a, escrito -a a mano

hand·y S3 /ˈhændi/ adj (**handier, handiest**)
1 útil • **handy for (doing) sth** útil para (hacer) algo
2 (coloq) a (la) mano, cerca • **have/keep sth handy** tener algo a (la) mano
3 [gralm no ante s] habilidoso -a

EXPRESIONES
come in handy venir bien

hand·y·man /ˈhændiˌmæn/ s [C] (pl **handymen** /-ˌmɛn/) **1** persona que se dedica a hacer trabajos de carpintería, albañilería, etc. **2** persona habilidosa para efectuar reparaciones en su casa: *I'm not much of a handyman.* No me doy mucha maña para los trabajos y reparaciones de la casa.

hang¹ `S1` `W1` /hæŋ/ *v* (**hung** /hʌŋ/)
1 [I siempre + adv/prep, T] (de un extremo) colgar: *Can I hang my coat here?* ¿Puedo colgar aquí el abrigo? • **hang from sth** colgar/pender de algo: *A lamp hung from the ceiling.* Del techo colgaba una lámpara. • **hang sth on sth** colgar algo de/en algo
2 [I siempre + adv/prep, T] (en la pared) colgar: *She hung the painting in the hall.* Colgó el cuadro en el pasillo. • **hang on the wall** estar colgado -a en la pared
3 [T gralm en pasiva] (**hanged**) colgar, ahorcar • **be hanged for sth** ser colgado -a por algo • **hang yourself** ahorcarse
4 [T] colocar (papel de empapelar)
5 [I siempre + adv/prep] flotar: *The smell of cooking hung in the air.* El olor a comida flotaba en el aire.

EXPRESIONES
hang in the balance estar en el aire • **hang fire** esperar • **hang (on) in there** aguantar, seguir adelante • **hang a right/left** (*coloq*) girar a la derecha/izquierda • **hang by a thread** pender de un hilo
hang around *v+partíc* **1** estar en un lugar sin hacer nada concreto: *They just hang around the mall all day.* Andan todo el día dando vueltas por el centro comercial. **2** andar juntos -as • **hang around with sb** andar/juntarse con alguien
hang back *v+partíc* **1** no avanzar, no acercarse **2** mostrarse reticente, abstenerse
hang on *v+partíc* **1 hang on** agarrarse (fuerte) • **hang on to sb/sth** agarrarse a alguien/de algo `SIN` **hold on 2 hang on** aguantar, resistir **3 hang on sth** depender de algo `SIN` **depend on 4 hang on!** (*oral*) ¡espera! • **hang on a minute/second** esperar un momento/un segundo `SIN` **hold on 5 hang on his/her every word** estar pendiente de cada una de sus palabras
hang on to sth *v+partíc* conservar algo, quedarse con algo
hang out *v+partíc* **1 hang out** (*coloq*) pasar el rato, entretenerse **2 hang out** (*coloq*) andar juntos -as • **hang out with sb** andar/juntarse con alguien • **hang out together** andar juntos -as **3 hang sth ↔ out** tender algo (la ropa lavada) • **hang sth out to dry** poner a secar algo **4 hang sb out to dry** dejar a alguien colgado -a de la percha, dejar a alguien abandonado -a **5 let it all hang out** (*coloq*) pasarla bien
hang over sb/sth *v+partíc* pender sobre alguien/algo
hang together *v+partíc* tener coherencia
hang up *v+partíc* **1 hang up** colgar/cortar (el teléfono) • **hang up on sb** colgarle (el teléfono) a alguien **2 hang up the phone** colgar/cortar el teléfono **3 hang sth ↔ up** colgar algo (una prenda) **4 be hung up on sth** (*oral*) estar obsesionado -a con algo

hang² `S1` *s* **get the hang of sth** (*coloq*) agarrarle el tiro a algo, tomarle la mano a algo

hang·ar /'hæŋə, 'hæŋgə/ *s* [C] hangar

hang·dog /'hæŋdɔg/ *adj* avergonzado -a

hang·er /'hæŋə/ *s* [C] (tb **coat hanger**, **clothes hanger**) gancho (para ropa)

hanger-'on *s* [C] (pl **hangers-on**) (*peyor*, *coloq*) adlátere

'hang glider *s* [C] ala delta

'hang gliding *s* [U] vuelo en ala delta

hang·ing /'hæŋɪŋ/ *s* **1** [C,U] (ejecución en la) horca, ahorcamiento **2** [C] tapiz

hang·man /'hæŋmən/ *s* (pl **hangmen** /-mən/) **1** [C] verdugo (ejecutor) **2** [U] el ahorcado (juego)

hang·nail /'hæŋneɪl/ *s* [C] padrastro (en una uña)

hang·out /'hæŋaʊt/ *s* [C] (*coloq*) punto de reunión (de intelectuales, jóvenes)

hang·o·ver /'hæŋ,oʊvə/ *s* [C] **1** guayabo, cruda (por alcohol) • **have a hangover** tener guayabo, estar con cruda **2 a hangover from sth** un legado de algo, un vestigio de algo

'hang-up *s* [C] (*coloq*) **1** complejo, trauma • **have a hang-up (about sth)** tener un complejo/trauma (con algo) **2** problema, inconveniente (que provoca una demora)

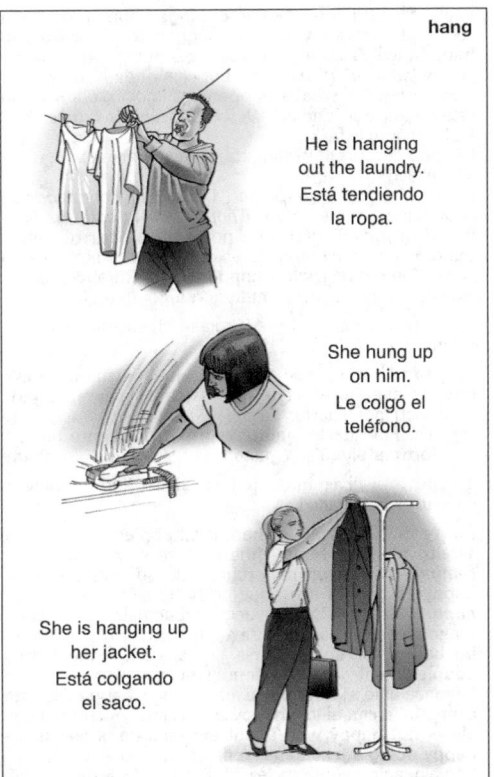

hang

He is hanging out the laundry.
Está tendiendo la ropa.

She hung up on him.
Le colgó el teléfono.

She is hanging up her jacket.
Está colgando el saco.

hank·er /'hæŋkə/ *v*
hanker for sth *v+partíc* (tb **hanker after sth**) ansiar algo, anhelar algo

han·ker·ing /'hæŋkərɪŋ/ *s* [C gralm sing] ansia, anhelo • **a hankering for/after sth** un ansia de algo • **have a hankering to do sth** anhelar hacer algo

han·kie, hanky /'hæŋki/ *s* [C] (*coloq*) pañuelo (de tela) `SIN` **handkerchief**

han·ky-pan·ky /ˌhæŋki 'pæŋki/ *s* [U] (*hum*) **1** aventura (sexual) **2** tejemanejes

Ha·nuk·kah, Chanukah /'hɑnəkə/ *s* Januká, Janucá (festividad judía en que durante ocho días de noviembre o diciembre se encienden ocho luces para conmemorar la purificación del templo en 165 a. C.)

hap·haz·ard /ˌhæp'hæzəd/ *adj* (*peyor*) poco sistemático -a, desorganizado -a

hap·haz·ard·ly /hæp'hæzədli/ *adv* (*peyor*) de cualquier manera, desorganizadamente

hap·less /'hæplɪs/ *adj* [solo ante s] (*escrito*) desafortunado -a

hap·pen `S1` `W1` /'hæpən/ *v* [I]
1 (suceder) pasar, ocurrir: *What happened next?* ¿Y qué pasó después? • *These incidents happen all the time.* Estos incidentes ocurren constantemente. • **whatever happens** pase lo que pase
2 (ser resultado) pasar, ocurrir: *What happens if you press this button?* ¿Qué pasa si aprietas este botón? • *When I turn the key, nothing happens.* Cuando giro la llave, no pasa nada. ▸ **ACCIDENTS (will) happen**

EXPRESIONES
anything can happen puede pasar cualquier cosa • **happen to be/do sth** (*oral*) (**a**) (indicando casualidad) *She happened to be out when I called.* Dio la casualidad de que cuando llamé había salido. (**b**) (expresando enfado) *This happens to be my house!* ¡Da la casualidad de que esta es mi casa! • **it just so happens (that)...** (tb **as it happens...**) (*oral*) da la casualidad de

que..., casualmente,... • **these things happen** (*oral*) son cosas que pasan • **you don't happen to...?** (tb **do you happen to...?**) (*oral*) por casualidad, ¿no...?: *Do you happen to know what time it is?* Por casualidad, ¿no sabrás qué hora es? • **what's happening?** (*coloq, oral*) ¿cómo estás?, ¿en qué andas?: *Hey man, what's happening?* Hola, ¿cómo estás?

happen on sb/sth *v+partíc* toparse con alguien/algo (de casualidad)

happen to sb/sth *v+partíc* **1** pasarle a alguien/algo, ocurrirle a alguien/algo: *I hope nothing bad has happened to him.* Espero que no le haya ocurrido nada malo. • *A strange thing happened to me.* Me pasó algo raro. **2** **whatever/what happened to sth/sb?** ¿qué ha sido de algo/alguien?, ¿dónde está algo/alguien?

hap·pen·ing /'hæpənɪŋ/ *s* [C gralm pl] suceso, acontecimiento

hap·pi·ly /'hæpəli/ *adv* **1** alegremente, felizmente • **live happily ever after** vivir felices para siempre **2** [adv oracional] por suerte: *Happily, no one was seriously injured.* Por suerte, nadie resultó gravemente herido. SIN **fortunately** **3** con gusto, de buena gana SIN **gladly**

hap·pi·ness /'hæpɪnɪs/ *s* [U] felicidad • **find happiness** encontrar la felicidad

hap·py S1 W1 /'hæpi/ *adj* (**happier, happiest**)
1 feliz, alegre • **happy (that)** *We're so happy you're coming!* ¡Nos alegramos mucho de que vengan! • **be happy to do sth** alegrarse de hacer algo: *He'll be so happy to see you.* Se va a alegrar muchísimo de verte. • **make sb happy** hacer feliz a alguien, alegrar a alguien • **be happy for sb** alegrarse por alguien • **the happy couple** la feliz pareja ► ver nota en CONTENTO
2 [nunca ante s] contento -a, conforme • **happy with sth** contento -a con algo • **happy about sth** contento -a con algo • **not happy with/about sth** molesto -a por algo • **happy doing sth** contento -a de hacer algo
3 [gralm ante s] (que da felicidad) feliz: *the happiest day of my life* el día más feliz de mi vida • **a happy ending** un final feliz
4 [solo ante s] (oportuno) feliz: *a happy coincidence* una feliz coincidencia

EXPRESIONES
be happy to do sth hacer algo con gusto: *I'd be happy to help.* Ayudaría con gusto. • **Happy Birthday** Feliz cumpleaños • **Happy New Year /Thanksgiving/ Hannukah** Feliz Año Nuevo/Día de Acción de Gracias/ Januká

happy-go-'lucky *adj* despreocupado -a

'happy hour *s* [C,U] hora feliz, happy hour (en un bar)

ha·rangue¹ /hə'ræŋ/ *v* [T] sermonear, cantaletear

harangue² *s* [C] sermón, cantaleta

ha·rass /hə'ræs, 'hærəs/ *v* [T] **1** acosar • **sexually harass sb** acosar sexualmente a alguien **2** darle la lata a

har·assed /'hærəst, hə'ræst/ *adj* agobiado -a

ha·rass·ment /hə'ræsmənt, 'hærəs-/ *s* [U] acoso • **sexual/racial harassment** acoso sexual/racial

har·bin·ger /'hɑrbɪndʒər/ *s* [C] (*liter*) presagio

har·bor¹ /'hɑrbər/ *s* [C] puerto, ensenada

harbor² *v* [T] **1** albergar (dudas, sospechas) • **harbor a grudge (against sb)** guardar rencor (a alguien) **2** (*frml*) contener (gérmenes), ser portador de (una enfermedad) **3** dar refugio a (un delincuente)

har·bour /'hɑrbər/ *s, v* variante británica de HARBOR

hard¹ S1 W1 /hɑrd/ *adj*

1 al tacto
2 para la mente, la destreza
3 de mucho esfuerzo
4 época, situación
5 información
6 voz, expresión
7 invierno
8 empujón, golpe

1 **AL TACTO** duro -a: *a hard wooden chair* una silla dura de madera ANT **soft**
2 **PARA LA MENTE, LA DESTREZA** difícil • **be hard to do** ser difícil de hacer: *The print was hard to read.* La letra era muy difícil de leer. • **it is hard to do sth** es difícil hacer algo, cuesta hacer algo: *It was hard to concentrate.* Era difícil concentrarse. • **it is hard for sb to do sth** (tb **sth is hard for sb to do**) a alguien le cuesta hacer algo • **have a hard time doing sth** *You'll have a hard time persuading her.* Te va a costar convencerla. • **have a hard time of it** tener dificultades • **it's hard to believe (that)** cuesta creer que • **I find it hard to believe (that)** me cuesta creer que • **it's hard to tell/say** es difícil saber
3 **DE MUCHO ESFUERZO** [gralm ante s] **hard work** mucho trabajo: *I want to thank you for all your hard work.* Quiero agradecerles a todos lo mucho que han trabajado. • *It was hard work persuading him.* Costó mucho convencerlo. • **a hard day** un día duro, un día de mucho trabajo
4 **ÉPOCA, SITUACIÓN** duro -a, difícil • **a hard life** una vida difícil, una vida muy dura • **have a hard time** (tb **have a hard time of it**) pasarlo mal • **times are hard** son malos tiempos, son tiempos difíciles
5 **INFORMACIÓN** concreto -a • **hard evidence/facts** pruebas concluyentes/datos concretos
6 **VOZ, EXPRESIÓN** duro -a
7 **INVIERNO** crudo -a
8 **EMPUJÓN, GOLPE** [gralm ante s] fuerte • **a hard kick/slap** una patada/bofetada fuerte ► DRIVE **a hard bargain**

EXPRESIONES
be hard on sb (a) ser muy duro para alguien (b) ser duro -a con alguien • **be hard on sth** ser malo para algo: *Standing up all day is hard on your feet.* Estar de pie todo el día es malo para los pies. • **no hard feelings** (*oral*) *No hard feelings, okay?* Hagamos las paces, ¿de acuerdo? • **hard going** (a) pesado -a, aburrido -a (b) arduo -a, complicado -a • **give sb a hard time (about sth)** hacerle pasar un mal rato a alguien (por algo) • **a hard line** una línea dura, una política de mano dura • **take a hard line (on sth)** ser muy duro -a (con algo) • **hard luck** mala suerte • **learn sth the hard way** aprender algo a fuerza de cometer errores

hard² S1 W2 *adv* (**harder, hardest**)
1 **work hard** trabajar mucho • **try hard** esforzarse (mucho) • **think long and hard** pensarlo mucho
2 con fuerza, fuerte
3 a mares (llorar), con ganas (reírse)
4 **set hard** fraguar, secarse (cemento) • **freeze hard** congelarse ► HARD UP, HARD-PRESSED, **hard on sb's HEELS**, **hard on the HEELS of sth**

EXPRESIONES
be/feel hard done by ser/sentirse tratado -a injustamente • **be hard pushed/pressed/put to do sth** *You'd be hard pushed to find anyone who is better at the job than he is.* Te va a costar encontrar a alguien que haga las cosas mejor que él. • **take sth hard** tomarse algo mal

hard-and-'fast *adj* [gralm ante s] inamovible, inflexible (opiniones, límites), irrefutable (prueba) • **hard-and-fast rules** normas estrictas

hard·back¹ /'hɑrdbæk/ *adj* [gralm ante s] de tapa dura, de pasta dura

hardback² *s* **1** [C] libro de tapa dura, libro de pasta dura **2** [U] **in hardback** en tapa dura, en pasta dura

hard·ball¹ /'hɑrdbɔl/ *s* [U] **1** béisbol, beisbol **2** **play hardball (with sb)** (*coloq*) ser implacable (con alguien) (en política, negocios): *He is always ready to play hardball when fighting for what he thinks is right.* Está preparado a recurrir a lo que sea cuando lucha por lo que considera correcto.

hardball² *adj* [solo ante s] duro -a, despiadado -a (campaña, política)

hard·board /'hɑrdbɔrd/ *s* [U] cartón madera

hard-'boiled *adj* **1** *a hard-boiled egg* un huevo duro ► SOFT-BOILED **2** (*coloq*) duro -a (de carácter)

hard 'cash *s* [U] (dinero en) efectivo

hard ,copy *s* [C,U] copia impresa

hard core *s* **1** [sing] núcleo duro (de un grupo) **2** [sing] grupo de incondicionales, grupo irreductible

hard·core, hard-core /'hɑrdkɔr/ *adj* **1** [solo ante s] acérrimo -a, a ultranza (enemigo, crítico, racista), empedernido -a (drogadicto, delincuente) **2** duro -a, explícito -a (pornografía)

hard·cov·er¹ /'hɑrd,kʌvər/ *adj* [gralm ante s] de tapa dura, de pasta dura SIN **hardback** ▶ PAPERBACK

hardcover² *s* [C] libro de tapa dura, libro de pasta dura • **in hardcover** en tapa dura, en pasta dura SIN **hardback** ▶ PAPERBACK

hard 'currency *s* [C,U] moneda fuerte, divisa fuerte

hard 'disk *s* [C] disco duro

hard·en /'hɑrdn/ *v* **1** [I,T] (arcilla, metal) endurecer(se) **2** [I,T] (actitudes, oposición) endurecer(se) **3** [I] (tono, expresión) endurecerse ANT **soften**

hard·ened /'hɑrdnd/ *adj* **1** [solo ante s] curtido -a, experimentado -a **2** [solo ante s] empedernido -a: *hardened criminals* delincuentes reincidentes **3** **become hardened to sth** acostumbrarse a algo

hard-'headed *adj* **1** (*aprec*) práctico -a, realista **2** (*peyor*) testarudo -a, terco -a

hard-'hearted *adj* (*peyor*) despiadado -a, insensible

hard-'hitting *adj* contundente (informe, mensaje)

hard-'line *adj* (*peyor*) radical, extremista ▶ **take a HARD line (on sth)**

hard·lin·er /,hɑrd'laɪnər/ *s* [C] (*peyor*) radical, extremista

hard·ly S2 W2 /'hɑrdli/ *adv* **1** (en grado, cantidad) apenas, casi no: *I hardly know my neighbors.* Apenas conozco a mis vecinos. • *The injury was hardly more than a scratch.* La herida era poco más que un rasguño. • **can/could hardly** *Ben was so tired he could hardly walk.* Ben estaba tan cansado que apenas podía caminar. • *I can hardly remember what happened.* Casi no recuerdo lo que ocurrió. • **hardly any** casi ningún/ninguna: *She's done hardly any work today.* Hoy no ha hecho casi nada. • **hardly anything** casi nada: *Hardly anything has changed in ten years.* En diez años, no ha cambiado casi nada. • **hardly anyone/anybody** casi nadie: *Hardly anyone sends me letters.* Casi nadie me escribe. • **hardly ever** casi nunca: *It hardly ever snows here.* Aquí no nieva casi nunca. • **hardly even** apenas si: *She hardly even looked at me.* Apenas si me miró. • **hardly at all** apenas: *The train was hardly moving at all.* El tren apenas se movía. **2** (para enfatizar) *He was hardly a good choice as leader.* No era precisamente una buena elección como líder. • **hardly surprising** *It's hardly surprising that he refused.* No es de extrañar que se negara. • **can/could hardly** *You can hardly blame her for being angry.* Es normal que se enfade. • **hardly the time/place** *This is hardly the place to discuss private matters.* Éste no es sitio para hablar de cosas privadas. • **hardly!** ¡no creo! **3** (en el tiempo) apenas: *The day had hardly begun and I was exhausted.* El día apenas había empezado y yo ya estaba agotada.

EXPRESIONES
hardly a day/week/month goes by without sth apenas pasa un día/una semana/un mes sin algo

hard·ness /'hɑrdnɪs/ *s* [U] dureza ANT **softness**

hard-'nosed *adj* [gralm ante s] duro -a (persona, actitud)

hard of 'hearing *adj* [nunca ante s] **(a)** con dificultades auditivas **(b) the hard of hearing** [pl] personas con dificultades auditivas

hard-'pressed *adj* [solo ante s] sin recursos (familia), falto -a de tiempo (profesional)

hard·ship /'hɑrd,ʃɪp/ *s* **1** [U] privaciones, penurias • **suffer hardship** pasar privaciones/penurias • **it is no hardship** no cuesta nada **2** [C] privación, penuria

hard 'up, hard-up *adj* (*coloq*) **1** mal de dinero/plata • **be hard up** andar mal de dinero **2** [nunca ante s] desesperado -a, necesitado -a

hard·ware /'hɑrdwɛr/ *s* [U] **1** hardware, equipos informáticos ▶ SOFTWARE **2** artículos de ferretería • **hardware store** ferretería **3** equipos (militares)

hard-'wearing *adj* resistente, duradero -a

hard·wood /'hɑrdwʊd/ *s* [C,U] madera noble

hard-'working *adj* (*aprec*) trabajador -a

har·dy /'hɑrdi/ *adj* (**hardier**, **hardiest**) **1** fuerte (animal, persona) **2** resistente (planta)

hare /hɛr/ *s* [C] liebre

hare·brained /'hɛrbreɪnd/ *adj* descabellado -a, disparatado -a

hare·lip /'hɛr,lɪp/ *s* [sing] labio leporino

har·em /'hɛrəm, 'hærəm/ *s* [C] harén

hark /hɑrk/ *v* [I] (*antic*) escuchar
hark back to sth *v+partíc* **1** andar recordando algo, añorar algo **2** evocar algo, recordar algo

harm¹ /hɑrm/ *s* [U] daño, mal • **do harm** hacer daño, hacer mal

EXPRESIONES
come to no harm (tb **not come to any harm**) salir ileso -a • **do more harm than good** hacer más mal que bien • **it wouldn't do sb any harm to do sth** (*oral*) a alguien no le vendría nada mal hacer algo • **I/he meant no harm** (tb **I/he didn't mean any harm**) no lo hice/hizo con mala intención • **no harm done** (*oral*) no ha pasado nada • **out of harm's way (a)** a salvo **(b)** en un sitio seguro • **there's no harm in doing sth** (tb **it does no harm to do sth**) (*oral*) con hacer algo no se pierde nada: *There's no harm in trying.* Con probar no se pierde nada.

harm² *v* [T] **1** dañar, perjudicar (el medio ambiente, la reputación, etc.) **2** hacerle daño a, lastimar (una persona, un animal)

harm·ful /'hɑrmfəl/ *adj* perjudicial, nocivo -a • [+to]: *chemicals that are harmful to the environment* sustancias químicas perjudiciales para el medio ambiente • **harmful effects** efectos nocivos/perjudiciales

harm·less /'hɑrmlɪs/ *adj* **1** inocuo -a (sustancia), inofensivo -a (persona, animal) **2** inocente (broma, diversión)

har·mon·i·ca /hɑr'mɑnɪkə/ *s* [C] armónica SIN **mouth organ**

har·mo·ni·ous /hɑr'moʊniəs/ *adj* **1** (relación) armónico -a **2** (música) armónico -a

har·mo·nize /'hɑrmə,naɪz/ *v* **1** [I] armonizar, estar en armonía (colores, muebles) • **harmonize with sth** armonizar con algo **2** [T] compatibilizar, armonizar (una ley, normas) **3** [I] cantar armónicamente, sonar en armonía

har·mo·ny /'hɑrməni/ *s* (pl **harmonies**) **1** [U] (entre personas) armonía • **live in harmony** vivir en armonía • **in harmony with sb/sth** en armonía con alguien/algo **2** [C,U] (en música) armonía • **in harmony** armónicamente **3** [U] (entre objetos) **be in harmony with sth** armonizar con algo

har·ness¹ /'hɑrnɪs/ *s* [C,U] **1** arnés (para un caballo) **2** arnés (para personas): *a safety harness* un arnés de seguridad

EXPRESIONES
in harness en equipo

harness² *v* [T] **1** (la energía, el viento) aprovechar **2** (el talento, la creatividad) aprovechar **3** ponerle el arnés a

harp¹ /hɑrp/ *s* [C] arpa

harp² *v*
harp on about sth *v+partíc* insistir en algo

harp·ist /'hɑrpɪst/ *s* [C] arpista

har·poon¹ /hɑr'pun/ *s* [C] arpón

harpoon² *v* [T] arponear

harp·si·chord /'hɑrpsɪ,kɔrd/ *s* [C] clavicémbalo, clavecín

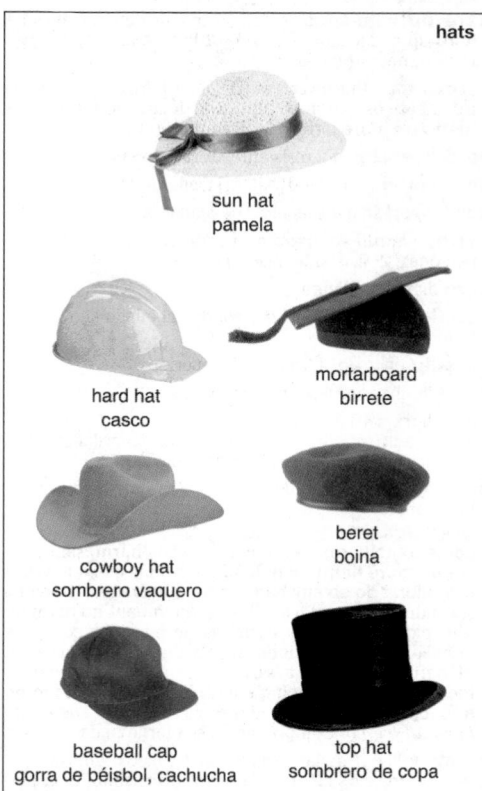

hats

sun hat
pamela

hard hat
casco

mortarboard
birrete

cowboy hat
sombrero vaquero

beret
boina

baseball cap
gorra de béisbol, cachucha

top hat
sombrero de copa

har·row /'hærou/ s [C] rastra

har·row·ing /'hærouɪŋ/ adj espeluznante, desgarrador -a

harsh /hɑrʃ/ adj **1** duro -a (condiciones, clima), crudo -a (invierno) **2** duro -a, severo -a (castigo, críticas) **3** duro -a, crudo -a (realidad, verdad): *the harsh realities of life* la cruda realidad de la vida **4** fuerte, áspero -a (luz, sonido, voz)

harsh·ly /'hɑrʃli/ adv **1** con dureza (tratar), de manera cortante (decir) **2** de manera desagradable

harsh·ness /'hɑrʃnɪs/ s [U] **1** dureza, rigor **2** dureza, severidad

har·vest¹ /'hɑrvɪst/ s [C,U] cosecha • **the potato/wheat harvest** la cosecha de papas/trigo • **a good/poor harvest** una buena/mala cosecha

harvest² v [I,T] cosechar

har·vest·er /'hɑrvɪstər/ s [C] cosechadora (máquina)

has /əz, həz; *fuerte* hæz/ 3ª pers sing del presente de HAVE

'has-been s [C] (coloq) vieja gloria

hash /hæʃ/ s [U] **1** plato de carne cocida y papas mezclados y luego fritos **2** (coloq) hachís
EXPRESIONES
make a hash of sth hacer una chambonada con algo, hacer muy mal algo

hash 'browns s [pl] tortillas delgadas de papa fritas en aceite

hash·ish /'hæʃiʃ, hæ'ʃiʃ/ s [U] hachís

has·n't /'hæzənt/ *contrac de* **has not**

has·sle¹ /'hæsəl/ s (coloq) **1** [C,U] fastidio, lata, lío: *I don't want any hassle.* No quiero líos. **2** [C] discusión

hassle² v [T] (coloq) dar la lata a • **hassle sb for sth** dar la lata a alguien pidiendo algo • **hassle sb to do sth** dar la lata a alguien para que haga algo

has·sock /'hæsək/ s [C] **1** cojín (para arrodillarse en la iglesia) **2** escabel

haste /heɪst/ s [U] (frml) prisa, apuro • **in haste** apresuradamente
EXPRESIONES
haste makes waste de la carrera no queda más que el cansancio

has·ten /'heɪsən/ v (frml) **1** [T] acelerar, precipitar **2 hasten to do sth** apresurarse a hacer algo • **hasten to add** apresurarse a agregar

hast·i·ly /'heɪstəli/ adv (frml) precipitadamente, rápidamente

hast·y /'heɪsti/ adj (**hastier**, **hastiest**) **1** precipitado -a (decisión, partida), rápido -a (mirada) **2 be hasty** precipitarse

hat S2 W2 /hæt/ s [C] sombrero, gorro: *a straw hat* un sombrero de paja • *a fur hat* un gorro de piel ▶ **do something at the DROP of a hat, I'll EAT my hat, OLD HAT, TOP HAT**
EXPRESIONES
be drawn/picked out of a hat salir sorteado -a • **keep something under your hat** (coloq) mantener algo en secreto • **I take my hat off to sb** (tb **hats off to sb**) (coloq) me quito el sombrero ante alguien • **wearing my manager's/teacher's hat** (tb **with my manager's/teacher's hat on**) en mi condición de gerente -a/profesor -a, como gerente -a/profesor -a

hatch¹ /hætʃ/ v **1** [I] (tb **hatch out**) romperse (huevo con polluelo) **2** [I] (tb **hatch out**) salir del cascarón/huevo, nacer (cría, polluelo) **3** [T] empollar (gallina), poner en una incubadora (criador) **4** [T] **hatch a plot/plan/idea** tramar una conspiración/trazar un plan/concebir una idea

hatch² s [C] **1** escotilla (de un barco), puerta (de un avión) **2** pasaplatos, ventanilla (entre la cocina y el comedor)

hatch·back /'hætʃbæk/ s [C] carro con quinta puerta, auto con puerta trasera

hatch·er·y /'hætʃəri/ s [C] (pl **hatcheries**) criadero, vivero

hatch·et /'hætʃɪt/ s [C] hacha (pequeña) ▶ **BURY the hatchet**

'hatchet job s [C] (coloq) artículo, programa, etc., en que se critica a alguien despiadadamente • **do a hatchet job on sb** dejar por los suelos a alguien

hate¹ S1 W2 /heɪt/ v [T nunca en forma continua] **1** (coloq) (una cosa) odiar, detestar • **hate doing sth** (tb **hate to do sth**) odiar hacer algo, no soportar hacer algo: *Paul hates having his picture taken.* Paul odia que le saquen fotos. • **hate it when** odiar que, no soportar que: *I hate it when you speak to me like that.* No soporto que me hables de esa manera. • **hate sb doing sth** no soportar que alguien haga algo ANT **love** **2** (a una persona) odiar ANT **love**
EXPRESIONES
I'd hate to do sth (oral) no querría hacer algo • **I'd hate sb/sth to do sth** (oral) no querría que alguien/algo hiciera algo: *I'd hate him to think I wasn't interested.* No querría que pensara que no me interesa. • **I'd hate to think (that)...** (oral) no quisiera pensar que...: *I'd hate to think I'd never see her again.* No quisiera pensar que nunca la voy a volver a ver. • **I hate to ask/interrupt** (oral) siento pedir/interrumpir • **I hate to say/admit it, but...** (oral) siento tener que decirlo/reconocerlo, pero... • **I hate to think what/how/where** (oral) no quiero ni pensar en lo que/en cómo/en dónde: *I hate to think what might have happened.* No quiero ni pensar en lo que podría haber ocurrido. • **hate sb's guts** (coloq) no poder ni ver a alguien

hate² s [U] odio ANT **love**

'hate crime s [U] delito de carácter xenófobo, homófobo, racista, etc.

hat·ed /'heɪtɪd/ adj [solo ante s] odiado -a

hate·ful /'heɪtfəl/ adj (antic) **1** odioso -a, desagradable **2** lleno -a de odio

'hate mail s [U] cartas con insultos/amenazas

hat·pin /ˈhætˌpɪn/ s [C] alfiler de sombrero

ha·tred /ˈheɪtrɪd/ s [C,U] odio • **hatred of/for sth/sb** odio hacia algo/alguien • **racial/religious hatred** odio racial/ religioso

'hat trick s [C] tres goles (por un mismo jugador)

haugh·ti·ly /ˈhɔːtəli/ adv con altanería

haugh·ty /ˈhɔːti/ adj (**haughtier, haughtiest**) altanero -a

haul¹ S3 /hɔːl/ v [T]
1 acarrear, arrastrar: *She hauled buckets of water from the spring.* Acarreaba cubetas de agua desde el manantial. ▸ ver nota en PULL
2 haul yourself out of bed/the water salir a duras penas de la cama/del agua

EXPRESIONES
be hauled before sb (tb **be hauled up in front of sb**) (*coloq*) ser obligado -a a comparecer ante alguien, ser llevado -a ante alguien
haul in v+*partíc* **1 haul sth** ↔ **in** recoger algo (las redes, el ancla) **2 haul in sth** (*coloq*) embolsarse algo (mucho dinero) **3 haul sb** ↔ **in** (*coloq*) detener a alguien, llevarse detenido -a a alguien
haul off v+*partíc* **1 haul sth** ↔ **off** llevarse a alguien (a la cárcel, la comisaría) **2 haul off and hit/kick sb** (*coloq*) golpear a alguien

haul² s [C] **1** botín **2** pesca (peces capturados) ▸ **LONG-HAUL**

EXPRESIONES
a long haul (a) un largo trecho **(b)** una tarea ardua • **over the long haul** a largo plazo

haul·age /ˈhɔːlɪdʒ/ s [U] transporte de mercancías (en camiones, trenes)

haunch /hɔːntʃ, hɑːntʃ/ s [C gralm pl] **1** pierna (de venado, cordero), anca (de caballo) **2 haunches** [pl] cadera • **sit on your haunches** ponerse/sentarse en cuclillas

haunt¹ /hɔːnt, hɑːnt/ v [T] **1** [gralm en pasiva] rondar (fantasma) **2** perseguir, obsesionar (recuerdo, pensamiento)

EXPRESIONES
come back/return to haunt sb (volver para) pasarle factura a alguien

haunt² s [C] lugar predilecto

haunt·ed /ˈhɔːntɪd, ˈhɑːn-/ adj encantado -a, embrujado -a

EXPRESIONES
a haunted expression/look una expresión/mirada de angustia

haunt·ing /ˈhɔːntɪŋ, ˈhɑːn-/ adj (*aprec*) evocador -a: *a haunting melody* una melodía que sigue resonando en la memoria

have¹ S1 W1 /əv, həv; *fuerte* hæv/ v aux (**had**, 3ª pers sing **has**) ▸ Para aquellos casos en que **have** se usa con otros verbos auxiliares (**could have, might have, must have, should have**), consúltese el verbo que corresponda.
1 (en tiempos perfectos) haber: *Our guests have arrived.* Nuestros invitados han llegado. • *Has anyone phoned?* ¿Llamó alguien? • *"Have you read the instructions?" "Of course I have!"* –¿Leíste las instrucciones? –¡Por supuesto! • *You haven't done much work today, have you?* Hoy no has trabajado mucho, ¿no? • *I hadn't flown in a plane before.* No había volado antes en avión. • *We've been looking for you all morning.* Estuvimos toda la mañana buscándote. • *They had been waiting for two hours.* Habían estado esperando dos horas. • *She will have arrived home by now.* Ya habrá llegado a casa. • *I'm sorry to have caused you so much trouble.* Siento haberles causado tantas molestias.
2 (en causales, consecutivos) **having done sth** *Having finished my work, I went home.* Una vez terminado el trabajo, me fui a casa. • *Having been brought up on a farm, I understand animals.* Al haberme criado en una granja, entiendo a los animales.
3 (en condicionales) **had sb/sth done sth** (tb **if sb/sth had done sth**) si alguien/algo hubiera hecho algo: *Had we known about the danger, we could have warned*

people. De haber conocido el peligro, le habríamos advertido a la gente. ▸ **sb had BETTER do sth**

have² S1 W1 v [T gralm no en pasiva] ▸ El verbo **have** se usa en numerosas construcciones con sustantivos para indicar hechos o acciones, como **have an accident, have fun, have a look, have a try,** etc. Estas construcciones se pueden encontrar en el sustantivo correspondiente.

1	características, cualidades, relaciones
2	posesiones, uso
3	bebida, comida
4	en el bolsillo, la mano
5	una llamada, un ofrecimiento
6	en una posición
7	en comercios, establecimientos
8	tiempo
9	enfermedades, lesiones
10	para ofrecer
11	dar a luz
12	sujetar
13	para pedir
14	indicando reacción física, anímica
15	indicando efecto
16	un empleo, un deber
17	con órdenes, persuasión
18	permitir
19	indicando mala experiencia
20	indicando encargo
21	indicando existencia

1 CARACTERÍSTICAS, CUALIDADES, RELACIONES [nunca en forma continua] (tb **have got**) tener: *Teachers need to have a lot of patience.* Los maestros tienen que tener mucha paciencia. • *Jane has dark hair and brown eyes.* Jane es morena con ojos café. • *Do you have any brothers or sisters?* ¿Tienes hermanos? • *The word has two different meanings.* La palabra tiene dos significados distintos.

2 POSESIONES, USO [nunca en forma continua] (tb **have got**) tener: *We have three dogs.* Tenemos tres perros. • *Can I have the car tonight, Mom?* ¿Puedo usar el carro esta noche, mamá? • *Can I have your pencil for a second?* ¿Me prestas el lápiz un segundo?

3 BEBIDA, COMIDA tomar, comer: *Let's have another drink.* Vamos a tomar otra copa. • *We always have fish on Fridays.* Los viernes siempre comemos pescado. • **have breakfast/dinner** desayunar/cenar • **have sth for breakfast/dinner** desayunar/cenar algo • **sb will have sth** (tb **sb is having sth**) *I'll have soup, please.* Para mí sopa, por favor. • *What are you having?* ¿Qué quieres comer?

4 EN EL BOLSILLO, LA MANO [nunca en forma continua] (tb **have got**) tener, llevar: *Do you have a match?* ¿Tiene un fósforo? • *Look out! He's got a gun.* ¡Cuidado, que tiene un arma! • **have sth with/on you** tener algo (encima): *Do you have any money on you?* ¿Tienes dinero?

5 UNA LLAMADA, UN OFRECIMIENTO [nunca en forma continua] recibir, tener: *She's had lots of phone calls.* Ha recibido montones de llamadas. • *Have you had any news of your son?* ¿Has tenido noticias de tu hijo? • **have a letter/complaint from sb** recibir una carta/una queja de alguien SIN **get, receive**

6 EN UNA POSICIÓN [nunca en forma continua] (tb **have got**) **have sth open/closed** tener algo abierto -a/cerrado -a: *I had my eyes half-closed.* Tenía los ojos entrecerrados. • **have sth on** tener algo encendido -a

7 EN COMERCIOS, ESTABLECIMIENTOS [nunca en forma continua] (tb **have got**) tener: *Do you have any single rooms?* ¿Tienen habitaciones individuales? • **have sth in blue/in a larger size** tener algo en azul/en una talla más grande

8 TIEMPO [nunca en forma continua] (tb **have got**) tener: *You have 30 minutes to finish the test.* Tienen media hora para hacer el examen. • **have time for sth/to do sth** tener tiempo para algo/para hacer algo

9 ENFERMEDADES, LESIONES [nunca en forma continua] (tb **have got**) tener: *Sarah has a broken leg.* Sarah tiene una pierna quebrada.

10 PARA OFRECER [nunca en forma continua] (*oral*) *Have another sandwich.* Sírvete otro sándwich. • **have a seat** tome asiento, siéntese
11 DAR A LUZ tener: *She's having a baby.* Va a tener un hijo. • *What did she have?* ¿Qué tuvo?, ¿niño o niña?
12 SUJETAR [nunca en forma continua] **have sb by sth** (tb **have got sb by sth**) tener a alguien agarrado -a de algo: *She had me by the throat.* Me tenía agarrada de la garganta.
13 PARA PEDIR (*oral*) **may/can/could I have sth?** (*oral*) *May I have your name, please?* ¿Me puede decir su nombre, por favor?
14 INDICANDO REACCIÓN FÍSICA, ANÍMICA [nunca en forma continua] (tb **have got**) *You had me worried.* Me tenías preocupado. • **have sb doing sth** *He had the audience laughing within seconds.* En pocos segundos hizo reír al público.
15 INDICANDO EFECTO [nunca en forma continua] (tb **have got**) **have sth ready/finished** tener algo listo/ terminado • **have sth/sb doing sth** lograr que alguien/ algo haga algo: *I'll soon have the machine working.* En un momento voy a conseguir que la máquina funcione.
16 UN EMPLEO, UN DEBER (tb **have got**) tener • **have sth to do** tener algo que hacer: *I can't sit here talking — I have work to do.* No puedo estar aquí sentada charlando: tengo trabajo que hacer.
17 CON ÓRDENES, PERSUASIÓN [nunca en forma continua] **have sb do sth** hacer que alguien haga algo: *We'll have a waiter come clear up the mess.* Vamos a llamar a un mesero para que limpie esto. • **have sb doing sth** hacer que alguien haga algo, tener a alguien haciendo algo: *She had me doing all the unpleasant jobs.* Me ponía a hacer todos los trabajos desagradables.
18 PERMITIR I can't/won't have sth (*oral*) no voy a permitir/tolerar algo • **I can't/won't have sb doing sth** (*oral*) no voy a permitir/tolerar que alguien haga algo
19 INDICANDO MALA EXPERIENCIA [nunca en forma continua] **have sth stolen/broken/taken** *She had her bicycle stolen.* Le robaron la bicicleta.
20 INDICANDO ENCARGO **have sth done** *I'm having my hair cut today.* Hoy voy a cortarme el pelo. • *We're having the house painted.* Nos van a pintar la casa.
21 INDICANDO EXISTENCIA [nunca en forma continua] *You have a wonderful view from the top.* Hay una vista maravillosa desde la cima. • **have sb doing sth** *He has a team of doctors taking care of him.* Hay un equipo de médicos atendiéndolo. ▶ **want to have it BOTH ways**, **have to DO with sth**, **be HAD**, **have HAD it**
EXPRESIONES
...and what have you (*oral*) etcétera • **sb had it coming** (*coloq*) alguien se lo merecía • **have it in for sb** (tb **have got it in for sb**) (*coloq*) tener entre ojos, traer a alguien entre ojos • **have it made** (tb **have got it made**) (*coloq*) tenerlo todo (un buen pasar) • **have sth/sb (all) to yourself** tener algo/a alguien para uno solo • **I'll have you know** (*oral*) para que lo sepas • **I've she's got it** (*oral*) **(a)** ya lo tengo/lo tiene **(b)** ya entiendo/entiende • **rumor/ legend has it that** corre el rumor de que/dice la leyenda que
have sth against sb/sth *v+partíc* tener algo contra alguien/en contra de algo: *I don't know what he's got against me.* No sé qué tiene contra mí. • **have nothing against sb/sth** no tener nada contra alguien/en contra de algo
have sb around *v+partíc* tener a alguien cerca: *It was good to have my parents around.* Fue bueno tener a mis padres cerca. • **have sb around the place/house** tener a alguien en casa
have sb down as sth *v+partíc* (*coloq*) tener a alguien por algo, creer que alguien es algo
have in *v+partíc* **1 have sth in** tener algo (en una tienda): *We'll have some more designs in next week.* La semana que viene recibiremos más diseños. **2 have it in you** tener el carácter/el valor/la habilidad
have on *v+partíc* **1 have sth ↔ on** tener algo puesto -a, llevar (puesto -a) algo, traer algo: *Paul had his best suit on.* Paul llevaba puesto su mejor traje. • **have nothing on** no tener nada puesto, estar desnudo -a • **2 have sth on** tener algo que hacer: *Do you have anything on*

tomorrow night? ¿Tienes algo que hacer mañana por la noche? • **have a lot on** tener mucho que hacer **3 4 have nothing on sb/sth** no llegarle ni a la suela de los zapatos a alguien/algo
have sth out *v+partíc* **1 have a tooth/appendix out** sacarse una muela/operarse de apendicitis **2 have it out with sb** (*coloq*) ajustar cuentas con alguien
have sb over *v+partíc* invitar a alguien: *We must have you over for dinner.* Tienen que venir a comer.

ha·ven /'heɪvən/ *s* [C] refugio • **a haven for thieves/ criminals** un refugio para ladrones/delincuentes • **a haven of peace/tranquility** un remanso de paz/un oasis de tranquilidad ▶ **SAFE HAVEN**

have·n't /'hævənt/ *contrac de* **have not**

hav·er·sack /'hævɚˌsæk/ *s* [C] mochila, morral

haves /hævz/ *s* [pl] **the haves and the have nots** los ricos y los pobres

have to 🆂1 🆆1 /'hæftə; *fuerte* 'hæftu/ (tb **have 'got to**) *v mod*

1 indicando obligación, necesidad
2 indicando importancia
3 en instrucciones
4 indicando certeza
5 en sugerencias, invitaciones
6 para expresar contrariedad
7 indicando lo único aceptable
8 en tono de enojo

1 INDICANDO OBLIGACIÓN, NECESIDAD tener que: *I have to go to work now.* Ahora tengo que irme a trabajar. • *You don't have to answer all the questions.* No hace falta que respondas todas las preguntas. • *I hate having to get up early.* Detesto tener que madrugar. • *You can come if you want, but you don't have to.* Puedes venir si quieres, pero no es necesario.
2 INDICANDO IMPORTANCIA tener que: *There has to be an end to the violence.* La violencia tiene que terminar. • *You have to be fast to succeed in this game.* Para triunfar en este deporte, hay que ser rápido.
3 EN INSTRUCCIONES tener que: *You have to mix the butter and flour together.* Tienes que mezclar la mantequilla con la harina.
4 INDICANDO CERTEZA tener que: *This has to be a mistake.* Tiene que ser un error. • *You have got to be joking!* ¡No lo dirás en serio!
5 EN SUGERENCIAS, INVITACIONES tener que: *I'll have to take you fishing.* Voy a tener que llevarte a pescar.
6 PARA EXPRESAR CONTRARIEDAD tener que: *She has to call when I'm taking a bath!* ¡Tiene que llamar justo cuando me estoy bañando!
7 INDICANDO LO ÚNICO ACEPTABLE tener que: *It has to be champagne — no other wine will do.* Tiene que ser champaña; ningún otro vino va a servir.
8 EN TONO DE ENOJO **do you/we have to...?** (*oral*) ¿tienes/tenemos que...?: *Do you have to repeat everything I say?* ¿Tienes que repetir todo lo que digo? ▶ **MUST**
EXPRESIONES
I have to say/admit/confess (*oral*) debo decir/admitir/ confesar, tengo que decir/admitir/confesar

hav·oc /'hævək/ *s* [U] estragos • **cause/create havoc** hacer estragos, provocar trastornos • **play havoc with sth** hacer estragos en algo ▶ **WREAK havoc**

Ha·wai·i /hə'waɪ-i/ Hawai

Ha·wai·ian[1] /hə'waɪən/ *s* **1** [C] (persona) hawaiano -a **2** [U] (lengua) hawaiano

Hawaiian[2] *adj* hawaiano -a

hawk[1] /hɔk/ *s* [C] **1** (ave) halcón **2** (político) halcón
EXPRESIONES
watch sb like a hawk no quitarle el ojo de encima a alguien

hawk[2] *v* **1** [T] tratar de vender (insistentemente) **2** (*coloq*) **(a)** [I] carraspear **(b)** [T] escupir, expectorar • **hawk a loogie** (*coloq*) escupir un gargajo, gargajear

hawk·er /ˈhɔkə/ s [C] vendedor -a ambulante

haw·thorn /ˈhɔθɔrn/ s [C,U] espino blanco

hay /heɪ/ s [U] heno

EXPRESIONES

hit the hay (*coloq*) irse a dormir • **make hay (while the sun shines)** aprovechar la ocasión

hay fever, **hay·fe·ver** /ˈheɪˌfivə/ s [U] alergia al polen, fiebre del heno

hay·ride /ˈheɪraɪd/ s [C] paseo en carreta

hay·stack /ˈheɪstæk/ s [C] almiar, pajar ▶ **it's like looking for a NEEDLE in a haystack**

hay·wire /ˈheɪwaɪə/ *adj* **go haywire** (*coloq*) volverse loco -a (persona, aparato)

haz·ard¹ /ˈhæzəd/ s [C] **1** peligro (cosa peligrosa) • **a health hazard** un peligro para la salud **2** riesgo (posibilidad) • **the hazards of sth** los riesgos de algo • **an occupational hazard** un gaje del oficio

hazard² *v* [T] aventurar, arriesgarse a decir • **hazard a guess** aventurar una respuesta/una estimación

haz·ard·ous /ˈhæzədəs/ *adj* **1** peligroso -a • **hazardous to health** peligroso -a para la salud **2** riesgoso -a

haze¹ /heɪz/ s **1** [sing, U] neblina, calima **2** [sing] aturdimiento

haze² *v* [T] hacerle novatadas a (un estudiante, un soldado) ▶ **HAZING**

ha·zel¹ /ˈheɪzəl/ *adj* de color avellana

hazel² s **1** [C,U] avellano **2** [U] color avellana

ha·zel·nut /ˈheɪzəlˌnʌt/ s [C] avellana

haz·ing /ˈheɪzɪŋ/ s [U] novatadas

haz·y /ˈheɪzi/ *adj* (**hazier**, **haziest**) **1** brumoso -a **2** vago -a, borroso -a (recuerdo, idea)

H-bomb /ˈeɪtʃ bɑm/ s [C] (*coloq*) bomba H, bomba de hidrógeno

he¹ S1 W1 /i; *fuerte* hi/ *pron*
1 él ▶ En inglés nunca se omite el pronombre personal de sujeto: *He's my cousin.* Es mi primo. • *He didn't send me a card, but she did.* Él no me mandó postal, pero ella sí. • *I'm as tall as he is.* Soy tan alta como él. • *David Cameron? Who's he?* ¿David Cameron? ¿Quién es? • *Don't blame her. He's responsible.* No le eches la culpa a ella. El responsable es él.
2 (*antic*) (en generalizaciones) *Everyone should do what he thinks best.* Todos deberían hacer lo que consideren oportuno. • *He who hesitates is lost.* El que vacila está perdido.
3 He (*escrito*) Él (Dios)

he² /hi/ s [sing] (*coloq*) hombre (persona), macho (animal): *Is your dog a he or a she?* ¿Tu perro es macho o hembra?

head¹ S1 W1 /hɛd/ s

1	en el cuerpo
2	mente
3	de un grupo, departamento
4	de un martillo, alfiler
5	en listas, páginas
6	en la mesa
7	en una moneda
8	en la cerveza
9	en una grabadora, un disco duro
10	de ganado

1 EN EL CUERPO [C] cabeza • **shake your head** decir que no con la cabeza • **nod your head** asentir con la cabeza • **turn your head** voltear la cabeza • **head injury** herida(s) en la cabeza, traumatismo craneoencefálico
2 MENTE [C] mente: *I can do the calculation in my head.* Puedo hacer el cálculo mentalmente. • **come into sb's head** (tb **enter sb's head**) ocurrírsele a alguien, venirle a la cabeza a alguien
3 DE UN GRUPO, DEPARTAMENTO [C] jefe -a, director -a
4 DE UN MARTILLO, ALFILER [C gralm sing] cabeza

5 EN LISTAS, PÁGINAS [sing] cabeza (de una lista), comienzo, encabezamiento (de una página)
6 EN LA MESA [sing] cabecera
7 EN UNA MONEDA heads cara: *Heads or tails?* ¿Cara o sello?
8 EN LA CERVEZA [C gralm sing] (capa de) espuma
9 EN UNA GRABADORA, UN DISCO DURO [C] cabezal
10 DE GANADO [pl] cabeza ▶ **BITE sb's head off**, **a ROOF over your head**, **sb can do sth STANDING on their head**, **off the TOP of your head**, **TURN sb's head**

EXPRESIONES

be in over your head estar metido -a en camisa de once varas • **be out of your head** (*coloq*) andar trabado -a, estar colocado -a • **bring things/matters to a head** llevar las cosas a un punto crítico • **can't make heads or tails of sth** (*coloq*) no encontrarle ni pies ni cabeza a algo • **come to a head** llegar a un punto crítico • **from head to foot/toe** de pies a cabeza • **get sth into your head** (*coloq*) meterse algo en la cabeza • **get sth/sb out of your head** (*coloq*) quitarse algo/a alguien de la cabeza • **go over sb's head (a)** resultarle incomprensible a alguien **(b)** pasar por encima de alguien • **go to your head (a)** subirse a la cabeza (éxito, fama) **(b)** subirse a la cabeza (alcohol) • **a head** (tb **per head**) por cabeza: *The meal will cost $ 17 a head.* La comida va a costar 17 dólares por cabeza. • **have a (good) head for figures/business** tener cabeza para los números/los negocios • **have a (good) head for heights** no tener vértigo • **fall/be head over heels in love (with sb)** enamorarse perdidamente/estar perdidamente enamorado -a (de alguien) • **fall/go head over heels** caerse de cabeza • **heads up!** (*oral*) ¡atención! • **heads will roll** (*oral*) van a rodar cabezas • **keep your head** mantener la calma • **keep your head above water** mantenerse a flote • **keep your head down** (*coloq*) procurar pasar desapercibido -a, mantenerse al margen • **laugh/shout your head off** (*coloq*) reír/gritar como un loco/como una loca • **lose your head** perder la cabeza • **put sth into sb's head** meterle algo en la cabeza a alguien • **put your heads together** intercambiar ideas • **stand/be head and shoulders above sb/sth** (*coloq*) estar muy por encima de alguien/algo • **take it into your head to do sth** (*coloq*) metérsele en la cabeza hacer algo • **use your head** usar la cabeza • **have your head screwed on (right/straight)**

head² S2 W1 *v*

1	encaminarse
2	una organización, un proyecto
3	tener como futuro
4	una lista, un grupo
5	una página, un capítulo
6	la pelota

1 ENCAMINARSE [I siempre + adv/prep] (tb **be headed**) ir, dirigirse, encaminarse • **head for sth** dirigirse a/hacia algo: *The ship was heading for Cuba.* El barco se dirigía a Cuba. • **head back (to)** regresar (a) • **head north/south/east/west** ir al norte/sur/este/oeste
2 UNA ORGANIZACIÓN, UN PROYECTO [T frec en pasiva] dirigir, encabezar
3 TENER COMO FUTURO be heading/headed for sth ir rumbo a algo, ir camino de algo: *The economy is heading for disaster.* La economía va camino del desastre.
4 UNA LISTA, UN GRUPO [T] encabezar
5 UNA PÁGINA, UN CAPÍTULO [T gralm en pasiva] encabezar: *the column headed "Expenses"* la columna con el epígrafe "Gastos"
6 LA PELOTA [T] cabecear
head off *v+partíc* **1 head off** irse, salir **2 head sth ↔ off** impedir algo **3 head sb ↔ off** cortarle el paso a alguien
head sth ↔ up *v+partíc* dirigir algo, encabezar algo

head³ *adj* [solo ante s] jefe -a: *the head cook* el jefe de cocina • **head waiter** maître

head·ache S3 /ˈhɛdeɪk/ s [C]
1 (jaqueca) dolor de cabeza • **a splitting headache** un dolor de cabeza terrible
2 (*coloq*) (problema) dolor de cabeza

head·band /ˈhɛdbænd/ s [C] balaca, vincha

head·board /ˈhɛdbɔrd/ s [C] cabecera (de la cama)

head count, **head·count** /ˈhɛdkaʊnt/ s **1** recuento (de personas) **2** cantidad de empleados, plantilla

head·dress /ˈhɛd-drɛs/ s [C] tocado (adorno)

head·er /ˈhɛdɚ/ s [C] cabezazo (en fútbol)

head·first, **head-first** /ˌhɛdˈfɚst/ adv **1** de cabeza **2** precipitadamente

head·gear /ˈhɛdgɪr/ s [U] elementos para la cabeza (cascos, sombreros, etc.)

head·hunt /ˈhɛdhʌnt/ v [T] ofrecerle un puesto a

head·hunt·er /ˈhɛdˌhʌntɚ/ s [C] cazatalentos

head·ing /ˈhɛdɪŋ/ s [C] **1** título, encabezamiento • **under a heading** bajo un título **2** rumbo
> EXPRESIONES
come/fall under the heading of sth quedar encuadrado -a en la categoría de algo

head·lamp /ˈhɛdlæmp/ s [C gralm pl] luz (delantera), faro (delantero) (de un vehículo) SIN **headlight**

head·land /ˈhɛdlənd, -lænd/ s [C] cabo (en la costa)

head·light /ˈhɛdlaɪt/ s [C gralm pl] **1** luz (de un vehículo) **2** luz (delantera), faro (delantero) (de un vehículo)

head·line /ˈhɛdlaɪn/ s [C] **1** titular (de un periódico) **2** **hit/grab the headlines** ser noticia, ocupar los titulares

head·long¹ /ˈhɛdlɔŋ, ˌhɛdˈlɔŋ◂/ adv de cabeza
> EXPRESIONES
rush/plunge headlong into sth meterse de cabeza en algo (sin pensarlo)

headlong² adj [solo ante s] **1** precipitado -a **2** de cabeza

ˌhead ˈoffice s [C,U] sede central, oficina central

ˌhead-ˈon¹ adv **1** **smash/collide head-on** chocar de frente **2** frontalmente, con decisión • **face/tackle sth head-on** afrontar/abordar algo con decisión

head-on² adj [solo ante s] **a head-on collision/crash** un choque de frente

head·phones /ˈhɛdfoʊnz/ s [pl] auriculares (sobre la oreja)

head·quar·ters W3 /ˈhɛdˌkwɔtɚz/ s [C] (pl **headquarters**)
1 sede, oficina central
2 cuartel general

head·rest /ˈhɛd-rɛst/ s [C] apoyacabezas, reposacabezas

head·room /ˈhɛd-rum/ s [U] altura (de la cabeza al techo)

head·scarf /ˈhɛdskɑrf/ s [C] (pl **headscarves** /-skɑrvz/) pañuelo (de cabeza), mascada

head·set /ˈhɛdsɛt/ s [C] auriculares

ˌhead ˈstart s [C gralm sing] **1** (en el aprendizaje, el mercado) **give sb a head start** darle ventaja a alguien, situar a alguien en una posición ventajosa • **have a head start** tener ventaja **2** (en una carrera) **have a head start** llevar ventaja • **give sb a head start** darle ventaja a alguien

head·stone /ˈhɛdstoʊn/ s [C] lápida

head·strong /ˈhɛdstrɔŋ/ adj terco -a, testarudo -a

head·way /ˈhɛdweɪ/ s **make headway (a)** avanzar, hacer progresos **(b)** avanzar, abrirse camino

head·wind /ˈhɛdˌwɪnd/ s [C] viento en contra, viento de proa

head·y /ˈhɛdi/ adj [gralm ante s] (**headier**, **headiest**) **1** embriagador -a **2** estimulante, excitante

heal S3 /hil/ v
1 [I] (herida) curarse, cicatrizar
2 [T] (un enfermo) curar
3 [I,T] (traumas) curar(se)
4 (a) [T] **heal a rift/division** superar un distanciamiento/

zanjar una división **(b)** [I] quedar superado -a (enfrentamiento), cerrarse (brecha, heridas)
heal up v+partíc curar(se), cicatrizar

heal·er /ˈhilɚ/ s [C] **1** curandero -a **2** *Time is a great healer.* El tiempo todo lo cura.

heal·ing /ˈhilɪŋ/ s [U] curación

health S2 W1 /hɛlθ/ s [U]
1 (estado físico) salud • **damage your health** dañar la salud • **good health** (buen estado de) salud • **ill/poor health** mala salud: *Sarah had to leave her job because of ill health.* Sarah tuvo que dejar su trabajo por motivos de salud. • **be in good/poor health** estar bien/mal de salud • **be good/bad for your health** ser bueno -a/malo -a para la salud • **mental health** salud mental • **my/her health improves** estoy/está mejor de salud • **your health deteriorates/declines** su salud empeora, su salud se deteriora • **health benefits** beneficios para la salud • **health risk** riesgo/peligro para la salud
2 (atención sanitaria) salud: *government spending on health* el gasto del Estado en salud • **health education** educación para la salud • **health official** funcionario -a del sector de la salud • **health professional** profesional de la salud • **health worker** trabajador -a del sector de la salud
3 (buen estado físico) salud
4 (buen funcionamiento) salud • [+of]: *the health of the economy* la salud de la economía ► **a CLEAN bill of health**

health care W2, **health·care** /ˈhɛlθkɛr/ s [U] atención médica, atención sanitaria

ˈhealth ˌcenter s [C] centro médico

ˈhealth club s [C] gimnasio (solo para socios)

ˈhealth food s [C,U] alimentos naturales • **health food store** tienda de alimentos naturales

health·ful /ˈhɛlθfəl/ adj sano -a, saludable SIN **healthy**

health·i·ly /ˈhɛlθəli/ adv saludablemente

health·y S2 W2 /ˈhɛlθi/ adj (**healthier**, **healthiest**)

1	sin enfermedades
2	bueno para la salud
3	que denota salud
4	actitud, reacción
5	bueno para la mente
6	economía, sociedad, relación
7	suma

1 SIN ENFERMEDADES sano -a • **perfectly healthy** totalmente sano -a ANT **unhealthy**

2 BUENO PARA LA SALUD sano -a, saludable • **a healthy diet** una dieta sana • **healthy eating** alimentación sana

3 QUE DENOTA SALUD [solo ante s] saludable • **a healthy appetite** buen apetito ANT **unhealthy**

4 ACTITUD, REACCIÓN [gralm ante s] sano -a, natural ANT **unhealthy**

5 BUENO PARA LA MENTE sano -a • **it's not healthy to do sth** no es sano hacer algo: *It's not healthy to spend so much time alone.* No es sano pasar tanto tiempo solo. ANT **unhealthy**

6 ECONOMÍA, SOCIEDAD, RELACIÓN sano -a, robusto -a, próspero -a

7 SUMA [gralm ante s] sustancioso -a, abultado -a • **a healthy profit** una ganancia sustanciosa, pingües ganancias • **a healthy dose of sth** una buena dosis de algo

heap¹ /hip/ s [C] **1** pila • **in a heap** apilado -a ► ver nota en MONTÓN **2 heaps of sth** (tb **a heap of sth**) (oral) montones/un montón de algo: *a child with heaps of energy* un niño con un montón de energía **3 the heap** el escalafón • **the bottom of the heap** lo más bajo, el último escalón
> EXPRESIONES
collapse in a heap desplomarse

heap² v [T] (tb **heap up**) amontonar
> EXPRESIONES
heap praise on sb colmar de alabanzas a alguien

heaped /hipt/ *adj* **1 heaped with sth** atiborrado -a de algo **2 heaped with sth** repleto -a de algo

heap·ing /'hipɪŋ/ *adj* [solo ante s] colmado -a • **a heaping teaspoon/tablespoon** una cucharadita/cucharada colmada

hear S1 W1 /hɪr/ *v* (**heard** /hɔrd/)

1 sonidos, palabras
2 noticias, rumores
3 un programa, un discurso
4 comprender
5 en un tribunal
6 a alguien diciendo algo

1 SONIDOS, PALABRAS [I,T] oír • **can/can't hear** *Can you hear me?* ¿Me oyes? • **hear sth/sb doing sth** (tb **hear sth/sb do sth**) oír algo/a alguien hacer algo: *We heard some people shouting.* Oímos gritar a unas personas. • *No one heard him come in.* Nadie lo oyó entrar. • **hear what** oír lo que: *Did you hear what I said?* ¿Oíste lo que dije? • **not hear a thing/word** no oír nada

2 NOTICIAS, RUMORES [I,T gralm no en forma continua] enterarse (de), oír: *I've heard rumors that she's going to quit.* He oído rumores de que se marcha. • **hear (that)** enterarse de que: *I heard he'd left.* Me enteré de que se había ido. • **hear about sb/sth** enterarse de lo de alguien/de algo • **hear sth about sb** oír algo de alguien: *We've heard a lot about you.* Hemos oído hablar mucho de ti. • **I hear...** me han dicho que... • **be glad/pleased to hear sth** *I'm very glad to hear you're staying.* Me alegra saber que te quedas. • **be sorry to hear sth** lamentar algo • **so I hear/heard** eso dicen, ya me enteré

3 UN PROGRAMA, UN DISCURSO [T gralm no en forma continua] escuchar, oír: *We want to hear your views.* Queremos oír sus opiniones. • **hear what** escuchar lo que: *I want to hear what the doctor says.* Quiero escuchar lo que dice el médico.

4 COMPRENDER [I,T] entender • **I hear what you're saying** entiendo lo que dices, te entiendo

5 EN UN TRIBUNAL [T] ver, atender: *The case will be heard next week.* El caso se verá la semana que viene. • **hear evidence** escuchar testimonios

6 A ALGUIEN DICIENDO ALGO [T] oír: *You never hear her arguing.* Jamás se la oye discutir.

EXPRESIONES
do you hear (me)? ¿me oyes?, ¿me has oído? • **from what I hear...** según parece..., por lo que me han dicho,... • **I/they have heard it (all) before** ya conozco/conocen la historia • **you/they have not heard the last of sb/sth** *You haven't heard the last of this!* ¡Esto no va a quedar así! • **Hear! Hear!** ¡Bien dicho!, ¡Sí, señor! • **be hearing things** estar imaginando cosas • **you can't hear yourself think** no hay manera de concentrarse (con tanto ruido) • **make yourself heard** hacerse oír • **he/they wouldn't hear of it** *"I'll wash the dishes." "Don't be silly, I wouldn't hear of it."* –Yo lavo los platos. –De eso ni hablar. • **I/we will never hear the end of it** va a ser el cuento de nunca acabar • **you could hear a pin drop** se podía oír el vuelo de una mosca
hear from sb *v+partíc* **1** tener noticias de alguien • **I look forward to hearing from you** (*frml*) esperando recibir noticias suyas **2** oír la opinión de alguien
hear of sb/sth *v+partíc* **1 hear of sth** enterarse de algo • **the first I/they have heard of sth** la primera noticia que tengo/tienen de algo • **the last I/she heard of sb/sth** lo último que supe/supo de alguien/algo **3 hear of sb/sth** oír hablar de alguien/algo: *I've never heard of her.* Jamás he oído hablar de ella.
hear sb out *v+partíc* escuchar a alguien (sin interrumpir)

hear·ing S3 W2 /'hɪrɪŋ/ *s*
1 [U] audición, oído
2 [C] audiencia (ante un tribunal)
3 **get a fair hearing** tener la oportunidad de expresarse
▶ HARD OF HEARING

EXPRESIONES
in my/his hearing en mi/su presencia, delante de mí/él

'hearing aid *s* [C] audífono, aparato (auditivo)

hear·say /'hɪrseɪ/ *s* [U] habladurías, rumores

hearse /hɔrs/ *s* [C] carro/carroza fúnebre

heart S1 W1 /hart/ *s*

1 órgano
2 sentimientos
3 amor
4 parte esencial
5 centro
6 ánimo
7 parte del pecho
8 entusiasmo
9 figura
10 palo de la baraja
11 en verduras

1 ÓRGANO [C] corazón • **your heart beats** el corazón late • **your heart pounds** el corazón late con fuerza • **your heart races** el corazón se acelera • **have a bad/weak heart** estar enfermo -a/sufrir del corazón • **heart condition** cardiopatía • **heart rate** ritmo cardiaco • **heart surgery** operación de corazón • **heart transplant** trasplante de corazón • **heart trouble** (tb **heart problems**) problemas de corazón

2 SENTIMIENTOS [C] corazón • **from the heart** de corazón • **the hearts and minds of voters/of the population** el sentir de los votantes/de la población • **follow your heart** seguir los dictados del corazón

3 AMOR [C] corazón • **affairs/matters of the heart** asuntos del corazón

4 PARTE ESENCIAL **the heart of sth** el meollo de algo: *the heart of the matter* el quid de la cuestion • **be/lie at the heart of sth** ser el núcleo de algo • **get to the heart of sth** llegar al meollo de algo • **go to the heart of sth** ir al meollo de algo

5 CENTRO **in the heart of the city/region** en el corazón de la ciudad/región

6 ÁNIMO [U] **lose heart** desanimarse • **take heart** animarse

7 PARTE DEL PECHO [C] corazón

8 ENTUSIASMO [U] (*aprec*) garra • **have heart** tener garra, tener agallas • **with heart** con garra

9 FIGURA [C] corazón

10 PALO DE LA BARAJA **hearts** [pl, U] corazones

11 EN VERDURAS [C] cogollo: *artichoke hearts* corazones de alcachofa ▶ **from the BOTTOM of your heart**, a **BROKEN heart**, **have a CHANGE of heart**, **CROSS my heart (and hope to die)**, **EAT your heart out**, **with a HEAVY heart**, **STRIKE at the heart of sth**, **WEAR your heart on your sleeve**

EXPRESIONES
at heart en el fondo: *He's just a kid at heart.* En el fondo, no es más que un niño. • **break sb's heart (a)** romperle el corazón a alguien **(b)** partirle el alma a alguien • **it breaks your heart (to do sth)** (hacer algo) da mucha pena • **by heart** de memoria • **be close/dear to sb's heart** significar mucho para alguien, tocar de cerca a alguien • **cry/sob your heart out** llorar a lágrima viva • **have a big heart** tener un gran corazón • **have a heart of gold** tener un corazón de oro • **have sb's interests/welfare/safety at heart** tener muy presentes los intereses/el bienestar/la seguridad de alguien • **have set your heart on sth** querer algo a toda costa, estar empeñado -a en algo • **heart and soul (a)** cuerpo y alma: *I put my heart and soul into that project.* Me entregué en cuerpo y alma a ese proyecto. **(b) the heart and soul of the team/party** el alma del equipo/partido • **my/his heart breaks** se me/le rompe el corazón • **my heart goes out to sb** acompaño en el sentimiento a alguien, alguien me da mucha pena • **my/his heart isn't in it** lo hago/hace sin ganas • **my/her heart sinks** se me/le cae el alma al piso • **his/her heart is in the right place** tiene buenas intenciones • **not have the heart to do sth** no tener valor para hacer algo • **sing/dance/play your heart out** cantar/bailar/jugar con toda su alma • **(straight) from the heart** de corazón, desde el corazón • **take sth to heart** tomarse algo a pecho • **win sb's heart** ganarse el corazón de alguien • **with all your heart** con todo su corazón •

H

heart·ache /'hɑrˌteɪk/ s [U] pena, dolor

'heart atˌtack S3 s [C,U] infarto, ataque al corazón • **have/suffer a heart attack** tener/sufrir un infarto

heart·beat /'hɑrt˺bit/ s **1** [C] latido (del corazón) **2 the heartbeat of sth** el centro vital de algo
> **EXPRESIONES**
> **be a heartbeat away from sth** estar a un paso de algo • **in a heartbeat** sin pensarlo, al instante

heart·break /'hɑrt˺breɪk/ s [U] desolación, congoja

heart·break·ing /'hɑrtˌbreɪkɪŋ/ adj desgarrador -a, que parte el alma

heart·bro·ken /'hɑrt˺ˌbroʊkən/ adj desolado -a, acongojado -a

heart·burn /'hɑrt˺bɚn/ s [U] ardor de estómago, agriera

'heart disˌease s [U] cardiopatía

heart·en /'hɑrt˺n/ v [T gralm en pasiva] animar, alentar

heart·en·ing /'hɑrt˺n-ɪŋ/ adj alentador -a

'heart ˌfailure s [U] paro cardiaco, insuficiencia cardiaca

heart·felt /'hɑrtfɛlt/ adj sincero -a, de corazón

hearth /hɑrθ/ s [C] hogar (de una chimenea), fogón

heart·i·ly /'hɑrt̬l-i/ adv **1** con ganas (reír), con entusiasmo (hablar, cantar), calurosamente (saludar) **2** totalmente, profundamente

heart·land /'hɑrtlænd/ s [sing] **1** (frml) corazón, zona central **2** centro (neurálgico) (de una actividad)

heart·less /'hɑrtlɪs/ adj despiadado -a, cruel

heart·rend·ing /'hɑrtˌrɛndɪŋ/ adj (liter) desgarrador -a

'heart-ˌstopping adj espeluznante, aterrador -a

heart·strings /'hɑrtˌstrɪŋz/ s [pl] **tug/pull at the heartstrings** tocar las fibras sensibles

heart·throb /'hɑrtθrɑb/ s [C] galán: *a teenage heartthrob* un ídolo de quinceañeras

ˌheart-to-'heart[1] adj [solo ante s] íntimo -a

ˌheart-to-'heart[2] s [C] conversación íntima

heart·warm·ing /'hɑrt˺ˌwɔrmɪŋ/ adj grato -a, reconfortante

heart·y /'hɑrt̬i/ adj (**heartier, heartiest**) **1** [gralm ante s] sonoro -a (risa), caluroso -a (bienvenida) **2** abundante, sustancioso -a (desayuno, comida) **3** [solo ante s] total (apoyo, acuerdo)

heat[1] S2 W2 /hit/ s
1 [U] (energía) calor • **heat loss** pérdida de calor • **heat source** fuente de calor
2 [U] (clima) calor • **the heat of the day** las horas más calurosas del día
3 [U] calefacción • **turn the heat on/off** encender/apagar la calefacción • **turn the heat up/down** subir/bajar la calefacción
4 [C gralm sing, U] fuego (al cocinar) • **a low/medium/high heat** fuego lento/medio/vivo • **turn the heat up/down** subir/bajar el fuego
5 [U] presión (sobre alguien) • **the heat is on** hay mucha presión • **turn up the heat (on sb)** presionar más (a alguien) • **take the heat off sb/sth** aliviar la presión sobre alguien/algo, darle un respiro a alguien/algo
6 [U] críticas • **take/get heat** recibir muchas críticas, ser muy criticado -a • **take the heat** ser el blanco de las críticas, dar la cara
7 [C] (ronda) eliminatoria ▶ **DEAD HEAT, PACK** **heat/a gun/a piece**
> **EXPRESIONES**
> **in heat** en celo • **in the heat of the moment** con el entusiasmo/enojo: *In the heat of the moment I said too much.* Con el entusiasmo, hablé más de la cuenta.

heat[2] S3 W3 v [T] calentar (la comida, una casa): *It costs a lot to heat these offices.* Cuesta mucho mantener calientes estas oficinas.
heat sth through v+partíc calentar bien algo

heat up v+partíc **1 heat sth ↔ up** calentar algo (la comida, una casa) **2 heat up** calentarse (horno, comida), caldearse (habitación) **3 heat up** calentarse, intensificarse

heat·ed /'hitɪd/ adj **1** acalorado -a • **a heated debate** un debate acalorado • **a heated discussion/argument** una acalorada discusión **2** (piscina) climatizado -a; (habitación) con calefacción

heat·er S3 /'hitɚ/ s [C] estufa, calefactor (en una habitación), calefacción (en un carro): *the water heater* el calentador de agua

heath /hiθ/ s [C,U] brezal, páramo

hea·then[1] /'hiðən/ adj (antic) pagano -a

heathen[2] s [C] (pl **heathen**) **1** (antic) pagano -a **2** (hum) bárbaro -a, palurdo -a

heath·er /'hɛðɚ/ s [U] brezo

heat·ing /'hitɪŋ/ s [U] calefacción

'heat wave s [C] ola de calor

heave[1] /hiv/ v **1** [T siempre + adv/prep] levantar con esfuerzo: *They heaved their suitcases into the train.* Subieron las maletas con esfuerzo al tren. **2** [I] agitarse (pecho, hombros), sacudirse (suelo, mar) **3** [I] (coloq) vomitar **4** [I,T] tirar (de), jalar (de), arrastrar
> **EXPRESIONES**
> **heave a sigh (of relief)** suspirar aliviado -a • **heave into view (hove** /hoʊv/) (liter) aparecer en la distancia, aparecer ante la vista ▶ ver nota en **PULL**

heave[2] s **1** [C] tirón, jalón, empujón **2 the heaves** [pl] (coloq) náuseas • **the dry heaves** arcadas

heav·en S3 W3 /'hɛvən/ s
1 [U] (tb **Heaven**) (morada divina) el cielo • **in heaven** en el cielo • **go to heaven** ir al cielo
2 [U] (tb **Heaven, the heavens** [pl]) (liter) (seres divinos) el cielo
3 the heavens [pl] (liter) el cielo, el firmamento
4 [U] (coloq) una maravilla, el paraíso • **heaven on earth** un paraíso en la tierra ▶ **be in SEVENTH heaven, THANK God/goodness/heavens**
> **EXPRESIONES**
> **for heaven's sake** por el amor de Dios, por Dios • **heaven forbid** Dios no lo quiera, Dios me/nos libre • **heaven help him/us** que Dios lo/nos ayude, Dios lo/nos guarde • **heaven knows** (oral) **(a)** (cuando algo se desconoce) sabe Dios, vaya a saber: *He won't tell me. Heaven knows why.* No me lo quiere decir. Sabe Dios por qué. **(b)** (cuando se tiene certeza de algo) *Heaven knows she could use more money.* Bien sabe Dios lo bien que le vendría un poco más de dinero. • **the heavens opened** empezó a llover a cántaros • **move heaven and earth to do sth** mover cielo y tierra para hacer algo • **what/how/why in heaven's name...?** ¿qué/cómo/por qué demonios...?

heav·en·ly /'hɛvənli/ adj **1** maravilloso -a, fantástico -a **2** [solo ante s] (escrito) celestial • **heavenly Father** Padre celestial

heav·i·ly W3 /'hɛvəli/ adv
1 mucho • **drink/smoke heavily** beber/fumar mucho • **heavily armed** fuertemente armado -a
2 muy: *heavily polluted* muy contaminado • **be heavily into sth** (coloq) estar muy metido -a en algo • **heavily pregnant** en las últimas semanas de embarazo, en avanzado estado de gestación
3 (escrito) **sleep heavily** dormir profundamente
4 (caminar, hablar) pesadamente, fatigosamente, con esfuerzo • **breathe heavily** respirar con dificultad
5 (caer, apoyarse) pesadamente, con fuerza
> **EXPRESIONES**
> **heavily built** fornido -a, corpulento -a

heav·i·ness /'hɛvinɪs/ s [U] gran peso

heav·y[1] S2 W2 /'hɛvi/ adj (**heavier, heaviest**)
1 en peso
2 en cantidad, grado
3 en fabricación, confección
4 en esfuerzo físico

5 en esfuerzo mental
6 armamento, maquinaria
7 combate
8 golpe
9 en lo emocional
10 comida
11 tabaco, alcohol
12 agenda, calendario
13 facciones, cuerpo
14 con sobrepeso
15 ojos, piernas, cabeza
16 respiración
17 situación, escena

1 EN PESO pesado -a: *The bags were extremely heavy.* Las bolsas pesaban muchísimo. • **be heavier than sth** pesar más que algo • **how heavy is it?** ¿cuánto pesa?
2 EN CANTIDAD, GRADO fuerte: *heavy traffic* tráfico intenso • **heavy snow/rain** fuertes nevadas/lluvias • **a heavy fine/penalty** una fuerte multa • **heavy losses/casualties** fuertes pérdidas/numerosas bajas • **a heavy defeat/blow** una dura derrota/un duro golpe • **a heavy load/workload** mucho trabajo • **a heavy cold** un fuerte resfriado
3 EN FABRICACIÓN, CONFECCIÓN pesado -a (botas), grueso -a (abrigo, cadena)
4 EN ESFUERZO FÍSICO pesado -a, duro -a: *I have a bad back, and can't do any heavy lifting.* Tengo problemas de espalda y no puedo levantar cosas pesadas.
5 EN ESFUERZO MENTAL [gralm no ante s] (*peyor*) pesado -a • **heavy going** pesado -a
6 ARMAMENTO, MAQUINARIA [solo ante s] pesado -a
7 COMBATE intenso -a • **heavy fighting** intensos combates
8 GOLPE [gralm ante s] fuerte, duro -a: *the sound of heavy footsteps* el sonido de fuertes pisadas
9 EN LO EMOCIONAL [gralm no ante s] fuerte, serio -a: *It's a good movie, but it is quite heavy.* Es una buena película, pero bastante fuerte.
10 COMIDA pesado -a
11 TABACO, ALCOHOL [gralm ante s] *heavy drinking* mucho alcohol • **be a heavy smoker/drinker** fumar/beber mucho
12 AGENDA, CALENDARIO apretado -a, ocupado -a • **a heavy day** un día ajetreado
13 FACCIONES, CUERPO *heavy features* facciones toscas • **with a heavy build** corpulento -a
14 CON SOBREPESO grueso -a, gordo -a
15 OJOS, PIERNAS, CABEZA *My legs felt heavy.* Me pesaban las piernas. • *My eyes were so heavy, I couldn't keep them open.* Se me cerraban los ojos del cansancio.
16 RESPIRACIÓN pesado -a
17 SITUACIÓN, ESCENA (*coloq*) fuerte, violento -a: *Things got sort of heavy.* La cosa se puso fea. ▶ HEAV-ILY, HEAVINESS

EXPRESIONES
a heavy accent un fuerte acento, un marcado acento • **heavy irony/sarcasm** marcada ironía/marcado sarcasmo • **be heavy on sth** (*coloq*) consumir/llevar gran cantidad de algo: *The car's pretty heavy on oil.* El carro consume bastante aceite. • **heavy seas** mar agitado • **a heavy sigh** un profundo suspiro • **be a heavy sleeper** dormir profundamente, tener el sueño pesado • **pay a heavy price (for sth)** pagar un precio muy alto (por algo) • **with a heavy heart** (*liter*) con profunda tristeza

heavy² *adv*
EXPRESIONES
time hangs heavy on your hands (*liter*) los minutos/los días se hacen eternos • **weigh heavy on sb/sth** (*liter*) pesarle mucho a alguien/algo

heavy³ *s* [C] (*pl* **heavies**) **1** (*coloq*) matón, gorila, guarura **2** (peso) pesado

heavy-'duty *adj* [gralm ante s] resistente

heavy-'handed *adj* **1** duro -a, con mano dura **2** torpe, burdo -a

heavy 'metal *s* [U] heavy metal

heav·y·weight /'hɛvi‚weɪt/ *s* [C] **1** (de la política, la literatura) (peso) pesado **2** (en boxeo, lucha) peso pesado

He·brew¹ /'hibru/ *s* **1** [U] (lengua) hebreo **2** [C] (persona) hebreo -a

Hebrew² *adj* hebreo -a

heck¹ /hɛk/ *s* (*coloq*, *oral*)
EXPRESIONES
a heck of a sth *It cost a heck of a lot of money.* Costó un montón de plata. • **what the heck** qué demonios, qué diablos: *It's pretty expensive, but what the heck.* Es bastante caro pero qué importa. • **where/how/who the heck...?** ¿dónde/cómo/quién diablos...?

heck² *interj* (*coloq*) caray
EXPRESIONES
heck no!/heck yes! ¡claro que no!/¡claro que sí!

heck·le /'hɛkəl/ *v* [I,T] interrumpir repetidamente (con impertinencias y en voz alta)

heck·ler /'hɛklɚ/ *s* [C] persona del público que interrumpe repetidamente al que habla o actúa

heck·ling /'hɛklɪŋ/ *s* [U] interrupciones constantes (del público)

hec·tare /'hɛktɛr/ *s* [C] (abrev escrita **ha.**) hectárea

hec·tic /'hɛktɪk/ *adj* ajetreado -a, agitado -a

he'd /id; *fuerte* hid/ *contrac de* **1** he would **2** he had

hedge¹ /hɛdʒ/ *s* [C] **1** seto **2** protección • **as a hedge against sth** como protección contra algo, para protegerse de algo

hedge² *v* (**hedging**) [I,T] responder con evasivas
EXPRESIONES
hedge your bets cubrirse las espaldas, minimizar los riesgos
hedge against sth *v+partíc* protegerse de algo, cubrirse contra algo
be hedged about/around *v+partíc* estar limitado -a/condicionado -a
be hedged in *v+partíc* **1** estar rodeado -a, estar cercado -a **2** estar limitado -a, estar constreñido -a (persona)

hedge·hog /'hɛdʒhɑg, -hɔg/ *s* [C] erizo

hed·on·ism /'hɛdn‚ızəm/ *s* [U] (*frml*) hedonismo

hed·on·ist /'hɛdn-ıst/ *s* [C] (*frml*) hedonista

hed·on·is·tic /‚hɛdn'ıstık‹/ *adj* (*frml*) hedonista

heed¹ /hid/ *v* [T] (*frml*) hacer caso de, tomar en cuenta

heed² *s* (*frml*)
EXPRESIONES
pay heed to sth (tb **take heed of sth**) hacer caso de algo, tener en cuenta algo

heed·less /'hidlıs/ *adj* (*liter*) **heedless of sth** haciendo caso omiso de algo, sin prestar atención a algo

heel¹ /hil/ *s* [C]
1 (del pie) talón
2 (de un zapato) tacón • **high heels** tacones altos, zapatos de tacón alto
3 (de un calcetín) talón ▶ CLICK your heels (together), COOL your heels, DIG in your heels, DRAG your heels, be/fall HEAD over heels in love (with sb), -HEELED, WELL-HEELED
EXPRESIONES
hot/hard on sb's heels pisando los talones a alguien • **hot/hard on the heels of sth** inmediatamente después de algo • **take to your heels** (*escrito*) poner (los) pies en polvorosa

heel² *v* [T] ponerle tapas a, ponerle tacones a (un zapato)

heel³ *interj* **heel!** ¡ven aquí! (orden a un perro)

heft·y /'hɛfti/ *adj* (**heftier**, **heftiest**) **1** corpulento -a **2** voluminoso -a, de gran tamaño **3** cuantioso -a

heif·er /'hɛfɚ/ *s* [C] vaquilla, novilla

height S3 W3 /haɪt/ *s*
1 [C,U] (dimensión vertical) altura, estatura: *State your age, height, and weight.* Indique edad, estatura y peso. • **be 6 feet/10 meters in height** medir 6 pies/10 metros de

altura • **a height of 6 feet/10 meters** una altura de 6 pies/10 metros
2 [C,U] (distancia al suelo) altura: *Raise your arms to shoulder height.* Alce los brazos a la altura de los hombros. • **a height of 2,500 feet/10,000 meters** una altura de 2.500 pies/10.000 metros • **a great height** una gran altura
3 [C] (lugar elevado) altura • **be scared/afraid of heights** tener miedo a las alturas, tener vértigo • **have a head for heights** no tener miedo a las alturas, no tener vértigo
4 [sing] (en actividad, intensidad) **the height of sth** *the height of the tourist season* la temporada alta para el turismo • *at the height of the Cold War* en plena Guerra Fría • **be at its height** estar en su punto álgido
5 [C,U] (en calidad, fama) **be at the height of sth** estar en la cima de algo: *a great artist at the height of his powers* un gran artista en su mejor momento

EXPRESIONES
be the height of fashion ser el último grito de la moda

height·en /ˈhaɪtˀn/ *v* [I,T] aumentar, agudizar(se)

hei·nous /ˈheɪnəs/ *adj* **1** (*frml*) atroz, abyecto -a (crimen, acto) **2** (*coloq, oral*) atroz, espantoso -a (comida, ropa)

heir /ɛr/ *s* [C] **1** heredero -a • **sb's heir** el heredero/la heredera de alguien • [+**to**]: *the heir to a large estate* el heredero de una gran fortuna • **the heir to the throne** el heredero/la heredera del trono **2** sucesor -a

heir·ess /ˈɛrɪs/ *s* [C] heredera (rica)

heir·loom /ˈɛrlum/ *s* [C] reliquia (de familia)

heist¹ /haɪst/ *s* [C] (*coloq*) golpe, atraco

heist² *v* [T] (*coloq*) robar(se)

held /hɛld/ pasado y participio pasado de **HOLD**

hel·i·cop·ter ⬛ /ˈhɛlɪˌkɑptər/ *s* [C] helicóptero

hel·i·port /ˈhɛləˌpɔrt/ *s* [C] helipuerto

he·li·um /ˈhiliəm/ (símb quím **He**) *s* [U] helio

he'll /ɪl, il, hɪl; *fuerte* hil/ *contrac de* **he will**

hell ⬛ /hɛl/ *s*
1 [U] (tb **Hell**) (en religión) el infierno
2 [sing, U] (*malson, coloq*) (cosa desagradable) un infierno: *The traffic was hell.* El tráfico era un infierno. • **make sb's life hell** hacerle la vida imposible a alguien • **go through hell** pasarla muy mal • **a living hell** un infierno ▶ **like a BAT out of hell**, **not have a HOPE in hell**

hell·ish /ˈhɛlɪʃ/ *adj* (*coloq*) infernal

hell·ish·ly /ˈhɛlɪʃli/ *adv* (*coloq*) tremendamente (aburrido, difícil)

hel·lo ⬛ /həˈloʊ, hɛˈloʊ, ˈhɛloʊ/ *interj*
1 (para saludar) hola • **say hello to sb** saludar a alguien • **hello there!** ¡hola!
2 hola, bueno (al descolgar), hola (al llamar)
3 (al llegar a un lugar) hola
4 (*coloq*) qué idiota

EXPRESIONES
say hello saludar

maneras de decir hola
La manera normal de saludar a alguien es hello.
hi o hiya se emplean entre amigos, tanto oralmente como por escrito.
Cuando a uno le presentan una persona por primera vez, lo normal es decir: Pleased to meet you. o Nice to meet you.
También existe How do you do? pero es bastante formal.

helm /hɛlm/ *s* [C] timón

EXPRESIONES
at the helm (a) al mando (de una organización) **(b)** al timón (de un barco)

hel·met /ˈhɛlmɪt/ *s* [C] casco ▶ **CRASH HELMET**

help¹ ⬛ ⬛ /hɛlp/ *v*
1 [I,T] (colaborar) ayudar • **help sb (to) do sth** ayudar a alguien a hacer algo: *I helped her carry her suitcases upstairs.* La ayudé a subir las maletas. • **help (to) do sth** ayudar a hacer algo: *We need someone to help pack up the books.* Necesitamos que alguien nos ayude a

empacar los libros. • **help (sb) with sth** ayudar (a alguien) con algo: *Can I help with the cleaning up?* ¿Ayudo a limpiar?
2 [I,T] (mejorar) ayudar: *Crying won't help.* Llorar no va a servir de nada. • **it helps to do sth** ayuda hacer algo: *It helped to know that someone understood how I felt.* Me ayudó saber que alguien entendía cómo me sentía.
3 Help (me)! ¡Socorro!
4 [T siempre + adv/prep] (en movimientos) *The nurse helped her into a chair.* La enfermera la ayudó a sentarse en una silla ▶ **GOD help sb**

EXPRESIONES
I/he can't help doing sth (tb **I/he can't help but do sth**) no puedo/no puede evitar hacer algo: *We couldn't help laughing.* No pudimos contener la risa. • *You can't help but like him.* Es imposible que no te caiga bien. • **I/he can't help sth** no puedo/no puede evitar algo • **I/he can't help feeling/thinking (that)** no puedo/no puede dejar de pensar que • **I/he can't help it** no puedo/no puede evitarlo • **I/he can't help it if** no es culpa mía/suya si • **help yourself** servirse: *"Can I have one of your cigarettes?" "Yes, help yourself."* –¿Me das un cigarrillo? –Claro, tómalo. • **help yourself to sth (a)** servirse algo **(b)** (*coloq*) llevarse algo (que no es suyo) • **it can't be helped** (*oral*) no hay/no queda otro remedio • **not if I can help it** (*oral*) si puedo, no/si lo puedo evitar, no • **so help me (God) (a)** que Dios sea mi testigo **(b)** lo juro
help sth ↔ along *v+partíc* facilitar algo, ayudar a que algo salga adelante
help out *v+partíc* **1 help sb ↔ out** darle una mano a alguien, ayudar a alguien **2 help out** dar una mano, ayudar **3 help sb ↔ out** ayudar a alguien (con apoyo, dinero)

help² ⬛ ⬛ *s*
1 [U] (colaboración) ayuda • **help with sth** ayuda con algo • **help doing sth** *She still needs help putting on her clothes.* Todavía necesita que la ayuden a vestirse. • **with your/John's help** con tu ayuda/con la ayuda de John
2 [U] (auxilio) ayuda • **go and get help** ir a buscar ayuda
3 [sing, U] (utilidad) ayuda: *That map isn't much help.* Ese mapa no sirve de mucho. • **be a great/big/real help** ser una gran ayuda, ser de gran ayuda • **with the help of sth** con la ayuda de algo
4 [U] (consejos, dinero, prestaciones) ayuda • **help with sth** ayuda con/para algo

help·er /ˈhɛlpər/ *s* [C] ayudante

help·ful ⬛ /ˈhɛlpfəl/ *adj*
1 útil
2 amable, servicial

help·ful·ly /ˈhɛlpfəli/ *adv* amablemente, con la intención de ayudar

help·ing¹ /ˈhɛlpɪŋ/ *s* [C] porción

helping² *adj* **a helping hand** una mano amiga, ayuda • **give/lend sb a helping hand** darle una mano a alguien

help·less /ˈhɛlplɪs/ *adj* **1** indefenso -a, impotente • **be helpless to do sth** ser incapaz de hacer algo **2** de impotencia (gesto) **3 helpless with laughter/fear** muerto -a de risa/miedo

help·less·ly /ˈhɛlplɪsli/ *adv* **1** sin poder hacer nada (mirar), en un gesto de impotencia (encogerse de hombros) **2** sin poder contenerse (llorar, reír)

help·line /ˈhɛlplaɪn/ *s* [C] línea de ayuda, línea de asistencia (telefónica)

hel·ter-skel·ter /ˌhɛltərˈskɛltər/ *adv* atropelladamente, en desorden

hem¹ /hɛm/ *s* [C] dobladillo, bastilla

hem² *v* (**hemmed, hemming**) [I,T] hacer el dobladillo (de)
EXPRESIONES
hem and haw titubear
hem sb ↔ in *v+partíc* **1** encerrar a alguien, rodear a alguien **2** coartar a alguien, limitar a alguien

'he-man *s* [C] (pl **he-men**) macho

hem·i·sphere /ˈhɛməˌsfɪr/ s [C] hemisferio • **the Northern/Southern Hemisphere** el hemisferio norte/sur

hem·line /ˈhɛmlaɪn/ s [C] ruedo, bajo (de un vestido, una falda)

hem·lock /ˈhɛmlɑk/ s [U] cicuta

he·mo·glo·bin /ˈhiməˌgloʊbɪn/ s [U] hemoglobina

he·mo·phil·i·a /ˌhiməˈfɪliə, -ˈfilyə/ s [U] hemofilia

he·mo·phil·i·ac /ˌhiməˈfɪliˌæk/ s [C], adj [solo ante s] hemofílico -a

hem·or·rhage¹ /ˈhɛmərɪdʒ/ s [C,U] hemorragia

hemorrhage² v **1** [I] sufrir una hemorragia **2** [T] perder grandes cantidades de (dinero, empleos)

hemp /hɛmp/ s [U] cáñamo

hen /hɛn/ s [C] **1** gallina **2** hembra (de un ave)

hence /hɛns/ adv (frml) **1** [adv oracional] de ahí, por eso **2 ten days/three months hence (a)** de aquí a diez días/tres meses **(b)** diez días/tres meses después

hence·forth /ˈhɛnsfɔrθ, ˌhɛnsˈfɔrθ/ (tb **hence·for·ward** /hɛnsˈfɔrwərd/) adv (frml) en lo sucesivo, de aquí en adelante

hench·man /ˈhɛntʃmən/ s [C] (pl **henchmen** /-mən/) (peyor) secuaz

hen·na /ˈhɛnə/ s [U] henna

hen·pecked /ˈhɛnpɛkt/ adj dominado (marido)

hep·a·ti·tis /ˌhɛpəˈtaɪtɪs/ s [U] hepatitis

her¹ S1 W1 /ər; fuerte hɚ/ det
1 (posesivo femenino) su, sus, de ella ▸ Los posesivos se usan en inglés con más frecuencia que en español, como se observa en estos ejemplos: _Her room was bigger than mine._ Su habitación era más grande que la mía. • _her children_ sus hijos • _This is her coffee, not yours._ Este es el café de ella, no el tuyo. • _Mary looked at her watch._ Mary miró el reloj. • _She couldn't lift her arm up._ No podía levantar el brazo. • **her doing sth** (frml) _I remember her telling me that story._ Recuerdo que me contó esa historia. • **her own** _She makes her own clothes._ Se hace la ropa ella misma.
2 (antic) (de un país, barco, coche) su, sus: _Her top speed is 110 miles an hour._ Su velocidad máxima es 110 millas por hora.

her² S1 W1 pron
1 (objeto directo) la: _Where did you meet her?_ ¿Dónde la conociste? • **her doing sth** _Don't you mind her watching you?_ ¿No te molesta que ella te mire?
2 (objeto indirecto) le: _I gave her a present._ Le hice un regalo. • _Give her the book back._ Regrésale el libro.
3 (tras preposición) ella: _There's a picture of her in here._ Aquí hay una foto de ella.
4 (en comparaciones) ella: _I am taller than her._ Soy más alta que ella.
5 (tras el verbo "to be") ella: _I think it was her, but I'm not sure._ Creo que era ella, pero no estoy seguro.
6 (antic) (país, barco, coche) _They love their country and will always defend her._ Aman a su patria y siempre la defenderán.

her·ald¹ /ˈhɛrəld/ v [T] (frml) **1** anunciar (la llegada, el comienzo de algo) **2 be heralded as sth** _She has been heralded as one of the country's finest writers._ De ella se ha dicho que es una de las mejores escritoras del país.

herald² s **1** [C] heraldo **2 be a/the herald of sth** anunciar (la llegada de) algo

herb /ərb/ s [C] hierba (de uso culinario, medicinal)

her·ba·ceous /hərˈbeɪʃəs, ərˈbeɪ-/ adj (técn) herbáceo -a

herb·al /ˈərbəl/ adj de hierbas, a base de hierbas: _herbal tea_ una infusión

herb·al·ist /ˈərbəlɪst, ˈhər-/ s [C] herbolario -a

her·bi·cide /ˈhərbəˌsaɪd, ˈər-/ s [C,U] herbicida

her·bi·vore /ˈhərbəˌvɔr, ˈərbə-/ s [C] herbívoro -a

herd¹ /hərd/ s [C] **1** manada, hato **2 the herd** (peyor) la masa • **follow the herd** seguir al rebaño/a la manada

herd² v **1** [T] (ganado) arrear **2** [T siempre + adv/prep] (gente) _I don't want to be herded around with a lot of tourists._ No quiero que me lleven de un lado a otro como ganado con un montón de turistas.
herd together v+partíc **1 herd sth/sb ↔ together** reunir algo/a alguien **2 herd together** reunirse, apiñarse

here¹ S1 W1 /hɪr/ adv

1 indicando lugar
2 indicando tiempo
3 indicando momento
4 al señalar, mostrar
5 para dar, ofrecer
6 al encontrar
7 indicando llegada
8 indicando intención
9 expresando asombro

1 INDICANDO LUGAR aquí, acá: _Ask the children to come here._ Dile a los niños que vengan. • **from here** de aquí, desde aquí: _How far is Denver from here?_ ¿A cuánto queda Denver de aquí? • **around here** por aquí: _Do you live around here?_ ¿Vives por aquí? • **over here** aquí: _Come and sit over here._ Ven a sentarte aquí.
2 INDICANDO TIEMPO _Spring is finally here!_ ¡La primavera ya está aquí! • _Here is a chance to earn some extra money._ He aquí una oportunidad de ganar algún dinero extra.
3 INDICANDO MOMENTO _Here is where things become difficult._ Aquí las cosas comienzan a ponerse difíciles.
4 AL SEÑALAR, MOSTRAR (oral): _Write your name here._ Escriba su nombre aquí. • _You can sleep in this room here._ Puedes dormir en esta habitación de aquí. • **here is/are sth** (oral): _Here's a picture of our children._ Esta es una foto de nuestros niños.
5 PARA DAR, OFRECER (oral) **here you are** (tb **here you go**) aquí tienes/tienen • **here is/are sth** _Here's the money I borrowed._ Aquí está el dinero que me prestaste. • **here it is/they are** aquí está/están
6 AL ENCONTRAR (oral) aquí: _Where are my slippers? Ah, they're here._ ¿Dónde están mis pantuflas? Ah, están aquí.
7 INDICANDO LLEGADA (oral): _Is the mail here yet?_ ¿Ya llegó el correo? • **here it is/they are** aquí está/están: _Here they are. Late as usual!_ Ahí están. ¡Tarde, como de costumbre! • **here is sb/sth** _Here's the mailman._ Ahí viene el cartero. • **here comes sb/sth** (tb **here sb/sth comes**) ahí viene alguien/algo: _Here comes your mother – be quiet!_ Ahí viene tu madre, ¡cállate!
8 INDICANDO INTENCIÓN **we are/it is here to do sth** estamos/está aquí para hacer algo
9 EXPRESANDO ASOMBRO **here sb/sth is** _He said he was sick but here he is playing soccer!_ ¡Dijo que estaba enfermo pero aquí lo tienes, jugando al fútbol!

EXPRESIONES
here and there aquí y allá • **here goes** (tb **here goes nothing**) (oral) ahí va, allá voy • **here, there, and everywhere** (coloq) a/por todas partes • **here's to the happy couple/your new job!** (oral) ¡(un brindis) por los novios/tu nuevo trabajo! • **be here to stay** haber llegado para quedarse • **here we go** (a) ya empezamos: _Here we go. More tears!_ Ya empezamos. ¡A llorar otra vez! (b) ahí vamos: _Let's do that again. Ready? Here we go._ Vamos a hacerlo otra vez. ¿Listo? Ahí vamos. • **I'm/we're out of here** (oral) me voy/nos vamos

here² S1 interj
1 (al dar, ofrecer) _Here, let me help you with that._ A ver, deja que te ayude con eso. • _"Can I borrow your pencil?" "Here."_ —¿Me prestas el lápiz? —Toma.
2 (para atraer la atención) a ver: _Here, let me try._ A ver, déjame intentarlo.
3 (indicando presencia) presente: _"Peter Jones." "Here, sir!"_ –Peter Jones. –¡Presente!

here³ s
EXPRESIONES
the here and now el presente, el aquí y ahora

here·a·bouts /'hɪrə,baʊts, ,hɪrə'baʊts/ *adv* (*coloq*) por aquí

here·af·ter¹ /,hɪr'æftɚ/ *adv* **1** [adv oracional] (*frml*) en el futuro, en lo sucesivo **2** (*jur*) en adelante **3** (*frml*) en el más allá, después de la muerte

hereafter² *s* **the hereafter** el más allá

here·by /,hɪr'baɪ, 'hɪrbaɪ/ *adv* (*jur*) por la presente, mediante este documento

he·red·i·tar·y /hə'rɛdə,tɛri/ *adj* hereditario -a

he·red·i·ty /hə'rɛdəṭi/ *s* [U] (*frml*) herencia (genética)

her·e·sy /'hɛrəsi/ *s* [C,U] (*pl* **heresies**) herejía

her·e·tic /'hɛrəṭɪk/ *s* [C] hereje

he·ret·i·cal /hə'rɛṭɪkəl/ *adj* herético -a

here·with /,hɪr'wɪθ, -'wɪð/ *adv* (*frml*) adjunto

her·it·age /'hɛrəṭɪdʒ/ *s* [sing, U] patrimonio • **cultural/ architectural heritage** patrimonio cultural/ arquitectónico

her·maph·ro·dite /hə'mæfrə,daɪt/ *s* [C], *adj* hermafrodita

her·met·i·cally /hɚ'mɛṭɪkli/ herméticamente

her·mit /'hɚmɪt/ *s* [C] ermitaño -a

her·ni·a /'hɚniə/ *s* [C,U] hernia

he·ro [W2] /'hɪroʊ/ *s* [C] (*pl* **heroes**)
1 héroe • **a national hero** un héroe nacional • **an unsung hero** un héroe olividado
2 protagonista (de un libro, una película) [ANT] **villain**
3 ídolo (persona admirada) • **my/her hero** mi/su ídolo, mi/su héroe
4 sándwich hecho con un pan largo relleno con carne, queso, etc.

he·ro·ic /hɪ'roʊɪk/ *adj* [gralm ante s] **1** (valeroso) heroico -a **2** (actuación, lucha) épico -a, heroico -a • **a heroic effort** un esfuerzo heroico

he·ro·ics /hɪ'roʊɪks/ *s* [pl] actos heroicos: *Don't try any heroics.* No te hagas el héroe.

her·o·in /'hɛroʊɪn/ *s* [U] heroína (droga)

her·o·ine /'hɛroʊɪn/ *s* [C] **1** protagonista, heroína (de un libro, una película) **2** heroína (mujer valiente) **3** ídolo (mujer admirada) • **my/his heroine** mi/su ídolo, mi/su heroína

her·o·ism /'hɛroʊ,ɪzəm/ *s* [U] heroísmo

her·on /'hɛrən/ *s* [C] garza

'hero ,worship *s* [U] adulación

her·pes /'hɚpiz/ *s* [U] herpes

her·ring /'hɛrɪŋ/ *s* [C,U] (*pl* **herrings** o **herring**) arenque ▶ **RED HERRING**

hers [S2] /hɚz/ *pron* (el) suyo, (la) suya, (los) suyos, (las) suyas, (el/la/los/las) de ella: *These are my gloves. Hers are in the drawer.* Estos son mis guantes. Los de ella están en el cajón. • *The idea was hers.* Fue idea suya. • *He put his hands on hers.* Puso las manos sobre las suyas. • **of hers** *Paul's a friend of hers.* Paul es amigo suyo.

her·self [S2] [W1] /ɚ'sɛlf; *fuerte* hɚ'sɛlf/ *pron*
1 (uso reflexivo) se: *Mom cut herself.* Mamá se cortó. • *She made herself a cup of coffee.* Se preparó una taza de café.
2 (uso enfático) ella misma: *She told me so herself.* Me lo dijo ella misma.
3 (tras preposición) ella: *other mothers in the same situation as herself* otras madres en la misma situación que ella • *He showed Diana photographs of herself.* Le mostró a Diana fotografías de ella.

EXPRESIONES
(all) by herself **(a)** (no acompañada) sola: *Miss Baker lives by herself.* La señorita Baker vive sola. **(b)** (sin ayuda) sola: *The little girl wrote the letter all by herself.* La pequeña escribió la carta sola. • **(all) to herself** (todo -a) para ella: *Alice had the house to herself.* Alice tenía la casa para ella.

hertz /hɚts/ (*abrev escrita* **hz**) *s* [C] (*pl* **hertz**) hercio

he's /iz; *fuerte* hiz/ *contrac de* **1** he is **2** he has

hes·i·tant /'hɛzəṭənt/ *adj* vacilante, inseguro -a • **be hesitant to do sth** dudar en hacer algo • **be hesitant about doing sth** dudar si hacer algo o no

hes·i·tant·ly /'hɛzəṭəntli/ *adv* con vacilación

hes·i·tate /'hɛzə,teɪt/ *v* [I] dudar, vacilar
EXPRESIONES
don't hesitate to do sth no dudes/duden en hacer algo

hes·i·ta·tion /,hɛzə'teɪʃən/ *s* [C,U] vacilación, titubeo • **without hesitation** sin dudar/vacilar • **have no hesitation in doing sth** no dudar en hacer algo • **a moment's hesitation** un momento de duda

het·er·o·ge·ne·ous /,hɛṭərə'dʒiniəs, -nyəs/ (tb **het·er·og·e·nous** /,hɛṭə'rɑdʒənəs/) *adj* (*frml*) heterogéneo -a

het·er·o·sex·u·al /,hɛṭərə'sɛkʃuəl/ *s* [C], *adj* heterosexual

het·er·o·sex·u·al·i·ty /,hɛṭərə,sɛkʃu'æləṭi/ *s* [U] heterosexualidad

hew /hyu/ *v* (**hewed**, **hewed** tb **hewn** /hyun/) [I,T] (*escrito*) tallar, esculpir
hew to sth *v+partíc* seguir algo, acatar algo [SIN] **adhere to**

hex·a·gon /'hɛksə,gɑn/ *s* [C] hexágono

hex·ag·o·nal /hɛk'sægənəl/ *adj* hexagonal

hey [S1] /heɪ/ *interj*
1 eh
2 (*coloq*) hola

hey·day /'heɪdeɪ/ *s* [C gralm sing] apogeo, época de esplendor • **in her/its heyday** en su apogeo, en su época de esplendor

HI *abrev escrita de* HAWAII

hi [S1] /haɪ/ *interj* (*coloq*) hola • **Hi there!** ¡Hola! • **say hi** saludar, decir hola ▶ ver nota en HELLO

hi·a·tus /haɪ'eɪṭəs/ *s* [sing, U] paréntesis, pausa • **go/be put on hiatus** suspender(se) (temporariamente) [SIN] **break**

hi·ber·nate /'haɪbɚ,neɪt/ *v* [I] hibernar

hi·ber·na·tion /,haɪbɚ'neɪʃən/ *s* [U] hibernación • **go into hibernation** hibernar

hic·cup¹ (tb **hiccough** (*antic*)) /'hɪkʌp/ *s* [C] **1** [gralm pl] hipo • **have the hiccups** tener hipo **2** contratiempo, inconveniente

hiccup² *v* [I] (**hiccupped**, **hiccupping**) tener hipo

hick /hɪk/ *s* [C] (*peyor*) campesino -a, pueblerino -a [SIN] **yokel**

hick·ey /'hɪki/ *s* [C] (*pl* **hickeys** o **hickies**) (*coloq*) marca en el cuello u otra parte del cuerpo provocada por un beso apasionado

hick·o·ry /'hɪkəri/ *s* [C,U] (*pl* **hickories**) nogal americano

hid /hɪd/ pasado de HIDE

hid·den¹ /'hɪdn/ participio pasado de HIDE

hid·den² *adj* [gralm ante s] **1** (peligro, significado) oculto -a • **hidden talents/strengths** talentos ocultos/virtudes ocultas **2** (objeto, lugar) oculto -a, escondido -a: *hidden cameras* cámaras ocultas • *hidden treasure* tesoro escondido • **keep sth hidden** tener algo escondido -a

hidden a'genda *s* [C] propósito oculto • **have a hidden agenda** tener un propósito oculto

hide¹ [S2] [W2] /haɪd/ *v* (**hid** /hɪd/, **hidden** /'hɪdn/)

1 para que no se vea
2 para no ser visto
3 estar delante
4 sentimientos
5 hechos
6 de lo desagradable

1 PARA QUE NO SE VEA [T] esconder, ocultar • **hide sth from sb** esconderle algo a alguien, esconder algo de alguien: *She hid the letter from her mother.* Le escondió la carta a su madre.

2 PARA NO SER VISTO [I] esconderse, ocultarse: *She's coming! Let's hide!* ¡Ahí viene!¡Vamos a escondernos! • **hide from sb** esconderse de alguien

3 ESTAR DELANTE [T] tapar, ocultar: *The house was hidden by trees.* Unos árboles tapaban la casa.

4 SENTIMIENTOS [T] ocultar, disimular: *She was unable to hide her disappointment.* No podía ocultar su decepción.

5 HECHOS [T] ocultar: *an attempt to hide the truth* un intento de ocultar la verdad • **hide something (from sb)** ocultar(le) algo (a alguien)

6 DE LO DESAGRADABLE [I] huir, esconderse • **hide from sth** huir de algo: *You can't hide from the truth.* No puedes huir de la verdad

EXPRESIONES
have nothing to hide no tener nada que ocultar
hide away *v+partíc* **1 hide sth ↔ away** esconder algo **2 hide away** esconderse
hide behind sb/sth *v+partíc* (*peyor*) escudarse en alguien/algo
hide out *v+partíc* esconderse ▶ **HIDEOUT**

hide² *s* [C,U] piel (de animal)

hide-and-'seek (tb **hide-and-go-'seek**) *s* [U] escondidas (juego)

hide·a·way /'haɪdə,weɪ/ *s* [C] **1** refugio, rincón (tranquilo) **2** escondite

hid·e·ous /'hɪdiəs/ *adj* **1** horrible, espantoso -a (monstruo, vestido) **2** horrendo -a (crimen, accidente)

hid·e·ous·ly /'hɪdiəsli/ *adv* **1** espantosamente, horriblemente **2** (*coloq*) terriblemente, tremendamente (muy)

hide·out /'haɪdaʊt/ *s* [C] escondite

hid·ing /'haɪdɪŋ/ *s* **1 be in hiding** estar escondido -a • **go into hiding** esconderse, desaparecer **2** [sing] (*coloq*) paliza, muenda

'hiding ,place *s* [C] escondite

hier·ar·chi·cal /haɪə'rɑrkɪkəl/ *adj* (*frml*) jerárquico -a

hi·er·ar·chy /'haɪə,rɑrki/ *s* (pl **hierarchies**) **1** [C,U] (sistema) jerarquía **2** [C gralm sing] (directivos) altas jerarquías

hi·er·o·glyph·ics /,haɪrə'glɪfɪks/ *s* [U] **1** jeroglíficos **2** garabatos (incomprensibles)

hi-fi¹ /,haɪ 'faɪ◂/ *s* [C] (pl **hi-fis**) (*antic*) equipo de alta fidelidad

hi-fi² *adj* [solo ante s] (*antic*) (**high fidelity**) de alta fidelidad

high¹ S1 W1 /haɪ/ *adj*

1 de arriba a abajo
2 respecto del suelo
3 en grado, cantidad
4 en calidad
5 en contenido
6 en una jerarquía
7 viento
8 máximo
9 tecnología, finanzas
10 sonido
11 por drogas
12 de alegría
13 río

1 DE ARRIBA A ABAJO alto -a: *How high is the Eiffel Tower?* ¿Cuánto mide la Torre Eiffel? • **be 10 feet/5 meters high** medir 10 pies/5 metros de altura ANT **low**

2 RESPECTO DEL SUELO alto -a: *a room with a high ceiling* una habitación con el techo alto • **high up** alto -a ANT **low**

3 EN GRADO, CANTIDAD alto -a • **a high number of sth** un gran/alto número de algo • **a high level/degree of sth** un alto nivel/grado de algo • **a high price/cost** un precio/costo alto • **at high speed** a gran/alta velocidad • **a high**

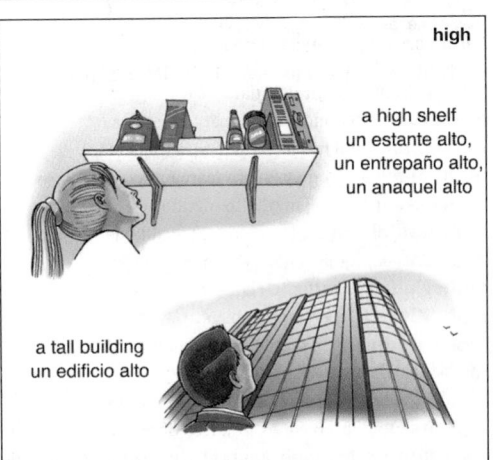

high

a high shelf
un estante alto,
un entrepaño alto,
un anaquel alto

a tall building
un edificio alto

proportion/percentage of sth una gran proporción/un alto porcentaje de algo ANT **low**

4 EN CALIDAD alto -a: *high quality goods* productos de alta calidad • **have a high opinion of sb/sth** tener muy buena opinión de alguien/algo ANT **low**

5 EN CONTENIDO **be high in fat/salt** tener un alto contenido de grasas/sal ANT **low**

6 EN UNA JERARQUÍA alto -a • **be high up** tener un puesto alto • **high status/rank** estatus elevado/alto rango • **high society** alta sociedad • **be high on the list/ agenda** (tb **be a high priority**) ocupar un lugar prioritario, ser una prioridad

7 VIENTO **a high wind** un viento fuerte

8 MÁXIMO *high fashion* alta costura • *high adventure* grandes aventuras • **high drama** gran/fuerte dramatismo

9 TECNOLOGÍA, FINANZAS alto -a

10 SONIDO agudo -a, alto -a

11 POR DROGAS [nunca ante s] trabado -a, volado -a, drogado -a • **be high on sth** haber tomado/fumado algo • **get high** trabarse, drogarse • **high as a kite** (*coloq*) con una buena traba, muy drogado -a

12 DE ALEGRÍA [nunca ante s] eufórico -a, contentísimo -a • **be in high spirits** sentirse pletórico -a

13 RÍO [nunca ante s] crecido -a ▶ **have FRIENDS in high places, HIGHLY, HIGH-PROFILE, have high/great HOPEs for sb/sth, the STAKEs are high**

EXPRESIONES
high and mighty engreído -a, creído -a • **it is high time (that)** (*oral*) ya va siendo hora de que • **be/get on your high horse** pontificar, ponerse a dar lecciones

high² S2 W3 *adv*

1 (en altura) alto • **high above** muy alto, muy arriba: *Birds were flying high above.* Había pájaros volando alto. • **high above sth/sb** *The hotel is situated high above the bay.* El hotel domina la bahía. • **high up (in/on sth)** en lo alto (de algo) • **be piled/stacked high (on sth)** amontonarse (en algo), estar amontonado -a (en algo) • **be piled/stacked high with sth** tener un montón de algo, estar repleto -a de algo

2 (en valor, nivel, cantidad) alto: *The temperature rose higher and higher.* La temperatura subía cada vez más.

3 (en sonido) alto ▶ **be riding high** (RIDE), **emotions/ feelings are RUNNING high**

EXPRESIONES
search high and low remover el cielo y la tierra

high³ W3 *s* [C]

1 máximo, máxima: *highs of 40ºC* máximas de 40º C • **hit/reach a high** alcanzar un máximo/una máxima

2 traba, pasón, viaje

3 (*coloq*) **be on a high** estar loco -a de contento -a • **highs and lows** altibajos

4 High Colegio (secundario), Instituto

5 anticiclón

from on high (*hum*) de arriba

high·brow[1] /'haɪbraʊ/ *adj* **1** intelectual, para gente culta **2** culto -a, intelectual

highbrow[2] *s* [C] intelectual, persona culta

high·chair /'haɪtʃɛr/ *s* [C] silla alta (para niño)

,**high·'class** *adj* **1** de primera (categoría) **2** de clase alta

,**high com'mand** *s* [sing] alto mando

,**high-defi'nition** *adj* [solo ante s] de alta definición

'**high-end** *adj* [gralm ante s] de gama alta

,**higher edu'cation** *s* [U] educación superior

,**high-'flier** *s* [C] persona ambiciosa

,**high-'grade** *adj* [solo ante s] de primera calidad

,**high-'handed** *adj* despótico -a

,**high-heeled** *adj* [solo ante s] de tacón (alto)

,**high 'heels** *s* [pl] tacones, zapatos de tacón

'**high jump** *s* **the high jump** el salto alto, el salto de altura

high·lands /'haɪləndz/ *s* [pl] **1** regiones montañosas, tierras altas **2 the Highlands** región montañosa del norte de Escocia

,**high-'level** *adj* [solo ante s] **1** (reunión, ejecutivo) de alto nivel **2** (lenguaje de programación) de alto nivel **3** elevado -a, alto -a (contaminación, radiación)

high·light[1] /'haɪlaɪt/ *v* [T] (**highlighted**)
1 destacar, resaltar, subrayar
2 seleccionar (en el computador)
3 marcar con resaltador, marcar con marcatextos
4 hacer(se) mechas, hacer(se) rayitos, hacer(se) luces

highlight[2] *s* **1** [C] momento culminante **2 highlights** [pl] (repetición de) las mejores jugadas, (repetición de) los mejores momentos **3 highlights** [pl] mechas, rayitos, luces

high·light·er /'haɪˌlaɪtɚ/ *s* [C] resaltador, marcatextos

high·ly /'haɪli/ *adv*
1 muy: *highly competitive companies* empresas muy competitivas • **highly flammable materials** materiales altamente inflamables • **highly unlikely** muy poco probable, bastante improbable • **highly likely** muy probable
2 muy (bien): *highly paid professionals* profesionales muy bien pagados • *a highly educated woman* una mujer muy culta
3 highly regarded/respected muy respetado -a • **speak highly of sb** hablar muy bien de alguien • **think highly of sb/sth** tener muy buena opinión de alguien/algo

,**high-'minded** *adj* recto -a, de nobles principios

High·ness /'haɪnɪs/ *s* [C] **Your/Her/His Highness** Su Alteza

,**high-per'formance** *adj* [solo ante s] de gran potencia, de alto rendimiento

,**high-'pitched** *adj* agudo -a

'**high point** *s* [C] momento culminante

,**high-'powered** *adj* **1** [solo ante s] muy potente, de gran potencia **2** poderoso -a, muy importante

'**high-pressure** *adj* [solo ante s] **1** muy estresante, de mucha responsabilidad (puesto, trabajo), de mucha presión (situación) **2** a alta presión (vapor, gas), de alta presión (manguera) **3** agresivo -a (vendedor, campaña)

,**high 'priest** *s* [C] sumo sacerdote

,**high 'profile** *s* [sing] popularidad, gran presencia en los medios

,**high-'profile** *adj* popular, con gran presencia en los medios

,**high-'ranking** *adj* [solo ante s] de alto rango: *high-ranking government officials* altos cargos del gobierno

'**high-rise**[1] *adj* [solo ante s] de muchos pisos (edificio)

high-rise[2], **high rise** *s* [C] un edificio de muchos pisos

'**high school** *s*
1 [C,U] en Estados Unidos y Canadá, escuela secundaria para alumnos de 14 a 18 años ▶ JUNIOR HIGH SCHOOL
2 [U] escuela secundaria (periodo) • **in high school** en la escuela secundaria

'**high-speed** *adj* [solo ante s] **1** de alta velocidad (tren, línea) **2** a toda velocidad (persecución)

,**high-'spirited** *adj* lleno -a de vida, exultante

,**high-'strung** *adj* (muy) excitable, (muy) nervioso -a

high-tech, **hi-tech** /ˌhaɪ 'tɛk‹/ *adj* de alta tecnología

,**high 'tide** *s* [U] marea alta, pleamar

high-tops, **hightops** /'haɪtɑps/ *s* [pl] (*coloq*) (zapatos) tenis de básquetbol (altos)

,**high-'water mark** *s* [sing] línea de pleamar, nivel de pleamar

high·way /'haɪweɪ/ *s* [C] carretera, autopista

high·way·man /'haɪweɪmən/ *s* [C] (pl **highwaymen** /-mən/) salteador de caminos

hi·jack[1] /'haɪdʒæk/ *v* [T] **1** secuestrar (un avión, barco) **2** (*peyor*) apropiarse de

hijack[2] *s* [C] secuestro (de un avión, barco)

hi·jacker /'haɪˌdʒækɚ/ *s* [C] secuestrador -a (de un barco, etc.), pirata (aéreo)

hi·jack·ing /'haɪˌdʒækɪŋ/ *s* **1** [C,U] secuestro (de un avión, barco) **2** [U] (*peyor*) apropiación

hike[1] /haɪk/ *s* [C]
1 subida (fuerte), aumento (fuerte) • **a tax/price hike** una subida de impuestos/precios • [+**in**]: *another hike in gasoline prices* otra subida de los precios de la gasolina
2 caminata, excursión a pie

take a hike (*oral*) largarse

hike[2] *v* [I,T] ir de excursión (por), hacer senderismo (por) • **go hiking** hacer senderismo
hike sth ↔ up *v+partíc* subirse/levantarse algo

hik·er /'haɪkɚ/ *s* [C] excursionista, senderista

hik·ing /'haɪkɪŋ/ *s* [U] excursionismo, senderismo

hi·lar·i·ous /hɪ'lɛriəs, -'lær-/ *adj* divertidísimo -a, graciosísimo -a

hi·lar·i·ous·ly /hɪ'lɛriəsli, -'lær-/ *adv* *We all laughed hilariously.* Todos nos partimos de risa. • *hilariously funny* graciosísimo

hi·lar·i·ty /hɪ'lærəti/ *s* [U] risas, hilaridad

hill /hɪl/ *s* [C]
1 colina, monte, cerro • **on a hill** en una colina • **the top of a hill** la cima de una colina • **in the hills** por los cerros • **hill farmer** ganadero -a de montaña • **hill walking** senderismo
2 cuesta • **the brow of a hill** lo alto de la cuesta • **a steep hill** una cuesta empinada
3 the Hill Capitolio (en Washington, EU) • **on the Hill** en el Congreso (de EU) ▶ **be (as) OLD as the hills**

be over the hill (*coloq*) ir cuesta abajo, no estar ya para esos trotes

hill·bil·ly /'hɪlˌbɪli/ *s* (pl **hillbillies**) [U] hillbilly (tipo de música country)

hill·ock /'hɪlək/ *s* [C] loma, elevación

hill·side /'hɪlsaɪd/ *s* [C] ladera

hill·y /'hɪli/ *adj* (**hillier**, **hilliest**) accidentado -a

hilt /hɪlt/ *s* [C] empuñadura (de una espada, un cuchillo)

to the hilt al máximo

him /ɪm; *fuerte* hɪm/ *pron*

1 complemento directo
2 complemento indirecto
3 tras preposición
4 en comparaciones

5 tras el verbo "to be"
6 uso genérico
7 al referirse a Dios

1 COMPLEMENTO DIRECTO lo: *I saw him last night.* Lo vi anoche. • *"Who are you blaming, him or me?" "Him."* –¿A quién culpas, a él o a mí? –A él. • **him doing sth** *I remember him asking for more.* Recuerdo que pidió más.

2 COMPLEMENTO INDIRECTO le, se: *Give him my address.* Dale mi dirección. • *I gave it to him.* Se lo di a él.

3 TRAS PREPOSICIÓN él: *Are you going with him?* ¿Vas a ir con él? • *Stephen always carries his passport with him.* Stephen siempre lleva el pasaporte encima.

4 EN COMPARACIONES él: *Peter's brother is taller than him.* El hermano de Peter es más alto que él.

5 TRAS EL VERBO "TO BE" él: *I knew it was him.* Sabía que era él.

6 USO GENÉRICO (*antic*) lo, le: *Let your student know you will help him.* Dígale a su alumno que lo ayudará.

7 AL REFERIRSE A DIOS Him (*escrito*) lo, le, a Él

⚠ Algunas personas evitan el uso de esta palabra para referirse indistintamente a personas de ambos sexos, porque podría ofender a las mujeres. En su lugar utilizan **them**.

him·self S1 W1 /ɪmˈsɛlf; *fuerte* hɪmˈsɛlf/ *pron*
1 (uso reflexivo) se: *Paul cut himself.* Paul se cortó. • *He fixed himself a sandwich.* Se preparó un sándwich. • *He was mad at himself.* Estaba enojado consigo mismo.
2 (uso enfático) él mismo: *He himself told me the rumor was true.* Él mismo me confirmó el rumor. • *Steve loves dogs, but he doesn't have one himself.* A Steve le encantan los perros, pero él no tiene.
3 (tras preposición) él: *Does he have any photos of himself?* ¿Tiene fotos de él?
4 (*antic*) (uso genérico) se: *Nobody wants to blame himself for what happened.* Nadie quiere culparse por lo ocurrido.

EXPRESIONES
(all) by himself (a) (no acompañado) solo: *A little boy was playing all by himself.* Un niño pequeño jugaba solito. **(b)** (sin ayuda) (él) solo: *My son built the model all by himself.* Mi hijo construyó la maqueta él solo. • **(all) to himself** (todo -a) para él: *While his sister is out, he has the computer to himself.* Mientras su hermana no está, tiene el computador para él.

hind /haɪnd/ *adj* [solo ante s] trasero -a, de atrás (patas, alas) ▸ **TALK the hind legs off a donkey**

hin·der /ˈhɪndə/ *v* [T] entorpecer, dificultar

Hin·di /ˈhɪndi/ *s* [U] hindi

hind·quar·ters /ˈhaɪndˌkwɔrtəz/ *s* [pl] cuartos traseros

hin·drance /ˈhɪndrəns/ *s* **1** [C] obstáculo, escollo • [+**to**]: *Age can be a hindrance to getting a job.* La edad puede ser un obstáculo para conseguir trabajo. **2** [U] (*frml*) obstaculización • **without hindrance** sin restricciones

hind·sight /ˈhaɪndsaɪt/ *s* [U] **in/with hindsight** en retrospectiva, a posteriori • **with the benefit/wisdom of hindsight** en retrospectiva, con la perspectiva que da el tiempo

Hin·du¹ /ˈhɪndu/ *s* [C] (pl **Hindus**) hindú

Hindu² *adj* hindú

Hin·du·ism /ˈhɪnduˌɪzəm/ *s* [U] hinduismo

hinge¹ /hɪndʒ/ *s* [C] **1** bisagra, gozne **2** (*frml*) eje

hinge² *v* [T gralm en pasiva] sujetar con bisagras
hinge on sth *v+partíc* depender de algo

hinged /hɪndʒd/ *adj* con bisagras

hint¹ /hɪnt/ *s* [C] **1** indirecta, insinuación • [+**that**]: *hints that he's planning to resign* insinuaciones de que pretende renunciar • **drop a hint** lanzar una indirecta, soltar una indirecta • **a subtle hint** una indirecta sutil • **take the hint** darse por aludido, captar la indirecta **2** atisbo, toque: *There was a hint of impatience in his voice.* Había un deje de impaciencia en su voz. • **more**

than a hint of sth algo más que un atisbo de algo **3** indicio • **the first hint of sth** el primer indicio de algo • **no hint of sth** ni rastro de algo, ningún indicio de algo **4** sugerencia, consejo • **handy/helpful hints** sugerencias útiles

hint² *v* [I,T] insinuar, dar a entender • **hint at sth** insinuar algo, dar a entender algo • **hint (that)** insinuar/dar a entender que: *He has hinted he will resign.* Ha insinuado que va a renunciar.
hint at sth *v+partíc* indicar algo, ser un indicio de algo

hin·ter·land /ˈhɪntəˌlænd/ *s* [C] **1** (de un país, una región, etc.) interior **2** (lejos de la costa) interior

hip¹ S3 /hɪp/ *s* [C]
1 (parte del cuerpo) cadera • **with your hands on your hips** (con los brazos) en jarras, con las manos en la cintura
2 (articulación) cadera: *an artificial hip* una prótesis de cadera • **hip replacement** reemplazo de cadera

hip² *adj* (**hipper**, **hippest**) (*coloq*) de moda

hip³ *interj* **Hip, hip, hooray!** ¡Hip, hip, hurra!

'hip-hop *s* [U] hip-hop

hip·pie, **hippy** /ˈhɪpi/ *s* [C] hippy, hippie

hip·po /ˈhɪpoʊ/ *s* [C] (pl **hippos**) (*coloq*) hipopótamo

hip·po·pot·a·mus /ˌhɪpəˈpɑtəməs/ *s* [C] (pl **hippopotamuses**, **hippopotami** /-maɪ/) hipopótamo

hip·py /ˈhɪpi/ *s* variante de **HIPPIE**

hire S1 W2 /haɪə/ *v*
1 [T] (para un encargo concreto) contratar • **hire sb to do sth** contratar a alguien para hacer algo
2 [I,T] (para un puesto de trabajo) contratar (personal) • **get hired** conseguir un empleo • **hire and fire** contratar y despedir • **hire sb as sth** contratar a alguien como/de algo • **hire sb to do sth** contratar a alguien para hacer algo
hire on *v+partíc* (empezar a) trabajar • **hire on as sth** (empezar a) trabajar de algo
hire out *v+partíc* **hire sb ↔ out** ofrecer los servicios de alguien • **hire yourself out** ofrecer sus servicios

his¹ S1 W1 /ɪz; *fuerte* hɪz/ *det*
1 (posesivo masculino) su, sus ▸ Los posesivos se usan en inglés con más frecuencia que en español, como se observa en estos ejemplos: *his son* su hijo • *His parents were born in Russia.* Sus padres nacieron en Rusia. • *This is his coffee, not yours.* Este es el café de él, no el tuyo. • *Leo took off his coat.* Leo se quitó el abrigo. • *John had a pain in his arm.* A John le dolía el brazo. • **his doing sth** (*frml*) *I was worried about his traveling alone.* Me preocupaba que viajara solo. • **his own** su propio -a: *He runs his own business.* Maneja su propia empresa.
2 (*antic*) (uso genérico) su, sus: *Each of us has his own responsibilities.* Cada uno de nosotros tiene sus propias responsabilidades.

⚠ Algunas personas evitan el uso de esta palabra para referirse indistintamente a personas de ambos sexos, porque podría ofender a las mujeres. En su lugar utilizan **their**.

his² S1 W2 *pron*
1 (posesivo masculino) (el) suyo, (la) suya, (los) suyos, (las) suyas, (el/la/los/las) de él: *That book is his.* Ese libro es de él. • *These boots are mine. His are in the closet.* Estas botas son mías. Las suyas están en el clóset. • **of his** *Janet is a friend of his.* Janet es amiga suya.
2 (*antic*) (uso genérico) *Each person has a right to claim what is his.* Toda persona tiene derecho a reclamar lo que es suyo.

⚠ Algunas personas evitan el uso de esta palabra para referirse indistintamente a personas de ambos sexos, porque podría ofender a las mujeres. En su lugar utilizan **theirs**.

His·pan·ic /hɪˈspænɪk/ *s* [C], *adj* hispano -a, latino -a

hiss¹ /hɪs/ *v* **1** [I,T] decir entre dientes, decir a media voz **2** [I] silbar (serpiente, cafetera), bufar (gato) **3** [I,T] silbar (público)

hiss² s [C] **1** silbido (de una serpiente, cafetera), bufido (de un gato) **2** murmullo entre dientes **3** silbido (del público)

'hissy ,fit s [C] (coloq) berrinche, rabieta

his·to·ri·an W3 /hɪ'stɔrɪən/ s [C] historiador -a

his·tor·ic W3 /hɪ'stɔrɪk, -'stɑr-/ adj [gralm ante s]
1 (edificio, lugar) histórico -a
2 (hecho, momento) histórico -a

his·tor·i·cal S3 W3 /hɪ'stɔrɪkəl, -'stɑr-/ adj [gralm ante s]
1 (de la historia) histórico -a: a place of historical interest un lugar de interés histórico
2 (del campo de la historia) histórico -a: historical research investigación histórica
3 (basado en la historia) histórico -a: historical novels novelas históricas

his·tor·i·cally /hɪ'stɔrɪkli, -'stɑr-/ adv **1** históricamente, desde siempre **2** históricamente, desde el punto de vista histórico

his·to·ry S1 W1 /'hɪstəri/ s (pl histories)
1 [U] (hechos) la historia • **throughout history** a lo largo de la historia • **recent history** la historia reciente
2 [sing, U] (evolución) historia • [+of]: the history of jazz music la historia del jazz • **in the history of sth** de/en la historia de algo • **American/European history** historia de Estados Unidos/Europa • **early/recent history** primeros tiempos/historia reciente • **have a history of sth** tener todo un historial de algo
3 [U] (estudio) historia • **ancient/modern history** historia antigua/moderna
4 [C] (obra) historia • [+of]: She's writing a history of World War II. Está escribiendo una historia de la Segunda Guerra Mundial.
5 [C,U] (antecedentes) historia, historial • **have a history of sth** tener antecedentes de algo, tener un historial de algo ► NATURAL HISTORY

EXPRESIONES
sb/sth will go down in history as sth alguien/algo pasará a la historia como algo • **history repeats itself** la historia se repite • **it's ancient history** (oral) es agua pasada • **make history** hacer historia • **the rest is history** (oral) lo demás es historia (conocida)

his·tri·on·ic /ˌhɪstri'ɑnɪk/ adj (peyor) histriónico -a

his·tri·on·ics /ˌhɪstri'ɑnɪks/ s [pl] (peyor) histrionismo

hit¹ S1 W1 /hɪt/ v (hit, hitting)

1 con el puño, un palo
2 cosa en movimiento
3 una parte del cuerpo
4 una pelota
5 inflación, sequía, delincuencia
6 afectar de repente
7 bomba, bala
8 una cifra, un nivel
9 un problema, una dificultad
10 hechos, ideas, situaciones
11 por los sentidos
12 a un sitio

1 CON EL PUÑO, UN PALO [I,T] pegar • **hit sb/sth with sth** pegarle a alguien/darle golpes a algo con algo: She was hitting the dog with a stick. Le pegaba al perro con un palo.
2 COSA EN MOVIMIENTO [T] chocar contra: The truck hit a car. El camión chocó contra un carro. • **he got hit by a car/ball** le pegó un carro/una pelota • **hit the floor/ground** caer al piso/suelo
3 UNA PARTE DEL CUERPO [T] golpearse, darse en • **hit sth on sth** darse en algo con algo: She slipped and hit her head on the table. Se resbaló y se dio en la cabeza con la mesa.
4 UNA PELOTA [T] golpear, darle a
5 INFLACIÓN, SEQUÍA, DELINCUENCIA [T] castigar, afectar • **be hard/badly hit** verse gravemente afectado -a
6 AFECTAR DE REPENTE [I,T] entrar (pena, locura), desatarse (sobre) (huracán): Tiredness suddenly hit me.

De pronto me entró el cansancio. • The storm hit on Thursday night. La tormenta se desató el jueves por la noche.

7 BOMBA, BALA [T] alcanzar, dar
8 UNA CIFRA, UN NIVEL [T] alcanzar, llegar a: Sales have hit a record $ 940 million. Las ventas han alcanzado la cifra récord de 940 millones de dólares.
9 UN PROBLEMA, UNA DIFICULTAD [T] encontrarse/toparse con: The project has hit serious financial problems. El proyecto se ha topado con graves problemas financieros.
10 HECHOS, IDEAS, SITUACIONES [T] (coloq): The reality of the situation suddenly hit her. De pronto se dio cuenta de cuál era la situación. • **it hit me (that)** me di cuenta de que, se me ocurrió que
11 POR LOS SENTIDOS [T] llegar (olor), ofrecerse (visión)
12 A UN SITIO [T] (coloq) llegar a ► **hit below the BELT**, **hit/strike HOME**, **hit a NERVE**, **hit sb like a TON of bricks**

EXPRESIONES
hit the bottle (coloq) darse a la bebida • **hit the ground running** arrancar a toda velocidad • **hit the headlines/news** ocupar los titulares, aparecer en primera plana • **hit it off** (coloq) caerse bien, simpatizar, congeniar • **hit it off with sb** congeniar con alguien • **hit the jackpot (a)** (coloq) tener una suerte loca, ganarse/sacarse la lotería **(b)** llevarse el premio mayor • **hit the nail on the head** (coloq) dar en el clavo • **hit the road** (coloq) ponerse en marcha • **hit the roof** (coloq) ponerse hecho una furia, ponerse como un tití • **hit the sack** (coloq) irse a la cama • **hit sb where it hurts** (tb **hit sb where they live**) (coloq) pegarle/darle a alguien donde más le duele • **not know what hit you** (coloq) estar totalmente desorientado -a, andar muy perdido -a

hit back v+partíc **1** devolver el golpe • **hit back at sb/sth** devolverle el golpe a alguien/arremeter contra algo **2** contraatacar
hit on v+partíc **1 hit on sth** dar con algo (una idea, un plan): We hit on the idea of advertising in the local paper. Se nos ocurrió la idea de poner publicidad en el periódico local. **2 hit on sb** (coloq) tratar de levantarse a alguien, tratar de ligarse a alguien, echarle los perros a alguien
hit out v+partíc **1** despotricar • **hit out at sth/sb** despotricar de/contra algo/alguien **2** repartir golpes • **hit out at sb** tratar de pegarle a alguien
hit sb up v+partíc (coloq) pedirle algo a alguien • **hit sb up for sth** pedirle algo a alguien: Did he hit you up for cash again? ¿Te pidió plata otra vez?

hit² S3 W3 s [C]

1 película, canción
2 persona, producto
3 de una bala, bomba
4 en una búsqueda informática
5 en una web
6 en béisbol
7 con la mano, un arma

1 PELÍCULA, CANCIÓN éxito, hit • **greatest hits** grandes éxitos the hit movie "Titanic" la exitosa película "Titanic" • hit records discos de gran éxito
2 PERSONA, PRODUCTO éxito • [+with]: The new teacher was an immediate hit with the students. La nueva profesora les cayó muy bien a los alumnos desde el principio.
3 DE UNA BALA, BOMBA impacto, acierto
4 EN UNA BÚSQUEDA INFORMÁTICA resultado, hit
5 EN UNA WEB visita
6 EN BÉISBOL hit
7 CON LA MANO, UN ARMA golpe

,hit-and-'miss (tb **,hit-or-'miss**) adj (coloq) irregular, con altibajos, hecho -a al tuntún

,hit-and-'run¹ adj [solo ante s] **hit-and-run accident** colisión o atropello en que el conductor responsable se da a la fuga • **hit-and-run driver** conductor que se da a la fuga en una colisión o un atropello

,hit-and-'run² *s* [sing] colisión o atropello en que el conductor responsable se da a la fuga

hitch¹ /hɪtʃ/ *v* **1** (*coloq*) **(a)** [I] echar dedo, irse de aventón **(b)** [T] **hitch a ride** *He was trying to hitch a ride into Perth.* Trataba de que lo llevaran a Perth en carro. **2** [T siempre + adv/prep] atar, amarrar **3** [T] (tb **hitch ↔ up**) levantar(se) (el vestido, los pantalones) **4** [T siempre + adv/prep] enganchar (un caballo)

EXPRESIONES
get hitched (*coloq*) casarse • **hitch a ride** (*coloq*) ir (en carro, avión): *Can I hitch a ride to work with you?* ¿Podré ir contigo al trabajo?

hitch² *s* [C] (pl **hitches**) **1** problema, inconveniente • **without a hitch** sobre ruedas, sin inconvenientes **2** enganche (en un vehículo) **3** (*coloq*) (en el ejército, la armada) *He did a two-year hitch in the Marines.* Sirvió durante dos años en la Infantería. **4** nudo

hitch·hike /'hɪtʃhaɪk/ *v* [I] echar dedo, ir de aventón

hitch·hik·er /'hɪtʃ,haɪkɚ/ *s* [C] persona que echa dedo/pide aventón

hi-tech /,haɪ'tɛk‹/ *adj* variante de **HIGH-TECH**

hith·er·to /,hɪðɚ'tu, 'hɪðɚ,tu/ *adv* (*frml*) hasta ahora

'hit list *s* [C] (*coloq*) **1** lista negra (de candidatos a desaparecer, ser despedidos) **2** lista de objetivos, lista de posibles víctimas (de un terrorista, asesino)

'hit man *s* [C] (pl **hit men**) sicario -a, asesino -a a sueldo

HIV /,eɪtʃ 'aɪ vi/ *s* [U] (**human immunodeficiency virus**) VIH • **be HIV positive** ser seropositivo -a

hive /haɪv/ *s* [C] colmena

EXPRESIONES
be a hive of activity bullir de actividad, ser un hervidero

hi·ya /'haɪyə/ *interj* (*coloq, oral*) hola, quiubo ▸ ver nota en **HELLO**

HMO /,eɪtʃ ɛm 'oʊ/ *s* [C] (**Health Maintenance Organization**) en EU, tipo de seguro de salud en el cual los socios solo pueden atenderse con médicos y hospitales afiliados a la entidad

hoard¹ /hɔrd/ *s* [C] **1** reserva, provisión **2** caudal (de recuerdos)

hoard² *v* [T] acaparar, aprovisionarse de (comida, combustible), atesorar (dinero)

hoarse /hɔrs/ *adj* ronco -a

hoarse·ly /'hɔrsli/ *adv* con voz ronca

hoar·y /'hɔri/ *adj* canoso -a

hoax¹ /hoʊks/ *s* [C] **1** engaño, farsa **2** falsa alarma: *a bomb hoax* una falsa alarma de bomba

hoax² *v* [T] engañar

hob /hɑb/ *s* [C] (*antic*) parte superior de una cocina/estufa

EXPRESIONES
play hob with sth (*antic*) interrumpir algo

hob·ble /'hɑbəl/ *v* **1** [I] cojear, renquear **2** [T] obstaculizar **3** [T] manear, trabar con maniotas/maneas (a un burro, caballo)

hob·by /'hɑbi/ *s* [C] (pl **hobbies**) hobby, pasatiempo

hob·by·horse /'hɑbi,hɔrs/ *s* [C] tema favorito

ho·bo /'hoʊboʊ/ *s* [C] (pl **hobos**) vagabundo -a

hock¹ /hɑk/ *s* **1** [C] corvejón **2** [C] codillo (de cerdo)

EXPRESIONES
in hock (a) endeudado -a • [+**to**]: *I'm in hock to my parents.* Les debo mucho dinero a mis padres. **(b)** empeñado -a (reloj, joyas)

hock² *v* [T] (*coloq*) empeñar

hock·ey /'hɑki/ *s* [U] hockey sobre hielo • **play hockey** jugar (al) hockey sobre hielo • **hockey stick** palo de hockey sobre hielo

ho·cus-po·cus /,hoʊkəs 'poʊkəs/ *s* [U] patrañas

hodge·podge /'hɑdʒpɑdʒ/ *s* [sing] (*coloq*) mezcolanza

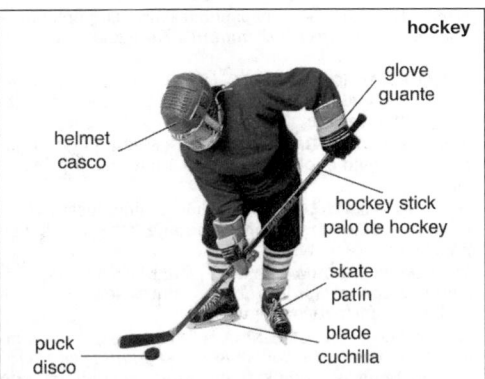

hockey
glove
guante
helmet
casco
hockey stick
palo de hockey
skate
patín
blade
cuchilla
puck
disco

hoe¹ /hoʊ/ *s* [C] azada

hoe² *v* [I,T] (**hoed, hoeing**) trabajar/remover con la azada

hog¹ /hɔg, hɑg/ *s* [C] cerdo, puerco (cebón) ▸ **live HIGH on the hog**

EXPRESIONES
go the whole hog (*coloq*) tirar la casa por la ventana

hog² *v* [T] (**hogged, hogging**) (*coloq*) acaparar, monopolizar

hoi pol·loi /,hɔɪ pə'lɔɪ/ *s* [U] populacho, plebe

hoist¹ /hɔɪst/ *v* [T] izar, levantar

hoist² *s* **1** [C] grúa, aparato elevador **2** [C gralm sing] **give sth/sb a hoist (up onto sth)** subir algo/a alguien (a algo)

hoi·ty-toi·ty /,hɔɪti 'tɔɪti/ *adj* engreído -a

ho·key /'hoʊki/ *adj* (**hokier, hokiest**) (*coloq*) sensiblero -a

ho·kum /'hoʊkəm/ *s* [U] tonterías

hold¹ ⓢ¹ ⓦ¹ /hoʊld/ *v* (**held** /hɛld/)

1	en la mano, los brazos
2	en una posición
3	rodear con los brazos
4	un acto
5	un puesto, un cargo
6	un título, un récord
7	recipiente, recinto
8	rama, techo, anaquel
9	una entrada, un asiento, una mesa
10	a un prisionero
11	armas, información
12	una opinión, creencia
13	un pasaporte, un permiso, unas acciones
14	oferta, promesa
15	al teléfono

1 EN LA MANO, LOS BRAZOS [T] tener, sostener: *Could you hold my bag for me?* ¿Podrías sostenerme el bolso? • **hold sth in your hand** llevar algo en la mano • **hold sth in your arms** tener algo en brazos ▸ ver nota en **AGARRAR**
2 EN UNA POSICIÓN [T] sostener, mantener, sujetar: *Martin held the door open for her.* Martin detuvo la puerta para que ella pasara. • **hold sth in place/position** sostener/sujetar bien algo
3 RODEAR CON LOS BRAZOS [T] abrazar • **hold sb in your arms** abrazar a alguien, tener abrazado a alguien • **hold sb close/tight** abrazar fuerte a alguien
4 UN ACTO [T] celebrar, llevar a cabo (elecciones, un congreso, una ceremonia), mantener (una conversación, una entrevista): *The Olympics were held in Greece.* Los Juegos Olímpicos se celebraron en Grecia.
5 UN PUESTO, UN CARGO [T] ocupar • **hold a post/position** ocupar un puesto/un cargo • **hold office** ocupar el cargo
6 UN TÍTULO, UN RÉCORD [T] ostentar, tener • **hold the record for sth** tener el récord de algo
7 RECIPIENTE, RECINTO [T nunca en forma continua] tener espacio/capacidad para: *The theater holds 500*

people. El teatro tiene capacidad para 500 personas. • *Each box holds twelve doughnuts*. En cada caja caben doce donas.

8 RAMA, TECHO, ANAQUEL **(a)** [T] soportar el peso de, sostener • **hold my/her weight** soportar mi/su peso **(b)** [I] aguantar, resistir

9 UNA ENTRADA, UN ASIENTO, UNA MESA [T] guardar, reservar • **hold a job open for sb** guardarle el puesto a alguien

10 A UN PRISIONERO [T] tener detenido -a/cautivo -a, retener • **hold sb prisoner/hostage** tener a alguien prisionero -a/como rehén

11 ARMAS, INFORMACIÓN [T] guardar: *The data is held in secure computer files*. Los datos se guardan en archivos informáticos seguros.

12 UNA OPINIÓN, CREENCIA [T nunca en forma continua] (*frml*) tener: *He holds the view that all television is bad*. Sostiene que toda la televisión es perjudicial. • **be held to be sth** *She was held to be one of the most talented actresses of her time*. Estaba considerada como una de las actrices de más talento de la época.

13 UN PASAPORTE, UN PERMISO, UNAS ACCIONES [T] tener • **hold a passport** tener pasaporte • **hold a driver's/pilot's license** (*frml*) tener licencia de conducción/de piloto

14 OFERTA, PROMESA [I] seguir en pie: *Does your invitation still hold?* ¿Sigue en pie tu invitación? • *If our luck holds, we could reach the final*. Si la suerte nos sigue acompañando, podríamos llegar a la final. • **hold good/true** seguir vigente, ser válido -a • **if the weather holds** si el tiempo se mantiene

15 AL TELÉFONO [I] (tb **hold the line**) esperar: *Please hold the line while I transfer you*. No cuelgue, por favor, enseguida le paso.

EXPRESIONES

hold your breath **(a)** contener el aliento, aguantar la respiración **(b)** contener el aliento (ante lo que va a pasar) • **not hold your breath** (*oral*) no tener muchas esperanzas: *He promised he'd phone, but I'm not holding my breath*. Prometió que iba a llamar, pero no creo que vaya a hacerlo. • **don't hold your breath** puedes esperar sentado -a • **hold a conversation** (*frml*) mantener una conversación • **hold sth/sb dear** apreciar algo/a alguien, valorar algo/a alguien • **can hold your drink/liquor/alcohol** sabe beber, aguanta bien el alcohol/licor • **hold your horses!** (*oral*) ¡para el carro! • **hold your interest/attention** mantener su interés/atención • **hold it!** (*oral*) ¡espera! • **hold your own** **(a)** (en una competición) defenderse **(b)** (comparado con otros) (saber) defenderse, no hacer mal papel • **hold sb responsible** hacer responsable a alguien • **hold the mayo/cheese/lettuce** (*oral*) sin mayonesa/queso/lechuga • **hold your tongue** (*liter*) contenerse, callarse • **not hold water** no tenerse en pie, no sostenerse • **be left holding the bag** cargar con el muerto: *He went off on vacation, and I was left holding the bag*. Se fue de vacaciones y me cargó el muerto a mí. • **what the future holds (for sb)** lo que depara el futuro (a alguien)

hold sth against sb *v+partíc* **1** guardarle rencor a alguien por algo **2** echarle en cara algo a alguien

hold back *v+partíc* **1 hold sth/sb ↔ back** contener algo/a alguien, mantener algo/a alguien a raya **2 hold sth ↔ back** guardarse algo, ocultar algo • **hold sth back from sb** ocultarle algo a alguien **3 hold sb back** contenerse, reprimirse **4 hold sth ↔ back** reprimir algo, contener algo (un sentimiento, una emoción) • **hold back your/the tears** contener las lágrimas **5 hold sb/sth ↔ back** impedir que alguien/algo avance **6 hold back** retraerse, no actuar **7 hold sb back** dejar a alguien al margen

hold down *v+partíc* **1 hold sth/sb down** sujetar algo/a alguien **2 hold sth ↔ down** mantener algo estable (los precios, salarios) **3 hold down a job** conservar un trabajo

hold forth *v+partíc* hablar/platicar largo y tendido

hold off *v+partíc* **1 hold off doing sth** esperar para hacer algo, posponer hacer algo **2 hold off** esperar **3 hold sb ↔ off** repeler a alguien, rechazar a alguien **4** no llegar a caer (lluvia, nieve)

hold on *v+partíc* **1** agarrarse • **hold on to sth** agarrarse de algo: *Hold on to my arm*. Agárrate de mi brazo. • **hold on tight** agarrarse fuerte **2** (*coloq, oral*) esperar (un momento) (a que el otro haga algo): *Hold on, I just have to close the windows*. Espera, solo tengo que cerrar las ventanas. **3 hold on (a minute)!** (*oral*) ¡(espera) un momento! (indicando asombro) **4** (*oral*) esperar (al teléfono): "*Can I speak to Amy?*" "*Yeah, hold on.*" –¿Está Amy? –Sí, un momento.

hold on to sb/sth *v+partíc* **1 hold on to sth** guardar algo, conservar algo **2 hold on to sb** no dejar ir a alguien

hold out *v+partíc* **1 hold sth ↔ out** tender algo • **hold out your hand** tender/alargar la mano **2 hold out** durar (provisiones, suministro) **3 hold out** resistir (frente a un ataque) **4 hold out** resistirse • **hold out against sb/sth** resistirse a alguien/algo **5 not hold out much hope** no tener muchas esperanzas **6 hold out the possibility/prospect of sth** plantear la posibilidad/perspectiva de algo

hold out for sth *v+partíc* mantenerse firme en algo

hold out on sb *v+partíc* ocultarle información a alguien

hold sth over *v+partíc* **1 be held over** mantenerse en cartelera **2** [gralm en pasiva] (*frml*) aplazar algo, posponer algo

hold to *v+partíc* **1 hold sb to sth** exigir que alguien cumpla algo • **I'll hold you to that!** (*oral*) ¡te tomo la palabra! **2 hold to sth** ser fiel a algo (una creencia, unos principios) **3 hold to sth** mantener algo (una promesa, una decisión)

hold together *v+partíc* **1 hold sth ↔ together** mantener algo unido -a, mantener algo en pie (objeto, estructura) **2 hold together** mantener la unidad, seguir en pie (organización) **3 hold sth ↔ together** mantener algo unido -a (una familia) **4** sostenerse, tenerse en pie (argumento)

hold up *v+partíc* **1 hold sth ↔ up** levantar algo: *Hold the picture up, so we can see it*. Levanta la foto para que todos la veamos. **2 hold sth ↔ up** sostener algo: *The roof is held up by stone pillars*. Unos pilares de piedra sostienen el techo. **3 hold sth/sb ↔ up** [gralm en pasiva] retrasar algo/retener a alguien **4 hold up** resultar válido -a: *Will the evidence hold up in court?* ¿Resultarán válidas las pruebas en un tribunal? **5 hold up** mantenerse bien, mantenerse a flote **6 hold up sth** atracar/asaltar algo (a mano armada)

hold sth/sb up as sth *v+partíc* [gralm en pasiva] considerar algo/a alguien como algo

hold² S1 W3 *s*

1 (con la mano) **tighten your hold (on sth)** apretar más (algo) • **keep hold of sth** no soltar algo, sujetar algo • **take hold of sth** agarrar/coger algo • **catch/grab hold of sth** agarrar algo con fuerza

2 (con poder, influencia) **keep a hold on sth** tener algo muy controlado, controlar de cerca algo • **get a hold of yourself** controlarse • **have a hold over sb** tener a alguien controlado -a, ejercer una fuerte influencia sobre alguien • [+**on/over**]: *the army's hold on the area* el dominio del ejército sobre la zona

3 [C] llave (en lucha, judo)

4 [C] bodega (de un barco, avión)

EXPRESIONES

get hold of sb (tb **get a hold of sb**) (*oral*) localizar a alguien (por teléfono, en persona) • **get hold of sth** (tb **get a hold of**) (*oral*) conseguir algo, hacerse con algo • **no holds barred** sin restricciones • **on hold** **(a)** en suspenso • **put sth on hold** dejar algo en suspenso, frenar algo **(b)** en espera (al teléfono) • **put sb on hold** poner a alguien en espera • **take hold** (empezar a) hacerse notar • **take hold of sb** apoderarse/adueñarse de alguien

hold·er /'hoʊldər/ *s* [C] **1** titular (de una cuenta, un documento), poseedor -a (de un récord, título de campeón) **2** soporte • **a candle/cigarette holder** un candelabro/una boquilla

hold·ing /'hoʊldɪŋ/ *s* [C] **1** acción, valor (en cartera) **2** propiedad, finca

'holding ,company *s* [C] holding

'hold-up s [C] **1** retraso (en una actividad), trancón, embotellamiento (en el tránsito) **2** (coloq) atraco, asalto

hole¹ S2 W2 /hoʊl/ s [C]

1   con un fondo
2   de lado a lado
3   donde había algo
4   en un plan, una teoría
5   de un animal
6   para vivir, trabajar
7   en un campo de golf

1 CON UN FONDO agujero, hoyo, pozo • [+in]: *a hole in the ground* un agujero en el suelo • **dig a hole** cavar un pozo

2 DE LADO A LADO agujero • [+in]: *a hole in the fence* un agujero en la cerca • **full of holes** lleno -a de agujeros, agujereado -a • **a bullet hole** un agujero de bala

3 DONDE HABÍA ALGO vacío • [+in]: *There was a hole in my life after my wife died.* Cuando murió mi esposa, quedó un vacío en mi vida. • **leave a hole in sth** dejar un vacío en algo

4 EN UN PLAN, UNA TEORÍA punto débil, defecto, laguna • **full of holes** lleno -a de lagunas • [+in]: *holes in the team's defense* puntos débiles en la defensa del equipo

5 DE UN ANIMAL madriguera: *a mouse hole* una ratonera

6 PARA VIVIR, TRABAJAR (coloq) cuchitril, lugar de mala muerte

7 EN UN CAMPO DE GOLF hoyo • **get a hole in one** hacer un hoyo en uno ▶ BLACK HOLE, BURN **a hole in your pocket**, DIG **a hole for yourself**, WATERING HOLE

EXPRESIONES
be in a hole (coloq) estar en un apuro • **be in the hole** (coloq) deber (dinero): *I was $2,000 in the hole already.* Ya tenía 2.000 dólares de deuda. • **make a hole in sth** (coloq) dejar algo temblando, hacer un agujero en algo (el presupuesto, los ahorros)

hole² v [I,T] meter (la pelota) en el hoyo

EXPRESIONES
be holed tener una vía de agua (barco), recibir impactos (avión)
hole out v+partíc meter la pelota en el hoyo
hole up v+partíc esconderse • **hole up in sth** esconderse en algo

hole-in-the-'wall adj [solo ante s] (coloq) de mala muerte

hol·i·day S2 W3 /ˈhɑləˌdeɪ/ s (pl holidays)
1 [C] feriado, día festivo • **a national holiday** una fiesta nacional • **a religious holiday** una fiesta religiosa
2 the holidays [pl] las Fiestas (de Navidad), las Navidades: *We'll get together after the holidays.* Nos reuniremos después de las Navidades. • **holiday season** temporada navideña

holier-than-'thou adj de superioridad moral

ho·li·ness /ˈhoʊlinɪs/ s [U] santidad

EXPRESIONES
Your/His Holiness Su Santidad

ho·lis·tic /hoʊˈlɪstɪk/ adj **1** holístico -a **2 holistic medicine** medicina holística

Hol·land /ˈhɑlənd/ Holanda

hol·ler¹ /ˈhɑlə/ v [I,T] (coloq) gritar, chillar • **holler at sb/sth** gritarle a alguien/algo

holler² s [C] (coloq) chillido, grito

hol·low¹ /ˈhɑloʊ/ adj **1** (árbol, objeto) hueco -a **2** vacío -a, sin sentido: *a hollow victory* una victoria inútil **3** falso -a, vano -a: *hollow threats* amenazas falsas • *hollow promises* vanas promesas • **ring hollow** sonar falso -a **4** (sonido) hueco -a **5** hundido -a (ojos, mejillas) • **hollow-cheeked** de mejillas hundidas **6** [gralm ante s] sarcástico -a (risa)

hollow² v [T gralm en pasiva] curvar, ahuecar
hollow sth ↔ out v+partíc ahuecar algo
hollow sth out of sth v+partíc cavar algo en algo

hollow³ s [C] **1** hondonada **2** hueco

hol·ly /ˈhɑli/ s **1** [C] (tb **'holly tree**) (árbol) acebo **2** [U] (ramos) acebo

hol·ly·hock /ˈhɑliˌhɑk/ s [C] malva real

hol·o·caust /ˈhɑləˌkɔst, ˈhoʊ-/ s [C] **1** holocausto, catástrofe **2 the Holocaust** [sing] el holocausto (judío)

hol·o·gram /ˈhoʊləˌɡræm, ˈhɑ-/ s [C] holograma

hol·ster /ˈhoʊlstə/ s [C] funda de pistola, pistolera

ho·ly S3 W3 /ˈhoʊli/ adj (**holier**, **holiest**)
1 sagrado -a
2 [gralm ante s] santo -a: *a holy man* un hombre santo

'Holy Land s [sing] **the Holy Land** Tierra Santa

hom·age /ˈhɑmɪdʒ, ˈɑ-/ s (frml) **pay homage to sb** rendir homenaje a alguien • **in homage to sb** en homenaje a alguien

home¹ S1 W1 /hoʊm/ s

1   lugar para vivir
2   hogar paterno
3   lugar de nacimiento, residencia
4   inmueble
5   de un animal, una planta
6   de un grupo, una institución
7   territorio nacional
8   para niños, ancianos
9   lugar de origen
10   en deportes
11   en béisbol
12   en una web

1 LUGAR PARA VIVIR [C,U] casa, hogar • **at home** en (su) casa: *He's at home watching TV.* Está en su casa viendo televisión. • **away from home** lejos de (su) casa • **work from home** trabajar en casa

2 HOGAR PATERNO [C,U] casa (de los padres) • **live at home** vivir con los padres • **leave home** irse de casa • **run away from home** escapar de casa

3 LUGAR DE NACIMIENTO, RESIDENCIA [C,U] tierra: *Where is home for you?* ¿Dónde te sientes en casa? • **make a place your home** establecerse en un lugar • **it/this feels like home** aquí uno se siente como en casa • **think of a place as home** considerar un lugar como la tierra de uno

4 INMUEBLE [C] casa, vivienda: *modern homes* casas modernas

5 DE UN ANIMAL, UNA PLANTA [C] hábitat • **be home to sth** albergar algo, constituir el hábitat de algo

6 DE UN GRUPO, UNA INSTITUCIÓN **be home to sth/sb** albergar algo/a alguien

7 TERRITORIO NACIONAL **at home** en el país, en el territorio nacional: *Car sales rose both at home and abroad.* Las ventas de automóviles crecieron tanto en el país como en el exterior.

8 PARA NIÑOS, ANCIANOS [C] hogar, casa hogar: *a children's home* un hogar de niños • *an old people's home* un hogar de ancianos • **put sb in a home** internar a alguien en un hogar, internar a alguien en una casa hogar

9 LUGAR DE ORIGEN **the home of sth** la cuna de algo

10 EN DEPORTES **at home** en casa, de local

11 EN BÉISBOL [U] home (plate), pentágono

12 EN UNA WEB [U] (página de) inicio ▶ HOME RUN, NURSING HOME, REST HOME

EXPRESIONES
feel at home sentirse a gusto • **make sb feel at home** hacer que alguien se sienta a gusto • **a home away from home** un segundo hogar • **home sweet home** hogar dulce hogar • **make yourself at home** (oral) ponerse cómodo -a

home² S1 W1 adv
1 a casa, en casa: *Is Sue home from work yet?* ¿Ya volvió Sue del trabajo? • **go home** irse a casa • **stay home** quedarse en casa • **come home** volver a casa • **get home** llegar a casa • **walk/drive home** ir a casa caminando/en carro • **on the way home (from sth)** de camino a casa (volviendo de algo)

2 a casa de los padres, en casa de los padres: *Are you going home for Christmas?* ¿Vas a ir a casa de tus padres para Navidad?
3 a la tierra natal, en la tierra natal • **back home** en nuestro país/pueblo/ciudad etc., en mi país/pueblo/ciudad etc. natal

EXPRESIONES
hammer/drive sth home recalcar algo, dejar claro algo • **bring sth home** hacer entender algo • **bring it home** hacer que todo se vea claro • **bring it home to sb** hacer que alguien se dé cuenta • **hit/strike home** calar hondo, hacer mella • **be home free** haber pasado lo peor • **take home $ 300 a week** ganar 300 dólares semanales netos/limpios

home³ *adj* [solo ante s] **1** casero -a • **home cooking** comida casera • **home banking/shopping** banca/compra a distancia (por teléfono, Internet) **2** doméstico -a, familiar • **home address/number** dirección/número de teléfono particular • **home life** vida familiar • **home comforts** comodidades **3 a home game** un partido en casa/de local • **the home team** el equipo local **4** doméstico -a, nacional

home⁴ *v*
home in on sth *v+partíc* **1** dirigirse hacia algo **2** centrarse en algo

home·boy /ˈhoʊmbɔɪ/ *s* [C] (*coloq, oral*) parce, compinche

home·com·ing /ˈhoʊmˌkʌmɪŋ/ *s* **1** [C] regreso (a casa, al país) **2** [C,U] en EU, evento anual en el cual los ex alumnos de una institución se reúnen para festejar

home eco'nomics (tb **home ec** /ˌhoʊm ˈɛk/ (*coloq*) *s* [U] economía doméstica

home·grown /ˌhoʊmˈɡroʊn◂/ *adj* **1** local, nacional **2** de cosecha propia

home·land /ˈhoʊmlænd/ *s* [C] **1** patria, tierra natal **2** territorio cedido a una comunidad étnica o religiosa para realizar en él su asentamiento definitivo

home·less /ˈhoʊmlɪs/ *adj* **(a)** sin hogar, sin techo **(b) the homeless** [usado como s pl] los sin techo

home·less·ness /ˈhoʊmlɪsnɪs/ *s* [U] indigencia, falta de vivienda

home·ly /ˈhoʊmli/ *adj* (**homelier, homeliest**) feúcho -a

home·made /ˌhoʊmˈmeɪd◂/ *adj* casero -a, hecho -a en casa

home·mak·er /ˈhoʊmˌmeɪkər/ *s* [C] amo -a de casa, encargado -a de las tareas domésticas ► **HOUSEWIFE**

home 'office *s* [C] oficina central

ho·me·o·path /ˈhoʊmiəˌpæθ/ *s* [C] homeópata

ho·me·o·path·ic /ˌhoʊmiəˈpæθɪk/ *adj* homeopático -a

ho·me·op·a·thy /ˌhoʊmiˈɑpəθi/ *s* [U] homeopatía

home·own·er /ˈhoʊmˌoʊnər/ *s* [C] propietario -a de vivienda

'home page *s* [C] página de inicio

hom·er¹ /ˈhoʊmər/ *s* [C] (*coloq*) jonrón, cuadrangular
SIN home run

homer² *v* [I] (*coloq*) batear/pegar un jonrón

home 'run *s* [C] jonrón, cuadrangular
EXPRESIONES
hit a home run (*coloq*) dar en el clavo

home 'shopping *s* [U] telecompra, compra a distancia (por teléfono, Internet)

home·sick /ˈhoʊmˌsɪk/ *adj* **be/feel homesick** extrañar el hogar/la tierra natal • [+**for**]: *I was homesick for my family.* Extrañaba a mi familia.

home·spun /ˈhoʊmspʌn/ *adj* casero -a

home·stead¹ /ˈhoʊmstɛd/ *s* [C] **1** granja **2** terrenos rurales cedidos en el pasado por el gobierno de EU

homestead² *v* [I,T] ser propietario de una granja y trabajar en ella

home·stead·er /ˈhoʊmˌstɛdər/ *s* [C] granjero -a, colono -a

'home town *s* [C] ciudad natal

home·ward¹ /ˈhoʊmwərd/ *adj* [solo ante s] de vuelta (a casa)

homeward² *adv*
EXPRESIONES
homeward bound (*liter*) rumbo a casa

home·work 🔲 /ˈhoʊmwərk/ *s* [U] deberes, tarea (de la escuela) • **do your homework** hacer los deberes/la tarea • **math/history homework** deberes de matemáticas/historia
EXPRESIONES
do your homework prepararse, informarse

home·y¹ /ˈhoʊmi/ *adj* (**homier, homiest**) (con calor) de hogar, familiar

homey² *s* [C] (pl **homeys**) (*coloq, oral*) parce, compinche

hom·i·ci·dal /ˌhɑməˈsaɪdl◂/ , /ˌhoʊ-/ *adj* homicida

hom·i·cide /ˈhɑməˌsaɪd/, /ˈhoʊ-/ *s* **1** [C,U] (*jur*) homicidio ► ver nota en **MURDER** **2** [U] departamento/división de homicidios, policía criminal

hom·ing /ˈhoʊmɪŋ/ *adj* de detección de blancos (dispositivo)

ho·mo·ge·ne·ous /ˌhoʊməˈdʒiniəs, -nyəs/ (tb **ho·mo·ge·nous** /həˈmɑdʒənəs/) *adj* homogéneo -a

ho·mo·ge·nize /həˈmɑdʒəˌnaɪz/ *v* [T] homogeneizar

hom·o·nym /ˈhɑməˌnɪm/ *s* [C] (*técn*) homónimo

ho·mo·pho·bi·a /ˌhoʊməˈfoʊbiə/ *s* [U] homofobia

ho·mo·pho·bic /ˌhoʊməˈfoʊbɪk/ *adj* homofóbico -a, homófobo -a

hom·o·phone /ˈhɑməˌfoʊn, ˈhoʊ-/ *s* [C] (*técn*) homófono

ho·mo·sex·u·al /ˌhoʊməˈsɛkʃuəl/ *s* [C], *adj* homosexual

ho·mo·sex·u·al·i·ty /ˌhoʊməˌsɛkʃuˈæləti/ *s* [U] homosexualidad

Hon. (*abrev escrita de* **Honorable/Honorary**) ► **HONORABLE**

Hon·du·ran /hɑnˈdʊrən/ *s* [C], *adj* hondureño -a

Hon·du·ras /hɑnˈdʊrəs/ Honduras

hone /hoʊn/ *v* [T] **1** pulir, perfeccionar **2** (*frml*) afilar (un cuchillo)

hon·est 🔲 /ˈɑnɪst/ *adj*
1 honrado -a, honesto -a: *an honest man* un hombre honrado • [+**with**]: *She was honest with me.* Fue honesta conmigo. • [+**about**]: *He has always been honest about his drug problem.* Siempre fue honesto acerca de su problema con las drogas.
2 [solo ante s] sincero -a: *an honest answer* una respuesta sincera • **the honest truth** (*oral*) la pura verdad
3 [solo ante s] decente: *honest, hard-working people* gente decente y trabajadora
4 an honest day's work una jornada de trabajo esforzado • **earn/make an honest living** ganarse la vida honradamente
EXPRESIONES
honest (to God)! (*oral*) ¡de veras! • **it was an honest mistake** fue sin querer • **let's be honest** (*oral*) seamos sinceros -as • **to be honest (with you)** (*oral*) para ser(te) sincero -a

hon·est·ly 🔲 /ˈɑnɪstli/ *adv*
1 sinceramente
2 (*oral*) de verdad, de veras: *I honestly don't know.* De verdad que no lo sé. • **quite honestly** de verdad
3 (*oral*) de verdad, por favor, híjole (indicando enojo): *Honestly! Don't you ever listen?* ¡Pero por favor! ¿Es que nunca escuchas lo que se te dice?

hon·es·ty /ˈɑnəsti/ *s* [U] **1** honradez, honestidad **2** sinceridad
EXPRESIONES
in all honesty (*oral*) con toda sinceridad

hon·ey S1 /'hʌni/ s [U]
1 miel
2 (oral) cariño, mi amor (como apelativo)

hon·ey·comb /'hʌni,koʊm/ s [C,U] panal

hon·ey·moon¹ /'hʌni,mun/ s [C] **1** luna de miel • **on (your) honeymoon** de luna de miel **honeymoon couple** pareja de recién casados • **honeymoon suite** suite nupcial **2** (tb **honeymoon period**) luna de miel (periodo inicial de mandato)

honeymoon² v [I siempre + adv/prep] estar de luna de miel, ir de luna de miel

hon·ey·suck·le /'hʌni,sʌkəl/ s [C] madreselva

honk¹ /haŋk, hɔŋk/ v **1** [I,T] pitar, tocar el pito **2** [I] graznar

honk² s [C] **1** bocinazo, claxonazo **2** graznido

hon·or¹ S3 W3 /'anɚ/ s

1. privilegio
2. respeto
3. galardón
4. principios
5. homenaje
6. juez
7. calificación universitaria
8. pureza sexual

1 PRIVILEGIO [sing] (frml) honor • **it is an honor to do sth** es un honor hacer algo • **the honor of doing sth** el honor de hacer algo • **do sb the honor of doing sth** (frml) hacerle a alguien el honor de hacer algo

2 RESPETO [U] honor, honra • **the honor of the family/ team** el honor de la familia/del equipo

3 GALARDÓN [C] honor, distinción • **the highest honor** la más alta distinción

4 PRINCIPIOS [U] honor • **a sense of honor** sentido del honor • **a code of honor** un código de honor • **a matter/ point of honor** una cuestión de honor • **swear on your honor (that)** jurar por su honor que • **be on your honor to do sth** (antic) haberse comprometido a hacer algo

5 HOMENAJE **in honor of sb** (tb **in sb's honour**) en honor a alguien, en homenaje a alguien • **in honor of sth** para conmemorar algo

6 JUEZ **Your/His/Her Honor** Su Señoría

7 CALIFICACIÓN UNIVERSITARIA **with honors** con honores

8 CONDECORACIONES **the New Year/Birthday Honours** lista de personas a las que el monarca británico otorga un título en señal de reconocimiento por su labor, y que se hace pública en Año Nuevo o el día de su cumpleaños

9 PUREZA SEXUAL **sb's honor** (antic) la honra de alguien ▶ **the GUEST of honor, MAID of honor**

EXPRESIONES
be an honor to sb/sth ser un motivo de orgullo para alguien/algo, honrar a alguien/algo • **do the honors** (coloq, oral) hacer los honores • **be/feel honor bound to do sth** (frml) estar/sentirse moralmente obligado -a a hacer algo • **give sb your word of honor** dar a alguien su palabra de honor

honor² W3 v
1 [T] (frml) honrar, rendir homenaje a • **be honored for sth** recibir reconocimiento por algo
2 [T] honrar, respetar
3 honor a promise/an agreement cumplir una promesa/un acuerdo
4 honor a check pagar un cheque ▶ **TIME-HONORED**

hon·or·a·ble /'anərəbəl/ adj **1** honorable, recto -a **2** honorable, respetable **3** [gralm ante s] honroso -a (acuerdo, compromiso)

hon·or·a·bly /'anərəbli/ adv honorablemente

hon·or·ar·y /'anə,rɛri/ adj [sin compar] **1** honorífico -a: an honorary degree un título de doctor honoris causa **2** (cargo) honorario -a **3** (miembro) honorario -a

'**honor roll** s [C] cuadro de honor

hon·our /'anɚ/ s, v variante británica de **HONOR**

hon·our·a·ble adj /'anərəbəl/ adj variante británica de **HONORABLE**

hon·our·a·bly /'anərəbli/ adv variante británica de **HON-ORABLY**

hood /hʊd/ s [C] **1** (del abrigo, la sudadera) capucha **2** (de un atracador, verdugo) capucha **3** capó, cofre • **under the hood** debajo del capó, debajo del cofre **4** [gralm sing] (tb '**hood**) (coloq, oral) barrio **5** (coloq) matón -ona

hood·ed /'hʊdɪd/ adj **1** [solo ante s] con capucha **2** encapuchado -a

hood·lum /'hudləm, 'hʊd-/ s [C] matón -ona

hood·wink /'hʊd,wɪŋk/ v [T] engañar

hoof¹ /huf, hʊf/ s [C] (pl **hoofs** o **hooves** /huvz, hʊvz/) pezuña (de una vaca), casco (de un caballo)

hoof² v
EXPRESIONES
hoof it (coloq, oral) ir a pie/pata

hook¹ S3 /hʊk/ s [C]
1 (para ropa, herramientas, carne) gancho
2 anzuelo
3 (en boxeo) gancho • **a left/right hook** un gancho de izquierda/derecha
EXPRESIONES
by hook or by crook (coloq) sea como sea, por las buenas o por las malas • **hook, line, and sinker** de cabo a rabo • **be off the hook** **(a)** haberse librado, haber salido del apuro • **let sb off the hook** ayudar a alguien a salir del atolladero, perdonar la vida a alguien • **get sb off the hook** sacar a alguien del atolladero/del apuro **(b)** estar descolgado (teléfono) • **take the phone off the hook** descolgar el teléfono

hook² S2 v
1 [T siempre + adv/prep] **hook sth over sth** colgar algo de algo, enganchar algo de algo
2 [T] pescar (un pez)
3 [T siempre + adv/prep] **hook sth through/over sth** Ruth hooked her arm through Tony's. Ruth se enganchó al brazo de Tony. • He tried to hook his leg over the branch. Trató de colgarse de la rama con la pierna.
4 [T] golpear con efecto (la pelota)
hook up v+partíc **1 hook sth/sb ↔ up** conectar algo/a alguien • **be hooked up to sth** estar conectado -a a algo **2 hook up** (coloq) enrollarse (amorosamente) • **hook up with sb** enrollarse con alguien **3 hook up** (coloq) verse, juntarse • **hook up with sb** verse/juntarse con alguien **4 hook up** (coloq) juntarse, asociarse • **hook up with sb** juntarse con alguien

hooked /hʊkt/ adj **1** [nunca ante s] (coloq) (adicto) enganchado -a, enviciado -a • [+on]: She was hooked on heroin. Estaba enganchada a la heroína. **2** [nunca ante s] (coloq) (interesado) enganchado -a • [+on]: I got hooked on TV. Me enganché a la televisión. **3** [gralm ante s] ganchudo -a, curvado -a

hook·er /'hʊkɚ/ s [C] (coloq) prostituta, puta

hook·y /'hʊki/ s **play hooky** (antic) irse de pinta, capar clase

hoo·li·gan /'hulɪgən/ s [C] patotero -a, cafre, hooligan

hoo·li·gan·ism /'hulɪgə,nɪzəm/ s [U] vandalismo

hoop /hup/ s [C] **1** (pieza, objeto) aro **2** (en básquetbol) aro **3 hoops** [pl] (coloq) básquetbol
EXPRESIONES
jump through hoops hacer muchos trámites

hoo·ray, hurray /hʊ'reɪ/ interj hurra ▶ **HIP, hip, hooray!**

hoot¹ /hut/ s [C] **1** abucheo **2** risotada **3 be a hoot** (oral) ser para morirse de risa **4** silbido (de un tren), toque de sirena (de un barco), pitazo (de un carro) **5** ulular (de un búho)
EXPRESIONES
I don't/he doesn't give two hoots (coloq, oral) (tb **I don't/he doesn't care two hoots**) me/le importa un comino

H

hoot² v **1 (a)** [I] pitar (vehículo, barco) • **hoot at sb** pitarle a alguien **(b)** [T] **hoot your horn** pitar, tocar el claxon/la sirena **2** [I] ulular (búho) **3** [I,T] reír (a carcajadas) • **hoot with laughter** reírse a carcajadas

hooves /hʊvz, huvz/ pl de HOOF

hop¹ /hɑp/ v (**hopped, hopping**) **1** [I] ir saltando (en un pie), ir brincando (de cojito) **2** [I] avanzar dando saltitos (gorrión, rana) **3** [I siempre + adv/prep] (*coloq*) **hop out of bed/into the car** saltar de la cama/entrar rápidamente al carro **4 hop on a plane/train** (*coloq*) tomar el primer avión/tren

hop² s [C] **1** saltico, saltito **2** rebote, bote SIN **bounce 3** (planta) lúpulo **4 hops** [pl] (fruto) lúpulo ▶ HIP-HOP

EXPRESIONES
a hop, skip, and a jump away (*coloq*) muy cerca

hope¹ S1 W1 /hoʊp/ v [I,T] esperar • **hope (that)** esperar que: *I hope everything is okay.* Espero que todo esté bien. • **hope to do sth** esperar hacer algo: *I was hoping to have a little time to relax.* Esperaba tener un rato para relajarme. • *Alison is hoping to be a teacher.* Alison quiere ser maestra. • **hope for sth** *We were hoping for good weather.* Esperábamos que hiciera buen tiempo. • **I hope so** (*oral*) espero que sí • **I hope not** (*oral*) espero que no • **let's hope (that)** (*oral*) esperemos que • **hope for the best** esperar que todo salga bien • **half hope (that)** *She called him on his cell phone, half hoping he wouldn't answer.* Lo llamó al celular, con la esperanza de que no respondiera.

EXPRESIONES
I hope (that) (a) (con desaprobación) *I hope you're not going to go out dressed like that.* No irás a salir vestida así. **(b)** (con amabilidad) espero que: *I hope I'm not interrupting you.* Espero no interrumpirlo. • **I hope you don't mind** espero que no le importe/moleste • **I should hope so** (*oral*) es lo menos, faltaría más • **I should hope not** (*oral*) desde luego que no

hope² S3 W2 s
1 [C gralm pl, U] (sentimiento) esperanza • [+**for**]: *The people were full of hope for the future.* La gente tenía muchas esperanzas en el futuro. • [+**of**]: *I moved to the city with hopes of finding a job.* Me mudé a la ciudad con la esperanza de encontrar trabajo. • **in the hope that/of** con la esperanza de que/de • **give up hope** perder la esperanza • **get/build sb's hopes up** crearle a alguien falsas expectativas • **get/build your hopes up** hacerse ilusiones • **offer/give hope to sb** darle esperanzas a alguien • **a glimmer/ray of hope** un rayo de esperanza • **not hold out much hope** no tener muchas esperanzas • **(a) false hope** falsas esperanzas/expectativas • **raise hopes** crear expectativas, hacer albergar esperanzas **2** [C] (deseo) esperanza • **his/her hopes** sus esperanzas • **the hope is that** esperamos/se espera que: *The hope is that audiences will come back to the theater.* Esperamos que el público vuelva al teatro. **3** [C,U] (posibilidad) esperanza(s) • [+**of**]: *There was little hope of getting home before dark.* Había pocas posibilidades de llegar a casa de día. • *not much hope of success* pocas esperanzas de éxito • **my/her last hope** mi/su última esperanza • **my/her only hope** mi/su única esperanza • **have no hope of doing sth** no tener posibilidad alguna de hacer algo • [+**that**]: *Is there any hope that the patient will recover?* ¿Hay alguna esperanza de que el paciente se recupere? • **not have a hope in hell** (*coloq*, *oral*) no tener la menor posibilidad **4** [C] (persona) esperanza ▶ DASH sb's hopes/dreams, PIN your hopes on sb/sth

EXPRESIONES
have high/great hopes for sb/sth tener muchas esperanzas puestas en alguien/algo

'**hope chest** s ajuar de novia

hope·ful¹ /'hoʊpfəl/ adj **1** ilusionado -a • **be hopeful (that)** tener la esperanza de que • **be hopeful about sth** tener esperanzas con respecto a algo • **be hopeful of doing sth** tener la esperanza de hacer algo **2** prometedor -a

hopeful² s [C] aspirante, candidato -a

hope·ful·ly S1 /'hoʊpfəli/ adv
1 [adv oracional] (indicando deseo) con un poco de suerte: *Hopefully, I'll be home by nine tonight.* Espero llegar a casa antes de las nueve esta noche.
2 (con esperanza) *"Will there be any food left over?" he asked hopefully.* –¿Quedará algo de comida? –preguntó esperanzado.

hope·less /'hoʊplɪs/ adj **1** inútil, vano -a, imposible (lucha, tarea) **2** desesperado -a (situación, estado) **3** (*coloq*) desastroso -a: *I'm a hopeless cook.* Cocinando soy un desastre. • [+**at**]: *Doug was hopeless at playing with children.* Doug no sabía jugar con los niños. **4** abatido -a, desesperanzado -a **5** incorregible, incurable

EXPRESIONES
a hopeless case un caso perdido

hope·less·ly /'hoʊplɪsli/ adv **1** absolutamente, completamente **2** sin esperanza, desesperanzadamente

EXPRESIONES
be/fall hopelessly in love with sb estar perdidamente enamorado -a de alguien/enamorarse perdidamente de alguien

hope·less·ness /'hoʊplɪsnɪs/ s [U] **1** desesperanza **2 the hopelessness of sth** lo desesperado/lo inútil de algo

hop·per /'hɑpɚ/ s [C] tolva

hop·scotch /'hɑpskɑtʃ/ s [U] rayuela (juego)

horde /hɔrd/ s [C] horda

ho·ri·zon /hə'raɪzən/ s **1 the horizon** el horizonte • **on the horizon** en el horizonte **2 horizons** [pl] horizontes (límites)

EXPRESIONES
be on the horizon vislumbrase en el horizonte

hor·i·zon·tal¹ /ˌhɔrə'zɑntəl, ˌhɑr-/ adj [gralm ante s] horizontal

horizontal² s **1** [C] (línea) horizontal, plano horizontal **2 the horizontal** la (posición) horizontal

hor·i·zon·tal·ly /ˌhɔrə'zɑntəli, ˌhɑr-/ adv horizontalmente

hor·mo·nal /hɔr'moʊnl/ adj hormonal

hor·mone /'hɔrmoʊn/ s [C] hormona

horn¹ /hɔrn/ s **1** [C] (de un carro) claxon, pito • **honk/ sound your horn** tocar el pito **2** [C] (de un animal) cuerno ▶ ANTLER **3** [C] (en una banda, de caza) cuerno, corno, bronce ▶ BRASS **4** [U] (sustancia) cuerno, asta **5** [C] (en una orquesta clásica) (*coloq*) trompa, corno ▶ BLOW your own horn, take/grab the BULL by the horns, LOCK horns with sb

EXPRESIONES
get on the horn (*oral*) agarrar el teléfono

horn² v
horn in v+partíc entrometerse • **horn in on sth** *Don't try and horn in on our fun.* No trates de tirártenos la fiesta.

hor·net /'hɔrnɪt/ s [C] avispón

EXPRESIONES
stir up a hornet's nest provocar un gran revuelo

hor·o·scope /'hɔrəˌskoʊp, 'hɑr-/ s [C] horóscopo

hor·ren·dous /hə'rɛndəs, hɔ-/ adj **1** horrendo -a, espantoso -a **2** (*coloq*) tremendo -a, horrible (para enfatizar)

hor·ren·dous·ly /hə'rɛndəsli, hɔ-/ adv tremendamente

hor·ri·ble S1 /'hɔrəbəl, 'hɑr-/ adj
1 (tiempo, olor, vestido) horrible
2 (accidente, pesadilla, dolor) horrible
3 antipático -a, malísimo -a: *What a horrible thing to say!* ¡Cómo se puede decir una cosa así!

hor·ri·bly /'hɔrəbli, 'hɑr-/ adv **1** de una manera horrible **2** tremendamente • **go horribly wrong** salir fatal

hor·rid /'hɔrɪd, 'hɑrɪd/ adj (*antic*, *coloq*) **1** horroroso -a, horrible **2** malo -a, antipático -a

hor·rif·ic /hɔ'rɪfɪk, hə-/ adj horroroso -a, espantoso -a

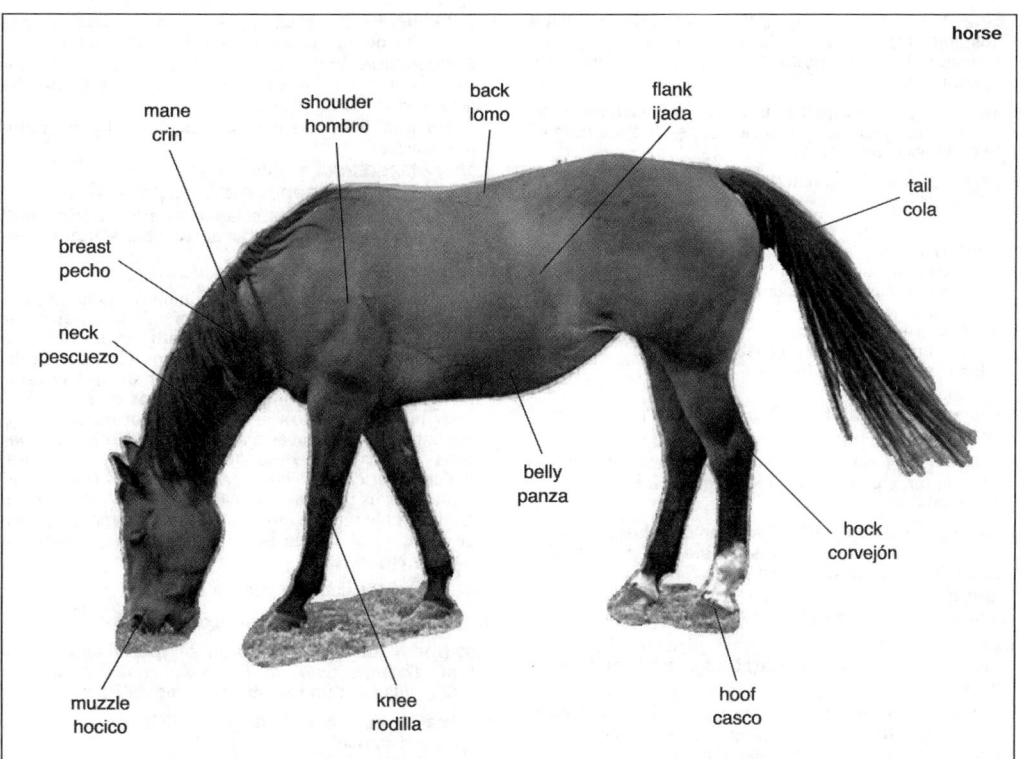

horse

mane — crin
shoulder — hombro
back — lomo
flank — ijada
tail — cola
breast — pecho
neck — pescuezo
belly — panza
hock — corvejón
muzzle — hocico
knee — rodilla
hoof — casco

hor·ri·fy /'hɔrə,faɪ, 'hɑ-/ v [T] (**horrifies, horrified, horrifying**) horrorizar • **be horrified to learn/discover/think (that)** quedarse horrorizado -a al enterarse de que/descubrir que/pensar que

hor·ri·fy·ing /'hɔrə,faɪ-ɪŋ, 'hɑ-/ adj horroroso -a, espantoso -a

hor·ror /'hɔrə, 'hɑrə/ s **1** [U] (miedo) horror, terror • **in horror** horrorizado -a, aterrorizado -a • **with horror** horrorizado -a, con horror • **to my/her horror** con horror **2** [C gralm pl] (vivencia) horror: *the horrors of war* los horrores de la guerra **3 the horror of sth** el horror/lo horrible de algo • **the full horror of sth** todo el horror de algo **4** [U] el género de terror

EXPRESIONES
have a horror of sth tenerle pánico a algo

'horror ,movie s [C] película de terror

'horror ,story s [C] **1** (coloq) historia horrible **2** relato/cuento de terror

hors d'oeu·vre /ɔr 'dɜv/ s [C] (pl **hors d'oeuvres** /-'dɜvz/) (comida) entremés, botana

horse¹ S1 W2 /hɔrs/ s
1 [C] (animal) caballo • **ride a horse** montar/andar a caballo • **on a horse** a caballo
2 [C] (en gimnasia) caballo
3 the horses (coloq) las carreras de caballos ▶ **put the CART before the horse, DARK HORSE, I could EAT a horse, never/don't look a GIFT horse in the mouth, be/get on your HIGH horse, HOLD your horses!**

EXPRESIONES
(straight/right) from the horse's mouth de buena tinta, de buena fuente • **a two-/three-/four-horse race** una competición entre dos/tres/cuatro

horse² v
horse around v+partíc alborotar, armar relajo

horse·back¹ /'hɔrsbæk/ s **on horseback** a caballo

horseback² adj [solo ante s] a caballo: *horseback riders* jinetes

'horseback ,riding s [U] equitación SIN **riding**

,horse 'chestnut s [C] **1** castaño de Indias **2** castaña de Indias

'horse-drawn adj [solo ante s] tirado -a por caballos

horse·man /'hɔrsmən/ s [C] (pl **horsemen** /-mən/) jinete

horse·man·ship /'hɔrsmən,ʃɪp/ s [U] habilidad en el manejo del caballo

horse·play /'hɔrs-pleɪ/ s [U] juegos, jugueteos

horse·pow·er /'hɔrs,paʊə/ (abrev escrita **hp**) s (pl **horsepower**) **1** [C] caballo (de fuerza), caballo de vapor **2** [U] potencia (en caballos)

'horse ,racing s [U] carreras de caballos

horse·rad·ish /'hɔrs,rædɪʃ/ s [C,U] rábano picante

horse·shoe /'hɔrʃ-ʃu, 'hɔrs-/ s [C] herradura

'horse-,trading s [U] tira y afloja

horse·wom·an /'hɔrs,wʊmən/ s [C] (pl **horsewomen** /-,wɪmɪn/) amazona (jinete)

hor·ti·cul·tur·al /,hɔrtə'kʌltʃərəl/ adj [solo ante s] hortícola

hor·ti·cul·ture /'hɔrtə,kʌltʃə/ s [U] horticultura

hor·ti·cul·tur·ist /,hɔrtɪ'kʌltʃərɪst/ (tb **hor·ti·cul·tur·al·ist** /,hɔrtɪ'kʌltʃərəlɪst/) s [C] horticultor -a

hose¹ /hoʊz/ s **1** [C] manguera **2** [U] medias, calcetines **3** [U] calzas

hose² v [T] **1** echar agua a, regar (con manguera) **2** (coloq) engañar
hose sth/sb ↔ down v+partíc regar algo/a alguien, echarle agua a algo/alguien (con manguera)

ho·sier·y /'hoʊʒəri/ s [U] calcetería, medias y calcetines

hos·pice /'hɑspɪs/ s [C] hospital para enfermos terminales

hos·pi·ta·ble /hɑ'spɪtəbəl, 'hɑspɪ-/ adj **1** hospitalario -a **2** acogedor -a: *one of the world's least hospitable regions* una de las regiones más inhóspitas del mundo

hos·pi·tal S1 W1 /'hɑspɪtl/ *s* [C,U] hospital • **be in the hospital** estar en el hospital, estar internado -a/hospitalizado -a • **go to the hospital** ser internado-a/hospitalizado -a

hos·pi·tal·i·ty /ˌhɑspə'tæləti/ *s* [U] **1** hospitalidad **2** servicio de banquetes y atención especial a los clientes ► **CORPORATE hospitality**

hos·pi·tal·ize /'hɑspɪtlˌaɪz/ *v* [T gralm en pasiva] hospitalizar, internar

host¹ S3 W2 /houst/ *s* [C]
1 anfitrión -ona
2 presentador -a, conductor -a (de radio, televisión): *a game show host* un presentador de un programa de concursos
3 servidor (en informática)
4 (*técn*) huésped (de un parásito)
5 **the Host** la Sagrada Hostia
EXPRESIONES
a (whole) host of sth (*frml*) una multitud/gran cantidad de algo

host² *v* [T] **1** ser la sede de (un campeonato, festival) **2** presentar, conducir (un programa) **3** ofrecer, ser anfitrión -ona de

hos·tage /'hɑstɪdʒ/ *s* [C] rehén • **hold sb hostage** tener a alguien como rehén • **take sb hostage** coger a alguien como rehén, tomar a alguien como rehén
EXPRESIONES
a hostage to fortune una hipoteca para el futuro

hos·tel /'hɑstl/ *s* [C] **1** albergue, pensión **2** albergue juvenil **3** albergue, centro de acogida (para personas sin hogar)

host·ess /'houstɪs/ *s* [C] **1** anfitriona **2** presentadora, conductora (de radio, televisión) **3** anfitriona (en un restaurante) **4** cabaretera ► **AIR HOSTESS**

hos·tile /'hɑstl, 'hɑstaɪl/ *adj* **1** hostil, agresivo -a • **a hostile reception** un recibimiento hostil **2** hostil, contrario -a • **be hostile to/ toward sth** ser contrario -a a algo **3** enemigo -a: *hostile forces* tropas enemigas **4** inhóspito -a: *hostile climate* clima adverso **5** hostil (en economía): *a hostile bid* una OPA hostil

hos·til·i·ty /hɑ'stɪləti/ *s* **1** [U] hostilidad, agresividad **2** [U] hostilidad, oposición: *The reform program met with hostility from conservatives.* El programa de reforma provocó rechazo en los conservadores. **3 hostilities** [pl] (*frml*) hostilidades (guerra)

hot S1 W1 /hɑt/ *adj* (**hotter, hottest**)

1 en temperatura
2 corporalmente
3 comida
4 ropa
5 en popularidad
6 en calidad
7 sexualmente
8 situación
9 noticia
10 competencia
11 mercancía, productos
12 en juegos

1 **EN TEMPERATURA** caliente (agua, comida), caluroso -a (clima, día): *The room was hot.* En la habitación hacía calor. • **it is hot** hace calor • **a hot country** un país caluroso • **boiling/scorching hot** de calor sofocante/asfixiante • **unbearably/stiflingly hot** terriblemente caluroso -a • **steaming/boiling hot** ardiendo, hirviendo • **piping hot** bien caliente • **red hot** al rojo vivo
2 **CORPORALMENTE** [nunca ante s] **be/feel hot** tener calor: *I'm really hot. Can I get a drink of water?* Tengo muchísimo calor. ¿Me das un poco de agua?
3 **COMIDA** picante, picoso -a
4 **ROPA** **be too hot** abrigar demasiado: *My clothes felt too hot.* La ropa me abrigaba demasiado.
5 **EN POPULARIDAD** (*coloq*) de moda, famoso -a
6 **EN CALIDAD** (*coloq*) muy bueno, buenísimo -a • **be hot stuff** buenísimo -a, padrísimo -a

7 **SEXUALMENTE** excitante, sexy • **a hot date** una cita amorosa • **be hot for/on sb** estar loco -a por alguien
8 **SITUACIÓN** problemático -a, delicado -a: *Things got too hot.* La cosa se puso fea. • **too hot to handle** demasiado problemático -a
9 **NOTICIA** **hot news** noticias frescas • **hot gossip** últimos chismes
10 **COMPETENCIA** reñido -a, duro -a
11 **MERCANCÍA, PRODUCTOS** (*coloq*) robado -a
12 **EN JUEGOS** (*oral*) caliente: *You're getting hot!* ¡caliente, caliente!, ¡te estás acercando! ► **HOTLY, RED-HOT**
EXPRESIONES
blow hot and cold cambiar de opinión constantemente • **come/follow hot on the heels of sth** llegar/aparecer justo después de algo • **have/hold sth in your hot little hands** (*coloq*) tener algo en tus manos • **hot and bothered** (*coloq*) enojado -a • **be hot off the press** estar recién salido -a de la imprenta • **be hot on sth** (*coloq*) estar muy interesado-a en algo • **be hot on sb's trail/heels** pisarle los talones a alguien • **have a hot temper** tener mal carácter ► **HOT-TEMPERED** • **hot under the collar** histérico -a, hecho -a una furia • **in hot pursuit** siguiendo sus pasos de cerca • **in hot water** en un brete, en un problema • **be in/on the hot seat** estar en la línea de fuego • **not too/so hot** (*oral*) **(a)** no muy bien **(b)** no muy bueno -a

ˌhot 'air *s* [U] palabrería, bla bla bla

hot-'air balˌloon *s* [C] globo (aerostático)

hot·bed /'hɑtˌbɛd/ *s* [C gralm sing] semillero, foco • [+of]: *The university was a hotbed of radical protest.* La universidad era un foco de protestas radicales.

hot·cake, **hot cake** /'hɑtˌkeɪk/ *s* [C] panqueque, hot cake SIN **pancake**
EXPRESIONES
be selling/going like hotcakes (*coloq*) venderse como pan caliente

'hot dog¹ *s* [C] **1** perrito caliente, hot dog **2** salchicha (para perrito caliente)

hot dog² *interj* (*antic*) qué bueno

'hot dog³ *v* [I] (**hot dogged, hot dogging**) (*coloq*) hacer piruetas, hacer maromas (al esquiar, surfear)

ho·tel S2 W1 /hou'tɛl/ *s* [C] hotel • **stay in a hotel** alojarse en un hotel • **a three-/four-star hotel** un hotel de tres/cuatro estrellas • **a luxury hotel** un hotel de lujo • **hotel room** habitación de hotel

ho·te·lier /hou'tɛlyɚ, ˌoutl'yeɪ/ *s* [C] (*frml*) hostelero -a, hotelero -a

hot·head /'hɑtˌhɛd/ *s* [C] (*coloq*) cabeza loca, impulsivo -a

hot·head·ed /'hɑtˌhɛdɪd/ *adj* [gralm ante s] (*coloq*) alocado -a

hot·house /'hɑtˌhaus/ *s* [C] invernadero

'hot key *s* [C] tecla rápida, secuencia de teclas

hot·line, **hot line** /'hɑtˌlaɪn/ *s* [C] **1** línea de atención telefónica **2** [gralm sing] teléfono rojo, línea directa

hot·ly /'hɑtli/ *adv* **1** con vehemencia, enérgicamente • **hotly debate/dispute sth** debatir/discutir algo acaloradamente • **hotly deny sth** negar algo enérgicamente **2** (con gran competencia) *hotly sought-after grandstand seats* asientos de tribuna muy solicitados • **hotly contested** muy reñido -a
EXPRESIONES
hotly pursued by sb seguido -a muy de cerca por alguien, con alguien pisándole los talones

hot·plate /'hɑtˌpleɪt/ *s* [C] placa, hornilla (de una cocina)

ˌhot po'tato *s* [C gralm sing] (pl **hot potatoes**) papa caliente, asunto espinoso • **drop sb/sth like a hot potato** no querer saber nada más de alguien/algo

hot spot, hot-spot /ˈhɑtspɑt/ s [C] **1** centro, lugar importante **2** punto conflictivo, punto crítico **3** link, hipervínculo

,hot ˈspring s [C] fuente de aguas termales

,hot-ˈtempered adj irascible, enojón – ona

,hot-ˈwater ,bottle s [C] bolsa de agua caliente

hound[1] /haʊnd/ s [C] **1** sabueso, perro de caza **2** (coloq) chucho

hound[2] v [T] acosar, perseguir
  hound sb out v+partíc [gralm en pasiva] hacerle la vida imposible a alguien hasta echarlo

hour S1 W1 /aʊə/ s

> **1** 60 minutos
> **2** en tasas, mediciones
> **3** en distancia
> **4** en tiendas, empresas
> **5** jornada laboral
> **6** momento del día
> **7** mucho tiempo
> **8** en punto
> **9** en la vida, la historia

1 60 MINUTOS [C] hora • **for an hour/for two hours** durante una hora/dos horas • **in an hour/two hours** en una hora/dos horas, dentro de una hora/dos horas • **half an hour** (tb **a half hour**) media hora • **a quarter of an hour** un cuarto de hora • **three-quarters of an hour** tres cuartos de hora • **an hour and a half/an hour and 20 minutes** una hora y media/una hora y 20 minutos

2 EN TASAS, MEDICIONES **per hour** (tb **an hour**) por hora, la hora: *a $ 4.25 per hour minimum wage* un salario mínimo de 4,25 dólares la hora • **by the hour** por hora(s) • **miles/kilometers an hour** (tb **miles/kilometers per hour**) millas/kilómetros por hora

3 EN DISTANCIA [C] hora • **be two/three hours from sth** estar a dos/tres horas de algo • **a two-/three-hour drive** dos/tres horas de carro, dos/tres horas en carro

4 EN TIENDAS, EMPRESAS **hours** [pl] horario • **office hours** horario de oficina • **business hours** horario de trabajo (de una empresa), horario comercial (de una tienda) • **after hours** fuera del horario habitual

5 JORNADA LABORAL **hours** [pl] horario • **working hours** horario de trabajo • **work/put in long hours** trabajar muchas horas

6 MOMENTO DEL DÍA [C] hora • **24 hours a day** las 24 horas del día • **(in) the small/early hours** (de) madrugada • **at this hour** a estas horas • **an ungodly/unearthly hour** una hora indecente • **till/until all hours** hasta altas horas de la noche/madrugada • **during daylight/daytime hours** de día • **during the hours of darkness** de noche

7 MUCHO TIEMPO [gralm pl] (coloq): *We spent hours filling in forms.* Pasamos horas llenando formularios. • **for hours (on end)** durante horas • **hours and hours** horas y horas • **hour after hour** hora tras hora

8 EN PUNTO **on the hour** a la hora en punto • **every hour on the hour** a cada hora en punto

9 EN LA VIDA, LA HISTORIA [C] momento • **his/their finest hour** su momento de gloria • **his/their darkest hour** su peor momento • **in his/her hour of need** en un momento de necesidad/de apuro ▶ **at the ELEVENTH hour, HOURLY, LUNCH HOUR**

EXPRESIONES
1300/1530/1805 hours las 13:00/15:30/18:05 horas • **by the hour** (tb **from hour to hour**) momento a momento

hour·glass /ˈaʊəglæs/ s [C] reloj de arena
  EXPRESIONES
  an hourglass figure una silueta con cintura de avispa

ˈhour ,hand s [C] aguja horaria

hour·ly[1] /ˈaʊəli/ adj **1** [gralm ante s] cada (una) hora **2** [solo ante s] por hora

hourly[2] adv **1** cada (una) hora **2** por hora

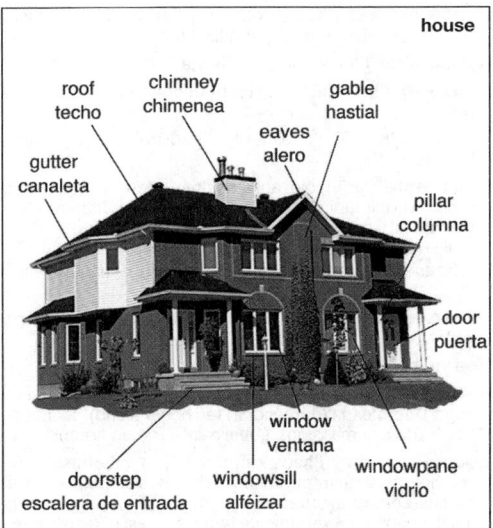

house

roof / techo
chimney / chimenea
gable / hastial
eaves / alero
gutter / canaleta
pillar / columna
door / puerta
window / ventana
doorstep / escalera de entrada
windowsill / alféizar
windowpane / vidrio

house[1] S1 W1 /haʊs/ s (pl **houses** /ˈhaʊzɪz/)

> **1** vivienda
> **2** personas
> **3** en política
> **4** edificio público
> **5** compañía
> **6** en un teatro
> **7** público
> **8** nobiliar, de la realeza

1 VIVIENDA [C] casa • **in the house** dentro de la casa: *every room in the house* todas las habitaciones de la casa • **at John's house** en casa de John • **around the house** por toda la casa • **move into a house** mudarse a una casa, cambiarse a una casa • **house prices** el precio de la vivienda

2 PERSONAS [sing] casa • **the whole/entire house** toda la casa

3 EN POLÍTICA [C] cámara • **the House** la Cámara

4 EDIFICIO PÚBLICO [C] Casa: *the opera house in Sydney* el teatro de la ópera de Sydney • **a court house** unos tribunales (edificio)

5 COMPAÑÍA [C] casa, empresa • **a publishing house** una editorial • **a fashion house** una casa de modas • **house style** (normas de) estilo de una editorial/un periódico etc.

6 EN UN TEATRO [C] sala • **a packed/full house** una sala llena

7 PÚBLICO [C] sala, teatro • **bring the house down** *Her final song brought the house down.* El teatro se vino abajo con su última canción.

8 NOBILIAR, DE LA REALEZA [C] casa ▶ **EAT sb out of house and home, HOUSE ARREST, OPEN HOUSE**

EXPRESIONES
get along like a house on fire (coloq) hacer buenas migas de inmediato • **the house of God** (liter) la casa del Señor • **house red/white** vino tinto/blanco de la casa • **in house** en las oficinas de la empresa • **keep house** (antic) encargarse de las tareas domésticas • **on the house** por cuenta de la casa • **put/keep your (own) house in order** solucionar sus propios asuntos • **set up house** instalarse (en una casa)

house[2] /haʊz/ v [T] **1** alojar, dar alojamiento a • **be housed in sth** alojarse en algo, estar alojado -a en algo **2** albergar (edificio), contener (recipiente)

ˈhouse ar,rest s [U] arresto domiciliario • **be under house arrest** estar bajo arresto domiciliario

house·boat /ˈhaʊsbəʊt/ s [C] casa flotante

house·bound /ˈhaʊsbaʊnd/ adj confinado -a en casa

house·break·er /ˈhaʊsˌbreɪkə/ s [C] ladrón -ona de casas

H

house·bro·ken /ˈhaʊsˌbroʊkən/ *adj* entrenado -a a hacer sus necesidades en un lugar adecuado

house·coat /ˈhaʊs-koʊt/ *s* [C] bata

house·fly /ˈhaʊsflaɪ/ *s* [C] (pl **houseflies**) mosca (doméstica)

house·hold[1] W3 /ˈhaʊshoʊld, ˈhaʊsoʊld/ *s* [C] hogar, familia

household[2] *adj* [solo ante s] doméstico -a: *household chores* tareas domésticas • *household appliances* electrodomésticos
EXPRESIONES
a household name/word un nombre/una palabra muy familiar

house·hold·er /ˈhaʊsˌhoʊldər/ *s* [C] (*frml*) **1** propietario -a de vivienda **2** inquilino -a

ˈ**house ˌhusband** *s* [C] amo de casa

house·keep·er /ˈhaʊsˌkipər/ *s* [C] **1** ama de casa (en su hogar), empleada (doméstica) (en hogar ajeno) **2** ama de llaves (de una mansión), gobernanta (de un hotel)

house·keep·ing /ˈhaʊsˌkipɪŋ/ *s* [U] **1** administración del hogar **2** mantenimiento (de un sistema) • **good housekeeping** mantenimiento eficaz **3** limpieza (de un hotel, hospital) **4** servicio de limpieza y aseo (de un hotel, hospital)

house·mas·ter /ˈhaʊsˌmæstər/ *s* [C] profesor encargado de una **house**, grupo de alumnos formado para participar en competencias

ˌ**House of ˈCommons** *s* **the House of Commons** la Cámara de los Comunes

house·plant /ˈhaʊsplænt/ *s* [C] planta de interior

ˌ**house-to-ˈhouse**[1] *adj* [solo ante s] puerta a puerta, de casa en casa

house-to-house[2], house to house *adv* puerta a puerta, de casa en casa

house·wares /ˈhaʊswɛrz/ *s* [pl] **1** artículos del hogar **2** sección de artículos del hogar

house·warm·ing[1] /ˈhaʊsˌwɔrmɪŋ/ (tb ˈ**housewarming ˌparty**) *s* [C] fiesta de inauguración (de una casa)

housewarming[2] *adj* [solo ante s] por la nueva casa

house·wife /ˈhaʊswaɪf/ *s* [C] (pl **housewives** /-waɪvz/) ama de casa

house·work /ˈhaʊswɚk/ *s* [sing, U] tareas domésticas

hous·ing S3 W2 /ˈhaʊzɪŋ/ *s*
1 [U] vivienda(s) • **public housing** viviendas sociales
2 [U] vivienda (área política)
3 [C] caja, cubierta protectora

ˈ**housing deˌvelopment** *s* [C] urbanización

ˈ**housing ˌmarket** *s* [sing] mercado de la vivienda

ˈ**housing ˌproject** *s* [C] proyecto/complejo de viviendas subvencionadas SIN **project**

hov·el /ˈhʌvəl, ˈhɑ-/ *s* [C] cuchitril, tugurio

hov·er /ˈhʌvər/ *v* **1** [I] cernerse, quedarse suspendido -a en el aire **2** [I] andar cerca, andar rondando (persona) • *his/her hand hovers over sth Her hand hovered over the switch uncertainly.* Acercó una mano dubitativa al interruptor. **3** [I siempre + adv/prep] adivinarse, atisbarse: *A small smile hovered on her lips.* Se adivinó en sus labios una ligera sonrisa. • **hover between sth and sth** oscilar entre algo y algo • **hover between life and death** debatirse entre la vida y la muerte • **hover near sth** estar al borde de algo **4** [T] **hover the cursor/mouse over sth** colocar el cursor/mouse sobre algo

hov·er·craft /ˈhʌvərˌkræft/ *s* [C] (pl **hovercraft** o **hovercrafts**) aerodeslizador, hovercraft

how[1] S1 W1 /haʊ/ *adv, conj*
1 indicando modo
2 indicando grado, tamaño
3 preguntando por la salud, el ánimo
4 preguntando por la vida en general

5 pidiendo opinión
6 indicando cualquier manera
7 para enfatizar
8 introduciendo un hecho

1 INDICANDO MODO cómo: *How do you spell your name?* ¿Cómo se escribe tu nombre? • *He explained how the machine worked.* Explicó cómo funcionaba la máquina. • **how to do sth** cómo hacer algo: *Will you show me how to use the fax machine?* ¿Me enseñas a usar el fax? • **how best to do sth** la mejor manera de hacer algo • **how on earth...?** (tb **how in the world...?**) ¿cómo rayos...?

2 INDICANDO GRADO, TAMAÑO *How big is their house?* ¿Cómo es de grande su casa? • *Do you know how old she is?* ¿Sabes cuántos años tiene? • *How quickly can you do the job?* ¿Con qué rapidez puedes hacer el trabajo? • **how much** cuánto -a: *How much time do we have left?* ¿Cuánto tiempo nos queda? • *How much are the tickets?* ¿Cuánto cuestan las entradas? • **how many** cuántos -as: *How many brothers does she have?* ¿Cuántos hermanos tiene?

3 PREGUNTANDO POR LA SALUD, EL ÁNIMO cómo, qué tal: *How are you feeling?* ¿Cómo te sientes? • *How's your headache?* ¿Qué tal tu dolor de cabeza? • **how are you?** (oral) ¿cómo estás?, ¿qué tal (estás)? • **how is your mother/how are the children?** ¿cómo está tu madre/cómo están los niños?

4 PREGUNTANDO POR LA VIDA EN GENERAL (oral) qué tal: *How's business?* ¿Qué tal los negocios? • **how are things?** ¿cómo van las cosas? • **how are you doing?** ¿qué tal estás?, ¿cómo te va? • **how's it going?** ¿qué tal?

5 PIDIENDO OPINIÓN qué tal, cómo: *How was the movie?* ¿Qué tal la película?

6 INDICANDO CUALQUIER MANERA **how sb wants/likes/chooses** (oral) como alguien quiera/prefiera/decida: *In your own house you can act how you want.* En tu propia casa, puedes hacer lo que quieras.

7 PARA ENFATIZAR *How beautiful she looks!* ¡Qué guapa está! • *Have you seen how messy her room is?* ¿Has visto lo desordenada que está su habitación?

8 INTRODUCIENDO UN HECHO que: *It's amazing how they've managed to do the work so quickly.* Es increíble que hayan conseguido hacer el trabajo tan rápido.
EXPRESIONES
and how! (antic, oral, coloq) ¡y cómo!: *"Nancy seemed to be enjoying herself." "And how!"* –Nancy parecía estar pasándola bien. –¡Y cómo! • **how about...?** (coloq, oral) **(a)** (proponiendo) ¿qué tal...?: *How about Tuesday?* ¿Qué tal el martes? • *How about some orange juice?* ¿Se te antoja un jugo de naranja? • **how about doing sth?** *How about going to see a movie?* ¿Y si vamos al cine? **(b)** (preguntando) ¿y...?: *I'm hungry. How about you?* Tengo hambre. ¿Y tú? • **how can/could you...?** (oral) ¿cómo puedes/pudiste...?: *How could anyone be so cruel?* ¿Cómo puede alguien ser tan cruel? • **how come?** (coloq, oral) ¿y eso? • **how come...?** (coloq, oral) ¿cómo es que...?: *How come he's not in school?* ¿Cómo es que no está en la escuela? • **how do you do?** (frml, oral) ¿cómo está usted?, encantado -a • **how do you know?** (coloq, oral) ¿y tú cómo lo sabes? • **how do you mean?** (coloq, oral) ¿a qué te refieres? • **how's that?** (oral) ¿qué te/les parece?: *We'll meet on Thursday instead. How's that?* Si no, nos vemos el jueves. ¿Te parece bien? • **how mean/crazy/lucky is that!** (coloq, oral) ¡qué tacañería/locura/suerte!: *He won't buy the kids an ice cream cone. How mean is that!* No quiere comprarles un helado a los niños. ¡Será tacaño! • **how's that for...!** ¡qué...!: *I've already arranged everything. How's that for efficiency!* Ya tengo todo organizado. ¡Qué eficacia!

how[2] *s* **the how and why of sth** el cómo y el porqué de algo

how·dy /ˈhaʊdi/ *interj* (coloq) hola, quiubo

how·ev·er[1] S2 W1 /haʊˈɛvər/ *adv*
1 por (muy), por (más): *Everyone makes mistakes, however careful they are.* Por mucho cuidado que tengamos, todos cometemos errores. • *All accidents, however small, must be reported.* Es preciso informar de todos

los accidentes, por pequeños que sean. • **however much** por mucho: *I want that car, however much it costs.* Quiero ese carro, cueste lo que cueste. • **however many** por muchos -as
2 [adv oracional] sin embargo, no obstante: *This is a simple process. However, there are dangers involved.* Es un proceso sencillo. Sin embargo, entraña cierto riesgo.
3 (*antic*) cómo rayos: *However did he get to be manager?* ¿Cómo rayos consiguió llegar a jefe? ► **BUT**

⚠ Observa que el uso de **however** al principio de la oración, aunque no es incorrecto, tiende a evitarse al redactar:
✔ *It is a traditional town. There have, however, been many changes in the last twenty years.*
✔ *Alcohol causes death on the roads. I do not think, however, that the solution is to ban alcohol.*
✔ *They make a very strong case. I am not, however, convinced.*

however² *conj* **1** comoquiera que: *However you approach the problem, it's impossible to solve.* Comoquiera que enfoques el problema, es imposible de resolver. • *however you look at it* lo mires como lo mires **2 however sb likes/wants** como alguien prefiera/quiera: *Divide up the money however you want.* Reparte el dinero como quieras.

howl¹ /haʊl/ *v* [I] **1** aullar (animal) **2** dar alaridos (persona) • **howl in pain/anger/rage** gritar de dolor/ira/rabia **3** reír a carcajadas • **howl with laughter** desternillarse (de risa), reír a carcajadas **4** aullar, ulular (viento, sirena)

howl² *s* [C] **1** aullido (de animal) **2** alarido • **howls of protest** gritos de protesta **3** carcajada, risotada • **howls of laughter** carcajadas, risotadas **4** aullido, bramido (del viento, de una sirena)

howl·er /'haʊlər/ *s* [C] error garrafal

howl·ing /'haʊlɪŋ/ *adj* [solo ante s] huracanado -a

HQ /ˌeɪtʃ 'kyu/ *abrev de* HEADQUARTERS

hr. (*abrev escrita de* **hour**) h

hub /hʌb/ *s* [C] **1** centro neurálgico, núcleo • [+of]: *the commercial hub of the city* el centro comercial de la ciudad **2** centro de conexiones **3** cubo (de la llanta)

hub·bub /'hʌbʌb/ *s* [sing, U] **1** alboroto, algarabía **2** tumulto

hub·by /'hʌbi/ *s* [C] (pl **hubbies**) (*coloq*) maridito

hub·cap /'hʌbkæp/ *s* [C] tapa, tapón (de la llanta)

hud·dle¹ /'hʌdl/ *v* **1** [I] (tb **huddle together/up**) apiñarse, amontonarse • **huddle around sth** apiñarse alrededor de algo, arremolinarse en torno a algo **2** [I siempre + adv/prep] acurrucarse **3** [I] formar un corrillo **4** [I] hacer un huddle (en fútbol americano, reunión de los jugadores para delinear la siguiente acción)

huddle² *s* [C] **1** huddle (en fútbol americano, reunión de los jugadores para delinear la siguiente acción) **2** corrillo, corro • [+of]: *a huddle of passengers* un corrillo de pasajeros • **call a huddle** (*coloq*) pedir reunirse • **go/get into a huddle** reunirse aparte **3** (*escrito*) **a huddle of buildings/houses** un montón de edificios apiñados/de casas apiñadas

hue /hyu/ *s* [C] (*liter*) tono, color

EXPRESIONES
of every hue (tb **of all hues**) de todos los colores, de todo signo

huff¹ /hʌf/ *s* **in a huff** enojado -a, con (la) cara larga

huff² *v* [T] (*coloq*) espetar

EXPRESIONES
huff and puff (a) resoplar, jadear (sin aire) (b) resoplar, bufar (enojado)

huff·i·ly /'hʌfəli/ *adv* (*coloq*) con enojo, de mal humor

huff·y /'hʌfi/ *adj* (**huffier**, **huffiest**) (*coloq*) cabreado -a, verraco -a

hug¹ /hʌg/ *v* (**hugged**, **hugging**) **1** [I,T] abrazar(se) • **hug sb tight** abrazar fuerte a alguien **2** [T] bordear, ir pegado -a a: *The railroad hugs the coast.* La vía del tren

bordea la costa. **3** [T] marcar, ceñir, realzar • **figure-hugging** ajustado -a

hug² *s* [C] abrazo • **give sb a hug** darle un abrazo a alguien

huge S1 W2 /hyudʒ/ *adj* **1** (en tamaño) enorme **2** [gralm ante s] (en grado, cantidad) enorme • **a huge variety/range** una enorme variedad/gama • **a huge success** un éxito enorme • **a huge disappointment** una tremenda decepción

huge·ly /'hyudʒli/ *adv* enormemente, tremendamente

huh /hʌ/ *interj* (*coloq*) **1** (al no oír) ¿eh?: *"Are you listening to me?" "Huh?"* –¿Me oyes? –¿Eh? **2** (para buscar conformidad) ¿eh?, ¿no?: *That was a good movie, huh?* Estuvo buena la película, ¿no? **3** (indicando desdén) bah: *Huh! Is that the best you can do?* ¡Bah! ¿Y eso es todo lo que sabes hacer?

hulk /hʌlk/ *s* [C] **1** restos (de un vehículo), casco (de un barco) **2** mole, mastodonte

hull /hʌl/ *s* [C] **1** casco (de un barco) **2** vaina (de una semilla) **3** rabillo, cabito (de la fresa)

hul·la·ba·loo /ˈhʌləbəˌlu, ˌhʌləbəˈlu/ *s* [sing] (*coloq*) **1** revuelo, escándalo **2** barullo

hum¹ /hʌm/ *v* (**hummed**, **humming**) **1** [I,T] tararear (con la boca cerrada) **2** [I] zumbar, ronronear (máquina) **3** [I] zumbar (insecto) **4** [I] bullir (de actividad)

hum² *s* [sing, U] zumbido (de una máquina, un insecto), rumor (de conversaciones, tráfico) • [+of]: *the distant hum of traffic* el lejano rumor del tráfico

hu·man¹ S2 W1 /'hyumən/ *adj* **1** (del hombre) humano -a • **the human body** el cuerpo humano • **the human eye** el ojo humano **2** [gralm ante s] (justificable) humano -a: *Fear is a very human emotion.* El miedo es un sentimiento muy humano.
3 (benévolo) humano -a

EXPRESIONES
he/she is only human él también es humano/ella también es humana • **the human condition** la condición humana • **human error** error humano • **human interest** interés humano • **human interest story** historia de interés humano

human² W3 (tb ˌhuman 'being) *s* [C] (ser) humano

hu·mane /hyu'meɪn/ *adj* humano -a, humanitario -a

hu·mane·ly /hyu'meɪnli/ *adv* humanamente, humanitariamente

hu·man·ism /'hyuməˌnɪzəm/ *s* [U] **1** laicismo, humanismo **2 Humanism** el humanismo (renacentista)

hu·man·ist /'hyumənɪst/ *adj, s* [C] humanista

hu·man·is·tic /ˌhyuməˈnɪstɪk◄/ *adj* **1** laico -a, humanístico -a **2** humanista

hu·man·i·tar·i·an¹ /hyuˌmænəˈtɛriən/ *adj* [solo ante s] humanitario -a • **humanitarian aid/assistance/relief** ayuda humanitaria

humanitarian² *s* [C] persona humanitaria, persona solidaria

hu·man·i·ty /hyu'mænəti/ *s* **1** [U] (personas) la humanidad • **crimes against humanity** crímenes de lesa humanidad **2** [U] (sensibilidad) humanidad **3** [U] (condición) humanidad **4 humanities** [pl] humanidades, letras

hu·man·ize /'hyuməˌnaɪz/ *v* [T] humanizar

hu·man·kind /'hyumənˌkaɪnd/ *s* [U] la humanidad, el género humano

hu·man·ly /'hyumənli/ *adv*

EXPRESIONES
humanly possible humanamente posible • **do everything humanly possible** hacer todo lo humanamente posible

ˌhuman 'nature *s* [U] la naturaleza humana

EXPRESIONES
it's (only/just) human nature es natural, está en la naturaleza humana

,human 'race s **the human race** la raza humana

,human 'resources (abrev **HR**) s [U] recursos humanos

hum·ble[1] /'hʌmbəl/ adj **1** (aprec) (en actitud) humilde • **a humble apology** (frml) humildes disculpas **2** (socialmente) humilde, modesto • **humble beginnings/origins** humildes comienzos/origen humilde • **my humble abode** (hum) mi humilde morada **3** [solo ante s] simple, vulgar: *delicious ways to cook the humble chicken* formas deliciosas de preparar un simple pollo

EXPRESIONES
eat humble pie (coloq) tragarse sus palabras • **in my humble opinion** (oral) en mi humilde opinión

humble[2] v [T] dar una lección de humildad a, someter a una cura de humildad • **humble yourself** rebajarse, humillarse

hum·bling /'hʌmblɪŋ/ adj que supone una cura de humildad: *a humbling defeat* una derrota aleccionadora

hum·bly /'hʌmbli/ adv humildemente

hum·bug /'hʌmbʌg/ s [U] patrañas, embustes

hum·drum /'hʌmdrʌm/ adj monótono -a, rutinario -a

hu·mid /'hyumɪd/ adj húmedo -a ▶ ver nota en **HÚMEDO**

hu·mid·i·fi·er /hyu'mɪdəˌfaɪər/ s [C] humidificador

hu·mid·i·ty /hyu'mɪdəti/ s [U] humedad

hu·mil·i·ate /hyu'mɪliˌeɪt/ v [T] humillar

hu·mil·i·at·ed /hyu'mɪliˌeɪtɪd/ adj humillado -a

hu·mil·i·at·ing /hyu'mɪliˌeɪtɪŋ/ adj humillante

hu·mil·i·a·tion /hyuˌmɪli'eɪʃən/ s **1** [U] (sentimiento) humillación • **suffer the humiliation of sth** sufrir la humillación de algo **2** [U] (acto) humillación **3** [C] (hecho) humillación

hu·mil·i·ty /hyu'mɪləti/ s [U] (aprec) humildad

hum·ming·bird /'hʌmɪŋˌbɜrd/ s [C] colibrí, picaflor

hu·mor[1] S3 W3 /'hyumər/ s [U]
1 (sentido del) humor • **a sense of humor** sentido del humor
2 gracia (de una cosa) • **see the humor in sth** verle la gracia a algo

humor[2] v [T] seguirle la, corriente a, darle el gusto a: *"I suppose you're right," she said, humoring him.* –Supongo que tienes razón –dijo ella siguiéndole la corriente.

hu·mor·ist /'hyumərɪst/ s [C] humorista

hu·mor·less /'hyumərlɪs/ adj serio -a, sin sentido del humor

hu·mor·ous /'hyumərəs/ adj humorístico -a, gracioso -a

hu·mor·ous·ly /'hyumərəsli/ adv **1** con humor **2** con gracia, humorísticamente

hu·mour /'hyumər/ s, v variante británica de **HUMOR**

hu·mour·less /'hyumərlɪs/ adj variante británica de **HUMORLESS**

hump /hʌmp/ s [C] **1** montículo (en el terreno), bulto (en el suelo, la superficie) **2** joroba, giba (de un camello) **3** joroba

hunch[1] /hʌntʃ/ s [C] presentimiento, corazonada

hunch[2] v [I,T] **hunch over sth** encorvarse sobre algo • **hunch your shoulders** encorvar los hombros

hunch·back /'hʌntʃbæk/ s [C] jorobado -a

hunched /hʌntʃt/ adj encorvado -a (persona) • **be hunched over sth** estar inclinado -a sobre algo

hun·dred S2 /'hʌndrɪd/ núm (pl **hundred** o **hundreds**)
1 (numeral) cien ▶ Cuando **hundred** se usa como numeral, su plural es invariable • **a/one hundred** cien: *There were at least a hundred people.* Había por lo menos cien personas. • *He lived till he was over a hundred.* Vivió hasta más de los cien años. • **two/three/four hundred** doscientos/trescientos/cuatrocientos: *a*

journey of fifteen hundred miles un viaje de mil quinientas millas
2 hundreds [pl] (varios centenares) cientos, centenares • [+of]: *Hundreds of people were killed.* Murieron cientos de personas.
3 (gran número) **hundreds of** cientos de: *He's had hundreds of girlfriends.* Ha tenido cientos de novias. • **a hundred times/ways** cientos de veces/mil maneras

EXPRESIONES
a/one hundred percent (coloq) al cien/ciento por ciento, totalmente • **give a hundred percent** (tb **give a hundred and ten percent**) (coloq) dar el máximo, darlo todo

hun·dredth[1] /'hʌndrɪdθ/ (abrev escrita **100th**) adj, adv centésimo -a, en centésimo lugar • **one hundredth/two hundredth/three hundredth** centésimo/ducentésimo/ tricentésimo

hundredth[2] s, pron **1** (abrev escrita **100th**) centésimo -a **2** (abrev escrita **1/100**) centésimo, centésima (parte): *one hundredth of a millimeter* un centésimo de milímetro

hun·dred·weight /'hʌndrɪdˌweɪt/ (abrev escrita **cwt.**) s [C] (pl **hundredweight**) en EU, unidad de peso equivalente a 100 libras o 45,36 kilogramos

hung /hʌŋ/ pasado y participio pasado de **HANG**

Hun·gar·i·an[1] /hʌŋ'gɛriən/ s **1** [C] (persona) húngaro -a **2** [U] (idioma) húngaro

Hungarian[2] adj húngaro -a

Hun·gar·y /'hʌŋgəri/ s Hungría

hun·ger[1] /'hʌŋgər/ s **1** [U] (falta de alimento) hambre • **die from/of hunger** morir de hambre **2** [U] (apetito) hambre • **satisfy your hunger** saciar el hambre **3** [C,U] (ansia) hambre • [+for]: *his hunger for success* su hambre de éxito

hunger[2] v
hunger for sth v+partíc (liter) ansiar algo, tener hambre de algo

'hunger strike s [C] huelga de hambre

,hung 'jury s [sing] jurado dividido (sin veredicto por falta de acuerdo)

hung·o·ver /hʌŋ'oʊvər/ adj con guayabo, con cruda

hun·gri·ly /'hʌŋgrəli/ adv **1** con apetito **2** ávidamente

hun·gry S1 /'hʌŋgri/ adj (**hungrier**, **hungriest**)
1 (con apetito) **be hungry** tener hambre • **get hungry** *The kids were getting hungry.* A los niños les estaba dando hambre.
2 (desnutrido) **(a)** [gralm después de s] hambriento -a • **go hungry** pasar hambre **(b) the hungry** [usado como s pl] los hambrientos, los que pasan hambre
3 ambicioso -a • **hungry for sth** ávido -a/hambriento -a de algo: *She is hungry for fame.* Ansía la fama.

,hung 'up adj [nunca ante s] (coloq) **1 hung up on/about sth** obsesionado -a con algo **2 hung up on sb** loco -a por alguien

hunk /hʌŋk/ s [C] **1** trozo, pedazo **2** (coloq) churro, monumento, papacito, papasote

hun·ker /'hʌŋkər/ v
hunker down v+partíc **1** ponerse en cuclillas SIN **squat 2** no hacer nada (hasta que mejore una situación)

hunt[1] S3 W3 /hʌnt/ v
1 [I] (animal) cazar
2 [I,T] (cazador) cazar • **go hunting** ir de caza/de cacería, ir a cazar
3 [I] (para poseer) buscar • **hunt for sth/sb** buscar algo/a alguien • **be job/house hunting** estar buscando trabajo/casa
4 [I,T] (para capturar) buscar • **hunt for sb** buscar a alguien
hunt sb ↔ **down** v+partíc darle caza a alguien
hunt sth/sb ↔ **out** v+partíc **1** (para capturar) buscar algo/a alguien **2** (porque se necesita) buscar (y encontrar) algo/a alguien

hunt[2] s [C] **1** [gralm sing] búsqueda • [+for]: *the hunt for the best person to lead the party* la búsqueda de la mejor persona para dirigir el partido **2** cacería, partida de caza

hunt·er /'hʌntər/ s [C] **1** cazador -a **2** caballo para cacería

EXPRESIONES
autograph hunter cazador -a de autógrafos • **bargain hunter** buscador -a de gangas

hunt·ing /'hʌntɪŋ/ s [U] la caza, cacería

hunts·man /'hʌntsmən/ s [C] (pl **huntsmen** /-mən/) (liter) cazador

hur·dle¹ /'hərdl/ s **1** [C] obstáculo **2** [C] valla (en atletismo), obstáculo (en equitación) **3** **hurdles** [pl] (carrera de) vallas: *the 100-meter hurdles* los 100 metros (con) vallas

hurdle² v **1** [I,T] saltar (obstáculos) **2** [I] saltar vallas, competir en la carrera de vallas

hur·dler /'hərdlər/ s [C] vallista

hurl /hərl/ v **1** [T siempre + adv/prep] tirar, aventar **2** **hurl yourself at sth/sb** abalanzarse sobre algo/alguien **3** [T] **hurl abuse/insults at sb** lanzarle insultos a alguien, proferir insultos contra alguien **4** [I] (coloq) vomitar

hur·ray /hə'reɪ, hʊ'reɪ/ (tb **hur·rah** /hə'rɑ, hʊ-/) interj (antic) hurra, viva

hur·ri·cane /'hərɪ,keɪn, 'hʌr-/ s [C] huracán

hur·ried /'hərid, 'hʌrid/ adj apresurado -a, rápido -a

hur·ried·ly /'hərɪdli, 'hʌr-/ adv apresuradamente

hur·ry¹ /'həri, 'hʌri/ v (**hurries**, **hurried**, **hurrying**) **1** [I] apurarse, darse prisa • **hurry to do sth** apurarse a hacer algo, darse prisa para hacer algo: *She was hurrying to catch her train.* Corría para no perder el tren. • **hurry after sb** correr detrás de alguien **2** [T] apurar • **hurry sb into (doing) sth** *Don't hurry them into a decision.* No les hagas tomar una decisión precipitada. **3** [T siempre + adv/prep] **be hurried to sth** *He was hurried to the hospital.* Lo trasladaron con urgencia al hospital.
hurry up v+partíc **1** apurarse, darse prisa • **hurry up!** (oral) ¡apúrate/apúrense!, ¡apúrale/apúrenle! **2 hurry sb ↔ up** apurar a alguien **3 hurry sth ↔ up** acelerar algo

hurry² s
EXPRESIONES
be in a hurry estar apurado -a, tener prisa • **be in a hurry to do sth** estar apurado -a por hacer algo, tener prisa por hacer algo • **do sth in a hurry** hacer algo rápidamente, hacer algo deprisa • **there's no hurry** (oral) no hay apuro, no hay prisa • **he/we won't be doing sth again in a hurry** (oral) *We won't be going back to that restaurant in a hurry.* No pensamos volver a pisar ese restaurante. • **in my/her hurry to do sth** con el apuro por hacer algo • **be in no hurry to do sth** no tener ningún apuro por hacer algo, no tener ninguna prisa por hacer algo • **what's (all) the hurry?** (oral) ¿a qué viene tanto apuro?, ¿a qué viene tanta prisa?

hurt¹ /hərt/ v (**hurt**) **1** [I,T] (físicamente) lastimar(se) • **hurt yourself** lastimarse • **hurt yourself doing sth** lastimarse al hacer algo **2** [I] **my head/foot hurts** me duele la cabeza/el pie • **it hurts** *It hurts when I try to move my leg.* Me duele cuando intento mover la pierna **3** [T] (emocionalmente) lastimar, herir • **it hurts that** me duele que • **hurt his/my feelings** herir sus/mis sentimientos **4** [I] pasarlo mal, sufrir **5** [T] hacer daño a, perjudicar: *This scandal has hurt the President.* El escándalo le ha hecho mucho daño al Presidente. ► **HIT sb where it hurts**, DAMAGE

EXPRESIONES
it wouldn't hurt (oral) no estaría de más: *"Do you think I should ask him?" "It wouldn't hurt."* –¿Crees que tendría que preguntárselo? –No estaría de más. • **it won't/wouldn't/can't hurt to do sth** *It won't hurt to apologize*

to him. No sería mala idea pedirle perdón. • **he/she wouldn't hurt a fly** es incapaz de matar una mosca

¿hurt, injure o wound?
hurt es hacer o hacerse daño físico en general, especialmente con un golpe: *Alex fell and hurt his knee.* • *Let go of my arm! You're hurting me!*
injure suele usarse cuando el daño es producto de un accidente: *Three people were seriously injured in the crash.*
wound se usa cuando el daño se produce con un arma: *The gunman killed two people and wounded six others.*

hurt² adj **1** [gralm no ante s] (físicamente) *Are you hurt?* ¿Te has lastimado? • **get hurt** lastimarse, herirse • **badly/seriously hurt** gravemente herido -a, herido -a de consideración ► ver nota en PAINFUL **2** (emocionalmente) dolido -a, herido -a • **get hurt** *I don't want you to get hurt again.* No quiero que te hagan sufrir otra vez.

hurt³ s [U] dolor (pena)

hurt·ful /'hərtfəl/ adj hiriente

hur·tle /'hərtl/ v [I siempre + adv/prep] ir a toda velocidad (sin control): *A car came hurtling around the corner.* Un carro dobló la esquina descontroladamente a toda velocidad.

hus·band¹ /'hʌzbənd/ s [C] marido, esposo • **husband and wife** marido y mujer

husband² v [T] (frml) administrar

hus·band·ry /'hʌzbəndri/ s [U] agricultura (de cultivos), ganadería (de animales)

hush¹ /hʌʃ/ v **1** [I] callarse **2 hush (now)** cálmate **3** [T] hacer callar
hush up v+partíc **1 hush sth ↔ up** encubrir/silenciar algo **2 hush up** callarse

hush² s [sing] silencio

hushed /hʌʃt/ adj silencioso -a • **in hushed tones** en voz muy baja, susurrando

hush-'hush adj (coloq) secreto -a

husk¹ /hʌsk/ s [C,U] cáscara (de granos, nueces, etc.)

husk² v [T] pelar (granos, semillas, etc.)

husk·y¹ /'hʌski/ adj **1** ronco -a (voz) **2** grandote, fornido (hombre, muchacho)

husky² s [C] (pl **huskies**) husky

hust·ings /'hʌstɪŋz/ s **the hustings** la campaña electoral

hus·tle¹ /'hʌsəl/ v (**hustled**, **hustling**) **1** [T siempre + adv/prep] llevar a empujones, llevar a la fuerza: *I was hustled out of the building.* Me sacaron del edificio a empujones. **2** [I] apurarse, darse prisa **3** [I] trabajar duro, esforzarse, sobarse el lomo • **hustle for sth** trabajar duro para (conseguir) algo, sobarse el lomo para (conseguir) algo **4** [I,T] vender u obtener en forma ilegal: *They were hustling stolen goods on the street.* Estaban reduciendo mercancías robadas en la calle. **5** [I,T] (coloq) hacer la calle (ejercer la prostitución)

hustle² s **1** [U] bullicio, ajetreo • **hustle and bustle** ajetreo y bullicio **2** [C] chanchullo **3** [U] empuje, garra

hus·tler /'hʌslər/ s [C] **1** estafador -a, timador -a **2** prostituto -a: *River Phoenix played the part of a male hustler.* River Phoenix interpretaba el papel de un pirobo.

hut /hʌt/ s [C] choza, cabaña

hutch /hʌtʃ/ s [C] **1** conejera (caja) **2** armario con puertas abajo y estantes en la parte superior

hwy. abrev escrita de HIGHWAY

hy·a·cinth /'haɪə,sɪnθ/ s [C] jacinto

hy·brid /'haɪbrɪd/ s [C] híbrido

hy·dran·gea /haɪ'dreɪndʒər/ s [C] hortensia

hy·drant /'haɪdrənt/ s [C] hidrantes (contra incendios)

hy·drau·lic /haɪ'drɔlɪk/ adj [gralm ante s] hidráulico -a

hy·drau·lics /haɪˈdrɔlɪks/ s **1** [pl] sistema hidráulico **2** [U, sing] hidráulica

hy·dro·e·lec·tric /ˌhaɪdroʊɪˈlɛktrɪk/ adj [solo ante s] hidroeléctrico -a

hy·dro·foil /ˈhaɪdrəˌfɔɪl/ s [C] aliscafo

hy·dro·gen /ˈhaɪdrədʒən/ (símb quím **H**) s [U] hidrógeno

'hydrogen ˌbomb s [C] bomba de hidrógeno

ˌhydrogen per'oxide s [U] agua oxigenada

hy·dro·plane /ˈhaɪdrəˌpleɪn/ v [I] patinar, derrapar

hy·e·na /haɪˈinə/ s [C] hiena

hy·giene /ˈhaɪdʒin/ s [U] higiene • **personal hygiene** higiene personal

hy·gi·en·ic /haɪˈdʒɛnɪk, -ˈdʒinɪk/ adj higiénico -a

hy·gien·i·cally /haɪˈdʒɛnɪkli, -ˈdʒi-/ adv higiénicamente

hy·men /ˈhaɪmən/ s [C] himen

hymn /hɪm/ s [C] himno (religioso), cántico

hym·nal /ˈhɪmnəl/ (tb **'hymn book**) s [C] libro de cánticos

hype[1] /haɪp/ s [U] (peyor, coloq) despliegue publicitario, bombardeo publicitario

hype[2] (tb **hype up**) v [T] (coloq) hacerle mucha propaganda a, promocionar con bombos y platillos: *This game isn't as good as it's hyped up to be.* Este juego no es tan bueno como quieren hacernos creer.

ˌhyped 'up adj (coloq) muy excitado -a, supernervioso -a

hy·per /ˈhaɪpər/ adj (coloq) sobreexcitado -a

hy·per·ac·tive /ˌhaɪpərˈæktɪv/ adj hiperactivo -a

hy·per·bo·le /haɪˈpɜrbəli/ s [C,U] (frml) hipérbole

hy·per·link /ˈhaɪpərˌlɪŋk/ s [C] hipervínculo

hy·per·sen·si·tive /ˌhaɪpərˈsɛnsətɪv/ adj hipersensible • [+to]: *hypersensitive to any form of criticism* hipersensible a cualquier tipo de crítica

hy·per·ten·sion /ˌhaɪpərˈtɛnʃən, ˈhaɪpərˌtɛnʃən/ s [U] (técn) hipertensión

hy·per·text /ˈhaɪpərˌtɛkst/ s [U] hipertexto

hy·per·ven·ti·late /ˌhaɪpərˈvɛntlˌeɪt/ v [I] hiperventilar

hy·phen /ˈhaɪfən/ s [C] guión (signo de puntuación)

hy·phen·ate /ˈhaɪfəˌneɪt/ v [T] escribir con guión

hy·phen·at·ed /ˈhaɪfəˌneɪṭɪd/ adj (escrito -a) con guión

hyphenated American en Estados Unidos, miembro de un grupo étnico minoritario, por ejemplo, ítaloestadounidense.

hyp·no·sis /hɪpˈnoʊsɪs/ s [U] hipnosis • **under hypnosis** hipnotizado -a

hyp·not·ic /hɪpˈnɑṭɪk/ adj **1** (ritmo, efecto) hipnótico -a **2** [solo ante s] (estado, trance) hipnótico -a

hyp·no·tism /ˈhɪpnəˌtɪzəm/ s [U] hipnotismo

hyp·no·tist /ˈhɪpnətɪst/ s [C] hipnotizador -a

hyp·no·tize /ˈhɪpnəˌtaɪz/ v [T] hipnotizar

hy·po·chon·dri·a /ˌhaɪpəˈkɑndriə/ s [U] hipocondría

hy·po·chon·dri·ac /ˌhaɪpəˈkɑndriˌæk/ s [C] hipocondriaco -a

hy·poc·ri·sy /hɪˈpɑkrəsi/ s [C,U] (pl **hypocrisies**) (peyor) hipocresía

hyp·o·crite /ˈhɪpəˌkrɪt/ s [C] (peyor) hipócrita

hy·po·crit·i·cal /ˌhɪpəˈkrɪṭɪkəl/ adj (peyor) hipócrita

hy·po·der·mic[1] /ˌhaɪpəˈdɜmɪk/ adj [solo ante s] hipodérmico -a

hypodermic[2] s [C] jeringa hipodérmica

hy·pot·e·nuse /haɪˈpɑṭⁿn-us/ s [C] (técn) hipotenusa

hy·po·ther·mi·a /ˌhaɪpəˈθɜmiə/ s [U] hipotermia

hy·poth·e·sis /haɪˈpɑθəsɪs/ s [C,U] (pl **hypotheses** /-sɪz/) hipótesis

hy·po·thet·i·cal /ˌhaɪpəˈθɛṭɪkəl/ adj hipotético -a

hy·po·thet·i·cally /ˌhaɪpəˈθɛṭɪkli/ adv hipotéticamente

hys·ter·ec·to·my /ˌhɪstəˈrɛktəmi/ s [C] (pl **hysterectomies**) histerectomía

hys·ter·i·a /hɪˈstɛriə, -ˈstɪriə/ s [U] histeria

hys·ter·i·cal 🔊 /hɪˈstɛrɪkəl/ adj **1** histérico -a **2** (coloq) comiquísimo -a, para morirse de (la) risa **3** muy exagerado -a

hys·ter·i·cally /hɪˈstɛrɪkli/ adv **1** histéricamente **2 hysterically funny** comiquísimo -a, para morirse de (la) risa

hys·ter·ics /hɪˈstɛrɪks/ n [pl] **1** histeria • **he/she'll have hysterics** le va a dar un ataque, se va a poner histérico -a **2 in hysterics** muerto -a de (la) risa • **have sb in hysterics** hacer morirse de (la) risa a alguien

I i

I[1], i /aɪ/ (pl **I's**, **i's**) s [C] I, i

I[2] S1 W1 /aɪ/ pron yo ▶ En inglés nunca se omite el pronombre personal de sujeto: *I saw Mike yesterday.* Ayer vi a Mike. • *She didn't like the movie, but I did.* A ella no le gustó la película, pero a mí sí. • *He's as worried as I am.* Él está tan preocupado como yo. • *Don't lift that. I'll do it.* No levantes tú eso. Ya lo hago yo.

I[3] *abrev escrita de* INTERSTATE

IA *abrev escrita de* IOWA

I·be·ri·an /aɪˈbɪriən/ s [C], adj ibérico -a

ice[1] S1 W2 /aɪs/ s [U]
  1 (en montañas, carreteras) hielo
  2 (para bebidas) hielo: *I'll have a Coke with ice, please.* Una coca-cola con hielo, por favor. ▶ BREAK the ice, DRY ICE, ICY

EXPRESIONES
  on ice en suspenso • **put sth on ice** dejar algo en suspenso • **be (skating) on thin ice** pisar terreno peligroso

ice[2] v [T] **1** glasear **2** poner hielo sobre (una parte del cuerpo para que no se inflame)
  ice over/up (tb **be iced over/up**) v+partíc helarse, cubrirse de hielo/escarcha

'Ice Age s [C] glaciación, Edad de Hielo

ice·berg /ˈaɪsbɜːɡ/ s [C] iceberg, témpano ▶ the TIP of the iceberg

ice·break·er /ˈaɪsˌbreɪkə/ s [C] comentario o actividad para romper el hielo ▶ BREAK the ice

'ice cap s [C] casquete polar, casco polar

ice-'cold adj **1** helado -a, gélido -a **2** be ice-cold no ganar, no marcar goles/tantos

'ice cream S1 s [C,U] helado

'ice cream ˌcone s [C] **1** (recipiente) cucurucho, cono, barquillo **2** (helado) cucurucho (de helado), cono/barquillo (de helado)

'ice cube s [C] cubito de hielo, cubo de hielo

'ice floe s [C] témpano (de hielo)

'ice ˌhockey s [U] hockey sobre hielo

Ice·land /ˈaɪslənd, -lænd/ Islandia

Ice·land·er /ˈaɪsləndə/ s [C] islandés -esa

Ice·land·ic[1] /aɪsˈlændɪk/ s [U] islandés

Icelandic[2] adj islandés -esa

'ice pack s [C] bolsa de hielo (para hinchazones)

'ice pick s [C] piolet

'ice rink s [C] pista de (patinaje sobre) hielo

'ice skate[1] s [C graml pl] patín de hielo

ice skate[2], **ice-skate** v [I] patinar sobre hielo

'ice ˌskater s [C] patinador -a (sobre hielo)

'ice ˌskating s [U] patinaje sobre hielo • **go ice skating** ir a patinar (sobre hielo)

i·ci·cle /ˈaɪsɪkəl/ s [C] carámbano (de hielo)

i·ci·ly /ˈaɪsəli/ adv con mucha frialdad

ic·ing /ˈaɪsɪŋ/ s [U] glaseado, betún (de un pastel)

EXPRESIONES
  the icing on the cake la guinda (del pastel)

i·con /ˈaɪkɒn/ s [C] **1** (persona) símbolo, ícono **2** (en informática) icono **3** (tb **ikon**) (en arte) ícono

i·con·ic /aɪˈkɒnɪk/ adj simbólico -a, icónico -a

i·con·o·clast /aɪˈkɒnəˌklæst/ s [C] (frml) iconoclasta

ic·y /ˈaɪsi/ adj (**icier**, **iciest**) **1** (tb ˌicy 'cold) helado -a, gélido -a **2** cubierto -a de hielo **3** glacial (mirada) ▶ ICILY

I'd /aɪd/ contrac de **1 I would 2 I had**

ID[1] /aɪ 'diː/ s [C,U] identificación, documento de identidad • **a photo ID** un documento/una identificación con foto

ID[2] (**ID'd**, **ID'ing**) v [T] (oral) identificar (a un delincuente, un cadáver)

ID[3] abrev escrita de IDAHO

id /ɪd/ s [U] (técn) id

i·de·a S1 W1 /aɪˈdɪə/ s (pl **ideas**)

  1 plan, sugerencia
  2 conocimiento
  3 intención
  4 imagen mental
  5 opinión
  6 concepto

1 PLAN, SUGERENCIA [C] idea: *The party was my idea.* La fiesta fue idea mía. • **have an idea** tener una idea • **a good/great idea** una buena/gran idea • **a bad idea** una mala idea • [+for]: *ideas for birthday gifts* ideas para regalos de cumpleaños • **the idea of doing sth** la idea de hacer algo • **give sb an idea** dar una idea a alguien • **get the idea from sth** sacar la idea de algo • **it was John's/his idea to do sth** la idea de hacer algo fue de John/de él
2 CONOCIMIENTO [C,U] idea • **have no idea** no tener ni idea: *"Where's she gone?" "I have no idea."* –¿Dónde se fue? –No tengo ni idea. • **not have the faintest/slightest idea** (coloq, oral) no tener ni la más remota/ni la menor idea • **do you have any idea...?** (oral) ¿tienes idea de...? • **a rough/vague idea** una vaga idea
3 INTENCIÓN [C,U] idea: *The idea was to save money.* La idea era ahorrar dinero. • [+of/behind]: *The idea behind the campaign is to inform people.* La intención de la campaña es informar a la gente. • **have other ideas** tener otros planes
4 IMAGEN MENTAL [C,U] idea • **an idea of/about sth** una idea de algo: *They have different ideas about what makes a good dessert.* Tienen ideas distintas de qué es un buen postre. • *my idea of a good time* lo que yo entiendo por pasar un buen rato
5 OPINIÓN [C] idea • **his/her ideas about sth** sus ideas sobre algo • **get the idea that** creerse que: *Ken got the idea that I was in love with him.* Ken se creyó que yo estaba enamorada de él. • **where did you/he get that idea?** ¿de dónde sacaste/sacó esa idea?
6 CONCEPTO [C] idea: *the idea of Democracy* la idea de democracia • **the idea that** la idea de que: *the idea that the universe is finite* la idea de que el universo es finito

EXPRESIONES
  a bright idea una brillante idea • **get the idea** (oral) captar la idea, hacerse una idea • **get the wrong idea** equivocarse • **have an idea (that)** tener la impresión de que • **have the right idea** ir bien encaminado -a • **your/his idea of a joke** (coloq, oral) lo que tú entiendes/él entiende por una broma • **it's a good idea to do sth** conviene hacer algo • **put ideas in sb's head** (tb **give sb ideas**) (coloq) meter la/una idea en la cabeza a alguien • **that's the idea** (oral) **(a)** muy bien, bien hecho **(b)** esa es la idea • **that's/there's an idea!** ¡buena idea!

i·de·al[1] /aɪˈdɪəl/ adj **1** (idóneo) ideal • [+for]: *The game is ideal for young children.* El juego es ideal para niños pequeños. • **be far from ideal** distar mucho de ser ideal **2** [solo ante s] (perfecto) ideal: *In an ideal world, no one would ever get sick.* En un mundo ideal, nadie se enfermaría.

ideal[2] s [C] **1** (principio) ideal **2** (paradigma) **the ideal of sth** el ideal de algo

i·de·al·ism /aɪˈdɪəˌlɪzəm/ s [U] idealismo

i·de·al·ist /aɪ'diəlɪst/ s [C] idealista

i·de·al·ist·ic /ˌaɪdiə'lɪstɪk/ adj idealista

i·de·al·ize /aɪ'diə,laɪz/ v [T] idealizar

i·de·al·ly /aɪ'diəli/ adv **1** [adv oracional] de/a ser posible: *Ideally, I'd like to live by the ocean.* De ser posible, me gustaría vivir junto al mar. • *Ideally, we should be saving money every month.* Lo ideal sería ahorrar dinero todos los meses. **2** inmejorablemente • **be ideally suited for/to sth** ser ideal para algo • **be ideally located/situated** encontrarse en un lugar ideal

i·den·ti·cal /aɪ'dɛntɪkəl, ɪ-/ adj idéntico -a • [+**to**]: *Your shoes are identical to mine.* Tus zapatos son idénticos a los míos.

i·den·ti·cally /aɪ'dɛntɪkli, ɪ-/ adv idénticamente

i·den·ti·fi·a·ble /aɪˌdɛntə'faɪəbəl, ɪ-/ adj identificable • **clearly/easily identifiable** fácilmente identificable

i·den·ti·fi·ca·tion /aɪˌdɛntəfə'keɪʃən, ɪ-/ s [U] **1** documento (de identidad), identificación: *Do you have any identification?* ¿Tiene alguna identificación? • **a form/ means of identification** una identificación **2** identificación (de un cadáver, delincuente) ▶ **ID**

i·den·ti·fy S2 W1 /aɪ'dɛntəˌfaɪ, ɪ-/ v [T] (**identifies, identified, identifying**) **1** (un cadáver, delincuente) identificar • **identify sth/sb as sth/sb** identificar algo/a alguien como algo/alguien **2** (causas, objetivos) identificar, determinar: *They identified a number of problems.* Localizaron una serie de problemas.
identify with v+partíc **identify with sb/sth** identificarse con alguien/algo

i·den·ti·ty W3 /aɪ'dɛntəti, ɪ-/ s [C,U] (pl **identities**) identidad

i'dentity ˌcard s [C] documento de identidad

i'dentity ˌtheft s [U] robo de identidad

i·de·o·log·i·cal /ˌaɪdiə'lɑdʒɪkəl, ˌɪdiə-/ adj ideológico -a

i·de·o·log·i·cally /ˌaɪdiə'lɑdʒɪkli, ˌɪdiə-/ adv ideológicamente, desde el punto de vista ideológico

i·de·ol·o·gy /ˌaɪdi'ɑlədʒi, ˌɪdi-/ s [C,U] (pl **ideologies**) ideología

id·i·o·cy /'ɪdiəsi/ s [C, U] (pl **idiocies**) idiotez, imbecilidad

id·i·om /'ɪdiəm/ s **1** [C] locución (idiomática), modismo **2** [C,U] (frml) lenguaje

id·i·o·mat·ic /ˌɪdiə'mætɪk◂/ adj **1** natural (lengua): *Her English is very idiomatic.* Su inglés es muy natural. **2** [solo ante s] idiomático -a

id·i·o·syn·cra·sy /ˌɪdiə'sɪŋkrəsi/ s [C,U] (pl **idiosyncrasies**) **1** (de una persona) peculiaridad **2** (de una cosa) peculiaridad

id·i·o·syn·crat·ic /ˌɪdioʊsɪŋ'krætɪk/ adj peculiar, particular

id·i·ot S2 /'ɪdiət/ s [C] idiota

id·i·ot·ic /ˌɪdi'ɑtɪk/ adj idiota

i·dle¹ /'aɪdl/ adj **1** [gralm no ante s] parado -a (máquina, fábrica), improductivo -a (tierra, dinero) • **stand/lie idle** estar parado -a, no producir nada **2** (antic) holgazán -ana • **bone idle** muy holgazán -ana **3** [solo ante s] (sin seriedad) **idle gossip** habladurías • **out of idle curiosity** por pura curiosidad • **an idle threat** una amenaza vana **4** sin empleo, desocupado -a

EXPRESIONES
the idle rich (peyor, hum) la gente rica que vive de las rentas

idle² v (**idled, idling**) **1** [I] ir en punto muerto **2** [T] suspender la producción/las actividades en (una fábrica) SIN **shut down 3** [T] dejar sin trabajo, suspender (a trabajadores), suspender las actividades (por una huelga) **4** [I] holgazanear
idle sth ↔ **away** v+partíc **idle your time/the afternoon away** matar el tiempo/la tarde

i·dle·ness /'aɪdlnɪs/ s [U] (antic) holgazanería

i·dler /'aɪdlɚ/ s [C] (antic) holgazán -ana, perezoso -a, flojo -a

i·dly /'aɪdli/ adv
EXPRESIONES
stand/sit idly by quedarse de brazos cruzados

i·dol /'aɪdl/ s [C] **1** (persona) ídolo **2** (imagen) ídolo

i·dol·a·try /aɪ'dɑlətri/ s [U] idolatría

i·dol·ize /'aɪdl,aɪz/ v [T] idolatrar

i·dyll /'aɪdl/ s [sing] (liter) idilio

i·dyl·lic /aɪ'dɪlɪk/ adj idílico -a

i.e. /ˌaɪ 'i/ es decir, esto es

if¹ S1 W1 /ɪf/ conj

1	indicando posibilidad real
2	poniendo condiciones
3	imaginando el futuro
4	imaginando posibilidades pasadas
5	imaginando el presente
6	en dudas, preguntas indirectas
7	para expresar opinión
8	en expresiones aumentativas
9	indicando salvedad
10	para pedir, sugerir educadamente

1 INDICANDO POSIBILIDAD REAL si: *We'll stay home if it rains.* Si llueve, nos quedaremos en casa. • *If you need money, I can lend you some.* Si necesitas dinero, puedo prestarte. • **if not** si no: *I think I can fix it now. If not, I'll come back tomorrow.* Creo que puedo repararlo ahora. Si no, vuelvo mañana. • **if not, why not?** si es que no, ¿por qué?, de no ser así, ¿por qué? • **if so** de ser así, si es así: *Is the book available, and if so where?* ¿Se puede conseguir el libro? y, de ser así, ¿dónde? • **if (at all) possible** si es/fuera posible • **if necessary** si es/fuera necesario, si hace/hiciera falta • **if you like/want** si quieres • **if and when** si, cuando: *We'll deal with that problem if and when it arises.* Nos ocuparemos de ese problema cuando surja.
2 PONIENDO CONDICIONES si ▶ Si ponemos condiciones para hacer algo, normalmente el verbo de la oración con **if** va en presente, y el de la principal en futuro (**will...**): *I'll give you ten dollars if you wash my car.* Si me lavas el carro te doy diez dólares. • **only if** sólo si: *We'll come, but only if you let us pay.* Iremos, pero sólo si nos dejas pagar.
3 IMAGINANDO EL FUTURO si ▶ Si imaginamos qué pasaría en el futuro, el verbo de la oración con **if** va en pasado, y el de la principal, en condicional simple (**would...**): *What would happen if she failed?* ¿Qué pasaría si fracasara? • **if sb/sth were to do sth** (tb **if sb/sth was to do sth**) si alguien/algo hiciera algo: *If I were to offer you a thousand dollars, would you accept it?* Si te ofreciera mil dólares, ¿los aceptarías?
4 IMAGINANDO POSIBILIDADES PASADAS si ▶ Si lo imaginado nunca llegó a ocurrir, el verbo de la oración con **if** va en pluscuamperfecto (**had**+ participio), y el de la principal, en condicional compuesto (**would have**+ participio): *If you had worked harder, you would have passed your final exams.* Si hubieras estudiado más, habrías aprobado los exámenes finales. • **if sb/sth had been...** si alguien/algo hubiera sido/estado...
5 IMAGINANDO EL PRESENTE si ▶ Si imaginamos algo en el presente, el verbo de la oración con **if** va en pasado, y el de la principal en condicional simple (**would...**): *If she exercised more, she would feel healthier.* Si hiciera más ejercicio, se sentiría mejor. • **if sb/sth were...** (tb **if sb/sth was...**) si alguien/algo fuera/estuviera...: *If I were president, I would lower taxes.* Si yo fuera presidente, bajaría los impuestos.
6 EN DUDAS, PREGUNTAS INDIRECTAS si: *I doubt if anyone will remember me.* No sé si alguien se acordará de mí. • *He stopped to ask me if I was all right.* Se paró a preguntarme si estaba bien.
7 PARA EXPRESAR OPINIÓN si: *She doesn't care if I'm hurt.* Le da igual si estoy dolido. • **I'm/he's sorry if...** lo siento/lo siente si... • **it would be a pity if** sería una pena

que: *It would be a pity if she resigned.* Sería una pena que renunciara. • **it would be nice if** estaría bien que

8 EN EXPRESIONES AUMENTATIVAS if not... si no..., por no decir...: *Her needs are just as important as yours, if not more so.* Sus necesidades son tan importantes como las tuyas, si no más. • **if ever** *We rarely, if ever, go to bed before 3 am.* Rara vez, por no decir nunca, nos acostamos antes de las 3. • **if at all** *The situation is barely improving, if at all.* La situación apenas mejora, por no decir que sigue igual. • **if any** *There are few, if any, who will support her.* Si es que hay alguien que la apoye, van a ser pocos. • **if that** si acaso, quizá menos: *We only have an hour, if that.* Sólo tenemos una hora, si acaso.

9 INDICANDO SALVEDAD aunque: *It's a beautiful car, if a little small.* Es un carro precioso, aunque un poco pequeño.

10 PARA PEDIR, SUGERIR EDUCADAMENTE (*oral*) ▶ En estos casos, la oración con **if** suele llevar verbos auxiliares, como **could, would, will,** etc.: *I wonder if you could help me.* ¿Podrías ayudarme? • *I'd be grateful if you would send me further details.* Le agradecería que me enviara más detalles. • *If I might just suggest that we stop for lunch now.* Si les parece, podríamos parar ahora para almorzar.

EXPRESIONES
even if aunque: *I wouldn't tell you even if I knew.* No te lo diría aunque lo supiera. • **if anything** incluso, si acaso: *It's warm enough in here. A little too warm, if anything.* Aquí dentro hace calorcito, incluso algo más que eso. • **if ever...** (*coloq*) si hay... (enfáticamente): *If ever a mother loved her son, she does.* Si hay una madre que quiera a su hijo, es ella. • **if ever there was** *That's an insult, if ever there was one.* Eso sí que es un insulto. • **if I were you** (*oral*) yo que tú, yo en tu lugar • **if sb/sth is sth, (then) I'm sth** (*coloq, oral*) si alguien/algo es algo, yo soy algo: *If she's a professional dancer, then I'm the Queen of Sheba.* Si ella es bailarina profesional, yo soy la Reina de Saba. • **if it hadn't been for sth/sb** si no hubiera sido por algo/alguien • **if it weren't for sth/sb** si no fuera por algo/alguien • **if only (a)** (*oral*) si, ojalá: *If only I could be a child again!* ¡Ojalá pudiera volver a ser niño! **(b)** aunque solo sea: *Just call her, if only to say you're sorry.* Llámala, aunque solo sea para disculparte.

if² *s* [C gralm pl] (*coloq*) condicionante, condición • **a big if** un serio obstáculo, algo muy improbable: *If someone provides the money, and that's a big if,...* Si alguien pone el dinero, cosa muy improbable,...

EXPRESIONES
no ifs, ands, or buts sin peros, y no hay pero que valga

if·fy /ˈɪfi/ *adj* (*coloq*) dudoso -a: *I'm feeling a little bit iffy.* No me siento muy bien.

ig·loo /ˈɪglu/ *s* [C] (pl **igloos**) iglú

ig·nite /ɪgˈnaɪt/ *v* (*frml*) **1** [I,T] prender, encender(se) **2** [T] despertar, suscitar

ig·ni·tion /ɪgˈnɪʃən/ *s* **1** [C gralm sing] arranque (en un vehículo), interruptor de ignición/encendido **2** [sing] (sistema de) encendido **3** [U] (*frml*) ignición, combustión

ig·no·ble /ɪgˈnoʊbəl/ *adj* (*frml*) innoble, vil

ig·no·min·i·ous /ˌɪgnəˈmɪniəs/ *adj* (*frml*) [gralm ante s] ignominioso -a

ig·no·min·y /ˈɪgnəˌmɪni/ *s* [U] (*frml*) ignominia, vergüenza

ig·no·rance /ˈɪgnərəns/ *s* [U] ignorancia

EXPRESIONES
ignorance is bliss la ignorancia es bendita; ojos que no ven, corazón que no siente

ig·no·rant /ˈɪgnərənt/ *adj* **1** [gralm no ante s] ignorante • **be ignorant of sth** ignorar algo, desconocer algo • **be ignorant about sth** no saber nada de algo • **be blissfully ignorant** no enterarse de nada ▶ ver nota en IGNORAR **2** (propio -a de un) ignorante

ig·nore S3 W2 /ɪgˈnɔr/ *v* [T]
1 ignorar, no hacer caso a (una persona), no hacer caso

de (una cosa): *Just ignore him.* No le hagas ningún caso. ▶ ver nota en IGNORAR
2 hacer caso omiso de, pasar por alto (quejas, problemas) • **ignore the fact that** pasar por alto el hecho de que

i·gua·na /ɪˈgwɑnə/ *s* [C] iguana

i·kon /ˈaɪkɑn/ *s* variante de ICON

IL *abrev escrita de* ILLINOIS

ilk /ɪlk/ *s* [sing] ralea

ill¹ S1 W3 /ɪl/ *adj*
1 [gralm no ante s] enfermo -a • **become ill** caer enfermo -a, enfermarse • **seriously ill** gravemente enfermo -a • **be mentally/terminally ill** padecer una enfermedad mental/terminal
2 [solo ante s] **ill effects** efectos negativos/adversos • **ill health** mala salud ▶ ILL FEELING, ILL WILL

EXPRESIONES
ill at ease incómodo -a • **of ill repute** de mala fama

¿ill o sick?
Para decir que alguien está enfermo, sick es el término habitual: *He missed a lot of school when he was sick.* ill sugiere una enfermedad grave.

ill² *adv*

EXPRESIONES
sb can ill afford (to do) sth alguien no puede permitirse el lujo (de hacer) algo • **think/speak ill of sb** (*frml*) pensar/hablar mal de alguien • **it's an ill wind (that blows nobody any good)** ▶ BODE well/ill (for sth)

ill³ *s* **1 ills** [pl] (*escrito*) males: *economic ills* males que aquejan a la economía **2 the ill** los enfermos **3** [U] (*frml*) mal: *I do not wish him any ill.* No le deseo ningún mal.

I'll /aɪl/ *contrac de* I will

ill- /ɪl/ *pref* mal: *ill-treated* maltratado • *ill-concealed* mal disimulado

ill-ad·vised *adj* (*frml*) desacertado -a, desafortunado -a • **be ill-advised to do sth** ser poco aconsejable hacer algo

ill-con·ceived *adj* desacertado -a

ill-con·sid·ered *adj* irreflexivo -a

il·le·gal¹ S3 W2 /ɪˈligəl/ *adj* ilegal • **it is illegal to do sth** es ilegal hacer algo • **an illegal immigrant** un/una inmigrante ilegal

illegal² *s* [C gralm pl] (*coloq*) inmigrante ilegal

il·le·gal·i·ty /ˌɪlɪˈgæləti/ *s* [U] ilegalidad

il·le·gal·ly /ɪˈligəli/ *adv* ilegalmente

il·leg·i·ble /ɪˈlɛdʒəbəl/ *adj* ilegible

il·le·git·i·mate /ˌɪləˈdʒɪtəmɪt/ *adj* **1** (hijo) ilegítimo -a **2** (reclamación, régimen) ilegítimo -a

ill-e·quipped *adj* (*frml*) **1 be ill-equipped to do sth** no estar preparado -a para hacer algo • [+for]: *I was ill-equipped for life in a foreign country.* No estaba preparada para vivir en el extranjero. **2** mal equipado -a

ill-fat·ed *adj* (*liter*) infortunado -a, desventurado -a

ill feel·ing *s* [U] rencor

ill-fit·ting *adj* que no queda bien (ropa)

ill-found·ed *adj* (*frml*) infundado -a, sin fundamento

ill-got·ten *adj* conseguido -a de forma deshonesta

il·lic·it /ɪˈlɪsɪt/ *adj* **1** (ilegal) ilícito -a **2** (mal visto) ilícito -a

il·lit·er·ate¹ /ɪˈlɪtərɪt/ *adj* **1** analfabeto -a **2** mal escrito -a

illiterate² *s* [C] analfabeto -a

ill-man·nered *adj* (*frml*) descortés, maleducado -a

ill·ness W3 /ˈɪlnɪs/ *s* [C,U] enfermedad • **have an illness** tener una enfermedad • **suffer from an illness** padecer una enfermedad • **a serious/severe illness** una enfermedad grave • **mental illness** enfermedad mental ▶ ver nota en ENFERMEDAD

il·log·i·cal /ɪˈlɑdʒɪkəl/ *adj* ilógico -a

,**ill-'tempered** *adj* (*frml*) malhumorado -a

,**ill-'timed** *adj* inoportuno -a

,**ill-'treat** *v* [T gralm en pasiva] maltratar

,**ill-'treatment** *s* [U] maltrato, malos tratos

il·lu·mi·nate /ɪˈluməˌneɪt/ *v* [T] **1** [gralm en pasiva] (alumbrar) iluminar **2** [gralm en pasiva] (adornar) iluminar • **be illuminated with sth** estar iluminado -a con algo **3** (*frml*) arrojar luz sobre, esclarecer

il·lu·mi·nat·ed /ɪˈluməˌneɪtɪd/ *adj* **1** (con luz) iluminado -a **2** (libro, manuscrito) iluminado -a

il·lu·mi·nat·ing /ɪˈluməˌneɪtɪŋ/ *adj* esclarecedor -a, iluminador -a

il·lu·mi·na·tion /ɪˌluməˈneɪʃən/ *s* **1** [U] (*frml*) iluminación, luz **2** [C,U] (*frml*) aclaración, esclarecimiento **3** [C gralm pl] iluminación, miniatura (en libro, manuscrito)

il·lu·sion /ɪˈluʒən/ *s* [C] **1** ilusión (idea infundada) • **be under the illusion that** creer equivocadamente que • **have no illusions about sth** no hacerse ilusiones con respecto a algo **2** falsa impresión • **create the illusion of sth** dar la impresión de algo, crear una sensación de algo

il·lu·so·ry /ɪˈlusəri, -zəri/ (tb **il·lu·sive** /ɪˈlusɪv/) *adj* (*frml*) ilusorio -a

il·lus·trate ⓦ /ˈɪləˌstreɪt/ *v* [T]
1 poner de manifiesto, demostrar • **illustrate that** poner de manifiesto que
2 (con ejemplos) ilustrar • **illustrate sth with some diagrams/a few examples** ilustrar algo con unos diagramas/ejemplos
3 (con dibujos) ilustrar

il·lus·tra·tion /ˌɪləˈstreɪʃən/ *s* **1** [C] (dibujo) ilustración **2** [C,U] ejemplo: *a good illustration of the problems we face* un buen ejemplo de los problemas a los que nos enfrentamos **3** [U] (técnica) ilustración

il·lus·tra·tive /ɪˈlʌstrətɪv, ˈɪləˌstreɪtɪv/ *adj* ilustrativo -a • **be illustrative of sth** poner de manifiesto algo

il·lus·tra·tor /ˈɪləˌstreɪtər/ *s* [C] ilustrador -a

il·lus·tri·ous /ɪˈlʌstriəs/ *adj* [gralm ante s] (*frml*) **1** ilustre **2** glorioso -a (carrera, pasado)

,**ill 'will** *s* [U] rencor

I'm /aɪm/ *contrac de* **I am**

im·age ⓢ² ⓦ¹ /ˈɪmɪdʒ/ *s* [C]

> **1** entre la gente
> **2** en pantalla
> **3** en la mente
> **4** en el espejo
> **5** impresa, tallada
> **6** en poesía, narrativa

1 ENTRE LA GENTE imagen: *his image as a strong leader* su imagen de líder fuerte • **a positive/negative image** una imagen positiva/negativa
2 EN PANTALLA imagen: *violent images on our TV screens* imágenes violentas en las pantallas de nuestros televisores
3 EN LA MENTE imagen • **a mental image** una imagen mental
4 EN EL ESPEJO imagen
5 IMPRESA, TALLADA imagen
6 EN POESÍA, NARRATIVA imagen ▶ MIRROR IMAGE

im·age·ry /ˈɪmɪdʒri/ *s* [U] **1** imágenes **2** imaginería (en literatura)

i·mag·i·nar·y /ɪˈmædʒəˌnɛri/ *adj* imaginario -a

i·mag·i·na·tion ⓦ³ /ɪˌmædʒəˈneɪʃən/ *s* [C,U]
1 (para nuevas ideas) imaginación • **a lack of imagination** falta de imaginación • **it takes imagination** hace falta imaginación • **a vivid imagination** una imaginación fértil
2 (para lo irreal) imaginación: *Maybe it was just my imagination.* Tal vez me lo haya imaginado. • **be in his/her imagination** ser imaginario -a, ser imaginaciones suyas • **a figment of my/her imagination** un producto de mi/su imaginación ▶ **not by any STRETCH of the imagination**

leave nothing to the imagination (tb **leave little to the imagination**) **(a)** dejar ver todo (ropa) **(b)** ser muy explícito -a (descripción) • **leave sth to sb's imagination** dejar que alguien imagine algo • **use your imagination!** (*oral*) ¡usa la imaginación!

i·mag·i·na·tive /ɪˈmædʒənətɪv/ *adj* **1** (solución, enfoque) imaginativo -a **2** (persona) imaginativo -a **3** (capacidad, juego) imaginativo -a

i·mag·i·na·tive·ly /ɪˈmædʒənətɪvli/ *adv* con imaginación

i·mag·ine ⓢ¹ ⓦ² /ɪˈmædʒɪn/ *v* [T] [gralm no en forma continua] imaginar(se) • **imagine (that)** imaginarse que: *Imagine that you've just won a million dollars.* Imagínate que acabas de ganar un millón de dólares. • **imagine what/how/why** imaginar qué/cómo/por qué • **imagine (sb) doing sth** imaginarse (a alguien) haciendo algo • **imagine sth/sb as sth** imaginarse algo/a alguien como algo • **it's hard/impossible to imagine sth** es difícil/imposible imaginarse algo • **you are/she is imagining things** son imaginaciones tuyas/suyas • **imagine the worst** imaginarse lo peor

I imagine (that) (*oral*) me imagino que, supongo que: *I imagine he'll be here soon.* Me imagino que no tardará. • **you can imagine** (*oral*) imagínate, figúrate • **(just) imagine!** (*antic, oral*) ¡imagínate!, ¡figúrate!

im·ag·ing /ˈɪmɪdʒɪŋ/ *s* [U] obtención de imágenes (con fines médicos)

im·bal·ance /ɪmˈbæləns/ *s* [C,U] desequilibrio

im·be·cile /ˈɪmbəsəl/ *s* [C] imbécil

im·bibe /ɪmˈbaɪb/ *v* [I,T] (*frml*) **1** (*esp hum*) ingerir, beber **2** imbuirse de, empaparse de

im·bue /ɪmˈbyu/ *v*
imbue sth/sb with sth *v+partíc* (*frml*) imbuir algo/a alguien de algo

im·i·tate /ˈɪməˌteɪt/ *v* [T] imitar

im·i·ta·tion¹ /ˌɪməˈteɪʃən/ *s* **1** [C] (para hacer reír) imitación • **do an imitation of sb** hacer una imitación de alguien **2** [U] (de la conducta) imitación • **in imitation of sth** a imitación de algo **3** [C] (obra, objeto) imitación • **a pale/poor imitation** una mala imitación • **a cheap imitation** una burda imitación

imitation² *adj* [gralm ante s] (de) imitación, símil: *imitation leather* imitación cuero

im·mac·u·late /ɪˈmækyəlɪt/ *adj* **1** (limpio) impecable, inmaculado -a **2** (perfecto) impecable

im·mac·u·late·ly /ɪˈmækyəlɪtli/ *adv* **1** (con limpieza) impecablemente, de manera inmaculada **2** (a la perfección) impecablemente

im·ma·te·ri·al /ˌɪməˈtɪriəl/ *adj* irrelevante

im·ma·ture /ˌɪməˈtʃʊr, -ˈtʊr-/ *adj* **1** (*peyor*) inmaduro -a (persona) **2** joven, inmaduro -a (planta)

im·ma·tur·i·ty /ˌɪməˈtʃʊrəti, -ˈtʊr-/ *s* [U] **1** (*peyor*) (actitud) inmadurez **2** (en el desarrollo físico) inmadurez

im·meas·ur·a·ble /ɪˈmɛʒərəbəl/ *adj* (*frml*) inconmensurable, incalculable

im·meas·ur·a·bly /ɪˈmɛʒərəbli/ *adv* (*frml*) enormemente, infinitamente

im·me·di·a·cy /ɪˈmidiəsi/ *s* [sing, U] inmediatez

im·me·di·ate ⓢ³ ⓦ² /ɪˈmidiɪt/ *adj*
1 (rápido) inmediato -a: *The change in his behavior was immediate.* Su cambio de conducta fue inmediato.
2 [solo ante s] (urgente) inmediato -a: *the most immediate problem* el problema más inmediato • **immediate plans** planes inmediatos

3 [solo ante s] (en el tiempo) inmediato -a • **the immedi-ate future** el futuro inmediato • **the immediate after-math of sth** el periodo inmediatamente posterior a algo
4 [solo ante s] (en el espacio) inmediato -a, más cercano -a • **the immediate vicinity** las inmediaciones
5 (en el trabajo, la familia) inmediato -a • **my/his immedi-ate family** mi/su familia más cercana

im·me·di·ate·ly S2 W2 /ɪ'midiɪt⁻li/ *adv*
1 inmediatamente, de inmediato SIN **straightaway**
2 [+ adv/prep] (en el tiempo) inmediatamente • **immedi-ately after/before** justo después/antes de, inmedia-tamente después/antes de • **immediately afterward/beforehand** justo después/antes, inmediatamente después/antes
3 [+ adv/prep] (en el espacio) **immediately behind sth** justo/inmediatamente detrás de algo • **immediately in front of sth** justo/inmediatamente delante de algo
4 inmediatamente, claramente • **be immediately obvious/apparent** ser del todo evidente, saltar a la vista
5 [+ adj] directamente • **immediately involved/concerned** directamente involucrado -a/interesado -a • **immediately affected (by sth)** directamente afectado -a (por algo)

im·me·mo·ri·al /ˌɪmə'mɔriəl‹/ *adj* inmemorial

im·mense /ɪ'mɛns/ *adj* inmenso -a

im·mense·ly /ɪ'mɛnsli/ *adv* inmensamente

im·men·si·ty /ɪ'mɛnsəti/ *s* [U] **1** magnitud (del pro-blema, la crisis) **2** inmensidad

im·merse /ɪ'mɚs/ *v* [T] **1 immerse yourself in sth** concentrarse en algo, meterse de lleno en algo **2** (*frml*) sumergir • **immerse sth/sb in sth** sumergir algo/a alguien en algo

im·mer·sion /ɪ'mɚʒən/ *s* [U] **1** dedicación exclusiva • [+**in**]: *my immersion in music and art* mi dedicación absoluta a la música y el arte **2** inmersión • [+**in**]: *his immersion in the icy ocean* su inmersión en el mar helado **3** (método de) inmersión lingüística

im·mi·grant W2 /'ɪməgrənt/ *s* [C] inmigrante: *illegal immigrants* inmigrantes ilegales

im·mi·grate /'ɪmə,greɪt/ *v* [I] inmigrar

im·mi·gra·tion W2 /ˌɪmə'greɪʃən/ *s* [U]
1 (acción) inmigración
2 (tb **immigration control**) control de inmigración
3 (personas) inmigración

im·mi·nent /'ɪmənənt/ *adj* inminente • **imminent danger/threat** peligro/amenaza inminente

im·mi·nent·ly /'ɪmənəntli/ *adv* de manera inminente

im·mo·bile /ɪ'moʊbəl/ *adj* **1** inmóvil **2** inmovilizado -a, paralítico -a SIN **paralyzed**

im·mo·bil·i·ty /ˌɪmoʊ'bɪləti/ *s* [U] **1** inmovilidad **2** inmovilidad, parálisis (por lesión, enfermedad)

im·mo·bi·lize /ɪ'moʊbə,laɪz/ *v* [T] inmovilizar

im·mod·er·ate /ɪ'mɑdərɪt/ *adj* (*frml*) inmoderado -a

im·mor·al /ɪ'mɔrəl, ɪ'mɑr-/ *adj* inmoral • **for immoral purposes** para la prostitución ▶ IMMORALITY

im·mo·ral·i·ty /ˌɪmə'ræləti, ˌɪmɔ-/ *s* [U] inmoralidad

im·mor·al·ly /ɪ'mɔrəli, ɪ'mɑr-/ *adv* de manera inmoral

im·mor·tal¹ /ɪ'mɔrtl/ *adj* **1** (alma, dioses) inmortal **2** (palabras, actuación) inmortal

immortal² *s* [C] figura inmortal, figura legendaria

im·mor·tal·i·ty /ˌɪmɔr'tæləti/ *s* [U] inmortalidad

im·mor·tal·ize /ɪ'mɔrtl,aɪz/ *v* [T gralm en pasiva] inmor-talizar

im·mov·a·ble /ɪ'muvəbəl/ *adj* **1** imposible de mover **2** inamovible, inalterable

im·mune /ɪ'myun/ *adj* [nunca ante s] **1** (a una enferme-dad) inmune • **be immune to sth** ser inmune a algo **2** inmunológico -a, inmunitario -a • **immune response** (tb **immune reaction**) respuesta inmunológica **3** (a las críticas, el maltrato) inmune • **immune to sth** inmune a algo

im'mune ˌsystem *s* [C] sistema inmunológico, sistema inmunitario

im·mun·i·ty /ɪ'myunəti/ *s* [U] **1** (en derecho) inmunidad • [+**from**]: *immunity from prosecution* inmunidad judi-cial **2** (en medicina) inmunidad • [+**to**]: *the baby's immunity to infection* la inmunidad a las infecciones del bebé

im·mu·ni·za·tion /ˌɪmyənə'zeɪʃən/ *s* [C,U] inmuniza-ción

im·mu·nize /'ɪmyə,naɪz/ *v* [T] inmunizar • **immunize sb against sth** inmunizar a alguien contra algo

im·mu·ta·ble /ɪ'myuɾəbəl/ *adj* (*frml*) inmutable

imp /ɪmp/ *s* [C] (*antic*) **1** (niño) pícaro -a, diablito -a **2** (personaje) diablillo ▶ IMPISH

im·pact¹ W2 /'ɪmpækt/ *s*
1 [C] (efecto) impacto • **the impact of sth (on sb/sth)** el impacto de algo (en alguien/algo) • **have an impact on sth** afectar a algo, influir en algo
2 [U] (colisión) impacto • **on impact** al producirse el impacto: *Their car burst into flames on impact.* Su carro estalló en llamas al producirse el impacto.

im·pact² /ɪm'pækt/ *v* [T] afectar a
impact on *v+partíc* **impact on sb/sth** (*oral*) afectar a alguien/algo, influir en alguien/algo

im·pact·ed /ɪm'pæktɪd/ *adj* impactado -a

im·pair /ɪm'pɛr/ *v* [T] afectar, dañar, perjudicar

im·paired /ɪm'pɛrd/ *adj His hearing is seriously impaired.* Tiene serios problemas de audición. • **impaired vision** problemas de vista

EXPRESIONES
be hearing impaired tener problemas de audición

im·pair·ment /ɪm'pɛrmənt/ *s* [C,U] deficiencia (física) • **a hearing impairment** una deficiencia auditiva

im·pale /ɪm'peɪl/ *v* [T gralm en pasiva] atravesar, ensar-tar, empalar • **be impaled on sth** *He fell and was impaled on the railings below.* Cayó y quedó empalado en la verja de abajo.

im·part /ɪm'pɑrt/ *v* [T] (*frml*) **1** conferir (un sabor, color) • **impart sth to sth** conferirle algo a algo **2** transmitir (conocimientos, valores) • **impart sth to sb** transmitirle algo a alguien

im·par·tial /ɪm'pɑrʃəl/ *adj* imparcial

im·par·ti·al·i·ty /ɪm,pɑrʃi'æləti/ *s* [U] imparcialidad

im·par·tial·ly /ɪm'pɑrʃəli/ *adv* imparcialmente

im·pass·a·ble /ɪm'pæsəbəl/ *adj* intransitable (calle, camino), infranqueable (barrera)

im·passe /'ɪmpæs/ *s* [C gralm sing] impasse, callejón sin salida

im·pas·sioned /ɪm'pæʃənd/ *adj* (*escrito*) vehemente, apasionado -a • **an impassioned plea for help/money** un dramático pedido de ayuda/dinero

im·pas·sive /ɪm'pæsɪv/ *adj* impasible

im·pas·sive·ly /ɪm'pæsɪvli/ *adv* impasiblemente

im·pa·tience /ɪm'peɪʃəns/ *s* [U] **1** (fastidio) impaciencia **2** (ansiedad) impaciencia • **impatience to do sth** impa-ciencia por hacer algo

im·pa·tient /ɪm'peɪʃənt/ *adj* **1** impaciente: *an impatient gesture* un gesto de impaciencia • **grow/get/become impatient** impacientarse **2 impatient to do sth** ansioso -a por hacer algo • [+**for**]: *Business groups are impatient for change.* Los grupos empresariales están deseosos de cambios.

im·pa·tient·ly /ɪm'peɪʃəntli/ *adv* **1** impacientemente, con impaciencia: *She shook her head impatiently.* Sacudía la cabeza con impaciencia. **2** impaciente-mente, con ansiedad

im·peach /ɪm'pitʃ/ *v* [T] **1** (*jur*) llevar a juicio, iniciar un proceso de destitución (contra un funcionario de gobierno) **2** (*frml*) acusar de falso testimonio a

im·peach·ment /ɪmˈpitʃmənt/ s [U] (*jur*) procesamiento, proceso de destitución (de un funcionario de gobierno)

im·pec·ca·ble /ɪmˈpɛkəbəl/ *adj* impecable

im·pec·ca·bly /ɪmˈpɛkəbli/ *adv* impecablemente

im·pede /ɪmˈpid/ *v* [T] (*frml*) **1** dificultar, impedir **2** obstruir (a un jugador)

im·ped·i·ment /ɪmˈpɛdəmənt/ *s* [C] **1** obstáculo, impedimento • [+**to**]: *War has been a great impediment to human progress.* La guerra ha sido un gran obstáculo para el progreso de la humanidad. **2** defecto, discapacidad física

im·pel /ɪmˈpɛl/ *v* [T] (**impelled, impelling**) (*frml*) **impel sb to do sth** impeler/impulsar a alguien a hacer algo • **be/feel impelled to do sth** verse impelido -a a hacer algo

im·pend·ing /ɪmˈpɛndɪŋ/ *adj* [solo ante s] inminente • **impending doom** fatalidad inminente

im·pen·e·tra·ble /ɪmˈpɛnətrəbəl/ *adj* **1** impenetrable (niebla, bosque) **2** impenetrable, incomprensible

im·per·a·tive¹ /ɪmˈpɛrətɪv/ *adj* **1** (*frml*) imprescindible, fundamental • **it is imperative that** es imprescindible que • **it is imperative for sb to do sth** es imprescindible que alguien haga algo **2** (*técn*) imperativo -a (en gramática)

imperative² *s* **1** [C] (*frml*) imperativo (exigencia) • **a moral imperative** un imperativo moral **2 the imperative** (*técn*) el (modo) imperativo • **in the imperative** en imperativo

im·per·cep·ti·ble /ˌɪmpɚˈsɛptəbəl/ *adj* imperceptible

im·per·cep·ti·bly /ˌɪmpɚˈsɛptəbli/ *adv* imperceptiblemente

im·per·fect¹ /ɪmˈpɚfɪkt/ *adj* **1** (mundo, sistema) imperfecto -a, deficiente **2** defectuoso -a (producto) • **be imperfect** tener defectos/taras **3** (*técn*) (en gramática) imperfecto -a

imperfect² *s* (*técn*) **the imperfect** (tb **the imperfect tense**) el imperfecto (en gramática) • **in the imperfect** en imperfecto

im·per·fec·tion /ˌɪmpɚˈfɛkʃən/ *s* [U] **1** (falla) imperfección, defecto • [+**in**]: *imperfections in the telephone system* imperfecciones en el sistema telefónico **2** (estado) imperfección

im·per·fect·ly /ɪmˈpɚfɪktli/ *adv* de manera imperfecta

im·pe·ri·al /ɪmˈpɪriəl/ *adj* **1** imperial **2** [solo ante s] del sistema de pesos y medidas británico

im·pe·ri·al·ism /ɪmˈpɪriəˌlɪzəm/ *s* [U] imperialismo

im·pe·ri·al·ist¹ /ɪmˈpɪriəlɪst/ (tb **im·pe·rial·is·tic** /ɪmˌpɪriəˈlɪstɪk/) *adj* imperialista

imperialist² *s* [C] imperialista

im·per·il /ɪmˈpɛrəl/ *v* [T] (*frml*) poner en peligro

im·pe·ri·ous /ɪmˈpɪriəs/ *adj* imperioso -a

im·per·me·a·ble /ɪmˈpɚmiəbəl/ *adj* (*técn*) impermeable

im·per·son·al /ɪmˈpɚsənəl/ *adj* impersonal

im·per·so·nate /ɪmˈpɚsəˌneɪt/ *v* [T] **1** hacerse pasar por **2** imitar (a gente conocida)

im·per·so·na·tion /ɪmˌpɚsəˈneɪʃən/ *s* [C,U] **1** imitación (de gente conocida) **2** suplantación (de personalidad)

im·per·son·a·tor /ɪmˈpɚsəˌneɪtɚ/ *s* [C] imitador -a (de gente conocida)

im·per·ti·nence /ɪmˈpɚt⌐n-əns/ *s* [C,U] (*escrito*) impertinencia

im·per·ti·nent /ɪmˈpɚt⌐n-ənt/ *adj* (*frml*) impertinente

im·per·vi·ous /ɪmˈpɚviəs/ *adj* (*frml*) **1** [nunca ante s] impertérrito -a, insensible • **be/seem impervious to sth** ser/parecer insensible a algo: *He seemed impervious to the cold.* Parecía que el frío no le afectaba. **2** impermeable • [+**to**]: *materials that are impervious to moisture* materiales impermeables a la humedad

im·pet·u·ous /ɪmˈpɛtʃuəs/ *adj* **1** (persona) impetuoso -a, impulsivo -a **2** (acción, conducta) impetuoso -a, impulsivo -a: *an impetuous decision* una decisión precipitada

im·pet·u·ous·ly /ɪmˈpɛtʃuəsli/ *adv* impetuosamente, impulsivamente

im·pe·tus /ˈɪmpətəs/ *s* **1** [sing, U] (motivación) impulso, ímpetu • [+**for**]: *Poor living conditions were the impetus for change.* Las malas condiciones de vida fueron el impulso para el cambio. **2** (*técn*) (de un cuerpo) ímpetu

im·pi·e·ty /ɪmˈpaɪəti/ *s* [U] (*frml*) impiedad

im·pinge /ɪmˈpɪndʒ/ *v*
impinge on sth/sb *v+partíc* (*frml*) afectar a algo/alguien, incidir en algo/alguien • **impinge on your freedoms** vulnerar sus libertades

imp·ish /ˈɪmpɪʃ/ *adj* pícaro -a, travieso -a

im·plac·a·ble /ɪmˈplækəbəl/ *adj* (*frml*) implacable

im·plac·a·bly /ɪmˈplækəbli/ *adv* (*frml*) implacablemente

im·plant¹ /ɪmˈplænt/ *v* **1** [T] implantar (un óvulo, una prótesis) **2** [T gram en pasiva] **be implanted in sb/sth** quedar grabado -a a alguien/en algo: *His patriotism had been implanted in him by his father.* Su padre le había inculcado el patriotismo. **3** [T] incorporar (una pieza, un dispositivo)

im·plant² /ˈɪmplænt/ *s* [C] implante

im·plau·si·ble /ɪmˈplɔzəbəl/ *adj* inverosímil

im·ple·ment¹ W2 /ˈɪmpləˌmɛnt/ *v* [T gram en pasiva] aplicar, poner en práctica, implementar

im·ple·ment² /ˈɪmpləmənt/ *s* [C] herramienta, utensilio, implemento

im·ple·men·ta·tion /ˌɪmpləmənˈteɪʃən, -mɛn-/ *s* [U] aplicación, puesta en práctica, implementación

im·pli·cate /ˈɪmplɪˌkeɪt/ *v* **1** [T] implicar, involucrar (en un delito) • **be implicated in sth** estar implicado -a en algo **2** [T gram en pasiva] señalar (como causa) • **be implicated in sth** *Alcohol and drugs are implicated in his death.* El alcohol y las drogas se señalan como causa de su muerte.

im·pli·ca·tion W3 /ˌɪmplɪˈkeɪʃən/ *s*
1 [C gram pl] (efecto) implicación, consecuencia • **have implications for sth/sb** tener implicaciones para algo/alguien
2 [C,U] (sugerencia) insinuación • [+**that**]: *He got angry at the implication that he had lied.* Se enojó ante la insinuación de que había mentido. • **by implication** indirectamente, implícitamente
3 [U] (participación) **his/their implication in sth** su implicación en algo

im·plic·it /ɪmˈplɪsɪt/ *adj* **1** implícito -a **2** profundo -a, absoluto -a (fe, confianza)

im·plic·it·ly /ɪmˈplɪsɪtli/ *adv* implícitamente, de manera implícita

im·plode /ɪmˈploʊd/ *v* [I,T] (*técn*) (hacer) implosionar

im·plore /ɪmˈplɔr/ *v* [T nunca en pasiva] (*frml*) implorar, suplicar • **implore sb to do sth** implorarle a alguien que haga algo

im·ply W3 /ɪmˈplaɪ/ *v* [T] (**implies, implied, implying**)
1 insinuar, dar a entender • **imply (that)** insinuar que
2 implicar, suponer, sugerir • **imply (that)** implicar que • **as the name implies** como el propio nombre indica

im·po·lite /ˌɪmpəˈlaɪt/ *adj* descortés, maleducado -a • **be impolite to do sth** ser de mala educación hacer algo • **be impolite of sb to do sth** ser una descortesía/una falta de cortesía por parte de alguien hacer algo

im·po·lite·ly /ˌɪmpəˈlaɪtli/ *adv* con descortesía

im·port¹ /ˈɪmpɔrt/ *s* **1** (tb **imports** [pl]) (mercancías) importaciones **2** [C] producto importado **3** [U tb usado en pl] (acción) importación *import tariffs* aranceles • *import restrictions* restricciones a la importación ANT **export** **4** [U] (*frml*) importancia

im·port² /ɪmˈpɔrt/ *v* [T] **1** (mercancías) importar • **be imported from China/the EU** ser importado -a de

China/la UE, importarse de China/la UE ANT **export** **2** [gralm en pasiva] (costumbres, especies) importar, traer • **be imported from India/Europe** proceder de la India/Europa **3** (en informática) **import sth from sth** importar algo de/desde algo • **import sth into sth** importar algo a algo ANT **export**

im·por·tance W2 /ɪmˈpɔrt⌐ns, -ˈpɔrtns/ s [U] importancia • **the importance of sth** la importancia de algo • **of great/vital/crucial importance** de gran/vital/suma importancia • **be of no importance** no tener importancia • **of little importance** de poca importancia • **attach great importance to sth** darle mucha importancia a algo

im·por·tant S1 W1 /ɪmˈpɔrt⌐nt, -ˈpɔrtnt/ adj importante: *a very important customer* un cliente muy importante • **extremely/vitally important** extremadamente/tremendamente important • [+to]: *Music was very important to her.* Para ella la música era muy importante. • [+for]: *Regular exercise is important for everyone.* Es importante para todos hacer ejercicio de manera regular. • **it is important to do sth** es importante hacer algo: *It is important to show your children you love them.* Es importante demostrarles a los hijos que se los quiere. • **it is important that** es importante que ANT **unimportant**

im·por·tant·ly /ɪmˈpɔrt⌐ntli, -ˈpɔrtntli/ adv [adv oracional] lo que es/era más importante • **more importantly** lo que es/era más importante

im·por·ta·tion /ˌɪmpɔrˈteɪʃən/ s [U] importación

im·port·er /ɪmˈpɔrtɚ/ s [C] importador -a • [+of]: *a San Francisco importer of wines* un importador de vinos de San Francisco

im·pose W2 /ɪmˈpoʊz/ v **1** [T] (multas, sanciones) imponer • **impose sth on sb** imponerle algo a alguien **2** [T] (ideas) imponer • **impose sth on sb** imponerle algo a alguien • **impose yourself on sb** imponer su voluntad sobre la de alguien • **impose yourself on sth** imponerse a algo **3** [I] molestar, abusar • [+on]: *I'm sorry if I imposed on you last night.* Lamento haberlos molestado anoche. ► **SELF-IMPOSED**

im·pos·ing /ɪmˈpoʊzɪŋ/ adj imponente

im·po·si·tion /ˌɪmpəˈzɪʃən/ s **1** [U] imposición (de leyes, sanciones) **2** [C gralm sing] (frml) molestia

im·pos·si·bil·i·ty /ɪmˌpɑsəˈbɪləti/ s **1** [U] imposibilidad • **the impossibility of doing sth** la imposibilidad de hacer algo **2** [C gralm sing] **be an impossibility** ser imposible

im·pos·si·ble¹ S3 W2 /ɪmˈpɑsəbəl/ adj **1** imposible: *an impossible task* una tarea imposible • **it is/was impossible to do sth** es/era imposible hacer algo: *It's impossible to talk about anything seriously with him.* Es imposible hablar con él en serio. • **make sth impossible** impedir algo **2** insostenible (situación) • **an impossible position** una posición muy difícil • **make life impossible (for sb)** hacerle la vida imposible (a alguien) **3** insoportable, insufrible (persona)
EXPRESIONES
an impossible dream un sueño imposible

impossible² s **the impossible** lo imposible • **do the impossible** hacer lo imposible • **ask the impossible** pedir lo imposible

im·pos·si·bly /ɪmˈpɑsəbli/ adv extremadamente, tremendamente

im·pos·tor, imposter /ɪmˈpɑstɚ/ s [C] impostor -a

im·po·tence /ˈɪmpətəns/ s [U] impotencia

im·po·tent /ˈɪmpətənt/ adj impotente

im·pound /ɪmˈpaʊnd/ v [T] (jur) confiscar, incautar

im·pov·er·ished /ɪmˈpɑvərɪʃt/ adj (frml) **1** (persona, barrio) empobrecido -a **2** (suelo, idioma) empobrecido -a

im·prac·ti·ca·ble /ɪmˈpræktɪkəbəl/ adj (frml) impracticable

im·prac·ti·cal /ɪmˈpræktɪkəl/ adj **1** (idea, objeto) poco práctico -a; (sueño, consejo) impracticable • **it is impractical to do sth** no es práctico hacer algo **2** (persona) poco práctico -a

im·pre·cise /ˌɪmprɪˈsaɪs/ adj impreciso -a

im·pre·ci·sion /ˌɪmprɪˈsɪʒən/ s [U] imprecisión, falta de precisión

im·preg·na·ble /ɪmˈprɛgnəbəl/ adj **1** inexpugnable **2** (frml) invulnerable

im·preg·nate /ɪmˈprɛgˌneɪt/ v (técn) **1** [T] fecundar, preñar **2** [T gralm en pasiva] impregnar • **be impregnated with sth** estar impregnado -a de algo

im·pre·sa·ri·o /ˌɪmprəˈsɑrioʊ/ s [C] (pl **impresarios**) empresario teatral

im·press S2 W2 /ɪmˈprɛs/ v [I,T] impresionar, descrestar (a) • **impress sb with sth** dejar a alguien impresionado con algo: *The candidate impressed us with her knowledge.* La candidata nos dejó impresionados con sus conocimientos.
impress sth ↔ on/upon sb v+partíc inculcarle algo a alguien, recalcarle algo a alguien

im·pres·sion S2 W3 /ɪmˈprɛʃən/ s
1 [C] impresión (opinión) • **I get/have the impression (that)** me da la impresión de que, tengo la impresión de que • **make an impression (on sb)** impresionar (a alguien), descrestar (a alguien) • **make a good/bad impression (on sb)** causarle buena/mala impresión (a alguien) • **first impression** primera impresión • **on first impression** a primera vista
2 [sing, U] imagen, imagen: *a false impression of honesty* una falsa imagen de honradez • **be under the impression (that)** creer que
3 [C] imitación (de un personaje, animal) • **do an impression (of)** hacer una imitación (de)
4 [C gralm sing] dibujo (de algo imaginado)

im·pres·sion·a·ble /ɪmˈprɛʃənəbəl/ adj impresionable, influenciable

im·pres·sion·ism /ɪmˈprɛʃəˌnɪzəm/ s [U] impresionismo

im·pres·sion·ist¹ /ɪmˈprɛʃənɪst/ adj impresionista

impressionist² s [C] **1** imitador -a **2** impresionista

im·pres·sive /ɪmˈprɛsɪv/ adj impresionante, admirable

im·pres·sive·ly /ɪmˈprɛsɪvli/ adv impresionantemente

im·print¹ /ˈɪmˌprɪnt/ s [C] **1** huella, marca **2** (técn) sello editorial

im·print² /ɪmˈprɪnt/ v [T gralm en pasiva] grabar, imprimir • **be imprinted in/on sth** grabarse en algo: *footprints imprinted in the snow* huellas en la nieve
EXPRESIONES
be imprinted on his mind/memory/brain quedar grabado -a en su mente/memoria/cabeza

im·pris·on /ɪmˈprɪzən/ v **1** [T gralm en pasiva] encarcelar **2** [T] encerrar, confinar

im·pris·on·ment /ɪmˈprɪzənmənt/ s [U] **1** encarcelamiento, prisión • **life imprisonment** cadena perpetua **2** encierro, confinamiento

im·prob·a·bil·i·ty /ɪmˌprɑbəˈbɪləti/ s [C,U] improbabilidad

im·prob·a·ble /ɪmˈprɑbəbəl/ adj **1** improbable, inverosímil • **highly improbable** muy poco probable, altamente improbable **2** inusitado -a

im·prob·a·bly /ɪmˈprɑbəbli/ adv **1** [adv oracional] de manera poco creíble **2** inusitadamente, sorprendentemente

im·promp·tu /ɪmˈprɑmptu/ adj [solo ante s] improvisado -a

im·prop·er /ɪmˈprɑpɚ/ adj **1** indebido -a, deshonesto -a **2** indecoroso -a, indecente **3** incorrecto -a, defectuoso -a

im·prop·er·ly /ɪmˈprɑpɚli/ adv **1** indebidamente, de manera deshonesta **2** incorrectamente, inadecuadamente

im·pro·pri·e·ty /ˌɪmprəˈpraɪəti/ s [C,U] (pl **improprieties**) (frml) comportamiento indecoroso

im·prove S3 W1 /ɪmˈpruːv/ v [I,T] mejorar: *Let's hope the weather improves.* Esperemos que mejore el tiempo. • *students who want to improve their English* estudiantes que quieren mejorar su inglés • *Use the money to improve your home.* Usa el dinero para hacer reformas en la casa. • **improve dramatically** mejorar enormemente • **improve yourself** cultivarse, culturizarse **improve on sth** v+partíc mejorar algo, superar algo

im·proved /ɪmˈpruːvd/ adj mejorado -a, mejor

im·prove·ment W2 /ɪmˈpruːvmənt/ s
1 [C,U] (estado, proceso) mejora(s) • [+in]: *an improvement in air quality* una mejora de la calidad del aire
2 [C] (cambio, añadido) mejora • [+to]: *improvements to neighborhoods* mejoras en los barrios • **make improvements** realizar/introducir mejoras • **be an improvement on sb/sth** ser mejor que alguien/algo

im·prov·i·sa·tion /ˌɪmprɑvəˈzeɪʃən/ s [C,U] improvisación

im·pro·vise /ˈɪmprəˌvaɪz/ v [I,T] **1** (por un imprevisto) improvisar **2** (con lo que se tiene) improvisar • **improvise sth with sth** improvisar algo con algo **3** (en música, teatro) improvisar

im·pu·dence /ˈɪmpyədəns/ s [U] descaro, insolencia

im·pu·dent /ˈɪmpyədənt/ adj descarado -a, insolente

im·pulse /ˈɪmpʌls/ s [C,U] impulso • **an impulse to do sth** el impulso/las ganas de hacer algo • **on impulse** sin pensarlo, llevado -a por un impulso • **resist/control an impulse** reprimir/controlar un impulso • **impulse buy** una compra por impulso • **impulse buying** compras por impulso

im·pul·sive /ɪmˈpʌlsɪv/ adj **1** (persona, carácter) impulsivo -a **2** (decisión, conducta) impulsivo -a, espontáneo -a

im·pu·ni·ty /ɪmˈpyunəti/ s **with impunity** (frml) con impunidad, impunemente

im·pure /ɪmˈpyʊr/ adj impuro -a, con impurezas

im·pu·ri·ty /ɪmˈpyʊrəti/ s (pl **impurities**) **1** [C gralm pl] impureza (sustancia) **2** [U] impureza, falta de pureza

im·pute /ɪmˈpyut/ v **impute sth to sb** imputarle algo a alguien

IN abrev escrita de **INDIANA**

in¹ S1 W1 /ɪn/ prep ▶ in también forma parte de phrasal verbs como **give in, hand sth in,** etc., que figuran bajo el verbo correspondiente
1 INDICANDO UBICACIÓN INTERIOR en: *The scissors are in the top drawer.* Las tijeras están en el primer cajón. • *Bob's working in the garage.* Bob está trabajando en el garaje. • **in prison/church** en la cárcel/la iglesia
2 INDICANDO ASIENTO, SOPORTE en: *Paul was sitting in an armchair.* Paul estaba sentado en un sillón. • *Is he still in bed?* ¿Todavía sigue en la cama?
3 INDICANDO UBICACIÓN GEOGRÁFICA en: *She lives in Boston.* Vive en Boston. • *a small town in France* un pueblecito francés • *a walk in the park* un paseo por el parque
4 INDICANDO UBICACIÓN GENÉRICA en: *There's a hole in my shoe.* Tengo un agujero en el zapato. • *dark clouds in the sky* nubarrones en el cielo • *a sharp pain in my leg* un dolor fuerte en la pierna
5 INDICANDO MOVIMIENTO *She went in the house.* Entró en la casa. • *He fell in the river.* Cayó al río.
6 INDICANDO UN ELEMENTO de: *the last card in the pack* la última carta de la baraja
7 INDICANDO LOS COMPONENTES en: *How many minutes are there in an hour?* ¿Cuántos minutos hay en una hora? • *a word with eight letters in it* una palabra de ocho letras
8 INDICANDO PERIODO CONCRETO en: *We bought our car in April.* Nos compramos el carro en abril. • *In the war, food was scarce.* Durante la guerra escaseaba la comida. • **in the morning/afternoon** por la mañana/tarde, en la mañana/tarde: *at about 6 o'clock in the evening* a eso de las 6 de la tarde • **in the evening/night** por la noche, en la noche: *I heard a noise in the night.* Durante la noche oí un ruido.
9 INDICANDO DURACIÓN en: *We finished the whole project in a week.* Terminamos todo el proyecto en una semana. • *I haven't enjoyed myself so much in years.* Hace años que no me divertía tanto. • *the team's first win in eight months* la primera victoria del equipo en ocho meses
10 INDICANDO FINAL DE UN PERIODO en • **in an hour's/month's time** en una hora/un mes, dentro de una hora/un mes • **in a minute** enseguida, en un minuto
11 INDICANDO MEDIO, MODO en: *Her parents always talk to her in German.* Sus padres siempre le hablan en alemán. • *The title was printed in capitals.* El título iba en mayúsculas.
12 INDICANDO ESTADO, SITUACIÓN *I'm in a hurry.* Tengo prisa. • *We waited in silence.* Esperamos en silencio. • *He's in love.* Está enamorado.
13 INDICANDO TEXTO, FILMACIÓN en: *Which actor starred in the movie?* ¿Qué actor protagoniza la película? • *I read about it in the newspaper.* Lo leí en el periódico.
14 INDICANDO GRUPO en: *a captain in the army* un capitán del ejército • *He plays guitar in a band.* Toca la guitarra en un grupo. • *The disease is rare in children.* La enfermedad es rara en los niños.
15 INDICANDO ÁMBITO, MAGNITUD en: *a change in the law* una modificación de la ley • *an expert in genetic engineering* un experto en ingeniería genética • **in length/width/height/area** de largo/ancho/alto/superficie: *The street is about a mile in length.* La calle tiene alrededor de una milla de largo.
16 INDICANDO FORMA, DISPOSICIÓN *The children are standing in a line.* Los niños están en fila. • *in alphabetical order* en orden alfabético
17 INDICANDO VESTIMENTA *She was dressed in black.* Estaba vestida de negro. • *a woman in a hat* una mujer con sombrero
18 INDICANDO NÚMERO DE UNIDADES *The children work in pairs.* Los niños trabajan en parejas. • *Eggs are often sold in half dozens.* Los huevos suelen venderse por medias docenas. • **in twos/threes** de dos en dos/de tres en tres, en grupos de dos/tres, de a dos/tres
19 INDICANDO DIVISIÓN en: *a play in five acts* una obra en cinco actos • *The test is in two sections.* La prueba tiene dos partes. • **in two** en dos: *She broke the bread in two.* Partió el pan en dos. • **in half** por la mitad
20 INDICANDO PROPORCIÓN **one in four/ten** uno de cada cuatro/diez
21 INDICANDO EDAD, TEMPERATURA *a man in his early forties* un hombre de cuarenta y tantos años • *temperatures in the fifties* temperaturas superiores a los 50 grados
22 INDICANDO PROFESIÓN en: *She works in advertising.* Trabaja en publicidad.
23 INDICANDO SENTIMIENTO, INTENCIÓN *She looked at me in horror.* Me miró horrorizada. • *in fun* en broma
24 INDICANDO SIMULTANEIDAD *In my excitement, I forgot to have lunch.* Con tanto entusiasmo, se me olvidó almorzar. • **in doing sth** al hacer algo
25 INDICANDO CUALIDAD, CARACTERÍSTICA en: *She's everything I'd want in a wife.* Tiene todo lo que desearía en una esposa. • **have sth in you/it** (coloq) *She may be old, but she still has a lot of fight in her.* Será mayor, pero aún le queda espíritu de lucha.

EXPRESIONES
in all en total: *There were 25 of us in all.* Éramos 25 en total. • **in that** ya que, en el sentido de que: *I've been lucky in that I never had to worry about money.* Tengo suerte ya que nunca tuve que preocuparme por el dinero.

in² S1 W1 adv
1 al interior
2 en casa, el trabajo
3 tren, bus, avión

4 indicando entrega o envío
5 hacia el centro
6 indicando participación

1 AL INTERIOR *Come in and sit down.* Pasa y siéntate. • *He opened the door and walked in.* Abrió la puerta y entró. • *I went to the ticket machine and put a coin in.* Fui a la máquina de expendedora de tiquetes y metí una moneda.

2 EN CASA, EL TRABAJO be in *You're never in when I call.* Nunca estás cuando te llamo. • *There was no one in when we got there.* No había nadie cuando llegamos. • **stay in** quedarse en casa • **get in** llegar: *What time did you get in last night?* ¿A qué hora volviste anoche? ANT **out**

3 TREN, BUS, AVIÓN *Her flight's not in yet.* Su vuelo todavía no llegó.

4 INDICANDO ENTREGA O ENVÍO *All essays must be in by next week.* Todos los trabajos deben entregarse antes de la semana que viene.

5 HACIA EL CENTRO *Point your toes in slightly.* Pon las puntas de los pies un poco hacia dentro. • *The map had started to curl in at the edges.* El mapa ya empezaba a doblarse por los bordes.

6 INDICANDO PARTICIPACIÓN (*coloq*): *Who's in and who's out?* ¿Quién va a participar y quién no? ► IN-JOKE, **in** BETWEEN

EXPRESIONES
he/she's in for a surprise/disppointment (*coloq*) se va a llevar una sorpresa/desilusión • **you're/you'll be in for it** (*coloq*, *oral*) las vas a pagar • **be in on sth** tomar parte en algo, estar metido -a en algo • **day in, day out/week in, week out** día tras día/semana tras semana

in³ *adj* (*coloq*) **the in color/place** el color/sitio de moda • **be in** estar de moda, ser lo último • **the in thing** *Playing the guitar was suddenly the in thing.* De repente se puso de moda tocar la guitarra.

in·a·bil·i·ty /ˌɪnəˈbɪləti/ *s* **my/her inability to do sth** mi/su incapacidad para hacer algo

in·ac·ces·si·ble /ˌɪnəkˈsɛsəbəl/ *adj* **1** inaccesible (lugar) **2** inaccesible, incomprensible

in·ac·cu·ra·cy /ɪnˈækyərəsi/ *s* (pl **inaccuracies**) **1** [C] (error) inexactitud, imprecisión **2** [U] (hecho) inexactitud, imprecisión

in·ac·cu·rate /ɪnˈækyərɪt/ *adj* inexacto -a, impreciso -a

in·ac·cu·rate·ly /ɪnˈækyərɪtli/ *adv* erróneamente, equivocadamente

in·ac·tion /ɪnˈækʃən/ *s* [U] pasividad, inacción

in·ac·tive /ɪnˈæktɪv/ *adj* inactivo -a, pasivo -a

in·ac·tiv·i·ty /ˌɪnækˈtɪvəti/ *s* [U] inactividad, pasividad

in·ad·e·qua·cy /ɪnˈædəkwəsi/ *s* (pl **inadequacies**) **1** [U] (sentimiento de) inferioridad, (sensación de) ineptitud: *feelings of inadequacy* sentimiento de inferioridad **2** [C gralm pl] defecto, falla **3** [U] insuficiencia

in·ad·e·quate /ɪnˈædəkwɪt/ *adj* **1** insuficiente **2** feel **inadequate** sentirse inferior, sentirse un inepto/una inepta

in·ad·e·quate·ly /ɪnˈædəkwɪtli/ *adv* insuficientemente: *inadequately trained* con escasa formación

in·ad·mis·si·ble /ˌɪnədˈmɪsəbəl/ *adj* (*frml*) inadmisible

in·ad·vert·ent /ˌɪnədˈvərtˀnt/ *adj* (*frml*) involuntario -a

in·ad·vert·ent·ly /ˌɪnədˈvərtˀntli/ *adv* (*frml*) involuntariamente, sin querer

in·ad·vis·a·ble /ˌɪnədˈvaɪzəbəl/ *adj* (*frml*) desaconsejable, poco aconsejable • **it is inadvisable to do sth** es desaconsejable hacer algo

in·al·ien·a·ble /ɪnˈeɪlyənəbəl/ *adj* (*frml*) inalienable

in·ane /ɪˈneɪn/ *adj* estúpido -a, tonto -a

in·an·i·mate /ɪnˈænəmɪt/ *adj* inanimado -a

in·ap·pli·ca·ble /ɪnˈæplɪkəbəl, ˌɪnəˈplɪkəbəl/ *adj* inaplicable

in·ap·pro·pri·ate /ˌɪnəˈproupriɪt/ *adj* inapropiado -a, inadecuado -a

in·ap·pro·pri·ate·ly /ˌɪnəˈproupriɪtli/ *adv* de manera inapropiada

in·ar·tic·u·late /ˌɪnɑrˈtɪkyəlɪt/ *adj* **1** con dificultad para expresarse **2** inarticulado -a (sonido)

in·as·much as /ˌɪnəzˈmʌtʃ əz/ *conj* (*frml*) puesto que, dado que

in·at·ten·tion /ˌɪnəˈtɛnʃən/ *s* [U] descuido

in·at·ten·tive /ˌɪnəˈtɛntɪv/ *adj* descuidado -a

in·au·di·ble /ɪnˈɔdəbəl/ *adj* (*escrito*) inaudible

in·au·gu·ral /ɪˈnɔgyərəl/ *adj* [solo ante s] inaugural

in·au·gu·rate /ɪˈnɔgyəˌreɪt/ *v* [T] **1** inaugurar **2** investir (oficialmente)

in·au·gu·ra·tion /ɪˌnɔgyəˈreɪʃən/ *s* [C,U] **1** toma de posesión **2** inauguración (de un edificio, acto), apertura (de una comisión)

in·aus·pi·cious /ˌɪnɔˈspɪʃəs/ *adj* (*frml*) poco halagüeño -a (comienzo), aciago -a (momento)

in·born /ˌɪnˈbɔrn/ *adj* innato -a

in·box, **in box** /ˈɪnbɑks/ *s* [C] **1** (en informática) bandeja de entrada **2** (en una oficina) bandeja de entrada ► OUT-BOX

in·bred /ˌɪnˈbrɛd/ *adj* **1** [gralm ante s] innato -a (cualidad), arraigado -a (miedo, racismo) **2** endogámico -a

in·breed·ing /ˈɪnˌbridɪŋ/ *s* [U] endogamia

Inc. /ɪŋk, ɪnˈkɔrpəˌreɪtɪd/ (*abrev escrita de* **Incorporated**) equivalente de S.A., Sociedad Anonima

In·ca /ˈɪŋkə/ *s* [C], *adj* inca

in·cal·cu·la·ble /ɪnˈkælkyələbəl/ *adj* incalculable

in·can·des·cent /ˌɪnkənˈdɛsənt/ *adj* **1** [gralm ante s] (*escrito*) incandescente **2** [nunca ante s] (*liter*) furioso -a, enfurecido -a

in·can·ta·tion /ˌɪnkænˈteɪʃən/ *s* [C] encantamiento, conjuro

in·ca·pa·ble /ɪnˈkeɪpəbəl/ *adj* **1** be **incapable of doing sth** ser incapaz de hacer algo **2** inepto -a, incompetente

in·ca·pac·i·tate /ˌɪnkəˈpæsəˌteɪt/ *v* [T] (*frml*) [gralm en pasiva] incapacitar, dejar incapacitado -a

in·ca·pac·i·ty /ˌɪnkəˈpæsəti/ *s* [sing, U] (*frml*) **1** (minusvalía) incapacidad **2** (ineptitud) incapacidad

in·car·cer·ate /ɪnˈkɑrsəˌreɪt/ *v* [T gralm en pasiva] (*frml*) encarcelar

in·car·cer·a·tion /ɪnˌkɑrsəˈreɪʃən/ *s* [U] (*frml*) encarcelamiento

in·car·nate¹ /ɪnˈkɑrnɪt, -ˌneɪt/ *adj* [gralm después de s] personificado -a, en persona • **be the devil incarnate** ser el demonio en persona

in·car·nate² /ɪnˈkɑrˌneɪt/ *v* [T] (*frml*) encarnar

in·car·na·tion /ˌɪnkɑrˈneɪʃən/ *s* [C] **1** (*esp escrito*) etapa (de un edificio, una organización) **2** encarnación **3** be **the incarnation of sth** ser la encarnación/personificación de algo

in·cen·di·ar·y¹ /ɪnˈsɛndiˌɛri/ *adj* **1** [solo ante s] (bomba) incendiario -a **2** (*frml*) (discurso) incendiario -a

incendiary² *s* [C gralm pl] (pl **incendiaries**) bomba incendiaria, incendiario

in·cense¹ /ˈɪnsɛns/ *s* [U] incienso

in·cense² /ɪnˈsɛns/ *v* [T] (*esp escrito*) indignar

in·censed /ɪnˈsɛnst/ *adj* indignado -a

in·cen·tive W3 /ɪnˈsɛntɪv/ *s* [C,U] incentivo • **an incentive to do sth** un incentivo para hacer algo • **an added incentive** otro incentivo

in·cep·tion /ɪnˈsɛpʃən/ *s* [sing] (*frml*) inicio, comienzos

in·ces·sant /ɪnˈsɛsənt/ *adj* [gralm ante s] incesante, constante

in·ces·sant·ly /ɪn'sɛsəntli/ *adv* incesantemente, constantemente

in·cest /'ɪnsɛst/ *s* [U] incesto

in·ces·tu·ous /ɪn'sɛstʃuəs/ *adj* **1** incestuoso -a **2** (*peyor*) endogámico -a (corporativista)

inch¹ S1 W2 /ɪntʃ/ *s* [C]
1 (abrev escrita **in.**) (unidad de medida) pulgada (2,54 cm) • **a twelve-inch ruler** una regla de 12 pulgadas **2** [gralm pl] (corta distancia) *The bullet missed him by inches*. La bala no le dio por muy poco.
EXPRESIONES
every inch **(a)** cada rincón, cada palmo: *Every inch of the apartment was filled with boxes*. Cada rincón del departamento estaba lleno de cajas. **(b)** enteramente, de pies a cabeza: *She is every inch the high-powered businesswoman*. Tiene todo el aspecto de una mujer de negocios importante. • **give him/them an inch and he'll/they'll take a mile** le/les das la mano y te coge/te toman el brazo • **inch by inch** palmo a palmo, poco a poco, centímetro a centímetro • **not budge/give an inch** no ceder ni un milímetro • **be within an inch of sth** estar a un paso/tris de algo

inch² *v* [I,T siempre + adv/prep] *He inched slowly forward*. Avanzaba poco a poco. • *I inched the car into the parking space*. Metí centímetro a centímetro el carro en el lugar libre. • **inch your way** *We inched our way into the hall full of people*. Nos metimos poco a poco en la sala abarrotada .

in·ci·dence /'ɪnsədəns/ *s* [C gralm sing, U] (*frml*) incidencia • **a high incidence of sth** una incidencia elevada de algo

in·ci·dent W2 /'ɪnsədənt/ *s* [C] incidente • **an isolated incident** un incidente aislado • **without incident** sin incidentes

in·ci·den·tal /ˌɪnsə'dɛntl/ *adj* **1** [gralm no ante s] secundario -a • **be incidental to sth** ser secundario -a con respecto a algo **2** imprevisto -a, incidental

in·ci·den·tal·ly /ˌɪnsə'dɛntli/ *adv* [adv oracional] (*esp oral*) a propósito, por cierto

in·cin·er·ate /ɪn'sɪnəˌreɪt/ *v* [T gralm en pasiva] incinerar

in·cin·er·a·tion /ɪnˌsɪnə'reɪʃən/ *s* [U] incineración

in·cin·er·a·tor /ɪn'sɪnəˌreɪtər/ *s* [C] incinerador, incineradora

in·cip·i·ent /ɪn'sɪpiənt/ *adj* [solo ante s] (*frml*) incipiente

in·ci·sion /ɪn'sɪʒən/ *s* [C,U] incisión

in·ci·sive /ɪn'saɪsɪv/ *adj* sagaz, incisivo -a

in·ci·sor /ɪn'saɪzɚ/ *s* [C] (diente) incisivo

in·cite /ɪn'saɪt/ *v* [T] incitar a • **incite sb to do sth** incitar a alguien a hacer algo • **incite sb to violence** incitar a alguien a la violencia

in·cite·ment /ɪn'saɪt'mənt/ *s* **1** [U] incitación a la violencia **2** [C gralm sing] incitación, instigación

in·ci·vil·i·ty /ˌɪnsə'vɪləti/ *s* [C,U] (pl **incivilities**) (*frml*) descortesía

incl. (*abrev escrita de* **including/inclusive**) incl.

in·clem·ent /ɪn'klɛmənt/ *adj* (*frml*) inclemente

in·cli·na·tion /ˌɪnklə'neɪʃən/ *s* **1** [C,U] (deseo) inclinación • **the/an inclination to do sth** la inclinación a hacer algo, las ganas de hacer algo **2** [C,U] (propensión) inclinación, tendencia • **the/an inclination to do sth** la/una tendencia a hacer algo **3** [C] (*frml*) (de la cabeza, el cuerpo) inclinación **4** [C,U] (*técn*) (de una línea, un objeto) inclinación

in·cline¹ /ɪn'klaɪn/ *v* [nunca en forma continua] (*frml*)
1 [T] **incline sb to do sth** predisponer/llevar a alguien a hacer algo **2** [I siempre + adv/prep] bajar, descender (terreno, sendero) **3** [I] **incline to sth** tender a algo, inclinarse por algo • **incline to do sth** inclinarse/tender a hacer algo ► **INCLINED**

EXPRESIONES
incline your head inclinar la cabeza

in·cline² /'ɪnklaɪn/ *s* [C] pendiente, cuesta

in·clined /ɪn'klaɪnd/ *adj* **1** **be inclined to believe/think** inclinarse a creer/pensar • **be inclined to agree (with sb)** tender a pensar lo mismo (que alguien) **2** [nunca ante s] **be inclined to be/do sth** tener tendencia a ser/hacer algo, tender a ser/hacer algo **3** [nunca ante s] **be inclined to do sth** estar dispuesto -a a hacer algo, tener ganas de hacer algo • **be/feel so inclined** desearlo: *if you feel so inclined* si lo deseas **4** inclinado -a, en cuesta

in·clude S1 W1 /ɪn'klud/ *v* [T]
1 [nunca en forma continua] (tener) incluir: *The price of the room includes breakfast*. El precio de la habitación incluye desayuno. • *His job includes some teaching*. Su trabajo conlleva dar clase.
2 (meter) incluir • **include sth in/on sth** incluir algo en algo: *We've included some music in the evening's program*. Incluimos música en el programa de la velada. • **sb/sth included** *Everything was stolen, carpets included*. Se robaron todo, incluidas las alfombras.

in·clud·ing S3 W1 /ɪn'kludɪŋ/ *prep* incluyendo, contando: *There were twenty of us, including the instructors*. Éramos veinte, contando a los profesores.

in·clu·sion /ɪn'kluʒən/ *s* **1** [U] inclusión • [+in]: *Beckham's inclusion in the team* la inclusión de Beckham en el equipo • [+of]: *the inclusion of additional data* la inclusión de datos adicionales **2** [C] incorporación (persona o cosa incorporada) **3** [U] integración (social, racial)

in·clu·sive /ɪn'klusɪv/ *adj* **1** incluyente, integrador -a (sociedad, institución) **2** con todo incluido (precio) • [+of]: *Prices are inclusive of all meals*. Los precios incluyen todas las comidas. ► **ALL-INCLUSIVE**

in·cog·ni·to /ɪnkɑg'niˌtou/ *adv* de incógnito

in·co·her·ent /ˌɪnkou'hɪrənt/ *adj* incoherente • **be incoherent with grief/rage** apenas poder hablar de la pena/la rabia

in·co·her·ent·ly /ˌɪnkou'hɪrəntli/ *adv* incoherentemente, de forma incoherente

in·come S2 W1 /'ɪnkʌm, 'ɪŋ-/ *s* [C,U] ingresos: *families with low incomes* familias con bajos ingresos • **annual/yearly income** ingresos anuales

'income tax *s* [U] impuesto sobre/a la renta

in·com·ing /'ɪnˌkʌmɪŋ/ *adj* [solo ante s] **1** *incoming flights* vuelos de llegada • *incoming mail* correo recibido • *incoming calls* llamadas de afuera **2** entrante (gobierno, presidente): *incoming students* nuevos alumnos

in·com·mu·ni·ca·do /ˌɪnkəˌmyunɪ'kɑdou/ *adj* [nunca ante s] incomunicado -a, ilocalizable

in·com·pa·ra·ble /ɪn'kɑmpərəbəl/ *adj* incomparable

in·com·pat·i·bil·i·ty /ˌɪnkəmˌpætə'bɪləti/ *s* [U] incompatibilidad

in·com·pat·i·ble /ˌɪnkəm'pætəbəl/ *adj* incompatible • [+with]: *My career is incompatible with family life*. Mi carrera es incompatible con la vida familiar.

in·com·pe·tence /ɪn'kɑmpətəns/ *s* [U] incompetencia

in·com·pe·tent¹ /ɪn'kɑmpətənt/ *adj* incompetente

incompetent² *s* [C] incompetente

in·com·plete /ˌɪnkəm'plit/ *adj* incompleto -a

in·com·pre·hen·si·ble /ˌɪnkɑmpri'hɛnsəbəl/ *adj* incomprensible

in·com·pre·hen·sion /ɪnˌkɑmprɪ'hɛnʃən/ *s* [U] (escrito) incomprensión

in·con·ceiv·a·ble /ˌɪnkən'sivəbəl/ *adj* inconcebible • **it is inconceivable that** es inconcebible que

in·con·clu·sive /ˌɪnkən'klusɪv/ *adj* no concluyente

in·con·gru·i·ty /ˌɪnkən'gruəti/ *s* (pl **incongruities**) (*frml*) [C,U] incongruencia

in·con·gru·ous /ɪnˈkɑŋgruəs/ *adj* (*frml*) incongruente, fuera de lugar • **it is/seems incongruous that** es/resulta incongruente que

in·con·se·quen·tial /ˌɪnkɑnsəˈkwɛnʃəl/ *adj* sin importancia, intrascendente

in·con·sid·er·a·ble /ˌɪnkənˈsɪdərəbəl/ *adj* insignificante

in·con·sid·er·ate /ˌɪnkənˈsɪdərɪt/ *adj* desconsiderado -a • **it is inconsiderate of sb to do sth** es una falta de consideración por parte de alguien hacer algo

in·con·sist·en·cy /ˌɪnkənˈsɪstənsi/ *s* (pl **inconsistencies**) **1** [U] irregularidad, falta de regularidad **2** [C] (dato, afirmación) contradicción, incoherencia • [+**in**]: *inconsistencies in the witnesses' statements* contradicciones en las declaraciones de los testigos **3** [U] (hecho) contradicción, incoherencia

in·con·sist·ent /ˌɪnkənˈsɪstənt/ *adj* **1** inconsistente, contradictorio -a (declaraciones, versiones) • **be inconsistent with sth** entrar en contradicción con algo **2** irregular (jugador, rendimiento) **3 be inconsistent with sth** ser inconsistente con algo, entrar en contradicción con algo (ideas, principios)

in·con·sol·a·ble /ˌɪnkənˈsoʊləbəl/ *adj* inconsolable, desconsolado -a

in·con·spic·u·ous /ˌɪnkənˈspɪkyuəs/ *adj* discreto -a, poco llamativo -a

in·con·spic·u·ous·ly /ˌɪnkənˈspɪkyuəsli/ *adv* discretamente, sin llamar la atención

in·con·ti·nence /ɪnˈkɑntˀn-əns, -tənəns/ *s* [U] incontinencia (fisiológica)

in·con·ti·nent /ɪnˈkɑntˀn-ənt, -tənənt/ *adj* incontinente (fisiológicamente)

in·con·tro·vert·i·ble /ˌɪnkɑntrəˈvəṭəbəl/ *adj* incontrovertible, indiscutible

in·con·ven·ience¹ /ˌɪnkənˈvinyəns/ *s* **1** [U] molestia(s) • **inconvenience to our guests/to the public** molestias para nuestros clientes/para los ciudadanos **2** [C] inconveniente

inconvenience² *v* [T] causar molestias/inconvenientes a

in·con·ven·ient /ˌɪnkənˈvinyənt/ *adj* incómodo -a, inoportuno -a: *Have I called at an inconvenient time?* ¿Llamo en mal momento?

in·cor·po·rate /ɪnˈkɔrpəˌreɪt/ *v* [T] **1** (tener) incorporar, incluir **2** (meter) incorporar • **incorporate sth into/in sth** incorporar algo a algo

in·cor·po·rat·ed /ɪnˈkɔrpəˌreɪṭɪd/ (abrev escrita **Inc.**) *adj* constituido -a en sociedad anónima

in·cor·po·ra·tion /ɪnˌkɔrpəˈreɪʃən/ *s* [U] incorporación

in·cor·rect /ˌɪnkəˈrɛkt/ **1** incorrecto -a, erróneo -a **2** (*frml*) incorrecto -a, de mala educación

in·cor·rect·ly /ˌɪnkəˈrɛktli/ *adv* incorrectamente, erróneamente

in·cor·ri·gi·ble /ɪnˈkɔrədʒəbəl, -ˈkɑr-/ *adj* incorregible

in·crease¹ S2 W1 /ɪnˈkris/ *v* [I,T] aumentar, incrementar(se) • **increase by 3%/17%** aumentar un 3%/17% • **increase sth by 10%/ \$5** aumentar algo en un 10%/subir algo 5 dólares • **increase in size** aumentar de tamaño • **increase in value** revalorizarse • **increase in importance** crecer en importancia • **increase from sth to sth** aumentar de algo a algo • **increase sth from \$5 to \$7** subir algo de 5 a 7 dólares • **increase dramatically** aumentar/crecer enormemente ANT **decrease**

in·crease² W1 /ˈɪnkris/ *s* [C,U] aumento, incremento • [+**in**]: *an increase in the crime rate* un aumento del índice de delincuencia • **a dramatic increase** un aumento enorme • **a price/wage increase** un aumento de precios/de sueldo • **a tax increase** una subida de impuestos • **be on the increase** ir en aumento ANT **decrease**

in·creased /ɪnˈkrist/ *adj* mayor: *increased costs* mayores costos • **greatly increased** *greatly increased tension in the region* un aumento de la tensión en la región

in·creas·ing /ɪnˈkrisɪŋ/ *adj* creciente, cada vez mayor

in·creas·ing·ly W2 /ɪnˈkrisɪŋli/ *adv* cada vez más

in·cred·i·ble S2 /ɪnˈkrɛdəbəl/ *adj*
1 (bueno, grande) increíble: *an incredible dancer* una bailarina increíble • *The pain was incredible.* El dolor era increíble.
2 (extraño) increíble • **it is incredible that** es increíble que • **find it incredible that...** *I find it incredible that only three people applied.* Me parece increíble que se hayan presentado solo tres personas. SIN **unbelievable**

in·cred·i·bly S3 /ɪnˈkrɛdəbli/ *adv*
1 [+ adj/adv] increíblemente, tremendamente
2 [adv oracional] increíblemente, aunque parezca increíble

in·cre·du·li·ty /ˌɪnkrɪˈduləti/ *s* [U] incredulidad

in·cred·u·lous /ɪnˈkrɛdʒələs/ *adj* incrédulo -a

in·cred·u·lous·ly /ɪnˈkrɛdʒələsli/ *adv* con incredulidad

in·cre·ment /ˈɪnkrəmənt, ˈɪŋ-/ *s* [C] **1** [gralm pl] (de salario) incremento, aumento **2** (*frml*) (en grado, cantidad) incremento

in·cre·men·tal /ˌɪnkrəˈmɛntl/ *adj* (*frml*) **1** gradual, paulatino -a **2** [gralm ante s] de incremento periódico: *incremental pay scales* escalas salariales con incrementos periódicos

in·crim·i·nate /ɪnˈkrɪməˌneɪt/ *v* [T] incriminar • **incriminate yourself** incriminarse

in·crim·i·nat·ing /ɪnˈkrɪməˌneɪtɪŋ/ *adj* incriminatorio -a

in·crim·i·na·tion /ɪnˌkrɪməˈneɪʃən/ *s* [U] incriminación

in·cu·bate /ˈɪŋkyəˌbeɪt/ *v* **1** [I,T] (huevo) incubar(se) **2** [I] (enfermedad, virus) incubarse **3** [I] (*escrito*) (idea, plan) incubarse

in·cu·ba·tion /ˌɪŋkyəˈbeɪʃən/ *s* [U] **1** (de una enfermedad) incubación **2** (de un huevo) incubación

in·cu·ba·tor /ˈɪŋkyəˌbeɪtər/ *s* [C] incubadora

in·cul·cate /ˈɪnkʌlˌkeɪt, ɪnˈkʌlˌkeɪt/ *v* [T] (*frml*) inculcar

in·cum·bent¹ /ɪnˈkʌmbənt/ *s* [C] (*frml*) (actual) titular (de un cargo)

incumbent² *adj* (*frml*)

EXPRESIONES
the incumbent president/senator el presidente/senador en ejercicio • **it is incumbent on/upon sb to do sth** (*frml*) le corresponde a alguien hacer algo, es de la incumbencia de alguien hacer algo

in·cur /ɪnˈkər/ *v* [T] (**incurred, incurring**) **1** incurrir en (gastos), contraer (deudas), sufrir (pérdidas) **2** (*frml*) sufrir (una herida, un daño), provocar (los celos, el disgusto) • **incur sb's wrath** provocar la ira de alguien

in·cur·a·ble /ɪnˈkyʊrəbəl/ *adj* **1** incurable (enfermedad) **2** [gralm ante s] incurable, incorregible

in·cur·a·bly /ɪnˈkyʊrəbli/ *adv* **1 be incurably sentimental** ser un/una sentimental incorregible: *I am incurably sentimental about animals.* Soy una sentimental incorregible con los animales. **2 be incurably ill** tener una enfermedad incurable

in·cur·sion /ɪnˈkərʒən/ *s* [C] (*escrito*) incursión

in·debt·ed /ɪnˈdɛtɪd/ *adj* **1** endeudado -a **2 be indebted to sb for sth** estar en deuda con alguien por algo • **be deeply indebted to sb** deberle mucho a alguien, estar muy agradecido -a a alguien

in·debt·ed·ness /ɪnˈdɛtɪdnɪs/ *s* [U] (*frml*) **1** endeudamiento **2** gratitud

in·de·cen·cy /ɪnˈdisənsi/ *s* [U] **1** (*jur*) atentado contra la moral pública **2** indecencia, obscenidad

in·de·cent /ɪnˈdisənt/ *adj* **1** indecente, obsceno -a **2** indecente, inmoral, indecoroso -a

in‚decent as'sault *s* [C,U] (*jur*) agresión sexual

in‧decent ex'posure s [U] (*jur*) escándalo público

in‧de‧ci‧pher‧a‧ble /ˌɪndɪ'saɪfərəbəl/ adj indescifrable

in‧de‧ci‧sion /ˌɪndɪ'sɪʒən/ s [U] indecisión

in‧de‧ci‧sive /ˌɪndɪ'saɪsɪv/ adj 1 indeciso -a 2 poco concluyente

in‧deed W1 /ɪn'diːd/ adv
1 [adv oracional] (*frml*) es más: *The situation is not improving. Indeed, it's getting worse.* La situación no mejora. Es más, empeora.
2 en efecto: *The blood tests prove that he is indeed the baby's father.* Los análisis de sangre prueban que en efecto él es el padre de la niña.
3 (*frml*, *oral*) claro: *"Would it help if you had an assistant?" "It would indeed."* –¿Le vendría bien tener un asistente? –Ya lo creo.
4 why/who/how indeed? (*oral*) *"Why would John have left without saying a word?" "Why indeed?"* –¿Por qué se habrá ido John sin decir nada? –Eso, ¿por qué?
5 (para enfatizar grado, cantidad) *Thank you very much indeed.* Muchísimas gracias. • *She's a very nice person – very nice indeed.* Es muy pero muy agradable.
EXPRESIONES
if indeed si es que: *The city disappeared long ago, if indeed it ever existed.* La ciudad desapareció hace mucho, si es que llegó a existir.

in‧de‧fat‧i‧ga‧ble /ˌɪndɪ'fætɪgəbəl/ adj (*frml*) infatigable, incansable

in‧de‧fen‧si‧ble /ˌɪndɪ'fensəbəl/ adj 1 indefendible, injustificable 2 imposible de defender

in‧de‧fin‧a‧ble /ˌɪndɪ'faɪnəbəl/ adj indefinible, difícil de definir

in‧def‧i‧nite /ɪn'defənɪt/ adj 1 [solo ante s] (periodo, huelga) indefinido -a 2 (*frml*) (plan, lenguaje) indefinido -a

in‧definite 'article s [C] artículo indeterminado

in‧def‧i‧nite‧ly /ɪn'defənɪtli/ adv indefinidamente, por tiempo indefinido

in‧del‧i‧ble /ɪn'deləbəl/ adj 1 (recuerdo, marca) indeleble, imborrable 2 [solo ante s] (tinta) indeleble

in‧del‧i‧bly /ɪn'deləbli/ adv indeleblemente

in‧del‧i‧cate /ɪn'delɪkɪt/ adj descortés, indelicado -a

in‧dem‧ni‧fy /ɪn'demnəˌfaɪ/ v [T] (**indemnifies, indemnified, indemnifying**) (*jur*) 1 **indemnify sb against sth** asegurar a alguien contra algo 2 indemnizar • **indemnify sb for sth** indemnizar a alguien por algo

in‧dem‧ni‧ty /ɪn'demnəti/ s (*jur*) 1 [U] (seguro) indemnización • [+against]: *indemnity against legal costs* indemnización por costos legales 2 [C] (suma de dinero) indemnización

in‧dent¹ /ɪn'dent/ v [T] sangrar (un renglón)

in‧dent² /ɪn'dent, 'ɪndent/ s [C] sangría (en un texto)

in‧den‧ta‧tion /ˌɪnden'teɪʃən/ s [C] 1 hendidura 2 sangría (en un texto)

in‧de‧pend‧ence W3 /ˌɪndɪ'pendəns/ s [U]
1 (de una nación) independencia • [+from]: *India wanted independence from Britain.* La India quería la independencia de Gran Bretaña. • **gain independence** obtener la independencia
2 (de una entidad) independencia
3 (de una persona) independencia • **financial independence** independencia económica

Inde'pendence ˌDay s [U] día de la Independencia

in‧de‧pend‧ent¹ S3 W2 /ˌɪndɪ'pendənt◂/ adj

1	entidad
2	persona
3	imparcial
4	nación
5	económicamente
6	sin relación
7	político, candidato

1 ENTIDAD [gralm ante s] independiente • [+of]: *The bank is independent of the government.* El banco es independiente del gobierno. • **an independent movie** una película independiente
2 PERSONA independiente • **fiercely independent** extremadamente independiente
3 IMPARCIAL [gralm ante s] independiente: *an independent witness* un testigo imparcial • *independent advice* asesoramiento independiente
4 NACIÓN independiente: *India became independent in 1947.* La India se independizó en 1947.
5 ECONÓMICAMENTE independiente: *I wanted to be financially independent.* Quería ser independiente económicamente.
6 SIN RELACIÓN independiente: *three independent studies* tres estudios independientes entre sí
7 POLÍTICO, CANDIDATO [gralm ante s] independiente

independent², **Independent** s [C] independiente (político)

in‧de‧pend‧ent‧ly /ˌɪndɪ'pendəntli/ adv 1 independientemente, por su cuenta • [+of]: *an organization that works independently of the government* una organización que trabaja con independencia del gobierno 2 de manera independiente, por separado: *Each radiator works independently.* Cada radiador funciona de manera independiente.

'in-depth adj [solo ante s] en profundidad, a fondo

in‧de‧scrib‧a‧ble /ˌɪndɪ'skraɪbəbəl/ adj indescriptible

in‧de‧scrib‧a‧bly /ˌɪndɪ'skraɪbəbli/ adv indescriptiblemente, sumamente

in‧de‧struct‧i‧ble /ˌɪndɪ'strʌktəbəl/ adj indestructible

in‧de‧ter‧mi‧nate /ˌɪndɪ'təːmənɪt/ adj indeterminado -a

in‧dex¹ W2 /'ɪndeks/ s [C] (pl **indexes**, **indices** /-dɪsiːz/)
1 (de un libro) índice
2 fichero • [+of]: *an index of all customers* un fichero con todos los clientes
3 (para medir, evaluar) índice, indicador • [+of]: *the best index of economic growth* el mejor índice de crecimiento económico
4 (*técn*) (en economía) índice: *the Dow Jones index* el índice Dow Jones

index² v [T] 1 (un libro) ponerle índice a, hacer el índice de 2 [gralm en pasiva] (en economía) **be indexed to sth** estar indexado -a/referenciado -a a algo

'index card s [C] ficha (para archivar)

'index ˌfinger s [C] (dedo) índice

In‧di‧a /'ɪndiə/ s India

In‧di‧an¹ /'ɪndiən/ s [C] 1 indio -a, hindú 2 (*antic*) indio -a (americano -a)

⚠ Casi todo el mundo evita el uso de esta palabra para referirse a un indio americano porque es ofensivo. En su lugar se utiliza **Native American**.

Indian² adj 1 indio -a, hindú 2 (*antic*) indio -a (americano -a)

⚠ Casi todo el mundo evita el uso de esta palabra para referirse a un indio americano porque es ofensivo. En su lugar se utiliza **Native American**.

ˌIndian 'summer s [C] veranillo (de San Juan)

in‧di‧cate S3 W2 /'ɪndəˌkeɪt/ v [T]
1 (informe, estudio, pruebas) indicar, mostrar • **indicate (that)** indicar que • **clearly indicate** indicar claramente
2 (con palabras, gestos) indicar, señalar • **indicate that** indicar que
3 (con el dedo, la mirada) indicar, señalar
4 (símbolo, señal) indicar

in‧di‧ca‧tion /ˌɪndə'keɪʃən/ s [C,U] 1 indicio (de un hecho) • [+of]: *Dreaming is not an indication of deep sleep.* El hecho de soñar no es un indicio de sueño profundo. • **an indication that** un indicio de que • **a clear indication** un indicio claro 2 muestra, señal (de una opinión, un sentimiento)

in·dic·a·tive[1] /ɪn'dɪkətɪv/ *adj* **1** (*frml*) (de un hecho) indicativo -a • **be indicative of sth** indicar algo, ser indicativo -a de algo **2** (en gramática) indicativo -a

indicative[2] *s* [C] (*técn*) (modo) indicativo

in·di·ca·tor /'ɪndə,keɪtə/ *s* [C] **1** (en economía, medicina) indicador **2** (en una máquina) indicador

in·di·ces /'ɪndɪ,siz/ *pl de* INDEX

in·dict /ɪn'daɪt/ *v* [T] (*jur*) acusar (formalmente), imputar • **be indicted for murder/kidnapping** ser acusado -a de asesinato/secuestro • **be indicted on fraud/tax evasion charges** ser acusado -a de fraude/evasión fiscal

in·dict·a·ble /ɪn'daɪtəbəl/ *adj* (*jur*) tipificado -a (delito)

in·dict·ment /ɪn'daɪt⌐mənt/ *s* **1** [C] **be an indictment of the health service/the government** poner en evidencia los problemas del sistema sanitario/al gobierno **2** [C] (*jur*) (escrito de) acusación • [+**for**]: *an indictment for murder* una acusación de asesinato

in·die /'ɪndi/ *adj* [solo ante s] independiente, indie (en música)

in·dif·fer·ence /ɪn'dɪfrəns/ *s* [U] indiferencia

in·dif·fer·ent /ɪn'dɪfrənt/ *adj* **1** indiferente (no interesado) • [+**to**]: *He seemed indifferent to what was happening.* Parecía indiferente a lo que ocurría. **2** mediocre

in·dig·e·nous /ɪn'dɪdʒənəs/ *adj* **1** indígena **2** autóctono -a (especie)

in·di·gest·i·ble /,ɪndɪ'dʒɛstəbəl, -daɪ-/ *adj* **1** (comida) indigesto -a, indigerible **2** (datos, hechos) indigesto -a, indigerible

in·di·ges·tion /,ɪndə'dʒɛstʃən, -daɪ-/ *s* [U] indigestión

in·dig·nant /ɪn'dɪgnənt/ *adj* indignado -a

in·dig·nant·ly /ɪn'dɪgnəntli/ *adv* con indignación

in·dig·na·tion /,ɪndɪg'neɪʃən/ *s* [U] indignación

in·dig·ni·ty /ɪn'dɪgnəti/ *s* [C,U] (*pl* **indignities**) humillación, indignidad

in·di·go /'ɪndɪgoʊ/ *s* [U], *adj* añil, índigo

in·di·rect /,ɪndə'rɛkt‹, -daɪ-/ *adj* **1** (consecuencia, resultado) indirecto -a: *the indirect effects of climate change* los efectos indirectos del cambio climático [ANT] **direct** **2** (ruta, camino) indirecto -a: *We took an indirect route back to the hotel.* Volvimos al hotel dando un rodeo. [ANT] **direct** **3** (comentario, referencia) indirecto -a: *indirect criticism of the regime* críticas indirectas al régimen [ANT] **direct**

in·di·rect·ly /,ɪndɪ'rɛktli, -daɪ-/ *adv* indirectamente

,indirect 'object *s* [C] (*técn*) complemento indirecto, objeto indirecto

,indirect 'speech *s* [U] (*técn*) estilo indirecto

in·dis·cern·i·ble /,ɪndɪ'sɜnəbəl/ *adj* imperceptible

in·dis·creet /,ɪndɪ'skrit/ *adj* indiscreto -a

in·dis·creet·ly /,ɪndɪ'skritli/ *adv* con indiscreción

in·dis·cre·tion /,ɪndɪ'skrɛʃən/ *s* **1** [C] indiscreción (hecho, dicho) **2** [U] falta de discreción, indiscreción

in·dis·crim·i·nate /,ɪndɪ'skrɪmənɪt/ *adj* **1** indiscriminado -a **2** falto -a de criterio, poco selectivo -a

in·dis·crim·i·nate·ly /,ɪndɪ'skrɪmənɪtli/ *adv* indiscriminadamente

in·dis·pen·sa·ble /,ɪndɪ'spɛnsəbəl/ *adj* indispensable

in·dis·posed /,ɪndɪ'spoʊzd‹/ *adj* [nunca ante s] (*frml*) indispuesto -a

in·dis·pu·ta·ble /,ɪndɪ'spyutəbəl/ *adj* indiscutible, irrefutable

in·dis·pu·ta·bly /,ɪndɪ'spyutəbli/ *adv* indiscutiblemente

in·dis·sol·u·ble /,ɪndɪ'sɑlyəbəl/ *adj* (*frml*) indisoluble

in·dis·tinct /,ɪndɪ'stɪŋkt/ *adj* indistinto -a (sonido), borroso -a (imagen, recuerdo)

in·dis·tinct·ly /,ɪndɪ'stɪŋktli/ *adv* vagamente, de forma imprecisa

in·dis·tin·guish·a·ble /,ɪndɪ'stɪŋgwɪʃəbəl/ *adj* indistinguible

in·di·vid·u·al[1] S2 W1 /,ɪndə'vɪdʒuəl/ *adj* **1** [solo ante s] (cada uno) **individual countries/people** cada país/persona: *Individual countries within the OAS have their own legal systems.* Cada país de la OEA tiene su propio sistema judicial. • **each individual leaf/word** cada una de las hojas/las palabras **2** [solo ante s] (de uno, para uno) individual: *individual portions of food* raciones individuales de comida **3** (propio) individual, personal: *a very individual style* un estilo muy personal

individual[2] S2 W1 *s* [C] individuo (persona) • **a private individual** un particular • **a strange/talented individual** un individuo extraño/con talento

in·di·vid·u·al·ism /,ɪndə'vɪdʒuə,lɪzəm/ *s* [U] **1** (independencia) individualismo **2** (*peyor*) (egoísmo) individualismo

in·di·vid·u·al·ist /,ɪndə'vɪdʒuəlɪst/ *s* [C] individualista

in·di·vid·u·al·is·tic /,ɪndə,vɪdʒuə'lɪstɪk/ (tb **individualist**) *adj* **1** (independiente) individualista **2** (*peyor*) (egoísta) individualista

in·di·vid·u·al·i·ty /,ɪndə,vɪdʒu'æləti/ *s* [U] individualidad

in·di·vid·u·al·ly /,ɪndə'vɪdʒuəli, -dʒəli/ *adv* individualmente, por separado: *individually wrapped* envuelto por separado

in·di·vis·i·ble /,ɪndə'vɪzəbəl/ *adj* indivisible

in·doc·tri·nate /ɪn'dɑktrə,neɪt/ *v* [T] adoctrinar

in·doc·tri·na·tion /ɪn,dɑktrə'neɪʃən/ *s* [U] adoctrinamiento

in·do·lence /'ɪndələns/ *s* [U] (*frml*) indolencia

in·do·lent /'ɪndələnt/ *adj* (*frml*) indolente

in·dom·i·ta·ble /ɪn'dɑmətəbəl/ *adj* indómito -a

In·do·ne·sia /,ɪndə'niʒə/ Indonesia

In·do·ne·sian[1] /,ɪndə'niʒən/ *s* **1** [C] (persona) indonesio -a **2** [U] (tb **Bahasa Indonesia**) (idioma) indonesio

Indonesian[2] *adj* indonesio -a

in·door /'ɪndɔr/ *adj* [solo ante s] **1** cubierto -a (piscina, cancha, mercado), en cancha cubierta (tenis, campeonato) **2** de interior (planta), para estar en casa (calzado, ropa)

in·doors /,ɪn'dɔrz/ *adv* adentro (de casa): *The picture was taken indoors.* Hicieron la foto adentro. • **go indoors** entrar, ir/pasar adentro • **stay indoors** quedarse en casa, no salir de casa [SIN] **inside** [ANT] **outdoors**

in·du·bi·ta·ble /ɪn'dubɪtəbəl/ *adj* indudable

in·duce /ɪn'dus/ *v* [T] **1** (*frml*) **induce sb to do sth** inducir a alguien a hacer algo **2** (*frml*) provocar (una reacción): *medicine to induce vomiting* un medicamento para provocar el vómito • **drug-induced/alcohol-induced** provocado -a por las drogas/el alcohol **3** **induce labor/the baby** inducir el parto, provocar el parto • **induce sb** inducirle/provocarle el parto a alguien

in·duce·ment /ɪn'dusmənt/ *s* [C,U] aliciente, incentivo

in·duct /ɪn'dʌkt/ *v* [T gralm en pasiva] (*frml*) **1** **induct sb into sth** investir a alguien de/con algo (un cargo) **2** **induct sb into sth** reclutar a alguien para algo

in·duct·ee /ɪn,dʌk'ti/ *s* [C] nuevo miembro, elegido -a (para ingresar a un Salón de la Fama)

in·duc·tion /ɪn'dʌkʃən/ *s* **1** [C,U] iniciación (en un empleo, un cargo) *an induction program* un curso introductorio de capacitación **2** [U] (en una ceremonia) **induction into sth** ingreso en algo, toma de posesión como miembro de algo **3** [C,U] (a una organización) ingreso: *the ritual induction of the new priestesses* el ritual de iniciación de las nuevas sacerdotisas • [+**into**]: *her induction into an honorary society* su ingreso a una asociación honoraria • *He has refused induction into the army.* Se rehusó a ser reclutado. **4** [U] (*frml*) (en filosofía) inducción **5** [U] (*técn*) (en física) inducción

in·dulge /ɪn'dʌldʒ/ v **1** [I,T] darse un capricho/gusto • **indulge in sth** permitirse (el lujo de) algo, entregarse a algo: *It's not an appropriate time to indulge in gossip.* No es momento de ponerse a chismear. • **indulge yourself** darse gustos/un gusto, darse caprichos/un capricho • **indulge your passion/taste for sth** satisfacer su pasión/gusto por algo **2** [T] consentir (mimar): *Parents should not indulge their children too much.* Los padres no deberían consentir demasiado a sus hijos. **3** [I] **indulge in sth** participar en algo (ilegal o inmoral)

in·dul·gence /ɪn'dʌldʒəns/ s **1** [C] capricho, lujo, gusto: *An occasional glass of wine was his only indulgence.* Solo se permitía una copa de vino de vez en cuando. **2** [U] excesos • [+in]: *indulgence in alcohol* excesos con el alcohol **3** [C] (perdón eclesiástico) indulgencia **4** [U] (actitud) indulgencia

in·dul·gent /ɪn'dʌldʒənt/ adj indulgente • **be indulgent with sb** ser indulgente con alguien

in·dus·tri·al W2 /ɪn'dʌstriəl/ adj [solo ante s] **1** (de la industria) industrial: *industrial pollution* contaminación industrial • **industrial development/ growth** desarrollo/crecimiento industrial • **industrial waste** residuos industriales **2** (trabajadores) industrial • **an industrial dispute** un conflicto laboral • **an industrial accident/injury** un accidente/una lesión laboral **3** (zona) industrial: *an industrial town* una ciudad industrial **4** (maquinaria, producto) industrial

in·dus·tri·al·ist /ɪn'dʌstriəlɪst/ s [C] industrial, empresario -a

in·dus·tri·al·i·za·tion /ɪn,dʌstriələ'zeɪʃən/ s [U] industrialización

in·dus·tri·al·ize /ɪn'dʌstriə,laɪz/ v [I,T] industrializar(se)

in·dus·tri·al·ized /ɪn'dʌstriə,laɪzd/ adj industrializado -a

in·dus·tri·al·ly /ɪn'dʌstriəli/ adv industrialmente

in'dustrial ,park s [C] parque/polígono industrial

in,dustrial re'lations s [pl] relaciones laborales

in,dustrial revo'lution s **the Industrial Revolution** la Revolución Industrial

in·dus·tri·ous /ɪn'dʌstriəs/ adj aplicado -a, trabajador -a

in·dus·try S3 W1 /'ɪndəstri/ s (pl **industries**) **1** [U] (actividad económica) la industria • **heavy industry** la industria pesada **2** [U] (personas) el sector industrial: *Industry is concerned that jobs will be threatened.* Cunde la preocupación en el sector industrial por los empleos que correrán peligro. **3** [C] (área de negocio) sector, industria • **the nuclear/ tobacco industry** la industria nuclear/tabacalera • **the computer industry** el sector de la informática • **the tourist industry** (tb **the travel industry**) el sector turístico **4** [U] (frml) aplicación, diligencia ▶ COTTAGE INDUSTRY, HEAVY INDUSTRY, SERVICE INDUSTRY

in·e·bri·at·ed /ɪ'nibri,eɪtɪd/ adj (frml) ebrio -a, embriagado -a

in·ed·i·ble /ɪn'ɛdəbəl/ adj **1** incomible **2** incomestible, no comestible

in·ef·fec·tive /,ɪnə'fɛktɪv/ adj **1** ineficaz (medida, campaña) **2** incompetente (persona)

in·ef·fec·tu·al /,ɪnə'fɛktʃuəl/ adj inepto -a

in·ef·fi·cien·cy /,ɪnə'fɪʃənsi/ s [C,U] (plural **inefficiencies**) ineficiencia, ineficacia

in·ef·fi·cient /,ɪnə'fɪʃənt/ adj ineficiente, poco eficiente

in·ef·fi·cient·ly /,ɪnə'fɪʃəntli/ adv de manera ineficiente

in·el·e·gant /ɪn'ɛləgənt/ adj poco elegante

in·el·i·gi·ble /ɪn'ɛlədʒəbəl/ adj [gralm no ante s] no apto -a • **be ineligible for sth** no tener derecho a algo, no reunir las condiciones/los requisitos para algo • **be**

ineligible to vote no tener derecho a votar

in·ept /ɪ'nɛpt/ adj torpe, inepto -a

in·ept·i·tude /ɪ'nɛptə,tud/ (tb **i·nept·ness** /ɪ'nɛptnɪs/) s [U] ineptitud

in·e·qual·i·ty /,ɪnɪ'kwɑləti/ s [C,U] (pl **inequalities**) desigualdad • **racial/social inequality** desigualdad racial/ social

in·eq·ui·ta·ble /ɪn'ɛkwɪtəbəl/ adj (frml) injusto -a

in·eq·ui·ty /ɪn'ɛkwəti/ s [C,U] (pl **inequities**) (frml) iniquidad

in·ert /ɪ'nɚt/ adj **1** (técn) (gas) inerte **2** (cuerpo) inerte

in·er·tia /ɪ'nɚʃə/ s [U] **1** (rutina) inercia **2** (indolencia) inercia

in·es·cap·a·ble /,ɪnə'skeɪpəbəl/ adj ineludible, inevitable

in·es·cap·a·bly /,ɪnə'skeɪpəbli/ adv ineludiblemente, inevitablemente

in·es·ti·ma·ble /ɪn'ɛstəməbəl/ adj (frml) inestimable: *of inestimable value* de incalculable valor

in·ev·i·ta·bil·i·ty /ɪ,nɛvətə'bɪləti/ s [U] inevitabilidad

in·ev·i·ta·ble /ɪ'nɛvətəbəl/ adj **(a)** inevitable • **an inevitable consequence/result** una consecuencia/un resultado inevitable • **it is inevitable that** es inevitable que **(b) the inevitable** lo inevitable

in·ev·i·ta·bly /ɪ'nɛvətəbli/ adv inevitablemente

in·ex·act /,ɪnɪg'zækt◂/ adj inexacto -a

in·ex·cus·a·ble /,ɪnɪk'skyuzəbəl/ adj inexcusable, imperdonable

in·ex·cus·a·bly /,ɪnɪk'skyuzəbli/ adv injustificadamente, imperdonablemente

in·ex·haust·i·ble /,ɪnɪg'zɔstəbəl/ adj inagotable • **an inexhaustible supply (of sth)** un arsenal inagotable (de algo), reservas inagotables (de algo)

in·ex·o·ra·ble /ɪn'ɛksərəbəl/ adj (frml) inexorable (declive, aumento)

in·ex·o·ra·bly /ɪn'ɛksərəbli/ adv (frml) inexorablemente

in·ex·pen·sive /,ɪnɪk'spɛnsɪ◂/ adj (aprec) económico -a, barato -a

in·ex·pe·ri·ence /,ɪnɪk'spɪriəns/ s [U] inexperiencia

in·ex·pe·ri·enced /,ɪnɪk'spɪriənst/ adj novato -a, sin experiencia

in·ex·plic·a·ble /,ɪnɪk'splɪkəbəl/ adj inexplicable

in·ex·plic·a·bly /,ɪnɪk'splɪkəbli/ adv inexplicablemente

in·ex·press·i·ble /,ɪnɪk'sprɛsəbəl/ adj (frml) inefable, inexpresable

in·ex·tric·a·ble /,ɪnɪk'strɪkəbəl, ɪn'ɛkstrɪk-/ adj (frml) inextricable

in·ex·tric·a·bly /,ɪnɪk'strɪkəbli/ adv **inextricably linked** inextricablemente unidos -as/ligados -as

in·fal·li·bil·i·ty /ɪn,fælə'bɪləti/ s [U] infalibilidad

in·fal·li·ble /ɪn'fæləbəl/ adj **1** (persona) infalible **2** (método, aparato) infalible

in·fa·mous /'ɪnfəməs/ adj infame, tristemente célebre

in·fa·my /'ɪnfəmi/ s [U] infamia

in·fan·cy /'ɪnfənsi/ s [sing, U] la (primera) infancia • **in/during infancy** durante la (primera) infancia • **from infancy** desde la primera infancia

EXPRESIONES
be in its infancy estar dando sus primeros pasos, estar en pañales

in·fant¹ W3 /'ɪnfənt/ s [C] (frml) bebé ▶ ver nota en BABY

infant² adj [solo ante s] naciente, nuevo -a: *infant industries* industrias nacientes

in·fan·ti·cide /ɪn'fæntə,saɪd/ s [U] infanticidio

in·fan·tile /'ɪnfən,taɪl, -təl/ adj infantil, pueril

in·fan·try /'ɪnfəntri/ s [sing, U] infantería

in·fan·try·man /'ɪnfəntrimən/ s [C] (pl **infantrymen** /-mən/) soldado de infantería

in·fat·u·at·ed /ɪn'fætʃu,eɪtɪd/ adj prendado -a, encaprichado -a • [+**with**]: *He was infatuated with his friend's girlfriend.* Estaba prendado de la novia de su amigo.

in·fat·u·a·tion /ɪn,fætʃu'eɪʃən/ s [C,U] encaprichamiento (amoroso), pasión (pasajera)

in·fect /ɪn'fɛkt/ v [T] **1** (persona, animal) contagiar, infectar • **be infected with sth** estar infectado -a con algo, haberse contagiado de algo **2** contaminar (el agua, la comida) • **be infected with sth** estar contaminado -a con algo **3** (ánimo, entusiasmo) contagiar **4** (virus informático) infectar

in·fect·ed /ɪn'fɛktɪd/ adj **1** (herida) infectado -a • **get infected** infectarse **2** contagiado -a (persona, animal) **3** contaminado -a (comida, agua) **4** (en informática) infectado -a

in·fec·tion ⬛ S3 ⬛ W3 /ɪn'fɛkʃən/ s
1 [C] (enfermedad) infección
2 [U] (proceso) contagio: *the risk of infection* el riesgo de contagio

in·fec·tious /ɪn'fɛkʃəs/ adj **1** (enfermedad) contagioso -a, infeccioso -a • **highly infectious** muy contagioso -a **2** (paciente) contagioso -a **3** (entusiasmo, emoción) contagioso -a: *an infectious laugh* una risa contagiosa

in·fer /ɪn'fɚ/ v [T] (**inferred**, **inferring**) deducir, inferir • [+**from**]: *What can we infer from these statistics?* ¿Qué podemos deducir de estas estadísticas? • **infer that** deducir que

in·fer·ence /'ɪnfərəns/ s **1** [C] deducción, inferencia • **make/draw an inference from sth** inferir algo **2 by inference** por deducción

in·fe·ri·or[1] /ɪn'fɪriɚ/ adj **1** (en calidad, valor) inferior • [+**to**]: *Are American wines inferior in quality to Chilean wines?* ¿Son los vinos estadounidenses inferiores en calidad a los chilenos? • **feel inferior** sentirse inferior **2** [solo ante s] (frml) (en jerarquía) inferior

inferior[2] s [C] inferior

in·fe·ri·or·i·ty /ɪn,fɪri'ɑrəti, -'ɔr-/ s [U] inferioridad • **a sense/feeling of inferiority** un sentimiento de inferioridad

in,feri'ority ,complex s [C] complejo de inferioridad

in·fer·no /ɪn'fɚnoʊ/ s [C] (pl **infernos**) **1** incendio enorme • **a raging/blazing inferno** un pavoroso incendio ▶ ver nota en INCENDIO **2** (liter) infierno (situación)

in·fer·tile /ɪn'fɚtl/ adj **1** infértil (pareja) **2** estéril (tierra)

in·fer·til·i·ty /,ɪnfɚ'tɪləti/ s [U] esterilidad, infertilidad

in·fest /ɪn'fɛst/ v [T gralm en pasiva] infestar • **be infested with sth** estar infestado -a de algo

in·fes·ta·tion /,ɪnfɛ'steɪʃən/ s [C,U] infestación, plaga

in·fi·del /'ɪnfədl, -,dɛl/ s [C] (despec) infiel (impío)

in·fi·del·i·ty /,ɪnfə'dɛləti/ s [C,U] (pl **infidelities**) infidelidad

in·field /'ɪnfild/ s **1 the infield** [sing] cuadro interior **2** jugador -ora del cuadro ▶ OUTFIELD

in·field·er /'ɪn,fildɚ/ s [C] jugador -ora del cuadro

in·fight·ing /'ɪn,faɪtɪŋ/ s [U] luchas internas, luchas intestinas

in·fil·trate /ɪn'fɪl,treɪt, 'ɪnfɪl-/ v **1** [I,T] infiltrarse (en) **2 infiltrate sb into sth** infiltrar a alguien en algo

in·fil·tra·tion /,ɪnfɪl'treɪʃən/ s [U] infiltración

in·fil·tra·tor /ɪn'fɪl,treɪtɚ, 'ɪnfɪl-/ s [C] infiltrado -a

in·fi·nite /'ɪnfənɪt/ adj **1** (muy grande) infinito -a • **an infinite number of sth** una infinidad de algo • **an infinite variety of sth** una infinita variedad de algo **2** (sin fin) infinito -a ▶ **in sb's (infinite) WISDOM**

in·fi·nite·ly /'ɪnfənɪtli/ adv infinitamente

in·fin·i·tes·i·mal /,ɪnfɪnə'tɛsəməl/ adj infinitesimal

in·fin·i·tive /ɪn'fɪnətɪv/ s [C] (técn) infinitivo

in·fin·i·ty /ɪn'fɪnəti/ s **1** [U] (espacio) infinitud, infinito **2** [sing] (técn) (en matemáticas) el infinito

in·firm /ɪn'fɚm/ adj (frml) **(a)** enfermo -a, débil **(b) the infirm** [usado como s pl] los enfermos

in·fir·ma·ry /ɪn'fɚməri/ s [C] (pl **infirmaries**) enfermería

in·fir·mi·ty /ɪn'fɚməti/ s (pl **infirmities**) (frml) **1** [U] debilidad, salud debilitada **2** [C] achaque (enfermedad)

in·flame /ɪn'fleɪm/ v [T] **1** exacerbar (sentimientos), enardecer (personas) **2 be inflamed with passion/ jealousy/desire** consumirse de pasión/celos/deseo

in·flamed /ɪn'fleɪmd/ adj inflamado -a (parte del cuerpo)

in·flam·ma·ble /ɪn'flæməbəl/ adj inflamable • **highly inflammable** altamente inflamable

in·flam·ma·tion /,ɪnflə'meɪʃən/ s [C,U] inflamación (en el cuerpo)

in·flam·ma·to·ry /ɪn'flæmə,tɔri/ adj incendiario -a (comentario, artículo)

in·flat·a·ble /ɪn'fleɪtəbəl/ adj [gralm ante s] inflable

in·flate /ɪn'fleɪt/ v **1** [I,T] (globo, neumático) inflar(se) **2** [T] (precios, ganancias) inflar **3** [T] (estadísticas, presupuestos) inflar

in·flat·ed /ɪn'fleɪtɪd/ adj **1** (peyor) (precios, ganancias) inflado -a • **grossly/wildly inflated** tremendamente inflado -a **2** (peyor) (opinión, expectativas) exagerado -a **3** (globo, neumático) inflado -a

in·fla·tion ⬛ W2 /ɪn'fleɪʃən/ s [U] la inflación • **inflation is running at 2%/20%** la inflación es del 2%/20% • **in line with inflation** acorde con la inflación

in·fla·tion·a·ry /ɪn'fleɪʃə,nɛri/ adj [gralm ante s] inflacionario -a, inflacionista

in·flect /ɪn'flɛkt/ v [I] conjugarse, declinarse

in·flec·tion, **inflexion** /ɪn'flɛkʃən/ s **1** [C,U] inflexión (de la voz) **2** [C] (técn) flexión (en gramática)

in·flex·i·bil·i·ty /ɪn,flɛksə'bɪləti/ s [U] (peyor) inflexibilidad

in·flex·i·ble /ɪn'flɛksəbəl/ adj (peyor) inflexible

in·flict /ɪn'flɪkt/ v [T] causar, infligir • **inflict sth on sb/sth** causarle algo a alguien/causar algo en algo

'in-flight adj [solo ante s] a bordo • **in-flight entertainment/meal** entretenimiento/comida a bordo

in·flow /'ɪnfloʊ/ s [C] entrada, afluencia

in·flu·ence[1] ⬛ W2 /'ɪnfluəns/ s
1 [C,U] (poder de influir) influencia • [+**on**]: *the influence of television on sporting events* la influencia de la televisión en los acontecimientos deportivos • [+**over**]: *the unions' influence over politics* la influencia de los sindicatos en la política • **have/exert an influence** tener/ejercer influencia • **under the influence of sb/sth** bajo la influencia de alguien/algo
2 [C] (factor influyente) influencia • **be a good/bad influence (on sb)** ser una buena/mala influencia (para alguien) • **musical/cultural influences** influencias musicales/culturales • **outside influences** influencias externas

EXPRESIONES
under the influence (of alcohol/drugs) bajo los efectos del alcohol/de las drogas

influence[2] ⬛ W2 v [T] influir en • **be greatly/heavily influenced by sb** estar muy influenciado -a por alguien

in·flu·en·tial /,ɪnflu'ɛnʃəl/ adj influyente • **be influential in doing sth** influir para que se haga algo

in·flu·en·za /,ɪnflu'ɛnzə/ s (frml) [U] gripa, gripe

in·flux /'ɪnflʌks/ s [C] afluencia masiva, oleada

in·fo /'ɪnfoʊ/ s [U] (coloq) (**information**) información

in·fo·mer·cial /'ɪnfoʊ,mɚʃəl/ s [C] publirreportaje, infocomercial

in·form W3 /ɪnˈfɔrm/ v [T] (frml)
1 informar • **inform sb that** informarle a alguien de que • **inform sb about/of sth** informarle a alguien sobre/de algo • **keep sb informed** mantener informado -a a alguien
2 [gralm en pasiva] influir
inform on sb v+partíc delatar a alguien

in·for·mal /ɪnˈfɔrməl/ adj 1 (ambiente, ropa) informal: *an informal occasion* un acto informal ANT **formal**
2 (no oficial) informal: *an informal meeting* una reunión informal • **on an informal basis** informalmente ANT. **formal** 3 informal, familiar, coloquial: *informal speech* habla coloquial ANT **formal**

in·for·mal·i·ty /ˌɪnfɔrˈmæləti/ s [U] informalidad

in·for·mal·ly /ɪnˈfɔrməli/ adv 1 (no oficialmente) informalmente 2 (vestir) de manera informal 3 (sin convenciones) informalmente

in·form·ant /ɪnˈfɔrmənt/ s [C] informante

in·for·ma·tion S1 W1 /ˌɪnfɚˈmeɪʃən/ s
1 [U] información: *a source of information* una fuente de información • [+**about/on**]: *information about hotels in the area* información sobre hoteles de la zona • **a piece of information** una información, un dato • **for further/more information** para más/mayor información • **information desk** mostrador de información • **information packet** paquete informativo
2 [U] informaciones (servicio telefónico que ofrece información sobre los números de los abonados)

EXPRESIONES
for your information (oral) para tu información, para que lo sepas • **for information only** (escrito) sólo para información

infor'mation tech,nology (abrev **IT**) s [U] tecnología(s) de la información, informática

in·form·a·tive /ɪnˈfɔrmətɪv/ adj informativo -a

in·formed /ɪnˈfɔrmd/ adj [gralm ante s] 1 bien informado -a • **well-informed** bien informado -a • **ill-informed** desinformado -a, mal informado -a • **fully informed** plenamente informado -a 2 **an informed decision** una decisión bien fundada • **an informed choice** una elección con conocimiento de causa

EXPRESIONES
keep sb informed mantener informado -a a alguien

in·form·er /ɪnˈfɔrmɚ/ s [C] informante

in·fo·tain·ment /ˌɪnfoʊˈteɪnmənt/ s [U] infoentretenimiento (programas televisivos que tratan temas serios de un modo entretenido o ligero)

in·frac·tion /ɪnˈfrækʃən/ s [C,U] (frml) infracción

in·fra·red, infra-red /ˌɪnfrəˈrɛd◂/ adj [solo ante s] infrarrojo -a

in·fra·struc·ture /ˈɪnfrəˌstrʌktʃɚ/ s [C] infraestructura

in·fre·quent /ɪnˈfrikwənt/ (frml) adj infrecuente, poco frecuente

in·fre·quent·ly /ɪnˈfrikwəntli/ (frml) adv raramente, rara vez

in·fringe /ɪnˈfrɪndʒ/ v [T] (frml) infringir
infringe on/upon sth v+partíc (frml) vulnerar algo (los derechos, la libertad)

in·fringe·ment /ɪnˈfrɪndʒmənt/ s [C,U] (frml) violación, vulneración, infracción

in·fu·ri·ate /ɪnˈfyʊriˌeɪt/ v [T] enfurecer, poner furioso -a

in·fu·ri·at·ing /ɪnˈfyʊriˌeɪtɪŋ/ adj exasperante

in·fu·ri·at·ing·ly /ɪnˈfyʊriˌeɪtɪŋli/ adv exasperantemente: *She was infuriatingly quiet.* Era de una tranquilidad exasperante.

in·fuse /ɪnˈfyuz/ v 1 [T] (frml) infundir • **be infused with sth** estar imbuido -a/impregnado -a de algo 2 [I,T] (dejar) reposar (té, infusión)

in·fu·sion /ɪnˈfyuʒən/ s 1 [C,U] inyección (de dinero, ideas) 2 [C] infusión

in·ge·nious /ɪnˈdʒinyəs/ adj ingenioso -a (con inventiva)

in·ge·nious·ly /ɪnˈdʒinyəsli/ adv ingeniosamente (con inventiva)

in·ge·nu·i·ty /ˌɪndʒəˈnuəti/ s [U] ingenio (inventiva)

in·gen·u·ous /ɪnˈdʒɛnyuəs/ adj ingenuo -a

in·gest /ɪnˈdʒɛst/ v [T] (técn) ingerir

in·grained /ɪnˈɡreɪnd, ˈɪnɡreɪnd/ adj 1 arraigado -a • **deeply ingrained** profundamente arraigado -a 2 incrustado -a (suciedad)

in·gra·ti·ate /ɪnˈɡreɪʃiˌeɪt/ v (peyor) **ingratiate yourself with sb** congraciarse con alguien

in·gra·ti·at·ing /ɪnˈɡreɪʃiˌeɪtɪŋ/ adj (peyor) obsequioso -a, halagador -a

in·grat·i·tude /ɪnˈɡrætəˌtud/ s [U] ingratitud

in·gre·di·ent W3 /ɪnˈɡridiənt/ s [C]
1 (alimento) ingrediente
2 (elemento) ingrediente • **a key/vital ingredient** un ingrediente fundamental • **have all the ingredients of sth** tener todos los ingredientes para ser algo

in·hab·it /ɪnˈhæbɪt/ v [T gralm en pasiva] habitar, poblar

in·hab·it·a·ble /ɪnˈhæbɪtəbəl/ adj habitable

in·hab·it·ant /ɪnˈhæbətənt/ s [C] habitante

in·ha·la·tion /ˌɪnhəˈleɪʃən/ s [U] inhalación

in·hale /ɪnˈheɪl/ v [I,T] inhalar

in·hal·er /ɪnˈheɪlɚ/ s [C] inhalador

in·her·ent /ɪnˈhɪrənt, -ˈhɛr-/ adj inherente, instrínseco -a

in·her·ent·ly /ɪnˈhɪrəntli, -ˈhɛr-/ adv intrínsecamente

in·her·it /ɪnˈhɛrɪt/ v 1 [I,T] (bienes) heredar • **inherit sth from sb** heredar algo de alguien 2 [T] (rasgos) heredar 3 [T] (una situación, un problema) heredar

in·her·i·tance /ɪnˈhɛrɪtəns/ s 1 [C gralm sing] herencia (bienes) 2 [U] (frml) legado (cultural, literario)

in·hib·it /ɪnˈhɪbɪt/ v [T] 1 inhibir, frenar 2 cohibir, inhibir • **inhibit sb from doing sth** hacer que alguien se cohíba y no haga algo

in·hib·it·ed /ɪnˈhɪbɪtɪd/ adj cohibido -a, inhibido -a

in·hi·bi·tion /ˌɪnhɪˈbɪʃən, ˌɪnə-/ s [C,U] inhibición • **lose your inhibitions** perder las inhibiciones

in·hos·pi·ta·ble /ˌɪnhɑˈspɪtəbəl, ɪnˈhɑspɪ-/ adj 1 inhóspito -a 2 poco hospitalario -a

in 'house adv en la misma empresa (físicamente): *I work in house now.* Ahora trabajo en la oficina.

ˌin-'house adj en la misma empresa (actividad): *an in-house training program* un programa de formación en la misma empresa

in·hu·man /ɪnˈhyumən/ adj 1 inhumano -a (cruel) 2 inhumano -a, deshumanizado -a

in·hu·mane /ˌɪnhyuˈmeɪn/ adj inhumano -a

in·hu·man·i·ty /ˌɪnhyuˈmænəti/ s [C gralm pl, U] inhumanidad, crueldad

in·im·i·cal /ɪˈnɪmɪkəl/ adj (frml) desfavorable, adverso -a

in·im·i·ta·ble /ɪˈnɪmətəbəl/ adj inimitable

in·iq·ui·tous /ɪˈnɪkwətəs/ adj (frml) inicuo -a, injusto -a

in·iq·ui·ty /ɪˈnɪkwəti/ s [C,U] (pl **iniquities**) (frml) iniquidad ▶ **a DEN of iniquity**

i·ni·tial¹ S3 W3 /ɪˈnɪʃəl/ adj [solo ante s] inicial: *the initial stages of the disease* las fases iniciales de la enfermedad

initial² s [C] inicial • **initials** iniciales

initial³ v [T] firmar con las iniciales

in·i·tial·ly W3 /ɪˈnɪʃəli/ adv inicialmente, al principio

i·ni·ti·ate¹ /ɪˈnɪʃiˌeɪt/ v [T] 1 (frml) iniciar, emprender 2 (en una actividad, un arte) **initiate sb into sth** iniciar a alguien en algo 3 (en un club, una secta) iniciar, admitir • **initiate sb into sth** iniciar a alguien en algo

i·ni·ti·ate² /ɪˈnɪʃiɪt/ s [C] iniciado -a

in·i·ti·a·tion /ɪˌnɪʃiˈeɪʃən/ s [C,U] **1** iniciación, admisión • **initiation into a tribe/into manhood** admisión en una tribu/iniciación a la vida adulta • **rite of initiation** rito iniciático/de iniciación **2 the initiation of sth** el inicio/comienzo de algo

i·ni·tia·tive 🆆2 /ɪˈnɪʃətɪv/ s
1 [U] (capacidad) iniciativa • **show initiative** tener iniciativa • **use your initiative** actuar por iniciativa propia • **act on your own initiative** actuar por iniciativa propia **2** [C] (idea) iniciativa
3 the initiative la iniciativa • **take the initiative** tomar la iniciativa
4 [C] iniciativa popular

in·ject /ɪnˈdʒɛkt/ v [T] **1** (drogas, medicamentos) inyectar • **inject sth into sb/sth** inyectarle algo a alguien/inyectar algo en algo • **inject sb with sth** inyectarle algo a alguien **2** (vitalidad, energía) inyectar, insuflar, aportar • **inject sth into sth** inyectar/insuflar algo a algo **3** (dinero) inyectar • **inject sth into sth** inyectar algo en algo

in·jec·tion /ɪnˈdʒɛkʃən/ s **1** [C,U] inyección • **give sb an injection** ponerle una inyección a alguien **2** [C] **an injection of capital/funds** una inyección de capital/fondos

'in-joke s [C] chiste privado (que sólo entiende un grupo): *They have their own in-jokes.* Tienen sus chistes entre ellos.

in·junc·tion /ɪnˈdʒʌŋkʃən/ s [C] (*jur*) mandato judicial, requerimiento judicial • **seek an injunction against sb/sth** solicitar un requerimiento judicial contra alguien/para impedir algo

in·jure 🆆3 /ˈɪndʒɚ/ v [T] herir, lesionar: *He injured his leg playing soccer.* Se lesionó la pierna jugando al fútbol. • **injure yourself** hacerse una herida, lesionarse ▶ ver nota en **HURT**

in·jured /ˈɪndʒɚd/ adj **1 (a)** herido -a, lesionado -a • **seriously/badly injured** gravemente herido -a, con una lesión grave **(b) the injured** [usado como s pl] los heridos **2 injured pride** orgullo herido **3** [solo ante s] (*liter*) herido -a, dolido -a
EXPRESIONES
the injured party (*jur*) la parte perjudicada

in·ju·ry 🆆2 /ˈɪndʒəri/ s [C,U] (pl **injuries**) herida(s), lesión, lesiones • **serious/severe injury** herida grave, lesión grave • **minor injury** herida leve, lesión leve • **suffer/sustain an injury** sufrir una herida, sufrir una lesión • **escape injury** salir ileso -a, resultar ileso -a ▶ **to ADD insult to injury**

in·jus·tice /ɪnˈdʒʌstɪs/ s [C,U] injusticia
EXPRESIONES
do sb an injustice ser injusto -a con alguien

ink¹ /ɪŋk/ s **1** [C,U] (de dibujo, escritura) tinta • **in ink** a tinta, con tinta **2** [U] (de calamar) tinta

ink² v [T] (*coloq*) firmar (un contrato, un pacto) • **ink a deal** firmar un acuerdo ⒮ⒾⓃ **sign**

ink·jet print·er /ˈɪŋkdʒɛt ˌprɪntɚ/ s [C] impresora de inyección de tinta

ink·ling /ˈɪŋklɪŋ/ s **have an inkling of/that** tener una ligera idea de/tener la sospecha de que: *I had an inkling that she was pregnant.* Tenía la sospecha de que estaba embarazada.

ink·y /ˈɪŋki/ adj manchado -a de tinta

in·laid /ˈɪnleɪd, ɪnˈleɪd/ adj taraceado -a, incrustrado -a

in·land¹ /ˈɪnlənd/ adj [solo ante s] interior (lago), del interior (región)

in·land² /ɪnˈlænd, ˈɪnlænd, -lənd/ adv hacia el interior, tierra adentro

'in-laws s [pl] (*coloq*) suegros

in·lay /ˈɪnleɪ/ s [C,U] taracea, incrustación

in·let /ˈɪnlɛt, ˈɪnlət/ s [C] **1** ensenada **2** entrada, toma (de agua, combustible)

,in-line 'skate s [C gralm pl] patín en línea

in·mate /ˈɪnmeɪt/ s [C] interno -a, recluso -a

in·most /ˈɪnmoʊst/ adj [solo ante s] ▶ **INNERMOST**

inn /ɪn/ s [C] hostal, hostería (actualmente), posada (antiguamente)

in·nards /ˈɪnɚdz/ s [pl] (*coloq*) **1** (de una persona) tripas **2** (de una máquina) tripas

in·nate /ˌɪˈneɪt‹/ adj innato -a

in·ner 🆆3 /ˈɪnɚ/ adj [solo ante s]
1 interior (habitación, bolsillo), interno -a (capa, piel)
2 interior (paz, fuerza), íntimo -a (pensamientos)
3 interno -a (funcionamiento, vida)

,inner 'circle s [C] círculo íntimo, círculo más próximo (a un político, presidente)

,inner 'city s [C] (pl **inner cities**) zona socialmente deprimida del centro de una gran ciudad

'inner-city adj de una zona socialmente deprimida del centro de una gran ciudad

in·ner·most /ˈɪnɚmoʊst/ adj [solo ante s] **1** más íntimo -a **2** (*frml*) más recóndito -a, más interior

'inner tube s [C] cámara (de una llanta, un neumático)

in·ning /ˈɪnɪŋ/ s [C] entrada, inning (en béisbol)

inn·keep·er /ˈɪnˌkipɚ/ s [C] (*antic*) posadero -a

in·no·cence /ˈɪnəsəns/ s [U] **1** (de un delito) inocencia • **prove your/his innocence** probar su inocencia • **protest/maintain your innocence** asegurar/sostener que se es inocente **2** (ingenuidad) inocencia
EXPRESIONES
in all innocence con toda la inocencia del mundo

in·no·cent¹ /ˈɪnəsənt/ adj **1** (de un delito) inocente • [+of]: *My client is innocent of these charges.* Mi cliente es inocente de estos cargos. • **find sb innocent** declarar inocente a alguien ⒶⓃⓉ **guilty 2** [gralm ante s] (pregunta, broma) inocente: *an innocent remark* un comentario inocente **3** [solo ante s] (víctima) inocente: *an innocent victim of gang violence* una víctima inocente de la violencia de las pandillas **4** (ingenuo) inocente

innocent² s [C] inocente, ingenuo -a

in·no·cent·ly /ˈɪnəsəntli/ adv inocentemente

in·noc·u·ous /ɪˈnɑkyuəs/ adj inofensivo -a (comentario, persona), inocuo -a (sustancia)

in·no·vate /ˈɪnəˌveɪt/ v [I] innovar

in·no·va·tion /ˌɪnəˈveɪʃən/ s **1** [C] (invento) innovación **2** [U] (acción) innovación

in·no·va·tive /ˈɪnəˌveɪt̬ɪv/ adj innovador -a

in·no·va·tor /ˈɪnəˌveɪt̬ɚ/ s [C] innovador -a

in·nu·en·do /ˌɪnyuˈɛndoʊ/ s [C,U] (pl **innuendoes** o **innuendos**) insinuación, insinuaciones, indirecta(s) (sobre sexo)

in·nu·mer·a·ble /ɪˈnumərəbəl/ adj innumerable

in·oc·u·late /ɪˈnɑkyəˌleɪt/ v [T] vacunar, inocular

in·of·fen·sive /ˌɪnəˈfɛnsɪv/ adj inofensivo -a

in·op·er·a·ble /ɪnˈɑpərəbəl/ adj inoperable

in·op·por·tune /ɪnˌɑpɚˈtun, ˈɪnɑ-/ adj inoportuno -a

in·or·di·nate /ɪnˈɔrdn̩-ɪt/ adj (*frml*) desmedido -a, excesivo -a

in·or·di·nate·ly /ɪnˈɔrdn̩-ɪtli/ adv (*frml*) excesivamente

in·or·gan·ic /ˌɪnɔrˈgænɪk‹/ adj inorgánico -a

in·pa·tient /ˈɪnˌpeɪʃənt/ s [C] paciente hospitalizado -a

in·put¹ /ˈɪnpʊt/ s **1** [C,U] aporte, contribución **2** [C,U] grabación (de datos informáticos) **3** [U] entrada (de energía eléctrica)

input² v [T] (**inputted** o **input**, **inputting**) meter, grabar (en un computador)

in·quest /ˈɪnkwɛst/ s [C] **1** investigación judicial, sumario (por una muerte) **2** investigación (por un fracaso)

in·quire, enquire /ɪnˈkwaɪəʳ/ v [I,T] (*escrito*) preguntar, indagar • **inquire about sth** pedir información sobre algo, preguntar por algo • **inquire why/whether/how** preguntar por qué/si/cómo
inquire after sb *v+partíc* preguntar por alguien
inquire into sth *v+partíc* investigar algo

in·quir·ing, enquiring /ɪnˈkwaɪərɪŋ/ adj [solo ante s] (*escrito*) en busca de (más) información • **an inquiring mind** una mente curiosa

in·quir·y, enquiry /ɪnˈkwaɪəri, ˈɪŋkwəri/ s (pl **inquiries**) **1** [C] consulta, petición/pedido de información • [+**about**]: *inquiries about the program* preguntas sobre el programa • **make inquiries** pedir información, informarse **2** [C,U] investigación • **an inquiry into sth** una investigación de algo • **conduct/hold an inquiry** llevar a cabo una investigación • **a public inquiry** una investigación pública

in·qui·si·tion /ˌɪnkwəˈzɪʃən/ s [sing] (*peyor*) interrogatorio

in·quis·i·tive /ɪnˈkwɪzətɪv/ adj curioso -a, inquisitivo -a • **an inquisitive mind** una mente inquisitiva

ins and 'outs s [pl] **the ins and outs of sth** los pormenores de algo, los entresijos de algo

in·sane S3 /ɪnˈseɪn/ adj
1 (*coloq*) disparatado -a, descabellado -a • **go insane** volverse loco -a
2 (a) loco -a, deschavetado -a (b) **the insane** (*frml*) los enfermos mentales
EXPRESIONES
drive sb insane (*coloq*) sacar de quicio a alguien, volver loco -a a alguien

in·sane·ly /ɪnˈseɪnli/ adv disparatadamente, descabelladamente • **be insanely jealous** estar loco -a de celos • **laugh insanely** reír como un loco/una loca

in·san·i·tar·y /ɪnˈsænəˌteri/ adj insalubre

in·san·i·ty /ɪnˈsænəti/ s [U] **1** (enfermedad) locura, demencia **2** (insensatez) locura, disparate

in·sa·tia·ble /ɪnˈseɪʃəbəl/ adj insaciable

in·scribe /ɪnˈskraɪb/ v [T gralm en pasiva] inscribir, grabar (en metal, madera)

in·scrip·tion /ɪnˈskrɪpʃən/ s [C] inscripción (en una moneda, una lápida)

in·scru·ta·ble /ɪnˈskruṭəbəl/ adj inescrutable

in·sect /ˈɪnsɛkt/ s [C] insecto • **insect bite** picadura de insecto • **insect repellant** repelente de insectos SIN **bug spray**

in·sec·ti·cide /ɪnˈsɛktəˌsaɪd/ s [U] insecticida

in·se·cure /ˌɪnsɪˈkyʊr/ adj **1** (persona) inseguro -a • [+**about**]: *Most teenagers are insecure about their appearance.* La mayoría de los adolescentes se sienten inseguros de su aspecto físico. **2** (empleo, futuro) poco seguro -a, inseguro -a **3** (puente, edificio) poco seguro -a

in·se·cur·i·ty /ˌɪnsɪˈkyʊrəti/ s [C,U] (pl **insecurities**) **1** (de una persona) inseguridad **2** (de una situación) inseguridad: *financial insecurity* inseguridad financiera

in·sen·si·tive /ɪnˈsɛnsəṭɪv/ adj **1** (*peyor*) insensible (persona), desconsiderado -a (comentario, pregunta) • [+**to**]: *How could you be so insensitive to his feelings?* ¿Cómo pudiste ser tan insensible a sus sentimientos? **2** (*peyor*) insensible, sin criterio **3** insensible (a estímulos físicos) • [+**to**]: *Some people are almost insensitive to pain.* Algunas personas son prácticamente insensibles al dolor.

in·sen·si·tive·ly /ɪnˈsɛnsəṭɪvli/ adv (*peyor*) **1** desconsideradamente **2** insensiblemente, sin sensibilidad alguna

in·sen·si·tiv·i·ty /ɪnˌsɛnsəˈtɪvəti/ s [U] **1** (*peyor*) insensibilidad, falta de sensibilidad • [+**to**]: *his constant*

insensitivity to her feelings su constante falta de sensibilidad ante los sentimientos de ella **2** (*peyor*) falta de criterio • [+**to**]: *our insensitivity to environmental issues* nuestra falta de interés ante los problemas ambientales **3** insensibilidad • **insensitivity to pain/light** insensibilidad al dolor/a la luz

in·sep·a·ra·ble /ɪnˈsɛpərəbəl/ adj **1** (personas) inseparable • [+**from**]: *Tom was inseparable from his dog.* Tom no se separaba de su perro. **2** (conceptos, cualidades) inseparable • [+**from**]: *the heavy responsibilities that are inseparable from the office of President* las fuertes responsabilidades que lleva aparejadas el cargo de presidente

in·sert[1] /ɪnˈsɜt/ v [T] **1** meter, introducir • **insert sth in/into sth** introducir algo en algo **2** intercalar, insertar • **insert sth in/into sth** intercalar algo en algo

in·sert[2] /ˈɪnsɜt/ s [C] **1** encarte, volante (en una revista, un periódico) **2** pieza insertable

in·ser·tion /ɪnˈsɜʃən/ s [U] inserción, introducción

in-'service adj en horas de trabajo

in·set[1] /ˈɪnsɛt/ s [C] recuadro

inset[2] v [T] (**inset**, **insetting**) insertar como recuadro

in·shore[1] /ˌɪnˈʃɔr/ adj costero -a

inshore[2] adv cerca de la costa

in·side[1] S2 W2 /ɪnˈsaɪd, ˈɪnsaɪd/ prep
1 INDICANDO POSICIÓN (tb **inside of**) adentro de, dentro de, en el interior de: *There was a card inside the envelope.* Había una tarjeta adentro del sobre. • **from inside sth** de adentro de algo, del interior de algo: *We were watching from inside the car.* Observábamos desde el interior del carro. • **just inside sth** justo a la entrada de algo: *The ticket office is just inside the entrance.* La taquilla está nada más entrar. ANT **outside**
2 INDICANDO MOVIMIENTO adentro de, dentro de: *She had put the money inside an envelope.* Había puesto el dinero dentro de un sobre. • *They ran inside the house.* Se metieron corriendo en casa.
3 INDICANDO ENTIDAD adentro de, dentro de, en el seno de: *disagreements inside the government* desacuerdos dentro del gobierno ANT **outside**
4 INDICANDO MENTE, PENSAMIENTOS adentro de, dentro de: *You never know what's going on inside Steve's head.* Es difícil saber qué se le pasa por la cabeza a Steve.
5 INDICANDO LÍMITE TEMPORAL (tb **inside of**) en menos de: *His time was just inside the world record.* Había superado por poco el récord mundial. • *We'll be back inside the hour.* Volvemos en menos de una hora.

inside[2] S2 W2 adv
1 (indicando recipiente, vehículo) adentro: *I opened the suitcase and looked inside.* Abrí la maleta y miré adentro.
2 (indicando edificio) adentro: *We'll feel warmer once we're inside.* Entraremos en calor cuando estemos adentro. • *Let's go inside.* Vamos a entrar. SIN **indoors** ANT **outside**
3 por dentro/adentro: *You don't understand how I feel inside.* No entiendes cómo me siento yo por dentro.
4 (*coloq*) en la cárcel, a la sombra
EXPRESIONES
inside and out por dentro y por fuera, por adentro y por afuera

inside[3] S2 s
1 **the inside** [C] (de un lugar, recipiente) la parte de adentro, el interior • [+**of**]: *The inside of the car was dirty.* El interior del carro estaba sucio. • *He'd never seen the inside of an emergency room.* Nunca había visto una sala de urgencias por dentro. • **on the inside** por dentro/adentro, en el interior: *We're on the inside looking out.* Estamos adentro mirando hacia afuera. • **from the inside** desde adentro: *The door had been locked from the inside.* Habían cerrado la puerta desde adentro.
2 **the inside** [C] (de una pierna, puerta) la parte de adentro, la parte interna • [+**of**]: *He had bruises on the*

inside of his wrist. Tenía moretones en la parte interna de la muñeca. • **on the inside** por la parte de adentro: *The window was scratched on the inside.* La parte de adentro de la ventana estaba rayada.
3 insides [pl] tripas, barriga: *I laughed until my insides ached.* Reí hasta que me dolía la barriga.

EXPRESIONES
on the inside **(a)** de adentro (perteneciente a una organización): *The information came from someone on the inside.* La información venía de alguien de adentro. **(b)** por dentro (persona), de puertas adentro (empresa)

inside⁴ S3 *adj* [solo ante s]
1 (en un objeto, edificio) interior: *an inside pocket* un bolsillo interior • *the inside walls of the building* las paredes internas del edificio ANT **outside**
2 (en una organización) de adentro, interno -a: *from inside sources* de fuentes internas • **inside information** información confidencial • **the inside story** la historia secreta • **an inside job** (*coloq*) un trabajo preparado desde adentro (robo, atentado)
3 en béisbol, lanzamiento ilegal más cercano al bateador que al bate

ˌinside ˈout *adv* al/del revés, con la parte de adentro hacia afuera: *She had her shirt on inside out.* Tenía la camisa puesta al revés.

EXPRESIONES
know sth inside out conocer/saber algo al dedillo • **turn sth inside out (a)** dar (la) vuelta a algo, voltear algo (una prenda, una bolsa) **(b)** revolver algo, poner algo patas arriba (un lugar)

in·sid·er /ɪnˈsaɪdər/ *s* [C] miembro de una organización, que posee profundos conocimientos e información privilegiada sobre la misma

in·sid·i·ous /ɪnˈsɪdiəs/ *adj* insidioso -a

in·sight /ˈɪnsaɪt/ *s* **1** [C,U] revelación, comprensión • [+**into**]: *new insights into how the universe began* nuevos aportes para comprender mejor el origen del universo **2** [U] lucidez, perspicacia

in·sig·ni·a /ɪnˈsɪɡniə/ *s* [C] (pl **insignia**) insignia

in·sig·nif·i·cance /ˌɪnsɪɡˈnɪfəkəns/ *s* [U] insignificancia • **pale/fade into insignificance** resultar insignificante, quedar eclipsado -a

in·sig·nif·i·cant /ˌɪnsɪɡˈnɪfəkənt/ *adj* insignificante

in·sin·cere /ˌɪnsɪnˈsɪr/ *adj* (*peyor*) falso -a, poco sincero -a

in·sin·u·ate /ɪnˈsɪnyuˌeɪt/ *v* [T] **1** insinuar • **insinuate (that)** insinuar que: *Are you insinuating that I was lying?* ¿Insinúas que mentí? **2 insinuate yourself into sb** ganarse la confianza/el favor de alguien **3** introducir (una mano, un pie) • **insinuate yourself** introducirse

in·sin·u·a·tion /ɪnˌsɪnyuˈeɪʃən/ *s* **1** [C] insinuación • [+**that**]: *He disliked the insinuation that he was too old for her.* No le gustó la insinuación de que era demasiado viejo para ella. **2** [U] insinuaciones

in·sip·id /ɪnˈsɪpɪd/ *adj* **1** (sin sabor) insípido -a, insulso -a, desabrido -a **2** (sin interés) soso -a, desabrido -a

in·sist S3 W2 /ɪnˈsɪst/ *v* [I,T]
1 (repetir) insistir • **insist (that)** insistir en que: *Mike insisted that he was right.* Mike insistía en que tenía razón. • **insist on sth** insistir en algo: *She has always insisted on her innocence.* Siempre ha insistido en que es inocente.
2 (empeñarse) insistir • **insist (that)** *Bud insisted he would drive us home.* Bud insistió en llevarnos a casa en su carro. • **insist on doing sth** insistir en hacer algo

EXPRESIONES
I insist (*oral*): *Stay for supper – I insist.* Insisto: quédate a cenar. • *I'll pay this time. I insist.* Esta vez pago yo. Faltaría más. • **if you insist** (*oral*) ya que insistes, si no hay más remedio
insist on/upon sth *v+partíc* **1** exigir algo **2 insist on/upon doing sth** empeñarse en hacer algo

in·sist·ence /ɪnˈsɪstəns/ *s* [sing, U] insistencia, empeño • [+**that**]: *my father's insistence that I should find a job*

la insistencia de mi padre en que me buscara un empleo • [+**on**]: *their insistence on punctuality* su insistencia en la puntualidad • **at your/his insistence** ante su insistencia

in·sist·ent /ɪnˈsɪstənt/ *adj* **1** [nunca ante s] (persona) insistente • **be insistent that** insistir en que • **be insistent on sth** insistir en algo **2** (cosa) insistente, persistente

in·sist·ent·ly /ɪnˈsɪstəntli/ *adv* insistentemente, con insistencia

in·so·far as, in so far as /ˌɪnsəˈfɑr əz/ *conj* (*frml*) en la medida en que

in·sole /ˈɪnsoʊl/ *s* [C] plantilla (en calzado)

in·so·lence /ˈɪnsələns/ *s* [U] insolencia

in·so·lent /ˈɪnsələnt/ *adj* insolente

in·sol·u·ble /ɪnˈsɑlyəbəl/ *adj* **1** (problema) insoluble **2** (sustancia) insoluble

in·sol·ven·cy /ɪnˈsɑlvənsi/ *s* [U] insolvencia

in·sol·vent /ɪnˈsɑlvənt/ *adj* insolvente

in·som·ni·a /ɪnˈsɑmniə/ *s* [U] insomnio

in·som·ni·ac¹ /ɪnˈsɑmniˌæk/ *s* [C] insomne

insomniac² *adj* insomne

in·spect /ɪnˈspɛkt/ *v* [T] **1** (productos, daños, trabajos) revisar, examinar, inspeccionar **2** (un edificio, una empresa) inspeccionar, hacer una inspección de

in·spec·tion /ɪnˈspɛkʃən/ *s* [C,U] **1** (de una empresa, un edificio) inspección **2** (de un vehículo, unos productos) inspección • **on closer inspection** tras una inspección más profunda, tras un examen más detallado

in·spec·tor /ɪnˈspɛktər/ *s* [C] **1** inspector -a (de sanidad, educación) **2** inspector -a (de policía)

in·spi·ra·tion /ˌɪnspəˈreɪʃən/ *s* **1** [C,U] inspiración • **a source of inspiration** una fuente de inspiración • **draw inspiration from sb/sth** inspirarse en alguien/algo **2** [sing, U] estímulo, fuente de inspiración: *My father was my main inspiration.* Mi padre fue mi principal estímulo. • [+**for**]: *His memoirs were the inspiration for the movie.* La película se inspira en sus memorias. • **be an inspiration to sb** ser una fuente de inspiración para alguien, ser un fuerte estímulo para alguien

in·spi·ra·tion·al /ˌɪnspəˈreɪʃənəl/ *adj* estimulante, inspirador -a

in·spire W3 /ɪnˈspaɪr/ *v* [T]
1 alentar, estimular • **inspire sb to do sth** alentar/llevar a alguien a hacer algo: *He inspired me to take up the sport.* Me alentó a dedicarme a este deporte.
2 inspirar, despertar (un sentimiento) • **inspire sth in sb** inspirar algo a/en alguien • **inspire confidence** inspirar confianza
3 inspirar (un relato, una película)

in·spired /ɪnˈspaɪrd/ *adj* inspirado -a: *an inspired leader* un líder carismático

EXPRESIONES
an inspired choice una elección de lo más acertada

in·spir·ing /ɪnˈspaɪrɪŋ/ *adj* edificante, inspirador -a

in·sta·bil·i·ty /ˌɪnstəˈbɪləti/ *s* (pl **instabilities**) **1** [C,U] (política, económica) inestabilidad **2** [U] (mental, emocional) inestabilidad

in·stall W3 /ɪnˈstɔl/ *v* [T]
1 (un aparato) instalar • **have sth installed** mandar instalar algo
2 (un programa informático) instalar
3 [gralm en pasiva] **be installed** asumir el cargo, tomar posesión del cargo
4 install yourself instalarse, acomodarse

in·stal·la·tion /ˌɪnstəˈleɪʃən/ *s* [U] **1** (de un aparato) instalación **2** [U] (de un programa informático) instalación **3** [C] (industrial, militar) instalación **4** [C] (artística) instalación

in·stall·ment /ɪnˈstɔlmənt/ *s* [C] **1** cuota, plazo, mensualidad, abono • [+**on**]: *the final installment on our loan* la última cuota del crédito • **pay in installments** pagar en abonos/a plazos • **in monthly installments** en mensualidades, en cuotas/en abonos/a plazos mensuales **2** capítulo, episodio (de una serie), entrega, fascículo (de una publicación)

in'stallment ,plan s [sing, U] compra a plazos

in·stance S2 W2 /'ɪnstəns/ s [C] caso • [+of]: *instances of discrimination* casos de discriminación

EXPRESIONES
for instance por ejemplo • **in this instance** en este caso, en esta ocasión • **in the first instance (a)** en primera instancia, para empezar (en una serie) **(b)** en primer lugar (argumentando)

in·stant¹ /'ɪnstənt/ *adj* **1** instantáneo -a, inmediato -a: *The show was an instant success.* El espectáculo fue un éxito inmediato. **2** [solo ante s] instantáneo -a (alimento, bebida): *instant coffee* café instantáneo

instant² s [C gralm sing] instante • **for an instant** por un instante • **in an instant** inmediatamente

EXPRESIONES
the instant (that) en cuanto, tan pronto como: *The instant I saw him, I knew he was guilty.* En cuanto lo vi, supe que era culpable. • **this instant** (*oral*) ya, ahora/ahorita mismo

in·stan·ta·ne·ous /,ɪnstən'teɪniəs/ *adj* instantáneo -a, inmediato -a

in·stan·ta·ne·ous·ly /,ɪnstən'teɪniəsli/ *adv* instantáneamente

in·stant·ly /'ɪnstəntli/ *adv* al instante, en el acto

,instant 'replay s [C] repetición de la jugada

in·stead S1 W1 /ɪn'stɛd/ *adv* en su lugar, en lugar de eso: *He didn't join the navy. Instead, he became an actor.* No ingresó en la marina. En lugar de eso, se hizo actor. • *If Joe can't come with you, I'll come instead.* Si Joe no puede ir contigo, voy yo.

in'stead of *prep* en lugar de, en vez de: *I don't know why they chose Ted instead of Jim.* No sé por qué eligieron a Ted en vez de a Jim. • **instead of doing sth** en lugar de hacer algo, en vez de hacer algo

in·step /'ɪnstɛp/ s [C] **1** (del pie) arco (parte inferior), empeine (parte superior) **2** (de un zapato) empeine

in·sti·gate /'ɪnstə,geɪt/ v [T] (*frml*) **1** promover, iniciar **2** instigar (a)

in·sti·ga·tion /,ɪnstə'geɪʃən/ s (*frml*) promoción, inicio

EXPRESIONES
at his wife's/Susan's instigation (*frml*) a instancias de su mujer/de Susan

in·sti·ga·tor /'ɪnstə,geɪtər/ s [C] **1** (*frml*) promotor -a, iniciador -a **2** instigador -a

in·still /ɪn'stɪl/ v **instill sth in sb** inculcarle algo a alguien (unos valores, un hábito), infundirle algo a alguien (confianza, temor)

in·stinct /'ɪnstɪŋkt/ s [C,U] **1** (de nacimiento) instinto • [+for]: *instinct for survival* instinto de supervivencia • **by instinct** por instinto, instintivamente **2** (para obrar) intuición, instinto • **follow your instinct** seguir el instinto, dejarse llevar por la intuición • **by instinct** por instinto, intuitivamente

in·stinc·tive /ɪn'stɪŋktɪv/ *adj* instintivo -a

in·stinc·tive·ly /ɪn'stɪŋktɪvli/ *adv* instintivamente

in·sti·tute¹ W2 /'ɪnstə,tut/ s [C] instituto (organismo)

institute² v [T] (*frml*) instaurar, instituir

in·sti·tu·tion W2 /,ɪnstə'tuʃən/ s
1 [C] (entidad) institución: *financial institutions* entidades financieras
2 [C] (tradición) institución: *the institution of marriage* la institución del matrimonio
3 [C] hogar de ancianos, centro de menores • **a mental institution** un psiquiátrico
4 [U] instauración, entrada en vigor
5 [sing] (personaje, lugar) institución

in·sti·tu·tion·al /,ɪnstə'tuʃənəl/ *adj* **1** institucional: *children who are in institutional care* niños que están bajo la tutela del Estado **2** institucionalizado -a (racismo, sexismo)

in·sti·tu·tion·al·ize /,ɪnstə'tuʃənə,laɪz/ v [T] **1** internar (en un hogar, centro de menores) **2** institucionalizar

in·sti·tu·tion·al·ized /,ɪnstə'tuʃənə,laɪzd/ *adj* **1** (*frml*) que ha desarrollado una total dependencia del centro en que ha estado internado o encerrado **2** institucionalizado -a (racismo, corrupción)

in·struct /ɪn'strʌkt/ v [T] **1** **instruct sb to do sth** ordenarle a alguien que haga algo, darle instrucciones a alguien para que haga algo • **as instructed** como se indicó **2** instruir, enseñar • **instruct sb in sth** instruir a alguien en algo, enseñarle algo a alguien: *We instruct the children in traffic safety.* Enseñamos a los niños seguridad vial.

in·struc·tion S3 W3 /ɪn'strʌkʃən/ s
1 **instructions** [pl] instrucciones (en un manual, envase) • **follow the instructions** seguir las instrucciones • **instructions on how to do sth** instrucciones para hacer algo, instrucciones sobre cómo hacer algo: *There are instructions on how to set up the computer.* Hay instrucciones para configurar el computador. • **instruction manual** manual de instrucciones
2 [C gralm pl] instrucción, orden • **give sb instructions** darle instrucciones a alguien • **strict instructions** instrucciones/órdenes precisas
3 [U] (*frml*) instrucción, enseñanza: *religious instruction* enseñanza religiosa

in·struc·tion·al /ɪn'strʌkʃənəl/ *adj* [gralm ante s] de instrucciones, educativo -a

in·struc·tive /ɪn'strʌktɪv/ *adj* instructivo -a

in·struc·tor S3 /ɪn'strʌktər/ s [C]
1 instructor -a, profesor -a
2 (en la universidad) profesor -a instructor -a

in·stru·ment S3 W3 /'ɪnstrəmənt/ s [C]
1 (en música) instrumento • **play an instrument** tocar un instrumento
2 (en ciencia, medicina) instrumento: *surgical instruments* instrumental quirúrgico
3 (para medir) instrumento
4 (de ataque) instrumento, objeto • **a blunt instrument** un objeto contundente

in·stru·ment·al /,ɪnstrə'mɛntl/ *adj* instrumental

EXPRESIONES
be instrumental in sth/in doing sth desempeñar un papel fundamental en algo/a la hora de hacer algo

in·stru·men·tal·ist /,ɪnstrə'mɛntl-ɪst/ s [C] instrumentista

in·stru·men·ta·tion /,ɪnstrəmɛn'teɪʃən/ s [U] **1** instrumentación **2** instrumentos

'instrument ,panel s [C] tablero de control, cuadro de mandos

in·su·bor·di·nate /,ɪnsə'bɔrdn-ɪt/ *adj* (*frml*) insubordinado -a, indisciplinado -a

in·sub·or·di·na·tion /,ɪnsə,bɔrdn'eɪʃən/ s [U] insubordinación

in·sub·stan·tial /,ɪnsəb'stænʃəl/ *adj* (*frml*) **1** endeble, frágil **2** insustancial, intrascendente

in·suf·fer·a·ble /ɪn'sʌfərəbəl/ *adj* (*frml*) insufrible, insoportable

in·suf·fi·cient /,ɪnsə'fɪʃənt/ *adj* insuficiente • [+for]: *His salary was insufficient for his needs.* Su sueldo no le alcanzaba para cubrir sus necesidades.

in·suf·fi·cient·ly /,ɪnsə'fɪʃəntli/ *adv* insuficientemente

in·su·lar /'ɪnsələr, 'ɪnsyə-/ *adj* cerrado -a, estrecho -a de miras

in·su·lar·i·ty /,ɪnsə'lærəti, ,ɪnsyə-/ s [U] estrechez de miras

in·su·late /'ɪnsə,leɪt/ v [T] **1** aislar (de la electricidad, el frío) **2** **insulate sb from sth** proteger a alguien de algo

in·su·la·tion /ˌɪnsəˈleɪʃən/ s [U] aislamiento

in·su·lin /ˈɪnsələn/ s [U] insulina

in·sult¹ /ɪnˈsʌlt/ v [T] insultar, ofender • **be insulted** sentirse ofendido -a • **insult sb by doing sth** insultar/ ofender a alguien haciendo algo

EXPRESIONES
insult his/your intelligence hacer algo que supone un insulto a su/tu inteligencia

in·sult² /ˈɪnsʌlt/ s [C] **1** (expresión) insulto • [+to]: *The remark was an insult to his faith.* El comentario constituía una ofensa a su fe. **2** (hecho) insulto: *$200 for all that work? That's an insult!* ¿200 dólares por todo ese trabajo? ¡Es insultante! ▶ **to ADD insult to injury**

in·sult·ing /ɪnˈsʌltɪŋ/ adj insultante • [+to]: *Sexist language is insulting to women.* El lenguaje sexista es insultante para las mujeres.

in·su·per·a·ble /ɪnˈsupərəbəl/ adj (frml) insuperable

in·sur·ance S1 W2 /ɪnˈʃʊrəns/ s
1 [U] (contrato) seguro • **health insurance** seguro médico • **car insurance** seguro de automóvil • **travel insurance** seguro de viaje • **take out insurance** contratar un seguro • **insurance claim** reclamación al seguro • **insurance policy** póliza de seguro
2 [U] (sector) seguros • **insurance company** empresa de seguros • **insurance salesman** agente de seguros
3 [U] prima del seguro, cuota del seguro ▶ **LIFE INSURANCE**

in·sure /ɪnˈʃʊr/ v [T] **1** (persona) asegurar, hacer un seguro a • **insure sth against theft/fire** asegurar algo contra robo/incendios • **insure sth/sb for $10,000/$1 million** asegurar algo/a alguien en 10.000/un millón de dólares **2** (aseguradora) asegurar, hacer un seguro a • **insure sth/sb against sth** asegurar algo/a alguien contra algo **3** variante de ENSURE

in·sured /ɪnˈʃʊrd/ adj asegurado -a

in·sur·er /ɪnˈʃʊrə/ s [C] asegurador -a

in·sur·gen·cy /ɪnˈsɜːdʒənsi/ s [C,U] (pl **insurgencies**) (frml) insurgencia ▶ REBELLION

in·sur·gent¹ /ɪnˈsɜːdʒənt/ s [C] insurgente

insurgent² adj insurgente

in·sur·mount·a·ble /ˌɪnsəˈmaʊntəbəl/ adj insuperable

in·sur·rec·tion /ˌɪnsəˈrekʃən/ s [C,U] insurrección, levantamiento

in·tact /ɪnˈtækt/ adj [nunca ante s] (frml) intacto -a

in·take /ˈɪnteɪk/ s (frml) **1** [sing] ingesta, consumo • [+of]: *Try to reduce your intake of fat.* Trate de reducir su consumo de grasas. **2** [sing] número de alumnos matriculados, número de nuevos miembros • [+of]: *this year's intake of students* el número de nuevos alumnos matriculados **3** [C] toma (de aire, agua)

EXPRESIONES
an intake of breath *He gave a sharp intake of breath.* Tomó aire de repente.

in·tan·gi·ble /ɪnˈtændʒəbəl/ adj (frml) intangible

in·te·ger /ˈɪntədʒə/ s [C] (técn) número entero

in·te·gral /ˈɪntəgrəl, ɪnˈtegrəl/ adj **an integral part of sth** una parte esencial de algo • **be integral to sth** ser indispensable para algo: *Good planning is integral to success.* Para tener éxito es indispensable una buena planificación.

in·te·grate /ˈɪntəgreɪt/ v **1** [I] integrar(se) • [+into]: *They found it hard to integrate into our society.* Les costó integrarse en nuestra sociedad. • **integrate sb into sth** integrar a alguien en algo **2** [T] eliminar la segregación racial de

in·te·grat·ed /ˈɪntəgreɪtɪd/ adj **1** integrado -a, integral (sistema, enfoque) **2** no segregacionista, sin separación por raza (colegio, establecimiento)

in·te·gra·tion /ˌɪntəˈgreɪʃən/ s [U] **1** (en un ambiente) integración • [+into]: *the integration of disabled people*

into society la integración de los discapacitados en la sociedad **2** (de elementos) integración, combinación **3** integración racial

in·teg·ri·ty /ɪnˈtegrəti/ s [U] **1** (rectitud) integridad **2** (frml) (unidad) integridad

in·tel·lect /ˈɪntəlˌekt/ s [C,U] intelecto

in·tel·lec·tu·al¹ W3 /ˌɪntəlˈektʃuəl/ adj
1 [gralm ante s] (capacidad, esfuerzo) intelectual
2 (persona) intelectual
3 (película, novela) intelectual

intellectual² s [C] intelectual

in·tel·lec·tu·al·ly /ˌɪntəlˈektʃuəli/ adv intelectualmente

in·tel·li·gence W2 /ɪnˈtelədʒəns/ s
1 [C,U] inteligencia
2 [U] información secreta, datos secretos
3 [U] (servicio de) inteligencia ▶ ARTIFICIAL INTELLIGENCE

in·tel·li·gent S3 /ɪnˈtelədʒənt/ adj
1 (persona, mirada) inteligente • **highly intelligent** muy inteligente
2 [gralm ante s] (pregunta, conversación) inteligente
3 (animal, ser) inteligente • **intelligent life** vida inteligente
4 [gralm ante s] (técn) (sistema, máquina) inteligente

in·tel·li·gent·ly /ɪnˈtelədʒəntli/ adv inteligentemente

in·tel·li·gent·si·a /ɪnˌteləˈdʒentsiə/ s **the intelligentsia** la intelectualidad

in·tel·li·gi·ble /ɪnˈtelədʒəbəl/ adj inteligible • [+to]: *The information must be intelligible to everyone.* La información debe ser comprensible para todos.

in·tem·per·ate /ɪnˈtempərɪt/ adj (frml) incontrolado -a

in·tend S3 W2 /ɪnˈtend/ v [T]
1 (indicando propósito) **intend to do sth** (tb **intend on doing sth**) tener la intención de hacer algo, tener pensado hacer algo: *I intended to live abroad for a year.* Tenía pensado irme a vivir afuera un año. • **intend that** tener la intención de que: *It is intended that these meetings will be held regularly.* La idea es celebrar estas reuniones con regularidad. • **intend sb/sth to do sth** querer que alguien/algo haga algo • **fully intend** tener la firme intención de, estar decidido -a a
2 (indicando destinatario) **be intended for sb/sth** estar dirigido -a a alguien/algo, estar destinado -a a alguien/algo: *The book is intended for children aged 5–7.* El libro está dirigido a niños de 5 a 7 años.
3 (indicando sentido de las palabras) **intend sth as sth** pretender que algo se entienda como algo: *I intended it as a joke.* Era en broma. • **no offense/disrespect intended** sin ánimo de ofender ▶ INTENTION

in·tend·ed /ɪnˈtendɪd/ adj [solo ante s] **1** pretendido -a: *the killer's intended victim* la víctima a la que el asesino pretendía matar • **the intended target of the bomb** el objetivo al que iba dirigida la bomba **2** previsto -a, deseado -a: *the plane's intended destination* el destino previsto del avión • **the intended effect** el efecto deseado

in·tense W3 /ɪnˈtens/ adj
1 (sabor, color, dolor) intenso -a
2 (ejercicio, enfrentamientos) intenso -a, fuerte
3 serio -a (persona)
4 sesudo -a, intenso -a (conversación, película)

in·tense·ly /ɪnˈtensli/ adv **1** profundamente, sumamente **2** totalmente, en grado sumo **3** intensamente, denodadamente

in·ten·si·fi·er /ɪnˈtensəˌfaɪə/ s [C] (técn) (término) intensificador, término enfático

in·ten·si·fy /ɪnˈtensəˌfaɪ/ v [I,T] (**intensifies**, **intensified**, **intensifying**) intensificar(se), hacer(se) más intenso -a

in·ten·si·ty /ɪnˈtensəti/ s [U] intensidad

in·ten·sive /ɪnˈtensɪv/ adj [gralm ante s] **1** (búsqueda, campaña) intensivo -a **2** (curso, formación) intensivo -a

in,tensive 'care s [U] terapia intensiva, cuidados intensivos

in·ten·sive·ly /ɪnˈtensɪvli/ adv de manera intensiva

in·tent[1] /ɪn'tɛnt/ s **1** [sing, U] (*frml*) intención, propósito • **with good/evil intent** con buena/mala intención **2** [U] (*jur*) dolo, voluntad de delinquir • **with intent** doloso -a, con deliberación • **with intent to do sth** con la intención deliberada de hacer algo
EXPRESIONES
to all intents and purposes a todos los efectos

intent[2] *adj* **1** atento -a (mirada, expresión) • [+**on**]: *Intent on her work, she didn't notice the cold.* Concentrada como estaba en su trabajo, no sentía el frío. **2 be intent on doing sth** estar decidido -a a hacer algo • **be intent on sth** haberse propuesto algo ▶ INTENTLY

in·ten·tion W3 /ɪn'tɛnʃən/ s [C,U] intención • **have no intention of doing sth** no tener (ninguna) intención de hacer algo: *I have no intention of lending her any money.* No pienso prestarle nada de plata. • **his/your intention to do sth** su/tu intención de hacer algo: *the government's intention to raise teachers' salaries* la intención del gobierno de aumentar el sueldo de los profesores • **with the intention of doing sth** con la intención de hacer algo • **have every intention of doing sth** tener la firme intención de hacer algo, estar decidido -a a hacer algo • **good intentions** buenas intenciones • **the best of intentions** la mejor de las intenciones ▶ INTEND, WELL-INTENTIONED

⚠ **have no intention of doing sth**
The government has no intention of lowering (✗ to lower) taxes. We had no intention of holding (✗ to hold) a meeting.

in·ten·tion·al /ɪn'tɛnʃənəl/ *adj* intencionado -a: *It wasn't intentional.* Fue sin querer.

in·ten·tion·al·ly /ɪn'tɛnʃənəli/ *adv* intencionadamente

in·tent·ly /ɪn'tɛntˡli/ *adv* atentamente

in·ter /ɪn'tɚ/ *v* [T] (**interred, interring**) (*frml*) inhumar, enterrar

in·ter·act /ˌɪntə'rækt/ *v* [I] interactuar, interrelacionarse • **interact with sb** interactuar/relacionarse con alguien

in·ter·ac·tion S3 /ˌɪntə'rækʃən/ s [C,U] interacción • [+**with**]: *interaction with students from other colleges* interacción con alumnos de otras universidades • **social interaction** interacción social

in·ter·ac·tive /ˌɪntə'ræktɪv/ *adj* interactivo -a

in·ter·ac·tive·ly /ˌɪntə'ræktɪvli/ *adv* de manera interactiva

in·ter·breed /ˌɪntɚ'brid/ *v* [I,T] (**interbred** /-'brɛd/) cruzar(se) (razas, familias)

in·ter·cede /ˌɪntɚ'sid/ *v* [I] (*frml*) interceder

in·ter·cept /ˌɪntɚ'sɛpt/ *v* [T] **1** (un mensaje, una llamada) interceptar **2** (a una persona, un vehículo) interceptar **3** (un pase, el balón) interceptar

in·ter·cep·tion /ˌɪntɚ'sɛpʃən/ s [C,U] intercepción, interceptación

in·ter·change[1] /'ɪntɚˌtʃeɪndʒ/ s **1** [C] cruce (de carreteras), enlace **2** [sing, U] (*frml*) intercambio (de ideas) **3** [C] empalme (de ferrocarriles)

in·ter·change[2] /ˌɪntɚ'tʃeɪndʒ/ *v* **1** [T gralm en pasiva] (elementos) intercambiar **2** [T] (información, ideas) intercambiar

in·ter·change·a·ble /ˌɪntɚ'tʃeɪndʒəbəl/ *adj* intercambiable

in·ter·change·a·bly /ˌɪntɚ'tʃeɪndʒəbli/ *adv* indistintamente, de manera intercambiable

in·ter·com /'ɪntɚˌkɑm/ s [C] interfón, intercom • **over the intercom** por el interfón/intercom

in·ter·con·nect·ed /ˌɪntɚkə'nɛktɪd/ *adj* interconectado -a

in·ter·con·ti·nen·tal /ˌɪntɚˌkɑntə'nɛntˡl, -ˌkɑntˡn'ɛntˡl/ *adj* intercontinental

in·ter·course /'ɪntɚˌkɔrs/ s [U] (*frml*) **1** coito, relaciones sexuales • **have intercourse** realizar el coito, tener relaciones sexuales **2** trato, relaciones

in·ter·de·part·men·tal /ˌɪntɚdipɑrtˡ'mɛntˡl/ *adj* [gralm ante s] **1** de varios departamentos **2** interdepartamental

in·ter·de·pend·ence /ˌɪntɚdɪ'pɛndəns/ (tb **in·ter·de·pend·en·cy** /ˌɪntɚdɪ'pɛndənsi/) s [U] interdependencia

in·ter·de·pend·ent /ˌɪntɚdɪ'pɛndənt/ *adj* interdependiente

in·ter·dis·ci·pli·nar·y /ˌɪntɚ'dɪsəplənəˌnɛri/ *adj* interdisciplinario -a

in·terest[1] S2 W1 /'ɪntrɪst/ s

1 gusto
2 actividad
3 valor
4 por un préstamo
5 por un depósito, una inversión
6 provecho
7 colectividad
8 acciones

1 GUSTO [sing, U] interés • [+**in**]: *my interest in science* mi interés por la ciencia • **have an interest in sth** tener interés en/por algo • **have no interest in sb/sth** no tener interés por alguien/algo • **take an interest in sb/sth** interesarse por alguien/algo • **show an interest in sb/sth** mostrar interés por alguien/algo • **lose interest** perder el interés

2 ACTIVIDAD [C gralm pl] interés, afición • **outside interests** aficiones, hobbies

3 VALOR [U] interés • **add interest to sth** dar un toque especial/interesante a algo • **be of interest to sb** ser/resultar de interés para alguien • **be of no interest to sb** no interesar a alguien • **places of interest** lugares de interés

4 POR UN PRÉSTAMO [U] interés, intereses • [+**on**]: *the interest on the loan* los intereses del crédito • **interest charges** gastos por intereses • **interest payment** pago de intereses

5 POR UN DEPÓSITO, UNA INVERSIÓN [U] interés, intereses, réditos • **earn interest** cobrar/percibir intereses • **pay interest** producir intereses • **interest payment** pago de intereses

6 PROVECHO [C gralm pl, U] interés • **be in sb's interest(s) to do sth** ir en beneficio/interés de alguien hacer algo, convenirle a alguien hacer algo: *It is in your interests to tell the truth.* Te conviene decir la verdad. • **have sb's best interests at heart** querer lo mejor para alguien

7 COLECTIVIDAD [C gralm pl] grupo de poder

8 ACCIONES [C] participación (accionaria), intereses • [+**in**]: *She sold her interest in the company.* Vendió su participación en la empresa. ▶ COMPOUND INTEREST, HUMAN interest
EXPRESIONES
have no interest in doing sth no tener ningún interés en hacer algo • **in the interests of justice/safety/efficiency** en aras de la justicia/seguridad/eficacia • **(just) out of interest** (*oral*) solo por curiosidad

interest[2] *v* [T] **1** interesar • **what interests sb is...** lo que le interesa a alguien es... • **it may interest you to know that...** tal vez te interese saber que... **2 interest sb in sth** (*frml*) despertar el interés de alguien por algo • **can/could I interest you in another piece of cake/our new vacuum cleaner?** ¿Le provoca un poco más de torta?/¿Me permite enseñarle nuestra nueva aspiradora?

in·terest·ed S1 /'ɪntrɪstɪd, 'ɪntəˌrɛstɪd/ *adj* **1** [gralm no ante s] (por un tema) interesado -a • [+**in**]: *She's always been interested in music.* Siempre se ha interesado la música. • **be interested to hear/see** tener interés en oír/ver: *I'd be interested to hear your opinion.* Me interesa saber cuál es tu opinión. **2** [gralm no ante s] (en hacer algo) interesado -a: *I have a spare ticket, if you're interested.* Si te interesa, me sobra una entrada. • **interested in doing sth** querer hacer algo • **be interested in sth** estar interesado -a en algo: *Would you be interested in a second-hand car?* ¿Le interesaría un carro de segunda mano?

3 an interested party (*frml o jur*) una parte interesada

'**interest ,group** *s* [C] grupo (con intereses comunes)

in·terest·ing ⑤ /'ɪntrɪstɪŋ, 'ɪntə,restɪŋ/ *adj* interesante • **it will be interesting to see sth** será interesante ver algo • **find sth/sb interesting** encontrar algo/a alguien interesante

in·terest·ing·ly /'ɪntrɪstɪŋli, 'ɪntə,restɪŋli/ *adv* [adv oracional] curiosamente, sorprendentemente • **interestingly enough** curiosamente

'**interest ,rate** ⓦ *s* [C gralm pl] tipo de interés, tasa de interés

in·ter·face /'ɪntəˌfeɪs/ *s* [C] **1** (*técn*) interfaz **2** (*frml*) punto de encuentro • [+**between**]: *an interface between banks and their customers* interrelación entre los bancos y sus clientes

in·ter·fere /,ɪntə'fɪr/ *v* [I] meterse, entrometerse, inmiscuirse • **interfere in sth** inmiscuirse/entrometerse en algo
interfere with sth *v+partíc* **1** perturbar algo, afectar negativamente a algo **2** andar tocando/manipulando algo **3** interferir en/con algo, causar interferencias en algo

in·ter·fer·ence /,ɪntə'fɪrəns/ *s* [U] **1** intromisión • [+**in**]: *interference in the private affairs of other people* intromisión en los asuntos ajenos **2** interferencias **3** (en deportes) obstrucción, interferencia

EXPRESIONES
run interference (a) interceder por alguien **(b)** marcar una interferencia

in·ter·im¹ /'ɪntərəm/ *adj* [solo ante s] interino -a (director, presidente), provisional (acuerdo, medidas) • **an interim payment** un pago a cuenta

interim² *s* **in the interim** en el ínterin, mientras tanto

in·te·ri·or¹ /ɪn'tɪriə/ *s* **1** [C gralm sing] (de un objeto, edificio) interior • [+**of**]: *the interior of the church* el interior de la iglesia **2** [sing] (de un país) interior

EXPRESIONES
Department/Ministry of the Interior Ministerio del Interior, Secretaría de Gobernación • **Secretary/Minister of the Interior** Ministro del Interior, Secretario de Gobernación

interior² *adj* [solo ante s] interior

in,terior de'sign *s* [U] interiorismo, diseño de interiores

in,terior de'signer *s* [C] interiorista, diseñador -a de interiores

in·ter·ject /,ɪntə'dʒekt/ *v* [I,T] (*frml*) interrumpir (al hablar)

in·ter·jec·tion /,ɪntə'dʒekʃən/ *s* **1** [C] interrupción (al hablar) **2** [C] (*técn*) interjección

in·ter·link /,ɪntə'lɪŋk/ *v* [I,T] entrelazar(se), interrelacionar(se)

in·ter·lock /,ɪntə'lɑk/ *v* [I] encajar, entrelazarse

in·ter·lock·ing /,ɪntə'lɑkɪŋ‹/ *adj* [solo ante s] encajado -a

in·ter·lop·er /'ɪntə,loʊpə/ *s* [C] **1** intruso -a **2** advenedizo -a

in·ter·lude /'ɪntə,lud/ *s* [C] **1** intervalo (entre acontecimientos) **2** interludio **3** intermedio (en un espectáculo)

in·ter·mar·riage /,ɪntə'mærɪdʒ/ *s* [U] **1** matrimonio mixto **2** matrimonio endogámico

in·ter·mar·ry /,ɪntə'mæri/ *v* [I] (**intermarries, intermarried, intermarrying**) **1** (personas de distinta raza, religión, clase social) casarse entre sí • **intermarry with sb** casarse con alguien **2** (personas de la misma familia) casarse entre sí

in·ter·me·di·ar·y¹ /,ɪntə'midi,eri/ *s* [C,U] (pl **intermediaries**) intermediario -a • [+**between**]: *He acted as an intermediary between the two countries.* Hizo de intermediario entre los dos países.

intermediary² *adj* [gralm ante s] **1** intermediador -a **2** intermedio -a

in·ter·me·di·ate /,ɪntə'midiɪt/ *adj* [gralm ante s] **1** (nivel) intermedio -a **2** (clase, alumno, deportista) de nivel intermedio **3** (fase) intermedio -a

in·ter·mi·na·ble /ɪn'tɚmənəbəl/ *adj* interminable

in·ter·mi·na·bly /ɪn'tɚmənəbli/ *adv* interminablemente

in·ter·min·gle /,ɪntə'mɪŋgəl/ *v* [I,T gralm en pasiva] mezclar(se)

in·ter·mis·sion /,ɪntə'mɪʃən/ *s* [C] intermedio, entreacto

in·ter·mit·tent /,ɪntə'mɪt⌐nt/ *adj* intermitente

in·ter·mit·tent·ly /,ɪntə'mɪt⌐ntli/ *adv* intermitentemente

in·tern¹ /ɪn'tɚn/ *v* [T gralm en pasiva] recluir, internar

in·tern² /'ɪntɚn/ *s* [C] **1** (médico -a) interno -a **2** estudiante en prácticas

in·ter·nal ⑤ ⓦ /ɪn'tɚnl/ *adj* [gralm ante s] **1** (en una organización) interno -a: *an internal investigation* una investigación interna **2** (en un país) interno -a, nacional: *internal markets* mercados internos **3** (en el cuerpo) interno -a: *internal organs* órganos internos **4** (en un edificio) interno -a, interior

in·ter·nal·ly /ɪn'tɚnl-i/ *adv* **1** (en el cuerpo) internamente **2** (en un país, una organización) internamente

In,ternal 'Revenue ,Service *s* **the Internal Revenue Service** en EU, organismo encargado de la recaudación fiscal

in·ter·na·tion·al¹ /,ɪntə'næʃənəl/ *adj* [gralm ante s] internacional • **the international community** la comunidad internacional

international² *s* [C] **1** partido internacional **2** empresa internacional

in·ter·na·tion·al·ly /,ɪntə'næʃənəli/ *adv* internacionalmente, a escala internacional • **internationally acclaimed** reconocido -a en todo el mundo • **internationally renowned/famous** mundialmente famoso -a, de fama mundial

In·ter·net ⑤ ⓦ, **internet** /'ɪntə,net/ *s* **the Internet** Internet, internet: *Is your computer connected to the Internet?* ¿Tienes conexión a Internet? • **surf the Internet** navegar por Internet • **Internet access** alumnos con acceso a Internet • *a fast internet connection* una conexión rápida a Internet

EXPRESIONES
on the Internet (a) (tb **over the Internet**) en Internet, por (medio de) Internet **(b)** en Internet, navegando por Internet **(c) be on the Internet** estar conectado -a a Internet, tener acceso a Internet

,Internet 'Service ,Provider (abrev **ISP**) *s* [C] proveedor de acceso a Internet

in·ter·nist /'ɪntɚnɪst/ *s* [C] (médico -a) internista

in·tern·ment /ɪn'tɚnmənt/ *s* [sing, U] reclusión

in·tern·ship /'ɪntɚn,ʃɪp/ *s* [C] **1** internado (de un estudiante de medicina) **2** prácticas

in·ter·per·son·al /,ɪntə'pɚsənəl/ *adj* [gralm ante s] interpersonal

in·ter·plan·e·tar·y /,ɪntə'plænə,teri/ *adj* [solo ante s] interplanetario -a

in·ter·play /'ɪntə,pleɪ/ *s* [U] interacción • [+**of**]: *the interplay of the characters on stage* la interacción de los personajes en escena • [+**between**]: *the interplay between work and family life* la interacción entre el trabajo y la vida familiar

in·ter·pose /,ɪntə'poʊz/ *v* [T] (*frml*) interponer

in·ter·pret ⑤ /ɪn'tɚprɪt/ *v*
1 [I,T] hacer de intérprete (en)
2 [T] interpretar, entender • **interpret sth as a threat/**

lack of commitment interpretar algo como una amenaza/como falta de compromiso

in·ter·pre·ta·tion /ɪn,təprə'teɪʃən/ s [C,U] interpretación (explicación) • [+of]: *He began to revise his interpretation of the events.* Empezó a cambiar su interpretación de los acontecimientos.

in·ter·pret·er /ɪn'tɜˑprətɚ/ s [C] intérprete (traductor)

in·ter·ra·cial /,ɪntɚ'reɪʃəl‿/ adj interracial

in·ter·re·late /,ɪntɚrɪ'leɪt/ v [I] interrelacionarse

in·ter·re·lat·ed /,ɪntɚrɪ'leɪtɪd/ adj interrelacionado -a

in·ter·ro·gate /ɪn'tɛrə,geɪt/ v [T] interrogar

in·ter·ro·ga·tion /ɪn,tɛrə'geɪʃən/ s [C,U] interrogatorio

in·ter·rog·a·tive¹ /,ɪntɚ'rɑgətɪv/ adj **1** [gralm ante s] (técn) (oración, pronombre) interrogativo -a **2** (escrito) (tono, mirada) interrogativo -a

interrogative² s (técn) **1 the interrogative** (el) (modo) interrogativo, (la) (forma) interrogativa **2** [C] partícula interrogativa

in·ter·ro·ga·tor /ɪn'tɛrə,geɪtɚ/ s [C] interrogador -a

in·ter·rupt S3 /,ɪntə'rʌpt/ v
1 [I,T] (al hablar) interrumpir • **I'm sorry to interrupt** siento interrumpir
2 [T] (una actividad) interrumpir

in·ter·sect /,ɪntɚ'sɛkt/ v **1** [I] cortarse (líneas, círculos), cruzarse (caminos) • **intersect with sth** cruzarse con algo **2** [T gralm en pasiva] cruzar, atravesar

in·ter·sec·tion S3 /'ɪntɚˌsɛkʃən, ,ɪntɚ'sɛkʃən/ s
1 [C] (lugar) intersección
2 [U] (acto) intersección

in·ter·sperse /,ɪntɚ'spɚs/ v [T gralm en pasiva] **be interspersed with sth** estar intercalado -a con algo

in·ter·state¹, **Interstate** /'ɪntɚˌsteɪt/ s [C] carretera/autopista interestatal

interstate² adj [solo ante s] interestatal

in·ter·val /'ɪntɚvəl/ s [C] intervalo • [+between]: *the interval between arrest and trial* el intervalo entre la detención y el juicio
EXPRESIONES
at intervals (a) cada cierto tiempo, de vez en cuando • **at daily/weekly intervals** a intervalos de un día/una semana • **at regular/frequent intervals** con frecuencia, con regularidad **(b)** de forma espaciada, a intervalos regulares (de espacio)

in·ter·vene /,ɪntɚ'vin/ v [I] **1** (en una situación) intervenir • **intervene in sth** intervenir en algo **2** (en una conversación) intervenir **3** interponerse, sobrevenir (la guerra, las elecciones) **4** (frml) transcurrir

in·ter·ven·ing /,ɪntɚ'vinɪŋ/ adj **the intervening years/months** (frml) los años/meses transcurridos

in·ter·ven·tion /,ɪntɚ'vɛnʃən/ s [C,U] intervención

in·ter·view¹ S2 W1 /'ɪntɚ,vyu/ s
1 [C,U] (para un puesto) entrevista • **a job interview** una entrevista de trabajo
2 [C] (para medios de comunicación) entrevista • [+with]: *an interview with the president* una entrevista al presidente • **give an interview** conceder una entrevista
3 [C] (para una investigación) entrevista (de un encuestador), declaración (a la policía) • **conduct an interview** realizar una entrevista, tomar declaración

interview² S2 W3 v
1 [I,T] (para un puesto) entrevistar • **interview sb for a job/course** entrevistar a alguien para un trabajo/curso
2 [T frec en pasiva] (para medios de comunicación) entrevistar
3 [T] (para una investigación) entrevistar (encuestador), tomar declaración (policía)
4 [I] tener una entrevista (de trabajo) • [+with]: *I've interviewed with several large companies.* Tuve entrevistas con varias empresas grandes.

in·ter·view·ee /,ɪntɚvyu'i/ s [C] entrevistado -a

in·ter·view·er /'ɪntɚ,vyuɚ/ s [C] entrevistador -a

in·ter·weave /,ɪntɚ'wiv/ v [T gralm en pasiva] (**interwove** /-'wouv/, **interwoven** /-'wouvən/) **1** (temas, asuntos) entretejer, entrelazar • **be interwoven with sth** entretejerse con algo **2** (hilos) entretejer

in·tes·ti·nal /ɪn'tɛstənl/ adj [solo ante s] intestinal

in·tes·tine /ɪn'tɛstɪn/ s [C gralm pl] intestino

in·ti·ma·cy /'ɪntəməsi/ s (pl **intimacies**) **1** [U] (relación) intimidad • [+between]: *intimacy between parent and child* intimidad entre el padre o la madre y el hijo **2 intimacies** [pl] intimidades **3** [U] (ámbito) intimidad, privacidad **4** [U] (frml) relaciones íntimas

in·ti·mate¹ /'ɪntəmɪt/ adj **1** (ambiente, cena) íntimo -a **2** [gralm ante s] (amigo, amistad) íntimo -a • **be on intimate terms with sb** ser íntimo -a de alguien **3** [gralm ante s] (conversación, ropa) íntimo -a • **intimate details** detalles íntimos **4** [gralm ante s] (frml) (relaciones) íntimo -a • **be intimate with sb** (frml) tener relaciones íntimas con alguien
EXPRESIONES
an intimate knowledge of sth un conocimiento íntimo de algo

in·ti·mate² /'ɪntə,meɪt/ v [T] (frml) insinuar, dar a entender • **intimate that** insinuar/dar a entender que

in·ti·mate³ /'ɪntəmɪt/ s [C] (amigo) íntimo -a, (amiga) íntima

in·ti·mate·ly /'ɪntəmɪtli/ adv **1** (en la intimidad) íntimamente **2** (estrechamente) íntimamente **3** (en detalle) a fondo, en profundidad **4** (sexualmente) íntimamente

in·ti·ma·tion /,ɪntə'meɪʃən/ s [C,U] (frml) indicio

in·tim·i·date /ɪn'tɪmə,deɪt/ v [T] **1** (asustar) intimidar **2** (impresionar) intimidar

in·tim·i·dat·ed /ɪn'tɪmə,deɪtɪd/ adj [gralm no ante s] intimidado -a

in·tim·i·dat·ing /ɪn'tɪmə,deɪtɪŋ/ adj **1** intimidante, imponente: *He could be very intimidating.* Podía hacer que te sintieras muy cohibido. **2** intimidatorio -a, atemorizante

in·tim·i·da·tion /ɪn,tɪmə'deɪʃən/ s [U] intimidación

in·to S1 W1 /'ɪntə; before vowels 'ɪntʊ; fuerte 'ɪntu/ prep

1 indicando lugar
2 indicando situación, actividad
3 indicando nuevo estado
4 indicando choque
5 indicando dirección
6 en divisiones

1 INDICANDO LUGAR en: *I put my clothes into my suitcase.* Metí la ropa en la maleta. • *She walked into the kitchen.* Entró a la cocina.
2 INDICANDO SITUACIÓN, ACTIVIDAD en: *Don't get into trouble.* No te metas en líos. • *They decided to go into business together.* Decidieron hacer negocios juntos.
3 INDICANDO NUEVO ESTADO a, en: *We changed our dollars into euros.* Cambiamos los dólares a euros. • *He has been transformed into a national hero.* Se ha convertido en un héroe nacional.
4 INDICANDO CHOQUE con, contra: *I ran into a door and banged my head.* Me di en la cabeza con una puerta. • *He drove into a lamppost.* Chocó contra un poste de luz.
5 INDICANDO DIRECCIÓN a: *She spoke into the microphone.* Habló al micrófono.
6 EN DIVISIONES *Eight into twenty-four is three.* Veinticuatro dividido (por) ocho da tres./Veinticuatro entre ocho da tres.
EXPRESIONES
be into sth (oral) ser aficionado -a a algo: *He's really into soccer.* Le encanta el fútbol. • **be into sb** (coloq) deberle a alguien (dinero)

in·tol·er·a·ble /ɪn'tɑlərəbəl/ adj intolerable, insoportable

in·tol·er·a·bly /ɪn'tɑlərəbli/ adv de forma intolerable

in·tol·e·rance /ɪn'tɑlərəns/ s [U] intolerancia • **intolerance of sth** intolerancia/falta de tolerancia con algo

in·tol·er·ant /ɪn'tɑlərənt/ adj intolerante • **be intolerant of sth** no tolerar algo, ser intolerante con algo

in·to·na·tion /ˌɪntə'neɪʃən, -toʊ-/ s [C,U] entonación

in·tone /ɪn'toʊn/ v [T] (frml) decir solemnemente

in·tox·i·cat·ed /ɪn'tɑksə,keɪtɪd/ adj **1** (frml) ebrio -a, en estado de embriaguez **2** alborozado -a • **intoxicated with sth** ebrio -a de algo, embriagado -a de algo (éxito, poder)

in·tox·i·cat·ing /ɪn'tɑksə,keɪtɪŋ/ adj **1** [gralm ante s] (frml) (bebida) embriagante, embriagador -a **2** (aroma, sentimiento) embriagante, embriagador -a

in·tox·i·ca·tion /ɪn,tɑksə'keɪʃən/ s [U] (frml) embriaguez

in·trac·ta·ble /ɪn'træktəbəl/ adj (frml) **1** insoluble **2** inflexible, intransigente

in·tra·mu·ral /ˌɪntrə'myʊrəl/ adj interno -a (boletín, competición)

in·tra·net /'ɪntrə,nɛt/ s [C] intranet

in·tran·si·gence /ɪn'trænsədʒəns, -zə-/ s [U] (peyor, frml) intransigencia

in·tran·si·gent /ɪn'trænsədʒənt, -zə-/ adj (peyor, frml) intransigente

in·tran·si·tive /ɪn'trænsətɪv, -zə-/ adj (técn) intransitivo -a

in·tra·u·ter·ine /ˌɪntrə'yuṭərɪn, -ˌraɪn/ adj intrauterino -a

in·tra·ve·nous /ˌɪntrə'vinəs◂/ adj [solo ante s] intravenoso -a

in·tra·ve·nous·ly /ˌɪntrə'vinəsli/ adv por vía intravenosa

in·trep·id /ɪn'trɛpɪd/ adj (frml) intrépido -a

in·tri·ca·cy /'ɪntrɪkəsi/ s (pl **intricacies**) **1 the intricacies of sth** las complejidades de algo, los entresijos/ vericuetos de algo **2** [U] complejidad

in·tri·cate /'ɪntrɪkɪt/ adj intrincado -a, complejo -a

in·tri·cate·ly /'ɪntrɪkɪtli/ adv intrincadamente, con gran complejidad

in·trigue¹ /ɪn'trig/ v **1** [T] (causar curiosidad) intrigar **2** [I] (liter) (maquinar) intrigar

in·trigue² /'ɪntrig, ɪn'trig/ s **1** [U] (actividad) intrigas **2** [C] (plan) intriga

in·trigu·ing /ɪn'trigɪŋ/ adj intrigante

in·trin·sic /ɪn'trɪnzɪk, -sɪk/ adj intrínseco -a

in·trin·si·cally /ɪn'trɪnzɪkli, -sɪk-/ adv intrínsecamente

in·tro /'ɪntroʊ/ s [C] (coloq) introducción

in·tro·duce S2 W2 /ˌɪntrə'dus/ v [T]

1 al conocerse
2 una ley, un sistema, un impuesto
3 un programa, una actuación
4 ideas, especies, platos
5 nuevas pruebas, un proyecto de ley
6 a nuevas experiencias
7 meter

1 AL CONOCERSE presentar: *Have you two been introduced?* ¿Los presentaron? • **introduce sb to sb** presentarle alguien a alguien: *Let me introduce you to my colleagues.* Permítame presentarle a mis colegas. • **introduce yourself** presentarse
2 UNA LEY, UN SISTEMA, UN IMPUESTO introducir, implantar
3 UN PROGRAMA, UNA ACTUACIÓN presentar
4 IDEAS, ESPECIES, PLATOS • **be introduced to/into sth** llegar a algo, introducirse en algo: *When was Buddhism first introduced to China?* ¿Cuándo llegó el budismo a China?
5 NUEVAS PRUEBAS, UN PROYECTO DE LEY presentar

6 A NUEVAS EXPERIENCIAS introduce sb to sth iniciar a alguien en (el mundo de) algo
7 METER (técn) **introduce sth into sth** introducir algo en algo

in·tro·duc·tion /ˌɪntrə'dʌkʃən/ s

1 de algo nuevo
2 al conocerse
3 parte inicial
4 guía básica
5 de ideas, especies, platos
6 primera experiencia
7 de una pieza musical
8 acción de meter

1 DE ALGO NUEVO [U] lanzamiento (de un producto), introducción, implantación (de una ley, un sistema, un impuesto) • [+**of**]: *the introduction of new technology* la introducción de nuevas tecnologías
2 AL CONOCERSE [C,U] presentación • **make/do the introductions** hacer las presentaciones • **a letter of introduction** una carta de presentación
3 PARTE INICIAL [C] introducción • [+**to**]: *The introduction to the book was written by Jack Kerouac.* Jack Kerouac escribió la introducción del libro.
4 GUÍA BÁSICA [C] introducción: *"An Introduction to French Cooking"* "Introducción a la cocina francesa"
5 DE IDEAS, ESPECIES, PLATOS [U] introducción, llegada • [+**of**]: *the introduction of plants from Japan* la introducción de plantas japonesas
6 PRIMERA EXPERIENCIA [C] **an introduction to sth** una iniciación en algo: *This was her introduction to life as a teacher.* Esta fue su iniciación en la vida docente.
7 DE UNA PIEZA MUSICAL [C] introducción
8 ACCIÓN DE METER [U] introducción
EXPRESIONES
he/she needs no introduction no necesita presentación

in·tro·duc·to·ry /ˌɪntrə'dʌktəri/ adj [solo ante s] **1** (comentario, capítulo) introductorio -a **2** (curso, manual) introductorio -a **3 an introductory offer/price** una oferta/un precio de lanzamiento

in·tro·spec·tive /ˌɪntrə'spɛktɪv/ adj introspectivo -a

in·tro·vert /'ɪntrə,vət/ s [C] introvertido -a

in·tro·vert·ed /'ɪntrə,vəṭɪd/ adj introvertido -a

in·trude /ɪn'trud/ v [I] molestar, importunar • **intrude on/into sth** inmiscuirse en algo

in·trud·er /ɪn'trudɚ/ s [C] **1** (delincuente) intruso -a **2** (persona no deseada) intruso -a

in·tru·sion /ɪn'truʒən/ s **1** [C,U] intromisión • [+**into**]: *an intrusion intro privacy* una invasión de la intimidad **2 the intrusion of sth in/into sth** la intrusión/ intromisión de algo en algo: *the intrusion of politics into sports* la intrusión de la política en el deporte

in·tru·sive /ɪn'trusɪv/ adj indiscreto -a, impertinente

in·tu·i·tion /ˌɪntu'ɪʃən/ s **1** [U] (capacidad) intuición **2** [C] (idea) intuición

in·tu·i·tive /ɪn'tuəṭɪv/ adj **1** (sentido, comprensión) intuitivo -a **2** (persona) intuitivo -a **3** (software) intuitivo -a

in·tu·i·tive·ly /ɪn'tuəṭɪvli/ adv intuitivamente

In·u·it¹ /'ɪnuɪt/ s [C] (pl **Inuits, Inuit**) **1** inuit **2 the Inuit** [pl] los inuit

Inuit² adj inuit

in·un·date /'ɪnən,deɪt/ v [T] desbordar, inundar • **be inundated with sth** recibir un alud de algo

in·vade /ɪn'veɪd/ v **1** [I,T] (militarmente) invadir **2** [T] (en tropel) invadir: *Every summer the town is invaded by tourists.* Cada verano la ciudad se ve invadida por los turistas. **3** [T] (afectar) invadir • **invade your/his privacy** invadir su intimidad ▶ INVASION

in·vad·er /ɪn'veɪdɚ/ s [C gralm pl] invasor -a

in·val·id¹ /ɪn'vælɪd/ adj **1** (voto, permiso) nulo -a, no válido -a: *an invalid passport* un pasaporte vencido **2** (razonamiento, argumento) inválido -a, erróneo -a

3 (contraseña, datos, formato) incorrecto -a, no válido

in·va·lid² /'ɪnvələd/ s [C] inválido -a

invalid³ adj [solo ante s] inválido -a (persona)

in·val·i·date /ɪn'væləˌdeɪt/ v [T] **1** (un documento) invalidar **2** (una teoría) invalidar

in·va·lid·it·y /ˌɪnvə'lɪdəti/ s [U] (frml) invalidez

in·val·ua·ble /ɪn'vælyəbəl, -yuəbəl/ adj inestimable, inapreciable • [+to]: *Your advice has been invaluable to us.* Su asesoramiento ha sido de enorme valor para nosotros.

in·var·i·a·ble /ɪn'vɛriəbəl, -'vær-/ adj invariable

in·var·i·a·bly /ɪn'vɛriəbli, -'vær-/ adv siempre, invariablemente

in·va·sion /ɪn'veɪʒən/ s **1** [C,U] (militar) invasión **2** [C] (multitudinaria) invasión

EXPRESIONES
an invasion of privacy una invasión de la privacidad

in·va·sive /ɪn'veɪsɪv/ adj **1** (tratamiento, cirugía) invasivo -a **2** (cáncer, tumor) invasivo -a

in·vec·tive /ɪn'vɛktɪv/ s [U] (frml) invectivas

in·veigh /ɪn'veɪ/ v [I] **inveigh against sth/sb** criticar duramente algo/a alguien, protestar airadamente contra algo/alguien

in·vent S3 W3 /ɪn'vɛnt/ v [T]
1 (un aparato, juego) inventar
2 (una excusa, historia) inventar(se)

in·ven·tion /ɪn'vɛnʃən/ s **1** [C] (aparato) invento **2** [U] invención • [+of]: *the invention of the wheel* la invención de la rueda **3** [C,U] (historia) invento

in·ven·tive /ɪn'vɛntɪv/ adj inventivo -a, de una gran inventiva

in·ven·tive·ness /ɪn'vɛntɪvnɪs/ s [U] inventiva

in·ven·tor /ɪn'vɛntə/ s [C] inventor -a

in·ven·to·ry /'ɪnvənˌtɔri/ s (pl **inventories**) **1** [C] inventario **2** [C,U] stock, existencias SIN **stock** • **inventory control** (tb **inventory management**) control de existencias

in·verse¹ /ɪn'vəs, 'ɪnvəs/ adj [solo ante s] (frml) inverso -a • **be in inverse proportion to sth** ser inversamente proporcional a algo

in·verse² s [sing] (técn) **the inverse** lo contrario

in·verse·ly /ɪn'vəsli, 'ɪnvəsli/ adv inversamente, de manera inversamente proporcional

in·ver·sion /ɪn'vəʒən/ s [U] (frml) inversión (de orden, dirección)

in·vert /ɪn'vət/ v [T] (frml) invertir, poner al revés

in·ver·te·brate¹ /ɪn'vətəbrɪt, -ˌbreɪt/ adj invertebrado -a

invertebrate² s [C] invertebrado

in·vert·ed /ɪn'vətɪd/ adj (frml) invertido -a

in·vest W2 /ɪn'vɛst/ v
1 [I,T] (inversor) invertir • **invest in shares/property** invertir en acciones/inmuebles • **invest money/capital in sth** invertir dinero/capital en algo
2 [I,T] (empresa) invertir • **invest (money) in sth** invertir (dinero) en algo: *The company has invested in new technology.* La empresa ha invertido en nueva tecnología.
3 [T] (sin afán lucrativo) **invest time/effort/money in sth** invertir tiempo/esfuerzo/dinero en algo
invest in sth v+partíc invertir en algo: *We decided to invest in a new car.* Decidimos invertir en un carro nuevo.
invest sb/sth with sth v+partíc **1** (frml) (de autoridad) investir a alguien/algo de/con algo **2** (frml) (de una cualidad) investir a alguien/algo de algo, conferir algo a alguien/algo

in·ves·ti·gate W3 /ɪn'vɛstəˌgeɪt/ v
1 [I,T] (un caso, asunto) investigar: *Police are still investigating the murder.* La policía sigue investigando el asesinato.
2 [T] (a una persona, empresa) investigar

in·ves·ti·ga·tion W2 /ɪnˌvɛstə'geɪʃən/ s
1 [C] (caso específico) investigación: *a murder investigation* una investigación de un asesinato • [+into/of]: *an investigation into the crash* una investigación del accidente
2 [U] (acción) investigación • [+of]: *the investigation of computer fraud* la investigación del fraude informático • **under investigation** *Six army officers are under investigation.* Se está investigando a seis oficiales del ejército.

in·ves·ti·ga·tive /ɪn'vɛstəˌgeɪtɪv/ adj [solo ante s] de investigación

in·ves·ti·ga·tor W3 /ɪn'vɛstəˌgeɪtə/ s [C] investigador -a (de delitos, hechos) ▶ **PRIVATE INVESTIGATOR**

in·ves·ti·ture /ɪn'vɛstəˌtʃʊr, -tʃə/ s [C] (frml) investidura

in·vest·ment W1 /ɪn'vɛstmənt/ s
1 [C] (dinero) inversión • [+in]: *a large investment in technology* una enorme inversión en tecnología
2 [U] (acción) **investment in sth** inversión/inversiones en algo: *Japanese investment in U.S. real estate* las inversiones japonesas en propiedades en EU
3 [C] (gasto, compra) inversión • **a good investment** una buena inversión

in·ves·tor W1 /ɪn'vɛstə/ s [C] inversor -a, inversionista

in·vet·er·ate /ɪn'vɛtərɪt/ adj [solo ante s] empedernido -a, contumaz

in·vid·i·ous /ɪn'vɪdiəs/ adj (escrito) odioso -a, injusto -a

in·vig·or·ate /ɪn'vɪgəˌreɪt/ v [T] **1** dar energía **2** vigorizar, dar nueva vida a **3** dar nuevo ímpetu a

in·vig·o·rat·ing /ɪn'vɪgəˌreɪtɪŋ/ adj tonificante, estimulante

in·vin·ci·ble /ɪn'vɪnsəbəl/ adj **1** invencible **2** implacable (lógica), arraigado -a (actitud, prejuicio)

in·vi·o·la·ble /ɪn'vaɪələbəl/ adj (frml) inviolable

in·vis·i·ble /ɪn'vɪzəbəl/ adj **1** (imposible de ver) invisible • [+to]: *The new planes are invisible to radar.* Los nuevos aviones son invisibles para los radares. • **be invisible to the naked eye** ser invisible para el ojo humano, no verse a simple vista **2** (imperceptible) invisible: *An invisible barrier keeps women out of top jobs.* Una barrera invisible impide a las mujeres llegar a los puestos más altos. **3** [solo ante s] (comercio, exportaciones) invisible: *invisible earnings* ingresos invisibles

in·vi·ta·tion S2 /ˌɪnvə'teɪʃən/ s
1 [C] (a una boda, cena) invitación • [+to]: *an invitation to a party* una invitación a una fiesta • **accept an invitation** aceptar una invitación • **send out invitations** mandar invitaciones
2 [C] (a hacer algo, ir a un lugar) **an invitation to do sth** una invitación a hacer algo: *an invitation to speak at a conference* una invitación a dar una conferencia en un congreso
3 [sing] (incitación) **be an open invitation to sth** ser una invitación a algo, incitar a algo: *An unlocked car is an open invitation to thieves.* Un carro no está cerrado con llave es una invitación al robo. • **an invitation to do sth** una invitación/incitación a hacer algo
EXPRESIONES
at her/John's invitation invitado -a por ella/por John • **by invitation only** sólo con invitación

in·vite¹ S1 W2 /ɪn'vaɪt/ v [T]
1 invitar (a una boda, cena) • **invite sb to sth** invitar a alguien a algo: *We've invited over 200 people to the wedding.* Invitamos a más de 200 personas a la boda. • **invite sb to do sth** invitar a alguien a hacer algo: *He's invited me to go swimming.* Me invitó a ir a nadar.
2 invite sb to do sth invitar a alguien a hacer algo: *The*

chairman invited me to sit down. El presidente me invitó a sentarme.
3 pedir, solicitar (ofertas, sugerencias): *The government has invited comments on its proposals.* El gobierno ha pedido opinión sobre sus propuestas. • *a job advertisement inviting applications from experienced teachers* un anuncio de trabajo que solicita profesores con experiencia
4 suscitar (críticas, rumores), buscarse (problemas)
invite sb back *v+partíc* **1** invitar a alguien a casa (después de salir juntos) **2** volver a invitar a alguien
invite sb in *v+partíc* invitar a alguien a entrar/pasar
invite sb out *v+partíc* invitar a salir a alguien
invite sb over *v+partíc* invitar a alguien a casa

in·vite² /'ɪnvaɪt/ *s* [C] (*coloq*) invitación

in·vit·ing /ɪn'vaɪtɪŋ/ *adj* irresistible (aroma), acogedor -a (ambiente, fuego)

in·voice¹ /'ɪnvɔɪs/ *s* [C] factura

invoice² *v* [T] facturar, pasar factura a • **invoice sb for sth** facturar algo a alguien

in·voke /ɪn'voʊk/ *v* [T] (*frml*) **1** (una ley, norma) invocar **2** (un derecho, principio) invocar **3** (a un dios, santo) invocar

in·vol·un·tar·i·ly /ɪn‚vɑlən'tɛrəli/ *adv* involuntariamente

in·vol·un·tar·y /ɪn'vɑlən‚tɛri/ *adj* involuntario -a

in·volve W1 /ɪn'vɑlv/ *v* [T]
1 suponer (esfuerzo, dolor, gastos): *The job involves a certain amount of risk.* El trabajo entraña cierto riesgo. • *What exactly will the job involve?* ¿En qué consiste exactamente el trabajo? • **involve doing sth** *The job involves organizing conferences.* Parte del trabajo consiste en organizar congresos.
2 afectar: *These changes will involve all members of staff.* Estos cambios van a afectar a todo el personal. • *an accident involving a drunken driver* un accidente donde se vio implicado un conductor ebrio
3 involucrar, hacer participar • **involve sb in sth** *an attempt to involve people in local politics* un intento de que la gente participe en la política local

in·volved S1 /ɪn'vɑlvd/ *adj*
1 [nunca ante s] involucrado -a, implicado -a • [+**in**]: *He's involved in local politics.* Está metido en la política local. • [+**with**]: *None of our kids have been involved with drugs.* Ninguno de nuestros hijos ha estado metido en la droga. • **get/become involved in sth** meterse en algo, involucrarse en algo
2 [nunca ante s] **be involved in sth** intervenir en algo, ser parte de algo: *There's a lot of work involved in putting on a concert.* Organizar un concierto supone mucho trabajo.
3 **be involved with sb** mantener/tener una relación (sentimental) con alguien • **get/become involved with sb** iniciar una relación (sentimental) con alguien
4 enrevesado -a, enredado -a

in·volve·ment W3 /ɪn'vɑlvmənt/ *s* [U] participación, implicación • [+**in**]: *Britain's involvement in the war* la participación de Gran Bretaña en la guerra • [+**with**]: *involvement with community groups* participación en grupos comunitarios

in·vul·ner·a·ble /ɪn'vʌlnərəbəl/ *adj* invulnerable

in·ward¹ /'ɪnwərd/ *adj* [solo ante s] **1** íntimo -a, interior: *inward panic* pánico por dentro **2** hacia el interior

in·ward² *adv* hacia adentro, para adentro

ˈinward-ˌlooking *adj* introvertido -a

in·ward·ly /'ɪnwərdli/ *adv* por dentro, para sus adentros

i·o·dine /'aɪə‚daɪn, -dɪn/ *s* [U] (símb quím **I**) yodo

i·on /'aɪən, 'aɪɑn/ *s* [C] (*técn*) ión

i·on·ize /'aɪə‚naɪz/ *v* [I,T] ionizar(se)

i·o·ta /aɪ'oʊtə/ *s* **not one/an iota** ni pizca, en lo más mínimo: *It won't make an iota of difference.* No va a importar en lo más mínimo.

IOU /‚aɪ oʊ 'yu/ *s* [C] (*coloq*) (**I owe you**) pagaré: *She gave me an IOU for twenty dollars.* Me dio un pagaré por veinte dólares.

IPA /‚aɪ pi 'eɪ/ *s* [sing] (**the International Phonetic Alphabet**) AFI (alfabeto fonético internacional)

IQ I.Q. /‚aɪ 'kyu/ *s* [C] (**Intelligence Quotient**) CI (coeficiente/cociente intelectual)

IRA /'aɪrə/ *s* **1** [C] (**Individual Retirement Account**) cuenta individual de retiro, cuenta de retiro individual **2 the IRA** (**the Irish Republican Army**) el IRA (Ejército Republicano Irlandés)

I·ran /ɪ'ræn, ɪ'rɑn/ Irán

I·ra·ni·an /ɪ'reɪniən, ɪ'rɑ-/ *s* [C], *adj* iraní

I·raq /ɪ'ræk, ɪ'rɑk/ Iraq, Irak

I·ra·qi /ɪ'ræki, ɪ'rɑ-/ *s* [C], *adj* iraquí

i·ras·ci·ble /ɪ'ræsəbəl/ *adj* (*escrito*) irascible

i·rate /‚aɪ'reɪt◂/ *adj* indignado -a, furioso -a

ire /aɪər/ *s* [U] (*escrito*) ira

Ire·land /'aɪərlənd/ Irlanda

ir·i·des·cent /‚ɪrə'dɛsənt/ *adj* irisado -a, tornasolado -a

i·ris /'aɪrɪs/ *s* [C] **1** lirio **2** iris

I·rish¹ /'aɪrɪʃ/ *adj* irlandés -esa

Irish² *s* **1 the Irish** los irlandeses **2** irlandés (idioma)

I·rish·man /'aɪrɪʃmən/ *s* [C] (pl **Irishmen** /-mən/) irlandés (hombre)

I·rish·wom·an /'aɪrɪʃ‚wʊmən/ *s* [C] (pl **Irishwomen** /-‚wɪmɪn/) irlandesa

ˈiris scan *s* [C] reconocimiento del iris SIN **eye scan**

irk /ərk/ *v* [T] fastidiar, molestar

irked /ərkt/ *adj* [gralm no ante s] molesto -a

irk·some /'ərksəm/ *adj* (*frml*) fastidioso -a, pesado -a

i·ron¹ W3 /'aɪərn/ *s*
1 [U] (símb **Fe**) (metal) hierro
2 [C] plancha (para la ropa)
3 [C] (en golf) hierro
4 irons [pl] (*liter*) grilletes ► **a WILL of iron, PUMP iron, RULE (sb/sth) with an iron fist, STRIKE while the iron is hot**

EXPRESIONES
have several irons in the fire tener varias cosas entre manos

iron² *adj* [solo ante s] **1** de hierro **2** (*liter*) férreo -a: *an iron will* una voluntad de hierro

iron³ *v* [T] planchar, aplanchar (ropa)
iron sth ↔ out *v+partíc* **1** resolver algo **2** planchar algo, aplanchar algo

i·ron·ic /aɪ'rɑnɪk/ (tb **i·ron·i·cal** /aɪ'rɑnɪkəl/) *adj* **1** irónico -a, paradójico -a • **it's ironic that** resulta irónico/ paradójico que **2** irónico -a (comentario, tono)

i·ron·i·cally /aɪ'rɑnɪkli/ *adv* **1** [adv oracional] irónicamente, paradójicamente **2** irónicamente, con ironía

i·ron·ing /'aɪərnɪŋ/ *s* [U] **1** planchado, aplanchado • **do the ironing** planchar, aplanchar **2** ropa para planchar/ aplanchar, ropa planchada/aplanchada

ˈironing ˌboard *s* [C] tabla de planchar, tabla de aplanchar

i·ro·ny /'aɪrəni/ *s* (pl **ironies**) **1** [U] ironía (modo de expresión) **2** [C,U] ironía, paradoja

ir·ra·di·ate /ɪ'reɪdi‚eɪt/ *v* [T gralm en pasiva] irradiar

ir·ra·tion·al /ɪ'ræʃənəl/ *adj* **1** (cosa) irracional **2** (persona) **be irrational** actuar de un modo irracional

ir·ra·tion·al·ly /ɪ'ræʃənəli/ *adv* irracionalmente, de modo irracional

ir·rec·on·cil·a·ble /ɪ‚rɛkən'saɪləbəl/ *adj* **1** (posturas) irreconciliable **2** (enemigos) irreconciliable

ir·re·deem·a·ble /‚ɪrɪ'diməbəl/ *adj* no amortizable

ir·re·fut·a·ble /ˌɪrɪˈfyuṭəbəl/ *adj* irrefutable

ir·reg·u·lar¹ /ɪˈrɛgyələ/ *adj* **1** (forma, diseño) irregular **2** (intervalos, pulso) irregular **3** (horarios, comidas) irregular **4** (*frml*) (contra las normas) irregular, con irregularidades **5** (en gramática) irregular **6** [solo después de s] estreñido -a ANT **regular**

irregular² *s* [C] soldado no regular

ir·reg·u·lar·i·ty /ɪˌrɛgyəˈlærəṭi/ *s* (pl **irregularities**) **1** [C gralm pl] (ilegalidad) irregularidad • **financial irregularities** irregularidades financieras **2** [C,U] (altibajo) irregularidad **3** [U] estreñimiento

ir·rel·e·vance /ɪˈrɛləvəns/ (tb **ir·rel·e·van·cy** /ɪˈrɛləvənsi/) *s* **1** [sing] irrelevancia • **the irrelevance of sth to sb/sth** *the irrelevance of his statement to the situation* la falta de relación de sus declaraciones con la situación en sí **2** [C] algo irrelevante: *Age is an irrelevance in most jobs.* La edad es algo irrelevante en la mayoría de los trabajos.

ir·rel·e·vant /ɪˈrɛləvənt/ *adj* intrascendente, irrelevante: *irrelevant remarks* comentarios que no vienen al caso • [+**to**]: *Her comments seemed irrelevant to the situation.* Sus comentarios no parecían tener relación con la situación.

ir·re·lig·ious /ˌɪrɪˈlɪdʒəs/ *adj* (*frml*) irreligioso -a

ir·rep·a·ra·ble /ɪˈrɛpərəbəl/ *adj* irreparable

ir·rep·a·ra·bly /ɪˈrɛpərəbli/ *adv* irreparablemente

ir·re·place·a·ble /ˌɪrɪˈpleɪsəbəl/ *adj* irreemplazable, insustituible

ir·re·press·i·ble /ˌɪrɪˈprɛsəbəl/ *adj* (*escrito*) imparable (persona), irreprimible (necesidad, deseo): *an irrepressible optimist* un/una optimista sin remedio

ir·re·proach·a·ble /ˌɪrɪˈproutʃəbəl/ *adj* (*frml*) irreprochable

ir·re·sist·i·ble /ˌɪrɪˈzɪstəbəl/ *adj* **1** (persona, aroma) irresistible • **find sth/sb irresistible** encontrar irresistible algo/a alguien • [+**to**]: *He thought he was irresistible to women.* Creía que era irresistible para las mujeres. **2** (tentación, deseo) irresistible • **an irresistible urge** un impulso irrefrenable

ir·re·sis·ti·bly /ˌɪrɪˈzɪstəbli/ *adv* irresistiblemente

ir·res·o·lute /ɪˈrɛzəˌlut/ *adj* (*frml*) irresoluto -a

ir·re·spec·tive /ˌɪrɪˈspɛktɪv/ *adv* **irrespective of sth** independientemente de algo, sin importar algo

ir·re·spon·si·bil·i·ty /ˌɪrɪˌspɑnsəˈbɪləṭi/ *s* [U] irresponsabilidad

ir·re·spon·si·ble /ˌɪrɪˈspɑnsəbəl/ *adj* irresponsable

ir·re·spon·si·bly /ˌɪrɪˈspɑnsəbli/ *adv* irresponsablemente

ir·re·triev·a·ble /ˌɪrɪˈtrivəbəl/ *adj* (*frml*) irrecuperable

ir·rev·er·ence /ɪˈrɛvərəns/ *s* [U] irreverencia

ir·rev·er·ent /ɪˈrɛvərənt/ *adj* irreverente

ir·re·vers·i·ble /ˌɪrɪˈvɜːsəbəl/ *adj* irreversible (daño, proceso), irrevocable (decisión)

ir·rev·o·ca·ble /ɪˈrɛvəkəbəl/ *adj* irrevocable (decisión), definitivo -a (cambio)

ir·rev·o·ca·bly /ɪˈrɛvəkəbli/ *adv* irrevocablemente, definitivamente

ir·ri·gate /ˈɪrəˌgeɪt/ *v* [T] **1** irrigar, regar **2** (*técn*) lavar (una herida)

ir·ri·ga·tion /ˌɪrəˈgeɪʃən/ *s* [U] **1** irrigación, riego **2** (*técn*) lavado (de una herida)

ir·ri·ta·bil·i·ty /ˌɪrəṭəˈbɪləṭi/ *s* [U] irritabilidad, irritación

ir·ri·ta·ble /ˈɪrəṭəbəl/ *adj* irritable

ir·ri·ta·bly /ˈɪrəṭəbli/ *adv* con irritación

ir·ri·tant /ˈɪrəṭənt/ *s* [C] **1** fastidio, molestia **2** agente irritante

ir·ri·tate /ˈɪrəˌteɪt/ *v* [T] **1** irritar, molestar • **it irritates me/him** me/le irrita **2** irritar (la piel, los ojos)

ir·ri·tat·ed /ˈɪrəˌteɪṭɪd/ *adj* **be irritated by sth** estar molesto -a por algo • **get irritated by sth** irritarse por algo

ir·ri·tat·ing /ˈɪrəˌteɪṭɪŋ/ *adj* irritante, molesto -a • **it's irritating** es irritante, me irrita • **an irritating habit** una mala costumbre

ir·ri·tat·ing·ly /ˈɪrəˌteɪṭɪŋli/ *adv* fastidiosamente, irritantemente

ir·ri·ta·tion /ˌɪrəˈteɪʃən/ *s* **1** [U] irritación, enojo • [+**at/with**]: *his irritation with the delays* su enojo por los retrasos **2** [C] molestia, fastidio **3** [C,U] irritación (de los ojos, la piel) • **cause irritation** producir irritación

is /z, s, əz; *fuerte* ɪz/ 3ª pers sing del presente de BE

ISBN /ˌaɪ ɛs bi ˈɛn/ *s* (**International Standard Book Number**) ISBN

Is·lam /ˈɪzlɑm, ɪzˈlɑm, ˈɪslɑm/ *s* [U] el Islam, el islamismo

Is·lam·ic /ɪzˈlɑmɪk, ɪs-/ *adj* islámico -a, del Islam

is·land S2 W2 /ˈaɪlənd/ *s* [C] isla

is·land·er /ˈaɪləndə/ *s* [C] isleño -a

isle /aɪl/ *s* [C] isla

is·n't /ˈɪzənt/ *contrac de* **is not**

i·so·bar /ˈaɪsəˌbɑr/ *s* [C] (*técn*) isobara

i·so·late /ˈaɪsəˌleɪt/ *v* [T] **1** (a una persona, población) aislar • **isolate sb from sb/sth** aislar a alguien de alguien/algo **2** (a un país, grupo político) aislar **3** (técn) (un gen, virus) aislar • **isolate sth from sth** aislar algo de algo **4** (una cuestión) **isolate sth from sth** aislar/desligar algo de algo **5** (a un enfermo) aislar • **isolate sb from sb** aislar a alguien de alguien

i·so·lat·ed /ˈaɪsəˌleɪṭɪd/ *adj* **1** (lugar) aislado -a **2** an **isolated case/incident** un caso/incidente aislado **3** (persona) aislado -a, solo -a

i·so·la·tion /ˌaɪsəˈleɪʃən/ *s* [U] **1** (sentimiento) aislamiento, soledad **2** (situación) aislamiento
  EXPRESIONES
  in isolation (a) aislado -a, en aislamiento **(b)** aisladamente, por separado

i·so·la·tion·ism /ˌaɪsəˈleɪʃəˌnɪzəm/ *s* [U] aislacionismo

i·so·tope /ˈaɪsəˌtoup/ *s* [C] (*técn*) isótopo

ISP /ˌaɪ ɛs ˈpi/ *s* [C] (**Internet Service Provider**) proveedor de (acceso a) Internet

Is·ra·el /ˈɪzriəl/ Israel

Is·rae·li /ɪzˈreɪli/ *s* [C], *adj* israelí

is·sue¹ S1 W1 /ˈɪʃu/ *s* [C]
1 asunto, cuestión • **the issue of sth** *the issue of taxation* el asunto de los impuestos • **political issues** temas políticos
2 número, edición (de un diario, una revista) • [+**of**]: *the February issue of "Nature"* el número de febrero de la revista "Nature"
3 emisión (de estampillas, acciones) ▶ -ISSUE
  EXPRESIONES
  be at issue (*frml*) discutirse, ser objeto de debate • **have issues with sth** (*coloq*) tener problemas con algo • **make an issue (out) of sth** darle a algo más importancia de la que tiene • **not be the issue** no ser la cuestión, no ser lo importante • **not be an issue** no tener importancia • **take issue with sb/sth** discrepar con alguien/algo

issue² S3 W2 *v* [T]
1 dictar (una orden), lanzar (una advertencia) • **issue a statement** emitir un comunicado, hacer una declaración
2 expedir (un pasaporte, una visa) • **issue sth to sb** entregar algo a alguien • **be issued with sth** *The workers were issued with protective clothing.* Se entregó ropa protectora a los trabajadores.
3 emitir (estampillas, acciones)
issue from sth *v+partíc* (*liter*) salir de algo

isth·mus /ˈɪsməs/ *s* [C] istmo

IT /ˌaɪ 'ti/ s [U] (**information technology**) informática, tecnología de la información

it S1 W3 /ɪt/ *pron*

1 sujeto
2 complemento directo
3 anticipando sujeto
4 anticipando complemento directo
5 tiempo, hora, fecha, distancia
6 situación
7 especificando enfáticamente
8 otros usos impersonales
9 para identificar o identificarse
10 sujeto de pasivas
11 don natural
12 acto sexual
13 atractivo sexual
14 en juegos infantiles

1 SUJETO ▶ En inglés nunca se omite el pronombre personal de sujeto: *"Where's your office?" "It's on the third floor."* –¿Dónde está tu oficina? –En el tercer piso. • *Was it a boy or a girl?* ¿Era niño o niña? • *The dishwasher shouldn't make as much noise as it does.* El lavaplatos no debería hacer tanto ruido.

2 COMPLEMENTO DIRECTO lo: *Give it to me.* Dámelo. • *I heard a good joke but I can't remember who told me it.* Me contaron un chiste buenísimo, pero no recuerdo quién.

3 ANTICIPANDO SUJETO *It's lovely to see you again.* Qué alegría volver a verte. • *It's a beautiful dress.* Es un vestido precioso. • *It's a pity you couldn't come.* Es una pena que no pudieras venir. • **it is kind/silly of you to do sth** es muy amable de tu parte/es una estupidez por tu parte hacer algo

4 ANTICIPANDO COMPLEMENTO DIRECTO I hate/like/ love it when... No soporto/Me gusta/Me encanta que...: *I hate it when my parents argue.* No soporto que mis padres se peleen.

5 TIEMPO, HORA, FECHA, DISTANCIA *Is it still raining?* ¿Sigue lloviendo? • *It's 4 o'clock.* Son las 4. • *It's fifty miles to Boston.* Quedan cincuenta millas para Boston.

6 SITUACIÓN *I can't stand it any longer.* No lo soporto más. • *How's it going?* ¿Cómo va la cosa?

7 ESPECIFICANDO ENFÁTICAMENTE *It was malaria that killed him.* Lo que lo mató fue la malaria. • *It was Jane who paid for the meal.* Fue Jane la que pagó la comida.

8 OTROS USOS IMPERSONALES *It seems they've left without us.* Parece que se fueron sin nosotros. • *It appears that I was wrong.* Al parecer, estaba equivocado.

9 PARA IDENTIFICAR O IDENTIFICARSE *Hello, it's Frank here.* Hola, soy Frank.

10 SUJETO DE PASIVAS *It was once thought that the world was flat.* Hubo un tiempo en que se creía que el mundo era plano.

11 DON NATURAL (*coloq*): *I'm sorry, but you just don't have it as a singer.* Lo siento, pero no tienes madera de cantante.

12 ACTO SEXUAL (*coloq*) **do it** hacerlo

13 ATRACTIVO SEXUAL (*coloq*) *You have to admit she's got it.* Hay que reconocer que tiene ese algo.

14 EN JUEGOS INFANTILES (*oral*) **be it** *You're it.* Te toca.

EXPRESIONES
that's it! (*oral*) **(a)** ¡eso es!, ¡así, muy bien!: *That's it! You're doing fine.* ¡Eso es! Lo estás haciendo muy bien. **(b)** ¡se acabó!, ¡basta!: *That's it! I'm leaving.* ¡Se acabó! Me voy. **(c)** ¡ya está!, ¡eso es todo!: *That's it then. There's nothing more we can do.* Pues ya está. No podemos hacer nada más. • **this is it!** (*oral*) ¡llegó la hora!

I·tal·ian¹ /ɪ'tælyən/ *adj* italiano -a

Italian² *s* **1** [C] (persona) italiano -a **2** [U] (idioma) italiano

i·tal·ic /ɪ'tælɪk, aɪ-/ *adj* (*técn*) cursivo -a

i·tal·ics /ɪ'tælɪks, aɪ-/ *s* [pl] (*técn*) (letra) cursiva • **in italics** en cursiva

It·a·ly /'ɪtl̩-i/ Italia

itch¹ /ɪtʃ/ *v* [I] **1** (parte del cuerpo) picar **2** (ropa) picar **3 be itching to do sth** (*coloq*) morirse de ganas de hacer algo, picar a alguien las ganas de hacer algo

itch² *s* **1** [C] picor, piquiña, comezón **2** [sing] (*coloq*) ansia

itch·i·ness /'ɪtʃinɪs/ *s* [U] picor, piquiña, comezón

itch·y /'ɪtʃi/ *adj* (**itchier**, **itchiest**) **1** (parte del cuerpo) que pica: *My eyes are itchy.* Me pican los ojos. **2** (ropa) que pica
EXPRESIONES
itchy feet (*coloq*): *I am starting to get itchy feet.* Me están entrando ganas de cambiar de aires.

it'd /'ɪtəd/ (*esp oral*) *contrac de* **1** it would **2** it had

i·tem S2 W2 /'aɪtəm/ *s* [C]
1 cosa: *small household items* pequeños artículos para el hogar • *items of historical interest* piezas de interés histórico • **an item of clothing/furniture/ jewelry** una prenda de ropa/un mueble/una joya
2 punto (en una lista, un orden del día)
3 noticia (periodística)
EXPRESIONES
be an item (*coloq*) ser pareja

i·tem·ize /'aɪtə,maɪz/ *v* [T] detallar, hacer una lista de

i·tem·ized /'aɪtə,maɪzd/ *adj* detallado -a, desglosado -a

i·tin·er·ant¹ /aɪ'tɪnərənt/ *adj* [solo ante s] (*frml*) itinerante

itinerant² *s* [C] (*frml*) **1** vagabundo -a **2** predicador -a ambulante

i·tin·er·ar·y /aɪ'tɪnə,rɛri/ *s* [C] (pl **itineraries**) itinerario

it'll /'ɪtl̩/ *contrac de* **it will**

it's /ɪts/ *contrac de* **1** it is **2** it has

its S1 W1 /ɪts/ *det* su, sus: *The city is famous for its beautiful buildings.* La ciudad es famosa por sus bellos edificios. ▶ Los posesivos se usan en inglés con más frecuencia que en español, como se observa en estos ejemplos • *The tree had lost all its leaves.* El árbol había perdido todas las hojas. • *The child had dropped its toy.* Al niño se le había caído el juguete. • **its doing sth** (*frml*) *What are the reasons for its being closed?* ¿Por qué razón está cerrado?

it·self S1 W1 /ɪt'sɛlf/ *pron*
1 (uso reflexivo) se: *The machine turns itself off.* La máquina se apaga sola automáticamente. • *The cat was looking pleased with itself.* El gato se veía contento.
2 (uso enfático) *The plane trip was long but the vacation itself was great.* El vuelo fue largo pero las vacaciones en sí estuvieron muy bien. • *You've been kindness itself.* Fuiste la bondad en persona.
EXPRESIONES
(all) by itself **(a)** (no acompañado) solo -a: *The dog was left all by itself.* Dejaron solo al perro. **(b)** (sin ayuda) solo -a: *The animal needs to be able to find food by itself.* El animal tiene que ser capaz de buscar comida solo. • **in itself** en sí, de por sí: *Housework is a full-time job in itself.* Las tareas domésticas son ya de por sí un trabajo a tiempo completo. • **(all) to itself** sólo para él/ella, para él solo/ella sola: *This idea deserves a chapter all to itself.* Esta idea merece un capítulo sólo para ella.

IUD /ˌaɪ yu 'di/ *s* [C] (**intrauterine device**) DIU

IV /ˌaɪ 'vi/ *s* [C] (**intravenous drip**) goteo intravenoso

I've /aɪv/ *contrac de* **I have** ▶ HAVE

IVF /ˌaɪ vi 'ɛf/ *s* [U] (**in vitro fertilization**) fecundación in vitro

I·vo·ri·an /aɪ'vɔriən/ *s* [C], *adj* marfilense, costamarfileño -a

i·vo·ry¹ /'aɪvəri/ *s* [U] marfil

ivory² *adj* de color marfil

Ivory 'Coast Costa de Marfil

ivory 'tower *s* [C] torre de marfil

i·vy /'aɪvi/ *s* [U] hiedra ▶ POISON IVY

'Ivy ,League *s* grupo formado por ocho prestigiosas universidades del este de Estados Unidos: Brown, Columbia, Cornell, Dartmouth, Harvard, Pennsylvania, Princeton y Yale

J j

J¹, j /dʒeɪ/ (pl **J's**, **j's**) s [C] J, j

J² /dʒeɪ/ (*abrev escrita de* **joule**) J (julio, en física)

jab¹ /dʒæb/ v [I,T siempre + adv/prep] (**jabbed**, **jabbing**) **jab a finger at sth/sb** darle a algo/alguien con el dedo repetidas veces, señalar algo/a alguien con el dedo repetidas veces • **jab at sth** darle a algo • **jab sb with a stick/your elbow** chuzar a alguien con un palo/darle un codazo a alguien

jab² s [C] **1** pinchazo, chuzón (con un palo), codazo **2** jab, puñetazo • **a right/left jab** un jab de derecha/ zurda, un derechazo/izquierdazo **3** crítica • **take a jab (at sb)** lanzar una crítica (contra alguien)

jab·ber¹ /'dʒæbə/ v [I,T] farfullar • **jabber away** echar carreta

jabber² s [sing, U] carreta

jack¹ /dʒæk/ s
1 [C] gato (herramienta)
2 [C] jota (en la baraja francesa) • **jack of hearts/spades** jota de corazones/picas
3 [C] enchufe (de clavijas)
4 **jacks** [U] juego infantil similar a la taba o matatena ▶ **UNION JACK**

jack² v
jack sb around v+partíc (*coloq*) hacerle perder el tiempo a alguien
jack sth ↔ up v+partíc **1** levantar algo con un gato **2** (*coloq*) (hacer) subir mucho algo

jack·al /'dʒækəl/ s [C] chacal

jack·ass /'dʒækæs/ s [C] **1** (*malson*) imbécil, idiota **2** asno, burro

jack·boot /'dʒækbut/ s [C] bota militar

jack·daw /'dʒækdɔ/ s [C] grajilla

jack·et /'dʒækɪt/ s [C]
1 chaqueta, chamarra
2 saco (de un traje)
3 sobrecubierta (de un libro)
4 cubierta (de un disco) ▶ **LIFE JACKET**, **STRAITJACKET**

jack·ham·mer /'dʒæk,hæmə/ s [C] martillo/taladro neumático

'jack-in-the-,box s [C] caja sorpresa (con un muñeco con resorte adentro)

jack·knife¹, jack-knife /'dʒæknaɪf/ s [C] (pl **jackknives** /-naɪvz/) navaja

jackknife², jack-knife v [I] (**jackknifed**, **jackknifing**) derrapar por la parte del remolque (tractocamión)

,jack-of-'all-trades, jack of all trades s [sing] hombre orquesta, mujer orquesta

jack·pot /'dʒækpɑt/ s [C] **1** (dinero) premio mayor, pozo **2** premio mayor, éxito: *Getting that job was the jackpot.* Se sacó la lotería al conseguir ese puesto. ▶ **HIT the jackpot**

Ja·cuz·zi /dʒə'kuzi/ s [C] (pl **Jacuzzis**) (*marca reg*) jacuzzi®, bañera/tina de hidromasaje

jade /dʒeɪd/ s [U] **1** jade **2** verde jade

jad·ed /'dʒeɪdɪd/ adj hastiado -a, harto -a

jag·ged /'dʒægɪd/ adj [gralm ante s] dentado -a (borde), recortado -a (costa)

jag·uar /'dʒægwɑr/ s [C] jaguar

jail¹ S3 W3 /dʒeɪl/ s [C,U] cárcel, prisión • **in jail** en la cárcel, preso -a • **go to jail** ir a la cárcel • **put sb in jail** encarcelar a alguien, meter preso -a a alguien • **jail sentence** pena de prisión

jail² v [T] encarcelar • **be jailed for sth** ser encarcelado -a por algo

jail·er /'dʒeɪlə/ s [C] (*antic*) carcelero -a

jam¹ S3 /dʒæm/ v
1 [T siempre + adv/prep] meter a la fuerza, encajar • **jam sth into sth** meter algo con fuerza/a la fuerza en algo: *She jammed her hands into her pockets.* Hundió las manos en los bolsillos. • **jam sth against sth** *A chair had been jammed up against the door.* Habían atrancado la puerta con una silla.
2 [I] **jam into sth** apretujarse/apiñarse en algo
3 [I] atascarse: *The photocopier has jammed again.* La fotocopiadora se volvió a atascar.
4 [T] interferir (una señal de radio) ▶ **JAMMED**, **JAM SESSION**

EXPRESIONES
jam on the brakes dar un frenazo • **jam the phone lines** saturar las líneas telefónicas • **jam the switchboard** bloquear el conmutador

jam² S3 s
1 [C,U] mermelada • **strawberry/raspberry jam** mermelada de fresa/frambuesa • **jam tart** tartaleta/pastelito de mermelada
2 [C] aglomeración (de personas), trancón, embotellamiento
3 [C gralm sing] (*coloq*) **be in a jam** estar en un aprieto • **get into a jam** meterse en un lío

Ja·mai·ca /dʒə'meɪkə/ Jamaica

Ja·mai·can /dʒə'meɪkən/ s [C], adj jamaiquino -a, jamaicano -a

jamb /dʒæm/ s [C] jamba

jam·bo·ree /,dʒæmbə'ri/ s [C] **1** juerga **2** jamboree, congreso (de boy scouts)

jammed /dʒæmd/ adj [gralm no ante s] **1** repleto -a, abarrotado -a (lugar, recinto), atascado -a, atrancado -a (carretera) • [+with]: *streets jammed with traffic* calles atascadas de tráfico **2** atrancado -a (cerradura, cajón): *Ben had caught his finger jammed in the door.* Ben se había pillado el dedo en la puerta y no lo podía sacar. **3** saturado -a, congestionado -a (línea telefónica), bloqueado -a (conmutador)

,jam-'packed adj (*coloq*) atestado -a, abarrotado -a • [+with]: *The place was jam-packed with tourists.* El sitio estaba atestado de turistas

'jam ,session s [C] jam session, sesión de improvisación

Jan. (*abrev escrita de* **January**) ene.

Jane Doe /,dʒeɪn 'dou/ s [C] nombre usado para referirse a una mujer de identidad desconocida: *The victim was a Jane Doe.* La víctima era una desconocida. ▶ **JOHN DOE**

jan·gle¹ /'dʒæŋgəl/ v **1** [I,T] (hacer) tintinear **2** [I] crisparse (nervios)

jangle² s [C,U] tintineo, sonido metálico

jan·i·tor /'dʒænətə/ s [C] portero -a, conserje

Jan·u·ar·y /'dʒænyu,ɛri/ (abrev escrita **Jan.**) s [C,U] enero ▶ ver ejs en **APRIL**

Ja·pan /dʒə'pæn/ Japón

Jap·a·nese¹ /,dʒæpə'niz‹/ adj japonés -esa

Japanese² s **1** [U] japonés (idioma) **2** **the Japanese** los japoneses

jar¹ S3 /dʒɑr/ s
1 [C] (recipiente) frasco, tarro
2 [C] (contenido) frasco, tarro
3 [C] vasija
4 [sing] golpetazo

jar² v (**jarred**, **jarring**) **1** [I] resultar irritante • **jar on sth/sb** crispar algo/a alguien **2** [T] darse un golpetazo en, dar un golpetazo a   **3** [I] **jar with sth** desentonar con algo

jar·gon /'dʒɑrgən/ s [U] (*peyor*) jerga

jas·mine /'dʒæzmɪn/ s [C,U] jazmín

jaun·dice /'dʒɔndɪs, 'dʒɑn-/ s [U] icteria

jaun·diced /'dʒɔndɪst, 'dʒɑn-/ adj [gralm ante s] resentido -a, negativo -a • **a jaundiced view** un punto de vista cínico

jaunt /dʒɔnt, dʒɑnt/ s [C] excursión

jaunt·i·ly /'dʒɔntəli, 'dʒɑn-/ adv con desenfado

jaun·ty /'dʒɔnti, 'dʒɑnti/ adj (**jauntier, jauntiest**) **1** desenfadado -a • **at a jaunty angle** ladeado -a con un aire de desenfado   **2** alegre (música)

jav·e·lin /'dʒævəlɪn, -vlɪn/ s **1** [C] jabalina   **2 the javelin** el lanzamiento de jabalina

jaw¹ /dʒɔ/ s **1** [C gralm sing] mandíbula, quijada (parte de la cara): *She has a very determined jaw.* Tiene una quijada muy pronunciada.   **2** [C] mandíbula, maxilar • **lower/upper jaw** maxilar inferior/superior   **3 jaws** [pl] fauces   **4 jaws** [pl] mordaza (de una herramienta)
EXPRESIONES
my/her jaw dropped me quedé/se quedó con la boca abierta

jaw² v [I] (*coloq*) charlar, platicar, echar carreta

jaw·bone /'dʒɔboʊn/ s [C] maxilar

jay /dʒeɪ/ s [C] arrendajo

jay·walk·ing /'dʒeɪ,wɔkɪŋ/ s [U] el cruzar de la calle en un lugar no permitido

jazz¹ /dʒæz/ s [U] jazz: *a jazz musician* un músico de jazz • **jazz band** banda de jazz
EXPRESIONES
and all that jazz (*coloq*) y todo eso

jazz² v
jazz sth ↔ up v+partíc (*coloq*) dar nuevos aires a algo, renovar algo

jazzed /dʒæzd/ adj [nunca ante s] (*coloq*) entusiasmado -a, excitado -a • [+**about**]: *Amanda's really jazzed about her new class.* Amanda está muy entusiasmada con su clase nueva.

jazz·y /'dʒæzi/ adj (**jazzier, jazziest**) (*coloq*) vistoso -a

jeal·ous ⬛ /'dʒɛləs/ adj **1** envidioso -a • **be jealous of sth** tener envidia de algo, envidiar algo: *I was jealous of her success.* Envidiaba su éxito. • **be jealous of sb** tenerle envidia a alguien   **2** celoso -a • **make sb jealous** darle celos a alguien   **3 be jealous of sth** (*frml*) ser celoso -a de algo

jeal·ous·ly /'dʒɛləsli/ adv **1** celosamente: *a jealously guarded secret* un secreto celosamente guardado   **2** con celos   **3** con envidia

jeal·ous·y /'dʒɛləsi/ s [U] **1** celos   **2** envidia

jeans ⬛ /dʒinz/ s [pl] bluyines, jeans, pantalones de mezclilla

jeep, **Jeep** /dʒip/ s [C] (*marca reg*) jeep®

jeer¹ /dʒɪr/ v [I,T] abuchear, burlarse (de), reírse (de) • **jeer at sb/sth** abuchear a alguien/algo, burlarse de alguien/algo

jeer² s [C] burla

jeer·ing¹ /'dʒɪrɪŋ/ adj [solo ante s] burlón -ona

jeering² s [U] burlas

Je·ho·vah's Wit·ness /dʒɪ,hoʊvəz 'wɪtnɪs/ s [C] testigo de Jehová

jell, **gell** /dʒɛl/ v [I] **1** cuajar, tomar forma (plan, idea)   **2** ensamblarse, funcionar en equipo • **jell with sb** llevarse bien con alguien   **3** cuajarse, gelificarse

Jell-O, **jello** /'dʒɛloʊ/ s [U] (*marca reg*) gelatina

jel·ly ⬛ /'dʒɛli/ s (pl **jellies**) **1** [C,U] jalea ▶ **JAM**   **2** [C,U] gelatina, jalea (sustancia)

EXPRESIONES
feel like jelly (tb **turn to jelly**) temblar como una gelatina

jel·ly·fish /'dʒɛli,fɪʃ/ s [C] (pl **jellyfish**) medusa, aguamala

jeop·ard·ize /'dʒɛpə,daɪz/ v [T] poner en peligro

jeop·ard·y /'dʒɛpədi/ s **in jeopardy** en peligro • **put sth/sb in jeopardy** poner algo/a alguien en peligro

jerk¹ /dʒɜk/ v **1** [I gralm + adv/prep] dar una sacudida, moverse a los empujones: *The car jerked to a stop.* El carro se detuvo con una sacudida.   **2** [T] tirar de, jalar de, dar un tirón a, dar un jalón a   **3** [T] hacer un movimiento brusco con: *She jerked her hand away from his.* Ella apartó rápidamente su mano de la de él.   **4** [T siempre + adv/prep] sobresaltar • **jerk sb awake** despertar de golpe a alguien
jerk around v+partíc **1 jerk sb around** (*coloq*) hacerle perder el tiempo a alguien, hacerle botar corriente a alguien   **2 jerk around** (*coloq*) hacer tonterías, güevoniar

jerk² ⬛ s [C]
1 (*coloq*) imbécil, idiota
2 sacudida • **with a jerk** *The train moved off with a jerk.* El tren dio una sacudida y arrancó.
3 tirón • **give sth a jerk** dar un tirón a algo, dar un jalón a algo ▶ **KNEE-JERK**

jerk·i·ly /'dʒɜkəli/ adv a tirones, a jalones, a sacudidas

jerk·y¹ /'dʒɜki/ adj (**jerkier, jerkiest**) **1** brusco -a (movimiento), entrecortado -a (respiración): *The bus came to a jerky halt.* El bus se detuvo con una sacudida.   **2** (*coloq*) imbécil, estúpido -a

jerky² s [U] tasajo, cecina

jer·sey /'dʒɜzi/ s (pl **jerseys**) **1** [C] camiseta (de fútbol, rugby)   **2** [U] (tejido de) punto

jest¹ /dʒɛst/ s [C,U] (*antic*) broma • **in jest** en broma
EXPRESIONES
(there's) many a true word spoken in jest se dicen muchas verdades hablando en broma

jest² v [I] (*antic*) bromear

jest·er /'dʒɛstə/ s [C] bufón

Jes·u·it /'dʒɛzuɪt, -ʒuɪt/ s [C] jesuita

Je·sus /'dʒizəs/ (tb **Jesus 'Christ**) s Jesús, Jesucristo

jet¹ ⬛ /dʒɛt/ s
1 [C] jet, reactor (avión) *a jet aircraft* un avión a reacción
2 [C] chorro
3 [C] surtidor
4 [U] azabache (piedra) ▶ **JUMBO JET**

jet² v [I siempre + adv/prep] (**jetted, jetting**) (*coloq*) viajar en avión, volar

jet-'black, **jet black** adj negro -a azabache

jet 'engine s [C] motor a reacción

jet lag s [U] jet lag, desfase horario (en vuelos largos) • **suffer from jet lag** (tb **have jet lag**) tener jet lag

jet-lagged adj con jet lag, con desfase horario

jet-pro'pelled adj a reacción

jet·sam /'dʒɛtsəm/ s [U] **the flotsam and jetsam** los restos del naufragio

jet set s **the jet set** [sing] el jet set

jet·ti·son /'dʒɛtəsən, -zən/ v [T] **1** deshacerse de   **2** echar por la borda, arrojar al mar/al espacio

jet·ty /'dʒɛti/ s [C] (pl **jetties**) **1** muelle, embarcadero   **2** malecón, espigón

Jew /dʒu/ s [C] judío -a

⚠ Algunas personas evitan el uso de esta palabra porque puede resultar ofensivo. En su lugar utilizan **a Jewish person**.

jew·el /'dʒuəl/ s **1** [C] piedra preciosa, gema   **2 jewels** [pl] (adornos) joyas   **3** [sing] (*coloq*) (persona) joya   **4** rubí (en un reloj)

the jewel in the crown la perla

jew·eled /'dʒuəld/ *adj* [gralm ante s] de piedras preciosas

jew·el·er /'dʒuələ/ *s* [C] **1** joyero -a **2** joyería

jew·elled /'dʒuəld/ variante británica de JEWELED

jew·el·ler /'dʒuələ/ variante británica de JEWELER

jew·el·ry ⬛ /'dʒuəlri/ *s* [U] joyas: *a piece of jewelry* una joya *a jewelry box* un joyero ▶ COSTUME JEWELRY

Jew·ish /'dʒuɪʃ/ *adj* judío -a

jib /dʒɪb/ *s* [C] foque

jibe¹, gibe /dʒaɪb/ *s* [C] burla

jibe², gibe *v* [I,T] burlarse • **jibe at sb** burlarse de alguien

jif·fy /'dʒɪfi/ (tb **jiff** /dʒɪf/) *s* **in a jiffy** (*oral*) en un segundo

jig /dʒɪg/ *s* [C] **1** giga (danza) **2** tornillo (para sujetar piezas)

the jig is up (ya) se sabe la verdad

jig·ger¹ /'dʒɪgə/ *s* [C] medida (de alcohol equivalente a 1 onza)

jigger² *v* [T] (*coloq*) alterar (con propósitos deshonestos), falsear

jig·gle /'dʒɪgəl/ *v* (**jiggled**, **jiggling**) [I,T] sacudir(se), menear(se)

jig·saw /'dʒɪgsɔ/ *s* [C] sierra caladora

'jigsaw ,puzzle *s* [C] rompecabezas

jilt /dʒɪlt/ *v* [T] plantar, dejar plantado -a

jilt·ed /'dʒɪltɪd/ *adj* plantado -a, abandonado -a

jin·gle¹ /'dʒɪŋgəl/ *v* (**jingled**, **jingling**) [I,T] (hacer) tintinear

jingle² *s* **1** [C] jingle **2** [sing] tintineo

give sb a jingle (*coloq, oral*) llamar a alguien (por teléfono)

jinx¹ /dʒɪŋks/ *s* [C gralm sing] (pl **jinxes**) rezo, sal: *There's a jinx on his car.* A su carro le echaron una maldición.

jinx² *v* [T] echar un rezo a, echarle la sal a

jinxed /dʒɪŋkst/ *adj* **be jinxed** estar salado -a, estar rezado -a

jit·ters /'dʒɪtəz/ *s* [pl] (*coloq*) nervios

jit·ter·y /'dʒɪtəri/ *adj* (*coloq*) nervioso -a

jive¹ /dʒaɪv/ *s* [C,U] jive (baile rápido a ritmo de jazz)

jive² *v* [I] bailar (el) jive

Jnr (*abrev escrita de* **Junior**) hijo

job ⬛ ⬛ /dʒɑb/ *s*

  1 empleo
  2 función, deber
  3 tarea
  4 delito
  5 en informática
  6 cirugía estética
  7 objeto

1 **EMPLEO** [C] trabajo • [+**as**]: *He found a job as a steel worker.* Encontró trabajo como obrero metalúrgico. • **get a job** conseguir trabajo • **be looking for a job** estar buscando trabajo • **find a job** encontrar trabajo • **lose your job** quedarse sin trabajo • **offer sb a job** ofrecerle trabajo a alguien • **apply for a job** presentarse para un trabajo • **quit your job** dejar el trabajo • **change jobs** cambiar de trabajo • **a steady job** un trabajo estable • **job cuts/losses** recortes de personal • **job hunting** búsqueda de trabajo • **job interview** entrevista de trabajo • **job offer** oferta de trabajo • **job opportunities** oportunidades de trabajo posibilidades de trabajo • **job satisfaction** satisfacción profesional • **job security** seguridad en el empleo

2 **FUNCIÓN, DEBER** [C gralm sing] tarea, responsabilidad • **the job of doing sth** la tarea de hacer algo: *Who*

jigsaw

has the job of locking all the doors? ¿Quién se encarga de cerrar todas las puertas? • **it's my/her job to do sth** es tarea mía/suya hacer algo: *It's not my job to clean your bedroom.* No me corresponde a mí limpiar tu habitación. • **have a job to do** tener una tarea que realizar • **sb is only doing his/her job** alguien no hace más que cumplir con su deber/que lo que tiene que hacer

3 **TAREA** [C] trabajo, tarea • **the job of doing sth** el trabajo de hacer algo • **do a job** hacer un trabajo • **odd jobs** trabajitos (en la casa, el jardín)

4 **DELITO** [C] (*coloq*) golpe • **a bank job** un golpe en un banco • **an inside job** un golpe preparado desde dentro

5 **EN INFORMÁTICA** [C] tarea, trabajo

6 **CIRUGÍA ESTÉTICA** [C] (*coloq*) **a nose job** una operación de nariz • **have a boob job** operarse (de) los pechos

7 **OBJETO** [C] (tb **jobby**) (*coloq, oral*) *His new computer's one of those little portable jobs.* Su nuevo computador es uno de esos aparaticos portátiles. ▶ ON-THE-JOB

any job worth doing is worth doing right si se va a hacer algo, hay que hacerlo bien • **do a great/fantastic job** hacer un gran trabajo • **do a job on sb/sth** (*coloq, oral*) hacerle daño a alguien/hacer daño a algo • **do the job** (*oral*) alcanzar, servir: *A little more glue should do the job.* Con un poco más de pegamento debería alcanzar. • **good job** (*oral*) muy bien, bien hecho • **on the job (a)** en el trabajo **(b)** trabajando en ello

¿**job** o **work**?
job, que es un sustantivo contable, se refiere a un puesto de trabajo concreto: *My first job was in a record store.*
work, que es un sustantivo incontable, se refiere a la actividad laboral o a la situación de tener empleo: *I started work when I was 18.*
Para designar un puesto de trabajo de cierta importancia existen los términos más formales **post** y **position**: *She's held the post since 2004.*

'job ,action *s* [U] movilización (laboral)

'job de,scription *s* [C] descripción del puesto, responsabilidades del puesto

job·less /'dʒɑbləs/ *adj* **1 (a)** desempleado -a, desocupado -a, cesante **(b) the jobless** [usado como s pl] los desempleados, los desocupados **2** [solo ante s] de desempleados

,job 'lot *s* [C] lote (en una venta)

'job-,sharing *s* [U] sistema consistente en repartir un trabajo a tiempo completo entre dos personas

jock /dʒɑk/ *s* [C] (*coloq*) (persona muy) deportista

jock·ey¹ /'dʒɑki/ *s* [C] (pl **jockeys**) jockey, jocketa, jinete -a ▶ DISC JOCKEY

jockey² *v* (**jockeyed**, **jockeying**) **jockey for sth** competir por algo, disputarse algo

jock·strap /'dʒɑkstræp/ *s* [C] suspensorio

joc·u·lar /'dʒɑkyələ/ *adj* (*frml*) jocoso -a

joc·u·lar·i·ty /ˌdʒɑkyə'lærəti/ *s* [U] (*frml*) jocosidad

jodh·purs /'dʒɑdpəz/ *s* [pl] pantalones de montar

jog¹ /dʒɑg/ v (**jogged**, **jogging**) **1** [I] correr, trotar (como ejercicio) **2** [T] dar un golpecito en, empujar levemente
EXPRESIONES
jog sb's memory refrescarle la memoria a alguien

jog² s **1** [C gralm sing] **go for a jog** (ir a) correr/trotar **2 a jog** un trote

jog·ger /'dʒɑgə/ s [C] corredor -a (que hace jogging): *joggers in the park* personas trotando por el parque

jog·ging /'dʒɑgɪŋ/ s [U] correr, trotar • **go jogging** (ir a) correr/trotar

'jogging suit s [C] sudadera, pants (conjunto)

john /dʒɑn/ s [C] (*coloq*) orinal ▶ **LONG JOHNS**

John Doe /ˌdʒɑn 'doʊ/ s [C,U] nombre usado para referirse a un hombre de identidad desconocida: *A couple of the bodies are John Does.* Dos de los cadáveres son de desconocidos. ▶ **JANE DOE**

joie de vi·vre /ˌʒwɑ də 'vivrə/ s [U] alegría de vivir

join¹ ⑤² ⑩¹ /dʒɔɪn/ v

> 1 como miembro
> 2 participando
> 3 desplazándose
> 4 compartiendo objetivos
> 5 conectar, pegar
> 6 ríos, carreteras

1 COMO MIEMBRO [I,T] alistarse (en), enrolarse (en) (el ejército), afiliarse (a) (un partido, un sindicato), hacerse socio -a (de) (un club)
2 PARTICIPANDO [T] unirse a, tomar parte en: *Many local people joined the hunt for the missing girl.* Muchos vecinos tomaron parte en la búsqueda de la niña desaparecida.
3 DESPLAZÁNDOSE [T] ir con, reunirse con: *They're flying out to join us next week.* Van a venir en avión la semana que viene para reunirse con nosotros. • **join sb for sth** *Stephen joined them for lunch.* Stephen fue a almorzar con ellos.
4 COMPARTIENDO OBJETIVOS [I,T] **join (with) sb in doing sth** unirse a alguien para hacer algo: *The United States joined Russia in criticizing the proposal.* Estados Unidos se unió a Rusia en sus críticas a la propuesta. • **join together** unirse
5 CONECTAR, PEGAR [T] unir: *Join the two pieces of wood using glue.* Una las dos piezas de madera con pegamento.
6 RÍOS, CARRETERAS (a) [I] confluir, juntarse (b) [T] desembocar en, empalmar con ▶ **join FORCES (with sb)**, **if you can't BEAT 'em, join 'em**
EXPRESIONES
join the club (*oral*) no eres el único/la única, bienvenido -a al club • **join hands** tomarse de las manos • **join a line** ponerse en/a la cola
join in v+partíc **1 join in** sumarse, unirse: *I sing the first line, then you join in.* Yo canto el primer verso, después entras tú. **2 join in sth** sumarse a algo, unirse a algo: *Marion joined in the conversation.* Marion se sumó a la conversación.
join up v+partíc enrolarse en el ejército
join up with v+partíc **1 join up with sb/sth** unirse a alguien/algo, juntarse con alguien/algo **2 join up with sb** reunirse con alguien

join² s [C] unión, junta

join·er·y /'dʒɔɪnəri/ s [U] carpintería

joint¹ ⑩ /dʒɔɪnt/ adj [solo ante s]
1 conjunto -a: *a joint decision* una decisión conjunta • **a joint effort** un trabajo en equipo
2 junto con otro -a: *the joint owners of the company* los copropietarios de la empresa.

joint² ⑤³ s [C]
1 articulación (de los huesos)
2 unión, junta
3 pieza de carne
4 (*coloq*) antro, tugurio: *a burger joint* una hamburguesería de mala muerte

5 (*coloq*) barillo, toque (cigarrillo de marihuana) ▶ **CASE the joint**, **put sb's NOSE out of joint**
EXPRESIONES
be out of joint (a) estar dislocado -a (b) funcionar muy mal

joint³ v [T] trocear, hacer trozos

joint·ly /'dʒɔɪntˈli/ adv conjuntamente

,joint 'venture s [C] empresa conjunta, joint venture

joist /dʒɔɪst/ s [C] viga

joke¹ ⑤¹ ⑩³ /dʒoʊk/ s [C]
1 chiste • **tell a joke** contar un chiste • **get the joke** entender el chiste
2 broma • **play a joke on sb** gastarle una broma a alguien
3 be a joke (*coloq*) ser una farsa/un desastre ▶ **IN-JOKE**, **STANDING joke**
EXPRESIONES
he/she can take a joke sabe aceptar una broma • **be your/his idea of a joke** (*oral*) parecerte/parecerle gracioso -a • **make a joke of sth** tomarse algo a risa • **sth is no joke** algo no es un chiste

joke² ⑤³ v [I] bromear, mamar gallo • **joke about sth** bromear sobre algo • **joke with sb** bromear con alguien, mamarle el gallo a alguien
EXPRESIONES
you must be joking! (tb **you're joking**, **you've got to be joking!**) (*oral*) ¡me estás vacilando!, ¿no hablarás en serio?
joke around v+partíc vacilar, hacer tonterías

jok·er /'dʒoʊkə/ s [C] **1** (*coloq*) (gastando bromas) bromista, gracioso -a **2** comodín (de la baraja) **3** (contando chistes) bromista, persona graciosa

jok·ing·ly /'dʒoʊkɪŋli/ adv en broma

jol·li·ty /'dʒɑləti/ s [U] (*frml*) regocijo

jol·ly /'dʒɑli/ adj (**jollier**, **jolliest**) (*antic*) **1** alegre, jovial **2** agradable

jolt¹ /dʒoʊlt/ s [C] **1** shock, golpe (desagradable), susto, sobresalto (inesperado) • **give sb a jolt** darle un susto a alguien **2** sacudida, sacudón

jolt² v **1** (a) [I] avanzar a los tropezones, avanzar a trompicones (vehículo) (b) [T] sacudir (a los pasajeros) **2** [T] sobresaltar, asustar • **jolt sb into sth** llevar de repente a alguien a algo • **jolt sb out of sth** sacar de repente a alguien de algo

Jor·dan /'dʒɔrdn/ Jordania

Jor·da·ni·an /dʒɔr'deɪniən/ s [C], adj jordano -a

joss stick /'dʒɑs ˌstɪk/ s [C] varita de incienso

jos·tle /'dʒɑsəl/ v **1** [I,T] empujar(se) **2** [I] **jostle for sth** disputarse algo

jot¹ /dʒɑt/ v (**jotted**, **jotting**)
jot sth ↔ down v+partíc anotar algo (rápidamente)

jot² s [C] (*antic*) **not a jot** ni una pizca, ni un ápice

jour·nal /'dʒɜnl/ s **1** [C] diario (personal) **2** [C] boletín, revista (especializada)

jour·nal·is·m /'dʒɜnlˌɪzəm/ s [U] periodismo

jour·nal·ist ⑩ /'dʒɜnl-ɪst/ s [C] periodista

jour·ney¹ ⑩ /'dʒɜni/ s [C] (pl **journeys**) (de larga distancia) viaje • **make a journey** hacer un viaje • **go on a journey** ir de viaje, hacer un viaje ⑤⑩ **trip** ▶ ver nota en **VIAJE**

journey² v [I] (**journeys**, **journeyed**, **journeying**) journey to Venice/to the south (*liter*) viajar a Venecia/al sur

jo·vi·al /'dʒoʊviəl/ adj (*liter*) jovial

jo·vi·al·i·ty /ˌdʒoʊvi'æləti/ s [U] (*liter*) jovialidad

jowl /dʒaʊl/ s [C gralm pl] carrillo, mejilla

joy ⑩ /dʒɔɪ/ s (pl **joys**)
1 [U] (*escrito*) júbilo, alegría
2 [C] delicia, placer • **the joys of sth** los placeres/las delicias de algo • **sth is a joy to drive/work with** da gusto

conducir algo/trabajar con algo ▶ **JUMP for joy, be sb's PRIDE and joy**

joy·ful /'dʒɔɪfəl/ adj (escrito) jubiloso -a, festivo -a

joy·ful·ly /'dʒɔɪfəli/ adv (escrito) jubilosamente, alegremente

joy·less /'dʒɔɪlɪs/ adj (escrito) desdichado -a, infeliz

joy·ous /'dʒɔɪəs/ adj (liter) jubiloso -a, festivo -a

joy·rid·er /'dʒɔɪ,raɪdər/ s [C] persona que roba un carro para darse una vuelta

joy·rid·ing /'dʒɔɪ,raɪdɪŋ/ s [U] robo de un carro para darse una vuelta

joy·stick /'dʒɔɪ,stɪk/ s [C] joystick (para videojuegos), palanca de mando (de un avión)

J.P. /,dʒeɪ 'pi/ s [C] (**Justice of the Peace**) juez -a de paz

Jr. (abrev escrita de **Junior**) hijo: Donald McGee, Jr. Donald McGee, hijo

ju·bi·lant /'dʒubələnt/ adj jubiloso -a, alborozado -a

ju·bi·la·tion /,dʒubə'leɪʃən/ s [U] (fml) júbilo, alborozo

ju·bi·lee /,dʒubə'li, 'dʒubəli/ s [C] aniversario (de un acontecimiento)

Ju·da·ism /'dʒudi,ɪzəm, -deɪ-, -də-/ s [U] judaísmo

judge¹ S2 W1 /dʒʌdʒ/ s [C]
1 (en la justicia) juez -a: The judge ruled that he must pay a $500 fine. El juez le impuso una multa de 500 dólares.
2 (en competiciones) jurado, juez • **a panel of judges** un jurado
3 **be the judge of sth** ser quien debe decidir algo • **let me be the judge of that** (tb **I'll be the judge of that**) (oral) eso lo decidiré yo
EXPRESIONES
be a good/poor judge of sth tener buen/mal ojo para algo

judge² S3 W3 v (**judged**, **judging**)
1 [I,T] (opinar) juzgar • **judge sth/sb by sth** juzgar algo/a alguien por algo: Don't judge the movie by Hollywood standards. No juzgues la película siguiendo los criterios de Hollywood. • **judging by/from sth** a juzgar por algo • **be judged (to be) sth** ser considerado -a algo • **judge for yourself** juzgar por sí mismo
2 [I,T] (en competiciones) ser jurado (en), hacer de jurado (en) • **be judged on sth** ser juzgado -a/evaluado -a de acuerdo con algo
3 [I,T] (criticar) juzgar: I try not to judge other people. Trato de no juzgar a los demás.
4 [T] (en la justicia) juzgar
EXPRESIONES
don't judge a book by its cover las apariencias engañan

judg·ment W3, **judgement** /'dʒʌdʒmənt/ s
1 [C,U] juicio, opinión • **in my/her judgment** a mi/su juicio • **against my/her better judgment** muy a pesar mío/suyo
2 [U] juicio, criterio: I trust your judgment. Confío en tu criterio. • **cloud sb's judgment** ofuscarle el criterio a alguien
3 [C,U] fallo, dictamen ▶ **an ERROR of judgment**
EXPRESIONES
sit in judgment on sb (peyor) erigirse en juez de alguien

judg·ment·al, **judgemental** /dʒʌdʒ'mentl/ adj (peyor) crítico -a

'judgment ,call s [C] decisión difícil de tomar (porque no hay una resolución clara)

'judgment day s [sing] el día del juicio final

ju·di·cial /dʒu'dɪʃəl/ adj [solo ante s] judicial

ju·di·ci·ar·y /dʒu'dɪʃi,eri, -ʃəri/ s **the judiciary** (fml) el poder judicial

ju·di·cious /dʒu'dɪʃəs/ adj (fml) juicioso -a, sensato -a

ju·di·cious·ly /dʒu'dɪʃəsli/ adv (fml) sensatamente, con criterio

ju·do /'dʒudoʊ/ s [U] judo

jug /dʒʌg/ s [C] botijo, jarra

jug·ger·naut /'dʒʌgər,nɔt, -,nɑt/ s [C] camión grande con remolque

jug·gle /'dʒʌgəl/ v **1** [I,T] hacer juegos malabares/malabarismos (con) **2** [T] compaginar: It's hard juggling a job, kids, and housework. Es difícil compaginar el trabajo, los niños y las tareas de la casa. **3** [I,T] amañar (datos, información) • [+with]: people who pay less tax by juggling with the figures personas que pagan menos impuestos amañando las cifras **4** [T] llevar sin que se caiga(n) (platos, copas)

jug·gler /'dʒʌglər/ /-ər/ s [C] malabarista

jug·u·lar /'dʒʌgyələr/ (tb **'jugular ,vein**) s [C gralm sing] (vena) yugular
EXPRESIONES
go for the jugular (coloq) tirar a dar (criticar o atacar sin piedad)

juice S1 W3 /dʒus/ s
1 [C,U] (de fruta, verduras) jugo
2 [C,U] (de carne) jugo
3 [U] (coloq) gasolina (para el carro), corriente, electricidad (para un aparato)
4 [U] (tb **juices** [pl]) (orgánicos) jugos • **digestive juices** jugos gástricos

juic·y /'dʒusi/ adj (**juicier**, **juiciest**) **1** (fruta, carne) jugoso -a **2** (coloq) (noticia, información) jugoso -a: a juicy piece of gossip un chisme jugoso **3** (coloq) (oportunidad, papel) jugoso -a **4** (coloq) (contrato, cheque) jugoso -a

juke·box, **juke box** /'dʒukbɑks/ s [C] gramola, rocola, jukebox

Ju·ly /dʒʊ'laɪ, dʒə-/ (abrev escrita **Jul.**) s [C,U] julio ▶ ver ejs en **APRIL**

jum·ble¹ /'dʒʌmbəl/ s [sing] **a jumble of papers/ideas** un revoltijo de papeles/ideas, una mezcolanza de papeles/ideas • **in a jumble** hecho -a un revoltijo

jumble² (tb **jumble ↔ up**) v [T frec en pasiva] revolver, mezclar

jum·bo /'dʒʌmboʊ/ adj [solo ante s] (coloq) gigante, extra grande ▶ **MUMBO-JUMBO**

'jumbo jet s [C] (avión) jumbo

jump¹ S1 W2 /dʒʌmp/ v

1	hacia arriba
2	hacia abajo
3	una tapia, cerca, verja
4	de repente
5	a un tren, bus
6	por susto, sorpresa
7	precio, cantidad, nivel
8	cambiar sin parar
9	atacar

1 **HACIA ARRIBA** [I] saltar, brincar • **jump over a wall/fence** saltar un muro/una cerca • **jump across a stream/ditch** cruzar un arroyo/una zanja de un salto, cruzar un arroyo/una zanja de un brinco • **jump onto a step/table** subir un escalón/a la mesa de un salto, subir un escalón/a la mesa de un brinco • **jump up and down** dar saltos, dar brincos
2 **HACIA ABAJO** [I] saltar, brincar, tirarse, aventarse • **jump from a window/a train** tirarse de una ventana/saltar de un tren, aventarse de una ventana/brincar de un tren • **jump off a wall/a bridge** tirarse de una pared/desde un puente, aventarse de una pared/desde un puente • **jump down** bajar de un salto, bajar de un brinco • **jump in** tirarse (al agua), zambullirse
3 **UNA TAPIA, CERCA, VERJA** [T] saltar, brincar
4 **DE REPENTE** [I siempre + adv/prep] saltar, brincar, dar un salto, dar un brinco: Matt jumped out of bed. Matt se levantó de un salto. • She had to jump out of the way to avoid being hit. Tuvo que saltar hacia un lado para esquivar el golpe.
5 **A UN TREN, BUS** [I siempre + adv/prep] (coloq) subir(se): We all jumped in a taxi. Nos metimos todos en un taxi.
6 **POR SUSTO, SORPRESA** [I] sobresaltarse: She felt her heart jump. Notó que le daba un vuelco el corazón. •

make sb jump asustar/sobresaltar a alguien • **jump out of your skin** (*coloq*) pegarse un susto enorme
7 PRECIO, CANTIDAD, NIVEL [I] aumentar (abruptamente) • **jump to 3 million/$50,000** dispararse hasta los 3 millones/los 50.000 dólares • **jump from sth to sth** subir/saltar de algo a algo: *The Colombian team has jumped from ninth to third place.* El equipo colombiano ha saltado del noveno al tercer puesto.
8 CAMBIAR SIN PARAR [I] **jump from sth to sth** saltar/pasar de algo a algo: *You jump from topic to topic.* Saltas de un tema a otro.
9 ATACAR [T] (*coloq*) echarse encima de, saltar sobre
EXPRESIONES
jump all over sb reaccionar mal con alguien • **jump down sb's throat** (*coloq*) saltarle a la yugular a alguien • **jump for joy** saltar de alegría, brincar de alegría • **jump the gun** precipitarse • **jump rope** saltar (la) cuerda • **jump to conclusions** sacar conclusiones precipitadas • **jump to the conclusion that** concluir de manera precipitada que • **jump a train** viajar en tren sin pagar
jump at sth *v+partíc* aceptar algo de inmediato • **jump at the chance/opportunity (to do sth)** no dejar escapar la oportunidad (de hacer algo)
jump in *v+partíc* **1** intervenir, interponerse **2** subirse (al carro)
jump on sb/sth *v+partíc* ensañarse con alguien/algo
jump out at sb *v+partíc* saltar a la vista a alguien
jump up *v+partíc* ponerse de pie de un salto

jump² 🔲 *s* [C]
1 aumento vertiginoso • [+**in**]: *a jump in oil prices* un aumento vertiginoso de los precios del petróleo
2 (hacia arriba) salto, brinco
3 (hacia abajo) salto, brinco: *a parachute jump* un salto en paracaídas
4 obstáculo, valla (en carreras, competencias): *a water jump* un foso de agua ▶ HIGH JUMP, **a HOP, skip, and a jump**, LONG JUMP
EXPRESIONES
get a jump on sb/sth (*coloq*) adelantarse a alguien/adelantar algo: *He works on Sunday to get a jump on the week.* Trabaja los domingos para adelantar el trabajo de la semana. • **keep/stay one jump ahead of sb** (*coloq*) llevarle la delantera a alguien

jump·er /ˈdʒʌmpər/ *s* [C] **1** suéter (prenda) **2** saltador -a: *I'm not a very good jumper.* No se me da muy bien el salto.

'jump rope¹ *v* [I] saltar (la) cuerda

'jump rope², jump-rope *s* **1** [C] (cuerda) cuerda, reata **2** [U] (juego, ejercicio) (la) cuerda

'jump-start¹ *v* [T] **1** prender (conectando a otro coche) **2** revitalizar, dar nuevo impulso a

'jump-start² *s* [C] (acción) *I offered her a jump-start.* Le ofrecí arrancar el coche conectándolo al mío.

jump·suit /ˈdʒʌmpsut/ *s* [C] mono, enterizo (prenda)

jump·y /ˈdʒʌmpi/ *adj* (**jumpier**, **jumpiest**) inquieto -a, nervioso -a

junc·tion /ˈdʒʌŋkʃən/ *s* [C] cruce, entronque, empalme

junc·ture /ˈdʒʌŋktʃər/ *s* [sing] (*frml*) coyuntura • **at this juncture** en este momento

June /dʒun/ (abrev escrita **Jun.**) *s* [C,U] junio ▶ ver ejs en APRIL

jun·gle /ˈdʒʌŋgəl/ *s* **1** [C,U] (bosque tropical) jungla, selva **2** [sing] (jardín descuidado) jungla, rastrojo **3** [sing] (lugar peligroso) jungla, selva ▶ **the LAW of the jungle**

Ju·nior /ˈdʒunyər/ **1** (abrev escrita **Jr., Jnr**) hijo: *John F. Kennedy, Jr.* John F. Kennedy, hijo **2** (*hum*, *oral*) término usado para hablar sobre un varón más joven o dirigirse a él, especialmente un hijo

ju·nior¹ 🔲 /ˈdʒunyər/ *adj*
1 [gralm ante s] de categoría inferior, de rango inferior (en una empresa, profesión) ANT **senior**
2 [solo ante s] juvenil, junior (en deportes) ANT **senior**

3 [solo ante s] **junior year** penúltimo año (de la escuela secundaria, de la universidad) ▶ SENIOR

junior² *s* **1** [C] estudiante del penúltimo año (en la escuela secundaria, en la universidad) ▶ FRESHMAN, SENIOR, SOPHOMORE **2** [C] juvenil, junior (en deportes) **3** [C,U] tallas para niñas, tallas para preadolescentes
EXPRESIONES
be seven years his/her junior tener siete años menos que él/ella

ˌjunior 'college *s* [C,U] en EU y Canadá, institución universitaria que ofrece cursos de dos años SIN **community college**

ˌjunior 'high school (tb **ˌjunior 'high**) *s* [C,U] en EU y Canadá, escuela secundaria para alumnos de entre 12 y 14 años de edad ▶ MIDDLE SCHOOL, SENIOR HIGH SCHOOL

ju·ni·per /ˈdʒunəpər/ *s* [C,U] junípero, enebro

junk¹ 🔲 /dʒʌŋk/ *s* [U]
1 cachivaches, chucherías
2 basura, porquería (cosas de mala calidad)
3 porquerías (comida)

junk² *v* [T] (*coloq*) **1** abandonar, desechar **2** tirar a la basura, botar a la basura

jun·ket /ˈdʒʌŋkɪt/ *s* **1** [C] (*peyor*, *coloq*) festejo o viaje de placer a costa del presupuesto o de los contribuyentes **2** [C,U] cuajada

'junk food *s* [U] (*peyor*) comida chatarra, porquerías

junk·ie, junky /ˈdʒʌŋki/ *s* [C] (*coloq*) drogadicto -a, drogo -a, yonqui

'junk mail *s* [U] (*peyor*) propaganda que se recibe por correo

junk·yard, junk yard /ˈdʒʌŋkˌyɑrd/ *s* [C] botadero, deshuesadero (de carros)

jun·ta /ˈhʊntə, ˈdʒʌntə/ *s* [C] (*esp peyor*) junta militar

Ju·pi·ter /ˈdʒupɪtər/ *s* Júpiter

jur·is·dic·tion /ˌdʒʊrɪsˈdɪkʃən/ *s* [U] jurisdicción • **have jurisdiction over sb/sth** tener jurisdicción sobre alguien/algo

ju·ror 🔲 /ˈdʒʊrər/ *s* [C] (miembro del) jurado

ju·ry 🔲 /ˈdʒʊri/ *s* [C] (pl **juries**)
1 [C] (en la justicia) jurado • **sit/serve on a jury** ser miembro de un jurado
2 (en competiciones) jurado ▶ GRAND JURY
EXPRESIONES
the jury is still out no hay una idea/opinión clara

'jury ˌduty (tb **'jury ˌservice**) *s* [U] actuación como miembro de un jurado

just¹ 🔲 🔲 /dʒʌst/ *adv*
1 INDICANDO PRECISIÓN justo, exactamente: *A cup of coffee is just what I need.* Un café es justo lo que me hace falta. • **just like sb/sth** exactamente igual que alguien/algo • **just right** perfecto -a • **just the thing/place for sth** lo ideal/el lugar ideal para algo • **just the thing/person to do sth** lo ideal/la persona ideal para hacer algo • **just then** (tb **just at that moment**) justo en ese momento, en ese preciso momento • **just as/when** justo cuando: *Just as I opened the door, the phone started to ring.* El teléfono empezó a sonar justo cuando abría la puerta. • **that's just it** (*oral*) esa es la cuestión
2 INDICANDO SINGULARIDAD solo, nomás: *It's just a small cut.* Solo es una cortadita. • **just yesterday/last week** ayer nomás/la semana pasada sin ir más lejos • **just an hour/a week ago** hace apenas una hora/una semana • **(I'm) just looking** (*oral*) sólo estoy mirando (en una tienda)
3 INDICANDO PASADO RECIENTE **have just done sth** acabar de hacer algo: *I've just been out shopping.* Acabo de volver de hacer compras. • *Hello. We were just talking about you.* Hola. Justo hablábamos de ti. • *She's just gone out.* Se acaba de ir. • **only just** *We've only just discovered the truth.* Acabamos de descubrir la verdad.

4 INDICANDO ACCIÓN EN MARCHA • be just doing sth
He was just leaving when the phone rang. Estaba a
punto de salir cuando sonó el teléfono. • **be just about
to do sth** estar a punto de hacer algo: *I was just about to
say the same thing.* Estaba por decir lo mismo. • **not
just yet** todavía no

5 INDICANDO MARGEN O CANTIDAD ESCASOS *They'll
just catch the train if they hurry.* Si se dan prisa,
llegarán justo a tiempo para tomar el tren. • *The work
took just under six months to complete.* Terminar el
trabajo llevo poco menos de seis meses. • *a cut just
below the eye* una cortada justo debajo del ojo • **only
just** justo, por poco • **just enough** lo justo: *She had just
enough money to live on.* Tenía el dinero justo para
vivir. • **might/could just** *You might just be able to
persuade him.* Puede que hasta logres convencerlo. •
just in time justo a tiempo • **just before/after sth** justo
antes/después de algo

6 INDICANDO SITUACIÓN NO DESEADA *You'll just have
to start without me.* No les va a quedar más remedio
que empezar sin mí. • *Stop. You're just making things
worse.* Ya basta. No haces más que empeorar las cosas.

7 PARA ENFATIZAR *It just isn't true.* Es que no es
verdad.

8 DENOTANDO ENOJO *(oral): Just sit down and shut
up!* ¡Ya siéntate y cállate! ▶ **(it's) just my LUCK, sb
would (just) as SOON do sth**

I can just see/hear... *(oral)* me lo puedo imaginar... • **it's
just that** *(oral)* lo que pasa es que: *I do like Chinese food
— it's just that I'm not hungry.* Claro que me gusta la
comida china, lo que pasa es que no tengo hambre. •
just about (a) casi: *It's just about time to leave.* Ya casi
es hora de irse. **(b)** apenas: *I can just about understand
what he says.* Apenas puedo entender lo que dice. • **it is
just as well** *(oral)* menos mal (que): *It was just as well
we'd prepared everything beforehand.* Menos mal que
lo habíamos dejado todo preparado. • **just because ... it
doesn't/isn't...** *(oral)* el hecho de que ... no significa que... •
just like that *(oral)* así sin más: *You can't give up your
job just like that.* No puedes dejar el trabajo así, sin
más. • **just a minute/second/moment** *(oral)* **(a)** (solicitando espera) (espera) un momento: *Just a minute. Let
me see if he's here.* Espere un momento. Déjeme ver si
está. **(b)** (interrumpiendo) un momento: *Just a second.
How do I know you're not lying?* Un momento. ¿Cómo
sé que no mientes? • **just now** *(oral)* **(a)** hace un
segundo, recién: *Where have my glasses gone? I had
them just now.* ¿Dónde están mis anteojos? Hace un
segundo estaban aquí. **(b)** justo ahora, ahora/ahorita
(mismo): *We're busy just now. Can you come back later?*
Ahora mismo estamos ocupados. ¿Puede volver más
tarde? • **just the same** de todos modos: *She'd treated
him badly, but he loved her just the same.* Lo había
tratado mal, pero él la amaba de todos modos. • **just
think/imagine** *(oral)* figúrate, imagínate • **just so** a la

perfección: *Their house always had to be just so.* Su casa
siempre tenía que estar perfecta. • **might just as well**
There's nothing to do. We might just as well leave. Para
lo que hay que hacer, mejor sería que nos fuéramos.

just² *adj* [gralm ante s] **1** (razonable) justo -a **2** (merecido) justo -a • **get your just deserts** recibir su merecido

jus·tice W2 /'dʒʌstɪs/ s
1 [U] (idea, cualidad) justicia ANT **injustice**
2 [U] (sistema) justicia: *the system of criminal justice* el
sistema de justicia penal • **a miscarriage of justice** un
error judicial
3 [U] (proceso) justicia • **bring sb to justice** llevar a
alguien ante la justicia
4 [C] juez -a ▶ **POETIC JUSTICE**
do sb/sth justice (a) (mostrar fielmente) hacer justicia a
alguien/algo: *The picture didn't do him justice.* La foto
no le hacía justicia. **(b)** (dar trato merecido) hacer
justicia a alguien/algo • **do yourself justice** demostrar lo
que se es capaz de hacer, lucirse

ˌJustice of the ˈPeace (abrev **J.P.**) *s* [C] juez -a de paz

jus·ti·fi·a·ble /ˌdʒʌstə'faɪəbəl/ *adj* justificable, justificado -a

jus·ti·fi·a·bly /ˌdʒʌstə'faɪəbli/ *adv* con razón, justificadamente

jus·ti·fi·ca·tion /ˌdʒʌstəfə'keɪʃən/ *s* [C,U] justificación,
motivo • **justification for doing sth** justificación para
hacer algo • **with some justification** con razón

jus·ti·fied /'dʒʌstə,faɪd/ *adj* [gralm no ante s] justificado
-a

jus·ti·fy /'dʒʌstə,faɪ/ *v* [T] (**justifies, justified, justifying**)
1 (dar explicación) justificar • **justify doing sth** justificar
que se haga algo **2** (ser buen motivo) justificar **3** (explicarse) **justify yourself to sb** justificarse ante alguien
4 [T] *(técn)* (un texto) justificar

just·ly /'dʒʌstli/ *adv* **1** justamente, con justicia **2** justificadamente, con razón

jut /dʒʌt/ *v* (**jutted, jutting**)
jut out *v+partíc* sobresalir

ju·ve·nile¹ /'dʒuvənl, -,naɪl/ *adj* **1** [solo ante s] juvenil,
de menores: *juvenile offenders* delincuentes juveniles •
a juvenile detention center un centro de detención de
menores **2** infantil, pueril

juvenile² *s* [C] delincuente juvenil, menor (que ha
cometido un delito)

ˌjuvenile deˈlinquency *s* [U] delincuencia juvenil

ˌjuvenile deˈlinquent *s* [C] delincuente juvenil

jux·ta·pose /'dʒʌkstə,poʊz, ˌdʒʌkstə'poʊz/ *v* [T] *(frml)*
yuxtaponer

jux·ta·po·si·tion /ˌdʒʌkstəpə'zɪʃən/ *s* [C,U] yuxtaposición

K¹, k /keɪ/ (pl **K's, k's**) *s* [C] K, k

K² *abrev de* **1** (*coloq*) mil libras/dólares: *a salary of 50K* un sueldo de 50.000 dólares **2** (**kilobyte(s)**) KB **3** (**kelvin(s)**) (*técn*) K (grado kelvin) **4** (**kilometer(s)**) km

ka·bob, kebab /kə'bɑb/ kebab (especie de brocheta)

kale /keɪl/ *s* [C,U] col rizada

ka·lei·do·scope /kə'laɪdə,skoʊp/ *s* **1 a kaleidoscope of sth** (gran variedad) un caleidoscopio de algo **2** [C] (tubo con formas y colores) caleidoscopio

ka·mi·ka·ze /,kɑmɪ'kɑzi/ *adj* [solo ante s] kamikaze, suicida

kan·ga·roo /,kæŋgə'ru/ *s* [C] (pl **kangaroos**) canguro

ka·put /kə'pʊt/ *adj* [nunca ante s] (*coloq*) kaput, arruinado -a • **go kaput** irse al traste, dejar de funcionar

kar·a·o·ke /,kæri'oʊki/ *s* [U] karaoke • **karaoke bar** (bar) karaoke • **karaoke machine** (aparato de) karaoke

kar·at /'kærət/ *s* [C] quilate(s) *18 karat gold* oro de 18 kilates

ka·ra·te /kə'rɑṭi/ *s* [U] karate *a karate kick* una patada de karate ▶ JUDO

kar·ma /'kɑrmə/ *s* [U] **1** (concepto religioso) karma **2** (*coloq*) (energía) karma • **good/bad karma** karma positivo/negativo

kay·ak /'kaɪæk/ *s* [C] kayac/kayak (embarcación) ▶ CANOE

kay·ak·ing /'kaɪækɪŋ/ *s* [U] kayac/kayak (deporte)

Ka·zakh¹ /kə'zɑk/ *s* **1** [C] (persona) kazajo -a **2** [U] (lengua) kazajo

Kazakh² *adj* kazajo -a

Ka·zakh·stan /'kɑzɑk,stɑn/ *s* Kazajistán

ke·bab /kə'bɑb/ *s* variante de KABOB

keel¹ /kil/ *s* [C] quilla

EXPRESIONES
on an even keel estabilizado -a, equilibrado -a

keel² *v*
keel over *v+partíc* desplomarse

keen /kin/ *adj*
1 que tiene voluntad
2 muy aficionado
3 interesado
4 sensible
5 fuerte
6 inteligente
7 disputado

1 QUE TIENE VOLUNTAD [nunca ante s] ansioso -a, deseoso -a • **keen to do sth** deseando hacer algo: *He was keen to help.* Estaba deseando ayudar. • **not keen on doing sth** no tener ganas de hacer algo: *Margaret wasn't keen on moving to another house.* Margaret no quería mudarse. • **keen for sb/sth to do sth** deseando que alguien/algo haga algo: *The government is keen for peace talks to start again soon.* El gobierno tiene mucho interés en que las negociaciones de paz se reanuden pronto. • [+**that**]: *My father was very keen that I should go to college.* Mi padre quería de verdad que yo fuera a la universidad. SIN **eager**
2 MUY AFICIONADO entusiasmado -a • [+**on**]: *Daniel's very keen on tennis.* A Daniel le encanta el tenis. • **a keen golfer** un apasionado/una apasionada del golf

3 INTERESADO entusiasta
4 SENSIBLE agudo -a, bueno -a: *He has a keen eye for detail.* Tiene buen ojo para los detalles.
5 FUERTE vivo -a, gran: *The prince takes a keen interest in politics.* El príncipe muestra un vivo interés por la política.
6 INTELIGENTE despierto -a, rápido -a
7 DISPUTADO reñido -a: *keen competition* reñida competición

keen·ly /'kinli/ *adj* **1** profundamente **2** muy reñido -a **3** detenidamente, minuciosamente

keep¹ S1 W1 /kip/ *v* (**kept** /kɛpt/)
1 no moverse, no cambiar
2 seguir poseyendo
3 no devolver
4 hacer constantemente
5 continuar haciendo
6 poner
7 asignar
8 retener
9 realizar
10 escribir
11 mantenerse fresco
12 distraer
13 cuidar animales
14 dar techo, ropa, comida
15 sentirse
16 aplazar
17 defender

1 NO MOVERSE, NO CAMBIAR (a) [I, v copul] quedarse, mantenerse: *We sat around the fire to keep warm.* Nos sentamos alrededor del fuego para estar calientitos. • *The little boy kept close to his mother.* El niño se quedó cerca de su madre. • **keep in shape** mantenerse en forma • **keep right/left** (tb **keep to the right/left**) mantenerse a la derecha/izquierda • **keep going straight** seguir derecho **(b)** [T] mantener, tener: *My job keeps me really busy.* El trabajo me mantiene muy ocupada. • *Try to keep your bedroom clean.* Trata de que tu habitación esté siempre limpia. • **keep sth/sb doing sth** tener/mantener algo/a alguien haciendo algo: *They kept us waiting for more than an hour.* Nos tuvieron esperando más de una hora. SIN **stay**

2 SEGUIR POSEYENDO [T] quedarse con, guardar: *We decided to keep our old car.* Decidimos quedarnos con nuestro carro viejo. • *In spite of these problems, she's kept her sense of humor.* A pesar de estos problemas, no perdió el sentido del humor. • **keep sth for yourself** quedarse (con) algo

3 NO DEVOLVER [T] quedarse (con): *You can keep that pen – I have another one.* Puedes quedarte con ese bolígrafo; tengo otro. • **keep the change** quedarse con la devuelta

4 HACER CONSTANTEMENTE [T] **keep doing sth** no dejar/parar de hacer algo: *I keep making the same mistake.* Siempre cometo el mismo error. • *She keeps telling you, but you won't listen!* ¡Te lo dice una y otra vez, pero tú no le haces caso! SIN **keep on**

5 CONTINUAR HACIENDO [T] **keep doing sth** seguir haciendo algo: *Don just kept talking.* Don seguía hablando. • *We must keep hoping that things will improve.* Tenemos que seguir creyendo que las cosas van a mejorar. SIN **keep on**

6 PONER [T siempre + adv/prep] guardar: *Where do you keep your coffee?* ¿Dónde tienes el café? • *Keep the money in a safe place.* Guarda el dinero en un lugar seguro. SIN **store**

7 ASIGNAR [T] guardar, reservar • **keep sth for sb** guardarle algo a alguien: *Will you keep a seat for me?* ¿Me guardarás un sitio? SIN **save, reserve**

8 RETENER [T siempre + adv/prep] tener, dejar: *Steve was kept in the hospital overnight.* Steve quedó internado en el hospital hasta el día siguiente.

9 REALIZAR [T] **keep your promise/word** cumplir su promesa/palabra

10 ESCRIBIR [T] **keep a record/note** anotar: *Keep a record of what you spend on food.* Anota lo que gastas en comida. • **keep a diary** llevar un diario

11 MANTENERSE FRESCO [I] conservarse: *Will this meat keep until tomorrow?* ¿Se conservará está carne hasta mañana?

12 DISTRAER [T] entretener, retener: *They should be here by now. What's keeping them?* Ya deberían haber llegado. ¿Por qué tardarán tanto? SIN **hold up**

13 CUIDAR ANIMALES [T] criar, tener: *We keep chickens.* Criamos pollos. SIN **rear**

14 DAR TECHO, ROPA, COMIDA [T] mantener: *It costs a lot to keep a family of seven.* Es muy costoso mantener a una familia de siete personas. • **keep sb in sth** comprarle/darle algo a alguien: *This isn't enough money to keep the kids in shoes.* Este dinero no alcanza para comprarles zapatos a los niños.

15 SENTIRSE [v copul, gralm en forma continua] estar, seguir • **how are you keeping?** ¿cómo estás? • **be keeping well** estar/seguir bien

16 APLAZAR [I] **sth will keep** (*oral*) algo puede esperar • **it'll keep** puede esperar

17 DEFENDER **keep order** mantener el orden • **keep the peace** mantener la paz ▶ **keep/lose your HEAD**, **keep HOUSE**, **keep PACE (with sth)**, **keep QUIET**, **keep TRACK of (sth)**

EXPRESIONES

keep going **(a)** (continuar moviéndose) seguir avanzando **(b)** (continuar viviendo) seguir adelante **(c)** (continuar con algo difícil) seguir • **keep sb going** **(a)** (ayudar a seguir viviendo) hacer que alguien aguante/siga adelante **(b)** (ayudar a resistir provisionalmente) hacer que alguien aguante • **keep sth going** hacer que algo funcione/se mantenga • **keep guard/watch** vigilar • **keep sb posted/informed** mantener informado -a/al corriente a alguien • **you can keep sth** (*coloq*, *oral*) puede quedarse con algo

keep after sb *v+partíc* perseguir a/estar encima de alguien

keep at *v+partíc* **1 keep at sth** aguantar en/seguir con algo • **keep at it** seguir luchando/peleando **2 keep at sb** (*oral*) insistirle a/estar encima de alguien

keep away *v+partíc* **1 keep away** mantenerse alejado -a, no acercarse • **keep away from sth/sb** no acercarse a algo/alguien: *Keep away from the fire.* No te acerques al fuego. **2 keep sth/sb away** mantener alejado -a algo/a alguien • **keep sth/sb away from sth** mantener algo/a alguien lejos de algo: *Keep plastic bags away from small children.* Mantenga las bolsas de plástico fuera del alcance de los niños. **3 keep sth↔away** prevenir algo SIN **prevent**

keep away from sth *v+partíc* evitar algo SIN **avoid**

keep back *v+partíc* **1 keep back** no avanzar/acercarse **2 keep sth/sb ↔ back** contener algo/a alguien **3 keep sth ↔ back** ocultar algo SIN **withhold** **4 keep sth ↔ back** contener/guardarse algo SIN **suppress** **5 keep sb ↔ back** frenar/impedir avanzar a alguien SIN **hold back**

keep down *v+partíc* **1 keep sth ↔ down** mantener algo bajo -a, impedir que algo suba: *I'm trying to keep my weight down.* Estoy intentando no engordar. SIN **control, limit** **2 keep down** no levantarse: *Keep down! He's got a gun!* ¡No te levantes! ¡Tiene una pistola! **3 keep sth ↔ down** (*oral*) retener/no devolver/no vomitar algo **4 keep sth down** (*coloq*, *oral*) bajar algo: *Keep your voice down or she'll hear you!* ¡Baja la voz, que te va a oír! **5 keep sb ↔ down** mantener oprimido -a a alguien SIN **oppress** **6 keep sb down** desanimar a alguien • **you can't keep a good man down** no se vence fácilmente a un luchador SIN **demoralize** **7 keep your head down** **(a)** (protegerse, esconderse) no levantar la cabeza **(b)** (pasar desapercibido) (*oral*) no llamar la atención

keep from *v+partíc* **1 keep sth from sb** ocultarle algo a alguien: *I knew she was keeping something from me.* Sabía que me ocultaba algo. SIN **withhold** **2 keep from doing sth**, **keep yourself from doing sth** evitar hacer algo **3 keep sth from doing sth** impedir que algo haga algo **4 keep sb from sth**, **keep sb from doing sth** impedir que alguien haga algo

keep sb in *v+partíc* **1** retener a alguien, dejar internado -a alguien SIN **detain** **2** impedir salir a alguien

keep off *v+partíc* **1 keep off sth**, **keep off** no pisar algo, no pasar: *There were signs saying "Keep off the grass."* Había letreros que decían "Prohibido pisar el césped". **2 keep sb/sth off sth** impedir que alguien/algo vaya a algo **3 keep sth ↔ off**, **keep sth off sth** proteger(se) (algo) de algo SIN **repel** **4 keep your hands off sth/sb** (*oral*) **(a)** (soltar) quitar las manos de encima de algo/ alguien **(b)** (devolver) quitar las manos de encima de algo/alguien

keep on *v+partíc* **1 keep on doing sth** seguir haciendo algo: *We must keep on trying.* Tenemos que seguir intentándolo. SIN **continue** **2 keep on doing sth** no dejar/parar de hacer algo: *I keep on telling her not to worry.* No dejo de decirle que no se preocupe. SIN **persist** **3 keep on** (tb **keep on going**) seguir avanzando: *Keep on till you come to a bridge.* Siga avanzando hasta que llegue a un puente. • **keep right on** seguir sin parar **4 keep sb on** seguir dando trabajo a alguien SIN **retain**

keep out *v+partíc* **1 keep out** no pasar: *Danger. Keep out!* Peligro. ¡Prohibido el paso! • **keep out of sth** no acercarse a/mantenerse alejado -a de algo **2 keep sth/sb ↔ out** impedir que algo/alguien entre • **keep sth/sb out of sth** impedir que algo/alguien entre en algo

keep out of *v+partíc* **1 keep out of sth** no meterse en algo: *I told the boys to keep out of trouble.* Les dije a los muchachos que no se metieran en líos. **2 keep sth/sb out of sth** mantener algo/a alguien alejado -a de algo

keep to *v+partíc* **1 keep to sth** seguir por/quedarse en algo: *It's best to keep to the major roads.* Es mejor seguir por las carreteras principales. **2 keep to sth** cumplir/ seguir algo, ceñirse a algo (unas normas) SIN **follow, adhere to** **3 keep to sth** ceñirse a algo (a un tema) • **keep to the point** no irse por las ramas **4 keep sth to sth** limitar algo a algo • **keep sth to a minimum** limitar/ reducir algo al mínimo **5 keep sth to yourself** guardarse algo (no decirle algo a nadie) **6 keep to yourself** ser muy reservado -a

keep up *v+partíc* **1 keep up** seguir **2 keep sth ↔ up** seguir con algo: *Exercise is good, but you need to keep it up.* El ejercicio es bueno, pero no puedes dejarlo. • **keep up appearances** mantener las apariencias • **keep up the good work!** ¡sigue así! • **keep it up** seguir así, mantener el ritmo SIN **continue, maintain** **3 keep sth ↔ up** mantener alto -a algo • **keep your spirits up** mantener alta la moral • **keep your strength up** conservar fuerzas **4 keep up** seguir el ritmo, mantenerse a la par: *She walked so fast I had to run to keep up.* Caminaba tan rápido que tenía que correr para seguirle el paso. • **keep up with sb/sth** seguir a alguien/algo, ir al mismo ritmo que alguien/algo **5 keep up** mantenerse al mismo nivel • **keep up with sb** mantenerse al mismo nivel que alguien • **keep up with the Joneses** (*peyor*) no ser menos que el vecino ANT **fall behind** **6** mantenerse al tanto/día • **keep up with sth** mantenerse al tanto de algo **7** seguir el ritmo • **keep up with sth** seguir el ritmo de algo, mantenerse a la par de algo: *Salaries are not keeping up with inflation.* Los salarios no corresponden con la inflación. SIN **match** **8 keep sb up** (*coloq*) tener a alguien levantado -a, no dejar dormir a alguien

keep² s

1 [U] **his/your keep** su/tu manutención/sustento **2** [C] torre del homenaje

EXPRESIONES

earn your keep ganarse el sustento • **for keeps** (*coloq*) para siempre

keep·er /ˈkiːpə(r)/ s [C] **1** cuidador -a (de animales) **2** vigilante (en una urbanización, unas oficinas, etc.) guarda (en un parque) conservador -a (en un museo): *a lighthouse keeper* un farero • [+of]: *the keeper of Greek coins in the British Museum* el conservador de las monedas griegas del British Museum **3** [gralm sing] (*coloq*) algo que vale la pena guardar o alguien con quien vale la pena mantener una relación: *This album is definitely a keeper.* Este es un álbum de los que uno no quiere desprenderse. **4** portero -a (en fútbol), arquero -a ▶ **GAMEKEEPER, SHOPKEEPER, STOREKEEPER**

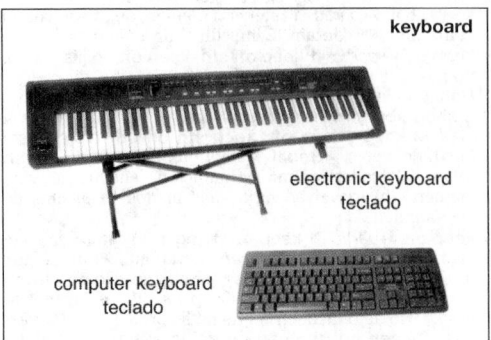

keyboard

electronic keyboard
teclado

computer keyboard
teclado

keep·ing /'kipɪŋ/ s [U]

EXPRESIONES

in keeping with sth siguiendo/respetando algo • **be in keeping with sth** ajustarse/adecuarse a algo • **be out of keeping with sth** desentonar con algo ► SAFEKEEPING

keep·sake /'kipseɪk/ s [C] recuerdo (objeto) SIN **memento**

keg /kɛg/ s [C] barril • [+of]: *a keg of beer* un barril de cerveza ► BARREL

keg·ger /'kɛgɚ/ (tb **'keg ,party**) s [C] (coloq) festival de la cerveza

ken·nel /'kɛnl/ s [C] **1** casa/casilla de(l) perro, perrera SIN **doghouse 2** residencia canina **3** criadero de perros

Ken·ya /'kɛnyə, 'ki-/ Kenia

Ken·yan /'kɛnyən, 'ki-/ s [C], adj keniano -a

kept /kɛpt/ pasado y participio pasado de KEEP

kerb /kɚb/ variante británica de CURB

ker·nel /'kɚnl/ s [C] **1** (de maíz) grano **2** (de un fruto seco) almendra, semilla **3 the kernel of sth** (centro) el meollo de algo SIN **core**

ker·o·sene /'kɛrə,sin, ,kɛrə'sin/ s [U] kerosene, keroseno

kes·trel /'kɛstrəl/ s [C] cernícalo (ave)

ketch·up /'kɛtʃəp, 'kæ-/ (tb **tomato ketchup**) s [U] ketchup, catsup, salsa de tomate SIN **catsup**

ket·tle /'kɛtl/ s [C] **1** hervidor (de agua), pava **2** olla, cacerola ► **(a case of) the POT calling the kettle black**

ket·tle·drum /'kɛtl,drʌm/ s [C] timbal

key¹ S1 W2 /ki/ s [C] (pl **keys**)

1 de una cerradura, candado
2 de un asunto, problema
3 de un teclado
4 de un instrumento
5 de las notas musicales
6 de un mapa, dibujo técnico

1 DE UNA CERRADURA, CANDADO llave • [+to]: *the key to the safe* la llave de la caja fuerte • **house keys** llaves de casa • **car keys** llaves del carro • **a bunch of keys** un manojo de llaves

2 DE UN ASUNTO, PROBLEMA the **key** la clave • [+to]: *Hard work is the key to success.* Trabajar mucho es la clave del éxito. • **hold the key to sth** encerrar la clave de algo

3 DE UN TECLADO tecla: *I pressed the ENTER key.* Pulsé la tecla INTRO.

4 DE UN INSTRUMENTO tecla

5 DE LAS NOTAS MUSICALES tono: *a minor key* un tono menor • **in the key of G/C** en (tono de) sol/do • **off key** desafinado -a

6 DE UN MAPA, DIBUJO TÉCNICO the **key** convención, convenciones, símbolo(s) ► FUNCTION KEY, HOT KEY, LOW-KEY, MASTER KEY, **under LOCK and key**

key² W2 adj [gralm ante s, sin compar] clave • **a key role/position** un papel/una posición clave • **a key point** un punto clave • **a key issue** un asunto clave • **a key**

figure una figura clave • [+to]: *Your support is key to the plan's success*. Tu apoyo es clave para que el plan salga bien. ► LOW-KEY

key³ v [T] **1** digitar, teclear **2** (coloq) (partido, concurso) *Armstrong keyed the game with three touchdowns.* Armstrong consiguió que su equipo ganara el partido con tres anotaciones. ► KEYED UP
key sth ↔ in v+partíc digitar algo, teclear algo SIN **key**
key on sth (tb **key in on sth**) v+partíc focalizarse/concentrarse en algo
key sth to sth v+partíc **1** [gralm en pasiva] adaptar algo a algo **2** [gralm en pasiva] hacer depender algo de algo

key·board /'kibɔrd/ s [C] **1** (de un computador) teclado **keyboard operator** persona cuyo trabajo consiste en introducir datos en un sistema informático **2** (de un piano, órgano) teclado **3** (instrumento electrónico) teclado • **keyboard player** tecladista, teclista ► SYNTHE-SIZER

,keyed 'up adj [nunca ante s] (coloq) atacado -a, nervioso -a • [+about]: *Mike's already really keyed up about the tournament.* Mike ya está nerviosísimo por el torneo.

key·hole /'kihoʊl/ s [C] ojo de la cerradura

key·note¹ /'kinoʊt/ s [C] idea fundamental, piedra angular • [+of]: *Creating jobs was the keynote of his campaign.* La creación de empleo fue la piedra angular de su campaña.

keynote² adj [solo ante s] principal (en una reunión, un congreso, etc.) • **a keynote speech** un discurso principal • **a keynote speaker** un conferencista principal

key·pad /'kipæd/ s [C] **1** (en una calculadora, un teléfono) teclado **2** (en un teclado de computador) teclado numérico

key·word /'kiwɚd/ s [C] **1** (en un buscador de Internet) palabra clave **2** [gralm sing] (concepto principal) palabra clave SIN **watchword**

kg (abrev escrita de **kilogram**) kg

kha·ki¹ /'kæki/ s **1** [U] (color) kaki/caqui **2** [U] (tela) kaki/caqui **3 khakis** [pl] pantalones de kaki/caqui

khaki² adj **1** (de color) kaki/caqui **2** [solo ante s] de (tela) kaki/caqui

kib·butz /kɪ'bʊts/ s [C] (pl **kibbutzim** /kɪ,bʊt'sim/) kibutz

kick¹ S1 W3 /kɪk/ v

1 [I,T] dar patadas/una patada (a), patear: *He kicked the ball to me.* Me pateó la pelota.
2 [I,T] patalear: *One boy lay on the floor, kicking and screaming.* Había un niño en el suelo, pataleando y gritando. • **kick your legs/feet** levantar las piernas
3 kick yourself (coloq) darse contra la pared, jalarse el pelo
4 [T] (coloq) dejar, abandonar • **kick the habit** dejar el vicio
5 be kicking (it) (coloq, oral) estar pasándola bien

EXPRESIONES

kick the bucket (hum, coloq) estirar la pata • **be kicking it (with sb)** (coloq, oral) tener una relación sentimental (con alguien) • **kick sb when they are down** tomarla con alguien que no puede defenderse • **kicking and screaming** con uñas y dientes

kick around v+partíc **1 kick sb around** (coloq) tratar a alguien a patadas SIN **mistreat 2 kick sth ↔ around** (coloq) darle vueltas a algo SIN **discuss 3 kick around (sth)** dar vueltas (por algo) **4 be kicking around (sth)** (coloq) estar dando vueltas (por ahí) SIN **be lying around**
kick back v+partíc **1 kick back** (coloq) relajarse **2 kick sth ↔ back** pagar una tajada de ► KICKBACK
kick sth ↔ down v+partíc derribar algo a patadas
kick in v+partíc **1 kick in** (coloq) empezar a surtir efecto, ponerse en marcha **2 kick in (sth)** (coloq) colaborar (con algo) **3 kick sth ↔ in** romper algo a patadas/de una patada **4 kick his head/teeth in** (coloq) partirle la cabeza/los dientes a patadas
kick off v+partíc **1 kick off** empezar (un partido) ► KICK-OFF **2 kick off** dar el puntapié inicial (en un partido) **3 kick off** (coloq) empezar • **kick off with sth** empezar

con algo SIN **start**, **begin** **4 kick sb off sth** echar a
alguien de algo SIN **expel** **5 kick off** (*coloq*, *oral*) estirar
la pata **6 kick your shoes off** (tb **kick off your shoes**)
quitarse los zapatos
kick sb ↔ out *v+partíc* botar a alguien a la calle, poner a
alguien de patitas en la calle • **kick sb out of sth** echar
a alguien de algo SIN **expel**, **throw out**
kick up *v+partíc* **1 kick sth ↔ up** levantar algo (polvo,
arena, etc.) **2 kick up** (*coloq*) soplar más fuerte (viento),
ponerse más fuerte (calor) **3 kick sth ↔ up** (*coloq*)
aumentar algo **4 kick up a fuss** (tb **kick up dust**)
(*coloq*) armar un tierrero

kick² S2 *s* [C]
1 (de persona) patada, puntapié • **give sth a kick** dar
una patada a algo
2 (en fútbol) patada
3 (de animal) coz; (en baile) patada
4 efecto estimulante (de una bebida, droga)
5 (*coloq*) **be a kick** ser buenísimo -a, ser padrísimo -a
(hacer algo): *It was a kick to play a big New York theater.*
Fue buenísimo tocar en un gran teatro de Nueva York.
• **get a kick out of sth** disfrutar con algo • **do sth (just)
for kicks** (*coloq*) hacer algo (sólo) por hacer algo emocionante ▶ **FREE KICK**

EXPRESIONES
a kick in the pants/butt (*coloq*) una patada en el trasero
• **a kick in the teeth/stomach** (*coloq*) una bofetada, un
mazazo • **be on a health kick** estar en una onda sana

kick·back /ˈkɪkbæk/ *s* [C gralm pl] (*peyor*) untada, de la
mano SIN **bribe**

kick·off /ˈkɪk-ɔf/ *s* [C gralm sing] comienzo, puntapié
inicial (en un partido)

ˈ**kick start** *s* **1** [C] (de una moto) pedal de arranque
2 [sing] (a la economía, un proceso) impulso

ˈ**kick-start** *v* [T] **1** arrancar (una moto – con el pedal de
arranque) **2** impulsar (la economía, un proceso)

kid¹ S1 W1 /kɪd/ *s*
1 [C] (*coloq*) (menor) niño -a, escuincle -a SIN **child**
2 [C] (*coloq*) (descendiente) hijo -a, niño -a
3 [C] (*coloq*) chico -a, muchacho -a
4 [C] cabrito -a
5 [U] cabritilla

EXPRESIONES
kid stuff (*coloq*) juego de niños • **treat/handle someone
with kid gloves** tratar a alguien con guantes de seda ▶ **a
KID sister/brother**, **the NEW kid on the block**

kid² S1 *v* (**kidded**, **kidding**) (*coloq*, *oral*)
1 [I,T] bromear, gastar una broma: *I thought you were
kidding!* ¡Creía que era una broma! • (**I'm**) **just/only
kidding** solo (es) una broma
2 [T] tomarle el pelo a, mamarle gallo a, vacilar a • **kid
sb about sth** meterse con alguien por algo: *They kid me
about my long hair.* Se meten conmigo porque tengo el
pelo largo.

EXPRESIONES
don't kid yourself (that) (*coloq*, *oral*) no te vayas a creer
(que) • **he is kidding himself** (*coloq*, *oral*) se está
engañando • **no kidding** (*coloq*, *oral*) (**a**) (con escepticismo) no me digas, en serio (**b**) (corroborando) sí que lo
es • **you're kidding (me)!** (tb **you've got to be kidding
(me)!**) (*coloq*, *oral*) ¡me estás mamando gallo!, ¡me estás
vacilando! • **you must/gotta be kidding!** (*oral*) ¡me estás
vacilando!, ¡no hablarás en serio?

kid³ S2 *adj* **a kid sister/brother** (*coloq*) un hermano
pequeño/una hermana pequeña

kid·nap¹ /ˈkɪdnæp/ *v* [T] (**kidnapped**, **kidnapping** o **kid-
naped**, **kidnaping**) secuestrar

kidnap² (tb **kid·nap·ping** /ˈkɪdnæpɪŋ/) *s* [C,U] secuestro

kid·nap·per /ˈkɪdnæpə/ *s* [C] secuestrador -a

kid·ney /ˈkɪdni/ *s* (pl **kidneys**) **1** [C] (en el cuerpo
humano) riñón • **kidney disease** enfermedad renal •
kidney failure falla renal • **kidney stone** cálculo renal •
kidney transplant transplante renal/de riñón **2** [C,U]
(como alimento) riñón

ˈ**kidney bean** *s* [C] fríjol rojo

kill¹ S1 W1 /kɪl/ *v*
1 [I,T] matar: *She was accused of killing her husband.*
Fue acusada de matar a su marido. • *Smoking kills.*
Fumar mata. • **kill yourself** matarse, suicidarse
2 [T] tirarse en, acabar con (una esperanza, un rumor, el
comercio, etc.) • **kill the conversation** tirarse en la
conversación
3 [T] (*coloq*) apagar (la luz, un motor)
4 [T] aliviar, calmar (un dolor) ▶ **PAINKILLER**
5 [T] (*coloq*) terminarse, tomarse (una bebida) ▶ **be
DRESSED to kill**, **the SUSPENSE is killing me**

EXPRESIONES
(even) if it kills me aunque me muera • **it wouldn't kill
you/him to do sth** no te vas/se va a morir por hacer algo
• **kill time** (tb **kill an hour/two hours**) matar el tiempo •
kill two birds with one stone matar dos pájaros de un
tiro • **my head/back is killing me** (*oral*) la cabeza/
espalda me está matando • **sb would kill for sth** alguien
mataría/daría lo que fuese por algo
kill sth/sb ↔ off *v+partíc* **1** exterminar/acabar con
algo/a alguien (un conjunto de seres vivos) SIN **destroy**
2 matar algo/a alguien (un personaje) **3** acabar con
algo/alguien (una esperanza, un rumor, el comercio, etc.)

kill² *s* **1** [C gralm sing] (al cazar) *Shoot only if you are
confident of a kill.* Dispara solo si estás seguro de dar
en el blanco. • *He raised his knife for the kill.* Levantó
su cuchillo para matar al animal. **2** [sing] presa

EXPRESIONES
move/close in for the kill prepararse para atacar

kill·er¹ W3 /ˈkɪlə/ *s* [C]
1 asesino -a
2 causa de mortalidad
3 (*coloq*) (cosa difícil, aburrida) *The new project is a
killer.* El nuevo proyecto es mortal.

killer² *adj* [solo ante s] mortal, mortífero -a

kill·ing /ˈkɪlɪŋ/ *s* [C] asesinato • [+**of**]: *the brutal killing of
a young girl* el brutal asesinato de una joven

EXPRESIONES
make a killing hacer fortuna

kill·joy /ˈkɪldʒɔɪ/ *s* [C] aguafiestas

kiln /kɪln/ *s* [C] horno (para cerámica, ladrillos)

ki·lo /ˈkiloʊ, ˈkiː-/ *s* [C] (pl **kilos**) kilo: *The fish cost $20 a
kilo.* El pescado costó 20 dólares el kilo.

kilo- /ˈkɪlə/ *pref* kilo-

ki·lo·byte /ˈkɪləˌbaɪt/ (abrev **K**, **Kb**) *s* [C] kilobyte

kil·o·gram /ˈkɪləˌgræm/ (abrev escrita **kg**) *s* [C] kilo,
kilogramo • [+**of**]: *two kilograms of grapes* dos kilos de
uvas

kil·o·hertz /ˈkɪləˌhɜts/ *s* [C] (pl **kilohertz**) kilohercio

kil·o·me·ter S3 W3 /kɪˈlɑmətə, ˈkɪləˌmitə/ (abrev
escrita **km**) *s* [C] kilómetro

kil·o·watt /ˈkɪləˌwɑt/ (abrev escrita **kW**) *s* [C gralm pl]
kilovatio

kilt /kɪlt/ *s* [C] falda escocesa

kil·ter /ˈkɪltə/ *s* **out of kilter** desbaratado -a, descuadrado
-a

ki·mo·no /kəˈmoʊnoʊ/ *s* [C] (pl **kimonos**) kimono/
quimono

kin /kɪn/ *s* [pl] (*antic*) familiares, parientes **NEXT OF KIN**

kind¹ S1 W1 /kaɪnd/ *s*
1 [C] (especie) tipo, clase • [+**of**]: *What kind of car is
that?* ¿Qué tipo de carro es ese? • **all kinds** todo/
cualquier tipo: *They sell all kinds of things.* Venden
todo tipo de cosas. • *animals of all kinds* animales de
todas las clases • **different kinds of sth** distintos tipos
de algo • **some kind of sth** algún tipo de algo: *Are you in
some kind of trouble?* ¿Estás metido en algún tipo de
problema? • **this/that kind of thing** este/ese tipo de
cosas: *This kind of thing happens once in a lifetime.*
Estas cosas pasan una vez en la vida. • **of the worst
kind** de la peor especie • **the best of its kind** el/la mejor
de su género SIN **sort**, **type**
2 [sing] (género de persona) tipo, clase • **the kind of**

K

person/man/woman to do sth el tipo de persona/hombre/mujer que hace algo: *I'm not the kind of person to worry.* No soy el tipo de persona que se preocupa.
EXPRESIONES
in kind de la misma manera • **kind of** (*oral*) **(a)** (más bien) medio, un poco: *I'm kind of glad I didn't win.* La verdad es que me alegro de no haber ganado. • *He's kind of cute, isn't he?* Es bastante atractivo, ¿no? **(b)** (en cierto modo) de alguna forma, más o menos: *I kind of ignored the problem.* De alguna forma, ignoré el problema. • **a kind of (a) sth** (*oral*) una especie de algo: *a kind of reddish-brown color* una especie de color marrón rojizo • **nothing of the kind** nada parecido • **of a kind** por decir algo, si se puede llamar así • **one of a kind** único -a en su género • **something of the/that kind** algo así/por el estilo • **two/three of a kind** (personas) tal para cual; (cartas) dos/tres del mismo palo ▶ **PAYMENT in kind**

⚠ **Kind, sort, type** son sustantivos contables. Se usan en plural después de: these, those, all, both, certain, different, many, several, various, etc.:
I don't like these kinds (✗ these kind) of tourists.
They sell all sorts (✗ sort) of flowers.
this kind/sort/type of + sustantivo en singular:
I don't like this kind of tourist (✗ tourists).
This type of book (✗ books) is very popular.

kind² S3 *adj*
1 amable, bueno -a • [+to]: *They've been very kind to me.* Han sido muy buenos conmigo. • **it is kind of sb to do sth** es muy amable de parte de alguien hacer algo: *It was kind of you to invite me.* Fue usted muy amable al invitarme.
2 [nunca ante s] inocuo -a, bueno -a • [+to]: *Life has been very kind to me.* La vida me ha tratado muy bien. ANT **unkind** ▶ **KINDLY, KINDNESS**
EXPRESIONES
kind regards afectuosamente, un saludo afectuoso • **would you be so kind as to do sth** (tb **would you be kind enough to do sth**) tendría la amabilidad/sería tan amable de hacer algo

kind·a /'kaɪndə/ *contrac de* (*coloq, oral*) **kind of** medio, un poco

kin·der·gar·ten /'kɪndəˌɡɑrt⌐n, -,ɡɑrdn/ *s* [C,U] jardín infantil, jardín de niños, kinder ▶ **NURSERY SCHOOL**

,**kind-'hearted** *adj* de buen corazón, generoso -a

kin·dle /'kɪndl/ *v* **1** **(a)** [T] despertar (el interés), encender (una llama) **(b)** [I] (*liter*) despertarse (interés), encenderse (llama) **2** [T] encender (el fuego, una lámpara) ▶ **REKINDLE**

kin·dling /'kɪndlɪŋ/ *s* [U] hojas secas, astillas de madera, etc. para encender fuego

kind·ly¹ /'kaɪndli/ *adv* **1** amablemente, gentilmente ▶ **GENEROUSLY 2** (*frml, oral*) (en pedidos) *Kindly answer the question.* Hágame el favor de responder la pregunta. • **would/will you kindly do sth** hágame el favor de hacer algo
EXPRESIONES
not take kindly to sth no aceptar algo de buen grado

⚠ A la hora de pedir algo, **kindly** normalmente denota impaciencia o enojo. Si queremos ser educados, es mejor buscar formas alternativas:
Could you possibly (✗ kindly) find out for me?
We would be very grateful if you could answer our letter as soon as possible. (✗ *Would you kindly answer…*)
Please could you (✗ would you kindly) give me a hand with this suitcase?

kindly² *adj* (*antic*) bondadoso -a, afable

kind·ness /'kaɪndnɪs/ *s* **1** [U] amabilidad, bondad **2** [C gralm sing] (*frml*) acto de bondad ▶ **the MILK of human kindness**

kin·dred /'kɪndrɪd/ *adj* [solo ante s] (*frml*) **1 a kindred spirit/soul** un alma gemela **2** del mismo tipo, análogo -a

ki·net·ic /kɪ'netɪk/ *adj* (*técn*) cinético -a

kin·folk /'kɪnfoʊk/ *s* [pl] (*antic*) ▶ **KIN**

king S3 W3 /kɪŋ/ *s* [C]
1 (tb **King**) rey • **be/become king** ser rey/convertirse en rey ▶ **QUEEN**
2 (el mejor) rey: *For me, Elvis is still the king.* Para mí, Elvis sigue siendo el rey.
3 (en ajedrez) rey
4 (en la baraja) rey
EXPRESIONES
live like a king vivir como un rey

king·dom /'kɪŋdəm/ *s* [C] reino ▶ **UNITED KINGDOM**
EXPRESIONES
the animal kingdom el reino animal • **blow sth/sb to kingdom come** (*coloq*) volar algo/a alguien en pedazos • **till kingdom come** (*coloq*) hasta el día del juicio final

king·fish·er /'kɪŋˌfɪʃər/ *s* [C] martín pescador

king·pin /'kɪŋˌpɪn/ *s* [C] eje (de una acción), cabeza (de una organización)

'**king-size** (tb '**king-sized**) *adj* [gralm ante s] **1** king-size (cama de matrimonio) **2** extra grande, extra largo

kink¹ /kɪŋk/ *s* [C] **1** pliegue (en un papel), onda (en el pelo), vuelta (en una cuerda) • [+in]: *a kink in the hose* una vuelta en la manguera **2** problema, desacuerdo • **iron out the kinks** solucionar los problemas

kink² *v* **(a)** [T] enroscar, doblar **(b)** [I] enroscarse, doblarse

kink·y /'kɪŋki/ *adj* (**kinkier, kinkiest**) **1** (*coloq*) no convencional, pervertido -a **2** pervertido -a **3** crespo -a, chino -a (cabello)

kin·ship /'kɪnʃɪp/ *s* **1** [U] (*liter*) parentesco **2** [sing, U] afinidad • [+with/between]: *People often feel a kinship with celebrities.* La gente a veces siente afinidad con las celebridades. SIN **rapport, bond**

kins·man /'kɪnzmən/ *s* [C] (pl **kinsmen** /-mən/) familiar, pariente (masculino)

kins·wo·man /'kɪnzˌwʊmən/ *s* [C] (pl **kinswomen** /-,wɪmɪn/) familiar, pariente (femenina)

ki·osk /'kiɑsk/ *s* [C] quiosco

kip·per /'kɪpər/ *s* [C] arenque ahumado

kiss¹ S2 W3 /kɪs/ *v*
1 **(a)** [T] besar • **kiss sb on the lips** besar a alguien en los labios **(b)** [I] besarse
2 [T] (para saludar) besar • **kiss sb goodnight/goodbye** dar un beso de buenas noches/despedida a alguien
EXPRESIONES
kiss sth goodbye (tb **kiss goodbye to sth**) (*coloq, oral*) despedirse de algo
kiss up to sb *v+partíc* (*coloq*) lambonear a alguien, hacerle la barba a alguien

kiss² S3 *s* [C]
1 (con pasión) beso
2 (por afecto) beso • **give sb a kiss** darle un beso a alguien • [+on]: *I hugged her and gave her a kiss on both cheeks.* La abracé y le di un beso en las dos mejillas. ▶ **BLOW sb a kiss**
EXPRESIONES
be the kiss of death (*hum*) ser el golpe de gracia

kit S3 /kɪt/ *s* [C]
1 kit, equipo: *a drum kit* una batería • *a first-aid kit* un botiquín
2 modelo para armar ▶ **TOOL KIT**
EXPRESIONES
the whole kit and caboodle (*coloq*) absolutamente todo

kitch·en S1 W2 /'kɪtʃən/ *s* [C] cocina (habitación) *the kitchen table* la mesa de la cocina
EXPRESIONES
take everything but the kitchen sink (*hum*) llevarse la casa a cuestas, llevarse hasta el nido de la perra

kite /kaɪt/ *s* [C] **1** cometa, papalote • **fly a kite** volar una cometa, volar un papalote **2** milano real ▶ **go FLY a kite, HIGH as a kite**

kitsch /kɪtʃ/ *s* [U] objetos, películas, etc. kitsch

kit·ten S3 /'kɪt⌐n/ *s* [C] gatito -a

kit·ty S2 /'kɪti/ s [C] (pl **kitties**)
1 gatito -a
2 [gralm sing] vaca, fondo común
3 [gralm sing] pozo (en juegos de naipes)

'kitty-,corner adv **kitty-corner from sth** en diagonal a algo

ki·wi /'kiwi/ s [C] **1** (tb **'kiwi fruit**) (fruta) kiwi **2** (ave) kiwi **3 Kiwi** (coloq) neocelandés -esa

KKK /ˌkeɪ keɪ 'keɪ/ abrev de **KU KLUX KLAN**

Kleen·ex /'klinɛks/ s [C,U] (marca reg) pañuelo de papel

klutz /klʌts/ s [C] (coloq) torpe, atolondrado -a

klut·zy /'klʌtsi/ adj (coloq) torpe, atolondrado -a SIN **clumsy**

km (abrev escrita de **kilometer**) km

knack /næk/ s [sing] (coloq) **1** habilidad, don • **have a knack for sth** tener una habilidad/el palo para algo • **a knack for doing sth** una habilidad/el palo para hacer algo **2 get the knack** encontrarle la vuelta a algo, agarrarle el tiro a algo • **there's a knack to doing sth** hacer algo tiene su secreto

knap·sack /'næpsæk/ s [C] mochila SIN **backpack, rucksack**

knead /nid/ v [T] **1** amasar **2** masajear

knee[1] S2 W2 /ni/ s [C]
1 (parte del cuerpo) rodilla: a knee injury una lesión en la rodilla • **knee joint** (articulación de la) rodilla • **on your knees** de rodillas • **get down on your knees** ponerse de rodillas • **on your hands and knees** en cuatro patas • **fall/drop to your knees** caer de rodillas **2** (parte de la ropa) rodilla ▶ be the BEE's knees, knee PADS, go WEAK at the knees
EXPRESIONES
bring sth to its knees llevar algo al borde del desastre SIN **cripple** • **get/go down on one knee** ponerse de rodillas • **on your knee** en las rodillas • **sit on his/her knee** sentarse en sus rodillas • **on your knees** de rodillas

knee[2] v [T] darle un rodillazo a • **knee sb in sth** darle un rodillazo a alguien en algo

knee·cap /'nikæp/ s [C] rótula

knee-'deep adj **1** The water was knee-deep. El agua les llegaba hasta la rodilla. **2 be knee-deep in sth** estar con algo hasta la rodilla

knee-'high[1] adj (que llega a la rodilla) The grass was knee-high. El césped llegaba hasta la rodilla. • **knee-high boots** botas de caña alta
EXPRESIONES
be knee-high to a grasshopper (antic) ser muy pequeño -a

knee-high[2] s [C gralm pl] media larga (hasta la rodilla)

knee-jerk adj [solo ante s] automático -a, instintivo -a • **a knee-jerk reaction/response** una reacción instintiva SIN **automatic**

kneel /nil/ (tb **kneel down**) v [I] (**knelt** /nɛlt/ o **kneeled**) arrodillarse • **be kneeling** estar arrodillado -a

knelt /nɛlt/ pasado y participio pasado de **KNEEL**

knew /nu/ pasado de **KNOW**

knick·ers /'nɪkərz/ s [pl] pantalones bombachos (hasta la rodilla)

knife[1] S2 /naɪf/ s (pl **knives** /naɪvz/) [C] cuchillo: a knife and fork un cuchillo y un tenedor • **pull a knife on sb** amenazar a alguien con un cuchillo
EXPRESIONES
twist/turn the knife hurgar en la herida, meter el dedo en la llaga

knife[2] v [T] apuñalar SIN **stab**

knight[1] /naɪt/ s [C] **1** (en la Edad Media) caballero **2** (título honorífico británico) caballero ▶ **PEER 3** (en ajedrez) caballo
EXPRESIONES
a knight in shining armor un príncipe azul

knight[2] v [T gralm en pasiva] otorgar el título de caballero a

knight·hood /'naɪthʊd/ s [C,U] título de caballero/Sir ▶ **DAME**

knit[1] /nɪt/ v (**knit** o **knitted**, **knitting**) **1** (a) [I] tejer (b) [T] tejer: She's knitting a sweater. Está tejiendo un suéter. ▶ **CROCHET 2** [I] soldarse (hueso) • **knit together** soldarse ▶ **CLOSE-KNIT, TIGHT-KNIT**
EXPRESIONES
knit your brow (liter) fruncir el ceño

knit[2] (tb **knitted**) adj [solo ante s] tejido -a

knit[3] s [C] prenda tejida

knit·ting /'nɪtɪŋ/ s [U] **1** tejer, tejido • **knitting machine** máquina de tejer **2** tejido (labor)

'knitting ,needle s [C] aguja de tejer

knit·wear /'nɪtˈwɛr/ s [U] prendas tejidas, prendas de punto

knives /naɪvz/ pl de **KNIFE**

knob /nɑb/ s [C] perilla (de una radio, etc.), pomo, manija (de una puerta) • **a door knob** un pomo • **turn a knob** (hacer) girar el pomo/la perilla

knob·by /'nɑbi/ adj con protuberancias, nudoso -a • **knobby knees** rodillas huesudas

knock[1] S2 W3 /nɑk/ v
1 a la puerta
2 con un movimiento rápido
3 lastimarse
4 con el puño
5 con un martillo
6 de manera injusta

1 A LA PUERTA [I] llamar, tocar: You should knock before you come in. Deberías llamar antes de entrar. • **knock at/on a door** llamar a la puerta, tocar en la puerta
2 CON UN MOVIMIENTO RÁPIDO [I,T siempre + adv/prep] **knock sth over** tirar algo: Sally knocked over her glass of wine. Sally tiró su copa de vino. • **knock against sth** dar contra algo, chocarse con algo: His knees kept knocking against mine. Sus rodillas se chocaban con las mías. • His leg knocked against a box. Se golpeó la pierna contra una caja. • **knock into sth/sb** chocarse con/contra algo/alguien
3 LASTIMARSE [T siempre + adv/prep] **knock sth on sth** golpearse algo contra algo: She knocked her elbow on a rock. Se golpeó el codo contra una roca.
4 CON EL PUÑO [T siempre + adv/prep] dar un golpe a: The man knocked him to the ground. El hombre lo tiró al suelo de un golpe.
5 CON UN MARTILLO **knock a nail in/into sth** clavar un clavo en algo
6 DE MANERA INJUSTA [T] criticar
EXPRESIONES
knock sb for a loop (coloq, oral) dejar a alguien helado -a • **knock heads together** (tb **knock your/their heads together**) (coloq) poner orden • **knock on wood** (oral) toco madera • **knock some sense into sb** (coloq) hacer entrar a alguien en razón, hacer que alguien siente cabeza • **you could have knocked me down with a feather** (antic, coloq) me quedé de una pieza
knock around v+partíc **1 knock sb around** (coloq) pegarle a alguien, maltratar a alguien SIN **beat, abuse 2 knock sth ↔ around** (coloq) discutir algo (un plan, una idea) SIN **discuss 3 knock around sth** (coloq) viajar por algo SIN **kick around, bum around 4 be knocking around** (coloq) andar dando vueltas SIN **be kicking around**
knock around with sb v+partíc andar con alguien SIN **hang around with**
knock back v+partíc **knock sth ↔ back** (coloq) beberse algo SIN **down**
knock down v+partíc **1 knock sb ↔ down** [gralm en pasiva] derribar a alguien **2 knock sth ↔ down** [gralm en pasiva] tirar algo abajo, derribar algo SIN **demolish,**

K

pull down 3 knock sth ↔ down (*coloq*) rebajar algo **4 knock sb down** (*coloq*) convencer a alguien de rebajar un precio

knock off *v+partíc* **1 knock sth ↔ off** rebajar algo • **knock sth off sth** *I'm willing to knock a hundred dollars off the price.* Estoy dispuesta a rebajar cien dólares del precio. SIN **deduct 2 knock sth ↔ off** eliminar algo • **knock sth off sth** reducir algo en algo SIN **deduct 3 knock sth off** (*coloq*) salir (del trabajo) • **knock work** salir del trabajo **4 knock sth ↔ off** (*coloq*) producir algo rápidamente y sin mucho cuidado: *Some artists can knock off a dozen pictures a week.* Algunos pintores hacen hasta una docena de cuadros por semana. **5 knock sb ↔ off** (*coloq*) liquidar a alguien SIN **kill**, **bump off 6 knock it off!** (*coloq*, *oral*) ¡ya basta!

knock out *v+partíc* **1 knock sb ↔ out** [gralm en pasiva] dejar K.O. a alguien, dejar inconsciente a alguien • **knock yourself out** perder el conocimiento ▸ KNOCK-OUT **2 knock sb ↔ out** [gralm en pasiva] eliminar a alguien (en una competencia) • **knock sb out of sth** eliminar a alguien de algo SIN **eliminate** ▸ KNOCK-OUT **3 knock sth ↔ out** interrumpir algo (las comunicaciones, el suministro), destruir algo (cañones, etc.) **4 knock sth ↔ out** (*coloq*) producir algo rápidamente y sin mucho cuidado **5 knock yourself out** (*coloq*) agotarse

knock sth out of sb *v+partíc* quitarle algo a alguien (una mala costumbre, etc.)

knock over *v+partíc* **1 knock sth/sb ↔ over** tirar algo/a alguien (al suelo) **2 knock sth ↔ over** (*coloq*) asaltar algo, atracar algo SIN **rob**

knock sth ↔ together *v+partíc* (*coloq*) improvisar algo SIN **improvise**, **knock up**

knock² *s* [C] **1** (a la puerta) *There was a knock at the door.* Alguien llamó a la puerta. **2** (contra algo) golpe: *He got a knock on the head when he fell.* Cuando cayó, recibió un golpe en la cabeza. **3** (*coloq*) (mal momento) golpe • **take a knock** recibir un golpe: *Her pride has taken a knock.* Su orgullo ha recibido un golpe. • **hard knocks** reveses • **the school of hard knocks** la escuela de la vida **4** crítica

knock·er /ˈnɑkər/ *s* [C] (tb **door knocker**) aldaba

knock·out¹ /ˈnɑk-aʊt/ *s* **1** [C] K.O. **2** [C gralm sing] (*coloq*) **be a knockout** ser/estar precioso -a (persona), ser/estar buenísimo -a (ropa, concierto)

knockout² *adj* [solo ante s] **1** sensacional, formidable **2** eliminatorio -a **3** (*coloq*) que deja inconsciente, provoca somnolencia, etc. ▸ SEDATIVE

EXPRESIONES
a knockout punch/blow (a) (en boxeo) un puñetazo/un golpe demoledor **(b)** (un hecho, una circunstancia) un golpe demoledor

knoll /noʊl/ *s* [C] montículo

knot¹ /nɑt/ *s* [C] **1** nudo • **tie a knot** hacer un nudo, anudar • **tie sth in a knot** hacerle un nudo a/anudar algo **2** (en el pelo) nudo: *I can't get the knots out of my hair.* No puedo desenredarme el cabello. **3** (unidad de medición) nudo (1.85 Km/h) **4** (en la madera) nudo ▸ TIE the knot, TIE yourself in knots

knot² *v* (**knotted**, **knotting**) [T] anudar, hacer un nudo en

know¹ S1 W1 /noʊ/ *v* [nunca en forma continua] (**knew** /nu/, **known** /noʊn/)

1 tener información
2 darse cuenta
3 estar seguro
4 tener trato, experiencia
5 saber quién o qué es
6 un idioma, un poema
7 experimentar
8 una diferencia

1 TENER INFORMACIÓN [I,T] saber: *Who knows the answer?* ¿Quién sabe la respuesta? • *I asked where Paul was, but no one knew.* Pregunté dónde estaba Paul, pero nadie sabía. • **know (that)** saber que: *She didn't*

know Martin was coming. No sabía que venía Martin. • **know what/where/when** saber qué/dónde/cuándo: *Do you know what time it is?* ¿Sabes qué hora es? • **know about sth/sb** saber de algo/alguien: *I wish I'd known about this problem before we started.* Ojalá hubiera sabido de este problema antes de que empezáramos. • **want to know sth** querer saber algo: *Mom wants to know who broke the vase.* Mamá quiere saber quién rompió el jarrón. • **everyone knows** todo el mundo sabe: *Everyone knows that San Francisco is in California.* Todo el mundo sabe que San Francisco está en California. • **as you know** como (ya) sabes/saben ▸ ver nota en IGNORAR

2 DARSE CUENTA [I,T] saber: *Just take the money. Nobody will ever know.* Toma el dinero y ya. Nadie lo sabrá. • *She's very pretty, and she knows it.* Es muy bonita y lo sabe. • **know (that)** saber que: *Suddenly she knew that something was wrong.* De pronto, supo que algo andaba mal. • **know how/what/why** saber cómo/qué/por qué: *I didn't know how difficult it would be.* No sabía lo difícil que sería. • **know (all) about sth** saber/estar enterado -a de algo: *We knew all about the dangers.* Estábamos enterados de los peligros. • **without him/her knowing** (tb **without his/her knowing**) sin que él/ella lo supiera • **knowing (that)** sabiendo que: *She took the money knowing she could never pay it back.* Tomó el dinero sabiendo que no lo podría devolver nunca. • **know full well** (tb **know perfectly well**, **know only too well**) saber muy bien • **I might have known** tenía que haberme imaginado: *I might have known she'd be late.* Tenía que haberme imaginado que iba a llegar tarde. • **little does sb know** lo que alguien menos se imagina: *Little did I know that she was the woman I would marry.* Lo que menos me imaginaba era que ella era la mujer con la que me casaría. • **not know your own strength** no saber la fuerza que uno tiene

3 ESTAR SEGURO [I,T] saber: *"Are you coming to the movies?" "I don't know yet."* –¿Vas a venir al cine? –Todavía no sé. • **know (that)** saber que: *I knew you wouldn't believe me.* Sabía que no me creerías. • **know what/how/who** saber qué/cómo/quién: *Mark knew exactly what he wanted.* Mark sabía exactamente lo que quería. • **know if/whether** saber si: *I don't know if I'll be able to come.* No sé si podré ir. • **know sth/sb to be sth** saber que algo/alguien es algo: *I know him to be an honest man.* Sé que es un hombre honrado. • **how do you know...?** ¿cómo sabes...?: *How do you know he won't do it again?* ¿Cómo sabes que no lo hará otra vez? • **as far as I know** que yo sepa: *As far as I know, they're arriving on Saturday.* Que yo sepa, llegan el sábado. • **all I know** lo único que sé: *All I know is nobody likes her.* Lo único que sé es que no le cae bien a nadie.

4 TENER TRATO, EXPERIENCIA [T] conocer: *Carol knows the city very well.* Carol conoce muy bien la ciudad. • *I've known Dave for years.* Conozco a Dave desde hace varios años. • **know sth/sb from sth** conocer algo/a alguien de algo: *We know each other from church.* Nos conocemos de la iglesia. • **get to know sth/sb** llegar a conocer algo/a alguien • **be best known for sth** ser conocido -a por algo: *She is best known for her performances in Hitchcock movies.* Es conocida por sus actuaciones en películas de Hitchcock. • **know sth like the back of your hand** conocer algo como la palma de la mano • **knowing him/John** (tb **if I know him/John**) conociéndolo/conociendo a John: *Knowing Susan, she'll probably be late.* Conociendo a Susan, es probable que llegue tarde.

5 SABER QUIÉN O QUÉ ES [T] reconocer: *She had changed so much that I hardly knew her.* Había cambiado tanto que apenas la reconocí. • **know sb by sight** conocer a alguien de vista

6 UN IDIOMA, UN POEMA [T] saber: *I know a little French.* Sé algo de francés. • **know how to do sth** saber hacer algo: *Do you know how to change a tire?* ¿Sabes cambiar una llanta? • **know about sth** saber de algo • **know something/nothing about sth** saber algo/no saber nada de algo • **not know the first thing about sth** no tener ni la menor idea de algo • **know what you're doing** saber lo que uno hace • **know what you're talking about** saber de qué habla uno • **know sth from experience**

saber algo por experiencia propia • **know your stuff** conocer su oficio, ser un experto/una experta • **know sth by heart** saber de memoria • **know sth backward and forward** conocer algo al dedillo • **know sb/sth inside out** conocer algo/a alguien al dedillo • **know all there is to know about sth** saber todo lo que hay que saber de algo

7 EXPERIMENTAR [I,T] conocer • **know (all) about sth** *I know all about being poor.* Sé muy bien lo que es ser pobre. • **I have known sb/sth to do sth** *I've known it to rain for a whole week.* Ha llegado a llover una semana entera. • *I've never known this to happen before.* Esto nunca había ocurrido antes.

8 UNA DIFERENCIA **know sth from sth** [gralm en negat] distinguir algo de algo: *Lloyd doesn't even know his right from his left.* Lloyd ni siquiera distingue la derecha de la izquierda.

EXPRESIONES

before you know it cuando quieras darte cuenta • **for all you/I know** *This man could be a murderer for all you know.* Este hombre hasta podría ser un asesino, tú qué sabes. • **God/Heaven/goodness knows** (*oral*) **(a)** (como respuesta) (tb **God/Heaven/goodness only knows**) quién sabe **(b)** (para enfatizar) dios sabe • **how did/could I know?** (tb **how was I to know?**) (*oral*) ¿cómo iba/podía saber? • **how should/would I know?** (tb **how do I know?**) (*oral*) ¿cómo iba yo a saberlo? • **I don't know** (*oral*) **(a)** (como respuesta) no sé **(b)** (para expresar desacuerdo) no sé **(c)** (para expresar falta de certeza) no sé • **I don't know about...** **(a)** no sé qué decirte... **(b)** habrá que ver..., ya veremos... • **I don't know about you, but...** (*oral*) no sé qué opinas tú, pero... • **I don't know how/why** (*oral*) no entiendo cómo/por qué • **I know** (*oral*) **(a)** (para expresar acuerdo) ya sé **(b)** (para dar una idea) ya sé **(c)** (para adelantarse a una crítica) ya sé • **I know what you mean** (*oral*) me imagino • **if you must know** (*oral*) para que lo sepas • **know best** saber qué es lo mejor/lo que conviene • **know better (a)** (tener juicio) *These stupid comments come from people who should know better.* Estos comentarios estúpidos provienen de personas que deberían saber que esas cosas no se dicen. **(b)** (estar más enterado) saber más • **know no bounds** no conocer/tener límites • **know otherwise/different** (*coloq*) saber que no es/era así • **know your own mind** saber lo que uno quiere • **know the score** (*coloq*) estar al tanto, estar enterado -a • **know the way** (tb **know your way**) saber cómo llegar, saber el camino: *Does he know the way to your house?* ¿Sabe cómo llegar a tu casa? • **know your way around sth** conocer bien algo (una organización, una ciudad) • **knowing my luck** (*oral*) con la suerte que tengo • **be known as sth** conocerse como algo • **better known as sth** más conocido -a como algo: *William Cody, better known as Buffalo Bill* William Cody, más conocido como Búfalo Bill • **let sb know (sth)** avisarle (algo) a alguien: *Let me know what happens.* Avísame qué pasa. • **who knows** quién sabe/quién puede saberlo • **you know** (*oral*) **(a)** (como muletilla) sabes **(b)** (al agregar información) ya sabes, viste **(c)** (para buscar comprensión) sabes **(d)** (para enfatizar) sabes • **(do) you know sth/sb?** ¿conoces algo/a alguien?, ¿has visto/viste algo/a alguien? • **(do you) know what I mean?** (tb **if you know what I mean**) (*coloq*, *oral*) ¿me entiendes? • **you never know** (*oral*) nunca se sabe

know of v+*partíc* **1 know of sth/sb** conocer algo/a alguien, saber de algo/alguien: *Do you know of any good restaurants in the town?* ¿Conoces algún restaurante bueno en la ciudad? **2 know of sth/sb** conocer algo/a alguien, saber de algo/alguien **3 not that I know of** (*oral*) no que yo sepa

know² *s* **be in the know** (*coloq*) estar enterado -a: *For those in the know this was a chance to make money fast.* Para los enterados, esta fue una oportunidad de ganar dinero rápido.

'**know-how** *s* [U] (*coloq*) conocimientos y experiencia

know·ing /'noʊɪŋ/ *adj* [solo ante s] cómplice (sonrisa, mirada)

know·ing·ly /'noʊɪŋli/ *adv* **1** a sabiendas, adrede **2** de manera cómplice, con complicidad

'**know-it-all** *s* [C] (*coloq*) sabelotodo

knowl·edge S2 W1 /'nɑlɪdʒ/ *s* [U]
1 (por el aprendizaje) conocimiento(s) • **have knowledge** tener conocimiento(s): *Users must have some technical knowledge.* Los usuarios deben tener algunos conocimientos técnicos.
2 (información) conocimiento • **to the best of my/our knowledge** a mi/nuestro leal saber y entender, por lo que sé/sabemos • **it's common knowledge (that)** todo el mundo sabe que • **without my/her knowledge** sin mi/su conocimiento • **not to my knowledge** no que yo sepa
▶ GENERAL KNOWLEDGE, a WORKING knowledge of sth

knowl·edge·a·ble /'nɑlɪdʒəbəl/ *adj* entendido -a, conocedor -a • [+**about**]: *Mike's very knowledgeable about jazz.* Mike sabe mucho de jazz.

knowl·edge·a·bly /'nɑlɪdʒəbli/ *adv* sabiamente

known¹ /noʊn/ participio pasado de KNOW

known² *adj* **1** [solo ante s] (que se conozca) *her last known address* la última dirección que se le conoce **2** [solo ante s] conocido -a, reconocido -a: *a known drug dealer* un conocido traficante de drogas

EXPRESIONES

be known for sth ser conocido -a por algo: *The region is known for its fine wines* La región es conocida por sus vinos de calidad. • **a known quantity** *Ferris is already a known quantity in Washington.* Ya todos saben qué esperar de Ferris en Washington.

knuck·le¹ /'nʌkəl/ *s* [C] **1** nudillo **2** codillo
▶ BRASS KNUCKLES

knuckle² *v*
knuckle down v+*partíc* (*coloq*) ponerse a trabajar/estudiar • **knuckle down to sth** dedicarse a algo
SIN **buckle down**
knuckle under v+*partíc* (*coloq*) agachar la cabeza

KO¹ /keɪ 'oʊ, 'keɪ oʊ/ (**KO'd**, **KO'ing**) *v* [T] (**knock out**) noquear, dejar fuera de combate

KO² (*pl* **KO's**) *s* [C] (*coloq*) K.O.

ko·a·la /koʊ'ɑlə/ (tb **ko'ala bear**) *s* [C] koala

Ko·ran, Qur'an /kə'ræn, -'rɑn/ *s* **1 the Koran** [sing] el Corán **2** [C] corán

Ko·re·a /kə'riə/ ▶ NORTH KOREA, SOUTH KOREA

Ko·re·an¹ /kə'riən/ *s* **1** [C] (persona) coreano -a **2** [U] (lengua) coreano

Korean² *adj* coreano -a

ko·sher /'koʊʃər/ *adj* **1** (comida, restaurante) kosher **2** (*coloq*) legal, honrado -a

kow·tow /'kaʊtaʊ/ *v* [I] bajar/agachar la cabeza • **kowtow to sb** doblegarse ante alguien

kph (*abrev escrita de* **kilometers per hour**) km/h

Krem·lin /'krɛmlɪn/ *s* **the Kremlin** el Kremlin

KS *abrev escrita de* KANSAS

ku·dos /'kudoʊs, -doʊz/ *s* [U] prestigio

kung fu /ˌkʌŋ 'fu/ *s* [U] kung fu ▶ MARTIAL ART

Ku·wait /kʊ'weɪt/ Kuwait

Ku·wait·i /kʊ'weɪti/ *s* [C], *adj* kuwaití

kW *abrev escrita de* **kilowatt** KW

Kwan·zaa, Kwanza /'kwɑnzə/ *s* [C,U] festival celebrado por algunos afronorteamericanos entre el 26 de diciembre y el 1 de enero

KY *abrev escrita de* KENTUCKY

Kyr·gyz¹ /kɪr'gɪz/ *s* **1** [C] (persona) kirguizo -a **2** [U] (lengua) kirguizo

Kyrgyz² *adj* kirguizo -a

Kyr·gyz·stan /'kɪrgɪˌstæn, -ˌstɑn/ Kirguizistán

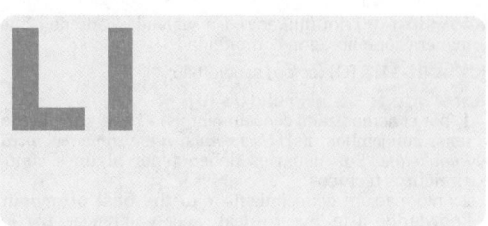

L¹, l /ɛl/ (pl **L's, l's**) s [C] L, l

L² letra utilizada para indicar que el lenguaje empleado en un programa de televisión puede resultar ofensivo

L³ abrev escrita de **LARGE**

l (abrev escrita de **left**) izqdo. -a., izq.

L1 /ˌɛl ˈwʌn/ s lengua materna, idioma materno

L2 /ˌɛl ˈtu/ s lengua extranjera, segunda lengua

LA¹ abrev escrita de **LOUISIANA**

LA², L.A. /ɛl ˈeɪ/ abrev de **LOS ANGELES**

lab S2 /læb/ s [C] (coloq) laboratorio

la·bel¹ S2 W3 /ˈleɪbəl/ s [C]
 1 etiqueta ▶ **STICKER** ▶ ver ilustración en la página 447
 2 (tb **record label**) sello (discográfico)
 3 marca • **a designer label** una marca (conocida): *Kids want clothes with designer labels.* Los niños quieren ropa de marca.
 4 (calificación) etiqueta

label² v [T] **1** etiquetar, identificar • **be labeled sth** *The file was labeled "Top Secret."* El archivo tenía la etiqueta "Confidencial". **2** etiquetar, clasificar

la·bor¹ S2 W1 /ˈleɪbər/ s
 1 [U] trabajo, mano de obra • **manual labor** trabajo manual
 2 [U] (trabajadores) mano de obra • **labor costs** costos laborales
 3 [sing, U] (trabajo de) parto • **be in labor** estar en trabajo de parto • **go into labor** entrar en trabajo de parto • **labor pains** contracciones • **labor room** sala de partos • **labor ward** sala de partos
 EXPRESIONES
 a labor of love una obra de amor (tarea grata)

labor² v [I] **1** trabajar • **labor to do sth** trabajar para hacer algo **2** trabajar o moverse lentamente y con dificultad
 EXPRESIONES
 labor under a delusion/misconception/misapprehension engañarse (pensando algo equivocadamente)

lab·o·ra·to·ry W3 /ˈlæbrəˌtɔri/ s [C] (pl **laboratories**) laboratorio SIN **lab** (coloq) ▶ **LANGUAGE LABORATORY**

'labor camp s [C] campo de trabajos forzados

'Labor Day s [C,U] Día del trabajo/de los trabajadores ▶ **MAY DAY**

la·bored /ˈleɪbərd/ adj **1** forzado -a (poco natural) **2** fatigoso -a (respiración)

la·bor·er /ˈleɪbərər/ s [C] peón ▶ **WORKER**

la·bo·ri·ous /ləˈbɔriəs/ adj **1** laborioso -a **2** poco fluido -a, farragoso -a

la·bo·ri·ous·ly /ləˈbɔriəsli/ adv laboriosamente

'labor ˌmarket s [C] mercado de trabajo

'labor reˌlations s [pl] relaciones laborales

'labor ˌunion s [C] sindicato (de trabajadores)

la·bour /ˈleɪbər/ variante británica de **LABOR**

la·boured /ˈleɪbərd/ variante británica de **LABORED**

la·bour·er /ˈleɪbərər/ variante británica de **LABORER**

Lab·ra·dor /ˈlæbrəˌdɔr/ s [C] (perro) labrador

lab·y·rinth /ˈlæbəˌrɪnθ/ s [C] **1** (lugar de difícil acceso) laberinto **2** (algo complejo) laberinto SIN **maze**

lace¹ /leɪs/ s **1** [U] encaje, puntilla **2** [C gralm pl] cordón, agujeta (de zapato) ▶ **LACY, SHOELACE**

lace² v [T] **1** (tb **lace up**) atar, amarrar **2** añadir alcohol, una droga, etc. a una bebida o un alimento • **be laced with sth** *The drink had been laced with vodka.* Le habían agregado un chorrito de vodka al trago.

lac·er·ate /ˈlæsəˌreɪt/ v [T] (técn) lacerar

lac·er·a·tion /ˌlæsəˈreɪʃən/ s [C] (técn) laceración

lack¹ W2 /læk/ s [sing, U] **lack of sth** falta de algo: *her lack of experience* su falta de experiencia • *a lack of respect for teachers* una falta de respeto por los profesores • **for lack of sth** por falta de algo: *The tour was canceled for lack of interest.* La gira fue cancelada por falta de interés. • **no lack of sth** *There was no lack of willing helpers.* No faltaron ayudantes bien dispuestos.

lack² W2 v [T] carecer de, no tener: *He lacks confidence.* Carece de confianza.
 EXPRESIONES
 not lack for sth *She does not lack for enemies.* No le faltan enemigos.

lack·ey /ˈlæki/ s [C] lacayo

lack·ing /ˈlækɪŋ/ adj [nunca ante s] **be lacking** faltar • **be lacking in sth** carecer de algo: *He was lacking in confidence.* Le faltaba confianza.

lack·lus·ter /ˈlækˌlʌstər/ adj **1** deslucido -a, mediocre SIN **uninspired 2** opaco -a, sin brillo SIN **dull**

la·con·ic /ləˈkɑnɪk/ adj (frml) lacónico -a

lac·quer¹ /ˈlækər/ s [U] laca (pintura) ▶ **VARNISH**

lacquer² v [T] laquear ▶ **VARNISH**

lac·tate /ˈlækteɪt/ v [I] lactar

lac·tose /ˈlæktoʊs/ s [U] lactosa

lac·y /ˈleɪsi/ adj (**lacier, laciest**) **1** de encaje **2** que parece de encaje

lad /læd/ s [C] (antic) muchacho, chavo

lad·der S3 /ˈlædər/ s [C]
 1 escalera (de mano) • **climb (up) a ladder** subir una escalera
 2 escalafón, escala ▶ **STEPLADDER**

lad·en /ˈleɪdn/ adj (liter) cargado -a

'ladies' room s [C] baño (de damas)

la·dle¹ /ˈleɪdl/ s [C] cucharón

ladle² (tb **ladle out**) v [T] servir (con cucharón)

la·dy S1 W2 /ˈleɪdi/ s [C] (pl **ladies**)
 1 (mujer) señora, dama ▶ **GENTLEMAN**
 2 (al dirigirse a un grupo de mujeres) **ladies** [pl] (frml, oral) señoras, damas • **ladies and gentlemen** damas y caballeros
 3 (al dirigirse a una mujer) (malson, oral) señora
 4 (mujer educada) dama ▶ **GENTLEMAN**
 5 Lady Lady (tratamiento dado a la esposa o hija de un hombre que tiene el título de "Sir" o "Lord") ▶ **LORD, SIR; BAG LADY, FIRST LADY**

la·dy·bug /ˈleɪdiˌbʌg/ s [C] petaquita, mariquita, catarina

ˌlady-in-'waiting s [C] (pl **ladies-in-waiting**) dama de honor

la·dy·like /ˈleɪdiˌlaɪk/ adj (antic) propio -a de una dama

la·dy·ship /ˈleɪdiˌʃɪp/ s **Your/Her Ladyship** su señoría/la señora

lag¹ /læg/ v [I] (**lagged, lagging**) **1** rezagarse • **lag behind sth/sb** ir atrás de algo/alguien, ir a la zaga de algo/alguien • **lag behind** quedarse atrás SIN **trail 2** (andar más lento) rezagarse • **lag behind** quedarse atrás

lag² s [C] lapso, demora ▶ **JET LAG**

la·ger /ˈlɑgər/ s **1** [U] (tipo de bebida) cerveza (rubia), cerveza (clara) ▶ **BITTER 2** [C] (una copa) cerveza (rubia), cerveza (clara)

la·goon /ləˈgun/ s [C] **1** (de agua salada) laguna **2** (de agua dulce) laguna

laid /leɪd/ pasado y participio pasado de LAY

‚laid-'back adj (coloq) despreocupado -a, relajado -a

lain /leɪn/ participio pasado de LIE

lair /ler/ s [C] **1** (de un animal) guarida **2** (de un delincuente) guarida

la·i·ty /'leɪəti/ s **the laity** el laicado, los laicos

lake S2 W3 /leɪk/ s [C] lago: *Lake Michigan* el Lago Michigan

lamb¹ /læm/ s **1** [C] (animal) cordero, borrego **2** [U] (carne) cordero: *roast lamb* cordero asado **3** [C] (coloq) (al hablar de un niño) *She looks frozen, poor lamb!* ¡Parece que está helada, la pobrecita!
EXPRESIONES
like a lamb to the slaughter como oveja para el matadero

lamb² v [I] parir (oveja)

lam·baste, lambast /læm'beɪst, 'læmbeɪst/ v [T] vapulear

lambs·wool /'læmz‚wʊl/ s [U] lana de cordero

lame /leɪm/ adj **1** cojo -a, rengo -a, renco -a • **go lame** quedarse cojo -a/rengo -a/renco -a **2** (coloq) pobre, poco convincente: *a lame excuse* una excusa poco convincente **3** (coloq) deslucido -a, malo -a

‚lame 'duck s [C] (persona) funcionario sin poder real por encontrarse próximo a finalizar su mandato

lame·ly /'leɪmli/ adv con poca convicción, de manera poco convincente

la·ment¹ /lə'ment/ v [T] **1** lamentar **2** (liter) lamentar, llorar

lament² s [C] **1** elegía, canción elegíaca **2** lamento

la·ment·a·ble /lə'mentəbəl/ adj (frml) lamentable SIN **terrible**

la·ment·a·bly /lə'mentəbli/ adv (frml) lamentablemente

lam·i·nat·ed /'læmə‚neɪtɪd/ adj **1** plastificado -a, laminado -a **2** contrachapado -a (madera), laminado -a (vidrio)

lamp S3 /læmp/ s [C] lámpara

lamp·light /'læmp-laɪt/ s [U] luz (de lámpara)

lam·poon¹ /læm'pun/ v [T] satirizar SIN **satirize**

lampoon² s [C] sátira

lamp-post, lamp·post /'læmp-poʊst/ s [C] poste (de luz)

lamp·shade /'læmpʃeɪd/ s [C] pantalla (de una lámpara)

lance¹ /læns/ s [C] lanza

lance² v [T] abrir (un forúnculo, la piel)

lan·cet /'lænsɪt/ s [C] lanceta

land¹ S2 W1 /lænd/ s
1 [U pl] (extensión de terreno) tierra(s) • **a piece/plot of land** un terreno
2 [U] (no mar) tierra • **on land** en tierra • **by land** por tierra • **on dry land** en tierra firme
3 [C] (liter) (país) tierra(s): *a trip to foreign lands* un viaje al extranjero
4 the land (el campo) la tierra • **live off the land** vivir de la tierra ▶ WASTELAND
EXPRESIONES
see how the land lies tantear el terreno • **be in the land of the living** (coloq) estar vivito -a y coleando

land² S3 W2 v

1	pasajeros
2	avión
3	al suelo
4	insecto, pájaro
5	personas, mercancías
6	un trabajo, un contrato
7	un pez

1 PASAJEROS [I] aterrizar, desembarcar: *It was dark by the time we landed.* Cuando aterrizamos era de noche.

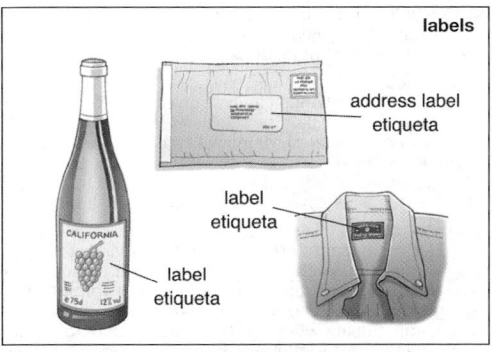
labels

address label etiqueta

label etiqueta

label etiqueta

2 AVIÓN (a) [I] aterrizar (avión, helicóptero): *The plane couldn't land because of the fog.* El avión no pudo aterrizar por la niebla. **(b)** [T] aterrizar (piloto)
3 AL SUELO [I siempre + adv/prep] *He fell down and landed in a puddle.* Se cayó y fue a dar en un charco. • *A bomb landed near the hospital.* Cayó una bomba cerca del hospital.
4 INSECTO, PÁJARO [I] posarse
5 PERSONAS, MERCANCÍAS [T] descargar
6 UN TRABAJO, UN CONTRATO [T] (coloq) conseguir(se) • **land yourself sth** conseguirse algo
7 UN PEZ [T] pescar
EXPRESIONES
land on your feet salir adelante, caer de pie • **land sb in trouble** (coloq) meter a alguien en un lío
land up v+partíc ir a dar/parar, terminar SIN **end up**
land sb with sth v+partíc encajarle algo a alguien, enjaretarle algo a alguien

land·ed /'lændɪd/ adj [solo ante s] **1** con tierras: *landed gentry* terratenientes **2** (que incluye tierras) *a wealthy family with a landed estate* una familia adinerada con una finca con extensas tierras

land·fill /'lændfɪl/ s **1** [C] (tb **landfill site**) relleno sanitario **2** [U] entierro de residuos sólidos

land·ing /'lændɪŋ/ s **1** [C,U] aterrizaje • **crash/emergency landing** aterrizaje forzoso ▶ TAKE-OFF **2** [sing] manera en que uno cae al suelo **3** [C] descanso (de la escalera) **4** [C] desembarco **5** [C] alunizaje

'landing gear s [U] tren de aterrizaje SIN **undercarriage**

'landing strip s [C] pista de aterrizaje SIN **airstrip**

land·la·dy /'lænd‚leɪdi/ s [C] (pl **landladies**) dueña (de una vivienda o habitación alquilada) ▶ LANDLORD

land·line /'lændlaɪn/ s [C] línea (telefónica) fija

land·locked /'lændlɑkt/ adj sin salida al mar

land·lord /'lændlɔrd/ s [C] dueño (de una vivienda o habitación alquilada) ▶ LANDLADY

land·mark¹ /'lændmɑrk/ s [C] **1** punto de referencia (para orientarse en un lugar) **2** [gralm sing] hito • [+in]: *The discovery was a landmark in medical history.* El descubrimiento fue un hito en la historia de la medicina.

landmark² adj [solo ante s] (que tiene efecto en el futuro) *a landmark court decision* un fallo judicial que sentó precedente

land·mine /'lændmaɪn/ s [C] mina terrestre

land·own·er /'lænd‚oʊnər/ s [C] terrateniente

land·scape¹ W3 /'lændskeɪp/ s
1 [C] paisaje
2 [C] (pintura, fotografía) paisaje
3 [U] (tb **landscape mode**) formato apaisado ANT **portrait**
4 the political landscape el panorama político

landscape² v [T gralm en pasiva] diseñar (un jardín), ajardinar (un terreno)

land·slide /'lændslaɪd/ s [C] **1** derrumbe, desprendimiento (de tierra, rocas) **2** [usually sing] victoria aplastante • **by a landslide** por amplia mayoría

lane S3 /leɪn/ s [C]
1 carril • **change lanes** cambiar de carril • **the outside/fast lane** el carril de alta velocidad • **the northbound/southbound lane** el carril que va en dirección norte/sur
2 camino ▶ PATH
3 (en atletismo) carril, calle
4 (en nombres de calles) *Penny Lane* Penny Lane

lan·guage S1 W1 /'læŋgwɪdʒ/ s
1 [C] idioma, lengua: *the Japanese language* el idioma japonés • *She teaches languages.* Enseña idiomas. • **speak a language** hablar un idioma • **a foreign language** una lengua extranjera • **an official language** una lengua/un idioma oficial • **language teachers** profesores de idiomas • **language barrier** barrera del idioma
2 [U] lenguaje: *poetic language* lenguaje poético
3 [C,U] (técn) (en programación) lenguaje: *a programming language* un lenguaje de programación
4 [U] (coloq) groserías • **bad language** palabrotas • **Watch your language!** ¡No digas palabrotas! ▶ BODY LANGUAGE, SIGN LANGUAGE

EXPRESIONES
speak the same language hablar el mismo idioma

'language ˌlaboratory s [C] laboratorio de idiomas

lan·guid /'læŋgwɪd/ adj **1** (movimiento) lánguido -a **2** (día, tarde, verano) relajado -a

lan·guish /'læŋgwɪʃ/ v [I] (frml) **1** languidecer **2** pudrirse (en la cárcel, etc.)

lank /læŋk/ adj lacio -a

lank·y /'læŋki/ adj larguirucho -a, langaruto -a SIN **gangling**

lan·tern /'læntən/ s [C] **1** (portátil) farol **2** (de papel) farol, lámpara

Lao¹ /laʊ/ s **1** [C] (persona) laosiano -a **2** [U] (idioma) laosiano

Lao² adj laosiano -a

Laos /laʊs, 'laɒs, 'leɪɑs/ Laos

La·o·tian /leɪ'oʊʃən, 'laʊʃən/ s [C], adj laosiano -a

lap¹ S3 /læp/ s [C]
1 regazo, falda • **on his/her lap** en su falda/sus rodillas SIN **knee**
2 vuelta (en una carrera)
3 largo (en natación) SIN **length**
EXPRESIONES
fall into his/your lap caerle del cielo a alguien • **live in the lap of luxury** vivir en la abundancia, vivir a todo dar

lap² v (**lapped, lapping**) **1** [I,T] bañar, golpear contra (con olas pequeñas) • **lap against sth** golpear contra algo **2** [I,T] (tb **lap up**) beber a lengüetazos **3** [T] sacarle una vuelta de ventaja a
lap sth ↔ **up** v+partíc **1** deleitarse con algo **2** tomarse algo

la·pel /lə'pɛl/ s [C] solapa

lapse¹ /læps/ s [C] **1** falla, error • [+of]: *a lapse of concentration* un descuido • **a memory lapse** una falla de la memoria, un lapsus **2** [usually sing] intervalo, lapso • **a time lapse** un intervalo/lapso

lapse² v [I] **1** vencer (contrato, seguro, etc.) **2** decaer (conversación, atención, etc.) **3** abandonar la práctica de una religión
lapse into sth v+partíc **1 lapse into silence** quedarse callado -a • **lapse into a coma** entrar en coma **2** retomar algo (una costumbre, etc.)

lap·top /'læptɑp/ s [C] laptop, computador portátil, computadora portátil ▶ DESKTOP

lar·ce·ny /'lɑrsəni/ s [C,U] (pl **larcenies**) (jur) robo

lard¹ /lɑrd/ s [U] manteca (de cerdo)

lard² v [T] **1** mechar (con unto) **2 be larded with sth** estar salpicado -a de algo

lar·der /'lɑrdər/ s [C] despensa SIN **pantry**

large S1 W1 /lɑrdʒ/ adj (**larger, largest**)
1 (en tamaño) grande: *the largest city in Europe* la ciudad más grande de Europa • *What size shirt do you wear? Medium or large?* ¿Qué talla de camisa lleva? ¿Mediana o grande? SIN **big** ANT **small**
2 (en cantidad) grande: *large sums of money* grandes sumas de dinero • **a large amount/number (of sth)** una gran cantidad/un gran número (de algo) ANT **small**
3 corpulento -a SIN **big** ANT **small** ▶ FAT; **BY and large**, **LOOM large**
EXPRESIONES
be at large andar suelto -a • **society at large** (tb **the public at large**) la sociedad en general • **as large as life** en persona • **larger than life** exuberante • **in large part** (frml) en gran parte, mayormente

large·ly W2 /'lɑrdʒli/ adv en gran parte/medida: *The state of Nevada is largely desert.* El estado de Nevada es en gran parte desértico. • *It had been a tiring day, largely because of all the waiting.* Había sido un día agotador, en gran medida a causa de la espera. SIN **mainly**, **mostly**

ˌlarge-'scale adj [solo ante s] **1** (operación, investigación) a/en gran escala ANT **small-scale 2** (mapa, modelo) a gran escala ANT **small-scale**

lark /lɑrk/ s [C] **1** (coloq) actividad emprendida por diversión • **for a lark** por diversión/para divertirse **2** alondra
EXPRESIONES
be up with the lark levantarse con los gallos

lar·va /'lɑrvə/ s [C] (pl **larvae** /-vi/) larva SIN **grub**

lar·yn·gi·tis /ˌlærən'dʒaɪtɪs/ s [U] laringitis

lar·ynx /'lærɪŋks/ s [C] (técn) laringe

la·sa·gna, **lasagne** /lə'zɑnə/ s **1** [C,U] lasaña **2** [U] lasaña

las·civ·i·ous /lə'sɪviəs/ adj [gralm ante s] (frml, peyor) lascivo -a

la·ser S2 /'leɪzər/ s [C]
1 láser: *laser beams* rayos láser • *laser surgery* cirugía láser
2 rayo láser

'laser ˌprinter s [C] impresora láser ▶ INKJET PRINTER

lash¹ /læʃ/ v **1** [T siempre + adv/prep] **lash sth to sth** atar/amarrar algo a algo • **lash sth together** atar/amarrar algo **2** (viento, lluvia) **(a)** [T] azotar **(b)** [I siempre + adv/prep] **lash against sth** azotar algo **3** [T] (con un látigo) azotar
lash out v+partíc **1** tirar golpes/zarpazos al aire • **lash out at sb** emprenderla contra alguien (a golpes) **2 lash out at sb** despotricar contra alguien

lash² s [C] **1** [gralm pl] pestaña SIN **eyelash 2** latigazo

lash·ing /'læʃɪŋ/ s [C] azotes, latigazos

las·so¹ /'læsoʊ/ s [C] (pl **lassos**) lazo

lasso² v [T] enlazar, lazar (un animal)

last¹ S1 W1 /læst/ adj
1 [solo ante s] (más reciente) último -a: *What was your last job?* ¿Cuál fue su último trabajo? • **(the) last time** la última vez: *Last time I saw her, she had red hair.* La última vez que la vi estaba pelirroja. • **last week/month/year** la semana pasada/el mes pasado/el año pasado • **last night** anoche ▶ ver nota en ÚLTIMO
2 the last few months/weeks/days los últimos meses/las últimas semanas/los últimos días • **the last five minutes/hours** los últimos cinco minutos/las últimas cinco horas
3 [gralm ante s] (final) último -a: *the last page of the book* la última página del libro • *the last week in June* la última semana de junio • **the last two/three** los dos/tres últimos, los dos/tres últimas • **the last person/thing to do sth** la última persona/cosa que hizo algo
4 [solo ante s] (que queda) último -a: *the last piece of cake* el último trozo de pastel • **the last two/three** los dos/tres últimos, las dos/tres últimas: *This is my last ten dollars.* Estos son los diez últimos dólares que me quedan.

5 the last person/thing *She's the last person I expected to meet here.* Es la persona que menos esperaba encontrar aquí.
6 the last house/town/building la última casa/la última ciudad/el último edificio: *Ours is the last house before the bridge.* La nuestra es la última casa antes del puente.
▶ **LASTLY**

EXPRESIONES
down to the last detail hasta el último detalle • **every last** hasta la última: *They spent every last penny of the money.* Gastaron hasta el último centavo del dinero. • **every last one** hasta el último/la última • **have the last laugh** reir último • **if it's the last thing I/we do** así sea lo último que haga/hagamos • **last chance** última oportunidad • **one last chance** una última oportunidad • **the last minute** último momento • **the last straw** el colmo • **last thing (at night)** antes de acostarse • **the last word** (a) (en una discusión, un debate) la última palabra (b) (en una decisión) la última palabra • **the last word in sth** el último grito en algo • **on its last legs** (*coloq*) (deteriorado) en las últimas • **on your last legs** (*coloq*) (a) (agotado) en las últimas (b) (muy enfermo) en las últimas

last² S2 W3 *adv*
1 por última vez: *They last won the trophy in 1992.* Ganaron el trofeo por última vez en 1992. • *He was living alone when I last heard from him.* La última vez que supe de él vivía solo. • **last see sb** (tb **see sb last**) ver a alguien la última vez: *When did you last see him?* ¿Cuándo lo viste la última vez? ▶ **NEXT**
2 (al final) *Ron finished last in the race.* Ron terminó en último lugar en la carrera. • *The teacher called out my name last.* Fui el último que llamó la maestra. • **second to last** (tb **next to last**) en penúltimo -a lugar ▶ **FIRST**

EXPRESIONES
last but not least por último, pero no por eso menos importante

last³ S2 W2 *pron*
1 el último/la última, los últimos/las últimas: *This drink will be my last.* Este trago va a ser el último que bebo. • **the last to do sth** el último/la última en hacer algo: *Who was the last to leave?* ¿Quién fue el último en irse? • **the last of sth** el último/la última de algo: *Joel was the last of nine kids.* Joel era el último de nueve niños.
2 (más reciente) el último/la última, los últimos/las últimas: *Her new movie is even better than her last.* Su nueva película es mejor incluso que la última.
3 the last of sth lo que queda/quedaba de algo: *Who wants the last of the whiskey?* ¿Quién quiere lo que queda del whisky?
4 the last of sth *That was the last I ever saw of him.* Esa fue la última vez que lo vi. • *I don't think we've seen the last of these attacks.* No creo que estos ataques hayan terminado.

EXPRESIONES
at (long) last por fin • **the week/year before last** hace dos semanas/años • **I/you will never hear the last of sth** va a ser el cuento de nunca acabar

last⁴ S2 W2 *v*
1 [I siempre + adv/prep, v copul] (continuar un tiempo) durar: *How long does the show last?* ¿Cuánto dura el espectáculo? • *The meeting lasted for six hours.* La reunión duró seis horas. • **last (for) an hour/ten minutes/a long time** durar una hora/diez minutos/mucho tiempo: *Each lesson lasts an hour.* Cada clase dura una hora. • **not last long** no durar mucho: *The ceasefire didn't last long.* El alto el fuego no duró mucho.
2 [I,T siempre + adv/prep] (ser suficiente) durar, alcanzar: *One loaf of bread won't last long.* Un pan no va a durar mucho. • *These boots have lasted me several winters.* Estas botas me han durado varios inviernos.
3 [I] (conservarse bien) durar: *These cars are built to last.* Estos carros están hechos para durar.
4 [I,T] aguantar, resistir

last⁵ *s* [C] horma

last-'ditch *adj* **a last-ditch attempt/effort** un intento desesperado

last·ing /'læstɪŋ/ *adj* [solo ante s] duradero -a SIN **long-lasting**

last·ly /'læstli/ *adv* [adv oracional] por último

last 'minute *s* **the last minute** última hora • **at the last minute** a última hora • **leave sth till the last minute** dejar algo hasta última hora

last-'minute *adj* [solo ante s] de última hora

'last name S2 *s* [C] apellido SIN **surname, family name**
▶ **FIRST NAME, MIDDLE NAME**

latch¹ /lætʃ/ *s* [C] pestillo, pasador, cerrojo

latch² *v*
latch onto *v+partíc* **1 latch onto sth** adoptar algo (una idea, una costumbre), plegarse/sumarse a algo (una tendencia) **2 latch onto sb** pegarse a alguien **3 latch onto sb/sth** agarrarse de alguien/algo, aferrarse a alguien/algo: *The press are always quick to latch onto any story involving the royal family.* La prensa siempre está lista para prenderse de cualquier noticia que involucre a la familia real.

late¹ S1 W1 /leɪt/ *adj*
1 después de lo esperado
2 hacia el fin de un periodo
3 después de lo habitual
4 de noche
5 pago, devolución
6 persona

1 DESPUÉS DE LO ESPERADO tarde: *Sorry I'm late.* Perdón por el retraso. • [+**for**]: *Paula was late for school.* Paula llegó tarde al colegio. • **ten minutes/two hours late** diez minutos/dos horas tarde ANT **early**
2 HACIA EL FIN DE UN PERIODO [solo ante s] *The house was built in the late 19th century.* La casa fue construida a fines del siglo XIX. • *Paul is in his late forties.* Paul tiene cuarenta y pico largos. ANT **early**
3 DESPUÉS DE LO HABITUAL *We had a late breakfast.* Desayunamos tarde. • **a late night** *I had a late night last night.* Anoche me acosté muy tarde. ANT **early**
4 DE NOCHE tarde • **it's late** es tarde • **it's getting late** se está haciendo tarde
5 PAGO, DEVOLUCIÓN atrasado -a
6 PERSONA [solo ante s] (*frml*) difunto -a ▶ **LATER, LATEST**

EXPRESIONES
a late bloomer/developer (a) niño de desarrollo social, emocional o físico tardío (b) persona que alcanza el éxito a una edad avanzada • **late in the day** tarde • **too late** demasiado tarde • **too late to do sth** demasiado tarde para hacer algo: *Are we too late to get tickets?* ¿Es demasiado tarde para conseguir entradas?

late² S2 W3 *adv*
1 (hasta) tarde: *I have to work late tonight.* Esta noche tengo que trabajar hasta tarde. • **stay late** quedarse después de hora, quedarse hasta más tarde
2 tarde: *I arrived late for the interview.* Llegué tarde a la entrevista. • **ten minutes/two hours late** diez minutos/dos horas tarde ANT **early**
3 late in the afternoon al final de la tarde • **late at night** bien entrada la noche, en la noche tarde ANT **early**
▶ **LATER, be RUNning (5 minutes/an hour) late, I'm/he's RUNning late**

EXPRESIONES
as late as aún en • **better late than never** más vale tarde que nunca • **late in life** *They fell in love late in life.* Se enamoraron ya mayores. • **of late** (*frml*) últimamente • **too late** demasiado tarde

late·com·er /'leɪt‾ˌkʌmɚ/ *s* [C] persona que llega tarde

late·ly S2 /'leɪtli/ *adv* últimamente: *I've been really busy lately.* He estado muy ocupada últimamente.

'late-night *adj* [solo ante s] (a la noche tarde) *late-night television* la programación nocturna

la·tent /'leɪt‾nt/ *adj* (*frml*) latente SIN **dormant**

lat·er¹ S1 W1 /'leɪtɚ/ *adv* después, más tarde: *I'll tell you later.* Te voy a contar después. • **two years/weeks later**

dos años/semanas después • **later that day/morning/ week** más tarde ese día/esa mañana/esa semana • **later in the day/week/year** más entrado el día/más entrada la semana/más entrado el año ▶ AFTER

later on después, más tarde • **no/not later than** a más tardar • **see you later** (*oral*) hasta luego

later² *adj* [solo ante s] **1** posterior • **at a later date/time** más adelante **2** más reciente, posterior **3** (hacia el final) *a church built in the later 15th century* una iglesia construida hacia fines del siglo XV

in later life *In later life he published two novels.* Siendo mayor, publicó dos novelas.

lat·er·al /ˈlætərəl/ *adj* (*frml*) lateral

lat·er·al·ly /ˈlætərəli/ *adv* lateralmente, creativamente (pensar)

la·test¹ /ˈleɪtɪst/ *adj* [solo ante s] **1** último -a (más reciente): *the latest fashions* las últimas modas • *His latest movie is wonderful.* Su última película es maravillosa. • **the latest thing** lo último **2** último -a: *The latest time I can come is 10 o'clock.* Lo más tarde que puedo venir es a las 10. ▶ ver nota en ÚLTIMO

latest² *pron* **1 the latest** el último/la última, los últimos/las últimas: *This is the latest in a series of meetings.* Ésta es la última de una serie de reuniones. **2 the latest** la última noticia/las últimas noticias: *Have you heard the latest?* ¿Oíste la última noticia? • **the latest on sth** la última noticia/las últimas noticias de algo **3 the latest in sth** lo último en algo **4 the latest** lo más tarde • **at the latest** a más tardar, como muy tarde: *I should be back by 11 o'clock at the latest.* Debería estar de vuelta a las 11 a más tardar.

la·tex /ˈleɪtɛks/ *s* [U] **1** (material) látex **2** (secreción del árbol) látex

lathe /leɪð/ *s* [C] torno

lath·er¹ /ˈlæðər/ *s* [sing, U] **1** espuma (de jabón) **2** sudor (de caballo)

in a lather (*coloq*) frenético -a

lather² (tb **lather up**) *v* **1** [I] hacer espuma **2** [T] enjabonar

Lat·in¹ /ˈlætⁿn/ *s* **1** [U] latín **2** [C] latino -a

Latin² *adj* **1** en latín, latino -a **2** (de Latinoamérica) latino -a, latinoamericano -a **3** (de un pueblo de raíz latina) latino -a

La·ti·na¹ /ləˈtinə/ *s* [C] latina ▶ HISPANIC

Latina² *adj* [solo ante s] latina ▶ HISPANIC

Latin A'merica *s* Latinoamérica, América Latina

Latin 'American *s* [C], *adj* latinoamericano -a

La·ti·no¹ /ləˈtinoʊ/ *adj* latino -a ▶ HISPANIC

Latino² *s* [C] (pl **Latinos**) latino ▶ HISPANIC

lat·i·tude /ˈlætə̩tud/ *s* **1** [C] (*técn*) latitud ▶ LONGITUDE **2** [U] (*frml*) libertad

la·trine /ləˈtrin/ *s* [C] letrina

lat·ter¹ /ˈlætər/ *pron* **the latter** el segundo/la segunda, el último/la última ANT **the former**

latter² *adj* [solo ante s] (*frml*) **1** segundo -a (de dos) **2** último -a (de un periodo)

lat·tice /ˈlætɪs/ *s* [C] **1** (en una ventana) celosía **2** (diseño) retícula

Lat·vi·a /ˈlætviə/ Letonia

Lat·vi·an¹ /ˈlætviən/ *s* **1** [C] (persona) letón -ona **2** [U] (idioma) letón

Latvian² *adj* letón -ona

laud·a·ble /ˈlɔdəbəl/ *adj* (*frml*) loable SIN **praiseworthy**

laugh¹ S1 W1 /læf/ *v*
1 [I] reírse, reír • [+about]: *I didn't know what they were laughing about.* No sabía de qué se reían. • **burst out**

laughing soltar una carcajada • **laugh out loud** reírse a las carcajadas • **laugh your head off** reírse como loco -a **2** [I] reírse, reír: *When I told them my plan they just laughed.* Cuando les conté mi plan, simplemente se rieron.
3 [T] decir riendo: *"You look ridiculous!" Nick laughed.* –¡Te ves ridícula! –dijo Nick riendo.

don't make me laugh (*coloq*, *oral*) no me hagas reír • **laugh up your sleeve** reír(se) por dentro/para sus adentros • **be laughed out of court** (tb **be laughed out of town**) *We can't ask for more money again. We'd be laughed out of court!* No podemos volver a pedir dinero. Se nos van a reír en la cara. • **be laughing all the way to the bank** (*coloq*) brincar en una pata, sobarse las manos • **be no laughing matter** no ser un chiste • **not know whether to laugh or cry** no saber si reír o llorar • **he'll be laughing on the other side of his face** (*oral*) se le quitarán las ganas de reír • **you have to laugh** (tb **you've got to laugh**) (*oral*) más nos vale reírnos **laugh at v+partíc 1 laugh at sb** reírse/burlarse de alguien: *The other kids laughed at him.* Los otros niños se reían de él. • **laugh at sb behind their back** reírse/burlarse de alguien a sus espaldas **2** (ridiculizar) **laugh at sb/sth** reírse de alguien/algo SIN **ridicule 3 laugh at yourself** reírse de uno mismo
laugh sth ↔ off v+partíc tomar algo a broma

laugh² W3 *s* [C] risa • **have a laugh about sth** reírse de algo • **get a laugh** hacer reír

for laughs por diversión • **get a laugh out of sth** divertirse con algo • **have the last laugh** reír de último -a • **be a laugh riot** (*coloq*) ser graciosísimo -a • **that's a laugh** (*oral*) qué ridículo

laugh·a·ble /ˈlæfəbəl/ *adj* ridículo -a, risible SIN **ludicrous**

'laughing ˌstock *s* [C] hazmerreír, el bobo/la boba del paseo

laugh·ter /ˈlæftər/ *s* [U] **1** (sonido) risa **2** (acción) risa • **burst into laughter** echarse a reír • **roar with laughter** reírse a carcajadas

launch¹ W2 /lɔntʃ, lɑntʃ/ *v* [T]

1 un ataque, una campaña
2 un producto
3 un cohete, misil
4 un barco
5 de repente
6 con fuerza

1 UN ATAQUE, UNA CAMPAÑA lanzar: *They launched a campaign to raise money for the school.* Lanzaron una campaña para recaudar fondos para el colegio.
2 UN PRODUCTO lanzar: *The company has just launched a new range of cosmetics.* La compañía acaba de lanzar una nueva línea de cosméticos.
3 UN COHETE, MISIL lanzar
4 UN BARCO botar (un barco nuevo), echar al agua
5 DE REPENTE launch yourself at sth/sb abalanzarse hacia algo/sobre alguien
6 CON FUERZA [siempre + adv/prep] (*coloq*) arrojar, lanzar, aventar
launch into sth v+partíc **1** *He launched into a long explanation.* Se puso a dar una larga explicación. **2** acometer/emprender algo

launch² *s* **1** [C] (de un producto) lanzamiento **2** [C] presentación **3** [C] (inicio) lanzamiento: *the launch of a* *new training program* el lanzamiento de un nuevo programa de formación **4** [C,U] (de una nave) lanzamiento: *a rocket launch* el lanzamiento de un cohete **5** [C] lancha (de motor)

'launch pad (tb **'launching ˌpad**) *s* [C] **1** (para cohetes, misiles) plataforma de lanzamiento **2** (de un proyecto, una empresa) plataforma de lanzamiento

laun·der /ˈlɔndə, ˈlɑn-/ *v* [T] **1** blanquear, lavar (dinero) **2** (*frml*) lavar y planchar (ropa, sábanas)

Laun·dro·mat /ˈlɔndrəˌmæt, ˈlɑn-/ *s* [C] (*marca reg*) lavandería (automática) (donde uno mismo lava la ropa)

laun·dry S2 /ˈlɔndri, ˈlɑn-/ *s* (pl **laundries**)
1 [U] ropa (lavada o sucia)
2 [U] lavado y planchado de ropa • **do the laundry** lavar la ropa
3 [C] (en un hotel) lavandería
4 [C] (establecimiento) lavandería

lau·re·ate /ˈlɔriɪt, ˈlɑr-/ *s* [C] galardonado -a: *a Nobel laureate* un premio Nobel

lau·rel /ˈlɔrəl, ˈlɑr-/ *s* **1** [C,U] laurel **2 laurels** [pl] (*frml*) reconocimiento, honores

EXPRESIONES
rest on your laurels dormirse en los laureles

la·va /ˈlɑvə, ˈlævə/ *s* [U] **1** (roca líquida) lava **2** (piedra volcánica) lava

lav·a·to·ry /ˈlævəˌtɔri/ *s* [C] (pl **lavatories**) (*frml*) baño

lav·en·der¹ /ˈlævəndə/ *s* **1** [C,U] (planta) lavanda **2** [U] (flores secas) lavanda **3** [U] (color) lavanda

lavender² *adj* (de color) lavanda

lav·ish¹ /ˈlævɪʃ/ *adj* **1** espléndido -a, suntuoso -a **2** muy generoso -a, muy dadivoso -a

lavish² *v* [T] **lavish sth on sb** prodigarle algo a alguien/algo • **lavish sth on sth** prodigarle algo a algo, gastar algo en algo • **lavish sb with sth** colmar a alguien de algo

lav·ish·ly /ˈlævɪʃli/ *adv* **1** magníficamente **2** con generosidad

law S1 W1 /lɔ/ *s*
1 sistema de normas
2 profesión
3 estudios
4 principios religiosos
5 explicación científica
6 policía

1 SISTEMA DE NORMAS [sing, U] ley • **break the law** violar la ley • **be against the law** ser ilegal • **it is against the law to do sth** está prohibido hacer algo • **obey the law** cumplir la ley • **by law** por ley • **become law** convertirse en ley • **be above the law** estar por encima de la ley • **within the law** en el marco de la ley, dentro de la legalidad: *The company has acted within the law.* La compañía no ha violado la ley. • **enforce the law** hacer cumplir la ley • **federal law** leyes nacionales, leyes federales
2 PROFESIÓN [U] (tb **the law**) abogacía • **practice law** ejercer la abogacía
3 ESTUDIOS [U] derecho
4 PRINCIPIOS RELIGIOSOS [U] ley • **under Jewish/Islamic law** según la ley judía/del Islam
5 EXPLICACIÓN CIENTÍFICA [C] ley: *the law of gravity* la ley de la gravedad
6 POLICÍA the law (*coloq*) la ley ▶ **COMMON LAW, LAY down the law**

EXPRESIONES
the law of the jungle la ley de la selva • **be a law unto yourself** hacer lo que te da la gana • **take the law into your own hands** hacer justicia por mano propia

'law-aˌbiding *adj* respetuoso -a de la ley ANT **lawless**

ˌlaw and 'order *s* [U] el orden público

law·ful /ˈlɔfəl/ *adj* (*frml*) legítimo -a, legal SIN **legal**

law·ful·ly /ˈlɔfəli/ *adv* (*frml*) legalmente, legítimamente

law·less /ˈlɔlɪs/ *adj* [gralm ante s] **1** ilegal, fuera de la ley ANT **law-abiding** **2** anárquico -a

lawn S2 /lɔn/ *s*
1 [C,U] césped, pasto • **mow the lawn** cortar el césped
2 [U] batista

'lawn ˌmower *s* [C] cortadora de césped, podadora de pasto

ˌlawn 'tennis *s* [U] (*frml*) tenis

'law school *s* [C,U] facultad de derecho

law·suit W3 /ˈlɔsut/ *s* [C] juicio • **file/bring a lawsuit against sb** llevar a alguien a juicio, entablar una demanda contra alguien SIN **suit**

law·yer S2 W1 /ˈlɔyə/ *s* [C] abogado -a: *a defense lawyer* un abogado defensor ▶ **ATTORNEY, COUNSEL, SOLICITOR**

lax /læks/ *adj* **1** poco riguroso -a SIN **slack** **2** flojo -a, laxo -a

lax·a·tive¹ /ˈlæksətɪv/ *s* [C] laxante

laxative² *adj* [solo ante s] laxante

lax·i·ty /ˈlæksəti/ (tb **lax·ness** /ˈlæksnɪs/) *s* [U] negligencia, falta de rigor

lay¹ S1 W2 /leɪ/ *v* (**laid** /leɪd/)
1 en un lugar determinado
2 desovar
3 en una construcción
4 en lugar de "lie"
5 en juegos de azar
6 elaborar
7 acusar

1 EN UN LUGAR DETERMINADO [T siempre + adv/prep] poner, colocar • **lay sth on sth** poner algo sobre/en algo: *She laid her gloves on the table.* Puso los guantes sobre la mesa. • **lay sth flat** extender algo
2 DESOVAR [I,T] poner: *The flies lay their eggs on rotting meat.* Las moscas ponen sus huevos en carne que se está pudriendo. • *Our hens haven't laid for several days.* Hace varios días que las gallinas no ponen.
3 EN UNA CONSTRUCCIÓN [T] tender (vías), echar, poner (cimientos) • **lay pipes/cables** instalar tuberías/tender cables • **lay bricks** poner ladrillos • **lay a carpet** poner/colocar una alfombra • **lay tiles** colocar baldosas
4 EN LUGAR DE "LIE" [I] (*incorr*) acostarse, tenderse, tirarse, estar acostado -a/tendido -a/tirado -a
5 EN JUEGOS DE AZAR [T] hacer (una apuesta), apostar (dinero)
6 ELABORAR [T] **lay the foundation for sth** echar los cimientos de/para algo • **the best laid plans** los mejores planes
7 ACUSAR lay a charge/accusation against sb formular cargos/una acusación contra alguien, presentar cargos/una acusación contra alguien ▶ **lay/put your CARDS on the table, lay SIEGE to a town/city**

EXPRESIONES
lay sth bare **(a)** poner algo al descubierto (un secreto, un error, etc.) • **lay yourself bare** abrir el corazón **(b)** dejar algo al descubierto (un cimiento, etc.) • **lay claim to sth** reclamar algo • **lay a finger/hand on sb** poner un dedo/una mano encima a alguien • **lay your hands on sth** conseguir algo: *I would read any book I could lay my hands on.* Leía cualquier libro que cayera en mis manos. • **lay sth on the line** arriesgar algo • **lay sb low** **(a)** dejar a alguien postrado -a **(b)** (*liter*) derribar a alguien, dejar a alguien fuera de combate • **lay sb open to sth** (*frml*) exponer a alguien a algo, dejar a alguien expuesto -a a algo • **lay yourself open to sth** exponerse a algo • **lay sth to rest** (*frml*) enterrar algo • **lay stress/emphasis on sth** (*frml*) destacar/hacer hincapié en algo • **lay a trap** **(a)** (para atrapar a alguien) tender una trampa **(b)** (para cazar) poner una trampa • **lay sth waste** (tb **lay waste to sth**) (*frml*) devastar algo

lay sth ↔ aside *v+partíc* **1** dejar algo a un lado SIN **put aside**, **set aside** **2** dejar algo de lado (diferencias, discusiones) **3** ahorrar algo, guardar algo SIN **set aside, put by**

lay down *v+partíc* **1 lay sth ↔ down** dejar algo (sobre la mesa, en el suelo, etc.) **2 lay sth ↔ down** establecer algo (normas, principios) • **lay down that** establecer que **3 lay down sth** [gralm en pasiva] sentar algo (una base) **4 lay down the law** imponer su criterio **5 lay down your life** (*frml*) dar su vida

lay sth ↔ in *v+partíc* aprovisionarse de algo ▶ STOCK UP, HOARD

lay into *v+partíc* **1 lay into sb** (*coloq*) regañar a alguien SIN **tear into** **2 lay into sb** (*coloq*) arremeter contra/atacar a alguien SIN **attack** **3 lay into sth** (*coloq*) empezar a comer algo con ganas, atacar algo (una comida, una bebida) SIN **tuck into**

lay off *v+partíc* **1 lay sb ↔ off** despedir a alguien (por falta de trabajo) ▶ LAY-OFF **2 lay off sth** (*coloq*) dejar algo (porque es malo para la salud) SIN **avoid** **3 lay off sb** (*coloq*) dejar a alguien en paz

lay on *v+partíc* **1 lay sth on sb** (*coloq, oral*) encajarle algo a alguien, endilgarle algo a alguien **2 lay sth on sb** (*coloq, oral*) contarle algo a alguien (una mala noticia, algo desagradable) **3 lay it on (thick)** (*coloq, oral*) **(a)** (al elogiar a alguien) exagerar **(b)** (al contar algo) exagerar, cargar las tintas

lay out *v+partíc* **1 lay sth ↔ out** extender algo, desplegar algo **2 lay sth ↔ out** [gralm en pasiva] diseñar algo: *The garden is laid out in a formal pattern*. El jardín tiene un diseño formal. ▶ LAYOUT **3 lay sth ↔ out** exponer algo (un plan, etc.) SIN **set out** **4 lay out sth** (*coloq*) gastar algo • **lay out sth on sth** gastar algo en algo: *We had to lay out $ 800 on car repairs*. Tuvimos que gastar 800 dólares para reparar el carro. SIN **fork out, spend** ▶ OUTLAY **5 lay sb ↔ out** [gralm en pasiva] dejar a alguien inconsciente (de un golpe) SIN **knock out** **6** (*incorr*) tomar (el) sol SIN **sunbathe**

lay over *v+partíc* hacer escala SIN **stop over** ▶ LAYOVER

lay up *v+partíc* **1 lay sb ↔ up** [gralm en pasiva] obligar a alguien a guardar cama • **be laid up with sth** estar en cama con/por algo **2 lay sth ↔ up** [gralm en pasiva] sacar algo del agua, poner algo en dique seco (un barco), sacar algo de circulación (un vehículo) **3 lay up** guarecerse, esconderse

lay² pasado de LIE

lay³ *s* [C]

EXPRESIONES
get the lay of the land (a) tantear el terreno: *Get the lay of the land before you make any decisions*. Antes de tomar decisiones, tantea el terreno. **(b)** reconocer el terreno: *A soldier's first job is to get the lay of the land*. La primera tarea de un soldado es reconocer el terreno.

lay⁴ *adj* [solo ante s] **1** laico -a: *a lay preacher* un predicador laico **2** lego -a, no especializado -a ▶ LAYMAN, LAYPERSON

lay·a·way /'leɪəˌweɪ/ *s* [U] **put sth on layaway** dejar algo pisado -a (pagando un depósito): *I put the dress on layaway*. Dejé el vestido pisado.

lay·er¹ W3 /'leɪə/ *s* [C]
1 capa • **in layers** en capas: *Arrange the peppers, garlic, and tomatoes in layers*. Disponga los pimientos, el ajo y los tomates en capas.
2 a layer of sth un nivel/una capa de algo: *layers of bureaucracy* niveles de burocracia ▶ OZONE LAYER

layer² *v* [T] **1** poner en capas, formar capas con **2** cortar en capas (el pelo)

lay·man /'leɪmən/ *s* [C] (pl **laymen** /-mən/) **1** lego • **the layman** los legos • **in layman's terms** en lenguaje llano ANT **expert** **2** laico -a, seglar

lay·off /'leɪɔf/ *s* [C] **1** despido, suspensión (por falta de trabajo) **2** licencia (por enfermedad, una lesión) ▶ LAY off

lay·out /'leɪaʊt/ *s* [C,U] **1** trazado (de una ciudad), diseño (de un jardín), distribución (de un edificio) **2** maquetación, diagramación (de una página) ▶ LAY out

lay·o·ver /'leɪˌoʊvə/ *s* [C] escala (en un viaje)

lay·per·son /'leɪˌpɜsən/ *s* [C] (pl **laypeople** /-ˌpipəl/) **1** lego • **the layperson** el lego SIN **layman** ANT **expert** **2** laico -a

laze /leɪz/ (tb **laze around**) *v* [I siempre + adv/prep] holgazanear, haraganear, flojear

la·zy S3 /'leɪzi/ *adj* (**lazier, laziest**)
1 (*peyor*) holgazán -ana, perezoso -a, flojo -a
2 [solo ante s] (sin desarrollar actividades) *lazy summer days* días de verano sin hacer nada
3 [solo ante s] indolente SIN **sloppy**
4 [solo ante s] lento -a, perezoso -a

lb. *abrev escrita de* **pound** (pl **lbs.**) lb (libra de peso)

lead¹ S2 W1 /lid/ *v* (**led** /lɛd/)

1	a un sitio
2	al frente de un grupo
3	en un grupo, una organización
4	camino, sendero, huellas
5	puerta
6	en una competencia
7	una vida
8	inducir
9	tener éxito

1 A UN SITIO [T siempre + adv/prep] llevar, guiar • **lead the way** mostrar el camino

2 AL FRENTE DE UN GRUPO (a) [T] encabezar, ir adelante de **(b)** [I] ir adelante

3 EN UN GRUPO, UNA ORGANIZACIÓN (a) [I] ser líder • **lead by example** dirigir con el ejemplo **(b)** [T] dirigir, liderar • **lead an investigation/inquiry** dirigir/estar a cargo de una investigación • **lead a revolt/rebellion** encabezar una revuelta/una rebelión • **lead the country** conducir el país • **lead sb to victory** llevar a alguien a la victoria

4 CAMINO, SENDERO, HUELLAS [I,T siempre + adv/prep] **lead to/down to sth** llevar a algo, conducir a algo: *The road led down to a small lake*. La carretera llevaba a un pequeño lago. • *Where does this path lead?* ¿Adónde conduce este sendero?

5 PUERTA [I siempre + adv/prep] **lead to sth** dar/llevar a algo

6 EN UNA COMPETENCIA (a) [I] ir ganando: *At half-time, Brazil led 1–0*. En el descanso, Brasil iba ganando por 1 a 0. **(b)** [T] ir ganando (a)

7 UNA VIDA [T] llevar

8 INDUCIR [T] llevar • **lead sb to do sth** llevar a alguien a hacer algo: *What led him to kill his wife?* ¿Qué lo llevó a matar a su esposa? • **lead sb into sth** llevar a alguien a algo: *What led you into politics?* ¿Qué lo llevó a la política? • **lead sb to believe sth** hacer creer a alguien algo • **lead sb to the conclusion that** llevar a alguien a la conclusión de que: *Our research led us to the conclusion that the present system is unfair*. Nuestra investigación nos llevó a la conclusión de que el sistema actual es injusto.

9 TENER ÉXITO [T] **lead the field** ser líder • **lead the world** ser el líder mundial/los líderes mundiales ▶ LEADING

EXPRESIONES
be easily led ser muy influenciable • **lead nowhere** (tb **not lead anywhere**) no llevar a ninguna parte

lead sb astray *v+partíc* **1** [gralm en pasiva] confundir/engañar a alguien **2** llevar a alguien por el mal camino SIN **lead on**

lead off *v+partíc* **1 lead off** empezar • **lead off with sth** empezar con algo **2 lead sth ↔ off** empezar algo

lead sb on *v+partíc* **1** engañar a alguien **2** llevar a alguien por el mal camino SIN **lead astray**

lead to sth *v+partíc* [nunca en pasiva] conducir a algo, llevar a algo • **lead to sb doing sth** llevar a que alguien haga algo • **one thing led to another** una cosa llevó a la otra

lead up to sth *v+partíc* **1** preceder a algo **2** conducir a algo **3** querer llegar a algo

lead² S2 W2 *s*

1 en una carrera
2 sobre un rival
3 seguido por otros
4 en una investigación
5 en el cine, el teatro
6 actor
7 en un periódico

1 EN UNA CARRERA the lead la delantera, el primer lugar • **be in the lead** llevar la delantera • **take the lead** (tb **go into the lead**) tomar la delantera
2 SOBRE UN RIVAL [sing] ventaja • [+**over**]: *They have a 2-goal lead over the Brazilian team.* Tienen una ventaja de dos goles frente al equipo brasileño.
3 SEGUIDO POR OTROS [sing] ejemplo • **follow his/her lead** (tb **follow the lead of sb**) seguir el ejemplo • **take the lead in doing sth** tomar la iniciativa en lo que se refiere a hacer algo
4 EN UNA INVESTIGACIÓN [C] pista, indicio • **follow up a lead** seguir una pista
5 EN EL CINE, EL TEATRO [C] papel protagónico • **play the lead in sth** ser el/la protagonista de algo • **the male/female lead** el protagonista/la protagonista
6 ACTOR [C] protagonista, actor/actriz principal
7 EN UN PERIÓDICO [C] nota/artículo principal

lead³ /lɛd/ *s* **1** [U] (símb quím **Pb**) plomo *lead pipes* tuberías de plomo **2** [C,U] mina (de un lápiz) **3** [U] (*antic*) plomo • **fill sb full of lead** llenar a alguien de plomo

EXPRESIONES
your feet/legs feel like lead *It had been a long march and my feet felt like lead.* Había sido una marcha larga y me pesaban los pies. • **get the lead out** (*coloq, oral*) ponerse a trabajar duro, ponerse las pilas • **have a lead foot** (*coloq*) conducir a alta velocidad

lead⁴ /lid/ *adj* **1** [solo ante s] principal • **lead singer** cantante principal • **lead guitarist** guitarrista principal **2 the lead role/part** el papel protagónico

lead·ed /'lɛdɪd/ *adj* con plomo (combustible) ANT **unleaded**

lead·er S2 W1 /'lidər/ *s* [C]
1 líder, dirigente • **a world leader** un líder mundial • **a natural/born leader** un líder natural ▶ RULER
2 primero -a (en una carrera, una competencia)

lead·er·ship S3 W2 /'lidərʃɪp/ *s*
1 [U] liderazgo • **under his/her leadership** (tb **under the leadership of sb**) bajo su dirección
2 [U] capacidad de mando, autoridad
3 [C] dirigencia, directiva

lead·ing /'lidɪŋ/ *adj* [solo ante s] principal, destacado -a • **play a leading role/part in sth** desempeñar un papel destacado en algo
EXPRESIONES
a leading question

leading edge /,lidɪŋ 'ɛdʒ/ *s* **1 the leading edge of sth** [sing] la vanguardia de algo **2** [C gralm sing] (*técn*) borde de ataque (de un ala, etc.)

leading ques·tion /,lidɪŋ 'kwɛstʃən/ *s* [C] pregunta que induce la respuesta que se desea obtener

leaf¹ S2 W3 /lif/ *s* (pl **leaves** /livz/)
1 [C,U] (de una planta) hoja
2 [C] (de papel) hoja
3 [U] lámina (de oro o plata) ▶ BAY LEAF, **be shaking like a leaf** (SHAKE), LOOSE-LEAF, OVERLEAF
EXPRESIONES
take a leaf out of your/his book seguir su ejemplo

leaf² *v*
leaf through sth *v+partíc* hojear algo ▶ THUMB THROUGH

leaf·let¹ /'liflɪt/ *s* [C] folleto

leaflet² *v* **(a)** [T] repartir folletos en, entregar folletos a **(b)** [I] repartir folletos

leaf·y /'lifi/ *adj* (**leafier**, **leafiest**) **1** de hoja, frondoso -a **2** arbolado -a

league W3 /lig/ *s* [C]
1 (de equipos deportivos) liga • **be top/bottom of the league** ser el primero/último de la liga ▶ CONFERENCE • **league championship** campeonato de la liga
2 (tb **League**) (de naciones, grupos políticos) liga, asociación: *the Arab League* la Liga Árabe
3 be in a different league estar en otra categoría • **not be in the same league as sb/sth** (tb **not be in his/her league**) no tener comparación con alguien/algo, no estar a la altura de alguien/algo • **be in a league of your own** ser un caso único SIN **class**
4 legua
EXPRESIONES
be in league with sb estar confabulado -a con alguien

leak¹ S3 /lik/ *v*
1 (a) [I] tener una fuga/un escape (cañería, tanque, etc.): *The roof leaks when it rains.* Hay goteras en el techo cuando llueve. • **leak like a sieve** tener más agujeros que un colador **(b)** [T] perder, derramar
2 [I] **leak into sth** *Sea water was leaking into the batteries.* Estaba entrando agua salada en las baterías. • **leak from sth** *Gas was leaking from a pipe in the kitchen.* Había una fuga de gas en una cañería de la cocina.
3 [T] filtrar (información confidencial) • **leak sth to sb** filtrarle algo a alguien: *Who leaked the information to the press?* ¿Quién le filtró la información a la prensa?
leak out *v+partíc* trascender

leak² *s* [C] **1** agujero, gotera • [+**in**]: *There is a leak in the ceiling.* Hay una gotera en el techo. **2** fuga, escape • **a gas leak** una fuga/un escape de gas **3** filtración (de información) ▶ SPRING a leak
EXPRESIONES
take a leak (*malson*) mear SIN **pee**

leak·age /'likɪdʒ/ *s* [C,U] escape, fuga

leak·y /'liki/ *adj* (**leakier**, **leakiest**) que gotea, tiene fugas, etc.

lean¹ S3 W2 /lin/ *v*
1 [I siempre + adv/prep] mover el cuerpo en una dirección • **lean forward** inclinarse hacia adelante • **lean over** inclinarse • **lean back** recostarse • **lean out of sth** asomarse por algo: *Don't lean out of the window.* No te asomes por la ventana.
2 [I siempre + adv/prep] • **lean on sb/sth** apoyarse en alguien/algo
3 [T siempre + adv/prep] **lean sth against sth** apoyar algo en/contra algo
4 [I] inclinarse, estar inclinado -a: *The tower leans slightly to the left.* La torre está levemente inclinada hacia la izquierda.
5 [I siempre + adv/prep] (opiniones) inclinarse • **lean toward sth** inclinarse por algo
lean on *v+partíc* **1 lean on sb/sth** apoyarse en alguien/algo (para obtener ayuda, etc.) **2 lean on sb** (*coloq*) presionar a alguien

lean² *adj* **1** delgado -a **2** magro -a ANT **fatty 3** difícil (año, época) **4** malo -a (cosecha)

lean·ing /'linɪŋ/ *s* [C gralm pl] inclinación, tendencia SIN **inclination**, **tendency**

leap¹ /lip/ *v* (**leapt** /lɛpt/ o **leaped**) **1** [I siempre + adv/prep] elevarse en el aire: *A deer leaped over the fence into the yard.* Un ciervo saltó la cerca y entró al jardín. **2** [T] saltar **3** [I siempre + adv/prep] moverse rápidamente • **leap to your feet** ponerse de pie de un salto/un brinco **4** [I] aumentar (en una cantidad grande): *The price of gas leaped 15% overnight.* El precio del gas aumentó el 15 por ciento de la noche a la mañana. • **leap to sth** aumentar a algo (una cantidad mayor), saltar a algo (un puesto mejor): *Profits leaped to $376 million.* Las utilidades aumentaron a 376 millones de dólares. ANT **tumble 5** [I] (*liter*) salirse, dar un vuelco (corazón): *My heart leaped when I saw Paul at the airport.* Cuando vi a Paul en el aeropuerto, casi se me sale el corazón. ▶ LOOK before you leap
EXPRESIONES
leap off the page saltar a la vista • **leap to his/her defense** saltar en su defensa

leap at sth *v+partíc* no dejar pasar algo: *I'd leap at the chance of going to India.* No dejaría pasar la oportunidad de ir a India.
leap out at sb *v+partíc* saltarle a la vista a alguien

leap² *s* [C] **1** salto, brinco SIN **bound 2** subida, aumento • [+in]: *a big leap in prices* una gran subida de los precios ANT **plunge 3** mejora • **a quantum/giant leap** un salto/un avance espectacular • [+in]: *a huge leap in military technology* un salto espectacular en tecnología militar • **a leap forward** un salto hacia adelante

EXPRESIONES

by/in leaps and bounds a pasos agigantados • **a leap of faith** un salto de fe • **a leap of (the) imagination** un esfuerzo de (la) imaginación • **a leap in the dark** un salto al vacío

leap·frog¹ /'lipfrɑg/ *s* [U] pídola

leapfrog *v* **1** [T] dejar atrás: *Some developing countries are leapfrogging their more advanced neighbors.* Algunos países en desarrollo están dejando atrás a sus vecinos más desarrollados. **2** [I] saltar: *They have leapfrogged from seventh to second place in the league.* Han saltado del séptimo al segundo lugar en la liga.

'leap year *s* [C] año bisiesto

learn S1 W1 /lɜrn/ *v*
1 [I,T] aprender: *When did you begin learning Spanish?* ¿Cuándo empezaste a aprender español? • *She is very eager to learn.* Tiene muchos deseos de aprender. • **learn to do sth** aprender a hacer algo: *I learned to drive when I was 15.* Aprendí a conducir cuando tenía 15 años. • **learn about sth** aprender/estudiar algo: *We're learning about the Civil War at school.* Estamos estudiando la Guerra Civil en la escuela. ▶ TEACH, STUDY
2 [I,T] (*frml*) (obtener información) **learn of sth** enterarse de algo: *I learned of her death yesterday.* Me enteré de su muerte ayer. • **learn (that)** enterarse de que: *Last week I learned I was pregnant.* La semana pasada me enteré de que estaba embarazada. SIN **discover**
3 [T] aprender(se) (de memoria) • **learn your lines** aprender(se) su parte • **learn sth by heart** aprenderse algo de memoria SIN **memorize**
4 [I,T] (cambiar el comportamiento) aprender: *You just never learn, do you?* Tú sí que nunca aprendes, ¿no? • **learn to do sth** aprender a hacer algo: *We've learned to treat each other with respect.* Hemos aprendido a tratarnos con respeto. • **learn (that)** *I soon learned it was best to keep quiet.* Pronto me di cuenta de que era mejor guardar silencio. • **learn your lesson** aprender la lección • **learn from your mistakes** aprender de los errores • **learn a lesson** *There are important lessons to be learned from this election defeat.* Hay mucho que aprender de esta derrota electoral. ▶ you LIVE and learn

learn·ed /'lɜrnɪd/ *adj* (*frml*) **1** erudito -a **2** [solo ante s] especializado -a, erudito -a

learn·er /'lɜrnər/ *s* [C] persona que está aprendiendo algo • **be a slow/fast learner** tener dificultades de aprendizaje/aprender rápido

learn·ing W2 /'lɜrnɪŋ/ *s* [U]
1 aprendizaje *a learning experience* una experiencia de aprendizaje
2 saber, erudición: *a woman of great learning* una mujer de gran erudición

'learning curve *s* [C] proceso de aprendizaje • **a steep learning curve** un proceso de aprendizaje rápido

'learning disa,bility *s* [C,U] dificultad de aprendizaje

lease¹ /lis/ *s* [C] contrato de arrendamiento • **a lease ends/runs out** un contrato de arrendamiento vence

EXPRESIONES

give sb a new lease on life hacer revivir a alguien (dar nuevo ánimo) • **give sth a new lease on life** renovar/revitalizar algo

lease² *v* [T] **1** arrendar, tomar en arrendamiento • **lease sth from sb** arrendar algo a alguien **2** (tb **lease out**) arrendar, ceder en arrendamiento • **lease sth to sb** arrendar algo a alguien

lease·hold¹ /'lishould/ *adj* **leasehold property** propiedad arrendada

leasehold² *s* **1** [C] propiedad arrendada **2** [U] arrendamiento

lease·hold·er /'lis,houldər/ *s* [C] arrendatario -a

leash S3 /liʃ/ *s* [C] correa, traílla (de perro) • **on a leash** *All dogs must be kept on a leash at all times in the park.* En el parque, no está permitido tener sueltos a los perros. ▶ **be STRAINING at the leash**

EXPRESIONES

have sb on a tight/short leash (*hum*) tener a alguien bajo control, tener a alguien cortito -a

least¹ S1 W1 /list/ *pron* [superl de "little"]
1 (tb **the least**) menos: *Which jacket costs the least?* ¿Cuál es la chaqueta que cuesta menos? • *I'm always the person who knows least about these problems.* Siempre soy la persona que menos enterada está de estos problemas. ANT **most**
2 the least lo menos: *Politeness is the least we expect from our children.* Educación es lo menos que esperamos de nuestros hijos. • **the least sb can do** lo menos que alguien puede hacer: *The least you can do is buy me lunch.* Lo menos que puedes hacer es invitarme a almorzar.
3 the least of my/her worries la menor de mis/sus preocupaciones

EXPRESIONES

at least **(a)** por lo menos, como mínimo: *At least fifty people were waiting.* Había por lo menos cincuenta personas esperando. **(b)** (en salvedades) al menos: *The boy may be a little stupid, but at least he's honest.* El muchacho puede ser algo tonto, pero al menos es honrado. **(c)** (al aclarar) al menos: *They all liked me. At least, that's what they said.* Les caí bien a todos. Al menos, eso fue lo que dijeron. **(d)** (el mínimo que se espera) al menos, por lo menos: *They might at least have thanked me.* Al menos me podrían haber agradecido. • **at the very least** **(a)** (cantidad) como mínimo **(b)** (enfatizar el mínimo que se puede esperar) como mínimo • **it's the least I can do** (*oral*) es lo menos que puedo hacer • **not in the least** (tb **not the least (bit)**) en lo más mínimo: *I'm not in the least afraid of spiders.* No les tengo miedo a las arañas en lo más mínimo. • **to say the least** por decir lo menos, por no decir otra cosa: *Mrs. Russell was upset, to say the least.* Las señora Russell estaba disgustada, por decir poco.

least² S1 W1 *det, adj* [superl de "little"]
1 (tb **the least**) menos: *He always did the thing that required least effort.* Siempre hacía lo que menos esfuerzo le exigía. • *Which method causes the least damage?* ¿Qué método provoca menos daño? ANT **most**
2 the least el menor/la menor: *He used to wake at the least noise.* Se despertaba al menor ruido.

EXPRESIONES

the line of least resistance el camino más fácil, la línea de menor resistencia

least³ *adv* [superl de "little"] (tb **the least**) menos: *I answered the least difficult questions.* Contesté las preguntas menos difíciles. • *Problems happen when you least expect them.* Los problemas se presentan cuando menos los esperas. ANT **most**

EXPRESIONES

least of all *She hardly ever lost her temper – least of all with the children.* Casi nunca perdía los estribos, y menos con los niños. • **not least** (*frml*) principalmente, sobre todo: *She's very famous, not least because she's very rich.* Es muy famosa, principalmente porque es muy rica. SIN **especially, mainly**

leath·er S3 /'lɛðər/ *s*
1 [U] piel, cuero *a leather jacket* una chaqueta de cuero
2 leathers [pl] ropa de cuero/piel ▶ HELL for leather, PATENT LEATHER

leath·er·y /'lɛðəri/ *adj* curtido -a (piel, cutis)

leave¹ S1 W1 /liv/ *v* (**left** /lɛft/)

1	de un sitio
2	no llevar
3	para que alguien lo encuentre
4	una carta, un mensaje

5 en un estado
6 no llevar por error
7 no trabajar o estudiar más
8 existir todavía
9 ceder la responsabilidad
10 en un estado
11 en una pareja
12 de un país
13 no comer o usar
14 no hacer
15 una mancha
16 en matemáticas
17 en herencia

1 DE UN SITIO (a) [T] irse de, salir de: *What time did you leave the office?* ¿A qué hora te fuiste de la oficina? • *The bus leaves at 8:30.* El bus sale a las 8 y media. • **leave the house** (tb **leave home**) salir de casa • **leave work** salir del trabajo • **leave sb to it** dejar a alguien (para que continúe lo que hacía): *Well, I'll leave you to it.* Bueno, te dejo. • **leave sb in peace** dejar a alguien en paz • **leave sb alone** dejar solo -a a alguien **(b)** [I] irse, salir • **leave for sth** salir para algo: *We're leaving for Tokyo next week.* Salimos para Tokio la semana próxima. • **leave sb doing sth** dejar a alguien haciendo algo: *She left them watching television.* Los dejó viendo la tele.

2 NO LLEVAR [T siempre + adv/prep] dejar: *I'll leave my stuff here till we get back.* Voy a dejar aquí mis cosas hasta que volvamos. • *We're leaving the kids with their grandparents.* Vamos a dejar a los niños con sus abuelos. • **leave sth/sb behind** dejar algo/a alguien: *The radio's too heavy. We'll have to leave it behind.* La radio es demasiado pesada. Vamos a tener que dejarla.

3 PARA QUE ALGUIEN LO ENCUENTRE [T] dejar: *I'll leave a copy of the report on your desk.* Te dejaré una copia del informe en tu escritorio.

4 UNA CARTA, UN MENSAJE [T] dejar: *She left a message on his answerphone.* Dejó un mensaje en el contestador. • **leave sth for sb** dejar algo para/a alguien: *Lucy left a note for you.* Lucy dejó una nota para ti. • **leave sb sth** dejarle algo a alguien: *If I'm not in, you can leave me a message.* Si no estoy, puedes dejarme un mensaje.

5 EN UN ESTADO [T gralm + adv/prep] dejar: *Who left the door open?* ¿Quién dejó la puerta abierta? • **leave sth on** dejar algo encendido: *You've left your headlights on.* Dejaste las luces del coche encendidas.

6 NO LLEVAR POR ERROR [T siempre + adv/prep] dejar, olvidarse: *I've left my keys inside the car.* Dejé las llaves dentro del carro. • **leave sth behind** olvidarse (de) algo: *I suddenly realized I'd left my passport behind.* De pronto me di cuenta de que me había olvidado el pasaporte. ▶ ver nota en **OLVIDAR**

7 NO TRABAJAR O ESTUDIAR MÁS (a) [T] dejar: *After 30 years, Jackson is leaving the company.* Después de 30 años, Jackson deja la compañía. • **leave school/college** dejar el colegio/la universidad **(b)** [I] irse

8 EXISTIR TODAVÍA [T] *I've read four of the books, which only leaves one.* Ya he leído cuatro de los libros, con lo cual solo queda uno. • **be left** quedar: *Are there any tickets left?* ¿Quedan entradas? • **have sth left** *I have only a few dollars left.* Solo me quedan unos dólares.

9 CEDER LA RESPONSABILIDAD [T] dejar • **leave sth (up) to sb** dejar algo a alguien: *We'll leave that decision to you.* Te dejamos la decisión a ti. • **leave it/everything to sb** (oral) dejárselo/dejarle todo a alguien: *Leave it to me. I'll fix everything.* Déjamelo a mí. Yo me ocupo de todo. • **leave it to sb to do sth** dejar que alguien haga algo: *I leave it to you to decide what is best.* Te dejo que decidas qué conviene.

10 EN UN ESTADO [T] dejar: *The storm left many people homeless.* La tormenta dejó a muchas personas sin hogar. • **leave sb doing sth** dejar a alguien haciendo algo: *The incident left her feeling confused and hurt.* El incidente la dejó confusa y herida. • *It was an experience that left me shaking with terror.* Fue una experiencia que me dejó temblando de pánico.

11 EN UNA PAREJA (a) [T] abandonar: *Promise me you'll never leave me.* Prométeme que nunca me abandonarás. **(b)** [I] irse: *His wife keeps threatening to leave.* Su esposa vive amenazando con irse.

12 DE UN PAÍS (a) [T] irse de: *Laura left her native England years ago.* Laura se fue de su Inglaterra natal hace años. • **leave home** irse de la casa **(b)** [I] irse: *The government asked us to leave.* El gobierno nos pidió que nos fuéramos.

13 NO COMER O USAR [T] dejar: *If you don't like the soup, just leave it.* Si no te gusta la sopa, déjala. • **leave sb sth** (tb **leave sth for sb**) dejarle algo a alguien: *Leave some of the cake for the others.* Déjales un poco de pastel a los demás.

14 NO HACER [T] dejar: *Leave the dishes. I'll do them later.* Deja los platos. Yo los lavo más tarde. • **leave it too late to do sth** dejar que se haga demasiado tarde para hacer algo: *You've left it too late to change your ticket.* Has dejado que se hiciera demasiado tarde para cambiar el tiquete.

15 UNA MANCHA [T] dejar: *The wine left a mark on the carpet.* El vino dejó una mancha en la alfombra.

16 EN MATEMÁTICAS [T] *Three from seven leaves four.* Siete menos tres es igual a cuatro.

17 EN HERENCIA [T] dejar: *She died leaving an $80 million fortune.* Al morir dejó una fortuna de 80 millones de dólares. • **leave sb sth** dejarle algo a alguien: *Uncle Bill left us his house.* El tío Bill nos dejó su casa. • **leave sth to sb/sth** dejarle algo a alguien/algo: *He left all his money to charity.* Dejó todo su dinero a obras benéficas. ▶ **TAKE it or leave it**

EXPRESIONES
leave sb alone dejar a alguien solo -a • **leave sth alone (a)** dejar algo en paz **(b)** dejar algo como está • **leave a lot to be desired** dejar mucho que desear • **leave yourself open to sth** quedar expuesto -a a algo • **leave sth to chance** dejar algo librado -a al azar • **leave sb to their own devices** dejar a alguien librado a sus propios recursos

leave aside *v+partíc* **leave sth ↔ aside** dejar algo de lado • **leaving aside sth** dejando algo de lado: *Leaving aside the question of cost, is this plan really going to work?* Dejando de lado la cuestión del costo, ¿va a funcionar realmente este plan? SIN **ignore**, **disregard**

leave behind *v+partíc* **1 leave sth/sb behind** dejar rezagado -a a alguien/algo • **be/get left behind** quedarse atrás/rezagado -a **2 leave sth/sb ↔ behind** [gralm en pasiva] dejar algo/a alguien (no llevarlo) • **be/get left behind** ser dejado -a **3 leave sth behind** [gralm en pasiva] dejar (olvidado -a) algo **4** (en una competición) **leave sb behind** [gralm en pasiva] dejar atrás a alguien • **be/get left behind** quedarse atrás/rezagado -a **5 leave sth ↔ behind** dejar algo atrás (olvidar) • **leave the past behind (you)** dejar atrás el pasado **6 leave sth ↔ behind** dejar algo (una sustancia)

leave off *v+partíc* **leave sth/sb off sth** excluir algo/a alguien: *Why was my name left off the list?* ¿Por qué excluyeron mi nombre de la lista?

leave out *v+partíc* **1 leave sth ↔ out** omitir algo, no poner algo: *Tell me everything. Don't leave anything out.* Cuéntame todo. No omitas nada. • **leave sb ↔ out** excluir a alguien, dejar a alguien afuera • **leave sb/sth out of sth** dejar a alguien/algo afuera de algo: *My wife was not involved. Leave her out of this.* Mi esposa no participó. Déjala afuera de esto. **2 feel left out** sentirse excluido -a

leave over *v+partíc* **1 be left over** sobrar: *There's never any money left over at the end of the month.* A fin de mes, nunca sobra dinero. ▶ **LEFTOVER, LEFTOVERS 2 be left over from sth** quedar de algo

leave² S3 *s*
1 [sing, U] licencia • **on leave** de licencia • **sick leave** licencia por enfermedad • **maternity/paternity leave** licencia por maternidad/paternidad • **annual leave** vacaciones anuales • **compassionate leave** licencia por enfermedad/fallecimiento (de un familiar) ▶ **VACATION**
2 [U] (frml) **leave to do sth** permiso para hacer algo: *He has been given leave to stay in the country.* Le han dado permiso para permanecer en el país. • **absent without leave** ausente sin permiso SIN **AWOL**

take leave of your senses (*antic, frml*) volverse loco -a: *Have you taken leave of your senses?* ¿Es que te has vuelto loco?

leave of 'absence *s* [C,U] (pl **leaves of absence**) licencia

leaves /livz/ pl de **LEAF**

Leb·a·nese¹ /ˌlɛbəˈnizʉ / *s* [pl] **the Lebanese** los libaneses

Lebanese² *adj* libanés -esa

Leb·a·non /ˈlɛbəˌnɑn, -nən/ (tb **the Lebanon**) (el) Líbano

lech·er /ˈlɛtʃə/ *s* [C] (*peyor*) libidinoso

lech·er·ous /ˈlɛtʃərəs/ *adj* (*peyor*) libidinoso -a, lascivo -a

lech·er·y /ˈlɛtʃəri/ *s* [U] (*peyor*) lascivia

lec·tern /ˈlɛktən/ *s* [C] atril (de un orador)

lec·ture¹ S3 /ˈlɛktʃə/ *s*
1 [C] conferencia, clase (teórica) • **give a lecture** dar una conferencia/clase • **lecture hall** salón de conferencias • **lecture notes** apuntes ▸ **SPEECH, TALK**
2 [C] sermón (al reprender a alguien): *I got another lecture from my mom.* Recibí otro sermón de mi mamá. • **give sb a lecture** darle un sermón a alguien

lecture² *v* 1 [T] sermonear, dar un sermón • **lecture sb about/on sth** darle un sermón/sermones a alguien sobre algo 2 [I] dar clase(s), enseñar (en la universidad) • **lecture on sth** dar clase(s) de algo, enseñar algo

lec·tur·er /ˈlɛktʃərə/ *s* [C] 1 conferencista 2 (en la universidad) profesor -a (con cargo inferior a profesor adjunto)

led /lɛd/ pasado y participio pasado de **LEAD**

ledge /lɛdʒ/ *s* [C] 1 cornisa • **a window ledge** un alféizar, una repisa (de una ventana) SIN **sill** 2 saliente (en una montaña, etc.)

ledg·er /ˈlɛdʒə/ *s* [C] libro de contabilidad

leech /litʃ/ *s* [C] 1 (gusano) sanguijuela 2 (persona) sanguijuela

leek /lik/ *s* [C] puerro, poro

leer¹ /lɪr/ *v* [I] (*peyor*) mirar lascivamente • **leer at sb** mirar lascivamente a alguien

leer² *s* [C] (*peyor*) mirada lasciva

lee·way /ˈliweɪ/ *s* [U] margen (de acción), libertad • **give sb leeway** dar a alguien libertad/margen (de acción)

left¹ S1 /lɛft/ pasado y participio pasado de **LEAVE**

left² S2 W2 *adj* [solo ante s]
1 izquierdo -a: *your left hand* tu mano izquierda ANT **right**
2 *Take the next left turn.* Coja la próxima a la izquierda. SIN **left-hand** ANT **right**
have two left feet (*coloq*) ser un -a torpe, ser un -a pata dura (al bailar, correr, etc.)

left³ S2 *adv* a la izquierda: *Turn left at the post office.* Voltea a la izquierda en la oficina de correos. ANT **right**
left and right a diestra y siniestra

left⁴ *s* 1 [sing] **on your/his left** (tb **to your/his left**) a su izquierda • **from left to right** de izquierda a derecha • **take /hang a left** voltear a la izquierda, dar vuelta a la izquierda • **the next/first left** la próxima/primera a la izquierda ANT **right** 2 **the left/Left** (tb **the left wing**) la izquierda ANT **right**

'left-click *v* [I] hacer clic con el botón izquierdo del mouse • **left-click on sth** hacer clic (con el botón izquierdo del mouse) en algo ▸ **RIGHT-CLICK**

'left field *s* [U] (en béisbol) jardín izquierdo

be (way) out in left field (*coloq*) ser estrafalario -a • **come from left field** (tb **come out of left field**) (*coloq*) no venir a cuento

left-'hand *adj* [solo ante s] izquierdo -a • **on the left-hand side** a mano izquierda ANT **right-hand**

left-'handed¹ *adj* 1 zurdo -a ANT **right-handed** 2 [solo ante s] con la (mano) izquierda ANT **right-handed** 3 [solo ante s] para zurdos ANT **right-handed**
a left-handed compliment un cumplido a medias

left-handed² *adv* con la mano izquierda ANT **right-handed**

left-'hander *s* [C] zurdo -a

left·ist /ˈlɛftɪst/ *adj, s* [C] izquierdista

left·o·ver¹ /ˈlɛftˌoʊvə/ *adj* [solo ante s] sobrante

leftover² *s* 1 **leftovers** [pl] sobras 2 [sing] reliquia SIN **hangover**

left 'wing *s* [sing] 1 la(s) izquierda(s) ANT **right wing** 2 ala izquierda (en un campo de juego) ANT **right wing**

left-'wing *adj* de izquierda, izquierdista ▸ **RIGHT-WING**

left-'winger *s* [C] izquierdista ANT **right-winger**

left·y /ˈlɛfti/ *s* [C] (pl **lefties**) izquierdoso -a

leg S1 W2 /lɛg/ *s*

1 de una persona
2 de un animal, insecto
3 de un mueble
4 de una prenda de vestir
5 como alimento
6 en un viaje, una carrera

1 **DE UNA PERSONA** [C] pierna: *She broke her leg skiing.* Se rompió la pierna esquiando. • **cross your legs** cruzar las piernas
2 **DE UN ANIMAL, INSECTO** [C] pata: *the dog's back legs* las patas traseras del perro
3 **DE UN MUEBLE** [C] pata: *One of the legs is wobbly.* Una de las patas está poco firme.
4 **DE UNA PRENDA DE VESTIR** [C] pierna
5 **COMO ALIMENTO** [C,U] pata (de pollo), anca (de rana), pierna (de cordero): *chicken legs* patas de pollo
6 **EN UN VIAJE, UNA CARRERA** [C] etapa, vuelta ▸ **on its/your LAST legs**, **-LEGGED**, **PULL sb's leg**, **SHAKE a leg**, **STRETCH your legs**, **with your TAIL between your legs**
sth has legs (*coloq*) algo despierta interés • **not have a leg to stand on** (*coloq*) tener las de perder • **a leg up** una ayuda, una ventaja

leg·a·cy /ˈlɛgəsi/ *s* [C] (pl **legacies**) 1 (como resultado de algo previo) herencia, legado 2 (dinero, bienes) herencia, legado SIN **inheritance** 3 persona que ingresa a una organización o asiste a una universidad a la que perteneció o asistió un miembro de su familia: *The university admits legacies, but only if they meet entrance requirements.* La universidad acepta a familiares de ex alumnos, pero solo si satisfacen los requisitos de ingreso.

le·gal S2 W1 /ˈligəl/ *adj*
1 (establecido por ley) legal • **make sth legal** legalizar • **the legal limit** el límite legal: *He had twice the legal limit of alcohol in his bloodstream.* La concentración de alcohol en su sangre era dos veces la permitida por la ley. ANT **illegal**
2 [solo ante s] (relativo a la ley) legal, jurídico -a • **take legal action (against sb)** iniciar acciones legales (contra alguien) ▸ **LEGALLY**

legal 'aid *s* [U] asistencia legal gratuita • **be granted legal aid** conseguir un abogado de oficio

le·gal·i·ty /lɪˈgæləti/ *s* 1 [U] legalidad 2 **the legalities** [pl] aspectos formales

le·gal·i·za·tion /ˌligələˈzeɪʃən/ *s* [U] legalización

le·gal·ize /ˈligəˌlaɪz/ *v* [T] legalizar

le·gal·ly /'ligəli/ *adv* legalmente • **legally responsible for sth/sb** legalmente responsable de algo/alguien • **legally binding** con fuerza legal [ANT] **illegally**

,legal 'tender *s* [U] moneda de curso legal

leg·end /'lɛdʒənd/ *s* **1** [C] leyenda ▶ MYTH **2** [U] leyenda • **legend has it that** dice la leyenda que • **be the stuff of legend** ser leyenda ▶ MYTH **3** [C] leyenda, mito • **a legend in his/her own lifetime** (tb **a living legend**) un mito viviente **4** [C] (*liter*) (inscripción) leyenda: *a T-shirt with the legend "save the whales"* una camiseta con la leyenda "Salven a las ballenas"
EXPRESIONES
be/become legend ser legendario -a/convertirse en leyenda

leg·end·ar·y /'lɛdʒən,dɛri/ *adj* **1** (famoso) legendario -a **2** [solo ante s] (de leyenda) legendario -a ▶ MYTHICAL

leg·gings /'lɛgɪŋz/ *s* [pl] **1** leggings, mallas **2** polainas

leg·i·bil·i·ty /,lɛdʒə'bɪləti/ *s* [U] legibilidad

leg·i·ble /'lɛdʒəbəl/ *adj* legible [ANT] **illegible**

le·gion /'lidʒən/ *s* [C] **1** legión **2 legions of sth/a legion of sth** (*frml*) legiones de algo/una legión de algo

le·gion·naire /,lidʒə'nɛr/ *s* [C] legionario -a

leg·is·late /'lɛdʒə,sleɪt/ *v* **1 (a)** [I] legislar • **legislate for sth** dictar leyes que disponen algo **(b)** [T] establecer (por ley) **2** [T gralm en pasiva] sancionar
legislate for sth *v+partíc* (*oral*) prepararse para algo (inesperado)

leg·is·la·tion [W2] /,lɛdʒə'sleɪʃən/ *s* [U] legislación • **introduce legislation** presentar un proyecto de ley

leg·is·la·tive [W3] /'lɛdʒə,sleɪtɪv/ *adj* [solo ante s] legislativo -a

leg·is·la·tor /'lɛdʒə,sleɪtər/ *s* [C] legislador -a

leg·is·la·ture [W3] /'lɛdʒə,sleɪtʃər/ *s* [C] legislatura

le·git /lɪ'dʒɪt/ *adj* [gralm no ante s] (*coloq*, *oral*) **1** (según la ley) legal, legítimo -a **2** (de confiar) legal

le·git·i·ma·cy /lə'dʒɪtəməsi/ *s* [U] legitimidad

le·git·i·mate /lə'dʒɪtəmɪt/ *adj* **1** válido -a, fundado -a (excusa, pregunta) ▶ UNDERSTANDABLE **2** legal, legítimo -a (gobierno, negocio, etc.) [SIN] **legal 3** (*jur*) legítimo -a (hijo) [ANT] **illegitimate**

le·git·i·mize /lɪ'dʒɪtə,maɪz/ *v* [T] legitimar

'leg room *s* [U] espacio para las piernas

lei·sure /'liʒər/ *s* [U] **1** tiempo libre, ocio • **leisure time** tiempo libre **2** recreación • **leisure activity** actividad recreativa
EXPRESIONES
at your leisure cuando te/le convenga • **be a gentleman/ lady of leisure** (*hum*) vivir de la renta

lei·sure·ly[1] /'liʒərli/ *adj* relajado -a, sin prisas • **at a leisurely pace** sin prisas

leisurely[2] *adv* (*escrito*) lentamente, sin prisas

leit·mo·tif /'laɪtmoʊ,tif/ *s* [C] leitmotiv

lem·ming /'lɛmɪŋ/ *s* [C] lemming

lem·on[1] [S3] /'lɛmən/ *s*
1 [C,U] limón: *a slice of lemon* una rodaja de limón **2** [U] (tb **lemon yellow**) amarillo limón **3** [C gralm sing] (*coloq*) trasto (que no funciona bien), cochinada

lemon[2] (tb **,lemon 'yellow**) *adj* (de color) amarillo limón

lem·on·ade /,lɛmə'neɪd/ *s* [U] limonada

lend [W3] /lɛnd/ *v* (**lent** /lɛnt/)
1 [T] (a un amigo, un familiar) prestar, dejar • **lend sb sth** prestarle algo a alguien: *Could you lend me $5 until tomorrow?* ¿Podrías prestarme 5 dólares hasta mañana? • **lend sth to sb** prestarle algo a alguien: *She lent her car to a friend.* Le prestó su carro a una amiga. ▶ BORROW
2 (con intereses) **(a)** [T] prestar • **lend sb sth** prestarle algo a alguien **(b)** [I] dar préstamos ▶ LOAN

lend

Sue lent me $10.
Sue me prestó $10.

3 [T] (*frml*) (una cualidad) conferir, dotar de • **lend sth to sth** conferirle algo a algo • **lend credibility to sth** conferirle credibilidad a algo • **lend weight to sth** conferirle peso a algo [SIN] **confer**
EXPRESIONES
lend a hand dar una mano, echar una mano • **lend itself to sth** (*frml*) prestarse a algo

lend·er /'lɛndər/ *s* [C] prestamista, entidad crediticia

length [S2] [W2] /lɛŋkθ, lɛnθ/ *s*
1 medida
2 en tiempo
3 de un extremo a otro
4 de un texto, documento
5 de cuerda, cable
6 en carreras, regatas
7 piscina

1 MEDIDA [C,U] largo, longitud • **10 meters in length** 10 metros de largo ▶ BREADTH, HEIGHT, WIDTH
2 EN TIEMPO [C,U] duración • **for any length of time** por mucho tiempo, por mucho rato: *He wasn't left alone for any length of time.* No le dejaban solo por mucho rato. ▶ DURATION
3 DE UN EXTREMO A OTRO [sing] extensión • **run the length of sth** extenderse a lo largo de algo, ocupar de un lado a otro de algo
4 DE UN TEXTO, DOCUMENTO [C,U] extensión, largo • **twelve pages in length** doce páginas de largo
5 DE CUERDA, CABLE [C] trozo • **a length of pipe/ rope/wire** un trozo de tubería/cuerda/cable
6 EN CARRERAS, REGATAS [C] cuerpo (en hípica), eslora (en yachting), largo (en canotaje)
7 PISCINA [C] largo • **swim/do a length** nadar un largo ▶ FULL-LENGTH, **hold sth at** ARM's **length**, **keep/hold sb at** ARM's **length**
EXPRESIONES
at length (*escrito*) finalmente [SIN] **eventually** • **at some/ great length** (tb **at length**) largo y tendido, extensamente • **go to any lengths to do sth** hacer lo imposible para hacer algo • **go to great lengths to do sth** hacer lo imposible para hacer algo • **the length and breadth of the country** (*liter*) a lo largo y a lo ancho del país

length·en /'lɛŋkθən/ *v* **1** (en tamaño) **(a)** [T] alargar **(b)** [I] alargarse [ANT] **shorten 2** (en el tiempo) **(a)** [T] alargar **(b)** [I] alargarse [ANT] **shorten**

length·wise[1] /'lɛŋkθwaɪz/ *adv* a lo largo, longitudinalmente

lengthwise[2] *adj* [solo ante s] a lo largo, longitudinal

length·y /'lɛŋkθi/ *adj* [gralm ante s] (**lengthier, lengthiest**) **1** prolongado -a, largo -a [ANT] **brief, short 2** largo -a y tedioso -a

le·ni·en·cy /'liniənsi, -yənsi/ (tb **le·ni·ence** /'liniəns, -yəns/) *s* [U] **1** indulgencia **2** clemencia, benevolencia ▶ CLEMENCY

le·ni·ent /'liniənt, 'linyənt/ *adj* **1** indulgente **2** benévolo -a, poco severo -a

lens /lɛnz/ s [C] **1** (de una cámara) lente **2** (de los anteojos, un telescopio) lente **3** (del ojo) cristalino **4** lente de contacto

Lent /lɛnt/ s [U] Cuaresma

lent /lɛnt/ pasado y participio pasado de LEND

len·til /'lɛntəl/ s [C gralm pl] lenteja

Le·o /'liou/ s **1** [U] (signo) Leo **2** [C] (persona) persona del signo de Leo: *He's a Leo.* Es (de) Leo.

leop·ard /'lɛpəd/ s [C] leopardo

le·o·tard /'liə,tɑrd/ s [C] malla, leotardo (para gimnasia, ballet)

lep·er /'lɛpə/ s [C] **1** leproso -a **2** marginado -a SIN **outcast**

lep·ro·sy /'lɛprəsi/ s [U] lepra

les·bi·an¹ /'lɛzbiən/ s [C] lesbiana ▶ GAY, HOMOSEXUAL

lesbian² *adj* lesbiano -a

les·bi·an·ism /'lɛzbiə,nɪzəm/ s [U] lesbianismo

le·sion /'liʒən/ s [C] (*técn*) lesión

Le·so·than /lə'soutən/ s [C], *adj* lesotense

Le·so·tho /lə'soutou/ Lesoto

less¹ S2 W1 /lɛs/ *det* menos: *Try to eat less fat.* Trate de ingerir menos grasas. • **less sth than sth/sb** menos algo que algo/alguien: *He has less experience than the other players.* Tiene menos experiencia que los otros jugadores. • **much/far less sth** (tb **a lot less sth**) mucho menos algo: *Modern cars use far less gasoline.* Los carros modernos usan mucha menos gasolina. • **less and less sth** cada vez menos algo: *Children are getting less and less exercise.* Los niños hacen cada vez menos ejercicio. • **even less sth** todavía menos algo, menos algo aún: *I have even less money now.* Ahora, tengo menos dinero aún. ANT **more**
EXPRESIONES
no less a person/thing than nada menos que

⚠ Según la gramática tradicional, **less** se debe usar solamente con sustantivos incontables. Con sustantivos contables se debería usar **fewer**:
✔ *He has less money than his brother.*
✔ *There'll be less traffic on Sunday.*
✔ *He has fewer problems than his brother.*
✔ *There'll be fewer trucks on the road on Sunday.*
Sin embargo es cada vez más común, sobre todo en el lenguaje hablado, el uso de **less** con sustantivos contables:
✔ *The school has less students than last year.*
✔ *a village of less than 200 inhabitants*

less² S1 W1 *adv* menos: *Eat less and exercise more.* Coman menos y hagan más ejercicio. • *people who are less fortunate than you* personas que son menos afortunadas que ustedes • **less ... than** menos ... que: *We go to the movies less often than we used to.* Vamos menos al cine que lo que íbamos. • **less a ... than a ...** *It was less a request than a command.* Más que un pedido fue una orden. • **a lot less** mucho menos • **far/much less** mucho menos • **no less important/dangerous** igualmente importante/peligroso -a, no menos importante/peligroso -a ANT **more** ▶ **I/they couldn't** CARE **less**
EXPRESIONES
much/still less mucho menos, ni qué decir de • **less and less** cada vez menos: *The fighting has become less and less frequent.* Las peleas se han vuelto cada vez menos frecuentes.

less³ S2 W1 *pron* menos: *Most workers get $8 an hour, but some get less.* La mayoría de los obreros cobran 8 dólares la hora, pero algunos cobran menos. • **less than sth/sb** menos que/de algo/alguien: *She knows less than I do about it.* Sabe menos que yo al respecto. • *A liter is less than a gallon.* Un litro es menos que un galón. • **less of sth** *She spends less of her time at home.* Pasa menos tiempo en casa. • **much/far less** (tb **a lot less**) mucho menos: *It costs much less to go by bus.* Cuesta mucho menos ir en bus. • **less and less of sth** cada vez menos algo: *Less and less of this money reaches*

poor people. Cada vez menos dinero de este les llega a los pobres. • **the less... the better** cuanto menos... mejor: *The less said the better.* Cuanto menos se hable, mejor. ANT **more**
EXPRESIONES
in less than no time de inmediato • **nothing less than sth** nada menos que algo, un verdadero/una verdadera algo: *His rescue is nothing less than a miracle.* Su rescate es nada menos que un milagro.

less⁴ *prep* menos: *What is 121 less 36?* ¿Cuánto es 121 menos 36? SIN **minus**

les·see /lɛ'si/ s [C] arrendatario -a

less·en /'lɛsən/ v **(a)** [T] reducir • **lessen the risk/chance of sth** reducir el riesgo possibilidad de algo **(b)** [I] disminuir SIN **reduce**

less·er¹ /'lɛsə/ *adj* [solo ante s] (*frml*) menor • **to a lesser extent/degree** en menor medida/grado ▶ **lesser** MORTALS
EXPRESIONES
a lesser man/woman (*frml*) un hombre/una mujer de menor valía • **the lesser of two evils** (tb **the lesser evil**) (*frml*) el menor de dos males

lesser² *adv* menos

les·son S2 W2 /'lɛsən/ s [C]
1 (de natación, música) clase • **take lessons** tomar/recibir clases • [+in]: *a lesson in first aid* una clase de primeros auxilios
2 (experiencia) lección • **learn a lesson** aprender una lección • **be a lesson to sb** servirle de lección a alguien
3 (en un libro) lección
4 lectura (en la iglesia)
5 (en el colegio) (*antic*) clase SIN **class** ▶ TEACH **sb a lesson**

let¹ S1 W1 /lɛt/ v (**let**, **letting**)
1 dar permiso
2 no impedir que ocurra algo
3 para ofrecer ayuda
4 permitir ir
5 en amenazas
6 al dar ordenes
7 para expresar intención inmediata
8 al disculparse

1 DAR PERMISO [T nunca en pasiva] dejar: *My parents won't let me go to the party.* Mis padres no me dejan ir a la fiesta. • **let sb do sth** dejar a alguien hacer algo, dejar que alguien haga algo: *Let your brother use the computer now.* Ahora déjale usar el computador a tu hermano

2 NO IMPEDIR QUE OCURRA ALGO [T nunca en pasiva] dejar • **let sth do sth** dejar que algo haga algo: *Let the cookies cool down before you eat one.* Deja que las galletas se enfríen antes de comerte una. • **not let sth do sth** no dejar que algo haga algo: *Don't let the sauce boil.* No dejes que hierva la salsa.

3 PARA OFRECER AYUDA [T solo en imperat] **let me do sth** (*oral*) déjame/déjenme hacer/que haga algo: *Let me show you how to do it.* Déjame que te muestre cómo hacerlo.

4 PERMITIR IR [T siempre + adv/prep] dejar: *Don't let the dog upstairs.* No dejes que suba el perro.

5 EN AMENAZAS [T solo en imperat] (*oral*) *Just let them try and stop me!* ¡Que traten de detenerme, si se atreven!

6 AL DAR ORDENES [T solo en imperat] (*oral*) *If he wants money, let him work for it.* Si quiere dinero, pues que trabaje para conseguirlo. • **don't let me see/find you doing sth** que no te vea/encuentre haciendo algo: *Don't let me see you talking to that boy again!* ¡Que no te vuelva a ver hablando con ese niño!

7 PARA EXPRESAR INTENCIÓN INMEDIATA let me do sth (*oral*) déjame/déjeme hacer algo: *Let me explain.* Déjame explicar.

8 AL DISCULPARSE don't let me do sth (*oral*) no quiero hacer algo: *Don't let me keep you from your work.* No te quiero distraer de tu trabajo. ▶ **let the CAT out of the bag**, **let FLY**, **let/get sb off the HOOK**, **let RIP**, **let/blow off STEAM**, **LET'S**, **LIVE** and **let live**

let alone mucho menos: *The baby can't even sit up yet, let alone walk!* El bebé no sabe siquiera sentarse todavía, mucho menos caminar. • **let sth drop** olvidarse de algo, dejar que algo caiga en el olvido (un asunto preocupante) • **let go (a)** soltar • **let go of sth/sb** soltar algo/a alguien: *Let go of my arm. You're hurting me!* Suéltame el brazo. ¡Me haces daño! **(b)** olvidar, dejar de preocuparse: *When children grow up, many parents find it hard to let go.* Cuando los niños crecen, a muchos padres les resulta difícil aceptarlo. • **let sb go (a)** dejar ir a alguien **(b)** despedir a alguien • **let sth go/pass** dejar pasar algo • **let sth go for $25** (*coloq*) regalar algo por 25 dólares • **let yourself go (a)** (en una reunión) soltarse el moño, relajarse **(b)** (no cuidarse) abandonarse • **let sb have sth** (*oral*) darle algo a alguien: *I can let you have another $10, but no more.* Puedo darte 10 dólares más, pero eso es todo. • **let sb have it** (*coloq, oral*) **(a)** cantarle la tabla a alguien, cantarle las verdades a alguien **(b)** darle su merecido a alguien • **I'll/we'll let it go at that** (*oral*) lo dejaré/dejaremos pasar por esta vez • **let sb know** avisarle a alguien: *When I've decided, I'll let you know.* Cuando me haya decidido, te avisaré. • **let sb know if/whether** avisarle a alguien si: *Let us know if you need anything else.* Avísanos si necesitas algo más. • **let sb know what/when/where** avisarle a alguien qué/cuándo/dónde: *Could you let her know when you've finished?* ¿Podrías avisarle cuando hayas terminado? • **let me see/think** (tb **let's see/think**) (*oral*) déjame ver, a ver • **let me tell you** (*oral*) te lo aseguro • **let there be no doubt/mistake** (*oral*) que no quepa la menor duda/que nadie se equivoque • **never let it be said (that)** (*oral*) que no se diga que: *Never let it be said I'm not grateful.* Que no se diga que no soy agradecido.

let down *v+partíc* **1 let sb ↔ down** [gralm en pasiva] defraudar a alguien: *You can trust Mary – she won't let you down.* Puedes confiar en Mary: no te va a defraudar. • **feel let down** sentirse defraudado -a ▶ LET-DOWN **2 let sb/sth ↔ down** *The only thing that lets the movie down is its stupid ending.* Lo único que desmerece la película es el final estúpido. • **let yourself down** quedar mal **3 let sth ↔ down** alargar algo (una prenda) **4 let your hair down** (*coloq*) soltarse el moño, relajarse **5 let sb down gently** dar malas noticias tratando de no herir a la otra persona

let in *v+partíc* **1 let sb ↔ in** dejar entrar a alguien, hacer pasar a alguien • **let yourself in** entrar (abriendo una puerta con llave) SIN **admit 2 let sth ↔ in** dejar entrar algo: *He opened the window to let in a little air.* Abrió la ventana para dejar entrar un poco de aire.

let in for *v+partíc* **let yourself in for sth** meterse en algo: *We didn't know what we were letting ourselves in for.* No sabíamos en qué nos metíamos.

let sb in on sth *v+partíc* confiarle/contarle algo a alguien: *I'll let you in on a little secret.* Te confiaré un pequeño secreto.

let into *v+partíc* **let sb into sth** dejar entrar a alguien en algo • **let yourself into sth** entrar en algo (abriendo una puerta cerrada con llave)

let off *v+partíc* **1 let sb ↔ off** perdonar a alguien • **let sb off lightly** ser benévolo -a con alguien (darle un castigo menor al esperado) • **let sb off with sth** dejar que alguien vaya con algo: *The police let her off with a warning.* La policía la dejó ir con una advertencia. **2 let sb off sth** perdonarle algo a alguien: *I'll let you off cleaning your room this weekend.* Te perdono la limpieza de la habitación por este fin de semana. **3 let sb off** perdonar a alguien **4 let sth ↔ off** detonar algo (una bomba), disparar algo (un arma): *They're threatening to let a bomb off.* Están amenazando con detonar una bomba. **5 let off sth** emitir algo (calor, luz, etc.) SIN **produce**, **give off 6 let sb off** dejar salir a alguien (del trabajo) • **let sb off work** dejar salir a alguien del trabajo

let on *v+partíc* [gralm en negat] (*coloq*) decir • **let on (that)** decir que: *Don't let on I told you.* No digas que yo te conté.

---

let out *v+partíc* **1 let sb ↔ out** dejar salir a alguien • **let sb out of sth** dejar salir a alguien de algo **2 let out** terminar **3 let sth ↔ out** dejar salir algo (el aire, el agua, etc.): *Take a deep breath, then let it out slowly.* Inspire profundamente, después deje salir el aire lentamente. • **let sth out of sth** *Someone had let the air out of my tires.* Alguien me había desinflado las llantas. ▶ OUTLET **4 let out sth** [nunca en pasiva] dejar escapar algo (un grito, un suspiro): *She let out a scream.* Dejó escapar un grito. **5 let sth ↔ out** [nunca en pasiva] revelar algo (un secreto): *I was worried that he might let out my secret.* Me preocupaba que revelara mi secreto. **6 let sth ↔ out** agrandar algo (una prenda) **7 let sth ↔ out** [nunca en pasiva] manifestar algo • **let it all out** desahogarse **8 let sb out** [nunca en pasiva] dispensar a alguien **9 that lets you/me out** (*oral*) eso te/me excluye

let through *v+partíc* **1 let sth/sb ↔ through** dejar pasar algo/a alguien **2 let sth/sb through sth** dejar que algo/alguien pase algo

let up *v+partíc* **1** amainar (viento), escampar (lluvia), mejorar (tiempo, situación) • **show no sign(s) of letting up** no dar señales de mejorar **2** [gralm en negat] parar **3** [gralm en negat] aflojar ▶ ver nota en ALLOW

let² *s* [C] let, red (en tenis)

let·down /ˈlɛtdaʊn/ *s* [sing] (*coloq*) decepción, chasco SIN **disappointment** ▶ LET down

le·thal /ˈliːθəl/ *adj* **1** letal, mortal **2** explosivo -a (potente): *That cocktail looks pretty lethal.* Ese cóctel parece bastante explosivo. • *a lethal combination* una combinación explosiva

le·thar·gic /ləˈθɑːrdʒɪk/ *adj* aletargado -a, sin energía

leth·ar·gy /ˈlɛθərdʒi/ *s* [U] letargo

let's /lɛts/ *contrac de* **let us** (*oral*) **1** (en sugerencias) **let's do sth** hagamos algo: *Let's go swimming.* Vayamos a nadar. ▶ PROPOSE **2** (en instrucciones) **let's do sth** hagamos algo: *Let's start on page 12.* Empecemos en la página 12. • *Let's have some quiet in here.* A ver si hacen un poco de silencio. • **let's not do sth** no hagamos algo: *Let's not argue.* No discutamos. **3** (al aceptar una sugerencia) buena idea, bueno: *"Shall we go?" "Yes, let's."* ¿Vamos? –Bueno, vamos. **4 let's not do sth** no hagamos algo: *Let's not forget our responsibilities.* No olvidemos nuestras responsabilidades.

let's face it (tb **let's be honest**) seamos honestos: *Let's face it – he's useless.* Seamos honestos: es un inútil. • **let's hope (that)** esperemos que • **let's just say (that)** digamos simplemente que • **let's say** digamos, supongamos • **let's say (that)** digamos/supongamos que • **let's see** veamos, a ver • **let's see if/whether** veamos si, a ver si: *Let's see if I can get this window open.* A ver si consigo abrir esta ventana. • **let's see what/where** (*oral*) veamos qué/a dónde: *Let's see where this path leads.* Veamos a dónde lleva este camino.

let·ter S1 W1 /ˈlɛtər/ *s* [C]
1 carta • **write a letter** escribir una carta • **write sb a letter** escribirle una carta a alguien • **by letter** por carta **2** letra: *the letter "A"* la letra "A" • **capital letters** mayúsculas
3 letra de tela que se usa en la chaqueta como premio por jugar en el equipo deportivo de un colegio o universidad ▶ CHAIN LETTER, COVER LETTER

to the letter al pie de la letra • **the letter of the law** la letra de la ley

'letter ˌbomb *s* [C] carta bomba

let·ter·head /ˈlɛtərˌhɛd/ *s* **1** [C] membrete **2** [U] papel con membrete, papel membretado

let·ter·ing /ˈlɛtərɪŋ/ *s* [U] caracteres, letras

let·tuce S3 /ˈlɛtɪs/ *s* [C,U] lechuga

let·up /ˈlɛtʌp/ *s* [sing, U] interrupción, pausa ▶ LET up

leu·ke·mi·a /luˈkimiə/ *s* [U] leucemia

lev·ee /ˈlɛvi/ *s* [C] dique

lev·el[1] S1 W1 /'lɛvəl/ s [C]

> 1 cantidad
> 2 en relación con algo
> 3 en un edificio
> 4 terreno llano
> 5 de habilidad, destreza
> 6 en una jerarquía
> 7 forma de interpretar
> 8 herramienta

1 CANTIDAD nivel • **record levels** niveles récord: *Temperatures rose to record levels.* Las temperaturas ascendieron a niveles récord.
2 EN RELACIÓN CON ALGO altura, nivel: *Hold your arms out at shoulder level.* Extienda los brazos a la altura de los hombros. • **be on a level with sth** estar al mismo nivel que algo • **the water/oil level** el nivel del agua/aceite ▶ SEA LEVEL
3 EN UN EDIFICIO piso, nivel: *We parked on level 2.* Parqueamos en el nivel 2.
4 TERRENO LLANO the level el nivel del suelo
5 DE HABILIDAD, DESTREZA nivel • **at a level** a/en un nivel
6 EN UNA JERARQUÍA nivel • **at local/national level** en el nivel local/nacional
7 FORMA DE INTERPRETAR nivel: *The book works on many different levels.* El libro se mueve en muchos niveles diferentes.
8 HERRAMIENTA nivel ▶ HIGH-LEVEL, LOW-LEVEL
EXPRESIONES
be on the level (*coloq*) ser de confiar (persona), ser serio -a (negocio)

level[2] *adj* **1** nivelado -a, derecho -a • **a level spoonful** una cucharada rasa **2** [nunca ante s] • **be level with sth** estar a la (misma) altura de algo: *His face was level with hers.* Su cara estaba a la altura de la de ella. **3** [nunca ante s] (ni adelantado ni rezagado) *The two cars were level.* Los dos carros iban a la par. • [+with]: *We stayed level with each other.* Nos mantuvimos al mismo nivel. **4** sereno -a, desapasionado -a • **keep a level head** no perder la cabeza
EXPRESIONES
do your level best hacer todo lo posible • **compete on a level playing field** competir en igualdad de condiciones

level[3] S3 *v*
1 [T] arrasar, reducir a escombros: *The city was leveled by an earthquake.* La ciudad fue arrasada por un terremoto.
2 [T] nivelar, alisar
3 (gralm en pasiva) (*frml*) **level a criticism/accusation at sb** dirigir una crítica a alguien/hacer una acusación en contra de alguien
level sth at sth *v+partíc* apuntar a algo con algo
level off/out *v+partíc* **1 level off/out** nivelarse **2 level off/out** estabilizarse **3 level sth ↔ off/out** nivelar algo, alisar algo
level with sb *v+partíc* ser sincero -a con alguien

level-'headed *adj* sensato -a, equilibrado -a

lev·er[1] /'lɛvɚ, 'li-/ s [C] **1** (para accionar una máquina) palanca **2** (para levantar algo) palanca **3** elemento de presión

lever[2] *v* [T] mover/sacar/abrir algo haciendo palanca

lev·er·age /'lɛvərɪdʒ, 'li-/ s [U] **1** influencia **2** fuerza lograda haciendo palanca **3** apalancamiento (financiero)

lev·i·tate /'lɛvə,teɪt/ *v* **(a)** [I] levitar **(b)** [T] (*raro*) hacer levitar

lev·i·ta·tion /,lɛvə'teɪʃən/ s [C,U] levitación

lev·i·ty /'lɛvəti/ s [U] (*frml*) ligereza, frivolidad

lev·y[1] /'lɛvi/ *v* [T] (**levies, levied**) aplicar (una multa, un impuesto)

levy[2] s [C] (pl **levies**) impuesto, gravamen • [+on]: *a levy on agricultural imports* un gravamen a las importaciones agrícolas

lewd /lud/ *adj* lascivo -a

lex·i·cal /'lɛksɪkəl/ *adj* (*técn*) léxico -a

lex·i·cog·ra·phy /,lɛksɪ'kɑgrəfi/ s [U] lexicografía

lex·i·con /'lɛksɪ,kɑn/ s [C] **1** (conjunto de palabras) léxico, vocabulario **2** (libro) léxico

li·a·bil·i·ty /,laɪə'bɪləti/ s (pl **liabilities**) **1** [U] responsabilidad • **accept/admit liability (for sth)** admitir la responsabilidad/que se es responsable (de/por algo) **2 liabilities** [pl] pasivo ▶ ASSET **3** [sing] estorbo, problema ▶ ASSET **4** [U] obligación de pagar impuestos • **tax liability** carga fiscal

li·a·ble /'laɪəbəl/ *adj* [nunca ante s] **1** responsable • [+for]: *The firm is liable for any damage caused.* La firma debe responder de cualquier daño que se haya ocasionado. • **hold sb liable for sth** responsabilizar a alguien de algo, considerar a alguien responsable de algo **2 be liable to sth** estar sujeto -a a (pagar) algo (un impuesto, una multa) • **liable for sth** *You could be liable for income tax.* Es posible que tengas que pagar el impuesto sobre la renta. **3** gravable **4 be liable to do sth** *She's liable to start crying if you mention her ex-boyfriend.* Si mencionas a su ex novio, es muy probable que se eche a llorar. **5 be liable to sth** ser propenso -a a algo

li·aise /li'eɪz/ *v* [I] (*frml*) **1** trabajar en colaboración • **liaise with sb/sth** trabajar en colaboración con alguien/algo **2** hacer de enlace • **liaise between sb/sth** hacer de enlace entre alguien/algo

li·ai·son /li'eɪ,zɑn/ s **1** [U] enlace, contacto • [+between]: *There has been close liaison between the army and the police.* Ha habido un estrecho contacto entre el ejército y la policía. **2** [C] (*antic*) aventura, affaire SIN **affair**

li·ar /'laɪɚ/ s [C] mentiroso -a

li·bel[1] /'laɪbəl/ s **1** [U] calumnia(s), difamación ▶ SLANDER • **libel action** demanda por difamación • **libel laws** legislación en materia de calumnias, injurias, etc. **2** [C] libelo

libel[2] *v* [T] difamar, calumniar (por escrito, en un periódico, etc.)

lib·er·al[1] W3 /'lɪbrəl, -bərəl/ *adj*

> 1 de mente abierta
> 2 sistema político, económico
> 3 partido político
> 4 porciones
> 5 persona
> 6 no exacto

1 DE MENTE ABIERTA tolerante, liberal: *a very liberal approach toward drugs* un abordaje muy tolerante respecto del tema de las drogas
2 SISTEMA POLÍTICO, ECONÓMICO liberal: *a liberal democracy* una democracia liberal ▶ CONSERVATIVE
3 PARTIDO POLÍTICO Liberal del Partido Liberal, liberal
4 PORCIONES generoso -a: *liberal quantities of alcohol* cantidades generosas de alcohol
5 PERSONA be liberal with sth ser generoso -a/pródigo -a con algo: *You're very liberal with your criticism.* Se te va la mano con tus críticas.
6 NO EXACTO a liberal interpretation una interpretación libre

liberal[2] s [C] **1** (con mente abierta) liberal **2** (en economía, política) liberal ▶ CONSERVATIVE **3 Liberal** liberal, miembro del Partido Liberal

liberal 'arts s [pl] humanidades

lib·er·al·is·m /'lɪbrə,lɪzəm/ s [U] liberalismo ▶ CONSERVATISM

lib·er·al·i·za·tion /,lɪbrələ'zeɪʃən/ s [U] liberalización

lib·er·al·ize /'lɪbrə,laɪz/ *v* [T] liberalizar

lib·er·al·ly /'lɪbrəli/ *adv* **1** generosamente, abundantemente **2** libremente

lib·er·ate /'lɪbə,reɪt/ *v* [T] **1** (del dominio) liberar (un país, etc.), poner en libertad (un prisionero, un rehén) •

liberate sth/sb from sth/sb liberar algo/a alguien de algo/alguien SIN **free** **2** (de una situación negativa) liberar • **liberate sb from sth** liberar a alguien de algo: *New technology helped to liberate women from housework.* La nueva tecnología ayudó a liberar a las mujeres del trabajo doméstico. SIN **free**

lib·er·at·ed /'lɪbəˌreɪtɪd/ *adj* liberado -a: *a liberated woman* una mujer liberada

lib·er·at·ing /'lɪbəˌreɪtɪŋ/ *adj* liberador -a

lib·er·a·tion /ˌlɪbə'reɪʃən/ *s* [U] **1** liberación, puesta en libertad **2** liberación: *women's liberation* la liberación femenina

lib·er·a·tor /'lɪbəˌreɪtə/ *s* [C] libertador -a

Li·be·ri·a /laɪ'bɪriə/ Liberia

Li·be·ri·an /laɪ'bɪriən/ *s* [C], *adj* liberiano -a

lib·er·ty /'lɪbəti/ *s* (pl **liberties**) **1** [U] libertad **2** [C gralm pl] (derecho legal) libertad **3** [U] (no en la cárcel) libertad • **give sb their liberty** poner a alguien en libertad • **at liberty** (*frml*) en libertad **4** [C] atrevimiento ▶ **CIVIL LIBERTY**

EXPRESIONES
be at liberty to do sth (*frml*) tener la libertad de hacer algo: *I am not at liberty to reveal my source.* No puedo revelar mi fuente. • **take liberties with sth** tomarse (demasiadas) libertades con algo • **take liberties with sb** (*antic*) propasarse con alguien • **take the liberty of doing sth** tomarse la libertad de hacer algo

li·bi·do /lɪ'bidoʊ/ *s* [C,U] (pl **libidos**) (*técn*) libido

Li·bra /'librə/ *s* **1** [U] (signo) Libra **2** [C] (tb **Libran**) persona de Libra: *Steve's a Libra.* Steve es (de) Libra.

li·brar·i·an /laɪ'brɛriən/ *s* [C] bibliotecario -a

li·brar·y S2 W2 /'laɪˌbrɛri/ *s* [C] (pl **libraries**) **1** biblioteca: *a public library* una biblioteca pública • **library book** libro de biblioteca **2** (colección) discoteca (de discos), biblioteca (de libros), filmoteca (de películas) **3** (habitación) biblioteca

Lib·y·a /'lɪbiə/ Libia

Lib·y·an /'lɪbiən/ *s* [C], *adj* libio -a

lice /laɪs/ pl de **LOUSE**

li·cense¹ S2 /'laɪsəns/ *s* **1** [C] permiso, licencia: *a driver's license* una licencia de conducir/manejo • **lose your license** perder la licencia **2** [C,U] (en la actividad comercial) licencia • **under license** bajo licencia: *a Japanese car built under license in the US* un carro japonés fabricado bajo licencia en EU **3** [U] libertad(es) • **license to do sth** libertad para hacer algo ▶ **LICENSE PLATE**

license² *v* [T gralm en pasiva] autorizar (la venta de) • **be licensed to do sth** estar autorizado -a a/para hacer algo, tener permiso/licencia para hacer algo • **license sth to sb** ceder/conceder algo bajo licencia a alguien, concederle a alguien licencia sobre algo

li·censed /'laɪsənst/ *adj* **1** autorizado -a **2** con permiso/licencia (arma)

li·cen·see /ˌlaɪsən'si/ *s* [C] licenciatario -a, titular de un permiso

'license plate *s* [C] placa (de matrícula) (de un vehículo)

li·chen /'laɪkən/ *s* [C,U] liquen ▶ **MOSS**

lick¹ S3 /lɪk/ *v* [T] **1** lamer **2** (*coloq*) darle una paliza a, darle una muenda a (un equipo, un rival) **3** (*coloq*) resolver (un problema) • **have (got) sth licked** tener algo bajo control

EXPRESIONES
lick your lips (*coloq*) **(a)** relamerse **(b)** humedecerse los labios • **lick his/her boots** (*peyor*) hacerle la barba a él/ella, lambonear a él/ella • **lick your wounds** lamerse las heridas

lick² *s* **1** [C gralm sing] lamida: *Can I have a lick of your ice cream?* ¿Puedo probar tu helado? **2** [C] (*coloq*) solo (de guitarra)

EXPRESIONES
a lick of paint una mano de pintura • **not a lick of sth** (*antic*) ni el más mínimo algo, ni pizca de algo

lick·ing /'lɪkɪŋ/ *s* [sing] (*coloq*) paliza, muenda • **get/take a licking** recibir una paliza

lic·o·rice /'lɪkərɪʃ/ *s* [U] **1** caramelo de regaliz/oruzuz **2** regaliz, oruzuz

lid S3 /lɪd/ *s* **1** [C] tapa **2** [C gralm pl] párpado

EXPRESIONES
keep a lid on sth mantener algo bajo control

lie¹ S2 W1 /laɪ/ *v* (**lies**, **lay** /leɪ/, **lain** /leɪn/, **lying**)

1 estar en posición horizontal
2 ponerse en posición horizontal
3 objeto
4 existir
5 lugar
6 en un estado

1 ESTAR EN POSICIÓN HORIZONTAL [I + adv/prep] estar acostado -a/tendido -a/tirado -a • **lie on sth** estar acostado -a/tendido -a/tirado -a en algo: *He was lying on the bed.* Estaba acostado en la cama. • **lie in bed** quedarse en la cama • **lie awake** estar/quedarse despierto -a (en la cama) • **lie still** quedarse quieto -a • **lie dead** estar/yacer muerto -a

2 PONERSE EN POSICIÓN HORIZONTAL [I siempre + adv/prep] acostarse, tenderse • **lie on sth** acostarse/ tenderse en algo • **lie back** recostarse: *She lay back against the pillows.* Se recostó en las almohadas. SIN **lie down**

3 OBJETO [I siempre + adv/prep] estar: *Snow lay on the ground.* Había nieve en el suelo. ▶ **LAY**

4 EXISTIR [I siempre + adv/prep] **lie in/with sth** hallarse en algo, radicar en algo: *The solution to the problem lies in these theories.* La solución a estos problemas se halla en estas teorías. • **lie at the heart/root of sth** hallarse en la raíz de algo ▶ **LIE WITH**

5 LUGAR [I siempre + adv/prep] estar (situado -a)

6 EN UN ESTADO [I, v copul] estar, permanecer: *A notebook lay open on the desk.* Sobre el escritorio, había un cuaderno abierto. ▶ **let SLEEPing dogs lie**

EXPRESIONES
how the land lies *I want to see how the land lies before I decide whether or not to take the job.* Quiero tantear el terreno antes de aceptar o rechazar el trabajo. • **lie in state** (*frml*) ser colocado en una capilla ardiente para recibir honores • **lie in wait for sb/sth (a)** estar al acecho de alguien/algo **(b)** acechar a alguien/algo • **lie low** tratar de pasar inadvertido -a

lie around *v+partíc* **1 lie around** estar tirado -a • **leave sth lying around** dejar algo tirado -a, dejar algo botado -a **2 lie around sth** estar tirado -a por algo **3 lie around** estar sin hacer nada, pasársela tirado -a **4 lie around sth** *He'd been lying around the house all day.* Se la había pasado todo el día en casa tirado.

lie behind sth *v+partíc Two basic assumptions lay behind the policy.* Había dos supuestos básicos detrás de la política.

lie down *v+partíc* **1** acostarse, tenderse, tirarse **2 lie down on the job** haraganear, holgazanear, flojear **3 not take sth lying down** (*coloq*) no permitir algo

lie with sb *v+partíc* radicar en alguien • **blame/ responsibility lies with sb** la culpa/la responsabilidad radica en alguien

lie² S1 *v* (**lies**, **lied**, **lying**) **1** [I] (no decir la verdad) mentir • **lie to sb** mentirle a alguien: *I would never lie to you.* Jamás te mentiría. • **lie about sth** mentir acerca de algo: *She lied about her age.* Mintió acerca de su edad. • **lie through your teeth** mentir descaradamente **2** [I nunca en forma continua] (conducir a error) mentir

lie³ W3 *s* [C] mentira: *That's a lie!* ¡Eso es mentira! • **tell a lie** decir una mentira, mentir • [+**about**]: *lies about his past* mentiras acerca de su pasado • **a pack of lies** una sarta de mentiras ▶ WHITE LIE

EXPRESIONES
give the lie to sth (*frml*) desmentir algo

Liech·ten·stein /ˈlɪktənˌʃtaɪn, -ˌstaɪn/ Liechtenstein

Liech·ten·stein·er /ˈlɪktənˌʃtaɪnɚ, -ˌstaɪnɚ/ *s* [C] liechtenstiano -a

'lie de,tector *s* [C] detector de mentiras, polígrafo SIN **polygraph** • **lie detector test** prueba del polígrafo

lieu /lu/ *s* **in lieu of sth** (*frml*) en lugar de algo

lieu·ten·ant /luˈtɛnənt/ *s* [C] (abrev escrita **Lt.**) **1** (en las fuerzas armadas) teniente **2** oficial de cargo alto en la policía estadounidense

life S1 W1 /laɪf/ *s* (pl **lives** /laɪvz/)

1 periodo de estar vivo
2 estado
3 seres vivos
4 forma de vivir
5 experiencias
6 emoción, interés
7 condena a prisión
8 energía
9 en pintura

1 PERIODO DE ESTAR VIVO [C,U] vida • **a long/short life** una vida larga/corta • **all your life** toda la vida • **of your life** de tu/su vida: *the most exciting day of my life* el día más emocionante de mi vida • **in your life** (tb **in your whole life, in all your life**) en su vida: *I've never been happier in my whole life.* Nunca he sido tan feliz. • **spend your life** pasar su/la vida: *They spend their lives caring for others.* Se pasan la vida cuidando a otros. • **for life** de por vida: *The accident left him disabled for life.* El accidente lo dejó lisiado de por vida. • **in later life** *He started painting in later life.* Empezó a pintar cuando era mayor. • **late in life** *She married late in life.* Se casó cuando era mayor. • **working life** vida activa/laboral • **married life** vida de casado -a

2 ESTADO [C,U] vida: *Our lives were at risk.* Nuestras vidas estaban en peligro. • **save his/her life** salvarle la vida (a él/ella): *A seatbelt could save your life.* El cinturón de seguridad podría salvarte la vida. • **risk your life** arriesgar la vida: *Two firefighters risked their lives to save the children.* Dos bomberos arriesgaron la vida para salvar a los niños. • **lose your life** perder la vida: *Thousands of people lost their lives in the earthquake.* Miles de personas perdieron la vida en el terremoto. • **loss of life** *Failure to follow safety rules could result in needless loss of life.* La falta de cumplimiento de las normas de seguridad podría provocar la pérdida innecesaria de vidas. • **take your own life** quitarse la vida • **take your life in your hands** (tb **take your life in your own hands**) jugarse la vida: *You take your life in your hands when you cross this street.* Cuando cruzas esta calle, te juegas la vida. • **cost lives** provocar muertes, cobrarse vidas: *Lack of care can easily cost lives.* La falta de cuidado puede fácilmente provocar muertes. • **be fighting for your life** estar luchando por su vida • **come to life** cobrar vida • **be in fear of your life** temer por su propia vida

3 SERES VIVOS [U] vida: *Is there life on other planets?* ¿Hay vida en otros planetas? • **animal/plant life** vida animal/vegetal

4 FORMA DE VIVIR [U] vida: *Life in New York is exciting.* La vida en Nueva York es emocionante. • **city/village life** la vida en la ciudad/un pueblo • **married life** la vida de casado -a • **a way of life** un estilo de vida: *the American way of life* el estilo de vida estadounidense

5 EXPERIENCIAS [C gralm sing] vida • **lead/have a... life** llevar/tener una vida ...: *He'll lead a normal life after the operation.* Después de la operación, va a llevar una vida normal. • **a life of luxury/poverty** una vida de lujos/pobreza • **live life to the full** vivir la vida al máximo • **a hard life** una vida difícil • **the pace of life** el ritmo de vida • **quality of life** la calidad de vida • **change sb's life** cambiarle la vida a alguien: *Having children changes your life.* Tener niños te cambia la vida.

6 EMOCIÓN, INTERÉS [U] vida • **come to life** animarse

7 CONDENA A PRISIÓN [U] cadena perpetua • **be sentenced to life** ser condenado -a a cadena perpetua SIN **life imprisonment**

8 ENERGÍA [U] vida, vitalidad • **full of life** lleno -a de vida, vital

9 EN PINTURA [U] **draw/paint from life** dibujar/pintar del natural • **life class** clase de pintura/dibujo del natural • **life drawing** dibujo del natural ▶ **lead a CHARMED life, hold on/cling on for DEAR life, a DOG's life, as LARGE as life, larger than life** (LARGE), **give sb a new LEASE on life, LIFE SENTENCE, REAL-LIFE, TIME of life, have the TIME of your life, WALK OF LIFE**

EXPRESIONES
I can't/couldn't do sth to save my life (*oral*) no puedo/podría hacer algo ni aunque me maten/matasen • **frighten/scare the life out of sb** (*coloq, oral*) matar a alguien del susto • **get a life!** (*coloq, oral*) ¡cómprate una vida! • **how's life?** (*coloq, oral*) ¿quiubo?, ¿cómo te va? • **life after death** la vida después de la muerte • **life goes on** (*oral*) la vida sigue • **life begins at forty** (*hum*) la vida comienza a los cuarenta • **life's too short** (*oral*) la vida es demasiado corta • **the life of the party** el alma de la fiesta • **make life difficult/easier** complicarse la vida/facilitarse las cosas • **be a matter of life and death** ser una cuestión de vida o muerte • **not for the life of me** (*coloq, oral*) por nada del mundo • **not on your life!** (*coloq, oral*) ¡ni loco -a! • **real life** la vida real • **in real life** en la vida real ▶ **REAL-LIFE** • **that's life** (tb **such is life**) (*oral*) así es la vida • **this is the life!** (*oral*) ¡esto es vida! • **the woman/man in your life** su pareja

⚠ Se dice **way of life**, pero **standard of living** y **cost of living**:
I really like the Californian way of life (✗ *way of living*).
Over the past few years the standard of living (✗ *level of life*) *has improved.*

'life belt *s* [C] salvavidas, flotador

life·boat /ˈlaɪfboʊt/ *s* [C] **1** bote salvavidas **2** lancha de salvamento

'life ,buoy *s* [C] salvavidas (en forma de aro)

'life coach *s* [C] asesor -a personal, coach personal

'life ,cycle *s* [C] ciclo vital

,life ex'pectancy *s* [C] expectativa de vida

life·guard /ˈlaɪfɡɑrd/ *s* [C] salvavidas, guardavidas

'life in,surance *s* [U] seguro de vida

'life ,jacket *s* [C] chaleco salvavidas SIN **life vest**

life·less /ˈlaɪflɪs/ *adj* **1** (*liter*) inerte, sin vida **2** anodino -a, sin vida

life·like /ˈlaɪflaɪk/ *adj* real, verosímil

life·line /ˈlaɪflaɪn/ *s* [C] **1** recurso indispensable **2** cuerda de salvamento

life·long /ˈlaɪflɔŋ/ *adj* [gralm ante s] de toda la vida

life·sav·er /ˈlaɪfˌseɪvɚ/ *s* [C] **1** salvación **2** salvavidas, guardavidas

life-saving¹, life·sav·ing /ˈlaɪfˌseɪvɪŋ/ *adj* [solo ante s] que salva vidas

life-saving², lifesaving *s* [U] socorrismo, salvavidas: *a course in life-saving* un curso de socorrismo

,life 'sentence *s* [C] cadena perpetua

'life-size (tb **'life-sized**) *adj* [gralm ante s] de tamaño natural

life·span /ˈlaɪfspæn/ *s* [C] **1** vida: *Men have a shorter lifespan than women.* Los hombres viven menos que las mujeres. • **have a lifespan of 50/80 years** *Killer whales have a lifespan of about 50 years.* Las ballenas asesinas viven aproximadamente 50 años. ▶ LIFETIME **2** vida útil • **have a lifespan of 5/10 years** tener una vida útil de 5/10 años ▶ LIFETIME

life·style /ˈlaɪfstaɪl/ *s* [C] estilo de vida

'life sup,port s [U] mantenimiento artificial (de la vida) • **on life support** en tratamiento de mantenimiento artificial (de la vida)

'life sup,port ,system (tb **'life sup,port ma,chine**) s [C] (tb **life support machine**) sistema de mantenimiento artificial (de la vida)

'life-,threatening adj que pone en riesgo la vida

life·time W3 /'laɪftaɪm/ s [C gralm sing]
1 vida: *I don't think it will happen in my lifetime.* No creo que yo lo vea. • **the chance of a lifetime** la oportunidad de mi/su vida • **the trip/experience of a lifetime** el viaje/la experiencia de mi/su vida • **once in a lifetime** una vez en la vida
2 vida útil ▸ LIFESPAN

'life vest s [C] chaleco salvavidas SIN **life jacket**

lift¹ S2 W2 /lɪft/ v

1	un objeto
2	la mano, la pierna
3	la cabeza, los ojos
4	una veda, un embargo
5	niebla
6	un texto, una idea
7	robar
8	alegrar

1 UN OBJETO (a) [T] levantar, alzar: *We lifted the boxes into the car.* Subimos las cajas al carro. • **lift sth off** *The wind lifted the roof right off.* El viento arrancó el techo. SIN **lift up (b)** [I] levantarse • **lift into the air/sky** elevarse por el aire
2 LA MANO, LA PIERNA (a) [T] levantar: *Lift your right leg eight times.* Levanten la pierna derecha ocho veces. **(b)** [I] levantarse
3 LA CABEZA, LOS OJOS [T] levantar: *She lifted her head and looked around.* Levantó la cabeza y miró a su alrededor.
4 UNA VEDA, UN EMBARGO [T] levantar: *The government has lifted the ban on imports.* El gobierno ha levantado la prohibición de las importaciones.
5 NIEBLA [I] disiparse: *The mist began to lift.* La niebla empezó a disiparse.
6 UN TEXTO, UNA IDEA be lifted from sth ser plagiado -a de algo: *The words were lifted from a student's thesis.* Las palabras fueron plagiadas de la tesis de un estudiante.
7 ROBAR [T] (*coloq*) robar
8 ALEGRAR [T] animar • **lift his/her spirits** levantarle el ánimo
EXPRESIONES
lift the lid on sth destapar algo • **like a weight/load has been lifted from your shoulders** (tb **as if a weight/load has been lifted from your shoulders, as though a weight/load has been lifted from your shoulders**) como si me hubieran quitado un peso de encima • **not lift a finger** (*coloq*) no mover un dedo
lift off v+partíc despegar (avión, nave) ▸ TAKE OFF
lift up v+partíc **1 lift sth ↔ up** levantar algo **2 lift up** levantarse

¿lift o raise?
Ambos verbos significan "levantar":
lift se usa especialmente con cosas pesadas: *Can you help me lift this box?*
raise normalmente implica que algo se levanta para volverlo a bajar después: *"Cheers!" said Larry, raising his glass.*

lift² s **1** [C gralm sing] aventón: *Do you want a lift?* ¿Quieres que te dé un aventón? • **give sb a lift** darle (un) aventón a alguien (en carro, moto, etc.): *I'll give you a lift to the airport.* Te daré un aventón al aeropuerto. **2** [C] montacargas **3 give sb a lift** levantarle el ánimo a alguien **4 give sth a lift** darle impulso a algo, impulsar algo

'lift-off s [U] despegue • **we have lift-off** hemos completado el despegue ▸ TAKE-OFF

lig·a·ment /'lɪɡəmənt/ s [C] ligamento

light¹ S1 W1 /laɪt/ s

1	del sol, una lámpara
2	artefacto
3	para el tráfico
4	de un carro
5	para un cigarrillo
6	en los ojos

1 DEL SOL, UNA LÁMPARA [sing, U] luz • **light shines** la luz brilla • **by the light of the moon/the fire** a la luz de la luna/del fuego • **in the light** a la luz • **be in sb's light** hacerle sombra a alguien, taparle la luz a alguien
2 ARTEFACTO [C] luz: *the lights of the city at night* las luces de la ciudad de noche • **turn/switch/put a light on** encender la luz • **turn/switch/put a light off** (tb **turn/put a light out, shut a light off**) apagar la luz • **a light goes out** se apaga una luz: *Suddenly all the lights in the house went out.* De pronto, se apagaron todas las luces de la casa. • **a light comes/goes on** se enciende una luz: *The lights came on again a few minutes later.* Las luces volvieron a encenderse unos minutos después. • **a light is off/out** una luz está apagada: *All the lights in the office were off.* Todas las luces de la oficina estaban apagadas. • **a light is on** una luz está encendida: *Her bedroom light was still on.* La luz de su cuarto todavía estaba encendida. • **dim the lights** (tb **turn the lights down**) bajar las luces • **flashing light** luz intermitente • **a warning light** una señal luminosa
3 PARA EL TRÁFICO [C gralm pl] semáforo • **run a red light** pasar en rojo, cruzar en rojo • **the light turns red/green/ yellow** el semáforo se pone rojo/verde/ amarillo
4 DE UN CARRO [C gralm pl] luz: *You've left your lights on.* Dejaste las luces encendidas.
5 PARA UN CIGARRILLO [sing] fuego: *Do you have a light?* ¿Tienes fuego?
6 EN LOS OJOS [sing] (*liter*) brillo SIN **gleam** ▸ BRIGHT lights, GREEN LIGHT, be all SWEETNESS and light
EXPRESIONES
bring sth to light (tb **bring to light sth**) sacar algo a la luz • **come to light** salir a la luz • **go out like a light** (*coloq*) dormirse al instante • **in a new/different light** con otros ojos: *This incident will show the company in a very bad light.* Este incidente mostrará una muy mala imagen de la compañía. • **a leading light in sth** (*coloq*) una figura destacada en algo • **in (the) light of sth** a la luz de algo, en vista de algo • **see light at the end of the tunnel** ver la salida, empezar a ver el fin de sus problemas • **light dawned on sb** *I noticed the ring on her finger and light dawned on me.* Vi que llevaba un anillo en el dedo y de pronto comprendí. • **the light of my/her life** la niña de mis/sus ojos • **my/her name in lights** (*coloq*) *She wanted to see her name in lights.* Quería ver su nombre en los espectaculares. • **punch sb's lights out** (*coloq*) darle un puñetazo a alguien • **see the light (a)** (*frec hum*) abrir los ojos **(b)** (*coloq*) ver la luz • **see the light of day** [gralm en negat] **(a)** ver la luz del día **(b)** salir a la luz • **shed/throw/cast light on sth** arrojar luz sobre algo

light² S1 W2 adj

1	color
2	mañanas, noches
3	habitación
4	persona, objeto, animal
5	ropa
6	poco abundante
7	con poca fuerza
8	fácil de digerir
9	no serio
10	sueño

1 COLOR [gralm ante s] claro -a • **light blue/brown** celeste/café claro SIN **pale** ANT **dark, deep**
2 MAÑANAS, NOCHES *The evenings are getting lighter and summer will soon be here.* Los días se están alargando y pronto llegará el verano. • **it is light** *We'll keep on searching while it's still light.* Seguiremos buscando

mientras sea de día. • **it gets light** amanece, se hace de día: *It was just starting to get light.* Apenas empezaba a amanecer. [ANT] **dark**

3 HABITACIÓN [gralm no ante s] luminoso -a [SIN] **bright** [ANT] **dark**

4 PERSONA, OBJETO, ANIMAL liviano -a, ligero -a: *light, comfortable shoes* zapatos ligeros y cómodos • **as light as a feather** (tb **as light as air**) ligero -a/liviano -a como una pluma [ANT] **heavy**

5 ROPA liviano -a: *a light summer coat* un abrigo ligero de verano [ANT] **heavy**

6 POCO ABUNDANTE liviano -a, ligero -a (comida): *light rain* llovizna • **a light meal/lunch** un almuerzo ligero [ANT] **heavy**

7 CON POCA FUERZA [gralm ante s] suave: *a light tap on the shoulder* un golpecito en el hombro

8 FÁCIL DE DIGERIR liviano -a, ligero -a: *a light dessert* un postre ligero [ANT] **heavy**

9 NO SERIO ligero -a: *light entertainment* entretenimiento ligero • **light reading** lecturas para pasar el rato • **on a lighter note** (tb **in a lighter vein**) pasando a algo/un tema menos serio

10 SUEÑO [gralm ante s] ligero -a, liviano -a [ANT] **deep** ▶ **LIGHT-HEADED**

EXPRESIONES
be light on your feet ser ágil • **make light of sth** tomarse algo a broma • **make light work of sth** hacer algo rápidamente

light³ [S2] [W2] *v* (**lit** /lɪt/ o **lighted**)
1 (a) [T] prender, encender: *They lit a candle.* Encendieron una vela. **(b)** [I] prender(se), encender(se): *The match won't light.* El fósforo no prende.
2 [T gralm en pasiva] iluminar: *The room was lit by one large, central light.* Una luz central grande iluminaba la habitación. • **well lit** bien iluminado -a: *a well-lit room* una habitación bien iluminada [SIN] **illuminate** ▶ **LIGHTEN**

EXPRESIONES
light a fire under sb hacer trabajar duro a alguien
light up *v+partíc* **1 light sth ↔ up** [gralm en pasiva] iluminar algo **2 light up** iluminarse **3 light up sth** iluminar algo **4 light up** iluminarse **5 light up** (*coloq*) encender un cigarrillo **6 light up sth** animar algo, alegrar algo • **light up my/his life** alegrarme/alegrarle la vida

light⁴ *adv* ▶ **TRAVEL light**

light bulb *s* [C] bombillo, foco (de luz)

light·ed /'laɪtɪd/ *adj* [solo ante s] encendido -a, prendido -a

light·en /'laɪt⌐n/ *v* **1** [T] (reducir la carga) aligerar, hacer más liviano -a **2 (a)** [T] aclarar [ANT] **darken (b)** [I] aclararse [ANT] **darken 3** [T] (reducir el peso) aligerar, hacer más liviano -a **4 (a)** [T] alegrar **(b)** [I] alegrarse, mejorar
lighten up *v+partíc* relajarse

light·er /'laɪtɚ/ *s* [C] encendedor

light-'headed *adj* [nunca ante s] mareado -a [SIN] **dizzy**

light-'hearted *adj* **1** alegre, desenfadado -a **2** alegre, despreocupado -a

light·house /'laɪthaʊs/ *s* [C] faro

light 'industry *s* [C,U] industria liviana, industria ligera

light·ing /'laɪtɪŋ/ *s* [U] **1** iluminación: *street lighting* alumbrado de la vía pública **2** luz

light·ly /'laɪtli/ *adv* **1** (con poca fuerza) suavemente [SIN] **gently 2** (con poca cantidad) ligeramente **3 take/treat sth lightly** tomarse algo a la ligera **4** (levemente) ligeramente **5** *I always sleep very lightly.* Tengo el sueño muy ligero.

EXPRESIONES
get off lightly salir bien librado -a, recibir un castigo benévolo

light·ness /'laɪt⌐nɪs/ *s* [U] **1** ligereza [ANT] **heaviness 2 the lightness of sth** la claridad de algo [ANT] **darkness**

3 (al moverse) gracilidad, ligereza **4** luminosidad [ANT] **darkness 5** (de la voz) suavidad ▶ **LIGHT**

light·ning¹ /'laɪt⌐nɪŋ/ *s* [U] relámpagos: *thunder and lightning* truenos y relámpagos • **a flash of lightning** un relámpago • **a bolt of lightning** un rayo • **be struck by lightning** ser fulminado -a por un rayo: *His car was struck by lightning.* A su carro le cayó un rayo.

EXPRESIONES
lightning never strikes (in the same place) twice *Lightning never strikes twice, so this time you'll be fine.* Es raro que esas cosas pasen más de una vez, así que esta vez vas a estar bien. • **like lightning** (rápido) como un rayo

lightning² *adj* [solo ante s] relámpago • **with lightning speed** con la velocidad del rayo

'lightning ,rod *s* [C] pararrayos

light·weight¹ /'laɪtweɪt/ *adj* **1** [solo ante s] (no pesado) liviano -a, ligero -a **2** [gralm ante s] (que no abriga) ligero -a **3** (*peyor*) superficial **4** [solo ante s] (en boxeo) ligero -a

lightweight² *s* [C] **1** (*peyor*) persona sin importancia o influencia: *a political lightweight* un político de poco peso **2** peso ligero

'light year *s* [C] **1** año luz **2 light years ahead of sb/sth** a años luz de alguien/algo

lik·a·ble, **likeable** /'laɪkəbəl/ *adj* agradable, simpático -a

like¹ [S1] [W1] /laɪk/ *prep*
1 (similar a) como: *round like a ball* redondo como una pelota • *I wish he was more like his sister.* Ojalá se pareciera más a su hermana. • **sound/taste/smell like sth** sonar como algo/saber a algo/oler como algo: *a flower that smells like oranges* una flor que tiene olor a naranja • *It tastes a little like chicken.* Tiene un poco de gusto a pollo. • **look like sth/sb** parecerse a algo/alguien, ser parecido -a a algo/alguien • **very like** (tb **very much like**) muy parecido -a a: *He's very like his father.* Es muy parecido a su padre. • **just like sth/sb** igualito -a a algo/alguien: *I have some shoes just like yours.* Tengo unos zapatos igualitos a los tuyos. • **nothing like sth/sb** *She looks nothing like her sister.* No se parece en nada a su hermana. • **anything like sth/sb** *Is this job anything like your previous one?* ¿Se parece en algo este trabajo al que tuviste antes? [SIN] **similar to** ▶ **ALIKE** [ANT] **different**
2 (del tipo de) como: *Avoid fatty foods like cakes.* Evite los alimentos grasos como los pasteles. • *A smart kid like you should know the answer.* Un niño listo como tú debería saber la respuesta. • **things like that** cosas de ese tipo
3 (al igual que) como: *He should stay at home like me.* Debería quedarse en casa como yo. • *Stop treating me like a child.* Deja de tratarme como a un niño. • **like this/that** (*oral*) así, de este/ese modo: *Hold the knife like this.* Agarra el cuchillo así. • **like so** (*oral*) así: *Fold the paper in half, like so.* Pliega el papel por la mitad, así.
4 (en comparaciones) como: *She sings like an angel.* Canta como un angel. • **seem like sth** parecer algo: *Every week seemed like a month.* Cada semana parecía un mes.
5 (característico de alguien) *That kind of rude behavior isn't like him.* Esa manera grosera de actuar no es habitual en él. • **it's not like sb to do sth** *It's not like Peter to be late.* Es raro que Peter llegue tarde. • **it's just like sb to do sth** *It's just like her to forget about the meeting!* ¡Qué típico de su parte olvidarse de la reunión!

EXPRESIONES
just like that (*coloq*) así como así • **like new** como nuevo • **more like sth** (*oral*) más como algo • **something like sth (a)** (en aproximaciones) aproximadamente algo: *It will take us something like three weeks.* Nos va a llevar aproximadamente tres semanas. [SIN] **about, roughly (b)** (en comparaciones) *The animal looks something like a camel.* El animal se parece un poco a un camello. • **that's more like it** (tb **this is more like it**) (*coloq, oral*) así está mejor • **there's nothing like sth** (tb **there's no place/time etc. like sth**) (*oral*) no hay nada como algo • **it**

seemed like a good idea (at the time) (*oral*) pareció una buena idea (en ese momento) • **what is sb/sth like?** (tb **what does sth look/sound like?**) ¿cómo es alguien/ algo?, ¿qué tal es alguien/algo?: *What's the new teacher like?* ¿Cómo es la nueva profesora? • *I've never been to France. What's it like?* No he ido nunca a Francia. ¿Qué tal es? • **what's it like doing/being sth?** (tb **what's it like to do/be sth?**) *What's it like living in Spain?* ¿Qué tal es la vida en España?

like² [S1] [W1] *v* [T gralm no en forma continua]

1 objetos, actividades
2 caer bien
3 expresando preferencias
4 expresando deseos
5 en peticiones, ofrecimientos
6 expresando reticencia
7 resultar atractivo

1 OBJETOS, ACTIVIDADES *I like your new jacket.* Me gusta tu chaqueta nueva. • **like doing sth** *We like going to museums.* Nos gusta visitar museos. • **like to do sth** *We like to watch TV in bed.* Nos gusta mirar tele en la cama. • **like sb doing sth** *I don't like you staying out after midnight.* No me gusta que salgas hasta pasada la medianoche. • **like sb to do sth** *They like their children to be involved in sports.* Les gusta que sus hijos practiquen deportes. • **like sth best** *I like the blue dress best.* El vestido azul es el que más me gusta. • **how do you like sth?** *How did you like the game?* ¿Qué te pareció el partido? • **how do you like doing sth** *How do you like living in London?* ¿Te gusta vivir en Londres? • **I like the way...** *I like the way everyone's opinions are listened to.* Me gusta que se escuchen las opiniones de todos. [ANT] **dislike**

2 CAER BIEN *You'll like my brother.* Mi hermano te va a caer bien.

3 EXPRESANDO PREFERENCIAS *How do you like your steak?* ¿Cómo quiere el steak? • *I like my coffee strong.* El café me gusta fuerte.

4 EXPRESANDO DESEOS querer • **whatever/wherever/ whoever you like** *Guests can eat whatever they like.* Los invitados pueden comer lo que quieran. • **anything you like** lo que quieras/quiera/quieran: *You can choose anything you like from the menu.* Puedes elegir lo que quieras del menú. • **as long/much/many as you like** *You can stay as long as you like.* Puedes quedarte el tiempo que quieras.

5 EN PETICIONES, OFRECIMIENTOS I would like quisiera: *I'd like a cheeseburger, please.* Quisiera una hamburguesa con queso, por favor. • *What would you like with your fish — rice or vegetables?* ¿Qué prefiere con el pescado, arroz o verduras? • **I would like to do sth** quisiera hacer algo: *I'd like to see her new movie.* Quisiera ver su nueva película. • **I would like sth done** *I'd like the report finished by tomorrow.* Quisiera que el informe esté listo para mañana. • **I would like it if** quisiera que: *She'd like it if we discussed this later.* Ella quisiera que discutiéramos esto después. • **would you/he like...?** (tb **how would you/he like...?**) *Would you like another beer?* ¿Quieres otra cerveza?

6 EXPRESANDO RETICENCIA not like to do sth (tb **not like doing sth**) no querer hacer algo: *I didn't like to disturb you while you were working.* No quería molestarte mientras trabajabas.

7 RESULTAR ATRACTIVO *I think she likes you.* Creo que le gustas.

how do you like that? (*oral*) ¡qué te parece! • **how would you like...?** (*oral*) ¿a que no te gustaría...? • **if you like** (*oral*) (tb **if you'd like**) si quieres • **like it or lump it** (*oral*): *Computers rule the world, and we can like it or lump it.* Los computadores dominan el mundo, y si no nos gusta, nos aguantamos. • **(whether you) like it or not** (*oral*) te guste o no

like³ [S1] [W3] *conj* (*informal spoken*)

1 como si: *He looked at me like I was crazy.* Me miró como si estuviera loco.

2 como: *We don't have fun like we used to.* Ya no nos divertimos como antes.

it's not like (*coloq, oral*): *Don't listen to him. It's not like he's an expert.* No le escuches. No es ningún experto. • **like I say/said** (*oral*) como digo/he dicho

like⁴ [S1] *adv* (*incorr, oral*)

1 (como muletilla) *The water was, like, really cold.* El agua estaba, este, muy fría.

2 (antes de un ejemplo) *She's horrible. Like, yesterday, she hit me.* Es mala. Ayer, por ejemplo, me pegó.

like⁵ *s*

and the like (tb **and such like** (*oral*)) y cosas por el estilo • **compare like with like** comparar cosas semejantes • **her/its like** (tb **the likes of her/it**) *He was a great player, and we'll never see his like again.* Era un gran jugador y no volveremos a ver otro igual. • **your/my likes and dislikes** lo que te/me gusta y lo que no te/me gusta, tus/mis preferencias • **the likes of him/her/us** (*oral*) **(a)** gente como él/ella/nosotros: *I'd never vote for the likes of him!* Nunca votaría por gente como él. **(b)** gente como él/ella/nosotros: *Those expensive restaurants aren't for the likes of us.* Esos restaurantes caros no son para gente como nosotros.

like·a·ble /'laɪkəbəl/ *adv* variante de **LIKABLE**

like·li·hood /'laɪkli,hʊd/ *s* [U] probabilidad(es), posibilidad(es) • [+**of**]: *Regular exercise reduces your likelihood of developing heart disease.* Hacer ejercicio con regularidad reduce la probabilidad de contraer enfermedaes cardiacas. • [+**(that)**]: *What is the likelihood that things will change?* ¿Qué probabilidad hay de que cambien las cosas? • **the likelihood is (that)** lo más probable es que: *The likelihood is that he will make a full recovery.* Lo más probable es que se recupere por completo. • **there's no likelihood (that)** (tb **there isn't any likelihood (that)**) no hay posibilidades/probabilidades de que [SIN] **probability**

in all likelihood *In all likelihood, he will win the race.* Lo más probable es que gane la carrera.

like·ly¹ [W1] /'laɪkli/ *adj* (**likelier**, **likeliest**)

1 probable • **he's likely to notice/turn up** es probable que se dé cuenta/que aparezca: *She's not likely to change her mind.* No es probable que cambie de idea. • **it is likely (that)** es probable que: *It's likely they'll refuse.* Es probable que no acepten. • **hardly likely** (no muy probable) *He's hardly likely to refuse a pay raise.* Es muy poco probable que rechace un aumento de sueldo.

2 [solo ante s] (prometedor) *He is considered a likely candidate for president.* Es considerado un candidato con posibilidades de llegar a la presidencia.

likely² [S3] *adv* probablemente • **most likely** lo más probable: *She's most likely retired now.* Lo más probable es que ya esté jubilada. • **more than likely** con seguridad, muy probablemente

like-'minded *adj* [gralm ante s] de igual parecer, con ideas/intereses afines

lik·en /'laɪkən/ *v*
liken sth/sb to sth/sb *v+partíc* (*frml*) comparar algo/a alguien con algo/alguien

like·ness /'laɪknɪs/ *s* **be a good likeness of sb** ser un buen retrato de alguien

like·wise /'laɪk-waɪz/ *adv* **1** (*frml*) de la misma manera • **do likewise** hacer lo mismo **2** (*oral*) lo mismo digo

lik·ing /'laɪkɪŋ/ *s* **a liking for sth** afición/gusto por algo

take a liking to sb/sth tomarle cariño a alguien/algo • **to your liking** (*frml*) de su agrado

li·lac¹ /'laɪlək, -læk/ *s* (pl **lilac**, **lilacs**) **1** [U] (color) lila **2** [C] (flor, árbol) lila

lilac² *adj* (color) lila

lilt /lɪlt/ *s* [sing] cadencia

lilt·ing /'lɪltɪŋ/ *adj* cadencioso -a

lil·y /'lɪli/ *s* [C] (pl **lilies**) lirio ▶ **GILD the lily**

,lily of the 'valley s [C] lirio de los valles, muguete

li·ma bean /'laɪmə ˌbin/ s [C] frijol lima, frijol de leche

limb /lɪm/ s [C] **1** extremidad: *an artificial limb* un brazo ortopédico/una pierna ortopédica **2** rama

EXPRESIONES
go out on a limb arriesgarse, correr el riesgo ▶ **RISK life and limb**, **TEAR sb limb from limb**

lim·bo /'lɪmbəʊ/ **1** [U] *the limbo of his eight years in jail* el impasse de sus ocho años en prisión • **be in limbo** estar a la expectativa, estar en ascuas **2** (baile) **the limbo** [sing] el limbo

lime /laɪm/ s **1** [C] (fruta) lima, limón (verde) **2** [C] (árbol) lima, limonero **3** [U] cal **4** [C] tilo **5** [U] (color) verde lima, verde limón

lime·light /'laɪmlaɪt/ s **the limelight** [sing] la atención de los medios • **be in the limelight** ser el centro de atención (de los medios de comunicación)

lim·er·ick /'lɪmərɪk/ s [C] poema humorístico de cinco líneas

lime·stone /'laɪmstəʊn/ s [U] (piedra) caliza

lim·it¹ S2 W2 /'lɪmɪt/ s [C]
1 (cantidad permitida) límite • [+**on**]: *They have strict limits on their spending money.* Tienen límites estrictos respecto del dinero para gastos personales. • **a speed limit** un límite de velocidad • **set/impose a limit** fijar un límite • **a legal limit** un límite permitido
2 (extensión posible) límite(s) • [+**to**]: *There is a limit to how much we can achieve.* Lo que podemos lograr tiene cierto límite. • **be stretched to the limit** ser/verse exigido -a al máximo
3 (de una zona) límite: *No one is allowed within a two-mile limit of the missile site.* Está prohibido traspasar el límite de dos millas alrededor del emplazamiento de los misiles. • **city limits** límites de la ciudad

EXPRESIONES
know your limits (*coloq*) conocer los propios límites • **off limits** **(a)** (sitio) *The northern end of the beach is off limits to the public.* Está prohibido el acceso al extremo norte de la playa. **(b)** (asunto, tema) *His private life is off limits to the press.* La prensa no tiene acceso a su vida privada. • **be over the limit** haber bebido demasiado (para conducir) • **within limits** dentro de ciertos límites

limit² S2 W1 v
1 [T] (fijar en un nivel) limitar • **limit sth to sth** limitar algo a algo: *They agreed to limit spending to $60 million.* Acordaron limitar el gasto a 60 millones de dólares.
2 [T] (capacidad, oportunidades) limitar
3 limit yourself to sth limitarse a algo: *I limit myself to two cups of coffee a day.* Me limito a dos tazas de café al día.

lim·i·ta·tion /ˌlɪmə'teɪʃən/ s **1** [C] limitación **2** [U] limitación, restricción

lim·it·ed /'lɪmɪtɪd/ adj **1** limitado -a **2 be limited to sth** estar limitado -a/circunscrito -a a algo, limitarse/circunscribirse a algo: *The problem is limited to the big cities.* El problema está circunscrito a las grandes ciudades. **3** rápido -a (tren), expreso -a, directo -a (bus, camión)

,limited 'company (tb **,limited lia'bility ,company**) s [C] sociedad de responsabilidad limitada

,limited e'dition s [C] edición limitada

lim·it·ing /'lɪmɪtɪŋ/ adj **1** restrictivo -a **2** (*coloq*) frustrante

lim·it·less /'lɪmɪtləs/ adj ilimitado -a

lim·o /'lɪməʊ/ s [C] (pl **limos**) *infrml* limusina

lim·ou·sine /'lɪməˌzin, ˌlɪmə'zin/ s [C] **1** limusina **2** en Estados Unidos, taxi colectivo que transporta pasajeros a y desde los aeropuertos

limp¹ /lɪmp/ adj exangüe, sin fuerzas (cuerpo), mustio -a (lechuga), débil (apretón de manos)

limp² v [I] **1** cojear, renquear **2** moverse lentamente, con dificultad, etc.

limp³ s [C] cojera, renquera: *She walked with a limp.* Cojeaba.

lim·pet /'lɪmpɪt/ s [C] lapa

lim·pid /'lɪmpɪd/ adj (*liter*) límpido -a

limp·ly /'lɪmpli/ adv sin fuerzas, exangüe

linch·pin /'lɪntʃˌpɪn/ s eje, piedra angular

line¹ S1 W1 /laɪn/ s

1	marca larga y estrecha
2	en el suelo
3	actitud
4	conexión telefónica
5	servicio telefónico
6	diferencia, separación
7	de palabras
8	de personas, objetos
9	de personas, vehículos
10	cable telefónico
11	entre estados, tierras
12	en la cara
13	de un actor
14	para colgar, atar
15	modo de proceder, pensar
16	de ferrocarril
17	interés, preferencia
18	trabajo
19	de productos
20	en la guerra
21	compañía
22	sucesión
23	mentira, excusa
24	de cocaína
25	en una familia

1 MARCA LARGA Y ESTRECHA [C] línea: *parallel lines* líneas paralelas • **draw a line** trazar una línea • **draw a line through sth** tachar algo • **a dotted line** una línea de puntos • **a squiggly line** una línea serpenteante
2 EN EL SUELO [C] línea • **go over a line** (tb **cross a line**) pasarse de una línea, cruzar una línea
3 ACTITUD [C gralm sing] postura, línea • [+**on**]: *the government's line on immigration* la postura del gobierno respecto de la inmigración • **take a hard/firm line** adoptar una línea dura SIN **stance, position**
4 CONEXIÓN TELEFÓNICA [C] línea • **on the line** *Henry is on the line from New York.* Está Henry en la línea desde Nueva York. • **on the (other) end of the line** *The woman on the end of the line sounded upset.* La mujer que llamaba parecía molesta. • **hold the line, please** no cuelgue, por favor • **a bad line** *It's a bad line.* Se oye muy mal. • **the line goes dead** *It sounds like the line has gone dead.* Parece que no hubiera línea. • **the line is busy** está ocupado • **get off the line** colgar
5 SERVICIO TELEFÓNICO [C] línea: *Call our advice line for help.* Llame a nuestra línea de asesoramiento si necesita ayuda.
6 DIFERENCIA, SEPARACIÓN [C gralm sing] línea • [+**between**]: *a clear line between one group and another* una línea clara entre uno y otro grupo • *a fine line between glory and disaster* una línea delgada que separa la gloria del desastre • **the poverty line** la línea de pobreza
7 DE PALABRAS [C] renglón, línea (de un texto), verso (de un poema): *Read the first two lines of the poem.* Lean los dos primeros versos del poema.
8 DE PERSONAS, OBJETOS [C] hilera, fila: *a line of trees* una hilera de árboles • **in a line** en fila: *people standing in a line* personas en fila SIN **row** ▶ ver nota en **FILA**
9 DE PERSONAS, VEHÍCULOS [C] fila, cola • **stand/wait in line** hacer fila/cola • **cut in line** colarse, saltarse la cola
10 CABLE TELEFÓNICO [C] línea • **the lines are down** (tb **the lines have gone down**) los teléfonos no funcionan
11 ENTRE ESTADOS, TIERRAS [C] límite
12 EN LA CARA [C] arruga: *deep lines on her forehead* arrugas profundas en la frente SIN **wrinkle**

L

13 DE UN ACTOR [C gralm pl] frase: *Have you learned your lines?* ¿Ya te aprendiste tu papel?

14 PARA COLGAR, ATAR [C] cuerda, soga: *She was hanging laundry on the line.* Estaba tendiendo la ropa lavada en la cuerda. • *a length of fishing line* un pedazo de sedal • *High winds blew down a power line.* Los fuertes vientos derribaron un cable de electricidad.

15 MODO DE PROCEDER, PENSAR a line of attack un enfoque • **a line of enquiry** una línea de investigación • **a line of argument/reasoning** una línea de argumentación/razonamiento

16 DE FERROCARRIL [C] vía: *A tree had fallen across the line.* Había caído un árbol sobre la vía

17 INTERÉS, PREFERENCIA my/her **line** lo mío/suyo: *Violence is not really my line.* La violencia no es lo mío.

18 TRABAJO [sing] **line of work/business** *What line of work are you in?* ¿A qué te dedicas?/¿De qué trabajas? • **in the fashion/construction line** *companies in the construction line* compañías que se dedican a la construcción

19 DE PRODUCTOS [C] línea • **a discontinued line** una línea que ya no se fabrica

20 EN LA GUERRA [C gralm pl] línea (de combate) • **enemy lines** líneas enemigas • **the front line** el frente

21 COMPAÑÍA [C] línea: *a shipping line* una línea de transportes marítimos

22 SUCESIÓN the latest in a line of sth el último de una serie de algo

23 MENTIRA, EXCUSA [C] (*coloq*) cuento

24 DE COCAÍNA [C] (*coloq*) línea, raya

25 EN UNA FAMILIA [sing] estirpe • **a long line of sth** *She comes from a long line of actors.* Viene de varias generaciones de actores. ▶ DIVIDING LINE, DRAW the line, FINISH LINE, FRONT LINE, HELPLINE, HOOK, line, and sinker, HOTLINE, LAY sth on the line, ONLINE, READ between the lines

along/on different lines de diferente manera: *Success came again, although along different lines than before.* Volvieron a tener éxito, aunque de diferente manera. • **along religious/party lines** (tb **on religious/party lines**) según criterios religiosos/partidarios • **along/on the same lines** de manera similar: *We were both thinking along the same lines.* Los dos pensábamos de manera similar. • **along the lines of** del tipo/estilo de • **down/along the line** (*oral*) más adelante • **somewhere along/down the line** en algún momento • **drop sb a line** (*coloq*) escribirle unas líneas a alguien • **get a line on sb/sth** (*coloq*) conseguir información sobre alguien/algo • **give sb a line** (*coloq*) contarle un cuento/una historia a alguien • **in line (a) in line with sth** de acuerdo con algo, conforme a algo • **bring sth in line with sth** poner algo en consonancia con algo, equiparar algo con algo **(b)** a raya • **keep sb in line** mantener a alguien a raya • **stay in line** respetar las reglas del juego **(c)** (tb **in a line**) alineado -a • **in line with sth** alineado -a con algo • **be in line for sth** (tb **in line to do sth**) ser candidato -a para algo • **be first/next in line for sth** *He must be first in line for the editor's job.* Debe de ser el candidato con más posibilidades para el puesto de editor. • **in the line of duty** en cumplimiento de su deber • **bring sth into line with sth** poner algo en consonancia con algo, equiparar algo con algo • **fall into line with sth** seguir la línea de algo, actuar conforme a algo • **lines of longitude/latitude** meridianos/paralelos • **be on the line** estar en peligro • **be on the right lines** ir por buen camino • **out of line (a)** fuera de lugar **(b) get/step out of line** desobedecer **(c)** no alineado -a

line² [S2] [W2] *v*

1 [T] (una falda, cortinas) forrar • **be lined with sth** estar forrado -a con algo

2 [T] (una pared, un nido) forrar, recubrir, cubrir

3 [T] bordear, alinearse a los lados de: *Crowds lined the street to watch them pass.* Las multitudes se alinearon a ambos lados de la calle para verlos pasar. • **be lined with sth** estar bordeado -a de algo: *The street was lined*

---

with small stores. A los lados de la calle se alineaban pequeñas tiendas.

4 [I,T] (en béisbol) batear con fuerza ▶ LINED, LINE-UP

line your pockets forrarse (de dinero/lana)

line up *v+partíc* **1 line up** hacer cola, formar fila **2 line sb/sth ↔ up** poner a alguien en fila/alinear algo • **be lined up** estar puesto -a en fila/alineado -a **3 line sth ↔ up** preparar/organizar algo • **have sth lined up** tener algo preparado -a/organizado -a **4 line sth ↔ up** alinear algo, hacer coincidir algo • **line sth up with sth** alinear algo con algo: *Line the text up with the bottom edge of the picture.* Alinea el texto con el borde inferior de la imagen. **5 line up to do sth** hacer fila/cola para hacer algo

lin·e·age /'lɪniɪdʒ/ *s* [C,U] (*frml*) estirpe

lin·e·ar /'lɪniə/ *adj* **1** lineal **2** [solo ante s] lineal, de longitud

line·back·er /'laɪnˌbækə/ *s* [C] (en fútbol americano) linebacker (jugador de la defensa)

lined /laɪnd/ *adj* **1** forrado -a (abrigo, cortina) **2** de rayas (papel) **3** arrugado -a (cara)

'line ˌdrawing *s* [C] dibujo (solo con líneas)

line·man /'laɪnmən/ *s* [C] (pl **linemen** /-mən/) **1** jugador -a de línea (en fútbol americano) **2** técnico -a que se ocupa de la reparación y el mantenimiento de líneas telefónicas y eléctricas

lin·en /'lɪnən/ *s* [U] **1** ropa blanca, blancos (ropa de cama, manteles, etc.) • **bed linen** ropa de cama • **table linen** mantelería **2** lino, hilo ▶ WASH your dirty linen in public

lin·er /'laɪnə/ *s* **1** [C] forro **2** [C] barco/buque de pasajeros: *an ocean liner* un transatlántico ▶ EYELINER

lines·man /'laɪnzmən/ *s* [C] (pl **linesmen** /-mən/) juez de línea

'line-up *s* [C gralm sing]

> **1** equipo deportivo
> **2** en una carrera
> **3** grupo musical
> **4** en un evento, un espectáculo
> **5** en la justicia
> **6** de una empresa

1 EQUIPO DEPORTIVO formación, alineación: *the line-up for tonight's game* la formación para el partido de esta noche

2 EN UNA CARRERA formación: *the sprinters in the Olympic final line-up* los corredores que integran la formación para la final olímpica

3 GRUPO MUSICAL integrantes: *The band requires a bass player to complete its line-up.* La banda necesita un bajista para estar completa.

4 EN UN EVENTO, UN ESPECTÁCULO elenco, lista de oradores/intérpretes

5 EN LA JUSTICIA rueda de presos, rueda de reconocimiento (para reconocer a un delincuente)

6 DE UNA EMPRESA (gama de) productos

lin·ger /'lɪŋgə/ *v* [I] **1** (tb **linger on**) persistir (sabor, olor), perdurar (recuerdo): *a taste that lingers in your mouth* un sabor que persiste en la boca **2** (tb **linger on**) demorarse, quedarse • **linger over sth** demorarse con algo, entretenerse haciendo algo: *We lingered over drinks in a small cafe.* Nos entretuvimos tomando unos tragos en un pequeño café. • *I like to linger over my meal in the evening.* Me gusta tomarme mi tiempo para comer a la noche. **3** (tb **linger on**) sobrevivir a duras penas

lin·ge·rie /ˌlɑnʒə'reɪ, ˌlɑndʒə-/ *s* [U] lencería, ropa interior femenina

lin·ger·ing /'lɪŋgərɪŋ/ *adj* persistente (olor), prolongado -a (abrazo, beso) • **a lingering death** una muerte lenta/agónica

lin·go /'lɪŋgoʊ/ *s* [C] (*antic*, *coloq*) **1** jerga ▶ JARGON, SLANG **2** lengua, idioma

lin·guist /'lɪŋgwɪst/ s [C] **1** persona que habla bien lenguas extranjeras o tiene facilidad para aprenderlas **2** lingüista

lin·guis·tic /lɪŋ'gwɪstɪk/ adj [solo ante s] lingüístico -a

lin·guis·tics /lɪŋ'gwɪstɪks/ s [U] lingüística

lin·i·ment /'lɪnəmənt/ s [U] linimento

lin·ing /'laɪnɪŋ/ s **1** [C,U] forro **2** [C] revestimiento (de un aparato), pared (del estómago), guarnición (de un freno)

link¹ W2 /lɪŋk/ v
1 be linked estar relacionado -a/vinculado -a: *I think the two problems are linked.* Creo que los dos problemas están relacionados. • **be linked to/with sth** estar relacionado -a/vinculado -a con algo: *The disease is linked to smoking.* La enfermedad está relacionada con el tabaco.
2 [T] relacionar, conectar • **link sth/sb to/with sth** relacionar/conectar algo/a alguien con algo: *This new evidence clearly links him to the crime.* Estas nuevas pruebas le relacionan claramente con el crimen.
3 [T] (dos sitios) conectar, unir: *A new highway will link the two cities.* Una nueva autopista conectará las dos ciudades. • **link sth to/with sth** conectar/unir algo con algo: *the joint that links the leg to the foot* la articulación que une la pierna con el pie • **link sth and sth** conectar/unir algo con algo • **link arms** tomarse del brazo
4 [T] (en una red) conectar SIN **link up**
link up v+partíc **1 link up** conectarse, unirse • **link up with** empalmar/unirse con **2 link sth ↔ up** conectar algo • **link sth ↔ up to/with sth** conectar algo a/con algo **3 link up** conectarse, comunicarse (por Internet, etc.) • **link up with sb** conectarse/comunicarse con alguien **4 link up** unirse (para hacer algo)

link² W3 s [C]

1	entre hechos, ideas
2	entre países, personas
3	algo que relaciona
4	en informática
5	entre dos puntos
6	en una cadena

1 ENTRE HECHOS, IDEAS relación, conexión • [+between]: *the link between drug use and crime* la relación entre el uso de drogas y la delincuencia • **establish/find a link** establecer/encontrar una relación
2 ENTRE PAÍSES, PERSONAS vínculo, lazo • [+between]: *links between science and industry* vínculos entre la ciencia y la industria • [+with]: *We have trading links with most countries in Europe.* Tenemos vínculos comerciales con la mayoría de los países de Europa.
3 ALGO QUE RELACIONA vínculo • [+with]: *The telephone is my only link with home.* El teléfono es mi único vínculo con mi casa.
4 EN INFORMÁTICA vínculo, link, liga: *Click on a link to explore other related websites.* Haga clic en un vínculo para recorrer otros sitios web relacionados con este tema.
5 ENTRE DOS PUNTOS conexión • **a road/rail/telephone link** una conexión vial/ferroviaria/telefónica
6 EN UNA CADENA eslabón ► CUFF LINK, **the WEAK/weakest link (in sth)**

link·age /'lɪŋkɪdʒ/ s **1** [C] conexión **2** [C,U] vínculo(s)

'linking ,verb s [C] verbo copulativo

link·up /'lɪŋk-ʌp/ s [C] conexión

li·no·le·um /lɪ'noʊliəm/ s [U] linóleo

lin·seed /'lɪnsid/ s [U] linaza

lint /lɪnt/ s [U] pelusa (de lana, hilo)

lin·tel /'lɪntl/ s [C] dintel

li·on /'laɪən/ s [C] león • **a pride of lions** una manada de leones • **lion cub** cachorro -a de león
EXPRESIONES
the lion's share of sth la mejor/mayor parte de algo

li·on·ess /'laɪənɪs/ s [C] leona

lip S2 W2 /lɪp/ s
1 [C] labio • **kiss sb on the lips** besar a alguien en los labios/la boca • **lick your lips** pasarse la lengua por los labios, relamerse
2 [C gralm sing] pico SIN **rim**
3 [U] (coloq) insolencias • **give sb lip** insolentarse con alguien ► BUTTON your lip/mouth, not PASS sb's lips, PURSE your lips, READ sb's lips, SMACK your lips, **a STIFF upper lip**, TIGHT-LIPPED, ZIP it/zip your lip
EXPRESIONES
my lips are sealed (oral) mis labios están sellados • **on everyone's lips** en boca de todos

'lip balm s [C,U] protector labial, bálsamo labial

'lip gloss s [C,U] brillo de labios

'lip-read /'lɪp rid/ v [I,T] leer los labios

'lip-reading s [U] (habilidad de leer los labios) *Lip-reading was hard for her.* Le resultaba difícil leer los labios.

'lip ,service s **pay lip service to sth** apoyar/aceptar algo de la boca para afuera, apoyar/aceptar algo de los dientes para afuera

lip·stick /'lɪp,stɪk/ s [C,U] lápiz labial, bilé • **put on lipstick** pintarse los labios

liq·ue·fy /'lɪkwə,faɪ/ v (**liquefies, liquefied, liquefying**) (a) [I] licuarse (b) [T] licuar

li·queur /lɪ'kɜ, lɪ'kyʊr/ s [C,U] licor ► LIQUOR

liq·uid¹ /'lɪkwɪd/ s [C,U] líquido SIN **fluid** ► DISHWASHING LIQUID

liquid² adj [gralm ante s] líquido -a: *liquid soap* jabón líquido • **in liquid form** en forma líquida
EXPRESIONES
liquid refreshment (hum) bebida (alcohólica) • **liquid assets** activos líquidos/disponibles

liq·ui·date /'lɪkwə,deɪt/ v **1** (a) [T] liquidar (b) [I] dejar de operar (empresa) **2** [T] (coloq) (asesinar) liquidar

liq·ui·da·tion /,lɪkwə'deɪʃən/ s [C,U] liquidación • **go into liquidation** ser liquidado -a, entrar en liquidación

li·quid·i·ty /lɪ'kwɪdəti/ s [U] (técn) liquidez

liq·uor /'lɪkɚ/ s [U] **1** bebidas alcohólicas (fuertes) • **hard liquor** bebidas alcohólicas fuertes **2** bebidas alcohólicas (incluyendo cerveza, vino, etc.) SIN **alcohol** ► **can HOLD your drink/liquor/alcohol**

liq·uo·rice /'lɪkɚɪs, -rɪʃ/ s variante británica de LICORICE

'liquor store s [C] estanco, vinatería

lisp¹ /lɪsp/ s [C gralm sing] ceceo • **have a lisp** (tb **speak/talk with a lisp**) cecear

lisp² v [I,T] cecear

list¹ S1 W1 /lɪst/ s [C] lista • **on a list** en una lista ► CHECKLIST, **be on the CRITICAL list**, DEAN'S LIST, HIT LIST, WAITING LIST
EXPRESIONES
be at the top/bottom of the list (tb **be high/low on the list**) tener/no tener prioridad, ser/no ser prioritario -a

list² S2 W2 v
1 [T] enumerar, hacer/ofrecer una lista de, enlistar: *The guide lists more than 100 hotels.* La guía ofrece una lista de más de 100 hoteles.
2 list sth/sb as sth señalar algo/a alguien como algo, consignar algo/a alguien como algo • **list sb in fair/stable/critical condition** *The injured passenger was listed in stable condition.* Se informó oficialmente que el pasajero herido se encontraba en situación estable.
3 [I] escorar

lis·ten S1 W1 /'lɪsən/ v [I]
1 escuchar: *I'm sorry. I wasn't listening.* Lo siento. No estaba escuchando. • *Listen! Can you hear that?* ¡Escucha! ¿Oyes eso? • **listen to sth/sb** escuchar algo/a alguien: *I like listening to the radio.* Me gusta escuchar la radio. • **listen carefully** escuchar cuidadosamente ► HEAR

2 (*oral*) (para llamar la atención) *Listen, I have an idea.* Mira, tengo una idea. • *Listen! I'm not interested in your girlfriend, right?* ¡Escúchame! No mi interesa tu novia, ¿está claro?
3 hacer caso: *I told him not to go, but he wouldn't listen.* Le dije que no fuera, pero no me hizo caso. • **listen to sb** hacerle caso a alguien: *I wish I'd listened to Dad.* Ojalá le hubiera hecho caso a mi papá. • **listen to reason** atender a razones
listen for sth *v+partíc* escuchar atentamente para oír algo, ver si viene alguien, etc.
listen in *v+partíc* escuchar (una conversación ajena) • **listen in on sth/sb** escuchar algo/a alguien: *Someone might be listening in on us.* Alguien podría estar escuchando. SIN **eavesdrop**
listen up *v+partíc* (para llamar la atención) (*oral*): *Hey everybody, listen up!* Eh, ustedes, ¡escuchen!

lis·ten·er /'lɪsənɚ/ *s* [C] **1** oyente ▶ VIEWER **2 be a good listener** ser un buen escucha

list·ing /'lɪstɪŋ/ *s* **1** [C] información impresa y pública sobre una empresa, un evento, etc. **2** [C] lista, listado **3** [C] cotización bursátil **4 listings** [pl] cartelera, guía de espectáculos • **listings magazine** revista de espectáculos

list·less /'lɪstlɪs/ *adj* apático -a

lit¹ /lɪt/ pasado y participio pasado de LIGHT

lit² *s* [U] (*oral*) (**literature**) literatura

lit·a·ny /'lɪt³n-i/ *s* [C] (pl **litanies**) **1** (*peyor*) (de quejas, excusas) letanía **2** (en religión) letanía

li·ter /'lita-/ (abrev escrita **l**) *s* [C] **1** litro **2** litro (en motores) ▶ CC

lit·er·a·cy /'lɪtərəsi/ *s* [U] (nivel de) alfabetización ▶ NUMERACY

lit·er·al /'lɪtərəl/ *adj* **1** (no figurado) literal • **a literal meaning/sense** un sentido literal • **a literal interpretation of sth** una interpretación literal de algo ANT **figurative 2** (palabra por palabra) literal ANT **free**

lit·er·al·ly S2 W3 /'lɪtərəli/ *adv* **1** literalmente, en sentido literal • **mean sth literally** decir algo literalmente • **take sth literally** tomar algo en sentido literal ANT **figuratively 2** (*oral*) (para enfatizar) en el verdadero sentido de la palabra

lit·er·ar·y W3 /'lɪtəˌrɛri/ *adj* [gralm ante s] **1** literario -a • **literary criticism** crítica literaria • **a literary critic** un crítico literario/una crítica literaria **2** amante de la literatura • **a literary AGENT**

lit·er·ate /'lɪtərɪt/ *adj* alfabetizado -a, que sabe leer y escribir ANT **illiterate** ▶ LITERACY, NUMERATE; COMPUTER-LITERATE

lit·er·a·ture S3 W3 /'lɪtərətʃɚ, 'lɪtrə-/ *s* **1** [U] literatura • **American/German literature** literatura estadounidense/alemana **2** [sing, U] bibliografía: *medical literature* bibliografía médica **3** [U] folletos: *sales literature* folletos de ventas

lithe /laɪð/ *adj* ágil

lith·i·um /'lɪθiəm/ *s* [U] litio

lith·o·graph /'lɪθəˌgræf/ *s* [C] litografía

Lith·u·a·ni·a /ˌlɪθəˈweɪniə/ Lituania

Lith·u·a·ni·an¹ /ˌlɪθəˈweɪniən/ *s* **1** [C] (persona) lituano -a **2** [U] (idioma) lituano

Lithuanian² *adj* lituano -a

lit·i·ga·tion /ˌlɪtəˈgeɪʃən/ *s* [U] litigio

li·ti·gious /lɪˈtɪdʒəs/ *adj* (*frml*) litigioso -a

lit·mus test /'lɪtˈməs ˌtɛst/ *s* **1** [sing] prueba de fuego **2** [C] prueba de acidez (en química)

li·tre /'litɚ/ *s* variante británica de LITER

lit·ter¹ /'lɪtɚ/ *s* **1** [U] basura • **drop litter** arrojar basura, botar basura **2** [C] camada (crías) **3** [U] arena (para gatos) **4** [C] litera ▶ ver nota en BASURA

litter² *v* **1** [T] dejar en desorden: *Clothes littered the floor.* Habia ropa tirada por el suelo. • **be littered with sth** estar cubierto -a de algo **2 be littered with sth** estar lleno -a/plagado -a de algo

lit·tle¹ S1 W1 /'lɪtḷ/ *adj*

1 tamaño
2 para enfatizar
3 tiempo
4 distancia
5 de edad .
6 no muy notorio
7 no importante

1 TAMAÑO [gralm ante s] pequeño -a, chiquito -a • **a little bit of sth** un poquito de algo

2 PARA ENFATIZAR [solo ante s] • **nice little** *a nice little cottage in the country* una casita lindísima en el campo • **pretty/sweet little** *a pretty little town* un pueblito precioso • **stupid/silly little** *It was another of her silly little jokes.* Fue otra de sus bromitas estúpidas.

3 TIEMPO [solo ante s] *You could have a little sleep in the car.* Podrías dormir un rato en el carro. • **a little while** un ratico, un ratito

4 DISTANCIA [solo ante s] *We walked a little way along this path.* Caminamos un poco por el sendero.

5 DE EDAD pequeño -a, chiquito -a: *Things were different when I was little.* Las cosas eran diferentes cuando yo era pequeña. • **a little boy/girl** un niño pequeño/una niña pequeña • **my little boy/girl** mi hijito/hijita • **my little brother/sister** mi hermanito/hermanita

6 NO MUY NOTORIO [solo ante s] leve: *a little smile* una leve sonrisa

7 NO IMPORTANTE [solo ante s] *There isn't time to discuss every little detail.* No hay tiempo para discutir hasta el último detalle. • *She gets very angry over little things.* Se enoja mucho por cosas sin importancia.

EXPRESIONES
a little something (*coloq*) alguna cosita • **a little bird told me** (*oral*) me (lo) dijo un pajarito

little² S1 W1 *det*
1 poco: *The tests are of little value.* Las pruebas no tienen prácticamente valor. • **very little** muy poco -a: *There's very little money left.* Queda muy poco dinero. • **little or no** *Many of the students speak little or no English.* Muchos de los estudiantes no hablan inglés o hablan poco. • **so little** tan poco -a: *We have so little time to do the work.* Tenemos tan poco tiempo para hacer el trabajo. • **too little** demasiado poco -a: *Too little attention is paid to safety.* Se presta demasiado poca atención a la seguridad.
2 a little un poco de: *Susan speaks a little French.* Susan habla un poco de francés.

EXPRESIONES
a little sth goes a long way (*oral*) un poco de algo significa mucho

little³ S1 W1 *pron*
1 poco: *We know little about his past.* Sabemos poco de su pasado. • **little of sth** poco (de) algo: *There's little of the money left.* Queda poco dinero. • **very little** muy poco: *There's very little we can do to help.* Hay muy poco que podamos hacer para ayudar. • **too little** demasiado poco: *We're paid too little for this job.* Nos pagan demasiado poco por este trabajo. • **do little** hacer poco: *Changes in the law have done little to improve the situation.* Los cambios en la legislación han hecho poco por mejorar la situación. • **as little as possible** lo menos posible • **little or nothing** poco o nada • **as little as** tan sólo: *You can buy an original painting from as little as $100.* Se puede comprar una pintura original por tan solo 100 dólares.
2 a little un poco: *If you'd like more coffee, there's a little left.* Si quieres más café, queda un poco. • **a little of sth** un poco de algo

EXPRESIONES
make little of sth (*frml*) quitarle importancia a algo • **think little of sb/sth** (*frml*) no tener muy buena opinión de alguien/algo

little⁴ S2 W1 *adv* (**less**, **least**)

1 a little (tb **a little bit**) un poco: *She seems a little upset.* Parece un poco molesta. • *You'll feel better if you rest a little.* Te vas a sentir mejor si descansas un poco. • *Move the table a little bit closer to the wall.* Pon la mesa un poco más cerca de la pared. • **a little more/less** (tb **a little bit more/less**) un poco más/menos: *Tie the rope a little more tightly.* Ata la cuerda un poco más firmemente.

2 poco: *The town has changed little since I was a boy.* La ciudad ha cambiado poco desde que yo era niño. • **little more than sth** poco más de algo: *There's little more than three minutes of the game left.* Quedan poco más de tres minutos de partido. • **little known/understood** poco conocido -a/entendido -a: *a little known region of the country* una región poco conocida del país • **very little** muy poco: *His health has improved very little.* Su salud ha mejorado muy poco. • **as little as possible** lo menos posible: *I tried to disturb him as little as possible.* Traté de molestarlo lo menos posible.

little by little poco a poco • **little did sb know/think/ realize** (tb **sb little knew/thought**) (*frml*) *Little did I know that my life was about to change.* No tenía la menor idea de que mi vida estaba a punto de cambiar. • *We little thought that he would one day be president.* Lo que menos pensamos fue que algún día sería presidente. • **more than a little** (tb **not a little**) (*frml*) más que poco

ˌlittle ˈfinger *s* [C] (dedo) meñique

li·tur·gi·cal /lɪˈtɜːdʒɪkəl/ *adj* [solo ante s] litúrgico -a

lit·ur·gy /ˈlɪtədʒi/ *s* (pl **liturgies**) [C,U] liturgia

liv·a·ble, liveable /ˈlɪvəbəl/ *adj* **1** [gralm no ante s] habitable SIN **habitable 2** agradable para vivir **3** [solo ante s] digno -a (sueldo, salario)

live¹ S1 W1 /lɪv/ *v*

1 [I] (estar vivo) vivir • **live to see sth** vivir para ver algo: *He did not live to see his dream realized.* No vivió para ver su sueño hecho realidad. • **live to be 80** (tb **live to the age of 80**) vivir hasta los 80 años • **two weeks/four months to live** dos semanas/cuatro meses de vida • **the best/greatest who ever lived** la mejor/más grande que haya existido • **(for) as long as I live** mientras viva

2 [I siempre + adv/prep] (habitar) vivir: *Where do you live?* ¿Dónde vives? • **live in Quito/Argentina** vivir en Quito/Argentina (tb **somewhere to live**) un lugar para vivir: *Boston is a great place to live.* Boston es un lugar genial para vivir. • **live alone** vivir solo -a • **live at home** vivir en casa de sus padres

3 [I siempre + adv/prep T] (de una determinada manera) vivir: *I couldn't live like that.* No podría vivir de ese modo. • **live in poverty/fear** vivir en condiciones de pobreza/con temor • **live well** vivir bien • **live your life** vivir su vida • **live a quiet/busy life** llevar una vida tranquila/activa • **live happily ever after** vivir felices para siempre

4 [I] (experiencias emocionantes) vivir • **live a little** disfrutar un poco de la vida ▶ LIVABLE, LIVE-IN, LIVING, LONG **live sb/sth**

live and breathe sth vivir dedicado -a a algo • **live and let live** vivir y dejar vivir • **live beyond your means** gastar más de lo que se gana • **live from day to day** vivir al día • **live from hand to mouth** vivir al día • **live high on the hog** (*coloq*) vivir en la abundancia • **live a lie** vivir una mentira • **live life to the full** vivir la vida al máximo • **be living on borrowed time (a)** tener los días contados • **you/he will live to regret sth** te vas/se va a arrepentir de algo más tarde, algún día lamentarás/lamentará algo • **you haven't lived** no sabes lo que es vivir • **you'll/he'll live** vas/va a sobrevivir, no te vas/se va a morir • **you live and learn** todos los días se aprende algo nuevo

live by sth *v+partíc* **1** [nunca en pasiva] acatar algo, atenerse a algo SIN **follow**, **abide by 2** [nunca en pasiva] vivir de algo

live down *v+partíc* **never live sth down** *You'll never live this evening down.* Jamás lograrás que la gente se olvide de esta noche.

live for *v+partíc* **1 live for sb/sth** vivir para/por alguien/algo **2 live for the day when ...** vivir esperando... **3 have nothing/everything to live for** no tener nada por lo que vivir/tener mucho por lo que vivir

live in *v+partíc* **live in the past** vivir en el pasado

live off *v+partíc* **1 live off sth** [nunca en pasiva] vivir de algo **2 live off sb** [nunca en pasiva] (*frec peyor*) vivir a costa de alguien **3 live off sth** [nunca en pasiva] alimentarse/vivir de algo

live on *v+partíc* **1 live on sth** [nunca en pasiva] alimentarse/vivir de algo **2 live on sth** [nunca en pasiva] vivir con algo (una cantidad de dinero) **3 live on** perdurar SIN **survive**

live through *v+partíc* **live through sth** [nunca en pasiva] sobrevivir a algo, vivir algo SIN **survive**, **endure**

live together *v+partíc* vivir juntos -as, convivir

live up *v+partíc* **live it up** (*coloq*) vivir la vida

live up to sth *v+partíc* [nunca en pasiva] estar a la altura de algo

live with *v+partíc* **1 live with sb** [nunca en pasiva] vivir con alguien (en pareja) **2 live with sb** [nunca en pasiva] vivir con alguien (con amigos, etc.) **3 live with sth** [nunca en pasiva] aceptar algo SIN **accept**, **tolerate**

live² S3 W3 /laɪv/ *adj*

1 con vida
2 en radio, televisión
3 actuación
4 equipos, cables
5 municiones
6 en deportes

1 CON VIDA [solo ante s] vivo -a: *experiments carried out on live animals* experimentos realizados con animales vivos SIN **living** ▶ DEAD

2 EN RADIO, TELEVISIÓN [gralm ante s] en directo, en vivo • **live coverage** transmisión en directo/en vivo

3 ACTUACIÓN [solo ante s] en vivo: *A lot of the bars have live music.* En muchos de los bares hay músicos y bandas. • **live audience** *The show is filmed before a live studio audience.* El programa se graba con el público en el estudio.

4 EQUIPOS, CABLES con corriente, conectado -a: *live wires* cables con corriente

5 MUNICIONES [gralm ante s] de plomo: *live ammunition* municiones de plomo ▶ SPENT

6 EN DEPORTES en juego: *a live ball* un balón en juego ANT **dead** ▶ REAL **live...**

live³ /laɪv/ *adv* **1** en directo, en vivo: *The ceremony will be broadcast live on television.* La ceremonia será transmitida en directo por televisión. • **be recorded live** ser grabado -a en vivo **2 play/perform live** actuar en vivo

go live entrar en funcionamiento

live·li·hood /ˈlaɪvliˌhʊd/ *s* [C,U] (medio de vida) *We depend on tourism for our livelihood.* Dependemos del turismo para vivir.

live·li·ness /ˈlaɪvlinɪs/ *s* [U] **1** vividez (de una obra, una descripción) **2** vitalidad, vivacidad (de una persona) **3** animación (de un ambiente, un sitio)

live·ly /ˈlaɪvli/ *adj* (**livelier**, **liveliest**)

1 persona
2 sitio
3 baile, movimiento
4 debate, descripción
5 interés, curiosidad
6 imaginación
7 música

1 PERSONA alegre y vital, animado -a: *a lively child* un niño alegre y vital

2 SITIO animado -a: *the city's lively nightlife* la animada vida nocturna de la ciudad

3 BAILE, MOVIMIENTO enérgico -a, dinámico -a, brioso -a: *a lively dance* un baile alegre

4 DEBATE, DESCRIPCIÓN animado -a, vívido -a

5 INTERÉS, CURIOSIDAD [solo ante s] vivo -a

6 IMAGINACIÓN **a lively imagination** una imaginación muy viva
7 MÚSICA alegre

li·ven /'laɪvən/ *v*
liven up *v+partíc* **1 liven sth** ↔**up** animar algo (una fiesta, una velada) **2 liven up** animarse **3 liven sth** ↔ **up** alegrar algo, darle vida a algo (una habitación, una prenda de vestir) SIN **brighten up 4** (persona) **liven up** animarse **5 liven sb** ↔ **up** animar/alegrar a alguien

liv·er /'lɪvər/ *s* **1** [C] (parte del cuerpo) hígado • **liver cancer** cáncer de hígado • **liver disease** enfermedad hepática • **liver transplant** trasplante de hígado **2** [C,U] (comida) hígado

liv·er·y /'lɪvəri/ *s* [C,U] (pl **liveries**) librea

lives /laɪvz/ *pl* de LIFE

live·stock /'laɪvstɑk/ *s* [pl, U] ganado, animales (de granja)

liv·id /'lɪvɪd/ *adj* **1** [gralm no ante s] furioso -a SIN **furious 2** amoratado -a **3** (*liter*) lívido -a

liv·ing¹ /'lɪvɪŋ/ *adj* **1** (organismo) **(a)** [gralm ante s] vivo -a: *He's one of the greatest living composers.* Es uno de los mayores compositores vivos. • **a living thing** un ser vivo • **a living soul** *The nearest living soul was 20 miles away.* La persona más cercana estaba a 20 millas. ANT **dead (b) the living** [usado como s pl] los vivos ANT **the dead 2** [solo ante s] *living conditions for poor people* condiciones de vida de los pobres **3** [solo ante s] (lengua, fe) vivo -a ▶ **be in the LAND of the living**

EXPRESIONES
a living hell un infierno (en vida) • **in living memory** *It was the worst storm in living memory.* Fue la peor tormenta de que se tenga memoria. • **within living memory** *The species has become extinct within living memory.* La especie se ha extinguido en nuestra época. • **be living proof of sth/that** ser la prueba viviente de algo/de que

living² *s* **1** [C gralm sing] (medio de vida) *Our living depends on keeping cattle.* Vivimos de criar ganado. • **for a living** *What do you do for a living?* ¿De qué trabajas? • **earn/make a living** ganarse la vida **2** [U] vida: *the stresses of city living* las tensiones de la vida urbana ▶ **COST OF LIVING, STANDARD OF LIVING**

'living room *s* [C] sala (de estar), living

living 'will *s* [C] testamento vital

liz·ard /'lɪzərd/ *s* [C] lagartija

lla·ma /'lɑmə/ *s* [C] llama

load¹ S3 /loʊd/ *s*
1 [C] (cosa transportada) carga: *a heavy load* una carga pesada • [+of]: *The plane was carrying a full load of fuel.* El avión llevaba una carga completa de combustible. **2** [C] (trabajo) carga de trabajo • **lighten the load** aligerar/ aliviar la carga de trabajo SIN **workload 3** [C gralm sing] (responsabilidad) carga SIN **burden 4** [sing] peso, carga ▶ **a load/weight off your MIND**
EXPRESIONES
get a load of sb/sth (*coloq, oral*) *Get a load of Ted's new haircut!* ¡No te pierdas el nuevo corte de pelo de Ted! • **a load of crap** (*oral, malson*) una sarta de estupideces

load² S2 W3 *v*
1 [I,T] (un vehículo) cargar • **load sth into/onto sth** cargar algo en algo SIN **load up** ANT **unload 2** [T] (un arma, una cámara) cargar **3** (en un computador) **(a)** [T] cargar **(b)** [I] cargarse
load down *v+partíc* **be loaded down with sth** estar cargado -a de algo (equipaje, cajas, etc.)
load up *v+partíc* **1 load up** cargar **2 load sth** ↔ **up** cargar algo • **load sth up with sth** cargar algo con algo
load up on sth *v+partíc* llevarse un cargamento de algo

load·ed /'loʊdɪd/ *adj*
1 arma, cámara
2 con mucha cantidad
3 de dinero
4 pregunta, comentario
5 borracho
6 dados

1 ARMA, CÁMARA cargado -a: *a loaded pistol* una pistola cargada
2 CON MUCHA CANTIDAD **loaded with sth** lleno -a de algo, repleto -a de algo
3 DE DINERO [nunca ante s] (*coloq*) forrado -a (de dinero), forrado -a (de lana): *Carter's family is loaded.* La familia de Carter está forrada.
4 PREGUNTA, COMENTARIO tendencioso -a
5 BORRACHO [nunca ante s] (*coloq*) jincho -a, pedo -a, tomado -a
6 DADOS **loaded dice** dados cargados

loaf¹ /loʊf/ *s* (pl **loaves** /loʊvz/) **1** [C] pan (unidad) • **a loaf of bread** un pan/una barra de pan **2** [C,U] pan: *a walnut loaf* un pan de nueces • *meat loaf* pan de carne

loaf² (tb **loaf around**) *v* [I] (**loafs, loafed, loafing**) haraganear, holgazanear, flojear

loaf·er /'loʊfər/ *s* [C] holgazán -ana, flojo -a

loan¹ S3 W2 /loʊn/ *s*
1 [C] préstamo, crédito • **take out a loan** pedir un préstamo
2 on loan prestado -a, en préstamo: *The book I wanted was out on loan.* El libro que quería estaba prestado.
3 the loan of sth *Thanks for the loan of your camera.* Gracias por prestarme tu cámara. ▶ **SAVINGS AND LOAN**

loan² *v* [T] **1** prestar • **loan sb sth** (tb **loan sth to sb**) prestarle algo a alguien **2** (banco, prestamista) prestar

'loan shark *s* [C] (*peyor*) usurero -a

loath, **loth** /loʊθ, loʊð/ *adj* **be loath to do sth** (*frml*) ser reacio -a a a hacer algo SIN **reluctant**

loathe /loʊð/ *v* [T nunca en forma continua] detestar SIN **detest**

loath·ing /'loʊðɪŋ/ *s* [sing, U] odio

loath·some /'loʊðsəm, 'loʊθ-/ *adj* (*frml*) odioso -a, detestable

loaves /loʊvz/ *pl* de LOAF

lob¹ /lɑb/ *v* [T always+ adv/prep] (**lobbed, lobbing**) **1** arrojar, lanzar, aventar (por encima de algo): *The kids were lobbing pine cones into the neighbor's yard.* Los niños estaban lanzando piñas al jardín del vecino. **2** (en tenis) *Sampras lobbed the ball over Chang's head.* Sampras le lanzó un globo a Chang.

lob² *s* [C] globo, lob (en tenis)

lob·by¹ /'lɑbi/ *s* [C] (pl **lobbies**) **1** vestíbulo, lobby, hall SIN **foyer 2** (tb **lobby group**) lobby, grupo de presión **3** cabildeo **4** sala del parlamento británico donde los ciudadanos pueden encontrarse con sus representantes

lobby² *v* [I,T] (**lobbies, lobbied, lobbying**) ejercer presión (sobre), cabildear • **lobby for/against sth** hacer/ejercer presión a favor/en contra de algo

lob·by·ist /'lɑbiɪst/ *s* [C] lobbista, cabildero -a

lobe /loʊb/ *s* [C] **1** (de la oreja) lóbulo **2** (*técn*) (del cerebro o los pulmones) lóbulo

lob·ster S3 /'lɑbstər/ *s*
1 [C] (animal) langosta (de mar)
2 [U] (comida) langosta

lo·cal¹ S2 W1 /'loʊkəl/ *adj*
1 (de la zona) local, del barrio: *the local police force* la policía local • *the local school* la escuela del barrio • **local people/residents** vecinos/residentes de la zona **2** [solo ante s] (tren, servicio) local, ordinario -a ▶ **EXPRESS**
3 (anestesia) local; (infección, dolor) localizado -a ANT **general**

local² *s* [C] **1** [gralm pl] residente (de la zona) **2** bus, tren, etc. que se detiene en todas las paradas, estaciones, etc. ▶ **EXPRESS 3** filial (de un sindicato)

lo·cale /loʊ'kæl/ *s* [C] (*frml*) sitio, lugar SIN **setting**

local 'government *s* [C,U] en Gran Bretaña, sistema de administración municipal o provincial

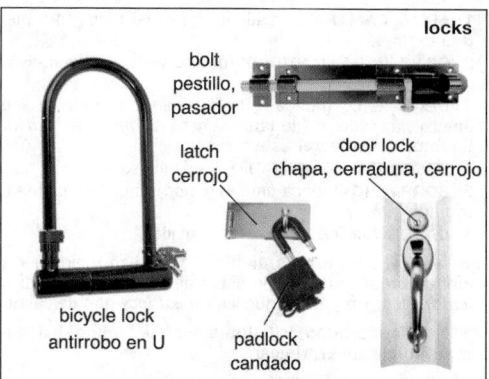

locks

bolt
pestillo,
pasador

latch
cerrojo

door lock
chapa, cerradura, cerrojo

bicycle lock
antirrobo en U

padlock
candado

lo·cal·i·ty /loʊˈkæləti/ s [C] (pl **localities**) (frml) localidad SIN **area**

lo·cal·ize /ˈloʊkəˌlaɪz/ v [T] (frml) localizar, circunscribir

lo·cal·ized /ˈloʊkəˌlaɪzd/ adj (frml) localizado -a

lo·cal·ly /ˈloʊkəli/ adv We prefer to do all our shopping locally. Preferimos hacer todas nuestras compras por el barrio. • **live/work locally** vivir/trabajar en la zona/el barrio: Do you live locally? ¿Vive en la zona?

'local time s [U] hora local

lo·cate S3 W2 /ˈloʊkeɪt/ v
1 [T] localizar, ubicar
2 be located estar ubicado -a/situado -a: The theater is located in the center of town. El teatro está ubicado en el centro de la ciudad. • **be ideally/perfectly located** estar en/tener una ubicación ideal/perfecta
3 (a) [T siempre + adv/prep] establecer (una empresa, una filial): the decision to locate the company's headquarters in New York la decisión de establecer la sede de la empresa en Nueva York **(b)** [I siempre + adv/prep] establecerse: A number of foreign companies are planning to locate there. Algunas empresas extranjeras tienen planes de establecerse allí.

lo·ca·tion S3 W3 /loʊˈkeɪʃən/ s
1 [C,U] ubicación: The apartment is in an excellent location. El departamento tiene una ubicación excelente.
2 [C,U] (en una filmación) It was hard to find a suitable location for the desert scenes. Fue difícil encontrar exteriores adecuados para las escenas de desierto. • **on location** The movie was filmed on location in Hungary. Toda la película fue rodada en Hungría.
3 the location of sb/sth la localización de algo/alguien

loch /lɑk/ s [C] **1** lago (en Escocia) **2** (tb **sea loch**) ría

lock¹ S1 W2 /lɑk/ v
1 (a) [T] cerrar (con llave): Lock the door when you leave. Cierra la puerta con llave cuando te vayas. ANT **unlock (b)** [I] cerrarse (con llave): The door won't lock. No se puede cerrar la puerta con llave. ANT **unlock**
2 [T siempre + adv/prep] **lock sth in sth** guardar algo bajo llave en algo: She locked the money in the safe. Guardó el dinero bajo llave en la caja fuerte.
3 lock arms entrelazar los brazos • **be locked in an embrace** confundirse en un abrazo
4 [I] trabarse (mecanismo): The brakes locked and we skidded. Los frenos se trabaron y derrapamos.
5 [T] bloquear (computador, archivo)

EXPRESIONES
lock horns with sb enfrentarse/tener un encontronazo con alguien
lock away v+partíc **1 lock sth ↔ away** guardar algo bajo llave SIN **lock up 2 lock sb ↔ away** encerrar a alguien (en una cárcel) SIN **lock up 3 lock yourself away** encerrarse
lock in v+partíc **1 lock sb in** encerrar a alguien **2 lock sb in sth** encerrar a alguien en algo: I've locked the dog in the kitchen. He encerrado al perro en la cocina. • **lock yourself in** quedarse encerrado -a **3 lock sth ↔ in**

conservar **4 be locked in sth** estar atrapado -a en algo: Some families are locked in a cycle of poverty. Algunas familias están atrapadas en un círculo de pobreza. • **be locked in a battle/dispute** estar trabado -a en una batalla/una discusión
lock onto sth v+partíc His eyes locked onto her as she approached. No le quitaba los ojos de encima mientras se acercaba.
lock sb ↔ out v+partíc dejar a alguien afuera/en la calle: The door slammed shut and I was locked out. La puerta se cerró de un golpe y me quedé afuera. • **lock yourself out** quedarse afuera (sin llave)
lock up v+partíc **1 lock sb ↔ up** (coloq) encerrar a alguien • **lock sb up and throw away the key** encerrar a alguien para siempre **2 lock up** cerrar con llave **3 lock sth ↔ up** cerrar algo con llave **4 lock sth ↔ up** guardar algo bajo llave, tener algo bajo llave

lock² S3 s
1 [C] chapa, cerradura, cerrojo • **pick a lock** abrir una cerradura con una ganzúa
2 [C] (tb **lock of hair**) mechón
3 locks [pl] (liter) cabellera
4 [C] esclusa
5 lock on sth control total, dominio • **have a lock on sth** tener el control sobre algo, dominar algo ▶ COMBINATION LOCK, PADLOCK

EXPRESIONES
lock, stock, and barrel They sold everything lock, stock, and barrel. Vendieron todo, todo, todo. • **under lock and key** bajo llave, bajo siete llaves

lock·er /ˈlɑkɚ/ s [C] **1** casillero, locker (en un gimnasio, una fábrica, etc.) **2** cámara de refrigeración, cámara frigorífica ▶ FOOT LOCKER

'locker room s [C] vestuario, vestier, vestidor

lock·et /ˈlɑkɪt/ s [C] relicario, medallón

lock·jaw /ˈlɑkdʒɔ/ s [U] (coloq) tétanos

lock·out /ˈlɑk-aʊt/ s [C] paro patronal, lockout

lock·smith /ˈlɑkˌsmɪθ/ s [C] cerrajero -a

lock·up /ˈlɑk-ʌp/ s [C] **1** calabozo (pequeño) **2** garaje de alquiler

lo·co·mo·tive¹ /ˌloʊkəˈmoʊt̬ɪv/ s [C] locomotora

locomotive² adj [gralm ante s] (frml o técn) locomotor -a, locomotriz

lo·cust /ˈloʊkəst/ s [C] langosta (insecto)

lodge¹ /lɑdʒ/ s [C] **1** refugio (en la montaña, el campo, etc.) **2** casa del casero/guardia **3** logia (sede de una organización) **4** vivienda tradicional utilizada por indígenas norteamericanos **5** grupo de indígenas norteamericanos que comparten una vivienda

lodge² v **1** [T] (un pedido, una solicitud) presentar • **lodge a complaint** presentar una queja SIN **file 2** (ser difícil de mover) **(a)** [I,T] **lodge in sth** alojarse/meterse en algo **(b) be lodged in sth** The bullet was lodged in his shoulder. Tenía la bala alojada en el hombro. ANT **dislodge 3 be lodged in sth** estar alojado -a en algo (en un hotel, una pensión): He will be lodged in the presidential guest mansion. Se alojará en la mansión para huéspedes presidenciales. **4** [I siempre + adv/prep] hospedarse, alojarse: They are lodging in a hotel by the beach. Se hospedan en un hotel junto a la playa. • **lodge with sb** hospedarse/alojarse con alguien **5** [T siempre + adv/prep] depositar, consignar (en un sitio seguro): The money was lodged in a Swiss bank account. El dinero estaba depositado en una cuenta bancaria suiza. • **lodge sth with sb/sth** depositar algo en manos de alguien/en algo

lodg·er /ˈlɑdʒɚ/ s [C] (antic) inquilino -a (de una habitación en una casa de familia) SIN **boarder**

lodg·ing /ˈlɑdʒɪŋ/ s **1** [U] alojamiento **2 lodgings** [pl] sitios para alojarse, hospedajes ▶ BOARD

loft /lɔft/ s [C] loft • **loft apartment** loft

loft·y /ˈlɔfti/ adj (**loftier, loftiest**) **1** (meta, requisito, nivel) elevado -a: lofty ideals elevados ideales **2** (liter) (montaña, edificio) alto -a, elevado -a **3** (*peyor*) (trato, actitud) altivo -a, altanero -a

log¹ /lɒg, lɑg/ *s* [C] **1** leño, tronco • **log fire** fuego de leña **2** (de un barco) cuaderno/libro de bitácora; (de un avión) diario de vuelo • **keep a log of sth** llevar un cuaderno de bitácora de algo **3** (**logarithm**) logaritmo • **log tables** tablas de logaritmos ▶ **SLEEP** like a log

log² *v* (**logged, logging**) **1** [T] registrar: *All phone calls are logged.* Todas las llamadas telefónicas están registradas. **2** [T] hacer (distancias o periodos): *The pilot has logged 1200 flying hours.* El piloto ha hecho 1.200 horas de vuelo. **3** [I,T] talar (árboles)
log in *v+partíc* entrar al sistema, iniciar una sesión SIN **log on**
log into sth *v+partíc* entrar a algo
log on *v+partíc* entrar al sistema, iniciar una sesión •
log on to sth entrar a algo SIN **log in**
log off *v+partíc* salir del sistema, finalizar una sesión SIN **log out**
log out *v+partíc* salir del sistema, finalizar una sesión SIN **log off**

log·a·rithm /ˈlɒgəˌrɪðəm, ˈlɑg-/ (abrev **log**) *s* [C] (*técn*) logaritmo

'log book *s* [C] cuaderno de bitácora, diario de vuelo

,log 'cabin *s* [C] cabaña de troncos

log·ger /ˈlɒgə, ˈlɑ-/ *s* [C] leñador -a SIN **lumberjack**

log·ger·heads /ˈlɒgəˌhɛdz, ˈlɑ-/ *s* **be at loggerheads (with sb)** estar en desacuerdo (con alguien)

log·ging /ˈlɒgɪŋ, ˈlɑ-/ *s* [U] tala (de árboles): *logging companies* empresas madereras

log·ic /ˈlɑdʒɪk/ *s* **1** [sing, U] (modo de razonar) lógica • [+**of**]: *I don't follow the logic of your argument.* No sigo la lógica de su argumento. • **defy logic** desafiar la lógica **2** [U] (rama de la filosofía) lógica

log·i·cal /ˈlɑdʒɪkəl/ *adj* **1** (sensato) lógico -a • **the logical thing to do** lo lógico ANT **illogical 2** (según los principios de la lógica) lógico -a

log·i·cal·ly /ˈlɑdʒɪkli/ *adv* lógicamente, de forma lógica

lo·gis·tic·al /loʊˈdʒɪstɪkəl, lə-, loʊ-/ *adj* **1** (problema, dificultad) logístico -a **2** (apoyo, ayuda) logístico -a

lo·gis·tics /loʊˈdʒɪstɪks, lə-/ *s* **1** [U] logística **2** **the logistics of doing sth** los problemas logísticos de hacer algo

log·jam /ˈlɒgdʒæm, ˈlɑg-/ *s* [C] atasco, estancamiento • **break the logjam** salir del atolladero

lo·go /ˈloʊgoʊ/ *s* [C] (pl **logos**) logo, logotipo

loin /lɔɪn/ *s* [C] lomo

loin·cloth /ˈlɔɪnklɔθ/ *s* [C] taparrabo(s)

loi·ter /ˈlɔɪtə/ *v* [I] merodear, callejear

loll /lɑl/ *v* **1** [I siempre + adv/prep] **loll back** apoltronarse, repantigarse: *He lolled back in his chair.* Se repantigó en su silla. • **loll around/about** holgazanear, haraganear SIN **lounge 2** (a) [I] colgar (cabeza, lengua): *The dog's tongue was lolling out with thirst.* Al perro le colgaba la lengua de la sed. (b) [T] inclinar (la cabeza)

lol·li·pop /ˈlɑli,pɑp/ *s* [C] paleta, chupeta SIN **sucker**

Lon·don /ˈlʌndən/ Londres

Lon·don·er /ˈlʌndənə/ *s* [C] londinense

lone /loʊn/ *adj* [solo ante s] (*escrito*) **1** (en una situación) solitario -a, único -a: *a lone gunman* un pistolero solitario • *the lone survivor of the accident* el único sobreviviente del accidente **2** (en un sitio) solitario -a, solo -a ▶ **ALONE**

lone·li·ness /ˈloʊnlinɪs/ *s* [U] soledad

lone·ly /ˈloʊnli/ *adj* (**lonelier, loneliest**) **1** solo -a: *She was very lonely.* Estaba muy sola. • **feel lonely** sentirse solo -a ▶ **ALONE** SIN **lonesome 2** (vida, noche) solitario -a: *a lonely childhood* una niñez solitaria **3** (sitio, carretera) solitario -a SIN **remote**

,lonely 'hearts *s* [pl] corazones solitarios • **lonely hearts column** sección de contactos

lon·er /ˈloʊnə/ *s* [C] solitario -a

lone·some /ˈloʊnsəm/ *adj* **1** solo -a SIN **lonely** ▶ **ALONE 2** (vida, noche) solitario -a SIN **lonely 3** (sitio, carretera) solitario -a SIN **lonely, remote**

long¹ S1 W1 /lɒŋ/ *adj*

1	extensión
2	distancia
3	tiempo
4	extensión determinada
5	tiempo determinado
6	libro, lista
7	interminable
8	ropa

1 **EXTENSIÓN** largo -a: *long hair* pelo largo • *the longest tunnel in the world* el túnel más largo del mundo ANT **short**

2 **DISTANCIA** *Some people had come long distances.* Algunos habían venido desde lejos. • **a long trip/flight** un viaje/vuelo largo • **a long drive** *You've had a long drive.* Has conducido mucho tiempo. • **be a long way from sth** estar/quedar lejos de algo • **a long way away/off** lejos ANT **short**

3 **TIEMPO** largo -a: *a long illness* una larga enfermedad • *The meeting was too long.* La reunión fue demasiado larga. • **a long time/while** mucho tiempo: *She died a long time ago.* Murió hace mucho tiempo. • **take a long time** llevar mucho tiempo • **a long memory** mucha memoria • **the longest time** (*oral*) muchísimo tiempo ANT **short**

4 **EXTENSIÓN DETERMINADA** [gralm después de s] largo -a • **be two miles/three meters long** medir dos millas/tres metros • **how long is...?** ¿qué largo tiene...?, ¿cuánto mide...?: *How long is that piece of wood?* ¿Cuánto mide esa madera?

5 **TIEMPO DETERMINADO** [gralm después de s] **be two hours/three days long** durar dos horas/tres días • **how long is/was...?** ¿cuánto (tiempo) dura/duró...?: *How long is the movie?* ¿Cuánto dura la película?

6 **LIBRO, LISTA** largo -a: *a long novel* una novela larga ANT **short**

7 **INTERMINABLE** [solo ante s] (*coloq*) largo -a • **a long day** un largo día ANT **short**

8 **ROPA** [gralm ante s] largo -a: *a long dress* un vestido largo • **long-sleeved** de manga(s) larga(s) ANT **short** ▶ **LENGTH**; **a LITTLE sth goes a long way**, **a LONG haul**, **LONG SHOT**, **make/cut a long STORY short**, **in the long TERM**, **have a long WAY to go**

EXPRESIONES
at long last al final, después de mucho tiempo • **she/he will go a long way** ella/él llegará lejos SIN **go far** • **sth goes a long way** algo rinde mucho: *With the dollar so low, your sterling will go a long way.* Con el dólar tan bajo, las libras le rendirán mucho. • **have come a long way** haber evolucionado/progresado mucho: *Technology has come a long way since the 1960s.* La tecnología ha evolucionado mucho desde los años 60. • **in the long run** a la larga • **long hours** *low pay and long hours* bajos salarios y muchas horas de trabajo • **long in the tooth** (*coloq*) viejo -a, entrado -a en años • **it's a long story** (*oral*) es una larga historia, es largo de explicar • **long time, no see** (*coloq, oral*) cuánto tiempo sin verte • **not by a long shot** ni mucho menos • **not be long for this world** tener los días contados • **take a long (hard) look at sth/sb** considerar detenidamente/cuidadosamente algo/a alguien

long² S1 W1 *adv*
1 mucho (tiempo): *Have you been waiting long?* ¿Hace mucho que esperas? • *I'll try not to keep you long.* Intentaré no tardar mucho con usted. • **not last long** no durar mucho: *The peaceful atmosphere didn't last long.* El ambiente tranquilo no duró mucho. • **not take (sb) long** no llevar (a alguien) mucho tiempo: *It didn't take him long to solve the problem.* No le llevó mucho tiempo solucionar el problema. • **long overdue** *A change in the law is long overdue.* Hace tiempo que se debería haber

cambiado la ley. • **long thought/considered** *The problem was long thought to be impossible to solve.* Durante mucho tiempo se pensó que el problema era imposible de resolver. • **long may...** *Long may their success last!* ¡Que el éxito sea duradero! **2** *It took me longer than I thought it would.* Me llevó más tiempo de lo que pensé. • **how long...?** *How long will it take to get there?* ¿Cuánto nos llevará llegar hasta allí? **3 long ago** hace mucho (tiempo): *This happened very long ago.* Esto pasó hace mucho. • **long before** mucho antes: *Your grandfather died long before you were born.* Tu abuelo murió mucho antes de que nacieras. • **not be long before sth** *It won't be long before it's your turn.* No falta mucho para que sea tu turno. • **long after** mucho después • **long since** (*frml*) *The hotel had closed down long since.* El hotel había cerrado hacía tiempo.

EXPRESIONES
all day/year/summer long todo el día/el año/el verano • **as/so long as** (a) siempre que: *You can go as long as you're home for dinner.* Puedes ir, siempre que vuelvas a casa para la cena. (b) siempre que: *As long as we keep playing well, we'll keep winning games.* Siempre que sigamos jugando bien, seguiremos ganando partidos. • **before long** dentro de poco: *Summer vacation will be over before long.* Las vacaciones de verano se terminarán dentro de poco. • **for long** [gralm en negat y interrog] *Will you be in Europe for long?* ¿Te quedarás mucho tiempo en Europa? • *We haven't known them for very long.* No hace mucho que los conocemos. • **be long** (*oral*) tardar: *Wait here. I won't be long.* Espera aquí. Enseguida vuelvo. • *Dinner won't be long .* La cena no tardará. • **long live sb/sth** *Long live the King!* ¡Que viva el rey! • **no longer** (tb **not any longer**) (*frml*) (a) *The company is no longer in business.* La empresa ya no trabaja más. (b) *I refuse to stay in this house any longer.* Me niego a permanecer más tiempo en esta casa. • **not for long** (*oral*) *She's smiling now, but not for long.* Ahora sonríe, pero no le durará mucho. • **so long** hasta luego

long³ *v* [I] (*frml*) **long for sth** ansiar/anhelar algo • **long to do sth** ansiar hacer algo • **long for sb/sth to do sth** ansiar/anhelar que alguien/algo haga algo ► LONGING, LONGINGLY

long⁴ *s*

EXPRESIONES
the long and (the) short of it (*oral*) en una palabra

long-'distance¹ *adj* [solo ante s] **1** (viaje, vuelo) de larga distancia; (carrera, corredor) de fondo **2** (comunicación) de larga distancia • **a long-distance call** una llamada de larga distancia ANT **local**

long-'distance² *adv* **1** a larga distancia: *She called her boyfriend long-distance.* Le hizo una llamada de larga distancia al novio. **2** *Overnight accommodation can be arranged for anyone traveling long-distance.* Para quienes deban hacer viajes de larga distancia se les puede ofrecer alojamiento para pasar la noche.

long-drawn-'out *adj* [solo ante s] interminable, larguísimo -a SIN **protracted**

lon·gev·i·ty /lɑnˈdʒɛvəṭi, lɔn-/ *s* [U] (*escrito*) longevidad (de una persona) duración (de un proceso)

long·hand /ˈlɔŋhænd/ *s* [U] *Sometimes she wrote longhand, sometimes on a computer.* A veces escribía a mano, a veces en un computador. • **in longhand** a mano ► SHORTHAND

long-haul *adj* de larga distancia ► over the long HAUL

long·ing¹ /ˈlɔŋɪŋ/ *s* [C,U] añoranza, nostalgia (de algo pasado o lejano) anhelo (de algo futuro) • [+for]: *a longing for home* nostalgia de su casa • **longing to do sth** anhelo/vivo deseo de hacer algo

longing² *adj* [solo ante s] anhelante

long·ing·ly /ˈlɔŋɪŋli/ *adv* con ansia, con nostalgia

lon·gi·tude /ˈlɑndʒəˌtud/ *s* [C,U] longitud (en la superficie terrestre) ► LATITUDE

long johns *s* [pl] calzoncillos largos

long jump *s* **the long jump** (el) salto (en) largo, (el) salto de longitud

long-'lasting *adj* duradero -a (efecto, paz) de larga duración (pila)

long-'life *adj* [solo ante s] de larga duración (pila, bombilla)

long-lived /ˌlɔŋ ˈlaɪvd‹ / *adj* longevo -a (organismo) duradero -a (proceso, cualidad) ANT **short-lived**

long-'lost *adj* [solo ante s] (amigo, hermano) *He journeys to Chicago to find his long-lost brother.* Viaja a Chicago a buscar al hermano que no ve hace tanto tiempo.

long-'range *adj* [gralm ante s] **1** (plan, objetivo) a largo plazo ANT **short-range 2** (misil, radar) de largo alcance ANT **short-range**

long-'running *adj* [gralm ante s] (conflicto, problema) antiguo -a, que viene de largo; (programa, obra de teatro) que lleva tiempo en pantalla/en cartelera

long·shore·man /ˌlɔŋˈʃɔrmən, ˈlɔŋˌʃɔrmən/ *s* [C] estibador -a (en el puerto)

long shot *s* [C] (*coloq*) (con pocas posibilidades) *Murphy is a long shot for the position.* Es muy poco probable que a Murphy le den el puesto. • *He's a long shot to win a medal.* Está muy lejos de ganar una medalla.

EXPRESIONES
not by a long shot ni por asomo, ni mucho menos

long-'standing *adj* [solo ante s] antiguo -a

long-'suffering *adj* [gralm ante s] sufrido -a

long-'term W2 *adj* [gralm ante s] **1** (objetivo, interés) a largo plazo: *long-term investments* inversiones a largo plazo • *long-term memory* memoria de largo plazo ANT **short-term 2** (relación, efecto) duradero -a, prolongado -a; (desempleo) de larga duración: *people in long-term relationships* gente que tiene relaciones duraderas ANT **short-term** ► **in the long TERM**

long·time /ˈlɔŋtaɪm/ *adj* [solo ante s] antiguo -a

long wave (abrev escrita **LW**) *s* [U] onda larga ► FM, SHORT WAVE

long 'weekend *s* [C] fin de semana largo

long-'winded *adj* **1** (explicación, discurso) enrevesado -a, pesado -a **2** (proceso, procedimiento) enrevesado -a, complicado -a

look¹ S1 W1 /lʊk/ *v*

1	con los ojos
2	para encontrar algo
3	apariencia
4	opinión
5	un edificio
6	para llamar la atención
7	para introducir un ejemplo
8	indicando intención

1 CON LOS OJOS [I] mirar • **look at sth/sb** mirar algo/a alguien: *She turned to look at me.* Volteó para mirarme. • **look down** mirar hacia abajo • **look around** mirar alrededor

2 PARA ENCONTRAR ALGO [I] buscar: *I've looked everywhere, but I can't find my gloves.* He buscado por todos lados, pero no encuentro mis guantes. • **look for sth/sb** buscar algo/a alguien: *I've been looking everywhere for that key!* ¡He estado buscando esa llave por todas partes!

3 APARIENCIA [v copul] parecer, verse: *You look tired.* Pareces cansado. • *Do these jeans make me look fat?* ¿Me hacen gorda estos jeans? • **look like sb/sth** *I don't look much like my sister.* No me parezco mucho a mi hermana. • **look as if/though** *You look as though you haven't slept for days.* Parece que no hubieras dormido en varios días. • **how does sb/sth look?** *How do I look in this dress?* ¿Cómo me queda este vestido? • **not look it** *His mother is 55, but she doesn't look it.* Su madre tiene 55, pero no los aparenta. • **look your age** aparentar la edad que tienes/tiene: *Now he has a beard, he* *looks his age.* Ahora que tiene barba, aparenta la edad que tiene. • **look your/its best** *She put on her new dress — she wanted to look her best.* Se puso el vestido nuevo: quería estar lo mejor posible. • **sth looks good/interesting/boring** *That soup looks good!* ¡Esa sopa parece muy buena!

4 OPINIÓN [v copul] parecer • **it looks like** parece que: *It looks like they don't need our help.* Parece que no necesitan nuestra ayuda. • **it looks as if/though** parece que: *It looks as if it may rain later.* Parece que más tarde va a llover. • **how sth is looking** (tb **how sth looks**) *How is the situation looking now?* ¿Cómo está ahora la situación? • **look stupid** (tb **look a fool/an idiot**) quedar como un -a estúpido -a/un -a idiota • **look certain** *Bush looked certain to be elected.* Parecía seguro que Bush saldría elegido. • **it looks certain that** parece seguro que • **look likely** parecer probable • **it looks likely that** parece probable que

5 UN EDIFICIO [I siempre + adv/prep] **look north/south** dar al norte/sur • **look out on/over sth** dar a algo: *My apartment window looks out on the park.* La ventana del departamento da al parque. SIN **face**

6 PARA LLAMAR LA ATENCIÓN [I] mirar: *Look! There's an elephant.* ¡Mira! Allí hay un elefante. • *Look, that isn't what happened.* Mira, eso no es lo que pasó. • **look at sth/sb** mirar algo/a alguien: *Look at me, mommy!* ¡Mírame, mamá! • **look (at) how/what/where** *Look how tall she is now!* ¡Mira lo alta que está ahora! • **look what you've done!** ¡Mira lo que has hecho!

7 PARA INTRODUCIR UN EJEMPLO [I] **look what/how** *It won't be easy. Look what happened when we tried before.* No será fácil. Mira lo que pasó cuando lo intentamos antes.

8 INDICANDO INTENCIÓN be **looking to do sth** intentar/pretender hacer algo: *politicians looking to please the voters* políticos que intentan agradar a los votantes ▸ **look DAGGERS at sb, never/don't look a GIFT horse in the mouth**

¿**look, stare, gaze, glare, glance, peep** o **peer**?
En inglés hay gran variedad de verbos afines que expresan modos de mirar:
look es el verbo general para decir "mirar"
stare se usa cuando se mira fijamente: *Why are you staring at me like that?*
gaze es más propio del lenguaje escrito y denota cierto placer en la mirada: *I lay back and gazed at the stars above.*
glare indica algo de enojo: *Sarah glared at her father.*
glance sugiere una mirada breve o rápida: *I glanced at my watch.*
peep o **peek** expresan la idea de mirar a escondidas: *I saw Joe peeping through the curtains.*
peer sugiere que hay alguna dificultad para ver: *She peered into the darkness.*

EXPRESIONES
don't look now no mire/mires: *Oh no! Don't look now but here comes Tony.* ¡Ay, no! No mires pero aquí viene Tony. • **(I'm) just looking** (en una tienda) estoy mirando nada más • **look before you leap** proverbio usado para aconsejar pensar acerca de los posibles riesgos o dificultades involucrados antes de hacer algo • **look down your nose at sth/sb** (coloq) despreciar/mirar por encima del hombro algo/a alguien • **look the other way** mirar para el otro lado • **look over your shoulder** estar intranquilo -a • **look straight/right through sb** (involuntariamente) no ver a alguien; (voluntariamente) ignorar a alguien

look after v+partíc **1 look after sb** cuidar a/de alguien, atender a alguien: *Who looks after the kids while you're at work?* ¿Quién cuida a los niños cuando estás trabajando? • **be well looked after** estar bien cuidado -a/atendido -a: *The animals were well looked after.* Los animales estaban bien cuidados. • **look after yourself** cuidarse (solo -a), arreglarse solo -a SIN **take care of 2 look after sth** ocuparse de algo: *She looks after the financial side of the business.* Se ocupa de la parte financiera del negocio. **3 look after sth** cuidar algo, mantener algo: *Our neighbors are looking after the house.* Nuestros vecinos están cuidando la casa. • **be**

well looked after estar bien cuidado -a/mantenido -a SIN **take care of 4 look after yourself** cuidarse (solo -a) SIN **take care**

look ahead v+partíc mirar hacia adelante/el futuro • **looking ahead** *Looking ahead, we can expect major changes in our system of government.* En el futuro, podemos esperar cambios importantes en nuestro sistema de gobierno.

look around v+partíc **1 look around** mirar, echar un vistazo **2 look around sth** dar una vuelta por algo, ver algo: *We had a few hours to look around the town.* Teníamos unas horitas para dar una vuelta por la ciudad. **3 look around** buscar • **look around for sth** buscar algo: *I began to look around for a place to live.* Empecé a buscar un lugar para vivir.

look at v+partíc **1 look at sth** mirar, revisar, checar (una herida, una máquina) **2 look at sth** mirar algo, echarle un vistazo a algo (un informe, un artículo) **3 look at sth** considerar algo, estudiar algo (un problema, un tema) • **look at doing sth** pensar en hacer algo, considerar hacer algo: *We're looking at moving to a new site.* Estamos pensando en mudarnos a otro sitio. **4 look at sth/sb** ver algo/a alguien (de cierta manera) • **the way I look at it** desde mi punto de vista **5 look at sb/sth** (oral) *Look at France. They have wonderful transportation systems.* Mira Francia. Tienen unos sistemas de transporte estupendos. **6 look at sb/sth!** (oral) **(a)** *Look at this place! It's fantastic!* ¡Mira este sitio!¡Es fabuloso! **(b)** *Look at him, walking around as if he owns the place!* ¡Míralo, dando vueltas por allí como si fuera el dueño! **7 not much to look at** (coloq) *Her boyfriend's not much to look at, is he?* Su novio no es muy atractivo que digamos, ¿verdad?

look back v+partíc **1** *Looking back, I wish I'd done things differently.* Pensándolo ahora, me gustaría haber hecho las cosas de otra manera. • **look back at/on sth** retrotraerse a/recordar algo **2 sb never looked back** (tb **sb hasn't looked back since**) *After winning the scholarship he never looked back.* Después de ganar la beca, todo le ha ido de lo mejor.

look down on v+partíc **1 look down on sb** despreciar a alguien **2 look down on sth** despreciar algo

look for sth/sb v+partíc **1 look for sth/sb** buscar algo/a alguien: *Brad was looking for you earlier.* Brad te estaba buscando hace un rato. **2 look for sth** buscar algo: *She's looking for a new job.* Está buscando otro trabajo. **3 look for sth/sb** buscar algo/a alguien: *We're looking for someone with more experience.* Estamos buscando a alguien con más experiencia. **4 be/come looking for trouble** (coloq) estar buscando problemas/líos

look forward to sth v+partíc **1 look forward to sth** *I'm really looking forward to our vacation.* Estoy deseando que lleguen las vacaciones. • **look forward to doing sth** *I'm looking forward to seeing my family again.* Tengo muchas ganas de volver a ver a mi familia. • *My mother's looking forward to meeting you.* Mi madre tiene muchas ganas de conocerte. **2 sb/sth can look forward to sth** *The company can look forward to another successful year.* A la empresa le espera otro año de éxito.

look in v+partíc pasar (de camino a otro lugar) • **look in on sb** *I promised to look in on Dad.* Prometí pasar a ver a mi padre. SIN **call in, drop in**

look into sth v+partíc **1** investigar algo (un asunto) SIN **investigate 2** estudiar algo (una idea, una posibilidad) SIN **explore**

look on v+partíc **1 look on** mirar SIN **observe** ▸ **ONLOOKER 2 look on sth/sb as sb/sth** (tb **look upon sth/sb as sb/sth** (frml)) **look on/upon sth as a failure/a sin** ver algo como un fracaso/un pecado • **look on/upon sb as a friend/a model** considerar a alguien una amiga/un amigo/un modelo, considerar a alguien una amiga/un modelo SIN **consider**

look out v+partíc **look out!** (oral) ¡cuidado!: *Look out! He's got a gun!* ¡Cuidado! ¡Tiene un arma! SIN **watch out** ▸ **LOOKOUT**

look out for sb/sth v+partíc **1** estar atento para localizar algo/a alguien: *Look out for the monument just past the hotel.* Estén atentos a ver si ven el monumento que está apenas pasando el hotel. **2** cuidar algo/a alguien • **look out for yourself** (tb **look out for number one**) cuidar de sí mismo -a

look sth/sb ↔ over *v+partíc* echarle una ojeada a algo/alguien

look through *v+partíc* **1 look through sth** buscar en/entre algo **2 look through sth** revisar algo

look to *v+partíc* **1 look to sb/sth for sth** *Students look to their teachers for guidance.* Los alumnos esperan que sus profesores les guíen. • **look to sb/sth to do sth** esperar que alguien/algo haga algo: *The country was looking to him to provide strong leadership.* El país esperaba que él aportara un liderazgo fuerte. [SIN] **depend on, rely on 2 look to sth** atender a algo, considerar algo [SIN] **consider**

look up *v+partíc* **1 look sth** ↔ **up** buscar algo (en un libro, un computador): *I looked the word up in the dictionary.* Busqué la palabra en el diccionario. **2 look sb** ↔ **up** visitar a alguien **3 look up** [gralm en forma continua] mejorar • **things are looking up** la situación está mejorando

look up to sb *v+partíc* admirar a alguien

look² [S1] [W1] *s*

1 con los ojos
2 análisis
3 expresión
4 apariencia
5 para encontrar algo
6 breve panorama
7 estilo
8 atractivo físico

1 CON LOS OJOS [C gralm sing] **take/have a look at sth/sb** echarle una mirada a algo, mirar algo • **take a good/close look at sth/sb** mirar bien algo/a alguien, fijarse bien en algo/alguien: *Take a good look at the photograph.* Fíjese bien en la fotografía. • **get a look at sth/sb** poder ver algo/a alguien: *I didn't get a look at his face.* No pude verle la cara. • **take/have a look around** echar un vistazo • **exchange looks** mirarse • **one look at sth/sb** *One look at him and you could see why the marriage had failed.* Con sólo mirarlo era fácil ver por qué había fracasado el matrimonio.

2 ANÁLISIS [sing] **take/have a look at sth/sb** considerar/examinar algo/a alguien: *Have you taken a look at my proposal yet?* ¿Ya has considerado mi propuesta?

3 EXPRESIÓN [C gralm sing] expresión de la cara o la mirada: *I knew by the look on his face that he had failed.* Supe por la cara que tenía que había reprobado. • **a look of pity/horror/surprise** *the look of pity and sadness on his face* la expresión de compasión y tristeza que tenía • **give sb a dirty look** lanzar una mirada asesina/de odio a alguien

4 APARIENCIA [C gralm sing] aspecto, aire: *The blue walls give the room a cold look.* Las paredes azules les dan un aspecto frío a la sala. • **not like the look of sth/sb** *I don't like the look of those storm clouds.* No me gusta el aspecto de esos nubarrones. • **by the look(s) of sth/sb** por lo que se ve/veía: *By the looks of it, the furniture was very old.* Por lo que se veía, los muebles eran muy viejos.

5 PARA ENCONTRAR ALGO **have a look for sth/sb** buscar algo/a alguien: *I'll have another look for the keys.* Buscaré de nuevo las llaves.

6 BREVE PANORAMA **a look at sth** una mirada a/un vistazo de algo: *Here's a brief look at today's news.* He aquí un vistazo de las noticias de hoy.

7 ESTILO [sing] moda, look: *The hippy look is back again.* El look hippy ha vuelto.

8 ATRACTIVO FÍSICO **looks** [pl] belleza, atractivo • **good looks** *a man with charm and good looks* un hombre encantador y buen mozo ▶ **GOOD-LOOKING**

look·a·like /'lʊkə,laɪk/ *s* [C] doble, sosia

look·out /'lʊk-aʊt/ *s* [C] **1** vigía, vigilante **2** atalaya, vigía

EXPRESIONES
keep a lookout estar atento -a • **be on the lookout for sth/sb** andar a la caza de algo/alguien

loom¹ /lum/ *v* [I] **1** [siempre + adv/prep] surgir o alzarse como una figura imponente o amenazante (tormenta, conflicto) **2** avecinarse

EXPRESIONES
loom large (a) pesar, tener importancia (problema, factor, etc.) **(b)** cernerse (amenaza)
loom up *v+partíc* surgir, aparecer (figura imponente)

loom² *s* [C] telar

loon·y¹ /'luni/ *s* [C] (pl **loonies**) (*coloq*) chiflado -a, deschavetado -a

loony² *adj* (**loonier, looniest**) (*coloq*) chiflado -a

loop¹ /lup/ *s* [C] **1** lazada, lazo (de hilo), meandro (de un río) **2** bucle (en programación) **3** película o música que contiene una secuencia de imágenes o sonidos que vuelve a empezar al terminar

EXPRESIONES
be in the loop (*coloq*) estar enterado -a, estar al tanto (por formar parte de un grupo que toma decisiones, etc.) • **knock/throw sb for a loop** (*coloq*) dejar a alguien helado -a • **be out of the loop** (*coloq*) no estar enterado -a, no estar al tanto (de decisiones, etc.)

loop² *v* [T siempre + adv/prep] **loop sth around sth** enrollar algo alrededor de algo • **loop sth over sth** *He looped the rope over the post.* Hizo un lazo con la cuerda alrededor del poste.

EXPRESIONES
loop the loop hacer un rizo (avión)

loop·hole /'luphoʊl/ *s* [C] vacío legal

loop·y /'lupi/ *adj* (*coloq*) chiflado -a

loose¹ [S2] [W3] /lus/ *adj*

1 tornillo, diente, teja
2 nudo, cuerda
3 ropa
4 pelo
5 prisionero, animal
6 que no están juntos
7 no exacto
8 no compacto
9 sexualmente

1 TORNILLO, DIENTE, TEJA flojo -a, suelto -a: *a loose floorboard* una tabla del piso floja • **come loose** aflojarse • **break loose** soltarse • **work loose** aflojarse

2 NUDO, CUERDA flojo -a, suelto -a • **a loose connection** un cable suelto

3 ROPA suelto -a, holgado -a: *The shorts are a little loose around the waist.* Los shorts me quedan un poco sueltos de cintura. [SIN] **baggy** [ANT] **tight**

4 PELO suelto -a: *She usually wears her hair loose.* Generalmente, usa el pelo suelto.

5 PRISIONERO, ANIMAL suelto -a • **break/get loose** soltarse, escaparse • **turn/let sb loose** soltar a alguien

6 QUE NO ESTÁN JUNTOS suelto -a: *loose papers* papeles sueltos • *loose tea* té en hojas • *The potatoes are sold loose.* Las papas se venden a granel.

7 NO EXACTO poco preciso -a, vago -a • **a loose interpretation** una interpretación poco estricta

8 NO COMPACTO suelto -a • **loose soil/earth** tierra suelta

9 SEXUALMENTE (*antic*) disoluto -a, libertino -a • **a loose woman** una mujer de vida alegre ▶ **all HELL breaks loose**, **have a SCREW loose**

EXPRESIONES
cut loose (*coloq*) soltarse, relajarse • **cut yourself loose from sb/sth** deshacerse de alguien/algo • **hang/stay loose** (*oral*) mantener la calma • **let loose** desatarse (dejar de controlarse) • **let loose sth (a)** soltar algo (un insulto, etc.) **(b)** liberar algo (lava, un tóxico, etc.) • **let sb loose on sth** (permitir) *Last time I let you loose on the computer, you broke it.* La última vez que te dejé a cargo del computador, lo rompiste. • **a loose cannon** una bomba de tiempo • **loose change** cambio, menuda,

feria (en monedas) • **be at loose ends** no tener nada que hacer • **tie up the loose ends** atar cabos sueltos • **turn sb loose on sb** hacer que alguien saque la cara ante alguien • **turn sb loose on sth** darle libertad a alguien en relación con algo (un proyecto, un trabajo)

loose[2] v [T] (*liter*) **1** soltar, poner en libertad SIN **untie 2** desatar SIN **undo, untie** ▶ LOOSEN ANT **tighten** loose sth on/upon sb v+partíc (*liter*) desatar algo sobre alguien SIN **unleash**

loose[3] s **be on the loose** andar suelto -a

,loose-'fitting adj holgado -a

loose-leaf /'luslif/ adj [solo ante s] de anillos, de argollas (carpeta)

loose-ly /'lusli/ adv **1** con holgura, sin apretar **2** vagamente, libremente • **be loosely based on sth** estar basado -a a grandes rasgos en algo • **loosely speaking** (hablando) en términos generales **3** *The Party was more loosely structured in those days.* En esa época, el partido tenía una estructura más flexible.

loos·en /'lusən/ v **1** (a) [T] aflojar ANT **tighten** (b) [I] aflojarse ANT **tighten 2** [T] flexibilizar (una restricción, un control) SIN **relax** ANT **tighten**

EXPRESIONES
loosen your grip on sth/sb (tb **loosen your hold on sth/sb**) (a) flexibilizar/disminuir el control de algo/ alguien (b) dejar de apretar algo/a alguien con tanta fuerza
loosen up v+partíc **1 loosen up** relajarse **2 loosen sb ↔ up** hacer relajar a alguien **3 loosen sth ↔ up** desentumecer algo, aflojar algo (músculos) **4 loosen up** entrar en calor, desentumecer los músculos (persona), desentumecerse (músculos)

loot[1] /lut/ v [I,T] saquear

loot[2] s [U] **1** (en la guerra) botín SIN **plunder, spoils 2** (*coloq*) (en un robo) botín **3** (*coloq*) cosas compradas, recibidas, etc. en grandes cantidades **4** (*coloq*) dinero, lana

loot·er /'lutər/ s [C] saqueador -a

loot·ing /'lutɪŋ/ s [U] saqueo

lop /lɑp/ v [T] (**lopped, lopping**) **1** (tb **lop ↔ off**) cortar, cercenar (de un solo golpe) SIN **chop, chop off 2** podar **3** (tb **lop ↔ off**) (*coloq*) rebajar • **lop sth off sth** rebajar algo en algo

lope[1] /loʊp/ v [I siempre + adv/prep] correr a paso largo: *Karen loped up two flights of stairs.* Karen subió dos tramos de escaleras a grandes zancadas.

lope[2] s [sing] andar de paso largo

lop·sid·ed /'lɑp,saɪdɪd/ adj torcido -a, chueco -a

lord[1] /lɔrd/ s [C] **1 Lord** Señor **2 the Lord** el Señor: *May the Lord be with you.* Que el Señor sea con vosotros. **3 our Lord** nuestro Señor **4** (tb **Lord**) (título) lord ▶ LADY **5** (en la Edad Media) señor • **the lord of the manor** el señor feudal **6 Lord** (en los títulos correspondientes a algunos cargos públicos) *the Lord Mayor of London* el Alcalde de Londres

EXPRESIONES
Good Lord!/Lord!/Oh Lord! (*oral*) ¡Dios mío! • **Lord knows** bien se sabe que: *Lord knows you deserved to win.* Bien se sabe que merecías ganar. • **Lord (only) knows** quién sabe • **Lord knows how/who/where** quién sabe cómo/quién/dónde

lord[2] v **lord it over sb** (*peyor*) tratar a alguien con prepotencia, mandonear a alguien

lore /lɔr/ s [U] conocimiento transmitido oralmente: *According to local lore, a ghost still haunts the castle.* Según las tradiciones locales, hay un fantasma que sigue rondando el castillo. ▶ FOLKLORE

lose S1 W1 /luz/ v (**lost** /lɔst/)

1 bienes, derechos, el trabajo
2 error, decisión, situación
3 la confianza, el interés
4 no encontrar

5 ser derrotado
6 dinero
7 el tiempo, una oportunidad
8 peso
9 una extremidad, un órgano
10 verse perjudicado
11 a un familiar, un amigo
12 confundir
13 dejar de ver
14 un perseguidor
15 algo no deseado
16 concentrarse

1 BIENES, DERECHOS, EL TRABAJO [T] perder: *Some workers will lose their jobs.* Algunos trabajadores perderán su trabajo. • **lose everything** perder todo ANT **gain**

2 ERROR, DECISIÓN, SITUACIÓN [T] **lose sb sth** costar algo a alguien, hacerle perder algo a alguien: *The incident lost him his job.* El incidente le costó su trabajo. • *The decision lost him the race.* La decisión le hizo perder la carrera.

3 LA CONFIANZA, EL INTERÉS [T] perder • **lose interest** perder interés • **lose consciousness** perder el conocimiento • **lose your sight/hearing/memory/faculties** perder la vista/la audición/la memoria/las facultades • **lose your voice/balance/breath** quedarse afónico -a/perder el equilibrio/quedarse sin aliento • **lose patience with sb/sth** perder la paciencia con alguien/ algo • **lose hope** perder la(s) esperanza(s) • **lose your nerve** acobardarse, no tener valor • **lose your touch** (*coloq*) perder habilidades

4 NO ENCONTRAR [T] perder: *I've lost my keys.* He perdido las llaves. SIN **mislay**

5 SER DERROTADO [I,T] perder: *I'm not playing tennis with her anymore – I always lose.* No voy a jugar más al tenis contra ella: siempre pierdo. • *Noel lost the argument.* Noel perdió la discusión. • **lose to sb** perder frente a/ante alguien: *Canada lost 2–0 to Mexico.* Canadá perdió 2 a 0 frente a México.

6 DINERO [I,T] perder • **lose on sth** salir perdiendo/ perder con algo: *Did they lose on the deal?* ¿Salieron perdiendo con el trato? • **stand to lose sth** correr el riesgo de perder algo

7 EL TIEMPO, UNA OPORTUNIDAD [T] perder: *Sorry, you lost your chance.* Perdón, has perdido tu oportunidad. • **there is no time to lose** no hay tiempo que perder • **lose no time in doing sth** no tardar en hacer algo: *The mayor lost no time criticizing the proposal.* El alcalde no tardó en criticar la propuesta.

8 PESO [T] perder: *You look different. Have you lost weight?* Te ves distinta. ¿Has adelgazado?

9 UNA EXTREMIDAD, UN ÓRGANO [T] perder • **lose an arm/leg/eye** perder un brazo/una pierna/un ojo • **lose blood** perder sangre

10 VERSE PERJUDICADO [I,T] perder: *Just ask her. You lose nothing by asking.* Pregúntale. No pierdes nada preguntando. • **sb can't lose** *Whatever the result is, we can't lose.* Sea cual sea el resultado, vamos a salir ganando. • **have nothing to lose** no tener nada que perder • **have a lot /too much to lose** tener mucho/ demasiado que perder

11 A UN FAMILIAR, UN AMIGO [T] (*frml*) perder • **lose a baby** perder un bebé ▶ MISCARRIAGE • **be lost at sea** perderse/desaparecer en el mar

12 CONFUNDIR [T] (*coloq*) hacer perder a: *Explain it again. You lost me after the first sentence.* Explícalo otra vez. Hiciste que me perdiera después de la primera oración.

13 DEJAR DE VER [T] (*coloq*) perder: *I lost him in the crowd.* Lo perdí en la multitud.

14 UN PERSEGUIDOR [T] (*coloq*) deshacerse de: *It'll be easier to lose them in the city.* Va a ser más fácil deshacernos de ellos en la ciudad.

15 ALGO NO DESEADO [T] (*coloq*) deshacerse de

16 CONCENTRARSE lose yourself in sth abstraerse en algo: *As we read, we lose ourselves in a magical world.* Cuando leemos, nos abstraemos en un mundo mágico. ▶ LOSS; lose GROUND, (have you) lost your TONGUE?

EXPRESIONES
lose control **(a)** perder el control: *The driver lost control of the vehicle.* El conductor perdió el control del vehículo. **(b)** perder el control: *He suddenly lost control and started to hit me.* De pronto, perdió el control y empezó a pegarme. • **lose count of sth (a)** (cuando hay muchos) perder la cuenta de algo **(b)** (por olvidar el total) perder la cuenta de algo • **lose face** quedar mal • **lose it** (*coloq*) **(a)** perder el control **(b)** no saber para dónde ir, estar desorientado -a • **lose your life** (*frml*) perder la vida • **lose your mind** (tb **lose your marbles**) volverse loco -a • **lose sight of sth** (olvidar) perder algo de vista • **lose sight of sth/sb** (no ver) perder algo/a alguien de vista • **lose sleep over/about sth** *This isn't something to lose sleep over.* Ésto no me va a quitar el sueño. • **lose speed** perder velocidad • **lose your temper** (tb **lose your cool** (*coloq*)) perder los estribos • **lose touch** perder contacto • **be lost in translation** perderse con la traducción • **lose track of sth** perderle el rastro a algo, perder la cuenta de algo • **lose track of time** perder la noción del tiempo • **lose your way/bearings (a)** (no saber dónde ir) perder el rumbo **(b)** (no saber qué hacer) perder el rumbo
lose out *v+partíc* salir perdiendo, perder • **lose out to sb** perder frente a alguien • **lose out on sth** perder algo, verse perjudicado -a en algo

los·er /ˈluzər/ *s* [C] **1** [gralm pl] (quien resulta afectado) *Who does the law benefit and who are the losers?* ¿A quién beneficia la ley y quiénes salen perdiendo? • *If these budget cuts are made, the big losers will be the poor.* Si se llevan a cabo estos recortes del presupuesto, los más afectados serán los pobres. ANT **winner 2** (que no tiene éxito) perdedor -a • **a born loser** un perdedor nato/una perdedora nata ANT **winner 3** (en un partido, una elección) perdedor -a • **be a good loser** ser buen perdedor/buena perdedora • **be a bad loser** ser mal perdedor/mala perdedora ANT **winner**

loss W1 /lɔs/ *s*
1 [C,U] (hecho de perder) pérdida • **loss of appetite** pérdida de apetito • **loss of blood** pérdida de sangre, hemorragia • **job losses** *The company is closing down two of its factories, leading to 430 job losses.* La compañía va a cerrar dos de sus fábricas y como resultado se perderán 430 puestos de trabajo. • **weight loss** pérdida de peso • **hair loss** pérdida de pelo • **hearing loss** pérdida de la audición • **memory loss** pérdida de memoria
2 [C] (dinero) pérdida: *The company's losses totaled almost $5 million.* Las pérdidas de la compañía ascendieron a casi 5 millones de dólares. • **make a loss** sufrir pérdidas, perder • **run/operate at a loss** funcionar con pérdida • **sell sth at a loss** vender algo a pérdida ANT **profit**
3 [C,U] (muerte) pérdida • **suffer heavy losses** sufrir numerosas bajas • **loss of life** *Happily, there had been no actual loss of life.* Felizmente, no había habido víctimas fatales.
4 [C] derrota SIN **defeat** ANT **win**
5 [U] (sentimiento) vacío • **sense of loss** sensación de vacío ▶ CUT your/her losses, a DEAD loss

EXPRESIONES
be at a loss no saber qué hacer/qué decir • **be at a loss to do sth** no saber cómo hacer algo • **be at a loss for words** no saber qué decir • **be no great loss** • **it's your/his loss** (*oral*) tú te lo pierdes/él se lo pierde

lost¹ S2 W3 /lɔst/ *adj*

1 desorientado
2 que no se encuentra
3 desaprovechado
4 no ganado
5 sin saber qué hacer
6 abstraído
7 un chiste, un consejo
8 por no entender
9 que ya no existe

1 DESORIENTADO perdido -a: *Are you lost?* ¿Está perdido? • **get lost** perderse

2 QUE NO SE ENCUENTRA perdido -a • **get lost** perderse: *The invitation must have gotten lost in the mail.* La invitación debe de haberse perdido en el correo. SIN **missing**
3 DESAPROVECHADO [gralm ante s] perdido -a: *lost opportunities* oportunidades perdidas • *It'll be impossible to make up the lost time.* Va a ser imposible recuperar el tiempo perdido. SIN **wasted**
4 NO GANADO [gralm ante s] perdido -a
5 SIN SABER QUÉ HACER [gralm no ante s] perdido -a, desorientado -a • **feel lost** sentirse perdido -a • **sb would be lost without sb/sth** alguien estaría perdido -a sin alguien/algo • **a lost soul** un alma perdida
6 ABSTRAÍDO [nunca ante s] absorto -a • [+in]: *Amy was totally lost in her book.* Amy estaba completamente absorta en su libro. • **lost in thought** absorto -a en sus/mis pensamientos
7 UN CHISTE, UN CONSEJO **be lost on sb** *The joke was completely lost on Chris.* Chris no entendió para nada el chiste.
8 POR NO ENTENDER [nunca ante s] perdido -a, confundido -a
9 QUE YA NO EXISTE [solo ante s] perdido -a: *a lost civilization* una civilización perdida • *lost youth* juventud perdida ▶ LONG-LOST, there is no LOVE lost between sb and sb
EXPRESIONES
Get lost! (*oral*) ¡Vete al diablo!, ¡Esfúmate! • **a lost cause** una causa perdida • **be lost for words** no saber qué decir

lost² pasado y participio pasado de LOSE

lot¹ S1 W1 /lɑt/ *adv*
1 a lot (tb **lots** (*coloq*)) mucho: *The weather's a lot better today.* Hoy hace mucho mejor tiempo. • *I'm feeling lots more relaxed.* Me siento mucho más relajada. • **an awful lot** (tb **a whole lot**) mucho: *He seems an awful lot happier now.* Ahora se le ve muchísimo más contento.
2 a lot mucho: *He likes you a lot.* Le caes muy bien. • **an awful lot** mucho, muchísimo ▶ THANKS a lot

lot² S1 W1 *pron* **a lot** (tb **lots** (*coloq*)) mucho -a, muchos -as: *We spend a lot on food.* Gastamos mucho en comida. • *"How many cookies have you eaten?" "A lot."* –¿Cuántas galletas te has comido? –Muchas. • *"How many CDs do you have?" "Lots."* –¿Cuántos CD tienes? –Muchos. • **a lot of sth** (tb **lots of sth**) mucho -a: *They paid a lot of money for that car.* Pagaron mucho dinero por ese carro. • *There are lots of things to do here.* Aquí hay muchas cosas para hacer. • **an awful lot** mucho -a, muchos -as • **a lot to do/say/learn** (tb **lots to do/say/learn** (*coloq*)) *There's a lot to do before we're ready.* Hay mucho para hacer antes de que estemos listos. • *I still have a lot to learn.* Todavía tengo mucho que aprender. ▶ have a lot on your PLATE

lot³ S1 *s*
1 [C] terreno • **a vacant lot** un terreno (baldío)
2 your/his lot su suerte/destino
3 [C] estudio (de cine) SIN **studio**
4 [C] lote (en una subasta) ▶ PARKING LOT
EXPRESIONES
by lot por sorteo • **draw lots** sortear (para decidir algo)

loth /loʊθ/ *adj* [nunca ante s] variante de LOATH

lo·tion /ˈloʊʃən/ *s* [C,U] loción ▶ SUNTAN LOTION

lot·ter·y /ˈlɑtəri/ *s* (pl **lotteries**) **1** [C] lotería • **win the lottery** ganar la lotería • **lottery ticket** billete de lotería, boleto de lotería ▶ RAFFLE, DRAW **2** [C,U] sorteo (para decidir algo) • **by lottery** por sorteo

lot·to /ˈlɑtoʊ/ *s* **1** [C] (juego público de azar) lotería **2** [U] (juego infantil) lotería, bingo

lo·tus /ˈloʊtəs/ *s* [C] loto

loud¹ S2 W3 /laʊd/ *adj*
1 alto -a, fuerte (ruido, música) ANT **quiet**
2 (*peyor*) que muestra excesiva confianza en sí mismo hablando en voz muy alta, etc.
3 (*peyor*) chillón -ona, llamativo -a (ropa, colores) SIN **garish**, **gaudy**

be loud and clear ser inequívoco -a

loud² S3 *adv* (*oral*) alto SIN **loudly** ▶ ACTIONS speak
louder than words, for CRYing out loud

EXPRESIONES
out loud en voz alta SIN **aloud** • **loud and clear** inequívocamente, perfectamente

loud·ly /'laʊdli/ *adv* **1** alto, en voz alta (hablar), fuerte
(sonar) **2** enérgicamente

loud·mouth /'laʊdmaʊθ/ *s* [C] (*malson*) charlatán -ana

loud·speak·er /'laʊd,spikə/ *s* [C] **1** (para hacer anuncios) parlante, altoparlante, bocina **2** (de un equipo de
música) parlante, altoparlante, bocina SIN **speaker**

lounge¹ /laʊndʒ/ *s* [C] **1** (en un hotel, barco) sala **2** (en
un aeropuerto) sala • **the departure lounge** la sala de
espera (de salidas) **3** bar (de un hotel, restaurante, etc.)

lounge² *v* [I siempre + adv/prep] *The sergeant lounged
back in his chair.* El sargento se apoltronó en su silla.
lounge around *v+partíc* **1 lounge around** holgazanear,
no hacer nada **2 lounge around sth** *James doesn't do
anything but lounge around the apartment.* James no
hace nada más que pasarse el día en el departamento
holgazaneando.

louse¹ /laʊs/ *s* [C] **1** (pl **lice** /laɪs/) piojo • **get lice**
contagiarse piojos **2** (pl **louses**) (*peyor*, *coloq*) canalla

louse² *v*
louse up *v+partíc* **1 louse sth** ↔ **up** (*coloq*) arruinar
algo, estropear algo (planes, una relación) SIN **spoil**
2 louse sth ↔ **up** (*coloq*) arruinar algo, estropear algo
(hacerlo mal) **3 louse up** (*coloq*) arruinarla, fastidiarla

lous·y /'laʊzi/ *adj* (**lousier, lousiest**) **1** (*coloq*) pésimo -a,
asqueroso -a SIN **awful, terrible 2 feel lousy** (*coloq*)
sentirse muy mal **3** (*coloq*) malísimo -a, pésimo -a: *I was
a lousy engineer.* Era malísimo como ingeniero.
SIN **hopeless, terrible 4** (*coloq*) miserable

lout /laʊt/ *s* [C] bruto (grosero y agresivo), patán

lov·a·ble, loveable /'lʌvəbəl/ *adj* adorable

love¹ S1 W1 /lʌv/ *v* [T]

1 un familiar, un amigo
2 en una pareja
3 para expresar gustos
4 para expresar deseos
5 un país, una institución

1 UN FAMILIAR, UN AMIGO [nunca en forma continua]
querer, amar • **much-loved** (tb **well-loved**) muy querido
-a • **a loved one** un ser querido
2 EN UNA PAREJA [nunca en forma continua] querer,
amar
3 PARA EXPRESAR GUSTOS *I love chocolate.* Me
encanta el chocolate. • *Jeff loves his work.* A Jeff le
gusta mucho su trabajo. • **love doing sth** *Katie loves
playing tennis.* A Katie le encanta jugar tenis. • **love to
do sth** *She loves to paint pictures.* Le encanta pintar
cuadros. • **much-loved** (tb **well-loved**) *well-loved songs*
canciones muy queridas por el público
4 PARA EXPRESAR DESEOS I would love to do sth me
encantaría hacer algo: *I would love to meet him.* Me
encantaría conocerlo. • *"Would you like to go out to
dinner?" "I'd love to."* –¿Te gustaría salir a comer? –Me
encantaría. • **I would love sth** me vendría muy bien algo:
I'd love a cup of tea. Una taza de té me vendría muy
bien.
5 UN PAÍS, UNA INSTITUCIÓN [nunca en forma con-
tinua] amar

EXPRESIONES
I/she is going to love sth (*oral*) me/le va a encantar algo

love² S1 W1 *s*

1 por la familia, los amigos
2 en una pareja
3 persona amada
4 afición
5 en tenis

1 POR LA FAMILIA, LOS AMIGOS [U] amor, cariño •
[+**for**]: *her love for her family* su amor por su familia
ANT **hate, hatred**
2 EN UNA PAREJA [U] amor • [+**for**]: *Their love for each
other grew deeper every day.* El amor que sentían el
uno por el otro se hacía más profundo cada día. • **be in
love with sb** estar enamorado -a de alguien • **be in love**
estar enamorados • **fall in love with sb** enamorarse de
alguien • **fall in love** enamorarse • **it was love at first
sight** *When Lynne met Daniel, it was love at first sight.*
Cuando Lynne conoció a Daniel, se enamoraron a
primera vista. • **true love** amor verdadero • **love song**
canción de amor • **love story** historia de amor
3 PERSONA AMADA [C] amor: *He was her first love.*
Fue su primer amor. • **the love of my/her life** el amor de
mi/su vida
4 AFICIÓN [sing, U] amor, pasión, afición • **fall in love
with sth** enamorarse de algo
5 EN TENIS [U] cero ▶ **a LABOR of love**

EXPRESIONES
not for love or/nor money (*coloq*) por nada del mundo •
for the love of God (*antic*, *oral*) por el amor de Dios • **give
my love to sb** (tb **give sb my love**) (*oral*) mándale
recuerdos/cariños a alguien • **(with) love (from sb)** (tb
lots of love, all my love) (*escrito*) un abrazo (de alguien),
cariños (de alguien): *See you soon. Lots of love, Clare.*
Nos vemos pronto. Cariños, Clare. • *Hope all is well
with you. Love from Sam and Jack.* Esperamos que
estén muy bien. Un abrazo de Sam y Jack. • **make love**
hacer el amor • **make love with/to sb** hacer el amor con
alguien • **send (sb) your love** mandar(le) recuerdos/
saludos (a alguien) • **there is no love lost between sb
and sb** alguien y alguien no se pueden ver

'love af,fair *s* [C] **1** aventura (sentimental), romance
▶ AFFAIR **2** (afición) romance • [+**with**]: *America's love
affair with the automobile* El romance de Estados Unidos con el carro.

love·bird /'lʌvbɜd/ *s* [C] **1** periquito **2 lovebirds** tortoli-
tos (novios)

'love life *s* [C,U] vida amorosa

love·ly S2 /'lʌvli/ *adj* (**lovelier, loveliest**)
1 lindo -a, precioso -a • **look lovely** *You look lovely in
that dress.* Con ese vestido, estás preciosa.
2 (*oral*) estupendo -a (día), riquísimo -a (comida)
SIN **wonderful**
3 (*coloq*) encantador -a SIN **delightful**
4 (*coloq*, *oral*) perfecto, genial: *Just a little wine, please –
that's lovely.* Un poquito de vino, por favor. Perfecto.
SIN **great**

love·mak·ing /'lʌv,meɪkɪŋ/ *s* [U] relaciones sexuales

lov·er S3 W3 /'lʌvə/ *s* [C]
1 (pareja) amante • **become lovers** hacerse amantes
2 (pareja extramatrimonial) amante ▶ MISTRESS
3 (aficionado) amante: *an animal lover* un amante de los
animales

love·sick /'lʌv,sɪk/ *adj* muy enamorado -a

lov·ing /'lʌvɪŋ/ *adj* cariñoso -a, afectuoso -a: *a loving
husband* un esposo cariñoso

lov·ing·ly /'lʌvɪŋli/ *adv* cariñosamente, afectuosamente

low¹ S1 W1 /loʊ/ *adj*

1 de poca altura
2 a poca altura
3 cantidad, nivel, grado
4 en alimentos, bebidas
5 número
6 en estándar
7 en rango, prioridad
8 opinión, expectativas
9 provisiones, reservas
10 sonido, voz
11 frecuencia, sonido
12 luz
13 fuego
14 vil
15 no feliz

1 DE POCA ALTURA bajo -a: *a low wall* un muro bajo ANT high

2 A POCA ALTURA bajo -a: *old houses with low ceilings* casas viejas con techos bajos • **low ground** terreno bajo ANT high

3 CANTIDAD, NIVEL, GRADO bajo -a: *a low level of unemployment* un bajo nivel de desempleo • **low income/wages** bajos ingresos/salarios • **low cost/price** bajo costo/precio

4 EN ALIMENTOS, BEBIDAS **low in fat/calories/alcohol** bajo -a en grasas/calorías/alcohol • **low-fat** bajo -a en grasas, de bajo contenido en grasas: *low-fat milk* leche descremada ANT high

5 NÚMERO **in the low 20s/30s/40s** *Temperatures will be in the low 20s.* Las temperaturas apenas pasarán de los 20 grados. ▶ HIGH

6 EN ESTÁNDAR bajo -a SIN poor ANT high

7 EN RANGO, PRIORIDAD bajo -a • **be a low priority** no ser prioritario -a ANT high

8 OPINIÓN, EXPECTATIVAS malo -a • **a low opinion** una mala opinión • **low esteem** baja estima ANT high

9 PROVISIONES, RESERVAS escaso -a • **be low on sth** andar corto -a de algo • **get/run low on sth** *We're getting low on gas.* Se nos está terminando la gasolina.

10 SONIDO, VOZ bajo -a, apagado -a ANT loud

11 FRECUENCIA, SONIDO bajo, grave ANT high

12 LUZ tenue SIN dim

13 FUEGO lento -a, bajo -a ANT high

14 VIL (*antic*) bajo -a, mezquino -a • **a low blow** un golpe bajo

15 NO FELIZ deprimido -a • **in low spirits** deprimido -a SIN depressed ▶ LOWER

low² W1 *adv*
1 (en altura) bajo ANT high
2 (con poco brillo o volumen) *I'll just put the music on low.* Voy a poner la música baja.
3 (en valor, costo) bajo: *Stock prices are expected to fall even lower.* Se espera que los precios de las acciones bajen más aún.
4 (en rango, estatus) bajo • **lower down** más abajo
5 (cantar) bajo
6 (con deshonestidad) **sink/stoop so low** caer tan bajo ▶ search HIGH and low, LAY sb low, LIE low

low³ *s* [C] mínimo -a • **fall to a low** caer a un mínimo • **a record low** (tb **an all-time low**) un mínimo histórico
EXPRESIONES
the lowest of the low (*coloq*) **(a)** lo peor de lo peor **(b)** el estrato más bajo

low·brow, low-brow /'loʊbraʊ/ *adj* (*peyor*) popular, poco culto -a ANT highbrow

low-cal, lo-cal /ˌloʊ'kæl/ *adj* (*coloq*) bajo -a en calorías

low-'cut *adj* escotado -a

'low-down *adj* [solo ante s] (*coloq*) bajo -a, rastrero -a

low·down /'loʊdaʊn/ *s* **the lowdown on sb/sth** (*coloq*): *What's the lowdown on your new job?* Cuéntame lo más interesante de tu nuevo trabajo. • **give sb the lowdown on sb/sth** darle a alguien un informe sobre alguien/poner a alguien al tanto de algo

low·er¹ S2 W3 /'loʊɚ/ *adj*
1 [solo ante s] (debajo de otro) inferior, de abajo • **lower leg** parte inferior de la pierna ANT upper
2 (cerca del fondo) inferior, de abajo ANT upper
3 (en nivel, jerarquía) más bajo -a ▶ LOW

lower² *v* **1** (en cantidad, grado) **(a)** [T] bajar SIN reduce ANT raise, increase **(b)** [I] bajar SIN drop ANT rise **2** (disminuir el volumen) **(a)** [T] bajar SIN drop ANT raise **(b)** [I] bajar SIN drop **3** (a un sitio más bajo) [T] bajar • **lower sth into sth** *They slowly lowered the casket into the grave.* Lentamente, bajaron el ataúd a la sepultura. • **lower yourself** *He lowered himself slowly into an armchair.* Se sentó lentamente en un sillón. ANT raise **4 lower your eyes/head** bajar los ojos/la cabeza

'lower case *s* [U] minúscula(s), letra(s) minúscula(s) ▶ UPPER CASE, CAPITAL LETTERS

lower-case *adj* minúscula, en minúscula(s) ▶ UPPER CASE

,lower 'class *s* **the lower class** (tb **the lower classes** [pl] (*antic*)) la clase baja SIN working class ▶ MIDDLE CLASS, UPPER CLASS

lower-class *adj* (*antic*) de clase baja

,lower 'house *s* [sing] cámara baja

,low-'fat *adj* (*aprec*) de bajo contenido de grasas: *low-fat yogurt* yogur descremado

,low-'key *adj* sencillo -a, discreto -a

low·land /'loʊlənd/ *adj* [solo ante s] de tierras bajas

low·lands /'loʊləndz/ *s* [pl] tierras bajas ▶ HIGHLANDS

,low-'level *adj* **1** de bajo nivel ANT high-level **2** [solo ante s] de baja intensidad

low·ly /'loʊli/ *adj* modesto -a, humilde

,low-'lying *adj* **1** (al nivel del mar) bajo -a **2** (nubes, edificios) bajo -a

,low-'paid *adj* mal remunerado -a, mal pagado -a

'low point *s* [C gralm sing] momento difícil ANT high point

,low 'profile *s* **keep a low profile** tratar de pasar desapercibido -a ANT high profile

'low-rise *adj* [gralm ante s] de pocos pisos (edificio) ANT high-rise

,low-'risk *adj* [gralm ante s] de bajo riesgo

,low 'tide *s* [C,U] marea baja • **at low tide** cuando la marea está baja ANT high tide

loy·al /'lɔɪəl/ *adj* leal, fiel • [+to]: *troops loyal to the government* tropas leales al gobierno SIN faithful

loy·al·ist¹ /'lɔɪəlɪst/ *s* [C] **1** partidario -a del régimen **2** (tb **Loyalist**) unionista (en Irlanda del Norte) ANT republican

loyalist² *adj* **1** partidario -a del régimen **2** (tb **Loyalist**) unionista (en Irlanda del Norte) ANT republican

loy·al·ly /'lɔɪəli/ *adv* lealmente, con lealtad SIN faithfully

loy·al·ty /'lɔɪəlti/ *s* (pl **loyalties**) **1** [U] lealtad • [+to]: *loyalty to your country* lealtad a su país **2 loyalties** [pl] lealtades • **divided loyalties** conflicto de lealtades

loz·enge /'lɑzəndʒ/ *s* [C] **1** pastilla **2** rombo SIN diamond

LP /ˌɛl 'pi/ *s* [C] (**long playing record**) long play, disco de larga duración, elepé SIN album ▶ SINGLE

LSAT /'ɛlsæt/ *s* [C] (*marca reg*) (**Law School Admission Test**) en Estados Unidos, examen que deben presentar los alumnos que desean ingresar a una facultad de derecho

LSD /ˌɛl ɛs 'di/ *s* [U] LSD SIN acid

Lt. (*abrev escrita de* **Lieutenant**) Tte. (teniente)

Ltd. (*abrev escrita de* **Limited (Liability Company)**) Ltdo. -a., S.L.

lu·bri·cant /'lubrəkənt/ *s* [C,U] lubricante

lu·bri·cate /'lubrəˌkeɪt/ *v* [T] lubricar

lu·bri·ca·tion /ˌlubrə'keɪʃən/ *s* [U] lubricación

lu·cid /'lusɪd/ *adj* **1** (análisis) lúcido -a **2** (persona) lúcido -a

luck¹ S2 W3 /lʌk/ *s* [U]
1 (azar) suerte • **good luck** buena suerte • **bad luck** mala suerte • **bring good/bad luck** traer buena/mala suerte • **bring sb good/bad luck** traerle buena/mala suerte a alguien • **have good/bad luck** tener buena/mala suerte **2** (cosas buenas) suerte: *Let's hope our luck continues.* Esperemos seguir con suerte. • **have luck** tener suerte: *We're not having much luck today.* Hoy no tenemos mucha suerte. • **have luck with sth** tener suerte con algo: *He's never had much luck with girls.* Nunca ha

tenido mucha suerte con las muchachas. • **a stroke of luck** un golpe de suerte • **for luck** *People touch the statue for luck.* La gente toca la estatua para que le dé suerte. • **bring sb luck** traerle suerte a alguien: *He believes that wearing this shirt brings him luck.* Cree que llevar puesta esta camisa le trae suerte. • **wish sb luck** desearle suerte a alguien: *We wished him luck and said goodbye.* Le deseamos suerte y le dijimos adiós. • **I couldn't believe my luck** no podía creer tener tanta suerte/la suerte que tenía • **my luck runs out** se me termina la suerte • **my luck holds/lasts** la suerte me dura

EXPRESIONES

any luck? (*oral*) ¿tuviste suerte? • **as luck would have it** la suerte quiso que • **beginner's luck** suerte de principiante • **better luck next time!** (*oral*) ¡otra vez será! • **push your luck** (*coloq*) desafiar a la suerte: *I've already lent you $ 500. Don't push your luck.* Ya te presté 500 dólares. No tientes tu suerte. • **good luck!** (*oral*) ¡buena suerte! • **be in luck** (*coloq*) tener suerte • **(it's) just my luck** (*oral*) *Just my luck! There's no one at home.* ¡Típico! No hay nadie. • **no luck** (*oral*) no hubo suerte, no tuve suerte • **no such luck** (*oral*) *"Did he say yes?" "No such luck!"* –¡Dijo que sí? –¡Ojalá! • **and one for (good) luck** (*oral*) y uno -a de propina • **be out of luck** (*coloq*) no tener suerte • **try your luck** probar suerte • **with any luck** (tb **with a bit of luck**) (*oral*) con suerte

luck² *v*

luck into sth *v+partíc* (*coloq*) conseguir algo gracias a la suerte

luck out *v+partíc* (*coloq*) ser afortunado -a, tener (buena) suerte

luck·i·ly /ˈlʌkəli/ *adv* [adv oracional] por suerte: *Luckily, no one was hurt.* Por suerte, nadie salió lastimado. • [+**for**]: *Luckily for them, he braked in time.* Por suerte para ellos, frenó a tiempo. SIN **fortunately**

luck·y S2 W3 /ˈlʌki/ *adj* (**luckier, luckiest**)

1 afortunado -a, suertudo -a • **be lucky to do/be sth** tener la suerte de hacer/ser algo: *He's lucky to be alive.* Tiene suerte de estar vivo. • **be lucky enough to do sth** tener la suerte de hacer algo: *John was lucky enough to be picked for the team.* John tuvo la suerte de que lo eligieran para el equipo. • **lucky (that)** *You were lucky you weren't killed.* Tuviste suerte en no matarte. • **think/consider yourself lucky** considerarse afortunado -a SIN **fortunate** ANT **unlucky**

2 (como resultado de la buena suerte) *a very lucky goal* un gol de pura suerte • **it is lucky (that)** es una suerte que: *It's lucky no one was hurt.* Es una suerte que nadie haya resultado lastimado. • **a lucky guess** *That was just a lucky guess. I had no idea what the answer was.* Acerté por pura casualidad. No tenía idea de cuál era la respuesta. • **a lucky escape** *The driver had a lucky escape.* El conductor se salvó de milagro.

3 (que trae suerte) *What's your lucky number?* ¿Cuál es tu número de la suerte? • **a lucky charm** un amuleto ▶ THANK your lucky stars (that...), LUCK

EXPRESIONES

get lucky (*oral*) **(a)** tener suerte **(b)** (*coloq, oral*) tirarse a alguien • **I/you should be so lucky!** ¡qué más quisiera/quisieras! • **(you) lucky dog!** ¡suertudo -a! • **lucky you/me!** ¡qué suerte tienes/tengo! • **sb will be lucky** *They'll be lucky to get 10% of the vote.* Con suerte podrían conseguir un 10% de los votos.

lu·cra·tive /ˈlukrətɪv/ *adj* lucrativo -a SIN **profitable**

lu·di·crous /ˈludɪkrəs/ *adj* ridículo -a, absurdo -a SIN **ridiculous**

lu·di·crous·ly /ˈludɪkrəsli/ *adv* ridículamente SIN **ridiculously**

lug¹ /lʌg/ *v* [T] (**lugged, lugging**) (*coloq*) cargar con, llevar a rastras

lug² *s* [C] (*coloq*) apelotardado, torpe y bobo

lug·gage /ˈlʌgɪdʒ/ *s* [U] equipaje SIN **baggage** • **luggage label** etiqueta de equipaje

'luggage rack *s* [C] **1** rejilla (para equipaje) **2** (parrilla) portaequipajes

lu·gu·bri·ous /ləˈgubriəs/ *adj* [gralm ante s] (*liter*) lúgubre

luke·warm /ˌlukˈwɔrm◂/ *adj* **1** (apenas caliente) tibio -a **2** (con poco interés) tibio -a • **a lukewarm response** una respuesta tibia

lull¹ /lʌl/ *v* [T] **1** arrullar, adormecer • **lull sb to sleep** *The soft music lulled me to sleep.* Me dormí arrullada por la suave música. **2 lull sb into doing sth** *The police lulled him into believing that they did not suspect him.* La policía le hizo creer que no sospechaba de él. • **lull sb into a false sense of security** hacer que alguien se confíe demasiado

lull² *s* [C] pausa, momento de calma • [+**in**]: *a lull in the fighting* una pausa en el combate

EXPRESIONES

the lull before the storm la calma que precede a la tormenta

lul·la·by /ˈlʌləˌbaɪ/ *s* [C] (pl **lullabies**) canción de cuna

lum·ba·go /lʌmˈbeɪgoʊ/ *s* [U] lumbago

lum·ber¹ /ˈlʌmbər/ *v* **1** [I siempre + adv/prep] moverse pesadamente **2** [T] talar

lumber² *s* [U] madera (para construcción) SIN **timber**

lum·ber·jack /ˈlʌmbərˌdʒæk/ *s* [C] (*antic*) leñador SIN **logger**

lu·mi·nar·y /ˈluməˌnɛri/ *s* [C] (pl **luminaries**) figura destacada

lu·mi·nous /ˈlumənəs/ *adj* **1** luminoso -a **2** [solo ante s] fosforescente SIN **Day-Glo**

lump¹ /lʌmp/ *s* [C] **1** bulto (en un colchón), trozo (de carbón), grumo (en una salsa) **2** bulto (en el cuerpo) **3** (tb **sugar lump**) terrón (de azúcar)

EXPRESIONES

a lump in your throat un nudo en la garganta • **take your lumps** (*coloq*) ponerle buena cara al mal tiempo ▶ ver nota en TROZO

lump² *v* [T siempre + adv/prep] **lump sth/sb together** meter algo/a alguien en la misma bolsa: *The statistics lump all students together.* Las estadísticas meten a todos los estudiantes en la misma bolsa.

ˌlump 'sum *s* [C] pago único

lump·y /ˈlʌmpi/ *adj* (**lumpier, lumpiest**) (*peyor*) con grumos, grumoso -a (salsa, puré), con bultos (colchón) ANT **smooth**

lu·na·cy /ˈlunəsi/ *s* [U] locura SIN **madness**

lu·nar /ˈlunər/ *adj* [gralm ante s] lunar

lu·na·tic¹ /ˈlunətɪk/ *s* [C] **1** (*peyor*) loco -a **2** (*antic*) lunático -a

lunatic² *adj* [gralm ante s] **1** (*peyor*) descabellado -a, demencial **2** (*antic*) lunático -a

EXPRESIONES

the lunatic fringe (*peyor*) el sector más radicalizado

lunch¹ S1 W2 /lʌntʃ/ *s* [C,U] almuerzo • **have lunch** almorzar, comer • **for lunch** *I usually just have a sandwich for lunch.* En general, como solamente un sándwich a mediodía. • *What's for lunch?* ¿Qué hay de comida/comer? ▶ **there's no FREE lunch**, a WORKING **lunch**

EXPRESIONES

be out to lunch (*coloq*) estar en Babia, no prestar atención

lunch² *v* (*frml*) [I] almorzar, comer (a mediodía)

lunch·eon /ˈlʌntʃən/ *s* [C,U] (*frml*) almuerzo, comida (formal) SIN **lunch**

'lunch hour *s* [C,U] hora del almuerzo, hora de la comida

lunch·time /ˈlʌntʃtaɪm/ *s* [C,U] hora del almuerzo, hora de la comida *a lunchtime drink* un trago a la hora del almuerzo

lung S3 /lʌŋ/ *s* [C] pulmón *lung cancer* cáncer de pulmón • **lung disease** enfermedad pulmonar ▶ **at the TOP of your lungs**

L

lunge¹ /lʌndʒ/ v [I] arremeter • **lunge at sb** arremeter contra alguien, abalanzarse sobre alguien • **lunge forward** arremeter

lunge² s [C gralm sing] (*escrito*) arremetida

lurch¹ /lɚtʃ/ v [I] moverse a sacudidas: *The car lurched forward.* El carro dio una sacudida hacia delante. • *He lurched to his feet.* Se levantó tambaleándose.
EXPRESIONES
my heart/stomach lurches el corazón/el estómago me dio un vuelco • **lurch from sth to sth** ir de algo a/en algo

lurch² s [C] **1** sacudida **2** vuelco
EXPRESIONES
leave sb in the lurch (*peyor*) dejar a alguien en la estacada, dejar a alguien colgado -a de la percha

lure¹ /lʊr/ v [T siempre + adv/prep] **1** atraer • **lure sb into doing sth** tentar a alguien para que haga algo **2** llevar (a alguien) a un sitio con artimañas

lure² s **1** [sing] atractivo **2** [C gralm sing] imán (algo con atractivo) **3** [C] señuelo ▶ **DECOY**

lu·rid /'lʊrɪd/ adj (*peyor*) **1** escabroso -a **2** [gralm ante s] chillón -ona, llamativo -a SIN **gaudy**

lurk /lɚk/ v [I siempre + adv/prep] **1** acechar (ladrón, atacante) **2** acechar (peligro), permanecer oculto -a (idea) **3** en una sala de chat, leer mensajes escritos por otras personas sin escribir nada

lus·cious /'lʌʃəs/ adj [gralm ante s] **1** delicioso -a, exquisito -a SIN **delicious 2** incitante

lush /lʌʃ/ adj **1** exuberante (follaje, vegetación) **2** lujoso -a, opulento -a

lust¹ /lʌst/ s **1** [U] lujuria, deseo **2 lust for sth** ansia de algo: *his lust for power* su ansia de poder

lust² v
lust after v+*partíc* **1 lust after sb** desear a alguien **2 lust after sth** codiciar algo

lus·ter /'lʌstɚ/ s [sing, U] **1** lustre, brillo **2** (interés) brillo

lust·ful /'lʌstfəl/ adj lujurioso -a

lust·i·ly /'lʌstəli/ adv (*liter*) con entusiasmo

lus·tre /'lʌstɚ/ s variante británica de **LUSTER**

lus·trous /'lʌstrəs/ adj brillante

lust·y /'lʌsti/ adj [gralm ante s] (**lustier, lustiest**) (*liter*) **1** vigoroso -a, lozano -a **2** fuerte, entusiasta **3** ardiente

lute /lut/ s [C] laúd

Lu·ther·an /'luθərən/ s [C], adj luterano -a

Lux·em·bourg /'lʌksəm,bɚg/ Luxemburgo

Lux·em·bourg·er /'lʌksəm,bɚgɚ/ s [C] luxemburgués -esa

lux·u·ri·ant /lʌg'ʒʊriənt, lʌk'ʃʊ-/ adj (*liter*) **1** abundante, exuberante **2** que deleita la vista, el olfato, etc.

lux·u·ri·ate /lʌg'ʒʊri,eɪt, lʌk'ʃʊ-/ v [I gralm + adv/prep] **luxuriate in sth** disfrutar de algo, deleitarse con algo

lux·u·ri·ous /lʌg'ʒʊriəs, lʌk'ʃʊ-/ adj lujoso -a

lux·u·ry¹ /'lʌkʃəri, 'lʌgʒəri/ s (pl **luxuries**) **1** [U] (opulencia) lujo • **in luxury** rodeado -a de lujos • **a life of luxury** una vida de lujos **2** [C] (cosa prescindible) lujo ▶ **NECESSITY 3** [sing] (algo agradable) lujo ▶ **live in the LAP of luxury**

luxury² adj [solo ante s] de lujo: *a luxury hotel* un hotel de lujo

ly·chee /'litʃi/ s [C] lichi

Ly·cra /'laɪkrə/ s [U] (*marca reg*) lycra®

ly·ing /'laɪ-ɪŋ/ part pres de **LIE**

lymph /lɪmf/ s [U] linfa

lynch /lɪntʃ/ v [T] linchar

lynch·ing /'lɪntʃɪŋ/ s [C,U] linchamiento

lynch·pin /'lɪntʃ,pɪn/ s variante de **LINCHPIN**

lynx /lɪŋks/ s [C] (pl **lynx** o **lynxes**) lince

lyre /laɪɚ/ s [C] lira

lyr·ic¹ /'lɪrɪk/ adj [solo ante s] lírico -a

lyric² s **1 lyrics** [pl] letra **2** [C] (tb **lyric 'poem**) (*técn*) poema lírico

lyr·i·cal /'lɪrɪkəl/ adj lleno -a de lirismo
EXPRESIONES
wax lyrical deshacerse en elogios

lyr·i·cist /'lɪrəsɪst/ s [C] letrista

Mm

M, m /ɛm/ (pl **M's, m's**) s [C] **1** (letra) M, m **2** (número romano) M

m. (abrev escrita de **meter**) m (metro)

M.A. /ɛm 'eɪ/ s [C] (**Master of Arts**) título obtenido al completar una maestría en una disciplina del área de las humanidades • **have an M.A. in sth** haber hecho un máster/una maestría en algo ► Las letras **M.A.** pueden escribirse a continuación del nombre de la persona para indicar que ha completado un máster en una disciplina de las humanidades.

ma'am /mæm/ s (oral) señora (al dirigirse a una desconocida) ► **MADAM, SIR**

Mac /mæk/ s **1** [C] (**Macintosh**) (marca reg) Mac (computador) **2** (oral) amigo, mano (para dirigirse a un desconocido)

ma·ca·bre /məˈkɑbrə, məˈkɑb/ adj macabro -a SIN **gruesome**

mac·a·da·mi·a /ˌmækəˈdeɪmiə/ s [C] **1** (tb maca**'**damia nut) (nuez de) macadamia **2** macadamia (árbol)

mac·a·ro·ni /ˌmækəˈroʊni/ s [U] macarrones: The maca- roni was very good. Los macarrones estaban muy buenos. • **macaroni and cheese** macarrones con queso

Mace /meɪs/ s [U] (marca reg) gas pimienta

mace /meɪs/ s **1** [C] bastón (de mando) **2** [U] macis

ma·che·te /məˈʃɛti, -ˈtʃɛ-/ s [C] machete, peinilla

Mach·i·a·vel·li·an /ˌmækiəˈvɛliən/ adj maquiavélico -a

ma·chine¹ S1 W1 /məˈʃin/ s [C]
1 (aparato) máquina • **a washing machine** una lavadora, una máquina de lavar • **a sewing machine** una máquina de coser • **a vending machine** una máquina expendedora • **a copy machine** una fotocopiadora • **a fax machine** un fax • **turn a machine on/off** (tb **switch a machine on/off**) encender/apagar una máquina • **by machine** a máquina: The letters are sorted by machine. Las cartas se clasifican a máquina.
2 computador: My machine's just crashed. Se me acaba de congelar el computador.
3 (coloq) (para el teléfono) contestador: I left a message for you on your machine. Te dejé un mensaje en el contestador.
4 [gralm sing] (grupo) aparato, maquinaria: the party machine el aparato del partido • the government's pro- paganda machine la maquinaria propagandística del gobierno
5 (coloq) (moto, carro) máquina

EXPRESIONES
like a well-oiled machine como una máquina bien acei- tada ► **ANSWERING MACHINE, CASH MACHINE, SLOT MACHINE, VENDING MACHINE**

machine² v **1** [I,T] coser a máquina **2** [T] hacer o dar forma a máquina

ma'chine gun s [C] ametralladora • **machine-gun fire** disparos de ametralladora(s)

ma·chine-'readable adj [gralm ante s] legible por máquina

ma·chin·er·y /məˈʃinəri/ s [U] **1** (máquinas) maqui- naria: farm machinery maquinaria agrícola • an expen- sive piece of machinery una máquina costosa • **agricultural/industrial machinery** maquinaria agrícola/ industrial • **heavy machinery** maquinaria pesada **2** (de un reloj) maquinaria **3** (sistema) maquinaria, meca- nismo • **the machinery of sth** la maquinaria de algo: the

machinery of government la maquinaria del gobierno • **machinery for (doing) sth** mecanismo para (hacer) algo: *The company has no effective machinery for resolving disputes.* La empresa no tiene un mecanismo eficaz para resolver disputas.

ma'chine ˌtool s [C] máquina herramienta

ma·chin·ist /məˈʃinɪst/ s [C] maquinista, operario

ma·cho /ˈmɑtʃoʊ/ adj (coloq) (de) macho

mack·er·el /ˈmækərəl/ s [C] (pl **mackerel**) caballa, macarela: smoked mackerel caballa ahumada

mack·in·tosh /ˈmækɪnˌtɑʃ/ s [C] (antic) impermeable, gabardina SIN **raincoat**

mac·ro /ˈmækroʊ/ s [C] (pl **macros**) macro (en informática)

mac·ro·bi·ot·ic /ˌmækroʊbaɪˈɑtɪk/ adj macrobiótico -a

mac·ro·cosm /ˈmækrəˌkɑzəm/ s [C] (técn) macrocosmos ► **MICROCOSM**

mac·ro·ec·o·nom·ics /ˌmækroʊˌɛkəˈnɑmɪks/ s [U] macroeconomía

mad S1 W3 /mæd/ adj (**madder, maddest**)
1 [nunca ante s] (coloq, esp oral) (enojado) furioso -a • **get mad** ponerse furioso -a: *Mom got really mad when she found out.* Mi mamá se puso furiosísima cuando se enteró. • **make sb mad** poner furioso -a a alguien • **mad at sb** furioso -a con alguien: *Why are you so mad at her?* ¿Por qué estás tan furioso con ella? • **mad about sth** furioso -a por algo: *She got mad about the state of my room.* Se puso furiosa por el estado de mi habitación. • **hopping mad** furiosísimo -a, como un tití
2 **go mad** ponerse como loco -a • **mad with grief/ jealousy** loco -a de dolor/celos • **a mad rush/dash** *We all made a mad dash for the door.* Todos corrimos como locos hacia la puerta. • *It was a mad rush to get to the meeting in time.* Fue una carrera de locos para llegar a tiempo a la reunión.
3 (antic) loco -a • **be as mad as a hatter/March hare** estar loco -a como una cabra

⚠ Casi todo el mundo evita el uso de esta palabra para referirse a personas con problemas psiquiátricos porque es ofensivo. En su lugar se utiliza la expresión **mentally ill**.

4 **be mad about sb** (antic) estar loco -a por alguien, ser fanático -a de alguien • **be mad about sth** (antic) ser fanático -a de algo, estar engomado -a por algo

EXPRESIONES
drive sb mad volver loco -a a alguien: *The kids have been driving me mad recently.* Los niños me han estado volviendo loca últimamente. • **like mad** (coloq) como loco -a, muchísimo: *We ran like mad.* Corrimos como locos. • *It hurts like mad.* Me duele muchísimo.

Mad·a·gas·can¹ /ˌmædəˈgæskən/ s [C] malgache

Madagascan² adj malgache

Mad·a·gas·car /ˌmædəˈgæskɚ/ Madagascar

mad·am /ˈmædəm/ s **1** (antic) señora (al dirigirse a alguien) **2** [C] madam, madama, abadesa (de un pros- tíbulo) **3** **Madam President/Ambassador** Señora Presidenta/Embajadora **4** **Dear Madam** Estimada Señora

mad·cap /ˈmædkæp/ adj [solo ante s] (antic) disparatado -a

ˌmad 'cow disˌease s [U] (coloq) mal de las vacas locas SIN **BSE**

mad·den /ˈmædn/ v [T] enloquecer, sacar de quicio

mad·den·ing /ˈmædn-ɪŋ, ˈmædnɪŋ/ adj exasperante, desesperante: maddening delays retrasos exasperantes

made¹ /meɪd/ pasado y participio pasado de **MAKE**

made² adj
EXPRESIONES
have (got) it made (coloq) tener todo resuelto, tener el éxito asegurado • **be made (for life)** (coloq) tener el futuro asegurado (de por vida) • **be made for each other** (coloq) estar hechos el uno para el otro, estar hechas la

M

una para la otra • **I'm/We're not made of money.** (*oral*) No nado/nadamos en la plata., No soy millonario/No somos millonarios. • **what dreams/fairytales are made of** (tb **the stuff that dreams/fairytales are made of**) ser de ensueño/como un cuento de hadas • **show what sb is (really) made of** (*coloq*) mostrar de qué madera está hecho alguien, mostrar de lo que se es capaz

mad·house /'mædhaʊs/ s [C] manicomio • **It's like a madhouse in here!** (*oral*) ¡Esto es un manicomio!

mad·ly /'mædli/ adv **1** como loco -a **2** tremendamente: *Suddenly, I felt madly jealous.* De repente, me puse tremendamente celosa. • **be madly in love (with sb)** estar perdidamente enamorado -a (de alguien) • **fall madly in love (with sb)** enamorarse perdidamente (de alguien)

mad·man /'mædmæn, -mən/ s [C] (pl **madmen** /-mɛn, -mən/) (*antic*, *despec*) loco (demente)

EXPRESIONES
like a madman como un loco

mad·ness /'mædnɪs/ s [U] **1** (insensatez) locura: *the madness of war* la locura de la guerra • **be madness to do sth** ser una locura hacer algo: *It would be madness to continue our trip in this weather.* Sería una locura seguir con nuestro viaje con este tiempo. • **be madness for sb to do sth** ser una locura que alguien haga algo: *It was madness for her to quit her job.* Fue una locura que dejara el trabajo. • **be sheer/absolute madness** ser totalmente disparatado **2** (enfermedad mental) locura: *His family has a history of madness.* Hay antecedentes de locura en su familia.

EXPRESIONES
a moment/a fit of madness un momento/un rapto de locura

mad·wom·an /'mæd,wʊmən/ s [C] (pl **madwomen** /-,wɪmɪn/) (*antic*) loca

mael·strom /'meɪlstrəm/ s [C] **1** torbellino, vorágine **2** temporal

mae·stro /'maɪstroʊ/ s [C] (pl **maestros**) maestro (músico, director)

ma·fi·a /'mɑfiə/ s [sing] **the Mafia** la Mafia

mag·a·zine S1 W1 /,mægə'zin, 'mægə,zin/ s [C] **1** revista: *Her face was on the cover of Newsweek magazine.* Su cara apareció en la portada de la revista Newsweek. • **a travel/computer/fashion magazine** una revista de viajes/informática/modas • **a magazine article** un artículo de revista **2** cargador (de un arma)

ma·gen·ta /mə'dʒɛntə/ s [U], adj magenta

mag·got /'mægət/ s [C] gusano, larva (de mosca)

mag·ic[1] S3 W3 /'mædʒɪk/ s [U] **1** (poder) magia: *Do you believe in magic?* ¿Crees en la magia? **2** (atractivo) magia, encanto: *The city has a certain magic.* La ciudad tiene una cierta magia. • **lose its/her magic** perder su encanto/magia **3** (trucos) magia: *an evening of magic and comedy* una velada de magia y humor SIN **conjuring** ▶ BLACK MAGIC, **wave a (magic) WAND**

EXPRESIONES
as if by magic/like magic como por arte de magia • **work like magic** funcionar como por arte de magia • **work/weave your magic** ejercer su encanto

magic[2] S3 adj **1** (con poderes especiales) mágico -a • **a magic spell/charm** un hechizo/encanto • **a magic wand/potion** una varita/una poción mágica **2** (importante, significativo) mágico -a • **have a magic touch** tener una mano/habilidad especial • **There is no magic formula.** No hay fórmulas mágicas. • **What's the magic word?** (*oral coloq*) ¿Qué se dice? (para recordarle a un niño que diga 'por favor') **3** (*coloq*) (estupendo) fenomenal, fantástico -a: *a magic experience* una experiencia fantástica SIN **great**

mag·i·cal /'mædʒɪkəl/ adj **1** (muy especial) mágico -a: *Christmas is a magical time for children.* La Navidad es una época mágica para los niños. **2** [usado ante s] (relacionado con la magia) mágico -a: *magical powers* poderes mágicos

mag·i·cal·ly /'mædʒɪkli/ adv **1** (milagrosamente) como por arte de magia SIN **miraculously 2** (usando magia) mágicamente **3** (de forma especial) mágicamente

ma·gi·cian /mə'dʒɪʃən/ s [C] **1** (hechicero) mago **2** (que hace trucos) mago, ilusionista SIN **conjurer**

ma·gis·trate /'mædʒɪ,streɪt, -strɪt/ s [C] juez que se ocupa de faltas menores

mag·na·nim·i·ty /,mægnə'nɪməti/ s [U] (*frml*) magnanimidad

mag·nan·i·mous /mæg'nænəməs/ adj (*frml*) magnánimo -a

mag·nan·i·mous·ly /mæg'nænəməsli/ adv (*frml*) magnánimamente

mag·nate /'mægneɪt, -nɪt/ s [C] magnate • **an oil/a media magnate** un magnate del petróleo/de los medios • **a shipping magnate** un magnate naviero

mag·ne·si·um /mæg'niziəm, -ʒəm/ (símb quím **Mg**) s [U] magnesio

mag·net /'mægnɪt/ s [C] **1** imán **2** **be a magnet for sb/sth** ser un polo de atracción para alguien/algo: *The city was a magnet for painters and writers.* La ciudad era un polo de atracción para pintores y escritores.

mag·net·ic /mæg'nɛtɪk/ adj **1** [gralm ante s] (del magnetismo) magnético -a: *magnetic forces* fuerzas magnéticas **2** (muy atractivo) magnético -a, lleno -a de magnetismo (personalidad, atracción)

mag,netic 'disk s [C] disco magnético

mag,netic 'field s [U] campo magnético

mag,netic 'tape s [U] cinta magnética

mag·net·ism /'mægnə,tɪzəm/ s [U] **1** (fuerza física) magnetismo **2** (atractivo) magnetismo • **animal magnetism** magnetismo salvaje

mag·net·ize /'mægnə,taɪz/ v [T] magnetizar, imantar

mag·ni·fi·ca·tion /,mægnəfə'keɪʃən/ s [C,U] aumento

mag·nif·i·cence /mæg'nɪfəsəns/ s [U] magnificencia, esplendor

mag·nif·i·cent /mæg'nɪfəsənt/ adj magnífico -a, espléndido -a: *The view was magnificent.* La vista era magnífica. • *a magnificent performance* una espléndida actuación

mag·nif·i·cent·ly /mæg'nɪfəsəntli/ adv magníficamente, de forma magnífica

mag·ni·fy /'mægnə,faɪ/ v (**magnifies, magnified, magnifying**) **1** [I,T] aumentar, ampliar (una imagen) **2** [T] (*frml*) magnificar, aumentar (una dificultad, un problema) **3** [T] (*frml*) magnificar, exagerar (un problema, un riesgo) SIN **exaggerate 4** [T] amplificar, magnificar (un sonido) **5** [T] (*bíbl*) magnificar (a Dios)

'magnifying ,glass s [C] lupa

mag·ni·tude /'mægnə,tud/ s [U] **1** (envergadura) magnitud • **the magnitude of sth** la magnitud de algo: *They didn't seem to appreciate the magnitude of the problem.* No parecían darse cuenta de la magnitud del problema. • **of such magnitude/of this magnitude** de tal/esta magnitud • **of the first magnitude** de primera magnitud **2** (*técn*) (en sismología) magnitud

mag·no·lia /mæg'noʊlyə/ s [C] **1** magnolia **2** (tb **magnolia tree**) magnolio

mag·num /'mægnəm/ s [C] botella de vino o champán de 1,5 l

mag·pie /'mægpaɪ/ s [C] **1** urraca **2** [gralm sing] (*coloq*) cotorra (persona que habla mucho)

ma·hog·a·ny[1] /mə'hɑgəni/ s **1** [C] (árbol) (tb **ma'hogany tree**) caoba **2** [U] (madera) caoba

mahogany[2] adj (de) color caoba

maid /meɪd/ s [C] **1** mucama, sirvienta **2** (en una casa particular) señora de la limpieza, empleada doméstica; (en un hotel) camarera, mucama SIN **cleaner 3** (arc) doncella SIN **maiden**

maid·en¹ /ˈmeɪdn/ s [C] (arc) doncella

maiden² adj [solo ante s] **maiden flight/voyage** vuelo/viaje inaugural • **sb's maiden speech** el primer discurso de alguien (de un parlamentario)

‚maiden ˈaunt s [C] (antic) tía solterona

ˈmaiden name s [C] apellido de soltera

‚maid of ˈhonor s [C] **1** (en una boda) dama de honor **2** (en una corte) dama de honor

mail¹ S1 W2 /meɪl/ s
1 [U] correspondencia: *Is there any mail for me?* ¿Hay correspondencia para mí? • **forward sb's mail** reenviar la correspondencia de alguien • **fan mail** cartas de admiradores • **hate mail** cartas con insultos y amenazas
2 the mail el correo: *The mail here's really slow and unreliable.* Aquí el correo es muy lento y poco confiable. • **in the mail** *You'll get your results in the mail .* Recibirá sus resultados por correo. • **by mail** por correo: *Did you send the document by mail?* ¿Enviaron el documento por correo? • **through the mail** por correo: *The product will be sold mainly through the mail.* El producto se venderá principalmente por correo. • **express/ registered mail** correo expreso/recomendado, correo expreso/registrado • **internal mail** correo interno
3 [U] correo (electrónico), mails: *I just want to check my mail.* Solo quiero ver si tengo correo. • *You have mail.* Tiene un mensaje nuevo. SIN **email**
4 [U] malla (armadura) ▶ **JUNK MAIL, SNAIL MAIL, VOICE MAIL**

mail² S2 W3 v [T]
1 mail a letter/ package mandar una carta/un paquete por correo • **mail sb sth** (tb **mail sth to sb**) mandarle algo a alguien (por correo): *They're going to mail me a check.* Me van a mandar un cheque por correo. • *The newsletter is mailed to customers all over the country.* El boletín se envía por correo a los clientes de todo el país.
2 mail sb sth (tb **mail sth to sb**) mandarle algo a alguien (por correo electrónico): *I'll mail you the details tomorrow.* Mañana te mando los detalles por correo electrónico. SIN **email**
mail sth ↔ **out** v+partíc mandar algo, enviar algo (a mucha gente al mismo tiempo) SIN **send out**

mail·bag /ˈmeɪlbæg/ s [C] saco de correspondencia

mail·box /ˈmeɪlbɑks/ s [C] **1** (en una casa) buzón **2** (en la calle) buzón **3** (en informática) buzón, casilla de correo

mail·er /ˈmeɪlər/ s [C] **1** caja o sobre para enviar objetos, etc. por correo **2** folleto (enviado por correo) **3** remitente **4** programa de correo electrónico

mail·ing /ˈmeɪlɪŋ/ s **1** [C] (acción de enviar) envío(s) (por correo), mailing • **mailing address** dirección postal • **mailing list** lista de direcciones (para recibir información, etc.) • **be on sb's mailing list** estar en la lista de direcciones de alguien **2** [C] (material publicitario) envío, mailing

mail·man /ˈmeɪlmæn, -mən/ s [C] (pl **mailmen** /-mɛn, -mən/) cartero

‚mail ˈorder s [U] venta por correo • **by mail order** por correo: *Our furniture is available by mail order.* Nuestros muebles se pueden comprar por correo. • *a mail order catalog* un catálogo de venta por correo

maim /meɪm/ v [T] mutilar, herir gravemente • **maimed for life** lisiado -a de por vida

main¹ S1 W2 /meɪn/ adj [solo ante s] principal: *the main entrance* la entrada principal • *the main character* el/la protagonista • **the main reason/aim** el motivo/objetivo principal • **the main problem/concern** el principal problema/la principal preocupación • **the main points/ features** los principales puntos/las principales características: *a summary of the main points of the meeting* un resumen de los principales puntos de la reunión •

the main meal of the day la comida más importante del día • **the main thing** (oral) lo más importante, lo fundamental: *As long as you're not hurt, that's the main thing.* Lo más importante es que no te hayas hecho daño.

main² s [C] tubería principal, tubería de distribución (de agua o gas), cable principal (de electricidad) • **a water/ gas main** una tubería principal de agua/gas, una tubería de distribución de agua/gas

EXPRESIONES
in the main por lo general, en su mayoría: *Their work has, in the main, been satisfactory.* Por lo general, su trabajo ha sido satisfactorio.

‚main ˈclause s [C] oración principal ▶ **SUBORDINATE CLAUSE**

‚main ˈcourse (tb **‚main ˈdish**) s [C] segundo plato, plato principal

‚main ˈdrag s **the main drag** (coloq) la calle principal (de una ciudad)

main·frame /ˈmeɪnfreɪm/ s [C] mainframe, computador central, computadora central

main·land¹ /ˈmeɪnlænd, -lənd/ s **the mainland** el territorio continental o principal de un país, excluyendo las islas que lo rodean: *the Chinese mainland* la China continental

mainland² adj [solo ante s] *mainland China* la China continental • *mainland Japan* la isla principal de Japón

‚main ˈline s [C] línea principal (de ferrocarril)

main·line /ˈmeɪnlaɪn/ v [I,T] (coloq) inyectar(se) (drogas)

main·ly S3 W3 /ˈmeɪnli/ adv principalmente, sobre todo: *My new job mainly involves translating into Spanish.* Mi nuevo trabajo consiste principalmente en traducir al español. • *Our customers are mainly young people.* Nuestros clientes son sobre todo gente joven. • **mainly because** más que nada porque, sobre todo porque: *She went to college mainly because she couldn't think of anything else to do.* Fue a la universidad más que nada porque no se le ocurría otra cosa que hacer. SIN **mostly**

‚main ˈroad s [C] carretera principal

main·sail /ˈmeɪnseɪl, -səl/ s [C] vela mayor

main·spring /ˈmeɪnsprɪŋ/ s [C] razón principal

main·stay /ˈmeɪnsteɪ/ s [C] (pl **mainstays**) pilar, puntal • **[+of]**: *Agriculture is still the mainstay of the country's economy.* La agricultura sigue siendo el pilar de la economía del país.

main·stream¹ /ˈmeɪnstrim/ s **the mainstream** la corriente principal/predominante: *He started as a rebel but soon became part of the literary mainstream.* Empezó como un rebelde, pero pronto se asimiló a la corriente literaria predominante. • *the mainstream of European politics* el sector predominante político europeo

mainstream² adj [solo ante s] mayoritario -a (partido), general (sistema): *the mainstream political parties* los partidos políticos mayoritarios • *Can deaf children be included in mainstream education?* ¿Los niños sordos pueden ser integrados al sistema educativo general?

mainstream³ v [T] incluir a un niño discapacitado en una clase con alumnos sin discapacidades

main·stream·ing /ˈmeɪnˌstrimɪŋ/ s [U] inclusión de un niño discapacitado en una clase de niños sin discapacidades

ˈMain Street s **1** [U] los estadounidenses de a pie, que sustentan valores tradicionales estadounidenses **2** [C,U] calle principal (de una ciudad pequeña o mediana)

main·tain S3 W1 /meɪnˈteɪn/ v
1 [T] (seguir teniendo) mantener: *The hotel prides itself on maintaining high standards of service.* El hotel se enorgullece de mantener altos niveles de servicio. SIN **keep**

M

2 [T] (conservar en buen estado) ocuparse del mantenimiento de, mantener (en buen estado) • **well maintained** bien cuidado -a/mantenido -a • **poorly/badly maintained** descuidado -a
3 [T] (afirmar) sostener, mantener • **maintain (that)** sostener/mantener que • **maintain your innocence** proclamar su inocencia
4 [T] (proveer sustento para) mantener: *the basic costs of maintaining a family* el costo básico de mantener a una familia
5 [I] (*oral*) manejar la situación, no perder el control

main·te·nance /'meɪntⁿn-əns/ s [U] **1** (arreglos) mantenimiento • **car/highway maintenance** mantenimiento de carros/de las carreteras • **maintenance man** encargado del mantenimiento • **maintenance work** trabajo(s) de mantenimiento **2** (conservación) mantenimiento: *the maintenance of discipline* el mantenimiento de la disciplina

ma·jes·tic /mə'dʒɛstɪk/ adj **1** majestuoso -a **2** impresionante (actuación)

ma·jes·ti·cally /mə'dʒɛstɪkli/ adv majestuosamente

maj·es·ty /'mædʒəsti/ s **1** [U] majestuosidad **2 Your Majesty** su Majestad (al dirigirse a un monarca) • **Her/His Majesty** su Majestad (al referirse a un monarca)

ma·jor¹ S1 W1 /'meɪdʒɚ/ adj [sin compar]
1 [gralm ante s] muy importante: *China played a major role in the negotiations.* China tuvo un papel muy importante en las negociaciones. • *a major problem* un problema serio ANT **minor**
2 principal: *Europe's major cities* las principales ciudades de Europa
3 [nunca ante s] (*oral*) muy importante, de importancia fundamental
4 (en música) mayor: *the key of D major* el tono de re mayor ▶ **MINOR**

major² S3 s [C]
1 mayor, comandante (en el ejército)
2 especialidad (asignatura que se elige como principal en un curso universitario) ▶ **MINOR**
3 a philosophy/science major un/una estudiante de la especialidad de filosofía/ciencias
4 the majors la liga mayor (de béisbol) SIN **the Major Leagues**

major³ v
major in sth v+partíc hacer la especialización en algo (en la universidad): *He majored in economics.* Hizo la especialización en economía.

ma·jor·i·ty W1 /mə'dʒɔrəti, -'dʒɑr-/ s (pl **majorities**)
1 [sing] (más de la mitad) mayoría • [+of]: *The majority of Americans support the law.* La mayoría de los estadounidenses apoya la ley. • **the great/vast/ overwhelming majority of sth** la gran/inmensa/ abrumadora mayoría de algo • **a Republican/ Democratic majority** una mayoría republicana/ demócrata • **be in the majority** ser mayoría ANT **minority**
2 [C] (en elecciones) mayoría, margen: *The party won by a huge majority at the last election.* El partido ganó las últimas elecciones con una mayoría aplastante. • **a small/narrow/tiny majority** un pequeño/estrecho/ pequeñísimo margen • **win a majority** obtener la mayoría • **an overall/absolute majority** la mayoría absoluta • **majority decision** decisión mayoritaria • **majority verdict** veredicto por mayoría • **majority vote** voto mayoritario
3 [U] (*jur*) mayoría de edad ANT **minority**

'major league adj de la liga profesional de béisbol

'Major 'Leagues s [pl] **the Major Leagues** la liga mayor (de béisbol) ▶ **MINOR LEAGUE**

ma·jor·ly /'meɪdʒɚli/ adv (*coloq*) súper, muy

make¹ S1 W1 /meɪk/ v (**made** /meɪd/) ▶ **make** también forma parte de muchas expresiones como **make sure**,

make friends, etc. Estas están tratadas bajo el sustantivo, adjetivo, etc. correspondiente.

1 crear, producir
2 un comentario, una sugerencia, un esfuerzo
3 comida, bebida
4 tener determinado efecto
5 forzar
6 dinero
7 constituir
8 posibilidades, logros
9 sumar
10 conjeturas, cálculos
11 completar, hacer perfecto
12 nombrar
13 al corregirse

1 CREAR, PRODUCIR [T] hacer, fabricar: *She makes all her own clothes.* Se hace toda la ropa ella misma. • *All the furniture is made in our factory.* Todos los muebles se hacen en nuestra fábrica. • *The company makes electrical goods.* La empresa fabrica productos eléctricos. • **make sth from/out of sth** hacer algo de/con algo: *They make them out of lightweight plastic now.* Ahora las hacen de plástico ligero. • *We made a shelter from leaves and branches.* Hicimos un refugio con hojas y ramas. • **(be) made of/from/out of sth** *a shirt made of silk* una camisa de seda • *The walls are made of brick.* Las paredes son de ladrillo. • *Her necklace was made out of seashells.* Su collar estaba hecho de conchas de mar. • *Paper is made from wood.* El papel se obtiene de la madera. • **make sb sth** (tb **make sth for sb**) hacerle algo a alguien: *Can you make me a copy of this invoice?* ¿Me haces una copia de esta factura?

2 UN COMENTARIO, UNA SUGERENCIA, UN ESFUERZO [T] hacer: *I have to make a phone call.* Tengo que hacer una llamada. • **make a mistake** equivocarse, cometer un error • **make a decision** tomar una decisión • **make a trip** hacer un viaje

3 COMIDA, BEBIDA [T] hacer, preparar: *I'm making a cake.* Estoy haciendo un ponqué. • **make breakfast/ lunch/dinner** preparar el desayuno/el almuerzo/la comida, preparar el desayuno/la comida/la cena • **make sb sth** (tb **make sth for sb**) *Shall I make you a sandwich?* ¿Te hago un sándwich? • *I had to make dinner for eight people last night.* Tuve que preparar una comida para ocho personas anoche.

4 TENER DETERMINADO EFECTO [T] *The snow makes driving difficult.* La nieve dificulta la conducción. • *Drink this – it'll make you feel better.* Bebe esto; te hará bien. • **make sb sad/nervous** poner triste/nervioso -a a alguien • **make sb happy/angry** hacer feliz/hacer enojar a alguien • **make sth easy/interesting** hacer algo fácil/ interesante: *The song was made famous by the Rolling Stones.* La canción se hizo famosa gracias a los Rolling Stones. • *She could make things very difficult for us.* Podría hacernos muy difíciles las cosas. • **make yourself heard/understood** hacerse oír/entender • **make yourself known** (a) darse a conocer (b) hacerse conocido -a • **make it easy/possible/necessary (for sb) to do sth** *The book's layout makes it easy to read.* El diseño del libro facilita la lectura. • *Computers have made it possible for people to work from home.* Los computadores han hecho posible que la gente trabaje desde sus hogares. • **make sb sth** convertir a alguien en algo: *The movie made him a star.* La película lo convirtió en una estrella. • **make sb/sth do sth** *I like him because he makes me laugh.* Me gusta porque me hace reír. • *The heat makes the water evaporate.* El calor hace que el agua se evapore.

5 FORZAR [T] obligar: *I didn't want to come, my mom made me.* Yo no quería venir, mi mamá me obligó. • **make sb do sth** obligar a alguien a hacer algo: *Dad always makes me do my homework before I go out.* Mi padre siempre me obliga a hacer la tarea antes de salir. • **be made to do sth** *The couple were made to hand over all their money.* Obligaron a la pareja a entregar todo el dinero. • *I was made to wait four hours before I was examined.* Me hicieron esperar cuatro horas antes de examinarme.

6 DINERO [T] ganar: *How much do you make a year?* ¿Cuánto ganas al año? • *Her company made over $3 million last year.* Su empresa obtuvo ganancias por más de 3 millones de dólares el año pasado.

7 CONSTITUIR [v copul] ser: *She'd make a fantastic teacher.* Sería una profesora estupenda. • *Don't they make a cute couple?* ¡No hacen una linda pareja?

8 POSIBILIDADES, LOGROS [T] *Can you make Tuesday?* ¿Puedes el martes? • *We didn't make the final.* No llegamos a la final. • **make the team/squad** entrar en el equipo • **make the papers/headlines/front page** salir en los periódicos/en los titulares/en primera plana

9 SUMAR [v copul] ser: *Two plus two makes four.* Dos más dos son cuatro. • *If you include Dan, that makes five of us.* Si cuentas a Dan, somos cinco.

10 CONJETURAS, CÁLCULOS [T] *What time do you make it?* ¿Qué hora tienes? • *I make it ten after three.* Según mi reloj son las tres y diez. • *I make it 580, not 575.* A mí me da 580, no 575.

11 COMPLETAR, HACER PERFECTO [T] (*coloq*): *The hat really makes the outfit.* El sombrero es el toque final que completa el conjunto. • *Her performance really makes the show.* Su actuación es lo que hace que el espectáculo sea un éxito. • **make sb's day/morning** alegrarle el día/la mañana a alguien

12 NOMBRAR **make sb sth** nombrar a alguien algo, ascender a alguien a algo: *He's just been made chairman.* Acaba de ser nombrado director. • *He was made a captain for his heroic deeds in battle.* Lo ascendieron a capitán por sus actos heroicos en combate.

13 AL CORREGIRSE [T] *Two coffees, please. No, make that three.* Dos cafés, por favor. No, que sean tres.

EXPRESIONES

make as if to do sth (*liter*) amagar hacer algo, hacer como si se fuera a hacer algo • **make believe (that)** *I had to make believe I didn't notice their contemptuous looks.* Tuve que hacerme la que no veía sus miradas de desprecio. SIN **pretend** ▸ MAKE-BELIEVE • **make do (with/without sth)** (*coloq*) arreglárselas (con/sin algo) • **make it** **(a)** (*coloq*) llegar (a tiempo): *If we run, we can make it.* Si corremos, podemos llegar. • *We just made it back to catch the last train.* Llegamos de vuelta con el tiempo justo para tomar el último tren. **(b)** (*coloq*) lograr llegar: *They almost didn't make it.* Casi no logran llegar. • *Will he make it out of the forest alive?* ¿Logrará salir vivo del bosque? **(c)** ir, venir: *I can't make it tonight.* No puedo ir esta noche. • *I'm glad you could make it.* Me alegro de que hayas podido venir. **(d)** (*coloq*) salvarse, sobrevivir: *The doctors didn't think he'd make it.* Los médicos no creían que se fuera a salvar. **(e)** (*coloq*) triunfar, alcanzar el éxito: *He was a talented football player and I knew he'd make it.* Era un futbolista de talento y yo sabía que iba a triunfar. • **make it to sth** llegar a ser algo: *How did anyone so stupid make it to manager?* ¿Cómo pudo alguien tan estúpido llegar a ser director? • **make it big** llegar lejos, triunfar • **make it to the top** (lograr) llegar muy alto • **make or break sb/sth** llevar al éxito o a la ruina a alguien/algo ▸ MAKE-OR-BREAK • **make time** hacerse tiempo, encontrar el tiempo: *You need to make time for exercise.* Necesitas hacerte tiempo para hacer ejercicio. • **That makes two of us.** Somos dos.: *"I'm really cold." – "That makes two of us."* –Tengo mucho frío. –Somos dos.

make away with *v+partíc* **make away with sth** (*coloq*) escaparse/huir con algo, llevarse algo

make for sth *v+partíc* **1** dirigirse hacia algo: *We made for the nearest island.* Nos dirigimos hacia la isla más cercana. • *I think it's time we made for home.* Me parece que es hora de que nos pongamos en camino a casa. SIN **head for, make toward** **2** tener determinado resultado: *The stormy weather made for a very bumpy landing.* El mal tiempo hizo que el aterrizaje fuera muy accidentado.

make into *v+partíc* **make sth/sb into sth** convertir algo/a alguien en algo: *We can make your room into an office.* Podemos convertir tu habitación en un despacho. • *The book is being made into a movie.* Están haciendo una película basada en el libro. • *The movie*

---

made her into a star overnight. La película la convirtió en estrella de la noche a la mañana. SIN **turn into**

make of *v+partíc* **1** (en opiniones) *I didn't know what to make of her.* No sabía qué pensar de ella. • *What do you make of the idea?* ¿Qué te parece la idea? SIN **think of** **2** **make sth of sb/sth** hacer algo de alguien/algo: *I want to make something of my life.* Quiero hacer algo de mi vida. • **make something of yourself** llegar lejos **3** **make (too) much of sth** dar demasiada importancia a algo **4** **make a day/an evening of it** completar el programa de un día o una velada con alguna actividad social que se sume a las planeadas **5** **Do you want to make sth (out) of it?** (*oral*) ¿Estás buscando pelea?

make off *v+partíc* **1** **make off** huir: *The men made off as the police arrived.* Los hombres huyeron cuando llegó la policía. SIN **take off** **2** **make off with sth** escaparse con algo, llevarse algo

make out *v+partíc* **1** **make sth ↔ out** distinguir algo, entender algo: *He could just make out a shape in the dim light.* Apenas podía distinguir una forma con la luz tenue. • *I couldn't make out what he was saying.* No lograba entender lo que decía. **2** **make sth/sb ↔ out** (*coloq*) entender algo/a alguien: *I couldn't make him out at all.* No podía entenderlo en absoluto. • *I couldn't make out what I'd done to annoy her.* No lograba entender qué había hecho para que se enojara. • **as far as I can make out** (tb **from what I can make out**) según tengo entendido **3** (un documento, un cheque) **make sth ↔ out** *The book gives advice on making out a will.* El libro ofrece consejos sobre cómo hacer un testamento. • *Could you make out my bill for me, please?* ¿Me podría preparar la factura, por favor? • **make out a check (to sb)** extender un cheque (a favor de alguien) • **make out a check for $200/$1,000** extender un cheque por 200/1.000 dólares SIN **write out** **4** (fingir) (*coloq*): *She's not as poor as she makes out.* No es tan pobre como quiere hacer creer. • *We made out we couldn't speak English.* Hicimos como que no hablábamos inglés. **5** (describir) **make sb/sth out to be sth** (*coloq*): *He makes me out to be some kind of idiot!* ¡Habla de mí como si yo fuera un idiota! • *The situation wasn't as bad as the media made out.* La situación no era tan mala como la pintaban los medios. **6** (tener un resultado) **make out** *How did you make out this morning?* ¿Cómo te fue esta mañana? **7** **make out** (*coloq*) besarse y abrazarse **8** **make out like a bandit** (*coloq*) llenarse de oro/regalos

make over *v+partíc* **1** (transformar) **make sb/sth ↔ over** *He made himself over by taking up body-building.* Cambió totalmente de aspecto haciendo físicoculturismo. **2** **make sth ↔ over to sb** cederle algo a alguien, poner algo a nombre de alguien

make toward sth *v+partíc* dirigirse hacia algo SIN **make for**

make up *v+partíc* **1** **make sth ↔ up** inventar algo: *She made up the whole story.* Inventó toda la historia. **2** **make sth ↔ up** componer algo (una canción), inventar algo (una historia, un chiste): *Nick made up a song about me.* Nick compuso una canción sobre mí. **3** **make sth ↔ up** constituir/formar algo: *Minority groups make up 64% of the population.* Los grupos minoritarios constituyen el 64% de la población. • **be made up of sth/sb** estar compuesto -a de/por algo/alguien, estar integrado -a por algo/alguien: *The committee is made up of representatives from several states.* La comisión está integrada por representantes de varios estados. SIN **constitute** ▸ COMPRISE **4** **make sth ↔ up** preparar/hacer algo: *I could make up a bed for you on the sofa.* Te podría hacer una cama en el sofá. • *Can you make up a bottle of milk for the baby?* ¿Puedes preparar un tetero para el bebé? **5** **make sb ↔ up** maquillar a alguien **6** **make sth ↔ up** recuperar algo: *I'm trying to make up the time I lost while I was sick.* Estoy tratando de recuperar el tiempo que perdí cuando estuve enfermo. • *Is it okay if I make the work up next week?* ¿Puedo trabajar la semana que viene para compensar? **7** **make up sth** completar algo: *We need two more players to make up the team.* Necesitamos dos jugadores más para completar el equipo. • **make up the difference/rest** poner la diferencia/el resto

M

makeup

brush
brocha

eye shadow
sombra
de ojos

lipstick
lápiz labial, bilé

make up for *v+partíc* **make up for sth** compensar algo: *Last night's victory made up for all the previous games.* El triunfo de anoche compensó todos los partidos anteriores. • *What Jay lacked in experience, he made up for in enthusiasm.* Jay compensaba su falta de experiencia con entusiasmo. • **more than make up for sth** compensar algo con creces • **make up for lost time** recuperar el tiempo perdido

make up to *v+partíc* **make it up to sb** *I'm really sorry. Is there something I can do to make it up to you?* Lo lamento muchísimo. ¿Hay algo que pueda hacer en compensación?

make² *s* [C] marca (de vehículos, máquinas, etc.): *What make is your car?* ¿Qué marca de carro tienes? • [+of]: *one of the most popular makes of cell phone* una de las marcas más populares de teléfonos celulares

EXPRESIONES
be on the make (*coloq*) intentar sacar provecho, buscar solo el beneficio propio

ˈmake-beˌlieve *adj* imaginario -a

ˈmake-beˌlieve *s* [U] fantasía: *He seems to be living in a world of make-believe.* Parece vivir en un mundo de fantasía.

make·o·ver /ˈmeɪkˌoʊvɚ/ *s* [C] **1** renovación (de una habitación, una casa) • **give sth a makeover** renovar algo **2** cambio de imagen • **give sb a makeover** hacerle un cambio de imagen a alguien

mak·er S3 W2 /ˈmeɪkɚ/ *s* [C]
1 a car/shoe maker un fabricante de automóviles/zapatos • **a wine maker** un productor de vino • **a film maker** un director/una directora (de cine), un realizador/una realizadora • [+of]: *a maker of sports goods* un fabricante de artículos deportivos
2 a coffee maker una cafetera • **a pasta maker** una máquina de hacer pasta
3 a decision/policy maker una persona responsable de la toma de decisiones/formulación de políticas
EXPRESIONES
(go to) meet your Maker (*hum*): *She has gone to meet her Maker.* Dios la ha llamado a su lado. ▶ TROUBLE-MAKER

make·shift /ˈmeɪkˌʃɪft/ *adj* [gralm ante s] improvisado -a, provisional

make·up /ˈmeɪk-ʌp/ *s* **1** [U] maquillaje • **put on your makeup** maquillarse • **wear makeup** maquillarse (llevar maquillaje) • **have makeup on** estar maquillado -a • **eye makeup** maquillaje para ojos • **makeup artist** maquillador -a • **makeup case** neceser (de maquillaje) • **makeup remover** desmaquillador **2** [sing] composición (de un grupo, un equipo) • [+of]: *changes to the makeup of the team* cambios en la composición del equipo **3** sb's makeup modo de ser de alguien **4** [C] (tb **makeup test/exam**) examen supletorio

mak·ing /ˈmeɪkɪŋ/ *s* [U] fabricación, producción • **the making of sth** la fabricación/creación de algo: *Plants are used in the making of a range of drugs.* Se usan plantas en la fabricación de una serie de fármacos. • **cheese/wine making** producción de quesos/vino • **rug making** confección de alfombras

EXPRESIONES
have the makings of sth contar con todos los ingredientes para convertirse en algo: *The book has the makings of a best-seller.* El libro cuenta con todos los ingredientes para ser un éxito. • *He has the makings of a great soccer player.* Tiene todo lo que se necesita para ser un gran futbolista. • **be 10 years/six months in the making** *The movie was 10 years in the making.* Llevó 10 años hacer la película. • **be sth in the making** ser algo en potencia: *The young actor is a star in the making.* El joven actor es una estrella en potencia. • **be the making of sb** cambiarle la vida a alguien (para bien): *The trip could be the making of him.* El viaje podría cambiarle la vida. • **be of your own making** (referido a problemas, dificultades) *A lot of her troubles are of her own making.* Muchos de sus problemas se los ha creado ella misma.

mal·a·dy /ˈmælədi/ *s* [C] (*pl* **maladies**) **1** (*frml*) mal (en una sociedad, una organización) **2** (*antic*) enfermedad

Mal·a·gas·y /ˌmæləˈɡæsi/ *s* **1** [C] (persona) malgache **2** [U] (idioma) malgache

mal·aise /mæˈleɪz/ *s* [sing, U] (*frml*) **1** (social, económico) malestar **2** (físico) malestar

ma·lar·i·a /məˈlɛriə/ *s* [U] malaria, paludismo

Ma·la·wi /məˈlɑwi/ Malaui, Malawi

Ma·la·wi·an¹ /məˈlɑwiən/ *s* [C] malawiano -a, malawi

Malawian² *adj* malawiano -a, malawi

Ma·lay·sia /məˈleɪʒə/ Malasia

Ma·lay·sian¹ /məˈleɪʒən/ *s* [C] malasio -a

Malaysian² *adj* malasio -a

Mal·dives /ˈmɔːldiːvz $ ˈmɔːl-/ [pl] **the Maldives** las Maldivas

Mal·div·i·an¹ /mɔlˈdɪviən/ *s* **1** [C] (persona) maldivo -a **2** [U] (idioma) maldivo

Maldivian² *adj* maldivo -a

male¹ S2 W2 /meɪl/ *adj* [gralm ante s]
1 masculino -a, de hombre: *a deep male voice* una profunda voz masculina ANT **female** ▶ MASCULINE
2 macho, varón: *adult male bears* osos machos adultos • *Many women earn less than their male colleagues.* Muchas mujeres ganan menos que sus colegas varones. • **a male nurse** un enfermero • **a male model** un modelo ANT **female**
3 (planta) macho, masculina; (flor) masculina ANT **female**

male² S3 W3 *s* [C]
1 macho: *The male is bigger than the female.* El macho es más grande que la hembra.
2 hombre, varón: *young males between the ages of 14 and 25* hombres jóvenes de entre 14 y 25 años de edad ANT **female**

ˌmale ˈchauvinist *s* [C] (*peyor*) machista ▶ SEXIST

ma·lev·o·lence /məˈlɛvələns/ *s* [U] (*frml*) malevolencia

ma·lev·o·lent /məˈlɛvələnt/ *adj* (*frml*) malévolo -a, maligno -a SIN **evil** ANT **benevolent**

mal·func·tion¹ /mælˈfʌŋkʃən/ *s* [C] falla, disfunción

malfunction² *v* [I] funcionar mal, fallar

Ma·li /ˈmɑli/ Mali

Ma·li·an /ˈmɑliən/ *s* [C], *adj* maliense

mal·ice /ˈmælɪs/ *s* [U] maldad, mala intención • **bear sb no malice** no guardarle rencor a alguien

ma·li·cious /məˈlɪʃəs/ *adj* malintencionado -a, malicioso -a

ma·li·cious·ly /məˈlɪʃəsli/ *adv* con mala intención, maliciosamente

ma·lign¹ /məˈlaɪn/ *v* [T] calumniar, difamar • **much maligned** vilipendiado -a

malign² *adj* (*frml*) maligno -a ANT **benign**

ma·lig·nan·cy /məˈlɪɡnənsi/ *s* (*pl* **malignancies**) (*técn*) **1** [C, U] tumor(es) maligno(s) **2** [U] malignidad

M

ma·lig·nant /mə'lɪgnənt/ *adj* (*técn*) maligno -a (tumor) ANT **benign**

mall S2 /mɔl/ *s* [C] centro comercial SIN **shopping center, shopping mall** ▸ STRIP MALL

mal·lard /'mælə·d/ *s* [C] pato real, ánade real

mal·le·a·ble /'mæliəbəl/ *adj* maleable

mal·let /'mælɪt/ *s* [C] mazo (herramienta)

mal·nour·ished /ˌmæl'nəɪʃt, -'nʌrɪʃt/ *adj* desnutrido -a ▸ STARVING

mal·nu·tri·tion /ˌmælnu'trɪʃən/ *s* [U] desnutrición

mal·prac·tice /ˌmæl'præktɪs/ *s* [C,U] negligencia, mala praxis

malt /mɔlt/ *s* **1** [U] malta **2** [C] (tb **malted**) malteada **3** [C,U] (tb **malt whiskey**) whisky de malta

Mal·ta /'mɔltə/ Malta

malt·ed /'mɔltɪd/ (tb ˌmalted 'milk/'milkshake) *s* [C] malteada SIN **malt**

Mal·tese[1] /ˌmɔl'tiz‹/ *s* **1 the Maltese** [pl] los malteses **2** [U] (idioma) maltés

Maltese[2] *adj* maltés -esa • **Maltese cross** cruz de Malta

mal·treat /mæl'trit/ *v* [T] (*frml*) maltratar

mal·treat·ment /mæl'tritˀmənt/ *s* [U] (*frml*) malos tratos, maltrato

ma·ma S2, Mamá, mamma, momma /'mɑmə/ *s* [C] mamá SIN **mommy**

'mama's boy *s* [C] (*peyor*) hombre o muchacho que busca amparo en su madre

mam·mal /'mæməl/ *s* [C] mamífero

mam·ma·li·an /mə'meɪliən/ *adj* [solo ante s] (*técn*) mamífero -a

mam·mo·gram /'mæmə‚græm/ *s* [C] mamografía

mam·moth[1] /'mæməθ/ *adj* [gralm ante s] titánico -a, colosal: *Raising the money was a mammoth task.* Recaudar el dinero fue una tarea titánica.

mammoth[2] *s* [C] mamut

man[1] S1 W1 /mæn/ *s* (pl **men** /mɛn/)

1	varón
2	la humanidad
3	ser humano
4	en una fábrica
5	en las fuerzas armadas
6	cónyuge
7	compañero sexual
8	al dirigirse a alguien
9	en juegos de mesa
10	autoridad

1 VARÓN [C] hombre: *Who's that man in the blue suit?* ¿Quién es el hombre del vestido azul? • *a young man of great charm and wit* un joven realmente encantador y ocurrente • *The old man was deaf.* El viejo era sordo.
2 LA HUMANIDAD [U] (tb **Man**) el hombre: *the evolution of man* la evolución del hombre • **prehistoric/modern man** el hombre prehistórico/moderno SIN **humankind, mankind**
3 SER HUMANO [C] (*antic*) persona: *All men are equal in the eyes of the law.* Todas las personas son iguales ante la ley.
4 EN UNA FÁBRICA [C gralm pl] trabajador, obrero: *The men have voted for the strike.* Los trabajadores han votado a favor de la huelga.
5 EN LAS FUERZAS ARMADAS [C gralm pl] hombre: *Six of my men were killed.* Murieron seis de mis hombres. • *The Captain ordered his men to fire.* El capitán dio orden de disparar a la tropa.
6 CÓNYUGE [C] (*coloq*) esposo, marido
7 COMPAÑERO SEXUAL [C] (*coloq*) compañero, pareja: *When am I going to meet your new man?* ¿Cuándo voy a conocer a tu nueva pareja?
8 AL DIRIGIRSE A ALGUIEN [sing] (*oral*) amigo, mano: *Hey, what's happening, man?* Eh, ¿qué pasa, amigo?

9 EN JUEGOS DE MESA [C] pieza, ficha SIN **piece**
10 AUTORIDAD The Man (tb **the man**) (*antic*) referencia a cualquier grupo o colectivo que detente poder y sea considerado opresivo ▸ BEST MAN, a FINE figure of a man/woman, FRONT MAN, GARBAGE MAN, a GROWN man/woman, HIT MAN, a man/woman after my own HEART, OLD MAN, POINT MAN, RIGHT-HAND MAN, STUNT MAN, be all THINGS to all men

EXPRESIONES
It's every man for himself. (*coloq*) Sálvese quien pueda. • **kick/hit a man when he's down** (*coloq*) hacer leña del árbol caído; al caído, caerle • **a man about town** (tb **a man-about-town**) un hombre de mundo • **man and wife** (*frml*) marido y mujer: *I now pronounce you man and wife.* Los declaro marido y mujer. • **a man's man** un hombre admirado por otros porque es fuerte y gusta de actividades típicamente masculinas • **a man of God** (tb **a man of the cloth**) un hombre de Dios • **the man on/in the street** el ciudadano común, el hombre de la calle • **my man** (*oral*) amigo, güey • **You the man!** (tb **You da man!, You're the man!**) (*oral*) eres lo máximo

⚠ Algunas personas evitan el uso de esta palabra para referirse indistintamente a hombres y mujeres, porque podría ofender a estas. En su lugar utilizan **person**.

man[2] *v* [T] (**manned, manning**) ocuparse de, guarnecer, tripular: *A team of volunteers is manning the phones.* Un equipo de voluntarios atiende los teléfonos. SIN **staff** ▸ MANNED

man[3] S1 *interj* (para enfatizar) *Man, it's cold!* ¡Caray que hace frío!

man·a·cle[1] /'mænəkəl/ *s* [C gralm pl] (para las manos) esposa; (para los pies) grillete ▸ SHACKLES

manacle[2] *v* [T] esposar, sujetar con grilletes

man·age S2 W1 /'mænɪdʒ/ *v*
1 [T] (algo difícil) *No one could manage that sort of workload.* Nadie podría con semejante carga de trabajo. • **manage to do sth** lograr/conseguir hacer algo: *We finally managed to get home.* Finalmente logramos llegar a casa. • *I somehow managed to remain calm.* De alguna manera, conseguí mantener la calma. • **manage it** lograrlo, conseguirlo: *It was a long walk to the top, but we managed it.* Fue una larga caminata hasta la cima, pero lo logramos.
2 [I] arreglárselas: *I don't know how she manages on her own.* No sé cómo se las arregla sola. • *We'll manage somehow.* De alguna manera nos las vamos a arreglar. • **manage without sb/sth** arreglárselas sin alguien/algo: *It would be difficult to manage without a car.* Sería difícil arreglárselas sin un carro. • **manage on sth** arreglárselas con algo: *Some people have to manage on $50 a week.* Algunas personas se las tienen que arreglar con 50 dólares a la semana.
3 [T] (capacidad física) *Can you manage that suitcase?* ¿Puedes con esa maleta?
4 [T] dirigir, administrar: *She manages a vegetarian restaurant in Boston.* Administra un restaurante vegetariano en Boston. • **well-managed** bien administrado -a • **badly managed** mal administrado -a ▸ ver nota en CONSEGUIR

man·age·a·ble /'mænɪdʒəbəl/ *adj* manejable, fácil de manejar

man·age·ment S3 W1 /'mænɪdʒmənt/ *s*
1 [U] (actividad) administración, gestión • [+of]: *the management of the company* la administración de la compañía *the importance of good management skills* la importancia de contar con buenas habilidades de gestión
2 [sing, U] (personas) dirección, gerencia: *The management felt that this was the right decision.* La dirección consideró que esta era la decisión correcta. • *They have brought in a new management team.* Han traído un nuevo equipo directivo. • *the committee responsible for top management appointments* la comisión responsable de nombrar a los altos directivos • **senior/top management** altos directivos • **middle management**

M

cuadros medios, mandos medios • **under new manage-ment** con un nuevo equipo directivo
3 (control, manejo) [U] gestión: *Do you need advice on financial management?* ¿Necesitas asesoramiento en gestión financiera? • [+**of**]: *the government's manage-ment of the economy* la gestión económica del gobierno

man·ag·er S2 W1 /'mænɪdʒə/ s [C]
1 (de una empresa, una organización) gerente • **a bank manager** un/una gerente de banco • **a store manager** un encargado/una encargada de tienda
2 (de un equipo de fútbol, etc.) (director -a) técnico -a
3 (de un cantante, un actor) manager, representante

man·ag·er·ess /'mænɪdʒərɪs/ s [C] (*antic*) encargada
▶ Actualmente se prefiere el uso de **manager** para refe-rirse tanto a hombres como a mujeres.

man·a·ge·ri·al /ˌmænə'dʒɪriəl/ adj [gralm ante s] geren-cial, directivo -a: *people in managerial positions* perso-nas que ocupan puestos directivos • *training in managerial skills* capacitación en habilidades de gestión

managing di'rector s [C] director -a ejecutivo -a

Man·da·rin /'mændərɪn/ s [U] mandarín

man·da·rin /'mændərɪn/ s [C] **1** (tb **'mandarin ,orange**) mandarina **2** mandarín (persona)

man·date¹ /'mændeɪt/ s **1** [C gralm sing] (del electo-rado) mandato • **a mandate to do sth** un mandato para hacer algo **2** [C,U] (de una autoridad) orden, mandato • **a federal/state/government mandate** una orden federal/estatal/gubernamental, un mandato federal/estatal/gubernamental • **a mandate to do sth** una orden de hacer algo

mandate² v [T] (*frml*) **1** disponer **2** dar instrucciones a • **be mandated to do sth** recibir instrucciones de hacer algo

man·da·to·ry /'mændəˌtɔri/ adj (*frml*) obligatorio -a
SIN **compulsory**, **obligatory** ▶ VOLUNTARY

man·do·lin /ˌmændə'lɪn, 'mændl-ən/ s [C] mandolina

mane /meɪn/ s [C] **1** (de un caballo) crin; (de un león) melena **2** (*liter*) melena (larga y abundante): *a mane of blonde hair* una melena rubia abundante

ma·neu·ver¹ /mə'nuvə/ s **1** [C] (movimiento complejo) maniobra **2** [C] (estratagema, ardid) maniobra • **a political/legal maneuver** una maniobra política/legal **3 maneuvers** [pl] (en las fuerzas armadas) maniobras • **be on maneuvers** estar de maniobras

EXPRESIONES
room for maneuver margen de maniobra

maneuver² v **1** (a) [T siempre + adv/prep] mover con cuidado y habilidad, en particular cuando hay poco espa-cio • **maneuver sth into/out of sth** *We maneuvered the piano out of the dining room.* Con trabajo, sacamos el piano del comedor. (b) [I] maniobrar, hacer maniobras • **maneuver into/out of sth** *She managed to maneuver into the parking space.* Haciendo maniobras logró meterse en el espacio que había para parquear. **2** (con astucia o malicia) (a) [I] maniobrar, hacer maniobras (b) [T] **maneuver sb into/out of sth** *Is this a trick to maneuver me into agreeing?* ¿Esto es un ardid para lograr que yo acceda?

ma·neu·ver·a·bil·i·ty /mə,nuvərə'bɪləti/ s [U] manio-brabilidad

ma·neu·ver·a·ble /mə'nuvərəbəl/ adj maniobrable

man·ful·ly /'mænfəli/ adv (*antic*) valientemente

man·ga·nese /'mæŋgə,niz/ (símb quím **Mn**) s [U] man-ganeso

mange /meɪndʒ/ s [U] sarna

man·ger /'meɪndʒə/ s [C] pesebre, comedero

man·gle¹ /'mæŋgəl/ v [T] **1** destrozar, mutilar (en un accidente, etc.) **2** distorsionar (la verdad), destrozar (una obra musical, un idioma, etc.)

mangle² s [C] (rodillo) escurridor (para la ropa lavada)

man·go /'mæŋgou/ s [C] (pl **mangoes**, **mangos**) mango (fruta)

man·grove /'mæŋgrouv/ s [C] mangle • **mangrove swamp** manglar

mang·y /'meɪndʒi/ adj (**mangier**, **mangiest**) **1** sarnoso -a **2** [gralm ante s] (*coloq*) sucio -a y raído -a

man·han·dle /'mæn,hændl/ v [T] **1** maltratar (física-mente) **2** mover utilizando la fuerza

man·hole /'mænhoul/ s [C] registro, pozo de inspección • **manhole cover** tapa de registro/de pozo de inspección

man·hood /'mænhʊd/ s [U] **1** adultez, edad adulta (de un varón) • **reach manhood** llegar a la edad adulta ▶ WOMANHOOD **2** hombría, virilidad

man·hunt /'mænhʌnt/ s [C] batida, búsqueda

ma·ni·a /'meɪniə/ s **1** [C gralm sing, U] obsesión, manía • [+**for**]: *She had a mania for cleanliness.* Tenía la obsesión de la limpieza. ▶ CRAZE **2** [U] (*técn*) (en psi-quiatría) manía

ma·ni·ac /'meɪniˌæk/ s [C] **1** (*coloq*) loco -a • **like a maniac** como un loco/una loca: *Your brother drives like a maniac.* Tu hermano conduce como un loco. SIN **lunatic 2** maníaco -a • **a sex maniac** (*coloq*) un maníaco/una maníaca sexual • **a religious maniac** un fanático religioso/una fanática religiosa

ma·ni·a·cal /mə'naɪəkəl/ adj (*escrito*) maníaco -a

man·ic /'mænɪk/ adj **1** (*coloq*) frenético -a: *a manic grin* una sonrisa que casi era una mueca **2** (*técn*) maníaco -a

man·i·cure¹ /'mænɪˌkyʊr/ s [C,U] manicura, manicure • **have a manicure** hacerse la manicura ▶ PEDICURE

manicure² v [T] **manicure your nails** hacerse la mani-cura, arreglarse las uñas

man·i·cur·ist /'mænɪˌkyʊrɪst/ s [C] manicurista, mani-curo -a

man·i·fest¹ /'mænəˌfɛst/ v [T] (*frml*) **1** manifestar (una opinión, un sentimiento) **2 manifest itself** manifestarse

manifest² adj [sin compar] [gralm ante s] (*frml*) mani-fiesto -a, evidente

man·i·fes·ta·tion /ˌmænəfə'steɪʃən/ s (*frml*) [C] mani-festación (expresión)

man·i·fest·ly /'mænəˌfɛstli/ adv (*frml*) evidentemente, a todas luces SIN **clearly**

man·i·fes·to /ˌmænə'fɛstou/ s [C] (pl **manifestoes** o **manifestos**) **1** manifiesto **2** plataforma (electoral)

man·i·fold¹ /'mænəˌfould/ adj (*frml*) múltiple

manifold² s [C] (*técn*) colector (en mecánica)

ma·nil·a, **manilla** /mə'nɪlə/ adj [solo ante s] de papel manila

ma·nip·u·late /mə'nɪpyəˌleɪt/ v [T] **1** (*peyor*) manipular (a una persona) • **manipulate sb into doing sth** conven-cer a alguien con manipulaciones de que haga algo **2** manipular, manejar (objetos)

ma·nip·u·la·tion /mə,nɪpyə'leɪʃən/ s **1** [U] (*peyor*) (de información) manipulación **2** [C,U] (movimiento diestro) manejo, manipulación **3** [U] (*peyor*) (de una persona) manipulación

ma·nip·u·la·tive /mə'nɪpyələˌtɪv, -ˌleɪtɪv/ adj (*peyor*) manipulador -a, de manipulación

ma·nip·u·la·tor /mə'nɪpyəˌleɪtə/ s [C] (*peyor*) manipu-lador -a

man·kind /ˌmæn'kaɪnd/ s [U] la humanidad: *the history of mankind* la historia de la humanidad SIN **human-kind**, **man** ▶ WOMANKIND

⚠ Algunas personas evitan el uso de esta palabra para referirse indistintamente a hombres y mujeres, porque podría ofender a estas. En su lugar utilizan **people** o **humankind**.

man·li·ness /'mænlinɪs/ s [U] virilidad, hombría

man·ly /'mænli/ adj viril, varonil ▶ WOMANLY

man-made, man·made /ˌmæn'meɪd◂/ adj sintético -a, artificial: *man-made fibers* fibras sintéticas • *man-made disasters* desastres provocados por el hombre ANT **natural**

manned /mænd/ adj tripulado -a (nave espacial, vuelo, etc.) ANT **unmanned**

man·ne·quin /'mænəkən/ s [C] maniquí SIN **dummy**

man·ner W2 /'mænə/ s
1 [sing] (*frml*) manera, forma: *the manner of her death* la forma en que murió • *His manner of thinking is very strange.* Su manera de pensar es muy extraña. • **in a... manner** de manera..., en foma...: *He looked through the papers in a systematic manner.* Revisó los papeles de manera sistemática. • **in the usual/normal manner** de la manera habitual/normal
2 [sing] trato, actitud: *She has a very pleasant manner.* Tiene un trato muy agradable. • [+**toward**]: *His manner toward me had changed.* Su actitud hacia mí había cambiado.
3 manners [pl] modales, educación: *a man of impeccable manners* un hombre de modales impecables • **good/bad manners** buena/mala educación, buenos/malos modales: *The children had very good manners.* Los niños eran muy educados. • *It's bad manners to read while someone is talking to you.* Es de mala educación leer cuando alguien te habla. • **table manners** modales en la mesa
4 in the manner of sb/sth (*frml*) al estilo de alguien/algo: *He was dressed in the manner of the 1930s.* Estaba vestido al estilo de los años 30. ▶ **-MANNERED**
EXPRESIONES
all manner of sth todo tipo de algo: *He brought all manner of things with him.* Trajo todo tipo de cosas consigo. • **in a manner of speaking** (*oral*) en cierto modo: *I suppose I am in charge, in a manner of speaking.* Supongo que estoy a cargo, en cierto modo. • **as if to the manner born** como si lo hubiera/hubieran hecho toda la vida • **what manner of...?** (*escrito*) ¿qué clase de...?

man·ner·ism /'mænəˌrɪzəm/ s **1** [C] gesto (característico de una persona) **2** [U] manierismo

man·nish /'mænɪʃ/ adj hombruno -a

ma·noeu·vra·ble /məˈnuːvərəbəl/ adj variante británica de **MANEUVERABLE**

ma·noeu·vre /məˈnuːvə/ s, v variante británica de **MANEUVER**

man·or /'mænə/ s [C] **1** (tb **'manor house**) mansión (rodeada de tierras) **2** señorío (en la Edad Media)

man·pow·er /'mænˌpaʊə/ s [U] personal, mano de obra: *a reduction in manpower* una reducción de personal

man·sion /'mænʃən/ s [C] mansión

man·slaugh·ter /'mænˌslɔtə/ s [U] (*jur*) homicidio no premeditado ▶ **HOMICIDE**, **MURDER**; ▶ ver nota en **MURDER**

man·tle /'mæntl/ s **1** [sing] (*técn*) (en geología) manto **2** [sing] (*liter*) **a mantle of snow/mist** un manto de nieve/bruma SIN **blanket**
EXPRESIONES
assume/inherit the mantle of sb/sth (*frml*) asumir/heredar la responsabilidad de alguien/algo

man·tra /'mæntrə/ s [C] mantra

man·u·al¹ /'mænjuəl/ adj [solo ante s] **1** (trabajo) manual: *manual workers* obreros SIN **blue-collar 2** (modo de uso) manual: *a manual typewriter* una máquina de escribir manual ANT **automatic 3** (de las manos) manual: *manual dexterity* destreza manual

manual² s [C] manual: *an instruction manual* un manual de instrucciones SIN **handbook**

man·u·al·ly /'mænjuəli/ adv manualmente, a mano ANT **automatically**

man·u·fac·ture¹ /ˌmænjəˈfæktʃə/ v [T] **1** fabricar, manufacturar; (ropa) confeccionar: *The car is manufactured in Japan.* El carro se fabrica en Japón. **2** inventar (una historia, una excusa) SIN **invent**

manufacture² s [U] fabricación, manufactura; (de ropa) confección

man·u·fac·tur·er W3 /ˌmænjəˈfæktʃərə/ s [C] fabricante SIN **maker**

man·u·fac·tur·ing W3 /ˌmænjəˈfæktʃərɪŋ/ s [U]
1 la industria manufacturera: *Manufacturing was never strong in this region.* La industria manufacturera nunca fue fuerte en esta región. • *a manufacturing plant* una planta industrial • *the manufacturing industry* la industria manufacturera
2 fabricación, manufactura

ma·nure¹ /məˈnʊr/ s [U] estiércol, abono, boñiga

manure² v [T] abonar (con estiércol), emboñigar

man·u·script /'mænjəˌskrɪpt/ s [C] **1** (de una obra) manuscrito, original **2** (de valor histórico) manuscrito

man·y¹ S1 W1 /'mɛni/ det, adj
1 muchos -as: *Were there many people at the concert?* ¿Había mucha gente en el concierto? • *She had known him for many years.* Hacía muchos años que lo conocía. • **not many** pocos -as: *Not many people live on the island.* En la isla viven pocas personas. • *Not many things have changed.* Solo han cambiado unas pocas cosas. • **too many** demasiados -as: *You've eaten too many cookies.* Comiste demasiadas galletas. • **so many** tantos -as: *I've warned him so many times.* Se lo he advertido tantas veces. • **the many** los tantos/las tantas, los muchos/las muchas: *one of the many restaurants in the neighborhood* uno de los tantos restaurantes del vecindario • **many hundreds/thousands** muchos cientos/miles • **a great many/a good many/very many** muchísimos -as: *I learned a great many things.* Aprendí muchísimas cosas.
2 how many cuántos -as: *How many children do you have?* ¿Cuántos hijos tienen? • **as many** otros tantos/otras tantas: *She's appeared in 30 movies and almost as many plays.* Ha actuado en 30 películas y otras tantas obras de teatro. • **not as many** no tantos -as: *There aren't as many tourists in the winter.* No hay tantos turistas en invierno. • **as many... as** tantos -as... como: *There weren't as many visitors as we had hoped.* No hubo tantos visitantes como habíamos esperado. • **as many... as possible** tantos -as ... como sea posible: *Bring as many friends as possible.* Trae tantos amigos como puedas. • **just as many** el mismo número de: *Just as many people voted against the proposal.* El mismo número de personas votó en contra de la propuesta. • **twice as many/three times as many** el doble/el triple: *The company employs four times as many women as men.* La compañía emplea el cuádruple de mujeres que de hombres. ▶ **(not) in as many WORDS**

many² S1 W1 pron
1 muchos -as: *Many thought he was lying.* Muchos pensaron que mentía. • [+**of**]: *Many of the students are Spanish.* Muchos de los estudiantes son españoles. • **not many** no muchos -as: *"Did you get any complaints?" "Not many."* –¿Recibiste quejas? –No muchas. • **too many** demasiados -as: *Don't bring any more chairs. We've already got too many.* No traigas más sillas. Ya tenemos demasiadas. • **so many** tantos -as: *I didn't think we'd sell so many.* No creí que fuéramos a vender tantos.
2 how many cuántos -as: *I asked how many of them could swim.* Pregunté cuántos de ellos sabían nadar. • **as many as** tantos -as como: *She has a lot of books, but not as many as you.* Tiene muchos libros, pero no tantos como tú. • **as many as possible** tantos -as como sea posible • **twice as many/three times as many** el doble/el triple: *I made a few mistakes, but he made twice as many.* Cometí algunos errores, pero él cometió el doble. • **just as many** un número igual • **as many as 100/500/90%** nada menos que 100/500/el 90%: *As many as 500 people died in the fighting.* Nada menos que 500 personas murieron en los combates.
3 the many (*frml*) la mayoría: *The few troublemakers spoiled the event for the many.* Los contados alborotadores estropearon la ocasión para la mayoría.

Mao·ri¹ /'maʊri/ s **1** [C] maorí **2** [U] (idioma) maorí

M

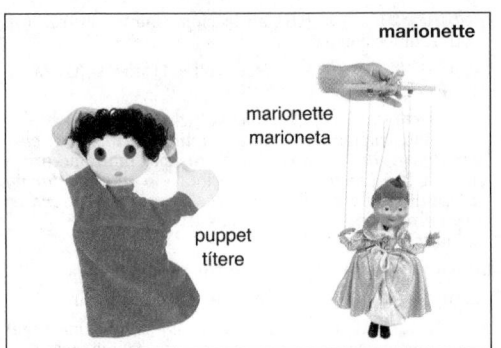

marionette

marionette
marioneta

puppet
títere

Maori² *adj* maorí

map¹ S2 W3 /mæp/ *s* [C] mapa; (de una ciudad) plano • [+of]: *a map of Texas* un mapa de Texas • **a road map** un mapa vial, un mapa de carreteras • **a street map** un plano de la ciudad • **a world map** un planisferio • **draw a map** hacer/trazar un mapa ▶ WIPE sth off the map

EXPRESIONES
put sth on the map hacer conocer algo, dar difusión a algo

map² *v* [T] (**mapped**, **mapping**) **1** trazar un mapa de **2** planificar
map out ↔ sth *v+partíc* planificar algo

ma·ple /'meɪpəl/ *s* **1** [C] (tb **maple tree**) arce, maple **2** [U] (madera) arce, maple

mar /mɑr/ *v* [T] (**marred**, **marring**) estropear, empañar: *The celebrations were marred by violence.* Las celebraciones se vieron empañadas por la violencia. SIN **spoil**

Mar. (*abrev escrita de* **March**) mar.

mar·a·thon¹ /'mærə,θɑn/ *s* [C] **1** (carrera) maratón • **run a/the marathon** correr una/la maratón, correr un/el maratón **2** (actividad larga) maratón

marathon² *adj* [solo ante s] maratónico -a, maratoniano -a

ma·raud·er /mə'rɔdər/ *s* [C] merodeador -a

ma·raud·ing /mə'rɔdɪŋ/ *adj* [solo ante s] merodeador -a

mar·ble¹ /'mɑrbəl/ *s* **1** [U] mármol **2** [C] canica, bola (de vidrio) **3 marbles** [U] canicas, bolas (el juego) • **play marbles** jugar a las canicas/bolas

EXPRESIONES
lose your marbles (*coloq*) perder un tornillo, perder la chaveta

marble² *adj* [gralm ante s] de mármol: *a marble statue* una estatua de mármol

March /mɑrtʃ/ (*abrev escrita* **Mar.**) *s* [C, U] marzo ▶ ver ejs en APRIL

march¹ S2 /mɑrtʃ/ *v*
1 [I] marchar • **march through/across/into/along** *In 1940 the army marched into Finland.* En 1940, el ejército entró marchando en Finlandia.
2 [I] (en señal de protesta) marchar • **march on sth** *Thousands marched on Washington.* Miles de personas marcharon sobre Washington.
3 (con actitud resuelta, con enojo) (a) [I siempre + adv/prep] **march off/away/out** *He marched angrily out of the room.* Salió airado de la habitación. (b) [T siempre + adv/prep] **march sb to/into/out of sth** *Mr. Carter marched us to the principal's office.* El señor Carter nos llevó a rastras a la oficina del director.

march² *s* [C] **1** (manifestación) marcha • **a peace/civil rights march** una marcha por la paz/los derechos civiles • **a protest march** una marcha de protesta **2** (de tropas) marcha **3** (pieza musical) marcha ▶ STEAL a march on sb

EXPRESIONES
the march of time (*frml*) el paso del tiempo • **the march of progress** (*frml*) el avance del progreso • **be on the march** estar en marcha (tropas)

march·er /'mɑrtʃər/ *s* [C] manifestante ▶ DEMONSTRA-TOR, PROTESTER

Mar·di Gras /'mɑrdi ,grɑ/ *s* [U] **1** martes de Carnaval **2** festejos del martes de Carnaval

mare /mɛr/ *s* [C] yegua, burra ▶ STALLION

mar·ga·rine /'mɑrdʒərɪn/ *s* [C,U] margarina

mar·gin W3 /'mɑrdʒɪn/ *s*
1 [C] (en una página) margen • **in the margin** al margen: *notes written in the margin* notas escritas al margen
2 [C] (diferencia) margen • **by a wide/narrow margin** por un amplio/estrecho margen: *The proposal was rejected by a narrow margin.* La propuesta fue rechazada por un estrecho margen.
3 [C] (de ganancia) margen SIN **profit margin**
4 [C,U] (previsión) margen • [+for]: *There is no margin for error.* No hay margen para el error.

EXPRESIONES
margin of error margen de error

mar·gin·al /'mɑrdʒənl/ *adj* **1** mínimo -a: *a marginal increase in sales* un incremento mínimo de las ventas **2** marginal (socialmente) ANT **mainstream** ▶ MARGIN-ALLY

mar·gin·al·i·za·tion /,mɑrdʒənələ'zeɪʃən/ *s* [U] marginación

mar·gin·al·ize /'mɑrdʒənə,laɪz/ *v* [T] marginar

mar·gin·al·ly /'mɑrdʒənl-i/ *adv* ligeramente: *The new system is marginally better.* El nuevo sistema es ligeramente mejor. SIN **slightly**

mar·i·gold /'mærə,goʊld, 'mɛr-/ *s* [C] caléndula

mar·i·jua·na, marihuana /,mærə'wɑnə/ *s* [U] marihuana ▶ CANNABIS, HASHISH

ma·ri·na /mə'rinə/ *s* [C] marina (para fondear barcos)

mar·i·nade /,mærə'neɪd/ *s* [C,U] salsa para marinar

mar·i·nate /'mærə,neɪt/ (tb **marinade**) *v* [I,T] marinar(se)

Ma·rine /mə'rin/ *s* [C] soldado de infantería de marina, marine

ma·rine /mə'rin/ *adj* [solo ante s] **1** marino -a: *marine life* vida marina **2** naval: *a marine regiment* un regimiento naval

mar·i·ner /'mærənər/ *s* [C] (*liter*) navegante

Ma·rines /mə'rinz/ **the Marines** [pl] la Infantería de Marina, los marines ▶ AIR FORCE, ARMY, NAVY

EXPRESIONES
tell it to the Marines! (*oral*) ¡a otro perro con ese hueso!

mar·i·o·nette /,mæriə'nɛt/ *s* [C] marioneta ▶ PUPPET

mar·i·tal /'mærətl/ *adj* [solo ante s] matrimonial, conyugal • **marital status** estado civil

mar·i·time /'mærə,taɪm/ *adj* [solo ante s] marítimo -a

mar·jo·ram /'mɑrdʒərəm/ *s* [U] mejorana

mark¹ S2 W2 /mɑrk/ *v*
1 [T] (con una señal) marcar, señalar: *I've marked the pages you need to look at.* He marcado las páginas que tienes que mirar. • *Peter marked his name on the first page.* Peter marcó la primera página con su nombre. • **be marked personal/fragile/urgent** *a document marked "Confidential"* un documento con la leyenda "confidencial"
2 [T] (un cambio) marcar: *The decision marked a major change in government policy.* La decisión marcó un cambio fundamental en la política del gobierno. • **mark the end/the beginning of sth** marcar el fin/el comienzo de algo
3 (con manchas, cicatrices) (a) [T] manchar, dejar marcas/una marca en: *Take off your shoes so you don't mark the floor.* Quítate los zapatos para no manchar el suelo. • *The disease had marked her face for life.* La enfermedad le había dejado la cara marcada de por vida. (b) [I] mancharse, marcarse
4 conmemorar, celebrar: *celebrations to mark Australia Day* festejos para conmemorar el Día de Australia
5 (fecha) *2003 marked the 150th anniversary of his*

death. En 2003 se cumplió el sesquicentenario de su muerte. ▶ MARKED

EXPRESIONES

(you) mark my words (*antic*) acuérdate de lo que te estoy diciendo

mark down *v+partíc* **1 mark sth ↔ down** anotar algo SIN **write down 2 mark sth ↔ down** rebajar (el precio de) algo SIN **reduce** ANT **mark-up**

mark up *v+partíc* **mark sth ↔ up** agregar un margen al costo de algo ANT **mark down** ▶ MARK-UP

mark² S2 W2 *s* [C]

1 (de suciedad) mancha, marca: *I can't get these marks out of my T-shirt.* No puedo quitar estas manchas de mi camiseta. • **leave/make a mark (on sth)** dejar/hacer una marca (en algo): *The tape left a mark on the paint.* La cinta dejó una marca en la pintura. • *The blow left a mark on his face.* El golpe le marcó la cara.
2 (escrita) señal, marca • **make a mark (on sth)** hacer una marca/una señal (en algo)
3 (en la piel) marca • **burn marks** quemaduras • **bite marks** mordeduras, picaduras
4 (cifra, cantidad, nivel) *The prizes are around the $2,000 mark.* Los precios rondan los 2.000 dólares. • **reach/approach/pass the... mark** llegar a/acercarse a/superar los...: *Unemployment has passed the two million mark.* El número de desocupados ha superado los dos millones.
5 (modelo) **Mark 1/3/5** versión 1/3/5 ▶ BIRTHMARK, a BLACK mark, PUNCTUATION MARK, QUESTION MARK, QUOTATION MARK

EXPRESIONES

as a mark of respect en señal de respeto • **bear the mark of sth (a)** llevar la marca de algo **(b)** llevar la impronta de algo • **hit/miss the mark** dar/no dar en el blanco, causar/no causar el efecto esperado • **leave/make its mark on sb/sth** dejar su huella en alguien/algo • **make/leave your mark** hacerse famoso -a, destacarse • [+**as**]: *Dorsey made his mark as a pianist in the 1920s.* Dorsey se hizo famoso como pianista en los años 20. • [+**on**]: *He left his mark on baseball history.* Dejó su impronta en la historia del béisbol. • **be (way) off the mark** (tb **be wide of the mark**) ser (muy) erróneo -a, estar muy alejado -a de lo correcto SIN **inaccurate** • **be quick/slow off the mark** (*coloq*) ser rápido -a/lento -a para entender/reaccionar • **on your mark(s), get set, go!** (*oral*) preparados, listos, ¡ya!

mark·down /'mɑrkdaʊn/ *s* [C] rebaja, descuento

marked /mɑrkt/ *adj* notable, marcado -a: *a marked improvement* una mejora notable • *a marked increase* un marcado incremento • *He had a marked French accent.* Tenía un fuerte acento francés. • **a marked man/woman** un hombre marcado/una mujer marcada (en peligro)

mark·ed·ly /'mɑrkɪdli/ *adv* notablemente, visiblemente

mark·er /'mɑrkɚ/ *s* [C] **1** indicador **2** marcador, resaltador

mar·ket¹ S1 W1 /'mɑrkɪt/ *s*

1 [C] (lugar) mercado: *I buy all my vegetables at the market.* Compro todas las verduras en el mercado. • **a flower/fish/vegetable market** un mercado de flores/pescado/verduras
2 tienda de comestibles, tienda de abarrotes: *Go down to the market and buy some eggs.* Ve a la tienda de comestibles a comprar huevos. SIN **grocery store**
3 [C] (actividad comercial, oferta y demanda) mercado: *clothes designed for European markets* ropa diseñada para los mercados europeos • **overseas/international market** mercado exterior • **the domestic/home market** el mercado nacional • **the job/ labor market** el mercado de trabajo/laboral
4 [sing] (consumidores) mercado • [+**for**]: *There is a market for this service.* Existe mercado para este servicio. • **the youth market** el mercado de los jóvenes
5 the market (financiero) el mercado (de valores), la bolsa: *a downturn in the market* una caída en el mercado de valores • **play the market** jugar en la bolsa ▶ BEAR MARKET, BLACK MARKET, BULL MARKET, CORNER the market, FLEA MARKET, FREE MARKET, PRICE yourself out of the market

EXPRESIONES

a buyer's/seller's market un mercado favorable al comprador/vendedor • **on the market** en el mercado: *There are thousands of different computer games on the market.* Hay miles de juegos de computador diferentes en el mercado. • **come onto the market** salir a la venta: *A revolutionary new drug has just come onto the market.* Acaba de salir a la venta un nuevo y revolucionario fármaco. • **put sth on the market** poner algo en venta

market² W3 *v* [T] comercializar • **market sth as sth** promocionar algo como algo: *The noodles are being marketed as a health food.* Se están promocionando los fideos como alimento saludable.

mar·ket·a·bil·i·ty /ˌmɑrkɪtə'bɪləti/ *s* [U] comerciabilidad

mar·ket·a·ble /'mɑrkɪtəbəl/ *adj* comercializable, vendible

market e'conomy *s* [C] economía de mercado

market 'forces *s* [pl] fuerzas del mercado

mar·ket·ing S3 W2 /'mɑrkɪtɪŋ/ *s* [U]

1 mercadotecnia, marketing, mercadeo • **a marketing campaign** una campaña de mercadeo/marketing • **a marketing strategy** una estrategia de mercadeo/comercialización
2 marketing (como carrera o profesión): *a career in sales and marketing* una carrera profesional dedicada a las ventas y el marketing • **marketing director** director de marketing
3 (*antic*) mercado, compra: *Why should I have to do the marketing every week?* ¿Por qué tengo que hacer yo el mercado todas las semanas?

mar·ket·place /'mɑrkɪt.pleɪs/ *s* **1 the marketplace** el mercado (actividad de compraventa de bienes): *We're dealing with a global marketplace.* Nos enfrentamos a un mercado global. **2** [C gralm sing] (plaza del) mercado

market 'research *s* [U] investigación de mercado(s)

'market share *s* [C,U] cuota de mercado

mark·ing /'mɑrkɪŋ/ *s* [C gralm pl, U] **1** marca(s), insignia(s) (en aviones, vehículos militares), señalización (en carreteras): *a black box with no markings* una caja negra sin marcas **2** manchas (en la piel de un animal, hojas): *leaves with white markings* hojas con manchas blancas

marks·man /'mɑrksmən/ *s* [C] (pl **marksmen** /-mən/) tirador -a

marks·man·ship /'mɑrksmən.ʃɪp/ *s* [U] puntería (con armas de fuego)

'mark-up *s* [C] margen (de beneficio) (que agrega un comerciante al precio de un producto)

mar·ma·lade /'mɑrmə.leɪd/ *s* [C,U] mermelada (de cítricos)

ma·roon¹ /mə'run/ *adj, s* [U] granate

maroon² *v* **be marooned** quedar abandonado -a, quedar varado -a: *They were marooned on a desert island.* Quedaron abandonados en una isla desierta.

mar·quee¹ /mɑr'ki/ *s* [C] marquesina (de un cine, un teatro)

marquee² *adj* [solo ante s] famoso -a, taquillero -a (actor)

mar·riage S2 W1 /'mærɪdʒ/ *s*

1 [C,U] matrimonio (relación): *They had a long and happy marriage.* Tuvieron un matrimonio duradero y feliz. • *He had three daughters from a previous marriage.* Tenía tres hijas de un matrimonio anterior. • [+**to**]: *his marriage to Marilyn Monroe* su matrimonio con Marilyn Monroe • **by marriage** por parentesco político: *The families are related by marriage.* Las familias están relacionadas por parentesco político. • **a marriage of convenience** un matrimonio de conveniencia • **marriage ceremony** ceremonia nupcial, enlace

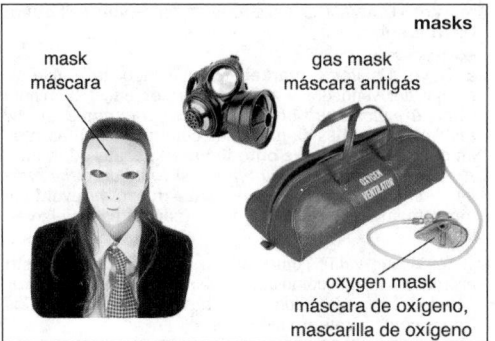

masks

mask
máscara

gas mask
máscara antigás

oxygen mask
máscara de oxígeno,
mascarilla de oxígeno

(matrimonial) • **marriage certificate** partida de matrimonio, acta de matrimonio • **marriage guidance** orientación matrimonial • **marriage partner** cónyuge • **marriage vows** votos matrimoniales
2 [C] boda, casamiento: *Their marriage took place in France.* Su boda se realizó en Francia. ⓈⒾⓃ **wedding**
3 [C] unión ▶ ARRANGED MARRIAGE, MIXED MARRIAGE

mar·ried Ⓢ²Ⓦ² /ˈmærid/ *adj* casado -a: *We've been married for eight years.* Llevamos ocho años casados. • **a married couple** un matrimonio: *They're a newly married couple.* Son recién casados. • **get married** casarse: *We're getting married next month.* Nos vamos a casar el mes que viene. • **be married to sb** estar casado -a con alguien: *Nicole is married to my brother.* Nicole está casada con mi hermano. • **married life** vida conyugal
▶ MARRY

EXPRESIONES
be married to sth vivir sólo para algo: *Frank is married to his work.* Frank vive sólo para su trabajo.

mar·row /ˈmæroʊ/ *s* [U] médula ⓈⒾⓃ **bone marrow**

EXPRESIONES
to the marrow incondicional, a muerte (seguidor, fanático)

mar·ry Ⓢ¹Ⓦ² /ˈmæri/ *v* (**marries, married, marrying**)
1 (a) [T] casarse con: *He married her in 1960.* Se casó con ella en 1960. • *I'm going to ask her to marry me.* Le voy a pedir que se case conmigo. (b) [I] casarse: *They married in 1988.* Se casaron en 1988. • **marry young** casarse joven • **marry again** volver a casarse ▶ MARRIED
2 [T] (llevar a cabo la ceremonia) casar: *the priest who married us* el sacerdote que nos casó
3 [T] (tb **marry up** (*frml*)) combinar • **marry sth with sth** (tb **marry sth and sth**) combinar/unir algo con algo: *The building's design marries a traditional style with modern materials.* El diseño del edificio combina un estilo tradicional con materiales modernos.
marry into sth *v+partíc She married into a very wealthy family.* Se casó con un hombre de familia muy adinerada.
marry sb ↔ off *v+partíc* casar a alguien (a un hijo, una hija)

Mars /marz/ *s* Marte

marsh /marʃ/ *s* [C,U] pantano: *salt marshes* marismas
▶ BOG, SWAMP

mar·shal¹ /ˈmarʃəl/ *s* [C] **1** mariscal ▶ FIELD MARSHAL **2** miembro del personal de vigilancia en un acto público **3** oficial de justicia **4** (tb **fire marshal**) jefe del cuerpo de bomberos **5** oficial de policía a cargo de un distrito **6** persona que encabeza un desfile público o dirige una ceremonia

marshal² *v* [T] **1** formar, reunir (tropas, fuerzas), organizar (apoyo, recursos) **2** **marshal your thoughts/ arguments** poner en orden tus ideas/argumentos

marsh·mal·low /ˈmarʃˌmɛloʊ/ *s* [C,U] malvavisco, masmelo, bombón

marsh·y /ˈmarʃi/ *adj* [gralm ante s] pantanoso -a: *an area of marshy ground* una zona de terreno pantanoso

mar·su·pi·al /marˈsupiəl/ *s* [C], *adj* marsupial

mart /mart/ *s* [C] (**market**) mercado

mar·tial /ˈmarʃəl/ *adj* [solo ante s] marcial ▶ COURT MARTIAL

ˌmartial ˈart *s* [C gralm pl] arte marcial • **martial arts** artes marciales: *martial arts instructor* profesor de artes marciales

ˌmartial ˈlaw *s* [U] ley marcial

Mar·tian /ˈmarʃən/ *s* [C], *adj* [solo ante s] marciano -a

Mar·tin Lu·ther King Day /ˌmartⁿn luθər ˈkɪŋ deɪ/ en Estados Unidos, día festivo que coincide con el tercer lunes de enero y conmemora el nacimiento de Martin Luther King

mar·tyr¹ /ˈmartər/ *s* [C] mártir: *the early Christian martyrs* los primeros mártires cristianos • **make a martyr out of sb** convertir a alguien en mártir

martyr² *v* **be martyred** ser martirizado -a

mar·tyr·dom /ˈmartərdəm/ *s* [U] martirio

mar·vel¹ /ˈmarvəl/ *v* [I,T] maravillarse • **marvel at/over sth** *I marveled at her ability to remain calm in a crisis.* Me maravillaba su capacidad para mantener la calma en una crisis.

marvel² *s* [C] prodigio • [+**of**]: *the marvels of modern science* los prodigios de la ciencia moderna ⓈⒾⓃ **miracle, wonder**

mar·vel·ous /ˈmarvələs/ *adj* maravilloso -a, excelente: *I can't stand him, but my wife thinks he's marvelous.* Yo no lo soporto, pero mi esposa piensa que es maravilloso. • *We had a marvelous time.* Lo pasamos maravillosamente bien. • *a marvelous piece of news* una excelente noticia ⓈⒾⓃ **great, fantastic**

mar·vel·ous·ly /ˈmarvələsli/ *adv* maravillosamente, de maravilla

Marx·ism /ˈmarkˌsɪzəm/ *s* [U] marxismo

Marx·ist /ˈmarksɪst/ *s* [C], *adj* marxista

mar·zi·pan /ˈmarziˌpæn, ˈmartsəˌpan/ *s* [U] mazapán

masc. (*abrev escrita de* **masculine**) masc.

mas·car·a /mæˈskærə/ *s* [U] rímel, máscara (de pestañas)

mas·cot /ˈmæskət/ *s* [C] mascota

mas·cu·line¹ /ˈmæskyəlɪn/ *adj* **1** masculino -a: *a deep masculine voice* una voz masculina y profunda ⒶⓃⓉ **feminine** **2** (*técn*) (en gramática) (de género) masculino: *the masculine pronoun* el pronombre masculino ⒶⓃⓉ **feminine**

masculine² *s* **1 the masculine** el (género) masculino (la forma) **2** [C gralm sing] masculino (palabra)

mas·cu·lin·i·ty /ˌmæskyəˈlɪnəti/ *s* [U] masculinidad ▶ FEMININITY

mash¹ /mæʃ/ (tb **mash up**) *v* [T] hacer puré de, espichar, moler ▶ PULP

mash² *s* [U] **1** mezcla de cereales cocidos con agua para alimentar animales **2** masa, papilla (para elaborar cerveza o whisky)

mashed /mæʃt/ *adj* [gralm ante s] hecho -a puré, espichado -a, molido -a: *mashed potatoes* puré de papas

mask¹ Ⓢ³ /mæsk/ *s* [C]
1 (para protección) máscara: *a gas mask* una máscara antigás • *a surgical mask* una mascarilla quirúrgica • *a ski mask* un pasamontañas
2 (para disfrazarse) máscara, careta: *The robbers were wearing masks.* Los ladrones llevaban máscaras.
3 [gralm sing] (que oculta las emociones) máscara: *her mask of confidence* su máscara de confianza

mask² *v* [T] **1** (tb **mask sth ↔ out**) disimular, tapar (sabores, olores): *They used herbs and spices to mask unpleasant flavors.* Usaban hierbas y especias para disimular sabores desagradables. **2** ocultar (emociones, sentimientos): *Children find it hard to mask* *their emotions.* A los niños les resulta difícil ocultar sus emociones.

masked /mæskt/ *adj* enmascarado -a

'masking tape *s* [U] cinta de enmascarar, cinta adhesiva

mas·och·ism /'mæsə,kızəm/ *s* [U] masoquismo ▶ SADISM

mas·o·chist /'mæsəkɪst/ *s* [C] masoquista

mas·o·chis·tic /,mæsə'kɪstɪk‹/ *adj* masoquista • **a masochistic streak** una vena masoquista

ma·son /'meɪsən/ *s* [C] **1** mampostero -a **2** masón SIN **Freemason**

Ma·son·ic /mə'sɑnɪk/ *adj* masónico -a

ma·son·ry /'meɪsənri/ *s* [U] **1** (material) mampostería: *Several people were buried under falling masonry.* Varias personas quedaron enterradas bajo los escombros. **2** (oficio) mampostería • **masonry drill** taladro (de albañilería) **3** masonería

mas·quer·ade¹ /,mæskə'reɪd/ *s* **1** [C,U] farsa SIN **pretense 2** [C] baile de máscaras

masquerade² *v* [I] (*peyor*) **masquerade as sth** hacerse pasar por algo, disfrazarse de algo

mass¹ S3 W2 /mæs/ *s*

1 (de cosas, personas) **a mass of sth** una gran cantidad de algo: *Scientists have collected a huge mass of data.* Los científicos han reunido una gran cantidad de datos. • **a mass of people** una multitud • **a mass of protesters** una gran cantidad de manifestantes
2 [C gralm sing] (de una sustancia) masa • [+of]: *a mass of thick black smoke* una masa de humo negro espeso
3 the masses [pl] (la gente común) las masas: *Henry Ford made the car affordable for the masses.* Henry Ford puso el carro al alcance de las masas.
4 [U] (*técn*) (en física) masa
5 [C,U] (tb **Mass**) (en la iglesia católica) misa • **say/celebrate (the) Mass** decir misa/celebrar la misa

mass² W3 *adj* [solo ante s] masivo -a: *mass protests* protestas masivas • *weapons of mass destruction* armas de destrucción masiva • *the mass extinction of the dinosaurs* la extinción en masa de los dinosaurios • **a mass grave** una fosa común • **mass hysteria** histeria colectiva • **the mass media** los medios masivos de comunicación • **mass murderer** asesino -a múltiple, autor -a de una matanza

mass³ *v* **(a)** [I] concentrarse (tropas, multitudes, etc.): *Huge crowds massed outside the US embassy.* Frente a la embajada de EU, se concentró una multitud enorme. **(b)** [T] concentrar: *Both countries have massed troops along the border.* Ambos países han concentrado tropas a lo largo de la frontera.

mas·sa·cre¹ /'mæsəkə/ *s* **1** [C,U] masacre, matanza: *the massacre of innocent women and children* la matanza de mujeres y niños inocentes **2** [C] (*coloq*) (en deportes) paliza, madriza

massacre² *v* [T] **1** masacrar: *The army massacred hundreds of civilians.* El ejército masacró a centenares de civiles. **2** (*coloq*) (en deportes) darle una paliza a, ponerle una madriza a

mas·sage¹ S3 /mə'sɑʒ, -'sɑdʒ/ *s* [C,U] masaje(s) • **give sb a massage** masajear a alguien, hacerle masajes a alguien, darle masajes a alguien

massage² *v* [T] **1** masajear, hacer masajes en: *Can you massage my shoulder for me?* ¿Puedes masajearme el hombro? **2 massage sth into the skin** aplicar algo sobre la piel frotando/masajeando: *Gently massage the lotion into your skin.* Aplique la loción sobre la piel frotando suavemente. **3** (*peyor*) manipular (datos, información): *The government had massaged the unemployment figures.* El gobierno había manipulado las cifras de desempleo.

mas·seur /mæ'sə, mə-/ *s* [C] masajista (varón)

mas·seuse /mæ'suz, mə-/ *s* [C] masajista (mujer)

mas·sive W3 /'mæsɪv/ *adj*
1 sólido -a, macizo -a: *The bell is massive, weighing over 40 tons.* La campana es maciza: pesa más de 40 toneladas.
2 descomunal, enorme: *a massive fine* una multa descomunal • **a massive amount/quantity/number** una enorme cantidad • **on a massive scale** a gran escala
3 masivo -a (muy grave): *a massive explosion* una explosión masiva • *a massive heart attack* un ataque masivo al corazón • **a massive blow/argument** un golpe tremendo/una pelea tremenda • **a massive disappointment** una decepción enorme

'mass-,market *adj* [solo ante s] para consumo masivo

,mass 'media *s* [usado con v en sing o pl] **the mass media** medios masivos (de comunicación)

,mass-pro'duce *v* [T] fabricar en serie

,mass-pro'duced *adj* fabricado -a en serie: *cheap mass-produced furniture* muebles baratos fabricados en serie

,mass pro'duction *s* [U] fabricación en serie ▶ MASS-PRODUCED

mast /mæst/ *s* [C] **1** (en un barco) mástil **2** (de una bandera) mástil: *An American flag was flying from the mast.* Una bandera estadounidense ondeaba en el mástil. SIN **flagpole** ▶ HALF-MAST, SPAR

mas·tec·to·my /mæ'stɛktəmi/ *s* [C] (pl **mastectomies**) mastectomía

mas·ter¹ S2 W2 /'mæstə/ *s* [C]

1	muy hábil, diestro
2	artista
3	de un esclavo, un sirviente
4	título universitario
5	de un perro
6	de un libro, una película
7	de un coro, un cuerpo de ballet

1 MUY HÁBIL, DIESTRO maestro -a • [+of]: *He is a master of his craft.* Es un maestro en su oficio. • *He's a master of disguise.* Es un maestro del disfraz. • **be a master at (doing) sth** ser especialista en (hacer) algo, ser sumamente hábil para (hacer) algo: *Children are often masters at getting what they want from their parents.* Los niños suelen ser especialistas en conseguir lo que quieren de sus padres.
2 ARTISTA maestro -a: *a work by the Italian master, Caravaggio* una obra del maestro italiano, Caravaggio
3 DE UN ESCLAVO, UN SIRVIENTE amo, señor: *Slaves and their masters ate separately.* Los esclavos y sus amos comían separados.
4 TÍTULO UNIVERSITARIO **Master's** (tb **Master's Degree**) maestría, máster ▶ BACHELOR
5 DE UN PERRO (*antic*) dueño: *The dog waited patiently for its master.* El perro esperó con paciencia a su dueño. ▶ MISTRESS
6 DE UN LIBRO, UNA PELÍCULA máster (de un disco), original (de un libro)
7 DE UN CORO, UN CUERPO DE BALLET director
EXPRESIONES
be (the) master of your own fate/destiny (*liter*) ser dueño -a de su propio destino • **be the master of the situation** ser dueño -a de la situación • **be your own master** no rendirle cuentas a nadie

master² *v* [T] **1** dominar (un idioma, una destreza): *Japanese is a difficult language to master.* El japonés es un idioma difícil de dominar. **2 master your fear/weakness** superar el miedo/la debilidad • **master your anger** dominar el enojo/la ira SIN **overcome**

master³ *adj* [solo ante s] **1 master copy** (copia) original • **master disk** disco maestro • **master recording** máster (de un disco) **2 master craftsman/chef/carpenter** maestro artesano/cocinero/carpintero **3** (más importante) principal

mas·ter·ful /'mæstəfəl/ *adj* **1** magistral: *a masterful political strategist* un maestro en estrategia política • **be masterful at (doing) sth** ser un -a maestro -a en

M

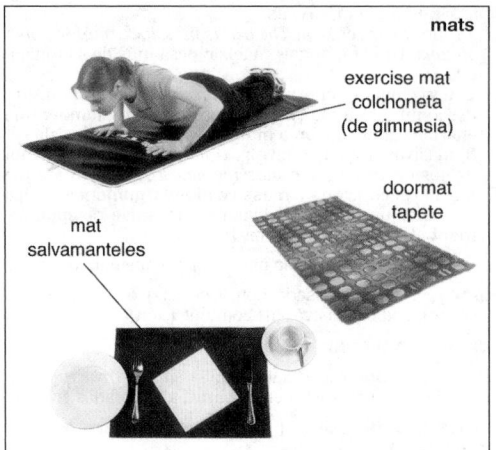

mats

exercise mat
colchoneta
(de gimnasia)

doormat
tapete

mat
salvamanteles

(hacer) algo, dominar el arte de (hacer) algo **2** dominante, imperioso -a

'master key s [C] llave maestra

mas·ter·ly /'mæstəli/ adj magistral

mas·ter·mind¹ /'mæstə,maɪnd/ s [C gralm sing] cerebro (de un robo, etc.) • **the mastermind of/behind sth** el cerebro de/tras algo

mastermind² v [T] planificar, planear: *The terrorist group were accused of masterminding the attack.* Acusaron al grupo terrorista de planear el ataque.

,Master of 'Arts s [C] título obtenido al completar una maestría en una disciplina del área de las humanidades SIN **M.A.**

,master of 'ceremonies s [C gralm sing] maestro de ceremonias ▶ **EMCEE**

,Master of 'Science s [C] título obtenido al completar una maestría en una disciplina del área de las ciencias exactas SIN **M.S.**

mas·ter·piece /'mæstə,pis/ s [C] **1** (en música, pintura, etc.) obra maestra: *Many people regard this symphony as Beethoven's masterpiece.* Muchas personas consideran que esta sinfonía es la obra maestra de Beethoven. **2** (indicando excelencia) obra maestra • [+of]: *The ship was a masterpiece of engineering.* El barco era una obra maestra de la ingeniería.

'master plan s [C gralm sing] plan maestro

'master's de,gree (tb **master's** (coloq)) s [C] máster, maestría

mas·ter·stroke /'mæstə,stroʊk/ s [C] toque maestro

mas·ter·y /'mæstəri/ s [U] **1** (de un idioma, un instrumento) dominio • [+of]: *his mastery of his instrument* su dominio de su instrumento **2** (del medio, una persona) dominio • [+of/over]: *mankind's mastery over the environment* el dominio del género humano sobre su medio ambiente

mas·tiff /'mæstɪf/ s [C] mastín

mas·tur·bate /'mæstə,beɪt/ v [I,T] masturbar(se)

mas·tur·ba·tion /,mæstə'beɪʃən/ s [U] masturbación

mat¹ /mæt/ s [C] **1** tapete • **a bath mat** un tapete de baño **2** (mantel) individual **3** colchoneta (para gimnasia, deportes) • **an exercise mat** una colchoneta (de gimnasia) **4** maraña • **a mat of hair/grass/fur** una maraña de cabello/hierba/pelo ▶ **MATTING; DOORMAT**

mat² adj variante de **MATTE**

mat·a·dor /'mætə,dɔr/ s [C] matador, torero

match¹ S3 W2 /mætʃ/ s

1 [C] fósforo, cerillo: *Don't let your children play with matches.* No permita que sus hijos jueguen con fósforos. • **light/strike a match** encender/prender un fósforo, encender/prender un cerillo • **a box of matches**

una caja de fósforos, una caja de cerillos • **a book of matches** una carterita de fósforos, una carterita de cerillos

2 [C] partido, juego • **win/lose a match** ganar/perder un partido • [+against]: *His first match against Federer ended in defeat.* Su primer partido contra Federer terminó en derrota. • [+between]: *the famous match between Borg and McEnroe* el famoso partido entre Borg y McEnroe • **play a match** jugar un partido • **a tennis match** un partido de tenis • **a boxing/wrestling match** un combate de boxeo/lucha libre

3 [sing] *I'm looking for a match for this material.* Estoy buscando algo que combine con esta tela. • **be a good/ perfect match for sth** quedar bien/perfecto -a con algo, combinar bien/perfecto con algo: *That shirt would be a perfect match for your blue skirt.* Esa camisa quedaría perfecta con tu falda azul.

4 [C] coincidencia: *Your search produced 147 matches.* Su búsqueda dio como resultado 147 coincidencias. • *Doctors are trying to find a tissue match.* Los médicos están tratando de encontrar tejidos compatibles. • *Stores will mix paints so you can get an exact match.* En las tiendas preparan las pinturas, así que puede conseguirse exactamente el mismo color.

5 [sing] (en un matrimonio, una pareja) **a good match** un buen partido • **be a perfect match** hacer una pareja perfecta

EXPRESIONES

meet your match encontrar la horma de su zapato • **be more than a match for sb** superar ampliamente a alguien, vencer fácilmente a alguien • **be no match for sb/sth** no poder contra alguien/algo, no estar a la altura de alguien/algo • **a shouting match** una riña

match² S2 W3 v

1 telas, ropa
2 ser o parecer lo mismo
3 hacer pareja
4 ser apropiado
5 conectar
6 ser igual a
7 en deportes
8 hacer algo igual a
9 una oferta, una cantidad

1 TELAS, ROPA **(a)** [T] hacer juego con, combinar con: *The carpet matches the curtains.* La alfombra hace juego con las cortinas. **(b)** [I] hacer juego, combinar: *The shirt and the jacket don't match.* La camisa y la chaqueta no combinan. ANT **clash** ▶ **MATCHING**

2 SER O PARECER LO MISMO **(a)** [T] concordar con, ajustarse a: *The man matched the description provided by the witness.* El hombre concordaba con la descripción dada por el testigo. **(b)** [I] concordar: *She checked the signatures to see if they matched.* Revisó las firmas para ver si concordaban. SIN **match up**

3 HACER PAREJA [I] *You can't go out wearing socks that don't match.* No puedes salir con medias de distinto par.

4 SER APROPIADO [T] ajustarse a, corresponder a: *Teaching materials should match the needs of the students.* Los materiales didácticos deben ajustarse a las necesidades de los alumnos.

5 CONECTAR [T] (tb **match up**) conectar a dos personas o dos cosas que tienen puntos en común • **match sb/sth with sb/sth** *The agency tries to match candidates with employers.* La agencia trata de poner en contacto a los candidatos con patrones adecuados. • **match sb/sth and sb/sth** *Can you match the words and the pictures?* ¿Puedes encontrar las palabras que corresponden a los dibujos? SIN **match up**

6 SER IGUAL A [T] estar al mismo nivel de: *Few cities can match Tokyo in terms of night life.* Pocas ciudades están al mismo nivel de Tokio en lo que respecta a la vida nocturna. • **be equally/evenly matched** ser del mismo nivel: *The two candidates are equally matched.* Los dos candidatos son del mismo nivel.

7 EN DEPORTES **be matched against/with sb** enfrentarse con alguien

8 HACER ALGO IGUAL A [T] igualar: *No one has ever matched his record.* Nadie ha igualado jamás su récord. **9 UNA OFERTA, UNA CANTIDAD** [T] igualar: *The company says it will match our offer.* La compañía dice que está dispuesta a igualar nuestra oferta.

match up v+partíc **match up** coincidir, concordar: *The two witnesses' accounts don't match up.* Los relatos de los dos testigos no concuerdan. • **match up with sth** coincidir con algo, concordar con algo

match up with sth v+partíc estar al mismo nivel de algo

match·book /'mætʃbʊk/ s [C] carterita de fósforos, carterita de cerillos

match·box /'mætʃbɑks/ s [C] caja de fósforos, caja de cerillos

match·ing /'mætʃɪŋ/ adj [solo ante s] que hace juego: *a coat and matching scarf* un abrigo y una bufanda que hacen juego

match·less /'mætʃlɪs/ adj [gralm ante s] (frml) sin par, inigualable: *her matchless beauty* su belleza sin par SIN **unparalleled**

match·mak·er /'mætʃˌmeɪkə/ s [C] casamentero -a, celestina

match·mak·ing /'mætʃˌmeɪkɪŋ/ s [U] acciones de quien trata de encontrar una pareja adecuada para otra persona

match 'point s [C] match point, punto para partido

match·stick /'mætʃˌstɪk/ s [C] fósforo (de madera), cerillo (de madera)

mate¹ W3 /meɪt/ s [C]
1 compañero -a, cuate (en la escuela, el trabajo) **2** pareja (de un animal): *The male uses its scent to attract a mate.* El macho usa su olor para atraer a su pareja. **3** oficial de cubierta (en un barco mercante) **4** suboficial (en la armada) ▶ PLAYMATE, RUNNING MATE

mate² v **(a)** [I] aparearse • **mate with sth** aparearse con algo **(b)** [T gralm en pasiva] cruzar, aparear (dos animales) ▶ BREED

ma·te·ri·al¹ S1 W1 /məˈtɪriəl/ s
1 [C,U] tela: *What kind of material is your jacket made of?* ¿De qué clase de tela es tu chompa? SIN **fabric** ▶ CLOTH; ▶ ver nota en TELA **2** [C gralm pl, U] (sustancia) material, materia: *He prefers to use natural materials such as wood and stone.* Prefiere usar materiales naturales como la madera y la piedra. • **organic material** materia orgánica • **raw materials** materias primas • **toxic/harmful/dangerous materials** sustancias tóxicas/nocivas/peligrosas **3** [C gralm pl, U] (para realizar una actividad) material • **reading material** material de lectura • **writing materials** artículos de escritura • **teaching material** material didáctico • **building/construction materials** materiales de construcción **4** [U] (para un libro, una película) material • [+for]: *She is collecting material for a novel.* Está reuniendo material para una novela. • **new/old material** material nuevo/viejo: *The album contains a lot of new material.* El álbum trae mucho material nuevo. **5** (persona) **be officer/executive/husband material** tener madera de oficial/ejecutivo -a/marido

material² adj **1** [solo ante s] (dinero, posesiones) material • **material goods/possessions/wealth** bienes materiales: *The old lady had little desire for material possessions.* La anciana no ansiaba bienes materiales. ANT **spiritual 2** [solo ante s] (relacionado con objetos físicos) material • **the material world** el mundo material/de la materia **3** (jur) (en derecho) sustancial, de peso: *material evidence* pruebas sustanciales • *a material witness* un testigo esencial

ma·te·ri·al·ism /məˈtɪriəˌlɪzəm/ s [U] (peyor) materialismo

ma·te·ri·al·ist¹ /məˈtɪriəlɪst/ s [C] (peyor) materialista

materialist² adj [solo ante s] (técn) materialista (en filosofía)

ma·te·ri·al·is·tic /məˌtɪriəˈlɪstɪk/ adj (peyor) materialista: *Western society has become increasingly materialistic.* La sociedad occidental se ha vuelto cada vez más materialista.

ma·te·ri·al·ize /məˈtɪriəˌlaɪz/ v [I] **1** concretarse: *The promised recovery did not materialize, and unemployment kept on rising.* La recuperación prometida no se concretó y el desempleo siguió aumentando. **2** aparecer (de repente), salir de la nada

ma·ter·nal /məˈtɜnl/ adj **1** maternal: *maternal love* amor de madre • **the maternal instinct** el instinto maternal ▶ PATERNAL **2** [solo ante s] (técn) (vinculado con la maternidad) materno -a: *a rise in maternal mortality* un incremento de la mortalidad materna ▶ PATERNAL **3** [solo ante s] (pariente) materno -a: *his maternal grandmother* su abuela materna ▶ PATERNAL

ma·ter·ni·ty /məˈtɜnəti/ s [U] maternidad: *maternity care* atención materna • *maternity rights* derechos de maternidad • **maternity benefit/pay** subsidio por maternidad • **maternity dress** vestido de maternidad ▶ PATERNITY

ma'ternity ˌleave s [U] licencia por maternidad • **be on maternity leave** estar de licencia por maternidad ▶ PATERNITY LEAVE

ma'ternity ˌward (tb **ma'ternity ˌunit**) s [C] servicio de obstetricia, sala de maternidad

math S2 W3 /mæθ/ s [U] matemática(s): *Are you any good at math?* ¿Eres bueno para las matemáticas? SIN **mathematics**
EXPRESIONES
do the math (a) hacer las cuentas **(b)** (coloq) hacer sus propios cálculos

math·e·mat·i·cal /ˌmæθˈmætɪkəl/ ˌmæθə-/ adj matemático -a: *a mathematical equation* una ecuación matemática • *mathematical calculations* cálculos matemáticos

math·e·ma·ti·cian /ˌmæθəməˈtɪʃən/ s [C] matemático -a

math·e·mat·ics /ˌmæθˈmætɪks, ˌmæθə-/ s [U] **1** matemática(s) *a mathematics test* un examen de matemática ▶ ALGEBRA, ARITHMETIC, GEOMETRY **2 the mathematics of sth** el cálculo de algo

mat·i·nee /ˌmætˈnˈeɪ/ s [C] matiné, función de la tarde (en cine o teatro)

ma·tri·arch /'meɪtriˌɑrk/ s [C] matriarca ▶ PATRIARCH

ma·tri·ar·chal /ˌmeɪtriˈɑrkəl/ adj (frml) matriarcal: *a matriarchal society* una sociedad matriarcal ▶ PATRIARCHAL

ma·tri·ar·chy /'meɪtriˌɑrki/ s (pl **matriarchies**) (frml) matriarcado (sistema) ▶ PATRIARCHY

ma·tric·u·late /məˈtrɪkyəˌleɪt/ v [I] (frml) ingresar, ser admitido -a (en una facultad, una escuela)

ma·tric·u·la·tion /məˌtrɪkyəˈleɪʃən/ s [U] (frml) ingreso, admisión (en la universidad, una escuela)

mat·ri·mo·ni·al /ˌmætrəˈmoʊniəl/ (frml) adj matrimonial, conyugal: *matrimonial problems* problemas matrimoniales

mat·ri·mo·ny /'mætrəˌmoʊni/ s [U] (frml) matrimonio (el estado, el sacramento) SIN **marriage**

ma·trix /'meɪtrɪks/ s [C] (pl **matrices** /-trəsiz/ o **matrixes**) (técn) matriz

ma·tron /'meɪtrən/ s [C] **1** (liter) matrona **2** mujer a cargo de niños o mujeres en una escuela o prisión

ma·tron·ly /'meɪtrənli/ adj con aspecto de matrona: *a matronly middle-aged woman* una mujer madura, con aspecto de matrona

matte, **mat** /mæt/ adj mate: *matte paint* pintura mate ANT **glossy**, **shiny**

mat·ted /'mætɪd/ adj enmarañado -a • [+with]: *His hair was matted with blood.* Tenía el cabello enmarañado y sucio de sangre.

mat·ter¹ S1 W1 /'mætə/ *s*

1 tema
2 situación actual
3 lo que sucede
4 sustancia
5 que compone los cuerpos
6 en medicina
7 libros, revistas

1 TEMA [C] asunto, cuestión: *There are some serious matters we need to discuss.* Tenemos que hablar de algunos asuntos serios. • *The matter needs to be resolved quickly.* La cuestión debe resolverse rápidamente. • *He didn't usually talk about personal matters.* No solía hablar de cuestiones personales. • *Installing the software is a fairly simple matter.* Instalar el programa es bastante sencillo. • **on the matter** al respecto: *She refused to comment on the matter.* Se negó a hacer comentarios al respecto. • **on the matter of sth** en relación con el tema de algo • **settle the matter** resolver la cuestión • **a matter of importance** un asunto importante: *matters of national importance* asuntos de importancia nacional • **financial/legal matters** asuntos financieros/legales: *We offer advice on financial matters.* Brindamos asesoramiento en asuntos financieros. • **sexual matters** temas relacionados con el sexo • **technical matters** cuestiones técnicas • **a matter of/for concern** un motivo de preocupación: *Safety standards in the industry have been a matter of concern for many years.* Las normas de seguridad en la industria han sido un motivo de preocupación durante muchos años. • **be a matter for sb** ser asunto de alguien: *This is a matter for the police.* Esto es asunto de la policía. • *The issue is a matter for the German people to decide.* Es un asunto que debe decidir el pueblo alemán. • **the heart/crux of the matter** el meollo de la cuestión: *The last paragraph really gets to the heart of the matter.* El último párrafo va directo al meollo de la cuestión. • **the end of the matter** el fin del asunto

2 SITUACIÓN ACTUAL matters [pl] *The only way to improve matters is to change the law.* La única manera de mejorar las cosas es cambiar la ley. • **to make matters worse** para colmo (de males): *I was worrying about my speech, and to make matters worse, I had a bad cold.* Yo ya estaba preocupado por el discurso y, para colmo de males, tenía un terrible resfriado. • **not help matters** no ayudar: *He wasn't exactly helping matters by sitting and reading the paper.* No ayudaba mucho que digamos el que se quedara sentado leyendo el periódico. • **matters came to a head** las cosas alcanzaron un punto álgido

3 LO QUE SUCEDE the matter (oral) (indicando que algo está mal) **what's the matter?** ¿qué pasa?: *What's the matter? You look like you've been crying.* ¿Qué pasa? Tienes cara de haber llorado. • **is something the matter?** (tb **is anything the matter?**) ¿te/le pasa algo?: *You look upset. Is something the matter?* Pareces disgustado. ¿Te pasa algo? • **what's the matter with sb/sth?** *What's the matter with your eye? It looks red.* ¿Qué te pasa en el ojo? Lo tienes rojo. • *What's the matter with people in this country?* ¿Qué le pasa a la gente de este país? • **something's the matter** pasa algo: *What makes you think that something's the matter?* ¿Qué te hace pensar que pasa algo? • **nothing's the matter** no pasa nada: *Stop pretending that nothing's the matter.* Deja de actuar como si no pasara nada. • **there's something the matter with sb/sth** le pasa algo a alguien con algo: *If there's something the matter with you, you should go to the doctor.* Si te pasa algo, deberías ir al médico. • **there's something the matter with sth** pasa algo con algo: *There's something the matter with the washing machine.* Algo pasa con la lavadora. • **there's nothing the matter with sb** no le pasa nada a alguien: *There's nothing the matter with me.* No me pasa nada. • **there's nothing the matter with sth** no pasa nada con algo

4 SUSTANCIA [U] **organic/solid matter** materia orgánica/sólida • **vegetable matter** sustancia vegetal • **waste matter** material de desecho

5 QUE COMPONE LOS CUERPOS [U] (técn) materia: *the atoms of which matter is made* los átomos que componen la materia

6 EN MEDICINA [U] (técn) pus

7 LIBROS, REVISTAS reading matter material de lectura • **printed matter** impresos ▶ GRAY MATTER, **be no** LAUGHING matter, MIND over matter, SUBJECT MATTER

EXPRESIONES

as a matter of sth por (una cuestión de) algo: *He had invited her as a matter of courtesy.* La había invitado por cortesía. • **as a matter of course/routine** por norma/rutina: *Safety checks are carried out as a matter of routine.* Las inspecciones de seguridad se efectúan por rutina. • **as a matter of fact (a)** de hecho, es más: *The hotel was good. As a matter of fact, it was fantastic.* El hotel era bueno. De hecho, era fantástico. **(b)** la verdad es que ▶ MATTER-OF-FACT • **as a matter of principle** por principio • **be a different matter** (tb **be another matter**) ser otra cuestión • **the fact/truth of the matter is that...** (oral) el hecho/la verdad es que...: *The fact of the matter is that he's lazy.* El hecho es que es un vago. • **for that matter** (oral) en realidad: *He didn't feel like drinking wine; or anything else for that matter.* No tenía ganas de tomar vino, ni tampoco otra cosa, en realidad. • **it's only/just a matter of time** es (solo) cuestión de tiempo: *It's only a matter of time before someone is killed on that road.* Alguien se va a matar en esa carretera, es solo cuestión de tiempo. • **a matter of life and/or death** una cuestión de vida o muerte • **be a matter of opinion** ser discutible, ser cuestión de opinión: *"He's one of our best workers." "That's a matter of opinion."* –Es uno de nuestros mejores empleados. –Eso es discutible. • **a matter of seconds/days/ inches/ meters** cuestión de segundos/días/pulgadas/ metros: *The disease can develop very rapidly, sometimes in a matter of hours.* La enfermedad puede evolucionar muy rápido, a veces en cuestión de horas. • **by a matter of minutes/inches** por cuestión de minutos/pulgadas • **be a matter of (personal) taste/ choice/preference** ser una cuestión de gustos/ decisiones/preferencias (personales) • **no matter how/ where/what** (en cualquier caso) *I will go to Japan no matter what it costs.* Voy a ir a Japón, cueste lo que cueste. • *No matter how hard she tried, she couldn't pronounce it right.* Por más que lo intentara, no podía pronunciarlo bien. • **no matter what (happens)** (oral) pase lo que pase, sea como fuere: *I will call you tonight, no matter what.* Te voy a llamar esta noche, pase lo que pase. • **take matters into your own hands** tomar cartas en el asunto

matter² S1 W2 *v* [I nunca en forma continua] importar, ser importante • **matter to sb** importarle a alguien: *Money was the only thing that mattered to him.* El dinero era lo único que le importaba. • **it matters if/what/where/who** (al hablar de la importancia de algo) *Will it matter if I'm a little late?* ¿Hay algún problema si llego un poco tarde? • *It doesn't matter what you wear.* No tiene importancia la ropa que lleves. • *It doesn't matter where we go as long as it's cheap.* No importa dónde vayamos mientras sea un lugar barato. • **it matters that** importa/tiene importancia que: *It didn't matter that it was raining.* No importaba que lloviera. • *Does it really matter that he's older than her?* ¿Tiene importancia, en realidad, que sea mayor que ella? • **all that matters** (tb **the only thing that matters**) lo único que importa: *All that matters is that you are happy.* Lo único que importa es que seas feliz. • **it doesn't matter about sth/sb** no te preocupes por algo/alguien

EXPRESIONES

it doesn't matter (oral) **(a)** no importa: *"I've spilled some coffee on the carpet." "It doesn't matter."* –Se me derramó café sobre la alfombra. –No importa. **(b)** da igual

matter-of-'fact *adj* imperturbable (voz, tono) • **be matter-of-fact about sth** hablar de algo con naturalidad

matter-of-'factly *adv* con total naturalidad

mat·ting /'mætɪŋ/ *s* [U] esteras

mat·tress /'mætrɪs/ *s* [C] colchón

ma·ture¹ /mə'tʃʊr, mə'tʊr/ *adj* **1** (*aprec*) maduro -a: *Laura is very mature for her age.* Laura es muy madura para su edad. • *a mature attitude* una actitud madura [ANT] **immature 2** adulto -a (planta, animal): *a mature fruit tree* un árbol frutal adulto **3** (*técn*) vencido -a (bono, póliza)

mature² *v* [I] **1** desarrollarse, alcanzar la madurez: *An oak tree takes many years to mature.* Un roble tarda muchos años en alcanzar la madurez. • **mature into sth** convertirse en algo: *She has matured into a fine writer.* Con los años se ha convertido en una excelente escritora. **2** madurar: *Jake has matured a lot since he left home.* Jake ha madurado muchísimo desde que se fue de la casa. **3** (*técn*) vencer: *The bonds mature in 12 years' time.* Los bonos vencen dentro de 12 años.

ma·tur·i·ty /mə'tʃʊrəti, -'tʊr-/ *s* **1** [sing, U] madurez: *Kids of that age don't have the maturity to understand.* Los niños de esa edad no tienen la madurez para entender. [ANT] **immaturity 2** [U] la edad adulta • **at maturity** en la edad adulta: *The trees reach only 5–6ft at maturity.* Los árboles tienen solo 5 o 6 pies cuando llegan a la plenitud de su desarrollo. • **come to/reach maturity** llegar a/alcanzar la madurez: *Sharks take 10 years to reach maturity.* Los tiburones tardan 10 años en llegar a la madurez. • **sexual maturity** madurez sexual **3** [U] (*técn*) vencimiento (de un bono o una póliza)

maud·lin /'mɔdlɪn/ *adj* (*peyor*) **1** (persona) llorón -ona: *The alcohol had made her maudlin.* El alcohol la había puesto llorona. **2** (película, canción) llorón -ona

maul /mɔl/ *v* [T] **1** atacar: *He was mauled by a lion.* Fue atacado y herido por un león. **2** [gralm en pasiva] (criticar) destrozar, vapulear: *Her latest book was mauled by the critics.* Su último libro fue destrozado por la crítica. [SIN] **savage 3** (con intención sexual) manosear [SIN] **grope**

Maun·dy Thurs·day /ˌmɔndi 'θɝ·zdi, ˌmɑn-/ *s* [U] Jueves Santo

Mau·ri·ta·nia /ˌmɔrə'teɪnyə/ Mauritania

Mau·ri·ta·nian /ˌmɔrə'teɪnyən/ *s* [C], *adj* mauritano -a

Mau·ri·tian /mɔ'rɪʃən/ *s* [C], *adj* mauriciano -a

Mau·ri·tius /mɔ'rɪʃəs/ Mauricio

mau·so·le·um /ˌmɔsə'liəm, -zə-/ *s* [C] **1** mausoleo **2** panteón ▸ **TOMB**

mauve¹ /moʊv/ *s* [U] lila, malva

mauve² *adj* lila, malva: *a mauve dress* un vestido lila

mav·er·ick¹ /'mævərɪk/ *adj* [solo ante s] heterodoxo -a, inconformista: *a maverick Hollyood director* un heterodoxo director de Hollywood

maverick² *s* [C] heterodoxo -a, inconformista: *a political maverick* un heterodoxo de la política

mawk·ish /'mɔkɪʃ/ *adj* sensiblero -a

max¹ /mæks/ *s* [U] (*coloq*) límite, máximo

EXPRESIONES
to the max (*coloq*) al máximo

max² *adj* (*coloq*) máximo -a: *a max speed of 150kph* una velocidad máxima de 150 km/h [SIN] **maximum**

max³ *adv* (*coloq*) a lo sumo, como mucho [SIN] **maximum**

max⁴ *v*
max out (*coloq*) *v+partíc* **max out sth** dejar algo sin cupo, saturar algo (una tarjeta de crédito), agotar algo: *I maxed out my credit cards.* Dejé sin cupo las tarjetas de crédito.

max·im /'mæksɪm/ *s* [C] máxima

max·i·mize /'mæksəˌmaɪz/ *v* [T] **1** (en finanzas) maximizar: *We need to maximize profit.* Tenemos que maximizar las ganancias. [ANT] **minimize 2** aprovechar al máximo, potenciar al máximo **3** (en un computador) maximizar [ANT] **minimize**

max·i·mum¹ /'mæksəməm/ *adj* [solo ante s] máximo -a: *The car has a maximum speed of 140 mph.* El carro

tiene una velocidad máxima de 140 m/h. • **maximum sentence/penalty** sentencia/pena máxima • **to/for maximum effect** para lograr/obtener el máximo resultado [ANT] **minimum**

maximum² *s* [C gralm sing] máximo, límite: *Thirty students per class is the maximum.* Treinta estudiantes por clase es el máximo. • **a maximum of sth** un máximo de algo: *Tourists can stay up to a maximum of 90 days.* Los turistas pueden quedarse hasta un máximo de 90 días. • *He's facing a maximum of ten years in prison.* Puede llegar a recibir la pena máxima de diez años de prisión. [ANT] **minimum**

maximum³ *adv* (como) máximo: *I can give you ten minutes maximum.* Le puedo dar diez minutos como máximo. [ANT] **minimum**

May /meɪ/ *s* [C,U] mayo ▸ ver ejs en **ABRIL**

may [S1] [W1] /meɪ/ *v mod*
1 (indicando probabilidad) *I may be late, so don't wait for me.* Puede ser que llegue tarde, así que no me esperes. • **may have done sth** *He may have decided not to come.* Quizás haya decidido no venir. • **may not/never** *This task may not be easy.* Tal vez esta tarea no sea fácil. • *We may never know what really happened.* Puede ser que nunca sepamos lo que realmente pasó. • **there may be** *There may be some delay* Puede ser que haya algún retraso. • **may well** (tb **may easily**) *He may well change his mind.* Es muy posible que cambie de idea. • *Such a mistake may easily result in serious damage..* Un error de este tipo puede fácilmente causar serios daños. [SIN] **might** ▸ **MAYBE**
2 (indicando alternativas) (*frml*): *The bill may be paid by cash or check.* La cuenta se puede pagar en efectivo o con cheque. [SIN] **can**
3 (indicando permiso) (*frml*) ▸ En estos contextos el uso de **may** es más formal que el de **can**. Algunos hablantes consideran que es mas cortés: *Anyone over the age of 18 may join the club.* Cualquier persona mayor de 18 años puede asociarse al club. • *You may go now.* Puede retirarse. • **may not** *These books may not be removed from the library.* Estos libros no pueden ser retirados de la biblioteca. • *Cellphones may not be used inside the hospital.* No se permite usar teléfonos celulares dentro del hospital. [SIN] **can**
4 (en peticiones, ofrecimientos) **may I...?** (*oral, frml*) *May I help?* ¿Puedo ayudar? • *May I use your phone, please?* ¿Me permite usar el teléfono, por favor? • *"May I ask you a rather personal question?" "You may."* –¿Puedo hacerle una pregunta un poco personal? –Pues claro. [SIN] **can**
5 (indicando una concesión) *The salary may be poor, but the work is enjoyable.* El sueldo será bajo, pero el trabajo es agradable. • **strange/surprising/unlikely as it may seem** *Strange as it may seem, I actually prefer cold weather.* Aunque parezca extraño, me gusta más el frío. [SIN] **might**

EXPRESIONES
may as well (*oral*) **(a)** *There's nothing happening so we may as well go home.* No pasa nada, así que mejor nos vamos a casa. [SIN] **might as well (b)** (tb **may just as well**) *They asked us for $1,000. They may as well have asked for $1 million.* Nos pidieron 1.000 dólares. Hubiera dado igual que nos pidieran un millón. [SIN] **might as well**

Ma·ya /'maɪə/ *adj* maya

may·be [S1] [W1] /'meɪbi/ *adv* [adv oracional]
1 quizá(s), a lo mejor, tal vez: *She's about your age, maybe a little older.* Tendrá tu edad, quizás un poquito más. • *"Do you think she'll come back?" "Maybe."* –¿Piensas que volverá? –A lo mejor. • *There were maybe fifty people in the room.* Había unas cincuenta personas en el cuarto, más o menos. • *Maybe you could help me.* A lo mejor tú me podrías ayudar. • **maybe not** quizá no: *Maybe they were right, maybe not.* Quizá tenían razón, pero quizá no. • **maybe so** (*oral*) tal vez sí: *"You're mistaken." "Maybe so."* –Estás equivocado. –Tal vez sí. [SIN] **perhaps**
2 (haciendo una sugerencia) (*oral*): *Maybe someone*

M

should give him a call. Alguien podría llamarle, ¿no? SIN **perhaps**

'May Day *s* [C,U] el día del trabajo, el primero de mayo

may·day /'meɪdeɪ/ *s* [C gralm sing] señal de auxilio ▶ **SOS**

may·fly /'meɪflaɪ/ *s* [C] (*pl* **mayflies**) efímera (insecto)

may·hem /'meɪhɛm/ *s* [U] caos: *There was complete mayhem after the explosion.* Hubo un caos total después de la explosión. SIN **chaos**

may·o /'meɪoʊ/ *s* [U] (*oral*) mayonesa SIN **mayonnaise**

may·on·naise /'meɪəˌneɪz/ *s* [U] mayonesa

may·or W2 /'meɪɚ, mɛr/ *s* [C] (cargo político) alcalde -esa, presidente -a municipal: *the mayor of Chicago* el alcalde de Chicago

may·pole /'meɪpoʊl/ *s* [C] mayo (poste)

maze /meɪz/ *s* [C] **1** (construcción artificial) laberinto **2** (lugar intrincado) laberinto • [+of]: *The old town is a maze of narrow streets.* La ciudad vieja es un laberinto de calles estrechas.

M.B.A. /ˌɛm bi 'eɪ/ *s* [C] **1** (**Master of Business Administration**) MBA, Máster en Dirección y Administración de Empresas **2** persona que tiene un MBA

MC /ˌɛm 'si/ *s* [C] (**Master of Ceremonies**) maestro de ceremonias SIN **emcee**

MCAT /'ɛmkæt/ *s* [C] (**Medical College Admission Test**) (*marca reg*) en Estados Unidos, examen de ingreso a las facultades de medicina

Mc·Coy /məˈkɔɪ/ *s* **the real McCoy** (*coloq*) (el) auténtico/ (la) auténtica

MD *abrev escrita de* **MARYLAND**

ME *abrev escrita de* **MAINE**

me S1 W1 /mi/ *pron* **1** (objeto directo o indirecto) me: *She phoned me last night.* Me llamó anoche. • *Let me give you some advice.* Permítame que le dé unos consejos. • *Give it to me.* Dámelo. • **me doing sth** *Do you remember me saying that?* ¿Recuerdas que haya dicho eso? • *Do you mind me sitting here?* ¿Le molesta que me siente aquí? **2** (tras una preposición) mí: *She had a message for me.* Tenía un mensaje para mí. • *Listen to me.* Escúchame. • *Are you angry with me?* ¿Estás enojado conmigo? **3** (en comparaciones) yo: *He's a lot taller than me.* Es mucho más alto que yo. **4** (tras el verbo "to be") yo: *This is me at Versailles.* Ésta soy yo en Versailles.

EXPRESIONES
me too yo también, a mí también: *"I'm hungry." "Me too."* –Tengo hambre. –Yo también.

mead·ow /'mɛdoʊ/ *s* [C] pradera

mea·ger /'migɚ/ *adj* escaso -a, magro -a: *a meager diet of bread and beans* una magra dieta de pan y frijoles • *They carried on their backs their few meager possessions.* Llevaban a la espalda sus escasas posesiones.

mea·ger·ly /'migɚli/ *adv* pobremente, escasamente SIN **inadequately**

meal S2 W2 /mil/ *s* **1** [C] comida (desayuno, almuerzo, una) • **have a meal** comer: *We must have a meal together some time.* Tenemos que comer juntos un día de éstos. • **evening meal** comida, cena: *The price includes evening meals.* El precio incluye comida. • **go (out) for a meal** ir a comer (a)fuera: *We're going out for a meal tonight.* Esta noche vamos a salir a comer. • **ask sb out for a meal** invitar a alguien a almorzar/comer, invitar a alguien a comer/ cenar: *Why don't you ask her out for a meal?* ¿Por qué no la invitas a comer afuera? **2** [C] comida (alimento): *That was a delicious meal!* ¡La comida estuvo deliciosa! • **a hot meal** comida caliente: *The soldiers were looking forward to a hot meal.* Los soldados estaban deseando comida caliente. • **a three-course/four-course meal** una comida con dos/tres platos y postre • **eat a meal** comer: *We ate our meal in*

silence. Comimos en silencio. • **cook a meal** hacer/ preparar una comida: *Sarah cooked all the meals.* Sarah hizo todas las comidas. • **prepare a meal** preparar una comida: *We cleaned the house and prepared a meal.* Limpiamos la casa y preparamos la comida. **3** [U] harina ▶ **CORNMEAL**

meal·time /'miltaɪm/ *s* [C] **at mealtimes** a la hora de comer, a la hora de la comida: *The only time I see the boys is at mealtimes.* El único momento en que veo a los niños es a la hora de comer.

meal·y-mouthed /ˌmili 'maʊðd◂/ *adj* (*peyor*) evasivo -a, con muchos rodeos • **be mealy-mouthed** andarse con rodeos

mean¹ S1 W1 /min/ *v* [T] (**meant** /mɛnt/)

1	tener un significado
2	tener la intención de decir
3	tener la intención de hacer
4	tener como resultado
5	implicar
6	decir seriamente
7	ser importante
8	referirse a
9	resultar conocido
10	ser señal de

1 TENER UN SIGNIFICADO [nunca en forma continua] significar, querer decir: *I didn't know what the word meant.* No sabía lo que significaba la palabra. • *The red light means "stop."* La luz roja quiere decir "pare". • **What does... mean?** ¿Qué significa...?: *What does "patronizing" mean?* ¿Qué significa "patronizing"? • **mean (that)** significar que: *The light means that you're running low on fuel.* La luz significa que tienes poco combustible. • **take sth to mean sth** *She took his gesture to mean "yes."* Interpretó su gesto como un "sí".

2 TENER LA INTENCIÓN DE DECIR [nunca en forma continua] querer decir: *I know that I said "no", but I meant "yes."* Ya sé que dije "no", pero quería decir "sí". • **mean (that)** querer decir que: *Do you mean she's moving out?* ¿Quieres decir que se muda? • **what he/she means** lo que él/ella quiere decir: *She wasn't sure what Matt meant.* No estaba segura de lo que Matt quería decir. • **(do) you know what I mean?** (tb **(do) you see what I mean?**) ¿me entiendes?: *You see what I mean? It's impossible to talk to him.* ¿Te das cuenta de lo que quiero decir? Es imposible hablar con él. • **I know what you mean** (*oral*) te entiendo: *"I didn't get along with him." "I know what you mean. I didn't like him either."* –No me llevaba bien con él. –Te entiendo. A mí tampoco me caía bien. • **I see what you mean** (*oral*) veo lo que quieres decir • **what do you mean?** (tb **how do you mean?**) (*oral*)) ¿qué quiere/s decir?: *"I have strange dreams." "What do you mean, 'strange'?"* –Yo tengo sueños raros. –¿Qué quieres decir con "raros"? • **mean sth as a joke** decir algo en broma: *I meant it as a joke.* Lo dije en broma.

3 TENER LA INTENCIÓN DE HACER **mean to do sth** querer hacer algo, tener la intención de hacer algo: *I've been meaning to ask you if you'd like to come over for a drink?* Hace tiempo que quiero preguntarte si te gustaría venir a casa a tomar una copa. • *If I offended her, I didn't mean to.* Si la ofendí, fue sin querer. • **mean for sb/sth to do sth** *I never meant for this to happen.* No fue mi intención que pasara esto. • **mean no harm (a)** (físicamente) no querer hacer daño **(b)** (al causar problemas u ofender) *She meant no harm.* No lo hizo con mala intención. • **mean no offense/disrespect** no querer ofender/faltar el respeto • **he/she means well** él/ella lo hace con buenas intenciones

4 TENER COMO RESULTADO [nunca en forma continua] significar: *The merger will mean the closure of the company's Sydney office.* La fusión significará el cierre de la oficina de la compañía en Sydney. • **mean (that)** significar que: *They won some money which meant that they could afford a vacation.* Ganaron algo de dinero, lo que les pudo pagarse unas vacaciones.

5 IMPLICAR [nunca en forma continua] **mean doing sth** implicar hacer algo, significar hacer algo: *My new job*

will mean traveling all over the world. Mi nuevo trabajo implicará viajar por todo el mundo.

6 DECIR SERIAMENTE [nunca en forma continua] **mean it** hablar en serio: *When I said I'd keep in touch, I meant it.* Cuando dije que me mantendría en contacto, hablaba en serio.

7 SER IMPORTANTE [nunca en forma continua] **mean everything/the world to sb** ser todo para alguien: *His family means the world to him.* Su familia es todo para él. • **mean nothing (to sb)** no significar nada (para alguien): *Money means nothing if you're not happy.* El dinero no significa nada si no eres feliz. • **mean something/a lot (to sb)** significar algo/mucho (para alguien): *Our friendship meant a lot to me.* Nuestra amistad significaba mucho para mí.

8 REFERIRSE A [nunca en forma continua] *Did you mean me?* ¿Te referías a mí?

9 RESULTAR CONOCIDO resultar familiar, sonar (conocido -a): *Does the name "Randall" mean anything to you?* ¿Te dice algo el nombre "Randall"? • **mean something/nothing to sb** *The name meant nothing to me.* El nombre no me decía nada. • *a term that means something to all of us* un término que nos resulta familiar a todos

10 SER SEÑAL DE [nunca en forma continua] **mean (that)** significar que: *Finding a lump does not necessarily mean you have cancer.* Encontrarte un bulto no significa necesariamente que tengas cáncer. ▸ **WELL-MEANING**

I mean (*oral*) **(a)** (para explicar algo o como muletilla) *I was just wondering, I mean, I don't know, but do you think he'd like to come?* Estaba pensando, o sea, no sé, pero ¿te parece que tendría ganas de venir? **(b)** (para corregirse) digo, quiero decir: *He plays the violin, I mean the viola.* Toca el violín, digo, la viola. • **know what it means to be/have/do** saber lo que significa ser/tener/hacer: *I know what it means to be poor.* Sé lo que significa ser pobre. • **mean business** hablar/ir en serio • **be meant for sb** estar hecho -a para alguien: *Jo and Mike are meant for each other.* Jo y Mike están hechos el uno para el otro. • **(be) meant for sb/sth** (ser) para alguien/algo: *a book meant for children* un libro para niños • **see what I mean?** ¿ves/ven lo que digo (siempre)?: *See what I mean about his house being a mess?* ¿Ven lo que digo de que su casa es un desorden? • **what do you mean?** (*oral*) ¿cómo que?, ¿qué quieres decir con que?: *What do you mean you canceled the trip?* ¿Cómo que cancelaron el viaje?

mean² Ⓢ *adj* (**meaner, meanest**)
1 malo -a: *Why are you being so mean?* ¿Por qué eres tan malo? • *That was a mean trick!* ¡Fue una mala pasada! • [+to]: *He was mean to everyone.* Era malo con todo el mundo. • **a mean streak** una vena cruel: *He had a mean streak.* Tenía una vena cruel.
2 de mal humor, peleador -a, agresivo -a: *He was in a mean mood.* Estaba de mal genio.

be no mean feat/achievement/task ser todo un logro, no ser poca cosa

mean³ *s* [sing] (*técn*) promedio: *the national mean* el promedio nacional Ⓢ **average** ▸ **MEANS**

me·an·der¹ /mi'ændə/ *v* [I] **1** serpentear: *The path meanders though the forest.* El camino serpentea a través del bosque. **2** [siempre + adv/prep] vagar, andar sin prisa: *We spent a few hours meandering around the old town.* Pasamos unas horas vagando por la ciudad vieja. Ⓢ **wander 3** (tb **meander on**) divagar

meander² *s* [C] **1** (*técn*) meandro **2** curva **3** paseo Ⓢ **wander**

me·an·der·ing /mi'ændərɪŋ/ *adj* **1** serpenteante **2** lleno -a de digresiones, lleno -a de divagaciones

mean·ing Ⓢ Ⓦ /'minɪŋ/ *s*
1 [C,U] (de una palabra, un signo) significado: *The word has two very different meanings in English.* La palabra tiene dos significados muy distintos en inglés. • [+of]: *I don't understand the meaning of this word.* No

entiendo el significado de esta palabra.
2 [C,U] (del mensaje de un texto, una película) sentido, significado • [+of]: *Can you explain the meaning of the poem?* ¿Puede explicar el significado del poema?
3 [U] (finalidad) significado, sentido: *The baby brought new meaning to her life.* El bebé le dio un nuevo significado a su vida. • **have no meaning** no tener sentido

know the meaning of sth saber qué significa algo, conocer el significado de algo • **not know the meaning of sth** no saber qué significa algo, no conocer el significado de algo: *He doesn't know the meaning of the word "polite!"* ¡No conoce el sigificado de la palabra "educado"! • **What's the meaning of this?** (*oral*) (expresando enojo) ¿Qué significa esto?

mean·ing·ful /'minɪŋfəl/ *adj* **1** que tiene sentido, significativo -a: *We need to present the statistics in a meaningful way.* Tenemos que presentar las estadísticas de un modo que tenga sentido. • [+to]: *The data isn't very meaningful to anyone but a scientist.* Los datos no son muy significativos, excepto para un científico. ᴬᴺᵀ **meaningless 2** importante (relación, conversación, rol), valioso (trabajo): *She wants to make a meaningful contribution to society.* Quiere hacer una contribución valiosa para la sociedad. ᴬᴺᵀ **meaningless 3** elocuente (mirada, sonrisa)

mean·ing·less /'minɪŋlɪs/ *adj* **1** (vano) sin sentido: *Her life felt empty and meaningless.* Sentía que su vida era vacía y sin sentido. ᴬᴺᵀ **meaningful 2** (incomprensible) sin sentido: *The terms he used were meaningless to most of his audience.* Los términos que usaba carecían de sentido para la mayor parte del público. ᴬᴺᵀ **meaningful**

means /minz/ *s* (pl **means**) **1** [C] medio, forma: *Bill was prepared to use any means to get what he wanted.* Bill estaba dispuesto a usar cualquier medio para conseguir lo que quería. • **means of escape** vía de escape: *The window was our only means of escape.* La ventana era nuestra única vía de escape. • **have no means of doing sth** no tener modo de hacer algo: *I had no means of telling him I would be late.* No tenía modo de avisarle que llegaría tarde. **2** [pl] medios, recursos • **be beyond sb's means** no estar dentro de las posibilidades de alguien, no estar al alcance de alguien: *Sam would like to have a new car, but it is beyond his means.* A Sam le gustaría tener un carro nuevo, pero no está dentro de sus posibilidades. • **within sb's means** dentro de las posibilidades de alguien, al alcance de alguien: *Try to live within your means.* Intenta vivir dentro de tus posibilidades. ▸ **WAYS and means**

by all means! (*oral*) ¡por supuesto!, ¡desde luego! Ⓢ **of course** • **by no means** (tb **not by any means**) de ningún modo, en absoluto: *She's not a bad kid, by any means.* No es una mala niña, de ningún modo. • **a means to an end** un medio para lograr un fin: *For Geoff, the job was simply a means to an end.* Para Geoff, el trabajo era simplemente un medio para lograr un fin.

'means test *s* [C] estimación de ingresos para la concesión de un subsidio o prestación

meant /mɛnt/ pasado y participio pasado de **MEAN**

mean·time /'mintaɪm/ (tb **in the meantime**) *adv* entretanto, mientras tanto: *I didn't see her for five years, and in the meantime she'd gotten married.* No la vi por cinco años, y entretanto se casó. Ⓢ **meanwhile**

mean·while¹ Ⓦ /'minwaɪl/ *adv* [adv oracional] mientras tanto: *The flight will be announced soon. Meanwhile, please remain seated.* Pronto se anunciará el vuelo. Mientras tanto, por favor permanezcan sentados.

mean·while² *s* **in the meanwhile** mientras tanto Ⓢ **meantime**

mea·sles /'mizəlz/ (tb **the measles**) *s* [U] sarampión ▸ **GERMAN MEASLES**

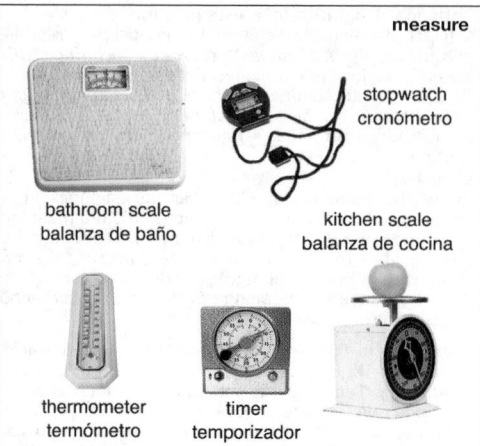

measure

stopwatch
cronómetro

bathroom scale
balanza de baño

kitchen scale
balanza de cocina

thermometer
termómetro

timer
temporizador

mea·sly /ˈmizli/ *adj* [solo ante s] (*coloq*) miserable, mísero -a

meas·ur·a·ble /ˈmɛʒərəbəl/ *adj* **1** mensurable **2** notable (mejora) SIN **noticeable**

meas·ur·a·bly /ˈmɛʒərəbli/ *adv* **1** de manera cuantificable **2** notoriamente SIN **noticeably**

meas·ure¹ S2 W2 /ˈmɛʒər/ *v*
1 [T] (tomar las medidas de) medir: *Can you measure the table to see if it'll fit into that corner?* ¿Puedes medir la mesa para ver si cabe en ese rincón? • *The rainfall was measured over a three-month period.* Se midió la lluvia durante un periodo de tres meses. • **be measured for sth** *She was being measured for her wedding dress.* Le estaban tomando las medidas para el vestido de novia.
2 [T] (evaluar) medir: *ways of measuring the performance of employees* maneras de medir el desempeño de los empleados SIN **assess**
3 [v copul] (tener determinadas medidas) medir: *The room measured 4 meters by 5 meters.* El cuarto medía 4 metros por 5. • *The earthquake measured 6.5 on the Richter scale.* El terremoto midió 6,5 en la escala de Richter.
measure sth ↔ out *v+partíc* pesar, medir: *Measure out 100 grams of flour.* Pese 100 gramos de harina.
measure up *v+partíc* **1 measure up** dar la talla: *We'll give you a week's trial in the job to see how you measure up.* Te daremos una semana de prueba en el puesto para ver si das la talla. • **measure up to sth** estar a la altura de algo: *I'll never be able to measure up to your standards.* Jamás podré estar a la altura de lo que exiges. **2 measure up** tomar las medidas **3 measure sth ↔ up** tomar las medidas de algo

measure² W1 *s*

1 decisión oficial
2 cierta cantidad
3 indicio
4 forma de evaluar
5 unidad
6 de una bebida alcohólica
7 en música

1 DECISIÓN OFICIAL [C] medida: *Measures are being taken to reduce crime in the city.* Se están tomando medidas para reducir los delitos en la ciudad. • **safety/ security measures** medidas de seguridad SIN **step**
2 CIERTA CANTIDAD [sing] **a measure of success/ independence** cierto éxito/cierta independencia SIN **degree**
3 INDICIO [sing] **be a measure of sth** dar la medida/ pauta de algo: *The President's intervention is a measure of the seriousness of the issue.* La intervención del presidente da la medida de la seriedad de la cuestión. SIN **sign**
4 FORMA DE EVALUAR [C] medida: *Test scores are not always a true measure of a student's abilities.* Los

resultados de los exámenes no son siempre una medida real de la capacidad del estudiante.
5 UNIDAD [C] medida: *a table of weights and measures* una tabla de pesos y medidas
6 DE UNA BEBIDA ALCOHÓLICA [C] medida
7 EN MÚSICA [C] compás ▶ HALF MEASURES, TAPE MEASURE

EXPRESIONES
beyond measure fuera de toda medida: *Her work has improved beyond measure.* Su trabajo ha mejorado fuera de toda medida. • **for good measure** por si acaso: *I packed three sweaters for good measure.* Empaqué tres suéteres por si acaso.

meas·ured /ˈmɛʒərd/ *adj* mesurado -a, moderado -a

meas·ure·ment /ˈmɛʒərmənt/ *s* **1** [C] medida: *the measurements of the room* las medidas de la habitación • *What's your waist measurement?* ¿Cuánto mides de cintura? • **take measurements** tomar (las) medidas **2** [U] medición

ˈmeasuring ˌtape *s* [C] cinta métrica

meat S1 W2 /mit/ *s*
1 [C,U] carne (como alimento): *I don't eat meat.* No como carne. • *a selection of cold meats* una variedad de fiambres • **red meat** carne roja • **white meat** carne blanca **meat eater** persona que come carne, a diferencia de los vegetarianos • **meat pie** pastel de carne • **meat products** productos cárnicos
2 [U] sustancia: *There's no meat to their arguments.* Sus argumentos no tienen sustancia. SIN **substance**
▶ MEATY

EXPRESIONES
be meat and drink to sb (*coloq*) hacer las delicias de alguien • **the meat and potatoes** (*coloq*) lo central, lo importante

meat·ball /ˈmitˌbɔl/ *s* [C] **1** albóndiga **2** (*coloq*) idiota

meat·loaf, **meat loaf** /ˈmitloʊf/ *s* [C,U] (pl **meatloaves** /-loʊvz/) pan de carne

meat·y /ˈmiti/ *adj* (**meatier**, **meatiest**) **1 2** importante: *a meaty role/part* un rol/papel importante

mec·ca /ˈmɛkə/ *s* [sing] meca SIN **magnet**

me·chan·ic /mɪˈkænɪk/ *s* **1** [C] mecánico -a: *a car mechanic* un mecánico de automóviles **2 mechanics** [pl] **the mechanics of (doing) sth** la mecánica de (hacer) algo, la dinámica de (hacer) algo

me·chan·i·cal /mɪˈkænɪkəl/ *adj* **1** [gralm ante s] (falla, problema) mecánico -a **2** [solo ante s] (artefacto) mecánico -a: *a mechanical digger* una excavadora **3** (conducta, gesto, etc.) mecánico -a: *a mechanical response/reply* una respuesta mecánica SIN **automatic**
▶ MECHANICALLY

me·chan·i·cally /mɪˈkænɪkli/ *adv* **1** (usando una máquina) mecánicamente **2** (sin pensar) mecánicamente
EXPRESIONES
be mechanically minded entender de mecánica

mech·a·nism /ˈmɛkəˌnɪzəm/ *s* [C] mecanismo: *the brake mechanism* el mecanismo del freno
▶ DEFENSE MECHANISM

mech·a·nize /ˈmɛkəˌnaɪz/ *v* [T gralm en pasiva] mecanizar

mech·a·nized /ˈmɛkəˌnaɪzd/ *adj* **1** mecanizado -a SIN **automated** **2** [solo ante s] motorizado -a

med·al W3 /ˈmɛdl/ *s* [C] medalla: *She won three Olympic medals.* Ganó tres medallas olímpicas. • [+**for**]: *The two boys were awarded medals for their bravery.* A los dos niños les dieron medallas por su valor. • **a gold/silver/ bronze medal** una medalla de oro/plata/bronce ▶ **sb DESERVES a medal**

med·al·ist /ˈmɛdl-ɪst/ *s* [C] medallista, medalla: *an Olympic medalist* un medallista olímpico • *a gold medalist* un medalla de oro

me·dal·lion /məˈdælyən/ *s* [C] medallón

med·dle /'mɛdl/ *v* [I] (*peyor*) entrometerse, meterse • **meddle in sth** entrometerse en algo, meterse en algo: *You have no right to meddle in my private business.* No tienes derecho a entrometerte en mis asuntos privados. • **meddle with sth** meterse con algo [SIN] **interfere**

med·dler /'mɛdlə/ *s* [C] (*peyor*) entrometido -a

med·dle·some /'mɛdlsəm/ *adj* entrometido -a

me·di·a [W2] /'midiə/ *s*
1 the media los medios (de comunicación): *The scandal was widely reported in the media.* El escándalo tuvo mucha difusión en los medios. • *She didn't want to talk to the media.* No quiso hablar con los medios. • *He works in the media.* Trabaja en los medios. • **the news media** los medios periodísticos • **media attention/interest** atención/interés de (parte de) los medios • **media circus** circo mediático • **media coverage** cobertura mediática • **media studies** (ciencias de la) comunicación **2** pl de **MEDIUM** ▶ **MASS MEDIA**

med·i·ae·val /ˌmidi'ivəl◂, mɪ'divəl, mɛ-/ *adj* variante de **MEDIEVAL**

me·di·an /'midiən/ (tb **'median ˌstrip**) *s* [C] **1** separador (central) (en una autopista) **2** (*técn*) mediana

me·di·ate /'midiˌeɪt/ *v* **1** [I,T] mediar (en), actuar como mediador -a (en) • **mediate between** mediar entre: *U.N. officials mediated between the rebel fighters and the government.* Los funcionarios de la O.N.U. mediaron entre los rebeldes y el gobierno. **2** [T] lograr (a través de mediación): *mediate a settlement/agreement* lograr un acuerdo

me·di·a·tion /ˌmidi'eɪʃən/ *s* [U] mediación

me·di·a·tor /'midiˌeɪtə/ *s* [C] mediador -a

med·ic /'mɛdɪk/ *s* [C] paramédico -a, médico -a (en las fuerzas armadas)

Med·i·caid /'mɛdɪˌkeɪd/ *s* [U] en EU, sistema de asistencia médica para personas de bajos recursos ▶ **MEDICARE**

med·i·cal [S2] [W1] /'mɛdɪkəl/ *adj* médico -a (servicio, atención, etc.): *medical research* investigación en medicina • *I decided to seek medical advice.* Decidí consultar a un médico. • **medical attention/treatment/care** tratamiento médico/atención médica/asistencia médica: *The injury required urgent medical attention.* La herida requería atención médica urgente. • **medical history** historia clínica • **the medical profession** los médicos, el cuerpo médico

med·i·cal·ly /'mɛdɪkli/ *adv* desde el punto de vista médico • **be medically qualified** tener (el) título de médico -a

Med·i·care /'mɛdɪˌkɛr/ *s* [U] en EU, sistema de asistencia médica para personas mayores ▶ **MEDICAID**

med·i·cat·ed /'mɛdɪˌkeɪṭɪd/ *adj* [gralm ante s] **1** medicinal **2** medicado -a

med·i·ca·tion [S3] /ˌmɛdɪ'keɪʃən/ *s* [C,U] medicación • **be on medication (for sth)** estar bajo medicación (para algo)

me·dic·i·nal /mə'dɪsənəl/ *adj* medicinal: *The herb was used for medicinal purposes.* La hierba se usaba para fines medicinales.

me·dic·i·nal·ly /mə'dɪsənəli/ *adv* **be used medicinally** usarse con fines medicinales (planta, hierba, etc.)

med·i·cine [S2] [W2] /'mɛdəsən/ *s*
1 [C,U] medicamento, medicina • **take medicine** tomar un medicamento/una medicina: *I have to take the medicine twice a day.* Tengo que tomar la medicina dos veces por día. • **cough medicine** remedio para la tos **2** [U] medicina: *She studied medicine at Johns Hopkins University.* Estudió medicina en la Universidad Johns Hopkins. • *the remarkable achievements of modern medicine* los notables logros de la medicina moderna ▶ **COMPLEMENTARY MEDICINE**
EXPRESIONES
the best medicine *Laughter is the best medicine.* Reír es el mejor remedio. • **give sb a taste/dose of their own medicine** pagarle a alguien con la misma moneda • **take your medicine (like a man)** apechugar

'medicine man *s* [C] hechicero

me·di·e·val /ˌmidi'ivəl, mɪ'divəl, mɛ-/ *adj* [gralm ante s] medieval: *a medieval castle* un castillo medieval

me·di·o·cre /ˌmidi'oʊkə◂/ *adj* mediocre: *a mediocre performance* una actuación mediocre • *a mediocre student* un estudiante mediocre

me·di·oc·ri·ty /ˌmidi'ɑkrəṭi/ *s* **1** [U] mediocridad **2** [C] mediocre

med·i·tate /'mɛdəˌteɪt/ *v* [I] **1** meditar **2** **meditate on/upon sth** meditar sobre algo

med·i·ta·tion /ˌmɛdə'teɪʃən/ *s* **1** [U] (actividad espiritual) meditación **2** [C gralm pl, U] (actividad intelectual) meditación, reflexión

Med·i·ter·ra·ne·an[1] /ˌmɛdəṭə'reɪniən/ *s* **the Mediterranean** el Mediterráneo

Mediterranean[2] *adj* **1** (país, costa) mediterráneo -a **2** (cocina, dieta) mediterráneo -a • **a Mediterranean climate** un clima mediterráneo

me·di·um[1] [S1] /'midiəm/ *adj*
1 [gralm ante s] mediano -a, medio -a: *What size do you want? Small, medium, or large?* ¿Qué talla busca? ¿Pequeña, mediana o grande? • *Fry the onions over medium heat.* Fría las cebollas a fuego medio. • **(of) medium size/build** de tamaño mediano/complexión mediana • **(of) medium height** de estatura/altura mediana • **(of) medium length** de largo mediano/longitud mediana
2 (tb **medium rare**) medio hecho (carne): *I'd like my steak medium rare.* Mi steak lo quiero medio hecho. ▶ **RARE, WELL-DONE**

medium[2] *s* [C] (pl **media** /-diə/, **mediums**) **1** medio (de comunicación): *Advertising is a powerful medium.* La publicidad es un poderoso medio de comunicación. • *the medium of television* el medio televisivo ▶ **MEDIA** **2** (lenguaje) medio: *the visual media* los medios visuales • [+**for**]: *the novel as a medium for satire* la novela como un medio satírico **3** (pl **mediums**) médium **4** [gralm sing] (pl **mediums**) talla mediana: *I take a medium.* Uso talla mediana.

'medium-sized (tb **'medium-size**) *adj* **1** mediano -a, de tamaño mediano: *a medium-sized business* una empresa mediana **2** de talla mediana, de estatura mediana: *She is medium-sized, with short brown hair.* Es de talla mediana y cabello castaño corto.

'medium ˌterm *s* [sing] mediano/medio plazo • **in the medium term** en el mediano/medio plazo ▶ **LONG TERM, SHORT TERM**

'medium-term *adj* [gralm ante s] a medio/mediano plazo

med·ley /'mɛdli/ *s* [C] (pl **medleys**) **1** popurrí • [+**of**]: *a medley of Beatles songs* un popurrí de canciones de los Beatles **2** combinado (en natación) • **medley relay** relevo combinado

meek /mik/ *adj* dócil, sumiso -a: *a shy, meek little child* un niñito tímido y dócil • **meek and mild** dócil, manso -a

meek·ly /'mikli/ *adv* dócilmente

meek·ness /'miknɪs/ *s* [U] docilidad

meet[1] [S1] [W1] /mit/ *v* (**met** /mɛt/)

1	para una cita
2	de casualidad
3	por primera vez
4	a un aeropuerto, estación
5	para dialogar
6	en un enfrentamiento
7	condiciones, necesidades
8	carreteras, líneas
9	una deuda, un costo
10	un plazo

1 PARA UNA CITA (a) [T nunca en pasiva] encontrarse: *I'll meet you outside the theater at 8:00.* Encontrémonos en la puerta del teatro a las 8. • **meet sb for lunch/a drink** encontrarse con alguien para almorzar/tomar algo

M

(b) [I] (tb **meet up**) encontrarse: *Where should we meet?* ¿Dónde nos encontramos? • *We're meeting at her house at 1:00.* Nos vamos a encontrar en su casa a la 1:00. • **meet for lunch/a drink** encontrarse para almorzar/tomar algo

2 **DE CASUALIDAD** **(a)** [T nunca en pasiva] encontrarse con: *I met John while I was shopping.* Me encontré con Juan mientras estaba de compras. SIN **bump into sb** **(b)** [I] encontrarse: *We're always meeting in town.* Siempre nos encontramos en el centro.

3 **POR PRIMERA VEZ** **(a)** [T nunca en pasiva] conocer: *In 2000 she met and married her husband.* En el 2000 conoció a su marido y se casó. **(b)** [I] conocerse: *We met in college.* Nos conocimos en la universidad.

4 **A UN AEROPUERTO, ESTACIÓN** [T] ir/venir a buscar: *He went to the airport to meet his sister.* Fue al aeropuerto a buscar a su hermana. • **meet sb off the train/bus** buscar a alguien a la estación/parada

5 **PARA DIALOGAR** [I] reunirse: *The leaders will meet again next month.* Los dirigentes se reunirán de nuevo el próximo mes.

6 **EN UN ENFRENTAMIENTO** **(a)** [I] encontrarse: *The last time the two teams met, it was a good game.* La última vez que se encontraron los dos equipos, fue un buen partido. **(b)** [T nunca en pasiva] enfrentarse a

7 **CONDICIONES, NECESIDADES** cumplir (con), satisfacer: *We found a house that met all our requirements.* Encontramos una casa que cumplía todos nuestros requisitos.

8 **CARRETERAS, LÍNEAS** **(a)** [T nunca en pasiva] juntarse con: *Here, the river meets the ocean.* Aquí el río se junta con el mar. **(b)** [I] encontrarse, juntarse: *Their hands met.* Sus manos se encontraron. • **our/their eyes met** nuestras/sus miradas se cruzaron

9 **UNA DEUDA, UN COSTO** **meet a debt/a cost/an expense** hacer frente a una deuda/un costo/un gasto

10 **UN PLAZO** **meet a deadline** cumplir con un plazo de entrega ▶ **make ENDS meet**

EXPRESIONES

meet sb's eyes/gaze/glance **(a)** (de casualidad) cruzarse/tropezarse con la mirada de alguien: *She turned to meet his gaze.* Se dio vuelta y se tropezó con su mirada. **(b)** (intencionalmente) mirar a alguien a los ojos • **meet (sb) halfway** llegar a un compromiso con alguien, llegar a una solución intermedia con alguien: *I'm prepared to meet him halfway.* Estoy dispuesto a llegar a un compromiso con él. • **meet sth head on** encarar algo de frente, enfrentar algo de lleno • **meet your maker** (hum) irse al otro mundo • **meet your match (in sb)** encontrar la horma de su zapato (en alguien) • **(it was) nice meeting you** (oral) encantado -a: *Nice meeting you, Ann.* Fue un placer conocerte, Ann. • **nice/pleased/good to meet you** (oral) mucho gusto, encantado -a: *"This is my friend Betty." "Hi. Nice to meet you."* –Esta es mi amiga Betty. –Hola, mucho gusto. • **there's more to this/him than meets the eye** hay algo más en esto/en él de lo que parece a simple vista

meet up v+partíc **1** (para una cita) encontrarse: *We used to meet up for a drink after work.* Solíamos encontrarnos a tomar algo después del trabajo. • **meet up with sb** encontrarse con alguien: *She planned to meet up with a friend.* Tenía planes de encontrarse con un amigo. **2** (de casualidad) encontrarse • **meet up with sb** encontrarse con alguien **3** (caminos, carreteras, etc.) juntarse • **meet up with sth** juntarse con algo

meet with v+partíc **1** **meet with sb** reunirse con alguien: *I need to meet with my lawyer.* Tengo que reunirme con mi abogado. **2** **meet with sth** (tb **be met with sth**) **meet with approval/disapproval/criticism** recibir aprobación/desaprobación/críticas • **meet with success** tener éxito • **meet with failure** fracasar **3** **meet with an accident** (frml) sufrir un accidente

meet² s [C] encuentro, prueba (en deportes)

meet·ing S1 W2 /ˈmiːtɪŋ/ s [C]
1 reunión, junta: *Are you coming to the meeting?* ¿Vienes a la reunión? • *Peter's in London for a business meeting.* Peter está en Londres en una reunión de trabajo. • *a board meeting* una junta del consejo de

administración • [+**about/on**]: *a public meeting about the future of the gallery* un foro de debate sobre el futuro del museo • [+**with**]: *I'm having a meeting with Mr. Edwards this afternoon.* Tengo una reunión con el Sr. Edwards esta tarde. • [+**between**]: *a meeting between unions and management* una reunión entre los sindicatos y los patrones • **attend a meeting** asistir/acudir a una reunión, asistir/acudir a una junta: *Over a hundred people attended the meeting.* Más de cien personas asistieron a la reunión. • **be in a meeting** estar reunido -a, estar en una reunión, estar en una junta: *Can you call back later? She's in a meeting right now.* ¿Puede llamar más tarde? En este momento está en una reunión. • **call/arrange/organize a meeting** convocar/concertar/organizar una reunión, convocar/concertar/organizar una junta
2 the meeting (frml) los reunidos, los asistentes a la reunión, los asistentes a la junta: *I'd like to put a few ideas before the meeting.* Me gustaría plantear algunas ideas a los aquí reunidos.
3 [gralm sing] encuentro, cita: *It was now two weeks since our first meeting.* Habían pasado ya dos semanas desde nuestro primer encuentro. • **a chance meeting** un encuentro casual

EXPRESIONES
a meeting of minds (tb **a meeting of the minds**) (un) entendimiento, (un) consenso

'meeting place s [C] lugar de encuentro/reunión, punto de encuentro/reunión • [+**for**]: *The cafe was a meeting place for artists.* El café era un lugar de reunión entre artistas.

meg·a¹ /ˈmɛɡə/ adj (coloq) (muy bueno) *Their first record was a mega hit.* Su primer disco fue un superéxito. • *She's going to be mega.* Va a ser lo máximo. • *Having your own apartment is mega!* ¡Tener departamento propio es una verraquera!

mega² adv (coloq) súper: *He's mega rich.* Es súper rico.

meg·a·byte /ˈmɛɡəˌbaɪt/ (abrev escrita **MB**) s [C] megabyte

meg·a·lo·ma·ni·a /ˌmɛɡəloʊˈmeɪniə/ s [U] megalomanía

meg·a·lo·ma·ni·ac¹ /ˌmɛɡəloʊˈmeɪniˌæk/ adj megalómano -a

megalomaniac² s [C] megalómano -a

meg·a·phone /ˈmɛɡəˌfoʊn/ s [C] megáfono

meg·a·ton /ˈmɛɡəˌtʌn/ s [C] megatón

mel·an·chol·y¹ /ˈmɛlənˌkɑli/ adj (liter) melancólico -a

melancholy² s [U] (liter) melancolía

mel·a·nin /ˈmɛlənɪn/ s [U] melanina

meld /mɛld/ v **(a)** [I] fundirse, combinarse **(b)** [T] fundir, combinar • **meld sth with sth** fundir/combinar algo con algo SIN **blend**

me·lée /ˈmeɪleɪ, meɪˈleɪ/ s [C] barullo, tumulto

mel·low¹ /ˈmɛloʊ/ adj **1** afable, dulce (persona, carácter) **2** distendido -a (relajado), alegre (por el alcohol), algo trabado -a (por una droga) **3** (sonido, voz) suave: *a mellow voice* una voz suave **4** (color, luz) suave: *colors that are warm and mellow* colores suaves y cálidos **5** (comida, bebida) suave: *a mellow flavor/coffee* un sabor/café suave

mellow² v **1 (a)** [I] volverse más afable: *She's mellowed a lot since she retired.* Se ha vuelto mucho más afable desde que se jubiló. • **mellow with age/time/the years** volverse más afable con la edad/el tiempo/los años **(b)** [T] volver más afable: *Parenthood has mellowed him.* La paternidad lo ha vuelto más afable. **2** [I] (tb **mellow out**) relajarse, distenderse: *After a couple of drinks, he began to mellow.* Después de un par de copas, empezó a relajarse.

me·lod·ic /məˈlɑdɪk/ adj melódico -a, melodioso -a SIN **melodious**

me·lo·di·ous /məˈloʊdiəs/ adj (frml) melodioso -a SIN **melodic**

me·lo·di·ous·ly /məˈloʊdiəsli/ *adv* (*frml*) melodiosamente

mel·o·dra·ma /ˈmɛləˌdrɑːmə, -ˌdræmə/ *s* [C,U] melodrama: *a period melodrama* un melodrama de época • *The movie slowly descends into melodrama.* La película poco a poco deriva en (un) melodrama.

mel·o·dra·mat·ic /ˌmɛlədrəˈmætɪk/ *adj* **1** (persona, actitud) melodramático -a: *Stop being so melodramatic!* ¡Deja ya de ponerte tan melodramático! **2** (obra, trama) melodramático -a

mel·o·dy /ˈmɛlədi/ *s* (pl **melodies**) **1** [C] (canción) melodía **2** [U] (cualidad musical) (la) melodía

mel·on /ˈmɛlən/ *s* [C,U] melón

melt¹ S2 /mɛlt/ *v*
1 **(a)** [I] derretirse, fundirse: *The snow was starting to melt.* La nieve comenzaba a derretirse. • *Stir the mixture until the cheese has melted.* Revuelva la mezcla hasta que el queso se funda. **(b)** [T] derretir, fundir: *Melt the butter in a small frying pan.* Derrita la mantequilla en una sartén pequeña. ▶ **FREEZE, THAW**
2 [I] desvanecerse, esfumarse: *His anger slowly melted.* Su enojo se fue desvaneciendo poco a poco. SIN **melt away** ▶ **BUTTER wouldn't melt in his/her mouth**

EXPRESIONES
melt in your mouth deshacerse en la boca: *The meat is so tender it just melts in your mouth.* La carne es tan tierna que se deshace en la boca.
melt away *v+partíc* **1** desvanecerse, esfumarse: *Opposition to the government simply melted away.* La oposición al gobierno simplemente se esfumó. SIN **fade away** **2** dispersarse (multitud)
melt sth ↔ down *v+partíc* fundir algo
melt into sth *v+partíc* confundirse/mezclarse con algo: *She melted into the crowd.* Desapareció confundiéndose en la multitud.

melt² *s* [C,U] **a tuna/turkey melt** un sándwich de atún/pavo y queso fundido

melt·down /ˈmɛltˌdaʊn/ *s* [C,U] **1** escape radiactivo (por fusión del núcleo del reactor) **2** colapso, hundimiento: *an economic/financial meltdown* un colapso económico/financiero

ˈmelting point *s* [C,U] punto de fusión

ˈmelting pot *s* [C gralm sing] crisol

mem·ber S1 W1 /ˈmɛmbər/ *s* [C]
1 miembro (de un grupo, una organización), socio -a (de un club): *The club is hoping to attract new members.* El club espera atraer a nuevos socios. • [+**of**]: *He is a member of the local tennis club.* Es socio del club de tenis de la zona. • **a member of staff** un empleado/una empleada • **become a member (of sth)** hacerse socio -a/miembro (de algo), ingresar (en algo): *You have to be eighteen before you can become a member.* Para hacerte socio tienes que tener dieciocho años. • **member countries** países miembros
2 (de una comunidad) miembro, integrante • [+**of**]: *members of the Muslim community* miembros de la comunidad musulmana • *a valuable member of society* un valioso miembro de la sociedad • **a member of the public** un ciudadano/una ciudadana
3 (de una familia, un grupo biológico) miembro • [+**of**]: *Dogs and wolves are both members of the same species.* Los perros y los lobos son miembros de la misma especie. • **a member of the family** (tb **a family member**) un miembro de la familia, un familiar: *Only family members are allowed to visit her.* Solo los familiares pueden ir a visitarla. ▶ **CHARTER MEMBER**

ˌMember of ˈParliament (abrev **MP**) *s* [C] parlamentario -a, diputado -a (en Gran Bretaña) • [+**for**]: *the Member of Parliament for Havant* el diputado por Havant

mem·ber·ship S2 /ˈmɛmbərˌʃɪp/ *s*
1 [U] (condición de miembro) membresía: *What is the cost of membership?* ¿Cuánto cuesta hacerse socio? • [+**of/in**]: *membership of the United Nations* la pertenencia a las Naciones Unidas • *Canada's membership in NATO* la pertenencia de Canadá a la OTAN • **apply for membership** solicitar el ingreso • **membership card** carné de socio • **membership fee** cuota (de socio)
2 [sing, U] el número de socios, los socios: *We're trying to increase our membership.* Estamos tratando de aumentar el número de socios.

mem·brane /ˈmɛmbreɪn/ *s* [C,U] membrana • [+**of**]: *the outer membrane of the cell* la membrana externa de la célula

me·men·to /məˈmɛntoʊ/ *s* [C] (pl **mementos**) recuerdo (objeto), souvenir: *May I keep your letter as a memento?* ¿Puedo quedarme tu carta de recuerdo? • [+**of**]: *I kept the bottle as a memento of my time in Spain.* Guardé la botella como recuerdo del tiempo que pasé en España.

mem·o /ˈmɛmoʊ/ *s* [C] (pl **memos**) memo, memorándum, circular: *Did you get my memo?* ¿Te llegó mi memo? • [+**to**]: *a memo to all heads of department* una circular a todos los jefes de departamento • [+**from**]: *a memo from the managing director* un memo del gerente SIN **memorandum** (*frml*)

mem·oir /ˈmɛmwɑr/ *s* [C] **1** **memoirs** [pl] memorias: *He has just published his memoirs.* Acaba de publicar sus memorias. ▶ **AUTOBIOGRAPHY** **2** (*frml*) memoria (perfil)

mem·o·ra·bil·i·a /ˌmɛmərəˈbɪliə, -ˈbɪljə/ *s* [pl] piezas/objetos de colección (de tiempos pasados, gente del pasado, etc.): *a collection of war memorabilia* una colección de objetos de la época de la guerra

mem·o·ra·ble /ˈmɛmrəbəl/ *adj* memorable: *a memorable experience/performance* una experiencia/actuación memorable

mem·o·ra·bly /ˈmɛmrəbli/ *adv* memorablemente

mem·o·ran·dum /ˌmɛməˈrændəm/ *s* [C] (pl **memoranda** /-də/, **memorandums**) (*frml*) memorándum SIN **memo**

me·mo·ri·al¹ /məˈmɔriəl/ *s* [C] **1** monumento (conmemorativo): *the city's war memorial* el monumento a los caídos (en la guerra) de la ciudad **2** homenaje (póstumo) • [+**to**]: *The garden is a memorial to soldiers who died in Vietnam.* El jardín constituye un homenaje a los soldados caídos en Vietnam.

memorial² *adj* [solo ante s] conmemorativo -a: *a memorial plaque* una placa conmemorativa • *a Holocaust memorial fund* un fondo en memoria de las víctimas del holocausto • **a memorial service** un funeral

Meˈmorial ˌDay Día de los Caídos (en EU)

mem·o·rize /ˈmɛməˌraɪz/ *v* [T] memorizar: *I memorized my speech.* Memoricé el discurso.

mem·o·ry S2 W2 /ˈmɛmri, -məri/ (pl **memories**) *s*
1 [C,U] (capacidad) memoria: *My memory's not as good as it once was.* Mi memoria ya no es lo que era. • **have a good/bad/terrible memory (for sth)** tener buena/mala/muy mala memoria (para algo): *She has a terrible memory for names.* Tiene muy mala memoria para los nombres. • **do sth from memory** hacer algo de memoria: *The pianist played the whole piece from memory.* El pianista interpretó toda la pieza de memoria. • **short-/long-term memory** memoria a corto/largo plazo • **memory loss** pérdida de memoria
2 [C gralm pl] (cosa recordada) recuerdo: *one of my earliest memories* uno de mis recuerdos más tempranos • [+**of**]: *memories of her college years* recuerdos de los años de universidad • **happy/good/bad memories** felices/buenos/malos recuerdos: *He has lots of happy memories of his stay in Cuba.* Guarda muchos recuerdos felices de su estancia en Cuba. • **a vivid memory** un recuerdo vívido: *I still have vivid memories of my grandparents.* Todavía tengo vívidos recuerdos de mis abuelos. • **bring back memories** traer recuerdos: *Being here brings back bad memories.* Estar aquí me trae malos recuerdos. • **childhood memories** recuerdos de (la) infancia
3 [sing] (de un difunto, un hecho pasado) memoria, recuerdo • **honor sb's memory** honrar la memoria de alguien • **her/his/their memory lives on** su recuerdo sigue vivo

4 [C, U] (de un computador) memoria: *The data is stored in the computer's memory.* La información queda almacenada en la memoria del computador. • *512 megabytes of memory* 512 megabytes de memoria • *a memory card* una tarjeta de memoria ▸ COMMIT sth to memory, JOG sb's memory, LOSE your memory, RANDOM ACCESS MEMORY, READ-ONLY MEMORY, REFRESH sb's memory

EXPRESIONES

in living memory que se recuerda: *the worst drought in living memory* la peor sequía que se recuerda • **in memory of sb** (tb **in sb's memory**) en memoria de alguien: *a statue in memory of those who died in the war* una estatua en memoria de los caídos en la guerra • **in recent memory** en/de los últimos tiempos: *It's certainly our best team in recent memory.* Es desde luego el mejor equipo de los últimos tiempos. • **take a walk/ trip down memory lane** rememorar tiempos pasados, buscar en el baúl de los recuerdos

men /mɛn/ *pl* de MAN

men·ace[1] /'mɛnɪs/ *s* **1** [C gralm sing] peligro, amenaza: *Drivers like that are a menace.* Ese tipo de conductor es un peligro. • [+to]: *a menace to the security of our nation* una amenaza para la seguridad de nuestra nación • **a menace to society** un peligro para la sociedad SIN **threat 2** [C] (persona molesta) demonio SIN **nuisance 3** [C] (cosa molesta) lata SIN **nuisance 4** [U] (cualidad de amenazante) amenaza

menace[2] *v* [T] (*frml*) amenazar SIN **threaten**

men·ac·ing /'mɛnɪsɪŋ/ *adj* amenazador -a: *His tone grew menacing.* Su tono se volvió amenazador. • *the dark, menacing sky* el cielo oscuro y amenazador SIN **threatening**

men·ac·ing·ly /'mɛnɪsɪŋli/ *adv* amenazadoramente SIN **threateningly**

me·nag·er·ie /mə'nædʒəri, -ʒə-/ *s* [C] zoológico privado, colección de animales salvajes

mend[1] /mɛnd/ *v* **1** [I,T] coser, arreglar, remendar: *This shirt needs mending.* Hay que coser esta camisa. • *My father used to mend our shoes.* Mi padre nos remendaba los zapatos. • **get/have sth mended** hacer arreglar algo: *I need to get my jeans mended.* Tengo que llevar a arreglar los bluyines. ▸ ver nota en ARREGLAR **2** [T] arreglar, enmendar: *Is there anything I can do to help mend the situation?* ¿Hay algo que pueda hacer para arreglar la situación? **3** (a) [I] curar(se): *Leg injuries can take months to mend.* Las lesiones en la pierna pueden tardar meses en curarse. (b) [T] curar

EXPRESIONES

mend your ways enmendarse

mend[2] *s*

EXPRESIONES

be on the mend (a) ir camino de arreglarse (problema, situación): *There are signs that the economy is on the mend.* Hay signos de que la economía va camino de arreglarse. (b) irse recuperando (enfermo, parte del cuerpo): *He's had the flu, but he's on the mend.* Ha tenido gripa, pero se va recuperando

mend·ing /'mɛndɪŋ/ *s* [U] **1** costura, zurcido **2** ropa para coser/zurcir

men·folk /'mɛnfoʊk/ *s* [pl] (*antic*) hombres

me·ni·al[1] /'miniəl, -nyəl/ *adj* [gralm ante s] no cualificado -a y de poca categoría (empleo), pesado -a e ingrato -a (tarea)

menial[2] *s* [C] sirviente -a

men·in·gi·tis /ˌmɛnən'dʒaɪtɪs/ *s* [U] meningitis

men·o·pause /'mɛnəˌpɔz/ *s* [U] menopausia

'men's room *s* [C gralm sing] baño de hombres ▸ LADIES' ROOM

men·stru·al /'mɛnstruəl, -strəl/ *adj* [solo ante s] menstrual ▸ PREMENSTRUAL

men·stru·ate /'mɛnstruˌeɪt, -streɪt/ *v* [I] (*técn*) menstruar, tener la menstruación

men·stru·a·tion /ˌmɛnstru'eɪʃən, mɛn'streɪʃən/ *s* [C,U] menstruación

mens·wear /'mɛnzwɛr/ *s* [U] ropa de hombre *the menswear department* la sección de (ropa de) hombres

men·tal S3 W2 /'mɛntəl/ *adj*
1 [solo ante s] (de la mente) mental: *a child's mental development* el desarrollo mental de un niño • *He was at the peak of his mental powers.* Había alcanzado el máximo desarrollo de sus facultades intelectuales. • **sb's mental state** el estado anímico de alguien ▸ PHYSICAL
2 [solo ante s] (en el aspecto clínico) mental • **mental illness/disorder** enfermedad/trastorno mental: *treatment for people with mental disorders* tratamiento para personas con trastornos mentales • *His wife has a history of mental illness.* Su mujer tiene antecedentes psiquiátricos. • **a mental breakdown** un colapso nervioso • **mental problems** problemas psíquicos • **mental health** salud mental • **mental hospital** (hospital) psiquiátrico • **a mental patient** un enfermo psiquiátrico/ mental, una enferma psiquiátrica/mental

men·tal·i·ty /mɛn'tæləti/ *s* [C gralm sing] (pl **mentalities**) mentalidad: *the get-rich-quick mentality* la mentalidad de hacerse rico por la vía rápida

men·tal·ly /'mɛntəli/ *adv* mentalmente: *I was exhausted, both physically and mentally.* Estaba agotado tanto física como mentalmente. • **be mentally ill** tener una enfermedad mental • **the mentally ill** los enfermos mentales

men·thol /'mɛnθəl, -θɑl/ *s* [U] mentol • **menthol cigarette** cigarrillo mentolado

men·tion[1] S1 W2 /'mɛnʃən/ *v* [T] mencionar, decir: *Was my name mentioned?* ¿Se mencionó mi nombre? • *They didn't mention anything about money.* No hablaron nada de dinero. • *As I mentioned earlier, there have been a lot of changes.* Como ya dije, ha habido muchos cambios. • **mention sth to sb** comentarle/mencionarle algo a alguien: *Don't mention this to Larry, but I'm thinking of quitting my job.* No se lo comentes a Larry, pero estoy pensando en dejar el trabajo. • **mention (that)** comentar que: *He mentioned that he was feeling unwell.* Comentó que se sentía mal. ▸ **mention/say/note sth in PASSING**

EXPRESIONES

Don't mention it. (*oral*) No hay de qué., De nada.: *"Thanks for the ride home!" "Don't mention it."* –¡Gracias por acercarme a casa! –No hay de qué. • **not to mention...** por no hablar de..., eso sin contar...: *I do all the housework, not to mention the yardwork.* Hago todas las tareas de la casa, por no hablar del jardín.

mention[2] *s* [C gralm sing, U] mención: *Greene gives him a mention in his autobiography.* Greene hace mención de él en su autobiografía. • **there is no mention of sth** no se hace mención alguna de algo: *There is no mention of how much the plan will cost.* No se hace mención alguna de cuánto costará el plan. • **at the mention of sth** al oír mencionar algo: *Hannah smiled at the mention of her name.* Hannah sonrió al oír mencionar su nombre. • **get a mention** ser/salir mencionado -a: *The town gets a mention in the guidebook.* El pueblo sale mencionado en la guía. ▸ HONORABLE MENTION

men·tor /'mɛntɔr, -tɚ/ *s* [C] mentor -a, consejero -a

men·to·ring /'mɛntərɪŋ/ *s* [U] orientación (profesional, académica), consejería

men·u S2 /'mɛnyu/ *s* [C]
1 (en un restaurante) menú, carta: *Could we have the menu, please?* ¿Nos puede traer la carta, por favor? • **on the menu** en el menú/del menú: *There are several fish dishes on the menu.* Hay varios platos de pescado en el menú. • *She chose the most expensive dish on the menu.* Eligió el plato más caro del menú. • **the set menu** el menú del día • **the a la carte menu** el menú a la carta
2 (en informática) menú • **a pull-down/drop-down menu** un menú desplegable *the menu options* las opciones de menú

me·ow[1] /mi'aʊ/ *s* [C] maullido

meow[2] v [I] maullar

mer·can·tile /ˈmɝkənˌtil, -ˌtaɪl/ adj [solo ante s] mercantil

mer·ce·nar·y[1] /ˈmɝsəˌnɛri/ s [C] (pl **mercenaries**) mercenario -a *a mercenary army* un ejército de mercenarios

mercenary[2] adj (peyor) interesado -a, egoísta: *a mercenary attitude* una actitud interesada

mer·chan·dise[1] /ˈmɝtʃənˌdaɪz, -ˌdaɪs/ s [U] (frml) mercancía(s), mercadería(s): *The fire destroyed merchandise valued at over $2 million.* El incendio destruyó mercancía por valor de más de 2 millones de dólares. • *Customers are asked not to touch the merchandise.* Se ruega no tocar la mercadería. • *Disney/Ferrari merchandise* merchandising de Disney/Ferrari

merchandise[2] v [T] (frml) comercializar

mer·chan·dis·ing /ˈmɝtʃənˌdaɪzɪŋ/ s [U] **1** promoción, comercialización *merchandising activities* actividades promocionales • *merchandising manager* jefe -a de promoción **2** merchandising, artículos promocionales

mer·chant /ˈmɝtʃənt/ s [C] **1** comerciante • **a coal/ diamond merchant** un comerciante de carbón/ diamantes • **a timber merchant** un maderero/una maderera, un/una comerciante de maderas **2** (arc) mercader: *The house belonged to a wealthy merchant.* La casa pertenecía a un rico mercader.

ˌmerchant ˈbank s [C] banco mercantil, banco de negocios

ˌmerchant maˈrine s **the merchant marine** [sing] la marina mercante

mer·ci·ful /ˈmɝsɪfəl/ adj **1** compasivo -a, clemente • **be merciful to sb** tener compasión de alguien, ser compasivo -a/clemente con alguien **2** [solo ante s] **a merciful release** una liberación: *Death had been a merciful release for him.* La muerte había sido una liberación para él.

mer·ci·ful·ly /ˈmɝsɪfəli/ adv afortunadamente, gracias a Dios: *Mercifully, I just managed to stop the car in time.* Afortunadamente, logré parar el carro justo a tiempo.

mer·ci·less /ˈmɝsɪlɪs/ adj **1** despiadado -a (cruel): *a merciless attack* un ataque despiadado **2** implacable (calor), inclemente (frío, viento): *the merciless heat of the Arizona desert* el calor implacable del desierto de Arizona

mer·cu·ri·al /mɝˈkyʊriəl/ adj voluble, veleidoso -a

Mer·cu·ry /ˈmɝkyəri/ s Mercurio

mercury s [U] mercurio

mer·cy /ˈmɝsi/ s **1** [U] piedad, clemencia • **beg/plead for mercy** suplicar/rogar clemencia • **without mercy** sin piedad/compasión: *The soldiers killed without mercy.* Los soldados mataban sin piedad. • **show no mercy** no tener piedad/compasión: *He showed no mercy to his victims.* No tenía piedad de sus víctimas. • **have mercy on sb** tener piedad/compasión de alguien, apiadarse de alguien: *May God have mercy on their souls.* Que Dios se apiade de ellos. **2** [solo ante s] humanitario -a • **a mercy mission** una misión humanitaria: *a mercy mission to help the refugees* una misión humanitaria para ayudar a los refugiados

EXPRESIONES
at the mercy of sb/sth a merced de alguien/algo: *We were lost, and at the mercy of the weather.* Estábamos perdidos y a merced de las inclemencias del tiempo. • **be grateful/thankful for small mercies** dar gracias (porque podría ser o haber sido peor) • **throw yourself on the mercy of sb** encomendarse a alguien, ponerse en (las) manos de alguien

ˈmercy ˌkilling s [C,U] eutanasia SIN **euthanasia**

mere W3 /mɪr/ adj [solo ante s, sin compar] simple, mero -a: *It can't be a mere coincidence.* No puede ser una simple coincidencia. • *Most of the soldiers were mere boys.* La mayoría de los soldados no eran más que niños. • **the mere thought/fact** la sola idea/el solo hecho,

la mera idea/el mero hecho: *The mere thought of food made her feel sick.* La sola idea de la comida la ponía enferma. • *The mere sight of her made him jump.* Con solo verla se sobresaltaba. • **the merest chance/ suggestion** la sola oportunidad/sugerencia: *On her lips was the merest hint of a smile.* En sus labios había apenas un esbozo de sonrisa. • *The merest noise makes him nervous.* El menor ruido lo pone nervioso.

mere·ly W2 /ˈmɪrli/ adv simplemente, solamente: *He was merely a boy when it happened.* Era apenas un niño cuando ocurrió. • *I was merely trying to find out where you lived.* Simplemente trataba de averiguar dónde vives. • **not merely** no solo, no solamente/simplemente: *It's not merely a question of cost, it's more a question of principle.* No es simplemente un problema de costos, sino más bien de principios. ▶ ONLY, JUST

merge /mɝdʒ/ v **1 (a)** [I] fusionarse: *The two banks are planning to merge.* Los dos bancos planean fusionarse. • **merge with sth** fusionarse con algo: *The company merged with a German firm.* La empresa se fusionó con una firma alemana. **(b)** [T] fusionar: *Some of the district's high schools will be merged to cut costs.* Se fusionarán algunas escuelas de la zona para reducir gastos. • **merge sth together** fusionar algo: *plans to merge the two colleges together* planes para fusionar los dos centros educativos • **merge sth with sth** fusionar algo con algo: *The two hospitals will be merged with each other.* Se fusionarán los dos hospitales. **2** [I] fundirse: *The sea and the sky seemed to merge.* El cielo y el mar parecían fundirse. **3** [I] confluir: *Expect delays where the freeway traffic merges.* Se prevén demoras en la confluencia de las dos autopistas.

EXPRESIONES
merge into the background pasar inadvertido -a (integrándose con el entorno)

merg·er W3 /ˈmɝdʒɝ/ s [C] fusión (de empresas, asociaciones) • [+**between**]: *the merger between AOL and Time-Warner* la fusión de/entre AOL y Time-Warner • [+**with**]: *the company's merger with the French firm* la fusión de la empresa con la firma francesa

me·rid·i·an /məˈrɪdiən/ s [C] meridiano

me·ringue /məˈræŋ/ s [C,U] merengue (comida)

mer·it[1] /ˈmɛrɪt/ s **1** [C gralm pl] (rasgo positivo) virtud, mérito: *Each plan has its merits.* Cada proyecto tiene sus virtudes. • [+**of**]: *The committee will discuss the merits of the plan.* El comité estudiará las ventajas del proyecto. ANT **demerit 2** [U] (frml) (cualidad) mérito: *The film lacks any kind of artistic merit.* La película carece de mérito artístico alguno.

EXPRESIONES
on merit de acuerdo con los méritos: *Promotion is based entirely on merit.* Los ascensos se otorgan exclusivamente de acuerdo con los méritos. • **on its (own) merits** por sus propios méritos: *Each application will be judged solely on its own merits.* Se juzgará cada solicitud sólo por sus propios méritos.

merit[2] v [T nunca en forma continua] (frml) merecer, ser merecedor -a de: *The story didn't merit all the attention it received in the press.* La noticia no merecía toda la atención que le prestó la prensa. SIN **deserve**

mer·i·toc·ra·cy /ˌmɛrəˈtɑkrəsi/ s [C] (pl **meritocracies**) meritocracia

mer·maid /ˈmɝmeɪd/ s [C] sirena (ser mitológico)

mer·ri·ly /ˈmɛrəli/ adv **1** (esp liter) (con alegría) alegremente: *His eyes twinkled merrily.* Sus ojos centelleaban alegres. **2** (sin preocupación) alegremente, como si nada: *The arms race is rushing merrily ahead.* La carrera armamentista avanza como si nada. SIN **gaily**

mer·ry /ˈmɛri/ adj (antic) (**merrier, merriest**) alegre: *He marched off, whistling a merry tune.* Se alejó silbando una alegre melodía. SIN **cheerful, jolly**

EXPRESIONES
Merry Christmas! ¡Feliz Navidad!: *Merry Christmas and a Happy New Year!* ¡Feliz Navidad y próspero Año Nuevo! • **the more the merrier** (oral) cuantos más (seamos), mejor

M

'merry-go-,round s **1** [C] tiovivo, carrusel **2** [sing] torbellino, vorágine

mesh[1] /mɛʃ/ s [C gralm sing, U] malla (de metal, hilo, etc.), anjeo

mesh[2] v [I] **1** encajar (ideas, opiniones, etc.) **2** engranar (piezas)

mes·mer·ize /'mɛzmə,raɪz/ v [T] cautivar, fascinar: *He was mesmerized by her beauty.* Estaba cautivado por su belleza.

mes·mer·iz·ing /'mɛzmə,raɪzɪŋ/ adj (escrito) cautivador -a, fascinante

mess[1] S2 /mɛs/ s

1 [sing, U] desastre, desorden: *The house is a total mess.* La casa está hecha un desastre. • *My hair's a mess.* Tengo el pelo hecho un desastre. • *Eric! Get in here and clean up this mess!* ¡Eric, entra y limpia toda esta mugre! • *Excuse the mess.* Perdona el desorden. • *We spent the morning cleaning up the mess after the party.* Pasamos la mañana después de la fiesta limpiando y ordenando. • *I couldn't believe the mess they left in the kitchen.* Habían dejado un lío increíble en la cocina. • **make a mess** hacer un tiradero: *I hope the kids aren't making a mess in the living room.* Espero que los niños no estén haciendo un tiradero en la sala. • **in a mess** hecho -a un desastre: *The burglars left the house in an awful mess.* Los ladrones dejaron la casa hecha un absoluto desastre.

2 [sing] (coloq) desastre (mala situación), lío: *Dave's life was a mess.* La vida de Dave era un desastre. • **be in a mess** estar hecho -a un desastre (país, economía), estar metido -a en un lío (persona): *The economy is in a terrible mess.* La economía está hecha un desastre. • *If you'd paid the phone bill, we wouldn't be in this mess.* Si hubieras pagado el teléfono, no estaríamos metidos en este lío.

3 a mess of sth (coloq) un montón de algo: *a mess of paperwork* un montón de papeleo

4 [C] cantina (militar), casino: *the officers' mess* el casino de oficiales SIN **mess hall**

5 [C,U] (coloq) caca: *dog's mess* caca de perro

EXPRESIONES

be a mess (coloq) estar muy mal (anímicamente) • **make a mess of (doing) sth** (coloq) hacer algo muy mal: *Many people make a mess of handling money.* Mucha gente se hace mucho lío con el dinero. • *It was my last chance and I've made a mess of it.* Era mi última oportunidad y la he tirado por la borda.

mess[2] S1 v

mess around v+partíc **1 mess around** tontear **2 mess around** pasar el rato, entretenerse **3 mess sb around** jugar con alguien (con una actitud informal), vacilar a alguien: *Don't mess me around!* ¡No me des tantas vueltas! **4 mess around** andarse con vueltas, perder el tiempo

mess around with (tb **mess about with**) v+partíc **1 mess around with sb** tener una aventura con alguien **2 mess around with sth** enredar/jugar con algo: *Dave likes messing around with old cars.* A Dave le gusta enredar con coches viejos. **3 mess around with sth** andar en algo, andar toqueteando algo: *Who's been messing around with my camera?* ¿Quién estuvo molestando mi cámara? SIN **mess with**

mess up v+partíc **1 mess sth ↔ up** echar algo a perder, arruinar algo **2 mess sth ↔ up** ensuciar/desordenar algo: *Stop it! You'll mess up my hair!* ¡Ya deja, que me despeinas! • *Who messed up the kitchen?* ¿Quién ensució la cocina? **3 mess sth ↔ up** embarrarla con algo, meter la pata con algo SIN **screw up** (coloq) **4 mess sb ↔ up** (coloq) destrozar a alguien ▶ **MESSED UP**

mess with v+partíc **1 mess with sb/sth** (coloq) meterse con alguien/en algo: *Don't mess with me.* Conmigo no te metas. • *Don't mess with drugs.* No te metas en la droga. **2 mess with sb** (coloq) jugar con alguien (perjudicándolo), meterse con alguien **3 mess with sth** andar en algo, molestar algo SIN **mess around with**

mes·sage S1 W1 /'mɛsɪdʒ/ s [C]

1 (recado) mensaje: *a telephone message* un mensaje

telefónico • *a written message* un mensaje escrito • [+for]: *I have an urgent message for you.* Tengo un mensaje urgente para ti. • [+from]: *You have a message from your brother.* Tienes un mensaje de tu hermano. • **get/receive a message** recibir un mensaje: *Did you get my message?* ¿Recibiste mi mensaje? • **leave (sb) a message** *Please leave a message after the tone.* Por favor deje su mensaje después de la señal. • *Would you like to leave a message?* ¿Quiere dejar dicho algo? • **take a message** tomar un mensaje: *Can I take a message?* ¿Quiere dejar algún mensaje?

2 (idea) mensaje: *The government's pamphlet makes their message clear.* El folleto del gobierno deja claro su mensaje. • [+of]: *This is the basic message of the story.* Este es el mensaje principal de la historia.

3 (en informática) mensaje: *an error message* un mensaje de error ▶ **TEXT MESSAGE**

EXPRESIONES

get the message (coloq) darse por enterado -a, darse cuenta: *Hopefully he'll get the message and leave me alone.* A ver si se da por enterado y me deja tranquilo.

,messed 'up adj (coloq) traumatizado -a SIN **screwed up**

mes·sen·ger /'mɛsəndʒə/ s [C] **1** mensajero -a (profesional): *The papers were sent by private messengers.* Los documentos se enviaban a través de mensajeros. • *a motorcycle messenger service* un servicio de mensajería en moto **2** mensajero -a (circunstancial) ▶ **COURIER**

EXPRESIONES

blame/shoot the messenger matar al mensajero

'mess hall s [C] casino, cantina (militar)

mes·si·ah /mə'saɪə/ s **1 the Messiah** el Mesías (cristiano) **2 the Messiah** el Mesías (judío) **3** [sing] mesías (figuradamente)

Messrs /'mɛsəz/ (frml) (pl de Mr) Sres.

mess·y /'mɛsi/ adj (**messier**, **messiest**) **1** sucio -a, desordenado -a: *a messy room* una habitación sucia/desordenada • *Does my hair look messy?* ¿Voy muy despeinada? **2** (coloq) complicado -a, peliagudo -a **3** que ensucia: *messy jobs around the house* trabajos caseros que ensucian mucho • **be a messy eater** ensuciar mucho al comer

met /mɛt/ pasado y participio pasado de **MEET**

met·a·bol·ic /,mɛtə'bɑlɪk◂/ adj [solo ante s] metabólico -a: *a metabolic disorder* un trastorno metabólico

me·tab·o·lism /mə'tæbə,lɪzəm/ s [C,U] metabolismo: *This drug speeds up your metabolism.* Esta droga acelera el metabolismo.

met·al S2 W2 /'mɛtl/ s [C,U] metal: *The gate is made of metal.* El portón es de metal. • **a precious metal** un metal precioso • **scrap metal** chatarra ▶ **METALLIC**

'metal de,tector s [C] **1** (aparato) detector de metales **2** (arco) detector de metales

me·tal·lic /mə'tælɪk/ adj [gralm ante s] **1** (color, superficie) metalizado -a, metálico -a: *metallic paint* pintura metalizada **2** (sonido) metálico -a: *a metallic noise* un sonido metálico **3** (material, objeto) metálico -a: *metallic ores* minerales metálicos

met·al·lur·gi·cal /,mɛtl'ədʒɪkəl/ adj metalúrgico -a

met·al·lur·gist /'mɛtl,ədʒɪst/ s [C] ingeniero -a metalúrgico -a

met·al·lur·gy /'mɛtl,ədʒi/ s [U] metalurgia

met·al·work /'mɛtl,wək/ s [U] metalistería, trabajo en metales

met·a·mor·pho·sis /,mɛtə'mɔrfəsɪs/ s [C,U] (pl **metamorphoses** /-siz/) **1** (escrito) (transformación) metamorfosis **2** (técn) (en biología) metamorfosis

met·a·phor /'mɛtə,fɔr/ s [C,U] **1** metáfora: *the use of metaphor in poetry* el uso de la metáfora en poesía • **a mixed metaphor** una combinación incongruente o pintoresca de frases hechas ▶ **SIMILE 2** [C,U] **a metaphor for sth** una metáfora de algo

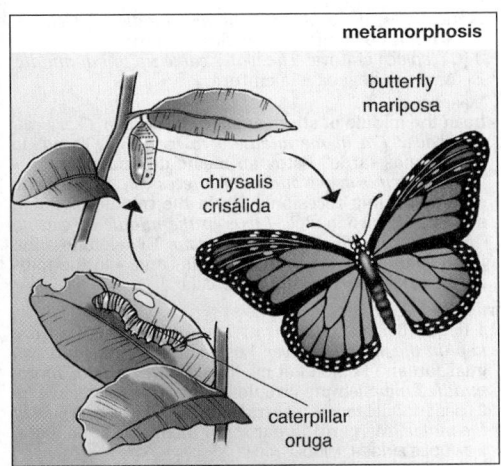

metamorphosis

butterfly
mariposa

chrysalis
crisálida

caterpillar
oruga

met·a·phor·i·cal /ˌmɛtəˈfɔrɪkəl/ adj metafórico -a: *the metaphorical meaning* el sentido metafórico ANT **lit·eral**

met·a·phor·i·cally /ˌmɛtəˈfɔrɪkli/ adv 1 metafóricamente (hablando), en (el) sentido metafórico • **metaphorically speaking** metafóricamente hablando 2 metafóricamente, de modo metafórico ANT **literally**

met·a·phys·i·cal /ˌmɛtəˈfɪzɪkəl/ adj [gralm ante s] metafísico -a

met·a·phys·i·cally /ˌmɛtəˈfɪzɪkli/ adv metafísicamente

met·a·phys·ics /ˌmɛtəˈfɪzɪks/ s [U] (la) metafísica

mete /mit/ v
mete sth ↔ out v+partíc (frml) imponer algo (pena, castigo), impartir algo (justicia) • **mete out punishment** imponer un castigo SIN **deal out**

me·te·or /ˈmitiə/ s [C] meteoro: *a meteor shower* una lluvia de estrellas ▶ **COMET, ASTEROID**

me·te·or·ic /ˌmitiˈɔrɪk, -ˈɑr-/ adj 1 • (velocidad) meteórico -a • **a meteoric rise** un ascenso meteórico: *Lee's meteoric rise to power* el meteórico ascenso al poder de Lee 2 (en astronomía) meteórico -a

me·te·or·ite /ˈmitiəˌraɪt/ s [C] meteorito

me·te·or·o·log·i·cal /ˌmitiərəˈlɑdʒɪkəl/ adj meteorológico -a

me·te·or·ol·o·gist /ˌmitiəˈrɑlədʒɪst/ s [C] 1 (académico) meteorólogo -a 2 (en el servicio meteorológico) meteorólogo -a SIN **weather forecaster**

me·te·or·ol·o·gy /ˌmitiəˈrɑlədʒi/ s [U] meteorología

me·ter S3 W3 /ˈmitə/ s
1 [C] (abrev escrita **m.**) metro: *The shark was over 2 meters long.* El tiburón medía más de 2 metros. • *The plants grow to one meter in height.* Las plantas llegan a medir un metro de altura. • [+of]: *4 meters of fabric* 4 metros de tela • **a square meter** un metro cuadrado
2 the 100/1500 meters los 100/1500 metros (carrera)
3 [C] contador, medidor: *The meter was showing $5.* El taxímetro marcaba 5 dólares. • **read a meter** leer un contador
4 [C,U] métrica ▶ **RHYTHM**
5 [C] parquímetro: *I put some coins in the meter.* Eché unas monedas en el parquímetro. SIN **parking meter**

'meter maid s [C] (antic, coloq) mujer encargada de controlar que los automóviles estén bien estacionados

meth·a·done /ˈmɛθəˌdoʊn/ s [U] metadona

meth·ane /ˈmɛθeɪn/ s [U] metano

meth·od S3 W2 /ˈmɛθəd/ s
1 [C] (procedimiento específico) método: *They still use traditional teaching methods.* Todavía emplean métodos de enseñanza tradicionales. • *farming/printing methods* técnicas agrícolas/de impresión • [+of]: *a more scientific method of collecting data* un método más

científico para recopilar datos • *methods of birth control* métodos anticonceptivos • *different methods of payment* distintas formas de pago • [+for]: *There are several methods for relaxing and reducing stress.* Hay varios métodos para relajarse y reducir el estrés.
2 [U gralm en negat] (frml) (modo sistemático de actuar) método, sistema: *lack of method* falta de método

me·thod·i·cal /məˈθɑdɪkəl/ adj 1 (enfoque, procedimiento) metódico -a, sistemático -a: *in a methodical way* de manera metódica 2 (persona) metódico -a

me·thod·i·cally /məˈθɑdɪkli/ adv metódicamente: *He checked the pages methodically, one by one.* Revisaba las páginas metódicamente, una a una.

Meth·od·ist /ˈmɛθədɪst/ s [C], adj metodista

meth·od·o·log·i·cal /ˌmɛθədəˈlɑdʒɪkəl/ adj metodológico -a

meth·od·o·log·i·cally /ˌmɛθədəˈlɑdʒɪkli/ adv metodológicamente

meth·od·ol·o·gy /ˌmɛθəˈdɑlədʒi/ s [C,U] (pl **methodologies**) metodología: *scientific methodology* metodología científica

me·tic·u·lous /məˈtɪkyələs/ adj meticuloso -a, detallista: *She was meticulous in her work.* Era meticulosa en su trabajo. • [+about]: *He has always been very meticulous about his appearance.* Siempre ha sido muy cuidadoso con su aspecto.

me·tic·u·lous·ly /məˈtɪkyələsli/ adv meticulosamente

me·tic·u·lous·ness /məˈtɪkyələsnɪs/ s [U] (la) meticulosidad

me·tier /mɛˈtyeɪ, ˈmɛtyeɪ/ s [C gralm sing] especialidad (actividad)

me·tre /ˈmitə/ s variante británica de **METER**

met·ric /ˈmɛtrɪk/ adj [gralm ante s] métrico -a: *metric measurements* médidas métricas ▶ **IMPERIAL**

'metric ˌsystem s **the metric system** el sistema métrico decimal

me·tro /ˈmɛtroʊ/ s [sing] (pl **metros**) metro (tren): *the Paris Metro* el metro de París • **metro station** estación de metro

met·ro·nome /ˈmɛtrəˌnoʊm/ s [C] metrónomo

me·trop·o·lis /məˈtrɑpəlɪs/ s [C] (escrito) metrópoli(s)

met·ro·pol·i·tan /ˌmɛtrəˈpɑlətˈn/ adj metropolitano -a • **a metropolitan area/region** un área/una región metropolitana

met·tle /ˈmɛtl/ s [U] (escrito) valor • **show/prove your mettle** mostrar/demostrar lo que se vale: *This game should give the team a chance to show their mettle.* Este partido le dará al equipo la oportunidad de mostrar lo que vale.

mew¹ /myu/ v [I] maullar

mew² s [C] maullido

Mex·i·can /ˈmɛksɪkən/ s [C], adj mexicano -a

Mex·i·co /ˈmɛksɪkoʊ/ México

mez·za·nine /ˈmɛzəˌnin, ˌmɛzəˈnin/ s [C] 1 (en un teatro) entresuelo 2 (en un edificio) **(a)** entrepiso, entresuelo **(b) mezzanine floor** [sing] entrepiso, entresuelo

mg (abrev escrita de **milligram(s)**) mg

MI abrev escrita de **MICHIGAN**

mi /mi/ s [U] mi (en música)

mice /maɪs/ pl de **MOUSE**

micro- /maɪkroʊ, -krə/ pref 1 (millonésima parte) micro-: *a microsecond* un microsegundo 2 (indicando tamaño, escala) micro-: *a microorganism* un microorganismo • *microelectronics* microelectrónica ▶ **MACRO**

mi·crobe /ˈmaɪkroʊb/ s [C] microbio

mi·cro·bi·ol·o·gist /ˌmaɪkroʊbaɪˈɑlədʒɪst/ s [C] microbiólogo -a

M

mi·cro·bi·ol·o·gy /ˌmaɪkroʊbaɪˈɑlədʒi/ s [U] microbiología

mi·cro·brew·er·y /ˈmaɪkroʊˌbruəri/ s [C] (pl **microbreweries**) cervecería artesanal

mi·cro·chip /ˈmaɪkroʊˌtʃɪp/ s [C] microchip

mi·cro·cli·mate /ˈmaɪkroʊˌklaɪmɪt/ s [C] microclima

mi·cro·com·pu·ter /ˈmaɪkroʊkəmˌpyutɚ/ s [C] microcomputador, microcomputadora

mi·cro·cosm /ˈmaɪkrəˌkɑzəm/ s [C,U] microcosmos • [+of] *New York's mix of people is a microcosm of America.* La mezcla de gente de Nueva York es un microcosmos de Estados Unidos. **in microcosm** en microcosmos: *All the problems of society can be seen here in microcosm.* Todos los problemas de la sociedad se pueden ver aquí en microcosmos. ► MACROCOSM

mi·cro·e·lec·tron·ics /ˌmaɪkroʊɪlɛkˈtrɑnɪks/ s [U] microelectrónica

mi·cro·fiche /ˈmaɪkroʊˌfiʃ/ s [C,U] microficha

mi·cro·film /ˈmaɪkrəˌfɪlm/ s [C,U] microfilm

mi·cro·light /ˈmaɪkroʊˌlaɪt/ s [C] ultraliviano, ultraligero

mi·cro·or·gan·ism /ˌmaɪkroʊˈɔrgəˌnɪzəm/ s [C] microorganismo

mi·cro·phone /ˈmaɪkrəˌfoʊn/ s [C] micrófono

mi·cro·proc·es·sor /ˌmaɪkroʊˈprɑsɛsɚ/ s [C] microprocesador

mi·cro·scope /ˈmaɪkrəˌskoʊp/ s [C] microscopio • **under/through a microscope** con/en un microscopio
EXPRESIONES
be/come under the microscope estar bajo la lupa • **put sth/sb under the microscope** poner algo/a alguien bajo lupa

mi·cro·scop·ic /ˌmaɪkrəˈskɑpɪk◂/ adj **1** (diminuto) microscópico -a: *microscopic particles of dust* partículas microscópicas de polvo **2** [solo ante s] (con microscopio) microscópico -a: *microscopic analysis* análisis microscópico

mi·cro·sur·ger·y /ˈmaɪkroʊˌsɚdʒəri/ s [U] microcirugía

mi·cro·wav·a·ble, microwaveable /ˌmaɪkrəˈweɪvəbəl/ adj que se puede cocinar o calentar en el microondas: *a microwaveable meal* una comida preparada para calentar en el microondas

mi·cro·wave¹ S2 /ˈmaɪkrəˌweɪv/ s [C]
1 (tb **microwave oven**) (horno) microondas: *I'll heat it up in the microwave.* Lo calentaré en el microondas.
2 microonda

microwave² v [T] cocinar/calentar en el microondas

mid- /mɪd/ pref (en medio de algo) *mid-June* mediados de junio • *midsummer* pleno verano • *She's in her mid-20s.* Tiene alrededor de 25 años. • *We got home mid-afternoon.* Llegamos a casa a media tarde.

mid·air¹ /ˌmɪdˈɛr◂/ s **in midair** en el aire

midair² adj [solo ante s] en pleno vuelo: *a midair collision* una colisión en pleno vuelo

mid·day /ˈmɪdˌdeɪ/ s [U] (el) mediodía: *It was midday when we got home.* Era mediodía cuando llegamos a casa. • **at midday** a(l) mediodía: *I'll phone you at midday.* Te llamaré al mediodía. • *the midday sun* el sol del mediodía ► MIDNIGHT

mid·dle¹ S1 W2 /ˈmɪdl/ s
1 the middle (parte central) el medio, el centro • [+of]: *He pointed to the middle of the field.* Señaló el centro del campo. • **in the middle (of sth)** en (el) medio (de algo): *Jo was standing in the middle of the room.* Jo estaba de pie en el medio de la habitación. • *a cookie with a hole in the middle* una galleta con un agujero en el medio
2 the middle (de un período, evento) [+of]: *The main character dies just before the middle of the movie.* El protagonista muere justo antes de la mitad de la película. • **in the middle of sth** en medio de algo: *I woke up in the middle of the night.* Me desperté en medio de

la noche. • *We'll be back in the middle of October.* Estaremos de vuelta a mediados de octubre.
3 [C] (*coloq*) cintura: *The water came up to my middle.* El agua me llegaba a la cintura.
EXPRESIONES
be in the middle of sth estar en medio de algo: *Can I call you back? I'm in the middle of a meeting.* ¿Te puedo llamar más tarde? Estoy en medio de una reunión. • *The country is in the middle of a recession.* El país está sumido en una recesión. • **be in the middle of doing sth** estar haciendo algo: *I was in the middle of getting dinner ready when the phone rang.* El teléfono sonó justo cuando estaba preparando la cena. • **in the middle of nowhere** en medio de la nada

middle² S2 W2 adj [solo ante s]
1 (lugar) del medio, central: *The knives and forks are kept in the middle drawer.* Los cuchillos y tenedores se guardan en el cajón del medio. • *I always drive in the middle lane.* Siempre circulo por el carril central.
2 (período) del medio, central: *I missed the middle part of the movie.* Me perdí la parte del medio de la película. ► MIDDLE FINGER, MIDDLE NAME
EXPRESIONES
a middle way/course (un) término medio, una solución intermedia • **steer a middle course** buscar un término medio/una solución intermedia

ˌmiddle ˈage s [U] madurez (edad madura) • **in early/late middle age** al inicio/final de la madurez

ˌmiddle-ˈaged adj de mediana edad, maduro -a: *a group of middle-aged businessmen* un grupo de hombres de negocios de mediana edad
EXPRESIONES
middle-aged spread llantas propias/bananos propios de la edad

ˌMiddle ˈAges s **the Middle Ages** la Edad Media • **in the Middle Ages** en la Edad Media

ˌMiddle Aˈmerica s [U] **1** el centro de EU **2** el estadounidense medio **3** Mesoamérica

mid·dle·brow /ˈmɪdlˌbraʊ/ adj de la mayoría (gusto), para un público mayoritario (periódico, programa) ► HIGHBROW, LOWBROW

ˌmiddle ˈclass s [C] clase media • **the middle class** (tb **the middle classes**) la clase media ► LOWER CLASS, UPPER CLASS, WORKING CLASS

ˌmiddle-ˈclass adj de clase media: *a typical middle-class family* una típica familia de clase media • *middle-class values* valores de clase media

ˌmiddle ˈdistance s [U] **the middle distance** **(a)** no muy lejos, a una distancia intermedia **(b)** segundo plano ► BACKGROUND, FOREGROUND

ˈmiddle-ˌdistance adj [U] de medio fondo, de media distancia • **middle-distance runner** mediofondista ► LONG-DISTANCE

ˌmiddle ˈear s [sing] oído medio

ˌMiddle ˈEast s **the Middle East** Medio Oriente

ˌMiddle ˈEastern adj de Medio Oriente

ˌmiddle ˈfinger s [C] (dedo) medio, dedo corazón

ˌmiddle ˈground s [singular,U] **1** terreno intermedio **2** centro (en el espectro político)

mid·dle·man /ˈmɪdlˌmæn/ s [C] (pl **middlemen** /-ˌmɛn/) intermediario -a

ˌmiddle ˈmanagement s [U] ejecutivos de nivel intermedio

ˌmiddle ˈname s [C] nombre que algunas personas utilizan entre su primer nombre de pila y su apellido; se pueden tener varios **middle names** que no son necesariamente nombres de pila ► FIRST NAME, LAST NAME

ˌmiddle-of-the-ˈroad adj moderado -a (que busca el apoyo de la mayoría): *a middle-of-the-road politician* un político moderado

ˈmiddle school s [C,U] en EU, escuela para niños de 11 a 14 años

mid·dle·weight /'mɪdl̩ˌweɪt/ s [C] peso mediano

mid·dling /'mɪdlɪŋ/ adj (coloq) mediano -a, regular

mid·field /'mɪdfild/ s **1** [U] (en una cancha) medio campo **2** [sing] (en un equipo) medio campo

mid·field·er /'mɪdˌfildɚ/ s [C] mediocampista

midge /mɪdʒ/ s [C] jején

midg·et¹ /'mɪdʒɪt/ s [C] (despec) enano -a SIN **dwarf**

midget² adj [solo ante s] enano -a, diminuto -a

mid·life cri·sis /ˌmɪdlaɪf 'kraɪsɪs/ s [C] crisis de los cuarenta: He seemed to be going through a midlife crisis. Parecía estar atravesando la crisis de los cuarenta.

mid·night S3 /'mɪdnaɪt/ s [U] (la) medianoche: It was midnight when we got home. Era medianoche cuando llegamos a casa. • **at midnight** a (la) medianoche: The boat leaves at midnight. El barco zarpa a medianoche. • **before midnight** antes de (la) medianoche • **the midnight train** el tren de medianoche ▶ MIDDAY; BURN the **midnight oil**

mid·riff /'mɪdrɪf/ s [C] parte del torso entre la cintura y el pecho

midst /mɪdst/ s

EXPRESIONES

in the midst of sth (frml) **(a)** en medio de algo: in the midst of an economic crisis en medio de una crisis económica • We are now in the midst of a presidential campaign. Ya estamos en plena campaña presidencial. **(b)** (liter) en medio de algo • **be in the midst of doing sth** (frml) estar haciendo algo: At that time I was in the midst of writing my second novel. En ese momento, estaba escribiendo mi segunda novela. • We're in the midst of negotiating a new contract. Estamos en plena negociación de un nuevo contrato.

mid·sum·mer /ˌmɪd'sʌmɚ/ s [U] pleno verano

mid·term¹ /'mɪdtɚm/ adj [solo ante s] **1** de la mitad de un mandato presidencial **2** de mitad de trimestre/semestre

midterm² s **1** [U] mitad de un mandato **2** [C] (examen) parcial (que se realiza a mitad de un semestre o trimestre)

mid·way /ˌmɪd'weɪ/ adv **1** a medio camino • [+through]: midway through the year a mediados de año SIN **halfway 2** a medio camino • [+between]: The town is midway between Joliet and Chicago. La ciudad está a medio camino entre Joliet y Chicago. SIN **halfway**

mid·week¹ /ˌmɪd'wik/ s mediados de semana: We should have an answer by midweek. Deberíamos tener una respuesta para mediados de semana. • a midweek game/match un partido de entre semana

midweek² adv entre semana

mid·wife /'mɪdwaɪf/ s [C] (pl **midwives** /-waɪvz/) partera, comadrona

mid·wife·ry /'mɪdˌwaɪfəri, ˌmɪd'waɪ-/ s [U] obstetricia

mid·win·ter /ˌmɪd'wɪntɚ/ s [U] pleno invierno

miffed /mɪft/ adj (coloq) fastidiado -a, molesto -a

might¹ S1 W1 /maɪt/ v mod (contrac negat **mightn't**)

1 indicando posibilidad
2 en estilo indirecto
3 indicando algo que no ha ocurrido
4 en sugerencias
5 expresando enojo
6 en fórmulas de cortesía

1 INDICANDO POSIBILIDAD Be careful. You might hurt yourself. Ten cuidado. Podrías hacerte daño. • I might be wrong, but I think he's French. Puede que me equivoque, pero creo que es francés. • **might have done sth** They might have made a mistake. Quizás cometieron un error. • We might have finished by the end of the week. A lo mejor habremos terminado para el final de la semana. • "She's very late." "She might have missed her train." –Llega tarde. –Puede que haya perdido el tren. • The thieves might have gotten in through the

window. Los ladrones podrían haber entrado por la ventana. • **might not/never** She might not want to come with us. Puede que no quiera venir con nosotros. • Carrie might never be able to walk again. Es posible que Carrie nunca pueda volver a caminar. • **there might be** puede haber/que haya: There might be some truth in what she says. Puede que haya algo de verdad en lo que ella dice. • **might well** (tb **might easily**) The project might well fail. El proyecto bien podría fracasar. • She might easily live another twenty years. Podría fácilmente vivir otros veinte años. SIN **may**

2 EN ESTILO INDIRECTO She said she might be late. Dijo que podría llegar tarde. • I thought it might rain, so I brought an umbrella. Pensé que podría llover, así que traje un paraguas.

3 INDICANDO ALGO QUE NO HA OCURRIDO might have We might have been killed. Podríamos habernos matado.

4 EN SUGERENCIAS (oral): It might be a good idea to write a list. Quizás no sea mala idea escribir una lista. • I thought we might try the new Chinese restaurant. ¿Qué tal si probamos el nuevo restaurante chino?

5 EXPRESANDO ENOJO (oral): You might have apologized! ¡Podrías haberte disculpado! • He might offer to help! ¡Podría ofrecerse a ayudar!

6 EN FÓRMULAS DE CORTESÍA (oral) permitir • **might I say/ask/suggest** Might I ask how old you are? ¿Me permite que le pregunte su edad? • **if I might** If I might interrupt for a moment, there's a phone call for you. Si me permite interrumpirle un momento, hay una llamada para usted.

EXPRESIONES

as you might expect/imagine como era de esperar/como te puedes imaginar • **I might have known/guessed** (oral) debería haber sabido/adivinado • **might as well** There's nothing to do here, so you might as well go home. No hay nada que hacer aquí, así que ¿por qué no te vas a casa? SIN **may as well**

might² s [U] poderío, potencia: America's military might el poderío militar de Estados Unidos

EXPRESIONES

might makes right la ley del más fuerte • **with all your might (and main)** con todas sus fuerzas

might·n't /'maɪt̩nt/ contrac de **might not**

might·y¹ /'maɪti/ adj [gralm ante s] (**mightier**, **mightiest**) (esp liter) **1** potente, enorme, tremendo -a: There was a mighty crash as the car hit the wall. Hubo un terrible estruendo cuando el carro chocó contra el muro. **2** poderoso -a: a mighty army un poderoso ejército **3** imponente: a mighty river un río imponente ▶ HIGH **and mighty**

EXPRESIONES

The pen is mightier than the sword. La pluma es más poderosa que la espada.

mighty² adv (coloq): They got out of there mighty fast, I can tell you. Ya te digo que salieron de allí rapidísimo. • That's a mighty big fish. Ese sí que es un pescadote.

mi·graine /'maɪɡreɪn/ s [C,U] migraña • **have a migraine** tener migraña

mi·grant /'maɪɡrənt/ s [C] **1** emigrante, inmigrante • **economic migrants** emigrantes económicos, inmigrantes económicos • **migrant worker** trabajador migratorio/tabajadora migratoria, trabajador -a itinerante ▶ EMIGRANT, IMMIGRANT **2** (técn) ave migratoria, especie migratoria

mi·grate /'maɪɡreɪt/ v [I] **1** migrar: The birds migrate south in the winter. Las aves migran al sur en invierno. **2** emigrar, inmigrar: People migrated north in search of work. La gente emigró al norte en busca de trabajo. ▶ EMIGRATE

mi·gra·tion /maɪ'ɡreɪʃən/ s [C,U] **1** (animal) migración **2** (humana) migración: mass migration from the countryside to the big cities la migración masiva del campo a las grandes ciudades ▶ EMIGRATION

mi·gra·to·ry /'maɪgrə,tɔri/ *adj* [gralm ante s] **1** (ave, animal) migratorio -a **2** (trabajador) migratorio -a [SIN] **migrant**

mike /maɪk/ *s* [C] (*coloq*) micrófono

mild /maɪld/ *adj*

> **1** tiempo
> **2** enfermedad
> **3** sentimiento
> **4** comida, sabor
> **5** medicamento, sustancia química
> **6** jabón, detergente
> **7** crítica, castigo
> **8** carácter, tono

1 TIEMPO templado -a: *It was a very mild winter.* Fue un invierno muy templado. • *a mild climate* un clima templado • *The weather was mild enough for us to sit outside.* La temperatura era lo bastante agradable como para sentarnos afuera.
2 ENFERMEDAD leve: *He was suffering from mild depression.* Sufría una depresión leve. [SIN] **minor**
3 SENTIMIENTO ligero -a, leve: *We watched them with mild amusement.* Los miramos ligeramente divertidos. [SIN] **slight**
4 COMIDA, SABOR suave: *a mild curry* un curry suave • *a mild flavor/taste* un sabor/gusto suave [ANT] **strong**
5 MEDICAMENTO, SUSTANCIA QUÍMICA suave: *a mild painkiller* un calmante suave [ANT] **strong**
6 JABÓN, DETERGENTE suave: *a mild shampoo* un champú suave [SIN] **gentle**
7 CRÍTICA, CASTIGO ligero -a, leve [ANT] **harsh**
8 CARÁCTER, TONO afable, apacible [SIN] **gentle**
▶ **MILDLY**

mil·dew /'mɪldu/ *s* [U] **1** moho **2** mildiu

mil·dewed /'mɪldud/ *adj* mohoso -a

mild·ly /'maɪldli/ *adv* **1** ligeramente, apenas: *She sounded mildly surprised.* Sonaba algo sorprendida. • *He was only mildly annoyed.* Solo estaba ligeramente molesto. [SIN] **slightly 2** suavemente: *"Perhaps," she answered mildly.* –Quizá –respondió ella suavemente.
EXPRESIONES
to put it mildly (*coloq*) y eso es poco decir

mile [S1] [W1] /maɪl/ *s* [C]
1 milla (=1.609 metros): *She lives three miles from here.* Vive a tres millas de aquí. • *It's half a mile to the nearest store.* Está a media milla de la tienda más cercana. • *The ocean is only ten miles away.* El mar está a sólo diez millas. • **20/40/60 miles per/an hour** 20/40/60 millas por hora: *I was doing 50 miles an hour.* Iba a 50 millas por hora. • **2/10/25 miles long/wide/high** 2/10/25 millas de largo/ancho/alto • **30/40/50 miles to the gallon** (tb **miles per gallon**) 30/40/50 millas por galón
2 miles (*coloq*) kilómetros y kilómetros, lejísimos: *We walked miles!* ¡Caminamos kilómetros y kilómetros! • *He was miles from home.* Estaba lejísimos de casa. • **for miles** kilómetros y kilómetros (de distancia): *You can see for miles from here.* Desde quí puedes ver kilómetros y kilómetros de distancia. • **miles away** lejísimos: *The bus stop is miles away.* La parada del bus está muy lejos. • **miles from anywhere/nowhere** en el medio de la nada
3 the mile la milla (carrera)
EXPRESIONES
be miles away (*coloq*, *oral*) estar en Babia • **go the extra mile** hacer un esfuerzo extra • **a mile off** a la legua, desde lejos: *You could tell he was a policeman a mile off.* Se veía a la legua que era policía. • **stand/stick out a mile** (*coloq*) verse de/desde lejos

mile·age /'maɪlɪdʒ/ *s* **1** [sing] millaje: *What's the mileage on your car?* ¿Cuántas millas tiene tu carro? **2** [sing] millaje: *What's your weekly mileage?* ¿Cuántas millas haces semanalmente? • *The rental costs $35 a day, with unlimited mileage.* El alquiler cuesta 35 dólares por día, con millaje ilimitado. **3** [sing] (tb **gas mileage**) rendimiento de un automóvil en millas por galón **4** [U] gastos de gasolina **mileage allowance** equivalente

de kilometraje, asignación por milla recorrida **5** [U] beneficio: *He'll take the idea up if he thinks there's some political mileage in it.* Hará suya la idea si piensa que puede obtener beneficio político. • *The newspapers want to get as much mileage from the story as they can.* Los periódicos quieren sacar todo el partido posible de la historia.

mile·stone /'maɪlstoʊn/ *s* [C] **1** hito • [+**in**]: *an important milestone in her career* un importante hito en su carrera **2** mojón

mil·i·tan·cy /'mɪlətənsi/ *s* [U] radicalismo, extremismo

mil·i·tant¹ /'mɪlətənt/ *adj* radical, extremista, combativo -a: *a group of militant nationalists* un grupo de nacionalistas radicales

militant² *s* [C] radical, extremista

mil·i·tant·ly /'mɪlətəntli/ *adv* radicalmente, combativamente

mil·i·tar·i·ly /,mɪlə'tɛrəli/ *adv* militarmente

mil·i·ta·ris·m /'mɪlətə,rɪzəm/ *s* [U] militarismo

mil·i·tar·ist /'mɪlətərɪst/ *s* [C] militarista

mil·i·ta·ris·tic /,mɪlətə'rɪstɪk/ *adj* militarista

mil·i·tar·y¹ [S3] [W1] /'mɪlə,tɛri/ *adj*
1 [solo ante s, sin compar] militar (del ejército): *a military leader* un líder militar • *the country's military power* el poder militar del país • **military action/force** acción/fuerza militar: *The U.S. may take military action against the regime.* EU podría emprender una acción militar contra el régimen. • **a military coup** un golpe militar
2 [solo ante s] militar (característico del ejército) • **with military precision** con precisión militar

military² *s* **the military** el ejército, los militares: *The government was overthrown by the military.* El Gobierno fue derrocado por los militares. • **in the military** en el ejército: *They do not allow women in the military.* No se admiten mujeres en el ejército.

mil·i·tate /'mɪlə,teɪt/ *v* [I] **militate against sth** obstaculizar algo, ir en contra de algo

mi·li·tia /mə'lɪʃə/ *s* [C] milicia

milk¹ [S1] [W3] /mɪlk/ *s* [U] leche: *a glass of milk* un vaso de leche • *breast milk* leche materna • *coconut milk* leche de coco • *Do you take milk in your tea?* ¿Le pones leche al té? • *an empty milk bottle* una botella de leche vacía
▶ **SKIM MILK**
EXPRESIONES
the milk of human kindness (*liter*) la bondad innata del ser humano

milk² *v* [T] **1** ordeñar **2** (*coloq*) aprovecharse de: *He's been milking his uncle for years.* Ha estado chupándole la sangre a su tío durante años. • **milk sb for sth** intentar sacarle algo a alguien: *He seemed to be milking me for information.* Parecía estar intentando sonsacarme información. • **milk sth for all it's worth** exprimir algo hasta la última gota

,milk 'chocolate *s* [U] chocolate con leche

milk·man /'mɪlkmæn/ *s* [C] (pl **milkmen** /-mɛn/) lechero

milk shake, milk·shake /'mɪlkʃeɪk/ *s* [C] batido, malteada, licuado

milk·y /'mɪlki/ *adj* **1** con mucha leche: *milky coffee* café con mucha leche **2** lechoso -a

mill¹ [W3] /mɪl/ *s* [C]
1 fábrica • **a cotton mill** una fábrica de tejidos de algodón, una algodonera • **a paper mill** una fábrica de papel • **a steel mill** una acería • **mill town** ciudad industrial
2 (edificio) molino
3 (máquina) molino
4 (*técn*) unidad monetaria equivalente a un décimo de céntimo de dólar ▶ **PEPPER MILL**, **RUN-OF-THE-MILL**
EXPRESIONES
go through the mill pasar las verdes y las maduras,

pasarlas negras • **put sb through the mill** hacerle pasar las verdes y las maduras a alguien, hacerle pasarlas negras a alguien

mill² *v* [T] moler

mill around *v+partíc* **1 mill around** arremolinarse **2 mill around sth** *A group of tourists were milling around the hotel lobby.* Un grupo de turistas se arromolinaba en el vestíbulo.

mil·len·ni·um /məˈlɛniəm/ *s* [C] (pl **millennia** /-niə/) milenio

mill·er /ˈmɪlə/ *s* [C] molinero -a

mil·let /ˈmɪlət/ *s* [U] mijo

mil·li·gram /ˈmɪlə.ɡræm/ (abrev escrita **mg**) *s* [C] miligramo

mil·li·li·ter /ˈmɪlə.litə/ (abrev escrita **ml**) *s* [C] mililitro

mil·li·me·ter /ˈmɪlə.mitə/ (abrev escrita **mm**) *s* [C] milímetro

mil·li·ner /ˈmɪlənə/ *s* [C] sombrerero -a (de señoras)

mil·lion /ˈmɪlyən/ *núm* (pl **million** o **millions**) **1** (numeral) millón ▶ Cuando million se usa como numeral, su plural es invariable. *He won a million dollars.* Ganó un millón de dólares. • *The country has a population of 27 million.* El país tiene una población de 27 millones. **2 millions** [pl] millones (y millones) • [+**of**]: *Millions of people will be affected by the changes.* Los cambios afectarán a millones de personas. **3** (*coloq*) **a million times/things** mil veces/cosas: *I have a million things to do.* Tengo mil cosas que hacer. • **millions of** miles de **4** (dinero) **millions** (*coloq*) millones

EXPRESIONES

feel/look like a million dollars (*coloq*) sentirse/estar fantástico -a • **in a million** (*coloq*) **(a)** de los que hay pocos: *a friend in a million* un amigo de los que hay pocos • **be one in a million** de los que hay pocos: *He was a wonderful man, one in a million.* Era un hombre maravilloso, de los que hay pocos. **(b)** entre mil: *a chance in a million* una posibilidad entre mil

mil·lion·aire /ˌmɪlyəˈnɛr/ *s* [C] millonario -a

mil·lionth¹ /ˈmɪlyənθ/ *adj* [solo ante s] número un millón, millonésimo -a

millionth² *s* [C] millonésimo, millonésima parte

mil·li·pede /ˈmɪləˌpid/ *s* [C] milpiés

mil·li·sec·ond /ˈmɪlɪˌsɛkənd/ *s* [C] milisegundo

mill·stone /ˈmɪlstoʊn/ *s* [C] piedra de molino

mime¹ /maɪm/ *s* **1** [U] (técnica) mimo **2** [C] (tb **mime artist**) (actor) mimo

mime² *v* **1** [I,T] hacer mímica **2** [I,T] hacer playback • **mime to sth** hacer playback de algo

mim·ic¹ /ˈmɪmɪk/ *v* [T] (**mimicked, mimicking**) imitar [SIN] **imitate**

mimic² *s* [C] imitador -ora

mim·ic·ry /ˈmɪmɪkri/ *s* [U] imitación

min. *abrev escrita de* **1** (**minimum**) mín. **2** (**minute(s)**) m

min·a·ret /ˌmɪnəˈrɛt, ˈmɪnərɛt/ *s* [C] alminar, minarete

mince /mɪns/ *v* **1** [T] picar, triturar, moler (ajo, jengibre, hierbas) [SIN] **crush, grind 2** [I siempre + adv/prep] caminar con pasos cortos

EXPRESIONES

not mince (your) words no medir sus palabras, no tener pelos en la lengua

mince·meat /ˈmɪnsmit/ *s* [U] **1** mezcla de pasas y especias usada como relleno en repostería **2** carne picada, carne molida

EXPRESIONES

make mincemeat of sb (*coloq*) hacer puré/picadillo a alguien, hacer pinole a alguien

ˌmince ˈpie *s* [C] pastelito navideño relleno de **mincemeat**

---

mind¹ [S1] [W1] /maɪnd/ *s*

1 pensamientos
2 atención
3 idea, concepto
4 propósito, intención
5 memoria
6 inteligencia
7 modo de pensar
8 persona inteligente
9 razonamiento

1 PENSAMIENTOS [C gralm sing] mente, cabeza: *My mind was full of all kinds of thoughts.* Tenía la cabeza llena de toda clase de pensamientos. • *I never know what's going on in his mind.* Nunca sé lo que le pasa por la cabeza. • **the human mind** la mente humana • **go/run/flash through your mind** pasársele por la mente/cabeza: *The first thing that went through my mind was whether the children were safe.* Lo primero que se me pasó por la cabeza era si los niños estarían a salvo. • *She knew what was going through his mind.* Ella sabía lo que estaba pensando. • **cross/enter your mind** ocurrírsele, pasársele por la mente/cabeza: *A thought suddenly crossed my mind.* De repente, se me ocurrió algo. • *It never crossed my mind that Alan might be lying.* Nunca se me pasó por la cabeza que Alan pudiera estar mintiendo. • **get sth/sb out of your mind** quitarse algo/a alguien de la cabeza, olvidarse de algo/alguien: *I couldn't get those words out of my mind.* No podía quitarme aquellas palabras de la cabeza. • **put sth to the back of your mind** quitarse algo/a alguien de la cabeza, olvidarse de algo/alguien

2 ATENCIÓN [C gralm sing] **sb's mind is on sth** alguien tiene la cabeza en algo: *His mind is always on his work.* Siempre está con la cabeza en el trabajo. • **keep your mind on sth** concentrarse en algo: *Let's all keep our minds on the task.* Concentrémonos todos en la tarea. • **take your mind off sth** quitarse/sacarse algo de la cabeza, distraer a alguien de algo: *She needs something to take her mind off things.* Necesita algo que la distraiga de sus preocupaciones. • **keep your mind off sth/sb** dejar de pensar en algo/alguien • **her/my mind began to wander** su/mi mente empezó a divagar • **my/his mind was elsewhere** estaba pensando en otra cosa: *I'm sorry I wasn't listening. My mind was elsewhere.* Perdona que no te estuviera escuchando. Estaba pensando en otra cosa. • **put/set your mind to sth** proponerse algo

3 IDEA, CONCEPTO [C] opinión • **change your mind** cambiar de opinión, arrepentirse: *"Are you still going to the meeting tomorrow?" "No, I've changed my mind."* –¿Todavía piensas ir a la reunión mañana? –No, cambié de opinión. • [+**about**]: *He's changed his mind about lending us the money.* Cambió de opinión sobre lo de prestarnos el dinero. • **make up your mind** decidirse • [+**about/on**]: *He couldn't make up his mind about what to do with the money.* No acababa de decidirse sobre qué hacer con el dinero. • [+**whether/which/what**]: *I can't make up my mind whether to drive or fly.* No acabo de decidirme sobre si ir en carro o en avión. • [+**to do sth**]: *I made up my mind to leave on the next plane.* Decidí irme en el siguiente vuelo. • *He'd made up his mind not to go.* Estaba decidido a no ir. • [+**(that)**]: *I made up my mind I was going to retire.* Decidí que me iba a jubilar. • **have a mind of your own** tener ideas propias: *Joey's only two, but he has a mind of his own.* Joey tiene solo dos años, pero sabe lo que quiere. • **know your own mind** tener las ideas claras • **give sb a piece of your mind** (*coloq*) decirle a alguien un par de cosas • **be of two minds about sth** estar indeciso -a sobre algo: *I'm of two minds about which flight to take.* Estoy indeciso sobre qué vuelo tomar.

4 PROPÓSITO, INTENCIÓN [U] **have sth/sb in mind** [nunca en forma continua] estar pensando en algo/alguien, tener algo/a alguien en mente: *What type of car do you have in mind?* ¿En qué tipo de carro estaba pensando? • **with sth/sb in mind** pensando en algo/alguien: *The hospital was designed with children in mind.* El hospital se diseñó pensando en los niños. • **have it in mind to do sth** tener la intención de hacer algo

• **I have a mind to do sth** me provoca hacer algo, tengo ganas de hacer algo: *You can lie on the beach all day, if you've a mind to.* Puedes quedarte todo el día tirada en la playa, si te provoca. • **have a good mind to do sth** (tb **have half a mind to do sth**) estar tentado -a de hacer algo, tener muchas ganas de hacer algo: *I've a good mind to tell him what I think of him.* Tengo muchas ganas de decirle lo que pienso de él.

5 MEMORIA [C] mente • **stick/stay in your mind** quedársele grabado -a (en la mente): *The name had really stuck in my mind.* El nombre se me había quedado grabado de verdad.

6 INTELIGENCIA [C, U] cabeza: *I don't really have a scientific mind.* No tengo cabeza para las ciencias. • **a sharp/brilliant/quick mind** una mente aguda/brillante/rápida • **his/her mind began to go/fail** empezó a fallarle la cabeza: *As she became older, her mind began to go.* Al envejecer, empezó a fallarle la cabeza SIN **intellect**

7 MODO DE PENSAR [C] **have a suspicious/devious mind** ser desconfiado -a/taimado -a *She had a naturally suspicious mind.* Era desconfiada por naturaleza. • **an open mind (about sth)** una mentalidad/actitud abierta (sobre algo): *The administration needs to keep an open mind about these issues.* El Gobierno necesita tener una mentalidad abierta sobre estas cuestiones.

8 PERSONA INTELIGENTE [C] cerebro, mente: *one of the great minds of our age* uno de los grandes cerebros de nuestro tiempo

9 RAZONAMIENTO [U] facultades mentales • **in your right mind** con la cabeza en su sitio, en su sano juicio • **no one/anyone in their right mind** nadie/cualquiera en su sano juicio: *No woman in her right mind would marry him.* Ninguna mujer en su sano juicio se casaría con él. • **out of your mind** (a) loco -a: *Are you out of your mind? She'll never believe that!* ¿Estás loco? ¡Ella nunca se creerá eso! (b) fuera de sí: *She was out of her mind on vodka.* Estaba fuera de sí por el vodka. • **go out of your mind** volverse loco -a: *If I have to wait any longer, I'll go out of my mind.* Si tengo que esperar más, me volveré loco. (c) (para enfatizar) *The students looked bored out of their minds.* Los alumnos parecían aburridos a más no poder. • *I was scared out of my mind.* Estaba muerta de miedo. • **lose your mind** perder la cabeza ▶ BLOW sb's mind, the mind BOGGLES, MEETING of (the) minds, -MINDED, ONE-TRACK MIND, PEACE of mind, PRESENCE OF MIND, READ sb's mind/thoughts, out of SIGHT, out of SOUND mind, SLIP sb's mind, be of SOUND mind, SPEAK your mind

be all in your/the mind ser producto de su/la imaginación • **at/in the back of your mind** en el fondo • **bear/keep sth in mind** tener algo en cuenta: *It's a good idea – I'll bear it in mind.* Es una buena idea, la tendré en cuenta. • [+that]: *Bear in mind that we close at 7 o'clock.* Ten en cuenta que cerramos a las 7. • **call/bring sth to mind** hacer acordar de/recordar algo • **come/spring/leap to mind** [nunca en forma continua] venirse a la cabeza: *I just used the first excuse that sprang to mind.* Utilicé la primera excusa que se me vino a la cabeza. • **have a mind of it's own** tener vida propia • **in your mind's eye** en la cabeza: *I still had the map in my mind's eye.* Todavía tenía el mapa en la cabeza. • **the last thing on sb's mind** (tb **the furthest thing from sb's mind**) la última cosa en la que se piensa • **my/her mind went blank** se me/le quedó la mente en blanco • **his/her mind was a blank** se le había quedado la mente en blanco • **mind over matter** *I'm scared, yes, but it's a case of mind over matter.* Tengo miedo, sí, pero es cuestión de mentalizarse. • **a load/weight off your mind** un peso que se quita de encima • **on your mind** (a) (indicando preocupación) *He looked as though he had something on his mind.* Parecía como si estuviera dándole vueltas a algo. • *You look unhappy. Is there something on your mind?* Qué cara tienes. ¿Te preocupa algo? • **have a lot on your mind** tener muchas cosas en la cabeza, tener muchas preocupaciones: *Sorry I forgot. I have a lot on my mind at the moment.* Perdona que se me olvidara. Tengo muchas cosas en la cabeza en este momento. (b) (indicando en qué está pensando) *She's the type of person who just says what's on her mind.*

Ella es de las personas que dice lo que piensa. • **prey on his/her mind** rondarle la cabeza • **put you in mind of sth/sb** [nunca en forma continua] recordar algo/a alguien, hacer acordar a algo/alguien: *She puts me in mind of my own daughter.* Me recuerda a mi propia hija. • **set/put sb's mind at rest/ease** tranquilizar a alguien • **state/frame of mind** estado de ánimo

mind² S1 W2 *v*

1 [I,T nunca en pasiva o forma continua, gralm en interrog y negat] (molestarse) *Stay at our house. My mom won't mind.* Quédate en nuestra casa. A mi mamá no le va a importar. • *I didn't mind the rain.* No me molestó que lloviera. • **mind sb doing sth** *Do you mind my brother coming too?* ¿Te importa que mi hermano venga también? • **mind doing sth** *Did you mind being away from home?* ¿No te importaba estar lejos de casa? • **mind that** *His parents don't mind that he smokes.* A sus padres no les importa que fume. • **mind if** importar/molestar si: *Will Dad mind if we play our music?* ¿Le importará a papá si ponemos nuestra música? • **if you don't mind** (oral) **(a)** (con amabilidad) si no te/le/les importa, si te/le/les parece bien: *If you don't mind, we'll eat a little later tonight.* Si te parece bien, comeremos un poco más tarde esta noche. **(b)** (con enojo) si no te/le/les molesta: *Now, if you don't mind, I'd like to get back to bed.* Ahora, si no te molesta, me gustaría volverme a la cama. • **if you don't mind me asking** (oral) (tb **if you don't mind my asking** (frml)) si me permite(n) la pregunta, si no te/le/les importa que te/se lo pregunte • **if you don't mind me saying so** (oral) (tb **if you don't mind my saying so** (frml)) si me permite(n) decirlo/que se lo diga SIN **object**

2 (para pedirle a alguien que haga algo) **would you mind (doing sth)?** ¿te/le/les importaría (hacer algo)?: *Would you mind opening the window, please?* ¿Te importaría abrir la ventana, por favor? • *Would you mind shutting up for a second?* ¿Podrían callarse un segundo?

3 (para pedir permiso) **would/do you mind...?** ¿te/le/les importaría...?: *I'd like to leave early today. Would you mind?* ¿Le importaría que hoy me marchara antes? • **would/do you mind if...?** ¿te/le/les importa si...?: *Do you mind if I smoke?* ¿Te importa si fumo?

4 [T nunca en forma continua] hacer caso a: *She was taught to mind her parents.* Le enseñaron a que hiciera caso a sus padres.

do you mind! (oral) ¿te/le/les importa? (expresando irritación) • **(I) don't mind if I do** (antic, oral) si insiste(s): *"Another beer?" "Don't mind if I do."* –¿Otra cerveza? –Si insistes... • **I don't mind telling you** (tb **I don't mind admitting/saying**) (oral) no me importa decirlo • **I wouldn't mind (doing) sth** (oral coloq) no me importaría hacer algo • **mind you** a decir verdad • **mind your language** no decir groserías • **mind your manners** comportarse educadamente, tener cuidado con los modales • **mind your p's and q's** (coloq) portarse bien (para no ofender) • **mind your own business** meterse en tus/sus asuntos, no meterse en donde no te/le llaman: *"How much do you earn?" "Mind your own business!"* –¿Cuánto ganas? –¿Y a ti qué te importa? • **be minding your own business** estar a/en lo suyo • **never mind (a)** (oral) no importa: *Never mind. At least we tried.* No importa. Por lo menos lo intentamos. • **never mind about sth/sb** no te preocupes/se preocupen por algo/alguien: *Never mind about me. I'll be fine.* No te preocupes por mí. Yo estaré bien. **(b)** (oral) da igual/lo mismo, no importa: *"What did you say?" "Oh, never mind."* –¿Qué dijiste? –Nada, da igual. • *Have you seen my keys? Never mind, here they are.* ¿Viste mis llaves? No te preocupes, aquí están. **(c)** ni mucho menos: *You couldn't get a chair into that room, never mind a bed.* No se podía meter una silla en la habitación, ni mucho menos una cama. SIN **let alone**

mind out *v+partíc* (oral) (ten/tengan) cuidado SIN **watch out**

'mind-,blowing *adj* (coloq) alucinante ▶ BLOW sb's mind

mind-bog·gling /'maɪndˌbɑgəlɪŋ/ *adj* (coloq) increíble, fantástico -a

mind·ful /'maɪndfəl/ adj (frml) **mindful of sth** consciente de algo: *She was mindful of the need to be home before it got dark.* Era consciente de la necesidad de volver a casa antes de que oscureciera.

mind·less /'maɪndlɪs/ adj **1** sin sentido (violencia, ataque) SIN **senseless 2** mecánico -a (trabajo), tonto -a (entretenimiento) **3** irresponsable, salvaje: *You think I'm completely mindless, don't you?* Crees que no me importa nada, ¿verdad?

EXPRESIONES

mindless of sth (frml) *He said what he thought, mindless of the consequences.* Decía lo que pensaba, sin importarle las consecuencias

mind·set /'maɪndset/ s [C gralm sing] modo de pensar

mine[1] S1 W3 /maɪn/ pron (el) mío, (la) mía, (los) míos, (las) mías: *His English is better than mine.* Su inglés es mejor que el mío. • *These gloves are mine.* Estos guantes son míos. • **of mine** *She's a friend of mine.* Es una amiga mía. • *a habit of mine* una costumbre que tengo

mine[2] W3 s [C]

1 (yacimiento) mina: *a coal mine* una mina de carbón **2** (artefacto explosivo) mina • **lay mines** sembrar minas
▶ LANDMINE

EXPRESIONES

a mine of information (on/about sth) una mina de información (sobre algo)

mine[3] v **1** [T gralm en pasiva] extraer (minerales): *Gold and silver were mined here.* Aquí se extraían oro y plata. **2 (a)** [I] realizar excavaciones mineras: *The company decided to stop mining here.* La empresa decidió dejar de realizar excavaciones mineras aquí. • **mine for sth** extraer/realizar extracciones de algo **(b)** [T] explotar los yacimientos de (una región) **3** [T frec en pasiva] minar, sembrar minas en: *Most of the beaches were mined.* La mayoría de las playas estaban minadas.

mine·field /'maɪnfild/ s [C] **1** [gralm sing] **be a minefield** ser un campo minado, ser muy problemático: *The regulations are a legal minefield.* El reglamento es un campo minado desde el punto de vista legal. • **a political minefield** un polvorín político **2** campo minado (en sentido literal)

min·er /'maɪnə/ s [C] minero -a: *a coal miner* un minero del carbón

min·er·al /'mɪnərəl/ s [C] **1** (en geología) mineral: *The area is very rich in minerals.* La zona es muy rica en minerales. • **mineral resources** recursos minerales **2** (en los alimentos) mineral

'mineral ˌwater s [C,U] agua mineral

mine·sweep·er /'maɪnˌswipə/ s [C] dragaminas, barreminas

min·gle /'mɪŋgəl/ v **1 (a)** [I] mezclarse, confundirse: *The flavors mingle in your mouth.* Los sabores se mezclan en la boca. • *Different feelings mingled inside her.* En su interior se mezclaban diferentes sentimientos. • **mingle with sth** mezclarse/confundirse con algo: *A sweet smell mingled with the smell of smoke.* Un aroma dulce se confundía con el olor del humo. **(b)** [T] mezclar, combinar • **mingle sth with sth** mezclar algo con algo, combinar algo con algo: *The writer mingles fact with fantasy.* El escritor combina hechos reales con fantasía. **2** [I] circular (en un evento social), juntarse • **mingle with the guests/the audience** circular entre los invitados/el público

mini- /mɪni/ pref mini-: *a mini-break* unas minivacaciones • *a mini-series* una miniserie

min·i·a·ture[1] /'mɪniətʃə, 'mɪnɪtʃə/ adj [solo ante s] **1** (en) miniatura: *a miniature train* un tren (en) miniatura **2** enano -a (animal, planta)

miniature[2] s [C] miniatura

EXPRESIONES

in miniature en miniatura

ˌminiature 'golf s [U] minigolf, golfito

min·i·bus /'mɪniˌbʌs/ s [C] buseta, microbús

min·i·mal /'mɪnəməl/ adj mínimo -a: *The storm caused only minimal damage.* La tormenta solo provocó daños mínimos.

min·i·mal·ism /'mɪnəməˌlɪzəm/ s [U] minimalismo

min·i·mal·ist /'mɪnəməlɪst/ s [C], adj minimalista

min·i·mal·ly /'mɪnəməli/ adv mínimamente

min·i·mize /'mɪnəˌmaɪz/ v [T] **1** minimizar, reducir al mínimo: *Steps have been taken to minimize the risk.* Se han tomado medidas para minimizar el riesgo. ANT **maximize 2** minimizar, restarle trascendencia a: *We must not minimize the problem of racism.* No debemos minimizar el problema del racismo. SIN **play down** ANT **exaggerate**

min·i·mum[1] S3 W3 /'mɪnəməm/ adj [solo ante s] mínimo -a: *The minimum age for retirement is 60.* La edad mínima para jubilarse es 60. • *The minimum number of students we need is fifteen.* El mínimo de estudiantes que necesitamos es quince. ANT **maximum**

minimum[2] s [C gralm sing] mínimo • [+of]: *You must get to the airport a minimum of two hours before your flight.* Hay que llegar al aeropuerto como mínimo dos horas antes del vuelo. • **an/the absolute minimum** el mínimo indispensable • **do the absolute/bare minimum** hacer lo mínimo (indispensable) • **keep sth to a minimum** *Please keep the noise to a minimum.* Por favor hagan el menor ruido posible. • **reduce sth to a minimum** reducir algo al mínimo ANT **maximum**

minimum[3] adv como mínimo: *The work will take five days, minimum.* El trabajo va a llevar cinco días, como mínimo.

ˌminimum 'wage s [sing, U] salario mínimo • **be on the minimum wage** ganar el salario mínimo

min·ing /'maɪnɪŋ/ s [U] minería • **coal/tin mining** extracción de carbón/estaño • [+for]: *mining for gold* extracción de oro • **mining town** ciudad minera/pueblo minero • **mining engineer** ingeniero -a de minas, ingeniero -a minero -a ▶ MINE

min·ion /'mɪnyən/ s [C gralm pl] subordinado -a

min·i·se·ries /'mɪniˌsɪriz/ s [C] miniserie

min·i·skirt /'mɪniˌskət/ s [C] minifalda

min·is·ter[1] /'mɪnɪstə/ s [C] **1** (tb **Minister**) ministro -a, secretario -a: *a meeting with the minister* una reunión con la ministra • [+of]: *the Minister of Health* la Ministra de Salud • [+for]: *the Minister for Trade* el Ministro de Comercio • **the Foreign/ Defense/Finance Minister** el Ministro/la Ministra de Relaciones Exteriores/Defensa/ Hacienda • **a Cabinet minister** un/una integrante del gabinete ministerial **2** pastor -a (religioso): *a Methodist minister* un pastor metodista SIN **pastor** ▶ PRIEST

minister[2] v

minister to sth/sb v+partíc (frml) **minister to sb/to sb's needs** atender a alguien/las necesidades de alguien, ocuparse de alguien/de las necesidades de alguien (referido a enfermos, necesitados, etc.)

min·is·te·ri·al /ˌmɪnəˈstɪriəl/ adj [solo ante s] ministerial, secretarial: *ministerial duties* deberes ministeriales

min·is·try, **Ministry** /'mɪnəstri/ s (pl **ministries**) **1** [C] ministerio/Ministerio, secretaría/Secretaría • **the Ministry of Finance/Justice/Education** el Ministerio de Hacienda/Justicia/Educación • **the Foreign/ Defense/ Finance Ministry** el Ministerio de Relaciones Exteriores/ Defensa • **a ministry official** un funcionario del ministerio **2 (a)** [C gralm sing] ministerio, sacerdocio • **enter the ministry** hacerse pastor/sacerdote **(b)** [C gralm sing] ministerio, sacerdocio

min·i·van /'mɪniˌvæn/ s [C] van, minivan

mink /mɪŋk/ s (pl **mink**) **1** (animal) [C] visón, mink **2** (piel) [U] visón, mink • **mink coat** abrigo de visón, abrigo de mink

min·now /'mɪnoʊ/ s [C] **1** pez pequeño de agua dulce **2** organización o empresa de poca importancia

M

mi·nor¹ S3 W3 /'maɪnə/ adj
1 (no muy importante) menor (poeta, delito), de poca importancia, leve (error, daño), secundario -a (carretera, rol), pequeño -a (reparación, cambio): *We've had a few minor problems.* Hemos tenido algunos problemas menores. • *Most of the damage was minor.* La mayoría de los daños fueron leves/de poca importancia. • **a minor illness/operation** una enfermedad/operación de poca gravedad • **a minor injury** una herida/lesión leve • **minor surgery** cirugía menor ANT **major**
2 (en música) menor: *a minor key* un tono menor • **A/D minor** la/re menor ▸ MAJOR

minor² s [C] **1** (*jur*) menor (de edad): *This video is unsuitable for minors.* Este video no es apropiado para menores. **2** asignatura secundaria • [+in]: *a minor in math* matemática como materia secundaria ▸ MAJOR **3 the minors** (tb **the minor leagues**) las ligas menores

minor³ v
minor in sth v+partíc estudiar algo como materia secundaria

mi·nor·i·ty W2 /mə'nɔrəti, maɪ-, -'nɑr-/ s (pl **minorities**)
1 [sing] (menor parte) minoría • [+of]: *Only a minority of students go on to further education.* Solo una minoría de alumnos prosiguen con sus estudios. • **a small/tiny minority** una pequeña/ínfima minoría ANT **majority**
2 [C gralm pl] (grupo racial, religioso) minoría: *The law prevents discrimination against minorities.* La ley impide la discriminación de las minorías. • *religious minorities* minorías religiosas • **minority group** grupo minoritario • **minority rights** derechos de las minorías ▸ ETHNIC MINORITY

EXPRESIONES
be in a/the minority estar en minoría

'minor-league adj [solo ante s] **1** de (las) ligas menores (de béisbol): *a minor-league team* un equipo de ligas menores **2** de segunda (categoría)

min·strel /'mɪnstrəl/ s [C] juglar, trovador

mint¹ /mɪnt/ s **1** [U] menta, yerbabuena • **mint sauce** salsa de menta (acompañamiento típico del cordero asado) ▸ MINTY, PEPPERMINT, SPEARMINT **2** [C] pastilla/caramelo de menta **3** [C] casa de la moneda **4** [sing] (*coloq*) **make a mint** hacer una fortuna • **cost a mint** costar una fortuna
EXPRESIONES
in mint condition en perfectas condiciones

mint² v [T] acuñar

mint·y /'mɪnti/ adj **a minty taste/smell** un sabor/aroma a menta

mi·nus¹ S3 /'maɪnəs/ prep
1 menos: *17 minus 5 is 12.* 17 menos cinco (es) igual a 12. • *You will receive $45,000 a year minus taxes.* Recibirá 45.000 dólares al año antes de impuestos. ANT **plus**
2 (*coloq*) sin: *He came back from the war minus a leg.* Volvió de la guerra sin una pierna. ANT **plus**

minus² adj **1** [solo ante s] menos (en números negativos): *Five subtract seven is minus two.* Cinco menos siete es igual a menos dos. • **a minus number/quantity** un número negativo/una cifra negativa ANT **plus**
2 minus 5/20/50 (degrees) 5/20/50 (grados) bajo cero: *temperatures as low as minus 30* temperaturas de hasta 30 bajo cero **3** [solo después de s] **A/B/C minus** en el sistema de calificaciones utilizado en varios países de habla inglesa, calificación ligeramente inferior a A/B/C pero superior a B/C/D plus ANT **plus**

minus³ s [C] **1** desventaja: *I've mentioned only minuses, but there are pluses too.* Solo he mencionado desventajas, pero también hay ventajas. SIN **drawback, disadvantage** ANT **plus 2** (signo de) menos SIN **minus sign**

min·us·cule /'mɪnə,skyul/ adj minúsculo -a SIN **minute**

'minus ,sign (tb **minus**) s [C] signo menos ▸ PLUS SIGN

min·ute¹ S1 W1 /'mɪnɪt/ s [C]
1 (sesenta segundos) minuto: *It takes me ten minutes to walk to work.* Me lleva diez minutos llegar al trabajo

caminando. • *The train arrived at ten minutes past eight.* El tren llegó a las ocho y diez minutos. • *He came back a few minutes later.* Volvió unos minutos más tarde. • *The downtown area is only fifteen minutes from here.* El centro está a solo quince minutos de aquí. • **a five minute walk/a ten minute drive** *It's a five minute drive to the coast.* Son cinco minutos en carro hasta la costa.
2 a minute (periodo breve) un minuto, un momento: *Can we have a talk? It'll only take a minute.* ¿Podemos hablar? Nos llevará un minuto nada más. • **a minute ago** hace un momento/minuto: *She was here a minute ago.* Estaba aquí hace un momento. • **in a minute** enseguida, en un momento/instante: *I'll be back in a minute.* Vuelvo enseguida. • **for a minute** por un momento/instante: *For a minute I thought we were lost.* Por un momento pensé que nos habíamos perdido.
3 [sing] (punto en el tiempo) momento, instante • **at that very minute** en ese mismo instante: *At that very minute, the boss walked in.* En ese mismo instante, entró el jefe.
4 minutes (de una reunión) acta(s): *the minutes of the last meeting* las actas de la última reunión • **take/keep the minutes** levantar (un) acta, levantar actas
5 (*técn*) (en geometría) minuto ▸ there's one BORN every minute, UP-TO-THE-MINUTE ▸ MOMENT

EXPRESIONES
any minute (now) de un momento a otro: *The guests will be here any minute.* Los invitados van a llegar de un momento a otro. • **in/within minutes** en cuestión de minutos: *The police were there within minutes.* La policía estuvo ahí en cuestión de minutos. • **the last minute until the last minute** para/hasta (el) último momento: *Why do you always leave everything until the last minute?* ¿Por que siempre dejas todo para último momento? • **at the last minute** en el/a último momento: *At the last minute the show was canceled.* A último momento cancelaron el espectáculo. ▸ LAST-MINUTE • **love/enjoy/hate every minute** (*coloq*) *We had a great time in Florida. I enjoyed every minute!* Lo pasamos chévere en Florida. ¡Disfruté al máximo! • **not a minute too soon** justo a tiempo: *We left not a minute too soon.* Salimos justo a tiempo. • **not for one minute** ni por un instante: *I don't believe for one minute she'll do it.* No creo ni por un instante que lo vaya a hacer. • **the minute sb does sth** en cuanto/apenas alguien haga algo: *I want to see him the minute he arrives.* Quiero verlo apenas llegue. • **this minute** ahora/ya mismo: *Come back here this minute!* ¡Vuelve aquí ahora mismo! • **wait a minute** (tb **hold on a minute**) (*oral*) (esperar) un momento: *Could you wait a minute, please?* ¿Podría esperar un momento, por favor?

mi·nute² /maɪ'nut/ adj **1** diminuto -a, pequeñísimo -a: *Her handwriting is minute.* Tiene una letra diminuta. **2** minucioso -a, detallado -a • **in minute detail** con todo detalle

minute hand /'mɪnɪt ,hænd/ s [C] minutero

mi·nu·ti·ae /maɪ'nuʃə, mə-/ s [pl] minucias

mir·a·cle /'mɪrəkəl/ s [C] **1** (hecho sobrenatural) milagro: *Do you believe in miracles?* ¿Crees en los milagros? • **perform a miracle** hacer un milagro **2** (hecho extraordinario) milagro • **it's a miracle** es un milagro: *It's a miracle you weren't hurt.* Es un milagro que no te hayas lastimado. **3 a miracle of sth** un milagro de algo: *The bridge is a miracle of modern engineering.* El puente es un milagro de la ingeniería moderna.
EXPRESIONES
a miracle cure/drug una cura/droga milagrosa • **work/perform miracles** hacer milagros: *You can't expect me to perform miracles.* No puedes esperar que haga milagros.

mi·rac·u·lous /mɪ'rækyələs/ adj **1** (extraordinario) milagroso -a: *a miraculous recovery* una recuperación milagrosa • *They had a miraculous escape.* Se salvaron de milagro. **2** (por intervención sobrenatural) milagroso -a

mi·rac·u·lous·ly /mɪ'rækyələsli/ adv **1** (extraordinariamente) milagrosamente, de milagro: *Miraculously, no* one was killed. No murió nadie de milagro. **2** (por intervención sobrenatural) milagrosamente

mi·rage /mɪ'rɑʒ/ s [C] espejismo

mire /maɪə/ s **1** [U] (escrito) lodo, fango **2** [C] lodazal **3** [sing] (situación difícil) The country is at present face down in the mire. Actualmente el país está hundido en el fango. SIN **quagmire**

mir·ror¹ S2 W3 /'mɪrə/ s [C]
1 espejo: a full-length mirror un espejo de cuerpo entero • a hand mirror un espejo de mano • **in the mirror** en el espejo/al espejo: She looked at herself in the mirror. Se miró en el espejo.
2 (espejo) retrovisor • **in the mirror** en el (espejo) retrovisor
3 reflejo, espejo • [+of]: The stage is supposed to be the mirror of life. Se supone que el escenario es un reflejo de la vida. ▶ REARVIEW MIRROR, SIDE-VIEW MIRROR

mirror² v [T] reflejar: literature that mirrors the concerns of readers literatura que refleja los intereses de los lectores

'mirror ,image s [C] **1** (en óptica, matemáticas) imagen especular, imagen de espejo **2 a mirror image of sth (a)** (indicando similitud) un reflejo exacto de algo **(b)** (indicando oposición) el reflejo invertido de algo: The trip home was almost a mirror image of the trip there. El viaje de vuelta fue casi el reflejo invertido del de ida.

mirth /mɜθ/ s [U] (liter) **1** alborozo, regocijo **2** risa

mis- /mɪs/ pref **1** (indicando error) a miscalculation un cálculo erróneo • misunderstand entender mal/malinterpretar **2** (malo o mal) misbehave portarse mal **3** (indicando ausencia) misfortune mala suerte • mistrust desconfianza

mis·ad·ven·ture /ˌmɪsəd'ventʃə/ s [C, U] (liter) desventura(s), desgracia(s)

mis·ap·pre·hen·sion /ˌmɪsˌæprɪ'henʃən/ s [C] (frml) malentendido, falta de comprensión • **be/ labor under a misapprehension** estar en un error • **be/ labor under the misapprehension that** equivocarse al pensar que SIN **misunderstanding**

mis·ap·pro·pri·ate /ˌmɪsə'proʊpriˌeɪt/ v [T] (frml) malversar SIN **embezzle**

mis·ap·pro·pri·a·tion /ˌmɪsəˌproʊpri'eɪʃən/ s [U] (frml) [+of]: the misappropriation of public funds la malversación de fondos públicos

mis·be·have /ˌmɪsbɪ'heɪv/ v [I] portarse mal: Kids often misbehave when they are bored or tired. Los niños suelen portarse mal si están aburridos o cansados. ANT **behave**

mis·be·hav·ior /ˌmɪsbɪ'heɪvyə/ s [U] mala conducta, mal comportamiento SIN **misconduct**

misc. (abrev escrita de **miscellaneous**) varios

mis·cal·cu·late /ˌmɪs'kælkyə,leɪt/ v [I,T] calcular mal

mis·cal·cu·la·tion /mɪs,kælkyə'leɪʃən/ s [C, U] error(es) de cálculo

mis·car·riage /'mɪs,kærɪdʒ, ˌmɪs'kærɪdʒ/ s [C,U] aborto (espontáneo) • **have a miscarriage** perder un bebé ▶ ABORTION

mis,carriage of 'justice (pl **miscarriages of justice**) s [C,U] error(es) judicial(es)

mis·car·ry /ˌmɪs'kæri/ (**miscarries, miscarried, miscarrying**) v **1 (a)** [I] perder un/el bebé, abortar (espontáneamente) **(b)** [T] abortar (espontáneamente) ▶ ABORT **2** [I] (frml) malograrse, fracasar

mis·cel·la·ne·ous /ˌmɪsə'leɪniəs/ adj [gralm ante s] vario -a, variado -a: miscellaneous items/expenses artículos/gastos varios • miscellaneous objects objetos varios • a miscellaneous assortment of books una variada selección de libros

mis·cel·la·ny /'mɪsəˌleɪni/ s [C] (pl **miscellanies**) miscelánea

mis·chief /'mɪstʃɪf/ s [U] **1** travesura(s) • **get into mischief** hacer travesuras, portarse mal • **keep sb out of**

mischief mantener a alguien ocupado/entretenido (de manera que no haga travesuras) • **be up to mischief** hacer travesuras, portarse mal **2** picardía

EXPRESIONES
make mischief (coloq) meter cizaña, crear problemas

mis·chie·vous /'mɪstʃəvəs/ adj **1** travieso -a, mamagallista (persona) **2** pícaro -a (sonrisa, mirada) **3** malicioso -a (comentario, informe)

mis·chie·vous·ly /'mɪstʃəvəsli/ adv **1** con picardía **2** maliciosamente

mis·con·cep·tion /ˌmɪskən'sepʃən/ s [C,U] idea falsa, concepción errónea • [+that]: Many refugees have the misconception that life is great over here. Muchos refugiados tienen la falsa idea de que la vida aquí es maravillosa. • **a popular misconception** un error muy común SIN **fallacy**

mis·con·duct /ˌmɪs'kɑndʌkt/ s [U] (frml) mala conducta, falta de ética (en el ejercicio de la profesión) • **serious/ gross misconduct** muy mala conducta

mis·con·strue /ˌmɪskən'stru/ v [T] (frml) malinterpretar

mis·deed /ˌmɪs'did/ s [C] (frml) delito, fechoría

mis·de·mea·nor /ˌmɪsdɪ'minə/ s [C] **1** (frml) fechoría **2** (jur) delito (menor) ▶ FELONY

mis·di·rect /ˌmɪsdə'rɛkt/ v [T gralm en pasiva] (frml) **be misdirected** estar mal encauzado -a (esfuerzo), estar mal orientado -a (idea, recurso)

mi·ser /'maɪzə/ s [C] (peyor) avaro -a, tacaño -a

mis·er·a·ble S3 /'mɪzərəbəl/ adj
1 (abatido) triste, deprimido -a • **look miserable** Janice looks really miserable today. A Janice hoy se le ve muy deprimida. • Don't look so miserable! ¡Cambia esa cara! • **feel miserable** estar deprimido -a/abatido -a • **make sb miserable** amargarle la vida a alguien, hacer sentir mal a alguien ▶ ver nota en SAD
2 [gralm ante s] (situación) deprimente, miserable: a miserable life/job una vida/un trabajo deprimente
3 (tiempo) deprimente, horrible: It was a miserable gray day. Era un día deprimente y gris.
4 [solo ante s] (muy decepcionante) deplorable, miserable: The team gave a miserable performance. El equipo tuvo una actuación deplorable. • All she gave me was a miserable $10. Todo lo que me dio fueron 10 miserables dólares.

mis·er·a·bly /'mɪzərəbli/ adv **1** con desconsuelo (decir, pensar) **2** terriblemente (frío, triste, pobre)

EXPRESIONES
fail miserably fracasar totalmente

mis·er·ly /'maɪzəli/ adj (peyor) **1** miserable (cantidad, sueldo) SIN **measly, paltry 2** mezquino -a, miserable (persona) SIN **mean**

mis·er·y /'mɪzəri/ (pl **miseries**) s **1** [C,U] miseria, sufrimiento: the miseries of war las miserias de la guerra **2** [U] desconsuelo

EXPRESIONES
make sb's life a misery amargarle la vida a alguien • **put an animal out of its misery** sacrificar a un animal (para que no sufra más) SIN **put down** • **put sb out of their misery** (coloq) dejar de torturar a alguien (teniéndolo en suspenso)

mis·fire¹ /ˌmɪs'faɪə/ v [I] **1** (plan, chiste) fallar, salir mal: I was worried that the plan might misfire. Tenía miedo de que el plan pudiera fallar. **2** (arma) fallar **3** (motor) fallar

misfire² /'mɪs,faɪə, ˌmɪs'faɪə/ (tb **mis·fir·ing** /mɪs'faɪərɪŋ/) s [C] **1** disparo fallido **2** fallo (de un motor)

mis·fit /'mɪs,fɪt/ s [C] inadaptado -a: a social misfit un inadaptado social

mis·for·tune /mɪs'fɔrtʃən/ s [C,U] infortunio(s), desgracia(s) • **have the misfortune to do sth/of doing sth** tener la desgracia de hacer algo

mis·giv·ing /mɪs'gɪvɪŋ/ s [C gralm pl, U] recelo, duda • **with misgiving** con recelo • **have misgivings (about sth)**

M

tener reservas/dudas (sobre algo): *his misgivings about the deal* sus reservas sobre el acuerdo • **grave/serious misgivings** serias reservas

mis·guid·ed /mɪsˈɡaɪdɪd/ *adj* **1** torpe (intento), mal encaminado -a (esfuerzo, política) **2** equivocado -a (idea, sentimiento) • **have the misguided belief that** equivocarse al creer que

mis·han·dle /ˌmɪsˈhændl/ *v* [T] manejar/llevar mal: *The crisis was mishandled by the government.* La crisis fue mal manejada por el gobierno.

mis·hap /ˈmɪshæp/ *s* [C,U] contratiempo, percance: *We had one or two slight mishaps on the trip.* Tuvimos un par de pequeños contratiempos durante el viaje. • **without mishap** sin contratiempos

mis·hear /ˌmɪsˈhɪr/ *v* [I,T] (**misheard** /-ˈhɜrd/) oír mal

mish·mash /ˈmɪʃmæʃ/ *s* [sing] (*coloq*) mescolanza • [+**of**]: *a mishmash of clashing colors and patterns* una mescolanza de colores y motivos que no combinan

mis·in·form /ˌmɪsɪnˈfɔrm/ *v* [T gralm en pasiva] informar mal: *I'm afraid you've been misinformed.* Me temo que lo han informado mal.

mis·in·for·ma·tion /ˌmɪsɪnfɚˈmeɪʃən/ *s* [U] información errónea

mis·in·ter·pret /ˌmɪsɪnˈtɚprɪt/ *v* [T] malinterpretar, interpretar mal ▶ MISREAD, MISCONSTRUE

mis·in·ter·pre·ta·tion /ˌmɪsɪnˌtɚprəˈteɪʃən/ *s* [C,U] interpretación errónea, mala interpretación/malas interpretaciones

mis·judge /ˌmɪsˈdʒʌdʒ/ *v* [T] **1** juzgar erróneamente, juzgar mal: *The government misjudged the mood of the electorate.* El gobierno juzgó erróneamente el estado de ánimo del electorado. **2** calcular mal (una cantidad, una distancia)

mis·judg·ment /mɪsˈdʒʌdʒmənt/ *s* [C,U] error(es) de juicio, error(es) de cálculo

mis·lay /mɪsˈleɪ/ *v* [T] (**mislaid**) perder, extraviar (olvidar dónde se dejó): *I've mislaid my glasses again.* Otra vez no sé dónde puse los anteojos. • *Sometimes students' work does get lost or mislaid.* Efectivamente, a veces el trabajo de los alumnos se pierde o se traspapela.

mis·lead /mɪsˈlid/ *v* [T] (**misled** /-ˈlɛd/) engañar, confundir (inducir a error): *Don't be misled by appearances.* No te dejes engañar por las apariencias. • **mislead sb about/over sth** engañar a alguien acerca de algo • **mislead sb into believing/thinking that** *He misled his people into believing that war was justified.* Le hizo creer a su pueblo que la guerra estaba justificada.

mis·lead·ing /mɪsˈlidɪŋ/ *adj* engañoso -a: *These figures are highly misleading.* Estas cifras son sumamente engañosas. • *a misleading advertisement* una publicidad engañosa

mis·lead·ing·ly /mɪsˈlidɪŋli/ *adv* engañosamente

mis·man·age /ˌmɪsˈmænɪdʒ/ *v* [T] administrar mal

mis·man·age·ment /ˌmɪsˈmænɪdʒmənt/ *s* [U] mala administración, mala gestión

mis·match /ˈmɪsmætʃ/ *s* [C] situación en la que las cosas o las personas no concuerdan, no concuerdan o no son compatibles • [+**between**]: *the mismatch between the demand for health care and the supply* el desequilibrio entre la demanda y la oferta de atención médica • *the mismatch between their ideals and reality* la distancia entre sus ideales y la realidad

mis·matched /ˌmɪsˈmætʃt/ *adj* que no combinan, no concuerdan o no son compatibles: *mismatched socks* calcetines de distintos pares

mis·no·mer /ˌmɪsˈnoʊmɚ/ *s* [C] nombre poco apropiado

mi·sog·y·nist¹ /mɪˈsɑdʒənɪst/ *s* [C] (*frml*) misógino

misogynist² (tb **mi·sog·y·nis·tic** /mɪˌsɑdʒəˈnɪstɪk/) *adj* (*frml*) misógino -a

mi·sog·y·ny /mɪˈsɑdʒəni/ *s* [U] (*frml*) misoginia

mis·place /ˌmɪsˈpleɪs/ *v* [T] perder, extraviar (olvidar dónde se dejó): *She has misplaced her key.* No sabe dónde dejó la llave. SIN **mislay**

mis·placed /ˌmɪsˈpleɪst/ *adj His confidence in her was misplaced.* Se había equivocado al confiar en ella.

mis·print /ˈmɪsˌprɪnt/ *s* [C] error (de imprenta), errata

mis·pro·nounce /ˌmɪsprəˈnaʊns/ *v* [T] pronunciar mal

mis·pro·nun·ci·a·tion /ˌmɪsprəˌnʌnsiˈeɪʃən/ *s* [C] pronunciación incorrecta, error de pronunciación

mis·quote¹ /ˌmɪsˈkwoʊt/ *v* [T] citar incorrectamente

mis·quote² /ˈmɪskwoʊt/ (tb **mis·quo·ta·tion** /ˌmɪskwoʊˈteɪʃən/) *s* [C] cita incorrecta

mis·read /ˌmɪsˈrid/ *v* [T] (**misread** /-ˈrɛd/) **1** interpretar mal (una situación, una actitud): *I think she misread the situation.* Me parece que ha interpretado mal la situación. **2** leer mal (interpretar incorrectamente)

mis·rep·re·sent /ˌmɪsrɛprɪˈzɛnt/ *v* [T] falsear, tergiversar: *The scientists said their findings had been misrepresented.* Los científicos dijeron que sus conclusiones habían sido falseadas.

mis·rep·re·sen·ta·tion /mɪsˌrɛprɪzənˈteɪʃən/ *s* [C,U] tergiversación (de los hechos), descripción engañosa/falsa

miss¹ S1 W1 /mɪs/ *v*

1	no dar en el blanco
2	no ir a, no hacer
3	omitir
4	eludir
5	sentimiento
6	llegar tarde para
7	no percibir
8	algo que falta

1 NO DAR EN EL BLANCO [I,T] errar, fallar (un disparo, una atajada), errarle (a una pelota): *Every time she missed the ball she became angrier.* Cada vez que le erraba a la pelota, se enojaba más. • *He fired but missed.* Disparó pero erró. • **just miss sth** *A bus just missed him as he was crossing the street.* Por poco lo atropella un bus cuando cruzaba la calle. • *The stone he threw just missed me.* La piedra que tiró me pasó rozando. • **miss a shot** fallar un tiro (en básquetbol)

2 NO IR A, NO HACER [T] perderse (un viaje, un evento), saltarse (una comida): *I missed the trip to San Diego because I was sick.* Me perdí el viaje a San Diego porque estaba enferma. • *I'm absolutely starving — I missed lunch.* Me muero de hambre; me salté el almuerzo.

3 OMITIR saltarse (una página, una palabra, etc.), perder (un turno): *If you land on that square you miss a turn.* Si caes en esa casilla pierdes un turno.

4 ELUDIR [T] evitar: *If we leave now we'll miss the traffic.* Si nos vamos ahora evitamos el tráfico. • **just/narrowly miss doing sth** *They narrowly missed being killed in the fire.* Por poco se mueren en el incendio.

5 SENTIMIENTO [T] extrañar: *She missed her family badly.* Extrañaba mucho a su familia. • *Did you miss me when I was away?* ¿Me extrañaste cuando estuve afuera? • *I miss the car, but the bus service is good.* Extraño el carro, pero el servicio de buses es bueno. • **miss doing sth** extrañar hacer algo: *Ben knew he would miss working with Sabrina.* Ben sabía que iba a extrañar trabajar con Sabrina.

6 LLEGAR TARDE PARA [T] perder(se): *I don't want to miss the start of the game.* No me quiero perder el comienzo del partido. • **miss the bus/train/plane** perder el bus/tren/avión: *We missed the last bus home.* Perdimos el último bus a casa. ANT **catch**

7 NO PERCIBIR [T] no oír, ver o notar algo: *What did he say? I missed it.* ¿Qué dijo? No lo oí. • *You don't miss much, do you?* A usted sí que no se le escapa nada. • **you can't miss it** *It's the huge hotel on the corner. You can't miss it.* Es el hotel enorme de la esquina. Lo va a ver enseguida. • **you can't miss him/her** lo/la vas a reconocer enseguida

8 **ALGO QUE FALTA** [T] echar en falta: *I didn't miss my wallet till I had to pay the bill.* No me di cuenta de que me faltaba la billetera hasta que tuve que pagar la cuenta.

EXPRESIONES
miss the boat (*coloq*) perder el tren, perder(se) una oportunidad • **miss a chance/opportunity** perder(se) una oportunidad, dejar pasar una oportunidad • **miss the point** no entender

miss out *v+partíc* **miss out** *At a price of $10 per trip, you can't afford to miss out.* A 10 dólares el viaje, es algo que no te puedes perder. • **miss out on sth** perderse algo: *He always arrived first, to avoid missing out on anything.* Siempre llegaba primero, para no perderse nada.

miss² S2 W2 *s*
1 (título) **Miss** señorita, srta.: *I have an appointment with Miss Taylor.* Tengo una cita con la señorita Taylor. ► **MRS., MS., MR.**
2 (al dirigirse a una desconocida) señorita: *What can I do for you, miss?* ¿En qué puedo ayudarla, señorita? ► **MA'AM, SIR**
3 (en un concurso de belleza) **Miss** miss: *She was Miss World in 1980.* Fue Miss Mundo en 1980.
4 [C gralm sing] fallo al tirar o cachar una pelota: *Out of three penalty shots he had two misses.* De tres penaltis falló dos. ► **a NEAR miss**

EXPRESIONES
a miss is as good as a mile de casi no se muere nadie

mis·shap·en /ˌmɪsˈʃeɪpən, ˌmɪˈʃeɪ-/ *adj* deforme, deformado -a

mis·sile W3 /ˈmɪsəl/ *s* [C]
1 misil: *a nuclear missile* un misil nuclear • *a missile attack* un ataque con misiles/ataque misilístico • **missile base** base de misiles • **missile base** base de misiles • **missile launcher** lanzador de misiles ► **BALLISTIC MISSILE, CRUISE MISSILE**
2 (*frml*) proyectil (objeto contundente): *Demonstrators threw missiles at the police.* Los manifestantes le arrojaban proyectiles a la policía.

miss·ing /ˈmɪsɪŋ/ *adj* **1 be missing** faltar: *One of my earrings is missing – have you seen it?* Me falta uno de los aretes, ¿lo has visto? • [+from]: *There's a button missing from your shirt.* A tu camisa le falta un botón.
2 que falta/faltaba etc: *Type in the missing words.* Escribe las palabras que faltan. **3** (tras una batalla, un accidente) desaparecido -a: *Seven people are still missing.* Todavía hay siete personas desaparecidas. • **missing in action** desaparecido -a en acción **4** (que no se sabe dónde está) desaparecido -a: *Police are searching for the missing girl.* La policía está buscando a la niña desaparecida. • *He suddenly realized that one of the children was missing.* De repente se dio cuenta de que faltaba uno de los niños.

mis·sion W2 /ˈmɪʃən/ *s* [C]

1 en las fuerzas armadas
2 en el ámbito laboral
3 viaje espacial
4 enviada por un gobierno
5 deber
6 trabajo religioso
7 edificio religioso
8 centro de ayuda

1 **EN LAS FUERZAS ARMADAS** misión: *a peace-keeping mission* una misión de paz
2 **EN EL ÁMBITO LABORAL** misión: *Her mission was to improve staff morale and output.* Su misión era mejorar la moral del personal y la producción.
3 **VIAJE ESPACIAL** misión • [+to]: *manned missions to the moon* misiones tripuladas a la luna
4 **ENVIADA POR UN GOBIERNO** delegación, misión: *the members of the mission* los miembros de la delegación ► **DELEGATION**
5 **DEBER** misión • **sb's mission in life** la misión de alguien en la vida ► **VOCATION, CALLING**
6 **TRABAJO RELIGIOSO** misión

7 **EDIFICIO RELIGIOSO** misión
8 **CENTRO DE AYUDA** albergue (para personas necesitadas)

mis·sion·ar·y¹ /ˈmɪʃəˌnɛri/ *s* [C] (pl **missionaries**) misionero -a

missionary² *adj* [solo ante s] misionero -a, de misión: *missionary work* trabajo misionero

EXPRESIONES
missionary zeal celo apostólico

mis·sive /ˈmɪsɪv/ *s* [C] (*liter*) misiva

mis·spell /ˌmɪsˈspɛl/ *v* [T gralm en pasiva] escribir mal (con faltas de ortografía)

mis·spel·ling /mɪsˈspɛlɪŋ/ *s* [C] error de ortografía

mis·step /ˈmɪs-stɛp/ *s* [C] paso en falso, error

mis·sus /ˈmɪsɪz/ *s* [sing] (*oral*) mujer, señora, doña

mist¹ /mɪst/ *s* **1** [C,U] neblina, bruma: *The morning mist started to clear.* La neblina matinal empezó a despejarse. • *The valley was shrouded in mist.* El valle estaba envuelto en la bruma. ► **FOG** **2 mist of sth** (*esp liter*) *through a mist of tears* con los ojos bañados en lágrimas

EXPRESIONES
be lost in the mists of time perderse en la noche de los tiempos

mist² *v* **1** [T] empañar **2** [I] (tb **mist over**) empañarse (ojos)

mis·take¹ S2 W2 /mɪˈsteɪk/ *s* [C]
1 (falta) error, equivocación • **make a mistake** equivocarse, cometer un error: *I think I've made a mistake in my calculations.* Me parece que me he equivocado en los cálculos. • *It's an easy mistake to make.* Es un error fácil de cometer. • **be full of mistakes** (tb **be littered with mistakes**) estar lleno -a/plagado -a de errores: *The article was full of mistakes.* El artículo estaba lleno de errores. • **it is a mistake to think/assume that** es un error pensar/suponer que
2 (tontería) error, equivocación • **a big /terrible mistake** un gran/terrible error: *Marrying him was the biggest mistake she ever made.* Casarse con él fue el error más grande que cometió en su vida. • **make the mistake of doing sth** cometer el error de hacer algo: *I stupidly made the mistake of giving them my phone number.* Cometí el estúpido error de darles mi número de teléfono. • **make the same mistake** cometer el mismo error: *I don't intend to make the same mistake again.* No pienso volver a cometer el mismo error. • **learn from your mistakes** aprender de sus errores

EXPRESIONES
by mistake por error/equivocación: *I opened one of his letters by mistake.* Abrí una de sus cartas por error. SIN **accidentally** ANT **on purpose, deliberately** • **make no mistake** (*oral*) no te/le quepa la menor duda • **there must be some mistake** (*oral*) debe haber algún error: *There must be some mistake with the bill.* Debe haber algún error en la cuenta.

mistake² (**mistook** /-ˈstʊk/, **mistaken** /-ˈsteɪkən/) *v* [T] interpretar mal (una actitud, un sentimiento), confundir(se) (una fecha): *She mistook my meaning entirely.* Me malinterpretó por completo.

EXPRESIONES
there is no mistaking sth algo es inconfundible: *There was no mistaking that voice.* Esa voz era inconfundible. **mistake sth/sb for sth/sb** *v+partíc* confundir algo/a alguien con algo/alguien: *A woman mistook him for a well-known actor.* Una mujer lo confundió con un actor famoso.

mis·tak·en /mɪˈsteɪkən/ *adj* [nunca ante s] **1 be mistaken** equivocarse, estar equivocado -a: *I thought he said 12 o'clock, but I might have been mistaken.* Me pareció que había dicho a las 12, pero quizá me haya equivocado. • **be sadly mistaken** estar muy equivocado -a **2** equivocado -a, falso -a • **in the mistaken belief that** creyendo equivocadamente que • **be under the mistaken impression that** tener la falsa impresión de que

M

if I'm not mistaken (tb **unless I'm (very much) mistaken** (oral)) si no me equivoco

mis·tak·en·ly /mɪ'steɪkənli/ adv erróneamente, por equivocación

mis·ter /'mɪstər/ s señor

mis·time /ˌmɪs'taɪm/ v [T] **mistime sth** hacer algo a destiempo

mis·tle·toe /'mɪsəlˌtoʊ/ s [U] muérdago

mis·took /mɪ'stʊk/ pasado de MISTAKE

mis·treat /ˌmɪs'trit/ v [T] maltratar: *The soldiers are accused of mistreating prisoners.* Los soldados están acusados de maltratar prisioneros.

mis·treat·ment /ˌmɪs'tritmənt/ s [U] maltrato, malos tratos

mis·tress /'mɪstrɪs/ s [C] **1** amante (mujer): *Everyone knew that the chairman had a mistress.* Todo el mundo sabía que el presidente tenía una amante. **2** (antic) ama, señora (de un sirviente) ▸ MASTER **3 Mistress** (oral, arc) (al dirigirse a una mujer) señora: *Mistress Hopkins* Señora Hopkins ▸ MASTER

mis·tri·al /'mɪstraɪəl/ s [C] juicio declarado nulo por la existencia de vicios de procedimiento

mis·trust¹ /mɪs'trʌst/ s [sing, U] desconfianza • [+of]: *He had a deep mistrust of the legal profession.* Sentía una profunda desconfianza hacia los abogados. ▸ DISTRUST, SUSPICION

mistrust² v [T] desconfiar de SIN **distrust**

mis·trust·ful /mɪs'trʌstfəl/ adj desconfiado -a, receloso -a • **be mistrustful of sth/sb** desconfiar de algo/alguien: *Some people are very mistrustful of banks.* Algunas personas desconfían mucho de los bancos. SIN **distrustful**

mis·trust·ful·ly /mɪs'trʌstfəli/ adv con desconfianza

mist·y /'mɪsti/ adj (**mistier, mistiest**) **1** neblinoso -a, brumoso -a: *a cold misty morning* una mañana fría y brumosa **2** lloroso -a, empañado -a (ojos): *His eyes grew misty as he spoke.* Mientras hablaba, se le empañaron los ojos.

mis·un·der·stand /ˌmɪsʌndər'stænd/ v [I,T] (**misunderstood** /-'stʊd/) malinterpretar, entender mal: *I think you must have misunderstood my question.* Creo que usted debe haber malinterpretado mi pregunta.

mis·un·der·stand·ing /ˌmɪsʌndər'stændɪŋ/ s **1** [C,U] malentendido: *There must have been some misunderstanding. I didn't order all these books.* Debe haber habido algún malentendido: yo no pedí todos estos libros. • [+about/over]: *a misunderstanding about who was in charge of the project* un malentendido sobre quién estaba a cargo del proyecto **2** [C] diferencia, desacuerdo: *Are you two over your little misunderstanding?* ¿Ya resolvieron su pequeña diferencia?

mis·un·der·stood /ˌmɪsʌndər'stʊd/ adj incomprendido -a: *a misunderstood genius* un genio incomprendido

mis·use¹ /ˌmɪs'yus/ s [C,U] uso indebido: *credit card misuse* el uso indebido de las tarjetas de crédito • [+of]: *the misuse of public funds* la malversación de fondos públicos • *misuses of power* abusos de poder • **drug misuse** uso indebido/abuso de drogas • **alcohol misuse** consumo abusivo/abuso de alcohol ▸ ABUSE

mis·use² /ˌmɪs'yuz/ v [T] **1** abusar de (el poder, la autoridad), emplear mal (un término), malversar (fondos): *politicians who misuse their power* políticos que abusan de su poder • *The word is often misused.* La palabra suele usarse mal. ▸ ABUSE **2** maltratar ▸ ABUSE

mite /maɪt/ s **1** [C] ácaro: *a dust mite* un ácaro del polvo **2** [C gralm sing] **poor (little) mite!** (oral): *Poor little mite! She must be starving!* ¡Pobrecita! ¡Debe estar muerta de hambre!

a mite... (antic) un poquitín, un tanto: *I was a mite worried.* Estaba un poquitín preocupada.

mi·ter /'maɪtər/ s [C] mitra

mit·i·gate /'mɪtəˌgeɪt/ v [T] (frml) paliar, atenuar, aliviar: *We must take action to mitigate the effects of global warming.* Debemos tomar medidas para paliar los efectos del calentamiento global. ▸ ALLEVIATE

mit·i·gat·ing /'mɪtəˌgeɪtɪŋ/ adj **mitigating circumstances/factors** (frml) (circunstancias/factores) atenuantes

mit·i·ga·tion /ˌmɪtə'geɪʃən/ s [sing, U] (frml) alivio, mitigación

mitt /mɪt/ s [C] **1** mitón: *an oven mitt* un guante para horno SIN **mitten 2** guante (de béisbol)

mit·ten /'mɪt⌐n/ s [C] mitón

mix¹ S2 W2 /mɪks/ v
1 (sustancias, ingredientes) **(a)** [T] mezclar • **mix sth and sth** mezclar algo con algo: *Mix the butter and flour.* Mezcle la mantequilla con la harina. • **mix sth with sth** mezclar algo con algo: *I began mixing the sand with the cement.* Empecé a mezclar la arena con el cemento. • **mix sth together** mezclar algo: *Mix all the ingredients together in a large bowl.* Mezcle todos los ingredientes en un bol grande. • **mix/well thoroughly** mezclar bien **(b)** [I] mezclarse: *Oil and water don't mix.* El aceite y el agua no se mezclan. • **mix with sth** mezclarse con algo: *The seawater mixes with the water from the river.* El agua de mar se mezcla con el agua del río.
2 (ideas, actividades) **(a)** [T] combinar, mezclar: *Their music mixes pop and jazz.* Su música combina pop y jazz. • **mix sth with sth** combinar/mezclar algo con algo: *His books mix historical fact with fantasy.* Sus libros mezclan hechos históricos con fantasía. • **mix business with pleasure** mezclar los negocios con el placer **(b)** don't mix no se llevan bien: *Politics and religion don't mix.* La política y la religión no se llevan bien.
3 [T] (bebidas) preparar: *The bartender was mixing cocktails.* El barman estaba preparando cocteles.
4 [I] (socialmente) relacionarse • **mix with sb** relacionarse con alguien, tener trato con alguien: *He doesn't find it easy to mix with people.* No le resulta fácil relacionarse con la gente. SIN **socialize**
5 [T] (en música) (técn) mezclar: *The album was mixed at a studio in New York.* El álbum fue mezclado en un estudio de Nueva York.
mix up v+partíc **1 mix sth/sb↔up** confundir algo/a alguien: *I must have gotten the times mixed up*. Debo haber confundido los horarios. • **mix sth/sb up with sth/sb** confundir algo/a alguien con algo/alguien: *I always mix him up with his brother.* Siempre lo confundo con su hermano. SIN **confuse 2 mix sth↔up** mezclar algo: *My papers got all mixed up.* Se me mezclaron todos los papeles. ▸ MIXED UP, MIX-UP

mix² S3 W3 s
1 [sing] mezcla, combinación • [+of]: *Our population is a diverse mix of cultures.* Nuestra población es una variada mezcla de culturas. • **an ethnic mix** una diversidad étnica
2 [C,U] preparado, mezcla: *a cake mix* una mezcla para hacer pasteles ▸ MIXTURE
3 [C] mix, mezcla (en música): *a dance mix* un dance mix

mixed /mɪkst/ adj **1** [solo ante s] mixto -a, surtido -a: *a mixed salad* una ensalada mixta • *a bag of mixed nuts* una bolsa de frutos secos surtidos **2** [solo ante s] variado -a, heterogéneo -a: *They were a very mixed group of people.* Formaban un grupo muy variado. **3** (género) **in mixed company** en compañía de personas de ambos sexos **4** (etnia) **of mixed race** mestizo -a • **mixed race couples/children** parejas mixtas/niños mestizos **5** variable, diverso -a: *The weather has been mixed.* El tiempo ha estado variable. • *The movie had mixed reviews.* La película recibió críticas muy diversas. • **a mixed reaction/response/reception** una reacción/respuesta/acogida desigual: *The proposal got a* *mixed reception.* La propuesta tuvo una acogida desigual.

EXPRESIONES

a mixed bag (*coloq*) **(a)** (indicando heterogeneidad) *The concert was a mixed bag of classical and modern music.* El concierto incluyó de todo un poco: música clásica y moderna. **(b)** (indicando calidad desigual) *His latest album is a mixed bag of good and not-so-good songs.* Su último álbum es desparejo: hay canciones buenas y otras no tan buenas. • **be a mixed blessing** tener sus pros y sus contras: *Having your parents living nearby is a mixed blessing.* Tener a tus padres viviendo cerca tiene sus pros y sus contras. • **mixed emotions/feelings** sentimientos encontrados • [+**about**]: *I had mixed feelings about moving to a new city.* Mudarme a una ciudad diferente me provocaba sentimientos encontrados. • **have/enjoy mixed fortunes** obtener resultados desiguales ▶ **a mixed METAPHOR**

mixed 'marriage *s* [C,U] matrimonio mixto

mixed 'up *adj* **1** [nunca ante *s*] confundido -a • **get mixed up** confundirse: *She got mixed up about the dates.* Se confundió con las fechas. **2** (tb **mixed-up**) (*coloq*) con problemas (en el plano afectivo): *a crazy mixed-up kid* un niño con muchos problemas
SIN **screwed up** ▶ **MIX up, MIX-UP**

EXPRESIONES

be mixed up in sth (*coloq*) estar metido -a/implicado -a en algo • **get mixed up in sth** meterse en algo • **be mixed up with sb** (*coloq*) estar mezclado -a con alguien • **get mixed up with sb** mezclarse/juntarse con alguien: *When he left school he got mixed up with the wrong people.* Cuando terminó el colegio, se juntó con malas compañías.

mix·er /'mɪksər/ *s* [C] **1** licuadora, batidora (para alimentos), hormigonera, mezcladora (para cemento): *an electric food mixer* una batidora eléctrica • *a cement mixer* una mezcladora (de cemento) **2** refresco que se mezcla con una bebida alcohólica para preparar un trago largo **3** **be a (good) mixer** ser sociable **4** mezcladora, mezclador (para sonido, imágenes) **5** (*antic*) fiesta (organizada para que la gente se conozca)

mix·ture W3 /'mɪkstʃər/ *s*
1 [sing] (indicando variedad) mezcla, combinación • [+**of**]: *She felt a strange mixture of different emotions.* Sentía una extraña mezcla de emociones diferentes. • *The town is a mixture of the old and the new.* La ciudad es una mezcla de lo antiguo y lo nuevo.
2 [C,U] (de ingredientes) mezcla: *Pour the mixture into a dish.* Vierta la mezcla en una fuente. • [+**of**]: *He put the vegetables into a mixture of olive oil, lemon juice, and spices.* Puso las verduras en una mezcla de aceite de oliva, jugo de limón y especias.

'mix-up *s* [C] (*coloq*) confusión • [+**over**]: *There was a mix-up over the hotel.* Hubo una confusión con el hotel.

ml (*abrev escrita de* **milliliter(s)**) ml

mm (*abrev escrita de* **millimeter**) mm

MN *abrev escrita de* **MINNESOTA**

MO *abrev escrita de* **MISSOURI**

mo. (*abrev escrita de* **month**) mes

moan[1] /moʊn/ *v* (*coloq*) **1** [I,T] quejarse: *All she ever does is moan.* Lo único que hace es quejarse. • **moan about sb/sth** quejarse de alguien/algo: *He's always moaning about his job.* Siempre está quejándose de su trabajo. • [+**that**]: *She moaned that her feet were too cold.* Se quejó de que tenía los pies muy fríos. **2** gemir: *She moaned and cried out in pain.* Gemía y gritaba de dolor.
SIN **groan**

moan[2] *s* [C] **1** gemido • **give a moan** soltar/lanzar un gemido **2** queja • [+**about**]: *There will be the usual moans from the staff about the size of their bonuses.* Se oirán las quejas habituales del personal respecto al monto de sus bonificaciones. • **have a moan about sth/sb** quejarse de algo/alguien

moat /moʊt/ *s* [C] foso (de un castillo)

mob[1] /mɑb/ *s* [C] **1** muchedumbre: *The mob set fire to cars and buildings.* La muchedumbre prendió fuego a carros y edificios. • [+**of**]: *They were immediately surrounded by an angry mob of people.* De inmediato, se vieron rodeados por una muchedumbre enardecida. **2** (*coloq*) parche, flota, grupo: *"Who is going to the party?" "Oh, the usual mob will be there."* –¿Quién va a ir a la fiesta? –Pues estará el parche de siempre. ▶ **GANG 3 the mob** (tb **the Mob**) (*coloq*) la mafia **4 the mob** (*peyor*, *antic*) el populacho

mob[2] (**mobbed**, **mobbing**) *v* [T gralm en pasiva] **1** asediar, acosar: *The singer was mobbed by her adoring fans.* La cantante fue asediada por sus devotos fans. **2** (animales) atacar (en grupo) **3 be mobbed** estar atestado -a

mo·bile[1] /'moʊbəl/ *adj* **1** [gralm ante *s*] móvil: *a mobile rocket launcher* un lanzacohetes móvil ▶ **PORTABLE 2** que puede cambiar fácilmente de puesto o lugar de trabajo o de clase social: *We need to create a more mobile workforce.* Necesitamos crear una fuerza de trabajo más flexible. • **upwardly mobile** con movilidad social ascendente: *upwardly mobile career women* mujeres profesionales con perspectivas de ascenso **3** que tiene posibilidad de trasladarse usando un carro: *She's more mobile now that she has her own car.* Ahora que tiene su propio carro, tiene más movilidad. • *Are you mobile? You need a car to get there.* ¿Tienes cómo ir? Se necesita carro para llegar allí. ANT **immobile**

mo·bile[2] /'moʊbil/ *s* [C] móvil (adorno)

mobile 'home *s* [C] remolque, caravana

mobile 'phone *s* [C] (teléfono) celular, (teléfono) móvil
SIN **cell phone**

mo·bil·i·ty /moʊ'bɪləti/ *s* [U] **1** (de trabajo, clase social) movilidad • **social mobility** movilidad social **2** (de partes del cuerpo) movilidad: *She still has some mobility in her right arm.* Todavía conserva cierta movilidad en el brazo derecho. **3** (facilidad para trasladarse) movilidad: *Cars give people greater mobility.* Los carros le dan más movilidad a la gente.

mo·bil·iz·a·tion /ˌmoʊbələ'zeɪʃən/ *s* [U] **1** (en situaciones de emergencia) movilización **2** (de la opinión pública) movilización

mo·bil·ize /'moʊbə,laɪz/ *v* **1** [I,T] (tropas, ejércitos) movilizar(se): *Troops were mobilized to protect the country's borders.* Se movilizaron tropas para proteger las fronteras del país. **2** [T] (indicando apoyo a una idea) movilizar, alentar: *a campaign to mobilize support for the war* una campaña para alentar el apoyo a la guerra

moc·ca·sin /'mɑkəsən/ *s* [C] mocasín

mo·cha /'moʊkə/ *s* [U] moca

mock[1] /mɑk/ *v* (*frml*) **1** **(a)** [T] burlarse de: *They accused him of openly mocking their religion.* Lo acusaron de burlarse abiertamente de su religión. **(b)** [I] burlarse
SIN **make fun of 2** [T] imitar (burlonamente): *The other boys began mocking his accent.* Los otros niños empezaron a imitar su acento.

mock[2] *adj* [solo ante *s*] **1** fingido -a, simulado -a: *mock surprise/innocence* sorpresa/inocencia fingida • *She threw her hands up in mock horror.* Levantó las manos fingiendo estar horrorizada. **2** a **mock interview** un simulacro de entrevista • **a mock trial** un simulacro de juicio • **a mock battle** un simulacro de batalla

mock·er·y /'mɑkəri/ *s* **1** [sing] farsa • **make a mockery of sth** poner algo en ridículo **2** [U] burla

mock·ing·bird /'mɑkɪŋˌbərd/ *s* [C] sinsonte, cenzontle

'mock-up *s* [C] maqueta

modal 'verb *s* [C] (*técn*) verbo modal SIN **modal** ▶ **AUXILIARY VERB**

mode /moʊd/ *s* [C] **1** (*frml*) modo, medio • [+**of**]: *the most efficient mode of transportation* el medio de transporte más eficiente **2** (*técn*) (en computación) modo, modalidad: *The engine was in "economy" mode.* El motor estaba en modo "ahorro de energía". • *It's hard to get back into work mode after a vacation.* Es difícil volver a

M

la modalidad de trabajo después de las vacaciones. **3** [gralm sing] (*frml*) moda **4** (*técn*) (en música) modo

mod·el¹ S2 W1 /'mɑdl/ *s* [C]

1 copia a escala
2 en moda
3 de un carro, una máquina
4 de un artista
5 ejemplo
6 indicando excelencia
7 en economía, matemáticas

1 COPIA A ESCALA modelo, maqueta • [+**of**]: *They showed us a model of the building.* Nos mostraron una maqueta del edificio. • **a scale model** un modelo a escala
2 EN MODA modelo (persona): *She used to dream of being a model.* Antes soñaba con ser modelo. • **a fashion model** una modelo ► **SUPERMODEL**
3 DE UN CARRO, UNA MÁQUINA modelo • **the latest model** el último modelo
4 DE UN ARTISTA modelo: *We need a model for our art class.* Necesitamos una modelo para nuestra clase de pintura.
5 EJEMPLO modelo: *The United States electoral system has been used as a model by many new democracies.* El sistema electoral estadounidense ha sido tomado como modelo por muchas democracias recientes. • [+**for**]: *The school is held up as a model for others.* La escuela se pone como modelo para otras.
6 INDICANDO EXCELENCIA a model of sth un modelo/dechado de algo: *The police were models of efficiency.* La policía era un modelo de eficiencia.
7 EN ECONOMÍA, MATEMÁTICAS modelo: *Economists have worked with many different models.* Los economistas han trabajado con muchos modelos diferentes. ► **ROLE MODEL**

model² *adj* [solo ante s] **1** en miniatura: *a model airplane/train/car* un avión/tren/carro en miniatura **2** (indicando perfección) modelo: *Martia was a model student.* Martia era una estudiante modelo. SIN **perfect 3** (como pauta para imitar) modelo: *a model city/farm/school* una ciudad/granja/escuela modelo

model³ *v* **1 (a)** [I] trabajar como modelo, desfilar: *Claire modeled for a few years before she became a singer.* Claire trabajó como modelo algunos años antes de convertirse en cantante. **(b)** [T] lucir, exhibir: *a dress designed and modeled by Saskia* un vestido diseñado y lucido por Saskia • *She's modeling Donna Karan's winter collection.* Está exhibiendo la colección de invierno de Donna Karan. **2** [I] (en fotografía, pintura) posar, trabajar de modelo: *He asked her if she would model for him.* Le preguntó si quería posar para él. **3** [I,T] (en arcilla, etc.) modelar: *The figures have been modeled by hand.* Las estatuillas han sido modeladas a mano. **4 be modeled on sth** haber tomado algo como modelo: *Their education system is modeled on the French one.* Su sistema educativo tomó como modelo el sistema francés.

mod·el·ing /'mɑdl-ɪŋ/ *s* [U] trabajo como modelo, modelaje: *She later switched from modeling to acting.* Más adelante, pasó del modelaje a la actuación. • *modeling work* trabajo de modelo • **modeling agency** agencia de modelos ► **COMPUTER MODELING**

mo·dem /'moʊdəm/ *s* [C] módem

mod·er·ate¹ /'mɑdərɪt/ *adj* **1** (en grado, cantidad) moderado -a, módico -a: *moderate winds* vientos moderados • *Bake the pie for 30 minutes in a moderate oven.* Cocine el pastel 30 minutos en horno moderado. **2** (en política) moderado -a: *the more moderate members of the party* los miembros más moderados del partido ANT **extremist 3** (indicando sensatez) moderado -a: *Moderate exercise is recommended.* Se recomienda el ejercicio moderado. • *a moderate drinker/smoker* una persona que bebe/fuma con moderación ► **MODERATELY**

mod·er·ate² /'mɑdəˌreɪt/ *v* [T] (*frml*) moderar: *The students moderated their demands.* Los estudiantes moderaron sus demandas.

mod·er·ate³ /'mɑdərɪt/ *s* [C] moderado -a ANT **extremist, hardliner**

mod·er·ate·ly /'mɑdərɪtli/ *adv* **1** relativamente, medianamente: *The food was moderately good, but not special.* La comida era relativamente buena, aunque nada especial. SIN **reasonably 2** con moderación: *He drinks moderately.* Bebe con moderación. • **moderately priced** de precio módico

mod·er·a·tion /ˌmɑdəˈreɪʃən/ *s* [U] **1** (*frml*) moderación • [+**in**]: *We need greater moderation in our diet.* Necesitamos ser más moderados en nuestra dieta. • **in moderation** con moderación: *Use sugar and salt in moderation.* Consuma azúcar y sal con moderación. ANT **excess 2** (en política) moderación

mod·er·at·or /'mɑdəˌreɪtɚ/ *s* [C] **1** moderador -a **2** árbitro -a (en concursos, juegos de preguntas, etc.)

mod·ern S3 W1 /'mɑdɚn/ *adj* **1** [solo ante s] (del presente) moderno -a • **in modern times** en nuestro tiempo, actualmente: *It was one of the worst disasters in modern times.* Fue uno de los peores desastres de nuestro tiempo. • **the modern world** el mundo moderno • **modern society/life** la sociedad/la vida moderna: *Smaller families are a feature of modern society.* Las familias pequeñas son una característica de la sociedad moderna. SIN **contemporary 2** (con métodos actualizados) moderno -a: *modern surgical techniques* modernas técnicas quirúrgicas • **modern technology/medicine** tecnología/medicina moderna SIN **up-to-date 3** (con ideas recientes) moderno -a: *The school is very modern in its methods.* La escuela es muy moderna en sus métodos. SIN **progressive** ANT **old-fashioned, traditional 4** [solo ante s] (arte, música) moderno -a: *modern languages* lenguas modernas • *an exhibition of modern art* una muestra de arte moderno SIN **contemporary**

'modern-day *adj* [solo ante s] de nuestro tiempo, de hoy en día SIN **contemporary, present-day**

mo·der·ni·ty /mɑˈdɚnəti, -ˈdɛr-/ *s* [U] (*frml*) modernidad

mod·ern·i·za·tion /ˌmɑdɚnəˈzeɪʃən/ *s* [C,U] modernización

mod·ern·ize /'mɑdɚˌnaɪz/ *v* **(a)** [T] modernizar **(b)** [I] modernizarse

mod·est W3 /'mɑdɪst/ *adj* **1** (*aprec*) (que no hace ostentación) modesto -a: *He is one of the most modest men I know.* Es uno de los hombres más modestos que conozco. • **be modest about sth** no hacer alarde de algo: *She is modest about her achievements.* No hace alarde de sus logros. ANT **boastful 2** (relativamente pequeño) moderado -a, módico -a: *a modest size/level* un tamaño/nivel moderado • *excellent wines at modest prices* vinos excelentes a precios módicos • **a modest amount** una cantidad moderada, una suma módica **3** (relativamente bueno) moderado -a: *The economic forecast is for modest growth.* El pronóstico económico indica que el crecimiento será moderado. • **a modest success** un éxito moderado/relativo **4** (sin lujos) modesto -a: *a modest house with a small garden* una casa modesta con un jardín pequeño **5** (decoroso) recatado -a **6** (prendas de mujer) recatado -a: *very modest bathing suits* trajes de baño muy recatados

mod·est·ly /'mɑdɪstli/ *adv* **1** (*aprec*) (sin hacer alarde) modestamente ANT **boastfully 2** (sin lujos) modestamente: *modestly priced meals* platos a precios módicos **3** moderadamente **4** recatadamente, con recato

mod·es·ty /'mɑdəsti/ *s* [U] **1** (*aprec*) modestia: *She isn't known for her modesty.* La modestia no es lo que la caracteriza. ANT **boastfulness 2** recato ► **FALSE modesty**

mod·i·cum /'mɑdɪkəm/ *s* **a modicum of sth** (*frml*) un mínimo de algo

mod·i·fi·ca·tion /ˌmɑdəfəˈkeɪʃən/ s **1** [C] (cambio realizado) modificación • **make modifications (to sth)** hacer(le) modificaciones (a algo) **2** [U] (acción, proceso) modificación • [+of]: *the modification of our security system* la modificación de nuestro sistema de seguridad

mod·i·fi·er /ˈmɑdəˌfaɪɚ/ s [C] (técn) modificador (en gramática)

mod·i·fy /ˈmɑdəˌfaɪ/ (**modifies, modified, modifying**) v [T] **1** (cambiar) modificar ⓢⓘⓝ **adapt 2** (técn) (en gramática) modificar ▶ GENETICALLY MODIFIED

mod·u·lar /ˈmɑdʒələ/ adj **1** (muebles, estructuras) modular **2** (en educación) modular

mod·u·late /ˈmɑdʒəˌleɪt/ v **1** (a) [T] modular (la voz) (b) [I] cambiar de tono **2** [I] (técn) modular (en música)

mod·u·la·tion /ˌmɑdʒəˈleɪʃən/ s [C,U] **1** (de la voz) modulación **2** (técn) (en música) modulación

mod·ule /ˈmɑdʒul/ s [C] **1** (en una nave espacial) módulo: *a lunar module* un módulo lunar **2** (unidad, pieza) módulo

mo·dus op·er·an·di /ˌmoʊdəs ˌɑpəˈrændi/ s [sing] modus operandi

mo·gul /ˈmoʊɡəl/ s [C] magnate • **a movie/media mogul** un magnate del cine/de los medios

mo·hair /ˈmoʊhɛr/ s [U] mohair • **mohair sweater** suéter de mohair

Mo·ham·me·d /moʊˈhæməd/ Mahoma

moist /mɔɪst/ (**moister, moistest**) adj húmedo -a: *Make sure the soil is moist before planting the seeds.* Asegúrese de que la tierra esté húmeda antes de plantar las semillas. • [+with]: *His hands were moist with sweat.* Tenía las manos húmedas de sudor. • *My eyes became moist with tears.* Se me humedecieron los ojos. ▶ DAMP

moist·en /ˈmɔɪsən/ v (a) [T] humedecer • **moisten your lips** humedecerse los labios (b) [I] humedecerse

moist·ness /ˈmɔɪstnɪs/ s [U] humedad (cualidad de húmedo)

mois·ture /ˈmɔɪstʃɚ/ s [U] humedad: *Plants use their roots to absorb moisture from the soil.* Las plantas usan sus raíces para absorber humedad del suelo.

mois·tur·ize /ˈmɔɪstʃəˌraɪz/ v (a) [T] hidratar (b) [I] aplicarse crema hidratante/humectante, hidratar la piel/el cutis

mois·tur·iz·er /ˈmɔɪstʃəˌraɪzɚ/ s [C,U] crema/loción hidratante, crema/loción humectante

mo·lar /ˈmoʊlɚ/ s [C] molar, muela ▶ CANINE, INCISOR

mo·las·ses /məˈlæsɪz/ s [U] melaza

mold¹ /moʊld/ s **1** [U] moho, hongos: *bread covered in mold* pan lleno de moho **2** [C] (recipiente) molde **3** [sing] (conjunto de características) molde • **in the classic/traditional mold** que sigue/seguía etc los moldes clásicos/tradicionales: *a thriller in the classic mold* un libro de suspenso que sigue los moldes clásicos

EXPRESIONES
break the mold (of sth) romper el molde/los moldes (de algo): *an attempt to break the mold of American politics* un intento de romper los moldes de la política norteamericana

mold² v [T] **1** (materiales) moldear: *We watched a potter molding clay.* Vimos a un alfarero moldeando arcilla. • **mold sth into sth** *Mold the sausage meat into little balls.* Formar bolas pequeñas con la carne de salchicha. • *The cheeses are molded into distinctive shapes.* A los quesos se les dan formas características. **2** (actitudes, opiniones) moldear: *an attempt to mold public opinion* un intento de moldear la opinión pública • **mold sth/sb into sth** transformar algo/a alguien en algo: *I try to take young athletes and mold them into team players.* Intento tomar deportistas jóvenes y transformarlos en jugadores de equipo.

mold·i·ness /ˈmoʊldɪnɪs/ s [U] enmohecimiento

mold·ing /ˈmoʊldɪŋ/ s **1** [C,U] moldura **2** [C] vaciado

Mol·do·va /mɑlˈdoʊvə/ Moldavia

Mol·do·van¹ /mɑlˈdoʊvən/ s **1** [C] (persona) moldavo -a **2** [U] (idioma) moldavo

Moldovan² adj moldavo -a

mold·y /ˈmoʊldi/ adj (**moldier, moldiest**) mohoso -a, con moho: *The bread's moldy.* El pan tiene moho.

mole /moʊl/ s [C] **1** lunar: *She has a large mole on her chin.* Tiene un lunar grande en el mentón. **2** topo **3** espía: *A mole is leaking information to the press.* Un espía está filtrando información a la prensa.

mo·lec·u·lar /məˈlɛkyələ/ adj [solo ante s] molecular: *the molecular structure of the virus* la estructura molecular del virus

mol·e·cule /ˈmɑləˌkyul/ s [C] molécula

mole·hill /ˈmoʊlˌhɪl/ s [C] topera

mo·lest /məˈlɛst/ v [T] abusar (sexualmente) de ▶ ABUSE

mo·les·ta·tion /ˌmoʊləˈsteɪʃən, ˌmɑ-/ s [U] abuso (sexual)

mo·lest·er /məˈlɛstɚ/ s [C] abusador -a (sexual)

mol·li·fy /ˈmɑləˌfaɪ/ v [T] (**mollifies, mollified, mollifying**) (frml) apaciguar, aplacar

mol·lusk /ˈmɑləsk/ s [C] molusco

mol·ly·cod·dle /ˈmɑliˌkɑdl/ v [T] sobreproteger: *Stop mollycoddling those kids!* ¡Deja de sobreproteger a esos niños!

molt /moʊlt/ v [I,T] cambiar de plumas/pelo/piel ▶ SHED

mol·ten /ˈmoʊltⁿn/ adj [gralm ante s] fundido -a, líquido -a

mom Ⓢ1 Ⓦ2 /mɑm/ s [C] (coloq) mamá: *My mom says I can't go.* Mi mamá dice que no puedo ir. • *Mom, can I go over to Alison's house?* Mamá, ¿puedo ir a casa de Alison?

mo·ment Ⓢ1 Ⓦ1 /ˈmoʊmənt/ s
1 [C] (lapso breve) momento: *A moment later, the door opened.* Un momento después, se abrió la puerta. • *a moment of silence* un momento de silencio • **a moment ago** hace un momento: *She was here a moment ago.* Estaba aquí hace un momento. • **(for) a moment** un momento: *Could you hold the baby for a moment?* ¿Podrías sostener al bebé un momentito? • *I can only stay a moment.* Puedo quedarme un momento nada más. • **for a few moments** por un instante ⓢⓘⓝ **minute**
2 [C] (momento puntual) momento: *the moment of impact* el momento del impacto • *I'm waiting for the right moment to tell her.* Estoy esperando el momento oportuno para decírselo. • **at that moment** en ese momento: *At that moment there was a knock at the door.* En ese momento, golpearon a la puerta. • **from the moment...** desde el momento en que...
3 [C gralm sing] (oportunidad) **sb's big moment** el gran momento de alguien

EXPRESIONES
any moment (now) en cualquier momento, de un momento a otro: *She'll be here any moment.* Estará aquí de un momento a otro. • **at a moment's notice** inmediatamente: *The soldiers must be ready to leave at a moment's notice.* Los soldados deben estar listos para partir inmediatamente. • **at the moment** en este momento: *I can't talk at the moment.* No puedo hablar en este momento. • **at this moment in time** (tb **at the present moment**) (frml) en este momento: *At this moment in time, we do not know what caused the fire.* En este momento, no sabemos cuál fue el origen del incendio. • **for the moment** por el momento, por ahora: *We're going to stay in this house for the moment.* Por el momento, vamos a quedarnos en esta casa. • **from that moment on** a partir de ese momento • **have its/your moments** tener sus buenos momentos: *The Phoenix Suns had their moments, but they still lost.* Los Phoenix Suns tuvieron sus buenos momentos, pero de todos modos perdieron. • **in a moment** dentro de un momento, enseguida: *I'll answer your question in a moment.*

M

Responderé a su pregunta dentro de un momento. • **just a moment** (*oral*) un momentito, un momentico: *Just a moment – there's someone at the door.* Un momentito: hay alguien en la puerta. • **the last possible moment** el último momento • **the moment of truth** la hora de la verdad • **a moment of weakness** un momento de debilidad • **not a moment too soon** (*coloq*) *The extra money came not a moment too soon.* El dinero extra llegó apenas a tiempo. • *We're leaving tomorrow, and not a moment too soon.* Nos vamos mañana, ¡por fin! • **not for a moment/not for one moment** ni remotamente, ni por un instante: *I don't for one moment think he was lying.* No creo ni remotamente que estuviera mintiendo. • **one moment** (*oral*, *frml*) un momento: *One moment, please. I'll see if Mr. Clark is available.* Un momento, por favor. Voy a ver si el señor Clark lo puede atender.

mo·men·tar·i·ly /ˌmoʊmənˈtɛrəli/ *adv* **1** por un momento, momentáneamente: *He paused momentarily.* Por un momento, se detuvo. ⓢⒾⓃ **briefly 2** enseguida: *I'll be with you momentarily.* Enseguida estoy con usted.

mo·men·tar·y /ˈmoʊmənˌtɛri/ *adj* [gralm ante s] momentáneo -a: *a momentary lapse of concentration* una distracción momentánea

mo·men·tous /moʊˈmɛntəs, mə-/ *adj* trascendental, de gran importancia: *a momentous occasion* una ocasión trascendental • *a momentous event/change* un suceso/cambio muy importante

mo·men·tum /moʊˈmɛntəm, mə-/ *s* [U] **1** impulso, empuje • **lose momentum** perder impulso/empuje: *Governments often lose momentum in their second term.* A menudo, los gobiernos pierden impulso en su segundo periodo. • **gain/gather momentum** cobrar/tomar impulso: *His presidential campaign is gaining momentum.* Su campaña presidencial está tomando impulso. **2** inercia (de un objeto en movimiento): *His own momentum carried him forward.* La inercia lo impulsaba hacia adelante. • **gain/gather momentum** ganar/tomar velocidad: *The ball rolled down the hill, gathering momentum.* La pelota rodó cuesta abajo ganando velocidad. • **lose momentum** perder velocidad

mom·ma /ˈmɑmə/ (*coloq*) mamá ⓢⒾⓃ **mama**

mom·my ⓈⓁ, mommie /ˈmɑmi/ *s* [C] mami: *Mommy, my stomach hurts!* ¡Mami, me duele la barriga!

Mon. (*abrev escrita de* **Monday**) lun., lu.

Mon·a·can[1] /ˈmɑnəkən, məˈnɑkən/ (tb **Mon·é·gasque** /ˌmɔneɪˈgæsk◂ /) *s* [C] monegasco -a

Monacan[2] (tb **Monégasque**) *adj* monegasco -a

Mon·a·co /ˈmɑnəˌkoʊ/ Mónaco

mon·arch /ˈmɑnɚk, ˈmɑnɑrk/ *s* [C] (*frml*) monarca

mon·arch·ic /məˈnɑrkɪk/ (tb **mon·arch·i·cal** /məˈnɑrkɪkəl/) (*frml*) *adj* monárquico -a

mon·ar·chist /ˈmɑnɚkɪst/ *s* [C] monárquico -a

mon·ar·chy /ˈmɑnɚki/ *s* (pl **monarchies**) **1** [C,U] (institución) monarquía: *a constitutional monarchy* una monarquía constitucional **2** **the monarchy** [sing] la monarquía, la familia real: *The monarchy has been accused of being out of touch with ordinary people.* La monarquía ha sido acusada de no estar en sintonía con el pueblo. **3** [C] (país) monarquía ▸ **REPUBLIC**

mon·as·ter·y /ˈmɑnəˌstɛri/ *s* [C] (pl **monasteries**) monasterio ▸ **CONVENT**

mo·nas·tic /məˈnæstɪk/ *adj* [gralm ante s] monástico -a, monacal

Mon·day /ˈmʌndi, -deɪ/ (*abrev escrita* **Mon.**) *s* [C,U] lunes: *Monday January 1st* lunes, 1 de enero • **on Monday** el lunes: *He said he mailed the letter on Monday.* Dijo que envió la carta el lunes. • **last Monday** el lunes pasado • **next Monday** el lunes que viene, el próximo lunes • **this Monday** este lunes • **on Mondays** los lunes: *The restaurant is closed on Mondays.* El restaurante cierra los lunes. • **the Monday before** (tb **the previous Monday**) el lunes anterior • **the following Monday** el lunes siguiente

mon·e·ta·rism /ˈmɑnəṭəˌrɪzəm/ *s* [U] monetarismo

mon·e·tar·y /ˈmɑnəˌtɛri/ *adj* [solo ante s] **1** monetario -a: *monetary policy* política monetaria **2** económico -a: *monetary gain* beneficio económico

mon·ey ⓈⓁ ⓌⓁ /ˈmʌni/ *s* [U]
1 dinero, plata: *We didn't have much money in those days.* No teníamos mucho dinero en aquella época. • **cost money** costar dinero/plata: *The house cost a lot of money.* La casa costó mucha plata. • **pay money** pagar dinero/plata: *We paid a lot of money for this carpet.* Pagamos mucho dinero por esta alfombra. • **spend money** gastar(se) dinero/plata: *He spends all his money on books.* Se gasta todo el dinero en libros. • **make/earn money** ganar dinero/plata: *She doesn't earn very much money.* No gana mucha plata. • *How much money do you expect to make from the deal?* ¿Cuánto dinero esperas sacar del trato? • **save money (a)** (gastar menos) ahorrar dinero/plata: *You can save money by shopping on the Internet.* Puedes ahorrar dinero comprando por Internet. **(b)** (reservar dinero) ahorrar: *Young people don't usually like to save money – they want to spend it right away.* A los jóvenes generalmente no les gusta ahorrar, quieren gastarse la plata enseguida. • **lose money** perder dinero/plata: *The restaurant had been losing money for some time.* El restaurante había estado perdiendo dinero desde hacía un tiempo. • **charge (sb) money** cobrar(le) dinero (a alguien): *Lawyers charge far too much money for their services.* Los abogados cobran demasiado dinero por sus servicios. • **borrow money (from sb)** pedir(le) dinero prestado (a alguien): *He decided to borrow some money from his parents.* Decidió pedirles dinero prestado a sus padres. • **lend money** prestar dinero/plata: *Can you lend me some money till Friday?* ¿Puedes prestarme algo de plata hasta el viernes? • **raise money** recaudar fondos: *The church is trying to raise money for a new roof.* La iglesia está intentando recaudar fondos para un techo nuevo. • **invest money in sth** (tb **put money into sth**) invertir (dinero)/poner dinero en algo: *They had invested all their money in the company.* Habían puesto todo su dinero en la compañía. • *The government should put more money into education.* El Gobierno debería invertir más en educación. • **a sum of money** una suma de dinero: *He inherited a large sum of money.* Heredó una gran suma de dinero. • **good money** (su/un) buen dinero: *Police officers earn good money.* Los policías ganan buen dinero. • *I paid good money for that sofa, so it should last.* Me costó su buen dinero ese sofá, así que debería durar un tiempo.
2 (monedas y billetes) dinero, plata: *All my money fell out of my pocket.* Se me cayó todo el dinero del bolsillo. • **have some/any money on you** llevar dinero encima: *I'm sorry. I don't seem to have any money on me.* Lo siento. Me parece que no llevo dinero encima. • **paper money** billetes • **change money** cambiar dinero: *We can change some money at the airport.* Podemos cambiar dinero en el aeropuerto. ▸ **CASH**
3 (riqueza) **make your money** hacer su fortuna: *The family made their money from oil.* La familia hizo su fortuna con el petróleo. • **lose all your money** arruinarse, quedar en bancarrota: *In 1929, hundreds of people lost all their money when the stock market crashed.* En 1929, cientos de personas se arruinaron con la caída de la bolsa.
4 **the money** (*coloq*) (sueldo) *What's the money like?* ¿Qué tal pagan? • *The money's pretty good.* Pagan muy bien. ▸ **POCKET MONEY**, **give sb a (good) RUN for their money**, **the SMART money**, **THROW money at sb/sth**

EXPRESIONES
come into (some) money recibir dinero (de una herencia, una inversión, etc.): *My wife recently came into some money.* Mi mujer hace poco recibió una suma de dinero. • **for my money** (*oral coloq*) para mí: *For my money, it's one of the most romantic places in world.* Para mí, es uno de los lugares más románticos del mundo. • **get your money's worth** sacarle partido a su dinero • **have money to burn** tener dinero/plata de sobra: *A meal at the Ritz? She must think that I have money to burn!* ¿Una comida en el Ritz? Se debe pensar

que me sobra la plata. • **have more money than sense** *$1000 on a handbag? She must have more money than sense.* ¿1000 dólares en un bolso? Por lo visto le sobra el dinero. • **be in the money** (*coloq*) llenarse de plata, pudrirse en lana: *If this deal comes off we'll all be in the money.* Si sale este negocio, nos vamos a llenar de plata todos. • **Money doesn't grow on trees.** (*esp oral*) El dinero no cae del cielo. • **money is no object** el dinero no es problema: *If money were no object, what kind of house would you want?* Si el dinero no fuera problema, ¿qué tipo de casa querrías? • **Money isn't everything.** El dinero no lo es todo. • **my money's on sb/sth** (*esp oral*) apuesto por alguien/algo: *My money's on Brazil for the World Cup.* Apuesto por Brasil para el Mundial. • **be money well spent** ser dinero bien gastado: *A leather coat may cost a few dollars more, but it is money well spent.* Un abrigo de cuero quizá cueste unos dólares más, pero es dinero bien gastado. • **be made of money** (*oral*) estar forrado -a en plata/billete, estar ahogado -a/podrido en lana: *If you tell people you're a lawyer, they assume that you're made of money.* Si le dices a la gente que eres abogado, dan por sentado que estás forrado en plata. • **I'm not made of money.** (*oral*) A mí no me regalan el dinero. • **I'd put money on it.** (*oral coloq*) Te apuesto lo que quieras. • **put money on a horse/race** apostar por un caballo/en una carrera • **put your money where your mouth is** (*coloq*) hacer lo que se dice • **spend money like water** gastar (dinero) a manos llenas • **there's money (to be made) in sth** algo es un gran negocio: *There's an awful lot of money in sports these days.* El deporte es un gran negocio hoy en día.

mon·ey·lend·er /'mʌni,lɛndə/ *s* [C] prestamista

mon·ey·mak·er, **money-maker** /'mʌni,meɪkə/ *s* [C] máquina de hacer dinero, negocio redondo

'money ,market *s* [C] mercado monetario

'money ,order *s* [C] giro postal

Mon·go·li·a /maŋ'goʊliə/ Mongolia

Mon·go·li·an[1] /maŋ'goʊliən/ *s* **1** [C] (persona) mongol -a **2** [U] (idioma) mongol

Mongolian[2] *adj* mongol -a

mon·grel /'maŋgrəl, 'mʌŋ-/ *s* [C] gozque, chucho (perro sin raza definida) ▶ MUTT

mon·ies /'mʌniz/ *s* [pl] (*frml*) dinero

mon·i·tor[1] /'manətə/ *s* [C] **1** (de un computador) monitor **2** (de televisión) monitor **3** (aparato médico) monitor: *a heart monitor* un monitor cardíaco **4** (persona) observador -ora, inspector -ora: *election monitors* observadores de las elecciones • *U.N monitors failed to find anything unusual.* Los inspectores de la ONU no encontraron nada extraño.

monitor[2] W2 *v* [T]
1 (una situación, la evolución de algo) hacer un seguimiento de, monitorear: *We will continuously monitor your progress.* Haremos un seguimiento continuo de tu evolución. • *The government is monitoring the situation closely.* El Gobierno está monitoreando el desarrollo de la situación.
2 (con un monitor) monitorear: *a machine that monitors your heartbeat* una máquina que monitorea el ritmo cardiaco
3 (en secreto) escuchar, hacer escuchas (telefónicas) de: *The FBI had been monitoring his phone calls.* El FBI había estado monitoreando sus llamadas telefónicas. ▶ CONTROL

monk /mʌŋk/ *s* [C] monje: *a Buddhist monk* un monje budista ▶ NUN

mon·key[1] S3 /'mʌŋki/ *s* [C] (pl **monkeys**)
1 (animal) mono -a, chango -a: *The monkeys swung from branch to branch.* Los monos se balanceaban de rama en rama.
2 (niño) (*coloq*) **little monkey** diablillo -a, pingo -a: *Stop that, you little monkey!* ¡Basta ya, diablillo!

EXPRESIONES
make a monkey (out) of sb dejar en ridículo a alguien • **monkey business** (*coloq*) chanchullos, tejemaneje

monkey[2] *v*
monkey around *v+partíc* (*coloq*) hacer babosadas, mariquiar/babosear
monkey (around) with sth *v+partíc* (*coloq*) molestar con/toquetear algo

'monkey wrench *s* [C] llave inglesa

mon·o[1] /'manoʊ/ *s* [U] **1** mono (en audio) • **in mono** en mono ▶ STEREO **2** mononucleosis

mono[2] *adj* mono: *a mono recording* una grabación mono ▶ STEREO

mono- /manoʊ, -nə/ *pref* mono-: *monolingual* monolingüe • *monogamous* monógamo -a

mon·o·chrome /'manə,kroʊm/ *adj* monocromo

mon·o·cle /'manəkəl/ *s* [C] monóculo

mo·nog·a·mous /mə'nagəməs/ *adj* monógamo -a

mo·nog·a·my /mə'nagəmi/ *s* [U] monogamia ▶ BIGAMY, POLYGAMY

mon·o·gram /'manə,græm/ *s* [C] monograma

mon·o·grammed /'manə,græmd/ *adj* [gralm ante s] con (un) monograma

mon·o·graph /'manə,græf/ *s* [C] monografía

mon·o·lin·gual /,manə'lɪŋgwəl/ *adj* (*técn*) monolingüe: *a monolingual dictionary* un diccionario monolingüe ▶ BILINGUAL, MULTILINGUAL

mon·o·lith /'manl-ɪθ/ *s* [C] **1** (institución, empresa) mole, monstruo **2** (bloque de piedra) monolito

mon·o·lith·ic /,manl'ɪθɪk◂/ *adj* **1** (institución, sistema) monolítico -a **2** [gralm ante s] (edificio, estructura) monolítico -a

mon·o·logue, **monolog** /'manl,ɔg, -,ag/ *s* [C] monólogo ▶ DIALOG, SOLILOQUY

mon·o·nu·cle·o·sis /,manoʊ,nukli'oʊsɪs/ *s* [U] (*técn*) mononucleosis SIN **mono**

mo·nop·o·lis·tic /mə,napə'lɪstɪk/ *adj* [solo ante s] monopólico -a

mo·nop·o·li·za·tion /mə,napələ'zeɪʃən/ *s* [U] monopolización

mo·nop·o·lize /mə'napə,laɪz/ *v* [T] **1** (en economía) monopolizar: *One firm monopolizes the whole market.* Una empresa monopoliza todo el mercado. **2** (una conversación, una reunión) monopolizar: *Joe monopolized the conversation all evening.* Joe monopolizó la conversación toda la noche.

mo·nop·o·ly /mə'napəli/ *s* (pl **monopolies**) **1** [U] (situación) monopolio • **have a monopoly (on sth)** tener el monopolio (de algo) **2** [C] (empresa) monopolio: *a state-owned monopoly* un monopolio estatal

mon·o·rail /'manə,reɪl/ *s* **1** [U] (sistema) monorriel **2** [C] (tren) monorriel

mon·o·syl·lab·ic /,manəsɪ'læbɪk/ *adj* **1** (personas, respuestas) monosilábico -a: *her monosyllabic replies* sus respuestas monosilábicas **2** (*técn*) (vocablos) monosílabo -a, monosilábico -a

mon·o·syl·la·ble /'manə,sɪləbəl/ *s* [C] monosílabo

mon·o·tone[1] /'manə,toʊn/ *s* [sing] tono monocorde, sonido monótono • **in a monotone** en (un) tono monocorde

monotone[2] /'manə,toʊn/ *adj* monocorde, monótono -a

mo·not·o·nous /mə'natˀn-əs/ *adj* monótono -a: *He had a rather monotonous voice.* Tenía una voz algo monótona.

mo·not·o·nous·ly /mə'natˀn-əsli/ *adv* monótonamente

mo·not·o·ny /mə'natˀn-i/ *s* [U] monotonía • **relieve/break the monotony** romper (con) la monotonía

mon·ox·ide /mə'naksaɪd/ *s* [C,U] (*técn*) monóxido

M

Mon·si·gnor /mɑnˈsinyɚ/ s monseñor

mon·soon /mɑnˈsun/ s **1** [C gralm sing] (tb **monsoon season**) (época) monzón **2** [C] (lluvia) monzón • **monsoon rain** lluvia monzónica

mon·ster¹ /ˈmɑnstɚ/ s [C] **1** (criatura) monstruo: *a legendary sea monster* un legendario monstruo marino **2** (persona cruel) monstruo: *Only a monster could kill innocent children.* Solo un monstruo podría matar a niños inocentes.

monster² adj [solo ante s] (coloq) gigantesco -a, enorme; (empresa, institución) monstruo SIN **giant**

mon·stros·i·ty /mɑnˈstrɑsəti/ s [C] (pl **monstrosities**) monstruosidad

mon·strous /ˈmɑnstrəs/ adj **1** (moralmente) monstruoso -a, escandaloso -a: *a monstrous lie* una vil mentira **2** (de tamaño) monstruoso -a, gigantesco -a: *a monstrous tidal wave* la ola monstruosa de un maremoto

mon·strous·ly /ˈmɑnstrəsli/ adv **1** (extremadamente) monstruosamente, terriblemente: *a monstrously fat man* un gordo monstruoso **2** (horriblemente) monstruosamente, terriblemente

mon·tage /mɑnˈtɑʒ, moʊn-/ s **1** [C] (obra) montaje **2** [U] (técnica) montaje

month S1 W1 /mʌnθ/ s **1** [C] mes: *We meet every month.* Nos vemos todos los meses. • *She has an eight-month-old daughter.* Tiene una hija de ocho meses. • **this/last/next month** este mes/el mes pasado/el mes que viene: *She'll be thirteen this month.* Cumplirá trece años este mes. • **a month/per month** al mes: *I earn about $2,500 a month.* Gano 2.500 dólares al mes. • **the beginning/end of the month** principios/fin de mes: *We had a few days of sunshine at the beginning of the month.* Tuvimos unos pocos días de sol a principios de mes. • **the month of January/June** el mes de enero/junio • **a month/two months ago** hace un mes/dos meses: *I bought the computer a couple of months ago.* Compré el computador hace un par de meses. • **for a month** (durante) un mes: *He was in the hospital for a month.* Estuvo en el hospital un mes. **2 months** [pl] (mucho tiempo) meses: *It was months before the building work started again.* Pasaron meses antes de que recomenzaran las obras. • **for/in months** *I haven't seen him for months.* Hace meses que no lo veo. • *For the first time in months, I felt completely happy.* Por primera vez en meses, me sentía completamente feliz.

EXPRESIONES
month after month mes tras mes: *I felt I was doing the same old thing week after week, month after month.* Sentía que hacía lo mismo de siempre semana tras semana, mes tras mes. • *Month after month, our salaries were not paid.* Pasaban los meses y no nos pagaban los salarios. • **month by month** mes a mes: *Unemployment figures are rising month by month.* Las cifras de desempleo aumentan mes a mes.

month·ly¹ /ˈmʌnθli/ adj [solo ante s] mensual: *a monthly publication* una publicación mensual • *monthly earnings of $1,850* ingresos mensuales de 1.850 dólares. • *a monthly ticket/pass* un tiquete/abono mensual

monthly² adv mensualmente: *Do you get paid monthly or weekly?* ¿Cobras por mes o por semana?

monthly³ s [C] (pl **monthlies**) revista mensual

mon·u·ment /ˈmɑnyəmənt/ s [C] **1** (de conmemoración) monumento: *A monument was erected in his memory.* Se erigió un monumento en su memoria. • [+to]: *a monument to the dead* un monumento a los caídos **2** (de importancia histórica) monumento: *Ancient monuments are protected by law.* Los monumentos antiguos están protegidos por la ley.

mon·u·men·tal /ˌmɑnyəˈmentl/ adj **1** [gralm ante s] (importante) monumental: *a monumental work/contribution/achievement* una obra/una contribución/un logro monumental **2** [gralm ante s] (enorme) monumental (desastre, fracaso), tremendo -a (equivocación), descomunal (tamaño, gasto): *a monumental*

task una tarea faraónica • *It was a monumental error.* Fue un error garrafal. • *The concert was a monumental disaster.* El concierto fue un desastre monumental. **3** [solo ante s] (referido a esculturas, arte, etc.) monumental: *a monumental arch* un arco monumental

moo¹ /mu/ v [I] mugir

moo² s [C] mugido

mooch /mutʃ/ v [T] gorrar, gorronear, goterear

mood S2 W3 /mud/ s **1** [C] (de una persona) estado de ánimo • **in a good mood** de buen humor: *You're in a good mood this morning!* ¡Pues sí que estás de buen humor esta mañana! • **in a cheerful/happy mood** alegre/contento -a • **in a bad mood** de mal humor: *The delay had put him in a bad mood.* El retraso lo había puesto de mal humor. • **in a foul mood** de pésimo humor: *The manager was in a foul mood and was shouting at everyone.* El jefe estaba de pésimo humor y le gritaba a todo el mundo. **2** [sing] (de un grupo de personas) sentir, ánimo: *The mood of the country had changed.* El sentir del país había cambiado. **3** [C gralm sing] (de un lugar, un libro, etc.) ambiente, atmósfera: *Good lighting can change the mood of a room.* Una buena iluminación puede cambiar el ambiente de una habitación.

EXPRESIONES
be in no mood for sth (tb **be in no mood to do sth**) no estar de humor para algo: *I was in no mood for his jokes.* No estaba de humor para sus chistes. • **be/feel in the mood (for sth)** tener ganas (de algo), estar con ganas (de algo): *We really felt in the mood for a party.* Estábamos con muchas ganas de fiesta.

mood·i·ly /ˈmudəli/ adv malhumoradamente

mood·i·ness /ˈmudinəs/ s [U] mal humor, susceptibilidad

mood·y /ˈmudi/ adj (**moodier, moodiest**) **1** temperamental, de humor cambiante: *a moody teenager* un adolescente temperamental SIN **temperamental 2** malhumorado -a, de mal humor

moon¹ S2 W2 /mun/ s **1 the moon** (tb **the Moon**) la Luna: *The Americans landed on the moon in 1969.* Los estadounidenses llegaron a la Luna en 1969. • **moon landing** alunizaje **2** [C gralm sing] (que se ve en el cielo) luna: *There was no moon that night.* No había luna esa noche. **3** [C] (de otros planetas) luna: *the moons of Saturn* las lunas de Saturno ► **FULL MOON**, **ONCE in a blue moon**, **PROMISE (sb) the moon**

EXPRESIONES
many moons ago hace muchas lunas

moon² v [I,T] (coloq) hacer un calvo, enseñar el trasero **moon over sb/sth** phr. v. (antic) mirar algo/a alguien embobado -a, pensar en algo/alguien embobado -a

moon·beam /ˈmunbim/ s [C] (liter) rayo de luna

moon·less /ˈmunləs/ adj sin luna: *a cloudy, moonless night* una noche nublada, sin luna

moon·light¹ /ˈmunlaɪt/ s [U] luz de la luna • **in the moonlight/by moonlight** a la luz de la luna: *The trees looked silver in the pale moonlight.* Los árboles parecían de plata a la pálida luz de la luna.

moonlight² v [I] (**moonlighted**) tener un segundo trabajo/empleo (en general sin declarar)

moon·light·ing /ˈmunˌlaɪtɪŋ/ s [U] segundo trabajo/empleo (en general sin declarar)

moon·lit /ˈmunˌlɪt/ adj [solo ante s] iluminado -a por (la luz de) la luna: *a clear moonlit night* una noche clara iluminada por la luz de la luna

moon·shine /ˈmunʃaɪn/ s [U] (coloq) licor de contrabando

moor¹ /mʊr/ v **(a)** [T] amarrar: *A few fishing boats were moored alongside the pier.* Unos pocos barcos pesqueros estaban amarrados a lo largo del muelle. **(b)** [I] amarrar

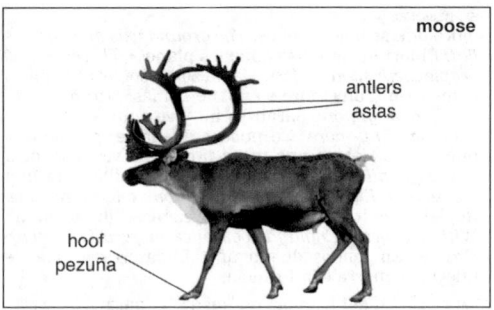

moor² s [C] páramo

Moor /mʊr/ s [C] moro -a

moor·ing /ˈmʊrɪŋ/ s [C] **1** amarradero **2 moorings** [pl] amarras

Moor·ish /ˈmʊrɪʃ/ adj árabe, morisco -a

moor·land /ˈmʊrlənd/ s [U] (tb **moorlands** [pl]) páramo(s): *areas of open moorland* zonas de páramos abiertos

moose /mus/ s [C] (pl **moose**) alce

moose
antlers
astas
hoof
pezuña

moot¹ /mut/ adj **1** (problema, asunto, resultado) irrelevante (por ser obsoleto) **2 be a moot point/question** ser (un punto/una cuestión) discutible

moot² v **be mooted** (frml) plantearse

mop¹ /mɑp/ s [C] **1** trapeadora: *a mop and bucket* un balde y una trapeadora **2** [gralm sing] (coloq) mata (de pelo), pelambre • **a mop of hair/curls** una mata de pelo/rizos

mop² v (**mopping, mopped**) **1** [I,T] trapear, pasarle el trapeador (a): *She was mopping the floor.* Estaba trapeando el piso. **2** [T] secar, limpiar • **mop your face/brow/forehead** secarse la cara/frente SIN **wipe 3 mop sth from/off sth** limpiar/enjugar algo de algo: *He stopped to mop the sweat from his brow.* Se detuvo para secarse el sudor de la frente.

EXPRESIONES

mop the floor with sb (coloq) barrer el piso con alguien (en un partido, un debate, etc.)

mop up **phr. v. 1 (a) mop sth ↔ up** limpiar/secar algo (con un paño, un trapeador, etc.): *She quickly mopped up the spilled juice.* Limpió rápidamente el jugo derramado. • *I like to mop the sauce up with my bread.* Me gusta mojar el pan en la salsa. **(b) mop up** limpiar (enjugando un líquido) **2 mop sth ↔ up** acabar con algo, liquidar algo

mope /moʊp/ v [I] estar abatido -a, estar deprimido -a: *She's been sitting around moping all day.* Ha estado todo el día sentada y abatida.

mope around v+partíc andar abatido -a, andar deprimido-a

mo·ped /ˈmoʊpɛd/ s [C] ciclomotor, motoneta ▶ MOTORCYCLE

mor·al¹ W2 /ˈmɔrəl, ˈmɑrəl/ adj
1 (en ética) [solo ante s] **a moral issue** una cuestión moral: *Capital punishment is a moral issue.* La pena de muerte es una cuestión moral. • **a moral code** un código moral • **moral values/standards/principles** valores/normas/principios morales: *traditional moral values* valores morales tradicionales
2 (correcto) [solo ante s] moral • **a moral duty/obligation/responsibility** un deber/una obligación/una responsabilidad moral: *You have a moral obligation to help your sister's children.* Tienes la obligación moral de ayudar a los hijos de tu hermana.
3 (persona) íntegro -a ANT **immoral, amoral**
4 moral support apoyo moral: *Dad came along to give me some moral support.* Mi padre vino a darme apoyo moral.

moral² s **1 morals** [pl] moralidad, ética: *She was shocked at his lack of morals.* Quedó escandalizada por su falta de moralidad. **2** [C] moraleja

mo·rale /məˈræl/ s [U] moral (ánimo): *Winning is always good for morale.* Ganar siempre sube la moral. • **low/high morale** moral baja/alta: *Staff morale is low.* El personal tiene la moral baja. • **boost/raise morale** subir/levantar la moral • **boost sb's morale** subirle/levantarle la moral a alguien

mor·al·ist /ˈmɔrəlɪst, ˈmɑr-/ s [C] (peyor) moralista, puritano -a

mor·al·ist·ic /ˌmɔrəˈlɪstɪk◂, ˌmɑr-/ adj (peyor) moralista

mo·ral·i·ty /məˈræləti/ s **1** [U] moralidad, moral: *the decline in standards of morality* el deterioro de los principios morales • *sexual morality* moralidad sexual **2 the morality of sth** la moralidad de algo: *a discussion*

on the morality of abortion un debate sobre la moralidad del aborto

mor·al·ize /ˈmɔrəˌlaɪz, ˈmɑr-/ v [I] moralizar SIN **preach**

mor·al·ly /ˈmɔrəli, ˈmɑr-/ adv **1** moralmente • **morally right/wrong** moralmente correcto/incorrecto: *What you did wasn't illegal, but it was morally wrong.* Lo que hiciste no era ilegal, pero era moralmente incorrecto. **2 act/behave morally** actuar/comportarse con integridad

mo·rass /məˈræs/ s **1** [sing] caos **2** [C] (liter) ciénaga SIN **marsh**

mor·a·to·ri·um /ˌmɔrəˈtɔriəm, ˌmɑr-/ (pl **moratoriums** o **moratoria** /-riə/) s [C gralm sing] **1** (a una actividad) moratoria • [+on]: *a moratorium on nuclear testing* una moratoria a/para las pruebas nucleares **2** (a un pago) moratoria

mor·bid /ˈmɔrbɪd/ adj morboso -a

mor·bid·ly /ˈmɔrbɪdli/ adv morbosamente

mor·dant /ˈmɔrdnt/ adj mordaz

more¹ S1 W1 /mɔr/ adv
1 [en el compar de adj y adv de dos o más sílabas] más: *Try to be more careful.* Trata de tener más cuidado. • *Can the job be done more quickly?* ¿Se puede hacer el trabajo más rápido? • **more... than** más... que: *Your health is more important than anything.* Tu salud es más importante que nada. • *Children learn languages more easily than adults.* Los niños aprenden idiomas más fácilmente que los adultos. • **much/far more** (tb **a lot more**) mucho -a más: *The new teacher explains things far more clearly.* El nuevo profesor explica las cosas con mucha más claridad. • **more and more** más y más, cada vez más: *The snow was falling more and more heavily.* La nieve estaba cayendo cada vez más copiosamente. • *Lewis looks more and more likely to be the winner.* Parece cada vez más probable que Lewis sea el ganador. • **even more** (tb **all the more**) aún más, más todavía: *She's even more intelligent than her mother was.* Ella es aún más inteligente que su madre. • *This makes the problem all the more difficult.* Esto hace el problema más difícil todavía. ANT **less**
2 (con mayor frecuencia, en mayor medida) más: *He travels more now that he has a car.* Viaja más ahora que tiene carro. • *I like him more now that I know him better.* Me gusta más ahora que lo conozco mejor. • **more than** más que: *I'd like to visit them more than I do.* Me gustaría visitarlos más de lo que lo hago. • **much/far more** (tb **a lot more**) mucho más: *He goes out a lot more these days.* Sale mucho más ahora. • **more and more** más y más, cada vez más: *She depended more and more on her daughter.* Dependía cada vez más de su hija. • **more... than** más... que: *She cares more for her dogs than she does for me.* Le importan más sus perros que yo. • **even more** (tb **all the more**) aún más, más todavía: *She would need my help even more now.* Ahora necesitaría mi ayuda aún más. • *This news made us worry all the more.* Estas noticias nos preocuparon más todavía. ANT **less**
3 more than... más que...: *I'd be more than happy to help.* Estaría más que encantado de ayudar. ▶ **more LIKE sth, that's more LIKE it, more OFTEN than not**

M

more or less más o menos: *The ground was more or less flat.* El terreno era más o menos plano. • *There were 50 people there, more or less.* Había 50 personas allí, más o menos. • **not any more** ya no, no ... más: *Sarah doesn't live here any more.* Sarah ya no vive aquí. • *You can't stay here any more.* No puedes quedarte más aquí. • **once more** (a) (tb **one more time**) una vez más, otra vez: *Try calling her once more.* Intenta llamarla una vez más. • *I'll repeat the instructions one more time.* Repetiré las instrucciones una vez más. (b) de nuevo: *Within a year, England was once more at war with France.* En menos de un año, Inglaterra estaba de nuevo en guerra con Francia.

more² S1 W1 *det* [compar de "many" y "much"]
1 más: *I have more money than you..* Tengo más dinero que tú. • *I wish more people would offer to help.* Ojalá más gente se ofreciera a ayudar. • **more... than...** más... que...: *There are more women than men in the club.* Hay más mujeres que hombres en el club. • **even more** aún más, más todavía: *These changes will cause even more confusion.* Estos cambios causarán aún más confusión. • **more and more** cada vez más, más y más: *More and more children are using cell phones.* Cada vez más niños utilizan teléfonos celulares. • **many/lots/far more** (tb **a lot more** (*coloq*)) muchos -as más: *We've received many more letters than usual.* Hemos recibido muchas más cartas de lo habitual. • **much/far/lots more** (tb **a lot more** (*coloq*)) mucho -a más: *She has lots more experience than I have.* Tiene mucha más experiencia que yo. • *People are drinking a lot more wine these days.* La gente bebe mucho más vino ahora. • **more sth than I care to remember/admit** tanto/tantos que ni me quiero acordar de cuánto/cuántos: *I've lived here for more years than I care to remember.* He vivido aquí tantos años, que ni me quiero acordar de cuántos. **2** (indicando cantidad añadida) más: *We need more chairs.* Necesitamos más sillas. • *If you need more help, call me.* Si necesitas más ayuda, llámame. • **any more** más: *Is there any more coffee?* ¿Hay más café? • **no more** no más: *I have no more questions.* No tengo más preguntas. • *There's no more gas left.* Ya no queda gasolina. • **some more** más, algunos -as más: *I need some more shoes.* Necesito más zapatos. • *You may want to buy some more books.* Quizás quieras comprar algunos libros más. • **a lot more** mucho(s) más/mucha(s) más: *A lot more money is still needed.* Se necesita todavía mucho más dinero. • **a few more** algunos -as... más, unos pocos/unas pocas... más: *The club needs a few more members.* El club necesita algunos socios más. • **a little more** un poco más: *There's a little more food left.* Queda un poco más de comida. • *Put a little bit more wood on the fire.* Pon un poco más de leña al fuego. • **two/three/five more** dos/tres/cinco más: *I need two more tickets.* Necesito dos entradas más. • **several more** varios -as más: *We made several more attempts.* Hicimos varios intentos más. • **how much/many more** cuánto(s)/cuánta(s) más: *How much more information do you need?* ¿Cuánta información más necesitas? **3 the more... , the more/less...** cuanto(s)/cuanta(s) más..., más/menos...: *The more money you have, the more you spend.* Cuanto más dinero tienes, más gastas. • *The more work you do now, the easier the test will be.* Cuanto más trabajes ahora, más fácil te resultará el examen.

more³ S1 W1 *pron*
1 (una cantidad o número mayor) más: *The government is spending more on education.* El gobierno está gastando más en educación. • *She's read a lot of books, but I've read more.* Ella ha leído muchos libros, pero yo he leído más. • **more than** más que: *Pat earns more than I do.* Pat gana más que yo. • *I think she knows more than she's telling us.* Creo que sabe más de lo que nos está contando. • **more of sth** más de algo: *Customers want more of the things they like.* Los clientes quieren más de lo que les gusta. • **even more** aún más, más todavía: *She spends even more on clothes.* Gasta aún más en ropa. • **or more** o más: *There must have been 200 people or more waiting outside.* Debía de haber 200 personas o más esperando fuera. • **many/far more** (tb **a**

lot more (*coloq*)) muchos -as más: *Some people agreed; many more disagreed.* Algunas personas estaban de acuerdo, pero muchas más no lo estaban. • **much/lots/far more** (tb **a lot more** (*coloq*)) mucho más: *He knows much more than I do.* Sabe mucho más que yo. • *You eat a lot more than I do.* Comes mucho más que yo. **2** (indicando cantidad añadida) más: *Tell me more.* Cuéntame más. • **any more** (no...) más: *I can't say any more at the moment.* No puedo decir más por ahora. • *I'd like another sandwich. Are there any more?* Me comería otro sándwich. ¿Hay más? • **some more** más: *If you'd like another beer, there's some more in the fridge.* Si quieres otra cerveza, hay más en el refrigerador. • **more of** más de: *I don't want to hear any more of your excuses.* No quiero escuchar más de tus excusas. • **a few more** algunos -as más, unos pocos/unas pocas más: *We have some helpers, but a few more would be great.* Tenemos algunos ayudantes, pero algunos más vendrían muy bien. • **several more** varios -as más: *If you enjoyed that book, he's written several more.* Si te ha gustado ese libro, ha escrito varios más. • **two/three/five more** dos/tres/cinco más: *We have nine players. We just need two more.* Tenemos nueve jugadores. Solo necesitamos dos más. • **a little/little bit more** un poco más: *There's not enough space. We need a little more.* No hay suficiente espacio. Necesitamos un poco más. • **much/a lot more** mucho más: *There isn't much more to say.* No hay mucho más que decir. **3 more of a... than a...** más un/una... que un/una...: *She's more of a mom than a big sister.* Es más una madre que una hermana mayor. ▶ **the more the merrier** (MERRY), **more's the** PITY

more of the same más de lo mismo: *TV audiences want more variety, not more of the same.* Los televidentes quieren más variedad, no más de lo mismo. • **no more than** (a) (tb **not more than**, **nothing more than**) (solamente) nada más que/de, no más que/de: *It was nothing more than a scratch.* No fue nada más que un rasguño. (b) (justamente) no más que/de: *The award is no more than you deserve.* El premio no es más que lo que te mereces. • **little more than** poco más que: *He left school with little more than a basic education.* Dejó la escuela con poco más que la educación básica. • **see more of sb** ver más a alguien: *I'd like to see more of my girlfriend.* Me gustaría ver más a mi novia.

more·o·ver W3 /mɔr'ouvə/ *adv* [adv oracional] (*frml*) es más, más aún, además: *The technology is expensive. Moreover, there are other difficulties.* La tecnología es cara. Es más, hay otros inconvenientes. SIN **furthermore, in addition**

mo·res /'mɔreɪz/ *s* [pl] (*frml*) costumbres, convenciones

morgue /mɔrg/ *s* [C] morgue, depósito de cadáveres
like a morgue (*hum*) (como) un cementerio

mor·i·bund /'mɔrə,bʌnd/ /'mɑr-/ *adj* moribundo -a

Mor·mon /'mɔrmən/ *s* [C], *adj* [gralm ante s] mormón -ona

morn·ing¹ S1 W1 /'mɔrnɪŋ/ *s* [C,U]
1 mañana: *It was a nice sunny morning.* Era una linda mañana de sol. • *The next morning, I woke early.* A la mañana siguiente, me desperté temprano. • **in the morning** por la mañana, en la mañana: *Classes start at 8:30 in the morning.* Las clases comienzan por la mañana a las 8.30. (mañana) por la mañana: *I'll call you in the morning.* Te llamaré mañana por la mañana. • **on Monday/Tuesday morning** el lunes/martes por la mañana, el lunes/martes en la mañana: *I'll see you on Friday morning.* Te veo el viernes por la mañana. • **tomorrow/yesterday morning** mañana/ayer por la mañana, mañana/ayer en la mañana: *Tomorrow morning, the weather will be fine.* Mañana por la mañana, hará buen tiempo. • **this morning** esta mañana: *Are you busy this morning?* ¿Estás ocupado esta mañana? • **early/late morning** por la mañana temprano/a última hora *the early morning sun* el sol de primera hora de la mañana • *the morning session* la sesión matutina ▶ **AFTERNOON, EVENING**

2 madrugada • **one/two/three (o'clock) in the morning** la una/las dos/las tres de la madrugada: *Do you realize it's four in the morning?* ¿Te das cuenta de que son las cuatro de la madrugada? • **the early/ small hours of the morning** las altas horas de la madrugada: *The clubs close in the early hours of the morning.* Las discotecas cierran a altas horas de la madrugada.

morning² S2 *interj* (*coloq*) buenos días: *Morning, Dave. How are you?* Buenos días, Dave. ¿Qué tal? SIN **good morning**

ˌmorning-ˈafter pill *s* [C] píldora del día después

ˈmorning ˌsickness *s* [U] las náuseas del embarazo

Mo·roc·can /məˈrakən/ *s* [C], *adj* marroquí

Mo·roc·co /məˈrakoʊ/ Marruecos

mo·ron /ˈmɔran/ *s* [C] (*despec*) (*coloq*) imbécil, menso -a

mo·ron·ic /məˈranɪk/ *adj* (*coloq*) imbécil, menso -a

mo·ron·i·cally /məˈranɪkli/ *adv* como un -a imbécil, menso -a

mo·rose /məˈroʊs/ *adj* huraño -a, arisco -a

mo·rose·ly /məˈroʊsli/ *adv* hoscamente, ariscamente

mo·rose·ness /məˈroʊsnɪs/ *s* [U] (*raro*) hosquedad

mor·phine /ˈmɔrfin/ *s* [U] morfina

mor·phol·o·gy /mɔrˈfalədʒi/ *s* [C,U] (pl **morphologies**) (*técn*) morfología

Morse code /ˈmɔrs koʊd/ *s* [U] (código) Morse

mor·sel /ˈmɔrsəl/ *s* [C] **1** bocado **2** [gralm sing] dato, detalle

mor·tal¹ /ˈmɔrtl/ *adj* **1** (*liter*) (que muere) mortal ANT **immortal** **2** (*liter*) (que causa la muerte) mortal: *a mortal wound* una herida mortal • **mortal combat** combate/lucha a muerte • **mortal danger** peligro de muerte ► **LETHAL, FATAL** **3 in mortal fear/dread (of sth)** aterrorizado -a por algo

mor·tal² *s* [C] **1** [gralm pl] (*hum*) (persona común y corriente) mortal • **lesser/ordinary/mere mortals** simples/vulgares/comunes mortales **2** (*liter*) (ser humano) mortal

mor·tal·i·ty /mɔrˈtæləti/ *s* [U] **1** (número de defunciones) mortalidad: *The city has a high rate of infant mortality.* La ciudad tiene un alto índice de mortalidad infantil. • **mortality rate** índice de mortalidad **2** [U] (condición de mortal) mortalidad • **sb's own mortality** la propia mortalidad ANT **immortality** **3** [C gralm pl, U] (*técn*) (defunción) muerte

mor·tal·ly /ˈmɔrtl-i/ *adv* **1** (*liter*) **mortally wounded/ injured** herido -a de muerte • **mortally ill** enfermo -a de muerte **2** (*frml*) **mortally offended/ashamed** terriblemente ofendido -a/avergonzado -a, terriblemente ofendido -a/apenado -a • **mortally afraid** con un miedo espantoso

mor·tar /ˈmɔrtər/ *s* **1** [C] mortero (arma) **2** [U] argamasa, mortero **3** [C] mortero, molcajete (para moler)

mor·tar·board /ˈmɔrtərbɔrd/ *s* [C] birrete

mort·gage¹ W3 /ˈmɔrgɪdʒ/ *s* [C] hipoteca, crédito hipotecario: *a 30-year mortgage* una hipoteca a 30 años • **take out a mortgage** obtener un crédito hipotecario • **a $200,000/$300,000 mortgage** una hipoteca de 200.000/ 300.000 dólares • **pay off a mortgage** terminar de pagar una hipoteca • **mortgage payment** pago de hipoteca • **mortgage rate** tasa de interés hipotecario

mortgage² *v* [T] hipotecar • **mortgage your house/ home** hipotecar su casa

mor·ti·cian /mɔrˈtɪʃən/ *s* [C] (*antic*) empresario -a de pompas fúnebres SIN **funeral director, undertaker**

mor·ti·fi·ca·tion /ˌmɔrtəfəˈkeɪʃən/ *s* [U] (*frml*) humillación

mor·ti·fied /ˈmɔrtəˌfaɪd/ *adj* abochornado -a, humillado -a

mor·ti·fy /ˈmɔrtəˌfaɪ/ *v* [T] (**mortifies, mortified, mortifying**) humillar, abochornar

mor·ti·fy·ing /ˈmɔrtəˌfaɪ-ɪŋ/ *adj* bochornoso -a, humillante

mor·tu·ar·y /ˈmɔrtʃuˌɛri/ (pl **mortuaries**) *s* [C gralm sing] funeraria SIN **funeral home**

mo·sa·ic /moʊˈzeɪ-ɪk/ *s* [C,U] mosaico: *a Roman mosaic* un mosaico romano • **mosaic floor** suelo de mosaico

Mos·lem /ˈmazləm, ˈmas-/ *s* [C], *adj* (*antic*) mahometano -a, musulmán -ana SIN **Muslim**

mosque /mask/ *s* [C] mezquita

mos·qui·to /məˈskitoʊ/ *s* [C] (pl **mosquitoes** o **mosquitos**) mosquito, mosco, zancudo

mos·quito net *s* [C] mosquitero

moss /mɔs/ *s* [C,U] musgo ► **LICHEN**

mossy /ˈmɔsi/ *adj* [gralm ante s] musgoso -sa

most¹ S1 W1 /moʊst/ *adv*
1 [en el superl de adj y adv de dos o más sílabas] más: *his most recent movie* su película más reciente • *the most important question* la cuestión más importante • *Which system works most effectively?* ¿Qué sistema funciona más eficazmente? • *the most expensive perfume in the world* el perfume más caro del mundo ANT **least, the least**
2 [superl del adv "much"] más ► Cuando se usan a continuación del verbo, **most** y **the most** pueden emplearse indistintamente: *What did you enjoy most?* ¿Qué fue lo que te gustó más? • *Washing dishes was the job he hated the most.* Lavar los platos era el trabajo que más detestaba. • *All the kids talk a lot, but she talks the most.* Todos los niños hablan mucho, pero ella es la que más habla. • Solo **most** puede usarse antes de un verbo. • *They gave us help when we most needed it.* Nos ayudaron cuando más lo necesitábamos. • **most of all** más que nada, sobre todo: *Most of all, I miss my family.* Más que nada, extraño a mi familia. • *What annoys me most of all is her attitude.* Lo que más me molesta de todo es su actitud. ANT **least**
3 [con el significado de "very"] (*frml*) sumamente: *a most interesting experience* una experiencia sumamente interesante • *a most excellent service* un excelentísimo servicio
4 (*incorr, oral*) casi: *She works most every day.* Trabaja casi todos los días.

most² S1 W1 *det*
1 [superl de "many" y "much"] la mayoría de, la mayor parte de: *Most people enjoy watching sports.* A la mayoría de la gente le gusta ver deporte. • *Most research is done by professional scientists.* La mayor parte de la investigación la hacen científicos profesionales. • **most days/evenings/weekends** la mayoría de los días/de las noches/de los fines de semana: *The store is open most days.* La tienda abre la mayoría de los días. • *I work most weekends.* Trabajo la mayoría de los fines de semana.
2 (tb **the most**) más, la mayor cantidad de, el mayor número de: *Which class has most children in it?* ¿Qué clase es la que tiene más alumnos? • *Who has the most money?* ¿Quién es el que tiene más dinero? • *These are the infections that cause the most problems.* Estas son las infecciones que causan el mayor número de problemas. ANT **the least**
3 the most la mayoría de, el/la mayor: *We want a system that benefits the most people.* Queremos un sistema que beneficie a la mayoría (de la gente). • *Our aim is to achieve the most profit for the least risk.* Nuestro objetivo es conseguir la mayor ganancia con el menor riesgo. SIN **maximum** ANT **the least**

most³ S1 W1 *pron*
1 la mayoría, la mayor parte: *Some people had shoes on, but most were barefoot.* Algunos llevaban zapatos, pero la mayoría estaba descalza. • **most of sth** la mayoría de algo, la mayor parte de algo: *Most of the stores in town will be closed.* La mayoría de las tiendas del centro estarán cerradas. • *We spend most of our money on food.* Gastamos la mayor parte de nuestro dinero en comida. • **most of the time** la mayoría de las veces, la mayor parte del tiempo: *Most of the time it's very quiet*

M

here. La mayor parte del tiempo está muy tranquilo aquí.
2 más ▶ Cuando se usan a continuación del verbo, **most** y **the most** pueden emplearse indistintamente: *She's the person who knows most about the situation.* Ella es la persona que más sabe de la situación. • *The product that costs the most is not always the best.* El producto que más cuesta no es siempre el mejor. • *The most I ever scored was 95.* Lo más que he llegado a sacar es 95. ▶ Solo **the most** puede usarse antes de un verbo. ANT **least, the least**
3 the most lo más, lo máximo: *The most we can hope to achieve is a silver medal.* Lo más que podemos esperar conseguir es una medalla de plata. • *$ 15 an hour is the most you should expect to earn.* Quince dólares la hora es lo máximo que puedes esperar ganar. SIN **maximum** ANT **the least**
4 be the most (*antic, oral, coloq*) ser lo máximo: *Their music is the most!* ¡Su música es lo máximo!

EXPRESIONES
at (the) most a lo sumo, como máximo: *It'll take 20 minutes at the most.* Llevará 20 minutos a lo sumo. • **at the very most** como mucho: *The child was five years old at the very most.* El niño tenía cinco años como mucho. • **get the most from sth/sb** (tb **get the most out of sth/sb**) sacar el mayor partido a algo/alguien: *How can I get the most from the Internet?* ¿Cómo puedo sacar el mayor partido a Internet? • **make the most of sth** disfrutar algo al máximo, aprovechar bien algo: *This fine weather won't last long, so make the most of it.* Este buen tiempo no va a durar, así que disfrútalo al máximo. • *Make the most of your opportunities.* Aprovecha bien tus oportunidades.

most·ly S2 W2 /'moʊstli/ *adv*
1 generalmente, la mayor parte del tiempo: *In the evenings, we mostly watch TV.* Por las noches, generalmente vemos la tele. SIN **usually**
2 mayormente, en su mayoría: *The weather will be mostly dry.* El tiempo será mayormente seco. SIN **mainly**
3 sobre todo (en particular): *He blamed his parents. Mostly he blamed his Dad.* Culpaba a sus padres. Sobre todo culpaba a su padre. SIN **mainly**

mo·tel /moʊ'tɛl/ *s* [C] motel: *We stayed in a cheap motel near the airport.* Nos quedamos en un motel barato cerca del aeropuerto.

moth /mɔθ/ *s* [C] palomilla, mariposa nocturna, polilla
EXPRESIONES
like a moth to the flame como abejas en un panal

moth·ball[1] /'mɔθbɔl/ *s* [C gralm pl] bola de naftalina, bolita de naftalina

mothball[2] *v* [T gralm en pasiva] dejar de usar (un edificio, un vehículo, etc.), archivar, dejar archivado -a (un proyecto, un plan)

'moth-,eaten *adj* apolillado -a

moth·er[1] S1 W1 /'mʌðər/ *s* [C]
1 (de una persona) [C] madre: *My mother and father are both doctors.* Mi madre y mi padre son médicos. • *Goodnight, Mother.* Hasta mañana, madre. • **a mother of two/five** una madre de dos/cinco niños: *a 35-year-old mother of three* una mujer de 35 años, madre de tres niños • **be (like) a mother to sb** ser como una madre para alguien
2 (de un animal) madre: *The mother cat will guard her kittens fiercely.* La madre protege a sus gatitos con fiereza.
3 (origen) **the mother of sth** la madre de algo: *the mother of all parliaments* la madre de todos los parlamentos
4 (en un convento) **Mother** [sing] madre superiora
5 [sing] (*oral coloq*) (indicando algo muy bueno o muy malo) *The test was a real mother.* El examen fue dificilísimo. • *It was a mother of a car.* El carro era una verraquera. ▶ **necessity is the mother of invention** (NECESSITY)

mother[2] *v* [T] **mother sb** tratar a alguien como si uno fuera su madre

moth·er·board /'mʌðər,bɔrd/ *s* [C] (*técn*) placa base, placa madre (en computación)

moth·er·hood /'mʌðər,hʊd/ *s* [U] maternidad

moth·er·ing /'mʌðərɪŋ/ *s* [U] cuidados (maternos): *the mothering instinct* el instinto maternal

'mother-in-,law (pl **mothers-in-law**) *s* [C] suegra

moth·er·land /'mʌðər,lænd/ *s* [C gralm sing] madre patria

moth·er·ly /'mʌðərli/ *adj* maternal, materno: *motherly instinct* instinto maternal • *motherly love* amor materno ▶ MATERNAL

,Mother 'Nature *s* [U] la madre naturaleza

,mother-of-'pearl *s* [U] nácar, madreperla

'Mother's Day *s* [C,U] Día de la Madre

,mother-to-'be *s* [C] (pl **mothers-to-be**) futura madre

,mother 'tongue *s* [C gralm sing] lengua materna: *Spanish is my mother tongue* El español es mi lengua materna.

mo·tif /moʊ'tif/ *s* [C] **1** tema: *a common/recurrent motif* un tema común/recurrente **2** motivo, dibujo: *a T-shirt with a fish motif* una camiseta con un motivo de peces

mo·tion[1] S2 W2 /'moʊʃən/ *s*
1 [sing, U] (acción de moverse) movimiento • [+of]: *the motion of the planets around the Sun* el movimiento de los planetas alrededor del sol • *The rocking motion of the boat made her feel sick.* El balanceo del barco le provocó náuseas.
2 [C] (gesto) ademán, movimiento: *He summoned the waiter with a motion of his hand.* Llamó al mesero con un ademán.
3 [C] (en una reunión, una asamblea) moción: *The motion was defeated by 201 votes to 159.* La moción fue rechazada por 201 votos contra 159. • **propose a motion** presentar una moción ▶ **set the WHEELS in motion**
EXPRESIONES
in motion **(a)** (objeto) en movimiento: *Do not distract the driver while the vehicle is in motion.* No distraiga al conductor mientras el vehículo se encuentra en movimiento. **(b)** (plan, proceso) en marcha: *The plans had been passed and were already in motion.* Los planes habían sido aprobados y ya estaban en marcha. • **set sth in motion** poner algo en marcha • **go through the motions** cumplir con la formalidad/las formalidades, cubrir el expediente

motion[2] *v* [I,T siempre + adv/prep] **motion (for) sb to do sth** hacerle señas a alguien para que haga algo: *The police officer motioned me to pull over.* El agente de policía me hizo señas para que me detuviera. SIN **signal**

mo·tion·less /'moʊʃənlɪs/ *adj* [gralm no ante s] inmóvil: *Kemp sat motionless as the verdict was read.* Kemp permaneció inmóvil en su asiento mientras leían el veredicto. SIN **still**

,motion 'picture *s* [C] película: *the motion picture industry* la industria cinematográfica • *a motion picture director* un director de cine SIN **movie**

mo·ti·vate /'moʊtə,veɪt/ *v* [T] **1** (alentar) motivar: *A teacher has to be able to motivate his students.* Un profesor debe ser capaz de motivar a sus alumnos. • **motivate sb to do sth** motivar a alguien para que haga algo: *The plan is designed to motivate staff to work harder.* El plan tiene como objetivo motivar al personal para que trabaje más. **2** (indicando razón) *The murder was motivated by revenge.* El móvil del asesinato fue la venganza. • *Was it solely the desire for power that motivated her?* ¿Era el ansia de poder el único motivo que la impulsaba? • **motivate sb to do sth** llevar/impulsar a alguien a hacer algo SIN **drive**

mo·ti·vat·ed /'moʊtə,veɪtɪd/ *adj* **1** motivado -a: *Older students are often highly motivated.* A menudo, los estudiantes de más edad tienen una gran motivación. **2 politically/financially/racially motivated** motivado -a por razones políticas/económicas/raciales

mo·ti·va·tion /ˌmoʊtəˈveɪʃən/ s **1** [U] motivación: *a high level of motivation* un alto nivel de motivación • **lack/lose motivation** carecer de/perder motivación: *Jack's an intelligent student, but he lacks motivation.* Jack es un alumno inteligente, pero carece de motivación. **2** [C] motivo, móvil • **the motivation for sth** el motivo/el móvil de algo • **the motivation for doing sth** el motivo para hacer algo

mo·ti·va·tion·al /ˌmoʊtəˈveɪʃənəl/ adj motivacional

mo·tive /ˈmoʊtɪv/ s [C] motivo, móvil: *It's difficult to understand her motives.* Es difícil entender los motivos que la impulsaron. • **the motive for sth** el motivo/el móvil de algo: *The motive for the murder was jealousy.* El móvil del asesinato fueron los celos. • **the motive for doing sth** el motivo/el móvil para hacer algo • **an ulterior motive** una intención oculta

mot·ley /ˈmɑtli/ adj [solo ante s] **1** (grupo) variopinto -a • **a motley crew/bunch** un grupo variopinto **2** (mezcla) variopinto -a • **a motley collection of sth** una colección variopinta de algo

mo·to·cross /ˈmoʊtoʊˌkrɔs/ s [U] motocross

mo·tor¹ /ˈmoʊtə/ s [C] motor: *an electric motor* un motor eléctrico • *I left the motor running.* Dejé el motor en marcha.

motor² adj [solo ante s] **1** (de vehículos, carros) *the motor industry* la industria automotriz • *a motor accident* un accidente de circulación • *motor oil* aceite para motores **2** (máquina) a motor: *a motor mower* una cortadora de césped a motor **3** (técn) (en medicina) motor, motriz/motora: *a child's motor skills* las habilidades motrices/motoras de un niño ▶ MOTORBIKE, MOTORBOAT, MOTOR VEHICLE

motor³ v [I] conducir un vehículo a motor

mo·tor·bike /ˈmoʊtəˌbaɪk/ s [C] motocicleta, moto: *a motorbike accident* un accidente de moto • *a motorbike helmet* un casco para moto • *a motorbike rider* un motociclista SIN **motorcycle, bike**

mo·tor·boat /ˈmoʊtəˌboʊt/ s [C] lancha a motor

mo·tor·cade /ˈmoʊtəˌkeɪd/ s [C] caravana vehicular

'motor car s [C] (antic) automóvil

mo·tor·cy·cle /ˈmoʊtəˌsaɪkəl/ s [C] motocicleta, moto: *motorcycle racing* carreras de motocicletas • *a motorcycle rider* un motociclista SIN **motorbike, bike**

'motor home s [C] casa rodante, motorhome, cámper

mo·tor·ist /ˈmoʊtərɪst/ s [C] (frml) automovilista, conductor -a SIN **driver**

mo·tor·ized /ˈmoʊtəˌraɪzd/ adj [solo ante s] motorizado -a

'motor ˌracing s [U] automovilismo, carreras de automóviles

'motor ˌvehicle s [C] (frml) (vehículo) automóvil

mot·tled /ˈmɑtld/ adj manchado -a, moteado -a: *mottled leaves* hojas moteadas

mot·to /ˈmɑtoʊ/ s [C] (pl **mottos** o **mottoes**) lema

mould /moʊld/ s, v variante británica de MOLD

mould·ing /ˈmoʊldɪŋ/ s variante británica de MOLDING

mould·y /ˈmoʊldi/ adj variante británica de MOLDY

moult /moʊlt/ v variante británica de MOLT

mound /maʊnd/ s [C] **1** túmulo, arrume, montículo: *an ancient burial mound* un antiguo túmulo funerario • [+of]: *a mound of dirt* un montículo de tierra **2** montón, pila, arrume • [+of]: *There's a mound of papers on my desk.* Hay un montón de papeles sobre mi escritorio. **3** montículo (del pitcher)

mount¹ /maʊnt/ v
1 [T] **mount a campaign** montar una campaña: *The government is mounting a campaign to promote recycling.* El gobierno está montando una campaña para fomentar el reciclaje. • **mount a search** organizar una batida • **mount an attack** lanzar un ataque SIN **launch**

2 [I] crecer, aumentar: *Speculation is mounting that the team's coach is about to resign.* Crecen los rumores de que el entrenador del equipo estaría a punto de renunciar. • *The death toll has already mounted to 5,000.* El número de víctimas ya asciende a 5000.
3 [T gralm en pasiva] fijar, sujetar • **be mounted on sth** estar fijado -a/sujeto -a a algo: *A stuffed deer's head was mounted on the wall.* Había una cabeza de ciervo disecada sujeta a la pared. • **be mounted in sth** estar engastado -a/montado -a en algo: *a diamond mounted in gold* un diamante engastado en oro • **mount a photograph** montar una fotografía
4 [T] (frml) subir a (una tarima, una escalera): *The Olympic medalists mounted the podium.* Los medallistas olímpicos subieron al podio.
5 **(a)** [T] montarse en, subirse a (un caballo, una bicicleta): *She mounted her horse and rode off.* Se subió a su caballo y se alejó cabalgando. **(b)** [I] montar (a caballo)
ANT **dismount** ▶ MOUNTING

mount up v+partíc aumentar, acumularse: *At $ 10 each, the cost quickly mounts up.* A 10 dólares cada uno, el costo aumenta rápidamente.

mount² s [C] **1** Mount (abrev escrita **Mt.**) (en nombres de montañas) *Mount Everest* el Everest • *Mount Sinai* el Monte Sinaí **2** (frml) cabalgadura (caballo) **3** soporte, montura **4** (liter) montaña

moun·tain SIN WIN /ˈmaʊntn/ s
1 [C] montaña: *the Rocky Mountains* las Montañas Rocallosas • *the first person to climb the mountain* la primera persona que escaló la montaña • **in the mountains** en la(s) montaña(s): *We went hiking in the mountains.* Hicimos senderismo en la montaña. • *mountain villages* pueblos de montaña • *fresh mountain air* el aire fresco de la montaña • **mountain chain** cadena montañosa • **mountain climber** montañero -a, escalador -a • **mountain climbing** montañismo • **mountain range** cordillera
2 **a mountain of sth** (tb **mountains of sth** [pl]) una montaña/un montón de algo, montañas/montones de algo: *He put a mountain of mashed potato on his plate.* Se sirvió una montaña de puré de papa en el plato. • *a mountain of debt* un montón de deudas

EXPRESIONES
make a mountain out of a molehill hacer una montaña de un grano de arena

'mountain ˌbike s [C] bicicleta de montaña

moun·tain·eer /ˌmaʊntnˈɪr/ s [C] alpinista, andinista, montañero -a

moun·tain·eer·ing /ˌmaʊntnˈɪrɪŋ/ s [U] montañismo, alpinismo, andinismo • **go mountaineering** ir a hacer montañismo/alpinismo/andinismo • **mountaineering club** club de montañismo/alpinismo/andinismo

'mountain goat s [C] cabra montés

'mountain ˌlion s [C] puma SIN **cougar**

moun·tain·ous /ˈmaʊntn-əs/ adj **1** montañoso -a: *a mountainous region* una región montañosa **2** descomunal: *mountainous debts* deudas descomunales

moun·tain·side /ˈmaʊntnˌsaɪd/ s [C] ladera de la montaña

moun·tain·top /ˈmaʊntnˌtɑp/ s [C] cima (de la montaña), cumbre (de la montaña)

Mount·ie /ˈmaʊnti/ s [C] (coloq) en Canadá, miembro de la Real Policía Montada

mount·ing /ˈmaʊntɪŋ/ adj [solo ante s] cada vez mayor, creciente: *mounting debts* deudas cada vez mayores • *There was mounting pressure on him to resign.* La presión para que renunciara iba en aumento.

mourn /mɔrn/ v [I,T] llorar (una muerte): *Hundreds of people gathered to mourn her death.* Centenares de personas se reunieron para llorar su muerte. • **mourn for sb** llorar a alguien **2** lamentar: *Many people mourn the loss of the old theater building.* Muchas personas lamentan la pérdida del viejo edificio del teatro.

mourn·er /ˈmɔrnə/ s [C] doliente, deudo

mourn·ful /ˈmɔrnfəl/ *adj* **1** triste, lastimero -a: *slow, mournful music* música lenta y triste **2** acongojado -a, doliente

mourn·ful·ly /ˈmɔrnfəli/ *adv* **1** acongojadamente, con pesar **2** lastimeramente

mourn·ing /ˈmɔrnɪŋ/ *s* [U] **1** duelo: *a national day of mourning* un día de duelo nacional • **be in mourning** estar de luto/duelo: *She's still in mourning after the death of her husband.* Todavía está de luto por la muerte de su marido. **2** luto (referido a la ropa)

mouse S2 W3 /maʊs/ *s*
1 [C] (pl **mice** /maɪs/) ratón
2 [C] (pl **mouses**) mouse, ratón (en computación): *Click once on the mouse.* Haga clic una vez con el mouse. • **mouse button** botón del mouse, botón del ratón ▶ **play (a game of)** CAT and mouse, **be as** QUIET as a mouse

ˈ**mouse pad** *s* [C] almohadilla para mouse, pad para mouse

mouse·trap /ˈmaʊs-træp/ *s* [C] ratonera

mousse /mus/ *s* [C,U] **1** (en cocina) mousse, espuma: *chocolate mousse* mousse de chocolate **2** (para el cabello) mousse, espuma

mous·tache /ˈmʌstæʃ, məˈstæʃ/ *s* variante británica de MUSTACHE

mous·y /ˈmaʊsi, -zi/ *adj* (peyor) **1** (una mujer) insignificante (poco atractiva) **2** (cabello) castaño arratonado

mouth¹ S1 W2 /maʊθ/ *s* [C] (pl **mouths** /maʊðz/)
1 (de una persona, un animal) boca: *Don't talk with your mouth full!* ¡No hables con la boca llena! • *He lifted the glass to his mouth.* Se llevó la copa a los labios. • *The lion opened its mouth in a huge yawn.* El león abrió la boca en un enorme bostezo. • **the roof of your mouth** el paladar ▶ -MOUTHED
2 (de un río) desembocadura
3 (de una cueva, un túnel) entrada ▶ **have a** BIG **mouth**, **me and my** BIG **mouth**, DOWN **in the mouth**, FOAM **at the mouth**, **have a** FOUL **mouth**, HAND TO MOUTH **put your** MONEY **where your mouth is**, MEALY-MOUTHED, -MOUTHED, SHOOT **your mouth off**, SHUT **your mouth/trap/face!**, **sb is born with a** SILVER **spoon in their mouth**, WORD **of mouth**

EXPRESIONES
keep your mouth shut (coloq) **(a)** callarse la boca, mantener la boca cerrada: *I wished that I had kept my mouth shut.* Pensé que ojalá me hubiera callado la boca. **(b)** no decir ni una palabra: *You'd better keep your mouth shut about this.* Más te vale no decir ni una palabra de esto. • **open your mouth** abrir la boca: *I didn't dare open my mouth while he was there.* No me atreví a abrir la boca mientras él estuvo allí. • **it makes my/your mouth water** me/te hace agua la boca ▶ MOUTH-WATERING • **a mouth to feed** una boca que alimentar

mouth² /maʊð/ *v* [T] **1** mover los labios formando palabras pero sin emitir sonido **2** recitar (sin entender o creer lo dicho)

mouth·ful /ˈmaʊθfʊl/ *s* [C] **1** bocado, trago: *That's enough for me. I couldn't eat another mouthful.* Basta para mí. No podría comer otro bocado. • [+of]: *a mouthful of beer* un trago de cerveza • **take a mouthful (of sth)** comer un bocado/tomar un trago (de algo) **2 a mouthful of sth** *She smiled, showing a mouthful of perfect teeth.* Sonrió mostrando una hilera de dientes perfectos. • *The tailor spoke through a mouthful of pins.* El sastre habló con la boca llena de alfileres.

EXPRESIONES
be a mouthful (coloq) ser un trabalenguas: *Her last name is quite a mouthful.* Su apellido es un buen trabalenguas.

ˈ**mouth ˌorgan** *s* [C] armónica SIN harmonica

mouth·piece /ˈmaʊθpis/ *s* [C] **1** boquilla (de un instrumento musical, etc.), micrófono (de un teléfono) **2** [gralm sing] (peyor) **the mouthpiece of/for sth** el portavoz de algo: *He was just a mouthpiece of the government.* No era más que un portavoz del gobierno.

mouth·wash /ˈmaʊθwɑʃ, -wɔʃ/ *s* [C,U] enjuague bucal

mouth-watering, mouth·wa·ter·ing /ˈmaʊθˌwɔtərɪŋ/ *adj* delicioso -a, que hace agua la boca

mov·a·ble, moveable /ˈmuvəbəl/ *adj* movible, móvil

move¹ S1 W1 /muv/ *v*
1 cambiar de posición o sitio
2 a otra vivienda
3 empresa
4 de puesto, clase, actividad
5 posturas, opiniones
6 al bailar, caminar
7 emocionar
8 situación
9 planes futuros
10 en juegos de mesa
11 mercancía
12 ir rápido
13 en una reunión, asamblea

1 CAMBIAR DE POSICIÓN O SITIO (a) [I] moverse: *The train started to move.* El tren empezó a moverse. • **move about/around** moverse: *There was an animal moving about in the bushes.* Había un animal moviéndose entre los arbustos. • **move along/out/down** *The plane moved slowly along the runway.* El avión avanzó lentamente por la pista. • *Move out of the way! I can't see the TV.* ¡Sal de ahí! No veo la tele. • **Don't move.** No te muevas/se muevan.: *Don't move. There's a wasp on your shoulder.* No te muevas. Tienes una avispa en el hombro. • **get/be moving** (coloq, oral) irse: *It's time we were moving. We're up early in the morning.* Es hora de que nos vayamos. Nos tenemos que levantar temprano mañana. • **get moving** (tb **move it**) (coloq, oral) apurarse: *Get moving or you'll be late for school.* Apúrate o llegarás tarde a la escuela. **(b)** [T] cambiar de lugar: *Could you move your car? It's blocking my driveway.* ¿Me haría el favor de cambiar el carro de lugar? Está tapando la entrada de mi casa. • *The furniture had been moved.* Habían cambiado los muebles de lugar. • **move sth into/away from/out of sth** *Move your chair closer to the fire.* Arrima tu silla al fuego. • *Let's move these boxes onto the floor.* Pongamos estas cajas en el suelo.

2 A OTRA VIVIENDA (a) [I] mudarse, cambiarse: *We're moving next month.* Nos mudamos el mes que viene. • **move to the country/a new town** mudarse al campo/a un pueblo nuevo, cambiarse al campo/a un pueblo nuevo: *When did you move to Seattle?* ¿Cuándo se mudaron a Seattle? **(b)** [T] mudar, cambiar • **move sb into/to sth** mudar a alguien a algo, cambiar a alguien a algo: *They moved their mother into a nursing home.* Mudaron a su madre a un hogar de ancianos.

3 EMPRESA (a) [I] trasladarse, mudarse: *The bookstore is moving around the corner.* La librería se traslada a la vuelta. **(b)** [T] trasladar, mudar: *They're moving their sales center to Chicago.* Van a trasladar el centro de ventas a Chicago.

4 DE PUESTO, CLASE, ACTIVIDAD (a) [T] cambiar, transferir • **move sb to/into sth** transferir a alguien a algo, cambiar a alguien a algo: *She's been moved to a different department.* La han transferido a otro departamento. **(b)** [I] cambiar (de trabajo, actividad): *She feels it's time to move.* Considera que ya es hora de cambiar. • **move to sth** cambiar(se) a algo: *He's moved to the marketing department.* Se ha cambiado al departamento de marketing. • **move from sth to sth** cambiar/pasar de algo a algo: *She keeps moving from one job to another.* Se la pasa cambiando de un trabajo a otro.

5 POSTURAS, OPINIONES (a) [I] ceder, cambiar de opinión: *Neither side is willing to move on this issue.* Ninguna de las dos partes está dispuesta a ceder en esta cuestión. **(b)** [T] hacer cambiar de opinión a: *Once she's made up her mind, you can't move her.* Una vez que se ha decidido, es imposible hacerla cambiar de opinión. SIN shift

6 AL BAILAR, CAMINAR [I] moverse: *I watched the way she moved on the dance floor.* La observé moverse en la pista de baile.

7 EMOCIONAR [T gralm en pasiva] conmover: *You can't fail to be moved by this situation.* Esta situación no puede dejar de conmoverte. • **deeply/profoundly moved** profundamente conmovido -a: *I was deeply moved by what I heard.* Me sentí profundamente conmovido por lo que oí. • **move sb to tears** hacer llorar a alguien (de la emoción): *I am always moved to tears by the song.* Esta canción siempre me hace llorar de la emoción. ▶ MOVING

8 SITUACIÓN [I] marchar • **move quickly/rapidly** marchar rápidamente: *Things moved quickly once the contract was signed.* Una vez que se firmó el contrato, las cosas marcharon rápidamente.

9 PLANES FUTUROS [T] **move sth (from sth) to sth** cambiar algo (de algo) a algo: *Could we move the meeting to Thursday?* ¿Podríamos cambiar la reunión al jueves?

10 EN JUEGOS DE MESA [I,T] mover: *Why don't you move your queen?* ¿Por qué no mueves la reina?

11 MERCANCÍA **(a)** [I] (*coloq*) venderse: *This stock isn't moving at all.* Este stock no se vende nada. **(b)** [T] (*coloq*) vender SIN **shift**

12 IR RÁPIDO [I] (*coloq, oral*) correr, ir a toda velocidad

13 EN UNA REUNIÓN, ASAMBLEA [T] proponer • **move to do sth** proponer hacer algo: *I move to approve the minutes.* Propongo aprobar las actas. • **move that** proponer que: *The chairman moved that the meeting be adjourned.* El presidente propuso que se levantara la sesión. ▶ MOTION; **move HEAVEN and earth to do sth**, **move in for the KILL**

move along *v+partíc* **1 move along** avanzar: *Work on the bridge is moving along.* Las obras del puente están avanzando. **2 move sth along** hacer avanzar algo: *The talks are intended to move the peace process along.* El objetivo de las conversaciones es hacer avanzar el proceso de paz. **3 move along** circular **4 move sb along** hacer circular a alguien SIN **move on**

move around *v+partíc* mudarse, cambiarse (con frecuencia): *Dad was in the army, so we moved around a lot.* Papá estaba en el ejército, así que nos mudamos muchas veces.

move away *v+partíc* mudarse, cambiarse (a un sitio diferente)

move in *v+partíc* **1 move in** mudarse, cambiarse (a una casa): *We just moved in yesterday.* Nos mudamos apenas ayer. ANT **move out 2 move in with sb** irse a vivir con alguien: *She's moving in with her boyfriend.* Se va a ir a vivir con su novio. • **move in together** ir(se) a vivir juntos **3** intervenir, atacar (tropas, policías): *My officers are waiting for the signal to move in.* Mis hombres están esperando la señal para intervenir.

move into sth *v+partíc* **1** mudarse a algo, trasladarse a algo: *We're moving into new offices across town.* Nos vamos a trasladar a unas oficinas nuevas, al otro lado de la ciudad. **2** extender el campo de actividad a algo: *We decided to move into computers.* Decidimos extender nuestro campo de actividad al terreno de la informática. **3** tomar posición en: *American troops began moving into Bosnia.* Las tropas estadounidenses empezaron a tomar posición en Bosnia.

move on *v+partíc* **1 move on** seguir (viaje): *After three days we decided it was time to move on.* Después de tres días, decidimos que era hora de seguir viaje. **2 move on** progresar **3 move on** pasar (tiempo): *We need to make a decision. Time is moving on.* Necesitamos tomar una decisión. El tiempo pasa. **4 move sb on** hacer circular a alguien: *If we stayed for more than a few minutes, the police moved us on.* Si nos quedábamos más de unos minutos, la policía nos hacía circular. SIN **move along**

move out *v+partíc* **1** mudarse, cambiarse (dejar la vivienda): *Her husband has moved out.* Su marido se ha mudado a otro lugar. • **move out of a house/a flat** irse de una casa/un departamento: *She wants to move out of her parents' house.* Quiere irse de la casa de sus padres. ANT **move in 2** retirarse (soldados, tropas): *The army moved out just before dawn.* El ejército se retiró poco antes del amanecer.

move over *v+partíc* corrorse (hacia un lado): *Could you move over a little?* ¿Serías tan amable de correrte un poco?

move up *v+partíc* **move up** ascender: *To move up, you'll need the right training.* Para ascender, necesitarás contar con la capacitación adecuada. • **move up in the world** prosperar • **move up the ladder** mejorar la posición (social o laboral): *Young women married as a way of moving up the ladder.* Las jóvenes se casaban como una forma de mejorar su posición.

move² S2 W2 *s* [C]
1 (para lograr algo) paso, medida: *What will his next move be?* ¿Cuál será su siguiente paso? • **a move to do sth** una decisión/una propuesta de hacer algo: *the recent move to cut interest rates* la reciente decisión de reducir las tasas de interés • **a smart/wise/good move** *Doing research before the trip is a smart move.* Hacer averiguaciones antes del viaje es una idea inteligente. • *a good career move* una decisión profesional acertada • **make the first move** dar el primer paso: *Neither side is willing to make the first move in the trade talks.* Ninguna de las dos partes está dispuesta a dar el primer paso en las negociaciones comerciales. • **watch/follow someone's every move** vigilar todos los movimientos de alguien: *The CIA was watching our every move.* La policía vigilaba todos nuestros movimientos. • **a false move** un paso/un movimiento en falso: *One false move from anyone, and I'll shoot.* Un paso en falso de cualquiera y disparo.
2 (cambio positivo) **a move toward/away from** una transición hacia/un alejamiento de: *the country's move toward democracy* la transición del país hacia la democracia • **a move in the right direction** un paso en la dirección correcta: *This decision is a move in the right direction.* Esta decisión es un paso en la dirección correcta.
3 (del cuerpo) movimiento: *dance moves* movimientos de baile • **make a move** (indicando el inicio de una acción) *She made a move toward the door.* Empezó a avanzar hacia la puerta. • *She made a move to get to her feet.* Hizo ademán de levantarse.
4 (cambio de casa, oficina) trasteo, mudanza: *a move to a larger office* un trasteo a una oficina más grande
5 (en juegos de mesa) jugada: *It's your move.* Te toca jugar.

EXPRESIONES

get a move on (*coloq, oral*) apurarse, moverse: *We'd better get a move on or we'll be late!* ¡Más vale que nos apuremos o llegaremos tarde! • **on the move** de un lado para otro: *With her job, she spends most of her time on the move.* Con su trabajo, pasa la mayor parte del tiempo de un lado para otro. • **put/make a move on sb** (*coloq, oral*) caerle a alguien, echarle los perros a alguien

move·ment S2 W1 /ˈmuvmənt/ *s*

  1 en política, arte
  2 del cuerpo
  3 indicando cambio de sitio
  4 posturas, opiniones
  5 en las fuerzas armadas
  6 en música
  7 en fisiología
  8 de un reloj

1 EN POLÍTICA, ARTE [C] movimiento • **a political/religious movement** un movimiento político/religioso • **the civil rights/peace movement** el movimiento por los derechos civiles/la paz • **the feminist/labor movement** el movimiento feminista/obrero: *the labor movement* el movimiento obrero • [+**for**]: *the Movement for Democracy and Progress* el Movimiento en pro de la Democracia y el Progreso

2 DEL CUERPO [C,U] movimiento: *a dancer's graceful movements* los gráciles movimientos de una bailarina • [+**of**]: *with a small movement of his head* con un pequeño movimiento de la cabeza

3 INDICANDO CAMBIO DE SITIO [C,U] traslado, movimiento • [+**of**]: *the movement of goods* la circulación de mercancías

M

4 POSTURAS, OPINIONES [C,U] cambio (gradual): *There's been no movement in the dispute since Thursday.* No se han producido cambios en el conflicto desde el jueves. • [+**toward**]: *the team's movement toward younger players* el giro gradual del equipo hacia la contratación de jugadores jóvenes • [+**away from**]: *the gradual movement away from the use of fossil fuels* el abandono gradual del uso de combustibles fósiles
5 EN LAS FUERZAS ARMADAS [C,U] movimiento: *troop movements* movimientos de tropas
6 EN MÚSICA [C] movimiento: *the first movement of his violin concerto* el primer movimiento de su concierto para violín
7 EN FISIOLOGÍA [C] (*frml*) **a bowel movement** una deposición, una evacuación (del intestino)
8 DE UN RELOJ [C] mecanismo
EXPRESIONES
sb's movements los movimientos de alguien: *Police are trying to trace Carter's movements.* La policía está procurando rastrear los movimientos de Carter.

mov·er /'muvɚ/ s [C] **1 the movers** empresa de trasteo, empresa mudadora: *The movers damaged the table.* Los del trasteo dañaron la mesa. **2 be a slow/fast mover** moverse lento/rápido
EXPRESIONES
the movers and shakers (*coloq*) (indicando poder e influencia en un sector) quienes mueven los hilos: *one of the movers and shakers in Florida politics* uno de los que mueven los hilos de la política en Florida

mov·ie S1 W1 /'muvi/ s
1 [C] pelicula: *I love watching those old Hollywood movies.* Me encanta ver esas películas viejas de Hollywood. • **see a movie** ver una película: *Have you seen the new Tarantino movie?* ¿Has visto la nueva película de Tarantino? • **go to a movie** ir al cine: *"What did you do last weekend?" "We went to a movie."* –¿Qué hicieron el fin de semana pasado? –Fuimos al cine. • **an action movie** una película de acción • **a horror movie** una película de terror • **movie actor** actor/actriz de cine • **movie industry** industria cinematográfica
2 the movies [pl] el cine: *We took the kids to the movies* Llevamos a los chicos al cine. • **go to the movies** ir al/a cine
3 the movies [pl] el cine • **in the movies** en el cine, en las películas: *the sort of thing that only happens in the movies* el tipo de cosa que solo pasa en las películas
4 the movies [pl] el cine, la industria cinematográfica

mov·ie·go·er /'muvi,gouɚ/ s [C] aficionado -a al cine, cineasta, cinéfilo -a

mov·ie·mak·er /'muvi,meikɚ/ s [C] director -a (de cine), realizador -a

mov·ie·mak·ing /'muvi,meikiŋ/ s [U] cinematografía, realización cinematográfica

'movie star s [C] estrella de cine: *a famous movie star* una famosa estrella de cine

'movie ,theater (tb **'movie house**) s [C] cine (lugar)

mov·ing /'muviŋ/ adj **1** conmovedor -a: *a moving farewell speech* un conmovedor discurso de despedida • **deeply/profoundly moving** profundamente conmovedor -a **2** [solo ante s] en movimiento, móvil, en marcha • **fast moving** rápido -a: *fast moving traffic* tráfico rápido • **slow moving** lento -a: *slow moving water* aguas lentas
EXPRESIONES
the moving spirit el espíritu impulsor • **the moving force** la fuerza motora/motriz • **a moving target** un blanco móvil

mov·ing·ly /'muviŋli/ adv conmovedoramente

'moving ,van s [C] camión de trasteos, camión de mudanzas

mow /mou/ v [T] (**mowed, mowed** o **mown** /moun/) cortar (el césped): *The boy next door mows the lawn for us.* El muchacho de al lado nos corta el césped.
EXPRESIONES
new-mown hay heno recién cortado • **new-mown grass** pasto recién cortado

mow down v+partíc **1 mow sb ↔ down** aniquilar a alguien, masacrar a alguien **2 mow sth/sb ↔ down** arrollar algo/a alguien, atropellar algo/a alguien

mow·er /'mouɚ/ s [C] cortadora de césped, podadora (de pasto) SIN **lawn mower**

Mo·zam·bi·can /,mouzəm'bikən, -zæm-/ s [C], adj mozambiqueño -a

Mo·zam·bique /,mouzəm'bik, -zæm-/ Mozambique

MP /,ɛm 'pi/ s [C] (pl **MPs**) **1** (**Member of Parliament**) parlamentario -a (en Gran Bretaña): *a Labour MP* un parlamentario laborista **2** (**military policeman**) (*coloq*) miembro de la policía militar

MP3 play·er /,ɛm pi 'θri ,pleiɚ/ s [C] reproductor de MP3

mpg (*abrev escrita de* **miles per gallon**) millas por galón (el equivalente en el sistema imperial de medidas de kilómetros por litro)

mph (*abrev escrita de* **miles per hour**) millas por hora (1,6 kilómetros por hora)

Mr. /'mistɚ/ **1** señor, sr.: *Mr. John Smith* el señor John Smith ▶ **MRS., MS. 2** (al dirigirse a un funcionario) señor: *Mr. President* Señor Presidente ▶ **MADAM**
EXPRESIONES
Mr. Big (*coloq*) cabecilla, cacique • **Mr. Right** el príncipe azul • **no more Mr. Nice Guy!** (*oral*) expresión con la que se indica que se renuncia a intentar llevar una vida honesta o a actuar con equidad

Mrs. /'misiz/ señora, sra.: *Mrs. Smith* la señora Smith ▶ **MISS, MR., MS.**

MS abrev escrita de **MISSISSIPPI**

Ms. /miz/ Sra. ▶ **Ms** se usa cuando no se quiere hacer distinción en cuanto al estado civil o cuando este no se conoce. Un número cada vez mayor de mujeres prefiere este tratamiento al de **Mrs** o **Miss**.

M.S. /ɛm 'ɛs/ s [C] (**Master of Science**) título obtenido al completar una maestría en una disciplina del área de las ciencias exactas ▶ **M.A.**

MSG /,ɛm ɛs 'dʒi/ s [U] (**monosodium glutamate**) glutamato monosódico

MT abrev escrita de **1** **MONTANA 2** **MOUNTAIN TIME**

Mt (abrev escrita de **Mount**) monte

much¹ S1 W1 /mʌtʃ/ adv
1 mucho • **much better/worse/bigger** mucho mejor/peor/más grande: *Michael's room is much bigger than mine.* La habitación de Michael es mucho más grande que la mía. • *a much more important job* un trabajo mucho más importante • *She isn't much younger than me.* No es mucho más joven que yo. • *Paul earns much more than I do* Paul gana mucho más que yo. • **very much** muchísimo: *She's very much more experienced than I am.* Tiene muchísimo más experiencia que yo. • **so much** tanto: *I feel so much better today.* Hoy me siento tanto mejor. • **much too fast/expensive** demasiado rápido -a/caro -a: *He was driving much too fast.* Manejaba demasiado rápido. • *The price is much too high.* El precio es demasiado alto. • **how much better/worse/bigger** cuánto mejor/peor/más grande: *I was surprised at how much older she looked.* Me sorprendió cuánto mayor parecía. • *How much better life could be!* ¡Cuánto mejor podría ser la vida! • **that much better/faster** muchísimo mejor/más rápido: *Your help makes my job that much easier.* Tu ayuda me facilita muchísimo el trabajo. • **much improved** mucho mejor, muy mejorado -a
2 [gralm en negat y interrog] mucho: *Has the town changed much?* ¿Ha cambiado mucho el pueblo? • *I didn't much care for him.* No me gustaba mucho. • *I don't go to clubs much.* No voy mucho a discotecas. • **very much** mucho: *He loves you very much.* Te quiere mucho. • *We don't use the car very much.* No usamos mucho el carro. • **so much** tanto: *I don't respect him so much now.* Ahora no lo respeto tanto. • **as much as** tanto como: *He doesn't love you as much as I do.* Él no te quiere tanto como yo.

3 much loved/praised/criticized muy querido -a/alabado -a/criticado -a: *a much loved song* una canción muy querida ► **so much the BETTER, PRETTY much**

much to sb's surprise/disgust (*frml*) para gran sorpresa/disgusto de alguien: *He arrived in a truck, much to everyone's surprise.* Para gran sorpresa de todos, llegó en un camión. • **thank you very much** muchas gracias • **too much** demasiado: *He talks too much.* Habla demasiado. • **how much** cuánto: *You know how much I care about you.* Sabes cuánto me importas. • **much as** (a) *Much as I like the idea, I don't think it would work.* A pesar de lo que me gusta la idea, no creo que funcione. (b) (casi exactamente) *The hotel was much as we expected.* El hotel era casi como lo imaginamos. • *The town was much as I remembered it.* La ciudad era muy parecida a como la recordaba. • **not much good** (*coloq*) (indicando falta de habilidad o utilidad) *I wasn't much good at sports.* Yo no era buena para los deportes. • *These old books aren't much good to me.* Estos libros viejos no me sirven de mucho.

much² S1 W1 *det* [solo ante s incontable]
1 [gralm en negat y interrog] mucho -a: *There is still much work to be done.* Todavía queda mucho trabajo por hacer. • *Does he speak much English?* ¿Habla bien inglés? • **not...much** no...mucho -a: *I didn't spend much money.* No gasté mucho dinero. • **too much** demasiado -a: *You've caused too much trouble already.* Ya has causado demasiados problemas. • *We've wasted far too much time.* Hemos perdido una barbaridad de tiempo. • *It has a little too much pepper.* Tiene un poco de pimienta de más. • **so much** tanto -a: *So much paper is wasted in offices.* En las oficinas se desperdicia tanto papel.
2 how much cuánto -a: *How much flour should I use?* ¿Cuánta harina tengo que usar? • **as much... (as)** tanto -a... (como): *I don't get as much exercise as you.* No hago tanto ejercicio como tú. • *We haven't made as much profit this year.* No hemos ganado tanto este año. • **this/that/so much** tanto -a: *I haven't had this much fun for years.* No me he divertido tanto en años.

much³ S1 W1 *pron*
1 mucho: *Did they charge much for the repair?* ¿Te cobraron mucho por el arreglo? • *Much depends on the result of the election.* Es mucho lo que depende del resultado de la elección. • **much of sth** gran parte de algo: *Much of the area was flooded.* Gran parte de la zona estaba inundada. • **not much** no mucho: *"What do you know about this man?" "Not much."* –¿Qué sabes de este hombre? –No mucho. • *There isn't much happening.* No pasa gran cosa. • **too much** demasiado: *I think I've eaten too much.* Creo que he comido demasiado. • *It's too much of a responsibility for a child.* Es demasiada responsabilidad para un niño. • *She spends far too much on clothes.* Gasta una barbaridad en ropa. • **so much** tanto: *I've wasted so much of my life!* ¡He desperdiciado tantos años de mi vida! SIN **a lot, a great deal**
2 how much cuánto: *How much is this jacket?* ¿Cuánto cuesta esta chompa? • *I don't know how much she's told you.* No sé cuánto te ha dicho. • **as much (as)** tanto (como): *The local doctors don't charge as much.* Los médicos de la zona no cobran tanto. • *I'll do as much as possible.* Haré tanto como sea posible. • **as much as 10%/$1000** (para enfatizar el monto de algo) *Top lawyers earn as much as $3 million a year.* Los abogados de primer nivel pueden llegar a ganar hasta 3 millones de dólares al año. • *Unemployment could increase by as much as 20%.* El desempleo podría llegar a aumentar el 20%. • **this/that much** tanto: *I didn't think the repairs would cost this much.* No pensé que los arreglos costarían tanto. • *She's French. That much I do remember.* Es francesa. De eso me acuerdo. • *"How much cable will I need?" "About this much."* –¿Cuánto cable necesitaré? –Un tanto así. ► **so much for sth**

not be much of a sth (*coloq*) *I'm not much of a dancer.* No soy muy bueno para el baile. • *Despite the forecast, it wasn't much of a storm.* A pesar del pronóstico, la tormenta no fue gran cosa. • **not think much of sth/sb**

(*coloq*) (indicando una opinión negativa) *We didn't think much of the show.* El espectáculo no nos pareció gran cosa. • *He seems nice, but I don't think much of his wife.* Él parece agradable, pero la mujer no me cae muy bien. • **nothing much** (*oral*) (a) no mucho: *There was nothing much I could do to help.* No había mucho que pudiera hacer para ayudar. (b) nada: *"Have you cut yourself?" "Oh, it's nothing much."* –¿Te has cortado? –Sí, pero no es nada. • **so much as** (en críticas y amenazas) *They left without so much as saying goodbye.* Se fueron sin siquiera decir adiós. • *If you ever so much as talk to her, I'll kill you.* Si alguna vez te atreves siquiera a hablarle, te mato. • **so much for sth** (a) (expresando decepción) *It was Dad who made the mistake. So much for age and experience.* Fue papá quien se equivocó. Y después hablan de la edad y la experiencia... (b) (para indicar conclusión de un tema) *So much for the design. What about the cost?* Hasta aquí el diseño. ¿Y qué hay del costo? • **that's not saying much** (*oral*) eso no quiere decir mucho: *It's the best book he's written, but that's not saying much.* Es el mejor libro que ha escrito, pero eso no quiere decir mucho. • **be too much for sb** ser demasiado para alguien: *The effort of climbing the stairs had been too much for him.* El esfuerzo de subir las escaleras había sido demasiado para él.

muck¹ /mʌk/ *s* [U] (*coloq*) mugre, suciedad

muck² *v*
muck sth ↔ up *v+partíc* (*coloq*) arruinar algo: *The bad weather mucked up our plans for a picnic.* El mal tiempo nos arruinó los planes de ir de picnic. SIN **mess up**

muck·rak·ing /ˈmʌkˌreɪkɪŋ/ *s* [U] sensacionalismo, amarillismo

muck·y /ˈmʌki/ *adj* (*coloq*) **1** hecho -a un asco, sucio -a: *Your hands are all mucky.* Tienes las manos hechas un asco. SIN **dirty 2** (trabajo) sucio -a SIN **dirty**

mu·cous /ˈmyukəs/ *adj* mucoso -a

mu·cus /ˈmyukəs/ *s* [U] mucosidad

mud /mʌd/ *s* [U] **1** barro • **covered in mud** cubierto -a de barro: *Her boots were covered in mud.* Tenía las botas cubiertas de barro. • **mud hut** choza de adobe **2** infundios, críticas • **mud sticks** *That kind of gossip is very hurtful. Mud sticks, you know.* Ese tipo de chismes es muy dañino. La mala fama queda... ► **DRAG sb's name through the mud**

mud·dle¹ /ˈmʌdl/ *v* [T] **1** confundir: *Many students muddle the words "specially" and "especially".* Muchos estudiantes confunden las palabras "specially" y "especially". SIN **mix up 2** desordenar, trastocar: *Our teacher had deliberately muddled the words in the sentence.* La maestra había desordenado adrede las palabras de la oración.
muddle along (*tb* **muddle on**) *v+partíc* arreglárselas
muddle through *v+partíc* arreglárselas

muddle² *s* [C gralm sing, U] lío, embrollo: *Our accountant finally managed to sort out the muddle.* Finalmente, nuestro contador logró solucionar el lío. • [+**over/about**]: *There was kind of a muddle over our hotel reservations.* Hubo una especie de lío con nuestras reservaciones del hotel.

mud·dled /ˈmʌdld/ *adj* (*coloq*) **1** confuso -a: *the government's muddled thinking on the issue* las confusas ideas del gobierno sobre la cuestión **2** confundido -a • **get muddled** confundirse

mud·dy¹ /ˈmʌdi/ *adj* (**muddies, muddier, muddiest**) **1** embarrado -a, lleno -a de barro: *a muddy field* un campo lleno de barro • *Take those muddy boots off outside.* Quítate esas botas embarradas afuera. • *muddy waters* aguas turbias **2** embrollado -a, confuso -a: *It's a muddy issue.* Es un asunto embrollado.

muddy² *v* [T] (**muddies, muddied, muddying**) **1** embarrar, llenar de barro **2** enredar • **muddy the issue/the waters** enredar la cuestión/enturbiar las aguas

M

¹mud flap s [C] faldón (del guardabarros, de las salpicaderas)

mud·pack /'mʌdpæk/ s [C] mascarilla de barro

mud·slide /'mʌdslaɪd/ s [C] alud de lodo

mud·sling·ing /'mʌd,slɪŋɪŋ/ s [U] (peyor) injurias: political mudslinging injurias entre políticos

mues·li /'myusli, 'myuz-/ s [U] musli (mezcla de cereales, pasas, frutos secos, etc. que se toma para el desayuno) ▶ GRANOLA

muff¹ /mʌf/ s [C] manguito (para abrigar las manos)

muff² v [T] fallar (un tiro), arruinar (una ocasión)

muf·fin /'mʌfən/ s [C] muffin, mollete

muf·fle /'mʌfəl/ v [T] **1** amortiguar: The falling snow muffled all sounds. La nieve que caía amortiguaba todos los sonidos. **2** [gralm en pasiva] (tb **muffle up**) abrigarse • **be muffled (up) in sth** estar envuelto -a en algo, estar abrigado -a con algo: The children were muffled up in thick coats. Los niños estaban envueltos en gruesos abrigos.

muf·fled /'mʌfəld/ adj apagado -a (sonido, voz, etc.), ahogado -a (sollozo, grito, etc.), sordo (ruido): muffled sounds/voices sonidos apagados/voces apagadas

muf·fler /'mʌflə/ s [C] **1** bufanda SIN **scarf 2** silenciador, mofle

mug¹ /mʌg/ s [C] **1** (recipiente) taza (alta, sin platillo): a coffee mug una taza de café ▶ ver nota en CUP **2** (tb **mugful**) (con el contenido) taza • [+of]: a mug of coffee una taza de café **3** (para cerveza) jarra: a beer mug una jarra de cerveza **4** (coloq) cara: Whose ugly mug is this? ¿Quién es este con esa cara tan fea?

mug² v (**mugged, mugging**) **1** [T] asaltar, atracar: She was mugged on her way home. Fue asaltada cuando volvía a su casa. • **get mugged** You're more likely to get mugged in that part of town. Es más probable que te asalten en esa parte de la ciudad. ▶ ROB, STEAL **2** [I] (coloq) hacer muecas/morisquetas • **mug for sth/sb** hacerle muecas/morisquetas a algo/alguien

mug·ger /'mʌgə/ s [C] asaltante, atracador -a ▶ ver nota en THIEF

mug·gi·ness /'mʌgɪnɪs/ s [U] (coloq) bochorno (calor húmedo) SIN **humidity**

mug·ging /'mʌgɪŋ/ s **1** [C,U] asalto, atraco (en la vía pública) ▶ THEFT **2** [U] We got fed up of his incessant mugging. Nos hartamos de que estuviera constantemente haciendo tonterías.

mug·gy /'mʌgi/ adj (**muggier, muggiest**) (coloq) bochornoso -a, pesado -a: a hot and muggy night una noche bochornosa SIN **humid**

mug·shot /'mʌgʃɑt/ s [C] (coloq) foto (para documentos o expedientes policiales)

Mu·ham·mad /mu'hæməd/ Mahoma

mul·ber·ry /'mʌl,bɛri/ s (pl **mulberries**) **1** mora **2** (tb **mulberry tree**) moral, morera

mulch¹ /mʌltʃ/ s [C,U] mantillo

mulch² v [T] cubrir con mantillo

mule /myul/ s [C] **1** (animal) mula **2** (coloq) (correo de droga) mula ▶ as STUBBORN as a mule

mull /mʌl/ v
mull sth ↔ over v+partíc meditar sobre algo, pensar algo: I need a couple of days to mull things over. Necesito un par de días para pensarlo.

mul·lah /'mʌlə/ s [C] ulema

mulled 'wine s [U] vino caliente con azúcar y especias

mul·let /'mʌlɪt/ s [C] mújol

multi- /mʌlti, -tɪ, -taɪ/ pref multi-: multidisciplinary multidisciplinar • multi-skilled con muchas habilidades

mul·ti·col·ored /'mʌlti,kʌləd/ adj multicolor

mul·ti·cul·tur·al /,mʌlti'kʌltʃərəl/ adj multicultural: We're living in a multicultural society. Vivimos en una sociedad multicultural.

mul·ti·cul·tu·ral·is·m /,mʌlti'kʌltʃərə,lɪzəm/ s [U] multiculturalismo

mul·ti·fac·et·ed /,mʌlti'fæsɪtɪd/ adj polifacético -a

mul·ti·far·i·ous /,mʌltɪ'fɛriəs/ adj (frml) múltiple

mul·ti·lat·er·al /,mʌltɪ'lætərəl/ adj [gralm ante s] multilateral ▶ BILATERAL, UNILATERAL

mul·ti·lat·er·al·ly /,mʌltɪ'lætərəli/ adv de manera multilateral

mul·ti·lin·gual /,mʌltɪ'lɪŋgwəl◂/ adj multilingüe ▶ BILINGUAL, MONOLINGUAL

mul·ti·me·di·a¹ /,mʌltɪ'midiə/ adj [solo ante s] multimedia: multimedia games juegos multimedia

multimedia² s [U] tecnología multimedia

mul·ti·mil·lio·naire /,mʌlti,mɪlyə'nɛr, -'mɪlyə,nɛr/ s [C] multimillonario -a

mul·ti·na·tion·al¹ /,mʌltɪ'næʃənəl/ adj **1** (en economía) multinacional: a multinational oil company una compañía petrolera multinacional **2** (en asuntos políticos o sociales) multinacional: a multinational peace-keeping force una fuerza de paz multinacional

multinational² s [C] multinacional

mul·ti·par·ty /'mʌlti,pɑrti/ adj [solo ante s] pluripartidista

mul·ti·ple¹ ⬚ /'mʌltəpəl/ adj [solo ante s]
1 (indicando cantidad) múltiples: He suffered multiple stab wounds. Sufrió múltiples heridas de arma blanca. **2** (indicando varios participantes o eventos) múltiple: a multiple collision on the freeway un choque múltiple en la autopista

multiple² s [C] múltiplo

multiple 'choice adj de elección múltiple, de selección múltiple: a multiple choice question una pregunta de elección múltiple

multiple scle·ro·sis /,mʌltəpəl sklə'roʊsɪs/ (abrev **MS**) s [U] esclerosis múltiple

mul·ti·plex /'mʌlti,plɛks/ (tb **'multiplex ,cinema**) s [C] multicine(s), multisalas

mul·ti·pli·ca·tion /,mʌltəplə'keɪʃən/ s [U] multiplicación (operación aritmética) ▶ DIVISION

mul·ti·plic·i·ty /,mʌltə'plɪsəti/ s [sing, U] (frml) **(a) multiplicity of sth** (una) multiplicidad de algo

mul·ti·ply /'mʌltə,plaɪ/ v (**multiplies, multiplied, multiplying**) **1** [I] multiplicarse: Our problems were multiplying. Nuestros problemas se multiplicaban. **2** [T] multiplicar: Smoking multiplies your risk of getting cancer. Fumar multiplica el riesgo de contraer cáncer. **3** [I,T] (en aritmética) multiplicar • **multiply sth by sth** multiplicar algo por algo: Multiply this number by 5. Multiplique este número por 5. • **multiplied by sth** multiplicado -a por algo: What is 25 multiplied by 5? ¿Cuánto es 25 multiplicado por 5? ▶ DIVIDE **4** [I] (reproducirse) multiplicarse

mul·ti·pur·pose /,mʌltɪ'pɝpəs◂/ adj [gralm ante s] multiuso

mul·ti·ra·cial /,mʌltɪ'reɪʃəl◂/ adj [gralm ante s] multirracial, plurirracial: a multiracial society una sociedad multirracial

mul·ti·task·ing /'mʌlti,tæskɪŋ/ s [U] **1** (en informática) multitarea **2** (persona) multitarea (realización de varias tareas al mismo tiempo)

mul·ti·tude /'mʌltə,tud/ s [C] **1 a multitude of sth** (una) infinidad de algo: The forest is home to a multitude of birds. El bosque alberga infinidad de pájaros. **2** (liter) multitud

EXPRESIONES
cover/hide a multitude of sins disimularlo todo, disimular muchas cosas: Loose clothes can hide a multitude of sins. La ropa holgada lo disimula todo.

mum[1] /mʌm/ s [C]

EXPRESIONES

mum's the word (*oral*) ni una palabra de esto

mum[2] *adj* **keep mum** (*coloq*) no decirle ni una palabra a nadie

mum·ble[1] /ˈmʌmbəl/ v [I,T] mascullar: *"I'm sorry," he mumbled.* –Lo siento –masculló.

mumble[2] s [C] murmullo

mum·bo-jum·bo /ˌmʌmboʊ ˈdʒʌmboʊ/ s [U] palabrería, jerigonza: *meaningless mumbo-jumbo* palabrería sin sentido SIN **nonsense**

mum·mi·fi·ca·tion /ˌmʌmfəˈkeɪʃən/ s [U] momificación

mum·mi·fied /ˈmʌməˌfaɪd/ adj [gralm ante s] momificado -a: *a mummified body* un cuerpo momificado

mum·mi·fy /ˈmʌməˌfaɪ/ v [T gralm en pasiva] momificar

mum·my /ˈmʌmi/ s [C] (pl **mummies**) momia: *an Egyptian mummy* una momia egipcia

mumps /mʌmps/ (tb **the mumps**) s [U] paperas

munch /mʌntʃ/ v [I,T] masticar, mascar: *They had munched their way through a whole box of cookies.* Se habían comido una caja de galletas entera.

munch·ies /ˈmʌntʃiz/ s [pl] (*coloq*) pasabocas, botanas

EXPRESIONES

have the munchies tener hambre

mun·dane /mʌnˈdeɪn/ adj **1** trivial, prosaico -a: *the mundane details* los detalles triviales SIN **boring** **2** rutinario -a: *The work was rather mundane.* El trabajo era bastante rutinario. **3** [gralm ante s] (*frml*) mundano -a (opuesto a espiritual)

mun·dane·ly /mʌnˈdeɪnli/ adv de manera trivial

mu·nic·i·pal /myuˈnɪsəpəl/ adj [solo ante s] municipal: *municipal elections* elecciones municipales

mu·nic·i·pal·i·ty /myuˌnɪsəˈpæləti/ s [C] (pl **municipalities**) **1** municipio **2** alcaldía, ayuntamiento

mu·nic·i·pal·ly /myuˈnɪsəpəli/ adv **be municipally owned/funded** ser propiedad del/financiado -a por la alcaldía, ser propiedad del/financiado -a por el ayuntamiento

mu·ni·tions /myuˈnɪʃənz/ s [pl] armamento • **a munitions dump** depósito de armamento

mu·ral /ˈmyʊrəl/ s [C] mural ▶ **FRESCO**

mur·der[1] W2 /ˈmɜrdər/ s [C,U] asesinato, homicidio: *She was found guilty of murder.* La declararon culpable de asesinato. • *a series of brutal murders* una serie de asesinatos brutales • *the man accused of her murder* el hombre acusado de su asesinato • *the murder of a fourteen-year-old boy* el asesinato de un niño de catorce años • **commit a murder** cometer un asesinato/homicidio • **attempted murder** intento de asesinato/homicidio • **murder investigation** investigación criminal • **murder hunt** búsqueda del asesino • **murder trial** juicio por asesinato • **murder victim** víctima de asesinato • **murder weapon** arma homicida ▶ **MANSLAUGHTER**

EXPRESIONES

get away with murder (*coloq*) hacer lo que uno quiera sin ser castigado: *She lets those kids get away with murder.* Les deja hacer lo que se les da la gana a los niños. • **be murder** (*coloq*) ser la muerte, ser insoportable: *The traffic was murder this morning.* El tráfico era la muerte esta mañana. • **be murder on sth** (*oral*) ser la muerte para algo, ser una tortura para algo: *High heels are murder on your feet.* Los tacones altos son una tortura para los pies.

¿murder, homicide, manslaughter o assassination?
murder es un asesinato, y por tanto implica intencionalidad. También se puede utilizar el término homicide (más formal). Si el homicidio es involuntario, se habla de manslaughter: *She was cleared of murder but found guilty of manslaughter.* assassination se usa para el magnicidio o asesinato de un personaje importante: *the assassination of Lincoln*

murder[2] W3 v [T]

1 asesinar: *He was convicted of murdering a police officer.* Fue condenado por asesinar a un policía. **2** (*coloq*) destrozar (una canción, una obra musical, etc.) SIN **ruin**

3 (*coloq*) dar una paliza a, dar una madriza a (en un partido, una competencia) SIN **thrash**

mur·der·er /ˈmɜrdərər/ s [C] asesino -a: *a convicted murderer* un asesino condenado • *his brother's murderer* el asesino de su hermano ▶ **MASS MURDERER**

mur·der·ous /ˈmɜrdərəs/ adj **1** [gralm ante s] criminal, mortífero -a: *a murderous attack* un ataque criminal • *the murderous enemy fire* el mortífero fuego enemigo **2** [gralm ante s] de instintos asesinos, de conducta criminal

murk /mɜrk/ s [U] (*liter*) oscuridad

murk·y /ˈmɜrki/ adj (**murkier**, **murkiest**) **1** turbio -a, opaco -a: *murky water* agua turbia **2** sombrío -a: *a murky winter afternoon* una sombría tarde de invierno **3** [gralm ante s] (algo deshonesto o ilegal) turbio -a, oscuro -a: *murky business dealings* negocios turbios • **sb's murky past** el pasado turbio de alguien SIN **shady**

mur·mur[1] /ˈmɜrmər/ v **1** [I,T] murmurar: *She murmured something in her sleep and turned over.* Murmuró algo entre sueños y se volteó. **2** [I] (*liter*) quejarse, murmurar SIN **grumble**

murmur[2] s **1** [C] susurro, murmullo: *The man spoke in a low murmur.* El hombre hablaba en susurros. • [+of]: *Reaching the hallway, she heard the murmur of voices.* Al llegar al hall, oyó un murmullo de voces. • **a murmur of agreement/surprise/disapproval** un murmullo de conformidad/sorpresa/desaprobación **2** [C] queja, murmullo • [+of]: *There have been murmurs of discontent over the new rules.* Ha habido murmullos de descontento por las nuevas reglas. **3** [C gralm sing] (tb **heart murmur**) soplo (cardiaco): *He has a heart murmur.* Tiene un soplo. **4** [C gralm pl] rumor • [+of/about]: *There are murmurs of a possible strike.* Hay rumores de una posible huelga.

EXPRESIONES

without a murmur sin chistar

mur·mur·ing /ˈmɜrmərɪŋ/ s [C,U] **1** (al hablar) murmullo(s) **2** (de protesta) murmullo(s)

mus·cle[1] S2 W3 /ˈmʌsəl/ s

1 [C,U] músculo: *Regular daily exercise will help to strengthen your muscles.* El ejercicio regular diario le ayudará a fortificar los músculos. • **leg/neck/stomach muscles** músculos de las piernas/del cuello/del estómago • **pull a muscle** desgarrarse un músculo • **muscle tissue** tejido muscular • **muscle tone** tono muscular **2** [U] poder, fuerza • **military/financial/political muscle** poder militar/financiero/político: *The unions have a lot of political muscle.* Los sindicatos tienen mucho poder político. SIN **clout** ▶ **FLEX your muscles**

EXPRESIONES

not move a muscle no mover ni una pestaña

muscle[2] v [I,T siempre + adv/prep] **muscle your way through/into sth** *Two police officers muscled their way through the crowd.* Dos policías se abrieron paso a la fuerza entre la multitud.

muscle in v+partíc (*peyor*) meterse, inmiscuirse (con prepotencia) • **muscle in on sth** meterse (por la fuerza) en algo: *A rival company was trying to muscle in on his business.* Una compañía rival estaba intentando meterse por la fuerza en su negocio.

mus·cle-bound /ˈmʌsəlˌbaʊnd/ adj exageradamente musculoso -a

mus·cu·lar /ˈmʌskyələr/ adj **1** musculoso -a: *his tanned, muscular arms* sus brazos bronceados y musculosos **2** [gralm ante s] muscular: *muscular pain* dolor muscular

muse[1] /myuz/ v (*escrito*) [I] cavilar • **muse on/about/over sth** reflexionar sobre/acerca de algo

muse[2] s [C] musa SIN **inspiration**

M

mu·se·um S2 W2 /myu'ziəm/ s [C] museo: *a natural history museum* un museo de ciencias naturales • *a museum of modern art* un museo de arte moderno

mush[1] /mʌʃ/ s **1** [sing, U] papilla (por exceso de cocción) **2** [U] plato de avena arrollada cocido en leche o agua **3** [U] (*peyor*) cursilería, sensiblería (en referencia un libro, una película)

mush[2] *v* [T] (tb **mush sth ↔ up**) hacer (un) puré con algo, moler algo SIN **mash**

mush·room[1] S /'mʌʃrum/ s [C] hongo, champiñón • **wild mushrooms** hongos silvestres ► TOADSTOOL • **mushroom soup/risotto** sopa/risotto de champiñones

mushroom[2] *v* [I] aparecer por todos lados, brotar como hongos, crecer rápidamente

'mushroom ,cloud *s* [C gralm sing] hongo atómico

mush·y /'mʌʃi/ *adj* (**mushier, mushiest**) **1** (frutas, verduras) blando -a, hecho -a una papilla **2** (*peyor*) (películas, novelas) cursi, sensiblero

mu·sic S1 W1 /'myuzɪk/ s [U] música: *What kind of music do you like?* ¿Qué tipo de música te gusta? • *My daughter teaches music.* Mi hija da clases de música. • **classical/pop/country/folk music** música clásica/pop/country/folklórica: *Do you like classical music?* ¿Te gusta la música clásica? • *I could hear loud rock music coming from upstairs.* Oía una música de rock fuerte que venía de arriba. • **write/compose music** componer música • **play music** tocar (música): *We started playing music together when we were twelve.* Empezamos a tocar juntos cuando teníamos doce años. • **read music** leer música: *Can you read music?* ¿Sabes leer música? • **music critic** crítico -a musical • **music festival** festival de música • **music lesson** clase de música • **music lover** amante de la música • **music station** emisora musical ► FACE the music

EXPRESIONES

be music to your ears sonar a música celestial

mu·si·cal[1] /'myuzɪkəl/ *adj* **1** [solo ante s] musical: *his lack of musical ability* su falta de aptitud musical **2** con aptitudes musicales, dotado -a para la música: *Amanda is very musical and loves to sing.* Amanda tiene grandes aptitudes musicales y le gusta mucho cantar. • *He comes from a musical family.* Viene de una familia de músicos. ► MUSICALLY

musical[2] *s* [C] musical: *a Broadway musical* un musical de Broadway

mu·si·cal·ly /'myuzɪkli/ *adv* **1** musicalmente, en lo musical: *musically gifted students* estudiantes dotados para la música **2** melodiosamente

mu·si·cian /myu'zɪʃən/ *s* [C] músico -a • **a jazz/rock/classical musician** un músico clásico/de jazz/de rock, una música clásica/de jazz/de rock

'music stand *s* [C] atril (para partituras)

musk /mʌsk/ *s* [U] almizcle

mus·ket /'mʌskɪt/ *s* [C] mosquete

mus·ket·eer /,mʌskə'tɪr/ *s* [C] mosquetero

musk·y /'mʌski/ *adj* a almizcle: *a musky scent/smell* un aroma/olor a almizcle

Mus·lim /'mʌzləm, 'muz-, 'mus-/ *s* [C], *adj* musulmán -ana: *a Muslim country* un país musulmán

mus·lin /'mʌzlən/ *s* **1** [U] muselina (de algodón) **2** [C,U] (trozo de) lienzo/gasa (para colar alimentos)

muss[1] /mʌs/ *v* [T] (*coloq*) (tb **muss sth ↔ up**) desordenar algo SIN **mess up**

muss[2] *s* **no muss, no fuss** (*hum*) sin complicaciones, fácil y rápido

mus·sel /'mʌsəl/ *s* [C] mejillón

must[1] S1 W1 /məst; *fuerte* mʌst/ *v mod* (contrac negat **mustn't**)

1 (expresando obligación o necesidad) *All passengers must wear seat belts.* Todos los pasajeros deben usar cinturones de seguridad. • *You must be careful.* Tienes

que tener cuidado. • *It's getting late. I really must go.* Se está haciendo tarde. Me tengo que ir, de verdad. ► Para expresar la misma idea en el pasado se suele usar **had to**. Para expresar ausencia de obligación o de necesidad se usa **need not** o **not have to**. ► HAVE TO, OUGHT TO, SHOULD

2 [solo en negat] (expresando prohibiciones, recomendaciones, sugerencias) *You mustn't smoke in here.* No puede fumar aquí. • *We mustn't be late.* No debemos llegar tarde. • *You must never lose hope.* No debes perder nunca las esperanzas.

3 [nunca en negat] (expresando deducciones o conjeturas) *Sam must be nearly 90 years old now.* Sam debe tener casi 90 años ahora. ► Para expresar deducciones o conjeturas en negativo se usa **cannot (have)** o **can't (have)**. • **must have done/been sth** *You must have been really worried.* Te habrás preocupado mucho. • *I must have seen that movie six or seven times.* Debo haber visto esa película seis o siete veces.

4 (*oral*) (en sugerencias e invitaciones) *You must come and visit us in Houston.* Tienes que venir a Houston a visitarnos. SIN **have to**

5 I must say/admit/confess (that) (*oral*) debo decir/admitir/confesar (que): *I must admit that I don't really like his music.* Debo admitir que en realidad no me gusta su música. • *This is a new experience for me, I must confess.* Esta es una nueva experiencia para mí, debo confesar.

EXPRESIONES

if you must know (*oral*) (al contestar a una pregunta a regañadientes) *I'm older than him, if you must know.* Soy mayor que él, ya que te interesa tanto saberlo.

must[2] /mʌst/ *s* a **must** [sing] *This album is a must for Sinatra fans.* Este disco no se lo pueden perder los admiradores de Sinatra. • *A good sleeping bag is an absolute must.* Un buen saco de dormir es absolutamente indispensable.

mus·tache, **moustache** /'mʌstæʃ, mə'stæʃ/ *s* [C] bigote(s): *Ben was trying to grow a mustache.* Ben estaba intentando dejarse el bigote.

mus·tang /'mʌstæŋ/ *s* [C] mustang (caballo salvaje)

mus·tard S3 /'mʌstərd/ *s* [U] mostaza

mus·ter[1] /'mʌstər/ *v* **1** [T] reunir (apoyo, votos): *Senator Newbolt has been trying to muster support for his proposals.* El senador Newbolt ha tratado de reunir apoyo para sus propuestas. **2** [T] (tb **muster up**) **muster (up) the courage to do sth** armarse de valor para hacer algo • **muster (up) the strength/energy to do sth** reunir fuerzas para hacer algo **3 (a)** [T] reunir (tropas, hombres) • **muster an army** formar un ejercito SIN **gather (b)** [I gralm + adv/prep] reunirse SIN **gather**

muster[2] *s* **1** [C] (en el ejército) revista (de tropas) **2 pass muster** resultar/ser aceptable

must·i·ness /'mʌstinɪs/ *s* [U] olor a humedad

must·n't /'mʌsənt/ *contrac de* **must not**

must·y /'mʌsti/ (**mustier, mustiest**) *adj* (lugar) que huele a humedad: *a musty smell* un olor a humedad • *It was cold in the room, and the air smelled musty.* Hacía frío en el cuarto, y olía a cerrado.

mu·tant[1] /'myutʰnt/ *s* [C] mutante

mutant[2] *adj* [solo ante s] mutante: *mutant cells* células mutantes

mu·tate /'myuteɪt/ *v* **1 (a)** [I] mutar: *Bacteria mutate rapidly.* Las bacterias mutan rápidamente. **(b)** [T] hacer mutar **2** [I] transformarse • **mutate into sth** transformarse en algo

mu·ta·tion /myu'teɪʃən/ *s* [C,U] mutación

mute[1] /myut/ *adj* **1** (*escrito*) (por una emoción) mudo -a, callado -a SIN **silent 2** (*antic*) (por un problema fisiológico) mudo -a

mute[2] *v* [T] **1** aplacar, apaciguar (críticas, protestas) **2** ponerle sordina a (un instrumento musical)

mute[3] *s* [C] **1** sordina **2** (*antic*) mudo -a

mut·ed /'myuṭɪd/ *adj* **1** (voces, sonidos) apagado -a, sordo -a: *I could hear muted voices in the kitchen.* Oía voces apagadas en la cocina. **2** (respuestas, reacciones) moderado -a, discreto -a **3** (colores, luz) apagado -a, tenue SIN **soft 4** (un instrumento musical) con sordina

mute·ly /'myutli/ *adv* (escrito) en silencio SIN **silently**

mu·ti·late /'myuṭl̩ˌeɪt/ *v* [T] **1** (cuerpo) mutilar: *Her body was badly mutilated.* Su cuerpo estaba gravemente mutilado. **2** (obra de arte) mutilar

mu·ti·la·tion /ˌmyuṭl̩'eɪʃən/ *s* [C,U] mutilación

mu·ti·neer /ˌmyuṭ⌐n'ɪr/ *s* [C] amotinado -a

mu·ti·nous /'myuṭ⌐n-əs/ *adj* **1** (escrito) rebelde, desobediente SIN **rebellious 2** [solo ante s] amotinado -a

mu·ti·ny¹ /'myuṭ⌐n-i/ *s* [C,U] (pl **mutinies**) motín

mutiny² *v* [I] amotinarse

mutt /mʌt/ *s* [C] (coloq) chucho, gozque (perro mestizo) SIN **mongrel**

mut·ter¹ /'mʌtɚ/ *v* [I,T] **1** mascullar, refunfuñar: *Elsie muttered something I couldn't hear.* Elsie masculló algo que no pude oír. • **mutter sth under your breath** mascullar por lo bajo • **mutter about sth** refunfuñar por algo: *What are you two muttering about?* Y ustedes dos, ¿por qué están refunfuñando? **2** quejarse por lo bajo • **mutter about sth** quejarse por lo bajo de algo

mutter² *s* [C] murmullo

mut·ton /'mʌt⌐n/ *s* [U] carne de un ovino mayor que un cordero ▶ **LAMB**

mu·tu·al W3 /'myutʃuəl/ *adj* [gralm ante s]
1 (recíproco) mutuo -a: *an atmosphere of mutual suspicion* una atmósfera de desconfianza mutua • *I didn't like Phil, and the feeling seemed to be mutual.* Phil me cayó mal, y me parecía que el sentimiento era mutuo. • **mutual support/respect** apoyo/respeto mutuo • **a mutual admiration society** (hum) *What is this? Some kind of mutual admiration society?* ¿Qué? ¿Se pusieron de acuerdo para echarse flores? ▶ **RECIPROCAL**
2 (compartido) común, compartido -a: *matters of mutual concern* cuestiones de interés común • *It was a mutual decision.* Fue una decisión compartida. • **a mutual friend** un amigo común • **a mutual interest (in sth)** *We shared a mutual interest in science.* Compartíamos el mismo interés por la ciencia. • *We discovered a mutual interest in drama.* Descubrimos que teníamos el mismo interés por el teatro. • **mutual benefit** beneficio mutuo • **by mutual agreement** de/por mutuo acuerdo • **by mutual consent** por consentimiento mutuo

'mutual fund *s* [C] fondo mutuo

mu·tu·al·ly /'myutʃuəli, -tʃəli/ *adv* **1** mutuamente • **be mutually exclusive** excluirse mutuamente • **be mutually incompatible** ser mutuamente incompatibles **2** para ambos -as/todos -as: *a mutually acceptable solution* una solución aceptable para ambas partes/todas las partes • *a mutually beneficial business relationship* una relación comercial beneficiosa para ambos/todos • *a mutually agreed price* un precio convenido entre ambos/todos

Mu·zak /'myuzæk/ *s* [U] (marca reg) música ambiental

muz·zle¹ /'mʌzəl/ *s* [C] **1** hocico **2** bozal **3** boca (de un arma de fuego)

muzzle² *v* [T] **1** (peyor) amordazar (a la prensa, los medios, etc.) SIN **gag 2** ponerle un bozal a

my¹ S1 W1 /maɪ/ *det* mi, mis: *These are my keys.* Éstas son mis llaves. ▶ Los posesivos se usan en inglés con más frecuencia que en español, como se observa en estos ejemplos: *You're hurting my arm.* Me estás lastimando en el brazo. • *I left my keys at home.* Me dejé las llaves en la casa. • **my doing sth** (frml) *Do you remember my telling you that story?* ¿Recuerdas que te conté esa historia? • *Do you mind my asking how old you are?* ¿Le importa si le pregunto cuántos años tiene?

my² *interj* (antic) caramba: *My! What a huge house!* ¡Caramba! ¡Qué casa enorme!

my·o·pi·a /maɪ'oupiə/ *s* [U] (técn) miopía SIN **nearsightedness**

my·op·ic /maɪ'ɑpɪk, -'ou-/ *adj* **1** (técn) (fisiológicamente) miope **2** (peyor) (corto de miras) miope: *a myopic strategy/attitude* una estrategia/actitud miope SIN **shortsighted**

myr·i·ad¹ /'mɪriəd/ *adj* [gralm ante s] innumerables: *the myriad causes of poverty* las innumerables causas de la pobreza SIN **countless**

myriad² *s* **a myriad of sth** (tb **myriads of sth**) un sinnúmero de algo: *There are a myriad of ways to save money.* Hay un sinnúmero de maneras de ahorrar dinero.

myrrh /mɚ/ *s* [U] mirra

my·self S1 W1 /maɪ'sɛlf/ *pron*
1 (uso reflexivo) me: *I looked at myself in the mirror.* Me miré en el espejo. • *I cut myself shaving.* Me corté afeitándome. • *I'm angry with myself.* Estoy enojado conmigo mismo.
2 (uso enfático) yo mismo -a: *I'll do it myself.* Lo haré yo misma. • *I'll be attending the meeting myself.* Asistiré personalmente a la reunión.
3 (tras preposición) mí: *They asked me for information about myself.* Me pidieron información sobre mí.

EXPRESIONES
(all) by myself (a) (no acompañado) solo -a: *I live by myself.* Vivo solo. SIN **alone (b)** (sin ayuda) solo -a: *I had to do the work all by myself.* Tuve que hacer el trabajo yo sola. SIN **unaided** • **(all) to myself** (todo -a) para mí: *I had the house all to myself.* Tenía toda la casa para mí.

mys·te·ri·ous /mɪ'stɪriəs/ *adj* **1** (sin explicación) misterioso -a: *her sudden mysterious death* su muerte súbita y misteriosa • *the mysterious disappearance of her purse* la misteriosa desaparición de su cartera • *There's something mysterious going on.* Está sucediendo algo misterioso. **2** (intrigante) misterioso -a: *a mysterious stranger* un desconocido misterioso **3** (enigmático) misterioso -a: *She gave a mysterious smile.* Esbozó una sonrisa misteriosa. • [+about]: *Helen's being very mysterious about her plans.* Helen mantiene absoluta reserva respecto de sus planes. SIN **secretive**

mys·te·ri·ous·ly /mɪ'stɪriəsli/ *adv* **1** (sin explicación) misteriosamente: *Jackson had mysteriously disappeared.* Jackson había desaparecido misteriosamente. **2** (dando poca información) misteriosamente

mys·ter·y¹ W3 /'mɪstəri/ *s* (pl **mysteries**)
1 [C] (asunto sin explicación) misterio: *The causes of the disease are still a mystery.* Las causas de la enfermedad son todavía un misterio. • *one of the great mysteries of the universe* uno de los grandes misterios del universo • **be a mystery to sb** ser un misterio para alguien: *The way her mind worked was always a mystery to him.* Su manera de pensar siempre fue un misterio para él. • **solve a mystery** resolver un misterio
2 [U] (asunto o persona intrigante) misterio: *Annie knew that there was some mystery surrounding her birth.* Annie sabía que había algún misterio alrededor de su nacimiento.
3 [C] (tb **mystery story/movie**) novela/obra de teatro/ película de misterio • **a murder mystery** una novela policiaca

mystery² *adj* [solo ante s] misterioso -a: *The mystery disease has so far killed sixty people.* La misteriosa enfermedad ha matado hasta ahora a sesenta personas.

mys·tic¹ /'mɪstɪk/ *s* [C] místico -a

mystic² *adj* [solo ante s] místico -a SIN **mystical**

mys·ti·cal /'mɪstɪkəl/ *adj* [gralm ante s] místico -a: *a mystical experience* una experiencia mística SIN **mystic**

mys·ti·cism /'mɪstəˌsɪzəm/ *s* [U] misticismo

M

mys·ti·fy /ˈmɪstəˌfaɪ/ *v* [T] (**mystifies, mystified, mystifying**) desconcertar, dejar perplejo -a: *I was completely mystified by his reaction.* Quedé totalmente desconcertado por su reacción. SIN **baffle**

mys·ti·fy·ing /ˈmɪstəˌfaɪ-ɪŋ/ *adj* desconcertante SIN **baffling**

mys·tique /mɪˈstik/ *s* [sing, U] mística (cualidad especial)

myth W3 /mɪθ/ *s* [C,U]
1 (creencia popular) mito: *Is global warming just a myth?* ¿Es sólo un mito el calentamiento global? • *contrary to popular myth* al contrario de lo que dice el mito popular • [+**of**]: *the myth of male superiority* el mito de la superioridad masculina • **it's a myth that** es un mito que SIN **fallacy**
2 (relato antiguo) mito: *the Greek myths* los mitos griegos

myth·i·cal /ˈmɪθɪkəl/ *adj* [gralm ante s] **1** mítico -a: *mythical creatures* criaturas míticas SIN **mythological**
2 imaginario -a

myth·o·log·i·cal /ˌmɪθəˈlɑdʒɪkəl/ *adj* [gralm ante s] mitológico -a SIN **mythical**

my·thol·o·gy /mɪˈθɑlədʒi/ *s* [C,U] (pl **mythologies**)
1 (mitos antiguos) mitología **2** (creencias populares) mitología

Nn

N, n /ɛn/ s [C] (pl **N's, n's**) N, n

N. (*abrev escrita de* **North**) N

n. (*abrev escrita de* **noun**) sust., s

'n' /n, ən/ *conj* (*coloq*) forma abreviada de **and**: *rock 'n' roll* rock and roll

N/A *abrev escrita de* **1** (**not applicable**) no corresponde **2** (**not available**) no disponible, sin stock

nab /næb/ *v* [T] (**nabbed, nabbing**) (*coloq*) pillar, atrapar (a alguien que ha cometido un acto ilegal o indebido) • **nab sb for (doing) sth** *The police nabbed him for speeding.* La policía lo pilló por manejar demasiado rápido. SIN **catch**

nag¹ /næg/ *v* [I,T] (**nagged, nagging**) **1** cantaletear, echar cantaleta: *I hate to nag, but have you cleaned your room?* No quiero echarte una cantaleta pero, ¿limpiaste tu habitación? • **nag sb to do sth** echarle una cantaleta a alguien para que haga algo, moler a alguien para que haga algo: *He was always nagging his son to get a job.* Siempre le estaba echando una cantaleta a su hijo para que consiguiera un trabajo. • **nag about sth** estarle encima a alguien con algo, moler a alguien con algo **2 nag (at) sb** acosar a alguien (dudas, preocupaciones), fastidiar a alguien (dolor, molestia): *The question had been nagging him for days.* La pregunta llevaba días rondándome.

nag² s [C] (*coloq*) **1** pesado -a, cansón -ona, molón -ona **2** jamelgo

nag·ging /'nægɪŋ/ *adj* [solo ante s] **1** acuciante, molesto -a: *a nagging doubt* una duda acuciante • *a few little nagging worries* algunas pequeñas preocupaciones que no te puedes quitar de la cabeza **2** persistente: *a nagging pain in her back* un persistente dolor de espalda **3** pesado -a, cansón -ona, molón -ona

nail¹ S2 /neɪl/ s [C]
1 uña: *She scratched his face with her nails.* Le arañó la cara con las uñas. • **long/short nails** uñas largas/cortas: *The girl had long red nails.* La muchacha tenía uñas largas pintadas de rojo. • **bite your nails** comerse las uñas • **cut/file your nails** cortarse/limarse las uñas • **paint/do your nails** pintarse/arreglarse las uñas • **break a nail** quebrarse una uña ▶ **FINGERNAIL, TOENAIL**
2 clavo • **bang/hammer a nail into sth** clavar un clavo en algo ▶ **fight (sth) TOOTH and nail**

EXPRESIONES
hit the nail on the head dar en el clavo • **be another nail in the coffin of sth** ser un paso más hacia la destrucción de algo • **on the nail** (*coloq, oral*) (totalmente correcto) *What she said was right on the nail.* Dio en el clavo con lo que dijo.

nail² *v* [T] **1** [siempre + adv/prep] **nail sth to sth** clavar algo en algo: *He nailed a "No Fishing" sign to the tree.* Clavó un letrero que decía "Prohibido pescar" en el árbol. • **nail things together** clavar cosas (entre sí): *They nailed together pieces of wood to make a raft.* Clavaron unas maderas para hacer una balsa. • **nail sth shut** cerrar algo (asegurándolo con clavos): *I nailed the box firmly shut.* Cerré bien la caja asegurándola con clavos. **2** (*coloq*) pillar, atrapar (al autor de un delito o de algo indebido): *They finally managed to nail the killer.* Finalmente lograron pillar al asesino. • **nail sb for sth** pillar a alguien por (haber hecho) algo, atrapar a alguien por (haber hecho) algo

EXPRESIONES
nail sb to the wall/cross (*coloq*) colgar a alguien (de un árbol)

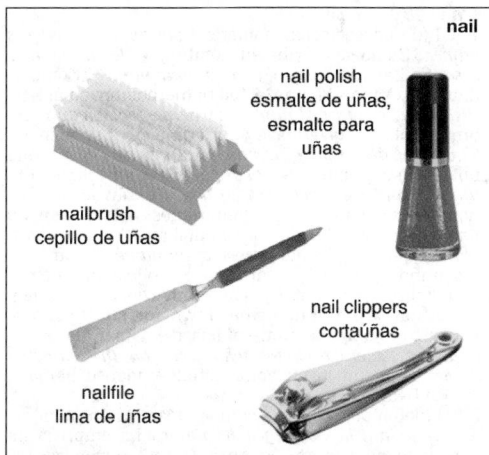

nail

nail polish esmalte de uñas, esmalte para uñas

nailbrush cepillo de uñas

nail clippers cortaúñas

nailfile lima de uñas

nail down *v+partíc* **1 nail sth ↔ down** concretar algo (un acuerdo), ultimar algo (los detalles de un acuerdo): *They finally managed to nail down an agreement.* Finalmente lograron concretar un acuerdo. **2 nail sth ↔ down** conseguir algo **3 nail sth ↔down** asegurar algo con clavos, clavar algo **4 nail sb down** lograr que alguien dé una respuesta concreta

nail sth ↔ up *v+partíc* **1** (una puerta, una ventana) clavar algo **2** (en la pared) clavar algo

'nail-,biting *adj* [solo ante s] lleno -a de emoción, de gran tensión

nail·brush /'neɪlbrʌʃ/ s [C] cepillo de uñas

'nail file s [C] lima de uñas

'nail ,polish s [U] esmalte para uñas, esmalte de uñas

'nail ,scissors s [pl] tijeras de uñas

na·ive, naïve /naɪ'iːv/ *adj* ingenuo -a, inocente: *a naive young girl* una niña ingenua • *a naive question* una pregunta ingenua • [+**about**]: *He was surprisingly naive about business.* Era sorprendentemente ingenuo en materia de negocios.

na·ive·ly, naïvely /naɪ'iːvli/ *adv* ingenuamente, inocentemente

na·ive·ty /naɪ'iːvəti/ (*tb* **na·ive·té** /naɪ,iːvə'teɪ, naɪ'iːv,teɪ/) (*liter*) s **1** [U] ingenuidad, inocencia **2** [C] (*frml*) ingenuidad (acto ingenuo)

na·ked S2 /'neɪkɪd/ *adj*
1 desnudo -a (persona, cuerpo), descalzo -a (pie), descubierto -a (pecho, espalda): *He walks around naked.* Anda desnudo por ahí. • *He walked in when I was naked.* Entró cuando estaba desnuda. • **stark naked** (*tb* **buck naked**) totalmente desnudo -a • **half naked** medio desnudo -a • **strip naked** desnudarse: *They stripped naked and jumped into the river.* Se desnudaron y se tiraron al río de un salto. • **strip sb naked** desnudar a alguien SIN **nude**
2 [solo ante s] **naked terror/fear** visible horror/temor • **naked aggression** agresión manifiesta • **the naked truth** la verdad desnuda, la cruel verdad
3 **a naked bulb** un bombillo sin pantalla, un foco pelón • **a naked flame** una llama (sin la protección o cobertura habitual)

EXPRESIONES
with/to the naked eye a simple vista (sin ayuda de un microscopio o un telescopio)

¿**naked, nude** o **bare**?
naked es la palabra que se usa en la mayoría de los contextos
nude se usa en contextos artísticos (cuadros, fotografías)
bare se usa para referirse a partes del cuerpo que no están cubiertas de ropa (por ejemplo, pierna, pie, brazo, hombros)

na·ked·ly /'neɪkɪdli/ *adv* manifiestamente, abiertamente

na·ked·ness /'neɪkɪdnɪs/ s [U] desnudez

N

name¹ S1 W1 /neɪm/ s

1 [C] (de una persona) nombre: *How do you spell his name?* ¿Cómo se escribe su nombre? • *Her name was Lisa.* Se llamaba Lisa. • *What's your name?* ¿Cómo te llamas?/¿Cómo se llama? • **full name** nombre completo: *Please write your full name.* Por favor, escriba su nombre completo. • **give/leave your name** dejar su nombre: *The caller didn't give his name.* La persona que llamó no dejó su nombre. • *Please leave your name and number and we'll get back to you.* Por favor, deje su nombre y teléfono y lo llamaremos. • **know sb by name** conocer a alguien por su nombre: *It's a big school, but the principal knows everyone by name.* Es un colegio grande, pero el director conoce a todo el mundo por su nombre. • **know sb by name only** conocer a alguien de nombre • **put your name down for sth** apuntarse para algo • **go by the name of** hacerse llamar, llamarse: *a young American actor who went by the name of James Dean* un joven actor estadounidense llamado James Dean

2 [C] (de un objeto, un lugar, una organización) nombre: *The company has changed its name..* La empresa ha cambiado de nombre. • [+of]: *I can't remember the name of the island.* No me acuerdo del nombre de la isla. • *What's the name of the street?* ¿Cómo se llama la calle? • [+for]: *That's a great name for a rock group.* Es un nombre genial para una banda de rock. • *Edo was the ancient name for Tokyo.* Edo era el antiguo nombre de Tokio.

3 [sing] reputación • **good name** buen nombre, buena fama: *He didn't want to do anything to damage the company's good name.* No quería hacer nada que dañara el buen nombre de la empresa. • **bad name** mala fama: *The restaurant got a bad name for slow service.* El restaurante se creó mala fama por la lentitud del servicio. • **give sb/sth a bad name** dar mala fama a alguien/algo • **clear your name** limpiar su nombre SIN **reputation**

4 [C] figura (persona famosa) • **a big/famous/well-known name** una figura importante/famosa/muy conocida: *Some of the biggest names in show business will be there.* Algunas de las figuras más importantes del mundo del espectáculo estarán allí.

EXPRESIONES

call sb names insultar a alguien • **in all but name** en la práctica: *She was his wife in all but name.* En la práctica, era su esposa. • **be in sb's name** estar a nombre de alguien: *The house is in my wife's name.* La casa está a nombre de mi esposa. • **in name only** solo de nombre: *He's the president in name only.* Es presidente solo de nombre. • **in the name of sth** en nombre de algo: *cruel experiments on animals, which were done in the name of science* cruentos experimentos con animales, realizados en nombre de la ciencia • **in the name of sb** a nombre de alguien: *We have reserved a table in the name of Jones.* Hemos reservado una mesa a nombre de Jones. • **make your name/make a name for yourself** hacerse conocido -a/famoso -a, hacerse una reputación: *She first made her name in low-budget horror movies.* Comenzó a hacerse famosa en películas de terror de bajo presupuesto. • **the name of the game** (oral) lo fundamental, lo primordial • **sb's name is mud** (coloq, esp hum) (hablando de la mala reputación de alguien) *If people find out the truth, your name will be mud around here.* Si la gente se entera de la verdad, serás persona non grata aquí. • **I can't put a name to this/her** no me acuerdo del nombre de esto/ella, no sé cómo se llama esto/ella: *I know the song, but I can't put a name to it.* Conozco la canción, pero no me acuerdo del nombre. • **to your name** *She had less than $100 to her name.* Contaba con menos de 100 dólares. • *a driver with seven world championships to his name* un piloto con siete campeonatos mundiales en su haber
▶ **BRAND NAME, FIRST NAME, a HOUSEHOLD name, LAST NAME, MAIDEN NAME, NICKNAME, not have a PENNY to your name, PEN NAME**

name² S1 W1 v [T]

1 llamar, ponerle nombre a: *They haven't named the baby yet.* Todavía no le han puesto nombre al bebé. • **a**

man/girl named... un hombre llamado/una chica llamada..., un hombre/una chica que se llama...: *a young woman named Sonya* una joven llamada Sonya • *He has a cat named Ginger.* Tiene un gato que se llama Ginger. • **name sb sth** llamar a alguien algo, ponerle algo a alguien: *We named our daughter Carol.* A nuestra hija le pusimos Carol. • **name sb/sth after sb/sth** (tb **name sb/sth for sb/sth**) poner a alguien o algo el nombre de otra persona u otra cosa: *They named him Bill, after his grandfather.* Le pusieron Bill, como su abuelo. • *The school is named after its founder, Edith Hunt.* La escuela se llama así por su fundadora, Edith Hunt.

2 identificar: *She's refusing to name the father of the child.* Se niega a identificar al padre del niño. • *Can you name this song?* ¿Sabes como se llama esta canción? • **name sb as sth** identificar a alguien como algo, señalar a alguien como algo: *The victim has been named as Mary Radcliff.* La víctima ha sido identificada como Mary Radcliff.

3 (seleccionar) **name sb as sth** nombrar a alguien (como) algo: *The Board named Quinn as the new team coach.* La comisión nombró a Quinn como nuevo entrenador del equipo. • **be named as sth** ser elegido -a algo: *The movie was named as Best Foreign Film.* La película fue elegida Mejor Película Extranjera. • **name sb sth** nombrar a alguien algo: *She was named Businesswoman of the Year.* La nombraron Empresaria del Año. • **name sb to sth** *He was named to a high ranking position within the government.* Lo nombraron para ocupar un alto cargo en el gobierno.

EXPRESIONES

name the day fijar la fecha, poner fecha (para una boda) • **name names** dar nombres: *She's threatening to go the police and start naming names.* Está amenazando con ir a la policía y empezar a dar nombres. • **name your price** (oral) pedir el precio que uno quiere para vender o comprar algo: *He's such a good player that he can name his price.* Es tan buen jugador que puede pedir lo que quiera. • **to name but a few** por mencionar algunos -as, entre otros -as: *Hoffman's been in a lot of famous movies – The Graduate, Rain Man, and Papillon, to name but a few.* Hoffman ha estado en muchas películas famosas: El Graduado, Rain Man y Papillon, por mencionar algunas. • **you name it** (oral) (para expresar que se podrían mencionar muchas más cosas) *Clothes, furniture, books – you name it, they have it!* Ropa, muebles, libros, lo que quieras: ¡tienen de todo!

ˈname-ˌcalling s [U] (peyor) insultos

name·drop·per /ˈneɪmˌdrɒpə/ s [C] persona que suele mencionar a gente famosa o importante para impresionar a los demás

name·drop·ping /ˈneɪmˌdrɒpɪŋ/ s [U] acción de mencionar a personas famosas o importantes para impresionar a los demás

name·less /ˈneɪmləs/ adj **1** anónimo -a: *his nameless victims* sus anónimas víctimas **2** sin nombre: *He lay in a nameless grave.* Yacía en una tumba sin nombre. **3** [solo ante s] (liter) inefable, indescriptible: *a nameless dread* un inefable terror

EXPRESIONES

who/which/that shall remain nameless (oral) (cuando no se quiere revelar un nombre) *A certain person, who shall remain nameless, forgot to lock the door.* Una cierta persona, cuyo nombre prefiero guardarme, se olvidó de cerrar la puerta con llave.

name·ly /ˈneɪmli/ adv [adv oracional] a saber, concretamente: *Jody has her own source of information, namely her sister.* Jody tiene su propia fuente de información, a saber, su hermana.

name·plate /ˈneɪmpleɪt/ s [C] placa (con el nombre)

name·sake /ˈneɪmseɪk/ s [sing] tocayo -a

ˈname tag s [C] (placa de) identificación

Na·mib·i·a /nəˈmɪbiə/ Namibia

Na·mib·i·an /nəˈmɪbiən/ s [C], adj namibio -a

nan·ny /ˈnæni/ s [C] (pl **nannies**) niñera

'nanny goat s [C] cabra (hembra)

nan·o·tech·nol·o·gy /ˌnænətɛkˈnɑlədʒi/ s [U] nanotecnología

nap[1] S3 /næp/ s [C] [sing] siesta • **take a nap** dormir una siesta, echarse una siesta

nap[2] v [I gralm en forma continua] (**napped, napping**) dormir una siesta, echarse una siesta

EXPRESIONES
catch sb napping [gralm en pasiva] (*coloq*) agarrar/tomar a alguien desprevenido -a

na·palm /ˈneɪpɑm/ s [U] napalm

nape /neɪp/ s [sing] nuca • **the nape of sb's neck** la nuca (de alguien): *He tickled the nape of her neck.* Le hizo cosquillas en la nuca.

nap·kin S2 /ˈnæpkɪn/ s [C]
1 servilleta
2 (tb **sanitary napkin**) toalla sanitaria/higiénica, toalla femenina ▶ SANITARY

nap·py /ˈnæpi/ adj (*coloq*) rizado -a, chino -a (cabello)

narc[1] /nɑrk/ s [C] (*coloq*) agente de la policía antinarcóticos

narc[2] v
narc on sb v+*partíc* (*coloq*) delatar a alguien, sapear a alguien

nar·cis·sism /ˈnɑrsəˌsɪzəm/ s [U] (*peyor*) narcisismo

nar·cis·sist /ˈnɑrsəsɪst/ s [C] (*peyor*) narcicista

nar·cis·sis·tic /ˌnɑrsəˈsɪstɪk/ adj (*peyor*) narcisista

nar·cis·sus /nɑrˈsɪsəs/ s [C] (pl **narcissi** /-saɪ/) narciso

nar·cot·ic /nɑrˈkɑtɪk/ s [C] **1 narcotics** [pl] estupefacientes, narcóticos **2** narcótico (sedante, analgésico)

nar·rate /ˈnæreɪt, næˈreɪt/ v [T] **1** hacer la narración en off de una película, obra dramática o documental: *The show was narrated by Robert Redford.* Robert Redford fue el narrador del programa. **2** (*frml*) narrar, relatar

nar·ra·tion /næˈreɪʃən/ s **1** [C] narración (en off) **2** [C,U] relato, narración

nar·ra·tive[1] /ˈnærətɪv/ s **1** [C] narración, relato **2** [U] narrativa

narrative[2] adj [solo ante s] narrativo -a: *a narrative poem* un poema narrativo • *the author's narrative style* el estilo narrativo del autor

nar·ra·tor /ˈnæˌreɪtɚ/ s [C] **1** (en literatura) narrador **2** (en un documental, una película) narrador (en off)

nar·row[1] W3 /ˈnæroʊ/ adj
1 angosto -a, estrecho -a: *The bed was much too narrow.* La cama era demasiado angosta. • **a narrow street/alley** una calle angosta/un callejón estrecho: *the narrow streets of the old town* las calles angostas del casco antiguo de la ciudad • **a narrow strip/band** una franja angosta/estrecha: *a narrow strip of land* una estrecha franja de tierra • **a narrow gap/opening** un espacio angosto/una abertura estrecha ANT **broad**
2 a narrow victory/defeat una victoria/una derrota por escaso margen: *Bush won a narrow victory in that election.* Bush obtuvo una victoria por escaso margen en aquellas elecciones. • **a narrow lead** una leve ventaja: *The American golfer has a narrow lead.* El golfista estadounidense lleva la delantera por un estrecho margen. • **have a narrow escape** salvarse por muy poco, salvarse por un pelo
3 reducido -a, limitado -a: *She has a narrow circle of friends.* Tiene un reducido círculo de amigos. ANT **broad** ▶ NARROW-MINDED; the STRAIGHT and narrow

narrow[2] v **1 (a)** [T] restringir, reducir: *He has narrowed the scope of the inquiry.* Ha restringido el alcance de la investigación. • **narrow the gap** reducir la brecha/la diferencia: *attempts to narrow the gap between rich and poor* intentos de reducir la brecha entre ricos y pobres **(b)** [I] reducirse: *The difference between the parties has narrowed.* La diferencia entre

los partidos se ha reducido. **2** [I] angostarse, estrecharse: *The river narrows at this point.* El río se angosta en este punto.
narrow sth ↔ down v+*partíc* reducir algo, restringir algo: *The police have narrowed down their list of suspects.* La policía ha reducido la lista de sospechosos. • **narrow sth down to sth** reducir algo a algo: *I've narrowed it down to two possibilities.* Lo he reducido a dos posibilidades.

nar·row·ly /ˈnæroʊli/ adv **narrowly defeat/beat sb** vencer/derrotar a alguien por estrecho margen: *He was narrowly defeated in the last election.* Perdió por estrecho margen en las últimas elecciones. • **narrowly escape sth** salvarse de algo por poco: *They narrowly escaped death.* Se salvaron de la muerte por poco. • **narrowly miss sb/sth** *The bullet narrowly missed his head.* La bala le pasó rozando la cabeza. • *The first shot narrowly missed its target.* El primer tiro erró el blanco por poco.

narrow-'minded adj (*peyor*) estrecho -a de miras, intolerante: *a rather narrow-minded view of the world* un visión del mundo bastante estrecha de miras ANT **broad-minded** ▶ OPEN-MINDED

narrow-'mindedness s [U] estrechez de miras, intolerancia

nar·row·ness /ˈnæroʊnɪs/ s [U] **1** estrechez **2** lo limitado

NASA /ˈnæsə/ s (**National Aeronautics and Space Administration**) la NASA

na·sal /ˈneɪzəl/ adj **1** (de la nariz) nasal: *the nasal passages* los conductos nasales **2** (voz, sonido) nasal: *He had a kind of nasal voice.* Tenía una voz medio nasal.

nas·ti·ly /ˈnæstəli/ adv de forma desagradable, con maldad

nas·ti·ness /ˈnæstinɪs/ s [U] maldad, actitud desagradable

nas·tur·tium /nəˈstɚʃəm/ s [C] capuchina

nas·ty S2 /ˈnæsti/ adj (**nastier, nastiest**)
1 (personas, actitudes, comentarios) desagradable, malo -a: *a nasty old man* un viejo desagradable • *He has a nasty temper.* Tiene un muy mal carácter. • **be nasty to sb** ser malo -a/cruel con alguien: *Don't be so nasty to your sister!* ¡No seas tan mala con tu hermana!
2 (sabor, olor) (*oral*) asqueroso -a, repugnante • **a nasty taste/smell** un sabor/olor asqueroso: *The medicine left a nasty taste.* La medicina dejaba un sabor asqueroso. • **taste/smell nasty** tener un sabor/olor asqueroso
3 (experiencias, sentimientos, situaciones) muy desagradable, terrible: *I used to get all the nasty jobs.* Siempre me tocaban los peores trabajos. • *a nasty question* una pregunta complicada • *It's nasty weather for walking.* El tiempo está horrible para caminar. • **a nasty shock/surprise** un susto terrible/una sorpresa muy desagradable: *When she looked in the mirror she got a nasty shock.* Cuando se miró en el espejo, se llevó un susto terrible.

EXPRESIONES
have a nasty feeling/suspicion that tener una horrible sensación/una terrible sospecha de que • **have a nasty habit of doing sth** tener la mala costumbre de hacer algo

na·tion S3 W1 /ˈneɪʃən/ s [C]
1 nación, país: *the richest nation in the world* la nación más rica del mundo • *a developing nation* un país en vías de desarrollo
2 the nation [sing] la nación: *The president will speak to the nation.* El presidente se dirigirá a la nación.
3 etnia, nación ▶ NATION STATE

na·tion·al[1] S2 W1 /ˈnæʃənəl/ adj [gralm ante s]
1 (de todo el país) nacional: *The unemployment rate here is much higher than the national average.* Aquí la tasa de desempleo está muy por encima del promedio nacional. • **a national emergency/crisis/disaster** una emergencia/una crisis/un desastre nacional • **the national government** el gobierno nacional • **a national hero** un héroe nacional • **a national holiday** un feriado

nacional, *un día de fiesta nacional* • **national security** seguridad nacional `ANT` **local, regional**

2 (de un país en particular) nacional: *the national and international news* las noticias nacionales e internacionales • *the national airline* la aerolínea de bandera `ANT` **international**

3 (típico de un país) nacional • **the national game** el deporte nacional • **the national dish** el plato típico del país: *In Korea, kimchi is the national dish.* En Corea, el kimchi es el platillo típico del país.

national² *s* [C] (*frml*) ciudadano -a: *foreign nationals living in the U.S.* ciudadanos extranjeros residentes en EU ▸ CITIZEN

,national 'anthem *s* [C] himno nacional

,national 'debt *s* [C gralm sing] deuda pública

na·tion·al·ism /'næʃənəl,ɪzəm/ *s* [U] nacionalismo

na·tion·al·ist¹ /'næʃənəlɪst/ *s* [C] nacionalista: *Welsh nationalists* nacionalistas galeses

nationalist² *adj* **1** (independentista) nacionalista: *nationalist leaders* líderes nacionalistas **2** (*peyor*) (patriotero) nacionalista `SIN` **nationalistic**

na·tion·al·is·tic /,næʃənə'lɪstɪk/ *adj* (*peyor*) nacionalista ▸ PATRIOTIC

na·tion·al·i·ty /,næʃə'næləti/ *s* [C,U] (pl **nationalities**) nacionalidad: *What nationality is her husband?* ¿De qué nacionalidad es su marido? • **American/British nationality** nacionalidad estadounidense/británica

na·tion·al·i·ze /'næʃənə,laɪz/ *v* [T] nacionalizar ▸ PRIVATIZE

na·tion·al·ly /'næʃənəli/ *adv* a nivel nacional, en/por todo el país: *a nationally known artist* un artista conocido a nivel nacional

,national 'park *s* [C] parque nacional

,nation 'state *s* [C] estado nación

na·tion·wide¹ `W3` /,neɪʃən'waɪd◂/ *adj* a nivel nacional, en todo el país: *a nationwide advertising campaign* una campaña publicitaria a nivel nacional

nationwide² *adv* en/por todo el país, a nivel nacional: *We have 350 stores nationwide.* Tenemos 350 tiendas en todo el país.

na·tive¹ `S2` `W3` /'neɪtɪv/ *adj*
1 [solo ante s] **sb's native land/country** la tierra/el país natal de alguien, la tierra/el país de origen de alguien: *She returned to her native land.* Volvió a su tierra natal.
2 [solo ante s] **sb's native tongue/language** la lengua materna/el idioma materno de alguien ▸ NATIVE SPEAKER
3 [solo ante s] **a native Dubliner/Bostonian** un natural de Dublín/Boston • **be a native New Yorker/Californian** ser nacido -a en Nueva York/California
4 [solo ante s] **the native inhabitants** los habitantes originales • **the native people/population** los indígenas/la población indígena, los nativos/la población nativa • **native peoples** pueblos indígenas
5 (*native plants/birds/species*) plantas/aves/especies autóctonas • **be native to sth** ser autóctono -a/originario -a de algo: *This bird is native to North America.* Esta ave es una especie autóctona de Norteamérica.

native² *s* [C] **1** (personas) **(be) a native of** ser natural de: *He is a native of Texas.* Es natural de Texas. **2** **the natives** [pl] (*antic, despec*) los nativos, la gente del lugar **3** (fauna, flora) **be a native of** ser autóctono -a/originario -a de: *The koala is a native of Australia.* El koala es originario de Australia.

⚠ **the natives** Le gente evita usar esta expresión porque es ofensiva. En su lugar se utiliza **the indigenous population** o **the indigenous people**.

,Native A'merican *s* [C], *adj* indígena norteamericano -a: *Native-American culture* la cultura de los indígenas norteamericanos

,native 'speaker *s* [C] hablante nativo -a: *a native speaker of English* un hablante nativo de inglés

Na·tiv·i·ty /nə'tɪvəti/ *s* (pl **Nativities**) Natividad

NATO /'neɪtoʊ/ (**North Atlantic Treaty Organization**) la OTAN

nat·u·ral¹ `S1` `W2` /'nætʃərəl/ *adj*
1 de la naturaleza
2 lógico, previsible
3 no artificial
4 características, aptitudes
5 no forzado
6 padre, madre
7 en música

1 `DE LA NATURALEZA` natural: *They wanted to preserve the forest in its natural state.* Querían conservar el bosque en su estado natural. • **the natural world** la naturaleza • **a natural disaster** un desastre natural

2 `LÓGICO, PREVISIBLE` natural, normal: *a natural reaction* una reacción natural • *It's a natural question to ask.* Es normal hacer esa pregunta. • **completely/perfectly natural** totalmente natural/normal, absolutamente lógico -a: *I'm sure there's a perfectly natural explanation for his behavior.* Estoy segura de que su comportamiento tiene una explicación absolutamente lógica. • **it is natural that** es natural/normal que • **it is natural to do sth** es normal/natural hacer algo: *It's only natural to feel shy at first.* Es muy normal sentirse cohibido al principio. • **it is natural for sb to do sth** es normal/natural que alguien haga algo: *It's natural for parents to worry about their children.* Es natural que los padres se preocupen por sus hijos. ▸ UNNATURAL, ABNORMAL

3 `NO ARTIFICIAL` natural: *We only use natural ingredients.* Solo empleamos ingredientes naturales. ▸ ARTIFICIAL, MAN-MADE, SYNTHETIC

4 `CARACTERÍSTICAS, APTITUDES` innato -a, nato -a: *her natural grace* su gracia innata • *He was a natural leader.* Era un líder nato. • *a natural athlete* una atleta nata • **a natural instinct** un instinto natural: *The puppy's natural instinct is to bark at strangers.* El instinto natural del cachorro es ladrarles a los desconocidos. `SIN` **innate, born**

5 `NO FORZADO` natural: *a natural smile* una sonrisa natural • *Just try to be natural.* Simplemente intenta actuar con naturalidad. `ANT` **forced**

6 `PADRE, MADRE` **natural mother/father** madre biológica/padre biológico • **natural parents** padres biológicos

7 `EN MÚSICA` natural • **F/B natural** fa/si natural ▸ NATURALLY

EXPRESIONES
die from/of natural causes morir por causas naturales • **for the rest of your natural life** por el resto de sus días

natural² *s* **1** **be a natural** tener un talento innato: *She's a natural on TV.* Tiene un talento innato para la televisión. • **be a natural for the job/the part** ser la opción lógica para un trabajo/un papel **2** **(a)** [C] nota natural **(b)** [C] becuadro ▸ FLAT, SHARP

,natural 'gas *s* [U] gas natural

,natural 'history *s* [U] historia natural

nat·u·ral·ist /'nætʃərəlɪst/ *s* [C] naturalista

nat·u·ral·i·za·tion /,nætʃərələ'zeɪʃən/ *s* [U] naturalización, nacionalización

nat·u·ral·ize /'nætʃərə,laɪz/ *v* [T gralm en pasiva] **1** naturalizar **2** (*técn*) aclimatar (una especie animal o vegetal)

nat·u·ral·ly `S3` `W3` /'nætʃərəli/ *adv*
1 [adv oracional] lógicamente, naturalmente: *Naturally, we wanted our team to win.* Lógicamente, queríamos que nuestro equipo ganara. • *His thoughts naturally turned to food.* Naturalmente, se puso a pensar en comida. • **naturally enough** lógicamente, naturalmente: *Naturally enough, she wanted an explanation.* Lógicamente, quería una explicación.
2 (*oral*) por supuesto, naturalmente: *"Did you accept her offer?" "Naturally!"* –¿Has aceptado su oferta? –¡Por supuesto! `SIN` **of course**

3 (no artificialmente) naturalmente: *She had naturally blonde hair.* Tenía cabello rubio natural. **4** (innatamente) por naturaleza: *He's naturally a shy person.* Es una persona tímida por naturaleza. • **be naturally good at sth** tener talento innato para algo • **come naturally to sb** no costarle nada a alguien, resultarle fácil a alguien: *Lying comes naturally to him.* Miente con total naturalidad. • *Teaching seemed to come naturally to her.* La enseñanza parecía no costarle nada. **5** (no afectadamente) con naturalidad, naturalmente: *Try to act naturally.* Procura actuar con naturalidad. **6** (en estado natural) **naturally occurring substances/ chemicals** substancias (químicas) que se encuentran en la naturaleza

nat·u·ral·ness /ˈnætʃərəlnɪs/ s [U] naturalidad

‚natural se'lection s [U] (*técn*) selección natural ▶ EVOLUTION

na·ture S2 W1 /ˈneɪtʃər/ s
1 [U] (el mundo natural) la naturaleza: *the wonders of nature* las maravillas de la naturaleza • **the laws/ forces of nature** las leyes/fuerzas de la naturaleza **2** [C,U] (personalidad) naturaleza, carácter: *She has a very gentle nature.* Es de naturaleza dulce. • **by nature** por naturaleza: *I am an optimist by nature.* Soy optimista por naturaleza. • **be in sb's nature** ser típico de alguien: *It's not in his nature to tell lies.* No es típico de él decir mentiras. **3** [C,U] **the nature of sth** la naturaleza de algo, el carácter de algo • **the exact/precise/true nature of sth** *The exact nature of the problem is not well understood.* No se tiene una comprensión cabal de la naturaleza del problema. • *What is the precise nature of his complaint?* ¿Cuál es exactamente la naturaleza de su queja? **4** [sing, U] **of a personal/practical/political nature** de carácter personal/práctico/político, de índole personal/ práctica/política: *These problems are of a very different nature.* Estos problemas son de muy distinto carácter. • *The file contained information of a confidential nature.* El archivo contenía información de carácter confidencial.

EXPRESIONES
appeal to sb's better nature apelar a los buenos sentimientos de alguien • **in the nature of things** (según suele ocurrir) *In the nature of things, a shrinking economy means less job security.* Lo habitual es que una economía en retroceso signifique menos seguridad laboral. • **nature's way of doing sth** la forma en que la naturaleza hace algo ▶ HUMAN NATURE, MOTHER NATURE, NATURAL, SECOND NATURE

'nature re,serve s [C] reserva natural

na·tur·ist /ˈneɪtʃərɪst/ s [C] nudista, naturista SIN **nudist**

naught /nɔt/ *pron* [U] (*liter*) ▶ NOUGHT

naugh·ti·ly /ˈnɔtəli/ *adv* **behave naughtily** portarse mal

naugh·ti·ness /ˈnɔtɪnɪs/ s [U] mal comportamiento (de un niño)

naugh·ty /ˈnɔti/ *adj* (**naughtier**, **naughtiest**) **1** travieso -a, pícaro -a (niño): *a naughty little girl* una niñita traviesa/pícara • *What a naughty thing to do!* ¡Eso no se hace! • **be naughty** portarse mal: *Don't be naughty!* ¡No te portes mal! **2** atrevido -a (lenguaje), picante (chiste, película)

Na·u·ru /nɑˈuru/ Nauru

Na·u·ru·an¹ /nɑˈuruən/ s **1** [C] (persona) nauruano -a **2** [U] (idioma) nauruano

Nauruan² *adj* nauruano -a

nau·se·a /ˈnɔziə, ˈnɔʒə, ˈnɔʃə/ s [U] (*frml*) náusea(s)

nau·se·ate /ˈnɔziˌeɪt, -ʒi-/ v [T] **1** repugnar, indignar **2** (*frml*) provocar náuseas a

nau·se·at·ed /ˈnɔziˌeɪtɪd, -ʒi-/ *adj* **1 feel nauseated by sth** sentir repugnancia/asco por algo (en lo moral) **2** con náuseas (en lo físico)

nau·se·at·ing /ˈnɔziˌeɪtɪŋ, -ʒi-/ *adj* **1** (sensación física) nauseabundo -a, repugnante: *the nauseating smell of rotting meat* el olor nauseabundo de la carne en descomposición SIN **sickening 2** (indignante) repugnante: *the nauseating hypocrisy of Western leaders* la repugnante hipocresía de los líderes occidentales SIN **sickening**

nau·se·at·ing·ly /ˈnɔziˌeɪtɪŋli, -ʒi-/ *adv* asquerosamente

nau·seous /ˈnɔʃəs, -ʒəs/ *adj* **1 make sb feel nauseous** dar náuseas a alguien • **nauseous feeling** sensación de náuseas **2** (*frml*) nauseabundo -a SIN **disgusting**

nau·ti·cal /ˈnɔtɪkəl/ *adj* [solo ante s] náutico -a, de navegación

na·val /ˈneɪvəl/ *adj* [solo ante s] naval, de la marina: *a U.S. naval base* una base naval estadounidense • *a naval officer* un oficial de la marina

nave /neɪv/ s [C] nave (central) (de una iglesia)

na·vel /ˈneɪvəl/ s [C] ombligo SIN **belly button** (*coloq*)

nav·i·ga·bil·i·ty /ˌnævɪɡəˈbɪləti/ s [U] navegabilidad

nav·i·ga·ble /ˈnævɪɡəbəl/ *adj* navegable

nav·i·gate /ˈnævəˌɡeɪt/ v **1** (naves, aviones) **(a)** [I] navegar: *In ancient times people navigated by the stars.* En la antigüedad se navegaba guiándose por las estrellas. **(b)** [T] gobernar, llevar el timón de (un barco): *The pilot navigated the ship into port.* El piloto condujo el buque hacia el puerto. **2** (carros) [I] hacer de copiloto: *I'll drive and you can navigate.* Yo manejo, tú puedes hacer de copiloto. **3** [T] (*frml*) navegar por (un río, un lago) **4** [T] sortear (obstáculos): *Many people find the bureaucracy difficult to navigate.* A muchas personas le resulta difícil sortear los obstáculos del trámite burocrático. **5** (en informática) [I,T] navegar (por): *The magazine's website is easy to navigate.* Es fácil navegar por el sitio web de la revista.

nav·i·ga·tion /ˌnævəˈɡeɪʃən/ s [U] navegación • **navigation aids** instrumentos de navegación • **navigation lights** luces de navegación

nav·i·ga·tion·al /ˌnævəˈɡeɪʃənəl/ *adj* de navegación: *navigational aids* instrumentos de navegación

nav·i·ga·tor /ˈnævəˌɡeɪtər/ s [C] **1** navegante **2** copiloto -a (en un carro)

na·vy /ˈneɪvi/ s (pl **navies**) **1** [C gralm sing] (en las fuerzas armadas) **the navy** (tb **the Navy**) la armada, la marina de guerra: *the U.S. Navy* la Armada de los EU • *the Royal Navy* la Armada Real • **in the navy** en la armada/marina • **join the navy** enlistarse en la armada/marina • **navy officer** oficial naval • **navy pilot** piloto de la aviación naval ▶ ARMY, AIR FORCE, COAST GUARD, MARINES **2** [C] (flota) marina, armada **3** [U] (tb **navy blue**) azul marino

‚navy 'blue (tb **navy**) *adj* azul marino

Na·zi¹ /ˈnɑtsi/ s [C] (pl **Nazis**) nazi

Nazi² *adj* [solo ante s] nazi

Na·zism /ˈnɑtˌsɪzəm/ s [U] nazismo

n.b., **N.B.** (*escrito*) (**nota bene**) N.B.

NBC /ˌɛn bi ˈsi/ s (**National Broadcasting Company**) NBC

NC *abrev escrita de* NORTH CAROLINA

NCO /ˌɛn si ˈoʊ/ s [C] (**noncommissioned officer**) suboficial

ND *abrev escrita de* NORTH DAKOTA

NE *abrev escrita de* **1** NORTHEAST **2** NORTHEASTERN **3** NEBRASKA

ne·an·der·thal /niˈændərˌθɔl, -ˌtɔl, -ˌtɑl/ *adj* neandertalense, de Neandertal • **Neanderthal man** hombre de Neandertal

near¹ S2 W1 /nɪr/ (tb **'near to**) *prep*
1 (distancias) cerca de: *Stand near the window.* Ponte cerca de la ventana. • *a small town near Boston* una pequeña ciudad cerca de Boston • **go/come near sb/sth** acercarse a alguien/algo: *Don't come near me.* No

N

te me acerques. • **near here/there** cerca de aquí/allí: *They live somewhere near here.* Viven por algún lugar cerca de aquí. • **near home** cerca de casa: *I was looking for a job near home.* Estaba buscando un trabajo cerca de casa.
2 (tiempo) cerca de: *I'll phone you again nearer Christmas.* Te volveré a llamar más cerca de Navidad. • *It was near midnight when we got home.* Era casi medianoche cuando llegamos a casa. • **near the end/beginning** casi al final/principio: *near the end of her speech* casi al final del discurso • *It was getting near the end of the year.* Faltaba poco para fin de año.
3 (casi) al borde de, cercano -a a: *I was near exhaustion at the end of the race.* Al final de la carrera, estaba al borde del agotamiento.
4 (expresando similitud) *He's nearer my age than yours.* Es más bien de mi edad que de la tuya.

not come (anywhere) near sb/sth no ser (ni remotamente) comparable a alguien/algo: *No other athlete comes anywhere near him.* Ningún otro atleta le llega a la suela del zapato. • **not go (anywhere) near sth/sb** no querer tener (nada) que ver con algo/alguien: *He refused to go anywhere near a doctor.* Se negó a tener nada que ver con médicos. • **nowhere near sth/sb** lejísimos de algo/alguien, muy lejos de algo/alguien: *The house is nowhere near a station.* La casa está lejísimos de la estación.

⚠ My sister lives near (✗ near from) your house.
En construcciones comparativas y superlativas se prefiere **nearer to** y **nearest to** a las formas sin to:
✔ We live nearer to the station than you.
✔ John lives nearest to the school.

near² *adv* **1** cerca: *She could hear the sound of voices very near.* Oía voces muy cerca. • **come/get/draw near** acercarse: *Don't come any nearer.* No te me acerques más. • *As we drew near, we could see that she was crying.* Cuando nos acercamos, vimos que estaba llorando. • *The day of the election was drawing near.* Se acercaba el día de las elecciones. • **near to** *the boy sitting nearest to me* el niño sentado más cerca de mí • *Their new house is nearer to the school.* Su nueva casa queda más cerca de la escuela. • **come near to doing sth** *I came near to losing my temper.* Poco me faltó para perder los estribos./Estuve a punto de perder los estribos. • **come near to sth** llegar al borde de algo: *At times he came near to despair.* Por momentos, llegó al borde de la desesperación. • **near to tears** al borde de las lágrimas, a punto de llorar • **near at hand** al alcance de la mano: *There are stores and restaurants near at hand.* Hay tiendas y restaurantes al alcance de la mano. • **from near and far** de aquí y de allá: *a program of news from near and far* un programa con noticias de aquí y de allá **2** (expresando similitud) *The color is nearer to blue than to purple.* El color se parece más al azul que al morado. **3** casi, prácticamente • **near perfect/impossible** casi perfecto -a/imposible: *a near impossible task* una tarea casi imposible

nowhere near ni remotamente, ni mucho menos: *The job was nowhere near finished.* El trabajo no estaba terminado ni mucho menos. • **so near and yet so far** *We would only have needed one more point to win. So near and yet so far.* Hubiéramos necesitado solo un punto más para ganar. Estuvimos tan cerca.

near³ W3 *adj*
1 cercano -a: *The nearest hospital is 20 miles away.* El hospital más cercano está a 20 millas. • *Which is nearer, your house or mine?* ¿Qué casa queda más cerca, la tuya o la mía? • **nearest neighbor** vecino -a más cercano -a: *Our nearest neighbor lived 15 miles away.* Nuestro vecino más cercano vivía a 15 millas. SIN **close**
2 a near disaster/impossibility *The election was a near disaster for the Socialists.* La elección fue prácticamente un desastre para los socialistas. • *A French victory seemed a near certainty.* Parecía casi seguro que ganarían los franceses. • *the near impossibility of*

satisfying everyone la casi imposibilidad de satisfacer a todos • **the nearest thing to sth** lo más parecido a algo: *He's the nearest thing to a father I've got.* Es lo más parecido a un padre que tengo.
3 [solo ante s, sin compar] **the near side/bank/edge** *the near bank of the river* la ribera de este lado del río • *the near side of the Moon* la cara visible de la luna ANT **far**
4 [solo ante s] **a near relation/relative** un pariente cercano/una parienta cercana • **sb's nearest relative** el pariente más cercano de alguien SIN **close** ANT **distant**
▸ **NEARLY**

a near-death experience una experiencia cercana a la muerte • **sb's nearest and dearest** (hum) los seres queridos de alguien • **in the near future** en un futuro cercano: *We hope to see you again in the near future.* Esperamos volver a verte en un futuro cercano. • **a near miss** situación en la que un choque no se produce por muy poco: *The airliner was involved in a near miss with a helicopter.* El avión de pasajeros estuvo a punto de chocar con un helicóptero. • **be a near thing** *The crew was rescued, but it was a near thing.* Rescataron a la tripulación, pero casi no lo logran. • *We almost lost the game – it was a near thing.* Nos faltó muy poco para perder el partido. • **to the nearest $10/hundred** redondeado -a a 10 dólares/centenas: *Calculate your company's profits to the nearest $ 1000.* Calcule las ganancias de su compañía redondeadas a miles de dólares.

near⁴ *v* **1** [T gralm en forma continua] (momento, situación) *His father was nearing retirement.* Faltaba poco para que su padre se jubilara. • *Work is nearing completion.* El trabajo está casi finalizado. **2** [T] (liter) acercarse a, aproximarse a: *The car slowed as it neared the hotel.* El carro disminuyó la marcha al aproximarse al hotel. **3** [I] (frml) acercarse, aproximarse: *They grew more anxious as the deadline neared.* Su preocupación iba en aumento a medida que se acercaba el plazo.

near·by¹ W3 /'nɪrbaɪ/ *adj* [solo ante s] cercano -a: *He worked in a nearby town.* Trabajaba en una ciudad cercana.

near·by² /ˌnɪr'baɪ/ *adv* cerca: *Her mother lives nearby.* Su madre vive cerca. • *Dan found work on one of the farms nearby.* Dan encontró trabajo en una de las granjas de los alrededores.

near·ly S3 W1 /'nɪrli/ *adv* casi: *He's nearly six feet tall.* Mide casi seis pies. • *The work is nearly finished.* El trabajo está casi terminado. • *He nearly dropped the vase.* Casi se le cae el florero. • *I wasn't sure if I was invited – I nearly didn't come.* No estaba seguro de estar invitado: casi no vengo. • **nearly as many/as much** casi tantos -as/tanto -a: *She knows nearly as much as I do.* Sabe casi tanto como yo. • **nearly always** casi siempre: *The end result is nearly always the same.* El resultado final es casi siempre el mismo. • **nearly all/every** casi todos -as: *Nearly all the roads are closed.* Casi todas las carreteras están cerradas. • **nearly everyone** casi todos -as

not nearly as good/bad as... no tan bueno -a/malo -a como... ni mucho menos: *I'm not nearly as busy as I used to be.* No estoy tan ocupada como estaba ni mucho menos.

near·sight·ed /'nɪrˌsaɪtɪd/ *adj* miope

near·sight·ed·ness /'nɪrˌsaɪtɪdnɪs/ *s* [U] miopía

neat S1 /nit/ *adj*
1 (habitación, aspecto) ordenado -a, pulcro -a: *She folded the clothes in a neat pile.* Dobló la ropa y la puso en una pila ordenada. • *neat handwriting* buena letra • *He always looks very neat.* Siempre tiene un aspecto muy pulcro. • **neat and clean** limpio y ordenado/limpia y ordenada
2 (persona) ordenado -a, pulcro -a
3 (oral) genial, chévere, padre: *What a neat idea!* ¡Qué idea genial!
4 ingenioso -a, hábil: *a neat solution* una solución ingeniosa

neat·ly /'niːtli/ *adv* **1** ordenadamente, cuidadosamente **2** sencilla y eficazmente, a la perfección

neat·ness /'niːtnɪs/ *s* [U] **1** pulcritud, orden **2** sencillez y eficacia

neb·u·lous /'nɛbyələs/ *adj* (*frml*) nebuloso -a

nec·es·sar·i·ly S2 W3 /ˌnɛsə'sɛrəli/ *adv* (*frml*) necesariamente

EXPRESIONES

not necessarily no necesariamente: *Bigger is not necessarily better.* Más grande no necesariamente significa mejor.

nec·es·sar·y S2 W1 /'nɛsəˌsɛri/ *adj*
1 necesario -a: *You'll find all the necessary information in this booklet.* Encontrará toda la información necesaria en este folleto. • [+**for**]: *She had everything necessary for her trip.* Tenía todo lo necesario para su viaje. • **it is necessary to do sth** es necesario hacer algo: *I didn't think it was necessary to ask.* No me pareció que fuera necesario preguntar. • **it is necessary for sb to do sth** es necesario que alguien haga algo: *It's not necessary for you to stay.* No es necesario que te quedes. • *Was it really necessary for you to be so rude?* ¿Había necesidad de ser tan grosera? • **if necessary** si fuera necesario: *Add more salt and pepper if necessary.* Añada más sal y pimienta si fuera necesario. • **when/where necessary** cuando/donde sea necesario • **absolutely necessary** imprescindible: *Don't call me unless it's absolutely necessary.* No me llames a menos que sea imprescindible.
2 [solo ante s] (*frml*) inevitable: *This is a necessary consequence of scientific progress.* Esta es una consecuencia inevitable del avance científico.

ne·ces·si·tate /nə'sɛsəˌteɪt/ *v* [T] (*frml*) exigir, hacer necesario -a

ne·ces·si·ty /nə'sɛsəti/ *s* (pl **necessities**) **1** [U] (*frml*) necesidad • [+**for**]: *He stressed the necessity for change.* Destacó la necesidad de cambio. • **the necessity of doing sth** la necesidad de hacer algo: *the necessity of providing food for the refugees* la necesidad de proporcionar alimento a los refugiados • **out of necessity/by necessity** por necesidad: *I learned to cook out of necessity* . Aprendí a cocinar por necesidad. SIN **need 2** [C] (*frml*) necesidad: *food, clothing, and other necessities* alimento, ropa y otras necesidades • **the basic/bare necessities (of life)** las necesidades básicas (de la vida): *We could only afford the bare necessities.* Solo podíamos permitirnos las necesidades básicas. • **an absolute necessity** algo imprescindible ANT **luxury**

EXPRESIONES

necessity is the mother of invention la necesidad aguza el ingenio, la necesidad es la madre de la invención/la creatividad • **of necessity** (*frml*) necesariamente SIN **necessarily** ► **make a VIRTUE (out) of necessity**

neck¹ S2 W2 /nɛk/ *s*
1 [C] (parte del cuerpo) cuello: *a long, graceful neck* un cuello largo y elegante • *I have a stiff neck today.* Hoy tengo tortícolis. • *Mike rubbed the back of his neck.* Mike se frotó la nuca • **around sb's neck** al cuello, alrededor del cuello: *She put her arms around his neck and hugged him.* Le echó los brazos al cuello y lo abrazó. ► **THROAT**
2 [C] (de una prenda) cuello, escote: *a blouse with a low neck* una blusa escotada • *The neck of his shirt was open.* Tenía el cuello de la camisa desabrochado.
3 [C] (de una botella, un florero) cuello; (de un instrumento) mástil, mango
4 [C] pescuezo ► **be breathing down sb's neck** (BREATHE), BOTTLENECK, be a PAIN (in the neck), RISK your neck, SAVE sb's skin/neck/bacon, by the SCRUFF of the neck, STICK your neck out, V-NECK

EXPRESIONES

by a neck (*coloq*) por una cabeza • **be neck and neck** (*coloq*) ir igualados -as • **in this/sb's neck of the woods** (*coloq*) por estos lares/por los lares de alguien • **be up to your neck in sth** (*coloq*) estar hasta el cuello de algo: *She was up to her neck in debt.* Estaba endeudada hasta el cuello.

neck² *v* [I gralm en forma continua] (*antic*, *coloq*) besuquearse, abejorrearse

neck·lace S3 /'nɛk-lɪs/ *s* [C] collar: *She wore a pearl necklace.* Tenía puesto un collar de perlas.

neck·line /'nɛk-laɪn/ *s* [C gralm sing] escote (de una prenda)

neck·tie /'nɛktaɪ/ *s* [C] corbata SIN **tie**

nec·tar /'nɛktɚ/ *s* [U] **1** néctar **2** (en mitología) néctar

nec·ta·rine /ˌnɛktə'rin/ *s* [C] **1** nectarina **2** nectarino

née /neɪ/ *adj* (*antic*, *escrito*) de soltera (referido al apellido): *Mrs. Carol Cook, née Williams* la señora Carol Cook, de soltera Williams ► **MAIDEN NAME**

need¹ S1 W1 /nid/ *v*
1 [T gralm no en forma continua] (para existir, actuar) necesitar: *Plants need light in order to survive.* Las plantas necesitan luz para sobrevivir. • *Do you need any help?* ¿Necesitas ayuda? • *I don't need your advice.* No necesito tus consejos. • **everything you need** todo lo que necesitas/necesitan • **need sb to do sth** necesitar que alguien haga algo: *I need you to help me with the cooking.* Necesito que me ayudes con la comida. • **need sth badly/urgently** necesitar algo mucho/con urgencia: *The people desperately need food and shelter.* La gente tiene una necesidad apremiante de comida y refugio. • *She badly needed a rest.* Necesitaba mucho un descanso. • **much needed/badly needed** muy necesario -a: *The company is providing a much needed service.* La compañía está brindando un servicio muy necesario.
2 [T nunca en forma continua] (querer) necesitar: *I need a cup of coffee.* Necesito una taza de café. • **need to do sth** necesitar hacer algo: *She said she needed to go out for a walk.* Dijo que necesitaba salir a caminar.
3 [v modal, T] (lo que corresponde) **need to do sth** tener que hacer algo: *He needs to see a doctor right away.* Tiene que ver a un médico ahora mismo. • *Something needs to be done about this problem.* Hay que hacer algo respecto de este problema. • **need not do sth** (tb **does not need to do sth**) (ausencia de necesidad) *You needn't stay long.* No hace falta que te quedes mucho tiempo. • *We don't need to get up early.* No hay necesidad de que nos levantemos temprano. • **does sb need to do sth?** *Do we need to reserve seats?* ¿Hace falta reservar las localidades? • **needn't have done sth** *You needn't have washed it.* No hacía falta que lo lavaras. • *He needn't have worried after all.* Después de todo, no era necesario que se preocupara.
4 [T] (una reparación, pintura) necesitar: *The house needs a good clean.* La casa necesita una buena limpieza. • **need painting/fixing/washing** *The ceiling needed painting.* Había que pintar el techo.
5 [T] (para un trabajo) requerir (de): *The job needs a lot of patience.* El trabajo requiere mucha paciencia.

EXPRESIONES

just what I needed (*oral*) justo lo que necesitaba • **That's all I needed!** (*oral*) ¡Lo que me faltaba!

need² S2 W1 *s*
1 [sing, U] necesidad • [+**for**]: *He spoke of the need for improved security.* Habló acerca de la necesidad de mayor seguridad. • **the need to do sth** la necesidad de hacer algo: *Everyone agrees on the need to improve teaching standards.* Todos están de acuerdo sobre la necesidad de mejorar la calidad de la enseñanza. • **the need for sb to do sth** la necesidad de que alguien haga algo: *She emphasized the need for employers to provide training.* Destacó la necesidad de que los empleadores ofrezcan capacitación. • **an urgent/desperate need** una necesidad apremiante/acuciante • **a growing need** una necesidad creciente/cada día mayor
2 [C,U] (deseo) necesidad • [+**for**]: *his need for excitement* su necesidad de emoción
3 [C gralm pl] (en salud, bienestar) necesidad: *Many of these old people have medical needs.* Muchos de estos ancianos tienen necesidades médicas. • **sb's needs** las necesidades de alguien: *the needs of our customers* las necesidades de nuestros clientes • *$100 should be enough for all your needs.* Cien dólares deberían bastar para todas tus necesidades. • **meet/satisfy/address**

sb's needs satisfacer las necesidades de alguien: *Schools were failing to meet the needs of their students.* Las escuelas no estaban satisfaciendo las necesidades de sus alumnos. • **sb's every need** todas las necesidades de alguien • **basic needs** necesidades básicas
4 [U] (pobreza) necesidad • **in need** necesitado -a: *We must care for those in need.* Debemos ocuparnos de los necesitados. • **in time(s) of need** en momentos de necesidad • **in your hour of need** cuando más lo necesites/necesiten ▶ SPECIAL NEEDS

EXPRESIONES
have need of sth (*frml*) tener necesidad de algo, necesitar algo • **if need be** si fuera necesario: *We'll work all night, if need be.* Trabajaremos toda la noche, si fuera necesario. • **be in need of sth** estar necesitado -a de algo, necesitar algo: *He is seriously ill and in need of care.* Está gravemente enfermo y necesitado de atención. • *He was badly in need of a haircut.* Le hacía muchísima falta un corte de pelo. • **there's no need** no hace falta: *There's no need for you to go yet.* No hace falta que te vayas ya. • *There's no need to worry.* No hay por qué preocuparse.

nee·dle¹ 🔊 /'nidl/ *s* [C]
1 (en costura) aguja • **a needle and thread** aguja e hilo • **thread a needle** enhebrar una aguja
2 (para inyectar) aguja
3 (de un árbol) aguja: *pine needles* agujas de pino
4 (para tejer) aguja SIN **knitting needle**
5 (de un instrumento) aguja: *a compass needle* una aguja de brújula ▶ PINS AND NEEDLES

EXPRESIONES
it's like looking for a needle in a haystack es como buscar una aguja en un pajar • **needle sharp** afiladísimo -a

needle² *v* [T] fastidiar, provocar (con comentarios o bromas)

need·less /'nid-lɪs/ *adj* innecesario -a: *Why take needless risks?* ¿Por qué correr riesgos innecesarios?
EXPRESIONES
needless to say (*oral*) de más está decir: *Needless to say, I was very pleased to hear the news.* De más está decir que me alegré mucho de oír la noticia.

need·less·ly /'nidlɪsli/ *adv* innecesariamente: *Thousands of women die needlessly every year because of poor medical care.* Miles de mujeres mueren innecesariamente cada año a causa de la falta de atención médica.

nee·dle·work /'nidl,wɚk/ *s* [U] **1** labores de bordado, costura, etc. **2** costura, bordado (labor)

need·y /'nidi/ *adj* (**needier, neediest**) **1** (a) necesitado -a: *needy families* familias necesitadas (b) **the needy** [usado como s pl] los necesitados **2** necesitado -a de afecto y atención, con carencias emocionales

ne·gate /nɪ'geɪt/ *v* [T] (*frml*) **1** anular: *The drug's side-effects negate any possible benefit to the patient.* Los efectos colaterales de la droga anulan cualquier beneficio potencial para el paciente. **2** invalidar

ne·ga·tion /nɪ'geɪʃən/ *s* [sing] (*frml*) negación: *What he says is a negation of Christ's teachings.* Lo que dice es la negación de las enseñanzas de Cristo.

neg·a·tive¹ 🔊 🔊 /'nɛgətɪv/ *adj*

1 no deseado
2 actitud
3 resaltando aspectos malos
4 oración
5 sin presencia de algo
6 electricidad

1 NO DESEADO negativo -a: *negative publicity* publicidad negativa • **negative effect/impact/consequences** efecto negativo/repercusiones negativas/consecuencias negativas: *His drinking was starting to have a negative effect on his work.* La bebida estaba empezando a tener un efecto negativo sobre su trabajo. • **negative aspect/**

side aspecto/lado negativo: *the negative aspects of capitalism* los aspectos negativos del capitalismo ANT **positive**
2 ACTITUD negativo -a: *He didn't use to be such a negative person.* Antes no era una persona tan negativa. • [+**about**]: *Most people were very negative about the show.* La mayoría de la gente fue muy negativa respecto del espectáculo. • **negative attitude** actitud negativa: *She has a really negative attitude to school.* Tiene una actitud totalmente negativa hacia la escuela. ANT **positive**
3 RESALTANDO ASPECTOS MALOS negativo -a • **in a negative light/way** *Black people were often shown in a negative light.* Con frecuencia se daba una imagen negativa de los negros. SIN **positive**
4 ORACIÓN negativo -a • **a negative answer/reply/response** una respuesta negativa ANT **affirmative, positive**
5 SIN PRESENCIA DE ALGO negativo -a: *a negative result* un resultado negativo • *The scan was negative.* El resultado de la ecografía fue negativo. ANT **positive**
6 ELECTRICIDAD negativo -a: *a negative charge* una carga negativa ANT **positive**

negative² *s* **1** [C] negativo (de una foto) **2** [C,U] negación, negativa • **answer/reply in the negative** responder negativamente/con una negativa ANT **affirmative**
3 [C] aspecto negativo SIN **disadvantage** ANT **positive**

neg·a·tive·ly /'nɛgətɪvli/ *adv* **1** (de forma perjudicial) negativamente **2** (mostrando desaprobación) negativamente **3** (teniendo en cuenta sólo aspectos malos) negativamente **4** (diciendo que no) negativamente

ne·glect¹ /nɪ'glɛkt/ *v* [T] **1** descuidar, desatender: *She denied neglecting her children.* Negó haber descuidado a sus hijos. • *I've been neglecting my friends lately.* He estado descuidando a mis amigos últimamente. **2 neglect to do sth** omitir hacer algo, no hacer algo (por olvido, descuido, etc.): *He neglected to mention one important fact.* Omitió mencionar un hecho importante.

neglect² *s* [U] **1** abandono: *children who are victims of abuse and neglect* niños que son víctimas de malos tratos y abandono **2** incumplimiento (de obligaciones, normas): *the company's neglect of safety standards* el incumplimiento de las normas de seguridad por parte de la compañía

ne·glect·ed /nɪ'glɛktɪd/ *adj* abandonado -a, descuidado -a: *The yard looked very neglected.* El jardín se veía muy abandonado.

ne·glect·ful /nɪ'glɛktfəl/ *adj* (*frml*) negligente • **be neglectful of sth/sb** desatender algo/a alguien: *She had been neglectful of her guests.* Había desatendido a sus invitados.

neg·li·gee, negligée /,nɛglɪ'ʒeɪ, 'nɛglɪ,ʒeɪ/ *s* [C] bata (de tela liviana), negligé

neg·li·gence /'nɛglɪdʒəns/ *s* [U] negligencia: *She is planning to sue the hospital for negligence.* Piensa demandar al hospital por negligencia.

neg·li·gent /'nɛglɪdʒənt/ *adj* negligente • [+**in**]: *The doctor was negligent in his examination of the patient.* El médico actuó con negligencia al examinar al paciente.

neg·li·gent·ly /'nɛglɪdʒəntli/ *adv* negligentemente, con negligencia

neg·li·gi·ble /'nɛglɪdʒəbəl/ *adj* insignificante, desdeñable: *The risk was negligible.* El riesgo era insignificante.

ne·go·tia·ble /nɪ'goʊʃəbəl/ *adj* **1** negociable: *The price is not negotiable.* El precio no es negociable. • *Part-time bartender required. Hours and salary negotiable.* Se busca barman de medio tiempo. Horario y sueldo a convenir. **2** transitable: *The road is only negotiable in the dry season.* La carretera solo es transitable en la temporada seca.

ne·go·ti·ate W3 /nɪˈgouʃiˌeɪt/ v
1 [I,T] negociar: *Both sides say they are willing to negotiate.* Ambas partes dicen que están dispuestas a negociar. • **negotiate with sb/sth** negociar con alguien/algo: *The government refuses to negotiate with terrorists.* El gobierno se rehúsa a negociar con terroristas.
2 [T] superar, salvar (un obstáculo), tomar (una curva), franquear (un canal): *We negotiated our way through the crowds.* Logramos abrirnos paso entre la multitud.
EXPRESIONES
the negotiating table la mesa de negociaciones

ne·go·ti·a·tion W2 /nɪˌgouʃiˈeɪʃən/ s
1 [C gralm pl] (conversación) negociación • [+**between**]: *Negotiations between the two countries are continuing.* Continúan las negociaciones entre los dos países. • [+**on/over**]: *negotiations on arms reduction* negociaciones sobre la reducción de armas • **enter into negotiations (with sb)** iniciar negociaciones (con alguien)
2 [U] (acción de negociar) negociación: *Disputes should be settled by negotiation.* Las disputas se deben resolver mediante la negociación.

ne·go·ti·a·tor /nɪˈgouʃiˌeɪtɚ/ s [C] negociador -a: *He has a reputation as a tough negotiator.* Tiene fama de ser duro como negociador.

Ne·gro /ˈnigrou/ s [C] (pl **Negroes**) (*antic, despec*) negro -a

⚠ La gente evita el uso de esta palabra porque es ofensivo. En su lugar, se utiliza **a black person** o **an African-American**.

neigh¹ /neɪ/ v [I] relinchar

neigh² s [C] relincho

neigh·bor S2 W2 /ˈneɪbɚ/ s [C]
1 vecino -a: *The neighbors invited us over for dinner.* Los vecinos nos invitaron a su casa a comer. • **next-door neighbor** el vecino/la vecina de al lado
2 (país) vecino: *relations between the U.S. and its southern neighbor Mexico* las relaciones entre EU y su vecino del sur, México
3 (que está al lado) vecino: *Don't look at your neighbor's work during the test.* No miren el trabajo del vecino de banco durante el examen.

neigh·bor·hood¹ S2 W2 /ˈneɪbɚˌhʊd/ s [C]
1 barrio: *a poor neighborhood* un barrio pobre • *He lives in my neighborhood.* Vive en mi barrio. • *She grew up in a quiet neighborhood of Boston.* Se crió en un barrio tranquilo de Boston.
2 **the neighborhood** el vecindario, la vecindad • **the whole/entire neighborhood** todo el vecindario, toda la vecindad
EXPRESIONES
in the neighborhood of 5,000/$100 alrededor de 5000/100 dólares

neighborhood² adj [solo ante s] del barrio, de la zona: *a neighborhood school* una escuela de la zona SIN **local**

neigh·bor·ing /ˈneɪbərɪŋ/ adj [solo ante s] cercano -a, vecino -a: *Her parents live in a neighboring town.* Sus padres viven en una ciudad cercana.

neigh·bor·li·ness /ˈneɪbɚlinɪs/ s [U] buena vecindad

neigh·bor·ly /ˈneɪbɚli/ adj de buena vecindad (relación, actitud), amable y servicial (persona)

neigh·bour /ˈneɪbɚ/ s variante británica de **NEIGHBOR**

nei·ther¹ S3 W3 /ˈniðɚ, ˈnaɪ-/ det ninguno de los (dos)/ninguna de las (dos): *Neither team played well.* Ninguno de los (dos) equipos jugó bien. • *Neither color looks good to me.* Ninguno de los dos colores me parece bien. • **neither one** ninguno de los dos/ninguna de las dos: *We asked both children, but neither one was interested.* Invitamos a los dos niños, pero ninguno de los dos estaba interesado. ▶ **EITHER, NONE**

nei·ther² S3 W3 pron ninguno de los dos/ninguna de las dos: *My parents couldn't help because neither could speak English.* Mis padres no podían ayudar porque ninguno de los dos hablaba inglés. • *"Is she happy or sad?" "Neither."* –¿Está contenta o triste? –Ni una cosa ni la otra. • **neither of** ninguno -a de: *Neither of us*

wanted to go. Ninguno de nosotros quería ir. ▶ **EITHER**

neither³ W2 conj
1 neither... nor... ni...ni...: *The equipment is neither accurate nor safe.* El equipo no es ni preciso ni seguro. • *Neither she nor her mother knew him.* Ni ella ni su madre lo conocían.
2 neither am I/neither does she/ neither have we yo tampoco/ella tampoco/nosotros tampoco: *"I don't have any money." "Neither do I."* –No tengo dinero. –Yo tampoco. • *"I've never been to Tokyo." "Neither have we."* –Nunca estuve en Tokio. –Nosotros tampoco. • *We didn't believe her story and neither did the police.* Nosotros no creímos su versión y la policía tampoco. ▶ ver nota en **tampoco** ▶ **EITHER**
3 (*frml*) (ni) tampoco: *I could not afford to stay there, but neither could I afford to return home.* No tenía dinero para quedarme allí, pero tampoco para volver a casa.

neo- /niou, niə/ pref neo-: *neo-Victorian architecture* arquitectura neovictoriana

Ne·o·lith·ic /ˌniəˈlɪθɪk◂/ adj neolítico -a

ne·on /ˈnian/ adj [solo ante s] neón: *a neon light* una luz de neón

Ne·pal /nəˈpɔl/ Nepal

Nep·al·ese¹ /ˌnɛpəˈliz◂, -lis◂/ s [pl] **the Nepalese** los nepalíes, los nepaleses

Nepalese² adj nepalí, nepalés -esa

Ne·pal·i /nəˈpɔli/ s **1** [C] (persona) nepalí, nepalés -esa **2** [U] (idioma) nepalí, nepalés

neph·ew S3 /ˈnɛfyu/ s [C] sobrino ▶ **NIECE**

nep·o·tism /ˈnɛpəˌtɪzəm/ s [U] nepotismo ▶ **FAVORITISM**

Nep·tune /ˈnɛptun/ s Neptuno

nerd /nɚd/ s [C] (*coloq*) **1** ñoño -a, apelotardado -a **2** geek, nerd • **a computer nerd** un nerd (de la informática), un geek

nerd·y /ˈnɚdi/ adj típico -a de ñoño -a, con aspecto de ñoño -a

nerve¹ S3 /nɚv/ s
1 [U] (valor, agallas) *She showed a lot of nerve.* Demostró tener agallas. • **have the nerve to do sth** tener el valor de hacer algo, atreverse a hacer algo: *I didn't have the nerve to ask her for a date.* No me atreví a invitarla a salir. • **it takes (a lot of) nerve to do sth** hay que tener/hace falta (mucho) valor para hacer algo: *It takes nerve to stand up to her.* Hay que tener valor para hacerle frente. • **get up/find the nerve to do sth** armarse de valor para hacer algo: *She finally found the nerve to tell him that she wanted a divorce.* Finalmente, se armó de valor para decirle que quería el divorcio. • **lose your nerve** acobardarse: *He lost his nerve at the last minute and decided not to jump.* Se acobardó en el último momento y decidió no saltar.
2 [C] (en anatomía) nervio: *the optic nerve* el nervio óptico • **nerve cell** neurona
3 (nerviosismo) **nerves** [pl] nervios: *"What's wrong?" "It's just nerves."* –¿Qué pasa? –Nada, son los nervios. • **calm/steady your nerves** tranquilizarse: *He had a whiskey to calm his nerves.* Se tomó un whisky para tranquilizarse.
4 [sing, U] (falta de respeto) (*coloq*) **have some nerve** ser descarado -a, ser conchudo -a: *You invited yourself? You have some nerve!* ¿Te invitaste por tu cuenta?¡Mira que eres descarado! • **have the nerve to do sth** tener el descaro de hacer algo, tener la conchudez de hacer algo
5 (problemas mentales) **nerves** [pl] (*antic*): *The old lady had suffered from nerves for years.* Hacía años que la anciana sufría de problemas de nervios.
EXPRESIONES
get on sb's nerves irritar a alguien, sacar a alguien de quicio: *The noise from downstairs was starting to get on my nerves.* El ruido que venía de abajo estaba empezando a irritarme. • **nerves of steel** nervios de acero • **strike/touch/hit a nerve** (a) poner el dedo en la llaga: *I think I hit a nerve when I mentioned her ex-husband.* Creo que puse el dedo en la llaga cuando mencioné a su ex-marido. (b) tocar una fibra sensible

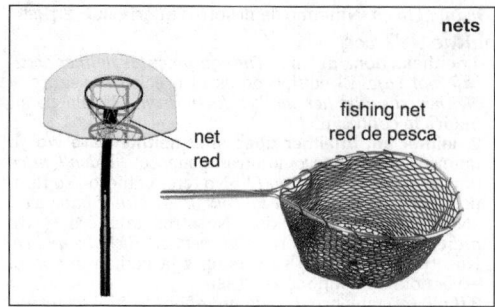

nets

fishing net
red de pesca

net
red

nerve² v [T] **nerve yourself** (*liter*) armarse de valor

nerve-rack·ing, nerve-wracking /ˈnɚv ˌrækɪŋ/ *adj* angustioso -a, que destroza los nervios: *a nerve-racking wait* una angustiosa espera

nerv·ous S2 W3 /ˈnɚvəs/ *adj*
1 (estado de una persona) nervioso -a: *I'm always a little nervous before a trip.* Siempre estoy un poco nerviosa antes de un viaje. • *Don't be nervous – you'll be fine.* No te pongas nerviosa, no vas a tener problemas. • [+**about**]: *He was feeling nervous about his final exams.* Estaba nervioso por los exámenes finales. • [+**(that)**]: *Her mother was nervous that something might go wrong.* Su madre temía que algo pudiera salir mal. • **make sb nervous** poner nervioso -a a alguien: *Don't look at me like that! You're making me nervous!* ¡No me mires de esa forma! Me estás poniendo nerviosa. • **get nervous** ponerse nervioso -a: *Paul always gets nervous before he gives a presentation.* Paul siempre se pone nervioso antes de hacer una presentación. • **a nervous smile/laugh/look** una sonrisa/risa/mirada nerviosa
2 [solo ante s] (en lo anatómico) nervioso -a • **a nervous condition/disorder** una afección nerviosa/un trastorno nervioso • **be full of nervous energy** estar lleno -a de energía • **nervous exhaustion** agotamiento nervioso • **a nervous habit** un hábito/tic nervioso • **the nervous system** el sistema nervioso • **be a nervous wreck** tener los nervios destrozados, ser un manojo de nervios

nervous 'breakdown s [C] colapso nervioso • **have/ suffer a nervous breakdown** tener/sufrir un colapso nervioso SIN breakdown

nerv·ous·ly /ˈnɚvəsli/ *adv* nerviosamente

nerv·ous·ness /ˈnɚvəsnɪs/ s [U] nerviosismo

'nervous ˌsystem s **the nervous system** el sistema nervioso

ner·vy /ˈnɚvi/ *adj* (*coloq*) nervioso -a

-ness /nɪs/ *suf* (en sustantivos derivados de adjetivos) *loudness* volumen • *sadness* tristeza

nest¹ /nɛst/ s [C] **1** (de un ave) nido: *a blackbird's nest* un nido de mirlo • **build/make a nest** hacer un nido, anidar: *Swallows used to build their nests under the roof.* Bajo el techo solían anidar golondrinas. **2** (de otros animales) nido: *a field mouse's nest* un nido de ratón de campo/una ratonera • *an ants' nest* un hormiguero • *a wasps' nest* un avispero **3 a nest of spies/thieves/criminals** un nido de espías/una cueva de ladrones/una guarida de delincuentes ▸ FEATHER **your own nest, stir up a** HORNET**'s nest**

nest² v [I] anidar

'nest egg s [C gralm sing] ahorros

nes·tle /ˈnɛsəl/ v **1 (a)** [I siempre + adv/prep] ponerse o estar en una posición cómoda y protegida: *The baby nestled against his mother's neck.* El bebé estaba acurrucado junto al cuello de su madre. **(b)** [T siempre + adv/prep] poner en una posición cómoda y protegida: *He nestled his head against her shoulder.* Recostó la cabeza en su hombro. • **be nestled in/against sth** estar acurrucado -a en/junto a algo **2** [I siempre + adv/prep] (referido a la situación de algo) (*liter*): *a tiny village nestling among the Alps* una aldea diminuta enclavada en los Alpes

net¹ /nɛt/ s **1 the Net** (tb **the net**) la red (Internet) • **on the Net** en/por la red: *You can buy almost anything on the Net.* Se puede comprar casi cualquier cosa en la red. • **surf the Net** navegar por la red • **download sth from the Net** bajar/descargar algo de la red SIN **Internet 2** [C gralm sing] (en fútbol, hockey) red: *The ball went into the back of the net.* El balón fue al fondo de la red. **3** [C gralm sing] (en tenis) red: *She hit the ball back over the net.* Devolvió la pelota por encima de la red. **4** [C] (para pescar, cazar mariposas) red: *a fishing net* una red de pesca **5** [C, U] malla, (tejido de) red: *a mosquito net* un mosquitero • **net curtains** cortinas de velo, cortinas de tela ligera ▸ HAIRNET, NETTING, SAFETY NET

EXPRESIONES
fall/slip through the net no ser detectado por un sistema: *It's possible that some of the terrorists may have slipped through the net.* Es posible que algunos de los terroristas hayan eludido los controles. • *In a class of 30 children it's easy for some of them to fall through the net.* En una clase de 30 niños, es fácil que algunos pasen inadvertidos y queden rezagados.

net² W3 *adj* [solo ante s]
1 net profit ganancias/utilidades netas • **net gain** ganancia neta • **net loss** pérdida neta • **net worth** patrimonio neto • **net income** ingreso neto
2 final • **the net result/effect** el resultado/el efecto final ▸ NET WEIGHT

net³ *adv* **1** (tras deducir impuestos) *She earned $100,000 net.* Ganó 100.000 dólares netos. **2** (sin envase) *The coffee weighed 454 grams net.* El café tenía un peso neto de 454 gramos.

net⁴ v [T] (**netted, netting**) obtener una ganancia neta de, ganar en limpio

net·ball /ˈnɛtˌbɔl/ s [U] deporte parecido al básquetbol practicado especialmente por niñas en Gran Bretaña

Neth·er·lands /ˈnɛðələndz/ **the Netherlands** los Países Bajos

net·ting /ˈnɛtɪŋ/ s [U] malla (tejido)

net·tle¹ /ˈnɛtl/ s [C] ortiga

nettle² v [T] irritar, molestar (comentario, etc.)

ˌnet 'weight s [C gralm sing] peso neto

net·work¹ S3 W1 /ˈnɛtˌwɚk/ s [C]
1 (de radio o televisión) cadena: *the three biggest TV networks* las tres cadenas más importantes de televisión
2 (de carreteras, ferrocarriles) red • **a telephone network** una red telefónica • **a road/ freeway network** una red de carreteras/autopistas • **a railroad network** una red ferroviaria
3 (en computación) red
4 (de personas, organizaciones) red • [+**of**]: *She has a large network of contacts.* Tiene una amplia red de contactos.

network² v **1** [I] establecer contactos (comerciales, profesionales, etc.): *Conferences can be a great opportunity to network.* Las conferencias pueden ser una excelente oportunidad para establecer contactos. **2 (a)** [T] conectar en red (computadores) **(b)** [I] funcionar/ operar en red (computadoras, sistema informático) • **network with sth** funcionar/operar en red con algo

net·work·ing /ˈnɛtˌwɚkɪŋ/ s [U] **1** establecimiento de contactos profesionales, laborales, etc.: *I'm hoping to do some networking at the meeting.* Espero hacer algunos contactos en la reunión. **2** diseño e instalación de redes informáticas, networking

neu·ral /ˈnʊrəl/ *adj* [solo ante s] (*técn*) neural

neu·ro·log·i·cal /ˌnʊrəˈlɑdʒɪkəl/ *adj* neurológico -a

neu·rol·o·gist /nʊˈrɑlədʒɪst/ s [C] neurólogo -a

neu·rol·o·gy /nʊˈrɑlədʒi/ s [U] neurología

neu·ron /ˈnʊrɑn/ s [C] neurona

neu·ro·sis /nʊˈroʊsɪs/ s [C,U] (pl **neuroses** /-siʒ/) neurosis

neu·rot·ic¹ /nʊˈrɑtɪk/ *adj* **1** neurótico -a, obsesivo -a •
[+**about**]: *Since the break-in, they've become neurotic
about burglars.* Desde que les robaron, están obsesio-
nados con los ladrones. **2** (*técn*) (en psicología, psiquiatría) neurótico -a

neurotic² *s* [C] neurótico -a

neu·rot·i·cally /nʊˈrɑtɪkli/ *adv* obsesivamente: *He's neu-
rotically tidy.* Es obsesivamente ordenado.

neu·ter¹ /ˈnutɚ/ *v* [T] operar, esterilizar (a un animal)
▶ SPAY, CASTRATE

neuter² *adj* (*técn*) neutro -a (en lingüística)

neu·tral¹ /ˈnutrəl/ *adj* **1** (en una discusión) neutral •
[+**on/about**]: *The government is officially neutral on
this issue.* La postura oficial del gobierno en relación
con este tema es neutral. • **remain neutral** mantenerse
neutral **2** (en la guerra) neutral: *During World War II,
Sweden was neutral.* Durante la Segunda Guerra Mundial, Suecia fue neutral. **3** (sentimientos, tono) neutro
-a: *His voice sounded neutral, as if he were discussing
the weather.* Su voz tenía un tono neutro, como si
estuviera hablando del tiempo. **4** (lenguaje) neutro -a •
a neutral word/expression una palabra/expresión neu-
tra **5** (color) neutro -a: *The room was decorated in neutral
colors.* La habitación estaba pintada de colores neu-
tros.

neutral² *s* **1** [U] punto muerto • **in neutral** en punto
muerto, en neutro (carro) **2** [C] (país) neutral (en una
guerra)

neu·tral·i·ty /nuˈtræləti/ *s* [U] neutralidad

neu·tral·i·za·tion /ˌnutrələˈzeɪʃən/ *s* [U] **1** (anulación)
neutralización **2** (en química) neutralización

neu·tral·ize /ˈnutrəˌlaɪz/ *v* [T] **1** neutralizar, anular
2 (*técn*) (en química) neutralizar

neu·tron /ˈnutrɑn/ *s* [C] neutrón ▶ ELECTRON, PROTON

'neutron ˌbomb *s* [C] bomba de neutrones

nev·er §1 W1 /ˈnɛvɚ/ *adv*
1 nunca: *I've never been to Hawaii.* Nunca he estado en
Hawai. • *She never married.* Nunca se casó. • *"Have
you ever been skiing?" "No, never."* –¿Alguna vez fuiste
a esquiar? –No, nunca. • **never again** nunca más: *I'm
never going there again.* No voy a volver allí nunca
más. • **never before** nunca (antes): *I had never been on a
plane before.* Nunca había estado en un avión. • **never
ever** jamás: *I'll never ever forgive him.* Jamás lo perdo-
naré. • **never in all my life** en mi vida: *Never in all my
life have I been so embarrassed.* En mi vida he pasado
tanta vergüenza. • **never having done sth** *Never having had a child, I can't imagine what it's like.* Como
nunca he tenido hijos, no puedo imaginar cómo es.
2 no: *I never asked her name.* No le pregunté su nombre. • *He never even said thank you.* Ni siquiera agradeció.

EXPRESIONES
sb/sth has never been known to do sth *Max had never
been known to stay out this late before.* Max nunca
había vuelto tan tarde a casa. • **sb/sth never fails to do
sth** alguien/algo nunca deja de hacer algo: *His mother
never failed to call him on his birthday.* Su madre
nunca dejaba de llamarlo para su cumpleaños. • **I never
knew (that)** no sabía que: *I never knew you could sing!*
¡No sabía que cantabas! • **I never realized** no me había
dado cuenta • **never mind** (*oral*) no importa: *"Sorry!"* "
Never mind – it wasn't your fault." –Perdona. –No
importa, no fue tu culpa. • **Never say die!** (*oral*) ¡Nunca
te des por vencido -a! • **Never say never!** (*oral*) ¡Nunca
digas nunca! • **you never know** (*oral*) nunca se sabe: *You
never know, you might win!* Quizá ganes, nunca se
sabe.

⚠ **Never**, como los demás adverbios de frecuencia (**always,
often, usually**), va antes del verbo principal y después del
primer modal o auxiliar, si lo hay. Si el verbo es **be**, va siempre
después de este:
✔ *They never spend the summer together.*
✔ *She has never written to me.*

✔ *I could never understand what he was saying.*
✔ *They are never ready on time.*

never-ending, **nev·er·end·ing** /ˌnɛvəˈrɛndɪŋ◂/ *adj* interminable, eterno -a

nev·er·the·less W3 /ˌnɛvɚðəˈlɛs◂/ *adv* [adv oracional]
(*frml*) no obstante, sin embargo: *What she said was true.
It was, nevertheless, unnecessary.* Lo que dijo era verdad. No obstante, fue innecesaria. • *He wasn't invited,
but he went nevertheless.* No estaba invitado, pero de
cualquier manera fue. SIN **nonetheless**

new S1 W1 /nu/ *adj*

  1 sin uso
  2 diferente
  3 recién llegado
  4 no conocido
  5 que comienza
  6 de la última cosecha

1 SIN USO nuevo -a: *my new car* mi nuevo carro/mi
carro nuevo • *I like your jacket – is it new?* Me gusta tu
chompa, ¿es nueva? • *new technology* una nueva tecnología
• *She's really enjoying her new job.* Disfruta muchísimo
de su nuevo trabajo. • *a young woman with new ideas*
una joven con ideas nuevas • *a new movie starring
George Clooney* una nueva película protagonizada por
George Clooney • **brand new** flamante • **a new way/
method of doing sth** un modo/método nuevo de hacer
algo ANT **old, second hand, used**

2 DIFERENTE otro -a: *Could you get me a new glass,
please?* ¿Me trae otro vaso, por favor? • *They've just
had a new baby.* Acaban de tener otro bebé.

3 RECIÉN LLEGADO nuevo -a: *You're new, aren't you?*
Eres nuevo, ¿no? • [+**to**]: *I'm new to this area.* Soy nueva
en la zona.

4 NO CONOCIDO **(a)** nuevo -a: *the discovery of a new
planet* el descubrimiento de un nuevo planeta • **something new** algo nuevo: *For me, this experience was
something new.* Para mí, esta experiencia era algo
nuevo. **(b) the new** [usado como s pl] lo nuevo: *a fear of
the new* el temor a lo nuevo

5 QUE COMIENZA **a new life/day/era** una nueva
vida/un nuevo día/una nueva era: *They went to Australia to start a new life there.* Fueron a Australia a
iniciar una nueva vida allí. • *Tomorrow is a new day.*
Mañana será otro día.

6 DE LA ÚLTIMA COSECHA nuevo -a: *new potatoes*
papas tempraneras ▶ **a whole new** BALL GAME, **a new**
BEGINNING, **the** BRAVE **new world of sth, break new**
GROUND, **give sb a new** LEASE **on life, under new** MAN-
AGEMENT, **you can't** TEACH **an old dog new tricks,** TURN
over a new leaf

EXPRESIONES
as good as new como nuevo -a • **feel like a new
man/woman** *I lost 19 pounds and felt like a new man.*
Adelgacé 19 libras y quedé como nuevo. • **be a new
man/woman** ser otro -a: *She's a new woman since she
started going out with Luke.* Desde que empezó a salir
con Luke es otra. • **like new** como nuevo -a • **a new
arrival** un recién nacido/una recién nacida • **new blood**
sangre nueva • **a new broom** un nuevo director, jefe etc.
con grandes deseos de introducir cambios • **a new
broom sweeps clean** escoba nueva barre bien • **the new
kid on the block** el nuevo/la nueva (en un trabajo, en la
escuela, etc.) • **that's a new one on me** (*oral*) es la
primera vez que lo oigo • **what's new?** (*oral*) ¿qué hay (de
nuevo)?

ˌNew 'Age *adj* (de la) New Age

new·bie /ˈnubi/ *s* [C] (*coloq*) novato -a

new·born¹ /ˌnuˈbɔrn◂/ *adj* recién nacido -a: *a newborn
baby* un bebé recién nacido

newborn² *s* [C] recién nacido -a

new·com·er /ˈnuˌkʌmɚ/ *s* [C] **1** recién llegado -a • [+**to**]:
They're newcomers to the village. Son recién llegados al
pueblo. **2 a newcomer to sth** *a guide for newcomers to
computer programming* una guía para quienes se ini-
cian en la programación de computadores

N

new·fan·gled /'nu͵fæŋgəld/ *adj* [solo ante s] (*peyor*) moderno -a

'new-found *adj* [solo ante s] nuevo -a, recién descubierto -a

new·ly W3 /'nuli/ *adv* *newly fallen snow* nieve recién caída • **newly built/married** recién construido -a/casado -a • **newly elected/independent** que acaba de independizarse/ser elegido -a SIN **recently**

new·ly·wed /'nuli͵wɛd/ *adj* recién casado -a

new·ly·weds /'nuli͵wɛdz/ *s* [pl] recién casados

͵new 'moon *s* [C gralm sing, U] luna nueva

news S2 W1 /nuz/ *s* [U]
1 noticia(s) • **good/bad news** buenas/malas noticias: *I'm afraid I have some bad news for you.* Me temo que tengo malas noticias para usted. • **great/worrying news** noticias excelentes/preocupantes • **hear the news** enterarse de la(s) noticia(s): *Have you heard the news? Sam and Lisa are getting married!* ¿Te has enterado de la noticia? ¡Sam y Lisa se van a casar! • **give/tell sb the news** darle la(s) noticia(s) a alguien: *I wanted to give them the news as soon as possible.* Quería darles la noticia lo más pronto posible. • [+about/of]: *Is there any news about that job you applied for?* ¿Hay alguna novedad sobre ese trabajo que has solicitado? • *the news of his death* la noticia de su muerte • **break the news (to sb)** darle la(s) noticia(s) a alguien (cuando se trata de malas noticias): *She called us into her office to break the news to us personally.* Nos llamó a su oficina para darnos la noticia personalmente. • **welcome news** gratas noticias: *The fall in house prices will be welcome news for first-time buyers.* La caída de los precios inmobiliarios será una grata noticia para quienes compran su primera vivienda. • **news travels fast** las noticias se difunden rápido, las noticias corren rápido
2 (en los medios) noticias • **local/national/international news** noticias locales/nacionales/internacionales, información local/nacional/internacional • **make the news** ser noticia: *Twenty years ago environmental issues rarely made the news.* Hace veinte años, las cuestiones ambientales rara vez eran noticia. • **be in the news** salir en las noticias, ser noticia: *The singer has been in the news again this week.* El cantante ha vuelto a salir en las noticias esta semana. • **be front-page news** ser titular de primera plana: *Her resignation was front-page news.* Su renuncia fue titular de primera plana. • **news broadcast** noticiero, informativo • **news headlines** titulares • **news program** noticiero, informativo • **news story** noticia (periodística)
3 the news el noticiero, el informativo • **watch/listen to the news** ver/oír el noticiero • **be on the news** salir en el noticiero: *The teachers' strike was on the news.* La huelga de maestros salió en el noticiero. • **be all over the news** tener una amplia cobertura: *The story has been all over the news lately.* Últimamente, la noticia ha tenido una amplia cobertura. ▶ **news/sports DESK**, **be** YESTERDAY's **news**
EXPRESIONES
sb/sth is bad news (*coloq*) alguien/algo no trae más que problemas • **be good/bad news for sb** beneficiar/perjudicar a alguien • **It's/That's news to me!** (*oral*) ¡Para mí es una novedad! • **I've got news for you!** (*oral*) ¡Te vas a llevar una sorpresa! • **No news is good news.** (*oral*) La falta de noticias es buena señal., El que no haya noticia es buena noticia.

'news ͵agency *s* [C] agencia de noticias

'news ͵bulletin *s* [C] flash informativo (con información urgente)

news·cast /'nuzkæst/ *s* [C] noticiero, informativo

news·cast·er /'nuz͵kæstər/ *s* [C] presentador -a, locutor -a (de un noticiero)

news·group /'nuzgrup/ *s* [C] foro (en Internet)

news·let·ter S3 /'nuz͵lɛtər/ *s* [C] boletín informativo (de un club, una entidad)

news·pa·per S2 W1 /'nuz͵peɪpər/ *s*
1 [C] periódico, diario • **in the newspaper** en el periódico: *The story was in all the newspapers.* La noticia estaba en todos los periódicos. • **a daily newspaper** un diario • **a Sunday newspaper** un periódico dominical • **a local/national newspaper** un periódico local/nacional: *I saw an interesting article in the local newspaper.* Vi un artículo interesante en el periódico local. SIN **paper** ▶ **TABLOID** • **newspaper article** (tb **newspaper report**) artículo (periodístico) • **newspaper clipping** (tb **newspaper cutting**) recorte de periódico • **newspaper column** columna (periodística) SIN **column** • **newspaper editor** director (de un periódico) • **newspaper headline** titular
2 the newspapers [pl] la prensa (escrita), los periódicos: *The information was leaked to the newspapers.* Filtraron la información a la prensa escrita. SIN **the press**

news·print /'nuz͵prɪnt/ *s* [U] **1** papel de diario, papel periódico **2** tinta (utilizada en los diarios)

news·reel /'nuzril/ *s* [C] noticiero cinematográfico

news·room /'nuzrum/ *s* [C] (sala de) redacción

news·stand /'nuz͵stænd/ *s* [C] quiosco (de periódicos y revistas), puesto de periódicos

news·wor·thy /'nuz͵wərði/ *adj* de interés periodístico

new·sy /'nuzi/ *adj* (*coloq*) lleno -a de novedades: *a newsy letter* una carta llena de novedades SIN **chatty**

newt /nut/ *s* [C] tritón (anfibio parecido a una salamandra)

͵New 'Testament *s* the New Testament el Nuevo Testamento ▶ **GOSPEL**, **OLD TESTAMENT**

͵New 'World¹ *s* the New World el Nuevo Mundo ANT **Old World**

New World² *adj* [solo ante s] del Nuevo Mundo

͵New 'Year *s* **1** [U] (tb **New Year's**, **the New Year**) Año Nuevo • **Happy New Year!** ¡Feliz Año Nuevo!: *a New Year's party* una fiesta de fin de año **2** the new year [sing] el año nuevo: *Let's hope things improve in the new year.* Esperemos que las cosas mejoren en el año nuevo.

͵New Year's 'Day *s* [C] el día de Año Nuevo

͵New Year's 'Eve *s* [C] Noche Vieja, (el día/la noche de) Fin de Año

New York /nu 'yɔrk/ Nueva York

New York·er /nu 'yɔrkər/ *s* [C] neoyorquino -a

New Zea·land /nu 'zilənd/ Nueva Zelanda

New Zea·land·er /nu 'ziləndər/ *s* [C] neozelandés -esa

next¹ S1 W1 /nɛkst/ *adj*, *det*
1 próximo -a, siguiente: *The next flight leaves in 45 minutes.* El próximo vuelo sale en 45 minutos. • **(the) next day** el/al día siguiente: *They went home the next day.* Volvieron a casa al día siguiente. • **next Monday/Wednesday** el lunes/miércoles que viene, el lunes/miércoles entrante, el lunes/miércoles próximo: *I'll see you next Monday.* Te veo el lunes que viene. • **next week/month/year** la semana/el mes/el año que viene, la semana próxima/el mes próximo/el año próximo: *She retires next week.* Se jubila la semana que viene. • **(the) next time** la próxima vez: *Be more careful next time.* Ten cuidado la próxima vez. • *The next time I go skiing, I'll wear warmer clothes.* La próxima vez que vaya a esquiar, llevaré ropa más abrigada.
2 de al lado: *the people sitting at the next table* las personas sentadas a la mesa de al lado
3 siguiente: *The story continues on the next page.* El artículo continúa en la página siguiente. • *Who's next?* ¿Quién sigue?/¿A quién le toca?
EXPRESIONES
as... as the next person/man/woman tan... como cualquiera/cualquier hombre/cualquier mujer: *I am as eager to help as the next person.* Deseo ayudar tanto como el que más. • **be next in line** ser el/la siguiente (en la sucesión): *She's next in line to become chairman.* Es la siguiente en la sucesión para la presidencia. • **the**

next thing I/you know (*oral*) cuando quiera darme/quieras darte cuenta, cuando me dé/te des cuenta: *The next thing I knew he was trying to kiss me!* ¡Cuando me di cuenta, estaba tratando de besarme!

next² S1 W2 *adv*
1 después, luego, a continuación: *What do I do next?* ¿Y ahora qué hago? • *Next, put it in a very hot oven for 20 minutes.* A continuación se mete al horno bien caliente durante 20 minutos.
2 the **next biggest/oldest/fastest** el que sigue en (cuanto a) tamaño/antigüedad/rapidez: *the next largest group* el grupo que sigue en tamaño • the **next best thing** la mejor alternativa (cuando lo que se desea no es posible): *Talking on the phone is the next best thing to being together.* La mejor alternativa a estar juntos es hablar por teléfono.
3 la próxima vez, la siguiente vez: *When I next saw her, she completely ignored me.* La siguiente vez que la vi, me ignoró por completo.

EXPRESIONES
whatever next? (tb **what next?**) (*oral*) (indicando sorpresa) *Snow in Florida? Whatever next?* ¿Nieve en Florida?¿Qué nos espera?

'next³ S1 W2 *prep*
1 **next to** al lado de, junto a: *I parked my car next to yours.* Parqueé mi carro al lado del tuyo. • **right next to sb/sth** justo al lado de alguien/algo SIN **beside**
2 **next to** después de: *Next to soccer, I like playing tennis best.* Después del fútbol, lo que más me gusta es jugar al tenis. SIN **after**
3 (en comparaciones) **next to** al lado de: *Next to her, I'm a very poor cook.* Al lado de ella, soy muy mala cocinera.

EXPRESIONES
in next to no time en un segundo • **next to impossible/useless** casi imposible/inútil • the **next to last** el anteúltimo/la anteúltima, el penúltimo/la penúltima • **next to nothing** casi nada

next⁴ S3 *pron*
1 el/la siguiente, el próximo/la próxima: *John was the next to leave.* John fue el siguiente en marcharse. • *If this baby is a boy, I hope our next will be a girl.* Si este bebé es varón, espero que el próximo sea niña.
2 **next!** (tb **next please!**) (*oral*) ¡el siguiente!, ¡el/la que sigue!

EXPRESIONES
the **Friday/year after next** dentro de dos viernes/años: *There'll be another meeting the week after next.* Habrá otra reunión la semana que viene no, la otra.

next 'door S2 *adv* al lado: *Her office is right next door.* Su oficina está justo al lado. • [+to]: *the house next door to my mother's* la casa de al lado de la de mi madre • **live next door (to sb/sth)** vivir al lado (de alguien/algo): *My grandparents live next door.* Mis abuelos viven al lado.

EXPRESIONES
the **boy/girl next door** expresión que hace referencia a un muchacho o una muchacha agradable y sin pretensiones

'next-door *adj* [solo ante s] de al lado • **my/his next-door neighbors** mis/sus vecinos de al lado

,next of 'kin *s* [U] familiar(es) más cercano(s)

NH *abrev escrita de* NEW HAMPSHIRE

nib /nɪb/ *s* [C] pluma (de un estilógrafo)

nib·ble¹ /'nɪbəl/ *v* [I,T] mordisquear, picar • **nibble at/on sth** mordisquear algo: *Guests were nibbling on cheese and crackers.* Los invitados mordisqueaban queso y galletas saladas.
nibble (away) at sth *v+partíc* comerse algo de a poco (los ahorros, etc.) SIN **eat into**

nibble² *s* [C] mordisco

Nic·a·rag·ua /ˌnɪkəˈrɑɡwə/ *s* Nicaragua

Nic·a·rag·uan /ˌnɪkəˈrɑɡwən/ *s* [C], *adj* nicaragüense

nice S1 W2 /naɪs/ *adj*
1 (vestido, día, sorpresa) bonito -a, lindo -a: *That's a nice dress.* Ese es un vestido bonito. • *What a nice surprise!*

¡Qué sorpresa más linda! • *It's nice that they're able to visit you so often.* Qué bien que te puedan visitar tan seguido. • **taste/smell nice** estar rico -a/oler bien • **look nice** tener buen aspecto: *You look nice today.* Hoy estás muy linda. • **it's nice to do sth** *It's really nice to see you again.* Me alegra mucho volver a verte. • *It was so nice to sit down for a while.* Fue un placer sentarse un rato. • *It would be nice to have a break.* No estaría mal hacer una pausa. • **have a nice time** pasarla bien: *Did you have a nice time at the beach?* ¿La pasaste bien en la playa? SIN **good, lovely** ANT **horrible, nasty**
2 (para enfatizar) **a nice big/new/long** bien grande/nuevo -a/largo -a: *I want a nice long bath.* Quiero darme un baño bien largo. • **nice and warm/clean/easy** bien calentito -a/limpio -a/fácil, de lo más calentito -a/limpio -a/fácil: *It's nice and warm in here.* Aquí está bien calentito. SIN **lovely**
3 (personas, actitudes) simpático -a, amable, bueno -a: *Dave's a really nice guy.* Dave es un tipo muy simpático. • **be nice to sb** ser amable/bueno -a con alguien: *All Brad's friends were very nice to me.* Todos los amigos de Brad fueron muy amables conmigo. • **it was nice of him/you to do sth** fue muy amable de su/tu parte hacer algo: *Thanks. It was nice of you to help.* Gracias. Fue muy amable de su parte ayudarme. SIN **lovely** ▸ **FRIENDLY** ANT **horrible, nasty**
4 (tiempo, día) bueno -a: *The weather wasn't very nice.* No hacía muy buen tiempo. • *What a nice day!* ¡Qué día más lindo! SIN **lovely** ANT **horrible, nasty**
5 (respetable, de buena familia) (*antic*) *nice people* gente bien • **a nice girl like you** una chica como tú SIN **good, respectable** ▸ **nice/pleased/good to MEET you, (it was) nice/good MEETing you, no more MR. Nice Guy!, a nice TOUCH**

EXPRESIONES
be (as) nice as pie (*coloq*) ser como una seda • **have a nice day!** (*oral*) ¡que tenga un buen día!

⚠ Se puede usar **nice and** seguido de otro adjetivo cuando va después del verbo be:
✔ *The coffee was nice and strong.*
Pero cuando los adjetivos van antes del sustantivo, hay que omitir "and":
I need a nice strong (✗ *nice and strong*) *coffee.*
It's a really nice peaceful (✗ *nice and peaceful*) *place.*

,nice-'looking *adj* atractivo, guapo -a ▸ **GOOD-LOOKING**

nice·ly S3 /'naɪsli/ *adv*
1 (de manera agradable) bien: *Ann dresses her children nicely.* Ann viste bien a sus hijos.
2 amablemente, de modo educado: *I'm sure she'll help if you ask her nicely.* Estoy segura de que te ayudará si se lo pides amablemente.
3 (de forma satisfactoria) bien: *Your arm is healing nicely.* Su brazo se está curando bien.

nice·ness /'naɪsnɪs/ *s* [U] amabilidad, simpatía

ni·ce·ty /'naɪsəti/ *s* [C gralm pl] (pl **niceties**) (*frml*) sutileza, detalle: *the legal niceties* las sutilezas legales • *There was no time for (social) niceties.* No hubo tiempo para formalidades.

niche¹ /nɪtʃ/ *s* **1** [C] espacio, sitio **2** [sing] nicho (de mercado) **3** [C] nicho (en una pared)

niche² *adj* [solo ante s] dirigido -a a un público determinado: *niche publishing* publicaciones dirigidas a un público determinado

'niche ,market *s* [C] mercado de nicho

nick¹ /nɪk/ *s* [C] muesca, mella

EXPRESIONES
in the nick of time justo a tiempo

nick² *v* [T] rasguñar

nick·el /'nɪkəl/ *s* **1** [C] en EU y Canadá, moneda de cinco centavos **2** [C gralm sing] **every (last/single) nickel** hasta el último centavo/cada centavo • **not a nickel** *He never stole a nickel in his life!* ¡Nunca robó un centavo en su vida! **3** [U] (símb quím **Ni**) níquel

nick·name¹ /'nɪkneɪm/ *s* [C] sobrenombre, apodo: *His nickname is Bulldog.* Su sobrenombre es Bulldog. •

N

[+**for**]: *We had nicknames for all the teachers.* Teníamos sobrenombres para todos los profesores.

nickname² *v* [T] **nickname sb Curly/Ginger** ponerle Curly/Ginger de sobrenombre a alguien, apodarle Curly/Ginger a alguien: *She was nicknamed Sunny because of her happy nature.* Le pusieron Sunny de sobrenombre por su carácter alegre.

nic·o·tine /'nɪkə,tin/ *s* [U] nicotina

niece /nis/ *s* [C] sobrina ▶ NEPHEW

nif·ty /'nɪfti/ *adj* (**niftier, niftiest**) (*coloq*) **1** ingenioso -a: *a nifty little gadget for squeezing oranges* un aparatico ingenioso para exprimir naranjas **2** hábil, diestro -a **3** bonito -a

Ni·ger /'naɪdʒɚ, ni'ʒɛr/ Níger

Ni·ge·ri·a /naɪ'dʒɪriə/ Nigeria

Ni·ge·ri·an /naɪ'dʒɪriən/ *s* [C], *adj* nigeriano -a

Ni·ger·ois /ˌniʒɛr'wɑ/ *s* [C], *adj* nigerino -a

nig·gard·ly /'nɪgɚdli/ *adj* (*antic*) mezquino -a

nig·gle /'nɪgəl/ *v* [I] discutir (por detalles) • [+**over/about**]: *She niggled over every detail of the check.* Discutió por cada detalle de la cuenta.

nig·gling /'nɪglɪŋ/ *adj* [solo ante s] persistente, molesto -a

nigh /naɪ/ *adv* (*liter*) **1** próximo -a **2** (tb **nigh on**) casi: *nigh impossible* casi imposible

night S1 W1 /naɪt/ *s*
1 [C,U] (parte del día) noche: *It was a cold dark night in February.* Era una noche oscura y fría de febrero. • *We spent three nights in New York.* Pasamos tres noches en Nueva York. • **at night** por la noche, en la noche, de noche: *animals that hunt at night* animales que cazan por la noche • **by night** (*frml*) de noche: *He walked by night and slept by day.* Caminaba de noche y dormía de día. • **during the night** (tb **in the night**) durante la noche: *I woke up during the night.* Me desperté durante la noche. • **last night** anoche: *Did you sleep well last night?* ¿Dormiste bien anoche? • **all night** toda la noche: *Her daughter often stayed out all night.* Su hija a menudo pasaba toda la noche fuera de casa. • **all night long** toda la noche: *They drove all night long.* Manejaron toda la noche. • **stay the night** quedarse a dormir • **a good night's sleep** *I need a good night's sleep.* Necesito dormir bien una noche entera. • **day and night** (tb **night and day**) día y noche • **day or night** (tb **night or day**) de noche o de día • **night after night** noche tras noche • **night falls** (*frml*) cae la noche, anochece • **nocturno -a** *a night flight* un vuelo nocturno • **de la noche** *the night sky* el cielo nocturno ANT **day**
2 [C,U] (velada) noche: *a night at the theater* una noche en el teatro • **at night** por la noche, en la noche, de noche: *I usually go out at night on Saturdays and Sundays.* Suelo salir los sábados y domingos por la noche. • **on Friday/Saturday night** el viernes/sábado por la noche, el viernes/sábado en la noche: *What are you doing on Friday night?* ¿Qué vas a hacer el viernes por la noche? • **last night** anoche: *We saw a great movie last night.* Anoche vimos una película excelente. • **tomorrow night** mañana por la noche, mañana en la noche: *I'll be seeing Sam tomorrow night.* Voy a ver a Sam mañana por la noche. • **every night** todas las noches: *They go out every night.* Salen todas las noches. • **the other night** la otra noche: *I had dinner with Sue the other night.* La otra noche comí con Sue. • **night after night** noche tras noche • **a night out** una salida nocturna • **have a night out** salir (de noche) • **have an early/a late night** acostarse temprano/tarde: *I'm tired. I need an early night.* Estoy cansado. Necesito acostarme temprano.
3 nights [pl] **be on/doing nights** trabajar de noche ▶ NIGHTLY

EXPRESIONES
night! ¡buenas noches!, ¡hasta mañana! SIN **good night** • **spend the night with sb** pasar la noche con alguien, dormir con alguien

night·cap /'naɪtˌkæp/ *s* [C] **1** copa de licor que se toma antes de acostarse **2** gorro de dormir

night·clothes /'naɪtˌkloʊz/ *s* [pl] ropa de dormir

night·club /'naɪtˌklʌb/ *s* [C] discoteca

night·dress /'naɪtˌdrɛs/ *s* [C] camisón SIN **nightie**

'night ˌduty *s* [U] turno nocturno (en un hospital, una fábrica, etc.)

night·fall /'naɪtfɔl/ *s* [U] (*esp liter*) crepúsculo, anochecer SIN **dusk**

night·gown /'naɪtˌgaʊn/ *s* [C] (*antic*) camisón

night·ie /'naɪti/ *s* [C] (*coloq*) camisón SIN **nightdress**

night·in·gale /'naɪtˌnˌgeɪl, 'naɪtɪŋ-/ *s* [C] ruiseñor

night·life /'naɪtˌlaɪf/ *s* [U] vida nocturna

night·light /'naɪtˌlaɪt/ *s* [C] luz pequeña y tenue que se deja encendida durante la noche en la habitación de un niño

night·ly¹ /'naɪtli/ *adj* [solo ante s] de todas las noches: *the nightly news on the TV* el noticiero de la noche • *their nightly telephone conversation* su conversación telefónica de todas las noches

nightly² *adv* todas las noches: *The area was bombed nightly during the war.* La zona fue bombardeada todas las noches durante la guerra.

night·mare /'naɪtˌmɛr/ *s* [C] **1** (sueño) pesadilla • **have a nightmare** tener una pesadilla • [+**about**]: *He still has nightmares about being in hospital.* Sigue teniendo pesadillas con el hospital. **2** (situación difícil) pesadilla • [+**for**]: *The experience has been a nightmare for me and my family.* La experiencia ha sido una pesadilla para mí y para mi familia. • **an absolute nightmare** una verdadera pesadilla • **sb's worst nightmare** la peor pesadilla de alguien

night·mar·ish /'naɪtˌmɛrɪʃ/ *adj* **1** muy engorroso -a: *a nightmarish task* una tarea muy engorrosa **2** de pesadilla, pesadillesco -a: *a nightmarish fantasy world* un pesadillesco mundo de fantasía

'night owl *s* [C] (*coloq*) noctámbulo -a

'night school *s* [U] escuela nocturna para adultos que trabajan

night·shade /'naɪtˌʃeɪd/ *s* [C,U] hierba mora

'night shift *s* **1** [C gralm sing] turno nocturno, turno de la noche • **work (the) night shift** hacer el turno nocturno/de la noche ▶ NIGHTS **2 the night shift** los trabajadores del turno nocturno

night·shirt /'naɪtˌʃɚt/ *s* [C] camisa de dormir

'night spot *s* [C] local nocturno

night·stand /'naɪtstænd/ *s* [C] mesita de noche, buró

night·stick /'naɪtstɪk/ *s* [C] cachiporra, bolillo, macana

night·time /'naɪt-taɪm/ *s* [U] noche (horas sin luz) • **at nighttime** de noche ▶ DAYTIME

ˌnight 'watchman *s* [C] vigilante nocturno

nil /nɪl/ *s* [U] **be (almost/virtually) nil** ser (casi/prácticamente) nulo -a: *The cost to our company would be nil.* El costo para nuestra compañía sería nulo. ▶ ver nota en CERO

nim·ble /'nɪmbəl/ *adj* **1** (físicamente) ágil **2** (mentalmente) ágil • **a nimble mind/wit** una mente ágil

nim·bly /'nɪmbli/ *adv* ágilmente

nin·com·poop /'nɪŋkəmˌpup/ *s* [C] (*antic*) tonto -a, menso -a

nine /naɪn/ *núm* nueve ▶ ver ejs en SIX

EXPRESIONES
have nine lives tener siete vidas • **nine times out of ten** la gran mayoría de las veces ▶ **be on CLOUD nine**

nine·teen /ˌnaɪn'tin⁀/ *núm* diecinueve ▶ ver ejs en SIX

nine·teenth¹ /ˌnaɪn'tinθ⁀/ (*abrev escrita* **19th**) *adj, adv* décimonoveno -a, en décimonoveno lugar ▶ ver ejs en SIXTH

nineteenth² *s, pron* **1** (*abrev escrita* **19th**) décimonoveno -a **2** (*abrev escrita* **19th**) (día) diecinueve **3** (*abrev*

escrita **1/19**) diecinueveavo, diecinueveava parte
4 (*oral*) cumpleaños número diecinueve, décimonoveno
cumpleaños ▸ ver ejs en SIXTH

nine·ties /'naɪntiz/ *s* [pl] **1 the nineties** (tb **the 90s, the
1990s**) los (años) noventa, la década de los noventa
2 be in your nineties tener noventa y pico/noventa y
tantos **3 the nineties** (tb **the 90s**) temperaturas de entre
90 y 100 grados (Fahrenheit) ▸ ver ejs en SIXTIES

nine·ti·eth¹ /'naɪntiɪθ/ (abrev escrita **90th**) *adj, adv*
nonagésimo -a, en nonagésimo lugar ▸ ver ejs en SIXTH

ninetieth² *s, pron* **1** (abrev escrita **90th**) nonagésimo -a
2 (abrev escrita **1/90**) noventavo, noventava parte
3 (*oral*) cumpleaños número noventa, nonagésimo
cumpleaños ▸ ver ejs en SIXTH

‚nine-to-'five¹ *adv* de nueve a cinco (el horario típico de
las oficinas) • **work nine-to-five** trabajar con horario fijo,
tener un trabajo de oficina

nine-to-five² *adj* [solo ante s] con/de horario fijo: *a
nine-to-five job* un trabajo con horario fijo

nine·ty /'naɪnti/ *núm* noventa ▸ ver ejs en SIX, NINETIES

ninth¹ /naɪnθ/ (abrev escrita **9th**) *adj, adv* noveno -a, en
noveno lugar ▸ ver ejs en SIXTH

ninth² *s, pron* **1** (abrev escrita **9th**) noveno -a **2** (abrev
escrita **9th**) (día) nueve **3** (abrev escrita **1/9**) noveno,
novena parte **4** (abrev escrita **IX**) (en nombres de monarcas, papas) noveno -a ▸ ver ejs en SIXTH

nip¹ /nɪp/ *v* (**nipped, nipping**) **1** [I,T] mordisquear • **nip
at sth** mordisquear algo: *The dog nipped at my ankles.*
El perro me mordisqueó los tobillos. **2** [T] (*liter*) cortar
(frío)

EXPRESIONES
nip sth in the bud cortar algo de raíz
nip sth ↔ **off** *v+partíc* cortar algo (con los dedos)

nip² *s* [C] **1** mordisco **2 a nip of sth** *a nip of brandy* un
traguito de coñac

EXPRESIONES
nip and tuck (*coloq*) cirugía plástica: *She's had a nip
and tuck.* Se ha hecho la cirugía plástica. • **be nip and
tuck** estar muy igualado -a: *They were nip and tuck on
the last lap.* Iban muy igualados en la última vuelta. •
there's a nip in the air hace bastante frío

nip·ple /'nɪpəl/ *s* [C] **1** pezón **2** tetilla **3** chupo, chupón,
mamila (de un biberón)

nip·py /'nɪpi/ *adj* (*coloq*) fresco (tiempo, día) ▸ ver nota en
COLD

nir·va·na, Nirvana /nə'vɑnə, nɪr-/ *s* [U] (*técn*) nirvana

nit /nɪt/ *s* [C] liendre

nit·pick /'nɪt‚pɪk/ *v* [I] (*coloq*) encontrarle defectos a todo,
buscarle cinco/tres patas al gato

nit·pick·er /'nɪt‚pɪkə/ *s* [C] quisquilloso -a, criticón -ona

nit·pick·ing¹ /'nɪt‚pɪkɪŋ/ *s* [U] (*coloq*) quisquillosidad,
críticas nimias e irritantes

nitpicking² *adj* quisquilloso -a, chinche

ni·trate /'naɪtreɪt/ (símb quím **NO₃**) *s* [C,U] nitrato

ni·tric ac·id /‚naɪtrɪk 'æsɪd/ *s* [U] ácido nítrico

ni·tro·gen /'naɪtrədʒən/ (símb quím **N**) *s* [U] nitrógeno

ni·tro·glyc·er·in /‚naɪtroʊ'glɪsərɪn/ *s* [U] nitroglicerina

nit·ty-grit·ty /'nɪti ‚grɪti, ‚nɪti 'grɪti/ *s* (*coloq*) **the nitty-
gritty** el meollo de la cuestión • **the nitty-gritty of sth** lo
básico de algo • **get down to the nitty-gritty** ir al grano,
pasar a lo principal: *Let's get down to the nitty-gritty
and talk about the cost.* Vayamos al grano y hablemos
de los costos.

nit·wit /'nɪt‚wɪt/ *s* [C] (*coloq*) imbécil, bobo -a

nix¹ /nɪks/ *v* [T] (*coloq*) rechazar

nix² *adv* (*antic*) no SIN **no**

NJ *abrev escrita de* NEW JERSEY

NM *abrev escrita de* NEW MEXICO

no¹ S1 W1 /noʊ/ *interj*

1 contestando a preguntas, peticiones
2 expresando desacuerdo
3 expresando acuerdo con una oración negativa
4 para decirle a alguien que no haga algo
5 expresando sorpresa, decepción
6 para corregirse

1 CONTESTANDO A PREGUNTAS, PETICIONES no: *"Are
you Italian?" "No, I'm Spanish."* –¿Eres italiana? –No,
soy española. • *If you're asking for money, the answer
is no.* Si me estás pidiendo dinero, la respuesta es no.
▸ Generalmente se completa la negación con un verbo
auxiliar en forma negativa: • *"Is Cindy married?" "No,
she isn't."* –¿Cindy está casada? –No. • *"It's not very
nice, is it?" "No, it isn't."* –Es muy bonito, ¿verdad?
–No. • **no thanks** (tb **no thank you**) no, gracias: *"Would
you like more coffee?" "No thanks."* –¿Quieres más café?
–No, gracias. ANT **yes**

2 EXPRESANDO DESACUERDO no: *"Ben's so
unfriendly." "No, he's just shy."* –Ben es tan antipático.
–No, es que es tímido.

**3 EXPRESANDO ACUERDO CON UNA ORACIÓN NEGA-
TIVA** no: *"I shouldn't have lied." "No, you shouldn't
have."* –No debería haber mentido. –No, es cierto.

4 PARA DECIRLE A ALGUIEN QUE NO HAGA ALGO no:
No, Jimmy, don't touch that. No, Jimmy, no toques eso.

5 EXPRESANDO SORPRESA, DECEPCIÓN no: *"She's
nearly fifty." "No!"* –Tiene casi cincuenta años. –¡No! •
Oh no! ¡Oh, no!: *Oh no, my passport's not here.* ¡Oh, no!
Mi pasaporte no está aquí.

6 PARA CORREGIRSE no: *I called around seven, no
eight, o'clock.* Llamé a eso de las siete, no, las ocho.
EXPRESIONES
he/they won't take no for an answer *I've said I'm too
busy, but she won't take no for an answer.* Le he dicho
que estaba demasiado ocupada, pero no lo quiere
entender. • *He insisted on paying and wouldn't take no
for an answer.* Insistió en pagar y no hubo forma de
convencerlo.

no² S1 W1 *det*

1 ▸ **No** puede preceder a un sustantivo para indicar falta
o ausencia de algo. En español se suele aplicar la
negación al verbo: *There's no coffee left.* No queda café. •
There are no buses today. Hoy no hay buses. • *Your
affairs are of no interest to me.* Tus asuntos no me
interesan en lo más mínimo. • *a house with no heating*
una casa sin calefacción • **be no good/use** no servir
de/para nada: *It's no good crying now.* Ahora no sirve de
nada llorar.
2 (en prohibiciones) *No smoking* Prohibido fumar • *The
sign said "No Parking."* El cartel decía "Prohibido
parquear."
3 (uso enfático) *She's no friend of mine!* ¡No es amiga
mía ni mucho menos! • *It's no surprise that she's cross.*
No es de extrañarse que esté enojada. • **be no expert/
idiot** no ser ningún experto/idiota, no ser ninguna
experta/idiota: *I'm no expert, but the problem seems
serious to me.* No soy ningún experto, pero el problema
me parece grave.
EXPRESIONES
there's no... like... (para enfatizar que algo es muy bueno
o muy malo) *There's no time like the present.* No hay
mejor tiempo que el presente. • *There's no fool like an
old fool.* Nada más tonto que un viejo tonto.

no³ S1 W1 *adv* **no better/more/less** *This book is no better
than the last one.* Este libro es tan malo como el
anterior. • *I could walk no further.* No podía caminar
más. • *The second question was no less difficult.* La
segunda pregunta era igual de difícil. • **no different**
This latest play is no different from the others. Esta
última obra no se diferencia en nada de las otras.

no⁴ W2 *s* [C] (pl **noes**) no: *Her reply was a definite no.* Su
respuesta fue un no rotundo. SIN **yes**

no. (*abrev escrita de* **number**) nº, Nº

No·ah /'noʊə/ Noé

No·bel Prize /ˌnoʊbɛl ˈpraɪz/ s [C gralm sing] Premio Nobel

no·bil·i·ty /noʊˈbɪləṭi/ s **1** (aristocracia) **the nobility** la nobleza ▶ ARISTOCRACY **2** [U] (bondad) nobleza

no·ble¹ /ˈnoʊbəl/ adj **1** (frml, hum) (bueno) noble, generoso -a: *It's very noble of you to offer to help.* Es muy generoso de tu parte ofrecerte a ayudar. **2** [solo ante s] (aristócrata) noble

noble² s [C] (frml) noble

no·ble·man /ˈnoʊbəlmən/ s [C] (pl **noblemen** /-mən/) noble

no·bly /ˈnoʊbli/ adv noblemente, con nobleza

no·bod·y¹ S1 W2 /ˈnoʊˌbʌdi, -ˌbɑdi/ pron nadie: *Nobody was home.* No había nadie en casa. • *I spoke to nobody.* No hablé con nadie. • *"Who was on the phone?" "Nobody you know."* –¿Quién era? –Nadie que tú conozcas. • **nobody else** nadie más: *Nobody else knows about this.* Nadie más lo sabe. • **nobody special/important** nadie en especial/nadie importante: *"Who else will be at the party?" "Oh, nobody special."* –¿Quién más va a estar en la fiesta? –Pues nadie en especial. SIN **no one** ▶ **be nobody's FOOL**

nobody² s [C] (pl **nobodies**) don nadie: *She's from a rich family and I'm just a nobody.* Es de una familia rica y yo solo soy un don nadie. SIN **nonentity**

no-ˈbrainer s [sing] (coloq) **be a no-brainer** ser sencillísimo -a, ser facilísimo -a

noc·tur·nal /nɑkˈtɚnl/ adj **1** (animal) nocturno -a **2** [solo ante s] (frml) (actividad, visitante) nocturno -a

noc·turne /ˈnɑktɚn/ s [C] nocturno

nod¹ W3 /nɑd/ v (**nodded, nodding**)
1 [I,T] asentir (con la cabeza): *I asked her if she was OK, and she nodded.* Le pregunté si estaba bien, y ella asintió. • **nod your head** asentir con la cabeza • **nod (your head) in agreement/understanding** asentir (con la cabeza) en señal de conformidad/comprensión: *My father nodded in approval.* Mi padre asintió en señal de aprobación. • **nod your approval/assent** hacer un gesto de aprobación/asentimiento
2 [I,T] (para saludar, dar una directiva o señalar) **nod (your head) toward sth/sb** señalar algo/a alguien con la cabeza: *"She's over there," he said, nodding toward the door.* –Está allí –dijo, señalando la puerta con la cabeza. • **nod at/to sb (a)** hacerle un gesto a alguien con la cabeza: *She nodded to the waiter.* Le hizo un gesto al camarero con la cabeza. • *He nodded at her to sit down.* Le hizo un gesto con la cabeza para que se sentara. **(b)** saludar a alguien (con la cabeza): *She nodded to us as she walked by.* Nos saludó con la cabeza al pasar.
nod off v+partíc quedarse dormido -a

nod² s [C gralm sing] **1** (tb **a nod of your head**) movimiento de la cabeza en señal de asentimiento, para saludar, etc. • **give sb a nod (a)** hacerle una señal con la cabeza a alguien **(b)** saludar a alguien (con la cabeza) **2 give the nod (to sb/sth)** dar luz verde (a alguien/algo)

node /noʊd/ s [C] (técn) **1** nodo (en un gráfico, etc.) **2** nudo (en una planta, un árbol) **3** ganglio

nod·u·lar /ˈnɑdʒələ/ adj [solo ante s] (técn) nodular

nod·ule /ˈnɑdʒul/ s [C] (técn) nódulo

no-ˈfault adj [solo ante s] **a no-fault divorce** un divorcio por mutuo consentimiento

no-ˈfrills adj [solo ante s] referido a un producto o un servicio, muy básico, sencillo y sin lujos

no-ˈgo ˌarea s [C] **1** zona muy peligrosa de una ciudad en la que no es conveniente entrar **2** zona prohibida, zona inaccesible

noise S1 W3 /nɔɪz/ s
1 [U] ruido: *the noise caused by heavy traffic* el ruido causado por el intenso tráfico • [+of]: *the noise of the engine* el ruido del motor • **make a noise** hacer ruido: *The children were making a lot of noise.* Los niños hacían mucho ruido. • *I tried not to make a noise.* Traté

de no hacer ruido. • **noise level** nivel de ruido ▶ ver nota en SOUND
2 [C] ruido: *We heard some strange noises.* Oímos unos ruidos raros • **make a loud/funny noise** hacer un ruido fuerte/raro: *The engine was making a funny noise.* El motor hacía un ruido raro.

EXPRESIONES
make (all) the right noises (about sth) decir lo que los demás esperan oír (sobre algo): *The new president is making all the right noises.* El nuevo presidente está diciendo lo que la gente quiere oír.

noise·less /ˈnɔɪzlɪs/ adj (escrito) silencioso -a

noise·less·ly /ˈnɔɪzlɪsli/ adv (escrito) sin hacer ruido, silenciosamente SIN **silently**

ˈnoise polˌlution s [U] contaminación acústica

nois·i·ly /ˈnɔɪzəli/ adv ruidosamente, haciendo mucho ruido

nois·y S3 /ˈnɔɪzi/ adj (**noisier, noisiest**) ruidoso -a: *noisy neighbors* vecinos ruidosos • *The car was old and noisy.* El carro era viejo y hacía mucho ruido.

no·mad /ˈnoʊmæd/ s [C] nómada, nómade

no·mad·ic /noʊˈmædɪk/ adj nómada, nomádico -a: *nomadic tribes* tribus nómadas

ˈno-man's-ˌland s [sing, U] tierra de nadie

no·men·cla·ture /ˈnoʊmənˌkleɪtʃɚ/ s [C,U] (frml) nomenclatura

nom·i·nal /ˈnɑmənl/ adj [solo ante s] simbólico -a (precio, suma), nominal (valor): *The building was sold for a nominal £5,000.* El edificio se vendió por la suma simbólica de 5.000 dólares.

nom·i·nal·ly /ˈnɑmənl-i/ adv nominalmente, sólo de nombre

nom·i·nate /ˈnɑməˌneɪt/ v [T] **1** proclamar (como) candidato • **nominate sb as sth** proclamar a alguien algo: *He was nominated as the Democratic candidate for President.* Fue proclamado candidato a presidente por el partido demócrata. **2** nominar • **nominate sb/sth for sth** nominar algo/a alguien para algo: *The movie has been nominated for an award.* La película ha sido nominada para un premio. • **nominate sb as sth** nominar a alguien para/como algo **3** proponer (para un cargo importante) • **nominate sb for/as sth** proponer a alguien para/como algo **4** designar (para un trabajo, una tarea) • **nominate sb to sth** designar a alguien para algo: *He was nominated to the position in 2004.* Lo designaron para el puesto en 2004.

nom·i·na·tion W2 /ˌnɑməˈneɪʃən/ s
1 [C,U] candidatura, nominación (para un premio), proclamación (para una candidatura), designación (para un cargo): *The movie received several Oscar nominations.* La película recibió varias nominaciones al Oscar. • [+for]: *Who will get the Republican nomination for president?* ¿Quién logrará la candidatura republicana a la presidencia?
2 [C] nominado -a • [+for]: *The nominations for the Academy Awards will be announced on Sunday.* Los nominados para el premio de la Academia serán anunciados el domingo. ▶ NOMINEE

nom·i·nee W3 /ˌnɑməˈni/ s [C] nominado -a (a un premio), candidato -a (a un cargo): *an Oscar nominee* un nominado al Oscar

non- /nɑn/ pref **1** (que no es o no hace determinada cosa) *nonsmokers* no fumadores • *nonalcoholic* sin alcohol • *non-English speakers* personas que no hablan inglés **2** (que no causa o no requiere algo) *nonstick* antiadherente • *non-iron* que no se plancha **3** (que no ocurrió o no ocurrirá) *nonpayment* impago • *non-appearance* no aparición **4** (no del modo descrito) *noncommittally* sin comprometerse

non-ag·gres·sion, non-aggression /ˌnɑnəˈgrɛʃən/ s [U] no agresión, de no agresión: *a nonaggression pact* un pacto de no agresión

non·al·co·hol·ic, non-alcoholic /ˌnɑnælkəˈhɒlɪk/ adj sin alcohol: *nonalcoholic drinks* bebidas sin alcohol

non·cha·lance /ˌnɑnʃəˈlɑns/ s [U] despreocupación, indiferencia

non·cha·lant /ˌnɑnʃəˈlɑnt/ adj despreocupado -a (actitud) • **be nonchalant about sth** tomarse algo con calma • **try to sound/look nonchalant** fingir indiferencia/despreocupación

non·cha·lant·ly /ˌnɑnʃəˈlɑntli/ adv despreocupadamente, con indiferencia/tranquilidad

non·com·bat·ant[1], non-combatant /ˌnɑnkəmˈbætˀnt/ s [C] no combatiente

noncombatant[2], non-combatant adj [solo ante s] (de) no combatiente

non·com·mit·tal, non-committal /ˌnɑnkəˈmɪtl/ adj evasivo -a: *a noncommittal reply* una respuesta evasiva • **be noncommital** (persona) no (querer) comprometerse; (tono) no decir/expresar nada • [+**about**]: *Baker was noncommittal about the question of economic aid.* Baker evitó comprometerse en cuanto a la cuestión de la ayuda económica.

non·com·mit·tal·ly /ˌnɑnkəˈmɪtl-i/ adv sin comprometerse, evitando una respuesta definitiva

Non·con·for·mist /ˌnɑnkənˈfɔrmɪst/ s [C], adj persona que pertenece a una iglesia protestante no anglicana

non·con·for·mist /ˌnɑnkənˈfɔrmɪst/ s [C], adj inconformista

non·con·form·i·ty /ˌnɑnkənˈfɔrməti/ s [U] inconformismo

non·de·nom·i·na·tion·al /ˌnɑndɪˌnɑməˈneɪʃənəl/ adj no confesional

non·de·script /ˌnɑndɪˈskrɪpt/ adj anodino -a, ordinario -a

none[1] S1 W2 /nʌn/ pron ▶ **None** a veces equivale a *nada* o *ninguno -a: Even an old car is better than none.* Hasta un carro viejo es mejor que nada. • *"How many students passed the test?" "None."* –¿Cuántos alumnos aprobaron el examen? –Ninguno. ▶ A veces no tiene equivalente directo en la oración española: *They searched for water, but found none.* Buscaron agua, pero no encontraron. • *I was going to offer you some cake, but there's none left.* Te iba a ofrecer pastel, pero no hay más. • *"Coffee?" "None for me, thanks."* –¿Café? –Para mí no, gracias. • [+**of**]: *Luckily, none of the furniture was damaged.* Por suerte, ninguno de los muebles resultó dañado. • *None of her friends came to see her.* Ninguno de sus amigos vino a verla. ▶ Cuando **none** va seguido de un sustantivo plural, el verbo puede ir en singular o en plural. El plural es más frecuente en el lenguaje hablado: *None of you were listening.* Ninguno de ustedes estaba escuchando. • *None of the packages was for me.* Ninguno de los paquetes era para mí. • **none at all** *"Do you have any complaints?" "None at all."* –¿Tiene alguna queja? –Ninguna, en absoluto. • *"Was there any mail?" "No, none at all."* –¿Había correspondencia? –No, nada de nada.

EXPRESIONES
none other than sb ni más ni menos que alguien: *a message from none other than the president himself* un mensaje ni más ni menos que del mismísimo presidente • **will have/would have/want none of sth** (*antic*) (para expresar que no se va a tolerar algo) *I'll have none of that language in this house!* ¡No voy a permitir que se use ese lenguaje en esta casa! • *We offered to pay but Charles would have none of it.* Nos ofrecimos a pagar pero Charles no quiso saber nada. • **none of sth!** ¡nada de algo!: *I know the truth, so none of your lies!* Sé la verdad, así que ¡nada de mentiras! ▶ **BAR** none, it's **none of your** BUSINESS, NONETHELESS, be SECOND to none

none[2] adv **1 none the worse/better** *I've slept all afternoon, but I feel none the better for it.* He dormido toda la tarde, pero no me encuentro nada mejor. • *She seems none the worse for her experience.* La experiencia no parece haberle sentado nada mal. • **none the wiser** *We* *were none the wiser after his explanation.* Después de su explicación seguíamos sin entender. **2 none too...** *We're none too pleased with the result.* No estamos para nada contentos con el resultado. • *He shook my hand none too gently.* No fue muy suave que digamos al estrecharme la mano. • **none too soon** *Help arrived none too soon.* La ayuda debería haber llegado mucho antes. • *The rain is stopping, and none too soon!* Está parando de llover, ¡y ya era hora! **3** (*incorr*) (para nada) *She didn't complain none.* No tuvo ni una queja.

non·en·ti·ty /nɑnˈɛntəti/ s [C] (pl **nonentities**) persona insignificante, cero a la izquierda SIN **nobody**

none·the·less W3 /ˌnʌnðəˈlɛs/ adv [adv oracional] (*frml*) no obstante, sin embargo: *The influence of the media was small but nonetheless significant.* La influencia de los medios era pequeña pero no obstante significativa. • *He hadn't done very much. Nonetheless, he felt tired.* No había hecho mucho. Sin embargo, se sentía cansado. SIN **nevertheless**

non·e·vent /ˈnɑnɪˌvɛnt, ˌnɑnɪˈvɛnt/ s [C gralm sing] fiasco, chasco

non·ex·ist·ence, non-existence /ˌnɑnɪgˈzɪstəns/ s [U] inexistencia

non·ex·ist·ent, non-existent /ˌnɑnɪgˈzɪstənt/ adj inexistente • **almost/virtually/practically nonexistent** *Crime in the area is almost nonexistent.* Prácticamente no hay delincuencia en la zona.

non·fat, non-fat /ˌnɑnˈfæt/ adj [solo ante s] descremado -a

non·fic·tion[1], non-fiction /ˌnɑnˈfɪkʃən/ s [U] (obras/libros de) no ficción ANT **fiction**

nonfiction[2] adj de no ficción

non·flam·ma·ble, non-flammable /ˌnɑnˈflæməbəl/ adj no inflamable: *nonflammable gases* gases no inflamables ANT **flammable** ▶ INFLAMMABLE

non-intervention, non·in·ter·ven·tion /ˌnɑnɪntɚˈvɛnʃən/ s [U] no intervención

'**no-no** s [C] (pl **no-nos**) (*coloq*) cosa socialmente inaceptable: *For some men, crying is a big no-no.* Para algunos hombres, llorar es un gran tabú.

ˌ**no-'nonsense** adj [solo ante s] **1** directo -a, sensato -a: *The nurse had a strict no-nonsense approach.* La actitud de la enfermera era firme y directa. **2** práctico -a, sencillo -a

non·pay·ment, non-payment /ˌnɑnˈpeɪmənt/ s [U] no pago, falta de pago • [+**of**]: *nonpayment of taxes* el no pago de los impuestos

non·plussed /ˌnɑnˈplʌst/ adj [gralm ante s] perplejo -a, desconcertado -a

non·prof·it, non-profit /ˌnɑnˈprɑfɪt/ adj [gralm ante s], s [C] sin fines de lucro: *a nonprofit organization* una organización sin fines de lucro

non-proliferation, non-proliferation /ˌnɑnprəˌlɪfəˈreɪʃən/ s [U] no proliferación

non·re·fund·a·ble, non-refundable /ˌnɑnrɪˈfʌndəbəl/ adj no reembolsable

non·re·new·a·ble, non-renewable /ˌnɑnrɪˈnuəbəl/ adj no renovable

non·res·i·dent, non-resident /ˌnɑnˈrɛzɪdənt/ s [C] no residente

non·re·turn·a·ble, non-returnable /ˌnɑnrɪˈtɚnəbəl/ adj **1** no retornable **2** (mercadería, producto) sin devolución **3** (depósito) sin devolución

non·sense /ˈnɑnsɛns, -səns/ s [U] **1** (ideas, opiniones, dichos) tonterías, disparates • **nonsense!** *"I look fat in this dress." – "Nonsense, you look great!"* –Este vestido me hace ver gorda. –¡Pero qué dices, estás lindísima! • **utter nonsense** un absoluto disparate • **talk nonsense** decir tonterías/disparates • **it is nonsense to do sth** es absurdo/ridículo hacer algo **2** (comportamiento) tonterías: *Stop that nonsense right now!* ¡Ya basta de tonterías! • **won't take any nonsense** *She won't take* *any nonsense from the kids in her class.* No les permite ninguna tontería a los niños de su clase. **3** (algo que no se entiende) *They talk nonsense and pretend it's a foreign language.* Dicen cualquier cosa y finjen que es un idioma extranjero.

non·sen·si·cal /ˌnɑnˈsɛnsɪkəl/ *adj* disparatado -a, absurdo -a

non se·qui·tur /ˌnɑn ˈsɛkwɪtər/ *s* [C] incongruencia

non·smok·er, non-smoker /ˌnɑnˈsmoʊkər/ *s* [C] no fumador -a

non·smok·ing, non-smoking /ˌnɑnˈsmoʊkɪŋ◂/ *adj* **1** para/de no fumadores **2** no fumador -a, que no fuma

non·stan·dard, non-standard /ˌnɑnˈstændərd◂/ *adj* [gralm ante s] **1** no estándar **2** (*técn*) referido a un uso lingüístico, que se aparta de la norma y es considerado incorrecto por los hablantes cultos

non·start·er /ˌnɑnˈstɑrtər/ *s* [C gralm sing] **be a non-starter** no tener futuro, no tener ninguna posibilidad

non·stick, non-stick /ˌnɑnˈstɪk◂/ *adj* **1** antiadherente **2** aceite en aerosol

non·stop, non-stop /ˌnɑnˈstɑp◂/ *adv* **1** sin parar: *She talked nonstop for over an hour.* Habló sin parar durante más de una hora. **2** sin (hacer) escalas

non·vi·o·lence, non-violence /ˌnɑnˈvaɪələns/ *s* [U] no violencia

non·vi·o·lent, non-violent /ˌnɑnˈvaɪələnt/ *adj* pacífico -a, no violento -a

non·vi·o·lent·ly /ˌnɑnˈvaɪələntli/ *adv* de forma no violenta, pacíficamente

non·white¹ /ˌnɑnˈwaɪt◂/ *adj* de color (persona)

nonwhite² *s* [C] persona de color

noo·dle /ˈnudl/ *s* **1** [C gralm pl] fideo **2** [C] (*coloq*) cabeza

nook /nʊk/ *s* [C] rincón

> EXPRESIONES
>
> **every nook and cranny** hasta el último rincón

noon /nun/ *s* [U] mediodía: *He hardly ever gets up before noon.* Rara vez se levanta antes del mediodía. • **at noon** a(l) mediodía: *The press conference will be at noon.* La rueda de prensa será al mediodía. • **twelve noon** a las doce del mediodía [SIN] **midday**

'no one [S1] [W1] *pron* nadie: *No one was home when I called.* No había nadie en casa cuando pasé. • *She made friends with no one.* No se hacía amiga de nadie. • **no one else** nadie más: *No one else offered to help.* Nadie más se ofreció a ayudar. • **no one in particular** nadie en especial: *"Who did you go out with last night?" "Oh, no one in particular."* –¿Con quién saliste anoche? –Pues, con nadie en especial. [SIN] **nobody**

noose /nus/ *s* **1** [C] soga (para ahorcar o ahorcarse) ▶ LASSO **2** [C] lazo ▶ LASSO **3** [sing] **put your head in a noose** firmar su sentencia de muerte • **tighten the noose around sb's neck** cerrar el cerco sobre/en torno a alguien

nope [S1] /noʊp/ *adv* (*oral*) no (como respuesta)

no-place /ˈnoʊpleɪs/ *adv* (*coloq*) ▶ NOWHERE

nor [W1] /nɔr, nɚ/ *conj* (*frml*) ni tampoco ▶ En este uso **nor** se emplea con un verbo auxiliar o modal que precede al sujeto: *It was not my fault, nor was it his.* No fue culpa mía, ni tampoco suya. • *I don't expect lies, nor do I expect rudeness.* No espero mentiras, ni tampoco groserías. ▶ NEITHER

norm /nɔrm/ *s* **1** [C gralm sing] **the norm** la norma: *Violent behavior has become the norm in some schools.* El comportamiento violento se ha vuelto la norma en algunos colegios. **2** [C gralm pl] (regla) norma: *social norms* normas sociales

nor·mal¹ [S2] [W2] /ˈnɔrməl/ *adj*
1 (usual, típico) normal: *He just wanted a normal life.* Lo único que quería era una vida normal. • **be normal for sb/sth** ser normal para alguien/algo: *High temperatures*

are normal for this time of year. Las temperaturas elevadas son normales para esta época del año. • **be normal to do sth** ser normal hacer algo: *It's normal to feel nervous before an interview.* Es normal ponerse nervioso antes de una entrevista. • **be normal for sb to do sth** ser normal que alguien haga algo: *Is it normal for me to be missing him so much?* ¿Es normal que lo extrañe tanto? • **as normal** como de costumbre: *Life will go on as normal.* La vida seguirá como de costumbre. • **perfectly normal** absolutamente normal: *Everything you are feeling is perfectly normal.* Todo lo que estás sintiendo es absolutamente normal. ▶ ABNORMAL
2 (física o mentalmente) normal: *a normal healthy baby* un bebé normal y sano ▶ ABNORMAL

normal² *s* [U] **above/below normal** por debajo/encima de lo normal: *Temperatures are above normal for the time of year.* Las temperaturas están por encima de lo normal para esta época del año. • **be/get back to normal** haber vuelto/volver a la normalidad: *I'll be glad when things get back to normal.* Me voy a alegrar cuando las cosas vuelvan a la normalidad. • **return to normal** volver a la normalidad: *Life has finally returned to normal.* La vida finalmente ha vuelto a la normalidad. [SIN] **usual**

nor·mal·i·ty /nɔrˈmæləti/ (tb **nor·mal·cy** /ˈnɔrməlsi/) *s* [U] normalidad

nor·mal·i·za·tion /ˌnɔrmələˈzeɪʃən/ *s* [U] (*frml*) normalización

nor·mal·ize /ˈnɔrməˌlaɪz/ *v* (*frml*) **1** [T] normalizar • **normalize relations** normalizar las relaciones **2** [I] normalizarse

nor·mal·ly [S2] [W3] /ˈnɔrməli/ *adv*
1 [adv oracional] (habitualmente) por lo general, normalmente: *Normally I get up at 8 o'clock.* Por lo general me levanto a las 8. [SIN] **usually**
2 (de forma normal) normalmente, con normalidad: *Try to relax and breathe normally.* Procure relajarse y respirar normalmente.

Norse /nɔrs/ *adj* [solo ante s] nórdico -a

north¹ [S3] [W1], North /nɔrθ/ *s* [sing, U]
1 (abrev escrita **N.**) (el) norte, (el) Norte: *Which way is north?* ¿Hacia dónde está el norte? • **from the north** desde el norte • **to the north (of sth)** al norte (de algo)
2 the north el norte (de un país, una región): *She grew up in the north.* Se crió en el norte.

> EXPRESIONES
>
> **be/live up North** (*oral*) estar/vivir en el norte, estar/vivir por el norte • **go/move up North** (*oral*) ir al norte

north² *adj* [solo ante s] **1** (costa, extremo) (del) norte, septentrional: *the north side of the building* el lado norte del edificio **2** (viento) (del) norte: *a north wind was blowing* soplaba un viento del norte

north³ [S2] [W3] *adv* al norte, hacia el norte: *The window faces north.* La ventana da al norte.

North A'merica Norteamérica, América del norte

North A'merican *s* [C], *adj* norteamericano -a

north·bound /ˈnɔrθbaʊnd/ *adj* [solo ante s] que va/iba en dirección norte

north·east¹ /ˌnɔrθˈist◂/ *s* [sing, U] **1** (abrev escrita **NE**) noreste, Noreste • **from/toward the northeast** desde/hacia el noreste • **to the northeast (of sth)** al noreste (de algo) **2 the northeast** el noreste (de un país, una región)

northeast² *adj* (del) noreste • **a northeast wind** un viento (del) noreste

northeast³ *adv* al noreste, hacia el noreste

north·east·er·ly /ˌnɔrθˈistəli/ *adj* (en o hacia el noreste) **in a northeasterly direction** en dirección noreste • **a northeasterly wind** un viento (del) noreste

north·east·ern /ˌnɔrθˈistən◂/ *adj* [solo ante s] (del) noreste, nororiental

north·er·ly /ˈnɔrðəli/ *adj* [solo ante s] **in a northerly direction** en dirección norte • **a northerly wind** un viento (del) norte

north·ern S3 W2 /'nɔrðərn/ *adj* [solo ante s] (del) norte, norteño -a, septentrional: *northern Europe* el norte de Europa

north·ern·er, Northerner /'nɔrðənə/ *s* [C] norteño -a

Northern 'Ireland Irlanda del Norte

north·ern·most /'nɔrðənˌmoʊst/ *adj* [solo ante s] más al norte, más septentrional

North Ko·re·a /ˌnɔrθ kə'riə/ Corea del Norte

north·ward¹ /'nɔrθwərd/ (tb **northwards**) *adv* hacia el norte

northward² *adj* [solo ante s] en dirección norte, hacia el norte

north·west¹ /ˌnɔrθ'wɛst‹/ *s* **1** [sing, U] (abrev escrita **NW**) noroeste, Noroeste • **from/toward the northwest** desde/hacia el noroeste • **to the northwest (of sth)** al noroeste (de algo) **2 the northwest** [sing] el noroeste **3 the Northwest** [sing] zona de EU que comprende los estados de Idaho, Oregón y Washington

northwest² *adj* [solo ante s] (abrev escrita **NW**) (del) noroeste • **a northwest wind** un viento (del) noroeste

northwest³ *adv* al noroeste, hacia el noroeste

north·west·er·ly /ˌnɔrθ'wɛstəli/ *adj* (en o hacia el noroeste) **in a northwesterly direction** en dirección noroeste • **a northwesterly wind** un viento (del) noroeste

north·west·ern /ˌnɔrθ'wɛstən‹/ *adj* [gralm ante s] (del) noroeste, noroccidental

Nor·way /'nɔrweɪ/ Noruega

Nor·we·gian¹ /nɔr'widʒən/ *s* **1** [C] (persona) noruego -a **2** [U] (idioma) noruego

Norwegian² *adj* noruego -a

nose¹ S1 W2 /noʊz/ *s*
1 [C] (de una persona) nariz: *He has a big nose.* Tiene la nariz grande. • *Breathe through your nose.* Respira por la nariz. • **blow your nose** sonarse la nariz • **pick your nose** hurgarse la nariz, meterse los dedos en/a la nariz ▶ **NASAL, NOSTRIL**
2 [C] hocico
3 [sing] olfato: *Our dog has a very good nose.* Nuestro perro tiene muy buen olfato.
4 [C] (de un avión, un misil) nariz
5 [sing] aroma (de un vino) SIN **bouquet** ▶ **BROWN-NOSE, you'll be CUTting off your nose to spite your face, HARD-NOSED, LOOK down your nose at sth/sb, PAY through the nose (for sth), as PLAIN as the nose on your face, POWDER your nose, RUB sb's nose in sth, it's no SKIN off my nose**

EXPRESIONES
by a nose por una nariz • **have a (good) nose for sth** tener (buen) olfato para algo • **have your nose in a book** (*coloq*) estar enfrascado -a en un libro • **keep your nose clean** (*coloq*) no meterse en problemas/líos • **keep your nose out (of sth)** (*oral*) no entrometerse (en algo), no meter las narices (en algo) • **keep your nose to the grindstone** (*coloq*) trabajar duro • **on the nose** (*coloq*) en punto • **put sb's nose out of joint** (*coloq*) molestar/irritar a alguien • **turn your nose up at sth** (*coloq*) hacerle asco(s) a algo, hacerle el feo a algo • **(right) under sb's nose** delante de las narices de alguien • **stick/poke your nose into sth** meter las narices en algo • **with your nose in the air** con aires de superioridad, con actitud arrogante

nose² *v* [I,T siempre + adv/prep] (hacer) avanzar lentamente un vehículo: *The limousine slowly nosed through the crowds.* La limousina avanzaba lentamente entre la multitud. • *She carefully nosed the car out into the traffic.* Avanzó lentamente, conduciendo con cuidado entre el tráfico. SIN **edge**
nose around *v+partíc* **1 nose around** husmear **2 nose around sth** husmear en algo
nose into sth *v+partíc* meter las narices en algo
nose sth out *v+partíc* **1** oler algo, identificar algo (con el olfato) **2** (*coloq*) descubrir algo (un dato, una oferta) **3** (*coloq*) descubrir algo (un secreto) **4** (*coloq*) ganarle a algo por una nariz

nose·bleed¹ /'noʊzblid/ *s* [C] hemorragia nasal • **have/get a nosebleed** tener una hemorragia nasal: *She often gets nosebleeds.* A menudo le sangra la nariz.

nosebleed² *adj* [solo ante s] (*coloq*) del gallinero, de la gayola (en un teatro), de la parte más alta (de un estadio)

nose-dive¹ /'noʊzdaɪv/ *s* [C] **1** (en finanzas, economía) caída (en picada), derrumbe • **take a nosedive** caer en picada, derrumbarse **2** (de un avión) caída en picada • **go into a nosedive** entrar en picada

nosedive² *v* [I] **1** (en finanzas, economía) caer en picada, derrumbarse SIN **plummet 2** (avión) caer en picada

'nose job *s* [C] (*coloq*) cirugía de nariz (estética) • **have/get a nose job** operarse la nariz

nos·ey /'noʊzi/ *adj* variante de **NOSY**

no-'show *s* [C] (*coloq*) persona que no se presenta donde es esperada

nos·i·ness /'noʊzinɪs/ *s* [U] (*peyor*) entrometimiento, curiosidad

nos·tal·gia /nɑ'stældʒə, nə-/ *s* [U] nostalgia • [+for] de algo: *I feel nostalgia for the old days.* Siento nostalgia de las viejas épocas.

nos·tal·gic /nɑ'stældʒɪk, nə-/ *adj* nostálgico -a • **feel nostalgic** sentir nostalgia: *This song always makes me feel nostalgic.* Esta canción siempre me pone nostálgico.

nos·tal·gi·cally /nɑ'stældʒɪkli, nə-/ *adv* con nostalgia

nos·tril /'nɑstrəl/ *s* [C] fosa nasal, ventana de la nariz

nos·y, nosey /'noʊzi/ *adj* (**nosier, nosiest**) (*peyor*) entrometido -a, metiche: *a nosy neighbor* una vecina metiche

not S1 W1 /nɑt/ *adv* (contrac **n't**)
1 (en oraciones negativas) no: *The store isn't open on Sundays.* La tienda no abre los domingos. • *"Can you help me?" "Not now. I'm busy."* –¿Puedes ayudarme? –Ahora no. Estoy ocupado. • *Not everyone speaks English.* No todo el mundo habla inglés. • *Not wanting to contradict him, I said nothing.* Como no quería contradecirlo, no dije nada. • *She asked me not to tell anyone else.* Me pidió que no se lo dijera a nadie más. • *My house is not far from here.* Mi casa no está lejos de aquí. • *When she saw the mess, she wasn't pleased.* Cuando vio el desorden, no se puso muy contenta que digamos. • **not at all** para nada, en absoluto: *I do not like his attitude at all.* No me gusta para nada su actitud. • **not very good/nice** *The food is not very good here.* La comida aquí no es muy buena. • **not much/not many/not a lot** *Not much is known about the disease.* No se sabe mucho sobre la enfermedad. • *Not many people have read the report.* No muchos han leído el informe. • *"Did you enjoy the movie?" "Not a lot."* –¿Te gustó la película? –No mucho. • **not that good/cheap/big** no muy bueno -a/barato -a/grande, no tan bueno -a/barato -a/grande: *The rooms are not that big.* Las habitaciones no son muy grandes. • **not exactly** no precisamente: *He's not exactly the best player on the team.* No es precisamente el mejor jugador del equipo.
2 or not o no (para expresar lo contrario de lo que se ha dicho): *No one knows if the story is true or not.* Nadie sabe si la historia es o no verdadera . • *We haven't decided whether or not to accept the offer.* Todavía no decidimos si aceptar la oferta o no. • **why not** por qué (no): *"I'm not coming with you." "Why not?"* –No voy contigo. –¿Por qué? • **if not** si no: *I should be home, but if not, leave me a message.* Debería estar en casa, pero si no, déjame un mensaje. • **I hope not** espero que no: *"Will we be late?" "I hope not."* –¿Vamos a llegar tarde? –Espero que no. • **I'm afraid not** (me temo que) no: *"Did your plan work?" "I'm afraid not."* –¿Funcionó tu plan? –Me temo que no. • **probably/perhaps/maybe not** probablemente/quizás/tal vez no: *Maybe they'll agree, but maybe not.* Tal vez acepten, pero tal vez no. • **certainly/definitely not** de ninguna manera, por supuesto que no: *"May I read that letter?" "Certainly not."* –¿Puedo leer esa carta? –De ninguna manera.
3 (en preguntas y en cláusulas finales interrogativas)

Haven't they arrived yet? ¿Todavía no han llegado? • *It's a lovely day, isn't it?* Un día precioso, ¿no? • *You will help us, won't you?* Nos vas a ayudar, ¿verdad?

4 (con verbos que expresan opiniones, creencias) ▶ Los ejemplos siguientes se pueden expresar de dos maneras diferentes en español, con la negación en la oración subordinada o en la principal. En inglés lo usual es que el verbo de la oración principal esté en negativo: *I don't think this method will work.* Me parece que este método no va a funcionar./No me parece que este método vaya a funcionar. • *We don't believe she's telling the truth.* Creemos que no está diciendo la verdad./No creemos que esté diciendo la verdad.

5 not even ni siquiera: *He didn't even say goodbye.* Ni siquiera se despidió. • **not only/just** no solo: *Shakespeare was not only a writer but also an actor.* Shakespeare no era solo escritor, sino también actor. • **not simply/merely** no simplemente: *programs made not merely to entertain, but to educate as well* programas producidos no simplemente para entretener sino también para educar

6 not a (tb **not one**) ni uno -a: *Not a single person said thank you.* Ni una sola persona dijo gracias. • *There wasn't a cloud in the sky.* No había ni una nube en el cielo.

7 not that... (*oral*) no es que...: *He's going to marry someone else, not that I care.* Se va a casar con otra, no es que a mí me importe. ▶ **that is not to SAY**

no·ta·ble /'nouṭəbəl/ *adj* destacable, notorio -a: *a notable achievement* un logro destacable • *There were two notable absences.* Hubo dos ausencias notorias.

no·ta·bly /'nouṭəbli/ *adv* (*frml*) **1** en especial/particular • **most notably** en particular SIN **especially, particularly 2** notablemente SIN **significantly, markedly**

no·ta·tion /nou'teɪʃən/ *s* [C,U] notación

notch¹ /nɑtʃ/ *s* [C] **1** muesca, ranura **2** posición (en una escala): *Winning the game moved her up a notch in the rankings.* Ganar el partido le permitió avanzar una posición en los rankings. • *His spirits lifted a notch.* Se animó un poco. **3** desfiladero, paso (entre montañas) ▶ **TOP-NOTCH**

notch² *v* [T] hacer un corte/una muesca en
notch up *v+partíc* **notch sth up** anotarse, alcanzar: *We notched up a 1–0 win.* Nos anotamos una victoria por 1–0.

note¹ S1 W2 /nouṭ/ *s*
1 [C] (mensaje) nota: *She sent me a note to thank me.* Me mandó una nota para agradecerme. • **write sb a note** (tb **write a note to sb**) escribirle una nota a alguien: *I wrote her a note to invite her.* Le escribí una nota para invitarla. • **leave (sb) a note** (tb **leave a note (for sb)**) dejarle una nota (a alguien) • [+**from**]: *He arrived home to find a note from his wife, telling him she'd left him.* Al llegar a casa se encontró una nota de su mujer, donde le decía que lo había dejado.
2 [C gralm pl] (para no olvidar algo) nota, apunte: *the police officer's notes relating to the case* las notas del agente de policía relacionadas con el caso • **make notes** tomar apuntes, hacer anotaciones • **take notes** tomar apuntes • **make a note of sth** anotar/apuntar algo: *I made a note of their new address.* Anoté su nueva dirección. • **keep a note of sth** tomar nota de algo
3 [C] (en música) nota • **a high/low note** una nota alta/baja
4 [sing] dejo (de preocupación, de duda), toque (de realismo), tono (de sarcasmo, de esperanza) • [+**of**]: *There was a note of doubt in her voice.* Había un dejo de duda en su voz. • **on a personal/serious note** (para contrastar con el tono de lo dicho anteriormente) *She ended her speech on a personal note.* Acabó su discurso con un toque personal. • *On a more serious note, I'd like to thank everyone for all their support.* Hablando más seriamente, quisiera agradecer a todos por su apoyo.
5 [C] (información adicional) nota: *The notes are at the back of the book.* Las notas se encuentran al final del libro. ▶ **COMPARE notes (with sb), FOOTNOTE**

sb/sth of note (*frml*) alguien/algo de importancia • **take note (of sb/sth)** tomar nota (de alguien/algo), prestar atención (a alguien/algo): *The organization began to take note of its public image.* La organización comenzó a prestar atención a su imagen pública. SIN **notice**

note² W1 *v* [T] (*frml*)
1 observar, fijarse en: *He carefully noted the time they left the building.* Observó con atención la hora en que salieron del edificio. • **note that** tener en cuenta que, notar que: *Please note that the museum is closed on Mondays.* Sírvase tener en cuenta que el museo cierra los lunes.
2 señalar, indicar • **note that** señalar/indicar que: *A police spokesman noted that Miller had no previous criminal record.* Un vocero de la policía señaló que Miller no tenía antecedentes.
note sth ↔ down *v+partíc* anotar algo

note·book S3 /'nouṭbʊk/ *s* [C]
1 cuaderno, libreta: *We keep a notebook and a pencil beside the phone.* Tenemos una libreta y un lápiz junto al teléfono.
2 (tb **notebook computer**) computador portátil, notebook ▶ **LAPTOP**

not·ed /'nouṭɪd/ *adj* destacado -a, renombrado -a • [+**for**]: *The area is noted for its cheeses.* La zona se destaca por sus quesos.

note·pad /'nouṭpæd/ *s* [C] bloc

note·pa·per /'nouṭˌpeɪpɚ/ *s* [U] papel de carta • **a piece/sheet of notepaper** una hoja de papel de carta SIN **writing paper**

note·wor·thy /'nouṭˌwɚði/ *adj* notable, digno -a de mención: *a noteworthy achievement* un notable logro • [+**for**]: *She was noteworthy for her integrity as a leader.* Se destacaba por su integridad como líder. • **it is noteworthy that** es de notar que

noth·ing¹ S1 W1 /'nʌθɪŋ/ *pron*
1 nada: *There's nothing in this box.* En esta caja no hay nada. • *Say nothing to anyone.* No le digas nada a nadie. • *There's nothing on TV tonight.* Esta noche no hay nada en la tele. • **nothing more/else** nada más: *Keep the children safe. Nothing else matters.* Mantengan a salvo a los niños. Es lo único que importa. • *There was nothing else the doctors could do.* No había nada más que los médicos pudieran hacer. • **nothing at all** (tb **absolutely nothing**) absolutamente nada: *She's eaten nothing at all for several hours.* Hace varias horas que no come absolutamente nada. • **nothing much** no mucho, poca cosa: *"What did you do in school today?" "Nothing much."* –¿Qué hicieron hoy en la escuela? –No mucho. • **nothing special** nada del otro mundo: *The show was OK but nothing special.* El espectáculo estuvo bien, pero no fue nada del otro mundo.
2 (dinero) nada: *This service will cost you nothing.* Este servicio es gratuito./Este servicio no le costará nada. • *If it's broken, it's worth nothing.* Si está roto, no tiene ningún valor. • **next to nothing** muy poco dinero, casi nada: *You can fly from London to Paris for next to nothing.* Puedes volar de Londres a París por muy poco dinero.
3 (*coloq*) cero (en deportes): *Our team lost three nothing.* Nuestro equipo perdió por tres a cero. ▶ **like nothing on EARTH, to SAY nothing of sth, THINK nothing of doing sth**

all or nothing todo o nada • **better than nothing** mejor que nada: *Even one phone call a week would be better than nothing.* Hasta una llamada por semana sería mejor que nada. • *It's only $100, but I suppose it's better than nothing.* Solo son 100 dólares, pero supongo que peor es nada. • **come to nothing** quedar en nada • **for nothing** **(a)** gratis: *My neighbor said he'd fix it for nothing.* Mi vecino dijo que lo arreglaría gratis. **(b)** en vano: *All our hard work was for nothing.* Todo lo que trabajamos fue en vano. • **have nothing against sb/sth** [nunca en forma continua] no tener nada en contra de alguien/algo: *I have nothing against New York. I just* *don't want to live there.* No tengo nada en contra de Nueva York. Simplemente no quiero vivir allí. • **have/be nothing to do with sth** [nunca en forma continua] no tener nada que ver con algo: *Money has nothing to do with this decision.* El dinero no tiene nada que ver con esta decisión. • **have/be nothing to do with sb** [nunca en forma continua] no ser problema de alguien, no importarle a alguien: *My private life has got nothing to do with you.* Mi vida privada no es problema tuyo. • *These problems are nothing to do with our staff.* Estos problemas no le incumben a nuestro personal. • **if nothing else** al menos: *He had always been polite, if nothing else.* Al menos, siempre había sido educado. • **it was nothing** (tb **think nothing of it**) (*antic, oral*) no hay de qué: *"Thanks a lot!" "It was nothing."* –Muchas gracias. –No hay de qué. • **nothing but sth** (*frml*) *They've had nothing but bad luck.* No han tenido más que mala suerte. • **be nothing if not sth** (*oral*) (para enfatizar una cualidad) *You have to admit – he's nothing if not enthusiastic.* Tienes que reconocerlo: entusiasmo no le falta. • *The house is nothing if not clean.* De la casa se puede decir cualquier cosa menos que no está limpia. • **be/mean nothing to sb** no significar nada para alguien: *Am I nothing to you?* ¿No significo nada para ti? • **(there's) nothing to it/sth** (*oral*) es muy fácil, no tiene ningún secreto: *Anyone can use a computer. There's nothing to it!* ¡No tiene ningún secreto! • **nothing to lose** nada que perder: *Just try it. You have nothing to lose.* Inténtalo al menos. No tienes nada que perder. • **there's nothing better/worse than sth** (*oral*) no hay nada mejor/peor que algo: *There's nothing worse than waiting around in the rain.* No hay nada peor que esperar bajo la lluvia. • **there is nothing in sth** no hay nada de cierto en algo: *A government official said there was nothing in the rumors.* Un funcionario gubernamental dijo que no había nada de cierto en los rumores. • **there's nothing in it** (*oral*) van muy parejos -as (dos o más competidores) • **there's nothing like sth** (*coloq*) no hay nada como algo: *There's nothing like a nice hot bath to help you relax.* No hay nada como un baño bien caliente para ayudar a relajarte. • **want nothing to do with sth/sb** no querer tener nada que ver con algo/alguien: *I wanted nothing to do with his stupid ideas.* Yo no quería tener nada que ver con sus estúpidas ideas.

nothing² ⓢ *adv*
EXPRESIONES
be nothing less than... (tb **be nothing short of...**) *The way they treat their workers is nothing short of disgraceful.* El modo en que tratan a sus empleados es lisa y llanamente vergonzoso. • *Her recovery was nothing less than a miracle.* Su recuperación fue poco menos que un milagro. • **be/look nothing like sth/sb** no parecerse en nada a algo/alguien: *She looks nothing like her mother.* No se parece en nada a su madre. • **be nothing like as... as** *The interview was nothing like as bad as I thought it was going to be.* La entrevista no fue tan mala como pensaba.

nothing³ *s* [sing] **be a nothing** ser un cero a la izquierda, ser un don nadie

nothing⁴ *adj* [solo ante s] (*coloq, oral*) intrascendente: *a nothing person* una persona intrascendente • *my nothing career* mi intrascendente carrera

noth·ing·ness /'nʌθɪŋnɪs/ *s* [U] (*frml*) **1** vacío **2** la nada

no·tice¹ ⓢ ⓦ /'noʊtɪs/ *v* [I,T nunca en forma continua] notar, fijarse (en), darse cuenta (de): *He noticed the woman in the black dress immediately.* Notó de inmediato a la mujer de vestido negro. • *She waved, but I pretended not to notice.* Saludó con la mano, pero fingí que no me daba cuenta. • *"Was she wearing her glasses?" "I didn't notice."* –¿Tenía puestos los anteojos? –No me fijé. • **notice (that)** darse cuenta de/notar que: *I noticed that her hands were shaking.* Noté que le temblaban las manos. • *Didn't you notice she was wearing a new ring?* ¿No te diste cuenta de que llevaba un anillo nuevo? • **notice who/what/how** *I didn't notice who she was with.* No me fijé con quién estaba. • *She*

noticed how gray his hair was. Notó lo canoso que estaba. • **notice sb/sth doing sth** *Did you notice him leaving the party early?* ¿Notaste que se fue temprano de la fiesta? • *I noticed them coming, and turned to my work.* Los vi venir y me puse a trabajar. ▶ ver nota en SEE
EXPRESIONES
get/be noticed hacerse notar, llamar la atención: *She just wants to be noticed.* Solo quiere llamar la atención.

notice² ⓢ *s*
1 [U] (atención) **take notice** prestar atención: *The government has to take notice of what ordinary people think.* El gobierno debe prestar atención a lo que piensa el ciudadano común. • **take no notice (of sth)** no hacer caso (de algo), hacer caso omiso (de algo) • **take no notice (of sb)** no hacer caso (a alguien): *Take no notice of him: he's just being silly.* No le hagas caso: se está haciendo el tonto. • **not take any/much notice (of sth)** no hacer el menor/mucho caso (de algo): *I did not take much notice of her suggestions.* No hice mucho caso de lo que me sugirió. • **not take any/much notice (of sb)** no hacer el menor/mucho caso (a alguien): *Don't take any notice of her: she's just annoyed.* No le hagas el menor caso: solo está enojada. • **come to sb's notice** (*frml*) llegar a conocimiento de alguien
2 [U] (aviso dado con antelación) *How much notice do you need?* ¿Con cuánta anticipación necesita que le avise? • **on short notice** habiendo avisado con muy poca antelación: *Thanks for seeing me on such short notice.* Gracias por recibirme tan pronto. • *One of the players dropped out at short notice.* Uno de los jugadores avisó que abandonaba a último momento. • **without notice** sin previo aviso: *Prices are subject to change without notice.* Los precios están sujetos a cambio sin previo aviso . • **at a moment's/minute's notice** de un momento para otro: *We were ready to leave at a moment's notice.* Estábamos listos para salir de un momento para otro.
▶ WARNING
3 [U] preaviso, aviso (en el trabajo) • **two weeks'/one months'/three months' notice** dos semanas/un mes/tres meses de preaviso • **give notice** dar preaviso: *We have to give three weeks' notice if we want to quit.* Tenemos que dar tres semanas de preaviso si queremos dejar el trabajo. • **give sb his/her/their notice** despedir a alguien (con preaviso): *Over half the workforce were given their notice.* Despidieron a más de la mitad del personal. • **hand in your notice** presentar la renuncia ⓢⓘⓝ **resign**
4 [C] cartel, letrero: *The notice on the wall said "No smoking."* El cartel de la pared decía: "Prohibido fumar." ▶ ver nota en SIGN
5 [C gralm pl] crítica (de un libro, una obra): *The book received favorable notices.* El libro recibió críticas favorables. ⓢⓘⓝ **review** ▶ SIT UP (and take notice)
EXPRESIONES
until further notice hasta nuevo aviso: *The office is closed until further notice.* La oficina permanece cerrada hasta nuevo aviso.

no·tice·a·ble /'noʊtɪsəbəl/ *adj* evidente, perceptible: *The stress was having a noticeable effect upon her.* El estrés la estaba afectando de manera evidente. • *There's been a noticeable improvement in your work.* Ha habido una sensible mejora en tu trabajo. • **be barely/hardly/scarcely noticeable** apenas notarse: *The scar was scarcely noticeable.* La cicatriz apenas se notaba. • **it is noticeable that** es evidente que, está claro que: *It was noticeable that everyone had been invited except for Gary.* Era evidente que habían invitado a todos salvo a Gary.

no·tice·a·bly /'noʊtɪsəbli/ *adv* evidentemente, perceptiblemente

no·ti·fi·ca·tion /ˌnoʊtəfə'keɪʃən/ *s* [C,U] notificación • **prior/advance notification** notificación previa • **official/ written/formal notification** notificación oficial/escrita/ formal: *We received the official notification from the Air Force a few days later.* Recibimos la notificación oficial de la Fuerza Aérea unos días después.

no·ti·fy /'noʊtəˌfaɪ/ *v* [T] (**notifies, notified, notifying**) (*frml*) informar, avisar, notificar: *Have you notified the*

N

police? ¿Dieron parte a la policía? • **notify sb of/about sth** comunicarle algo a alguien: *Police notified the boy's parents of his death.* La policía les comunicó la muerte del niño a los padres. SIN **inform**

no·tion S3 W2 /'nəʊʃən/ *s* [C gralm sing]
1 idea: *an absurd notion* una idea absurda • [+**of/about**]: *the notion of male superiority* la idea de la superioridad masculina
2 deseo (súbito): *At midnight, she had a sudden notion to go to the beach.* A medianoche, la asaltó el deseo de ir a la playa.
3 notions [pl] artículos de mercería

no·tion·al /'nəʊʃənəl/ *adj* [gralm ante s] teórico -a

no·to·ri·e·ty /ˌnəʊtəˈraɪəti/ *s* [U] **1** mala fama • **achieve/gain/win notoriety for sth** adquirir mala fama por algo: *His movies have achieved notoriety for their violence.* Sus películas han adquirido mala fama por ser violentas. **2** (*incorr*) notoriedad • [+**for**]: *He has gained a lot of notoriety for his versatility.* Alcanzó gran notoriedad por su versatilidad.

no·to·ri·ous /nəʊˈtɔːriəs/ *adj* famoso -a (por algo malo), tristemente célebre: *one of Mexico's most notorious criminals* uno de los delincuentes más famosos de México • [+**for**]: *The city is notorious for its rainy weather.* La ciudad es famosa por su clima lluvioso. SIN **infamous**

no·to·ri·ous·ly /nəʊˈtɔːriəsli/ *adv The tests are notoriously unreliable.* Es sabido que los análisis no son confiables. • *The software is notoriously difficult to use.* El software tiene fama de ser difícil de usar.

not·with·stand·ing¹ /ˌnɒtʷwɪθˈstændɪŋ/ *prep* (*frml*) pese a, a pesar de

notwithstanding² *adv* (*frml*) pese a: *Fame and fortune notwithstanding, she never forgot her hometown.* Pese a su fama y su fortuna, nunca olvidó su pueblo natal. • *They were invited notwithstanding.* No obstante, fueron invitados.

nou·gat /'nuːgət/ *s* [U] especie de turrón masticable con frutas cristalizadas y frutos secos

nought, naught /nɔːt, nɑːt/ *pron* (*arc*) nada • **come to nought** quedar en la nada

noun /naʊn/ *s* [C] sustantivo, nombre ▶ **COMMON NOUN, COUNT NOUN, PROPER NOUN, UNCOUNT NOUN**

nour·ish /'nʌrɪʃ, 'nʌrɪʃ/ *v* [T] **1** nutrir **2** (*liter*) alimentar, alentar (sueños, esperanzas)

nour·ish·ing /'nʌrɪʃɪŋ, 'nʌr-/ *adj* nutritivo -a

nour·ish·ment /'nʌrɪʃmənt, 'nʌr-/ *s* [U] **1** alimento, valor nutritivo **2** (*liter*) (para el alma, el pensamiento) alimento

nou·veau riche /ˌnuːvəʊ ˈriːʃ/ *s* [C] nuevo rico, nueva rica

Nov. (*abrev escrita de* **November**) nov.

nov·el¹ W2 /'nɒvəl/ *s* [C] novela: *a best-selling novel* una novela que ha sido un éxito de ventas • [+**by**]: *a novel by John Irving* una novela de John Irving • [+**about**]: *What's the novel about?* ¿De qué trata la novela? • **write a novel** escribir una novela • **a detective/science fiction/romantic/historical novel** una novela policiaca/de ciencia ficción/romántica/histórica

novel² *adj* novedoso -a: *a novel idea* una idea novedosa • **a novel approach/method/way** un enfoque/método/modo novedoso

nov·el·ist /'nɒvəlɪst/ *s* [C] novelista ▶ **AUTHOR, WRITER**

nov·el·ty /'nɒvəlti/ *s* (pl **novelties**) **1** [U] (cualidad) novedad • **the novelty (of sth) wears off** *It was fun at first, but the novelty soon wore off.* Al principio fue divertido, pero pronto dejó de ser novedad. **2** [C] (cosa nueva) novedad: *At that time the Internet was still a novelty.* En esa época, Internet todavía era una novedad. **3** [C gralm pl] objeto de poco valor, a menudo ofrecido como regalo

No·vem·ber /nəʊˈvembə, nə-/ (abrev escrita **Nov.**) *s* [C,U] noviembre ▶ ver ejs en **ABRIL**

nov·ice /'nɒvɪs/ *s* [C] **1** principiante, novato -a • **a complete novice** un novato/una novata total SIN **beginner 2** novicio -a

No·vo·cain /'nəʊvəˌkeɪn/ *s* [U] (*marca reg*) Novocaína

now¹ S1 W1 /naʊ/ *adv*
1 ahora, ahorita: *She lives alone now.* Ahora vive sola. • *The building is now used as a school.* Ahora el edificio funciona como escuela. • *Now everything has changed.* Ahora todo ha cambiado. • *Having seen his children, I now know why he's always so tired.* Ahora que vi a sus hijos, entiendo por qué siempre está tan cansado. • **right now** (tb **just now**) (*oral*) en este momento, ahora mismo: *She's not in the office right now.* En este momento no está en la oficina. • **by now** ya: *She should have finished by now.* Ya tendría que haber terminado. • **from now on** a partir de ahora, de ahora en adelante: *Try to be more careful from now on.* Trata de tener más cuidado a partir de ahora. • **for now** por el momento, por ahora: *Leave your shoes here for now. We'll move them later.* Deja tus zapatos aquí por ahora. Después los pondremos en otro sitio. • **until now** (tb **up to now**) hasta ahora: *I never really understood what she meant until now.* Realmente nunca entendí lo que quiso decir hasta ahora. • **before now** antes: *This should have been done before now.* Esto se debería haber hecho antes. • **two days/three weeks/five months from now** dentro de dos días/tres semanas/cinco meses: *Six months from now, the situation may be very different.* Dentro de seis meses, puede que la situación sea muy distinta.
2 (inmediatamente) ya: *We need to leave now, not in ten minutes.* Tenemos que irnos ya, no dentro de diez minutos. • **right now** ahora mismo: *Call her right now.* Llámala ahora mismo.
3 (referido al pasado) ya, en ese momento: *William was now ten years old.* William ya tenía diez años. • **by now** para entonces: *By now the guests had started to arrive.* Para entonces, los invitados ya habían empezado a llegar. • **until now** (tb **up to now**) hasta ese momento: *Until now Oscar had remained silent.* Hasta ese momento, Oscar había guardado silencio.
4 (tb **now then, well now**) (*oral*) bien, bueno, a ver: *Now, let's move on to the question of payment.* Bueno, pasemos a la cuestión del pago. • *Now then, who wants to be first?* A ver, ¿quién quiere ser el primero? • *Well now, tell me what you've discovered.* Bien, ahora dime qué has descubierto.
5 (indicando tiempo transcurrido hasta el presente) *We've been in Seville for a month now.* Ya hace un mes que estamos en Sevilla. • *This situation has existed for a long time now.* Esta situación existe desde hace mucho tiempo.
6 (tb **come (on), now**) (*oral*) bueno, vamos: *Come, now. Let's not get impatient.* Vamos, a no perder la paciencia. • *Don't cry, now. It'll be all right.* Vamos, no llores. Todo va a estar bien.

EXPRESIONES
any day now (*oral*) cualquier día de estos: *We're expecting snow any day now.* Estamos esperando que nieve cualquier día de estos. • **any minute/time now** (*oral*) en cualquier momento: *You'll hear a loud bang any minute now.* En cualquier momento vas a oír una fuerte explosión. • **(every) now and then** (tb **(every) now and again**) de vez en cuando: *Now and then he would pause.* De vez en cuando, hacía una pausa. SIN **occasionally** • **now, now** (*antic, oral*) vamos, bueno: *Now, now, there's no need to cry.* Vamos, no hay motivo para llorar. • **now you/they tell me!** (tb **now he/she tells me!**) (*oral*) ¡y ahora me lo dices/dicen!: *"Don't cook anything. I've ordered pizza." "Now you tell me!"* –No prepares nada. Pedí una pizza. –¡Y ahora me lo dices!

now² S2 (tb **now that**) *conj* ahora que: *Now the job is finished, we can relax.* Ahora que el trabajo está hecho, podemos relajarnos. • *She understands now that I've explained the situation.* Ahora que expliqué la situación, entiende. SIN **since**

now³ *adj* [solo ante s] (*coloq*) **1** más actual, último -a SIN **latest 2** actual SIN **current, present**

now·a·days /ˈnaʊəˌdeɪz/ *adv* hoy (en) día: *People live longer nowadays.* Hoy en día, la gente vive más.

no ˈway *adv* (*oral*) ni hablar, de ninguna manera • **there's no way...** *There's no way I'm going to pay $100 for a ticket!* ¡De ningún modo voy a pagar 100 dólares por una entrada! • *There's no way I would become a teacher!* ¡Ni loco estudiaría para profesor!

no·where S3 /ˈnoʊwɛr/ *adv*
1 (a/en) ninguna parte, (a/en) ningún lugar: *"Where are you going?" "Nowhere – I'm staying here."* –¿A dónde vas? –A ninguna parte. Me quedo aquí. • *There's nowhere in the town that sells ice.* No hay ningún sitio en el pueblo que venda hielo. • *These hotels have nowhere for kids.* Estos hoteles no tienen un lugar para los niños. • *This path goes nowhere.* Este sendero no lleva a ningún lugar. • **nowhere to do sth** *There was nowhere to sit except the floor.* No había donde sentarse salvo el suelo. • *We have nowhere to play our music.* No tenemos donde tocar. • **nowhere else** (a/en) ningún otro lugar: *Nowhere else in the world will you see anything like this.* No vas a ver nada igual en ningún otro lugar del mundo. • **nowhere special** (a/en) ningún lugar especial
2 (*coloq*) (para indicar falta de resultados) (a/en) ninguna parte: *We'd be nowhere without their help.* No habríamos llegado a ninguna parte sin su ayuda. • **go/get nowhere** *This discussion is going nowhere.* No estamos llegando a ningún lado con esta discusión.

EXPRESIONES
in the middle of nowhere en medio de la nada • **nowhere near sth** **(a)** lejísimos de algo: *The hotel was nowhere near the station.* El hotel estaba lejísimos de la estación. **(b)** ni remotamente, ni de lejos: *We have nowhere near enough time.* No tenemos ni remotamente tiempo suficiente. • **be nowhere near finished/ready** no estar terminado -a/listo -a ni mucho menos: *The painting is nowhere near finished.* El cuadro no está terminado ni mucho menos. • **be nowhere to be found** no estar por ningún lado: *The keys were nowhere to be found.* Las llaves no estaban por ningún lado. • **be nowhere in sight** **(a)** (tb **be nowhere to be seen**) no verse por ningún lado: *I looked around but the children were nowhere in sight.* Eché un vistazo, pero no se veía a los niños por ningún lado. • *Another robbery and the police are nowhere to be seen.* Otro robo y la policía brilla por su ausencia. **(b)** distar mucho de ser una realidad: *The end of the war is nowhere in sight.* El fin de la guerra dista mucho de ser una realidad. • **out of nowhere** (tb **from nowhere**) de la nada: *Then, out of nowhere, he asked me to marry him.* Entonces, de la nada, me propuso matrimonio.

no-ˈwin *adj* [solo ante s] sin salida, sin solución: *Parents are in a no-win situation.* Los padres están en un callejón sin salida. ▸ **WIN-WIN**

nox·ious /ˈnɑkʃəs/ *adj* (*frml*) nocivo -a, tóxico -a SIN **toxic**

noz·zle /ˈnɑzəl/ *s* [C] boca, boquilla, tobera

NPR /ˌɛn pi ˈɑr/ (*marca reg*) (**National Public Radio**) en EU, cadena radial sin publicidad, que se destaca por la calidad de sus programas

-n't /ənt/ *contrac de* **not**

nth /ɛnθ/ *adj* enésimo -a

nu·ance /ˈnuɑns/ *s* [C,U] matiz • [+of]: *subtle nuances of meaning* sutiles matices de significado

nu·bile /ˈnubaɪl, -bəl/ *adj* (*frml*) núbil

nu·cle·ar W2 /ˈnukliɚ/ *adj* [gralm ante s]
1 (energía) nuclear: *a nuclear power plant* una central nuclear
2 (del núcleo de un átomo) nuclear
3 (arma, guerra) nuclear: *nuclear missiles* misiles nucleares • *the threat of nuclear war* la amenaza de la guerra nuclear

ˌnuclear disˈarmament *s* [U] desarme nuclear

ˌnuclear ˈenergy *s* [U] energía nuclear

ˌnuclear ˈfamily *s* [C] familia nuclear ▸ **EXTENDED FAMILY**

ˌnuclear ˈpower *s* **1** [U] energía nuclear **2** [C] potencia nuclear

ˌnuclear reˈactor *s* [C] reactor nuclear

ˌnuclear ˈwaste *s* [U] desechos nucleares

ˌnuclear ˈweapon *s* [C] arma nuclear

nu·cle·us /ˈnukliəs/ *s* [C] (pl **nuclei** /-kliaɪ/) **1** (de un átomo) núcleo **2** (de una célula) núcleo **3** (de una organización) núcleo

nude¹ /nud/ *adj* **1** (sin ropa) desnudo -a: *a photo of a nude woman* una foto de una mujer desnuda • **pose nude** posar desnudo -a SIN **naked** ▶ ver nota en **NAKED** **2** (escena) de desnudo

nude² *s* [C] **1** desnudo (cuadro, estatua, etc.) **2 in the nude** desnudo -a

nudge¹ /nʌdʒ/ *v* **1** [T] dar un codazo a **2** [T] rondar: *Unemployment was nudging 10%.* El desempleo rondaba el 10 por ciento. **3** [I siempre + adv/prep] **nudge toward sth** aproximarse a algo

nudge² *s* **1** [C gralm sing] codazo (suave) **2** [sing] **give sth a nudge** dar un golpecito a algo

nud·ism /ˈnudˌɪzəm/ *s* [U] nudismo

nu·dist¹ /ˈnudɪst/ *s* [C] nudista

nudist² *adj* [solo ante s] nudista

nu·di·ty /ˈnudəti/ *s* [U] desnudez

nug·get /ˈnʌgɪt/ *s* [C] **1** pepita: *a gold nugget* una pepita de oro **2** dato (útil o importante) • [+of]: *Here's a useful nugget of information.* Aquí hay un dato muy útil.

nui·sance /ˈnusəns/ *s* [C gralm sing] fastidio, lata: *The dogs next door are a real nuisance.* Los perros de al lado son una verdadera lata. • **make a nuisance of yourself** dar la lata, ponerse pesado -a • **it's a nuisance** es un fastidio/una lata: *It's a nuisance that we'll have to get up so early.* Es una lata tener que levantarnos tan temprano.

nuke¹ /nuk/ *v* [T] (*coloq*) **1** atacar con armas nucleares **2** cocinar/calentar en el microondas

nuke² *s* [C] (*coloq*) arma nuclear

null /nʌl/ *adj* (*técn*) nulo -a

EXPRESIONES
null and void (*jur*) nulo -a

nul·li·fy /ˈnʌləˌfaɪ/ *v* [T] (**nullifies**, **nullified**, **nullifying**) **1** (*jur*) anular, invalidar **2** (*frml*) neutralizar, anular (el efecto o el valor de algo)

numb¹ /nʌm/ *adj* **1** entumecido -a, dormido -a • [+with]: *My hands were numb with cold.* Tenía las manos entumecidas del frío. • **go numb** entumecerse, dormirse **2** como atontado -a (por una mala noticia, etc.) • **numb with shock/fear** paralizado -a de la impresión/el miedo

numb² *v* [T] **1** entumecer **2** anestesiar **3** dejar como atontado -a • **be numbed with sth** estar/quedar paralizado -a de algo

num·ber¹ S1 W1 /ˈnʌmbɚ/ *s*

1	cifra
2	de teléfono
3	cantidad
4	que identifica
5	de personas
6	en un espectáculo
7	juego

1 CIFRA [C] número: *Pick a number between one and ten.* Elige un número del uno al diez. • **an even/an odd number** un número par/impar: *an even number of people* un número par de personas • **a round number** una cifra redonda: *In round numbers, a new grand piano costs $ 10,000.* En números redondos, un piano de cola nuevo cuesta 10.000 dólares. ▸ **DIGIT, FIGURE, NUMERAL**
2 DE TELÉFONO [C] número (de teléfono), teléfono: *My new number is 502–6155.* Mi número nuevo es 502–6155. • *She gave me her number.* Me dio su teléfono. • **the wrong number** *Sorry, you have the wrong number.* Perdón, número equivocado. • **sb's home/office/work/**

N

N

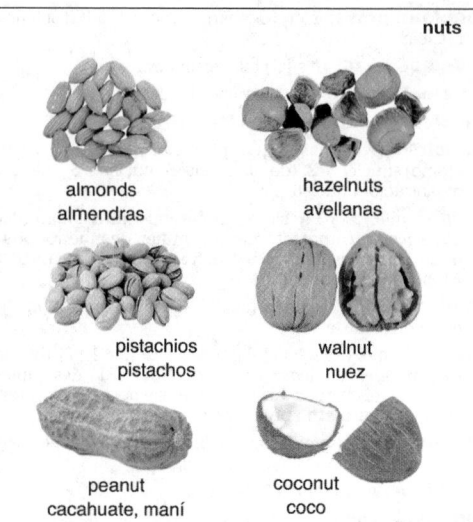

nuts

almonds almendras	hazelnuts avellanas
pistachios pistachos	walnut nuez
peanut cacahuate, maní	coconut coco

cell phone number el número de la casa/de la oficina/del trabajo/del celular de alguien
3 CANTIDAD [C,U] número: *There have been several cases of tuberculosis, and the number is rising.* Ha habido varios casos de tuberculosis y el número va en aumento. • **the number of** el número/la cantidad de: *the number of cars on our roads* el número de automóviles en nuestras carreteras • **a number of** varios -as: *I've been to Peru a number of times.* Estuve varias veces en Perú. • **sixty/few in number** sesenta/pocos -as • **in large numbers** *Young people are leaving the countryside in large numbers.* Grandes cantidades de jóvenes están abandonando el campo. • **in limited numbers** *The booklets were printed in limited numbers.* Se imprimió una cantidad limitada de folletos. ▶ **QUANTITY**
4 QUE IDENTIFICA [C] número: *Take a look at question number three.* Mira la pregunta número tres.
5 DE PERSONAS numbers [pl] número (de personas): *Visitor numbers increase in the summer.* El número de turistas aumenta en el verano. • *Can you give me some idea of numbers?* ¿Me puede dar una idea del número de personas de que se trata?
6 EN UN ESPECTÁCULO [C] número: *a new dance number* un número de baile nuevo
7 JUEGO the numbers [pl] juego ilegal en el se apuesta a la aparición de una combinación de números en el periódico ▶ **CARDINAL NUMBER, ORDINAL NUMBER, PIN, PRIME NUMBER, REGISTRATION NUMBER, there's SAFETY in numbers, SERIAL NUMBER, (sheer) WEIGHT of numbers, WHOLE NUMBER**
EXPRESIONES
by numbers (*peyor*) (indicando falta de creatividad) *The last thing we want is teaching by numbers.* Lo último que queremos es que se apliquen recetas para enseñar. • **have sb's number** (*coloq*) tener pillado -a a alguien • **one/some/20 of sb's number** (*frml*) *Only three of our number could speak Italian.* Solo tres de nuestro grupo hablaban italiano. • *The tribe says 400 of their number were killed.* La tribu dice que 400 de sus miembros fueron asesinados.

number² *v* **1** [T] numerar: *All the seats in the theater are numbered.* Todas las localidades del teatro son numeradas. **2** [v copul] ser (en total): *The population of the town numbered about 5,000.* La población de la ciudad era de cerca de 5.000 habitantes.
EXPRESIONES
sb's/sth's days are numbered alguien/algo tiene los días contados: *I knew my days were numbered at that firm.* Sabía que tenía los días contados en esa empresa.

number 'one¹ *s* **1** [U] (el más importante, exitoso) número uno: *The team are now ranked number one in the country.* El equipo ahora ocupa el primer lugar en

el país. • *Her children were always number one in her life.* Sus hijos siempre fueron lo primero en su vida. **2** [C,U] (disco) número uno (en ventas)

number one² *adj* [gralm ante s] número uno (prioridad, preocupación), primero -a (puesto, posición), mejor (jugador, piloto, etc.): *Buying our own home is our number one priority.* Comprarnos una vivienda propia es nuestra prioridad número uno.

numb·ly /'nʌmli/ *adv* como atontado -a

numb·ness /'nʌmnɪs/ *s* [U] **1** entumecimiento, adormecimiento **2** atontamiento

nu·me·ra·cy /'numərəsi/ *s* [U] nociones elementales de cálculo • **numeracy skills** destrezas de cálculo elemental ▶ **LITERACY**

nu·mer·al /'numərəl, 'numrəl/ *s* [C] número ▶ **ARABIC NUMERAL, ROMAN NUMERAL**

nu·mer·ate /'numərɪt/ *adj* capaz de realizar cálculos aritméticos elementales ▶ **LITERATE**

nu·mer·i·cal /nu'mɛrɪkəl/ *adj* numérico -a: *numerical data/values* datos/valores numéricos

nu·mer·i·cally /nu'mɛrɪkli/ *adv* en términos numéricos

num·er·ous W3 /'numərəs/ *adj* (*frml*) numeroso -a: *The two men have worked together on numerous occasions.* Los dos hombres han trabajado juntos en numerosas ocasiones. • **too numerous to mention** imposibles de enumerar

nun /nʌn/ *s* [C] monja ▶ **MONK**

nup·tial /'nʌpʃəl/ *adj* [solo ante s] (*frml*) nupcial

nup·tials /'nʌpʃəlz/ *s* [pl] (*frml*) nupcias SIN **wedding**

nurse¹ S2 W3 /nɜrs/ *s* [C]
1 enfermero -a: *The nurse took my temperature.* La enfermera me tomó la temperatura. • *a psychiatric nurse* un enfermero psiquiátrico
2 (*antic*) niñera SIN **nanny**

nurse² *v* **1** [T] cuidar (de), atender (un enfermo): *I nursed my mother at home for years.* Cuidé de mi madre en casa muchos años. • **nurse sb back to health** atender a alguien hasta su recuperación **2** [I gralm en forma continua] trabajar de enfermero -a **3** [T nunca en pasiva] (tratar de) curarse de, (tratar de) reponerse de: *He's at home, nursing a bad cold.* Está en casa, tratando de curarse de un fuerte resfriado. • *I'd been nursing a hangover.* Yo había estado tratando de reponerme de un guayabo. **4 (a)** [I,T] (*escrito*) amamantar SIN **breast-feed (b)** [I] (*antic*) mamar SIN **feed** **5** [T nunca en pasiva] abrigar (sentimientos): *She nursed an ambition to enter politics.* Abrigaba la ambición de dedicarse a la política. • **nurse a grudge** guardar rencor

nurs·er·y /'nɜrsəri/ *s* [C] (pl **nurseries**) **1** guardería: *a nursery for toddlers* una guardería para niños pequeños **2** vivero **3** (*frml*) habitación de un niño pequeño

'nursery rhyme *s* [C] canción infantil

'nursery ˌschool *s* [C,U] jardín infantil, jardín de niños, kinder SIN **kindergarten, preschool**

nurs·ing /'nɜrsɪŋ/ *s* [U] enfermería (profesión) • **nursing staff** personal de enfermería

'nursing ˌhome *s* [C] hogar de ancianos, casa hogar de ancianos ▶ **RETIREMENT HOME**

nur·ture¹ /'nɜrtʃər/ *v* [T] (*frml*) **1** cultivar, alentar, ayudar a desarrollar **2** cuidar (de) (un niño, una planta, etc.) **3** abrigar, albergar (sentimientos)

nurture² *s* [U] (*frml*) crianza, educación

nut S2 /nʌt/ *s* [C]
1 fruto seco, nuez: *a bag of mixed nuts* una bolsa de frutos secos mixtos • *cashew nuts* nueces de marañón • *Would you like a Brazil nut?* ¿Quieres una nuez de Brasil? • **nut roast** plato vegetariano a base de frutos secos, cebolla, etc. asado al horno
2 tuerca: *Use a wrench to loosen the nut.* Use una llave inglesa para aflojar la tuerca. • *I tightened the nut as much as I could.* Ajusté la tuerca lo más que pude.

3 [gralm sing] (*coloq*, *oral*) loco -a, chiflado -a: *She's a complete nut.* Está totalmente chiflada.
4 (*coloq*) fanático -a (de un deporte, una actividad, etc.) • **a football/health/ movie nut** un fanático del fútbol americano /la salud/el cine, una fanática del fútbol americano/la salud/el cine SIN **fanatic** ▶ NUTS

EXPRESIONES
the nuts and bolts (of sth) (*coloq*) los aspectos prácticos (de algo) • **a tough/hard nut** (*coloq*) un tipo duro/una tipa dura • **a tough/hard nut to crack** un hueso duro de roer

nut·case /'nʌt˺keɪs/ s [C] (*coloq*) loco -a, chiflado -a SIN **idiot**

nut·crack·er /'nʌt˺ˌkrækə/ s [C] cascanueces

nut·meg /'nʌt˺mɛg/ s [U] nuez moscada

nu·tri·ent /'nutriənt/ s [C gralm pl] nutriente: *the negative effects of nutrient deficiency* los efectos negativos de la deficiencia nutritiva

nu·tri·tion /nu'trɪʃən/ s [U] nutrición • **good nutrition** buena nutrición • **poor nutrition** nutrición deficiente ANT **malnutrition**

nu·tri·tion·al /nu'trɪʃənəl/ adj nutricional, nutritivo -a: *the nutritional value of different foods* el valor nutricional de diferentes alimentos

nu·tri·tion·al·ly /nu'trɪʃənəli/ adv desde el punto de vista nutricional

nu·tri·tion·ist /nu'trɪʃənɪst/ s [C] nutricionista

nu·tri·tious /nu'trɪʃəs/ adj nutritivo -a: *Eggs are a highly nutritious food.* Los huevos son un alimento muy nutritivo.

nuts¹ /nʌts/ adj [nunca ante s] (*coloq*) **1** loco -a, chiflado -a • **go nuts** volverse loco -a **2 be nuts about sb** estar loco -a por alguien • **be nuts about sth** ser un fanático/una fanática de algo

EXPRESIONES
drive sb nuts sacar a alguien de sus casillas • **go nuts (a)** volverse loco -a (de entusiasmo) **(b)** ponerse furioso -a

nuts² *interj* (*antic*) **1** caray **2 nuts to sb/sth** (ya) basta, cállate

nut·shell /'nʌt˺ʃɛl/ s [C] cáscara de nuez

EXPRESIONES
in a nutshell en pocas palabras, en resumen • **to put it in a nutshell** para decirlo en pocas palabras

nut·ty /'nʌti/ adj (**nuttier, nuttiest**) **1** (*coloq*) loco -a, chiflado -a **2** con frutos secos, con nueces

nuz·zle /'nʌzəl/ v **1** [T] hociquear (animal), hundir la cara/la cabeza en (persona) **2** [I siempre + adv/prep] **nuzzle (up) against/to sb** acurrucarse contra alguien

NV *abrev escrita de* NEVADA

N.W. *abrev escrita de* NORTHWEST

NY *abrev escrita de* NEW YORK

ny·lon¹ /'naɪlɑn/ s **1** [U] nylon **2 nylons** [pl] (*antic*) medias de nylon

nylon² *adj* de nylon: *nylon thread* hilo de nylon

nymph /nɪmf/ s [C] ninfa

nym·pho·ma·ni·a /ˌnɪmfə'meɪniə/ s [U] (*frml*) ninfomanía

nym·pho·ma·ni·ac¹ /ˌnɪmfə'meɪniˌæk/ (tb **nym·pho** /'nɪmfoʊ/ (*coloq*)) s [C] ninfómana

nymphomaniac² *adj* ninfomaníaco -a

NZ *abrev escrita de* NEW ZEALAND

Oo

O, **o** /oʊ/ (pl **O's**, **o's**) s **1** (letra) [C] O, o **2** [C] (oral) cero ▶ Los ceros, particularmente los de un número de teléfono o de un año, se suelen leer como una **O**. Por ejemplo, **1905** se lee **nineteen o five**. **3** [U] (grupo sanguíneo) 0 ▶ ver nota en **CERO**

o' /ə/ prep (incorr) de

oaf /oʊf/ s [C] bruto, bestia

oaf·ish /'oʊfɪʃ/ adj bruto y torpe

oak 🔲 /oʊk/ s
1 [U] (madera) roble
2 [C] (árbol) (tb **'oak tree**) roble ▶ **POISON OAK**

oar /ɔr/ s [C] remo ▶ **PADDLE**

oars·man /'ɔrzmən/ s [C] (pl **oarsmen** /-mən/) remero

oars·wom·an /'ɔrzˌwʊmən/ s [C] (pl **oarswomen** /-ˌwɪmɪn/) remera

o·a·sis /oʊ'eɪsɪs/ s [C] (pl **oases** /-siz/) oasis: The park is an oasis of calm in the middle of New York. El parque es un oasis de tranquilidad en medio de Nueva York.

oat /oʊt/ adj [solo ante s] de avena

oath /oʊθ/ s (pl **oaths** /oʊðz, oʊθs/) **1** [C] juramento • **take/swear an oath** jurar • **an oath of allegiance/loyalty** un juramento de lealtad • **an oath of obedience** un juramento de obediencia • **the oath of office** juramento que se presta al asumir un cargo como el de presidente **2** [sing] **under oath** bajo juramento: Witnesses give their evidence under oath. Los testigos prestan declaración bajo juramento. • **take the oath** prestar juramento, jurar decir la verdad **3** [C] (antic) improperio, maldición ⎯SIN⎯ **swear word**

oat·meal /'oʊt̚mil/ s [U] **1** harina de avena: oatmeal biscuits galletas de avena **2** gachas/sopa de avena

oats /oʊts/ s [pl] **1** avena **2** copos de avena, hojuelas de avena

ob·du·rate /'ɑbdərət/ adj (frml) obstinado -a

o·be·di·ence /ə'bidiəns, oʊ-/ s [U] obediencia • **[+to]**: total obedience to authority obediencia absoluta a la autoridad

o·be·di·ent /ə'bidiənt, oʊ-/ adj obediente: an obedient child un niño obediente ⎯ANT⎯ **disobedient**

o·be·di·ent·ly /ə'bidiəntli, oʊ-/ adv obedientemente

ob·e·lisk /'ɑbəlɪsk/ s [C] obelisco

o·bese /oʊ'bis/ adj obeso -a • **clinically obese** clínicamente obeso -a

o·be·si·ty /oʊ'bisəti/ s [U] obesidad

o·bey /ə'beɪ, oʊ-/ v [I,T] obedecer: I had to yell at him before he would obey. Tenía que gritarle para que obedeciera. • **obey an order/rule** obedecer una orden/norma, cumplir con una orden/norma: Both soldiers claimed that they were only obeying orders. Ambos soldados dijeron que solo estaban obedeciendo órdenes. • **obey the law** acatar la ley ⎯ANT⎯ **disobey**

o·bit·u·ar·y /ə'bɪtʃu,ɛri, oʊ-/ s [C] (pl **obituaries**) obituario

ob·ject¹ 🔲 🔲 /'ɑbdʒɪkt, 'ɑbdʒɛkt/ s [C]
1 (cosa) objeto: a small metal object un pequeño objeto de metal • Avoid lifting heavy objects. Evite levantar objetos pesados. ⎯SIN⎯ **thing**
2 (gralm sing) objetivo, propósito • **the object of sth** el objetivo/propósito de algo: What is the object of the game? ¿Cuál es el objetivo del juego? • **the object is to**

obey

> Come Here!
> obey
> obedecer

> Come Here!
> disobey
> desobedecer

do sth el objetivo/propósito es hacer algo: The object is to stop the war before it begins. El objetivo es detener la guerra antes de que comience. • **the object of the exercise** de lo que se trata, lo que se busca: The object of the exercise is to make money. De lo que se trata es de hacer dinero. ⎯SIN⎯ **aim**
3 an object of attention/desire/interest un objeto de atención/deseo/interés
4 (técn) (de un verbo) objeto, complemento • **the direct object** el objeto/complemento directo • **the indirect object** el objeto/complemento indirecto
5 (técn) (de una preposición) complemento

⎯EXPRESIONES⎯
money/cost/price is no object They want the best Italian marble, money is no object. Quieren el mejor mármol italiano, cueste lo que cueste. • Where would you go on vacation if money were no object? ¿Adónde irías de vacaciones si tuvieras el dinero?

ob·ject² 🔲 /əb'dʒɛkt/ v [I] oponerse: If no one objects, I would like my wife to be present. Si nadie se opone, me gustaría que mi mujer estuviera presente. • Would anyone object if I closed the window? ¿A alguien le molestaría que cerrara la ventana? • **object to sth** oponerse a algo, objetar algo: Did anyone object to the decision? ¿Alguien se opuso a la decisión? • **object to doing sth** oponerse/negarse a hacer algo: I object to them using my name without my permission. Me opongo a que usen mi nombre sin mi permiso. • **object to sb doing sth** oponerse/negarse a que alguien haga algo • **I object.** Protesto. ▶ **CONSCIENTIOUS OBJECTOR**

ob·jec·tion /əb'dʒɛkʃən/ s [C] **1** inconveniente, objeción: I'd like to finish early. Does anyone have any objections? Me gustaría terminar temprano. ¿Alguien tiene algún inconveniente? • **[+to]**: Her main objection to the plan was the cost. Su principal objeción al plan era el costo. • **raise/voice an objection** poner/expresar una objeción • **have no objection to sth** no tener ningún inconveniente en algo **2 Objection!** (oral) ¡Protesto!

ob·jec·tion·a·ble /əb'dʒɛkʃənəbəl/ adj **1** inaceptable (comportamiento) ⎯SIN⎯ **offensive 2** (persona) desagradable ⎯SIN⎯ **offensive 3** ofensivo -a, inaceptable (comentario, tono) ⎯SIN⎯ **offensive 4** (olor) desagradable ⎯SIN⎯ **offensive**

ob·jec·tive¹ 🔲 🔲 /əb'dʒɛktɪv/ s [C] objetivo: business objectives objetivos empresariales • **achieve/meet an objective** lograr un objetivo ⎯SIN⎯ **aim**, **goal** ▶ ver nota en **OBJETIVO**

objective² adj objetivo -a: It's hard to be objective about your own work. Es difícil ser objetivo sobre el trabajo propio. ⎯ANT⎯ **subjective**

ob·jec·tive·ly /əb'dʒɛktɪvli/ adv objetivamente

ob·jec·tiv·i·ty /ˌɑbdʒɛk'tɪvəti/ s [U] objetividad

ob·jec·tor /əb'dʒɛktɚ/ s [C] opositor -a ▶ **CONSCIENTIOUS OBJECTOR**

ob·li·gate /'ɑblə,geɪt/ v [T gralm en pasiva] obligar

ob·li·gat·ed /'ɑblə,geɪtɪd/ adj [nunca ante s] **be obligated to do sth** tener la obligación de hacer algo, verse obligado -a a hacer algo • **feel obligated (to do sth)** sentirse obligado -a (a hacer algo)

ob·li·ga·tion /ˌɑblə'geɪʃən/ s [C,U] obligación • **an obligation to do sth** la obligación de hacer algo: *I felt an obligation to tell the truth.* Sentí la obligación de decir la verdad. • **obligations/an obligation to sb** obligaciones/compromisos para con alguien: *We have an obligation to our customers.* Tenemos obligaciones para con nuestros clientes. • **be under no obligation to do sth** no estar obligado -a a hacer algo: *You are under no obligation to answer the questions.* Usted no está obligado a responder a las preguntas. • **without obligation** sin compromiso

o·blig·a·to·ry /ə'blɪgə,tɔri/ *adj* **1** (*frml*) obligatorio -a: *Attendance is obligatory.* La asistencia es obligatoria. • **it is obligatory to do sth/for sb to do sth** es obligatorio hacer algo/que alguien haga algo: *It is obligatory for children to go to school.* Es obligatorio que los niños vayan a la escuela. SIN **mandatory, compulsory** ANT **optional 2** (*hum*) de rigor, inevitable: *After the obligatory group photo, we went inside.* Tras la foto grupal de rigor, entramos.

o·blige /ə'blaɪdʒ/ *v* **1** [T] **oblige sb to do sth** (*frml*) obligar a alguien a hacer algo **2** [I] **be happy to oblige** (para expresar buena disposición para hacer algo) *If you need a ride home, I'd be happy to oblige.* Si necesita que lo lleven a casa, lo haré encantado. **3** [T] acceder al pedido de

o·bliged /ə'blaɪdʒd/ *adj* [nunca ante s] **obliged to do sth** estar/verse obligado -a a hacer algo: *You're not obliged to tell her anything.* No estás obligado a decirle nada. • **feel obliged (to do sth)** sentirse obligado -a (a hacer algo): *He felt obliged to explain why he had done it.* Se sintió obligado a explicar por qué lo había hecho.

EXPRESIONES
I'd be obliged if... (*frml*) le/les agradecería si...: *I'd be obliged if you would reply as soon as possible.* Le agradecería que me respondiera lo antes posible. • **much obliged (to you)** (*antic, oral*) muchas gracias, le agradezco mucho

o·blig·ing /ə'blaɪdʒɪŋ/ *adj* servicial, amable

o·blig·ing·ly /ə'blaɪdʒɪŋli/ *adv* amablemente

o·blique /ə'blik, oʊ-/ *adj* **1** (*esp escrito*) indirecto -a (referencia, advertencia) **2** [solo ante s] (*liter*) **give sb an oblique look/glance** mirar a alguien de soslayo **3 oblique angle** ángulo oblicuo

ob·lit·er·ate /ə'blɪtə,reɪt/ *v* [T] **1** arrasar (con), destruir **2** (*esp escrito*) borrar (un recuerdo, un pensamiento) **3** (*liter*) cubrir, ocultar • **obliterate sth from view** ocultar algo a la vista

ob·lit·er·a·tion /ə,blɪtə'reɪʃən/ *s* [U] (*esp escrito*) destrucción total

ob·liv·i·on /ə'blɪviən/ *s* [U] **1** olvido • **be consigned to oblivion** ser/quedar relegado -a en el olvido **2** (estado de) inconsciencia • **drink yourself into oblivion** beber hasta perder el conocimiento

ob·liv·i·ous /ə'blɪviəs/ *adj* [nunca ante s] **be oblivious to sth** no tener conciencia de algo, estar totalmente ajeno -a a algo: *He was oblivious to the danger.* No tenía conciencia del peligro. • *They were oblivious to the drama unfolding a few yards away.* Estaban totalmente ajenos al drama que se estaba desarrollando a pocas yardas de distancia. • **be oblivious of sth** no percatarse de algo: *She continued reading to him, oblivious of his lack of interest.* Siguió leyéndole, sin percatarse de su falta de interés. SIN **unaware**

ob·liv·i·ous·ly /ə'blɪviəsli/ *adv* sin darse cuenta

ob·liv·i·ous·ness /ə'blɪviəsnɪs/ *s* [U] ignorancia, falta de conciencia (de lo que ocurre)

ob·long[1] /'ɑblɔŋ/ *adj* oblongo -a

oblong[2] *s* [C] óvalo, rectángulo

ob·nox·ious /əb'nɑkʃəs/ *adj* **1** detestable, odioso -a (persona, comentario): *I find her rude and obnoxious.* Me parece maleducada y odiosa. **2** repugnante (olor)

ob·nox·ious·ly /əb'nɑkʃəsli/ *adv* repugnantemente, odiosamente

o·boe /'oʊboʊ/ *s* [C] oboe (instrumento) ▶ CLARINET

o·bo·ist /'oʊboʊɪst/ *s* [C] oboe, oboísta

ob·scene /əb'sin, ɑb-/ *adj* **1** [gralm ante s] obsceno -a • **an obscene phone call** una llamada telefónica obscena **2** escandaloso -a, inmoral (cantidad, nivel): *The amount of money she spends on clothes is obscene.* La cantidad de dinero que se gasta en ropa es escandalosa.

ob·scene·ly /əb'sinli, ɑb-/ *adv* **1** escandalosamente: *an obscenely expensive watch* un reloj escandalosamente caro **2** obscenamente

ob·scen·i·ty /əb'sɛnəti, ɑb-/ *s* (pl **obscenities**) **1** [C gralm pl] obscenidad (palabra) **2** [U] obscenidad (calidad de obsceno): *new obscenity laws* nuevas leyes contra la obscenidad

ob·scure[1] /əb'skyʊr/ *adj* **1** poco conocido -a, oscuro -a (artista, obra, lugar): *a picture by an obscure French painter* un cuadro de un pintor francés poco conocido • *The details of his life remain obscure.* Se siguen desconociendo los detalles de su vida. **2** oscuro -a, poco claro -a (lenguaje): *obscure legal language* oscuro lenguaje legal

EXPRESIONES
for some obscure reason por alguna extraña razón

obscure[2] *v* [T] **1 obscure the facts/the truth** ocultar los hechos/la verdad **2** ocultar • **obscure the view of sth** impedir ver algo SIN **hide**

ob·scur·i·ty /əb'skyʊrəti/ *s* (pl **obscurities**) **1** [U] olvido, oscuridad (de un artista, su obra) **2** [C] (*esp escrito*) punto oscuro, oscuridad (en un texto, un comentario) **3** [U] (*esp escrito*) oscuridad (cualidad de lo que es difícil de entender)

ob·se·qui·ous /əb'sikwiəs/ *adj* servil

ob·serv·a·ble /əb'zɜvəbəl/ *adj* observable, visible

ob·serv·a·bly /əb'zɜvəbli/ *adv* visiblemente

ob·serv·ance /əb'zɜvəns/ *s* [U] observancia, cumplimiento: *their strict observance of religious laws* su estricta observancia de las leyes religiosas

ob·serv·ant /əb'zɜvənt/ *adj* observador -a: *You are not very observant.* No eres muy observadora.

ob·ser·va·tion /ˌɑbzɜ'veɪʃən, -sɜ-/ *s* [C,U] **1** (vigilancia) observación • **under observation** (paciente) en observación; (sospechoso) bajo vigilancia SIN **examination 2** (comentario) observación: *That's an interesting observation.* Qué interesante esa observación. • **make an observation** hacer una observación/un comentario: *I'm not saying I agree with her. I'm just making an observation.* No estoy diciendo que estoy de acuerdo con ella. Simplemente estoy haciendo una observación.

EXPRESIONES
powers of observation poder de observación

ob·serv·a·to·ry /əb'zɜvə,tɔri/ *s* [C] (pl **observatories**) observatorio

ob·serve S3 W2 /əb'zɜv/ *v*
1 [I,T] (mirar) observar: *One student performs the experiment, while the other observes.* Un alumno realiza el experimento, mientras el otro observa.
2 [T nunca en forma continua] (percibir) (*frml*) observar, notar: *I observed a change in his expression.* Observé un cambio en su expresión. • **observe that** observar/ notar que: *Teachers have observed that standards are improving.* Los profesores han notado que los estándares están mejorando.
3 [T] (una norma, una ley) observar, respetar: *He was careful to observe all the rules.* Tenía cuidado de observar todas las reglas.
4 [T] (*frml*) celebrar, guardar (una fiesta, un evento)
5 [T] (comentar) (*frml*) observar: *"He's very professional,"* she observed. –Es muy profesional–, observó.

ob·serv·er W3 /əb'zɜvə/ *s* [C] observador -a • **to the casual observer** para el ojo poco avezado/entrenado

obstacle

barrier
barrera

obstacles
obstáculos

obstruction
obstrucción

ob·sess /əbˈsɛs/ v **1** [T] obsesionar **2** [I] **obsess about/ over sth** obsesionarse con algo

ob·sessed /əbˈsɛst/ adj obsesionado -a • **be obsessed with sth/sb** estar obsesionado -a con/por algo/alguien, obsesionarse con/por algo/alguien: *Why are men obsessed with going bald?* ¿Por qué a los hombres les obsesiona la idea de quedarse calvos?

ob·ses·sion /əbˈsɛʃən/ s [C] obsesión • [+with]: *an unhealthy obsession with death* una obsesión malsana con la muerte • **become an obsession** convertirse en una obsesión • **be an obsession with sb** ser una obsesión para alguien: *Fitness is an obsession with him.* Está obsesionado con la actividad física.

ob·ses·sion·al /əbˈsɛʃənəl/ adj obsesivo -a

ob·ses·sive¹ /əbˈsɛsɪv/ adj obsesivo -a: *an obsessive concern with neatness* una preocupación obsesiva por el orden • [+about]: *She's obsessive about her appearance.* Está obsesionada con su apariencia.

obsessive² s [C] obsesivo -a, maniático -a

ob·ses·sive·ly /əbˈsɛsɪvli/ adv obsesivamente

ob·so·les·cence /ˌɑbsəˈlɛsəns/ s [U] obsolescencia

EXPRESIONES
planned/built-in obsolescence práctica de fabricar productos de modo tal que pronto sean obsoletos

ob·so·lete /ˌɑbsəˈliːt⟨/ adj obsoleto -a: *obsolete technology* tecnología obsoleta

ob·sta·cle /ˈɑbstɪkəl/ s [C] **1** (problema, impedimento) obstáculo • **an obstacle to sth** un obstáculo para algo • **overcome an obstacle** superar un obstáculo **2** (objeto) obstáculo: *an obstacle in the road* un obstáculo en el camino

ˈobstacle ˌcourse s [C] pista de obstáculos

ob·stet·ric /əbˈstɛtrɪk, ɑb-/ adj [solo ante s] obstétrico -a, de obstetricia

ob·ste·tri·cian /ˌɑbstəˈtrɪʃən/ s [C] obstetra ▶ GYNECOLOGIST

ob·stet·rics /əbˈstɛtrɪks, ɑb-/ s [U] obstetricia ▶ GYNECOLOGY

ob·sti·na·cy /ˈɑbstənəsi/ s [U] (peyor) obstinación, terquedad SIN **intransigence**

ob·sti·nate /ˈɑbstənɪt/ adj **1** (peyor) obstinado -a, terco -a: *their obstinate refusal to compromise* su obstinado rechazo a hacer concesiones SIN **stubborn 2** [solo ante s] persistente (problema)

ob·sti·nate·ly /ˈɑbstənɪtli/ adv **1** (peyor) obstinadamente, con terquedad SIN **stubbornly 2** persistentemente

ob·struct /əbˈstrʌkt/ v [T] **1** obstruir, bloquear: *An aircraft was obstructing the runway.* Un avión obstruía la pista. • **obstruct sb's view** taparle la vista/visión a

alguien SIN **block 2** obstaculizar, poner obstáculos a: *Terrorists are trying to obstruct the peace process.* Los terroristas están intentando obstaculizar el proceso de paz. • **obstruct access to sth** impedir el acceso a algo

ob·struc·tion /əbˈstrʌkʃən/ s **1** [C] (obstáculo) obstrucción • **cause an obstruction** obstruir el paso: *Police can remove a vehicle that is causing an obstruction.* La policía puede retirar un vehículo que está obstruyendo el paso. **2** [U] (acción) obstrucción

ob·struc·tive /əbˈstrʌktɪv/ adj obstruccionista: *obstructive tactics* tácticas obstruccionistas

ob·tain W2 /əbˈteɪn/ v [T] (frml) obtener, conseguir: *Visitors must obtain a permit to enter the park.* Los visitantes deben obtener un permiso para ingresar al parque. • **be obtained from sth** obtenerse de/en algo, conseguirse de/en algo: *Further details can be obtained from our website.* Se pueden obtener más detalles en nuestro sitio web. • **obtain sth from sb** obtener algo de alguien: *You will need to obtain permission from the principal.* Deberá obtener el permiso del director.

ob·tain·a·ble /əbˈteɪnəbəl/ adj **be obtainable** poderse conseguir: *The form is obtainable at any post office.* Se puede conseguir el formulario en cualquier correo. • **easily obtainable** fácil de conseguir

ob·tru·sive /əbˈtruːsɪv/ adj molesto -a (persona, ruido), que obstruye la vista (edificio)

ob·tru·sive·ly /əbˈtruːsɪvli/ adv desagradablemente

ob·tuse /əbˈtuːs, ɑb-/ adj obtuso -a, torpe

obˌtuse ˈangle s [C] (técn) ángulo obtuso

ob·verse /ˈɑbvɜːs/ s [sing] anverso

ob·vi·ate /ˈɑbviˌeɪt/ v [T] evitar, obviar

ob·vi·ous S2 W2 /ˈɑbviəs/ adj
1 (fácil de ver) obvio -a, evidente: *an obvious mistake* un error evidente • **it is obvious that** es obvio/evidente que, está claro que: *It was obvious from the start that my parents disliked Anne.* Fue obvio desde el principio que Anne no les caía bien a mis padres. • [+to]: *It might be obvious to you, but it isn't to me.* A ti te resultará evidente, pero a mí no. • *It was obvious to everyone that she was drunk.* Para todo el mundo estaba claro que estaba borracha. • **for obvious reasons** for razones obvias • **make sth/it obvious** *She was making it obvious that she liked him.* Estaba mostrando claramente que él le gustaba. • *He raised his fist, making his intention obvious.* Levantó el puño, dejando en claro sus intenciones.
2 (razonable) obvio -a, lógico -a • **the obvious choice** la elección obvia/natural • **the obvious question** la pregunta obvia • **the obvious thing (to do)** lo (más) lógico/natural
3 (en la manera de actuar) **be obvious about sth** *She wanted to ask him out on a date, but she didn't want to be too obvious about it.* Quería invitarlo a salir, pero de forma discreta.
4 (poco original) obvio -a, previsible

ob·vi·ous·ly S1 W2 /ˈɑbviəsli/ adv obviamente, evidentemente: *Obviously, I don't want to upset anyone.* Obviamente, no quiero molestar a nadie. • *He was obviously sick.* Era obvio que estaba enfermo.

oc·ca·sion¹ S3 W2 /əˈkeɪʒən/ s
1 [C] (momento) ocasión • **on several/many occasions** en varias/muchas ocasiones: *I met him on several occasions.* Me encontré con él en varias ocasiones. • **on a number of occasions** en numerosas ocasiones • **on this/that occasion** en esta/aquella ocasión: *On this occasion, she was right.* En esa ocasión, tenía razón.
2 [C] (acontecimiento) ocasión: *I bought a new dress just for the occasion.* Me compré un vestido nuevo especialmente para la ocasión. • **a special occasion** una ocasión especial: *We're saving the champagne for a special occasion.* Estamos reservando la champaña para una ocasión especial. • **quite an occasion** todo un acontecimiento • **mark the occasion** celebrar el acontecimiento
3 [sing, U] (situación oportuna) **be an occasion for sth**

ser una oportunidad/una ocasión para algo • **be hardly/ scarcely an occasion for sth** no ser (buen) momento para algo: *It was hardly an occasion for celebration.* No era precisamente un momento para festejos.
4 [sing, U] (*frml*) motivo • **have occasion to do sth** tener motivos para hacer algo, tener ocasión de hacer algo: *I've never had occasion to call the police before.* Nunca antes tuve motivos para llamar a la policía. ▸ **RISE to the occasion/challenge**, a **SENSE of occasion**

on occasion (*frml*) en ocasiones: *On occasion, prisoners were allowed visits.* En ocasiones, a los prisioneros se les permitía recibir visitas. • **if/when the occasion arises** (*frml*) si/cuando se da la ocasión, si/cuando surge la ocasión

occasion² *v* [T] (*frml*) provocar, causar

oc·ca·sion·al ₩₃ /əˈkeɪʒənəl/ *adj* [solo ante s]
1 que sucede esporádicamente: *I drink the occasional glass of wine.* De vez en cuando bebo una copa de vino. • **occasional showers** chubascos aislados
2 ocasional (fumador, visitante, etc.)

oc·ca·sion·al·ly ₛ₃ ₩₃ /əˈkeɪʒənəli/ *adv* de vez en cuando: *Stir the mixture occasionally to prevent it sticking to the pan.* Revuelva la mezcla de vez en cuando para evitar que se adhiera a la olla.

oc·cult¹ /əˈkʌlt/ *s* **the occult** las ciencias ocultas, el ocultismo

occult² *adj* [solo ante s] ocultista, esotérico -a

oc·cu·pan·cy /ˈɑkyəpənsi/ *s* [U] (*frml*) **1** ocupación (de un edificio, un terreno) • **take occupancy of sth** comenzar a ocupar algo **2** periodo durante el cual alguien ocupa un edificio

oc·cu·pant /ˈɑkyəpənt/ *s* [C] (*frml*) **1** (de un edificio, una habitación) ocupante: *The previous occupants had left some furniture.* Los ocupantes anteriores habían dejado algunos muebles. **2** (de un vehículo) ocupante

oc·cu·pa·tion ₛ₃ /ˌɑkyəˈpeɪʃən/ *s*
1 [C] (*frml*) (profesión) ocupación, actividad: *Please state your name, address and occupation.* Por favor, escriba su nombre, domicilio y ocupación. ▸ **JOB, PROFESSION**
2 [C,U] (de un territorio, una ciudad) ocupación • [+of]: *the German occupation of France* la ocupación alemana de Francia • *the occupation forces* las fuerzas de ocupación
3 [C,U] (de un edificio, en señal de protesta) ocupación
4 [C] (*frml*) pasatiempo, actividad: *Cooking was one of his favorite occupations.* La cocina era una de sus actividades preferidas. ₛɪₙ **pastime**
5 [U] (acción) ocupación: *when the house is ready for occupation* cuando la casa esté lista para ser ocupada

oc·cu·pa·tion·al /ˌɑkyəˈpeɪʃənəl/ *adj* [solo ante s] ocupacional, laboral

occu,pational 'hazard *s* [C,U] **1** riesgo laboral **2** gaje(s) del oficio

occu,pational 'therapy *s* [U] terapia ocupacional

oc·cu·pied /ˈɑkyəˌpaɪd/ *adj* **1** [nunca ante s] ocupado -a • **keep sb occupied** mantener/tener ocupado -a a alguien: *The children had computer games to keep them occupied.* Los niños tenían juegos de computador para mantenerlos ocupados. • **keep yourself occupied** mantenerse ocupado -a: *I took a book to keep myself occupied on the trip.* Me llevé un libro para no aburrirme durante el viaje. • **be occupied with sth** estar ocupado -a con algo **2** [nunca ante s] (en uso) ocupado -a: *All the seats were occupied.* Todos los asientos estaban ocupados. **3** [solo ante s] (por fuerzas extranjeras) ocupado -a: *an occupied country* un país ocupado

oc·cu·pi·er /ˈɑkyəˌpaɪər/ *s* [C] ocupante (ejército, fuerzas, etc.)

oc·cu·py ₩₃ /ˈɑkyəˌpaɪ/ *v* [T] (**occupies, occupied, occupying**)
1 una vivienda, un edificio, un asiento
2 por la fuerza
3 un espacio
4 tiempo
5 entretener
6 la atención, los pensamientos
7 un puesto
8 un lugar especial

1 UNA VIVIENDA, UN EDIFICIO, UN ASIENTO (*esp escrito*) ocupar: *The same family had occupied the apartment for a number of years.* La misma familia había ocupado el departamento durante varios años. • *The offices are occupied by a software company.* Una empresa de programas informáticos ocupa las oficinas.
2 POR LA FUERZA ocupar: *Baghdad was occupied by American forces.* Bagdad fue ocupada por fuerzas estadounidenses.
3 UN ESPACIO ocupar: *The mirror occupied almost the entire wall.* El espejo ocupaba casi toda la pared.
4 TIEMPO ocupar, llevar: *Taking care of the kids occupies most of my time.* Cuidar a los niños me ocupa la mayor parte del tiempo.
5 ENTRETENER mantener ocupado -a a, ocupar: *How can I occupy six children for the whole afternoon?* ¿Cómo puedo mantener ocupados a seis niños durante toda la tarde?
6 LA ATENCIÓN, LOS PENSAMIENTOS ocupar: *My mind was still occupied by the previous day's events.* Los sucesos del día anterior todavía ocupaban mi mente.
7 UN PUESTO ocupar: *the previous person who occupied her position* la persona que anteriormente ocupaba su cargo
8 UN LUGAR ESPECIAL **occupy a place/position (in sth)** ocupar un lugar/sitio (en algo): *Mandela occupies a unique place in the history of South Africa.* Mandela ocupa un lugar único en la historia de Sudáfrica. ▸ **OCCUPIED**

oc·cur ₛ₂ ₩₁ /əˈkər/ *v* [I] (**occurred, occurring**) (*frml*)
1 ocurrir, suceder: *The explosion occurred at 9 a.m.* La explosión ocurrió a las 9 de la mañana. ▸ **TAKE PLACE**
2 [siempre + adv/prep] **occur in/among** darse en: *a disease that occurs mainly among young children* una enfermedad que se da principalmente en niños pequeños
occur to sb *v+partíc* ocurrírsele a alguien: *Something has just occurred to me.* Se me acaba de ocurrir algo. • **it occurs to sb to do sth** se le ocurre a alguien hacer algo: *Didn't it occur to you to call the police?* ¿No se te ocurrió llamar a la policía? • **it occurs to sb that** se le ocurre a alguien que: *It occurred to me that she might be lying.* Se me ocurrió que quizás estuviera mintiendo.

oc·cur·rence /əˈkərəns, -ˈkʌr-/ *s* **1** [C] hecho, incidente • **be a frequent/common/regular occurrence** ser frecuente/común/habitual: *Flooding in the area is a frequent occurrence.* En esta zona las inundaciones son frecuentes. • **be a rare occurrence** no ser frecuente • **an everyday/a daily occurence** (una) cosa de todos los días
2 [C,U] **the occurrence of sth** *factors that influence the occurrence of skin cancer* factores que influyen en la incidencia del cáncer de piel • *the frequent occurrence of earthquakes in the region* la frecuencia con la que hay terremotos en la región

o·cean ₛ₃ ₩₂ /ˈoʊʃən/ *s*
1 [C] océano: *the Atlantic Ocean* el océano Atlántico
2 the ocean el mar: *I like to swim in the ocean.* Me gusta nadar en el mar. • **by the ocean** junto al mar • **at the bottom of the ocean** en el fondo del océano/mar • **the ocean floor** el fondo del océano/mar
3 oceans of sth (*coloq*) montones de algo ▸ **a DROP in the bucket/ocean**

o·cean·go·ing /ˈoʊʃənˌɡoʊɪŋ/ *adj* [solo ante s] de alta mar

o·ce·an·ic /ˌoʊʃiˈænɪk/ *adj* [solo ante s] (*técn*) oceánico -a

o·cean·og·ra·pher /ˌoʊʃəˈnɑɡrəfər/ *s* [C] oceanógrafo -a

o·cean·og·ra·phy /ˌoʊʃəˈnɑɡrəfi/ *s* [U] oceanografía

o'clock S2 /ə'klɑk/ *adv* **one/two/three o'clock** la una/las dos/las tres: *The meeting starts at ten o'clock.* La reunión empieza a las diez.

Oct. (*abrev escrita de* **October**) oct.

oc·ta·gon /'ɑktə,gɑn/ *s* [C] octágono

oc·tag·o·nal /ɑk'tægənəl/ *adj* octagonal

oc·tane /'ɑkteɪn/ *s* [U] octano

oc·tave /'ɑktəv/ *s* [C] octava

Oc·to·ber /ɑk'toʊbɚ/ (abrev escrita **Oct.**) *s* [C,U] octubre
  ▶ ver ejs en **ABRIL**

oc·to·ge·nar·i·an /,ɑktədʒə'nɛriən/ *s* [C] octogenario -a

oc·to·pus /'ɑktəpəs/ *s* (pl **octopuses**) **1** [C] (molusco) pulpo **2** [U] (carne) pulpo

oc·u·lar /'ɑkyələ/ *adj* (*técn*) ocular

OD¹ /,oʊ 'di/ (**OD'd, OD'ing**) *v* [I] (*coloq*) **1** (**overdose**) morir de una sobredosis, sufrir una sobredosis • **OD on sth** tomar/sufrir una sobredosis de algo **2 OD on sth** hartarse de algo: *I think I've OD'd on chocolate.* Creo que me harté de chocolate.

OD² *s* [C] (*coloq*) **1** (**overdose**) sobredosis **2** (**overdose**) exceso de algo: *Looks like you had an OD of sun today!* ¡Parece que hoy te pasaste con el sol!

odd S2 W3 /ɑd/ *adj*

1	no normal
2	no frecuente
3	no muchos
4	de diferente forma y tipo
5	sin par
6	números
7	aproximadamente

1 NO NORMAL raro -a, extraño -a: *an odd question* una pregunta rara • *There was something rather odd about him.* Había algo raro en él. • **How odd!** (tb **That's odd!**) (*oral*) ¡Qué raro!, ¡Qué extraño!: *"She left without saying goodbye." "How odd!"* –Se fue sin saludar. –¡Qué raro! • **it is odd (that)** es raro que: *It's odd she can't remember what happened.* Es raro que no pueda recordar lo que pasó. • **strike sb as odd** parecerle raro a alguien: *Didn't it strike you as odd that he never rang again?* ¿No te pareció raro que no volviera a llamar? • **an odd look** *We got some odd looks from our fellow passengers.* Los otros pasajeros nos miraron con cara rara. SIN **strange** ▶ ver nota en **RARO**

2 NO FRECUENTE [solo ante s] **the odd sth** (algo que sucede esporádicamente) *I have the odd drink now and again.* De vez en cuando me tomo una copa. • *We still see each other on the odd occasion.* Todavía nos vemos de vez en cuando. SIN **occasional**

3 NO MUCHOS **the odd...** alguno que otro.../alguna que otra...: *There was no one around, apart from the odd cat.* No había nadie, aparte de alguno que otro gato. • *I can speak the odd word of Spanish.* Sé alguna que otra palabra en español.

4 DE DIFERENTE FORMA Y TIPO [solo ante s] suelto -a: *There were a few odd scraps of paper lying around on his desk.* Había algunos pedazos sueltos de papel desparramados por su mesa.

5 SIN PAR [solo ante s] **odd socks/gloves** medias sin compañera/guantes sin compañero, medias distintas/guantes distintos

6 NÚMEROS [gralm ante s] impar • **an odd number** un número impar ANT **even**

7 APROXIMADAMENTE **20 odd/30odd/300 odd** (*coloq*) 20/30/300 y tantos -as, 20/30/300 y pico

EXPRESIONES

be the odd one out (tb **be the odd man out**) **(a)** (elemento de un grupo) ser la excepción, ser el distinto/la distinta **(b)** (persona) ser el distinto/la distinta

odd·ball¹ /'ɑdbɔl/ *s* [C] (*coloq*) bicho raro

oddball² *adj* [gralm ante s] (*coloq*) excéntrico -a

odd·i·ty /'ɑdəti/ *s* [C] (pl **oddities**) **1** rareza, cosa rara **2** singularidad, rareza

odd 'jobs *s* [pl] trabajitos (de limpieza, reparación)

odd·ly /'ɑdli/ *adv* **1** de modo extraño, extrañamente: *My son's been behaving oddly lately.* Mi hijo se está comportando de modo extraño últimamente **2** [adv oracional] (tb **oddly enough**) curiosamente, por extraño que parezca

odd·ments /'ɑdmənts/ *s* [pl] artículos sueltos, restos

odds /ɑdz/ *s* [pl] **1 the odds** las probabilidades • **the odds are (that)** lo más probable es que: *The odds are he will commit another crime.* Lo más probable es que cometa otro delito. • **the odds of doing sth** las probabilidades de hacer algo: *The odds of getting the disease are very low.* Las probabilidades de contraer la enfermedad son muy bajas. • **the odds are against...** es poco probable que..., es improbable que...: *The odds are heavily against her winning.* Es muy poco probable que gane. • **the odds are in favor of...** es muy probable que...: *The odds are in favor of a Russian victory.* Es muy probable que ganen los rusos. • **the odds are good** es probable: *The odds are pretty good that he'll be fit enough to play.* Es muy probable que esté en condiciones de jugar. • **What are the odds?** ¿Qué probabilidades hay? • **the odds are stacked against (sb) (doing) sth** *The odds are stacked against the Democratic party candidate.* El candidato del partido demócrata tiene muy pocas probabilidades. **2 against all (the) odds** contra todo pronóstico, pese a todas las dificultades: *Our team won against all odds.* Nuestro equipo ganó contra todo pronóstico. • **overcome/beat the odds** superar las dificultades • **against enormous/impossible odds** a pesar de tenerlo todo en contra **3** proporción en la que se paga una apuesta: *The odds on the horse are 6 to 1.* El caballo pagaría 6 a 1. • **long odds** *The horse won the race at very long odds.* El caballo ganó la carrera contra todas las apuestas (y pagó muy bien). • **short odds** *The odds were too short to make it worth betting.* El resultado casi estaba cantado, así que no valía la pena apostar.

EXPRESIONES

be at odds (a) estar enfrentados -as • [+with]: *He often found himself at odds with his colleagues.* Solía discrepar con sus colegas. • [+over/on]: *Washington and Beijing have been at odds over trade issues.* Washington y Pekín se han visto enfrentadas en cuestiones de intercambio comercial. **(b)** contradecirse • [+with]: *His evidence is at odds with his earlier statements.* Su testimonio contradice sus declaraciones anteriores.

odds and 'ends *s* [pl] cosas sueltas, chucherías

odds-'on *adj* probable

ode /oʊd/ *s* [C] oda, himno • [+to]: *Keats wrote "Ode to a Nightingale."* Keats escribió la "Oda al ruiseñor".

o·di·ous /'oʊdiəs/ *adj* (*frml*) repugnante, odioso -a: *an odious crime* un crimen repugnante SIN **hateful**

o·di·ous·ly /'oʊdiəsli/ *adv* (*frml*) de forma detestable/odiosa

o·dor /'oʊdɚ/ *s* [C] olor (generalmente desagradable): *Neighbors noticed a foul odor coming from the apartment.* Los vecinos notaron un olor feo que venía del departamento. • [+of]: *There was a faint odor of damp in the kitchen.* Había un ligero olor a humedad en la cocina. ▶ **BODY ODOR, SMELL**

o·dor·less /'oʊdɚlɪs/ *adj* inodoro -a

od·ys·sey /'ɑdəsi/ *s* [C gralm sing] (pl **odysseys**) **1** (*frml*) (viaje) odisea ▶ **JOURNEY 2** (experiencia) odisea

OECD /,oʊ i si 'di/ *s* (**Organization for Economic Co-operation and Development**) **the OECD** la OCDE

Oed·i·pus /'ɛdəpəs/ *s* Edipo

oeu·vre /'ʊvrə/ *s* [C gralm sing] (*frml*) obra

of S1 W1 /əv, ə; *fuerte* ʌv/ *prep*

1	indicando correspondencia
2	con posesivos

3 indicando parte
4 indicando material
5 con adjetivos que expresan sentimientos
6 con fechas y momentos
7 indicando una cualidad especial de una acción
8 en descripciones
9 con edades
10 indicando causa
11 indicando origen o ubicación
12 al decir la hora

1 INDICANDO CORRESPONDENCIA de: *the cost of food* el costo de la comida • *a pound of cheese* una libra de queso • *a pair of shoes* un par de zapatos • *plenty of time* mucho tiempo • *a herd of elephants* una manada de elefantes • *two slices of cake* dos trozos de pastel • *the king of Spain* el rey de España • *the death of his father* la muerte de su padre • *a history of modern China* una historia de la China moderna
2 CON POSESIVOS de: *a friend of Mark's* una amiga de Mark • *I hate that dog of his.* Detesto a ese perro suyo. • *the plays of Shakespeare* las obras dramáticas de Shakespeare • *Avocado salad is a favorite of mine.* La ensalada de aguacate es uno de mis platos favoritos. • *He wants a car of his own.* Quiere un carro propio.
3 INDICANDO PARTE de: *the first chapter of the book* el primer capítulo del libro • *Some of us will lose our jobs.* Algunos de nosotros perderemos nuestros trabajos. • *a member of the club* un socio del club • *Both of them passed the test.* Ambos pasaron el examen. • *There were four of us.* Éramos cuatro.
4 INDICANDO MATERIAL *(frml)* de: *a dress of pure silk* un vestido de seda pura • **(be) made of** (ser) de: *The pipes are made of plastic.* Las tuberías son de plástico.
5 CON ADJETIVOS QUE EXPRESAN SENTIMIENTOS *He's always been frightened of spiders.* Siempre les tuvo miedo a las arañas. • *We're ashamed of his behavior.* Nos avergüenza su comportamiento. • *They're very proud of their children.* Están muy orgullosos de sus hijos.
6 CON FECHAS Y MOMENTOS de: *the 12th of October* el 12 de octubre • *the presidential election of 1825* las elecciones presidenciales de 1825 • *the events of the past week* los sucesos de la semana pasada • **the day/year of sth** el día/año de algo: *the day of my aunt's visit* el día de la visita de mi tía
7 INDICANDO UNA CUALIDAD ESPECIAL DE UNA ACCIÓN *it is kind/stupid of sb to do sth* es amable/estúpido de parte de alguien hacer algo: *It's very kind of you to help us.* Es muy amable de su parte ayudarnos. • *It was careless of him to miss that mistake.* Fue un descuido de su parte no darse cuenta de ese error.
8 EN DESCRIPCIONES de: *a man of principle* un hombre de principios • *a woman of great determination* una mujer muy resuelta
9 CON EDADES de: *a boy of two and a girl of nine* un niño de dos años y una niña de nueve
10 INDICANDO CAUSA de: *He died of cancer.* Murió de cáncer.
11 INDICANDO ORIGEN O UBICACIÓN de: *the people of Indonesia* el pueblo de Indonesia
12 AL DECIR LA HORA *(oral)* menos: *a quarter of seven* las siete menos cuarto SIN **to** ▶ **of COURSE**

of 'course [adverb] ▶ **of COURSE**

off¹ S1 W1 /ɔf/ *adv*

1 indicando alejamiento
2 indicando separación
3 luces, aparatos, grifos
4 indicando no asistencia
5 descuento
6 indicando cancelación
7 indicando distancia
8 indicando tiempo futuro

1 INDICANDO ALEJAMIENTO *She drove off.* Se fue (en su carro). • *We turned off onto a side road.* Volteamos y entramos en una calle lateral. • **be off** irse, marcharse:

We're off to Italy next week. Nos vamos a Italia la semana que viene. • *I must be off.* Me tengo que marchar. • *Where are you off to?* ¿Adónde se van? • **Off you/we go!** *Off you go, or you'll be late.* Ya váyanse, que van a llegar tarde.
2 INDICANDO SEPARACIÓN *His hat fell off.* Se le cayó el sombrero. • *The handle has come off.* Se le ha salido el asa. ANT **on**
3 LUCES, APARATOS, GRIFOS *Check all the lights are off.* Comprueba que todas las luces estén apagadas. • *We turned the TV off.* Apagamos la televisión. • *Turn the faucet off.* Cierra la llave. ANT **on**
4 INDICANDO NO ASISTENCIA *Carol is off for the whole week.* Carol no viene a trabajar en toda la semana. • **take a day/a week off** tomarse un día/una semana (libre): *You should take some time off.* Deberías tomarte unos días. • **day off** día libre: *Tomorrow's my day off.* Mañana es mi día libre. • **be off with sth** (indicando la razón de la ausencia) *He's off with a bad back.* No vino a trabajar por problemas de espalda. • **be off sick** estar de licencia por enfermedad
5 DESCUENTO *Bargains! All items 20% off!* ¡Rebajas! ¡Todos los artículos con un 20% de descuento!
6 INDICANDO CANCELACIÓN *The wedding's off.* Cancelaron la boda. ANT **on**
7 INDICANDO DISTANCIA *The coast was about two miles off.* La costa estaba a unas dos millas. • **(a long) way off** (muy) lejos: *We could see the mountains way off in the distance.* Veíamos las montañas allá lejos en la distancia.
8 INDICANDO TIEMPO FUTURO **sth is two weeks/a few years off** faltan tres semanas/algunos años para algo: *The wedding was only three weeks off.* Faltaban solo tres semanas para la boda. • **sth is a long way off** falta mucho para algo: *Summer vacation is a long way off.* Falta mucho para las vacaciones de verano. • *Retirement still seems a long way off.* La jubilación todavía parece algo muy lejano. ▶ **BETTER OFF, RIGHT off, WELL-OFF**

EXPRESIONES
off and on (tb **on and off**) *They've been dating off and on for years.* Hace varios años que están saliendo, pero con interrupciones. • *"Do you exercise regularly?" "On and off."* –¿Haces ejercicio regularmente? –Por épocas.

off² S1 W1 *prep*

1 indicando separación
2 indicando alejamiento, distancia
3 indicando proximidad
4 indicando no asistencia
5 indicando no comsumición
6 indicando origen

1 INDICANDO SEPARACIÓN (tb **off of** *(oral, incorr)*) *Take your hands off me!* ¡Quítame las manos de encima! • *I fell off the ladder.* Me caí de la escalera. • *Keep off the grass.* Prohibido pisar el césped. • *a slice off the loaf* una rebanada cortada del pan • *He cut an inch off the the legs of his jeans.* Acortó sus bluyines una pulgada. ANT **on**
2 INDICANDO ALEJAMIENTO, DISTANCIA *The truck forced my car off the road.* El camión me hizo salirme de la carretera. • *Three players were sent off the field.* Tres jugadores fueron expulsados del campo. • *They live off campus.* Viven fuera del campus. • *a ship ten miles off the coast* un buque a diez millas de la costa
3 INDICANDO PROXIMIDAD que sale de, saliendo de (una calle, una habitación): *a road off Washington Street* una calle que sale de Washington Street • *There's a small bathroom off the landing.* Hay un pequeño baño que da al descanso de la escalera. • *an island off the coast of Florida* una isla frente a la costa de Florida • **just off** *a room just off the Oval Office* una habitación que da al Despacho Oval • *The restrooms are just off the corridor, on the right.* Los baños están en el pasillo, a la derecha.
4 INDICANDO NO ASISTENCIA *She's been off school for weeks.* Hace semanas que no va a la escuela.

5 INDICANDO NO COMSUMICIÓN *The doctor told me to stay off alcohol.* El doctor me dijo que no bebiera alcohol. • *He's been off cocaine for five months.* Hace cinco meses que no toca la cocaína.
6 INDICANDO ORIGEN (*coloq*): *I bought the ring off a friend.* Le compré el anillo a un amigo. • *She got the money off her parents.* Sus padres le dieron el dinero. SIN **from**

off³ S3 *adj* [nunca ante s]
1 no tan bueno -a: *This year's results are a little off.* Los resultados de este año no son tan buenos. SIN **disappointing**
2 raro -a, extraño -a
3 incorrecto -a, equivocado -a (cálculo, conjetura): *Our calculations were off.* Nuestros cálculos eran incorrectos. SIN **wrong, inaccurate**
4 (*técn*) (indicando caída del valor) *The Dow Jones Index is off 28 points.* El índice Dow Jones cayó 28 puntos. SIN **down** ▶ OFF SEASON, OFFSIDE

EXPRESIONES
have an off day (*coloq*) tener un mal día: *Every player has an off day occasionally.* Todos los jugadores tienen un mal día de vez en cuando.

of·fal /'ɔfəl, 'ɑ-/ *s* [U] asadura(s)

off-'balance *adj* **1** desequilibrado -a • **throw/knock/push sb off-balance** hacer perder el equilibrio a alguien **2** [nunca ante s] desconcertado -a • **catch sb off-balance** coger desprevenido -a a alguien, agarrar/tomar desprevenido -a a alguien • **throw sb off-balance** desconcertar a alguien

off·beat /ˌɔf'bit‹/ *adj* (*coloq*) poco convencional: *offbeat humor* humor poco convencional

'off-chance *s*
EXPRESIONES
on the off-chance por si acaso (con la esperanza de que algo suceda): *I just came on the off-chance.* Vine por si acaso. • *I called on the off-chance that you might be home.* Me pasé por si de casualidad estabas en casa.

of·fence /ə'fɛns/ *s* variante británica de OFFENSE

of·fend S3 /ə'fɛnd/ *v*
1 [I,T] ofender, herir la sensibilidad (de): *I hope I haven't offended her in any way.* Espero no haberla ofendido de alguna manera. • **be offended** ofenderse, estar/sentirse ofendido -a: *Some people are offended by that kind of language.* Algunas personas se sienten ofendidas por ese tipo de lenguaje. • **offend against sth** atentar contra algo: *Printing the rumors is not illegal, even if it does offend against good taste.* Publicar los rumores no es ilegal, aunque atente contra el buen gusto.
2 [I] cometer un delito, delinquir

of·fend·er /ə'fɛndər/ *s* [C] **1** infractor -a, delincuente: *Violent offenders should go to prison for a long time.* Los delincuentes violentos deberían cumplir largas penas de prisión. • **a repeat offender** un -a reincidente **2** culpable, responsable (de un problema) • **the worst/biggest/main offender** el principal culpable, el principal responsable ▶ SEX OFFENDER

of·fend·ing /ə'fɛndɪŋ/ *adj* [solo ante s] que ofende

of·fense¹ W3 /ə'fɛns/ *s*
1 [C] delito, infracción: *He is now on trial for various offenses, including theft.* Ahora lo están juzgando por varios delitos, entre ellos robo. • **commit an offense** cometer un delito/una infracción: *Jones had committed two previous offenses.* Jones había cometido dos infracciones anteriormente. • **charge sb with an offense** acusar a alguien de un delito • **a criminal offense** un delito • **first offense** primer delito, primera infracción • **a federal offense** un delito federal (penado por el gobierno nacional) • **a minor/serious offense** un delito menor/grave, una infracción leve/grave • **a driving/speeding offense** una infracción de tránsito/un exceso de velocidad
2 [U] ofensa(s), agravio(s): *I'm sorry for any offense.* Lamento si la ofendí. • **cause/give offense** causar agravios: *He regrets that the book has caused offense.* Lamenta que su libro haya causado agravios. • **cause/**

give offense to sb ofender a alguien: *I hope I didn't cause offense to anyone when I left early.* Espero no haber ofendido a nadie al irme temprano. • **take offense (at sth)** ofenderse (por algo): *She is quick to take offense.* Se ofende con mucha facilidad. • **mean no offense (to sb)** no tener intención de ofender (a alguien)

EXPRESIONES
no offense (*oral*) sin ofender, no lo tomes a mal: *No offense, but this cheese tastes like rubber.* No lo tomes a mal, pero este queso sabe a goma.

of·fense² /'ɔfɛns/ *s* [U] **1** (en un deporte) ataque ANT **defense 2** (agresión) ataque ANT **defense**

of·fen·sive¹ /ə'fɛnsɪv/ *adj* **1** (insultante) ofensivo -a: *offensive remarks* comentarios ofensivos • [+to]: *The jokes are likely to be offensive to women.* Es probable que los chistes les resulten ofensivos a las mujeres. • **deeply offensive** sumamente ofensivo -a ANT **inoffensive 2** [solo ante s] (estrategia, jugador) ofensivo -a, de ataque: *the Jets' offensive strategy* la estrategia ofensiva de los Jets ANT **defensive 3** [solo ante s] (arma, operación) ofensivo -a, de ataque: *Government troops took up offensive positions.* Las tropas del gobierno ocuparon posiciones ofensivas. ANT **defensive 4** (*frml*) desagradable: *an offensive smell* un olor desagradable ANT **inoffensive**

offensive² *s* [C] **1** (ataque militar) ofensiva • [+on/against]: *an offensive against rebel positions in the north* una ofensiva contra posiciones rebeldes en el norte • **a military/ground/air offensive** una ofensiva militar/terrestre/aérea • **launch/mount an offensive** lanzar una ofensiva **2** (en política, negocios) ofensiva, campaña • **a PR/diplomatic offensive** una campaña de relaciones públicas/una ofensiva diplomática • **a charm offensive** una campaña de imagen (basada en el carisma de un político, etc.)

EXPRESIONES
be on the offensive estar a la ofensiva • **take the offensive** (tb **go on the offensive**) tomar la ofensiva

of·fen·sive·ly /ə'fɛnsɪvli/ *adv* **1** (causando agravio) de manera ofensiva **2** (para atacar al enemigo) de manera ofensiva **3** a nivel ofensivo, en el ataque (en un deporte)

of·fer¹ S1 W1 /'ɔfər, 'ɑfər/ *v*
1 (a) [T] **offer sb sth** (tb **offer sth to sb**) ofrecerle algo a alguien: *She has been offered a part in a movie.* Le han ofrecido un papel en una película. • *Unfortunately, they offered the position to someone else.* Lamentablemente, le ofrecieron el puesto a otra persona. • *I offered him a ride to the station.* Le ofrecí llevarlo hasta la estación. • **offer (sb) help/support** ofrecer ayuda/apoyo (a alguien) **(b)** [I] **offer (to do sth)** ofrecerse (a hacer algo): *Thanks for offering.* Gracias por ofrecerte. • *Amy has offered to babysit this Friday.* Amy se ha ofrecido a cuidar el niño el viernes.
2 [T] **offer sb sth** (tb **offer sth to sb**) tenderle/ofrecerle algo a alguien: *He offered me his handkerchief.* Me tendió su pañuelo.
3 [T] (servicios, productos) ofrecer, brindar: *The company offers a wide range of services.* La compañía ofrece una amplia gama de servicios. SIN **provide**
4 [T] **offer (sb) the chance/opportunity** ofrecerle/brindarle (a alguien) la posibilidad/oportunidad: *The class offers students the opportunity to study in the U.S.* El curso ofrece a los estudiantes la oportunidad de estudiar en EU. • **offer hope (to sb)** ofrecer esperanza(s) (a alguien): *The new treatment offers hope to thousands of cancer patients.* El nuevo tratamiento ofrece esperanzas a miles de enfermos de cáncer.
5 [T] **offer (some) advice** aconsejar, dar consejos: *Your doctor should be able to offer advice on diet.* Su médico debería poder aconsejarlo acerca de la dieta.
6 [T] (dinero) ofrecer: *How much are they offering?* ¿Cuánto ofrecen? • **offer (sb) sth for sth** ofrecerle algo (a alguien) por algo: *She is offering a reward for the return of her necklace.* Ofrece una recompensa por la devolución de su collar.
7 [T] (tb **offer up**) (una plegaria, un sacrificio) ofrecer • **offer (up) sth to sb** ofrecerle algo a alguien: *She offered up a prayer to God.* Ofreció una plegaria a Dios.

EXPRESIONES
offer your hand to sb tenderle la mano a alguien • **have a lot/plenty to offer** tener mucho que ofrecer: *With its ancient temples and great beaches, Mexico has a lot to offer.* Con sus templos antiguos y magníficas playas, México tiene mucho que ofrecer. • **have nothing/not have much to offer** no tener nada/mucho que ofrecer

offer² ⓢ ⓦ₂ *s* [C]
1 oferta, ofrecimiento • [+**of**]: *We've had a lot of offers of help.* Hemos recibido muchos ofrecimientos de ayuda. • *an offer of marriage* una propuesta de matrimonio • **accept/take up an offer** aceptar una oferta/un ofrecimiento • **turn down/refuse an offer** rechazar una oferta/un ofrecimiento • **a job offer** una oferta de trabajo **2** (de dinero) oferta • **make (sb) an offer (for/on sth)** hacer una oferta (por algo) (a alguien): *We're prepared to make you an offer here and now.* Estamos dispuestos a hacerle una oferta aquí y ahora. • **accept an offer** aceptar una oferta
3 (rebaja) oferta • [+**on**]: *There are some great offers on flights to Europe at the moment.* En este momento, hay unas ofertas excelentes de vuelos a Europa. • **a free offer** un obsequio ▶ DISCOUNT

EXPRESIONES
make sb an offer they can't refuse hacerle a alguien una oferta inmejorable • **on offer** (disponible) *We were disappointed by the standard of hotels on offer.* Nos decepcionó el nivel de los hoteles que había. • *Activities on offer include sailing and rowing.* Entre las actividades que se ofrecen se cuentan navegación a vela y remo.

of·fer·ing /ˈɔfərɪŋ, ˈɑ-/ *s* [C] **1** creación, propuesta: *Spielberg's latest offering* la creación más reciente de Spielberg • [+**from**]: *the latest offering from Disney's Buena Vista studios* la última propuesta de los estudios Buena Vista de Disney **2** obsequio **3** ofrenda • [+**to**]: *They left food as an offering to the gods of the place.* Dejaron alimentos como ofrenda a los dioses del lugar.

'offer price (tb **'offering price**) *s* [C] (*técn*) **1** precio de oferta **2** precio de suscripción ⓢⒾⓃ **asking price**

of·fer·to·ry /ˈɔfərˌtɔri, ˈɑ-/ *s* [C] (pl **offertories**) (*frml*) **1** colecta **2** ofertorio

off·hand¹ /ˌɔfˈhænd‹/ *adj* **1** (dicho -a/hecho-a) a la ligera (comentario): *"It doesn't matter," he said in an offhand voice.* –No importa– dijo con voz despreocupada. **2** poco atento -a con el interlocutor

offhand² *adv* de buenas a primeras, de pronto

of·fice ⓢ₁ ⓦ₁ /ˈɔfɪs, ˈɑ-/ *s*

1	edificio
2	lugar de trabajo
3	habitación
4	de atención al público
5	puesto importante
6	departamento gubernamental
7	de un médico, un dentista

1 **EDIFICIO** [C] oficina(s) • **the main office** la oficina central • **office equipment** equipo de oficina • **office job** trabajo/puesto de oficina • **office number** teléfono de la oficina • **office worker** oficinista
2 **LUGAR DE TRABAJO** **the office** la oficina, el trabajo: *I'm not in the office tomorrow.* Mañana no voy a estar en la oficina.
3 **HABITACIÓN** [C] despacho: *My office is at the end of the corridor.* Mi despacho está al final del pasillo. • **the manager's office/the principal's office** el despacho del encargado/director de la escuela, el despacho de la encargada/directora de la escuela
4 **DE ATENCIÓN AL PÚBLICO** [C] oficina: *the local tourist information office* la oficina de información turística local • *What time does the ticket office close?* ¿A qué hora cierra la taquilla?
5 **PUESTO IMPORTANTE** [C,U] cargo • **run for office** (tb **stand for office**, **seek office**) presentarse como candidato -a: *She was the first woman to run for office as president.* Fue la primera mujer que se presentó como

candidata a la presidencia. • **hold office** ocupar el/un cargo: *In Mexico, the president holds office for a fixed term of six years.* En México, el presidente ocupa el cargo por un periodo fijo de seis años. • **take office** asumir el/un cargo: *When she took office two years ago, the jobless rate stood at 11.1 percent.* Cuando asumió el cargo hace dos años, la tasa de desempleo era del 11,1 por ciento. • **in office** en el/un cargo: *The mayor is celebrating ten years in office.* El alcalde celebra sus diez años en el cargo. • **public office** cargo(s) público(s): *We do not believe he is fit for public office.* No consideramos que sea apto para un cargo público.
6 **DEPARTAMENTO GUBERNAMENTAL** **Office** la palabra **office** forma parte de los nombres de algunos departamentos gubernamentales como **the Foreign Office** (*el Ministerio o Secretaría de Relaciones Exteriores británico*).
7 **DE UN MÉDICO, UN DENTISTA** [C] consultorio: *a dentist's office* el consultorio de un dentista
▶ BOX OFFICE, HEAD OFFICE, HOME OFFICE, POST OFFICE
EXPRESIONES
sb's good offices (*frml*) los buenos oficios de alguien, la mediación de alguien • **through the good offices of sb** (*frml*) gracias a los buenos oficios/la mediación de alguien

'office ˌhours *s* [pl] **1** horario de oficina, horas de oficina/trabajo: *Call me back tomorrow during office hours.* Vuelva a llamarme mañana en horario de oficina. **2** horario de consulta (de un profesor)

of·fi·cer ⓢ₂ ⓦ₁ /ˈɔfəsɚ, ˈɑ-/ *s* [C]
1 (en las fuerzas armadas) oficial • [+**in**]: *He's an officer in the Marines.* Es oficial del Cuerpo de Infantería de Marina. • **a naval/military/army officer** un oficial naval/militar/del ejército • **a commanding officer** un oficial a cargo
2 (en la policía) agente, policía: *We need more officers on the streets.* Necesitamos más agentes en las calles. ⓢⒾⓃ **police officer**
3 (en una organización, en el gobierno) funcionario -a, ejecutivo -a: *a prison officer* un funcionario penitenciario ▶ PETTY OFFICER, POLICE OFFICER, PRESS OFFICER, PROBATION OFFICER

of·fi·cial¹ ⓢ₃ ⓦ₂ /əˈfɪʃəl/ *adj*
1 [solo ante s] (de una autoridad) oficial • **an official investigation/inquiry** una investigación oficial: *an official investigation into the causes of the crash* una investigación oficial de las causas del accidente • **an official report/document** un informe/documento oficial
2 [gralm ante s] (relativo al trabajo) oficial • **official business/duties** asuntos /tareas oficiales: *Senator Blake is here on official business.* El senador Blake se encuentra aquí por asuntos oficiales. • **in an official capacity/role** a título oficial • **an official visit/tour/engagement** una visita/una gira/un compromiso oficial
3 **be official** ser oficial: *It's official: they're getting married.* Es oficial: se casan. • *The news isn't official yet.* La noticia todavía no es oficial.
4 [solo ante s] (indicando duda) **the official reason/explanation** el motivo/la explicación oficial: *The official explanation for the crash was pilot error.* La explicación oficial del accidente fue que se había tratado de un error del piloto.

official² ⓦ₁ *s* [C] funcionario -a: *a government official* un funcionario del gobierno • **a senior/high-ranking official** un funcionario de alto rango

of·fi·cial·dom /əˈfɪʃəldəm/ *s* [U] la burocracia

of·fi·cial·ly /əˈfɪʃəli/ *adv* **1** oficialmente: *Nothing has yet been officially announced.* Todavía no se ha anunciado nada oficialmente. • *The center was officially opened on July 5th.* El centro fue inaugurado oficialmente el 5 de julio. **2** [adv oracional] según la versión oficial, oficialmente

of·fi·ci·ate /əˈfɪʃiˌeɪt/ *v* [I,T] oficiar, celebrar • **officiate at sth** oficiar algo, presidir algo (una ceremonia)

of·fi·cious /əˈfɪʃəs/ *adj* (*peyor*) reglamentista, oficioso -a

of·fi·cious·ly /əˈfɪʃəli/ *adv* (*peyor*) con actitud reglamentista, de manera oficiosa

of·fi·cious·ness /əˈfɪʃənɪs/ s [U] (*peyor*) reglamentismo

off·ing /ˈɔfɪŋ/ s **be in the offing** avecinarse: *Big changes were in the offing.* Se avecinaban grandes cambios

off ˈkey *adv* sing/whistle off key desafinar (al cantar/silbar)

off-ˈkey *adj* desafinado -a

off ˈlimits *adj* [nunca ante s] **1** (lugar prohibido) *The officer told the soldiers that the town was off limits.* El oficial les dijo a los soldados que tenían prohibido ir a la ciudad. • [+to]: *Much of the palace is off limits to the public.* El acceso a buena parte del palacio está vedado al público. **2** (tema, asunto) *That topic was strictly off limits.* Ese tema estaba estrictamente vedado.

off-line¹ /ˌɔfˈlaɪn/ *adv* sin conexión (a Internet), offline: *I work offline most of the day.* Trabajo sin conexión a Internet la mayor parte del día. [ANT] **online**

offline² *adj* **1** sin conexión (a Internet), offline [ANT] **online 2** desconectado -a (de un computador) [ANT] **online**

off·load /ˌɔfˈloʊd/ v [T] descargar

off-peak *adj* [solo ante s] **1** fuera de horas pico • **off-peak times/hours/periods** horas/periodos de menor consumo **2** reducido -a (tarifa)

off-ˌputting *adj* **1** desagradable, chocante ▶ **PUT OFF 2** molesto -a (que distrae de lo que se está haciendo)

off-ramp s [C] salida (de una carretera, autopista) ▶ **ON-RAMP**

off-ˈscreen *adj* fuera de la pantalla

off-ˌseason¹ s **1 the off-season** la temporada baja **2 the off-season** en deportes, periodo entre el final de una temporada y el comienzo de la siguiente

off-ˌseason² *adj* [solo ante s] **1** de temporada baja: *off-season bargains/discounts* gangas/descuentos de temporada baja **2** en deportes, relativo al periodo entre el final de una temporada y el comienzo de la siguiente

off·set /ˌɔfˈsɛt, ˈɔfsɛt/ v [T] (**offset**, **offsetting**) compensar, contrarrestar • **offset sth against sth** deducir algo de algo

off·shoot /ˈɔfʃut/ s [C] **1** ramificación, derivación: *The magazine is bringing out an offshoot aimed at younger people.* La revista va a sacar una nueva publicación dirigida a un público más joven. **2** retoño, vástago

off·shore¹ /ˌɔfˈʃɔr/ *adj* [solo ante s] **1** (en el mar) *offshore islands* islas costeras • *offshore fishing* pesca de bajura • *offshore oil reserves* reservas petroleras cercanas a la costa **2** (en finanzas) en paraísos fiscales, en el exterior: *offshore investments/deposits* inversiones/depósitos en paraísos fiscales **3** (viento) de tierra

offshore² *adv* **1** frente a la costa **2** en el exterior, en un paraíso fiscal **3** mar adentro

off·side¹ /ˌɔfˈsaɪd/ *adj* en (posición de) fuera de juego/lugar, de fuera de juego/lugar

offside² *adv* fuera de juego/lugar, offside

off·spring /ˈɔfˌsprɪŋ/ s [C] (pl **offspring**) **1** (*frml*) cría(s): *a lion and its offspring* un león y sus crías **2** (*frml, hum*) vástagos, hijos: *A young mother was trying to control her offspring.* Una madre joven trataba de controlar a sus vástagos.

off-stage¹ /ˌɔfˈsteɪdʒ/ *adv* fuera del escenario, detrás de bastidores

offstage² *adj* (de) fuera del escenario, (de) detrás de bastidores

off-the-ˈrecord¹ *adv* extraoficialmente

off-the-record² *adj* extraoficial: *The President's remarks were strictly off the record.* Los comentarios del presidente fueron a título estrictamente extraoficial.

off-the-ˈwall *adj* (*coloq*) estrafalario -a

off-ˈwhite¹ s [U] color hueso

off-white² *adj* de color hueso

of·ten [S1] [W1] /ˈɔfən, ˈɔftən/ *adv* **1** a menudo, seguido, con frecuencia: *That was fun. We should do it more often.* Estuvo divertido. Deberíamos hacerlo más seguido. • *If you wash your hair too often, it can get really dry.* Si el cabello se lava con demasiada frecuencia, puede llegar a secarse mucho. • *She often works at the weekend.* Suele trabajar los fines de semana. • **how often** cada cuánto, con qué frecuencia, qué tan seguido: *How often do you visit your parents?* ¿Cada cuánto visitas a tus padres? • **quite/fairly often** bastante seguido/a menudo, con bastante frecuencia: *I quite often go to Paris on business.* Voy a París en viaje de negocios con bastante frecuencia. • **not very often** no muy a menudo: *I have a cell phone, but I don't use it very often.* Tengo un teléfono celular, pero no lo uso mucho. • **it's not often (that)** no es frecuente que: *It's not often that a job like this comes along.* No es frecuente que aparezca un trabajo como éste.
2 (en muchos casos) con frecuencia: *Headaches are often caused by stress.* Los dolores de cabeza suelen ser provocados por el estrés. [SIN] **frequently**

EXPRESIONES
every so often de vez en cuando: *We still see each other every so often.* Todavía nos vemos de vez en cuando. • **more often than not** la mayoría de las veces, casi siempre: *More often than not the train is late.* El tren llega tarde la mayoría de las veces. • **as often as not** la mitad de las veces

⚠ **Often**, como los demás adverbios de frecuencia (**always**, **never**, **usually**), va antes del verbo principal y después del primer modal o auxiliar, si lo hay. Si el verbo es **be**, va siempre después de este:
✔ *They often spend the summer together.*
✔ *She has often spoken about her family.*
✔ *I could often hear them singing in the next room.*
✔ *They are often late.*

of·ten·times /ˈɔfən,taɪmz/ *adv* a menudo, con frecuencia [SIN] **often**

o·gle /ˈoʊɡəl/ v [T] (*peyor*) comerse con los ojos a

o·gre /ˈoʊɡər/ s [C] **1** (en un cuento) ogro **2** (persona) ogro

OH *abrev escrita de* **OHIO**

oh /oʊ/ *interj*
1 indicando enojo, sorpresa
2 ante noticia desconocida
3 al notar o recordar
4 al comprender
5 en pausas, titubeos
6 para enfatizar

1 INDICANDO ENOJO, SORPRESA oh: *Oh, be quiet!* ¡Por el amor de Dios, cállate! • *Oh, how awful!* ¡Oh, qué horror! • *Oh, aren't those flowers gorgeous!* ¡Mira qué flores más bonitas! • **oh no!** ¡oh, no! • **oh well** bueno
2 ANTE NOTICIA DESCONOCIDA ¿ah sí?: *Oh, I didn't know that.* ¿Ah sí?, no lo sabía.
3 AL NOTAR O RECORDAR ah: *Oh, and don't forget to turn off the lights.* ¡Ah! y no te olvides de apagar las luces.
4 AL COMPRENDER ah (claro) • **oh yeah** (*coloq*) ah, es verdad
5 EN PAUSAS, TITUBEOS eh, pues: *She's worked there for, oh, around twelve years.* Lleva trabajando allí, eh..., unos doce años.
6 PARA ENFATIZAR oh, no qué va, para nada • **oh, yes** sí, claro

ohm /oʊm/ s [C] (*técn*) ohmio, ohm

oil [S1] [W1] /ɔɪl/ s [U]
1 (para maquinaria) aceite: *Always have the oil in your car changed regularly.* Haga cambiar siempre el aceite de su carro con regularidad. • **oil level** nivel de aceite • **oil change** cambio de aceite
2 [U] petróleo: *a rise in the price of oil* un aumento en el precio del petróleo • **strike oil** encontrar petróleo • **oil**

company (compañía) petrolera • **the oil industry** la industria petrolera SIN **petroleum** ▶ CRUDE
3 [C,U] (en cocina) aceite: *First fry the chicken in a little oil*. Primero, fría el pollo en un poco de aceite.
4 oils [pl] óleo(s) • **in oils** al óleo ▶ BURN **the midnight oil**, ESSENTIAL OIL, OLIVE OIL, POUR **oil on troubled waters**

oil² *v* [T] lubricar, engrasar

oil·cloth /ˈɔɪlklɔθ/ *s* [U] hule (tela)

oiled /ɔɪld/ *adj* aceitado -a, engrasado -a

oil·field /ˈɔɪlfiːld/ *s* [C] yacimiento petrolífero, yacimiento petrolero

'oil ˌpainting *s* **1** [C] **2** [U] pintura al óleo

'oil rig *s* [C] plataforma petrolífera/petrolera

oil·skin /ˈɔɪl-skɪn/ *s* **1** [U] hule (tela) **2** [C] traje impermeable

'oil slick *s* [C] marea negra, mancha de petróleo

'oil ˌtanker *s* [C] (barco) petrolero

'oil well *s* [C] pozo petrolífero/petrolero

oil·y /ˈɔɪli/ *adj* (**oilier, oiliest**) **1** grasiento -a: *He wiped his hands on an oily rag*. Se limpió las manos en un trapo grasiento. **2** (cutis, cabello) graso -a, grasoso -a: *I have very oily skin*. Tengo el cutis muy graso. SIN **greasy 3** (comida) graso -a, aceitoso -a: *oily fish such as mackerel* pescados grasos como la caballa SIN **greasy 4** (similar al aceite) aceitoso -a: *an oily liquid* un líquido aceitoso **5** [gralm ante s] empalagoso -a, adulador -a

oink /ɔɪŋk/ *interj* oink (onomatopeya)

oint·ment /ˈɔɪntⁿmənt/ *s* [C,U] ungüento, pomada: *eye ointment* ungüento oftálmico ▶ **a FLY in the ointment**

OJ /ˌoʊ ˈdʒeɪ/ *s* [U] (*oral*) (**orange juice**) jugo de naranja

OK¹, **okay** /oʊˈkeɪ/ *adj* (*oral*) **1** (satisfactorio) bien: *Is the food OK?* ¿Está bien la comida? • **it is OK to do sth** se puede hacer algo, está bien hacer algo • **is it OK to do sth?** (tb **is it okay if I do sth?**) *Is it OK to wear jeans?* ¿Se puede ir de bluyines? • *Is it OK if I borrow your umbrella?* ¿Te importa si me llevo tu paraguas? • **it is OK for sb to do sth** alguien puede hacer algo: *Is it OK for you to talk?* ¿Puedes hablar? • **it is OK with/by sb** por alguien no hay problema: *It's OK with me if we just stay home*. Por mí podemos quedarnos en casa. • *What about next Sunday? OK by you?* ¿Qué tal el próximo domingo? ¿Te viene bien? **2** [nunca ante s] **be OK** no estar mal: *The movie is OK, but the book is better*. La película no está mal, pero el libro es mejor. **3** [nunca ante s] (de salud, ánimo) bien: *Are you OK now?* ¿Ya estás bien? **4** (de carácter) bien

it's/that's OK no pasa nada, no hay problema

OK², **okay** *interj* **1** (indicando acuerdo) de acuerdo, bueno: *I'll see you tomorrow, OK?* Te veo mañana, ¿de acuerdo? **2** (al empezar, tras una pausa) bueno: *OK, let's look at Chapter 6*. Bueno, veamos el Capítulo 6. **3** (ante una propuesta) bueno: *"Would you like to go out tonight?" "OK."* –¿Quieres salir esta noche? –Bueno. **4** (ante una orden, sugerencia) bueno, muy bien: *OK, I'll phone him now*. Bueno, ahora lo llamo. **5** (para zanjar) OK: *OK, so I made a mistake*. OK, cometí un error.

OK³, **okay** *adv* (*oral*) bien: *I'm doing OK now*. Ahora me va bien.

OK⁴, **okay** (**OK's, OK'd, OK'ing** tb **okays, okayed, okaying**) *v* [T] (*coloq*) dar el visto bueno

OK⁵, **okay** *s* **the OK** (*coloq*) el visto bueno

OK⁶ *abrev escrita de* OKLAHOMA

o·kra /ˈoʊkrə/ *s* [U] quingombó, quimbombó

old S1 W1 /oʊld/ *adj* (**older, oldest**)

1	no nuevo
2	no joven
3	para hablar de la edad
4	anterior
5	conocido
6	idioma

1 NO NUEVO viejo -a: *a pair of old shoes* un par de zapatos viejos • *Their house is quite old*. Su casa es bastante vieja. • **be (as) old as the hills** (*coloq*) ser más viejo -a que un morro, ser más viejo -a que Matusalén ANT **new**

2 NO JOVEN (**a**) mayor, viejo -a: *a very old man* un hombre muy viejo • *a beautiful old oak tree* un hermoso roble viejo • **grow/get old** envejecer: *Her parents were getting old*. Sus padres estaban envejeciendo. ANT **young** • **older people** las personas mayores (**b**) **the old** [usado como s pl] los ancianos, los viejos SIN **the elderly** ANT **the young**

⚠ **the old** Algunas personas evitan el uso de esta expresión porque puede resultar ofensivo. En su lugar utilizan **senior citizens**.

3 PARA HABLAR DE LA EDAD **how old are you/is he?** ¿cuántos años tienes/tiene?: *She asked how old Dan was*. Preguntó cuántos años tenía Dan. • **be 5/6/7 years old** tener 5/6/7 años: *Our house is 60 years old*. Nuestra casa tiene 60 años. • **5/6/7-year-old**: *a three-year-old boy* un niño de tres años • **older than** mayor que, más antiguo -a/viejo -a que: *She's older than her sister*. Es mayor que su hermana. • **be old enough (to do sth)** tener edad (para hacer algo): *She's old enough to go to school on her own now*. Ya tiene edad para ir sola a la escuela. • **be too old (to do sth)** ser/estar demasiado viejo -a (para hacer algo): *She wanted to have a baby before she was too old*. Quería tener un bebé antes de que fuera demasiado tarde. • **old enough to know better** (indicando que alguien debería actuar con mayor sensatez) *Stop it, you two! You're old enough to know better*. ¡Basta ya, ambos! A su edad deberían portarse mejor. • **be old enough to be sb's father/mother** poder ser el padre/la madre de alguien: *How can she go out with him? He's old enough to be her father*. ¿Cómo puede salir con él? Podría ser su padre. • **be old before your time** (**a**) estar avejentado -a (**b**) tener actitudes de viejo -a

4 ANTERIOR [solo ante s] antiguo -a: *his old girlfriend* su antigua novia • *our old car* nuestro antiguo carro • **an old flame** (*antic*) un antiguo novio/una antigua novia SIN **ex**

5 CONOCIDO [solo ante s] viejo -a: *It was good to be back to the old routine*. Fue bueno volver a la vieja rutina. • **an old friend** un viejo amigo/una vieja amiga

6 IDIOMA **Old** [solo ante s] antiguo: *Old English* el inglés antiguo ▶ **the SAME old person/place/thing**

for old times' sake por los viejos tiempos • **the good old days** las buenas épocas • **good/poor/silly old...** (*oral*) (para referirse a alguien con afecto) *Good old Debbie!* ¡La buena de Debbie! • *Don't worry, you silly old thing*. No te preocupes, tontica. • **of the old school** (*frml*) de la vieja escuela • **the old days** antaño, antiguamente • **sb's old self** el mismo/la misma (de siempre) • **old times** los viejos tiempos

ˌold 'age *s* [U] vejez • **in old age** en la vejez • **in his/her old age** en su vejez ▶ **a RIPE old age**

old·en /ˈoʊldən/ *adj* **in (the) olden days** (tb **in olden times**) antaño, antiguamente

ˌold-'fashioned *adj* **1** (*peyor*) pasado -a de moda, anticuado -a: *old-fashioned clothes* ropa pasada de moda • *I don't wear that skirt now – it looks so old-fashioned*. Ya no me pongo esa falda; está tan pasada de moda. **2** antiguo -a, obsoleto -a: *old-fashioned farming methods* antiguos métodos de cultivo **3** (de mentalidad) anticuado -a: *her strict, old-fashioned father* su anticuado y estricto padre **4** (*aprec*) tradicional, de la vieja escuela • **good old-fashioned sth** (para ponderar lo tradicional) *good old-fashioned cooking* la buena cocina de toda la vida

¿**old-fashioned, dated, out-of-date** o **outdated**?
old-fashioned es el término general para referirse a lo que es anticuado o está pasado de moda: *old-fashioned words* • *old-fashioned ideas*
dated no suele usarse antes de sustantivo ni aplicarse a las ideas o las costumbres: *That dress looks a little dated now*.

out-of-date se aplica a lo que contiene información sin actualizar: *This map is out-of-date.*
outdated se refiere a ideas, métodos, máquinas, etc., que hay que cambiar o poner al día: *outdated equipment*

,Old 'Glory *s* [U] (*coloq*) la bandera de los Estados Unidos

,old 'hand *s* [C] veterano -a • [+at]: *He was an old hand at sailing.* Era un experto en la navegación a vela.

,old 'hat *adj* [nunca ante s] muy visto -a, archiconocido -a

old·ie /'ouldi/ *s* [C] (*coloq*) clásico (canción, película, etc.)

,old 'maid *s* [C] (*antic*) solterona

,old 'man *s* [C gralm sing] (*antic, coloq*) **sb's old man (a)** el padre de alguien **(b)** el marido/novio de alguien

Old 'Master *s* [C] **1** obra maestra de la pintura **2** maestro -a de la pintura

,Old 'Testament *s* **the Old Testament** el Antiguo Testamento ▶ NEW TESTAMENT

'old-time *adj* [solo ante s] antiguo -a: *old-time remedies* remedios antiguos

,old 'timer *s* [C] veterano -a

old 'wives' tale *s* [C] cuento de viejas

,Old 'World *s* [sing] **the Old World** el Viejo Mundo ▶ NEW WORLD

'old-world *adj* [solo ante s] de otros tiempos, de los viejos tiempos

o·le·an·der /'ouli,ændə/ *s* [C,U] adelfa

ol·fac·to·ry /al'fæktəri, oul-/ *adj* [solo ante s] (*técn*) olfativo -a

ol·i·gar·chy /'aləgarki/ *s* (pl **oligarchies**) oligarquía

ol·ive¹ /'alɪv/ *s* **1** [C] aceituna, oliva: *a jar of black olives* un frasco de aceitunas negras **2** [C] olivo • **olive grove** olivar **3** [U] (tb **'olive green**) verde oliva
EXPRESIONES
extend/offer an olive branch tender/ofrecer una rama de olivo, mostrarse dispuesto -a a hacer las paces

olive² *adj* **1** (tb **'olive green**) (de color) verde oliva **2** aceitunado -a: *an olive skin complexion* una tez aceitunada

,olive 'oil *s* [C,U] aceite de oliva: *extra virgin olive oil* aceite de oliva extra virgen

O·lym·pi·ad /ə'lɪmpi,æd, ou-/ *s* [C] (*frml*) Olimpiada

O·lym·pic /ə'lɪmpɪk/ *adj* [solo ante s] olímpico -a

O,lympic 'Games (tb **Olympics**) *s* [pl] **1** Juegos Olímpicos, Olimpiadas **2** (en la antigua Grecia) olimpiadas

O·man /ou'man/ Omán

O·man·i /ou'mani/ *s* [C], *adj* omaní

om·buds·man /'ambudzmən/ *s* [C] (pl **ombudsmen** /-mən/) defensor -a del pueblo, ombudsman

o·me·ga /ou'migə, -'meɪgə/ *s* omega

ome·let, **omelette** *s* [C] omelette: *a cheese omelet* una omelette de queso • *Spanish omelet* tortilla española
EXPRESIONES
You can't make an omelet without breaking eggs. El que quiera (azul) celeste, que le cueste.

o·men /'oumən/ *s* [C] augurio, presagio • **a bad/an ill omen** un mal augurio, un mal presagio • **a good omen** un buen augurio/presagio • [+of]: *an omen of good fortune* un augurio de buena fortuna • [+for]: *It's a good omen for the future.* Es un buen augurio para el futuro.

om·i·nous /'amənəs/ *adj* **an ominous sign** una señal de mal augurio/de mal agüero • *There was an ominous silence.* Se hizo un silencio que no auguraba nada bueno.

om·i·nous·ly /'amənəsli/ *adv* *The sky looked ominously dark.* La oscuridad del cielo no auguraba nada bueno.

o·mis·sion /ou'mɪʃən, ə-/ *s* **1** [U] (acción) omisión, exclusión • [+of]: *The omission of her name was not deliberate.* La omisión de su nombre no fue intencional. • [+from]: *his omission from the team* su

exclusión del equipo **2** [C] (cosa o persona) omisión, exclusión: *There were a few surprising omissions.* Hubo algunas omisiones que causaron sorpresa. • **a serious/major/notable omission** una omisión grave/importante/notable • **a glaring omission** una omisión flagrante

o·mit /ou'mɪt, ə-/ *v* [T] (**omitted, omitting**) **1** omitir: *He omitted many important details.* Omitió muchos detalles importantes. • *She deliberately omitted the fact that Paula had been there too.* Deliberadamente omitió mencionar el hecho de que Paula también había estado allí. SIN **leave out 2** (*frml*) **omit to do sth** omitir hacer algo • **omit to mention/say/tell** omitir mencionar/decir/contar: *Oliver omitted to mention that he was married.* Oliver omitió mencionar que estaba casado.

om·ni·bus /'amnibəs/ *s* [C] **1** antología **2** programa especial (con varios capítulos de la misma serie)

om·nip·o·tence /am'nɪpətəns/ *s* [U] omnipotencia

om·nip·o·tent /am'nɪpətənt/ *adj* (*frml*) omnipotente

om·ni·pres·ent /,amnɪ'prɛzənt◂/ *adj* (*frml*) omnipresente

om·ni·science /am'nɪʃəns/ *s* [U] omnisciencia

om·ni·scient /am'nɪʃənt/ *adj* (*frml*) omnisciente: *the book's omniscient narrator* el narrador omnisciente del libro

om·niv·o·rous /am'nɪvərəs/ *adj* omnívoro -a

on¹ S3 W1 /ɔn, an/ *prep*
1 SUPERFICIE sobre, en: *snow falling on the hills* nieve cayendo sobre las colinas • *The book is on my desk.* El libro está en mi escritorio. • *the picture on page 25* el dibujo en la página 25 • *a box with no label on it* una caja sin etiqueta • *the boats on the river* los botes en el río ANT **off**
2 APOYO EN PARTE DEL CUERPO en, de: *He got down on one knee.* Se arrodilló (sobre una rodilla). • *He was on his hands and knees.* Estaba a cuatro patas. • *Can you stand on your head?* ¿Puedes pararte de cabeza?
3 SUJECIÓN de, con: *He hung his jacket on a hook.* Colgó su saco de un gancho. • *Dogs must be kept on a leash at all times.* Los perros deben llevarse siempre con correa.
4 LUGAR, SITUACIÓN en: *on the floor above* en el piso de arriba • *The town is right on the border.* El pueblo está justo en la frontera. • *No cars are allowed on the island.* No se permiten carros en la isla.
5 MARES, RÍOS, LAGOS a la orilla de: *a small town on the Mississippi* un pueblo pequeño a la orilla del Mississippi SIN **by**
6 AFECTANDO A *a tax on gasoline* un impuesto sobre la gasolina • *his influence on young people* su influencia sobre los jóvenes • *attacks on the president in the press* críticas al presidente en la prensa
7 FECHAS, DÍAS *The meeting was on Thursday.* La reunión fue el jueves. • *We leave on June 17.* Nos vamos el 17 de junio. • *He called me on the evening of the concert.* Me llamó la noche del concierto.
8 POSICIÓN RELATIVA a: *The school is on your left.* La escuela está a tu izquierda.
9 TEMA sobre, acerca de: *a book on China* un libro sobre China • *information on local services* información sobre servicios locales SIN **about, concerning, regarding**
10 TRANSPORTE *the passengers on the bus* los pasajeros del bus • *It's time to get on the train.* Es hora de subir al tren. • *They wouldn't let him on the ship.* No le permitieron subir a bordo. SIN **aboard**
11 BICICLETA, CABALLO, MOTO *police officers on motorcycles* agentes de policía en moto • *He'd never been on a horse before.* Jamás había montado a caballo antes. ▶ ASTRIDE
12 HERIDAS, DAÑOS con, contra: *I cut my hand on a piece of glass.* Me corté la mano con un vidrio. • *She hit her head on a shelf.* Se golpeó la cabeza contra un estante.
13 SOPORTES DE GRABACIÓN en: *The movie is now available on video and DVD.* La película ya se consigue

en video y DVD. • *She has the interview on tape.* Tiene la entrevista grabada (en cinta).

14 PARTE DEL CUERPO AFECTADA en: *I wanted to punch him on the nose.* Sentí ganas de darle un puñetazo en la nariz. • *Matt kissed her on the cheek.* Matt la besó en la mejilla. • *The dog bit me on the leg.* El perro me mordió la pierna.

15 MOMENTO (frml) al: *On arrival at the hotel, guests are greeted with champagne.* Al llegar al hotel, los huéspedes son recibidos con champaña. • **on doing sth** al hacer algo: *What was your reaction on seeing him?* ¿Cómo reaccionaste al verlo?

16 TRANSMISIONES **on TV/television** en/por (la) televisión • **on (the) radio** por (la) radio • **on the Internet/a website** en Internet/un sitio web

17 APARATOS por, en: *We talk on the phone every day.* Hablamos por teléfono todos los días. • *The kids spend hours on the Internet.* Los niños pasan horas en Internet. • *Is he still on the computer?* ¿Todavía está usando el computador?

18 CON CONEXIÓN **be on the Internet/phone** tener conexión a Internet/teléfono: *They weren't on the phone at the time.* En esa época no tenían teléfono.

19 INCLUSIÓN en: *My name wasn't on the list.* Mi nombre no figuraba en la lista. • *There was no fish on the menu.* No había pescado en la carta.

20 EXPRESIONES FACIALES **on sb's face** *There was a look of annoyance on his face.* Tenía cara de enojado.

21 ESCRITO, IMPRESO en: *a label with her name on it* una etiqueta con su nombre

22 COMIDA, BEBIDA de, a base de: *They live mainly on beans and rice.* Se alimentan principalmente de fríjoles y arroz.

23 COMBUSTIBLE, ENERGÍA con: *Most buses run on diesel.* La mayoría de los buses funcionan con diesel.

24 INGRESOS *He's on a fairly good salary now.* Ahora está ganando un sueldo bastante bueno. • *families on welfare* familias que dependen de la seguridad social para vivir • *workers on low incomes* trabajadores con bajos ingresos • *No one can live on $ 10 a week.* Nadie puede vivir con 10 dólares por semana.

25 MEDICAMENTOS, DROGAS **be on sth** tomar algo, consumir algo: *Are you still on antibiotics?* ¿Sigues tomando antibióticos? • *A lot of these kids are on heroin.* Muchos de estos chicos consumen heroína. • **put sb on antibiotics/antidepressants** recetarle antibióticos/antidepresivos a alguien [ANT] **off**

26 GRUPO, EQUIPO *Whose team are you on?* ¿En el equipo de quién estás? • *Mr. Edwards is no longer on the staff here.* El señor Edwards ya no es parte de nuestro personal.

27 MIRANDO, ENFOCANDO *His eyes were on the window behind me.* Tenía la mirada puesta en la ventana que había detrás de mí. • *She trained her binoculars on the house.* Enfocó la casa con los binoculares.

28 ACTIVIDADES, VIAJES *We met on a tour of Europe.* Nos conocimos en un viaje por Europa. • *the other students in the class* los otros alumnos del curso

29 GASTOS, AHORROS en: *How much do you spend on food?* ¿Cuánto gastas en comida? • *We saved $ 10 on the price by booking early.* Nos ahorramos 10 dólares haciendo la reserva con anticipación.

30 CONSIGO **have sth on you** (coloq) tener/llevar algo encima: *Do you have a pen on you?* ¿Llevas bolígrafo encima?

31 DE ACUERDO CON por: *I accepted the offer on the advice of my lawyer.* Acepté la oferta por consejo de mi abogado. • *He was killed on the king's orders.* Fue asesinado por orden del rey.

32 PUNTAJE con: *Woods is in the lead on 63.* Woods lleva la delantera on 63.

33 INVITACIONES (coloq, oral) **be on sb** *Dinner's on me tonight.* Esta noche la cena la pago yo. • **on the house** *It's on the house.* Invita la casa.

34 COMPARACIONES respecto de: *Sales are 10% up on last year.* Las ventas aumentaron en un 10 por ciento respecto del año pasado.

35 PUNTO ALCANZADO en: *I stopped reading on page 53.* Leí hasta la página 53. • *The washing machine is on its rinse cycle.* La lavadora está en el ciclo de enjuague.

36 INSTRUMENTOS MUSICALES en: *He played a short piece on the piano.* Tocó una pieza breve en el piano.

on² S1 W1 *adv*

> 1 indicando continuación
> 2 en el espacio
> 3 prendas, joyas
> 4 en el tiempo
> 5 aparatos, calefacción
> 6 en medios de transporte
> 7 tapas

1 INDICANDO CONTINUACIÓN **play/read on** seguir tocando/leyendo: *Do you want to stop now, or play on?* ¿Quieres parar ahora o seguir tocando? • **go/carry/keep on doing sth** seguir haciendo algo: *They just go on spending money.* No hacen más que seguir gastando. • **on and on** interminablemente, sin parar: *He talked on and on in that dull boring voice.* Hablaba sin parar con esa voz aburrida y monótona.

2 EN EL ESPACIO *We drove on toward Cambridge.* Seguimos viaje rumbo a Cambridge. • *If you walk on a little, you'll see the house.* Si caminas un poco más, verás la casa. • **on and on** *The road stretched on and on for miles.* La carretera se extendía interminablemente, milla tras milla. • *We marched on and on along the dusty road.* Continuamos la interminable marcha por el camino polvoriento. • **straight on** derecho: *Keep straight on at the crossroads.* En el cruce, siga derecho.

3 PRENDAS, JOYAS **have sth on** llevar/tener algo puesto -a: *He didn't have his glasses on.* No tenía puestos los anteojos. • *He had absolutely nothing on.* Estaba completamente desnudo. [ANT] **off**

4 EN EL TIEMPO **two years/six months on** dos años/seis meses después: *Eighty years on, the company is still making bicycles.* Ochenta años después, la compañía sigue fabricando bicicletas. • **from then on** (tb **from that moment/day etc. on**) a partir de ese momento: *From then on, things started to improve.* A partir de ese momento, las cosas empezaron a mejorar. • **from now on** (tb **from this moment on**) de ahora en adelante

5 APARATOS, CALEFACCIÓN **turn/switch/put sth on** encender algo: *Turn on the radio. I want to hear the news.* Enciende el radio. Quiero oír el noticiero. [ANT] **off**

6 EN MEDIOS DE TRANSPORTE *The driver wouldn't let me on.* El conductor no me quería dejar subir. [ANT] **off**

7 TAPAS (en posición) *Put the lid back on.* Vuelve a ponerle la tapa. [ANT] **off**

EXPRESIONES
have sth on (oral) (referido a compromisos) *We've a lot on at the moment.* Tenemos mucho que hacer en este momento. • *I haven't anything on tomorrow, so I could see you then.* No tengo ningún compromiso mañana, así que podría verte. • **be on for sth** (coloq, oral) anotarse/apuntarse a algo: *Are you on for a drink after work?* ¿Te vienes a tomar algo después del trabajo? • **be on to sth** (coloq, oral) dar con algo (importante, de valor, etc.): *We knew we were on to something big.* Sabíamos que habíamos dado con algo grande. • **be on to sb** (oral) (coloq) tener calado -a a alguien: *The police are on to her.* La policía la tiene calada. • **on and off** (tb **off and on**) (por periodos breves) *It rained on and off for the whole afternoon.* Llovió intermitentemente toda la tarde. • **you're on!** (coloq, oral) ¡trato hecho!: *"I bet you $20 he won't come." "You're on!"* –Apuesto 20 dólares a que no viene. –¡Trato hecho!

on³ S1 W1 *adj*

1 encendido -a (luz, TV, etc.), abierto -a (llave de agua): *The light was on in her room.* La luz estaba encendida en su habitación. [ANT] **off**

2 (en televisión, cine) *There's a good documentary on at eight.* A las ocho pasan un buen documental. • *What's on at the movies this week?* ¿Qué dan esta semana en el cine?

3 (eventos) *You should visit Chicago while the festival is on.* Deberías visitar Chicago durante el festival. • *There's a war on.* Se está librando una guerra. • *Their sale is on now.* Están de rebajas ahora. ANT **off**
4 (no cancelado) *My offer's still on.* Mi oferta sigue en pie. • *The union says the strike is still definitely on.* El sindicato dice que se va decididamente a la huelga. ANT **off**
5 (trabajando) *I'm not on again until 2 o'clock tomorrow.* No vuelvo a estar de turno hasta mañana a las 2 de la tarde. ANT **off**

once¹ S1 W1 /wʌns/ *adv*
1 una vez: *Just press this button once.* Simplemente, oprima este botón una vez. • **only once** solo una vez: *I've only seen her once.* La vi solo una vez. • **once before** *They'd met once before at a party.* Se habían encontrado en una fiesta una vez. • **more than once** *He's threatened me more than once.* Me amenazó más de una vez. • **once a week/month/year** una vez a la semana/al mes/al año: *Staff meetings take place once a week.* Las reuniones de personal tienen lugar una vez a la semana.
2 tiempo atrás: *They had once been close friends.* Tiempo atrás, habían sido amigos íntimos. • *a car once owned by Hitler* un carro que había pertenecido a Hitler • **once-great/-beautiful/-powerful** otrora gran/precioso -a/poderoso -a: *this once-great nation* esta otrora gran nación
3 (hablando del pasado) una vez: *He once gave a party for 2,000 people.* Una vez dio una fiesta para 2.000 personas.
4 **not/never once** ni una sola vez: *I never once saw him get angry or upset.* Ni una sola vez lo vi enojarse o molestarse.

EXPRESIONES
at once (a) a la vez: *I can't do two things at once.* No puedo hacer dos cosas a la vez. SIN **simultaneously (b)** ahora mismo, inmediatamente: *Come here at once!* ¡Ven aquí ahora mismo! • *I recognized him at once.* Lo reconocí inmediatamente. SIN **immediately** • **all at once** de repente: *All at once he started screaming.* De repente, empezó a gritar. • **(just) for once** por una vez: *For once I agree with him.* Por una vez, estoy de acuerdo con él. • *Just for once, let me make my own decision.* Por una vez, déjame tomar la decisión yo mismo. • **once a..., always a...** (*oral*) (indicando que las personas no cambian) *Once a thief, always a thief.* Quien roba una vez, roba diez. • *Once a baseball fan, always a baseball fan.* Quien una vez fue fanático del béisbol, siempre lo será. • **once again (a)** (tb **once more**) (nuevamente) una vez más: *Breathe in slowly once more.* Inspire lentamente una vez más./Vuelva a inspirar lentamente. SIN **again (b)** (tb **once more**) (indicando una vuelta al estado anterior) *Everyone had left and the house was quiet once again.* Todos se habían ido y volvía a reinar el silencio en la casa. **(c)** (*frml, oral*) (al reiterar algo) una vez más: *Once again, I'd like to thank everyone for coming tonight.* Una vez más, desearía agradecerles a todos ustedes por estar aquí esta noche. • **once and for all** de una vez por todas: *Let's settle this matter once and for all.* Arreglemos este asunto de una vez por todas. • **Once bitten, twice shy.** El gato escaldado, del agua fría huye., Al perro no lo capan dos veces. • **once in a blue moon** (*coloq*) muy de vez en cuando • **(every) once in a while** de vez en cuando • **once or twice** una o dos veces, un par de veces: *The same thing had happened once or twice before.* Lo mismo había ocurrido antes un par de veces. • **once too often** demasiadas veces: *He tried that trick once too often.* Empleó ese truco demasiadas veces. • **once upon a time there was...** érase/había una vez...: *Once upon a time, there was a princess.* Había una vez una princesa. • **(just) this once** (*oral*) solo por esta vez: *Go on, lend me the car, just this once.* Vamos, déjame el carro, solo por esta vez.

once² S1 W3 *conj* una vez que, en cuanto: *Once in bed, she fell fast asleep.* Una vez en la cama, se durmió rápidamente.

'once-over *s* **give sth/sb the once-over** echarle un vistazo a algo/alguien

on·com·ing /ˈɒnˌkʌmɪŋ, ˈɑn-/ *adj* [solo ante s] que viene/venían en sentido contrario: *He swerved to avoid an oncoming car.* Giró bruscamente para evitar un vehículo que venía en sentido contrario.

one¹ S1 W1, 1 /wʌn/ *núm* uno -a, un: *page one* la página uno • *one person* una persona • *I have one brother.* Tengo un hermano. ▶ **FIRST**; ver ejs en **SIX**

one² S1 W1 *pron*
1 (para referirse a un sustantivo mencionado anteriormente) *If you don't have a camera, buy one.* Si no tiene una cámara, cómprese una. • *one large room and two smaller ones* una habitación grande y dos más pequeñas • *The problem is one of time.* El problema es de tiempo.
2 (para referirse a un integrante de un grupo) uno -a: *The houses are all similar, but one is a little bigger.* Todas las casas son parecidas, pero una es un poco más grande. • *The twins are so alike you can't tell one from the other.* Los gemelos son tan parecidos que es imposible distinguirlos. • [+of]: *This is one of my favorite books.* Este es uno de mis libros favoritos. • **every one of** cada uno -a de: *I've spoken to every one of them.* He hablado con cada uno de ellos. • **the one/ones** *The only jokes I know are the ones you told me.* Los únicos chistes que sé son los que me contaste tú. • *She's the one you should be talking to.* Es con ella que deberías estar hablando. • **this one/these ones** este -a/estos -as: *I like all the pictures except this one.* Me gustan todos los cuadros salvo este. • **that one/those ones** ese -a/esas, aquel -ella/aquellos -as: *"Which design do you prefer?" "That one."* –¿Qué diseño prefiere? –Aquel. • **one more** uno -a más: *We need one more to make up a team.* Necesitamos uno más para formar un equipo. • **not one** ni (siquiera) uno -a: *Not one of them escaped.* No se escapó ni uno.
3 (hablando de un tipo de persona) **the lucky/guilty/quiet ones** los afortunados/culpables/callados, las afortunadas/culpables/calladas: *I was one of the lucky ones.* Yo fui uno de los afortunados. • *The little ones are in bed.* Los pequeños están en la cama. • **sb's dear/loved ones** los seres queridos de alguien • **be a great one for (doing) sth** *He was a great one for telling stories.* Le encantaba contar historias. • **not/never be one for sth/to do sth** (*oral*) no ser de los/las que hacen algo: *Tom is not one to show his emotions.* Tom no es de los que exteriorizan sus sentimientos. • *She's never really been one for lying around on beaches.* Nunca fue de las que disfrutan de estar tiradas en una playa.
4 [pron impers] (*frml*) uno -a: *One has to be careful.* Uno tiene que tener cuidado./Hay que tener cuidado. ▶ **go one BETTER, NO ONE, one of these DAYS, ONE-ON-ONE, ONE-TO-ONE, that's a NEW one on me**

EXPRESIONES
as one (*frml*) al mismo tiempo, todos -as a la vez: *The whole team stood up as one.* El equipo entero se puso de pie al mismo tiempo. • **be at one with sb** (*frml*) estar de acuerdo con alguien, coincidir con alguien • **(all) in one** todo en uno, (todo) a la vez: *It's a TV, radio and DVD all in one.* Es televisión, radio y DVD todo en uno. • **for one** (*oral*) (para dar un ejemplo) por lo pronto: *Several people disagreed. Mr. Acton, for one.* Muchas personas discreparon. Por lo pronto, el señor Acton. • **I, for one,...** (*oral*) yo, por mi parte,...: *I, for one, am proud of our team's effort.* Yo, por mi parte, estoy orgullosa del esfuerzo realizado por nuestro equipo. • **it takes one to know one** (*coloq, oral*) *"You're a liar!" "It takes one to know one."* –¡Eres un mentiroso! –Mira quién habla. • **one after the other** (tb **one after another**) uno tras otro/una tras otra: *The problems came one after the other.* Los problemas surgieron uno tras otro. SIN **in quick succession** • **one and the same** la misma persona, la misma cosa: *Muhammad Ali and Cassius Clay are one and the same.* Mohamed Alí y Cassius Clay son la misma persona. • **one by one** uno a uno/una a una, uno por uno/una por una • **one for the books** (*coloq*) de antología • **one of the boys/girls** uno/una más del grupo • **one of the family** parte de la familia, uno -a más de la

familia: *I always felt like one of the family.* Siempre me sentí parte de la familia. • **be/get one up on sb** llevarle/sacarle ventaja a alguien: *an opportunity to get one up on our rivals* una oportunidad para sacarles ventaja a nuestros adversarios

one³ S1 *det*

1 (para individualizar) uno -a: *If there's one thing I hate, it's rudeness.* Si hay algo que detesto es la mala educación. • *One person I do like is Bob.* Una persona que sí me gusta es Bob. • *I swam from one end of the pool to the other.* Nadé de un extremo al otro de la piscina. **2** (para referirse a un momento indeterminado del pasado) **one day/morning/afternoon** un día/una mañana/una tarde: *One morning, there was a knock at the door.* Una mañana, golpearon a la puerta. • **one time** una vez: *One time the ball hit me in the face.* Una vez la pelota me pegó en la cara. **3** (para referirse a un momento indeterminado del futuro) **one day/morning** algún día/una mañana: *One day I hope to go back there.* Algún día espero volver allí. SIN **some 4** (*coloq, oral*) (para enfatizar una descripción) *That is one cute kid!* ¡Qué niño tan amoroso!

EXPRESIONES

at one time en una época: *At one time you could buy a house here for $10,000.* En una época aquí se podía comprar una casa por 10.000 dólares. • **for one thing** (*coloq*) para empezar: *We didn't buy it. For one thing, it was too big.* No la compramos. Para empezar, era demasiado grande. • **one more thing** algo/una cosa más: *One more thing. Could you get a newspaper?* Algo más. ¿Traes el periódico? • **one more time/day** una vez/un día más: *Let's sing it one more time.* Cantémoslo una vez más. • **one or two** (*coloq*) un par, alguno que otro/alguna que otra: *I've spoken to one or two people about it.* Hablé de ello con un par de personas.

one⁴ S1 W1 *adj* [solo ante s]

1 único -a: *Claire is the one person I can trust.* Claire es la única persona en quien puedo confiar. **2** (uso enfático) *We won't all fit into this one car.* No vamos a caber todos en este único carro. • *This is the one day when everything needs to go right.* Este es precisamente el día en que todo tiene que salir bien.

EXPRESIONES

the one and only time/chance la única vez/oportunidad: *That was the one and only time I saw him.* Esa fue la única vez que lo vi. • **the one and only** (referido a alguien o algo famoso) *Ladies and gentlemen, the one and only Elton John!* Damas y caballeros, el único, el inigualable ¡Elton John!

one⁵ *s* [C] **1** billete de un dólar: *Do you have any ones?* ¿Tiene algún billete de un dólar? **2** (número) uno: *Is that a one or a seven?* ¿Eso es un uno o un siete?

EXPRESIONES

in ones and twos de uno en uno, de dos en dos: *Guests arrived in ones and twos.* Los invitados llegaban de uno en uno, de dos en dos.

one an'other *pron* [nunca como suj de la or] Este pronombre indica la reciprocidad de una acción o relación: *Liz and I have known one another for years.* Liz y yo nos conocemos desde hace años. • *They all hate one another.* Se odian entre sí. • *They were standing next to one another.* Estaban uno al lado del otro. • *We give one another advice.* Nos aconsejamos mutuamente. SIN **each other**

one-'liner *s* [C] chiste breve, comentario ingenioso

'one-man *adj* [solo ante s] **1** realizado por una sola persona: *a one-man operation* un negocio manejado por una sola persona • *He's on a one-man crusade to ban the movie.* Se ha embarcado en una cruzada personal para lograr la prohibición de la película. ► ONE-WOMAN **2** para una sola persona: *a one-man tent* una carpa para una sola persona

one-man 'band *s* [C] **1** negocio llevado por una sola persona **2** hombre orquesta

one-night 'stand *s* [C] (*coloq*) levante de una noche, ligue de una noche

one-on-'one¹ *adj* [solo ante s] individual, cara a cara SIN **one-to-one**

one-on-'one² *adv* cara a cara, de forma individual SIN **one-to-one**

one-parent 'family *s* [C] familia monoparental

'one-piece *adj* [solo ante s] de una sola pieza

on·er·ous /'ɑnərəs, 'oʊ-/ *adj* (*frml*) oneroso -a • **an onerous task** una difícil tarea

one·self /wʌn'self/ *pron* (*frml*) **1** (uso reflexivo) uno mismo/una misma, sí mismo -a: *It's possible to find oneself in a difficult situation.* Es posible encontrarse en una situación difícil. • *It's rude to talk about oneself all the time.* Hablar sobre uno mismo todo el tiempo es de mala educación. **2** (uso enfático) uno mismo/una misma: *One is usually aware oneself when something is wrong.* Uno mismo suele darse cuenta cuando algo anda mal. **3** (tras preposición) uno -a (mismo -a), sí mismo -a: *One might be asked questions about oneself.* Pueden llegar a hacerle preguntas sobre uno (mismo).

EXPRESIONES

be oneself ser uno mismo/una misma, comportarse con naturalidad • **(all) by oneself** (sin compañía) solo -a SIN **alone** (b) (sin ayuda) solo -a SIN **unaided** • **(all) to oneself** (todo -a) para uno solo/una sola

one-'sided *adj* **1** parcial, sesgado -a (opinión, versión, acusación) ANT **balanced** ► BIASED **2** muy desigual (partido, competición)

'one-time *adj* [solo ante s] (tb **onetime**) antiguo -a (anterior) SIN **former**

one-to-'one¹ *adj* [solo ante s] individual, cara a cara: *one-to-one teaching* enseñanza individual • **on a one-to-one basis** de forma individual: *tuition on a one-to-one basis* enseñanza personalizada SIN **one-on-one**

one-to-one² *adv* cara a cara, de forma individual: *I need to discuss it with him one-to-one.* Necesito hablarlo con él cara a cara. SIN **one-on-one**

one-track 'mind *s* **have a one-track mind** no tener más que una idea en la cabeza

one-up·man·ship /ˌwʌn 'ʌpmənˌʃɪp/ *s* [U] actitud de quien intenta a toda costa ser mejor que los demás: *Their relationship had become an exercise in one-upmanship.* Su relación se había convertido en una competencia para ver quién quedaba mejor que el otro.

one-'way *adj* [gralm ante s] **1 a one-way street** una calle de sentido único, una calle de un solo sentido • **a one-way system** un sistema de dirección única • **one-way traffic** tránsito en sentido único, tránsito en un solo sentido **2** de ida • **a one-way ticket** un tiquete sencillo/de ida, un boleto sencillo/de ida • **a one-way trip** un viaje de ida

EXPRESIONES

a one-way ticket to sth (*coloq*) un camino directo a algo

'one-,woman *adj* [solo ante s] realizado por una sola mujer: *a one-woman exhibition* una exposición individual ► ONE-MAN

on·go·ing /'ɔnˌɡoʊɪŋ, 'ɑn-/ *adj* [gralm ante s] en curso: *an ongoing process* un proceso en curso • *The discussions are still ongoing.* Las conversaciones siguen en curso. • *an ongoing problem* un problema sin resolver • *their ongoing search for a new band leader* la búsqueda de un nuevo líder para la banda que están llevando a cabo ► GO ON

on·ion S2 W3 /'ʌnyən/ *s* [C,U] cebolla: *Chop the onions finely.* Pique finamente las cebollas. • **a red/yellow/white onion** una cebolla roja/amarilla/blanca • **onion soup** sopa de cebolla • **onion rings** aros de cebolla (rebozados) ► GREEN ONION

on·line¹, on-line /ˌɔnˈlaɪn◂, ˌɑn-/ *adj* **1** online, por Internet, en línea: *an online chatroom* una sala de chat online • *Hundreds of dictionaries are now online.* Ahora hay cientos de diccionarios online. • **online banking/shopping** banca/compras online, banca/compras por Internet **2 online users** usuarios de Internet • **online access** acceso a Internet • **be online** estar conectado -a (a Internet) ANT **offline 3** conectado -a (a un computador): *an online printer* una impresora conectada

online² *adv* online, por Internet, en línea: *She spends hours online.* Se pasa horas online. • *You can buy tickets online.* Puedes comprar entradas por Internet. • **go online** conectarse (a Internet)

on·look·er /ˈɒnˌlʊkər, ˈɑn-/ *s* [C] espectador -a (transeúnte, curioso, etc.): *The last few runners appeared, to a cheer from the onlookers.* Aparecieron los últimos corredores, que fueron vitoreados por los espectadores. ▶ **LOOK on**

on·ly¹ S1 W1 /ˈoʊnli/ *adv*
1 solo, apenas: *We need five chairs, but we only have three.* Necesitamos cinco sillas, pero solo tenemos tres. • *Naomi was only 17 when she got married.* Naomi tenía apenas 17 años cuando se casó. • *Of course you're cold. You're only wearing a T-shirt.* Pues claro que tienes frío. Lo único que tienes puesto es una camiseta. • *I'm only trying to help.* Solo trato de ayudar. • *If we laugh, it'll only make him mad.* Si nos reímos, solo lograremos que se enoje.
2 (exclusivamente) solo, solamente: *These flowers grow only in Hawaii.* Estas flores solo crecen en Hawai. • *The parking lot is for customers only.* El parqueadero es solo para clientes. • *I only wear these clothes for gardening.* Solo me pongo esta ropa para trabajar en el jardín. • **men-only/women-only** solo para hombres/mujeres, exclusivamente para hombres/mujeres: *a women-only health club* un gimnasio exclusivamente para mujeres • **only if** solo si: *She'll lend us the car, but only if I drive.* Nos prestará el carro, pero solo si manejo yo.
3 (no antes de) solo, apenas, recién: *I only got here last night.* Apenas llegué anoche. • *It seems like only yesterday that she was a baby.* Parece que fue ayer cuando era bebé. • **only then/now/when** solo entonces/ahora/cuando, recién entonces/ahora/cuando: *It was only then that I knew she was lying.* Fue solo entonces que supe que estaba mintiendo. • *Only now do I realize the mistakes I made.* Recién ahora me doy cuenta de los errores que cometí.
4 only to do sth (expresando decepción) *We arrived at the station only to find that the train had already left.* Llegamos a la estación y nos encontramos con que el tren ya se había ido. ▶ **only have EYES for sb**

EXPRESIONES
it is only right/fair/natural *It's only right that she should pay her share.* Lo que corresponde es que pague su parte. • *It's only natural for him to be jealous.* Es totalmente natural que esté celoso. • *I thought it only fair that he should be told.* Me parecía una cuestión de justicia que se lo dijeran. • **I can only assume/think/suppose (that)** (oral) solo puedo suponer que, lo único que se me ocurre es que: *I can only assume that it was a mistake.* Solo puedo suponer que fue un error. • **I only wish/hope** (oral) ojalá: *I only wish I could help.* Ojalá pudiera ayudar. • **if only** (oral) ojalá: *If only someone would help us!* ¡Ojalá alguien nos ayudara! • *If only he would listen to me!* ¡Si al menos me escuchara! • **only just** *The movie has only just begun.* La película acaba de empezar. • *I've only just sat down.* En este momento me acabo de sentar. • **only too well/clearly/obvious** *Prices are rising, as we know only too well.* Los precios están subiendo, como muy bien sabemos. • *It was only too obvious that she loved him.* Resultaba absolutamente obvio que ella lo quería. • **be only too happy/glad/pleased to do sth** estar encantado -a de hacer algo: *I'm only too happy to help.* Estoy encantado de poder ayudar.

only² S1 W1 *adj* [solo ante s]
1 único -a: *I was the only woman in the room.* Yo era la única mujer en la habitación. • *My only reason for leaving was boredom.* La única razón por la que me fui fue el aburrimiento.
2 the only (expresando que algo es lo mejor) *Champagne is the only drink for such an occasion.* La champaña es la bebida indicada en tales ocasiones. ▶ **the ONE and only**

EXPRESIONES
the only thing is... (oral) solo que..., el problema es que...: *You could borrow my car. The only thing is, I need it this afternoon.* Te podría prestar el carro. Es solo que lo necesito esta tarde.

only³ S3 *conj* (coloq) solo que, pero: *I'd offer to help, only I'm really busy right now.* Te ayudaría, solo que estoy muy ocupada en este momento. • *It smelled like rotten fish, only worse.* Olía a pescado podrido, pero peor.

,only 'child *s* [C] hijo -a único -a: *Tim's an only child.* Tim es hijo único.

,on-'message *adj* [nunca ante s] **be on-message** adherir al discurso del partido

,on-'off *adj* [solo ante s] intermitente: *an on-off relationship* una relación intermitente

on·o·mat·o·poe·ia /ˌɒnəmætəˈpiə/ *s* [U] (técn) onomatopeya

'on-ramp *s* [C] entrada, acceso (a una autopista, carretera) ANT **off-ramp**

on-screen¹, on·screen /ˌɒnˈskrɪn◂/ *adj* [solo ante s] en pantalla: *on-screen help* ayuda en pantalla

on-screen² *adv* **1** en el cine, en la televisión **2** en pantalla

on·set /ˈɒnsɛt, ˈɑn-/ *s* [sing] inicio (de hostilidades, de una recesión), aparición (de síntomas, de una enfermedad) • [+of]: *the onset of winter* el principio/la llegada del invierno • **at the onset** al principio

on·shore /ˌɒnˈʃɔr◂, ˌɑn-/ *adj* [solo ante s] en tierra

on·slaught /ˈɑnslɔt, ˈɒn-/ *s* [C] **1** ataque, embestida • [+on/against]: *The rebels launched a full-scale onslaught on the capital.* Los rebeldes lanzaron un ataque masivo sobre la capital. **2** avalancha, bombardeo (de críticas, etc.) • [+of/on]: *The president faced an onslaught of accusations.* El presidente enfrentó una avalancha de acusaciones.

'on-the-job *adj* [solo ante s] en el trabajo: *on-the-job training* formación en el trabajo ▶ **on the JOB**

on·to S2 W2, on to /ˈɒntə, ˈɑn-; *fuerte* ˈɒntu, ˈɑn-/ *prep*
1 (indicando movimiento) *The cat jumped onto the table.* El gato se subió a la mesa de un salto. • *I rolled over onto my back.* Me di la vuelta y me puse boca arriba. • *The band came onto the stage.* La banda subió al escenario. • *You walk out of the hotel and onto Oxford Street.* Usted sale del hotel y está en Oxford Street.
2 (indicando algo que se añade) *She was voted onto the committee.* Fue elegida miembro de la comisión. • *The plural is formed by adding "s" onto the end of the word.* El plural se forma agregando una "s" al final de la palabra. • *How did my name get onto your list?* ¿Cómo fue que mi nombre llegó a figurar en tu lista?
3 (indicando situación, dirección) a: *a gate leading onto a wide track* un portón que lleva a un camino amplio • *The dining room looks out onto the garden.* El comedor da al jardín.
4 (indicando sujeción) a: *The board had been screwed onto the wall.* La tabla estaba atornillada a la pared.

EXPRESIONES
be onto sb (coloq) andar detrás de alguien, seguirle la pista a alguien: *The police are onto you.* La policía anda detrás de ti. • **be onto something (big)** (coloq) haber dado con algo importante: *We knew we were onto something big.* Sabíamos que habíamos dado con algo importante.

o·nus /ˈoʊnəs/ *s* [sing] (frml) responsabilidad • **the onus is on sb (to do sth)** es responsabilidad de alguien (hacer algo), le corresponde a alguien (hacer algo) • **put the onus on sb** hacer recaer la responsabilidad sobre alguien

on·ward¹ /ˈɒnwərd, ˈɑn-/ (tb **onwards**) *adv*

EXPRESIONES
from... onward desde... (en adelante): *She worked from 1980 onward as a teacher.* Trabajó de profesora desde 1980 en adelante.

onward² *adj* [solo ante s] **1** hacia adelante • **the onward march of sth** el avance (inexorable) de algo: *the onward* *march of time* el avance inexorable del tiempo **2** de conexión: *the onward flight to Tokyo* un vuelo de conexión a Tokio

on·yx /'ɑnɪks/ *s* [U] ónice

oo·dles /'udlz/ *s* [pl] (*coloq*) **oodles of sth** montones de algo

oops /ʊps, ups/ *interj* uy, ay (dicho tras un pequeño accidente o equivocación)

ooze /uz/ *v* **1** (**a**) [I siempre + adv/prep] **ooze from/out of/through sth** *Melted cheese oozed from the ravioli.* El queso derretido se salía de los raviolis. • *Water was oozing through the paving.* Las losas del suelo rezumaban agua. (**b**) [T] exudar, rezumar (humedad): *stone walls that oozed moisture* muros de piedra que exudaban/rezumaban humedad • *The cut was oozing blood.* Salía un poco de sangre del corte. **2** [T] irradiar, rezumar (encanto, sensualidad): *He oozes charm.* Irradia encanto.

o·pal /'oʊpəl/ *s* [C,U] ópalo

o·paque /oʊ'peɪk/ *adj* **1** (no transparente) opaco -a [ANT] **transparent** **2** (*frml*) (difícil de entender) opaco -a, oscuro -a [ANT] **clear**

OPEC /'oʊpɛk/ *s* (**O**rganization of **P**etroleum **E**xporting **C**ountries) **the Opec** la OPEP

o·pen¹ [S1] [W1] /'oʊpən/ *adj*

    1 una puerta, los ojos
    2 lugares públicos
    3 bolso, caja
    4 libro, revista
    5 disponible
    6 no delimitado
    7 camisa, saco
    8 sentimientos
    9 sincero
    10 dispuesto a considerar
    11 no resuelto
    12 de resultado incierto
    13 relación

1 UNA PUERTA, LOS OJOS abierto -a: *an open window* una ventana abierta • *Come in. The door's open.* Pasa. La puerta está abierta. • **wide open** abierto -a de par en par: *All the windows were wide open.* Todas las ventanas estaban abiertas de par en par. • **force/push sth open** abrir algo por la fuerza/de un empujón: *In the end, the police had to force the door open.* Al final, la policía tuvo que abrir la puerta por la fuerza. • **leave sth open** dejar algo abierto -a: *Someone had left the gate open.* Alguien había dejado el portón abierto -a. [ANT] **closed, shut**

2 LUGARES PÚBLICOS [nunca ante s] abierto -a: *The bank is open from 9 till 5, Monday to Friday.* El banco está abierto de lunes a viernes de 9 a 5. • *The border is now open again.* La frontera está nuevamente abierta. • **stay open** estar/permanecer abierto -a: *The store stays open till 10 o'clock.* La tienda está abierta hasta las 10. • **open to the public** abierto -a al público [ANT] **closed, shut**

3 BOLSO, CAJA abierto -a (maleta, bolso, etc.), destapado -a (botella, frasco, etc.): *The box was already open.* La caja ya estaba abierta.

4 LIBRO, REVISTA abierto -a: *The book lay open on the table.* El libro estaba abierto sobre la mesa.

5 DISPONIBLE [+to]: *The service is only open to students at this university.* El servicio es solo para estudiantes de esta universidad. • *There are a number of options open to you.* Usted tiene varias opciones.

6 NO DELIMITADO [solo ante s] **open country/ground** campo abierto • **in the open air** al aire libre • (**wide**) **open spaces** (enormes) espacios abiertos • **the open sea** mar abierto, alta mar

7 CAMISA, SACO desabotonado -a, abierto -a: *His shirt was open to the waist.* Tenía la camisa desabotonada hasta la cintura.

8 SENTIMIENTOS [solo ante s] **open admiration** franca admiración: *She gave him a look of open admiration.* Lo

miró con franca admiración. • **open hostility** hostilidad abierta: *There was open hostility between the two families.* Había una hostilidad abierta entre las dos familias. • **open contempt/amazement** desprecio/asombro manifiesto

9 SINCERO abierto -a, franco -a: *I liked his honest open manner.* Me gustó su modo de ser abierto y honesto. • **be open with sb** ser franco -a con alguien: *She was very open with me.* Fue muy franca conmigo. • **be open about sth** ser abierto -a sobre algo

10 DISPUESTO A CONSIDERAR **be open to suggestions/offers/ideas** estar abierto -a a sugerencias/ofertas/ideas: *We are open to suggestions.* Estamos abiertos a todo tipo de sugerencias. • **have/keep an open mind** tener/mantener una actitud abierta, no prejuzgar

11 NO RESUELTO abierto -a: *The investigation is still open.* La investigación sigue abierta.

12 DE RESULTADO INCIERTO parejo -a, igualado -a: *It's still a very open game.* El partido sigue muy parejo.

13 RELACIÓN **an open marriage/relationship** un matrimonio abierto/una relación abierta ▶ **THROW sth open (to sb), WELCOME sb with open arms**

EXPRESIONES

keep your eyes/ears open mantener los ojos/oídos abiertos • **on the open road** en carretera abierta • **be open to criticism/accusations** poder ser criticado -a/acusado -a • **be open to discussion/negotiation** ser discutible/negociable • **be open to question** no estar definido -a • **be open to doubt** ser de dudosa fiabilidad • **be open to debate** ser debatible

open² [S1] [W1] *v*

    1 una puerta, una ventana
    2 un bolso, un paquete
    3 los ojos, la boca
    4 lugares públicos
    5 comenzar a operar
    6 en una ceremonia oficial
    7 dar comienzo a
    8 inicio de un libro, una película
    9 espectáculo
    10 poner a disposición
    11 libro, revista, periódico
    12 un archivo, un programa informático
    13 una cuenta bancaria

1 UNA PUERTA, UNA VENTANA (**a**) [T] abrir: *Can you open the window?* ¿Puedes abrir la ventana? [ANT] **close, shut** (**b**) [I] abrir(se): *She heard the door open.* Oyó que se abría la puerta. • *The window won't open.* La ventana no abre. [ANT] **close, shut**

2 UN BOLSO, UN PAQUETE (**a**) [T] abrir: *Can you open this jar for me?* ¿Me puedes abrir este frasco? • **open a package/a letter/a present** abrir un paquete/una carta/un regalo: *The children were opening their presents.* Los niños estaban abriendo sus regalos. (**b**) [I] abrir(se): *I can't get this drawer to open.* No puedo hacer que se abra este cajón.

3 LOS OJOS, LA BOCA (**a**) [T] abrir: *Close your eyes and open your mouth.* Cierra los ojos y abre la boca. [ANT] **close, shut** (**b**) [I] abrirse [ANT] **close, shut**

4 LUGARES PÚBLICOS [I, T] abrir: *What time does the bank open?* ¿A qué hora abre el banco? [ANT] **close, shut**

5 COMENZAR A OPERAR (**a**) [I,T] abrir, inaugurar(se): *The bridge opened last year.* El puente se inauguró el año pasado. [ANT] **close, shut** (**b**) [T] abrir: *The company wants to open an office in Canada.* La empresa quiere abrir una oficina en Canadá. [SIN] **open up** [ANT] **close, shut**

6 EN UNA CEREMONIA OFICIAL [T] inaugurar: *She was invited to open the new hospital.* La invitaron a inaugurar el nuevo hospital.

7 DAR COMIENZO A (**a**) [T] **open a meeting/conference** inaugurar un encuentro/un congreso, abrir un encuentro/un congreso [ANT] **close** (**b**) [I] abrirse: *The inquest into his death opened today.* La investigación sobre su muerte se abrió hoy. [ANT] **close, end**

8 INICIO DE UN LIBRO, UNA PELÍCULA [I] comenzar, abrirse • **open with sth** abrirse/comenzar con algo: *The movie opens with a big battle scene.* La película se abre con una una gran batalla. ANT **end**

9 ESPECTÁCULO [I] estrenarse: *The show opens on Broadway next week.* El espectáculo se estrena en Broadway la semana que viene.

10 PONER A DISPOSICIÓN [T] **open sth to sb** abrirle algo a alguien: *The country has opened its markets to foreign investors.* El país ha abierto sus mercados a inversores extranjeros. ANT **close**

11 LIBRO, REVISTA, PERIÓDICO [T] abrir: *Open your books at page 63.* Abran los libros en la página 63. ANT **close**

12 UN ARCHIVO, UN PROGRAMA INFORMÁTICO [T] abrir: *I can't open that document you sent me.* No puedo abrir ese documento que me mandaste. ANT **close**

13 UNA CUENTA BANCARIA [T] abrir ANT **close**
▶ open DOORS for sb, open FIRE, open the FLOODGATES, open/reopen old WOUNDS, the HEAVENS open

EXPRESIONES
open sb's eyes to sth abrir los ojos de alguien a algo: *The project has opened teachers' eyes to this problem.* El proyecto ha abierto los ojos de los profesores a este problema. • **open your heart (to sb)** abrirle el corazón (a alguien) • **open your mind to sth** abrir la mente a algo • **open the way for sth** abrir el camino a algo, abrir las puertas a algo
open onto/into sth v+partíc dar a algo (habitación, puerta): *The hotel bar opens onto a terrace.* El bar del hotel da a una terraza.
open out v+partíc ensancharse (camino, río)
open up v+partíc **1 (a) open sth ↔ up** abrir algo: *Genetic engineering has opened up a lot of new possibilities.* La ingeniería genética ha abierto muchas posibilidades nuevas. • **open sth up to sb** abrir algo a alguien: *This legislation will open up new opportunities to women.* Esta legislación abrirá nuevas oportunidades a las mujeres. **(b) open up** aparecer, abrirse: *New opportunities are opening up all the time.* Aparecen nuevas oportunidades constantemente. **2 (a) open sth ↔ up** abrir algo • **open up a market** abrir un mercado **(b) open up** abrirse **3 open up** abrir (la puerta): *Open up, we know you're in there.* Abran, sabemos que están allí adentro. **4 open sth ↔ up** abrir algo: *The caretaker opens up the building in the morning.* El portero abre el edificio por la mañana. • *Could you open up your suitcase, please?* ¿Podría abrir la maleta, por favor? **5 (a) open sth ↔ up** poner algo, abrir algo **(b) open up** abrir: *There's a new gas station opening up in our neighborhood.* Va a abrir una nueva gasolinera en nuestro barrio. **6 (a) open up sth** abrir algo, provocar algo: *The affair has opened up a rift between the two countries.* El asunto ha abierto una brecha entre ambos países. **(b) open up** abrirse, producirse: *A huge gulf had opened up between them.* Se había abierto un abismo entre ellos. **7 open up a lead/gap** abrir una brecha/un hueco (con otros competidores) **8 open up** entrar en confianza • **open up to sb** abrirse a alguien, hablar abiertamente con alguien **9 open up** abrirse

open³ ⬚ s [C gralm sing] Open Abierto: *the U.S. Open* el Abierto de Estados Unidos
EXPRESIONES
bring sth (out) into the open sacar algo a la luz: *All these concerns need to be brought out into the open.* Hay que sacar a la luz todas estas preocupaciones. • **come (out) into the open** salir a la luz • **in the open** al aire libre: *We slept out in the open.* Dormimos al aire libre.

,**open-'air** adj [solo ante s] al aire libre: *open-air concerts* conciertos al aire libre SIN **outdoor** ▶ in the OPEN air

,**open-'ended** adj **1** abierto -a (pregunta, problema): *an open-ended question* una pregunta abierta • *These interviews are fairly open-ended.* Estas entrevistas no tienen una estructura pre-determinada. **2** sin plazos definidos, por tiempo indeterminado

o•**pen•er** /'oʊpənə/ s [C] **1** abridor, destapador • **a letter opener** un abrecartas **2** primer partido, partido de apertura • **for openers** para empezar ▶ BOTTLE OPENER, CAN OPENER, EYE-OPENER

,**open-heart 'surgery** s [U] cirugía a corazón abierto

,**open 'house** s [C] **1** jornada de puertas abiertas **2** fiesta o reunión privada a la que se puede llegar a cualquier hora durante un periodo predeterminado **3** ocasión en la cual alguien que quiere vender una casa deja que todos los interesados en comprarla vayan a visitarla

o•**pen•ing¹** /'oʊpənɪŋ/ s

1	en una ceremonia oficial
2	hueco
3	de una novela, una película
4	trabajo
5	para hacer algo
6	acción de abrir

1 EN UNA CEREMONIA OFICIAL [C] inauguración (de un edificio), apertura (de un acontecimiento) • [+of]: *the opening of the new library* la inauguración de la nueva biblioteca

2 HUECO [C] abertura, agujero • [+in]: *a narrow opening in the fence* una abertura estrecha en la cerca SIN **gap**

3 DE UNA NOVELA, UNA PELÍCULA [C] comienzo

4 TRABAJO [C] (puesto) vacante, oportunidad • [+for]: *companies with openings for graduates* empresas con oportunidades para graduados SIN **opportunity**

5 PARA HACER ALGO [C] oportunidad

6 ACCIÓN DE ABRIR [U] the opening of sth *the opening of Christmas presents* la apertura de regalos navideños • *the constant opening and closing of the door* el constante abrir y cerrar de la puerta

opening² adj [solo ante s] **1** primero -a, inicial: *the opening game of the season* el primer partido de la temporada • *the opening chapter* el capítulo inicial ANT **closing 2** inaugural: *the opening ceremony* la ceremonia inaugural • **opening night** estreno

'**opening ,hours** s [pl] horario de apertura, horario de atención al público

o•**pen•ly** /'oʊpənli/ adv abiertamente: *Sarah talked openly about her problems.* Sarah habló abiertamente de sus problemas. • *He is openly critical of his colleagues.* Critica abiertamente a sus colegas.

,**open-'minded** adj (aprec) abierto -a, de mentalidad abierta ANT **narrow-minded**

,**open-'mindedly** adv (aprec) sin prejuicios, con amplitud de miras

,**open-'mindedness** s [U] (aprec) ausencia de prejuicios, amplitud de miras ANT **narrow-mindedness**

,**open-'mouthed** adj, adv boquiabierto -a: *The cab driver stared at him open-mouthed.* El taxista lo miraba boquiabierto.

o•**pen•ness** /'oʊpənnɪs/ s [U] **1** franqueza, sinceridad: *a relationship based on trust and openness* una relación basada en la confianza y la franqueza **2** amplitud de miras: *ways of promoting openness and tolerance* modos de promover la amplitud de miras y la tolerancia

,**open-'plan** adj de planta abierta

,**open 'question** s [C] interrogante, problema sin resolver

op•**era** ⬚ /'ɑprə, 'ɑprə/ s
1 [C] (obra) ópera: *a night at the opera* una noche en la ópera ▶ MUSICAL
2 [U] (género) la ópera: *lovers of opera* los amantes de la ópera • **opera singer** cantante de ópera ▶ SOAP OPERA

'**opera house** s [C] (teatro de) ópera

op•**er•ate** ⬚ ⬚ /'ɑpə,reɪt/ v
1 (una máquina) **(a)** [T] manejar, operar: *Workers are trained to operate the machines.* Se capacita a los obreros en el manejo de la maquinaria. **(b)** [I] funcionar: *Check that the equipment is operating correctly.* Compruebe que el equipo está funcionando correctamente. SIN **work**
2 (una empresa, una organización) **(a)** [I] operar: *The*

business operated at a loss last year. El negocio operó con pérdidas el año pasado. • *Many drug gangs operate in the area.* Muchas bandas de traficantes operan en la zona. **(b)** [T] operar, dirigir: *His family operated a corner drug store.* Su familia tenía una pequeña tienda de barrio. • *the risks involved in operating a small business* los riesgos que implica dirigir una pequeña empresa

3 (un sistema, un servicio) **(a)** [T] aplicar, ofrecer, tener: *Hospitals operate a 24-hour service.* Los hospitales ofrecen servicios las 24 horas. **(b)** [I] funcionar, operar: *A shuttle service operates between the two airports.* Hay un servicio de enlace entre los dos aeropuertos.

4 [I] (en cirugía) operar: *Doctors had to operate to remove the bullet.* Los médicos tuvieron que operarlo para extraer la bala. • **operate on sb** operar a alguien: *The patient will be operated on immediately.* El paciente va a ser operado de inmediato. • **operate on sth** *They had to operate on his spine.* Tuvieron que operarle de la columna. ▶ SURGERY

op·er·at·ic /ˌɑpəˈrætɪk◂/ *adj* de ópera, operístico -a

'operating room *s* [C] quirófano

'operating ˌsystem *s* [C] sistema operativo

op·er·a·tion S3 W1 /ˌɑpəˈreɪʃən/ *s*

1 en cirugía
2 actividad organizada
3 de una organización, una empresa
4 de un sistema, un proceso
5 de una máquina, un equipo
6 de un computador

1 EN CIRUGÍA [C] operación • **have an operation** operarse: *The doctor says I need to have an operation.* El médico dice que me tengo que operar. • **undergo an operation** (*frml*) ser intervenido quirúrgicamente, someterse a una operación • **carry out/perform/do an operation** operar: *Surgeons carried out an emergency operation on his leg.* Los cirujanos le operaron la pierna de urgencia. • **a major/minor operation** una operación de cirugía mayor/menor SIN surgery

2 ACTIVIDAD ORGANIZADA [C] operación: *a rescue operation* un operación de rescate • **carry out/conduct an operation** llevar a cabo/realizar una operación: *U.S. forces carried out a large-scale military operation.* Las fuerzas estadounidenses llevaron a cabo una operación militar a gran escala.

3 DE UNA ORGANIZACIÓN, UNA EMPRESA [C,U] operación: *Many small businesses fail in the first year of operation.* Muchas pequeñas empresas fracasan en su primer año de operación.

4 DE UN SISTEMA, UN PROCESO [U] funcionamiento • **come into operation** comenzar a regir, entrar en vigor: *The new tax system came into operation in 2005.* El nuevo sistema impositivo comenzó a regir en 2005. • **go into operation** comenzar a operar • **be in operation** regir, estar en vigor: *Parking restrictions are in operation.* Rigen las restricciones de parqueo.

5 DE UNA MÁQUINA, UN EQUIPO [U] funcionamiento, operación • **be in operation** estar en funcionamiento

6 DE UN COMPUTADOR [C] (*técn*) operación

op·er·a·tion·al /ˌɑpəˈreɪʃənəl/ *adj* **1** [gralm después de s] en funcionamiento: *The factory is expected to be operational by next week.* Se espera que la fábrica esté en funcionamiento para la próxima semana. • **be fully operational** estar en pleno funcionamiento **2** operativo -a, de operación (costo, problema)

op·er·a·tive¹ /ˈɑpərətɪv/ *adj* en funcionamiento, en vigor/vigencia: *Only one runway is operative.* Hay solo una pista en funcionamiento. • *The new agreement will become operative on September 16.* El nuevo acuerdo entrará en vigor el 16 de septiembre.

EXPRESIONES
the operative word la palabra clave

operative² *s* [C] **1** agente (secreto) SIN **agent** **2** obrero -a

op·er·a·tor S3 W3 /ˈɑpəˌreɪtə/ *s* [C]
1 the operator (en telefonía) el operador/la operadora: *Dial "0" to get the operator.* Marque el 0 para comunicarse con el operador.
2 (de maquinaria) operario -a
3 (de actividad comercial) operador -a: *the largest cable operator in Los Angeles* el operador de televisión por cable más importante de Los Ángeles
4 (bueno para negociar) operador -a: *She remains a formidable political operator.* Sigue siendo una operadora política formidable. • **a smooth operator** un tipo/una tipa de cuidado, que sabe conseguir lo que quiere

op·e·ret·ta /ˌɑpəˈrɛtə/ *s* [C] opereta

oph·thal·mic /ɑfˈθælmɪk, ɑp-/ *adj* [solo ante s] (*técn*) oftálmico -a

oph·thal·mol·o·gist /ˌɑfθəlˈmɑlədʒɪst, θəˈmɑ-, ˌɑp-/ *s* [C] (*técn*) oftalmólogo -a ▶ OPTOMETRIST

oph·thal·mol·o·gy /ˌɑfθəlˈmɑlədʒi, -θəˈmɑ-, ˌɑp-/ *s* [U] (*técn*) oftalmología

o·pi·ate /ˈoʊpiət, -ˌeɪt/ *s* [C] opiáceo

o·pin·ion S2 W1 /əˈpɪnyən/ *s* [C]
1 (de una persona) opinión • [+**of**] de: *What's your opinion of her work?* ¿Qué opina de su trabajo? • *My opinion of him has changed over the years.* La opinión que tengo de él ha cambiado con los años. • [+**about/on**]: *I'd love to hear her opinion about all this.* Me encantaría oír su opinión acerca de todo esto. • **ask sb his/her opinion (about sth)** preguntarle a alguien qué opina (acerca de algo), pedirle a alguien su opinión (sobre algo) • **give/express an opinion** dar/expresar una opinión, opinar: *I've already given you my opinion about the matter.* Ya te di mi opinión sobre la cuestión. • **be of the opinion (that)** (*frml*) ser de la opinión de que, opinar que: *We were all of the opinion that the defendant was guilty.* Todos éramos de la opinión de que el acusado era culpable. • **a difference of opinion** una diferencia de opinión • **strong opinions** opiniones muy fuertes: *People have strong opinions about abortion.* La gente tiene opiniones muy firmes sobre el aborto. • **opinion page** sección de opinión • **opinion piece** artículo/texto de opinión
2 [C] (de un especialista) opinión: *an expert opinion* la opinión de un experto • **get sb's opinion** pedirle opinión a alguien, hacerse asesorar por alguien ▶ **be a MATTER of opinion**, POPULAR **opinion**, CONTRARY **to popular belief/opinion**

EXPRESIONES
have a high/good opinion of sb/sth tener buena opinión de alguien/algo: *I think he has a high opinion of himself.* Creo que se tiene en alta estima. • **have a low/poor opinion of sb/sth** tener mala opinión de alguien/algo • **in my opinion** en mi opinión: *In my opinion, taxes are far too low.* En mi opinión, los impuestos son excesivamente bajos. • **in his/her opinion** en su opinión: *In his opinion, the man's death could not have been an accident.* En su opinión, la muerte del hombre no pudo haber sido un accidente. • **a second opinion** una segunda opinión

o·pin·ion·at·ed /əˈpɪnyəˌneɪtɪd/ *adj* dogmático -a, aferrado -a a sus ideas/principios

o'pinion poll *s* [C] sondeo, encuesta de opinión

o·pi·um /ˈoʊpiəm/ *s* [U] opio ▶ HEROIN

op·po·nent W2 /əˈpoʊnənt/ *s* [C]
1 adversario -a, contrincante (en una competición, una elección, etc.): *He is admired even by his political opponents.* Es admirado hasta por sus adversarios políticos. • *In debate she was a formidable opponent.* En el debate, era una temible contrincante. • **a worthy opponent** un -a contrincante digno -a
2 opositor -a (de un plan, una idea, etc.) • [+**of**]: *opponents of abortion* quienes se oponen al aborto • *The professor is one of the most vociferous opponents of the project.* El profesor es uno de los más vehementes opositores del proyecto. ANT **supporter**

op·por·tune /ˌɑpɚˈtun/ *adj* (*frml*) oportuno -a • **an opportune time/moment** un momento oportuno [ANT] **inopportune**

op·por·tun·ism /ˌɑpɚˈtunɪzəm/ *s* [U] (*peyor*) oportunismo

op·por·tun·ist¹ /ˌɑpɚˈtunɪst/ *s* [C] **1** (*peyor*) (que busca su provecho) oportunista **2** (que aprovecha los descuidos) oportunista

opportunist² *adj* oportunista [SIN] **opportunistic**

op·por·tun·is·tic /ˌɑpɚtuˈnɪstɪk/ *adj* oportunista [SIN] **opportunist**

op·por·tu·ni·ty [S2] [W1] /ˌɑpɚˈtunəti/ *s* (pl **opportunities**)
1 [C] oportunidad, ocasión: *investment opportunities in China* oportunidades de inversión en China • **opportunity to do sth** oportunidad de hacer algo: *an opportunity to travel abroad* una oportunidad de viajar al exterior • **a once-in-a-lifetime opportunity** una oportunidad única en la vida: *I felt that the trip was a once-in-a-lifetime opportunity.* Me parecía que el viaje era una oportunidad única en la vida. • [+for]: *The party was a great opportunity for meeting new people.* La fiesta fue una excelente oportunidad de conocer gente. • **have the opportunity (to do sth)** tener (la) oportunidad (de hacer algo): *I meant to call you, but I haven't had the opportunity.* Tenía intención de llamarte, pero no tuve oportunidad. • **give sb an/the opportunity (to do sth)** darle a alguien una/la oportunidad (de hacer algo) • **take the opportunity to do sth** aprovechar la oportunidad para hacer algo: *I'd like to take this opportunity to thank the team for their hard work.* Quisiera aprovechar esta oportunidad para agradecer al equipo lo mucho que han trabajado. • **a great/perfect opportunity** una gran/perfecta oportunidad: *It's a great opportunity for him.* Es una gran oportunidad para él. • *The competition provided a perfect opportunity for her to show her skills.* La competición le brindó la oportunidad perfecta para demostrar sus habilidades. • **a golden opportunity** una oportunidad de oro • **a business opportunity** una oportunidad comercial
2 [U] oportunidad(es) • **opportunity to do sth** oportunidad(es) de hacer algo: *There will be plenty of opportunity to ask questions after the talk.* Habrá amplia oportunidad de formular preguntas después de la charla.
3 [C] (de trabajo) oportunidad • [+for]: *There are fewer opportunities for new graduates this year.* Este año hay menos oportunidades para los nuevos graduados. • **job/employment opportunities** oportunidades de trabajo/empleo [SIN] **opening** ▶ PHOTO OPPORTUNITY, a WINDOW of opportunity
EXPRESIONES
at every opportunity siempre que se presenta la ocasión • **at the first/earliest opportunity** en la primera oportunidad • **a land of opportunity** una tierra de oportunidades

op·pose [S2] [W2] /əˈpoʊz/ *v* [T]
1 oponerse a: *Many people opposed the new law.* Muchas personas se opusieron a la nueva ley. [ANT] **support**
2 [gralm en pasiva] enfrentarse a (en una competición, una elección): *He is opposed by two other candidates.* Se enfrenta a otros dos candidatos.

op·posed /əˈpoʊzd/ *adj* **1 be opposed to (doing) sth** estar en contra de (hacer) algo, oponerse a (hacer) algo: *I'm opposed to the death penalty.* Estoy en contra de la pena de muerte. • **be bitterly/totally opposed to sth** estar radicalmente/totalmente en contra de algo, oponerse de plano/totalmente a algo: *He was strongly opposed to the legalization of marijuana.* Estaba radicalmente en contra de la legalización de la marihuana.
2 opuesto -a: *Their viewpoints were totally opposed to each other.* Sus puntos de vista eran totalmente opuestos -as. • **diametrically opposed** diametralmente opuestos -as
EXPRESIONES
as opposed to sth a diferencia de algo, frente a algo: *Students discuss ideas, as opposed to just copying from*

books. Los alumnos debaten ideas, a diferencia de limitarse a copiar de libros.

op·pos·ing /əˈpoʊzɪŋ/ *adj* [solo ante s] **1** contrario -a (equipo, grupo, fuerza), enemigo -a (ejército) **2** opuesto -a (idea, punto de vista)

op·po·site¹ [W3] /ˈɑpəzɪt, -sɪt/ *adj*
1 [gralm ante s] contrario -a, opuesto -a: *The words have completely opposite meanings.* Las palabras tienen significados totalmente opuestos. • *I thought the medicine would make him sleep, but it had the opposite effect.* Pensé que el medicamento iba a hacerlo dormir, pero tuvo el efecto contrario.
2 [solo ante s] de enfrente: *the drawing on the opposite page* el dibujo de la página de enfrente • *the opposite wall* la pared de enfrente • **on the opposite side of sth** al otro lado de algo: *The store was on the opposite side of the street.* La tienda estaba al otro lado de la calle.
3 [solo ante s] (indicando dirección) contrario -a: *The sign was pointing the opposite way.* La señal apuntaba en sentido contrario. • **in the opposite direction** en dirección contraria: *cars coming in the opposite direction* los carros que vienen en dirección contraria

opposite² *prep* frente a, enfrente de: *He sat down opposite me.* Se sentó frente a mí. • *We usually go to the cafe opposite the office.* Solemos ir al café que está enfrente de la oficina.

opposite³ *s* [C] antítesis: *The two sisters are complete opposites.* Cada una de las dos hermanas es la antítesis de la otra. • **the opposite (of sb/sth)** lo contrario (de alguien/algo), lo opuesto (de alguien/algo): *He says one thing and then does the opposite.* Dice una cosa y después hace lo contrario. • *What's the opposite of "optimistic?"* ¿Qué es lo contrario de "optimista"?
EXPRESIONES
opposites attract los opuestos se atraen

opposite⁴ *adv* enfrente: *My cousin was sitting opposite.* Mi primo estaba sentado enfrente. • *They live in the house opposite.* Viven en la casa de enfrente.

ˌopposite 'number *s* [C] **his/my opposite number** su/mi homólogo -a: *her opposite number in the Republican Party* su homólogo en el Partido Republicano

ˌopposite 'sex *s* **the opposite sex** el sexo opuesto • **members of the opposite sex** miembros del sexo opuesto

op·po·si·tion [W2] /ˌɑpəˈzɪʃən/ *s* [U]
1 oposición • [+to]: *There was a great deal of opposition to the war.* Hubo mucha oposición a la guerra. • **face/meet (with)/encounter opposition** encontrar oposición • **strong/fierce/stiff opposition** fuerte/férrea/dura oposición: *The proposal faces fierce opposition in Congress.* La propuesta se enfrenta a una férrea oposición en el Congreso. • **in opposition to sth/sb** en contra de algo/alguien
2 equipo contrario, adversario(s)
3 (en política) **the opposition** la oposición • **opposition party** partido de la oposición
EXPRESIONES
in opposition en la oposición

op·press /əˈprɛs/ *v* [T gralm en pasiva] (*frml*) oprimir

op·pressed /əˈprɛst/ *adj* **(a)** oprimido -a: *oppressed minorities* minorías oprimidas **(b) the oppressed** [usado como s pl] los oprimidos

op·pres·sion /əˈprɛʃən/ *s* [U] opresión • [+of]: *the oppression of women* la opresión de las mujeres

op·pres·sive /əˈprɛsɪv/ *adj* **1** opresivo -a: *an oppressive dictatorship* una dictadura opresiva **2** agobiante, sofocante

op·pres·sor /əˈprɛsɚ/ *s* [C] opresor -ora

opt /ɑpt/ *v* [I] **opt for sth** optar por algo: *Some 700 students have opted for a major in engineering.* Unos 700 alumnos han optado por una especialización en ingeniería. • **opt to do sth** decidir hacer algo, optar por hacer algo: *While Jan went sailing, I opted to bike into town.* Mientras que Jan fue a navegar, yo decidí ir hasta el pueblo en bicicleta. SIN **choose**

opt out v+partíc (decidir) no participar, borrarse • **opt out of sth** no participar en algo, borrarse de algo: *Most employees want to opt out of the company pension scheme.* La mayoría de los empleados quiere borrarse del plan de pensiones de la compañía.

op·tic /'aptɪk/ adj [solo ante s] (técn) óptico -a (relacionado con los ojos) ▶ **FIBER OPTIC**

op·ti·cal /'aptɪkəl/ adj [solo ante s] óptico -a (relacionado con la óptica)

ˌoptical ilˈlusion s [C gralm sing] ilusión óptica

op·ti·cian /ap'tɪʃən/ s [C] optómetra (persona), óptica (establecimiento) ▶ **OPTOMETRIST**

op·ti·mal /'aptəməl/ adj [gralm ante s] (frml) óptimo -a SIN **optimum**

op·ti·mism /'aptə,mɪzəm/ s [U] optimismo: *the optimism of the postwar years* el optimismo de los años de la posguerra ANT **pessimism**

op·ti·mist /'aptəmɪst/ s [C] optimista • **an eternal optimist** un eterno/una eterna optimista ANT **pessimist**

op·ti·mist·ic /ˌaptə'mɪstɪk/ adj **1** (positivo) optimista • [+**about**]: *I'm pretty optimistic about our chances of winning.* Soy muy optimista acerca de nuestras posibilidades de ganar. • [+**(that)**]: *The authorities say they are optimistic the killer will be caught.* Las autoridades dicen que son optimistas en cuanto a la captura del asesino. ANT **pessimistic** **2** (poco realista) optimista: *She said she'd be here by 7:30, but that seems a little optimistic.* Dijo que estaría aquí para las 7.30, pero eso me parece un poco optimista. • **over-optimistic/overly optimistic/too optimistic** demasiado optimista ANT **pessimistic**

op·ti·mist·i·cally /ˌaptə'mɪstɪkli/ adv con optimismo

op·ti·mi·za·tion /ˌaptəmə'zeɪʃən/ s [U] (frml) optimización

op·ti·mize /'aptə,maɪz/ v [T] (frml) optimizar

op·ti·mum¹ /'aptəməm/ adj [solo ante s] óptimo -a

optimum² s [sing] **the optimum** lo ideal: *The optimum would be groups of two or three people.* Lo ideal sería grupos de dos o tres personas.

op·tion S2 W2 /'apʃən/ s [C]
1 (posibilidad) opción: *Joining the military seemed like the best option at the time.* Alistarse en las fuerzas armadas parecía la mejor opción en esa época. • **have two/three options** tener dos/tres opciones: *He has two options: he can have surgery, or he can give up playing football.* Tiene dos opciones: o se opera o deja el fútbol. • **the option of doing sth** la opción de hacer algo: *She had the option of staying for an extra year.* Tuvo la opción de quedarse un año más. • **have no option but to do sth** no tener otra opción que hacer algo **2** (en el mercado bursátil) (técn) opción (de compra/venta)
EXPRESIONES
keep/leave your options open dejar todas las puertas abiertas, no descartar ninguna opción

op·tion·al W3 /'apʃənəl/ adj optativo -a, opcional: *Attendance at the meeting is optional.* La asistencia a la reunión es optativa. ANT **compulsory**

op·tom·e·trist /ap'tamɪtrɪst/ s [C] (óptico -a) optometrista, optómetra

op·tom·e·try /ap'tamətri/ s [U] (técn) optometría ▶ **OPHTHALMOLOGY**

op·u·lence /'apyələns/ s [U] opulencia

op·u·lent /'apyələnt/ adj **1** lujoso -a: *the opulent surroundings of the hotel* el entorno lujoso del hotel SIN **luxurious** **2** opulento -a

op·u·lent·ly /'apyələntli/ adv (frml) **1** con lujo, a todo lujo **2** con opulencia

OR¹ abrev escrita de **OREGON**

OR² /ˌoʊ 'ar/ abrev de **OPERATING ROOM**

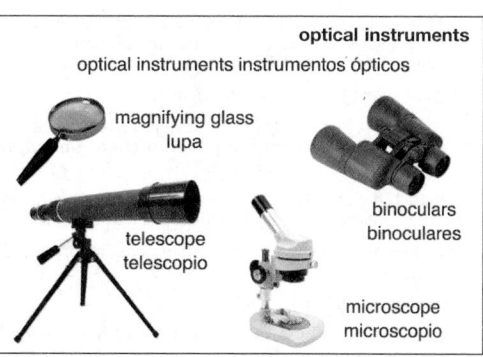

optical instruments
optical instruments instrumentos ópticos

magnifying glass
lupa

binoculars
binoculares

telescope
telescopio

microscope
microscopio

or S1 W1 /ɚ; fuerte ɔr/ conj

1 indicando alternativa
2 en oraciones negativas
3 en advertencias
4 en aproximaciones
5 al corregir, aclarar
6 en caso contrario

1 **INDICANDO ALTERNATIVA** o: *Coffee or tea?* ¿Café o té? • *He's forgotten or got lost.* O se olvidó o se perdió.
2 **EN ORACIONES NEGATIVAS** ni: *He doesn't have a television or a video.* No tiene ni televisor ni video. • *She can't read or write.* No sabe leer ni escribir.
3 **EN ADVERTENCIAS** o: *Hurry up or we'll be late.* Date prisa o vamos a llegar tarde.
4 **EN APROXIMACIONES** o: *He left a minute or two ago.* Se fue hace uno o dos minutos. • **a minute/mile or so** más o menos un minuto/una milla
5 **AL CORREGIR, ACLARAR** o (al menos): *There'll be snow tomorrow, or that's what the forecast says.* Mañana va a nevar, o al menos eso dice el pronóstico. • **or rather** o mejor dicho
6 **EN CASO CONTRARIO** (tb **or else**) o, si no: *It can't be urgent, or they'd have called us.* No puede ser urgente, si no nos habrían llamado. ▶ **EITHER... or**

o·ral¹ /'ɔrəl/ adj [gralm ante s] **1** oral: *an oral test/ examination* una prueba/un examen oral **2** oral, bucal: *oral cancer* cáncer oral/de boca • *oral hygiene* higiene bucal

oral² s [C] (prueba/examen) oral

o·ral·ly /'ɔrəli/ adv (frml) **1** oralmente, verbalmente **2** por vía oral, por boca

or·ange¹ S1 W3 /'ɔrɪndʒ, 'ar-/ s
1 [C] (fruta) naranja: *Oranges are a good source of Vitamin C.* Las naranjas son una buena fuente de vitamina C. • **orange juice** jugo de naranja: *a glass of freshly squeezed orange juice* un vaso de jugo de naranja recién exprimido • **orange tree** naranjo • **orange peel** cáscara de naranja
2 [U] (color) naranja

orange² adj (de color) naranja: *a bright orange tie* una corbata naranja brillante

o·rang·u·tang, orang-utan /ə'ræŋə,tæŋ/ s [C] orangután

o·ra·tion /ɔ'reɪʃən, ə-/ s [C] (frml) discurso

or·a·tor /'ɔrətɚ, 'ar-/ s [C] orador -a

or·a·to·ri·o /ˌɔrə'tɔrioʊ, ˌar-/ s [C] (pl oratorios) oratorio

or·at·o·ry /'ɔrə,tɔri, 'ar-/ s **1** [U] oratoria **2** [C] oratorio

or·bit¹ /'ɔrbɪt/ s [C] órbita • [+**around/round**]: *the Moon's orbit around the Earth* la órbita de la Luna alrededor de la Tierra • **in orbit** en órbita: *a space station in orbit around Earth* una estación espacial en órbita alrededor de la Tierra • **go into orbit** entrar en órbita • **put sth into orbit** poner algo en órbita: *Two satellites were put into orbit Tuesday.* El martes se pusieron en órbita dos satélites.

orbit² v **(a)** [T] girar alrededor de: *The satellite orbits the Earth every 48 hours.* El satélite gira alrededor de la Tierra cada 48 horas. **(b)** [I] girar, estar en órbita

or·bit·al /'ɔrbɪtl̩/ adj [solo ante s] orbital

or·chard /'ɔrtʃəd/ s [C] huerto, huerta (de árboles frutales) • **an apple/a cherry/a peach orchard** un huerto de manzanos/cerezos/durazneros

or·ches·tra /'ɔrkɪstrə/ s [C] orquesta: *She plays in the school orchestra.* Toca en la orquesta de la escuela.

or·ches·tral /ɔr'kɛstrəl/ adj [gralm ante s] orquestal, para orquesta

'orchestra pit s [C] foso (de la orquesta)

or·ches·trate /'ɔrkɪˌstreɪt/ v [T] **1** (*escrito*) (campañas, protestas) orquestar, organizar: *The protests were orchestrated by the government.* Las protestas fueron orquestadas por el gobierno. **2** (en música) orquestar

or·chid /'ɔrkɪd/ s [C] orquídea

or·dain /ɔr'deɪn/ v [T] **1** [gralm en pasiva] ordenar (a un sacerdote, etc.) • **be ordained (as) a priest/bishop** ser ordenado -a sacerdote/obispo, ordenarse sacerdote/obispo ▶ **ORDINATION** **2** (*frml*) decretar, disponer • **ordain that** decretar/disponer que

or·deal /ɔr'dil/ s [C] suplicio, dura prueba: *The hostages described their terrifying ordeal.* Los rehenes describieron su aterrador suplicio.

or·der¹ S1 W1 /'ɔrdər/ s

1 secuencia, disposición
2 mandato
3 obediencia de la ley, norma
4 buena organización
5 en un restaurante, bar
6 comida o bebida pedida
7 en un comercio
8 mercancía solicitada
9 grupo religioso

1 SECUENCIA, DISPOSICIÓN [C,U] orden • **in (...) order** en (el) orden...: *Are those dates in order?* ¿Están en orden esas fechas? • *Make sure that the files are in the right order.* Asegúrese de que los archivos estén en el orden correcto. • *Some of these names are in the wrong order.* Algunos de estos nombres no están en el orden que corresponde. • **put/arrange sth in order** ordenar algo, poner algo en orden: *I collected up the papers and put them in order.* Recogí los trabajos y los puse en orden. • **in alphabetical/numerical order** por orden alfabético/numérico, en orden alfabético/numérico: *The cards are filed in alphabetical order.* Las fichas están archivadas por orden alfabético. • **out of order** desordenado -a: *The books were all completely out of order.* Los libros estaban totalmente desordenados.
2 MANDATO [C] orden • **give/issue an order** dar/dictar una orden: *The general gave the order to fire.* El general dio orden de hacer fuego. • *Who gives the orders around here?* ¿Quién da las órdenes aquí? • **take orders from sb** recibir órdenes de alguien • **obey/disobey an order** obedecer/desobedecer una orden: *Soldiers must obey any order they are given.* Los soldados deben obedecer cualquier orden que se les dé. • **have orders to do sth** tener órdenes de hacer algo: *The guards have orders to kill anyone who tries to enter the building.* Los guardias tienen órdenes de matar a cualquiera que trate de ingresar al edificio.
3 OBEDIENCIA DE LA LEY, NORMA [U] orden: *The chairman called for order.* El presidente exigió orden. • **keep/maintain order** mantener el orden: *The local police keep order on the streets.* La policía local mantiene el orden en las calles.
4 BUENA ORGANIZACIÓN [U] orden • **put sth in order** ordenar algo, poner algo en orden: *I need to put my life in order.* Necesito poner en orden mi vida.
5 EN UN RESTAURANTE, BAR [C] pedido, orden • **take sb's order** tomar el pedido, tomar la orden: *Can I take your order, sir?* ¿Puedo tomar su pedido, señor?

6 COMIDA O BEBIDA PEDIDA [C] pedido, orden: *It took ages for our order to arrive.* Nuestro pedido tardó años en llegar.
7 EN UN COMERCIO [C,U] pedido • **place an order (for sth)** hacer un pedido (de algo), encargar (algo): *I would like to place an order for some tiles.* Desearía hacer un pedido de tejas. • **on order** encargado -a, pedido -a (mercancía que aún no se entregó): *We have more paper on order.* Ya hemos encargado más papel.
8 MERCANCÍA SOLICITADA [C] pedido, encargo: *Your order should arrive next week.* Su encargo debería llegar la próxima semana.
9 GRUPO RELIGIOSO [C] orden: *the Benedictine Order* la Orden Benedictina • [+of]: *the Order of St. Agnes* la Orden de Santa Inés ▶ **MONEY ORDER**, **in SHORT order**, **a TALL order**

EXPRESIONES
in (good) working/running order en buen estado (de funcionamiento): *The engine is still in good running order.* El motor todavía está en buen estado. • **be in order** estar en regla: *Is your passport in order?* ¿Está en regla su pasaporte? • **in order to do sth** para hacer algo: *He turned the volume up in order to annoy me.* Subió el volumen para molestarme. • **in order for sb to do sth** para que alguien haga algo: *These job cuts are necessary in order for the company to remain competitive.* Estos recortes de personal son necesarios para que la compañía mantenga la competitividad. • **on the order of sth** del orden de: *an increase in sales on the order of 2%* un incremento en las ventas del orden del 2% • **be the order of the day** **(a)** ser lo adecuado/apropiado **(b)** estar a la orden del día: *Smaller families are now the order of the day.* Ahora las familias menos numerosas están a la orden del día. • **be out of order** no funcionar, estar fuera de servicio: *The elevator is out of order.* El ascensor no funciona.

order² S1 W2 v
1 [I,T] pedir (en un restaurante): *Are you ready to order?* ¿Ya han decidido qué van a pedir? • *I ordered a pizza.* Pedí una pizza. • **order sb sth** pedirle algo a alguien: *I ordered you a whiskey, is that okay?* Te pedí un whisky, ¿está bien? ▶ ver nota en **ASK**
2 (a) [T] encargar: *Saudi Arabia has ordered 14 of the planes.* Arabia Saudita ha encargado 14 de los aviones. • **order sth from sb/sth** encargarle algo a alguien/algo: *I've ordered a new computer from the supplier.* Le encargué un nuevo computador al proveedor. **(b)** [I] hacer un pedido: *If you are ordering by mail, please add $4 to cover postage* Si hace el pedido por correo, sírvase añadir 4 dólares para gastos de envío.
3 [T] (dar una orden) ordenar: *"Put your hands up!" he ordered.* –¡Arriba las manos! –ordenó. • *He ordered an inquiry into the allegations.* Ordenó que se investigaran las acusaciones. • **order sb to do sth** ordenarle a alguien que haga algo: *Staff members had been ordered not to speak to the press.* Se les había ordenado a los miembros del personal que no hablaran con la prensa.
4 [T] (poner en orden) ordenar: *The list was ordered alphabetically.* La lista estaba ordenada alfabéticamente.
order sb around v+partíc mangonear a alguien
order out v+partíc **order sb ↔ out** enviar a alguien (tropas, policía)

'order form s [C] formulario de pedido(s), forma de pedido(s)

or·der·ly¹ /'ɔrdəli/ adj **1** ordenado -a: *The tools were arranged in orderly rows.* Las herramientas estaban dispuestas en filas ordenadas. ANT **disorderly** **2** metódico -a: *She needs to organize her ideas in a more orderly way.* Tiene que organizar sus ideas de forma más metódica. **3** pacífico -a, ordenado -a: *People left the building in an orderly fashion.* La gente abandonó el edificio de forma ordenada. ANT **disorderly**

orderly² s [C] (pl **orderlies**) **1** empleado -a de mantenimiento, camillero -a (en un hospital) **2** ordenanza (soldado)

or·di·nal /'ɔrdn-əl, -nəl/ adj ordinal

'ordinal ,number s [C] número ordinal ▶ **CARDINAL NUMBER**

or·di·nance /'ɔrdn-əns/ s [C] ordenanza

or·di·nar·i·ly /ˌɔrdn'erəli/ adv **1** normalmente, generalmente: *Ordinarily, he didn't like to go to the movies.* Normalmente, no le gustaba ir al cine. **2** (de forma no excepcional) *The day began ordinarily enough.* El día empezó con bastante normalidad.

or·di·nar·y W2 /'ɔrdn,ɛri/ adj **1** [gralm ante s] (común y) corriente: *ordinary people, like you and me* la gente común, como usted y yo • *It was just another ordinary day.* Fue un día común y corriente como tantos. • **no ordinary...** *This is no ordinary stereo.* Este no es un equipo cualquiera. **2** mediocre: *I thought it was a pretty ordinary performance.* Me pareció una actuación bastante mediocre. ▶ **EXTRAORDINARY**

EXPRESIONES
out of the ordinary fuera de lo común: *Did you notice anything out of the ordinary in Julie's behavior?* ¿Notaste algo fuera de lo común en el comportamiento de Julie?

or·di·na·tion /ˌɔrdn'eɪʃən/ s [C,U] ordenación ▶ **ORDAIN**

ord·nance /'ɔrdnəns/ s [U] artillería

ore /ɔr/ s [C,U] mineral (del cual se extrae un metal)

o·reg·a·no /ə'rɛgə,noʊ/ s [U] orégano

or·gan /'ɔrgən/ s [C] **1** (en anatomía) órgano • **internal organs** órganos internos • **vital organs** órganos vitales • **organ donation** donación de órganos • **organ donor** donante (de órganos) • **organ transplant** trasplante de órganos **2** (tb **pipe organ**) (instrumento de percusión) órgano: *Ellen plays the organ at weddings.* Ellen toca el órgano en bodas. **3** teclado (electrónico): *an electronic organ* un teclado electrónico **4** (de una organización) (frml) organismo, órgano • [+of]: *The courts are organs of government.* Los tribunales son órganos de gobierno. ▶ **MOUTH ORGAN**

or·gan·ic /ɔr'gænɪk/ adj **1** (verdura, leche) orgánico -a **2** [gralm ante s] (método de cultivo) orgánico -a, ecológico -a: *organic farming* agricultura orgánica **3** [gralm ante s] (en química) orgánico -a • **organic matter** materia orgánica ANT **inorganic**

or·gan·i·cally /ɔr'gænɪkli/ adv orgánicamente, ecológicamente: *All the vegetables we use are organically grown.* Todas las verduras que utilizamos son de cultivo orgánico.

or·ga·nism /'ɔrgə,nɪzəm/ s [C] organismo (en biología)

or·gan·ist /'ɔrgənɪst/ s [C] organista

or·ga·ni·za·tion S2 W1 /ˌɔrgənə'zeɪʃən/ s **1** [C] (asociación) organización: *a political organization* una organización política • *a dangerous terrorist organization* una peligrosa organización terrorista • *The center is a nonprofit organization for the care of sick animals.* El centro es una organización sin fines de lucro dedicada a la atención de animales enfermos. **2** [U] (acción, proceso) organización: *A big wedding involves a lot of organization.* Una boda con muchos invitados supone mucha organización. • [+of]: *He was responsible for the organization of the party's election campaign.* Era el responsable de la organización de la campaña electoral del partido. • **good organization** buena organización • **bad/poor organization** mala organización

or·ga·ni·za·tion·al /ˌɔrgənə'zeɪʃənl/ adj [gralm ante s] organizacional, organizativo -a, de organización: *changes to the company's organizational structure* cambios en la estructura organizacional de la compañía • *organizational skills* capacidad de organización

or·ga·nize S2 W2 /'ɔrgə,naɪz/ v [T] **1** (actividades, eventos) organizar: *Who's going to organize the party?* ¿Quién va a organizar la fiesta? ▶ **ORGANIZED**
2 (en un orden, un sistema) organizar, ordenar • **organize sth/sb into sth** organizar algo/a alguien en algo: *The children are organized into groups according to ability.* Se organiza a los niños en grupos según su capacidad. • **organize your thoughts/ideas** ordenar sus pensamientos/ideas

or·ga·nized S3 /'ɔrgə,naɪzd/ adj
1 [gralm ante s] (planificado) organizado -a: *an organized attempt to overthrow the government* un intento organizado de derrocar el gobierno • **well organized** bien organizado -a: *a well-organized election campaign* una campaña electoral bien organizada • **badly/poorly organized** mal organizado -a ANT **disorganized**
2 [gralm ante s] (grupos) organizado -a • **well/highly organized** bien/muy organizado -a: *a well-organized gang of terrorists* una banda de terroristas bien organizada
3 (metódico) organizado -a, ordenado -a: *Try and be a little more organized!* ¡Trata de ser un poquito más organizada! • **get organized** organizarse: *Tomorrow I will get organized and get my work done.* Mañana me voy a organizar y voy a hacer el trabajo. ANT **disorganized**

,organized 'crime s [U] el crimen organizado

or·gan·iz·er /'ɔrgə,naɪzər/ s [C] **1** organizador -a **2** (**electronic organizer**) agenda (electrónica) ▶ **PERSONAL ORGANIZER**

or·gasm /'ɔr,gæzəm/ s [C,U] orgasmo

or·gy /'ɔrdʒi/ s [C] (pl **orgies**) **1** orgía **2** an orgy of spending/violence gastos desenfrenados/violencia desenfrenada

O·ri·ent /'ɔriənt, -ɛnt/ s **the Orient** (antic) Oriente SIN **the East**

o·ri·ent /'ɔri,ɛnt/ v [T] **1** [gralm en pasiva] (hacia un fin) orientar • **orient sth to/ toward sth** orientar algo a/hacia algo: *a class that is oriented toward the needs of business people* un curso orientado a las necesidades de la gente de negocios SIN **orientate 2** (guiar) orientar, ofrecer orientación a • **get oriented** orientarse, adaptarse SIN **orientate**

EXPRESIONES
orient yourself orientarse

o·ri·en·tal[1], **Oriental** /ˌɔri'ɛntl/ adj **1** (objetos) oriental: *a beautiful oriental rug* una preciosa alfombra oriental **2** (antic, despec) (persona) oriental

⚠ Generalmente se evita el uso de esta palabra para referirse a personas porque suena ofensiva. En su lugar, se utiliza **Asian**.

oriental[2], **Oriental** s [C] (antic, despec) oriental ▶ **OCCIDENTAL**

⚠ Generalmente se evita el uso de esta palabra para referirse a personas porque suena ofensiva. En su lugar, se utiliza **an Asian person**.

or·i·en·tate /'ɔriən,teɪt/ v [T] ▶ **ORIENT**

o·ri·en·ta·tion /ˌɔriən'teɪʃən/ s **1** [C, U] (inclinación) orientación, tendencia • [+toward/to]: *His orientation is definitely toward science subjects.* Se orienta claramente hacia las materias científicas. • **sb's political/religious orientation** la orientación política/religiosa de alguien **2** [U] (capacitación) orientación de orientación • **orientation program** programa de orientación • **orientation course** curso de orientación

-oriented /ɔriɛntɪd/ suf (orientado a algo o alguien) *consumer-oriented society* sociedad de consumo • *family-oriented* para la familia • *She's always been very career-oriented.* Su profesión siempre fue muy importante para ella. SIN **orientated**

o·ri·en·teer·ing /ˌɔriən'tɪrɪŋ/ s [U] ejercicios de orientación en campo abierto

or·i·fice /'ɔrəfəs, 'ɑr-/ s [C] (frml) orificio

or·i·gin S3 W2 /'ɔrədʒɪn, 'ɑr-/ s [C,U]
1 (tb **origins** [pl]) (lugar, situación) origen, orígenes • [+of]: *There are various theories about the origins of the universe.* Existen varias teorías sobre el origen del universo. • **be Dutch/genetic in origin** ser de origen

holandés/genético -a: *The word is French in origin.* La palabra es de origen francés.
2 (tb **origins** [pl]) (de una persona) origen, orígenes: *He was proud of his Irish origins.* Estaba orgulloso de su origen irlandés. • **be of European/Indian/Asian origin** ser de origen europeo/indio/asiático: *75% of the students are of Asian origin.* El 75% de los estudiantes son de origen asiático. • **humble origins** (*liter*) origen humilde

country/place of origin (*frml*) país/lugar de origen, país/lugar de procedencia • **trace your origins/the origins of sth (back to)** (referido a la historia de una organización, una familia) *The family can trace their origins right back to the 12th century.* Los orígenes de la familia se remontan al siglo XII.

o·rig·i·nal¹ S2 W2 /ə'rɪdʒənəl/ *adj*
1 [solo ante s] (inicial) original: *The original plan was to fly out to New York.* El plan original era volar a Nueva York. • *The land was later returned to its original owner.* Más adelante, las tierras fueron restituidas al propietario original.
2 (creativo, diferente) original: *His books are always funny and original.* Sus libros siempre son divertidos y originales.
3 [solo ante s] (no copia) original: *The original painting is in the National Gallery in London.* La pintura original está en la National Gallery de Londres.

original² *s* [C] **1** (documento, obra) original: *I'll keep a copy of the contract and give you the original.* Conservaré una copia del contrato y le daré el original. **2** (en arte) original **3** [gralm sing] **be an original** ser de lo más original

in the original en la versión original: *He had all Homer's work in the original.* Tenía toda la obra de Homero en la versión original.

o·rig·i·nal·i·ty /ə,rɪdʒə'næləti/ *s* [U] originalidad: *I felt the movie lacked originality.* Me pareció que la película carecía de originalidad.

o·rig·i·nal·ly S2 W3 /ə'rɪdʒənəli/ *adv* originalmente, en un principio: *The building was originally used as a prison.* El edificio se usó originalmente como cárcel. • *Originally, we had hoped to be finished by May.* En un principio, teníamos esperanzas de terminar para mayo.

o,riginal 'sin *s* [U] pecado original

o·rig·i·nate /ə'rɪdʒə,neɪt/ *v* [I siempre + adv/prep] (*frml*) originarse, tener sus orígenes • **originate in sth** originarse/tener sus orígenes en algo: *Buddhism originated in India.* El budismo se originó en la India. • *These problems tend to originate in childhood.* Estos problemas suelen tener su origen en la niñez. • **originate from sb/sth** provenir de alguien/algo: *Tea originates from China.* El té proviene de la China.

o·rig·i·na·tor /ə'rɪdʒə,neɪtə/ *s* [C] creador -a, autor -a • [+of]: *the originator of the plan* el autor del plan

or·na·ment¹ /'ɔrnəmənt/ *s* **1** [C] adorno: *The room was filled with paintings and fine ornaments.* La habitación estaba llena de cuadros y adornos finos. **2** [U] (*frml*) ornamentación: *The towers are square and completely without ornament.* Las torres son cuadradas y sin la menor ornamentación.

or·na·ment² /'ɔrnə,mɛnt/ *v* **be ornamented with sth** estar adornado -a/ornamentado -a con algo

or·na·men·tal /,ɔrnə'mɛntl‹/ *adj* ornamental: *ornamental trees/plants/grasses* árboles/plantas/gramíneas ornamentales

or·nate /ɔr'neɪt/ *adj* muy ornamentado -a, recargado -a

or·nate·ly /ɔr'neɪtli/ *adv* con mucho ornamento

or·nate·ness /ɔr'neɪtnɪs/ *s* [U] lo ornamentado

or·ne·ry /'ɔrnəri/ *adj* malgeniado -a, malhumorado -a SIN **grumpy**

or·ni·tho·log·i·cal /,ɔrnəθə'lɑdʒɪkəl/ *adj* [gralm ante s] ornitológico -a

or·ni·thol·o·gist /,ɔrnɪ'θɑlədʒɪst/ *s* [C] ornitólogo -a

or·ni·thol·o·gy /,ɔrnə'θɑlədʒi/ *s* [U] ornitología

or·phan¹ /'ɔrfən/ *s* [C] huérfano -a • **orphan boy** (niño) huérfano • **orphan girl** (niña) huérfana

orphan² *v* **be orphaned** quedar huérfano -a

or·phan·age /'ɔrfənɪdʒ/ *s* [C] orfanato

or·phaned /'ɔrfənd/ *adj* [solo ante s] huérfano -a

or·tho·don·tic /,ɔrθə'dɑntɪk‹/ *adj* [solo ante s] de ortodoncia: *orthodontic treatment* (tratamiento de) ortodoncia

or·tho·don·tics /,ɔrθə'dɑntɪks/ *s* [U] ortodoncia

or·tho·don·tist /,ɔrθə'dɑntɪst/ *s* [C] ortodoncista

or·tho·dox /'ɔrθə,dɑks/ *adj* **1** (convencional) ortodoxo -a: *orthodox medical treatments* tratamientos médicos ortodoxos SIN **conventional** ANT **unorthodox 2** (en religión) ortodoxo -a

or·tho·dox·y /'ɔrθə,dɑksi/ *s* (pl **orthodoxies**) **1** [C,U] dogma **2** [U] ortodoxia

or·tho·pe·dic /,ɔrθə'pidɪk‹/ *adj* [solo ante s] **1** (aparatos, zapatos, muebles) ortopédico -a: *an orthopedic bed/chair* una cama/una silla ortopédica **2** (relativo a la ortopedia) *an orthopedic hospital/ward* un hospital/una sala de ortopedia • *an orthopedic surgeon* un/una ortopeda

or·tho·pe·dics /,ɔrθə'pidɪks/ *s* [U] ortopedia

Os·car /'ɑskə/ *s* [C] (*marca reg*) Oscar (premio): *the Oscar for best actress* el Oscar a la mejor actriz

os·cil·late /'ɑsə,leɪt/ *v* [I] **oscillate between sth and sth** (*frml*) oscilar entre algo y algo SIN **fluctuate**

os·mo·sis /az'moʊsɪs, ɑs-/ *s* [U] (*técn*) ósmosis

os·ten·si·ble /ɑ'stɛnsəbəl/ *adj* [solo ante s] aparente: *the ostensible motive* el motivo aparente

os·ten·si·bly /ɑ'stɛnsəbli/ *adv* aparentemente, en apariencia

os·ten·ta·tion /,ɑstən'teɪʃən/ *s* [U] (*peyor*) ostentación

os·ten·ta·tious /,ɑstən'teɪʃəs/ *adj* **1** (*peyor*) (objetos) ostentoso -a **2** (*peyor*) (personas, actitudes) *an ostentatious lifestyle* un estilo de vida lleno de ostentación • *He was vain and ostentatious.* Era presumido y le gustaba alardear. • *ostentatious displays of wealth* ostentaciones de riqueza **3** (visible y exagerado) ostentoso -a, ostensible

os·ten·ta·tious·ly /,ɑstən'teɪʃəsli/ *adv* **1** ostentosamente, exageradamente **2** (*peyor*) con ostentación

os·te·o·path /'ɑstiə,pæθ/ *s* [C] osteópata ▶ CHIROPRACTOR, PHYSICAL THERAPIST

os·te·o·po·ro·sis /,ɑstioʊpə'roʊsɪs/ *s* [U] osteoporosis

os·tra·cism /'ɑstrə,sɪzəm/ *s* [U] ostracismo

os·tra·cize /'ɑstrə,saɪz/ *v* [T] condenar al ostracismo

os·trich /'ɑstrɪtʃ, 'ɔ-/ *s* [C] avestruz

oth·er¹ S1 W1 /'ʌðə/ *adj*, *det*
1 otro -a, otros -as: *The other boys laughed at him.* Los otros niños se rieron de él. • *It's his other leg that's hurting.* Es la otra pierna la que le duele. • *Other women have a different opinion.* Otras mujeres opinan diferente. • *She shares a house with three other students.* Comparte la casa con otras tres estudiantes./Comparte la casa con tres estudiantes más. • *None of my other friends agreed.* Ninguno de mis otros amigos estuvo de acuerdo. • *We'll have to find some other way of doing it.* Vamos a tener que buscar alguna otra forma de hacerlo. • *I had no other choice but to accept.* No tuve más opción que aceptar. • *Picasso's other paintings* los otros cuadros de Picasso • *She told every other person in the room.* Se lo dijo a todas las demás personas que estaban en la habitación. • **any other... (a)** algún otro.../alguna otra...: *Do you have any other questions?* ¿Hay alguna otra pregunta? **(b)** cualquier otro -a: *They produce more oil than any other country.* Producen más petróleo que cualquier otro país. • **the other one** el otro/la otra: *I've found one glove*

but not the other one. Encontré uno de los guantes pero no el otro. • **other people** otros -as, otras personas: *Stop blaming other people for your problems.* Deja de culpar a otros de tus problemas. • **in other words** en otras palabras

2 (opuesto) otro -a: *the other side of the street* el otro lado de la calle • *at the other end of the tunnel* en el otro extremo del túnel • **the other way around/round** al revés: *Students translate from French to English and the other way around.* Los alumnos traducen del francés al inglés y al revés.

3 the other day/morning (*oral*) el otro día/la otra mañana: *I met Michael the other day.* Conocí a Michael el otro día. ▶ **all (other) things being** EQUAL, EACH OTHER, EVERY other day/week, **on the one** HAND... **on the other hand**, ONE ANOTHER

other² S1 W1 *pron*

1 the other el otro/la otra: *Close one eye but not the other.* Cierra un ojo, pero no el otro. • *One man was about thirty. The other was older.* Un hombre tenía unos treinta años. El otro era mayor.

2 the others [pl] los/las demás, los otros/las otras: *Tom and Sally stayed home while the others went to the beach.* Tom y Sally se quedaron en casa mientras los demás fueron a la playa.

3 others [pl] otros -as: *We haven't complained, but others have.* No nos hemos quejado, pero otros sí. • *I loved this book. Do you have others like it?* Me encantó este libro. ¿Tiene otros similares? • **any others** *We've found one letter. Are there any others in the drawer?* Encontramos una carta. ¿Hay alguna más en el cajón? • *These shoes are more expensive than any others.* Estos zapatos son más caros que los demás. • **my/her others** *This latest novel is different from her others.* Esta última novela es diferente de las demás/las otras que ha escrito. • **among others** entre otros -as: *The guests included, among others, Elizabeth Taylor and Michael Jackson.* Los invitados incluían, entre otros, a Elizabeth Taylor y Michael Jackson.

4 others [pl] el prójimo, los demás: *We teach them to be kind to others.* Les enseñamos a ser bondadosos con los demás.

EXPRESIONES

some... or other (*oral*) algún/alguna...: *For some reason or other, she doesn't believe me.* Por alguna razón, no me cree. • **someone/something or other** alguien/algo: *She heard a rumor from someone or other.* Oyó un rumor de boca de alguien. • **somewhere/somehow or other** algún lugar/de alguna manera: *We'll get the money somehow or other.* Vamos a conseguir el dinero de alguna manera.

other³ *adv* **other than (a)** salvo, aparte de: *Other than Tom, she has no friends at all.* Salvo Tom, no tiene ningún amigo. **(b)** además de, aparte de: *Did you visit any places other than Paris?* ¿Visitaste algún otro lugar además de París? SIN **apart from (c)** *There must be some method other than cutting the trees down.* Tiene que existir algún método que no implique talar los árboles. • **other than that** aparte de eso, fuera de eso: *The music was a little loud, but other than that it was a great concert.* El volumen de la música estaba un poco alto, pero aparte de eso fue un concierto fantástico. SIN **apart from, except for** • **none other than sb/sth** ni más ni menos que alguien/algo

oth·er·wise S1 W2 /ˈʌðəˌwaɪz/ *adv*

1 [adv oracional] si no, de lo contrario: *You'll have to go now, otherwise you'll miss your bus.* Tendrás que irte ahora, si no vas a perder el bus. • *The flights were free, otherwise they couldn't have afforded to go.* Los vuelos eran gratis, de lo contrario no lo hubieran podido pagar.

2 aparte de eso, por lo demás: *The sleeves are a little long, but otherwise it fits fine.* Las mangas son un poco largas, pero aparte de eso me queda bien. • *one excellent performance in an otherwise boring show* una interpretación excelente en un espectáculo que por lo demás fue aburrido

EXPRESIONES

or otherwise (a) o no: *We welcome any comments from viewers, favorable or otherwise.* Agradecemos cualquier comentario de los espectadores, sea o no favorable. **(b)** (*frml*) de (ninguna) otra manera: *You must not photocopy or otherwise reproduce this material.* Este material no debe ser fotocopiado ni reproducido de ninguna otra manera. • **otherwise known as** también conocido -a como • **think otherwise** pensar de otro modo • **do/decide otherwise** hacer/decidir otra cosa

oth·er·world·ly /ˌʌðəˈwɜːldli◂/ *adj* de(l) otro mundo

ot·ter /ˈɑtə/ *s* [C] nutria

ouch /aʊtʃ/ *interj* ay

ought·n't /ˈɔtˈnt/ *contrac de* **ought not**

ought to S1 W2 /ˈɔtə; *fuerte* ˈɔtu/ *v mod* [sin pasado] (negat **ought not to**, contrac negat **oughtn't to**)

1 (en sugerencias y consejos) *We ought to call the doctor.* Deberíamos llamar al médico. • *You really ought to quit smoking.* En serio, deberías dejar de fumar. • *We ought to celebrate.* Tendríamos que celebrar. • *It's a movie you ought not to miss.* Es una película que no te puedes perder.

2 (indicando lo que sería justo o correcto) *You ought to be ashamed of yourself.* Debería darte vergüenza. • **ought to have done sth** *You ought to have told the truth.* Deberías haberle dicho la verdad. • *I ought to have listened to your advice.* Debería haber escuchado tus consejos.

3 (indicando probabilidad) *The berries ought to be ripe by now.* Las bayas ya deben de estar maduras. • *This ought to be easy.* Esto debería de ser fácil. • **ought to have done sth** *They ought to have left by now.* Ya deben haberse ido. ▶ SHOULD

ounce S3 W3 /aʊns/ *s* [C] (abrev escrita **oz.**) onza (28,35 gramos): *The baby weighed 6 pounds and 13 ounces.* El bebé pesó 6 libras y 13 onzas. • [+**of**]: *four ounces of butter* cuatro onzas de mantequilla ▶ POUND; FLUID OUNCE

EXPRESIONES

every (last) ounce of strength/courage absolutamente toda la energía/todo el valor • **not an ounce of sense/ truth/decency** ni (una) pizca de sentido común/verdad/ decencia • **there's not an ounce of fat on him/her** no le sobra ni un gramo de grasa

our S1 W1 /ɑr; *fuerte* aʊə/ *det* nuestro -a, nuestros -as: *a picture of our children* una foto de nuestros hijos ▶ Los posesivos se usan en inglés con más frecuencia que en español, como se observa en estos ejemplos: *We jumped in the pool with our clothes on.* Nos tiramos a la piscina con la ropa puesta. • *We brushed our teeth.* Nos lavamos los dientes. • **our doing sth** (*frml*) *I remember our discussing it.* Me acuerdo de que lo hablamos. • *Do you mind our sitting here?* ¿Le molesta si nos sentamos aquí?

ours S2 /aʊəz, ɑrz/ *pron* (el) nuestro, (la) nuestra, (los) nuestros, (las) nuestras: *Their car is bigger than ours.* Su carro es más grande que el nuestro. • *That table is yours, not ours.* Esa mesa es de ustedes, no nuestra. • **of ours** *She's a friend of ours.* Es una amiga nuestra. • *a habit of ours* una costumbre que tenemos

our·selves S2 W2 /aʊəˈsɛlvz, ɑr-/ *pron*

1 (uso reflexivo) nos: *We made ourselves comfortable.* Nos pusimos cómodos. • *It was strange seeing ourselves on TV.* Fue raro vernos en la tele. • *We were annoyed with ourselves.* Estábamos enojados con nosotros mismos.

2 (uso enfático) nosotros -as mismos -as: *We run the business ourselves.* Nosotros mismos manejamos el negocio.

3 (tras preposición) nosotros -as: *They asked us some questions about ourselves.* Nos hicieron algunas preguntas sobre nosotros.

EXPRESIONES

(all) by ourselves (a) (no acompañados) solos -as: *We enjoy spending time by ourselves.* Disfrutamos de estar solos. SIN **alone (b)** (sin ayuda) solos -as: *We built the wall by ourselves.* Construimos la pared solos. • **(all) to ourselves** (todo -a) para nosotros -as: *We had the beach all to ourselves.* Teníamos toda la playa para nosotros.

oust /aʊst/ v [T] desbancar, derrocar (a un dictador, etc.) • **oust sb from sth** desbancar/desplazar a alguien de algo

out¹ S1 W1 /aʊt/ adv [solo después de v], adj [nunca ante s] ▶ **out** también forma parte de **phrasal verbs** como **take out**, **turn out**, etc. Estos están tratados bajo el verbo correspondiente.
1 NO EN EL INTERIOR afuera: *children playing out in the snow* niños jugando en la nieve • *It's really hot out.* Hace mucho calor afuera. • *Get out! Or I'll call the police.* ¡Fuera!¡ O llamo a la policía! • **be out** no estar: *Did anyone call while I was out?* ¿Llamó alguien mientras yo no estaba? • **on your/his way out** al salir: *Lock the door on your way out.* Cierra la puerta con llave al salir. • **out of sth** *The key fell out of my pocket.* La llave se me cayó del bolsillo. • *She'll be out of the office all morning.* No va a estar en la oficina en toda la mañana. • *the roads leading out of town* las carreteras que salen de la ciudad • *I looked out of the window.* Miré por la ventana. • *We ran out of the house.* Salimos corriendo de la casa. ANT **in, into**
2 INDICANDO DISTANCIA, ALEJAMIENTO *a little hotel out in the desert* un pequeño hotel en medio del desierto • *I swam out into the middle of the lake.* Fui nadando hasta el centro del lago. • *The ship was two days out from New York.* El barco estaba a dos días de viaje de Nueva York. • *Their little boat had drifted far out to sea.* Su pequeña barca se había ido alejando mar adentro. • **way out** muy lejos
3 INDICANDO SEPARACIÓN *Several pages had been torn out.* Habían arrancado varias páginas. • *The dentist says I need to have a tooth out.* El dentista dice que me tengo que sacar una muela. • **out of sth** *I tore a page out of my notebook.* Arranqué una página de mi cuaderno.
4 YA NO out of sth *She almost died, but now she's out of danger.* Estuvo a punto de morir, pero ahora está fuera de peligro. • *He's been out of work for months.* Hace meses que está sin trabajo. • *I'm afraid I'm out of practice.* Me temo que perdí la práctica. • **out of college/hospital** *a kid just out of school* un muchacho que acaba de terminar el colegio • *His wife isn't out of the hospital yet.* Su esposa todavía no salió del hospital.
5 LUCES, FUEGO be out estar apagado -a: *All the lights were out.* Todas las luces estaban apagadas.
6 SOL, FLORES be out *The sun was out.* Había sol. • *It's beautiful in summer when all the flowers are out.* Es precioso en verano cuando está todo florecido.
7 EXCLUIDO be out (of sth) *She's out with a shoulder injury.* No puede jugar porque tiene una lesión en el hombro. • *He's out of the team.* Quedó fuera del equipo.
8 PUBLICADO be out salir, haber salido: *Her new novel is out this week.* Su nueva novela sale esta semana. • *Their album isn't out yet.* Su álbum todavía no salió. • *The secret's out.* Se reveló el secreto.
9 POSIBILIDADES be out quedar descartado -a: *Going skiing is out, it's too expensive.* Ir a esquiar queda descartado, es demasiado caro.
10 CÁLCULOS be out equivocarse, estar equivocado -a: *We were out in our calculations.* Nos equivocamos en nuestros cálculos. • **be out by $5/2 meters** (tb **be $5/2 meters out**) errar por 5 dólares/2 metros
11 ORIGEN out of sth *I copied the picture out of this book.* Copié el dibujo de este libro. • *I get a lot of enjoyment out of my work.* Disfruto mucho de mi trabajo.
12 MATERIAL out of sth *The bowls are made out of wood.* Los tazones son de madera. • *furniture constructed out of old fruit boxes* muebles hechos con viejos guacales de fruta
13 RECIPIENTE out of sth *We drank champagne out of paper cups.* Bebimos champaña en vasos de papel.
14 PROPORCIONES one out of ten/3 out of 4 uno de cada diez/3 de cada 4: *Four out of ten marriages end in divorce.* Cuatro de cada diez matrimonios terminan en divorcio. • *She scored 10 out of 10 in the test.* Obtuvo una puntuación de 10 sobre 10 en el examen.
15 MOTIVO out of sth por: *I just asked out of curiosity.* Solo pregunté por curiosidad. • *Reporters stayed away*

out of respect for the family. Los periodistas no se acercaron por respeto a la familia.
16 MODA be out estar fuera de moda: *Is long hair in or out?* El cabello largo, ¿está o no a la moda? ANT **in**
17 JUGADOR, EQUIPO *Last year's winner is already out.* El ganador del año pasado ya ha quedado eliminado. ANT **in**
18 PELOTA afuera: *The ball landed out.* La pelota cayó afuera. ANT **in**
19 SIN CONOCIMIENTO be out (cold) estar (totalmente) inconsciente
20 DESPROVISTO be out of sth *We're out of milk.* Nos hemos quedado sin leche.
21 EN LIBERTAD *He could be out again in six months.* Podría salir de la cárcel en seis meses.
22 APARATO, MÁQUINA, ELECTRICIDAD *The electricity has gone out again.* Otra vez no hay electricidad. • *If the elevator's out, we take the stairs.* Si no funciona el ascensor, vamos por las escaleras. ANT **working**
23 OESTE DE EU *My family moved out to California.* Mi familia se mudó a California. • **out west** *Young men went out west to find gold.* Los jóvenes partían hacia el oeste para buscar oro.
EXPRESIONES
before the day/month/year is out antes de que termine el día/mes/año • **be out for sth/to do sth** *You're out for only one thing: his money.* Lo único que buscas es su dinero. • *She's just out to get attention.* Lo único que pretende es llamar la atención. • **be out to get sb** ir a por alguien, andar tras alguien (por venganza) • **out back** (oral) en el fondo • **out front** (oral) **(a)** afuera: *There's a blue car out front.* Hay un carro azul afuera. **(b)** *We need to be out front on this issue.* Tenemos que estar a la vanguardia en este tema. **(c)** (coloq) directo -a, honesto -a • **out of here** (coloq, oral) *Okay, folks. I'm out of here!* Bueno, ¡me voy! • **out of it** (coloq) ido -a (por cansancio, ebriedad, etc.): *She looked completely out of it.* Daba la impresión de estar completamente ida.

out² S1 W3 prep (oral) por: *Jim turned and walked out the door.* Jim se dio la vuelta y salió por la puerta. • *She looked out the window.* Miró por la ventana.

out³ v **1** [T gralm en pasiva] revelar la homosexualidad de (contra su voluntad): *He was worried that he'd be outed.* Le preocupaba la posibilidad de que revelaran su orientación sexual. **2 the truth will out** la verdad saldrá a la luz

out⁴ s **1** [sing] (coloq) escapatoria: *She's always looking for an out.* Siempre está buscando una escapatoria. **2** [C] hombre fuera (en béisbol)
EXPRESIONES
on the outs (coloq) peleado -a

out·age /'aʊtɪdʒ/ s [C] corte de electricidad, apagón: *a power outage* un corte de electricidad

out-and-'out adj [solo ante s] consumado -a, redomado -a: *out-and-out lies* mentiras descaradas SIN **outright**

out·back, **Outback** /'aʊtˌbæk/ s **the outback** en Australia, zonas escasamente pobladas alejadas de los centros urbanos

out·bid /aʊtˈbɪd/ v [T] (**outbid**, **outbidding**) superar la oferta de, sobrepujar (en una subasta)

out·bound /'aʊtˌbaʊnd/ adj [gralm ante s] que sale/parte (pasajero, vuelo), de ida (viaje) ANT **inbound**

out·break /'aʊtˌbreɪk/ s [C] estallido, brote • [+of]: *the outbreak of war* el estallido de la guerra ▶ **BREAK out**

out·build·ing /'aʊtˌbɪldɪŋ/ s [C] construcción anexa, edificación anexa

out·burst /'aʊtˌbɜːst/ s [C] **1** arrebato, estallido: *He later apologized for his outburst.* Más tarde se disculpó por su arrebato. • [+of]: *an outburst of anger* un arrebato de ira **2 outburst of sth** oleada/brote de algo: *a fresh outburst of violence* una nueva oleada de violencia • *an outburst of creative energy* un arranque de energía creativa

out·cast[1] /'aʊt‖kæst/ s [C] paria, marginado -a: *Smokers are often treated as social outcasts*. A menudo se trata a los fumadores como a marginados sociales.

outcast[2] adj [solo ante s] marginado -a

out·class /aʊt‖'klæs/ v [T] superar, eclipsar (a un rival, etc.) SIN **outshine**

out·come WS /'aʊt‖kʌm/ s [C] resultado • [+of]: *the outcome of the election* el resultado de las elecciones SIN **result**

out·crop /'aʊt‖ˌkrɒp/ (tb **out·crop·ping** /'aʊt‖ˌkrɒpɪŋ/) s [C] afloramiento

out·cry /'aʊt‖kraɪ/ s [C gralm sing, U] (vehemente/clamorosa) protesta, (vehementes/clamorosas) protestas: *The killings caused an international outcry*. Las matanzas provocaron clamorosas protestas por parte de la comunidad internacional. • [+against]: *an outcry against the nuclear tests* una vehemente protesta en contra de las pruebas nucleares • [+over]: *a widespread outcry over the tax increase* una protesta generalizada por el aumento de los impuestos • **public outcry** protestas generalizadas

out·dat·ed /ˌaʊt'deɪtɪd◂/ adj anticuado -a, desactualizado -a: *outdated teaching methods* métodos de enseñanza anticuados ▶ OLD-FASHIONED; ▶ ver nota en OLD-FASHIONED

out·dis·tance /aʊt'dɪstəns/ v [T] dejar atrás

out·do /aʊt'du/ v [T] (**outdoes** /-'dʌz/, **outdid** /-'dɪd/, **outdone** /-'dʌn/) superar: *The Canadian team has outdone all its rivals*. El equipo canadiense ha superado a todos sus rivales.

EXPRESIONES
outdo yourself lucirse • **not to be outdone** para no ser menos

out·door /'aʊtdɔr/ adj [solo ante s] (afuera de un edificio) *an outdoor swimming pool* una piscina al aire libre • *The paint is suitable for outdoor use* La pintura puede usarse en exteriores. • **outdoor clothing/clothes (a)** ropa de calle **(b)** ropa para actividades al aire libre ANT **indoor**

EXPRESIONES
outdoor type amante de la vida al aire libre

out·doors[1] /aʊt'dɔrz/ adv al aire libre: *Here the children can play outdoors all year*. Aquí los niños pueden jugar al aire libre todo el año. SIN **out of doors** ANT **indoors**

outdoors[2] s **the outdoors** la naturaleza: *She had always loved the outdoors*. Siempre le había encantado la naturaleza. • **the great outdoors** la naturaleza, el aire libre

out·er /'aʊtə/ adj [solo ante s] **1** exterior, externo -a: *the heavy outer door of the building* la pesada puerta exterior del edificio • *Remove the tough outer leaves before cooking*. Quite las hojas externas más duras antes de cocinar. ANT **inner 2** (más distante del centro) *the outer suburbs* los barrios más periféricos • **the outer edge/limit** los confines, el perímetro: *the outer edge of the solar system* los confines del sistema solar ANT **inner**

out·er·most /'aʊtəˌmoʊst/ adj [solo ante s] más externo -a, más distante ANT **innermost**

,outer 'space s [U] el espacio exterior, el espacio sideral

out·field /'aʊtfild/ s **1 the outfield** los jardines (en béisbol) ANT **infield 2 outfield players** jardineros **3 the outfield** los jardineros ANT **infield**

out·field·er /'aʊtfildə/ s [C] jardinero -a

out·fit S2 /'aʊtˌfɪt/ s [C]
1 conjunto (de ropa): *She bought a new outfit for the party*. Se compró un conjunto nuevo para la fiesta. • *a cowboy outfit* un disfraz de cowboy
2 (coloq) organización, empresa, grupo: *a small advertising outfit in San Diego* una pequeña empresa publicitaria de San Diego

out·fit·ter /'aʊtˌfɪtə/ s [C] tienda de artículos para actividades al aire libre

out·flank /aʊt'flæŋk/ v [T] **1** aventajar (en política, negocios) **2** avanzar por los flancos de un ejército enemigo para atacarlo

out·flow /'aʊtfloʊ/ s [C] flujo

out·go·ing /'aʊtˌɡoʊɪŋ/ adj **1** sociable: *a happy, outgoing child* un niño sociable y feliz SIN **extrovert 2** [solo ante s] **the outgoing administration/government** el gobierno saliente • **the outgoing president/chairman** el presidente saliente ANT **incoming 3** [solo ante s] saliente (llamada, correo), de salida (vuelo) ANT **incoming**

out·grow /aʊt'ɡroʊ/ v [T] (**outgrew** /-'ɡru/, **outgrown** /-'ɡroʊn/) **1** (indicando que algo queda chico) **outgrow your clothes/shoes** frase que expresa que uno ha crecido y la ropa, los zapatos, etc. le quedan pequeños: *Children outgrow their shoes so quickly*. A los niños los zapatos les quedan pequeños tan pronto. • *Kara's already outgrown her coat*. A Kara el abrigo ya le queda pequeño. • *I think the plant's outgrown that pot*. Creo que la planta ya está demasiado grande para esa maceta. SIN **grow out of 2** dejar atrás (una actividad, un interés), superar (una etapa, una necesidad) SIN **grow out of 3** superar la capacidad de (un edificio)

out·house /'aʊthaʊs/ s [C] baño (afuera de un edificio) SIN **privy**

out·ing /'aʊtɪŋ/ s [C] paseo, excursión, salida: *a family outing* un paseo familiar • [+to]: *an outing to the beach* una excursión a la playa

out·land·ish /aʊt'lændɪʃ/ adj estrafalario -a, extravagante SIN **bizarre**

out·last /aʊt'læst/ v [T] durar más que, sobrevivir a SIN **outlive**

out·law[1] /'aʊtlɔ/ v [T] declarar ilegal, prohibir, proscribir SIN **ban**

outlaw[2] s [C] forajido -a, malhechor -a

outlaw[3] adj [solo ante s] ilegal

out·lay /'aʊtleɪ/ s [C,U] (pl **outlays**) desembolso (inicial), inversión (inicial): *There'll be an initial outlay of $2500 on tools and equipment*. Habrá un desembolso inicial de 2.500 dólares en herramientas y equipos.

out·let S3 /'aʊtˌlɛt, -lɪt/ s [C]
1 punto de venta: *a fast-food outlet* un punto de venta de comidas rápidas • **a retail outlet** un punto de venta al por menor, un punto de venta al menudeo
2 válvula de escape, desahogo: *Cooking can be a creative outlet*. La cocina puede ser una válvula de escape para la creatividad. • [+for]: *an outlet for children's energy* una válvula de escape para la energía infantil
3 (conducto de) desagüe, salida (de aire, humo) ANT **inlet**
4 enchufe (en la pared), toma de corriente: *a wall outlet* un enchufe en la pared SIN **socket**

out·line[1] /'aʊtlaɪn/ s [C] **1** esbozo, bosquejo • [+of]: *an outline of their objectives* un esbozo de sus objetivos • **a broad/general outline** un bosquejo general: *a broad outline of the committee's plans* un bosquejo general de los planes del comité • **in outline** en líneas generales, a grandes rasgos **2** contorno, silueta • [+of]: *The picture shows the outline of a woman*. La imagen muestra la silueta de una mujer. • **an outline map of Africa** un mapa del contorno de Africa • **an outline sketch** un boceto ▶ SILHOUETTE **3** esquema (de un trabajo escrito)

outline[2] v [T] **1** describir a grandes rasgos, bosquejar • **outline a plan/a proposal/a program** bosquejar un plan/una propuesta/un programa **2** contornear, trazar el contorno de • [+in]: *a map with our town outlined in red* un mapa con nuestra ciudad contorneada en rojo • *She outlined her eyes in black*. Se aplicó delineador negro en los ojos. **3 be outlined against/by sth** recortarse contra algo/estar delineado -a por algo

out·live /aʊt'lɪv/ v [T] sobrevivir a, vivir más que
EXPRESIONES
outlive your/its usefulness dejar de ser de utilidad

out·look /'aʊtlʊk/ s **1** [sing] perspectivas: *a gloomy economic outlook in Western Europe* perspectivas económicas sombrías en Europa Occidental • [+**for**]: *The outlook for the housing market is improving.* Están mejorando las perspectivas para el mercado de la vivienda. **2** [C] actitud • [+**on**]: *She has a very positive outlook on life.* Tiene una actitud muy positiva ante la vida. **3** [C] vista, panorama

out·ly·ing /ˈaʊtˌlaɪ-ɪŋ/ *adj* [solo ante s] periférico -a, de los suburbios

out·ma·neu·ver /ˌaʊtməˈnuvɚ/ *v* [T] superar (mediante tácticas más hábiles)

out·mod·ed /aʊtˈmoʊdɪd/ *adj* anticuado -a SIN **out-dated**

out·num·ber /aʊtˈnʌmbɚ/ *v* [T] superar en número: *Spanish speakers far outnumber speakers of other foreign languages in the U.S.* En EU los hablantes del español superan ampliamente en número a los hablantes de otras lenguas extranjeras.

ˌout of ˈbounds¹ *adj* [solo después de s] **1** fuera (del parque/la cancha) ANT **in bounds** **2** (indicando que no se permite el paso) *The railroad tracks are out of bounds.* Está prohibido el acceso a las vías del ferrocarril. • [+**for/to**]: *This area is out of bounds to all pupils.* Los alumnos tienen prohibida la entrada a esta zona. SIN **off-limits**

out of bounds² *adv* fuera (del parque, la cancha, etc.)

ˌout-of-ˈdate, out of date *adj* **1** desactualizado -a: *The map was completely out-of-date.* El mapa estaba totalmente desactualizado. SIN **outdated** ANT **up-to-date** **2** anticuado -a: *out-of-date methods* métodos anticuados SIN **outdated** ANT **up-to-date** **3** (alimentos, medicamentos) vencido -a, caducado -a **4** (documentos) vencido -a, caducado -a ▶ ver nota en **OLD-FASHIONED**

ˌout of ˈdoors *adv* al aire libre, afuera: *The kids spent all their time out of doors.* Los niños estaban todo el tiempo afuera. SIN **outdoors, outside** ANT **indoors**

ˌout of ˈstate *adv* a/en otro estado

ˌout-of-ˈstate *adj* de otro estado (en EU)

ˌout-of-the-ˈway, out of the way *adj* remoto -a: *an isolated, out-of-the-way place* un lugar aislado y remoto SIN **remote**

ˌout of ˈtouch *adj* alejado -a de la realidad, encerrado -a en una torre de marfil • [+**with**]: *They've grown increasingly out of touch with ordinary people.* Fueron perdiendo cada vez más el contacto con la gente común.

ˈout-of-town *adj* [solo ante s] de afuera (de la ciudad), forastero -a: *The museum attracts a lot of out-of-town visitors.* El museo atrae a muchos visitantes de afuera.

out·pace /aʊtˈpeɪs/ *v* [T] **1** aumentar más rápidamente que, superar **2** dejar atrás

out·pa·tient /ˈaʊtˌpeɪʃənt/ *s* [C] paciente externo -a/ambulatorio -a ▶ **INPATIENT** • **outpatient clinic** ambulatorio, clínica ambulatoria

out·per·form /ˌaʊtpɚˈfɔrm/ *v* [T] superar, obtener rendimientos superiores a

out·play /aʊtˈpleɪ/ *v* [T] jugar mejor que

out·post /ˈaʊtpoʊst/ *s* [C] puesto de avanzada

out·pour·ing /ˈaʊtˌpɔrɪŋ/ *s* [C] **1** (de sentimientos) estallido, explosión • [+**of**]: *Her death provoked an outpouring of sadness.* Su muerte provocó expresiones públicas de tristeza. **2** (de ideas, creatividad) profusión, explosión • [+**of**]: *an outpouring of creative energy* una explosión de energía creativa

out·put¹ W3 /ˈaʊtpʊt/ *s*
1 [C,U] producción: *Output is up 30% on last year.* La producción es un 30% superior a la del año pasado. • [+**of**]: *the company's annual output of 300,000 cars* la producción anual de la compañía de 300.000 automóviles • **manufacturing/industrial/agricultural output** producción manufacturera/industrial/agrícola **2** [U] salida, output (en informática) ANT **input** **3** [C,U] (*técn*)

output² *v* [I,T] (**output, outputting**) **1** imprimir ANT **input** **2** mostrar en pantalla ANT **input**

out·rage¹ /ˈaʊtˌreɪdʒ/ *s* **1** [U] indignación: *She felt a strong sense of outrage.* Se sintió profundamente indignada. • [+**at/over**]: *environmentalists' outrage at plans to develop the coastline* la indignación de los ecologistas ante los planes de urbanizar la costa • **public outrage** (ola de) indignación popular **2** [C] atrocidad: *bomb outrages in London* atroces atentados en Londres • *The prices they charge are an outrage!* ¡Los precios que cobran son un escándalo!

outrage² *v* [T gralm en pasiva] indignar, provocar la indignación de • **be outraged at/by sth** indignarse ante algo

out·raged /ˈaʊtˌreɪdʒd/ *adj* [solo ante s] indignado -a

out·ra·geous /aʊtˈreɪdʒəs/ *adj* **1** escandaloso -a, indignante: *outrageous prices* precios escandalosos • *Two hundred dollars for a sweatshirt? That's outrageous!* ¿Doscientos dólares por una sudadera? ¡Es un escándalo! • **it is outrageous that** es indignante que **2** estrambótico -a, estrafalario -a: *his outrageous hairstyle* su estrambótico peinado

out·ra·geous·ly /aʊtˈreɪdʒəsli/ *adv* **1** escandalosamente, de manera escandalosa: *The shirt was outrageously expensive.* La camisa era escandalosamente cara. • *She was flirting outrageously.* Era un escándalo cómo coqueteaba. **2** de manera extravagante (vestirse)

out·ran /aʊtˈræn/ pasado de **OUTRUN**

out·reach /ˈaʊtˌritʃ/ *s* [U] asistencia, asesoramiento y otros servicios brindados a comunidades necesitadas

out·rid·er /ˈaʊtˌraɪdɚ/ *s* [C] escolta en moto, escolta a caballo (persona)

out·right¹ /ˈaʊtˌraɪt/ *adj* [solo ante s] **1 outright winner** ganador -a indiscutible: *The election failed to produce an outright winner.* Las elecciones generales no tuvieron un ganador indiscutible. • **outright victory** victoria indiscutible: *The Republican Party failed to secure outright victory.* El Partido Republicano no logró obtener una victoria indiscutible. **2** rotundo -a, abierto -a, franco -a: *their outright refusal to cooperate with him* su rotunda negativa a colaborar con él • *an attitude of outright hostility* una actitud de franca hostilidad • **an outright lie** una mentira descarada

out·right² /aʊtˈraɪt, ˈaʊtˌraɪt/ *adv* **1** abiertamente, sin tapujos: *They laughed outright at my suggestion.* Se rieron abiertamente de mi sugerencia. **2** indiscutiblemente, rotundamente: *The socialists won outright.* Los socialistas ganaron indiscutiblemente. **3 be killed outright** morir en el acto **4 buy/own sth outright** comprar/ser propietario -a de algo (sin hipotecas)

out·run /aʊtˈrʌn/ *v* [T] (**outran** /-ˈræn/, **outrun, outrunning**) correr más rápido que, sobrepasar

out·set /ˈaʊtsɛt/ *s* **at/from the outset** al/desde el principio: *It was clear from the outset that there were going to be problems.* Fue evidente desde el principio que iba a haber problemas.

out·shine /aʊtˈʃaɪn/ *v* [T] (**outshined** o **outshone** /-ˈʃoʊn/) eclipsar: *Kelly outshone every other player on the field.* Kelly eclipsó a todos los demás jugadores en el campo.

out·side¹ S2 W2 /ˌaʊtˈsaɪd, ˈaʊtˌsaɪd/ (tb **outside of**) *prep* **1** afuera de, fuera de: *the crowd outside the courtroom* la multitud fuera de la sala del tribunal • *We prefer to live outside the city.* Preferimos vivir afuera de la ciudad. • *I'll meet you outside the theater.* Te espero en la puerta del teatro. • *He was standing outside the door, listening.* Estaba al otro lado de la puerta, escuchando. • **just outside** cerquita de, en las afueras de: *a small town just outside Boston* un pequeño pueblo cerquita de Boston ANT **inside** **2** (indicando movimiento hacia afuera) *We don't want kids wandering outside of the school grounds.* No queremos que los niños salgan del predio de la escuela. • *These people never travel outside of Washington.* Estas personas nunca salen de Washington. • *She asked me to step*

outside the room. Me pidió que saliera de la habitación. **3** (de un periodo de tiempo, una situación) fuera de: *outside of office hours* fuera del horario de oficina • *children born outside of marriage* hijos extramatrimoniales • *a problem outside my experience* un problema que nunca tuve • **outside sb's control** fuera del control de alguien ⓢⓘⓝ **beyond**
4 outside of sth/sb salvo algo/alguien, aparte de algo/alguien: *Outside of a short trip to Boston, we didn't go anywhere.* Salvo un viaje corto a Boston, no fuimos a ninguna parte. ⓢⓘⓝ **apart from, except for** ⒶⓃⓉ **including**

out·side² ⓈⓁ ⓌⓌ *adv*
1 (a la intemperie) afuera, fuera: *It's cold outside.* Afuera hace frío. • *We slept outside under the stars.* Dormimos afuera bajo las estrellas. ⓢⓘⓝ **outdoors** ⒶⓃⓉ **indoors**
2 (de un recinto) afuera, fuera: *Would you wait outside, please?* ¿Podría esperar afuera, por favor?
3 (indicando movimiento hacia afuera) *You have to go outside to smoke.* Tienes que salir para fumar. • *I ran outside into the sunlight.* Salí corriendo al sol. ⓢⓘⓝ **outdoors** ⒶⓃⓉ **inside**

out·side³ ⓈⓈ ⓌⓌ *adj* [solo ante s]
1 (observador, presiones) externo -a: *outside influences on our children* influencias externas sobre nuestros hijos ⓢⓘⓝ **external** ⒶⓃⓉ **internal**
2 (afuera de un edificio) *The hotel has an outside bar.* El hotel tiene un bar al aire libre. • *Switch off the outside lights.* Apaga las luces de afuera. ⓢⓘⓝ **outdoor** ⒶⓃⓉ **indoor**
3 (intereses, actividades) extralaboral, extraescolar: *Does she have any outside interests?* ¿Tiene algún interés extralaboral? ⓢⓘⓝ **external**
4 an outside chance/possibility una posibilidad remota, una mínima posibilidad: *We still have an outside chance of winning.* Todavía tenemos una mínima posibilidad de ganar.
5 (líneas telefónicas, llamadas) exterior, hacia afuera ⒶⓃⓉ **internal**

out·side⁴ ⓈⓏ *s*
1 the outside el exterior • [+of]: *The outside of the house was painted white.* El exterior de la casa estaba pintado de blanco. • **on the outside** por fuera/afuera, en la parte de afuera: *Fry the meat until it is brown on the outside.* Fría la carne hasta que esté dorada por fuera. • **from the outside** *The house looks big from the outside.* La casa parece grande vista desde fuera. ⓢⓘⓝ **exterior** ⒶⓃⓉ **inside**
2 (no perteneciente a un grupo) **on the outside** de afuera: *People on the outside don't understand how we feel.* La gente de afuera no entiende lo que sentimos. ⒶⓃⓉ **inside**

EXPRESIONES
at the (very) outside como máximo: *It's only a 20-minute walk, half an hour at the outside.* Es una caminata de 20 minutos, media hora como máximo.

out·sid·er /aʊt'saɪdə/ *s* [C] **1** forastero -a, extraño -a ⒶⓃⓉ **insider 2** persona de afuera (de una empresa, organización) ⒶⓃⓉ **insider 3** competidor que se considera con pocas posibilidades de ganar: *He was beaten by an outsider.* Fue derrotado por un desconocido.

ˌ**outside ˈworld** *s* **the outside world** el mundo exterior

out·size /ˈaʊtsaɪz/ (tb **out·sized** /ˈaʊtsaɪzd/) *adj* [solo ante s] **1** enorme **2** de talla muy grande

out·skirts /ˈaʊtskɜːts/ *s* **the outskirts** [pl] las afueras • **on the outskirts of sth** en las afueras de algo: *They live on the outskirts of Chicago.* Viven en las afueras de Chicago.

out·smart /aʊt'smɑːt/ *v* [T] ser más listo -a que, salirle adelante a alguien ⓢⓘⓝ **outwit**

out·sourc·ing /ˈaʊtˌsɔːsɪŋ/ *s* [U] externalización, tercerización, subcontratación

out·spo·ken /aʊt'spəʊkən/ *adj* (que se expresa abiertamente) *outspoken opinions* opiniones expresadas abiertamente • *He was outspoken in his condemnation*

of the proposals. Condenó abiertamente las propuestas. • **be an outspoken critic of sth** criticar algo abiertamente/sin ambages • **be an outspoken opponent of sth** oponerse abiertamente a algo

out·spo·ken·ly /aʊt'spəʊkənli/ *adv* abiertamente

out·spo·ken·ness /aʊt'spəʊkənnɪs/ *s* [U] franqueza

out·spread /ˌaʊt'spred◂/ *adj* abierto -a, extendido -a

out·stand·ing /aʊt'stændɪŋ/ *adj* **1** excepcional, notable: *an outstanding young musician* un joven músico excepcional • *The show was an outstanding success.* El espectáculo tuvo un notable éxito. • *Her performance was outstanding.* Su actuación fue excepcional. **2** pendiente: *outstanding debts* deudas pendientes

out·stand·ing·ly /aʊt'stændɪŋli/ *adv* **1** excepcionalmente, extraordinariamente • **outstandingly successful/beautiful** *an outstandingly talented musician* un músico de excepcional talento • *an outstandingly beautiful woman* una mujer de una belleza excepcional **2** extraordinariamente bien: *He played outstandingly.* Tocó extraordinariamente bien.

out·stay /aʊt'steɪ/ *v* [T]
EXPRESIONES
outstay your welcome quedarse más de lo esperado, abusar de la hospitalidad

out·stretched /ˌaʊt'stretʃt◂/ *adj* extendido -a, abierto -a: *She ran to meet them with outstretched arms.* Corrió a su encuentro con los brazos extendidos.

out·strip /aʊt'strɪp/ *v* [T] (**outstripped, outstripping**) **1** (ser mejor que) superar a: *We outstripped all our competitors in sales last year.* El año pasado, superamos en ventas a todos nuestros competidores. **2** (en cantidad, volumen) superar, exceder: *Demand for energy is outstripping supply.* La demanda de electricidad supera la oferta. ⓢⓘⓝ **exceed**

out·vote /aʊt'vəʊt/ *v* [T gralm en pasiva] ganar (en una votación)

out·ward¹ /ˈaʊt̚wəd/ *adj* [solo ante s] **1** aparente: *her outward calm* su aparente calma • *outward symptoms* síntomas evidentes • *My parents showed no outward affection.* Mis padres no exteriorizaban su afecto. ⒶⓃⓉ **inward** ▶ **EXTERNAL 2** hacia afuera ⒶⓃⓉ **inward 3 the outward flight/trip** el vuelo/viaje de ida ⒶⓃⓉ **inward**

out·ward² *adv* hacia afuera: *The door opens outward into the street.* La puerta abre hacia la calle. ⒶⓃⓉ **inward**

out·ward·ly /ˈaʊt̚wədli/ *adv* en apariencia ⒶⓃⓉ **inwardly**

out·weigh /aʊt'weɪ/ *v* [T] superar, pesar más que: *The benefits of having surgery far outweigh the risks.* Los beneficios de la operación superan en mucho a los riesgos.

out·wit /aʊt'wɪt/ *v* [T] (**outwitted, outwitting**) ser más listo -a que, engañar ⓢⓘⓝ **outsmart**

o·va /ˈəʊvə/ pl de **OVUM**

o·val¹ /ˈəʊvəl/ *s* [C] óvalo

oval² *adj* ovalado -a, oval

ˌ**Oval ˈOffice** *s* **the Oval Office** el Despacho Oval (el despacho presidencial en la Casa Blanca)

o·var·i·an /əʊ'veəriən/ *adj* [solo ante s] (*técn*) ovárico -a

o·va·ry /ˈəʊvəri/ *s* [C] (pl **ovaries**) ovario

o·va·tion /əʊ'veɪʃən/ *s* [C] (*frml*) ovación • **give sb a standing ovation** ponerse en pie para ovacionar a alguien • **receive a standing ovation** ser ovacionado -a de pie

ov·en ⓈⓈ ⓌⓌ /ˈʌvən/ *s* [C] horno: *a homemade loaf fresh out of the oven* un pan casero recién salido del horno • **in the oven** en el horno: *Cook in the oven for 20–25 minutes.* Cocine en el horno durante 20–25 minutos. • **a hot/moderate/low oven** un horno caliente/moderado/bajo ▶ **COOKER, STOVE** • **oven mitt** guante (para horno)

EXPRESIONES
be like an oven (*coloq*) ser un horno: *The car's like an oven inside*. El interior del carro es un horno.

ov·en·proof /'ʌvən‚pruf/ *adj* resistente al horno

o·ver¹ S1 W1 /'oʊvər/ *prep*

1 ARRIBA encima de, por encima de: *There was a sign over the door*. Había un letrero encima de la puerta. • *A helicopter was flying over the beach*. Un helicóptero sobrevolaba la playa. • *I put a blanket over him*. Lo cubrí con una manta. • *I had my hands over my eyes*. Tenía los ojos tapados con las manos. • *He wore a jacket over his sweater*. Llevaba una chaqueta encima del suéter. • **all over sth** *He spilled wine all over the new carpet*. Derramó vino por toda la alfombra nueva. SIN **above** ANT **under**

2 DE UN LADO A OTRO por encima de, sobre: *The sheep had jumped over the fence*. Las ovejas habían saltado por encima de la cerca. • *a bridge over the river* un puente sobre el río • *the road over the mountains* la carretera que atraviesa las montañas SIN **across**

3 ENFRENTE al otro lado de: *They live over the river in St. Paul*. Viven en St. Paul, al otro lado del río. • *There's a drugstore just over the road*. Hay una farmacia justo enfrente. SIN **across**

4 CIFRA, NIVEL más de: *It happened over 50 years ago*. Ocurrió hace más de 50 años. • *children over the age of three* niños mayores de tres años • *Temperatures reached over 100 degrees*. Las temperaturas superaron los 100 grados. • **the over-30s/-40s** los mayores de 30/40 años

5 TIEMPO durante, en: *Did you go anywhere over the Christmas holidays?* ¿Fuiste a algún lado durante las vacaciones de Navidad? • *Let's discuss the contract over lunch*. Hablemos del contrato durante el almuerzo. • *The crimes were committed over a two-year period*. Los crímenes fueron cometidos a lo largo de un periodo de dos años. • **over the years** con los años: *People's attitudes had changed over the years*. Las actitudes de la gente habían cambiado con los años.

6 HACIA ABAJO desde: *The car plunged over a cliff*. El carro se precipitó desde un acantilado.

7 COLGANDO *He had a towel over his arm*. Tenía una toalla colgada del brazo. • *Put your wet coat over the back of the chair*. Cuelga el abrigo mojado en el respaldo de la silla.

8 EN O A MUCHAS PARTES *The floods spread over several states*. Las inundaciones se extendieron a varios estados. • **all over sth** por todo -a algo: *They traveled all over Europe*. Viajaron por toda Europa. • **from all over the country/the world** de todas partes del país/del mundo • **all over the place** por todos lados: *The children were running all over the place*. Los niños corrían por todos lados.

9 MEDIO **over the Internet/phone/radio** por Internet/teléfono/radio: *I'd prefer not to talk about it over the phone*. Preferiría no hablar del tema por teléfono. SIN **via**

10 ACERCA DE por: *a dispute over payment* una disputa por el pago • *I'm not losing any sleep over it*. El tema no me está quitando el sueño. SIN **about**, concerning

11 CONTROL, AUTORIDAD sobre: *He ruled over a vast kingdom*. Reinaba sobre un vasto territorio. • *They have no control over their children*. No tienen control sobre sus hijos.

12 RECUPERACIÓN **be/get over sth** reponerse de algo, superar algo: *Are you over your cold yet?* ¿Ya te repusiste de tu resfriado? • *I still haven't gotten over the shock*. Todavía no me repongo del susto. • *Susan's mad at me, but she'll get over it*. Susan está furiosa conmigo, pero ya se le va a pasar.

13 AMOR **be/get over sb** olvidar a alguien (tras una relación amorosa): *She soon got over him*. Pronto lo olvidó.

14 TROPIEZO **trip/fall/stumble over sth** tropezarse con algo: *I tripped over the cat*. Me tropecé con el gato.

EXPRESIONES
be all over sb (*coloq*) (dando muestras de cariño) *Before*

I could say hello, she was all over me. Antes de que pudiera decir hola, ya se me había echado encima. • **be all over sth** (*hum*, *oral*) *I was all over that history test*. Me fue muy bien en ese examen de historia. • **over and above sth** además de algo: *We were charged 10% tax over and above the basic cost*. Nos cobraron un impuesto del 10% sobre el costo básico.

over² S1 W1 *adv* ► **over** también forma parte de **phrasal verbs** como **fall over**, **turn over**, etc. Estos están tratados bajo el verbo correspondiente.

1 INDICANDO CAÍDA *Don't knock the candle over*. No tires la vela. • *Some fences were blown over in the storm*. La tormenta derribó algunas cercas. • *Wham! Over he went on his side*. ¡Zas! Se cayó de lado.

2 DE UN LADO AL OTRO *I put one foot on the wall and climbed over*. Apoyé un pie en el muro y pasé al otro lado. • **over to** *I crossed over to the other side of the street*. Crucé al otro lado de la calle.

3 EN O HACIA UN LUGAR *She came over to say hello*. Se acercó a saludar. • *I'll come over and see you tomorrow*. Mañana vengo a verte. • **over by/on** *She was standing over by the window*. Estaba de pie junto a la ventana. • **over to** *I walked over to the door* Me dirigí hacia la puerta. • **over there** alli: *My car is over there by that tree*. Mi carro está allí, junto a ese árbol. • **over here** aquí: *Sit over here with me*. Siéntate aquí conmigo. • *Come over here*. Ven aquí. • *She's over here from Europe*. Vino de Europa.

4 ACABADO **be over** *Is the meeting over yet?* ¿Ya se terminó la reunión? • *The movie won't be over for another hour*. Todavía falta una hora para que acabe la película. • **be over (and done) with** haberse terminado (por fin): *The tests will soon be over with*. Las pruebas pronto se habrán terminado. • *I'm glad today is over and done with*. Me alegro de que se haya terminado por fin el día de hoy. • **get sth over (and done) with** quitarse algo de encima, terminar con algo de una vez: *It's better to get this over with now*. Es mejor quitarse esto de encima ahora.

5 A UN LADO *I told the driver to pull over*. Le dije al conductor que se acercara al sardinel y parara. • *Move over and make room for us*. Córrete un poco y haznos lugar.

6 DOBLADO, INCLINADO *Fold the paper over to form a triangle*. Doble el papel para formar un triángulo. • *Jane leaned over to see what I had written*. Jane se inclinó para ver lo que había escrito.

7 CAMBIO DE LADO *She rolled over onto her back*. Se dio la vuelta y se puso boca arriba. • *Now turn over the page*. Ahora den la vuelta a la página.

8 CON CIFRAS, CANTIDADES **and/or over** *children aged 10 and over* los niños de 10 años en adelante • *women who wear size 14 and over* las mujeres que usan la talla 14 o mayor ANT **under**

9 TRASPASO *Hand over your gun*. Entregue su arma. • *He signed the house over to his children*. Firmó un documento de cesión de la casa a sus hijos.

10 CAMBIO *The guards change over at midnight*. El cambio de guardia es a medianoche. • *Several former Republicans went over to the Democrats*. Varios ex republicanos se pasaron al Partido Demócrata.

11 INTENSIFICADOR demasiado: *She didn't seem over pleased*. No parecía demasiado contenta. SIN **very**, **overly**

12 SOBRANTE *There's usually a little money over after I've paid all the bills*. Suele quedar un poco de dinero después de haber pagado todas las cuentas.

13 EN TODA LA SUPERFICIE *Does the river ever freeze over?* ¿Alguna vez se congela el río? • *The sky was beginning to cloud over*. El cielo estaba empezando a cubrirse de nubes.

14 CUIDADOSAMENTE *Don't sign the contract before you've read it over*. No firme el contrato antes de haberlo leído con atención.

15 COMUNICACIÓN *The banks are not getting this message over to customers*. Los bancos no están haciendo entender esto a sus clientes. • *She comes over*

as a very confident person. Da la impresión de ser una persona muy segura de sí misma.
16 DE NUEVO *I made a mistake and had to start over.* Cometí un error y tuve que volver a empezar. SIN **again, anew**
17 POR ENCIMA *Two planes flew over.* Pasaron dos aviones. ▶ **ALL over**

all over again otra vez desde el principio: *I had to do my work all over again.* Tuve que hacer el trabajo otra vez desde el principio. • **from all over** (*oral*) de todas partes: *Visitors came from all over.* Llegaron visitantes de todas partes. • **over and over (again)** una y otra vez: *They just keep playing the same songs over and over.* Se la pasan tocando las mismas canciones una y otra vez. • **the whole world over** (*liter*) en todo el mundo

over- /ˈoʊvə/ *pref* **1** (indicando exceso) *overpopulation* superpoblación • *an overweight person* una persona con sobrepeso • *overcharge* cobrar de más • *overcooked* pasado -a/cocido -a en exceso **2** (indicando situación espacial) *overhang* sobresalir • *overlap* superponerse • *overland* por tierra **3** (indicanco uso exterior) *overcoat* abrigo • *overalls* overol **4** (con edades) mayor de: *the over-60s* los mayores de 60 **5** (expresando algo adicional) *overtime* horas extra(s)

o·ver·all¹ /ˈoʊvəˌɔl/ *adj* [solo ante s] **1** global, general: *We don't want the details, just the overall picture.* No queremos los detalles, solo el panorama general. • *The overall result is an increase in population.* El resultado global es un aumento de la población. • **an overall effect/impression** un efecto/una impresión general SIN **general 2** total, global: *The overall cost of the exhibition was $400,000.* El costo total de la exposición fue de 400.000 dólares. SIN **total 3 the overall winner** el ganador (absoluto)/la ganadora (absoluta)

o·ver·all² /ˌoʊvəˈɔl/ *adv* **1** [adv oracional] en general: *Overall, it's been a good year.* En general, ha sido un buen año. SIN **generally 2** en total: *The budget is around $25 million overall.* El presupuesto es de alrededor de 25 millones de dólares en total. • *Williams came fifth overall.* Williams llegó quinto entre todos.

o·ver·all³ /ˈoʊvəˌɔl/ *s* **overalls** [pl] overol (pantalón con peto)

o·ver·arch·ing /ˌoʊvəˈɑrtʃɪŋ/ *adj* [solo ante s] que abarca todo

o·ver·bear·ing /ˌoʊvəˈberɪŋ/ *adj* autoritario -a, dominante SIN **domineering**

o·ver·blown /ˌoʊvəˈbloʊn/ *adj* pomposo -a, ampuloso -a

o·ver·board /ˈoʊvəˌbɔrd/ *adv* por la borda: *She shot him and threw his body overboard.* Lo mató de un tiro y arrojó su cuerpo por la borda. • **Man overboard!** ¡Hombre al agua!

go overboard (with/on sth) (*coloq*) pasarse de la raya (con algo), exagerar (con algo)

o·ver·bur·den /ˌoʊvəˈbədn/ *v* [T gralm en pasiva] sobrecargar

o·ver·came /ˌoʊvəˈkeɪm/ pasado de **OVERCOME**

o·ver·cast /ˈoʊvəˌkæst/ *adj* nublado -a SIN **cloudy**

o·ver·charge /ˌoʊvəˈtʃɑrdʒ/ *v* [I,T] cobrar de más (a): *The cab driver had overcharged us by about $10.* El taxista nos había cobrado unos 10 dólares de más. • **overcharge (sb) for sth** cobrar de más (a alguien) por algo ANT **undercharge**

o·ver·coat /ˈoʊvəˌkoʊt/ *s* [C] abrigo

o·ver·come S3 W3 /ˌoʊvəˈkʌm/ *v* [T] (**overcame** /-ˈkeɪm/, **overcome**, **overcoming**)
1 superar, sobreponerse a: *I don't think he'll ever overcome his fear of flying.* No creo que pueda superar jamás su miedo a volar. • **overcome a problem/difficulty/obstacle** superar un problema/una dificultad/un obstáculo SIN **conquer**
2 [gralm en pasiva] invadir, sobrecoger • **be overcome**

with/by sth *Charles was overcome by grief.* Charles estaba sobrecogido de dolor. • *I was overcome by an irresistible urge to hit him.* Me invadieron unas ganas irresistibles de pegarle. • *At that moment she was overcome with emotion.* En ese momento la embargó la emoción. SIN **overwhelm**
3 derrotar, vencer: *Australia overcame the Netherlands 2–1.* Australia derrotó a Holanda 2 a 1. SIN **beat**
4 [gralm en pasiva] (por efecto de humo o gas) **be overcome by smoke/gas** sufrir los efectos del humo/gas ▶ **overcome the ODDS**

o·ver·com·pen·sate /ˌoʊvəˈkɑmpənˌseɪt/ *v* [I] **overcompensate (for sth/by doing sth)** excederse al intentar contrarrestar algo: *When a child has been deprived, there is a tendency to overcompensate.* Cuando un niño ha sufrido privaciones, hay una tendencia a compensarlo en exceso. • *She overcompensated for her nervousness by talking too much.* En su intento de contrarrestar su nerviosismo, acabó hablando demasiado.

o·ver·com·pen·sa·tion /ˌoʊvəˌkɑmpənˈseɪʃən/ *s* [U] hecho de excederse al intentar contrarrestar algo

o·ver·cook /ˌoʊvəˈkʊk/ *v* [T] cocinar demasiado

o·ver·crowd·ed /ˌoʊvəˈkraʊdɪd/ *adj* superpoblado -a, atestado -a (de gente): *overcrowded prisons* cárceles superpobladas • *overcrowded trains* trenes atestados de gente • **in overcrowded conditions** en condiciones de hacinamiento, hacinados -as

o·ver·crowd·ing /ˌoʊvəˈkraʊdɪŋ/ *s* [U] hacinamiento

o·ver·de·vel·oped /ˌoʊvədɪˈvɛləpt/ *adj* **1** excesivamente desarrollado -a **2** sobrerevelado -a (película, negativo)

o·ver·do /ˌoʊvəˈdu/ *v* [T] (**overdoes** /-ˈdʌz/, **overdid** /-ˈdɪd/, **overdone** /-ˈdʌn/) exagerar (con), pasarse con: *Don't overdo the compliments. It wasn't that good.* No exageres con los elogios. No estuvo tan bien.

overdo it/things (a) esforzarse demasiado, trabajar demasiado: *As with all sports, you must be careful not to overdo things.* Como con todos los deportes, debes tener cuidado de no esforzarte demasiado. **(b)** cocer demasiado: *I think I've overdone the potatoes.* Me parece que se me pasaron las papas. **(c)** pasarse con (usar en exceso): *You overdid the salt.* Se te fue la mano con la sal.

o·ver·done /ˌoʊvəˈdʌn/ *adj* **1** demasiado hecho -a, demasiado cocido -a **2** exagerado -a

o·ver·dose¹ /ˈoʊvəˌdoʊs/ *s* [C] sobredosis • **+of**: *He died of an overdose of sleeping pills.* Murió de una sobredosis de somníferos. • **take an overdose (of sth)** tomar una sobredosis (de algo)

overdose² (abrev **OD**) *v* [I] **1** tomar una sobredosis • **overdose on sth** tomar una sobredosis de algo: *He overdosed on heroin.* Tomó una sobredosis de heroína. **2** (*coloq*) **overdose on sth** pasarse/saturarse con algo: *I think I've overdosed on reality TV shows.* Creo que me saturé viendo reality shows en la tele.

o·ver·draft /ˈoʊvəˌdræft/ *s* [C] descubierto: *I have a large overdraft.* Tengo un descubierto importante.

o·ver·drawn /ˌoʊvəˈdrɔn/ *adj* sobregirado -a • **be overdrawn** tener un sobregiro, estar sobregirado -a: *The account was overdrawn by $700.* La cuenta tenía un sobregiro de 700 dólares. • **go overdrawn** sobregirarse

o·ver·dressed /ˌoʊvəˈdrɛst/ *adj* demasiado arreglado -a (para la ocasión)

o·ver·drive /ˈoʊvəˌdraɪv/ *s* [U] sobremarcha

o·ver·due /ˌoʊvəˈdu/ *adj* **1** atrasado -a (pago): *an overdue gas bill* un recibo del gas atrasado • **three weeks/two months overdue** *The rent is three weeks overdue.* El pago del alquiler venció hace tres semanas./ Deberíamos haber pagado el alquiler hace tres semanas. **2** (trabajos, medidas) *A new English translation of the work is overdue.* Ya debería haberse hecho una nueva traducción al inglés de la obra. • **long overdue** *long overdue changes to the law* cambios a la ley que deberían haberse hecho mucho antes **3** (préstamos de biblioteca) *These books are overdue.* Ya ha vencido el plazo de devolución de estos libros. **4** [nunca ante s] (parto) *Her baby is already two weeks overdue.* Ya pasaron dos semanas de la fecha de parto. **5** (la llegada de alguien) *How long is he overdue?* ¿Cuánto hace que debería haber llegado?

o·ver·eat /ˌoʊvəˈit/ *v* [I] (**overate** /-ˈeɪt/, **overeaten** /-ˈitⁿn/) comer de más, sobrealimentarse

o·ver·eat·ing /ˌoʊvəˈitɪŋ/ *s* [U] sobrealimentación

o·ver·es·ti·mate¹ /ˌoʊvəˈɛstəˌmeɪt/ *v* **1** [T] sobreestimar, sobrevalorar: *He tends to overestimate his own abilities.* Tiene una tendencia a creerse más capaz de lo que es. • *The significance of these changes cannot be overestimated.* No se puede exagerar la importancia de estos cambios. ᴀɴᴛ **underestimate** **2** [I,T] calcular de más, sobreestimar ᴀɴᴛ **underestimate**

o·ver·es·ti·mate² /ˌoʊvəˈɛstəmɪt/ *s* [C] cálculo excesivo, sobreestimación ᴀɴᴛ **underestimate**

o·ver·ex·pose /ˌoʊvərɪkˈspoʊz/ *v* [T] sobreexponer

o·ver·flow¹ /ˌoʊvəˈfloʊ/ *v* **1** [I,T] desbordar(se), rebosar: *Turn off the water so the sink doesn't overflow.* Cierra el agua para que el lavaplatos no se desborde. • *The river overflowed its banks.* El río desbordó su cauce. • *overflowing ashtrays* ceniceros rebosantes de colillas **2** [I, T] desbordar (lugar): *More guests arrived and soon the house was overflowing.* Llegaron más invitados y enseguida la casa estaba que desbordaba. • **be overflowing with sth** estar repleto -a de algo • **be full to overflowing** estar de bote en bote **3** (tener mucho) **overflow with** estar rebosar de algo, desbordar de algo: *The garden was overflowing with color.* El jardín estaba rebosante de color. • **overflow with love/gratitude** rebosar de amor/gratitud

o·ver·flow² /ˈoʊvəˌfloʊ/ *s* **1** [C gralm sing] (objetos) excedente; (personas) *The overflow will be accommodated in another hotel.* Las demás personas serán alojadas en otro hotel. **2** [C,U] desbordamiento **3** [C] (tb **'overflow ˌpipe**) tubería de desagüe

o·ver·fly /ˌoʊvəˈflaɪ/ *v* [T] (**overflies**, **overflew** /-ˈflu/, **overflown** /-ˈfloʊn/, **overflying**) sobrevolar

o·ver·grown /ˌoʊvəˈɡroʊn◂/ *adj* **1** lleno -a/cubierto -a de maleza • [+**with**]: *Both sides of the road were overgrown with weeds.* Ambos lados de la carretera estaban cubiertos de malezas. **2** descuidado -a (plantas, césped, etc.) **3** [solo ante s] (peyor) (referido a un adulto de comportamiento infantil) *Stop acting like an overgrown schoolboy.* Deja de comportarte como un colegial.

o·ver·hand¹ /ˈoʊvəˌhænd/ *adj* por encima de la cabeza: *an overhand throw* un tiro por encima de la cabeza ᴀɴᴛ **underhand**

overhand² *adv* por encima de la cabeza

o·ver·hang¹ /ˌoʊvəˈhæŋ/ *v* [I,T] (**overhung** /-ˈhʌŋ/) sobresalir (por encima de): *The bird was sitting on a branch overhanging the water.* El pájaro se había posado en una rama que sobresalía por encima del agua.

o·ver·hang² /ˈoʊvəˌhæŋ/ *s* [C gralm sing] **1** saliente (de una roca, una montaña) **2** alero -a **3** (referido al tamaño de la parte que sobresale) *The roof was designed to have a five-foot overhang.* El tejado se diseñó con un alero de cinco pies.

o·ver·haul¹ /ˌoʊvəˈhɔl, ˈoʊvəˌhɔl/ *v* [T] poner a punto, revisar

o·ver·haul² /ˈoʊvəˌhɔl/ *s* [C] puesta a punto, revisión: *The car needs an overhaul.* El carro necesita una puesta a punto. • [+**of**]: *a complete overhaul of the tax system* una revisión a fondo del sistema impositivo

o·ver·head¹ /ˌoʊvəˈhɛd◂/ *adv* **1** (en el cielo) en lo alto: *A plane flew overhead.* Pasó un avión en lo alto. **2** (por encima) *Bullets whizzed overhead.* Las balas pasaban zumbando por encima de nuestras cabezas. • *the apartment directly overhead* el departamento justo encima

overhead² *adj* **1** (posición) *overhead lights* luces de techo • *overhead power cables* cables eléctricos aéreos • *the overhead compartment* el compartimento superior **2** [solo ante s] (costos, gastos) estructural, fijo -a

ˌoverhead proˈjector *s* [C] retroproyector

o·ver·hear /ˌoʊvəˈhɪr/ *v* [I,T] (**overheard** /-ˈhəd/) oír (sin querer): *He overheard part of their conversation.* Oyó sin querer parte de su conversación. • *I couldn't help overhearing.* No pude evitar oír lo que decían. • **overhear sb talking/discussing sth** oír a alguien hablar sobre algo: *I overheard the two of them arguing.* Oí que los dos discutían. ▶ **EAVESDROP**

o·ver·heat /ˌoʊvəˈhit/ *v* **1** [I] (motores, máquinas) recalentarse: *I think the engine's overheating again.* Creo que el motor se está recalentando otra vez. **2** [T] calentar demasiado **3** [I, T] (economía) recalentar(se)

o·ver·hung /ˌoʊvəˈhʌŋ/ pasado y participio pasado de **OVERHANG**

o·ver·joyed /ˌoʊvəˈdʒɔɪd/ *adj* [gralm después de s] encantado -a, contentísimo -a • [+**at**]: *She wasn't exactly overjoyed at the prospect of taking care of two small boys.* No estaba precisamente encantada con la perspectiva de cuidar a dos niños pequeños.

o·ver·kill /ˈoʊvəˌkɪl/ *s* [U] exageración, exceso

o·ver·land¹ /ˈoʊvəˌlænd/ *adv* **go/travel overland** ir/viajar por tierra

overland² *adj* por tierra

o·ver·lap¹ /ˌoʊvəˈlæp/ *v* (**overlapped**, **overlapping**) **1** (tejas, dientes) **(a)** [I] traslaparse, estar superpuesto -a, superponerse **(b)** [T] traslapar, superponer **2** [I,T] (en las características, la función) superponerse (con), solaparse (con): *The responsibilities of the two departments overlap in certain areas.* Las responsabilidades de los dos departamentos se superponen en ciertas áreas. **3** [I,T] (en el tiempo) coincidir (con), solaparse (con)

o·ver·lap² /ˈoʊvəˌlæp/ *s* [C,U] **1** (en el espacio o la posición) superposición **2** (en las características, la función) superposición, solapamiento • [+**between**]: *We're working to reduce overlap between jobs.* Estamos trabajando para reducir la superposición entre puestos. **3** (en el tiempo) solapamiento, (periodo de) coincidencia • [+**between**]: *There was a short overlap between her arrival and my departure.* Hubo un breve periodo de coincidencia entre su llegada y mi partida.

o·ver·lay¹ /ˈoʊvəˌleɪ/ *v* [T] (**overlaid**) cubrir

overlay² *s* [C] capa, revestimiento

o·ver·leaf /ˈoʊvəˌlif/ *adv* (escrito) al dorso, a la vuelta (de la página)

o·ver·load¹ /ˈoʊvəˌloʊd/ *v* [T] **1** (con un peso) sobrecargar: *The plane had been dangerously overloaded.* El avión había sido sobrecargado de manera peligrosa. **2** (en electricidad) sobrecargar **3** (con información, trabajo) sobrecargar: *All the emails had overloaded the company's computer system.* Todos los correos habían sobrecargado el sistema informático de la empresa. • **overload sth/sb with sth** sobrecargar algo/a alguien de algo: *The employees are overloaded with work.* El personal está sobrecargado de trabajo.

o·ver·load² /ˈoʊvəˌloʊd/ *s* [C,U] sobrecarga (en electricidad)

o·ver·look¹ /ˌoʊvəˈlʊk/ *v* [T] **1** pasar por alto, saltarse: *It is an obvious point, but is sometimes overlooked.* Es una cuestión evidente, pero a veces se la pasa por alto. ꜱɪɴ **miss** **2** [gralm en pasiva] ignorar, no tener en cuenta: *Women's contributions have been largely overlooked in history books.* Los aportes de las mujeres han sido mayormente ignorados en los libros de historia. **3** dejar pasar, pasar por alto: *I'll overlook your mistake this time.* Dejaré pasar tu error por esta vez. **4** tener vista a, dar a: *Our room overlooks the ocean.* Nuestro cuarto tiene vista al mar.

o·ver·look² /ˈoʊvəˌlʊk/ *s* [C] mirador

o·ver·lord /ˈoʊvɚˌlɔrd/ s [C] señor

o·ver·ly /ˈoʊvɚli/ adv [gralm en negat] demasiado: *Officials are not overly worried.* Los funcionarios no están demasiado preocupados.

o·ver·much /ˌoʊvɚˈmʌtʃ/ adv (*liter*) en exceso

o·ver·night¹ /ˌoʊvɚˈnaɪt/ adv **1** durante la noche, por la noche: *Cover and refrigerate overnight.* Tape y mantenga en la nevera durante la noche. • **stay overnight** quedarse a pasar la noche **2** de la noche a la mañana: *He became a millionaire overnight.* Se hizo millonario de la noche a la mañana. • **happen/change/appear overnight** suceder/cambiar/aparecer de la noche a la mañana

o·ver·night² /ˈoʊvɚnaɪt/ adj [solo ante s] **1** (que continúa toda la noche) *an overnight flight* un vuelo de noche • *overnight guests* huéspedes que se quedan a pasar la noche • *The trip includes an overnight stop in London.* El viaje incluye una estancia de una noche en Londres. **2** en/para la mañana siguiente: *an overnight delivery service* un servicio de entrega en la mañana siguiente **3** repentino -a: *his overnight decision to become a vegetarian* su repentina decisión de hacerse vegetariano

<u>EXPRESIONES</u>
an overnight success/sensation *The show was an overnight success on Broadway.* De la noche a la mañana el show se convirtió en un éxito en Broadway.

,over-opti'mistic adj optimista en exceso

o·ver·pass /ˈoʊvɚˌpæs/ s [C] paso a desnivel (elevado), puente a desnivel

o·ver·pay /ˌoʊvɚˈpeɪ/ v [I,T] (**overpaid**) pagar de más (por) (un producto), pagar en exceso (a) (un empleado)

o·ver·play /ˌoʊvɚˈpleɪ/ v [T] darle demasiada importancia a, exagerar

o·ver·pop·u·lat·ed /ˌoʊvɚˈpɑpyəˌleɪtɪd/ adj superpoblado -a

o·ver·pop·u·la·tion /ˌoʊvɚˌpɑpyəˈleɪʃən/ s [U] superpoblación

o·ver·pow·er /ˌoʊvɚˈpaʊɚ/ v [T] **1** reducir (mediante la fuerza) **2** (sentimientos) abrumar: *She was overpowered by grief.* Estaba abrumada por el dolor. **3** (olores) marear: *Her scent overpowered his senses.* Su perfume lo mareaba. **4** (sabores) predominar sobre

o·ver·pow·er·ing /ˌoʊvɚˈpaʊɚɪŋ/ adj **1** penetrante, fuertísimo -a **2** sofocante **3** abrumador -a, incontenible: *an overpowering sensation* una sensación abrumadora • *an overpowering need/desire* una necesidad/un deseo incontenible <u>SIN</u> **overwhelming 4** avasallador -a, arrollador -a <u>SIN</u> **overbearing**

o·ver·priced /ˌoʊvɚˈpraɪst/ adj demasiado caro -a, de precio excesivo

o·ver·pro·duc·tion /ˌoʊvɚprəˈdʌkʃən/ s [U] superproducción

o·ver·pro·tec·tive /ˌoʊvɚprəˈtɛktɪv/ adj sobreprotector -a

o·ver·qual·i·fied /ˌoʊvɚˈkwɑləˌfaɪd/ adj sobrecalificado -a

o·ver·ran /ˌoʊvɚˈræn/ pasado de **OVERRUN**

o·ver·rate /ˌoʊvɚˈreɪt/ v [T] sobrevalorar, sobreestimar

o·ver·rat·ed /ˌoʊvɚˈreɪtɪd/ adj sobrevalorado -a: *I thought the movie was vastly overrated.* Me pareció que la película estaba muy sobrevalorada. <u>ANT</u> **underrated**

o·ver·reach /ˌoʊvɚˈritʃ/ v [T] **overreach yourself** excederse, extralimitarse

o·ver·re·act /ˌoʊvɚriˈækt/ v [I] tener una reacción exagerada • **overreact to sth** tener una reacción exagerada ante algo

o·ver·re·ac·tion /ˌoʊvɚriˈækʃən/ s [C,U] reacción exagerada

o·ver·ride /ˌoʊvɚˈraɪd/ v [T] (**overrode** /-ˈroʊd/, **over-ridden** /-ˈrɪdn/) **1** anular, invalidar (una decisión, una orden, etc.): *The Senate voted to override the president's*

decision. El senado votó por anular la decisión del presidente. **2** anteponerse a, ser considerado más importante que **3** cancelar, anular (un mecanismo)

o·ver·rid·ing /ˌoʊvɚˈraɪdɪŋ/ adj [solo ante s] primordial • **an overriding need/concern** una necesidad/preocupación primordial

o·ver·rule /ˌoʊvɚˈrul/ v [T] anular (una decisión, sentencia), anular la decisión/orden de (a personas, grupos)

o·ver·run /ˌoʊvɚˈrʌn/ v (**overran** /-ˈræn/, **overrun**) **1** (a) [I] prolongarse (reunión, conferencia), excederse (orador) (b) [T] exceder (un presupuesto) **2** [T] invadir: *Weeds had overrun the garden.* La maleza había invadido el jardín. • **be overrun with/by sth** estar infestado -a de algo, estar plagado -a de algo: *The tiny island is overrun with tourists in the summer.* La diminuta isla está plagada de turistas en verano. ▶ **RUN over**

o·ver·seas¹ /ˌoʊvɚˈsiz/ adv en el/del exterior, en el/al/del extranjero: *Chris is working overseas.* Chris está trabajando en el exterior. • *visitors from overseas* visitantes extranjeros • *Most of the applications come from overseas.* La mayor parte de las solicitudes provienen del extranjero. ▶ **ABROAD**

o·ver·seas² /ˈoʊvɚsiz/ adj [solo ante s] extranjero -a, (en el/del) exterior, en el/del extranjero: *overseas trade* comercio exterior • *overseas bank accounts* cuentas bancarias en el exterior • *overseas travel* los viajes al extranjero • *overseas visitors* visitantes extranjeros

o·ver·see /ˌoʊvɚˈsi/ v [T] (**oversaw** /-ˈsɔ/, **overseen** /-ˈsin/) supervisar <u>SIN</u> **supervise**

o·ver·se·er /ˈoʊvɚˌsiɚ/ s [C] supervisor -a, capataz ▶ **SUPERVISOR**

o·ver·shad·ow /ˌoʊvɚˈʃædoʊ/ v [T] **1** ensombrecer: *The threat of war overshadowed the summer of 1939.* La amenaza de guerra ensombreció el verano de 1939. **2** eclipsar, empañar: *Tim felt constantly overshadowed by his older brother.* Tim se sentía constantemente eclipsado por su hermano mayor. • *His personal problems overshadow his professional accomplishments.* Sus problemas personales empañan sus logros profesionales.

o·ver·shoot /ˌoʊvɚˈʃut/ v (**overshot** /-ˈʃɑt/) (a) [T] salirse de, pasarse de: *The plane overshot the runway.* El avión se salió de la pista de aterrizaje. (b) [I] pasar de largo

<u>EXPRESIONES</u>
overshoot the mark errar el blanco

o·ver·sight /ˈoʊvɚˌsaɪt/ s [C,U] (*frml*) descuido, desliz: *an administrative oversight* un descuido administrativo

o·ver·sim·pli·fi·ca·tion /ˌoʊvɚˌsɪmpləfəˈkeɪʃən/ s [C,U] simplificación excesiva

o·ver·sim·pli·fy /ˌoʊvɚˈsɪmpləˌfaɪ/ v [I,T] (**oversimplifies**, **oversimplified**, **oversimplifying**) simplificar excesivamente: *News reports tend to oversimplify complex issues.* Los informes periodísticos tienden a simplificar excesivamente los temas complejos.

o·ver·sized /ˌoʊvɚˈsaɪzd/ adj (tb **o·ver·size** /ˌoʊvɚˈsaɪz/) adj [gralm ante s] mayor de lo normal, más grande de lo normal, de gran tamaño <u>ANT</u> **undersized**

o·ver·sleep /ˌoʊvɚˈslip/ v [I] (**overslept** /-ˈslɛpt/) quedarse dormido -a: *Sorry I'm late. I overslept.* Perdón por llegar tarde. Me quedé dormida. <u>SIN</u> **sleep in**

o·ver·spend /ˌoʊvɚˈspɛnd/ v (**overspent** /-ˈspɛnt/) (a) [I] gastar de más, excederse en los gastos: *I usually overspend at Christmas.* Suelo gastar de más en Navidad. (b) [T] exceder (un presupuesto): *They overspend their budget by 10%.* Excedieron su presupuesto en un 10%.

o·ver·staffed /ˌoʊvɚˈstæft/ adj con exceso de personal

o·ver·state /ˌoʊvɚˈsteɪt/ v [T] exagerar <u>SIN</u> **exaggerate** <u>ANT</u> **understate**

o·ver·stay /ˌoʊvɚˈsteɪ/ v [T] quedarse más de lo previsto por (una visa, un permiso)

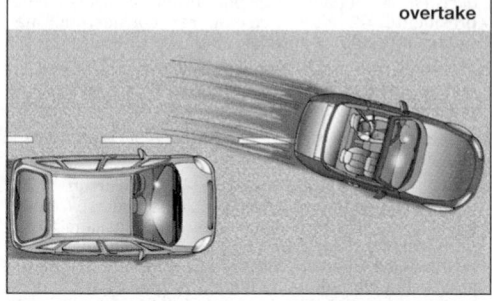

overtake

o·ver·step /ˌoʊvɚˈstɛp/ v [T] (**overstepped**, **overstepping**) excederse en, extralimitarse en

o·ver·stretch /ˌoʊvɚˈstrɛtʃ/ v [T] llevar al límite, estirar al máximo • **overstretch yourself (a)** exigirse demasiado **(b)** endeudarse de más

o·vert /oʊˈvɚt, ˈoʊvɚt/ adj (frml) manifiesto -a, abierto -a: overt hostility/discrimination hostilidad/discriminación manifiesta • overt criticism críticas abiertas [ANT] **covert**

o·ver·take /ˌoʊvɚˈteɪk/ v (**overtook** /-ˈtʊk/, **overtaken** /-ˈteɪkən/) **1** [T] superar, sobrepasar: Girls have overtaken boys in most subjects. Las niñas han superado a los niños en la mayoría de las materias. **2** [T] (liter) vencer (sueño, cansancio), embargar (emoción): He was overtaken by weariness. Le venció el cansancio. • A terrible sense of panic overtook her. Le sobrevino una terrible sensación de pánico. ▶ OVERCOME

EXPRESIONES
be overtaken by events ser superado -a por los acontecimientos

o·ver·tax /ˌoʊvɚˈtæks/ v [T] forzar, someter a un esfuerzo excesivo

ˌover the ˈcounter adv sin receta (médica)

ˌover-the-ˈcounter (abrev **OTC**) adj [solo ante s] **1** sin receta médica: over-the-counter drugs medicamentos sin receta **2** extrabursátil • **over-the-counter market** mercado mostrador/extrabursátil

o·ver·throw¹ /ˌoʊvɚˈθroʊ/ v [T] (**overthrew** /-ˈθru/, **overthrown** /-ˈθroʊn/) **1** derrocar: There was a plot to overthrow the government. Había una conspiración para derrocar al gobierno. [SIN] **oust** **2** en béisbol o fútbol americano, hacer un lanzamiento demasiado largo

o·ver·throw² /ˈoʊvɚˌθroʊ/ s **1** [U] derrocamiento • [+of]: the overthrow of a hated dictator el derrocamiento de un dictador detestado **2** [C] tiro/lanzamiento demasiado largo (en béisbol, fútbol americano)

o·ver·time /ˈoʊvɚˌtaɪm/ s [U] **1** horas extras: I got paid for six hours' overtime. Me pagaron seis horas extras. • Do you get overtime? ¿Te pagan horas extras? • **do/work overtime** hacer/trabajar horas extras • **overtime pay** pago de horas extras **2 in overtime** en el tiempo suplementario

EXPRESIONES
be working overtime to do sth trabajar a toda máquina para hacer algo • **sb's imagination/brain is working overtime** (coloq) la imaginación/el cerebro de alguien le trabaja demasiado

o·vert·ly /oʊˈvɚtli, ˈoʊvɚt-/ adv (frml) abiertamente [ANT] **covertly**

o·ver·tone /ˈoʊvɚˌtoʊn/ s [C] [gralm pl] connotación, trasfondo: His songs often have political overtones. Sus canciones suelen tener connotaciones políticas. ▶ UNDERTONE

o·ver·took /ˌoʊvɚˈtʊk/ pasado de OVERTAKE

o·ver·ture /ˈoʊvɚtʃɚ, -ˌtʃʊr/ s [C] **1** [gralm pl] intento de acercamiento: peace overtures tentativas de paz • sexual overtures insinuaciones • **make overtures to sb**

(a) intentar acercamientos con alguien **(b)** hacerle insinuaciones a alguien **2** obertura: the 1812 overture la obertura de 1812

o·ver·turn /ˌoʊvɚˈtɚn/ v **1 (a)** [T] dar la vuelta a: Several cars were overturned and set on fire. Dieron la vuelta a muchos carros y les prendieron fuego. **(b)** [I] volcar(se), darse la vuelta: His vehicle overturned, trapping him inside. Su carro se volcó y quedó atrapado adentro. **2** [T] anular • **overturn a decision/ruling/verdict** anular una decisión/un fallo/un veredicto: The ruling was overturned by the Supreme Court. El fallo fue anulado por la Corte Suprema. [SIN] **reverse 3** [T] derrocar [SIN] **overthrow**

o·ver·view /ˈoʊvɚˌvyu/ s [C gralm sing] visión general, panorama • [+of]: an overview of the issues involved una visión general de las cuestiones a tratar • **provide/give an overview** dar un panorama/una visión general

o·ver·weight /ˌoʊvɚˈweɪt‹/ adj **1** con sobrepeso, gordo -a • **slightly/a little overweight** con un ligero sobrepeso • **grossly overweight** con mucho sobrepeso • **be 5 pounds/10 kilos overweight** pesar 5 libras/10 kilos de más, tener un sobrepeso de 5 libras/10 kilos [ANT] **underweight** ▶ FAT **2** (equipaje) overweight luggage exceso de equipaje

o·ver·whelm /ˌoʊvɚˈwɛlm/ v [T] **1** abrumar: He was overwhelmed by grief. Estaba abrumado por el dolor. • I was overwhelmed with gratitude. Me sentía muy agradecida. • He was overwhelmed by all the attention. Se sentía abrumado por toda la atención. **2** agobiar: Freshmen often feel overwhelmed by all they have to do. Los estudiantes de primer año suelen sentirse agobiados por todo lo que tienen que hacer. • **be overwhelmed with sth** estar/sentirse agobiado -a por algo: They are overwhelmed with paperwork. Están agobiados por el papeleo. **3** aplastar (en una contienda)

o·ver·whelm·ing /ˌoʊvɚˈwɛlmɪŋ/ adj **1** incontenible, insoportable: She felt an overwhelming urge to cry. Sintió unas ganas incontenibles de llorar. **2** (experiencias) abrumador -a **3** (pruebas) abrumador -a, contundente: The evidence against him is overwhelming. Las pruebas contra él son abrumadoras. **4** (muy grande) aplastante, abrumador -a: They won an overwhelming victory. Consiguieron una victoria aplastante. • an overwhelming number of complaints una abrumadora cantidad de quejas • **an overwhelming majority** una abrumadora mayoría • **overwhelming odds** They succeeded against overwhelming odds. Lo lograron a pesar de tenerlo todo en contra.

o·ver·whelm·ing·ly /ˌoʊvɚˈwɛlmɪŋli/ adv (usado para enfatizar) an overwhelmingly popular president un presidente inmensamente popular • The electorate voted overwhelmingly in favor of joining. Una abrumadora mayoría del electorado votó a favor de hacerse miembro.

o·ver·work¹ /ˌoʊvɚˈwɚk/ v **(a)** [T] hacer trabajar demasiado **(b)** [I] trabajar demasiado

overwork² s [U] exceso de trabajo

o·ver·worked /ˌoʊvɚˈwɚkt‹/ adj obligado -a a trabajar demasiado • **we/they are overworked** nos/los hacen trabajar demasiado

o·ver·write /ˌoʊvɚˈraɪt/ v [T] (**overwrote** /-ˈroʊt/, **overwritten** /-ˈrɪtn/) sobreescribir

o·ver·wrought /ˌoʊvɚˈrɔt‹/ adj alterado -a, exaltado -a

o·ver·zeal·ous /ˌoʊvɚˈzɛləs‹/ adj entusiasta en exceso

o·vu·late /ˈɑvyəˌleɪt/ v [I] ovular

o·vum /ˈoʊvəm/ s [C] (pl **ova** /-və/) (técn) óvulo

ow /aʊ/ interj ay [SIN] **ouch**

owe [S2] [W3] /oʊ/ v [T]
1 (dinero) deber • **owe sb $10/$500** deberle 10/500 dólares a alguien: I owe my brother $50. Le debo 50 dólares a mi hermano. • How much money do you owe her? ¿Cuánto dinero le debes? • **owe sth to sb** deberle algo a alguien: We owe a lot of money to the bank. Debemos mucho dinero al banco. ▶ BORROW, LEND

2 (retribuciones) deber: *You owe your mother more respect.* Le debes más respeto a tu madre. • **owe sb a favor** deberle un favor a alguien: *I'll ask him if he can drive us to the airport – he owes me a favor.* Le voy a preguntar si puede llevarnos al aeropuerto; él me debe un favor. • **owe sb an apology/explanation** deberle una disculpa/una explicación a alguien: *I think you owe us some kind of explanation.* Creo que nos debes algún tipo de explicación. • **owe sb a drink/meal** deberle un trago/una comida a alguien • **owe (your) allegiance/loyalty to sb/sth** deberle lealtad a alguien/algo
3 (indicando causa) **owe sth to sth** deber(le) algo a algo: *The island owes much of its current prosperity to tourism.* La isla debe gran parte de su prosperidad actual al turismo.
4 (por agradecimiento, compromiso) **owe sb sth** (tb **owe sth to sb**) deberle algo a alguien: *I owe everything to my parents.* Se lo debo todo a mis padres. • **owe it to sb (to do sth)** *We owe it to our children to clean up the environment.* Limpiemos el medioambiente, se lo debemos a nuestros hijos. • **owe it to yourself (to do sth)** *You owe it to yourself to take some time off.* Tómate unas vacaciones, te lo mereces. ▶ OWING TO

ow·ing /ˈoʊɪŋ/ *adj* pendiente (de pago)

owing to *prep* (*frml*) debido a: *The event was canceled owing to bad weather.* El evento fue cancelado debido al mal tiempo. SIN **due to**

owl /aʊl/ *s* [C] búho, lechuza ▶ NIGHT OWL

own¹ S1 W1 /oʊn/ *adj, pron*
1 (indicando pertenencia) propio -a: *It's good to be back in my own home.* Está bien estar de nuevo en mi propia casa. • *Each room has its own balcony.* Cada habitación tiene su propio balcón. • *She had her own problems to worry about.* Tenía sus propios problemas para preocuparla. • **of your own** propio -a: *He left the company to start a business of his own.* Dejó la compañía para montar un negocio propio. • **my/our very own** mi/nuestro -a propio -a: *We now have our very own private beach.* Ahora tenemos nuestra propia playa privada.
2 (sin intervención de otros) *She makes all her own clothes.* Se hace toda la ropa ella. • *It was my own idea.* La idea fue mía. • *I'm old enough to make my own decisions.* Soy lo suficientemente grande como para tomar mis propias decisiones.
3 (indicando originalidad) propio -a: *She has her own relaxed style of management.* Ella tiene su propio estilo de gestión, más distendido. • **(all) of its/her own** propio -a: *Every city has a character all of its own.* Cada ciudad tiene su propia personalidad. ▶ HOLD your own

get your own back (on sb) (*coloq*) vengarse (de alguien) • **(all) on your own (a)** (sin compañía) solo -a: *I don't like being in the dark on my own.* No me gusta estar sola en la oscuridad. ▶ ALONE **(b)** (sin ayuda) (tú/él) solo-a: *Did you build the house all on your own?* ¿Construiste la casa tú solo? • **be your own man/woman** tener carácter • **make sth your own** hacer algo suyo, poner su sello a

algo: *The Beatles took the song and made it their own.* Los Beatles tomaron la canción y la hicieron suya. • **(see sth) with your own eyes** ver algo con sus propios ojos: *I know she took the money – I saw it with own eyes.* Sé que se llevó el dinero, lo vi con mis propios ojos.

own² S2 W1 *v* [T nunca en forma continua] ser dueño -a de, tener: *Who owns the property?* ¿Quién es el dueño de la propiedad? • *He doesn't own a car.* No tiene carro. • *The factory is owned by a big American corporation.* La fábrica es propiedad de una gran corporación estadounidense. • **publicly owned/state-owned** de propiedad del estado, estatal: *publicly owned utilities* empresas estatales de servicios públicos • **privately-owned** de propiedad privada, privado -a
own up *v+partíc* confesar • **own up to sth** admitir/confesar algo, hacerse responsable de algo

own·er S3 W1 /ˈoʊnər/ *s* [C]
1 dueño -a, propietario -a: *The previous owners had taken good care of the house.* Los dueños anteriores habían cuidado bien la casa. • [+**of**]: *Who is the owner of the company?* ¿Quién es el dueño de la compañía? • **a restaurant/ store/business owner** *He is now a restaurant owner in the South of France.* Ahora es dueño de un restaurante en el sur de Francia.
2 dueño -a (de un animal), amo -a ▶ HOMEOWNER, LANDOWNER, **the** RIGHTFUL **owner**

own·er·ship /ˈoʊnərˌʃɪp/ *s* [U] **1** propiedad (hecho de ser propietario) • [+**of**]: *a dispute over ownership of the land* una disputa sobre la propiedad de las tierras • **home ownership** *The cost of home ownership keeps rising.* El costo de tener vivienda propia sigue subiendo. • *Home ownership is part of the American dream.* La vivienda propia es parte del sueño americano. **2** los dueños, los propietarios: *the team's new ownership* los nuevos dueños del equipo • **be under new ownership** haber cambiado de dueño: *The hotel is under new ownership.* El hotel ha cambiado de dueño.

ox /ɑks/ *s* [C] (*pl* **oxen** /ˈɑksən/) buey

ox·i·da·tion /ˌɑksəˈdeɪʃən/ *s* [U] oxidación

ox·ide /ˈɑksaɪd/ *s* [C,U] (*técn*) óxido

ox·i·dize /ˈɑksəˌdaɪz/ *v* [I,T] (*técn*) oxidar(se)

ox·tail /ˈɑks-teɪl/ *s* [U] rabo de buey

ox·y·gen /ˈɑksɪdʒən/ (símb quím **O**) *s* [U] oxígeno: *the lack of oxygen at high altitudes* la falta de oxígeno en las grandes alturas

ox·y·gen·ate /ˈɑksɪdʒəˌneɪt/ *v* [T] (*técn*) oxigenar

oxygen mask *s* [C] máscara/mascarilla de oxígeno

ox·y·mo·ron /ˌɑksiˈmɔrɑn/ *s* [C] oxímoron

oys·ter /ˈɔɪstər/ *s* [C] ostra ▶ **the** WORLD **is your oyster**

oz. (*abrev escrita de* **ounce**) onza

o·zone /ˈoʊzoʊn/ *s* [U] (*técn*) ozono

ozone-'friendly *adj* que no daña la capa de ozono

ozone ,layer *s* [sing] **the ozone layer** la capa de ozono

Pp

P, p /piː/ s [C,U] (pl **P's, p's**) P, p ▸ MIND your p's and q's

p. abrev escrita de **1** (**page**) (pl **pp.**) pág., p. **2** (**participle**) p.

PA /piː 'eɪ/ s [C] **1** (**public-address system**) (tb **PA system**) (sistema de) altavoces **2** (**personal assistant**) secretario -a (personal/privado -a), asistente personal

pa /pɑː/ s [C] (antic, coloq) papá

PAC /pæk/ s [C] (**Political Action Committee**) comité de acción política (organización que intenta influir en las decisiones de los políticos para que apoyen los objetivos de la agrupación)

pace¹ W3 /peɪs/ s
1 [sing] ritmo: *Here in Bermuda, the pace of life is very slow.* Aquí en Bermuda, el ritmo de vida es muy lento. • **at your own pace** a su (propio) ritmo: *Children learn best by studying at their own pace.* Los niños aprenden mejor si estudian a su propio ritmo. • **gather pace** cobrar impulso: *The campaign is gathering pace.* La campaña va cobrando impulso.
2 [sing] velocidad (al caminar, correr, etc.): *As the final lap started, he began to increase his pace.* Al comenzar la última vuelta, empezó a aumentar su velocidad. • **a walking pace** paso de hombre
3 [C] paso: *I'd gone about ten paces when I heard a sound behind me.* Había dado unos diez pasos cuando oí un ruido detrás de mí. SIN step ▸ at a SNAIL's pace

EXPRESIONES
keep pace (with sth) mantenerse al nivel (de algo), aumentar en la misma proporción (que algo): *Salaries have not kept pace with inflation.* Los salarios no se han mantenido al nivel de la inflación. • **keep pace (with sb)** seguirle el ritmo (a alguien), ir a la misma velocidad (que alguien): *Slow down! I can't keep pace.* ¡No vayas tan rápido! No te puedo seguir el ritmo. • **put sth/sb through its/their paces** poner algo/a alguien a prueba: *The test driver puts all the cars through their paces.* El piloto de pruebas pone a prueba todos los carros. • **set the pace (in sth)** marcar el ritmo/la pauta (de algo) • **sb can/can't stand the pace** alguien puede/no puede aguantar el ritmo

pace² v **1** [I siempre + adv/prep, T] **pace around** pasearse de un lado para otro, dar vueltas: *He paced around the room.* Se paseaba de un lado para otro en la habitación. • **pace up and down** pasearse de un lado para otro: *I found Mark at the hospital, pacing restlessly up and down.* Encontré a Mark en el hospital, paseándose inquieto de un lado para otro. **2 pace yourself** controlar el ritmo al que se hace algo: *It's a long climb, so you have to pace yourself.* Es una escalada larga, así que tienes que conservar las energías y no agotarte desde el principio. **3** [T] superar **4** [T] (tb **pace off, pace out**) medir a pasos

pace·mak·er /'peɪs,meɪkɚ/ s [C] marcapasos

pac·i·fi·er /'pæsə,faɪɚ/ s [C] chupo, chupón (para el bebé)

pac·i·fism /'pæsə,fɪzəm/ s [U] pacifismo

pac·i·fist¹ /'pæsəfɪst/ s [C] pacifista

pacifist² adj pacifista

pac·i·fy /'pæsə,faɪ/ v [T] (**pacifies, pacified, pacifying**) **1** tranquilizar, calmar: *They both tried to pacify the child.* Los dos intentaron tranquilizar al niño. **2** pacificar

pack¹ S2 W2 /pæk/ v
1 (a) [T] hacer (una maleta), llenar (una caja): *She quickly packed a bag and left.* Hizo rápido la maleta y se fue. • **pack a bag/suitcase with sth** meter algo en el bolso/la maleta • **pack a box/crate with sth** llenar una caja/un guacal de algo (b) [I] hacer las maletas, empacar **2** [T] meter (en la maleta): *I forgot to pack my razor.* Me olvidé de meter la afeitadora en la maleta. • *Don't forget to pack your swimming suit.* No te olvides de llevar el traje de baño. • **pack sth into sth** meter algo en algo: *We packed all our books into boxes.* Metimos todos nuestros libros en cajas. • **pack your things/belongings** hacer las maletas • **pack your bags** (coloq) recoger sus cosas, hacer las maletas: *If that's the way you feel, I'll just pack my bags and go.* Si eso es lo que piensas, mejor tomo mis cosas y me largo. SIN **pack up**
3 [T] envasar, empaquetar; (para transportar) embalar • **pack sth in/into boxes/crates** embalar algo en cajas/guacales SIN **pack up**
4 [I siempre + adv/prep, T] llenar (hasta el tope), atestar, abarrotar: *a band that can still pack the largest auditoriums* una banda que todavía puede llenar hasta los auditorios más grandes • **pack into/onto sth** apretujarse en algo, meterse apiñados -as en algo: *We all packed into the little car and drove off.* Nos apiñamos en el carro y partimos. SIN **cram**
5 (coloq) (a) [I] llevar una pistola, ir armado -a (b) [T] **pack a gun/piece** llevar una pistola ▸ SEND sb **packing**

EXPRESIONES
pack a punch/wallop (coloq) pegar fuerte
pack sth ↔ away v+partíc guardar algo: *She was packing away some clothes.* Estaba guardando ropa.
pack in v+partíc **pack sb ↔ in** (coloq) llenar las salas, lograr llenos absolutos: *Any movie starring Tom Cruise always packs them in.* Cualquier película protagonizada por Tom Cruise llena las salas.
pack up v+partíc hacer las maletas: *Most of the vacationers had packed up and gone home.* La mayoría de los veraneantes habían hecho sus maletas y se habían ido a casa.
pack sth ↔ up v+partíc embalar algo (para transportarlo), guardar algo • **pack up your things/belongings** recoger sus cosas

pack² S2 W3 s [C]

1	envase
2	lote
3	de animales salvajes
4	de perros
5	conjunto de documentos
6	bolsa
7	de cartas

1 ENVASE paquete: *There was only one envelope left in the pack.* Quedaba sólo un sobre en el paquete. • [+of]: *a pack of cigarettes* un paquete de cigarrillos
2 LOTE pack, paquete: *You can buy a triple pack for $10.* Puede comprar un pack triple por 10 dólares • [+of]: *a pack of three T-shirts* un pack de tres camisetas
3 DE ANIMALES SALVAJES manada • [+of]: *a pack of wolves* una manada de lobos
4 DE PERROS jauría
5 CONJUNTO DE DOCUMENTOS pack, paquete • **an information pack** un pack de información SIN **package**
6 BOLSA mochila, morral
7 DE CARTAS (tb **pack of cards**) baraja, mazo: *a fresh pack of cards* una baraja nueva SIN **deck**
▸ BROWNIE, GIRL SCOUT, ICE PACK, SIX-PACK

EXPRESIONES
a pack of lies (coloq) una sarta de mentiras

pack·age¹ S2 W2 /'pækɪdʒ/ s [C]

1	en envíos postales
2	de alimentos
3	de medidas, servicios
4	vacaciones
5	de programas informáticos
6	de un empleado

1 EN ENVÍOS POSTALES paquete: *The mailman left a package for you at our house.* El cartero te dejó un paquete en casa.
2 DE ALIMENTOS paquete, envase: *The cooking instructions are on the package.* Las instrucciones para la cocción están en el paquete. • [+**of**]: *a package of frozen spinach* un paquete de espinacas congeladas
3 DE MEDIDAS, SERVICIOS paquete: *You can buy all the lessons as a complete package.* Puede adquirir todas las clases en un paquete. • **a financial/an economic package** un paquete financiero/económico: *Congress passed the aid package Thursday.* El Congreso aprobó el paquete de ayudas el jueves.
4 VACACIONES paquete: *We provide the best winter packages.* Ofrecemos los mejores paquetes de invierno. SIN **package tour**
5 DE PROGRAMAS INFORMÁTICOS paquete • **a software/word-processing/graphics package** un paquete de programas/de procesamiento de textos/de gráficos
6 DE UN EMPLEADO paquete retributivo/salarial

package² (tb **package up**) *v* [T] envasar, empacar; (para transportar) embalar

package tour *s* [C] paquete turístico/vacacional

pack·ag·ing /'pækɪdʒɪŋ/ *s* [U] envoltorio, embalaje, empaque

packed /pækt/ *adj* **1** atestado -a (de gente), abarrotado -a (de gente), a tope: *a packed hall* una sala atestada de gente • *The club's usually packed by 9 o'clock.* La discoteca suele estar a tope para las 9. • *The movie has been playing to packed theaters for nearly two weeks.* La película lleva casi dos semanas en cartel con llenos totales. • [+**with**]: *The hotels were packed with tourists.* Los hoteles estaban repletos de turistas. **2** (un libro, una revista) [+**with**]: *The guide is packed with useful information.* La guía trae muchísima información útil. **3 be packed (up)** tener las maletas hechas: *Are you packed yet?* ¿Ya tienes las maletas hechas? • **get packed** (oral) (acabar de) hacer las maletas: *By the time we'd gotten packed it was almost midnight.* Cuando acabamos de hacer las maletas, ya era casi medianoche. **4** compacto -a, endurecido -a (nieve, tierra, etc.) ▶ JAM-PACKED

pack·er /'pækɚ/ *s* [C] **1** envasadora **2** empaquetador -a

pack·et 🔊 /'pækɪt/ *s* [C]
1 (en forma de sobre) paquete, sobre • [+**of**]: *a packet of seeds* un paquete de semillas • *a packet of yeast* un sobre de levadura
2 (documentos) paquete • **an information/a publicity packet** un paquete informativo/publicitario SIN **pack**

pack·ing /'pækɪŋ/ *s* [U] **1** acción de hacer las maletas: *Why do you always leave your packing to the last minute?* ¿Por qué siempre dejas las maletas para el último momento? • *The packing shouldn't take too long.* Empacar no debería llevar mucho tiempo. • **do the/your packing** hacer las maletas, empacar • **2** envasado, empaquetado: *a packing plant* una planta envasadora **3** embalaje (envoltorio)

pack rat *s* [C] **1** (coloq) cacharrero -a, cositero -a **2** neotoma

pact /pækt/ *s* [C] pacto • **sign a pact** firmar un pacto • [+**with/between**]: *a peace pact between the rebels and the government* un pacto de paz entre los rebeldes y el gobierno **2 make a pact** hacer un pacto, pactar: *We've made a pact that always to help each other.* Hicimos un pacto para ayudarnos siempre.

pad¹ 🔊 /pæd/ *s* [C]

1	para escribir
2	para protección
3	para absorber líquidos
4	en prendas de vestir
5	para la higiene femenina
6	en aeronavegación
7	en la pata de un animal
8	vivienda

1 PARA ESCRIBIR bloc • **a writing/message pad** un bloc de notas • [+**of**]: *a pad of paper* un bloc de papel
2 PARA PROTECCIÓN almohadilla, protector • **knee pads** rodilleras • **elbow pads** coderas • **shin pads** espinilleras, canilleras
3 PARA ABSORBER LÍQUIDOS compresa: *Cover the wound with an absorbent pad.* Cubra la herida con una compresa absorbente.
4 EN PRENDAS DE VESTIR (sobre los hombros) hombrera; (en un brasier) relleno, almohadilla
5 PARA LA HIGIENE FEMENINA toalla sanitaria/higiénica, toalla femenina
6 EN AERONAVEGACIÓN (para cohetes) plataforma (de lanzamiento); (para helicópteros) plataforma (de despegue/aterrizaje) • **a landing pad** una plataforma de aterrizaje
7 EN LA PATA DE UN ANIMAL almohadilla
8 VIVIENDA (antic, coloq) casa, departamento: *a bachelor pad* un departamento de soltero ▶ KEYPAD, LAUNCH PAD, MOUSE PAD, NOTEPAD

pad² *v* (**padded, padding**) **1** [I siempre + adv/prep] (caminar con suavidad) **pad down/across/through/along sth** *She padded barefoot down the stairs.* Bajó las escaleras descalza, sin hacer ruido. • *The cat came padding silently across the grass.* El gato se acercó cruzando el césped con paso suave. **2** [T] acolchar, rellenar, cubrir (con guata, etc.) **3** [T] (tb **pad out**) meter paja en, abultar • **pad sth with sth** *His autobiography is padded with boring anecdotes.* A su autobiografía le ha metido anécdotas aburridas de relleno. • **pad a resume** abultar una hoja de vida, abultar un CV **4** [T] ampliar (un resultado, una victoria)

pad·ded /'pædɪd/ *adj* **1** (prendas de vestir) acolchado -a (chaqueta, abrigo), con relleno (brasier): *a jacket with padded shoulders* una chaqueta con hombreras **2** (asientos, reposacabezas) acolchado -a

pad·ding /'pædɪŋ/ *s* [U] **1** relleno, guata: *a helmet with protective padding* un casco con protección acolchada **2** (en un texto) carreta, relleno

pad·dle¹ /'pædl/ *s* [C] **1** remo (corto o de dos palas) ▶ OAR **2** paleta, raqueta (de ping-pong) ▶ BAT, RACKET **3** cuchara (de madera) **4** (antic) palmeta ▶ **be up the CREEK (without a paddle), DOG PADDLE**

paddle² *v* (**paddled, paddling**) **1** [I,T] remar • **paddle (sth) across/along/down/ toward sth** *I desperately tried to paddle toward the shore.* Intenté desesperadamente remar hacia la orilla. • *They paddled a canoe down the Mississippi.* Fueron remando en canoa por el Mississippi. ▶ ROW **2** [I] chapotear, nadar **3** [T] (antic, coloq) pegar con una palmeta a, dar reglazos a ▶ DOG PADDLE

pad·dock /'pædək/ *s* [C] **1** paddock **2** potrero (para caballos)

pad·dy /'pædi/ (tb **'paddy field**) *s* [C] (pl **paddies**) arrozal SIN **rice paddy**

pad·lock¹ /'pædlɑk/ *s* [C] candado

padlock² *v* [T] cerrar con candado

pa·gan¹ /'peɪgən/ *adj* pagano -a: *pagan beliefs/gods* creencias paganas/dioses paganos

pagan² *s* [C] pagano -a

page¹ 🔊 🔊 /peɪdʒ/ *s* [C]
1 (lado de una hoja) página: *I picked up the book and read a few pages.* Tomé el libro y leí algunas páginas. • **on page 5/360** en la página 5/360: *The address is given on page 15.* La dirección está en la página 15. • **the front page** (la) primera página/plana: *Her picture appeared on the front page of the local newspaper.* Su foto apareció en primera plana en el periódico local. • **the back page** la última página • **the sports/business/financial pages** la sección de deportes/negocios/finanzas, las páginas de deportes/negocios/finanzas • **page break** salto de página
2 (ambos lados) hoja, página: *Some of the pages of the book were missing.* Al libro le faltaban algunas hojas.
3 (en informática) página • **a web page** una página web

4 mensajero -a (en el Congreso de EU)
5 paje ▶ TITLE PAGE

EXPRESIONES
on the same page que tienen objetivos comunes

page² S2 v [T]
1 llamar por altavoz
2 mandar un mensaje a (a través de un bíper)
page down v+partíc avanzar (a la página/sección siguiente)
page through sth v+partíc hojear algo
page up v+partíc retroceder (a la página/sección anterior)

pag·eant /ˈpædʒənt/ s [C] **1** (tb **beauty pageant**) concurso (de belleza) **2** desfile, espectáculo (de carácter histórico o religioso)

pag·eant·ry /ˈpædʒəntri/ s [U] fastuosidad, pompa

page·boy /ˈpeɪdʒbɔɪ/ s [C] botones (persona)

pag·er /ˈpeɪdʒər/ s [C] bíper, buscapersonas, radiolocalizador SIN **beeper**

pag·i·na·tion /ˌpædʒəˈneɪʃən/ s [U] paginación

pa·go·da /pəˈɡoʊdə/ s [C] pagoda

paid¹ /peɪd/ adj **1** (trabajos) **paid work/employment** trabajo/empleo remunerado **2** (empleados) remunerado -a, asalariado -a: paid staff personal remunerado **3** [solo ante s] **paid leave/vacation** permiso pagado/vacaciones pagadas ▶ WELL-PAID

EXPRESIONES
put paid to sth poner fin a algo, echar por tierra algo

paid² pasado y participio pasado de PAY

pail /peɪl/ s [C] **1** (recipiente) cubeta, balde SIN **bucket** **2** (contenido) (tb **pailful**) cubeta, balde

pain¹ S2 W2 /peɪn/ s [C,U]
1 (físico) dolor: You won't feel any pain during the operation. No va a sentir ningún dolor durante la operación. • He was suffering from severe stomach pains. Sufría fuertes dolores de estómago. • **be in pain** estar adolorido -a: Greg was in a lot of pain. Greg estaba muy adolorido. • Are you in pain? ¿Te duele? • **have a pain in your stomach/leg/side** I had a pain in my right shoulder. Me dolía el hombro derecho. • I have a strange pain in my side. Tengo un dolor extraño en el costado. • **chest/back/neck pain** dolor de pecho/espalda/cuello, dolor en el pecho/la espalda/el cuello: The patient complained of chest pains. El paciente se quejaba de dolores en el pecho. • Back pain is the second most common cause of absence from work. El dolor de espalda es la segunda causa de ausentismo laboral. • **ease/relieve pain** calmar/aliviar el dolor • **pain relief** alivio del dolor • **pain threshold** umbral de dolor
▶ ACHE, HEADACHE, TOOTHACHE, BACK ACHE; ▶ ver nota en DOLOR
2 (pena) dolor: the pain of bereavement el dolor por la pérdida de un ser querido • **cause (sb) pain** causar dolor (a alguien): Divorce can cause a lot of pain. El divorcio puede causar mucho dolor. ▶ GROWING PAINS

EXPRESIONES
be a pain (in the neck) (coloq, oral) (persona) ser un pesado/una pesada, ser un/una inmamable; (cosa) ser una lata, ser una pesadez • **be at pains to do sth** esforzarse muchísimo por hacer algo, intentar por todos los medios hacer algo: Melissa was at pains to reassure her. Melisa se esforzó muchísimo por tranquilizarla. • **for sb's pains** I made a few suggestions but was ridiculed for my pains. Hice algunas sugerencias pero solo logré que se burlaran de mí. • **on/under pain of death/punishment** bajo amenaza de muerte/castigo • **be at/take great pains to do sth** esforzarse (mucho) en/por hacer algo: He took great pains to give us clear instructions. Se esforzó mucho en darnos instrucciones claras. • **take great pains with/over sth** poner mucho cuidado/esmero en algo: She always takes great pains over her appearance. Siempre pone mucho cuidado en su apariencia personal.

pain² v [T] **1** (en lo afectivo) doler, afligir • **it pains me/her to do sth** me/le duele hacer algo, me/le da pena hacer algo: It pains me to have to tell you this. Me duele tener que decirte esto. **2** (antic) (físicamente) doler

pained /peɪnd/ adj contrariado -a, de disgusto: a pained expression una expresión contrariada

pain·ful W8 /ˈpeɪnfəl/ adj
1 (en lo afectivo) doloroso -a: a painful decision una decisión difícil/dolorosa • a painful memory/reminder un doloroso recuerdo • **be painful for/to sb** resultar doloroso -a a alguien: Talking about her childhood is still very painful for her. Hablar sobre su infancia todavía le resulta doloroso. • **be painful to watch/see/hear** dar pena (de ver/oír): Her performance was painful to watch. Daba pena verla actuar.
2 (una parte del cuerpo) **be/feel painful** doler: My knee still feels painful. Todavía me duele la rodilla.
3 (heridas, lesiones) doloroso -a: a painful blow on the head un golpe doloroso en la cabeza • a painful death una muerte dolorosa • **painful (for sb) to do sth** It is painful for her to swallow. Le duele al tragar.

¿painful, hurt o sore?
La manera habitual de decir que a uno le duele una parte del cuerpo es con el verbo hurt: My shoulder hurts. • It hurts when I move my arm.
painful se usa para referirse a partes del cuerpo doloridas: Jim's knee was still painful.
sore se aplica a partes del cuerpo que duelen al tocarlas o al usarlas: I cut my finger last week and it's still sore. • I have a sore throat.

pain·ful·ly /ˈpeɪnfəli/ adv **1** terriblemente: He is painfully thin. Es terriblemente flaco./Es tan flaco que da pena. • **painfully obvious/clear** a todas luces evidente, totalmente claro: It was painfully obvious that he'd rather not see her again. Era a todas luces evidente que él prefería no volver a verla. • **painfully aware** plenamente consciente: I am painfully aware of the criticism that has been directed at me. Soy plenamente consciente de las críticas de que he sido objeto. **2** con dolor **3** con mucho esfuerzo

pain·kill·er /ˈpeɪnˌkɪlər/ s [C] analgésico, calmante

pain·less /ˈpeɪnlɪs/ adj **1** indoloro -a **2** sencillo -a, llevadero -a

pains·tak·ing /ˈpeɪnzˌteɪkɪŋ/ adj [gralm ante s] exhaustivo -a, minucioso -a: a painstaking search una búsqueda exhaustiva • with painstaking attention to detail con gran detalle y minuciosidad

pains·tak·ing·ly /ˈpeɪnzˌteɪkɪŋli/ adv meticulosamente, minuciosamente: The painting has been painstakingly restored. La pintura ha sido meticulosamente restaurada.

paint¹ S2 /peɪnt/ s
1 [U] pintura: a can of blue paint una lata de pintura azul • The paint was starting to peel off. La pintura empezaba a descascararse. • **wet paint** pintura fresca • **paint stripper** removedor (de pintura) • **paint thinner** disolvente (para pintura)
2 **paints** [pl] pinturas

paint² S1 W2 v
1 [I,T] (en decoración) pintar: I've been painting our kitchen. Estuve pintando la cocina. • brightly painted houses casas pintadas de colores vivos • **paint sth blue/red/green** pintar algo de azul/rojo/verde: We painted the door blue. Pintamos la puerta de azul.
2 [I,T] (en arte) pintar: My father painted that picture. Mi padre pintó ese cuadro. • **paint in oils/watercolors** pintar con óleos/acuarelas
3 [T] (en cosmética) pintar(se): She painted her nails red. Se pintó las uñas de rojo.
4 [T] (describir) pintar • **paint a (grim/rosy) picture of sth** Her book paints a grim picture of rural life. Su libro pinta un cuadro deprimente de la vida rural. • The headlines have painted a picture of an industry in crisis. Los titulares han dado la imagen de una industria en crisis. • **paint sb as sth** pintar a alguien como algo: The article paints him as a misunderstood genius. El artículo lo pinta como un genio incomprendido.

EXPRESIONES
paint the town red (*coloq*) irse de rumba, irse de parranda
paint sth ↔ out *v+partíc* tapar algo (pintando encima)
paint over sth *v+partíc* volver a pintar algo, tapar algo (pintando encima)

paint·box /ˈpeɪntˌbɑks/ *s* [C] caja de pinturas

paint·brush /ˈpeɪntˌbrʌʃ/ *s* [C] pincel, brocha

paint·er /ˈpeɪntɚ/ *s* [C] **1** (artista) pintor -a: *the great Spanish painter Goya* el gran pintor español Goya • **a portrait painter** un -a retratista SIN **artist 2** (de brocha gorda) pintor -a

paint·ing /ˈpeɪntɪŋ/ *s* **1** [C] (objeto) cuadro, pintura: *a painting by Matisse* un cuadro de Matisse • [+of]: *A painting of his father hangs on the wall.* Hay un retrato de su padre colgado en la pared. **2** [U] (actividad artística) pintura: *a class in drawing and painting* una clase de dibujo y pintura **3** [U] (acción de pintar paredes) pintura: *the painting of the walls* la pintura de las paredes ▶ OIL PAINTING

paint·work /ˈpeɪntˌwɚk/ *s* [U] pintura (capa de pintura sobre algo) ▶ Al hablar de la pintura de una habitación **the paintwork** suele referirse a los zócalos, marcos, puertas, etc., a diferencia de las paredes.

pair¹ S2 W3 /pɛr/ *s* [C]
1 (de cosas que se usan juntas) par • **a pair of shoes/socks/gloves/skis** un par de zapatos/medias/guantes/esquíes • **a pair of earrings** un par de aretes ▶ ver nota en PAR
2 a pair of pants un pantalón/unos pantalones • **a pair of jeans** un bluyín/unos bluyines, un jean/unos jeans • **a pair of glasses** unos lentes, un par de lentes • **a pair of binoculars** unos binoculares • **a pair of scissors** unas tijeras
3 (dos objetos) par, pareja • [+of]: *We have five pairs of tickets to give away.* Tenemos cinco pares de entradas para regalar.
4 (dos personas) pareja, par • [+of]: *a pair of dancers* una pareja de bailarines • *They were behaving like a pair of naughty kids.* Se comportaban como un par de niños traviesos. • **in pairs** por parejas: *We worked in pairs for the next exercise.* Trabajamos por parejas en el ejercicio siguiente. ▶ COUPLE
5 (dos animales) pareja: *a pair of doves* una pareja de palomas ▶ AU PAIR
EXPRESIONES
I only have one pair of hands (*oral*) tengo solo dos manos

pair² *v* **1** [T] poner en parejas • **pair sb with sb** *Amateurs are paired with professional players.* Se forman parejas de amateurs con jugadores profesionales. **2** [T] **pair sth with sth** (prendas de vestir) combinar algo con algo; (comidas y bebidas) servir algo con algo **3** [I] aparearse
pair off 1 pair off formar pareja(s) • **pair off with sb** formar pareja con alguien **2 pair sb off (with sb)** emparejar a alguien (con alguien)
pair up *v+partíc* **1 pair up** trabajar juntos -as, juntarse (dos personas) **2 pair sb ↔ up** poner/dividir en parejas a alguien • **pair sb up with sb** poner en parejas a alguien con alguien

pa·ja·mas /pəˈdʒɑməz, -ˈdʒæ-/ *s* [pl] piyama, pijama: *a pair of pajamas* una piyama • **pajama bottoms** pantalón/pantalones de piyama • **pajama top** camisa/chaqueta de la piyama, parte de arriba de la piyama

Pak·i·stan /ˈpækɪˌstæn/ Pakistán

Pak·i·stan·i /ˌpækɪˈstæni‹/ *s* [C], *adj* pakistaní

pal¹ /pæl/ *s* [C] **1** (*coloq*) amigo -a, parcero -a, cuate • **an old pal** un viejo amigo **2** (*oral*) (al dirigirse a alguien agresivamente) man, güey ▶ PEN PAL

pal² (**palled, palling**)
pal around *v+partíc* andar, estar (con amigos) • **pal around with sb** estar con alguien (un amigo)

pal·ace /ˈpælɪs/ *s* [C] palacio: *Buckingham Palace* el Palacio de Buckingham

pal·at·a·ble /ˈpælətəbəl/ *adj* (*escrito*) **1** comestible (de sabor aceptable): *It needs a lot of cooking to make it palatable.* Hay que cocinarlo durante mucho tiempo para que resulte comestible. **2** agradable, sabroso -a: *a very palatable wine* un vino de muy buen paladar **3** aceptable (idea, sugerencia) • [+to]: *This will make the idea more palatable to voters.* Esto hará que la idea resulte más aceptable para el electorado.

pal·ate /ˈpælɪt/ *s* [C] **1** (gusto) paladar: *wines for sophisticated palates* vinos para paladares sofisticados **2** (parte de la boca) paladar

pa·la·tial /pəˈleɪʃəl/ *adj* suntuoso -a, palaciego -a

pa·lav·er /pəˈlævɚ, -ˈlɑ-/ *s* [sing, U] jaleo, lío, borlote

pale¹ /peɪl/ *adj* **1** pálido -a • **turn/go pale** ponerse pálido -a, palidecer: *She turned pale when she heard the news.* Se puso pálida cuando se enteró de la noticia. • **deathly pale** pálido -a como un cadáver • **pale skin/complexion** tez muy blanca **2** (color) claro -a, pálido -a: *a pale shade of green* un verde claro • *pale blue eyes* ojos celestes SIN **light** ANT **dark 3** (luz) pálido -a, tenue: *the pale light of early morning* la pálida luz de la madrugada
EXPRESIONES
a pale imitation (of sth) una burda/pálida imitación (de algo)

pale² *v* [I] palidecer • **pale in comparison (to sth)** palidecer en comparación (con algo) • **pale into insignificance** parecer insignificante (en comparación con otra cosa)

pale³ *s* **beyond the pale** inaceptable, intolerable (opinión, comportamiento)

pa·le·on·tol·o·gist /ˌpeɪliənˈtɑlədʒɪst, -liən-/ *s* [C] paleontólogo -a

pa·le·on·tol·o·gy /ˌpeɪliənˈtɑlədʒi, -liən-/ *s* [U] paleontología

Pal·es·tine /ˈpæləˌstaɪn/ Palestina

Pal·es·tin·i·an /ˌpæləˈstɪniən/ *s* [C], *adj* palestino -a

pal·ette /ˈpælɪt/ *s* [C] **1** (objeto) paleta (de un pintor) **2** [gralm sing] (colores) paleta: *the blues and reds of his palette* los azules y rojos de su paleta

'palette knife *s* [C] espátula (en cocina, pintura)

pall¹ /pɔl/ *s* **1** [C gralm sing] **a pall of smoke/dust/ash** una nube de humo/polvo/cenizas: *A huge pall of smoke hangs over the city.* Una densa nube de humo se cierne sobre la ciudad. **2** [C] paño mortuorio
EXPRESIONES
cast a pall over sth (*liter*) empañar algo

pall² *v* [I nunca en forma continua] decaer, dejar de interesar

pall·bear·er /ˈpɔlˌbɛrɚ/ *s* [C] portador -a del féretro

pal·let /ˈpælɪt/ *s* [C] pallet, palé, plataforma (para guardar o transportar mercancías)

pal·lia·tive¹ /ˈpælyətɪv, -liˌeɪtɪv/ *adj* [gralm ante s] paliativo -a

palliative² *s* [C] paliativo

pal·lid /ˈpælɪd/ *adj* (*escrito*) **1** pálido -a (de modo enfermizo) **2** desabrido -a, soso -a SIN **insipid**

pal·lor /ˈpælɚ/ *s* [sing, U] (*escrito*) palidez (enfermiza): *a deathly pallor* una palidez mortal

palm¹ /pɑm/ *s* [C] **1** (de la mano) • **the palm of your hand** la palma de la mano **2** palmera: *a coconut palm* un cocotero SIN **palm tree**
EXPRESIONES
hold/have sb in the palm of your hand tener a alguien en la palma de la mano, tener a alguien en el bolsillo • **read sb's palm** leerle la (palma de la) mano a alguien

palm² *v* [T] tomar (algo) ocultándolo en la palma de la mano: *I passed him a coin and he palmed it.* Le pasé una moneda y la tomó disimuladamente.
palm off *v+partíc* **1 palm sth/sb ↔ off on(to) sb** meterle algo/alguien a alguien, enjaretarle algo/alguien a alguien **2 palm sb ↔ off** engatusar a alguien • **palm sb off with sth** quitarse a alguien de encima con algo (con

una mentira, una excusa, etc.) • **palm sth** ↔ **off as sth** hacer pasar algo por algo (para venderlo, etc.)

ˌPalm 'Sunday *s* Domingo de Ramos

palm·top /'pɑmtɑp/ *s* [C] computador de bolsillo, palm-top ▶ LAPTOP, NOTEBOOK

'palm tree *s* [C] palmera SIN **palm**

pal·pa·ble /'pælpəbəl/ *adj* **1** (*frml*) palpable, evidente: *His frustration was palpable.* Su frustración era palpable. **2** palmario -a, evidente SIN **obvious**

pal·pa·bly /'pælpəbli/ *adv* **1** palpablemente **2** evidentemente, a todas luces SIN **obviously**

pal·pi·ta·tions /ˌpælpə'teɪʃənz/ *s* [pl] palpitaciones

pal·try /'pɔltri/ *adj* [gralm ante s] **1** mísero -a, miserable: *a paltry sum/amount* una mísera suma/cantidad **2** vano -a, insignificante: *a paltry excuse* una excusa vana

pam·pas /'pæmpəz, -pəs/ *s* **the pampas** la pampa

pam·per /'pæmpə/ *v* [T] consentir, mimar, apapachar • **pamper yourself** mimarse, apapacharse

pam·phlet¹ /'pæmflɪt/ *s* [C] folleto, panfleto ▶ LEAFLET

pamphlet² *v* [T] repartir folletos/panfletos en

pan¹ S3 W3 /pæn/ *s* [C]
1 (con agarradera o tapa) pan significa indistintamente cacerola, perol, olla, sartén: *a frying pan* una sartén • *a deep pan* una cacerola/olla profunda • [+*of*]: *a large pan of boiling water* una olla grande con agua hirviendo • *a pan of broth* una olla de caldo • **pots and pans** cacharros, ollas y sartenes
2 (para horno) en inglés americano **pan** también puede hacer referencia a un molde o placa para horno: *a cake/loaf pan* un molde para pastel/pan ▶ BEDPAN, a FLASH in the pan, FRYING PAN, SAUCEPAN

pan² *v* (**panned, panning**) **1** [T] (*coloq*) criticar duramente: *Critics panned the movie.* Los críticos destrozaron la película. **2** [I siempre + adv/prep, T] hacer un paneo (de): *The camera panned slowly across the crowd.* La cámara hizo un paneo lento de la multitud. **3** [I,T] cribar • **pan for gold** cribar oro
pan out *v+partíc* **1** resultar: *They're waiting to see how the negotiations pan out.* Están esperando a ver en qué resultan las negociaciones. **2** salir (bien)

pan·a·ce·a /ˌpænə'siə/ *s* [C] panacea • **a panacea for all ills** una panacea para todos los males

pa·nache /pə'næʃ, -'nɑʃ/ *s* [U] desenvoltura, garbo • **with (great) panache** con (gran) estilo ▶ STYLE

Pan·a·ma /'pænəˌmɑ/ Panamá

Pan·a·ma·ni·an /ˌpænə'meɪniən/ *s* [C], *adj* panameño -a

pan·cake S3 /'pænkeɪk/ *s* [C] (grueso) panqueque, hot cake; (fino) crepe, panqueque, crepa ▶ CREPE

pan·cre·as /'pæŋkriəs/ *s* [C] páncreas

pan·cre·at·ic /ˌpæŋkri'æt̪ɪk/ *adj* [solo ante s] pancreático -a

pan·da /'pændə/ *s* [C] panda

pan·de·mo·ni·um /ˌpændə'moʊniəm/ *s* [U] pandemonio, caos • **pandemonium breaks out** se desata un caos total

pan·der /'pændə/ *v*
pander to sb/sth *v+partíc* **1** (*peyor*) ser complaciente con alguien/algo **2 pander to sb's every whim** (*esp hum*) consentir todos los caprichos de alguien

pane /peɪn/ *s* [C] vidrio (de una ventana o puerta): *a pane of glass* un vidrio ▶ WINDOWPANE

pan·el¹ S3 W2 /'pænl/ *s* [C]
1 (de asesoramiento) panel • [+*of*]: *a panel of experts* un panel de expertos
2 (en televisión, radio) panel ▶ PANELIST • **panel game** concurso (con la participación de equipos)
3 jurado, tribunal • [+*of*]: *a panel of three judges* un jurado de tres jueces ▶ JURY
4 (de madera, vidrio) panel: *The glass panel had cracked.*

El panel de vidrio se había agrietado.
5 (de un vehículo) panel
instrument/control panel tablero, panel de instrumentos/control

panel² *v* [T] revestir con paneles, panelar

pan·el·ing /'pænl-ɪŋ/ *s* [U] paneles

pan·el·ist /'pænl-ɪst/ *s* [C] panelista

pang /pæŋ/ *s* [C] punzada, sensación o sentimiento fuerte y repentino: *hunger pangs* retortijones por hambre • *She felt a sudden pang of guilt.* De pronto la asaltó el remordimiento

pan·han·dle¹ /'pæn,hændl/ *v* [I] mendigar

panhandle² *s* [C] faja estrecha de territorio unida a otra de mayor tamaño

pan·han·dler /'pæn,hændlə/ *s* [C] mendigo -a

pan·ic¹ /'pænɪk/ *s* **1** [sing, U] (temor) pánico: *People fled in panic.* La gente huyó despavorida. • **get/go into a panic** ser presa del pánico: *She got into a panic when she couldn't find her passport.* Cuando no pudo encontrar el pasaporte, le entró el pánico. SIN **terror 2** [C gralm sing, U] (confusión) pánico: *A bomb hoax caused panic on the subway today.* Una falsa amenaza de bomba sembró el pánico en el metro el día de hoy. • **panic buying** compra masiva de víveres o artículos de primera necesidad por temor a la escasez, la inflación, etc.: *Stores have been stripped bare in panic buying.* Las tiendas se han quedado vacías porque el público asustado se echó a las calles a comprar. • **panic selling** venta masiva (de acciones, por una caída en su precio)
panic stations (*antic*) *It was panic stations here on Friday with so many people off sick.* Con tanta gente de baja por enfermedad, andábamos todos como locos el viernes.

panic² *v* (**panicked, panicking**) **(a)** [I] dejarse llevar por el pánico: *The soldiers panicked and opened fire.* Los soldados se dejaron llevar por el pánico y abrieron fuego. • *A week before the test I started to panic.* Una semana antes del examen, me entró el pánico. • **panic about sth** alarmarse por algo: *There's nothing to panic about – everything will be all right.* No hay por qué alarmarse, todo va a estar bien. • **Don't panic!** ¡Calma! **(b)** [T] causar pánico a • **panic sb into doing sth** llevar a alguien a hacer algo como resultado del pánico: *Don't let them panic you into making a hasty decision.* No permita que lo empujen a tomar una decisión precipitada.

pan·ick·y /'pænɪki/ *adj* (*coloq*) muy nervioso -a

'panic-ˌstricken *adj* (*escrito*) presa del pánico

pan·ni·er /'pæniə/ *s* [C] alforja

pan·o·ply /'pænəpli/ *s* [sing] (*frml*) panoplia, colección

pan·o·ram·a /ˌpænə'ræmə, -'rɑ-/ *s* [C gralm sing] panorama, vista

pan·o·ram·ic /ˌpænə'ræmɪk◂/ *adj* [gralm ante s] panorámico -a: *a panoramic view* una vista panorámica

pan·pipes /'pænpaɪps/ *s* [pl] zampoña

pan·sy /'pænzi/ *s* [C] (pl **pansies**) pensamiento (flor)

pant¹ /pænt/ *v* **1** [I] jadear • **puff and pant** jadear y resoplar • **pant for breath/air** tratar de recobrar el aliento **2** [T] decir jadeando: *"I can't run any farther,"* *she panted.* –No puedo seguir corriendo –dijo jadeando.

pant² *adj* [solo ante s] del pantalón/de los pantalones SIN **pants**

pant³ *s* [C gralm pl] jadeo

pan·the·ism /'pænθiˌɪzəm/ *s* [U] panteísmo

pan·ther /'pænθə/ *s* [C] **1** pantera ▶ LEOPARD **2** puma SIN **cougar, mountain lion**

pant·ies /'pæn̪tiz/ *s* [pl] cucos, pantaletas, panties: *a pair of silk panties* unos cucos de seda

pan·to·mime /ˈpæntəˌmaɪm/ s [C,U] mímica, pantomima ⓢⒾⓃ **mime**

pan·try /ˈpæntri/ s [C] (pl **pantries**) despensa (en una vivienda) ⓢⒾⓃ **larder**

pants ⓢ2 /pænts/ s [pl] pantalones • **a pair of pants** (un par de) pantalones • **short pants** pantalones cortos
EXPRESIONES
bore the pants off sb (*coloq*) aburrir soberanamente a alguien • **scare the pants off sb** (*coloq*) hacer morir de miedo a alguien • **beat the pants off sb/sth** (*coloq*) **(a)** ser mucho mejor que alguien/algo **(b)** aplastar a alguien/algo • **sb puts their pants on one leg at a time** (*oral*) alguien es una persona común y corriente

pant·suit /ˈpæntsut/ s [C] traje de pantalón y saco (para dama), traje pantalón

pan·ty·hose /ˈpæntiˌhoʊz/ s [pl] medias, pantys

pan·ty·lin·er /ˈpæntiˌlaɪnɚ/ s [C] pantyprotector, protector diario

pa·pa /ˈpɑpə/ s [C] (*coloq*) papá ▶ **MAMA**

pa·pa·cy /ˈpeɪpəsi/ s **1** [C gralm sing] (período) papado **2 the papacy** (institución) el papado

pa·pal /ˈpeɪpəl/ adj [solo ante s] papal

pa·pa·raz·zi /ˌpɑpəˈrɑtsi/ s [pl] paparazzi

pa·pa·ya /pəˈpaɪə/ s [C,U] **1** papaya **2** papayo

pa·per¹ ⓢ1 Ⓦ1 /ˈpeɪpɚ/ s

  1 para escribir, envolver
  2 con noticias
  3 documento
  4 trabajo académico
  5 en un congreso, una publicación
  6 para paredes

1 PARA ESCRIBIR, ENVOLVER [U] papel • **a piece of paper** un (pedazo de) papel: *He handed me a piece of paper with an address on it.* Me dio un papel con una dirección. • **a sheet of paper** una hoja (de papel) • **writing/drawing paper** papel de carta/de dibujo: *a pad of writing paper* un bloc de notas
2 CON NOTICIAS [C] periódico, diario: *I read the paper on the train.* Leí el periódico en el tren. • *The story was in all the papers.* La noticia salió en todos los periódicos. • **a local/national paper** un periódico local/nacional • **a daily paper** un diario • **a Sunday paper** un periódico dominical
3 DOCUMENTO **papers** [pl] papeles: *There are important papers in my briefcase.* En el maletín tengo papeles importantes. • **my/his papers** mis/sus papeles: *Are your papers in order?* ¿Tiene los papeles en regla? • **divorce papers** papeles de divorcio: *She told her husband that she had filed divorce papers.* Le dijo a su marido que había iniciado los trámites de divorcio.
4 TRABAJO ACADÉMICO [C] trabajo (escrito): *When is your sociology paper due?* ¿Cuándo tienes que entregar el trabajo de sociología?
5 EN UN CONGRESO, UNA PUBLICACIÓN [C] ponencia, trabajo (académico) • [+**on**]: *a paper on child development* un trabajo sobre desarrollo infantil • **present/give a paper** presentar una ponencia
6 PARA PAREDES [C,U] papel (para empapelar), papel tapiz ⓢⒾⓃ **wallpaper** ▶ **put/set PEN to paper**
EXPRESIONES
on paper **(a)** por escrito • **get/put sth down on paper** poner algo por escrito: *Try to get your ideas down on paper.* Trata de poner tus ideas por escrito. **(b)** en teoría: *The idea looks good on paper.* La idea parece buena en teoría. ⓢⒾⓃ **in theory, theoretically**

paper² adj [solo ante s] **1** de papel: *a paper bag* una bolsa de papel **2** (escrito o impreso) *The brochure is available in electronic and paper versions.* El folleto puede conseguirse en versión electrónica e impresa. **3** (referido al valor relativo de algo) **paper qualifications** diplomas, títulos

paper³ v [T] empapelar

paper over the cracks/divisions tratar de disimular las fisuras/divisiones

pa·per·back /ˈpeɪpɚˌbæk/ s [C] libro en rústica/de pasta blanda: *a paperback copy of "Silence of the Lambs"* un ejemplar en rústica de "El silencio de los inocentes" • **paperback book** libro en (edición) rústica, libro de pasta blanda • **paperback edition** edición (en) rústica
▶ **HARDBACK, HARDCOVER**
EXPRESIONES
in paperback en (edición) rústica

pa·per·boy /ˈpeɪpɚˌbɔɪ/ s [C] repartidor de periódicos

ˈ**paper clip** s [C] clip, gancho

ˈ**paper girl** s [C] repartidora de periódicos

ˌ**paper-**ˈ**thin** adj finísimo -a, delgadísimo -a

ˌ**paper** ˈ**towel** s [C] toallita de papel

pa·per·weight /ˈpeɪpɚˌweɪt/ s [C] pisapapeles

pa·per·work ⓢ2 /ˈpeɪpɚˌwɚk/ s [U]
1 tareas administrativas, papeleo: *My job involves a lot of paperwork.* Realizo muchas tareas administrativas en mi trabajo.
2 papeles

pa·pier-mâ·ché (tb **papermâché**) /ˌpeɪpɚ məˈʃeɪ/ s [U] papel maché

pa·pist /ˈpeɪpɪst/ s [C] papista

pa·pri·ka /pəˈprikə, pæ-/ s [U] pimentón dulce (en polvo), paprika

Pap smear /ˈpæp smɪr/ (tb ˈ**Pap test**) s [C] citología, papanicolau

Pap·u·an¹ /ˈpæpyuən/ s **1** [C] (persona) papú **2** [U] (idioma) papú

Papuan² adj papú

Papua New Guin·ea /ˌpæpyuə nu ˈgɪni/ Papúa Nueva Guinea

ˌ**Papua New** ˈ**Guinean** s [C], adj papú

par /pɑr/ s **1** [C,U] par (en golf) **2** [U] (tb **par value**) (*técn*) valor nominal (de un bono, una acción)
EXPRESIONES
on a par (with sb/sth) al (mismo) nivel (de alguien/algo): *The apple pie was almost on a par with Mom's.* El pastel de manzana estaba casi al nivel del que hace mi mamá. • *The new pay deal puts us on a par with other workers in the industry.* El nuevo acuerdo salarial nos equipara con otros trabajadores del sector. • **be below/under par** (tb **not be up to par**) **(a)** estar por debajo de las expectativas **(b)** no sentirse del todo bien • **be par for the course** ser lo habitual

par·a·ble /ˈpærəbəl/ s [C] parábola (relato)

pa·rab·o·la /pəˈræbələ/ s [C] parábola (curva)

par·a·chute¹ /ˈpærəˌʃut/ s [C] paracaídas • **parachute jump** salto en paracaídas

parachute² v **1** [I siempre + adv/prep] lanzarse/saltar en paracaídas: *Troops parachuted into enemy territory overnight.* Tropas se lanzaron en paracaídas sobre territorio enemigo durante la noche. • *They were able to parachute to safety.* Pudieron saltar en paracaídas y salvarse. **2** [T siempre + adv/prep] **parachute sth/sb in** lanzar algo/a alguien en paracaídas: *an operation to parachute supplies in to the war zone* una operación para lanzar provisiones en paracaídas sobre la zona de guerra

par·a·chut·ist /ˈpærəˌʃutɪst/ s [C] paracaidista

pa·rade¹ /pəˈreɪd/ s **1** [C] (celebración) desfile: *The city has a parade every 4th of July.* Todos los 4 de julio hay un desfile en la ciudad. **2** [C,U] (ceremonia militar) desfile, parada: *a military parade* un desfile militar • **on parade** en formación **3** [sing] (serie interminable) [+**of**]: *They seem to have a constant parade of visitors next door.* Hay un desfile continuo de visitantes en la casa de al lado.

EXPRESIONES
be on parade estar en exhibición

parade² v **1** [I siempre + adv/prep] (para celebrar, protestar) desfilar • **parade through/past/down sth** *The demonstrators paraded through the capital.* Los manifestantes desfilaron por la capital. **2** [T] hacer alarde/ostentación de: *He talked loudly and was eager to parade his knowledge.* Hablaba fuerte, ansioso por hacer alarde de sus conocimientos. • *The rich parade their wealth.* Los ricos hacen ostentación de su riqueza. **3** [I siempre + adv/prep] pasearse (para ser visto) • **parade around/past (sth)** *Michelle was parading around in her new bikini.* Michelle se paseaba con su nuevo bikini. **4** [T] exhibir, hacer desfilar • **parade sb before/in front of sb/sth** *The prisoners were paraded in front of the cameras.* Los prisioneros fueron exhibidos ante las cámaras. **5** [I] (en un desfile militar) desfilar

par·a·digm /'pærə,daɪm/ s [C] (*frml*) paradigma, modelo

par·a·dig·mat·ic /,pærədɪg'mætɪk/ adj (*frml*) paradigmático -a

par·a·dise /'pærə,daɪs, -,daɪz/ s **1** [C,U] (algo muy agradable) paraíso: *The island is a beautiful tropical paradise.* La isla es un precioso paraíso tropical. • **a shopper's/camper's paradise** un paraíso para los compradores/los acampantes **2** [U] (en religión) **Paradise** el Paraíso (terrenal) ▶ **be living in a FOOL's paradise**

par·a·dox /'pærə,daks/ s [C, U] paradoja

par·a·dox·i·cal /,pærə'daksɪkəl/ adj paradójico -a

par·a·dox·i·cally /,pærə'daksɪkli/ adv paradójicamente

par·af·fin /'pærəfɪn/ s [U] parafina

par·a·glid·ing /'pærə,glaɪdɪŋ/ s [U] parapente (deporte)

par·a·gon /'pærə,gan/ s [C] dechado • [+of]: *a paragon of virtue* un dechado de virtudes

par·a·graph¹ S2 /'pærə,græf/ s [C] párrafo

paragraph² v [T] dividir en párrafos

Par·a·guay /'pærə,gwaɪ/ Paraguay

Par·a·guay·an /,pærə'gwaɪən/ s [C], adj paraguayo -a

par·a·keet /'pærə,kit/ s [C] periquito

par·a·le·gal /,pærə'ligəl/ s [C] asistente de abogado

par·al·lel¹ /'pærə,lɛl/ adj **1** paralelo -a: *parallel lines* líneas paralelas • **run parallel** correr/ir paralelo -a: *The road runs parallel to the river.* La calle corre paralela al río. **2** (indicando coincidencia o similitud) paralelo -a, análogo -a: *The novel has two parallel story lines.* La novela tiene dos líneas argumentales paralelas.

parallel² s [C] **1** (similitud) paralelo • [+**between**]: *There were many parallels between the two men's careers.* Había muchos paralelos entre las carreras de los dos hombres. • **draw a parallel between sth and sth** establecer un paralelo entre algo y algo ▶ **SIMILARITY 2** (algo similar) *Our program has parallels in most other countries.* La mayoría de los demás países tienen sistemas similares al nuestro. • **be without parallel** (tb **have no parallel**) no tener parangón: *His achievement was without parallel in Olympic history.* Su logro no tiene parangón en la historia de los Juegos Olímpicos. **3** (en geografía) paralelo: *the 42nd parallel* el paralelo 42

EXPRESIONES
in parallel en paralelo, paralelamente

parallel³ v [T] (*frml*) **1** ser igualado -a por, ser equivalente a **2** ser simultáneo -a a

par·al·lel·o·gram /,pærə'lɛlə,græm/ s [C] paralelogramo

pa·ral·y·sis /pə'ræləsɪs/ s [U] parálisis

par·a·lyt·ic /,pærə'lɪtɪk/ adj paralítico -a

par·a·lyze /'pærə,laɪz/ v [T] **1** (una parte del cuerpo) paralizar **2** (el transporte, la economía) paralizar: *Strikes have paralyzed the country's transportation network.* El sistema de transporte del país ha quedado paralizado por huelgas.

par·a·lyzed /'pærə,laɪzd/ adj **1** (por una lesión) paralizado -a: *She was paralyzed from the neck down.* Estaba paralizada del cuello para abajo. **2** (sin poder pensar) paralizado -a • [+**by/with**]: *They were paralyzed with fear.* Estaban paralizados del miedo. **3** (transporte, economía) paralizado -a: *Trade in the country is virtually paralyzed.* La actividad comercial en el país se encuentra prácticamente paralizada.

par·a·med·ic /,pærə'mɛdɪk/ s [C] paramédico -a

pa·ram·et·er /pə'ræmətər/ s [C gralm pl] parámetro • **establish/set/lay down parameters** establecer parámetros

par·a·mil·i·tar·y¹ /,pærə'mɪlə,tɛri/ adj [gralm ante s] paramilitar: *a paramilitary organization* una organización paramilitar

paramilitary² s [C gralm pl] paramilitar

par·a·mount /'pærə,maʊnt/ adj (*frml*) primordial • **be of paramount importance** ser de importancia primordial

par·a·noi·a /,pærə'nɔɪə/ s [U] **1** (temor injustificado) paranoia • [+**about**]: *the American people's paranoia about government conspiracies* la paranoia del pueblo estadounidense respecto de las conspiraciones gubernamentales **2** (*técn*) (en psiquiatría) paranoia

par·a·noid¹ /'pærə,nɔɪd/ (tb **par·a·noi·ac** /,pærə'nɔɪæk/) adj **1** paranoico -a, maniático -a • [+**about**]: *He's always been paranoid about hygiene.* Siempre ha sido un maniático de la higiene. **2** (en psiquiatría) (*técn*) paranoico -a

paranoid² s [C] (*técn*) paranoico -a SIN **paranoiac**

par·a·nor·mal¹ /,pærə'nɔrməl/ adj [gralm ante s] paranormal: *paranormal phenomena* fenómenos paranormales ▶ **SUPERNATURAL**

paranormal² s **the paranormal** lo paranormal

par·a·pet /'pærəpət, -,pɛt/ s [C] **1** (en un puente, un tejado) parapeto **2** (en una trinchera) parapeto

par·a·pher·na·lia /,pærəfə'neɪlyə, -fə'neɪl-/ s [U] parafernalia

par·a·phrase¹ /'pærə,freɪz/ v [I,T] parafrasear: *To paraphrase Abraham Lincoln...* Parafraseando a Abraham Lincoln...

paraphrase² s [C] paráfrasis

par·a·ple·gic¹ /,pærə'plidʒɪk/ s [C] parapléjico -a

paraplegic² adj parapléjico -a

par·a·site /'pærə,saɪt/ s [C] **1** (planta, animal) parásito **2** (*peyor*) (persona) parásito

par·a·sit·ic /,pærə'sɪtɪk/ (tb **par·a·sit·i·cal** /,pærə'sɪtɪkəl/) adj **1** parásito -a (gusanos, larvas, etc.) **2** [gralm ante s] parasitario -a (infección, enfermedad, etc.)

par·a·sol /'pærə,sɔl, -,sɑl/ s [C] sombrilla

par·a·troop·er /'pærə,trupər/ s [C] paracaidista (del ejército)

par·a·troops /'pærə,trups/ s [pl] paracaidistas (del ejército)

par·boil /'parbɔɪl/ v [T] darle un hervor a

par·cel¹ /'parsəl/ s [C] **1** paquete • **a food parcel** una caja de alimentos SIN **package 2** parcela • [+**of**]: *a small parcel of land* una pequeña parcela de tierra ▶ **be PART and parcel of sth**

parcel² v
parcel sth ↔ **off** v+partíc dividir algo, parcelar algo (para venderlo)
parcel sth ↔ **out** v+partíc dividir algo, repartir algo (entre varias personas) • **parcel sth ↔ out to sb** repartir algo entre alguien

'parcel post s [U] servicio de envío de paquetes postales (en EU)

parched /partʃt/ adj **1** reseco -a: *the parched African landscape* el reseco paisaje africano • *parched lips* labios resecos **2** [nunca ante s] (*coloq*) muerto -a de sed

parch·ment /'pɑrtʃmənt/ s [U] pergamino

par·don¹ S2 /'pɑrdn/ interj
1 (cuando no se ha oído bien) ¿perdón?, ¿cómo dice/dices?
2 (para disculparse) perdón SIN **excuse me**

pardon² S3 v [T]
1 indultar: *The president pardoned dozens of political prisoners.* El presidente indultó a decenas de prisioneros políticos.
2 [nunca en forma continua] (frml) disculpar, perdonar: *I hope you'll pardon my rudeness the other day.* Espero que disculpes mi grosería del otro día. • **pardon sb for sth** perdonarle algo a alguien: *He could never pardon her for saying those things.* Jamás podría perdonarle las cosas que había dicho. SIN **forgive**

EXPRESIONES
sb could/might be pardoned for doing sth es comprensible que alguien haga algo: *I think you could be pardoned for being a little angry.* Creo que es comprensible que estés un poco enojada. • **pardon me** (oral) **(a)** (cuando no se ha oído bien) ¿cómo (dice/dices)?, ¿perdón?, ¿mande? **(b)** (para disculparse) perdón SIN **excuse me (c)** (para llamar la atención) perdón, disculpe SIN **excuse me (d)** (para pedir permiso) perdón, disculpe (la molestia): *Pardon me, can I just squeeze past you?* Perdón, ¿me permitiría pasar? SIN **excuse me** • **pardon me for interrupting/asking/saying** (oral) perdone la interrupción/la pregunta/el comentario

pardon³ s [C] indulto • **grant/give sb a pardon** indultar a alguien, concederle el indulto a alguien ▶ **I BEG your pardon**

par·don·a·ble /'pɑrdn-əbəl/ adj (frml) perdonable, comprensible

pare /pɛr/ v [T] 1 pelar (frutas, verduras) SIN **peel**
2 reducir, recortar (costos, etc.) • **pare sth from sth** recortar algo de algo, reducir algo en algo: *$600,000 has been pared from next year's budget.* Del presupuesto del año próximo se han recortado 600.000 dólares. • *The company pared 500 workers from its payroll.* La compañía recortó el personal en 500 trabajadores. • **pare sth (down) to the bone** reducir algo al mínimo **pare sth ↔ down** v+partíc reducir algo (gradualmente)

par·ent S1 W1 /'pɛrənt, 'pær-/ s [C] padre o madre indistintamente: *He was looking forward to becoming a parent.* Tenía muchas ganas de ser padre. • *Do you get along well with your parents?* ¿Te llevas bien con tus padres? • *children with a diabetic/alcoholic parent* niños con un progenitor diabético/alcohólico • **parent bird** padre/madre (de un ave) • **parent company** empresa matriz • **parent plant** planta madre ▶ **FOSTER parents**, **SINGLE PARENT**

par·ent·age /'pɛrəntɪdʒ, 'pær-/ s [U] origen (identidad de los progenitores): *Her true parentage was kept secret.* Su verdadero origen se mantenía en secreto. • **of unknown parentage** de padres desconocidos

pa·ren·tal /pə'rɛntl/ adj [gralm ante s] de los padres: *parental responsibility* responsabilidad de los padres • *parental consent* consentimiento de los padres

'parent ˌcompany s [C] empresa matriz ▶ **SUBSIDIARY**

pa·ren·the·sis /pə'rɛnθəsɪs/ s (pl **parentheses** /-siz/)
1 [gralm pl] (signo de puntuación) paréntesis • **in parentheses** entre paréntesis 2 (frml) (comentario) paréntesis • **in parentheses** entre paréntesis

par·ent·hood /'pɛrənt,hʊd, 'pær-/ s [U] paternidad o maternidad indistintamente: *one of the joys of parenthood* una de las alegrías de ser madre o padre • **single/lone parenthood** crianza de los hijos por parte del padre o la madre, sin ayuda del otro progenitor

par·ent·ing /'pɛrəntɪŋ, 'pær-/ s [U] crianza de los hijos • **parenting skills** destrezas relativas a la crianza de los hijos

par ex·cel·lence /ˌpɑr ɛksə'lɑns/ adj [solo después de s] por excelencia

par·ish /'pærɪʃ/ s [C] 1 (distrito) parroquia ▶ **DIOCESE** • **parish priest** cura párroco 2 (personas) parroquia, feligresía 3 en el estado de Louisiana, en EU, zona administrativa que comprende varias ciudades con un gobierno conjunto

pa·rish·ion·er /pə'rɪʃənə/ s [C] feligrés -esa

par·i·ty /'pærəti/ s [U] 1 igualdad, paridad • [+with/between]: *Women workers are demanding parity with their male colleagues.* Las trabajadoras exigen igualdad con sus colegas masculinos. SIN **equality** 2 (técn) (cotizaciones) paridad • [+with/between]: *parity between the two currencies* la paridad entre las dos monedas

park¹ S2 W1 /pɑrk/ s [C]
1 (espacio verde) parque: *Let's go for a walk in the park.* Vayamos a dar un paseo por el parque. • *Central Park* Central Park • **park bench** banco de plaza
2 (reserva natural) parque
3 (de una casa de campo) parque, jardines
4 (de béisbol) parque ▶ **AMUSEMENT PARK**, **BALLPARK**, **NATIONAL PARK**, **THEME PARK**, **TRAILER PARK**

park² S1 v
1 [I,T] parquear(se), cuadrar(se), estacionar(se): *You can't park here.* No se puede parquear aquí. • *Where did you park your car?* ¿Dónde parqueaste el carro?
2 **park yourself** (coloq) instalarse, apoltronarse

par·ka /'pɑrkə/ s [C] parca, anorak

ˌpark and 'ride s [U] (sistema de) aparcamientos disuasorios

park·ing S3 /'pɑrkɪŋ/ s [U]
1 parqueo, estacionamiento (acción): *Parking is always difficult here.* Siempre es difícil parquear aquí. • *No parking.* Prohibido parquear/estacionar(se). • **parking fine** multa por parquear en un lugar prohibido, multa por estacionarse en un lugar prohibido • **parking place** lugar para parquear, lugar para estacionar(se) • **parking restrictions** restricciones de parqueo, restricciones de estacionamiento • **parking space** lugar para parquear, lugar para estacionar(se)
2 lugar para parquear, lugar para estacionar(se): *free parking* parqueo/estacionamiento gratuito • *a good restaurant with ample parking* un buen restaurante con mucho lugar para parquear

'parking ˌgarage s [C] parqueadero, estacionamiento (de varios pisos)

'parking lot s [C] parqueadero, estacionamiento (descubierto)

'parking ˌmeter s [C] parquímetro

'parking ˌticket s [C] multa (por parquear en un lugar prohibido), multa (por estacionarse en un lugar prohibido)

Par·kin·son's dis·ease /'pɑrkənsənz dɪˌziz/ s [U] enfermedad de Parkinson, mal de Parkinson

park·way /'pɑrkweɪ/ s [C] (pl **parkways**) carretera con área enjardinada, alameda

par·lance /'pɑrləns/ s **in medical/advertising parlance** en la jerga médica/publicitaria • **in common parlance** en el habla cotidiana

par·lay /'pɑrleɪ, -li/ v [T] 1 **parlay sth into sth** (para ganar al invertir) *He parlayed a $1,000 investment into the nation's largest sandwich chain.* Realizó una inversión de 1.000 dólares en la cadena de sándwiches más importante del país. 2 **parlay sth into sth** (para obtener algún beneficio) *He hoped to parlay his age into a political asset.* Esperaba que su edad lo beneficiara políticamente.

par·lia·ment /'pɑrləmənt/ s 1 [C] parlamento: *the Russian parliament* el parlamento ruso • *elections to the European Parliament* elecciones al Parlamento Europeo ▶ **GOVERNMENT** 2 **Parliament** [U] (en el Reino Unido) el Parlamento: *The bill was passed by Parliament in April.* El proyecto de ley fue aprobado por el Parlamento en abril. • **in Parliament** en el Parlamento

3 [C,U] (tb **Parliament**) periodo de sesiones parlamentarias: *this session of parliament* este periodo de sesiones parlamentarias

par·lia·men·tar·i·an /ˌpɑːrləmənˈteriən/ s [C] parlamentario -a

par·lia·men·ta·ry /ˌpɑːrləˈmentri◂ , -ˈmentəri◂/ adj [solo ante s] parlamentario -a

par·lor /ˈpɑːrlə/ s [C] **1** an ice cream/a pizza parlor una heladería/una pizzería **2** a beauty/massage/funeral parlor un salón de belleza/una sala de masajes/una funeraria **3** (*antic*) salón, sala (en una vivienda)
► BEAUTY PARLOR

par·lous /ˈpɑːrləs/ adj (*frml*) lamentable

Par·me·san /ˈpɑːrməˌzɑn/ (tb **'Parmesan ,cheese**) s [U] (queso) parmesano

pa·ro·chi·al /pəˈroʊkiəl/ adj **1** (*peyor*) provinciano -a, pueblerino -a SIN **narrow-minded 2** [solo ante s] parroquial

par·o·dy¹ /ˈpærədi/ s (pl **parodies**) **1** [C, U] (actuación, género) parodia **2** [C] (versión lamentable) parodia • [+of]: *The trial was a complete parody of justice*. El juicio fue una verdadera farsa.

parody² v [T] (**parodies**, **parodied**, **parodying**) parodiar

pa·role¹ /pəˈroʊl/ s [U] libertad condicional: *When will he be eligible for parole?* ¿Cuándo podrá solicitar la libertad condicional? • **on parole** en libertad condicional: *He was released on parole*. Fue puesto en libertad condicional.

parole² v [T gralm en pasiva] poner en libertad condicional

par·ox·ys·m /ˈpærəkˌsɪzəm, pəˈrɑk-/ s [C] paroxismo

par·quet /pɑːrˈkeɪ, ˈpɑːrkeɪ/ s [U] parqué, parquet • **parquet floor** piso de parqué

par·rot¹ /ˈpærət/ s [C] loro, perico

parrot² v [T] repetir como un loro

par·ry /ˈpæri/ v [T] (**parries**, **parried**, **parrying**) **1** parar (un golpe) **2** eludir, esquivar (la cuestión)

par·si·mo·ni·ous /ˌpɑːrsəˈmoʊniəs◂/ adj (*frml*) mezquino -a

pars·ley /ˈpɑːrsli/ s [U] perejil

pars·nip /ˈpɑːrsnɪp/ s [C,U] chirivía, pastinaca (raíz comestible de color amarillento y forma de zanahoria)

par·son /ˈpɑːrsən/ s [C] (*antic*) pastor, sacerdote

par·son·age /ˈpɑːrsənɪdʒ/ s [C] casa del pastor

part¹ S1 W1 /pɑːrt/ s

1	porción, componente
2	de una máquina
3	de un territorio
4	de un libro, un programa
5	participación
6	de un actor
7	del pelo
8	en música
9	proporción

1 PORCIÓN, COMPONENTE [C,U] parte • [+of]: *The front part of the car was damaged*. La parte delantera del carro quedó dañada. • *the best part of the movie* la mejor parte de la película. • **as part of sth** como parte de algo: *I spent a month in Paris as part of my training*. Estuve un mes en París como parte de mi capacitación. • **in parts** *The movie is very violent in parts*. La película tiene partes muy violentas. • **a part of the body** una parte del cuerpo • **a good/large part of sth** buena/gran parte de algo: *She spends a large part of her salary on clothes*. Gasta gran parte de su sueldo en ropa. • **be part of (doing) sth** hacer parte de (hacer) algo, formar parte de (hacer) algo: *Falling over is part of learning how to ski*. Caerse hace parte de aprender a esquiar. • **be/feel part of sth** formar/sentirse parte de algo: *I feel like part of the family now*. Ya me siento

parte de la familia. • *I enjoy being part of a team*. Me gusta formar parte de un equipo.

2 DE UNA MÁQUINA [C] pieza: *engine parts* piezas del motor • *The garage say they are still waiting for the parts to arrive*. El taller dice que todavía están esperando que lleguen los repuestos. • **spare parts** repuestos, refacciones

3 DE UN TERRITORIO [C] parte • [+of]: *Which part of town do you live in?* ¿En qué parte de la ciudad vives? • **in many/some/other parts of the world** en muchas/algunas/otras partes del mundo: *Malaria is still common in many parts of the world*. El paludismo todavía es común en muchas partes del mundo. • **in my/your part of the world** en mi/tu zona, en mi/tu país: *When I'm in your part of the world I'll look you up*. Cuando esté por tu zona, te voy a buscar. • **in/around these parts** por estas tierras, por estos lares: *I'm not from around these parts*. No soy de estos lares.

4 DE UN LIBRO, UN PROGRAMA [C] parte, capítulo, episodio • **Part One/Two/Three** Primera/Segunda/Tercera Parte

5 PARTICIPACIÓN [C,U] sb's part in sth la participación de alguien en algo: *He was imprisoned for his part in the murder*. Lo mandaron a la cárcel por su participación en el asesinato. • **want no part of sth** no querer tener nada que ver con algo: *They didn't want any part of the deal*. No querían tener nada que ver con el trato. ► ROLE

6 DE UN ACTOR [C] papel: *She has a small part in the movie*. Tiene un papel pequeño en la película. SIN **role**

7 DEL PELO [C gralm sing] raya, partido

8 EN MÚSICA [C] parte: *the bass part* la parte del bajo

9 PROPORCIÓN [C] parte: *Use one part cement to four parts sand*. Use una parte de cemento por cuatro partes de arena. • **one part per million/two parts per billion** una parte por millón/dos partes por mil millones
► PRIVATE PARTS

EXPRESIONES
the better/best part of an hour/a mile casi una hora/una milla: *I spent the best part of the afternoon fixing the printer*. Pasé casi toda la tarde arreglando la impresora. • **for my/his part** (*frml*) por mi/su parte: *For my part, I prefer living in the country*. Por mi parte, prefiero vivir en el campo. • **for the most part** en general, por lo general: *For the most part he worked patiently*. En general, trabajó con paciencia. SIN **largely**, **mostly** • **play a part (in sth)** (tb **have a part to play (in sth)**) desempeñar un papel (en algo): *The local church plays an important part in people's lives*. La iglesia del lugar desempeña un papel importante en la vida de la gente. • *We all have a part to play in developing the business*. A todos nos cabe un papel importante en el desarrollo de la empresa. • **in part** en parte: *I'm to blame, at least in part*. Yo tengo la culpa, al menos en parte. SIN **partly** • **look the part** (tb **dress the part**) dar la talla en lo que al aspecto se refiere: *In his good suit, he certainly looks the part*. Con su elegante traje, sin duda da la talla en lo que al aspecto se refiere. • **on sb's part** (tb **on the part of sb**) de parte de alguien: *It was probably just a mistake on her part*. Probablemente, no fue más que un error de su parte. • **part of me/him** una parte de mí/él: *Part of me wanted to stay*. Una parte de mí quería quedarse. • **be part and parcel of sth** ser parte ineludible de algo • **take part (in sth)** tomar parte (en algo), participar (En algo): *About 400 students took part in the protest*. Unos 400 estudiantes tomaron parte en la protesta. • **take an active part** participar activamente

part² S3 v
1 [I] abrirse: *His lips parted into a smile*. Sus labios se abrieron en una sonrisa. • *The crowd parted to let them through*. La multitud se abrió para dejarlos pasar.
2 [T] (cortinas, ramas) separar, abrir: *He parted the curtains and looked out*. Corrió las cortinas y miró afuera.
3 [I] (*frml*) (ir en diferentes direcciones) separarse: *They parted at the airport*. Se separaron en el aeropuerto.
4 [I] (*frml*) (terminar una relación) separarse: *We parted on friendly terms*. Nos separamos amistosamente. • **part**

from sb separarse de alguien: *He has parted from his wife.* Se separó de su esposa.
5 [T] (*frml*) separar • **be parted (from sb)** no estar (con alguien), estar lejos (de alguien): *He hates being parted from his children.* Odia no estar con sus hijos.
6 [T] (pelo) *His hair was parted down the middle.* Estaba partido en la mitad. ▸ **a FOOL and his money are soon parted**

EXPRESIONES
part company (a) (ir en diferentes direcciones) separarse: *We parted company at the station.* Nos separamos en la estación. **(b)** (en una relación) separarse • **part company with sb** separarse de alguien: *She has parted company with her husband.* Se separó de su marido.
part with sth *v+partíc* **1** desprenderse de algo: *It was her mother's ring, and she didn't want to part with it.* Era el anillo de su madre y no quería desprenderse de él. **2** desembolsar algo

par·take /paʳˈteɪk/ *v* [I] (**partook** /-ˈtʊk/, **partaken** /-ˈteɪkən/) (*frml*) **partake of sth** comer/beber algo

par·tial /ˈpɑːʃəl/ *adj* **1** (incompleto) parcial: *a partial solution to the problem* una solución parcial al problema [ANT] **complete** **2** (poco objetivo) parcial [ANT] **impartial** **3 be partial to sth** (*frml*) tener debilidad/predilección por algo

par·ti·al·i·ty /ˌpɑːʃiˈæləti/ *s* **1** [U] parcialidad (falta de ecuanimidad) [SIN] **bias** **2 a partiality for sth** (*frml*) una debilidad/predilección por algo

par·tial·ly /ˈpɑːʃəli/ *adv* parcialmente, en parte: *Her face was partially hidden.* Su cara estaba parcialmente oculta. • *The plan was only partially successful.* El plan tuvo éxito solo en parte. [SIN] **partly**

par·tic·i·pant [S3] [W3] /pɑːˈtɪsəpənt, pəʳ-/ *s* [C] participante

par·tic·i·pate [S2] [W2] /pɑːˈtɪsəˌpeɪt, pəʳ-/ *v* [I] (*frml*) participar, tomar parte • **participate in sth** participar/tomar parte en algo: *Everyone in the class is expected to participate fully in discussions.* Se espera que todos participen plenamente en las discusiones en clase.

par·ti·ci·pa·tion [W3] /pɑːˌtɪsəˈpeɪʃən, pəʳ-/ *s* [U] participación • [+in]: *Canada's participation in the war* la participación de Canadá en la guerra

par·ti·ci·ple /ˈpɑːtəˌsɪpəl/ *s* [C] (*técn*) participio
▸ **PAST PARTICIPLE, PRESENT PARTICIPLE**

par·ti·cle /ˈpɑːtɪkəl/ *s* [C] **1** (de una sustancia) partícula • [+of]: *particles of dust* partículas de polvo **2** (de un átomo) partícula: *subatomic particles* partículas subatómicas

par·tic·u·lar¹ [S2] [W1] /pəʳˈtɪkyələʳ/ *adj*
1 [solo ante s] (específico) particular, determinado -a: *You should choose a loan that suits your particular circumstances.* Debería elegir un crédito que se adecue a sus circunstancias particulares. • *The store tends to be busy at particular times of the day.* Suele haber mucho movimiento en la tienda a determinadas horas del día. • *This particular part of the country is very beautiful.* Esta parte del país en concreto es muy bonita. [SIN] **certain, specific**
2 [solo ante s] (mucho) especial, particular: *Particular emphasis has been placed on women's health.* Se ha puesto particular énfasis en la salud de las mujeres. • *You should pay particular attention to spelling.* Deberías prestar especial atención a la ortografía. • **of particular interest/importance/concern** *a building that is of particular interest to historians* un edificio que es de particular interés para los historiadores • *Of particular concern is the rising cost of transportation.* Preocupa en especial el costo creciente del transporte. • **no particular reason** ningún motivo (en) particular/especial: *They had no particular reason not to trust him.* No tenían ningún motivo particular para desconfiar de él.
3 [gralm no ante s] quisquilloso -a, exigente • [+**about**]: *He's very particular about cleanliness.* Es muy quisquilloso con la limpieza. [SIN] **fussy**
4 (exclusivo) *his particular brand of humor* su particular sentido del humor • [+**to**]: *problems that are particular to one country* problemas que son específicos de un país

EXPRESIONES
Any particular time/place? (*oral*) ¿A alguna hora/En algún lugar en especial?: *"Let's meet for lunch." "Any particular time?"* –Almorcemos juntos. –¿A alguna hora en especial?

par·tic·u·lar² [S3] *s*
1 detalle • **in every particular** en todo, en todos los detalles
2 particulars [pl] (*frml*) detalles, datos • [+of]: *I can't discuss the particulars of the case.* No puedo hablar de los detalles del caso.
3 sb's particulars (*frml*) los datos (personales) de alguien: *The police officer took down his particulars.* El oficial de policía tomó nota de sus datos personales.

EXPRESIONES
in particular en particular/especial: *I didn't mean you in particular.* No me refería a ti en particular. • *Are you looking for anything in particular?* ¿Está buscando algo en especial? • *Her comments weren't aimed at anyone in particular.* Sus comentarios no iban dirigidos a nadie en especial.

par·tic·u·lar·ly [S2] [W1] /pəʳˈtɪkyələʳli, -ˈtɪkyəli/ *adv* particularmente, especialmente: *a particularly difficult question* una pregunta particularmente difícil • *I found his advice particularly useful.* Sus consejos me resultaron particularmente útiles. • *The city gets very crowded, particularly in summer.* La ciudad se llena de gente, especialmente en el verano. [SIN] **especially**

EXPRESIONES
not particularly no especialmente, no muy: *Money was not particularly important to him.* El dinero no era especialmente importante para él. • *I don't feel particularly well.* No me siento muy bien. •

part·ing¹ /ˈpɑːtɪŋ/ *s* [C,U] despedida: *an emotional parting at the airport* una emotiva despedida en el aeropuerto

EXPRESIONES
a parting of the ways una despedida/separación definitiva

parting² *adj* [solo ante s] de despedida: *He gave her a bottle of wine as a parting gift.* Le dio una botella de vino como regalo de despedida.

‚**parting 'shot** *s* [C] palabras de despedida, particularmente tras una discusión, etc.: *At the door, she could not resist a parting shot.* En la puerta, no pudo evitar soltarle un dardo de despedida.

par·ti·san¹ /ˈpɑːtəzən, -sən/ *adj* **1** partidista: *The media were highly partisan.* Los medios eran muy partidistas. **2** [gralm ante s] de partisanos

partisan² *s* [C] **1** partidario -a **2** partisano -a

par·ti·san·ship /ˈpɑːtəzənˌʃɪp/ *s* [U] partidismo

par·ti·tion¹ /pɑːˈtɪʃən, pəʳ-/ *s* **1** [C] tabique, mampara: *a glass partition* una mampara de vidrio • **partition wall** tabique **2** [U] división (secesión) • [+of]: *the partition of Cyprus* la división de Chipre

partition² *v* [T] **1** (países, territorios) dividir **2** (habitaciones, edificios) dividir
partition sth ↔ off *v+partíc* dividir algo (usando un tabique, una mampara, etc.)

part·ly [W3] /ˈpɑːtli/ *adv* en parte: *He left his job partly because of health problems.* Dejó su trabajo en parte por problemas de salud. • *"Do you agree with him?" "Only partly."* –¿Estás de acuerdo con él? –Solo en parte.

part·ner¹ [S2] [W1] /ˈpɑːtⁿnəʳ/ *s* [C]
1 (en una relación sentimental) pareja, compañero -a: *Employees and their partners were invited to attend.* Invitaron a asistir a los empleados y sus parejas. • *How does your partner feel about the baby?* ¿Qué le parece a tu compañero lo del bebé? ▸ **HUSBAND, WIFE**
2 (en negocios) socio -a: *a business partner* un socio comercial

3 (en una relación sexual) pareja
4 (en un baile, un deporte) compañero -a, pareja: *a dancing partner* una pareja de baile
5 (en política) socio -a: *Chile and its partners in the OAS* Chile y sus socios de la OEA

EXPRESIONES
sb's partner in crime **(a)** el/la cómplice de alguien **(b)** (*hum*) el compinche de alguien

partner² *v* [T] hacer pareja con • **be partnered by sb** tener a alguien como pareja
partner with sth *v+partíc* asociarse con algo (una organización)

part·ner·ship W3 /'pɑrtnɚˌʃɪp/ s
1 [U] (calidad de asociado) *They've offered him a partnership.* Le ofrecieron ser socio. • **go/enter into partnership with sb/sth** asociarse con alguien/algo: *She's gone into partnership with a classmate from her school days.* Se asoció con un antiguo compañero de colegio. • **be in partnership with sb/sth** estar asociado -a con alguien/algo • **partnership agreements** contratos de sociedad
2 [C] (empresa) sociedad
3 [C,U] (relación) colaboración, asociación • [+**between**]: *the close partnership between Britain and the U.S.* la estrecha colaboración entre Gran Bretaña y EU • **in partnership (with sb/sth)** en colaboración (con alguien/ algo), en asociación (con alguien/algo): *We work in close partnership with our clients.* Trabajamos en estrecha colaboración con nuestros clientes.

,part of 'speech *s* [C] (pl **parts of speech**) (*técn*) categoría gramatical

par·took /pɑr'tʊk/ pasado de PARTAKE

par·tridge /'pɑrtrɪdʒ/ *s* (pl **partridges**, **partridge**) **1** [C] (ave) perdiz **2** [U] (carne) perdiz

,part-'time¹ *adj* [gralm ante s] de tiempo parcial, de media jornada, de medio tiempo: *part-time employees* empleados de tiempo parcial • *a part-time job* un trabajo de media jornada • *a part-time student* un estudiante de tiempo parcial • **on a part-time basis** de tiempo parcial ▶ FULL-TIME

part-time² *adv* a tiempo parcial, a medio tiempo: *He works part-time.* Trabaja a tiempo parcial.

,part-'timer *s* [C] empleado -a/trabajador -a a tiempo parcial, empleado -a/trabajador -a de medio tiempo

part·way, part way /,pɑrt'weɪ/ *adv* **1** (por solo parte de un trayecto, un periodo) *I got the bus part way and walked the rest.* Fui en bus hasta cierto punto y caminé el resto del camino. • [+**along/down/up**]: *She got stuck after climbing partway up the cliff.* No pudo seguir subiendo después de haber llegado hasta la mitad del acantilado. **2** (parte de un proceso, un periodo) *a move that will go part way to solving the problem* una medida que resolverá en parte el problema • [+**through**]: *The alarm went off partway through the meeting.* La alarma empezó a sonar en la mitad de la reunión.

par·ty¹ S1 W1 /'pɑrti/ *s* [C] (pl **parties**)
1 fiesta: *I've been invited to a party.* Me invitaron a una fiesta. • **have a party** dar/hacer una fiesta: *Let's have a party to celebrate.* Hagamos una fiesta para celebrar. • **give/throw a party (for sb)** dar/hacer una fiesta (para alguien) • **go to a party** ir a una fiesta: *I'm going to a party tonight.* Voy a una fiesta esta noche. • **a birthday party** una fiesta de cumpleaños: *her 21st birthday party* su fiesta de 21 años • **party dress** vestido de fiesta • **party game** juego para fiestas: *children's party games* juegos para fiestas infantiles
2 partido (en política) • **a political party** un partido político • **the Republican/Democratic/Green/Communist party** el Partido Republicano/Demócrata/Verde/ Comunista • **join a party** (tb **become a member of a party**) afiliarse a un partido • **party leader** líder/dirigente de un partido • **party member** miembro de un partido
3 grupo (de personas) • [+**of**]: *a party of schoolchildren* un grupo de colegiales • **a search/rescue party** un equipo de búsqueda/rescate
4 (*frml*) parte (en un contrato, una disputa, etc.): *Both*

parties will meet to discuss the terms of the contract. Ambas partes se reunirán para discutir los términos del contrato. ▶ DINNER PARTY, THIRD PARTY

EXPRESIONES
be (a) party to sth (*frml*) (en decisiones, conversaciones) tomar parte en algo: *He was not a party to the discussion.* No tomó parte en la discusión.; (algo ilegal, poco ético) ser cómplice de algo, estar implicado -a en algo; (un tratado) firmar algo

party² *v* [I] (**parties**, **partied**, **partying**) (*coloq*) **1** estar de fiesta: *He'd been out partying the night before.* Había salido de fiesta la noche anterior. **2** (*coloq*) tomar drogas

'party ,animal *s* [C] (*coloq*) fiestero -a, rumbero -a

,party 'politics *s* [U] política de partido

Pash·to /'pʌʃtoʊ/ *s* [U] pashto

pass¹ S1 W1 /pæs/ *v*

1	por un lugar
2	a un vehículo
3	en un examen, una prueba
4	dar
5	días, minutos, tiempo
6	empleo del tiempo
7	profesor, evaluador
8	en deportes
9	una ley, un proyecto
10	ser sancionado
11	suceder
12	acabar
13	no responder
14	funciones fisiológicas
15	dinero falso

1 **POR UN LUGAR** [I,T] pasar (por): *I pass her house every day.* Paso por su casa todos los días. • *They kept quiet until the soldiers had passed.* Se quedaron en silencio hasta que pasaron los soldados. • *a comet that will pass close to Earth* un cometa que va a pasar cerca de la Tierra • *We passed through the gates into a courtyard.* Entramos por la verja a un patio. • **to be just passing through** estar de paso: *I'm just passing through on my way to Tulsa.* Estoy de paso, camino a Tulsa.

2 **A UN VEHÍCULO** [I,T] pasar, rebasar: *A police car passed us doing 90 miles an hour.* Un carro de policía nos pasó a 90 millas por hora. SIN **overtake**

3 **EN UN EXAMEN, UNA PRUEBA** [I,T] aprobar, pasar: *Do you think you'll pass?* ¿Crees que vas a aprobar? • **pass a test/an exam** aprobar/pasar una prueba/un examen: *Dan's worried he won't pass his finals.* Dan tiene miedo de no aprobar los exámenes finales. • **pass (sth) with flying colors** aprobar (algo) con una nota excelente ANT **fail**

4 **DAR** [T] pasar: *Pass the sugar, please.* Pásame el azúcar, por favor. • **pass sb sth** (tb **pass sth to sb**) pasarle algo a alguien: *Could you pass me that pen?* ¿Me pasarías ese bolígrafo? • *She passed a cup to her father.* Le pasó una taza a su padre. SIN **hand**

5 **DÍAS, MINUTOS, TIEMPO** [I] pasar: *The days passed slowly.* Los días pasaban despacio. • *It was astonishing how quickly the time passed.* Era increíble lo rápido que pasaba el tiempo. SIN **go by**, **pass by**

6 **EMPLEO DEL TIEMPO** [T] pasar: *We passed the summer hiking around.* Pasamos el verano haciendo excursiones a pie por la región. • **pass the time** matar el tiempo, pasar el rato: *We played cards to pass the time.* Jugamos a las cartas para matar el tiempo. SIN **spend**

7 **PROFESOR, EVALUADOR** [T] aprobar: *She passed about 75% of the students.* Aprobó a alrededor del 75% de los alumnos. ANT **fail**

8 **EN DEPORTES** [I,T] pasar: *He rarely passes the ball.* Casi nunca pasa la pelota. • **pass to sb** pasársela a alguien: *White passes to Eliot, and Eliot scores!* ¡White se la pasa a Eliot, y Eliot anota! • **pass sb the ball** (tb **pass the ball to sb**) pasarle la pelota a alguien SIN **pass off**

9 UNA LEY, UN PROYECTO [T] aprobar • **pass a law/ bill/resolution** aprobar una ley/un proyecto de ley/una resolución: *The bill was passed by 197 votes to 50.* El proyecto de ley fue aprobado por 197 votos contra 50.

10 SER SANCIONADO [I,T] ser aprobado -a: *The bill passed by a two-thirds majority in the Senate.* Se aprobó la ley con una mayoría de dos tercios en el Senado.

11 SUCEDER [I] (*frml*) pasar • **come to pass (that)** (*liter*) suceder (que), ocurrir (que)

12 ACABAR [I] pasar: *The storm soon passed.* Pronto pasó la tormenta.

13 NO RESPONDER [I] pasar: *"Who won the World Cup in 1998?" "Pass."* –¿Quién ganó el Mundial en 1998? –Paso.

14 FUNCIONES FISIOLÓGICAS [T] (*técn*) **pass water** orinar • **pass stools** hacer una deposición, evacuar • **pass gas** eliminar gases

15 DINERO FALSO [T] pasar ▶ **pass the** BUCK, **pass** MUSTER, **pass** SENTENCE, **spread/pass the** WORD (about sth)

EXPRESIONES
not pass sb's lips (*hum*) *Don't worry, not a word of this will pass my lips!* ¡No te preocupes, mis labios están sellados! • **pass the time of day (with sb)** charlar un rato (con alguien), platicar un poco (con alguien) • **let sth pass** dejar pasar algo: *When she started criticizing my parents, I couldn't let it pass.* Cuando empezó a criticar a mis padres, no pude dejarlo pasar.

pass sth ↔ around v+partíc pasar algo, hacer circular algo: *Pass the cookies around, would you?* ¿Quieres pasar las galletas, por favor? • *Write your name on this list and pass it around.* Escriba su nombre en esta lista y hágala circular.

pass as v+partíc **1 pass as sb/sth** pasar por alguien/ algo: *They could pass as twins.* Podrían pasar por gemelos. SIN **pass for 2 pass as sth** (*peyor*) pretender ser algo, pasar por (ser) algo: *chocolate-covered bars that pass as healthy food* barras cubiertas de chocolate que pretenden ser alimentos sanos • *what passed as sex education back then* lo que pasaba por ser educación sexual en aquella época SIN **pass for**

pass away v+partíc fallecer: *It's been over a year since she passed away.* Ya pasó más de un año desde que falleció. SIN **pass on**

pass by v+partíc **1 pass by** pasar (por un lugar): *The crowd waved as the queen passed by.* La multitud saludaba mientras la reina pasaba. SIN **pass 2 pass by sth** pasar por (delante de) algo: *Will you be passing by the store on your way home?* ¿Vas a pasar por la tienda al volver a casa? SIN **go by, pass** ▶ PASSERBY **3** (las oportunidades de la vida) **pass sb by** *She felt that life was passing her by.* Sentía que no estaba viviendo plenamente. • *He couldn't let such an opportunity pass him by.* No podía dejar pasar de largo una oportunidad así. **4** (el tiempo, los días) **pass by** pasar: *She was so busy she hardly noticed the days pass by.* Estaba tan ocupada que apenas se daba cuenta de que pasaban los días. SIN **pass**

pass sth ↔ down v+partíc transmitir/legar algo (tradiciones, conocimientos, etc.) • **pass sth down (from sb) to sb** *songs passed down from generation to generation* canciones transmitidas de generación en generación SIN **hand down, pass on**

pass for v+partíc **1 pass for sb** pasar por alguien: *You could easily pass for your sister.* Podrías pasar por tu hermana fácilmente. SIN **pass as 2 pass for sth** (*peyor*) pasar por algo SIN **pass as**

pass off v+partíc **1 pass sth/sb off as sth** (*peyor*) hacer pasar algo/a alguien por algo: *He passed himself off as a doctor.* Se hizo pasar por médico. **2 pass off** pasar (una pelota)

pass on v+partíc fallecer SIN **pass away**
pass sth ↔ on v+partíc **1** (mensajes, información) pasar/ transmitir algo: *She said she'd pass the message on to the other students.* Dijo que les pasaría el mensaje a los demás estudiantes. • *If I get any news, I'll pass it on.* Si recibo alguna noticia, aviso. **2** (objetos) pasar algo: *When you've read the leaflet, please pass it on.* Cuando

hayas leído el folleto, por favor pásaselo a los demás. **3** (enfermedades) contagiar algo: *I don't want to pass my cold on to the baby.* No quiero contagiarle el resfriado al bebé. **4** (genéticamente) transmitir algo: *the risk of passing genetic disorders on to children* el riesgo de transmitirles trastornos genéticos a los hijos **5** (en herencia) legar algo (bienes, propiedades), pasar algo (tradiciones, conocimientos): *the recipes her mother had passed on to her* las recetas que su madre le había pasado SIN **hand down**

pass out v+partíc **1 pass out** desmayarse: *It was so hot in there I thought I was going to pass out.* Hacía tanto calor allí dentro que pensé que me iba a desmayar. SIN **black out, faint 2 pass sth ↔ out** repartir algo: *a woman passing leaflets out at the factory gates* una mujer que repartía panfletos en la entrada de la fábrica SIN **distribute, hand out**

pass over v+partíc **1 pass over sth** pasar algo por alto, dejar pasar algo: *I think we'd better pass over that last remark.* Mejor pasemos por alto ese último comentario. **2** (en el trabajo) **be/get passed over** *She claims she was unfairly passed over in favor of a man.* Sostiene que la pasaron por encima en favor de un hombre. • **be passed over for (a) promotion** *This is the second time I've been passed over for a promotion.* Esta es la segunda vez que pasan por encima de mí cuando hay un ascenso.

pass sth ↔ up v+partíc dejar pasar algo (una oferta, una invitación, etc.): *The money was too good to pass up.* El sueldo era demasiado bueno como para dejarlo pasar. • **pass up a chance/an opportunity** dejar pasar una oportunidad

pass² S2 W2 *s* [C]
1 (documento oficial) pase: *a security pass* un pase de seguridad
2 abono (para medios de transporte, lugares públicos, etc.): *a bus pass* un abono de bus • *a three-day pass to the theme park* un abono de tres días para el parque temático
3 aprobado (en un examen): *There were 10 passes and 1 fail.* Hubo diez aprobados y un aplazado. • [+in]: *I got a pass in English.* Aprobé inglés. ANT **fail • pass rate** índice/tasa de aprobados
4 (en deportes) pase: *a perfect pass from Smith* un pase perfecto de Smith
5 paso (en una montaña): *a mountain pass* un paso de montaña • *a narrow mountain pass* un desfiladero

EXPRESIONES
make a pass at sb (*coloq*) (intentar) levantarse a alguien, (intentar) ligar con alguien, echarle los perros a alguien

pass·a·ble /ˈpæsəbəl/ *adj* **1** pasable, aceptable: *The beer was passable.* La cerveza era pasable. **2** [nunca ante s] transitable, navegable ANT **impassable**

pas·sage W3 /ˈpæsɪdʒ/ *s*

1	corredor
2	de un texto, una obra musical
3	de una ley
4	movimiento
5	del tiempo
6	parte del cuerpo
7	viaje
8	transición

1 CORREDOR [C] pasillo, pasadizo, pasaje: *an underground passage* un pasadizo subterráneo ▶ CORRIDOR

2 DE UN TEXTO, UNA OBRA MUSICAL [C] pasaje, fragmento • [+from]: *a passage from the Koran* un pasaje del Corán • [+of]: *a passage of music* un fragmento de música

3 DE UNA LEY [U] aprobación • [+of]: *the passage of a civil rights bill* la aprobación de una nueva ley de derechos civiles

4 MOVIMIENTO [U] (*frml*) paso • [+of]: *the passage of light rays through the lens* el paso de los rayos de luz a través de la lente • **safe passage (a)** tránsito seguro **(b)** salvoconducto

5 **DEL TIEMPO** [U] paso, transcurso • [+**of**]: *The passage of the years had done little damage to the building.* El paso de los años había dañado poco el edificio. • **the passage of time** el paso del tiempo
6 **PARTE DEL CUERPO** [C] conducto, vía: *the nasal passages* las vías nasales • **back passage** recto
7 **VIAJE** [sing] (*antic*) (en barco) travesía, pasaje: *a smooth/stormy passage* un viaje tranquilo/accidentado • [+**to**]: *My parents couldn't afford the passage to America.* Mis padres no podían pagarse el pasaje a América. • **work your passage** pagarse el pasaje trabajando a bordo
8 **TRANSICIÓN** [U] (*frml*) paso • **passage from sth to sth** paso de algo a algo: *the passage from socialism to fascism* el paso del socialismo al fascismo

pas·sage·way /ˈpæsɪdʒ,weɪ/ s [C] pasillo, pasadizo, pasaje

pass·book /ˈpæsbʊk/ s [C] libreta de ahorros

pas·sé /pæˈseɪ/ adj [gralm no ante s] (*frml*) demodé, pasado -a de moda SIN **old-fashioned**

pas·sen·ger W2 /ˈpæsəndʒər/ s [C] pasajero -a: *30 passengers were injured in a train crash.* 30 pasajeros resultaron heridos en un choque de trenes. • **rail/airline passengers** pasajeros de tren/de avión • **passenger services** servicios de pasajeros • **passenger train** tren de pasajeros

pass·er·by /ˌpæsərˈbaɪ/ s [C] (pl **passersby**) transeúnte

pass·ing[1] /ˈpæsɪŋ/ adj [solo ante s] **1** que pasa por un lugar: *They watched the passing cars.* Miraban los carros que pasaban. **2** pasajero -a: *a passing fad* una moda pasajera **3** **passing days/weeks/years/moments** (*liter*) *With each passing day, she became stronger.* Con cada día que pasaba, se hacía más fuerte. • *His memory had been clouded by the passing years.* Su memoria se había empañado con el paso de los años. **4** al pasar, de pasada: *It was just a passing remark.* Fue un comentario al pasar.

passing[2] s [U] **1** fallecimiento **2** desaparición, fin
EXPRESIONES
mention/say/note sth in passing mencionar/decir/observar algo al pasar: *The report was mentioned in passing.* El informe fue mencionado al pasar. • **the passing of time/the years** el paso del tiempo/de los años

pas·sion W3 /ˈpæʃən/ s
1 [C,U] (sexual) pasión • [+**for**]: *His passion for her grew stronger.* Su pasión por ella se hizo más intensa.
2 [C,U] (sentimiento fuerte) pasión, sentimiento: *a speech full of passion and inspiration* un discurso lleno de pasión e inspiración • *violent passions* sentimientos violentos • **with (a) passion** con pasión, con vehemencia
3 [C] (gusto) pasión: *Gardening was her great passion.* La jardinería era su gran pasión. • [+**for**]: *They both shared a passion for music.* Los dos compartían la pasión por la música. ▸ **a CRIME of passion**

pas·sion·ate /ˈpæʃənɪt/ adj **1** apasionado -a: *a passionate kiss* un beso apasionado **2** (creencias, discursos) apasionado -a, vehemente **3** (intereses, entusiasmo) apasionado -a, vivo -a • **be passionate about sth** ser un apasionado/una apasionada de algo: *Brian is passionate about football.* Brian es un apasionado del fútbol americano. SIN **intense**

pas·sion·ate·ly /ˈpæʃənɪtli/ adv **1** (en el amor) apasionadamente, con pasión **2** (en la expresión de las convicciones) con vehemencia, apasionadamente

pas·sive[1] /ˈpæsɪv/ adj **1** (personalidad, actitud) pasivo -a: *their passive acceptance of their fate* su aceptación pasiva de su destino SIN **submissive** ▸ **IMPASSIVE 2** (no participativo) pasivo -a: *passive onlookers* espectadores pasivos **3** (*técn*) (en gramática) pasivo -a: *a passive sentence* una oración pasiva ▸ **ACTIVE**

passive[2] (tb **the** ˌpassive ˈvoice) s [sing] **the passive** (*técn*) la voz pasiva ▸ **ACTIVE**

pas·sive·ly /ˈpæsɪvli/ adv pasivamente

ˌpassive ˈsmoking s [U] inhalación pasiva de humo de tabaco: *the dangers of passive smoking* los peligros de fumar pasivamente

pas·siv·i·ty /pæˈsɪvəti/ s [U] **1** (característica personal) pasividad SIN **passiveness 2** (inactividad, falta de participación) pasividad

Pass·o·ver /ˈpæs,ɔʊvər/ s [U] la Pascua judía

pass·port /ˈpæspɔrt/ s [C] **1** pasaporte • **have a Colombian/Spanish passport** (tb **hold a Colombian/Spanish passport**) tener pasaporte colombiano/español: *Do you hold a Chilean passport?* ¿Tiene pasaporte chileno? • **passport holder** titular de pasaporte • **passport photograph** (tb **passport photo**) fotografía/foto tamaño carné ▸ **VISA 2 a passport to success/happiness** un pasaporte al éxito/a la felicidad: *Dad believed education was a passport to a better life.* Papá creía que la educación era el pasaporte a una vida mejor.

ˈpassport conˌtrol s [U] control de pasaportes ▸ **IMMIGRATION**

pass·word /ˈpæswərd/ s [C] **1** (en informática) contraseña ▸ **PIN 2** (para entrar a un lugar) contraseña

past[1] S2 W1 /pæst/ adj
1 (de una época anterior) pasado -a, del pasado: *information about his past life* información sobre su vida pasada • *We are correcting past mistakes.* Estamos corrigiendo errores del pasado. • *The problems are a result of past decisions.* Los problemas son consecuencia de decisiones tomadas en el pasado. • *We looked at some past final exams.* Miramos algunos exámenes anteriores. ▸ **FUTURE, PRESENT**
2 [solo ante s] último -a: *the events of the past year* los sucesos del último año • **the past 24 hours/two weeks** las últimas 24 horas/dos semanas: *Weather conditions have worsened in the past 48 hours.* Las condiciones climáticas empeoraron en las últimas 48 horas.
3 [solo ante s] antiguo -a, ex (con cargos, títulos): *a past president of the golf club* un antiguo presidente del club de golf • *She is a past Olympic champion.* Es una ex campeona olímpica. ▸ **FUTURE, PRESENT**
4 [nunca ante s] (acabado) *The worst of the storms are now past.* Ya ha pasado lo peor de las tormentas. • *Her best years as a player are past.* Sus mejores años como jugadora han quedado atrás.
5 [solo ante s] (*técn*) (en gramática) *the past tenses* los pretéritos • *a past form of the verb* una forma del verbo en pasado ▸ **FUTURE, PRESENT; PAST PARTICIPLE, PAST PERFECT, PAST TENSE**

past[2] S2 W2 prep
1 (por el lado o delante de) *Are you going past my house?* ¿Vas a pasar por mi casa? • *Two men pushed past me.* Dos hombres me empujaron al pasar. • **right/straight past sb/sth** *She walked right past me without speaking.* Pasó de largo por mi lado sin hablar.
2 después de, pasando: *The hospital is a mile past the school.* El hospital está una milla después de la escuela. • **just past sth** justo después de/pasando algo: *There's a bank just past the theater.* Hay un banco justo pasando el teatro.
3 (más tarde de) *It's already past your bedtime.* Ya deberías estar en la cama. • *It was past midnight when the party ended.* Era pasada la medianoche cuando terminó la fiesta. • **long/well past sth** *She didn't arrive till well past ten.* No llegó hasta bien pasadas las diez. • *We ate lunch at 3, well past my usual lunchtime.* Comimos a las 3, mucho más tarde de mi hora habitual. • **five/ten/twenty past** y cinco/diez/veinte: *It's ten past nine.* Son las nueve y diez. • **quarter/half past** y cuarto/y media: *The class starts at quarter past two.* La clase empieza a las dos y cuarto.
4 (posterior a) *a singer who is past her prime* una cantante que ya no es lo que era • *The roses were already past their best.* Las rosas ya no estaban en su mejor momento. • **well/way past sth** *She must be well past 60 now.* Ya debe tener bastante más de 60. • *The project was now well past the planning stage.* El proyecto ya había pasado hacía rato la etapa de planificación. • **be past caring/worrying** *At my age, I'm past*

caring about my appearance. A mi edad, ya no me preocupa cómo me veo. • *She was past worrying about how much it was going to cost.* Ya no se preocupaba por cuánto iba a costar.

EXPRESIONES

I wouldn't put it past her/them (to do sth) (*oral*) la creo muy capaz/los creo muy capaces (de hacer algo), no me sorprendería (que hiciera/hicieran algo): *I wouldn't put it past him to lie to his wife.* Lo creo muy capaz de mentirle a su mujer. • **be past due** *Their rent is three months past due.* Hace tres meses que no pagan el alquiler. • **be past it** (*coloq*) no servir para nada, estar para el retiro: *Just because I'm retired, I'm not past it.* Que esté jubilada no quiere decir que ya no sirva para nada.

past³ S2 W2 *s*

1 (época) **the past** el pasado: *We talked about the past.* Hablamos del pasado. • **in the past** antes, en el pasado: *The lake was smaller in the past.* El lago antes era más pequeño. • **the recent/distant/immediate past** el pasado reciente/lejano/inmediato: *the events of the recent past* los sucesos del pasado reciente ► FUTURE, PRESENT

2 [sing] (vida, historia) pasado: *We know nothing about his past.* No sabemos nada de su pasado. • **the town's glorious past** el glorioso pasado de la ciudad ► FUTURE

3 (en gramática) **the past** (el) pasado: *written in the past* escrito en pasado • *What's the past of "go"?* ¿Cuál es el pasado de "go"? SIN **past tense** ► FUTURE, PRESENT; **in the DIM and distant past**

EXPRESIONES

be all in the past (*oral*) ser parte del pasado • **put the past behind you** (tb **leave the past behind**) (*oral*) dejar atrás el pasado • **become/be a thing of the past** convertirse en/ser cosa del pasado

past⁴ *adv* **1** (en el espacio) *A car drove past at high speed.* Pasó un coche a mucha velocidad. • *She shouted something as she ran past.* Gritó algo mientras pasaba corriendo. • **go past** pasar: *A couple of cabs went past.* Pasaron un par de taxis. **2** (en el tiempo) *The hours seemed to fly past.* Pareció que las horas pasaron volando. • **go past** pasar: *Weeks went past without any news.* Pasaron semanas sin ninguna noticia.

pas·ta S3 /'pɑstə/ *s* [C,U] pasta (espaguetis, ravioles, etc.) *pasta salad* ensalada de pasta • *pasta maker/pasta machine* máquina de hacer pasta • **pasta sauce** salsa para pasta

paste¹ /peɪst/ *s* **1** [C,U] pasta (de elementos triturados, mezclados): *Grind the ginger and garlic into a paste.* Haga una pasta aplastando el jengibre y el ajo. • **tomato paste** concentrado de tomate **2** [C,U] paté **3** [C,U] engrudo, cola ► GLUE **4** [U] strass: *paste jewelry* (joyas de) bisutería

paste² *v* **1** [T siempre + adv/prep] (con engrudo) **paste sth on/to/over sth** pegar algo en/a/sobre algo: *A notice had been pasted to the door.* Habían pegado un letrero en la puerta. • **paste sth into sth** pegar algo en algo: *He pasted the article into his scrapbook.* Pegó el artículo en su álbum de recortes. SIN **stick** ► GLUE **2** [I,T] (en informática) pegar • **paste sth into sth** pegar algo en algo: *She cut and pasted the text into the document.* Cortó y pegó el texto en el documento. ► COPY, CUT

pas·tel¹ /pæ'stɛl/ *s* **1** [C,U] (material) pastel: *He works mainly in pastel.* Trabaja sobre todo en pasteles. **2** [C] (obra) pastel: *an exhibition of pastels and watercolors* una exposición de pasteles y acuarelas **3** [C gralm pl] (color) tono pastel

pastel² *adj* [solo ante s] **1** (color) pastel: *pastel blue* azul pastel **2** (obra) al pastel: *a pastel drawing* un dibujo al pastel

pas·teur·i·za·tion /ˌpæstʃərəˈzeɪʃən, -stərə-/ *s* [U] pasteurización

pas·teur·ize /'pæstʃə,raɪz, -stə,raɪz/ *v* [T] pasteurizar

pas·teur·ized /'pæstʃə,raɪzd, -stə-/ *adj* pasteurizado -a: *pasteurized milk* leche pasteurizada

pas·tiche /pæ'stiʃ/ *s* [C] imitación, pastiche

pas·time /'pæs-taɪm/ *s* [C] pasatiempo SIN **hobby**

past·ing /'peɪstɪŋ/ *s* [sing] (*coloq*) paliza, derrota contundente

pas·tor /'pæstɚ/ *s* [C] pastor (de la iglesia protestante)

pas·tor·al /'pæstərəl/ *adj* **1** (*liter*) bucólico -a, pastoril: *a pastoral scene* una escena bucólica ► RURAL **2** [gralm ante s] pastoral: *pastoral work* labor pastoral • *pastoral care* atención (al bienestar) de los feligreses **3** [gralm ante s] (en instituciones educativas) pastoral: *pastoral guidance* orientación (individual) de los estudiantes

ˌpast 'participle *s* [C] (*técn*) participio pasado

ˌpast 'perfect *s* [sing] **the past perfect** (*técn*) el (pretérito) pluscuamperfecto SIN **pluperfect**

pas·tra·mi /pə'strɑmi/ *s* [U] pastrami • **pastrami sandwich** sándwich de pastrami

pas·try /'peɪstri/ *s* (pl **pastries**) **1** [U] masa (para tartaletas, etc.) • **roll out pastry** estirar (la) masa • **pastry brush** pincel de repostería • **pastry cutter** cortapastas **2** [C] pastelito • **pastry chef** pastelero -a

ˌpast 'tense *s* [sing] **the past tense** (*técn*) (el) pasado

pas·ture /'pæstʃɚ/ *s* [C,U] **1** pastos, zona de pastoreo **2** pradera

EXPRESIONES

put sb out to pasture (*hum*) mandar a alguien a (los) cuarteles de invierno • **greener/new pastures** nuevos horizontes

past·y /'peɪsti/ *adj* pálido -a, macilento -a

pat¹ /pæt/ *v* [T] (**patted**, **patting**) **1** dar una palmadita/palmaditas a: *"Don't worry," he said, patting her hand gently.* –No te preocupes –dijo, dándole unas suaves palmaditas en la mano. • **pat sb on the arm/head/back** darle palmaditas a alguien en el brazo/la cabeza/la espalda: *She bent down and patted the dog on the head.* Se agachó y le dio palmaditas al perro en la cabeza. ► STROKE **2** (para arreglar algo) *Nancy patted the pillow.* Nancy le dio unos golpecitos a la almohada. • *She patted her hair into place.* Se arregló el pelo con la palma de la mano.

EXPRESIONES

pat sb/yourself on the back felicitar a alguien/felicitarse

pat sb ↔ down *v+partíc* requisar a alguien

pat² *s* [C] **1** palmadita • **give sb a pat** darle una palmadita a alguien: *The coach gave him a pat on the shoulder.* El entrenador le dio una palmadita en el hombro. **2 a pat of butter** una porción de mantequilla

EXPRESIONES

give sb a pat on the back (for sth) (*coloq*) felicitar a alguien (por algo)

pat³ *adj* fácil (simplista)

pat⁴ *adv*

EXPRESIONES

have sth down pat saberse algo de memoria • **stand pat (on sth)** mantenerse/seguir en sus trece (sobre algo), no ceder ni un ápice (sobre algo)

patch¹ /pætʃ/ *s* [C]

1	zona distinta
2	para la ropa
3	de cultivo
4	para el ojo
5	en el tiempo
6	de tratamiento

1 ZONA DISTINTA mancha (de un color, etc.), parte (de un terreno, un camino, etc.): *The cat's fur was mainly white, with black patches.* El pelo del gato era mayormente blanco, con manchas negras. • *Be careful of this patch — it's slippery.* Cuidado en esta parte, está resbaloso. • *icy patches* placas de hielo/zonas con hielo • *a wet patch* una parte mojada • [+of]: *We finally found a patch of grass to sit down on.* Finalmente encontramos un poco de césped para sentarnos. • **a bald patch** una parte calva

2 PARA LA ROPA remiendo, parche: *a jacket with leather patches at the elbows* un saco con coderas de cuero
3 DE CULTIVO huerta, terreno • **a pumpkin/ watermelon/strawberry patch** un terreno sembrado de calabazas/sandías/fresas, una huerta de calabazas/ sandías/fresas
4 PARA EL OJO (tb **eye patch**) parche
5 EN EL TIEMPO periodo, momento • **go through a bad/difficult/sticky/rough patch** pasar por/tener una mala racha
6 DE TRATAMIENTO parche: *a nicotine patch* un parche de nicotina

patch² *v* [T] remendar, parchar
patch sth ↔ together *v+partíc* improvisar algo: *A new plan was quickly patched together.* Rápidamente se improvisó un nuevo plan.
patch up *v+partíc* **1 patch sth ↔ up** arreglar algo: *She still wanted to patch up her marriage.* Todavía quería arreglar su matrimonio. • **patch it/things up (with sb)** (tb **patch up your differences (with sb)**) hacer las paces (con alguien), arreglar las cosas (con alguien) **2 patch sth ↔ up** ponerle un parche a algo: *We'll have to patch up the hole in the roof.* Vamos a tener que tapar con algo el agujero del tejado. **3 patch sb ↔ up** darle atención médica básica a un herido

patch·work /'pætʃwɜːk/ *s* **1** [U] patchwork (labor con retazos de telas): *a patchwork cushion* un cojín de patchwork **2** [sing] mosaico • [+**of**]: *a patchwork of fields* un mosaico de campos

patch·y /'pætʃi/ *adj* **1** desparejo -a • **patchy cloud** intervalos nubosos • **patchy fog** bancos de niebla • **patchy rain** chubascos aislados **2** fragmentario -a, incompleto -a: *patchy evidence* evidencia fragmentaria • *My knowledge of the subject is pretty patchy.* Tengo bastantes lagunas en el tema. **3** irregular, desigual: *I thought the performance was patchy.* Me pareció que la actuación tuvo altibajos.

pâ·té /pɑ'teɪ, pæ-/ *s* [C,U] paté • **liver/tuna/mushroom pâté** paté de hígado/atún/hongos ▶ FOIE GRAS

pa·tent¹ /'pætⁿnt/ *s* [C] patente (de invención) • **apply for a patent (on/for sth)** solicitar una patente (de/para algo) • **take out a patent (on/for sth)** patentar algo • **patent application** solicitud de patente (de invención) • **patent law** ley de patentes

patent² *adj* [solo ante s] (*frml*) evidente, patente: *He looked at me with patent contempt.* Me miró con evidente desprecio. • *her patent lack of enthusiasm* su patente falta de entusiasmo • *a patent lie* una mentira flagrante SIN **obvious** ▶ PATENTLY

patent³ *v* [T] patentar

ˌpatent 'leather *s* [U] charol: *patent leather shoes* zapatos de charol

pa·tent·ly /'pætⁿntli/ *adv* (*frml*) obviamente • **be patently obvious/clear (that)** saltar a la vista (que), ser más que obvio (que)

pa·ter·nal /pə'tɜːnl/ *adj* **1** (personas, actitudes) paternal: *He was always kindly and paternal.* Fue siempre afable y paternal. SIN **fatherly** ▶ MATERNAL **2** [solo ante s] (por padre) paterno -a: *a paternal grandmother/aunt* una abuela/tía paterna ▶ MATERNAL **3** [solo ante s] (propio de ser padre) de padre, paterno -a: *He had neglected his paternal duties.* Había descuidado sus deberes de padre. • *paternal chromosomes* cromosomas paternos ▶ MATERNAL

pa·ter·nal·ism /pə'tɜːnl.ɪzəm/ *s* [U] paternalismo

pa·ter·nal·ist /pə'tɜːnl-ɪst/ *adj* paternalista

pa·ter·nal·is·tic /pə.tɜːnl'ɪstɪk/ *adj* paternalista

pa·ter·nal·is·ti·cal·ly /pə.tɜːnl'ɪstɪkli/ *adv* de manera paternalista

pa·ter·nal·ly /pə'tɜːnl-i/ *adv* de (una) manera paternal ▶ MATERNALLY

pa·ter·ni·ty /pə'tɜːnəti/ *s* [U] (*jur*) paternidad: *paternity case* juicio de paternidad

path S3 W2 /pæθ/ *s* [C] (pl **paths** /pæðz, pæθs/)
1 (marcado en el terreno) sendero, camino: *A narrow path led down to the ocean.* Un sendero estrecho llevaba al mar. • **up/along/down a path** por un sendero/ camino
2 (espacio) camino, paso: *The tornado destroyed everything in its path.* El tornado destruyó todo lo que encontró a su paso. • [+**through**]: *Police cleared a path through the crowd.* La policía se abrió camino entre el gentío. • **into the path of sth** *She walked into the path of an oncoming car.* Se cruzó en el camino de un carro que venía.
3 (trayectoria) *the Earth's path around the sun* el recorrido de la tierra alrededor del sol • *the path of the invading forces* la ruta de las fuerzas invasoras
4 (para alcanzar un objetivo) camino: *I hope you will choose a different path.* Espero que elijas un camino distinto. • [+**to**]: *She saw a college degree as her path to success.* Veía el título universitario como su camino hacia el éxito. • *the path to peace* el camino hacia la paz • **a career path** una trayectoria profesional ▶ **off the BEATEN path**

EXPRESIONES
our/their paths cross *Our paths did not cross again until 17 years later.* No nos volvimos a cruzar hasta 17 años después.

pa·thet·ic /pə'θetɪk/ *adj* **1** (*peyor*) (que provoca desdén) patético -a: *The movie's special effects are absolutely pathetic.* Los efectos especiales de la película son absolutamente patéticos. • *his pathetic attempt to frighten us* su patético intento de asustarnos • *You're pathetic! Here, let me do it.* ¡Eres un inútil! Déjame hacerlo a mí. **2** (que da pena) patético -a: *pathetic images of half-starved children* imágenes patéticas de niños medio muertos de hambre SIN **pitiful**

pa·thet·i·cal·ly /pə'θetɪkli/ *adv* **1** (*peyor*) (expresando desdén) *a pathetically small salary* un sueldo bajísimo • *I'm pathetically bad at lying.* Soy pésimo mintiendo. **2** (expresando pena) *a pathetically thin girl* una niña tan flaca que da pena SIN **pitifully**

path·o·gen /'pæθədʒən/ *s* [C] (*técn*) agente patógeno

path·o·log·i·cal /ˌpæθə'lɑdʒɪkəl/ *adj* [gralm ante s] **1** (actitudes, personas) patológico -a: *He had a pathological hatred of women.* Sentía un odio patológico hacia las mujeres. • *a pathological liar* un mentiroso patológico **2** (*técn*) (en medicina) patológico -a: *a pathological study* un estudio patológico

pa·thol·o·gist /pə'θɑlədʒɪst, pæ-/ *s* [C] patólogo -a

pa·thol·o·gy /pə'θɑlədʒi, pæ-/ *s* [U] patología: *the hospital's pathology department* el departamento de patología del hospital

pa·thos /'peɪθɑs, -əs, 'pæ-/ *s* [U] patetismo

path·way /'pæθweɪ/ *s* [C] (pl **pathways**) sendero, camino SIN **path**

pa·tience /'peɪʃəns/ *s* [U] **1** (tolerancia) paciencia: *It takes a lot of patience to be a teacher.* Hay que tener mucha paciencia para ser profesor. • **have little/no patience with sb** tener poca paciencia/no tener paciencia con alguien: *She has no patience with the children.* No tiene paciencia con los niños. • **lose patience (with sb)** (tb **run out of patience (with sb)**) perder la paciencia (con alguien): *I'm beginning to lose patience with you all.* Estoy empezando a perder la paciencia con todos ustedes. • **try sb's patience** poner a prueba la paciencia de alguien • **the patience of a saint** (tb **the patience of Job**) más paciencia que (el santo) Job **2** (para tareas largas, difíciles) paciencia • **have the patience to do sth** tener paciencia para hacer algo ANT **impatience**

pa·tient¹ S3 W1 /'peɪʃənt/ *s* [C]
1 (en tratamiento) paciente, enfermo -a: *The hospital treats around 3,500 patients a year.* El hospital atiende a unos 3.500 pacientes al año. • **Alzheimer's/cancer patients** los enfermos de Alzheimer/de cáncer

2 (de un médico) paciente: *one of my patients* uno de mis pacientes

patient² W3 *adj* paciente • [+**with**]: *You have to be very patient with young learners.* Hay que ser muy paciente con los alumnos pequeños. • *Be patient!* ¡Ten paciencia! ANT **impatient**

pa·tient·ly /'peɪʃəntli/ *adv* pacientemente: *He waited patiently for Katherine to finish.* Esperó pacientemente a que Katherine terminara.

pat·i·o /'pætiˌoʊ/ *s* [C] (pl **patios**) patio (parte pavimentada de un jardín)

pat·ois /'pætwɑ/ *s* [C,U] (pl **patois** /-twɑz/) dialecto

pa·tri·arch /'peɪtriˌɑrk/ *s* [C] **1** (de una familia) patriarca ▶ MATRIARCH **2** (en algunas iglesias) patriarca

pa·tri·arch·al /ˌpeɪtriˈɑrkəl◂/ *adj* [gralm ante s] patriarcal: *a patriarchal society* una sociedad patriarcal

pa·tri·arch·y /'peɪtriˌɑrki/ *s* [C,U] (pl **patriarchies**) patriarcado ▶ MATRIARCHY

pat·ri·mo·ny /'pætrəˌmoʊni/ *s* [sing, U] (frml) patrimonio

pa·tri·ot /'peɪtriət/ *s* [C] (aprec) patriota

pa·tri·ot·ic /ˌpeɪtriˈɑtɪk/ *adj* patriótico -a

pa·tri·ot·i·cal·ly /ˌpeɪtriˈɑtɪkli/ *adv* patrióticamente

pa·tri·ot·ism /'peɪtriəˌtɪzəm/ *s* [U] patriotismo

pa·trol¹ /pə'troʊl/ *v* [I,T] (**patrolled, patrolling**) patrullar

patrol² *s* **1** [C,U] (acción) patrulla, ronda • **be on patrol** estar de patrulla, patrullar • **patrol car** carro patrulla **2** [C] (grupo de soldados) patrulla

pa·trol·man /pə'troʊlmən/ *s* [C] (pl **patrolmen** /-mən/) guardia, policía

pa·tron W3 /'peɪtrən/ *s* [C]
1 mecenas, patrocinador • [+**of**]: *a patron of the arts* un mecenas
2 (tb **Patron**) patrono -a • [+**of**]: *The Princess was patron of the association.* La Princesa era patrona de la asociación.
3 (frml) cliente (habitual) SIN **customer**

pa·tron·age /'peɪtrənɪdʒ, 'pæ-/ *s* [U] **1** patrocinio, mecenazgo **2** clientelismo **3** (frml) hecho de ser cliente habitual de una tienda, restaurante, etc.

pa·tron·ize /'peɪtrəˌnaɪz, 'pæ-/ *v* [I,T] (peyor) tratar con condescendencia: *Don't patronize me!* ¡No me trates con condescendencia! **2** (frml) frecuentar, ser cliente de (un restaurante, una tienda, etc.) **3** [T] patrocinar

pa·tron·iz·ing /'peɪtrəˌnaɪzɪŋ, 'pæ-/ *adj* (peyor) condescendiente, paternalista: *a patronizing attitude/tone* una actitud/un tono condescendiente

ˌpatron 'saint *s* [C] santo -a patrono -a

pat·ter¹ /'pætɚ/ *v* [I] **1** golpetear, tamborilear **2** [siempre + adv/prep] caminar o correr con paso ligero: *She pattered across the room in her bare feet.* Atravesó la habitación descalza y con paso ligero.

patter² *s* **1** [sing] golpeteo, tamborileo • [+**of**]: *the patter of raindrops* el tamborileo de las gotas de lluvia **2** [sing, U] cháchara, parloteo • **sales patter** discurso típico de vendedor

EXPRESIONES
the pitter-patter of tiny feet (hum) los pasitos de un niño: *Are we going to hear the patter of tiny feet?* ¿Va a haber un niño en casa?

pat·tern¹ S2 W2 /'pætən/ *s* [C]
1 (de sucesos) patrón, pauta: *Weather patterns have changed in recent years.* Los patrones climáticos han cambiado en los últimos años. • *unusual behavior patterns* patrones de conducta inusuales • [+**of**]: *The child showed a normal pattern of development.* El niño exhibía pautas de desarrollo normales. • **follow a pattern** seguir un patrón • **a pattern emerges** *Clear patterns emerged from the data.* De los datos surgían patrones claros. • **fit a pattern** encajar en un patrón

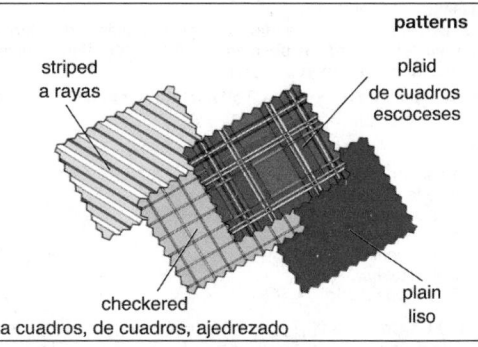

patterns

striped
a rayas

plaid
de cuadros
escoceses

checkered
a cuadros, de cuadros, ajedrezado

plain
liso

2 estampado, dibujo, motivo: *a floral pattern* un estampado de flores
3 (en costura) patrón, molde • **a sewing pattern** un patrón/molde (de costura) • **a knitting pattern** indicaciones para hacer una prenda tejida de punto • **pattern book** revista de patrones/moldes, revista de tejido

pattern² *v* [T] **be patterned on/after sth** estar diseñado -a siguiendo el modelo de algo

pat·terned /'pætənd/ *adj* estampado -a, con dibujos: *patterned fabrics* telas estampadas

pat·ty /'pæti/ *s* [C] (pl **patties**) hamburguesa, croqueta (en forma de hamburguesa)

pau·ci·ty /'pɔsəti/ *s* [sing] (frml) escasez • [+**of**]: *the paucity of information* la escasez de información SIN **lack**

paunch /pɔntʃ, pɑntʃ/ *s* [C] panza, barriga

paunch·y /'pɔntʃi, 'pɑn-/ *adj* panzón, barrigón

pau·per /'pɔpɚ/ *s* [C] (antic) indigente: *He died a pauper.* Murió en la indigencia.

pause¹ W3 /pɔz/ *v*
1 [I] detenerse, hacer una pausa: *They paused for a moment outside the store.* Se detuvieron por un momento frente a la tienda. • **pause to do sth** detenerse para hacer algo: *In the foyer, we paused to look at the posters.* En el vestíbulo, nos detuvimos para mirar los carteles. • **pause for breath** detenerse para tomar aliento
2 [T] detener (pulsando el botón de pausa), poner en pausa

pause² *s* [C] **1** pausa: *There was a ten minute pause before filming restarted.* Hubo una pausa de diez minutos hasta que se reinició la filmación. • [+**in**]: *an awkward pause in the conversation* una incómoda pausa en la conversación **2** (tb **pause button**) botón de pausa **3** (tb **pause mark**) calderón (en música)
EXPRESIONES
give sb pause for thought dar que pensar a alguien

pave /peɪv/ *v* [T] pavimentar
EXPRESIONES
pave the way for sth allanar el camino para algo

pave·ment /'peɪvmənt/ *s* [U] asfalto, pavimento, calzada

pa·vil·ion /pə'vɪlyən/ *s* [C] **1** (para exposiciones, en una feria) pabellón **2** (para deportes, baile) pabellón

ˈpaving stone *s* [C] losa

paw¹ /pɔ/ *s* [C] **1** pata, garra **2** (coloq) **get/take/keep your paws off sth** *Get your paws off my pizza!* ¡Quita tus manos de mi pizza!

paw² *v* [I,T] **1** rascar, piafar: *His horse pawed the ground.* Su caballo rascó el suelo con las manos. • **paw at sth** rascar algo: *My dog was pawing at the door and whining.* Mi perro rascaba la puerta y aullaba. **2** (coloq) manosear, toquetear

pawn¹ /pɔn/ *s* [C] **1** peón (en ajedrez) **2** títere, pelele

pawn² v [T] empeñar
  pawn sth ↔ off v+partíc (coloq) deshacerse de algo •
  pawn sth ↔ off on sb meterle algo a alguien, enjaretarle algo a alguien

pawn·bro·ker /ˈpɔnˌbroukər/ s [C] prestamista (de casa de empeños)

pay¹ S1 W1 /peɪ/ v (**paid**)

1 al comprar
2 una deuda, los impuestos
3 por un trabajo
4 actividad, trabajo
5 convenir
6 intereses
7 ser castigado

1 AL COMPRAR [I,T] pagar: *Can I pay you tomorrow?* ¿Puedo pagarle mañana? • **pay for sth** pagar algo: *I'll pay for lunch.* Yo pago el almuerzo. • **pay $50/$100 for sth** pagar 50/100 dólares por algo: *They paid over $100 each for tickets.* Pagaron más de 100 dólares cada uno por las entradas. • *How much did you pay for your new car?* ¿Cuánto te costó el carro nuevo? • **pay sb for sth** pagarle algo a alguien: *He didn't even offer to pay me for the phone call.* Ni siquiera ofreció pagarme la llamada. • **pay sb $50/$100 (for sth)** pagar a alguien 50/100 dólares (por algo): *I paid him $200 for his guitar.* Le pagué 200 dólares por la guitarra. • **pay for sb** invitar a alguien, pagar por alguien: *Mom paid for Terry and me.* Mamá nos invitó a Terry y a mí. • **pay for sb to do sth** *The company paid for me to go to evening classes.* La empresa me costeó clases nocturnas. • **pay (in) cash** pagar en efectivo • **pay by check** pagar con cheque • **pay by credit card** pagar con tarjeta de crédito

2 UNA DEUDA, LOS IMPUESTOS [T] pagar: *Have you paid the rent yet?* ¿Ya pagaste el alquiler? • **pay a bill** (tb **pay a check**) pagar una factura/una cuenta: *I forgot to pay the electricity bill.* Me olvidé de pagar la factura de la electricidad.

3 POR UN TRABAJO [I,T] pagar: *How much do they pay?* ¿Cuánto pagan? • *The employees haven't been paid for months.* Hace meses que el personal no cobra. • **pay sb $100 a day/$200 a week** pagarle a alguien 100 dólares al día/200 dólares a la semana: *We pay our babysitter $8 an hour.* A la babysitter le pagamos 8 dólares la hora. • **be paid weekly/monthly/on Fridays** (tb **get paid weekly/monthly/on Fridays**) cobrar semanalmente/mensualmente/los viernes • **be well/poorly paid** estar bien/mal remunerado -a • **pay sb to do sth** pagarle a alguien para que haga algo: *Ray paid some kids to wash the car.* Ray les pagó a unos niños para que lavaran el carro. • **pay sb for (doing) sth** pagarle a alguien (por hacer) algo: *Did she pay you for taking care of her kids?* ¿Te pagó por cuidarle los niños?

4 ACTIVIDAD, TRABAJO [I siempre + adv/prep] **pay well/badly** estar bien/mal remunerado -a, pagarse bien/mal: *Boring jobs often pay well.* Muchas veces, los trabajos aburridos están bien remunerados.

5 CONVENIR [I,T] **it pays to do sth** merece/vale la pena hacer algo: *In my experience, it doesn't pay to argue with her.* Según mi experiencia, no vale la pena discutir con ella. • **crime doesn't pay** el crimen no compensa

6 INTERESES [T] pagar: *a savings account that pays 6% interest* una cuenta de ahorros que paga un interés del 6%

7 SER CASTIGADO [I] **pay for sth** pagar (por) algo: *He's paid for what he did.* Pagó por lo que hizo. • **make sb pay (for sth)** *I'll make him pay for this!* ¡Me las va a pagar! • **pay dearly (for sth)** pagar muy caro (algo) ▸ all EXPENSES paid, pay HEED to sth/take heed of sth, a small PRICE to pay

EXPRESIONES
pay attention (to sb/sth) prestar atención (a alguien/algo), atender (a alguien/algo): *Judith never pays attention in class.* Judith jamás presta atención en clase. • **pay sb a compliment** hacerle un cumplido a alguien • **sb has paid their debt to society** alguien pagó su deuda con la sociedad • **pay your dues** pagar derecho de piso (en un trabajo, una organización) • **pay the penalty/price** pagar (las consecuencias) • **pay the price/penalty for**

(doing) sth pagar por (hacer/haber hecho) algo • **pay your last respects (to sb)** rendir el último homenaje (a alguien) • **pay your respects (to sb)** (frml) presentar sus respetos (a alguien) • **pay through the nose (for sth)** (coloq) pagar un ojo de la cara (por algo) • **pay tribute to sb/sth** rendirle homenaje a alguien/algo • **pay a visit to sth/sb** (tb **pay sth/sb a visit**) visitar algo/a alguien • **pay your way** pagarse los gastos: *Sofia worked to pay her way through college.* Sofia trabajó para costearse los estudios universitarios.
  pay back v+partíc **1 pay sb ↔ back** devolverle el dinero a alguien: *I'll pay you back tomorrow.* Mañana te voy a devolver el dinero. • **pay sb back sth** devolverle algo a alguien: *Did I pay you back that $10?* ¿Te devolví aquellos 10 dólares? **2 pay sth ↔ back** pagar algo (una deuda, un crédito): *We're paying back the loan over 15 years.* Vamos a pagar el crédito en 15 años. SIN **repay 3 pay sb ↔ back** hacerle pagar a alguien, vengarse de alguien • **pay sb back for sth** hacerle pagar a alguien por algo, vengarse de alguien por algo: *I'll pay her back for this!* ¡Va a tener que pagar por esto!
  pay sth ↔ in v+partíc depositar algo: *Did you remember to pay that check in?* ¿Te acordaste de depositar el cheque?
  pay sth into sth v+partíc depositar algo en algo: *I've paid $250 into my account.* Deposité 250 dólares en mi cuenta.
  pay off v+partíc **1 pay sth ↔ off** saldar algo: *I'll pay off all my debts first.* Primero voy a saldar todas mis deudas. **2 pay off** dar frutos: *My persistence finally paid off.* Mi perseverancia finalmente dio frutos. **3 pay sb ↔ off** sobornar a alguien (para que mantenga silencio) ▸ PAYOFF
  pay out v+partíc **1 pay sth ↔ out** desembolsar/pagar algo (mucho dinero) **2 pay out** pagar (aseguradora, póliza, etc.)
  pay up v+partíc pagar (a disgusto), apoquinar: *If they don't pay up we will take legal action.* Si no pagan, iniciaremos acciones legales.

pay² S2 W2 s [U] sueldo, salario, paga: *He likes the job and the pay's good.* Le gusta el trabajo y el sueldo es bueno. • *people on low pay* personas con sueldos bajos • *I am owed three weeks' pay.* Me deben la paga de tres semanas. • **basic pay** salario/sueldo básico, salario/sueldo base: *He earns commission on top of his basic pay.* Gana comisión además de su salario básico. • **take-home pay** salario neto: *My monthly take-home pay is $2,000.* Mi salario neto mensual es de 2.000 dólares. • **sick/maternity/vacation pay** pago que se percibe mientras se está de licencia por enfermedad/maternidad/vacaciones • **pay cut** reducción salarial • **pay increase** aumento de sueldo, incremento salarial • **pay raise** aumento de sueldo, incremento salarial ▸ ver nota en SALARY

EXPRESIONES
in the pay of sb (peyor) a sueldo de alguien

pay·a·ble /ˈpeɪəbəl/ adj [nunca ante s] **1** pagadero -a: *The rent is payable in advance.* El alquiler se debe pagar por adelantado. • *the dividend payable at the end of the year* el dividendo pagadero a fin de año **2 be payable to sb** estar a nombre de alguien: *The check was payable to his wife.* El cheque estaba a nombre de su esposa. • **make a check payable to sb** extender un cheque a nombre de/a favor de alguien: *All checks should be made payable to The University of Florida.* Todos los cheques deben extenderse a nombre de The University of Florida.

pay·check /ˈpeɪtʃɛk/ s [C] **1** cheque (del sueldo) **2** salario, sueldo

pay·day /ˈpeɪdeɪ/ s **1** [C,U] día de pago: *I'll pay you back on payday.* Te voy a devolver el dinero cuando cobremos. **2** [sing] (coloq) (momento muy positivo) *Looks like it's payday, guys!* ¡Parece que nos ganamos la lotería, compañeros!

pay·ee /peɪˈi/ s [C] (frml) beneficiario -a (de un cheque)

pay·er /ˈpeɪər/ s [C] pagador -a ▸ TAXPAYER

pay·load /ˈpeɪloud/ s **1** [C] carga útil **2** [C,U] carga

pay·mas·ter /'peɪˌmæstə/ s [C] tesorero -a

pay·ment S2 W2 /'peɪmənt/ s [C,U]
1 (acción) pago: *penalties for late payment of taxes* multas por pago de impuestos fuera de plazo • [+**in**]: *Most hotels here accept payment in dollars.* La mayoría de los hoteles de aquí aceptan pagos en dólares. • **make (a) payment** efectuar un pago: *Payment can be made by check or credit card.* El pago puede efectuarse con cheque o tarjeta de crédito. • **in payment for sth** en pago por algo • **payment in full** pago al contado • **as/in payment** como/en pago: *The bartender took my watch in payment.* El barman tomó en pago mi reloj. • **payment in kind** pago en especie(s)
2 (cantidad) pago: *our monthly mortgage payment* el pago mensual de nuestra hipoteca • [+**for**]: *The tribe never received any payment for their land.* La tribu no recibió pago alguno por sus tierras. ▶ BALANCE OF PAYMENTS, DOWN PAYMENT

pay·off /'peɪɔf/ s [C] **1** beneficio, recompensa **2** soborno SIN **bribe** ▶ PAY off

pay·out /'peɪaʊt/ s [C] pago

'**pay phone** s [C] teléfono público

pay·roll /'peɪroʊl/ s **1** [C,U] plantilla (de personal), nómina **2** [sing] liquidación de salarios/haberes • **payroll department** departamento de liquidación de salarios/haberes
EXPRESIONES
on the payroll en plantilla: *There are now 350 people on the payroll.* Ahora hay 350 personas en plantilla.

PBS /ˌpi bi 'ɛs/ (*marca reg*) (**Public Broadcasting System**) en EU, canal de televisión sin publicidad, que se destaca por la calidad de sus programas

PC[1] /ˌpi 'si/ s [C] (pl **PCs, PC's**) (**personal computer**) PC, computador

PC[2] *adj* (**politically correct**) políticamente correcto

P.E. /ˌpi 'i/ s [U] educación física • **P.E. class** clase de educación física • **P.E. teacher** profesor -a de educación física

pea /pi/ s [C] guisante, arveja, chícharo • **pea soup** sopa de arvejas
EXPRESIONES
like two peas in a pod (*coloq*) como dos gotas de agua

peace S3 W1 /pis/ s
1 (ausencia de guerra) [sing, U] paz: *efforts to bring peace to the Middle East* esfuerzos para lograr la paz en Medio Oriente • **in peace** en paz: *a city where people of different religions live together in peace* una ciudad donde gente de diferentes religiones convive en paz • **be at peace (with sb)** estar en paz (con alguien) • **make peace (with sb)** reconciliarse (con alguien) • **peace accord** (*frml*) convenio de paz • **peace agreement** acuerdo de paz • **peace conference** conferencia de paz • **peace negotiations** negociaciones de paz • **peace talks** conversaciones de paz • **peace treaty** tratado de paz
2 [U] (calma) tranquilidad • **peace and quiet** paz y tranquilidad: *All I want is some peace and quiet.* Todo lo que quiero es un poco de paz y tranquilidad. • **leave sb in peace** dejar a alguien en paz
3 [U] (ausencia de preocupaciones) tranquilidad • **peace of mind** tranquilidad • **be at peace with yourself** (tb **be at peace with the world**) estar en paz con uno mismo/una misma • **in peace** en paz
4 (acuerdo) **the Peace of...** la Paz de...: *the Peace of Utrecht* la Paz de Utrecht ▶ BREACH of the peace, JUSTICE OF THE PEACE, PEACE CORPS
EXPRESIONES
hold/keep your peace (*antic*) quedarse callado -a • **keep the peace** mantener la armonía, mantener el orden • **make (your) peace with sb** hacer las paces con alguien, reconciliarse con alguien • **may he/she rest in peace** que en paz descanse, paz en su tumba ▶ RIP

peace·a·ble /'pisəbəl/ *adj* (*liter*) pacífico -a SIN **peaceful**

peace·a·bly /'pisəbli/ *adv* pacíficamente

'**Peace Corps** s **the Peace Corps** [sing] el Cuerpo de Paz

peace·ful /'pisfəl/ *adj* **1** pacífico -a: *Diplomats are trying to find a peaceful solution to the conflict.* Los diplomáticos están intentando encontrar una solución pacífica al conflicto. • **by peaceful means** por medios pacíficos • **a peaceful protest/demonstration** una protesta/manifestación pacífica **2** (lugares, momentos) tranquilo -a: *a peaceful afternoon* una tarde tranquila • *Can we please have a nice peaceful meal?* ¿Será mucho pedir una comida en paz? **3** (personas) tranquilo -a: *She felt peaceful and relaxed.* Estaba tranquila y relajada. • *Her eyes looked very peaceful.* Tenía una mirada llena de paz.

peace·ful·ly /'pisfəli/ *adv* **1** pacíficamente: *They are hoping the dispute will end peacefully.* Tienen la esperanza de que el conflicto termine pacíficamente. **2** tranquilamente: *The baby was sleeping peacefully.* El niño dormía tranquilamente.

peace·ful·ness /'pisfəlnɪs/ s [U] **1** tranquilidad: *the peacefulness of the early morning* la tranquilidad de las primeras horas de la mañana **2** paz

peace·keep·er /'pisˌkipə/ s [C] miembro de las fuerzas de paz ▶ PEACEMAKER

peace·keep·ing /'pisˌkipɪŋ/ s [U] mantenimiento de la paz • **peacekeeping force** fuerza de paz • **peacekeeping mission** misión de paz

peace·mak·er /'pisˌmeɪkə/ s [C] conciliador -a

peace·time /'pistaɪm/ s [U] tiempos de paz • **in peacetime** en tiempos de paz ANT **wartime**

peach[1] S3 /pitʃ/ s
1 [C] (fruta) durazno: *peach ice cream* helado de durazno
2 [C] (tb **peach tree**) duraznero
3 [U] (color) durazno
4 [C gralm sing] (*antic*) (algo o alguien muy bueno) *a peach of a goal* un gol de antología

peach[2] *adj* (de color) durazno

pea·cock /'pikɑk/ s [C] pavo real

peak[1] W3 /pik/ s [C]
1 [gralm sing] (nivel más alto) punto máximo • **be at its peak** estar en su punto máximo: *The traffic was at its peak.* El tráfico estaba en su punto máximo. • **reach/hit its peak** alcanzar su punto máximo
2 [gralm sing] (mejor estado) apogeo • **be at your peak** estar en su apogeo • **at the peak of sth** en el apogeo de algo: *Greene was at the peak of his career as a writer.* Greene estaba en el apogeo de su carrera como escritor. • **reach your peak** alcanzar su apogeo • **be past your peak** haber pasado su mejor época
3 (de una montaña) pico, cumbre: *the snow-covered peaks of the Alps* los picos nevados de los Alpes SIN **mountaintop**
4 (*escrito*) (montaña) pico

peak[2] *v* [I] **1** alcanzar su punto máximo • **peak at sth** alcanzar un máximo de algo: *Interest rates peaked at 9%.* Las tasas de interés alcanzaron un máximo del 9%. **2** alcanzar su apogeo

peak[3] *adj* **1** (tarifas, consumo) máximo -a: *a period of peak demand for electricity* un periodo de consumo máximo de electricidad • *Peak rate calls cost 40 cents a minute.* La tarifa máxima de las llamadas es 40 centavos. **2** (horas, temporadas) *Summer is the peak season for visiting the island.* El verano es la temporada alta para el turismo en la isla. • *Extra buses run at peak times.* En las horas pico circulan más buses. ▶ OFFPEAK **3** (mejor) *in peak condition* en estado óptimo • *She looks in peak shape.* Está en plena forma.

peaked /pikt, 'pikɪd/ *adj* en punta

peal[1] /pil/ s [C] **1 peals of laughter** carcajadas: *They burst into peals of laughter.* Se echaron a reír a carcajadas. **2 a peal of thunder** un trueno SIN **clap** **3** repique: *the peal of church bells* el repique de las campanas de la iglesia

peal[2] *v* [I] **1** (tb **peal out**) repicar, tocar a vuelo (campanas) **2** (*liter*) tronar, resonar (risas, voces, truenos)

pea·nut ☒ /'pinʌt/ s
1 [C] maní, cacahuate • **peanut oil** aceite de maní, aceite de cacahuate
2 [C gralm pl] (tb **packing peanut**) burbuja (de polietileno para embalaje)

'**peanut ,butter** s [U] mantequilla de maní, mantequilla de cacahuate

pear /pɛr/ s [C] **1** pera: *pear brandy* brandy de peras **2** (tb **pear tree**) peral

pearl /pɜrl/ s **1** [C] perla: *a string of pearls* un collar de perlas • **pearl necklace** collar de perlas • **pearl earring** pendiente de perlas **2** [U] nácar SIN **mother-of-pearl** **3** [C gralm sing] (*antic*) joya (referido a personas o cosas): *She's a pearl of a wife.* Es una joya como esposa.
EXPRESIONES
pearls of wisdom (*esp hum*) sabias palabras

pearl·y /'pɜrli/ adj nacarado -a

,**pearly 'gates** s [pl] **the pearly gates** las puertas del cielo

'**pear-shaped** adj con forma de pera (de caderas anchas y pecho pequeño)

peas·ant /'pɛzənt/ s [C] **1** campesino • **peasant woman** campesina • **peasant farmer** pequeño -a agricultor -a **2** (*coloq, despec*) palurdo -a

pea·shoot·er /'pi,ʃuɾɚ/ s [C] cerbatana

peat /pit/ s [U] turba

peat·y /'piɾi/ adj de turba

peb·ble /'pɛbəl/ s [C] guijarro, piedrita, canto rodado

peb·bly /'pɛbli/ adj pedregoso -a, de canto rodado

pe·can /pɪ'kɑn, -'kæn/ s [C] **1** nuez de pecán, nuez (de pacana), nuez de castilla: *pecan pie* torta de pacanas **2** (tb **pe'can tree**) nogal (pecanero)

peck¹ /pɛk/ v **1** [I,T] picotear • **peck at sth** picotear algo **2 peck sb on the cheek/forehead** darle un besito en la mejilla/la frente a alguien ▶ HENPECKED
peck at sth v+partíc comer algo sin ganas (en poca cantidad): *He only pecked at his dinner.* Apenas probó la comida.

peck² s [C] **1** beso, besito • [+**on**]: *He gave me a peck on the cheek.* Me dio un beso en la mejilla. **2** picotazo • [+**on**]: *The bird gave me a sharp peck on the arm.* El pájaro me dio un picotazo fuerte en el brazo.

'**pecking ,order** s [sing] jerarquía

pec·to·ral /'pɛktərəl/ adj pectoral

pe·cu·liar /pɪ'kyulyɚ/ adj **1** (situaciones, comportamientos, gustos) raro -a, extraño -a: *a peculiar smell* un olor raro • *He was looking at me in a very peculiar way.* Me miraba de una forma muy extraña. • **it is peculiar that** es raro/extraño que **2** (personas) raro -a, extraño -a **3** [gralm ante s] (*frml*) peculiar, característico -a • [+**to**]: *an accent which is peculiar to the north of the country* un acento característico del norte del país • *the problem is not peculiar to this city* el problema no es exclusivo de esta ciudad **4 feel peculiar** no sentirse muy bien

pe·cu·li·ar·i·ty /pɪ,kyuli'ærəti/ s [C] (pl **peculiarities**) **1** (característica) peculiaridad **2** (rasgo extraño) rareza, peculiaridad

pe·cu·liar·ly /pɪ'kyulyɚli/ adv **1** de manera extraña: *He had been behaving peculiarly for a while.* Se había estado comportando de manera extraña desde hacía un tiempo. **2** típicamente: *a peculiarly male point of view* un punto de vista típicamente masculino **3** particularmente

pe·cu·ni·ar·y /pɪ'kyuni,ɛri/ adj (*frml*) pecuniario -a

ped·a·go·gi·cal /,pɛdə'gɑdʒɪkəl/ adj [gralm ante s] (*frml*) pedagógico -a, didáctico -a SIN **educational**

ped·a·go·gi·cally /,pɛdə'gɑdʒɪkli/ adv (*frml*) desde el punto de vista pedagógico/didáctico, pedagógicamente, didácticamente

ped·a·go·gy /'pɛdə,gɑdʒi/ s [U] (*frml*) pedagogía

ped·al¹ /'pɛdl/ s [C] pedal
EXPRESIONES
put/press the pedal to the metal (*coloq*) **(a)** apretar el acelerador **(b)** ponerse bien las pilas

pedal² v [I,T] pedalear ▶ BACKPEDAL

ped·ant /'pɛdnt/ s [C] maniático -a, puntilloso -a

pe·dan·tic /pə'dæntɪk/ adj (*peyor*) puntilloso -a • [+**about**]: *Some people are very pedantic about punctuation.* Algunas personas son muy puntillosas en lo que respecta a la puntuación.

ped·dle /'pɛdl/ v [T] **1** vender (algo ilegal o de mala calidad): *They were accused of peddling drugs.* Los acusaron de traficar con drogas. **2** ofrecer, intentar vender (en las calles, de puerta en puerta) **3** difundir (ideas falsas, mentiras, etc.)

ped·dler /'pɛdlɚ/ s [C] **1** vendedor -a ambulante **2** traficante ▶ PUSHER

ped·es·tal /'pɛdəstl/ s [C] **1** (de una estatua) pedestal **2** (de una mesa, un lavabo) pedestal
EXPRESIONES
put sb on a pedestal poner a alguien en un pedestal • **knock/take sb off their pedestal** bajar a alguien de su pedestal

pe·des·tri·an¹ /pə'dɛstriən/ s [C] peatón -ona

pedestrian² adj **1** [solo ante s] peatonal: *a pedestrian bridge/area* un puente/una zona peatonal **2** pedestre

pe·des·tri·an·ize /pə'dɛstriə,naɪz/ v [T] convertir en zona peatonal

pe·di·at·ric /,pidi'ætrɪk / adj [solo ante s] pediátrico -a

pe·di·a·tri·cian /,pidiə'trɪʃən/ s [C] pediatra

pe·di·at·rics /,pidi'ætrɪks/ s [U] (*técn*) pediatría

ped·i·cure /'pɛdɪ,kyor/ s [C] pedicura, pedicuría ▶ MANICURE

ped·i·gree /'pɛdə,gri/ s **1** [C,U] historial, antecedentes SIN **background** **2** [C,U] genealogía (de una persona) **3** [C,U] pedigrí **4** [C] animal de pedigrí ▶ MONGREL

ped·o·phile /'pɛdə,faɪl, 'pi-/ s [C] pederasta, pedófilo -a

pee¹ ☒ /pi/ v [I] (*coloq*) hacer pis/pipí, mear, hacer el uno • **go pee** (ir a) hacer pis, (ir a) mear, (ir a) hacer el uno SIN **urinate**

pee² s [U] (*coloq*) pis, pipí SIN **urine**

peek¹ /pik/ v [I] echar un vistazo (a hurtadillas), espiar • **peek out/in/into** *I peeked out of the curtains.* Me asomé por detrás de las cortinas. • *She tried to peek through a hole in the door.* Trató de espiar por un agujero de la puerta. ▶ ver nota en LOOK

peek² s [sing] vistazo • **take/have a peek (at sth/sb)** echar una ojeada (a algo/alguien): *Do you mind if I take a peek inside?* ¿Te importa si echo una ojeada dentro?

peel¹ ☒ /pil/ v
1 [T] pelar: *Could you peel an orange for me?* ¿Me pelarías una naranja?
2 [I] (tb **peel off**) despegarse (papel), pelarse, descarapelarse (piel), desconcharse, descarapelarse (pintura)
3 [I] pelarse, descarapelarse: *My nose is peeling.* Se me está pelando la nariz. ▶ **keep your EYES peeled/skinned**
peel off v+partíc **1 peel off** despegarse (papel), pelarse, descarapelarse (piel), desconcharse, descarapelarse (pintura) **2 peel sth ↔ off** quitar algo: *Peel the label off and wash the bottle.* Quite la etiqueta y lave la botella. **3 peel sth ↔ off** quitarse algo (una prenda ajustada): *She peeled off her jeans.* Se quitó los jeans.
peel out v+partíc salir a toda velocidad (carro) • [+**of**]: *She peeled out of parking lot.* Salió a toda velocidad del parqueadero.

peel² s [C,U] cáscara (de una fruta)

peel·er /'pilɚ/ s [C] pelapapas

peel·ings /'pilɪŋz/ s [pl] cáscaras

peep¹ /pip/ *v* [I] **1** **peep in/through/out of** (mirar furtiva y rápidamente) *I peeped through the keyhole.* Espié por el agujero de la cerradura. • *I peeped in when you were asleep.* Eché un vistazo mientras dormías. ► ver nota en **LOOK** ► **PEEK** **2** piar, chillar (ratón)
peep out (from sth) *v+partíc* asomar (de algo): *A handkerchief peeped out from his pocket.* Un pañuelo asomaba de su bolsillo.

peep² *s* [C] **1** vistazo • **have/take a peep (at sth/sb)** echarle un vistazo (a algo/alguien), espiar (algo/a alguien) **2** (sonidos) **a peep** *The baby didn't make a peep all night.* No se oyó al bebé en toda la noche. • *I don't want to hear another peep out of you.* No quiero que vuelvas a decir ni pío. • **not a peep** ni pío, ni una palabra: *No one had anything to say. Not a peep.* Nadie tuvo nada que decir. Ni pío. • **not hear a peep out of/from sb** *We haven't heard a peep from our daughter for weeks.* Hace semanas que no sabemos nada de nuestra hija.

ˈpeep-hole *s* [C] mirilla

ˈpeep·ing Tom /ˌpipɪŋ ˈtɑm/ *s* [C] (*coloq*) mirón -ona

peer¹ /pɪr/ *s* [C] **1** [gralm pl] igual, par, coetáneo -a: *a peer relationship* una relación entre iguales **2** (miembro de la nobleza británica) par ► **PEER PRESSURE**

peer² *v* [I] mirar esforzándose por ver con claridad • **peer into/through/down sth** *"I can't see anyone," he said, peering through the window.* –No veo a nadie –dijo, tratando de ver algo por la ventana. • **peer out/inside** *He opened the box and peered inside.* Abrió la caja y escudriñó dentro. • **peer at sb/sth** *He peered at me over his glasses.* Me miró por encima de las lentes, inspeccionándome. ► ver nota en **LOOK**

ˈpeer group *s* [C] grupo de pares

peer·less /ˈpɪrlɪs/ *adj* (*escrito*) sin igual, incomparable

ˈpeer ˌpressure *s* [U] presión de los compañeros (amigos, etc.)

peeved /pivd/ *adj* (*coloq*) fastidiado -a, enojado -a

pee·vish /ˈpiviʃ/ *adj* malhumorado -a, irritable

peg¹ /pɛg/ *s* [C] **1** gancho (para colgar abrigos, toallas, etc.) **2** espiga (para ensamblar piezas) **3** (tb **tent peg**) estaca (de una tienda de campaña) SIN **stake** ► **feel like a SQUARE peg in a round hole**
EXPRESIONES
take/bring/knock sb down a peg (or two) bajarle los humos a alguien

peg² *v* [T] (**pegged**, **pegging**) **1** fijar • **peg sth at sth** *The price is pegged at about $30 per month.* El precio está fijado en unos 30 dólares por mes. • **peg sth to sth** vincular algo a algo: *The local currency is pegged to the dollar.* La moneda nacional está vinculada al dólar. **2** sujetar, asegurar (con una estaca, etc.)
peg out *v+partíc* **peg sth ↔ out** sujetar algo (con estacas)

pe·jor·a·tive /pɪˈdʒɔrətɪv, -ˈdʒɑr-/ *adj* (*frml*) peyorativo -a

pel·i·can /ˈpɛlɪkən/ *s* [C] pelícano

pel·let /ˈpɛlɪt/ *s* [C] **1** gránulo **2** perdigón **3** (*técn*) excremento (en forma de bolitas)

pell-mell /ˌpɛl ˈmɛl◂/ *adv* (*antic*) en tropel

pelt¹ /pɛlt/ *v* **1** [T] **pelt sb/sth with sth** arrojarle algo a alguien/algo: *Protestors pelted the soldiers with stones.* Los manifestantes les arrojaron piedras a los soldados. **2** [I] (tb **pelt down**) llover a cántaros: *It's been pelting down all day.* Ha estado lloviendo a cántaros todo el día. SIN **pour**, **teem** **3** [I siempre + adv/prep] (*coloq*) correr muy rápido: *Three huge dogs came pelting into the street.* Tres perros inmensos salieron corriendo a la calle.

pelt² *s* [C] **1** (de un animal muerto) piel **2** (de un animal vivo) piel, pelaje

pel·vic /ˈpɛlvɪk/ *adj* pélvico -a

pel·vis /ˈpɛlvɪs/ *s* [C] pelvis

pen¹ S1 /pɛn/ *s*
1 [C,U] (tb **ballpoint pen**) bolígrafo, esfero(gráfico), pluma atómica • **in pen** con tinta, con bolígrafo: *Fill out the form in pen.* Complete el formulario con tinta.
2 [C,U] (tb **fountain pen**) estilógrafo, pluma (fuente)
3 [C] corral, redil
4 the pen (*coloq*) la cárcel ► **FELT-TIP PEN**, **FOUNTAIN PEN**
EXPRESIONES
put/set pen to paper ponerse a escribir

pen² *v* [T] (**penned**, **penning**) **1** (*frml*) escribir, componer **2** (tb **pen sth ↔ in/up**) encerrar algo (en un corral)

pe·nal /ˈpinl/ *adj* [solo ante s] penal: *the penal system* el sistema penal • **a penal colony** una colonia penitenciaria

ˈpenal ˌcode *s* [C] código penal

pe·nal·ize /ˈpinl̩ˌaɪz, ˈpɛn-/ *v* [T] **1** perjudicar, penalizar: *The proposed system would unfairly penalize rural communities.* El sistema que se propone perjudicaría a las comunidades rurales de forma injusta. **2** sancionar, castigar • **penalize sb for (doing) sth** castigar/sancionar a alguien por (hacer) algo SIN **punish** **3** (en deportes) sancionar, penalizar

pen·al·ty W3 /ˈpɛnl̩ti/ *s* [C] (pl **penalties**)
1 penalización, pena, multa: *No littering. Penalty $500.* Prohibido arrojar basura. Multa 500 dólares. • *Drug dealers face severe penalties.* Los traficantes de drogas se enfrentan a penas severas. • [+**for**]: *The penalty for a first offense is a fine.* La penalización por la primera infracción es una multa. • [+**of**]: *a maximum penalty of one year in jail* una pena máxima de un año de prisión • **carry a penalty** ser castigado -a con una pena/una penalización
2 penal, penalty • **kick/take a penalty** patear/ejecutar un penal • **award a penalty** conceder un penal
3 (descuento de puntos) penalización
4 pay the penalty (for sth) pagar las consecuencias (de algo) • **the penalties of sth** el precio de algo: *One of the penalties of being famous is the loss of privacy.* Parte del precio de ser famoso es la pérdida de la privacidad. ► **DEATH PENALTY**

pen·ance /ˈpɛnəns/ *s* **1** [C,U] penitencia • **do penance for sth** hacer penitencia por algo **2** [sing] castigo: *Working in the yard was a kind of penance.* Trabajar en el jardín era una especie de castigo.

pen·chant /ˈpɛntʃənt/ *s* [sing] (*frml*) **penchant (for sth)** afición/predilección (por algo): *He has a penchant for fast cars.* Tiene afición por los carros rápidos. • *his penchant for plain speaking* su tendencia a hablar sin rodeos

pen·cil¹ S3 /ˈpɛnsəl/ *s* [C,U] lápiz: *colored pencils* lápices de colores • **in pencil** con lápiz: *a note written in pencil* una nota escrita con lápiz • *pencil drawings* dibujos a lápiz ► **PEN**

pencil² *v* [T] escribir a lápiz
pencil in *v+partíc* **pencil sth/sb ↔ in** anotar algo/a alguien (provisionalmente): *Let's pencil in a meeting for Wednesday.* Por el momento fijemos una reunión para el miércoles.

ˈpencil case (tb **ˈpencil box**) *s* [C] cartuchera, estuche (para lápices)

pen·ciled /ˈpɛnsəld/ *adj* (escrito -a) con lápiz

ˈpencil ˌsharpener *s* [C] tajalápiz, sacapuntas

pen·dant /ˈpɛndənt/ *s* [C] colgante (alhaja) ► **NECKLACE**

pend·ing¹ /ˈpɛndɪŋ/ *prep* (*frml*) en espera de: *pending further research* en espera de nuevas investigaciones

pending² *adj* (*frml*) **1** pendiente **2** inminente

pen·du·lum /ˈpɛndʒələm/ *s* [C] (pl **pendulums**) péndulo

pen·e·trate /ˈpɛnəˌtreɪt/ *v*
1 a través de un objeto, un cuerpo
2 una zona, una defensa
3 extenderse por

4 un mercado
5 una organización
6 idea, hecho

1 A TRAVÉS DE UN OBJETO, UN CUERPO [I,T] penetrar (en): *Sunlight barely penetrated the dirty windows.* La luz del sol apenas se filtraba por las sucias ventanas. • **penetrate into sth** penetrar en algo, impregnar algo • **penetrate (through) sth** traspasar algo
2 UNA ZONA, UNA DEFENSA [I,T] penetrar (en) • **penetrate into sth** penetrar en algo
3 EXTENDERSE POR [I,T] penetrar (en), entrar en
4 UN MERCADO [T] penetrar, introducirse en
5 UNA ORGANIZACIÓN [T] infiltrarse en, infiltrar
6 IDEA, HECHO [T] (*escrito*) entender: *The appalling fact has not yet penetrated their minds.* Todavía no han asumido cabalmente esta atrocidad. • *What could I say that would penetrate his thick skull?* ¿Qué podría yo decirle que le entrara en esa cabezota?

pen·e·trat·ing /'pɛnəˌtreɪtɪŋ/ *adj* **1** (miradas) penetrante **2** incisivo -a, agudo -a (pregunta, análisis) **3** (sonidos) penetrante

pen·e·tra·tion /ˌpɛnə'treɪʃən/ *s* **1** [C,U] penetración **2** [U] (en un mercado) penetración: *market penetration* penetración del mercado **3** [U] infiltración (en una organización) **4** [U] (*frml*) agudeza, perspicacia

pen·guin /'pɛŋgwɪn/ *s* [C] pingüino

pen·i·cil·lin /ˌpɛnə'sɪlən/ *s* [U] penicilina ▶ ANTIBIOTIC

pe·nin·su·la /pə'nɪnsələ/ *s* [C] península

pe·nin·su·lar /pə'nɪnsələr/ *adj* peninsular

pe·nis /'pinɪs/ *s* [C] pene

pen·i·tence /'pɛnətəns/ *s* [U] (*frml o liter*) **1** arrepentimiento **2** (en religión) penitencia

pen·i·tent¹ /'pɛnətənt/ *adj* (*frml o liter*) arrepentido -a SIN **repentant**

penitent² *s* [C] (*frml*) penitente

pen·i·ten·tia·ry /ˌpɛnə'tɛnʃəri/ *s* [C] (pl **penitentiaries**) penitenciaría SIN **prison, jail**

pen·knife /'pɛn-naɪf/ *s* [C] (pl **penknives** /-naɪvz/) cortaplumas, navaja

'pen name *s* [C] seudónimo, nombre de pluma SIN **pseudonym**

pen·nant /'pɛnənt/ *s* **1** [C] banderín, gallardete **2 the pennant** en EU, premio otorgado al mejor equipo en torneos de béisbol

pen·ni·less /'pɛnɪləs/ *adj* pobre, sin un centavo SIN **broke**

pen·ny /'pɛni/ *s* [C] **1** (abrev **p**) (pl **pence**) penique (unidad monetaria británica): *The price of petrol went up by a penny a liter.* La gasolina aumentó un penique el litro. • *The bus fare is 80 pence.* El pasaje de bus cuesta 80 peniques. ▶ POUND **2** (pl **pennies**) (moneda de un) penique (moneda británica): *a hole the size of a penny* un agujero del tamaño de una moneda de un penique • *I only have a few pennies left.* Solo me quedan algunos peniques. ▶ COPPERS **3** (pl **pennies**) (moneda de un) centavo (en EU, Canadá): *Do you have three pennies?* ¿Tienes tres centavos? SIN **cent** ▶ DIME, NICKEL, QUARTER ▶ a PRETTY penny
EXPRESIONES
every penny cada centavo, hasta el último centavo: *She paid back every penny of the loan.* Devolvió hasta el último centavo del préstamo. • **every last penny** hasta el último centavo • **in for a penny, in for a pound** untado el dedo, untada la mano, ya que estamos en el baile, bailemos • **not have a penny to your name** no tener donde caerse muerto -a • **without a penny to your name** sin un centavo • **not a penny** ni un centavo • **(a) penny for your thoughts** (tb **(a) penny for them**) (*oral*) ¿qué estás pensando? • **be worth every penny** valer hasta el último centavo

'penny-ˌpinching *adj* tacaño -a

'pen pal *s* [C] persona, generalmente residente en el extranjero, con la cual se mantiene una amistad por correspondencia

pen·sion /'pɛnʃən/ *s* [C] pensión, jubilación: *He gets a very good pension from his old firm.* Recibe una jubilación muy buena de la compañía para la que trabajaba. • **draw/receive a pension** percibir/recibir una pensión, percibir/recibir una jubilación • **a public pension** (tb **a state pension**) una pensión pública **the state pension system** el sistema de previsión del estado • **pension contributions** aportes a la jubilación ▶ PENSION FUND, PENSION PLAN

pen·sion·er /'pɛnʃənər/ *s* [C] pensionado -a, pensionista, jubilado -a

'pension fund *s* [C] fondo de pensiones

'pension plan *s* [C] plan de pensiones ▶ RETIREMENT PLAN

pen·sive /'pɛnsɪv/ *adj* pensativo -a ▶ THOUGHTFUL

pen·sive·ly /'pɛnsɪvli/ *adv* pensativamente

pen·ta·gon /'pɛntəˌgɑn/ *s* [C] **1** pentágono **2 the Pentagon** el Pentágono (el ministerio/la secretaría de Defensa de EU)

pen·tath·lon /pɛn'tæθlən, -lɑn/ *s* [sing, U] pentatlón ▶ DECATHLON

Pen·te·cost /'pɛntɪˌkɑst/ *s* [C,U] Pentecostés

pent·house /'pɛnthaʊs/ *s* [C] penthouse

ˌpent-'up *adj* contenido -a, reprimido -a: *years of pent-up anger and frustration* años de ira y frustración contenidas

pe·nul·ti·mate /pɪ'nʌltəmɪt/ *adj* [solo ante s] (*frml*) penúltimo -a SIN **second to last** ▶ ULTIMATE

pen·u·ry /'pɛnyəri/ *s* [U] penuria

pe·on /'piɑn/ *s* [C] **1** (*coloq*) peón **2** siervo -a (que trabaja para pagar deudas)

pe·o·ny /'piəni/ *s* [C] (pl **peonies**) peonía

peo·ple¹ S1 W1 /'pipəl/ *s*

1 individuos
2 en general
3 nación, raza
4 habitantes
5 la gente común
6 en derecho
7 al dirigirse a un grupo

1 INDIVIDUOS [pl] personas: *How many people were at the concert?* ¿Cuántas personas había en el concierto? • *At least 40 people were killed.* Murieron al menos 40 personas.
2 EN GENERAL [pl] (la) gente: *I don't care what people think.* No me importa lo que piense la gente. • *The advertising is aimed at young people.* La publicidad está orientada a los jóvenes. ▶ **people** es un sustantivo plural y va seguido de un verbo en plural • *People sometimes make fun of my name.* La gente a veces se burla de mi nombre.
3 NACIÓN, RAZA [C] pueblo ▶ Este sentido es numerable y tiene plural: *all the peoples of the world* todos los pueblos del mundo • **the American/Japanese people** el pueblo estadounidense/japonés, los estadounidenses/los japoneses: *the history of the Jewish people* la historia del pueblo judío • **the native/indigenous people** la población autóctona
4 HABITANTES [C] ciudadanos, pueblo, habitantes: *the people of Hong Kong* los ciudadanos de Hong Kong ▶ CITIZEN
5 LA GENTE COMÚN the people [pl] el pueblo: *The people rebelled.* El pueblo se rebeló. • **common people** la gente común • **a man/a woman of the people** un hombre/una mujer del pueblo
6 EN DERECHO the People [pl] en casos judiciales, nombre con el que se denomina al gobierno de EU o de un estado en particular • **the People versus sb** *the People versus Kramer* el Estado contra Kramer

7 AL DIRIGIRSE A UN GRUPO (*coloq, oral*): *OK, people, it's time to get started.* Bien, es hora de empezar.

EXPRESIONES

a people person una persona sociable • **of all people** (*oral*) *Why should he, of all people, get a promotion?* ¿Por qué darle el ascenso justamente a él? • *You of all people should have realized the risks.* Tú, más que nadie, deberías haberte dado cuenta de los riesgos. • **my/his people** [pl] **(a)** (*coloq*) mi/su gente (referido a personal) **(b)** mi/su pueblo, mis/sus súbditos **(c)** (*antic*) mi/su gente, mi/su familia • **you people** (*coloq, oral*) ustedes (expresando enojo): *What's the matter with you people?* ¿Pero qué les pasa?

people² *v* [T gralm en pasiva] poblar, habitar • **be peopled with/by sth** estar poblado -a de algo: *Her world was peopled with imaginary friends.* Su mundo estaba poblado de amigos imaginarios. ▶ INHABIT, POPULATE

pep¹ /pɛp/ *v*
pep sb ↔ up *v+partíc* (*coloq*) animar a alguien
pep sth ↔ up *v+partíc* (*coloq*) darle vida a algo, infundirle energía a algo

pep² *s* [U] (*coloq*) energía

pep·per¹ S2 W3 /'pɛpə/ *s*
1 [U] pimienta: *Add salt and pepper.* Agregue sal y pimienta. • *freshly ground pepper* pimienta recién molida ▶ CONDIMENT
2 [C] (fruto no picante) pimentón, pimiento (morrón): *red and green peppers* pimentones rojos y verdes SIN **bell pepper**
3 [C] (tb **pepper plant**) (planta) pimentón, pimiento
4 [C] (fruto picante) ají, chile ▶ CHILI

pepper² *v* [T] **1** salpicar • **pepper sth with sth** salpicar algo de algo: *Her speech was peppered with jokes.* Su discurso estuvo salpicado de bromas. **2** acribillar • **pepper sth with sth** acribillar algo a algo **3** sazonar con pimienta

EXPRESIONES

pepper sb with questions acribillar a preguntas a alguien

pep·per·corn /'pɛpə,kɔrn/ *s* [C] grano de pimienta

'pepper mill (tb **'pepper ,grinder**) *s* [C] molinillo de pimienta

pep·per·mint /'pɛpə,mɪnt/ *s* **1** [U] (esencia) menta • **peppermint tea** infusión de menta **2** [U] (planta) menta **3** [C] caramelo/pastilla de menta

pep·pe·ro·ni /,pɛpə'rouni/ *s* [C,U] salami

pep·per·y /'pɛpəri/ *adj* picante

'pep ,rally *s* [C] en EU, reunión de todos los alumnos de una escuela antes de un evento deportivo para animar a su equipo

'pep talk *s* [C] (*coloq*) breve discurso cuya finalidad consiste en infundir ánimo a un equipo deportivo o un grupo de trabajo • **give sb a pep talk** hablarle a alguien para infundirle ánimo/motivarlo

per S1 W1 /pə/ *prep*
1 por: *a speed of 40 miles per hour* una velocidad de 40 millas por hora • *Rooms cost $80 per night.* La habitación cuesta 40 dólares por noche. • **per head** por cabeza: *The meal cost $25 per head.* La comida costó 25 dólares por cabeza.
2 as per (*frml*) de acuerdo con, según: *We are sending the money as per our agreement.* Le enviamos el dinero según lo acordado. • **as per usual** (*oral*) como de costumbre ▶ PER ANNUM, PER CAPITA, PER SE

per an·num /pə 'ænəm/ (abrev escrita **p.a.**) *adv* (*frml*) al año: *a salary of $40,000 per annum* un sueldo de 40.000 dólares al año

per cap·i·ta /pə 'kæpətə/ *adj, adv* (*técn*) per cápita, por persona/cabeza

per·ceive W3 /pə'siv/ *v* [T nunca en forma continua]
1 (*escrito*) (considerar) percibir, ver • **perceive sth/sb as sth/sb** *The sport is perceived as being only for the rich.* El deporte se percibe como algo exclusivamente para los ricos. • **perceive sb/sth to be sth** *Boys are often*

perceived to be more ambitious than girls. La percepción que se suele tener de los niños es que son más ambiciosos que las niñas. • *The tax system is widely perceived to be unfair.* El sistema fiscal es percibido por mucha gente como injusto. • **perceive that** considerar que ▶ PERCEPTION
2 (*frml*) (observar) notar, percatarse de • **perceive that** notar que ▶ PERCEPTIVE
3 (*técn*) (con los sentidos) percibir

per·cent¹ S1 W2 /pə'sɛnt/ *s* [C] (pl **percent**) por ciento: *The bank charges interest at 14 percent.* El banco cobra intereses del 14 por ciento. • *Prices have fallen by six percent.* Los precios han bajado un 6 por ciento. • [+of]: *40 percent of the population live in the capital.* El 40 por ciento de la población vive en la capital.

percent² W1 *adj, adv* por ciento: *Students get a 20 percent discount.* Los estudiantes reciben un 20 por ciento de descuento. • *a six percent pay rise* un aumento de sueldo del seis por ciento ▶ **a/one HUNDRED percent**, **give a/one HUNDRED percent**

per·cent·age S3 W2 /pə'sɛntɪdʒ/ *s*
1 [C,U] porcentaje • [+of]: *What percentage of your income do you save each month?* ¿Qué porcentaje de sus ingresos ahorra mensualmente? • **a high/large percentage** un alto/gran porcentaje • **a low/small percentage** un pequeño porcentaje • **in percentage terms** en términos porcentuales • **percentage increase/rise** aumento porcentual • **percentage rate** tasa porcentual
2 [C gralm sing] (percibido como beneficio) porcentaje, tanto por ciento

per·cep·ti·ble /pə'sɛptəbəl/ *adj* (*frml*) perceptible, notable • **barely perceptible** apenas perceptible ANT **imperceptible**

per·cep·ti·bly /pə'sɛptəbli/ *adv* (*frml*) perceptiblemente

per·cep·tion W3 /pə'sɛpʃən/ *s*
1 [C] (idea) impresión, percepción • [+of]: *children's perception of the world* la manera en que los niños perciben el mundo • [+that]: *There is a perception that all lawyers are overpaid.* Existe la percepción de que todos los abogados ganan demasiado.
2 [U] (con los sentidos) percepción: *drugs that alter perception* drogas que alteran la percepción
3 [U] perspicacia, agudeza

per·cep·tive /pə'sɛptɪv/ *adj* (*aprec*) perspicaz: *a perceptive remark* un comentario perspicaz • *a perceptive observer of the political scene* un perspicaz observador de la escena política

per·cep·tive·ly /pə'sɛptɪvli/ *adv* (*aprec*) con perspicacia

perch¹ /pətʃ/ *s* **1** [C] percha (de un ave) **2** [C] mirador, sitio elevado **3** [C,U] (pl **perch**, **perches**) perca (pez)

perch² *v* **1** [I] posarse (ave) • **perch on sth** posarse en algo (en una rama, etc.) • **perch in sth** posarse en algo (en un árbol, una mata) • **be perched** estar posado -a **2** [I,T] sentarse (en algo alto, estrecho, etc.) • **perch (yourself) on sth** sentarse/encaramarse a algo **3** [T] **perch sth on sth** poner/colocar algo sobre algo (en una posición no segura): *She perched the tray on her knees.* Se puso la bandeja sobre las rodillas. • **be perched on/upon/over sth** estar encaramado -a en algo: *The village was perched on top of a hill.* La aldea estaba encaramada en lo alto de una colina.

per·co·late /'pəkə,leɪt/ *v* **1** [I] difundirse, propagarse • **percolate through sth** difundirse en/propagarse por algo **2** [I siempre + adv/prep] filtrarse (agua, aire, luz) • **percolate (down) through sth** filtrarse a través de algo **3** [I] hacerse (café) SIN **perk**

per·co·la·tor /'pəkə,leɪtə/ (tb **'coffee ,percolator**) *s* [C] cafetera (para hacer café)

per·cus·sion /pə'kʌʃən/ *s* [U] **1** percusión: *percussion instruments* instrumentos de percusión **2** (en una orquesta) **the percussion** (tb **the percussion section**) la percusión ▶ ver ilustración en página 622

pe·remp·to·ry /pə'rɛmptəri/ *adj* (*frml*) perentorio -a

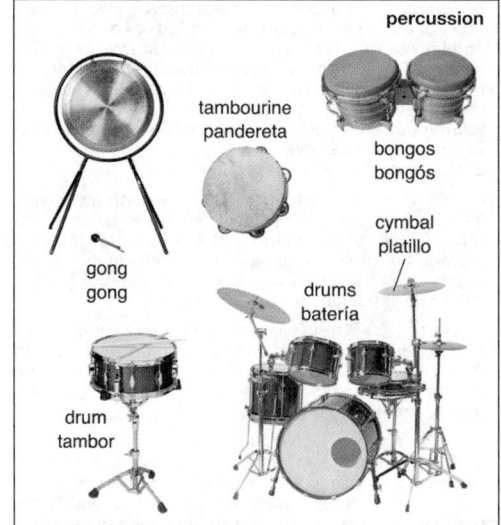

percussion

tambourine
pandereta

bongos
bongós

cymbal
platillo

gong
gong

drums
batería

drum
tambor

pe·ren·ni·al¹ /pəˈrɛniəl/ *adj* **1** [gralm ante s] eterno -a: *Teddy bears are a perennial favorite with children.* Los ositos de peluche son un eterno favorito de los niños. **2** perenne: *a perennial plant* una planta perenne ▶ ANNUAL, BIENNIAL

perennial² *s* [C] perenne ▶ ANNUAL, BIENNIAL

per·fect¹ S1 W2 /ˈpəfɪkt/ *adj* **1** perfecto -a: *She speaks perfect English.* Habla un inglés perfecto. • *The jeans were a perfect fit.* Los bluyines le quedaban perfectos. • [+**for**]: *It was a perfect day for a picnic.* Era un día ideal para un picnic. • *I thought that you were perfect for each other.* Ustedes me parecían una pareja perfecta. • **in perfect condition** en perfectas condiciones: *The car was in perfect condition.* El carro estaba en perfectas condiciones. • **the perfect place/opportunity/time to do sth** el lugar/la oportunidad/el momento ideal para hacer algo: *It was the perfect place to write a book.* Era el lugar ideal para escribir un libro. • **have perfect pitch** tener oído absoluto **2** [solo ante s] (para enfatizar) **a perfect stranger/idiot** un perfecto desconocido/auténtico idiota, una perfecta desconocida/auténtica idiota: *I felt like a perfect idiot.* Me sentí como una auténtica idiota. • **a perfect angel** un verdadero ángel • **have a perfect right to do sth** estar en todo su derecho de hacer algo: *You have a perfect right to refuse.* Estás en todo tu derecho de negarte. • **make perfect sense** ser completamente lógico -a **3** [solo ante s] (*técn*) (en gramática) perfecto -a: *the perfect tense* el pretérito perfecto ▶ PRACTICE makes perfect

EXPRESIONES
nobody's perfect (*oral*) nadie es perfecto • **the perfect gentleman/host** un perfecto caballero/anfitrión: *She isn't exactly the perfect student.* No es precisamente la estudiante perfecta.

per·fect² /pəˈfɛkt/ *v* [T] perfeccionar

per·fect³ /ˈpəfɪkt/ *s* **the perfect** (*técn*) el pretérito perfecto SIN **present perfect** ▶ FUTURE PERFECT, PAST PERFECT

per·fec·tion /pəˈfɛkʃən/ *s* [U] **1** perfección • **to perfection** a la perfección, perfectamente: *His strategy worked to perfection.* Su estrategia funcionó a la perfección. • *The meat was cooked to perfection.* La carne estaba en su punto justo. **2** perfeccionamiento **3 be perfection** ser perfecto -a

per·fec·tion·ist /pəˈfɛkʃənɪst/ *s* [C] perfeccionista

per·fect·ly S2 W3 /ˈpəfɪktli/ *adv* **1** perfectamente, totalmente: *Her reaction was perfectly*

normal. Su reacción fue totalmente normal. • **know/understand/manage perfectly well** saber/entender/arreglárselas perfectamente: *You know perfectly well what the problem is.* Sabes perfectamente cuál es el problema. • **perfectly good** *They threw out a perfectly good fridge.* Tiraron una nevera que estaba perfecta. **2** a la perfección: *The plan worked perfectly.* El plan funcionó a la perfección.

per·fo·rat·ed /ˈpəfəˌreɪtɪd/ *adj* [gralm ante s] **1** (en la superficie) perforado -a **2** (*técn*) (úlcera, tímpano) perforado -a

per·fo·ra·tion /ˌpəfəˈreɪʃən/ *s* [C,U] (*frml*) perforación

per·form S3 W1 /pəˈfɔrm/ *v*
1 [I] actuar ▶ **perform** puede equivaler a *actuar, tocar, cantar* o *bailar* según el tipo de artista de que se trate: *The band are performing in Chicago tomorrow.* La banda toca mañana en Chicago. • *The tenor's never performed in London before.* El tenor nunca cantó en Londres. • **perform in sth** actuar en algo: *She is currently performing in "Romeo and Juliet."* Actualmente actúa en "Romeo y Julieta".
2 [T] interpretar (una pieza musical, un papel teatral) representar, interpretar (una obra): *The opera was first performed in 1810.* La ópera fue interpretada por primera vez en 1810.
3 [T] **perform an operation** practicar una operación (quirúrgica): *Surgeons performed an emergency operation.* Los cirujanos practicaron una operación de emergencia. • **perform a task/a duty** desempeñar una tarea: *Computers are able to perform numerous tasks.* Los computadores pueden desempeñar numerosas tareas. • **perform a service** prestar un servicio • **perform a function/a role** cumplir una función/un rol • **perform an experiment/a study/an analysis** llevar a cabo un experimento/un estudio/un análisis • **perform a ceremony** oficiar una ceremonia SIN **carry out**
4 [I] (rendimiento) *A child's background affects how he or she performs at school.* Los antecedentes de un niño afectan su rendimiento escolar. • **perform well/badly** tener un buen/mal rendimiento: *Most of our players performed well.* La mayoría de nuestros jugadores tuvieron un buen rendimiento. ▶ **work/perform** MIRACLES

per·form·ance S2 W1 /pəˈfɔrməns/ *s*
1 [C] actuación, interpretación, representación: *It was the band's last performance together.* Fue la última actuación del grupo antes de separarse. • [+**of**]: *The festival opens with a performance of Mozart's Requiem.* El festival empieza con una interpretación del Requiem de Mozart. • **a live performance** una actuación en vivo • **give a performance** ofrecer una representación/una actuación • **a brilliant/magnificent/superb performance** *his magnificent performance in "Hamlet"* su magnífica actuación en "Hamlet" • **a moving performance** una interpretación conmovedora
2 [C] función: *This evening's performance begins at 8:00 p.m.* La función de esta noche empieza a las 8. • [+**of**]: *There are two more performances of the ballet this week.* Hay dos funciones más del ballet esta semana.
3 [C,U] (de un alumno, un trabajador, etc.) rendimiento, actuación: *His performance at school was better this year.* Este año su rendimiento escolar fue mejor. • *the company's economic performance* los resultados económicos de la empresa • **poor/good performance** mal/buen rendimiento • **performance indicator** indicador de rendimiento
4 [U] (de tareas, obligaciones) desempeño
5 [U] (de un carro, una máquina) rendimiento
6 [U] (de una inversión) rendimiento ▶ HIGH-PERFORMANCE

per·form·er /pəˈfɔrmə/ *s* [C] **1** (en teatro, cine) actor, actriz; (músico) intérprete; (en un circo) artista: *a group of talented young performers* un grupo de jóvenes intérpretes de talento • **a street performer** un artista callejero • **a circus performer** un artista de circo **2** (referido a los resultados obtenidos) **a top/outstanding/star performer** *one of last year's top performers on the stock exchange* uno de los fondos de mejor rendimiento en bolsa el año pasado • *Beckham is the team's star performer.* Beckham es la estrella del equipo. • *This product has been an outstanding performer.* Este producto funcionó de maravilla. • **be a good/bad performer** tener buen/mal rendimiento

per·form·ing 'arts *s* **the performing arts** [pl] las artes escénicas

per·fume¹ /ˈpɚfyum, pɚˈfyum/ *s* **1** [C,U] perfume SIN **scent, fragrance** ▶ COLOGNE **2** [C gralm sing] aroma SIN **scent, fragrance**

per·fume² /pɚˈfyum/ *v* [T] **1** (*liter*) (impregnar con un aroma) perfumar: *Roses perfumed the evening air.* Las rosas perfumaban el aire de la noche. **2** (poner perfume a) perfumar

per·fumed /pɚˈfyumd/ *adj* [gralm ante s] **1** perfumado -a: *perfumed soap* jabón perfumado **2** (naturalmente) perfumado -a: *exquisitely perfumed flowers* flores exquisitamente perfumadas

per·func·to·ry /pɚˈfʌŋktəri/ *adj* (*frml*) somero -a, superficial

per·haps S2 W1 /pɚˈhæps/ *adv*
1 a lo mejor, quizá(s), tal vez: *Perhaps she's in the garden.* A lo mejor está en el jardín. • **perhaps/perhaps not** (*oral*) puede que no, quizá sí/quizá no: *"I think it'll rain." "Yes, perhaps."* –Me parece que va a llover. –Sí, puede ser. SIN **maybe**
2 (para matizar una opinión) quizá(s), tal vez: *This is, perhaps, her finest novel yet.* Esta es, quizás, su mejor novela hasta el momento. SIN **maybe**
3 (en conjeturas) *He was perhaps 40 years old.* Tendría unos 40 años. SIN **maybe**
4 (*oral*) (en sugerencias, peticiones) tal vez, quizá(s), a lo mejor: *Perhaps we could have lunch outside.* Tal vez podríamos almorzar afuera. SIN **maybe**

per·il /ˈpɛrəl/ *s* (*frml*) **1** [U] peligro, riesgo ▶ En contextos no formales se utiliza **danger**. • **in peril** en peligro: *They put their own lives in peril to rescue their friends.* Pusieron sus propias vidas en peligro para rescatar a sus amigos. **2** [C gralm pl] (problema, situación peligrosa) riesgo, peligro • **the perils of sth** los riesgos/peligros de algo

EXPRESIONES
do sth at your peril *We destroy the rainforests at our peril.* Corremos graves riesgos al destruir las selvas tropicales.

per·il·ous /ˈpɛrələs/ *adj* (*frml*) peligroso -a

per·il·ous·ly /ˈpɛrələsli/ *adv* (*frml*) peligrosamente SIN **dangerously**
EXPRESIONES
come/be perilously close to sth estar a punto de algo, estar peligrosamente cerca de algo: *We came perilously close to losing our home.* Estuvimos a punto de perder nuestra casa.

pe·rim·e·ter /pəˈrɪmət̬ɚ/ *s* [C] perímetro • **perimeter fence** cerca perimetral

pe·ri·od¹ S1 W1 /ˈpɪriəd/ *s* [C]

1	de tiempo
2	en la historia
3	en la vida de una persona
4	en la obra de un artista
5	en la escuela
6	menstruación
7	en puntuación
8	en un partido de hockey

1 DE TIEMPO periodo, espacio de tiempo: *Both his parents died within a short period.* Sus padres murieron ambos en un corto espacio de tiempo. • **a period of time** un periodo (de tiempo): *His playing improved in a short period of time.* Su juego mejoró en poco tiempo. • *The new tax will be introduced over a period of time.* El nuevo impuesto se introducirá gradualmente. • **a period of 3 months/10 years** (tb **a 3-month/10-year period**) un periodo de 3 meses/10 años, un plazo de 3 meses/10 años: *The loan must be repaid over a 2-year*

period. El crédito debe pagarse en un plazo de dos años. • **sunny periods** claros (de sol) • **a trial period** un periodo de prueba

2 EN LA HISTORIA periodo: *the post-war period* el periodo de posguerra • **a period of/in history** un periodo de la historia: *an extremely violent period in the country's history* un periodo extremadamente violento de la historia del país

3 EN LA VIDA DE UNA PERSONA [gralm sing] etapa • **a period in sb's life/development** una etapa de la vida/en el desarrollo de alguien: *It was one of the happiest periods in my life.* Fue una de las etapas más felices de mi vida. • **go through a period** atravesar una etapa/un momento: *Our marriage was going through a difficult period.* Nuestro matrimonio atravesaba una etapa difícil.

4 EN LA OBRA DE UN ARTISTA [gralm sing] periodo • **sb's early/late period** el periodo temprano/tardío de alguien

5 EN LA ESCUELA hora: *What class do you have first period?* ¿Qué clase tienes en la primera hora?

6 MENSTRUACIÓN regla, periodo

7 EN PUNTUACIÓN punto

8 EN UN PARTIDO DE HOCKEY tiempo

EXPRESIONES
..., period! (*oral*) ¡... y se acabó!, ¡... y punto!

period² *adj* [solo ante s] de época (traje, muebles, etc.)

pe·ri·od·ic /ˌpɪriˈadɪk◂/ (tb **periodical**) *adj* [solo ante s] periódico -a • **at periodic intervals** periódicamente

pe·ri·od·i·cal /ˌpɪriˈadɪkəl/ *s* [C] revista (científica, etc.) ▶ JOURNAL, WEEKLY

pe·ri·od·i·cal·ly /ˌpɪriˈadɪkli/ *adv* periódicamente, regularmente

periodic 'table, Periodic Table *s* **the periodic table** la tabla periódica (de elementos)

per·i·pa·tet·ic /ˌpɛrəpəˈtɛt̬ɪk◂/ *adj* (*frml*) itinerante

pe·riph·e·ral /pəˈrɪfərəl/ *adj* **1** (*frml*) marginal, secundario -a **2** [gralm ante s] (*frml*) periférico -a **3** **peripheral device** (dispositivo) periférico

pe·ripheral 'vision *s* [U] visión periférica

pe·riph·er·y /pəˈrɪfəri/ *s* [C gralm sing] (pl **peripheries**) (*frml*) periferia • **on/at the periphery (of sth)** en la periferia (de algo) SIN **edge**

per·i·scope /ˈpɛrəˌskoup/ *s* [C] periscopio

per·ish /ˈpɛrɪʃ/ *v* [I] **1** (*liter*) perecer **2** (*frml*) deteriorarse (madera, cuero, etc.), echarse a perder (alimentos)
EXPRESIONES
Perish the thought! (*oral*) ¡Dios nos libre!

per·ish·a·ble /ˈpɛrɪʃəbəl/ *adj* (*frml*) perecedero -a: *perishable goods* artículos perecederos

per·jure /ˈpɚdʒɚ/ *v* **perjure yourself** (*jur*) cometer perjurio

per·ju·ry /ˈpɚdʒəri/ *s* [U] perjurio • **commit perjury** cometer perjurio

perk¹ /pɚk/ *s* [C gralm pl] ventaja, beneficio (adicional): *One of the perks of the job is the company car.* Una de las ventajas del trabajo es el carro de la empresa.

perk² *v* (*coloq*)
perk up *v+partíc* **1** **perk up** animarse: *She perked up when Sam arrived.* Se animó cuando llegó Sam. **2** **perk sb up** animar a alguien **3** **perk up** repuntar: *Share prices have perked up again.* Los precios de las acciones han repuntado. **4** **perk sth ↔ up** darle vida a algo

perk·y /ˈpɚki/ *adj* (**perkier**, **perkiest**) (*coloq*) lleno -a de vida y energía

perm¹ /pɚm/ *s* [C gralm sing] **1** permanente • **to have a perm** hacerse la permanente **2** pelo con permanente: *a woman with a blonde perm* una mujer de pelo rubio con permanente

perm² *v* [T] **have your hair permed** hacerse (la/una) permanente

per·ma·frost /'pɔ·mə,frɔst/ s [U] permafrost (capa de hielos permanentes)

per·ma·nence /'pɔ·mənəns/ s [U] permanencia

per·ma·nent[1] ⑤③ ⓦ /'pɔ·mənənt/ adj permanente: *the permanent members of the UN Security Council* los miembros permanentes del Consejo de Seguridad de la ONU • *a permanent job* un trabajo fijo • *Luckily, there was no permanent damage.* Por suerte, no hubo daños irreparables. • **a permanent fixture** *My daughter's boyfriend's a permanent fixture in the house.* El novio de mi hija es como parte del mobiliario de la casa. ⓐⓝⓣ **temporary**

permanent[2] s [C] permanente (en el cabello) ⓢⓘⓝ **perm**

per·ma·nent·ly /'pɔ·mənəntli/ adv permanentemente, de por vida: *He decided to settle permanently in Paris.* Decidió establecerse en París de forma permanente. • *The accident left him permanently disabled.* El accidente le dejó incapacitado de por vida. ▶ ver nota en **ALWAYS**

,permanent 'press s [U] tratamiento efectuado a una tela para que no se arrugue o las telas tratadas

per·me·a·ble /'pɔ·miəbəl/ adj (técn) permeable

per·me·ate /'pɔ·mi,eɪt/ v **1** [T] (ideas, sentimientos) impregnar, estar presente en **2** [I siempre + adv/prep, T] (líquidos, olores) impregnar • **permeate through/into sth** filtrarse por/en algo, penetrar a través de/en algo

permed /pɔ·md/ adj [gralm ante s] con permanente (pelo)

per·mis·si·ble /pɔ·'mɪsəbəl/ adj (frml) permisible, lícito -a • **it is permissible to do sth** es lícito hacer algo, está permitido hacer algo • **it is permissible for sb to do sth** es lícito que alguien haga algo, está permitido que alguien haga algo ⓢⓘⓝ **allowable**

per·mis·sion ⑤② /pɔ·'mɪʃən/ s [U] permiso, autorización • **permission to do sth** permiso/autorización para hacer algo: *We didn't have official permission to cross the border.* No teníamos autorización oficial para cruzar la frontera. • [+for]: *The owners want permission for a new housing development.* Los dueños quieren autorización para construir una nueva urbanización. • **without permission** sin permiso/autorización: *You're not allowed to take pictures here without permission.* Aquí no se pueden tomar fotografías sin autorización. • **ask (sb's) permission** pedir permiso (a alguien): *You should have asked my permission before taking the car.* Deberías haberme pedido permiso antes de agarrar el carro. • **give/grant (sb) permission** dar/otorgar permiso (a alguien): *They gave us permission to use the pool.* Nos dieron permiso para usar la piscina. • **get/obtain permission (from sb)** obtener permiso/autorización (de alguien): *I had to get official permission to visit the prison.* Tuve que obtener autorización oficial para visitar la cárcel. • **with your permission** (frml, oral) con su permiso • **by kind permission of sb/sth** por gentileza de alguien/algo

per·mis·sive /pɔ·'mɪsɪv/ adj permisivo -a: *the permissive society of the 1960s* la sociedad permisiva de los años 60

per·mis·sive·ness /pɔ·'mɪsɪvnɪs/ s [U] permisividad

per·mit[1] ⓦ② /pɔ·'mɪt/ v (**permitted**, **permitting**) **1** [T gralm en pasiva] (frml) permitir: *Smoking is only permitted in the public lounge.* Está permitido fumar sólo en la sala pública. • *Dogs are not permitted inside the store.* No se permite entrar con perros a la tienda. • **permit sb to do sth** permitirle a alguien hacer algo: *She was not permitted to attend any school activities.* No le permitían asistir a ninguna actividad escolar. • **permit sb sth** *Why was she permitted access to the premises?* ¿Por qué se le permitió la entrada al local? • *Workers are permitted 10 days leave per year.* Los trabajadores disponen de 10 días de licencia al año. ▶ ver nota en **ALLOW**
2 (hacer posible) **(a)** [T] permitir: *The new system permits greater flexibility.* El nuevo sistema permite mayor flexibilidad. • **permit sb to do sth** permitirle a alguien hacer algo: *The moon permitted me to see a little way into the distance.* La luz de la luna me permitía ver

un poco más allá. **(b)** [I] **weather permitting** si el tiempo lo permite, si hace buen tiempo • **if time permits** (tb **time permitting**) si hay tiempo

per·mit[2] /'pɔ·mɪt/ s [C] permiso (documento): *You can't park there without a permit.* No puede parquear allí sin un permiso. • [+for]: *Do you have a permit for that gun?* ¿Tiene permiso para portar esa arma? • **a permit to do sth** un permiso para hacer algo: *a permit to enter the United States* un permiso para ingresar a Estados Unidos • **a travel/export permit** un permiso de viaje/exportación • **a parking/fishing permit** un permiso de parqueo/pesca, un permiso de estacionamiento/pesca • **permit holder** titular de un permiso ▶ **WORK PERMIT**

per·mu·ta·tion /,pɔ·myʊ'teɪʃən/ s [C] **1** combinación ▶ **COMBINATION 2** (técn) permutación

per·ni·cious /pɔ·'nɪʃəs/ adj (frml) pernicioso -a: *the media's pernicious influence* la perniciosa influencia de los medios

per·ox·ide /pɔ·'rɑk,saɪd/ s [U] agua oxigenada, peróxido (de hidrógeno) • **peroxide blonde** rubia teñida ⓢⓘⓝ **bleach**

per·pen·dic·u·lar[1] /,pɔ·pən'dɪkyələ·/ adj perpendicular • **perpendicular to sth** perpendicular a algo ⓢⓘⓝ **vertical** ▶ **HORIZONTAL**

perpendicular[2] s (técn) **the perpendicular** [sing] la perpendicular

per·pe·trate /'pɔ·pə,treɪt/ v [T] (frml) perpetrar, cometer ⓢⓘⓝ **commit**

per·pe·tra·tor /'pɔ·pə,treɪtə·/ s [C] autor -a del crimen, responsable (de un acto ilegal) ⓢⓘⓝ **culprit**

per·pet·u·al /pɔ·'pɛtʃuəl/ adj [gralm ante s] **1** (repetido) permanente, constante: *perpetual interruptions* interrupciones permanentes ⓢⓘⓝ **constant 2** (ininterrumpido) perpetuo -a, eterno -a: *in perpetual darkness* en perpetua oscuridad ⓢⓘⓝ **constant**

per·pet·u·al·ly /pɔ·'pɛtʃuəli/ adv permanentemente, constantemente ⓢⓘⓝ **constantly**

per·pet·u·ate /pɔ·'pɛtʃu,eɪt/ v [T] perpetuar

per·pet·u·a·tion /pɔ·,pɛtʃu'eɪʃən/ s [U] perpetuación

per·pe·tu·i·ty /,pɔ·pə'tuəti/ s **in perpetuity** a perpetuidad

per·plex /pɔ·'plɛks/ v [T] (esp escrito) desconcertar, dejar perplejo -a ⓢⓘⓝ **puzzle**

per·plexed /pɔ·'plɛkst/ adj (esp escrito) perplejo -a, desconcertado -a • [+by/about]: *She seemed perplexed by the question.* La pregunta pareció desconcertarla. • *Investigators were perplexed about the motive for the killing.* Los investigadores estaban desconcertados respecto del móvil del asesinato. • **a perplexed expression** una expresión de perplejidad/desconcierto ⓢⓘⓝ **puzzled**

per se /,pɔ· 'seɪ/ adv en sí, per se

per·se·cute /'pɔ·sɪ,kyut/ v [T] **1** perseguir (por motivos políticos, religiosos) • **persecute sb for sth** perseguir a alguien por algo: *He was persecuted for his beliefs.* Fue perseguido por sus creencias. **2** acosar, fastidiar ⓢⓘⓝ **harass**

per·se·cu·tion /,pɔ·sɪ'kyuʃən/ s [C,U] persecución

per·se·cu·tor /'pɔ·sɪ,kyutə·/ s [C] perseguidor -a

per·se·ver·ance /,pɔ·sə'vɪrəns/ s [U] (aprec) perseverancia

per·se·vere /,pɔ·sə'vɪr/ v [I] (aprec) perseverar, insistir • **persevere with sth** perseverar en/con algo, seguir insistiendo con algo: *He persevered with his efforts, and finally succeeded.* Perseveró en sus esfuerzos y finalmente lo logró. • **persevere with sb** seguir insistiendo con alguien • **persevere in doing sth** insistir en hacer algo

Per·sian /'pɔ·ʒən/ s [C] persa

per·sist /pɔ·'sɪst/ v [I] **1** (en una actitud poco razonable) **persist in (doing) sth** (peyor) empeñarse en (hacer) algo, persistir en (hacer) algo: *Why does she persist in believing she doesn't need any help?* ¿Por qué se empeña en creer que no necesita ayuda? • *He persisted in his refusal to admit responsibility.* Persistió en su negativa a reconocer su responsabilidad. **2** (perseverar) insistir: *He persisted and eventually someone came to the door.* Insistió y finalmente alguien salió a la puerta. • **persist with sth** persistir en algo, insistir con algo: *Anna persisted with her studies in spite of financial problems.* Anna persistió en sus estudios a pesar de sus problemas económicos. • **persist in your efforts** persistir en sus esfuerzos, seguir intentando **3** (continuar) persisitir: *If the pain persists, call a doctor.* Si el dolor persiste, llame al médico.

per·sist·ence /pəˈsɪstəns/ *s* [U] **1** perseverancia, tenacidad **2** persistencia: *the persistence of inequalities* la persistencia de la inequidad

per·sist·ent /pəˈsɪstənt/ *adj* **1** reincidente • **a persistent offender** un (delincuente/infractor) reincidente **2** persistente (dolor, problema, lluvia): *Unemployment is a persistent problem.* El desempleo es un problema persistente. **3** insistente, tenaz (persona, mosquito), reiterado -a (esfuerzo, crítica, intento): *He was very persistent, and in the end I agreed.* Fue muy insistente, y al final acepté.

per·sist·ent·ly /pəˈsɪstəntli/ *adv* **1** (continuamente) persistentemente **2** (tenazmente) reiteradamente, persistentemente

per·son S1 W1 /ˈpɜːsən/ *s* **1** [C] (pl **people** /ˈpiːpəl/) persona: *She was the only person who said anything helpful.* Fue la única persona que dijo algo útil. • *There were several people waiting.* Había varias personas esperando. • **kind/type/sort of person** clase/tipo de persona: *What type of person do you usually go out with?* ¿Con qué clase de persona sales generalmente? • **as a person** como persona: *I like her as a person, but not as a boss.* Me gusta como persona, pero no como jefa. • **per person** por persona: *The meal cost $40 per person.* La comida salió 40 dólares por persona. **2** [C] (pl **persons**) (*frml*) (en textos oficiales, informes, letreros) persona: *This elevator can hold up to 12 persons.* Este ascensor tiene una capacidad de hasta 12 personas. • *robberies committed by a person or persons unknown* robos cometidos por una persona o personas desconocidas. **3** [C] (pl **persons**) (*frml*) (a uno mismo) persona • **on/about your person** encima: *Customs officers found a gun concealed about his person.* Los funcionarios de aduana encontraron que llevaba un arma oculta encima. **4** **a morning person/a city person/a cat person** (expresando preferencias) *I'm not really a morning person.* No soy una persona mañanera, la verdad. • *I've always been an outdoor person.* Siempre me ha gustado la vida al aire libre. **5** [sing] (en gramática) persona • **first/second/third person** primera/segunda/tercera persona: *The book is written in the third person.* El libro está escrito en tercera persona. ▶ CHAIRPERSON, PEOPLE, SALESPERSON, SPOKESPERSON

EXPRESIONES

in person en persona: *You have to sign it in person.* Tiene que firmarlo usted en persona. SIN **personally** • **in the person of sb** (*frml*) en la persona de alguien: *I was met by the police, in the person of Sergeant Black.* Fui recibido por la policía, en la persona del Sargento Black.

⚠ En la mayoría de los casos, el plural de **person** es **people**. Se usa **persons** en lenguaje formal u oficial, sobre todo escrito:
Work in groups of four people (✗ *persons*).
They are the most important people (✗ *persons*) *in our school.*

per·so·na /pəˈsoʊnə/ *s* [C] (pl **personas**, **personae** /-niː/) imagen (que proyecta una persona)

per·son·a·ble /ˈpɜːsənəbəl/ *adj* agradable

per·son·age /ˈpɜːsənɪdʒ/ *s* [C] (*frml*) personaje

per·son·al[1] S2 W1 /ˈpɜːsənəl/ *adj*

1 de un individuo
2 no público
3 no compartido
4 entre personas
5 crítica
6 del cuidado de la persona

1 DE UN INDIVIDUO [solo ante s] personal: *a great personal tragedy* una enorme tragedia personal • *I take full personal responsibility for everything that's happened.* Asumo plena responsabilidad por todo lo sucedido. • **my personal view/opinion** mi opinión personal: *My personal view is that we should offer him the job.* Mi opinión personal es que deberíamos ofrecerle el puesto. • **personal taste** gusto (personal): *Style and color are a matter of personal taste.* El estilo y el color son cuestión de gusto. • **personal qualities** cualidades (de una persona) • **personal experience** experiencia propia (experiencias personales): *I know from personal experience that you just can't trust her.* Sé por experiencia propia que no te puedes fiar de ella. • **personal development** desarrollo personal • **a personal touch** un toque personal • **for personal use** para uso personal • **personal possessions/belongings** pertenencias • **personal effects** (*esp escrito*) efectos personales

2 NO PÚBLICO privado -a, personal: *Can I ask you a personal question?* ¿Te puedo hacer una pregunta personal? • *We're not allowed to make personal phone calls at work.* No nos permiten hacer llamadas particulares en el trabajo. • **personal information/details** información personal/señas personales • **sb's personal life** la vida privada de alguien: *I don't answer questions about my personal life.* No contesto preguntas sobre mi vida privada. • **for personal reasons** por motivos personales: *She said she was resigning for personal reasons.* Dijo que renunciaba por motivos personales. • **personal problems** problemas personales • **personal feelings** sentimientos (propios): *Men often find it hard to talk about their personal feelings.* A los hombres les suele costar hablar de sus sentimientos.

3 NO COMPARTIDO propio -a, personal: *I have my own personal secretary.* Tengo mi propia secretaria.

4 ENTRE PERSONAS personal: *on/at a personal level* a nivel personal • **personal relationships** relaciones personales • **personal chemistry** química (entre personas) • **personal contact** contacto con otras personas • **a personal friend** un amigo personal • **personal attention** atención personalizada

5 CRÍTICA personal: *a bitter personal attack on the president* un duro ataque personal al presidente • **personal remarks/comments** comentarios personales • **get personal** llevar las cosas a un plano personal • **(it's) nothing personal** no es nada personal, no tengo nada personal contra ti/ustedes

6 DEL CUIDADO DE LA PERSONA [solo ante s] personal: *the importance of personal hygiene* la importancia de la higiene personal • **sb's personal appearance** el aspecto (físico) de alguien

personal[2] *s* [C] **1** (tb **ˈpersonal ad**) anuncio personal (para buscar pareja, etc.) **2 the personals** [pl] los anuncios personales (en un periódico)

ˌpersonal asˈsistant (abrev **PA**) *s* [C] asistente personal • **personal assistant to sb** asistente personal de alguien

ˌpersonal ˈbest *s* [C] récord personal, mejor marca personal

ˌpersonal comˈputer (abrev **PC**) *s* [C] computador personal, computadora personal

per·son·al·i·ty S2 W3 /ˌpɜːsəˈnæləti/ *s* (pl **personalities**) **1** [C,U] (carácter) personalidad: *Her father had a very strong personality.* Su padre tenía una personalidad muy fuerte. • *Our personalities are very different.* Tenemos personalidades muy distintas. ▶ CHARACTER **2** [C] (persona famosa) personalidad, figura • **a TV/radio/sports personality** una figura (del mundo) de la televisión/la radio/los deportes ▶ CELEBRITY **3** [U] (carácter interesante) personalidad, carácter: *He*

has absolutely no personality. No tiene nada de personalidad.
4 [C,U] (de un lugar, un objeto) personalidad, carácter

per·son'ality ˌcult *s* [C] culto a la personalidad

per·son·al·ize /ˈpɜːsənəˌlaɪz/ *v* [T] **1** (en un debate, un enfrentamiento) llevar al plano personal **2** (adaptar) personalizar **3** (en decoración) dar un toque personal a, hacer más personal

per·son·al·ized /ˈpɜːsənəˌlaɪzd/ *adj* **1** (ataques, críticas) a nivel personal: *a personalized campaign against the president* una campaña contra el presidente a nivel personal **2** (adaptado a un individuo) personalizado -a: *a personalized service* un servicio personalizado **3** con membrete, con iniciales, etc.: *personalized stationery* papel de carta con membrete

P

per·son·al·ly S2 W3 /ˈpɜːsənəli/ *adv*

1 al dar una opinión
2 uno mismo
3 en particular
4 de forma directa
5 al criticar
6 en la vida privada

1 AL DAR UNA OPINIÓN [adv oracional] (*esp oral*) personalmente: *Personally, I don't think much of the idea.* A mí personalmente no me parece una buena idea.
2 UNO MISMO personalmente, en persona: *I'll deal with the matter personally.* Voy a ocuparme del asunto personalmente. SIN **in person**
3 EN PARTICULAR personalmente • **personally responsible** personalmente responsable
4 DE FORMA DIRECTA personalmente, como persona: *I don't know him personally.* No lo conozco personalmente.
5 AL CRITICAR de forma personal: *I didn't mean it personally!* ¡No quise ofenderte!
6 EN LA VIDA PRIVADA en el plano personal
EXPRESIONES
take sth personally (a) tomarse algo a mal, ofenderse: *Don't take it personally – she's rude to everyone.* No te lo tomes a mal, es grosera con todos. **(b)** sentirse culpable de algo: *They take it personally when they lose a game.* Se sienten culpables cuando pierden un partido.

ˌpersonal 'organizer *s* [C] **1** agenda **2** agenda electrónica, organizador personal

ˌpersonal 'pronoun *s* [C] (*técn*) pronombre personal

ˌpersonal 'stereo *s* [C] pequeño equipo de música portátil, como un Walkman®, un Discman®, una radio, etc.

ˌpersonal 'trainer *s* [C] entrenador -a personal

per·son·i·fi·ca·tion /pəˌsɒnəfəˈkeɪʃən/ *s* **1 be the personification of evil/goodness/innocence** ser la maldad/bondad/inocencia personificada **2** [C,U] personificación

per·son·i·fy /pəˈsɒnəˌfaɪ/ *v* [T] (**personifies, personified, personifying**) personificar • **to be evil/charm personified** ser la maldad personificada/el encanto personificado

per·son·nel W3 /ˌpɜːsəˈnel/ *s*
1 [pl] personal: *All personnel must attend the meeting.* Todo el personal debe asistir a la reunión. SIN **staff**
2 (departamento/sección de) personal: *A copy of the letter should be sent to personnel.* Una copia de la carta debería mandarse al departamento de personal. SIN **human resources** • **personnel department** departamento de personal • **personnel manager** jefe -a de personal • **personnel officer** administrador -a de personal

per·spec·tive S2 W3 /pəˈspektɪv/ *s*
1 [C] (punto de vista) perspectiva, visión • [+**on**]: *His father's death gave him a new perspective on life.* La muerte de su padre le dio una nueva perspectiva sobre la vida. • **from sb's perspective** (tb **from the perspective of sb**) desde la perspectiva de alguien: *The novel is written from a child's perspective.* La novela está escrita desde la perspectiva de un niño. • **from a historical/Western perspective** desde una perspectiva histórica/occidental • **a wider/broader perspective** una perspectiva más amplia
2 [U] **keep things in perspective** no exagerar la importancia de las cosas • **put/get sth into perspective** poner algo en perspectiva, ver algo en su justa medida • **get sth out of perspective** exagerar la importancia de algo • **lose your/all sense of perspective** perder de vista la verdadera dimensión de los problemas
3 [U] (en dibujo) perspectiva • **be in/out of perspective** estar/no estar en perspectiva
4 [C] (paisaje) (*frml*) vista, perspectiva SIN **view**

per·spi·ca·cious /ˌpɜːspɪˈkeɪʃəs◂/ *adj* (*frml*) perspicaz

per·spi·ra·tion /ˌpɜːspəˈreɪʃən/ *s* [U] (*frml*) **1** (líquido) transpiración, sudor SIN **sweat** **2** (proceso) transpiración, sudoración

per·spire /pəˈspaɪə/ *v* [I] (*frml*) transpirar SIN **sweat**

per·suade W3 /pəˈsweɪd/ *v* [T]
1 persuade sb (to do sth) convencer a alguien (de/para que haga algo): *It took me ages to persuade him.* Me llevó años convencerlo. • *We persuaded her to come with us.* La convencimos de que viniera con nosotros. • **try/manage/fail to persuade sb** intentar/lograr/no lograr convencer a alguien: *My friend's been trying to persuade me to do aerobics with her.* Mi amiga ha estado intentando convencerme para que haga aeróbicos con ella. • **sb took/needed a lot of persuading** hubo que insistirle mucho a alguien: *She didn't need much persuading to come for a meal.* No hizo falta insistirle mucho para que viniera a comer. • **persuade sb into doing sth** convencer a alguien de que haga algo (que luego lamentará)
2 (hacer creer) convencer: *I am not persuaded by these arguments.* Esos argumentos no me convencen. • **persuade sb (that)** convencer a alguien de que: *His answer persuaded me I was wrong.* Su respuesta me convenció de que estaba equivocada. • **persuade sb of sth** convencer a alguien de algo: *She must persuade the jury of her innocence.* Debe convencer al jurado de su inocencia. SIN **convince**

per·sua·sion /pəˈsweɪʒən/ *s* **1** [U] persuasión • **gentle persuasion** métodos de persuasión sutiles, discreta insistencia • **powers of persuasion** poder de persuasión • **it took a great deal of/it didn't take much persuasion** hubo/no hubo que insistir mucho • **with/after a little persuasion** insistiendo un poco **2** [C] (*frml*) convicción, opinión: *politicians of all persuasions* políticos de todas las ideologías • **political persuasion** ideología política, opiniones políticas • **religious persuasion** creencias religiosas

per·sua·sive /pəˈsweɪsɪv/ *adj* **1** persuasivo -a (persona) **2** convincente (argumento, pruebas) SIN **convincing**

per·sua·sive·ly /pəˈsweɪsɪvli/ *adv* de modo persuasivo

pert /pɜːt/ *adj* **1** (partes del cuerpo) firme **2** (mujeres) desenfadada, pizpireta

per·tain /pəˈteɪn/ *v*
pertain to sth *v+partíc* (*frml*) estar relacionado -a con algo • **pertaining to sth** relacionado -a con algo: *important documents pertaining to the case* documentos importantes relacionados con el caso

per·ti·nence /ˈpɜːtⁿn-əns/ *s* [U] (*frml*) pertinencia SIN **relevance**

per·ti·nent /ˈpɜːtⁿn-ənt/ *adj* (*frml*) pertinente • [+**to**]: *facts that are pertinent to our discussion* datos pertinentes para nuestra discusión SIN **relevant**

per·turb /pəˈtɜːb/ *v* [T] (*frml*) afectar, perturbar: *She wasn't at all perturbed by the news.* La noticia no la afectó en lo más mínimo.

per·turbed /pəˈtɜːbd/ *adj* (*frml*) preocupado -a, inquieto -a

Pe·ru /pəˈruː/ Perú

pe·rus·al /pə'ruzəl/ *s* [C,U] (*frml*) examen (de un texto): *after careful perusal of all the documents* tras un examen minucioso de todos los documentos • *I enclose a resume for your perusal.* Adjunto una hoja de vida para su consideración.

pe·ruse /pə'ruz/ *v* [T] (*frml*) examinar, leer minuciosamente

Pe·ru·vi·an /pə'ruviən/ *s* [C], *adj* peruano -a

per·vade /pə'veɪd/ *v* [T] (olor) impregnar; (luz) difundirse por: *A strange smell pervaded the air.* Un olor extraño impregnaba el aire. • *the culture of violence that pervades our society* la cultura de la violencia, tan extendida en nuestra sociedad

per·va·sive /pə'veɪsɪv/ *adj* penetrante (olor), generalizado -a (idea)

per·verse /pə'vəs/ *adj* **1** (personas, actitudes) retorcido -a, difícil • **be perverse to do sth** ser un contrasentido hacer algo: *It would be perverse to refuse.* Rehusarse sería un contrasentido. **2** (placeres) morboso -a, malsano -a **3** (en lo sexual) pervertido -a SIN **perverted**

per·verse·ly /pə'vəsli/ *adv* obstinadamente, contra toda lógica

per·ver·sion /pə'vəʒən/ *s* **1** [C,U] perversión **2** [C] **a perversion of sth** una deformación/tergiversación de algo: *His statement is a perversion of the truth.* Su declaración es una tergiversación de la verdad. **3** [U] **the perversion of sth** la deformación/alteración de algo: *the perversion of normal developmental processes* la alteración de los procesos normales de desarrollo

per·ver·si·ty /pə'vəsəti/ *s* [U] empecinamiento

per·vert¹ /pə'vət/ *v* [T] **1** tergiversar, pervertir, desviar **2** corromper, pervertir SIN **corrupt**

per·vert² /'pəvət/ *s* [C] pervertido -a, degenerado -a

per·vert·ed /pə'vətɪd/ *adj* **1** [gralm ante s] morboso -a, perverso -a **2** pervertido -a

pe·se·ta /pə'seɪtə/ *s* [C] peseta

pes·ky /'pɛski/ *adj* [gralm ante s] (**peskier, peskiest**) (*coloq*) molesto -a, latoso -a

pes·si·mism /'pɛsə,mɪzəm/ *s* [U] pesimismo ANT **optimism**

pes·si·mist /'pɛsəmɪst/ *s* [C] pesimista ANT **optimist**

pes·si·mis·tic /,pɛsə'mɪstɪk/ *adj* pesimista: *He has a pessimistic view of human nature.* Tiene una visión pesimista de la naturaleza humana. • [+**about**]: *I am pessimistic about our chances of success.* Soy pesimista en cuanto a nuestras posibilidades de éxito. ANT **optimistic**

pest /pɛst/ *s* [C] **1** plaga • **pest control** control de plagas **2** (*coloq*) pesado -a

pes·ter /'pɛstə/ *v* [T] darle la lata a • **pester sb for sth** *She keeps pestering me for money.* Está continuamente dándome la lata para que le dé dinero. • **pester sb to do sth** darle la lata a alguien para que haga algo: *He's always pestering me to go out with him.* Siempre está dándome la lata para que salga con él.

pes·ti·cide /'pɛstə,saɪd/ *s* [C] pesticida, plaguicida

pes·ti·lence /'pɛstələns/ *s* [C,U] pestilencia, hedor

pes·tle /'pɛsəl, 'pɛstl/ *s* [C] mano de mortero

pet¹ /pɛt/ *s* [C] mascota, animal (doméstico): *Some people keep rats as pets.* Algunas personas tienen ratas como mascotas. • **pet food** comida para mascotas • **pet owner** dueño -a de una mascota • **pet store** tienda de mascotas ▶ TEACHER'S PET

pet² *adj* [solo ante s] **1 a pet rabbit/snake/monkey** un conejo/una serpiente/un mono (que se tiene de mascota) **2** preferido -a (idea, proyecto, etc.) **3 my/her pet peeve** lo que más odio/odia: *Litter on the streets is one of my pet peeves.* La basura en las calles es una de las cosas que más odio. ▶ PET NAME

pet³ *v* (**petted, petting**) **1** [T] (de forma afectuosa) acariciar SIN **stroke** ▶ PAT **2** [I] (sexualmente) acariciarse, tocarse

pet·al /'pɛtl/ *s* [C] pétalo

pe·ter¹ /'pitə/ *v*
peter out *v+partíc* **1** decaer, irse apagando (conversación), amainar (tormenta, lluvias) **2** perderse (camino, sendero)

peter² *s* [C] (*malson, coloq*) chimbo

pe·tit bour·geois /,pɛti bʊr'ʒwɑ, pə,ti-/ *adj* pequeñoburgués -esa

pe·tite /pə'tit/ *adj* **1** menudo -a (mujer, tipo) **2** referido a tallas, especial para mujeres de baja estatura

pe·ti·tion¹ /pə'tɪʃən/ *s* [C] **1** (escrito) petición • **a petition against/for sth** una petición en contra de/a favor de algo: *a petition against the new road* una petición en contra de la nueva carretera • **sign a petition** firmar una petición • **draw up/get up a petition** iniciar/organizar una campaña de recolección de firmas • **petition drive** campaña de recolección de firmas **2** (*jur*) (en derecho) demanda, petición • [+**for**]: *a petition for divorce* una demanda de divorcio • **file a petition** presentar una demanda/petición **3** (*frml*) (ruego) súplica, petición

petition² *v* [I,T] **1** (por escrito) elevar una petición (a) • **petition (sb) for sth** solicitar algo (a alguien) • **petition (sb) against sth** elevar una petición (a alguien) en contra de algo • **petition (sb) to do sth** elevar una petición (a alguien) para que se haga algo, solicitar (a alguien) que se haga algo **2** (en derecho) solicitar • **petition for sth** solicitar algo: *She has petitioned for divorce.* Ha presentado la demanda de divorcio. **3** (*frml*) (rogar) presentar una súplica, a suplicar

pe·ti·tion·er /pə'tɪʃənə/ *s* [C] peticionario -a

,pet 'name *s* [C] apodo (afectuoso)

pet·ri·fied /'pɛtrə,faɪd/ *adj* aterrado -a, petrificado -a • **be petrified of sth/sb** tenerle terror a algo/alguien: *I was petrified of him.* Le tenía terror.

pet·ri·fy /'pɛtrə,faɪ/ *v* [T] aterrorizar

pet·ro·chem·i·cal /,pɛtroʊ'kɛmɪkəl/ *s* [C] petroquímico

pe·tro·le·um /pə'troʊliəm/ *s* [U] petróleo: *petroleum products such as plastics* productos derivados del petróleo como los plásticos • *a petroleum company* una empresa petrolera ▶ PETROCHEMICAL

pet·ti·coat /'pɛti,koʊt/ *s* [C] enagua, fondo

pet·ti·ness /'pɛtɪnɪs/ *s* [U] (*peyor*) mezquindad, pequeñez ▶ PETTY

pet·ting /'pɛtɪŋ/ *s* [U] besuqueo

pet·ty /'pɛti/ *adj* (**pettier, pettiest**) **1** (*peyor*) mezquino -a ▶ PETTINESS **2** (*peyor*) nimio -a, insignificante: *a petty argument* una discusión trivial • *We started having arguments over petty little things.* Empezamos a pelear por nimiedades. SIN **trivial 3** [solo ante s] **petty crime/offenses** delitos menores, faltas, contravenciones • **a petty thief** un ladrón/una ladrona de poca monta • **a petty criminal/offender** un/una delincuente de poca monta **4** [solo ante s] (*peyor*) de poca monta, pequeño -a: *a petty bureaucrat* un chupatintas con ínfulas

,petty 'cash *s* [U] caja chica (dinero)

,petty 'officer *s* [C] suboficial de marina

pet·u·lance /'pɛtʃələns/ *s* [U] (*peyor*) mal humor

pet·u·lant /'pɛtʃələnt/ *adj* (*peyor*) malhumorado -a, impaciente

pew¹ /pyu/ *s* [C] banco (de iglesia)

pew² *interj* (*oral*) interjección usada cuando algo tiene muy mal olor

pew·ter /'pyutə/ *s* [U] peltre

PG /,pi 'dʒi/ (*abrev de* **Parental Guidance**) calificación usada para indicar que una película puede ser vista por menores pero acompañados de un adulto ▶ G, PG-13, R

PG-13 /,pi dʒi θə'tin‹/ (*abrev de* **Parental Guidance-13**) calificación usada para indicar que una película contiene escenas de sexo o violencia no adecuadas para menores de 13 años ▶ G, PG, R

phal·lic /'fælɪk/ *adj* fálico -a

phal·lus /'fæləs/ *s* [C] (*frml*) falo

phan·tom¹ /'fæntəm/ *s* [C] (*liter*) **1** fantasma, espectro SIN **ghost**, **specter 2** visión (de la imaginación) SIN **illusion**

phantom² *adj* [solo ante s] **1** (*liter*) fantasma: *a phantom ship* un barco fantasma **2** imaginario -a

phar·aoh, Pharaoh /'fɛroʊ, 'fæ-/ *s* [C] faraón

phar·ma·ceu·ti·cal /,farmə'sutɪkəl/ *adj* [solo ante s] farmacéutico -a: *the pharmaceutical industry* la industria farmacéutica

phar·ma·cist /'farməsɪst/ *s* [C] farmacéutico -a, farmaceuta, farmacista ▶ PHARMACY

phar·ma·col·o·gist /,farmə'kalədʒɪst/ *s* [C] farmacólogo -a

phar·ma·col·o·gy /,farmə'kalədʒi/ *s* [U] farmacología

phar·ma·cy /'farməsi/ *s* (*pl* **pharmacies**) **1** [C] (comercio) farmacia **2** [U] (estudios) farmacia ▶ PHARMACIST

phase¹ W3 /feɪz/ *s* [C]
1 (de un proceso) fase, etapa: *The election campaign was entering its final phase.* La campaña electoral entraba en su fase final. • *The next phase of the building program will start in 2008.* La próxima etapa del programa de construcción comenzará en 2008. • **in phases** por etapas: *The work will be carried out in phases.* El trabajo se realizará por etapas. SIN **stage**
2 (del crecimiento) **it's just a phase (he's/she's going through)** es algo pasajero, ya se le va a pasar: *Don't worry about your son – I'm sure it's just a phase.* No te preocupes por tu hijo; estoy segura de que es algo pasajero. • **go through a phase of sth** pasar por una etapa de algo • **a passing phase** algo pasajero
3 (de la luna, de un planeta) fase: *the phases of Venus* las fases de Venus

phase² *v* [T gralm en pasiva] realizar por etapas
phase sth ↔ in *v+partíc* introducir algo de forma gradual
phase sth ↔ out *v+partíc* eliminar/retirar algo de forma gradual

Ph.D. /,pi eɪtʃ 'di/ *s* [C] **1** doctorado • [+in]: *She has a Ph.D. in Biochemistry.* Tiene un doctorado en bioquímica. ▶ DOCTORATE **2** (usado como título detrás del nombre) *Jacqueline Hope, Ph.D.* Dra. Jacqueline Hope. **3** (persona) doctor -a

pheas·ant /'fɛzənt/ *s* **1** [C] (ave) faisán **2** [U] (carne) faisán

phe·nom·e·nal /fɪ'namənəl/ *adj* colosal, extraordinario -a: *The show was a phenomenal success.* El espectáculo fue un éxito colosal. SIN **amazing**, **incredible**

phe·nom·e·nal·ly /fɪ'namənəli/ *adv* extraordinariamente, increíblemente SIN **amazingly**, **incredibly**

phe·nom·e·non /fɪ'namənan, -,nan/ *s* (*pl* **phenomena** /-nə/) **1** [C] (suceso) fenómeno: *strange natural phenomena* fenómenos naturales extraños • *Homelessness is not a new phenomenon.* El fenómeno de los sin techo no es nuevo. **2** [sing] (éxito) fenómeno: *a publishing phenomenon* un fenómeno editorial **3** [sing] (persona) fenómeno: *an 18-year old tennis phenomenon* un fenómeno del tenis de 18 años

pher·o·mone /'fɛrə,moʊn/ *s* [C gralm pl] feromona

phew /fyu, hwyu/ *interj* (expresando cansancio, calor) uf, puf; (expresando alivio) menos mal

phi·al /'faɪəl/ *s* [C] ampolla (de medicamento, etc.)

phi·lan·der·er /fɪ'lændərə/ *s* [C] (*antic, peyor*) mujeriego

phi·lan·der·ing /fɪ'lændərɪŋ/ *s* [U] (*antic, peyor*) aventuras (de un mujeriego)

phil·an·throp·ic /,fɪlən'θrapɪk‹/ *adj* (*frml*) filantrópico -a SIN **benevolent**, **charitable**

phi·lan·thro·pist /fɪ'lænθrəpɪst/ *s* [C] (*frml*) filántropo -a SIN **benefactor**

phi·lan·thro·py /fɪ'lænθrəpi/ *s* [U] (*frml*) filantropía SIN **charity**

phi·lat·e·ly /fə'lætl-i/ *s* [U] filatelia

Phil·ip·pines /'fɪləpinz/ **the Philippines** las Filipinas

phil·is·tine¹ /'fɪlə,stin/ *s* [C] (*peyor*) inculto -a, ignorante

philistine² *adj* (*peyor*) inculto -a, ignorante

phi·lol·o·gy /fɪ'lalədʒi/ *s* [U] (*antic*) filología

phi·los·o·pher /fɪ'lasəfə/ *s* [C] filósofo -a

phil·o·soph·i·cal /,fɪlə'safɪkəl/ (*tb* **philosophic** /,fɪlə'safɪk/) *adj* **1** filosófico -a (pensamiento, debate) **2 be philosophical** tomarse la cosas con filosofía • [+about]: *Although he lost, he's remarkably philosophical about it.* Aunque perdió, se lo ha tomado con mucha filosofía.

phil·o·soph·i·cally /,fɪlə'safɪkli/ *adv* con filosofía, con resignación

phi·los·o·phize /fɪ'lasə,faɪz/ *v* [I,T] **philosophize (about sth)** filosofar (sobre algo)

phi·los·o·phy S2 W3 /fɪ'lasəfi/ *s* (*pl* **philosophies**)
1 [U] (disciplina) filosofía • **political/moral/social philosophy** filosofía política/moral/social
2 [C] (ideas) filosofía: *Eastern religions and philosophies* religiones y filosofías orientales • **a philosophy of life** una filosofía de vida

phish·ing /'fɪʃɪŋ/ *s* [U] phishing

phlegm /flɛm/ *s* [U] **1** (mucosidad) flema ▶ MUCUS **2** (*antic*) (calma) flema SIN **equanimity**

phleg·mat·ic /fleg'mætɪk/ *adj* flemático -a

pho·bi·a /'foʊbiə/ *s* [C,U] fobia • [+of/about]: *her phobia of heights* su fobia a las alturas • *She has a phobia about snakes.* Les tiene fobia a las serpientes.

pho·bic /'foʊbɪk/ *adj* fóbico -a • **be phobic about sth** tenerle fobia a algo

phoe·nix /'finɪks/ *s* [C] (ave) fénix

phone¹ S1 W1 /foʊn/ *s* [C,U] teléfono: *Can I use your phone?* ¿Puedo usar el teléfono? • *We could hear the phone ringing in the apartment above.* Oíamos que sonaba el teléfono en el departamento de arriba. • **answer the phone** contestar al teléfono • **pick up the phone** levantar el auricular, descolgar el teléfono • **come to the phone** ir/venir a atender (el teléfono): *He can't come to the phone right now.* No puede venir a atender en este momento. • **get off the phone** terminar de hablar por teléfono • **put down the phone** (*tb* **put the phone down**) colgar (el teléfono) • **by phone** (*tb* **over the phone**) por teléfono: *We can take orders by phone, fax or email.* Tomamos pedidos por teléfono, fax o email. • *I didn't want to tell you over the phone.* No te lo quería decir por teléfono. • **the phone went dead** se cortó la comunicación • **leave the phone off the hook** dejar el teléfono descolgado • **phone bill** cuenta de(l) teléfono • **phone company** compañía telefónica • **phone conversation** conversación telefónica • **phone line** línea telefónica • **phone number** (número de) teléfono ▶ CELL PHONE, MOBILE PHONE, PAY PHONE

EXPRESIONES
on the phone *Who was that on the phone?* ¿Quién fue que llamó? • *There's someone on the phone for you.* Hay una llamada para ti. • *Why didn't you tell me on the phone?* ¿Por qué no me lo dijiste por teléfono? • **be on the phone** estar hablando por teléfono: *My daughter is always on the phone.* Mi hija está siempre hablando por teléfono. • *He's on the phone right now.* Está hablando por teléfono en este momento.

phone² v **(a)** [T] llamar (por teléfono) a: *I phoned her apartment, but she wasn't there.* Llamé a su departamento, pero no estaba. • *Why didn't you phone the police?* ¿Por qué no llamaste a la policía? • *For more information, phone this number.* Para más información, llame a este número. **(b)** [I] llamar (por teléfono): *I'll phone again later.* Volveré a llamar más tarde.
phone (sb) back v+partíc **1** volver a llamar (a alguien) **2** devolver la llamada (a alguien)
phone in v+partíc **1 phone sth ↔ in** telefonear a un lugar para hacer un pedido, dar información, etc.: *I phoned my report in the following day.* Pasé mi informe por teléfono al día siguiente. **2 phone in** llamar (al trabajo) • **phone in sick** *Sarah phoned in sick that day.* Ese día Sarah llamó para decir que estaba enferma y que no podía ir a trabajar. **3 phone (sth) ↔ in** llamar a un programa de radio o TV (para dar una opinión, contar algo): *A lot of people phoned in offering to help.* Llamó mucha gente ofreciendo ayuda. • *We'll be asking listeners to phone their votes in to us.* Les vamos a pedir a los oyentes que nos llamen para votar. ► PHONE-IN
phone up v+partíc **phone (sb) ↔ up** llamar (a alguien): *I phoned him up and we arranged to meet.* Lo llamé por teléfono y quedamos para encontrarnos. SIN **phone**

¿**call, phone** o **telephone**?
Todos estos verbos significan llamar por teléfono.
En el inglés corriente, lo normal es usar **phone** o **call**.
El verbo **telephone** es bastante formal y no muy usado en el habla diaria.

'phone book s [C] directorio (telefónico) ► TELEPHONE DIRECTORY

'phone booth s [C] cabina (telefónica), caseta (telefónica)

'phone call s [C] llamada (telefónica): *There's a phone call for you.* Tienes una llamada. • **make a phone call** hacer una llamada (telefónica): *Would you mind if I made a phone call?* ¿Le molestaría que hiciera una llamada? • **get/receive a phone call** recibir una llamada: *She received a phone call from him later that evening.* Recibió una llamada suya esa noche más tarde. • **a quick/long/brief phone call** una llamada rápida/larga/corta • **an anonymous/obscene/abusive phone call** una llamada anónima/obscena/insultante • **a threatening phone call** una amenaza telefónica SIN **call, telephone call**

phone card, phone-card /'founkɑrd/ s [C] tarjeta telefónica

'phone-in s [C] programa de radio o televisión al que el público llama para realizar preguntas, expresar opiniones, etc.

pho·neme /'founim/ s [C] (técn) fonema

pho·net·ic /fə'nɛtɪk/ adj (técn) fonético -a

pho·net·ics /fə'nɛtɪks/ s [U] (técn) fonética

pho·ney /'founi/ s, adj variante de PHONY

pho·no·graph /'founə,græf/ s [C] (arc) fonógrafo SIN **gramophone**

pho·nol·o·gy /fə'nɑlədʒi/ s [U] (técn) fonología

pho·ny¹, phoney /'founi/ adj (**phonier, phoniest**) (coloq) falso -a, fingido -a: *a phony Italian accent* un acento italiano fingido SIN **fake**

phony², phoney s [C] (coloq) **1** (peyor) farsante: *She sensed that the man was a complete phony.* Presentía que el hombre no era más que un farsante. **2** falsificación

phos·phate /'fɑsfeɪt/ s [C,U] fosfato

phos·pho·res·cence /ˌfɑsfə'rɛsəns/ s [U] (técn) fosforescencia ► FLUORESCENCE

phos·pho·res·cent /ˌfɑsfə'rɛsənt/ adj (técn) fosforescente ► FLUORESCENT

phos·pho·rus /'fɑsfərəs/ (símb quím **P**) s [U] fósforo

pho·to S3 W2 /'foutou/ s [C] (pl **photos**) (coloq) foto: *She always looks good in photos.* Siempre sale bien en las fotos. • **a photo of sb/sth** una foto de alguien/algo • **sb's**

photo la foto de alguien: *I recognized him from his photo.* Lo reconocí por su foto. • **take a photo** sacar/tomar una foto: *Can you take a photo of us, please?* ¿Nos puedes sacar una foto? • **snap a photo** sacar/tomar una foto • **a color/black-and-white photo** una foto (en) color/blanco y negro • **my/her wedding photos** las fotos de mi/su boda SIN **picture, snap, photograph** • **photo album** álbum de fotos ► PHOTO FINISH, PHOTO OPPORTUNITY

pho·to·cop·i·er /'foutə,kɑpiər/ s [C] fotocopiadora

pho·to·cop·y¹ /'foutə,kɑpi/ s [C] (pl **photocopies**) fotocopia ► ORIGINAL

photocopy² v [T] fotocopiar

pho·to·cop·y·ing /'foutə,kɑpiɪŋ/ s [U] fotocopiado • **do some/the photocopying** hacer algunas/las fotocopias

,photo 'finish s [C gralm sing] **1** foto finish **2** final cabeza a cabeza, final reñido

pho·to·gen·ic /ˌfoutə'dʒɛnɪk/ adj fotogénico -a

pho·to·graph¹ S3 W2 /'foutə,græf/ s [C] fotografía • **a photograph of sb/sth** una fotografía de alguien/algo: *Do you have any photographs of her?* ¿Tienes alguna fotografía de ella? • **sb's photograph** la fotografía de alguien: *Did you see his photograph in the paper?* ¿Viste su fotografía en el periódico? • **take a photograph** sacar/tomar una fotografía: *Visitors are not allowed to take photographs inside the museum.* No se permite sacar fotografías en el interior del museo. • *I hate having my photograph taken.* Odio que me saquen fotos. • **pose for a photograph** posar para una fotografía • **a color/black-and-white photograph** una fotografía (en) color/blanco y negro SIN **photo** • **photograph album** álbum de fotografías

photograph² v **1** [T] fotografiar, sacar una foto (a/de): *She agreed to let me photograph her.* Accedió a que la fotografiara. **2 photograph well/badly** salir bien/mal en las fotos

pho·tog·ra·pher /fə'tɑgrəfər/ s [C] fotógrafo -a • **a fashion/wedding photographer** un fotógrafo de modas/bodas, una fotógrafa de modas/bodas

pho·to·graph·ic /ˌfoutə'græfɪk◄/ adj [solo ante s] fotográfico -a

pho·tog·ra·phy /fə'tɑgrəfi/ s [U] **1** fotografía • **wildlife/portrait photograpy** fotografías de la vida silvestre/retratos (fotográficos) **2** (en cine) fotografía ► CINEMATOGRAPHY

pho·ton /'foutɑn/ s [C] (técn) fotón

'photo oppor,tunity (tb **'photo op** (coloq)) s [C] (pl **photo opportunities**) **1** sesión fotográfica **2** oportunidad que se le presenta a una figura de lograr aparecer en una fotografía en un periódico, en televisión, etc.

pho·to·syn·the·sis /ˌfoutou'sɪnθəsɪs/ s [U] fotosíntesis

,phrasal 'verb s [C] (técn) verbo compuesto por un verbo principal y una o más partículas (preposición, adverbio o ambos), como **take up** o **get along with**

phrase¹ S3 W3 /freɪz/ s [C]
1 frase, expresión • **a famous/well-known/memorable phrase** una frase famosa/célebre/memorable
2 (técn) (en gramática) frase, sintagma • **a noun/an adverb/a verb phrase** una frase nominal/adverbial/verbal ► CLAUSE, SENTENCE
3 (técn) (en música) frase ► CATCHPHRASE, to COIN a phrase

phrase² v [T] **1** formular, expresar: *How was the question phrased?* ¿Cómo estaba formulada la pregunta? **2** (en música) frasear

phrase·book /'freɪzbʊk/ s [C] guía de conversación (para viajeros)

phra·se·ol·o·gy /ˌfreɪzi'ɑlədʒi/ s [U] fraseología

phras·ing /'freɪzɪŋ/ s [U] **1** palabras, formulación: *I don't remember her exact phrasing.* No recuerdo sus palabras exactas. • [+of]: *the careful phrasing of the report* las cuidadas palabras del informe **2** (en música) fraseo

phys·i·cal¹ S2 W2 /ˈfɪzɪkəl/ *adj*

1 del cuerpo
2 concreto
3 que usa fuerza
4 sexual
5 persona
6 de la física
7 ciencia

1 DEL CUERPO físico -a: *She was in constant physical pain.* Sentía un dolor físico constante. • *a job that involves a lot of physical activity* un trabajo que supone mucha actividad física • **physical fitness** estado físico • **physical contact** contacto físico • **physical appearance** aspecto físico • **physical disability** discapacidad física ▶ **MENTAL, SPIRITUAL**

2 CONCRETO [gralm ante s] físico -a, material: *a physical barrier* una barrera física • *the physical world around us* el mundo material que nos rodea

3 QUE USA FUERZA violento -a, fuerte (deporte, partido): *Football is a very physical game.* El fútbol americano es un deporte muy violento. • *I was worried that the argument might become physical.* Me preocupaba que la discusión pasara a las manos.

4 SEXUAL físico -a: *It was a purely physical relationship.* Era una relación puramente física.

5 PERSONA (*coloq*) *She's a very physical person.* Le gusta tener contacto físico.

6 DE LA FÍSICA [gralm ante s] físico -a: *physical laws* leyes físicas

7 CIENCIA [solo ante s] físico -a: *physical chemistry* fisicoquímica ▶ **PHYSICALLY**

physical² *s* [C] examen médico, revisión médica

physical edu'cation (abrev **P.E.**) *s* [U] educación física

phys·i·cally S3 /ˈfɪzɪkli/ *adv*
1 físicamente: *Do you find him physically attractive?* ¿Te parece atractivo físicamente? • *physically demanding work* trabajo que exige mucho esfuerzo físico • *I felt physically sick at the thought.* Sentí verdaderas náuseas de solo pensarlo. • **be/keep physically fit** estar/mantenerse en forma
2 physically impossible/possible materialmente imposible/posible ▶ **EMOTIONALLY, MENTALLY**

physically 'challenged *adj* **(a)** con discapacidades físicas **(b) the physically challenged** [usado como s pl] los discapacitados físicos SIN **disabled**

physical 'therapist *s* [C] fisioterapeuta, kinesiólogo -a

physical 'therapy *s* [U] fisioterapia, kinesiología

phy·si·cian W2 /fɪˈzɪʃən/ *s* [C] (*frml*) médico -a

phys·i·cist /ˈfɪzəsɪst/ *s* [C] físico -a

phys·ics /ˈfɪzɪks/ *s* [U] física

phys·i·og·no·my /ˌfɪziˈɑnəmi, -ˈɑgnə-/ *s* [C] (pl **physiognomies**) fisonomía

phys·i·o·log·i·cal /ˌfɪziəˈlɑdʒɪkəl/ *adj* fisiológico -a

phy·sique /fɪˈzik/ *s* [C] físico, cuerpo (especialmente de un hombre) ▶ **FIGURE**

pi /paɪ/ *s* [U] pi

pi·an·ist /piˈænɪst, ˈpiənɪst/ *s* [C] pianista • **a concert pianist** un/una concertista de piano

pi·an·o¹ S3 /piˈænoʊ/ *s* [C] (pl **pianos**) piano • **play the piano** tocar el piano • **on the piano** al piano: *Jane accompanied me on the piano.* Jane me acompañó al piano. • *piano lessons* clases de piano • *a piano piece* una pieza para piano • **piano concerto** concierto para piano • **piano music** música para piano • **piano player** pianista ▶ **GRAND PIANO**

pi·a·no² /piˈɑnoʊ/ *adj* (*técn*) piano

piano³ *adv* (*técn*) piano

pic·co·lo /ˈpɪkəˌloʊ/ *s* [C] (pl **piccolos**) flautín, piccolo

pick¹ S1 W1 /pɪk/ *v* [T]

1 seleccionar
2 flores, frutas
3 extraer
4 heridas, granos
5 de un plato, una pila
6 una cuerda, una guitarra

1 SELECCIONAR escoger, elegir: *I don't know which color to pick.* No sé qué color escoger. • *Each group was asked to pick a leader.* A cada grupo se le pidió que eligiera un líder. • **pick sth/sb as sth** elegir algo/a alguien (como) algo: *The hotel was picked as the best small hotel in the area.* Eligieron al hotel como "mejor hotel pequeño de la zona". • **pick sth/sb for sth** elegir algo/a alguien para algo: *I wasn't picked for the basketball team.* No me eligieron para el equipo de básquetbol. • **pick sb to do sth** elegir a alguien para hacer/que haga algo: *Four students were picked to represent our school.* Se eligió a cuatro estudiantes para representar a nuestra escuela. • **pick a team** seleccionar un equipo SIN **choose** ▶ **PICK OUT**

2 FLORES, FRUTAS recoger, pizcar (frutas), cortar (una flor): *I'll pick a few flowers to take to Anne's.* Cortaré unas flores para llevar a lo de Anne. • **pick sb sth** recoger algo para alguien, pizcar algo para alguien: *Here, I picked you an apple.* Toma, recogí una manzana para ti. • **freshly picked** recién cortado -a, recién cosechado -a

3 EXTRAER [siempre + adv/prep] **pick sth off/from/out of sth** sacarle algo a algo, sacar(se) algo de algo, quitarle algo a algo, quitar(se) algo de algo: *Pick the bones out of the fish first.* Primero sáquele las espinas al pescado. • *She was nervously picking bits of fluff off her sweater.* Se sacaba nerviosamente las pelusas del suéter. • **pick your nose** hurgarse la nariz, meterse los dedos en/a la nariz • **pick your teeth** escarbarse los dientes • **pick sth clean** dejar algo limpio (huesos): *Wolves had picked the sheep's carcass clean.* Los lobos habían dejado limpios los huesos de la oveja.

4 HERIDAS, GRANOS tocar(se), rascar(se): *She kept picking a scab on her arm.* Estaba constantemente tocándose una costra que tenía en el brazo. • **pick a hole in sth** hacer un agujero en algo (con el dedo) SIN **pick at**

5 DE UN PLATO, UNA PILA **pick sth out of/from sth** sacar algo de algo: *She picked an olive out of the dish.* Sacó una aceituna del plato. • *He picked the pen out of her hand.* Le sacó el bolígrafo de la mano.

6 UNA CUERDA, UNA GUITARRA puntear SIN **pluck** ▶ I have a **BONE** to pick with you, take up/pick up the **SLACK**

EXPRESIONES
pick and choose (sth) (*coloq*) ser muy selectivo -a (con algo): *Come on, you don't have time to pick and choose.* Vamos, no tienes tiempo para ser tan selectiva. • **pick sb's brain(s)** consultar a alguien • **pick a fight (with sb)** buscar pelea (con alguien) • **pick holes in sth** (*coloq*) buscarle/encontrarle fallas a algo • **pick a lock** forzar una cerradura • **pick sb's pocket** robarle algo del bolsillo a alguien, bolsear a alguien ▶ **PICKPOCKET** • **pick sth/sb to pieces** (*coloq*) destrozar algo/a alguien (con críticas) • **pick your way through/over sth** caminar con cuidado por/sobre algo: *She picked her way carefully over the rocks.* Caminó con mucho cuidado sobre las rocas. • **pick a winner** (*coloq*) elegir bien, acertar en la elección

pick at sth *v+partíc* **1** *Elaine just sat there, picking at her dinner.* Elaine estaba allí sentada, comiendo sin ganas. **2** tocar(se) algo: *He was picking at an old scab on his knee.* Se tocaba una costra que tenía en la rodilla. SIN **pick**

pick sth/sb ↔ off *v+partíc* derribar algo/a alguien (a tiros): *One by one, the gunman picked off people below.* El hombre armado fue derribando a cada una de las personas que estaban abajo, una tras otra.

pick on *v+partíc* **pick on sb** montársela a alguien, traerla con/contra alguien, traer a alguien de encargo: *Stop picking on me!* ¡Basta de montármela a mí! • **Pick on someone your own size!** ¡Móntasela a alguien de tu tamaño!, ¡Tráela contra alguien de tu tamaño! ▶ **BULLY**

pick out *v+partíc* **1 pick sth/sb ↔ out** elegir algo/a alguien, escoger algo/a alguien (de entre varias cosas o personas): *She picked out a navy blue dress.* Eligió un vestido azul marino. SIN **select 2 pick sth/sb ↔ out** identificar algo/a alguien: *She was able to pick out her attacker from a police lineup.* Pudo identificar a su atacante en una rueda de reconocimiento. **3 pick sth/sb ↔ out** distinguir algo/a alguien (con la vista): *I could just pick out some letters carved into the stone.* Apenas podía distinguir unas letras grabadas en la piedra. SIN **make out 4 pick out a tune/song** sacar una melodía/canción (al piano, con la guitarra, etc.)

pick over sth *v+partíc She picked over the fruit on the market stall.* Eligió la fruta revisando lo que había en el puesto del mercado.

pick through sth *v+partíc* buscar entre algo: *Police are still picking through the rubble.* La policía todavía está buscando entre los escombros.

pick up *v+partíc* **1 pick sth ↔ up** recoger/levantar algo: *He picked up the letter and read it.* Levantó la carta y la leyó. • [+by]: *The lioness picked up her cub by its neck.* La leona levantó al cachorro del cuello. • **pick up the phone** levantar el auricular, descolgar el teléfono **2 pick sb ↔ up** levantar a alguien, alzar a alguien: *Mommy, can you pick me up?* Mami, ¿me levantas? • **pick yourself up** levantarse (tras una caída) SIN **get up 3** (en carro) **pick sb ↔ up** recoger a alguien: *Could you pick me up around eight?* ¿Me vienes a recoger alrededor de las ocho? SIN **collect 4** (en la carretera) **pick sb ↔ up** recoger a alguien: *We stopped to pick up a couple of hitchhikers.* Paramos para recoger a un par de personas que echaban dedo. SIN **collect 5** (de una tienda, la tintorería) **pick sth ↔ up** pasar a buscar algo: *I've come to pick up a suit I left on Tuesday.* He venido a buscar un traje que dejé el martes. SIN **collect, get 6** (adquirir) **pick sth ↔ up** *He's hoping to pick up a few bargains in the sales.* Espera poder encontrar algunas gangas en las rebajas. • *I picked up this leaflet from the post office.* Traje este folleto del correo. SIN **get 7** (premios, votos) **pick sth ↔ up** llevarse algo, conseguir algo: *She picked up an Oscar for that movie.* Se llevó un Oscar por esa película. **8** (un idioma, ideas) **pick sth ↔ up** aprender algo: *I've picked up a few words of Greek.* He aprendido unas palabras en griego. SIN **learn 9** (noticias, consejos) **pick sth ↔ up** *I was hoping to pick up some juicy gossip.* Pensaba que iba a poder enterarme de algún chisme jugoso. • *Here's a useful tip I picked up the other day.* Este es un consejo útil que me dieron el otro día. **10** (una enfermedad) **pick sth ↔ up** (*coloq*) contagiarse algo, pescarse algo SIN **catch 11** (una costumbre, un acento) **pick sth ↔ up** adquirir algo: *She picked that habit up in France.* Adquirió esa costumbre en Francia. SIN **acquire 12** (dinero) **pick sth ↔ up** (*coloq*) ganar algo: *Some lawyers can pick up well over $150,000 a year.* Algunos abogados ganan mucho más de 150.000 dólares al año. SIN **earn 13** (un sitio) **pick sth ↔ up** ordenar algo SIN **tidy up 14** (ir mejor) **pick up** repuntar, mejorar: *Sales should pick up again in November.* Las ventas deberían volver a repuntar en noviembre. • *Things will soon pick up.* Las cosas van a mejorar pronto. SIN **improve 15** (actividades, temas) **pick up** continuar: *We can pick up again after lunch.* Podemos continuar después de almorzar. • **pick up where you left off** *Maggie was able to pick up where she left off at work.* Maggie pudo reanudar su trabajo sin problemas. **16** (volver a) **pick up sth** reanudar algo, retomar algo: *We picked up our conversation the following morning.* Reanudamos la conversación a la mañana siguiente. • *This same theme is picked up in his later works.* Este mismo tema se retoma en sus obras posteriores. **17** (seducir) **pick sb ↔ up** (*coloq*) levantar a alguien, ligarse a alguien: *Some guy tried to pick her up at a bar.* Un pisco intentó levantarla en un bar. **18** (a un delincuente) **pick sb ↔ up** detener a alguien: *She was picked up by the police as she was trying to leave the country.* Fue detenida por la policía al intentar salir del país. **19** (una señal, una transmisión) **pick sth ↔ up** captar algo **20** (un rastro, una huella, olores) **pick sth ↔ up** detectar/seguir algo: *Rescue dogs were able to pick up the child's scent.* Los perros de rescate pudieron seguir

el rastro del niño. **21** (viento) **pick up** aumentar **22 pick up the tab (for sth)** (*coloq*) pagar la cuenta (de algo), correr con los gastos (de algo) **23 pick up speed** aumentar la velocidad, acelerar: *The train was gradually picking up speed.* El tren iba aumentando la velocidad poco a poco. SIN **accelerate 24 pick up steam (a)** cobrar impulso (idea, campaña, etc.) **(b)** recobrar las fuerzas/la confianza (persona, equipo) **25 pick up the pieces (of your life)** rehacer la/su vida **26 pick your feet up (a)** no arrastres los pies **(b)** apúrate, date prisa

pick up after sb *v+partíc* (*coloq*) ordenar lo que alguien desordena SIN **tidy up after**

pick up on sth *v+partíc* **1 pick up on sth** darse cuenta de algo, captar algo: *Children easily pick up on tension between their parents.* Los niños enseguida captan la tensión entre sus padres. SIN **notice, sense 2 pick up on sth** sacarle jugo a algo: *The press were quick to pick up on the story.* La prensa no tardó en sacarle jugo a la historia. **3 pick up on sth** volver a/sobre algo: *I'd like to pick up on a point that Steven made earlier.* Me gustaría volver sobre algo que señaló Steven antes. SIN **go back to**

pick² 🔲 *s* [C]
1 (*coloq*) (lo elegido) elección SIN **choice**
2 (herramienta) pico, piqueta
3 (para guitarras) púa, uña
4 peine (para pelo muy rizado) ▶ **TOOTHPICK**

EXPRESIONES
have/get first pick (of sb/sth) elegir primero (alguien/algo) • **have your pick of sb/sth** *A girl like her could have had her pick of men.* Una muchacha como ella podría haber elegido el hombre que se le antojara. • **the pick of sb/sth** lo mejor de algo/alguien • **the pick of the crop/bunch** el/la mejor del grupo • **take your pick (of sb/sth)** *The shirt comes in four colors; take your pick.* La camisa viene en cuatro colores, elige el que quieras. • *He knew he could take his pick of any of the girls in the office.* Sabía que tenía para elegir entre todas las muchachas de la oficina.

pick·ax /'pɪk-æks/ *s* [C] pico, piqueta (herramienta)

pick·er /'pɪkɚ/ *s* [C] **1** (persona) recolector -a • **a cotton picker** un recolector/una recolectora de algodón • **a fruit/strawberry picker** un recolector/una recolectora de fruta/fresas **2** (máquina) cosechadora

pick·et¹ /'pɪkɪt/ *s* [C] **1** (protesta) piquete **2** (grupo) piquete • **picket line** piquete • **(be) on the picket line** (estar) en el piquete: *There was a lot of violence on the picket line.* Hubo mucha violencia en el piquete. • **cross a picket line** romper un piquete: *We will not cross their picket lines.* No vamos a romper los piquetes. **3** (persona) miembro de un piquete **4** (de soldados) guardia • **picket duty** guardia (vigilancia militar) **5** estaca

picket² *v* [I,T] hacer un piquete (frente a/en)

'picket ˌfence *s* [C] cerca considerada típica de las casas de la clase media estadounidense, generalmente pintada de blanco

pick·ings /'pɪkɪŋz/ *s* [pl] (*coloq*) ganancias

pick·le¹ /'pɪkəl/ *s* **1** [C] pepinillo en vinagre **2** [U] mezcla de vinagre, sal, etc. que se utiliza para encurtir alimentos SIN **brine**

EXPRESIONES
be in a (pretty) pickle (*antic*) estar en apuros

pickle² *v* [T] encurtir • **be pickled in sth** estar encurtido -a en algo

pick·led /'pɪkəld/ *adj* [gralm ante s] en vinagre, encurtido -a

'pick-me-up *s* [C] (*coloq*) estimulante SIN **tonic**

pick·pock·et /'pɪk.pɑkɪt/ *s* [C] carterista, bolsista

pick·up¹, pick-up /'pɪkʌp/ *s*

1 vehículo
2 de la economía, las ventas
3 recogida
4 conquista
5 velocidad
6 en deportes

picnic

blanket
manta

have a picnic   picnic basket
hacer un picnic   cesta de picnic

1 VEHÍCULO [C] (tb **pickup truck**) camioneta
2 DE LA ECONOMÍA, LAS VENTAS [C gralm sing]
repunte • [+**in**]: *There has been a pickup in textbook
sales.* Ha habido un repunte en la venta de libros de
texto. SIN **improvement**
3 RECOGIDA [C,U] *Garbage pickup is on Tuesdays.*
Recolectan la basura los martes. ANT **drop-off** • **pickup
point** lugar de recogida
4 CONQUISTA [sing] (*coloq*) levante, ligue: *a pickup
spot* un lugar de levante
5 VELOCIDAD [U] (*coloq*) aceleración: *It was a small
car, but it had good pickup.* Era un carro pequeño pero
tenía buena aceleración. SIN **acceleration**
6 EN DEPORTES [U] partido improvisado, picado (de
fútbol)

pickup², **pick-up** *adj* [solo ante s] improvisado -a (partido)

pick·y /'pɪki/ *adj* (**pickier**, **pickiest**) (*coloq*) quisquilloso
-a, selectivo -a • **be a picky eater** ser quisquilloso -a para
comer SIN **fussy**

pic·nic¹ S3 /'pɪknɪk/ *s* [C]
1 (actividad) picnic • **have a picnic** hacer un picnic • **go
for a picnic** ir(se) de picnic • **picnic area** área/zona de
picnic • **picnic basket/hamper** cesta de picnic • **picnic
site** área/zona de picnic • **picnic table** mesa (de picnic)
2 (comida) comida que se lleva para comer al aire libre •
picnic lunch comida que se lleva para comer al aire libre
EXPRESIONES
be no picnic no ser nada fácil

picnic² *v* [I] (**picnicked**, **picnicking**) hacer (un) picnic, ir
de picnic

pic·nick·er /'pɪknɪkər/ *s* [C] persona que va de picnic

pic·to·ri·al /pɪk'tɔriəl/ *adj* **1** (arte) pictórico -a **2** (con
imágenes) gráfico -a

pic·ture¹ S1 W1 /'pɪktʃər/ *s*

1 obra de arte
2 en una publicación
3 fotografía
4 representación mental
5 situación
6 en pantalla
7 película

1 OBRA DE ARTE [C] cuadro, pintura, dibujo: *a famous
picture by Claude Monet* un cuadro famoso de Claude
Monet • [+**of**]: *a picture of a sunset* un cuadro de un
atardecer • **draw a picture** hacer un dibujo • **draw a
picture of sth** dibujar algo: *The children drew pictures
of their houses.* Los niños dibujaron sus casas. • **paint a
picture** pintar un cuadro • **paint a picture of sth/sb**
pintar algo/a alguien: *He asked if he could paint her
picture.* Le preguntó si podía pintar un retrato de ella.
▶ **DRAWING, PAINTING**
2 EN UNA PUBLICACIÓN [C] ilustración: *a book with
pictures in it* un libro con ilustraciones
3 FOTOGRAFÍA [C] foto • **a picture of sb/sth** una foto
de alguien/algo: *That's a great picture of Helen!* ¡Qué
linda foto de Helen! • **sb's picture** la foto de alguien: *His
picture was in all the papers.* Su foto estaba en todos los

periódicos. • **take a picture** sacar/tomar una foto: *Can I
take your picture?* ¿Te puedo sacar una foto? • *You're
not allowed to take pictures inside the museum.* No se
permite tomar fotos dentro del museo. • **a wedding
picture** una foto de boda • **a cover picture** una foto de
portada SIN **photo, photograph**
4 REPRESENTACIÓN MENTAL [C gralm sing] idea, imagen: *We'll have a clearer picture once the research is
done.* Tendremos una idea más clara una vez que se
haya hecho la investigación. • *The book paints a vivid
picture of life in China.* El libro ofrece una imagen
vívida de la vida en China. • *The graph gives an overall
picture of the data.* El gráfico da una visión general de
los datos. • [+**of**]: *Detectives are building up a picture of
the kidnapper.* Los detectives están desarrollando un
perfil del secuestrador. • **a mental picture** una imagen
mental
5 SITUACIÓN [sing] panorama: *It's a similar picture
wherever you go.* El panorama es parecido vayas donde
vayas. • **the big/wider picture** el panorama global/
general
6 EN PANTALLA [C gralm sing] imagen: *There's something wrong with the picture.* Hay un problema con la
imagen.
7 PELÍCULA [C] (tb **motion picture**) película, film: *The
movie was voted best picture.* Fue elegida como mejor
película. ▶ **MOTION PICTURE**
EXPRESIONES
your/her face was a picture (*hum*) tu/su cara era un
poema • **get the picture** (*coloq*) entender: *You've said
enough. I get the picture.* Has dicho suficiente. Ya
entiendo. • **put/keep sb in the picture** poner/tener a
alguien al tanto (de la situación) • **out of the picture**
fuera de juego: *Injury has put Woods out of the picture
for the year.* La lesión ha dejado a Woods fuera de juego
por este año. • **be the picture of health/innocence/
misery** ser la salud/la inocencia/la tristeza personificada
SIN **embodiment**

picture² S2 *v* [T]
1 (en la mente) imaginarse, ver: *Tom smiled, picturing
the scene.* Tom sonrió, imaginándose la escena. • **picture sth/sb as sth** imaginarse algo/a alguien como algo:
Rob had pictured her as serious, but she wasn't. Rob se
la había imaginado seria, pero no lo era. • **picture
sb/yourself doing sth** imaginarse a alguien/a uno -a
mismo -a haciendo algo: *He pictured himself winning
the race.* Se imaginó a sí mismo ganando la carrera.
2 (en una foto, un cuadro) *a card picturing a snowy
forest* una tarjeta con la imagen de un bosque nevado •
Pictured are the president and two aides. En la foto
aparecen el presidente y dos asesores.

'picture book *s* [C] libro ilustrado (para niños)

pic·tur·esque /ˌpɪktʃəˈrɛsk/ *adj* **1** pintoresco -a
2 (lenguaje) colorido -a, vívido -a

pid·dling /'pɪdlɪŋ/ *adj* (*coloq*) insignificante, sin importancia

pidg·in /'pɪdʒən/ *s* [C,U] **1** (lengua mixta) pidgin, (lengua) pidgin: *pidgin English* inglés pidgin ▶ **CRE-
OLE 2** (lenguaje defectuoso) media lengua *He spoke
pidgin English.* Hablaba un inglés macarrónico. ▶ **CRE-
OLE**

pie S1 /paɪ/ *s* [C,U]
1 (dulce) pay (con fondo y/o tapa de masa) • **an apple/a
cherry pie** un pay de manzana/de cerezas • **a piece/slice
of pie** un trozo de pay ▶ ver nota en **TARTA**
2 (salado) pay: *a chicken pie* un pay de pollo ▶ **be (as)
EASY as ABC/pie**, **have a FINGER in every pie**, **eat HUM-
BLE pie**, **MINCE PIE**, **be (as) NICE as pie**, **POT PIE**
EXPRESIONES
a piece/share/slice of the pie (referido a beneficios,
dinero) una porción del pastel: *The smaller companies
want a bigger share of the pie.* Las empresas más
pequeñas quieren una porción más grande del pastel. •
pie in the sky castillos en el aire

piece¹ S1 W1 /pis/ *s* [C]

1 de algo dividido o roto
2 componente

3 unidad
4 en las artes
5 en periodismo
6 dinero
7 de un juego
8 al repartir
9 arma

1 DE ALGO DIVIDIDO O ROTO trozo, pedazo: *Would you like a small or a large piece?* ¿Quieres un trozo pequeño o uno grande? • [+**of**]: *a piece of cake* un trozo de pastel • *a piece of string* un cordel • *pieces of broken glass* vidrios rotos • **cut/divide sth into pieces** cortar/dividir algo en trozos: *She cut the cake into four equal pieces.* Cortó el pastel en cuatro trozos iguales. • **tear/smash sth to pieces** hacer pedazos algo, romper algo en mil pedazos: *The ship was smashed to pieces on the rocks.* El barco se hizo pedazos contra las rocas. • **in pieces** en pedazos, hecho -a trizas ▶ BIT

2 COMPONENTE pieza: *One of the pieces was missing.* Faltaba una de las piezas. • **in pieces** desarmado -a, desmontado -a: *Within a few minutes he had the car engine in pieces.* Al cabo de unos minutos había desarmado el motor del carro. • **take sth to pieces** desarmar/desmontar algo: *a gun that had been taken to pieces* un arma que había sido desarmada • **come to pieces (a)** ser desmontable **(b)** romperse • **piece by piece** pieza por pieza

3 UNIDAD ▶ **a piece of** se usa seguido de sustantivos incontables para designar una unidad: *a beautiful piece of jewelry* una preciosa joya • *You are allowed two pieces of luggage.* Puede llevar dos piezas de equipaje. • *an excellent piece of work* un trabajo excelente • *a major piece of legislation* una ley muy importante • **a piece of clothing** una prenda de vestir • **a piece of furniture** un mueble • **a piece of land/ground** un terreno • **a piece of advice** un consejo • **a piece of information** un dato, una información • **a piece of news** una noticia • **a piece of gossip** un chisme • **a piece of luck/good fortune** *It really was a piece of luck bumping into you!* ¡La verdad que fue una suerte encontrarme contigo!

4 EN LAS ARTES (en música) pieza, tema; (en pintura, teatro) obra: *three short pieces by a Brazilian composer* tres piezas breves de un compositor brasileño • **a piece of music** una pieza de (música) • **a piece of writing** un trabajo (literario), un escrito • **a piece of sculpture** una escultura

5 EN PERIODISMO artículo, nota • **write/do a piece (on/about sth)** escribir una nota/un artículo (sobre algo)
6 DINERO a fifty-cent piece (una moneda de) cincuenta centavos

7 DE UN JUEGO (tb **game piece**) pieza, ficha: *a chess piece* una pieza de ajedrez

8 AL REPARTIR [sing] **a piece of sth** una parte de algo
9 ARMA (*coloq*) pistola (pequeña) ▶ **FALL to pieces**, **PICK up the pieces (of your life)**, **SAY your piece**, **SHOT to pieces**, **THRILLED to bits/pieces**
tear/pull sth/sb to pieces destrozar algo/a alguien, criticar duramente algo/a alguien • **give sb a piece of your mind** (*coloq*) decirle cuatro verdades a alguien, hacerle saber a alguien lo que uno piensa • **go to pieces (a)** venirse abajo, derrumbarse (anímicamente) **(b)** perder el control • **(all) in one piece** intacto -a: *The china arrived all in one piece.* La porcelana llegó intacta. **(b)** sano y salvo/sana y salva • **be (all) of a piece** ser similar o del mismo estilo: *The architecture here is all of a piece.* La arquitectura de aquí está toda cortada con la misma tijera. • **a piece of the action** (*coloq*) un trozo del pastel (al hablar de ganancias, dinero) • **be a piece of cake** (*coloq*) ser pan comido

piece² S9 *v*
piece sth ↔ together *v+partíc* **1** (sucesos pasados) reconstruir algo **2** (trozos de algo) unir algo **3** (objetos rotos) arreglar algo

piece·meal¹ /ˈpismil/ *adv* de manera poco sistemática, poco a poco

pier

piecemeal² *adj* poco sistemático -a: *a piecemeal approach* un enfoque poco sistemático • **in (a) piecemeal fashion** de manera poco sistemática

piece·work /ˈpiswɚk/ *s* [U] trabajo a destajo

'pie ,chart *s* [C] gráfico de torta, gráfica de pastel

pier /pɪr/ *s* [C] **1** muelle, embarcadero **2** pilar

pierce /pɪrs/ *v* **1** [I siempre + adv/prep, T] (con un objeto punzante) perforar, pinchar: *a tool for piercing leather* una herramienta para perforar cuero • *Pierce the potatoes with a fork.* Pinche las papas con un tenedor. • **pierce through sth** atravesar algo • **pierce a hole in/through sth** agujerear algo, hacer un agujero en algo **2 have/get your ears/nose pierced** hacerse agujerear las orejas/la nariz, hacerse perforar las orejas/la nariz **3** [I siempre + adv/prep, T] (*liter*) (rayo de luz, grito) rasgar, desgarrar • **pierce through sth** atravesar/desgarrar algo: *A high-pitched wail pierced through the night.* Un gemido agudo desgarró la noche. **4** [I siempre + adv/prep, T] (viento, dolor) traspasar • **pierce through sth** traspasar algo

pierc·ing /ˈpɪrsɪŋ/ *adj* **1** [gralm ante s] (*liter*) (ojos, mirada) penetrante: *He had piercing blue eyes.* Tenía unos ojos azules penetrantes. **2** [gralm ante s] (*escrito*) (sonido) desgarrador -a, penetrante: *a piercing scream* un grito desgarrador **3** [solo ante s] (*liter*) (frío, viento) cortante **4** [gralm ante s] (dolor) punzante

pi·e·ty /ˈpaɪəṭi/ *s* [U] piedad (religiosa) ▶ PIOUS

pig¹ S2 /pɪg/ *s* [C]
1 (animal) cerdo, puerco, marrano • **pig farm** criadero de cerdos, granja de cerdos SIN **hog** ▶ PIGLET, SOW
2 (*oral*) glotón -ona, tragón -ona: *Don't be such a pig!* ¡No seas tan glotón! • **make a pig of yourself** comer como un cerdo
3 (persona desagradable) cerdo -a: *Her husband is a selfish pig.* Su marido es un cerdo egoísta. ▶ GUINEA PIG, SWEAT like a pig
in a pig's eye (*coloq, oral*) ni soñando, de ningún modo • **pigs might fly** (*oral*) cuando las ranas críen pelo, cuando las vacas vuelen

pig² *v*
pig out *v+partíc* (*oral*) comer como un cerdo • **pig out on sth** comer algo como un cerdo

pi·geon /ˈpɪdʒən/ *s* [C] paloma (gris)

pi·geon·hole¹ /ˈpɪdʒən,hoʊl/ *s* [C] casillero (para correspondencia, etc.)

pigeonhole² *v* [T] (*peyor*) encasillar • **pigeonhole sb as sth** encasillar a alguien como algo

'pigeon-,toed *adj* chapín -ina

pig·gy¹ /ˈpɪgi/ *s* [C] (pl **piggies**) (*oral*) cerdito -a SIN **pig**

piggy² *adj* **piggy eyes** ojitos pequeños

pig·gy·back /ˈpɪgi,bæk/ *adv* ride **piggyback** ir a caballo (sobre las espaldas de alguien) • **carry sb piggyback** llevar a alguien a caballo

'piggyback ,ride *s* [C] **give sb a piggyback ride** llevar a alguien a caballo (sobre las espaldas)

'piggy bank *s* [C] alcancía (a menudo en forma de cerdito)

pig·head·ed /'pɪg‚hɛdɪd/ *adj* (*peyor*) testarudo -a, cabeza dura SIN **stubborn**

pig·let /'pɪglɪt/ *s* [C] cerdito, puerquito

pig·ment /'pɪgmənt/ *s* [C,U] **1** (de la piel, las plantas) pigmento **2** (para fabricar pintura) pigmento

pig·men·ta·tion /‚pɪgmən'teɪʃən/ *s* [U] (*técn*) pigmentación

pig·pen /'pɪgpɛn/ *s* [C] **1** (para cerdos) pocilga, chiquero SIN **pigsty 2** (*coloq*) (sitio sucio) pocilga, chiquero SIN **pigsty**

pig·sty /'pɪgstaɪ/ *s* [C] (pl **pigsties**) **1** (sitio sucio) pocilga, chiquero SIN **pigpen 2** (para cerdos) pocilga, chiquero SIN **pigpen**

pig·tail /'pɪgteɪl/ *s* [C] colita, coleta (de pelo) • **in pigtails** con/de colitas, con coletas ► BRAID; ► ver nota en PONYTAIL

pike /paɪk/ *s* [C] **1** (pl **pike**, **pikes**) lucio **2** (*oral*) autopista (con peaje) SIN **turnpike 3** pica (arma)
EXPRESIONES
come down the pike presentarse, aparecer (oportunidad)

pile¹ S2 /paɪl/ *s*

1 desordenado
2 ordenado
3 gran cantidad
4 en construcción
5 de una alfombra
6 edificio
7 enfermedad

1 DESORDENADO [C] montón: *He swept the leaves into a pile.* Barrió las hojas formando un montón. • [+of]: *a big pile of garbage* un gran montón de basura ► HEAP
2 ORDENADO [C] pila, montón • [+of]: *He was carrying a pile of books.* Llevaba una pila de libros. • **put/arrange sth in a pile** apilar algo • **the top/bottom of a pile** *He placed the cup on the top of a pile of CDs.* Puso la taza encima de una pila de CDs. • *The papers you want are at the bottom of the pile.* Los papeles que necesitas están abajo de la pila. SIN **stack** ► HEAP
3 GRAN CANTIDAD [C gralm pl] (*coloq*) montón • [+of]: *Her family had piles of money.* Su familia tenía montones de dinero. SIN **ton, heap, stack**
4 EN CONSTRUCCIÓN [C] pilar, pilote
5 DE UNA ALFOMBRA [C,U] pelo ► NAP
6 EDIFICIO [C] (*coloq*) caserón
7 ENFERMEDAD piles [pl] (*coloq*) hemorroides
EXPRESIONES
make a/your pile (*coloq*) enriquecerse

pile² *v* [T] **1** apilar, amontonar: *Dirty dishes were piled in the sink.* Los platos sucios estaban apilados en el fregadero. • **pile sth into/onto sth** *He was piling books into a box.* Estaba apilando libros en una caja. • *She piled rice onto her plate.* Se puso un montón de arroz en el plato. SIN **pile up 2** [siempre + adv/prep] **pile sth with sth** *She piled her plate with food.* Llenó su plato de comida. • **be piled (high) with sth** *The room was piled high with boxes.* La habitación estaba colmada de cajas.
pile in *v+partíc* **1 pile in** meterse en/dentro **2 pile in sth** meterse en/dentro de algo
pile into sth *v+partíc* meterse en/dentro de algo
pile on *v+partíc* **1 pile sth ↔ on pile on weight/the pounds** subir mucho de peso, engordar mucho (en poco tiempo) **2 pile it on** exagerar
pile out *v+partíc* salir (en tropel) • **pile out of sth** *The kids piled out of the building and onto the playground.* Los niños salieron en tropel del edificio hacia el patio.
pile up *v+partíc* **1** acumularse: *Her debts began to pile up.* Sus deudas empezaron a acumularse. **2 pile sth ↔ up (a)** apilar/amontonar algo: *The papers were all piled up on his desk.* Los papeles estaban todos apilados sobre su mesa. **(b)** acumular algo: *The team began piling up the points.* El equipo empezó a acumular puntos. ► PILE-UP

'pile-up *s* [C] choque múltiple, choque en cadena, carambola

pil·fer /'pɪlfɚ/ *v* [I,T] hurtar, robar (cosas de escaso valor, especialmente del trabajo)

pil·fer·er /'pɪlfərɚ/ *s* [C] ratero -a

pil·fer·ing /'pɪlfərɪŋ/ *s* [U] hurtos, robos

pil·grim /'pɪlgrəm/ *s* [C] **1** peregrino -a **2 Pilgrim** integrante del grupo de colonos ingleses que llegaron a Norteamérica en 1620 para establecerse allí • **the Pilgrim Fathers** grupo de colonos ingleses que llegaron a Norteamérica en 1620 para establecerse allí

pil·grim·age /'pɪlgrəmɪdʒ/ *s* [C,U] peregrinación • [+to]: *a pilgrimage to Mecca* una peregrinación a la Meca • **make a pilgrimage** hacer una peregrinación • **go on (a) pilgrimage** ir en peregrinación

pill¹ S3 /pɪl/ *s*
1 [C] pastilla, píldora: *a bottle of pills* un frasco de pastillas • *vitamin pills* (pastillas de) vitaminas • [+for]: *pills for malaria* pastillas para la malaria • **take a pill** tomar una pastilla/píldora SIN **tablet**
2 the pill (tb **the Pill**) [sing] la píldora (anticonceptiva) • **be/go on the pill** estar tomando/empezar a tomar la píldora
3 [sing] (*coloq*) pesado -a, latoso -a ► **a BITTER pill (to swallow), SLEEPING PILL**
EXPRESIONES
sweeten the pill (tb **sugar the pill**) dorar la píldora

pill² *v* [I] enmotarse, formar frisas (tela, prenda)

pil·lage¹ /'pɪlɪdʒ/ *v* [I,T] saquear ► LOOT, PLUNDER

pillage² *s* [U] saqueo

pil·lar /'pɪlɚ/ *s* [C] **1** (de una construcción) pilar, columna SIN **column 2** (forma vertical) columna • **a pillar of dust/smoke/flame** (*liter*) una columna de polvo/humo/fuego SIN **column 3 a pillar of society/the community/the church** un pilar de la sociedad/la comunidad/la iglesia **4 be a pillar of strength/support (to/for sb)** ser un punto de apoyo (para alguien)
EXPRESIONES
from pillar to post de la Ceca a la Meca

pil·lion¹ /'pɪlyən/ *s* [C] asiento trasero (de una moto)

pillion² *adv* **ride pillion (a)** (en una moto) ir en el asiento trasero **(b)** (en un caballo) ir atrás

pil·lo·ry¹ /'pɪləri/ *s* [C] (pl **pillories**) cepo (instrumento de castigo)

pillory² *v* [T gralm en pasiva] (**pillories, pilloried, pillorying**) poner en la picota

pil·low S3 /'pɪloʊ/ *s* [C] almohada ► CUSHION

pil·low·case, **pillow case** /'pɪloʊ‚keɪs/ *s* [C] funda (de almohada)

pi·lot W2 /'paɪlət/ *s* [C]
1 (en aviación) piloto: *an airline pilot* un piloto comercial • *a fighter pilot* un piloto de guerra
2 (en náutica) (piloto) práctico, práctico (de puerto)
3 (en televisión) (programa) piloto • [+for]: *a pilot for a new sitcom* un piloto para una nueva comedia • **pilot episode** episodio piloto
4 (en investigación) prueba piloto • **pilot study** estudio piloto

pilot² *v* [T] **1** (en aviación) pilotear **2** (en náutica) pilotear **3** (una idea, un producto) realizar una prueba piloto de **4 pilot a bill through Parliament/Congress** lograr la aprobación de un proyecto de ley en el Parlamento/Congreso

'pilot light *s* [C] **1** (de un artefacto a gas) piloto **2** (de un artefacto eléctrico) piloto

pi·men·to /pə'mɛntoʊ/ *s* [C,U] (pl **pimentos**) pimentón rojo, pimiento morrón rojo, chile colorado

pimp¹ /pɪmp/ *s* [C] proxeneta, padrote

pimp² *v* [I] ser proxeneta, padrotear

pim·ple /'pɪmpəl/ *s* [C] grano (en la piel), espinilla, barro ► GOOSE PIMPLES

pim·ply /'pɪmpli/ *adj* lleno -a de granos

PIN /pɪn/ (tb **'PIN ˌnumber**) *s* [C] (**Personal Identification Number**) PIN, NIP, clave personal (para un cajero automático)

pin¹ S2 /pɪn/ *s* [C]

1 en costura
2 joya
3 insignia
4 de enchufe
5 para madera, metal
6 para huesos fracturados
7 para marcar posiciones
8 para el pelo
9 de una granada
10 en el juego de bolos
11 en golf

1 EN COSTURA alfiler: *First secure the hem with pins.* Primero sujete el dobladillo con alfileres.
2 JOYA broche, prendedor: *She was wearing a large pin on her dress.* Llevaba un gran broche en su vestido. ▶ BROOCH
3 INSIGNIA pin, botón ▶ BADGE
4 DE ENCHUFE clavija, pata: *One of the pins on the plug was broken.* Una de las clavijas del enchufe estaba rota.
5 PARA MADERA, METAL perno
6 PARA HUESOS FRACTURADOS clavo
7 PARA MARCAR POSICIONES chinche, tachuela
8 PARA EL PELO horquilla SIN **hairpin**
9 DE UNA GRANADA anilla, detonador
10 EN EL JUEGO DE BOLOS bolo, pino
11 EN GOLF banderín ▶ BOBBY PIN, PINS AND NEEDLES, PINSTRIPE, PIN-UP, ROLLING PIN, SAFETY PIN
EXPRESIONES
you could hear a pin drop (*oral*) se oía el vuelo de una mosca

pin² *v* (**pinned**, **pinning**) **1** [T siempre + adv/prep] prender, sujetar • **pin sth to/on sth** (con chinches) clavar algo en algo; (con alfileres) prender algo en algo • **pin sth together** prender algo con alfileres **2** [T siempre + adv/prep] **pin sb to/against/under sth** inmovilizar a alguien de determinada manera: *He pinned her arms to her sides.* Le sujetó los brazos contra el cuerpo. • *The fourth victim was pinned beneath the car.* La cuarta víctima quedó atrapada debajo del carro.
pin down *v+partíc* **1 pin sb ↔ down (on sth)** hacer que alguien se defina (en relación con algo) • **pin sb down to sth** *Did you manage to pin him down to a definite date?* ¿Lograste que se comprometiera a una fecha concreta? **2 pin sth ↔ down** identificar algo (un problema, la causa de algo) **3 pin sb ↔ down** inmovilizar a alguien
pin sth on sb *v+partíc* **1 pin the blame on sb** echarle la culpa a alguien, cargar a alguien con la culpa • **pin a crime/a murder on sb** culpar a alguien de un delito/un asesinato **2 pin your hopes/faith on sb/sth** depositar las esperanzas/la confianza en alguien/algo: *Don't pin your hopes on it.* No te hagas demasiadas ilusiones.
pin sth ↔ up *v+partíc* **1 pin sth ↔ up** clavar algo (en una pared, etc.) **2 pin sth ↔ up** acortar el dobladillo de algo (con alfileres) **3 pin your hair up** recogerse el pelo (con horquillas)

pin·a·fore /'pɪnəˌfɔr/ *s* [C] **1** jumper SIN **jumper 2** (*antic*) delantal SIN **apron**

pin·ball /'pɪnbɔl/ *s* [U] pinball, flipper

pin·cer /'pɪnsɚ, 'pɪntʃɚ/ *s* **1** [C gralm pl] pinza (de un cangrejo, una langosta) **2 pincers** [pl] tenazas

pinch¹ /pɪntʃ/ *v* **1** [T] (intencionalmente) pellizcar • **pinch sb on sth** *He pinched her on the arm.* Le pellizcó el brazo. **2** [I, T] (zapato, cinturón) apretar: *These shoes pinch my toes.* Estos zapatos me aprietan los dedos. **3** [T] (presionar) apretar (entre el índice y el pulgar)
EXPRESIONES
have to pinch yourself (*oral*) tener que pellizcarse
pinch sth ↔ out *v+partíc* cortar algo, pinzar algo (un brote de una planta)

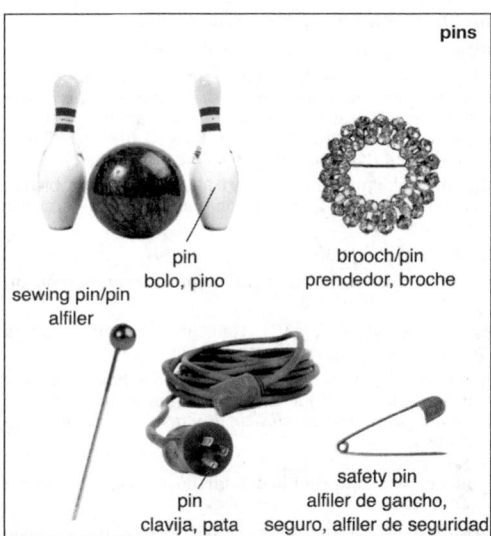

pins

pin
bolo, pino

brooch/pin
prendedor, broche

sewing pin/pin
alfiler

safety pin
alfiler de gancho,
seguro, alfiler de seguridad

pin
clavija, pata

pinch² *s* [C] **1** pizca • **a pinch of salt/pepper/cinnamon** una pizca de sal/pimienta/canela **2** pellizco • **give sb a pinch (on sth)** darle un pellizco a alguien (en algo) ▶ **take sth with a pinch of SALT**
EXPRESIONES
feel the pinch (*coloq*) estar en la olla, estar apretado -a de dinero • **in a pinch** (*coloq*) si fuera necesario: *There's space for three people. Four in a pinch.* Hay sitio para tres personas. Cuatro, si fuera necesario.

pinched /pɪntʃt/ *adj* demacrado -a

'pinch-hit *v* [I] **1** batear (en lugar de otro jugador) • **pinch-hit for sb** sustituir/reemplazar a alguien (al batear) **2** (*coloq*) **pinch-hit for sb** sustituir/reemplazar a alguien (en una actividad, una reunión)

'pinch-ˌhitter *s* [C] **1** (en béisbol) bateador -a sustituto -a **2** (*coloq*) reemplazante

pin·cush·ion /'pɪnˌkʊʃən/ *s* [C] alfiletero, almohadilla

pine¹ S3 /paɪn/ *s* **1** [C] (tb **pine tree**) pino • **pine forest** pinar, bosque de pinos **2** [U] (madera de) pino • **pine furniture** muebles de pino ▶ PINE CONE, PINE NEEDLE

pine² *v* [I] (tb **pine away**) sufrir, languidecer (por la ausencia de alguien)
pine for sth/sb *v+partíc* extrañar muchísimo algo/a alguien, añorar algo/a alguien

pine·ap·ple /'paɪnˌæpəl/ *s* [C,U] piña (fruta comestible) • **pineapple chunks** trozos de piña • **pineapple juice** jugo de piña

'pine cone *s* [C] piña (de un pino)

'pine ˌneedle *s* [C gralm pl] aguja de pino

'pine nut *s* [C] piñón (semilla)

ping¹ /pɪŋ/ *s* [C] timbre (como el del microondas) • **go ping** sonar, hacer un ruido

ping² *v* [I] **1** sonar **2** hacer ruido (motor de un carro)

pin·ion /'pɪnyən/ *v* [T siempre + adv/prep] sujetar, inmovilizar

pink¹ S2 /pɪŋk/ *adj* rosa, rosado -a: *a pink shirt* una camisa rosa • **pale/light pink** rosa pálido • **bright pink** rosa fuerte • **turn pink** sonrojarse, ponerse colorado -a ▶ **be TICKLEd pink**

pink² *s* **1** [C,U] (color) rosa, rosado: *She was dressed in pink.* Iba vestida de rosa. **2** [C] (flor) rosa
EXPRESIONES
in the pink (*antic*, *coloq*) como nuevo -a (de salud)

pink·ie /'pɪŋki/ (tb **'pinkie ˌfinger**) *s* [C] (*coloq*) (dedo) meñique SIN **little finger**

'pinking ,shears s [pl] tijeras dentadas

,pink 'slip s [C] (coloq) aviso de despido

pin·na·cle /'pɪnəkəl/ s [C] **1** [gralm sing] (punto de mayor éxito) cima: *She was at the pinnacle of her editorial career.* Estaba en la cima de su carrera editorial. **2** (de una montaña) cima, cumbre **3** (de un edificio) pináculo **4** (roca puntiaguda) aguja

pin·point¹ /'pɪnpɔɪnt/ v [T] **1** identificar (un problema, la causa de algo) **2** ubicar (con exactitud) **3** determinar (un momento)

pinpoint² s [C] puntito

pinpoint³ adj [solo ante s] **pinpoint accuracy/precision** precisión milimétrica

pin·prick /'pɪn,prɪk/ s [C] **1** pinchazo **2** punto **3** ligera molestia, sensación molesta

,pins and 'needles s [U] hormigueo • **have/get pins and needles (in sth)** tener/sentir un hormigueo (en algo): *He had pins and needles in his arm.* Sentía un hormigueo en el brazo.

EXPRESIONES
be on pins and needles estar en ascuas SIN **be on tenterhooks**

pin·stripe¹ /'pɪnstraɪp/ s **1** [U] tela de rayas (finas) **2** [C,U] rayas (en una tela, un traje)

pinstripe² (tb **pin·striped** /'pɪnstraɪpt/) adj de rayas: *a pinstripe suit* un traje de rayas

pint /paɪnt/ s [C] pinta (= 0,47 litros en EU y 0,57 litros en Gran Bretaña) • [+of]: *a pint of milk* una pinta de leche ▶ HALF

'pint-sized adj [solo ante s] diminuto -a

'pin-up s [C] **1** foto de una persona atractiva, a menudo una estrella de cine o cantante semidesnuda **2** persona famosa o muy atractiva que suele aparecer en fotos de revistas o periódicos **3 be a pin-up** ser muy atractivo -a

pi·o·neer¹ /,paɪə'nɪr/ s [C] **1** pionero -a, precursor -a: *He was a pioneer in the field of biotechnology.* Fue pionero en el campo de la biotecnología. **2** (en un nuevo territorio) pionero -a

pioneer² v [T] ser pionero -a en, utilizar/aplicar por primera vez

pi·o·neer·ing /,paɪə'nɪrɪŋ/ adj [solo ante s] **1** (trabajos, investigaciones) pionero -a, innovador -a: *the pioneering work of NASA scientists* el trabajo pionero de los científicos de la NASA **2** (típico de pioneros) pionero -a: *their pioneering spirit* su espíritu pionero

pi·ous /'paɪəs/ adj **1** devoto -a, piadoso -a **2** (peyor) de santurrón -ona ▶ PIETY

pi·ous·ly /'paɪəsli/ adv **1** devotamente, piadosamente **2** (peyor) con actitud moralista

pipe¹ /paɪp/ s
1 [C,U] (conducto) tubo, caño: *The pipes froze and we had no water* Los tubos se congelaron y no teníamos agua. • **a pipe bursts** se rompe un tubo • **a gas/water/ drainage pipe** un tubo de gas/agua/desagüe • **a sewer pipe** una cloaca
2 [C] (para fumar) [C] pipa • **smoke a pipe** fumar en/una pipa • **pipe smoker** fumador -a de pipa • **pipe tobacco** picadura (para pipa)
3 [C] (de un órgano) tubo
4 [C] (instrumento) flauta
5 pipes [pl] gaita SIN **bagpipes** ▶ DRAINPIPE, PIPING, WINDPIPE

EXPRESIONES
put/stick that in your pipe and smoke it! (antic, oral) ¡chúpate esa!

pipe² v **1** [T gralm en pasiva] transportar, llevar (por tubos, gasoducto, oleoducto) • **pipe sth into/to/from/ out of sth** *Sewage is piped directly into the sea.* Las cloacas vierten las aguas residuales directamente en el mar. • *The company pipes gas to homes and factories.* La compañía transporta el gas hasta los hogares y fábricas. **2** [I,T] tocar (con) la flauta **3** [I,T] (liter) hablar,

decir, cantar con voz aflautada **4** [T] (en cocina) *Pipe the cream onto the cake.* Decore el pastel con la crema utilizando una manga de repostería. **5 piped music** música ambiental

pipe down v+partíc callarse (la boca), dejar de hacer ruido: *Pipe down! I'm trying to study.* ¡Cállate! Estoy intentando estudiar.

pipe up v+partíc saltar (decir algo de repente)

'pipe dream s [C] quimera, sueño imposible

pipe·line /'paɪp-laɪn/ s [C,U] gasoducto, oleoducto • **an oil pipeline** un oleoducto • **a gas/natural gas pipeline** un gasoducto

EXPRESIONES
be in the pipeline estar previsto -a: *More job losses are in the pipeline.* Están previstos más despidos.

pip·ing¹ /'paɪpɪŋ/ s [U] **1** tubería(s), cañería(s) **2** ribete(s)

piping² adv **piping hot** hirviendo, muy caliente

pip·squeak /'pɪpskwik/ s [C] mequetrefe

pi·quan·cy /'pikənsi/ s [U] **1** sabor (fuerte y aromático) **2** gracia, interés

pi·quant /pi'kɑnt, 'pikənt/ adj **1** (alimentos) sabroso -a, de sabor fuerte y aromático **2** (personajes, historia) atrevido -a, sabroso -a

pique¹ /pik/ v [T gralm en pasiva] ofender • **be/feel piqued (that)** *He was piqued that his offer was rejected.* Se resintió porque no aceptaron su oferta.

EXPRESIONES
pique sb's interest/curiosity despertar el interés/la curiosidad de alguien

pique² s [U] resentimiento, despecho • **do sth in a fit of pique** hacer algo por despecho/resentimiento

pi·ra·cy /'paɪrəsi/ s [U] **1** (reproducción ilegal) piratería (de programas) • **software piracy** piratería de software • **video piracy** piratería de videos **2** (en el mar) piratería

pi·ra·nha /pə'rɑnə, -'ræn-/ s [C] piraña

pi·rate¹ /'paɪrɪt/ s [C] **1** (de software, videos) pirata **2** (corsario) pirata

pirate² adj [solo ante s] **1** (ilegal) pirata: *a pirate CD* un CD pirata **2** (de corsarios) pirata: *a pirate ship/flag* una nave/una bandera pirata **3** (emisora de radio) pirata

pirate³ v [T] piratear

pi·rat·ed /'paɪrətɪd/ adj [solo ante s] pirateado -a: *pirated videos* videos pirateados

pir·ou·ette¹ /,pɪru'ɛt/ s [C] pirueta, giro

pirouette² v [I] hacer una pirueta/piruetas

Pis·ces /'paɪsiz/ s **1** [U] Piscis **2** [C] persona del signo de Piscis: *Nick's a Pisces.* Nick es (de) Piscis.

pis·ta·chi·o /pɪ'stæʃi,oʊ/ (tb **pis'tachio nut**) s [C] (pl **pistachios**) pistacho

pis·tol /'pɪstl/ s [C] pistola ▶ HANDGUN, REVOLVER

pis·ton /'pɪstən/ s [C] pistón

pit¹ /pɪt/ s [C]

1	en el suelo
2	para extracción de piedras
3	de fruta
4	en automovilismo
5	de algo negativo
6	en una superficie
7	para músicos
8	en un taller mecánico
9	en el cuerpo
10	en la bolsa
11	lugar desordenado

1 EN EL SUELO hoyo, pozo, fosa: *He dug a deep pit in the ground.* Cavó un hoyo profundo en el suelo.
2 PARA EXTRACCIÓN DE PIEDRAS cantera • **a gravel/ chalk pit** una cantera de grava/caliza SIN **quarry**
3 DE FRUTA hueso, pepa (de aceituna, cereza)
4 EN AUTOMOVILISMO the pits los boxes, los pits

5 DE ALGO NEGATIVO (*liter*) abismo • [+**of**]: *a pit of despair* un abismo de desesperación
6 EN UNA SUPERFICIE marca: *the deep pits left by acne* las marcas profundas dejadas por el acné
7 PARA MÚSICOS foso (de la orquesta) SIN **orchestra pit**
8 EN UN TALLER MECÁNICO foso
9 EN EL CUERPO (*coloq*) axila SIN **armpit**
10 EN LA BOLSA recinto
11 LUGAR DESORDENADO a pit una leonera, una pocilga: *This house is a total pit!* ¡Esta casa está hecha una leonera!

EXPRESIONES
in the pit of your stomach en la boca del estómago • **be the pits** (*coloq, oral*) ser lo peor (del mundo), ser un asco: *This place is the pits!* ¡Este sitio es un asco!

pit² *v* (**pitted, pitting**) **1** [T] dejar marcas en **2** [T] quitar las pepas a, deshuesar (una fruta) **3** [I] entrar en boxes, entrar en pits ▶ PITTED
pit sth/sb against sth/sb *v+partíc* enfrentar algo/a alguien con algo/alguien: *The proposal has pitted farmers against city dwellers.* La propuesta ha enfrentado a los agricultores con los habitantes de la ciudad. • **pit your wits against sb** medir su inteligencia con alguien • **pit yourself against sth/sb** medirse contra algo/alguien

'pit bull (tb **,pit bull 'terrier**) *s* [C] pit bull (terrier)

pitch¹ /pɪtʃ/ *s*
1 grado
2 con fines persuasivos
3 sonido, música
4 en béisbol
5 sustancia
6 de un techo
7 en un cámping

1 GRADO [sing, U] punto, extremo: *He provoked her to such a pitch that she hit him.* La provocó hasta tal punto que ella le pegó. • **a high pitch of creativity/efficiency** un alto nivel de creatividad/eficiencia
2 CON FINES PERSUASIVOS [C] (*coloq*) discurso empleado para convencer a una persona de comprar algo, etc.: *a sales pitch* un discurso para vender algo • **make a pitch for sth** intentar convencer a alguien para que brinde su apoyo, etc.: *He made a final TV pitch for support.* Hizo una última aparición en televisión para conseguir apoyo.
3 SONIDO, MÚSICA [sing, U] tono: *His voice rose steadily in pitch.* Su voz iba subiendo de tono. • **a high/low pitch** un tono agudo/grave
4 EN BÉISBOL [C] lanzamiento • **throw a pitch** hacer un lanzamiento
5 SUSTANCIA [U] brea
6 DE UN TECHO [sing, U] pendiente
7 EN UN CÁMPING [C] parcela ▶ **reach FEVER pitch, have PERFECT pitch, PITCH-DARK**

pitch² *v*
1 caer
2 adaptar
3 con mucha fuerza
4 en béisbol
5 en negocios
6 un producto
7 voz, música
8 nave, avión
9 techo

1 CAER (a) [I siempre + adv/prep] **pitch forward/into** *The bus stopped suddenly and she pitched forward.* El bus paró de golpe y ella salió despedida hacia adelante. • *He tripped and pitched into the water.* Trastabilló y se cayó al agua. **(b)** [T siempre + adv/prep] **pitch sb forward/over** *The wind was so strong that it nearly pitched him over.* El viento era tan fuerte que casi lo derriba.
2 ADAPTAR [T siempre + adv/prep] adecuar una explicación, un discurso, etc. al nivel de la persona a quien va

dirigido: *Some questions were pitched too high for intermediate students.* Algunas preguntas eran de un nivel demasiado alto para estudiantes intermedios. • **pitch sth at the right level** darle el nivel adecuado a algo
3 CON MUCHA FUERZA [T siempre + adv/prep] lanzar, arrojar, aventar • **pitch sth over/into/through sth** *He picked up the paper and pitched it into the fire.* Agarró el periódico y lo arrojó al fuego. SIN **toss**
4 EN BÉISBOL [I,T] lanzar, pichear, pichar
5 EN NEGOCIOS [I,T] intentar conseguir clientes • **pitch for sth** *Five companies pitched for the work.* Cinco empresas presentaron presupuestos para la realización de las obras. • **pitch sth as sth** promocionar algo como algo
6 UN PRODUCTO [T gralm en pasiva] **be pitched at sb/sth** estar dirigido -a a alguien/algo: *Her novels are pitched at young single women.* Sus novelas están dirigidas a jóvenes solteras.
7 VOZ, MÚSICA [T siempre + adv/prep] **pitch sth high/low** dar un tono alto/bajo a algo
8 NAVE, AVIÓN [I] cabecear ▶ ROLL
9 TECHO [I] *The roof pitches steeply.* El techo tiene mucha pendiente. ▶ HIGH-PITCHED

EXPRESIONES
pitch sb a line/yarn (*coloq*) contarle un cuento a alguien (a modo de excusa) • **pitch a tent** armar una carpa/tienda de campaña • **pitch camp** acampar
pitch against *v+partíc* **pitch sth/sb against sth/sb** enfrentar algo/a alguien con algo/a alguien
pitch in *v+partíc* **1** (*coloq*) arrimar el hombro, dar una mano: *When work had to be done, we all pitched in.* Cuando había trabajo que hacer, todos arrimábamos el hombro. • **pitch in to do sth** dar una mano para hacer algo **2** (*coloq*) colaborar (con dinero), apoquinar: *They all pitched in to buy her a present.* Todos colaboraron para comprarle un regalo. SIN **chip in** en **3** (*coloq*) meter baza, meter la cucharada
pitch into *v+partíc* **1** **pitch sth/sb into sth** catapultar algo/a alguien a algo **2** **pitch into sb** (*coloq*) arremeter contra alguien

,pitch-'black *adj* negro -a como boca de lobo

,pitch-'dark *adj* completamente oscuro -a

pitched /pɪtʃt/ *adj* inclinado -a, en pendiente

pitch·er /'pɪtʃə/ *s* [C] **1** lanzador -a, pitcher **2** jarra

pitch·fork /'pɪtʃfɔrk/ *s* [C] horquilla, horqueta (herramienta)

pit·e·ous /'pɪtiəs/ *adj* (*liter*) lastimero -a SIN **pitiful**

pit·e·ous·ly /'pɪtiəsli/ *adv* (*liter*) lastimeramente SIN **pitifully**

pit·fall /'pɪtfɔl/ *s* [C gralm pl] dificultad, escollo • [+**of**]: *the pitfalls of the legal process* los escollos del proceso legal • **avoid the pitfalls** evitar las dificultades

pith /pɪθ/ *s* [U] **1** cáscara **2** meollo (de una cuestión, un argumento) ▶ PITHY

pith·y /'pɪθi/ *adj* sucinto -a

pit·i·a·ble /'pɪtiəbəl/ *adj* (*frml*) lastimoso -a

pit·i·ful /'pɪtɪfəl/ *adj* **1** penoso -a, lastimero -a: *She was a pitiful sight.* Era penoso verla. • *her pitiful cries* sus gritos lastimeros **2** miserable, mísero -a: *He earns a pitiful wage.* Gana un sueldo miserable. **3** lamentable: *a pitiful lack of knowledge* una lamentable falta de conocimientos

pit·i·ful·ly /'pɪtɪfəli/ *adv* **1** **pitifully small/inadequate** lastimosamente pequeño -a/insuficiente **2** lastimeramente: *a pitifully thin dog* un perro tan flaco que daba pena

pit·i·less /'pɪtɪlɪs/ *adj* **1** despiadado -a SIN **cruel, merciless 2** (*liter*) implacable (sol, lluvia)

'pit stop *s* [C] **1** parada en boxes/pits **2** (*coloq*) detención en un viaje largo para comer algo, cargar combustible, etc.

pit·tance /'pɪtⁿns/ *s* [sing] miseria (referido a cantidades de dinero)

pit·ted /'pɪtɪd/ *adj* **1** lleno -a de marcas: *His skin was pitted and scarred.* Tenía la piel llena de marcas y cicatrices. • *The track was pitted with potholes.* El camino estaba lleno de baches. **2** deshuesado -a (aceituna, cereza), sin pepas

pit·y¹ /'pɪti/ *s* **1** **it's a pity (that)** es una lástima/pena que: *It's a pity that John couldn't come to the party.* Es una lástima que John no haya podido venir a la fiesta. • **pity (that)** lástima que: *I like Jane. Pity she married such an awful man.* Me gusta Jane. Lástima que se haya casado con un hombre tan desagradable. • **what a pity** qué pena/lástima (que): *What a pity you couldn't come.* Qué pena que no pudieran venir. • **that's a pity** es una lástima/pena • **(it's a) pity about** *A pity about your driving test. I thought you'd pass.* Qué pena lo de tu examen de conducción. Pensé que aprobarías. • **be a pity to do sth** ser una pena/lástima hacer algo: *It would be a pity to spoil the surprise.* Sería una lástima estropear la sorpresa. • **(it's) a great pity** (es) una verdadera lástima • **it seems a pity** parece una pena/lástima, da pena/lástima SIN **shame** **2** [U] (compasión) lástima: *a feeling of pity* un sentimiento de lástima • **feel/have pity for sb** sentir lástima/compasión por alguien: *I have no pity for him.* No siento compasión por él. • **take/have pity on sb** apiadarse de alguien • **an object of pity** un objeto de compasión/lástima

EXPRESIONES
more's the pity (*oral*) es una lástima/pena

pity² *v* [T gralm no en forma continua] (**pities, pitied, pitying**) compadecer a, compadecerse de: *I pity the poor people who work with him.* Compadezco a la pobre gente que tiene que trabajar con él. • *He is to be pitied.* Es digno de lástima.

piv·ot¹ /'pɪvət/ *s* [C] **1** (tb **pivot point**) pivote **2** eje

pivot² *v* **1** (elemento) **(a)** [I] pivotar **(b)** [T] hacer girar **2** [I] (persona) girar (sobre un pie)
pivot on/around sth *v+partíc* girar en torno a algo, depender de algo

piv·ot·al /'pɪvətl/ *adj* fundamental, central

pix·el /'pɪksəl/ *s* [C] (*técn*) píxel

pix·ie, pixy /'pɪksi/ *s* [C] duendecillo

piz·za SI /'pitsə/ *s* [C,U] pizza: *a slice of pizza* un trozo de pizza

piz·zazz /pə'zæz/ *s* [U] (*coloq*) dinamismo

piz·ze·ri·a /ˌpɪtsə'riə/ *s* [C] pizzería

Pl. ▶ PLACE

pl (*abrev escrita de* **plural**) plural

plac·ard /'plækəd, -kɑrd/ *s* [C] pancarta, cartel

pla·cate /'pleɪkeɪt, 'plæ-/ *v* [T] (*frml*) aplacar (la ira de), aplacar los ánimos de SIN **pacify**

pla·ca·to·ry /'pleɪkəˌtɔri, 'plæ-/ *adj* conciliatorio -a: *a placatory gesture* un gesto conciliatorio

place¹ SI WI /pleɪs/ *s* [C]

1 punto, posición
2 ciudad, país, edificio
3 vivienda, hogar
4 en una fila, un bus
5 en un libro, un discurso
6 oportunidad
7 papel, puesto
8 en una competencia, un ránking
9 vajilla
10 trabajo
11 en nombres de sitios

1 PUNTO, POSICIÓN sitio, lugar: *Make sure you keep your passport in a safe place.* Asegúrese de guardar el pasaporte en un lugar seguro. • *Are you sure this is the right place?* ¿Estás segura de que este es el lugar? • **a place to do sth** un lugar para hacer algo: *I couldn't find a place to park.* No pude encontrar lugar para parquear. • [+**for**]: *an ideal place for a pleasant vacation* un sitio ideal para unas vacaciones placenteras • **its/their place** su lugar: *Make sure you put everything back in*

its place. Asegúrate de volver a poner todo en su lugar. • **in places** en algunas partes, en algunos sitios: *The carpet was dirty in places.* La alfombra estaba manchada en algunas partes. ▶ POSITION

2 CIUDAD, PAÍS, EDIFICIO sitio, lugar: *She was born in a place called Black River Falls.* Nació en un lugar que se llama Black River Falls. • *There's a new Korean place on the corner.* Hay un restaurante coreano nuevo en la esquina. • **a place to do sth** un lugar donde/para hacer algo, un sitio donde/para hacer algo: *Are there any good places to eat around here?* ¿Hay algún lugar bueno para comer por aquí? • [+**for**]: *This would be a great place for a party!* ¡Este sería un lugar genial para una fiesta! • **be the place (to do sth)** *For nightlife, Bodrum is the place to go.* Si se trata de vida nocturna, adonde hay que ir es a Bodrum. • **be no place for sb/sth** no ser lugar para alguien/algo: *This is no place for a child.* Este no es lugar para un niño. • **sb's place of work/business** (*frml*) el lugar de trabajo de alguien • **sb's place of residence** (*frml*) el domicilio de alguien

3 VIVIENDA, HOGAR (*coloq*) casa: *They have a big place on the edge of town.* Tienen una casa grande en las afueras de la ciudad. • **sb's place** la casa de alguien: *We were at Jack's place last night.* Anoche estuvimos en la casa de Jack. • **a place of your own** una casa propia

4 EN UNA FILA, UN BUS lugar, asiento: *She went back to her place.* Volvió a su lugar. • *There are still a few places left on the bus.* Todavía quedan algunos asientos en el bus. • **take your place** ocupar su lugar, sentarse • **a place to sit** un lugar donde sentarse • **save/keep sb a place** guardarle un lugar/asiento a alguien

5 EN UN LIBRO, UN DISCURSO punto o momento determinado: *He marked his place in the book.* Marcó por dónde iba en el libro. • *This is not the place to discuss that.* Este no es momento para detenernos en eso. • **in places** por momentos, en partes: *an account which is entertaining, and in places exciting* un relato entretenido y por momentos emocionante • **lose your place** perderse (al leer, contar, etc.)

6 OPORTUNIDAD plaza, lugar (en un curso, una residencia), puesto, lugar (en un equipo, una organización) • [+**in/on/at**]: *There are still a few places left in the class.* Todavía quedan algunas plazas en el curso. • *I've been offered a place in the dorms.* Me han ofrecido un lugar en la residencia.

7 PAPEL, PUESTO [gralm sing] lugar • [+**in**]: *choices that define our place in society* opciones que definen nuestro lugar en la sociedad • **a place in history/the record books** un lugar en los anales de la historia/en los libros de récords

8 EN UNA COMPETENCIA, UN RÁNKING lugar, puesto, posición • **first/second/third place** (el) primer/segundo/tercer lugar, (el) primer/segundo/tercer puesto: *Canada finished in third place.* Canadá terminó en tercer lugar. • *the battle for second place* la batalla por el segundo puesto • **take first/second/third place (in sth)** quedar en primer/segundo/tercer lugar (en algo), quedar primero -a/segundo -a/tercero -a (en algo)

9 VAJILLA (tb **place setting**) cubierto • **set a place (for sb)** poner un cubierto (para alguien)

10 TRABAJO puesto: *He found a place with a big city law firm.* Encontró un puesto en una importante firma de abogados de la ciudad. SIN **job**

11 EN NOMBRES DE SITIOS **Place** parte del nombre de una plaza, una calle corta, etc.: *Portland Place* Portland Place ▶ **place of** BIRTH, **a place of** WORSHIP, CHANGE **places (with sb)**, **it/everything** CLICKED **into place**, FALL **into place**, **in the** FIRST **place**, **have** FRIENDS **in high places**, **his/her** HEART **is in the right place**, MARKET-PLACE, MEETING PLACE, **country/place of** ORIGIN, **take/have** PRIDE **of place**, SOMEPLACE

EXPRESIONES
all over the place (*coloq*) **(a)** por todas partes: *There was blood all over the place.* Había sangre por todas partes. SIN **everywhere** **(b)** hecho -a un desastre, desordenado -a: *Her hair was all over the place.* Tenía el pelo hecho un desastre. **(c)** (con muchos errores) *The figures are all over the place.* Las cifras están todas mal. • **he/she is going places** (*coloq*) va a llegar lejos, promete

mucho • **have no place in sth** (*frml*) no tener cabida en algo • **in place** **(a)** en su lugar: *Everything was in place, exactly as he had left it.* Todo estaba en su lugar, tal como lo había dejado. • **hold/keep sth in place** sujetar algo **(b)** (un sistema, un método) *legislation put in place for the protection of minors* leyes puestas en vigor para proteger a los menores • **in place of sb/sth** (tb **in sb's/sth's place**) en lugar de alguien/algo: *You'll have to send someone else in my place.* Vas a tener que mandar a otra persona en mi lugar. • *You can use olive oil in place of butter.* Puede usar aceite de oliva en lugar de mantequilla. • **in sb's place** (*oral*) en el lugar de alguien: *What would you do in my place?* ¿Tú que harías en mi lugar? • **it is not sb's place (to do sth)** no corresponde a alguien (hacer algo): *It's not your place to tell me what to do!* ¡Tú no eres quién para decirme qué hacer! • **put yourself in sb's place** ponerse en el lugar de alguien • **out of place** **(a)** fuera de lugar: *I felt totally out of place at the wedding.* Me sentí totalmente fuera de lugar en la boda. **(b)** fuera de su lugar • **push/press/snap sth into place** colocar algo en su lugar en la forma expresada por el verbo: *Click the cartridge into place.* Coloque el cartucho en su lugar y presione hasta que haga clic. • **put sb in their place** poner a alguien en su lugar, bajarle los humos a alguien • **take place** tener lugar, ocurrir: *The next meeting will take place on Thursday.* La próxima reunión tendrá lugar el jueves. ▶ **HAPPEN** • **take the place of sth/sb** (tb **take sth's/sb's place**) ocupar el lugar de algo/alguien, reemplazar algo/a alguien: *I'm not trying to take his place.* No estoy intentado ocupar su lugar. SIN **replace** • **take second place** ocupar un segundo plano • **there is no place for sb in sth** no hay lugar para alguien en algo: *There's no place for passengers on this team!* ¡No hay lugar para vagos en este equipo!

place² S2 W1 *v*

1 un objeto
2 en una situación
3 dar
4 en un ránking, en prioridades
5 un pedido
6 un anuncio
7 una apuesta
8 establecer
9 encontrar casa, trabajo para
10 identificar
11 una llamada

1 UN OBJETO [T siempre + adv/prep] colocar, poner • **place sth in/on/under sth** *She placed the vase carefully on the table.* Puso el florero con cuidado sobre la mesa. • *Place some lemon slices on the fish before serving it.* Coloque unas rodajas de limón sobre el pescado antes de servirlo. SIN **put**
2 EN UNA SITUACIÓN [T siempre + adv/prep] poner: *The announcement placed me in a very difficult position.* El anuncio me puso en una situación muy difícil. • **place sb under arrest** detener a alguien • **place sb under surveillance** empezar a vigilar a alguien • **place pressure on sth/sb** (tb **place sth/sb under pressure**) presionar a algo/alguien SIN **put**
3 DAR [T] **place emphasis on sth** poner énfasis en algo, dar importancia a algo: *The school places a lot of emphasis on discipline.* La escuela pone mucho énfasis en la disciplina. • **place value/importance on sth** otorgar valor/importancia a algo • **place faith/trust in sth/sb** depositar confianza en algo/alguien, tenerle confianza a algo/alguien • **place reliance on sth** fiarse de algo • **place the blame on sb** culpar a alguien, echarle la culpa a alguien
4 EN UN RÁNKING, EN PRIORIDADES [T siempre + adv/prep] poner, colocar: *His latest win places him in the world's top ten players.* Su última victoria lo coloca entre los diez mejores jugadores del mundo. • **place sth/sb above sth/sb** poner algo/a alguien por encima de algo/alguien: *Companies usually place profit above all else.* Las empresas suelen poner a las ganancias por encima de todo lo demás.
5 UN PEDIDO [T] **place an order** hacer/realizar un pedido

6 UN ANUNCIO [T] **place an advertisement/ad** poner un anuncio
7 UNA APUESTA [T] **place a bet** hacer una apuesta • **place a bet on sth/sb** apostar a algo/alguien: *She placed $50 on the favorite.* Apostó 50 dólares al favorito.
8 ESTABLECER [T] calcular: *The age of the fossils is difficult to place.* Es difícil calcular la antigüedad de los fósiles. • **place sth at sth** *The cost of repairs was placed at $100,000.* Se calculó que el costo de las reparaciones sería de 100.000 dólares.
9 ENCONTRAR CASA, TRABAJO PARA [T] colocar • **place sb with sb/sth** colocar a alguien con alguien/en algo: *The boy was placed with a foster family.* El niño fue colocado con una familia sustituta.
10 IDENTIFICAR [T] ubicar: *I know the name but I can't place him.* Conozco el nombre, pero no lo ubico.
11 UNA LLAMADA **place a call** (*frml*) realizar una llamada (telefónica) SIN **make**
EXPRESIONES
place first/second/third llegar en primer/segundo/tercer lugar • **place sth in sb's hands** poner algo en manos de alguien • **be well/ideally placed to do sth** estar en una buena posición/en la posición ideal para hacer algo

pla·ce·bo /pləˈsiboʊ/ *s* [C] (pl **placebos**) placebo
place·ment /ˈpleɪsmənt/ *s* **1** [U] colocación • [+**of**]: *the placement of children in foster care* la colocación de niños al cuidado de una familia sustituta **2** [C] centro/hogar de acogida
place name *s* [C] topónimo
pla·cen·ta /pləˈsɛntə/ *s* [C] placenta
place setting *s* [C] cubierto (servicio para comensal)
plac·id /ˈplæsɪd/ *adj* **1** plácido -a, tranquilo -a SIN **calm 2** sereno -a, apacible SIN **tranquil**
plac·id·ly /ˈplæsɪdli/ *adv* **1** plácidamente, tranquilamente SIN **calmly 2** serenamente, apaciblemente
pla·gia·rism /ˈpleɪdʒəˌrɪzəm/ *s* [C,U] plagio
pla·gia·rist /ˈpleɪdʒərɪst/ *s* [C] plagiario -a, plagiador -a
pla·gia·rize /ˈpleɪdʒəˌraɪz/ *v* [I,T] plagiar
plague¹ /pleɪg/ *s* **1** [U] (tb **the plague**) (la) peste (bubónica) **2** [C] peste, plaga **3 a plague of rats/locusts/flies** una plaga de ratas/langostas/moscas
plague² *v* [T] **1** [gralm en pasiva] acosar, aquejar **2** asediar, dar la lata a SIN **pester**
plaid /plæd/ *s* [C,U] tela escocesa
plain¹ S3 /pleɪn/ *adj*

1 fácil de notar
2 sin adornos
3 no estampado
4 comida
5 sin rodeos
6 para enfatizar
7 poco agraciado
8 sin títulos

1 FÁCIL DE NOTAR evidente, claro -a: *It soon became plain what the problem was.* Pronto quedó claro cuál era el problema. • **it is plain that** es evidente que: *It was plain that Max didn't agree.* Era evidente que Max no estaba de acuerdo. • **make sth plain** dejar algo (en) claro • **be plain to see** saltar a la vista: *The benefits of the system are plain to see.* Los beneficios del sistema saltan a la vista. • **as plain as the nose on your face** (tb **plain as day**) (*coloq*) más claro que el agua
2 SIN ADORNOS sencillo -a: *a very plain dress* un vestido muy sencillo
3 NO ESTAMPADO liso -a: *a plain carpet* una alfombra lisa
4 COMIDA sencillo -a: *The food was plain but delicious.* La comida era sencilla pero deliciosa.
5 SIN RODEOS franco -a: *Come on then, let's be plain.* Vamos, hablemos sin tapujos. • **the plain fact/truth** la pura verdad, la verdad lisa y llana • **plain speaking/talking** franqueza (al hablar) • **in plain English/language**

en lenguaje sencillo • **plain and simple** lisa y llanamente: *This is harassment, plain and simple.* Esto es hostigamiento, lisa y llanamente. • **make yourself plain** ser franco -a

6 PARA ENFATIZAR [solo ante s] puro -a: *Her motive was plain greed.* Su motivación fue codicia pura.

7 POCO AGRACIADO feúcho -a SIN **homey**

8 SIN TÍTULOS [solo ante s] a secas • **(just) plain Mr./Mrs.** señor/señora a secas

EXPRESIONES
plain old sth (*coloq*) algo común y corriente • **be plain sailing** ser pan comido • **in plain sight** a la vista

plain² s **1** [C] llanura ▶ PRAIRIE **2** [U] punto al derecho

plain³ adv (*coloq*) totalmente, decididamente • **(just) plain stupid/wrong/bad** totalmente estúpido -a/equivocado -a/malo -a

plain·ly /'pleɪnli/ adv **1** claramente, visiblemente: *She was plainly upset.* Estaba visiblemente disgustada. **2** sin rodeos **3** [adv oracional] evidentemente **4** sencillamente, con sencillez

plain·tiff /'pleɪntɪf/ s [C] (*jur*) demandante ANT **defendant**

plain·tive /'pleɪntɪv/ adj (*escrito*) plañidero -a: *a plaintive voice* una voz plañidera

plain·tive·ly /'pleɪntɪvli/ adv (*escrito*) en forma plañidera

plan¹ S1 W1 /plæn/ s [C]
1 [gralm pl] (intención) plan: *Please don't change your plans for me.* Por favor, no cambies tus planes por mí. • **have plans** tener planes • [+for]: *I don't have any plans for the weekend.* No tengo planes para el fin de semana. • *There are no plans for more job cuts.* No se planea reducir más el personal. • **plans to do sth** planes/intenciones de hacer algo: *I have no plans to retire.* No tengo intenciones de jubilarme. • **a change of plan** un cambio de planes: *There was a change of plan because of the bad weather.* Hubo un cambio de planes a causa del mal tiempo. • **make plans (for sth)** hacer planes (para algo): *We haven't made any plans for our vacation yet.* Todavía no hemos hecho planes para nuestras vacaciones.
2 (serie de medidas) plan: *the UN peace plan* el plan de paz de la ONU • **a plan to do sth** un plan para hacer algo • [+for]: *plans for recycling the waste* planes para el reciclaje de los desechos • **work out/draw up/devise a plan** elaborar un plan • **a plan of action** un plan de acción • **go according to plan** salir según lo planeado
3 (de un edificio, una habitación) plano: *the architect's plans* los planos del arquitecto • [+of]: *He showed me a plan of the apartment.* Me mostró un plano del departamento.
4 (de calles) plano, mapa • [+of]: *a street plan of Buenos Aires* un plano de las calles de Buenos Aires ▶ FLOOR PLAN, GAME PLAN

EXPRESIONES
plan A plan A • **plan B** plan B

plan² S1 W1 v (**planned, planning**)
1 (a) [T] planear: *He immediately began planning his escape.* De inmediato, empezó a planear el escape. • **plan what/where/when/how** planear qué/dónde/cuándo/cómo: *Have you planned exactly what you will say?* ¿Has planeado qué vas a decir exactamente? • **go as planned** salir según lo planeado/previsto: *The celebrations went exactly as planned.* Los festejos salieron según lo previsto. **(b)** [I] hacer planes • **plan ahead/for the future** hacer planes con antelación/para el futuro
2 [I,T] tener intenciones de, tener planeado -a: *I'm planning a trip to Greece in May.* Tengo intenciones de hacer un viaje a Grecia en mayo. • **plan to do sth** tener intenciones de hacer algo, tener planeado -a/pensado -a hacer algo: *She'd planned to leave work a little early.* Había pensado salir del trabajo un poco más temprano.
3 [T] diseñar: *Planning a small garden can be difficult.* Diseñar un jardín pequeño puede resultar difícil. SIN **design**

plan on sth v+partíc tener planeado/pensado algo: *I was planning on an early night.* Tenía intenciones de irme a dormir temprano.

plan on doing sth v+partíc tener intenciones de hacer algo, tener planeado -a/pensado -a hacer algo: *We're planning on getting married some time.* Tenemos intenciones de casarnos en algún momento.

plan on sb/sth doing sth v+partíc contar con que alguien/algo haga algo: *Don't plan on Todd being on time.* No cuentes con que Todd llegue puntualmente.

plan sth ↔ out v+partíc planificar algo (en detalle): *I'll get a map so we can plan out our route.* Conseguiré un mapa para que podamos planificar la ruta que seguiremos.

plane¹ S2 W2 /pleɪn/ s [C]
1 avión: *It was raining when I got off the plane.* Cuando bajé del avión, llovía. • **by plane** en avión: *He arrived by plane from San Francisco.* Llegó de San Francisco en avión. • **on the plane** a bordo: *the safety of passengers on the plane* la seguridad de los pasajeros a bordo • **plane crash** accidente aéreo • **plane ticket** pasaje de avión, tiquete de avión, boleto de avión SIN **airplane**
2 plano (nivel) • **on a higher/different/broader plane** en un plano superior/diferente/más amplio
3 (*técn*) (en geometría) plano: *a horizontal plane* un plano horizontal
4 cepillo de carpintero
5 plátano (árbol)

plane² v **1** [T] cepillar (madera) **2** [I siempre + adv/prep] planear (en el agua, el aire)

plane³ adj [solo ante s] (*técn*) plano -a

plan·et S3 W2 /'plænɪt/ s
1 [C] planeta • **on a planet** en un planeta: *Is there life on other planets?* ¿Hay vida en otros planetas? • **the planet Earth/Mars/Venus** el planeta Tierra/Marte/Venus
2 the planet (la Tierra) el planeta: *policies to protect the future of the planet* políticas para proteger el futuro del planeta • **on the planet** del planeta: *He'd been to almost every country on the planet.* Había estado en casi todos los países del planeta.

EXPRESIONES
be (living) on another planet (*hum*, *oral*) vivir en otro planeta

plan·e·tar·i·um /ˌplænə'tɛriəm/ s [C] planetario

plan·e·tar·y /'plænəˌtɛri/ adj [solo ante s] planetario -a, de los planetas

plank /plæŋk/ s [C] **1** tablón, tabla: *a plank of wood* un tablón de madera **2** (en una plataforma política) eje, puntal ▶ PLATFORM; **WALK the plank**

plank·ton /'plæŋktən/ s [U] plancton

plan·ner /'plænɚ/ s [C] planificador -a • **a town/city planner** un -a urbanista

plan·ning /'plænɪŋ/ s [U] **1** planificación: *Their success was due to careful planning.* Su éxito se debió a una cuidadosa planificación. • **forward planning** planificación anticipada **2** urbanismo ▶ FAMILY PLANNING

plant¹ S2 W1 /plænt/ s [C]
1 (vegetal) planta, mata • **a peach/strawberry plant** un duraznero/una planta de fresa • **plant life** flora • **plant species** especie vegetal ▶ HOUSEPLANT, POT PLANT
2 (fábrica) planta • **an assembly plant** una planta de ensamblaje/montaje • **an industrial/manufacturing/processing plant** una planta industrial/manufacturera/procesadora • **a chemical plant** una planta química ▶ POWER PLANT
3 espía SIN **spy** ▶ MOLE

plant² S3 W3 v [T]

1	semillas, plantas
2	colocar
3	dar
4	pruebas falsas
5	un espía, un infiltrado
6	ideas
7	una bomba

1 SEMILLAS, PLANTAS sembrar, plantar • **plant a field/a garden/an area (with sth)** plantar un campo/un

jardín/una zona (de algo): *The field had already been planted with crops.* Ya se habían sembrado cultivos en ese campo. ▸ **SOW**
2 COLOCAR [siempre + adv/prep] (*coloq*) poner (con firmeza): *Larry was there, planted in front of the TV.* Allí estaba Larry, plantado frente al televisor. • **plant yourself** plantarse
3 DAR plant a kiss on sth *She planted a kiss on his cheek.* Le plantó un beso en la mejilla.
4 PRUEBAS FALSAS (*coloq*) colocar, plantar (para incriminar a alguien) • **plant sth on sb** colocarle algo a alguien, plantarle algo a alguien, endilgarle algo a alguien
5 UN ESPÍA, UN INFILTRADO [siempre + adv/prep] infiltrar • **plant sb in/inside sth** infiltrar a alguien en algo
6 IDEAS sembrar (dudas, sospechas) • **plant an idea in sb's mind** meterle una idea en la cabeza a alguien • **plant doubts in sb's mind** sembrar dudas en alguien
7 UNA BOMBA plant a bomb/a device (*coloq*) poner una bomba/un artefacto
plant sth ↔ out *v+partíc* trasplantar algo (a la intemperie)

plan·tain /ˈplæntⁿn, -tən/ *s* [C] plátano, plátano macho (para cocinar)

plan·ta·tion /plænˈteɪʃn/ *s* [C] plantación: *a coffee plantation* una plantación de café

plant·er /ˈplæntɚ/ *s* [C] **1** matera, maceta **2** plantador -a, hacendado -a **3** sembradora

plant·ing /ˈplæntɪŋ/ *s* [C,U] plantación (acción), siembra

'plant pot *s* [C] matera, maceta

plaque /plæk/ *s* **1** [C] placa • **a commemorative/ memorial plaque** una placa conmemorativa **2** [U] placa dental, sarro

plas·ma /ˈplæzmə/ *s* [U] **1** plasma **2** protoplasma **3** (materia gaseosa) plasma

'plasma screen (tb **'plasma dis,play**) *s* [C] pantalla de plasma

plas·ter¹ /ˈplæstɚ/ *s* [U] **1** (en construcción) yeso, revoque **2** (para moldes, esculturas) yeso: *a plaster statue* una estatua de yeso SIN **plaster of Paris**

plaster² *v* [T] **1 plaster sth with sth** embadurnar algo con algo, cubrir algo de algo: *He plastered sun-tan lotion all over his arms.* Se embadurnó los brazos con bronceador. • **plaster sth on/over sth** aplicar algo en algo (cubriendo toda la superficie) **2** [gralm en pasiva] (cubrir) **be plastered with sth** estar cubierto -a de algo, estar tapizado -a de algo: *His bedroom walls were plastered with posters.* Las paredes de su habitación estaban cubiertas de afiches. • **be plastered on/over/ across sth** *Photos were plastered all over the walls.* Las paredes estaban empapeladas de fotos. **3** (publicar) [gralm en pasiva] **be plastered across sth/all over sth** *The boys' names were plastered across the front pages of every newspaper.* Los nombres de los niños ocupaban la primera plana de todos los periódicos. **4** [T] (en construcción) revocar **5** [gralm en pasiva] (cabello) **be plastered to sth** estar pegado -a a algo
EXPRESIONES
plaster over the cracks maquillar los problemas
plaster sth ↔ over *v+partíc* revocar algo, rellenar algo (con yeso)

plas·ter·board /ˈplæstɚˌbɔrd/ *s* [U] placa de yeso

,plaster 'cast *s* [C] **1** (para huesos fracturados) yeso SIN **cast** ▸ **PLASTER 2** (en escultura) molde de yeso

plas·tered /ˈplæstɚd/ *adj* [nunca ante s] (*coloq*) totalmente borracho -a, borracho -a como una cuba

plas·ter·er /ˈplæstərɚ/ *s* [C] yesero -a

plaster of Par·is /ˌplæstɚ əv ˈpærɪs/ *s* [U] yeso (para escultura) SIN **plaster**

plas·tic¹ S2 W3 /ˈplæstɪk/ *adj*
1 [solo ante s] de plástico: *a plastic bag* una bolsa de plástico
2 (*peyor*) (artificial) de plástico: *plastic food* comida de

plástico SIN **artificial**
3 (*técn*) (fácil de modelar) plástico -a SIN **flexible**

plastic² S3 *s*
1 [C,U] plástico: *Many children's toys are made of plastic.* Muchos juguetes infantiles son de plástico. • *the plastics industry* la industria del plástico • **plastic explosive** explosivo plástico
2 [U] (*coloq*) tarjetas (de crédito y débito): *Does the store take plastic?* ¿La tienda acepta tarjetas?

plas·tic·i·ty /plæˈstɪsəti/ *s* [U] (*técn*) plasticidad

,plastic 'surgeon *s* [C] cirujano -a plástico -a

,plastic 'surgery *s* [U] cirugía plástica • **have plastic surgery (on sth)** hacerse cirugía plástica (en algo), operarse (algo)

,plastic 'wrap *s* [U] film (transparente) (para envolver alimentos)

plate¹ S1 W2 /pleɪt/ *s*

1	vajilla
2	cantidad de comida
3	comida
4	cartel
5	chapa
6	en geología
7	de oro, plata
8	en un libro
9	dientes
10	para enderezar dientes
11	de un carro
12	en béisbol
13	en la iglesia

1 VAJILLA [C] plato: *a dinner plate* un plato pando • [+**of**]: *Waiters came in carrying plates of food.* Entraron camareros con platos de comida.
2 CANTIDAD DE COMIDA [C] plato • **a plate of sth** un plato de algo: *He ate two huge plates of spaghetti.* Se comió dos platos enormes de espaguetis. SIN **plateful**
3 COMIDA [C] plato: *a vegetable plate* un plato de verduras SIN **platter**
4 CARTEL [C] placa (con una inscripción)
5 CHAPA [C] plancha • **a metal/steel/iron plate** una plancha de metal/acero/hierro
6 EN GEOLOGÍA [C] (*técn*) placa (tectónica)
7 DE ORO, PLATA [U] plaqué • **gold/silver plate** plaqué de oro/plata: *knives and forks covered with silver plate* cuchillos y tenedores chapados en plata ▸ **SILVER-PLATED**
8 EN UN LIBRO [C] ilustración, lámina
9 DIENTES [C] dentadura postiza SIN **dentures**
10 PARA ENDEREZAR DIENTES [C] aparatos (ortodónticos), frenos
11 DE UN CARRO plates [pl] (*coloq*) placa (de matrícula): *The truck had New Jersey plates.* El camión tenía placa de Nueva Jersey.
12 EN BÉISBOL [C gralm sing] home-plate, plate, plato
13 EN LA IGLESIA [sing] (tb **collection plate**) bandeja, cepillo (para limosnas) ▸ **COLLECTION**
EXPRESIONES
hand/give sb sth on a plate servirle algo a alguien en bandeja • **have a lot/too much on your plate** (*coloq*) estar muy/demasiado atareado -a, tener muchas/ demasiadas cosas entre manos: *I'm sure he has enough on his plate already.* Estoy seguro de que ya tiene suficientes cosas entre manos.

plate² *v* [T] chapar, recubrir (con plaqué de oro o plata)

pla·teau¹ /plæˈtoʊ/ *s* [C] (pl **plateaus** o **plateaux** /-ˈtoʊz/) **1** meseta **2** [gralm sing] periodo de estancamiento • **reach/hit a plateau** llegar a un periodo de estancamiento

plateau² *v* [I] estancarse

plat·ed /ˈpleɪtɪd/ *adj* chapado -a • [+**with**]: *Even the faucets were plated with gold.* Hasta las llaves de agua estaban chapadas en oro.

plate·ful /ˈpleɪtfʊl/ *s* [C] plato (contenido)

,plate 'glass s [U] vidrio laminado

plat·form W3 /'plætfɔrm/ s [C]

1 para discursos
2 estructura
3 en política
4 de expresión de ideas
5 en una estación
6 zapatos

1 PARA DISCURSOS tarima, estrado: *Professor Allen stepped up onto the platform.* El profesor Allen subió a la tarima.
2 ESTRUCTURA plataforma • **an oil platform** una plataforma petrolífera, una plataforma petrolera
3 EN POLÍTICA [gralm sing] plataforma, programa • [+on]: *their platform on civil rights* su plataforma en materia de derechos civiles • **an election platform** una plataforma electoral ▸ **PLANK**
4 DE EXPRESIÓN DE IDEAS [gralm sing] plataforma • [+for]: *His new position has given him a platform for his views.* Su nuevo cargo le ha otorgado una plataforma para sus opiniones. • **a platform to do sth** una plataforma para hacer algo
5 EN UNA ESTACIÓN andén, plataforma: *The train to Boston leaves from Platform 9.* El tren a Boston parte de la plataforma 9. SIN **track**
6 ZAPATOS **platforms** (tb **platform shoes** [pl]) zapatos de plataforma

plat·ing /'pleɪtɪŋ/ s [sing, U] plaqué, chapado

plat·i·num¹ /'plæt¯nəm, 'plæt¯n-əm/ s [U] (símb quím **Pt.**) platino

platinum² *adj* **1** de platino: *a platinum watch/ring* un reloj/un anillo de platino **2** (discos) de platino: *a platinum album* un álbum de platino

plat·i·tude /'plætə,tud/ s [C gralm pl] (*peyor*) lugar común, perogrullada: *meaningless platitudes* lugares comunes carentes de significado

plat·i·tu·di·nous /,plætə'tudn-əs/ *adj* [gralm ante s] (*peyor*) frml lleno -a de lugares comunes, de perogrullo

pla·ton·ic /plə'tɑnɪk/ *adj* platónico -a: *a platonic relationship* una relación platónica

pla·toon /plə'tun/ s [C] sección (en el ejército), pelotón

plat·ter /'plætə/ s [C] **1** (para servir comida) fuente: *a serving platter* una fuente **2** (comida) fuente • [+of]: *platters of fruit* fuentes de frutas **3 a seafood/ vegetarian/barbecue platter** un plato de mariscos/un plato de verduras/una parrillada

plat·y·pus /'plætəpəs/ s [C] ornitorrinco

plau·dits /'plɔdɪts/ s [pl] (*frml*) aplauso(s) (elogios) • **win/ draw plaudits** ser aclamado -a, ganar el aplauso: *The movie drew plaudits from the critics.* La película fue aclamada por la crítica.

plau·si·ble /'plɔzəbəl/ *adj* **1** verosímil: *a plausible explanation* una explicación verosímil • **it is plausible that** es posible que ANT **implausible 2** [gralm ante s] convincente: *a plausible candidate* un candidato convincente SIN **credible**

play¹ S1 W1 /pleɪ/ v

1 partidos, deportes
2 niños
3 instrumento musical
4 radio, CD
5 actor
6 en una obra, una sala
7 obra, película
8 posición en equipo
9 partido, evento
10 un balón, una pelota
11 en juegos de mesa
12 comportarse
13 luz
14 sonrisa
15 una luz, una manguera

1 PARTIDOS, DEPORTES [I,T] jugar (a): *Kansas played well in the first half.* Kansas jugó bien en el primer tiempo. • **play (against) sb** jugar contra alguien: *The Rockets are playing the Bulls this weekend.* Los Rockets van a jugar contra los Bulls este fin de semana. • **play basketball/soccer/tennis** jugar básquetbol/fútbol/ tenis: *Who wants to play tennis?* ¿Quién quiere jugar tenis? • **play cards/chess** jugar (a las) cartas/(al) ajedrez • **play a game/match** jugar un partido: *She will be playing her final game tonight.* Juega su último partido esta noche. • **play (sth) with sb** jugar (algo) con alguien: *He played chess with Helen.* Jugó ajedrez con Helen. • **play for sth** jugar en/para algo: *He played for Denver from 1995 to 1997.* Jugó en Denver desde 1995 hasta 1997.
2 NIÑOS [I,T] jugar: *a place where children can play safely* un lugar donde los niños puedan jugar sin riesgos • **play with sth** jugar con algo: *The baby was playing with a rattle.* El bebé jugaba con un sonajero. • **play with sb** jugar con alguien: *Why don't you play with Tommy?* ¿Por qué no juegas con Tommy?
3 INSTRUMENTO MUSICAL [I,T] tocar: *There's a good band playing on Saturday.* El sábado toca una buena banda. • *She played a piece by Debussy.* Tocó una obra de Debussy. • **play the piano/guitar/violin** tocar el piano/la guitarra/el violín
4 RADIO, CD (a) [T] poner, tocar: *They play their sound systems at full volume.* Ponen sus aparatos de música a todo volumen. • *Outside, loudspeakers played endless Christmas music.* Afuera, los parlantes pasaban música navideña sin parar. • **play a CD/a tape** poner un CD/una cinta (b) [I] oírse: *A radio was playing.* Se oía un radio.
5 ACTOR [T] hacer (el papel) de, interpretar el papel de: *Who's playing James Bond in the new movie?* ¿Quién hace de James Bond en la nueva película? • **play a role/part** hacer/interpretar un papel: *Brad Pitt plays the part of Achilles.* Brad Pitt hace el papel de Aquiles. • **play a character** interpretar un personaje
6 EN UNA OBRA, UNA SALA [I siempre + adv/prep, T] actuar en: *He's currently playing in Julius Caesar on Broadway.* En este momento, está actuando en Julio César, en Broadway. • *They played small local theaters.* Actuaban en teatros locales pequeños.
7 OBRA, PELÍCULA [I siempre + adv/prep] *The musical "Cats" is still playing on Broadway.* El musical "Cats" todavía está en cartelera en Broadway. • *What's playing in town this week?* ¿Qué hay en cartelera esta semana en el centro?
8 POSICIÓN EN EQUIPO [I,T] jugar (de): *I played center in high school.* En el colegio, jugaba de pivote. • **play goalie/defense/center field** jugar en la portería/la defensa/el medio campo
9 PARTIDO, EVENTO **be played** jugarse: *Next summer's tournament will be played in France.* El torneo del próximo verano se va a jugar en Francia.
10 UN BALÓN, UNA PELOTA [T] darle a • **play the ball** *Beckham tried to play the ball through to Ruiz.* Beckham trató de pasarle el balón a Ruiz. • *She played the ball low, just over the net.* Lanzó una pelota baja, justo por encima de la red.
11 EN JUEGOS DE MESA [T] jugar, tirar (una carta), mover (una reina, un peón): *Shirley took a risk and played her queen.* Shirley se arriesgó y movió su reina.
12 COMPORTARSE [T siempre + adv/prep] manejar (una situación) • **play it carefully/cool** actuar con cuidado/calma
13 LUZ [I siempre + adv/prep] (*liter*) **play on/against/ over sth** *She watched the sunlight playing on the water.* Miraba la luz del sol que rielaba en el agua.
14 SONRISA [I siempre + adv/prep] (*liter*) **play around/ about/at sth** *A slight smile played around his lips.* En sus labios se insinuaba una sonrisa.
15 UNA LUZ, UNA MANGUERA [T siempre + adv/prep] **play a flashlight/hose over sth** barrer algo con una linterna/una manguera
EXPRESIONES
play ball (with sb) (*coloq*) entrar en el juego (de alguien):

"We don't play ball with terrorists," the President said. –No entramos en el juego de los terroristas –dijo el Presidente. • **play your cards right** (*coloq*) jugar bien sus cartas • **play the field** (*coloq*) dedicarse al levante, andar de ligue • **play (it) safe** no correr riesgos, no arriesgarse • **play sb for a sucker** (*coloq*) engañar a alguien, darle a alguien atole con el dedo • **play for time** ganar tiempo: *I kept her talking downstairs to play for time.* La entretuve abajo hablándole para ganar tiempo. • **play hard to get** hacerse de rogar, hacerse del rogar • **play (right) into sb's hands** hacerle el juego a alguien • **play second fiddle (to sb)** estar a la sombra (de alguien) • **play with fire** jugar con fuego

play along *v+partíc* **1 play along (with sb)** seguirle el juego (a alguien) **2 play along with sth** fingir aceptar algo

play around *v+partíc* (*coloq*) tener aventuras/una aventura • **play around with sb** tener una aventura con alguien: *Wasn't she playing around with another man?* ¿No lo estaba engañando con otro?

play at sth *v+partíc* jugar a algo: *They were playing at being soldiers.* Estaban jugando a los soldados.

play sth ↔ back *v+partíc* poner algo (una grabación): *I got home and played back my messages.* Llegué a casa y puse mis mensajes.

play sth ↔ down *v+partíc* restarle importancia a algo • **play down the importance/significance of sth** restarle importancia a algo • **play down the possibility/risk of sth** restarle importancia a la posibilidad/al riesgo de algo

play off *v+partíc* **1 play off sth** sacar provecho de algo, explotar algo **2 play off sth/sb** complementar algo/a alguien (destacando sus cualidades)

play sb off against sb *v+partíc* hacer competir a alguien con alguien, enfrentar a alguien con alguien (para beneficiarse)

play on sth *v+partíc* explotar algo (los miedos, las preocupaciones): *Advertisers play on our desire for youth.* Los anunciantes explotan nuestro deseo de mantenernos jóvenes.

play out *v+partíc* **play out** desarrollarse

play up *v+partíc* **play sth ↔ up** exagerar algo: *The United States had played up the threat to the West.* Los Estados Unidos había exagerado la amenaza que implicaba para Occidente.

play up to sb *v+partíc* halagar a alguien

play with sth *v+partíc* **1** juguetear con algo: *She kept playing with her bracelet.* No dejaba de juguetear con su pulsera. **2** experimentar con algo, jugar con algo: *You can play with the design onscreen until you're happy with it.* Puede experimentar con el diseño en pantalla hasta que le satisfaga. **3** jugar con algo, barajar algo: *I've been playing with the idea of traveling around the world.* He estado jugando con la idea de viajar alrededor del mundo. **4 play with words/language** jugar con las palabras/el lenguaje

play² $\boxed{\text{S1}}$ $\boxed{\text{W1}}$ *s* (pl **plays**)

1 teatro
2 actividad lúdica
3 en un partido
4 deportes
5 intento
6 de un equipo, un jugador
7 de luces, sombras
8 cualidad de flojo

1 TEATRO [C] obra (de teatro): *a play by Chekhov* una obra de Chejov • [+**about**]: *It's a play about life in America.* Se trata de una obra sobre la vida en Estados Unidos. • **write a play** escribir una obra: *The play was written by Arthur Miller.* La obra fue escrita por Arthur Miller.

2 ACTIVIDAD LÚDICA [U] juego: *Play is important for children.* El juego es importante para los niños. • **at play** jugando: *children at play* niños jugando • **play area** zona de juego

3 EN UN PARTIDO [C] jugada: *On the next play, Johnson ran fifteen yards for a touchdown.* En la siguiente jugada, Johnson corrió quince yardas y logró un touchdown. • **make a play** hacer una jugada

4 DEPORTES [U] juego: *Rain stopped play in the third round.* La lluvia interrumpió el juego en la tercera ronda.

5 INTENTO a play for sth (maniobra para conseguir algo) *Her behavior is obviously a play for attention.* Es evidente que con ese comportamiento intenta llamar la atención. • **make a play for sth** intentar conseguir algo

6 DE UN EQUIPO, UN JUGADOR [U] juego, jugadas: *There was some very good play in the first quarter.* En el primer cuarto hubo algunas jugadas muy buenas.

7 DE LUCES, SOMBRAS [U] juego • **the play of light/color/shadow** el juego de la luz/el color/la sombra

8 CUALIDAD DE FLOJO [U] juego • [+**in**]: *There's too much play in the rope.* La cuerda está demasiado floja.
▶ **FAIR PLAY, FOUL PLAY**

EXPRESIONES

be at play intervenir: *Several factors are at play.* Intervienen varios factores. • **bring sth into play** poner algo en juego, poner algo en marcha: *The threat of war was again brought into play.* Una vez más, se había puesto en juego la amenaza de la guerra. • **come into play** entrar en juego: *Many factors come into play when decisions are made.* Cuando se toman decisiones entran en juego muchos factores. • **get play** (*coloq*) **(a)** tener difusión, recibir la atención pública (tema, conflicto, etc.) **(b)** tener difusión (en una radio) $\boxed{\text{SIN}}$ **airplay** • **in play** dentro del área de juego $\boxed{\text{ANT}}$ **out of play** • **make a play for sb** intentar levantar a alguien, intentar ligar(se) a alguien • **out of play** fuera de juego • **a play on words** un juego de palabras $\boxed{\text{SIN}}$ **pun**

'play-act *v* [I] actuar, hacer teatro (para conseguir un beneficio)

'play-,acting *s* [U] teatro, actuación (para conseguir un beneficio)

play-back /'pleɪbæk/ *s* [C gralm sing, U] reproducción (audiovisual)

play-boy /'pleɪbɔɪ/ *s* [C] playboy

,play-by-'play *s* [sing] relato jugada a jugada (de un partido), relato pormenorizado (de un evento)

Play-Doh /'pleɪ doʊ/ *s* [U] (*marca reg*) masa (para modelar)

play-er $\boxed{\text{S1}}$ $\boxed{\text{W1}}$ /'pleɪɚ/ *s* [C]
1 (deportes) jugador -a • **a soccer/basketball player** un -a jugador -a de fútbol/básquetbol, un -a futbolista/un -a basquetbolista • **a great/brilliant player** un -a jugador -a excelente/brillante: *She's one of the best players I've ever seen.* Es una de las mejores jugadoras que he visto. • **star player** jugador -a estrella
2 (música) músico -a • **a piano/trumpet/guitar player** un -a pianista/trompetista/guitarrista
3 [gralm pl] (*antic*) (teatro) actor, actriz

play-ful /'pleɪfəl/ *adj* pícaro -a, juguetón -ona

play-ful-ly /'pleɪfəli/ *adv* en broma, juguetonamente

play-ful-ness /'pleɪfəlnɪs/ *s* [U] actitud juguetona, picardía

play-ground /'pleɪgraʊnd/ *s* [C] **1** patio (de una escuela) • **in the playground** (tb **on the playground**) en el patio: *Children were playing soccer in the playground.* Había niños jugando al fútbol en el patio. **2** zona de un parque destinada a juegos infantiles **3** [gralm sing] lugar de recreación • [+**for**]: *a playground for the rich and famous* un lugar de recreación para los ricos y famosos

play-group, play group /'pleɪgrup/ *s* [C,U] tipo de jardín infantil organizado por los padres de los niños

play-house /'pleɪhaʊs/ *s* [C] **1** teatro **2** casita (de juguete)

'playing card *s* [C] carta, naipe: *a deck of playing cards* una baraja

'playing field *s* [C] campo de deportes, cancha de deportes, campo deportivo ▶ **compete on a LEVEL playing field**

play-mate /'pleɪmeɪt/ *s* [C] compañero -a de juegos

'play-off s [C] **1** partido de las finales • **the playoffs** las finales **2** (partido de) desempate ▶ **REPLAY**

play·pen /'pleɪpɛn/ s [C] corral, corralito (de niño)

play·room /'pleɪrum/ s [C] cuarto de juegos

play·thing /'pleɪˌθɪŋ/ s [C] **1** (persona) juguete: *I am not your plaything.* Conmigo no vas a jugar. **2** (objeto) juguete

play·time /'pleɪtaɪm/ s [U] hora de jugar

play·wright /'pleɪraɪt/ s [C] dramaturgo -a

pla·za /'plɑzə, 'plæzə/ s [C] **1** centro comercial (con espacios abiertos) ▶ **MALL** **2** plaza **3** (en una carretera) área de servicios

plea /pli/ s **1** [C] pedido, ruego • [+**for**]: *a plea for help* un pedido de ayuda • **plea to do sth** ruego/pedido de hacer algo • **make a plea** hacer un llamamiento, realizar un pedido: *He made a plea for party unity.* Hizo un llamamiento a la unidad partidaria. **2** [C gralm sing] *(jur)* declaración (de inocencia, de culpabilidad) • **enter a plea of guilty/not guilty (a)** declararse culpable/inocente (acusado) **(b)** presentar un alegato de culpabilidad/ inocencia (abogado)

plead ᴡ³ /plid/ v (**pleaded** o **pled** /plɛd/)

1 [I,T] suplicar, rogar • **plead for sth** suplicar/rogar algo: *I pleaded for help.* Supliqué ayuda. • **plead with sb (to do sth)** suplicarle/rogarle a alguien (que haga algo): *Amy pleaded with him to stay.* Amy le rogó que se quedara. [SIN] **beg**

2 [I] *(jur)* declararse • **plead guilty** declararse culpable • **plead not guilty** (tb **plead innocent**) declararse inocente **3** [T] alegar • **plead poverty** alegar que no se tiene dinero • **plead ignorance** fingir no saber **4** [I,T] **plead that** aducir que • **plead your case/cause** presentar/exponer sus argumentos • **plead sb's case/ cause** defender a alguien

plead·ing·ly /'plidɪŋli/ adv de forma suplicante

pleas·ant /'plɛzənt/ adj **1** (situación, lugar) agradable: *What a pleasant surprise!* ¡Qué agradable sorpresa! • *It's been a very pleasant evening.* Ha sido una velada muy agradable. **2** (persona) agradable, amable • [+**to**]: *She's always been very pleasant to me.* Siempre ha sido muy agradable conmigo. [ANT] **unpleasant**

pleas·ant·ly /'plɛzəntli/ adv **1** agradablemente • **pleasantly surprised** gratamente sorprendido -a: *We were pleasantly surprised by the welcome we received.* Quedamos gratamente sorprendidas por el recibimiento que tuvimos. • **pleasantly warm/cool** agradablemente cálido -a/fresco -a **2** amablemente

pleas·ant·ry /'plɛzəntri/ s [C gralm pl] (pl **pleasantries**) cortesía (comentario) • **exchange pleasantries** intercambiar cumplidos

please¹ ꜱ¹ ᴡ³ /pliz/ adv

1 por favor ▶ **please** se usa en inglés con más frecuencia que *por favor* en español. También se usa en contextos en los cuales empleamos otras fórmulas de cortesía en español: *Can I borrow your pen, please?* ¿Me prestas el estilógrafo, por favor? • *Please don't be angry.* Por favor, no te enojes. • *"May I use your phone?" "Please, do!"* –¿Podría usar el teléfono? –¡Por supuesto! ▶ **THANK YOU**

2 *(oral)* (al aceptar algo) *"Who wants a cookie?" "Me, please."* –¿Quién quiere una galleta? –Yo (, gracias). • **yes, please** sí, gracias: *"More coffee?" "Yes, please."* –¿Más café? –Sí, gracias.

3 *(oral)* (para expresar enojo, fastidio) ¡por favor!: *Please be quiet when I'm talking!* ¡Por favor cállense cuando les hablo! • *Alice, please! That's enough!* ¡Ya basta por favor, Alice!

please² ᴡ³ v [nunca en forma continua]

1 [I,T] complacer: *Children like to please their teachers.* A los niños les gusta complacer a sus maestros. • **be eager to please** querer complacer (a los demás) • **hard/ easy to please** difícil/fácil de complacer

2 [I] **as you please/as she pleases** como quieras/quiera: *She's free to come and go as she pleases.* Es libre de ir y venir como quiera. • **do as you please/as she pleases**

hacer lo que se te/le da la gana: *He is used to doing exactly as he pleases.* Está acostumbrado a hacer exactamente lo que se le da la gana. • **whatever you please/he pleases** lo que se te/le da la gana

EXPRESIONES

if you please *(antic, frml)* si es tan amable • **please God** *Please God, let the letter be from Jenny.* Dios quiera que la carta sea de Jenny. • **please yourself** *(oral)* como quieras: *"I don't want any dinner." "Okay. Please yourself."* –No quiero cenar. –Bueno. Como quieras.

pleased ꜱ³ ᴡ³ /plizd/ adj [nunca ante s] contento -a: *My father didn't look pleased.* Mi padre no parecía muy contento. • [+**about**]: *I'm really pleased about my new job.* Estoy muy contenta con mi nuevo trabajo. • [+**with**]: *Are you pleased with the result?* ¿Estás contento con el resultado? • **be pleased (that)** alegrarse (de) que: *We're pleased you could come.* Nos alegra que hayas podido venir. • **be pleased for sb** alegrarse por alguien • **be pleased to see/learn sth** alegrarse de ver/saber algo: *I'm pleased to see you've had your hair cut.* Me alegro de ver que te cortaste el pelo. ▶ ver nota en **CONTENTO**

EXPRESIONES

(as) pleased as punch feliz de la pelota, contentísimo -a • **pleased to meet you** *(oral)* encantado -a (de conocerlo/ conocerla) • **pleased with yourself** satisfecho -a/contento -a consigo mismo -a

pleas·ing /'plizɪŋ/ adj *(frml)* agradable • **pleasing to the eye** agradable a la vista

pleas·ing·ly /'plizɪŋli/ adv *(frml)* agradablemente, gratamente

pleas·ur·a·ble /'plɛʒərəbəl/ adj placentero -a, agradable: *a pleasurable experience* una experiencia placentera

pleas·ure ꜱ³ ᴡ² /'plɛʒɚ/ s

1 [U] (satisfacción, gusto) placer: *the pleasure of lying in the sun* el placer de estar acostado al sol • **give sb pleasure** (tb **give pleasure to sb**) causar/dar placer a alguien • **get pleasure from/out of sth** disfrutar de algo • **take pleasure in doing sth** disfrutar/regodearse haciendo algo: *She took great pleasure in telling him he was wrong.* Se regodeó diciéndole que estaba equivocado.

2 [U] (por oposición al trabajo) **do sth for pleasure** hacer algo por placer • **mix business with pleasure** mezclar los negocios con el placer **3** [C] (actividad, experiencia) placer: *the simple pleasures of life* los placeres sencillos de la vida • **be a pleasure to drive/see/read** *Carol was a pleasure to work with.* Era un placer trabajar con Carol.

EXPRESIONES

have the pleasure of doing sth *(frml)* tener el placer/ gusto de hacer algo: *I had the pleasure of meeting the president.* Tuve el gusto de conocer al presidente. • **it's a pleasure to meet you** *(frml, oral)* encantado -a de conocerlo/la • **my pleasure** no hay de qué, de nada • **what's your pleasure?** *(antic)* ¿qué desea (hacer)? • **with pleasure** *(frml)* con mucho gusto

'pleasure ˌboat s [C] embarcación de recreo

pleat¹ /plit/ s [C] tabla, pliegue

pleat² v [T] tablear, plisar

pleat·ed /'plitɪd/ adj plisado -a, tableado -a (falda, vestido), pinzado -a (pantalón)

ple·be·ian /plɪ'biən/ s [C] plebeyo -a

pleb·i·scite /'plɛbəˌsaɪt/ s [C,U] plebiscito ▶ **REFEREN-DUM**

pled /plɛd/ pasado y participio pasado de **PLEAD**

pledge¹ /plɛdʒ/ s [C] **1** promesa, compromiso: *an election pledge* una promesa electoral • **a pledge to do sth** una promesa/un compromiso de hacer algo: *the president's pledge to end the war* la promesa del presidente de poner fin a la guerra • **make a pledge to do sth** prometer hacer algo, comprometerse a hacer algo • **keep a pledge** cumplir con una promesa **2** promesa de donación, donativo prometido **3** en Estados Unidos, estudiante universitario que se ha comprometido a unirse a una asociación de estudiantes **4** prenda, garantía

take the pledge (*antic*) jurar no probar más el alcohol

pledge² *v* **1** [I,T] **pledge to do sth** prometer hacer algo, comprometerse a hacer algo: *The government has pledged to cut inflation.* El gobierno ha prometido reducir la inflación. • **pledge that** prometer que: *Most of the candidates pledged that they would not raise taxes.* La mayoría de candidatos prometieron que no aumentarían los impuestos. • **pledge support/loyalty/cooperation** prometer apoyo/lealtad/cooperación **2** [T] comprometerse a donar • **pledge sth to do sth** prometer destinar algo a algo: *The administration has pledged $100 million to fight terrorism.* El gobierno ha prometido destinar 100 millones de dólares a la lucha contra el terrorismo. **3** [I,T] en Estados Unidos, solicitar ingresar a una asociación de estudiantes universitarios y ser aceptado **4** [T] entregar en garantía/prenda

‚**Pledge of Al'legiance** *s* **the Pledge of Allegiance** la jura de bandera (recitada a diario en las escuelas)

ple·na·ry /'plinəri, 'plɛ-/ *adj* [solo ante s] (*frml*) plenario -a

plen·ti·ful /'plɛntɪfəl/ *adj* abundante: *There is a plentiful supply of fresh fruit.* Hay una abundante provisión de fruta fresca. • **be plentiful** abundar: *Fish are plentiful.* Abundan los peces.

plen·ty¹ S2 W3 /'plɛnti/ *pron* **1** mucho(s) -a(s): *Have another potato. There are plenty left.* Sírvete otra papa. Quedan muchas. • **plenty of sth** mucho(s) -a(s): *She made plenty of helpful comments.* Hizo muchos comentarios útiles. • *There's no need to rush – we have plenty of time.* No hace falta apurarse; tenemos tiempo de sobra. • **plenty to do/see** mucho para hacer/ver: *There's plenty to see in New York.* Hay mucho para ver en Nueva York. • **plenty more** mucho(s) -a(s) más: *If you need more paper, there's plenty more in the drawer.* Si necesitas más papel, hay mucho más en el cajón.
2 bastante, suficiente: *No more coffee for me, thanks. I've had plenty.* No quiero más café, gracias. He tomado suficiente.

plenty² *adv* **1 plenty big/fast/warm enough** (*oral*) *The tent is plenty big enough for two.* El tamaño de la carpa es más que suficiente para dos. • *You're driving plenty fast enough for this road.* Vas más que rápido para esta carretera. **2** (*coloq*, *oral*) mucho: *Mary had practiced plenty.* Mary había practicado mucho. SIN **a lot** **3** (*coloq*, *oral*) muy, más que: *I was plenty nervous.* Estaba muy nerviosa.

plenty³ *s* [U] (*frml*) abundancia: *a land of plenty* una tierra de abundancia

in plenty (*liter*) en abundancia

pleth·o·ra /'plɛθərə/ *s* (*frml*) **a plethora of sth** una plétora de algo

pleu·ri·sy /'plʊrəsi/ *s* [U] pleuresía

Plex·i·glas, **plexiglass** /'plɛksi,glæs/ *s* [U] (*marca reg*) acrílico

pli·a·ble /'plaɪəbəl/ *adj* **1** flexible **2** maleable, controlable

pli·ers /'plaɪərz/ *s* [pl] alicate(s): *a pair of pliers* unos alicates

plight¹ /plaɪt/ *s* [gralm sing] situación (lamentable) • [+of]: *the plight of homeless children* la lamentable situación de los niños sin techo

plight² *v* **plight your troth** (*antic*) prometer matrimonio

plinth /plɪnθ/ *s* [C] plinto

plod /plɑd/ *v* (**plodded**, **plodding**) [I siempre + adv/prep] desplazarse lenta y pesadamente: *The horse plodded up the hill.* El caballo subió la cuesta con paso pesado.
plod on/along *v+partíc* avanzar laboriosamente: *The team plodded on with their research.* El equipo continuó laboriosamente con la investigación.

plod·ding /'plɑdɪŋ/ *adj* (*peyor*) (una película, un libro) lento -a y pesado -a

plop¹ /plɑp/ *v* (**plopped**, **plopping**) **1 (a)** [I siempre + adv/prep] caer haciendo plaf: *The frog plopped back into the pond.* La rana volvió a tirarse al estanque haciendo plaf. **(b)** [T] echar, dejar caer (haciendo plaf): *I plopped a couple of ice cubes into the drink.* Eché un par de cubitos de hielo en el trago. **2** [T siempre + adv/prep] tirar (con descuido)
plop down (tb **plop yourself down**) *v+partíc* dejarse caer, desplomarse

plop² *s* [C] plaf

plot¹ S3 W3 /plɑt/ *s* [C]
1 conspiración, complot • **a plot to do sth** una conspiración/un complot para hacer algo: *They uncovered a plot to kill the president.* Descubrieron un complot para matar al presidente. • [+against]: *a plot against the king* una conspiración contra el rey
2 argumento, trama • **the plot unfolds** la trama se desarrolla
3 lote, parcela • **a plot of land** un terreno
4 plano, planta (de un edificio)

the plot thickens (*hum*) la trama se complica

plot² *v* (**plotted**, **plotting**) **1** [T] tramar: *the story of a woman who plots revenge* la historia de una mujer que trama su venganza **2** [I] conspirar, confabularse • **plot to do sth** conspirar para hacer algo • **plot against sb** conspirar contra alguien **3** [T] (tb **plot out**) trazar (una línea, un gráfico), marcar (en un gráfico, en una figura): *She plotted a graph to show the increase in sales figures.* Trazó un gráfico para mostrar el aumento en las cifras de ventas. **4** [T] (tb **plot out**) trazar (un itinerario, un rumbo) **5** [T gralm en pasiva] **well plotted** bien tramado -a • **beautifully plotted** con una bella trama

plough /plaʊ/ *s*, *v* variante británica de **PLOW**

plow¹ /plaʊ/ *s* [C] arado ▶ **SNOWPLOW**

plow² *v* [I,T] arar
plow ahead *v+partíc* seguir adelante (pese a las dificultades): *Sarah plowed ahead with her plan.* Sarah siguió adelante con su plan.
plow sth ↔ back *v+partíc* reinvertir algo
plow into *v+partíc* **1 plow into sth** estrellarse contra algo **2 plow sth into sth** destinar algo a algo, invertir algo en algo
plow on *v+partíc* seguir (adelante) (con algo difícil, aburrido)
plow through sth *v+partíc* **1** (tb **plow your way through sth**) leer(se) algo (pesado y largo) **2** *The car plowed through a hedge.* El carro atravesó un cerco. • *We plowed through the mud.* Avanzamos penosamente por el barro.
plow sth ↔ up *v+partíc* **1** arar algo **2** estropear algo

ploy /plɔɪ/ *s* [C] (pl **ploys**) treta, ardid

pluck¹ /plʌk/ *v* **1** [T siempre + adv/prep] (*esp escrito*) **pluck sth from/out of sth** sacar algo de algo (con un movimiento rápido de los dedos) **2** (*esp liter*) arrancar (una flor, una fruta) • **pluck sth from/off sth** arrancar algo de algo: *He plucked an apple off the tree.* Arrancó una manzana del árbol. **3** [T] desplumar (un ave) **4** arrancarse (un pelo), depilarse (el vello) • **pluck your eyebrows** depilarse las cejas **5** [T siempre + adv/prep] **pluck sb from/off sth** rescatar a alguien de algo • **pluck sb to safety** poner a alguien a salvo **6** [I,T] puntear (en música)

pluck sth out of the air sacar(se) algo de la manga • **pluck up (the) courage** armarse de valor: *I plucked up the courage to talk to her.* Me armé de valor para hablar con ella.
pluck at sth *v+partíc* tirar de algo, jalar algo: *The little boy plucked at her sleeve.* El niñito le tiró de la manga.

pluck² *s* [U] (*antic*) coraje, garra • **it takes pluck to do sth** hace falta coraje para hacer algo

pluck·i·ly /'plʌkəli/ *adv* con coraje/garra

pluck·i·ness /'plʌkɪnɪs/ s [U] coraje, garra

pluck·y /'plʌki/ adj [gralm ante s] valiente, valeroso -a

plug¹ S3 /plʌg/ s [C]
1 (conexión) enchufe (macho), clavija: *an electric plug* un enchufe eléctrico ▶ **OUTLET**
2 (en la pared) (coloq) enchufe (hembra), tomacorriente
3 (de una bañera, un fregadero) tapón
4 (anuncio) (coloq) promoción, publicidad (incidental) • **give sth a plug** hacer promoción de algo, promocionar algo
5 (en un motor) (coloq) bujía SIN **spark plug** ▶ **EARPLUG**
EXPRESIONES
pull the plug (coloq) cortar el chorro • [+**on**]: *NBC has pulled the plug on the new comedy series*. La NBC ha cancelado la nueva comedia.

plug² S3 v [T] (**plugged**, **plugging**)
1 tapar (un agujero, etc.) SIN **plug up**
2 hacerle propaganda a, promocionar
3 (antic, coloq) dispararle a, llenar de plomo a
plug away v+partíc perseverar • **plug away at sth** perseverar/insistir con algo
plug sth ↔ in v+partíc enchufar algo
plug into v+partíc **1 plug sth into sth** conectar algo con algo, enchufar algo en algo **2 plug into sth** conectarse a algo
plug up sth v+partíc tapar algo (un agujero, etc.)

'plug-in¹ adj [solo ante s] con enchufe, para enchufar: *a plug-in microphone* un micrófono que se enchufa al equipo

plug-in² s [C] plug-in, programa auxiliar

plum¹ /plʌm/ s **1** [C] ciruela **2** [C] (tb **plum tree**) ciruelo **3** [U] (color) ciruela **4** [C] (coloq) muy buen trabajo u oportunidad profesional

plum² adj **1** [solo ante s] (coloq) **a plum job** un excelente trabajo • **a plum role** un papel fabuloso (en una película, una obra) **2** (color) ciruela

plum·age /'plʌmɪdʒ/ s [U] plumaje

plumb¹ /plʌm/ v [T] (frml) llegar a comprender (un motivo, un comportamiento), dilucidar, sondear (un misterio) SIN **fathom**
EXPRESIONES
plumb the depths (of sth) (a) caer en lo más profundo (de algo) **(b)** ser el colmo (de algo), llegar al límite (de algo) • **plumb new depths** caer aún más bajo

plumb² adv (coloq) **1** (coloq) **plumb in the middle/center of sth** justo en el centro de algo, en el mero centro de algo • **plumb between the eyes** exactamente entre los ojos **2** (hum) absolutamente, totalmente

plumb³ adj (coloq) **1** vertical, a plomo **2 out of plumb** desviado -a de la vertical, inclinado -a

plumb·er /'plʌmə/ s [C] fontanero -a, plomero -a

plumb·ing /'plʌmɪŋ/ s [U] **1** fontanería, plomería **2** tuberías, cañerías, instalación de agua

plume¹ /plum/ s [C] **1** columna (de humo), nube (de polvo) **2** (tb **plume of feathers**) penacho, pluma

plume² v [I] (liter) elevarse (columna de humo), levantarse (nube de polvo)

plum·met /'plʌmɪt/ v [I] **1** (valor, precio) caer en picada, desplomarse SIN **plunge 2** (avión, persona) caer en picada, desplomarse SIN **plunge**

plump¹ /plʌmp/ adj **1** rellenito -a, regordete -a **2** pulposo -a (fruta, carne), gordo -a (pollo, cerdo) **3** mullido -a (almohada, cojín) ▶ **FAT**

plump² v **1** [T] **plump (up) a pillow/a cushion** ahuecar/mullir una almohada/un cojín **2** [I,T] (tb **plump yourself**) desplomarse, dejarse caer

plun·der¹ /'plʌndə/ v **1** [I,T] saquear ▶ **LOOT 2** [T] saquear, destruir (recursos naturales)

plunder² s [U] (escrito) **1** botín ▶ **BOOTY 2** saqueo

plunge¹ /plʌndʒ/ v **1** [I siempre + adv/prep] (desde una altura) caer, precipitarse: *The plane plunged into the sea*. El avión cayó al mar. • **plunge to your death** morir

al caer **2** [I] (reducirse) caer en picada, desplomarse: *The value of the yen had soared as the dollar plunged*. El valor del yen se había disparado al desplomarse el dólar. **3** [I siempre + adv/prep] (ir rápidamente) precipitarse **4** [I siempre + adv/prep] (caminos) descender (abruptamente), caer en picada: *The track plunged down toward the river*. La senda descendía abruptamente hacia el río.
plunge in v+partíc **1 (a)** zambullirse, tirarse de cabeza, echarse un clavado **(b)** tirarse de cabeza, aventarse (a hacer algo) **2 plunge sth in** meter algo, hundir algo
plunge into v+partíc **1 plunge into sth (a)** tirarse de cabeza a algo, zambullirse en algo, echarse un clavado en algo **(b)** sumirse en algo: *John plunged into depression*. John se sumió en la depresión. **(c)** meterse de lleno en algo **2 plunge sth into sth** sumergir/hundir algo en algo: *She plunged her hand into her coat pocket*. Hundió la mano en el bolsillo de su abrigo. **3 plunge sth into sb** clavar algo en alguien (un cuchillo) **4 plunge sb/sth into sth** sumir a alguien/algo en algo: *She was plunged into despair*. Quedó sumida en la desesperación.

plunge² s [C gralm sing] **1** caída (abrupta), derrumbe • [+**in**]: *a sudden plunge in house prices* una abrupta caída de los precios de las viviendas **2** caída, descenso en picada **3** zambullida, clavado
EXPRESIONES
take the plunge (a) arriesgarse, aventarse **(b)** dar el (gran) paso (casarse)

plung·er /'plʌndʒə/ s [C] **1** chupa, desatascador **2** (técn) émbolo

plunk¹ /plʌŋk/ v (coloq) **1** [T] **plunk sth (down) in/on sth** poner algo en algo, plantar algo en algo **2** [I,T] **plunk (yourself) down** desplomarse, dejarse caer (en una silla, un sofá) **3** [T] (tb **plunk down**) desembolsar SIN **shell out**

plunk² s [sing] (coloq) ruido seco

plu·per·fect /ˌpluˈpɜːfɪkt/ s [sing] **the pluperfect** el pluscuamperfecto SIN **past perfect**

plu·ral¹ /'plʊrəl/ s **1 the plural** [sing] (forma) el plural: *What's the plural of "mouse?"* ¿Cuál es el plural de "mouse"? • **in the plural** en (el) plural: *"Sheep" remains the same in the plural*. "Sheep" no cambia en plural. **2** [C] (sustantivo) plural

plural² adj plural, del plural • **the first/second/third person plural** la primera/segunda/tercera persona del plural

plu·ral·ism /'plʊrəˌlɪzəm/ s [U] (frml) pluralismo

plu·ral·i·ty /plʊˈræləti/ s [sing] (frml) pluralidad

plus¹ S2 W3 /plʌs/ prep
1 más: *Three plus six equals nine*. Tres más seis (es) igual a nueve. • *$48 plus tax* 48 dólares más impuestos ANT **minus**
2 además de, y: *The hotel has three bars, plus a casino*. El hotel tiene tres bares, además de un casino.

plus² conj (oral) (y) además: *He's really cute, plus he's rich*. Es muy atractivo, y además es rico. SIN **and**, **in addition**

plus³ adj **1** [solo después de s] más de: *He works 10 hours a day plus*. Trabaja más de 10 horas al día. • **200/8,000 plus** más de 200/8.000, en exceso de 200/8.000, superior a 200/8.000: *an income of $50,000 plus* ingresos superiores a los 50.000 dólares • *We sell 10,000-plus books a week*. Vendemos más de 10.000 libros a la semana. **2** [solo ante s] sobre cero: *a temperature of plus 12 degrees* una temperatura de 12 grados • **plus or minus sth** más/menos algo: *a variation of plus or minus 5%* una variación de más/menos 5% ANT **minus 3** [solo ante s] positivo -a, a favor: *The situation does have its plus side*. La situación tiene su lado positivo. • **on the plus side** (para introducir un comentario positivo) *On the plus side it's easy to get there*. Tiene la ventaja de que es fácil llegar allí. ANT **minus 4 A plus/B plus/C plus** en el sistema de calificaciones utilizado en varios países de habla inglesa, calificación ligeramente superior a la indicada por la letra ▶ **MINUS**

plus⁴ S2 *s* [C]
1 ventaja: *Previous experience would be a plus.* Se valorará la experiencia previa. • **pluses and minuses** ventajas y desventajas: *the pluses and minuses of retirement* las ventajas y desventajas de la jubilación • **a big/major/definite plus** una gran/importante/clara ventaja SIN **advantage** ANT **minus**
2 [gralm sing] signo (de) más SIN **plus sign** ANT **minus**

plush¹ /plʌʃ/ *adj* **1** (tb **plushy**) lujoso -a, de lujo: *a plush hotel* un hotel de lujo **2** [solo ante s] de felpa

plush² *s* [U] felpa

'plus sign *s* [C] signo (de) más

Plu·to /'plutoʊ/ *s* Plutón

plu·to·ni·um /plu'toʊniəm/ (símb quím **Pu**) *s* [U] plutonio

ply¹ /plaɪ/ *v* (**plies, plied, plying**) **1** [I siempre + adv/prep, T] (*liter*) surcar, navegar por **2** [T] (*arc*) manejar (una herramienta, con destreza), mover (un remo)
EXPRESIONES
ply your trade (*frml*) ejercer su oficio/profesión
ply sb with sth *v+partíc* **1** dar insistentemente a alguien grandes cantidades de comida, bebida o regalos: *The local people plied me with beer.* Los vecinos no dejaban de servirme cerveza. **2 ply sb with questions** acosar a alguien con preguntas

ply² *s* **1** two-/three-ply **(a)** de dos/tres cabos (lana, hilo) **(b)** de dos/tres capas (pañuelo de papel, madera) **2** [U] madera laminada SIN **plywood**

ply·wood, ply wood /'plaɪwʊd/ *s* [U] madera laminada

p.m. /ˌpi 'ɛm/ (**post meridiem**) p.m.: *The party starts at 8 p.m.* La fiesta empieza a las 8 de la noche. ▶ **A.M.**

PMS /ˌpi ɛm 'ɛs/ *s* [U] (**premenstrual syndrome**) síndrome premenstrual

pneu·mat·ic /nʊ'mætɪk/ *adj* neumático -a

pneu·mo·nia /nʊ'moʊnyə/ *s* [U] neumonía, pulmonía

P.O. Box /ˌpi 'oʊ ˌbɑks/ *s* [C] (**Post Office Box**) Apdo. postal

poach /poʊtʃ/ *v* **1** [T] escalfar **2** [T] cocer (a fuego lento) **3** [I,T] robar (se) (a un empleado) **4** [I,T] cazar furtivamente **5** [I,T] robarse (ideas)

poach·er /'poʊtʃɚ/ *s* [C] cazador -a furtivo -a

poach·ing /'poʊtʃɪŋ/ *s* [U] caza/pesca furtiva

pock·et¹ S2 W2 /'pɑkɪt/ *s* [C]
1 (de una prenda) bolsillo, bolsa: *Joe came in with his hands in his pockets.* Joe entró con las manos en los bolsillos. • **put sth in/into your pocket** meter/guardar algo en el bolsillo • **take sth out of your pocket** sacar algo del bolsillo • **pants/shirt pocket** bolsillo de los pantalones/de la camisa
2 (dinero) **in sb's pocket** en el bolsillo de alguien: *All this will mean less money in the pockets of investors.* Todo esto redundará en menos dinero en los bolsillos de los inversores. • **from/out of your own pocket** de su (propio) bolsillo: *Dan had to pay for the repairs out of his own pocket.* Dan tuvo que pagar las reparaciones de su propio bolsillo. • **to suit every pocket** (tb **to suit all pockets**) para todos los bolsillos
3 (zona, cantidad) **a pocket of sth** un foco de algo: *pockets of resistance* focos de resistencia • *pockets of gas* bolsas de gas
4 (dentro de un bolso, en la puerta de un carro) bolsillo: *the pocket of the seat in front of you* el bolsillo del asiento delantero
5 (en pool) buchácara, tronera ▶ **BURN** a hole in your pocket, **PICK** sb's pocket
EXPRESIONES
have sb in your pocket tener comprado -a a alguien, tener a alguien en el bolsillo • **have sth in your pocket** tener algo asegurado -a: *The Democrats had the election in their pocket.* Los demócratas tenían la elección asegurada. • **be in sb's pocket** estar en manos de alguien

(bajo su control) • **be out of pocket** (*coloq*) salir perdiendo: *The company was left $10,000 out of pocket.* La empresa terminó perdiendo 10.000 dólares.

pocket² *v* [T] **1** meterse en el bolsillo, embolsillarse **2** embolsillarse, robarse **3** meter (en la buchácara) SIN **pot**

pocket³ (tb **'pocket-sized**) *adj* [solo ante s] de bolsillo: *a pocket dictionary* un diccionario de bolsillo

pock·et·book /'pɑkɪtˌbʊk/ *s* [C] **1** bolsillo (dinero, presupuesto) • **hit sb in the pocketbook** afectar el bolsillo de alguien SIN **pocket 2** (*antic*) billetera, cartera **3** (*antic*) cartera, bolsa

pock·et·ful /'pɑkɪtfʊl/ *s* [C] **a pocketful of sth** un puñado de algo

'pocket knife *s* [C] (pl **pocket knives**) navaja SIN **penknife**

'pocket ˌmoney *s* [U] (*coloq*) dinero para gastos personales

pock·marked /'pɑkmɑrkt/ *adj* **1** picado -a de viruela **2** lleno -a de agujeros

pod¹ /pɑd/ *s* [C] **1** vaina: *pea pods* vainas de arvejas **2** cápsula: *space pods* cápsulas espaciales **3** (*técn*) manada (de ballenas, delfines) ▶ **like two PEAS in a pod**

pod² *v* [T] pelar (arvejas, etc.)

pod·cast /'pɑdkæst/ *s* [C] podcast (archivo de audio): *The show is available as a podcast.* El programa está disponible en podcast.

po·di·a·trist /pə'daɪətrɪst/ *s* [C] podólogo -a

po·di·a·try /pə'daɪətri/ *s* [U] podología

po·di·um /'poʊdiəm/ *s* [C gralm sing] **1** estrado, podio • **take the podium** ocupar el estrado **2** atril SIN **lectern**

po·em S2 W3 /'poʊəm/ *s* [C] poema, poesía • [+by]: *a famous poem by Walt Whitman* un famoso poema de Walt Whitman • **a love poem** un poema de amor ▶ **POET, POETRY, SONNET**

po·et W3 /'poʊɪt/ *s* [C] poeta, poetisa ▶ **POEM, POETRY**

po·et·ic /poʊ'ɛtɪk/ (tb **po·et·i·cal** /poʊ'ɛtɪkəl/) *adj* [solo ante s] poético -a: *poetic language* lenguaje poético

po·et·i·cally /poʊ'ɛtɪkli/ *adv* poéticamente

po,etic 'justice *s* [U] justicia poética

po,etic 'license *s* [U] licencia poética

po·et·ry S3 /'poʊətri/ *s* [U]
1 (género, arte) poesía • **poetry book** libro de poesía • **poetry reading** lectura de poesía/poemas, recital de poesía
2 (hermosura, gracia) poesía: *The way she moves is pure poetry.* El modo en que se mueve es pura poesía • **poetry in motion** poesía en acción

po·grom /'poʊgrəm/ *s* [C] pogrom(o)

poign·an·cy /'pɔɪnyənsi/ *s* [U] cualidad de conmovedor • **the poignancy of sth** lo conmovedor de algo

poign·ant /'pɔɪnyənt/ *adj* conmovedor -a: *a poignant image/story* una imagen/historia conmovedora • *a poignant reminder* un doloroso recordatorio

poign·ant·ly /'pɔɪnyəntli/ *adv* conmovedoramente

poin·set·ti·a /pɔɪn'sɛtiə/ *s* [C] flor de Pascua, Nochebuena

point¹ S1 W1 /pɔɪnt/ *s*

1	idea, opinión
2	lo principal
3	razón para hacer algo
4	lugar
5	momento
6	nivel, grado
7	característica
8	de un objeto
9	en una escala
10	en juegos, deportes
11	en números decimales
12	de la brújula

P

1 IDEA, OPINIÓN [C] punto: *We agreed on several points.* Nos pusimos de acuerdo en varios puntos. • [+about]: *I want to go back to the point about costs.* Quisiera volver al punto referente a los costos. • **make a point** hacer una observación: *He makes some interesting points in his article.* Hace algunas observaciones interesantes en su artículo. • **raise a point** plantear una cuestión: *I'd like to raise another point.* Me gustaría plantear otra cuestión. • *The affair raises a number of points.* El asunto plantea una serie de cuestiones. • **illustrate your point** ilustrar lo dicho: *The following example illustrates my point.* El siguiente ejemplo sirve para ilustrar lo que digo. • **come back to a point** volver a un punto/una cuestión • **a small/minor point** un detalle, una cuestión (de) menor (importancia): *There was one more small point that I wanted to mention.* Hay otro detalle que quería mencionar.

2 LO PRINCIPAL the point la cuestión • **the point is...** (*oral*) la cuestión es..., el problema es...: *The point is, we'll be late if we don't leave now.* La cuestión es que vamos a llegar tarde si no salimos ya. • **that's the (whole) point** (*oral*) de eso (precisamente) se trata: *That's the point – we just can't afford it.* De eso se trata: no nos lo podemos permitir. • *That's the whole point of paying to be a member.* Para eso uno se hace socio. • **that's not the point** (*oral*) no se trata de eso, esa no es la cuestión • **be beside the point** no tener nada que ver, no venir al caso: *He's very intelligent, but that's beside the point.* Es muy inteligente, pero eso no tiene nada que ver. • **get/come to the point** ir al grano: *Can you get to the point, please?* ¿Podrías ir al grano, por favor? • **miss the point** no entender nada: *She accused her critics of missing the point.* Acusó a sus críticos de no entender nada.

3 RAZÓN PARA HACER ALGO [U] **what's the point (of doing sth)** qué sentido tiene (hacer algo): *What's the point of buying a car, if you're not going to use it?* ¿Qué sentido tiene comprar un carro si no lo vas a usar? • *I was going to help, but I thought "what's the point?"* Iba a ayudar, pero pensé ¿para qué? • **there's no point (in doing sth)** no tiene sentido (hacer algo): *There's no point in telling her. She won't listen.* No tiene sentido decírselo. No hace caso. • **see the/any point (of/in doing sth)** verle sentido (a hacer algo): *I don't see the point of worrying all the time about your diet.* No le veo sentido a estar todo el día preocupado por la dieta.

4 LUGAR [C] punto: *Measure the distance between these two points.* Mide la distancia entre estos dos puntos. • **point of origin** (*frml*) lugar de procedencia

5 MOMENTO [C] **at this point** (tb **at this point in time**) en este momento: *We're not planning to hire anyone else at this point.* En este momento no tenemos intenciones de contratar a nadie más. • **at that point** en ese/aquel momento: *At that point the lights went out.* En aquel momento se apagaron las luces. • **at some point** en algún momento: *At some point we'll have to tell Sarah.* En algún momento habrá que decírselo a Sarah. • **at one point** en un momento determinado: *At one point, I thought she was going to burst into tears.* En un momento determinado pensé que iba a echarse a llorar.

6 NIVEL, GRADO [C] punto • **reach a point** (tb **get to the point**) llegar a un punto: *I've reached the point where I just don't care any more.* He llegado a un punto en que ya me da lo mismo. • **to the point of sth** *They were tired to the point of exhaustion.* Estaban al borde del agotamiento. • *Some children are bullied to the point of suicide.* Algunos niños son acosados hasta el punto de querer suicidarse. • **freezing/boiling/melting point** punto de congelación/ebullición/fusión

7 CARACTERÍSTICA [C] aspecto, cualidad • **good/bad points** cosas buenas/malas, aspectos positivos/negativos: *He has his good points.* Tiene sus cosas buenas. • **a strong point** una cualidad, una virtud: *Tact was never her strong point.* La discreción nunca fue una de sus cualidades. • **a weak point** un punto débil, un defecto

8 DE UN OBJETO [C] punta • [+of]: *the point of the knife* la punta del cuchillo

9 EN UNA ESCALA [C] punto; (en el índice bursátil) punto: *The Stock Market ended down 27 points.* La Bolsa perdía al cierre 27 puntos.

10 EN JUEGOS, DEPORTES [C] punto • **score a point** anotar un punto • **win/lose on points** ganar/perder por puntos

11 EN NÚMEROS DECIMALES [C] punto (decimal) ▶ En los países anglosajones se usa un punto en lugar de una coma para separar los números enteros de los decimales. Este punto se lee "point": *The earthquake measured 6.3 (six point three) on the Richter scale.* El terremoto alcanzó 6,3 (seis coma tres) grados en la escala de Richter.

12 DE LA BRÚJULA the points of the compass los puntos cardinales ▶ **get/win/earn BROWNIE points, PROVE a point, prove your point, a SORE point**

EXPRESIONES
(That's a) good point! (*oral*) ¡Tiene(s) razón!, ¡Es verdad!: *"But the banks are closed tomorrow!" "Good point – I guess I'll have to go today."* –Pero los bancos cierran mañana. –Tienes razón. Tendré que ir hoy. • **have a point** tener razón: *You might have a point.* Quizá tengas razón. • **the high/low point (of sth)** el punto culminante/más bajo (de algo), el mejor/peor momento (de algo): *Visiting Kyoto was the high point of our trip.* La visita a Kioto fue el punto culminante de nuestro viaje. • *This was the lowest point of his political career.* Este fue el peor momento de su carrera política. • **in point of fact** de hecho, en realidad • **be on the point of (doing) sth** estar a punto de (hacer) algo: *We were on the point of leaving, when the phone rang.* Estábamos a punto de irnos, cuando sonó el teléfono. • **make a point of doing sth** (tb **make it a point to do sth**) procurar hacer algo, poner especial empeño en hacer algo: *She made a point of ignoring him throughout the meeting.* Puso especial empeño en no hacerle caso durante la reunión. • **make your point** demostrar que se tiene razón: *All right! You made your point. Now can we talk about something else?* ¡Está bien, tienes razón! ¿Podemos hablar ahora de otra cosa? • **more to the point** (*oral*) lo que es más importante: *More to the point, when are we getting our money?* Pero, lo que es más importante, ¿cuándo tendremos el dinero? • **not to put too fine a point on it** hablando en plata blanca, dicho crudamente • **a point of honor** una cuestión de honor • **a point of contact** una persona/un punto de contacto • **the point of no return** el punto en que ya no hay vuelta atrás • **see sb's point** entender a alguien: *I can certainly see his point.* Yo desde luego le entiendo. • **to the point** directo -a, sin rodeos: *The letter was short and to the point.* La carta era breve y directa. • **up to a (certain) point** hasta cierto punto: *That's true, but only up to a point.* Eso es verdad, pero solo hasta cierto punto. • **when it comes to the point** a la hora de la verdad • **point taken** de acuerdo, tienes/tiene razón

point² S1 W1 *v*

1	con el dedo, un puntero
2	con un arma, una cámara
3	agujas
4	decir por dónde ir
5	sugerir qué hacer
6	dar indicios

1 CON EL DEDO, UN PUNTERO [I,T] señalar (con el dedo): *Children are taught that it's rude to point.* A los niños se les enseña que es de mala educación señalar con el dedo. • **point at sth/sb** señalar algo/a alguien: *He pointed at the poster on the wall.* Señaló el afiche de la pared. • **point in the direction of sth/in sb's direction** (tb **point in sth's/sb's direction**) señalar hacia algo/alguien • **point your finger at sth/sb** señalar con el dedo algo/a alguien

2 CON UN ARMA, UNA CÁMARA (a) [T] **point a gun/weapon at sb** apuntarle a alguien con una pistola/un arma • **point a knife at sb** blandir un cuchillo en dirección a alguien (b) [I siempre + adv/prep] *Hundreds of cameras pointed toward the president.* Cientos de cámaras apuntaban hacia el presidente. • **point at.**

sb/sth apuntar a/hacia alguien/algo: *When he woke, a gun was pointing at his head.* Al despertar, un arma le apuntaba a la cabeza.
3 AGUJAS [I siempre + adv/prep] *The arrow always points north.* La aguja siempre señala el norte. • **point to/toward sth** marcar/indicar algo: *The speedometer needle pointed to 90 mph.* La aguja del velocímetro indicaba 90 millas por hora.
4 DECIR POR DÓNDE IR [I siempre + adv/prep, T siempre + adv/prep] *Could you point me in the right direction?* ¿Podrías indicarme el camino? • **point (sb) toward sth** *An arrow pointed toward the church.* Una flecha indicaba hacia la iglesia. • *She pointed him toward an armchair.* Le invitó a sentarse señalando una silla. • **point the way to/toward sth** indicar el camino a/hacia algo: *A sign pointed the way to the restaurant.* Una señal indicaba el camino al restaurante.
5 SUGERIR QUÉ HACER [T siempre + adv/prep] **point sb toward sth** orientar a alguien hacia algo: *My teachers were all pointing me toward college.* Todos mis profesores me orientaban hacia la universidad. • **point sb in the right direction** orientar a alguien, indicar a alguien qué hacer
6 DAR INDICIOS [I siempre + adv/prep] *Everything seemed to point in one direction.* Todo parecía apuntar en la misma dirección. • **point to/toward sb** apuntar hacia alguien: *All the evidence points toward Blake.* Todas las pruebas apuntan hacia Blake. • **point to/toward sth** indicar algo
EXPRESIONES
point the finger at sb (*coloq*) señalar con el dedo a alguien (acusando)
point out *v+partíc* **1 point sth ↔ out (to sb)** señalar algo (a alguien) (de palabra): *He's always happy to point out my mistakes.* Siempre está dispuesto a señalar mis errores. • *Thank you for pointing this out to me.* Gracias por señalármelo. • **point out (to sb) that** indicar/señalar (a alguien) que: *The salesman pointed out that gas is now very cheap.* El vendedor señaló que ahora el combustible es muy barato. **2 point sth/sb ↔ out (to sb)** señalar(le) algo/a alguien (a alguien) (con el dedo, etc.): *I'll point him out to you if we see him.* Te mostraré quién es si lo vemos.
point to sth *v+partíc* señalar algo: *Many politicians have pointed to the need for a written constitution.* Muchos políticos han señalado la necesidad de una constitución escrita.
ˌpoint-'blank[1] *adv* **1** de plano, categóricamente (negar, rechazar), a bocajarro, a boca de jarro (preguntar), tajantemente (afirmar): *He refused point-blank to identify his accomplices.* Se negó de plano a identificar a sus cómplices. **2** a quemarropa: *The gun was fired point-blank.* El arma fue disparada a quemarropa.
ˈpoint-blank[2] *adj* [solo ante s] rotundo -a, categórico -a
EXPRESIONES
at point-blank range a quemarropa
point·ed /ˈpɔɪntɪd/ *adj* **1** [gralm ante s] puntiagudo -a: *a plant with pointed leaves* una planta de hojas puntiagudas • *shoes with pointed toes* zapatos de/en punta • *the pointed end of a cone* la punta de un cono **2** [solo ante s] incisivo -a, intencionado -a (comentario, pregunta, mirada): *The reporter asked some very pointed questions.* El periodista hizo algunas preguntas muy incisivas.
point·ed·ly /ˈpɔɪntɪdli/ *adv* con toda intención, intencionadamente (mirar)
point·er /ˈpɔɪntə/ *s* [C] **1** [gralm pl] indicación, consejo • **give sb some pointers** dar a alguien algunas indicaciones/algunos consejos • [+on]: *The teacher gave us a few pointers on writing essays.* El profesor nos dio algunas indicaciones sobre cómo redactar trabajos. SIN **tip 2** puntero **3** pínter (perro)
point·less /ˈpɔɪntləs/ *adj* **1** inútil: *The whole thing was a pointless exercise.* La cosa no sirvió de nada. • **it is pointless doing sth/to do sth** es inútil/no sirve de nada hacer algo: *It's pointless talking to Ken – he won't listen.* Es inútil hablar con Ken; no escucha. SIN **futile 2** sin

sentido: *a pointless, brutal murder* un asesinato brutal y sin sentido • *Life seemed pointless to me.* Para mí la vida no parecía tener sentido. SIN **futile**
ˈpoint man *s* **1** [sing] hombre fuerte (en un gobierno, un área) **2** [C] hombre punta (soldado que se anticipa a su patrulla para verificar si hay peligro de avanzar)
ˌpoint of 'view *s* [C] **1** punto de vista (perspectiva) • **from a... point of view** desde el/un punto de vista...: *From a financial point of view, the idea is very attractive.* Desde el punto de vista económico, la idea es muy atractiva. SIN **perspective 2** punto de vista (opinión) • **from sb's point of view** desde el punto de vista de alguien: *Try to see things from her point of view.* Intenta ver las cosas desde su punto de vista.
poin·ty /ˈpɔɪnti/ *adj* (**pointier, pointiest**) (*coloq*) puntiagudo -a: *a pointy hat* un sombrero puntiagudo SIN **pointed**
poise[1] /pɔɪz/ *s* [U] **1** aplomo: *He handled the situation with considerable poise.* Manejó la situación con bastante aplomo. **2** elegancia: *the poise of a dancer* la elegancia de una bailarina
poise[2] *v* [T siempre + adv/prep] (*esp escrito*) colocar, situar
poised /pɔɪzd/ *adj* **1** [nunca ante s] listo -a, preparado -a • **be poised to do sth** estar listo -a/preparado -a para hacer algo: *He was poised to jump.* Estaba listo para saltar. • *The army is poised to attack.* El ejército está preparado para el ataque. • **be poised over/above sth** *My hand was poised over the telephone.* Tenía la mano lista para contestar el teléfono. **2** [nunca ante s] **be poised to do sth** disponerse a hacer algo: *Congress is poised to pass the law.* El Congreso se dispone a aprobar la ley. **3** aplomado -a, desenvuelto -a: *She walked to the microphone, looking poised and confident.* Se acercó al micrófono, con total aplomo.
poi·son[1] /ˈpɔɪzən/ *s* [C,U]
1 (sustancia) veneno: *Someone tried to put poison in his drink.* Alguien intentó ponerle veneno en la bebida. • **deadly poison** veneno mortal • **rat poison** veneno para ratas
2 (sentimiento, situación) veneno: *the poison of racism* el veneno del racismo
poison[2] *v* [T] **1** envenenar (a una víctima), poner veneno en (la bebida, la comida): *She tried to poison her husband.* Intentó envenenar a su marido. • *Someone had poisoned his drink.* Alguien le había puesto veneno en la bebida. **2** intoxicar (a una persona, animal), contaminar (un río, el aire), envenenar (la sangre) **3** envenenar (una situación, una relación) • **poison sb's mind** envenenarle la mente a alguien: *Television violence is poisoning the minds of young people.* La violencia en televisión le está envenenando la mente a la gente joven. • **poison sb's mind against sb** meter cizaña para predisponer a alguien contra alguien
poi·son·er /ˈpɔɪzənə/ *s* [C] envenenador -a
poi·son·ing /ˈpɔɪzənɪŋ/ *s* [C,U] **1** intoxicación • **alcohol poisoning** intoxicación etílica • **lead poisoning** intoxicación por plomo, saturnismo **2** envenenamiento **3** contaminación ▶ FOOD POISONING
ˌpoison 'ivy *s* [U] hiedra venenosa
ˌpoison 'oak *s* [U] zumaque venenoso
poi·son·ous /ˈpɔɪzənəs/ *adj* **1** venenoso -a (planta, hongo), tóxico -a (producto, gas): *poisonous chemicals* productos químicos tóxicos • **highly poisonous** muy venenoso -a/tóxico -a: *Some mushrooms are highly poisonous.* Algunos hongos son muy venenosos. • [+to]: *The berries are poisonous to birds.* Las bayas son venenosas para los pájaros. ▶ TOXIC **2** venenoso -a (animal): *a poisonous snake* una serpiente venenosa • *a poisonous spider* una araña venenosa **3** venenoso -a, malintencionado -a (comentario, rumor), pernicioso -a (efecto): *poisonous gossip* chismes malintencionados
poke[1] /poʊk/ *v* **1** [T] (con un dedo, palo) *Frank poked his finger into my chest.* Frank me clavó el dedo en el pecho. • *Stop poking me!* ¡Deja de pincharme! • **poke**

sb/sth with sth *Paul poked her with his elbow.* Paul le dio un codazo. • *She poked the fire with a stick.* Removió el fuego con un palo. • **poke sb in the eye/ribs** *Careful with that pen! You nearly poked me in the eye.* ¡Cuidado con el estilógrafo, que casi me lo metes en el ojo! • *Paul poked her in the ribs.* Paul le dio un codazo en el costado. • **poke a hole into/in/through sth** hacer un agujero a/en algo: *She poked a hole in her pantyhose with her fingernail.* Se hizo un agujero en las panties con la uña. **2** [T siempre + adv/prep] (por un hueco o agujero) **poke sth in/through/around sth** *A nurse poked her head around the door.* Una enfermera asomó la cabeza por detrás de la puerta. • *I poked my hand into the mailbox.* Metí la mano en el buzón. **3** [I siempre + adv/prep] (desde el interior de algo) **poke out of/from sth** asomar de/en algo: *The baby's head poked out from under the blanket.* La cabeza del bebé asomaba por abajo de la manta.

EXPRESIONES
poke holes in sth encontrarle los puntos débiles/los defectos a algo • **poke fun at sb/sth** burlarse de alguien/algo, reírse de alguien/algo • **poke your nose into sth** (*coloq*) meter las narices en algo
poke around *v+partíc* (*coloq*) **1 poke around** husmear, entrometerse • **poke around in sth** husmear en algo, entrometerse en algo: *She didn't want the press poking around in her private life.* No quería que la prensa anduviera husmeando en su vida privada. SIN **pry 2 poke around** rebuscar: *He went upstairs and started poking around.* Fue arriba y empezó a rebuscar por todas partes. • **poke around in sth** revolver/rebuscar/hurgar en algo: *James began poking around in the cupboard.* James empezó a hurgar en el armario. SIN **nose around**
poke at sth *v+partíc Anna poked at her food.* Anna jugueteaba con la comida. • *He poked at the hedgehog with a stick.* Tocaba el erizo con la punta de un palo. • *Louisa began poking at a lump of modeling clay.* Louisa empezó a clavarle el dedo a un trozo de arcilla para modelar.
poke into sth *v+partíc* husmear en algo

poke² *s* [C gralm sing] **1** golpecito (con el dedo, un palo) • **give sb/sth a poke** *I gave my dad a poke to wake him up.* Le di un codazo a mi papá para despertarlo. • *He stood up and gave the fire a poke.* Se levantó y atizó el fuego. **2** (*coloq*) crítica (urticante, a veces graciosa) • [+**at**]: *I'm sure he intended that comment as a poke at me.* Seguro que ese comentario era una crítica contra mí.

pok·er /'poʊkər/ *s* **1** [U] póker, póquer • **play poker** jugar (al) póker • **poker game** partida de póquer **2** [C] atizador

,poker-'faced *adj* con cara de póker/póquer

pok·ey¹, **poky** /'poʊki/ *adj* (*coloq*) cansino -a

pokey² *s* **the pokey** (*antic, coloq*) la guandoca, la cana, el bote

Po·land /'poʊlənd/ Polonia

po·lar /'poʊlər/ *adj* **1** polar: *the polar regions* las regiones polares • *a polar expedition* una expedición al Polo **2 polar opposite/extreme** polo opuesto

'polar ,bear *s* [C] oso polar

po·lar·i·ty /poʊ'lærəti, pə-/ *s* [C,U] (pl **polarities**) polaridad

po·lar·i·za·tion /,poʊlərə'zeɪʃən/ *s* [U] polarización

po·lar·ize /'poʊlə,raɪz/ *v* (*escrito*) **(a)** [T] dividir, polarizar: *The war has polarized public opinion.* La guerra ha dividido a la opinión pública. **(b)** [I] dividirse, polarizarse: *Society is beginning to polarize between the rich and poor.* La sociedad empieza a dividirse en ricos y pobres.

Po·lar·oid /'poʊlə,rɔɪd/ *s* (*marca reg*) **1** [C] (tb **Polaroid camera**) (cámara) polaroid **2** [C] (tb **Polaroid photograph**) (fotografía) polaroid **3** [U] polaroid (material)

Pole /poʊl/ *s* [C] polaco -a

pole S3 *s* **1** [C] (para sujetar) palo; (para impulsarse) pértiga; (de luz, teléfonos) poste; (para bandera) mástil: *a pair of ski poles* unos bastones de esquí **2** [C] (de un planeta) polo • **the North/South Pole** el Polo Norte/Sur ► POLAR **3** [C] (ideas, opiniones) polo • **be poles apart** ser polos opuestos **4** [C] (de un imán) polo ► FLAGPOLE, POLE VAULT, TOTEM POLE, not TOUCH sth/sb with a ten-foot pole

pole·cat /'poʊlkæt/ *s* [C] **1** zorrillo **2** turón

po·lem·ic /pə'lemɪk/ *s* (*frml*) [C] alegato • [+**against**]: *The movie is a fierce polemic against the U.S. justice system.* La película es un feroz alegato contra el sistema judicial estadounidense.

po·lem·i·cal /pə'lemɪkəl/ (tb **polemic**) *adj* (*frml*) polémico -a SIN **controversial**

'pole vault *s* **the pole vault** el salto con pértiga, el salto con garrocha

'pole ,vaulter *s* [C] pertiguista, garrochista

'pole ,vaulting *s* [U] salto con pértiga, salto con garrocha

po·lice¹ S2 W1 /pə'lis/ *s* **1** [pl] la policía, policías: *Police surrounded the building.* La policía rodeó el edificio. • *We need more police on the streets.* Necesitamos más policía(s) en las calles. **2 the police** [pl] la policía (cuerpo): *He was arrested by the police.* La policía lo detuvo. • **call the police** llamar a la policía • **join the police** ingresar a/en la policía **3 police academy** academia de policía, academia policial • **police brutality** violencia policial • **police chief** jefe -a de policía • **police escort** escolta policial • **police protection** protección policial • **police raid** redada (policial) • **police record** antecedentes policiales ► POLICE DEPARTMENT, POLICE FORCE, POLICE OFFICER, POLICE STATION, SECRET POLICE

police² *v* [T] **1** supervisar, vigilar (un sector de actividad, industria, etc.): *The agency was set up to police the nuclear power industry.* La agencia se creó para supervisar el sector de la energía nuclear. **2** vigilar, mantener el orden (público) en: *The army was brought in to police the center of the city.* Se trajo al ejército para vigilar el centro de la ciudad. **3** recorrer y limpiar: *All campers are required to police their campground before they leave.* Se solicita a los campistas que antes de la partida dejen el sitio donde acamparon en perfectas condiciones. ► POLICING

po'lice de,partment *s* [C] jefatura de policía, departamento de policía

po'lice force *s* [C] (cuerpo de) policía: *Jones joined the police force in 1983.* Jones ingresó a la policía en 1983.

po·lice·man /pə'lismən/ *s* [C] (pl **policemen** /-mən/) policía (hombre)

⚠ Casi todo el mundo evita el uso de esta palabra para referirse indistintamente a hombres y mujeres, porque podría ofender a estas. En su lugar se utiliza **police officer** tanto para hombres como para mujeres. También existe la palabra **policewoman** para referirse a una mujer.

po'lice ,officer *s* [C] (agente de) policía

po'lice state *s* [sing] estado policial

po'lice ,station *s* [C] estación de policía, delegación de policía

po·lice·wom·an /pə'lis,wʊmən/ *s* [C] (pl **policewomen** /-,wɪmɪn/) (mujer) policía

po·lic·ing /pə'lisɪŋ/ *s* [U] **1** vigilancia (policial), mantenimiento del orden (público) • **community policing** trabajo conjunto de la policía y el vecindario para mejorar la seguridad en un barrio **2** supervisión, vigilancia (de un sector de actividad, una industria, etc.)

pol·i·cy S2 W1 /'pɑləsi/ *s* (pl **policies**) **1** [C,U] (de un partido, una organización) política: *The company has a no smoking policy.* Es política de la

empresa que no se fume. • [+**on/regarding**]: *government policy on immigration* la política de inmigración del gobierno • *the administration's policy regarding the environment* la política de la administración en materia de medio ambiente • [+**of**]: *the current policy of putting suspected terrorists in jail* la actual política de encarcelar a supuestos terroristas • [+**toward**]: *U.S. policy toward China* la política estadounidense con respecto a China • **foreign/economic policy** política exterior/económica • **policy adviser** asesor -a político -a • **policy decision** decisión en materia de políticas
2 [C] (tb **insurance policy**) póliza (de seguros) • **take out a policy** contratar una póliza/un seguro • **renew a policy** renovar una póliza
3 [C,U] (de una persona) política: *Her policy is never to give a tip.* Tiene por norma nunca dar propina. • **it's (a) good policy to do sth** conviene hacer algo

pol·i·cy·hold·er /'pɑləsi,houldər/ *s* [C] tomador -a (del seguro), asegurado -a

pol·i·cy·mak·er, policymaker /'pɑləsi,meɪkər/ *s* [C] encargado de diseñar la(s) política(s)

po·li·o /'pouli,ou/ (tb **po·li·o·my·e·li·tis** /,poulioumaɪə'laɪtɪs/) *s* [U] (*técn*) polio(mielitis)

Po·lish¹ /'poulɪʃ/ *adj* polaco -a

Polish² *s* [U] polaco (idioma)

pol·ish¹ /'pɑlɪʃ/ *v* [T] **1** lustrar, embetunar, bolear (el calzado), lustrar (un mueble), limpiar, sacarle brillo a (plata), limpiar (cristales, espejos), pulir (piedras, gemas): *He was polishing his car.* Le estaba sacando brillo al carro. **2** pulir (un trabajo, un texto): *She was busy polishing her speech.* Estaba atareada puliendo su discurso. ▶ **POLISHING**
polish off *v+partíc* **1 polish sth ↔ off** (*coloq*) liquidarse algo, dar mate a algo, escabecharse algo: *Sam polished off the rest of the pizza.* Sam se liquidó el resto de la pizza. **2 polish sth/sb ↔ off** (*coloq*) liquidar algo/a alguien
polish sth ↔ up *v+partíc* **1** (tb **polish up on sth**) perfeccionar algo: *I need to polish up my Spanish.* Tengo que perfeccionar el español. **2** pulir algo: *I need to polish up the article.* Tengo que pulir el artículo.

polish² *s* **1** [C,U] (para platas) limpiador de metales; (para el piso) abrillantador • **shoe polish** betún, grasa (para zapatos) • **furniture polish** lustramuebles, lustrador de muebles **2** [U] (en el estilo, la conducta) *Her writing has potential, but it lacks polish.* Tiene posibilidades como escritora, pero le falta pulir el estilo. • *No one in her husband's family had much polish.* No había nadie en la familia de su esposo que tuviera cierto refinamiento. **3** [sing] (acción de abrillantar) *The table needs a good polish.* A la mesa hay que sacarle brillo. • **give sth a polish** sacarle brillo a algo, lustrar algo **4** [sing] (superficie brillante) *The metal is rubbed to a high polish.* Se frota el metal hasta sacarle el máximo brillo. ▶ **NAIL POLISH**

pol·ished /'pɑlɪʃt/ *adj* **1** lustrado -a (piso), lustrado -a, embetunado -a (zapato): *a polished wooden floor* un piso de madera lustrado • **highly polished** reluciente **2** pulido -a (interpretación, obra): *a highly polished performance* una interpretación muy pulida **3** consumado -a (intérprete, escritor) **4** refinado -a (persona, modales)

pol·ish·ing /'pɑlɪʃɪŋ/ *s* [U] (de pisos, muebles, plata) lustrado; (del calzado) lustrado, boleado

po·lite S2 /pə'laɪt/ *adj*
1 (personas, modales) (bien) educado -a, cortés: *She's always very polite.* Es siempre muy educada. • *polite, well-behaved children* niños que son educados y se portan bien • **be polite to sb** ser cortés/educado -a con alguien: *He wasn't very polite to me.* No fue muy cortés conmigo. • **it is polite to do sth** es de buena educación hacer algo: *It's polite to ask before you borrow something.* Es de buena educación pedir las cosas antes de tomarlas prestadas. • **it is polite of sb to do sth** es muy amable de parte de alguien hacer algo: *It was polite of him to offer me his seat.* Fue muy amable de su parte ofrecerme el asiento. ANT **rude, impolite**

2 (por compromiso) de cortesía: *a polite smile* una sonrisa de cortesía • *There was polite applause as he left the stage.* Hubo aplausos de cortesía cuando abandonó el escenario. • **make polite conversation** *He's not the kind of guy who makes polite conversation.* No es de los que hablan por compromiso.
EXPRESIONES
in polite society/circles/company (*esp hum*) entre gente educada: *You can't use words like that in polite company.* Entre gente educada no se dicen esas cosas.

po·lite·ly /pə'laɪtli/ *adv* **1** cortésmente, educadamente: *"I wonder if you could spare a moment?" asked Alice politely.* –¿No tendrías un minuto? –preguntó Alice cortésmente. **2** por cortesía (por compromiso): *The audience clapped politely.* El público aplaudió por cortesía.

po·lite·ness /pə'laɪtnɪs/ *s* [U] **1** cortesía, (buena) educación **2** (por compromiso), cortesía • **do sth out of politeness** hacer algo por cortesía

pol·i·tic /'pɑlə,tɪk/ *adj* (*frml*) prudente

po·lit·i·cal S2 W1 /pə'lɪtɪkəl/ *adj*
1 (relativo al gobierno, los partidos) político -a: *Education is now a major political issue.* La educación es ahora un asunto político de primer orden. • *The country's problems were political rather than economic.* Los problemas del país eran más políticos que económicos. • **a political party** un partido político: *There are two main political parties in the U.S.* En Estados Unidos hay dos grandes partidos. • **a political system** un sistema político: *changes to the German political system* cambios en el sistema político alemán
2 comprometido -a (políticamente), interesado -a en política: *Young people aren't very political these days.* Hoy en día los jóvenes no tienen mucho compromiso político.
3 (dentro de una organización, un grupo) político -a, estratégico -a: *a purely political decision* una decisión puramente política • *a political move* un paso estratégico • *Everything is so political in this company.* En esta empresa lo que hay es mucha política. ▶ **POLITICALLY**

po,litical a'sylum *s* [U] asilo político • **seek political asylum** pedir asilo político • **grant sb political asylum** conceder asilo político a alguien SIN **asylum**

po,litical cor'rectness *s* [U] corrección política, lo políticamente correcto ▶ **PC, POLITICALLY CORRECT**

po·lit·i·cally W3 /pə'lɪtɪkli/ *adv* políticamente: *a politically sensitive issue* un asunto políticamente delicado • *politically motivated killings* asesinatos por motivos políticos • *a group of politically aware young people* un grupo de jóvenes con conciencia política

po,litically cor'rect (abrev **PC**) *adj* políticamente correcto -a

po,litical 'prisoner *s* [C] preso -a político -a

po,litical 'science *s* [U] ciencia(s) política(s), politología

po,litical 'scientist *s* [C] experto -a en ciencias políticas, politólogo -a

po·li·ti·cian W2 /,pɑlə'tɪʃən/ *s* [C] político -a: *a meeting of senior politicians* una reunión de importantes políticos • *People don't trust politicians any more.* La gente ya no confía en los políticos.

po·lit·i·cize /pə'lɪtə,saɪz/ *v* [T] **1** (dar carácter político a) politizar **2** (concientizar políticamente) politizar

po·lit·i·cized /pə'lɪtə,saɪzd/ *adj* **1** politizado -a **2** políticamente concientizado -a, politizado -a

pol·i·tics S3 W1 /'pɑlətɪks/ *s*
1 [U] política (actividad, ideas): *We spent the evening talking about politics.* Pasamos la noche hablando de política. • **local/national politics** (la) política local/nacional • **party politics** (la) política partidista: *The president must be above party politics.* El presidente debe estar por encima de cualquier partidismo.
2 [U] política (profesión) • **go into politics** (tb **enter**

politics) dedicarse a la política
3 [pl] luchas/relaciones de poder • **office politics** las intrigas de oficina
4 [pl] ideología, ideas políticas: *My politics are very different from yours.* Mi ideología es muy distinta de la tuya.

pol·ka /'pəʊlkə, 'poʊkə/ s [C] polca

'polka dot s [C gralm pl] lunar (en telas, prendas)

'polka-dot (tb **'polka-dotted**) adj a/de lunares (tela, prenda)

poll¹ /pəʊl/ s **1** [C] encuesta, sondeo • **conduct/carry out a poll** efectuar/realizar una encuesta • **a public opinion poll** un sondeo/una encuesta de opinión SIN **opinion poll**, **survey 2 polls** [pl] centros de votación: *The polls will close in an hour.* Los centros de votación cerrarán en una hora. • **go to the polls** acudir a las urnas: *Ten million voters went to the polls.* Diez millones de votantes acudieron a las urnas.

poll² v [T] **1** encuestar: *Nearly half of the people polled say they support the proposal.* Casi la mitad de los encuestados afirman estar a favor de la propuesta. SIN **survey 2** obtener (votos): *The Communist candidate polled 3.37% of the vote.* El candidato comunista obtuvo un 3,37% de los votos.

pol·len /'pɒlən/ s [U] polen

'pollen count s [C] índice de concentración de polen (en el aire)

pol·li·nate /'pɒləneɪt/ v [T] polinizar

pol·li·na·tion /ˌpɒləˈneɪʃən/ s [U] polinización

poll·ing /'pəʊlɪŋ/ s [U] votación

poll·ster /'pəʊlstə/ s [C] encuestador -a

'poll tax s [C] impuesto de capitación, impuesto personal

pol·lut·ant /pəˈluːtⁿnt/ s [C,U] contaminante(s)

pol·lute /pəˈluːt/ v [T] **1** (físicamente) contaminar, polucionar: *chemicals that pollute the environment* productos químicos que contaminan el ambiente • **pollute sth with sth** contaminar algo con algo **2** (moralmente) contaminar • **pollute sb's mind** contaminar la mente de alguien SIN **corrupt**

pol·lut·ed /pəˈluːtɪd/ adj contaminado -a, polucionado -a: *polluted rivers* ríos contaminados • **heavily/seriously/ badly polluted** muy contaminado -a

pol·lut·er /pəˈluːtə/ s [C] contaminador -a

pol·lu·tion /pəˈluːʃən/ s [U] contaminación, polución: *the worst areas of pollution* las zonas más contaminadas • **air/atmospheric pollution** contaminación atmosférica • **pollution control** control de la contaminación • **pollution levels** niveles de contaminación ▶ NOISE POLLUTION

po·lo /'pəʊləʊ/ s [U] polo (deporte): *a polo match* un partido de polo

pol·ter·geist /'pəʊltəˌɡaɪst/ s [C] espíritu, fantasma (que mueve objetos)

pol·y·es·ter¹ /'pɒliˌestə, ˌpɒliˈestə/ s [C,U] poliéster

polyester² adj de poliéster: *a polyester shirt* una camisa de poliéster

pol·y·eth·yl·ene /ˌpɒliˈeθəˌliːn/ s [U] polietileno

po·lyg·a·mist /pəˈlɪɡəmɪst/ s [C] polígamo -a

po·lyg·a·mous /pəˈlɪɡəməs/ adj polígamo -a

po·lyg·a·my /pəˈlɪɡəmi/ s [U] poligamia ▶ BIGAMY, MONOGAMY

pol·y·glot /'pɒliˌɡlɒt/ s [C] (frml) políglota

pol·y·gon /'pɒliˌɡɒn/ s [C] (técn) polígono

pol·y·graph /'pɒliˌɡræf/ s [C] (técn) **1** polígrafo, detector de mentiras SIN **lie detector 2** (tb **polygraph test**) prueba poligráfica

pol·y·mer /'pɒləmə/ s [C] polímero

Pol·y·ne·sia /ˌpɒləˈniːʒə/ Polinesia

Pol·y·ne·sian /ˌpɒləˈniːʒən/ s [C], adj polinesio -a

---

pol·yp /'pɒləp/ s [C] pólipo (en medicina)

pol·y·tech·nic /ˌpɒliˈteknɪk/ s [C] politécnico -a (escuela, universidad)

pol·y·un·sat·u·rat·ed /ˌpɒliʌnˈsætʃəˌreɪtɪd/ adj poliinsaturado -a ▶ SATURATED FAT

pol·y·ur·e·thane /ˌpɒliˈjʊərəˌθeɪn/ s [U] poliuretano

pom·e·gran·ate /'pɒməˌɡrænɪt/ s [C] **1** granada (fruta) **2** (tb **pomegranate tree**) granado

pomp /pɒmp/ s [U] (frml) pompa (suntuosidad) • **pomp and circumstance/ceremony** pompa y circunstancia/ solemnidad

pom·pom /'pɒmpɒm/ (tb **pom·pon** /'pɒmpɒn/) s [C] **1** (en gorros) borla, pompón **2** (de animadora) pompón

pomp·ous /'pɒmpəs/ adj (peyor) pedante, pretencioso -a (persona), pomposo -a, altisonante (estilo, discurso)

pom·pous·ly /'pɒmpəsli/ adv de forma pedante, pomposamente

pom·pous·ness /'pɒmpəsnɪs/ (tb **pom·pos·i·ty** /pɒmˈpɒsəti/) s [U] pedantería, pomposidad

pon·cho /'pɒntʃəʊ/ s [C] (pl **ponchos**) **1** poncho **2** capa impermeable, capa para lluvia

pond /pɒnd/ s [C] (artificial) estanque; (natural) laguna: *a fish pond* un estanque de peces ▶ **be a big FISH in a small pond**

pon·der /'pɒndə/ v [I,T] (frml) reflexionar/meditar (sobre) • **ponder on/over sth** reflexionar/meditar sobre algo: *She was still pondering over the problem the next day.* Aún meditaba sobre el problema al día siguiente. • **ponder how/whether** estudiar cómo/pensar si

pon·der·ous /'pɒndərəs/ adj **1** (liter) pesado -a (persona, animal), cansino -a, lento -a (andar) **2** (frml) denso -a, pesado -a (libro, película, etc.)

pon·tiff /'pɒntɪf/ s [C] (frml) pontífice

pon·tif·i·cate¹ /pɒnˈtɪfəˌkeɪt/ v [I] (peyor) sentar cátedra, pontificar • **pontificate about/on sth** sentar cátedra sobre algo

pon·tif·i·cate² /pɒnˈtɪfɪkɪt, -ˌkeɪt/ s [sing] (frml) pontificado

pon·toon /pɒnˈtuːn/ s [C] pontón (para puentes) • **pontoon bridge** pontón

po·ny¹ /'pəʊni/ s [C] (pl **ponies**) pony

pony² v
pony up sth v+partíc (coloq) desembolsar algo SIN **pay up**

ˌPony Exˈpress s [sing] servicio de correo a caballo empleado en Estados Unidos en la década de 1860

po·ny·tail /'pəʊniˌteɪl/ s [C] cola de caballo (peinado)

¿braid, pigtail o ponytail?
ponytail es la coleta recogida detrás de la cabeza
braid es una trenza
pigtails son dos trenzas a los lados, o son dos coletas a los lados

pooch /puːtʃ/ s [C] (hum, coloq) perro (mascota)

poo·dle /'puːdl/ s [C] caniche, poodle

pooh /puː/ interj ¡bah!

pooh-pooh /ˌpuːˈpuː/ v [T] desdeñar, hacer caso omiso de

pool¹ S1 W2 /puːl/ s

1	para natación
2	juego
3	de agua estancada
4	de líquido en el suelo
5	de gente disponible
6	de cosas
7	juego, premio

1 PARA NATACIÓN [C] piscina, alberca: *He dived into the pool.* Se tiró a la piscina. • *I spent the afternoon relaxing by the pool.* Pasé la tarde relajándome junto a la piscina. SIN **swimming pool**

2 JUEGO [U] billarpool, pool • **play/shoot pool** jugar (al) billarpool/pool

3 DE AGUA ESTANCADA [C] charca, charco: *a tide pool* un charco de agua entre las rocas de la playa

4 DE LÍQUIDO EN EL SUELO a pool of blood/oil un charco de sangre/una mancha de aceite: *He was found lying in a pool of blood.* Lo encontraron tendido en medio de un charco de sangre.

5 DE GENTE DISPONIBLE [C] reserva • [+**of**]: *a pool of volunteers* una reserva de voluntarios

6 DE COSAS [C] fondo (de dinero), parque, flota (de vehículos)

7 JUEGO, PREMIO [C] juego de azar que consiste en tratar de acertar los resultados de los partidos de fútbol, básquetbol, etc. de una fecha; premio en dinero que se obtiene al ganar

EXPRESIONES
dirty pool (*peyor*) juego sucio (en política, etc.)

pool² *v* [T] poner en común: *Why don't we get together and pool our ideas?* ¿Por qué no nos juntamos y ponemos en común nuestras ideas?

'pool hall *s* [C] sala de billarpool, salón de pool

'pool ,table *s* [C] mesa de billarpool, mesa de pool

poop¹ /pup/ *s* **1** [C,U] (*coloq*) caca **2** [sing] (*coloq*): *Tell mommy if you need a poop.* Dile a mami si necesitas hacer caca. **3** [C] (tb **poop deck**) toldilla

EXPRESIONES
the poop (*coloq*) las novedades, la información: *What's the poop?* ¿Qué se sabe? SIN **gossip**

poop² *v* [I] (*coloq*) hacer caca
poop out *v+partíc* **1 poop out** (*coloq*) abandonar **2 poop sb out** (*coloq*) dejar rendido -a a alguien, dejar agotado -a a alguien **3 poop out** (*coloq*) agotarse (batería), dañarse, dejar de funcionar (máquina, carro) **4 poop out** (*coloq*) echarse atrás, echarse para atrás • **poop out on sb** faltonear a alguien, fallarle a alguien

pooped /pupt/ (tb **,pooped 'out**) *adj* [nunca ante *s*] (*coloq*) agotado -a, rendido -a (muy cansado): *I'm going to bed. I'm pooped!* Me voy a dormir. ¡Estoy agotada! SIN **exhausted**

poop·er scoop·er /ˈpupɚ ˌskupɚ/ *s* [C] (*coloq*) pala para recoger excrementos de perro en lugares públicos

poor S1 W1 /pʊr, pɔr/ *adj*

1 sin dinero
2 de mala calidad
3 sin capacidad
4 salud
5 expresando compasión
6 escaso

1 SIN DINERO (a) pobre: *He grew up in a poor part of the city.* Se crió en una zona pobre de la ciudad. • *one of the poorest countries in the world* uno de los países más pobres del mundo • **dirt poor** (*coloq*) muy pobre ANT **rich (b) the poor** [usado como *s* pl] los pobres: *charities that help the poor* instituciones benéficas que ayudan a los pobres ANT **the rich**

2 DE MALA CALIDAD pobre, malo -a: *It was a poor performance for a team this good.* Fue una actuación pobre para un equipo tan bueno. • *The standard of service was very poor.* El nivel de servicio era muy malo. • *poor housing conditions* condiciones habitacionales deficientes • **poor quality** mala calidad • **have poor hearing/eyesight** oír/ver mal • **have a poor memory** tener mala memoria • **do/make a poor job of sth** hacer algo mal: *Jane made a poor job of concealing her impatience.* Jane disimulaba mal su impaciencia. SIN **bad** ANT **good**

3 SIN CAPACIDAD malo -a: *a poor math student* un alumno malo en matemáticas • [+**at**]: *Billy's poor at spelling.* Billy tiene mala ortografía. SIN **bad** ANT **good ▸ POORLY**

4 SALUD malo -a • **be in poor health** estar mal de salud

5 EXPRESANDO COMPASIÓN [solo ante *s*] (*oral*) pobre • **(the) poor kid/guy/girl** *Poor kid, it must be hard for him.* Pobre niño, debe ser duro para él. • *The poor*

girl didn't know what to say. La pobre niña no sabía qué decir. • **Poor you!** ¡Pobre!/¡Pobres! (al dirigirse a alguien) • **poor old thing** el pobrecito/la pobrecita • **poor old Joe/Sally** el pobre Joe/la pobre Sally

6 ESCASO be poor in sth ser pobre en algo: *The country is poor in natural resources.* El país es pobre en recursos naturales. ▸ **POORLY, be in bad/poor TASTE**

EXPRESIONES
the poor man's caviar/champagne el caviar/la champaña de los pobres • **the poor man's sb** (*hum*) (referido a un mal imitador) *He was the poor man's Elvis Presley.* Era una burda imitación de Elvis Presley. • **poor relation** el pariente pobre: *The short story is looked upon as a poor relation of the novel.* El cuento es considerado el pariente pobre de la novela. • **a poor second/third** un segundo/tercer puesto muy lejos (del primero/segundo)

poor·ly /ˈpʊrli, ˈpɔr-/ *adv* mal: *The work is very poorly paid.* El trabajo está muy mal remunerado. • *a poorly written article* un artículo mal escrito SIN **badly**

pop¹ S2 /pɑp/ *v* (**popped, popping**)

1 desprenderse
2 verse de pronto
3 colocar
4 globo
5 corcho
6 maíz pira, crispetas
7 oídos
8 medicamentos
9 con el puño
10 en béisbol

1 DESPRENDERSE [I siempre + adv/prep] salir (se) • **pop off/out** salir(se), saltar(se): *A button popped off my jacket.* Se me salió un botón de la chaqueta.

2 VERSE DE PRONTO [I siempre + adv/prep] **pop up/out** asomar, aparecer: *Alison's head popped out from behind the door.* La cabeza de Alison asomó por detrás de la puerta.

3 COLOCAR [T siempre + adv/prep] (*coloq*) **pop sth in/into/on sth** poner algo rápidamente en determinado lugar: *She picked up a piece of candy and popped it in her mouth.* Agarró un caramelo y se lo metió en la boca.

4 GLOBO [I] reventar SIN **burst**

5 CORCHO (a) [I] saltar **(b)** [T] hacer saltar, descorchar

6 MAÍZ PIRA, CRISPETAS (a) [T] preparar, hacer **(b)** [I] reventar (cuando está cocido)

7 OÍDOS [I] taparse o destaparse con un cambio de presión

8 MEDICAMENTOS [T] **pop pills** (*coloq*) tomar pastillas (en exceso, fármacos o drogas ilegales)

9 CON EL PUÑO [T] (*oral*) golpear, pegarle a

10 EN BÉISBOL [I] batear una bola de modo que haga un trayecto corto SIN **pop up ▸ POP-UP**

EXPRESIONES
his/her eyes popped (out of his/her head) (*oral*) se le salieron los ojos de las órbitas • **pop into your head/mind** ocurrírsele de pronto (a alguien): *A horrible thought popped into her mind.* De pronto se le ocurrió una cosa horrible. • **pop the clutch** soltar el embrague • **pop the question** (*hum*) declarársele a alguien (proponerle matrimonio)
pop off *v+partíc* **1** (*coloq, oral*) estirar la pata, petatearse **2** (*coloq*) hablar sin pensar
pop up *v+partíc* **1** aparecer de repente: *There seem to be new restaurants popping up everywhere.* Parece que están apareciendo restaurantes nuevos por todas partes. **2** batear una bola de modo que haga un trayecto corto

pop² S2 *s*
1 [U] (tb **pop music**) música pop: *I mostly listen to pop.* Escucho sobre todo música pop.
2 [C] sonido que produce un corcho al saltar o un globo al reventarse • **go pop** reventar
3 [U] (*coloq*) refresco (efervescente), gaseosa: *a can of*

pop una lata de gaseosa SIN **soda**, **soft drink**
4 [sing] papá, pa
5 pops [U] obras de música clásica de mucha difusión
EXPRESIONES
$50 a pop (*oral*) 50 dólares cada uno -a

pop³ *adj* [solo ante s, sin compar] pop, de música pop • **a pop singer** un -a cantante pop • **a pop concert** un concierto de música pop • **a pop festival** un festival de música pop • **a pop song/record** un tema/un disco de música pop

pop. (*abrev escrita de* **population**) hab. (habitantes)

pop·corn S3 /ˈpɑpkɔrn/ *s* [U] maíz pira, crispetas, palomitas de maíz

Pope /poʊp/ *s* [C] Papa ► PAPAL

pop-'eyed *adj* (*coloq*) de ojos saltones

pop·lar /ˈpɑplɚ/ *s* [C] (tb **'poplar tree**) álamo

pop·per /ˈpɑpɚ/ *s* [C] broche de presión

pop·py /ˈpɑpi/ *s* (pl **poppies**) [C] amapola

'pop quiz *s* [C] examen sorpresa, prueba sorpresa

Pop·si·cle /ˈpɑpsɪkəl/ *s* [C] (*marca reg*) paleta (helada)

pop·u·lace /ˈpɑpyələs/ *s* [sing] (*frml*) **the populace (a)** la población **(b)** el pueblo (la gente común)

pop·u·lar S2 W1 /ˈpɑpyəlɚ/ *adj*
1 (que le gusta a mucha gente) popular: *She was very popular at school.* Era muy querida en el colegio. • *a popular summer resort* un lugar de veraneo muy concurrido • **be popular with/among sb** *The area is popular with tourists.* La zona les gusta mucho a los turistas. • *He was very popular among his colleagues.* Gozaba de mucha simpatía entre sus colegas. • **hugely/enormously/immensely popular** enormemente popular ANT **unpopular**
2 [solo ante s] (del público) popular • **popular opinion** opinión popular: *Popular opinion has turned against the government.* La opinión popular se ha vuelto en contra del gobierno. • **a popular belief/view** una creencia/opinión generalizada: *Contrary to popular belief, gorillas are basically gentle creatures.* Contrariamente a lo que se suele creer, los gorilas son en esencia animales dóciles. • **popular support** apoyo popular • **by popular demand** a pedido del público • **a popular misconception** un error común
3 [solo ante s] (para o de la mayoría) popular: *He writes popular crime fiction.* Escribe novelas policiacas para el público general. • **popular culture** cultura popular ANT **highbrow**
4 [solo ante s] (surgido del pueblo) popular • **a popular uprising** un levantamiento popular

pop·u·lar·i·ty /ˌpɑpyəˈlærəti/ *s* [U] popularidad: *His popularity has declined.* Su popularidad ha decaído. • **gain in popularity** ganar popularidad: *These ideas are gaining in popularity.* La popularidad de estas ideas es cada día mayor. • **grow/increase in popularity** volverse más popular

pop·u·lar·ize /ˈpɑpyələˌraɪz/ *v* [T] **1** popularizar **2** vulgarizar

pop·u·lar·ly /ˈpɑpyələli/ *adv* por la mayoría de la gente: *the catch-phrases for which he is popularly remembered* las frases típicas por las que se lo recuerda • *The problem is much more widespread than is popularly believed.* El problema está mucho más difundido de lo que se cree comúnmente. • **popularly known as/called** vulgarmente conocido -a como/llamado -a: *dyslexia, popularly known as "word blindness"* la dislexia, vulgarmente conocida como ceguera verbal

pop·u·late /ˈpɑpyəˌleɪt/ *v* [T] (*frml*) poblar • **be populated by sb** estar habitado -a por alguien: *The area is mainly populated by young families.* La zona está habitada principalmente por familias jóvenes. • **densely/sparsely populated** densamente/escasamente poblado -a

pop·u·la·tion S3 W1 /ˌpɑpyəˈleɪʃən/ *s* [C]
1 (número de habitantes) población: *Austria has a population of 7 million.* Austria tiene una población de 7 millones de habitantes. • **population explosion** explosión demográfica • **population growth** crecimiento demográfico
2 (conjunto de habitantes) población: *The majority of the population lived in poverty.* La mayoría de la población vivía en la pobreza. • **white/urban/Jewish population** población blanca/urbana/judía
3 (conjunto de seres de una especie) población: *Kenya's elephant population* la población de elefantes de Kenia

pop·u·lism /ˈpɑpyəˌlɪzəm/ *s* [U] populismo

pop·u·list¹ /ˈpɑpyəlɪst/ *adj* populista

populist² *s* [C] populista

pop·u·lous /ˈpɑpyələs/ *adj* (*frml*) populoso -a

'pop-up¹ *adj* **1** desplegable (libro, tarjeta) **2** emergente (ventana, menú)

'pop-up² *n* ventana emergente (pop-up)

por·ce·lain¹ /ˈpɔrsəlɪn/ *s* [C,U] (material) porcelana SIN **china**

porcelain² *adj* [gralm ante s] de porcelana

porch S3 /pɔrtʃ/ *s* [C] porche, galería

por·cu·pine /ˈpɔrkyəˌpaɪn/ *s* [C] puercoespín

pore¹ /pɔr/ *s* [C] poro

pore² *v*
pore over sth *v+partíc* estudiar algo (minuciosamente) (un contrato, un mapa, etc.)

pork S3 /pɔrk/ *s* [U]
1 (carne de) cerdo, (carne de) puerco, (carne de) marrano: *roast pork* cerdo asado • **pork chop** chuleta de cerdo • **pork sausage** salchicha de cerdo
2 (*coloq*) dinero que gasta el gobierno en una zona determinada para aumentar la popularidad de los políticos del lugar

por·nog·ra·pher /pɔrˈnɑgrəfɚ/ *s* [C] pornógrafo -a (persona dedicada a producir pornografía)

por·no·graph·ic /ˌpɔrnəˈgræfɪk◄/ *adj* pornográfico -a

por·nog·ra·phy /pɔrˈnɑgrəfi/ *s* [U] pornografía

po·rous /ˈpɔrəs/ *adj* poroso -a

por·poise /ˈpɔrpəs/ *s* [C] marsopa

port /pɔrt/ *s* **1** [C,U] (para barcos) puerto: *We went down to the port to catch the ferry.* Fuimos al puerto para tomar el ferry. • **leave port** zarpar: *The ship was getting ready to leave port.* El barco se estaba preparando para zarpar. • **come into port** llegar a puerto **2** [C] (ciudad) puerto: *Hong Kong is the world's largest port.* Hong Kong es el puerto más grande del mundo. • **a fishing port** un puerto pesquero **3** [C] (en informática) (*técn*) puerto: *the printer port* el puerto de la impresora **4** [U] oporto **5** [U] **to port** a babor • **port side** banda de babor ► AIRPORT, CARPORT, PORT OF CALL
EXPRESIONES
any port in a storm (*coloq*) en la guerra, cualquier hueco es trinchera

port·a·ble¹ /ˈpɔrtəbəl/ *adj* portátil: *a portable TV* un televisor portátil

portable² *s* [C] aparato electrónico portátil

por·tal /ˈpɔrtl/ *s* [C] **1** (sitio web) portal **2** (*liter*) (en una edificación) portal

por·tend /pɔrˈtɛnd/ *v* [T] (*liter*) presagiar

por·tent /ˈpɔrtɛnt/ *s* [C] (*liter*) presagio ► OMEN

por·ter /ˈpɔrtɚ/ *s* [C] **1** (en una estación, un aeropuerto) maletero -a; (en un hotel) botones **2** (en un tren) camarero -a, mozo -a, pórter **3** (en un edificio) portero -a, conserje

port·fo·li·o /pɔrtˈfoʊliˌoʊ/ *s* [C] (pl **portfolios**) **1** (para papeles) portafolios **2** (de dibujos, fotos) carpeta **3** (conjunto de acciones) portafolio, cartera: *an investment portfolio* una cartera de inversiones **4** (de productos, servicios) **a portfolio of sth** una cartera de algo

port·hole /ˈpɔrthoʊl/ *s* [C] ojo de buey

por·ti·co /ˈpɔrtɪˌkoʊ/ s [C] (pl **porticoes**, **porticos**) pórtico

por·tion¹ S3 W3 /ˈpɔrʃən/ s
1 [C] parte • **a small/large/significant portion** una parte pequeña/grande/importante: *The insurance company should pay a substantial portion of the bill.* La aseguradora debería pagar una parte considerable de la factura.
2 [C] (de comida) porción • [+**of**]: *a portion of fries* una porción de papas fritas • **a generous portion** una porción generosa SIN **serving**, **helping**
3 [sing] (*liter*) destino • **my/her portion** mi/su destino

portion² v
portion sth ↔ out v+partíc repartir algo

port·ly /ˈpɔrtli/ adj (escrito) corpulento -a

,port of 'call s [C] (pl **ports of call**) 1 (puerto de) escala 2 (coloq) uno de una serie de sitios que se visitan: *My next port of call was the Town Hall.* Después fui a la Alcaldía.

por·trait /ˈpɔrtrɪt/ s [C] 1 (pintura, foto) retrato • [+**of**]: *a portrait of George Washington* un retrato de George Washington • **paint a portrait** pintar un retrato: *He asked if he could paint my portrait.* Me preguntó si podía retratarme. • **portrait painter** retratista 2 (descripción) **a portrait of sth** un retrato de algo: *The book paints a vivid portrait of life in Victorian London.* El libro pinta un vívido retrato de la vida en el Londres de la época victoriana. ▶ SELF-PORTRAIT

por·trai·ture /ˈpɔrtrɪtʃɚ/ s [U] (frml) retrato (arte de hacer retratos)

por·tray /pɔrˈtreɪ, pɚ-/ v [T] (**portrays**, **portrayed**, **portraying**) 1 representar, describir, presentar una imagen de: *The magazine has been criticized for the way it portrays women.* La revista ha sido criticada por la imagen que presenta de las mujeres. • **portray sb/sth as sth** describir a alguien/algo como algo, representar a alguien/algo como algo SIN **depict** 2 interpretar (un personaje): *In her latest movie, she portrays an ageing dancer.* En su última película, interpreta a una bailarina que está envejeciendo. SIN **play**

por·tray·al /pɔrˈtreɪəl, pɚ-/ s [C] 1 representación, descripción, imagen • [+**of**]: *The movie is not an accurate portrayal of his life.* La película no es una representación fiel de su vida. • *the portrayal of these men as villains* la imagen de villanos que se da de estos hombres SIN **depiction** 2 interpretación (de un papel dramático)

Por·tu·gal /ˈpɔrtʃəgəl/ Portugal

Por·tu·guese¹ /ˌpɔrtʃəˈgiz◂/ s 1 [U] (idioma) portugués 2 **the Portuguese** [pl] los portugueses

Portuguese² adj portugués -esa

pose¹ /poʊz/ v 1 [T] representar • **pose a danger/a risk/a threat** representar un peligro/un riesgo/una amenaza: *We are conscious of the dangers posed by radiation.* Somos conscientes de los peligros que representa la radiación. • **pose a problem/a difficulty/a challenge** representar un problema/una dificultad/un reto 2 [I] posar • **pose for sth/sb** posar para algo/alguien: *A painter asked her to pose for him.* Un pintor le pidió que posara para él. • **pose nude** posar desnudo -a

EXPRESIONES
pose a question (to sb) (frml) plantear una pregunta (a alguien)
pose as sb v+partíc hacerse pasar por alguien: *He posed as a doctor to gain entrance to the hospital.* Se hizo pasar por médico para ingresar al hospital.

pose² s [C] 1 (postura) pose • **in a dramatic/dignified/relaxed pose** en una pose teatral/digna/relajada 2 (actitud) pose: *She pretends to be concerned, but it's all just a pose.* Finge estar preocupada, pero no es más que una pose.

pos·er /ˈpoʊzɚ/, **po·seur** /poʊˈzɚ/ s [C] persona afectada que busca impresionar actuando o vistiendo de modo que los demás la noten

posh /paʃ/ adj (coloq) jailoso -a, richichí (hotel, restaurante, etc.)

po·si·tion¹ S1 W1 /pəˈzɪʃən/ s

1 del cuerpo de una persona
2 de un objeto
3 circunstancias
4 sitio
5 sitio habitual
6 opinión
7 trabajo
8 en la sociedad
9 en deportes
10 en una carrera
11 de soldados

1 **DEL CUERPO DE UNA PERSONA** [C] postura, posición: *a comfortable position* una postura cómoda • **in a sitting/kneeling/standing position** sentado -a/de rodillas/de pie: *She got into a standing position.* Se puso de pie.

2 **DE UN OBJETO** [C] posición • **in an upright/a vertical position** en posición vertical • **in a horizontal position** en posición horizontal

3 **CIRCUNSTANCIAS** [C gralm sing] situación, posición: *Millions of people are in the same position as these two young men.* Millones de personas están en la misma situación que estos dos jóvenes. • *She's in the enviable position of having three job offers.* Está en la envidiable situación de haber recibido tres ofertas de trabajo. • **a difficult/an awkward/an impossible position** en una situación difícil/incómoda/sin salida • **in a good/strong position** en buena posición • **be in a position to do sth** estar en condiciones de hacer algo: *Next week we'll be in a better position to comment.* La semana próxima estaremos en mejores condiciones de formular comentarios. • **be in no position to do sth** (tb **not be in a position to do sth**) no estar en condiciones de hacer algo, no poder hacer algo: *I was in no position to argue.* Yo no estaba en condiciones de discutir. • *You're in no position to talk – you don't get any exercise either.* Tú no puedes hablar; tú tampoco haces ejercicio.

4 **SITIO** [C] posición: *The plant grows best in a sunny position.* La planta crece mejor si está al sol.

5 **SITIO HABITUAL** [C,U] **in/into position** en su lugar: *Are all the men in position?* ¿Están todos los hombres en sus puestos? • **out of position** fuera de lugar • **take up your position** ocupar su puesto, apostarse

6 **OPINIÓN** [C] postura, posición • [+**on**]: *What is the party's position on nuclear weapons?* ¿Cuál es la postura del partido con respecto a las armas nucleares?

7 **TRABAJO** [C] (frml) puesto, cargo • **the position of sth** el cargo de algo: *She later rose to the position of ambassador.* Más adelante, ascendió al cargo de embajadora. • **sb's position as sth** *He resigned from his position as chairman.* Renunció a su cargo de presidente. • **a senior/junior position** un alto cargo/un cargo subalterno • **apply for a position** solicitar un puesto/cargo, presentarse para un puesto/cargo: *I decided to apply for the position of head of department.* Decidí solicitar el puesto de jefe de departamento. • **a position of power/influence/responsibility** un puesto de poder/influencia/responsabilidad • **a position of trust** un puesto de confianza • **abuse your position** abusar de su cargo

8 **EN LA SOCIEDAD** [C,U] posición (social)

9 **EN DEPORTES** [C] posición: *"What position do you play?" "Second base."* –¿En qué posición juegas? –Segunda base.

10 **EN UNA CARRERA** [C,U] lugar, puesto • **in second/sixth/last position** en segundo/sexto/último lugar SIN **place**

11 **DE SOLDADOS** [C] posición

position² v [T] 1 ubicar, colocar; (tropas) apostar • **position yourself** ubicarse: *I positioned myself where I could see the door.* Me ubiqué en un lugar desde donde veía la puerta. 2 **be ideally/uniquely positioned (to do sth)** estar en una posición ideal/única (para hacer algo):

We are well positioned to take advantage of this oppor-tunity. Estamos en una buena posición para aprovechar esta oportunidad.

pos·i·tive¹ S2 W2 /'pɑzətɪv/ *adj*

1 sin dudas
2 optimista
3 indicando aprobación
4 esperanzador
5 útil, bueno
6 resultados de pruebas
7 categórico
8 en matemáticas
9 en electricidad
10 en magnetismo
11 sangre

1 SIN DUDAS [nunca ante s] seguro -a, segurísimo -a: *"Are you sure you don't want another drink?" "Positive."* –¿Estás seguro de que no quieres otra copa? –Segurísimo. • [+(that)]: *I'm absolutely positive that this is the right address.* Estoy segurísima de que esta es la dirección correcta. • [+about]: *She had never seen him before – she was positive about that.* Jamás lo había visto: estaba segura de eso. SIN **certain, sure**

2 OPTIMISTA positivo -a • **a positive attitude/ approach** una actitud positiva/un enfoque positivo • [+about]: *You need to be more positive about your work.* Tienes que ser más positivo en cuanto a tu trabajo. • **think positive** ser positivo -a SIN **optimistic** ANT **negative**

3 INDICANDO APROBACIÓN positivo -a, favorable • **a positive reaction/response** una reacción/una respuesta positiva • [+about]: *Most people have been very positive about the show.* La mayoría de la gente ha hecho comentarios muy positivos sobre el espectáculo. ANT **negative**

4 ESPERANZADOR positivo -a • **a positive sign/ indication** una señal positiva/un indicio positivo: *The fact that he's agreed to come is a positive sign.* El hecho de que haya aceptado venir es una señal positiva.

5 ÚTIL, BUENO positivo -a: *At least something positive has come out of the situation.* Por lo menos ha surgido algo positivo de la situación. • *It's been a very positive experience for her.* Ha sido una experiencia muy positiva para ella. ANT **negative**

6 RESULTADOS DE PRUEBAS positivo -a: *The results of the test were positive.* El análisis dio positivo. • **test positive (for sth)** *The baby may test positive at birth.* Es posible que los análisis que se le hagan al niño cuando nazca den positivos. ANT **negative**

7 CATEGÓRICO [solo ante s] concluyente: *positive evidence that life exists on other planets* pruebas concluyentes de que hay vida en otros planetas • *The witness made a positive identification.* El testigo lo identificó sin dudar. SIN **definite**

8 EN MATEMÁTICAS [sin compar] (*técn*) positivo -a: *positive numbers* números positivos ANT **negative**

9 EN ELECTRICIDAD [sin compar] (*técn*) positivo -a ANT **negative**

10 EN MAGNETISMO [sin compar] (*técn*) positivo -a

11 SANGRE [solo después de s, sin compar] (*técn*) positivo -a: *My blood type is O positive.* Mi tipo de sangre es 0 positivo. ANT **negative** ▶ **be HIV positive**

positive² *s* [C] **1** aspecto positivo: *You can find positives in any situation.* Es posible encontrar aspectos positivos en cualquier situación. ANT **negative 2** (*técn*) (número) positivo ANT **negative**

pos·i·tive·ly /'pɑzətɪvli, ˌpɑzə'tɪvli◂/ *adv* **1** (*oral*) (para enfatizar) verdaderamente: *The food in this place is positively disgusting.* La comida en este lugar es verdaderamente asquerosa. SIN **absolutely** (*oral*) (indicando resolución) decididamente: *This is positively the last time I'm warning you!* ¡Esta es decididamente la última vez que te lo advierto! SIN **definitely 3** (favorablemente) positivamente: *Wall Street reacted positively to the announcement.* Wall Street reaccionó positivamente ante el anuncio. ANT **negatively 4** (con optimismo) positivamente: *Change should be viewed*

positively. Hay que ver los cambios positivamente. ANT **negatively 5** (para mejor) de forma positiva: *We were affected very positively by the experience.* La experiencia nos afectó de forma positiva. ANT **negatively 6** (categóricamente) de forma concluyente **7 positively charged** (*técn*) con carga positiva

pos·se /'pɑsi/ *s* [C] **1** partida (al mando de un sheriff) **2** grupo • [+of]: *I was pursued by a posse of photographers.* Me persiguió un grupo de fotógrafos. **3** (*coloq*) parche, grupo (de amigos)

pos·sess W3 /pə'zɛs/ *v* [T nunca en forma continua] **1** (*frml*) (ser dueño de) poseer, tener: *He lost everything he possessed.* Perdió todo lo que poseía. • *She was found guilty of possessing heroin.* La declararon culpable de tenencia de heroína. **2** (*frml*) (cualidades) tener, poseer: *Different workers possess different skills.* Diferentes trabajadores tienen diferentes capacidades. **3** (*liter*) (sentimiento) apoderarse de: *A mad rage possessed her.* Una furia ciega se apoderó de ella. **4** (espíritus malignos) poseer

EXPRESIONES
what possessed you/him (to do sth)? (*oral*) (indicando incredulidad) ¿cómo se te/le ocurrió (hacer algo)?

pos·sessed /pə'zɛst/ *adj* **1** poseído -a • **possessed by the devil** poseído -a por el demonio **2 be possessed of sth** (*liter*) poseer algo ▶ SELF-POSSESSED

EXPRESIONES
like a man/woman possessed (*liter*) como si estuviera poseído -a

pos·ses·sion /pə'zɛʃən/ *s*

1 cosa que se tiene
2 hecho de tener
3 de drogas, armas
4 territorio
5 del balón
6 por espíritus malignos

1 COSA QUE SE TIENE [C gralm pl] pertenencia, posesión: *Prisoners were allowed no personal possessions.* A los prisioneros no se les permitía tener consigo pertenencias personales. • *They lost all their possessions in the floods.* Perdieron todas sus posesiones en las inundaciones. • **a prized/treasured/cherished possession** un bien preciado: *The painting was one of his most prized possessions.* El cuadro era uno de sus bienes más preciados. • **all sb's worldly possessions** todos los bienes terrenales de alguien

2 HECHO DE TENER [U] (*frml*) posesión • **in sb's possession** en poder de alguien: *The painting is no longer in his possession.* El cuadro ya no está en su poder. • **have sth in your possession** tener algo (en su poder): *He had no drugs in his possession.* No tenía drogas. • **be in possession of sth** estar en posesión de algo, tener algo en su poder: *The country is not in possession of nuclear weapons.* El país no está en posesión de armas nucleares. • **take possession of sth** apoderarse de algo, tomar posesión de algo: *The bank threatened to take possession of the house.* El banco amenazó con apoderarse de la casa. • **have possession of sth** ser dueño -a de algo

3 DE DROGAS, ARMAS [U] (*jur*) tenencia, posesión • [+of]: *He was charged with possession of cocaine.* Lo acusaron de tenencia de cocaína.

4 TERRITORIO [C] posesión

5 DEL BALÓN [U] posesión • **have possession** estar en posesión del balón/la pelota • **gain/lose possession** conseguir/perder la posesión del balón/la pelota

6 POR ESPÍRITUS MALIGNOS [U] posesión

EXPRESIONES
in (full) possession of your faculties/senses en (plena) posesión de sus facultades mentales • **take possession of sb/sth** apoderarse de alguien/algo: *Terror suddenly took possession of her.* De pronto, el terror se apoderó de ella.

pos·ses·sive¹ /pə'zɛsɪv/ *adj* **1** posesivo -a: *a possessive husband* un marido posesivo **2** egoísta • [+of/about]:

He's pretty possessive about his car. Es muy egoísta con su carro. **3** (*técn*) (en gramática) genitivo -a, posesivo -a

possessive² *s* (*técn*) **1 the possessive** [sing] el genitivo, el posesivo **2** [C] genitivo, posesivo

pos·ses·sive·ness /pə'zɛsɪvnɪs/ *s* [U] actitud posesiva

pos·ses·sor /pə'zɛsər/ *s* [C] (*frml*) poseedor -a

pos·si·bil·i·ty S2 W2 /ˌpɑsə'bɪləti/ *s* (pl **possibilities**)
1 [C,U] posibilidad: *War is still a possibility.* Todavía es posible que haya una guerra. • [+of]: *Is there any possibility of that happening?* ¿Existe alguna posibilidad de que eso suceda? • [+(that)]: *There's a possibility we'll be away that weekend.* Existe la posibilidad de que no estemos ese fin de semana. • *We must consider the possibility that he is lying.* Debemos tener en cuenta la posibilidad de que esté mintiendo. • **a remote possibility** una posibilidad remota • **a faint/slight possibility** una ligera posibilidad • **be a distinct/strong possibility** ser muy posible: *More layoffs are a distinct possibility.* Es muy posible que haya más despidos.
2 possibilities [pl] posibilidades, potencial • **explore the possibilities** investigar las posibilidades • **have possibilities** tener posibilidades, tener potencial ▶ **be within the REALM(s) of possibility**

pos·si·ble¹ S1 W1 /'pɑsəbəl/ *adj*
1 (que se puede hacer) posible: *Travel to other planets may soon be possible.* Es posible que pronto se pueda viajar a otros planetas. • **it is possible to do sth** es posible hacer algo: *Is it possible to get tickets for the game?* ¿Es posible conseguir entradas para el partido? • **it is possible for sb to do sth** *I'm afraid it won't be possible for me to see you next week.* Me temo que no me va a ser posible verte la semana próxima. • **make sth possible** hacer posible algo, posibilitar algo: *I'd like to thank everyone who helped to make this event possible.* Me gustaría agradecer a todas las personas que colaboraron para hacer posible este evento. • **make it possible to do sth** permitir hacer algo • **make it possible for sb to do sth** hacer posible que alguien haga algo, permitirle a alguien hacer algo: *The loan made it possible for him to continue his education.* El préstamo le permitió continuar sus estudios. • **if (at all) possible** si fuera posible: *I'd like an appointment on Friday afternoon if possible.* Quisiera una cita el viernes por la tarde, si fuera posible. • **whenever/wherever possible** siempre que sea posible: *I avoid speaking to her whenever possible.* Evito hablarle siempre que sea posible. • **as long/much/soon as possible** tanto tiempo/tanto/tan pronto como sea posible: *I need the money as soon as possible.* Necesito el dinero tan pronto como sea posible. • **as far as possible** en la medida de lo posible: *The original features of the house have been preserved as far as possible.* Las características originales de la casa se han conservado en la medida de lo posible. • **do/try everything possible** hacer/intentar todo lo posible • **the best/biggest/fastest possible sth** *Try to get the best possible price.* Trata de conseguir el mejor precio posible. • *What is the worst possible thing that could happen?* ¿Qué es lo peor que podría suceder?
2 (que puede ser cierto, existir, ocurrir) posible: *There are two possible explanations.* Hay dos explicaciones posibles. • *Heavy rain is possible later.* Existe la posibilidad de abundantes precipitaciones más tarde. • **it is possible (that)** es posible que: *I suppose it's possible the letter got lost in the mail.* Supongo que es posible que la carta se haya perdido en el correo. • **anything is possible** todo es posible ▶ **HUMANLY possible**

EXPRESIONES
is it/would it be possible for sb to do sth? (*oral*) (en fórmulas de cortesía) *Would it be possible to meet a little later?* ¿Sería posible reunirnos un poco más tarde? • *Is it possible to speak to Oliver?* ¿Podría hablar con Oliver?

possible² *s* [C] posible candidato -a

pos·si·bly S2 W2 /'pɑsəbli/ *adv*
1 posiblemente: *He's going to stay three weeks, possibly longer.* Se va a quedar tres semanas, posiblemente más. • **quite/very possibly** muy posiblemente: *He is quite*

possibly the laziest man I've ever met. Es muy posible que sea el hombre más vago que he conocido en mi vida. SIN **maybe, perhaps**
2 (para enfatizar) *I couldn't possibly eat all that!* ¡No podría comerme todo eso de ninguna manera! • *Doctors did everything they possibly could to save him.* Los médicos hicieron todo lo que estuvo en sus manos para salvarlo.
3 (*oral*) (indicando sorpresa o desagrado) *What on earth can possibly have made him say such a thing?* ¿Qué le pudo haber hecho decir semejante cosa?
4 (en peticiones corteses) **could/can sb possibly do sth?** (*oral*) *Could you possibly close that window?* ¿Sería tan amable de cerrar esa ventana? • *Could I possibly use your phone?* ¿Le importaría que usara su teléfono?

pos·sum /'pɑsəm/ *s* [C] zarigüeya, zorro

post¹ W3 /poʊst/ *s*

1	de madera, metal
2	trabajo
3	de un soldado, un guardia
4	de las fuerzas armadas
5	en fútbol
6	en carreras de caballos
7	en un periódico
8	veteranos de guerra

1 DE MADERA, METAL [C] poste: *He hammered the post into the ground.* Clavó el poste en el suelo.
2 TRABAJO [C] (*frml*) puesto, cargo: *a teaching post* un puesto docente • [+of]: *She was offered the post of ambassador.* Le ofrecieron el puesto de embajadora. • **apply for a post** solicitar un puesto/un cargo • **take up a post** asumir un cargo: *The general took up his new post on Tuesday.* El general asumió su nuevo cargo el martes. • **hold a post** ocupar un cargo: *Both she and her husband hold senior posts in the government.* Tanto ella como su esposo ocupan cargos de responsabilidad en el gobierno. SIN **position**
3 DE UN SOLDADO, UN GUARDIA [C] puesto: *Soldiers are not allowed to leave their posts.* Los soldados no pueden abandonar sus puestos.
4 DE LAS FUERZAS ARMADAS [C] base
5 EN FÚTBOL [C] poste: *The ball hit the post.* La pelota dio contra el poste. SIN **goalpost**
6 EN CARRERAS DE CABALLOS **the post** [sing] **the (starting/finishing) post** el poste de salida/llegada
7 EN UN PERIÓDICO **Post** [sing] usado en el nombre de algunos periódicos: *the Washington Post* el Washington Post
8 VETERANOS DE GUERRA [C] grupo de veteranos de guerra ▶ **DEAF as a post, OUTPOST, PARCEL POST, from PILLAR to post, SIGNPOST**

post² S3 W3 *v* [T]
1 [gralm en pasiva] (a un militar, empleado) destinar • **post sb to sth** *My father was posted to Hong Kong when I was six.* Cuando yo tenía seis años, mi padre fue destinado a Hong Kong. • **post sb overseas/abroad** destinar a alguien al exterior
2 (un anuncio) poner: *The winning numbers were posted on the notice board.* Los números ganadores se pusieron en la cartelera.
3 (un guardia) apostar SIN **station**
4 (en internet) postear, publicar (en un sitio web): *Could you post this on David's website?* ¿Podrías postear esto en el sitio web de David?

EXPRESIONES
keep sb posted (on sth) (*oral*) mantener a alguien informado -a (acerca de algo): *We don't have any plans yet, but I'll keep you posted.* Todavía no hemos hecho planes, pero te mantendré informado.
post sth ↔ up *v+partíc* poner algo (un anuncio, etc. en un sitio público) SIN **post**

post- /poʊst/ *pref* pos-, post-: *postwar* posguerra • *postnatal* posparto • *post-1960* después de 1960 ANT **pre-**

post·age /'poʊstɪdʒ/ *s* [U] franqueo • **postage and handling** gastos de envío

pots

teapot
tetera

coffee pot
cafetera

flower pot
maceta, matera

'post·age stamp *s* [C] (*frml*) sello (postal), estampilla (postal), timbre (postal) SIN **stamp**

post·al /'poʊstl/ *adj* [solo ante s] (relativo al servicio) postal, de correo(s): *Please give your full postal address.* Sírvase consignar su dirección postal completa. • *postal workers* trabajadores de correos

post·card S3 /'poʊstkɑrd/ *s* [C] tarjeta (postal), postal • **send sb a postcard** mandarle una tarjeta/postal a alguien

post·date /ˌpoʊst'deɪt/ *v* [T] **1** posdatar ► BACK-DATE **2** ser posterior a ► PREDATE

post·er S3 /'poʊstər/ *s* [C] póster, afiche: *the posters on his bedroom wall* los pósters de la pared de su habitación • *election posters* afiches de la campaña electoral • [+of]: *posters of her favorite pop stars* pósters de sus estrellas pop favoritas • **put up a poster** poner un póster/un afiche

pos·te·ri·or¹ /pɑ'stɪriər, poʊ-/ *s* [C] (*hum*) derrier, trasero, nalgas SIN **bottom**

posterior² *adj* [solo ante s] (*técn*) posterior (en lenguaje médico) ANT **anterior**

pos·ter·i·ty /pɑ'stɛrəti/ *s* [U] posteridad • **preserve/record/keep sth for posterity** preservar/registrar/conservar algo para la posteridad

post·grad·u·ate¹ /ˌpoʊst'grædʒuɪt/ *adj* [solo ante s] relacionado con estudios realizados después de terminar una maestría o doctorado

postgraduate² *s* [C] estudiante que ya terminó una maestría o un doctorado

post·hu·mous /'pɑstʃəməs/ *adj* póstumo -a

post·hu·mous·ly /'pɑstʃəməsli/ *adv* póstumamente

post·ing /'poʊstɪŋ/ *s* [C] **1** aviso (de empleo) **2** destino (de un militar, diplomático, etc.) • [+to]: *a posting to Beirut* un destino a Beirut

Post-it /'poʊst ɪt/ *s* [C] (*marca reg*) (nota) post-it (nota autoadhesiva)

post·mark¹ /'poʊstmɑrk/ *s* [C] matasellos, sello

postmark² *v* [T gralm en pasiva] matasellar

post·mas·ter /'poʊstˌmæstər/ *s* [C] jefe -a de correos

post·mor·tem, postmortem /ˌpoʊst'mɔrtəm/ *s* [C] **1** (tb **post-mortem examination**) autopsia • **do/conduct/perform a post-mortem** realizar una autopsia • [+on]: *a post-mortem on the body* la autopsia del cadáver SIN **autopsy 2** análisis (de una derrota, etc.)

post·na·tal /ˌpoʊst'neɪtl/ *adj* [gralm ante s] (*técn*) (de) posparto, postnatal: *postnatal care* atención posparto ANT **prenatal**

'post ˌoffice S3 *s* [C] oficina de correos

'post office ˌbox *s* [C] apartado postal SIN **P.O. Box**

post·pone /poʊst'poʊn/ *v* [T] posponer, aplazar • **postpone sth until sth** *The meeting's been postponed until tomorrow.* La reunión ha sido aplazada hasta mañana. • **postpone sth for two weeks/six months** posponer algo dos semanas/seis meses • **postpone doing sth** *This*

will allow the Federal Reserve to postpone raising interest rates. Esto le permitirá a la Reserva Federal posponer la subida de las tasas de interés. SIN **put back** ANT **bring forward**

post·pone·ment /poʊst'poʊnmənt/ *s* [C,U] aplazamiento

post·script /'poʊstˌskrɪpt/ *s* [C] **1** (abrev escrita **P.S.**) posdata **2** epílogo • [+to]: *There's an interesting postscript to this tale.* Esta historia tiene un interesante epílogo.

pos·tu·late /'pɑstʃəˌleɪt/ *v* [T] (*frml*) postular

pos·ture¹ /'pɑstʃər/ *s* **1** [C,U] (del cuerpo) postura • **good posture** buena postura • **bad/poor posture** mala postura **2** [C gralm sing] (actitud, opinión) postura • **adopt a negative/defensive posture** adoptar una postura negativa/defensiva

posture² *v* [I] **1** adoptar una pose, fingir **2** posar

pos·tur·ing /'pɑstʃərɪŋ/ *s* [U] poses: *Men sometimes mask their fear with macho posturing.* A veces los hombres ocultan su temor con poses de macho.

post·war¹, post-war /ˌpoʊst'wɔr◂/ *adj* [solo ante s] de posguerra • **the postwar period/years** el periodo/los años de posguerra • **the postwar era** la posguerra ANT **prewar**

postwar² *adv* después de la guerra, en el periodo de posguerra

po·sy /'poʊzi/ *s* [C] (pl **posies**) (*antic*) ramillete

pot¹ S2 W3 /pɑt/ *s*

1 para cocinar
2 para té, café
3 para plantas
4 droga
5 en juegos

1 PARA COCINAR [C] olla: *a pot of hot soup* una olla de sopa caliente • **pots and pans** ollas y sartenes

2 PARA TÉ, CAFÉ [C] tetera, cafetera: *Is there any tea left in the pot?* ¿Queda té en la tetera? • *I'll make a pot of coffee.* Voy a hacer café.

3 PARA PLANTAS [C] matera, maceta: *We watered the pots of lilies.* Regamos las azucenas de las macetas.

4 DROGA [U] (*coloq*) marimba, bareta, pasto • **smoke pot** fumar pasto, fumar mota SIN **cannabis, marijuana**

5 EN JUEGOS [sing] bote, plato • **in the pot** en el bote, en el plato ► FLOWERPOT, MELTING POT, PLANT POT, POT PLANT, TEAPOT

EXPRESIONES

go to pot (*coloq*) venirse abajo: *The company has gone to pot since she took over.* La empresa se ha venido abajo desde que ella se hizo cargo. • **(a case of) the pot calling the kettle black** (*coloq*) mira quién habla

pot² *v* [T] (**potted, potting**) **1** (tb **pot up**) plantar (en una maceta) **2** (*coloq*) cazar **3** (en billar) meter (en la tronera) SIN **pocket 4** (en hockey sobre hielo) meter (un gol) ► POTTED

pot·ash /'pɑtæʃ/ *s* [U] potasa

po·tas·si·um /pə'tæsiəm/ (símb quím **K**) *s* [U] potasio

po·ta·to /pə'teɪtoʊ, -tə/ *s* (pl **potatoes**) [C,U] papa: *roasted potatoes* papas al horno • **peel a potato** pelar una papa ► COUCH POTATO, HOT POTATO, SWEET POTATO

po'tato chip *s* [C] papa frita (de paquete)

pot·bel·lied /'pɑtˌbɛlid/ *adj* barrigón -ona

pot·bel·ly, pot belly /'pɑtˌbɛli/ *s* [C] (pl **potbellies**) panza SIN **paunch**

po·ten·cy /'poʊtnsi/ *s* [U] **1** potencia **2** potencia sexual **3** fuerza: *the potency of his arguments* la fuerza de sus argumentos

po·tent /'poʊtnt/ *adj* **1** (fármacos, bebidas alcohólicas) fuerte, potente **2** (argumentos, símbolos, etc.) poderoso -a **3** (en lo sexual) potente ANT **impotent**

po·ten·tate /'poʊtnˌteɪt/ *s* [C] potentado -a

po·ten·tial¹ W2 /pə'tɛnʃəl/ *adj* [solo ante s] potencial, en potencia, posible: *new ways of attracting potential customers* nuevas formas de atraer a clientes potenciales • *It is important to identify potential problems at the design stage.* Es importante identificar posibles problemas en la etapa de diseño. • **a potential risk/threat/danger** un riesgo/una amenaza/un peligro potencial SIN **possible**

potential² W3 *s* [U]
1 potential for sth posibilidades de algo: *There is some potential for abuse in the system.* Hay posibilidades de abuso en el sistema. • **the potential of sth** las posibilidades de algo: *We need to explore the potential of this idea further.* Hay que explorar más las posibilidades de esta idea. • **have the potential to do sth** tener posibilidades de hacer algo, poder hacer algo
2 potencial, posibilidades (de futuro): *a young player with great potential* un joven jugador con un gran potencial • **have potential** tener potencial/posibilidades: *This room has potential.* Esta habitación tiene posibilidades. • *He has the potential to become a champion.* Tiene potencial para llegar a ser campeón. • **show potential** dar muestras de tener potencial/posibilidades • **reach/achieve your (full) potential** alcanzar (todo) su potencial • **realize/fulfill your (full) potential** desarrollar (plenamente) su potencial

po·ten·tial·ly /pə'tɛnʃəli/ *adv* potencialmente, en potencia: *a potentially dangerous situation* una situación potencialmente peligrosa

pot·hold·er /'pɑt,hoʊldəʳ/ *s* [C] agarradera

pot·hole /'pɑthoʊl/ *s* [C] **1** hueco, bache **2** cueva

po·tion /'poʊʃən/ *s* [C] **1** (*liter*) poción: *a magic potion* una poción mágica • **love potion** filtro amoroso, elixir de amor **2** (*hum*) pócima

pot·luck, **pot luck** /,pɑt'lʌk◂/ *s* [C] almuerzo o comida en la que cada invitado lleva un plato
EXPRESIONES
take potluck (a) conformarse con lo que haya, arriesgarse **(b)** comer lo que haya

,pot 'pie *s* [C,U] pay de carne y verduras cubierto de masa hojaldrada

'pot plant *s* [C] (*coloq*) (planta de) marihuana, marimba

pot·pour·ri /,poʊpʊ'ri/ *s* **1** [U] (para perfumar) popurrí (de flores secas) **2** [C gram sing] (mezcla) popurrí

pot shot *s* [C] tiro al azar

pot·ted /'pɑtɪd/ *adj* [solo ante s] en matera, en maceta

pot·ter /'pɑtəʳ/ *s* [C] alfarero -a, ceramista

pot·ter·y /'pɑtəri/ *s* (pl **potteries**) **1** [U] (objetos) cerámica: *an exhibition of hand-painted pottery* una exposición de cerámica pintada a mano **2** [U] (actividad) alfarería, cerámica **3** [C] (lugar) alfarería, taller de cerámica

pot·ty /'pɑti/ *s* [C] (pl **potties**) bacinilla, bacinica, nica (para niño)
EXPRESIONES
go potty (*oral*) ir al baño

pouch /paʊtʃ/ *s* [C] **1** bolsa (pequeña) • **a tobacco pouch** una bolsa para tabaco, una tabaquera **2** (tb **mail pouch**) bolsa, bolso (tipo cartero) **3** bolsillo (de una mochila, etc.) **4** bolsa (marsupial) **5** bolsa (bajo los ojos) SIN **bag**

poul·tice /'poʊltɪs/ *s* [C] cataplasma

poul·try /'poʊltri/ *s* **1** [pl] aves de corral • **poultry farm** granja avícola • **poultry farmer** avicultor -a **2** [U] carne de ave

pounce¹ /paʊns/ *v* [I] atacar (saltando sobre la presa) • **pounce on sb/sth** abalanzarse sobre alguien/algo
pounce on sth *v+partíc* saltar para señalar algo (un error, etc.): *He said something silly and Anna pounced on it.* Dijo una tontería y Anna inmediatamente saltó para señalarla.

pounce² *s* [C] salto (al abalanzarse sobre algo o alguien)

pound¹ S1 W1 /paʊnd/ *s*
1 [C] (unidad de peso) (abrev escrita **lb.**) libra (= 454 gramos) • [+**of**]: *a pound of apples* una libra de manzanas • **a/per pound** la libra: *Oranges are only 39 cents a pound.* Las naranjas cuestan sólo 39 centavos la libra. • **put on/gain 5/10 pounds** engordar 5/10 libras • **lose 5/10 pounds** adelgazar 5/10 libras
2 [C] (unidad monetaria) (abrev escrita **£**) libra: *The dress cost fifty pounds.* El vestido costó cincuenta libras. • **pound coin** moneda de una libra • **pound note** billete de una libra
3 the pound [sing] la libra (esterlina): *The pound was up against the dollar.* La libra subió respecto del dólar.
4 [C] (para carros) patio (del tránsito)
5 [C] (para perros y gatos) perrera
6 [U] (símbolo) (abrev escrita) número, almohadilla ▶ **in for a PENNY, in for a pound**, **PILE on the pounds**

pound² S3 *v*

1	golpear
2	en cocina
3	corazón
4	cabeza
5	andar, subir
6	con bombas

1 GOLPEAR (a) [T] golpear, aporrear, aplastar • **pound sth on sth** *He pounded his fist on the counter.* Golpeó el mostrador con el puño. **(b)** [I] **pound on sth** aporrear algo, darle un golpe a algo: *Thomas pounded on the door with his fist.* Thomas aporreó la puerta con el puño. • **pound against sth** batir contra algo, azotar algo: *Waves pounded against the pier.* Las olas batían contra el muelle.

2 EN COCINA [I,T] majar, machacar

3 CORAZÓN [I] latir (con fuerza), palpitar: *Her heart was pounding but she tried to remain calm.* El corazón le latía con fuerza pero procuró mantener la calma.

4 CABEZA [I] doler con un dolor martilleante: *Her head was pounding.* La cabeza estaba a punto de estallarle.

5 ANDAR, SUBIR [I siempre + adv/prep] desplazarse con paso pesado en una dirección determinada • **pound up/along/down sth** *I could hear him pounding up the stairs.* Lo oía subir pesadamente las escaleras. • *He pounded along the street to the bank.* Caminó con paso pesado por la calle hasta el banco.

6 CON BOMBAS [T] bombardear: *Enemy forces have been pounding the city for months.* Las fuerzas enemigas llevan varios meses bombardeando la ciudad.
EXPRESIONES
pound the/your beat hacer una ronda
pound out *v+partíc* **1 pound sth ↔ out** tocar algo a todo volumen **2 pound out** retumbar

pound·ing /'paʊndɪŋ/ *s* [U] paliza, zurra

pour S2 W2 /pɔr/ *v*
1 [T] echar, verter, servir (de una jarra, una tetera): *Would you like me to pour the coffee?* ¿Quieres que sirva el café? • **pour sth into/over/on/down sth** *Pour the milk into a jug.* Vierta la leche en una jarra. • **pour sth out** servir algo • **pour sth away** tirar algo (echándolo por el fregadero, etc.): *The wine was so bad I just poured it away.* El vino era tan malo que directamente lo tiré. • **pour sb sth** servirle algo a alguien: *He poured himself a drink.* Se sirvió una copa.
2 [I siempre + adv/prep] **pour from/out of sth** salir en grandes cantidades de algo: *Blood was pouring from his nose.* Le salía muchísima sangre de la nariz. • *Smoke poured out of the upstairs windows.* Salía una gran humareda de las ventanas de arriba. • **pour down sth** *The sweat was pouring down my forehead.* Me corría el sudor por la frente. • *Tears poured down her cheeks.* Le caían las lágrimas por las mejillas.
3 [I] **it's pouring** está lloviendo a cántaros, está diluviando
4 [I siempre + adv/prep] (luz) entrar, salir, etc. a raudales • **pour into/through sth** *The afternoon sun was pouring through the windows.* El sol de la tarde entraba a raudales por las ventanas.

5 [I siempre + adv/prep] llegar, irse, etc. grandes cantidades de personas • **pour into/from/out of sth** *People poured into the streets to celebrate.* La gente se volcó a las calles para festejar. • *The crowds began pouring out of the stadium.* Las multitudes empezaron a salir del estadio. • **pour in/out** *Letters of complaint continue to pour in.* Siguen lloviendo cartas de queja. ▶ **it never RAINS but it pours, pour SCORN on sth/sb**

EXPRESIONES
pour it on (*coloq*) **(a)** darlo todo **(b)** expresarse o comportarse con mucha emoción y dramatismo a fin de convencer al interlocutor • **pour oil on troubled waters** calmar los ánimos
pour out *v+partíc* **1** salir, estallar (sentimiento) **2 pour sth ↔ out** contar algo (un problema, algo que ocurre, etc.) • [+**to**]: *It's sometimes easier to pour out your troubles to a complete stranger.* A veces es más fácil desahogarse contándole los problemas a alguien totalmente desconocido. • **pour your heart out** abrir el corazón

pout¹ /paʊt/ *v* **(a)** [I,T] **pout (your lips)** hacer pucheros/mohínes **(b)** [I] **his mouth/her lips pouted** frunció los labios (haciendo un mohín de disgusto, etc.)

pout² *s* [C] puchero, mohín

pov·er·ty ⓦ₃ /ˈpɒvəti/ *s*
1 [U] (de una persona, un país) pobreza • **in poverty** en la pobreza: *Millions of elderly people live in poverty.* Millones de ancianos viven en la pobreza. • **urban/rural/world poverty** pobreza urbana/rural/mundial • **extreme poverty** pobreza extrema ▶ **POOR** Ⓐⁿᵗ **wealth 2** [sing, U] (*frml*) (de un argumento, una idea) pobreza

'poverty ˌline (tb **'poverty ˌlevel**) *s* [C gralm sing] línea de pobreza • **above/below the poverty line** por encima/debajo de la línea de pobreza

'poverty-ˌstricken *adj* muy pobre, sumido -a en la pobreza

POW /ˌpi oʊ ˈdʌbəlyu/ *s* [C] (**prisoner of war**) prisionero -a de guerra • **POW camp** campamento de prisioneros de guerra

pow·der¹ /ˈpaʊdə/ *s* **1** [C,U] polvo • **milk/coffee/cocoa powder** leche/café/cacao en polvo • **in powder form** en polvo **2** [C,U] (maquillaje) polvo(s) **3** [U] pólvora ⓢⁱⁿ **gunpowder** ▶ **TALCUM POWDER**

EXPRESIONES
keep your powder dry no gastar pólvora en gallinazos • **take a powder** (*antic*) poner (los) pies en polvorosa

powder² *v* [T] empolvar(se)
EXPRESIONES
powder your nose (*antic*) ir al baño

pow·dered /ˈpaʊdəd/ *adj* **1** en polvo: *powdered milk* leche en polvo **2** empolvado -a

'powder keg *s* [C] polvorín (lugar, situación)

'powder room *s* [C] (*antic*) baño (de damas)

pow·der·y /ˈpaʊdəri/ *adj* **1** pulverulento -a • **powdery snow** nieve en polvo **2** cubierto -a de polvo

pow·er¹ ⓢ₁ ⓦ₁ /ˈpaʊə/ *s*

1	control
2	posición política
3	autoridad, atribución
4	influencia
5	facultad
6	capacidad
7	del combustible, el sol
8	energía eléctrica
9	país
10	de un motor, un huracán
11	naves, aviones
12	en matemáticas

1 CONTROL [U] poder • [+**over**]: *People should have more power over the decisions that affect their lives.* La gente debería tener más poder sobre las decisiones que afectan sus vidas. • **abuse your power** abusar de su poder • **absolute power** poder absoluto • **power-hungry**

hambriento -a de poder • **power struggle** lucha por el poder • **power trip** (*coloq*) borrachera de poder ▶ **FORCE**
2 POSICIÓN POLÍTICA [U] poder • **be in power** estar en/ocupar el poder: *The dictator had been in power for seven years.* Hacía siete años que el dictador estaba en el poder. • **come/rise to power** llegar al poder • **take power** tomar el poder, asumir el mando • **seize power** hacerse con el poder, apoderarse del mando
3 AUTORIDAD, ATRIBUCIÓN [C gralm pl | U] poder: *presidential powers* poderes presidenciales • **the power to do sth** el poder de hacer algo: *The courts have the power to impose a prison sentence.* Los tribunales tienen el poder de imponer una sentencia de prisión. • **give sb powers** otorgarle poderes a alguien
4 INFLUENCIA [U] poder, fuerza: *the power of television* el poder de la televisión • **parent/consumer/student power** el poder de los padres/consumidores/estudiantes
5 FACULTAD [U] (tb **powers** [pl]) **the power of speech** el habla • **powers of observation/concentration** capacidad de observación/concentración • **powers of persuasion** poder de persuasión • **healing power(s)** poder(es) de sanación • **magical powers** poderes mágicos
6 CAPACIDAD [U] **have the power to do sth** ser capaz de hacer algo, tener el poder de hacer algo: *Science has the power to change our lives.* La ciencia es capaz de cambiar nuestras vidas. • **purchasing power** poder adquisitivo • **bargaining power** poder de negociación • **earning power** capacidad de ingreso
7 DEL COMBUSTIBLE, EL SOL [U] energía • **nuclear/wind/solar power** energía nuclear/eólica/solar ⓢⁱⁿ **energy**
8 ENERGÍA ELÉCTRICA [U] electricidad, corriente: *Make sure the power is switched off first.* Primero asegúrese de que la electricidad esté desconectada. • **power supply** suministro eléctrico
9 PAÍS [C] potencia: *a conflict between the world's major powers* un conflicto entre las principales potencias mundiales • **an economic/a political/a military power** una potencia económica/política/militar • **a world power** una potencia mundial ▶ **SUPERPOWER**
10 DE UN MOTOR, UN HURACÁN [U] fuerza, potencia: *The power of the explosion smashed windows across the street.* La fuerza de la explosión hizo estallar ventanas del otro lado de la calle. • **lose power** perder potencia (vehículo, motor)
11 NAVES, AVIONES air power/sea power poderío aéreo/naval
12 EN MATEMÁTICAS sth to the power (of) 3/4/5 algo elevado al cubo/a la cuarta potencia/a la quinta potencia ▶ **POWERFUL; BALANCE OF POWER, HIGH-POWERED**

EXPRESIONES
do everything/all in your power hacer todo lo que esté en sus manos, hacer todo lo posible • **it is in/within sb's power to do sth** (tb **sb has it in their power to do sth**) alguien tiene el poder de hacer algo • **the power behind the throne** el poder en la sombra • **the powers of good/evil** (*liter*) las fuerzas del bien/mal • **the powers that be** los que mandan

power² *v* **1** [T] propulsar • **be powered by sth** funcionar con algo: *The motor is powered by electricity.* El motor funciona con electricidad. **2** [I siempre + adv/prep] **power through/up/down sth** desplazarse a gran velocidad en una dirección determinada: *He powered through the water.* Surcó el agua con potentes brazadas. • *We rented a motorboat and powered up the coast at great speed.* Alquilamos una lancha a motor y recorrimos la costa a gran velocidad.
power sth ↔ up *v+partíc* encender algo, poner en funcionamiento algo

'power base *s* [C] base de poder

pow·er·boat /ˈpaʊəˌboʊt/ *s* [C] lancha a motor ⓢⁱⁿ **motorboat, speedboat**

'power ˌbroker *s* [C] traficante de influencias, cacique (en política)

pow·er·ful S3 W2 /'pauəfəl/ *adj*

  1 país, organización, persona
  2 máquina, arma
  3 efecto
  4 actuación, obra
  5 sentimiento
  6 equipo, ejército
  7 medicina, droga
  8 físicamente
  9 sonido, sabor
  10 golpe, explosión

1 PAÍS, ORGANIZACIÓN, PERSONA (a) poderoso -a: *a very influential and powerful family* una familia muy influyente y poderosa • **immensely/hugely powerful** inmensamente/enormemente poderoso -a **(b) the powerful** [usado como s pl] los poderosos: *the rich and powerful* los ricos y poderosos
2 MÁQUINA, ARMA potente: *a powerful computer* un computador potente
3 EFECTO poderoso -a (influencia), fuerte (impacto)
4 ACTUACIÓN, OBRA de gran impacto, conmovedor -a: *a powerful speech* un discurso de gran impacto
5 SENTIMIENTO fuerte: *Jealousy is a very powerful emotion.* Los celos son una emoción muy fuerte.
6 EQUIPO, EJÉRCITO poderoso -a
7 MEDICINA, DROGA potente, fuerte: *a powerful narcotic* una droga potente
8 FÍSICAMENTE fuerte: *a powerful, well-built man* un hombre fuerte y fornido
9 SONIDO, SABOR fuerte, intenso -a, potente: *a powerful smell* un olor fuerte • *a powerful voice* una voz potente
10 GOLPE, EXPLOSIÓN fuerte ▶ POWERLESS

pow·er·ful·ly /'pauəfəli/ *adv* **1** con fuerza • **be powerfully built** ser de complexión fuerte **2** poderosamente: *a powerfully addictive drug* una droga poderosamente adictiva **3 speak/argue powerfully** hablar/argumentar convincentemente

pow·er·house /'pauə,haus/ *s* [C] (*coloq*) **1** organización o lugar que constituye un centro neurálgico en determinada esfera: *the industrial powerhouse of Europe* el polo industrial de Europa **2** persona muy fuerte y de gran energía: *He is a powerhouse of a man.* Es un hombre de enorme fortaleza e inagotable energía.

pow·er·less /'pauələs/ *adj* impotente, sin poder: *I feel so powerless.* Me siento tan impotente. • **be powerless to do sth** *Local police were powerless to stop the violence.* La policía local no pudo hacer nada para detener la violencia. • **be powerless against sth** no poder hacer nada ante algo

pow·er·less·ness /'pauələsnəs/ *s* [U] impotencia

'power line *s* [C] cable de alta tensión

,power of at'torney *s* (*jur*) [C,U] poder (notarial)

'power plant *s* [C] central eléctrica • **a nuclear/coal-fired power plant** una central nuclear/una central eléctrica alimentada a carbón

'power ,station *s* [C] POWER PLANT

'power ,steering *s* [U] dirección asistida

'power tool *s* [C] herramienta eléctrica

pow-wow /'pau wau/ *s* [C] **1** reunión **2** asamblea

pp. (*abrev escrita de* **pages**) págs.

PR /pi 'ɑr/ *s* **1** [U] (**public relations**) relaciones públicas, RR. PP. • **PR firm** empresa de relaciones públicas **2 good/great/bad PR** buena/excelente/mala publicidad **3** PUERTO RICO

prac·ti·ca·bil·i·ty /,præktıkə'bıləti/ *s* [U] (*frml*) factibilidad, viabilidad SIN **feasibility**

prac·ti·ca·ble /'præktıkəbəl/ *adj* (*frml*) factible, viable SIN **feasible**

prac·ti·cal W3 /'præktıkəl/ *adj*

  1 no teórico
  2 realista
  3 factible
  4 útil
  5 habilidoso
  6 casi

1 NO TEÓRICO práctico -a • **practical experience** experiencia práctica • **a practical approach** un enfoque práctico • **practical advice/help** consejos prácticos/ayuda práctica ▶ THEORETICAL
2 REALISTA práctico -a, pragmático -a: *She's a very practical person.* Es una persona muy práctica. • *He has a very practical attitude to marriage.* Tiene una actitud muy pragmática hacia el matrimonio. • **be practical** ser sensato -a ANT **impractical**
3 FACTIBLE práctico -a: *It doesn't sound like a very practical solution.* No parece una solución muy práctica. ANT **impractical**
4 ÚTIL práctico -a: *Small cars are more practical if you live in the city.* Si uno vive en la ciudad, los carros pequeños son más prácticos. ANT **impractical**
5 HABILIDOSO práctico -a
6 CASI [solo ante s] **be a practical certainty (that)** ser prácticamente/casi seguro (que)
EXPRESIONES
for/to all practical purposes a efectos prácticos

prac·ti·cal·i·ty /,præktı'kæləti/ *s* **1** [U] practicidad (de un diseño, un producto), factibilidad (de un plan, una idea) **2** [U] sentido práctico **3 practicalities** [pl] aspectos prácticos

,practical 'joke *s* [C] broma (no meramente verbal)

,practical 'joker *s* [C] bromista

prac·ti·cally S3 /'præktıkli/ *adv* **1** prácticamente, casi: *The theater was practically empty.* El teatro estaba prácticamente vacío. • *I practically fell off my chair.* Casi me caigo de la silla. • *I have read practically all of his books.* He leído prácticamente todos sus libros. SIN **virtually** **2** con sentido práctico, con sensatez: *She just doesn't think very practically.* No piensa con mucho sentido práctico.

prac·tice¹ S2 W1 /'præktıs/ *s*

  1 para mejorar una capacidad
  2 sesión
  3 opuesto a teoría
  4 costumbre
  5 de una profesión
  6 de un profesional

1 PARA MEJORAR UNA CAPACIDAD [U] práctica: *Your tennis is getting better – you just need a little more practice.* Tu tenis está mejorando; solo necesitas un poco más de práctica. • **take practice** requerir (de) práctica: *Using a mouse isn't difficult – it just takes practice.* Usar el mouse no es difícil; solo requiere un poco de práctica. • **with practice** con la práctica: *This exercise gets easier with practice.* Este ejercicio se va haciendo más fácil con la práctica. • **practice session** (sesión de) práctica/entrenamiento
2 SESIÓN [C,U] (sesión de) entrenamiento, (sesión de) práctica, ensayo: *During the summer, the team has two practices a day.* Durante el verano, el equipo tiene dos entrenamientos diarios. • *There are only three more practices before the concert.* Hay solo tres ensayos más antes del concierto. • **soccer/hockey/basketball practice** entrenamiento de fútbol/hockey/básquetbol • **choir/piano practice** *We have choir practice on Wednesday.* El miércoles tenemos ensayo del coro. • *He can't do his piano practice with the TV on in the same room.* No puede practicar piano con el televisor encendido en la misma habitación donde estudia.
3 OPUESTO A TEORÍA [U] práctica • **in practice** en la práctica • **put an idea/a proposal into practice** poner en práctica una idea/una propuesta ▶ THEORY

4 **COSTUMBRE** [C,U] práctica, costumbre: *safe working practices* prácticas laborales seguras • *ancient beliefs and practices* creencias y costumbres antiguas • **the practice of doing sth** la práctica/costumbre de hacer algo • **be standard/common practice** ser una práctica generalizada/extendida, ser lo que se acostumbra hacer • **be normal practice** ser la norma • **be good/bad practice** ser recomendable/no recomendable: *Changing your computer passwords regularly is considered good practice.* Se considera recomendable cambiar regularmente las contraseñas del computador.
5 **DE UNA PROFESIÓN** [U] ejercicio: *the practice of medicine* el ejercicio de la medicina • **be in practice** ejercer: *Both dentists have been in practice for twenty years.* Ambos dentistas llevan veinte años ejerciendo.
6 **DE UN PROFESIONAL** [C] lugar de trabajo • **a medical/legal practice** un consultorio (médico)/un estudio de abogados, un consultorio (médico)/un bufete (de abogados) ▶ GENERAL PRACTICE

EXPRESIONES
I'm/he's out of practice me/le falta práctica • **practice makes perfect** la práctica hace al maestro

practice² S1 W2 *v*
1 [I,T] (ejercitarse) practicar, ensayar: *I'm learning how to play the piano and I try to practice every day.* Estoy aprendiendo a tocar el piano y trato de practicar todos los días. • *They were practicing their dance routine.* Estaban ensayando su rutina de baile. • **practice doing sth** *You need to practice writing essays.* Necesitas práctica en la escritura de ensayos. • *Today we're going to practice parking.* Hoy vamos a practicar cómo parquear. • *Practice speaking slowly and clearly.* Practica hablando lenta y claramente. • **practice (sth) on sb** practicar (algo) con alguien: *Everyone wants to practice their English on me.* Todos quieren practicar inglés conmigo. • **practice hard** practicar mucho
2 [I,T] (una profesión) ejercer: *He has practiced law for over thirty years.* Lleva más de treinta años ejerciendo la abogacía. • **practice as sth** trabajar de/como algo, ejercer de/como algo: *He is now practicing as a dentist.* Ahora trabaja como dentista.
3 [T] (una religión) practicar: *They are free to practice their religion openly.* Son libres de practicar su religión abiertamente.
4 [T] (un método) usar; (una costumbre) tener, practicar

EXPRESIONES
practice what you preach predicar con el ejemplo

prac·ticed /'præktɪst/ *adj* con oficio, con experiencia: *a practiced performer* un artista con oficio • **be practiced in/at sth** tener experiencia en algo: *He is a skillful salesman, practiced in the art of persuasion.* Es un vendedor hábil, experto en el arte de la persuasión. • **a practiced eye** un ojo experto

prac·tic·ing /'præktɪsɪŋ/ *adj* [solo ante s] **1** practicante (católico, musulmán, etc.) **2** en ejercicio (médico, abogado) **3** activo -a (homosexual) ANT **celibate**

prac·tise /'præktɪs/ *s*, *v* variante británica de PRACTICE

prac·tised /'præktɪst/ *adj* variante británica de PRACTICED

prac·tis·ing /'præktɪsɪŋ/ *adj* variante británica de PRACTICING

prac·ti·tion·er /præk'tɪʃənər/ *s* [C] persona que ejerce una profesión o realiza una actividad determinada • [+of]: *a practitioner of alternative medicine* una profesional de la medicina alternativa • **a medical/legal practitioner** un -a médico -a/abogado -a ▶ GENERAL PRACTITIONER

prag·mat·ic /præg'mætɪk/ *adj* pragmático -a: *a pragmatic approach* un enfoque pragmático • [+about]: *He's very pragmatic about his chances of success.* Es muy pragmático en cuanto a sus posibilidades de éxito.

prag·mat·i·cally /præg'mætɪkli/ *adv* pragmáticamente

prag·ma·tism /'prægmə‚tɪzəm/ *s* [U] pragmatismo

prag·ma·tist /'prægmətɪst/ *s* [C] pragmatista

prai·rie /'prɛri/ *s* [C,U] pradera

'prairie dog *s* [C] perro de las praderas

praise¹ W3 /preɪz/ *v* [T]
1 elogiar • **praise sb for (doing) sth** elogiar a alguien por (hacer) algo: *They praised her for her excellent work.* La elogiaron por su excelente trabajo. • **highly/much/widely praised** muy elogiado -a: *his highly praised first novel* su muy elogiada primera novela ANT **criticize**
2 (en religión) alabar

praise² S3 *s* [U]
1 elogio(s): *Give your dog plenty of praise.* Bríndele a su perro muchos elogios. • **be full of praise for sb/sth** deshacerse en elogios para/hacia alguien/algo, no tener más que elogios para alguien/algo: *She was full of praise for the nurses who had taken care of her.* Se deshizo en elogios para las enfermeras que la habían cuidado. • **win/earn praise from sb** cosechar/recibir el elogio de alguien • **in praise of sth/sb** alabando/elogiando algo/a alguien: *a poem in praise of his hero* un poema alabando a su héroe • **heap/lavish praise on sb/sth** deshacerse en elogios para/hacia alguien/algo, no escatimar elogios para alguien/algo ANT **criticism**
2 alabanza ▶ DAMN (sb/sth) with faint praise, SING sb's praises

EXPRESIONES
Praise be! (*antic*) ¡Gracias a Dios!

praise·wor·thy /'preɪz‚wɜrði/ *adj* (*frml*) digno -a de elogio, loable

prance /præns/ *v* [I] **1** menearse, pavonearse • **prance around** *He started prancing around in front of the cameras.* Empezó a pavonearse delante de las cámaras. **2** hacer cabriolas (caballo): *The horses pranced around the ring.* Los caballos recorrían la pista haciendo cabriolas.

prank /præŋk/ *s* [C] broma, travesura: *a childish prank* una travesura infantil • **pull/play a prank (on sb)** gastar una broma (a alguien) SIN **trick**

prank·ster /'præŋkstər/ *s* [C] bromista SIN **trickster**

prat·tle¹ /'prætl/ *v* [I] (*peyor*) parlotear • **prattle on/away** parlotear sin parar • **prattle (on) about sth** parlotear de algo: *What's she prattling on about?* ¿De qué parlotea?

prattle² *s* [U] (*peyor*) cháchara, parloteo

prawn /prɔn/ *s* [C] camarón, langostino ▶ SHRIMP

pray¹ S2 W3 /preɪ/ *v* [I,T] (**prays, prayed, praying**)
1 (a una divinidad) rezar, orar • **pray for sth** rogar/rezar por algo: *They prayed for peace.* Rogaron por la paz. • **pray for sb** rezar/orar por alguien
2 (desear, esperar) **pray (that)** rogar que, esperar que: *Paul was praying that no one had noticed.* Paul rogaba que nadie se hubiera dado cuenta. • **pray for sth** *Some farmers are praying for rain.* Algunos granjeros están deseando que llueva. • *We're praying for good weather for the wedding.* Dios quiera que haga buen tiempo para la boda. ▶ PRAYER

pray² *adv* [adv oracional] (*antic*) fórmula de cortesía usada al hacer preguntas o peticiones: *Pray be seated.* Por favor, tomen asiento. • *What, pray, is the point of your question?* ¿Me permite que le pregunte qué sentido tiene su pregunta? SIN **please**

prayer S3 W2 /prɛr/ *s*
1 [C] oración, plegaria • [+for]: *prayers for the victims of the earthquake* oraciones por las víctimas del terremoto • *a prayer for peace* una plegaria por la paz • **say a prayer (for sb)** rezar (por alguien) • **say your prayers** rezar
2 [U] (acción de rezar) oración • **be at prayer** estar rezando: *The monks were at prayer.* Los monjes estaban rezando. • **in prayer** para rezar, rezando: *The congregation knelt in prayer.* Los fieles se pusieron de rodillas para rezar.
3 [C] (deseo) **the answer to sb's prayers** justo lo que alguien necesita • **sb's prayers are answered** las plegarias de alguien son escuchadas
4 prayers [pl] oraciones (en un lugar de culto) • **morning/evening prayers** oraciones matinales/vespertinas, maitines/vísperas

not have a prayer (of doing sth) (*coloq*) no tener ni la más mínima posibilidad (de hacer algo)

'prayer book *s* [C] devocionario

pre- /pri/ *pref* **1** (antes de una fecha, un suceso) *pre-war* preguerra, de antes de la guerra • *pre-1960* antes de 1960 ANT **post-** **2** (por adelantado) *pre-arranged* convenido de antemano

preach /priːtʃ/ *v* **1** [I,T] (en lugares de culto) predicar • **preach a sermon** dar un sermón: *He preached a sermon on forgiveness.* Dio un sermón sobre el perdón. • **preach to sb** predicar a/ante alguien: *He preached to thousands of people.* Predicó ante miles de personas. **2** [T] (recomendar, proponer) predicar: *He has been preaching patience.* Ha estado predicando la paciencia. • **preach the virtues of sth** pregonar las virtudes de algo **3** [I] (aconsejar) (*peyor*) sermonear, dar un sermón: *Stop preaching, Mom.* Basta de sermones, mamá. ▸ PRACTICE **what you preach**
EXPRESIONES
preach the gospel predicar el evangelio • **preach to the converted** (tb **preach to the choir**) predicar a los conversos, tratar de convertir a los ya creyentes

preach-er /'priːtʃər/ *s* [C] predicador -a

pre-am-ble /'priːˌæmbəl/ *s* [C] (*frml*) preámbulo • [+**to/of**]: *the preamble to the Constitution* el preámbulo de la Constitución

pre-ar-ranged /ˌpriːəˈreɪndʒd◂/ *adj* [gralm ante s] arreglado -a (de antemano), convenido -a (de antemano)

pre-car-i-ous /prɪˈkɛriəs, -ˈkær-/ *adj* **1** precario -a: *a precarious existence* una existencia precaria **2** poco seguro -a, precario -a: *The bottle was in a precarious position on the edge of the table.* La botella estaba precariamente colocada en el borde de la mesa.

pre-car-i-ous-ly /prɪˈkɛriəsli, -ˈkær-/ *adv* precariamente, peligrosamente

pre-cau-tion /prɪˈkɔʃən/ *s* [C gralm pl] precaución • **as a precaution** por/como precaución: *She was admitted to the hospital as a precaution.* La internaron por precaución. • [+**against**]: *precautions against theft* precauciones contra robos • **take precautions** tomar precauciones: *It makes sense to take a few simple precautions.* Conviene tomar algunas precauciones simples. • **take the precaution of doing sth** tener la precaución de hacer algo

pre-cau-tion-a-ry /prɪˈkɔʃəˌnɛri/ *adj* preventivo -a • **a precautionary measure/step** una medida preventiva

pre-cede /prɪˈsiːd/ *v* [T] **1** (en el tiempo) preceder (a), anteceder (a): *The fire was preceded by a loud explosion.* El incendio fue precedido por una fuerte explosión. • *the years preceding the outbreak of war* los años que precedieron al estallido de la guerra ANT **follow** **2** (en un orden, una posición) preceder (a), anteceder (a): *The pronunciation of "the" changes when it precedes a vowel.* La pronunciación de "the" cambia cuando antecede a una vocal. ANT **follow** **3** (*frml*) (en una fila de gente) preceder (a) ANT **follow**

prec-e-dence /'prɛsədəns/ *s* [U] precedencia, prioridad • **take/have precedence (over sb/sth)** tener prioridad (sobre alguien/algo), tener precedencia (sobre alguien/algo) • **give sb/sth precedence** darle prioridad a alguien/algo, darle precedencia a alguien/algo SIN **priority**

prec-e-dent /'prɛsədənt/ *s* [C,U] precedente • [+**for**]: *There was no precedent for such a vast empire.* No había precedentes de un imperio tan vasto. • **set/create/ establish a precedent (a)** sentar (un) precedente **(b)** (en derecho) sentar jurisprudencia/(un) precedente • **be without precedent** no tener precedentes

pre-ced-ing /prɪˈsiːdɪŋ, 'priːsidɪŋ/ *adj* [solo ante s] **1** (en el tiempo) anterior: *the preceding days* los días anteriores SIN **previous** ANT **following** **2** (en el espacio) anterior, precedente: *the preceding paragraph* el párrafo anterior SIN **previous** ANT **following**

pre-cept /'priːsɛpt/ *s* [C,U] (*frml*) precepto

pre-cinct /'priːsɪŋkt/ *s* **1 precincts** [pl] recinto **2** [C] distrito **3** [C] estación de policía, delegación de policía

pre-cious¹ /'prɛʃəs/ *adj* **1** (por su escasez o valor) valioso -a, precioso -a: *precious jewels* joyas preciosas • *our planet's precious resources* los valiosísimos recursos de nuestro planeta • **precious seconds/minutes** segundos/minutos preciosos: *We are wasting precious time.* Estamos desperdiciando un tiempo precioso. • **precious stone/metal** piedra preciosa/metal precioso SIN **valuable** **2** (querido, importante) preciado -a: *her most precious possession* su bien más preciado • [+**to**]: *My daughter is very precious to me.* Mi hija es mi tesoro más preciado. **3** (poco natural) afectado -a: *a precious early work* una obra temprana afectada SIN **affected** **4** (*oral*) (pequeño y lindo) precioso -a, adorable SIN **cute** **5** [solo ante s] (*oral*) (expresando fastidio) querido -a: *Do you know what your precious boyfriend said to me?* ¿Sabes lo que me dijo tu querido noviecito?

precious² *adv* **precious little/few** (*coloq*) muy poco -a/pocos -as

prec-i-pice /'prɛsəpɪs/ *s* [C] precipicio

pre-cip-i-tate¹ /prɪˈsɪpəˌteɪt/ *v* **1** [T] (*frml*) (un suceso) precipitar: *The president's death precipitated a political crisis.* La muerte del presidente precipitó una crisis política. **2** [I,T] (en química) (tb **precipitate out**) (*técn*) precipitar

pre-cip-i-tate² /prɪˈsɪpətɪt/ *adj* (*frml*) precipitado -a (decisión, etc.) SIN **hasty, precipitous**

pre-cip-i-ta-tion /prɪˌsɪpəˈteɪʃən/ *s* [C,U] **1** (*técn*) (lluvia, nieve) precipitaciones **2** (*técn*) (en química) precipitación

pre-cip-i-tous /prɪˈsɪpətəs/ *adj* **1** abrupto -a, violento -a (descenso, caída) **2** precipitado -a (decisión, etc.) SIN **hasty, precipitate** **3** escarpado -a: *a precipitous cliff* un escarpado acantilado

pré-cis¹ /'preɪsi, preɪˈsi/ *s* (pl **précis** /-siz, -ˈsiz/) [C] resumen SIN **abstract, summary**

précis² *v* [T] resumir, hacer un resumen de SIN **summarize**

pre-cise /prɪˈsaɪs/ *adj* **1** (información, detalles) preciso -a, exacto -a: *We don't yet have precise details of the agreement.* Aún no tenemos detalles precisos del acuerdo. • *It is not possible to be very precise.* No es posible ser muy preciso. • **be precise about sth** determinar algo con precisión: *It's difficult to be precise about the number of deaths caused by smoking.* Es difícil determinar con precisión el número de muertes causadas por el tabaquismo. SIN **exact** **2** [solo ante s] (para enfatizar) preciso -a: *At that precise moment, the telephone rang.* En ese preciso instante sonó el teléfono. SIN **exact** **3** (persona) meticuloso -a
EXPRESIONES
to be precise para ser exactos/precisos: *He was born in April – on the 4th to be precise.* Nació el abril, para ser exactos, el 4.

pre-cise-ly W3 /prɪˈsaɪsli/ *adv* **1** exactamente: *We arrived at the hotel at precisely 10:30.* Llegamos al hotel a las 10 y media en punto. • **precisely what/how/where?** (tb **what/how/where precisely?**) *Precisely what does she intend to do?* ¿Qué es lo que pretende hacer exactamente? • *How precisely do you expect to achieve these savings?* ¿Cómo, concretamente, piensa lograr este ahorro? SIN **exactly** **2** precisamente, justamente: *She's precisely the kind of person we're looking for.* Ella es precisamente el tipo de persona que estamos buscando. • **precisely because** precisamente/justamente porque SIN **just** **3** (*oral*) (como respuesta) efectivamente, exactamente: *"So it was his mistake." "Precisely."* –Así que el error fue suyo. –Efectivamente. SIN **exactly**

pre-ci-sion¹ /prɪˈsɪʒən/ *s* [U] precisión • **with precision** con precisión • **with military precision** con precisión quirúrgica

precision[2] *adj* [solo ante s] de precisión: *precision instruments* instrumentos de precisión

pre·clude /prɪˈklud/ *v* [T] (*frml*) impedir, excluir (la posibilidad de) • **preclude sb from doing sth** impedir que alguien haga algo [SIN] **prevent**

pre·co·cious /prɪˈkoʊʃəs/ *adj* precoz

pre·co·cious·ly /prɪˈkoʊʃəsli/ *adv* precozmente

pre·con·ceived /ˌprikənˈsivd‹/ *adj* [solo ante s] preconcebido -a: *preconceived ideas* ideas preconcebidas

pre·con·cep·tion /ˌprikənˈsɛpʃən/ *s* [C gralm pl] idea preconcebida

pre·con·di·tion /ˌprikənˈdɪʃən/ *s* [C] condición previa

pre·cur·sor /ˈpriˌkɚsɚ, prɪˈkɚsɚ/ *s* [C] (*frml*) precursor -a [SIN] **forerunner**

pre·date /priˈdeɪt/ *v* [T] **1** ser anterior a [ANT] **postdate** ▶ **BACKDATE** **2** predatar [ANT] **postdate** ▶ **BACKDATE**

pred·a·tor /ˈprɛdətɚ/ *s* [C] **1** depredador -a, predador -a ▶ **PREY** **2** (*peyor*) abusador -a

pred·a·to·ry /ˈprɛdəˌtɔri/ *adj* **1** depredador -a **2** (*peyor*) (sonrisas, miradas) lascivo -a **3** (en los negocios) rapaz

pred·e·ces·sor /ˈprɛdəˌsɛsɚ/ *s* [C] antecesor -a, predecesor -a: *He is stricter than his predecessor.* Es más estricto que su predecesor. [ANT] **successor**

pre·des·ti·na·tion /ˌprɪdɛstəˈneɪʃən/ *s* [U] predestinación

pre·des·tine /priˈdɛstɪn/ *v* [T] predestinar

pre·des·tined /priˈdɛstɪnd/ *adj* predestinado -a

pre·de·ter·mined /ˌpridɪˈtɚmɪnd/ *adj* (*frml*) predeterminado -a, preestablecido -a

pre·dic·a·ment /prɪˈdɪkəmənt/ *s* [C] situación difícil, predicamento • **in a predicament** en una situación difícil: *Her request put him in a predicament.* Su pedido lo puso en una situación difícil.

pred·i·cate[1] /ˈprɛdɪkɪt/ *s* [C] (*técn*) predicado ▶ **SUBJECT**

pred·i·cate[2] /ˈprɛdɪˌkeɪt/ *v* (*frml*) **be predicated on/upon (doing) sth** estar basado -a en (hacer) algo

pre·dict [W] /prɪˈdɪkt/ *v* [I,T] predecir, pronosticar, prever: *Sales were five percent lower than predicted.* Las ventas estuvieron un cinco por ciento por debajo de los pronósticos. • *It's far too soon to predict a winner.* Es demasiado pronto para predecir quién será el ganador. • **predict (that)** prever/pronosticar que: *We predict that student numbers will double in the next ten years.* Prevemos que el número de alumnos se duplicará en los próximos diez años. • **predict when/what/where/how** *It's hard to predict how long it will take.* Es difícil predecir cuánto tiempo llevará. • **be predicted to do sth** *Investment is predicted to rise again this year.* Se prevé que la inversión volverá a aumentar este año. • **predict the future** predecir el futuro ▶ **PREDICTION**

pre·dict·a·bil·i·ty /prɪˌdɪktəˈbɪləti/ *s* [U] previsibilidad, predictibilidad

pre·dict·a·ble /prɪˈdɪktəbəl/ *adj* predecible, previsible: *I knew you'd say that – you're so predictable!* Sabía que dirías eso, ¡eres tan predecible! • *His response was totally predictable.* Su respuesta fue totalmente previsible. [ANT] **unpredictable**

pre·dict·a·bly /prɪˈdɪktəbli/ *adv* **1** [adv oracional] como era de esperar: *Predictably, they rejected the plan.* Como era de esperar, rechazaron el plan. **2** de manera previsible **3** previsiblemente

pre·dic·tion /prɪˈdɪkʃən/ *s* [C,U] predicción, pronóstico • **prediction that** predicción de que • **make a prediction (about sth)** hacer un pronóstico (acerca de algo)

pre·dict·ive /prɪˈdɪktɪv/ *adj* (*frml*) predictivo -a

pred·i·lec·tion /ˌprɛdlˈɛkʃən, ˌprid-/ *s* [C] (*frml*) predilección, preferencia • [+**for**]: *He has a predilection for jazz.* Tiene predilección por el jazz.

pre·dis·posed /ˌpridɪˈspoʊzd/ *adj* **1** [nunca ante s] (a comportarse de cierta manera) **be predisposed to do sth** estar predispuesto -a a hacer algo **2** (a tener cierto problema de salud) propenso -a • **be predisposed to do sth** ser propenso -a a hacer algo, tener predisposición a hacer algo

pre·dis·po·si·tion /ˌpridɪspəˈzɪʃən/ *s* [C] (*frml*) **1** (a actuar de cierta manera) predisposición, propensión **2** (a padecer una enfermedad) predisposición, propensión • **a predisposition to schizophrenia/alcoholism** predisposición a la esquizofrenia/al alcoholismo

pre·dom·i·nance /prɪˈdɑmənəns/ *s* **1** [sing, U] predominio, preponderancia **2** [U] supremacía

pre·dom·i·nant /prɪˈdɑmənənt/ *adj* **1** (más numeroso o común) predominante, preponderante **2** (más importante o poderoso) predominante, preponderante

pre·dom·i·nant·ly /prɪˈdɑmənəntli/ *adv* predominantemente

pre·dom·i·nate /prɪˈdɑməˌneɪt/ *v* [I] (*frml*) (en importancia) predominar

pre·em·i·nence /priˈɛmənəns/ *s* [U] preeminencia

pre·em·i·nent, pre-eminent /priˈɛmənənt/ *adj* preeminente

pre·empt, pre-empt /priˈɛmpt/ *v* [T] **1** adelantarse a **2** evitar **3** reemplazar (un programa por un informe especial)

pre·emp·tive, pre-emptive /priˈɛmptɪv/ *adj* preventivo -a • **a preemptive strike/attack** un ataque preventivo

preen /prin/ *v* **1** **(a)** [I] limpiarse las plumas con el pico **(b)** [T] limpiar con el pico • **preen itself** limpiarse (las plumas con el pico) **2** [I,T] (tb **preen yourself**) acicalarse

pre·ex·ist·ing /ˌpriɪgˈzɪstɪŋ‹/ *adj* [gralm ante s] preexistente, previo -a

pre·fab /ˈprifæb/ *s* [C] construcción prefabricada

pre·fab·ri·cat·ed /priˈfæbrəˌkeɪtɪd/ *adj* prefabricado -a

pref·ace[1] /ˈprɛfɪs/ *s* [C] prefacio, prólogo [SIN] **introduction**

pref·ace[2] *v* [T] (*frml*) prologar: *He prefaced his remarks by saying there was much to admire in the work.* A modo de introducción a sus comentarios, dijo que había mucho para destacar en el trabajo. • **preface sth with sth** comenzar algo con algo (a modo de introducción)

pre·fer [S2] [W2] /prɪˈfɚ/ *v* [T nunca en forma continua] (**preferred**, **preferring**) preferir: *Which color do you prefer – blue or red?* ¿Qué color prefieres, azul o rojo? • *You can email us if you prefer.* Si lo prefiere, puede enviarnos un mensaje electrónico. • **prefer sb/sth to sb/sth** preferir alguien/algo a alguien/algo: *I prefer turkey to chicken.* Prefiero el pavo al pollo. • **prefer to do sth** preferir hacer algo: *I'd prefer not to talk about it.* Preferiría no hablar de ello. • **prefer doing sth (to doing sth)** preferir hacer algo (a hacer algo): *She seems to prefer watching soap operas to talking to me.* Parece que prefiere ver telenovelas a hablar conmigo. • **prefer sth (to be) sth** *She prefers her coffee black.* Prefiere el café solo. • **prefer (that)** preferir que: *The firm would prefer that the details were not made public.* La empresa preferiría que no se publicaran los detalles. • **much prefer** preferir sin duda, preferir mucho más, preferir por mucho: *He'd much prefer to drive.* Preferiría conducir, sin duda. • *I much prefer this music.* Prefiero mucho más esta música. • **would prefer sb to do sth** *I'd prefer them to come next weekend.* Preferiría que vinieran el próximo fin de semana. ▶ **PREFERENCE**

EXPRESIONES

I would prefer it if (tb **I would prefer that**) (*oral*) preferiría que: *I'd prefer it if you didn't smoke in the house.* Preferiría que no fumaras dentro de la casa.

pref·er·a·ble /ˈprɛfərəbəl/ *adj* preferible • **preferable to (doing) sth** preferible a (hacer) algo: *Anything is preferable to war.* Cualquier cosa es preferible a la guerra. • **it is preferable to do sth** es preferible hacer algo • **it is**

preferable for sb to do sth es preferible que alguien haga algo • **far/infinitely preferable** muy/infinitamente preferible

pref·er·a·bly /'prɛfərəbli/ *adv* preferiblemente: *You'll need some form of identification, preferably a passport.* Va a necesitar algún tipo de identificación, preferiblemente el pasaporte.

pref·er·ence /'prɛfrəns, -fərəns/ *s* **1** [C,U] (gusto) preferencia(s) • [+**for**]: *patients' preference for this kind of treatment* la preferencia de los enfermos por este tipo de tratamiento • **have a/any preference** tener alguna preferencia: *We could go to a Chinese or Indian restaurant. Do you have any preference?* Podríamos ir a un restaurante chino o a uno indio. ¿Tienes alguna preferencia? • **have a preference for sth/sb** tener preferencia por algo/alguien, preferir algo/a alguien: *He has a preference for tall women.* Tiene preferencia por las mujeres altas. • **a strong/marked/clear preference** una preferencia fuerte/marcada/clara • **have no strong/particular preference** no tener una preferencia particular • **express a preference** expresar una preferencia • **personal preference** preferencias personales • **in order of preference** en orden de preferencia **2** [C] (cosa o persona preferida) preferencia ▶ PREFER

EXPRESIONES
give/show preference to sb/sth dar preferencia a alguien/algo: *Preference will be given to candidates who speak foreign languages.* Se dará preferencia a los candidatos que hablen idiomas extranjeros. • **in preference to sth** *He drinks coffee in preference to tea.* Prefiere el café al té.

pref·er·en·tial /ˌprɛfəˈrɛnʃəl/ *adj* [gralm ante s] preferencial, preferente • **preferential treatment** trato preferencial

pre·fix¹ /'prifɪks/ *s* [C] **1** (en una palabra) prefijo ▶ AFFIX, SUFFIX **2** (grupo de números o letras) prefijo

prefix² *v* [T] **1** añadir un prefijo a una palabra o número: *telephone numbers prefixed by 0839* los números de teléfono que llevan antepuesto el prefijo 0839 **2** (*frml*) prologar SIN **preface**

preg·nan·cy /'prɛgnənsi/ *s* [C,U] (pl **pregnancies**) embarazo, preñez

preg·nant S2 W3 /'prɛgnənt/ *adj*
1 embarazada, preñada • [+**with**]: *She's pregnant with twins.* Está embarazada de gemelos. • [+**by**]: *She was pregnant by her ex-boyfriend.* Estaba embarazada de su ex novio. • **be six weeks/four months pregnant** estar embarazada de seis semanas/cuatro meses • **heavily/very pregnant** en avanzado estado de embarazo • **get/become pregnant** quedar embarazada • **get sb pregnant** dejar embarazada a alguien, embarazar a alguien
2 a pregnant pause/silence una pausa/un silencio elocuente, una pausa/un silencio cargado -a de significado/emoción

pre·heat /pri'hit/ *v* [T] precalentar • [+**to**]: *Preheat the oven to 200 degrees.* Precaliente el horno a 200 grados.

pre·his·tor·ic /ˌprihɪˈstɔrɪk◂/ *adj* prehistórico -a: *prehistoric man* el hombre prehistórico

pre·his·to·ry /priˈhɪstəri/ *s* [U] prehistoria

pre·judge /ˌpriˈdʒʌdʒ/ *v* [I,T] prejuzgar

prej·u·dice¹ /'prɛdʒədɪs/ *s* [C,U] prejuicio(s): *Women still face prejudice in the workplace.* Las mujeres todavía tienen que hacer frente al prejuicio en sus lugares de trabajo. • [+**against**]: *There's a lot of prejudice against gay men.* Hay muchos prejuicios contra los hombres gay. • [+**about**]: *prejudices about race and gender* prejuicios raciales y de género • **racial/religious prejudice** prejuicio(s) racial(es)/religioso(s)

EXPRESIONES
without prejudice (to sth) (*jur*) sin perjuicio (de algo)

prejudice² *v* [T] **1** afectar la imparcialidad de, sesgar • **prejudice sb against sb/sth** predisponer a alguien en contra de alguien/algo **2** perjudicar

prej·u·diced /'prɛdʒədɪst/ *adj* prejuicioso -a, con prejuicios • **be prejudiced against sb/sth** tener prejuicios en contra de alguien/algo: *He denies that he is prejudiced against women.* Niega tener prejuicios contra las mujeres. • **be racially prejudiced** tener prejuicios raciales

prej·u·di·cial /ˌprɛdʒəˈdɪʃəl/ *adj* (*frml*) **1 prejudicial to sth** perjudicial para algo **2** que afecta la imparcialidad, especialmente de un juicio ▶ PREJUDICE

prel·ate /'prɛlət/ *s* [C] prelado

pre·lim·i·nar·y¹ /prɪˈlɪməˌnɛri/ *adj* [gralm ante s] preliminar: *a preliminary report into the accident* un informe preliminar sobre el accidente • *the preliminary heats* las eliminatorias

preliminary² *s* (pl **preliminaries**) **1** [C] paso previo **2 the preliminaries** [pl] los prolegómenos **3** [C gralm pl] la ronda clasificatoria, las eliminatorias

prel·ude /'prɛlyud, 'prɛɪlud/ *s* [C] **1** (anticipo) preludio • [+**to**]: *This violence could be a prelude to civil war.* Esta violencia podría ser un preludio a la guerra civil. **2** (en música) preludio

pre·mar·i·tal /priˈmærətɬ/ *adj* prematrimonial

pre·ma·ture /ˌprimə'tʊr◂, -'tʊr◂/ *adj* **1** [gralm ante s] (antes de tiempo) prematuro -a: *premature ageing of the skin* envejecimiento prematuro de la piel **2** (nacimientos, niños) prematuro -a: *a premature baby* un bebé prematuro • *The baby was six weeks premature.* El niño nació seis semanas antes de término. **3** [gralm no ante s] (precipitado) prematuro -a: *Talk of recovery seems rather premature.* Parece un poco prematuro hablar de una recuperación. • **it is premature to do sth** es prematuro hacer algo

pre·ma·ture·ly /ˌprimə'tʃʊrli, -'tʊr-/ *adv* prematuramente

pre·med /ˌpri'mɛd/ *s* [U] (*coloq*) curso preparatorio para el ingreso a la facultad de medicina

pre·med·i·tat·ed /priˈmɛdəˌteɪtɪd/ *adj* premeditado -a

pre·med·i·ta·tion /priˌmɛdəˈteɪʃən/ *s* [U] premeditación

pre·men·stru·al /priˈmɛnstrəl/ *adj* (*técn*) premenstrual

pre,menstrual 'syndrome (abrev **PMS**) *s* [U] síndrome premenstrual

pre·mier¹ /prɪˈmɪr, -ˈmyɪr, 'primɪr/ *adj* [solo ante s] (*escrito*) mejor, principal: *one of Boston's premier hotels* uno de los mejores hoteles de Boston

premier² *s* [C] primer ministro/primera ministra

pre·miere¹, **première** /prɪˈmɪr, -ˈmyɪr, -ˈmyɛr/ *s* [C gralm sing] estreno, premiere: *a movie premiere* un estreno cinematográfico • **the world premiere** el estreno mundial

premiere² *v* [T] estrenar

pre·mier·ship /prɪˈmɪrʃɪp, -ˈmyɪr-, 'primɪr-/ *s* **1** [C,U] mandato (de un primer ministro) **2** [U] cargo de primer ministro

prem·ise /'prɛmɪs/ *s* **1 premises** [pl] (de un comercio) local; (de una empresa) oficinas; (de un club, un hospital) instalaciones • **on the premises** dentro del/en el local: *The bread is baked on the premises.* El pan se hace en el local. • **off the premises** fuera del local **2** [C] premisa: *a false premise* una premisa falsa • **the premise that** la premisa de que

pre·mi·um¹ /'primiəm/ *s* **1** [C] prima (de un seguro): *car insurance premiums* las primas de los seguros de carros **2** [U] (tb **premium fuel/gas**) gasolina extra, gasolina premium (de alto octanaje) **3** [sing] recargo • **pay a premium** pagar más

EXPRESIONES
be at a premium escasear, ser escaso -a: *when space is at a premium* cuando el espacio es escaso • **sell sth at a premium** vender algo a un precio (muy) alto • **put/place a premium on sth** dar mucha importancia a algo, valorar algo

premium² *adj* [solo ante s] **1** de primera calidad: *premium brands/products* marcas/productos de primera calidad **2 a premium price/rate** un precio elevado/una tarifa elevada

pre·mo·ni·tion /ˌpriːməˈnɪʃən, ˌprɛ-/ s [C,U] premonición • **have a premonition** tener una premonición

pre·na·tal /ˌpriːˈneɪtl◂/ *adj* [solo ante s] prenatal: *prenatal care* atención prenatal ▶ POSTNATAL

pre·oc·cu·pa·tion /priˌɑkyəˈpeɪʃən/ s **1** [C] preocupación: *Their main preoccupation was how to feed their families.* Su principal preocupación era cómo alimentar a sus familias. **2** [sing, U] obsesión • [+with]: *his preoccupation with death* su obsesión con la muerte

pre·oc·cu·pied /priˈɑkyəˌpaɪd/ *adj* preocupado -a, absorto -a • **to be preoccupied with sth** estar ocupado -a con algo: *She was preoccupied with her baby.* Estaba ocupada atendiendo a su bebé.

pre·oc·cu·py /priˈɑkyəˌpaɪ/ v [T] (**preoccupies, preoccupied, preoccupying**) preocupar

pre·or·dained /ˌpriɔrˈdeɪnd/ *adj* [nunca ante s] (*frml*) predestinado -a

prep /prɛp/ v (**prepped, prepping**) (*coloq*) **1** [T] (una persona) preparar **2** [I] (aprestarse) prepararse **3** [T] (comida) preparar SIN **prepare**

prep. (*abrev escrita de* **preposition**) prep.

pre·paid /ˌpriˈpeɪd◂/ *adj* prepagado -a, de prepago: *a prepaid phone card* una tarjeta telefónica de prepago • *a prepaid envelope* un sobre con franqueo pagado

prep·a·ra·tion W3 /ˌprɛpəˈreɪʃən/ s
1 [U] preparación: *test preparation* la preparación para un examen • [+for]: *preparation for tomorrow's game* la preparación para el partido de mañana • **in preparation for sth** *He is practicing every day, in preparation for the race.* Está entrenando a diario para la carrera.
2 [U] (de comida) preparación: *spices used in the preparation of Indian food* especias utilizadas en la preparación de comida india
3 preparations [pl] preparativos • **make preparations** hacer preparativos, preparar: *Preparations are being made for the president's visit.* Se están haciendo los preparativos para la visita del presidente.
4 [U] (de un informe, un discurso) preparación, redacción • **be in preparation** (*frml*) estar en preparación

pre·par·a·to·ry¹ /prɪˈpærəˌtɔri, -ˈpɛr-, ˈprɛprə-/ *adj* [solo ante s] preparatorio -a, preliminar

preparatory² *adv* **preparatory to sth** (*frml*) como preparación para algo

pre'paratory school s [C] establecimiento privado que prepara a los alumnos para el ingreso a la universidad

pre·pare S2 W1 /prɪˈpɛr/ v
1 (a) [I] prepararse • **prepare for sth** prepararse para algo: *The army is preparing for war.* El ejército se prepara para la guerra. • **prepare to do sth** prepararse para hacer algo **(b)** [T] preparar: *They prepared a surprise party for his birthday.* Prepararon una fiesta sorpresa para su cumpleaños. • *a course that prepares students for this test* un curso que prepara a los alumnos para este examen • **prepare sb to do sth** preparar a alguien para hacer algo: *His training had prepared him to deal with this sort of situation.* Su capacitación lo había preparado para manejar este tipo de situación. • **prepare yourself** prepararse: *Prepare yourself for a shock!* ¡Prepárate para una sorpresa!
2 [T] (comida) preparar
3 [T] (un informe, un discurso) preparar, redactar

EXPRESIONES
prepare the way/ground for sth preparar el terreno para algo

pre·pared /prɪˈpɛrd/ *adj* **1** [nunca ante s] (en condiciones de hacer algo) preparado -a • [+for]: *The police are prepared for trouble.* La policía está preparada para hacer frente a disturbios. • **be well prepared** estar bien preparado -a • **be badly/poorly/ill prepared** estar mal preparado -a **2** (con voluntad de hacer algo) **be prepared to do sth** estar dispuesto -a a hacer algo: *How much is she prepared to pay?* ¿Cuánto está dispuesta a pagar? • *I'm not prepared to listen to this nonsense!* ¡No estoy dispuesto a escuchar estos disparates! **3** (alimentos) preparado -a: *the growing demand for prepared foods* la creciente demanda de alimentos preparados

EXPRESIONES
be prepared for the worst estar preparado -a para lo peor

pre·par·ed·ness /prɪˈpɛrɪdnɪs/ s [U] **1** preparación **2** disposición

pre·pon·der·ance /prɪˈpɑndərəns/ s (*frml*) **a preponderance of sth** una preponderancia de algo

prep·o·si·tion /ˌprɛpəˈzɪʃən/ s [C] (*técn*) preposición

pre·pos·sess·ing /ˌpriːpəˈzɛsɪŋ◂/ *adj* (*frml*) atractivo -a

pre·pos·ter·ous /prɪˈpɑstərəs/ *adj* (*frml*) absurdo -a, ridículo -a SIN **absurd**

prep·py /ˈprɛpi/ *adj* (*coloq*) crema, jailoso -a, popis

'prep school s [C] (*coloq*) en Estados Unidos, establecimiento privado que prepara a los alumnos para el ingreso a la enseñanza superior

pre·quel /ˈprikwəl/ s [C] libro o película que narra la parte de una historia anterior a la incluida en un libro o una película que ya se ha publicado o estrenado ▶ SEQUEL

pre·req·ui·site /priˈrɛkwəzɪt/ s [C] (*frml*) requisito, prerrequisito • [+for]: *What are the prerequisites for the job?* ¿Cuáles son los requisitos para el puesto?

pre·rog·a·tive /prɪˈrɑgətɪv/ s [C gralm sing] (*frml*) prerrogativa • **that's your/his prerogative** está en su derecho

pres·age¹ /ˈprɛsɪdʒ, prɪˈseɪdʒ/ v [T] (*frml*) presagiar

pres·age² /ˈprɛsɪdʒ/ s [C] (*frml*) presagio

Pres·by·te·ri·an /ˌprɛzbəˈtɪriən, ˌprɛs-/ s [C], *adj* presbiteriano -a

pres·by·ter·y /ˈprɛzbəˌtɛri/ s [C] (*pl* **presbyteries**) presbiterio

pre·school¹ /ˈpriːskul/ s [C,U] jardín infantil, jardín de niños SIN **kindergarten, nursery school**

preschool², **pre-school** *adj* [solo ante s] **1** de edad preescolar (niño), preescolar (educación) **2** de jardín infantil, de jardín de niños

pre·school·er, **pre-schooler** /ˈpriˌskulɚ/ s [C] **1** niño -a que no asiste todavía a la escuela **2** alumno -a de jardín infantil, alumno -a de jardín de niños

pre·scribe /prɪˈskraɪb/ v [T] **1** recetar • **prescribe sth for sth** recetar algo para algo: *The drug is often prescribed for insomnia.* El medicamento se suele recetar para el insomnio. • **prescribe sth for sb** (*tb* **prescribe sb sth**) recetarle algo a alguien **2** (*frml*) prescribir, establecer

pre·scrip·tion /prɪˈskrɪpʃən/ s **1** [C] (para un medicamento) receta • [+for]: *The doctor gave me a prescription for some sleeping pills.* El médico me recetó unas pastillas para dormir. • **fill a prescription** preparar medicamentos (indicados en una receta) **2** [U] acción de recetar un medicamento • **by prescription** con/bajo receta (médica): *The drug is only available by prescription.* La droga solo se vende con receta médica. ▶ OVER-THE-COUNTER **3** [C] medicamento con receta **4** [C gralm sing] (para resolver un problema) receta • [+for]: *her prescription for a long and healthy life* su receta para una vida larga y saludable

pre·scrip·tive /prɪˈskrɪptɪv/ *adj* **1** (*frml*) prescriptivo -a **2** (*técn*) normativo -a

pres·ence W2 /ˈprɛzəns/ s
1 [U] (hecho de estar presente) presencia: *He didn't seem to be aware of my presence.* No pareció darse cuenta de mi presencia. • [+of]: *the presence of foreign troops in the country* la presencia de tropas extranjeras en el país • *Tests revealed the presence of poison in her blood.* Los exámenes revelaron la presencia de veneno en su sangre. • **in the presence of sb** en presencia de alguien,

The document must be signed in the presence of a lawyer. El documento debe firmarse en presencia de un abogado. ANT **absence**
2 [sing, U] (de un actor, cantante) presencia, carisma: *She has a very powerful stage presence.* Tiene una imponente presencia escénica.
3 [sing] (número de personas) presencia • **military/police presence** presencia militar/policial: *There was a strong police presence at the march.* Hubo una fuerte presencia policial en la marcha.
4 [sing] (de una empresa en un mercado) presencia: *The company wants to increase its presence in Europe.* La compañía quiere aumentar su presencia en Europa.
5 [C gralm sing] (de un espíritu) presencia: *an evil presence* una presencia maligna
EXPRESIONES
make your presence felt hacer sentir su presencia

‚presence of 'mind *s* [U] presencia de ánimo

pres·ent¹ S2 W2 /ˈprɛzənt/ *adj*
1 [nunca ante s] (persona) presente: *She was not present when the announcement was made.* No estaba presente cuando se hizo el anuncio. • *Copies were given to all the members present.* Se entregaron copias a todos los socios presentes. • [+**at**]: *He was present at the birth of his daughter.* Estuvo presente en el nacimiento de su hija. ANT **absent**
2 [nunca ante s] (que existe en algo) presente • [+**in**]: *chemicals that are present in the soil* sustancias químicas que están presentes en la tierra ANT **absent**
3 [solo ante s] actual: *the present government* el actual gobierno • *the present economic climate* el clima económico actual • **at the present time** en este momento, en la actualidad SIN **current**
EXPRESIONES
all present and accounted for todos presentes • **present company excepted** (*oral*) con excepción de los presentes (para expresar que no se incluye al interlocutor en un comentario negativo) • **the present day** el presente, hoy: *This sport has remained popular right up to the present day.* Este deporte ha conservado su popularidad hasta el presente. ▶ **PRESENTLY, PRESENT TENSE**

pre·sent² S2 W2 /prɪˈzɛnt/ *v*
1	un premio, un galardón
2	situaciones
3	información
4	aspecto
5	en el teatro, el cine
6	un documento, una entrada
7	anunciar llegada
8	una persona a otra
9	un cheque
10	expresar

1 UN PREMIO, UN GALARDÓN [T] hacer entrega de • **present sth to sb** (tb **present sb with sth**) hacerle entrega de algo a alguien: *The Princess presented prizes to the winners.* La Princesa hizo entrega de los premios a los ganadores. • *He was presented with a check for $10,000.* Se le hizo entrega de un cheque por 10.000 dólares.
2 SITUACIONES [T] **present a problem/a challenge/an opportunity (for/to sb)** constituir un problema/un desafío/una oportunidad (para alguien) • **present sb with a problem/a challenge/an opportunity** *This presents us with an enormous challenge.* Esto representa un enorme desafío para nosotros. • *I was presented with an incredible opportunity.* Se me presentó una oportunidad increíble. • **present itself** presentarse, surgir: *A new opportunity presented itself.* Se presentó una nueva oportunidad.
3 INFORMACIÓN [T] presentar, exponer: *The results of the study were presented in a report last year.* Los resultados de la investigación fueron presentados en un informe el año pasado. • **present sth to sb** presentar(le) algo a/ante alguien
4 ASPECTO [T] presentar: *It is important to present food well.* La buena presentación de la comida es importante.

5 EN EL TEATRO, EL CINE [T] presentar: *Presenting Jane Barker as Queen Victoria.* Con Jane Barker en el papel de la Reina Victoria.
6 UN DOCUMENTO, UNA ENTRADA [T] (*frml*) presentar
7 ANUNCIAR LLEGADA **present yourself** (*frml*) presentarse
8 UNA PERSONA A OTRA [T] (*frml*) **may I present...** (*oral*) (tb **allow me to present...**) *Allow me to present Miss Kyle, my assistant.* Permítame presentarle a la señorita Kyle, mi asistente. • **present sb to sb** presentarle alguien a alguien ▶ El verbo que se usa con este significado en contextos no formales es **introduce**.
9 UN CHEQUE [T] presentar (para su cobro)
10 EXPRESAR [T] (*frml*) **present your condolences** presentar sus condolencias, dar el pésame • **present your compliments** presentar sus respetos
EXPRESIONES
present arms presentar armas

pres·ent³ S2 W3 /ˈprɛzənt/ *s*
1 [C] regalo: *I got lots of presents for my birthday.* Recibí muchos regalos por mi cumpleaños. • [+**for**]: *She bought a present for her brother.* Compró un regalo para su hermano. • [+**from**]: *The book was a present from her husband.* El libro fue un regalo de su esposo. • **a birthday/a Christmas/an anniversary present** un regalo de cumpleaños/Navidad/aniversario • **give sb a present** hacerle un regalo a alguien: *She gave him a beautiful present.* Le hizo un regalo precioso. SIN **gift**
2 the present el presente: *Stop worrying about the past and start enjoying the present.* Deja de preocuparte por el pasado y empieza a disfrutar del presente.
3 the present el (tiempo) presente
EXPRESIONES
at present en este momento: *At present, the club has 250 members.* En este momento, el club tiene 250 socios. SIN **at the moment** • **for the present** por ahora: *The crisis is not likely to worsen, at least for the present.* No es probable que la crisis se agrave, al menos por ahora. • **there's no time like the present** no dejes para mañana lo que puedes hacer hoy

pre·sent·a·ble /prɪˈzɛntəbəl/ *adj* presentable, de buen aspecto • **make yourself presentable** arreglarse

pres·en·ta·tion S2 /ˌprɪzənˈteɪʃən, ˌprɛ-/ *s*
1	de premios
2	en negocios
3	de un informe
4	aspecto
5	de un documento, una entrada
6	de un espectáculo

1 DE PREMIOS [C,U] entrega • **make a presentation** *A celebrity usually makes the presentations.* Un famoso suele hacer entrega de los premios. • **presentation ceremony** ceremonia de entrega de premios
2 EN NEGOCIOS [C] presentación • [+**on**]: *a presentation on new publishing technologies* una presentación sobre nuevas tecnologías de edición • **give a presentation** hacer una presentación
3 DE UN INFORME [U] presentación
4 ASPECTO [C,U] presentación: *Presentation is nearly as important as taste.* La presentación es casi tan importante como el sabor.
5 DE UN DOCUMENTO, UNA ENTRADA **on presentation of sth** contra presentación de algo
6 DE UN ESPECTÁCULO [C] producción, representación

'present-day *adj* [solo ante s] actual, de hoy en día: *present-day Russia* la Rusia actual • *a present-day problem* un problema de hoy en día

pre·sent·er /prɪˈzɛntər/ *s* [C] **1** persona que hace la entrega de premios **2** disertante

pre·sen·ti·ment /prɪˈzɛntəmənt/ *s* [C] presentimiento

pres·ent·ly /ˈprɛzəntli/ *adv* (*frml*) **1** actualmente, en este momento: *He is presently unemployed.* Actualmente está desocupado. SIN **now**, **currently** **2** (*escrito*) al poco rato, enseguida: *Presently, I fell asleep.* Al poco rato, me quedé dormida. **3** (*antic*) enseguida, en un momento SIN **soon**

,present 'participle *s* [C] (*técn*) participio presente, gerundio

,present 'perfect *s* the present perfect (*técn*) el pretérito perfecto

,present 'tense *s* the present tense (*técn*) el (tiempo) presente

pres·er·va·tion /ˌprezəˈveɪʃən/ *s* [U] **1** (de edificios, especies) conservación, preservación **2** (de una situación) mantenimiento, preservación **3** (para evitar la descomposición) conservación ▶ SELF-PRESERVATION

pre·serv·a·tive /prɪˈzɜːvətɪv/ *s* [C,U] conservante, preservante

pre·serve¹ W3 /prɪˈzɜːv/ *v* [T]
1 (proteger de daños) preservar, conservar: *efforts to preserve the rainforests* esfuerzos para preservar las selvas tropicales
2 (sin cambios) conservar, mantener: *The island wants to preserve its independence.* La isla quiere conservar su independencia.
3 (para evitar la descomposición) conservar: *different methods of preserving meat* diferentes métodos de conservación de la carne
4 preserve sb from sth (*frml*) proteger a alguien de algo

preserve² *s* **1** [sing] **a male/female preserve** dominio exclusivo de los hombres/las mujeres • **the preserve of sb** dominio exclusivo de alguien: *The sport was once the preserve of the wealthy.* En una época el deporte era dominio exclusivo de los ricos. **2** [C,U] mermelada **3** [C] reserva (de flora o fauna)

pre·side /prɪˈzaɪd/ *v* [I] presidir • **preside at/over a meeting/a ceremony** presidir una reunión/una ceremonia, presidir una junta/una ceremonia
preside over sth *v+partíc* **1** presidir algo (una organización) **2** *He presided over Japan's post-war economic boom.* Ejerció el mando durante el auge económico de posguerra del Japón.

pres·i·den·cy W3 /ˈprezədənsi/ *s* [C] (pl **presidencies**)
1 (periodo) presidencia, mandato (presidencial)
2 (cargo) presidencia • **win the presidency** ganar la presidencia
3 (de una empresa) presidencia

pres·i·dent S2 W1 /ˈprezədənt/ *s* [C]
1 presidente -a: *the American President* el presidente estadounidense • *the President of France* el presidente de Francia • **be elected president** ser elegido -a presidente -a
2 (de una empresa, un club) presidente -a ▶ VICE PRESIDENT

pres·i·den·tial W1 /ˌprezəˈdenʃəl/ *adj* [gralm ante s] presidencial • **a presidential election/campaign** una elección/una campaña presidencial • **a presidential candidate** un candidato/una candidata presidencial

'Presidents' Day *s* en Estados Unidos, feriado nacional el tercer lunes de febrero para celebrar el cumpleaños de los presidentes Washington y Lincoln

press¹ S2 W2 /pres/ *v*

1 contra algo, alguien
2 con el dedo
3 mover
4 para convencer
5 diciendo algo
6 ropa
7 uvas, aceitunas
8 flores

1 CONTRA ALGO, ALGUIEN [I,T siempre + adv/prep] apretar, presionar, prensar • **press sth/sb against sth** apretar algo/a alguien contra algo: *He grabbed her and pressed her against the wall.* La agarró y la apretó contra la pared. • **press (down) on sth/sb** hacer presión sobre algo/alguien, aplastar algo/a alguien: *The tumor was pressing on his brain.* El tumor le estaba haciendo presión sobre el cerebro. • **press sth to/into sth** *He*

pressed his business card into her hand before he left. Antes de partir, le puso su tarjeta de presentación en la mano. • *Sandra pressed her hand to her mouth to stop herself from crying.* Sandra se apretó la boca con la mano para no gritar. • **press yourself against sth/sb** apretarse contra algo/alguien

2 CON EL DEDO [T] apretar: *He pressed a button and the doors slid open.* Apretó un botón y las puertas se abrieron deslizándose. SIN **push**

3 MOVER [I,T siempre + adv/prep] mover(se) en determinada dirección empujando suavemente: *The crowd pressed around the star for a better view.* La multitud se apretujaba alrededor de la estrella para verla mejor. • **press forward** *"Excuse me," Kate said, pressing forward through the crowd.* –Disculpe –dijo Kate, abriéndose paso entre la multitud. • **press your way through/ across sth** abrirse paso entre algo ▶ PUSH

4 PARA CONVENCER [T] presionar: *I knew that if I pressed him he'd lend me the money.* Sabía que si insistía me prestaría el dinero. • **press sb about/on sth** *My parents were always pressing me about getting a job.* Mis padres siempre me presionaban para que buscara un trabajo. • **press sb to do sth** presionar a alguien para que haga algo • **press sb into doing sth** convencer a alguien de que haga algo

5 DICIENDO ALGO [T] **press the point** insistir: *I didn't want to press the point.* No quise insistir. • **press your/ the case (for sth)** ejercer presión (a favor de algo) • **press a claim (to sth)** seguir reclamando (algo)

6 ROPA [T] planchar SIN **iron**

7 UVAS, ACEITUNAS [T] prensar, moler

8 FLORES [T] prensar ▶ HARD-PRESSED, press CHARGES

EXPRESIONES
press the flesh (*hum*, *coloq*) estrechar manos (un político, etc.) • **press home sth** (tb **press sth home**) poner algo de relieve • **press sth/sb into service** utilizar algo/a alguien para una tarea: *At harvest time, even small children were pressed into service.* En la época de la cosecha, se hacía trabajar hasta a los niños pequeños.
press ahead (with sth) *v+partíc* seguir adelante (con algo): *The government plans to press ahead with the legislation.* El gobierno tiene la intención de seguir adelante con la ley. SIN **push ahead**
press for sth *v+partíc* **1 press for sth** exigir algo: *Employees are pressing for better pay and benefits.* Los empleados exigen mejores sueldos y beneficios. **2 press sb for sth** presionar a alguien para que haga algo, insistirle a alguien para que haga algo
press on *v+partíc* **1** seguir adelante • [+with] con: *He insisted he would press on with the campaign.* Insistió en que seguiría adelante con la campaña. SIN **push on** **2 press sth on sb** insistir en que alguien acepte algo

press² W2 *s*

1 periódicos
2 periodistas
3 empresa
4 máquina
5 para prensar
6 acción de pulsar
7 de personas

1 PERIÓDICOS the press la prensa: *the freedom of the press* la libertad de prensa • **in the press** en la prensa: *The case has been widely reported in the press.* El caso ha recibido una amplia cobertura en la prensa. • **the national/local press** la prensa nacional/local • **the popular press** la prensa no especializada, la prensa popular • **press coverage** cobertura periodística • **press photographer** reportero -a gráfico -a • **press report** informe periodístico

2 PERIODISTAS the press la prensa, los periodistas: *She was followed everywhere by the press.* La prensa la seguía dondequiera que fuera.

3 EMPRESA [C] (tb **printing press**) editorial

4 MÁQUINA [C] (tb **printing press**) imprenta, rotativa

5 PARA PRENSAR [C] prensa: *a wine press* una prensa de vino

6 ACCIÓN DE PULSAR [sing] **at the press of a button** apretando un botón SIN **push**

7 DE PERSONAS [sing] multitud

EXPRESIONES

get (a) good/bad press tener buena/mala prensa • **go to press** entrar en prensa • **hot off the presses** recién salido -a de la imprenta

'press ,agent s [C] agente de prensa

'press ,clipping s [C] recorte de prensa

'press ,conference s [C] conferencia de prensa • **hold a press conference** ofrecer una conferencia de prensa

'press corps s [C] prensa acreditada

pressed /prɛst/ adj [nunca ante s] (coloq) **be pressed for time/money** estar corto -a de tiempo/dinero

press·ing /'prɛsɪŋ/ adj apremiante, urgente: *a pressing need* una necesidad apremiante • **of pressing concern/importance** de suma urgencia SIN **urgent**

'press ,office s [C] oficina de prensa

'press ,officer s [C] encargado -a de prensa

'press re,lease s [C] comunicado de prensa • **issue a press release** emitir un comunicado de prensa

'press ,secretary s [C] secretario -a de prensa

pres·sure¹ S2 W1 /'prɛʃər/ s

1   para persuadir
2   en el trabajo
3   en la economía
4   fuerza
5   de un gas, líquido
6   de la atmósfera

1 PARA PERSUADIR [U] presión • [+on]: *There is no pressure on you to accept this job.* Nadie te presiona para que aceptes este trabajo. • [+from]: *The committee was set up in response to pressure from local people.* El comité fue creado como respuesta a la presión de los vecinos de la zona. • [+for]: *the pressure for reform* la presión para que se lleven a cabo reformas • **under pressure to do sth** *He was under pressure from his wife to spend less time at work.* Su mujer lo presionaba para que pasara menos tiempo en el trabajo. • **put pressure on sb (to do sth)** presionar a alguien (para que haga algo): *His parents have been putting pressure on him to find a job.* Sus padres lo han estado presionando para que busque trabajo.
2 EN EL TRABAJO [C,U] presión • [+of]: *He couldn't cope with the pressures of teaching.* No podía con las presiones de la docencia. • [+on]: *There's a lot of pressure on me at work at the moment.* En este momento, estoy sometida a mucha presión en el trabajo. • **under pressure** bajo presión: *Most people don't work well under pressure.* La mayoría de las personas no trabaja bien bajo presión. • **can't stand/take the pressure** *He felt he couldn't take the pressure any more.* Sentía que ya no podía soportar la presión.
3 EN LA ECONOMÍA [C,U] presión: *Higher interest rates will put pressure on the dollar.* La suba de las tasas de interés va a ejercer presión sobre el dólar. • **come under pressure** verse sometido -a a presión
4 FUERZA [U] presión • [+on]: *Reduce the pressure on the accelerator.* Reduzca la presión sobre el acelerador.
5 DE UN GAS, LÍQUIDO [U] presión: *Check the air pressure in your car tires on a regular basis.* Compruebe regularmente la presión de aire de las llantas de su carro. • **high/low pressure** alta/baja presión • **under pressure** a presión
6 DE LA ATMÓSFERA [C,U] presión • **high/low pressure** alta/baja presión: *an area of high pressure* una zona de alta presión ▶ **BLOOD PRESSURE, HIGH-PRESSURE**

pressure² v [T] presionar • **pressure sb to do sth** presionar a alguien para que haga algo • **pressure sb into doing sth** convencer a alguien de que haga algo

'pressure ,cooker s [C] olla a presión, olla express

pres·sured /'prɛʃərd/ adj presionado -a

'pressure group s [C] grupo de presión ▶ **INTEREST GROUP**

'pressure point s [C] punto de presión

pres·sur·ize /'prɛʃə,raɪz/ v [T] presurizar

pres·sur·ized /'prɛʃə,raɪzd/ adj presurizado -a

pres·tige /prɛ'stiʒ, -'stidʒ/ s [U] prestigio

pres·tig·ious /prɛ'stɪdʒəs, -'sti-/ adj prestigioso -a: *a prestigious award* un prestigioso galardón

pres·to /'prɛstoʊ/ adv (técn) presto (en música)

pre·sum·a·bly /prɪ'zuməbli/ adv [adv oracional] (indicando probabilidad basada en suposiciones) *It's raining, so presumably the game will be canceled.* Llueve, así que supongo que van a cancelar el partido. • *Presumably he's going to come back and get his stuff.* Supongo que va a regresar para buscar sus cosas.

pre·sume /prɪ'zum/ v **1** [T] suponer: *You have your own car, I presume?* Tienes carro propio, supongo. • **presume (that)** suponer que: *"Where's Tom?" "I presume he's on vacation."* –¿Dónde está Tom? –Supongo que de vacaciones. • **be presumed to do/be sth** *The temple is presumed to date from the 4th century.* Se supone que el templo data del siglo IV. • **I presume so** supongo que sí SIN **assume** **2** [T] (frml o jur) presumir (inocencia, etc.) • **be presumed (to be) dead** ser dado -a por muerto -a • **be presumed (to be) innocent** *In law, a person is presumed to be innocent until proven guilty.* Ante la ley, una persona se presume inocente hasta que se demuestre lo contrario. SIN **assume** **3** [I,T] (frml) tomarse la licencia (de), tomarse el atrevimiento (de) • **presume to do sth** atreverse a hacer algo

pre·sump·tion /prɪ'zʌmpʃən/ s **1** [C] supuesto, suposición • [+that]: *I would question the presumption that crime is linked to poverty.* Yo cuestionaría el supuesto de que la delincuencia está relacionada con la pobreza. **2** [sing] (jur) presunción (en derecho) **3** [U] (frml) atrevimiento, descaro

pre·sump·tu·ous /prɪ'zʌmptʃuəs/ adj (frml) atrevido -a

pre·sup·pose /ˌprisə'poʊz/ v [T] (frml) presuponer

pre·sup·po·si·tion /ˌprisʌpə'zɪʃən/ s (frml) **1** [C] (idea, creencia) presuposición, supuesto SIN **assumption** **2** [U] (actividad mental) presuposición

pre·tax /ˌpri'tæks◂/ adj preimpositivo -a

pre·teen /'pritin/ s [C] preadolescente

pre·tend¹ S2 W3 /prɪ'tɛnd/ v
1 [I,T] fingir: *He's not asleep – he's just pretending.* No está dormido, está fingiendo nada más. • *I had to pretend interest in his tedious stories.* Tuve que hacer como si me interesaran sus aburridos cuentos. • **pretend (that)** hacer como si, hacer de cuenta que: *Let's pretend we're on the moon.* Juguemos a que estamos en la luna. • **pretend to do sth** *I picked up a newspaper and pretended to read it.* Agarré un periódico e hice como si lo estuviera leyendo. • *They pretended not to notice her.* Hicieron de cuenta que no la habían visto. • **pretend otherwise** aparentar lo contrario, aparentar que no es/era así
2 [T gralm en negat] (algo falso) pretender • **pretend (that)** *I can't pretend I understand these technical terms.* No puedo decir que entienda estos términos técnicos. • *We don't pretend that we can cure you.* No pretendemos poder curarle. • **pretend to do/be sth** pretender hacer/ser algo: *Brown doesn't pretend to have all the answers.* Brown no pretende tener todas las respuestas.

pretend² adj de mentira: *It's not a real gun – it's a pretend one.* No es un revólver de verdad, es de mentira.

pre·tense /'pritɛns, prɪ'tɛns/ s [sing, U] **1** (algo fingido) *It was all a pretense.* Fue puro teatro. • **the pretense that** *It is time to abandon the pretense that the old system can work.* Es hora de dejar de fingir que el viejo sistema puede funcionar. • [+at/of]: *a pretense at seriousness* una fachada de seriedad • **make no pretense** no disimular, no simular: *He makes no pretense about his motives.* No disimula sus motivos. • *They made no* *pretense of giving her a fair trial.* Ni siquiera simularon que fuera a tener un juicio justo. • **under/on the pretense of (doing) sth** con/bajo el pretexto de hacer algo: *She called on the pretense of finding out how Lucy was.* Llamó con el pretexto de averiguar cómo estaba Lucy. **2 pretense to sth** (*frml*): *He made no pretense to superiority.* No pretendía ser superior.

pre·ten·sion /prɪˈtɛnʃən/ s [C gralm pl, U] (*peyor*) pretensión, pretensiones • **literary/artistic/social pretensions** pretensiones literarias/artísticas/sociales • [+**to**]: *a large village with pretensions to the status of a small town* un pueblo grande con pretensiones de ciudad pequeña • **have pretensions to be/do sth** tener pretensiones de ser/hacer algo

pre·ten·tious /prɪˈtɛnʃəs/ *adj* (*peyor*) pretencioso -a

pre·ten·tious·ness /prɪˈtɛnʃəsnɪs/ s [U] (*peyor*) pretensiones

pret·er·ite /ˈprɛt̬ərɪt/ s (*técn*) **the preterite** el pretérito

pre·text /ˈpriːtɛkst/ s [C] pretexto, excusa: *a flimsy pretext* un débil pretexto • [+**for**]: *The incident provided the pretext for war.* El incidente fue el pretexto para la guerra. • **a pretext to do sth** un pretexto/una excusa para hacer algo • **on/under the pretext of doing sth** con el pretexto/la excusa de hacer algo: *Tom stopped at her apartment on the pretext of borrowing a book.* Tom pasó por el departamento de ella con la excusa de pedir prestado un libro. • **on/under the pretext that** con/bajo el pretexto de que

pret·ti·ly /ˈprɪt̬əli/ *adv* con gracia

pret·ty¹ [S1] [W2] /ˈprɪt̬i/ *adv* [+ *adj/adv*] (*oral*)
1 bastante: *She still looks pretty miserable.* Todavía parece estar bastante triste. • *I'm pretty sure he'll say yes.* Estoy bastante seguro de que dirá que sí. ▶ ver nota en **BASTANTE**
2 muy: *It's pretty hard to sympathize with someone like her.* Es muy difícil comprender a una persona como ella. • **pretty good** muy bien: *"Hi Beth, how are you?" "Pretty good! And you?"* –Hola, Beth, ¿qué tal? –¡Muy bien! ¿Y tú? ▶ **be sitting pretty** (**SIT**)

EXPRESIONES
pretty well/much (*oral*) casi, prácticamente: *They're all pretty much the same.* Son todos prácticamente iguales. • **pretty near** (*oral*) casi, por poco: *I pretty near froze to death out there.* Por poco me muero de frío allí afuera.

pret·ty² [S1] [W2] *adj* (**prettier, prettiest**)
1 (niños o mujeres) bonito -a, lindo -a: *a pretty little girl* una niña bonita ▶ ver nota en **GOOD-LOOKING**
2 (objetos o lugares) bonito -a, lindo -a: *a pretty dress* un vestido lindo • *a pretty tune* una canción bonita • *In spring the village looks very pretty.* En primavera el pueblo se ve muy lindo.

EXPRESIONES
(as) pretty as a picture (*antic*) lindísimo -a, precioso -a • **not be a pretty sight** no ser (muy) agradable de ver, ofrecer un espectáculo lamentable • **not be just a pretty face** (*oral*) no ser solo una cara bonita • **a pretty penny** (*antic*) un dineral

pret·zel /ˈprɛt̬səl/ s [C] galleta salada (en forma de nudo o bastón), pretzel

pre·vail /prɪˈveɪl/ *v* [I nunca en forma continua] (*frml*)
1 (tener más peso) prevalecer, imponerse: *Justice will prevail.* La justicia prevalecerá. • **prevail over/against sth** imponerse sobre/contra algo: *Feelings of loyalty eventually prevailed over self-interest.* Los sentimientos de lealtad finalmente se impusieron sobre los intereses personales. **2** (situaciones, estados de ánimo) imperar, preponderar • **prevail in/among sth** preponderar en/entre algo, imperar en/entre algo **3** (en una competencia o un conflicto) imponerse • **prevail over/against sb** imponerse sobre alguien
prevail on/upon sb *v+partíc* **prevail on/upon sb to do sth** persuadir a alguien de hacer algo/de que haga algo

pre·vail·ing /prɪˈveɪlɪŋ/ *adj* [solo ante s] **1** (estado de cosas) imperante, reinante: *the prevailing economic*

conditions in Peru las condiciones económicas imperantes en Perú **2** (costumbres, creencias) preponderante, predominante: *the prevailing attitude among the local people* la actitud preponderante entre la gente del lugar

pre·vailing 'wind s [C] viento predominante

prev·a·lence /ˈprɛvələns/ s [sing, U] preponderancia, prevalencia

prev·a·lent /ˈprɛvələnt/ *adj* corriente, predominante

pre·var·i·cate /prɪˈværəˌkeɪt/ *v* [I,T] (*frml*) contestar con evasivas, andarse con rodeos: *He accused the government of prevaricating over the issue.* Acusó al gobierno de andarse con rodeos sobre el asunto.

pre·var·i·ca·tion /prɪˌværəˈkeɪʃən/ s [C,U] (*frml*) evasivas

pre·vent [W2] /prɪˈvɛnt/ *v* [T] prevenir, evitar: *The rules are intended to prevent accidents.* Las reglas están pensadas para prevenir accidentes. • **prevent sb (from) doing sth** impedir que alguien haga algo, impedirle a alguien hacer algo: *A leg injury may prevent him from playing in tomorrow's game.* Una lesión en la pierna podría impedirle jugar en el partido de mañana. • *We were prevented from entering the site.* Se nos impidió entrar al lugar. • **prevent sth (from) happening** evitar que algo ocurra, impedir que algo ocurra

pre·vent·a·ble /prɪˈvɛntəbəl/ *adj* evitable: *preventable diseases/illnesses* enfermedades evitables

pre·ven·ta·tive /prɪˈvɛntət̬ɪv/ *adj* [solo ante s] preventivo -a • **a preventative measure** una medida preventiva [SIN] **preventive**

pre·ven·tion /prɪˈvɛnʃən/ s [U] prevención • [+**of**]: *the prevention of war through deterrence* la prevención de la guerra por medio de la disuasión • **crime/accident/fire prevention** prevención del delito/de accidentes/de incendios • **Prevention is better than cure.** Más vale prevenir que curar.

pre·ven·tive /prɪˈvɛntɪv/ *adj* [solo ante s] preventivo -a • **a preventive measure** una medida preventiva [SIN] **preventative**

pre·view¹ /ˈpriːvjuː/ s [C] **1** (primera función) preestreno; (de una exposición) preinauguración • [+**of**]: *I attended a special preview of the movie.* Asistí a un preestreno especial de la película. **2** corto, tráiler (de una película), avance (de un programa de televisión): *a preview of next week's show* un avance del programa de la próxima semana [SIN] **trailer 3** anticipo: *Last night's speech gave a preview of the campaign ahead.* El discurso de anoche fue un anticipo de la campaña que se viene.

preview² *v* [T] **1** (público, críticos) asistir al preestreno/la preinauguración de **2** (artista, productor) dar un anticipo de

pre·vi·ous [S3] [W2] /ˈpriːviəs/ *adj*
1 [solo ante s] (del pasado) anterior, previo -a: *She has two children from a previous marriage.* Tiene dos hijos de un matrimonio anterior. • **previous experience** experiencia previa
2 (de inmediatamente antes) anterior: *This topic was discussed in the previous chapter.* Este tema fue tratado en el capítulo anterior. • **the previous year/week/day** el año/la semana/el día anterior
3 previous to sth (*frml*) antes de algo: *Previous to 1981 there were no women on the board.* Antes de 1981 no había mujeres en la junta.

pre·vi·ous·ly [W3] /ˈpriːviəsli/ *adv* antes, anteriormente: *He had not previously been in prison.* No había estado antes en la cárcel. • *a previously unknown drawing by Van Gogh* un dibujo anteriormente desconocido de Van Gogh • **two days/three years previously** dos días/tres años antes: *He had returned to Moscow two days previously.* Había vuelto a Moscú dos días antes.

pre·war, pre-war /ˌpriːˈwɔːr/ *adj* [gralm ante s] de preguerra: *prewar Britain* la Gran Bretaña de preguerra [ANT] **postwar**

prey[1] /preɪ/ *s* **1** [sing, U] (animal) presa: *a tiger hunting its prey* un tigre cazando a su presa **2** [U] (persona) presa • **easy prey** presa fácil: *He was easy prey for the two conmen.* Fue presa fácil para los dos estafadores.
▶ BIRD OF PREY

EXPRESIONES

fall prey to sb/sth (*frml*) caer víctima de alguien/algo: *These street children often fall prey to drug dealers.* Estos niños de la calle suelen caer víctimas de los traficantes de drogas. • **be prey to sth** (*frml*) ser víctima/presa de algo: *These women are prey to nameless fears.* Estas mujeres son víctimas de miedos indescriptibles.

prey[2] *v*
prey on sb/sth *v+partíc* **1** **prey on sth** cazar algo, alimentarse de algo **2** **prey on sb** aprovecharse de alguien **3** **prey on sb's mind** obsesionar a alguien

price[1] S1 W1 /praɪs/ *s*
1 [C,U] (en términos monetarios) precio • [+of]: *a drop in the price of coal* una caída en el precio del carbón • **house/food/oil prices** el precio de la vivienda/los alimentos/el petróleo • **a high/low price** un precio alto/bajo • **raise/increase prices** subir/aumentar los precios • **reduce/cut prices** reducir/rebajar los precios • [+for]: *We agreed on a price for the bike.* Acordamos un precio por la cicla. • *Did you get a good price for it?* ¿Lo vendiste a buen precio? • **price cut** rebaja (de precios) • **price freeze** congelación/congelamiento de precios • **price increase** aumento de precios • **price rise** subida de precios
2 [sing] (de algo no material) precio • [+of]: *He's never at home, but that's the price of success.* Nunca está en casa, pero ese es el precio del éxito. • **a small price to pay** *The house is a long way from the city but that's a small price to pay for such great views.* La casa está muy lejos de la ciudad, pero la vista tan linda bien vale ese sacrificio. • **pay a high price for sth** pagar caro -a algo: *Athletes often pay a high price for their few years of glory.* A menudo los atletas pagan caros sus pocos años de gloria. • **at what price?** ¿a qué precio?: *He may win, but at what price?* Tal vez gane, pero ¿a qué precio? ▶ ASKING PRICE, NAME your price, PAY the price, RETAIL PRICE

EXPRESIONES

at a price a precio de oro • **at any price** a toda costa, cueste lo que cueste: *She was determined to have a child at any price.* Estaba decidida a tener un hijo a toda costa. • **be beyond price** no tener precio • **everyone has their price** cada quien tiene su precio • **not at any price** por nada del mundo, ni por todo el oro del mundo: *Sorry, that painting's not for sale at any price.* Lo siento, ese cuadro no se vende por nada del mundo. • **have a price on your head** *He was a criminal; he had a price on his head.* Era un delincuente y le habían puesto precio a su cabeza. • **put a price on sth** *You can't put a price on what a mother does for her children.* Lo que una madre hace por sus hijos no tiene precio. • **what price sth?** (*esp oral*) **(a)** (expresando que algo implica demasiado sacrificio) *What price progress?* ¿El progreso a qué precio? **(b)** (expresando consecuencias) *What price modern medicine now?* ¿De qué ha servido la medicina moderna?

price[2] S3 W3 *v* [T]
1 [gralm en pasiva] fijarle precio a (un producto) • **be reasonably/moderately/competitively priced** tener un precio razonable/asequible/competitivo: *I finally found an apartment that was reasonably priced.* Al final encontré un departamento que tenía un precio razonable. • **be priced at $10/$50** costar 10/50 dólares: *Tickets are priced at $75 each.* La entrada cuesta 75 dólares.
2 (artículos de una tienda) ponerle el precio a, marcar
3 (antes de comprar) comparar precios de

EXPRESIONES

price yourself out of the market *Supermodels are pricing themselves out of the advertising market.* Las supermodelos van a quedar fuera del mercado publicitario si exigen tanto dinero.

price·less /ˈpraɪsləs/ *adj* **1** (pinturas, antigüedades) valiosísimo -a: *priceless works of art* obras de arte valiosísimas **2** (cualidades, capacidades) inestimable

3 (*coloq*) para morirse de (la) risa: *The look on his face was priceless.* Puso una cara para morirse de risa.

price tag *s* [C] etiqueta del precio

pric·ey, pricy /ˈpraɪsi/ *adj* (**pricier, priciest**) (*coloq*) caro -a, carito -a

prick[1] /prɪk/ *v* [T] **1** chuzar, pinchar, picar: *She had pricked her finger on a thorn.* Se había chuzado el dedo con una espina. **2** hacer arder

EXPRESIONES

prick sb's conscience hacer que a alguien le remuerda la conciencia • **your conscience pricks you** *Her conscience pricked her because she had lied.* Le remordía la conciencia porque había mentido. • **prick (up) its ears** parar las orejas • **prick (up) your ears** (tb **your ears prick up**) aguzar el oído, parar la oreja

prick[2] *s* [C] **1** chuzón, pinchazo, piquete **2** **give sth a prick** chuzar algo, pinchar algo, picar algo

prick·le[1] /ˈprɪkəl/ *s* [C] **1** [gralm pl] (de una planta) espina **2** [gralm pl] (de un animal) púa **3** (de odio, miedo) escalofrío: *a prickle of fear* un escalofrío de miedo **4** (en la piel) picor, escozor

prickle[2] *v* **1** [I] (piel) picar: *Her skin prickles and reddens.* La piel le pica y se pone roja. **2** [I] (por el miedo, la emoción) erizarse

prick·ly /ˈprɪkli/ *adj* **1** (planta, arbusto) espinoso -a **2** [solo ante s] (tema, asunto) espinoso -a **3** (*coloq*) quisquilloso -a, irritable: *He's kind of a prickly character.* Es un pisco bastante quisquilloso.

prickly 'pear *s* [C,U] **1** higo, tuna **2** higo, nopal (tunero)

pric·y /ˈpraɪsi/ *adj* variante de PRICEY

pride[1] W3 /praɪd/ *s*
1 [U] (satisfacción) orgullo: *He wore his medals with pride.* Lucía sus medallas con orgullo. • **national pride** orgullo nacional • **take pride in sth** enorgullecerse de algo, estar orgulloso -a de algo: *He takes great pride in his children's achievements.* Está orgulloso de los logros de sus hijos. • [+in]: *We have pride in ourselves.* Estamos orgullosos de nosotros. • **beam/glow with pride** henchirse/rebosar de orgullo • **a sense of pride (in sth)** un sentimiento de orgullo (por algo)
2 [U] (respeto por sí mismo) orgullo, amor propio: *I felt I had to complete the task as a matter of pride.* Sentía que tenía que completar la tarea por una cuestión de orgullo. • **hurt sb's pride** herir en el orgullo/amor propio a alguien • **hurt/wounded/injured pride** orgullo herido ▶ PROUD
3 [U] (arrogancia) (*peyor*) orgullo: *He has too much pride to ask for help.* Es demasiado orgulloso para pedir ayuda. • **swallow your pride** tragarse el orgullo ▶ PROUD
4 [C] manada (de leones): *A young lion had strayed some distance from the pride.* Un león joven se había apartado a cierta distancia de la manada.

EXPRESIONES

be sb's pride and joy ser el orgullo y la alegría de alguien • **be the pride of sth** ser el orgullo de algo: *The house had always been the pride of the town.* La casa siempre había sido el orgullo de la ciudad. • **take/have pride of place** ocupar el lugar de honor • **take pride in your work/appearance** preocuparse por su trabajo/aspecto

pride[2] *v* **pride yourself on (being/doing) sth** enorgullecerse de (ser/hacer) algo, preciarse de (ser/hacer) algo: *She prides herself on being a good listener.* Se precia de ser buena para escuchar a los demás.

priest S3 W3 /priːst/ *s* [C]
1 (en religiones cristianas) sacerdote (hombre o mujer), cura: *parish priests* curas párrocos • *He wanted to become a priest.* Quería ser sacerdote.
2 (en otras religiones) sacerdote: *Buddhist priests* sacerdotes budistas

priest·ess /ˈpriːstɪs/ *s* [C] sacerdotisa

priest·hood /'pristhud/ s **1** [C gralm sing] clero **2 the priesthood** el sacerdocio

prig /prɪg/ s [C] mojigato -a

prim /prɪm/ adj **1** (modales) remilgado -a; (modo de vestir o actitud) mojigato -a • **prim and proper** formal y correcto -a **2** (ropa) [gralm ante s] formal

pri·ma·cy /'praɪməsi/ s [U] (fml) primacía

pri·ma don·na /ˌprɪmə 'dɒnə, ˌprɪmə-/ s [C] **1** (artista, deportista) divo -a **2** (cantante lírica) diva, prima donna ▶ DIVA

pri·ma fa·cie /ˌpraɪmə 'feɪʃə/ adj [solo ante s] (jur) prima facie

pri·mal /'praɪməl/ adj [gralm ante s] (fml) primario -a (instintivo): *primal fears* miedos primarios

pri·mar·i·ly[W3] /praɪ'merəli/ adv principalmente, básicamente

pri·mar·y[1] [W2] /'praɪˌmeri, -məri/ adj [gralm ante s]
1 (más importante) principal, primordial • **sb's primary purpose/aim/objective** el propósito/la meta/el objetivo primordial de alguien • **of primary importance** de primordial/fundamental importancia: *Personal safety is of primary importance.* La seguridad personal es de fundamental importancia.
2 [solo ante s] (en educación) primario -a: *primary education* educación primaria [SIN] **elementary** ▶ SECONDARY
3 (técn) (en medicina) primario -a

primary[2] [W2] s [C] (pl **primaries**) (tb **primary election**) (en el sistema electoral estadounidense) (elección) primaria, elección interna: *the Republican presidential primaries* las elecciones primarias presidenciales republicanas

ˌprimary 'color s [C] color primario

ˈprimary ˌschool s [C,U] escuela primaria • **primary school teacher** maestro -a de primaria [SIN] **elementary school**

pri·mate /'praɪmeɪt/ s [C] **1** primate **2** (tb **Primate**) primado [SIN] **archbishop**

prime[1] /praɪm/ adj [solo ante s] **1** (más importante) principal, primordial: *Smoking is the prime cause of lung disease.* El tabaco es la principal causa de enfermedades pulmonares. • *the prime suspect in a murder case* el principal sospechoso de un asesinato • **be of prime importance** ser de primordial/fundamental importancia **2** (de la mejor calidad) excelente, de primera (calidad): *prime agricultural land* tierra de cultivo de primera calidad **3 be a prime candidate/target** *He's a prime candidate for the job.* Es el candidato ideal para el puesto. • *Old people are a prime target for thieves.* La gente mayor es el blanco ideal de los ladrones.

EXPRESIONES
a prime example un excelente ejemplo: *a prime example of 19th century architecture* un excelente ejemplo de la arquitectura decimonónica

prime[2] s [sing] **in your prime** en su plenitud • **in its prime** en su apogeo/esplendor • **in the prime of life** en la flor de la vida • **be past your prime** no estar ya en su esplendor: *Ali was by then a little past his prime.* A esa altura Ali ya no estaba en su esplendor.

prime[3] v [T] **1** [gralm en pasiva] preparar, adiestrar • **prime sb to do sth** preparar/adiestrar a alguien para que haga algo • **prime sb/yourself for sth** preparar a alguien/prepararse para algo **2** aplicar (una base sobre), imprimar ▶ PRIMER **3** cebar (un arma, un explosivo)

ˌprime 'number s [C] número primo

prim·er[1] /'praɪmər/ s **1** [C,U] base, imprimación **2** [C] cebo

prim·er[2] /'prɪmər/ s [C] **1** manual (con instrucciones, explicaciones) **2** (antic) manual (escolar)

ˈprime-time adj [solo ante s] (emitido -a en horario) prime time, emitido -a en horario de máxima audiencia

pri·me·val /praɪ'mivəl/ adj [gralm ante s] **1** (relativo a los orígenes del universo) primigenio -a [SIN] **primordial 2** (muy antiguo) primigenio -a **3** (sentimientos o conductas) primario -a, primitivo -a [SIN] **primordial**

prim·i·tive /'prɪmətɪv/ adj **1** (sociedades, culturas) primitivo -a **2** (en la evolución) primitivo -a: *the tools of primitive man* las herramientas del hombre primitivo • *primitive life-forms* formas de vida primitivas **3** (objetos o construcciones) precario -a, rudimentario -a: *The cabin is primitive and lacks running water.* La cabaña es precaria y no tiene agua corriente. **4** (sentimientos, instintos) primario -a: *primitive desires* deseos primarios

prim·ly /'prɪmli/ adv remilgadamente

pri·mor·di·al /praɪ'mɔrdiəl/ adj [gralm ante s] (fml) **1** (relativo a los orígenes del universo) primigenio -a: *the primordial soup* el caldo primigenio [SIN] **primeval 2** (sentimientos, instintos) primario -a [SIN] **primeval**

prim·rose /'prɪmroʊz/ s (pl **primroses** o **primrose**) **1** [C] (planta, flor) primavera, prímula **2** [U] (tb ˌprimrose 'yellow) (color) amarillo claro

prince [W3] /prɪns/ s
1 [C] (tb **Prince**) príncipe: *the royal princes* los príncipes reales • *Prince William* el príncipe Guillermo
2 [sing] (liter) **a prince among men/storytellers** un hombre/narrador único, el mejor de los hombres/narradores

prince·ly /'prɪnsli/ adj [solo ante s] **1** (propiedad de un príncipe) principesco -a, del príncipe **2** (fml) (lujoso, grande) espléndido -a, principesco -a [SIN] **lavish**
EXPRESIONES
a princely sum una espléndida/magnífica suma

prin·cess, **Princess** /'prɪnsɪs, -sɛs/ s [C] **1** (hija de un monarca) princesa: *the royal princesses* las princesas reales **2** (esposa de un príncipe) princesa: *Princess Diana* la princesa Diana

prin·ci·pal[1] [W3] /'prɪnsəpəl/ adj [solo ante s] principal: *the principal character in the book* el personaje principal del libro/el protagonista del libro • *our principal aim* nuestra meta principal [SIN] **main**

principal[2] [S3] s
1 [C] (tb **Principal**) (de un colegio o instituto) director -a **2** [sing] (técn) (en economía) capital **3** [C] (de una compañía de ballet) primer bailarín/primera bailarina; (de una compañía de teatro) primer actor/primera actriz; (de una orquesta) concertino: *She later became a principal with the Royal Ballet.* Luego llegó a ser primera bailarina del Royal Ballet.

prin·ci·pal·i·ty /ˌprɪnsə'pæləti/ s [C] (pl **principalities**) principado

prin·ci·pally /'prɪnsəpli/ adv principalmente, más que nada

prin·ci·ple [S3] [W2] /'prɪnsəpəl/ s
1 [C,U] (que guía la conducta) principio: *He has no principles at all.* Carece totalmente de principios. • **be against sb's principles** ir contra los principios de alguien: *It's against my principles to accept gifts from clients.* Va contra mis principios aceptar regalos de clientes. • **moral/religious principles** principios morales/religiosos • **a matter of principle** una cuestión de principios: *He resigned on a matter of principle.* Renunció por una cuestión de principios. • **stick to/stand by your principles** ser coherente/consecuente con sus principios • **a man/woman of principle** un hombre/una mujer de principios • **it's the principle of the thing** es una cuestión de principios
2 [C] (idea fundamental) principio: *democratic principles* principios democráticos • [+of]: *the principles of Marxism* los principios del marxismo • [+behind]: *the principle behind the government's policy* el principio que sustenta la política del gobierno • **a basic/fundamental/guiding principle** un principio básico/general/rector • [+that]: *the principle that children learn best through stories* el principio de que los niños

aprenden mejor por medio de narraciones • **first principles** principios básicos

3 [C] (en ciencias) principio: *basic scientific principles* principios científicos básicos

EXPRESIONES

in principle en principio • **on principle** por principio: *Julie doesn't eat meat on principle.* Julie no come carne por principio.

prin·ci·pled /'prɪnsəpld/ *adj* [gralm ante s] de principios (persona), por principio (postura, actitud)

print¹ S1 W3 /prɪnt/ *v*

1 [I,T] (en papel, tela) imprimir, estampar: *I need to make a few changes before I print the document.* Necesito hacer algunos cambios antes de imprimir el documento. • *She had the negatives printed.* Hizo imprimir los negativos. • *a printed silk shirt* una camisa de seda estampada • **print sth on sth** imprimir/estampar algo en algo: *I called the number that was printed on the form.* Llamé al número que estaba impreso en el formulario. • **be printed with sth** tener algo impreso -a, tener un estampado de algo: *The paper was printed with the company logo.* El papel tenía impreso el logo de la compañía. • **print sth in sth** *This part should be printed in italics.* Esta parte debería estar en cursiva. • **print money/banknotes** imprimir dinero/billetes

2 [T] (libros, periódicos) editar, imprimir: *Five million copies of the newspaper are printed every day.* Se editan cinco millones de copias del periódico por día.

3 [T] (incluir en una publicación) publicar: *They printed my letter in the Sunday paper.* Publicaron mi carta en el periódico del domingo. SIN **publish**

4 [I,T] escribir con letra de imprenta: *Please print your name in the blank space.* Por favor escriba su nombre con letra de imprenta en el espacio en blanco.

EXPRESIONES

the printed word la letra impresa

print sth ↔ **out/off** *v+partíc* imprimir algo (con una impresora): *I'll print out another copy for you.* Imprimiré otra copia para ti.

print² S2 W3 *s*

1 publicaciones
2 tipo de caracteres
3 dibujo impreso
4 copia de un cuadro
5 foto
6 de una mano, un pie
7 de dedos
8 de una película
9 tela

1 **PUBLICACIONES** [U] **in print** publicado -a: *the simple pleasure of seeing my name in print* el mero placer de ver mi nombre publicado • **appear in print** publicarse • **get into print** publicarse • **make it into print** llegar a ser publicado -a

2 **TIPO DE CARACTERES** [U] letra: *The book is available in large print.* El libro está disponible en letra grande. • **in bold print** en negrita

3 **DIBUJO IMPRESO** [C] grabado

4 **COPIA DE UN CUADRO** [C] reproducción

5 **FOTO** [C] copia: *a color print* una copia color • *10 inch by 8 inch prints in black and white* copias en blanco y negro de 10 por 8 pulgadas

6 **DE UNA MANO, UN PIE** [C gralm pl] huella, marca: *paw prints* huellas de patas

7 **DE DEDOS** **prints** [pl] huellas (digitales) SIN **fingerprint ▸ FOOTPRINT**

8 **DE UNA PELÍCULA** [C] copia

9 **TELA** [C,U] estampado: *a lovely selection of floral prints* una preciosa colección de estampados florales • *a print dress* un vestido estampado

EXPRESIONES

the fine/small print la letra pequeña: *Don't sign anything until you've read the small print.* No firmen nada hasta no haber leído la letra pequeña. • **be in print** estar a la venta: *The book is still in print.* El libro todavía está a la venta. • **be out of print** estar agotado -a

print·er S2 /'prɪntər/ *s* [C]

1 (máquina) impresora: *a color printer* una impresora color

2 (persona) impresor -a, tipógrafo -a

print·ing /'prɪntɪŋ/ *s* **1** [U] impresión: *the printing trade* el ramo de la imprenta • *the printing process* el proceso de impresión **2** [C] edición, tirada **3** [U] letra de imprenta

'printing press (tb **'printing ma,chine**) *s* [C] imprenta, prensa

print·out, print-out /'prɪntaʊt/ *s* [C,U] copia impresa

pri·or¹ /'praɪər/ *adj* (frml) **1** [solo ante s] previo -a • **prior knowledge/experience** conocimiento previo/experiencia previa: *Some prior experience with the software is needed.* Se necesita experiencia previa con el programa. • **a prior engagement** un compromiso previo • **prior notice/warning** previo aviso: *He was thrown out of the apartment without prior notice.* Lo echaron del departamento sin previo aviso. **2** **have a prior claim to/on sth** tener derecho prioritario a/sobre algo, tener prioridad en algo: *His own children have a prior claim to the business.* Sus hijos tienen derecho prioritario sobre el negocio.

EXPRESIONES

prior to sth (frml) antes de algo: *He left Kuwait just two days prior to the invasion.* Salió de Kuwait sólo dos días antes de la invasión.

prior² *s* [C] prior

pri·or·i·tize /praɪ'ɔrə,taɪz/ *v* **1** [I,T] (clasificar según importancia) priorizar, establecer prioridades (entre) **2** [T] (dar más atención a) dar prioridad a, priorizar

pri·or·i·ty S3 W3 /praɪ'ɔrəti/ *s* (pl **priorities**)

1 [C] (en importancia) prioridad: *The team's priority is to win.* La prioridad del equipo es ganar. • **be a high/low priority** ser/no ser prioritario -a • **be (a) top priority** ser prioridad máxima/máxima prioridad • **sb's first/main priority** lo más importante/lo primero para alguien • **a list of priorities** (tb **a priority list**) una lista de prioridades: *The customer is high on our list of priorities.* El cliente ocupa un lugar importante en nuestra lista de prioridades. • **get your priorities right/straight** revisar/rever sus prioridades

2 [sing, U] (en el tiempo) prioridad: *List your tasks in order of priority.* Haga una lista de sus tareas en orden de prioridad. • **take/have priority (over sb/sth)** tener prioridad (sobre alguien/algo): *I want to start work on the yard but the house must take priority.* Quiero empezar a trabajar en el jardín, pero la casa tiene prioridad. • **give sb/sth priority (over sb/sth)** darle prioridad a alguien/algo (sobre alguien/algo): *Child abuse cases will be given priority.* Se les dará prioridad a los casos de abuso infantil. • **give priority to sth** darle prioridad a algo

3 [U] (en el tráfico) prioridad de paso

pri·o·ry /'praɪəri/ *s* [C] (pl **priories**) priorato

prism /'prɪzəm/ *s* [C] prisma

pris·on W2 /'prɪzən/ *s*

1 [C,U] (edificio) cárcel, prisión: *a maximum-security prison* una cárcel de máxima seguridad • **in prison** *He spent 26 years in prison for killing his girlfriend.* Pasó 26 años en prisión por matar a su novia. • *She was sentenced to six months in prison.* La condenaron a seis meses de prisión. • **send sb to prison/put sb in prison** encarcelar a alguien, meter preso -a a alguien • **go to prison** ir preso -a, ir a la cárcel • **be released from prison** ser puesto -a en libertad: *She was released from prison after three months.* Fue puesta en libertad después de tres meses. • **escape from prison** fugarse/escaparse de la cárcel • **prison official** funcionario -a de prisiones • **prison population** población penitenciaria, población carcelaria • **prison sentence** pena de prisión • **prison service** servicio penitenciario SIN **jail**

2 [U] (sistema de castigo) prisión, cárcel

3 [U] (encierro) cárcel, prisión: *Prison has had a bad effect on his health.* La cárcel ha tenido malas consecuencias para su salud.

4 [sing] (sitio o situación opresivos) cárcel, prisión: *The farm was a prison for her.* La granja era una prisión para ella. ▶ IMPRISON, PRISONER

'prison camp s [C] campo de prisioneros

pris·on·er W3 /'prɪzənə/ s [C]
1 (en una cárcel) preso -a, recluso -a: *prisoners serving life sentences* presos que cumplen cadena perpetua • *women prisoners* reclusas • **an escaped prisoner** un preso fugado/una presa fugada ▶ IMPRISON
2 (durante una guerra, en un secuestro) prisionero -a • **be taken prisoner** ser hecho -a prisionero: *Six soldiers were killed and three were taken prisoner.* Mataron a seis soldados e hicieron prisioneros a tres. • **keep/hold sb prisoner** tener a alguien prisionero -a: *He was held prisoner for four months.* Lo tuvieron prisionero cuatro meses. SIN captive
3 (de una situación o un sentimiento) prisionero -a • [+of]: *He was a prisoner of his own prejudices.* Era prisionero de sus propios prejuicios. ▶ POLITICAL PRISONER

,prisoner of 'war (pl **prisoners of war**) s [C] prisionero -a de guerra

pris·sy /'prɪsi/ adj (peyor) **1** (persona) remilgado -a SIN **prim 2** (ropa) muy formal SIN **fussy**

pris·tine /'prɪ,stin, prɪ'stin/ adj **1** (muy limpio) inmaculado -a, impecable **2** (como nuevo) impecable, en perfecto estado • **in pristine condition** en perfecto/impecable estado **3** (playas, selvas, nieve) virgen, intacto -a

pri·va·cy /'praɪvəsi/ s [U] **1** (en relación con la difusión de información) privacidad: *We should respect other people's privacy.* Deberíamos respetar la privacidad de los demás. • **an invasion of privacy** una invasión de la privacidad • **a right to privacy** derecho a la privacidad: *Everyone has a right to privacy.* Todos tienen derecho a la privacidad. • **protect sb's privacy** proteger la privacidad de alguien **2** (intimidad) privacidad: *He shut the door, for privacy.* Cerró la puerta para tener privacidad. • **in the privacy of your own home/room** en la intimidad de su casa/habitación • **do sth in privacy** hacer algo en privado

pri·vate¹ S2 W1 /'praɪvɪt/ adj

1	de uso exclusivo
2	no estatal
3	de pocas personas
4	información
5	opiniones, sentimientos
6	no institucional
7	no de trabajo
8	lugar
9	personalidad
10	clases, profesores

1 DE USO EXCLUSIVO privado -a: *All the rooms have a private bathroom.* Todas las habitaciones tienen baño privado. • *his private jet* su jet privado • **private property** propiedad privada
2 NO ESTATAL [solo ante s] privado -a: *a private hospital* un hospital privado • *private investment* inversión privada ANT **public**
3 DE POCAS PERSONAS privado -a: *a private joke* un chiste privado (entre ellos) • *a private arrangement* un acuerdo privado
4 INFORMACIÓN confidencial, personal: *private documents* documentos confidenciales • *"Can I take a look at the letter?" "No, it's private."* –¿Puedo echarle un vistazo a la carta? –No, es personal.
5 OPINIONES, SENTIMIENTOS íntimo -a, personal: *He never found it easy to talk about his private feelings.* Nunca le fue fácil hablar de sus sentimientos íntimos.
6 NO INSTITUCIONAL [solo ante s] privado -a: *a private collector* un coleccionista privado • *a private citizen/individual* un particular
7 NO DE TRABAJO privado -a: *a private visit* una visita privada/no oficial • **sb's private life** la vida privada de alguien: *He was reluctant to talk about his private life.* Era reacio a hablar de su vida privada.

8 LUGAR privado -a, reservado -a: *Let's go somewhere more private to talk.* Vayamos a un lugar más privado para hablar. • *We went outside so we could be private.* Salimos para poder estar solos.
9 PERSONALIDAD reservado -a: *a very private man* un hombre muy reservado
10 CLASES, PROFESORES [solo ante s] particular: *private tuition* clases particulares ▶ PRIVATELY

pri·vate² s [C] (tb **Private**) soldado (raso)
EXPRESIONES
in private en privado: *I need to talk to you in private.* Necesito hablarte en privado. ANT **in public**

,private de'tective s [C] detective privado -a

,private 'enterprise s **1** [U] la iniciativa privada, la empresa privada **2** [U] el sector privado **3** [C] empresa privada (compañía individual)

,private in'vestigator s [C] investigador -a privado -a SIN **private detective**

pri·vate·ly /'praɪvətli/ adv **1** (en ausencia de otros) en privado: *I want to talk to you privately.* Quiero hablar contigo en privado. SIN **in private 2** [adv oracional] (fuera del ámbito público, profesional) en privado, extraoficialmente: *Privately, officials admitted that mistakes had been made.* En privado, algunos funcionarios reconocieron que se habían cometido errores. **3** (pensamientos) por dentro: *He smiled, but privately he was very worried.* Sonrió, pero por dentro estaba muy preocupado. **4** (sin participación estatal) *The land is privately owned.* Las tierras son de propiedad privada. • *He'd been educated privately.* Se había educado en escuelas privadas. **5** (en operaciones de compra o venta) *It can be cheaper to buy a house privately.* Puede resultar más barato comprar una casa sin intermediarios.

private parts /'praɪvɪts/ s [pl] partes pudendas SIN **genitals**

'private school s [C] colegio privado/particular, escuela particular/privada ▶ PUBLIC SCHOOL, STATE SCHOOL

pri·va·tion /praɪ'veɪʃən/ s [C,U] (frml) privación

pri·va·ti·za·tion /,praɪvətə'zeɪʃən/ s [C,U] privatización

pri·vat·ize /'praɪvə,taɪz/ v [T] privatizar ▶ NATIONALIZE

priv·et /'prɪvət/ s [C,U] ligustro • **privet hedge** cerco de ligustro

priv·i·lege¹ /'prɪvəlɪdʒ/ s **1** [C] (derecho especial) privilegio • [+of]: *Decent health care should not be the privilege of the rich.* La asistencia médica decente no debería ser privilegio de los ricos. **2** [sing] (honor) **have the privilege of doing sth** tener el privilegio de hacer algo: *I had the privilege of working with some very talented artists.* Tuve el privilegio de trabajar con artistas muy talentosos. • **it is a privilege to do sth** es un privilegio/un honor hacer algo: *It was a privilege to be involved in the project.* Fue un privilegio participar en el proyecto. **3** [U] (en relación con la riqueza) privilegios: *a life of wealth and privilege* una vida de riqueza y privilegios **4** [U] secreto profesional: *attorney-client privilege* secreto profesional entre abogado y cliente

privilege² v [T] (frml) privilegiar

priv·i·leged /'prɪvəlɪdʒd/ adj **1** privilegiado -a: *She came from a privileged background.* Venía de un ambiente privilegiado. • **for a/the privileged few** para unos pocos privilegiados **2** **feel/be privileged to do sth** sentirse honrado -a/tener el privilegio de hacer algo: *We felt very privileged to be at the ceremony.* No sentíamos muy honrados de estar presentes en la ceremonia. • **a privileged position** una posición privilegiada **3** (jur) confidencial: *privileged information/knowledge* información confidencial

priv·y¹ /'prɪvi/ adj (frml) **be privy to sth** tener conocimiento de algo, tener acceso a algo (a información vedada a otros)

privy² s [C] (pl **privies**) letrina, baño (fuera de la casa)

prize¹ S3 W3 /praɪz/ s [C]
1 (que recibe el ganador) premio • **win a prize (for sth)** ganar un premio (por algo): *He won a prize in an art competition.* Ganó un premio en un certamen artístico. • **first/second/third prize** primero/segundo/tercer premio: *She won the first prize of $100,000.* Ganó el primer premio de 100.000 dólares. • **the top prize** el premio mayor/máximo • [+**for**]: *There was a prize for the best poem.* Había un premio al mejor poema. • **award/give (sb) a prize** dar/otorgar un premio (a alguien): *He was awarded third prize.* Le dieron el tercer premio. • **prize draw** sorteo SIN **draw** • **prize money** premio en efectivo **2** (algo valioso) joya: *The gold watch was the prize of his collection.* El reloj de oro era la joya de su colección. ▶ BOOBY PRIZE, CONSOLATION PRIZE

prize² *adj* [solo ante s] **1** de primera (calidad): *prize onions* cebollas de primera calidad **2** [sin compar] más valioso -a: *the museum's prize exhibit* la pieza más valiosa del museo ▶ PRIZED **3 a prize fool/idiot** (*coloq*) un -a tonto -a/un -a idiota de marca mayor, un -a tonto -a/un -a idiota de primera

prize³ *v* [T] preciar, valorar: *He prized his freedom above all else.* Valoraba su libertad por encima de todo y lo demás.

prized /praɪzd/ *adj* preciado -a: *a prized possession* un bien preciado • **highly prized** muy preciado -a/valorado -a: *These mushrooms are highly prized for their fragrance.* Estos champiñones son muy preciados por su aroma.

prize·fight /'praɪzfaɪt/ s [C] pelea de boxeo/box profesional

prize·fight·er /'praɪzˌfaɪtər/ s [C] boxeador -a profesional

pro¹ W3 /proʊ/ s [C] (pl **pros**) (*coloq*) profesional, profesionista: *top pros* los mejores profesionales • *a golf pro* un jugador/una jugadora profesional de golf SIN **professional** ANT **amateur** ▶ PRO RATA, PROS AND CONS

pro² *adj* (*coloq*) **1** (jugador, deportista) profesional • **turn/go pro** hacerse profesional SIN **professional 2** [solo ante s] (deporte, actividad) profesional SIN **professional**

pro- /proʊ/ *pref* pro: *pro-abortion* a favor del aborto ANT **anti-**

pro·ac·tive /proʊ'æktɪv/ *adj* proactivo -a

prob·a·bil·i·ty /ˌprɑbə'bɪləti/ s (pl **probabilities**) **1** [C,U] probabilidad • [+**that**]: *She had to concede the probability that he was right.* Tuvo que admitir la probabilidad de que tuviera razón. • **the probability of (doing) sth** la probabilidad de (hacer) algo: *The probability of success was pretty low.* La probabilidad de éxito era muy baja. • **a high probability** una alta/gran probabilidad SIN **likelihood 2** [sing] (hecho o situación probable) probabilidad: *War now seems a probability rather than a possibility.* Ahora, la guerra parece algo probable más que algo meramente posible. **3** [C,U] (en estadística) probabilidad

EXPRESIONES
in all probability (*frml*) *In all probability, the cancer had returned.* Era muy probable que hubiera reaparecido el cáncer. SIN **probably**

prob·a·ble /'prɑbəbəl/ *adj* probable: *a probable consequence* una consecuencia probable • **it is probable (that)** es probable que: *It is probable that she was murdered by someone she knew.* Es probable que haya sido asesinada por alguien a quien conocía. • **highly probable** sumamente probable SIN **likely** ANT **improbable**

prob·a·bly S1 W1 /'prɑbəbli/ *adv* probablemente: *"Are you going to the meeting?" "Yes, probably."* –¿Vas a la reunión? –Sí, probablemente. • *You'll probably feel better after some sleep.* Probablemente se sentirá mejor después de dormir. • **probably not** puede que no: *"Are you going to invite John?" "No, probably not."* –¿Vas a invitar a John? –No, puede que no. • **very/most probably** muy probablemente: *The building will most probably be demolished.* Es muy probable que el edificio sea demolido.

pro·bate /'proʊbeɪt/ s [U] validación de un testamento

pro·ba·tion /proʊ'beɪʃən/ s [U] **1** libertad provisional, libertad condicional, libertad bajo palabra • **(be) on probation** (estar) en libertad provisional/condicional: *offenders on probation* delincuentes que están en libertad provisional • **put/place sb on probation** poner a alguien en libertad provisional/condicional **2** (en un trabajo) **put/place sb on probation** poner a alguien a prueba (para ver si su desempeño mejora) **3** (al entrar a un trabajo) **(be) on probation** (estar) a prueba

pro·ba·tion·ar·y /proʊ'beɪʃəˌnɛri/ *adj* [solo ante s] **1** (al entrar a un trabajo) de prueba: *There is a three-month probationary period.* Hay un periodo de prueba de tres meses. **2** (en un trabajo) de prueba (para ver si mejora el desempeño)

pro'bation ,officer s [C] funcionario -a que se ocupa de controlar y asistir a los que están en libertad provisional

probe¹ /proʊb/ s [C] **1** (de la policía, los medios) investigación • [+**into**]: *a probe into allegations of fraud* una investigación de acusaciones de fraude SIN **investigation 2** (en astronáutica) sonda (espacial) **3** (en medicina) sonda

probe² *v* **1** [I,T] investigar, indagar • **probe into sth** investigar algo: *What right has he to probe into my personal life?* ¿Qué derecho tiene él a investigar mi vida privada? **2** [I,T] palpar, tantear **3** [T] (*escrito*) explorar

prob·ing /'proʊbɪŋ/ *adj* incisivo -a (pregunta), a fondo (entrevista) SIN **searching**

pro·bi·ty /'proʊbəti/ s [U] probidad

prob·lem¹ S1 W1 /'prɑbləm/ s [C]
1 (dificultad) problema: *the problem of climate change* el problema del cambio climático • *Our main problem is lack of help.* Nuestro principal problema es la falta de ayuda. • [+**with**]: *The main problem with this method is that it is expensive.* El principal problema de este método es que es caro. • **have a problem** tener un problema: *The country has huge economic problems.* El país tiene enormes problemas económicos. • **cause a problem** causar un problema • **solve a problem** resolver un problema • **the (only) problem is (that)...** el (único) problema es que...: *The problem was that Lisa was too young.* El problema era que Lisa era demasiado joven. • **What's the problem?** (*oral*) ¿Qué pasa?, ¿Cuál es el problema? • **a big/serious/major problem** un problema grande/serio/grave
2 (de salud) problema • **a heart/kidney/hearing problem** un problema cardiaco/renal/auditivo • **a back problem** un problema en la espalda • **health problems** problemas de salud • **a drinking problem** un problema con el alcohol • **a weight problem** problemas con el peso
3 (de matemáticas, lógica) problema: *The students were given a series of problems to solve.* Se les dio a los alumnos una serie de problemas para resolver.

EXPRESIONES
Do you have a problem with that? (*oral*) ¿Algún problema? • **no problem** (*coloq, oral*) **(a)** (en respuesta a un pedido) claro que sí, no hay problema: *"Could you help me move this table?" "No problem."* –¿Me ayudas a mover esta mesa? –Sí, no hay problema. **(b)** (en respuesta a un agradecimiento) de nada **(c)** (en respuesta a una disculpa) no hay problema, no te preocupes/se preocupe • **it's/that's not my problem** (*oral*) no es problema mío • **that's your/his problem** (*oral*) eso es problema tuyo/suyo

problem² /'prɑbləm/ *adj* [solo ante s] **1** difícil: *a problem child* un niño difícil **2 a problem drinker** una persona que tiene problemas con el alcohol

prob·lem·at·ic /ˌprɑblə'mætɪk/ (tb **prob·lem·at·i·cal** /ˌprɑblə'mætɪkəl/) *adj* problemático -a

pro·ce·du·ral /prə'sidʒərəl/ *adj* [gralm ante s] (*frml*) de procedimiento, procedimental: *procedural irregularities* irregularidades de procedimiento

pro·ce·dure S3 W2 /prə'sidʒər/ s
1 [C,U] procedimiento, trámite: *the selection procedure*

el procedimiento de selección • *I want to apply for a visa. What's the procedure?* ¿Qué trámites hay que hacer? • [+**for**]: *the procedure for dealing with complaints* el procedimiento para procesar reclamos • **be standard/normal procedure** ser lo habitual/la norma • **follow a procedure** seguir un procedimiento • **legal/court/parliamentary procedures** trámites legales/judiciales/parlamentarios • **safety procedures** procedimientos de seguridad ▶ **PROCESS**
2 [C] (*frml*) intervención (en medicina) • **a surgical procedure** una intervención quirúrgica

pro·ceed W3 /prə'siːd, proʊ-/ *v* [I]
1 (*frml*) continuar • **proceed with sth** seguir adelante/continuar con algo: *The government was determined to proceed with the election.* El gobierno estaba decidido a seguir adelante con las elecciones.
2 (*frml*) proceder, obrar: *I was uncertain about how to proceed.* No estaba segura de cómo proceder.
3 (*frml*) avanzar, desarrollarse: *Work is proceeding according to plan.* El trabajo avanza según lo planeado.
4 proceed to do sth hacer algo (luego de haber hecho otra cosa): *After listening to my advice, she proceeded to do the exact opposite.* Después de escuchar lo que le aconsejé, hizo exactamente lo contrario. • *Bill then proceeded to spill his beer all over my jeans!* ¡Acto seguido Bill va y me derrama toda la cerveza sobre los bluyínes!
5 [siempre + adv/prep] (*frml*) dirigirse, seguir: *Passengers for Miami should proceed to gate 25.* Rogamos a los pasajeros a Miami que se dirijan a la puerta 25. ▶ **PROCEEDS**
proceed against sb *v+partíc* (*técn*) proceder contra alguien
proceed from sth *v+partíc* **1** (*frml*) obrar a partir de algo, actuar sobre la base de algo **2** proceder de algo SIN **come from**
proceed to sth *v+partíc* (*frml*) pasar a algo: *Let's proceed to the next item on the agenda.* Pasemos al siguiente punto del orden del día.

pro·ceeds /'proʊsiːdz/ *s* [pl] recaudación, dinero recaudado • [+**from/of**]: *The proceeds from the concert will go to charity.* Lo recaudado en el concierto será destinado a organizaciones benéficas.

pro·cess¹ S1 W1 /'prɑːses, 'proʊ-/ *s* [C] proceso: *the learning/selection process* el proceso de aprendizaje/selección • **a mental process** un proceso mental • **the production process** el proceso de producción ▶ **DUE PROCESS**

EXPRESIONES
be in process estarse llevando a cabo • **in the process** al hacer o mientras se hace algo: *I spilled the coffee, burning myself in the process.* Derramé el café y, al hacerlo, me quemé. • **be in the process of doing sth** (tb **be in process of doing sth**) estar haciendo algo

process² S3 W2 *v* [T]
1 procesar (alimentos, materias primas, etc.) ▶ **PROCESSED**
2 dar curso a, tramitar: *It will take four weeks to process your loan application.* Va a llevar cuatro semanas tramitar su solicitud de crédito.
3 process data/information procesar datos/información
4 process a film revelar un rollo • **process photographs/pictures** revelar fotografías ▶ **DATA PROCESSING, WORD PROCESSOR, PROCESSING**

pro·cess³ /prə'ses/ *v* [I siempre + adv/prep] (*frml*) marchar en procesión, desfilar

pro·cessed /'prɑːsest/ *adj* [solo ante s] procesado -a (alimentos) • **processed meat/fish** carne procesada/pescado procesado • **processed cheese** queso fundido

pro·cess·ing /'prɑːsesɪŋ/ *s* [U] **1** (de alimentos) procesamiento **2** (en informática) procesamiento: *data processing* procesamiento de datos **3** (de una solicitud, un documento) tramitación **4** (de fotografías) revelado

pro·ces·sion /prə'seʃən/ *s* **1** [C,U] (en una ceremonia) procesión, desfile • **walk in procession** ir en procesión • **march in procession** marchar, desfilar ▶ **PARADE 2** [C] (serie) desfile, sucesión: *an endless procession of visitors*

un desfile interminable de visitas

pro·ces·sor /'prɑːsesər/ *s* [C] procesador ▶ **FOOD PROCESSOR, WORD PROCESSOR**

pro-'choice *adj* abortista, a favor del aborto • **be pro-choice** ser partidario -a del aborto ▶ **PRO-LIFE**

pro·claim /proʊ'kleɪm, prə-/ *v* [T] (*frml*) **1** (afirmar) **proclaim that** declarar/proclamar que • **proclaim your innocence** declararse inocente **2** (anunciar) proclamar, declarar: *The new government proclaimed independence immediately.* El nuevo gobierno proclamó la independencia de inmediato. • **be proclaimed sth** ser declarado -a/proclamado -a algo: *His son was immediately proclaimed king.* Su hijo fue inmediatamente proclamado rey. • *The cave was proclaimed a national monument in 1909.* La cueva fue declarada monumento nacional en 1909. **3** (carteles) anunciar, decir: *"Best cocktails in town," proclaims a sign on the door.* "Los mejores cócteles de la ciudad", dice un cartel en la puerta. **4** indicar (claramente)

proc·la·ma·tion /ˌprɑːklə'meɪʃən/ *s* **1** [C] proclama • **issue a proclamation** emitir una proclama **2** [U] proclamación, declaración ▶ **PROCLAIM**

pro·cliv·i·ty /proʊ'klɪvəti/ *s* [C] (pl **proclivities**) propensión, tendencia

pro·cras·ti·nate /prə'kræstəneɪt/ *v* [I] (*frml*) procrastinar

pro·cras·ti·na·tion /prəˌkræstə'neɪʃən/ *s* [U] (*frml*) procrastinación, dilaciones: *He accused the government of persistent procrastination.* Acusó al gobierno de dejar las cosas para más tarde una y otra vez.

pro·cre·ate /'proʊkrieɪt/ *v* [I,T] (*frml*) procrear

pro·cre·a·tion /ˌproʊkri'eɪʃən/ *s* [U] (*frml*) procreación

pro·cure /proʊ'kjʊr, prə-/ *v* [T] (*frml*) obtener, conseguir • **procure sth for sb** (tb **procure sb sth**) conseguir algo para alguien, procurarle algo a alguien SIN **obtain**

pro·cure·ment /proʊ'kjʊrmənt, prə-/ *s* [U] (*frml*) obtención

prod¹ /prɑːd/ *v* [I,T] (**prodded, prodding**) **1 prod (at) sth/sb** pinchar algo/a alguien, chuzar algo/a alguien, picar algo/alguien (con el dedo, un palo, etc.): *"Don't go to sleep," she said, prodding me in the ribs.* –No te duermas –me dijo, pinchándome en el costado. SIN **poke 2** instar • **prod sb into doing sth** empujar a alguien para que haga algo • **prod sb into action** mover a alguien a actuar

prod² *s* [C gralm sing] **1** (con el dedo, un palo) pinchazo, chuzón: *Jerry gave me a sharp prod in the back.* Jerry me clavó el dedo en la espalda con fuerza. **2** (para ganado) picana

prod·i·gal /'prɑːdɪgəl/ *adj* [gralm ante s] (*frml*) pródigo -a

pro·di·gious /prə'dɪdʒəs/ *adj* prodigioso -a, inmenso -a

prod·i·gy /'prɑːdədʒi/ *s* [C] (pl **prodigies**) prodigio • **a child prodigy** un niño/una niña prodigio ▶ **GENIUS**

pro·duce¹ S2 W1 /prə'duːs/ *v*

1	un efecto, una reacción, un resultado
2	fabricar, crear
3	procesos naturales
4	del bolsillo, de un bolso
5	una prueba, un documento
6	una razón, una excusa
7	una película, una obra teatral
8	hijos, cría

1 UN EFECTO, UNA REACCIÓN, UN RESULTADO [T] producir, causar: *It produced the opposite effect.* Produjo el efecto contrario. SIN **cause**
2 FABRICAR, CREAR [I,T] producir: *The factory produces 100 engines per hour.* La fábrica produce 100 motores por hora. • *Nathalie produced a wonderful meal for us.* Nathalie nos preparó una comida riquísima. • *The area produces excellent wines.* La región produce excelentes vinos. SIN **manufacture, create**

3 PROCESOS NATURALES [T] dar: *cows that produce 10 liters of milk a day* vacas que dan 10 litros de leche al día

4 DEL BOLSILLO, UN BOLSO [T] sacar: *During the argument, one of the men produced a knife.* Durante la pelea, uno de los hombres sacó una navaja.

5 UNA PRUEBA, UN DOCUMENTO [T] presentar: *You will need to produce evidence of your age.* Deberá presentar algún documento que acredite su edad.

6 UNA RAZÓN, UNA EXCUSA [T] dar

7 UNA PELÍCULA, UNA OBRA TEATRAL [I,T] producir: *Clint Eastwood produced and directed the movie.* Clint Eastwood produjo y dirigió la película. ▶ **PRODUCER**

8 HIJOS, CRÍA [T] tener: *She had failed to produce an heir.* No había podido darle un heredero. ▶ **MASS-PRODUCED, PRODUCER, PRODUCT, PRODUCTION**

pro·duce² /'prɑdʌs, 'proʊ-/ s [U] productos (agrícolas): *Organic produce is not cheap.* Los productos orgánicos no son baratos. • *The hotel grows its own produce.* El hotel cultiva sus propias verduras y frutas. • *"produce of Spain"* "producido en España"

pro·duc·er 🄦 /prə'dusər/ s [C]
1 (de cine, TV) productor -a • **a television/movie producer** un productor/una productora de televisión/cine ▶ **DIRECTOR**
2 (tb **record producer**) productor -a (discográfico -a)
3 (país, empresa, empresario) productor -a • **a coffee/wine producer** un -a productor -a de café/vino ▶ **CONSUMER**

prod·uct 🅂🄦 /'prɑdʌkt/ s
1 [C,U] producto: *Our products are not tested on animals.* Nuestros productos no son puestos a prueba en animales. • **milk/meat products** productos lácteos/cárnicos ▶ **PRODUCE, PRODUCTION**
2 (resultado) **be the product of sth (a)** ser producto de algo: *She was the product of a lonely childhood.* Era producto de una niñez solitaria. **(b)** ser producto de algo, ser el fruto de algo: *The report was the product of four years' hard work.* El informe fue el fruto de cuatro años de trabajo duro.
3 [C] (de un proceso químico) producto: *Oxygen is the product of photosynthesis.* El oxígeno es producto de la fotosíntesis.

pro·duc·tion 🅂🄦 /prə'dʌkʃən/ s
1 [U] (fabricación, cultivo) producción: *the production of consumer goods* la producción de bienes de consumo • **be in production** estar en producción • **go into production** empezar a fabricarse, entrar en producción: *The new model will go into production next year.* El nuevo modelo se va a empezar a fabricar el año próximo. • **go out of production** dejar de fabricarse
2 [U] (cantidad producida) producción: *Production in the industrial sector fell by 3.1 percent.* En el sector industrial la producción cayó en un 3,1 por ciento.
3 [U] (proceso natural) producción: *the body's production of hormones* la producción de hormonas en el organismo
4 [C,U] (en cine, televisión) producción • **production company** (empresa) productora ▶ **PRODUCE, PRODUCT**

EXPRESIONES
on/upon (the) production of sth (*frml*) al presentar algo, previa presentación de algo: *Entrance is permitted only on production of a ticket.* Solo se permite el ingreso previa presentación de una entrada.

pro'duction ˌline s [C] línea de producción 🅂🄸🄽 **assembly line**

pro·duc·tive /prə'dʌktɪv/ adj **1** (fructífero) productivo -a: *a productive meeting* una reunión productiva **2** [solo ante s] (de la producción de bienes) productivo -a, de producción **3 be productive of sth** (*frml*) producir/generar algo

pro·duc·tive·ly /prə'dʌktɪvli/ adv productivamente

pro·duc·tiv·i·ty /ˌproʊdək'tɪvəti, ˌprɑ-/ s [U] productividad

Prof. /prɑf/ (*abrev escrita de* **Professor**) Prof.

prof /prɑf/ s [C] (*coloq*) profe

pro·fane¹ /proʊ'feɪn, prə-/ adj (*frml*) **1** blasfemo -a **2** profano -a 🅂🄸🄽 **secular** 🄰🄽🅃 **sacred**

profane² v [T] (*frml*) profanar

pro·fan·i·ty /proʊ'fænəti, prə-/ s (pl **profanities**) (*frml*) **1** [C gralm pl, U] blasfemia, obscenidad **2** [U] profanidad

pro·fess /prə'fɛs, proʊ-/ v [T] (*frml*) **1** proclamar, manifestar • **profess to be/do sth** decir que se es/hace algo, pretender ser/hacer algo: *Although he professes to be a vegetarian, he eats fish.* Aunque dice que es vegetariano, come pescado. 🅂🄸🄽 **claim 2** manifestar (abiertamente) • **profess your love (for sb)** declarar/manifestar su amor (a alguien) • **profess yourself sth** *He professed himself pleased with the results.* Se manifestó satisfecho con los resultados. 🅂🄸🄽 **declare 3** profesar (una religión)

pro·fessed /prə'fɛst, proʊ-/ adj [solo ante s] (*frml*) **1** declarado -a: *a professed socialist* un socialista declarado **2** supuesto -a

pro·fes·sion /prə'fɛʃən/ s **1** [C] profesión (trabajo) • **the legal/medical/teaching profession** la abogacía/medicina/docencia • **by profession** de profesión: *I'm an architect by profession.* Soy arquitecta de profesión. • **enter/go into/join a profession** ingresar/dedicarse a una profesión: *Her father wanted her to go into the legal profession.* Su padre quería que se dedicara a la abogacía. ▶ **JOB 2** [sing] (personas) profesionales • **the legal/medical profession** los abogados/médicos: *The legal profession is divided on the issue.* Los abogados están divididos en este tema. **3** [C] (expresión) (*frml*) declaración, manifestación • **a profession of faith** una profesión de fe

pro·fes·sion·al¹ 🅂🄦 /prə'fɛʃənəl/ adj
1 [solo ante s] profesional: *professional training* formación profesional • *Our relationship is purely professional.* Nuestra relación es puramente profesional. • **professional advice** asesoramiento profesional • **professional help** ayuda de un profesional/profesionista • **a professional body** una organización/un cuerpo profesional
2 (propio de un profesional) profesional: *in a very professional way* con mucho profesionalismo 🄰🄽🅃 **amateurish**
3 (no amateur) profesional: *a professional tennis player* una tenista profesional • **turn/go professional** hacerse profesional ▶ **AMATEUR**
4 (que ejerce una profesión) **a professional man/woman** un/una profesional, un/una profesionista • **a professional couple** una pareja de profesionales/profesionistas

professional² 🅆 s [C]
1 profesional, profesionista ▶ **AMATEUR**
2 a tennis/golf professional un/una profesional del tenis/golf

pro·fes·sion·al·ism /prə'fɛʃənəlˌɪzəm/ s [U] profesionalismo, profesionalidad

pro·fes·sion·al·ly /prə'fɛʃənəli/ adv **1** a nivel profesional **2 professionally qualified** (tb **professionally certified**) con título, recibido -a, titulado -a • **professionally trained** con capacitación profesional **3** con profesionalismo, profesionalmente: *She behaved very professionally.* Se comportó con mucho profesionalismo. **4** (no como aficionado) profesionalmente: *I used to box professionally.* Antes boxeaba profesionalmente. **5** por un profesional: *The carpet should be professionally laid.* La alfombra debe ser colocada por un profesional.

pro·fes·sor 🅂🄦, Professor /prə'fɛsə/ s [C] profesor -a (de universidad) ▶ **ASSISTANT PROFESSOR**

prof·fer /'prɑfər/ v [T] **1** (*frml*) ofrecer 🅂🄸🄽 **offer 2** (*frml*) dar, brindar (información, una explicación), ofrecer (una disculpa) 🅂🄸🄽 **volunteer**

pro·fi·cien·cy /prə'fɪʃənsi/ s [U] competencia • [+**in/at**]: *proficiency in English* competencia en el idioma inglés

pro·fi·cient /prə'fɪʃənt/ adj competente • **be proficient at sth** ser competente en algo: *She is very proficient at her job.* Es muy competente en su trabajo. • **be proficient in English/French/Japanese** dominar el (idioma) inglés/francés/japonés: *Gwen is proficient in three languages.* Gwen domina tres idiomas.

pro·file¹ W3 /'proufaɪl/ *s* [C]
1 (vista lateral) perfil • **in profile** de perfil: *Her face looked beautiful in profile.* De perfil tenía una cara hermosa.
2 (atención, interés) perfil: *her public profile* su perfil público • **a high profile** un alto perfil • **keep a low profile** mantener un perfil bajo, tratar de no llamar la atención • **raise the profile of sth/raise sb's profile** elevar el perfil de algo/alguien
3 (descripción) perfil: *customer profile* perfil del cliente
▶ **HIGH-PROFILE, LOW-PROFILE**

profile² *v* [T] hacer una semblanza de

prof·it¹ S3 W1 /'prɑfɪt/ *s*
1 [C,U] utilidades, ganancia(s): *Higher costs mean less profit.* Costos más elevados implican menores utilidades. • *a profit of $255* una ganancia de 255 dólares • **for profit** con fines de lucro • **make/turn a profit** sacar ganancias/obtener utilidades: *We made a huge profit on the deal.* Sacamos enormes ganancias con el negocio. • **sell sth at a profit** vender algo sacando ganancias • **operate at a profit** ser rentable ANT **loss** ▶ **REVENUE**
2 [U] (*frml*) (ventaja) provecho • **there's no profit in doing sth** no se gana nada con hacer algo SIN **benefit**
▶ **PROFIT MARGIN**

profit² *v* **1** [I] (*frml*) **profit (from sth)** beneficiarse (de/con algo), sacar provecho de algo: *How can we profit from this situation?* ¿Cómo podemos sacar provecho de esta situación? SIN **gain 2** [T] (*frml*) beneficiar • **it profits sb to do sth** es beneficioso para alguien hacer algo **3** [I] sacar ganancias/obtener utilidades

prof·it·a·bil·i·ty /ˌprɑfɪtə'bɪləti/ *s* [U] rentabilidad

prof·it·a·ble /'prɑfɪtəbəl/ *adj* **1** rentable: *a profitable business* un negocio rentable • **highly profitable** muy rentable ANT **unprofitable 2** provechoso -a, fructífero -a

prof·it·a·bly /'prɑfɪtəbli/ *adv* **1** con rentabilidad, sacando ganancias **2** de modo provechoso/fructífero

prof·it·eer¹ /ˌprɑfə'tɪr/ *s* [C] (*peyor*) especulador -a

profiteer² *v* [I] (*peyor*) especular

prof·it·eer·ing /ˌprɑfə'tɪrɪŋ/ *s* [U] (*peyor*) especulación

'profit-ˌmaking *adj* **1** rentable, lucrativo -a **2** con fines de lucro ANT **non profit-making**

'profit ˌmargin *s* [C] margen de utilidad

'profit ˌsharing *s* [U] participación en las utilidades/ganancias

prof·li·gate /'prɑfləgɪt/ *adj* [gralm ante s] (*peyor*, *frml*)
1 derrochador -a • **the profligate use of sth** el despilfarro/derroche de algo SIN **wasteful 2** disoluto -a

pro·found /prə'faund/ *adj* **1** (intenso) profundo -a: *a profound effect/impact* un profundo efecto/impacto • *He felt a profound sense of sadness.* Se sentía profundamente triste. **2** (que demuestra conocimientos, inteligencia) profundo -a: *a profound remark* un comentario profundo

pro·found·ly /prə'faundli/ *adv* **1** (intensamente) profundamente: *He was profoundly affected by his war experiences.* Las experiencias vividas en la guerra lo afectaron profundamente • *profoundly deaf children* niños totalmente sordos SIN **deeply 2** (de forma inteligente, perceptiva) con gran profundidad

pro·fun·di·ty /prə'fʌndəti/ *s* [U] (*frml*) profundidad (de un análisis, un comentario)

pro·fuse /prə'fyus, prou-/ *adj* (*frml*) **1** profuso -a (sudor, transpiración, sangre) **2** express **profuse apologies/thanks** deshacerse en disculpas/agradecer efusivamente

pro·fuse·ly /prə'fyusli, prou-/ *adv* (*frml*) **1** profusamente, abundantemente (sudar, sangrar) **2** apologize **profusely** deshacerse en disculpas • **thank sb profusely** agradecerle a alguien efusivamente

pro·fu·sion /prə'fyuʒən, prou-/ *s* [sing, U] (*frml*) **a profusion of sth** una profusión/abundancia de algo • **in profusion** en abundancia

prog·e·ny /'prɑdʒəni/ *s* [U] (*frml*) progenie SIN **offspring**

pro·ges·ter·one /prou'dʒɛstəˌroun/ *s* [U] progesterona

prog·no·sis /prɑg'nousɪs/ *s* [C] (pl **prognoses** /-siz/)
1 (*técn*) (en medicina) pronóstico ▶ **DIAGNOSIS 2** (*frml*) (presagio) pronóstico

pro·gram¹ S1 W1 /'prougræm, -grəm/ *s* [C]

1	actividad oficial
2	en televisión, radio
3	en informática
4	en educación
5	en el cine, el teatro
6	serie de actividades, obras

1 ACTIVIDAD OFICIAL programa: *the U.S. space program* el programa espacial de Estados Unidos • **a program to do sth** un programa para hacer algo: *programs to combat drug trafficking* programas para combatir el tráfico de drogas
2 EN TELEVISIÓN, RADIO programa: *What's your favorite program?* ¿Cuál es tu programa preferido? • *Tonight's program features an interview with George Bush.* En el programa de hoy presentamos una entrevista con George Bush. • **see/watch a program** ver un programa • **a television/TV program** un programa de televisión • **a radio program** un programa de radio • **a news/current affairs program** un noticiero/un programa de actualidad
3 EN INFORMÁTICA programa • **run a program** ejecutar un programa: *You can run several programs at once.* Se puede ejecutar varios programas al mismo tiempo. • **write a program** escribir un programa
4 EN EDUCACIÓN curso: *a management training program* un curso de capacitación gerencial
5 EN EL CINE, EL TEATRO programa (folleto)
6 SERIE DE ACTIVIDADES, OBRAS programa • **on the program** *What's on the program for tomorrow?* ¿Qué actividades hay en el programa de mañana?
EXPRESIONES
get with the program (*oral*) hacer las cosas bien, portarse bien (como los demás esperan)

program² S2 W2 *v* [T] (**programmed**, **programming**)
1 (una grabadora, una máquina de lavar) programar: *Do you know how to program the DVD recorder?* ¿Sabes programar el reproductor de DVD? • **program sth to do sth** programar algo para que haga algo: *The heating is programmed to come on at 5 o'clock.* La calefacción está programada para encenderse a las 5. SIN **set**
2 (en informática) programar: *He programs computers for businesses.* Programa computadoras para empresas. • **program sth to do sth** programar algo para que haga algo ▶ **PROGRAMMER**
3 be programmed to be/do sth estar programado -a para ser/hacer algo: *Human beings are not programmed to run so fast.* Los seres humanos no están programados para correr tan rápido.
4 (para una reunión, un espectáculo) programar, planear: *What is programmed for this afternoon?* ¿Qué han programado para esa tarde?

pro·gramme /'prougræm/ *s*, *v* variante británica de **PROGRAM**

pro·gram·mer /'prouˌgræmə, -grəmə/ (tb **computer programmer**) *s* [C] programador -a

pro·gram·ming /'prouˌgræmɪŋ/ *s* [U] **1** (tb **computer programming**) (en informática) programación (informática) • **programming language** lenguaje de programación **2** (en radio, televisión) programación: *television programming* programación televisiva **3** (planificación) programación

prog·ress¹ S3 W2 /'prɑgrəs, -grɛs/ *s* [U]
1 (en un proceso) avance, progreso(s) • **make progress** avanzar, progresar, hacer progresos: *Nick has made a lot of progress this semester.* Nick ha hecho grandes progresos este semestre. • *Accident investigators have been making slow progress.* Los investigadores del accidente han estado avanzando lentamente en su tarea. •

He is making good progress after his operation. Evoluciona bien tras la operación. • [+**toward**]: *There has been steady progress toward a peace settlement.* Se ha estado avanzando de manera sostenida hacia un acuerdo de paz. • **lack of progress** *The lack of progress toward a peace settlement is due to intransigent attitudes.* El hecho de no haber avanzado en relación con el acuerdo de paz se debe a actitudes intransigentes. • **monitor/follow sb's progress** controlar cómo evoluciona alguien, controlar el avance/los avances de alguien **2** (de una situación, un acontecimiento) evolución, desarrollo • [+**of**]: *the progress of the war* la evolución de la guerra • **monitor/follow the progress of sth** ir siguiendo el desarrollo/la evolución de algo **3** (en la ciencia, la sociedad) progreso: *We should not be afraid of progress.* No debemos temer al progreso. • **technological/scientific progress** progreso tecnológico/ científico • **in the name of progress** en nombre del progreso **4** (*esp escrito*) (desplazamiento) avance: *The heavy suitcase slowed his progress.* La pesada maleta enlentecía su paso. • [+**through/across**]: *the ship's progress through the rough seas* el avance del buque por los mares embravecidos • **make slow progress** avanzar lentamente • **make good progress** avanzar con rapidez

EXPRESIONES
in progress (*frml*) *The class was already in progress.* La clase ya había empezado. • *"Quiet, exam in progress."* "Silencio, examen." • *Clinical studies of the new drug are currently in progress.* Se están llevando a cabo estudios clínicos de la nueva droga.

prog·ress² /prəˈɡrɛs/ *v* **1** [I] (desarrollarse) avanzar: *The work has progressed more quickly than expected.* El trabajo ha avanzado más rápidamente de lo esperado. • **progress to sth** pasar a algo: *It is time to progress to the next stage.* Es hora de pasar a la etapa siguiente. • *We hope events will not progress to war.* Esperamos que estos sucesos no deriven en una guerra. • **progress toward sth** avanzar hacia algo • **progress beyond sth** pasar de algo, superar algo **2** [I] (*esp escrito*) (desplazarse) avanzar **3** [I] (*esp escrito*) (tiempo) pasar, avanzar: *She became more relaxed as the day progressed.* Se fue relajando conforme pasaban las horas. **4** [T] (proyectos, planes) hacer avanzar, avanzar en

pro·gres·sion /prəˈɡrɛʃən/ *s* **1** [U] (desarrollo) evolución: *career progression* avance profesional • [+**of**]: *the progression of the disease* la evolución de la enfermedad • **progression from sth to sth** *his progression from accountant to financial controller* su ascenso de contador a director financiero • *Progression from one stage to the next was smooth.* El pasaje de una etapa a la siguiente se dio sin tropiezos. SIN **progress 2** [U] (*esp escrito*) (desplazamiento) avance • [+**toward/through**]: *the river's progression toward the Gulf of Mexico* el avance del río hacia el Golfo de México **3** [C gralm sing] (serie) progresión, sucesión

pro·gres·sive¹ /prəˈɡrɛsɪv/ *adj* **1** (*aprec*) progresista, avanzado -a: *progressive teaching methods* métodos de enseñanza avanzados • *a progressive administration* un gobierno progresista **2** [gralm ante s] progresivo -a • **a progressive decline/reduction/increase** una disminución progresiva/una reducción progresiva/un aumento progresivo **3** (*técn*) continuo -a SIN **continuous**

progressive² *s* **1** [C] (*aprec*) progresista **2 the progressive** la forma continua SIN **continuous**

pro·gres·sive·ly /prəˈɡrɛsɪvli/ *adv* progresivamente • **progressively worse/more difficult** cada vez peor/más difícil

pro·hib·it W3 /prəʊˈhɪbɪt, prə-/ *v* [T]
1 [gralm en pasiva] prohibir: *Smoking is prohibited in the station.* Está prohibido fumar en la estación. • **prohibit sb from doing sth** prohibirle a alguien hacer algo: *They were prohibited from leaving the country.* Se les prohibió salir del país. SIN **forbid**
2 (*frml*) *Lack of money prohibits family vacations.* La falta de dinero hace que las vacaciones familiares resulten prohibitivas. • **prohibit sb from doing sth**

impedirle a alguien hacer algo/impedir que alguien haga algo

pro·hi·bi·tion /ˌprəʊəˈbɪʃən/ *s* **1** [sing] (acción) prohibición: *the prohibition of alcohol* la prohibición del consumo de alcohol **2** [C] (norma) prohibición SIN **ban**

pro·hib·i·tive /prəʊˈhɪbətɪv, prə-/ *adj* prohibitivo -a

pro·hib·i·tive·ly /prəʊˈhɪbətɪvli, prə-/ *adv* prohibitivamente

proj·ect¹ S1 W1 /ˈprɑdʒɛkt, -dʒɪkt/ *s* [C]
1 proyecto: *His latest movie is a very ambitious project.* Su última película es un proyecto muy ambicioso. • **go ahead with a project** seguir adelante con un proyecto • **a pilot project** un proyecto piloto • **a research project** un trabajo de investigación
2 (en los estudios) trabajo (sobre un tema específico): *a history project* un trabajo de historia • [+**on**]: *a project on pollution* un trabajo sobre la contaminación
3 (tb **the projects**) complejo de viviendas para familias sin recursos, generalmente construido por el Estado SIN **housing project**

proj·ect² S3 W3 /prəˈdʒɛkt/ *v*

1	prever
2	películas, transparencias
3	determinada imagen
4	sobresalir
5	la voz
6	en psicología
7	planear
8	arrojar

1 PREVER [T] pronosticar: *The company projects an increase in profits.* La empresa pronostica un aumento de las utilidades. SIN **forecast, predict**
2 PELÍCULAS, TRANSPARENCIAS [T] proyectar • **project an image/design onto sth** proyectar una imagen/un diseño en algo
3 DETERMINADA IMAGEN [T] proyectar: *He projects an image of authority.* Proyecta una imagen de autoridad. • **project yourself as sth** proyectarse/presentarse como algo
4 SOBRESALIR [I] (*frml*) **project from/over/through sth** *A balcony projects from the second floor of the house.* En el segundo piso de la casa, hay un balcón. SIN **protrude**
5 LA VOZ [T] proyectar
6 EN PSICOLOGÍA project your feelings/worries onto sb proyectar sus sentimientos/preocupaciones en alguien
7 PLANEAR be projected [pasiva] (*frml*) **be projected for next week/February** estar previsto -a para la semana próxima/febrero • **be projected to rise/decrease** *The population is projected to rise from 14 to 19 million in the next two decades.* Se ha pronosticado que en los próximos veinte años la población pasará de 14 a 19 millones de personas.
8 ARROJAR [T siempre + adv/prep] (*técn*) proyectar, lanzar, aventar SIN **propel**

pro·jec·tile /prəˈdʒɛktl, -ˌtaɪl/ *s* [C] (*frml*) proyectil SIN **missile**

pro·jec·tion /prəˈdʒɛkʃən/ *s* **1** [C] (cálculo) proyección, pronóstico: *sales projections* proyecciones de ventas SIN **forecast 2** [C] (*frml*) saliente SIN **protrusion 3** [U] (de una película, una transparencia) proyección **4** [U] (de un sentimiento) proyección

pro·jec·tion·ist /prəˈdʒɛkʃənɪst/ *s* [C] proyeccionista

pro·jec·tor /prəˈdʒɛktər/ *s* [C] proyector ▶ OVERHEAD PROJECTOR

pro·lapse /ˈprəʊlæps, prəʊˈlæps/ *s* [C] prolapso

pro·le·tar·i·an¹ /ˌprəʊləˈtɛriən‹/ *adj* proletario -a SIN **working-class**

proletarian² *s* [C] proletario -a

pro·le·tar·i·at /ˌprəʊləˈtɛriət/ *s* **the proletariat** el proletariado SIN **working-class**

pro-'life *adj* antiabortista ANT **pro-choice**

pro·lif·er·ate /prə'lɪfə,reɪt/ v [I] (frml) proliferar SIN **multiply**

pro·lif·er·a·tion /prə,lɪfə'reɪʃən/ s [sing, U] (frml) proliferación

pro·lif·ic /prə'lɪfɪk/ adj 1 prolífico -a: *a prolific artist* un prolífico artista 2 (en biología) prolífico -a

pro·logue /'proʊlɑg, -lɔg/ s [C gralm sing] 1 prólogo • [+to]: *the prolog to his book* el prólogo de su libro SIN **introduction** ▶ EPILOG 2 **be a prologue to sth** (escrito) ser el preámbulo de/a algo

pro·long /prə'lɔŋ/ v [T] prolongar, alargar • **prolong the agony** prolongar la agonía

pro·longed /prə'lɔŋd/ adj prolongado -a: *a prolonged illness* una prolongada enfermedad

prom /prɑm/ s [C] baile de fin de curso (en la escuela secundaria)

prom·e·nade¹ /,prɑmə'neɪd, -'nɑd/ s [C] 1 malecón 2 (antic) (caminata) paseo

promenade² v [I] (antic) pasear

prom·i·nence /'prɑmənəns/ s [U] importancia, prominencia • **rise to/come to prominence** adquirir importancia/prominencia • **give prominence to sth** dar prominencia a algo, resaltar algo

prom·i·nent W3 /'prɑmənənt/ adj
1 (importante) prominente, destacado -a • **a prominent figure** una figura destacada • **play a prominent role/part (in sth)** tener un papel destacado (en algo)
2 (fácil de ver) destacado -a, prominente • **a prominent place/position** un lugar prominente/destacado
3 (rasgos faciales) **a prominent nose** una nariz prominente • **prominent teeth** dientes salidos

prom·i·nent·ly /'prɑmənəntli/ adv **be prominently displayed** ocupar un lugar destacado • **figure/feature prominently** tener un papel destacado, ocupar un lugar destacado

prom·is·cu·i·ty /,prɑmɪ'skyuəti/ s [U] promiscuidad

pro·mis·cu·ous /prə'mɪskyuəs/ adj promiscuo -a

prom·ise¹ S2 W1 /'prɑmɪs/ v
1 [I,T] (dar su palabra) prometer • **I/we promise** te lo prometo/prometemos: *I won't be late home, I promise.* No volveré tarde, te lo prometo. • **promise (that)** prometer que: *We promised that we would help them.* Les prometimos que los ayudaríamos. • **promise sb (that)** prometerle a alguien que: *Promise me you won't do anything stupid.* Prométeme que no harás ninguna tontería. • **promise to do sth** prometer hacer algo: *She promised to write to me.* Prometió escribirme. • **promise sb sth** prometerle algo a alguien: *The company promised us a bonus.* La empresa nos prometió una bonificación. • **as promised** *He came back two hours later, as promised.* Volvió al cabo de dos horas, como había prometido. • **promise yourself (that)** jurar que, hacerse el firme propósito de que • **Promise?** ¿Me lo prometes? • **promise sth to sb** prometerle (dar) algo a alguien: *I've promised that book to Daniel, I'm afraid.* Me temo que ese libro se lo prometí a Daniel.
2 [T] (ser presagio de) prometer, anunciar: *The wet winter promised a glorious spring.* El invierno lluvioso prometía una maravillosa primavera. • **promise to be difficult/interesting** prometer ser difícil/interesante: *The game promises to be an exciting one.* El partido promete ser emocionante.

EXPRESIONES
I (can) promise you (oral) te lo prometo/juro: *You're not getting a penny from me, I can promise you!* ¡A mí no me vas a sacar ni un centavo, te lo juro! • **I can't promise (anything)** (oral) no puedo prometer nada • **promise (sb) the moon/world/Earth** prometer el oro y el moro (a alguien)

promise² W2 s
1 [C] promesa • **make (sb) a promise** hacer(le) una promesa (a alguien): *I should be back by 8, but I'm not making any promises.* Debería estar de vuelta antes de las 8, pero no lo garantizo. • **keep a promise (to sb)**

cumplir (con) una promesa (hecha a alguien): *Don't make promises you can't keep.* No prometas cosas que no puedes cumplir. • **break a promise (to sb)** romper/no cumplir una promesa (hecha a alguien) • **a promise to do sth** *She forgot her promise to call him.* Se olvidó de que había prometido llamarlo. • [+that]: *He left with the promise that he would be back soon.* Se marchó con la promesa de que volvería pronto. • **give (sb) your promise** dar(le) su palabra (a alguien)
2 [U] (potencial) *a young man with great promise* un joven muy prometedor • **show (a lot of) promise** prometer (mucho), ser (muy) prometedor -a: *John shows a lot of promise as a writer.* John promete mucho como escritor. • **fail to fulfill/not fulfill your promise** no llegar a ser lo que se prometía • **hold (great) promise** *This new venture holds great promise for the future.* Esta nueva empresa tiene un futuro muy promisorio. SIN **potential**

EXPRESIONES
Promises, promises! (oral) ¡Son solo promesas!

prom·is·ing /'prɑmɪsɪŋ/ adj prometedor -a: *a promising future* un futuro prometedor

pro·mo /'proʊmoʊ/ s [C] (pl **promos**) (coloq) 1 video promocional, corto (promocional) (de un programa de TV, radio) 2 producto que se obsequia o se vende a bajo precio a modo de promoción SIN **promotion**

prom·on·to·ry /'prɑmən,tɔri/ s [C] (pl **promontories**) promontorio SIN **headland**

pro·mote W2 /prə'moʊt/ v [T]
1 promover, fomentar: *More could be done to promote recycling.* Se podría hacer más para promover el reciclaje. • *The visit is aimed at promoting good relations between the two countries.* La visita tiene por objeto fomentar las buenas relaciones entre ambos países.
2 [gralm en pasiva] (en el trabajo), ascender • **promote sb to sth** ascender a alguien a algo: *She was promoted to head of the department.* La ascendieron a jefa de departamento. ANT **demote**
3 promocionar: *She's in town to promote her new book.* Está en la ciudad para promocionar su nuevo libro.
4 [gralm en pasiva] (a un alumno) **be promoted to second/third grade** pasar a segundo/tercer grado, pasar al segundo/tercer curso ANT **hold back**
5 (un concierto, un evento) organizar

pro·mot·er /prə'moʊtɚ/ s [C] promotor -a, organizador -a (de eventos deportivos, conciertos)

pro·mo·tion /prə'moʊʃən/ s 1 [C,U] (en el trabajo) ascenso: *I want a job with good prospects for promotion.* Quiero un trabajo con buenas perspectivas de ascenso. • **get a promotion** ser ascendido -a • [+to]: *They announced her promotion to manager.* Anunciaron su ascenso a gerente. 2 [C,U] (para vender algo) promoción 3 [U] (fomento) promoción: *a national program for health promotion* un programa nacional de promoción de la salud • *the promotion of tourism* la promoción del turismo 4 [U] (de un alumno) aprobación (de un grado, nivel) 5 [C,U] (de un recital, un partido) organización, promoción

pro·mo·tion·al /prə'moʊʃənəl/ adj [gralm ante s] promocional, de promoción

prompt¹ W3 /prɑmpt/ v
1 [T] dar lugar a, provocar: *What prompted that remark?* ¿Qué provocó ese comentario? • *Illness prompted his resignation.* Su renuncia se debió a que estaba enfermo. • **prompt sb to do sth** llevar/mover a alguien a hacer algo: *The decision prompted steel workers to strike.* La decisión llevó a los trabajadores siderúrgicos a declararse en huelga. ▶ SPUR, SPARK
2 [I,T] hacer de apuntador (para/a)
3 [T] animar a alguien a hablar o sugerirle qué decir: *Several witnesses mentioned his hair without being prompted.* Varios testigos mencionaron su cabello sin que nadie los indujera a hacerlo.

prompt² adj 1 rápido -a, pronto -a: *Prompt action must be taken.* Se debe actuar de inmediato. 2 [nunca ante s] puntual SIN **punctual** ANT **late**

prompt³ *s* [C] **1** (en informática) indicador (de comandos, contraseña, etc.) **2** (en una entrevista, una conversación) *Interviewers must not use prompts.* Los entrevistadores no deben inducir las respuestas de los entrevistados. **3** (del apuntador) indicación

prompt·er /'prɑmptər/ *s* [C] apuntador -a

prompt·ing /'prɑmptɪŋ/ *s* **without (any) prompting** por iniciativa propia

prompt·ly /'prɑmptli/ *adv* **1** puntualmente: *The meeting started promptly at 10.* La reunión comenzó puntualmente a las 10. ⟨SIN⟩ **on time, punctually 2** rápidamente, con prontitud

prom·ul·gate /'prɑməl,geɪt/ *v* [T] (*frml*) promulgar

pron. (*abrev escrita de* **pronoun**) pron.

prone /proʊn/ *adj* **1 be prone to sth** ser propenso -a a algo: *Some plants are prone to disease.* Algunas plantas son propensas a las enfermedades. • **be prone to do sth/to doing sth** tener tendencia a hacer algo **2** (*frml*) (tendido -a) boca abajo, decúbito prono ⟨SIN⟩ **prostrate**

prong /prɔŋ, prɑŋ/ *s* [C] diente (de un tenedor)

pro·noun /'proʊnaʊn/ *s* [C] pronombre ▶ PERSONAL PRONOUN, RELATIVE PRONOUN

pro·nounce ⟨S3⟩ /prə'naʊns/ *v*
1 [T] pronunciar: *How do you pronounce his last name?* ¿Cómo se pronuncia su apellido? ⟨SIN⟩ **say** ▶ MISPRONOUNCE
2 [T] (*frml*) **pronounce sth/sb sth** declarar algo/a alguien algo, calificar algo/a alguien como/de algo: *One critic pronounced the movie "masterful."* Un crítico calificó la película como "magistral". • *The program was pronounced a failure.* El dictamen fue que el plan había sido un fracaso. • **pronounce sb dead** declarar muerto -a a alguien, dictaminar que alguien está muerto -a • **pronounce sb guilty/innocent** declarar culpable/inocente a alguien • **pronounce sb man and wife** declarar a alguien marido y mujer ⟨SIN⟩ **declare**
3 [I] (*frml*) **pronounce on/upon sth** pronunciarse/opinar sobre algo
4 pronounce sentence dictar sentencia ▶ PRONUNCIATION

pro·nounced /prə'naʊnst/ *adj* pronunciado -a, marcado -a

pro·nounce·ment /prə'naʊnsmənt/ *s* [C] (*frml*) pronunciamiento • [+**on/about**]: *his latest pronouncement on the matter* su pronunciamiento más reciente sobre la cuestión

pron·to /'prɑntoʊ/ *adv* (*coloq, oral*) ya mismo

pro·nun·ci·a·tion /prə,nʌnsi'eɪʃən/ *s* **1** [C,U] (de una palabra) pronunciación: *the correct pronunciation of her name* la pronunciación correcta de su nombre **2** [sing, U] (de una persona) pronunciación: *His pronunciation is very good.* Tiene muy buena pronunciación

-proof /pruf/ *suf* (indicando protección) *waterproof* impermeable • *bulletproof* a prueba de balas • *childproof* a prueba de niños • *ovenproof dishes* fuentes para horno • *soundproof a room* insonorizar una habitación • *childproof a kitchen* tomar medidas para que una cocina sea segura para los niños

proof¹ /pruf/ *s* **1** [C,U] (evidencia) prueba(s): *The police don't have enough proof to arrest him.* La policía no tiene pruebas suficientes para arrestarlo. • [+**of**]: *This is further proof of her innocence.* Esta es una prueba más de su inocencia. • [+**(that)**]: *This is proof that he's guilty.* Esto es prueba de que es culpable. • **proof of identity** documento de identidad, identificación • **conclusive proof** pruebas concluyentes **2** [C gralm pl] (*técn*) (de un libro, una publicación) prueba: *Can you check these proofs?* ¿Puedes revisar estas pruebas? **3** [C gralm pl] (*técn*) (de una foto, una ilustración) prueba **4** [U] graduación (alcohólica) • **30 proof/40 proof** graduación alcohólica del 15%/20% Alc. Vol. **5** [C] (*técn*) (en matemáticas, geometría) prueba ▶ the BURDEN of proof, be LIVING proof of sth/that

the proof of the pudding (is in the eating) dicho que expresa que para juzgar algo primero hay que usarlo

proof² *adj* **be proof against sth** (*frml*) ser a prueba de algo

proof·read /'pruf-rid/ *v* [I,T] (**proofread** /-rɛd/) corregir (pruebas)

proof·read·er /'prufridər/ *s* [C] corrector -a (de pruebas)

prop¹ /prɑp/ *v* [T siempre + adv/prep] (**propped, propping**) **prop sth on/against sth** apoyar algo en/contra algo, recargar algo contra algo: *He propped his bike against a tree.* Apoyó su bicicleta contra un árbol. • **prop sth open** mantener algo abierto
 prop up *v+partíc* **1 prop sth ↔ up** apuntalar algo **2 prop sb ↔ up** *She was in bed, propped up by pillows.* Estaba en la cama, recostada sobre unas almohadas. • *Frank propped himself up on one elbow.* Frank se incorporó apoyándose en un codo. **3** (un gobierno, la economía) **prop sth ↔ up** sostener/apuntalar algo, sacar/mantener algo a flote ⟨SIN⟩ **shore up**

prop² *s* [C] **1 (a)** accesorio (de utilería, atrezzo): *a stage prop* un accesorio escénico **(b) props** utilería, atrezzo **2** apoyo, sostén (de una persona, para la economía, etc.): *an emotional prop* un sostén emocional **3** puntal, apoyo (de un objeto) **4** (*coloq*) (**propeller**) hélice

prop·a·gan·da /,prɑpə'gændə/ *s* [U] propaganda (política): *a piece of government propaganda* propaganda del gobierno • **propaganda campaign** campaña propagandística/de propaganda

prop·a·gate /'prɑpə,geɪt/ *v* **1** [T] (ideas) (*frml*) propagar **2** (plantas, organismos) **(a)** [T] (*técn*) propagar **(b)** [I] propagarse

prop·a·ga·tion /,prɑpə'geɪʃən/ *s* [U] **1** (*frml*) (de ideas) propagación **2** (*técn*) (de plantas, organismos) propagación

pro·pane /'proʊpeɪn/ (tb **propane ˈgas**) *s* [U] propano

pro·pel /prə'pɛl/ *v* [T] (**propelled, propelling**) **1** propulsar ▶ PROPULSION **2** [siempre + adv/prep] (*escrito*) empujar: *He took her arm and propelled her toward the door.* La agarró del brazo y la empujó hacia la puerta. **3** impulsar • **propel sb to/into sth** lanzar/llevar a alguien a algo: *The movie propelled her to stardom.* La película la lanzó al estrellato.

pro·pel·ler /prə'pɛlər/ *s* [C] hélice

pro·pen·si·ty /prə'pɛnsəti/ *s* [C] (pl **propensities**) (*frml*) **a propensity to do sth/for doing sth** una propensión a hacer algo • **have a propensity to do sth/for doing sth** tender a hacer algo: *He has a propensity to get on the wrong side of people.* En general, le cae mal a la gente.

prop·er ⟨S2⟩ ⟨W3⟩ /'prɑpər/ *adj*
1 [solo ante s, sin compar] (apropiado) correcto -a, adecuado -a: *the proper pronunciation of the word "schedule"* la pronunciación correcta de la palabra "schedule" • *Put the books back in their proper place.* Vuelve a poner los libros en su lugar. • **the proper way to do sth** la forma correcta/adecuada de hacer algo: *the proper way to brush your teeth* la forma correcta de cepillarse los dientes ⟨SIN⟩ **correct**
2 (éticamente, socialmente) *We all felt it was the proper thing to do.* Todos pensamos que era lo que correspondía hacer. • *It wouldn't be proper for me to ask her.* No sería correcto que se lo preguntara. • **it is only proper for sb to do sth** lo que corresponde es que alguien haga algo • **be right and proper** ser lo que corresponde, ser justo ⟨SIN⟩ **right**
3 (cortés) correcto -a: *Bill is a very proper young man.* Bill es un joven muy correcto.
4 [solo después de s] propiamente dicho -a: *the downtown area proper* el centro de la ciudad propiamente dicho ▶ PRIM and proper, PROPERLY

proper to sth (*frml*) **(a)** propio -a de algo: *the reasoning abilities proper to our species* las capacidades de razonamiento propias de nuestra especie **(b)** apropiado -a a/para algo

prop·er·ly /'prɑpəli/ *adv* **1** (apropiadamente) como es debido, adecuadamente, bien: *He's not doing his job properly.* No está haciendo su trabajo como es debido. • *properly trained staff* personal adecuadamente capacitado • *The brakes aren't working properly.* Los frenos no funcionan bien. **2** (éticamente, socialmente) como es debido, adecuadamente: *She should teach her kids how to behave properly.* Debería enseñarles a sus hijos a portarse como es debido. SIN **right 3** completamente, bien: *Is the chicken properly defrosted?* ¿El pollo está completamente descongelado? SIN **thoroughly 4** (frml) **properly speaking** para ser exactos, a decir verdad SIN **rightly**

proper 'noun (tb **proper 'name**) *s* [C] nombre propio ► **COMMON NOUN, NOUN**

prop·er·ty S2 W2 /'prɑpəti/ *s* (pl **properties**)
1 [C,U] (terreno, edificio) propiedad(es), inmueble(s): *Who owns the property?* ¿Quién es el dueño de la propiedad? • *Get off my property!* ¡Fuera de mi propiedad! • *a rental property* un inmueble para alquiler • *They want to invest in property.* Quieren invertir en propiedades. • **a piece of property** una propiedad: *an expensive piece of waterfront property* una propiedad cara frente al mar • **private property** propiedad privada • **commercial/residential property** propiedad(es) comercial(es)/residencial(es) *Property prices are going up again.* Vuelven a subir los precios de las propiedades inmobiliarias. • **property developer** promotor -a inmobiliario -a • **property market** mercado inmobiliario • **property owner** propietario -a
2 [U] (objetos, posesiones) propiedad, bienes • **personal property** efectos personales, pertenencias • **stolen property** objeto(s) robado(s) • **be the property of sb/sth** ser propiedad de alguien/algo: *These paintings are the property of the artist.* Estos cuadros son del artista.
3 [C gralm pl] (cualidad) propiedad • **healing/medicinal properties** propiedades curativas/medicinales SIN **characteristic, quality**

¿property, possessions o belongings?
property suele usarse en singular y designa sobre todo tierras, edificios, carros: *This land is private property.*
possession suele usarse en plural y referirse a cosas que tienes en casa o llevas encima: *personal possessions*
Estando de viaje suele usarse belongings: *Please keep your belongings with you at all times.*

proph·e·cy /'prɑfəsi/ *s* (pl **prophecies**) **1** [C] profecía ► **PROPHET, PROPHETIC 2** [U] (don de la) profecía

proph·e·sy /'prɑfə,saɪ/ *v* [T] (**prophesies, prophesied, prophesying**) vaticinar, profetizar SIN **foretell**

proph·et /'prɑfɪt/ *s* [C] **1** (en religión) profeta **2** (clarividente) profeta -isa • **a prophet of doom/disaster** un agorero/una agorera

pro·phet·ic /prə'fɛtɪk/ *adj* profético -a

pro·phy·lac·tic /ˌproʊfə'læktɪk‹/ *adj* (técn) profiláctico -a

pro·pi·tious /prə'pɪʃəs/ *adj* (frml) propicio -a, favorable •

pro·po·nent /prə'poʊnənt/ *s* [C] defensor -a (de una causa, una idea) SIN **supporter, advocate** ANT **opponent**

pro·por·tion W3 /prə'pɔrʃən/ *s*
1 [C gralm sing, tb con v pl] (parte) porcentaje • [+of]: *Parents are asked to contribute a proportion of the cost.* Se les pide a los padres que colaboren con un porcentaje del costo. • **a high/large/small proportion** un alto/gran/pequeño porcentaje: *A high proportion of older people live alone.* Un alto porcentaje de las personas mayores viven solas.
2 [sing, U] (relación) proporción • **the proportion of sth to sth** la proporción entre algo y algo, la proporción de algo respecto a algo: *the proportion of meat to fat in sausages* la proporción entre la carne y la grasa que contienen las salchichas • **in proportion to sth** en proporción a algo, en relación con algo: *The rewards you get are in direct proportion to the effort you make.* La recompensa que recibes es directamente proporcional al esfuerzo que haces.
3 (importancia) **proportions** [pl] **of immense/huge/massive proportions** de inmensas/enormes/gigantescas proporciones
4 (tamaño, forma) **proportions** [pl] proporciones
5 [U] (escala correcta) proporción, proporciones • **in proportion (to/with sth)** en proporción (con algo), proporcionado -a (con respecto a algo): *The head should be in proportion with the body.* La cabeza debería estar en proporción con el cuerpo. • **out of proportion (to/with sth)** desproporcionado -a (con respecto a algo)
EXPRESIONES
blow sth up out of (all) proportion (tb **get sth out of (all) proportion**) exagerar (mucho) algo • **out of (all) proportion (to sth)** (totalmente) desproporcionado -a (respecto a algo): *The punishment seemed out of proportion to the crime.* El castigo no parecía guardar relación con el delito. • **keep sth in proportion** no exagerar algo ► **PERSPECTIVE** • **have/keep a sense of proportion** saber valorar las cosas en su justa medida

pro·por·tion·al /prə'pɔrʃənəl/ *adj* proporcional: *a proportional increase* un aumento proporcional • [+to]: *The punishment should be proportional to the crime.* El castigo debería ser proporcional al delito.

pro·por·tion·al·ly /prə'pɔrʃənəli/ *adv* proporcionalmente, en proporción

pro·por·tion·ate /prə'pɔrʃənɪt/ *adj* (frml) proporcionado -a

pro·pos·al S3 W1 /prə'poʊzəl/ *s* [C]
1 propuesta • [+for]: *proposals for tax cuts* propuestas de rebajas impositivas • **proposal to do sth** propuesta para hacer algo • **put/bring forward a proposal** presentar una propuesta • [+that]: *the proposal that the sale of weapons should be banned* la propuesta de que se prohíba la venta de armas
2 propuesta de matrimonio, proposición matrimonial

pro·pose W1 /prə'poʊz/ *v*
1 [T] (frml) proponer: *A number of changes have been proposed.* Se han propuesto una serie de modificaciones. • **propose that** *The union proposed that the pilots should get an 11% pay increase.* El sindicato propuso que los pilotos recibieran un aumento de sueldo del 11%. • **propose doing sth** proponer que se haga algo: *They proposed sending troops to the area.* Propusieron que se enviaran tropas a la zona.
2 [T] **propose a motion/an amendment/a bill** presentar una moción/una enmienda/un proyecto de ley • **propose sb for sth** proponer a alguien para algo: *He has been proposed for the position of sales director.* Lo han propuesto para el cargo de director de ventas.
3 [T] (frml) **propose to do sth** pensar/proponerse hacer algo: *I propose to leave early in the morning.* Me propongo salir temprano por la mañana. • **propose doing sth** pensar/proponerse hacer algo SIN **intend**
4 [T] (frml) (una idea, una teoría) postular, proponer
5 [I,T] **propose (to sb)** proponer(le) matrimonio (a alguien) • **propose marriage** (frml) *He fell in love with her and proposed marriage.* Se enamoró de ella y le propuso matrimonio.
EXPRESIONES
propose a toast (to sb) proponer un brindis (a la salud de alguien)

prop·o·si·tion¹ /ˌprɑpə'zɪʃən/ *s* [C] **1** propuesta, proposición, oferta: *That's a very attractive proposition.* Esa es una oferta muy interesante. • **make sb a proposition** (tb **put a proposition to sb**) hacerle una propuesta a alguien **2** (frml) (en filosofía, ciencias) proposición, afirmación • [+that]: *the proposition that God exists* la proposición de que Dios existe **3** (tb **Proposition**) propuesta de enmienda (de una ley de un estado) **4** proposición deshonesta
EXPRESIONES
be an expensive/a safe proposition ser caro -a/seguro -a

proposition² *v* [T] (frml) hacerle una proposición deshonesta a

pro·pound /prə'paʊnd/ *v* [T] proponer

pro·pri·e·tar·y /prə'praɪə,tɛri/ *adj* [gralm ante s] (*frml*) **1** de marca (medicamento), patentado -a (producto): *a proprietary brand* una marca registrada ▶ GENERIC **2** de propiedad, patrimonial (interés, derecho) **3** de amo y señor (aires, actitud)

pro·pri·e·tor /prə'praɪətɚ/ *s* [C] (*frml*) propietario -a, dueño -a

pro·pri·e·ty /prə'praɪəti/ *s* (*frml*) **1** [sing, U] corrección (en lo moral, lo social) ANT **impropriety 2 the proprieties** [pl] las convenciones (sociales), las normas

pro·pul·sion /prə'pʌlʃən/ *s* [U] (*técn*) propulsión ▶ PROPEL

pro·pul·sive /prə'pʌlsɪv/ *adj* [solo ante s] (*técn*) propulsor -a

pro ra·ta[1] /,proʊ 'reɪtə, -'rɑtə/ *adj* [solo ante s] (*técn*) prorrateado -a

pro rata[2] *adv* (*técn*) a prorrata, proporcionalmente

pro·sa·ic /proʊ'zeɪ·ɪk/ *adj* prosaico -a

pro·sa·i·cally /,proʊ'zeɪ·ɪkli/ *adv* prosaicamente

pros and cons /,proʊz ən 'kɑnz/ *s* [pl] pros y contras • **the pros and cons of (doing) sth** los pros y (los) contras de (hacer) algo

pro·scribe /proʊ'skraɪb/ *v* [T] (*frml*) proscribir SIN **forbid, prohibit**

pro·scrip·tion /proʊ'skrɪpʃən/ *s* [C,U] (*frml*) proscripción

prose /proʊz/ *s* [U] prosa • **in prose** en prosa • **prose style** estilo prosístico • **prose writer** prosista ▶ POETRY, VERSE

pros·e·cute /'prɑsə,kyut/ *v* **1** (a) [T] procesar, emprender acciones legales contra: *Shoplifters will be prosecuted.* Se emprenderán acciones legales contra las personas que se encuentren robando en el local. • **prosecute sb for (doing) sth** procesar/enjuiciar a alguien por (hacer) algo: *He was prosecuted for assault.* Lo procesaron por agresión. (b) [I] presentar cargos, entablar una demanda **2** [I,T] **prosecute (a case)** llevar la acusación ▶ DEFEND **3** [T] **prosecute a war** (*frml*) proseguir con una guerra

pros·e·cu·tion /,prɑsə'kyuʃən/ *s* **1** [C,U] juicio, proceso (judicial) • [+**for**]: *He could face prosecution for fraud.* Podría tener que afrontar un juicio por estafa. • **bring a prosecution (against sb)** emprender una acción judicial (contra alguien) **2 the prosecution** [sing] la acusación: *He will be the main witness for the prosecution.* Será el principal testigo de cargo. ▶ DEFENSE **3** [U] (*frml*) prosecución (de una guerra)

pros·e·cu·tor W2 /'prɑsə,kyutɚ/ *s* [C] fiscal, abogado -a de la acusación

pros·pect[1] W2 /'prɑspɛkt/ *s* **1** [C,U] posibilidad, posibilidades • **prospect of (doing) sth** posibilidad(es) de (hacer) algo: *Many young people feel that there's no prospect of finding work.* Muchos jóvenes sienten que no tienen posibilidades de encontrar trabajo. • [+**that**]: *The governor is facing the prospect that he could lose the election.* El gobernador se enfrenta a la posibilidad de perder las próximas elecciones. • [+**for**]: *his prospects for re-election* sus posibilidades de ser reelecto • **the prospects are good** las perspectivas son buenas
2 [sing] (idea) perspectiva • **the prospect of (doing) sth** la perspectiva de (hacer) algo: *The prospect of marriage terrified Tom.* A Tom lo llenaba de terror la perspectiva del matrimonio. • **an attractive/a daunting prospect** una perspectiva interesante/abrumadora: *It was a grim prospect.* Era una perspectiva desoladora. • **be excited/alarmed at the prospect of (doing) sth** estar entusiasmado -a/alarmado -a ante la perspectiva de (hacer) algo
3 prospects [pl] perspectivas (de futuro), porvenir: *I had no job, no education, and no prospects.* No tenía ni trabajo, ni educación, ni porvenir. • *a young man with good prospects* un joven con buenas perspectivas de futuro • **job/employment prospects** perspectivas de

trabajo/empleo: *a position with excellent career prospects* un puesto con excelentes perspectivas profesionales
4 [C] candidato -a (a ganar, lograr algo): *She's one of Britain's best medal prospects.* Es una de las candidatas británicas con más posibilidades de llegar a medallista.
5 [C gralm sing] (*frml*) panorama, vista
6 [C] cliente potencial

EXPRESIONES
in prospect *An economic recovery is in prospect.* Hay perspectivas de recuperación económica.

prospect[2] *v* [I,T] explorar, prospectar (en busca de petróleo, minerales) • **prospect for gold/oil/minerals** buscar oro/petróleo/minerales

pro·spec·tive /prə'spɛktɪv/ *adj* [solo ante s] posible, potencial: *prospective buyers* posibles compradores

pros·pec·tor /'prɑspɛktɚ/ *s* [C] prospector -a, buscador -a: *the gold prospectors of the 19th century* los buscadores de oro del siglo XIX

pro·spec·tus /prə'spɛktəs/ *s* [C] **1** folleto (informativo) **2** prospecto (para la emisión de acciones)

pros·per /'prɑspɚ/ *v* [I] **1** (tener éxito) prosperar **2** (desarrollarse) prosperar, florecer SIN **thrive**

pros·per·i·ty /prɑ'spɛrəti/ *s* [U] prosperidad: *a time of economic prosperity* una época de prosperidad económica

pros·per·ous /'prɑspərəs/ *adj* próspero -a: *a prosperous region* una región próspera

pros·tate /'prɑsteɪt/ (tb **,prostate 'gland**) *s* [C] próstata

pros·ti·tute[1] /'prɑstə,tut/ *s* [C] (mujer) prostituta • **a male prostitute** un prostituto

prostitute[2] *v* [T] (*peyor, frml*) **1** prostituir **2 prostitute yourself** prostituirse

pros·ti·tu·tion /,prɑstə'tuʃən/ *s* [U] prostitución

pros·trate[1] /'prɑstreɪt/ *adj* **1** (tendido -a) boca abajo **2** abatido -a, postrado -a • [+**with**]: *He was prostrate with grief.* Quedó abatido por el dolor.

prostrate[2] *v* **1 prostrate yourself** tenderse boca abajo **2** [T gralm en pasiva] devastar, abatir

pro·tag·o·nist /proʊ'tægənɪst/ *s* [C] **1** (de una obra, una película) protagonista **2** [gralm pl] (*frml*) (en un conflicto) protagonista **3** (de una idea) defensor -a

pro·tect S2 W1 /prə'tɛkt/ *v* [I,T] proteger: *Are we doing enough to protect the environment?* ¿Es suficiente lo que hacemos para proteger el medio ambiente? • **protect sth/sb from sth** proteger algo/a alguien de algo: *The cover protects the machine from dust.* La cubierta protege la máquina del polvo. • **protect sth/sb against sth** proteger algo/a alguien de/contra algo: *a plan to protect the country against another terrorist attack* un plan para proteger el país de un nuevo ataque terrorista • **protect against sth** proteger contra algo: *a new drug that could protect against the disease* un nuevo fármaco que podría dar protección contra la enfermedad

pro·tect·ed /prə'tɛktɪd/ *adj* protegido -a • **a protected species/area** una especie/una zona protegida

pro·tec·tion W2 /prə'tɛkʃən/ *s* [U] protección: *The witnesses were kept under police protection.* Los testigos quedaron bajo protección policial. • [+**of**]: *areas for the protection of endangered species* zonas para la protección de especies en peligro • [+**against/from**]: *There is some evidence that vitamin C gives protection against cancer.* Hay indicios de que la vitamina C brinda protección contra el cáncer. • *Fur is a good protection against the cold.* El pelaje es una buena protección contra el frío. • **offer protection (against/from sth)** brindar protección (contra algo) • **as (a) protection** como protección, para proteger(se)

pro·tec·tion·ism /prə'tɛkʃə,nɪzəm/ *s* [U] proteccionismo

pro·tec·tive /prə'tɛktɪv/ *adj* **1** [solo ante s] (normas, indumentaria, equipo) protector -a (capa, casco, barrera), de protección (medidas, ropa): *Employees must wear protective clothing.* El personal debe llevar ropa de protección. **2** (persona, actitud) protector -a • **be protective of/toward sb** proteger a alguien: *He's very protective of his younger brother.* Protege mucho a su hermanito menor. **3** (tarifas, legislación) proteccionista

pro,tective 'custody *s* [U] detención cautelar (para proteger al detenido)

pro·tec·tor /prə'tɛktər/ *s* [C] **1** (persona, organización) protector -a **2** (objeto) protector: *ear protectors* protectores para los oídos

prot·é·gé /'proutə,ʒeɪ, ,proutə'ʒeɪ/ *s* [C] protegido

pro·té·gée /'proutə,ʒeɪ, ,proutə'ʒeɪ/ *s* [C] protegida

pro·tein /'proutin/ *s* [C,U] proteína

pro·test¹ W3 /'proutɛst/ *s*
1 [C,U] protesta • **without protest** sin protestar: *He accepted his punishment without protest.* Aceptó su castigo sin protestar. • **make a protest** presentar una protesta, protestar: *The Chinese ambassador made an official protest.* El embajador chino presentó una protesta oficial. • [+**against**]: *protests against their economic policies* protestas contra sus políticas económicas • [+**from**]: *an official protest from the Mexican government* una protesta oficial del gobierno mexicano • **in protest (of sth)** en señal de protesta (por algo): *Six teachers quit in protest of the decision.* Seis profesores renunciaron en señal de protesta por la decisión. • **a storm/wave of protest** un alud/una oleada de protestas
2 [C] (manifestación de) protesta • [+**against**]: *the protests against the war* las manifestaciones de protesta en contra de la guerra • **hold/stage/mount a protest** realizar/organizar/convocar una protesta • **protest march** marcha de protesta • **protest movement** movimiento de protesta
EXPRESIONES
do sth under protest hacer algo bajo protesta

pro·test² /'proutɛst, prə'tɛst/ *v* **1** (a) [I] protestar, quejarse • **protest against/at/about sth** protestar contra/por algo, quejarse de algo: *The prosecution protested at the leniency of the sentence.* La acusación protestó por la falta de severidad de la pena impuesta. (b) [T] **protest sth** protestar contra/por algo: *Mayer immediately protested the referee's decision.* Mayer inmediatamente protestó contra la decisión del árbitro. • **protest that** quejarse de que **2** [I,T] (públicamente) **protest against/at/about sth** protestar/manifestarse contra algo: *Thousands of people blocked the street, protesting against the new legislation.* Miles de personas bloquearon la calle, protestando contra la nueva legislación. • **protest sth** protestar contra algo: *Students protested the change.* Los alumnos protestaron contra el cambio. **3** [T] afirmar (enérgicamente) • **protest that** afirmar/declarar que: *He protested that he hadn't taken the money.* Afirmó que no había tomado el dinero. • **protest your innocence** protestar su inocencia, declarar enérgicamente su inocencia

Prot·es·tant /'prɑtəstənt/ *s* [C], *adj* protestante

Prot·es·tant·ism /'prɑtəstən,tɪzəm/ *s* [U] protestantismo

prot·es·ta·tion /,prɑtə'steɪʃən, ,prou-/ *s* [C] (*frml*) **1** afirmación, declaración (vehemente) **2** protesta

pro·test·er, protestor /'prou,tɛstər, prou'tɛstər/ *s* [C] manifestante: *peace protestors* manifestantes por la paz

pro·to·col /'proutə,kɔl, -,kɑl/ *s* **1** [U] (normas) protocolo • **diplomatic protocol** protocolo diplomático **2** [C] (*frml*) (acuerdo) protocolo ▶ FTP

pro·ton /'proutɑn/ *s* [C] protón ▶ ELECTRON, NEUTRON

pro·to·type /'proutə,taɪp/ *s* [C] prototipo

pro·tract·ed /prou'træktɪd, prə-/ *adj* [solo ante s] prolongado -a SIN **lengthy**

pro·trac·tor /prou'træktər, prə-/ *s* [C] transportador

pro·trude /prou'trud/ *v* [I] (*escrito*) sobresalir • **protrude from sth** asomar/sobresalir de algo SIN **stick out**

pro·trud·ing /prou'trudɪŋ/ *adj* [gralm ante s] (*escrito*) **1 protruding teeth** dientes salidos • **protruding eyes** ojos saltones **2** que sobresale: *She caught her jacket on a protruding nail.* Se enganchó la chompa en un clavo que sobresalía.

pro·tru·sion /prou'truʒən/ *s* [C] (*frml*) protuberancia, saliente

proud S3 W3 /praud/ *adj*
1 orgulloso -a: *the proud parents with their new baby* los orgullosos padres con el nuevo bebé • **proud of sb/sth** orgulloso -a de alguien/algo: *Lucy's family are very proud of her.* La familia de Lucy está muy orgullosa de ella. • **be justly/rightly proud of sth** tener buenos motivos para estar orgulloso -a de algo • **proud to do/be sth** orgulloso -a de hacer/ser algo: *I'm proud to be part of this team.* Estoy orgulloso de formar parte de este equipo. • [+**(that)**]: *I'm proud I said no.* Estoy orgullosa de haber dicho que no. • **the proud owner of sth** el feliz propietario/la feliz propietaria de algo
2 [solo ante s] de orgullo (momento), glorioso -a (tradición): *her proudest achievement* el logro del que se siente más orgullosa
3 con amor propio: *He wouldn't take the money, he's very proud.* No quiso aceptar el dinero. Tiene mucho amor propio.
4 [gralm ante s] (*peyor*) arrogante, orgulloso -a SIN **arrogant** ANT **humble**
5 [nunca ante s] **be/stand proud (of/from sth)** sobresalir (de algo) (superficie, clavo, punta) ▶ PRIDE
EXPRESIONES
do sb proud (*coloq*) **(a)** llenar a alguien de orgullo **(b)** tratar a alguien a cuerpo de rey • **do yourself proud** lucirse (en un partido)

proud·ly /'praudli/ *adv* con orgullo, orgullosamente

prove S2 W1 /pruv/ *v* (**proved, proved** o **proven** /'pruvən/)
1 [T] probar, demostrar: *You're wrong and I can prove it.* Estás equivocado y puedo demostrarlo. • **prove (that)** *Tests have proved that the system works.* Las pruebas han demostrado que el sistema funciona. • **prove sth to sb** demostrarle algo a alguien: *I'm telling the truth and I can prove it to you.* Te estoy diciendo la verdad y puedo demostrártelo. • **prove sb wrong** demostrar que alguien está equivocado -a: *She was proved wrong.* Quedó demostrado que estaba equivocada. • **prove sb right** demostrar que alguien tiene razón, darle la razón a alguien • **prove sb guilty/innocent** demostrar/probar que alguien es culpable/inocente ▶ DISPROVE
2 prove yourself demostrar/probar su valía: *When I started the job, I felt I had to prove myself.* Cuando empecé el trabajo, sentía que tenía que demostrar mi valía.
3 [v copul] resultar: *It is proving difficult to find a good plumber.* Está resultando difícil encontrar un buen plomero. • *It proved a good investment.* Resultó ser una buena inversión. • **prove to be sth** resultar ser algo: *The design proved to be a success.* El diseño resultó ser un éxito.
4 [I] (*técn*) levantar, leudar, esponjarse (masa) SIN **rise**
EXPRESIONES
prove a point demostrar algo • **prove your point** demostrar que uno tiene razón/que uno está en lo cierto

prov·en¹ /'pruvən/ *adj* [gralm ante s] probado -a, de probada eficacia ▶ **a proven TRACK RECORD**

proven² participio pasado de PROVE

prov·erb /'prɑvərb/ *s* [C] proverbio, refrán

pro·ver·bi·al /prə'vərbiəl/ *adj* **1 the proverbial sth** *He took to the job like the proverbial fish to water.* Enseguida se sintió en el trabajo como pez en el agua, como dice el dicho. **2** proverbial: *His modesty is proverbial.* Su modestia es proverbial.

pro·vide S2 W1 /prə'vaɪd/ *v* [T]
1 proporcionar, brindar, ofrecer: *A well-balanced diet*

provides enough vitamins. Una dieta equilibrada proporciona suficientes vitaminas. • *We are hoping the inquiry will provide an explanation for the accident.* Esperamos que la investigación brinde una explicación de las causas del accidente. • *Refreshments will be provided.* Se ofrecerá un refrigerio. • **provide sb with sth** ofrecerle/proporcionarle algo a alguien: *We were provided with food and drink.* Nos proporcionaron comida y bebida. • **provide sth for sb** ofrecer/proporcionar algo para alguien: *Free parking is provided for hotel guests.* Se ofrece estacionamiento gratuito para los huéspedes del hotel. • **provide sth to sb** brindar/suministrar algo a alguien: *The company provides services to eight million people.* La empresa brinda servicios a ocho millones de personas. ▶ PROVISION
2 provide that (*frml*) estipular que
provide against sth *v+partíc* proteger contra algo, prever algo
provide for sb/sth *v+partíc* **1 provide for sb** mantener a alguien: *He has to provide for his family.* Tiene que mantener a su familia. **2 provide for sth** (*frml*) prever algo: *The treaty provides for a reduction in weapons.* El tratado prevé la reducción de armas. • *Their needs are well provided for.* Sus necesidades están bien cubiertas.

pro·vid·ed /prəˈvaɪdɪd/ (tb **pro'vided that**) *conj* siempre que, siempre y cuando, a condición de que: *He can come with us, provided he pays for his own meals.* Puede ir con nosotros, siempre que se pague las comidas. SIN **providing, if**

prov·i·dence, Providence /ˈprɑvədəns/ *s* [U] (*liter*) la Providencia: *divine providence* la divina Providencia ▶ TEMPT providence

prov·i·den·tial /ˌprɑvəˈdɛnʃəl/ *adj* (*frml*) providencial

pro·vid·er /prəˈvaɪdər/ *s* [C] **1** proveedor -a, prestador -a (de un servicio) **2** sostén económico (en una familia) ▶ SERVICE PROVIDER

pro·vid·ing /prəˈvaɪdɪŋ/ (tb **pro'viding that**) *conj* ▶ PROVIDED

prov·ince /ˈprɑvɪns/ *s* **1** [C] (tb **Province**) provincia **2 the provinces** [pl] las provincias: *After Chicago, the show moved to the provinces.* Después de Chicago, el espectáculo se trasladó a las provincias. **3** (*frml*) **be sb's province** ser el terreno de alguien, ser competencia de alguien: *Computers were once the province of scientists and mathematicians.* En una época la informática fue el terreno de científicos y matemáticos. SIN **domain**

pro·vin·cial¹ /prəˈvɪnʃəl/ *adj* **1** [solo ante s] provincial: *provincial elections* elecciones provinciales • *the provincial capital* la capital de la provincia **2** [gralm ante s] de provincias: *a provincial town* una ciudad de provincias **3** (*peyor*) pueblerino -a, provinciano -a

provincial² *s* [C] **1** (persona de una provincia) provinciano -a **2** (*peyor*) (de mentalidad cerrada, tradicional) provinciano -a

pro·vi·sion¹ W3 /prəˈvɪʒən/ *s*
1 [C,U] suministro, provisión: *the provision of drinking water to rural communities* el suministro de agua potable a las comunidades rurales
2 [C,U] hecho de haber previsto o tenido en cuenta algo • **provision for sth** *There is still no provision for a national toxic waste dump.* Aún no se ha previsto la creación de un botadero nacional para desechos tóxicos. • *social security provision for older people* las prestaciones previstas por la seguridad social para las personas mayores • **make provision(s) for sb** asegurar el futuro económico de alguien • **make provision(s) for sth** prever algo, tomar precauciones contra algo **3 provisions** [pl] provisiones, víveres
4 [C] estipulación, disposición • **under the provisions of sth** según lo estipula/dispone algo

provision² *v* [T] (*frml*) aprovisionar, abastecer

pro·vi·sion·al /prəˈvɪʒənəl/ *adj* provisional

pro·vi·sion·al·ly /prəˈvɪʒənəli/ *adv* provisionalmente, de forma provisional

pro·vi·so /prəˈvaɪzoʊ/ *s* [C] (pl **provisos**) (*frml*) condición • **with the proviso that** con la condición de que

prov·o·ca·tion /ˌprɑvəˈkeɪʃən/ *s* [C,U] provocación
EXPRESIONES
at the slightest provocation a la más mínima provocación ▶ PROVOKE

pro·voc·a·tive /prəˈvɑkətɪv/ *adj* **1** provocador -a, de provocación **2** provocativo -a

pro·voc·a·tive·ly /prəˈvɑkətɪvli/ *adv* **1** provocadoramente **2** provocativamente

pro·voke /prəˈvoʊk/ *v* [T] **1** (una reacción, un sentimiento) provocar, causar, producir • **provoke protests/an outcry** provocar protestas • **provoke criticism** provocar/suscitar críticas • **provoke debate/discussion** suscitar debates/discusiones • **provoke sb to do sth** hacer que alguien haga algo, empujar a alguien a hacer algo, incitar a alguien a hacer algo/que haga algo • **provoke sb into (doing) sth** hacer que alguien haga algo, empujar a alguien a hacer algo, incitar a alguien a hacer algo/que haga algo ▶ PROVOCATION **2** (hacer enojar) provocar: *The dog would not have attacked if it hadn't been provoked.* El perro no habría atacado si no lo hubieran provocado. • **provoke sb into (doing) sth** provocar a alguien para que haga algo ▶ THOUGHT-PROVOKING

pro·vost, Provost /ˈproʊvoʊst/ *s* [C] en las universidades de EU, funcionario que sigue en importancia al **president** cuyas funciones son supervisar la actividad académica y administrar el presupuesto de la universidad

prow /praʊ/ *s* [C] (*liter*) proa

prow·ess /ˈpraʊɪs/ *s* [U] (*frml*) destreza, capacidad

prowl¹ /praʊl/ *v* [I,T] **1** (animales) merodear (por) (al acecho) **2** (personas) rondar (por), merodear (por)

prowl² *s* **on the prowl** al acecho • **be on the prowl for sth** estar al acecho/a la caza de algo

prowl·er /ˈpraʊlər/ *s* [C] merodeador -a

prox·im·i·ty /prɑkˈsɪməti/ *s* [U] (*frml*) proximidad • [+to]: *the proximity of the hotel to the ski slopes* la proximidad del hotel a las pistas de esquí • **in close proximity** muy próximos (el uno del otro)/muy próximas (la una de la otra) • **in close proximity to sb/sth** muy próximo -a a alguien/algo

prox·y /ˈprɑksi/ *s* [C,U] apoderado -a, representante • [+for]: *a husband acting as proxy for his wife* un marido actuando como apoderado de su esposa • **proxy vote** voto por poder
EXPRESIONES
by proxy por poder: *They were married by proxy.* Se casaron por poder.

prude /prud/ *s* [C] (*peyor*) mojigato -a ▶ PRUDISH

pru·dence /ˈprudns/ *s* [U] prudencia

pru·dent /ˈprudnt/ *adj* prudente ANT **imprudent**

pru·dent·ly /ˈprudntli/ *adv* con prudencia, prudentemente

prud·ish /ˈprudɪʃ/ *adj* (*peyor*) mojigato -a ▶ PRUDE

prune¹ /prun/ *v* [T] **1** (tb **prune back**) podar **2** recortar (gastos, presupuestos, etc.)

prune² *s* [C] ciruela pasa, ciruela seca

pru·ri·ent /ˈprʊriənt/ *adj* (*peyor, frml*) lascivo -a

pry /praɪ/ *v* (**pries, pried, prying**) **1** [I] (*peyor*) entrometerse, ser indiscreto -a • **pry into sth** entrometerse en algo: *I didn't wish to pry into her private affairs.* No quería entrometerme en sus asuntos privados. **2** [T siempre + adv/prep] abrir, levantar o sacar algo haciendo fuerza o haciendo palanca • **pry sth open/off/away** *He pried the lid off.* Abrió la tapa haciendo palanca.
EXPRESIONES
away from prying eyes a salvo de miradas curiosas/indiscretas
pry sth out of sb *v+partíc* sonsacarle algo a alguien (un secreto, información), sacarle algo a alguien (dinero)

P.S. /ˌpi ˈɛs/ s [C] **1 (postscript)** P.D.: *Love, Lucinda P.S. I enclose a photo of the wedding.* Un abrazo, Lucinda. P.D.: Te mando una foto de la boda. **2 (public school)** escuela pública

psalm /sɑm/ s [C] salmo

pseudo- /sudoʊ/ *pref* seudo-: *pseudo-intellectual* pseudointelectual

pseu·do·nym /ˈsudn̩ˌɪm, ˈsudəˌnɪm/ s [C] seudónimo • **under a pseudonym** con/bajo un seudónimo

pso·ri·a·sis /səˈraɪəsɪs/ s [U] psoriasis

psych /saɪk/ v (coloq)
psych sb up (for sth) v+partíc mentalizar a alguien (para algo), sicosiar a alguien (para algo)
psych yourself up (for sth) v+partíc mentalizarse (para algo), sicosiarse (para algo)

psy·che /ˈsaɪki/ s [C gralm sing] (frml o técn) psique, psiquis

psy·che·del·ic /ˌsaɪkəˈdɛlɪk◂/ adj [solo ante s] psicodélico -a

psy·chi·at·ric /ˌsaɪkiˈætrɪk◂/ adj [solo ante s] psiquiátrico -a

psy·chi·a·trist /saɪˈkaɪətrɪst, sə-/ s [C] psiquiatra ▶ PSYCHOLOGIST

psy·chi·a·try /saɪˈkaɪətri, sə-/ s [U] psiquiatría

psy·chic¹ /ˈsaɪkɪk/ adj [sin compar] **1** [solo ante s] (tb **psychical**) parapsicológico -a: *psychic phenomena* fenómenos parapsicológicos **2** [nunca ante s] **be psychic** ser (un) adivino/(una) adivina: *I can't tell what you're thinking – I'm not psychic!* No sé lo que piensas, ¡no soy adivino! ▶ CLAIRVOYANT **3** [solo ante s] (tb **psychical**) psíquico -a: *psychic disorders* trastornos psíquicos

psychic² s [C] vidente (adivino)

psy·cho /ˈsaɪkoʊ/ s [C] (pl **psychos**) (coloq) psicópata

psy·cho·a·nal·y·sis /ˌsaɪkoʊəˈnæləsɪs/ s [U] psicoanálisis

psy·cho·an·a·lyst /ˌsaɪkoʊˈænl̩-ɪst/ s [C] psicoanalista

psy·cho·an·a·lyt·ic /ˌsaɪkoʊˌænl̩ˈɪtɪk/ (tb **psy·cho·an·a·lyt·ical** /ˌsaɪkoʊˌænl̩ˈɪtɪkəl/) adj [solo ante s] psicoanalítico -a

psy·cho·an·a·lyze /ˌsaɪkoʊˈænl̩ˌaɪz/ v [T] psicoanalizar

psy·cho·log·i·cal S3 W3 /ˌsaɪkəˈlɑdʒɪkəl/ adj [sin compar]
1 (en medicina) psicológico -a: *psychological problems* problemas psicológicos SIN **mental**
2 [nunca ante s] (causado por sentimientos) psicológico -a, psicosomático -a
EXPRESIONES
psychological warfare guerra psicológica

psy·cho·log·i·cally /ˌsaɪkəˈlɑdʒɪkli/ adv a nivel psicológico/emocional

psy·chol·o·gist /saɪˈkɑlədʒɪst/ s [C] psicólogo -a ▶ PSYCHIATRIST

psy·chol·o·gy S3 /saɪˈkɑlədʒi/ s (pl **psychologies**)
1 [U] (disciplina) psicología
2 [U] (procesos mentales) psicología
3 [C,U] (modo de pensar y actuar) psicología, mentalidad
4 [U] (empatía) psicología: *You have to use psychology to get people to stop smoking.* Hay que usar la psicología para convencer a alguien de que deje de fumar.

psy·cho·path /ˈsaɪkəˌpæθ/ s [C] psicópata ▶ SOCIOPATH

psy·cho·path·ic /ˌsaɪkəˈpæθɪk◂/ adj psicópata, psicopático -a

psy·cho·sis /saɪˈkoʊsɪs/ s [C,U] (pl **psychoses** /-siz/) (técn) psicosis ▶ PSYCHOTIC

psy·cho·so·mat·ic /ˌsaɪkoʊsəˈmætɪk/ adj psicosomático -a

psy·cho·ther·a·pist /ˌsaɪkoʊˈθɛrəpɪst/ s [C] psicoterapeuta

psy·cho·ther·a·py /ˌsaɪkoʊˈθɛrəpi/ s [U] psicoterapia

psy·chot·ic /saɪˈkɑtɪk/ s [C], adj psicótico -a ▶ PSYCHOSIS

PT /ˌpi ˈti/ s [U] **(physical training)** educación física

pt. abrev escrita de **1 (part)** (tb **Pt.**) parte, capítulo **2 (pint)** pinta (= 0,47 litros en EU y 0,57 litros en Gran Bretaña) **3 (point)** pto. (punto) **4 (port)** (tb **Pt.**) Pto. (puerto)

PTA /ˌpi ti ˈeɪ/ s [C] **(Parent-Teacher Association)** asociación de padres y profesores SIN **PTO**

PTO¹ /ˌpi ti ˈoʊ/ s [C] **(Parent-Teacher Organization)** asociación de padres y profesores

PTO² (abrev escrita de **please turn over**) sigue al dorso

pub /pʌb/ s [C] bar típico de Gran Bretaña e Irlanda • **pub food** (tb **pub grub** (coloq)) comida de pub • **pub lunch** almuerzo/comida en un pub

pu·ber·ty /ˈpyubəti/ s [U] pubertad

pu·bes·cent /pyuˈbɛsənt/ adj púber, pubescente

pu·bic /ˈpyubɪk/ adj [solo ante s] púbico -a, pubiano -a: *pubic hair* vello púbico

pub·lic¹ S1 W1 /ˈpʌblɪk/ adj

1 de la gente corriente
2 para todos
3 del estado
4 conocido
5 delante de la gente
6 lugar

1 DE LA GENTE CORRIENTE [solo ante s, sin compar] público -a: *We are responding to public demand.* Estamos dando respuesta a la demanda pública. • *public acceptance of new technologies* la aceptación de las nuevas tecnologías por parte de la gente • **be in the public interest** ser de interés público: *Allowing the two banks to merge would not be in the public interest.* Permitir que los dos bancos se fusionen iría en contra de los intereses de los ciudadanos. • **public support/ opposition** apoyo generalizado/oposición generalizada, apoyo/oposición del público: *There has been widespread public support for the new law.* Ha habido apoyo generalizado a la nueva ley.
2 PARA TODOS [solo ante s, sin compar] público -a: *a public restroom* un baño público • *proposals to ban smoking in public places* propuestas para establecer la prohibición de fumar en lugares públicos ANT **private**
3 DEL ESTADO [solo ante s, sin compar] público -a: *public employees* empleados públicos • **public money/ expenditure/funding** dinero/gasto/financiamiento público • **public office** cargo(s) público(s), función pública ANT **private**
4 CONOCIDO [sin compar] público -a • **make sth public** dar a conocer, hacer público -a algo: *The name of the victim has not been made public.* Aún no se ha dado a conocer el nombre de la víctima. • **be/become public knowledge** ser/pasar a ser de público conocimiento: *Much of this information is public knowledge.* Gran parte de esta información es de público conocimiento. • **a public figure** un personaje público
5 DELANTE DE LA GENTE [gralm ante s] público -a: *a public debate* un debate público • *his fear of public speaking* su temor a hablar en público • **a public appearance** una aparición pública • **sb's public image** la imagen pública de alguien • **a public inquiry** una investigación oficial • **public life** la vida pública: *Howard retired from public life in 2003.* Howard se retiró de la vida pública en 2003. ANT **private**
6 LUGAR público -a: *Can we talk somewhere less public?* ¿Podemos hablar en un lugar más privado? ANT **private**
EXPRESIONES
go public with/on sth revelar algo, dar algo a conocer • **go public** salir a bolsa, inscribirse en la bolsa • **be in the public eye** *Her job means she is in the public eye.* Su trabajo implica estar continuamente expuesta a la atención pública.

public² W3 _s_
1 the public el público (en general) • **open to the public** abierto -a al público • **the general public** el gran público • **a member of the public** un ciudadano/una ciudadana (común): _There have been several complaints from members of the public._ Ha habido varias quejas de la gente. • **the American/British public** los estadounidenses/británicos, la ciudadanía estadounidense/británica
2 sb's public el público de alguien
EXPRESIONES
in public en público: _He never kissed his wife in public._ Nunca besó a su mujer en público. ANT **in private**

public 'access _s_ [U] acceso público (a sitios, a información)

public af'fairs _s_ [pl] asuntos públicos

public as'sistance _s_ [U] asistencia pública, ayuda estatal • **be on public assistance** recibir asistencia pública

pub·li·ca·tion W3 /ˌpʌbləˈkeɪʃən/ _s_
1 [U] (acción) publicación: _the publication of her first novel_ la publicación de su primera novela
2 [C] (lo publicado) publicación: _a weekly publication_ una publicación semanal

public de'fender _s_ [C] defensor -a de oficio ▶ DISTRICT ATTORNEY

public 'holiday _s_ [C] día de fiesta nacional

public 'housing _s_ [U] viviendas construidas por el Estado para alquilar a personas de escasos recursos

pub·li·cist /ˈpʌbləsɪst/ _s_ [C] encargado -a de publicidad, agente de prensa

pub·lic·i·ty /pəˈblɪsəti/ _s_ [U] **1** (difusión) publicidad • **get/receive/attract publicity** lograr/obtener/atraer publicidad • **good/favorable publicity** buena publicidad/publicidad favorable • **bad/adverse/negative publicity** mala publicidad/publicidad adversa/publicidad negativa **2** (acción de promover) publicidad • **publicity campaign** campaña publicitaria

pub'licity ˌstunt _s_ [C] ardid publicitario

pub·li·cize /ˈpʌbləsaɪz/ _v_ [T] publicitar, promocionar

pub·lic·ly W3 /ˈpʌblɪkli/ _adv_
1 (abiertamente) públicamente, en público: _The company has publicly denied the allegations._ La empresa ha negado públicamente las acusaciones.
2 publicly owned/funded _publicly owned housing_ viviendas de propiedad del estado • _The jobs program is publicly funded._ El programa de empleo es financiado con fondos públicos.
3 (técn) (referido a empresas) **publicly owned** de capital social, que cotiza en bolsa
4 (referido a la gente común) _This information is not publicly available._ El público no tiene acceso a esta información. • _Politicians are publicly accountable._ Los políticos son responsables de sus acciones ante la ciudadanía.

public re'lations (abrev **PR**) _s_ **1** [pl] (relación) relaciones públicas **2** [U] (actividad) relaciones públicas _a public relations consultant_ un asesor de relaciones públicas

public 'school _s_ [C,U] escuela pública ▶ PRIVATE SCHOOL

public-'spirited _adj_ solidario -a

public 'television _s_ [U] en Estados Unidos, servicio de televisión financiado por el gobierno municipal, empresas privadas, universidades, etc.

public transpor'tation _s_ [U] transporte público • **public transportation system** sistema de transporte público

pub·lish S2 W1 /ˈpʌblɪʃ/ _v_
1 [T] (libros, periódicos) publicar, editar: _The book was first published in 1851._ La primera edición del libro es de 1851.
2 [T] (en un periódico, una revista) publicar • **publish an article/a letter/a story** publicar un artículo/una carta/un

cuento
3 [T] (dar a conocer al público) publicar, hacer público -a • **publish the results/the information** publicar los resultados/la información
4 [I,T] (escritor, científico) publicar: _As a professor, he has an obligation to research and publish._ Como catedrático, tiene la obligación de investigar y publicar. ▶ PUBLICATION

pub·lish·er W3 /ˈpʌblɪʃɚ/ _s_ [C]
1 editorial: _a magazine publisher_ una editorial que publica revistas
2 editor -a

pub·lish·ing /ˈpʌblɪʃɪŋ/ _s_ [U] el mundo editorial: _a job in publishing_ un trabajo en el mundo editorial • **book/magazine publishing** publicación de libros/revistas • **publishing company** editorial ▶ DESKTOP PUBLISHING, ELECTRONIC PUBLISHING

'publishing ˌhouse _s_ [C] editorial

puce /pyus/ _adj_ de color pardo rojizo

puck /pʌk/ _s_ [C] disco (de hockey sobre hielo)

puck·er¹ /ˈpʌkɚ/ (tb **pucker up**) _v_ **1** (a) [T] **pucker your lips/mouth/brow** fruncir los labios/la boca/el entrecejo (b) [I] _He looked at the letter and his brow puckered._ Miró la carta y frunció el entrecejo. **2** (una tela) (a) [I] fruncirse (accidentalmente) (b) [T] fruncir

pucker² _s_ [C] arruga, frunce

pud·ding /ˈpʊdɪŋ/ _s_ [C,U] crema (postre) ▶ **the PROOF of the pudding is in the eating**

pud·dle /ˈpʌdl/ _s_ [C] charco

pudg·y /ˈpʌdʒi/ _adj_ (**pudgier**, **pudgiest**) regordete (cara, piernas, etc.)

pu·er·ile /ˈpyʊrəl, -raɪl/ _adj_ (frml) pueril SIN **childish**

Puer·to Ri·can /ˌpɔrtə ˈrikən, ˌpwɛrtoʊ-/ _s_ [C], _adj_ puertorriqueño -a

Puer·to Ri·co /ˌpɔrtə ˈrikoʊ, ˌpwɛrtoʊ-/ Puerto Rico

puff¹ /pʌf/ _v_ **1** [I,T] fumar: _He stood by the bar, puffing a cigar._ Estaba parado junto al bar, fumando un puro. • **puff (away) on/at sth** fumar algo: _The old man puffed on his pipe._ El viejo fumaba su pipa. **2** [I] resoplar, jadear: _He arrived at the door puffing and panting._ Llegó a la puerta resoplando y jadeando. **3** (humo, vapor) (a) [T] echar: _The furnace was puffing thick black smoke._ La caldera echaba un humo negro espeso. (b) [I siempre + adv/prep] salir: _Black smoke puffed out of the chimney._ Salía un humo negro de la chimenea **4** [I siempre + adv/prep] echar humo (tren de vapor): _A train puffed across the bridge._ Un tren cruzó el puente echando humo. ▶ **HUFF and puff**
puff sth ↔ out _v+partíc_ **1** hinchar algo: _He stood up straight and puffed out his chest._ Se enderezó e hinchó el pecho. **2** echar algo (humo, aire, vapor): _factory chimneys puffing out smoke_ chimeneas de fábricas echando humo
puff up _v+partíc_ **1 puff sth ↔ up** ahuecar algo **2 puff up** hincharse, esponjarse (masa) **3 puff up** hincharse (cara, tobillos, etc.)

puff² _s_ [C] **1 have/take a puff** dar una pitada, dar una fumada • [+**on/of**]: _She took a quick puff of her cigarette._ Dio una rápida pitada a su cigarrillo. **2** ráfaga (de aire), bocanada (de humo) **3** soplido **4** pastelito (de masa de hojaldre)

puf·fin /ˈpʌfɪn/ _s_ [C] frailecillo

puff·y /ˈpʌfi/ _adj_ (**puffier**, **puffiest**) hinchado -a (ojos, cara, etc.)

pug /pʌg/ _s_ [C] pug (raza canina)

pug·na·cious /pʌɡˈneɪʃəs/ _adj_ (frml) belicoso -a SIN **aggressive**

puke¹ /pyuk/ (tb **puke up**) _v_ [I,T] (malson) trasbocar, vomitar SIN **vomit**
EXPRESIONES
it makes me (want to) puke! (oral) ¡me da asco!, ¡me dan ganas de vomitar! (expresando indignación)

puke² *s* [U] (*malson*) vómito SIN **vomit**

pull¹ S1 W1 /pʊl/ *v*

1 mover hacia sí
2 retirar
3 a la rastra
4 poner distancia
5 incorporarse
6 de un bolsillo, bolso
7 herir
8 espectáculos
9 influir en
10 eliminar
11 engañar

1 MOVER HACIA SÍ [I,T] jalar (de), tirar (de): *He grabbed the handle and pulled hard.* Agarró la manija y jaló con fuerza. • *Stop pulling my hair!* ¡Deja de jalarme el pelo! • *She aimed the gun and pulled the trigger.* Apuntó el arma y jaló el gatillo. • **pull sth away from/out of sth** *Can you help me pull the table away from the wall?* ¿Me ayudas a alejar la mesa de la pared? • *The baby had pulled everything out of the cupboards.* El bebé había sacado todo lo que había en los armarios. • **pull sb toward you** atraer a alguien hacia sí • **pull sth toward you** acercar algo • **pull sth down/up** *I got into bed and pulled the blankets up.* Me metí en la cama y me tapé con las cobijas. • *Could you pull the blind down?* ¿Podrías bajar la persiana? • **pull sth open/shut** abrir/cerrar algo (de un jalón) • **pull at sth** jalar algo, tirar de algo: *The boy kept pulling at the dog's lead.* El niño seguía tirando de la correa del perro. • **pull on sth** jalar algo, tirar de algo: *Don't pull on the reins like that!* ¡No jales las riendas de ese modo! ANT **push**

2 RETIRAR [T] arrancar: *She had to have two teeth pulled.* Tuvo que sacarse dos muelas. • **pull sth off** arrancar algo (que está pegado): *She pulled off the Band-Aid.* Se arrancó la curita. • **pull sth up** arrancar algo (una planta): *Make sure you pull all the weeds up.* Asegúrate de arrancar toda la maleza.

3 A LA RASTRA [T] jalar, tirar de: *A horse pulling a loaded cart went by.* Pasó un caballo jalando una carreta cargada. • **pull sth behind/after you/it** llevar algo a remolque • **pull sth along (sth)** arrastrar algo (por algo): *The boats pull the nets along the ocean floor.* Los barcos arrastran las redes por el fondo del mar.

4 PONER DISTANCIA [I,T siempre + adv/prep] apartar(se) (bruscamente) • **pull away/back (from sb)** apartarse (de alguien): *"Let me go!" she cried, trying to pull away.* –¡Suéltame! –gritó, tratando de soltarse. • **pull sth away** retirar algo: *I took her hand but she pulled it away.* Le agarré la mano, pero ella la retiró. • **pull sth free** soltar algo • **pull yourself free** soltarse

5 INCORPORARSE [T] **pull yourself up** levantarse (agarrándose de algo): *He pulled himself up from the floor with difficulty.* Se levantó del suelo con dificultad. • **pull yourself to your feet** ponerse de pie (agarrándose de algo)

6 DE UN BOLSILLO, BOLSO [T] sacar • **pull out sth** sacar algo: *He pulled out his wallet.* Sacó la billetera. • **pull sth from/out of sth** sacar algo de algo: *Ben pulled a pencil from his pocket.* Ben sacó un lápiz del bolsillo. • **pull a gun/knife** sacar una pistola/una navaja: *He said the boy had pulled a gun on him.* Dijo que el muchacho lo había amenazado con una pistola.

7 HERIR [T] lesionarse (un ligamento, etc.) • **pull a muscle** desgarrar(se) un músculo SIN **strain**

8 ESPECTÁCULOS [T] atraer: *The band always pulls good crowds.* La banda siempre atrae grandes cantidades de público. SIN **pull in, draw**

9 INFLUIR EN [I,T] empujar • **pull sb/sth toward sth** llevar a alguien/algo a algo, atraer a alguien/algo hacia algo: *Recently, I've felt pulled toward a career in medicine.* De un tiempo a esta parte, me he sentido atraído por la profesión de médico. • **pull (sb) in different/opposite directions** tirar (de alguien) en direcciones diferentes/opuestas

10 ELIMINAR **pull sth/sb from sth** retirar algo/a alguien de algo: *The agents were pulled from the investigation and reassigned.* Los agentes fueron retirados de la investigación y asignados a otras tareas.

11 ENGAÑAR [T] (*coloq*) intentar hacer algo deshonesto: *I soon realized that he was going to pull something.* Al poco tiempo me di cuenta de que iba a intentar alguna jugarreta. ▶ **tear/pull your HAIR out**, **pull the PLUG**, not **pull any PUNCHes**, **pull RANK (on sb)**, **pull the RUG (out) from under sb**, **pull the WOOL over sb's eyes**

EXPRESIONES

pull a fast one (on sb) (*coloq*) hacer(le) una jugarreta (a alguien) • **pull sb's leg** tomarle el pelo a alguien, vacilar a alguien • **pull a stunt/trick** (*coloq*) hacer algo peligroso/ridículo (para engañar o impresionar) • **pull to a halt/stop** detenerse: *The bus pulled to a halt.* El bus se detuvo. • **pull sb's license** (*coloq*) retirarle la licencia/el permiso a alguien • **pull out all the stops** usar todos los recursos disponibles • **pull sth to pieces** desmontar/desarmar algo • **pull sth/sb to pieces** destrozar algo/a alguien, criticar duramente algo/a alguien • **pull strings** mover (los) hilos, usar sus contactos • **pull sb's strings** manipular a alguien • **pull your weight** hacer la parte que le corresponde

pull ahead *v+partíc* **1** tomar la delantera • **pull ahead of sb** superar a alguien **2** pasar, rebasar (un vehículo a otro)

pull apart *v+partíc* **1 pull sth ↔ apart** hacer pedazos/destrozar algo **2 pull sth ↔ apart** desintegrar algo (una familia, una comunidad) **3 pull sth ↔ apart** destrozar algo (criticándolo): *The selection committee pulled our proposal apart.* El comité de selección destrozó nuestra propuesta. **4 pull sth/sb ↔ apart** separar a algo/alguien (a animales o personas que pelean)

pull at sth *v+partíc* darle una pitada/fumada a algo

pull away *v+partíc* **1** arrancar (conductor, vehículo): *He waved as he pulled away.* Saludó con la mano al arrancar. • **pull away from sth** salir de algo ▶ **PULL OUT 2** tomar la delantera **3** tomar la delantera (en una carrera) • **pull away from sb** dejar atrás a alguien

pull back *v+partíc* **1 pull back** retroceder: *The crowd pulled back in horror.* La muchedumbre retrocedió horrorizada. • **pull back from sb/sth** apartarse/alejarse de alguien/algo **2 pull back** echarse atrás • **pull back from** *They pulled back from financing the project.* Se echaron atrás y decidieron no financiar el proyecto. **3 pull back** retirarse (ejército) • **pull back from sth** retirarse de algo **4 pull sth ↔ back** retirar algo • **pull your troops back from sth** retirar sus tropas de algo

pull down *v+partíc* **1 pull sth ↔ down** demoler algo SIN **demolish 2 pull down sth** (*coloq*) ganar algo (en el trabajo) **3 pull down a menu** abrir un menú (en informática)

pull in *v+partíc* **1 pull in** parar (conductor, vehículo, después de acercarse al andén): *Ken pulled in by the store and parked.* Ken paró frente a la tienda y parqueó. ANT **pull out 2 pull in** llegar (tren) ANT **pull out 3 pull in sth** (*coloq*) embolsar algo (dinero) **4 pull sb ↔ in** (*coloq*) atraer a alguien: *The series pulled in 10 million viewers.* La serie atrajo a 10 millones de televidentes. • **pull in the crowds** atraer multitudes **5 pull sb ↔ in** (*coloq*) detener a alguien (policía) SIN **arrest**

pull into sth *v+partíc* **1 pull into sth** llegar a algo (tren, bus, etc.): *At last the train pulled into the station.* Finalmente el tren llegó a la estación. **2 pull into sth** meterse en algo (conductor, vehículo): *I pulled into a parking place.* Me metí en un lugar que había para parquear. **3 pull sth/sb into sth** meter algo a alguien en algo (en un conflicto, etc.)

pull sth ↔ off *v+partíc* **1** lograr hacer algo: *The plan was ambitious but they pulled it off.* El plan era ambicioso, pero lograron lo que se proponían. **2** quitarse algo (una prenda de vestir): *Mark pulled off his wet boots.* Mark se quitó las botas mojadas.

pull on *v+partíc* **1 pull sth ↔ on** ponerse algo (una prenda de vestir): *"Bye!" he said, pulling on his coat.* –¡Adiós! –dijo, poniéndose el abrigo. **2 pull on a cigarette/a pipe** dar una pitada a un cigarrillo/una fumada a una pipa

pull out *v+partíc* **1 pull out** arrancar (conductor, vehículo): *I pulled out of the parking space.* Salí del lugar donde había parqueado. **2 pull out** cambiar de carril (para pasar a otro vehículo) **3 pull out** salir, irse (tren) ANT **pull in** **4 pull out** retirarse (ejército) • **pull out of sth** retirarse de algo **5 pull sth/sb ↔ out** retirar algo/a alguien, sacar algo/a alguien: *They decided to pull out all their embassy staff.* Decidieron retirar todo el personal de la embajada.

pull over *v+partíc* **1 pull over** acercarse al andén/a la banqueta y parar (conductor, vehículo): *I pulled over to let the ambulance pass.* Me acerqué al andén y paré para dejar paso a la ambulancia. **2 pull sth/sb ↔ over** hacer detener algo/a alguien (junto al andén)

pull through *v+partíc* **1 pull through** recuperarse, reponerse: *We're all praying that he'll pull through.* Todos estamos rezando para que se recupere. **2 pull through** salir adelante **3 pull sb through** ayudar a alguien a salir adelante **4 pull through sth** superar algo

pull together *v+partíc* **1 pull together** trabajar codo con codo **2 pull sth ↔ together** reunir algo (ideas, datos) **3 pull yourself together** tranquilizarse, calmarse

pull up *v+partíc* **1 pull up** parar (conductor, vehículo): *He pulled up in front of the gates.* Paró frente al portón. **2 pull up sth** acercar algo (una silla) **3 pull sb up on sth** llamarle la atención a alguien sobre algo **4 pull sb up short/sharp** parar a alguien en seco

¿**pull, tug, yank, haul** o **heave**?
Además de **pull**, otros verbos expresan la idea de "jalar":
tug indica pequeños jalones: *The child was tugging at her sleeve.*
yank es coloquial y denota un jalón fuerte: *He yanked the door open.*
haul se usa cuando se trata de jalar de algo pesado con un esfuerzo constante o con una cuerda: *He helped them haul the cart from the ditch.*
heave indica más bien que se jala en un solo movimiento: *Everyone pull together now. Ready? Heave!*

pull² *s*

1 acción de tirar
2 gravedad
3 que atrae
4 influencia
5 de un músculo
6 para jalar de algo

1 ACCIÓN DE TIRAR [C] jalón, tirón • **give sth a pull** jalar/tirar de algo, darle un jalón/tirón a algo: *He gave the cord a pull.* Le dio un jalón al cable. ▶ **TUG**

2 GRAVEDAD [C] fuerza: *the pull of the Earth's gravity* la fuerza de la gravedad de la Tierra

3 QUE ATRAE [U] atracción, atractivo: *the pull of life in the big city* el atractivo de la vida en la gran ciudad

4 INFLUENCIA [U] (*coloq*) influencia, palanca

5 DE UN MÚSCULO [C] desgarre

6 PARA JALAR DE ALGO [C] cuerda o manija usada para jalar algo

EXPRESIONES
take a pull **(a)** tomarse/echarse un trago **(b)** dar una pitada/fumada

pul·ley /'pʊli/ *s* [C] (*pl* **pulleys**) polea

pull·out¹, pull-out /'pʊlaʊt/ *s* [C gralm sing] **1** (de un ejército, una empresa) retirada • [+**from**]: *the pullout of troops from the region* la retirada de tropas de la región **2** (de una competencia) abandono **3** (parte de una publicación) separata, suplemento

pullout², pull-out *adj* [solo ante s] **1** (publicación) separable: *a pullout section* una separata **2** (parte de un mueble) extraíble, extensible

pull·o·ver /'pʊlˌoʊvə/ *s* [C] pulóver, suéter SIN **sweater**

pul·mo·nar·y /'pʊlməˌnɛri, 'pʌl-/ *adj* [solo ante s] (*técn*) pulmonar

pulp¹ /pʌlp/ *s* **1** [sing, U] puré: *Mash the avocado to a pulp.* Triture el aguacate hasta tener un puré. **2** [U] pasta (para papel): *wood pulp* pasta de madera **3** [U] pulpa (de fruta) **4** [U] (*peyor*) literatura barata • **pulp fiction** literatura barata

EXPRESIONES
beat/smash sb to a pulp (*coloq*) moler a alguien a golpes/palos

pulp² *v* [T] **1** reducir a puré **2** reducir a pasta

pul·pit /'pʊlpɪt, 'pʌl-/ *s* [C] púlpito

pul·sate /'pʌlseɪt/ *v* [I] **1** palpitar, latir SIN **throb, pulse** **2 pulsate with excitement/energy** (*liter*) vibrar de entusiasmo/energía SIN **pulse**

pulse¹ /pʌls/ *s* **1** [C gralm sing] pulso: *His pulse was weak.* Su pulso era débil. **2** [C] (de electricidad, sonido) impulso, pulsación: *electrical pulses* impulsos eléctricos **3** [C gralm sing] (en música) ritmo **4** [C gralm pl] (alimento) legumbre (seca) ▶ **have your FINGER on the pulse**

EXPRESIONES
set/get sb's pulses racing acelerarle el pulso a alguien

pulse² *v* [I] **1** latir, pulsar **2** vibrar, palpitar (música) SIN **pulsate**

pul·ver·ize /'pʌlvəˌraɪz/ *v* [T gralm en pasiva] **1** triturar, pulverizar **2** (*coloq*) hacer polvo, pulverizar (a la oposición, etc.)

pu·ma /'pumə, 'pyumə/ *s* [C] puma SIN **cougar, mountain lion**

pum·ice /'pʌmɪs/ *s* [C,U] piedra pómez

pum·mel /'pʌməl/ *v* [T] **1** (con los puños) aporrear, golpear: *He was pummeling the bread dough.* Estaba aporreando la masa del pan. **2** (tormentas) azotar: *The coast was pummeled by gales.* La costa fue azotada por vendavales. **3** (criticar) vapulear, criticar duramente **4** (derrotar) darle una paliza a, darle una madriza a

pump¹ /pʌmp/ *s* [C] **1** bomba (de agua, aire, etc.) • **a gas pump** un surtidor, una bomba (de gasolina) • **a water/an air/an oil pump** una bomba de agua/aire/aceite • **a bicycle pump** una bomba de bicicleta **2** [gralm pl] zapato de mujer sencillo y liviano

pump² *v* **1** (hacer circular) **(a)** [T siempre + adv/prep] bombear • **pump sth into/through/out of sth** *Blood is pumped around the body by the heart.* El corazón bombea la sangre por todo el cuerpo. • *The water was pumped out of the mine.* El agua se extrajo de la mina con bombas. **(b)** [I] bombear **2** (salir rápidamente) **pump from/out of sth** salir a borbotones de algo: *Blood was pumping from his arm.* Le salía sangre del brazo a borbotones. **3** (hacia arriba y hacia abajo) **(a)** [T] mover repetidamente: *She pumped the brake pedal but nothing happened.* Pisó repetidamente el freno pero nada sucedió. • *Keep pumping the accelerator.* Sigue dándole al acelerador. **(b)** [I] (tb **pump away**) moverse repetidamente: *The biker's legs were pumping vigorously.* Las piernas del ciclista subían y bajaban con energía. **4** [I] (tb **pump away**) (corazón) latir con fuerza **5** [T] (para obtener información) (*coloq*) bombardear con preguntas a • **pump sb for information** tratar de sonsacarle información a alguien

EXPRESIONES
pump sb full of sth atiborrar a alguien de algo • **pump bullets into sb** acribillar a alguien a balazos • **pump gas** tanquear (combustible), cargar gasolina • **pump iron** (*coloq*) hacer pesas • **pump sb's stomach** hacerle un lavado de estómago a alguien

pump in/into *v+partíc* **1 pump sth ↔ in** inyectar algo (capital, fondos) **2 pump sth into sth** invertir/inyectar algo en algo

pump sth ↔ out *v+partíc* **1** producir algo (en grandes cantidades): *The factory pumps out a million pairs of socks each week.* La fábrica produce un millón de pares de medias a la semana. **2** extraer algo usando una bomba

pump up *v+partíc* **pump sth ↔ up** inflar algo SIN **inflate**

pump·kin SS /'pʌmpkɪn, 'pʌŋkɪn/ *s*
1 [C, U] calabaza
2 (*coloq, oral*) (al dirigirse a alguien) cariño, mi amor

pun¹ /pʌn/ *s* [C] juego de palabras • **make a pun** hacer un juego de palabras • **a pun on sth** un juego de palabras con algo SIN **play on words**

pun² *v* [I] (**punned, punning**) hacer juegos/un juego de palabras

punch¹ S3 /pʌntʃ/ v [T]
1 (golpear) darle un puñetazo a: *The other boys began kicking and punching him.* Los otros chicos empezaron a darle puntapiés y puñetazos. • **punch sb in/on sth** darle un puñetazo a alguien en algo: *Someone punched me in the stomach.* Alguien me dio un puñetazo en el estómago. • *His opponent punched him on the nose.* Su contrincante le dio un puñetazo en la nariz.
2 (hacer un agujero en) perforar, ponchar: *The inspector punched her ticket.* El revisor le perforó el boleto. • **punch a hole in/through sth** hacer un agujero en algo, perforar algo
3 (un botón, una tecla) apretar
4 (un balón) [siempre + adv/prep] **punch sth away/into** enviar en determinada dirección de un puñetazo: *He punched the ball away.* Alejó la pelota de un puñetazo.
EXPRESIONES
punch the air hacer un gesto de triunfo (con el puño)
punch in v+partíc marcar tarjeta, checar tarjeta (al entrar al trabajo)
punch in/into v+partíc **punch sth ↔ in** ingresar algo (con un teclado): *He punched his name into the computer.* Ingresó su nombre en el computador.
punch out v+partíc **punch out** marcar tarjeta, checar tarjeta (al salir del trabajo)

punch² S3 s
1 [C] (golpe) puñetazo • [+**in/on**]: *He received a punch on the nose.* Le dieron un puñetazo en la nariz. • **give sb a punch** darle un puñetazo a alguien: *She gave me a playful punch on the arm.* Me dio un puñetazo en broma en el brazo.
2 [C,U] (bebida) ponche: *a bowl of rum punch* un bol de ponche con ron
3 [sing, U] (de un libro) vigor, fuerza: *The book lacks the punch of his earlier novels.* El libro carece de la fuerza de sus anteriores novelas.
4 [C] (herramienta) (tb **hole punch**) perforadora (para papel) ▶ **PACK a punch, (as) PLEASED as punch**
EXPRESIONES
not pull any punches (*coloq*) no andarse con miramientos

'**punch card** s [C] tarjeta perforada

'**punching bag** s [C] saco de arena (en boxeo)

punch·line, punch line /'pʌntʃlaɪn/ s [C gralm sing] remate, final (de un chiste)

punc·til·i·ous /pʌŋk'tɪliəs/ adj (*frml*) meticuloso -a

punc·tu·al /'pʌŋktʃuəl/ adj puntual: *The boss was always very punctual.* El jefe era siempre muy puntual. • *the punctual payment of debts* el pago puntual de deudas SIN **on time** ANT **late**

punc·tu·al·i·ty /ˌpʌŋktʃu'æləti/ s [U] puntualidad

punc·tu·al·ly /'pʌŋktʃuəli/ adv puntualmente

punc·tu·ate /'pʌŋktʃuˌeɪt/ v **1** [T gralm en pasiva] (*liter*) interrumpir (reiteradamente), salpicar (de anécdotas, etc.) • **be punctuated by/with sth** ser interrumpido -a por algo, estar salpicado -a de algo: *Her lectures were always punctuated by jokes.* Siempre salpicaba sus clases con chistes. **2** [I,T] puntuar, poner(le) signos de puntuación (a) (al escribir)

punc·tu·a·tion /ˌpʌŋktʃu'eɪʃən/ s [U] puntuación

,**punctu'ation mark** s [C] signo de puntuación

punc·ture¹ /'pʌŋktʃɚ/ v **1** [T] perforar, ponchar **2** (neumáticos, globos) **(a)** [I] pincharse, poncharse **(b)** [T] pinchar, ponchar **3** [T] destruir (la confianza, un sueño)

puncture² s [C] (en la piel) punción

pun·dit /'pʌndɪt/ s [C] experto -a, entendido -a • **a political/TV/fashion pundit** un -a experto -a en política/televisión/moda

pun·gen·cy /'pʌndʒənsi/ s [U] **1** sabor/olor penetrante **2** (*frml*) mordacidad

pun·gent /'pʌndʒənt/ adj **1** fuerte y penetrante **2** (*frml*) mordaz, cáustico -a: *pungent humor* humor cáustico

pun·ish W3 /'pʌnɪʃ/ v [T]
1 (a una persona) castigar: *He knew he would be punished if he was caught.* Sabía que lo castigarían si lo pescaban. • **punish sb severely** castigar a alguien duramente • **punish sb for (doing) sth** castigar a alguien por (haber hecho) algo: *She deserves to be punished for what she has done.* Merece ser castigada por lo que ha hecho. • **punish sb by doing sth** castigar a alguien haciendo algo: *He punished the children by taking away their toys.* Castigaba a sus hijos quitándoles los juguetes. ▶ **PUNISHMENT, PUNITIVE**
2 (un delito) castigar, penalizar: *Crimes of violence should be severely punished.* Los delitos violentos deben castigarse con dureza. • **punish sth by death/imprisonment** castigar algo con la muerte/con prisión
3 **punish yourself (for sth)** castigarse (por algo): *You shouldn't punish yourself – you couldn't possibly have known.* No deberías castigarte: no había manera de que lo supieras.
4 afectar negativamente a

pun·ish·a·ble /'pʌnɪʃəbəl/ adj punible, penalizable: *a punishable offense* una infracción punible • [+**by/with**]: *a crime punishable by death* un delito penado con la muerte

pun·ish·ing /'pʌnɪʃɪŋ/ adj [gralm ante s] **1** agotador -a, extenuante: *He has a punishing schedule.* Tiene una agenda agotadora. **2** durísimo -a: *a punishing defeat* una derrota durísima

pun·ish·ment W3 /'pʌnɪʃmənt/ s
1 [C,U] castigo: *She was sent to bed early as a punishment.* La mandaron a dormir temprano como castigo. • [+**for**]: *the maximum punishment for armed robbery* la pena máxima por robo a mano armada • **The punishment should fit the crime.** El castigo debe ser acorde al delito. ▶ **PUNITIVE**
2 [U] (acción de castigar) castigo: *The courts are responsible for the punishment of offenders.* Es responsabilidad de los tribunales castigar a los infractores.
3 [U] (*coloq*) malos tratos (que se le da a los muebles, un carro, etc.) ▶ **CAPITAL PUNISHMENT, CORPORAL PUNISHMENT**

pu·ni·tive /'pyunətɪv/ adj [gralm ante s] **1** punitivo -a: *punitive measures* medidas punitivas **2** leonino -a, gravoso -a: *punitive taxes* impuestos leoninos

punk /pʌŋk/ s **1** [U] (tb **punk rock, punk music**) punk **2** [C] (tb **punk rocker**) (amante del punk) punk **3** [C] (*peyor, coloq*) vándalo -a

punt¹ /pʌnt/ s [C] embarcación de fondo chato que se impulsa con una pértiga

punt² v [I] ir a un sitio en un **punt**

pu·ny /'pyuni/ adj **1** enclenque, debilucho -a **2** débil, lamentable **3** escaso -a, insignificante

pup /pʌp/ s [C] **1** cachorro SIN **puppy 2** cría (de foca, nutria)

pu·pil /'pyupəl/ s [C] **1** alumno -a • **the star pupil** el mejor alumno/la mejor alumna SIN **student 2** discípulo -a **3** pupila (del ojo) ▶ **IRIS**

pup·pet /'pʌpɪt/ s [C] **1** títere, marioneta • **a glove/finger puppet** un títere de guante/dedo • **puppet show** espectáculo de títeres **2** (*peyor*) (indicando falta de independencia) títere • **puppet government** gobierno títere • **puppet regime** régimen títere

pup·pet·eer /ˌpʌpɪ'tɪr/ s [C] titiritero -a

pup·py S2 /'pʌpi/ s [C] (pl **puppies**) cachorro -a: *a six-month-old puppy* un cachorro de seis meses • **a litter of puppies** una camada de cachorros

'**puppy love** s [U] amor adolescente

pur·chase¹ W2 /'pɜtʃəs/ v [T] (*frml*) adquirir, comprar: *He purchased the property in 1989.* Adquirió el inmueble en 1989. • **purchase sth from sth/sb** *Tickets may be purchased from the theater box office.* Las entradas pueden adquirirse en la taquilla del teatro. SIN **buy**

purchase² W3 *s* (*frml*)
1 [C,U] (acción) compra, adquisición: *credit card purchases* compras con tarjeta de crédito • **make a purchase** hacer una compra, realizar una adquisición • **the date/time of purchase** la fecha/el momento de la compra • **proof of purchase** comprobante de compra
2 [C] (lo comprado) compra: *She paid for her purchases and left.* Pagó sus compras y se fue.
3 [sing, U] agarre • **gain/get a purchase on sth** agarrarse a algo (una persona), adherirse a algo (un neumático)

pur·chas·er /'pɔtʃəsɚ/ *s* [C] (*frml*) comprador -a SIN **buyer**

'purchasing ‚power *s* [U] poder adquisitivo

pure S3 W3 /pyʊr/ *adj*

1	sin mezcla
2	para intensificar
3	sin contaminantes
4	color
5	sonido
6	sin maldad
7	característico
8	raza
9	estilo
10	ciencia

1 SIN MEZCLA [gralm ante s] puro -a: *The ring was made of pure gold.* El anillo era de oro puro. • **pure silk/wool** pura seda/lana ANT **impure**
2 PARA INTENSIFICAR [solo ante s] puro -a: *a work of pure genius* un trabajo de pura genialidad • **pure luck/chance/coincidence** pura suerte/casualidad/coincidencia: *It was by pure luck that we found the place.* Encontramos el lugar por pura suerte. SIN **sheer**
3 SIN CONTAMINANTES puro -a: *pure drinking water* agua potable pura ANT **impure**
4 COLOR [gralm ante s] *pure white sheets* sábanas de color blanco inmaculado • *the pure blue sky* el cielo absolutamente azul
5 SONIDO límpido -a, cristalino -a
6 SIN MALDAD puro -a SIN **innocent** ANT **impure**
7 CARACTERÍSTICO [solo ante s] *The movie is pure Hollywood.* La película es típica de Hollywood.
8 RAZA puro -a
9 ESTILO puro -a, depurado -a
10 CIENCIA [solo ante s] puro -a: *pure math* matemática pura ▶ **APPLIED**

EXPRESIONES
pure and simple (*coloq*) lisa y llanamente • **as pure as the driven snow** puro -a como la nieve

pu·ree¹, **purée** /pyʊ'reɪ/ *s* [C,U] puré: *tomato puree* puré de tomate

puree², **purée** *v* [T] triturar, hacer un puré con

pure·ly /'pyʊrli/ *adv* meramente, puramente: *a decision made for purely political reasons* una decisión tomada por motivos meramente políticos • *It happened purely by chance.* Sucedió por pura suerte. • **purely and simply** lisa y llanamente

pur·ga·to·ry /'pɝgə‚tɔri/ *s* [U] **1** calvario, tortura **2 Purgatory** el Purgatorio

purge¹ /pɝdʒ/ *v* [T] **1** purgar (un partido político, una organización) • **purge sth of sb/sth** purgar algo de alguien/algo • **purge sth/sb from sth** expulsar algo/a alguien de algo: *Suspected communists were purged from the party.* Los presuntos comunistas eran expulsados del partido. **2 purge sth of sth** *Local languages were purged of Russian words.* Eliminaron las palabras rusas de las lenguas locales. **3** (*escrito*) desterrar (odio, etc.), disipar (dudas) • **purge sb/sth of sth** *It took her months to purge herself of guilt.* Le llevó meses liberarse del sentimiento de culpa.

purge² *s* [C] purga (en un partido político, una organización)

pu·ri·fi·ca·tion /‚pyʊrəfə'keɪʃən/ *s* [U] purificación

pu·ri·fy /'pyʊrə‚faɪ/ *v* [T] (**purifies**, **purified**, **purifying**) purificar

pur·ist /'pyʊrɪst/ *s* [C] purista

pu·ri·tan /'pyʊrətən, -rət⌐n/ *s* [C], *adj* (*esp peyor*) puritano -a

pu·ri·tan·i·cal /‚pyʊrə'tænɪkəl/ *adj* (*peyor*) puritano -a

pu·ri·ty /'pyʊrəti/ *s* [U] **1** (del agua, el aire) pureza ANT **impurity 2** (de una persona) pureza ANT **impurity** ▶ **PURE**

pur·ple¹ /'pɝpəl/ *adj* morado -a, violeta
EXPRESIONES
purple with rage (tb **purple in the face**) rojo -a de furia • **purple prose/a purple passage** (*peyor*) prosa alambicada/un pasaje alambicado

purple² *s* [C,U] morado, violeta

‚Purple 'Heart *s* [C] condecoración otorgada a los soldados estadounidenses heridos en combate

pur·port /pɚ'pɔrt/ *v* [T] (*frml*) afirmar (especialmente algo dudoso): *The document is purported to be 300 years old.* Se afirma que el documento tiene 300 años de antigüedad. • **purport to be sth** pretender/decir ser algo: *someone purporting to represent the terrorist group* alguien que dijo ser representante del grupo terrorista

pur·pose S2 W1 /'pɝpəs/ *s*
1 [C] (intención) propósito, objetivo, motivo: *The games have an educational purpose.* Los juegos tienen un propósito educativo. • *Their sole purpose is to cause trouble.* Lo único que se proponen es causar problemas. • [+of]: *The purpose of this exercise is to strengthen your stomach muscles.* El objetivo de este ejercicio es fortalecer los músculos abdominales. • *What is the purpose of your visit?* ¿Cuál es el motivo de su visita? • **sb's purpose in doing sth** *My purpose in coming here today is to talk to the victims of the disaster.* El objetivo de mi visita es hablar con las víctimas de la catástrofe. • **for the purpose of doing sth** con el fin de hacer algo: *Troops were sent to the area for the purpose of assisting refugees.* Se enviaron tropas a la zona con el fin de asistir a los refugiados. • **do sth for a purpose** hacer algo por algún motivo: *I left the oven on for a purpose.* Por algo dejé el horno encendido. • **serve its purpose** cumplir su propósito: *We delete the data once it has served its purpose.* Borramos la información una vez que ha cumplido su propósito. • **serve no (useful) purpose** no servir de nada: *It would serve no useful purpose to re-open the investigation.* Reabrir la investigación no serviría de nada. • **defeat the purpose** resultar contraproducente
2 purposes [pl] (razones) fines, motivos • **for... purposes** por/con fines...: *He moved abroad for tax purposes.* Se mudó al exterior por motivos fiscales. • *She uses the drug for medical purposes.* Usa la droga con fines medicinales. • **for the purposes of sth** para (los fines de) algo, con el fin de hacer algo: *Is it appropriate to use violence for the purposes of self-protection?* ¿Es legítimo recurrir a la violencia con el fin de autoprotegerse?
3 [U] (actitud mental) determinación: *He possessed great strength of purpose.* Poseía una gran determinación. • **have no purpose in life** no tener un norte en la vida • **a sense of purpose** un rumbo en la vida: *She went back to her work with a new sense of purpose.* Volvió a su trabajo con un nuevo rumbo en la vida. ▶ **ALL-PURPOSE, CROSS-PURPOSES**
EXPRESIONES
for all practical purposes (tb **for/to all intents and purposes**) a efectos prácticos • **on purpose** adrede, a propósito: *I didn't do it on purpose – it was an accident.* No lo hice adrede: fue un accidente. SIN **deliberately** • **to no purpose** (tb **to little purpose**) (*frml*) en vano, inútilmente

pur·pose·ful /'pɝpəsfəl/ *adj* **1** con propósitos claros (política, actividad) ANT **purposeless 2** decidido -a (actitud, movimientos) SIN **determined**

pur·pose·ful·ly /'pɝpəsfəli/ *adv* **1** con decisión **2** deliberadamente SIN **deliberately** ANT **purposelessly**

pur·pose·ly /'pɜːpəsli/ *adv* deliberadamente, adrede SIN **deliberately**, **on purpose**

purr[1] /pɜː/ *v* [I] **1** (gatos) ronronear **2** (motores) ronronear

purr[2] *s* [C] **1** (de un gato) ronroneo **2** (de un motor) ronroneo

purse[1] S2 /pɜːs/ *s*
1 [sing] (*frml*) presupuesto (de una familia, etc.) • **the public purse** el erario público
2 [C] cartera, bolsa (de mujer)
3 [C] premio (en efectivo)
EXPRESIONES
the purse strings el control de los fondos de una organización o una familia • **hold/control the purse strings** administrar el dinero

purse[2] *v* [T] **purse your lips/mouth** fruncir los labios

purs·er /'pɜːsə/ *s* [C] sobrecargo (en un barco, un avión)

pur·sue W2 /pə'sjuː/ *v* [T] (*frml*)
1 llevar adelante (un proyecto), adoptar (políticas, medidas), seguir (un curso): *The government has promised to pursue policies to help the poor.* El gobierno ha prometido adoptar medidas que ayuden a los pobres. • **pursue a career** forjarse una carrera: *She plans to pursue a career in politics.* Tiene intenciones de forjarse una carrera en política. • **pursue an interest** dedicarse a una actividad (un hobby, etc.) • **pursue a goal/an objective** tratar de alcanzar una meta/un objetivo
2 continuar con, insistir en • **pursue the matter/issue** insistir/seguir adelante con el tema/el asunto: *He decided it wasn't worth pursuing the matter.* Llegó a la conclusión de que no valía la pena insistir con el asunto. • **pursue a case** (tb **pursue charges**) presentar cargos • **pursue a claim** interponer una demanda
3 perseguir SIN **chase**

pur·su·er /pə'sjuːə/ *s* [C] perseguidor -a

pur·suit /pə'sjuːt/ *s* (*frml*) **1** [U] **the pursuit of sth** la búsqueda de algo: *the pursuit of justice* la búsqueda de justicia • **in pursuit of sth** (tb **in the pursuit of sth**) para conseguir algo: *Some journalists will do anything in pursuit of a story.* Algunos periodistas hacen cualquier cosa por conseguir una nota. **2** [C,U] persecución: *a high-speed pursuit* una persecución a toda velocidad • **in pursuit** *He crossed the bridge with four police cars in pursuit.* Cruzó el puente con cuatro radiopatrullas detrás. • **in pursuit of sb** persiguiendo a alguien • **in hot pursuit** *Liz ran out of the front door, with Tony in hot pursuit.* Liz salió corriendo por la puerta de entrada con Tony pisándole los talones. **3** [C gralm pl] actividad (recreativa): *leisure pursuits* pasatiempos

pur·vey /pə'veɪ/ *v* [T] (*frml*) proveer, suministrar

pur·vey·or /pə'veɪə/ *s* [C] (*frml*) proveedor -a

pus /pʌs/ *s* [U] pus

push[1] S1 W1 /pʊʃ/ *v*

1 un objeto, a una persona
2 una parte del cuerpo
3 un botón
4 para pasar adelante
5 ideas, proyectos
6 ejercer presión sobre
7 hacer trabajar
8 a una situación mala
9 irritar
10 hacer aumentar o disminuir
11 drogas
12 hacer publicidad de
13 ejército

1 UN OBJETO, A UNA PERSONA [I,T] empujar: *Her father was pushing the wheelchair.* Su padre empujaba la silla de ruedas. • **push sb/sth back/aside/up** *She pushed the chair back.* Empujó la silla hacia atrás. • *She pushed her sleeves up.* Se arremangó. • *She pushed the tray aside.* Apartó la bandeja. • **push sth up/toward/into sth** *She pushed her bicycle up the hill.* Subió la cuesta empujando la bicicleta. • *She pushed the girl toward the door.* Empujó a la niña hacia la puerta. • **push sth open/shut** abrir/cerrar algo de un empujón: *He pushed the door open and walked in.* Abrió la puerta de un empujón y entró. ANT **pull** • **push against/at sth** empujar algo: *The horse pushed against the fence.* El caballo empujó la valla.

2 UNA PARTE DEL CUERPO [T siempre + adv/prep] mover bruscamente: *He pushed his hands into his pockets.* Metió las manos en los bolsillos. • *He pushed his face close to mine.* Bruscamente, acercó su cara a la mía.

3 UN BOTÓN [T] apretar, oprimir: *Push the green button to turn on the machine.* Apriete el botón verde para encender la máquina. SIN **press**

4 PARA PASAR ADELANTE [I,T siempre + adv/prep] empujar: *The children were fighting and pushing.* Los niños estaban peleándose y empujándose. • **push past sb** empujar a alguien (a un lado) para pasar: *He pushed past her and ran down the stairs.* La empujó para pasar y corrió escaleras abajo. • **push your way through/into/to sth** *He pushed his way through the crowd.* Se abrió paso a empujones entre la multitud.

5 IDEAS, PROYECTOS [T] promover, tratar de lograr la aceptación de • **push for sth** hacer campaña para que se haga algo: *He was pushing for a relaxation of the rules.* Estaba haciendo campaña para que se flexibilizaran las reglas. • **push hard for sth** pedir insistentemente algo • **push to do sth** ejercer presión para que se haga algo • **push sb for sth/to do sth** presionar a alguien para que haga algo

6 EJERCER PRESIÓN SOBRE [T] presionar: *When pushed, he admitted that he had lied.* Cuando lo presionaron, admitió que había mentido. • **push sb to do sth** empujar a alguien a hacer algo: *She pushed her husband to take the job.* Empujó a su marido a aceptar el trabajo. • **push sb into (doing) sth** empujar a alguien a (hacer) algo: *He was careful never to push his son into tennis.* Siempre tuvo cuidado de no empujar a su hijo a dedicarse al tenis. • **push sb for sth** exigirle algo a alguien: *I'm not pushing you for a decision just yet.* No te estoy exigiendo que lo decidas ahora mismo.

7 HACER TRABAJAR [T] exigir mucho a, hacer trabajar duro: *He's a coach who pushes his players very hard.* Es un entrenador que exige mucho a sus jugadores. • **push yourself** exigirse, esforzarse: *Don't push yourself so hard.* No te exijas tanto. • **push sb/yourself to the limit** exigirle a alguien/exigirse al máximo

8 A UNA SITUACIÓN MALA [T siempre + adv/prep] llevar a, empujar • **push sth/sb into sth** llevar algo/a alguien a algo, sumir algo/a alguien en algo: *It was a decision which pushed the country into war.* Fue una decisión que llevó al país a la guerra.

9 IRRITAR [T] *Had she pushed him too far this time?* ¿Se habría excedido esta vez? • *He pushed his mother to the point of exasperation.* Llegó a exasperar a su madre.

10 HACER AUMENTAR O DISMINUIR [T siempre + adv/prep] llevar • **push sth down/up** hacer que baje/suba algo: *The move will push oil prices up yet again.* La decisión hará que vuelvan a subir una vez más los precios del petróleo. • **push sth higher/lower** hacer que algo suba/baje más

11 DROGAS [T] (*coloq*) vender

12 HACER PUBLICIDAD DE [T] (*coloq*) promocionar: *new ways of pushing our products* nuevas formas de promocionar nuestros productos SIN **promote**

13 EJÉRCITO [I siempre + adv/prep] avanzar ▶ **press/push sb's BUTTONS, PUSHER**
EXPRESIONES
push the point insistir • **push sth to the back of your mind** (tb **push sth out of your mind**) sacarse algo de la cabeza, no pensar en algo • **be pushing up (the) daisies**

(*hum*) estar criando malvas, estar reventando espaldas • **push your luck** (tb **push it**) (*coloq*) pretender demasiado

push ahead *v+partíc* seguir adelante (a pesar de las dificultades): *The country will push ahead with reforms.* El país seguirá adelante con las reformas.

push sth/sb ↔ **along** *v+partíc* impulsar algo/a alguien

push sb around *v+partíc* **1** mandonear a alguien, mangonear a alguien **2** darle empujones a alguien

push aside *v+partíc* **1 push sth** ↔ **aside** hacer caso omiso de algo **2 push sb** ↔ **aside** desplazar a alguien (de un puesto)

push away *v+partíc* **1 push sth** ↔ **away** alejar algo de la mente, sacarse algo de la cabeza **2 push sb away** alejar a alguien, distanciarse de alguien

push back *v+partíc* **1 push sth** ↔ **back** postergar algo, aplazar algo • **push sth back (from sth) to sth** postergar algo (de algo) a algo, aplazar algo (de algo) a algo **2 push sb** ↔ **back** hacer retroceder a alguien **3 push back the boundaries/limits of sth** ampliar las fronteras de algo

push forward *v+partíc* **1 push forward sth** llevar adelante algo **2 push yourself forward** hacerse notar, asumir un papel protagónico

push off *v+partíc* tomar impulso (para nadar, saltar, etc.)

push on *v+partíc* **1 push on** (*liter*) seguir viaje **2 push on** seguir adelante **3 push sth on sb** obligar a alguien a aceptar algo

push out *v+partíc* **1 push sb** ↔ **out** (*coloq*) echar a alguien, correr a alguien (de un trabajo) **2 push sth** ↔ **out** desplazar a algo: *Competition has pushed out many small firms.* La competencia ha desplazado a muchas empresas pequeñas.

push sth/sb ↔ **over** *v+partíc* hacer caer algo/a alguien, derribar algo/a alguien

push sth ↔ **through** *v+partíc* hacer aprobar algo: *The new legislation was pushed through.* Hicieron aprobar la nueva legislación.

push² ⬛ *s*

1 [C] empujón • **give sth/sb a push** darle un empujón a algo/alguien: *If the door's stuck, just give it a push* . Si la puerta se atasca, dale un empujón. • **at/with the push of a button** con solo apretar un botón

2 [C] esfuerzo, ofensiva: *a major diplomatic push* un gran esfuerzo diplomático • *the pre-Christmas advertising push* la ofensiva publicitaria anterior a las Navidades • **a push to do sth** un esfuerzo orientado a hacer algo: *a push to attract new members* un esfuerzo orientado a atraer nuevos miembros • [+**for**]: *the push for improved productivity* el esfuerzo por mejorar la productividad

3 [sing] estímulo • **need a push (to do sth)** necesitar un empujón (para hacer algo): *She just needed a gentle push to get her to make up her mind.* Solamente necesitaba un empujoncito para lograr que se decidiera.

4 [C] (de un ejército) ofensiva: *a big push into enemy territory* una gran ofensiva en territorio enemigo ⬛ **advance**

EXPRESIONES

if/when push comes to shove (*oral*) si las cosas se ponen difíciles

'push-,button *adj* [solo ante *s*] de botones

push·er /ˈpʊʃə(r)/ (tb **drug pusher**) *s* [C] (*coloq*) jíbaro -a, traqueto -a (al menudeo) ▶ PENCIL PUSHER

push·o·ver /ˈpʌʃˌoʊvə(r)/ *s* [C] (*coloq*) **be a pushover** ser fácil de convencer o derrotar: *He's generous but he's no pushover.* Es generoso, pero no es ningún incauto.

'push-up *s* [C] flexión de brazos, lagartija

push·y /ˈpʊʃi/ *adj* (**pushier, pushiest**) (*peyor*) agresivo -a, prepotente: *a pushy salesman* un vendedor insistente

pus·sy /ˈpʊsi/ *s* (pl **pussies**) [C] (*coloq*) gatito -a ⬛ **kitty**

puss·y·cat /ˈpʊsiˌkæt/ *s* [C] (*coloq*) **1** gatito -a ⬛ **kittycat 2** persona dócil y amable

puss·y·foot /ˈpʊsiˌfʊt/ (tb **pussyfoot around**) *v* [I] (*coloq*) vacilar, andarse con miramientos, andarse con vueltas

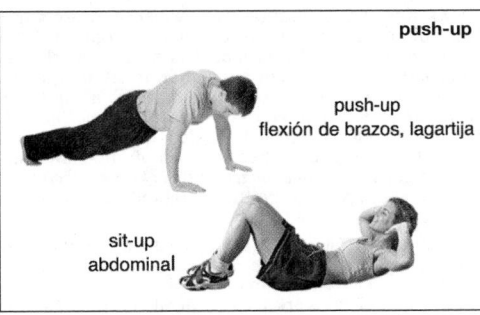

push-up

push-up
flexión de brazos, lagartija

sit-up
abdominal

P

put ⬛ ⬛ /pʊt/ *v* [T] (**put, putting**)

1 en un sitio
2 una parte del cuerpo
3 aplicar
4 en determinado estado o situación
5 escribir
6 una idea, un concepto
7 argumentos, propuestas
8 dar uso a
9 considerar
10 en determinado nivel
11 mandar
12 una pelota
13 llevar a

1 EN UN SITIO [siempre + adv/prep] poner: *Where did you put the newspaper?* ¿Dónde pusiste el periódico? • **put sth in/on/over sth** poner algo en/sobre/encima de algo: *Put the milk in the fridge.* Pon la leche en el refrigerador. • *He put the coffee on the table.* Puso el café sobre la mesa. • *We put netting over the plants.* Pusimos una malla encima de las plantas. • **put sth up** *He put his hood up because it was raining.* Se levantó la capucha porque estaba lloviendo.

2 UNA PARTE DEL CUERPO [siempre + adv/prep] **put sth around/out of/on sth/sb** *She put her arms around him.* Lo abrazó. • *I put my head out of the window.* Me asomé por la ventana. • *She put a finger to her lips.* Se llevó el dedo a los labios.

3 APLICAR [siempre + adv/prep] **put (your) makeup on** maquillarse • **put cream on (sth)** poner(se) crema (en algo) • **put (your) lipstick on** pintarse los labios

4 EN DETERMINADO ESTADO O SITUACIÓN [siempre + adv/prep] poner: *Davis's goal put his team into the lead.* El gol de Davis puso a su equipo a la cabeza. • **put sb in a difficult/an embarrassing position** poner a alguien en una situación difícil/incómoda • **put sb/sth out of business** hacer quebrar a alguien/algo • **put sb out of work** (tb **put sb out of a job**) dejar a alguien sin trabajo • **put sb in control/command** poner a alguien al frente/al mando: *She was put in charge of the team.* La pusieron al frente del equipo.

5 ESCRIBIR poner • **put sth at/on/under sth** *Put your name at the top of each sheet.* Pongan su nombre en la parte superior de cada una de las hojas. • **put your name/signature to sth** firmar algo

6 UNA IDEA, UN CONCEPTO [siempre + adv/prep] expresar • **put sth well/cleverly/succinctly** expresar algo bien/ingeniosamente/en forma sucinta: *The question was well put.* La pregunta estaba bien formulada. • **as sb/sth puts it** como dice alguien/algo: *You need to "develop" your muscles, as the book puts it.* Necesitas "desarrollar" tus músculos, como dice el libro. • **put sth into words** expresar algo (en palabras): *It's hard to put my feelings into words.* Es difícil expresar lo que siento. • **to put it another way** (tb **put another way**) para decirlo de otro modo, dicho de otro modo • **how shall I put it?** (tb **let me put it this way**) (*oral*) ¿cómo decirlo?, digámoslo así: *Let me put it this way, she hasn't been very helpful.* No ha sido, digámoslo así, de gran ayuda. • **I couldn't have put it better myself** (*oral*) no podría haberlo dicho mejor • **put it like that** expresar algo de determinada manera: *I wouldn't put it quite like that.* Yo no diría eso.

7 ARGUMENTOS, PROPUESTAS exponer, presentar • **put your case/point of view** exponer sus argumentos/su punto de vista • **put a proposal to sb** presentarle una propuesta a alguien • **put a question to sb** hacerle una pregunta a alguien • **put it to sb that** (*frml*): *I put it to you that in fact you yourself initiated the violence.* Mi opinión es que, de hecho, fue usted el primero en usar la violencia. • **put sth before sb** (*frml*) presentar algo ante alguien: *The budget was put before the board of directors.* El presupuesto fue presentado ante la junta directiva.

8 DAR USO A [siempre + adv/prep] **put sth to use** usar algo: *Computer games are being put to use in the classroom.* Los juegos de computador se están usando en el aula. • **put sb to work** poner a alguien a trabajar, dar trabajo a alguien • **put sth to work** aprovechar algo

9 CONSIDERAR [siempre + adv/prep] poner: *I would put him in the same category as Hitchcock.* Lo pondría en la misma categoría que a Hitchcock. • **put sth above sth** poner algo por encima de algo, valorar algo más que algo • **put sth before sth** anteponer algo a algo: *The company was accused of putting profit before safety.* Acusaron a la compañía de anteponer el beneficio económico a la seguridad. • **put sth/sb first/second** *She always puts her family first.* Para ella lo primero es siempre su familia.

10 EN DETERMINADO NIVEL [siempre + adv/prep] **put sth/sb among/in** situar algo/a alguien entre/en, ubicar algo/a alguien entre/en: *His income puts him among the wealthiest people in the country.* Su ingreso lo sitúa entre las personas más ricas del país.

11 MANDAR [siempre + adv/prep] **put sb in sth** poner/meter a alguien en algo: *He ought to be put in prison.* Deberían meterlo en la cárcel. • **put sb to bed** acostar a alguien • **put sb in the hospital** *the illness which put him in the hospital last year* la enfermedad que significó que lo tuvieran que internar el año pasado

12 UNA PELOTA [siempre + adv/prep] **put sth into/past/in sth** *He put the ball into the net in the last minute.* Metió el balón en el arco en el último minuto.

13 LLEVAR A **put sb on a train/plane** acompañar a alguien hasta el tren/el avión ▶ **put your BACK into it**, **put sb to DEATH**, **put your FINGER on sth**, **put your FOOT down**, **put your feet up** (FOOT), **put sth on the MAP**, **put sb's MIND at rest/ease**, **can't put a NAME to sb/sth**, **I wouldn't put it PAST her/them (to do sth)**, **put sb to SLEEP**, **put a cat/dog to SLEEP**, **put sb/sth to the TEST**, **put sth to a/the VOTE**

EXPRESIONES
put yourself in sb's place/position/shoes ponerse en el lugar de alguien • **put sb right** (tb **put sb straight**) sacar a alguien de su error, aclararle las cosas a alguien • **put sth right** enmendar algo • **put a stop/an end to sth** poner fin a algo
put about v+partíc **put about** (*técn*) virar en redondo (barco)
put across v+partíc **put sth ↔ across** transmitir/comunicar algo: *What message do we want to put across?* ¿Cuál es el mensaje que queremos transmitir? SIN **put over**
put sth ↔ aside v+partíc **1** dejar algo de lado: *They decided to put aside their differences.* Decidieron dejar de lado sus diferencias. **2** ahorrar algo: *We have a little money put aside for emergencies.* Tenemos un poco de dinero ahorrado para emergencias. **3** dejar algo a un lado **4** reservar algo: *Put aside some of the hazelnuts to use as decoration.* Reserve algunas de las avellanas para usarlas como decoración. **5** reservar(se) algo (tiempo)
put sth at sth v+partíc estimar algo en algo: *The cost of the project has been put at $50 million.* Han estimado el costo del proyecto en unos 50 millones de dólares.
put away v+partíc **1** **put sth ↔ away** guardar algo: *He dried the cups and put them away.* Secó las tazas y las guardó. **2** **put sth ↔ away** ahorrar algo (dinero): *She'd been able to put away a few dollars every week.* Había logrado ahorrar algunos dólares por semana. **3** **put sb ↔ away** (*coloq*) encerrar a alguien **4** **put sth ↔ away**

(*coloq*) tragarse algo **5** **put sth ↔ away** (*coloq*): *He put the ball away.* Metió un gol.
put sth ↔ back v+partíc **1** volver a poner algo (en su lugar): *He put the papers back in the drawer.* Volvió a poner los papeles en el cajón. **2** posponer algo: *The meeting has been put back to next Thursday.* Han pospuesto la reunión hasta el próximo jueves. SIN **postpone 3**
put sth behind you v+partíc dejar algo atrás
put sth ↔ by v+partíc ahorrar algo
put down v+partíc **1** **put sth ↔ down** dejar algo (sobre una superficie): *Jane put her bag down on the floor.* Jane dejó la cartera en el suelo. • *She put the books down on the table.* Dejó los libros sobre la mesa. **2** **put sb ↔ down** (tb **put sb's name down**) apuntar a alguien, anotar a alguien (en una lista, etc.) • **put sb down for sth** apuntar a alguien a/para algo, anotar a alguien para algo • **put sb down to do sth** apuntar a alguien para hacer algo, anotar a alguien para hacer algo **3** **put sb ↔ down** menospreciar a alguien • **put yourself down** menospreciarse SIN **belittle 4 put down a riot/revolt/rebellion** sofocar un motín/una revuelta/una rebelión **5** **put sth ↔ down** poner algo, escribir algo: *Put your name and address down.* Ponga su nombre y dirección. SIN **write down 6** **put sth ↔ down** entregar/dar algo (un porcentaje, una suma), hacer algo (un pago inicial): *We put down a deposit of $100.* Hicimos un pago inicial de 100 dólares. **7 put the phone down** colgar (el teléfono): *She thanked him and put the phone down.* Le agradeció y colgó. **8 put sb down** acostar a alguien (un bebé) **9** **put sth ↔ down** sacrificar algo (un animal): *We had to have the dog put down.* Tuvimos que hacer sacrificar el perro. **10 put down** aterrizar (avión) **11 I couldn't put it down** (*oral*) no podía dejar de leer/jugar
put sb down as sth v+partíc catalogar a alguien de algo
put sth down to sth v+partíc atribuirle algo a algo
put forward v+partíc **1** **put sth ↔ forward** presentar/proponer algo (para que sea discutido, etc.) SIN **propose 2** **put sb ↔ forward** (tb **put sb's name forward**) proponer a alguien • **put sb forward as sth** proponer a alguien como algo • **put yourself forward** proponerse **3** **put sth forward** adelantar (la fecha de) algo SIN **bring forward** ANT **put back**
put in v+partíc **1** **put sth ↔ in** instalar/poner algo: *We've put in a new kitchen.* Hemos renovado la cocina. **2** **put sth ↔ in** hacer algo (esfuerzo, trabajo), invertir algo (tiempo): *The effort you've put in will not be wasted.* El esfuerzo que has hecho no será en vano. • *She puts in long hours at the office.* Pasa muchas horas en la oficina. **3** **put in an application/a request** presentar una solicitud/un pedido: *The city has put in a bid to host the Olympic Games.* La ciudad ha presentado su candidatura a ser sede de los Juegos Olímpicos. **4 put sth/sb ↔ in** elegir algo/a alguien (un gobierno, un senador, etc.) **5 put your faith/trust in sb/sth** depositar su fe/confianza en alguien/algo **6 put in sth** (*escrito*) interrumpir con algo (con un comentario): *"I will do it," he put in determinedly.* –Lo haré yo –terció con decisión. **7 put in** hacer escala (barco) ▶ **put in an APPEARANCE**
put in for sth v+partíc solicitar algo (un traslado, un puesto)
put into v+partíc **1** **put sth into sth** invertir algo en algo (dinero, tiempo, etc.) **2 put into port** entrar a puerto
put off v+partíc **1** **put sth ↔ off** postergar algo: *The game has been put off until tomorrow.* El partido ha sido postergado hasta mañana. • **put off doing sth** *You shouldn't put off going to the dentist.* No deberías postergar la visita al dentista. **2** **put sb ↔ off** desanimar a alguien, quitarle las ganas a alguien: *Don't let that put you off.* No te dejes desanimar por eso. **3** **put sb off sth** quitarle a alguien las ganas de algo: *The accident hasn't put him off driving.* El accidente no le ha quitado las ganas de manejar. **4** **put sb off** *I'm going to have to put Jill off.* Le voy a tener que decir a Jill que quedemos para otro día. **5** **put sb ↔ off** distraer a alguien **6** **put sb off sth** distraer a alguien de algo • **put sb off their stride/stroke** hacerle perder el hilo a alguien
put on v+partíc **1** **put sth ↔ on** ponerse algo (ropa, lentes, etc.): *She put on her favorite blue dress.* Se puso

su vestido azul preferido. ANT **take off 2 put sth on sth/sb** imponerle algo a algo/alguien (responsabilidad, límite): *Tests can put a lot of pressure on students.* Los exámenes pueden someter a los alumnos a mucha presión. **3 put sth ↔ on** prender algo (un televisor, la luz): *They put the TV on.* Prendieron el televisor. SIN **switch on, turn on 4 put sth ↔ on** poner algo (música, una película, etc.): *Do you want me to put a CD on?* ¿Pongo un CD? **5 put sth ↔ on** fingir algo (una expresión, etc.) • **put on a brave face** poner al mal tiempo buena cara • **be putting it on** estar fingiendo: *She's not really that upset; she's just putting it on.* En realidad, no está tan disgustada: es puro teatro. • **put on an act** hacer teatro **6 put on 5 pounds/8 kilos** engordar 5 libras/8 kilos: *He's put on a lot of weight recently.* Ha engordado mucho últimamente. SIN **gain 7 put a price/value on sth** ponerle precio a algo **8 put sth ↔ on** ofrecer algo (una muestra), dar algo (un espectáculo), poner algo en escena (una obra teatral): *The school puts on a play every year.* La escuela pone una obra en escena todos los años. **9 put sth ↔ on** poner algo al fuego: *He put the potatoes on.* Puso las papas al fuego. **10 put sth ↔ on** poner algo en servicio (trenes, buses, etc. extra) **11 put sth on sth** apostar algo a algo SIN **bet 12 put 10 cents/$5 on the price of sth** aumentar 10 centavos/5 dólares el precio de algo **13 put sb on sth** indicar/recetar algo a alguien (médico) **14** (al teléfono) **put sb on** *Wait a minute, I'll just put Jane on.* Espere un momentito, que ya lo comunico con Jane. **15 you're putting me on!** (*oral*) ¡me estás tomando el pelo!, ¡me estás vacilando!

put out *v+partíc* **1 put sth ↔ out** apagar algo (un incendio, una luz) SIN **extinguish 2 put sth ↔ out** disponer/poner algo: *The children helped to put out the chairs.* Los niños me ayudaron a poner las sillas. **3 put sb out** molestar a alguien, causarle inconvenientes a alguien: *It would be nice to come but I don't want to put you out.* Me gustaría ir pero no quiero molestarte. **4 put yourself out** molestarse: *I'm not going to put myself out for them.* No me pienso molestar por ellos. • **put yourself out to do sth** molestarse por hacer algo **5 put sth ↔ out** sacar algo (de la casa): *Remember to put the cat out before you go to bed.* Recuerda sacar el gato antes de irte a dormir. • **put the trash/garbage out** sacar la basura • **put the wash/laundry out** tender la ropa (lavada) **6 put sth ↔ out** emitir/hacer público algo (una declaración, etc.) SIN **issue 7 put sth ↔ out** sacar algo (un CD, un libro, etc.) **8 put sth ↔ out** transmitir algo (por radio o televisión) SIN **broadcast 9 put sb out** anestesiar a alguien **10 put sth out** (*coloq*) dislocar(se) algo, zafar(se) algo SIN **dislocate 11 put sb/sth ↔ out** eliminar a alguien/algo (de una competencia) **12 put sth ↔ out** subcontratar algo **13 put out** zarpar (barco) **14 put out** (*coloq*) acostarse (tener relaciones sexuales) **15 put out** esforzarse ▶ **put/send out FEELERS, PUT OUT**

put over *v+partíc* **put one over (on) sb** (*coloq*) engañar a alguien

put through *v+partíc* **1** (en comunicaciones telefónicas) **put sb/sth ↔ through** comunicar a alguien/algo: *"I'd like to speak with Mr. Croft." "I'll put you through."* –Quisiera hablar con el señor Croft. –Enseguida lo comunico. • *The call was put through to my office.* Pasaron la llamada a mi oficina. **2 put sb through sth** hacer pasar a alguien por algo, someter a alguien a algo: *I don't think he realizes what he's put me through.* No creo que se dé cuenta de las que me ha hecho pasar. • **put sb through it** hacércela pasar muy mal a alguien **3 put sb through school/university** costearle los estudios a alguien ▶ **put sth/sb through its/their PACES 4 put sth ↔ through** hacer aprobar algo (una ley, etc.)

put sth ↔ together *v+partíc* **1** preparar algo: *You ought to put together a business plan.* Debería preparar un plan de negocios. **2** formar algo (un equipo, etc.) **3** armar algo (un mueble, etc.) SIN **assemble 4 more... than the rest/the others put together** más...que los demás juntos: *David earns more than the rest of us put together.* David gana más que todos nosotros juntos.

put sth toward sth *v+partíc* *She put the money toward the flight to Australia.* Destinó el dinero a pagar parte del pasaje a Australia.

put sb under *v+partíc* anestesiar a alguien

put up *v+partíc* **1 put sth ↔ up** construir/levantar algo SIN **erect 2 put sth ↔ up** poner algo (en la pared): *The group put up posters in hospitals across the city.* El grupo puso afiches en los hospitales de toda la ciudad. • *She was putting up some shelves.* Estaba poniendo unos estantes. **3 put sth ↔ up** armar/montar algo (una tienda de campaña), abrir algo (un paraguas): *The tent takes less than ten minutes to put up.* Tardó menos de diez minutos montar la tienda. **4 put sb ↔ up** alojar a alguien, darle alojamiento a alguien (en la casa de uno, en un hotel) **5 put up ↔ sth** poner/aportar algo (dinero) • **put up a reward** ofrecer una recompensa **6 put sth ↔ up** aumentar algo (precios, impuestos, etc.) SIN **raise 7 put sth ↔ up** presentar/proponer algo (argumentos, planes) SIN **put forward 8 put up a fight/a struggle** oponer resistencia **9 put sth up for sale** poner algo en venta • **put sth up for auction** subastar algo **10 put sb up for adoption** ofrecer a alguien en adopción **11 put sth/sb ↔ up** proponer algo/a alguien (para una elección)

put sb up to sth *v+partíc* incitar a alguien a algo: *"Who put you up to this?" he demanded.* –¿Quién te incitó a esto? –preguntó.

put up with sth/sb *v+partíc* soportar algo/a alguien, aguantar algo/a alguien: *I have to put up with her snoring every night.* Tengo que soportar sus ronquidos todas las noches. • *I don't know how she puts up with him.* No sé cómo lo soporta.

pu·ta·tive /'pyuţəţɪv/ *adj* [solo ante s] (*frml*) putativo -a

'put-down *s* [C] comentario despectivo ▶ **PUT down**

,put 'out *adj* [nunca ante s] (*coloq*) molesto -a, ofendido -a

pu·tre·fy /'pyutrə,faɪ/ *v* [I] (**putrefies, putrefied, putrefying**) (*frml*) pudrirse

pu·trid /'pyutrɪd/ *adj* (*frml*) putrefacto -a

putsch /pʊtʃ/ *s* [C] golpe de estado

putt¹ /pʌt/ *v* [I,T] golpear (ligeramente) (en golf)

putt² *s* [C] putt (en golf)

put·ter¹ /'pʌtɚ/ *s* [C] putter (palo de golf)

putter² *v* [I] **1** [siempre + adv/prep] (*coloq*) hacer cositas, hacer talacha, talachear (en la casa, el jardín) • **putter around** *I got out of bed and puttered around for a while.* Me levanté y me entretuve un rato haciendo un poco de todo. **2** [siempre + adv/prep] desplazarse sin prisa

put·ty /'pʌţi/ *s* [U] masilla

EXPRESIONES

he's putty in my/her hands hago lo que quiero/hace lo que quiere con él: *Don't worry about my dad. He's putty in my hands.* No te preocupes por mi padre. Con él hago lo que quiero.

puz·zle¹ 🔊 /'pʌzəl/ *s* [C]
1 adivinanza: *a crossword puzzle* un crucigrama • **do a puzzle** resolver una adivinanza, hacer un crucigrama **2** rompecabezas, puzzle: *a jigsaw puzzle* un puzzle **3** (*gralm sing*) misterio, enigma: *I don't know why she left - it's kind of a puzzle.* No sé por qué se fue, es una especie de misterio. • [+to]: *His behavior was a puzzle to me.* Su comportamiento era un enigma para mí. • **solve a puzzle** resolver un misterio • **a piece of the puzzle** una pieza del rompecabezas

puzzle² *v* [T] resultar desconcertante a, desconcertar: *What puzzles me is why her books are so popular.* Lo que me resulta desconcertante es por qué sus libros son tan populares.

puzzle sth ↔ out *v+partíc* entender algo, encontrar la explicación de algo

puzzle over sth *v+partíc* cavilar sobre algo

puz·zled /'pʌzəld/ *adj* desconcertado -a, perplejo -a: *He looked puzzled.* Parecía desconcertado. • [+by/at/about]: *I was puzzled at her reaction.* Su reacción me desconcertó. • [+that]: *Harry was puzzled that Lee didn't seem to recognize him.* A Harry le desconcertó que Lee pareciera no reconocerlo. • **a puzzled look/expression** una mirada/expresión de desconcierto

puz·zle·ment /'pʌzəlmənt/ *s* [U] perplejidad

puz·zling /'pʌzlɪŋ/ *adj* desconcertante

PVC /ˌpi vi 'si/ *s* [U] PVC

pyg·my¹ /'pɪgmi/ *s* [C] (pl **pygmies**) **1** (tb **Pygmy**) pigmeo -a **2** (expresando insignificancia) pigmeo ⒜ⓃⓉ **giant**

pygmy² *adj* [solo ante s] enano -a (especie, planta, etc.)

py·ja·mas /pə'dʒɑməz, -'dʒæ-/ *s* variante británica de **PAJAMAS**

py·lon /'paɪlɑn/ *s* [C] **1** torre de alta tensión **2** pilar **3** cono (para tráfico), cono vial ⓈⒾⓃ **traffic cone**

pyr·a·mid /'pɪrəmɪd/ *s* [C] pirámide • **the Pyramids** las Pirámides (de Egipto)

pyre /paɪɚ/ *s* [C] pira: *a funeral pyre* una pira funeraria

Py·rex /'paɪrɛks/ *s* [U] (*marca reg*) Pyrex®

py·ro·ma·ni·ac /ˌpaɪroʊ'meɪniˌæk/ *s* [C] pirómano -a

py·ro·tech·nics /ˌpaɪrə'tɛknɪks/ *s* [U] pirotecnia

py·thon /'paɪθɑn, -θən/ *s* [C] pitón

Q q

Q, q /kyu/ (pl **Q's, q's**) *s* [C] Q, q ▶ MIND your p's and q's, Q-TIP

Q. (*abrev escrita de* **question**) P. (pregunta)

Qa·tar /ˈkɑtɑr, kəˈtɑr/ Qatar

Qa·ta·ri /kəˈtɑri/ *s* [C], *adj* qatarí

Q-tip /ˈkyu tɪp/ *s* [C] (*marca reg*) bastoncillo de algodón, copito de algodón

quack¹ /kwæk/ *v* [I] hacer cua cua, graznar

quack² *s* [C] **1** (*peyor, coloq*) curandero -a, culebrero -a **2** graznido

quack³ *adj* [solo ante s] de curandero, de culebrero: *a quack remedy* un remedio de curandero

quad /kwɑd/ *s* [C] patio (interior) (en un edificio universitario, un colegio)

quad·ran·gle /ˈkwɑdræŋgəl/ *s* [C] **1** (*frml*) patio (interior) (en un edificio universitario, un colegio) **2** (en geometría) (*técn*) cuadrilátero

quad·rant /ˈkwɑdrənt/ *s* [C] (en geometría, astronomía) cuadrante

quad·ri·lat·er·al /ˌkwɑdrəˈlætərəl/ *s* [C] (*técn*) cuadrilátero

quad·ri·ple·gic /ˌkwɑdrəˈplidʒɪk/ *s* [C], *adj* cuadripléjico -a, tetrapléjico -a

quad·ru·ped /ˈkwɑdrəˌpɛd/ *s* [C] (*técn*) cuadrúpedo ▶ BIPED

quad·ru·ple¹ /kwɑˈdrupəl/ *v* **1** [I] cuadruplicarse: *Food prices quadrupled during the war.* Los precios de los alimentos se cuadruplicaron durante la guerra. ▶ DOUBLE, TRIPLE **2** [T] cuadruplicar ▶ DOUBLE, TRIPLE

quadruple² *adj* [solo ante s] cuádruple ▶ DOUBLE, TRIPLE

quadruple³ *det* el cuádruple de ▶ DOUBLE, TRIPLE

quad·ru·plet /kwɑˈdruplɪt/ *s* [C] cuatrillizo -a

quag·mire /ˈkwæɡmaɪɚ, ˈkwɑɡ-/ *s* [C gralm sing] **1** lodazal **2** atolladero: *a legal quagmire* un atolladero legal

quail¹ /kweɪl/ *s* [C,U] codorniz

quail² *v* [I] (*liter*) temblar (de miedo) • **quail at sth** temblar ante algo

quaint /kweɪnt/ *adj* **1** pintoresco -a: *a quaint little village* una aldea pequeña y pintoresca **2** anticuado y extraño: *a rather quaint idea* una idea bastante pasada de moda

quake¹ /kweɪk/ *s* [C] (*coloq*) terremoto, temblor de tierra SIN **earthquake**

quake² *v* [I] **1** (de miedo) temblar, estremecerse • **quake with fear/anger** temblar de miedo/ira **2** (por un movimiento sísmico) temblar

Quak·er /ˈkweɪkɚ/ *s* [C], *adj* cuáquero -a

qual·i·fi·ca·tion /ˌkwɑləfəˈkeɪʃən/ *s* **1** [C gralm pl] requisito • **qualification for sth/to do sth** requisitos para algo/para hacer algo: *Does he have the right qualifications for the job?* ¿Reúne los requisitos para el puesto? **2** [U] habilitación: *training for qualification as a counselor* capacitación para la habilitación como asesor psicológico ▶ ver nota en TÍTULO **3** [U] clasificación • [+**for**]: *qualification for the World Cup* la clasificación para el Mundial **4** [C,U] reserva, salvedad • **without qualification** sin reservas

qual·i·fied /ˈkwɑləˌfaɪd/ *adj* **1** capacitado -a • **qualified for sth/to do sth** capacitado -a para algo/para hacer algo: *Karen is well qualified for her new role.* Karen está bien capacitada para su nueva función. • *I don't feel qualified to represent all women.* No me siento capacitada para representar a todas las mujeres. **2** recibido -a, que tiene título/diploma, titulado -a • **highly qualified** altamente calificado -a • **fully qualified** con título/diploma, titulado -a • **a qualified teacher** un profesor/una profesora con título, un profesor titulado/una profesora titulada • **a qualified nurse** un enfermero titulado/una enfermera titulada • **highly/fully qualified** muy calificado -a **3** con reservas (no total): *The proposal received qualified approval.* La propuesta fue aprobada con reservas. • **a qualified success** un éxito parcial

qual·i·fi·er /ˈkwɑləˌfaɪɚ/ *s* [C] **1** equipo o jugador clasificado **2** eliminatoria **3** (*técn*) palabra o frase que modifica a otra

qual·i·fy S3 W3 /ˈkwɑləˌfaɪ/ *v* (**qualifies, qualified, qualifying**)

1	tener derecho
2	obtener un título
3	para un trabajo
4	poder considerarse
5	en deportes
6	añadir
7	en gramática

1 TENER DERECHO (a) [I] reunir los requisitos: *To qualify, you must be over 18 and single.* Para estar en condiciones de acceder al beneficio, debe tener más de 18 años y ser soltero. • **qualify for sth** reunir los requisitos para algo, tener derecho a algo: *You do not qualify for welfare.* Usted no reúne los requisitos para recibir subsidio de desempleo. (b) [T] **qualify sb for sth/to do sth** darle derecho a alguien a algo/a hacer algo, habilitar a alguien para algo/para hacer algo: *Membership qualifies you for a discount.* Ser miembro le da derecho a un descuento. • *I think his experience qualifies him to judge the case.* Creo que su experiencia lo habilita para juzgar el caso.

2 OBTENER UN TÍTULO [I] recibirse • **qualify as a doctor/teacher** recibirse de médico -a/maestro -a: *I finally qualified as a pilot.* Finalmente, me recibí de piloto.

3 PARA UN TRABAJO [T] **qualify sb for sth/to do sth** capacitar a alguien para algo/para hacer algo, habilitar a alguien para algo/para hacer algo: *The course qualifies you to teach English.* El curso lo capacita para enseñar inglés.

4 PODER CONSIDERARSE [I] **qualify as sth** contar como algo, considerarse (como) algo: *The fees qualify as business expenses.* Los honorarios cuentan como gastos comerciales.

5 EN DEPORTES [I] clasificar(se) • **qualify for sth** clasificar(se) para algo: *They're expected to qualify for the World Cup.* Se espera que se clasifiquen para el Mundial.

6 AÑADIR [T] hacer una salvedad/salvedades respecto de: *The minister later qualified his remarks.* El ministro posteriormente hizo algunas salvedades respecto de sus comentarios.

7 EN GRAMÁTICA [T] calificar, modificar

qual·i·fy·ing /ˈkwɑləˌfaɪ-ɪŋ/ *adj* **a qualifying game/round** un partido eliminatorio/una ronda eliminatoria, un partido clasificatorio/una ronda clasificatoria

qual·i·ta·tive /ˈkwɑləˌteɪtɪv/ *adj* (*frml*) cualitativo -a: *a qualitative analysis* un análisis cualitativo ▶ QUANTITATIVE

qual·i·ta·tive·ly /ˈkwɑləˌteɪtɪvli/ *adv* (*frml*) cualitativamente ▶ QUANTITATIVELY

qual·i·ty¹ S2 W1 /ˈkwɑləti/ *s* (pl **qualities**) **1** [U] calidad: *Supermarket wines vary in quality.* Los vinos que se venden en los supermercados son de diferentes calidades. • **of good/high/top quality** de buena/alta/primera calidad: *Everything they produce is of top quality.* Todo lo que producen es de primera

calidad. • **of poor/low quality** de mala/baja calidad • **air/water quality** calidad del aire/agua • **quality of life** calidad de vida
2 [C] cualidad: *Honesty is an important quality in a friend.* La honestidad es una cualidad importante en un amigo. • **good quality** (buena) cualidad: *Kim has many good qualities.* Kim tiene muchas cualidades. • *His determination is one of his best qualities.* Su determinación es una de sus mejores cualidades. • **leadership qualities** cualidades de liderazgo
3 [C] propiedad, característica: *the drug's addictive quality* la propiedad adictiva de la droga

quality² *adj* [solo ante s, sin compar] de calidad: *quality cars* carros de calidad

'quality con,trol *s* [U] control de calidad

'quality con,troller *s* [C] controlador -a de calidad, encargado -a de control de calidad

'quality ,time *s* [U] tiempo de calidad

qualm /kwɑm, kwɔm/ *s* [C gralm pl] reparo • **have no qualms about doing sth** no tener reparo(s) en hacer algo

quan·da·ry /'kwɑndəri/ *s* [C] (pl **quandaries**) dilema • **in a quandary** en un dilema SIN **dilemma**

quan·ti·fi·a·ble /ˌkwɑntə'faɪəbəl/ *adj* cuantificable

quan·ti·fi·er /'kwɑntəˌfaɪɚ/ *s* [C] (*técn*) cuantificador

quan·ti·fy /'kwɑntəˌfaɪ/ *v* [T] (**quantifies, quantified, quantifying**) cuantificar

quan·ti·ta·tive /'kwɑntəˌteɪtɪv/ *adj* (*frml*) cuantitativo -a: *quantitative analysis* análisis cuantitativo ▸ QUALITATIVE

quan·ti·ta·tive·ly /'kwɑntəˌteɪtɪvli/ *adv* (*frml*) cuantitativamente ▸ QUALITATIVELY

quan·ti·ty /'kwɑntəti/ *s* [C,U] (pl **quantities**) **1** (medida) cantidad • [+of]: *Police found a small quantity of drugs in her bag.* La policía halló una pequeña cantidad de drogas en su cartera. • **a large/huge/vast quantity of sth** una gran/enorme/inmensa cantidad de algo • **in large/small quantities** en grandes/pequeñas cantidades **2** (abundancia) cantidad: *I was surprised at the quantities of food they could consume.* Me sorprendió ver las cantidades de comida que podían consumir. • **in quantity** en cantidad: *The cards are cheaper if you buy them in quantity.* Las tarjetas son más baratas si se compran en cantidad. ▸ **be an UNKNOWN quantity**

quan·tum /'kwɑntəm/ *s* [C] (pl **quanta** /-tə/) (*técn*) cuanto, quántum

,quantum 'leap (tb **,quantum 'jump**) *s* [C] avance/salto espectacular

quar·an·tine¹ /'kwɔrənˌtin, 'kwɑr-/ *s* [U] cuarentena • **in quarantine** en cuarentena: *a quarantine period* un periodo de cuarentena

quarantine² *v* [T] poner en cuarentena

quark /kwɑrk/ *s* [C] (*técn*) quark

quar·rel¹ /'kwɔrəl, 'kwɑrəl/ *s* **1** [C] pelea, discusión: *a family quarrel* una discusión familiar • **have a quarrel** pelearse, discutir • [+with]: *She got into a quarrel with the coach.* Se trenzó en una discusión con el entrenador. • [+about/over]: *They had a quarrel about some girl.* Se pelearon por una muchacha. • [+between]: *There were bitter quarrels between the two of them.* Hubo amargas discusiones entre los dos. • **pick/start a quarrel (with sb)** buscar pelea (con alguien) **2** [sing] **a quarrel with sth** una objeción a algo • **have no quarrel with sth** no tener nada que objetar a algo: *I have no quarrel with the court's verdict.* No tengo nada que objetar al veredicto del tribunal.

quarrel² *v* [I] pelearse, discutir: *I wish you two would stop quarreling.* Ojalá dejaran de pelear. • **quarrel with sb** pelearse/discutir con alguien • **quarrel about/over sth** pelearse/discutir por algo: *We're not going to quarrel about a few dollars.* No vamos a pelearnos por unos dólares. ▸ ver nota en ARGUE
quarrel with sth *v+partíc* poner objeciones a algo

quar·rel·some /'kwɔrəlsəm, 'kwɑr-/ *adj* peleador -a, buscapleitos SIN **argumentative**

quar·ry¹ /'kwɔri, 'kwɑri/ *s* (pl **quarries**) **1** [C] cantera: *a slate quarry* una cantera de pizarra **2** [sing] (*liter*) presa

quarry² *v* [T] extraer (de una cantera), explotar (una zona)

quar·ry·ing /'kwɔriɪŋ, 'kwɑ-/ *s* [U] explotación de canteras

quart /kwɔrt/ *s* [C] cuarto de galón (= 1,137 litros)

quar·ter¹ S1 W1 /'kwɔrtɚ/ *núm frac* cuarto, cuarta parte: *a mile and a quarter* una milla y cuarto • [+of]: *a quarter of a kilo* un cuarto (de) kilo • **cut sth into quarters** cortar algo en cuartos • **three quarters (of sth)** tres cuartos/tres cuartas partes (de algo) • **the first/second quarter** el primer/segundo cuarto

quarter² S1 W1 *s* [C]

> **1** hora
> **2** persona, grupo, sector
> **3** moneda
> **4** en deportes
> **5** periodo
> **6** en la universidad
> **7** alojamiento
> **8** de una ciudad

1 **HORA** **a quarter of an hour** un cuarto de hora: *I'll meet you in a quarter of an hour.* Te veo en un cuarto de hora. • **three quarters of an hour** tres cuartos de hora • **(a) quarter after six/three/four** las seis/tres/cuatro y cuarto: *It's already a quarter after seven.* Ya son las siete y cuarto. • **(a) quarter of six/three/four** as seis/tres/ cuatro menos cuarto, un cuarto para las seis/tres/ cuatro

2 **PERSONA, GRUPO, SECTOR** (*frml*): *We can expect no help from that quarter.* No podemos esperar recibir ayuda alguna por ese lado. • **in some/many quarters** en algunos/muchos círculos: *There was disappointment in some quarters about the news.* La noticia causó decepción en algunos círculos. • **from some/all quarters** de algunos círculos/de todas partes

3 **MONEDA** (en EU y Canadá) moneda de veinticinco centavos

4 **EN DEPORTES** [gralm sing] cuarto: *I only saw the last quarter of the game.* Vi solamente el último cuarto del partido.

5 **PERIODO** [gralm sing] trimestre: *Profits increased in the first quarter.* Las ganancias se incrementaron en el primer trimestre. ▸ **QUARTERLY**

6 **EN LA UNIVERSIDAD** [gralm sing] trimestre: *What classes are you taking this quarter?* ¿Qué asignaturas vas a cursar este trimestre? ▸ **SEMESTER, TERM**

7 **ALOJAMIENTO** **quarters** [pl] dependencias, habitaciones: *the captain's quarters* las habitaciones del capitán • *the servants' quarters* las dependencias de servicio • **living quarters** dependencias donde se vive por oposición a aquellas donde se trabaja • **married quarters** viviendas militares (para soldados y oficiales casados)

8 **DE UNA CIUDAD** [sing] barrio (con características especiales): *the Chinese quarter of the city* el barrio chino de la ciudad ▸ **at CLOSE quarters**

EXPRESIONES
give no quarter (*liter*) no tener clemencia

quarter³ *v* [T] **1** cortar en cuartos **2 be quartered** (*frml*) estar alojado -a, estar acuartelado -a

quar·ter·back¹ /'kwɔrtɚˌbæk/ *s* [C] mariscal de campo (en fútbol americano), quarterback

quarterback² *v* [T] **1** jugar como mariscal de campo en **2** (*coloq*) organizar, dirigir (una campaña) SIN **direct, run**

quar·ter·fi·nal /ˌkwɔrtɚ'faɪnl/ *s* [C] cuarto(s) de final

quar·ter·ly /'kwɔrtɚli/ *adj* [solo ante s] trimestral: *quarterly payments* pagos trimestrales

quarterly² *adv* trimestralmente

quarterly³ s [C] (pl **quarterlies**) publicación trimestral

'quarter note s [C] negra (en música)

quar·tet /kwɔr'tɛt/ s [C] **1** (grupo) cuarteto • **a jazz/ string quartet** un cuarteto de jazz/de cuerdas **2** (pieza) cuarteto: *Mozart's string quartets* los cuartetos para cuerdas de Mozart

quartz /kwɔrts/ s [U] cuarzo • **quartz watch** reloj de cuarzo • **quartz crystal** cristal de cuarzo

qua·sar /'kweɪzɑr/ s [C] (*técn*) cuásar

quash /kwɑʃ/ v [T] (*frml*) **1** acallar, silenciar • **quash a rumor/speculation** acallar un rumor **2** sofocar, aplastar • **quash a rebellion/strike** sofocar una rebelión/una huelga [SIN] **crush, put down 3** anular • **quash a conviction/a decision** anular una condena/un fallo [SIN] **overturn**

quasi- /kwɑzi, kweɪzaɪ/ *pref* cuasi-: *quasi-scientific* cua-sicientífico -a

qua·ver¹ /'kweɪvər/ v [I] (*liter*) temblar (voz): *Her voice quavered as she described the attack.* La voz le tem-blaba mientras describía el ataque. [SIN] **quiver, shake**

quaver² s [sing] (*liter*) temblor (de la voz) [SIN] **quiver**

quay /keɪ, ki/ s [C] (pl **quays**) muelle (para barcos)

quea·si·ness /'kwizɪnɪs/ s [U] **1** náuseas, sensación de mareo **2** desasosiego

quea·sy /'kwizi/ *adj* **1** mareado -a • **feel queasy** sentir náuseas, tener ganas de vomitar [SIN] **nauseous 2** desa-sosegado -a

queen¹ [S3] [W2] /kwin/ s [C]

1	monarca
2	cónyuge de un rey
3	en la baraja francesa
4	en un evento, un festival
5	insecto
6	en ajedrez

1 MONARCA (tb **Queen**) reina: *Queen Victoria* la Reina Victoria • *The new hospital was opened by the Queen.* El nuevo hospital fue inaugurado por la Reina. • [+**of**]: *Cleopatra, Queen of Egypt* Cleopatra, Reina de Egipto • **be crowned queen** ser coronada

2 CÓNYUGE DE UN REY (tb **Queen**) reina: *the King and Queen of Belgium* los Reyes de Bélgica

3 EN LA BARAJA FRANCESA reina • **the queen of hearts/diamonds/spades/clubs** la reina de corazones/ diamantes/picas/tréboles, la reina de corazones/ diamantes/espadas/tréboles

4 EN UN EVENTO, UN FESTIVAL reina: *the carnival queen* la reina del carnaval • **homecoming queen** mujer elegida para representar una escuela secundaria o univer-sidad durante una fiesta con asistencia de ex-alumnos

5 INSECTO reina (abeja, hormiga, etc.)

6 EN AJEDREZ reina ▶ BEAUTY QUEEN

queen² v [T] (*técn*) (en ajedrez) coronar (un peón)

Queen 'Mother s [sing] reina madre

queer /kwɪr/ *adj* (*antic*) extraño -a, raro -a: *There's some-thing queer going on.* Algo raro está sucediendo. [SIN] **odd**

quell /kwɛl/ v [T] (*frml*) **1** sofocar (una revuelta) • **quell the violence/fighting** sofocar la violencia/los enfrenta-mientos **2 quell rumors/speculation** acallar los rumores • **quell anxiety** aplacar la inquietud

quench /kwɛntʃ/ v [T] **1 quench your thirst** quitar la sed **2** (*esp escrito*) **quench your desire** saciar el deseo • **quench sb's thirst for sth** satisfacer la sed/el ansia de alguien de algo **3 quench a fire/the flames** (*esp escrito*) apagar un incendio/las llamas

quer·u·lous /'kwɛrələs, -yələs/ *adj* (*frml*) quejumbroso -a

que·ry¹ /'kwɪri/ s [C] (pl **queries**) pregunta, consulta, duda • [+**about/concerning/regarding**]: *Please contact us if you have any queries about your bill.* Sírvase ponerse en contacto con nosotros si tiene dudas acerca

de su factura. • **answer a query** responder una pregunta [SIN] **question**

query² v [T] (**queries, queried, querying**) **1** cuestionar: *Both players queried the umpire's decision.* Los dos jugadores cuestionaron la decisión del árbitro. • **query whether** *People are querying whether the tests are accu-rate.* La gente está cuestionando la precisión de los análisis. [SIN] **question 2** (*frml*) interrogar, preguntar a • **query sb about sth** interrogar a alguien acerca de algo, preguntarle algo a alguien [SIN] **ask**

quest¹ /kwɛst/ s [C] (*esp escrito*) búsqueda • [+**for**]: *the quest for peace in the Middle East* la búsqueda de la paz en Medio Oriente [SIN] **search**

quest² v [I] (*liter*) buscar (conocimiento, paz, etc.) • **quest for sth** buscar algo [SIN] **seek**

ques·tion¹ [S1] [W1] /'kwɛstʃən, 'kwɛʃtʃən/ s

1 [C] (pidiendo información) pregunta • **ask (sb) a ques-tion** hacer(le) una pregunta (a alguien): *Can I ask you a question?* ¿Puedo hacerte una pregunta? • **answer a question** contestar una pregunta • **have a question** querer hacer una pregunta: *Does anyone have any ques-tions?* ¿Alguien quiere hacer alguna pregunta? • **put a question to sb** hacerle una pregunta a alguien • [+**about**]: *Are there any questions about the homework?* ¿Alguna pregunta sobre los deberes? • **avoid/evade/ sidestep a question** eludir una pregunta • **an awkward/a difficult question** una pregunta incómoda/ difícil • **a personal question** una pregunta personal • **in answer to your question** en respuesta a su/tu pregunta **2** [C] (en un examen, un concurso) pregunta: *exam questions* preguntas de examen • **get a question right/ wrong** contestar bien/mal una pregunta • [+**on**]: *a ques-tion on modern French literature* una pregunta sobre literatura francesa moderna

3 [C] (tema, problema) cuestión • [+**of**]: *We discussed the question of confidentiality.* Hablamos de la cuestión de la confidencialidad. • **raise a question** plantear una cuestión: *The research raises serious ethical questions.* La investigación plantea importantes cuestiones éti-cas. • **address/tackle/resolve a question** abordar/tratar de resolver/resolver una cuestión [SIN] **issue**

4 [C,U] (falta de certeza) duda(s) • [+**about**]: *There was some question about his guilt.* Había algunas dudas acerca de su culpabilidad • **call/bring sth into question** poner algo en entredicho: *Her judgement was called into question.* Su juicio fue puesto en entredicho. • **raise questions about sth** plantear dudas acerca de algo: *His actions raise questions about his fitness to be Prime Minister.* Sus acciones plantean dudas acerca de su idoneidad para ser Primer Ministro. • **there is no question that** no hay duda de que: *There is no question that he is a great athlete.* No hay duda de que es un gran atleta. • **be open to question** estar por verse/ esclarecerse: *The cause of her death is still open to question.* Aún no se ha establecido con certeza la causa de su muerte. ▶ BEG the question, A LEADING question

EXPRESIONES

beyond question fuera de toda duda: *Her honesty is beyond question.* Su honestidad está fuera de toda duda. • **in question (a)** en duda: *Their economic future is now in question.* Su futuro económico está ahora en duda. **(b)** en cuestión: *The man in question is Tom Brown.* El hombre en cuestión es Tom Brown. • **be a question of sth** ser (una) cuestión de algo: *If it's a question of money, maybe we can help.* Si es cuestión de dinero, quizá podamos ayudar. • **it's only/just a question of time** es solo cuestión de tiempo • **be out of the question** ser imposible: *A new car is out of the question at the moment.* En este momento, comprar un carro nuevo es imposible. • **there is no question of sth** *There is no question of him changing his mind.* De ninguna manera va a cambiar de opinión. • **without question (a)** sin duda alguna: *It is without question the best show on TV.* Es, sin duda alguna, el mejor pro-grama de televisión. [SIN] **without doubt (b)** sin cues-tionamientos: *She obeys her husband without question.* Obedece a su marido sin cuestionamientos.

ques·tion² [S1] [W2] v [T]

1 (a un sospechoso) interrogar: *He was questioned for*

four hours by detectives. Los detectives lo interrogaron durante cuatro horas. • **question sb about sth** interrogar a alguien sobre/en relación con algo: *Two men are being questioned about the murder.* Están interrogando a dos hombres sobre el asesinato.
2 (en una encuesta) interrogar, entrevistar: *We questioned 20,000 voters in our survey.* En la encuesta, interrogamos a 20.000 votantes. • **question sb about sth** interrogar a alguien acerca de algo
3 (*esp escrito*) (en una conversación) hacerle preguntas a • **question sb about sth** hacerle preguntas a alguien acerca de algo: *He questioned her about her past.* Le hizo preguntas acerca de su pasado. • **question sb closely** hacerle preguntas detalladas a alguien, interrogar a alguien a fondo
4 (indicando falta de certeza) dudar de: *She never questioned the truth of what he said.* Nunca dudó de la veracidad de lo que él decía. • **question whether/why/how** preguntarse si/por qué/cómo: *Secretly, he questioned whether Jack had ever even kissed a girl.* Secretamente, se preguntaba si Jack habría siquiera besado a una chica alguna vez.
5 (poner en duda) cuestionar: *Are you questioning my honesty?* ¿Estás cuestionando mi honestidad? • **question whether/why/how** preguntar si/por qué/cómo: *Some people have questioned why it took so long to free the hostages.* Algunas personas han preguntado por qué llevó tanto tiempo liberar a los rehenes.

ques·tion·a·ble /ˈkwɛstʃənəbəl/ *adj* **1** (probablemente deshonesto) cuestionable: *questionable financial dealings* transacciones financieras cuestionables • **highly questionable** sumamente cuestionable **2** (probablemente falso) discutible, cuestionable: *He has made some questionable decisions.* Ha tomado algunas decisiones discutibles. **3** (que genera dudas) dudoso -a: *of questionable value* de dudoso valor • **it is questionable whether** es discutible que, no es seguro que **4** que probablemente no esté en condiciones de participar en un partido o competencia • [+**for**]: *Price is questionable for Thursday's game.* No es seguro que Price vaya a estar en condiciones de jugar el partido del jueves.

ques·tion·er /ˈkwɛstʃənɚ/ *s* [C] persona que hace una pregunta

ques·tion·ing¹ /ˈkwɛstʃənɪŋ/ *s* [U] **1** (de un sospechoso) interrogatorio: *During questioning, he admitted knowing Stuart.* Durante el interrogatorio, admitió que conocía a Stuart. • *He was taken in for questioning.* Lo detuvieron para interrogarle. **2** (en un juicio, una entrevista) interrogatorio

questioning² *adj* **1** (mirada) inquisitivo -a, interrogante **2** (actitud, mente) inquisitivo -a

ˈquestion mark *s* [C] signo de interrogación
EXPRESIONES
there is a question mark over sth algo está en duda, se abre un interrogante respecto de algo

ques·tion·naire /ˌkwɛstʃəˈnɛr/ *s* [C] cuestionario • **fill out a questionnaire** completar un cuestionario

queue /kyu/ *s* [C] **1** (*técn*) (en informática) cola: *the print queue* la cola de impresión **2** (en un sistema de telefonía) (cola de) espera: *Your call is being held in a queue.* Su llamada está en espera.

quib·ble¹ /ˈkwɪbəl/ *v* [I] **quibble about/over sth** discutir por algo (sin importancia)

quibble² *s* [C] objeción, queja (poco importante)

quiche /kiʃ/ *s* [C,U] quiche (pastel salado con masa debajo y relleno cremoso a base de huevos) ▶ **FLAN**, **TART**

quick¹ S2 W1 /kwɪk/ *adj*
1 (en corto tiempo) rápido -a: *We had to make a quick decision.* Tuvimos que tomar una decisión rápida. • *She took a quick look around.* Echó un vistazo. • **the quickest way** el camino/el método más rápido: *What's the quickest way to the airport?* ¿Cuál es el camino más rápido al aeropuerto? • **quick thinking** reacción rápida
2 (veloz) rápido -a: *The car is very quick.* Este carro es muy rápido. SIN **fast**
3 (capaz de actuar con rapidez) rápido -a: *Joe's a quick*

worker. Joe trabaja rápido. SIN **fast**
4 (capaz de aprender con rapidez) rápido -a: *Rosie's very quick.* Rosie es muy rápida. • **be quick on the uptake** (*coloq*) agarrar las cosas al vuelo, ser muy listo -a • **a quick study** *She's a quick study when it comes to politics.* Cuando se trata de política, aprende muy rápido. SIN **smart** ▶ **QUICKLY**
EXPRESIONES
have a quick temper tener mal genio • **in quick succession** uno -a tras otro -a • **make a quick buck** (*peyor*) hacer dinero fácil • **be quick!** (tb **make it quick!**) apúrate, apúrale: *Be quick, Ann, your dad's coming!* ¡Apúrate, Ann, que viene tu padre! • **a quick fix** una solución fácil/transitoria • **be quick on the draw** **(a)** (*coloq*) ser muy rápido -a, ser avispado -a (ante una pregunta difícil, una situación) **(b)** desenfundar rápidamente, ser rápido -a para desenfundar (una pistola) • **be quick on your feet** tener reflejos rápidos: *A good lawyer needs to be quick on his feet.* Un buen abogado necesita tener reflejos rápidos. • **a quick one** (*coloq*) una copa al pasar • **be quick to do sth** no tardar en hacer algo: *The president was quick to deny the rumors.* El presidente no tardó en desmentir los rumores. • *She's always quick to criticize.* Siempre está lista para criticar. ▶ ver nota en **RÁPIDO**

quick² *interj* rápido, date prisa: *Quick! We'll miss the bus!* ¡Rápido, que vamos a perder el bus!

quick³ S1 *adv* (*incorr*) rápido • **real quick** muy rápido SIN **quickly**
EXPRESIONES
(as) quick as a flash (tb **(as) quick as a wink**) (*coloq*) con la rapidez de un rayo

quick⁴ *s* [U]
EXPRESIONES
bitten to the quick (*esp escrito*): *Her nails were bitten to the quick.* Tenía las uñas en carne viva de comérselas. • **cut/sting sb to the quick** herir a alguien en lo más vivo/profundo

quick·en /ˈkwɪkən/ *v* **1** **(a)** [I] acelerarse: *Her heartbeat quickened when she saw him.* El pulso se le aceleró al verlo. **(b)** [T] acelerar: *He quickened his steps as he crossed the street.* Apretó el paso al cruzar la calle. **2** [I, T] (*liter*) intensificar(se), fortalecer(se), aumentar SIN **increase**

quick·ie¹ /ˈkwɪki/ *s* [C] (*coloq*) algo hecho muy rápidamente: *I've got a question for you – it's just a quickie.* Tengo una preguntita para hacerte.

quickie² *adj* [solo ante s] (*coloq*) rápido -a: *a quickie divorce* un divorcio expeditivo

quick·lime /ˈkwɪk-laɪm/ *s* [U] cal

quick·ly S2 W1 /ˈkwɪkli/ *adv*
1 rápido, rápidamente: *Don't eat too quickly.* No comas demasiado rápido. • *Kids grow up so quickly.* Los niños crecen tan rápido. • **as quickly as possible** lo más rápido posible: *We need to get the work finished as quickly as possible.* Tenemos que terminar el trabajo lo más rápido posible. SIN **fast** ▶ ver nota en **RÁPIDO**
2 pronto, enseguida: *It's surprising how quickly you get used to living in a foreign country.* Es sorprendente lo pronto que uno se acostumbra a vivir en el extranjero. • *I quickly realized that there was something wrong.* Enseguida me di cuenta de que algo andaba mal. SIN **soon**
3 brevemente: *Let me just talk to Eve quickly before we go.* Déjame hablar un momentito con Eve antes de irnos. SIN **briefly**
EXPRESIONES
go (by) quickly pasar rápido: *The summer went by so quickly.* El verano pasó tan rápido.

quick·sand /ˈkwɪksænd/ *s* [U] arenas movedizas

quick·sil·ver /ˈkwɪkˌsɪlvɚ/ *s* [U] mercurio

ˌquick-ˈtempered *adj* irascible, irritable

ˌquick-ˈwitted *adj* agudo -a, sagaz

ˌquick-ˈwittedness *s* [U] agudeza, sagacidad

quid pro quo /ˌkwɪd proʊ ˈkwoʊ/ s [C] retribución, quid pro quo

qui·et¹ S2 W2 /ˈkwaɪət/ adj

1 haciendo poco ruido
2 característica personal
3 motor, máquina
4 música
5 sin agitación
6 actividad comercial
7 calmo

1 HACIENDO POCO RUIDO *I tried to be as quiet as possible because the baby was asleep.* Traté de hacer el menor ruido posible porque el bebé dormía. • *Ruth's very quiet – is she OK?* Ruth está muy callada, ¿le pasa algo? • **be as quiet as a mouse** no hacer nada de ruido • **in a quiet voice** en voz baja • **(be) quiet!** (*oral*) ¡cállate!, ¡cállense!: *Tanya, be quiet! I'm on the phone.* ¡Cállate, Tanya! Estoy hablando por teléfono. • *Quiet, you two!* ¡Ustedes dos, cállense! • **keep quiet** no decir nada, quedarse callado -a • **go quiet** **(a)** callarse: *Everyone went quiet when Helen walked in.* Todos se callaron cuando entró Helen. **(b)** quedar en silencio: *It suddenly went quiet, then I heard an explosion.* De pronto, todo quedó en silencio y entonces oí una explosión.

2 CARACTERÍSTICA PERSONAL callado -a: *a very quiet little girl* una niñita muy callada

3 MOTOR, MÁQUINA silencioso -a: *The new trains are fast and quiet.* Los nuevos trenes son rápidos y silenciosos. ANT **noisy**

4 MÚSICA suave: *I put on some quiet, relaxing music.* Puse música suave y relajante.

5 SIN AGITACIÓN tranquilo -a: *a quiet neighborhood* un barrio tranquilo • *We had a a nice quiet weekend.* Pasamos un fin de semana tranquilo y agradable. • **a quiet night in** una noche tranquila en casa • **a quiet drink** una copa en un sitio tranquilo • **a quiet life** una vida tranquila ANT **busy**

6 ACTIVIDAD COMERCIAL tranquilo -a: *This is a quiet time of year.* Esta es una época tranquila del año. • *Business has been pretty quiet recently.* Últimamente ha habido poco movimiento. ANT **busy**

7 CALMO **quiet confidence/satisfaction/dignity** serena confianza/satisfacción/dignidad: *He spoke with an air of quiet authority.* Habló con un aire de serena autoridad. ▶ **QUIETLY**

EXPRESIONES
keep sb quiet **(a)** *I agreed to help her, just to keep her quiet.* Acepté ayudarla, para que me dejara en paz. **(b)** *They gave him some money, to keep him quiet.* Le dieron dinero para que no hablara. **(c)** *Read them a story – that will keep them quiet.* Léeles un cuento, así se quedarán tranquilos. • **keep quiet** (tb **keep quiet about sth**) mantener algo en secreto: *You're getting married! You kept that quiet!* ¡Te casas! ¡Y no dijiste ni palabra!

quiet² s [U] **1** tranquilidad: *the quiet of the forest* la tranquilidad del bosque • **peace and quiet** paz y tranquilidad **2** silencio: *Can I have some quiet in here, please!* ¡Silencio, por favor! SIN **silence**

quiet³ v **1** **(a)** [I] (tb **quiet down**) calmarse, tranquilizarse: *He waited for the crowd to quiet down.* Esperó a que la multitud se tranquilizara. **(b)** [T] (tb **quiet sb ↔ down**) calmar, tranquilizar SIN **calm down** **2** [I] (tb **quiet down**) acallarse (críticas, rumores) SIN **calm down** **3** [T] acallar (las críticas, la oposición) SIN **silence** **4** [T] calmar, tranquilizar (a alguien asustado, preocupado, etc.), disipar (temores, preocupaciones)

qui·et·ly W3 /ˈkwaɪətli/ adv
1 sin hacer ruido, silenciosamente: *I got up quietly, so as not to wake her.* Me levanté sin hacer ruido para no despertarla.
2 en voz baja: *"I'm sorry," she said quietly.* –Lo siento –dijo en voz baja. • **quietly-spoken** que siempre habla en voz baja
3 discretamente: *When no one was looking, I slipped quietly away.* Cuando nadie miraba, me escabullí discretamente.

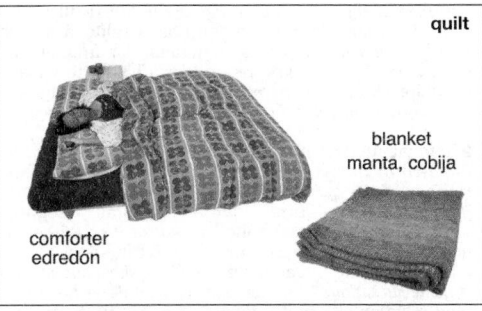

quilt
blanket
manta, cobija
comforter
edredón

4 be quietly confident/optimistic *They are quietly confident of winning.* Se sienten tranquilos y confían en que ganarán. • *We are quietly optimistic about the future.* Miramos el futuro con sereno optimismo.
5 sin oponer resistencia, calladamente • **come quietly** entregarse sin oponer resistencia • **go quietly** irse sin protestar (al ser despedido)

quill /kwɪl/ s [C] **1** (tb **quill pen**) pluma (de ave, usada para escribir) **2** remera, timonera (de un ave) **3** púa (de un puercoespín, etc.)

quilt /kwɪlt/ s [C] edredón, colcha: *a patchwork quilt* una colcha de retazos

quilt·ed /ˈkwɪltɪd/ adj acolchado -a, matelaseado -a: *a quilted bedcover* un cubrecama acolchado

quince /kwɪns/ s [C,U] membrillo

qui·nine /ˈkwaɪnaɪn/ s [U] quinina

quin·tes·sence /kwɪnˈtɛsəns/ s (*frml*) **the quintessence of sth** la quintaesencia de algo

quint·es·sen·tial /ˌkwɪntəˈsɛnʃəl/ adj [solo ante s] típico -a, por excelencia: *the quintessential American small town* el típico pueblo estadounidense

quint·es·sen·tial·ly /ˌkwɪntəˈsɛnʃəli/ adv [solo ante s] típicamente • **quintessentially English/American/French** típicamente inglés/estadounidense/francés SIN **typically**

quin·tet /kwɪnˈtɛt/ s [C] **1** (grupo) quinteto ▶ QUARTET, TRIO **2** (pieza musical) quinteto ▶ QUARTET, TRIO

quin·tup·let /kwɪnˈtʌplɪt, -ˈtu-/ s [C] quintillizo -a ▶ QUADRUPLET

quip¹ /kwɪp/ s [C] ocurrencia, salida

quip² v [T] bromear

quirk /kwɜk/ s [C] **1** peculiaridad, rareza: *a quirk of the language* una peculiaridad del idioma **2 a quirk of fate/nature/history** un capricho del destino/de la naturaleza/de la historia

quirk·i·ly /ˈkwɜkəli/ adv extrañamente, de forma estrafalaria

quirk·i·ness /ˈkwɜkənɪs/ s [U] peculiaridad (cualidad de peculiar)

quirk·y /ˈkwɜki/ adj (**quirkier**, **quirkiest**) peculiar, estrambótico -a

quit S1 /kwɪt/ v (**quit**, **quitting**)
1 (un trabajo, estudios) **(a)** [T] dejar, abandonar: *She quit school at 16.* Dejó los estudios a los 16 años. • *He quit his job after an argument with his boss.* Dejó el trabajo después de discutir con su jefe. **(b)** [I] renunciar, abandonar: *Robinson announced her intention to quit.* Robinson anunció su intención de renunciar. SIN **resign**, **leave**
2 [T] (*coloq*) (otras actividades) **quit doing sth** dejar de hacer algo: *I quit smoking two years ago.* Dejé de fumar hace dos años. • *Quit complaining!* ¡Deja de quejarte! • **quit it!** (*oral*) ¡basta! SIN **stop**, **give up** ▶ QUITS

quite W3 /kwaɪt/ adv, predet
1 bastante: *The food here is quite good.* La comida aquí es bastante buena. • *He's quite tall.* Es bastante alto. •

I answered the questions quite easily. Me resultó bastante fácil contestar las preguntas. • **quite a/an sth** *He's quite a good player.* Es un jugador bastante bueno. • *It's quite an old house.* Es una casa bastante vieja. • **be quite like sth/sb** parecerse bastante a algo/alguien: *She's quite like her father.* Se parece bastante a su padre.
2 totalmente, completamente: *The situation is quite different today.* La situación actual es totalmente diferente. • *You're quite right.* Tienes toda la razón. • *"Are you sure?" "Quite sure."* –¿Estás seguro? –Absolutamente. • **not quite** *I'm not quite sure how it works.* No estoy muy segura de cómo funciona.
3 absolutamente (para enfatizar): *What she's suggesting is quite ridiculous!* ¡Lo que está sugiriendo es absolutamente ridículo! • **quite a/some sth** *That was quite a party you had last night!* ¡Vaya fiesta la de anoche! • *The hotel was quite some distance away.* El hotel quedaba a una distancia considerable. • **quite a while** (tb **quite some time**) bastante (tiempo): *It's been quite a while since I saw them.* Hace bastante que no los veo. • **quite a few** unos -as cuantos -as, bastantes: *I know quite a few people who disagree.* Conozco a unas cuantas personas que no están de acuerdo. • **quite a lot** bastante(s): *He has quite a lot of confidence.* Tiene bastante confianza en sí mismo. • **quite rightly** (*oral*) con toda la razón: *They believe, quite rightly, that the price is too high.* Creen, con toda la razón, que el precio es demasiado alto. • **quite literally** literalmente: *We were, quite literally, the last people to leave.* Fuimos literalmente los últimos en irnos.
4 not (...) quite no... exactamente: *I don't quite know why he came.* No sé exactamente por qué vino. • *The performance wasn't quite what I was expecting.* La interpretación no fue exactamente lo que esperaba.
EXPRESIONES
quite the reverse/opposite/contrary todo lo contrario: *She doesn't lack confidence – quite the reverse.* No le falta confianza en sí misma, todo lo contrario.

quits /kwɪts/ *adj*
EXPRESIONES
call it quits (*coloq*) bajarse del tren: *After 8 years of marriage, they're calling it quits.* Después de ocho años de matrimonio, van a bajarse del tren.

quit·ter /ˈkwɪtə/ *s* [C] (*peyor, coloq*) cobarde, rajado -a

quiv·er¹ /ˈkwɪvə/ *v* [I] **1** (persona) temblar: *Her mouth quivered slightly as she spoke.* La boca le temblaba ligeramente al hablar. • **quiver with sth** temblar de algo: *She was quivering with rage.* Estaba temblando de rabia. SIN **tremble 2** (voz) temblar • **quiver with sth** temblar de algo: *His voice quivered with emotion.* La voz le temblaba de emoción. SIN **tremble**

quiver² *s* [C] **1** estremecimiento, temblor • **a quiver of fear/excitement/anxiety** un estremecimiento de miedo/emoción/ansiedad: *A quiver of excitement ran through me.* Un estremecimiento de emoción me recorrió el cuerpo. • *Mary felt a quiver of fear.* Mary se estremeció de miedo. **2** (de la voz) temblor **3** carcaj, aljaba

quix·ot·ic /kwɪkˈsɑtɪk/ *adj* (*liter*) quijotesco -a

quiz¹ /kwɪz/ *s* [C] (pl **quizzes**) **1** prueba, quiz: *The teacher gave us a quiz.* La profesora nos tomó una prueba. • *a biology quiz* una prueba de biología SIN **test** ▶ **POP QUIZ 2** concurso (de preguntas y respuestas): *a general knowledge quiz* un concurso de cultura general • **do/enter a quiz** participar en un concurso

quiz² *v* [T] (**quizzes, quizzed, quizzing**) **1** interrogar • **quiz sb about/on/over sth** interrogar a alguien sobre

algo: *Reporters quizzed him about his role in the affair.* Fue interrogado por la prensa sobre su participación en el asunto. SIN **question 2** tomar una prueba a, hacer un quiz a • **quiz sb on sth** tomarle una prueba de algo a alguien: *Students are quizzed on their reading.* A los alumnos se les toma una prueba de lectura. SIN **test** ▶ **POP QUIZ**

ˈquiz show (tb **ˈquiz ˌprogram**) *s* [C] programa de preguntas y respuestas ▶ **GAME SHOW**

quiz·zi·cal /ˈkwɪzɪkəl/ *adj* [solo ante s] burlón -ona: *Sarah gave him a quizzical look.* Sarah lo miró entre sorprendida y burlona.

quiz·zi·cally /ˈkwɪzɪkli/ *adv* burlonamente, con sorna

quo·rum /ˈkwɔrəm/ *s* [C gram sing] (*frml*) quórum

quo·ta /ˈkwoʊtə/ *s* [C] **1** (límite) cupo, cuota: *fishing quotas* cupos de pesca • [+on/for]: *The government has imposed quotas on the export of timber.* El gobierno ha impuesto cupos a la exportación de madera. **2** (objetivo) cuota, mínimo: *sales quotas* cuotas de ventas • **fill/meet a quota** cubrir una cuota **3** (conjunto de plazas) cupo • [+for]: *quotas for minority groups* cupos reservados a grupos minoritarios **4 quota system** sistema de cuotas/cupos **5 her/its quota of sth** su cuota de algo: *I think I've had my quota of coffee for the day.* Creo que ya he tomado mi cuota de café diaria

quo·ta·tion /kwoʊˈteɪʃən/ *s* **1** [C, U] cita(s) (de un texto) • [+from]: *a quotation from the Bible* una cita de la Biblia SIN **quote 2** [C] presupuesto, cotización: *We got quotations from several companies.* Obtuvimos presupuestos de varias compañías. • [+for]: *The builder gave us a quotation for fixing the roof.* El constructor nos hizo un presupuesto para el arreglo del techo. SIN **quote** ▶ **ESTIMATE 3** [C] (en la bolsa) cotización

quoˈtation ˌmark *s* [C gram pl] comillas • **in quotation marks** entre comillas

quote¹ S2 W2 /kwoʊt/ *v*
1 [I,T] citar • **quote from sth/sb** citar algo/a alguien: *He was quoting from Shakespeare.* Estaba citando a Shakespeare. • **quote sth from sb/sth** citar algo de alguien/algo: *I quoted a line from a play by Brecht.* Cité una línea de una obra de Brecht. • **quote sb as saying sth** atribuirle a alguien haber dicho algo • **quote sb on sth** *Can I quote you on that?* ¿Puedo decir que tú lo dijiste? • *I wouldn't put it past her, but don't quote me on that.* La creo muy capaz, pero esto entre tú y yo.
2 [T] (a modo de ejemplo) citar: *Dr. Morse quoted three cases in which the drug was used successfully.* El doctor Morse citó tres casos de empleo del fármaco con buenos resultados. • **quote the example of sth/sb** citar el ejemplo de algo/alguien • **quote sth/sb as an example** poner algo/a alguien como ejemplo SIN **cite**
3 [T] mencionar: *Please quote your customer number when ordering.* Sírvase mencionar su número de cliente al hacer un pedido.
4 [T] cotizar, dar (un precio) ▶ **ESTIMATE**
5 be quoted (*técn*) cotizarse • **be quoted at sth** cotizarse a algo

quote² S2 W3 *s* [C]
1 cita • [+from] de: *a quote from Oscar Wilde* una cita de Oscar Wilde SIN **quotation**
2 presupuesto, cotización • **give a quote** hacer un presupuesto • **give sb a quote** darle un presupuesto a alguien: *The builders gave us a quote for the work.* Los constructores nos dieron un presupuesto del trabajo. SIN **quotation** ▶ **ESTIMATE**
EXPRESIONES
in quotes entre comillas

quo·tient /ˈkwoʊʃənt/ *s* [C] (*frml*) coeficiente, proporción

Rr

R¹, r /ɑr/ s [C,U] R, r

R² *abrev escrita de* **1** (**river**) (tb **R.**) río **2** (**Restricted**) en calificaciones de películas, prohibido para menores de 17 años no acompañados ▶ PG-13 **3** (**Republican**) del Partido Republicano ▶ D

EXPRESIONES
the three R's expresión utilizada para referirse a las tres habilidades básicas que deben adquirir los alumnos en la escuela: lectura, escritura, matemáticas

R & B /ˌɑr ən 'bi/ s [U] (**rhythm and blues**) R & B (género musical) ▶ BLUES, JAZZ, SOUL

R & D /ˌɑr ən 'di/ s [U] (**research and development**) I + D (investigación y desarrollo)

R & R /ˌɑr ənd 'ɑr/ s [U] (**rest and relaxation**) periodo de descanso concedido al personal militar durante una guerra, etc.

rab·bi /'ræbaɪ/ s [C] rabino -a

rab·bit S3 /'ræbɪt/ s
1 (animal) [C] conejo -a • **rabbit hole** madriguera
2 (carne) [U] conejo
3 [U] piel de conejo

rab·ble /'ræbəl/ s [sing] **1** turba, muchedumbre **2 the rabble** (*peyor*, *frec hum*) la chusma, la plebe

rab·id /'ræbɪd/ *adj* **1** [gralm ante s] (extremista) fanático -a, rabioso -a SIN **fanatical** **2** (animal) rabioso -a

ra·bies /'reɪbiz/ s [U] rabia (enfermedad)

rac·coon, racoon /ræ'kun/ s **1** [C] mapache **2** [U] piel de mapache

race¹ S2 W1 /reɪs/ s
1 [C] (en deportes) carrera: *Over a hundred runners will take part in the race.* Más de cien corredores participarán en la carrera. • **a car/horse race** una carrera de autos/caballos • **a yacht race** una regata • **win a race** ganar una carrera • **finish the race first/second/last** terminar la carrera en primera/segunda/última posición • **a close race** una carrera reñida
2 [C,U] raza: *children of all races* niños de todas las razas • *The law forbids discrimination on the grounds of race* . La ley prohíbe la discriminación racial.
3 [C gralm sing] (competencia) contienda, carrera: *The election was a closely-fought race.* Las elecciones fueron muy reñidas. • **the race for sth** la carrera por algo: *The race for the presidency is already under way.* Ya está en marcha la carrera por la presidencia.
4 [sing] (por falta de tiempo) **a race to do sth** *It's a race to find the killer before he strikes again.* Trabajan contra reloj para encontrar al asesino antes de que vuelva a atacar. • **a race against time/the clock** una carrera contra el tiempo/contra reloj
5 (de caballos) **the races** [pl] las carreras: *Are you going to the races?* ¿Vas a las carreras? • **at the races** *We spent a day at the races.* Pasamos un día en el hipódromo.
▶ ARMS RACE, HUMAN RACE, RAT RACE

race² S3 W3 *v*
1 (en deportes) **(a)** [I] correr (carreras), competir (en una carrera): *Stevens will not be racing in the final due to an injury.* Stevens no correrá en la final debido a una lesión. • **race against sb** correr/competir con alguien: *She will be racing against some of the world's top athletes.* Competirá con algunos de los mejores atletas del mundo. **(b)** [T] correr con (un carro, un caballo)
2 [T] (como juego) echarle una carrera a, correr contra • **race sb to/across sth** *I'll race you to that tree.* Te echo una carrera hasta aquel árbol.

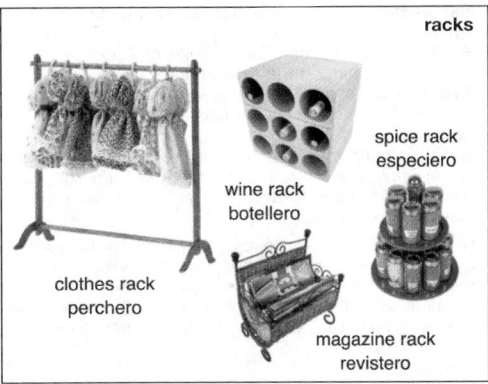

racks
spice rack especiero
wine rack botellero
clothes rack perchero
magazine rack revistero

3 (indicando prisa) **(a)** [I siempre + adv/prep] **race into/across/back** *He raced into town on his bike.* Fue en cicla a la ciudad a toda velocidad. • *I had to race back home for my umbrella.* Tuve que volver corriendo a la casa a buscar el paraguas. • **race to do sth** correr/apresurarse a hacer algo: *She raced down the stairs to answer the phone.* Bajó las escaleras corriendo a atender el teléfono. • *Investors raced to buy shares in the new hi-tech companies.* Los inversores corrieron a comprar acciones de las nuevas compañías de alta tecnología. • **race against time/the clock** estar en una carrera contra el tiempo/contra reloj, correr contra el tiempo/el reloj **(b)** [T siempre + adv/prep, gralm en pasiva] **race sb/sth to sth** *The singer was raced to the hospital.* El cantante fue trasladado a toda velocidad al hospital.
4 [I] (trabajar a ritmo acelerado) latir aceleradamente (corazón), acelerarse (pulso)

EXPRESIONES
thoughts/questions raced through my mind se me agolpaban las ideas/las preguntas en la cabeza

'race car s [C] carro de carreras, auto de carreras

race·course /'reɪs-kɔrs/ s [C] hipódromo SIN **racetrack**

race·horse /'reɪshɔrs/ s [C] caballo de carreras

'race re,lations s [pl] relaciones raciales/interraciales

race·track /'reɪs-træk/ s [C] **1** (para carros) circuito automovilístico/de carreras; (para atletas) pista (de atletismo) **2** (para caballos) hipódromo

ra·cial W2 /'reɪʃəl/ *adj* [solo ante s]
1 (entre razas) racial • **racial prejudice** prejuicios raciales • **racial discrimination** discriminación racial: *laws against racial discrimination* leyes contra la discriminación racial • **racial equality** igualdad racial
2 (de una raza) racial: *people from many racial groups* gente de diversos grupos raciales • **a racial minority** una minoría racial • **racial background** origen racial ▶ ETHNIC

ra·cial·ly /'reɪʃəli/ *adv* racialmente: *a racially mixed school* una escuela con alumnos de distintas razas • **racially motivated/prejudiced** por motivos/con prejuicios raciales: *The attack was racially motivated.* La agresión se produjo por motivos raciales.

rac·ing¹ /'reɪsɪŋ/ s [U] **1** (en hípica) carreras (de caballos) SIN **horse racing** **2** (en otros deportes) carreras • **car/motorcycle racing** carreras de autos/motos • **boat racing** regatas

racing² *adj* [solo ante s] (para competición) de carreras: *a racing bike* una cicla de carreras

rac·ism /'reɪsɪzəm/ s [U] racismo: *the fight against racism* la lucha contra el racismo

rac·ist /'reɪsɪst/ s [C], *adj* racista

rack¹ S3 /ræk/ s [C]
1 (para platos) escurridor; (para diarios, revistas) revistero; (para ropa húmeda) tendedero; (para ropa en venta) perchero, colgador; (para libros u otros productos) exhibidor; (para llaves) colgador (de llaves), llavero • **a**

wine rack un botellero • **a clothes rack** un perchero • **a spice rack** un especiero **2** triángulo (para acomodar las bolas en billar) **3** (aparato de tortura) **the rack** el potro **4 rack of lamb** costillar de cordero • **a rack of ribs** un costillar de cordero ▶ LUGGAGE RACK, OFF-THE-RACK

go to rack and ruin echarse a perder • **off the rack** *A lot of designer clothes are now available off the rack.* Ahora las tiendas tienen a la venta mucha ropa de diseñadores famosos.

rack² *v* [T] **1** [gralm en pasiva] sacudir • **be racked by/with sth** *Liza was racked by guilt.* A Liza la atormentaba la culpa. • *Her face was racked with pain.* Tenía la cara desencajada por el dolor. ▶ NERVE-RACKING **2** acomodar las bolas (al iniciar una partida de billar) SIN **rack up**

rack your brain(s) devanarse los sesos

rack up sth *v+partíc* **1 rack up sth** acumular algo (puntos, ventas): *Mac racked up 41 points in last night's game.* Mac acumuló 41 puntos en el partido de anoche. **2 rack sth ↔ up** acomodar algo (las bolas al iniciarse una partida de billar)

rack·et /'rækɪt/ *s* **1** [C] raqueta: *a tennis racket* una raqueta de tenis ▶ BAT **2** [sing] (*coloq*) barullo, bulla: *Would you please stop that racket?* ¿Quieren dejar de hacer tanta bulla? • **make a racket** hacer ruido: *The car was making an awful racket.* El carro hacía un ruido infernal. **3** [C] (*coloq*) negocio ilegal, red: *an international smuggling racket* una red internacional de contrabando

rack·et·eer /ˌrækə'tɪr/ *s* [C] mafioso -a

rack·et·eer·ing /ˌrækə'tɪrɪŋ/ *s* [U] (delito de) asociación mafiosa: *He was charged with fraud and racketeering.* Fue acusado de fraude y asociación mafiosa.

rac·on·teur /ˌrækɑn'tɚ/ *s* [C] (*frml*) narrador -a (que cuenta cosas con gracia): *He's a good raconteur.* Es muy bueno contando anécdotas.

rac·quet /'rækɪt/ *s* [C] raqueta

rac·y /'reɪsi/ *adj* (**racier, raciest**) picante, subido -a de tono: *a racy novel* una novela picante

ra·dar /'reɪdɑr/ *s* [C,U] radar • **radar screen** pantalla de(l) radar ▶ SONAR

ra·di·al /'reɪdiəl/ *adj* radial

radial 'tire (tb **radial** (*coloq*)) *s* [C] llanta radial

ra·di·ance /'reɪdiəns/ *s* [U] **1** (del semblante, la sonrisa) luminosidad **2** (del Sol, la Luna) resplandor **3** (de la juventud, la primavera) esplendor

ra·di·ant /'reɪdiənt/ *adj* **1** (semblante, ojos) radiante: *a radiant bride* una novia radiante **2** (*liter*) (luz, día) resplandeciente, radiante

ra·di·ant·ly /'reɪdiəntli/ *adv* **1** (con alegría) *She looked radiantly beautiful.* Irradiaba belleza. • *He smiled radiantly.* Sonrió radiante. **2** (con brillo) *The next day dawned radiantly.* El día siguiente amaneció radiante.

ra·di·ate /'reɪdiˌeɪt/ *v* **1** (una cualidad o un sentimiento) **(a)** [T] irradiar: *He was one of those men that radiate power.* Era uno de esos hombres que irradian poderío. SIN **exude (b)** [I siempre + adv/prep] **radiate from sb** *Energy seems to radiate from him.* Parece que irradia energía. **2** (luz, calor o energía) **(a)** [T] irradiar, emitir **(b)** [I siempre + adv/prep] **radiate from sth** *the energy that radiates from the sun* la energía que irradia el Sol **3** [I] (líneas, vías de comunicación) **radiate (out) from sth** salir (radialmente) de algo, irradiar de algo: *the highways that radiate out from the capital* las carreteras que salen radialmente de la capital SIN **spread**

ra·di·a·tion /ˌreɪdi'eɪʃən/ *s* **1** [U] (energía nuclear) radiación: *radiation from nuclear power stations* radiación procedente de centrales nucleares • **radiation levels** niveles de radiación **2** [U] (tratamiento médico) radiación • **radiation therapy** radioterapia • **radiation treatment**

tratamiento con radiaciones ▶ RADIOLOGY, RADIOTHERAPY **3** [C,U] (ondas de luz o calor) radiación: *ultraviolet radiation from the sun* radiación ultravioleta procedente del sol

ra·di·a·tor /'reɪdiˌeɪtɚ/ *s* [C] **1** (para calefacción) radiador **2** (de un carro) radiador

rad·i·cal¹ /'rædɪkəl/ *adj* **1** (drástico) radical: *a radical change in her diet* un cambio radical en su dieta • *a radical reform of the tax system* una reforma radical del sistema impositivo **2** (extremista) radical: *radical ideas/groups* ideas/grupos radicales • *a radical left-wing politician* un político de izquierda radical **3** (importante) serio -a, fundamental: *Radical differences within the group began to appear.* Empezaron a surgir serias diferencias dentro del grupo. **4** (*coloq*) chévere, padrísimo -a, bacanísimo -a

rad·i·cal² *s* [C] radical (persona)

rad·i·cal·ism /'rædɪkəˌlɪzəm/ *s* [U] radicalismo

rad·i·cal·ly /'rædɪkli/ *adv* radicalmente

rad·i·i /'reɪdiaɪ/ *pl de* RADIUS

ra·di·o¹ S1 W1 /'reɪdiˌoʊ/ *s* (*pl* **radios**) **1** [C] (aparato) radio: *a car radio* un autorradio • *a portable radio* un radio portátil • **turn the radio on/off** (tb **switch the radio on/off**) encender/apagar el radio **2** (programación) **the radio** la radio • **listen to the radio** escuchar la radio • **on the radio** en/por la radio: *I heard the news on the radio.* Escuché la noticia en la radio. **3** [U] (medio) la radio: *a career in radio* una carrera profesional en la radio • **local/national radio** la radio local/nacional • **on radio** en la radio: *the longest-running show on radio* el programa más antiguo de la radio • **radio broadcast** emisión de radio • **radio program** programa de radio • **radio show** programa de radio • **radio station** (estación/emisora de) radio **4** [C, U] (equipo de transmisión) radio • **by radio** por radio • **radio contact** contacto por radio: *They lost radio contact with the astronauts.* Perdieron el contacto por radio con los astronautas. • **radio signal** señal de radio

radio² *v* (**radios, radioed, radioing**) **(a)** [I] enviar un mensaje por radio • **radio for sth** pedir algo por radio: *The ship radioed for help.* El barco pidió ayuda por radio. **(b)** [T] transmitir por radio (un mensaje), enviarle un mensaje por radio a (un lugar, una persona) • **radio sb for sth** enviarle a alguien un mensaje por radio pidiendo algo

ra·di·o·ac·tive /ˌreɪdioʊ'æktɪv◂/ *adj* radiactivo -a: *radioactive material* material radiactivo

ra·di·o·ac·tiv·i·ty /ˌreɪdioʊæk'tɪvəṭi/ *s* [U] radiactividad

radio-cas'sette ˌplayer *s* [C] radiocasete, radiocassette

ˌradio-con'trolled *adj* de control remoto, teledirigido -a

ra·di·og·ra·pher /ˌreɪdi'ɑgrəfɚ/ *s* [C] radiólogo -a

ra·di·og·ra·phy /ˌreɪdi'ɑgrəfi/ *s* [U] radiografía (procedimiento)

ra·di·ol·o·gist /ˌreɪdi'ɑlədʒɪst/ *s* [C] radiólogo -a

ra·di·ol·o·gy /ˌreɪdi'ɑlədʒi/ *s* [U] radiología

ˌradio 'telescope *s* [C] radiotelescopio

ra·di·o·ther·a·pist /ˌreɪdioʊ'θɛrəpɪst/ *s* [C] radioterapeuta

ra·di·o·ther·a·py /ˌreɪdioʊ'θɛrəpi/ *s* [U] radioterapia

rad·ish /'rædɪʃ/ *s* [C,U] rábano

ra·di·um /'reɪdiəm/ (símb quím **Ra**) *s* [U] radio (metal)

ra·di·us /'reɪdiəs/ *s* [C] (*pl* **radii** /-diaɪ/) **1** (de una circunferencia) radio ▶ DIAMETER **2** (alrededor de un sitio) radio • **within a 10 mile/200 meter radius** en un radio de 10 millas/200 metros

ra·don /'reɪdɑn/ (símb quím **Rn**) *s* [U] radón

raf·fi·a /'ræfiə/ *s* [U] rafia

raf·fle¹ /'ræfəl/ s [C] rifa, boleta • **win sth in a raffle** ganar algo en una rifa • **raffle ticket** boleta/número de rifa

raffle² (tb **raffle off**) v [T] rifar, sortear

raft¹ /ræft/ s [C] **1** (de madera) balsa **2** (de goma), balsa, bote **3 a (whole) raft of sth** montones/un montón de algo: *The new car has won a raft of awards.* El nuevo carro ha ganado un montón de premios.

raft² v [I,T] (para desplazarse) ir en balsa (por); (como deporte) hacer rafting (por)

raf·ter /'ræftər/ s [C] **1** [gralm pl] viga (del techo) **2** practicante de rafting

EXPRESIONES
  be packed/filled to the rafters estar (lleno -a) hasta el tope

raft·ing /'ræftɪŋ/ s [U] rafting • **go rafting** hacer rafting

rag¹ /ræg/ s **1** [C,U] trapo: *an oily rag* un trapo grasiento • *a piece of old rag* un trapo viejo **2 rags** [pl] harapos • **in rags** (vestido -a) con harapos, harapiento -a: *The children were dressed in rags.* Los niños estaban vestidos con harapos. **3** [C] (*coloq*) periodicucho, pasquín • **the local rag** la gacetilla local

EXPRESIONES
  go from rags to riches salir de la miseria para alcanzar la riqueza

rag² v [I] (**ragged, ragging**)
  rag on sb v+*partíc* **1** mamarle gallo a alguien, tomarle el pelo a alguien [SIN] **tease 2** vaciar a alguien, criticar a alguien

rag·a·muf·fin /'rægə,mʌfɪn/ s [C] pilluelo -a (niño)

rag·bag /'rægbæg/ s **a ragbag of** una mezcolanza de algo

,rag 'doll s [C] muñeca de trapo

rage¹ /reɪdʒ/ s [C,U] **1** (*esp escrito*) (sentimiento) furia, ira: *His face was red with rage.* Estaba rojo de furia. • **tears/screams of rage** lágrimas/gritos de rabia • **in a rage** furioso -a: *She went home in a rage.* Se fue a casa furiosa. • **fly into a rage** enfurecerse, ponerse hecho -a una furia **2 road rage** conducta violenta al conducir • **air rage** ataque de furia de un pasajero, normalmente por las esperas

EXPRESIONES
  be (all) the rage (*coloq*) ser el último grito de la moda, hacer furor: *Short skirts were all the rage.* Las faldas cortas hacían furor.

rage² v **1** [I] (tormenta) arreciar; (fuego) arder con fuerza; (enfermedad, virus) hacer estragos: *Outside, a storm was raging.* Afuera, arreciaba la tormenta. • *A civil war was raging in the south of the country.* En el sur del país continuaba una encarnizada guerra civil. • *The controversy is still raging.* La encendida polémica sigue abierta. **2** [I] (*escrito*) **rage against/at sth** protestar airadamente por algo: *He raged against the injustice of his situation.* Protestaba airadamente por lo injusto de su situación. **3** [T] (*escrito*) gritar, rugir: *"How was I to know!" she raged.* –¡Y yo cómo iba a saber! –gritó .

rag·ged /'rægɪd/ adj **1** [gralm ante s] (persona) andrajoso -a, harapiento -a; (ropa) hecho -a harapos, hecho -a jirones: *a ragged jacket* una chaqueta hecha harapos • *crowds of ragged children* multitudes de niños harapientos **2** (costa, paisaje) accidentado -a; (línea, borde) irregular: *the island's ragged coastline* la costa accidentada de la isla

EXPRESIONES
  be on the ragged edge (*coloq*) **(a)** estar rendido -a, estar agotado -a **(b)** estar mal (deprimido, preocupado)

rag·ing /'reɪdʒɪŋ/ adj [solo ante s] **1** (sensaciones físicas) enloquecedor -a, atroz: *a raging headache* un dolor de cabeza enloquecedor • *a raging appetite* un hambre atroz **2** (sentimientos) acalorado -a, encendido -a: *a raging argument* una discusión acalorada • *raging passion* encendida pasión **3** (elementos naturales) impetuoso -a (torrente, río, tormenta), embravecido -a (mar): *a raging inferno* un pavoroso incendio

rag·tag /'rægtæg/ adj sucio -a y desordenado -a

rag·time /'rægtaɪm/ s [U] ragtime

raid¹ /reɪd/ s [C] **1** (de soldados, aviones) incursión, ataque • [+**on/against**]: *a raid on an enemy airfield* un ataque a un aeródromo enemigo • *armed raids against rebel villages* incursiones armadas contra aldeas rebeldes • **carry out/launch a raid** realizar/lanzar un ataque • **an air raid** (tb **a bombing raid**) un ataque aéreo, un bombardeo (aéreo) **2** (de la policía) redada • [+**on**]: *a police raid on the house of a suspected drug dealer* una redada policial en la casa de un presunto traficante de drogas **3** (delincuentes) asalto, atraco: *a bank raid* un asalto a un banco • [+**on**]: *an armed raid on a jewelry store* un atraco a una joyería

raid² v [T] **1** (policía) allanar: *Police raided five homes yesterday, looking for drugs.* Ayer, la policía allanó cinco casas en busca de drogas. **2** (soldados, tropas) hacer una incursión en, atacar: *Troops raided rebel villages.* Las tropas hacían incursiones en aldeas rebeldes. **3** (delincuentes) atracar, asaltar **4** (*hum*) (un armario, cajón, etc.) *Peter went into the kitchen to raid the fridge.* Peter fue a la cocina a asaltar la nevera.

raid·er /'reɪdər/ s [C] asaltante: *armed raiders* asaltantes armados

rail¹ /reɪl/ s **1** (medio de transporte) [U] tren, ferrocarril • **by rail** en tren, en/por ferrocarril: *We continued our trip by rail.* Continuamos el viaje en tren. • **rail fare** boleto de tren, tiquete de tren • **rail network** red ferroviaria • **rail passenger** pasajero -a de tren • **rail service** servicio ferroviario/de tren(es) • **rail strike** huelga ferroviaria/de trenes • **rail travel** viajes en tren **2** [C gralm pl] (vía del tren) riel: *The train came off the rails.* El tren descarriló. **3** [C] (de un balcón, una escalera) barandal, baranda, pasamanos: *She held onto the rail.* Se agarró del barandal. **4** [C] (en un ropero) barra: *the curtain rail* el riel de la cortina • *a towel rail* un toallero

EXPRESIONES
  be back on the rails (a) (proceso o situación) estar de nuevo encarrilado -a, haber vuelto a encarrilarse **(b)** (persona) haber encarrilado de nuevo su vida • **get sth back on the rails** volver a encarrilar algo • **go off the rails (a)** descarrilarse: *The peace process is in danger of going off the rails.* El proceso de paz corre peligro de descarrilarse. **(b)** (persona) descarrilarse, empezar a ir por mal camino • **(as) thin/skinny as a rail** flaco -a como un palo/un fideo

rail² v [I] (*escrito*) protestar airadamente • **rail against sb/sth** protestar airadamente contra alguien/algo • **rail at sb** increpar a alguien

rail·road¹ /'reɪlroʊd/ s [C] **1** vía(s) (del ferrocarril): *We lived beside the railroad.* Vivíamos al lado de las vías. **2** ferrocarril • **by railroad** en/por tren, por ferrocarril: *Coal was shipped by railroad.* El carbón se enviaba por ferrocarril. • **on the railroad** en el ferrocarril: *He has gotten a job on the railroad.* Trabaja en el ferrocarril. • **railroad car** vagón, coche (de un tren) • **railroad company** empresa ferroviaria • **railroad track** vía(s) (del ferrocarril) **3** empresa ferroviaria

railroad² v [T] **1** apurar, apremiar • **railroad sb into (doing) sth** forzar a alguien a hacer algo precipitadamente: *The family says that they were railroaded into selling the land.* La familia dice que los forzaron a vender las tierras precipitadamente. **2 railroad sth through (sth)** (un proyecto, una ley) *The bill was railroaded through the parliament.* El proyecto de ley se tramitó en el parlamento por la vía rápida y sin debate.

'railroad ,crossing s [C] paso a nivel, crucero (ferroviario)

'railroad ,station s [C] estación (de ferrocarril)

rain¹ [S2] [W2] /reɪn/ s
  1 [C,U] (agua) lluvia: *Rain was falling steadily.* Llovía sin cesar. • *Let's wait here till the rain stops.* Vamos a esperar aquí hasta que pare de llover. • **in the rain** bajo la lluvia: *I left my bicycle out in the rain.* Dejé la bicicleta afuera bajo la lluvia. • *You can't go out in this rain.* No puedes salir con lo que está lloviendo. • **heavy**

rain fuerte(s) lluvia(s) • **torrential/pouring rain** lluvia(s) torrencial(es) • **light rain** lluvia(s) ligera(s)/débil(es): *The light rain had stopped.* Había dejado de lloviznar. • **a drop of rain** una gota de lluvia • **it's pouring with rain** está lloviendo a cántaros, está diluviando • **it looks like rain** (*oral*) parece que va a llover • **rain cloud** nube de lluvia, nubarrón
2 (época) **the rains** [pl] la estación de (las) lluvias: *The rains came late this year.* La estación de lluvias se retrasó este año. ▶ MONSOON
3 (gran cantidad) **a rain of arrows/ash** una lluvia de flechas/ceniza ▶ ACID RAIN, **be (as)** RIGHT **as rain**

EXPRESIONES
(come) rain or shine *I go for a walk every day, come rain or shine.* Salgo a caminar todos los días, llueva o truene. • *Don't worry. We'll be there, rain or shine.* No te preocupes. Pase lo que pase, estaremos allí.

rain² S2 *v*
1 [I] (caer agua) llover: *Is it still raining?* ¿Sigue lloviendo? • *It was starting to rain.* Estaba empezando a llover. • *It rained all day.* Llovió todo el día. • **it's raining heavily/hard** está lloviendo mucho, llueve mucho • **it's raining cats and dogs** (*oral*) está lloviendo a cántaros, están lloviendo hasta maridos (y piedras de amolar)
2 [I siempre + adv/prep] (caer objetos) llover • **rain on sb/sth** llover sobre alguien/algo: *Bombs began raining on the city.* Empezaron a llover bombas sobre la ciudad. • *Broken glass rained on us.* Nos cayó encima una lluvia de vidrios rotos. SIN **rain down**
3 [T siempre + adv/prep] (lanzar con fuerza) **rain bombs/ rockets on sth** lanzar una lluvia de bombas/misiles sobre algo • **rain blows on sb** propinarle una lluvia de golpes a alguien

EXPRESIONES
rain on sb's parade (*coloq*) aguarle la fiesta a alguien • **when it rains, it pours** (*oral*) las desgracias nunca vienen solas
rain down *v+partíc* **1** (caer objetos) **rain down** llover: *Missiles rained down from the hills.* Desde las colinas llovían misiles. • *He fell on the ground as the blows rained down.* Cayó al suelo mientras recibía una lluvia de golpes. • **rain down on sb/sth** llover sobre alguien/ algo **2 rain down sth** (lanzar con fuerza), lanzar una lluvia de algo
be rained out *v+partíc* suspenderse por la lluvia

rain·bow /'reɪnbou/ *s* [C] arco iris • **chase rainbows** *He has spent his life chasing rainbows.* Se ha pasado la vida persiguiendo sueños imposibles.

'rain check *s* [C] **1** entrada que se recibe cuando se suspende un evento al aire libre por mal tiempo **2** talón entregado en una tienda a un cliente que quiere comprar un producto rebajado que se ha agotado y que le otorga derecho a comprarlo a igual precio cuando haya stock

EXPRESIONES
take a rain check on sth (*coloq*, *oral*) dejar algo para otro momento (una invitación)

rain·coat /'reɪnkout/ *s* [C] impermeable, gabardina

rain·drop, rain drop /'reɪndrɑp/ *s* [C] gota de lluvia

rain·fall /'reɪnfɔl/ *s* [C,U] **1** (agua caída) precipitaciones, precipitación: *an annual rainfall of 2.4 inches* una precipitación anual de 2,4 pulgadas • *a period of low rainfall* un periodo de escasas precipitaciones **2** (chubasco) lluvia SIN **rain**

rain forest, rain·for·est /'reɪn,fɔrɪst, -,fɑ-/ *s* [C,U] selva tropical

rain·storm /'reɪnstɔrm/ *s* [C] temporal (de lluvia), aguacero

rain·wa·ter /'reɪn,wɔtər, -,wɑ-/ *s* [U] agua de lluvia

rain·y /'reɪni/ *adj* (**rainier**, **rainiest**) lluvioso -a: *a cold rainy day* un día frío y lluvioso • *It was very rainy.* Llovía mucho. • **the rainy season** la estación de (las) lluvias, la estación lluviosa

EXPRESIONES
save sth for a rainy day guardar algo para los tiempos de vacas flacas

raise¹ S1 W1 /reɪz/ *v* [T]
1 a lugar más alto
2 a nivel o grado superior
3 ayudar a crecer
4 dinero
5 mencionar
6 causar
7 las condiciones, la calidad
8 reunir
9 por teléfono o por radio

1 **A LUGAR MÁS ALTO** levantar, alzar: *He raised his hat and smiled at her.* Se levantó el sombrero y le sonrió. • *Can you raise the flashlight a little?* ¿Puedes alzar un poquito la linterna? • **raise your hand** levantar la mano: *Raise your hand if you know the answer.* Quien sepa la respuesta que levante la mano. • **raise your head/face** levantar la cabeza/la cara, alzar la cabeza/la cara • **raise your eyes** levantar/alzar los ojos, levantar/alzar la vista • **raise yourself** (tb **raise yourself up**) incorporarse: *She raised herself up on her elbows.* Se incorporó sobre los codos. • **raise sth to your mouth/lips** llevarse algo a la boca/los labios SIN **lift** ANT **lower** ▶ ver nota en LIFT
2 **A NIVEL O GRADO SUPERIOR** subir, aumentar: *Stores may have to raise prices.* Puede que las tiendas tengan que subir los precios. • *The minimum wage was raised by 10%.* Se aumentó el salario mínimo un 10%. SIN **increase** ANT **lower**
3 **AYUDAR A CRECER** (niños, ganado, aves de corral) criar; (cereales, verduras) cultivar: *She was raised by her grandparents.* Se crió con sus abuelos. • **born and raised** *He was born and raised in Texas.* Nació y se crió en Texas. • **raise a family** tener hijos/familia SIN **bring up**
4 **DINERO** recaudar: *an event to raise money for the school* un evento para recaudar fondos para el colegio
5 **MENCIONAR** plantear, sacar • **raise a question** plantear una cuestión/un interrogante: *The attack raised serious questions about safety.* El atentado planteó serios interrogantes acerca de la seguridad. • **raise an issue** plantear un asunto/una cuestión • **raise a subject** sacar a relucir un tema • **raise a concern** expresar una preocupación • **raise an objection** plantear una objeción • **raise the possibility of.../that...** abrir/plantear la posibilidad de.../de que... • **raise an allegation** formular una acusación • **raise sth with sb** plantear algo a alguien: *He decided to raise the matter with his manager.* Decidió plantearle el asunto a su jefe. SIN **bring up**
6 **CAUSAR** **raise doubts/fears** suscitar dudas/temores • **raise suspicions** levantar/despertar sospechas
7 **LAS CONDICIONES, LA CALIDAD** mejorar • **raise standards** subir el nivel • **raise morale** levantar la moral SIN **improve**
8 **REUNIR** formar • **raise an army/a team** formar un ejército/un equipo • **raise a petition** organizar una recolección de firmas SIN **assemble**
9 **POR TELÉFONO O POR RADIO** (*antic*) ponerse en contacto con ▶ RISE; **raise/sound the** ALARM, **raise** EYE-BROWS, **raise your eyebrows**, **raise** HOPES, **lift/raise sb's** SPIRITS

EXPRESIONES
raise your glass (to sb/sth) brindar (por alguien/algo), levantar su copa (para brindar por alguien/algo) • **raise a hand to sb** levantarle la mano a alguien: *He had never raised a hand to her.* Nunca le había levantado la mano. • **raise hell** (tb **raise Cain**) **(a)** (portarse mal) armar un buen lío, armar un bororló **(b)** (protestar) ponerse hecho -a una furia, armar la de San Quintín • **raise (sb's) expectations** generar expectativas (en alguien) • **raise the roof** (*coloq*) poner el grito en el cielo • **raise a smile (from sb)** arrancar una sonrisa (a alguien) • **raise your voice** levantar la voz

⚠ **¿raise o rise?**
Raise es transitivo y **rise** es intransitivo:
The management has no plans to raise (✗ *rise*) *salaries.*
The cost of housing has risen (✗ *raised*) *in the last decade.*

raise² *s* [C] aumento (de sueldo): *Why not ask for a raise?* ¿Por qué no pedir un aumento de sueldo? • **a raise of**

$500/5% un aumento de 500 dólares/del 5%

rai·sin /ˈreɪzən/ s [C] pasa (de uva), (uva) pasa

rai·son d'ê·tre /ˌreɪzoʊn ˈdɛtrə, -zɑn-/ s [sing] razón de ser

rake¹ /reɪk/ s **1** [C] rastrillo (herramienta) **2** [C] (antic) crápula (hombre)

rake² v **1** [I,T] (en el jardín, el huerto) rastrillar, pasar el rastrillo (a): *Her husband was outside raking leaves.* Su marido estaba afuera recogiendo hojas con el rastrillo. • **rake sth into a pile/heap** hacer una pila/un montón de algo con el rastrillo **2** [T siempre + adv/prep] **rake your fingers/hand through your hair** pasarse los dedos/la mano por el pelo **3** [T] **rake sth with gunfire/bullets** barrer algo a tiros/a balazos: *They raked the room with gunfire.* Barrieron la habitación a tiros. **4** [T] (cenizas, brasas) remover **5** [I siempre + adv/prep] (en busca de algo) *After raking around in the fridge I found what I needed.* Después de hurgar un poco en la refrigeradora, encontré lo que necesitaba.
rake sth ↔ in v+partíc (coloq) ganar algo, embolsar algo • **rake it in** forrarse
rake over sth v+partíc hurgar en algo, remover algo: *I have no desire to rake over the past.* No deseo remover el pasado.
rake sth ↔ up v+partíc **1** hurgar en algo, remover algo: *The media insists on raking up the issue.* Los medios insisten en remover el asunto. **2** recoger algo con el rastrillo SIN **rake**

rak·ish /ˈreɪkɪʃ/ adj disoluto -a

ral·ly¹ W3 /ˈræli/ s [C] (pl **rallies**)
1 (de apoyo, protesta) concentración, mítin • **hold a rally** llevar a cabo una concentración, llevar a cabo un mítin: *A rally was held in Times Square to protest against the war.* Se llevó a cabo una concentración en Times Square en protesta contra la guerra.
2 (en automovilismo) rally: *the Monte Carlo Rally* el rally de Monte Carlo • **rally car** carro de rally, auto de rally • **rally driver** piloto de rally • **rally driving** conducción en rallies
3 (en finanzas) repunte, recuperación; (en deportes) remontada: *a late rally on the Tokyo Stock Exchange* un repunte de última hora en la Bolsa de Tokio
4 (en tenis) peloteo, punto ▶ PEP RALLY

rally² v (**rallies, rallied, rallying**) **1** (a favor de un partido, una idea) **(a)** [I] cerrar filas, unirse • **rally to sb's defense/support** unirse en defensa/apoyo de alguien **(b)** [T] unir • **rally support (for sb/sth)** conseguir apoyo (para alguien/algo) **2** [I] (tras un debilitamiento) repuntar, recuperarse (cotizaciones, divisas, valores), recuperarse, remontar (persona, equipo) **3** (en la batalla) **(a)** [T] reagrupar • **rally your troops/forces** reagrupar a las tropas **(b)** [I] reagruparse
rally around v+partíc **1 rally around** *Her friends all rallied around when she was sick.* Todos sus amigos se volcaron para apoyarla cuando estaba enferma. **2 rally around sb** unirse en apoyo de alguien, cerrar filas en torno a alguien

RAM /ræm/ s [U] (técn) (**Random Access Memory**) (memoria) RAM ▶ ROM

ram¹ /ræm/ v (**rammed, ramming**) **1** [I siempre + adv/prep, T] embestir (contra): *Hancock tried to ram the police car.* Hancock trató de embestir contra la radiopatrulla. • **ram into sth** embestir/estrellarse contra algo: *His truck rammed into a car.* Su camión se estrelló contra un carro. **2** [T siempre + adv/prep] *I rammed my foot down on the brake.* Clavé el pie en el freno. • **ram sth into sth** *Ram the posts into the ground.* Hunda los postes en la tierra.
EXPRESIONES
ram sth down sb's throat (peyor) inculcarle algo a alguien a la fuerza • **ram home sth** (tb **ram sth home**) dejar algo bien claro, hacer entender bien algo

ram² s [C] **1** carnero ▶ EWE **2** ariete (para derribar murallas)

Ram·a·dan /ˈrɑməˌdɑn/ s [U] Ramadán

ram·ble¹ /ˈræmbəl/ v [I] **1** divagar, irse por las ramas **2** [siempre + adv/prep] pasear, ir de excursión: *We rambled through the woods.* Paseamos por el bosque.
ramble on v+partíc hablar mucho y tediosamente: *My father kept rambling on about the war.* Mi padre seguía dándole al tema de la guerra.

ramble² s [C] paseo, excursión

ram·bling /ˈræmblɪŋ/ adj **1** (un edificio) intrincado -a, laberíntico -a **2** (un texto o discurso) farragoso -a: *a long rambling letter* una carta larga y farragosa **3 a rambling rose** un rosal trepador

ram·bunc·tious /ræmˈbʌŋkʃəs/ adj bullicioso -a, lleno -a de energía (niño, animal)

ram·bunc·tious·ness /ræmˈbʌŋkʃəsnɪs/ s [U] cualidad de energético, bullicioso, etc.

ram·i·fi·ca·tion /ˌræməfəˈkeɪʃən/ s [C gralm pl] (frml) ramificación, repercusión • **political/legal ramifications** ramificaciones políticas ▶ IMPLICATION

ramp¹ /ræmp/ s [C] **1** rampa **2** entrada a una autopista, etc. o salida de ella **3** escalerilla (del avión)

ramp² v
ramp sth ↔ up v+partíc aumentar algo, incrementar algo (de manera marcada)

ram·page¹ /ˈræmpeɪdʒ, ræmˈpeɪdʒ/ v [I] arrasar, causar destrozos • **rampage through the streets/the capital** arrasar las calles/la capital, causar destrozos en las calles/la capital

ram·page² /ˈræmpeɪdʒ/ s [C] acto vandálico/de vandalismo • **go on the rampage** salir a causar destrozos

ramp·ant /ˈræmpənt/ adj **1** (delincuencia, corrupción) generalizado -a, desenfrenado -a; (problema) endémico -a; (enfermedad) incontrolable: *rampant inflation* inflación galopante • *Pickpocketing is rampant in the downtown area.* El carterismo es una plaga en algunas partes del centro. ▶ RIFE, WIDESPREAD **2** (planta) *rampant garden weeds* maleza que invade el jardín

ram·pant·ly /ˈræmpəntli/ adv **1** (sin control) desenfrenadamente, descontroladamente **2** (referido a plantas) de manera exuberante

ram·part /ˈræmpɑrt/ s [C gralm pl] muralla

ram·rod¹ /ˈræmrɑd/ s [C] baqueta (para armas)
EXPRESIONES
straight/stiff as a ramrod tieso -a como un palo

ramrod² adj [solo ante s] erguido -a

ramrod³ adv **ramrod straight/stiff** totalmente erguido -a/tieso -a

ramrod⁴ v [T] (**ramrodded, ramrodding**) tratar de lograr algo mediante el uso de la fuerza o amenazas

ram·shack·le /ˈræmˌʃækəl/ adj **1** (edificio, vehículo) destartalado -a **2** (ejército, sistema) precario -a, desorganizado -a

ran /ræn/ pasado de RUN

ranch /ræntʃ/ s [C] **1** finca ganadera, rancho (ganadero) • **ranch hand** peón (de una finca ganadera) **2** chalet (de un piso) SIN **ranch house** ▶ BET the ranch/farm, DUDE RANCH

ranch·er /ˈræntʃɚ/ s [C] ganadero -a, ranchero -a

'ranch house s [C] **1** chalet (de un piso) ▶ BUNGALOW **2** casa (en una finca, un rancho)

ranch·ing /ˈræntʃɪŋ/ s [U] ganadería, cría de ganado

ran·cid /ˈrænsɪd/ adj (alimento, olor o sabor) rancio -a; (leche) cortado -a: *rancid butter* manteca rancia • *The milk had gone rancid.* La leche se había cortado.

ran·cor /ˈræŋkɚ/ s [U] (frml) rencor • **without rancor** sin rencor SIN **bitterness**

ran·dom /ˈrændəm/ adj al azar, aleatorio -a: *a random sample of 120 families* una muestra aleatoria de 120 familias • *A few random shots were fired.* Se hicieron algunos disparos al azar.

EXPRESIONES
at random al azar: *Participants were chosen at random.* Los participantes eran elegidos al azar.

͵random ˈaccess ͵memory *s* [C,U] (abrev **RAM**) memoria de acceso aleatorio

ran·dom·ly /ˈrændəmli/ *adv* al azar: *seven randomly chosen numbers* siete números escogidos al azar

rang /ræŋ/ pasado de **RING**

range¹ [W2] /reɪndʒ/ *s*

1 serie de cosas semejantes
2 serie de productos
3 límites
4 de una señal, un sonido
5 de un arma
6 de un vehículo
7 de un cantante o instrumento
8 de montañas
9 para disparar
10 para ganado
11 para cocinar

1 SERIE DE COSAS SEMEJANTES [C gralm sing] variedad, gama • [+of]: *The center provides a range of services for the elderly.* El centro proporciona una serie de servicios a las personas mayores. • **a wide/broad range of sth** una amplia variedad/gama de algo: *a wide range of subjects* una amplia gama de asignaturas • **a whole range of sth** una gran variedad de algo: *They give advice on a whole range of things.* Te orientan sobre una gran variedad de temas. • **a full range of sth** una gama completa de algo: *The resort offers a full range of activities.* El centro turístico ofrece una gama completa de actividades.

2 SERIE DE PRODUCTOS [C] gama, línea • [+of]: *a new range of tennis clothing* una nueva línea de ropa de tenis • **a product range** una gama de productos

3 LÍMITES [C] *Your blood pressure is well within the normal range.* Su tensión arterial está dentro de los límites normales. • *70 percent of women are in this range.* El 70 por ciento de las mujeres está dentro de estos márgenes. • *Companies with under 20 employees were outside the range of our survey.* La empresas con menos de 20 empleados quedaban fuera de nuestro ámbito de estudio. • **a price range** *What price range are you talking about?* ¿En qué rango de precios está pensando? • **be within/in sb's price range** estar al alcance/ dentro de las posibilidades de alguien: *houses within our price range* viviendas a nuestro alcance • **be out of sb's price range** no estar al alcance de alguien • **an age range** una franja de edad: *children in the 5–11 age range* niños en la franja de edad entre 5 y 11 años • **a temperature range** un rango de temperaturas

4 DE UNA SEÑAL, UN SONIDO [sing, U] alcance • [+of]: *The signal has a range of about 100 miles.* La señal tiene un alcance de unas cien millas. • **within range of sb/sth** al alcance de alguien/algo • **out of range of sb/sth** fuera del alcance de alguien/algo: *They were out of range of her voice.* No podían oír su voz. • **at close range** muy de cerca

5 DE UN ARMA [sing, U] alcance • [+of]: *The rockets have a range of 4,000 km.* Los cohetes tienen un alcance de 4.000 km. • **within range (of sb/sth)** a tiro de piedra (de alguien/algo), dentro del alcance (de alguien/ algo): *We waited until the enemy was within range.* Esperamos hasta que el enemigo estuvo a tiro. • **out of/beyond range (of sb/sth)** fuera del alcance (de alguien/algo): *I ran back to get out of range of the gunshots.* Volví corriendo para ponerme fuera del alcance de los disparos. • **at point-blank range** a quemarropa • **at close/short range** de cerca • **at long range** de lejos

6 DE UN VEHÍCULO [sing] autonomía • [+of]: *The plane has a range of 3,600 miles.* El avión tiene una autonomía de vuelo de 3.600 millas.

7 DE UN CANTANTE O INSTRUMENTO [C gralm sing] registro • **vocal range** registro vocal

8 DE MONTAÑAS [C] cordillera, cadena montañosa • **a range of mountains** una cadena montañosa, una cordillera • **a range of hills** una sierra

9 PARA DISPARAR [C] campo de tiro • **a firing/shooting range** un campo de tiro

10 PARA GANADO [C,U] pradera, pastos

11 PARA COCINAR [C] cocina, estufa ▶ **FREE-RANGE, LONG-RANGE, SHORT-RANGE**

range² [W3] *v*

1 [I siempre + adv/prep] (entre cantidades) **range from sth to sth** *There were 120 students whose ages ranged from 10 to 18.* Había 120 estudiantes, de edades comprendidas entre los 10 y los 18 años. • *prison sentences ranging from 15 to 80 years* penas de prisión que van de 15 a 80 años • **range between sth and sth** *The population of these cities ranges between 3 and 5 million.* La población de estas ciudades oscila entre los 3 y los 5 millones de habitantes.

2 [I siempre + adv/prep] (entre variedad de elementos) **range from sth to sth** ir/abarcar desde algo hasta algo: *The show had a massive audience, ranging from children to grandparents.* El programa tenía una enorme audiencia, que abarcaba desde niños hasta abuelos. • **range in price/age/size** variar de precio/edad/tamaño: *The shoes range in price from $ 25 to $ 100.* Los zapatos tienen precios que van desde 25 hasta 100 dólares.

3 [I siempre + adv/prep, T] (en un territorio) *Bandits ranged the country at that time.* En aquella época había bandidos que deambulaban por el país. • **range (over/ through) sth** recorrer algo, deambular por algo: *A mountain lion can range over as much as 64,000 acres.* Un león de montaña puede abarcar un territorio de hasta 64.000 acres. [SIN] **roam, wander**

4 [I siempre + adv/prep] (en temas) *The discussion ranged widely.* La discusión abarcó muy diversos temas. • **range over sth** abarcar algo: *The conversation had ranged over a variety of topics.* La conversación había abarcado diversos temas. ▶ **WIDE-RANGING**

rang·er /ˈreɪndʒər/ *s* [C] **1** guardabosque(s) **2** (agente de) policía estatal (en algunos estados de EU) **3** (tb **Ranger**) soldado de tropa de asalto [SIN] **commando**

rank¹ [W3] /ræŋk/ *s*

1 [C,U] (militar, policial) grado, rango; (empresarial, institucional) categoría, rango: *State your name, rank, and serial number.* Diga su nombre, rango y número de identificación. • [+of]: *officers below the rank of colonel* oficiales por debajo del grado de coronel • **high/senior rank** rango superior, alto rango • **low/junior rank** rango inferior, bajo rango • **rise to/attain the rank of captain/ colonel** ascender al/obtener el rango de capitán/coronel • **rise through the ranks** ascender (en el escalafón)

2 [C,U] (en la sociedad) nivel/posición social, (e)status: *people of all ranks in society* gente de todos los niveles sociales

3 [C] fila: *They marched in ranks of five.* Marchaban en filas de cinco. • [+of]: *Ranks of police moved closer to the crowds.* Filas de policías se acercaban a la multitud.

4 the ranks [pl] (miembros) las filas • [+of]: *an increase in the ranks of the urban poor* un aumento del contingente de pobres urbanos • *a split within the ranks of the party* una escisión en las filas del partido • **join the ranks of the unemployed/the middle classes** pasar a engrosar las filas del desempleo/de la clase media

5 the ranks [pl] la tropa • **rise from the ranks** ascender desde soldado raso ▶ **RANK AND FILE**

EXPRESIONES
break ranks romper filas • **break ranks with the President/with the rest of the party** desmarcarse del Presidente/del resto del partido: *31 Republicans in the Assembly broke ranks to vote with Democrats.* 31 republicanos en la Asamblea rompieron la disciplina partidaria para votar con los demócratas. • **close ranks (against/behind sb)** cerrar filas (contra/en torno a alguien): *The family had always closed ranks in times of crisis.* La familia siempre se había mantenido unida en tiempos de crisis. • **pull rank (on sb)** abusar de la autoridad (hacia/con alguien)

rank² *v* **1** (en una clasificación) **(a)** [I siempre + adv/prep] • **rank high/low** *In that society women generally ranked lower than men.* En esa sociedad las mujeres tenían un rango inferior al de los hombres. • **rank first/fourth** estar (clasificado -a) en primera/cuarta posición • **rank as sth** *He ranks as one of the most gifted artists of all time.* Está considerado uno de los artistas más talentosos de todos los tiempos. • **rank among sb/sth** *They rank among our top ten schools.* Están entre nuestras diez mejores escuelas. **(b)** [T] clasificar • **rank sth/sb fourth/number one** clasificar algo/a alguien en cuarto/primer lugar: *Mexico's soccer team is ranked 11th in the world.* El equipo de fútbol de México está clasificado 11° del mundo. **2** [T] tener un rango superior a, estar por encima de **3** [T] (*frml*) (en fila) alinear

rank³ *adj* **1** [solo ante s] (indicando énfasis) absoluto -a: *rank hypocrisy* absoluta hipocresía • *They make us look like rank amateurs.* Hacen que parezcamos simples aficionados. SIN **complete, total 2** (olor) apestoso -a; (sabor) repugnante

‚rank and 'file *s* **the rank and file** [pl] las bases (de un partido, un sindicato), la tropa (de un ejército)

'rank-and-file *adj* [solo ante s] de base, de a pie (miembros, militantes, activistas), de tropa (soldados)

rank·ing¹ /'ræŋkɪŋ/ *s* [C] puesto (en una clasificación): *his world ranking of 35* su puesto 35 en el ranking mundial • *the world rankings* el ranking mundial

ranking² *adj* [solo ante s] de rango/grado más alto ▶ HIGH-RANKING

ran·kle /'ræŋkəl/ *v* [I, T] doler (comentario, actitud, etc.)

ran·sack /'rænsæk/ *v* [T] **1** saquear (una ciudad, una casa) **2** revolver (un cajón, una habitación)

ran·som¹ /'rænsəm/ *s* [C,U] rescate • **hold sb for ransom (a)** (en un secuestro) pedir un rescate por alguien **(b)** (en una situación difícil) poner a alguien contra la pared/las cuerdas, dejar a alguien sin salida • **ransom demand** exigencia del pago de un rescate • **ransom money** (dinero del) rescate

ransom² *v* [T] pagar un rescate por

rant¹ /rænt/ *v* [I] despotricar • **rant and rave** echar pestes • **rant about/against sb/sth** despotricar contra alguien/algo

rant² *s* [C] diatriba

rap¹ /ræp/ *s* **1** [U] (música) rap • **rap group** grupo de rap • **rap singer** cantante de rap • **rap song** rap ▶ RAPPER **2** [C] golpe, golpecito • [+**on/at**]: *There was a rap on the door.* Se oyó un golpecito en la puerta. ▶ TAP **3** (*coloq*) acusación • **a murder/robbery rap** una acusación de asesinato/robo SIN **charge**

EXPRESIONES

beat the rap (*coloq*) quedar impune • **get a bum/bad rap** (*coloq*) tener mala prensa, ser vapuleado -a • **a rap on/over the knuckles** un tirón de orejas, un rapapolvo • **take the rap (for sth)** (*coloq*) cargar con la culpa (de algo), pagar los platos rotos (por algo)

rap² *v* (**rapped, rapping**) **1** [I,T] golpear, dar un golpe (a/en) • **rap on/at sth** golpear algo, dar un golpe a/en algo: *I rapped on the door.* Llamé a la puerta. **2** [I] rapear, cantar rap **3** [T] (*coloq*) criticar duramente • **rap sb for sth** criticar duramente a alguien por algo SIN **slam 4** [T] (tb **rap ↔ out**) espetar, soltar (una orden, etc.)

EXPRESIONES

rap sb on/over the knuckles (tb **rap sb's knuckles**) darle a alguien un tirón de orejas, leerle la cartilla a alguien

ra·pa·cious /rə'peɪʃəs/ *adj* (*frml*) voraz

rape¹ /reɪp/ *s* **1** [C,U] violación (de una persona) • **attempted rape** intento de violación • **rape victim** víctima de violación **2 the rape of the environment/the rain forest** la destrucción del medio ambiente/de la selva (tropical) **3** [U] canola, colza SIN **canola** ▶ DATE RAPE, STATUTORY RAPE

rape² *v* [T] violar (a una persona) ▶ RAPIST

rap·id W2 /'ræpɪd/ *adj* rápido -a: *The patient made a rapid recovery.* El paciente tuvo una rápida recuperación. • *a period of rapid decline* un periodo de rápido declive • **rapid growth/development** rápido crecimiento/desarrollo SIN **fast, quick, speedy, swift** ▶ ver nota en RÁPIDO

ra·pid·i·ty /rə'pɪdəti/ *s* [U] rapidez

rap·id·ly /'ræpɪdli/ *adv* rápidamente • **a rapidly growing/expanding market** un mercado de rápido crecimiento/en rápida expansión

rap·ids /'ræpɪdz/ *s* [pl] rápidos (de un río) ▶ SHOOT the rapids

ra·pi·er /'reɪpiə/ *s* [C] estoque

rap·ist /'reɪpɪst/ *s* [C] violador -a

rap·per /'ræpə/ *s* [C] rapero -a

rap·port /ræ'pɔr, rə-/ *s* [sing, U] buena relación, entendimiento • [+**with**]: *his rapport with his patients* la buena relación que tiene con sus pacientes • [+**between**]: *The rapport between them was unique.* Se entendían a la perfección.

rap·proche·ment /‚ræprouʃ'mɑn/ *s* [sing, U] (*frml*) acercamiento (entre países, etc.) • [+**with**]: *the U.S. rapprochement with China* el acercamiento de EU a China

rapt /ræpt/ *adj* (*liter*) absorto -a, embelesado -a • **listen/watch with rapt attention** escuchar/observar absorto -a

rap·ture /'ræptʃə/ *s* [U] (*liter*) embeleso, éxtasis • **gaze/listen in rapture** mirar/escuchar embelesado -a, mirar/escuchar extasiado -a

EXPRESIONES

be in raptures over/at sth (tb **go into raptures over/at sth**) deshacerse en elogios a/hacia algo, estar extasiado -a con algo

rap·tur·ous /'ræptʃərəs/ *adj* (*escrito*) caluroso -a (recibimiento), extasiado -a (público), entusiasta (crítica): *rapturous applause* una calurosa ovación • *a rapturous welcome* una calurosa bienvenida

rare W2 /rer/ *adj*

1 (hecho, suceso) raro -a, poco frecuente: *Crime on the island is comparatively rare.* La delincuencia en la isla es relativamente rara. • *a rare form of cancer* una forma poco frecuente de cáncer • **on rare occasions** en contadas ocasiones: *I only saw Helen on the rare occasions when I went into town.* Sólo veía a Helen en las contadas ocasiones en que iba a la ciudad. • **it is rare (for sb/sth) to do sth** *It is rare for him to ask for my help.* Raras veces me pide ayuda. • *It is rare to find such an interesting group of people.* Es raro dar con un grupo de gente tan interesante. ANT **common** ▶ RARITY

2 (objeto, especie, etc.) raro -a, poco común: *Tim collects rare stamps.* Tim colecciona estampillas raras. • *rare plants such as orchids* plantas poco comunes, como las orquídeas ANT **common** ▶ RARITY

3 (carne) jugoso -a, a la inglesa: *I like my steak rare.* El steak me gusta jugoso. ▶ MEDIUM, WELL-DONE

4 (*técn*) (aire, atmósfera) enrarecido -a ▶ ver nota en RARO

rar·e·fied /'rerə‚faɪd/ *adj* [gralm ante s] enrarecido -a

rare·ly W3 /'rerli/ *adv* rara vez, casi nunca: *She rarely goes out at night.* Rara vez sale de noche. • *He very rarely complains.* Casi nunca se queja. SIN **seldom** ANT **frequently, often**

rar·ing /'rerɪŋ/ *adj* **be raring to do sth** (*coloq*) morirse por/de ganas de hacer algo, estar deseando hacer algo • **be raring to go** morirse por empezar, estar deseando empezar

rar·i·ty /'rerəti/ *s* (pl **rarities**) **1** [C] (objeto, pieza) rareza, cosa rara **2** [U] (escasez) rareza **3** [U] (baja frecuencia) rareza **4** [sing] (hecho) **be a rarity** ser una rareza, ser cosa rara/algo fuera de lo común

ras·cal /'ræskəl/ *s* [C] (*hum*) pillo -a

rash¹ /ræʃ/ *s* [C] **1** sarpullido, salpullido • **break out in a rash** *I broke out in a rash.* Me salió un salpullido. **2 a**

R

rash of sth (*coloq*) una oleada de algo: *a rash of bombings* una oleada de atentados `SIN` **spate**

rash² *adj* precipitado -a, imprudente, temerario -a: *a rash decision* una decisión precipitada

rash·ly /'ræʃli/ *adv* precipitadamente, imprudentemente

rash·ness /'ræʃnɪs/ *s* [U] precipitación, imprudencia, temeridad

rasp¹ /ræsp/ *v* **(a)** [T] decir con voz áspera **(b)** [I] hacer un ruido áspero

rasp² *s* **1** [sing] sonido áspero/ronco, ronquido **2** [C] escofina

rasp·ber·ry `S3` /'ræz,bɛri/ *s* [C] (pl **raspberries**)
1 frambuesa
2 frambueso
3 (*coloq*) pedorreta, trompetilla • **blow a raspberry (at sb)** hacer(le) una pedorreta/una trompetilla (a alguien)

Ras·ta·far·i·an /,ræstə'fɛriən‹ , ,rɑs-/ *s* [C], *adj* rastafari

rat¹ /ræt/ *s* [C] **1** rata • **rat poison** raticida **2** (*oral*) canalla ▶ **PACK RAT**, **SMELL a rat**

EXPRESIONES
look like a drowned rat estar ensopado -a, estar empapado -a

rat² *v* [I] (**ratted**, **ratting**) (*coloq*) chivarse • **rat on sb** chivarse de alguien, sapear a alguien `SIN` **grass**

rat-a-'tat *s* [sing] golpeteo

rate¹ `S2` `W1` /reɪt/ *s*
1 [C] (frecuencia) índice, tasa • [+of]: *the rate of new HIV infections* el índice de nuevas infecciones por VIH • **a high/low rate of sth** un alto/bajo índice de algo • **at a rate of 100 a day/10 a year** a razón de 100 por día/10 por año • **the unemployment rate** la tasa de desempleo • **the divorce rate** la tasa/el índice de divorcio(s) • **the crime rate** la (tasa de) criminalidad • **the success/failure rate** el índice de éxitos/fracasos
2 [C] (velocidad) ritmo: *the rate of economic growth* el ritmo de crecimiento económico • **sb's heart/pulse rate** el ritmo cardíaco/el pulso de alguien: *I checked her pulse rate.* Le tomé el pulso. • **at a rate of 25,000 miles an hour/80 words a minute** a una velocidad de 25.000 millas por hora/80 palabras por minuto • **at a faster/slower/different rate** a un ritmo más rápido/más lento/distinto
3 [C] (precio) tarifa (de un establecimiento, servicio, etc.), tipo (de interés, cambio, etc.): *The hotel's rates are very reasonable.* Las tarifas del hotel son muy razonables. • **rate of pay** sueldo, salario • **rate of tax/interest** tasa fiscal/tasa de interés • **mortgage/tax rate** tasa hipotecaria/fiscal • **hourly rate** tarifa por hora • **weekly rate** paga semanal • **a special/reduced rate** una tarifa especial/reducida • **a fixed rate** una tarifa fija, un tipo (de interés) fijo ▶ **BIRTHRATE**, **CUT-RATE**, **EXCHANGE RATE**, **INTEREST RATE**

EXPRESIONES
at any rate (*oral*) **(a)** por lo menos: *That's what they said, at any rate.* Por lo menos, eso dijeron. `SIN` **anyway** **(b)** en cualquier caso, de todos modos `SIN` **anyway** • **at this rate** (*oral*) a este paso: *At this rate, we'll never finish on time.* A este paso, no vamos a terminar a tiempo.

rate² `S3` `W2` *v*
1 (a) [T gralm en pasiva] valorar • **be rated (as) the best school/the top player** estar considerado como el mejor colegio/jugador • **rate sth/sb highly** tener una excelente opinión de algo/alguien, tener algo/a alguien en alta estima **(b)** [I] **rate as sth** *He rates as one of the greatest conductors.* Se lo considera uno de los mejores directores de orquesta.
2 [T gralm en pasiva] clasificar (una película) • **be rated PG/13** ser apto -a para menores acompañados/para mayores de 13 años
3 [T] merecer: *Don't I rate a mention?* ¿No merezco ni una mención?

ra·ther `S1` `W1` /'ræðər/ *adv*
1 (indicando abundancia, intensidad) bastante: *a rather large sum of money* una suma de dinero bastante grande • *I was rather surprised to see him.* Me sorprendió bastante verlo. • *He was limping rather badly.* Cojeaba mucho. ▶ ver nota en **BASTANTE**
2 (indicando exceso) un poco, algo: *Isn't it rather late to start changing your plans?* ¿No es un poco tarde para empezar a cambiar de planes? `SIN` **kind of, sort of**
3 (indicando preferencia) **I/he would rather (not) do sth** prefiero/prefiere (no) hacer algo, preferiría (no) hacer algo: *I'd rather just stay here.* Prefiero quedarme aquí. • *I'd rather not talk about it.* Preferiría no hablar de eso. • **I would rather you/he did sth** preferiría que hicieras/hiciera algo: *I'd rather we went skiing this year.* Este año preferiría que fuéramos a esquiar. • *I'd rather you didn't smoke.* Preferiría que no fumaras. • **would rather ... than ...** *I'd rather die than apologize to her.* Prefiero morirme antes que pedirle perdón. • **I'd rather not** prefiero/preferiría no hacerlo: *"I think you'd better ask her." "I'd rather not."* –Me parece que deberías preguntarle. –Prefiero no hacerlo. • **rather you/her than me** (*oral*) no quisiera estar en tu/su lugar: *"I have a date with Joe tonight." "Rather you than me."* –Salgo con Joe esta noche. –¡Allá tú!
4 (indicando idea opuesta) más bien: *Competition is not an end in itself. Rather, it improves economic efficiency.* La competencia no es un fin en sí misma. Más bien, mejora la eficiencia económica. • **not... but rather...** no... sino más bien...

EXPRESIONES
or rather o mejor dicho: *We all went in his car, or rather his father's.* Fuimos todos en su carro, o mejor dicho, en el de su padre. • **rather than** en lugar de: *Rather than take the car, why not walk?* En lugar de ir en carro, ¿por qué no vas caminando? • *I like cooking with olive oil rather than butter.* Prefiero cocinar con aceite de oliva antes que con mantequilla. • *It was a lecture rather than a talk.* Fue una conferencia, más que una charla.

rat·i·fi·ca·tion /,rætəfə'keɪʃən/ *s* [U] ratificación

rat·i·fy /'rætə,faɪ/ *v* [T] (**ratifies**, **ratified**, **ratifying**) ratificar • **ratify a treaty/an agreement** ratificar un tratado/un acuerdo

rat·ing `W3` /'reɪtɪŋ/ *s*
1 [C] clasificación, puntuación • **sb's approval/popularity rating** el índice de aprobación/popularidad de alguien • **performance rating** nivel de rendimiento • **a favorable/an unfavorable rating** una imagen positiva/negativa: *The governor's unfavorable rating shot up to 22%.* La imagen negativa del gobernador se disparó al 22%.
2 ratings [pl] rating, índice(s) de sintonía: *Ratings are down again.* El rating ha vuelto a bajar. • **in the ratings** en el rating: *The show is number one in the ratings.* El programa está primero en el rating.
3 [C gralm sing] clasificación (de una película): *The movie was given an R rating.* La película fue clasificada como apta para mayores de 18 años.
4 [C] rango, grado (militar) ▶ **CREDIT RATING**

ra·ti·o /'reɪʃiˌoʊ, 'reɪʃoʊ/ *s* [C] (pl **ratios**) proporción, razón: *the teacher-student ratio* la razón de alumnos por profesor • **a ratio of 3:1/10:1** una proporción de 3 a 1/10 a 1 • **the ratio of sb/sth to sb/sth** *The ratio of women to men on campus is 3:1.* La proporción de mujeres con respecto a hombres en el campus es de 3 a 1. ▶ **PROPORTION**

ra·tion¹ /'ræʃən, 'reɪ-/ *s* **1** [C] (en tiempo de escasez) ración: *a ration of 3 ounces of rice a day* una ración diaria de 3 onzas de arroz • **ration book** cartilla/libreta de racionamiento **2 rations** [pl] (en el ejército) raciones (diarias)

ration² *v* [T] **1** (en tiempo de escasez) racionar **2** (en el uso o consumo) racionar • **ration sth to sth** limitar la ración (diaria) de algo a algo • **ration sb to sth** *He rationed himself to 4 cigarettes a day.* Se racionó los cigarrillos a 4 por día.

ra·tion·al `S3` /'ræʃənəl/ *adj*
1 (conforme a la razón) racional, razonable: *a rational decision* una decisión racional • *a rational conversation* una conversación razonable • *You're not being*

rational. No estás siendo razonable. ANT **irrational**
▶ **RATIONALLY**
2 (*frml*) (dotado de razón) racional

ra·tion·ale /ˌræʃə'næl/ *s* [C,U] razones, lógica • **the rationale behind/for/of sth** las razones de/para algo, la lógica que hay detrás de algo

ra·tion·al·i·ty /ˌræʃə'næləti/ *s* [U] racionalidad

ra·tion·al·i·za·tion /ˌræʃnələ'zeɪʃən/ *s* [C,U] **1** (de un hecho, un comportamiento) racionalización, justificación **2** (de un proceso o sector productivo) racionalización, reconversión

ra·tion·al·ize /'ræʃnəˌlaɪz/ *v* **1** (un acto, una conducta) **(a)** [T] justificar, racionalizar **(b)** [I] buscar una justificación **2** (un sistema, un sector, la producción) **(a)** [T] racionalizar, reconvertir **(b)** [I] hacer una racionalización/reconversión

ra·tion·al·ly /'ræʃənəli/ *adv* racionalmente, razonablemente

ra·tion·ing /'ræʃənɪŋ/ *s* [U] racionamiento • **food/fuel rationing** racionamiento de alimentos/combustible

'rat race *s* [sing] (*peyor*) **the rat race** el estrés y la competitividad de la vida moderna • **get out of the rat race** (tb **quit the rat race**) huir del estrés y la competitividad de la vida moderna

rat·tle¹ /'rætl/ *v* **1** **(a)** [I] vibrar (ventana, etc.), traquetear (tren, etc.), tintinear (llaves, etc.): *The window rattled in the wind.* La ventana vibraba con el viento. **(b)** [T] sacudir, agitar (haciendo sonar): *He banged on her door and rattled the handle.* Golpeó la puerta y forcejeó con el picaporte. **2** [I siempre + adv/prep] **rattle along/past** ir/pasar traqueteando **3** [T] (*coloq*) alterar, poner nervioso -a a
rattle around *v+partíc* sonar al moverse (dentro de algo)
rattle sth ↔ off *v+partíc* decir algo de un tirón
rattle on *v+partíc* parlotear, hablar sin parar SIN **go on**

rattle² *s* **1** [sing] ruido (de cadenas, etc.), golpeteo (de ventanas, etc.), tintineo (de llaves, etc.), traqueteo (del tren, etc.) **2** [C] sonajero **3** [C] matraca (instrumento)

rat·tle·snake /'rætlˌsneɪk/ *s* [C] serpiente (de) cascabel

rat·ty /'ræti/ *adj* irritable

rau·cous /'rɔkəs/ *adj* **1** ruidoso -a, escandaloso -a (gente, fiesta, etc.) **2** estridente, estentóreo -a (risa, gritos, etc.)

raun·chy /'rɔntʃi, 'rɑn-/ *adj* (**raunchier, raunchiest**) (*coloq*) picante, atrevido -a ▶ **SEXY**

rav·age /'rævɪdʒ/ *v* [T] arrasar, devastar, hacer estragos en

rav·ag·es /'rævɪdʒɪz/ *s* **the ravages of war/time/ disease** los estragos de la guerra/del tiempo/de la enfermedad

rave¹ /reɪv/ *v* [I] **1** deshacerse en elogios • **rave about/ over sth/sb** hablar maravillas de algo/alguien SIN **enthuse** **2** despotricar • **rave at sb** despotricar contra alguien **3** delirar (por fiebre, etc.) ▶ **RANT, RAVING**

rave² *adj* **rave reviews/notices** críticas/reseñas muy entusiastas

rave³ *s* [C] rave, fiesta electrónica

ra·ven /'reɪvən/ *s* [C] cuervo

rav·en·ous /'rævənəs/ *adj* hambriento -a, muerto -a de hambre: *a ravenous appetite/hunger* un apetito/hambre feroz SIN **famished, starving**

ra·vine /rə'vin/ *s* [C] quebrada, barranca ▶ **GORGE**

rav·ing¹ /'reɪvɪŋ/ *adj* (*coloq*) loco -a de atar, demente: *a raving lunatic* un loco/una loca de atar ▶ **STARK raving mad**

raving² *adv* (**stark**) **raving mad** (*coloq*) loco -a de atar/de remate, demente

rav·ings /'reɪvɪŋz/ *s* [pl] desvaríos, delirios

ra·vi·o·li /ˌrævi'ouli/ *s* [U] ravioles

rav·ish·ing /'rævɪʃɪŋ/ *adj* (*liter*) deslumbrante, bellísimo -a

raw¹ S3 /rɔ/ *adj*

1	alimento
2	información
3	materia
4	emociones, cualidades
5	persona
6	piel
7	clima
8	lenguaje

1 ALIMENTO crudo -a: *Cabbage can be eaten raw.* El repollo se puede comer crudo.
2 INFORMACIÓN en bruto, sin procesar • **raw data** datos sin procesar • **raw material** materia prima (para una obra, etc.): *Dickinson's life provides the raw material for her poetry.* La vida de Dickinson proporciona la materia prima para su poesía. • **raw footage** secuencias/imágenes sin editar
3 MATERIA sin refinar (azúcar), en rama (algodón, tabaco) • **raw materials** materias primas (de productos) • **raw silk** seda cruda • **raw wool** lana virgen • **raw sewage** aguas residuales sin tratar
4 EMOCIONES, CUALIDADES natural, primitivo -a • **raw emotion/passion** emoción/pasión a flor de piel, emoción/pasión descarnada • **raw talent** talento natural
5 PERSONA novato -a, inexperto -a • **a raw recruit** un(a) recluta novato(a)
6 PIEL muy irritado -a, en carne viva
7 CLIMA crudo -a, inclemente (tiempo), cortante (viento)
8 LENGUAJE (*coloq*) crudo -a (lenguaje), verde (chiste)
EXPRESIONES
get a raw deal recibir un trato injusto

raw² *s* **in the raw (a)** (al describir, experimentar) *He went on the streets to experience life in the raw.* Se echó a la calle para vivir la vida en toda su crudeza. • *nature in the raw* la naturaleza virgen **(b)** (*coloq*) (al tomar el sol) en cueros

,raw ma'terials *s* [pl] materias primas

ray /reɪ/ *s* [C] **1** (de luz) rayo: *a ray of sunshine/light* un rayo de sol/luz **2** (de energía) rayo **3** (pequeña cantidad) **a ray of hope** un rayo de esperanza • **a ray of comfort** un poco de consuelo **4** (pez) raya ▶ **X-RAY**

ray·on /'reɪɑn/ *s* [U] rayón

raze /reɪz/ *v* [T gralm en pasiva] arrasar: *Villages were razed to the ground.* Algunas aldeas fueron arrasadas.

ra·zor /'reɪzɚ/ *s* [C] **1** navaja, barbera **2** (con hojas) cuchilla de afeitar, rastrillo (de rasurar) **3** (eléctrica) máquina de afeitar, afeitadora, rasuradora SIN **shaver**

'razor blade *s* [C] hoja de afeitar/rasurar

,razor-'sharp *adj* **1** muy afilado -a (cuchillo, dientes, etc.) **2** agudo -a (persona, comentario, etc.)

razz·ma·tazz /'ræzməˌtæz/ *s* [U] alboroto, despliegue publicitario

RC (*abrev escrita de* **Roman Catholic**) católico -a (romano -a)

Rd. *abrev escrita de* **ROAD**

re- /ri/ *pref* **1** (indicando repetición) re-: *reheated* recalentado • *redial* volver a marcar **2** (indicando modificación) re-: *rewrite* reescribir • *rephrase* expresar de otra manera **3** (indicando vuelta a estado anterior) re-: *rebuild* reconstruir

re¹ /ri/ *prep* en relación con, con referencia a

re² /reɪ/ *s* [U] re

're /r, ɚ/ *contrac de* **are**

reach¹ S1 W1 /ritʃ/ *v*

1	un nivel, un grado, una cantidad
2	para agarrar
3	lograr tocar
4	en longitud, altura

5 un pacto, un objetivo, una decisión
6 a una ciudad, un lugar
7 telefónicamente
8 mensaje, información

1 UN NIVEL, UN GRADO, UNA CANTIDAD [T] alcanzar, llegar a: *wind speeds reaching up to 180 mph* vientos que alcanzan las 180 millas por hora • *They reached the semifinals.* Llegaron a las semifinales. • *After you reach a certain age, nobody wants to hire you.* Después de cierta edad, nadie quiere contratarte. • **reach as much/high/many as a million/two million** llegar a alcanzar el millón/los dos millones • **reach a point/stage** llegar a un punto/una etapa: *I've reached a point where I just don't care any more.* He llegado a un punto en que ya me da igual.

2 PARA AGARRAR [I siempre + adv/prep, T siempre + adv/prep] *She reached into her bag for her glasses.* Metió la mano en el bolso para buscar las gafas. • **reach for sth** tratar de agarrar algo, estirar la mano para agarrar algo: *He reached for his knife.* Estiró la mano para agarrar el cuchillo. • **reach out your hand** extender/alargar la mano

3 LOGRAR TOCAR [I,T nunca en forma continua] alcanzar, llegar (a): *Can you reach the top shelf?* ¿Llegas al estante de arriba? • *I can't reach.* No alcanzo.

4 EN LONGITUD, ALTURA [I,T nunca en forma continua] llegar (a), alcanzar: *The flood waters reached the second floor.* El agua de la inundación llegó al segundo piso. • **reach down/up to sth** llegar hasta/a algo: *Her skirt reached down to her ankles.* La falda le llegaba hasta los tobillos. • **reach as far as the river/Alaska** llegar hasta el río/Alaska

5 UN PACTO, UN OBJETIVO, UNA DECISIÓN [T] llegar a, alcanzar • **reach a decision/an agreement/a conclusion** llegar a una decisión/un acuerdo/una conclusión • **reach a goal/an objective** alcanzar una meta/un objetivo • **reach a verdict** alcanzar un veredicto

6 A UNA CIUDAD, UN LUGAR [T] llegar a: *We reached Chicago at night.* Llegamos a Chicago por la noche.

7 TELEFÓNICAMENTE [T] ubicar, localizar: *You can reach him on his cell phone.* Puedes ubicarlo en el celular. SIN **contact**

8 MENSAJE, INFORMACIÓN [T] llegar: *The letter took a week to reach him.* La carta le tardó en llegar una semana. • *Cable TV reaches a huge audience.* La televisión por cable llega a un público enorme.

EXPRESIONES
reach for the stars apuntar muy alto
reach sth ↔ down v+partíc bajar algo (de un lugar alto)
reach out to sb v+partíc (tratar de) acercarse a alguien (emocionalmente, etc.)

reach² s **1** [sing, U] (distancia) **out of (sb's) reach** fuera del alcance (de alguien): *Keep all medicines out of the reach of children.* Mantenga los medicamentos fuera del alcance de los niños. • *The box was just out of her reach.* No llegaba a la caja por muy poco. • **within (easy) reach** (muy) cerca, (muy) a mano: *Keep a glass of water within reach.* Tenga siempre un vaso de agua a mano. • *The station is within easy reach of the hotel.* La estación está muy cerca del hotel. • **within arm's reach** al alcance de la mano • **beyond the reach of sth** *The new suburbs are beyond the reach of the subway system.* El metro no llega hasta las nuevas zonas residenciales. **2** [sing] (capacidad) alcance • **beyond the reach of sb/sth** fuera del alcance de alguien/algo • **be out of reach** ser inalcanzable/imposible: *Winning the championship seemed out of reach.* Ganar el campeonato parecía imposible. • **be within reach** ser alcanzable/posible • **be within sb's reach** estar al alcance de alguien **3** (zona alejada) **reaches** [pl] the **far/outer/upper reaches of sth** *the far reaches of the universe* los confines del universo • *the northern reaches of Canada* las zonas más septentrionales del Canadá **4** [C gralm pl] (en un río) tramo (recto) • **the upper/middle/lower reaches of the Nile** el curso alto/medio/bajo del Nilo

re·act S3 W3 /riˈækt/ v [I]
1 (persona, máquina, mecanismo) reaccionar • **react to sth** reaccionar a/ante algo: *How did she react to the*

news? ¿Cómo reaccionó al enterarse? • **react by doing sth** reaccionar haciendo algo: *He reacted by slamming the door and leaving.* Su reacción fue dar un portazo e irse. • **react with alarm/calm** alarmarse/reaccionar con calma ▸ RESPOND
2 (técn) (sustancia química) reaccionar • **react with a metal/base** reaccionar con un metal/una base
3 (por intoxicación) tener una reacción alérgica • **react (badly) to sth** reaccionar mal a algo, tenerle alergia a algo ▸ RESPOND
4 (el mercado, los precios) reaccionar • **react to sth** reaccionar ante algo ▸ RESPOND; OVERREACT
react against sth v+partíc reaccionar en contra de algo, rebelarse contra algo

re·ac·tion S2 W2 /riˈækʃən/ s
1 ante un hecho o una situación
2 a un medicamento, alimento
3 a estímulos físicos
4 en química
5 en física
6 en política

1 ANTE UN HECHO O UNA SITUACIÓN [C,U] reacción: *He showed little reaction.* Apenas reaccionó. • [+to]: *What was his reaction to the question?* ¿Cuál fue su reacción ante la pregunta? • [+from]: *a positive reaction from the team* una reacción positiva del equipo • **a reaction against sth** una reacción a/en contra de algo: *Her behavior is a reaction against her father's strictness.* Su conducta es una reacción a la severidad de su padre. • **sb's first/initial/immediate reaction** la primera reacción/la reacción inicial/la reacción inmediata de alguien • **in reaction to sth** en/como respuesta a algo: *He wrote a letter in reaction to the editorial.* Escribió una carta en respuesta al editorial. • **a gut reaction** (tb **an instinctive reaction**) una reacción instintiva ▸ RESPONSE

2 A UN MEDICAMENTO, ALIMENTO [C gralm sing] reacción: *an allergic reaction* una reacción alérgica • [+to]: *She had a reaction to the immunization.* La vacuna le hizo reacción.

3 A ESTÍMULOS FÍSICOS **reactions** [pl] reflejos, reacciones • **a driver with quick/slow reactions** un conductor rápido/lento de reflejos

4 EN QUÍMICA [C,U] reacción (química)

5 EN FÍSICA [C,U] reacción

6 EN POLÍTICA [U] (frml) reacción, reaccionarismo: *the forces of reaction* las fuerzas reaccionarias ▸ CHAIN REACTION, a KNEE-JERK reaction/response

re·ac·tion·ar·y¹ /riˈækʃəˌnɛri/ adj (peyor) reaccionario -a

reactionary² s [C] (pl **reactionaries**) (peyor) reaccionario -a

re·ac·tor /riˈæktər/ s [C] reactor (nuclear) SIN **nuclear reactor**

read¹ S1 W1 /rid/ v (**read** /rɛd/)
1 la palabra escrita
2 música, signos, un mapa, un contador
3 un CD-ROM, un disquete, datos
4 una situación, una mirada, un comentario
5 rótulo, texto, titular
6 libro, párrafo, traducción
7 instrumento de medición

1 LA PALABRA ESCRITA [I,T] leer: *She was reading a magazine.* Estaba leyendo una revista. • *They are learning to read.* Están aprendiendo a leer. • *I couldn't read his writing.* No le entendía la letra. • **read (that)** leer que: *I read that garlic is good for your heart.* Leí que el ajo es bueno para el corazón. • **read about/of sth** leer sobre algo: *Where did you read about it?* ¿Dónde lo has leído? • **read sb sth** leerle algo a alguien • **read (sth) to sb** leerle (algo) a alguien • **read (sth) out loud** (tb **read (sth) aloud**) leer (algo) en voz alta • **read sth from cover to cover** leerse algo de principio a fin • **widely read** muy leído -a: *the most widely read newspaper* el periódico más leído

2 MÚSICA, SIGNOS, UN MAPA, UN CONTADOR [T] leer: *Can you read music?* ¿Sabes leer música?

3 UN CD-ROM, UN DISQUETE, DATOS [T] leer: *The drive was unable to read the disk.* La unidad no pudo leer el disco.

4 UNA SITUACIÓN, UNA MIRADA, UN COMENTARIO [T] interpretar • **read sth as a criticism/refusal** interpretar algo como una crítica/negativa SIN **interpret**

5 RÓTULO, TEXTO, TITULAR [T] decir: *It should read "Benson," not "Fenton."* Debería decir 'Benson', no 'Fenton'. • *The sign read "No Entry."* El cartel decía 'Prohibido el paso'. SIN **say**

6 LIBRO, PÁRRAFO, TRADUCCIÓN [I siempre + adv/prep] **read well/badly** sonar bien/mal, estar bien/mal escrito -a • *The sign read like a script for a movie/a cry for help* parecer un guión de cine/un grito de auxilio

7 INSTRUMENTO DE MEDICIÓN [T] marcar, indicar: *The thermometer read 46 degrees.* El termómetro marcaba 46 grados. ▶ LIP-READ, PROOFREAD, READING, **read sb the RIOT act**, WELL-READ

EXPRESIONES
can read sb like a book conocer a alguien como la palma de la mano • **do you read me?** (*oral*) ¿me copia?, ¿me oye? • **read between the lines** leer entre líneas • **read sb's mind/thoughts** leerle/adivinarle el pensamiento a alguien • **read my lips!** (*oral*) ¡escúchame/escúchenme bien!, ¡óyeme/oíganme bien! • **read sb's lips** leerle los labios a alguien • **read sb's palm** leerle la mano a alguien • **take it as read (that)** dar por sentado/por hecho que
read sth ↔ back *v+partíc* leer algo en voz alta • **read sth back to sb** leerle algo a alguien (en voz alta)
read sth into sth *v+partíc Don't read too much into the decision.* No le des a la decisión más importancia de la que tiene. • *You're reading too much into it.* Le estás buscando la quinta pata al gato.
read sth ↔ out *v+partíc* leer algo (en voz alta) • **read sth out to sb** leerle algo a alguien (en voz alta)
read sth ↔ through/over *v+partíc* leer detenidamente algo de principio a fin SIN **check through**
read up on/about sth *v+partíc* documentarse/investigar sobre algo (leyendo mucho)

read² *s* [sing] lectura (obra) • **be a good/an interesting read** ser de lectura amena/ser interesante

read·a·ble /'riːdəbəl/ *adj* **1** ameno -a, fácil de leer **2** legible ▶ LEGIBLE; MACHINE READABLE

read·er S2 W2 /'riːdə/ *s* [C]
1 lector -a (de libros, periódicos, etc.) • **be a fast/slow reader** leer muy rápido/despacio • **a great/an avid reader** un -a gran/ávido -a lector-a
2 libro de lectura

read·er·ship /'riːdəʃɪp/ *s* [C,U] lectores: *The magazine has a wide readership.* La revista tiene una amplia variedad de lectores.

read·i·ly /'redl-i/ *adv* **1** fácilmente, con facilidad • **be readily available/accessible** conseguirse fácilmente **2** de buena gana • **readily admit/acknowledge sth** no tener inconveniente en admitir/reconocer algo

read·i·ness /'redɪnɪs/ *s* **1** [sing, U] (buena) disposición • **readiness to do sth** (buena) disposición a/para hacer algo: *He has a readiness to please.* Siempre está dispuesto a complacer a los demás. **2** [U] (*escrito*) preparación • **readiness for sth/to do sth** *They doubt his readiness to play on the team.* Dudan de que esté preparado para jugar en el equipo. • **be in a state of readiness** estar preparado -a; (tropas) estar en estado de alerta • **in readiness (for sth)** preparado -a/listo -a (para algo), a la espera (de algo)

read·ing S2 W2 /'riːdɪŋ/ *s*

1 acción, actividad, capacidad
2 textos
3 ante público, feligreses
4 en instrumento de medición
5 de un hecho, una situación
6 en el parlamento

1 ACCIÓN, ACTIVIDAD, CAPACIDAD [C,U] lectura: *She loves reading.* Le encanta leer. • *He's good at reading.* Es bueno en lectura. • **(a) close reading** una lectura detallada • **on first reading** en una primera lectura • **the book makes (for) good/interesting reading** el libro es ameno/interesante • **reading skills** habilidades lectoras/de lectura

2 TEXTOS [U] lectura(s): *bedtime reading* cosas para leer a la hora de acostarse • **further/background reading** bibliografía adicional/básica • **some/a little light reading** algo ameno y fácil de leer • **reading material** (tb **reading matter**) material de lectura

3 ANTE PÚBLICO, FELIGRESES [C] lectura: *a poetry reading* un recital de poesía • [+**from**]: *readings from the Scriptures/the classics* lecturas de las Sagradas Escrituras/los clásicos

4 EN INSTRUMENTO DE MEDICIÓN [C] lectura del medidor: *Thermometer readings were taken every two hours.* Se tomaba la temperatura cada dos horas. • *a meter reading* lo que marca un medidor

5 DE UN HECHO, UNA SITUACIÓN [C] interpretación: *What's your reading of the situation?* ¿Cómo interpretas la situación? SIN **interpretation**

6 EN EL PARLAMENTO [C,U] debate, lectura (de un proyecto de ley, etc.)

re·ad·just /ˌriːə'dʒʌst/ *v* **1** [I] (re)adaptarse, volver a adaptarse • **readjust to sth** readaptarse a algo **2** [T] (re)ajustar

re·ad·just·ment /ˌriːə'dʒʌstmənt/ *s* [C,U] **1** (re)adaptación **2** (re)ajuste

,read-only 'memory memoria de sólo lectura SIN **ROM** ▶ RAM

read·out, read-out /'riːdaʊt/ *s* [C] registro de información que aparece en pantalla o impreso ▶ PRINTOUT

read·y¹ S1 W1 /'redi/ *adj*

1 [nunca ante s] (para hacer algo) listo -a, preparado -a: *Aren't you ready yet?* ¿Aún no estás lista? • **ready for sth/to do sth** listo -a para algo/para hacer algo, preparado -a para algo/para hacer algo: *I don't feel ready for the test.* No me siento preparada para la prueba. • **be ready with sth** tener preparado -a algo: *She was ready with an excuse.* Tenía una excusa preparada. • *His father is always ready with advice.* Su padre siempre está dispuesto a dar un consejo. • **almost/just about/nearly ready** casi listo -a • **get (yourself) ready (for sth)** prepararse (para algo): *Give me ten minutes to get ready.* Dame diez minutos para prepararme. • **get sb ready (for sth)** preparar a alguien (para algo) • **make ready (for sth)** (*liter*) prepararse (para algo) • **ready for anything** preparado -a para todo/para lo que sea • **ready and waiting** totalmente listo -a • **ready when you are** (*oral*) cuando quieras • **when(ever) you're ready** (*oral*) cuando tú digas, cuando te parezca

2 [nunca ante s] (para usarse, consumirse) listo -a: *Dinner's ready!* ¡La cena está lista! • [+**for**]: *Everything's ready for the party.* Todo está listo para la fiesta. • **ready to use/eat** listo -a para usar/comer • **get/make sth ready** preparar algo • **have sth ready** tener algo listo -a

3 [nunca ante s] (con ganas) **ready to do sth** dispuesto -a a hacer algo: *I'm not ready to give up.* No estoy dispuesta a darme por vencida. • *I'm about ready to quit this job.* Estoy deseando dejar este trabajo. • **ready and willing** totalmente dispuesto -a

4 [solo ante s] (rápido) *a ready smile* una sonrisa fácil • *a ready answer* una respuesta inmediata • *a ready wit* un ingenio muy agudo • *They have a ready supply of food.* Tienen una provisión de víveres a punto. • **ready access to sth** fácil acceso a algo ▶ READILY, READINESS

EXPRESIONES
be (getting) ready to do sth (*coloq*) estar a punto de hacer algo: *I was just getting ready to go to bed.* Estaba a punto de acostarme. • *She looked ready to faint.* Parecía que se iba a desmayar. • **(get) ready, (get) set, go!** (*oral*) preparados, listos, ¡ya! • **ready cash/money** dinero en efectivo, dinero contante y sonante

ready^2 *v* [T] (**readies**, **readied**, **readying**) (*frml*) preparar • **ready sth/sb for sth** preparar algo/a alguien para algo SIN **prepare**

ready^3 *s*

EXPRESIONES

at the ready listo -a, preparado -a: *Soldiers waited with weapons at the ready.* Los soldados esperaban con las armas listas.

ready^4 *adv* **ready cooked** precocinado -a • **ready prepared** ya preparado -a

,**ready-'made** *adj* [solo ante s] **1** (mueble, juguete, etc.) de fábrica, industrial; (ropa) de confección, prêt-à-porter; (cortinas) ya confeccionado -a, listo -a para colocarse ANT **custom-made 2** precocinado -a ANT **homemade 3** a la medida (excusa, explicación)

re·af·firm /,riə'fəm/ *v* [T] reafirmar

real^1 S1 W1 /ril/ *adj*

1 que existe
2 no falso o artificial
3 con plenas cualidades
4 más importante
5 para enfatizar
6 en economía

1 QUE EXISTE real, verdadero -a: *the real reason* la verdadera razón • *Jack isn't his real name.* Jack no es su verdadero nombre. • *There is no real cause for concern.* No hay un motivo real de preocupación. • *They believe Santa Claus is real.* Creen que Santa Claus existe de verdad. • **the real world** el mundo real • **real life** la vida real • **a real live elephant/movie star** un elefante en vivo/una estrella de cine en persona

2 NO FALSO O ARTIFICIAL auténtico -a, de verdad: *a real fur coat* un abrigo de piel auténtico • *real gold* oro de verdad • **the real thing** el auténtico/la auténtica, el/la de verdad: *This painting is nothing like the real thing.* Este cuadro no se parece en nada al auténtico. • *I've been in love before, but this time it's the real thing.* Estuve enamorada otras veces, pero esta vez es de verdad. SIN **genuine** ANT **fake**

3 CON PLENAS CUALIDADES [solo ante s] de verdad, como Dios manda: *You're a real friend.* Eres un amigo de verdad. • *a real job* un trabajo como Dios manda

4 MÁS IMPORTANTE [solo ante s] fundamental: *The real issue is whether we can trust you.* La cuestión fundamental es si podemos confiar en usted.

5 PARA ENFATIZAR [solo ante s] (*oral*) verdadero -a, auténtico -a: *a real idiot* un verdadero/auténtico idiota • *The house is a real mess.* La casa está hecha un desastre. • *I got a real sense of achievement.* Me sentí plenamente realizado.

6 EN ECONOMÍA [solo ante s] real, efectivo -a • **a real increase/decrease** un aumento efectivo/una disminución efectiva • **in real terms** en términos reales

EXPRESIONES

for real (*oral*) en serio, de verdad: *He quit smoking? For real?* ¿Que dejó de fumar? ¿En serio? • **be for real** (*oral*) *Are you for real?* ¿Lo dices en serio? • **Get real!** (*oral*) ¡Sé realista!, ¡Vuélvete serio -a! • **the real McCoy** el auténtico/la auténtica, el/la de verdad

real^2 S1 *adv* (*oral*) muy: *Her baby is real cute.* Tiene un bebé divino. SIN **really**

'**real es,tate** W3 *s* [U]
1 (bienes) inmuebles, propiedades (inmobiliarias), bienes raíces • **real estate developer** promotor -a inmobiliario -a
2 negocio inmobiliario

'**real estate ,agent** *s* [C] agente inmobiliario -a, agente de finca raíz

re·a·lign /,riə'laɪn/ *v* [T] realinear

re·al·ism /'riə,lɪzəm/ *s* [U] realismo

re·al·ist /'riəlɪst/ *s* [C] **1** (persona) realista **2** (tb **Realist**) realista (literato, pintor, etc.)

re·al·is·tic /,riə'lɪstɪk/ *adj* **1** (persona, objetivo, idea) realista: *a realistic chance of winning* posibilidades reales de ganar • **be realistic (about sth)** ser realista (con respecto a algo) ANT **unrealistic 2** (retrato, maqueta, relato) realista

re·al·is·ti·cal·ly /,riə'lɪstɪkli/ *adv* **1** (sensatamente) con realismo, de manera realista **2** (al describir, retratar) con realismo, de manera realista **3** [adv oracional] *Realistically, we're not going to get the work done this week.* Siendo realistas, no vamos a terminar el trabajo esta semana.

re·al·i·ty S2 W2 /ri'æləti/ *s*
1 [C,U] (lo real) realidad: *the difference between fantasy and reality* la diferencia entre la fantasía y la realidad • **face reality** enfrentarse a/aceptar la realidad • **the harsh/grim realities of unemployment/prison** la cruda realidad del desempleo/de la cárcel • **the reality is that** la realidad es que • **be in touch/out of touch with reality** estar en contacto/haber perdido contacto con la realidad **2** [C] (cosa, hecho) realidad • **be a reality** ser una realidad • **become a reality** hacerse realidad **3** [U] (cualidad) realidad, existencia real ▶ VIRTUAL REALITY

EXPRESIONES

in reality en realidad

re·al·i·za·tion /,riələ'zeɪʃən/ *s* [sing, U] **1** (hecho de darse cuenta) *She finally came to the realization that Jeff had been lying.* Finalmente se dio cuenta de que Jeff había estado mintiendo. • **there is a growing realization that** hay una conciencia cada vez mayor de que **2** (hecho de conseguir) (*escrito*) logro, consecución SIN **achievement**

re·al·ize S1 W1 /'riə,laɪz/ *v* [T gralm no en forma continua]
1 (tener o tomar conciencia) darse cuenta de: *Do you realize the importance of this deal?* ¿Te das cuenta de lo importante que es este acuerdo? • **realize (that)** darse cuenta de que: *I didn't realize it was so late.* No me di cuenta de lo tarde que era. • *I hope you realize that I don't have a choice.* Espero que entiendas que no me queda otra opción. • **realize how/what/who** *She finally realized what he meant.* Al final se dio cuenta de lo que él quería decir.
2 (hacer real) **realize a dream/goal** cumplir un sueño/objetivo, hacer realidad un sueño/objetivo • **realize your (full) potential** desarrollar (todo) su potencial • **my/his worst fears were realized** mis/sus peores temores/sospechas se confirmaron
3 (*frml*) obtener (dinero, fondos) • **realize a profit** obtener un beneficio • **realize an asset** (*técn*) hacer efectivo/realizar un bien (mediante venta)

real·ly S1 W1 /'rili/ *adv*
1 (en gran medida) (**a**) [ante adj o adv] muy, realmente: *a really good movie* una película muy buena • *He walks really slowly.* Camina muy lento. • *I'm really, really sorry.* Lo lamento muchísimo. SIN **extremely** (**b**) [ante v] mucho: *I really liked the place.* El lugar me gustó mucho.
2 (hablando de hechos reales) en realidad, realmente: *What really happened?* ¿Qué pasó realmente? • *She seems unfriendly, but she's really very nice.* Parece antipática, pero en realidad es muy agradable. • *Do you really expect me to believe that?* ¿En serio esperas que crea eso? SIN **actually**
3 (*oral*) de verdad: *I really don't mind.* De verdad que no me importa. • *You should really go see a doctor.* La verdad es que deberías ir al médico. • *We really need that extra money.* Ese dinero extra nos hace muchísima falta. • **really (and) truly** de verdad SIN **definitely**
4 (*oral*) (indicando enojo o desacuerdo) *Really, Larry, you could have told me!* Oye, Larry, ¡me lo podrías haber dicho!
5 (*oral*) es cierto, tienes razón

EXPRESIONES

really? (*oral*) (**a**) ¿en serio?, ¿de verdad?: *"He's eighty." "Really?"* –Tiene ochenta años. –¿En serio? (**b**) ¿ah sí?: *"It's still foggy here." "Really? It's clear here."* –Aún hay niebla. –¿Ah sí? Aquí está despejado. • **not really** la verdad es que no, no demasiado: *"Are you hungry yet?" "Not really."* –¿Tienes hambre? –La verdad es que no.

realm /rɛlm/ s [C] **1** (*escrito*) campo, ámbito **2** (*liter*) reino (país)

EXPRESIONES

be within the realm(s) of possibility entrar dentro de lo posible

'real ˌtime s [U] tiempo real (en informática, cinematografía, etc.)

Real·tor, realtor /'rilt̬ɚ/ s [C] (*marca reg*) agente inmobiliario -a asociado -a a la **National Association of Realtors**

real·ty /'rilti/ s (*técn*) [U] propiedades (inmobiliarias), bienes raíces ▶ REAL ESTATE

ream /rim/ s **1** [C] (*técn*) resma **2 reams** [pl] (*coloq*) montañas, montones

reap /rip/ v **1** [T] obtener • **reap the benefits/rewards (of sth)** cosechar/recoger el fruto (de algo) • **reap a harvest** cosechar los frutos **2** [I,T] (*antic*) cosechar (cereales, etc.) ▶ HARVEST

EXPRESIONES

you reap what you sow (*oral*) cada quien recoge lo que siembra

re·ap·pear /ˌriə'pɪr/ v [I] volver a aparecer, reaparecer

re·ap·pear·ance /ˌriə'pɪrəns/ s [C,U] reaparición

rear¹ /rɪr/ s **1 the rear** la parte trasera/de atrás: *The engine is in the rear of the vehicle.* El motor está en la parte trasera del vehículo. • *the door at the rear of the house* la puerta de atrás de la casa • *She walked in and sat at the rear.* Entró y se sentó al fondo. ▶ FRONT **2** [C] (tb **rear end**) (*coloq*) trasero SIN **backside**, **bottom**

EXPRESIONES

bring up the rear cerrar la marcha

rear² *adj* [solo ante s] trasero -a, de atrás: *the rear door of the car* la puerta trasera del carro

rear³ v **1** [T] criar (niños, animales) ▶ RAISE **2** [I] (tb **rear up**) encabritarse, ponerse de manos (caballo, etc.) ▶ BUCK **3** [I] (tb **rear up**) (*liter*) alzarse, levantarse (edificio, etc.)

EXPRESIONES

sth rears its ugly head (*coloq*) *Scandal in the White House rears its ugly head again.* Vuelve a aparecer el fantasma del escándalo en la Casa Blanca.

rear·guard /'rɪrgɑrd/ s [sing] retaguardia

re·arm /riˈɑrm/ v [I,T] rearmar(se)

re·ar·range /ˌriə'reɪndʒ/ v [T] **1** cambiar de lugar (los muebles), arreglarse (la ropa, el peinado) **2** cambiar (de fecha, hora, etc.): *I'd like to rearrange my appointment.* Quisiera cambiar mi cita.

re·ar·range·ment /ˌriə'reɪndʒmənt/ s **1** [sing, U] cambio de lugar, reordenación **2** [C,U] cambio de fecha/hora

rear·view mir·ror /ˌrɪrvyu 'mɪrɚ/ s [C] (espejo) retrovisor

rear·ward /'rɪrwɚd/ (tb **rearwards**) *adv* en la parte trasera/de atrás, al fondo

rea·son¹ S1 W1 /'rizən/ s
1 [C] (causa) razón, motivo • [+for]: *I have a good reason for being here.* Tengo una buena razón para estar aquí. • *the reason for this decision* el motivo de esta decisión • [+behind]: *He explained the reasons behind the decision.* Explicó los motivos que hay detrás de la decisión. • [+why]: *We'd like to know the reason why she didn't accept the job.* Nos gustaría saber por qué no aceptó el puesto. • **the reason (that) I bought it/she phoned** la razón por la que lo compré/llamó: *The reason I called was to ask about Saturday.* Llamé para preguntar por lo del sábado. • **a reason to do sth** (tb **a reason for doing sth**) un motivo/una razón para hacer algo • **give a reason** dar una razón/explicación • **for ... reason** *For various reasons, I won't be able to attend.* No voy a poder asistir por diversos motivos. • *They've decided to change all the titles, for some reason.* Por alguna razón, decidieron cambiar todos los títulos. • *for no apparent reason* sin motivo aparente • **for personal/health reasons** por motivos personales/de salud • **for reasons of**

safety/confidentiality (*frml*) por razones de seguridad/confidencialidad • **by reason of sth** (*frml*) en razón a/de algo, debido a algo ▶ EXCUSE
2 [U] (justificación) **reason to do sth** motivos/razones para hacer algo: *There is no reason to panic.* No hay por qué alarmarse. • **have (good/every) reason to do sth** tener (buenos/sobrados) motivos para hacer algo: *Porter has good reason to be cautious.* Porter tiene motivos para ser cauto. • [+for]: *I had little reason for hope.* Tenía pocos motivos para estar esperanzado. • **with (good) reason** con razón
3 [U] (sensatez) razón: *There's reason in what he says.* Lo que dice tiene sentido. • **listen to reason** atender a razones • **see reason** entrar en razón: *They tried to make her see reason.* Intentaron hacerla entrar en razón.
4 [U] (facultad) razón • **lose your reason** perder la razón ▶ **without** RHYME **or reason, it** STANDS **to reason**

EXPRESIONES

(it's/that's) all the more reason (*oral*) razón de más • **for reasons best known to himself/herself** vaya uno a saber por qué, quién sabe por qué • **beyond (all) reason (a)** extremadamente, más allá de lo normal **(b)** fuera de sí • **within reason** dentro de lo razonable

⚠ En la mayoría de los casos, **reason** va seguido de la preposición **for** (no "of"):
The main reason for (✗ of) my letter is…
My reason for (✗ of) buying a car…

rea·son² S2 W2 v
1 [T] **reason (that)** pensar (que)
2 [I] razonar
reason sth ↔ out v+partíc entender algo, resolver algo (un problema, etc.) SIN **work sth out**
reason with sb v+partíc razonar con alguien, hacer entrar en razón a alguien

rea·son·a·ble S3 W3 /'riznəbəl/ *adj*
1 (persona, petición, acción) razonable • **Be reasonable!** ¡Sé razonable! • **a reasonable excuse/explanation** una excusa/explicación razonable • **it is reasonable to do sth** es lógico hacer algo: *It seemed reasonable to trust him.* Parecía lógico confiar en él.
2 aceptable (resultado, trabajo, etc.): *a reasonable standard of living* un nivel de vida aceptable ▶ AVERAGE, ACCEPTABLE
3 [solo ante s] (cantidad, grado) razonable, considerable: *a reasonable amount of money* una cantidad de dinero considerable • **have a reasonable chance of doing sth** tener bastantes posibilidades de hacer algo
4 (precio, costos) razonable

EXPRESIONES

beyond reasonable doubt (*jur*) más allá de toda duda razonable

rea·son·a·bly /'riznəbli/ *adv* **1** bastante: *The car is in reasonably good condition.* El carro está en bastante buen estado. **2** razonablemente: *He can't reasonably be expected to have known that.* No es razonable pensar que podía saber eso. **3 reasonably priced** con/a precios razonables

rea·soned /'rizənd/ *adj* [solo ante s] razonado -a

rea·son·ing /'rizənɪŋ/ s [U] razonamiento • **the reasoning behind this proposal/decision** la lógica de esta propuesta/decisión

re·as·sur·ance /ˌriə'ʃʊrəns/ s **1** [U] (para eliminar dudas, inseguridades) *He needed reassurance that he was still attractive.* Necesitaba sentir la seguridad de que todavía era atractivo. • **give/offer/provide reassurance** dar/ofrecer/proporcionar confianza: *Parents were giving reassurance to their children.* Los padres tranquilizaban a sus hijos. **2** [C] garantía: *We have been given reassurances that the water is safe to drink.* Se nos han dado garantías de que el agua se puede beber. SIN **assurance**

re·as·sure /ˌriə'ʃʊr/ v [T] tranquilizar • **reassure sb (that)** asegurar a alguien (de) que: *He reassured me that my mother would be okay.* Me aseguró que mi madre estaría bien.

re·as·sur·ing /ˌriəˈʃʊrɪŋ/ *adj* tranquilizador -a, reconfortante

re·as·sur·ing·ly /ˌriəˈʃʊrɪŋli/ *adv* de modo tranquilizador

re·bate /ˈribeɪt/ *s* [C] reembolso, devolución, bonificación • **a tax rebate** una devolución/bonificación fiscal

reb·el¹ /ˈrɛbəl/ *s* [C] **1** [gralm pl] (contra un gobierno) rebelde • **rebel forces** fuerzas rebeldes • **rebel leader** líder de los rebeldes **2** (contra las normas) rebelde

re·bel² /rɪˈbɛl/ *v* [I] (**rebelled, rebelling**) rebelarse • **rebel against sb/sth** rebelarse contra alguien/algo

re·bel·lion /rɪˈbɛlyən/ *s* [C,U] **1** (contra un gobierno) rebelión • **suppress/crush/put down a rebellion** sofocar una rebelión ▶ REVOLUTION, COUP **2** (contra las normas) rebelión: *rebellion against traditional values* la rebelión/rebeldía contra los valores tradicionales

re·bel·lious /rɪˈbɛlyəs/ *adj* rebelde

re·birth /rɪˈbɜθ, ˈribɜθ/ *s* **1** [sing] (*frml*) renacimiento, resurgimiento **2** [U] renacimiento, reencarnación

re·boot /riˈbut/ *v* (**a**) [T] reiniciar (**b**) [I] reiniciarse

re·bound¹ /ˈribaʊnd, rɪˈbaʊnd/ **1** [I] rebotar • **rebound off sth** rebotar en algo ▶ RICOCHET **2** [I] repuntar, recuperarse (economía, acciones, etc.)
rebound on/upon sb *v+partíc* volverse en contra de alguien SIN **backfire**

re·bound² /ˈribaʊnd/ *s*

EXPRESIONES
on the rebound *I caught the ball on the rebound.* Agarré la pelota al rebote. • *My mother married my father on the rebound.* Mi madre se casó con mi padre por despecho.

re·buff /rɪˈbʌf/ *s* [C] (*frml*) desaire SIN **snub**

rebuff *v* [T] (*frml*) desairar (a una persona), rechazar (una sugerencia) SIN **snub**

re·build /riˈbɪld/ *v* [T] (**rebuilt** /-ˈbɪlt/) **1** (un edificio, una ciudad) reconstruir **2** (una relación, un sector) reconstruir: *She is now rebuilding her life.* Ahora está rehaciendo su vida.

re·buke¹ /rɪˈbyuk/ *s* [C,U] (*frml*) reprensión, reprimenda

rebuke² *v* [T] (*frml*) reprender • **rebuke sb for (doing) sth** reprender a alguien por (hacer) algo

re·but /rɪˈbʌt/ *v* [T] (**rebutted, rebutting**) (*frml*) rebatir, refutar SIN **refute**

re·but·tal /rɪˈbʌtl/ *s* [C] (*frml*) refutación

re·cal·ci·trant /rɪˈkælsətrənt/ *adj* (*frml*) díscolo -a, desobediente ▶ UNRULY

re·call¹ S3 W2 /rɪˈkɔl/ *v* [T]
1 [nunca en forma continua] (*frml*) recordar: *Can you recall his name?* ¿Recuerda su nombre? • *You may recall that we talked about this before.* Recordarás que ya hemos hablado de esto. • **recall doing sth** recordar haber hecho algo
2 retirar del mercado (por defectuoso)
3 retirar (a un embajador), convocar (a un jugador, etc.): *Congress has been recalled to deal with the crisis.* Se ha convocado a una sesión extraordinaria del Congreso para tratar la crisis. • **recall sb to sth** convocar de nuevo a alguien para algo
4 (*frml*) recordar a (algo parecido)

re·call² /rɪˈkɔl, ˈrikɔl/ *s* **1** [U] memoria (facultad) **2** [sing, U] destitución, voto para decidir la destitución **3** [C] retiro del mercado (por defectuoso) **4** [sing] retiro (de un embajador, de tropas), convocatoria (de un jugador, etc.)

EXPRESIONES
beyond recall (*frml*) irremediablemente, irremisiblemente

re·cant /rɪˈkænt/ *v* [I,T] retractarse (de), abjurar (de)

re·can·ta·tion /ˌrikænˈteɪʃən/ *s* [C,U] (*frml*) retractación, abjuración

re·cap /ˈrikæp/ *s* [sing] resumen, recapitulación

re·cap /ˈrikæp, rɪˈkæp/ *v* [I,T] (**recapped, recapping**) resumir, recapitular

re·ca·pit·u·late /ˌrikəˈpɪtʃəˌleɪt/ *v* [I,T] resumir

re·cap·ture¹ /riˈkæptʃɚ/ *v* [T] **1** recuperar (la juventud, la felicidad) **2** volver a atrapar (a un fugitivo, un animal) **3** reconquistar, volver a tomar SIN **retake**

recapture² *s* [U] **1** reconquista (de una ciudad, etc.) **2** captura: *the recapture of the prisoner* la captura del prisionero evadido

re·cast /riˈkæst/ *v* [T] (**recast**) volver a formular

recd. (*abrev escrita de* **received**) recibido

re·cede /rɪˈsid/ *v* [I] **1** (sonido, imagen) desvanecerse, irse perdiendo • **recede into the distance/the mist** perderse en la lejanía/entre la niebla **2** (recuerdo, sensación, posibilidad) desvanecerse, ir desapareciendo • **recede into the past** desvanecerse en el pasado **3** retirarse (aguas, marea) **4** (cabello) *His hair is receding.* Le están empezando a salir entradas.

re·ceipt S2 /rɪˈsit/ *s*
1 [C] (documento) recibo: *Could you give me a receipt, please?* ¿Me podría dar un recibo, por favor? • **a receipt for sth** un recibo de algo
2 [U] (*frml*) (acto) recibo, recepción • **on/upon receipt of sth** al recibir algo
3 receipts [pl] (*técn*) ingresos (de una empresa, banco, etc.), recaudación

re·ceive S2 W1 /rɪˈsiv/ *v* [T]

1 un regalo, un título, un subsidio
2 una carta, una llamada
3 una visita, ayuda, votos
4 una noticia, sugerencia, novedad
5 ondas, señales, canales
6 invitados

1 UN REGALO, UN TÍTULO, UN SUBSIDIO recibir • **receive sth from sb** recibir algo de alguien: *He receives a grant from the government.* Recibe una beca del gobierno. • **receive a prize/an award** recibir un premio
2 UNA CARTA, UNA LLAMADA (*frml*) recibir: *He received a letter from his insurance company.* Recibió una carta de su compañía de seguros.
3 UNA VISITA, AYUDA, VOTOS recibir: *She received no support from her parents.* No recibía apoyo de sus padres. • **receive a blow** recibir un golpe • **receive an injury** sufrir una herida/lesión
4 UNA NOTICIA, SUGERENCIA, NOVEDAD [gralm en pasiva] recibir: *He received the news in silence.* Recibió la noticia en silencio. • **be well received** tener una buena acogida
5 ONDAS, SEÑALES, CANALES recibir: *Are you receiving me?* ¿Me recibes?
6 INVITADOS (*frml*) recibir: *She isn't well enough to receive visitors.* Aún no está para recibir visitas.
EXPRESIONES
be on the receiving end (of sth) ser el blanco (de algo), ser la víctima (de algo)
receive sb into sth *v+partíc* [gralm en pasiva] admitir a alguien en el seno de algo

re·ceived /rɪˈsivd/ *adj* [solo ante s] aceptado -a por todos

re·ceiv·er /rɪˈsivɚ/ *s* [C] **1** [gralm sing] auricular (del teléfono) • **pick up the receiver** descolgar (el teléfono) • **put down/replace the receiver** colgar (el teléfono) ▶ HANDSET **2** síndico, administrador -a judicial (de quiebras) **3** receptor -ora (en fútbol americano) **4** (*frml*) (aparato) receptor **5** destinatario -a, receptor -a

re·ceiv·er·ship /rɪˈsivɚˌʃɪp/ *s* [U] **go into receivership** declararse en suspensión de pagos, ser intervenido -a judicialmente

re·cent S3 W1 /ˈrisənt/ *adj* reciente: *recent events in Eastern Europe* sucesos recientes en Europa Oriental • *his most recent movie* su última película • **in recent times/months** en los últimos tiempos/meses • **the recent past** los últimos tiempos, el pasado reciente • **in recent memory** *the worst drought in recent memory* la peor sequía que se recuerda

re·cent·ly S2 W1 /'riːsəntli/ *adv* hace poco, recientemente: *His wife died recently.* Su mujer murió hace poco. • *a recently published biography* una biografía publicada recientemente • **until recently** hasta hace poco • **only recently** hace muy poco • **as recently as last year/1970** todavía el año pasado/todavía en 1970 • **not recently** últimamente no

re·cep·ta·cle /rɪ'septəkəl/ *s* [C] (*frml*) recipiente, receptáculo SIN **container**

re·cep·tion S3 /rɪ'sepʃən/ *s*
1 [C] (acto social) recepción, fiesta: *a wedding reception* una fiesta de bodas
2 [C gralm sing] recibimiento, acogida: *He got a great reception from the crowd.* El público le dio un gran recibimiento. • **a warm/an enthusiastic reception** una calurosa/entusiasta acogida: *The proposal was given a warm reception.* La propuesta tuvo una calurosa acogida. • **a cool/chilly reception** una fría acogida • **meet with/receive a mixed reception** ser acogido -a con división de opiniones
3 reception desk [C] mostrador de recepción
4 [U] (de una televisión, radio) recepción
5 [C] (en fútbol americano) recepción

re·cep·tion·ist /rɪ'sepʃənɪst/ *s* [C] recepcionista

re·cep·tive /rɪ'septɪv/ *adj* receptivo -a • **be receptive to sth** estar abierto -a a algo, ser receptivo -a a algo • **be in a receptive mood** estar receptivo -a

re·cess¹ /'riːses, rɪ'ses/ *s* **1** [C,U] receso (en un juicio, el parlamento): *Parliament's summer recess* el receso de verano del Parlamento • **be in recess** haber levantado la sesión (un tribunal), haber suspendido las actividades (el parlamento) **2** [U] recreo (en el colegio) • **at recess** en el recreo **3** [C] hueco (en la pared) **4 the recesses of sth** los recovecos de algo

EXPRESIONES
the recesses of your mind/brain los recovecos de la mente/del cerebro

recess² *v* [I] levantar una sesión

re·ces·sion /rɪ'seʃən/ *s* [C,U] recesión • **go/plunge into recession** entrar en recesión/caer en una recesión

re·charge /ri'tʃɑːdʒ/ *v* [T] recargar

EXPRESIONES
recharge your batteries recargar las pilas

re·charge·a·ble /ri'tʃɑːdʒəbəl/ *adj* recargable

re·cid·i·vist /rɪ'sɪdəvɪst/ *s* [C] (*técn*) reincidente

rec·i·pe S2 W3 /'resəpi/ *s* [C] receta (de cocina) • [+**for**]: *Can you give me the recipe for this sauce?* ¿Me puedes dar la receta de esta salsa? • **recipe book** libro de cocina, recetario

EXPRESIONES
be a recipe for chaos/disaster ser una invitación al caos/desastre

re·cip·i·ent /rɪ'sɪpiənt/ *s* [C] (*frml*) **1** destinatario -a (de una carta), beneficiario -a (de un subsidio), agraciado -a, galardonado -a (con un premio) **2** receptor -a (de un órgano transplantado)

re·cip·ro·cal /rɪ'sɪprəkəl/ *adj* (*frml*) recíproco -a ▶ MUTUAL

re·cip·ro·cate /rɪ'sɪprə,keɪt/ *v* (*frml*) **1** (a una invitación, hospitalidad) **(a)** [I] corresponder: *I had been invited to classmates' homes, and I wanted to reciprocate.* Mis compañeros de clase me habían invitado a sus casas y yo quería devolverles el gesto. **(b)** [T] devolver, corresponder a **2** [T] (a un sentimiento) corresponder a: *Her love was not reciprocated.* Su amor no era correspondido.

re·cit·al /rɪ'saɪtl/ *s* [C] **1** recital (de música, poesía): *a piano recital* un recital de piano **2 a recital of sth** (*frml*) un relato/una enumeración interminable de algo

rec·i·ta·tion /,resə'teɪʃən/ *s* **1** [C,U] recitado, recitación **2** [C] relación, relato

re·cite /rɪ'saɪt/ *v* **1** [I,T] recitar **2** [T] enumerar

reck·less /'reklɪs/ *adj* imprudente, temerario -a • **reckless driving** conducción imprudente/temeraria

reck·less·ly /'reklɪsli/ *adv* imprudentemente, de manera temeraria

reck·less·ness /'reklɪsnɪs/ *s* [U] imprudencia, temeridad

reck·on /'rekən/ *v* [T nunca en forma continua] **1** (*oral*) pensar, creer • **reckon (that)** pensar/creer que: *I reckon he's in trouble.* Me parece que tiene problemas. **2** calcular, estimar • **reckon (that)** calcular/estimar que: *They reckon that almost 8 million businesses are now owned by women.* Se calcula que casi 8 millones de negocios son actualmente propiedad de mujeres. **3** [gralm en pasiva] considerar: *The Lees were reckoned to be very good farmers.* A los Lee se los consideraba muy buenos granjeros.
reckon on sth *v+partíc* contar con algo, dar por hecho algo • **reckon on doing sth** contar con hacer algo, tener pensado hacer algo
reckon with sb/sth *v+partíc* **1 sb/sth to be reckoned with** alguien/algo a tener en cuenta: *The French team is a force to be reckoned with.* El conjunto francés es un equipo a tener en cuenta. **2 reckon with sth** tener en cuenta algo **3 have sb/sth to reckon with** tener que vérselas con alguien/algo

reck·on·ing /'rekənɪŋ/ *s* **1** [C,U] cálculo • **by sb's reckoning** según los cálculos de alguien: *By my reckoning, we have 12,000 clients.* Según mis cálculos, tenemos 12.000 clientes. **2** [C gralm sing, U] juicio • **day of reckoning** hora de la verdad, momento de rendir cuentas

re·claim /rɪ'kleɪm/ *v* [T] **1** recuperar (un título, territorios): *He wants to reclaim his championship title.* Quiere recuperar su título de campeón. **2** reclamar la devolución de (dinero): *You may be entitled to reclaim some tax.* Puede tener derecho a la devolución de parte de los impuestos. **3** (para el cultivo, la construcción) *reclaimed land* terreno ganado al mar/desierto • *It is built on land reclaimed from the sea.* Está construido sobre terrenos ganados al mar. **4** reciclar, recuperar (materiales) ▶ RECYCLE **5** reclamar, recoger (un objeto perdido, equipaje)

rec·la·ma·tion /,reklə'meɪʃən/ *s* [U] recuperación (de terreno desértico, etc.)

re·cline /rɪ'klaɪn/ *v* [I] **1** (*frml*) (persona) recostarse, reclinarse **2** (asiento) reclinarse • **reclining seat** asiento reclinable

re·cluse /'reklus/ *s* [C] persona solitaria

re·clus·ive /rɪ'klusɪv/ *adj* solitario -a, huraño -a

rec·og·ni·tion S3 W3 /,rekəg'nɪʃən/ *s*
1 [U] (identificación) reconocimiento • **beyond (all) recognition** (tb **out of all recognition**) *The village has changed beyond recognition.* El pueblo está irreconocible.
2 [sing, U] (admisión) **recognition of sth** reconocimiento de algo: *the recognition that our justice system is not perfect* el reconocimiento de que nuestro sistema judicial no es perfecto
3 [sing, U] (admiración) reconocimiento • **in recognition of sth** en reconocimiento por/a algo
4 [U] (aceptación oficial) reconocimiento • **international/diplomatic recognition** reconocimiento internacional/diplomático
5 [U] (en informática) reconocimiento

rec·og·niz·a·ble /,rekəg'naɪzəbəl, 'rekəg,naɪ-/ *adj* reconocible

rec·og·niz·a·bly /,rekəg'naɪzəbli, 'rekəg,naɪ-/ *adv* evidentemente

rec·og·nize S2 W1 /'rekəg,naɪz/ *v* [T]
1 [nunca en forma continua] (identificar) reconocer: *I didn't recognize you in your uniform.* No te reconocí con el uniforme. • **recognize sth/sb from sth** reconocer algo/a alguien por algo: *I recognized him from the photo in the newspaper.* Lo reconocí por la foto del periódico.
2 (aceptar oficialmente) reconocer: *the first country to*

R

recognize the new military regime el primer país en reconocer el nuevo régimen militar
3 (admitir) reconocer • **recognize (that)** reconocer que: *We recognize that this is a difficult decision to make.* Reconocemos que esta es una decisión difícil de tomar.
SIN **acknowledge**
4 (admirar) reconocer • **be recognized as sth** estar reconocido -a como algo: *He is recognized as one of the best players in the world.* Está reconocido como uno de los mejores jugadores del mundo.
5 (dar agradecimiento) reconocer: *He was recognized by the military for having saved many lives.* El ejército le mostró su reconocimiento por haber salvado muchas vidas.

re·coil¹ /rɪˈkɔɪl/ v [I] **1** retroceder • **recoil from sth/sb** rehuir algo/a alguien • **recoil at the sight of sth** retroceder al ver algo **2** echarse atrás (ante las responsabilidades, el trabajo, etc.) • **recoil from the idea/prospect of sth** echarse atrás ante la idea/perspectiva de algo **3** dar un culatazo (rifle, escopeta)

re·coil² /rɪˈkɔɪl, ˈriːkɔɪl/ s [sing, U] retroceso, culatazo (hacia atrás)

rec·ol·lect /ˌrɛkəˈlɛkt/ v [T] recordar • **recollect doing sth** recordar haber hecho algo

rec·ol·lec·tion /ˌrɛkəˈlɛkʃən/ s (frml) **1** [C] recuerdo • **have no recollection of (doing) sth** no recordar (haber hecho) algo **2** [U] **to the best of my recollection** si mal no recuerdo, que yo recuerde

rec·om·mend S2 W2 /ˌrɛkəˈmɛnd/ v [T]
1 (aconsejar) recomendar: *Sleeping pills are not recommended in this case.* Se recomienda no tomar somníferos en este caso. • **recommend that** recomendar que: *I recommend that you get some professional advice.* Le recomiendo que busque asesoramiento profesional. • **recommend doing sth** recomendar hacer algo • **strongly recommend** insistir en recomendar, recomendar encarecidamente
2 (sugerir) recomendar: *Can you recommend a hotel?* ¿Me puedes recomendar un hotel? • *Who would you recommend for this job?* ¿A quién recomendarías para este trabajo? • **recommend sth to sb** recomendarle algo a alguien: *It was Sarah who recommended the book to me.* Fue Sarah quien me recomendó el libro. • **highly recommend** recomendar sin dudarlo
EXPRESIONES
have little/nothing to recommend it no valer mucho/nada • **have much to recommend it** ser altamente recomendable

⚠ Las estructuras usadas con **recommend** son: **recommend** something **to** someone, **recommend that** someone **do** something, **recommend doing** something:
Ann recommended some books to him (✗ *recommended him some books*).
The guidebook recommended visiting the Museum of Modern Art (✗ *recommended to visit*).
Observa que cuando se trata de recomendar algo a alguien en lenguaje informal no suele usarse "recommend":
✔ *Why don't you visit the Museum of Modern Art?* (= *I recommend that you visit the Museum of Modern Art.* – muy formal)
✔ *Have you thought about going to the Guggenheim Museum?*
✔ *I think you should take a cab.*
✔ *It's a good idea to learn about your own country.*

rec·om·men·da·tion W3 /ˌrɛkəmənˈdeɪʃən/ s
1 [C] (consejo) recomendación: *recommendations for educational reform* recomendaciones para la reforma educativa • **make a recommendation** hacer una recomendación • **a recommendation to do sth** una recomendación de hacer algo
2 [C,U] (sugerencia) recomendación • **on sb's recommendation** por recomendación de alguien: *I had picked the school on the recommendation of a friend.* Había elegido el colegio por recomendación de un amigo.
3 [C] (tb **letter of recommendation**) (carta de) recomendación

rec·om·pense¹ /ˈrɛkəmˌpɛns/ s [sing, U] (frml) **1** compensación, indemnización • **in recompense** en compensación, como indemnización **2** recompensa

recompense² v [T] (frml) **1** **recompense sb (for sth)** compensar/indemnizar a alguien (por algo) SIN **compensate 2** recompensar

rec·on·cile /ˈrɛkənˌsaɪl/ v **1** [T] conciliar (ideas, opiniones) • **reconcile sth with sth** conciliar algo con algo **2 (a)** [T] **be reconciled (with sb)** reconciliarse (con alguien) **(b)** [I] reconciliarse
reconcile sb to sth v+partíc hacer que alguien acepte algo • **reconcile yourself to sth** resignarse a algo

rec·on·cil·i·a·tion /ˌrɛkənˌsɪliˈeɪʃən/ s [sing, U] **1** reconciliación **2** conciliación (de ideas, opiniones)

re·con·di·tion /ˌriːkənˈdɪʃən/ v [T] reparar, arreglar

re·con·nais·sance /rɪˈkɒnəsəns, -zəns/ s [C,U] reconocimiento (militar) • **reconnaissance mission** misión de reconocimiento • **reconnaissance plane** avión de reconocimiento

re·con·noi·ter /ˌriːkəˈnɔɪtər/ [I,T] hacer un reconocimiento (de) (en operaciones militares)

re·con·sid·er /ˌriːkənˈsɪdər/ v **(a)** [I] recapacitar **(b)** [T] reconsiderar

re·con·sid·er·a·tion /ˌriːkənˌsɪdəˈreɪʃən/ s [sing, U] **following reconsideration** tras revisar el asunto

re·con·sti·tute /riːˈkɒnstəˌtuːt/ v [T] **1** (una organización, un grupo) reconstituir **2** (alimento en polvo) reconstituir, rehidratar

re·con·struct /ˌriːkənˈstrʌkt/ v [T] **1** (hechos) reconstruir **2** (edificios, etc.) reconstruir

re·con·struc·tion /ˌriːkənˈstrʌkʃən/ s **1** [U] (de edificios) reconstrucción **2** [C gralm sing] (de hechos) reconstrucción **3** [C] (réplica, copia) reconstrucción

rec·ord¹ S1 W1 /ˈrɛkərd/ s
1 [C] registro (información archivada): *historical records* documentación histórica • [+of]: *The hotel should have a record of all its guests.* El hotel debería tener un registro de todos sus huéspedes. • **keep a record** llevar un registro • **on record** *the wettest October on record* el octubre más lluvioso del que se tiene registro • **medical records** historia clínica
2 [C] récord • **break a record** batir un récord • **hold the record** tener/ostentar el récord • **set a record** establecer un récord • **an all-time record** un récord histórico
3 [sing] historial, trayectoria, antecedentes: *The company has a good record.* La empresa tiene una buena trayectoria. • [+on]: *the government's record on unemployment* los resultados del gobierno en materia de desempleo • [+of]: *a state with a long record of political violence* un estado con un largo historial de sucesos violentos de corte político
4 [C] disco (de música): *an old Beatles record* un viejo disco de los Beatles ▶ VINYL *the record industry* la industria discográfica • **record company** (compañía) discográfica
5 [C] antecedentes (penales): *a man with a police record* un hombre con antecedentes penales • **have a record** tener antecedentes (penales) ▶ TRACK RECORD, WORLD RECORD
EXPRESIONES
(just) for the record (oral) que conste, que quede claro • **off the record** extraoficialmente • **be/go on (the) record** *He is on record as saying that taxes will not be increased.* Ha declarado públicamente que no subirán los impuestos. • **set/put the record straight** poner las cosas en su lugar, aclarar las cosas

re·cord² S2 W2 /rɪˈkɔːrd/ v
1 [T] (información) registrar, anotar: *Only 13 cases of this disease have ever been recorded.* Sólo se han registrado 13 casos de esta enfermedad.
2 [T, I] grabar (música, programas, etc.): *Did you record the movie?* ¿Grabaste la película?
3 [T] (mediciones) registrar: *Wind speeds of up to 100 mph have been recorded.* Se han registrado vientos de hasta 100 millas por hora.

4 [T] (hechos pasados) registrar, dejar constancia de
5 [T] (una marca, un récord) registrar

rec·ord³ W3 /'rɛkɚd/ adj [solo ante s] récord: *a record number of tourists* una cantidad récord de turistas • **a record high/low** un máximo/mínimo histórico • **in record time** en un tiempo récord

'record-ˌbreaking adj [solo ante s] *a record-breaking run* una carrera corrida en tiempo récord • *a record-breaking swimmer* un nadador que ha batido todos los récords • *record-breaking temperatures* temperaturas récord

re·cord·er /rɪ'kɔrdɚ/ s [C] **1** grabador, grabadora **2** flauta dulce **3** juez -a ▶ CASSETTE RECORDER, TAPE RECORDER, VIDEO RECORDER

'record-ˌholder s [C] plusmarquista

re·cord·ing /rɪ'kɔrdɪŋ/ s [C,U] grabación • **recording artist** artista musical (con disco) • **recording equipment** equipo de grabación • **recording studio** estudio de grabación

'record ˌplayer s [C] tocadiscos

re·count¹ /rɪ'kaʊnt/ v [T] (*frml*) relatar, contar

re·count² /'rikaʊnt/ s [C] recuento (de votos)

re·count³ /ri'kaʊnt/ v [T] hacer un recuento de (los votos)

re·coup /rɪ'kup/ v [T] recuperar (dinero invertido) • **recoup your losses** resarcirse de sus pérdidas, recuperar sus pérdidas SIN **recover**

re·course /'rikɔrs, rɪ'kɔrs/ s (*frml*) [sing, U] recurso (medio) • **have recourse to sth** recurrir a algo: *All citizens have recourse to the courts.* Todos los ciudadanos pueden recurrir a los tribunales. • **without recourse to sth** sin recurrir a algo

re·cov·er W3 /rɪ'kʌvɚ/ v
1 [I] (enfermo, herido) recuperarse, reponerse • **recover from sth** recuperarse/reponerse de algo: *He's in the hospital, recovering from a heart attack.* Está en el hospital, recuperándose de un infarto.
2 [I] (mercado, ventas) recuperarse • **recover from sth** recuperarse de algo: *The economy has not yet recovered from the recession.* La economía aún no se ha recuperado de la recesión.
3 [T] (objetos robados, personas accidentadas) recuperar, rescatar: *The money was never recovered.* Nunca se recuperó el dinero. • **recover sth from sth** recuperar/rescatar algo de algo: *A number of bodies were recovered from the wreckage.* Se rescataron numerosos cuerpos de entre los restos del accidente.
4 [T] (el dinero invertido) recuperar: *We hope to recover our costs.* Esperamos cubrir gastos. SIN **recoup**
5 [T] (el equilibrio, el uso de un miembro) recuperar, recobrar • **recover consciousness** recuperar/recobrar el conocimiento • **recover yourself** recomponerse • **recover your composure** recuperar la compostura SIN **regain** ▶ RECOVERY

re·cov·er /ri 'kʌvɚ/ v [T] **1** retapizar (una silla, un sofá) **2** volver a forrar (libros)

re·cov·er·y W3 /rɪ'kʌvɚi/ s
1 [sing, U] (de un enfermo, herido) recuperación: *We all wish her a speedy recovery.* Todos le deseamos una pronta recuperación. • [+from]: *normal rates of recovery from the illness* el ritmo normal de recuperación de la enfermedad • **make a full/complete recovery** recuperarse por completo • **be on the road to recovery** estar recuperándose
2 [sing, U] (del mercado, la economía) recuperación: *Economic recovery is forecast.* Se prevé una recuperación económica. • [+from]: *the country's recovery from recession* la recuperación del país de la recesión • **show signs of recovery** mostrar signos de recuperación
3 [U] (de objetos robados, personas accidentadas) recuperación, rescate: *the recovery of the stolen jewels* el rescate de las joyas robadas • *methods of debt recovery* métodos para cobrar deudas

re·cre·ate /ˌrikri'eɪt/ v [T] recrear, reproducir

rec·re·a·tion¹ /ˌrɛkri'eɪʃən/ s [C,U] (actividad de) esparcimiento, (actividad de) ocio: *outdoor recreations* actividades recreativas al aire libre • **recreation center** centro recreativo

re·cre·a·tion² /ˌrikri'eɪʃən/ s [C,U] recreación

rec·re·a·tion·al /ˌrɛkri'eɪʃənəl/ adj [solo ante s] recreativo -a, de recreo

re·crim·i·na·tion /rɪˌkrɪmə'neɪʃən/ s [C gralm pl, U] recriminación, reproche

re·cruit¹ S3 W3 /rɪ'krut/ v
1 (a) [I] contratar gente, seleccionar personal **(b)** [T] contratar, seleccionar
2 [I,T] reclutar (soldados) ▶ CONSCRIPT

recruit² s [C] **1** recluta **2** nuevo miembro (de un equipo, etc.), nuevo -a empleado -a (de una empresa): *Peter is one of our new recruits.* Peter es una de nuestras nuevas incorporaciones.

re·cruit·ment /rɪ'krutmənt/ s [U] selección/contratación de personal (para una empresa), reclutamiento (para el ejército) • **recruitment drive** campaña de reclutamiento/incorporación

rec·tan·gle /'rɛkˌtæŋɡəl/ s [C] rectángulo ▶ SQUARE

rec·tan·gu·lar /rɛk'tæŋɡyəlɚ/ adj rectangular

rec·ti·fi·a·ble /'rɛktəˌfaɪəbəl/ adj (*frml*) rectificable

rec·ti·fi·ca·tion /ˌrɛktəfə'keɪʃən/ s [C,U] (*frml*) rectificación

rec·ti·fy /'rɛktəˌfaɪ/ v [T] (**rectifies, rectified, rectifying**) (*frml*) rectificar SIN **put right**

rec·ti·tude /'rɛktəˌtud/ s [U] (*frml*) rectitud

rec·tor /'rɛktɚ/ s [C] **1** (de una iglesia) rector -a ▶ VICAR **2** (de una escuela, universidad) rector -a

rec·tum /'rɛktəm/ s [C] (*técn*) recto

re·cu·per·ate /rɪ'kupəˌreɪt/ v [I] (*frml*) recuperarse, reponerse • **recuperate from sth** recuperarse/reponerse de algo SIN **recover**

re·cu·per·a·tion /rɪˌkupə'reɪʃən/ s [U] (*frml*) recuperación SIN **recovery**

re·cur /rɪ'kɚ/ v [I] (**recurred, recurring**) volver a aparecer, reaparecer (una enfermedad, un síntoma), repetirse (un tema, un suceso, etc.)

re·cur·rence /rɪ'kɚəns, rɪ'kɚ-/ s [C,U] (*frml*) recurrencia, reaparición (de una lesión)

re·cur·rent /rɪ'kɚənt, rɪ'kɚ-/ adj (*escrito*) recurrente • **a recurrent theme** un tema recurrente

re·cy·cla·ble /ri'saɪkləbəl/ adj reciclable

re·cy·cle /ri'saɪkəl/ v [I,T] reciclar

re·cy·cled /ri'saɪkəld/ adj reciclado -a: *recycled paper* papel reciclado

re·cy·cling /ri'saɪklɪŋ/ s [U] reciclaje, reciclado **recycling plant** planta de reciclaje/reciclado

red¹ S1 W1 /rɛd/ adj (**redder, reddest**)
1 (color) rojo -a: *a red dress* un vestido rojo • *We painted the door bright red.* Pintamos la puerta de un rojo vivo.
2 pelirrojo -a: *a woman with red hair* una mujer pelirroja • **have red hair** ser pelirrojo -a ▶ AUBURN, GINGER
3 colorado -a (piel, cara) • **turn/go red** sonrojarse, ponerse colorado -a • **red as a beet** rojo -a como un tomate ▶ BLUSH
4 red wine vino tinto ▶ WHITE
5 (*peyor, coloq*) (de izquierda) rojo -a ▶ PAINT the town red

EXPRESIONES
like waving a red flag in front of a bull *Just mentioning his ex-wife's name was like waving a red flag in front of a bull.* Solo nombrar a su ex mujer y se ponía como loco. • **not one red cent** (*coloq*) ni un solo centavo

red² s **1** [C,U] (color) rojo: *The corrections were marked in red.* Las correcciones iban en rojo. • *She was dressed in red.* Estaba vestida de rojo. • *the reds and yellows of the fall trees* los rojos y amarillos de los árboles en otoño **2** [C gralm pl] (*peyor, coloq*) (izquierdista) rojo -a

EXPRESIONES
be in the red (*coloq*) estar en rojo ANT **be in the black** •
be out of the red (*coloq*) no estar en rojo • see **red**
ponerse como un tití, ponerse furioso -a

red a'lert *s* [C gralm sing, U] alerta roja

red-'blooded *adj* [solo ante s] (*hum*) de pelo en pecho,
viril

red 'card *s* [C] tarjeta roja (en fútbol) ▶ YELLOW CARD

red 'carpet *s* [C gralm sing] **1** alfombra roja **2** trato
especial • **roll out the red carpet for sb** recibir a alguien
con bombo y platillo(s) • **red carpet treatment** trato
especial • **give sb the red carpet treatment** tratar a
alguien a cuerpo de rey

Red 'Cross *s* the Red Cross la Cruz Roja

red·den /ˈrɛdn/ *v* [I] ponerse colorado -a, enrojecer

red·dish /ˈrɛdɪʃ/ *adj* rojizo -a

re·dec·o·rate /riˈdɛkəˌreɪt/ *v* [I,T] redecorar, pintar/
empapelar de nuevo, tapizar de nuevo

re·dec·o·ra·tion /ˌridɛkəˈreɪʃən/ *s* [U] redecoración,
pintura nueva, nuevo empapelado, nuevo tapiz

re·deem /rɪˈdim/ *v* [T] (*frml o técn*) **1** (la reputación, una
mala obra) salvar, rescatar: *He wants to redeem his
reputation.* Quiere recuperar su reputación. **2** (uno
mismo) **redeem yourself** reparar su error, redimirse,
reivindicarse **3** (un cupón, un vale) canjear: *The vouchers can be redeemed for free books.* Se puede canjear los
vouchers por libros gratuitos. **4** (acciones, bonos) canjear, amortizar **5** (una promesa, una obligación) cumplir
(con) **6** (de los pecados) redimir **7** (un objeto
empeñado) desempeñar **8** (una deuda, una hipoteca)
liquidar, cancelar ▶ REDEMPTION

re·deem·a·ble /rɪˈdiməbəl/ *adj* canjeable

re·demp·tion /rɪˈdɛmpʃən/ *s* [U] (*frml o técn*) **1** reden-
ción (del alma) **2** canje (de vales, cupones) **3** reivindicación personal **4** amortización, reembolso (de
acciones, bonos)

EXPRESIONES
be beyond redemption no tener arreglo/remedio
(asunto, avería, etc.), no tener salvación (delincuente,
etc.)

re·de·ploy /ˌridɪˈplɔɪ/ *v* [T] trasladar (tropas, empleados,
etc.)

re·de·ploy·ment /ˌridɪˈplɔɪmənt/ *s* [U] traslado (de tropas, empleados, etc.)

re·de·vel·op /ˌridəˈvɛləp/ *v* [T] rehabilitar, remodelar
(una zona urbana)

re·de·vel·op·ment /ˌridəˈvɛləpmənt/ *s* [C,U] rehabilitación, remodelación (urbanística)

red-'faced *adj* muerto -a de vergüenza

red 'flag *s* [C] (*coloq*) señal de alarma • **raise a red flag**
despertar suspicacias/temores

red-'handed *adj* **catch sb red-handed** pillar/pescar a
alguien in fraganti, sorprender a alguien con las manos
en la masa

red·head /ˈrɛdhɛd/ *s* [C] pelirrojo -a

red·head·ed /ˈrɛdˌhɛdɪd/ *adj* pelirrojo -a

red 'herring *s* [C] pista falsa • **be a red herring (a)**
ser una pista falsa **(b)** servir para desviar la atención

red-'hot *adj* **1** candente, al rojo vivo (metal, lava)
2 (*coloq*) muy caliente: *Be careful! The plates are red-
hot.* ¡Cuidado, que los platos están ardiendo! **3** (*coloq*)
sensacional, extraordinario -a

re·di·rect /ˌridɪˈrɛkt, -daɪ-/ *v* [T] **1** reorientar: *Redirect
your energies into something more useful.* Reoriente sus
energías hacia algo más útil. **2** desviar (tránsito) • [+to]:
The plane was redirected to Arizona. Desviaron el
avión a Arizona. **3** desviar (una llamada telefónica),
redireccionar (correo electrónico) SIN **forward**

re·dis·trib·ute /ˌridɪˈstrɪbyut/ *v* [T] redistribuir

re·dis·tri·bu·tion /ˌridɪstrəˈbyuʃən/ *s* [C,U] redis-
tribución

red-'letter day *s* [C] día señalado

red-'light ˌdistrict *s* [C] zona roja, zona de tolerancia
(de prostitución)

red 'meat *s* [U] carne roja ▶ WHITE MEAT

red·neck /ˈrɛdnɛk/ *s* [C] (*peyor, coloq*) hombre que habita en zonas rurales, de escasa cultura e ideas reaccionarias

red·ness /ˈrɛdnɪs/ *s* [U] rojez

re·do S3 /riˈdu/ *v* [T] (**redoes** /-ˈdʌz/, **redid** /-ˈdɪd/,
redone /-ˈdʌn/)
1 rehacer, volver a hacer
2 redecorar, volver a pintar/empapelar, volver a tapizar
SIN **redecorate**

red·o·lent /ˈrɛdl-ənt/ *adj* **1** (*frml*) **redolent of sth** con
reminiscencias de algo, que recuerda a algo **2** (*liter*)
redolent of/with sth con olor a algo, que huele a algo

re·dou·ble /riˈdʌbəl/ *v* **redouble your efforts** redoblar
sus esfuerzos

re·doubt·a·ble /rɪˈdaʊt̬əbəl/ *adj* (*liter*) imponente

red 'pepper *s* **1** [C] pimentón rojo, pimiento morrón
rojo, chile colorado **2** [U] cayena

re·dress¹ /rɪˈdrɛs/ *v* [T] (*frml*) remediar (una situación),
reparar (una injusticia) • **redress the balance** compensar
el desequilibrio, restablecer el equilibrio

re·dress² /ˈridrɛs, rɪˈdrɛs/ *s* [U] (*frml*) reparación, indemnización, compensación (económica) ▶ COMPENSATION

red 'tape *s* [U] (*peyor*) trámites (burocráticos), papeleo
▶ BUREAUCRACY

re·duce S3 W1 /rɪˈdus/ *v*
1 [T] (en cantidad, tamaño, tiempo) reducir: *attempts to
reduce unemployment* intentos por reducir el desempleo • *Reduce the heat, and cook gently.* Baje el fuego y
deje que se cocine lentamente. • **reduce sth by
3%/10%** reducir algo en un 3%/10% • **reduce sth (from
sth) to sth** reducir algo (de algo) a algo: *They've reduced
the conference from four days to three.* Redujeron las
jornadas de cuatro a tres días. • **reduce sth in size/
number** reducir el tamaño/la cantidad de algo SIN **cut**
▶ REDUCTION
2 [T] rebajar (precios): *The jacket had been reduced by $
20.* El saco tenía una rebaja de 20 dólares. • *The shirt
was reduced from $ 20 to $ 10.* Habían rebajado la camisa
de 20 dólares a 10. ▶ REDUCTION
3 [T] (una salsa) reducir
4 [I] bajar de peso, adelgazar. ▶ DIET
reduce sb/sth to sth *v+partíc* **1 reduce sb to tears**
hacer llorar a alguien • **reduce sb to silence** sumir a
alguien en el silencio, hacer callar a alguien • **be
reduced to poverty** verse sumido a en la pobreza **2 be
reduced to doing sth** verse obligado -a a hacer algo:
They were reduced to begging on the streets. Se vieron
obligados a mendigar por la calle. **3 reduce sth to
rubble/ashes** reducir algo a escombros/cenizas • **reduce
sth to ruins** dejar algo en ruinas **4 reduce sth to sth**
reducir algo a algo: *The instructions can be reduced to
three basic points.* Las instrucciones se pueden reducir
a tres puntos esenciales.

re·duc·tion W3 /rɪˈdʌkʃən/ *s*
1 [C,U] reducción • [+of]: *the reduction of pollution* la
reducción de la contaminación • **a reduction in sth** una
reducción/disminución de algo: *a reduction in population* una disminución de la población • *a reduction in
gasoline prices* una rebaja del precio de la gasolina •
make reductions in public spending/toxic emissions
reducir el gasto público/las emanaciones tóxicas
2 [C,U] rebaja, descuento • **a reduction of $10/5%** una
rebaja de 10 dólares/del 5 % • [+on]: *substantial reductions on children's clothes* rebajas importantes en la
ropa para niños
3 [C] reducción, copia a escala reducida ANT **enlargement**

re·dun·dan·cy /rɪ'dʌndənsi/ s [U] inutilidad, carácter superfluo (de un objeto, un sistema), redundancia (de palabras)

re·dun·dant /rɪ'dʌndənt/ adj innecesario -a, superfluo -a (objeto, sistema), redundante (palabra)

red·wood /'rɛdwʊd/ s [C,U] secuoya

reed /rid/ s [C] **1** carrizo, junco, chuscal • **reed bed** cañaveral, carrizal, chuscal **2** lengüeta (de instrumento musical)

re·ed·u·cate /ri'ɛdʒə,keɪt/ v [T] reeducar

reed·y /'ridi/ adj lleno -a de juncos

reef /rif/ s [C] arrecife • **a coral reef** un arrecife de coral

ree·fer /'rifər/ s [C] (antic) barillo, toque

reek¹ /rik/ v [I] apestar, heder • **reek of sth** apestar/heder a algo: *He reeked of sweat.* Apestaba a sudor. ⓈⒾⓃ **stink** reek of sth v+partíc oler/apestar a algo: *The article reeks of racism.* El artículo apesta a racismo.

reek² s [sing] peste, hedor ⓈⒾⓃ **stink**

reel¹ /ril/ s [C] carrete, bobina (de hilo), rollo (de película, cable), carrete (de caña de pescar): *a reel of film* un rollo de película • *the final reel* el último rollo

reel² v [I] **1** estar impactado-a/confundido -a: *I was reeling with shock.* Estaba impactado. • **my mind/brain/head was reeling** la cabeza me daba vueltas • **be still reeling from a defeat/the news** no haberse recuperado aún de una derrota/la noticia **2** (tb **reel back**) tambalearse: *The punch sent him reeling.* El puñetazo lo hizo retroceder tambaleándose. reel sth ↔ in v+partíc sacar algo del agua (enrollando el sedal) reel sth ↔ off v+partíc recitar algo de un tirón/jalón

re·elect, **re·e·lect** /,riɪ'lɛkt/ v [T] reelegir • **re-elect sb (as) sth** reelegir a alguien (como) algo

re·election, **re·e·lec·tion** /,riɪ'lɛkʃən/ s [U] reelección

re·enact, **re·en·act** /,riɪ'nækt/ v [T] recrear (un hecho histórico), reconstruir (un crimen)

re·en·act·ment /,riɪ'næktmənt/ s [C] recreación (de un hecho histórico), reconstrucción (de un crimen)

re·entry, **re·en·try** /ri'ɛntri/ s [C,U] **1** vuelta, reincorporación (a una actividad) **2** regreso, reingreso (a un lugar) **3** reentrada (en la atmósfera)

ref /rɛf/ s [C] (coloq) árbitro -a (deportivo), referí ⓈⒾⓃ **referee**

ref. (abrev escrita de **reference**) ref.

re·fec·to·ry /rɪ'fɛktəri/ s [C] (pl **refectories**) (frml) **1** comedor **2** refectorio

re·fer Ⓢ³ Ⓦ¹ /rɪ'fər/ (**referred**, **referring**) v refer to sb/sth v+partíc **1 refer to sb/sth** referirse a alguien/algo, hacer referencia a alguien/algo: *These figures refer to crimes committed last year.* Estas cifras se refieren a delitos cometidos el año pasado. • **refer to sb/sth as sth** referirse a alguien/algo como algo, llamar a alguien/algo algo: *He referred to his sister as "that woman."* Se refirió a su hermana como "esa mujer." **2 refer to sth** consultar algo (para informarse): *She didn't refer to her notes once.* No consultó sus notas ni una vez. **3 refer sb to sb/sth** derivar a alguien a alguien/algo (para atención médica), mandar/enviar a alguien a alguien/algo (para ayuda, etc.): *My doctor referred me to an eye specialist.* Mi médico me derivó a un oftalmólogo. **4 refer sb to sth** (frml) remitir a alguien a algo (para informarse): *Readers are referred to the bibliography for further information.* Para mayor información, los lectores pueden remitirse a la bibliografía.

ref·er·ee¹ /,rɛfə'ri/ s [C] **1** árbitro -a, referí (deportivo) ▶ **UMPIRE 2** (jur) juez -a

referee² v [I,T] (**refereed**, **refereeing**) arbitrar • **referee a game** arbitrar un partido

ref·erence Ⓢ² Ⓦ³ /'rɛfrəns/ s **1** [C,U] (mención) **a reference to sth/sb** una referencia/alusión a algo/alguien • **make (a) reference to sb/sth**

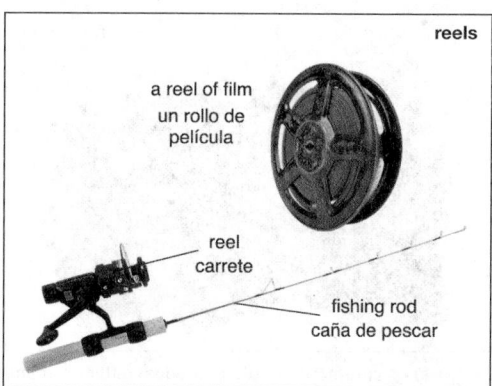

reels

a reel of film
un rollo de película

reel
carrete

fishing rod
caña de pescar

hacer referencia/alusión a alguien/algo: *Laura made no reference to her illness.* Laura no hizo referencia alguna a su enfermedad. **2** [U] (obtención de información) consulta • **for easy reference** para facilitar la consulta • **for future reference** para posteriores/futuras consultas • [+**to**]: *Reference to the following texts may be of use.* La consulta de los siguientes textos puede resultar de utilidad. **3** [C] (tb **letter of reference**) (para un empleo, una adopción) (carta de) referencia, informes **4** [C] persona que aporta referencias profesionales sobre un candidato a un puesto de brabajo **5** [C] (en un ensayo, una tesis) referencia (bibliográfica) **6** [C] (de un producto, un pedido) referencia • **a map reference** unas coordenadas (de referencia) (en un plano) • **reference number** número de referencia ▶ CROSS-REFERENCE

EXPRESIONES
in/with reference to sth (frml) con referencia a algo, respecto a algo: *I am writing with reference to your letter of July 5th.* Me dirijo a usted con referencia a su carta del 5 de julio. • **a reference point** (tb **a point of reference**) un punto de referencia • **a frame of reference** un marco de referencia

'reference book s [C] libro de consulta

'reference ,library s [C] biblioteca de consulta

ref·er·en·dum /,rɛfə'rɛndəm/ s [C] (pl **referenda** /-də/, **referendums**) referéndum • [+**on**]: *a referendum on independence* un referéndum sobre la independencia • **hold a referendum** celebrar un referéndum

re·fer·ral /rɪ'fʌrəl, -'fə-/ s [C,U] (frml) derivación (a un especialista, un psicólogo, etc.)

re·fill¹ /ri'fɪl/ v [T] rellenar, volver a llenar (el azucarero, las copas), recargar (el encendedor, el bolígrafo)

re·fill² /'rifɪl/ s [C] **1** (al ofrecer bebidas) *Would you like a refill?* ¿Te sirvo otra? **2** (para encendedor, bolígrafo) recambio, recarga **3** receta para un medicamento que se toma regularmente

re·fi·nance /ri'faɪnæns, ,rifə'næns/ v [I,T] refinanciar

re·fi·nanc·ing /,ri'faɪnænsɪŋ, -fə'næns-/ s [sing, U] (técn) refinanciación

re·fine /rɪ'faɪn/ v [T] **1** (una técnica, un método) refinar, perfeccionar **2** (petróleo, azúcar) refinar

re·fined /rɪ'faɪnd/ adj **1** (petróleo, azúcar) refinado -a ⒶⓃⓉ **unrefined 2** (persona) refinado -a, fino -a ⓈⒾⓃ **cultured 3** (técnica, método) refinado -a, perfeccionado -a ⓈⒾⓃ **sophisticated**

re·fine·ment /rɪ'faɪnmənt/ s **1** [C] (detalle) mejora: *The new model has a number of refinements.* El nuevo modelo cuenta con una serie de mejoras. **2** [C] (producto) **a refinement of sth** una versión mejorada/actualizada de algo **3** [U] (de una técnica, un diseño) perfeccionamiento • **it needs refinement** hace falta perfeccionarlo **4** [U] (del petróleo, el azúcar) refinado **5** [U] (de una persona) refinamiento, finura

reflection

re·fin·er·y /rɪˈfaɪnəri/ *s* [C] (pl **refineries**) refinería: *an oil refinery* una refinería de petróleo

re·fit /ˌriˈfɪt/ *v* [I,T] (**refitted**, **refitting**) reparar

re·flect W2 /rɪˈflɛkt/ *v*
1 [T] (una imagen) reflejar • **be reflected in sth** reflejarse en algo: *His face was reflected in the mirror.* Su cara se reflejaba en el espejo.
2 (la luz, el calor, el sonido) **(a)** [T] reflejar **(b)** [I siempre + adv/prep] **reflect off sth** reflejarse en algo: *The sun reflected off the windshield.* El sol se reflejaba en el parabrisas.
3 [T nunca en forma continua] (un sentimiento, una cualidad, un hecho) reflejar: *This maturity is reflected in his later novels.* Esta madurez se refleja en sus posteriores novelas.
4 [I,T] (pensar) reflexionar • **reflect on sth** reflexionar sobre algo • **reflect that** pensar/reflexionar que
reflect on/upon sb/sth *v+partíc* repercutir en la imagen de alguien/algo: *The children's behavior reflects on the school.* El comportamiento de los niños repercute en la imagen del colegio. • **reflect well/badly on sb/sth** dar una buena/mala imagen de alguien/algo, decir mucho/poco en favor de alguien/algo

re·flec·tion /rɪˈflɛkʃən/ *s* **1** [C] (imagen) reflejo **2** [C,U] (pensamiento) reflexión: *after some reflection* después de reflexionar un poco • [+**on**]: *his reflections on life* sus reflexiones sobre la vida • **on reflection, ...** pensándolo bien, ... **3** [C] (de un sentimiento, una cualidad, un hecho) reflejo: *The high turnout is a reflection of his popularity.* El gran número de asistentes es un reflejo de su popularidad. • **a true/an accurate reflection** un reflejo fiel **4** [U] (de la luz, el calor, el sonido) reflexión
EXPRESIONES
be a reflection on sb/sth ser un reflejo de cómo es alguien/algo: *She felt that her son's bad behavior was a reflection on her.* Se sentía culpable de la mala conducta de su hijo.

re·flec·tive /rɪˈflɛktɪv/ *adj* **1** reflexivo -a, meditabundo -a **2** reflectante

re·flec·tor /rɪˈflɛktər/ *s* [C] (dispositivo) reflectante, catadióptrico

re·flex /ˈriflɛks/ *s* [C] reflejo (movimiento, reacción) • **have quick reflexes** tener buenos reflejos, ser rápido -a de reflejos • **do sth as a reflex** hacer algo instintivamente • **reflex action** acto reflejo

re·flex·ive /rɪˈflɛksɪv/ *adj* (técn) reflexivo -a (en gramática): *a reflexive verb/pronoun* un verbo/pronombre reflexivo

re·for·es·ta·tion /ˌrifɔrəˈsteɪʃən/ *s* [U] reforestación

re·form /ˌriˈfɔrm/ *v* [I,T] reorganizar(se), reagrupar(se)

re·form¹ W2 /rɪˈfɔrm/ *s* [C,U] reforma(s) • **tax/health-care reform** reformas fiscales/a la salud • **constitutional/electoral/economic reform** reformas constitucionales/electorales/económicas

reform² *v* **1** [T] (una ley, la economía) reformar **2** [I,T] (persona) reformar(se)

ref·or·ma·tion /ˌrɛfərˈmeɪʃən/ *s* [U] reforma

re·form·er /rɪˈfɔrmər/ *s* [C] reformador -a

reˈform school *s* [C,U] correccional de menores

re·frac·tion /rɪˈfrækʃən/ *s* [U] refracción

re·frain¹ /rɪˈfreɪn/ *v* [I] (frml) abstenerse • **refrain from doing sth** abstenerse de hacer algo: *Please refrain from smoking.* Se ruega no fumar. • **refrain from violence/comment** abstenerse de usar la violencia/hacer comentarios

refrain² *s* [C] **1** estribillo **2** [gralm sing] (frml) cantinela, consigna

re·fresh /rɪˈfrɛʃ/ *v* **1** [T] (por calor) refrescar; (por cansancio) ayudar a reponer fuerzas • **refresh yourself** refrescarse (por calor), reponer fuerzas (por cansancio) **2** [I,T] (técn) actualizar (una pantalla, una página web) SIN **update 3** [T] (los conocimientos) refrescar **4** [T] devolver el vigor a (las plantas, el cabello)
EXPRESIONES
refresh sb's drink (coloq) volverle a llenar el vaso a alguien • **refresh sb's memory** refrescarle la memoria a alguien

re·freshed /rɪˈfrɛʃt/ *adj* [gralm no ante s] fresco -a, descansado -a

reˈfresher ˌcourse *s* [C] curso de actualización

re·fresh·ing /rɪˈfrɛʃɪŋ/ *adj* **1** refrescante (ducha, bebida, sabor), reparador -a (sueño), reconfortante (baño, brisa) **2** estimulante, lleno -a de frescura (por novedoso): *It was refreshing to talk to someone so enthusiastic.* Daba gusto hablar con alguien tan lleno de entusiasmo. • **a refreshing change** un soplo de aire fresco, una agradable novedad

re·fresh·ing·ly /rɪˈfrɛʃɪŋli/ *adv* **1** (quitando calor o cansancio) *The room was refreshingly cool.* En la habitación había un fresquito muy agradable. **2** (aportando novedad) *a show that is refreshingly different* un espectáculo diferente que supone un soplo de aire fresco

re·fresh·ment /rɪˈfrɛʃmənt/ *s* **1 refreshments** [pl] refrigerio, tentempié: *Refreshments will be provided after the meeting.* Se servirá un refrigerio después de la reunión. **2** [U] (frml) bebida y alimento: *We worked all day without refreshment.* Trabajamos todo el día sin comer ni beber nada. **3** [U] (frml) descanso

re·frig·er·ate /rɪˈfrɪdʒəˌreɪt/ *v* [T] conservar en la nevera, refrigerar

re·frig·er·a·tion /rɪˌfrɪdʒəˈreɪʃən/ *s* [U] refrigeración

re·frig·er·a·tor S2 /rɪˈfrɪdʒəˌreɪtər/ *s* [C] nevera, refrigerador SIN **fridge** ▶ FREEZER

re·fuel /riˈfyul/ *v* (**refueled**, **refueling**) **(a)** [I] repostar (avión, buque) **(b)** [T gralm en pasiva] reabastecer de combustible (un avión, una nave)

ref·uge /ˈrɛfyudʒ/ *s* **1** [C] (edificio) refugio • [+**for**]: *a refuge for battered wives* un centro de acogida para esposas maltratadas **2** [C] (espacio) refugio • [+**from**]: *The huts provide a refuge from the rain.* Las chozas brindan refugio contra la lluvia. **3** [U] (protección) refugio • **take refuge** refugiarse: *We took refuge in the cellar.* Nos refugiamos en el sótano. • **seek refuge** buscar refugio

ref·u·gee /ˌrɛfyʊˈdʒi/ *s* [C] refugiado -a *a school for refugee children* una escuela para niños refugiados • **refugee camp** campamento/campo de refugiados

re·fund¹ /ˈrifʌnd/ *s* [C] devolución (del dinero), reembolso: *He demanded a refund.* Exigió que le devolvieran el dinero.

re·fund² /rɪˈfʌnd, ˈrifʌnd/ *v* [T] devolver, reembolsar: *Your money will be refunded.* Le devolveremos el dinero. ▶ REIMBURSE

re·fur·bish /rɪˈfɜbɪʃ/ *v* [T] renovar, remodelar (una habitación, un edificio)

re·fur·bish·ment /rɪˈfɜbɪʃmənt/ *s* [C,U] renovación, remodelación (de una habitación, un edificio)

re·fus·al /rɪˈfyuzəl/ *s* **1** [C,U] negativa • **refusal to do sth** negativa a hacer algo: *her refusal to answer any* *questions* su negativa a contestar cualquier pregunta • **a flat refusal** una negativa rotunda **2** [U] **refusal of sth** rechazo de algo: *his refusal of the gift* su negativa a aceptar el regalo • *I was surprised by his refusal of a pay raise.* Me sorprendió que rechazara el aumento de sueldo. **3** [C,U] denegación (de una visa, un permiso), rechazo (de una solicitud): *refusal of permission to build on the land* denegación de la licencia para construir en el terreno

re·fuse[1] S2 W1 /rɪˈfyuz/ *v*
1 [I,T] negarse (a) • **refuse to do sth** negarse a hacer algo: *He refused to answer any questions.* Se negó a contestar cualquier pregunta. • **flatly refuse/refuse point-blank (to do sth)** negarse rotundamente (a hacer algo) • **I/he could hardly refuse** no podía negarme/negarse
2 [T] rechazar: *The offer seemed too good to refuse.* La oferta parecía demasiado buena para rechazarla. ANT **accept**
3 [T] denegar, negar (una visa, un permiso), rechazar (una solicitud) • **refuse sb sth** denegar/negar algo a alguien: *Immigration authorities refused him a visa.* Las autoridades de inmigración le denegaron la visa. ANT **grant**

ref·use[2] /ˈrɛfjus/ *s* [U] *(frml)* residuos, basura(s): *household refuse* residuos domésticos • **refuse collection** recolección de residuos • **refuse collector** recolector -ora de residuos • **refuse truck** camión/vehículo recolector de residuos ▶ ver nota en BASURA

re·fute /rɪˈfyut/ *v* [T] *(frml)* **1** refutar, rebatir SIN **disprove** **2** negar (una acusación, una insinuación) SIN **deny**

re·gain /rɪˈgeɪn/ *v* [T] recuperar: *She regained control of the company.* Recuperó el control de la empresa. • **regain consciousness** recobrar el conocimiento • **regain the lead** ir ganando otra vez

re·gal /ˈrigəl/ *adj (frml)* **1** regio -a, majestuoso -a **2** [solo ante s] regio -a, real

re·gale /rɪˈgeɪl/ *v* [T] entretener

re·ga·lia /rɪˈgeɪlyə/ *s* [U] galas, vestiduras: *a military band in full regalia* una banda militar ataviada con sus trajes de gala

re·gard[1] /rɪˈgɑrd/ *s* **1** [U] consideración • **regard for sth/sb** consideración hacia algo/alguien, respeto a algo/alguien: *due regard for the law* el respeto debido a la ley • **pay regard to sth** tener en cuenta algo: *He never paid much regard to his health.* Nunca se preocupó demasiado por su salud. • **show regard for sth/sb** tener en cuenta algo/a alguien, mostrar consideración hacia algo/alguien • **have little/no regard for sth** no prestar demasiada/ninguna atención a algo, no preocuparse demasiado/nada por algo • **without regard to/for sth** (tb **with no regard to/for sth**) sin tener en cuenta algo **2** [U] respeto, estima • [+**for**]: *You don't seem to have much regard for your colleagues.* No parece que respetes mucho a tus colegas. • **have a high regard for sth/sb** tener algo/a alguien en gran estima, respetar mucho algo/a alguien • **hold sb/sth in high regard** *(frml)* tener muy buen concepto de alguien/algo **3** **regards** [pl] *(frml)* recuerdos, saludos: *I hope to see you soon. Regards, Tom.* Espero verte pronto. Saludos, Tom • **give my regards to Sam/your mother** saluda a Sam/tu madre de mi parte, dale recuerdos a Sam/tu madre • **send your regards** mandar saludos/recuerdos: *George sends his regards.* Te manda saludos George. • **(with) kind regards** saludos cordiales, cordialmente **4** [sing] *(liter)* mirada

EXPRESIONES
in this/that regard en este/ese sentido • **with/in regard to sth** con respecto a algo, en lo que respecta/se refiere a algo SIN **regarding**

regard[2] W3 *v* [T]
1 [nunca en forma continua] **regard sth/sb as sth** considerar algo/a alguien (como) algo: *She's always regarded him as a friend.* Siempre lo consideró un amigo. • **regard sb/sth with admiration/concern** sentir admiración/preocupación por alguien/algo • **regard sb/sth with suspicion** desconfiar de alguien/algo • **be**

highly regarded ser muy respetado -a • **be widely regarded as the best/a failure** ser considerado -a por muchos como el mejor/un fracaso
2 *(escrito)* mirar, observar

EXPRESIONES
as regards sth *(frml)* con respecto a algo, en lo que respecta/se refiere a algo

re·gard·ing /rɪˈgɑrdɪŋ/ *prep (frml)* con respecto a, en relación con: *questions regarding the changes* preguntas relativas a los cambios • *Regarding your inquiry, ...* En relación con su consulta, ... SIN **concerning**

re·gard·less /rɪˈgɑrdlɪs/ *adv* pese a todo, a pesar de todo • **carry on/go ahead regardless** seguir adelante pese a todo • **regardless of sth** independientemente de algo, sin tener en cuenta algo: *Anyone can apply, regardless of age.* Cualquiera puede presentarse, independientemente de su edad. • *regardless of what she says* diga lo que diga

re·gat·ta /rɪˈgɑtə, -ˈgæ-/ *s* [C] regata

re·gen·cy /ˈridʒənsi/ *s* [C,U] (pl **regencies**) regencia

re·gen·er·ate /rɪˈdʒɛnəˌreɪt/ *v (frml)* **1** [T] regenerar, revitalizar (una economía, una zona, etc.) **2** [I] regenerarse (célula, planta)

re·gen·er·a·tion /rɪˌdʒɛnəˈreɪʃən/ *s* [U] **1** regeneración, revitalización (económica, urbana, etc.) **2** regeneración (biológica)

re·gent[1] /ˈridʒənt/ *adj* [solo después de s] regente

regent[2] *s* [C] regente

reg·gae /ˈrɛgeɪ/ *s* [U] reggae

re·gime W3 /reɪˈʒim, rɪ-/ *s* [C]
1 (gobierno) régimen • **under a military/communist regime** bajo un régimen militar/comunista
2 (sistema) régimen: *tax/financial regime* régimen impositivo/financiero
3 (de salud, ejercicios) régimen SIN **regimen**

re·gi·men /ˈrɛdʒəmən/ *s* [C] *(frml)* régimen (de salud, ejercicios) SIN **regime**

reg·i·ment /ˈrɛdʒəmənt/ *s* [C] regimiento

reg·i·men·tal /ˌrɛdʒəˈmɛntl‹/ *adj* [solo ante s] del regimiento, de un regimiento

reg·i·ment·ed /ˈrɛdʒəˌmɛntɪd/ *adj* muy organizado -a, muy reglamentado -a (vida, actividad), sometido -a a pautas estrictas (persona, lugar)

re·gion W1 /ˈridʒən/ *s* [C]
1 (geográfica) región, zona • [+**of**]: *the Bordeaux region of France* la región francesa de Burdeos ▶ AREA
2 (anatómica) región, zona • [+**of**]: *regions of the brain* zonas del cerebro

EXPRESIONES
in the region of alrededor de: *somewhere in the region of 10 million* alrededor de 10 millones SIN **around**

re·gion·al S3 W3 /ˈridʒənəl/ *adj* [gralm ante s] regional

reg·is·ter[1] S2 /ˈrɛdʒəstər/ *s*
1 [C] (lista oficial) registro • [+**of**]: *the register of births, marriages, and deaths* el registro civil de nacimientos, matrimonios y defunciones • **the electoral register** el censo electoral, el padrón electoral • **sign the register** firmar en el registro, registrarse
2 [C,U] *(técn)* (en lingüística) registro
3 [C] *(técn)* (en música) registro
4 [C] caja (registradora) SIN **cash register**, **till**
5 [C] (en un sistema de calefacción o refrigeración) registro, regulador

reg·is·ter[2] S3 W3 *v*
1 en una lista oficial
2 una opinión
3 en el semblante
4 en la memoria, la conciencia
5 en un aparato de medición
6 correo postal

1 **EN UNA LISTA OFICIAL** **(a)** [T] registrar (un nacimiento, una empresa, un arma), inscribir (a un participante, un votante, un socio, un alumno), matricular (un vehículo) • **register sth/sb as sth** registrar algo/a alguien como algo: *The organization has been registered as a charity.* La organización está como entidad de beneficiencia. • **register sth/sb for sth** registrar algo/a alguien para algo • **register sth/sb with the authorities** registrar algo/a alguien ante la autoridad competente **(b)** [I] inscribirse (en un club, un censo, un torneo, un curso), registrarse (en un hotel) • **register as sth** inscribirse como algo: *He registered as unemployed.* Se registró como desempleado. • **register with the police/ the immigration authorities** inscribirse en el registro de la policía/de inmigración • **register for classes/a course** inscribirse para unas clases/en un curso
2 **UNA OPINIÓN** [T] (*frml*) **register a complaint/protest** presentar una queja/protesta, formular una queja/ protesta • **register your interest** manifestar su interés
3 **EN EL SEMBLANTE** [T] mostrar, expresar: *Her face registered no surprise.* Su rostro no expresaba sorpresa alguna. SIN **show**
4 **EN LA MEMORIA, LA CONCIENCIA** **(a)** [I] *Her words didn't register.* No presté atención a sus palabras. • **register with sb** *It didn't register with him.* No se enteró. • *His name hadn't registered with me.* No me había quedado con su nombre. **(b)** [T] (*frml*) darse cuenta de, percatarse de: *She had not yet registered the fact that he was dead.* Aún no se había percatado de que estaba muerto. • **register sb's presence** advertir la presencia de alguien
5 **EN UN APARATO DE MEDICIÓN** [T] registrar: *The thermometer registered 42 degrees.* El termómetro marcaba 42 grados.
6 **CORREO POSTAL** [T] mandar certificado -a

reg·is·tered /'rɛdʒəstəd/ *adj* **1** registrado -a (oficialmente), oficial: *a registered charity* una entidad inscrita en el registro oficial de instituciones de beneficiencia • **be registered with a doctor** estar registrado -a ante un -a médico -a **2** certificado -a (carta, paquete)

registered 'mail *s* [U] correo certificado SIN **certified mail**

registered 'nurse (abrev **RN**) *s* [C] licenciado -a en enfermería, profesional en enfermería

reg·is·trar /'rɛdʒə,strɑr/ *s* [C] **1** (funcionario) *the local registrar of births and deaths* el funcionario local encargado de registrar los nacimientos y los fallecimientos **2** secretario -a (en una universidad)

reg·is·tra·tion S3 /,rɛdʒə'streɪʃən/ *s* **1** [C,U] inscripción, registro (de un nacimiento, un fallecimiento, etc.), matriculación (un vehículo): *voter registration* inscripción/empadronamiento de votantes • **registration fee** cuota de inscripción, matrícula **2** [C] permiso de circulación (de un vehículo)

reg·is·try /'rɛdʒəstri/ *s* [C] (pl **registries**) **1** (lugar) registro **2** (lista) registro

re·gress /rɪ'grɛs/ *v* [I] **1** (empeorar) experimentar una regresión/un retroceso • **regress to (doing) sth** volver a (hacer) algo ANT **progress 2** (*técn*) (en psicología) sufrir una regresión

re·gres·sion /rɪ'grɛʃən/ *s* **1** [C,U] (empeoramiento) regresión, retroceso **2** [U] (*técn*) (en psicología) regresión

re·gret¹ /rɪ'grɛt/ *v* [T] (**regretted**, **regretting**) **1** (sentir) arrepentirse de, lamentar: *I later regretted this decision.* Después me arrepentí de esta decisión. • *You won't regret it if you go.* Si decides ir, no te arrepentirás. • **regret doing sth** arrepentirse de/lamentar haber hecho algo: *Do you regret leaving your job?* ¿Te arrepientes de haber dejado tu trabajo? • **regret (that)** *She regretted that she had not gone with the others.* Lamentaba no haber ido con los otros. • **bitterly/deeply regret sth** lamentar muchísimo algo, arrepentirse muchísimo de algo • **you may live to regret it/this** luego te arrepentirás (de ello) **2** [nunca en forma continua] (*frml*) (en cartas, anuncios oficiales) lamentar • **regret (that)** *We regret*

that we cannot refund your money. Lamentamos no poder reembolsarle su dinero. • **regret to say/ announce/inform** lamentar (tener que) decir/anunciar/ comunicar: *We regret to inform you that your application has been unsuccessful.* Lamentamos informarle de que no ha sido seleccionado para el puesto.

regret² *s* [C,U] pesar, pena (por lo ocurrido), arrepentimiento (por las propias acciones) • [+**at/for/over**]: *They expressed no regret for their actions.* No expresaron arrepentimiento alguno por sus actos. • **with (great/deep) regret** con (gran/profundo) pesar • **have no regrets about (doing) sth** no arrepentirse de (haber hecho) algo • **much to his/my regret** (*frml*) muy a su/mi pesar
EXPRESIONES
send your regrets (*frml*) enviar sus disculpas/excusas

re·gret·ful /rɪ'grɛtfəl/ *adj* pesaroso -a, apenado -a (por lo ocurrido), arrepentido -a (por las propias acciones) • **give a regretful smile/sigh** sonreír/suspirar con pesar

re·gret·ful·ly /rɪ'grɛtfəli/ *adv* **1** con pesar/pena (por lo ocurrido), con arrepentimiento (por las propias acciones) **2** [adv oracional] lamentablemente, desgraciadamente SIN **regrettably**

re·gret·ta·ble /rɪ'grɛtəbəl/ *adj* lamentable • **it is regrettable that** es lamentable que SIN **unfortunate**

re·gret·ta·bly /rɪ'grɛtəbli/ *adv* lamentablemente, desgraciadamente: *Regrettably, they were unsuccessful.* Lamentablemente, no lo consiguieron. SIN **sadly**, **unfortunately**

re·group /,ri'grup/ *v* [I] **1** reagruparse (tropas, militares) **2** reunirse de nuevo, volverse a reunir (grupo, orquesta)

reg·u·lar¹ S1 W2 /'rɛgyələ/ *adj*

1	con frecuencia exacta
2	con bastante frecuencia
3	usual, de siempre
4	en el espacio
5	sin nada especial
6	en el tamaño
7	facciones
8	empleo, puesto
9	soldado, militar
10	en gramática
11	en geometría
12	personalidad

1 **CON FRECUENCIA EXACTA** regular: *His breathing was slow and regular.* Su respiración era lenta y regular. • **at regular intervals** a intervalos regulares, con regularidad • **on a regular basis** regularmente, con regularidad ANT **irregular**
2 **CON BASTANTE FRECUENCIA** [solo ante s] frecuente, habitual: *an area where there is regular flooding* una zona donde hay inundaciones frecuentes • **get regular exercise** hacer ejercicio con regularidad • **a regular occurrence** un hecho habitual • **a regular traveler** un viajero/una viajera habitual • **a regular customer** un cliente/una clienta habitual • **a regular visitor** un visitante asiduo/una visitante asidua • **on a regular basis** con frecuencia, con regularidad: *I travel abroad on a regular basis.* Viajo con frecuencia al extranjero. • **be in regular use** usarse de forma habitual, estar en uso
3 **USUAL, DE SIEMPRE** [solo ante s] habitual, normal: *Firefighters returned to their regular duties.* Los bomberos retomaron sus tareas habituales. SIN **normal**, **usual**
4 **EN EL ESPACIO** **a regular pattern** un diseño/patrón regular • **at regular intervals** a intervalos regulares ANT **irregular**
5 **SIN NADA ESPECIAL** normal: *Do you want decaffeinated or regular coffee?* ¿Quieres café descafeinado o normal?
6 **EN EL TAMAÑO** [solo ante s] mediano -a, normal: *Do you want a regular coffee or a large?* ¿Quiere el café mediano o grande?
7 **FACCIONES** regular, proporcionado -a ANT **irregular**
8 **EMPLEO, PUESTO** [solo ante s] estable

9 **SOLDADO, MILITAR** [solo ante s] de carrera, profesional • **a regular army** un ejército profesional ANT **irregular**

10 **EN GRAMÁTICA** (*técn*) regular ANT **irregular**

11 **EN GEOMETRÍA** (*técn*) regular ANT **irregular**

12 **PERSONALIDAD** **a regular guy** un tipo normal SIN **normal** ▶ **REGULARLY**

regular² *s* **1** [C] (*coloq*) (cliente -a) habitual, parroquiano -a **2** [C] soldado profesional, militar de carrera **3** [U] normal (gasolina)

re·gu·lar·i·ty /ˌrɛgyəˈlærəti/ *s* (pl **regularities**) [U] regularidad, frecuencia • **with alarming regularity** con una frecuencia alarmante • **with increasing regularity** cada vez con más frecuencia

reg·u·lar·ize /ˈrɛgyələˌraɪz/ *v* [T] regularizar

reg·u·lar·ly W3 /ˈrɛgyələli, ˈrɛgyəli/ *adv* **1** regularmente, con regularidad **2** a menudo, con frecuencia • **quite/fairly regularly** con bastante frecuencia SIN **frequently** **3** **regularly spaced** a la misma distancia (uno de otro), a intervalos regulares • **regularly shaped** de forma regular SIN **evenly**

reg·u·late W3 /ˈrɛgyəˌleɪt/ *v* [T] **1** (una actividad, una profesión) regular, reglamentar • **strictly/tightly regulated** muy regulado -a **2** (la temperatura, la velocidad) regular SIN **control**

reg·u·la·tion¹ W2 /ˌrɛgyəˈleɪʃən/ *s* **1** [C gralm pl] (de un reglamento) norma, regulación • [+on]: *regulations on food safety* normas sobre seguridad alimentaria • **safety regulations** normas de seguridad • **fire regulations** normativa contra incendios • **building/environmental** **regulations** normas de edificación/medioambientales • **under new/existing regulations** de acuerdo con la nueva/actual normativa • **rules and regulations** normativa, reglamento **2** [U] (de una actividad, una profesión) regulación, reglamentación: *the regulation of the airline industry* la reglamentación del sector aéreo **3** [U] (del nivel, la cantidad) regulación: *the regulation of temperature* la regulación de la temperatura

regulation² *adj* [solo ante s] reglamentario -a: *a regulation fire door* una puerta contra incendios reglamentaria

reg·u·la·tor /ˈrɛgyəˌleɪtə/ *s* [C] **1** organismo regulador **2** regulador (instrumento)

reg·u·la·to·ry /ˈrɛgyələˌtɔri/ *adj* [gralm ante s] (*frml*) regulador -a (organismo, ente)

re·gur·gi·tate /rɪˈgədʒəˌteɪt/ *v* [T] (*frml*) **1** regurgitar ▶ **VOMIT** **2** (*peyor*) repetir como un loro (datos, apuntes)

re·gur·gi·ta·tion /rɪˌgədʒəˈteɪʃən/ *s* [U] (*frml*) **1** regurgitación **2** (*peyor*) repetición mecánica (de datos, apuntes)

re·hab /ˈrihæb/ *s* [U] (*coloq*) rehabilitación, desintoxicación • **be in rehab** estar en rehabilitación • **rehab center** centro de rehabilitación

re·ha·bil·i·tate /ˌriəˈbɪləˌteɪt, ˌrihə-/ *v* [T] rehabilitar

re·ha·bil·i·ta·tion /ˌriəˌbɪləˈteɪʃən, ˌrihə-/ *s* [U] rehabilitación: *the rehabilitation of prisoners* la reinserción social de presos • **rehabilitation center** centro de rehabilitación

re·hash¹ /ˈrihæʃ/ *s* [C] (*peyor*) refrito

re·hash² /riˈhæʃ/ *v* [T] (*peyor*) hacer un refrito de

re·hears·al S3 /rɪˈhəsəl/ *s* [C,U] ensayo (de una obra, una ceremonia, etc.) • [+for]: *a rehearsal for "Romeo and Juliet"* un ensayo de "Romeo y Julieta" • **in rehearsal** ensayándose ▶ **DRESS REHEARSAL**

re·hearse /rɪˈhəs/ *v* **1** [I,T] ensayar (una obra, un discurso, etc.) • **rehearse for sth** ensayar (para) algo **2** [T] hacer ensayar a, ensayar con (la orquesta, los actores, etc.)

re·house /ˌriˈhaʊz/ *v* [T] realojar

reign¹ /reɪn/ *s* [C] **1** (de un monarca) reinado: *the reign of Henry VIII* el reinado de Enrique VIII **2** (de un deportista, un estilo) reinado, hegemonía

reign² *v* [I] **1** (monarca) reinar • **reign over sb/sth** reinar sobre alguien/algo ▶ **RULE** **2** (campeón, estilo, sistema) reinar • **reign supreme** ser el rey/la reina indiscutible, tener total hegemonía **3** (*liter*) (sensación, situación) reinar • **confusion/peace/silence reigns** reina la confusión/la paz/el silencio

ˌreign of ˈterror *s* [C gralm sing] régimen de terror

re·im·burse /ˌriɪmˈbəs/ *v* [T] (*frml*) reembolsar • **reimburse sb for sth** reembolsarle algo a alguien ▶ **REFUND**

re·im·burse·ment /ˌriɪmˈbəsmənt/ *s* [C, U] (*frml*) reembolso

rein¹ /reɪn/ *s* [C] **1** [gralm pl] (del caballo) rienda ▶ **BRIDLE** **2** **reins** [pl] (de una empresa, un país) **hold the reins** llevar las riendas • **take (over) the reins** tomar las riendas

EXPRESIONES

give free rein to sth dar rienda suelta a algo • **give sb (a) free rein** dar carta blanca a alguien • **keep a tight rein on sth/sb** tener algo/a alguien muy controlado, apretar las riendas a algo/alguien

rein² *v*

rein in (tb **rein back**) *v+partíc* **1** **rein sth** ↔ **in** controlar algo (los gastos, la ira, etc.) **2** **rein sth** ↔ **in** frenar algo (al caballo) **3** **rein in** frenar al caballo

re·in·car·nate /ˌriɪnˈkɑrˌneɪt/ *v* **be reincarnated** reencarnarse • **be reincarnated as sb/sth** reencarnarse en alguien/algo

re·in·car·na·tion /ˌriɪnkɑrˈneɪʃən/ *s* [U] reencarnación

rein·deer /ˈreɪndɪr/ *s* [C] (pl **reindeer**) reno

re·in·force /ˌriɪnˈfɔrs/ *v* [T] **1** (una idea, un sentimiento) reforzar, reafirmar **2** (una mala situación, un mal hábito) perpetuar, reforzar **3** (un muro, un material) reforzar **4** (un ejército) reforzar

re·in·force·ment /ˌriɪnˈfɔrsmənt/ *s* **1** **reinforcements** [pl] refuerzos: *The police called for reinforcements.* La policía pidió refuerzos. **2** [U] perpetuación, refuerzo, consolidación

re·in·state /ˌriɪnˈsteɪt/ *v* [T] **1** reincorporar (a un trabajador) **2** reinstaurar (un sistema, una ley) SIN **restore**

re·in·state·ment /ˌriɪnˈsteɪtmənt/ *s* [U] **1** reincorporación (de un trabajador) **2** reinstauración (de un sistema, una ley) SIN **restoration**

re·in·vent /ˌriɪnˈvɛnt/ *v* [T] **1** reinventar **2** **reinvent yourself** reinventarse

EXPRESIONES

reinvent the wheel (*coloq*) inventar el agua hervida

re·is·sue¹ /riˈɪʃu/ *s* [C] reedición

reissue² *v* [T] reeditar

re·it·e·rate /riˈɪtəˌreɪt/ *v* [T] (*frml*) reiterar SIN **repeat**

re·it·e·ra·tion /riˌɪtəˈreɪʃən/ *s* [C,U] (*frml*) reiteración

re·ject¹ W2 /rɪˈdʒɛkt/ *v* [T]

1 una oferta, petición
2 un punto de vista, rumor
3 a un candidato
4 un producto defectuoso
5 a un hijo
6 un órgano transplantado

1 **UNA OFERTA, PETICIÓN** rechazar: *The committee rejected the proposal.* El comité rechazó la propuesta. ANT **accept**

2 **UN PUNTO DE VISTA, RUMOR** rechazar: *The court rejected his argument.* El tribunal rechazó su argumento. ANT **accept**

3 **A UN CANDIDATO** rechazar: *I applied to law school, but was rejected.* Traté de ingresar a la facultad de Derecho, pero me rechazaron. • **reject sb's application** rechazar la solicitud de alguien ANT **accept**

4 **UN PRODUCTO DEFECTUOSO** rechazar ANT **accept**

5 **A UN HIJO** rechazar `ANT` **accept**
6 **UN ÓRGANO TRANSPLANTADO** rechazar `ANT` **accept**

re·ject² /ˈriːdʒekt/ s [C] (coloq) marginado -a

re·jec·tion /rɪˈdʒekʃən/ s **1** [C,U] (de una oferta) rechazo • [+of]: *He was disappointed at her rejection of his proposal.* Le decepcionó que rechazara su propuesta. **2** [C,U] (de un punto de vista) rechazo • [+of]: *his rejection of the theory of evolution* su rechazo del evolucionismo **3** [C] (de un candidato) *He had already suffered three rejections.* Ya lo habían rechazado en tres sitios. **rejection letter** carta en que se comunica el rechazo de una solicitud **4** [C,U] (de un hijo) rechazo

re·joice /rɪˈdʒɔɪs/ v [I] (esp escrito) regocijarse, estar muy alegre • **rejoice at/over sth** regocijarse de/con algo, estar muy alegre por algo

re·joic·ing /rɪˈdʒɔɪsɪŋ/ s [U] (esp escrito) júbilo, regocijo

re·join /rɪˈdʒɔɪn/ v [T] **1** reunirse con (una persona, un grupo) **2** reincorporarse a (una organización, un partido) **3** volver a unir (cables, etc.) **4** volver a tomar (una carretera, un camino)

re·join·der /rɪˈdʒɔɪndər/ s [C] (frml) réplica (ingeniosa)

re·ju·ve·nate /rɪˈdʒuːvəˌneɪt/ v [T] **1** rejuvenecer (a una persona) **2** revitalizar (una empresa, un sector, una zona), restaurar (un mueble, etc.)

re·ju·ve·na·tion /rɪˌdʒuːvəˈneɪʃən/ s [U] **1** revitalización (de una empresa, un sector, una zona), restauración (de un mueble, etc.) **2** rejuvenecimiento (de una persona)

re·kin·dle /riːˈkɪndl/ v [T] reavivar • **rekindle interest** reavivar el interés • **rekindle hopes** hacer renacer las esperanzas • **rekindle memories** reavivar recuerdos

re·lapse¹ /rɪˈlæps/ v [I] **1** recaer, sufrir una recaída (en una enfermedad) • **relapse into sth** *She relapsed into a coma.* Volvió a entrar en coma. **2** reincidir, volver a caer (en un vicio, mal hábito, etc.), volver a sumirse (en la depresión, el silencio, etc.)

re·lapse² /ˈriːlæps, rɪˈlæps/ s **1** [C,U] recaída (en una enfermedad) • **have/suffer a relapse** tener/sufrir una recaída **2** [C] reincidencia, recaída (en un vicio, mal hábito, etc.)

re·late `S2` `W2` /rɪˈleɪt/ v
1 [I] relacionarse (hechos, asuntos, ideas) • **relate to sth** relacionarse/estar relacionado con algo: *How does all this relate to me?* ¿Qué relación tiene todo esto conmigo? ► **RELATED**
2 [T] relacionar • **relate sth to sth** relacionar algo con algo ► **RELATED**
3 [I] relacionarse (persona) • **relate to sb** llevarse bien/entenderse con alguien: *He can't relate to women.* Le resulta imposible entenderse con las mujeres. • **relate to sth** sentirse identificado -a con algo, entender algo
4 [T] (frml) relatar: *She related the events of the day.* Relató los hechos del día.

re·lat·ed `S2` `W2` /rɪˈleɪtɪd/ adj
1 relacionado -a (hechos, asuntos, ideas): *Police believe that the three murders are related.* La policía cree que los tres asesinatos están relacionados. • [+to]: *A lot of crime is related to drugs.* Muchos delitos están relacionados con las drogas. • **a related issue/problem** un tema/problema afín • **closely/directly related** estrechamente/directamente relacionado -a `SIN` **connected**
2 [nunca ante s] **be related** ser parientes, estar emparentados -as: *Are you and Jim related?* ¿Jim y tú son parientes? • **be related to sb** ser pariente de alguien, estar emparentado -a con alguien • **be closely/distantly related** ser parientes cercanos/lejanos
3 de la misma familia, del mismo grupo (animales, lenguas, etc.) • [+to]: *Dogs and wolves are related to each other.* Los perros y los lobos pertenecen a la misma familia.

re·la·tion `S3` `W1` /rɪˈleɪʃən/ s
1 **relations** [pl] relaciones (entre países, grupos) • [+between]: *Relations between the two countries have improved recently.* Las relaciones entre los dos países han mejorado últimamente. • [+with]: *Japan wants to*

maintain good relations with the U.S. Japón quiere mantener buenas relaciones con Estados Unidos. • **diplomatic relations** relaciones diplomáticas • **international relations** relaciones internacionales • **race relations** relaciones interraciales
2 [C,U] relación (entre hechos, ideas, asuntos) • [+between]: *There is a direct relation between smoking and lung cancer.* Existe una relación directa entre el tabaco y el cáncer de pulmón. • **have no/little relation with sth** no tener ninguna/tener poca relación con algo • **bear no relation to sth** (frml) no guardar ninguna relación con algo `SIN` **relationship**
3 [C] pariente, familiar: *She invited all her friends and relations.* Invitó a todos sus familiares y amigos. `SIN` **relative** ► **PUBLIC RELATIONS, RELATIONSHIP**

EXPRESIONES
in relation to sb/sth en relación con alguien/algo: *Women's pay is low in relation to men's.* El sueldo de las mujeres es bajo en relación con el de los hombres.

re·la·tion·ship `S1` `W1` /rɪˈleɪʃənˌʃɪp/ s
1 [C] (entre personas, países, grupos) relación: *the teacher-student relationship* la relación profesoralumno • [+with]: *What's your relationship with your father like?* ¿Cómo es tu relación con tu padre? • [+between]: *the special relationship between Britain and the U.S.* la especial relación entre Gran Bretaña y EU • **a close relationship** una relación estrecha • **a working relationship** una relación de trabajo • **a love-hate relationship** una relación de amor y odio
2 [C,U] (entre hechos, ideas, asuntos) relación • [+between]: *There is a relationship between poverty and ill health.* Hay una relación entre la pobreza y la mala salud. • **bear no/little relationship to sth** no guardar ninguna/guardar poca relación con algo
3 [C] (amorosa) relación: *She wanted to end their relationship.* Quería poner fin a su relación. • **be in a relationship** tener una relación • **have a relationship with sb** tener relaciones/una relación con alguien

rel·a·tive¹ `S3` `W3` /ˈrelətɪv/ s [C] pariente, familiar: *She invited all her friends and relatives.* Invitó a todos sus familiares y amigos. • **a close/distant relative** un pariente cercano/lejano `SIN` **relation**

relative² `W3` adj relativo -a: *a period of relative calm* un periodo de relativa calma • **the relative merits of two/several things** las virtudes respectivas de dos/varias cosas • **it's all relative** todo es relativo

EXPRESIONES
relative to sth (frml) en relación con algo: *Costs have gone up relative to wages.* Los costos han subido en relación con los salarios.

ˌrelative ˈclause s [C] (técn) proposición subordinada relativa

rel·a·tive·ly `S3` `W2` /ˈrelətɪvli/ adv relativamente • **relatively speaking** en términos relativos, comparativamente (hablando)

ˌrelative ˈpronoun s [C] (técn) pronombre relativo

rel·a·tiv·i·ty /ˌreləˈtɪvəti/ s [U] (técn) relatividad: *the theory of relativity* la teoría de la relatividad

re·launch¹ /ˈriːlɔntʃ, riːˈlɔntʃ, -ˈlɑntʃ/ s [C] relanzamiento

relaunch² v [T] relanzar

re·lax `S2` `W3` /rɪˈlæks/ v
1 (persona) **(a)** [I] relajarse, tranquilizarse: *Relax! There's nothing to worry about!* ¡Tranquilízate! ¡No hay de qué preocuparse! • *Listening to music helps me relax.* Escuchar música me ayuda a relajarme. **(b)** [T] relajar: *A walk will relax you.* Un paseo hará que te relajes.
2 (músculos, cuerpo) **(a)** [I] relajarse: *Try to let your shoulders relax.* Trata de relajar los hombros. **(b)** [T] relajar
3 [T] (normas, leyes) flexibilizar, relajar `ANT` **tighten**

EXPRESIONES
relax your hold/grip (on sth) **(a)** (al agarrar) dejar de apretar (algo) **(b)** (al gobernar) disminuir el control (sobre algo)

re·lax·a·tion /ˌriːlæk'seɪʃən/ s **1** [U] (tranquilidad) relajación: *I play the piano for relaxation.* Toco el piano para relajarme. • **relaxation exercise** ejercicio de relajación • **relaxation technique** técnica de relajación **2** [C gralm sing] (actividad) distracción: *Gardening is my main relaxation.* La jardinería es mi principal distracción. **3** [U] (de normas, controles) flexibilización, relajación **4** [U] (de los músculos) relajación

re·laxed /rɪ'lækst/ adj **1** (persona) relajado -a, tranquilo -a: *They were in a relaxed mood.* Estaban relajados. • [+**about**]: *He seems much more relaxed about his work.* Parece mucho más tranquilo con respecto a su trabajo. ANT **tense 2** (ambiente, reunión) distendido -a **3** (músculo) relajado -a **4** flexible, permisivo -a: *We're quite relaxed about what time people start work.* Somos bastante flexibles en cuanto al horario de entrada al trabajo.

re·lax·ing /rɪ'læksɪŋ/ adj relajante

re·lay¹ /'riːleɪ, rɪ'leɪ/ v [T] (**relays, relayed, relaying**) **1** (un mensaje, información) transmitir: *Dave relayed the news to the rest of the team.* Dave transmitió la noticia al resto del equipo. **2** [gralm en pasiva] (en radio, televisión) retransmitir

re·lay² /'riːleɪ, rɪ'leɪ/ v [T] (**relays, relaid, relaying**) volver a tender (un cable, una vía), volver a poner (una alfombra, ladrillos), volver a echar (cemento)

re·lay³ /'riːleɪ/ s [C] **1** (tb **relay race**) carrera de relevos: *the 4 x 100 meter relay* la carrera de relevos de 4 x 100 **2** repetidora (de radio, televisión) **3** relevo, turno (de personas) • **do sth in relays** hacer algo por relevos

re·lease¹ S3 W1 /rɪ'liːs/ v [T]

  1 a un prisionero, un rehén
  2 un animal
  3 a un paciente
  4 datos, información
  5 dejar de agarrar
  6 dejar caer
  7 un gas, una sustancia, un olor
  8 en cine, música
  9 un mecanismo, un freno, el embrague
  10 de una obligación

1 A UN PRISIONERO, UN REHÉN poner en libertad, liberar: *She was released from prison last week.* Fue puesta en libertad la semana pasada. • **release sb on bail** poner a alguien en libertad bajo fianza
2 UN ANIMAL poner en libertad: *The bears will be released back into the wild.* Los osos serán devueltos a su hábitat natural.
3 A UN PACIENTE dar de alta a, dar el alta a: *He was released from the hospital.* Le dieron el alta en el hospital. SIN **discharge**
4 DATOS, INFORMACIÓN dar a conocer, hacer público -a: *No information about the suspect has been released.* No se ha dado a conocer ningún dato del sospechoso.
5 DEJAR DE AGARRAR soltar: *He released her hand.* Le soltó la mano. • **release your grip/hold on sth** soltar algo
6 DEJAR CAER arrojar (una bomba), soltar (un globo), lanzar (una flecha)
7 UN GAS, UNA SUSTANCIA, UN OLOR desprender, emitir, liberar: *Carbon dioxide is released into the atmosphere.* Se emite dióxido de carbono a la atmósfera.
8 EN CINE, MÚSICA estrenar (una película), lanzar, sacar (un disco)
9 UN MECANISMO, UN FRENO, EL EMBRAGUE soltar
10 DE UNA OBLIGACIÓN eximir, liberar • **release sb from their duties/contract** eximir a alguien de sus obligaciones/de cumplir su contrato

release² S3 W2 s

  1 de un prisionero, un rehén
  2 de un producto
  3 película, CD
  4 de datos, información
  5 declaración oficial
  6 de gases, sustancias, olores

1 DE UN PRISIONERO, UN REHÉN [sing, U] liberación: *The group are demanding the release of political prisoners.* El grupo exige la liberación de los prisioneros políticos. • [+**from**]: *His lawyer secured his release from jail.* Su abogado consiguió que saliera de la cárcel.
2 DE UN PRODUCTO [U] estreno (de una película), publicación, lanzamiento (de un disco, software): *The movie is scheduled for release early next year.* Está previsto que se estrene la película a principios del año próximo. • **be on general release** haber salido a la venta (disco), haberse estrenado, estar en cartelera (película)
3 PELÍCULA, CD [C] estreno (película), novedad, CD: *this week's new releases* los estrenos de la semana • *their latest release* su último CD
4 DE DATOS, INFORMACIÓN [U] publicación • [+**of**]: *the release of the report* la publicación del informe
5 DECLARACIÓN OFICIAL [C] comunicado • **a press/news release** un comunicado de prensa
6 DE GASES, SUSTANCIAS, OLORES [U] emisión • [+**of**]: *the release of toxic gases into the atmosphere* la emisión de gases tóxicos a la atmósfera ▸ **PRESS RELEASE**

rel·e·gate /'relə,ɡeɪt/ v [T] [gralm en pasiva] **relegate sth/sb to sth** relegar algo/a alguien a algo: *Women were relegated to a subordinate role.* Se relegaba a las mujeres a un papel secundario.

rel·e·ga·tion /ˌrelə'ɡeɪʃən/ s [U] relegación

re·lent /rɪ'lent/ v [I] ceder (persona)

re·lent·less /rɪ'lentlɪs/ adj **1** incesante: *The pressure at work was relentless.* La presión en el trabajo era incesante. **2** implacable: *a relentless critic of government policy* un crítico implacable de la política gubernamental

re·lent·less·ly /rɪ'lentlɪsli/ adv **1** incesantemente **2** implacablemente, sin tregua

rel·e·vance /'reləvəns/ (tb **rel·e·van·cy** /'reləvənsi/) s [U] pertinencia • **have little/no relevance to sth** tener poco/no tener nada que ver con algo

rel·e·vant /'reləvənt/ adj pertinente: *We do not have all the relevant information.* No disponemos de toda la información pertinente. • **be relevant to sth/sb** tener que ver con algo/alguien, tener relación con algo/alguien: *None of this is relevant to our discussion.* Nada de esto tiene que ver con lo que estamos discutiendo. ANT **irrelevant**

re·li·a·bil·i·ty /rɪ,laɪə'bɪləti/ s [U] **1** confiabilidad (de un vehículo, unos datos, etc.) **2** responsabilidad, formalidad (de una persona)

re·li·a·ble /rɪ'laɪəbəl/ adj **1** (persona, trabajador) responsable, (digno -a) de confianza; (testigo) confiable: *a reliable source* una fuente fidedigna SIN **dependable** ANT **unreliable 2** (sistema, vehículo, información) confiable; (método) seguro SIN **dependable** ANT **unreliable**

re·li·a·bly /rɪ'laɪəbli/ adv *We were reliably informed that he had left the country.* Fuentes fidedignas nos informaron que había salido del país. • *The engine must operate reliably.* El motor debe poder funcionar sin fallas.

re·li·ance /rɪ'laɪəns/ s [sing, U] **reliance on/upon sth/sb** dependencia de algo/alguien SIN **dependence**

re·li·ant /rɪ'laɪənt/ adj **be reliant on/upon sth/sb** depender de algo/alguien: *Japan is reliant on imports of oil from the Middle East.* Japón depende de las importaciones de petróleo de Medio Oriente. • **be heavily reliant** depender enormemente ▸ **SELF-RELIANT**

rel·ic /'relɪk/ s **1** [C] (cosa antigua) reliquia, vestigio • [+**of/from**]: *The boulder is a relic from the Ice Age.* La roca es un vestigio de la glaciación. **2** [C] (cosa desfasada) vestigio: *a feudal relic* un vestigio del feudalismo **3** [C] (cosa sagrada) reliquia

re·lief W3 /rɪ'liːf/ s

  1 sensación
  2 acción
  3 en guerras, desastres
  4 en finanzas

R

5 sustituto
6 en pintura, escultura
7 de un lugar sitiado

1 SENSACIÓN [sing, U] alivio • **have a sense/feeling of relief** sentir alivio • **to my/our relief** por suerte, afortunadamente: *She saw, to her relief, that the movie would end in ten minutes.* Vio con alivio que la película iba a teminar en diez minutos. • **sigh/smile with relief** suspirar/sonreír aliviado -a • **give/breathe a sigh of relief** suspirar aliviado -a • **That's a relief!** (tb **What a relief!** (*oral*)) ¡Qué alivio!

2 ACCIÓN [U] alivio: *the relief of suffering* el alivio del sufrimiento • [+from]: *drugs which provide relief from pain* drogas que alivian el dolor • **pain relief** alivio del dolor

3 EN GUERRAS, DESASTRES [U] ayuda (humanitaria) • **famine/disaster relief** ayuda contra el hambre/para las víctimas de un desastre • **relief agency** organismo de ayuda humanitaria • **relief convoy** convoy de ayuda humanitaria • **relief operation** operación de ayuda humanitaria • **relief organization** organización de ayuda humanitaria • **relief supplies** suministros/provisiones de ayuda humanitaria • **relief worker** trabajador humanitario/trabajadora humanitaria

4 EN FINANZAS [U] *tax relief* desgravación fiscal • *debt relief* condonación (parcial) de la deuda

5 SUSTITUTO [U] relevo *a relief driver* un conductor de relevo

6 EN PINTURA, ESCULTURA [C,U] relieve • **in relief** en relieve: *a figure carved in relief* una figura tallada en relieve

7 DE UN LUGAR SITIADO [U] (*frml*) liberación • [+of]: *the relief of Paris* la liberación de París ▶ LIBERATION

EXPRESIONES
light relief distracción, entretenimiento • **comic relief** un toque de humor

re·lieve /rɪ'liːv/ *v* [T] **1** aliviar, paliar: *a program aimed at relieving poverty* un programa orientado a paliar la pobreza • **relieve (the) pain** aliviar el dolor • **relieve pressure/stress** aliviar la presión/el estrés • **relieve the boredom/monotony** paliar el aburrimiento/romper la monotonía **2** relevar, reemplazar (en turnos de trabajo) **3** relieve yourself orinar **4** (*frml*) liberar (una ciudad, una plaza) ▶ LIBERATE
relieve sb of sth *v+partíc* **1** relieve sb of their post/duties/command (*frml*) relevar a alguien de su cargo/de sus funciones/del mando **2** (*frml*) ayudar a alguien con algo (algo pesado, laborioso, etc.) **3** (*frml, hum*) robarle algo a alguien

re·lieved /rɪ'liːvd/ *adj* aliviado -a: *I was so relieved to see that they were not hurt.* Me tranquilizó mucho ver que no estaban lastimados. • [+that]: *She was relieved that all the tests were negative.* Se sintió aliviada al ver que todas las pruebas daban negativo. • [+at]: *We were all relieved at the news.* Todos nos sentimos aliviados al oír la noticia.

re·li·gion S2 W2 /rɪ'lɪdʒən/ *s* [C, U] religión • **the Christian/Muslim/Hindu religion** la religión cristiana/musulmana/hindú • **practice a religion** practicar una religión

EXPRESIONES
find/get religion abrazar la religión

re·li·gious S2 W2 /rɪ'lɪdʒəs/ *adj*
1 (de la religión) religioso -a: *a religious leader* un líder religioso • **religious beliefs/faith** creencias religiosas/fe religiosa
2 (devoto) religioso -a • **deeply religious** profundamente religioso -a

re·li·gious·ly /rɪ'lɪdʒəsli/ *adv* religiosamente

re·lin·quish /rɪ'lɪŋkwɪʃ/ *v* [T] (*frml*) renunciar a • **relinquish sth to sb** cederle algo a alguien

rel·ish¹ /'rɛlɪʃ/ *v* [T] disfrutar (de): *He relished his moment of glory.* Saboreó su momento de gloria. • **relish the thought/idea/prospect of (doing) sth** disfrutar con la idea de (hacer) algo, disfrutar pensando en (hacer) algo: *I don't relish the idea of telling my mother*

about this. No me hace ninguna gracia contarle esto a mi madre. • **relish the chance to do sth/the challenge of doing sth** estar encantado -a de tener la oportunidad de hacer algo/de afrontar el desafío de hacer algo

relish² *s* **1** [C,U] salsa picante a base de especias, y fruta y verdura cocidas, que se sirve fría con la carne **2** [U] deleite • **with relish** con (gran) placer

re·live /ˌriː'lɪv/ *v* [T] revivir

re·load /ˌriː'loʊd/ *v* **(a)** [T] volver a cargar (un arma, un programa informático), poner un rollo nuevo en (una cámara) **(b)** [I] volver a cargar el arma

re·lo·cate /riː'loʊˌkeɪt/ *v* [T, I] trasladar(se) (una empresa, un empleado) • **relocate to England/San Francisco** trasladarse a Inglaterra/San Francisco

re·lo·ca·tion /ˌriːloʊˈkeɪʃən/ *s* [U] traslado (de una empresa, un empleado) • **relocation expenses** gastos de traslado

re·luc·tance /rɪ'lʌktəns/ *s* [sing, U] reticencia, renuencia • **reluctance to do sth** reticencia a hacer algo: *their reluctance to help* su reticencia a ayudar • **show reluctance to do sth** mostrarse reacio -a a hacer algo • **with reluctance** a regañadientes

re·luc·tant /rɪ'lʌktənt/ *adj* reacio -a, remiso -a • **reluctant to do sth** reacio -a a hacer algo

re·luc·tant·ly /rɪ'lʌktəntli/ *adv* de mala gana, a regañadientes

re·ly /rɪ'laɪ/ (**relies, relied, relying**)
rely on/upon sb/sth *v+partíc* **1** confiar en alguien/algo: *I knew I could rely on you.* Sabía que podía confiar en ti. • *I need someone I can rely on.* Necesito alguien en quien pueda confiar. • **rely on sb to do sth** contar con que alguien va a hacer algo: *You can rely on me to keep this quiet.* Ten por seguro que no se lo voy a decir a nadie. **2** depender de alguien/algo • **rely heavily on** depender fuertemente de algo • **rely on sb/sth to do sth** depender de alguien/algo para hacer algo: *Most students rely on their parents to support them financially.* La mayoría de los estudiantes depende económicamente de sus padres. • **rely on sb/sth for sth** *The island relies on tourism for its income.* La economía de la isla depende del turismo ▶ RELIABLE, RELIABILITY

re·main S3 W1 /rɪ'meɪn/ *v* [I]
1 [siempre + adv/prep, *v* copul] (en un estado) permanecer: *He remained silent.* Permaneció en silencio. • *Her disappearance remains a mystery.* Su desaparición sigue siendo un misterio.
2 (*frml*) (en un lugar) permanecer, quedarse • [+at/in/by]: *She remained in Mexico for several years.* Permaneció varios años en México. SIN **stay**
3 (tras la destrucción) quedar: *Very little remains of the original building.* Queda muy poco del edificio original. • **what remains of sth** lo que queda de algo
4 (asunto pendiente) quedar • **remain to be done** quedar por hacer: *A lot of work still remains to be done.* Aún queda mucho trabajo por hacer. ▶ **the FACT remains that**

EXPRESIONES
it only/just remains for me to... (*frml*) sólo me queda/resta... • **it remains to be seen how/whether...** (*frml*) está por ver cómo/si...

re·main·der /rɪ'meɪndə/ *s* **1** the remainder el resto, la parte restante SIN **the rest 2** [C] resto (en matemáticas)

re·main·ing /rɪ'meɪnɪŋ/ *adj* [solo ante s] restante: *The remaining guests were in the kitchen.* Los invitados que quedaban estaban en la cocina.

re·mains W3 /rɪ'meɪnz/ *s* [pl]
1 ruinas • [+of]: *the remains of an ancient Inca city* las ruinas de una antigua ciudad inca
2 the remains of sth los restos de algo: *the remains of the aircraft* los restos del avión
3 sb's remains (*frml*) los restos (mortales) de alguien

re·make¹ /'riːmeɪk/ *s* [C] remake, nueva versión: *a remake of a classic thriller* un remake de un clásico del suspenso

re·make² /ˌriːˈmeɪk/ v [T] (**remade** /-ˈmeɪd/) hacer un remake/una nueva versión de

re·mand¹ /rɪˈmænd/ v [T] dictar auto de prisión preventiva o libertad bajo fianza a alguien a la espera de juicio

remand² s [U] procedimiento de prisión preventiva o libertad bajo fianza a la espera de juicio

re·mark¹ W3 /rɪˈmɑːk/ s [C] comentario • **make a remark** hacer un comentario: *He was always making sarcastic remarks.* Siempre hacía comentarios sarcásticos. SIN **comment**

remark² v [T] (*esp escrito*) comentar, observar • **remark that** comentar que • **remark on/upon sth** comentar algo, hacer un comentario sobre algo

re·mark·a·ble W3 /rɪˈmɑːkəbəl/ adj extraordinario -a, notable: *a remarkable achievement* un extraordinario logro • **be remarkable for sth** destacarse por algo

re·mark·a·bly /rɪˈmɑːkəbli/ adv extraordinariamente, notablemente

re·mar·riage /riːˈmærɪdʒ/ s [C, U] nuevo matrimonio, segundas nupcias

re·mar·ry /riːˈmæri/ v [I,T] (**remarries, remarried, remarrying**) volver a casarse (con)

re·me·di·al /rɪˈmiːdiəl/ adj [gralm ante s] **1** (clases, curso) de refuerzo, remedial: *remedial education* educación compensatoria • *remedial math* clases de refuerzo de matemáticas **2** (medida, plan) correctivo -a **3** (cirugía, tratamiento) correctivo -a

rem·e·dy¹ /ˈremədi/ s [C] (pl **remedies**) **1** (para un problema) remedio, solución • [+**for**]: *There doesn't seem to be an effective remedy for the problem.* No parece haber un remedio eficaz para el problema. SIN **solution 2** (para una enfermedad) remedio: *herbal remedies* remedios a base de hierbas

remedy² v [T] (**remedies, remedied, remedying**) remediar SIN **deal with, solve**

re·mem·ber S1 W1 /rɪˈmembər/ v
1 [T, I] (hechos pasados, datos, información) acordarse (de), recordar: *Do you remember Tony?* ¿Te acuerdas de Tony? • *I can't remember.* No me acuerdo. • **remember (that)** acordarse de/recordar que: *I remember the house was very cold.* Me acuerdo de que en la casa hacía mucho frío. • **remember sb doing sth** *I remember my grandmother baking cookies.* Me acuerdo de mi abuela haciendo galletas. • *She remembered him saying he was in trouble.* Recordó haberle oído decir que tenía problemas. • **remember doing sth** acordarse de/recordar haber hecho algo: *I remember telling her.* Recuerdo habérselo dicho. • **remember what/how/why** *Do you remember why she left?* ¿Te acuerdas de por qué se fue? **2** [T, I] (lo que hay que hacer, traer) acordarse (de): *I hope he remembered the wine.* Espero que se haya acordado del vino. • **remember to do sth** acordarse de hacer algo: *Did you remember to call Nicky?* ¿Te acordaste de llamar a Nicky? • *Remember to lock the door.* Acuérdate de cerrar con llave. **3** [T] (tener en mente) **remember (that)** tener en cuenta que, no olvidarse de que: *Remember, William is only a baby.* No lo olvides, William es sólo un bebé. **4** [T] (a un fallecido) recordar: *a ceremony to remember those who died* una ceremonia para recordar a los que perdieron la vida

EXPRESIONES
be remembered for sth/as sth ser recordado -a por algo/como algo: *He is best remembered for his book "Robinson Crusoe."* Por lo que más se le recuerda es por su libro "Robinson Crusoe." • **remember sb in your will** incluir a alguien en el testamento • **remember me to sb** (*oral*) dale/dele saludos a alguien (de mi parte): *Please remember me to your father.* No te olvides de darle saludos a tu padre de mi parte.

⚠ ¿**remember to do something** o **remember doing something**?
Se usa **remember to do** something para indicar la necesidad de no olvidar hacer algo. En cambio, **remember doing** something se refiere al recuerdo de hechos pasados:

✔ *Please remember to switch off the light.*
✔ *Do you remember going to school as a child?*

re·mem·brance /rɪˈmembrəns/ s [U] **a day of remembrance** un día de conmemoración por las víctimas/los caídos • **a service of remembrance** una misa conmemorativa • **in remembrance of sb** en memoria de alguien • **a remembrance ceremony** un acto en memoria de los fallecidos

re·mind S1 W2 /rɪˈmaɪnd/ v [T]
1 (lo que se debe hacer) recordar: *Thanks for reminding me.* Gracias por recordármelo. • **remind sb to do sth** recordarle a alguien que haga algo: *Remind me to go to the bank.* Recuérdame que vaya al banco. • **remind sb about sth** recordarle algo a alguien: *We should remind him about the party.* Deberíamos recordarle lo de la fiesta. • **remind sb (that)** recordarle a alguien que: *I had to remind her that we still had lots of work to do.* Tuve que recordarle que aún nos quedaba un montón de trabajo por hacer.
2 (lo que se ha olvidado) recordar • **remind sb of/about sth** recordarle algo a alguien: *Can you remind us about what happened at the last meeting?* ¿Puede recordarnos qué ocurrió en la última reunión? • **remind sb (that)** recordarle a alguien que: *He reminded his audience that many people in the world go hungry.* Le recordó al público que mucha gente en el mundo pasa hambre.

EXPRESIONES
that reminds me (*oral*) a propósito, ahora que recuerdo
remind sb of v+partíc **1** (lo parecido) **remind sb of sb/sth** *She reminds me of my sister.* Me recuerda a mi hermana. **2** (lo pasado) **remind sb of sth** recordarle algo a alguien: *That song reminds me of our first date.* Esa canción me recuerda la primera vez que salimos juntos.

⚠ **Remind** va seguida de la preposición **of**:
The smell of coffee reminded her of (✗ *to*) *her childhood.*

re·mind·er /rɪˈmaɪndər/ s [C] **1** recordatorio, recuerdo (cosa que recuerda): *reminders of the past* recuerdos del pasado • [+**that**]: *These figures are a reminder that something needs to be done.* Estas cifras son un recordatorio de que hay que hacer algo. • **a constant reminder** un recordatorio permanente **2** aviso (por carta), nota (para no olvidar algo)

rem·i·nisce /ˌremɪˈnɪs/ v [I] (*frml*) rememorar (cosas) • **reminisce about sth** rememorar algo: *They were reminiscing about their college days.* Rememoraban su época de la universidad.

rem·i·nis·cence /ˌreməˈnɪsəns/ s (*frml*) **1** [C gralm pl] (relato) rememoración, recuerdo: *reminiscences of the war* rememoraciones de la guerra ▶ MEMOIR **2** [U] (acción) rememoración, evocación

rem·i·nis·cent /ˌreməˈnɪsənt/ adj **be reminiscent of sth/sb** evocar algo/a alguien, tener reminiscencias de algo/alguien: *a scene reminiscent of an old Hollywood movie* una escena que evoca una antigua película de Hollywood

re·miss /rɪˈmɪs/ adj [nunca ante s] (*frml*) negligente, descuidado -a • **it was remiss of him/them (not to do sth)** fue una negligencia por su parte (no hacer algo)

re·mis·sion /rɪˈmɪʃən/ s **1** [C,U] (de una enfermedad) remisión • **be in remission** estar remitiendo • **go into remission** empezar a remitir **2** [U] (*frml*) (de una deuda) remisión, cancelación; (de un pago, una tarifa) exención

EXPRESIONES
the remission of sins (*frml*) la remisión de los pecados

re·mit /rɪˈmɪt, ˈriːmɪt/ v [T] (**remitted, remitting**) (*frml*) **1** remitir, girar (dinero, un pago) **2** (*frml*) cancelar, condonar (una deuda), eximir de (una tarifa) **3** (*jur*) reducir (una condena)

remit sth to sb/sth v+partíc (*frml*) remitirle algo a alguien/algo

re·mit·tance /rɪˈmɪtns/ s [C] (*frml*) giro, envío de dinero

rem·nant /'rɛmnənt/ s [C gralm pl] **1** (*esp escrito*) resto (de algo destruido, consumido, etc.) • **the remnants of the meal/ship** los restos de la comida/del naufragio **2** retazo

re·mod·el /ˌriˈmɑdl/ v [T] **1** (un edificio, una casa, una habitación) reformar **2** (la sociedad, una institución) remodelar, reestructurar

rem·on·strate /'rɛmənˌstreɪt, rɪˈmɑnˌstreɪt/ v [I] (*frml*) protestar, quejarse • **remonstrate with sb** reconvenir a alguien, reprender a alguien

re·morse /rɪˈmɔrs/ s [U] remordimiento(s) • [+for]: *He showed no remorse for his crimes.* No mostró remordimiento alguno por sus delitos. • **without remorse** sin remordimientos

re·morse·ful /rɪˈmɔrsfəl/ adj arrepentido -a

re·morse·ful·ly /rɪˈmɔrsfəli/ adv con arrepentimiento/ remordimiento

re·morse·less /rɪˈmɔrslɪs/ adj **1** incesante (violencia, críticas, etc.) SIN **relentless 2** implacable, despiadado -a (asesino, crueldad, etc.)

re·morse·less·ly /rɪˈmɔrslɪsli/ adv **1** incesantemente **2** implacablemente, despiadadamente

re·mote¹ S3 W3 /rɪˈmoʊt/ adj

1 aislado
2 a gran distancia
3 en el tiempo
4 diferente
5 improbable
6 poco sociable
7 operado a distancia

1 AISLADO apartado -a: *a remote mountain village* un apartado pueblo de montaña
2 A GRAN DISTANCIA remoto -a, lejano -a, alejado -a: *remote parts of the solar system* zonas remotas del sistema solar
3 EN EL TIEMPO remoto -a, lejano -a: *the remote past* el pasado remoto • *the remote future* el futuro lejano
4 DIFERENTE **be remote from sth** estar muy alejado -a de algo, tener poco que ver con algo: *The world of fashion seemed very remote from ordinary people's lives.* El mundo de la moda parecía muy alejado de la vida de la gente común.
5 IMPROBABLE remoto -a • **a remote chance/possibility** una remota posibilidad
6 POCO SOCIABLE distante SIN **aloof**
7 OPERADO A DISTANCIA [solo ante s] remoto -a: *remote cameras* cámaras remotas

EXPRESIONES
not have the remotest idea/clue no tener ni la más remota idea

remote² s [C] (*coloq*) control remoto SIN **remote control**

re·mote con·trol s [C, U] control remoto

re·mote-con·trolled adj teledirigido -a (avión, carro), accionado -a por control remoto (puerta, bomba)

re·mote·ly /rɪˈmoʊtli/ adv **1** remotamente, para nada: *He didn't sound remotely interested.* No parecía para nada interesado. **2** por control remoto: *remotely operated vehicles* vehículos operados a distancia

re·mote·ness /rɪˈmoʊtnəs/ s [C] **1** aislamiento: *the remoteness of the farmhouse* el aislamiento de la casa de la finca **2** actitud distante

re·mov·a·ble /rɪˈmuvəbəl/ adj de quitar y poner, desmontable, removible: *seats with removable covers* asientos con fundas de quitar y poner

re·mov·al /rɪˈmuvəl/ s [U] **1** (*esp escrito*) retirada (de las tropas, un monumento, etc.), supresión (de una palabra, etc.), extracción (de una pieza, etc.), extirpación (de un tumor, etc.) **2** (*esp escrito*) eliminación (de algo negativo o no deseado): *the removal of barriers to women in the workplace* la eliminación de las barreras laborales

para las mujeres • *stain removal* eliminación de manchas • *hair removal* depilación **3** (*esp escrito*) destitución (del cargo) • [+from]: *the mayor's removal from office* la destitución del alcalde

re·move S3 W2 /rɪˈmuv/ v [T]
1 (de su sitio) quitar; (de dentro) sacar, extraer: *She carefully removed the lid.* Quitó la tapa con cuidado. • *This book may not be removed from the library.* Este libro no puede retirarse de la biblioteca. • *Surgeons removed the tumor.* Los cirujanos extirparon el tumor. **2** (una mancha, un problema) eliminar: *What's the best way to remove red wine stains?* ¿Qué es lo mejor para eliminar las manchas de vino tinto? SIN **get rid of 3** (de un cargo) destituir • **remove sb from office/their position** destituir a alguien de su cargo • **remove sb from power** sacar/remover a alguien del poder **4** (ropa) (*frml*) quitarse: *He removed his jacket.* Se quitó la chaqueta. SIN **take off**

re·mov·er /rɪˈmuvɚ/ s [U] **nail polish remover** quitaesmalte • **paint remover** decapante, removedor de pinturas • **stain remover** quitamanchas

re·mu·ner·ate /rɪˈmyunəˌreɪt/ v [T] (*frml*) remunerar

re·mu·ne·ra·tion /rɪˌmyunəˈreɪʃən/ s [C,U] (*frml*) remuneración

ren·ais·sance /'rɛnəˌzɑns, -ˌsɑns, ˌrɛnəˈsɑns/ s [sing] **1 the Renaissance** el Renacimiento • **Renaissance art** arte renacentista • **Renaissance artist** artista del Renacimiento **2** renacimiento, resurgimiento: *the renaissance in traditional crafts* el renacimiento de la artesanía tradicional • **enjoy/undergo a renaissance** experimentar un renacimiento/resurgimiento

re·nal /'rinl/ adj [solo ante s] renal

re·name /riˈneɪm/ v [T] cambiar de/el nombre a, rebautizar • **be renamed sth** ser rebautizado -a con el nombre de algo

ren·der /'rɛndɚ/ v [T] (*frml*) **1 render sth useless/impossible/ineffective** hacer que algo resulte inservible/imposible/ineficaz **2** prestar • **render assistance/service (to sb)** prestar ayuda/un servicio (a alguien) • **for services rendered** por los servicios prestados **3** representar, interpretar (artísticamente) **4 render sth into English/a foreign language** traducir algo al inglés/a una lengua extranjera

ren·der·ing /'rɛndərɪŋ/ s [C] interpretación, versión (de una canción, una obra, etc.)

ren·dez·vous¹ /'rɑndeɪˌvu, -dɪ-/ s [C] (pl **rendezvous** /-ˌvuz/) **1** encuentro, cita • **have a rendezvous with sb** tener un encuentro con alguien **2** punto de encuentro/reunión, lugar de encuentro/reunión **3** acoplamiento (de naves espaciales), reaprovisionamiento en vuelo (de aviones)

rendezvous² v [I] **1** encontrarse, reunirse (mediante cita) • **rendezvous with sb** encontrarse/reunirse con alguien **2** acoplarse (naves espaciales), reaprovisionarse en vuelo (aviones)

ren·di·tion /rɛnˈdɪʃən/ s [C] interpretación (de una canción, una obra, etc.)

ren·e·gade² /'rɛnəˌgeɪd/ s [C], adj **1** (militar, político) renegado -a **2** (adolescente, autor) rebelde

re·nege /rɪˈnɛg, -ˈnɪg/ v [I] (*frml*) faltar a la palabra • **renege on a promise/agreement** incumplir una promesa/un acuerdo

re·new /rɪˈnu/ v [T] **1** renovar (un documento, una subscripción, un acuerdo): *I need to renew my passport.* Tengo que renovar el pasaporte. • **renew a contract/license/lease** renovar un contrato/permiso/alquiler **2** reanudar (un ataque, una campaña, etc.) • **renew your efforts to do sth** reanudar sus esfuerzos para hacer algo • **renew an appeal** volver a hacer un llamamiento • **renew a friendship/an acquaintance** reanudar una amistad/una relación **3** reemplazar, cambiar (una pieza, una rueda, etc.) **4** renovar (el préstamo de) (un libro)

re·new·a·ble /rɪ'nuəbəl/ adj **1** (energía, recursos) renovable: *renewable power* energía renovable **2** (acuerdo, contrato) renovable

re·new·al /rɪ'nuəl/ s [sing, U] **1** renovación (del espíritu, la moral, etc.), reanudación (de un combate, unas negociaciones, etc.), renacimiento, resurgimiento (del interés, la esperanza, etc.) **2** renovación (de un documento, contrato, etc.) • **come/be up for renewal** caducar, vencer ▶ **URBAN RENEWAL**

re·newed /rɪ'nud/ adj [solo ante s] renovado -a (interés, entusiasmo, energías)

ren·net /'rɛnət/ s [U] cuajo

re·nounce /rɪ'naʊns/ v [T] **1** renunciar a (un derecho, un título) SIN **give up** **2** renunciar a (la violencia), abjurar de (creencias, valores) SIN **reject**

ren·o·vate /'rɛnə,veɪt/ v [T gralm en pasiva] restaurar (un edificio, un vehículo) ▶ **RESTORE**

ren·o·va·tion /,rɛnə'veɪʃən/ s [C,U] (tb **renovations** [pl]) restauración (de un edificio) • **renovation work** obras de restauración

re·nown /rɪ'naʊn/ s [U] renombre • **of great renown** de gran renombre • **win/gain/achieve renown as sth** ganar/adquirir/lograr renombre como algo SIN **acclaim**

re·nowned /rɪ'naʊnd/ adj célebre, renombrado -a • **be renowned for sth** ser célebre por algo • [+**as**]: *He's renowned as a brilliant speaker.* Tiene fama de ser un brillante orador. • **world renowned** de renombre internacional

rent¹ S1 /rɛnt/ v
1 [I,T] (inquilino, arrendatario) alquilar, arrendar, rentar: *We're renting while we look for a house to buy.* Estamos alquilando mientras buscamos una casa para comprar. • **rent sth from sb** alquilarle algo a alguien ▶ **BORROW**
2 [I,T] (casero, arrendador) alquilar, arrendar, rentar • **rent (sth) to sb** alquilarle (algo) a alguien *She rents rooms to students.* Alquila habitaciones a estudiantes.
3 [T] (un carro, un video) alquilar, rentar
rent at/for sth v+partíc alquilarse a/por algo, arrendarse a/por algo, rentarse a/por algo: *Houses here rent for at least $4,000 a month.* Por aquí, las casas se alquilan a no menos de 4.000 dólares por mes.
rent sth ↔ out v+partíc alquilar algo, rentar algo (casero, arrendador): *They rent out a room in their house.* Alquilan una habitación en su casa. • **rent sth out to sb** alquilarle algo a alguien, arrendarle algo a alguien, rentarle algo a alguien

rent² S3 s [C,U] alquiler, renta (de inmuebles): *I couldn't afford to pay the rent.* No tenía para pagar el alquiler. • **for rent** en alquiler: *Luxury apartments for rent.* Se alquilan departamentos de lujo.

rent·al¹ /'rɛntl/ s **1** [C gralm sing, U] alquiler, renta (de un vehículo, aparato, etc.) • **car/ski/DVD rental** alquiler de carros/esquíes/DVD, renta de autos/esquíes/DVD • **rental fee** (tarifa de) alquiler/renta **2** [C] objeto alquilado: *I traveled back to Connecticut in a rental.* Volví a Connecticut en un carro alquilado.

rent·al² adj [solo ante s] **1** de alquiler, de arrendamiento, de renta: *a rental agreement* un contrato de alquiler • *telephone rental charges* cargos por el alquiler del teléfono **2** de/en alquiler

'rent con,trol s [U] control de los precios de los alquileres/arrendamientos

rent·ed /'rɛntɪd/ adj [solo ante s] alquilado -a, arrendado -a, de alquiler, rentado -a: *rented accommodation/ housing* viviendas de alquiler

re·nun·ci·a·tion /rɪ,nʌnsi'eɪʃən/ s [C,U] (frml) renuncia, abjuración • **renunciation of violence/communism** renuncia a la violencia/al comunismo

re·o·pen /ri'oʊpən/ v **1** [I,T] (local, establecimiento) reabrir, volver a abrir **2** [T] (un caso, una investigación, un debate) reabrir, volver a abrir
EXPRESIONES
reopen old wounds abrir viejas heridas

re·or·der /ri'ɔrdɚ/ v [I,T] **1** volver a hacer un pedido (de) **2** reordenar(se)

re·or·ga·ni·za·tion /ri,ɔrgənə'zeɪʃən/ s [U] reorganización

re·or·ga·nize /ri'ɔrgə,naɪz/ v [I,T] reorganizar(se)

Rep. (abrev escrita de **representative**) representante

rep /rɛp/ s (coloq) **1** [C] representante, delegado -a: *the union rep* el delegado sindical SIN **representative** **2** [C] (tb **sales rep**) representante de ventas SIN **sales representative** **3** [C] (**repertory**) compañía de repertorio **4** [U] (**repertory**) teatro de repertorio **5** [C] (**reputation**) reputación, fama

re·paid /ri'peɪd/ pasado y participio pasado de **REPAY**

re·pair¹ /rɪ'pɛr/ v [T] **1** arreglar, reparar: *The roof needs repairing.* Hay que arreglar el techo. • **get/have sth repaired** mandar arreglar algo • **repair the damage** reparar los daños **2** (frml) recomponer (una situación, una relación) ▶ **IRREPARABLE**
repair to sth v+partíc (antic) ir/acudir a algo: *They repaired to a nearby bar.* Acudieron a un bar cercano.

repair² s **1** [C gralm pl, U] (acción de reparar) reparación, arreglo • **for repair(s)** para ser reparado -a: *The line is closed for repairs.* La línea está cerrada por obras. • **repairs to sth** arreglos/reparaciones en algo: *Urgent repairs are needed to the city's roads.* Las calles de la ciudad necesitan reparaciones urgentes. • **do/make/ carry out repairs** hacer arreglos/reparaciones • **be under repair** estar en reparación: *A section of the I-29 is under repair.* Un tramo de la I-29 está en reparación. • **be in need of repair** necesitar un arreglo/una reparación • **be beyond repair** no tener arreglo • **damaged beyond repair** *The paintings were damaged beyond repair.* Los cuadros estaban tan deteriorados que no tenían arreglo. • **repair work** reparaciones, arreglos **2** [C] (parte reparada) reparación, arreglo
EXPRESIONES
in good repair (frml) en buen estado • **in bad/poor repair** (frml) en mal estado

re·pair·man /rɪ'pɛr,mæn/ s [C] (pl **repairmen** /-,mɛn/) técnico -a

rep·a·ra·tion /,rɛpə'reɪʃən/ s **1 reparations** [pl] indemnización (tras una guerra) **2** [C,U] (frml) reparación, compensación • **make reparation for sth** reparar algo

re·par·tee /,rɛpə'ti, -pɑr'ti/ s [U] conversación inteligente y sagaz

re·pa·tri·ate /ri'peɪtri,eɪt/ v [T] repatriar ▶ **DEPORT**

re·pa·tri·a·tion /ri,peɪtri'eɪʃən/ s [U] **1** (de refugiados, prisioneros) repatriación **2** (de fondos) repatriación

re·pay /ri'peɪ/ v [T] (**repays**, **repaid**, **repaying**) **1** pagar, saldar (una deuda, un préstamo, una hipoteca) • **repay sb sth** pagarle/devolverle algo a alguien: *We repaid the bank the full amount.* Le pagamos al banco la suma completa. **2** recompensar (por una ayuda, un favor) • **repay sb for sth** recompensar a alguien por algo • **repay sb's kindness/loyalty** recompensar a alguien por su amabilidad/lealtad **3** compensar (el tiempo, el esfuerzo)

re·pay·a·ble /ri'peɪəbəl/ adj [nunca ante s] pagadero -a, reembolsable

re·pay·ment /ri'peɪmənt/ s **1** [U] pago, devolución (de una deuda, un préstamo, etc.) • **repayment terms** condiciones de amortización del préstamo **2** [C gralm pl] cuota, pago, plazo: *monthly mortgage repayments* cuotas hipotecarias mensuales

re·peal¹ /rɪ'pil/ s [U] derogación

repeal² v [T] derogar

re·peat¹ S2 W2 /rɪ'pit/ v [T]
1 (volver a decir) repetir: *I asked him to repeat the question.* Le pedí que repitiera la pregunta. • *Sorry, could you repeat that?* Perdón, ¿podría repetirlo? • **repeat that** repetir que: *The man kept repeating that he didn't know anything.* El hombre no paraba de repetir que no sabía nada. • **repeat yourself** repetirse
2 (volver a hacer) repetir: *Repeat the exercises twice a*

day. Repita los ejercicios dos veces al día. • **repeat a year** repetir curso • **repeat your mistakes** repetir sus errores
3 (divulgar) contar: *Don't repeat this to anyone.* No le cuentes esto a nadie.
4 (gralm en pasiva) (en televisión, radio) volver a emitir, repetir: *The series will be repeated in the autumn.* La serie se volverá a emitir en otoño.
5 (volver a ocurrir) **be repeated** (tb **repeat itself**) repetirse • **history repeats itself** la historia se repite

repeat² *s* [C] **1** (gralm sing) repetición • **[+of]**: *We are anxious to avoid a repeat of the crisis.* Queremos evitar a toda costa que se repita la crisis. • **repeat performance** repetición: *Unions threatened a repeat performance of the strike.* Los sindicatos amenazaron con repetir la huelga. **2** repetición: *the endless repeats on TV* las constantes repeticiones en televisión SIN **rerun**

re·peat·ed /rɪ'piːtɪd/ *adj* [solo ante s] repetido -a, reiterado -a

re·peat·ed·ly W3 /rɪ'piːtɪdli/ *adv* repetidamente, reiteradamente

re·pel /rɪ'pel/ *v* (**repelled, repelling**) **1** [T] (olor, visión, idea, acción) repugnar, causarle rechazo a: *Most people are repelled by the idea.* A la mayoría de la gente le repugna la idea. ANT **attract 2** [T] (un ataque, una invasión) repeler, rechazar **3** [T] (la humedad, los mosquitos) repeler

re·pel·lent¹, repellant /rɪ'pelənt/ *s* [C,U] repelente: *an insect repellent* un repelente contra/de insectos

repellent², repellant *adj* [gralm no ante s] repugnante, repelente SIN **repugnant, repulsive**

re·pent /rɪ'pent/ *v* (*frml*) **1** [I] arrepentirse • **repent of sth** arrepentirse de algo **2** [T] arrepentirse de

re·pen·tance /rɪ'pentⁿns/ *s* [U] arrepentimiento

re·pen·tant /rɪ'pentⁿnt/ *adj* arrepentido -a: *a repentant sinner* un pecador arrepentido ANT **unrepentant**

re·per·cus·sion /ˌriːpə'kʌʃən/ *s* [C gralm pl] repercusión, consecuencia • **have severe repercussions for sb/sth** tener graves consecuencias para alguien/algo, tener serias repercusiones en alguien/algo ▶ CONSEQUENCE

rep·er·toire /'repə‚twɑr/ *s* [C gralm sing] repertorio: *She has a wide repertoire of songs.* Tiene un amplio repertorio de canciones.

rep·er·to·ry /'repə‚tɔri, -pə-/ *s* [C] (pl **repertories**) repertorio

rep·e·ti·tion /ˌrepə'tɪʃən/ *s* [U] **1** (de un hecho) repetición: *We don't want any repetition of last year's disaster.* No queremos que se repita el desastre del año pasado. **2** (de lo dicho) repetición, reiteración

rep·e·ti·tious /ˌrepə'tɪʃəs/ *adj* (*peyor*) reiterativo -a, repetitivo -a

re·pet·i·tive /rɪ'petətɪv/ *adj* repetitivo -a: *repetitive tasks* tareas repetitivas

re·pet·i·tive·ly /rɪ'petətɪvli/ *adv* de manera repetida, repetidamente

re·phrase /riː'freɪz/ *v* [T] expresar de otro modo, reformular: *Let me rephrase the question.* Permítame que se lo pregunte de otro modo.

re·place S2 W2 /rɪ'pleɪs/ *v* [T]
1 reemplazar, sustituir: *A new test will replace the old one.* Un nuevo examen reemplazará al antiguo. • *Can you find someone to replace her?* ¿Puedes encontrar a alguien que la reemplace? • **replace sth/sb with sth/sb** reemplazar algo/a alguien con/por algo/alguien, sustituir algo/a alguien con/por algo/alguien: *They replaced permanent staff with part-timers.* Sustituyeron a personal fijo por personal de medio tiempo.
2 cambiar, reponer (algo roto, robado, etc.): *Two of the tires had to be replaced.* Hubo que cambiar dos de las llantas. • *I'll replace the vase I broke.* Voy a reponer el jarrón que rompí.
3 poner otra vez en su lugar: *She replaced the receiver.* Colgó el teléfono. SIN **put back**

re·place·ment /rɪ'pleɪsmənt/ *s* **1** [C] (persona) sustituto -a • **[+for]**: *It was difficult to get a replacement for Dan.* Fue difícil encontrar un sustituto para Dan. • **replacement worker** sustituto -a **2** [C] (cosa) repuesto, sustituto -a • **[+for]**: *Can wind energy provide a replacement for fossil fuels?* ¿Puede la energía eólica sustituir a los combustibles fósiles? *a replacement passport* un duplicado del pasaporte • **replacement part** (pieza de) repuesto, (pieza de) recambio **3** [U] (acción) reemplazo, sustitución, reposición **replacement cost** costo de reposición • **replacement value** valor de reposición

re·play¹ /ˌriː'pleɪ/ *v* [T] **1** volver a poner (una cinta, un video), repetir (las mejores jugadas, etc.) **2** volver a jugar: *The game will be replayed on Wednesday.* El partido de desempate se jugará el miércoles.

re·play² /'riːpleɪ/ *s* [C] repetición (de la jugada): *a slow-motion replay* una repetición en cámara lenta

re·plen·ish /rɪ'plenɪʃ/ *v* [T] (*frml*) **1** reponer (existencias, energías), reabastecer(se) de (combustible) **2** rellenar, volver a llenar (una copa)

re·plen·ish·ment /rɪ'plenɪʃmənt/ *s* [U] (*frml*) reposición, reabastecimiento

re·plete /rɪ'pliːt/ *adj* [nunca ante s] (*frml*) **be replete with sth** estar repleto -a de algo

rep·li·ca /'replɪkə/ *s* [C] réplica, reproducción • **replica gun** réplica de (un) arma, arma de imitación

rep·li·cate /'replə‚keɪt/ *v* [T] (*frml*) reproducir, repetir (un experimento, una experiencia, etc.) SIN **reproduce** ▶ DUPLICATE

rep·li·ca·tion /ˌreplə'keɪʃən/ *s* [C,U] (*frml*) reproducción (de un experimento, una investigación, etc.)

re·ply¹ W3 /rɪ'plaɪ/ *v* (**replies, replied, replying**)
1 [I,T] (de palabra) responder, contestar: *"I'm so sorry,"* she replied. –Lo siento –respondió ella. • *He hung up before she could reply.* Colgó antes de que ella pudiera contestarle. • **reply to sth** responder/contestar (a) algo: *He refused to reply to the question.* Se negó a contestar a la pregunta. • **reply that** responder/contestar que: *I replied that I understood.* Respondí que lo entendía. SIN **answer**
2 [I] (por escrito) responder, contestar • **reply to sth** responder/contestar (a) algo • **reply in writing** responder por escrito ▶ ANSWER

reply² *s* [C] (pl **replies**) **1** (de palabra) respuesta, contestación • **[+to]**: *She couldn't think of a reply to his question.* No se le ocurría una respuesta a su pregunta. • **make no reply** (*escrito*) no responder/contestar SIN **answer 2** (por escrito) respuesta, contestación • **[+to]**: *Did you get many replies to your ad?* ¿Te llegaron muchas respuestas a tu anuncio? • **[+from]**: *Have you received a reply from the company yet?* ¿Has recibido ya respuesta de la empresa? SIN **answer 3** (al teléfono, a la puerta) **there is/was no reply** no contestan/ contestaban, no hay/había nadie SIN **answer**
EXPRESIONES
in reply (*frml*) *I am writing in reply to your letter dated May 12.* Le escribo en respuesta a su carta de fecha 12 de mayo. • *And what did you say in reply?* ¿Y qué respondió usted?

re·port¹ S2 W1 /rɪ'pɔrt/ *s* [C]
1 informe, reporte (oral, escrito, oficial) • **[+about/on]**: *a UN report on poverty* un informe de la ONU sobre la pobreza • **[+into]**: *the official report into his death* el informe oficial sobre su muerte • **give (sb) a report on sth** presentarle (a alguien) un informe sobre algo ▶ ACCOUNT
2 nota, informe, reportaje • **[+on/about]**: *a report on the latest situation in Israel* un informe sobre la situación reciente en Israel ▶ REPORTER • **news/media/press reports** (las) noticias
3 [gralm pl] rumor: *There are reports that some of the hostages may be dead.* Se dice que algunos rehenes pueden estar muertos. • **[+of]**: *Police received reports of a bomb threat.* A la policía le llegaron rumores de una

amenaza de bomba.
4 (*frml*) estallido, detonación ▶ **ANNUAL REPORT**

report² S2 W1 *v*
1 [I,T] (en prensa, televisión, radio) informar, reportar: *The incident was widely reported in the press.* La prensa dio amplia información del incidente. • **report on sth** informar/reportar sobre algo • **report that** informar que: *Journalists reported that seven people had been shot.* Los periodistas informaron de que siete personas habían sido fusiladas.
2 [I,T] (dar datos) informar, decir: *Doctors report a 13% increase in female smokers.* Los médicos dicen que hay un incremento del 13% en el número de fumadoras. • *The company has reported "very successful" sales of the book.* La empresa ha anunciado que el libro es un "éxito de ventas". • **report seeing/hearing/finding sth** decir haber visto/oído/encontrado algo • **report (to sb) on sth** informar (a alguien) sobre algo • **be reported to be sth/have done sth** *The necklace is reported to be worth $57,000.* Se dice que la gargantilla tiene un valor de 57.000 dólares.
3 [I] (a un lugar, ante el jefe) presentarse: *All visitors must report to the site office.* Todos los visitantes deben presentarse en las oficinas de la obra. • **report for duty** presentarse al trabajo
4 [T] (a la policía, la autoridad) denunciar, reportar (un delito, a un delincuente), denunciar, dar parte de (un accidente): *I'm here to report a theft.* He venido a denunciar un robo. • **report sth/sb to sb** *We reported the incident to the police.* Denunciamos el hecho a la policía. • *She threatened to report him to the manager.* Amenazó con denunciarlo al gerente. • **report sb missing/killed** denunciar la desaparición/muerte de alguien • **report sb injured** comunicar que alguien está herido
report back *v+partíc* **1** (dar información) **report back to sb** presentar un informe a/ante alguien • **report back on sth** presentar un informe sobre algo, informar sobre algo **2** (para trabajar) volver a presentarse, reincorporarse
report to sb *v+partíc* estar a las órdenes de alguien, rendir cuentas ante alguien

re'port card *s* [C] boletín (de calificaciones), libreta (de calificaciones)

re·port·ed·ly /rɪˈpɔrtɪdli/ *adv* [adv oracional] según se dice: *Four people were reportedly killed during the riot.* Según se dice, cuatro personas murieron en los disturbios. ▶ **ALLEGEDLY**

re‚ported 'speech *s* [U] (*técn*) estilo indirecto

re·port·er W1 /rɪˈpɔrtə/ *s* [C] periodista, reportero -a • **a news/television reporter** un/una periodista, un reportero/una reportera de prensa/televisión SIN **correspondent** ▶ **JOURNALIST**

re·port·ing /rɪˈpɔrtɪŋ/ *s* [U] **1** cobertura informativa **2** denuncia: *the reporting of crime* la denuncia de un delito

re·pose /rɪˈpoʊz/ *s* [U] (*liter*) reposo, descanso • **in repose** en reposo SIN **rest**

re·pos·i·to·ry /rɪˈpɑzəˌtɔri/ *s* [C] (pl **repositories**) (*frml*) depósito, depósito de muebles: *a furniture repository* un guardamuebles

re·pos·sess /ˌripəˈzɛs/ *v* [T] embargar: *The house was repossessed by the bank.* El banco ejecutó la hipoteca y embargaron la casa.

re·pos·ses·sion /ˌripəˈzɛʃən/ *s* [C,U] recuperación (de propiedad, bienes): *a house repossession* el embargo de una casa por ejecución de hipoteca

rep·re·hen·si·ble /ˌrɛprɪˈhɛnsəbəl/ *adj* (*frml*) reprobable • **morally reprehensible** moralmente reprobable

rep·re·hen·si·bly /ˌrɛprɪˈhɛnsəbli/ *adv* (*frml*) de manera reprobable

rep·re·sent S3 W1 /ˌrɛprɪˈzɛnt/ *v*

1 a una persona, un grupo
2 ante un tribunal
3 en un evento, una competición
4 equivaler a
5 simbolizar
6 retratar
7 ejemplificar

1 **A UNA PERSONA, UN GRUPO** [T] representar, ser representante de • **represent a company/a constituency/a client** representar a una empresa/a una circunscripción electoral/a un cliente
2 **ANTE UN TRIBUNAL** [T] representar
3 **EN UN EVENTO, UNA COMPETICIÓN** [T] representar: *She represented her country at the Olympics.* Representó a su país en las Olimpiadas. • *Two British artists are represented in the exhibition.* Hay dos artistas británicos representados en la exposición.
4 **EQUIVALER A** [v copul] (*frml*) representar, suponer: *The situation represents a threat to our national security.* La situación representa una amenaza para la seguridad nacional. SIN **constitute**
5 **SIMBOLIZAR** [T] representar: *The red lines represent the railroad.* Las líneas rojas representan las vías férreas. SIN **symbolize**
6 **RETRATAR** [T] presentar, describir • **represent sb as sth** presentar/describir a alguien como algo SIN **portray** ▶ **DEPICT**
7 **EJEMPLIFICAR** [T] representar: *This man represents everything I hate.* Este hombre representa todo lo que detesto. SIN **stand for**

rep·re·sen·ta·tion /ˌrɛprɪzɛnˈteɪʃən, -zən-/ *s* **1** [U] (en un organismo, juicio, evento) representación • **legal representation** representación legal **2** [C,U] (en el arte, los medios de comunicación) representación, imagen: *the representation of women in Western art* la imagen de las mujeres en el arte occidental

rep·re·sen·ta·tive¹ /ˌrɛprɪˈzɛntətɪv/ *adj* **1** (típico) representativo -a • **be representative of sth** ser representativo -a de algo **2** (de todo el espectro) representativo -a • **a representative sample/selection** una muestra/selección representativa

representative² *s* [C] **1** representante • **an elected representative** un -a representante electo -a ▶ **DELEGATE** **2** Representante miembro de la Cámara Baja en el Congreso de Estados Unidos, cargo equivalente al de un -a representante ▶ **SALES REPRESENTATIVE**

re·press /rɪˈprɛs/ *v* [T] **1** (la rabia, las ganas, la risa) contener, reprimir **2** (*técn*) (en psicología) reprimir **3** (*peyor*) (una revuelta, la oposición) reprimir ▶ **OPPRESS, SUPPRESS**

re·pressed /rɪˈprɛst/ *adj* **1** (recuerdo, emoción, deseo) reprimido -a: *repressed anger* ira contenida **2** (persona) reprimido -a

re·pres·sion /rɪˈprɛʃən/ *s* [U] **1** (*peyor*) (de la oposición política) represión ▶ **OPPRESSION, SUPPRESSION** **2** (de los deseos, sentimientos) represión: *sexual repression* represión sexual

re·pres·sive /rɪˈprɛsɪv/ *adj* (*peyor*) represivo -a

re·prieve¹ /rɪˈpriv/ *s* [C] **1** [gralm sing] indulto, conmutación (de la pena) • **grant sb a reprieve** concederle el indulto a alguien ▶ **PARDON** **2** [gralm sing] aplazamiento, periodo de gracia: *The family have won a temporary reprieve from eviction.* La familia ha conseguido que se aplace temporalmente el desalojo. • **grant sb/sth a reprieve** concederle a alguien/algo un periodo de gracia, darle un respiro a alguien/algo

reprieve² *v* [T gralm en pasiva] **1** indultar **2** salvar (de desaparecer)

rep·ri·mand¹ /ˈrɛprəˌmænd/ *v* [T] (*frml*) reprender • **reprimand sb for (doing) sth** reprender a alguien por (hacer) algo

reprimand² *s* [C,U] (*frml*) reprensión, reprimenda

re·print¹ /ˌriˈprɪnt/ *v* [T] reimprimir

re·print² /ˈriprɪnt/ *s* [C] reimpresión

re·pris·al /rɪˈpraɪzəl/ *s* [C,U] represalia: *The terrorists have threatened reprisals against the government.* Los

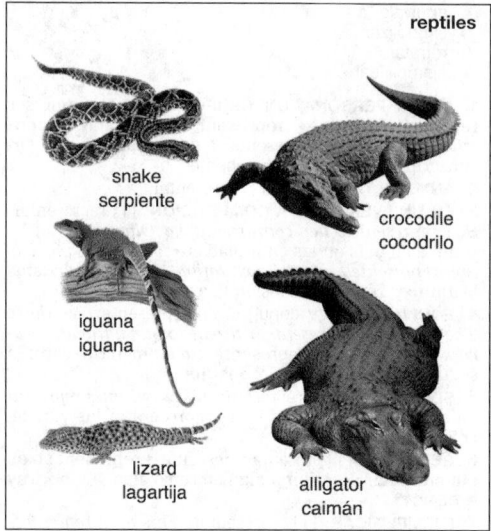

reptiles

snake
serpiente

crocodile
cocodrilo

iguana
iguana

lizard
lagartija

alligator
caimán

terroristas han amenazado con tomar represalias contra el gobierno. • **in reprisal (for sth)** en/como represalia (por algo) • **take reprisals (against sb)** tomar represalias (contra alguien) SIN **retaliation** ► REVENGE

re·prise¹ /rɪ'priz/ s [C gralm sing] repetición (de un fragmento, etc.)

reprise² v [T] (esp escrito) repetir (una obra, interpretación, etc.) • **reprise a role** volver a interpretar un papel

re·proach¹ /rɪ'proʊtʃ/ s (frml) **1** [U] reproche(s) • **without reproach** sin ningún reproche **2** [C] reproche
EXPRESIONES
be above/beyond reproach ser irreprochable

reproach² v [T] (frml) reprochar • **reproach sb for sth** reprochar algo a alguien • **reproach sb for doing sth** reprochar a alguien haber hecho algo

re·proach·ful /rɪ'proʊtʃfəl/ adj (lleno -a) de reproche (mirada, comentario)

re·proach·ful·ly /rɪ'proʊtʃfəli/ adv con tono/actitud de reproche

rep·ro·bate /'rɛprə,beɪt/ s [C] réprobo -a

re·proc·ess /ri'prɑsɛs/ v [T] reprocesar

re·pro·duce /,riprə'dus/ v **1** [I] (tb **reproduce itself/themselves**) reproducirse (planta, organismo, etc.) **2** [T] reproducir (un experimento, etc.) SIN **repeat, replicate**

re·pro·duc·tion¹ /,riprə'dʌkʃən/ s **1** [U] (en biología) reproducción • **sexual reproduction** reproducción sexual **2** [C] (de una obra, un diseño) reproducción

reproduction² adj de estilo (clásico/antiguo): reproduction furniture muebles de estilo

re·pro·duc·tive /,riprə'dʌktɪv/ adj [solo ante s] reproductor -a: the human reproductive system el aparato reproductor humano

re·proof /rɪ'pruf/ s (frml) **1** [U] reprobación, desaprobación **2** [C] reprensión, reprimenda

re·prove /rɪ'pruv/ v [T] (frml) reprender • **reprove sb for (doing) sth** reprender a alguien por (hacer) algo

rep·tile /'rɛptaɪl, 'rɛptl/ s [C] reptil

rep·til·i·an¹ /rɛp'tɪliən/ adj (de) reptil

reptilian² s (técn) reptil

re·pub·lic /rɪ'pʌblɪk/ s [C] república: the People's Republic of China la República Popular China ► MONARCHY

re·pub·li·can /rɪ'pʌblɪkən/ s [C], adj **1** (opuesto a la monarquía) republicano -a **2 Republican** (en EU) republicano -a • **the Republican Party** el Partido Republicano ► DEMOCRAT

Re·pub·li·can·ism /rɪ'pʌblɪkə,nɪzəm/ s [U] **1** republicanismo **2** republicanismo, política republicana (en EU) **3** republicanismo, independentismo norirlandés

re·pu·di·ate /rɪ'pyudi,eɪt/ v [T] (frml) **1** rechazar (una oferta, un acuerdo, un plan), repudiar (valores, una idea) SIN **reject 2** desmentir, negar SIN **deny**

re·pu·di·a·tion /rɪ,pyudi'eɪʃən/ s [U] (frml) **1** [sing, U] rechazo (de una oferta, un acuerdo, un plan), repudio (de valores, una idea) **2** [sing, U] desmentido

re·pug·nance /rɪ'pʌgnəns/ s [U] (frml) repugnancia, repulsión • **repugnance for/ toward sth/sb** repugnancia por/hacia algo/alguien SIN **disgust**

re·pug·nant /rɪ'pʌgnənt/ adj (frml) repugnante, repulsivo -a SIN **repellent, repulsive**

re·pulse¹ /rɪ'pʌls/ v [T] (frml) **1** repeler, rechazar (un ataque, a un invasor) SIN **repel 2** repugnar, repeler SIN **repel** ► REPULSIVE

repulse² s [sing] (técn) rechazo (de un ataque)

re·pul·sion /rɪ'pʌlʃən/ s [sing, U] (escrito) repulsión, repugnancia SIN **disgust, revulsion** ANT **attraction**

re·pul·sive /rɪ'pʌlsɪv/ adj repulsivo -a, repugnante SIN **repellent, repugnant**

rep·u·ta·ble /'rɛpyətəbəl/ adj de confianza, de buena reputación, acreditado -a • **a reputable firm/company** una empresa de confianza ► RELIABLE ANT disreputable

rep·u·ta·tion W3 /,rɛpyə'teɪʃən/ s [C] reputación • **a good/bad reputation** una buena/mala reputación: a firm with a good reputation una compañía con buena reputación • This part of town has a bad reputation. Esta zona de la ciudad tiene mala fama. • [+for]: The school's reputation for science is very good. El colegio tiene buena fama en ciencias. • **have a reputation for doing/being sth** tener fama de hacer/ser algo • **have a reputation for eccentricity/impartiality** tener fama de excéntrico/imparcial: German cars have a reputation for quality. Los carros alemanes son famosos por su calidad. • **ruin/damage sb/sth's reputation** arruinar/dañar la reputación de alguien/algo • **live up to its/your reputation** estar a la altura de/hacer honor a su reputación

re·pute /rɪ'pyut/ s [U] (frml) reputación, renombre • **of good repute** de buena reputación, de mucho renombre • **of international repute** de renombre internacional • **bring sb/sth into bad repute** acarrearle mala reputación a alguien/algo
EXPRESIONES
of ill repute (liter) de mala fama/reputación

re·put·ed /rɪ'pyutɪd/ adj (frml) supuesto -a: the reputed leader of the gang el supuesto cabecilla de la banda • **be reputed to be sth** tener fama de ser algo: She is reputed to be extremely wealthy. Según parece, es muy rica.

re·put·ed·ly /rɪ'pyutɪdli/ adv [adv oracional] según parece, según se dice: The castle was reputedly haunted. Según se dice, el castillo estaba habitado por fantasmas.

re·quest¹ S2 W2 /rɪ'kwɛst/ s
1 [C,U] solicitud, pedido: a request for information una solicitud de información • **make a request** hacer una solicitud/un pedido: The newspaper made a request to interview him. El periódico solicitó entrevistarlo. • **refuse/reject a request** rechazar una solicitud/un pedido • **agree to a request** aceptar una solicitud, acceder a un pedido • **on request** mediante solicitud: More information is available on request. Si desea obtener más información, solicítela.
2 [C] pedido del oyente (en la radio), pedido del público (en un concierto)

request² S2 W3 v [T] (frml) solicitar • **request that** solicitar que: He requested that he be kept informed. Solicitó que lo mantuvieran informado. • **request sb to do sth** pedirle/solicitarle a alguien que haga algo: The policeman requested him to get out of the car. El policía le pidió que bajara del carro. • Guests are requested to *wear formal dress.* Se ruega a los invitados vestir de etiqueta. ▶ ver nota en **ASK**

req·ui·em /'rɛkwiəm/ (tb **,requiem 'mass**) *s* [C] **1** misa de réquiem, misa de difuntos, misa de funeral **2** réquiem (composición)

re·quire 🔲 🔲 /rɪ'kwaɪə/ *v* [T nunca en forma continua] (*fml*)
1 requerir, necesitar: *He may require another operation.* Puede que necesite ser operado de nuevo. • *Considerable skill is required in the making of lace.* Para hacer encaje se requiere mucha destreza. SIN **need**
2 exigir, requerir • **require that** exigir/requerir que: *The rules require that ...* Las normas exigen que ... • **be required to do sth** *You are required by law to wear a seat belt.* La ley exige el uso del cinturón de seguridad. • **the required standard/level** el nivel requerido, el nivel exigido • **be required of sb** *Children need to know what is required of them.* Los niños necesitan saber qué se espera de ellos.
EXPRESIONES
required reading lectura obligatoria

re·quire·ment 🔲 /rɪ'kwaɪəmənt/ *s* [C]
1 (de una persona, una familia) necesidad: *special dietary requirements* necesidades alimenticias especiales • *our daily requirement of vitamin C* la vitamina C que necesitamos diariamente • **meet/satisfy sb's requirements** satisfacer las necesidades de alguien
2 (de una ley o normativa) requisito: *safety requirements* requisitos de seguridad • **meet/satisfy a requirement** (tb **comply with a requirement**) cumplir (con) un requisito • **a minimum requirement** un requisito mínimo
3 (de un puesto de trabajo) requisito: *A knowledge of our software is a requirement for the job.* Es requisito para el puesto conocer nuestros programas. • **entry requirements** requisitos de ingreso

req·ui·site¹ /'rɛkwəzɪt/ *adj* [solo ante s] (*fml*) requerido -a, necesario -a SIN **necessary**

requisite² *s* [C gralm pl] (*fml*) requisito: *a requisite for survival* una cosa indispensable para sobrevivir • *smokers' requisites* artículos para el fumador SIN **prerequisite**

req·ui·si·tion¹ /,rɛkwə'zɪʃən/ *s* **1** [U] requisa **2** [C] solicitud

requisition² *v* [T] requisar

re·re·lease¹ /,ri,ri'lis/ *v* [T] reeditar, relanzar (un CD), reestrenar (una película)

re·re·lease² /'ri ri,lis/ *s* [C,U] reedición, relanzamiento (musical), reestreno (cinematográfico)

re·route /ri'raʊt, ri'rut/ *v* [T] desviar (el tráfico, una vía, etc.) SIN **redirect**

re·run¹ /'rirʌn/ *s* [C] **1** repetición: *reruns of old TV shows* repeticiones de antiguos programas de televisión SIN **repeat 2** repetición (de un hecho, problema, etc.) SIN **repeat**

re·run² /ri'rʌn/ *v* [T] (**reran** /-'ræn/, **rerun**, **rerunning**)
1 repetir, volver a emitir SIN **repeat 2** repetir, volver a celebrar (una carrera, elecciones, etc.)

re·sale /'riseɪl/ *s* [U] reventa • **not for resale** prohibida su venta

re·sched·ule /ri'skɛdʒəl/ *v* [T] **1** reprogramar • **reschedule sth for the end of the month/March 10** reprogramar algo para finales de mes/el 10 de marzo **2** (*técn*) renegociar (una deuda)

re·scind /rɪ'sɪnd/ *v* [T] (*fml*) rescindir

res·cue¹ /'rɛskyu/ *v* [T] **1** (a una persona) rescatar, salvar • **rescue sb from sth** rescatar/salvar a alguien de algo: *We were rescued from the situation by a knock on the door.* Alguien llamó a la puerta y nos libró de la situación. **2** (a una empresa, a un sector) rescatar, salvar

rescue² *s* [C,U] **1** rescate, salvamento • [+**of**]: *the rescue of survivors* el rescate de sobrevivientes • **rescue mission** misión de rescate • **rescue operation** operación de rescate • **rescue team** equipo de rescate • **rescue worker** miembro del/de un equipo de rescate **2** rescate (financiero) • **rescue package** paquete de (medidas de) rescate financiero
EXPRESIONES
come to the rescue acudir al rescate • **come to sb's rescue** acudir en auxilio de alguien

res·cu·er /'rɛskyuə/ *s* [C] salvador -a, rescatador -a

re·search¹ 🔲 🔲 /'risətʃ, rɪ'sətʃ/ *s* [U] investigación, investigaciones • **a piece of research** una investigación, un trabajo de investigación • **medical/scientific/historical research** investigación médica/científica/histórica • [+**into/on**]: *research into the causes of breast cancer* investigación de las causas del cáncer de mama • *research on animal diseases* investigación sobre enfermedades animales • **do/conduct/carry out research** investigar, llevar a cabo investigaciones: *They are carrying out research into the drug's effectiveness.* Están investigando la eficacia del fármaco. • *It's a good idea to do some research before you buy a computer.* Conviene investigar un poco antes de comprar un computador. • **research center** centro de investigación • **research grant** beca de investigación (a una persona), ayuda a/para la investigación (a una institución) • **research project** proyecto de investigación • **research scientist** investigador (científico)/investigadora (científica) ▶ **MARKET RESEARCH**

re·search² 🔲 🔲 /rɪ'sətʃ, 'risətʃ/ *v*
1 [I,T] investigar • **research into sth** investigar algo
2 [T] **research a book/an article** documentarse para escribir un libro/un artículo

re·search·er /rɪ'sətʃə, 'ri,sətʃə/ *s* [C] **1** (en ciencias) investigador -a: *medical researchers* investigadores médicos **2** (en cine, periodismo) investigador -a

re·sell /,ri'sɛl/ *v* [T] (**resold** /-'soʊld/) revender

re·sem·blance /rɪ'zɛmbləns/ *s* [C,U] parecido, semejanza • [+**between**]: *There is a family resemblance between them.* Hay un parecido de familia entre ellos. • **bear a (close) resemblance to sb/sth** parecerse (mucho) a alguien/algo: *She bears a striking resemblance to her sister.* Es igualita a su hermana. • **bear little/no resemblance to sb/sth** no parecerse demasiado/en nada a alguien/algo

re·sem·ble 🔲 /rɪ'zɛmbəl/ *v* [T nunca en pasiva o forma continua] parecerse a • **closely resemble sb/sth** parecerse mucho a alguien/algo

re·sent /rɪ'zɛnt/ *v* [T] sentir enojo por algo que se considera injusto: *I've always resented my sister for her good looks.* Siempre le he tenido envidia a mi hermana por lo linda que es. • *I resent that comment!* ¡Ese comentario me parece injusto! • **resent (sb) doing sth** *I resented having to work such long hours.* Me molestaba tener que trabajar hasta tan tarde.

re·sent·ful /rɪ'zɛntfəl/ *adj* dolido -a, resentido -a (persona), (lleno -a) de resentimiento (mirada, etc.): *He was resentful about the way he had been treated.* Estaba dolido por la manera en que lo habían tratado. • **be resentful of sb's success/popularity** envidiar el éxito/la popularidad de alguien SIN **bitter**

re·sent·ful·ly /rɪ'zɛntfəli/ *adv* con resentimiento

re·sent·ment /rɪ'zɛntˉmənt/ *s* [U] resentimiento, rencor • [+**at/of/over**]: *resentment at their mother's abandonment of them* resentimiento por el hecho de que su madre los hubiera abandonado • *resentment of his success* envidia de su éxito • [+**toward/against**]: *He felt a lot of resentment toward her.* Le guardaba mucho rencor.

res·er·va·tion 🔲 🔲 /,rɛzə'veɪʃən/ *s*
1 [C] (de una mesa, habitación) reserva, reservación: *Do you have a reservation?* ¿Tiene reserva? • **make a reservation** hacer una reserva, hacer una reservación
2 [C,U] (duda) reserva • [+**about**]: *My only reservation*

about the book is that it is fairly long. El único problema que le veo al libro es que es bastante largo. • **have/express reservations (about sth)** tener/manifestar reservas (sobre algo): *I had reservations about the plan.* Tenía mis reservas sobre el plan. • **strong/serious/grave reservations** muchas/serias/profundas reservas • **without reservation** (*frml*) sin reservas
3 [C] (de aborígenes) reserva
4 [C] (de animales) reserva ► CENTRAL RESERVATION

re·serve¹ /rɪ'zɜ·v/ s **1** [C gralm pl] (provisión) reserva(s): *oil reserves* reservas de petróleo • [+**of**]: *her inner reserves of strength* su reserva de fortaleza interna **2** [U] (introversión) reserva, carácter reservado ► RESERVED **3 the reserve** (tb **the reserves** [pl]) la reserva (soldados) **4** (en una empresa) **reserves** [pl] (*técn*) reservas

EXPRESIONES
in reserve de reserva • **keep/hold sth in reserve** tener algo de reserva

reserve² v [T] **1** (una habitación, un asiento) reservar: *I'd like to reserve a table for two.* Quisiera reservar una mesa para dos. ► RESERVED **2** (dinero, tiempo) **reserve sth for sth/sb** reservar algo para algo/alguien ► RESERVED
EXPRESIONES
reserve (your) judgment (on sth/sb) reservarse su opinión (sobre algo/alguien) • **reserve the right to do sth** (*frml*) reservarse el derecho a hacer algo: *The management reserves the right to refuse admission.* Este establecimiento se reserva el derecho de admisión.

re·served /rɪ'zɜ·vd/ adj **1** (persona) reservado -a ► RESERVE **2** (mesa, asiento) reservado -a: *I'm sorry, these seats are reserved.* Lo siento, pero estos asientos están reservados.

re·serv·ist /rɪ'zɜ·vɪst/ s [C] reservista

res·er·voir /'rɛzə,vwɑr, -zə-, -,vwɔr/ s [C] **1** embalse, presa **2 a reservoir of sth** (*esp escrito*) una gran reserva/un gran caudal de algo

re·set¹ /,ri'sɛt/ v [T] (**reset, resetting**) **1** (volver a) poner (una alarma, un despertador), poner en cero (un contador), reiniciar, resetear (un computador) **2** poner en su lugar (un hueso roto)

re·set² /'risɛt/ adj [solo ante s] de reinicio (botón)

reset³ s [C,U] reinicio (de un computador), reencendido (de una máquina)

re·shuf·fle¹ /ri'ʃʌfəl/ s [C] reestructuración, remodelación: *a corporate reshuffle* una reestructuración corporativa

reshuffle² v [T] reestructurar, remodelar

re·side /rɪ'zaɪd/ v [I siempre + adv/prep] (*frml*) residir, vivir SIN live
reside in v+partíc **reside in sb/sth** (tb **reside with sb/sth**) (*frml*) residir/recaer en alguien/algo

res·i·dence /'rɛzədəns/ s **1** [C] (*frml*) (vivienda) residencia: *the ambassador's official residence* la residencia oficial del embajador **2** [U] (autorización) (permiso de) residencia: *people with permanent residence* personas que tienen permiso de residencia permanente SIN **residency 3** [U] (*frml*) (estado, situación) residencia • **be in residence** estar en palacio (monarca) • **artist/composer in residence** artista/compositor -a residente • **take up residence** establecerse, establecer su residencia ► HALL OF RESIDENCE

res·i·den·cy /'rɛzədənsi/ s (pl **residencies**) **1** [C,U] (de un médico) residencia **2** [U] (autorización) (permiso de) residencia **3** [U] (*frml*) (estado, situación) residencia

res·i·dent¹ W2 /'rɛzədənt/ s [C]
1 vecino -a, residente (de un edificio, barrio, zona), residente (en un país): *Local residents have objected to the plan.* Los vecinos han puesto objeciones al plan. • [+**of**]: *residents of Tokyo* habitantes de Tokio • **residents' association** asociación de vecinos

2 huésped (de un hotel), residente, interno -a (de un asilo, institución)
3 (médico) residente

resident² adj **1** (*frml*) (viviendo) residente **2** [solo ante s] (trabajando) titular, residente: *the resident conductor of the orchestra* el director titular de la orquesta

res·i·den·tial /,rɛzə'dɛnʃəl/ adj [gralm ante s] **1** (zona, calle) residencial: *a quiet residential neighborhood* un barrio residencial tranquilo ► INDUSTRIAL, SUBURBAN **2** (uso, inmueble) residencial: *residential customers* clientes particulares ► DOMESTIC **3** (curso, congreso) con alojamiento; (escuela) en régimen de internado

re·sid·u·al¹ /rɪ'zɪdʒuəl/ adj [solo ante s] (*frml*) residual

residual² s [C gralm pl] derecho (cuando un programa se repite)

res·i·due /'rɛzə,du/ s **1** [C,U] (resto) residuo **2** [C,U] (en química) residuo **3** [C] (*liter*) poso, rastro

re·sign W3 /rɪ'zaɪn/ v [I,T]
1 renunciar (a) • **resign from the party/government** abandonar el partido/gobierno • **resign as chairman/Minister** renunciar del cargo de presidente/ministro, renunciar como presidente/ministro
2 resign yourself to (doing) sth resignarse a (hacer) algo: *She resigned herself to her fate.* Aceptó con resignación su destino. ► RESIGNED

res·ig·na·tion /,rɛzɪg'neɪʃən/ s **1** [C,U] renuncia, dimisión • [+**of**]: *the resignation of the director* la renuncia del director • [+**from**]: *She announced her resignation from the government.* Anunció que abandonaba el gobierno. • **accept sb's resignation** aceptar la renuncia de alguien • **submit/tender your resignation** (tb **hand in your resignation**) presentar su renuncia **2** [U] resignación

re·signed /rɪ'zaɪnd/ adj **1 be resigned to (doing) sth** estar resignado -a a (hacer) algo, haberse resignado -a a (hacer) algo **2** [solo ante s] resignado -a, de resignación (tono, gesto, etc.)

re·sign·ed·ly /rɪ'zaɪnɪdli/ adv con resignación

re·sil·ience /rɪ'zɪlyəns/ (tb **re·sil·i·en·cy** /rɪ'zɪlyənsi/) s [U] **1** fortaleza, entereza (de una persona) **2** elasticidad (de un material) SIN **flexibility**

re·sil·ient /rɪ'zɪlyənt/ adj **1** (persona) **be very resilient** tener una gran fortaleza/entereza **2** (material) elástico -a

res·in /'rɛzən/ s [C,U] **1** (de árbol) resina ► SAP **2** (sintética) resina

re·sist W3 /rɪ'zɪst/ v
1 [I,T gralm en negat] (un deseo, un impulso) resistirse (a): *I just can't resist chocolate.* El chocolate me gusta tanto que es superior a mis fuerzas. • **resist doing sth** resistirse a hacer algo • **resist the temptation/urge to do sth** resistir la tentación/las ganas de hacer algo
2 [I,T] (ante el uso de la fuerza) oponer resistencia (a), resistirse (a) • **resist arrest** resistirse a ser detenido -a: *He was charged with resisting arrest.* Lo acusaron de resistencia a la autoridad.
3 [T] (una propuesta, una idea) oponerse a, resistirse a: *Older people often resist change.* La gente mayor suele resistirse a los cambios.
4 [T] (una infección, un terremoto) resistir

re·sist·ance W3 /rɪ'zɪstəns/ s
1 [sing, U] (a un cambio, una novedad) resistencia, oposición • [+**to**]: *public resistance to the proposal* oposición ciudadana a la propuesta • [+**from**]: *He encountered resistance from other parents.* Encontró resistencia por parte de otros padres. • **meet with resistance** encontrar resistencia
2 [sing, U] (pelea) resistencia: *armed resistance* resistencia armada • **put up/offer resistance** oponer resistencia
3 (movimiento armado) **the resistance** (tb **the Resistance**) la resistencia • **resistance fighter** combatiente de la resistencia • **resistance movement** movimiento de resistencia
4 [sing, U] (contra enfermedades, infecciones) **resistance to sth** resistencia a algo: *the body's resistance to infection* la resistencia del cuerpo a las infecciones

5 [U] (*técn*) (de un fluido) resistencia: *wind resistance* resistencia del viento

re·sis·tant /rɪˈzɪstənt/ *adj* **1** (material, organismo) resistente • [+**to**]: *Some insects are resistant to pesticides.* Algunos insectos son resistentes a los pesticidas. **2** (persona) **be resistant to sth** resistirse a algo, ser reacio -a a algo: *Many managers are resistant to change.* Muchos jefes son reacios a los cambios.

res·o·lute /ˈrɛzəˌlut/ *adj* (*aprec*) resuelto -a, firme SIN **determined**

res·o·lute·ly /ˈrɛzəˌlutli/ *adv* (*aprec*) con determinación, con firmeza

res·o·lute·ness /ˈrɛzəˌlutnɪs/ *s* [U] (*aprec*) determinación, firmeza SIN **resolution, resolve**

res·o·lu·tion W3 /ˌrɛzəˈluʃən/ *s*
1 [C] (decisión oficial) resolución • **pass/approve a resolution** aprobar una resolución • **adopt a resolution** adoptar una resolución • [+**on**]: *a resolution on human rights* una resolución sobre los derechos humanos • *UN resolutions on disarmament* resoluciones de la ONU en materia de desarme
2 [sing, U] (de un problema) resolución, solución: *a peaceful resolution of the conflict* una solución pacífica del conflicto • [+**to**]: *There is no easy resolution to the debate.* No hay una manera fácil de resolver el debate. ▸ **RESOLVE**
3 [C] (promesa) **a resolution to do sth** el propósito de hacer algo: *a resolution to give up smoking* el propósito de dejar de fumar • **make a resolution to do sth** tomar la determinación de hacer algo, proponerse hacer algo • **a New Year's resolution** un propósito para el nuevo año ▸ **RESOLVE**
4 [U] (*aprec*) (cualidad) determinación, firmeza SIN **resolve**
5 [C,U] (de una imagen) resolución

re·solve¹ W3 /rɪˈzɑlv/ *v* [T]
1 (*frml*) (una dificultad, un desacuerdo) resolver • **resolve a problem/dispute/conflict** resolver un problema/una disputa/un conflicto • **resolve your differences** resolver sus diferencias
2 (*escrito*) (ante un dilema) **resolve to do sth** resolver/decidir hacer algo: *She resolved never to marry again.* Decidió jamás volver a casarse. • **resolve that** decidir que, tomar la resolución de que
3 (*frml*) (organismo, comité) **resolve to do sth** resolver/acordar hacer algo

resolve² *s* [U] determinación, firmeza • **resolve to do sth** determinación para hacer algo • **strengthen/weaken sb's resolve** reafirmar/debilitar la determinación de alguien SIN **resolution**

res·o·nance /ˈrɛzənəns/ *s* **1** [U] resonancia **2** [C,U] (*frml*) connotaciones (personales) • **have resonance (for sb)** tener connotaciones especiales (para alguien), tener eco (en alguien)

res·o·nant /ˈrɛzənənt/ *adj* resonante (voz, etc.)

res·o·nate /ˈrɛzəˌneɪt/ *v* [I] **1** calar hondo, tener eco/resonancia (mensaje, hecho, etc.) • **resonate with sb** calar hondo en alguien **2** resonar, retumbar **resonate with sth** *v+partíc* (sonido) *The hall resonated with laughter.* Las risas resonaban en el auditorio. **2** (*frml*) (significado) estar lleno -a de algo: *Literature resonates with biblical imagery.* En la literatura resuenan por todas partes los ecos de las imágenes bíblicas.

re·sort¹ /rɪˈzɔrt/ *s* **1** [C] centro turístico/vacacional: *a luxury beach resort* un lujoso centro turístico junto a la playa **2** [C,U] **the last resort** el último recurso • **as a last resort** como último recurso: *A firearm is to be used only as a last resort.* El arma solo se debe usar como último recurso. • **sb's first resort** *Your first resort should be your manager.* La primera persona a quien debes recurrir es tu jefe. • **without resort to force/violence** (*frml*) sin recurrir a la fuerza/violencia

resort² *v*
resort to (doing) sth *v+partíc* recurrir a algo: *Many people occasionally resort to lying.* Muchos recurren de vez en cuando a la mentira. • *You may have to resort to cutting the knot.* Puede que tengas que acabar cortando el nudo.

re·sound /rɪˈzaʊnd/ *v* [I] **1** (lugar) **resound with sth** *The stadium resounded with cheers.* Una ovación resonó en el estadio. **2** (sonido) resonar, retumbar

re·sound·ing /rɪˈzaʊndɪŋ/ *adj* **1** [solo ante s] rotundo -a • **a resounding yes/no** un sí/no rotundo • **a resounding victory/defeat** una victoria/derrota rotunda • **a resounding success** un éxito clamoroso **2** [solo ante s] estruendoso -a, estrepitoso -a (ruido)

re·sound·ing·ly /rɪˈzaʊndɪŋli/ *adv* rotundamente

re·source¹ S2 W1 /ˈrisɔrs, rɪˈsɔrs/ *s*
1 [C gralm pl] (de un país, una persona, una organización) recurso: *Only limited resources are available to the police.* La policía solo cuenta con recursos limitados. • **natural resources** recursos naturales • **pool your resources** aunar (sus) recursos
2 [C] (en enseñanza) recurso, material: *educational resources* material didáctico • **resource center** centro de recursos
3 (tb **resources** [pl]) (cualidades) recursos ▸ **HUMAN RESOURCES**

resource² *v* [T gralm en pasiva] dotar de recursos

re·source·ful /rɪˈsɔrsfəl/ *adj* (*aprec*) de recursos, recursivo -a, ingenioso -a

re·source·ful·ly /rɪˈsɔrsfəli/ *adv* (*aprec*) ingeniosamente

re·source·ful·ness /rɪˈsɔrsfəlnɪs/ *s* [U] (*aprec*) recursos, ingenio SIN **resource**

re·spect¹ S3 W2 /rɪˈspɛkt/ *s*
1 [U] (estima) respeto • **have respect for sth/sb** respetar algo/a alguien: *I have the greatest respect for her work.* Respeto mucho su obra. • **win/earn/gain the respect of sb** ganarse el respeto de alguien
2 [U] (consideración) **respect for sth** respeto por/a/hacia algo: *a basic respect for human rights* un respeto elemental por los derechos humanos • **have no respect for sth** no respetar nada/algo • **treat sth/sb with respect** tratar algo/a alguien con respeto • **show (sb) respect** tener/mostrar respeto (a alguien): *Show some respect!* ¡A ver si tienes más respeto! • **mutual respect** respeto mutuo ANT **disrespect**
3 (aspecto) **in this respect** en este aspecto/sentido • **in some respects** en algunos/ciertos aspectos • **in all respects/in every respect** en todos los sentidos
4 respects [pl] (*frml*) (saludos) **give your respects to sb** presentar/transmitir sus respetos a alguien • **send your respects** mandar saludos ▸ **SELF-RESPECT**

EXPRESIONES
in respect of sth (*frml*) (con) respecto a algo, respecto de algo, en relación con algo • **pay your (last/final) respects (to sb)** dar el último adiós (a alguien) • **pay your respects (to sb)** ir a presentar sus respetos (a alguien) • **with respect to sth** (*frml*) (con) respecto a algo, respecto de algo, en relación con algo • **with (all due) respect...** (tb **with the greatest respect...**) (*frml*, *oral*) con el debido respeto...

respect² S3 W3 *v* [T]
1 [nunca en forma continua] (estimar) respetar • **respect sb for (doing) sth** respetar a alguien por (haber hecho) algo: *She respected him for his honesty.* Lo respetaba por su honradez.
2 [not progressive] (a los mayores, el medio ambiente) respetar
3 (deseos, derechos) respetar
4 (una norma, la ley) respetar

re·spect·a·bil·i·ty /rɪˌspɛktəˈbɪləti/ *s* [U] respetabilidad

re·spect·a·ble /rɪˈspɛktəbəl/ *adj* **1** respetable (persona, barrio, etc.): *a respectable family* una familia respetable **2** presentable: *Do I look respectable?* ¿Estoy presentable? **3** aceptable, digno -a (resultado, nota, etc.) SIN **decent**

re·spect·a·bly /rɪˈspɛktəbli/ *adv* respetablemente, decentemente

re·spect·ed /rɪ'spɛktɪd/ *adj* respetado -a • **highly/widely/well respected** muy respetado -a

re·spect·ful /rɪ'spɛktfəl/ *adj* respetuoso -a [ANT] **disrespectful**

re·spect·ful·ly /rɪ'spɛktfəli/ *adv* **1** respetuosamente [ANT] **disrespectfully 2** (*frml*) con todo respeto: *I must respectfully disagree.* Con todo respeto, debo decir que no estoy de acuerdo.

EXPRESIONES
Respectfully yours (*frml*) Lo/La saluda atentamente

re·spec·tive /rɪ'spɛktɪv/ *adj* [solo ante s] respectivo -a

re·spec·tive·ly /rɪ'spɛktɪvli/ *adv* respectivamente

res·pi·ra·tion /ˌrɛspə'reɪʃən/ *s* [U] (*técn*) respiración
▶ ARTIFICIAL RESPIRATION

res·pi·ra·tor /'rɛspəˌreɪtə/ *s* [C] respirador (artificial) [SIN] **ventilator**

res·pira·to·ry /'rɛsprəˌtɔri/ *adj* [solo ante s] (*técn*) respiratorio -a

res·pite /'rɛspɪt/ *s* [sing, U] respiro, tregua: *without respite* sin tregua • [+**from**]: *a brief respite from the recent hot weather* un breve respiro tras los últimos calores

re·splend·ent /rɪ'splɛndənt/ *adj* (*frml*) resplandeciente

re·spond [S2] [W1] /rɪ'spand/ *v*
1 [I] (actuar) responder, reaccionar • **respond to sth** responder a algo, reaccionar a/ante algo: *The fire department responded to the call within minutes.* Los bomberos respondieron a la llamada en pocos minutos. • **respond by doing sth** responder/reaccionar haciendo algo: *The U.S. responded by sending in troops.* EU respondió enviando tropas. [SIN] **react**
2 [I,T] (decir) responder, contestar • **respond to sth** responder/contestar (a) algo: *You didn't respond to any of my emails.* No respondiste a ninguno de mis correos. [SIN] **reply**
3 [I] (mejorar) responder • **respond to treatment/medication** responder al tratamiento/a la medicación

re·spon·dent /rɪ'spandənt/ *s* [C] (*frml*) encuestado -a

re·sponse [S2] [W1] /rɪ'spans/ *s*
1 [C,U] (acción) respuesta, reacción: *I knocked at the door but got no response.* Llamé a la puerta pero no respondió nadie. • *The decision was met with an angry response.* La decisión provocó una airada reacción. • [+**to**]: *the public's response to our appeal* la respuesta de los ciudadanos a nuestro llamamiento • **in response to sth** en respuesta a algo
2 [C] (palabras) respuesta, contestación: *His letters received no response.* No recibió respuesta a sus cartas. • [+**to**]: *Write your responses to the questions on the back of the sheet.* Escriba las respuestas a las preguntas en el dorso de la hoja. • **in response (to sth)** en/como respuesta (a algo): *I am writing in response to your letter of June 12.* Le escribo en respuesta a su carta del 12 de junio.

re·spon·si·bil·i·ty [S2] [W1] /rɪˌspansə'bɪləti/ *s* (pl **responsibilities**)
1 [U] (autoridad) responsabilidad: *She took on more responsibility around the farm.* Asumió más responsabilidades en la granja. • [+**for**]: *a manager with responsibility for over 100 employees* un jefe con más de 100 personas a su cargo • *Responsibility for childcare usually falls to mothers.* La responsabilidad de cuidar de los niños suele recaer en las madres. • **have responsibility for (doing) sth** ser responsable de (hacer) algo • **take/assume responsibility for sth/sb** hacerse responsable de algo/alguien, hacerse cargo de algo/alguien • **a position of responsibility** un puesto de responsabilidad
2 [U] (culpa) responsabilidad • **accept/take responsibility (for sth)** asumir la responsabilidad (de algo), hacerse responsable de (algo): *They accepted full responsibility for the accident.* Asumieron toda la responsabilidad del accidente. • **claim/admit responsibility for sth** reivindicar (la autoría de) algo

3 [C] (obligación) responsabilidad: *her new responsibilities* sus nuevas responsabilidades • **have a responsibility to sb** ser responsable ante alguien, deberse a alguien: *A doctor's first responsibility is to his or her patients.* Un médico se debe ante todo a sus pacientes. • **have a responsibility to do sth** tener la responsabilidad de hacer algo, ser responsable de hacer algo • **family/parental/professional responsibilities** responsabilidades familiares/paternas/profesionales • **be your responsibility** estar bajo su responsabilidad, ser responsabilidad suya

re·spon·si·ble [S2] [W2] /rɪ'spansəbəl/ *adj*
1 culpable
2 a cargo
3 causante
4 sensato
5 puesto, cargo
6 subordinado

1 CULPABLE [nunca ante s] responsable: *It's vital that those responsible are caught.* Es fundamental atrapar a los responsables. • [+**for**]: *Who was responsible for the accident?* ¿Quién fue el responsable del accidente?
2 A CARGO [nunca ante s] encargado -a • [+**for**]: *Mills is responsible for a budget of over $5 million.* Mills tiene a su cargo un presupuesto de más de 5 millones de dólares. • **be responsible for doing sth** estar encargado -a de hacer algo
3 CAUSANTE [nunca ante s] **be responsible for sth** ser responsable de algo: *A diet high in fat may be responsible for several types of cancer.* Una dieta rica en grasas puede ser responsable de varios tipos de cáncer.
4 SENSATO responsable • **a responsible adult** un adulto responsable [ANT] **irresponsible**
5 PUESTO, CARGO de responsabilidad: *a very responsible job* un trabajo de mucha responsabilidad
6 SUBORDINADO be responsible to sb responder ante alguien, rendir cuentas ante alguien

⚠ **Responsible** va seguido de la preposición **for**:
We are not responsible for (✗ of) what happened long ago.

re·spon·si·bly /rɪ'spansəbli/ *adv* con responsabilidad, responsablemente

re·spon·sive /rɪ'spansɪv/ *adj* **1** (ante las necesidades ajenas) **be responsive to sth** mostrarse sensible a algo, estar atento -a a algo [ANT] **unresponsive 2** (frenos, mecanismo) sensible: *a car with highly responsive steering* un carro con una dirección que responde muy bien **3** (persona) receptivo -a, comunicativo -a: *a responsive audience* un público receptivo • *a very responsive baby* un bebé muy despierto [ANT] **unresponsive 4** (enfermedad) **be responsive to treatment/therapy** responder bien al tratamiento/a la terapia

re·spon·sive·ness /rɪ'spansɪvnɪs/ *s* [U] capacidad de respuesta • [+**to**]: *a mother's responsiveness to her baby's needs* la capacidad de una madre de responder a las necesidades de su bebé

rest¹ [S1] [W1] /rɛst/ *s*
1 the rest el resto (cosas): *You carry these two bags, and I'll bring the rest.* Tú lleva estas dos bolsas y yo traeré el resto. • [+**of**]: *She will have to take medication for the rest of her life.* Va a tener que tomar medicamentos el resto de su vida.
2 the rest los/las demás (personas) • [+**of**]: *Where are the rest of the students?* ¿Dónde están los demás alumnos?
3 [sing, U] descanso • **get some rest** descansar • **have/take a rest** descansar, tomarse un descanso
4 [C] **a wrist rest** un reposamuñecas ▶ HEADREST, **set/put sb's MIND at rest**

EXPRESIONES
come to rest (a) (vehículo) detenerse: *His second shot came to rest in a sand trap.* Su segundo golpe fue a parar a un búnker. [SIN] **land (b)** (la mirada, los ojos) detenerse • **lay/put sth to rest** poner fin a algo (temores, dudas, etc.) • **lay sb to rest** darle sepultura a alguien [SIN] **bury**

rest² S3 W3 *v*

1 (a) [I] descansar: *If you're tired, we'll stop and rest for a while.* Si estás cansada, paramos a descansar un rato. **(b)** [T] descansar • **rest your legs/feet** descansar las piernas/los pies • **rest your eyes** descansar la vista **2 (a)** [T siempre + adv/prep] **rest sth on/against sth** apoyar algo en algo: *He rested his head on my shoulder.* Apoyó la cabeza en mi hombro. **(b)** [I siempre + adv/prep] **rest on/against sth** apoyarse en algo, estar apoyado -a en algo: *He slept peacefully, his head resting on one arm.* Dormía plácidamente, con la cabeza apoyada en un brazo. • *Their bikes were resting against the fence.* Sus bicicletas estaban apoyadas en la cerca.

EXPRESIONES

I rest my case (*hum, oral*) ahí lo tienes, ¿qué te decía yo?, a las pruebas me remito • **let sth rest** *Paula would not let the subject rest.* Paula no quería dejar el asunto ahí. • *I can't let this rest.* No puedo permitir que esto quede así. • **rest assured (that)** (*frml*) tener por seguro que, tener la seguridad de que: *Rest assured that the car will be ready on time.* Tenga por seguro que el carro estará listo a tiempo. • **rest on your laurels** dormirse en los laureles • **we/I will not rest until ...** no vamos/voy a parar hasta ...: *We will not rest until the murderer is found.* No vamos a parar hasta encontrar al asesino.
rest on/upon sth *v+partíc* (*frml*) depender de algo
rest with sb *v+partíc* corresponderle a alguien: *The final decision rests with the President.* La decisión final le corresponde al presidente.

'rest ˌarea *s* [C] zona a un costado de la carretera para detenerse y descansar, usar el baño, etc.

re·start¹ /ˌriˈstɑrt/ *v* **(a)** [T] volver a poner en marcha (un motor, un carro), reiniciar (un computador, unas conversaciones, una reunión) **(b)** [I] volver a arrancar (motor, carro), reiniciarse (producción, proceso, partido)

re·start² /ˈristɑrt/ *s* [C gralm sing] reinicio

re·state /riˈsteɪt/ *v* [T] reformular, replantear

re·state·ment /riˈsteɪtmənt/ *s* [C gralm sing, U] replanteamiento, reformulación

res·tau·rant S1 W2 /ˈres.trənt, ˈrestəˌrant, ˈrestərənt/ *s* [C] restaurante: *a Chinese restaurant* un restaurante chino • *a fast-food restaurant* un restaurante de comida rápida • *We had lunch in a restaurant.* Almorzamos en un restaurante.

res·tau·ra·teur /ˌrestərəˈtɜr/ *s* [C] restaurador -a, restaurateur (dueño o encargado de un restaurante)

rest·ed /ˈrestɪd/ *adj* [nunca ante s] descansado -a

rest·ful /ˈrestfəl/ *adj* tranquilo -a, relajante

'rest home *s* [C] hogar de ancianos, casa hogar de ancianos SIN **nursing home**

res·ti·tu·tion /ˌrestəˈtuʃən/ *s* [U] (*frml*) **1** indemnización • **make restitution for sth** pagar una indemnización por algo SIN **compensation 2** restitución

res·tive /ˈrestɪv/ *adj* (*escrito*) descontento -a, inquieto -a

rest·less /ˈrestlɪs/ *adj* **1** inquieto -a, impaciente • **grow/get/become restless** impacientarse, ponerse inquieto -a **2** [solo ante s] **have a restless night/sleep** pasar (una) mala noche

rest·less·ly /ˈrestlɪsli/ *adv* con inquietud, nerviosamente

rest·less·ness /ˈrestlɪsnɪs/ *s* [U] inquietud

re·stock /ˌriˈstɑk, ˈristɑk/ *v* [I,T] reaprovisionar(se)

res·to·ra·tion /ˌrestəˈreɪʃən/ *s* **1** [C,U] restauración (de edificios, etc.) • **restoration work** obras de restauración **2** [U] restablecimiento, reinstauración (de la democracia, etc.): *the restoration of law and order* el restablecimiento del orden público **3** restitución • [+of]: *They are demanding the restoration of their lands.* Exigen la restitución de sus tierras. SIN **return**

re·store W3 /rɪˈstɔr/ *v* [T]

1 restore sb's confidence/faith/hopes devolverle la confianza/fe/esperanza a alguien • **restore peace/order/discipline** restablecer la paz/el orden/la disciplina •

restore power/electricity devolver el suministro eléctrico • **restore (diplomatic) relations** restablecer relaciones (diplomáticas) • **restore sb's sight/hearing** devolverle la vista/la audición a alguien **2 restore sb to health** devolverle la salud a alguien • **restore sth to profitability** hacer que algo vuelva a ser rentable • **restore sb to power/the throne** reinstaurar a alguien en el poder/el trono • **restore sth to its former glory** devolver a algo la gloria perdida **3** restaurar (edificios, muebles, etc.) **4** (*frml*) restablecer, reinstaurar (leyes, normas, etc.)

re·strain /rɪˈstreɪn/ *v* [T] **1** contener, frenar (a una persona) • **restrain sb from doing sth** impedirle a alguien hacer algo **2** contener (las lágrimas, la ira, etc.) • **restrain yourself (from doing sth)** contenerse (para no hacer algo): *She could barely restrain herself from hitting him.* Apenas podía contener las ganas de pegarle. • **restrain the urge/impulse to do sth** contener/reprimir las ganas de hacer algo **3** sujetar, reducir: *He had to be restrained.* Tuvieron que sujetarlo.

re·strained /rɪˈstreɪnd/ *adj* **1** comedido -a **2** sobrio -a (color, estilo)

re·straint /rɪˈstreɪnt/ *s* **1** [U] moderación, mesura • **show/exercise restraint** actuar con moderación, mostrarse mesurado -a **2** [C gralm pl, U] restricción, limitación: *a policy of wage restraint* una política de contención salarial • [+on]: *restraints on free speech* restricciones a la libertad de expresión • **impose restraints on sth** imponer restricciones a algo **3** [U] (*frml*) fuerza (física): *The patient required physical restraint.* Hubo que emplear la fuerza para reducir al paciente. **4** [C] (correa de) sujeción, cinturón de seguridad

re·strict W3 /rɪˈstrɪkt/ *v* [T]

1 restringir, limitar: *The new law restricts the sale of hand guns.* La nueva ley restringe la venta de pistolas. • *Imports were severely restricted.* Se impusieron severas restricciones a las importaciones. • **restrict sth to sth** limitar algo a algo: *We will restrict class sizes to 20 students.* Vamos a limitar el tamaño de las clases a 20 alumnos.
2 restrict yourself to (doing) sth limitarse a (hacer) algo: *He's restricting himself to two cigarettes a day.* Se está limitando a dos cigarrillos al día.

re·strict·ed /rɪˈstrɪktɪd/ *adj* **1** reducido -a, limitado -a (espacio, vacantes, visibilidad, etc.) **2** restringido -a, limitado -a (dieta, acceso, etc.) • **be restricted to sb** ser solo para alguien, estar reservado -a para alguien • **be restricted to sth** estar restringido -a/limitado -a a algo: *Visiting hours are restricted to evenings and weekends only.* El horario de visita se limita exclusivamente a las tardes y los fines de semana. **3 be restricted to sth/sb** limitarse a algo/alguien, afectar solo a algo/alguien: *The damage is restricted to the left side of the brain.* La lesión afecta solo al lado izquierdo del cerebro. **4** confidencial (documento, información), restringido -a (zona): *You are now entering a restricted area.* Está usted en zona restringida.

re·stric·tion W3 /rɪˈstrɪkʃən/ *s* [C gralm pl, U] restricción • [+on]: *restrictions on tobacco advertising* restricciones a la publicidad del tabaco • **tough/tight restrictions** fuertes/severas restricciones • **impose/introduce/place restrictions (on sth)** imponer/introducir/poner restricciones (a algo) • **lift/remove restrictions** levantar/eliminar las restricciones • **speed restriction** límite de velocidad

re·stric·tive /rɪˈstrɪktɪv/ *adj* restrictivo -a

'rest room *s* [C] servicios, (cuarto de) baño

re·struc·ture /ˌriˈstrʌktʃər/ *v* [T] reestructurar

re·struc·tur·ing /riˈstrʌktʃərɪŋ/ *s* [C,U] reestructuración

'rest stop *s* [C] área de descanso

re·sult¹ S2 W1 /rɪˈzʌlt/ *s*

1 [C] (consecuencia) resultado • [+of]: *Her cough is the result of years of smoking.* Su tos es el resultado de años fumando. • **as a result** en consecuencia, por lo

R

tanto • **as a result of sth** como consecuencia de algo, debido a algo • **with the result that...** y en consecuencia... • **be a direct result of sth** ser consecuencia directa de algo • **the end/final result** el resultado final • **produce (excellent/disappointing) results** dar (un excelente/decepcionante) resultado ▸ CONSEQUENCE

2 [C] (de una competencia) resultado: *the results of the competition* los resultados del concurso • *the election results* los resultados electorales

3 [C] (de un análisis) resultado: *blood test results* el resultado del análisis de sangre • *the results of a survey* los resultados de una encuesta

4 (efectos positivos) **results** [pl] (buenos) resultados • **get results** obtener (buenos) resultados

5 (de una empresa) **results** [pl] resultados, rendimiento: *financial results* resultados financieros

result² W2 /v [I] ser el resultado • **result from sth** ser el resultado/la consecuencia de algo: *injuries resulting from auto accidents* lesiones derivadas de accidentes automovilísticos

result in sth *v+partíc* tener algo como resultado: *the great earthquake which resulted in the destruction of the city* el gran terremoto que tuvo como resultado la destrucción de la ciudad

re·sult·ant /rɪ'zʌltənt, -t⁻nt/ *adj* [solo ante s] (*frml*) consiguiente, resultante

re·sume W3 /rɪ'zum/ *v* (*frml*)
1 [T] reanudar
2 [I] reanudarse
3 resume your seat/place/position volver a su asiento/lugar/puesto

ré·su·mé /'rɛzə,meɪ, ,rɛzə'meɪ/ *s* [C] **1** hoja de vida, currículum (vitae) **2** resumen SIN **summary**

re·sump·tion /rɪ'zʌmpʃən/ *s* [sing, U] (*frml*) reanudación

re·sur·face /,ri'sɚfɪs/ *v* **1** [I] reaparecer, volver a aparecer (algo perdido) **2** [I] resurgir, volver a surgir (problemas, ideas, etc.) **3** [T] volver a asfaltar, reasfaltar (una carretera, etc.), reparar el piso de **4** [I] volver a la superficie (nadador, etc.)

re·sur·gence /rɪ'sɚdʒəns/ *s* [sing] resurgimiento, renacer: *the resurgence of nationalism* el resurgimiento del nacionalismo

re·sur·gent /rɪ'sɚdʒənt/ *adj* [gralm ante s] renaciente

res·ur·rect /,rɛzə'rɛkt/ *v* [T] **1** (una costumbre, un plan) resucitar **2** [gralm en pasiva] (a una persona) resucitar • **be resurrected** resucitar

Res·ur·rec·tion /,rɛzə'rɛkʃən/ *s* **the Resurrection** la resurrección

res·ur·rec·tion /,rɛzə'rɛkʃən/ *s* [sing, U] (*frml*) resurrección

re·sus·ci·tate /rɪ'sʌsə,teɪt/ *v* [T] reanimar, resucitar ▸ REVIVE

re·sus·ci·ta·tion /rɪ,sʌsə'teɪʃən/ *s* [U] reanimación (médica)

re·tail¹ S3 W3 /'riteɪl/ *s* [U] venta al por menor, venta al detal, venta al menudeo, comercio minorista ▸ WHOLESALE • **retail chain** cadena de tiendas • **retail outlet** punto de venta, tienda • **retail sales** ventas al por menor, ventas al detal, ventas al menudeo • **retail sector** sector minorista • **retail store** comercio minorista

retail² *v* retail for $10/$100 (*técn*) tener un precio de venta al público de 10/100 dólares

retail³ *adv* al por menor, al detal, al menudeo

re·tail·er W2 /'ri,teɪlɚ/ *s* [C] minorista, comerciante

re·tail·ing /'ri,teɪlɪŋ/ *s* [U] mercado/comercio minorista

retail price *s* [C] precio (de venta) al público

re·tain W2 /rɪ'teɪn/ *v* [T] (*frml*)
1 conservar (una cualidad, un objeto, etc.) • **retain your freedom/identity** conservar su libertad/identidad • **retain your independence** mantenerse independiente, seguir siendo independiente • **retain control/possession of sth** mantener el control/la posesión de algo

2 (agua, calor, humedad) retener
3 (en la memoria) retener
4 contratar (un abogado, un asesor) ▸ RETENTION

re·tain·er /rɪ'teɪnɚ/ *s* [C] **1** anticipo (pago) **2** freno(s), frenillo(s) **3** (*antic*) criado -a

re·take¹ /,ri'teɪk/ *v* [T] (**retook** /-'tʊk/, **retaken** /-'teɪkən/) **1** volver a tomar (una región, una ciudad) SIN **recapture 2** volver a presentar (un examen) **3** volver a rodar (una toma)

re·take² /'riteɪk/ *s* [C] **1** nueva toma • **do a retake** repetir una toma **2** examen de habilitación, (examen de) recuperación

re·tal·i·ate /rɪ'tæli,eɪt/ *v* [I] tomar represalias, vengarse • **retaliate by doing sth** reaccionar haciendo algo, hacer algo como represalia • **retaliate against sb** tomar represalias contra alguien

re·tal·i·a·tion /rɪ,tæli'eɪʃən/ *s* [U] represalia(s) • **in retaliation (for sth)** en represalia (por algo) • [+**against**]: *retaliation against terrorists* represalias contra los terroristas

re·tal·i·a·to·ry /rɪ'tæliə,tɔri/ *adj* [gralm ante s] (*frml*) como represalia

re·tard /rɪ'tɑrd/ *v* [T] (*frml*) retardar, retrasar SIN **slow down**

retch /rɛtʃ/ *v* [I] tener arcadas, dar náuseas

re·ten·tion /rɪ'tɛnʃən/ *s* [U] (*frml*) **1** conservación, mantenimiento (de una cualidad, etc.) **2** retención (de líquidos, etc.)

re·think¹ /,ri'θɪŋk/ *v* [T] (**rethought** /-'θɔt/) reconsiderar, replantearse

re·think² /'riθɪŋk/ *s* [sing] replanteamiento • [+**of**]: *a radical rethink of economic policy* un replanteamiento radical de la política económica

ret·i·cence /'rɛtəsəns/ *s* [U] reserva, reticencia a hablar

ret·i·cent /'rɛtəsənt/ *adj* reservado -a (persona) • **be reticent about sth** mostrarse reticente a hablar de algo, ser reservado -a sobre algo

ret·i·na /'rɛtⁿnə/ *s* [C] retina

ret·i·nue /'rɛtⁿn,u/ *s* [C] comitiva, séquito

re·tire S2 W3 /rɪ'taɪɚ/ *v*

1	del trabajo
2	a un lugar
3	a la cama
4	de un partido, una carrera
5	un número, una camiseta de un equipo
6	en béisbol

1 DEL TRABAJO (a) [I] jubilarse • **retire early** jubilarse anticipadamente • **retire from teaching/basketball** retirarse de la docencia/del básquetbol • **retire as chairman/as a civil servant** dejar de ejercer como presidente/funcionario -a (b) [T gralm en pasiva] jubilar

2 A UN LUGAR [I] (*frml*) retirarse: *The jury has retired in order to consider its verdict.* El jurado se ha retirado a deliberar.

3 DE LA CAMA [I] (*frml*) retirarse (a dormir)

4 DE UN PARTIDO, UNA CARRERA [I] retirarse: *He had to retire with a knee injury.* Tuvo que retirarse por una lesión en una rodilla.

5 UN NÚMERO, UNA CAMISETA DE UN EQUIPO [T] retirar

6 EN BÉISBOL [T] retirar

re·tired /rɪ'taɪɚd/ *adj* jubilado -a

re·tire·ment S3 W3 /rɪ'taɪɚmənt/ *s*

1 [C,U] (pensión de) jubilación, retiro (hecho) • [+**from**]: *Brady announced his retirement from international athletics.* Brady anunció que se retira de la competición internacional. • **take early retirement** acogerse a la jubilación anticipada • **retirement age** edad de jubilación

2 [sing, U] retiro (periodo) • **retirement benefits** prestaciones de jubilación • **retirement pension** (pensión de) jubilación

re'tirement ,home s [C] hogar de ancianos, casa hogar de ancianos ▶ NURSING HOME, REST HOME

re'tirement ,plan s [C] plan de retiro/jubilación ▶ PENSION PLAN

re·tir·ing /rɪˈtaɪərɪŋ/ adj (esp escrito) retraído -a, reservado -a SIN **shy** ANT **outgoing**

re·tort[1] /rɪˈtɔrt/ v [T] replicar

retort[2] s [C] réplica, contestación

re·trace /ˌriˈtreɪs/ v [T] **1 retrace your steps** volver sobre sus pasos • **retrace your path/route** desandar el camino **2** seguir, repetir (una ruta) **3 retrace sb's movements** reconstruir los movimientos de alguien

re·tract /rɪˈtrækt/ v **1** [T] retractarse de: *She later retracted her testimony.* Luego se retractó de su testimonio. **2** [T, I] retraer(se), encoger(se) (la uñas, las garras) SIN **withdraw 3** [T, I] replegar(se) (el tren de aterrizaje, etc.) SIN **withdraw**

re·tract·a·ble /rɪˈtræktəbəl/ adj retráctil, replegable

re·trac·tion /rɪˈtrækʃən/ s [C] retractación

re·train /ˌriˈtreɪn/ v [T, I] reciclar(se) (trabajadores) • **retrain as a teacher/social worker** reciclarse como profesor -a/asistente social

re·train·ing /ˌriˈtreɪnɪŋ/ s [U] reciclaje, recapacitación (profesional)

re·treat[1] /rɪˈtrit/ v [I] **1** (ejército) retirarse, batirse en retirada: *The rebels retreated to the mountains.* Los rebeldes se retiraron a las montañas. ANT **advance 2** (de un lugar, una persona) retirarse, apartarse: *He retreated to his room.* Se refugió en su habitación. **3 retreat from sth** mantenerse apartado -a de algo, evitar algo (una situación) • **retreat into yourself** aislarse, encerrarse en sí mismo -a **4** dar marcha atrás (de una decisión, afirmación, compromiso) • **retreat from/on sth** no cumplir algo

retreat[2] s **1** [C,U] retirada (de un ejército) • [+from]: *Napoleon's retreat from Moscow* la retirada de Moscú por parte de Napoleón • **be in retreat** estar en retirada • **make a retreat** batirse en retirada • **sound the retreat** dar la señal/el toque de retirada ANT **advance 2** [C,U] marcha atrás, abandono (de una decisión, compromiso): *a retreat from their previous position* un abandono de su anterior postura **3** [C] refugio: *the family's summer retreat* el refugio de verano de la familia **4** [C,U] retiro (espiritual) • **go on (a) retreat** irse de retiro (espiritual)

EXPRESIONES
beat a hasty retreat tomar las de Villadiego

re·tri·al /ˌriˈtraɪl, ˈritraɪl/ s [C] revisión de la causa, nuevo juicio ▶ RETRY

ret·ri·bu·tion /ˌretrəˈbyuʃən/ s [U] (frml) castigo, represalias • **retribution for sth** castigo por algo • **in retribution for sth** en represalia por algo • **divine retribution** castigo divino SIN **punishment**

re·triev·al /rɪˈtrivəl/ s [U] **1** (técn) (de información) recuperación: *data retrieval* recuperación de datos **2** (frml) (de un satélite, una nave) recuperación SIN **recovery** *The retrieval operation was completed* La operación de recuperación/rescate quedó concluida.

EXPRESIONES
be beyond retrieval ser irremediable

re·trieve /rɪˈtriv/ v **1** [T] (frml) (un objeto, una nave) recuperar, rescatar • **retrieve sth from sth** recuperar/ rescatar algo de algo SIN **recover 2** [T] (técn) (información) recuperar: *ways of retrieving lost data from your hard disk* maneras de recuperar de su disco duro datos que se han perdido **3** [T] salvar, arreglar (una situación) **4** [I,T] cobrar (la pieza de caza)

re·triev·er /rɪˈtrivər/ s [C] perro cobrador, perro labrador

ret·ro /ˈretroʊ/ adj retro

ret·ro·ac·tive /ˌretroʊˈæktɪv/ adj (frml) retroactivo -a SIN **retrospective**

ret·ro·ac·tive·ly /ˌretroʊˈæktɪvli/ adv (frml) retroactivamente, con retroactividad

ret·ro·grade /ˈretrəˌɡreɪd/ adj retrógrado -a, que constituye un retroceso: *a retrograde step* un retroceso

ret·ro·spect /ˈretrəˌspekt/ s **in retrospect** mirando hacia atrás, en retrospectiva

re·tro·spec·tive[1] /ˌretrəˈspektɪv/ adj **1** retrospectivo -a **2** retroactivo -a • **be retrospective** tener efecto retroactivo SIN **retroactive**

retrospective[2] (tb **retro,spective exhi'bition**) s [C] (muestra) retrospectiva

re·try /ˌriˈtraɪ/ v (**retries, retried, retrying**) [T] volver a juzgar ▶ RETRIAL

re·turn[1] S2 W1 /rɪˈtɜrn/ v

1 ir de vuelta
2 dar de vuelta
3 una compra
4 problema, sentimiento
5 a una actividad
6 a la situación previa
7 el saludo, una sonrisa
8 en tenis
9 en un juicio
10 en política

1 IR DE VUELTA [I] volver, regresar: *She didn't return until late.* No volvió hasta tarde. • **return to Spain/to the same place** volver a España/al mismo lugar • **return from work/from Mexico** volver del trabajo/de México: *She had just returned from a meeting.* Acababa de volver de una reunión. • **return home** volver/regresar a la casa • **never to return** para no volver (jamás) SIN **come back**, **go back**

2 DAR DE VUELTA [T] devolver: *The letter was returned unopened.* Devolvieron la carta sin abrir. • **return sth to sb/sth** devolverle algo a alguien/algo: *I returned the books to the library.* Devolví los libros a la biblioteca. SIN **give back**, **send back**, **take back**

3 UNA COMPRA [T] devolver, regresar: *If you don't like your purchase, you can return it.* Si el producto no le convence, puede devolverlo. • **return sth to sb/sth** devolverle algo a alguien/algo, regresarle algo a alguien/ algo SIN **take back**

4 PROBLEMA, SENTIMIENTO [I] volver (a aparecer): *If the pain returns, take two tablets.* Si le vuelve a doler, tome dos pastillas. SIN **come back**

5 A UNA ACTIVIDAD [I] **return to sth** volver a algo: *He looked up, smiled, and then returned to his newspaper.* Levantó la vista, sonrió y luego siguió leyendo el periódico. • **return to work/school** volver al trabajo/ colegio • **return to power** volver al poder • **return to a subject/topic** volver sobre un tema

6 A LA SITUACIÓN PREVIA [I] **return to normal** volver a la normalidad

7 EL SALUDO, UNA SONRISA [T] devolver • **return a favor** devolver un favor • **return sb's call** devolverle una llamada a alguien • **return fire** responder a los disparos

8 EN TENIS [T] devolver

9 EN UN JUICIO **return a verdict** emitir un veredicto • **return a verdict of guilty/not guilty** declarar a alguien culpable/inocente

10 EN POLÍTICA [T] elegir • **be returned to the Senate** salir elegido diputado, salir elegida diputada • **return sb to office** elegir a alguien para un cargo ▶ **return the COMPLIMENT**

return[2] S3 W1 s

1 de un lugar
2 de un problema, un sentimiento
3 de una compra, un objeto
4 a una actividad
5 a la situación previa

R

6 en finanzas
7 para completar
8 en un teclado

1 DE UN LUGAR [sing, U] vuelta, regreso: *We're all looking forward to your return!* ¡Todos estamos deseando que vuelvas! • [+**from**]: *the date of her return from Europe* la fecha de su regreso de Europa • [+**to**]: *He decided to delay his return to New York.* Decidió retrasar su vuelta a Nueva York. • **on his/her return** (tb **upon his/her return** (*frml*)) a su vuelta, a su regreso: *He was arrested on his return to Colombia.* A su vuelta a Colombia, fue detenido.
2 DE UN PROBLEMA, UN SENTIMIENTO [sing, U] vuelta, reaparición • [+**of**]: *the return of high unemployment* la vuelta de los altos índices de desempleo
3 DE UNA COMPRA, UN OBJETO [C,U] devolución: *Returns must be made within 30 days of purchase.* Las devoluciones deben realizarse en los 30 días posteriores a la compra. • [+**of**]: *a reward for the return of the stolen necklace* una recompensa por la devolución del collar robado
4 A UNA ACTIVIDAD a return to sth la vuelta/el regreso a algo: *her return to work* su vuelta al trabajo
5 A LA SITUACIÓN PREVIA a return to sth la vuelta a algo: *The United States called for a return to democracy.* Estados Unidos reclamó una vuelta a la democracia.
6 EN FINANZAS [C,U] rendimiento, ganancia • **return on investment/capital/sales** rendimiento de las inversiones/el capital/las ventas
7 PARA COMPLETAR [C] (formulario de) declaración: *a tax return* una declaración de impuestos
8 EN UN TECLADO [U] (tecla de) retorno, intro SIN **enter** ▶ the **POINT of no return, TAX RETURN**

EXPRESIONES
in return (for sth) a cambio (de algo): *What does he expect in return for his help?* ¿Qué quiere a cambio de su ayuda? • **many happy returns** muchas felicidades, feliz cumpleaños

return³ *adj* [solo ante s] ▶ **RETURN TICKET**
EXPRESIONES
by return mail a vuelta de correo

re·turn·a·ble /rɪ'tɜːnəbəl/ *adj* **1** retornable (botella, envase) **2** reembolsable (fianza, dinero)

re,turn ad'dress *s* [C] remitente

re'turn ,ticket *s* [C] tiquete de vuelta, boleto de vuelta

re·u·ni·fi·ca·tion /ˌriːˌjuːnəfə'keɪʃən/ *s* [U] reunificación

re·un·ion S3 /riː'juːnjən/ *s*
1 [C] reunión (de antiguos compañeros, etc.) • **a family reunion** una reunión familiar • **a high-school/college reunion** una reunión de ex alumnos
2 [C,U] reencuentro • [+**with**]: *his reunion with his wife* su reencuentro con su esposa

re·u·nite /ˌriːjuː'naɪt/ *v* **1** [T gralm en pasiva, I] volver a reunir(se) • **be reunited with sb** volver a reunirse con alguien **2** [T, I] reunificar(se)

re·us·a·ble /riː'juːzəbəl/ *adj* reutilizable

re·use /ˌriː'juːz/ *v* [T] reutilizar, volver a usar

Rev. (*abrev escrita de* **Reverend**) reverendo

rev¹ /rɛv/ (tb **rev up**) *v* [T] (**revved, revving**) acelerar

rev² *s* [C] (*coloq*) revolución (de un motor) SIN **revolution**

re·vamp /'riːvæmp/ *s* [C gralm sing] (*coloq*) renovación, reforma

re·vamp /ˌriː'væmp/ *v* [T] (*coloq*) renovar, reformar

re·veal S3 W2 /rɪ'viːl/ *v* [T]
1 revelar (un secreto, una información, la identidad, etc.): *One day the truth will be revealed.* Algún día saldrá a la luz la verdad. • **reveal (that)** revelar que: *He revealed that he had spent five years in prison.* Reveló que había pasado cinco años en la cárcel. • **reveal why/what/who** revelar por qué/qué/quién • **reveal yourself (as sth)**

revelarse (como algo) • **reveal yourself to be sth** demostrar ser algo: *He revealed himself to be a talented musician.* Demostró que era un músico de talento. ANT **conceal**
2 dejar al descubierto (un objeto oculto): *The curtains opened to reveal a bare stage.* Se abrió el telón y apareció un escenario desnudo. ANT **conceal**
EXPRESIONES
all will be revealed todo se sabrá

re·veal·ing /rɪ'viːlɪŋ/ *adj* **1** revelador -a (comentario, hecho): *a revealing insight into her life* una visión reveladora de su vida **2** provocativo -a, insinuante (prenda de vestir) ▶ **LOW-CUT**

rev·el¹ /'rɛvəl/ *s* [C gralm pl] (*escrito*) jolgorio, juerga, parranda

revel² *v* [I] (*escrito*) estar de juerga, estar de parranda
revel in sth *v*+*partíc* deleitarse/disfrutar con algo

rev·e·la·tion /ˌrɛvə'leɪʃən/ *s* **1** [C] (hecho revelado) revelación • [+**about/concerning**]: *revelations concerning the president's private life* revelaciones sobre la vida privada del presidente **2** (persona o cosa sorprendente) **be a revelation** ser una revelación • [+**to**]: *Her novel was a real revelation to me.* Para mí su novela fue todo un descubrimiento. **3** [U] (hecho de revelar) revelación

rev·el·er /'rɛvələ/ *s* [C gralm pl] (*escrito*) juerguista, parrandero -a

rev·el·ry /'rɛvəlri/ *s* [U] (tb **revelries** [pl]) (*escrito*) jolgorio, parranda SIN **celebration**

re·venge¹ /rɪ'vɛndʒ/ *s* [U] **1** venganza • [+**for**]: *The murder was an act of revenge for the earlier killings.* El asesinato fue un acto de venganza por las anteriores muertes. • **get/take your revenge (on sb/for sth)** vengarse (de alguien/por algo) • **seek/want revenge** buscar venganza • **in revenge (for sth)** en/como venganza (por algo) • **revenge attack** ataque en venganza, ajuste de cuentas **2** desquite (de una derrota) • **get/take your revenge (on sb/for sth)** desquitarse (de alguien/por algo): *He got his revenge in the next game.* Se desquitó en el siguiente partido.

revenge² *v* [T] (*frml*) **1 revenge yourself (on sb)** vengarse (de alguien) **2 be revenged** vengarse

rev·e·nue W2 /'rɛvəˌnuː/ (tb **revenues** [pl]) *s* [U]
1 ingresos: *advertising revenue* ingresos por publicidad • [+**from**]: *revenue from investments* renta de las inversiones • **lost revenue** ingresos perdidos, lucro cesante • **annual revenue** ingresos anuales
2 ingresos públicos, rentas públicas • **tax revenue(s)** recaudación tributaria

re·ver·ber·ate /rɪ'vɜːbəˌreɪt/ *v* [I] **1** retumbar, reverberar • **reverberate through/around/in sth** retumbar en algo SIN **echo 2** vibrar (por una explosión, etc.) • **reverberate with sth** *The room reverberated with the sound of clapping.* En la sala resonaron los aplausos. SIN **echo 3** (*esp escrito*) tener repercusiones • **reverberate through history/around the globe** tener repercusiones históricas/en todo el planeta SIN **echo**

re·ver·ber·a·tion /rɪˌvɜːbə'reɪʃən/ *s* **1** [C gralm pl] (*esp escrito*) repercusión, resonancia SIN **echo, repercussion 2** [C,U] reverberación, eco: *the reverberations of the thunder* el retumbar de los truenos SIN **echo**

re·vere /rɪ'vɪr/ *v* [T] (*frml*) venerar, reverenciar • **be revered for/as sth** ser venerado -a por/como algo

re·vered /rɪ'vɪrd/ *adj* (*frml*) venerado -a

rev·er·ence /'rɛvrəns/ *s* **1** [U] (*frml*) reverencia, veneración • [+**for**]: *reverence for tradition* reverencia por la tradición **2 Your/His Reverence** (*antic*) Vuestra/Su Reverencia

Rev·er·end /'rɛvrənd/ *s* reverendo -a: *the Reverend Thomas Smith* el reverendo Thomas Smith

rev·er·end /'rɛvrənd/ *s* [C] reverendo -a

rev·er·ent /'rɛvrənt/ *adj* (*frml*) reverente

rev·er·ent·ly /'rɛvrəntli/ *adv* (*frml*) con reverencia

rev·er·ie /ˈrɛvəri/ s [C,U] ensoñación, ensueño ▶ DAY-
DREAM

re·ver·sal /rɪˈvɜːsəl/ s **1** [C,U] giro de ciento ochenta
grados, cambio de rumbo • **a dramatic/sudden/
complete reversal** un giro drástico/repentino/radical • **a
reversal of fortune** un cambio de fortuna • **a role
reversal** una inversión de los papeles **2** [C gralm pl]
revés, contratiempo

re·verse¹ /rɪˈvɜːs/ v **1** [T] revertir (un proceso), revocar
(una decisión): *It will take years to reverse the damage
done by pollution.* Llevará años revertir los daños oca-
sionados por la contaminación. • **reverse a decision/
ruling/verdict** revocar un fallo/dictamen/veredicto •
reverse a trend invertir una tendencia • **reverse the
decline** frenar el declive **2** [T] (situaciones, posiciones)
invertir: *Our roles had now been reversed.* Ahora
nuestros papeles se habían invertido. **3** [T] (poner en
orden o posición contrarios) invertir: *The image on the
screen was reversed.* La imagen de la pantalla estaba
invertida. **4 reverse yourself** cambiar de opinión/
posición

reverse² s **1** [U] reversa, (la) marcha atrás: *She put the
car into reverse.* Metió la marcha atrás. • **in reverse**
reversa: *Are you in reverse?* ¿Tienes metida la reversa?
2 the reverse [sing] lo contrario: *The reverse is true for
men.* Con los hombres sucede lo contrario. • [+**of**]: *This
was the reverse of the truth.* Era lo contrario de la
realidad. • **quite the reverse** todo lo contrario **3 the
reverse** [sing] el dorso (de una hoja), el reverso (de una
moneda) **4** [C] (*frml*) revés, contratiempo ▶ VICE VERSA
EXPRESIONES
in reverse a la inversa

reverse³ adj [solo ante s] **1** contrario -a: *the reverse
effect* el efecto contrario • **in reverse order** en orden
inverso **2 the reverse side** el reverso (de la moneda), el
revés (de la tela), el dorso (de la hoja)

re‚verse discrimi'nation s [U] discriminación positiva
▶ AFFIRMATIVE ACTION

re·vers·i·ble /rɪˈvɜːsəbəl/ adj **1** (cambio) reversible
ANT **irreversible 2** (prenda de vestir) reversible

re·ver·sion /rɪˈvɜːʒən/ s [sing, U] **1** (*frml*) reversión,
vuelta (a un estado anterior) **2** (*jur*) devolución (a su
propietario anterior)

re·vert /rɪˈvɜːt/ v
revert to sb/sth v+*partíc* **1 revert (back) to sth** (tb
revert back to sth) recuperar algo, volver a algo (un
estado anterior): *The city reverted to its former name of
St. Petersburg.* La ciudad recuperó su antiguo nombre
de San Petersburgo. SIN **go back to 2 revert to sb/sth**
(*jur*) devolver a alguien/algo (propiedad) **3 revert to sth**
retomar algo (un tema) SIN **go back to 4 revert to type**
(*peyor*) volver a ser el/la de siempre

re·view¹ S3 W2 /rɪˈvjuː/ s
1 [C,U] revisión • [+**of**]: *a review of the health care
program* una revisión del sistema de salud • **be under
review** estar siendo revisado -a • **come up for review**
The ban comes up for review in April. En abril se
someterá a revisión la prohibición. • **carry out/
conduct a review** llevar a cabo una revisión • **be subject
to review** estar sujeto -a a revisión
2 [C, U] crítica, reseña: *a review of her latest book* una
reseña de su último libro • **get good/bad reviews**
recibir buenas/malas críticas • **a restaurant/ movie/
book review** una crítica de un restaurante/una
película/un libro • **review copy** ejemplar de promoción/
para la prensa
3 [C] revista (militar)
4 [C] repaso (para un examen)

review² S3 W3 v
1 [T] examinar, estudiar (una situación, una propuesta)
▶ EVALUATE, ANALYZE
2 (una decisión, las respuestas) revisar
3 [T] criticar, reseñar (un libro, una película, etc.)
4 [I,T] repasar (para un examen) • **review for sth** repaso
para algo

5 [T] (un texto) revisar
6 [T] pasar revista a (tropas)

re·view·er /rɪˈvjuːər/ s [C] crítico -a (de cine, etc.): *a
restaurant reviewer* un crítico gastronómico ▶ CRITIC

re·vile /rɪˈvaɪl/ v [T gralm en pasiva] vilipendiar

re·vise /rɪˈvaɪz/ v **1** [T] (planes, cálculos) revisar, modificar: *We have revised our estimates.* Hemos revisado
nuestros cálculos. • *He revised his opinion.* Cambió de
opinión. • **revise sth upward/downward** revisar algo al
alza/a la baja **2** [T] (texto) revisar, corregir • **a revised
edition** una edición corregida/revisada

re·vi·sion /rɪˈvɪʒən/ s **1** [C,U] revisión, modificación •
be subject to revision estar sujeto -a a modificaciones/a
revisión **2** [C] corrección (a un texto) **3** [C] versión
corregida/revisada (de un texto)

re·vi·tal·i·za·tion /riːˌvaɪtl̩əˈzeɪʃən/ s [sing, U] revitalización, reactivación

re·vi·tal·ize /riːˈvaɪtl̩ˌaɪz/ v [T] revitalizar, reactivar

re·viv·al /rɪˈvaɪvəl/ s **1** [C,U] reactivación, resurgimiento: *There has been a revival of interest in his
work.* Ha resurgido el interés por su obra. • [+**in**]: *signs
of a revival in the U.S. auto industry* señales de reactivación en el sector automovilístico estadounidense
2 [C] reposición, reestreno (de una obra de teatro): *a
Broadway revival* una reposición en Broadway

re·vive /rɪˈvaɪv/ v **1** (un paciente) **(a)** [T] reanimar **(b)**
[I] volver en sí **2** [T, I] (una persona cansada) reconfor-
tar(se), reanimar(se) **3** [T, I] reactivar(se) (la economía,
la industria), (hacer) resurgir (el interés, una tradición)
4 [T] reavivar (recuerdos, esperanzas) **5** [T] reponer,
reestrenar

re·voke /rɪˈvoʊk/ v [T] revocar SIN **cancel**

re·volt¹ /rɪˈvoʊlt/ s [C,U] **1** sublevación, rebelión (contra
el poder) • [+**against**]: *a revolt against the central government* una sublevación contra el gobierno central •
in revolt sublevado -a: *The people rose in revolt.* El
pueblo se sublevó. • **put down/crush a revolt** sofocar/
aplastar una sublevación SIN **rebellion 2** rebelión (contra una medida, etc.) • [+**against**]: *revolts against
authority* rebeliones contra la autoridad • **be in revolt**
haberse rebelado SIN **rebellion**

revolt² v **1** [I] sublevarse, alzarse (contra el poder) •
revolt against sb/sth sublevarse contra alguien/algo
SIN **rebel 2** [I] rebelarse (contra una medida, etc.) •
revolt against sb/sth rebelarse contra alguien/algo **3** [T
frec en pasiva] dar asco a, repugnar: *He was revolted by
the smell.* Le repugnaba el olor.

re·volt·ing /rɪˈvoʊltɪŋ/ adj asqueroso -a, repugnante
SIN **disgusting**

rev·o·lu·tion W2 /ˌrɛvəˈluːʃən/ s
1 [C] (cambio radical) revolución • [+**in**]: *a revolution in
the education system* una revolución del sistema educativo • **a social/cultural/technological revolution** una
revolución social/cultural/tecnológica
2 [C,U] (cambio político) revolución: *the French Revolution* la Revolución Francesa ▶ REBELLION, REVOLT
3 [C,U] (de un astro) revolución, órbita: *the planets'
revolutions around the sun* las órbitas de los planetas
alrededor del sol
4 [C] (de un eje, un motor) revolución: *a speed of 100
revolutions per minute* una velocidad de 100 revolu-
ciones por minuto ▶ REVOLVE; INDUSTRIAL REVOLUTION

rev·o·lu·tion·ar·y¹ /ˌrɛvəˈluːʃəˌnɛri/ adj **1** (novedoso)
revolucionario -a **2** [solo ante s] (en política) revolucionario -a **3** [gralm ante s] (fervor, afán) revolucionario -a

revolutionary² s [C] (pl **revolutionaries**) revolucionario
-a

rev·o·lu·tion·ize /ˌrɛvəˈluːʃəˌnaɪz/ v [T] revolucionar

re·volve /rɪˈvɑlv/ v [T, I] (hacer) girar: *The moon revolves
around the Earth.* La luna gira alrededor de la Tierra.
▶ ROTATE
revolve around v+*partíc* **1 revolve around sth** girar en
torno a/alrededor de algo: *The argument revolved
around costs.* La discusión giraba en torno a los gastos.

2 think the world revolves around you (*peyor*, *coloq*) creerse el ombligo del mundo

re·volv·er /rɪˈvɑlvə/ s [C] revólver ▶ HANDGUN, PISTOL

re·volv·ing /rɪˈvɑlvɪŋ/ adj [solo ante s] giratorio -a ▶ REVOLVING DOOR

re,volving ˈdoor s [C] puerta giratoria

re·vue /rɪˈvyu/ s [C] revista (espectáculo)

re·vul·sion /rɪˈvʌlʃən/ s [U] repugnancia, repulsa SIN **disgust**

re·ward¹ W3 /rɪˈwɔrd/ s
1 [C] (reconocimiento) recompensa, premio • **a reward for (doing) sth** una recompensa/un premio por (hacer) algo • **as a reward** como recompensa
2 [C,U] (beneficio) recompensa: *the rewards of success* las mieles del éxito • *The best reward for an author is good sales*. La mejor recompensa para un escritor es vender mucho. • **a just reward (for sth)** una justa recompensa (a/por algo) • **financial/monetary rewards** recompensa/compensación económica • **reap the rewards (of your hard work/effort)** cosechar el fruto (de su esfuerzo) • **be/bring its own reward(s)** ser recompensa suficiente
3 [C] (por recuperar algo, informar) recompensa • [+for]: *There is a reward for information*. Se ofrece una recompensa por aportar información. • **offer a reward** ofrecer una recompensa

reward² v [T] **1** recompensar, premiar: *It's important to reward good behavior*. Es importante premiar el buen comportamiento. • **reward sb with sth** recompensar/premiar a alguien con algo • **reward sb for (doing) sth** recompensar/premiar a alguien por (hacer) algo **2 be rewarded** verse recompensado -a: *Molly's patience was rewarded*. La paciencia de Molly se vio recompensada. • **be rewarded with/by sth** verse recompensado -a con/por algo • **be handsomely rewarded** verse recompensado -a con creces

re·ward·ing /rɪˈwɔrdɪŋ/ adj gratificante: *It's hard work, but it's very rewarding*. Es un trabajo arduo, pero muy gratificante. ▶ SATISFYING, WORTHWHILE

re·wind /ˌriˈwaɪnd/ v [T] (**rewound** /-ˈwaʊnd/) rebobinar ▶ FAST FORWARD

re·wire /ˌriˈwaɪə/ v [T] cambiar la instalación eléctrica de

re·work /ˌriˈwɜk/ v [T] rehacer, reelaborar (una canción, una obra, etc.), refundir (un texto) SIN **revise**

re·writ·a·ble /riˈraɪtəbəl/ adj regrabable

re·write¹ /ˌriˈraɪt/ v [T] (**rewrote** /-ˈroʊt/, **rewritten** /-ˈrɪtⁿn/) reescribir, volver a escribir
EXPRESIONES
rewrite history reescribir la historia (tergiversándola)

re·write² /ˈriraɪt/ s [C] reescritura, nueva versión

rhap·so·dy /ˈræpsədi/ s [C] (pl **rhapsodies**) rapsodia
EXPRESIONES
go into rhapsodies over sth deshacerse en elogios a/hacia algo

Rhe·sus fac·tor /ˈrisəs ˌfæktə/ s [sing] factor Rhesus

rhet·o·ric /ˈrɛtərɪk/ s [U] **1** (palabrería) retórica **2** (arte) retórica

rhe·tor·i·cal /rɪˈtɔrɪkəl, -ˈtɑ-/ adj **1** (para persuadir) retórico -a **2** (sin sustancia) retórico -a **3** (pregunta) retórico -a

rhe·tor·i·cally /rɪˈtɔrɪkli, -ˈtɑ-/ adv retóricamente

rhe,torical ˈquestion s [C] pregunta retórica

rheu·mat·ic /rʊˈmætɪk/ adj reumático -a

rheu·ma·tism /ˈrumətɪzəm/ s [U] **1** reuma, reumatismo ▶ ARTHRITIS **2** artritis reumatoide(a), reumatismo

rhine·stone /ˈraɪnstoʊn/ s [C,U] strass, estrás

rhi·no /ˈraɪnoʊ/ s [C] (pl **rhinos**) (*coloq*) rinoceronte

rhi·noc·er·os /raɪˈnɑsərəs/ s [C] (pl **rhinoceroses** o **rhinoceros**) rinoceronte

rho·do·den·dron /ˌroʊdəˈdɛndrən/ s [C] rododendro

rhom·bus /ˈrɑmbəs/ s [C] rombo

rhu·barb /ˈrubɑrb/ s [U] ruibarbo

rhyme¹ /raɪm/ s **1** [C] (obra) rima, poema ▶ NURSERY RHYME **2** [U] (técnica) rima • **in rhyme** en verso: *The story is written in rhyme*. El cuento está escrito en verso. **3** [C] (palabra que rima) [+for]: *I can't find a rhyme for "orange."* No se me ocurre nada que rime con "orange".
EXPRESIONES
without rhyme or reason sin pies ni cabeza, sin ton ni son

rhyme² v [nunca en forma continua] **1** [I] (versos, palabras) rimar • **rhyme with sth** rimar con algo **2** [T] (poeta) **rhyme sth with sth** rimar algo con algo

rhythm /ˈrɪðəm/ s **1** [C,U] (en música) ritmo: *the rhythm of the music* el ritmo de la música • *salsa and other latin rhythms* la salsa y otros ritmos latinos ▶ METER **2** [U] (tb **sense of rhythm**) (de una persona) (sentido del) ritmo **3** [C,U] (de sonidos, movimientos) ritmo: *the rhythm of her heartbeat* el ritmo de sus latidos **4** [C] (de hechos) ritmo: *the normal rhythms of sleep* los ritmos normales del sueño **5** [C] (en deportes) ritmo

rhythm and ˈblues (abrev **R&B**) s [U] rhythm and blues

rhyth·mic /ˈrɪðmɪk/ (tb **rhyth·mic·al** /ˈrɪðmɪkəl/) adj rítmico -a

rhyth·mi·cally /ˈrɪðmɪkli/ adv rítmicamente

ˈrhythm ˌmethod s [sing] método Ogino/del ritmo

ˈrhythm ˌsection s [C] sección rítmica

RI abrev escrita de RHODE ISLAND

rib¹ /rɪb/ s **1** [C] (hueso) costilla: *a broken rib* una costilla rota • **poke/dig/nudge sb in the ribs** darle a alguien un golpe/codazo en el costado **2** [C] (alimento) costilla: *barbecued ribs* costillas a la parrilla **3** [C] (pieza) cuaderna (de un barco), nervio (de una bóveda), varilla (de un paraguas) **4** [U] (en costura) canalé ▶ RIBBED; RIB CAGE

rib² v [T] (**ribbed**, **ribbing**) (*antic*, *coloq*) tomarle el pelo a, mamarle gallo a, vacilar SIN **tease**

rib·ald /ˈraɪbɔld, ˈrɪbəld/ adj procaz

ribbed /rɪbd/ adj estriado -a, acanalado -a (columna, etc.), de canalé (suéter)

rib·bon S3 /ˈrɪbən/ s
1 [C,U] (para atar o decorar) cinta, listón: *little girls with ribbons in their hair* niñas con cintas en el pelo
2 [C] cucarda (premio) • **a blue ribbon** una cinta azul, un listón azul (primer premio)
3 [C] pasador/cinta de condecoraciones
4 [C] (de adhesión a una causa) cinta, listón
5 [C] (de máquina de escribir) cinta ▶ BLUE RIBBON
EXPRESIONES
cut/tear/slash sth to ribbons hacer jirones algo

ˈrib cage s [C] caja torácica

rice S2 W3 /raɪs/ s [U]
1 (alimento) arroz • **boiled/fried/steamed rice** arroz hervido/frito/al vapor • **brown rice** arroz integral • **white rice** arroz blanco • **long-grain/short-grain rice** arroz de grano largo/corto • **a grain of rice** un grano de arroz
2 (planta) arroz • **rice field** arrozal

ˈrice ˌpaddy s [C] arrozal SIN **paddy**

ˌrice ˈpudding s [U] arroz con leche

rich S2 W1 /rɪtʃ/ adj
1 de dinero
2 abundante
3 interesante
4 salsa, postre
5 aroma, sabor, color
6 música
7 tierra, terreno
8 tela

1 DE DINERO (a) rico -a: *Her family are very rich.* Su familia es muy rica. • *Japan is one of the world's richest nations.* Japón es uno de los países más ricos del mundo. • **get rich** hacerse rico -a • **be stinking/filthy rich** ser asquerosamente rico -a, estar podrido -a en plata SIN **wealthy** ANT **poor (b) the rich** [usado como s pl] los ricos • **the rich and famous** los ricos y famosos
2 ABUNDANTE rico -a • **be rich in sth** ser rico -a en algo: *Oranges are rich in vitamin C.* Las naranjas son ricas en vitamina C. • *a story that was rich in detail* un cuento con gran riqueza de detalles
3 INTERESANTE rico -a: *The area has a very rich history.* La zona tiene una historia muy rica.
4 SALSA, POSTRE pesado -a, que llena mucho ANT **light**
5 AROMA, SABOR, COLOR intenso -a
6 MÚSICA vibrante, sonoro -a
7 TIERRA, TERRENO rico -a, fértil SIN **fertile** ANT **poor**
8 TELA rico -a, suntuoso -a ▸ **STRIKE it rich**
EXPRESIONES
that's rich (coming from him/you) tiene gracia, viniendo de quien viene, mira quién habla

¿**rich, wealthy, well-off** o **well-to-do**?
Para "rico" en general se emplea **rich**.
wealthy se refiere más bien a personas que vienen de familias tradicionalmente ricas: *a wealthy landowner*
well-off describe a los que tienen bastante dinero y pueden vivir con comodidad: *Her family are fairly well-off.*
A la gente rica de clase alta se la suele llamar **well-to-do**.

rich·es /'rɪtʃɪz/ s [pl] (*esp liter*) **1** (de una persona, una familia) riquezas SIN **wealth 2** (de una ciudad, de la imaginación) riqueza(s) SIN **wealth** ▸ **go from RAGS to riches**

rich·ly /'rɪtʃli/ *adv* **1** (indicando lujo) ricamente, suntuosamente: *a richly decorated room* una habitación ricamente decorada **2** (indicando intensidad) **richly colored** de colores vivos • **richly flavored** de intenso sabor **3** (indicando abundancia) *an area that is richly populated with wildlife* una zona muy abundante en flora y fauna **4** (indicando grado) sumamente • **richly deserved** bien merecido -a

rich·ness /'rɪtʃnɪs/ s [U] **1** riqueza (de una vida, una obra, un territorio) **2** intensidad (de un color, etc.), sonoridad (de una voz, etc.)

Rich·ter scale /'rɪktɚ ˌskeɪl/ s **the Richter scale** la escala de Richter

rick·et·y /'rɪkəti/ *adj* desvencijado -a, destartalado -a

rick·shaw /'rɪkʃɔ/ s [C] en el Sudeste asiático, vehículo de una o dos plazas jalado por un hombre a pie o en bicicleta

ric·o·chet[1] /'rɪkəˌʃeɪ/ *v* [I] rebotar • **ricochet off sth** rebotar en algo

ricochet[2] s [C] **1** bala/piedra rebotada **2** rebote

rid[1] /rɪd/ *adj*
EXPRESIONES
get rid of sth (a) (algo viejo o inservible) deshacerse de algo: *I got rid of all those old toys.* Me deshice de todos esos juguetes viejos. **(b)** (algo desagradable) quitarse algo de encima, eliminar algo: *I can't get rid of this cough.* No consigo quitarme de encima esta tos. • **get rid of sb** quitarse a alguien de encima, deshacerse/ librarse de alguien • **be rid of sb/sth** librarse de alguien/ algo

rid[2] *v* (**rid, ridding**)
rid of *v+partíc* **1 rid sb/sth of sth** librar a alguien/algo de algo: *They have promised to rid the country of nuclear weapons.* Han prometido librar al país de armas nucleares. **2 rid yourself of sth** librarse de algo

rid·dance /'rɪdns/ s [U] **good riddance (to sb/sth)** (*oral*) gracias a Dios (que se fue)

-ridden /rɪdn/ *suf* [en adjs] (indicando profusión de algo negativo) *crime-ridden* plagado de delitos ▸ **DEBT-RIDDEN, GUILT-RIDDEN**

rid·den /'rɪdn/ participio pasado de **RIDE**

rid·dle[1] /'rɪdl/ s [C] **1** adivinanza, acertijo • **solve a riddle** acertar una adivinanza ▸ **PUZZLE 2** misterio, enigma • **solve the riddle of sth** resolver el enigma de algo SIN **enigma, mystery, puzzle**
EXPRESIONES
talk/speak in riddles hablar en clave

riddle[2] *v* [T] acribillar • **riddle sth with bullets** acribillar algo a balazos

rid·dled /'rɪdld/ *adj* **1 riddled with sth** plagado -a/lleno -a de algo: *The report is riddled with errors.* El informe está plagado de errores. **2 riddled with holes** lleno -a de agujeros • **riddled with bullets** acribillado -a a balazos

ride[1] S1 W2 /raɪd/ *v* (**rode** /roʊd/, **ridden** /'rɪdn/)

1. en moto o bicicleta
2. en un vehículo
3. en una caballería
4. en ascensor/elevador
5. en carreras
6. en el agua o el aire
7. un niño
8. fastidiar

1 EN MOTO O BICICLETA [I siempre + adv/prep, T] montar (en bicicleta/moto), andar (en bicicleta/moto): *We used to ride our bikes a lot in the summer.* En verano montábamos mucho en bici. • **ride away/off/back/in** *They got on their bikes and rode off.* Se subieron a sus bicis y se fueron. • **ride (sth) through/across sth** *We rode our bikes across town.* Cruzamos el pueblo en bicicleta.
2 EN UN VEHÍCULO [I siempre + adv/prep, T] **ride in/on sth** viajar en algo, ir en algo: *The kids were riding in the back.* Los niños viajaban atrás. • **ride to/into sth** *I had to ride back to New York on the bus.* Tuve que volver a Nueva York en bus. • **ride the bus/train/subway** ir en bus/tren/metro, viajar en bus/tren/metro: *Ann rides the bus to work.* Ann va a trabajar en bus.
3 EN UNA CABALLERÍA [I,T] montar (a caballo): *She learned to ride when she was five.* Aprendió a montar a caballo cuando tenía cinco años. • **ride away/off/ back/up** *We watched him ride away.* Lo vimos marcharse a caballo. • **ride into/across/through sth** *They rode into the farmyard.* Entraron en el corral a caballo. • **ride on a horse/donkey** montar un caballo/burro • **go riding** ir a montar (a caballo)
4 EN ASCENSOR/ELEVADOR [I siempre + adv/prep, T] ir (en) • **ride (sth) up/down to sth** subir/bajar (en algo) a algo
5 EN CARRERAS (a) [I siempre + adv/prep] correr **(b)** [T] montar (un caballo, una moto, etc.)
6 EN EL AGUA O EL AIRE (a) [I siempre + adv] flotar: *The moon was riding high in the sky.* La luna flotaba en lo alto del cielo. • **ride at anchor** estar fondeado -a **(b)** [T] surcar, deslizarse por (una corriente, las olas) **ride a wave** deslizarse sobre una ola
7 UN NIÑO ride on sb's shoulders/back ir a caballito encima de alguien, ir a hombros de alguien
8 FASTIDIAR [T] (*oral*) tenerla (tomada) con ▸ **be on/riding the CREST of a wave, ride ROUGHSHOD over sb/sth**
EXPRESIONES
let sth ride (*coloq*) **(a)** (una situación negativa) hacer la vista gorda con algo, dejar correr algo **(b)** (un comentario) dejar pasar algo, pasar por alto algo • **ride herd on sth/sb** tener algo/a alguien bajo control, llevar algo/a alguien con riendas cortas • **ride a punch/blow** retroceder tratando de esquivar un puñetazo/un golpe • **be riding for a fall** andar por mal camino • **be riding high** estar en racha, pasar por un buen momento
ride on sth *v+partíc* depender de algo
ride sth ↔ out *v+partíc* **1** capear algo (la tormenta, el mal tiempo) **2** superar algo (una dificultad)
ride up *v+partíc* subirse (una falda, un camisón)

ride[2] S2 W3 s [C]

1. en un vehículo
2. en bicicleta, moto

3 con alguien en su vehículo
4 a caballo
5 trato recibido
6 en un parque de diversiones
7 en un juego de un parque

1 EN UN VEHÍCULO viaje (largo), paseo (corto): *He slept through the entire ride.* Se pasó todo el viaje durmiendo. • [+**in/on**]: *She enjoyed the ride in the limousine.* Le gustó el paseo en limusina. • [+**to/from**]: *It's a two-hour ride to the Canadian border.* Hay dos horas de viaje hasta la frontera con Canadá. • **go for a ride** (ir a) dar una vuelta: *I went for a ride in his new car.* Fui a dar una vuelta en su carro nuevo. • **take sb for a ride** llevar a alguien a dar una vuelta • **take a ride (in/on sth)** ir a dar una vuelta (en algo) • **a car/train/bus ride** un viaje en carro/tren/bus: *a boring bus ride* un aburrido viaje en bus • *The city is a 2-hour train ride to the south.* La ciudad está al sur a 2 horas en tren.
2 EN BICICLETA, MOTO paseo, vuelta • **go for a ride** ir a dar un paseo/una vuelta: *I went for a ride around the park.* Fui a dar un paseo en bici por el parque. • **take a ride (on sth)** dar una vuelta (en algo) • **a bike/bicycle/motorcycle ride** una vuelta en bici/bicicleta/moto: *Let's go for a bike ride.* Vamos a dar una vuelta en bici.
3 CON ALGUIEN EN SU VEHÍCULO *Do you want a ride home?* ¿Quieres que te lleve a tu casa? • **give sb a ride** llevar/acercar a alguien (en carro, moto), darle (un) aventón a alguien: *Can we give you a ride home?* ¿Quieres que te llevemos a tu casa? • **get a ride (from/with sb)** *I got a ride to the train station from a friend.* Un amigo me llevó a la estación. • **hitch a ride** pedirle a alguien que lo lleve (echando dedo, etc.), pedirle aventón a alguien: *Maybe I'll be able to hitch a ride with Steve.* Quizá pueda conseguir que Steve me lleve. • **catch a ride** (*oral*): *Can I catch a ride with you?* ¿Me puedes llevar? SIN **lift**
4 A CABALLO paseo a caballo • **go for a ride** (ir a) dar un paseo a caballo
5 TRATO RECIBIDO **an easy ride** *She will not have an easy ride at the meeting.* No lo va a tener fácil en la reunión. • **a bumpy/rough ride** *Journalists gave the mayor a rough ride.* Los periodistas pusieron en aprietos al alcalde.
6 EN UN PARQUE DE DIVERSIONES juego, atracción: *We went on all the rides.* Fuimos a todos los juegos.
7 EN UN JUEGO DE UN PARQUE vuelta • [+**on**]: *a ride on the roller coaster* una vuelta en la montaña rusa ▸ **get a FREE ride**

EXPRESIONES
take sb for a ride (*coloq*) engañar/estafar a alguien

rid·er /ˈraɪdər/ *s* [C] **1** jinete (hombre), amazona (mujer) **2** ciclista, motociclista **3** pasajero -a: *a survey of metro riders* una encuesta entre pasajeros de metro SIN **passenger** **4** cláusula/disposición adicional ▸ **JOYRIDER**

ridge /rɪdʒ/ *s* [C] **1** cresta (de una montaña) **2** relieve (en una superficie), lomo (entre surcos) **3** caballete (de un tejado) **4** (*técn*) **a ridge of high pressure** una cresta de alta presión

rid·i·cule¹ /ˈrɪdə,kyul/ *s* [U] burla(s) • **an object of ridicule** objeto de burla • **hold sth/sb up to ridicule** ridiculizar algo/a alguien, poner algo/a alguien en ridículo

ridicule² *v* [T] burlarse de

ri·dic·u·lous S2 /rɪˈdɪkyələs/ *adj* ridículo -a • **don't be ridiculous** no seas ridículo -a • **that's/this is ridiculous** (eso/esto) es ridículo • **it's ridiculous that** es ridículo que • **look ridiculous** tener una pinta ridícula (físicamente), quedar en ridículo (por los actos) • **absolutely/totally/utterly ridiculous** totalmente ridículo -a ▸ **from the SUBLIME to the ridiculous**

ri·dic·u·lous·ly /rɪˈdɪkyələsli/ *adv* ridículamente: *ridiculously low prices* precios ridículamente bajos

rid·ing /ˈraɪdɪŋ/ *s* [U] equitación SIN **horseback riding** *a riding accident* un accidente a caballo • *riding boots* botas de montar • **riding crop** fusta • **riding hat** casco de

montar • **riding school** escuela de equitación ▸ **JOYRIDING**

rife¹ /raɪf/ *adj* **1 rife with sth** plagado -a de algo: *Their romance was rife with complications.* Su relación estuvo plagada de complicaciones. • *a city rife with crime* una ciudad en la que impera la delincuencia **2** [nunca ante s] **be rife** imperar, abundar (delito, corrupción)

rife² *adv* **run rife** cundir, propagarse

riff /rɪf/ *s* [C] riff • **a guitar riff** un riff de guitarra

riff·raff /ˈrɪf ræf/ *s* [pl] gentuza

ri·fle¹ /ˈraɪfəl/ *s* [C] rifle, fusil • **fire/shoot a rifle** disparar un rifle/fusil

rifle² *v* [T] **1 rifle through a wardrobe/the papers** revolver un armario/revolver entre los papeles (buscando algo) **2** [T] desvalijar (una casa), vaciar (una cartera)

rift /rɪft/ *s* [C] **1** distanciamiento (en una familia), división, escisión (en un partido), ruptura (entre países): *Something caused a rift between them.* Algo provocó el distanciamiento entre ellos. • **heal a rift** poner fin al distanciamiento, zanjar una división SIN **split** **2** grieta, fisura (en una roca, etc.), claro (entre nubes)

rig¹ /rɪg/ *v* [T] (**rigged, rigging**) **1** amañar (una votación, un concurso, etc.) SIN **fix 2** manipular (los precios) SIN **fix 3** manipular, colocar un dispositivo en (un objeto, un vehículo): *The suitcase was rigged to explode.* Habían puesto un artefacto explosivo en la maleta. **4** aparejar (un barco, las velas) ▸ **RIGGING**
rig sb ↔ out *v+partíc* vestir a alguien (con ropa poco habitual)
rig sth ↔ up *v+partíc* improvisar algo (un refugio, etc.)

rig² *s* [C] **1** plataforma (de perforación): *an offshore oil rig* una plataforma petrolífera en alta mar **2** (*coloq*) tractocamión articulado/con remolque SIN **semi 3** aparejo (de un barco) ▸ **OIL RIG**

rig·a·ma·role /ˈrɪgəmə,roʊl/ *s* variante de **RIGMAROLE**

rig·ging /ˈrɪgɪŋ/ *s* [U] **1** fraude, amaño • **vote/election rigging** fraude electoral **2** manipulación (de precios, mercados) **3** jarcias, aparejos

right¹ S1 W1 /raɪt/ *adj*

1 verdadero
2 en lo cierto
3 normal
4 parte del cuerpo, lado, margen
5 mejor para un fin
6 moralmente
7 lado o dirección a usar
8 más interesante o importante

1 VERDADERO correcto -a: *the right answer* la respuesta correcta • *Is that the right time?* ¿Es esa la hora? • **get sth right** acertar algo, hacer bien algo: *I got most of the answers right.* Acerté la mayoría de las respuestas. SIN **correct** ANT **wrong**
2 EN LO CIERTO [nunca ante s] **be right (about sth)** tener razón (en algo): *You're right: there's another train in five minutes.* Tienes razón: hay otro tren en cinco minutos. • *You were right about him getting married.* Tenías razón cuando decías que se iba a casar. SIN **correct** ▸ **WRONG**
3 NORMAL correcto -a, bien: *The engine's not sounding right.* El motor no suena bien. • *Things aren't right between me and James.* Las cosas no van bien entre James y yo. • **put/set sth right** arreglar algo • **put/set sb right** hacer que alguien se ponga bien: *A few days in bed will soon put you right.* Unos días en cama van a servir para que te pongas bien rápido. • **make it right (with sb)** (*coloq*) arreglar las cosas (con alguien) SIN **correct** ▸ **WRONG**
4 PARTE DEL CUERPO, LADO, MARGEN [solo ante s] derecho -a: *your right foot* tu pie derecho • *the right side of the car* el lado derecho del carro • *Make a right turn here.* Voltee a la derecha aquí. ANT **left**

5 MEJOR PARA UN FIN adecuado -a, indicado -a: *You made the right decision.* Tomaste la decisión adecuada. • *I tried to find the right words to explain.* Traté de encontrar las palabras más indicadas para explicarlo. • **the right person for the job** la persona idónea para el trabajo • **be right for each other** ser el uno para el otro • **be just right** ser ideal, ser perfecto -a [ANT] **wrong**

6 MORALMENTE correcto -a: *You were right to report them to the police.* Hiciste bien en denunciarlos a la policía. • *You can't do that. It's not right.* No puedes hacer eso: no está bien. • **it is right to do sth** está bien hacer algo: *It's not right to keep lying to your family.* No está bien que sigas mintiéndole a tu familia. • **it is right for sb to do sth** está bien que alguien haga algo • **it is (only) right that** es de ley que, lo justo es que: *It's only right that he should get his share.* Lo justo es que reciba su parte. • **do the right thing** hacer las cosas como Dios manda, hacer lo que es debido [ANT] **wrong**

7 LADO O DIRECCIÓN A USAR [solo ante s] **right side up** boca arriba, del/al derecho: *Turn the cake right side up.* Ponga el pastel boca arriba. [ANT] **upside down** • **the right way around** *Are the batteries in the right way around?* ¿Están bien puestas las pilas? • *I put my sweater on the right way around.* Me puse el suéter del derecho. • **the right way up** del/al derecho, boca arriba

8 MÁS INTERESANTE O IMPORTANTE [solo ante s] adecuado -a: *She's always careful to be seen with the right people.* Siempre procura que se la vea con la gente adecuada. ▶ **ALL RIGHT, a STEP in the right direction, be on the right TRACK**

EXPRESIONES

be (as) right as rain (*antic, coloq*) estar de maravilla, estar más fresco -a que una lechuga • **I would give my right arm (for sth/to do sth)** (*coloq*) daría cualquier cosa (por algo/por hacer algo) • **be in the right place at the right time** estar en el lugar y el momento adecuados • **no one in their right mind would do sth** (*oral*) nadie en su sano juicio haría algo • **not right in the head** (*coloq*) mal de la cabeza • **that's right** (a) (al contestar) así es, eso es: *"You live in Boston, don't you?" "That's right."* –Vives en Boston, ¿no? –Así es. (b) (al recordar) es verdad: *That's right, I'd completely forgotten about that.* Es verdad, lo había olvidado por completo. (c) (indicando enojo) sí, claro, qué bien: *That's right! Just blame me, as usual!* ¡Sí, claro! ¡Échame la culpa, como de costumbre!

right² [S1] *interj* (*oral*)

1 (para pedir confirmación) ¿no?, ¿verdad?: *He's the drummer, right?* Es el baterista, ¿no?
2 (para contestar confirmando) sí, así es: *"Your name is Steve, right?" "Right."* –Te llamas Steve, ¿verdad? –Sí, así es.
3 (para comprobar la atención) ¿no?: *So I hand him the camera, right, and ask him to take a photo.* Así que le paso la cámara, ¿no?, y le pido que nos saque una foto. ▶ **YEAH, right**

right³ [S1] [W1] *adv*

1	exactamente
2	inmediatamente
3	correctamente
4	indicando dirección
5	indicando distancia completa
6	totalmente
7	satisfactoriamente

1 EXACTAMENTE justo: *She was standing right in the middle of the road.* Estaba parada justo en medio de la calle. • **right here/there** aquí/allí mismo: *Your keys are right there where you left them.* Tus llaves están allí mismo, donde las dejaste. • **right on time** justo a tiempo
2 INMEDIATAMENTE **right away** enseguida, ahora/ahorita mismo: *We decided to get married right away.* Decidimos casarnos enseguida. • **right after (sth)** justo después (de algo): *The show comes on right after the news.* El programa viene justo después del noticiero. • **right before sth** justo antes de algo • **right off** enseguida, de inmediato: *I could tell right off that something was wrong.* Enseguida me di cuenta de de que algo iba mal. • **right off the bat** al instante ▶ **STRAIGHT**

3 CORRECTAMENTE bien: *They didn't spell my name right.* No escribieron bien mi nombre. [SIN] **correctly** [ANT] **wrongly**

4 INDICANDO DIRECCIÓN a la derecha: *Now turn right onto Main Street.* Ahora voltee a la derecha hacia Main Street. [ANT] **left**

5 INDICANDO DISTANCIA COMPLETA *The bullet went right through the door.* La bala atravesó la puerta de lado a lado. • *They walked right up to the edge of the cliff.* Caminaron hasta llegar bien al borde del acantilado. [SIN] **all the way**

6 TOTALMENTE *We're all right behind you.* Cuentas con todo nuestro apoyo.

7 SATISFACTORIAMENTE bien • **go right (for sb)** salir bien (a alguien): *Nothing ever goes right for me.* Nunca me sale nada bien. • **do sth right** hacer algo bien: *Most people can't do it right the first time.* A casi nadie le sale bien la primera vez. • **come out/turn out/work out right (in the end)** salir bien (al final): *Don't worry. It'll all turn out right.* No te preocupes. Todo va a salir bien.

EXPRESIONES

right and left (tb **right, left, and center**) a diestra y siniestra, por los cuatro costados • **right now** **(a)** (actualmente) ahora/ahorita mismo, en este momento: *I'm sorry, I can't talk to you right now.* Lo siento, ahora mismo no puedo hablar contigo. **(b)** (de inmediato) ahora/ahorita ya mismo, inmediatamente: *Get into bed, right now!* ¡Vete a la cama, ahora mismo! • **sb will be right with you** (tb **sb will be right there**) (*oral*) *I'm sorry for the delay, sir – I'll be right with you.* Perdón por la espera, señor; enseguida estoy con usted. • *"Lunch is ready!" "I'll be right there."* –¡El almuerzo está listo! –Ya voy.

right⁴ [S1] [W1] *s*

1	por ley, tradición
2	justificación
3	lado del cuerpo
4	giro
5	calle
6	en política
7	lo moralmente bueno
8	de emisión, reproducción

1 POR LEY, TRADICIÓN [C] derecho • **a/the right to sth** un/el derecho a algo: *He has a right to his opinion.* Tiene derecho a tener su opinión. • **the right to do sth** el derecho a hacer algo: *You have the right to consult a lawyer.* Tiene derecho a consultar a un abogado. • **women's/workers'/minorities' rights** los derechos de las mujeres/de los trabajadores/de las minorías • **equal rights (for sb)** igualdad de derechos (para alguien) • **fight for your rights** luchar por sus derechos • **be within your rights (to do sth)** estar en su derecho (de/a hacer algo) • **by right** (tb **(as) of right**) por derecho

2 JUSTIFICACIÓN **have a right to do sth** tener derecho a hacer algo: *You had every right to be angry.* Tenías todo el derecho del mundo a estar enojada. • **give sb the right to do sth** darle a alguien derecho a hacer algo: *Nothing gives him the right to behave so badly to you.* Nada le da derecho a portarse tan mal contigo. • *What gives you the right to treat me like that?* ¿Con qué derecho me tratas así? • **have no right to do sth** no tener ningún derecho a hacer algo

3 LADO DEL CUERPO **the right** [sing] la derecha • **on/to the right (of sth)** a la derecha (de algo): *It's the first road on the right.* Es la primera calle a la derecha. • *Take two steps to the right.* Da dos pasos a la derecha. • **my/your right** mi/tu derecha • **on/to/at sb's right** a la derecha de alguien: *The school is on your right as you come into town.* El colegio está a tu derecha según entras en la ciudad. [ANT] **left**

4 GIRO [C gralm sing] giro a la derecha • **make/take a right** (tb **hang a right** (*coloq*)) voltear a la derecha, dar la vuelta a la derecha

5 CALLE [sing] **the first/second/next right** la primera/segunda/próxima a la derecha

6 EN POLÍTICA **the right** (tb **the Right**) la derecha • **the extreme/far right** la extrema derecha • **on the right** en la derecha, de derecha • **on the extreme/far right** en la extrema derecha, de (la) extrema derecha • **move to the right** virar hacia la derecha, derechizarse ANT **left** ▶ RIGHT-WING

7 **LO MORALMENTE BUENO** [U] el bien • **right and wrong** el bien y el mal

8 **DE EMISIÓN, REPRODUCCIÓN** rights [pl] derechos • [+**to**]: *The studio bought the rights to his new book.* El estudio compró los derechos de su nuevo libro. • **movie/television rights** derechos cinematográficos/televisivos • **all rights reserved** reservados todos los derechos ▶ COPYRIGHT; BILL OF RIGHTS, **two WRONGS don't make a right**

EXPRESIONES
by rights en teoría, por ley • **do right by sb** (*coloq*) tratar bien/justamente a alguien • **be in the right** estar en lo cierto, tener razón • **in your own right** por derecho propio • **put/set sth to rights** arreglar algo • **the rights and wrongs of sth** lo bueno y lo malo de algo, los pros y los contras de algo

right⁵ W3 *v* [T]
1 (un objeto, un vehículo) enderezar, poner derecho -a
2 reparar, corregir (una injusticia, un problema) • **right a wrong** reparar un daño
3 (la economía) enderezar

'right ˌangle *s* [C] ángulo recto • **at right angles (to sth)** perpendicularmente (a algo), en ángulo recto (con algo)

'right-angled *adj* de noventa grados, en ángulo recto (curva, etc.), rectángulo (triángulo, etc.)

ˌright-'click *v* [I] **right-click on sth** hacer clic con el botón derecho del ratón en algo

right·eous /ˈraɪtʃəs/ *adj* **1** (*frml*) recto -a, honrado -a **2** **righteous indignation/anger** repulsa moral ▶ SELF-RIGHTEOUS

right·eous·ly /ˈraɪtʃəsli/ *adv* **1** (*frml*) rectamente, con rectitud **2** justificadamente ▶ SELF-RIGHTEOUSLY

right·eous·ness /ˈraɪtʃəsnɪs/ *s* [U] (*frml*) rectitud ▶ SELF-RIGHTEOUSNESS

'right field *s* **1** [sing, U] jardín derecho **2** [U] jardinero -a derecho ▶ LEFT FIELD

right·ful /ˈraɪtfəl/ *adj* [solo ante s] legítimo -a • **the rightful owner** el legítimo propietario/la legítima propietaria

right·ful·ly /ˈraɪtfəli/ *adv* legítimamente, con todo derecho • **be rightfully mine/ours** ser mío/nuestro por legítimo derecho

ˌright-'hand, **right hand** *adj* [solo ante s] de la derecha • **the right-hand side of sb/sth** la derecha de alguien/algo, el lado derecho de alguien/algo • **the top/bottom right-hand corner (of sth)** la esquina superior/inferior derecha (de algo) ANT **left-hand**

ˌright-'handed *adj* **1** diestro -a (tenista, etc.): *I'm right-handed.* Soy diestra. **2** para diestros (utensilio, etc.) ANT **left-handed**

right-handed *adv* con la (mano) derecha ANT **left-handed**

ˌright-hand 'man *s* [sing] mano derecha, persona de confianza

right·ly /ˈraɪtli/ *adv* **1** con razón: *The company is rightly proud of its achievements.* La empresa está orgullosa de sus logros, y con razón. • **and rightly so** y con razón SIN **justifiably** ANT **wrongly** **2** bien, correctamente • **as sb rightly points out/says** como bien señala/dice alguien SIN **correctly** ANT **wrongly**

EXPRESIONES
I don't rightly know (*tb* **I can't rightly say**) (*oral*) no sé exactamente • **rightly or wrongly** para bien o para mal

ˌright-'minded *adj* razonable, honrado -a

right·ness /ˈraɪtnɪs/ *s* [U] **1** acierto, corrección (de una explicación, etc.) SIN **correctness** **2** rectitud, moralidad **3** conveniencia, oportunidad

ˌright of 'way, **right-of-way** *s* (pl **rights of way**) **1** [U] prioridad (de paso) (al conducir) • **have (the) right of way** tener (la) prioridad **2** [C,U] (derecho) servidumbre/derecho de paso **3** [C] (sendero) servidumbre de paso

ˌright 'on *adj* (*coloq*) totalmente correcto -a, muy acertado -a

ˌright 'wing *s* **1** **the right wing** [sing] (en política) la derecha, el ala derecha: *criticism from the right wing of the party* críticas del ala derecha del partido ANT **left wing** **2** **the right wing** [sing] (área de juego) el ala derecha ANT **left wing** **3** [C] (jugador) puntero -a derecho -a SIN **right-winger** ANT **left wing**, **left-winger**

ˌright-'wing *adj* de derecha, derechista ANT **left-wing**

ˌright-'winger *s* [C] derechista ANT **left-winger**

rig·id /ˈrɪdʒɪd/ *adj* **1** (normas, horarios) rígido -a, estricto -a: *rigid ideas about education* ideas estrictas sobre la educación SIN **inflexible**, **strict** ANT **flexible** **2** (material, objeto) rígido -a SIN **inflexible**, **stiff** ANT **flexible** **3** intransigente, inflexible SIN **inflexible**, **strict** ANT **flexible** **4** paralizado -a (por el miedo, la sorpresa) • [+**with**]: *We were rigid with fear.* El miedo nos tenía paralizados.

ri·gid·i·ty /rɪˈdʒɪdəti/ *s* [U] **1** (de las normas, el sistema) rigidez SIN **inflexibility** ANT **flexibility** **2** intransigencia SIN **inflexibility** ANT **flexibility** **3** (de un material, un objeto) rigidez SIN **inflexibility**, **stiffness** ANT **flexibility** **4** parálisis (por miedo, sorpresa)

rig·id·ly /ˈrɪdʒɪdli/ *adv* **1** con rigidez, estrictamente: *The laws were rigidly enforced.* Las leyes se aplicaron estrictamente. SIN **strictly** **2** intransigentemente, de manera inflexible SIN **strictly** **3** con rigidez, sin holgura SIN **stiffly**

rig·ma·role /ˈrɪgməˌroʊl/ (*tb* **rigamarole**) *s* [sing, U] **1** lío **2** rollo, historia

rig·or /ˈrɪgər/ *s* **1** [U] (precisión) rigor • **scientific/intellectual rigor** rigor científico/intelectual **2** (problema) **the rigors of sth** [pl] *the rigors of daily life* las dificultades de la vida cotidiana • *the rigors of a Canadian winter* los rigores del invierno canadiense **3** [U] (severidad) rigor

rig·or mor·tis /ˌrɪgə ˈmɔrtɪs/ *s* [U] rigor mortis, rigidez cadavérica SIN **rigor**

rig·or·ous /ˈrɪgərəs/ *adj* **1** (meticuloso) riguroso -a: *rigorous safety checks* rigurosos controles de seguridad **2** (severo) riguroso -a: *rigorous army training* instrucción militar rigurosa

rig·or·ous·ly /ˈrɪgərəsli/ *adv* **1** (con precisión) rigurosamente **2** (con severidad) rigurosamente, con rigor

rile /raɪl/ *v* [T] sacar de sus casillas, irritar

rim¹ /rɪm/ *s* [C] **1** borde (de una copa, una taza, etc.) **2** límite, borde (de un territorio), orilla (de un lago) **3** montura, armazón (de anteojos), rin, aro (de una rueda): *His glasses had steel rims.* Sus anteojos tenían montura de acero.

rim² *v* [T] (**rimmed**, **rimming**) bordear • **be rimmed by/with sth** estar bordeado -a de/por algo: *Her eyes were rimmed with black.* Llevaba los ojos delineados de negro. ▶ -RIMMED

rind /raɪnd/ *s* [C,U] **1** cáscara (de frutas) • **lemon/orange/melon rind** cáscara de limón/naranja/melón SIN **peel** ▶ ZEST **2** corteza (de queso), piel, orilla (del tocino)

ring¹ S2 W3 /rɪŋ/ *s*

1	joya
2	cosa
3	señal
4	disposición
5	de timbre, teléfono
6	de delincuentes
7	en boxeo, lucha
8	deporte
9	en un circo

1 **JOYA** [C] anillo • **a diamond/gold/silver ring** un anillo de diamantes/oro/plata

2 COSA [C] aro (objeto), rodaja (de alimento) • **a key ring** un llavero • **a rubber ring** un flotador de goma, un plástico • **smoke rings** anillos de humo ▶ CIRCLE

3 SEÑAL [C] círculo, marca (circular): *My glass left a wet ring on the table.* El vaso dejó una marca mojada sobre la mesa. • **draw a ring around sth** rodear algo con un círculo

4 DISPOSICIÓN [C] círculo, corro: *We all sat in a ring.* Nos sentamos todos en círculo. • [+of]: *A ring of mountains encircles the valley.* El valle está rodeado por un anillo montañoso.

5 DE TIMBRE, TELÉFONO [C] sonido, timbre, timbrido: *The ring of the telephone woke him.* Lo despertó el timbrazo del teléfono.

6 DE DELINCUENTES [C] red • **a drug/crime/spy ring** una red de narcotraficantes/delincuentes/espías

7 EN BOXEO, LUCHA [C] cuadrilátero, ring

8 DEPORTE the ring [C] el boxeo

9 EN UN CIRCO [C] pista ▶ RINGSIDE

EXPRESIONES
have a familiar ring (to it) sonar familiar • **have the ring of truth/authenticity** sonar verdadero -a/auténtico -a • **have rings around/under your eyes** tener ojeras • **run rings around sb** (*coloq*) darle tres vueltas a alguien (superarlo ampliamente), darle las tres y las malas a alguien

ring² S2 W3 *v* (**rang** /ræŋ/, **rung** /rʌŋ/)

1	teléfono
2	timbre
3	campana
4	oídos
5	sala, edificio
6	risas, voces, sonidos

1 TELÉFONO [I] sonar: *The phone hasn't stopped ringing all day.* El teléfono no dejó de sonar en todo el día. ▶ ver nota en PHONE

2 TIMBRE (a) [I] sonar **(b)** [I, T] tocar: *I rang the doorbell but no one came.* Toqué el timbre pero no contestó nadie. • **ring for sb/sth** tocar el timbre para que venga alguien/para pedir algo: *The sign said, "Ring for service."* El cartel decía: "Toque el timbre y será atendido".

3 CAMPANA [I, T] (hacer) repicar: *I heard the church bells ringing.* Oí que repicaban las campanas de la iglesia.

4 OÍDOS [I] zumbar, silbar: *My ears were ringing after the concert.* Me zumbaban los oídos después del concierto.

5 SALA, EDIFICIO [I] (*liter*) resonar • **ring with sth** *The whole room rang with their laughter.* Sus risas resonaban por toda la sala.

6 RISAS, VOCES, SONIDOS [I siempre + adv/prep] resonar, retumbar

EXPRESIONES
not ring true no sonar convincente • **ring a bell (with sb)** (*coloq*) sonar a alguien, resultarle familiar a alguien: *Her name rings a bell.* Su nombre me suena. • **ring hollow** sonar a falso -a • **be ringing off the hook** estar sonando sin parar • **ring in your ears** resonar en sus oídos
ring in *v+partíc* **ring in the New Year** recibir el Año Nuevo
ring out *v+partíc* **1** sonar (timbre, disparo, etc.) **2 ring out the Old Year** despedir el año
ring up *v+partíc* **ring sth** ↔ **up** marcar algo (en la caja registradora)

ring³ *v* [T] (**ringed**) **1** rodear: *The area was ringed with barbed wire.* La zona estaba rodeada de alambre de púas. SIN **surround 2** rodear/marcar con un círculo SIN **circle**

'ring ,finger *s* [C] (dedo) anular

ring·lead·er /'rɪŋ,lidər/ *s* [C] cabecilla

ring·let /'rɪŋlɪt/ *s* [C gralm pl] tirabuzón (rizo), cachumbo, bucle

ring·side /'rɪŋsaɪd/ *s* **the ringside** la zona junto a la pista/al cuadrilátero (en el circo, el boxeo) • **ringside seat** asiento/butaca de primera fila

ring·worm /'rɪŋwɜːm/ *s* [U] tiña

rink /rɪŋk/ *s* [C] **1** pista de (patinaje sobre) hielo SIN **ice rink 2** pista de patinaje (sobre ruedas)

rinse¹ /rɪns/ *v* [T] **1** enjuagar (los platos, el pelo, la ropa), lavar (la verdura) • **rinse sth with/in sth** enjuagar/lavar algo con algo: *Rinse the lettuce leaves in cold water.* Lave las hojas de lechuga con agua fría. • **rinse your mouth** enjuagarse la boca **2** [siempre + adv/prep] quitar con agua (la suciedad, el jabón) • **rinse sth from/off sth** *She rinsed the shampoo from her hair.* Se enjuagó el pelo para quitar el champú.
rinse off *v+partíc* **1 rinse sth** ↔ **off** quitar algo enjuagando, enjuagar algo **2 rinse off** quitarse con agua (crema, champú)
rinse out *v+partíc* **1 rinse sth** ↔ **out** enjuagar algo (el pelo, la ropa) **2 rinse sth** ↔ **out** enjuagar algo (un vaso, un plato) **3 rinse sth** ↔ **out** quitar con agua algo (la suciedad, el jabón) **4 rinse your mouth out** enjuagarse la boca **5 rinse out** quitarse con agua (crema, champú)

rinse² *s* **1** [C] enjuague • **give sth a rinse** enjuagar algo **2** [C,U] champú color, baño de color SIN **dye**

ri·ot¹ /'raɪət/ *s* **1** [C] disturbio(s), motín • **a prison riot** un motín carcelario • **a riot breaks out/erupts** estallan disturbios, estalla un motín • **a food riot** disturbios por la falta de alimentos • **a race riot** disturbios raciales • **put down a riot** sofocar un motín/los disturbios • [+against]: *riots against price rises* disturbios por las subidas de precios • **riot police** policía antidisturbios, policía antimotines • **riot gear** equipo antidisturbios, equipo antimotines • **riot squad** brigada antidisturbios, brigada antimotines **2 a riot of sth** (*liter*) *The garden was a riot of color.* El jardín era una abigarrada mezcla de colores. **3 a riot** (*coloq, oral*) divertidísimo -a: *This guy is a riot.* Este tipo es divertidísimo.

EXPRESIONES
read sb the riot act (*coloq*) hacerle una advertencia a alguien • **run riot (a)** (personas) desmadrarse, descontrolarse **(b)** (imaginación, ideas) desbocarse: *She had allowed her emotions to run riot.* Había dado rienda suelta a sus emociones.

riot² *v* [I] causar disturbios, amotinarse

ri·ot·er /'raɪətər/ *s* [C] alborotador -a

ri·ot·ing /'raɪətɪŋ/ *s* [U] disturbios

ri·ot·ous /'raɪətəs/ *adj* **1** desenfrenado -a: *riotous parties* fiestas desenfrenadas/bulliciosas **2** descontrolado -a: *riotous behavior* conducta violenta

RIP, R.I.P. /,ɑr aɪ 'pi/ (**Rest in Peace**) Q.E.P.D.

rip¹ S2 /rɪp/ *v* (**ripped**, **ripping**)
1 (a) [T] rasgar, romper • **rip sth open** abrir algo (rasgando) • **rip sth on sth** hacerse un desgarrón en algo con algo: *I ripped my skirt on a nail.* Me hice un desgarrón en la falda con un clavo. • **rip sth to shreds/pieces** hacer jirones/pedazos algo **(b)** [I] rasgarse, desgarrarse: *The sails ripped.* Las velas se desgarraron.
2 [T siempre + adv/prep] **rip sth off/out/down/away** arrancar algo (de un tirón o jalón): *He ripped off his clothes.* Se arrancó la ropa. • *She ripped out a sheet of paper.* Arrancó una hoja. • **rip sth from sth** arrancar algo de algo

EXPRESIONES
let rip (*coloq*) **(a)** explotar, ponerse frenético -a **(b)** salir con todo • **rip sth/sb to shreds** (tb **rip sth/sb to pieces**) criticar duramente algo/a alguien • **rip sb's heart out** partirle el alma/romperle el corazón a alguien
rip sth/sb ↔ **apart** *v+partíc* hacer trizas algo/a alguien
rip into sb *v+partíc* criticar duramente a alguien
rip sb/sth ↔ **off** *v+partíc* **1 rip sb** ↔ **off** (*coloq*) timar/estafar a alguien (cobrar de más) SIN **overcharge 2 rip sth** ↔ **off** (*coloq*) robar algo
rip on sb/sth *v+partíc* (*coloq*) vivir quejándose de alguien/algo
rip sth ↔ **up** *v+partíc* **1** hacer trizas algo (una foto, una sábana, etc.) **2** desechar algo (un plan, etc.)

ripple

rip² s [C] rasgón, rasgadura, desgarrón: *Your jacket has a rip in it.* Tu saco tiene un rasgón.

ripe /raɪp/ *adj* (**riper**, **ripest**) **1** maduro -a (fruta, cereal) **2 be ripe for sth** estar preparado -a para (afrontar) algo: *The dock area is ripe for development.* Es el momento de urbanizar la zona del puerto. **3** añejo (vino), curado (queso) SIN **mature**

EXPRESIONES
a ripe old age una edad muy avanzada • **the time is ripe (for sth)** es el momento propicio (para algo)

rip·en /ˈraɪpən/ *v* [I, T] **1** madurar (fruta, cereal) **2** curar(se) (queso)

ripe·ness /ˈraɪpnɪs/ *s* [U] madurez (de una fruta, del cereal)

ˈrip-off *s* [C] (*peyor*, *coloq*) **1** robo, tumbada, estafa: *What a rip-off!* ¡Qué robo! **2** plagio, copia

ri·poste /rɪˈpoʊst/ *s* [C] réplica

rip·ple¹ /ˈrɪpəl/ *s* [C] **1** onda (en el agua): *ripples on a pond* ondas en un estanque **2** murmullo (de voces) • **a ripple of applause** una tímida salva de aplausos • **a ripple of laughter** un murmullo de risas **3** efecto, repercusión (en una persona, un grupo) • **a ripple of excitement** una oleada de entusiasmo • **a ripple of unease/fear** una sensación de inquietud/miedo **4** onda, ondulación (en la arena, etc.) **5 raspberry/chocolate ripple** helado con vetas de frambuesa, chocolate, etc.

ripple² *v* (*escrito*) **1** [I, T] ondular(se), hacer ondas (en) (el agua) **2** [I, T] (hacer) ondear, ondular (los campos, una bandera), tensar(se) (los músculos) **3** [I siempre + adv/prep] **ripple across/through sb/sth** propagarse entre alguien/por algo: *Panic rippled through the city.* En la ciudad cundió el pánico. **4** [I siempre + adv/prep] **ripple through sb** ir invadiendo a alguien (sentimiento)

rise¹ S3 W1 /raɪz/ *v* [I] (**rose** /roʊz/, **risen** /ˈrɪzən/)

1	en valor, cantidad, volumen
2	en altura, altitud
3	del asiento
4	en éxito, poder, importancia
5	voz, sonido
6	preocupación, tensión
7	sol, luna, estrella
8	terreno, camino
9	montaña, rascacielos
10	masa, pastel, pan
11	en protesta
12	de la cama
13	viento, tormenta
14	vello, pelo
15	por vergüenza
16	río
17	muerto

1 EN VALOR, CANTIDAD, VOLUMEN aumentar, subir: *The level of crime continues to rise.* El índice de delincuencia sigue aumentando. • **rise by 10%/$5** aumentar (en) un 10%/5 dólares • **rise from sth to sth** *Profits have risen from 15% to 18%.* Los beneficios han aumentado del 15 al 18%. • **rise sharply/steeply** aumentar pronunciadamente/acusadamente • **rise steadily/gradually** aumentar de manera sostenida/gradual • **rise above sth** superar algo: *Temperatures rarely rise above freezing.* Las temperaturas rara vez superan el punto de congelación. • **rise and fall** fluctuar • **and rising** *Unemployment was 7.6% and rising.* El desempleo era del 7,6% y seguía subiendo. SIN **go up** ANT **fall**

2 EN ALTURA, ALTITUD subir (agua, marea, etc.), levantarse (niebla), elevarse (humo) • **rise from sth** *Smoke rose from the chimney.* Salía humo de la chimenea. • **rise and fall** subir y bajar ANT **fall**

3 DEL ASIENTO (*frml*) levantarse • **rise from your chair/the table** levantarse de la silla/la mesa • **rise to your feet** ponerse de/en pie

4 EN ÉXITO, PODER, IMPORTANCIA ascender • **rise (from sth) to sth** ascender (de algo) a algo: *She quickly rose to the position of supervisor.* Pronto ascendió al puesto de supervisora. • **rise to power** llegar/acceder al poder • **rise to prominence/fame** saltar a la fama • **rise to the top** llegar a la cima/a lo más alto: *She has risen to the top in her profession.* Ha llegado a la cima de su profesión. • **rise through the ranks** empezar desde abajo • **rise from the ranks** ascender desde la categoría de soldado raso ANT **fall**

5 VOZ, SONIDO alzarse, aumentar: *Her voice rose with anger.* Alzó la voz con enojo. • **rise from sth** *A roar rose from the crowd.* Surgió un clamor de la multitud. • **rise above sth** alzarse/oírse por encima de algo: *Her voice rose above the shouts of the children.* Su voz se alzó por encima de los gritos de los niños. SIN **rise up**

6 PREOCUPACIÓN, TENSIÓN crecer, aumentar: *Political tensions are rising in the region.* Crece la tensión política en la región. • **my/our spirits rose** me animé/nos animamos, levanté/levantamos el ánimo • **rise against sth** oponerse con fuerza a algo

7 SOL, LUNA, ESTRELLA salir: *The sun was just rising.* Empezaba a salir el sol. ANT **set**

8 TERRENO, CAMINO subir, empinarse

9 MONTAÑA, RASCACIELOS (*esp escrito*) alzarse, elevarse: *giant rocks rising from the sea* rocas gigantescas que se alzan en el mar SIN **rise up**

10 MASA, PASTEL, PAN subir, crecer

11 EN PROTESTA [siempre + adv/prep] (*frml*) **rise against sb/sth** alzarse/levantarse contra alguien/algo: *The people rose against their oppressors.* El pueblo se alzó contra sus opresores. • **rise in revolt/rebellion** sublevarse, rebelarse SIN **rise up**

12 DE LA CAMA (*frml*) levantarse • **rise and shine!** (*hum*, *oral*) ¡hora de levantarse!

13 VIENTO, TORMENTA arreciar

14 VELLO, PELO erizarse

15 POR VERGÜENZA (*esp escrito*) **the color rose in her cheeks/face** se ruborizó

16 RÍO (*técn*) nacer

17 MUERTO (*frml o liter*) resucitar • **rise from the dead/grave** resucitar de entre los muertos/de su tumba

EXPRESIONES
rise from the ashes renacer de sus cenizas • **a rising tide of sth** una creciente oleada de algo: *the rising tide of crime in the cities* la creciente oleada de delincuencia urbana

rise above sth *v+partíc* **1** sobreponerse a algo, superar algo (una dificultad): *He had risen above the poverty of his childhood.* Se había sobrepuesto a una infancia pobre. **2** estar por encima de algo: *The law should rise above popular opinion.* La ley debería estar por encima de la opinión popular. **3** superar algo (a la competencia, un nivel)

rise out of sth *v+partíc* surgir de algo: *The argument had risen out of a misunderstanding.* La discusión había surgido de un malentendido.

rise to v+partíc 1 **rise to sth** responder a algo (un comentario) • **rise to the bait** responder a la provocación **2 rise to the occasion/challenge** estar a la altura de las circunstancias/del reto

rise up *v+partíc* **1** sublevarse, rebelarse • **rise up against sb/sth** sublevarse/rebelarse contra alguien/algo **2** crecer (sentimiento) • **rise up inside sb** invadir a alguien **3** alzarse, elevarse (montaña, etc.) **4** surgir (gritos, etc.)

rise² W2 *s*
1 [C] (en valor, cantidad, volumen) aumento, subida •
[+**in**]: *a sharp rise in interest rates* una fuerte subida de
los tipos de interés • [+**of**]: *a rise of 16%* un aumento
del 16% • **a price/rent rise** un aumento de precios/de los
alquileres • **a tax rise** una subida de impuestos • **be on
the rise** ir en aumento SIN **increase** ANT **fall**
2 [sing] (en éxito, poder, importancia) ascenso: *the rise of
fascism* el ascenso del fascismo • [+**to**]: *her rise to power*
su acceso al poder • *the band's rise to fame* el salto a la
fama del grupo • [+**from**]: *her rise from poverty* su
salida de la pobreza • **the rise and fall of sb/sth** el
ascenso y caída de alguien/algo ANT **fall**
3 [C gralm sing] (en el terreno) subida, cuesta, pendiente
• [+**in**]: *a slight rise in the road* una leve pendiente del
camino
4 [sing] (movimiento vertical) subida, ascenso • **the rise
and fall of sth** el ascenso y descenso de algo: *the rise and
fall of the waves* el ascenso y descenso de las olas
ANT **fall**

EXPRESIONES
get a rise out of sb hacer enojar a alguien, poner en
evidencia a alguien • **give rise to sth** dar origen/lugar a
algo

ris·er /ˈraɪzər/ *s* [C] **1 be an early/a late riser** levantarse
temprano/tarde, ser muy madrugador -a/dormilón -ona
2 [gralm pl] gradas

ris·ing /ˈraɪzɪŋ/ *adj* creciente

risk¹ W1 /rɪsk/ *s*
1 [C,U] (posibilidad) riesgo, peligro: *There are a lot of
risks involved in starting a small business.* Montar una
pequeña empresa conlleva muchos riesgos. • [+**of**]:
There is a slight risk of infection. Hay un ligero riesgo
de infección. • [+**that**]: *There is a risk that the crisis
may spread further.* Existe el peligro de que la crisis se
extienda más aún. • [+**to**]: *There is absolutely no risk to
the public.* No existe riesgo alguno para la población. •
reduce/increase the risk of sth reducir/aumentar el
riesgo de algo • **pose a risk (to sb/sth)** representar un
riesgo (para alguien/algo) • **be worth the risk** valer la
pena arriesgarse • **a high/low risk** un alto/bajo riesgo:
The risk of getting malaria here is pretty low. El riesgo
de contraer la malaria aquí es muy bajo. • **carry a risk**
entrañar un riesgo • **risk assessment** evaluación de
riesgos • **risk factor** factor de riesgo
2 [C] (causante) peligro, riesgo • [+**to**]: *Polluted water
supplies are a risk to public health.* Las fuentes de agua
contaminada son un peligro para la salud pública. • **a
health risk** un peligro para la salud • **a fire risk** un
peligro de incendio, un foco de posibles incendios
3 [C] (en seguros, créditos) persona, entidad o cosa que
presentan determinado grado de riesgo • **a good/bad/
poor risk** *The insurance company decided that I was a
bad risk.* La aseguradora determinó que mi seguro
suponía un alto riesgo. ► **a CALCULATED risk**

EXPRESIONES
be at risk estar en peligro, correr peligro/riesgo: *Elderly
people are most at risk.* Los ancianos son los que más
peligro corren. • **be at risk of (doing) sth** estar en
peligro de (hacer) algo, correr peligro de (hacer) algo:
Their children are also at risk of developing the disease.
Sus hijos también corren peligro de contraer la enfermedad. • **be at risk from sth** correr peligro de verse
afectado -a por algo: *information for people who are at
risk from AIDS* información para las personas que
corren peligro de contraer el SIDA • **put sth/sb at risk**
poner algo/a alguien en peligro • **at your own risk** bajo
su (propia) responsabilidad • **at the risk of doing sth** a
riesgo de hacer algo: *At the risk of sounding stupid, can
I ask a question?* A riesgo de parecer estúpida, ¿puedo
hacer una pregunta? • **run a risk** correr un riesgo • **run
the risk of (doing) sth** correr el riesgo de (hacer) algo •
take a risk correr un riesgo: *I couldn't take the risk of
leaving him alone.* No podía correr el riesgo de dejarlo
solo.

risk² W3 *v* [T]
1 (algo preciado) arriesgar, poner en peligro/en riesgo:
He was willing to risk everything if it meant getting her

back. Estaba dispuesto a arriesgarlo todo con tal de
que ella volviera. • **risk sth to do sth** poner en peligro
algo para hacer algo: *He had risked his own health to
help the sick.* Había puesto en peligro su salud para
atender a los enfermos. • **risk sth on sth** arriesgar algo
en algo: *Don't risk your money on that!* ¡No arriesgues
el dinero en eso! • **risk your life** arriesgar la vida • **risk
your neck** jugarse el pellejo • **risk life and limb** (*hum*)
jugarse la vida
2 (una consecuencia negativa) arriesgarse a, correr el
riesgo de • **risk imprisonment/death** arriesgarse a ir a la
cárcel/a morir • **risk doing sth** arriesgarse a hacer algo:
They risk losing their homes. Se arriesgan a perder sus
casas.
3 (una acción peligrosa) *She risked a glance back over
her shoulder.* Se aventuró a mirar un momento hacia
atrás. • **risk doing sth** arriesgarse a hacer algo • **risk it**
arriesgarse: *You could leave it until tomorrow, but I
wouldn't risk it.* Podrías dejarlo para mañana, pero yo
no me arriesgaría.

risk·i·ness /ˈrɪskinɪs/ *s* [U] riesgo

risk·y /ˈrɪski/ *adj* (**riskier**, **riskiest**) riesgoso -a: *a risky
financial investment* una inversión financiera riesgosa
• **it is risky to do sth** es riesgoso hacer algo: *Doctors say
it's too risky to try and operate.* Los médicos dicen que
es demasiado riesgoso tratar de operar. • [+**for**]: *An
election would be risky for both parties.* Ir a las urnas
sería riesgoso para ambos partidos. • **a risky business**
un negocio riesgoso SIN **dangerous**

ris·qué /rɪsˈkeɪ/ *adj* atrevido -a, subido -a de tono

rite /raɪt/ *s* [C] rito • **funeral/fertility/initiation rites** ritos
funerarios/de fertilidad/iniciáticos ► **RITUAL**

rite of 'passage *s* [C] rito de paso, trance importante
en la vida

rit·u·al¹ /ˈrɪtʃuəl/ *s* [C,U] **1** (ceremonia) rito, ritual:
ancient pagan rituals antiguos ritos paganos
► **RITE 2** (hábito) ritual, rutina • **a daily/weekly ritual**
un ritual diario/semanal SIN **routine**

ritual² *adj* [solo ante s] **1** ritual (sacrificio, danza, etc.)
2 consabido -a, de rigor (disculpa, promesa, etc.)

rit·u·al·ly /ˈrɪtʃuəli/ *adv* siguiendo un ritual

ri·val¹ W3 /ˈraɪvəl/ *s* [C]
1 (persona, entidad) rival: *This gives the company an
advantage over its rivals.* Esto le da a la empresa
ventaja sobre sus competidores. • [+**for**]: *one of his
rivals for the job* uno de sus rivales para el puesto •
her/his nearest/closest rival su rival más próximo -a •
an old rival un viejo rival/una vieja rival SIN **competitor**
2 (producto, servicio) rival, competidor -a: *This machine
is slightly heavier than its rivals.* Esta máquina es un
poco más pesada que las de la competencia.

rival² *adj* [solo ante s] rival: *rival gangs* pandillas rivales
• *a rival company.* una empresa de la competencia

rival³ *v* [T] rivalizar con, estar a la altura de: *a stadium
to rival any in the world* un estadio que no tiene nada
que envidiarle a cualquier otro del mundo • **rival sth in
sth** estar a la altura de algo en algo

ri·val·ry /ˈraɪvəlri/ *s* [C,U] (pl **rivalries**) rivalidad • **fierce/
intense rivalry** feroz/fuerte rivalidad SIN **competition**
► **SIBLING rivalry**

riv·er S2 W2 /ˈrɪvər/ *s* [C]
1 (de agua) río: *the Hudson River* el río Hudson • **on a
river** *a boat on the river* un barco en el río • **along a
river** *I went for a walk along the river.* Fui a dar un
paseo a orillas del río. • **across a river** *a bridge across
the river* un puente sobre el río • **up river** río arriba •
down river río abajo • **the bank/mouth of a river** la
ribera/desembocadura de un río ► **STREAM** • **river valley**
valle fluvial ► ver ilustración en la página 752
2 (de sangre, sudor) río: *a river of hot lava* un río de lava
caliente ► **SELL sb down the river**

river bed *s* [C] cauce, lecho (del río)

riv·er·side /ˈrɪvərˌsaɪd/ *s* **the riverside** la ribera, la orilla
del río

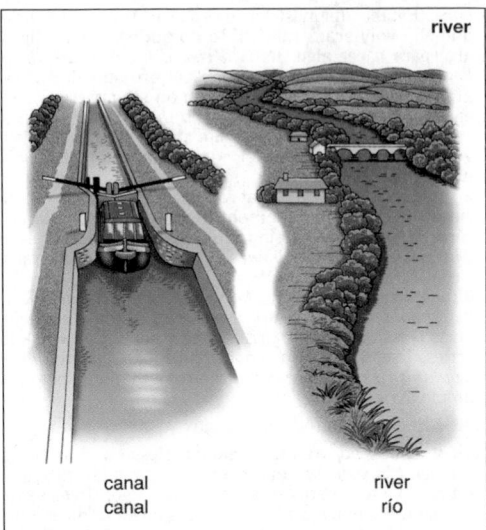

river

canal   river
canal   río

riv·et¹ /'rɪvɪt/ v [T] **1** [gralm en pasiva] fascinar • **be riveted on/to sb/sth** no despegar los ojos de algo/ alguien: *All eyes were riveted on her.* Todas las miradas estaban clavadas en ella. • **be riveted by sb/sth** quedar fascinado -a por alguien/algo **2** remachar (con clavos)
EXPRESIONES
riveted to the spot paralizado -a (por la sorpresa, el miedo)

rivet² s [C] remache (clavo)

riv·et·ing /'rɪvətɪŋ/ adj fascinante

RN /ˌɑr 'ɛn/ s (**registered nurse**) diplomado -a en enfermería, licenciado -a en enfermería

RNA /ˌɑr ɛn 'eɪ/ s [U] (**ribonucleic acid**) ARN ▶ **DNA**

roach /roʊtʃ/ s [C] **1** (coloq) cucaracha SIN **cockroach 2** (coloq) colilla de porro, chicharra, bacha **3** rutilo común, bermejuela (pez)

road S1 W1 /roʊd/ s
1 [C,U] carretera (entre poblaciones), calle (dentro de una población): *a narrow road* una carretera angosta • *They live on a very busy road.* Viven en una calle con mucho tránsito. • [+to]: *Is this the road to Stratford?* ¿Es esta la carretera que va a Stratford? • **cross the road** cruzar la calle • **up/down/along the road** *I ran down the road to see what was happening.* Corrí por la calle para ver qué ocurría. • *You'll see the library a little farther up the road.* Vas a ver la biblioteca un poco más adelante en esta misma calle. • **across the road** *Her mother lives just across the road.* Su madre vive justo enfrente. • *She helped an elderly man to get across the road.* Ayudó a un anciano a cruzar la calle. • **on the road** en la calle/carretera • **in the road** en la calle/ carretera • **by/at the side of the road** junto a/al borde de la carretera • **by road** por carretera ▶ **STREET** • **road construction** (tb **road work**) obras (viales) • **road safety** seguridad vial
2 Road (abrev escrita **Rd.**) calle (como parte del nombre): *65 Maple Road* Maple Road 65 • *He lives on Dudley Road.* Vive en la calle Dudley.
3 the road to war/success el camino hacia la guerra/al éxito • **on the road to sth** en vías de alcanzar algo, en camino a algo: *The doctor says she's on the road to recovery.* El médico dice que está en vías de recuperarse. ▶ **sth has reached the END of the road**, **HIT the road**, **MAIN ROAD**, **SIDE ROAD**
EXPRESIONES
down the road (coloq) más adelante, en el futuro • **go down the road** (coloq) tomar un camino: *We don't want to go down that road.* No queremos tomar ese camino. • **on the road** (a) (en carro) viajando (b) (actores, músicos) de gira (c) (carro) en circulación • **one for the road** (oral) la última (copa)

road·block /'roʊdblɑk/ s [C] **1** control policial (en una carretera) • **set/put up a roadblock** establecer un control (policial) **2** obstáculo

road·house /'roʊdhaʊs/ s [C] restaurante o bar situado junto a una carretera

'road map s [C] **1** mapa de carreteras **2** hoja de ruta

'road rage s [U] conducta violenta al conducir

road·run·ner /'roʊdˌrʌnɚ/ s [C] correcaminos

road·show /'roʊdʃoʊ/ s [C] serie de programas de radio o televisión emitidos desde distintos lugares

road·side /'roʊdsaɪd/ s [C gralm sing] costado de la carretera, borde de la carretera • **by/on/along the road-side** al costado de la carretera, al borde de la carretera • **roadside stand** puesto (junto a una carretera) • **roadside assistance** asistencia en carretera, asistencia vial

'road sign s [C] señal de tránsito

'road trip s [C] viaje (en carro)

road·way /'roʊdweɪ/ s [C,U] (pl **roadways**) calzada

road·work /'roʊdwɚk/ s [U] obras viales

road·wor·thy /'roʊdˌwɚði/ adj apto -a para la circulación

roam /roʊm/ v **(a)** [T] vagar por, deambular por: *the time when dinosaurs roamed the earth* la época en que los dinosaurios vagaban por la tierra **(b)** [I siempre + adv/prep] **roam around/through/over** vagar/deambular por: *Visitors roamed through the house.* Los visitantes deambulaban por la casa.

roar¹ /rɔr/ v

1	a gritos
2	muchedumbre
3	riendo
4	carro, moto
5	motor, viento, olas
6	león, tigre, oso

1 A GRITOS [I,T] (escrito) bramar, gritar • **roar with rage/pain** gritar de rabia/dolor SIN **bellow** ANT **whisper**
2 MUCHEDUMBRE [I,T] (escrito) rugir, gritar: *The crowd roared in delight.* El público rugía enfervorizado.
3 RIENDO [I] soltar la carcajada, reír a carcajadas • **roar with laughter** reír a carcajadas
4 CARRO, MOTO [I siempre + adv/prep] armar estruendo: *Several police cars roared past.* Varias patrullas pasaron armando un gran estruendo. SIN **tear**
5 MOTOR, VIENTO, OLAS [I] rugir: *There was a huge fire roaring in the fireplace.* Una enorme fogata rugía en la chimenea.
6 LEÓN, TIGRE, OSO [I] rugir ▶ **GROWL**

roar² s (escrito)

1	del viento, mar, fuego
2	del motor, tránsito
3	de la muchedumbre
4	de furia, dolor
5	risa
6	de león, tigre, oso

1 DEL VIENTO, MAR, FUEGO [sing] rugido: *the roar of the surf* el rugido de las olas
2 DEL MOTOR, TRÁNSITO [sing] rugido: *the roar of the plane's engines* el rugido de los motores del avión
3 DE LA MUCHEDUMBRE [C] clamor, rugido: *the roar of the crowd* el clamor del público
4 DE FURIA, DOLOR [C] bramido, grito
5 RISA **a roar of laughter** una sonora carcajada
6 DE LEÓN, TIGRE, OSO [C] rugido

roar·ing /'rɔrɪŋ/ adj **1** [solo ante s] estruendoso -a, estrepitoso -a, ensordecedor -a **2 a roaring fire** un buen fuego, una buena fogata
EXPRESIONES
roaring drunk totalmente borracho -a • **be a roaring success** ser un éxito arrollador

roast¹ /rəʊst/ v **1** [I, T] asar(se), hacer(se) al horno ▶ BAKE, GRILL **2** [T] tostar (café, maní, etc.)

roast² s [C] **1** plato consistente en cualquier tipo de carne asada al horno: *a pork roast* cerdo asado ▶ BAKE, GRILL **2** fiesta al aire libre en la que se cocinan alimentos en una fogata **3** reunión para celebrar un hecho importante en la vida de una persona en la que se cuentan anécdotas, se dan discursos, etc.

roast³ adj [solo ante s] asado -a, al horno: *roast pork* cerdo asado • *roast potatoes* papas al horno • *roast chestnuts* castañas asadas

roast·ing /ˈrəʊstɪŋ/ adj abrasador -a

rob /rɑb/ v [T] (**robbed, robbing**) **1** (a una persona) atracar, asaltar: *The woman had been robbed.* A la mujer la habían atracado. • **rob sb of sth** robarle algo a alguien: *He was robbed of over $ 4,000.* Le robaron más de 4.000 dólares. ▶ STEAL **2** (un banco, una tienda) atracar, asaltar ▶ BURGLARIZE **3** (quitar) **rob sb of sb** dejar a alguien sin alguien: *The accident robbed three children of their mother.* El accidente dejó a tres niños sin madre. • **rob sb of sth** privar a alguien de algo

EXPRESIONES
rob the cradle (*coloq*) salir o mantener una relación con una persona mucho más joven • **rob Peter to pay Paul** (*coloq*) desnudar a un santo para vestir a otro

rob·ber /ˈrɑbər/ s [C] ladrón -ona, asaltante: *a bank robber* un ladrón de bancos ▶ THIEF, BURGLAR; ▶ ver nota en THIEF

rob·ber·y /ˈrɑbəri/ s [C,U] (pl **robberies**) robo, asalto, atraco • **a bank robbery** un atraco a un banco • **armed robbery** robo/atraco/asalto a mano armada ▶ BURGLARY, THEFT

robe /rəʊb/ s [C] **1** (tb **robes** [pl]) túnica (de un sacerdote, una sacerdotisa), hábito (de un monje), toga (de un juez, un catedrático) **2** bata (para levantarse de la cama, etc.) SIN **bathrobe**

rob·in /ˈrɑbɪn/ s [C] tordo norteamericano

ro·bot /ˈrəʊbɑt, -bʌt/ s [C] **1** (máquina) robot **2** (*peyor*) (persona) robot

ro·bot·ic /rəʊˈbɑtɪk, rə-/ adj **1** [solo ante s] (dispositivo, brazo) robótico -a **2** (persona, movimientos, lenguaje) robotizado -a, robótico -a

ro·bot·ics /rəʊˈbɑtɪks, rə-/ s [U] robótica

ro·bust /rəʊˈbʌst, ˈrəʊbʌst/ adj **1** (persona) robusto -a, fuerte **2** (sistema, organización) fuerte, sólido -a: *a robust economy* una economía fuerte **3** (máquina, mueble) resistente, fuerte **4** (alimento, bebida, sabor) fuerte **5** (reacción, tono, defensa) enérgico -a; (actuación) sólido -a

rock¹ S2 W2 /rɑk/ s
1 (materia) [U] roca: *layers of rock* capas de roca • **solid rock** roca sólida/maciza *rock paintings* pinturas rupestres • **rock formation** formación rocosa ▶ STONE
2 [C] (piedra grande) roca: *Jack stood on a rock.* Jack se subió a una roca. • *Waves crashed against the rocks.* Las olas rompían contra las rocas.
3 [C] peña, peñasco, peñón: *a castle built on top of a rock* un castillo construido sobre un peñasco • *the Rock of Gibraltar* el Peñón de Gibraltar
4 [C] (piedra pequeña) piedra: *He threw the rock into the water.* Tiró la piedra al agua. SIN **stone**
5 [U] (tb **rock music**) (música) rock • **rock band** (tb **rock group**) grupo/banda de rock • **rock concert** concierto de rock • **rock star** estrella de(l) rock

EXPRESIONES
be on the rocks (*coloq*) ir de mal en peor, estar en la olla • **scotch/vodka on the rocks** whisky/vodka con hielo

rock² S3 v
1 (con suavidad) **(a)** [I] mecerse, balancearse (barco, cuna) **(b)** [T] mecer (un barco, una cuna), acunar (a un bebé) • **rock sth from side to side** hacer que algo se balancee de un lado a otro
2 [T] (*escrito*) (trastornando, escandalizando) sacudir: *the* *scandal that rocked the nation* el escándalo que sacudió a la nación
3 [T] (con violencia) sacudir: *The earthquake rocked the building.* El terremoto sacudió el edificio. SIN **shake**
4 [I] (*oral*) (expresando aprobación) ser de lo mejor

EXPRESIONES
rock the boat (*coloq*) agitar las aguas, torear el avispero

rock and roll variante de ROCK "N" ROLL

rock bottom s **hit/reach rock bottom** (*coloq*) tocar fondo

rock-bottom adj [solo ante s] bajísimo -a: *We sell furniture at rock-bottom prices!* ¡Vendemos muebles a precios regalados!

rock climber s [C] escalador -a (en roca)

rock climbing s [U] escalada en roca • **go rock climbing** hacer escalada en roca

rock·er /ˈrɑkər/ s [C] **1** mecedora SIN **rocking chair** **2** rockero -a

EXPRESIONES
be off your rocker (*oral*) estar loco -a, estar mal de la cabeza

rock·et¹ W3 /ˈrɑkɪt/ s
1 [C] (nave) cohete (espacial): *The rocket blasted off.* El cohete despegó. • **launch a rocket** lanzar un cohete
2 [C] (arma) misil, cohete: *anti-tank rockets* misiles antitanque • **launch/fire a rocket** lanzar/disparar un misil • **rocket attack** (tb **rocket offensive**) ataque/bombardeo con misiles • **rocket fire** fuego/disparos de misiles • **rocket launcher** lanzacohetes
3 [C] (fuego artificial) cohete • **set off a rocket** tirar un cohete

rock·et² v **1** [I] (tb **rocket up**) dispararse (precios, ventas, etc.): *Prices rocketed overnight.* Los precios se dispararon de la noche a la mañana. • **rocket (from sth) to sth** disparar(se) (de algo) a algo: *Profits rocketed to $ 10 million.* Las ganancias se dispararon a 10 millones de dólares. SIN **shoot up 2 (a)** [I siempre + adv/prep] **rocket to stardom/to number one in the charts** saltar al estrellato/al primer puesto de las listas **(b)** [T] **rocket sb to fame/stardom** lanzar a alguien a la fama/al estrellato

rocking chair s [C] mecedora SIN **rocker**

rocking horse s [C] caballito mecedor

rock 'n' roll, **rock and roll** /ˌrɑk ən ˈrəʊl/ s [U] rock and roll

rock-steady adj muy estable

rock·y /ˈrɑki/ adj (**rockier, rockiest**) **1** rocoso -a, pedregoso -a: *a rocky coastline* una costa rocosa **2** (*coloq*) incierto (comienzo, futuro), inestable (relación): *The negotiations got off to a rocky start.* Las negociaciones tuvieron un comienzo incierto.

rod /rɑd/ s [C] **1** barra (de metal, vidrio), vara (de madera): *a curtain rod* una barra para cortinas **2** caña (de pescar) SIN **fishing rod** ▶ RULE (sb/sth) with a rod of iron

EXPRESIONES
make a rod for your own back buscarse un problema

rode /rəʊd/ pasado de RIDE

ro·dent /ˈrəʊdnt/ s [C] roedor ▶ ver ilustración en la página 754

ro·de·o /ˈrəʊdiˌəʊ, rəʊˈdeɪəʊ/ s [C] (pl **rodeos**) rodeo (espectáculo) • **rodeo rider** jinete de rodeo

roe /rəʊ/ s **1** [C,U] hueva(s) (de pescado) **2** [C] corzo -a

rogue¹ /rəʊg/ s [C] **1** (simpático) pícaro, pillo **2** (*antic*) (despreciable) sinvergüenza

rogue² adj [solo ante s] **1** deshonesto -a, poco honrado -a (comerciante, etc.) • **a rogue state/regime** un estado/régimen que actúa al margen del derecho internacional **2** defectuoso -a (gen, célula) **3** solitario -a, alejado -a de la manada (animal)

rogu·ish /ˈrəʊgɪʃ/ adj [gralm ante s] pícaro -a (rostro, mirada, etc.): *a roguish grin* una sonrisa pícara

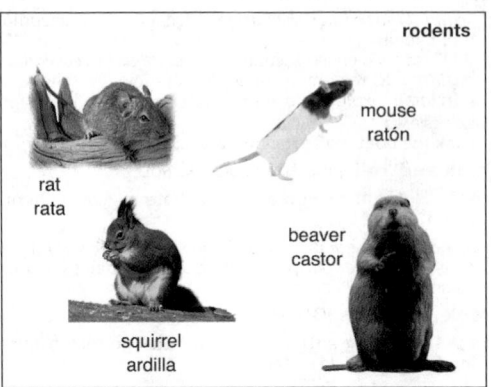

rodents

mouse
ratón

rat
rata

beaver
castor

squirrel
ardilla

R **role** S2 W1 /rəʊl/ s [C]

1 (en una actividad, situación, sociedad) papel, rol: *the traditional female role* el rol femenino tradicional • [+**in**]: *What was his role in the affair?* ¿Qué papel tuvo en el asunto? • *the role of government in education* el papel del gobierno en la educación • **play/have a role (in sth)** desempeñar un papel (en algo): *Genetic factors play a role.* Entran en juego factores genéticos. • **a leading/major role** un papel fundamental/un importante papel • **a key role** un papel clave • **take an active role** desempeñar un papel activo SIN **part**

2 (en cine, teatro) papel • **play the role of Cleopatra/ Macbeth** interpretar el papel de Cleopatra/Macbeth • **a major/minor role** un papel importante/menor • **the lead/ leading/starring role** el papel protagonista/principal/ estelar • **the title role** el papel que da título a la obra/ película SIN **part**

EXPRESIONES
role reversal cambio de papeles/roles

'**role ,model** s [C] modelo a imitar, ejemplo (persona) • [+**for/to**]: *She is a role model for many women in business.* Es un modelo a imitar para muchas empresarias.

'**role-play** s [C,U] (tb '**role-playing** [U]) juego de representación (de papeles), juego de roles (en psicología, etc.), role-play (en enseñanza de idiomas)

roll¹ S1 W2 /rəʊl/ v

1 con movimiento circular
2 en forma de tubo, esfera
3 gotas
4 una masa
5 olas, nubes
6 ojos
7 dados
8 barco
9 sonido fuerte
10 aparato
11 pronunciación
12 atacar

1 CON MOVIMIENTO CIRCULAR (a) [I siempre + adv/ prep] rodar, ir rodando (objeto, vehículo, carrito), rodar, revolcarse (persona, animal): *The ball rolled into the street.* La pelota fue rodando hasta la calle. • *The children rolled down the hill.* Los niños se dejaban caer rodando cuesta abajo. • *The truck rolled to a stop.* El camión se detuvo. • *Cars rolled slowly forward.* Los carros avanzaban lentamente. • **roll onto your stomach/back/side** ponerse boca abajo/boca arriba/de lado **(b)** [T siempre + adv/prep] hacer rodar, (hacer) girar (una rueda, un lápiz, etc.), empujar (un carrito, una silla de ruedas, etc.): *The kids were rolling a tire down the hill.* Los niños hacían rodar una llanta cuesta abajo. • *Let's roll the patient onto his side.* Vamos a girar al paciente para ponerlo de costado. • **roll sth in flour/ breadcrumbs** pasar algo por harina/pan rallado, rebozar algo en harina/pan rallado

2 EN FORMA DE TUBO, ESFERA [T] enrollar (cuerda, papel, lana), armar, liar (un cigarrillo): *Roll the pastry around the chicken.* Envuelva el pollo con la masa. •

She rolled another cigarette. Se armó otro cigarrillo. • **roll sth into sth** *Roll the dough into small balls.* Haga bolitas con la masa. • *He rolled himself into a ball.* Se hizo un ovillo. SIN **roll up**

3 GOTAS [I siempre + adv/prep] [+**down/off**]: *Tears rolled down his cheeks.* Las lágrimas le resbalaban por las mejillas. • *Sweat rolled off her forehead.* El sudor le caía por la frente.

4 UNA MASA [T] extender (con rodillo): *Pizza dough should be rolled thinly.* La masa de pizza tiene que estar bien extendida.

5 OLAS, NUBES [I siempre + adv/prep] *Huge waves rolled onto the beach.* Unas olas enormes rompían en la playa. • *Rain clouds were rolling across the sky.* Por el cielo, pasaban nubarrones.

6 OJOS roll your eyes poner los ojos en blanco (al oír una tontería, etc.)

7 DADOS [I,T] tirar • **roll the dice** tirar los dados

8 BARCO [I] balancearse, rolar ▶ PITCH

9 SONIDO FUERTE [I] retumbar (trueno), redoblar (tambor)

10 APARATO [I] rodar (cámara), funcionar (máquina, imprenta): *Quiet! The cameras are rolling!* ¡Silencio! ¡Estamos rodando!

11 PRONUNCIACIÓN roll your r's marcar mucho las erres al pronunciar

12 ATACAR [T] (coloq) asaltar ▶ **set/start the BALL rolling**, **HEADS will roll**

EXPRESIONES
get rolling (coloq) ponerse en marcha • **ready to roll** (coloq) listo -a para ponerse en marcha • **(all) rolled into one** todo a la vez: *She was cook, nurse, and entertainer rolled into one.* Era cocinera, enfermera y animadora, todo a la vez. • **be rolling in the aisles** morirse de (la) risa

roll sth ↔ back v+partíc reducir/bajar algo (precios, impuestos, etc.) • **roll sth back to sth** *Prices have been rolled back to 1998 levels.* Se han retrotraído los precios a los niveles de 1998. SIN **reduce**, **cut back**

roll by v+partíc **1** (años, semanas) pasar SIN **go by**, **pass** **2** (nubes) pasar, cruzar el cielo

roll sth ↔ down v+partíc **1** bajarse algo (que está remangado) ANT **roll up** **2 roll a window down** bajar una ventanilla

roll in v+partíc **1** llover, llegar a carretadas (dinero, cartas): *The money came rolling in.* Empezó a llover el dinero. **2** llegar (nubes, niebla) **3** (coloq) aparecer, presentarse (persona) ▶ TURN UP, ROLL UP **4 be rolling in it** (tb **be rolling in money/cash**) (coloq) estar forrado -a, estar podrido -a en plata, nadar en lana

roll on v+partíc pasar (el tiempo): *The hours rolled on.* Las horas pasaban.

roll sth ↔ out v+partíc **1** extender algo (con rodillo): *Roll the dough out flat.* Extienda bien la masa hasta que esté lisa. **2** desenrollar algo (un mapa, etc.) SIN **unroll**

roll over v+partíc **1 roll over** darse vuelta (estando tumbado): *He rolled over and went back to sleep.* Se dio vuelta y siguió durmiendo. SIN **turn over 2 roll sb over** dar vuelta a alguien • **roll sb over onto their back/stomach/side** poner a alguien boca arriba/boca abajo/de lado SIN **turn over 3 roll over** (coloq) quedarse de brazos cruzados (ante un ataque) **4 roll sth ↔ over** refinanciar algo, aplazar el vencimiento de algo (una deuda)

roll up v+partíc **1 roll sth ↔ up** enrollar algo: *We rolled the carpet up.* Enrollamos la alfombra. **2 roll sth ↔ up roll up your sleeves** remangarse (la camisa/chaqueta): *She just rolls her sleeves up and gets on with it.* Se remanga y se pone a hacerlo. • **roll up your pant legs** remangarse los pantalones **3 rolled up in sth** envuelto -a en algo (en papel, etc.) **4 roll up** (coloq) aparecer, presentarse (persona) SIN **turn up** ▶ ROLL IN **5 roll up** enrollarse, hacerse una bola/un ovillo (animal) SIN **curl up 6 roll a window up** subir una ventanilla

roll² S2 W3 s [C]

1 objeto cilíndrico
2 pan redondo
3 con nombres

4 con dados
5 grasa, piel
6 movimiento de la nave
7 sonido fuerte

1 OBJETO CILÍNDRICO rollo (de tela, papel, etc.), fajo
(de billetes) • **a roll of film** un rollo de película
2 PAN REDONDO pancito, bolillo: *Would you like but-*
ter on your roll? ¿Quieres con mantequilla el pan?
▶ **BUN**
3 CON NOMBRES lista • **call/take the roll** pasar lista •
the (voter) rolls el padrón electoral • **welfare rolls** (lista
de) beneficiarios de la asistencia social
4 CON DADOS tirada, tiro SIN **throw**
5 GRASA, PIEL **a roll of fat** una llanta, un rollo (de
grasa acumulada)
6 MOVIMIENTO DE LA NAVE balanceo, rolido: *The ship*
gave a roll. El barco se balanceó.
7 SONIDO FUERTE redoble (de tambores), estruendo
(de armas) • **a roll of thunder** un trueno
EXPRESIONES
be on a roll (*coloq*) estar de racha, tener una buena
racha

'**roll call** *s* [C,U] acto de pasar lista • **take a roll call** pasar
lista

roll·er /'rəʊlə/ *s* [C] **1** (para pintar, apisonar, transportar)
rodillo **2** (para rizar el pelo) rulo, tubo: *Her hair was in*
rollers. Llevaba los rulos puestos. SIN **curler** **3** (en el
mar) ola grande ▶ **STEAMROLLER**

Roll·er·blade /'rəʊləˌbleɪd/ *s* [C] (*marca reg*) patín en
línea, rollerblade: *a pair of Rollerblades* unos patines
en línea ▶ **IN-LINE SKATE, ROLLER SKATE**

'**roller ˌcoaster** *s* **1** [C] montaña rusa **2** [sing] sube y
baja, periodo lleno de altibajos • **an emotional roller-**
coaster un constante sube y baja de emociones intensas

'**roller skate** *s* [C] patín (de ruedas): *a pair of roller-*
skates unos patines ▶ **IN-LINE SKATE, ROLLERBLADE**

'**roller-skate** *v* [I] patinar (sobre ruedas)

'**roller ˌskating** *s* [U] patinaje (sobre ruedas) • **go roller**
skating ir a patinar

rol·lick·ing /'rɒlɪkɪŋ/ *adj* [solo ante s] (*antic*) divertido -a,
alegre

roll·ing /'rəʊlɪŋ/ *adj* [solo ante s] **1** ondulado -a (terreno,
colinas) **2** escalonado -a, por etapas (programa, plan)

'**rolling pin** *s* [C] rodillo (de amasar/de cocina)

'**rolling stock** *s* [U] trenes, vagones de pasajeros, etc.
empleados en un ferrocarril

ro·ly-po·ly /ˌrəʊli 'pəʊli/ *adj* gordito -a, rellenito -a

ROM /rɒm/ *s* [U] (**Read-Only Memory**) (memoria) ROM
▶ **RAM**

Ro·man /'rəʊmən/ *s* [C], *adj* romano -a ▶ **ROMAN NUMERAL**

ˌ**Roman 'Catholic** *s* [C], *adj* católico -a (romano -a)
SIN **Catholic** ▶ **PROTESTANT**

ˌ**Roman Ca'tholicism** *s* [U] catolicismo (romano)
SIN **Catholicism** ▶ **PROTESTANTISM**

ro·mance W3 /'rəʊmæns, rəʊ'mæns/ *s*
1 [C] romance, aventura, idilio • **a whirlwind romance**
un romance relámpago
2 [U] (sentimiento) romanticismo, amor (romántico):
The romance had gone out of our relationship. Ya no
había romanticismo en nuestra relación. • **romance**
blossomed surgió/nació el amor
3 [U] (de un lugar, una actividad) hechizo, magia: *the*
romance of the sea el hechizo del mar • *the romance of*
traveling to distant places la aventura de viajar a sitios
lejanos
4 [C] (obra sentimental) historia romántica/de amor: *The*
movie was a romance. Era una película romántica. • *I*
read a lot of romances. Leo muchas novelas de amor. •
a historical romance una novela romántica/de amor
histórica
5 [C] (relato medieval) novela de héroes y aventuras,
como las de caballerías

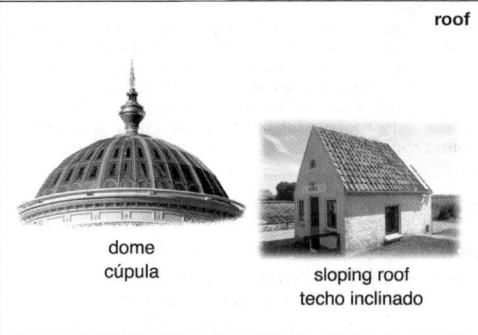

roof

dome
cúpula

sloping roof
techo inclinado

Ro·man·esque /ˌrəʊmə'nɛsk◄/ *adj* románico -a

Ro·ma·ni·a /rəʊ'meɪniə, rʊ-/ Rumania

Ro·ma·ni·an¹ /rəʊ'meɪniən, rʊ-/ *s* **1** [C] (persona)
rumano -a **2** [U] (idioma) rumano

Romanian² *adj* rumano -a

Roman 'numeral *s* [C] número romano ▶ **ARA-**
BIC NUMERAL

ro·man·tic¹ W3 /rəʊ'mæntɪk/ *adj*
1 (relacionado con el amor) romántico -a (persona, paseo,
película, etc.), amoroso -a (relación, experiencia, etc.): *I*
wish my boyfriend was more romantic. Ojalá mi novio
fuera más romántico. • *a romantic candlelit dinner* una
cena romántica a la luz de las velas • *a romantic*
comedy una comedia romántica • *It was obvious that he*
had romantic feelings for Anna. Era obvio que sentía
algo por Anna. • **romantic love** amor (romántico)
2 (de gran belleza) cautivador -a, lleno -a de hechizo: *the*
wild and romantic west coast of Ireland la agreste y
cautivadora costa occidental de Irlanda • *romantic*
music música llena de hechizo
3 (poco realista) romántico -a, idealizado -a • **a romantic**
idea/notion una idea romántica: *I had a very romantic*
idea of what life on a farm was like. Tenía una idea
muy romántica de lo que era la vida en una granja.
ANT **realistic**
4 [solo ante s] (tb **Romantic**) (en arte, literatura) romántico -a: *the Romantic poets* los poetas románticos

romantic² *s* [C] **1** (en el amor) romántico -a **2** (en la
vida) romántico -a, idealista ANT **realist** **3** (tb **Roman-**
tic) (en arte, literatura) romántico -a

ro·man·ti·cally /rəʊ'mæntɪkli/ *adv* **1** (en relación al
amor) románticamente • **be romantically involved/**
linked (with sb) tener una relación amorosa (con
alguien) **2** (en relación a paisajes) *a romantically beau-*
tiful valley un valle de espectacular belleza • **romanti-**
cally situated situado -a en un emplazamiento lleno de
encanto **3** (con idealismo) románticamente ANT **unreal-**
istically

ro·man·ti·cism /rəʊ'mæntəˌsɪzəm/ *s* [U] romanticismo

ro·man·ti·cize /rəʊ'mæntəˌsaɪz/ *v* [T] (*peyor*) idealizar

romp¹ /rɒmp/ *v* [I] **1** (saltando, jugando) **romp (around/**
about) corretear, retozar **2** [siempre + adv/prep] (en una
competencia) **romp to a win/victory** obtener un cómodo
triunfo/una fácil victoria

romp² *s* [C] **1** obra menor muy entretenida o divertida
2 cómodo triunfo **3** aventura (sexual), revolcón **4** **have**
a romp corretear, retozar (niños, animales)

roof¹ S2 W3 /ruːf, rʊf/ *s* [C]
1 (de un edificio) techo, tejado: *We'll need to get up on*
the roof. Vamos a tener que subir al techo. • **a flat roof**
un techo plano • **a pitched/sloping roof** un techo inclinado • **a thatched/tiled roof** un techo de paja/tejas • **roof**
garden azotea con jardín • **roof terrace** azotea, terraza •
roof tile teja
2 (de un vehículo, una tienda de campaña) techo
3 (de un túnel, una cueva) techo
4 (de la boca) **the roof of your mouth** el paladar ▶ **RAISE**
the roof, SUNROOF

EXPRESIONES
go through the roof (*coloq*) **(a)** ponerse por las nubes, dispararse (precios, costos) **(b)** (tb **hit the roof**) ponerse furioso -a • **the roof falls/caves in** se viene/se cae el techo encima • **a roof over your head** un techo, un lugar donde vivir • **under my/her roof** en mi/su casa • **(all) under one roof** (todo) en un mismo sitio • **under the same roof** bajo el mismo techo

roof² *v* [T gralm en pasiva] techar

roof·ing /'rufɪŋ/ *s* [U] techumbre, material(es) para techos

'roof-rack *s* [C] baca

roof·top /'ruftɑp/ *s* [C] techo (cubierta exterior), azotea, terraza (cubierta plana) ▶ SHOUT sth from the rooftops

rook /rʊk/ *s* [C] **1** torre (de ajedrez) SIN **castle** **2** grajo (pájaro europeo)

rook·ie /'rʊki/ *s* [C] **1** debutante (en un deporte profesional) **2** novato -a, principiante (en un trabajo)

room¹ S1 W1 /rum, rʊm/ *s*

1 en un edificio
2 para dormir
3 espacio vacío
4 posibilidad
5 para alquilar
6 personas

1 EN UN EDIFICIO [C] habitación, cuarto • **the next room** la habitación de al lado • **a meeting/lecture room** una sala de reuniones/conferencias • **the guest room** la habitación/el cuarto de los huéspedes

2 PARA DORMIR [C] (en una casa) dormitorio, cuarto, recámara; (en un hotel) habitación: *Beth, it's time to clean up your room.* Beth, tienes que limpiar tu dormitorio. • **a single/double room** una habitación individual/doble: *I'd like to book a double room for two nights.* Quisiera reservar una habitación doble para dos noches. • **a twin room** una habitación doble con dos camas (individuales)

3 ESPACIO VACÍO [U] lugar, espacio • **there is room (for sb/sth)** hay lugar/espacio (para alguien/algo): *Is there room for me?* ¿Quepo yo? • **there is room in the trunk/fridge** hay lugar en la cajuela/la nevera • **have room (for sth)** tener lugar/espacio (para algo): *We have plenty of room here.* Aquí tenemos lugar de sobra. • *Do you have room for this in your suitcase?* ¿Te cabe esto en la maleta? • **room to do sth** espacio/lugar para hacer algo: *The kids don't have much room to play.* Los niños no tienen mucho espacio para jugar. • **make room (for sb/sth)** hacer lugar (a alguien/para algo): *Move over and make room for me!* ¡Córranse un poco para hacerme lugar! • **leave room (for sb/sth)** dejar lugar (para alguien/algo) • **take up too much/a lot of room** ocupar demasiado/mucho espacio SIN **space**

4 POSIBILIDAD [U] **room to do sth** *Dad always gave us room to make our own mistakes.* Papá siempre nos dejaba margen para equivocarnos solos. • **room for sth** *There's little room for innovation.* Hay poco margen para la innovación. • **leave room for sth** dejar margen para algo • **make room for sth** hacer/dejar/reservar un hueco para algo • **there is/was no room for doubt** no hay/había lugar a dudas • **room for debate/discussion** margen para debatir/discutir • **room for maneuver** margen de maniobra • **there is no room for error** *There's no room for error in your calculations.* No puedes equivocarte en tus cálculos. • **there is room for improvement** se puede mejorar

5 PARA ALQUILAR rooms [pl] (*antic*) habitaciones (de alquiler)

6 PERSONAS the room [sing] los presentes, la concurrencia: *The whole room started singing "Happy Birthday."* Todos los presentes se pusieron a cantar el "cumpleaños feliz". ▶ CHAT ROOM, DRAWING ROOM, ELBOW ROOM, EMERGENCY ROOM, LADIES' ROOM, LEG ROOM, MEN'S ROOM, POWDER ROOM, UTILITY ROOM, WAITING ROOM
EXPRESIONES
there's not enough room to swing a cat (*coloq*) no cabe (ni) un alfiler

room² S3 *v* [I siempre + adv/prep] arrendar una habitación, departamento o vivienda junto con otra persona

,room and 'board *s* [U] pensión completa

room·ful /'rumfʊl/ *s* [C] **a roomful of journalists** una sala llena de periodistas • **a roomful of books** una habitación llena de libros

room·mate S2 /'rum-meɪt/ *s* [C]
1 persona con la que se comparte una habitación, en especial durante la universidad
2 persona con la que se comparte un departamento o casa

'room ,service *s* [U] servicio de habitaciones

'room ,temperature *s* [U] temperatura ambiente • **at room temperature** a temperatura ambiente

room·y /'rumi, 'rʊmi/ *adj* (**roomier, roomiest**) espacioso -a, amplio -a: *a roomy house/kitchen* una casa/cocina espaciosa SIN **spacious**

roost¹ /rust/ *s* [C] lugar donde descansan o se posan las aves ▶ PERCH; RULE the roost

roost² *v* [I] posarse (para descansar o dormir), habitar (para invernar)
EXPRESIONES
the chickens come home to roost (tb **sth comes home to roost**) se pagan las consecuencias: *After years of overspending, the chickens have come home to roost.* Después de años gastando en exceso, estamos pagando las consecuencias.

roost·er /'rustɚ/ *s* [C] gallo

root¹ S2 W2 /rut, rʊt/ *s* [C]

1 de una planta, un diente, un pelo
2 de un problema
3 de una idea, tradición
4 de una familia
5 de una palabra
6 en matemáticas

1 DE UNA PLANTA, UN DIENTE, UN PELO raíz: *tree roots* raíces de árboles • **pull sth out by the roots** arrancar algo de raíz

2 DE UN PROBLEMA raíz • [+of]: *The roots of the problem are very complex.* Las raíces del problema son muy complejas. • **be/lie at the root of sth** ser el origen de algo • **get to the root of the problem** llegar a la raíz del problema • **root cause** causa fundamental

3 DE UNA IDEA, TRADICIÓN raíz • **have its roots in sth** tener su origen/sus raíces en algo • **be/lie at the root of sth** ser el origen/la base de algo

4 DE UNA FAMILIA his/their roots sus raíces: *the search for his roots* la búsqueda de sus raíces • **go back to your roots** volver a sus raíces

5 DE UNA PALABRA (*técn*) raíz ▶ STEM

6 EN MATEMÁTICAS (*técn*) raíz ▶ GRASS ROOTS, SQUARE ROOT
EXPRESIONES
put down roots echar raíces, arraigar (persona) • **root and branch** de raíz, radicalmente • **destroy/reform sth root and branch** eliminar/reformar algo de raíz • **take root (a)** arraigar, echar raíces (planta) **(b)** arraigar, afianzarse (idea, hábito, etc.)

root² *v* **1** [I siempre + adv/prep] (*coloq*) **root through/in/among sth (for sth)** hurgar en algo (buscando algo): *She rooted in her pockets for her keys.* Hurgó en sus bolsillos buscando las llaves. • **root around/about** hurgar SIN **rummage 2** [I] arraigar, echar raíces (planta) **3** [I siempre + adv/prep] hozar
root for sb *v+partíc* **1** estar con alguien, apoyar a alguien (moralmente): *We're all rooting for you, Bill.* Todos estamos contigo, Bill. **2** alentar a alguien (con gritos, etc.)
root sth ↔ out *v+partíc* **1** erradicar algo, acabar con algo: *a law aimed at rooting out crime* una ley encaminada a erradicar la delincuencia **2** encontrar algo (buscando)
root sth ↔ up *v+partíc* arrancar algo (de raíz) (una planta)

'root beer s [C,U] bebida gaseosa no alcohólica elaborada con raíces de diversas plantas

'root crop s [C] tubérculo, hortaliza de raíz comestible

root·less /'rutlɪs/ *adj* desarraigado -a

'root ,vegetable s [C] tubérculo, hortaliza de raíz comestible

rope¹ 🔊 /roʊp/ s
1 [C,U] cuerda, reata, soga: *a piece of rope* una cuerda **2** [C] **a rope of pearls/beads** un collar de perlas/cuentas **3 the ropes** [pl] **learn/know the ropes** aprender/saber cómo funciona todo, ponerse/estar al tanto (de todo): *Get someone who knows the ropes to help you.* Pídele ayuda a alguien que sepa. • **show/teach sb the ropes** enseñarle a alguien cómo funciona todo, poner a alguien al tanto (de todo) ▶ JUMP ROPE, TIGHTROPE
EXPRESIONES
be at/near the end of your rope (*coloq*) estar llegando al límite de sus fuerzas/su paciencia • **give sb enough rope (to hang themselves)** (*coloq*) darle suficiente soga a alguien para que se ahorque solito -a: *They'll give her just enough rope to hang herself.* Le van a dejar hacer para que ella solita se busque su ruina.

rope² v **1** [T siempre + adv/prep] atar, amarrar (con cuerda): *Suitcases were roped to the top of the car.* Había maletas amarradas al techo del carro. • *The climbers roped themselves together.* Los escaladores se amarraron entre sí. **2** [T] enlazar, lazar (un ternero, ganado)
rope sb ↔ in v+partíc (*coloq*) enganchar a alguien, inducir a alguien • **rope sb in to do sth** enganchar a alguien para que haga algo
rope sth ↔ off v+partíc acordonar algo

ro·sa·ry /'roʊzəri/ s (pl **rosaries**) **1** [C] (objeto) rosario **2** (oración) **the Rosary** [sing] el rosario • **say the Rosary** rezar el rosario

rose¹ 🔊 /roʊz/ s [C]
1 (flor) rosa: *a bunch of red roses* un ramo de rosas rojas • **rose garden** rosaleda • **rose petal** pétalo de rosa **2** [C] (planta) rosal **3** [U] (color) rosa oscuro
EXPRESIONES
it is no bed of roses (*coloq*) no es un lecho/camino de rosas

rose² *adj* (de color) rosa oscuro

rose³ pasado de RISE

ro·sé /roʊ'zeɪ/ s [C,U] (vino) rosado

rose·bud /'roʊzbʌd/ s [C] capullo de rosa

rose·ma·ry /'roʊz,meri/ s [C,U] romero

ro·sette /roʊ'zɛt/ s [C] roseta, rosetón (para decorar)

rose·wood /'roʊzwʊd/ s [U] (madera de) palo de rosa

Rosh Ha·sha·nah, Rosh Hashana /,rɑʃ hə'ʃɑnə/ s Rosh Hashanah, Rosh Hashaná

ros·ter /'rɑstər/ s [C] **1** lista **2** lista (de turnos)

ros·trum /'rɑstrəm/ s [C] estrado, tribuna: *the conductor's rostrum* el podio del director de orquesta SIN **podium**

ros·y /'roʊzi/ *adj* (**rosier, rosiest**) **1** sonrosado -a (mejillas, piel), rosado -a (luz) **2** halagüeño -a, prometedor -a: *a rosy future* un futuro prometedor/de color de rosa

rot¹ /rɑt/ v (a) [I] (tb **rot away**) pudrirse: *The trees were left to rot.* Dejaron que los árboles se pudrieran. (b) [T] (tb **rot away**) pudrir (la madera, etc.), picar (los dientes): *Sugar will rot your teeth.* El azúcar pica los dientes.
EXPRESIONES
rot in jail/hell pudrirse en la cárcel/el infierno

rot² s [U] **1** putrefacción, descomposición, podredumbre **2** podredumbre, parte podrida **3** (*líter*) decadencia, degradación

ro·ta·ry¹ /'roʊṭəri/ *adj* [solo ante s] rotatorio -a, rotativo -a, giratorio -a

rotary² s [C] (pl **rotaries**) rotonda, glorieta (en una calle, una carretera)

ro·tate /'roʊteɪt/ v **1** (circularmente) **(a)** [I] girar, dar vueltas, rotar SIN **revolve** ▶ SPIN **(b)** [T] (hacer) girar ▶ SPIN **2** (para un cargo, una tarea) **(a)** [I] rotar: *The chairmanship of the committee rotates annually.* La presidencia del comité va rotando cada año. • **crews/teachers rotate** los equipos/profesores se turnan **(b)** [T] hacer rotar, alternar **3** [I,T] (en la ubicación) cambiar de lugar, ir rotando **4** [T] (*técn*) (en agricultura) rotar, alternar

ro·ta·tion /roʊ'teɪʃən/ s **1** [C, U] (movimiento circular) rotación, giro: *the rotation of the Earth on its axis* la rotación de la Tierra sobre su eje **2** [U] (de tareas, trabajos) rotación • **in rotation** por turno(s): *three men working in rotation* tres hombres trabajando por turnos **3** [C] (en hospitales, empresas) turno (de trabajo) (en un puesto o departamento) **4** [U] (*técn*) (en agricultura) rotación (de cultivos)

rote /roʊt/ s **learn sth by rote** aprender algo de memoria

ro·tis·ser·ie /roʊ'tɪsəri/ s [C] asador (aparato)

ro·tor /'roʊṭər/ s [C] (*técn*) **1** rotor **2** (tb **rotor blade**) pala, aspa (de un helicóptero)

rot·ten /'rɑt⌐n/ *adj* **1** podrido -a (fruta, huevo, madera), picado -a (diente) • **go rotten** pudrirse, echarse a perder **2** (*coloq*) malísimo -a, pésimo -a: *I've had a rotten day.* He tenido un día horrible. • *What rotten luck!* ¡Qué mala suerte! • *You rotten little brat!* ¡Mocoso asqueroso! • *That's a rotten idea.* Esa idea es pésima. • *He's a rotten driver.* Conduce muy mal. • **a rotten thing to do** una maldad • **a rotten thing to say** una maldad • **be rotten to sb** portarse muy mal con alguien, tratar muy mal a alguien • **be rotten at (doing) sth** *You're rotten at lying.* Eres pésimo mintiendo. • *He's rotten at chess.* Es pésimo jugando al ajedrez. **3** [solo ante s] (*coloq*) asqueroso -a, maldito -a (expresando enfado): *I don't want your rotten money!* ¡No quiero tu asqueroso dinero!
EXPRESIONES
feel rotten sentirse pésimo -a (física o moralmente)

ro·tund /roʊ'tʌnd/ *adj* (*frml*, *hum*) voluminoso -a, robusto -a SIN **stout**

rou·ble /'rubəl/ s variante británica de RUBLE

rouge /ruʒ/ s [U] (*antic*) rubor, colorete, chapitas SIN **blush**

rough¹ 🔊 /rʌf/ *adj*

1	superficie, piel, manos
2	camino, terreno
3	sin exactitud
4	con violencia
5	tiempo, época
6	situación, palabras, persona
7	mar, clima
8	viaje, trayecto
9	voz, sonido
10	objeto, artículo

1 SUPERFICIE, PIEL, MANOS áspero -a: *Her hands were rough from hard work.* Tenía las manos ásperas de tanto trabajar. • **feel rough** resultar áspero -a, raspar: *The wool feels rough next to my skin.* La lana me raspa la piel. ANT **smooth**

2 CAMINO, TERRENO lleno -a de baches: *The roads were rough.* Las carreteras estaban llenas de baches. • **rough ground/terrain** terreno accidentado

3 SIN EXACTITUD [gralm ante s] aproximado -a: *a rough translation* una traducción aproximada • *a rough sketch* un boceto esquemático • **a rough guide** *Prices shown are only a rough guide.* Los precios exhibidos son solo para dar una idea aproximada. • **a rough draft** un (primer) borrador • **a rough idea** una idea aproximada: *Can you give me a rough idea when the job will be finished?* ¿Tiene una idea aproximada de cuándo estará listo el trabajo? • **get a rough idea of sth** hacerse una idea (aproximada) de algo • **a rough estimate/guess** un cálculo aproximado SIN **approximate**

4 CON VIOLENCIA brusco -a (trato, manejo), violento -a (conducta), duro -a (deporte, juego), peligroso -a (barrio, ciudad) • **a rough area** una zona peligrosa (de la ciudad) • **rough treatment** malos tratos: *The prisoners complained of rough treatment.* Los prisioneros se quejaban de haber sido maltratados.

5 TIEMPO, ÉPOCA [gralm ante s] malo -a, difícil, duro -a: *a rough day at work* un mal día en el trabajo • **a rough ride/time** *We had a rough time.* Lo pasamos mal. • *They gave him a rough ride.* Se le hicieron pasar mal. • **a rough patch** una mala racha, un mal momento: *The business is going through a rough patch.* El negocio está atravesando una mala racha. • **(have) a rough night** (pasar) una mala noche

6 SITUACIÓN, PALABRAS, PERSONA duro -a • **be rough on sb** *It's been rough on my family.* Ha sido duro para mi familia. • *Don't be so rough on her.* No seas tan duro con ella.

7 MAR, CLIMA **rough seas** mar embravecido/picado • **rough weather** tiempo tormentoso

8 VIAJE, TRAYECTO malo -a, muy agitado -a: *a rough crossing* una travesía muy agitada

9 VOZ, SONIDO áspero -a, ronco -a

10 OBJETO, ARTÍCULO [solo ante s] tosco -a, rudimentario -a: *a rough wooden table* una mesa tosca de madera SIN **crude ▶ ROUGHLY**

EXPRESIONES
rough edges **(a)** detalles por pulir (en algo) **(b)** tosquedad (de alguien): *We need to smooth off her rough edges.* Tenemos que pulirla un poco. • **rough and ready** rudimentario -a: *Their plans were a little rough and ready.* Sus planes eran un poco improvisados.

rough² s **1 the rough** el rough (en golf) ▶ **GREEN** **2** [C] boceto, borrador SIN **sketch**

EXPRESIONES
in rough en borrador • **take the rough with the smooth** aceptar lo bueno y lo malo

rough³ v

EXPRESIONES
rough it (*coloq*) pasar incomodidades
rough sth ↔ **out** *v+partíc* esbozar algo, hacer un boceto/borrador de algo
rough sb ↔ **up** *v+partíc* darle una paliza a alguien, ponerle una madriza a alguien SIN **beat up**

rough⁴ *adv* **play rough** jugar duro

rough·age /'rʌfɪdʒ/ s [U] fibra (en los alimentos) SIN **fiber**

rough and 'tumble s [U] **1** juego(s) brusco(s), pelea(s) (entre niños, etc.) **2** competencia encarnizada (de la vida política, los negocios)

rough·en /'rʌfən/ v [I,T] curtir(se), poner(se) áspero -a

rough·ly W3 /'rʌfli/ *adv*
1 aproximadamente, más o menos: *roughly 100 people* aproximadamente 100 personas • *The man was roughly my own age.* El hombre tenía más o menos mi edad. • *I worked out the cost roughly.* Hice una estimación aproximada del costo. • **roughly equal/equivalent** más o menos igual/equivalente: *two rocks of roughly equal size* dos rocas del mismo tamaño aproximadamente • **roughly speaking** en líneas generales, aproximadamente SIN **approximately**
2 bruscamente: *He grabbed her roughly.* La agarró bruscamente.
3 toscamente: *a large onion, roughly chopped* una cebolla grande, picada no muy fina

rough·ness /'rʌfnɪs/ s [U]
1 de una superficie
2 de una obra, del acabado
3 en el trato, las acciones
4 de una zona, barrio
5 del mar
6 de la voz
7 de un motor, mecanismo

1 DE UNA SUPERFICIE aspereza: *The surface is then polished to remove any roughness.* Después se lustra la superficie para eliminar cualquier aspereza. ANT **smoothness**

2 DE UNA OBRA, DEL ACABADO tosquedad: *I like the roughness that you find in his paintings.* Me gusta la tosquedad que uno encuentra en sus pinturas.

3 EN EL TRATO, LAS ACCIONES brusquedad: *She pushed him aside with unnecessary roughness.* Lo empujó a un lado con una brusquedad innecesaria.

4 DE UNA ZONA, BARRIO carácter peligroso por exceso de violencia y delincuencia: *They complain about the roughness of the neighborhood.* Se quejan de lo peligroso que es el barrio.

5 DEL MAR agitación

6 DE LA VOZ aspereza

7 DE UN MOTOR, MECANISMO aspereza, mal funcionamiento ANT **smoothness**

rough·shod /'rʌfʃɑd/ *adv* **ride roughshod over sth/sb** (tb **run roughshod over sth/sb**) pasar por encima de algo/alguien, pisotear algo/a alguien

rou·lette /ru'lɛt/ s [U] la ruleta (juego) • **a roulette wheel** una ruleta

round¹ S3 W3 /raʊnd/ *adj*
1 redondo -a, circular: *The table was round.* La mesa era redonda. • *a woman with a round face* una mujer de cara redonda
2 redondo -a, esférico -a: *The berries were small and round.* Las bayas eran pequeñas y redondas. • **perfectly round** totalmente redondo -a
3 regordete -a, rollizo -a: *a short round man* un hombre bajito y regordete SIN **plump**
4 curvo -a, redondeado -a (objeto, forma), de medio punto (arco)
5 redondo -a, exacto -a (número, cifra) • **in round numbers/figures** en números redondos • **a round dozen/hundred** una docena justa/cien justos ▶ **feel like a SQUARE peg in a round hole**

round² S3 W2 s [C]
1 de reuniones, acontecimientos
2 en un torneo, una competencia
3 de un arma
4 de actividades
5 en golf
6 en un bar
7 en boxeo
8 objeto circular
9 ovación
10 de un médico
11 de un cartero, lechero

1 DE REUNIONES, ACONTECIMIENTOS ronda, serie: *the latest round of peace talks* la última ronda de conversaciones de paz • *another round of terrorist attacks* otra serie de atentados terroristas • *the final round of voting* la última votación • **a further/new round of sth** una nueva serie de algo • **the first/second round of the primary elections** la primera/segunda vuelta de las elecciones primarias

2 EN UN TORNEO, UNA COMPETENCIA vuelta, ronda: *The winners will play each other in the next round.* Los ganadores se enfrentarán en la siguiente ronda. • **the first/second/third round** la primera/segunda/tercera ronda • **the opening/final round** la primera/última ronda • **a qualifying round** una (ronda) eliminatoria

3 DE UN ARMA disparo, bala • **fire a round** hacer un disparo, disparar: *They fired more than 100 rounds into the car.* Hicieron más de 100 disparos sobre el carro. • **a round of ammunition** una bala, un cartucho

4 DE ACTIVIDADES rutina • **daily round** rutina diaria: *the daily round of household chores* la rutina diaria de las tareas domésticas • **his/her usual round** su rutina habitual • **an endless round of sth** una interminable sucesión de algo

5 EN GOLF (tb **round of golf**) partido (completo), recorrido

6 EN UN BAR ronda: *Whose round is it?* ¿A quién le toca pagar esta ronda? • **a round of drinks/beer** una ronda de bebidas/cervezas • **it's my/your round** me/te toca pagar esta, a esta invito yo/invitas tú

7 EN BOXEO asalto, round

8 OBJETO CIRCULAR círculo (de un material), rodaja (de un alimento): *Slice the potatoes into rounds.* Corte las papas en rodajas.

9 OVACIÓN a round of applause un aplauso, una ovación: *Let's have a big round of applause for Annie!* ¡Un gran aplauso para Annie! • **get a round of applause** recibir una ovación • **give sb a round of applause** aplaudir a alguien

10 DE UN MÉDICO rounds [pl] visitas (a domicilio) • **be (out) on your rounds** estar haciendo las visitas • **make your rounds** hacer las visitas a domicilio, hacer la ronda de visitas (en planta) (médico), hacer la ronda (vigilante)

11 DE UN CARTERO, LECHERO ronda, recorrido • **delivery round** (ronda de) reparto: *The truck is out on its delivery round.* La camioneta está haciendo el reparto.

EXPRESIONES
in the round en un escenario circular • **make the rounds (a)** (persona) [+of]: *I made the rounds of the stores.* Estuve recorriendo tiendas. **(b)** (rumor, broma) circular: *The story has been making the rounds for some time.* La historia lleva ya un tiempo circulando.

round³ S2 *adv* [solo después de v] ▶ AROUND
EXPRESIONES
round about (*oral*) **(a)** alrededor de (una cantidad, hora, etc.): *I'd guess she's round about thirty.* Diría que tiene unos treinta años. **(b)** en los alrededores (de) (un lugar): *Their family owned all the land round about.* Su familia poseía todas las tierras de los alrededores.

round⁴ S2 *prep* ▶ AROUND ▶ around the CORNER, ROUND-THE-CLOCK

round⁵ S2 *v*
1 [T] dar la vuelta a, doblar (una esquina), tomar, dar (una curva), rodear (un obstáculo)
2 [I,T] redondear(se) (aristas, formas)
round sth ↔ **down** *v+partíc* redondear algo (una cifra a un número menor): *Round the amounts down to the nearest kilogram.* Redondee las cantidades al kilo inmediatamente inferior.
round sth ↔ **off** *v+partíc* **1** rematar algo, poner punto final a algo: *I like to round off my dinner with a glass of brandy.* Me gusta rematar la cena con una copa de coñac. **2** redondear algo (un número, un resultado) **3** redondear algo (aristas, esquinas)
round on sb *v+partíc* atacar a alguien (por sorpresa): *His political enemies all rounded on him in the press.* Todos sus enemigos políticos se le echaron encima en la prensa. SIN **turn on**
round sth ↔ **out** *v+partíc* completar/complementar algo
round sb/sth ↔ **up** *v+partíc* **1 round sb** ↔ **up** detener/apresar a alguien: *Police rounded up dozens of suspects.* La policía detuvo a decenas de sospechosos. **2 round sth/sb** ↔ **up** reunir algo/a alguien: *Neighbors helped round up the cattle.* Unos vecinos ayudaron a reunir el ganado. **3 round sth** ↔ **up** redondear algo (una cifra a un número mayor): *I've rounded up the numbers to the nearest ten.* He redondeado los números a la siguiente decena.

round·a·bout /ˈraʊndəˌbaʊt/ *adj* **1** indirecto -a (pregunta, etc.) • **in a roundabout way/fashion** indirectamente, con rodeos SIN **indirect** ANT **direct 2 a roundabout route** un rodeo, un camino más largo

round·ed /ˈraʊndɪd/ *adj* **1** redondeado -a, curvo -a SIN **curved 2** (*aprec*) completo -a, equilibrado -a (jugador, etc.), rico -a en matices (personaje) ▶ ROUND, WELL-ROUNDED

round·ly /ˈraʊndli/ *adv* rotundamente • **roundly condemn/criticize** condenar/criticar duramente

round·ness /ˈraʊndnɪs/ *s* [U] redondez

round-the-ˈclock *adj* [solo ante s] durante las 24 horas: *She needs round-the-clock medical care.* Necesita atención médica las veinticuatro horas.

ˈround trip *s* [C] viaje de ida y vuelta • **a 30 mile/2 hour round trip** un viaje de 30 millas/2 horas ida y vuelta

ˈround-trip *adj* [solo ante s] de ida y vuelta, redondo -a: *a round-trip ticket* un boleto/pasaje de ida y vuelta

rouse /raʊz/ *v* [T] **1** (*frml*) despertar **2** incitar, estimular • **rouse sb to action/movement** poner en marcha/en movimiento a alguien **3** despertar, suscitar (sospechas, etc.) SIN **arouse 4** provocar (a una persona) • **rouse sb to anger** hacer enojar a alguien • **rouse sb to passion** exaltar los ánimos de alguien

rous·ing /ˈraʊzɪŋ/ *adj* **1** enardecedor -a, motivador -a (discurso), emocionante (música) **2** entusiasta, caluroso -a (bienvenida, ovación)

rout¹ /raʊt/ *v* [T] aplastar, derrotar aplastantemente

rout² *s* [C gralm sing, U] derrota aplastante

route¹ S2 W3 /rut, raʊt/ *s* [C]
1 (para ir de un lugar a otro) camino, ruta • [+to]: *the quickest route to the station* el camino más rápido a la estación • [+from]: *Thousands of schoolchildren lined the route from the airport.* Miles de colegiales bordeaban la carretera del aeropuerto. • **take/follow a route** tomar un camino • **the most direct route** el camino más directo
2 (de transportes) ruta • **a bus/a shipping/an air route** una ruta de buses/marítima/aérea • **a bike route** un sendero para bicicletas
3 (para conseguir algo) camino: *I arrived at the same conclusion by a different route.* Llegué a la misma conclusión por otro camino. • [+to]: *Money is not always the route to happiness.* El dinero no siempre da la felicidad.
4 Route ruta: *I took Route 20 east from Chicago.* Tomé la ruta 20 este desde Chicago. ▶ EN ROUTE

route² *v* [T siempre + adv/prep] enrutar, desviar (vehículos), enviar (mercancías), cursar (llamadas) • **route sth through/via sth** *Traffic was routed via New York.* Desviaron el tráfico haciéndolo pasar por Nueva York. • *They had to route the goods through Germany.* Tuvieron que enviar las mercancías vía Alemania.

rou·tine¹ /ruˈtin‹ / *s* **1** [C,U] rutina • **get into/develop a routine** acostumbrarse a/establecer una rutina • **his/her daily routine** su rutina diaria/cotidiana • **as a matter of routine** por rutina, de manera rutinaria **2** [C] número (de un espectáculo) • **a dance/comedy routine** un número de baile/cómico **3 an exercise routine** una rutina de ejercicios **4** [C] (*peyor, coloq*) patraña, cuento

routine² *adj* **1** [gralm ante s] de rutina (habitual) • **a routine check/inspection** un control/una inspección de rutina • **on a routine basis** de manera rutinaria/regular **2** rutinario -a (monótono)

rou·tine·ly /ruˈtinli/ *adv* como rutina, habitualmente

rove /roʊv/ *v* [I,T] vagar (por)

ro·ving /ˈroʊvɪŋ/ *adj* [solo ante s] itinerante • **a roving reporter/correspondent** un corresponsal itinerante
EXPRESIONES
have a roving eye ser muy mujeriego

row¹ S2 W2 /roʊ/ *s* [C]
1 (de personas, objetos) fila, hilera • [+of]: *A row of elms lined the street.* Una hilera de olmos bordeaba la calle. • **in a row** en fila, en hilera: *The girls stood in a row.* Las niñas estaban en fila. • **in rows** en filas, en hileras: *The desks were all arranged in rows.* Los pupitres estaban dispuestos en filas. • **row upon row** filas y filas ▶ COLUMN
2 (en un teatro) fila • **the front/back row** la primera/última fila
3 Row (en calles) La palabra **Row** forma parte del nombre de algunas calles, como *Church Row.* ▶ DEATH ROW
EXPRESIONES
in a row seguido -a: *They won six times in a row.* Ganaron seis veces seguidas.

row² *v* **1 (a)** [I] remar: *We rowed to the island.* Remamos hasta la isla. • **row toward/across/down sth** *They rowed across the lake.* Cruzaron el lago a remo. **(b)** [T] *They rowed the boat across the lake.* Cruzaron el lago a remo. **2** [T] llevar remando (a alguien) **3** [I] hacer/practicar remo

row·boat /ˈroʊboʊt/ *s* [C] bote a remo, bote de remos

row·di·ness /ˈraʊdinɪs/ *s* [U] comportamiento escandaloso, alboroto

row·dy /ˈraʊdi/ *adj* (**rowdier**, **rowdiest**) alborotador -a, escandaloso -a (persona, comportamiento), tumultuoso -a (ambiente, reunión), bullicioso -a (fiesta)

'row house *s* [C] casa en una hilera de viviendas iguales o parecidas con medianeras compartidas

row·ing /ˈroʊɪŋ/ *s* [U] remo (deporte)

roy·al¹ W3 /ˈrɔɪəl/ *adj*
1 [gralm ante s] real (del monarca): *a royal palace* un palacio real • *the royal wedding* la boda real • *the royal family* la familia real • **the royal "we"** el plural mayestático
2 Royal Real (en nombres de instituciones): *the Royal Navy* la Marina Real
3 [solo ante s] magnífico -a, espléndido -a • **a royal welcome** una magnífica bienvenida

royal², **Royal** *s* [C] (*coloq*) miembro de la familia real: *a book about the Royals* un libro sobre la familia real

,royal 'blue *s* [C,U], *adj* azul intenso

roy·al·ist /ˈrɔɪəlɪst/ *s* [C], *adj* monárquico -a ▶ REPUBLICAN

roy·al·ty /ˈrɔɪəlti/ *s* (*pl* **royalties**) **1** [C gralm pl] derechos de autor **2** [C gralm pl] royalties, derechos de explotación (de una patente o propiedad) **3** [U] realeza (personas): *She behaved as if she were royalty.* Se comportaba como si fuera de la realeza.

rpm /ˌɑr pi ˈɛm/ *s* [pl] (**revolutions per minute**) rpm • **a 45/78 rpm record** un disco de 45/78 rpm

RSI /ˌɑr ɛs ˈaɪ/ *s* [U] (**repetitive strain injury**) lesión por esfuerzo/movimiento repetitivo

RSVP¹ /ˌɑr ɛs vi ˈpi/ (*abrev* de **R.S.V.P.**)

RSVP² *v* [I] (**RSVP's**, **RSVP'd**) **1** contestar a una invitación **2** reservar, hacer una reservación/reservaciones

RSVP³ *s* [C] respuesta (a una invitación)

rub¹ S2 /rʌb/ *v* (**rubbed**, **rubbing**)
1 [I,T] (con la mano) frotar • **rub your eyes** restregarse/refregarse los ojos • **rub sb's back/neck/feet** hacerle un masaje en la espalda/el cuello/los pies a alguien
2 [I,T] (para limpiar o secar) frotar • **rub sth with a towel/cloth** frotar algo con una toalla/un trapo
3 [I,T] (cosas entre sí) rozar(se), restregar(se) • **rub sth against/on sth** restregar algo en algo: *She rubbed her nose on her sleeve.* Se restregó la nariz en la manga. • *Don't rub your hands on your pants.* No te limpies las manos en los pantalones. • **rub two pieces of wood/your hands together** frotar dos trozos de madera/frotarse las manos • **rub (up) against sb/sth** rozarse contra alguien/algo: *The cat rubbed against her legs.* El gato se rozaba contra sus piernas.
4 [T siempre + adv/prep] (una sustancia) **rub sth on/into/onto sth** *He was rubbing polish onto his boots.* Estaba aplicándoles betún a las botas. • **rub sth with sth** frotar algo con algo: *Rub the fish with salt.* Frote el pescado con sal.
5 [I,T] (zapatos, ropa, piezas) rozar (en) • **rub against/on sth** rozar en/con algo: *These shoes rub against my heels.* Estos zapatos me rozan los talones.

EXPRESIONES
be rubbing your hands (*coloq*) frotarse las manos (de gusto) • **rub sb's nose in sth** (*coloq*) restregarle algo a alguien (en la nariz) • **rub salt into a wound** (*coloq*) hurgar en una herida • **rub shoulders with sb** (tb **rub elbows with sb**) (*coloq*) codearse con alguien • **rub sb the wrong way** caerle gordo -a a alguien, caerle mal a alguien

rub down *v+partíc* **rub sth/sb ↔ down** secar algo/a alguien (con toalla, etc.)
rub sth ↔ in *v+partíc* **1 rub it in** *You don't have to keep rubbing it in.* No tienes que estar restregándomelo todo el tiempo. **2** aplicar algo frotando **3** mezclar algo con la harina (la mantequilla)
rub off *v+partíc* **1 rub sth ↔ off** quitar algo (restregándolo): *She rubbed off her lipstick.* Se quitó el lápiz de labios. • **rub sth off sth** quitar algo de algo (restregándolo) **2 rub off** salirse • **rub off on/onto sth** manchar algo (al rozarlo)
rub off on sb *v+partíc* contagiársele a alguien (optimismo, buen humor)
rub out *v+partíc* **1 rub out** borrarse, salir (mancha, etc.) **2 rub sb ↔ out** (*coloq*) liquidar a alguien, quebrar a alguien

rub² *s* **1** [C gralm sing] **give sth a rub** masajear algo, frotar algo: *Could you give my neck a rub?* ¿Me puedes masajear el cuello? • **a back rub** un masaje en la espalda SIN **massage 2** [C,U] mezcla de especias y otros ingredientes con que se sazona la carne antes de cocerla

EXPRESIONES
there's/here's the rub (*liter*) ahí está el problema

rub·ber¹ /ˈrʌbər/ *s* **1** [U] goma, caucho, hule • **rubber plantation** plantación de caucho **2** [C] (*coloq*) condón SIN **condom**

rubber² *adj* de goma, de caucho, de hule: *rubber gloves* guantes de goma

'rubber ,band *s* [C] banda de caucho, liga (elástica)

,rubber 'bullet *s* [C] bala de goma

rub·ber·neck /ˈrʌbərˌnɛk/ *v* [I] (*peyor*, *coloq*) curiosear

'rubber plant *s* [C] ficus

,rubber 'stamp *s* [C] sello (para estampar)

'rubber-stamp *v* [T] (*peyor*) aprobar automáticamente, dar automáticamente el visto bueno a

rub·ber·y /ˈrʌbəri/ *adj* **1** gomoso -a, cauchudo -a **2** blando -a, flácido -a (labios, cara) **3** flojo -a, tembloroso -a (piernas) SIN **wobbly**

'rubbing ,alcohol *s* [U] alcohol de 90 grados

rub·bish /ˈrʌbɪʃ/ *s* [U] **1** (*coloq*) estupideces, disparates SIN **nonsense**, **garbage 2** ▶ GARBAGE ▶ ver nota en **BASURA**

rub·ble /ˈrʌbəl/ *s* [U] escombros

rub·down /ˈrʌbdaʊn/ *s* [C] **give sb a rubdown** hacerle un masaje a alguien SIN **massage** ▶ RUB down

ru·bel·la /ruˈbɛlə/ *s* [U] (*técn*) rubeola SIN **German measles**

ru·ble /ˈrubəl/ *s* [C] rublo

ru·bric /ˈrubrɪk/ *s* [C] (*frml*) **1** instrucciones impresas (en un folleto, etc.), rúbrica (en libros litúrgicos) **2** epígrafe, rúbrica

ru·by¹ /ˈrubi/ *s* (*pl* **rubies**) **1** [C] rubí **2** [U] (tb **ruby red**) (*liter*) (rojo) rubí

ruby² (tb **'ruby red**) *adj* (*liter*) (rojo) rubí

ruck·sack /ˈrʌksæk/ *s* [C] morral, mochila SIN **backpack**

ruck·us /ˈrʌkəs/ *s* [sing] (*coloq*) jaleo, algarabía

rud·der /ˈrʌdər/ *s* [C] timón

rud·dy /ˈrʌdi/ *adj* (**ruddier**, **ruddiest**) **1** rubicundo -a, sonrosado -a **2** [gralm ante s] (*escrito*) rojizo -a

rude S2 /rud/ *adj*
1 (sin educación) grosero -a, maleducado -a: *a rude remark* un comentario grosero • *a rude store clerk* un empleado maleducado • **be rude to sb** ser grosero -a con alguien: *Why were you so rude to him?* ¿Por qué fuiste tan grosero con él? • **be rude about sb/sth** hacer comentarios muy poco amables sobre alguien/algo • **it is rude to stare/burp** es de mala educación quedarse mirando/eructar • **it was rude of you/her to do that** fue una grosería de tu/su parte hacer eso • **I don't/didn't mean to be rude** no quisiera/quería parecer grosero -a •

downright rude sumamente grosero -a SIN **impolite** ANT **polite**

2 (*liter*) (cabaña) tosco -a SIN **rough**

EXPRESIONES

a rude awakening/shock una desagradable sorpresa

rude·ly /'rudli/ *adv* **1** groseramente, maleducadamente **2** bruscamente

rude·ness /'rudnɪs/ *s* [U] grosería, mala educación

ru·di·men·ta·ry /ˌrudə'mɛntri, -'mɛntəri/ *adj* **1** rudimentario -a, básico -a: *a rudimentary knowledge of music* nociones básicas de música SIN **basic** ANT **sophisticated** **2** rudimentario -a, tosco -a: *rudimentary tools* herramientas rudimentarias SIN **basic**

ru·di·ments /'rudəmənts/ *s* [pl] (*frml*) rudimentos, fundamentos • **the rudiments of sth** los rudimentos de algo SIN **basics**

rue /ru/ *v* [T] (*esp escrito*) lamentar (la decisión, etc.) • **rue the day (that)** maldecir el día en que SIN **regret**

rue·ful /'rufəl/ *adj* (*esp escrito*) compungido -a, arrepentido -a

rue·ful·ly /'rufəli/ *adv* (*esp escrito*) *She smiled ruefully.* Sonrió compungida.

ruff /rʌf/ *s* [C] gorguera

ruf·fi·an /'rʌfiən/ *s* [C] rufián, hampón

ruf·fle[1] /'rʌfəl/ *v* [T] **1** alborotar (el pelo) **2** rizar (el agua), agitar (las hojas) **3** contrariar (a una persona), herir (el orgullo) • **ruffle sb's feathers** herir la susceptibilidad de alguien **4** encrespar (las plumas)

ruffle[2] *s* [C] volante (en un vestido, etc.)

rug S3 /rʌg/ *s* [C] alfombra, tapete: *a Persian rug* una alfombra persa ▶ CARPET, MAT; SWEEP **sth under the rug/carpet**

EXPRESIONES

pull the rug (out) from under sb (*coloq*) dejar colgado -a a alguien

rug·by /'rʌgbi/ (tb **ˌrugby 'football**) *s* [U] rugby • **rugby ball** pelota/balón de rugby • **rugby club** club de rugby • **rugby player** jugador -a de rugby • **rugby team** equipo de rugby

rug·ged /'rʌgɪd/ *adj* **1** escarpado -a, accidentado -a (costa, montaña, terreno) **2** anguloso -a (cara, facciones): *his rugged good looks* su viril atractivo **3** resistente, sólido -a (herramienta, vehículo, etc.) SIN **sturdy** **4** duro -a (deporte, entrenamiento) **5** [solo ante s] tenaz, implacable (rival, etc.): *a rugged individualist* un individualista feroz SIN **tough**

ru·in[1] S3 /'ruɪn/ *v* [T]

1 arruinar, estropear: *All their furniture was ruined in the flood.* Todos sus muebles se arruinaron con la inundación. • *The scandal nearly ruined his career.* El escándalo casi arruinó su carrera.

2 arruinar (económicamente), llevar a la ruina

ruin[2] *s* **1** [U] (pérdida grave) ruina: *Many farmers are facing ruin.* Muchos agricultores se enfrentan a la ruina. • **financial/economic ruin** ruina económica, bancarrota • **on the road to ruin** camino de la ruina **2** [C] (tb **ruins**) (restos) ruinas: *ancient ruins* ruinas antiguas • *the ruins of an old abbey* las ruinas de una vieja abadía **3** [U] (deterioro grave) ruina • **fall into ruin** (tb **go to ruin**) quedar en ruinas **4** (resto) **the ruins of sth** (*liter*) lo que queda (en pie) de algo: *He contemplated the ruins of his marriage.* Reflexionó acerca de lo que quedaba en pie de su matrimonio. **5** [sing] (causa de deterioro) ruina • **be the ruin of sth/sb** ser la ruina de algo/alguien ▶ go to RACK and ruin

EXPRESIONES

in ruins (a) arruinado -a: *His career was in ruins.* Su carrera estaba arruinada. **(b)** en ruinas: *The entire city was in ruins.* Toda la ciudad estaba en ruinas. • **rise from the ruins** resurgir de sus cenizas

ru·in·ous /'ruɪnəs/ *adj* **1** ruinoso -a, muy perjudicial (guerra) **2** ruinoso -a, exorbitante (tipos de interés, gastos) **3** (*frml*) ruinoso -a (edificio, estado)

rule[1] S1 W1 /rul/ *s*

1 disposición oficial
2 recomendación
3 control político
4 lo habitual
5 en ciencia, gramática
6 para medir

1 DISPOSICIÓN OFICIAL [C] regla, norma: *new rules governing advertising* nuevas normas sobre publicidad • [+of]: *The rules of the game are very simple.* Las reglas del juego son muy sencillas. • **be against the rules** estar prohibido -a, ir contra las normas • **follow/obey/observe the rules** seguir/obedecer/observar las normas • **break/flout a rule** infringir/desobedecer una norma • **bend the rules** saltarse las normas, salirse de las normas • **rules and regulations** reglamento, normativa • **a strict rule** una norma estricta • **under... rules** según las normas...: *Under the rules of the club, members must pay their fees on time.* Según las normas del club, los socios deben pagar su cuota puntualmente. • **an unspoken/unwritten rule** una norma tácita/no escrita ▶ LAW, REGULATION

2 RECOMENDACIÓN [C] **the rules of sth** las normas/reglas de algo: *the basic rules of hygiene* las normas básicas de higiene • **follow a rule** seguir una norma/un principio: *Problems can be avoided by following a few simple rules.* Se pueden evitar problemas siguiendo unas normas sencillas. • **there are no hard and fast rules** no existen reglas estrictas • **the rule is** lo recomendable/lo conveniente es: *The rule is, if you feel any pain, stop exercising.* Lo recomendable es que, si siente algún dolor, deje de hacer ejercicio.

3 CONTROL POLÍTICO [U] dominio, gobierno • **under... rule** bajo (el) dominio...: *For 150 years, the country was under Turkish rule.* Durante 150 años, el país estuvo bajo dominio turco. • **direct rule** gobierno directo/centralizado • **majority rule** gobierno de la mayoría • **military rule** gobierno militar • **colonial rule** dominio colonial

4 LO HABITUAL [sing] **as a (general) rule** por regla general: *As a rule, men tend to be taller than women.* Por regla general, los hombres tienden a ser más altos que las mujeres. • **be the (general) rule** ser la norma • **an exception to the rule** una excepción a la regla • **be the exception rather than the rule** ser algo excepcional

5 EN CIENCIA, GRAMÁTICA [C] regla • [+of]: *the rules of punctuation* las reglas de puntuación

6 PARA MEDIR [C] (*antic*) regla SIN **ruler** ▶ be the EXCEPTION that proves the rule, GROUND RULES

EXPRESIONES

make it a rule to do sth tener por norma/costumbre hacer algo: *I make it a rule not to mix business with pleasure.* Tengo por norma no mezclar los negocios con el placer. • **play by the rules** atenerse a las normas • **the rule of law** el imperio de la ley • **a rule of thumb** una regla general: *as a rule of thumb* por regla general

rule[2] S3 W1 *v*

1 [I,T] gobernar (partido, presidente), reinar (en) (monarca): *The country was ruled by Spain until 1821.* El país estuvo bajo dominio español hasta 1821. • *The Party ruled for 38 years.* El partido gobernó durante 38 años. • **rule over sth/sb** gobernar algo/a alguien, reinar sobre algo/alguien ▶ GOVERN

2 [I siempre + adv/prep, T] dictaminar, fallar (juez, tribunal) • **rule (that)** dictaminar/fallar que: *The court ruled that he was being held unlawfully.* El tribunal dictaminó que su detención era ilegal. • **rule on sth** emitir un dictamen sobre algo • **rule against sb/sth** fallar en contra de alguien/algo • **rule in sb's favor** fallar a favor de alguien ▶ RULING

3 [T] dominar, regir (sentimientos, principios, etc.): *She had always been ruled by her emotions.* Siempre se había dejado llevar por sus emociones. SIN **govern**

4 [I] imperar, predominar (moda, tradición, etc.) • **sb/sth rules** (*coloq*) *Jefferson High School rules.* ¡Arriba Jefferson High School! ▶ OVERRULE

EXPRESIONES

rule the roost (*coloq*) llevar la batuta • **rule (sth/sb) with**

an iron fist (tb **rule (sth/sb) with a rod of iron**) gobernar (algo/a alguien) con mano de hierro
rule out *v+partíc* **1 rule sth/sb** ↔ **out** descartar algo/a alguien, excluir algo/a alguien **2 rule sth** ↔ **out** hacer algo imposible, imposibilitar algo: *The terrain rules out any form of agriculture.* El terreno hace imposible cualquier cultivo.

rul·er /'rulər/ *s* [C] **1** gobernante • [+**of**]: *the former ruler of Panama* el antiguo gobernante de Panamá **2** regla (para trazar) **3** (tb **ruler line**) regla (en una aplicación informática)

rul·ing[1] /'rulɪŋ/ *adj* [solo ante s] **1** gobernante, dominante: *the ruling party* el partido gobernante • *the ruling class* la clase dominante **2 sb's ruling passion** la principal pasión de alguien • **sb's ruling emotion** el sentimiento dominante en alguien

ruling[2] *s* [C] fallo, dictamen, resolución: *A ruling on the case is expected by July.* El fallo sobre el caso se espera para julio. • **make a ruling** emitir un fallo

rum /rʌm/ *s* [U] ron

rum·ble[1] /'rʌmbəl/ *v* **1** [I] retumbar, resonar (truenos, cañones) **2** [I siempre + adv/prep] **rumble along/past** pasar haciendo mucho ruido (camiones, tanques) **3** [I] hacer ruido (estómago): *Her stomach was rumbling.* Le hacía ruido el estómago.
rumble on *v+partíc* proseguir, prolongarse (durante mucho tiempo)

rumble[2] *s* **1** [sing] ruido sordo, rumor • [+**of**]: *the distant rumble of gunfire* el lejano retumbar de los cañones **2** [C] ruido (del estómago)

rum·bling /'rʌmblɪŋ/ *s* **1 rumblings** [pl] muestras, señales: *rumblings of discontent* muestras de descontento **2** [C gralm sing] ruido sordo, rumor

ru·mi·nate /'rumə,neɪt/ *v* [I] (*frml*) cavilar • **ruminate on/over sth** cavilar sobre algo SIN **meditate**

rum·mage[1] /'rʌmɪdʒ/ *v* [I siempre + adv/prep] (tb **rummage around/about**) hurgar, revolver, esculcar • **rummage through/in sth** hurgar en algo, revolver algo, esculcar algo

rummage[2] *s* [U] ropa y objetos usados

'rummage sale *s* [C] venta de ropa y objetos usados que se hace con fines benéficos

ru·mor[1] /'rumər/ *s* [C,U] rumor(es) • [+**that**]: *I heard a rumor that he was getting married.* Me llegó el rumor de que se iba a casar. • [+**about/of**]: *rumors about his personal life* rumores acerca de su vida privada • *There are rumors of an end to the war.* Se rumorea que la guerra podría terminar. • **rumor has it that** corre la voz/el rumor de que, se rumorea que • **spread a rumor** difundir un rumor • **a rumor goes around/spreads/circulates** circula un rumor, corre un rumor • **rumors are flying** corren rumores

EXPRESIONES
the rumor mill la gente que se dedica a generar y difundir rumores

rumor[2] *v* **it is rumored (that)** corre la voz/el rumor de que • **be rumored to be (doing) sth** *The band is rumored to be splitting up.* Hay rumores de que el grupo se va a separar.

ru·mour /'rumər/ *s*, *v* variante británica de **RUMOR**

rump /rʌmp/ *s* [C] **1** ancas **2** (*hum*) trasero SIN **bottom**

rum·pled /'rʌmpəld/ *adj* arrugado -a (ropa), descuidado -a (aspecto), revuelto -a (pelo): *a rumpled bed* una cama revuelta

rum·pus /'rʌmpəs/ *s* [sing] alboroto, jaleo

run[1] S1 W1 /rʌn/ *v* (**ran** /ræn/, **run, running**)

1 caminar rápido
2 como ejercicio, en deporte
3 vehículo
4 estar a cargo de
5 cursos, servicios
6 suceder
7 circular

8 transportar
9 máquina, motor
10 programa informático
11 en los medios
12 elecciones
13 río, camino
14 hacer pasar por
15 líquido
16 llave
17 nariz, ojos
18 contrato, pasaporte
19 cantidad, precio
20 relato, rumor
21 pruebas, experimentos
22 colores
23 deslizarse
24 de contrabando

1 CAMINAR RÁPIDO [I] correr: *You can't run in high heels!* ¡No se puede correr con tacones! • **run down/across/into/out of sth** *You mustn't run across the road.* No debes cruzar la calle corriendo. • *I ran down the stairs as fast as I could.* Bajé las escaleras corriendo lo más rápido que pude. • **run to sb/sth** correr hacia alguien/algo: *She ran to him and hugged him.* Corrió hacia él y lo abrazó. • **run and do sth** correr a hacer algo: *Run and get me a towel, Susie.* Corre a buscar una toalla, Susie. • **run away/off** salir corriendo, huir (corriendo): *They turned and ran away.* Se voltearon y salieron corriendo. • *The boys ran off into the crowd.* Los muchachos huyeron corriendo entre la multitud. • **run around** corretear: *I let the kids run around in the park.* Dejé que los niños correteteran por el parque. • **I/I'll have to run** (*oral*) tengo que irme corriendo • **run for your life** correr para ponerse a salvo • **run for it** (*coloq*) correr (para salvarse de algo): *Somebody's coming. Quick, run for it.* Viene alguien. Vamos, corre. ▶ **RACE**

2 COMO EJERCICIO, EN DEPORTE [I,T] correr: *I run every morning.* Salgo a correr todas las mañanas. • **run 2 miles/10 kilometers** correr 2 millas/10 kilómetros • **run in sth** correr en algo: *She's running in the 200 meters.* Corre en los 200 metros. • **run a race/marathon** correr una carrera/una maratón ▶ **JOG, SPRINT**

3 VEHÍCULO [I siempre + adv/prep] *Her car ran off the road and into a tree.* Su carro se salió de la carretera y chocó contra un árbol. • *The truck ran out of control.* El conductor perdió el control del camión.

4 ESTAR A CARGO DE [T] (referido a negocios, empresas) llevar, dirigir, manejar; (referido a un país) gobernar: *Christina runs a restaurant in San Diego.* Christina maneja un restaurante en San Diego. • **well-run/badly-run** bien/mal administrado -a, bien/mal llevado -a: *a well-run business* una empresa bien administrada ▶ **CONTROL, MANAGE, ORGANIZE**

5 CURSOS, SERVICIOS [T] organizar, ofrecer: *The hotel runs a shuttle service to the station.* El hotel ofrece un servicio de buses a la estación. • *The course is extremely well-run.* El curso está muy bien organizado. • **run a campaign** organizar/hacer una campaña • **run sb's life** (*coloq*) organizarle la vida a alguien ▶ **ORGANIZE**

6 SUCEDER [I] tener lugar, realizarse: *The course will run from September to June.* El curso tendrá lugar entre septiembre y junio. • *The classes run for four months.* Las clases duran cuatro meses. • **everything ran smoothly/according to plan** todo salió bien/se desarrolló según lo previsto

7 CIRCULAR [I] *The trains don't run on Sundays.* Los domingos no hay trenes. • *Subway trains run every ten minutes.* Hay metros cada diez minutos. • **run to/between sth** *The number 61 bus runs to the downtown area.* El 61 va al centro de la ciudad. • *A ferry service runs between the island and the mainland.* Hay un servicio de ferry entre la isla y la costa. • **run on time** andar a tiempo • **be running (5 minutes/an hour) late** estar atrasado -a (5 minutos/una hora), ir (5 minutos/una hora) retrasado -a

8 TRANSPORTAR [T siempre + adv/prep] (*coloq*) llevar: *Do you want me to run you home?* ¿Quieres que te lleve a casa? • *Let me run you to the station.* Deja que te lleve a la estación. SIN drive ▶ TAKE

9 MÁQUINA, MOTOR (a) [I] funcionar, estar en funcionamiento: *The machines run twenty-four hours a day.* Las máquinas están en funcionamiento veinticuatro horas al día. • *Is the camera still running?* ¿La cámara sigue filmando? • **run on electricity/gas** funcionar con electricidad/gas • **leave the engine running** dejar el motor en marcha/encendido **(b)** [T] hacer funcionar, poner (en marcha): *I run the washing machine every day.* Pongo la lavadora todos los días.

10 PROGRAMA INFORMÁTICO (a) [I] funcionar: *You have too many programs running.* Tienes demasiados programas abiertos. • **run on sth** *The software will run on any computer.* El software se puede usar en cualquier computadora. **(b)** [T] ejecutar: *Have you run a spell checker on your essay?* ¿Le has pasado el corrector ortográfico al trabajo?

11 EN LOS MEDIOS (a) [T] publicar (una nota, un aviso, etc.), emitir (un reportaje, un programa) **(b)** [I] salir (reportaje, artículo, etc.), emitirse (programa), estar en cartel (obra de teatro, película) • **run for five years/two months** emitirse durante cinco años/dos meses, estar en cartel durante cinco años/dos meses

12 ELECCIONES [I] postularse, presentarse: *Seven candidates ran in the last election.* Se presentaron siete candidatos en las últimas elecciones. • **run for sth** presentarse como candidato -a a algo • **run against sb** enfrentarse a alguien: *the Democratic candidate running against the President* el candidato demócrata que se enfrenta al presidente

13 RÍO, CAMINO [I siempre + adv/prep] **run along/through/between sth** *The road runs along a valley.* La carretera discurre a lo largo de un valle. • *A stream ran through the garden.* Un arroyo atravesaba el jardín. • **run the length of the valley/coast** extenderse a lo largo de todo el valle/de toda la costa • **run parallel to sth** correr paralelo -a a algo ▶ PASS, WIND

14 HACER PASAR POR [T siempre + adv/prep] **run sth along/through/under sth** *Run the cables under the carpet.* Pase los cables por debajo de la alfombra. • *Nancy ran a comb through her hair.* Nancy se pasó un peine por el cabello. • *They want to run a road right through his farm.* Quieren construir una carretera que atravesaría su finca. • **run your fingers through/along/over sth** (tb **run your hand through/along/over sth**) pasar los dedos/la mano por algo: *I ran my hand along the wall, looking for a light switch.* Tanteé la pared buscando un interruptor. • **run your eyes over/along/down sth** echarle un vistazo a algo

15 LÍQUIDO [I siempre + adv/prep] **run down/along sth** correr por algo: *Tears started to run down her cheeks.* Empezaron a correrle lágrimas por las mejillas. ▶ POUR, STREAM, TRICKLE

16 LLAVE (a) [I] *Did you leave the water running?* ¿Dejaste la llave abierta? **(b)** [T] dejar correr (el) agua (de una llave): *He ran the water until the water was really hot.* Dejó correr el agua hasta que salió bien caliente. **run (sb) a bath** preparar un baño (para alguien) (llenando la bañera)

17 NARIZ, OJOS [I] gotear (nariz), lagrimear (ojos): *Your nose is running.* Te gotea la nariz.

18 CONTRATO, PASAPORTE [I] tener vigencia/validez, ser válido -a

19 CANTIDAD, PRECIO **be running at 2 million a year/10%** ser de dos millones al año/del 10%: *Inflation was running at 5%.* La tasa de inflación era del 5%.

20 RELATO, RUMOR [I] decir: *The story runs that someone offered her more money.* Según dicen, alguien le ofreció más dinero. • *Their argument runs like this.* Su argumento es el siguiente. SIN go

21 PRUEBAS, EXPERIMENTOS [T] hacer • **run a check/test/experiment (on sb/sth)** *The doctors need to run a few tests.* Los médicos necesitan hacer unos análisis. • *The police ran a background check on him.* La policía investigó sus antecedentes.

22 COLORES [I] (ropa al lavarla) desteñir(se); (tinta, maquillaje) correrse

23 DESLIZARSE [I] correr (cortinas), abrir y cerrar (cajón)

24 DE CONTRABANDO [T] **run drugs/guns/whiskey** pasar drogas/armas/whisky de contrabando ▶ DRUG RUNNER; **run AMOK**, her/my BLOOD ran cold, be a CLOSE run thing, be/run/go COUNTER to sth, CUT and run, **run DEEP**, **run the GAMUT**, **run the GAUNTLET of sth**, hit the GROUND running, **run RIFE**, **run RINGS around sb**, **run RIOT**, **run a RISK**, **run ROUGHSHOD over sth/sb**, RUNNING, **run to SEED**, STILL waters run deep, **run a TIGHT ship**, UP and running

EXPRESIONES
emotions/feelings are running high los ánimos están caldeados • **I'm/he's running late** (*oral*) se me/le ha hecho tarde • **be running low/short** estarse acabando: *Our food was running low.* Se nos estaban acabando las provisiones. • **be running low on sth** (tb **be running short of sth**) *I'm running low on coffee.* Me queda poco café. • **be running scared** estar muy preocupado -a, temer por su futuro

run across v+*partíc* **1 run across sb** encontrarse a alguien **2 run across sth** encontrar algo (inesperadamente, por casualidad)

run after v+*partíc* **1 run after sb/sth** correr tras alguien/algo, perseguir a alguien/algo **2 run after sb** (*coloq*) andar detrás de alguien: *He's always running after younger women.* Siempre anda detrás de mujeres más jóvenes. SIN chase

run along v+*partíc* (*antic, oral*) irse: *I'd better be running along.* Más vale que me vaya ya.

run around v+*partíc* (*coloq*) ir/andar de un lado para otro: *I've been running around all day.* No he parado en todo el día. • **run around after sb** hacerle de sirvienta a alguien ▶ RUNAROUND

run away v+*partíc* irse (de la casa), escaparse, fugarse • **run away from/to sth** escapar(se) de/a algo: *Sandy ran away from home several times.* Sandy se escapó varias veces de su casa. ▶ RUNAWAY

run away with v+*partíc* **1 run away with sb** (*peyor*) irse con alguien (un hombre, una mujer) SIN **run off with** **2 run away with sth** (*coloq*) llevarse algo (un título, un campeonato, etc.) ▶ WALK OFF WITH **3 let your imagination/emotions/feelings run away with you** dejarse llevar por la imaginación/las emociones/los sentimientos

run sth by sb v+*partíc* consultar a alguien sobre algo: *You'd better run that contract by a lawyer.* Más vale que hagas ver el contrato por un abogado.

run down v+*partíc* **1 run sth/sb ↔ down** atropellar algo/a alguien: *Their daughter was run down by a car.* A su hija la atropelló un carro. **2 run sth/sb↔ down** (*coloq*) criticar algo/a alguien, hablar mal de algo/alguien • **run yourself down** menospreciarse SIN **criticize 3 run down** gastarse (pila), descargarse (batería) **4 run sth ↔ down** gastar algo, descargar algo **5 run down** agotarse, acabarse (recursos, reservas) ▶ RUNDOWN

run into v+*partíc* **1 run into sb** (*coloq*) encontrarse a alguien SIN **bump into 2 run into sth** tropezar con algo • **run into debt** endeudarse • **run into difficulties/problems** tropezarse con dificultades/problemas **3 run into (the) hundreds/thousands/millions** ascender a cientos/miles/millones, elevarse a cientos/miles/millones SIN **reach 4 run into sth** chocar con/contra algo: *I almost ran into a tree.* Casi choco contra un árbol ▶ BUMP INTO **5 run into sth** tropezar con algo, chocar contra algo

run off v+*partíc* **1 run off** irse (de la casa), escaparse, fugarse SIN **run away 2 run sth ↔ off** hacer una copia de algo, imprimir algo **3 run sb off (sth)** echar a alguien (de algo)

run off with v+*partíc* **1 run off with sb** irse con alguien (un hombre, una mujer) SIN **run away with 2 run off with sth** huir con algo, robarse algo

run on v+*partíc* **1** prolongarse, alargarse SIN **go on** ▶ RUN OVER **2** hablar sin parar • **run on about sth** hablar sin parar sobre algo SIN **go on**

run out *v+partíc* **1 run out** acabarse: *My patience was running out.* Se me estaba acabando la paciencia. • *Time is starting to run out.* Se empieza a acabar el tiempo. **2 run out** caducar, vencer (contrato, tiquete, etc.) SIN **expire 3 run out** quedarse sin tinta (pluma) **4 run out of sth** quedarse sin algo: *We ran out of gas on the freeway last night.* Anoche nos quedamos sin gasolina en la autopista. • *We're starting to run out of ideas.* Se nos están empezando a acabar las ideas.

run out on *v+partíc* **run out on sb** (*peyor*) abandonar a alguien

run over *v+partíc* **1 run sth/sb ↔ over** atropellar algo/a alguien: *He was run over by a bus.* Lo atropelló un bus. **2 run sth ↔ over (in your mind)** repasar algo (mentalmente), meditar algo **3 run over sth** explicar algo, volver sobre algo SIN **go over, go through, run through 4 run over sth** repasar algo (apuntes, etc.) SIN **go over, go through, run through 5 run over** (tb **run over time**) durar/prolongarse más de lo previsto ▶ RUN ON **6 run over** desbordarse, rebosar SIN **overflow**

run round *v+partíc* ▶ RUN AROUND

run through *v+partíc* **1 run through sth** estar presente en algo: *This theme runs through the whole book.* Este tema está presente en todo el libro. **2 run through sth/sb** *A sharp pain ran through his chest.* Sintió un dolor intenso en el pecho. **3 run through sb's mind/head** darle vueltas en la cabeza a alguien: *The same thought kept running through his mind.* La misma idea seguía dándole vueltas en la cabeza. **4 run through sth** ensayar/repasar algo SIN **go through, run over, go over 5 run through sth** echarle un vistazo a algo SIN **go through 6 run through sth** despilfarrar algo SIN **go through, squander** ▶ RUN-THROUGH

run to *v+partíc* **1 run to $5,000/$200** ascender a 5.000/ 200 dólares, (llegar a) costar 5.000/200 dólares • **run to 500 pages/five hours** *a document that runs to several hundred pages* un documento de varios cientos de páginas **2 run to sb** recurrir/acudir a alguien • **come/go running to sb** (*peyor*) ir/venir corriendo a alguien: *Don't come running to me when everything goes wrong!* ¡No vengas corriendo cuando todo salga mal!

run up sth *v+partíc* **1 run up debts** contraer/acumular deudas • **run up a bill** *She ran up a huge telephone bill.* Acumuló una enorme cuenta de teléfono. **2 run sth ↔ up** izar algo (una bandera) **3 run sth ↔ up** hacer algo (rápidamente): *She can run up a dress in an evening.* Puede hacer un vestido en una noche.

run up against sth/sb *v+partíc* encontrar(se) con algo/alguien, tropezar con algo/alguien SIN **come up against**

run² S1 W1 *s*

1 acción de correr
2 deporte, ejercicio
3 serie, sucesión
4 en béisbol
5 de un espectáculo
6 en economía
7 producción
8 en elecciones
9 trayecto
10 enfermedad
11 para animales
12 para esquiar
13 en una media
14 en música
15 en juegos de naipes
16 por el paso de animales

1 ACCIÓN DE CORRER [sing] **break into a run** salir corriendo, echar a correr • **make a run for sth** salir corriendo hacia algo • **make a run for it** darse a la fuga, salir corriendo • **take a run at sth** *He took a run at the wall, and just managed to clear it.* Tomó carrera para saltar el muro y logró pasarlo por muy poco. • **at a run** corriendo: *Sarah left the house at a run.* Sarah salió de la casa corriendo. ▶ DASH, SPRINT

2 DEPORTE, EJERCICIO [C] tiempo que se corre o distancia corrida: *a five-mile run* una carrera de cinco millas • *He came back from his run and had a shower.*

Volvió de correr y se duchó. • *A walk or a run after work is good for getting rid of stress.* Salir a caminar o a correr después del trabajo es bueno para eliminar el estrés. • **go for a run** ir a correr ▶ JOG, SPRINT

3 SERIE, SUCESIÓN [C gralm sing] racha: *a run of six consecutive defeats* una racha de seis derrotas consecutivas • *an unbeaten run of 19 games* una racha de 19 partidos invictos • **a run of sth** una racha de algo • **a good/winning run** una buena racha/una racha ganadora • **a run of good/bad luck** una buena/mala racha ▶ SERIES, STREAK, STRING

4 EN BÉISBOL [C] carrera • **score a run** anotar una carrera ▶ HOME RUN

5 DE UN ESPECTÁCULO [C] temporada • **have a three-month/four-week run** estar tres meses/cuatro semanas en cartel

6 EN ECONOMÍA a run on sth una gran demanda de algo • **a run on the dollar/pound/yen** una fuerte presión sobre el dólar/la libra/el yen • **a run on a bank** una fuga de depósitos bancarios ▶ RUSH

7 PRODUCCIÓN [C] serie; (de una publicación) tirada

8 EN ELECCIONES [C gralm sing] **a run for sth** *She is making her first run for public office.* Se presenta por primera vez como candidata a un cargo público.

9 TRAYECTO [C gralm sing] viaje, ruta: *It's only a 55-minute run from here to the airport.* El viaje de aquí al aeropuerto es de solo 55 minutos. SIN **trip**

10 ENFERMEDAD the runs [pl] (*coloq*) diarrea • **have the runs** tener diarrea SIN **diarrhea**

11 PARA ANIMALES [C] corral: *a chicken run* un corral para pollos

12 PARA ESQUIAR [C] (tb **ski run**) pista (de esquí)

13 EN UNA MEDIA [C] carrera (línea de puntos sueltos)

14 EN MÚSICA [C] carrerilla (secuencia rápida de notas)

15 EN JUEGOS DE NAIPES [C] escalera

16 POR EL PASO DE ANIMALES [C] senda, huella ▶ DRY RUN, HOME RUN

EXPRESIONES

give sb a (good) run for their money hacer sudar tinta a alguien, darle la pelea a alguien • **have a (good) run for your money** *Investors have also had a good run for their money.* Los inversores también han disfrutado de una época de vacas gordas. • **have the run of sth** tener algo a su entera disposición • **in the long/short run** a largo/corto plazo • **on the run** fugitivo -a: *He had been on the run for months.* Llevaba meses fugitivo. • **the usual/normal/general/run of sth** el promedio de algo: *He tried to make himself look better than the general run of politicians.* Intentó causar una mejor impresión que el promedio de los políticos.

run·a·round /ˈrʌnəˌraʊnd/ *s*

EXPRESIONES

give sb the runaround (*coloq*) darle caramelo a alguien

run·a·way¹ /ˈrʌnəˌweɪ/ *adj* [solo ante s] **1** fuera de control (carro, tren), desbocado -a (caballo) **2** arrollador -a (éxito), aplastante (victoria) • **a runaway bestseller** un gran éxito de ventas **3** fugitivo -a, prófugo -a (prisionero, esclavo): *runaway children* niños que se han escapado de su casa **4** galopante, desmedido -a: *a runaway budget deficit* un déficit presupuestario galopante

runaway² *s* [C] (pl **runaways**) niño o joven que se ha escapado de su casa ▶ RUN away

run-'down *adj* **1** venido -a a menos, en estado de abandono **2** [nunca ante s] cansado -a: *You look a little run-down.* Te veo algo cansada.

run·down /ˈrʌndaʊn/ *s* [sing] **a rundown of/on sth** un resumen de algo

rung¹ /rʌŋ/ participio pasado de RING

rung² *s* [C] **1** (en una escalera) peldaño, escalón **2** (*coloq*) (en una organización, un sistema) peldaño, escalón: *the bottom rung of the economic ladder* el peldaño más bajo de la escala económica

'run-in s [C] (*coloq*) altercado • **have a run-in with sb** tener un altercado con alguien

run·ner /'rʌnəʳ/ s [C] **1** corredor -a • **be a good runner** ser buen corredor/buena corredora • **be a fast/slow runner** correr rápido/despacio • **a marathon runner** un -a maratonista • **a long-distance runner** un corredor/una corredora de fondo ▶ **JOGGER 2** (en béisbol) corredor -a **3** caballo (que corre en una carrera): *a race with 19 runners* una carrera de 19 caballos **4** mula **5** patín (de un trineo), cuchilla (de un patín para hielo) ▶ **DRUG RUNNER, FRONTRUNNER**

,runner-'up s [C] (pl **runners-up**) subcampeón -ona, segundo -a • **be a runner-up** quedar en segundo lugar, quedar/salir segundo -a

run·ning¹ /'rʌnɪŋ/ s [U] **1** actividad de correr como deporte o ejercicio: *I'm thinking of taking up running.* Estoy pensando empezar a correr como ejercicio. ▶ **JOGGING** • **running track** pista de carreras/atletismo **2** gestión: *everything needed for the efficient running of an office* todo lo necesario para la gestión eficiente de una oficina • *He's responsible for the smooth running of the club.* Es responsable de que el club funcione sin problemas. • **the day-to-day running of sth** el día a día de algo

EXPRESIONES
be in the running (for sth) tener posibilidades (de algo), ser candidato -a (a algo): *He's still in the running for the role.* Todavía tiene posibilidades de que le den el papel. • **be out of the running (for sth)** haber quedado eliminado -a (de algo), no tener posibilidades (de algo)

running² *adv* **two years/five times running** dos años seguidos/cinco veces seguidas, dos años consecutivos/cinco veces consecutivas: *He has won the award for the third year running.* Ha ganado el premio por tercer año consecutivo. SIN **in a row**

,running 'back s [C] running back (en fútbol americano)

,running 'battle s [C] **1** peleas y carreras **2** lucha continua • **have a running battle (with sb)** tener una lucha continua/permanente (con alguien)

,running 'commentary s [C] (pl **running commentaries**) comentario en directo

'running ,costs s [pl] (de una organización, un sistema) gastos corrientes, costos operativos; (de un vehículo) costos de mantenimiento

'running mate s [C gralm sing] compañero -a de candidatura

,running 'total s [C] **keep a running total of sth** llevar la cuenta del total de algo

,running 'water s [U] **1** agua corriente **2** agua que corre

run·ny /'rʌni/ *adj* **1 I've got/he's got a runny nose** me/le gotea la nariz **2** líquido -a (referido a una salsa, un huevo pasado por agua, etc.)

,run-of-the-'mill *adj* **1** común y corriente SIN **ordinary 2** mediocre SIN **ordinary**

'run-on ,sentence s [C] oración compuesta por dos cláusulas no vinculadas por nexos y sin la puntuación correspondiente

runt /rʌnt/ s [C] **1 the runt (of the litter)** el animal más pequeño y menos desarrollado (de la camada) **2** (*despec*) enano -a, alfeñique

'run-through s [C] ensayo

'run-up s **1** [sing] carrera (para tomar impulso) **2 the run-up to sth** el periodo previo a algo: *the run-up to the election* el periodo previo a las elecciones

run·way /'rʌnweɪ/ s [C] (pl **runways**) **1** pista (de aterrizaje) **2** pasarela

rup·ture¹ /'rʌptʃəʳ/ s **1** [C,U] rotura **2** [C] (*frml*) ruptura • [+with]: *The rupture with his father was absolute.* La ruptura con su padre fue total. **3** [C,U] hernia SIN **hernia**

rupture² v **1 (a)** [T] desgarrar(se) (un tendón), romper (un depósito de combustible, una tubería), reventar(se) (una arteria, un vaso sanguíneo) **(b)** [I] romperse, reventarse **2** [T] (*frml*) romper (relaciones)

ru·ral S2 W3 /'rʊrəl/ *adj* [gralm ante s] rural ANT **urban**

ruse /ruz/ s [C] ardid, treta

rush¹ S3 W3 /rʌʃ/ v

1	correr
2	darse prisa
3	hacer con rapidez
4	hacer con precipitación
5	llevar, mandar
6	a una persona
7	líquido, aire
8	atacar
9	en fútbol americano
10	asociación estudiantil
11	estudiante

1 CORRER [I siempre + adv/prep] **rush past/down/out** *A small girl rushed past her.* Una niñita pasó corriendo a su lado. • *Everyone rushed out into the street.* Todos salieron corriendo a la calle. • **rush to do sth** correr a hacer algo: *He rushed to help his injured friend.* Corrió a ayudar a su amigo herido. SIN **hurry**

2 DARSE PRISA [I] apurarse: *Let's leave in plenty of time so we don't have to rush.* Salgamos con tiempo, así no tenemos que apurarnos. • *Steady now! Don't rush!* ¡Cuidado! ¡Con calma!

3 HACER CON RAPIDEZ rush to do sth correr a hacer algo: *People rushed to buy stock in dotcom companies.* La gente corrió a comprar acciones en las empresas puntocom. • **rush through sth** hacer algo rápidamente: *She rushed through the rest of the article.* Leyó rápidamente el resto del artículo.

4 HACER CON PRECIPITACIÓN [I,T] *He does not intend to rush his decision.* No piensa tomar una decisión precipitada. • *If you rush your meals, you'll get indigestion.* Si comes apurado y corriendo, te da indigestión. • **rush into sth** *I'm not rushing into marriage again.* No estoy apurado por volver a casarme. • **rush things** (tb **rush it**) precipitarse, tomar una decisión precipitada

5 LLEVAR, MANDAR [T siempre + adv/prep] *They rushed her off for a scan.* La llevaron de urgencia a hacerle una tomografía. • **rush sb/sth to sth** *She was rushed to the hospital.* La internaron de urgencia en el hospital. • *The Red Cross rushed medical supplies to the war zone.* La Cruz Roja envió con urgencia suministros médicos a la zona de guerra.

6 A UNA PERSONA [T] apurar, carrerear: *I'm sorry to rush you but we need a decision by Friday.* Lamento apurarte, pero necesitamos una decisión para el viernes. • **rush sb into (doing) sth** *Don't let them rush you into signing the contract.* No permitas que te apuren para que firmes el contrato.

7 LÍQUIDO, AIRE [I siempre + adv/prep] desplazarse rápidamente: *Water was rushing in through the hole in the boat.* El agua entraba rápidamente por el agujero del barco. • *Cold night air rushed in.* Entró una ráfaga de aire frío de la noche.

8 ATACAR [T] abalanzarse sobre: *They rushed the guard and stole his keys.* Se abalanzaron sobre el guardia y le robaron las llaves.

9 EN FÚTBOL AMERICANO [I,T] llevar (el balón) (hacia adelante)

10 ASOCIACIÓN ESTUDIANTIL [T] interactuar con nuevos estudiantes para decidir si se los invitará a integrar determinada asociación de estudiantes

11 ESTUDIANTE [T] tratar de ingresar a (una asociación estudiantil)

rush around *v+partíc* correr de un lado para otro, ir de acá para allá

rush sth ↔ out *v+partíc* sacar/publicar algo rápidamente

rush through *v+partíc* **1 rush sth ↔ through** aprobar algo rápidamente (un proyecto de ley, un plan) **2 rush sth through sth** *The bill was rushed through Congress.* El proyecto fue tratado y aprobado muy rápidamente por el Congreso.

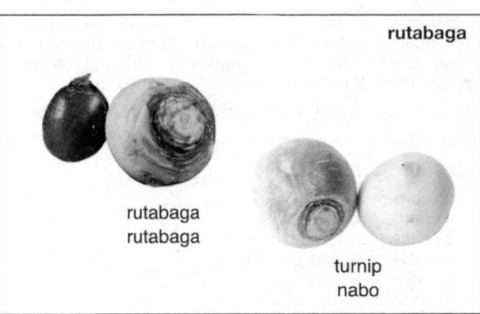

rutabaga

rutabaga
rutabaga

turnip
nabo

rush² s

1 movimiento rápido
2 prisa
3 periodo
4 sentimiento
5 sensación
6 planta
7 en la universidad
8 en cine

1 MOVIMIENTO RÁPIDO [sing] *When the train pulled in, there was a rush for the doors.* Cuando el tren se detuvo, la gente se precipitó hacia las puertas. • **a rush to do sth** *There was a big rush to buy tickets.* Todo el mundo corrió a comprar entradas. • **a rush on sth** una gran demanda de algo: *There's been a rush on the new software.* Ha habido una gran demanda del nuevo software. • **a rush of air/water** una ráfaga de aire/una corriente de agua
2 PRISA [sing] apuro, prisa: *Slow down! What's the big rush?* ¡Calma! ¿Por qué tanto apuro? • **a last-minute rush** apuro/prisa de último momento • **there's no rush** no hay apuro/prisa • **in a rush** apurado -a, a toda prisa: *I left in such a rush I forgot my passport.* Salí tan apurado que me olvidé el pasaporte. • **be in a rush** estar apurado -a, tener prisa: *I can't talk now, I'm in a rush.* Ahora no puedo hablar, estoy apurado. • **rush job** trabajo urgente • **rush order** pedido urgente
3 PERIODO the rush periodo de gran actividad • **the morning/evening/lunchtime rush** *The café is quiet until the lunchtime rush begins.* El café está tranquilo hasta que empieza el movimiento de la hora del almuerzo. ▶ **PEAK, RUSH HOUR**
4 SENTIMIENTO a rush of anger/jealousy un arranque de ira/celos: *She felt a rush of disappointment.* La invadió una profunda decepción.
5 SENSACIÓN [sing] (*coloq*) subidón: *an adrenalin rush* un subidón de adrenalina ▶ **HIGH**
6 PLANTA [C gralm pl] junco
7 EN LA UNIVERSIDAD [C gralm sing] periodo durante el cual los alumnos universitarios toman contacto con diferentes asociaciones estudiantiles para decidir a cuál ingresar
8 EN CINE rushes [pl] (*técn*) rushes (copia revelada de los negativos sin editar) SIN **dailies**

rushed /rʌʃt/ *adj* (hecho -a) a las carreras/la carrera

'rush hour s [C,U] hora pico: *I got caught in the morning rush hour.* Me agarró la hora pico de la mañana. • **rush hour traffic** tránsito en hora pico
rus·set¹ /'rʌsɪt/ *adj* rojizo -a
russet² s [U] color rojizo
Rus·sia /'rʌʃə/ Rusia
Rus·sian¹ /'rʌʃən/ s **1** [C] (persona) ruso -a **2** [U] (idioma) ruso
Russian² *adj* ruso -a
rust¹ /rʌst/ s **1** [U] óxido, herrumbre ▶ **RUSTY 2** [U] roya **3** [C,U] marrón rojizo, color herrumbre
rust² v [I, T] oxidar(se)
 rust away v+*partíc* oxidarse (gradualmente)
rust³ *adj* marrón rojizo, (de) color herrumbre
rust·ed /'rʌstɪd/ *adj* oxidado -a
rus·tic¹ /'rʌstɪk/ *adj* rústico -a: *The town had a certain rustic charm.* El pueblo tenía cierto encanto rústico.
rustic² s [C] (*liter*) aldeano -a
rus·tle¹ /'rʌsəl/ v **1** [I, T] (hacer) crujir (papel hojas): *Her dress rustles as she moves past.* Se oye el frufrú de su vestido cuando pasa. • *The wind rustled the leaves.* El viento hacía crujir las hojas. **2** [T] robar (ganado, caballos)
 rustle sth ↔ up v+*partíc* preparar algo (rápidamente)
rustle² s [sing] crujido, susurro: *He heard a rustle in the bushes.* Oyó un crujido entre los arbustos. • *the rustle of leaves in the wind* el susurro de las hojas en el viento
rus·tler /'rʌslər/ s [C] ladrón -ona
rust·proof /'rʌstpruf/ *adj* inoxidable
rust·y /'rʌsti/ *adj* **1** oxidado -a • **get/go rusty** oxidarse **2** (referido a destrezas, idiomas) *My French is a little rusty.* Tengo un poco olvidado el francés. • *My typing is kind of rusty.* Le he perdido el tiro a la máquina. • *I'm a little rusty.* Me falta un poco de práctica. **3** marrón rojizo, (de) color herrumbre
rut¹ /rʌt/ s **1** [C] surco (en un camino) **2** [gralm sing] rutina • **get in/into a rut** caer en la rutina • **be stuck in a rut** estar estancado -a/anquilosado -a (en una rutina) **3** [U] (*técn*) celo (de un animal) • **in rut** en celo
rut² v [I gralm en forma continua] (*técn*) estar en celo
ru·ta·ba·ga /'rutəˌbeɪɡə/ s [C,U] rutabaga
ruth·less /'ruθləs/ *adj* **1** despiadado -a, cruel: *a ruthless dictator* un despiadado dictador **2** inquebrantable, inflexible • **be ruthless** ser implacable
ruth·less·ly /'ruθləsli/ *adv* **1** despiadadamente **2** implacablemente, brutalmente
ruth·less·ness /'ruθləsnəs/ s [U] crueldad
RV /ˌɑr 'vi/ s [C] (**recreational vehicle**) casa rodante, cámper ▶ **MOBILE HOME, CARAVAN**
Rwan·da /ru'ɑndə/ **1** Ruanda **2** [U] (lengua) ruandés
Rwan·dan /ru'ɑndən/ s [C], *adj* ruandés -esa
rye /raɪ/ s [U] **1** centeno **2** (tb **'rye bread**) pan de centeno **3** (tb **rye 'whiskey**) whisky de centeno

R

Ss

-'s¹ /z, s/ (coloq) contrac de **1** (**is**) *Alan's on vacation.* Alan está de vacaciones. **2** (**has**) *Paul's already left.* Paul ya se ha marchado. **3** (**us**) *Let's go for a walk.* Vayamos a caminar.

-'s² suf **1** (en el posesivo sajón) *Laura's purse* la cartera de Laura • *the children's bedroom* la habitación de los niños **2** (en la casa) *I met him at Mary's.* Lo conocí en la casa de Mary. • *She's at her sister's.* Está en la casa de su hermana. **3** (comercios) *at the hairdresser's* en la peluquería

S¹, s /ɛs/ s [C] (pl **S's, s's**) **1** S, s **2** calificación que indica que un programa de televisión incluye escenas de contenido sexual

S² símb quím SULFUR

S³ abrev escrita de SMALL

S & L /ˌɛs ənd 'ɛl/ s [C] (**Savings and Loan Association**) entidad de ahorro y préstamo, sociedad de ahorro y préstamo

Sab·bath /'sæbəθ/ s **the Sabbath** el sábado (en el judaísmo), el domingo (en el cristianismo)

sab·bat·i·cal¹ /sə'bætɪkəl/ s [C,U] periodo sabático • **go on sabbatical** tomarse un periodo sabático

sabbatical² adj [solo ante s] sabático -a

sa·ber /'seɪbər/ s [C] sable

sa·ble /'seɪbəl/ s [C,U] marta (cebellina)

sab·o·tage¹ /'sæbəˌtɑʒ/ v [T] sabotear

sabotage² s [U] sabotaje

sab·o·teur /ˌsæbə'tər/ s [C] saboteador -a

sac /sæk/ s [C] (técn) saco (en anatomía, en botánica)

sac·cha·rin /'sækərɪn/ s [U] sacarina

sac·cha·rine /'sækəˌrin/ adj (peyor) empalagoso -a (película, música, etc.)

sa·chet /sæ'ʃeɪ/ s [C] bolsita, sobrecito (de lavanda, etc.)

sack¹ /sæk/ s [C] **1** saco, costal: *a sack of potatoes* un saco de papas **2** bolsa (de papel): *a brown paper sack* una bolsa de papel de estraza • [+of]: *a sack of groceries* una bolsa de víveres **3** (en fútbol americano) captura

EXPRESIONES
hit the sack (coloq) irse a la cama, acostarse

sack² v [T] **1** (en fútbol americano) capturar **2** saquear **sack out** v+partíc (coloq) dormirse

sac·ra·ment /'sækrəmənt/ s [C] **1 the Sacrament** [sing] la Eucaristía **2** sacramento

sa·cred /'seɪkrɪd/ adj **1** (texto, lugar, objeto) sagrado -a • [+to]: *The city is sacred to both Jews and Muslims.* La ciudad es sagrada tanto para los judíos como para los musulmanes. • **sacred music** música sacra ► HOLY **2** [gralm no ante s] (muy importante) sagrado -a • [+to]: *Good food is sacred to the French.* La buena comida es sagrada para los franceses.

EXPRESIONES
nothing is sacred (esp hum) ya no se respeta nada

ˌsacred 'cow s [C] vaca sagrada

sac·ri·fice¹ /'sækrəˌfaɪs/ s **1** [C,U] sacrificio(s) • **make sacrifices** hacer sacrificios, sacrificarse **2** [C,U] (ofrenda religiosa) sacrificio • **human sacrifice** sacrificio humano **3** [C] (lo ofrecido) ofrenda, víctima **4** [C] (en béisbol) sacrificio

sacrifice² v [T] **1** sacrificar • **sacrifice sth for sb/sth** sacrificar algo por alguien/algo: *Don't sacrifice your health for your job.* No sacrifiques tu salud por tu trabajo. • **sacrifice sth to do sth** sacrificar algo para hacer algo, renunciar a algo para hacer algo: *He sacrificed everything to marry her.* Lo sacrificó todo para casarse con ella. • **sacrifice your life** sacrificar su vida **2** (en una ofrenda religiosa) sacrificar

sac·ri·fi·cial /ˌsækrə'fɪʃəl/ adj [solo ante s] **1** sacrificado -a (acto) **2** propiciatorio -a, expiatorio -a (víctima, ofrenda)

EXPRESIONES
a sacrificial lamb una víctima propiciatoria, un chivo expiatorio

sac·ri·lege /'sækrəlɪdʒ/ s [sing, U] sacrilegio • **be sacrilege to do sth** ser un sacrilegio hacer algo: *It would be sacrilege to demolish such a beautiful building.* Sería un sacrilegio demoler un edificio tan hermoso.

sac·ri·le·gious /ˌsækrə'lɪdʒəs/ adj sacrílego -a

sac·ro·sanct /'sækroʊˌsæŋkt/ adj sacrosanto -a SIN **sacred**

sad S2 W3 /sæd/ adj (**sadder, saddest**)
1 (persona, expresión, voz) triste: *I felt very sad when I heard about Ray's death.* Me puse muy triste cuando me enteré de la muerte de Ray. • [+about]: *Are you sad about leaving?* ¿Te da pesar irte? • [+that]: *He felt sad that he had upset her.* Estaba triste porque la había disgustado. • **sad to do sth** *We'll be sad to see him go.* Nos va a dar pena verlo partir. • **make sb sad** poner triste a alguien: *This song always makes me sad.* Esta canción siempre me pone triste. • **a sad expression/look/face** una expresión/mirada/cara triste • **feel sad for sb** sentir pesar por alguien SIN **unhappy** ► MISERABLE, DEPRESSED ANT **happy**
2 (que causa tristeza) triste: *a sad movie* una película triste • **it is sad to see/think sth** da pesar ver/pensar algo • **a sad time/day/moment** una época/un día/un momento triste
3 (deplorable) lamentable, triste • **it's sad that** es lamentable/triste que: *It's sad that people don't feel safe in their own homes.* Es lamentable que la gente no se sienta segura en su propia casa. • **in a sad state** en un estado lamentable: *Our schools are in a sad state.* Nuestros colegios se encuentran en un estado lamentable. • **a sad state of affairs** una situación/un hecho lamentable
4 (coloq) aburrido -a, deprimente: *He collects stamps? That's really sad!* ¿Colecciona estampillas? ¡Qué aburrido!

EXPRESIONES
sadder but wiser escarmentado -a • **a sad sack** (coloq) un pelmazo, un torpe • **sad to say** lamentablemente

¿**sad, unhappy o miserable?**
sad se usa cuando se siente pena o tristeza: *He felt sad as he waved goodbye.*
unhappy expresa infelicidad o descontento: *She was very unhappy at school.*
miserable se emplea cuando se está muy triste o descontento: *He sat all alone in his room, feeling miserable.*

sad·den /'sædn/ v [T] (frml) entristecer, apenar • **be deeply saddened** *We were deeply saddened by her death.* Su muerte nos entristeció profundamente.

sad·dle¹ /'sædl/ s [C] **1** silla (de montar), montura **2** sillín, asiento (de una bicicleta)

EXPRESIONES
in the saddle (coloq) (a) al mando, en el poder • **be back in the saddle** haber vuelto a tomar las riendas, reanudar algo (b) cabalgando

saddle² v [T] ensillar
saddle up v+partíc **1 saddle up** ensillar (su caballo) **2 saddle sth ↔ up** ensillar algo
saddle sb with sth v+partíc [gralm en pasiva] cargar a alguien con/de algo, endilgarle algo a alguien: *Many farms were saddled with debt.* Muchas granjas estaban

cargadas de deudas. • *I've been saddled with organizing the whole party.* Me han endilgado la tarea de organizar toda la fiesta.

sad·dle·bag /'sædl,bæg/ s [C] alforja

sa·dism /'seɪdɪzəm/ s [U] sadismo ▶ MASOCHISM

sa·dist /'seɪdɪst/ s [C] sádico -a ▶ MASOCHIST

sa·dis·tic /sə'dɪstɪk/ adj sádico -a ▶ MASOCHISTIC

sad·ly /'sædli/ adv **1** [adv oracional] lamentablemente, por desgracia: *Sadly, her mother never recovered.* Lamentablemente, su madre nunca se recuperó. SIN **unfortunately** **2** con tristeza, tristemente: *She looked at me sadly.* Me miró con tristeza. **3** muy, mucho: *The building had been sadly neglected.* El edificio había sido descuidado de manera lamentable. • *a sadly predictable movie* una película totalmente predecible • **be sadly disappointed** estar/quedar muy decepcionado -a • **he will be sadly missed** se lo extrañará mucho/se lo echará mucho de menos • **be sadly mistaken** estar totalmente equivocado -a

sad·ness /'sædnɪs/ s **1** [U] tristeza • **great/deep sadness** gran/profunda tristeza SIN **unhappiness** **2** [C gralm pl] pesar, desdicha

sa·fa·ri /sə'fɑri/ s [C,U] safari • **on safari** de safari, en un safari

safe¹ S2 W2 /seɪf/ adj
1 (no peligroso) seguro -a: *The bridge didn't look safe.* El puente no parecía seguro. • *a safe way of disposing of nuclear waste* una forma segura de deshacerse de desechos nucleares • *We live in a pretty safe area.* Vivimos en una zona bastante segura. • [+for]: *play areas that are safe for children* zonas de juegos seguras para los niños • **safe to eat/drink/use** *Is the water safe to drink?* ¿Se puede beber el agua sin peligro? • *tools that are safe to use* herramientas seguras de usar • **somewhere safe** en un lugar seguro: *Put the tickets somewhere safe.* Pon las entradas en un lugar seguro. • **perfectly safe** totalmente seguro -a ANT **dangerous, unsafe**
2 [nunca ante s] (no en peligro) **be safe** estar a salvo, no correr peligro: *You'll be safe here.* Aquí estarás a salvo. • [+from]: *The city is now safe from further attack.* Ahora la ciudad está a salvo de futuros ataques. • **feel safe** sentirse seguro -a: *She doesn't feel safe in the house on her own.* No se siente segura cuando está sola en la casa. • **keep sth/sb safe** *Make sure you keep your passport safe.* Asegúrese de guardar su pasaporte en un lugar seguro. • *He promised to keep me safe.* Prometió que me protegería.
3 (no dañado, no perdido) *We were relieved to find out she was safe.* Fue un alivio enterarnos de que no le había pasado nada. • **safe and sound** (tb **safe and well**) sano y salvo/sana y salva
4 (sin riesgos) seguro -a: *a safe investment* una inversión segura • **be safe to do sth** no ser peligroso hacer algo: *Do you think it is safe to lend him money?* ¿Te parece que se le puede prestar dinero? ▶ PLAY (it) safe, it's a safe/sure BET (that)
EXPRESIONES
Better safe than sorry. (oral) Más vale prevenir que curar. • **have a safe trip** (oral) buen viaje • **be in safe hands** estar en buenas manos • **it's safe to say/assume that** podemos afirmar/suponer sin temor a equivocarnos que • **(just) to be on the safe side** por si acaso, por las dudas: *Just to be on the safe side, drink bottled water.* Por si acaso, beba sólo agua embotellada. • **Your secret is safe with me.** Puedes confiar en que guardaré tu secreto.

safe² s [C] caja fuerte

'safe-deposit ,box s [C] caja de seguridad

safe·guard¹ /'seɪfgɑrd/ v **1** [T] salvaguardar, proteger • **safeguard sth against/from sth** proteger algo de/contra algo **2 safeguard against sth** prevenir algo, impedir que algo suceda

safeguard² s [C] medida preventiva, garantía, salvaguarda: *There is no safeguard against human error.* No hay garantía contra el error humano.

,safe 'haven s [C] refugio, lugar seguro • [+for]: *a safe haven for refugees* un refugio seguro para los refugiados

,safe 'house s [C] guarida, escondite

safe·keep·ing /,seɪf'kipɪŋ/ s [U] protección • **for safekeeping** por (razones de) seguridad • **give sth to sb for safekeeping** darle algo a alguien para que lo guarde en un lugar seguro

safe·ly /'seɪfli/ adv **1** sin problemas/percances: *I called to say I'd arrived safely.* Llamé para avisar que había llegado sin problemas. **2** sin peligro, sin correr riesgos: *a city where women can safely go out at night* una ciudad donde las mujeres pueden salir por la noche sin peligro • *Drive safely!* ¡Conduzca con precaución!/¡Conduce con cuidado! • **store sth safely** guardar algo en un lugar seguro, almacenar algo de manera segura **3** tranquilamente, sin temor a equivocarse: *I think we can safely ignore what she says.* Creo que podemos tranquilamente hacer caso omiso de lo que ella diga. • **sb can safely say/assume that** alguien puede afirmar/suponer sin temor a equivocarse que

,safe 'sex s [U] sexo seguro

safe·ty S2 W2 /'seɪfti/ s (pl **safeties**)
1 [U] seguridad (ausencia de peligro): *There are fears for the safety of the hostages.* Se teme por la seguridad de los rehenes. • **in safety** con seguridad, sin peligro • **safety hazard** riesgo para la seguridad • **safety measure** medida de seguridad • **safety precaution** medida de precaución • **safety record** historial de seguridad
2 [U] lugar donde se está a salvo: *The miners were all able to reach safety.* Todos los mineros pudieron ponerse a salvo. • *You can watch the fireworks from the safety of your own home.* Puede mirar los fuegos artificiales desde la seguridad de su propia casa. • **flee/climb/swim to safety** huir/trepar/nadar para ponerse a salvo
3 [C] seguro (de un arma de fuego)
4 [C] (técn) (en fútbol americano) safety
EXPRESIONES
there's safety in numbers cuantas más personas, menos peligro, entre más, mejor

'safety belt s [C] cinturón de seguridad SIN **seat belt**

'safety net s [C] **1** protección **2** red de seguridad

'safety pin s [C] (alfiler de) gancho, seguro, alfiler de seguridad

'safety valve s [C] **1** (de una máquina) válvula de seguridad/escape **2** (de una persona) válvula de escape

saf·fron /'sæfrən/ s [U] azafrán

sag /sæg/ v [I] (**sagged, sagging**) **1** (cama, sillón) hundirse; (rama, anaquel) combarse; (piel, pechos) caerse, colgar: *The bed sags in the middle.* La cama se hunde en el medio. • *The shelves sagged under the weight of the books.* Los anaqueles se combaban bajo el peso de los libros. ▶ SAGGING **2** decaer, flaquear: *Morale among the troops was sagging.* La moral de las tropas estaba decayendo. ▶ SAGGING **3** caer (un precio, un índice) ▶ SAGGING

sa·ga /'sɑgə/ s [C] **1** saga **2** (coloq) historia (serie de eventos): *The whole saga began back in January.* Toda la historia empezó en enero.

sage¹ /seɪdʒ/ s **1** [U] salvia **2** [C] (liter) sabio -a **3** (tb **sage green**) verde salvia

sage² adj sabio -a: *sage advice* sabios consejos SIN **wise**

sage·brush /'seɪdʒbrʌʃ/ s [U] artemisa

sage·ly /'seɪdʒli/ adv (liter) con sabiduría, sabiamente

sag·ging /'sægɪŋ/ adj [gralm ante s] **1** (tb **sag·gy** (coloq)) (que se comba) *a sagging bed* una cama que se hunde/hundía **2** (tb **saggy**) /'sægi/ (coloq) (que cae) *sagging breasts* pechos caídos **3** (debilitado) *a loan to prop up the UK's sagging economy* un préstamo para apuntalar la alicaída economía británica

Sag·it·tar·i·us /ˌsædʒəˈtɛriəs/ s **1** [U] (signo) Sagitario **2** [C] persona del signo de Sagitario: *I'm a Sagittarius.* Soy (de) Sagitario.

said[1] /sɛd/ pasado y participio pasado de SAY

said[2] *adj* [solo ante s] (*jur*) dicho -a • **(the) said person** dicha persona, el susodicho/la susodicha

sail[1] /seɪl/ v **1** (viajar por agua) **(a)** [I siempre + adv/prep] navegar: *We'll sail from Miami to Nassau.* Vamos a navegar desde Miami hasta Nassau. • *The ship sailed across the Atlantic.* El buque cruzó el Atlántico. **(b)** [T] navegar por: *He plans to sail the Caribbean.* Piensa ir a navegar por el Caribe. **2** (estando al timón) **(a)** [I] navegar: *My father taught me to sail.* Mi padre me enseñó a navegar. **(b)** [T] timonear, navegar **3** [I] zarpar, hacerse a la mar: *The ship sailed at dawn.* El buque zarpó al amanecer. • [+for]: *In 1492 Columbus sailed for the New World.* En 1492 Colón zarpó hacia el Nuevo Mundo. **4** [I siempre + adv/prep] (ir por el aire) volar: *A ball came sailing over the fence.* Una pelota llegó volando del otro lado de la cerca. **5** [I siempre + adv/prep] (desplazarse) *She sailed into the room.* Entró majestuosamente en la habitación. • *He sailed past the other cars.* Pasaba velozmente a los otros carros.
sail through *v+partíc* **(a) sail through** referido a exámenes, pruebas, superarlas con facilidad: *With all the studying you've done, you should sail through.* Con todo lo que has estudiado, seguro aprueba sin problemas. **(b) sail through sth** aprobar algo sin problemas/esfuerzo, superar algo sin dificultades

sail[2] *s* [C] vela (de una embarcación) • **raise/lower the sails** izar/arriar las velas
EXPRESIONES
set sail (for sth) zarpar (hacia algo)

sail·board /ˈseɪlbɔrd/ s [C] tabla de windsurf

sail·boat /ˈseɪlboʊt/ s [C] velero, barco de vela

sail·ing /ˈseɪlɪŋ/ s **1** [U] navegación (a vela) • **go sailing** salir a navegar **2** [C] salida (de un buque de pasajeros)
EXPRESIONES
be plain/smooth sailing ser pan comido

ˈsailing ship s [C] barco de vela

sail·or /ˈseɪlər/ s [C] **1** marinero -a **2** navegante

saint S2 /seɪnt/ s [C]
1 (persona canonizada) santo -a
2 Saint (abrev **St.**) (título) San, Santo: *Saint John* San Juan
3 (*coloq*) (persona muy buena) santo -a • **he/she is no saint** no es ningún santo/ninguna santa ▶ **the PATIENCE of a saint, PATRON SAINT**

saint·hood /ˈseɪnthʊd/ s [U] santidad

saint·li·ness /ˈseɪntlinɪs/ s [U] santidad

saint·ly /ˈseɪntli/ *adj* (**saintlier**, **saintliest**) piadoso -a, santo -a

sake S3 /seɪk/ s **for the sake of sb/sth** (tb **for sb's/sth's sake**) por (el bien de) alguien/algo: *I hope for her sake that you're right.* Espero por su bien que estés en lo cierto. • *He moved to the coast for the sake of his health.* Se mudó a la costa por razones de salud. ▶ **for OLD times' sake**
EXPRESIONES
for goodness'/Heaven's sake (*oral*) por (el amor de) Dios: *Don't tell him, for goodness' sake!* ¡No se lo digas, por Dios! • **for its own sake** *They value knowledge for its own sake.* Valoran el conocimiento por el conocimiento mismo. • **for the sake of it** *He was just talking for the sake of it.* Hablaba sólo por hablar. • **art for art's sake** el arte por el arte

sal·a·ble, saleable /ˈseɪləbəl/ *adj* vendible

sa·la·cious /səˈleɪʃəs/ *adj* (*fml*) salaz

sal·ad S1 /ˈsæləd/ s [C,U] ensalada • **a side salad** ensalada para acompañar • **salad bowl** ensaladera ▶ **FRUIT SALAD**

ˈsalad bar s [C] barra de ensaladas

ˈsalad ˌdressing s [C,U] aliño, aderezo (para ensaladas) SIN **dressing**

sa·la·mi /səˈlɑmi/ s [C,U] salami

sal·a·ried /ˈsælərid/ *adj* **1** [gralm ante s] asalariado -a (que recibe un sueldo mensual) **2** [solo ante s] retribuido -a, pago -a

sal·a·ry S2 W2 /ˈsæləri/ s [C,U] (pl **salaries**) sueldo, salario • **annual/monthly salary** sueldo anual/mensual • **weekly salary** salario semanal, paga semanal • **be on a salary of $20,000/$50,000** ganar un sueldo de 20.000/50.000 dólares • **on my/his salary** con mi/su sueldo: *How can he afford a car like that on his salary?* ¿Cómo puede permitirse un carro así con su sueldo? ▶ **WAGE, PAY**; ▶ ver nota en **SALARY**

¿pay, salary o wages?
pay es un sustantivo incontable que designa en general el dinero que se gana trabajando: *The pay is much better than in my previous job.*
salary designa el sueldo mensual, especialmente el de un profesional: *She earns a good salary as a manager.*
wage o wages es el salario que se cobra por horas o por semanas: *We get our wages on Friday mornings.*

sale S1 W1 /seɪl/ s
1 [C,U] (acto) venta • [+of]: *the sale of cigarettes to children under 16* la venta de cigarrillos a menores de 16 años
2 sales [pl] (total vendido) ventas: *Sales increased 24 per cent.* Las ventas subieron un 24 por ciento. • **sales figures** cifras de ventas • **sales forecast** previsión de ventas, proyección de ventas • **sales target** meta de ventas
3 sales [U] (departamento) (sección de) ventas: *She works in sales.* Trabaja en ventas. • **sales conference** conferencia de ventas • **sales force** personal de ventas • **sales staff** personal de ventas
4 [C] (en una tienda) rebajas, liquidación, barata: *We are having a sale!* ¡Estamos de liquidación! ▶ **CLEARANCE SALE, GARAGE SALE, RUMMAGE SALE, YARD SALE**
EXPRESIONES
for sale en venta: *The chairs are not for sale.* Las sillas no están en venta. • *The sign said "For Sale."* El letrero decía: "Se vende". • **put sth up for sale** poner algo en venta: *They've put their house up for sale.* Han puesto en venta su casa. • **on sale** *Postcards and stamps are on sale here.* Aquí se venden postales y estampillas. • *The new game isn't on sale yet.* El nuevo juego todavía no ha salido a la venta. • **go on sale** salir a la venta

sale·a·ble /ˈseɪləbəl/ *adj* variante de **SALABLE**

ˈsales clerk s [C] vendedor -a, dependiente -a

sales·man /ˈseɪlzmən/ s [C] (pl **salesmen** /-mən/) **1** vendedor • **car/computer/insurance salesman** vendedor de carros/computadores/seguros, vendedor de autos/computadoras/seguros **2** (en una tienda) vendedor, dependiente

sales·man·ship /ˈseɪlzmənˌʃɪp/ s [U] arte de vender

sales·per·son /ˈseɪlzˌpɜrsən/ s [C] (pl **salespeople** /-ˌpipəl/) **1** vendedor -a **2** (en una tienda) vendedor -a, dependiente -a

ˈsales repreˌsentative (tb **ˈsales rep**) s [C] representante de ventas

ˈsales slip s [C] comprobante de compra SIN **receipt**

ˈsales tax s [C,U] impuesto sobre las ventas ▶ **VAT**

sales·wom·an /ˈseɪlzˌwʊmən/ s [C] (pl **saleswomen** /-ˌwɪmɪn/) **1** vendedora **2** vendedora, dependienta

sa·li·ence /ˈseɪliəns/ s [U] (*fml*) relevancia

sa·li·ent /ˈseɪliənt/ *adj* [gralm ante s] (*fml*) destacado -a, saliente: *salient features* rasgos destacados • *the salient points of the report* los puntos salientes del informe • **be salient** ser significativo -a/relevante SIN **significant**

sa·line[1] /ˈseɪlin, -laɪn/ *adj* (*fml o técn*) salino -a, de agua salina • **saline solution** solución salina

saline[2] s [U] suero (salino)

S

sa·lin·i·ty /sə'lɪnəti/ s [U] (*frml o técn*) salinidad

sa·li·va /sə'laɪvə/ s [U] saliva

sal·i·vate /'sælə,veɪt/ v [I] salivar

sal·low /'sæloʊ/ adj (*escrito*) cetrino -a, amarillento -a

sal·low·ness /'sæloʊnɪs/ s [U] cualidad de cetrino

sal·ly /'sæli/ s [C] (pl **sallies**) (*frml*) misión de combate

salm·on /'sæmən/ s **1** [C] (pez) (pl **salmon**) salmón **2** [U] (como alimento) salmón **3** [U] (color) color salmón

sal·mo·nel·la /ˌsælmə'nɛlə/ s [U] salmonella, salmonela • **salmonella poisoning** salmonelosis, intoxicación por salmonella

sa·lon S3 /sə'lɑn/ s [C]
1 (tb **hair salon**, **hairdressing salon**) peluquería **2** (tb **beauty salon**) salón de belleza

sa·loon /sə'lun/ s [C] **1** bar (del Oeste americano) SIN **bar 2** gran salón (en un buque)

sal·sa S3 /'sælsə, 'sɔl-/ s
1 [C,U] salsa fría a base de tomate, cebolla y ají picante **2** [U] salsa (música)

salt[1] S2 W2 /sɔlt/ s [U] sal • **a pinch of salt** una pizca de sal ▸ RUB **salt into a wound**
EXPRESIONES
the salt of the earth buena papa • **take sth with a pinch/grain of salt** (*coloq*) no tomarse algo al pie de la letra, no creer algo a pies juntillas

salt[2] v [T gralm en pasiva] **1** (para curar) salar **2** (para condimentar) salar, ponerle sal a **3** (una carretera) echar sal en (para que no se hiele)
salt sth ↔ away v+partíc poner algo a buen recaudo

salt[3] adj [solo ante s] **1** salado -a (para conserva): *salt pork* tocineta salada **2** salado -a, de agua salada

salt·ed /'sɔltɪd/ adj **1** salado -a, con sal: *salted peanuts* manís salados • *salted butter* mantequilla con sal **2** salado -a (para conserva)

'salt ,shaker s [C] salero (recipiente)

salt·wa·ter, salt water /'sɔlt⌐,wɔtɚ, -,wɑ-/ s [U] agua salada: *saltwater lake* lago de agua salada

salt·y /'sɔlti/ adj (**saltier**, **saltiest**) **1** salado -a (con sabor a sal) **2** (*antic*) picante, subido -a de tono (lenguaje)

sa·lu·bri·ous /sə'lubriəs/ adj (*frml*) salubre

sal·u·ta·ry /'sælyə,tɛri/ adj (*frml*) **a salutary lesson/experience** una saludable lección/experiencia • **a salutary effect** un efecto beneficioso

sal·u·ta·tion /ˌsælyə'teɪʃən/ s (*frml*) **1** [C] encabezamiento (de una carta, un discurso) **2** [C,U] salutación, saludo

sa·lute[1] /sə'lut/ v **1** [I,T] saludar, hacer el saludo militar (a) **2** [T] elogiar, ensalzar

salute[2] s **1** [C] saludo (militar) **2** [C,U] **in salute** en señal de homenaje • **a salute to sb/sth** un homenaje/reconocimiento a alguien/algo **3** [C] salva: *a 21-gun salute* una salva de 21 cañonazos

Sal·va·do·ran /ˌsælvə'dɔrən/ (tb **Sal·va·do·ri·an**, **Salvadorean** /ˌsælvə'dɔriən/) s [C], adj salvadoreño -a

sal·vage[1] /'sælvɪdʒ/ v [T] **1** rescatar (de un naufragio, etc.) • **salvage sth from sth** rescatar algo de algo **2** salvar (la reputación, etc.)

salvage[2] s [U] **1** rescate (tras un naufragio, etc.) • **salvage operation** operación de rescate **2** material rescatado • **salvage yard** depósito de (venta de) materiales de demolición

sal·va·tion /sæl'veɪʃən/ s [sing, U] salvación

salve[1] /sæv/ s [C,U] pomada, ungüento • **lip salve** protector labial

salve[2] v **salve your conscience** tranquilizar su conciencia

sal·ver /'sælvɚ/ s [C] bandeja, charola (de metal trabajado)

sal·vo /'sælvoʊ/ s [C] (pl **salvos**, **salvoes**) **1** salva (de disparos) **2** ataque, acometida (verbal)

Sa·mar·i·tan /sə'mærət⌐n/ (tb **good Samaritan**) s [C] samaritano -a, alma caritativa

sam·ba /'sɑmbə, 'sæm-/ s [C,U] samba

same[1] S1 W1 /seɪm/ adj
1 (indicando identidad única) **the same...** el mismo/la misma...: *Ben and I went to the same school.* Ben y yo fuimos a la misma escuela. • **the same... as sth/sb** el mismo/la misma... que algo/alguien: *I arrived at the same time as Frank.* Llegué al mismo tiempo que Frank. • **this/that/these/those same...** *She wears that same dress to every party.* Se pone ese mismo vestido para todas las fiestas. • **the same... (that)** el mismo/la misma... que: *This is the same movie that they showed last week.* Esta es la misma película que dieron la semana pasada. • **the very same...** (tb **the exact same...**) *This is the very same house in which Shakespeare lived.* Esta es ni más ni menos que la casa donde vivió Shakespeare. • *Something else happened at the exact same moment.* Sucedió algo más en ese preciso instante. • **same time/place** (*coloq, oral*) a la misma hora/en el mismo lugar: *Meet me tomorrow — same time, same place.* Nos vemos mañana, a la misma hora y en el mismo lugar. ANT **different**, **separate**
2 (indicando semejanza entre varios) **the same...** el mismo/la misma...: *Teresa and I are the same age.* Teresa y yo tenemos la misma edad. • **the same... as sb/sth** el mismo/la misma... que alguien/algo: *His office is the same size as mine.* Su oficina es igual de grande que la mía. • **be/look/sound the same** ser/parecer/sonar iguales: *These signatures don't look the same.* Estas firmas no parecen iguales. • **exactly/just the same** exactamente igual: *I said exactly the same thing yesterday.* Ayer dije yo exactamente lo mismo. • **be the same as sth/sb** ser igual que algo/alguien: *Her view is the same as mine.* Opina igual que yo. ANT **different**
3 (indicando inalterabilidad) mismo -a: *Seeing her always has the same effect on me.* Verla siempre me produce el mismo efecto. • **be/look/sound the same** estar/parecer/sonar igual: *The house looked the same as always.* La casa estaba igual que siempre. • **much the same** casi igual/iguales: *The kitchen was still very much the same.* La cocina seguía casi igual. ANT **different**
EXPRESIONES
amount/come to the same thing venir a ser lo mismo • **at the same time** por otra parte, por otro lado • **by the same token** de igual manera • **be in the same boat** estar en la misma situación • **be on the same page** (*coloq*) ser de la misma cuerda, tocar la misma nota • **same difference** (*coloq, oral*) igual da • **the same old person/place/thing** (*coloq*) la misma persona/el mismo lugar/lo mismo de siempre: *She's stuck in the same old boring job.* Sigue en su aburrido trabajo de siempre. • **same old, same old** (*coloq, oral*) como siempre

same[2] S1 pron **the same** lo mismo: *I'll have a beer and John will have the same.* Para mí una cerveza y para John otra. • *Rats carry disease. The same is true of mice.* Las ratas contagian enfermedades. Pasa lo mismo con los ratones.
EXPRESIONES
it's all the same to me/her a mí me da/a ella le da igual, a mí me da/a ella le da lo mismo: *If it's all the same to you, I'll leave early today.* Si no te importa, hoy me iré temprano. • **all/just the same** de todos modos: *The meat was slightly burned, but delicious all the same.* La carne estaba un poco quemada pero deliciosa de todos modos. • **(the) same again** (*oral*) otra (ronda): *Same again, please, Sam.* Sam, otra ronda. • **same here** (*coloq, oral*) yo también • **(and the) same to you!** (*oral*) **(a)** (como respuesta a un saludo) ¡igualmente! **(b)** (como respuesta a un insulto) ¡lo mismo digo!

same[3] S1 W1 adv **the same** igual, de la misma manera: *These words are pronounced the same.* Estas palabras se pronuncian igual.
EXPRESIONES
same as usual/ever/always como siempre, igual que

siempre: *"How's school?" "Same as usual!"* –¿Cómo va la escuela? –¡Como siempre!

same·ness /'seɪmnɪs/ s [U] (*peyor*) monotonía, uniformidad

same-'sex *adj* **a same-sex marriage/relationship** un matrimonio/una relación entre personas del mismo sexo SIN **homosexual**

Sa·mo·a /sə'moʊə/ Samoa

Sa·mo·an¹ /sə'moʊən/ s **1** [C] (persona) samoano -a **2** [U] (idioma) samoano

Samoan² *adj* samoano -a

sam·ple¹ S3 W3 /'sæmpəl/ s [C]
1 (para análisis, estudio) muestra: *some samples of his work* algunas muestras de su obra • **a blood sample** una muestra de sangre
2 (de un producto) **a free sample** una muestra gratuita
3 (para encuesta) muestra • **a random sample** una muestra al azar
4 (en música) (fragmento) sampleado, sample

sample² *v* [T] **1** (una comida, una bebida) probar, degustar: *We wanted to sample the local food.* Queríamos probar la comida del lugar. **2** (una actividad, una experiencia) probar • **sample the delights of sth** disfrutar de las delicias de algo **3** (en música) samplear

san·a·to·ri·um /ˌsænə'tɔriəm/ s [C] (*antic*) sanatorio (para convalecientes)

sanc·ti·fy /'sæŋktəˌfaɪ/ *v* [T] (**sanctifies, sanctified, sanctifying**) santificar

sanc·ti·mo·ni·ous /ˌsæŋktə'moʊniəs/ *adj* (*peyor, frml*) mojigato -a, moralista

sanc·ti·mo·ni·ous·ly /ˌsæŋktə'moʊniəsli/ *adv* (*peyor, frml*) con tono moralista

sanc·ti·mo·ni·ous·ness /ˌsæŋktə'moʊniəsnɪs/ s [U] (*peyor, frml*) mojigatería

sanc·tion¹ /'sæŋkʃən/ s **1 sanctions** [pl] (a un país) sanciones • **impose sanctions on sth** imponerle/aplicarle sanciones a algo • **lift sanctions** levantar las sanciones • **trade/economic sanctions** sanciones comerciales/económicas **2** [C] (castigo) sanción **3** [U] (*frml*) autorización

sanction² *v* [T] (*frml*) **1** (oficialmente) sancionar, aprobar SIN **approve 2** (por tradición) **be sanctioned by sth** estar sancionado -a/consentido -a por algo

sanc·ti·ty /'sæŋktəti/ s [U] (*frml*) **1** santidad ▶ SACRED **2** inviolabilidad • **the sanctity of human life/the Constitution** la inviolabilidad de la vida humana/de la Constitución

sanc·tu·ar·y /'sæŋktʃuˌɛri/ s (pl **sanctuaries**) **1** [C] reserva (biológica) • **a bird/wildlife sanctuary** una reserva ornitológica/natural **2** [U] **find/seek sanctuary** encontrar/buscar refugio • **give sb sanctuary** darle refugio/asilo a alguien **3** [C] en un edificio religioso, sitio donde se oficia el servicio **4** [C] (en una iglesia) presbiterio

sanc·tum /'sæŋktəm/ (tb **sanctum sanc·to·rum** /ˌsæŋktəm sæŋk'tɔrəm/) s [C] sancta sanctorum (lugar sagrado)
EXPRESIONES
the inner sanctum (*hum*) el sancta sanctorum (lugar reservado)

sand¹ S2 W3 /sænd/ s
1 [U] arena • **a grain of sand** un grano de arena
2 sands [pl] playa
EXPRESIONES
the sands of time *The sands of time have run out for the factory.* La fábrica tiene las horas contadas.

sand² S3 (tb **sand down**) *v* [T] lijar (un mueble, la madera), pulir (el piso)

san·dal /'sændl/ s [C] sandalia, huarache: *a pair of sandals* unas sandalias

san·dal·wood /'sændlˌwʊd/ s [U] sándalo

sand·bag¹ /'sændbæg/ s [C] saco de arena (usado como protección)

sandbag² *v* [T] (**sandbagged, sandbagging**) proteger con sacos de arena

sand·bank /'sændbæŋk/ s [C] banco de arena

sand·blast /'sændblæst/ *v* [T] limpiar/pulir con chorro de arena, arenar

sand·box /'sændbɑks/ s [C] arenero (para que jueguen los niños)

sand·cas·tle /'sændˌkæsəl/ s [C] castillo de arena

'sand dune s [C] duna

sand·er /'sændər/ s [C] lijadora

sand·pa·per¹ /'sændˌpeɪpər/ s [U] papel de lija, lija de papel

sandpaper² *v* [T] lijar SIN **sand**

sand·stone /'sændstoʊn/ s [U] arenisca

sand·storm /'sændstɔrm/ s [C] tormenta de arena

sand·trap /'sændtræp/ s [C] trampa de arena, búnker

sand·wich¹ /'sændwɪtʃ/ s [C] sándwich, torta • **a cheese/chicken/tuna sandwich** un sándwich de queso/pollo/atún • **sandwich bag** bolsa (para guardar alimentos) ▶ CLUB SANDWICH, SUBMARINE SANDWICH

sandwich² *v* **1** [T] (tb **sandwich together**) juntar (dos superficies) **2** [T gralm en pasiva] **be sandwiched between two men/houses** estar (encajonado -a) entre dos hombres/casas

'sandwich board s [C] cartel publicitario (de un hombre-anuncio)

sand·y /'sændi/ *adj* (**sandier, sandiest**) **1** arenoso -a, de arena • **a sandy beach** una playa de arena **2** rubio -a rojizo -a

sane /seɪn/ *adj* **1** cuerdo -a, en su sano juicio • **perfectly sane** perfectamente cuerdo -a • **no sane person would say/attempt that** nadie en su sano juicio diría/intentaría eso ANT **insane 2** estable, equilibrado -a (emocionalmente) • **stay sane** no volverse loco -a **3** [solo ante s] sensato -a, razonable (solución, etc.) SIN **sensible** ANT **insane** ▶ SANITY

sang /sæŋ/ pasado de SING

sang-froid /ˌsæŋ 'fwɑ/ s [U] (*liter*) sangre fría

san·guine /'sæŋgwɪn/ *adj* (*frml*) optimista • **be sanguine about sth** ser optimista sobre algo SIN **optimistic, confident**

san·i·tar·i·um /ˌsænə'tɛriəm/ s variante de SANATORIUM

san·i·tar·y /'sænəˌtɛri/ *adj* **1** [solo ante s] sanitario -a (normas, etc.) • **sanitary conditions** condiciones de higiene/salubridad • **sanitary facilities** baños, instalaciones sanitarias **2** (*frml*) higiénico -a (procedimiento, envase, etc.) SIN **hygienic 3** [solo ante s] de higiene femenina (productos)

'sanitary 'napkin s [C] toalla sanitaria/higiénica, toalla femenina

san·i·ta·tion /ˌsænə'teɪʃən/ s [U] (condiciones de) higiene, (condiciones de) salubridad

san·i·tize /'sænəˌtaɪz/ *v* [T] **1** (*peyor*) edulcorar, suavizar (un relato, un informe), disfrazar (la muerte, la violencia): *Cartoons often glamorize and sanitize violence.* Los dibujos animados suelen mitificar y disfrazar la violencia. • **a sanitized version of sth** una versión edulcorada de algo **2** (limpiar y) desinfectar

san·i·ty /'sænəti/ s [U] **1** cordura, salud mental • **lose your sanity** perder el juicio • **doubt sb's sanity** dudar de que alguien esté en sus cabales **2** cordura, sensatez ANT **insanity** ▶ SANE

sank /sæŋk/ pasado de SINK

San·skrit /'sænskrɪt/ s [U] sánscrito

San·ta Claus /'sæntə ˌklɔz/ (tb **Santa**) s Papá Noel

S

sap¹ /sæp/ s **1** [U] savia (de las plantas) **2** [C] (*coloq*) infeliz, inocente, menso -a

sap² v [T] (**sapped**, **sapping**) debilitar • **sap sb's strength/energy** minar la fuerza/las energías de alguien • **sap sb's confidence/will** minar la confianza/voluntad de alguien SIN **weaken**

sap·ling /'sæplɪŋ/ s [C] plantón, árbol joven

sap·phire¹ /'sæfaɪ⋄/ s **1** [C,U] zafiro **2** (tb **sapphire blue**) azul zafiro

sapphire² (tb **'sapphire ˌblue**) adj azul zafiro

sap·py /'sæpi/ adj (**sappier**, **sappiest**) (*peyor*) sensiblero -a, cursi: *a sappy love song* una canción de amor cursi

Sa·ran Wrap /sə'ræn ˌræp/ s [U] (*marca reg*) film (transparente) (para envolver alimentos)

sar·casm /'sɑr,kæzəm/ s [U] sarcasmo

sar·cas·tic /sɑr'kæstɪk/ adj sarcástico -a

sar·cas·ti·cal·ly /sɑr'kæstɪkli/ adv sarcásticamente

sar·coph·a·gus /sɑr'kɑfəgəs/ s [C] (pl **sarcophagi** /-dʒaɪ/) sarcófago

sar·dine /sɑr'din/ s [C] sardina

EXPRESIONES

be packed like sardines ir como sardinas (en lata)

sar·don·ic /sɑr'dɑnɪk/ adj (*escrito*) sardónico -a, socarrón -ona

sar·don·i·cal·ly /sɑr'dɑnɪkli/ adv (*escrito*) sardónicamente, socarronamente

sa·ri /'sɑri/ s [C] sari

SASE /ˌes eɪ es 'i/ s [C] (**self-addressed stamped envelope**) sobre franqueado (a nombre del remitente)

sash /sæʃ/ s [C] **1** faja (sobre el vestido) **2** banda (de honor) **3** hoja (de una ventana de guillotina) • **sash window** ventana (de) guillotina

sass¹ /sæs/ v [T] (*coloq*) faltarle el/al respeto a

sass² s [U] (*coloq*) **1** (*aprec*) descaro, atrevimiento, frescura **2** (*peyor*) insolencia(s)

sas·sy /'sæsi/ adj (**sassier**, **sassiest**) **1** (*aprec*) atrevido -a **2** (*peyor*) insolente

SAT /ˌes eɪ 'ti/ s [C] (**Scholastic Aptitude Test**) (*marca reg*) en Estados Unidos, prueba de ingreso a la universidad

Sat. (*abrev escrita de* **Saturday**) sáb.

sat /sæt/ pasado y participio pasado de SIT

Sa·tan /'seɪt⋄n/ s Satanás, Satán

sa·tan·ic /sə'tænɪk, seɪ-/ adj [gralm ante s] satánico -a

sa·tan·ism, **Satanism** /'seɪt⋄n,ɪzəm/ s [U] satanismo

sa·tan·ist, **Satanist** /'seɪt⋄n-ɪst/ s [C] satanista

satch·el /'sætʃəl/ s [C] maletín escolar, cartera (de la escuela)

sat·el·lite S3 W2 /'sætl,aɪt/ s [C]
1 (aparato) satélite • **via/by satellite** vía/por satélite • **satellite broadcast** emisión vía satélite • **satellite channel** canal satelital • **satellite pictures/photographs** imágenes/fotografías satelitales
2 (*técn*) (astro) satélite, luna
3 (país, grupo) satélite • **satellite state** país/estado satélite

'satellite ˌdish s [C] antena parabólica

ˌsatellite 'television (tb **ˌsatellite 'TV**) s [U] televisión satelital, televisión vía satélite

sa·ti·ate /'seɪʃi,eɪt/ v [T gralm en pasiva] (*liter*) saciar

sat·in¹ /'sæt⋄n/ s [C,U] satín

satin² adj [solo ante s] de satín

sat·in·y /'sæt⁻n-i/ adj satinado -a

sat·ire /'sætaɪ⋄/ s [C,U] sátira: *a satire on American politics* una sátira de la política estadounidense

sa·tir·i·cal /sə'tɪrɪkəl/ (tb **sa·tir·ic** /sə'tɪrɪk/) adj satírico -a: *a satirical magazine* una revista satírica

sa·tir·i·cal·ly /sə'tɪrɪkli/ adv satíricamente

sat·i·rist /'sætərɪst/ s [C] escritor satírico/escritora satírica

sat·i·rize /'sætə,raɪz/ v [T] satirizar

sat·is·fac·tion /ˌsætɪs'fækʃən/ s **1** [C,U] (placer) satisfacción: *a smile of satisfaction* una sonrisa de satisfacción • **with satisfaction** con satisfacción • **have/get the satisfaction of doing sth** tener la satisfacción de hacer algo • **get satisfaction from (doing) sth** *She got a deep satisfaction from her career.* Su carrera le deparaba muchas satisfacciones. • *He got great satisfaction from helping people to learn.* Para él era muy gratificante ayudar a la gente con su aprendizaje. • **a sense/feeling of satisfaction** una sensación de satisfacción • **job satisfaction** satisfacción en el trabajo **2** [U] (disculpa, compensación) satisfacción, respuesta satisfactoria

EXPRESIONES

to sb's satisfaction a gusto de alguien, a plena satisfacción de alguien

sat·is·fac·to·ri·ly /ˌsætɪs'fæktərəli, -trəli/ adv satisfactoriamente

sat·is·fac·to·ry /ˌsætɪs'fæktəri, -tri/ adj satisfactorio -a • **a satisfactory explanation/response/answer** una explicación/respuesta/contestación satisfactoria • [+**to/for**]: *The arrangement is satisfactory to both sides.* El arreglo es satisfactorio para ambas partes. ANT **unsatisfactory**

sat·is·fied /'sætɪs,faɪd/ adj **1** satisfecho -a • **satisfied with sth** satisfecho -a con algo, contento -a con algo: *I'm not satisfied with my haircut.* No estoy contenta con mi corte de pelo. • **keep sb satisfied** tener contento -a/satisfecho -a a alguien • **a satisfied customer** un cliente satisfecho/una clienta satisfecha • **not be completely/entirely satisfied** no estar del todo/plenamente satisfecho -a ANT **dissatisfied 2** [nunca ante s] **be satisfied (that)** estar seguro -a/convencido -a de que: *The jury was satisfied that he had done nothing wrong.* El jurado quedó convencido de que no había hecho nada malo. ▶ SELF-SATISFIED

sat·is·fy S3 W3 /'sætɪs,faɪ/ v [T] (**satisifies**, **satisfied**, **satisfying**)
1 satisfacer, dejar contento -a: *Nothing I did ever seemed to satisfy my father.* Nada de lo que hacía parecía satisfacer a mi padre.
2 satisfy a desire/need satisfacer un deseo/una necesidad • **satisfy demand** satisfacer la demanda • **satisfy sb's curiosity** satisfacer la curiosidad de alguien
3 (*frml*) convencer: *Her explanation failed to satisfy the jury.* Su explicación no convenció al jurado. • **satisfy yourself that** asegurarse de que: *We've satisfied ourselves that it was an accident.* Tenemos plena seguridad de que fue un accidente. ▶ CONVINCE
4 satisfacer, cumplir • **satisfy a requirement/condition/ criteria** (*frml*) satisfacer un requisito/una condición/ criterios

sat·is·fy·ing /'sætɪs,faɪ-ɪŋ/ adj **1** satisfactorio -a, gratificante (trabajo, experiencia, sensación) **2** que satisface (comida)

sat·u·rate /'sætʃə,reɪt/ v [T] **1** (*frml*) empapar, calar SIN **soak 2** saturar • **saturate sth with sth** saturar algo de algo

sat·u·rat·ed /'sætʃə,reɪtɪd/ adj saturado -a

ˌsaturated 'fat s [C,U] grasa(s) saturada(s)

sat·u·rates /'sætʃərɪts/ s [pl] grasas saturadas SIN **saturated fat**

sat·u·ra·tion /ˌsætʃə'reɪʃən/ s [U] saturación • **reach saturation** alcanzar la saturación, estar saturado -a ▶ SATURATION POINT • **saturation coverage** cobertura informativa exhaustiva

satu'ration ˌpoint s [C gralm sing] punto de saturación • **reach saturation point** alcanzar el punto de saturación

Sat·ur·day /ˈsætədi, -deɪ/ s [C,U] sábado ▶ ver ejs en FRIDAY

Sat·urn /ˈsætən/ s Saturno

sauce S2 W3 /sɔs/ s
1 [C,U] salsa: *pasta in a creamy sauce* pasta con una salsa cremosa • **tomato/cheese sauce** salsa de tomate/queso, salsa de jitomate/queso • **chocolate sauce** salsa de chocolate
2 **the sauce** (*antic, coloq*) la bebida (alcohólica) • **be on the sauce** tomar (alcohol) (en exceso)
EXPRESIONES
what's sauce for the goose (is sauce for the gander) lo que es bueno para uno es bueno para todos

sauce·pan /ˈsɔs-pæn/ s [C] olla, cacerola SIN pan

sau·cer /ˈsɔsə/ s [C] platillo, platito (de una taza) • **a cup and saucer** una taza y un platillo/platito ▶ FLYING SAUCER

sau·cy /ˈsɔsi/ *adj* (**saucier, sauciest**) 1 picante, atrevido -a 2 (*antic*) descarado -a, impertinente

Sau·di A·ra·bi·a /ˌsɔdi əˈreɪbiə, ˌsaʊ-/ Arabia Saudí, Arabia Saudita

Saudi 'Arabian (tb **Saudi**) s [C], *adj* saudí, saudita

sau·er·kraut /ˈsaʊə-kraʊt/ s [U] chucrut

sau·na /ˈsɔnə/ s [C] sauna • **take/have a sauna** darse un (baño) sauna

saun·ter /ˈsɔntə, ˈsɑn-/ v [I siempre + adv/prep] *A young man sauntered into the bar.* Un joven entró al bar con aire despreocupado. • *She sauntered along the high street.* Paseó tranquilamente por la calle principal.

sau·sage S2 /ˈsɔsɪdʒ/ s [C,U] salchicha (cruda), embutido (curado)

sav·age¹ /ˈsævɪdʒ/ *adj* 1 (violento) **a savage attack/murder** un brutal ataque/asesinato • **a savage beating** una golpiza brutal • **a savage dog/beast** un perro/una bestia salvaje 2 (*crítico*) despiadado -a, demoledor -a • **a savage attack/criticism** un ataque despiadado/una crítica demoledora 3 (severo) drástico -a (recorte, aumento), inclemente (invierno, tormenta) • **a savage blow** un durísimo golpe 4 [solo ante s] (*antic, despec*) (*tribus*) salvaje, primitivo -a SIN primitive

savage² s [C] (*antic, despec*) salvaje, primitivo -a

savage³ v [T] 1 (*crítico*) criticar duramente 2 (*animal*) atacar salvajemente

sav·age·ly /ˈsævɪdʒli/ *adv* 1 (atacar, asesinar) brutalmente, salvajemente 2 (criticar) duramente, despiadadamente

sav·age·ry /ˈsævɪdʒri/ s [U] 1 brutalidad, salvajismo (de un ataque) 2 virulencia (de las palabras)

save¹ S1 W1 /seɪv/ v
1 de un peligro
2 apartar dinero
3 reducir consumo
4 para otro momento
5 algo incómodo o desagradable
6 para otra persona
7 objetos usados
8 en informática
9 en fútbol, hockey
10 en religión

1 **DE UN PELIGRO** [T] salvar: *the campaign to save the rainforests* la campaña para salvar las selvas tropicales • **save sb from drowning/death/defeat** salvar a alguien de morir ahogado -a/de la muerte/de una derrota • **save a life** salvar una vida • **save a marriage** salvar un matrimonio

2 **APARTAR DINERO** [I] (tb **save up**) ahorrar: *We'll have to save if we want a new car.* Vamos a tener que ahorrar si queremos cambiar de carro. • **save (up) for sth** ahorrar para algo: *I'm saving for a trip to India.* Estoy ahorrando para viajar a la India. • **save (up) to do sth** ahorrar para hacer algo

3 **REDUCIR CONSUMO** [I,T] ahorrar(se): *We can save fifteen minutes by taking the expressway.* Si tomamos la autopista nos ahorramos quince minutos. • **save sb sth** (hacer) ahorrar algo a alguien: *The changes could save us $500,000 a year.* Los cambios nos podrían ahorrar 500.000 dólares al año. • **save on sth** ahorrar en algo: *The company is saving on employment costs.* La empresa está ahorrando en costos laborales. • **save time/money/energy** ahorrar tiempo/dinero/energía

4 **PARA OTRO MOMENTO** [T] guardar • **save sth for sth** guardar algo para algo: *I'm saving the champagne for a special occasion.* Tengo la champaña guardada para una ocasión especial.

5 **ALGO INCÓMODO O DESAGRADABLE** [T] evitar, ahorrar: *It'll save arguments later if we agree everything now.* Si nos ponemos de acuerdo en todo ahora, nos ahorraremos discusiones más adelante. • **save (sb) doing sth** ahorrar(le)/evitar(le) (a alguien) hacer algo: *Speak to her now to save calling her later.* Habla con ella ahora para no tener que llamarla más tarde. • **save sb sth** ahorrarle/evitarle algo a alguien: *If you lend me the money, it will save me a trip to the bank.* Si me prestas el dinero, me ahorro un viaje al banco. • **save sb from doing sth** salvar a alguien de hacer algo: *You saved me from looking like a fool!* ¡Me salvaste de quedar como un imbécil!

6 **PARA OTRA PERSONA** [T] guardar: *Will you save my place in line?* ¿Me guardas el lugar en la fila? • **save sb sth** guardarle algo a alguien: *We'll save you a seat at our table.* Te guardamos lugar en nuestra mesa. • **save sth for sb** guardarle/reservarle algo a alguien: *Will you save some dinner for me?* ¿Me guardas algo para comer?

7 **OBJETOS USADOS** [T] juntar, guardar: *Do you save old jam jars?* ¿Guardas los frascos de mermelada?

8 **EN INFORMÁTICA** [I,T] guardar, salvar: *Have you saved your document?* ¿Has guardado el documento? ▶ BACK UP

9 **EN FÚTBOL, HOCKEY** [T] atajar, salvar, parar

10 **EN RELIGIÓN** [T] salvar ▶ **save your** BREATH
EXPRESIONES
can't do sth to save your life (*coloq, oral*) ser un desastre haciendo algo: *He can't cook to save his life.* Es un desastre cocinando. • **save the day** salvar la situación • **save face** quedar bien, salvar las apariencias • **save sb's life** (tb **save sb's skin/neck/bacon** (*coloq*)) salvarle la vida a alguien (sacar de un apuro a alguien)

save² s [C] atajada, salvada, parada (en fútbol, hockey) • **make a save** atajar, salvar, parar

save³ (tb **'save for**) *prep* (*frml*) salvo, excepto: *She answered all the questions save one.* Contestó todas las preguntas excepto una. SIN **except, except for**

sav·er /ˈseɪvə/ s [C] ahorrador -a ▶ SCREEN SAVER

sav·ing S3 /ˈseɪvɪŋ/ s
1 [C,U] ahorro • **a saving of sth** (tb **savings of sth**) un ahorro de algo • [+in]: *The new engines will lead to a 40% saving in fuel.* Los nuevos motores van a suponer un ahorro del 40% en combustible. • **make savings** economizar, ahorrar
2 **savings** [pl] ahorros • **sb's life savings** los ahorros de toda la vida de alguien

saving grace s [C] **sth's/sb's only saving grace** lo único que salva a algo/alguien: *Her performance is the movie's only saving grace.* Su actuación es lo único que salva a la película.

'savings ac·count s [C] cuenta de ahorro(s) ▶ CHECKING ACCOUNT

savings and 'loan (tb **savings and 'loan associ·ation**) s [C] entidad de ahorro y préstamo, sociedad de ahorro y préstamo

'savings bank s [C] caja de ahorros

sav·ior /ˈseɪvjə/ s 1 [C gralm sing] salvador -a: *He was hailed as the savior of the team.* Lo aclamaron como salvador del equipo. 2 **the Savior** (tb **our Savior**) el Salvador

sa·vor[1] /'seɪvə/ v [T] **1** (un vino, una comida) saborear, paladear **2** (un momento, una experiencia) saborear

savor[2] s [sing, U] (frml) **1** sabor **2** aroma

sa·vor·y /'seɪvəri/ adj **1** sabroso -a, rico -a **2** salado -a (no dulce) ANT **sweet 3** [gralm en negat] recomendable, agradable: *one of the less savory areas* una de las zonas menos recomendables

sa·vour /'seɪvə/ v, s variante británica de SAVOR

sa·vour·y /'seɪvəri/ adj variante británica de SAVORY

sav·vy[1] /'sævi/ adj (**savvier**, **savviest**) (coloq) despabilado -a, listo -a, habilidoso -a

savvy[2] s [U] (coloq) sentido común, habilidad

saw[1] /sɔ/ pasado de SEE

saw[2] s [C] sierra, serrucho • **a power/an electric saw** una sierra mecánica/eléctrica

saw[3] v [I,T] (**sawed**, **sawed** o **sawn** /sɔn/) cortar (con una sierra)
saw at sth v+partíc intentar cortar algo
saw sth ↔ off v+partíc cortar algo
saw sth ↔ up v+partíc cortar algo en pedazos (con una sierra)

saw·dust /'sɔdʌst/ s [U] aserrín

saw·mill /'sɔmɪl/ s [C] aserradero

sawn /sɔn/ participio pasado de SAW

sax /sæks/ s [C] (coloq) saxo SIN **saxophone**

Sax·on /'sæksən/ s [C], adj sajón -ona

sax·o·phone /'sæksəˌfoʊn/ s [C] saxofón • **play (the) saxophone** tocar el saxofón • **on (the) saxophone** al saxofón SIN **sax** • **a saxophone player** un saxofonista/una saxofonista SIN **sax**

say[1] S1 W1 /seɪ/ v (**says** /sɛz/, **said** /sɛd/, **saying**)

1 expresarse oralmente
2 cartel, texto
3 reloj
4 expresar intención
5 expresar opinión generalizada
6 revelar cualidades
7 dar una hipótesis
8 poner un ejemplo
9 mandar, ordenar
10 pronunciar
11 un texto, verso, poema

1 EXPRESARSE ORALMENTE [I solo en interrog y negat, T] decir: *"I don't care," he said.* –No me importa –dijo. • *"Is John coming?" "I don't know, he didn't say."* –¿Viene John? –No sé, no dijo nada. • **say (that)** decir que: *She said that you were looking for me.* Dijo que me estabas buscando. • **say something/nothing** decir algo/nada: *He said something in Japanese.* Dijo algo en japonés. • *She looked at him but said nothing.* Lo miró pero no dijo nada. • *Did she say anything about the trip?* ¿Dijo algo del viaje? • **say sth to sb** decirle algo a alguien: *What did you say to them?* ¿Qué les dijiste? • **say how/why/who** decir cómo/por qué/quién: *Don't be afraid of saying what you think.* No tengas miedo de decir lo que piensas. • **something/nothing to say** algo/nada que decir: *I couldn't think of anything to say to her.* No se me ocurría qué decirle. • **a terrible/stupid/nice thing to say** *It's a terrible thing to say, but I wish he were dead.* Sé que suena horrible, pero desearía que estuviera muerto. • **say yes/no (to sth)** decir que sí/no (a algo): *Can I go Dad? Please say yes!* ¿Puedo ir, papá? ¡Por favor, di que sí! • **say hello/goodbye/thank you** decir hola/adiós/gracias, saludar/despedirse/dar las gracias: *He went upstairs to say good night to the children.* Subió a darles las buenas noches a los niños. • **say (you're) sorry** disculparse, pedir disculpas

2 CARTEL, TEXTO [T nunca en pasiva] decir: *What does the letter say?* ¿Qué dice la carta? • *The sign said "Back in 10 minutes."* En el letrero decía "Vuelvo en 10 minutos". • **say (that)** decir que: *The report says that safety standards need to be improved.* El informe dice que hace falta mejorar los niveles de seguridad. • **say to do**

sth decir que hay que hacer algo: *The label says to take one pill before meals.* En la etiqueta dice que hay que tomar una pastilla antes de las comidas. • **say who/what/how** decir quién/qué/cómo: *The card doesn't say who sent the flowers.* En la tarjeta no dice quién ha mandado las flores.

3 RELOJ [T nunca en pasiva] marcar: *The kitchen clock said 9 o'clock.* El reloj de la cocina marcaba las 9.

4 EXPRESAR INTENCIÓN [T gralm en forma continua] (querer) decir: *What are you trying to say?* ¿Qué quieres decir? • *All I'm saying is that it would be better to do this first.* Lo único que quiero decir es que sería mejor hacer esto primero.

5 EXPRESAR OPINIÓN GENERALIZADA [T] decir • **they/people say (that)** dicen que, se dice que: *They say it's a good place for surfing.* Dicen que es un buen sitio para hacer surf. • **be said to be sth/do sth** *She's said to be the richest woman in the world.* Se dice que es la mujer más rica del mundo. • **you know what they say** como dice el refrán/el dicho • **as they say** como se suele decir: *One day, I will settle down, as they say, and raise a family.* Un día sentaré cabeza, como se suele decir, y formaré una familia.

6 REVELAR CUALIDADES [T] decir • **sth says a lot about sb/sth** algo dice mucho sobre alguien/algo: *What you wear says a lot about what type of person you are.* Lo que te pones dice mucho sobre qué tipo de persona eres.

7 DAR UNA HIPÓTESIS [T gralm en imperat] suponer: *Say you lost your job, what would you do then?* Supón que pierdes tu trabajo, ¿qué harías entonces? • **let's (just) say (that)** supongamos que: *Let's say you won $3 million. How would you spend it?* Supongamos que ganaras 3 millones de dólares. ¿En qué los gastarías? SIN **suppose**

8 PONER UN EJEMPLO [T gralm en imperat] decir: *Let's put out, say, 20 chairs.* Vamos a poner, digamos, 20 sillas. • **let's say** digamos

9 MANDAR, ORDENAR [T] (oral) decir • **say to do sth** decir que se haga algo: *She said to give her a call later.* Dijo que la llamáramos luego.

10 PRONUNCIAR [T] decir

11 UN TEXTO, VERSO, POEMA [T] decir, recitar • **say a prayer** rezar (una oración) • **say your line(s)** decir/recitar su parte (en el teatro, etc.) ▶ **that's easier said than done** (EASY), **ENOUGH said**, **say a MOUTHFUL**, **NEEDLESS to say**, **no sooner said than done** (SOON), **WELL said!**, **when ALL's said and done**

EXPRESIONES

anything/whatever you say (oral) lo que tú digas • **as I say/said** (oral) como digo/decía: *As I said, I've never done this before.* Como decía antes, es la primera vez que hago esto. • **have a lot to say for yourself** hablar hasta por los codos • **not have much to say for yourself** ser/estar muy callado -a • **have something to say (about sth)** (con enojo) *Your dad will have something to say about this when he gets home.* Ya veremos qué dice tu padre de esto cuando vuelva a casa. • **I'll say** (antic, oral) ¡ya lo creo! • **I wouldn't say no (to sth)** (oral) no me vendría mal (algo): *I wouldn't say no to a cup of coffee.* No me vendría mal un café. • **it's not for sb to say** *It's not for me to say whether he's the right person for the job.* Yo no soy quién para decir si él es la persona indicada para el puesto. • **sth says it all** algo lo dice todo: *The title of the movie says it all.* El título de la película lo dice todo. • **say no more** (tb **enough said**) (oral) no (me) digas más, lo entiendo • **say your piece** *Let him say his piece.* Deja que diga lo que tiene que decir. • **(just) say the word** (oral) no tienes más que decirlo/pedirlo • **say sth to sb's face** decirle algo a alguien a/en la cara • **say what?** (coloq) **(a)** (expresando sorpresa) ¿cómo? **(b)** (al no entender) ¿cómo? • **say when** (oral) dime cuánto, dime hasta dónde (al servir comida, bebida) • **something/a lot/not much to be said for sth** *There's something to be said for the new policy.* La nueva política tiene sus ventajas. • **that's not saying much** eso no es mucho decir: *The offer is better than the original offer, but that's not saying much.* La oferta es mejor que la primera, lo cual no es mucho decir. • **that**

is not to say eso no significa/no quita que • **that said** (tb **having said that**) *They lost the game. That said, they're a very good team.* Perdieron el partido. Aun así, son un gran equipo. • **to say nothing of sth** por no hablar de algo • **to say the least** por decirlo suavemente, por no decir otra cosa: *She wasn't very helpful to say the least.* Ayudó más bien poco, por no decir otra cosa. • **what do you say?** (*oral*) ¿qué te parece? • **what do you say to that/to a week in Cancun?** ¿qué te parece eso/una semana en Cancún? • **what do you say we/I/you do sth** *What do you say we go see a movie tonight?* ¿Qué te parece si vamos al cine esta noche? • **what/whatever sb says, goes** lo que alguien dice, se hace • **who can say?** (tb **who's to say**) ¿quién sabe? • **you can say that again** (*oral*) exacto, y que lo digas • **you could say that** (*oral*) podría decirse que sí, algo así • **you don't say!** (*oral*) ¡no me digas! (irónicamente) • **you said it!** (*oral*) (tb **you said it, not me!**) ¡tú lo has dicho!, ¡no fui yo quien lo dijo!

say² S2 W3 *s* [sing, U] **have a say/have some say (in sth)** tener derecho a opinar (sobre algo), tener voz (en algo): *Local people want to have a say in decisions that affect them.* Los vecinos quieren participar en las decisiones que les afectan. • **have no say** no tener derecho a opinar: *countries where women have no say* países donde las mujeres no tienen derecho a opinar • **have the final say** tener la última palabra • **have/get your say** dar su opinión: *You've had your say – now it's my turn.* Tú ya has dado tu opinión, ahora me toca a mí.

say³ S2 *interj* (*coloq*)
1 (para llamar la atención) oye: *Say, Mike, how about a beer after work?* Oye, Mike, ¿qué te parece tomarnos una cerveza a la salida del trabajo?
2 (*antic*) (expresando sorpresa) oye

say·ing /'seɪ-ɪŋ/ *s* [C] dicho, refrán • **as the saying goes** como dice el refrán ▸ PROVERB

SC *abrev escrita de* SOUTH CAROLINA

scab /skæb/ *s* [C] **1** costra **2** (*coloq*) esquirol, rompe-huelgas

scab·bard /'skæbəd/ *s* [C] vaina (de la espada)

sca·bies /'skeɪbiz/ *s* [U] sarna

scaf·fold /'skæfəld, -foʊld/ *s* **1 the scaffold** el patíbulo, el cadalso • **go to the scaffold** ir al patíbulo **2** [C] (para pintar, construir) andamio **3** [C] (para limpiar ventanas) andamio

scaf·fold·ing /'skæfəldɪŋ/ *s* [U] andamio(s), andamiaje

scald¹ /skɔld/ *v* [T] escaldar • **scald yourself** escaldarse • **scald your tongue/hand** escaldarse la lengua/mano

scald² *s* [C] escaldadura

scald·ing /'skɔldɪŋ/ *adj* hirviendo (muy caliente) • **scalding hot** hirviendo: *a cup of scalding hot coffee* una taza de café hirviendo SIN **boiling**

scale¹ S3 W3 /skeɪl/ *s*
1 tamaño
2 jerarquía
3 sistema de medición
4 para pesar
5 en un mapa, una maqueta
6 de un termómetro, barómetro
7 en música
8 de un pez, reptil
9 sueldo

1 TAMAÑO [sing, U] escala, dimensión • [+of]: *We didn't realize the scale of the problem.* No nos dimos cuenta de la dimensión del problema. • **the full/true scale of sth** la verdadera dimensión de algo • **on a large/grand/massive scale** a gran escala • **on a small scale** a pequeña escala
2 JERARQUÍA [C gralm sing] escala, jerarquía • **at the top/upper end of the scale** en lo más alto de la escala • **at the bottom/lower end of the scale** en lo más bajo de la escala
3 SISTEMA DE MEDICIÓN [C gralm sing] escala • **on the Richter/Beaufort scale** en la escala de Richter/Beaufort

• **on a scale of 1 to 10** en una escala del 1 al 10 • **a salary/pay scale** una escala salarial ▸ SLIDING SCALE
4 PARA PESAR [sing] balanza: *I weighed myself on our scale at home.* Me pesé en la balanza de la casa.
5 EN UN MAPA, UNA MAQUETA [C gralm sing, U] escala • **a scale of 1 to 10/1:50,000** una escala de a 10/1:50.000 • **to scale** a escala • **scale drawing/diagram** dibujo/diagrama a escala • **scale model** maqueta/modelo a escala
6 DE UN TERMÓMETRO, BARÓMETRO [C] escala
7 EN MÚSICA [C] escala: *the scale of G major* la escala de sol mayor
8 DE UN PEZ, REPTIL [C gralm pl] escama
9 SUELDO [U] salario mínimo • **be on scale** cobrar el salario mínimo • **for scale** por el salario mínimo ▸ FULL-SCALE, TIMESCALE, TIP the scales

scale² *v* [T] **1** (*frml*) escalar **2** descamar, quitarle las escamas a
scale sth ↔ back/down *v+partíc* reducir algo (los gastos, las actividades, etc.)
scale sth ↔ up *v+partíc* aumentar algo

scal·lion /'skælyən/ *s* [C] cebolleta, cebollita, cebolla de cambray SIN **green onion**

scal·lop /'skæləp, 'skɑləp/ *s* [C] vieira

scal·loped /'skæləpt, 'skɑ-/ *adj* festoneado -a

scalp¹ /skælp/ *s* [C] **1** cuero cabelludo **2** cabellera (trofeo)

EXPRESIONES
be after sb's scalp (*coloq*) querer que ruede la cabeza de alguien

scalp² *v* **1** [I,T] (*coloq*) revender (entradas) **2** [T] arrancarle la cabellera a

scal·pel /'skælpəl/ *s* [C] bisturí, escalpelo

scal·per /'skælpə/ *s* [C] revendedor -a (de entradas)

scal·y /'skeɪli/ *adj* (**scalier**, **scaliest**) **1** escamoso -a (piel) **2** con escamas, cubierto -a de escamas (animal)

scam¹ /skæm/ *s* [C] (*coloq*) estafa

scam² *v* [T gralm en pasiva] (**scammed**, **scamming**) (*coloq*) estafar

scam·per /'skæmpə/ *v* [I siempre + adv/prep] **scamper across sth** corretear por algo • **scamper up/down sth** subir/bajar algo corriendo

scam·pi /'skæmpi/ *s* [pl, U] camarones o langostinos grandes salteados en mantequilla y ajo

scan¹ /skæn/ *v* (**scanned**, **scanning**)
1 en informática
2 como medida de seguridad
3 cámara, programa informático
4 en medicina
5 mirar
6 leer
7 poema, verso

1 EN INFORMÁTICA [I,T] escanear • **scan in sth** (tb **scan sth in**) escanear algo • **scan sth into sth** *a gadget for scanning photos into your PC* un aparato para escanear fotos y cargarlas en el computador
2 COMO MEDIDA DE SEGURIDAD [I,T] **be scanned** pasar por un detector (de metales/explosivos) • **scan for sth** buscar algo (armas, explosivos) • **scan sth for sth** inspeccionar algo con un detector en busca de algo
3 CÁMARA, PROGRAMA INFORMÁTICO [I,T] examinar, vigilar • **scan for sth** buscar algo • **scan sth for sth** explorar algo en busca de algo: *a program that scans your computer for viruses* un programa que explora su computador en busca de virus
4 EN MEDICINA [T] hacerle una ecografía/una tomografía/una resonancia magnética a • **scan sb/sth for sth** hacerle una ecografía/una tomografía/una resonancia magnética a alguien para detectar algo ▸ X-RAY

5 **MIRAR** [T] escrutar, escudriñar • **scan sth for sth/sb** *I quickly scanned the room for any faces I knew*. Eché un vistazo rápido a la habitación buscando caras conocidas.

6 **LEER** [T] (tb **scan through**) leer rápidamente, echarle un vistazo a: *She scanned the menu briefly*. Leyó rápidamente el menú. • **scan sth for sth** *I scanned the newspaper for jobs*. Le eché un vistazo al periódico para ver si había algún trabajo.

7 **POEMA, VERSO** [I] (*técn*) atenerse a las reglas de la métrica

scan² *s* **1** [C] ecografía, tomografía, resonancia magnética • **have a scan** hacerse una ecografía/tomografía/resonancia magnética: *She had a brain scan*. Le hicieron una tomografía del cerebro. **2** [sing] leída: *have a scan of sth* darle una leída rápida a algo

scan·dal W3 /'skændl/ *s*
1 [C,U] escándalo (asunto inmoral): *a financial scandal* un escándalo financiero • **cause a scandal** provocar un escándalo ▸ AFFAIR
2 [sing] **the scandal of sth** *the scandal of poverty in our richest cities* la vergüenza de la pobreza en nuestras ciudades más ricas • **it's a scandal that** (*oral*) es un escándalo/una vergüenza que

scan·dal·ize /'skændl,aɪz/ *v* [T] escandalizar

scan·dal·ous /'skændl-əs/ *adj* escandaloso -a, vergonzoso -a • **it's scandalous that** es escandaloso que

scan·dal·ous·ly /'skændl-əsli/ *adv* de manera escandalosa, escandalosamente

Scan·di·na·vi·a /,skændɪ'neɪviə/ Escandinavia

Scan·di·na·vi·an /,skændə'neɪviən◂/ *s* [C], *adj* escandinavo -a

scan·ner /'skænɚ/ *s* [C] **1** (en informática) escáner **2** (para la seguridad) detector (de metales/explosivos) **3** (en medicina) cualquier aparato como un ecógrafo, un tomógrafo, etc. usado para hacer ciertos estudios médicos **4** (en una tienda) lector de código de barras

scant /skænt/ *adj* escaso -a

scant·i·ly /'skæntəli/ *adv* [gralm ante s] **scantily clad/dressed** ligero -a de ropa(s)

scant·y /'skænti/ *adj* (**scantier, scantiest**) **1** insuficiente, escaso -a **2** diminuto -a (bikini, falda)

scape·goat /'skeɪpgoʊt/ *s* [C] chivo expiatorio • **make sb into a scapegoat** convertir a alguien en un chivo expiatorio

scar¹ /skɑr/ *s* [C] **1** cicatriz • [+on]: *He had a scar on his arm*. Tenía una cicatriz en el brazo. • **leave a scar** dejar una cicatriz • **scar tissue** tejido cicatricial **2** huella, marca • **mental/emotional scars** huellas psicológicas/emocionales • **bear the scars** quedar afectado -a

scar² *v* [T] (**scarred, scarring**) **1** dejar una cicatriz en • **her face/his arm is scarred** tiene cicatrices en la cara/el brazo: *Her hands were badly scarred*. Tenía las manos llenas de cicatrices. • **be scarred for life** quedar con cicatrices de por vida **2** marcar, afectar: *She was deeply scarred by her father's suicide*. Quedó profundamente afectada por el suicidio de su padre. • **be scarred for life** quedar marcado -a para toda la vida **3** estropear, afear (el paisaje)

scarce /skɛrs/ *adj* escaso -a (recursos, alimentos, puestos de trabajo) • **be scarce** escasear • **become scarce** volverse escaso -a • **be in scarce supply** ser un bien escaso ▸ RARE

make yourself scarce (*coloq*) desaparecer del mapa (persona)

scarce·ly /'skɛrsli/ *adv* **1** apenas: *The city had scarcely changed*. La ciudad apenas había cambiado. • **I/he can scarcely do sth** apenas puedo/puede hacer algo: *I could scarcely believe my luck*. Apenas podía creer mi suerte. • **scarcely ever** casi nunca: *Ted scarcely ever left the house*. Ted casi nunca salía de su casa. SIN **hardly 2** ni mucho menos: *This was scarcely a satisfactory situation*. No era una situación satisfactoria ni mucho

menos. • *She can scarcely be blamed for what happened*. No se la puede culpar de lo sucedido ni mucho menos.

scarcely a day/year/moment goes by no pasa un solo día/año/momento: *Scarcely a day goes by when I don't think of him*. No pasa un solo día sin que piense en él.

scar·ci·ty /'skɛrsəti/ *s* [sing, U] escasez: *There's a scarcity of housing*. Hay escasez de viviendas. SIN **shortage**

scare¹ S2 /skɛr/ *v*
1 [T] asustar • **it scares me** me asusta: *It scares me to think that I may lose my job*. Me asusta pensar que podría quedarme sin trabajo. • **scare sb to death** asustar muchísimo a alguien • **scare the living daylights out of sb** darle a alguien un susto de muerte • **scare the pants off sb** (*coloq*) asustar muchísimo a alguien SIN **frighten**
2 [I] asustarse por cualquier cosa

scare sb into doing sth *v+partíc* asustar a alguien para que haga algo: *I think they want to scare us into leaving*. Me parece que nos quieren asustar para que nos vayamos.

scare away (tb **scare off**) *v+partíc* **1 scare sth/sb away** ahuyentar algo/a alguien **2 scare sb ↔ away** asustar a alguien (haciéndolo desistir de algo)

scare sth ↔ up *v+partíc* **1** (*coloq*) conseguir algo **2** (*coloq*) preparar algo, armar algo (una comida con lo que se tiene)

scare² *s* **1** [sing] susto • **give sb a scare** darle un susto a alguien • **have/get a scare** llevarse un susto SIN **fright 2** [C] pánico generalizado, alarma • **a bomb scare** una amenaza de bomba • **a health scare** una alarma sanitaria

scare·crow /'skɛrkroʊ/ *s* [C] espantapájaros

scared S2 /skɛrd/ *adj* asustado -a: *At first, I was really scared*. Al principio estaba muy asustado. • **be scared of sb/sth** tenerle miedo a alguien/algo: *She's scared of spiders*. Les tiene miedo a las arañas. • **be scared of doing sth** tener miedo de hacer algo: *Don't be scared of asking for help*. No tengas miedo de pedir ayuda. • **be scared (that)** tener miedo de que: *I was scared that you'd be angry with me*. Tenía miedo de que te enojaras conmigo. • **be scared stiff/scared to death** morirse de miedo • **be scared out of your mind/wits** morirse de miedo SIN **frightened, afraid**

scarf¹ /skɑrf/ *s* [C] (pl **scarfs** o **scarves** /skɑrvz/) **1** bufanda **2** pañuelo (para la cabeza, el cuello), mascada

scarf² (tb **scarf down**) *v* [T] (*coloq*) zamparse, engullir

scar·let /'skɑrlɪt/ *s* [C,U], *adj* (rojo) escarlata

,scarlet 'fever *s* [U] escarlatina

scarves /skɑrvz/ pl de SCARF

scar·y S1 /'skɛri/ *adj* (**scarier, scariest**) (*coloq*) **1** (que asusta) de miedo (historia, película), terrorífico -a (monstruo, sueño): *a scary place* un sitio que da miedo **2** (que preocupa) **be scary** dar miedo, asustar SIN **alarming**

scath·ing /'skeɪðɪŋ/ *adj* feroz (ataque, informe), mordaz (crítica, comentario) • [+about]: *He's scathing about psychiatrists*. Critica con mordacidad a los psiquiatras.

scath·ing·ly /'skeɪðɪŋli/ *adv* mordazmente

scat·ter /'skætɚ/ *v* [I,T] **1** esparcir(se), desparramar(se): *Leaves scattered in the wind*. Las hojas se desparramaban con el viento. • **scatter sth over/on sth** *She scattered crumbs on the ground*. Esparció migas por el suelo. **2** dispersar(se) (grupo): *The crowd scattered in terror*. La multitud se dispersó aterrorizada.

scat·ter·brain /'skætɚ,breɪn/ *s* [C] despistado -a

scat·ter·brained /'skætɚ,breɪnd/ *adj* despistado -a, atolondrado -a

scat·tered /'skætɚd/ *adj* **1** esparcido -a, desparramado -a • [+over/across/around]: *Toys were scattered all over the place*. Había juguetes desparramados por todas partes. **2** [solo ante s] aislado -a, ocasional • **scattered showers/storms** chubascos aislados/tormentas aisladas

SIN **intermittent** **3** [nunca ante s] distraído -a, falto -a de concentración ▶ SCATTERBRAINED

scat·ter·ing /'skætərɪŋ/ s [C gralm sing] **a scattering of sth/sb** *a scattering of villages* unas pocas aldeas dispersas

scav·enge /'skævɪndʒ/ v [I,T] hurgar • **scavenge for sth** hurgar en busca de algo

scav·eng·er /'skævɪndʒə/ s [C] **1** carroñero -a **2** persona que hurga la basura para buscar comida

sce·nar·i·o /sɪ'nɛri,oʊ, -'nær-/ s [C] (pl **scenarios**) **1** situación, escenario: *In this scenario, you would make more profit.* Si se diera esta situación, tendrías más ganancias. • *The most likely scenario is that ninety jobs will be lost.* Lo más probable es que se pierdan noventa puestos de trabajo. • **the worst-case scenario** lo peor que puede/podría pasar **2** argumento (de una obra, una película)

scene S2 W1 /sin/ s

---
1 en cine, teatro
2 de un accidente, crimen
3 ámbito
4 visión
5 parte de un acto
6 discusión
---

1 EN CINE, TEATRO [C] escena: *a love scene* una escena de amor • **the opening/final scene** la escena inicial/final
2 DE UN ACCIDENTE, CRIMEN [sing] lugar de los hechos • **at the scene** en el lugar de los hechos • **the scene of sth** el lugar/escenario de algo: *The police were called to the scene of the crime.* Llamaron a la policía para que acudiera al lugar del crimen. • **the crime/murder scene** el lugar del crimen/asesinato
3 ÁMBITO [sing] mundo, ambiente • **the music/dance/jazz scene** el mundo de la música/del baile/del jazz
4 VISIÓN [C] escena: *There was a scene of utter confusion.* Hubo una escena de total confusión.
5 PARTE DE UN ACTO [C] escena: *Act V, Scene 2 of Hamlet* Acto V, Escena 2 de Hamlet ▶ ACT
6 DISCUSIÓN [C] escena, escándalo • **make/cause a scene** hacer una escena ▶ a CHANGE of scene/scenery
EXPRESIONES
appear/arrive/come on the scene aparecer, llegar: *I was happy before you came on the scene!* ¡Era feliz antes de que aparecieras tú! • **a bad scene** (*coloq*) una mala situación • **behind the scenes** entre bambalinas/bastidores • **not be your scene** (*coloq, oral*) no ser lo suyo: *An office job just isn't my scene.* Un trabajo de oficina no es lo mío. • **set the scene** crear el ambiente necesario • **set the scene for sth** crear las condiciones para algo

scen·er·y /'sinəri/ s [U] **1** paisaje(s): *spectacular mountain scenery* un espectacular paisaje de montaña **2** decorado, escenografía ▶ a CHANGE of scene/scenery

sce·nic /'sinɪk/ adj pintoresco -a (zona, belleza) • **a scenic drive/route** una ruta panorámica

scent¹ /sɛnt/ s **1** [C] aroma, perfume, fragancia **SIN** **fragrance** **2** [C] rastro (de olor) • **pick up a scent** reconocer/encontrar un rastro **3** [C,U] (*antic*) perfume (sustancia) **SIN** **perfume** **4** [C] (*liter*) presentimiento • **the scent of danger** el presentimiento de peligro • **the scent of victory** la sensación de victoria
EXPRESIONES
throw/put sb off the scent despistar a alguien

scent² v [T] **1** intuir, presentir: *The press scented a good story.* La prensa intuía una buena historia. **2** oler, olfatear (animal) **3** (*liter*) perfumar
EXPRESIONES
scent blood considerar que alguien se encuentra en una posición ventajosa respecto de un rival o un adversario

scent·ed /'sɛntɪd/ adj perfumado -a: *scented candles* velas perfumadas • *sheets scented with lavender* sábanas perfumadas con lavanda

scep·ter /'sɛptə/ s [C] cetro

scep·tic /'skɛptɪk/ s variante británica de SKEPTIC

scep·ti·cal /'skɛptɪkəl/ adj variante británica de SKEPTICAL

scep·ti·cism /'skɛptə,sɪzəm/ s variante británica de SKEPTICISM

sched·ule¹ S1 W2 /'skɛdʒəl, -dʒul/ s
1 [C,U] programa, agenda (de actividades, tareas, plazos): *a schedule of events* un programa de eventos • *How can he fit everything into his busy schedule?* ¿Cómo hace para hacer lugar a todo con una agenda tan apretada? • **on schedule** a la hora prevista, según lo previsto • **be ahead of schedule** ir adelantado -a (con respecto a lo previsto): *Work is progressing ahead of schedule.* Las obras avanzan más rápido de lo previsto. • **be (running) behind schedule** ir retrasado -a (con respecto a lo previsto): *The project is eight months behind schedule.* El proyecto lleva ochos meses de retraso. • **a tight schedule** una agenda apretada
2 [C] horario (del secundario, la universidad) • **a fall/winter/spring/summer schedule** el horario de otoño/invierno/primavera/verano
3 [C] horario (de un medio de transporte) • **a bus/train/airline schedule** un horario de buses/trenes/aviones
4 [C] programación (de radio, televisión)
5 [C] lista: *a schedule of fees* una lista de tarifas

schedule² S2 W2 v [T gralm en pasiva] programar • **be scheduled for June/Monday/four o'clock** estar programado -a para junio/el lunes/las cuatro, estar previsto -a para junio/el lunes/las cuatro: *Their wedding is scheduled for June 19.* Su boda está programada para el 19 de junio. • **be scheduled to do sth** *The play is scheduled to close March 20.* Está previsto que la obra cierre el 20 de marzo. • *The flight is scheduled to leave at 8:40.* El vuelo parte a las 8:40. • *scheduled flight* vuelo regular

sche·mat·ic /ski'mætɪk/ adj esquemático -a

scheme¹ W3 /skim/ s [C] plan (para hacer algo ilegal, etc.) • **a scheme to do sth** (tb **a scheme for doing sth**) un plan para hacer algo: *Is this one of your schemes for making money?* ¿Este es uno de tus planes para hacer dinero? ▶ COLOR SCHEME
EXPRESIONES
in the grand scheme of things en un contexto amplio, en un plano global

scheme² v [I] (*peyor*) intrigar, conspirar • **scheme to do sth** intrigar/conspirar para hacer algo • **scheme against sb** intrigar/conspirar contra alguien **SIN** **plot**

schem·er /'skimə/ s [C] intrigante

schism /'sɪzəm, 'skɪzəm/ s [C,U] (*frml*) cisma **SIN** **split**

schiz·o·phre·ni·a /,skɪtsə'frinɪə/ s [U] esquizofrenia

schiz·o·phren·ic¹ /,skɪtsə'frɛnɪk/ adj **1** (paciente) esquizofrénico -a **2** [solo ante s] (síntoma) esquizofrénico -a, de esquizofrenia

schizophrenic² s [C] esquizofrénico -a

schlep¹ /ʃlɛp/ v (**schlepped, schlepping**) (*coloq*) **1** [T] cargar, arrastrar (algo pesado) • **schlep sth out/up/down** sacar/subir/bajar algo a rastras **SIN** **lug 2** [I siempre + adv/prep] ir a un sitio con mucho esfuerzo, sin ganas, etc.
schlep around sth v+partíc (*coloq*) haraganear en algo, flojear en algo **SIN** **hang around**

schlep² s [C] (*coloq*) viaje aburrido o que demanda mucho esfuerzo

schlock /ʃlɑk/ s [U] (*peyor, coloq*) baratijas

schlock·y /'ʃlɑki/ adj (*peyor, coloq*) pésimo -a, de mala calidad, chapucero -a

schmaltz /ʃmɔlts, ʃmɑlts/ s [U] (*coloq*) sensiblería, cursilería, sentimentalismo

schmaltz·y /'ʃmɔltsi, 'ʃmɑl-/ adj (**schmaltzier, schmaltziest**) (*coloq*) sensiblero -a, cursi **SIN** **sentimental**

schmooze /ʃmuz/ v [I,T] (*coloq*) conversar (con), platicar (con) (para hacer contactos)

schmuck /ʃmʌk/ s [C] (despec) pendejo -a

schnapps /ʃnæps/ s [U] tipo de aguardiente

schol·ar W3 /ˈskɑlər/ s [C]
1 experto -a, especialista: *a Shakespearean scholar* una experta en Shakespeare
2 erudito -a
3 becario -a

schol·ar·ly /ˈskɑləli/ adj **1** académico -a (revista, artículo) **2** erudito -a (persona, audiencia)

schol·ar·ship S3 /ˈskɑlərʃɪp/ s
1 [C] beca: *a $1,000 scholarship* una beca de 1.000 dólares • [+to]: *a scholarship to Stanford University* una beca para la Universidad de Stanford • **on (a) scholarship** becado -a: *He attended Yale on scholarship.* Estudió en Yale becado. • **a football/music/drama scholarship** *He went to college on an athletic scholarship.* Estudió en la universidad gracias a una beca que le dieron por su desempeño en atletismo. • **win a scholarship** conseguir/recibir una beca ▶ FINANCIAL AID, GRANT; ▶ ver nota en BECA
2 [U] erudición

scho·las·tic /skəˈlæstɪk/ adj [solo ante s] (frml) académico -a ▶ ACADEMIC

school¹ S1 W1 /skul/ s

1	lugar
2	día
3	periodo de estudios
4	docentes, alumnos
5	en educación superior
6	periodo de estudios universitarios
7	en una universidad
8	de idiomas, danza
9	en arte, filosofía
10	de animales acuáticos

1 **LUGAR** [C,U] colegio, escuela: *We have a new playground at my school.* Tenemos un patio nuevo en el colegio. • **at school** (tb **in school**) en el colegio, en la escuela: *Did you have a good day at school?* ¿Qué tal te ha ido en el colegio? • *He's not in school today.* Hoy no ha venido a la escuela. • **go to school** ir al colegio/a la escuela: *I don't want to go to school!* ¡No quiero ir al colegio! • **get out of school** salir del colegio/de la escuela: *We got out of school early today.* Hoy salimos temprano de la escuela. • **school building** (edificio de la) escuela • **school bus** bus escolar, camión escolar • **school lunch** almuerzo escolar • **school uniform** uniforme (escolar)

2 **DÍA** [U] clase(s): *School starts at 8:30.* Las clases empiezan a las 8:30. • *Hurry or you'll be late for school.* Date prisa o vas a llegar tarde a clase. • **before/after school** antes/después de clase • **school gets out** *School gets out at 2:15.* Las clases terminan a las 2:15.

3 **PERIODO DE ESTUDIOS** [U] colegio, escuela: *She started school when she was four.* Empezó a ir al colegio cuando tenía cuatro años. • **an old friend from school** un viejo amigo de la escuela • *I have two more years of school left.* Todavía me faltan dos años de escuela. • **be at/in school** ir al colegio/a la escuela, estar yendo al colegio/a la escuela (estar escolarizado)

4 **DOCENTES, ALUMNOS** [sing] colegio, escuela: *The whole school was sorry when she left.* Todo el colegio lo sintió mucho cuando se fue.

5 **EN EDUCACIÓN SUPERIOR** [C,U] (coloq) universidad • **go to school** (tb **go to a school**) ir a la/una universidad: *"What school did you go to?" "I went to Berkeley."* –¿A qué universidad fuiste? –A Berkeley. • **an Ivy League/a Big Ten/a Pac Ten school** una universidad de la Ivy League/del Big Ten/del Pac Ten

6 **PERIODO DE ESTUDIOS UNIVERSITARIOS** [U] universidad: *I took five years to get through school.* La universidad me llevó cinco años. • **in/at school** en la universidad: *His girlfriend is still in school.* Su novia todavía está en la universidad. • *Her son's at school back East.* Su hijo estudia en una universidad del este. • **put sb through school** costearle los estudios (universitarios) a alguien, pagarle la universidad a alguien: *My*

parents saved enough money to put me through school. Mis padres ahorraron dinero para costearme los estudios. • **work your way through school** trabajar para pagarse la universidad

7 **EN UNA UNIVERSIDAD** [C,U] **law/medical/business school** facultad de derecho/medicina/ciencias empresariales • [+of]: *the School of Economics* la Facultad de Ciencias Económicas

8 **DE IDIOMAS, DANZA** [C,U] academia, escuela: *a language school* una academia de idiomas • *a school of music* un conservatorio

9 **EN ARTE, FILOSOFÍA** [C] escuela, círculo: *the Impressionist school* la escuela impresionista

10 **DE ANIMALES ACUÁTICOS** [C] cardumen, banco (de peces), grupo (de ballenas, delfines) ▶ POD; CHARTER SCHOOL, ELEMENTARY SCHOOL, GRADE SCHOOL, GRADUATE SCHOOL, HIGH SCHOOL, PRIVATE SCHOOL, PUBLIC SCHOOL, SUMMER SCHOOL

EXPRESIONES
of/from the old school de la vieja guardia • **a school of thought** una escuela/corriente de pensamiento

school² v [T] **1** instruir • **school sb in sth** enseñarle algo a alguien, instruir a alguien en algo **2** (gralm en pasiva) impartirle formación a, darle clases a • **be schooled at Harvard/Cambridge** formarse en Harvard/Cambridge

school·boy /ˈskulbɔɪ/ s [C] escolar (varón)

school·child /ˈskul-tʃaɪld/ s [C] (pl **schoolchildren** /-ˌtʃɪldrən/) escolar (varón o niña)

school·girl /ˈskulgɜrl/ s [C] escolar (niña)

school·ing /ˈskulɪŋ/ s [U] escolarización, educación

school·room /ˈskulrum/ s [C] clase, aula

school·teach·er /ˈskulˌtitʃər/ s [C] maestro -a, profesor -a SIN teacher

school·work /ˈskulwɜrk/ s [U] trabajo escolar

schoo·ner /ˈskunər/ s [C] **1** goleta **2** jarra de cerveza, tarro de cerveza

sci·ence S2 W1 /ˈsaɪəns/ s
1 [U] (conocimientos) ciencia
2 [U] (asignatura) asignatura que comprende el estudio de ciencias como química, física, biología, geología, etc. • **science class** clase de química, física, biología, etc. • **science teacher** profesor -a de química, física, biología, etc.
3 **the sciences** (disciplina) las ciencias • **the natural sciences** las ciencias naturales ▶ POLITICAL SCIENCE, SOCIAL SCIENCE

EXPRESIONES
it is not an exact science no es una ciencia exacta • **have sth down to a science** tener algo totalmente dominado -a, hacer algo a la perfección

ˌscience ˈfiction s [U] ciencia ficción SIN **sci-fi**

sci·en·tif·ic S3 W2 /ˌsaɪənˈtɪfɪk◂/ adj científico -a: *scientific research* investigación científica • *scientific instruments* instrumentos científicos • *a scientific approach to the problem* un enfoque científico del problema

sci·en·tif·i·cally /ˌsaɪənˈtɪfɪkli/ adv científicamente

sci·en·tist W2 /ˈsaɪəntɪst/ s [C] científico -a

sci-fi /ˌsaɪˈfaɪ/ s [U] (coloq) ciencia ficción SIN **science fiction**

scin·til·lat·ing /ˈsɪntlˌeɪtɪŋ/ adj (liter) brillante (conversación, actuación) SIN **brilliant**

scis·sors S3 /ˈsɪzərz/ s [pl] tijeras • **a pair of scissors** unas tijeras

scle·ro·sis /skləˈroʊsɪs/ s [U] (técn) esclerosis

scoff /skɔf, skɑf/ v [I] burlarse, mofarse • **scoff at sb/sth** burlarse/mofarse de alguien/algo SIN **mock**

scold /skoʊld/ v [T] regañar, reprender • **scold sb for doing sth** regañar a alguien por hacer algo SIN **tell off**

scold·ing /ˈskoʊldɪŋ/ s [C,U] regaño

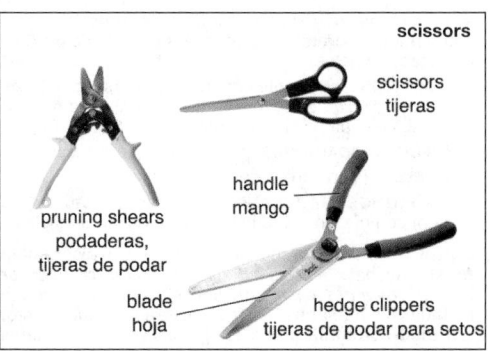

scissors

scissors
tijeras

handle
mango

pruning shears
podaderas,
tijeras de podar

blade
hoja

hedge clippers
tijeras de podar para setos

scone /skoʊn, skɑn/ s [C] bollito típico de Gran Bretaña, que se suele servir con mantequilla y mermelada a la hora del té

scoop¹ /skup/ s 1 [C] primicia [SIN] **exclusive** 2 [C] cuchara (para servir helado), pala (para harina, azúcar, etc.) 3 [C] (tb **scoopful**) cucharada: *a scoop of ice cream* una bola de helado 4 **the scoop** (*coloq*) las novedades, las noticias • [+on]: *the scoop on the best sale bargains* la información actualizada sobre las mejores gangas • **what's the scoop?** ¿qué sabe/sabes...?, ¿qué novedades tiene/tienes...? • **the inside scoop** los secretos, la información precisa (información confidencial, segura)

scoop² v [T] 1 **scoop sth up** recoger algo (con las manos, una cuchara), alzar algo (en brazos): *She bent down and scooped up the little dog.* Se agachó y alzó al perrito. • **scoop sth out** quitar/sacar algo (con una cuchara, las manos ahuecadas): *Cut the melon in half and scoop out the seeds.* Parta el melón en dos y quite las semillas con una cuchara. 2 **scoop the top prize** llevarse el primer premio 3 *They scooped the other papers with the story.* Se adelantaron a los otros periódicos con la primicia.

scoot /skut/ v (*coloq*) 1 [I] salir/irse volando • **scoot off/away/past** salir/irse/pasar volando 2 [I] correrse • **scoot over** correrse 3 [T] correr, mover (empujando, jalando)
EXPRESIONES
Scoot! (*oral*) ¡Vete!, ¡Muévete!

scoot·er /'skutər/ s [C] 1 Vespa®, motoneta 2 patineta (con manubrio), patín del diablo

scope¹ /skoʊp/ s [U] 1 alcance • **beyond/outside the scope of sth** fuera del alcance de algo • **within the scope of sth** dentro del ámbito de algo 2 **scope for sth** posibilidades de algo *There's considerable scope for growth.* Hay bastantes posibilidades de crecimiento.

scope² v
scope sth/sb ↔ **out** v+*partíc* (*coloq*) observar algo/a alguien (para ver cómo es) [SIN] **check out**

scorch¹ /skɔrtʃ/ v 1 [I,T] quemar(se), chamuscar(se) 2 [T] quemar (la piel, la lengua) 3 [I,T] quemar(se), abrasar(se) (planta)

scorch² (tb ¹**scorch mark**) s [C] quemadura (superficial)

scorch·er /'skɔrtʃər/ s [C gralm sing] (*coloq*) día de mucho calor: *Today's going to be a scorcher.* Hoy va a hacer un calor infernal.

scorch·ing /'skɔrtʃɪŋ/ adj abrasador -a • **be scorching (hot)** hacer un calor infernal

score¹ [S2] [W3] /skɔr/ s [C]
1 resultado (de un partido), puntuación, puntaje (de un gimnasta, un concursante, etc.): *At the end of the second quarter the score was 21 points to 10.* Al finalizar el segundo tiempo, el resultado era 21 a 10. • *What's the score?* ¿Cómo van? • [+of]: *He won with a score of 267.* Ganó con una puntuación de 267. • **the final score** el resultado final • **keep score** llevar la cuenta (de los tantos, etc.) • **tie the score** igualar el marcador, empatar 2 puntaje, puntuación (en una prueba, un examen): *a test score* el puntaje de una prueba • [+of]: *He passed with a*

score of 78%. Aprobó con un puntaje de 78 sobre 100. • **a high score** un puntaje alto • **a low score** un puntaje bajo
3 música (para una película, un ballet, etc)
4 partitura
5 anotación (en un partido de fútbol americano) ▶ **KNOW the score**
EXPRESIONES
on that score (*oral*) al respecto, en ese sentido: *As for the quality of the food, I don't have any complaints on that score.* En cuanto a la calidad de la comida, no tengo ninguna queja al respecto. • **settle a score** saldar una cuenta pendiente

score² [S3] [W2] v
1 en un partido
2 en un examen, un experimento
3 dar puntos
4 una superficie
5 una película, un ballet
6 una composición musical
7 tener relaciones sexuales
8 drogas

1 **EN UN PARTIDO** [I,T] anotar: *San Francisco scored twice in the last ten minutes.* San Francisco anotó dos tantos en los últimos diez minutos. • **score a point** anotar un punto • **score a goal** meter un gol
2 **EN UN EXAMEN, UN EXPERIMENTO** [I,T] **score 8 out of 10** sacar 8 sobre 10 • **score high/low** sacar una buena/mala nota, sacar un puntaje alto/bajo: *Girls scored higher than boys in spelling.* Las niñas sacaron mejores notas que los niños en ortografía. • **score a point** sacar un punto (persona), valer un punto (respuesta)
3 **DAR PUNTOS** [T] puntuar: *Participants will be scored on their performance.* Se puntuará a los participantes según su actuación.
4 **UNA SUPERFICIE** [T] hacer marcas/cortes en
5 **UNA PELÍCULA, UN BALLET** [T] componer la música de
6 **UNA COMPOSICIÓN MUSICAL** [T gralm en pasiva] hacer los arreglos para/de • **be scored for sth** tener arreglos para algo
7 **TENER RELACIONES SEXUALES** [I] (*coloq*) pichar, coger • **to score with sb** acostarse con alguien, tirarse a alguien: *Did you score last night?* ¿Te acostaste con alguien anoche?
8 **DROGAS** [I,T] (*coloq*) conseguir (droga), conectar (droga)
EXPRESIONES
score points with sb (*coloq*) quedar bien con alguien

score³ *núm* 1 (*antic*) veinte, veintena: *a score of policemen* una veintena de policías 2 **scores of sth** montones de algo: *Scores of people were killed in the explosion.* Montones de personas murieron en la explosión.
EXPRESIONES
by the score a mansalva

score·board /'skɔrbɔrd/ s [C] marcador (tablero)

score·card /'skɔrkɑrd/ s [C] 1 tarjeta impresa usada por un espectador en una carrera o partido para llevar la puntuación 2 (en golf) tarjeta (de puntuación)

scor·er /'skɔrər/ s [C] jugador que anota un tanto • **a goal scorer** un goleador/una goleadora • **the leading/top scorer** el máximo goleador/la máxima goleadora

scorn¹ /skɔrn/ s [U] desdén, desprecio
EXPRESIONES
pour scorn on sth/sb (tb **heap scorn on sth/sb**) desdeñar/menospreciar algo/a alguien

scorn² v [T] 1 desdeñar, menospreciar: *His ideas were scorned by many psychologists.* Sus ideas fueron desdeñadas por muchos psicólogos. 2 **scorn to do sth** no dignarse a hacer algo

scorn·ful /'skɔrnfəl/ adj desdeñoso -a, despreciativo -a • **be scornful of sth** desdeñar/menospreciar algo

scorn·ful·ly /'skɔrnfəli/ *adv* desdeñosamente, con desprecio

Scor·pi·o /'skɔrpi,oʊ/ *s* **1** [U] Escorpio, Escorpión **2** [C] persona del signo de Escorpio: *I'm a Scorpio.* Soy (de) Escorpio.

scor·pi·on /'skɔrpiən/ *s* [C] escorpión, alacrán

Scot /skɑt/ *s* [C] escocés -esa: *My husband is a Scot.* Mi marido es escocés. • **the Scots** los escoceses

Scotch¹ /skɑtʃ/ (tb ˌScotch 'whiskey) *s* [C, U] whisky (escocés)

Scotch² *adj* (*antic*) escocés -esa SIN **Scottish**

scotch /skɑtʃ/ *v* [T] cortar de raíz

ˌScotch 'tape *s* [U] (*marca reg*) cinta Scotch®, (cinta) Dúrex®

'scotch-tape *v* [T] pegar con cinta Scotch

scot-free /ˌskɑt 'fri/ *adv* **get away scot-free** (tb **get off scot-free**) (*coloq*) salir impune

Scot·land /'skɑtlənd/ Escocia

Scots·man /'skɑtsmən/ *s* [C] (pl **Scotsmen** /-mən/) escocés

Scots·wom·an /'skɑts,wʊmən/ *s* [C] (pl **Scotswomen** /-,wɪmɪn/) escocesa

Scot·tish /'skɑtɪʃ/ *adj* escocés -esa

scoun·drel /'skaʊndrəl/ *s* [C] (*antic*) sinvergüenza, canalla

scour¹ /skaʊɚ/ *v* [T] **1** recorrer • **scour sth for sth** recorrer algo en busca de algo SIN **search 2** (tb **scour out**) fregar, tallar SIN **scrub**

scour² *s* [sing] fregada

scourge¹ /skɚdʒ/ *s* [C] (*liter*) flagelo, azote (calamidad)

scourge² *v* [T] (*liter*) azotar (enfermedad, guerra)

scout¹ /skaʊt/ *s* [C] **1** explorador -a (de reconocimiento) **2** cazatalentos **3 the Scouts** [pl] los Scouts **4** (boy) scout SIN **Boy Scout 5** (niña/muchacha) scout

scout² *v* [I] (tb **scout around**) buscar • **scout (around) for sth** andar en busca de algo, buscar algo

scout·mas·ter /'skaʊtˌmæstɚ/ *s* [C] jefe de una sección de scouts

scowl¹ /skaʊl/ *v* [I] fruncir el ceño • **scowl at sb** mirar a alguien con el ceño fruncido ▶ **FROWN**

scowl² *s* [C] ceño fruncido: *with a scowl on his face* con el ceño fruncido

scrab·ble /'skræbəl/ *v* [I siempre + adv/prep] buscar, escarbar, hurgar • **scrabble at sth** escarbar algo • **scrabble around/about** buscar, hurgar • **scrabble (around/about) for sth** revolver buscando algo: *She scrabbled under the bed for her slippers.* Revolvió debajo de la cama buscando sus zapatillas.

Scrab·ble /'skræbəl/ *s* [U] (*marca reg*) Scrabble®

scrag·gly /'skrægli/ *adj* (*coloq*) disparejo -a (barba, bigote)

scram /skræm/ *v* [I gralm en imperat] (*coloq*) largarse, pirarse SIN **beat it**

scram·ble¹ /'skræmbəl/ *v*

1 trepar rápidamente
2 moverse con rapidez
3 competir
4 en comunicaciones
5 huevos
6 en fútbol americano

1 TREPAR RÁPIDAMENTE [I siempre + adv/prep] **scramble up/over sth** trepar (a) algo: *Fans scrambled onto the stage.* Algunos admiradores treparon al escenario. SIN **clamber**
2 MOVERSE CON RAPIDEZ [I siempre + adv/prep] **scramble out of the way** quitarse de en medio: *Alan*

scrambled out of the way. Alan se quitó de en medio como pudo. • **scramble to your feet** ponerse de pie (con dificultad, de golpe)

3 COMPETIR scramble for sth pelearse por algo: *People were scrambling for the seats in the front row.* La gente se peleaba por los asientos de la primera fila.

4 EN COMUNICACIONES [T] codificar (un mensaje)

5 HUEVOS [T] revolver (huevos)

6 EN FÚTBOL AMERICANO [I] correr (el mariscal de campo) con el balón para evitar que le hagan un tackle

scramble² *s* **1** [sing] subida (difícil) **2** [sing] **a scramble for sth** una batalla/pelea por algo: *the usual scramble for the bathroom in the morning* la típica pelea por el baño de todas las mañanas **3** [sing] carrera (apresuramiento) • **a mad scramble** una carrera frenética **4** (en fútbol americano) carrera del mariscal de campo con el balón para evitar que le hagan un tackle

ˌscrambled 'eggs *s* [pl] huevos pericos, huevos revueltos

scrap¹ /skræp/ *s* **1** [C] pedacito (de papel), retazo (de tela) ▶ ver nota en TROZO **2** [U] chatarra • **sell sth for scrap** vender algo como chatarra • **scrap dealer** (tb **scrap merchant**) chatarrero -a **3 scraps** [pl] sobras **4** [C] **a scrap of sth** *There isn't a scrap of truth in the rumors.* No hay una pizca de verdad en los rumores. • *There isn't a scrap of evidence against him.* No existe prueba alguna contra él. • *scraps of information* fragmentos de información **5** [C] (*coloq*) pelea

scrap² *v* (**scrapped, scrapping**) **1** [T] descartar, abandonar (un plan, un programa), eliminar (un impuesto, una norma): *The program was eventually scrapped.* Al final se abandonó el programa. SIN **ditch, drop 2** [T] desguazar, deshuesar: *We had to scrap the car.* Tuvimos que mandar el carro a desguazar. **3** [I] (*coloq*) pelear(se) SIN **fight**

scrap·book /'skræpbʊk/ *s* [C] álbum de recortes

scrape¹ /skreɪp/ *v* **1** [T] raspar (una verdura), rascar, rasquetear (una pared) **2** [T siempre + adv/prep] **scrape sth away/off** quitar algo raspando: *Mary scraped a small area of paint away.* Mary quitó un poquito de pintura raspando. • **scrape sth off/into sth** *Teresa scraped the mud off her boots.* Teresa raspó el barro de las botas. • *Scrape the batter into a pan.* Use una espátula para verter la pasta en un molde para horno. **3** [T] raspar(se) (la rodilla, el codo, etc.), rayar (el carro, la madera, etc.): *Molly fell and scraped her knee.* Molly se cayó y se raspó la rodilla. • **scrape sth on/against sth** raspar/arañar algo con algo ▶ **GRAZE 4 (a)** [I] chirriar: *The chairs scraped as we stood up.* Las sillas chirriaron cuando nos paramos. • **scrape along/on/against sth** rozar algo (haciendo un chirrido): *Something scraped against the window.* Algo rozó la ventana haciendo un chirrido. **(b)** [T] **scrape sth along/down/against sth** arrastrar algo por/con/contra algo: *the sound of a chair being scraped along the floor* el ruido de una silla al arrastrarla por el suelo **5** [T] **scrape a victory/majority** conseguir la victoria/mayoría por muy poco (margen): *The team scraped a narrow victory.* El equipo logró la victoria por muy poco. ▶ **BOW and scrape**

EXPRESIONES

scrape (the bottom of) the barrel (*coloq*) recurrir a cualquier cosa: *We'll really be scraping the bottom of the barrel if we hire him.* De verdad tendríamos que estar muy desesperados para contratarlo.

scrape sth ↔ back *v+partíc* **scrape your hair back** recogerse el pelo hacia atrás

scrape by *v+partíc* **1** (económicamente) arreglárselas apenas SIN **get by 2** (en una elección) ganar por muy poco margen **3** (en un examen) aprobar raspando

scrape through *v+partíc* **1 scrape through** pasar raspando, pasar de panzazo: *The team scraped through to the quarter finals.* El equipo pasó raspando a los cuartos de final. **2 scrape through sth** hacer algo raspando, hacer algo de panzazo

scrape sth ↔ together (tb **scrape sth ↔ up**) *v+partíc* juntar algo a duras penas

scrape² s [C] **1** (en la piel) rasguño **2** en una superficie) rasguño **3** (*coloq*) (situación difícil) lío • **get into a scrape** meterse en un lío

'scrap heap s [C] montón de chatarra

scrap·py /'skræpi/ *adj* (**scrappier**, **scrappiest**) (*aprec*, *coloq*) batallador -a SIN **feisty**

'scrap yard s [C] desguazadero, deshuesadero

scratch¹ S2 /skrætʃ/ *v*

1	la piel, la nariz
2	haciendo herida
3	dejando una marca
4	la pintura, el barniz
5	tallando
6	haciendo ruido

1 LA PIEL, LA NARIZ [I,T] rascarse: *John yawned and scratched his leg.* John bostezó y se rascó la pierna. • *Try not to scratch.* Intenta no rascarte. • **scratch at sth** rascarse algo • **scratch yourself** rascarse
2 HACIENDO HERIDA [I,T] arañar, rasguñar: *I scratched my hand on a nail.* Me arañé la mano con un clavo. • **scratch yourself** rasguñarse, arañarse
3 DEJANDO UNA MARCA [T] rayar: *I'm afraid I've scratched your car.* Me temo que te he rayado el carro.
4 LA PINTURA, EL BARNIZ [T siempre + adv/prep] **scratch sth off/away** quitar algo raspando: *I scratched away a little of the paint.* Quité un poquito de pintura raspando.
5 TALLANDO [T] grabar: *They scratched their names in the tree trunk.* Grabaron sus nombres en el tronco del árbol.
6 HACIENDO RUIDO [I siempre + adv/prep] *His pen scratched away on the paper.* Su estilógrafo rozaba el papel. ▸ **scrape/scratch a LIVING**
EXPRESIONES
scratch sb's eyes out (*coloq*) sacarle los ojos a alguien • **scratch your head** (*coloq*) devanarse los sesos • **scratch the surface (of sth)** *We have barely scratched the surface of the problem.* Solo hemos abordado muy por encima el problema. • **You scratch my back, I'll scratch yours.** (*oral*) Hoy por ti y mañana por mí.
scratch around *v+partíc* hurgar • **scratch around for sth** intentar encontrar algo

scratch² S3 *s*
1 [C] rasguño: *His face was covered in scratches.* Tenía la cara llena de rasguños. • **it's just/only a scratch** no es más que un rasguño • **without a scratch** sin un rasguño, ileso -a
2 [C] raya (en un mueble, un carro)
3 [sing] **give sth a scratch** rascarse algo
4 [sing] chirrido
EXPRESIONES
from scratch de/desde cero: *We had to start again from scratch.* Tuvimos que volver a empezar de cero.

scratch³ *adj* [solo ante s, sin compar] **a scratch golfer** un golfista/una golfista sin handicap

'scratch ,paper s [U] papel borrador

scratch·y /'skrætʃi/ *adj* (**scratchier**, **scratchiest**) **1** que pica, áspero -a (suéter, manta) **2** rayado -a (disco), áspero -a (voz, sonido)

scrawl¹ /skrɔl/ *v* [T] garabatear: *She scrawled the number on the pad.* Garabateó el número en el bloc. ▸ **SCRIBBLE**

scrawl² s [sing] garabatos

scraw·ny /'skrɔni/ *adj* (**scrawnier**, **scrawniest**) esquelético -a, escuálido -a

scream¹ S2 W3 /skrim/ *v*
1 [I] (dar gritos) gritar • **scream in/with pain/excitement** gritar de dolor/emoción: *He woke up screaming in terror.* Se despertó gritando aterrorizado. • **scream with laughter** reírse a carcajadas • **scream your head off** gritar como un loco/una loca • **scream bloody murder** gritar a lo loco
2 [I,T] (tb **scream sth** ↔ **out**) (diciendo algo) gritar: *"Get out!" she screamed.* –¡Sal de aquí!–gritó. • **scream at**

sb gritarle a alguien: *She screamed at him to go away.* Le gritó que se fuera. • **scream for help/mercy** pedir ayuda/clemencia a gritos SIN **yell**
3 [I] (*escrito*) (hacer ruido) rugir (motor), aullar (viento, sirena), chillar (pájaro)

scream² s [C] **1** grito • **let out a scream** (tb **give a scream**) dar/lanzar un grito • **a scream of terror** un grito de terror • **a scream of pain** un alarido de dolor • **a scream of laughter** una carcajada, una risotada **2 a scream** (*coloq*) **be a scream** ser divertidísimo -a • **what a scream!** ¡qué risa!

scree /skri/ s [U] pedregal (en una ladera)

screech¹ /skritʃ/ *v* **1** [I,T] (persona) chillar • **screech at sb** chillarle a alguien SIN **scream, shriek 2** [I] (vehículos, frenos, ruedas) chirriar, rechinar: *The van screeched around a bend.* La furgoneta chirrió al tomar una curva. • **screech to a halt** detenerse con un chirrido/rechinido **3** [I] (animal) chillar

screech² s [C] **1** chillido, grito: *The old woman let out a screech.* La anciana dio un grito. • **a screech of laughter** una risa estridente **2** chirrido, rechinido (de frenos, ruedas, etc.), chillido (de animales)

screen¹ S2 W2 /skrin/ *s*
1 [C] (de un aparato) pantalla: *a monitor with an 18-inch flat screen* un monitor con pantalla plana de 18 pulgadas • **on (a) screen** en (una) pantalla: *Her picture appeared on the screen.* Su imagen apareció en la pantalla. • *You can change the text on screen.* Puede cambiar el texto en pantalla. • **a TV/video/radar screen** una pantalla de televisor/video/radar
2 [C] (de una sala de cine) pantalla: *a movie screen* una pantalla de cine • *a multiplex with 12 screens* un multicine de 12 salas
3 [sing, U] (cinematografía) la pantalla grande, el cine • **on screen** en la pantalla grande, en, en cine: *her first appearance on screen* su primera aparición en la pantalla grande • **screen actor** actor/actriz de cine • **screen debut** debut cinematográfico
4 [C] mosquitero (para puerta, ventana)
5 [C] biombo
6 [C] en fútbol americano, jugada en la que un grupo de jugadores de línea se alejan de su posición habitual para proteger a un jugador de ataque que recibe el balón
▸ ON-SCREEN, PLASMA SCREEN, SMOKESCREEN, SUNSCREEN

screen² S3 *v* [T]
1 someter a un chequeo médico • **screen sb for sth** hacer una exploración a alguien para detectar algo
2 tapar, ocultar • **screen sb/sth from sth** *The long grass screened them from the road.* Las altas hierbas impedían que los vieran desde la carretera.
3 emitir (un programa), exhibir (una película): *Most of the games will be screened live.* La mayoría de los partidos se emitirán en vivo. SIN **show**
4 investigar los antecedentes de (empleados, candidatos, etc.) SIN **vet**
5 screen (your) calls filtrar (las) llamadas
screen sth ↔ off *v+partíc* cerrar algo (con un biombo)
screen out *v+partíc* **screen sth** ↔ **out** filtrar algo

screen·ing /'skrinɪŋ/ *s* **1** [C,U] chequeo médico: *a routine screening* un chequeo de rutina • [+**for**]: *screening for prostate cancer* exploraciones para detectar cáncer de próstata • **cancer/HIV screening** detección de cáncer/VIH • **screening test** prueba (de detección) **2** [C] proyección, sesión (de una película), emisión (de un programa): *a press screening* una proyección para la prensa • **screening room** sala de proyección **3** [U] investigación (para verificar antecedentes)

screen·play /'skrinpleɪ/ *s* [C] (pl **screenplays**) guión (de película o programa de TV)

'screen ,saver s [C] salvapantallas

'screen ,test s [C] prueba cinematográfica

screen·writ·er /'skrin,raɪtə/ *s* [C] guionista ▸ SCRIPT-WRITER, PLAYWRIGHT

screw¹ ⚇ /skru/ s [C] tornillo

EXPRESIONES

have a screw loose (*hum*) tener algún tornillo flojo • **put the screws to sb** apretarle las clavijas a alguien • **tighten the screws (on sb)** (*coloq*) apretar las clavijas (a alguien)

screw² v **1** [T siempre + adv/prep] atornillar: *Screw the shelf and bracket together.* Atornille la escuadra al estante. • **screw sth to/into/onto sth** atornillar algo a algo: *The kitchen cabinets were screwed into the walls.* Los armarios de la cocina estaban atornillados a la pared. **2** (a) [T siempre + adv/prep] enroscar • **screw sth on/together** *Screw the lid on tight.* Enrosque bien la tapa. ᴀɴᴛ **unscrew** (b) [I siempre + adv/prep] enroscarse • **screw onto/into sth** enroscarse a/en algo: *The table legs screw into the top.* Las patas de la mesa se enroscan en el tablero. • **screw on/together** *The cover just screws on.* La tapa solo hay que enroscarla. **3** [T siempre + adv/prep] *He screwed his face into a grimace.* Frunció la cara haciendo una mueca. • *She screwed the letter into a ball.* Estrujó la carta y la hizo una bola. ꜱɪɴ **screw up 4** [T] (*malson*) estafar, engañar ► **have your HEAD screwed on (right/straight)**

screw around v+partíc (*coloq*) mamar gallo, tontear ꜱɪɴ **mess around**

screw up v+partíc **1 screw sth ↔ up** estrujar algo: *She screwed the letter up and threw it away.* Estrujó la carta y la tiró a la basura. • **screw your eyes/face up** fruncir el entrecejo • **screw your mouth up** fruncir los labios **2 screw up** (*coloq*) embarrarla, cagarla ꜱɪɴ **mess up 3 screw sth ↔ up** (*coloq*) arruinar algo ꜱɪɴ **mess up 4 screw up your courage** armarse de valor • **screw up the courage to do sth** juntar el valor necesario para hacer algo

screw·ball /'skrubɔl/ s [C] (*coloq*) chiflado -a, excéntrico -a

'screwball ˌcomedy s [C,U] comedia de enredos

screw·driv·er /'skru,draɪvɚ/ s [C] destornillador, desarmador

ˌscrewed 'up adj (*coloq*) traumatizado -a

'screw top s [C] tapón de rosca

screw·y /'skrui/ adj (**screwier**, **screwiest**) (*coloq*) delirante, disparatado -a: *a screwy idea* una idea disparatada

scrib·ble¹ /'skrɪbəl/ v **1** [T] (tb **scribble sth ↔ down**) garabatear: *She scribbled some notes on a slip of paper.* Garabateó unas notas en un papel. **2** [I] hacer garabatos

scribble² s **1** [C,U] (dibujos infantiles) garabato(s) **2** [sing, U] (letra ilegible) garabatos ꜱɪɴ **scrawl**

scribe /skraɪb/ s [C] **1** escriba, escribiente **2** (*hum*) escribidor -a

scrimp /skrɪmp/ v [I] **1** hacer economías • **scrimp and save** hacer grandes sacrificios **2 scrimp on sth** escatimar algo

script¹ ⚇ /skrɪpt/ s
1 [C] guión (de película, etc.): *a movie script* el guión de una película ► SCREENPLAY, SCRIPTWRITER
2 [C,U] escritura, alfabeto (de una lengua): *Arabic script* escritura arábiga ꜱɪɴ **lettering**

script² v [T gralm en pasiva] escribir el guión de (una película), redactar (un discurso)

script·ed /'skrɪptɪd/ adj **1** [gralm ante s] redactado -a de antemano: *a short scripted announcement* un anuncio breve redactado de antemano **2** preparado -a de antemano, ensayado -a: *a highly scripted event* un evento muy ensayado ᴀɴᴛ **spontaneous**

scrip·tur·al /'skrɪptʃərəl/ adj bíblico ꜱɪɴ **Biblical**

scrip·ture /'skrɪptʃɚ/ s **1** [U] (tb **the (Holy) Scriptures** [pl]) las (Sagradas) Escrituras **2** [C,U] texto(s) sagrado(s)

script·writ·er /'skrɪpt,raɪtɚ/ s [C] guionista ► SCREEN-WRITER, PLAYWRIGHT

scroll¹ /skroʊl/ v [I,T] desplazar(se) (en la pantalla de un computador) • **scroll up/down** desplazar(se) hacia arriba/abajo • **scroll through a document** desplazarse por un documento

scroll² s [C] (rollo de) pergamino, manuscrito

Scrooge /skrudʒ/ s [C] (*coloq*) tacaño -a

scro·tum /'skroʊtəm/ s [C] (pl **scrota** /-tə/, **scrotums**) escroto

scrounge /skraʊndʒ/ v [I,T] gorrear, gorronear, goterear • **scrounge sth from/off sb** gorrearle/gorronearle algo a alguien • **scrounge from/off sb** gorrear/gorronear a alguien

scrounge (around) for sth v+partíc revolver en busca de algo

scroung·er /'skraʊndʒɚ/ s [C] (*peyor*) gorrón -ona, goterero -a

scrub¹ /skrʌb/ v **1** [I,T] fregar, restregar, tallar • **scrub at sth** fregar/restregar, tallar algo: *She scrubbed at her face with a tissue.* Se restregó la cara con un pañuelo de papel. • **scrub sth clean** *I scrubbed the frying pan clean.* Fregué la sartén hasta dejarla limpia. • **scrub the dirt/mud off sth** quitar la suciedad/el barro de algo restregando **2** [T] (*coloq*) abandonar (una idea), suspender (una reunión, un acto) ꜱɪɴ **cancel**

scrub sth ↔ out v+partíc limpiar algo a fondo

scrub v+partíc hacerse el lavado quirúrgico

scrub² s **1** [U] matorrales **2** [sing] *The table needs a scrub.* Hay que fregar la mesa. • **give your face/hands a good scrub** limpiarse la cara/lavarse las manos restregando bien

scrub·land /'skrʌblænd/ s [U] monte bajo

scruff /skrʌf/ s

EXPRESIONES

by the scruff of the neck por el pescuezo

scruff·i·ly /'skrʌfəli/ adv con desaliño

scruff·y /'skrʌfi/ adj (**scruffier**, **scruffiest**) desaliñado -a (persona), raído -a, desgastado -a (ropa)

scrum /skrʌm/ s [C] scrum, melée

scrump·tious /'skrʌmpʃəs/ adj (*coloq*) sabrosísimo -a ꜱɪɴ **delicious**

scrunch /skrʌntʃ/ v **1** [T siempre + adv/prep] (tb **scrunch up**) estrujar • **scrunch sth (up) into a ball** estrujar algo formando una bola ꜱɪɴ **screw 2** [I] crujir ꜱɪɴ **crunch**

scru·ple /'skrupəl/ s [C gralm pl] escrúpulo • **have no scruples about doing sth** no tener escrúpulos/ningún escrúpulo en hacer algo

scru·pu·lous /'skrupyələs/ adj **1** (éticamente) escrupuloso -a: *her scrupulous honesty* su escrupulosa honradez ᴀɴᴛ **unscrupulous 2** (en el trabajo, la limpieza) escrupuloso -a, minucioso -a: *scrupulous attention to detail* atención minuciosa a los detalles

scru·pu·lous·ly /'skrupyələsli/ adv escrupulosamente • **scrupulously clean** absolutamente limpio -a

scru·ti·nize /'skrutⁿn,aɪz/ v [T] escudriñar, escrutar

scru·ti·ny /'skrutⁿn-i/ s [U] examen, análisis • **under scrutiny** *The whole system is now under scrutiny.* Ahora se está sometiendo a examen a todo el sistema. • **careful/close scrutiny** minucioso/detenido examen

scu·ba div·er /'skubə ,daɪvɚ/ s [C] buzo (con tanques de oxígeno)

'scuba ˌdiving s [U] buceo (con tanques de oxígeno) ► SNORKELING

scuff /skʌf/ v **1** [T] rozar, raspar (los zapatos), rayar (el piso) **2 scuff your feet/heels** arrastrar los pies

scuf·fle¹ /'skʌfəl/ s [C] refriega, trifulca • **a scuffle broke out** se produjo una refriega

scuffle² v [I] enfrentarse, entrar en una refriega • **scuffle with sb** enfrentarse con alguien

scull¹ /skʌl/ s [C] espadilla

scull² *v* [I] remar con espadilla

scul·le·ry /'skʌləri/ *s* [C] (pl **sculleries**) habitación anexa a la cocina

sculpt /skʌlpt/ *v* [T] esculpir

sculp·tor /'skʌlptə/ *s* [C] escultor -a

sculp·ture /'skʌlptʃə/ *s* [C,U] escultura(s): *an exhibition of sculpture* una exposición de esculturas • [+**of**]: *a sculpture of an elephant* una escultura de un elefante ► **CARVING, STATUE**

sculp·tured /'skʌlptʃəd/ *adj* [solo ante s] **1** esculpido -a **2** (*escrito*) cincelado -a (rasgos), escultural (cuerpo)

scum /skʌm/ *s* **1** (sing, U) espuma (en la superficie del agua, el caldo, etc.) **2** [C] (pl **scum**) (*despec*) escoria, basura • **the scum of the earth** la escoria de la sociedad

scum·bag /'skʌmbæg/ *s* [C] (*despec*) cerdo -a (persona)

scur·ri·lous /'skɜrələs, 'skʌr-/ *adj* (*frml*) insidioso -a, difamatorio -a

scur·ry /'skɜri, 'skʌri/ *v* [I siempre + adv/prep] (**scurries**, **scurried**, **scurrying**) *A mouse scurried across the floor.* Un ratón se escabulló corriendo por el suelo. • **scurry off/away** salir corriendo • **scurry by/past** pasar corriendo: *He scurried past the restaurant to avoid being spotted.* Pasó delante del restaurante corriendo para no ser visto.

scur·vy /'skɜvi/ *s* [U] escorbuto

scut·tle¹ /'skʌtl/ *v* **1** [I siempre + adv/prep] *A lizard scuttled across the path.* Una lagartija cruzó el camino corriendo. • **scuttle off/away** salir corriendo • **scuttle by/past** pasar corriendo **2** [T] arruinar, echar por tierra: *The senator tried to scuttle the tax increase.* El senador trató de echar por tierra el aumento de impuestos. **3** [T] hundir (un barco)

scut·tle² *s* [C] cubo para el carbón

scythe¹ /saɪð/ *s* [C] guadaña ► **SICKLE**

scythe² *v* [I,T] **1** (*liter*) cortar • **scythe through sth** atravesar algo **2** segar con guadaña

SD *abrev escrita de* **SOUTH DAKOTA**

sea W1 /si/ *s* **1** [U] (masa de agua) mar: *Waste is dumped in the sea.* Los desechos se vierten al mar. • **at sea** *We've been at sea for three days now.* Hace tres días que zarpamos. • *ships at sea* barcos en alta mar • **by sea** por/en barco: *It's cheaper to send goods by sea.* Es más barato enviar productos por barco. • **out to sea** mar adentro: *The body was washed out to sea.* El cuerpo fue arrastrado mar adentro. • **the open sea** mar abierto • **go to sea** hacerse marino -a/marinero -a • **put (out) to sea** hacerse a la mar • **be lost at sea** morir ahogado -a en alta mar • **the seas** (*liter*) los mares SIN **ocean** • **sea air** aire marino, aire de mar • **sea breeze** brisa marina, brisa de mar • **sea creature** animal marino • **sea floor** fondo del mar **2** [C] (oleaje) mar: *The sea was calm.* El mar estaba en calma. • **rough/heavy seas** mar agitado/encrespado: *The ship went down in rough seas.* El barco se hundió en mar encrespado. **3** [C] (área geográfica) mar: *the Mediterranean Sea* el mar Mediterráneo **4** (gran cantidad) **a sea of sth** un mar de algo, una multitud de algo: *He looked out at the sea of faces.* Miró hacia el mar de rostros. • **a sea of mud** un lodazal ► **SEA CHANGE, SEA LEVEL, SEA LION, the SEVEN seas**

<u>EXPRESIONES</u>
across the seas (*liter*) de ultramar • **be (all) at sea** sentirse perdido -a • **get/find your sea legs** acostumbrarse al vaivén del barco

'sea a,nemone *s* [C] anémona de mar

sea·board /'sibɔrd/ *s* [C] costa, litoral • **the eastern/western/Pacific seaboard** la costa este/oeste/del Pacífico

'sea change *s* [sing] cambio radical • [+**in**]: *a sea change in attitudes* un cambio de actitud radical

sea·far·ing /'si,fɛrɪŋ/ *adj* [solo ante s] marinero -a

sea·food /'sifud/ *s* [U] mariscos • **seafood dish** plato de mariscos • **seafood restaurant** marisquería • **seafood salad** ensalada de mariscos

sea·gull /'sigʌl/ *s* [C] gaviota SIN **gull**

sea·horse /'sihɔrs/ *s* [C] caballito de mar, hipocampo

seal¹ /sil/ *s* [C] **1** foca • **a colony/herd of seals** una colonia de focas • **seal pup** cría de foca **2** junta, empaque (en una tubería), burlete (en una puerta, ventana) • **an airtight/a watertight seal** un cierre hermético **3** sello (de lacre), precinto (en un recipiente) • **break a seal** romper un sello/un precinto **4** sello (de una persona, institución): *the presidential seal* el sello presidencial ► **SEAL OF APPROVAL**

seal² *v* [T]

1	una abertura, un recipiente
2	un sobre, un paquete
3	un lugar
4	una superficie
5	entre dos personas
6	en deportes

1 UNA ABERTURA, UN RECIPIENTE sellar, cerrar (herméticamente): *The windows were sealed shut.* Las ventanas estaban selladas. • **seal a joint/crack/gap** sellar una junta/una grieta/un hueco
2 UN SOBRE, UN PAQUETE cerrar: *She sealed the box with tape.* Cerró la caja con cinta.
3 UN LUGAR cerrar, acordonar, precintar: *All entrances to the building were sealed.* Cerraron todas las entradas del edificio. • **seal a border** cerrar una frontera
4 UNA SUPERFICIE impermeabilizar: *Seal the door with clear varnish.* Proteja la puerta con barniz transparente.
5 ENTRE DOS PERSONAS **seal a deal/an agreement** cerrar un acuerdo • **seal a promise** sellar un compromiso
6 EN DEPORTES **seal a victory/win** sellar una victoria/un triunfo ► **my LIPS are sealed**

<u>EXPRESIONES</u>
seal sb's fate decidir el destino de alguien
seal sth ↔ in *v+partíc* conservar algo (el sabor, las vitaminas)
seal sth ↔ off *v+partíc* acordonar algo, precintar algo (una zona)
seal sth ↔ up *v+partíc* cerrar (herméticamente) algo (un recipiente), tapiar algo (una entrada) SIN **seal**

sealed /sild/ *adj* **1** cerrado -a: *a sealed envelope* un sobre cerrado • *a sealed container* un recipiente cerrado herméticamente **2** secreto -a • **a sealed bid** una oferta en sobre cerrado • **a sealed indictment** un documento en que se acusa a alguien de un delito sin mencionar el nombre del acusado

'sea ,level *s* [U] nivel del mar • **above/below sea level** sobre/bajo el nivel del mar

'sealing wax *s* [U] lacre

'sea ,lion *s* [C] león marino

,seal of ap'proval *s* [sing] aprobación, visto bueno • **give sth your seal of approval** dar su aprobación a algo • **get/receive the seal of approval** obtener la aprobación/el visto bueno

seam /sim/ *s* [C] **1** costura (de una prenda) **2** veta, filón (de mineral): *a seam of coal* una veta de carbón **3** unión (de dos piezas) **4 a seam of sth** un filón de algo: *a rich seam of information* un filón de valiosa información

<u>EXPRESIONES</u>
be bursting/bulging at the seams estar a tope (sala), estar a punto de reventar (prenda) • **be falling/coming apart at the seams (a)** venirse abajo, desmoronarse (plan, vida) **(b)** descoserse (prenda)

sea·man /'simən/ *s* [C] (pl **seamen** /-mən/) **1** (como oficio) marino, marinero **2** (por conocimientos, experiencia) hombre de mar

S

sea·man·ship /'simən,ʃɪp/ s [U] náutica

seam·less /'simlɪs/ adj **1** fluido -a, sin fisuras (proceso) **2** sin costura (medias, prenda)

seam·stress /'simstrɪs/ s [C] **1** (antic) (como oficio) costurera **2** (por conocimientos) costurera

seam·y /'simi/ adj (**seamier, seamiest**) sórdido -a • **the seamy side of sth** el lado oscuro de algo

se·ance /'seɪɑns/ s [C] sesión de espiritismo • **hold a seance** hacer una sesión de espiritismo

sea·port /'sipɔrt/ s [C] puerto marítimo, puerto de mar

sear /sɪr/ v **1** [I siempre + adv/prep, T] quemar, abrasar **2** [T] dorar (a fuego vivo) **3** [I siempre + adv/prep, T] (liter) Guilt seared her. La culpa la atormentaba. • **sear through sth/sb** atravesar algo/a alguien: Pain was searing through him. Estaba transido de dolor. ► SEARING

EXPRESIONES
be seared into your memory/brain estar grabado -a a fuego en su memoria/mente

search¹ W2 /sətʃ/ s
1 [C gralm sing] (de una persona, un objeto, un lugar) búsqueda; (por parte de la policía, el ejército) requisa, registro, cateo • [+for]: the search for the wreck of the Titanic la búsqueda de los restos del Titanic • **make a search (of sth)** buscar (algo), registrar (algo), requisar (algo), catear (algo) • **carry out/conduct a search (of sth)** llevar a cabo una búsqueda/un registro/una requisa/un cateo (de algo) • **in search of sb/sth** en busca de alguien/algo • **launch/mount a search** organizar una operación de búsqueda • **call off/abandon a search** poner fin a/abandonar una búsqueda
2 [C] (en informática) búsqueda, consulta: an online search una búsqueda en línea • **run/do/perform a search** hacer una búsqueda: I did a quick search on the Internet. Hice una búsqueda rápida en Internet.
3 [sing] (para solucionar algo) búsqueda • [+for]: the search for a cure for cancer la búsqueda de una cura para el cáncer

search² S3 W2 v
1 [I,T] (en un lugar) buscar (en), registrar: The area was thoroughly searched. Se registró la zona exhaustivamente. • **search for sth/sb** buscar algo/a alguien: A plane searched for the missing men. Un avión buscaba a los desaparecidos. • **search through/in/under sth** buscar entre/en/bajo algo: I searched through all the papers on my desk. Busqué entre los papeles que había en mi escritorio. • **search the house for sth** registrar la casa en busca de algo • **search high and low (for sth/sb)** buscar (algo/a alguien) por todas partes
2 [I,T] (en un computador) buscar (en), hacer una búsqueda (en): some tips for searching the database algunos consejos para hacer búsquedas en la base de datos • I searched the Internet for a hotel in Paris. Busqué un hotel en París en Internet. • **search for sth** buscar algo
3 [T] (una persona) registrar, requisar, catear: We were all searched. Nos requisaron. • **search sb for sth** Police searched her for drugs. La policía la registró para ver si tenía drogas.
4 [I] (para encontrar solución) buscar, investigar • **search for sth** buscar algo: Scientists are still searching for an answer. Los científicos todavía buscan una respuesta.
5 [T] (con cuidado) examinar, escrutar • **search your conscience** hacer (un) examen de conciencia • **search sb's face/eyes** escrutar el rostro/la mirada de alguien

EXPRESIONES
search me! (oral) ¡qué sé yo!, ¡a mí que me esculquen!
search sth ↔ out v+partíc buscar algo, tratar de descubrir algo

'search ,engine s [C] buscador, motor de búsqueda

search·ing /'sətʃɪŋ/ adj [solo ante s] **1** sagaz (investigación, pregunta) **2** escrutador -a, inquisitivo -a (mirada)

search·light /'sətʃlaɪt/ s [C] reflector, buscador

'search ,party s [C] (pl **search parties**) equipo de rescate, equipo de búsqueda • **send out a search party** enviar un equipo de rescate/búsqueda

'search ,warrant s [C] orden de registro, orden de requisa, orden de cateo • **issue a search warrant** expedir una orden de registro/requisa/cateo

sear·ing /'sɪrɪŋ/ adj [solo ante s] **1** calcinante, abrasador -a (sol, calor) **2** punzante (dolor) **3** feroz, severo -a (comentario, crítica)

sea·scape /'si,skeɪp/ s [C] paisaje marino

sea·shell /'siʃɛl/ s [C] concha (de mar/marina)

sea·shore /'siʃɔr/ s **the seashore** la orilla del mar ► BEACH, SHORE

sea·sick /'si,sɪk/ adj mareado -a (al viajar en barco) • **be/get seasick** marearse • **feel seasick** estar mareado -a

sea·sick·ness /'si,sɪknɪs/ s [U] mareo (al viajar en barco)

sea·side /'sisaɪd/ adj [solo ante s] costero -a: a seaside resort un centro turístico costero

sea·son¹ S2 W1 /'sizən/ s

1 época del año
2 en deportes
3 de cine, ópera
4 de vacaciones
5 periodo festivo
6 periodo climatológico
7 en los animales
8 para una actividad

1 ÉPOCA DEL AÑO [C] estación: Summer is my favorite season. El verano es mi estación preferida.
2 EN DEPORTES [C] temporada: the first game of the season el primer partido de la temporada • **the soccer/basketball season** la temporada de fútbol/básquetbol
3 DE CINE, ÓPERA [C gralm sing] (periodo del año) temporada; (serie de eventos) ciclo: one of the best new shows this season uno de los mejores programas de esta temporada • [+of]: a season of Shakespeare plays un ciclo de obras de Shakespeare
4 DE VACACIONES [C gralm sing, U] temporada • **during (the) peak season** en temporada alta, en plena temporada • **in/at the height of the season** en temporada alta, en plena temporada • **(the) tourist season** (la) temporada turística
5 PERIODO FESTIVO [C gralm sing] fiestas • **the holiday season** periodo del Día de Acción de Gracias al Año Nuevo
6 PERIODO CLIMATOLÓGICO [C gralm sing] temporada • **the rainy/wet season** la época/temporada de lluvias • **the dry season** la época/temporada seca
7 EN LOS ANIMALES [C gralm sing] temporada, época • **the mating/breeding season** la época de celo
8 PARA UNA ACTIVIDAD [C gralm sing, U] temporada • **the hunting/fishing season** la temporada de caza/pesca ► OFF-SEASON

EXPRESIONES
in season (a) Asparagus is in season now. Es temporada de espárragos. (b) A double room will cost around $125 in season. Una habitación doble costará alrededor de 125 dólares en temporada alta. • **out of season** (a) fuera de temporada (fruta, verdura) (b) durante la veda (pescar, cazar) (c) en temporada baja (veranear) • **season's greetings** Felices Fiestas/Pascuas

season² v [T] **1** condimentar, sazonar: lamb seasoned with herbs cordero sazonado con hierbas • **season to taste** condimentar a gusto **2** secar, curar (madera)

sea·son·a·ble /'sizənəbəl/ adj propio -a de la época del año

sea·son·al /'sizənəl/ adj **1** temporal, estacional, temporalero -a (trabajo, trabajador) **2** de temporada (fruta, verdura) **3** estacional (lluvias, migración, variación) **4** navideño -a

sea·soned /'sizənd/ adj **1** [solo ante s] experimentado -a, avezado -a (persona) **2** sazonado -a, condimentado -a (comida) **3** curado -a, seco -a (madera)

sea·son·ing /'sizənɪŋ/ s [C,U] condimento, aderezo

'season ,ticket s [C] abono (para transporte, conciertos, etc.) • **season ticket holder** abonado -a

seat¹ S2 W1 /sit/ s

1 [C] (en una habitación, un carro) asiento: *a comfortable seat* un asiento cómodo • **take a seat** sentarse, tomar asiento: *Please take a seat.* Por favor tome asiento. • **the front seat** (tb **the passenger seat**) el asiento delantero • **the back seat** el asiento trasero
2 [C] (en un avión, un restaurante) asiento; (en un teatro, un cine) butaca: *I asked for a seat by the window.* Pedí un asiento junto a la ventanilla. • **book/reserve a seat (for sth)** reservar una entrada/localidad (para algo) • **take your seat** ocupar su asiento/butaca/localidad
3 [C] (en un organismo) puesto; (en el congreso) escaño, curul • [+**in**]: *They hold 235 seats in Congress.* Tienen 235 escaños en el Congreso • [+**on**]: *a seat on the board of directors* un puesto en la junta directiva • **win/lose/keep a seat** obtener/perder/conservar un escaño • a **Parliamentary/Senate seat** un escaño en el Parlamento/el Senado
4 [C gralm sing] (*frml*) (de una institución) **the seat of government** la sede del gobierno • **a seat of learning** un centro de enseñanza
5 [sing] (en la ropa) fondillos, fundillos • [+**of**]: *the seat of your pants* los fondillos de los pantalones ▶ **take a** BACK SEAT, **on the** EDGE **of your seat**, **be in/on the** HOT **seat**

EXPRESIONES
be in the driver's seat llevar las riendas

seat² v [T] **1** sentar: *Please wait for our hostess to seat you.* Por favor espere a que la mesera le indique su asiento. • **seat yourself** (*frml*) sentarse, tomar asiento • **seat yourself in/on sth** sentarse en/sobre algo **2** [nunca en forma continua] tener capacidad para: *The new Olympic stadium seats over 70,000.* El nuevo estadio olímpico tiene capacidad para más de 70.000 espectadores.

'seat belt s [C] cinturón de seguridad SIN **safety belt**

seat·ed /'siṭɪd/ adj (*frml*) sentado -a • **remain/stay seated** permanecer sentado -a

EXPRESIONES
be seated (*frml, oral*) tomar asiento: *Please be seated.* Por favor tomen asiento.

seat·ing /'siṭɪŋ/ s [U] **1** asientos: *the seating on the plane/in the theater* los asientos del avión/teatro • **seating for 100/700** capacidad para 100/700 personas • **seating capacity** capacidad **2** distribución de los asientos • **seating arrangements** (tb **seating plan**) disposición (de los invitados, los comensales, etc.)

sea·wall /'siwɔl/ s [C] malecón

sea·weed /'siwid/ s [C,U] alga(s)

sea·wor·thy /'si,wɚði/ adj en buen estado para navegar

sec /sɛk/ s [C] (*coloq, oral*) segundo, momentito, momentico • **just a sec** (tb **hang on a sec**) un momentito • **in a sec** en un segundo, enseguida

se·cede /sɪ'sid/ v [I] (*frml*) separarse, escindirse • **secede from sth** separarse/escindirse de algo

se·ces·sion /sɪ'sɛʃən/ s [C,U] (*frml*) secesión

se·clud·ed /sɪ'kludɪd/ adj **1** apartado -a, retirado -a (lugar): *a secluded spot* un rincón apartado **2** retirado -a, solitario -a (vida)

se·clu·sion /sɪ'kluʒən/ s [U] aislamiento • **in seclusion** recluido -a

sec·ond¹ S1 W1 /'sɛkənd/ (abrev escrita 2nd) adj, adv segundo -a ▶ ver ejs en SIXTH

EXPRESIONES
every second day/word *The nurse comes every second day.* La enfermera viene cada dos días. • *We had to look up every second word in the dictionary.* Tuvimos que buscar una de cada dos palabras en el diccionario. • *every second prisoner* uno de cada dos prisioneros • **give sb/sth a second chance** darle otra oportunidad a alguien/algo • **have second thoughts (about sth)** tener dudas (sobre algo), cambiar de idea (sobre algo) • **not give sth/sb a second glance** no volver a mirar algo/a alguien • **not give sth a second thought** no dar mayor importancia a algo • **on second thought** (*oral*) pensándolo bien, ahora que lo pienso: *On second thought, I*

---

think I'll wear this jacket. Pensándolo bien, creo que me voy a poner esta chaqueta. • **be second only to sb/sth** ser superado -a sólo por alguien/algo: *The country's standard of living is second only to Japan's.* El nivel de vida del país sólo es superado por el de Japón. • **be second to none** ser insuperable

second² S1 W1 s

1 unidad de tiempo
2 periodo breve
3 en una comida
4 producto
5 en béisbol
6 en la caja de cambios
7 en una pelea, un duelo

1 UNIDAD DE TIEMPO [C] segundo: *They scored in the last 30 seconds of the game.* Anotaron un tanto en los últimos 30 segundos del partido. • *After a few seconds, the noise began again.* Después de algunos segundos, el ruido volvió a empezar. • **for 20/30 seconds** durante 20/30 segundos: *Heat the sauce in the microwave for 45 seconds.* Caliente la salsa en el horno de microondas durante 45 segundos. • **take 5/10 seconds** *It takes about 30 seconds for the computer to start up.* El computador tarda unos 30 segundos en arrancar. • **300 meters/100 miles per second** 300 metros/100 millas por segundo • **every 3/7/9 seconds** cada 3/7/9 segundos • **every few seconds** *He had to stop every few seconds to get his breath back.* Tenía que detenerse a cada rato para recuperar el aliento.
2 PERIODO BREVE [C] segundo, momento: *Can't you just wait a second?* ¿Puedes esperar un momentico? • **in a second** enseguida, en un segundo: *I'll be back in a second.* Vuelvo enseguida. • **for a second** (durante) un segundo: *Can I stop you there, just for a second?* ¿Puedo interrumpirte, nada más que un segundo? • **take a second** llevar un segundo: *Hold still; this will only take a second.* Quédate quieto, esto va a llevar solamente un segundo. • **just a second** (*oral*) un momentico, un momentito, un segundito: *"Are you coming?" "Just a second – I have to put my shoes on."* –¿Vienes? –Un momentico; me tengo que poner los zapatos. • **(at) any second** de un momento a otro: *He should be here any second.* Debería llegar de un momento a otro. • **in/within seconds** en (unos) segundos, en cuestión de segundos: *The whole thing was over in seconds.* En unos segundos, había terminado todo el asunto. • **seconds later** segundos después
3 EN UNA COMIDA **seconds** [pl] (*coloq*): *Does anyone want seconds?* ¿Alguien quiere repetir? • *Are you going back for seconds?* ¿Vas a volver a servirte?
4 PRODUCTO [C gralm pl] artículo de segunda, artículo con defectos de fabricación
5 EN BÉISBOL [U] (*coloq*) segunda base SIN **second base**
6 EN LA CAJA DE CAMBIOS [U] segunda • **in second** en segunda
7 EN UNA PELEA, UN DUELO [C] segundo, padrino ▶ SPLIT SECOND

second³ adv [adv oracional] en segundo lugar: *First of all, it's too expensive and second, we don't have anywhere to put it.* Ante todo, es demasiado caro y, en segundo lugar, no tenemos donde ponerlo. SIN **secondly**

second⁴ pron **1** (abrev escrita **2nd**) el segundo/la segunda **2** (abrev escrita **2nd**) (día) dos **3** (abrev escrita **II**) (en nombres de monarcas, papas) segundo -a ▶ ver ejs en SIXTH

second⁵ v [T] secundar • **second a motion/a proposal/an amendment** secundar una moción/una propuesta/una enmienda

EXPRESIONES
I'll second that (*oral*) secundo la moción

sec·ond·ar·y /'sɛkən,dɛri/ adj **1** (de menor importancia) secundario -a: *the novel's secondary characters* los personajes secundarios de la novela • [+**to**]: *Tourism is secondary to oil as a source of income.* El turismo ocupa un lugar secundario con respecto al petróleo como fuente de ingresos. • **be of secondary importance** (tb **be a secondary consideration**) ser secundario -a, ser de importancia secundaria ▶ PRIMARY **2** [solo ante s] (en educación) secundario -a, de enseñanza secundaria • **secondary education/schooling** educación secundaria ▶ PRIMARY, TERTIARY **3** (derivado) secundario -a: *secondary tumors* tumores secundarios

'secondary ,school s [C,U] (colegio) secundario, (escuela) secundaria SIN **high school** ▶ ELEMENTARY SCHOOL, MIDDLE SCHOOL, PRIMARY SCHOOL

,second 'base s [U] segunda base SIN **second**

,second 'best¹ s [sing, U] segunda opción • **settle for second best** conformarse con la segunda opción

,second 'best² adj segundo -a: *She was the second best player on the team.* Era la segunda mejor jugadora del equipo. • **be second best** ser un segundón/una segundona

,second 'class¹ s [U] **1** en Estados Unidos, sistema postal para la distribución de material impreso ▶ FIRST CLASS **2** segunda clase (en un tren, un buque) ▶ FIRST CLASS

second class² adv **1** en Estados Unidos, a través del sistema postal utilizado para la distribución de material impreso ▶ FIRST CLASS **2** en segunda clase (en un tren, un buque) ▶ FIRST CLASS

,second-'class adj **1** (menos importante) de segunda (clase/categoría) • **a second-class citizen** un ciudadano/una ciudadana de segunda (clase) ▶ FIRST-CLASS **2** (de menor calidad) de segunda (clase/categoría) SIN **second-rate** ▶ FIRST-CLASS **3** (al viajar) de segunda (clase): *two second-class tickets to Oaxaca* dos boletos de segunda a Oaxaca ▶ FIRST-CLASS **4** relativo al sistema postal empleado en Estados Unidos para la distribución de material impreso ▶ FIRST-CLASS

,second-'guess v [T] **1** criticar a posteriori **2** anticiparse (a una decisión, etc.)

'second ,hand s [C] segundero

sec·ond·hand¹, second-hand /ˌsɛkəndˈhændɪ/ adj **1** de segunda mano, usado -a (ropa, carro, etc.), usado -a, de viejo (libro): *secondhand books* libros usados ▶ USED ANT **new 2** [solo ante s] de segunda mano (tienda), de libros usados, de viejo (librería): *a secondhand store* una tienda de segunda mano **3** de fuente(s) indirecta(s) (relato, informe, etc.), secundario -a (información) ▶ FIRST-HAND

secondhand² adv **1** de segunda mano • **get/buy sth secondhand** comprar algo de segunda mano **2** por terceros, indirectamente • **hear sth secondhand** enterarse de algo por terceros ▶ FIRST HAND

,second-in-com'mand s [C] segundo -a de a bordo, número dos (en una organización)

,second 'language s [C gralm sing] segunda lengua

sec·ond·ly /'sɛkəndli/ adv [adv oracional] en segundo lugar (al hacer una enumeración)

,second 'nature s **be second nature (to sb)** ser un acto reflejo (para alguien) • **become second nature** convertirse en un acto reflejo

,second 'person s **the second person** (técn) la segunda persona ▶ FIRST PERSON, THIRD PERSON

'second-person adj [solo ante s] (técn) (en gramática) de segunda persona

,second-'rate adj [gralm ante s] de segunda (categoría): *second-rate movies* películas de segunda categoría ▶ FIRST-RATE

,second 'sight s [U] clarividencia

second wind /ˌsɛkənd ˈwɪnd/ s [sing] **get your second wind** recuperar el aliento/las energías, cobrar nuevas fuerzas

se·cre·cy /'sikrəsi/ s [U] secreto, reserva • **absolute/complete/total secrecy** absoluta reserva • **in secrecy** en secreto: *The trial took place in secrecy.* El juicio se

desarrolló en secreto. • **be shrouded in secrecy** mantenerse en el máximo secreto

EXPRESIONES

swear sb to secrecy comprometer a alguien a guardar silencio

se·cret¹ S3 W2 /'sikrɪt/ s [C]

1 (información no compartida) secreto: *We have no secrets from each other.* No tenemos secretos entre nosotros. • **it's a secret** (oral) es un secreto • **keep a secret** guardar un secreto: *Can you keep a secret?* ¿Puedes guardar un secreto? • **keep sth a secret** mantener algo en secreto: *Why did you keep your marriage a secret?* ¿Por qué mantuviste tu matrimonio en secreto? • **tell sb a secret** (tb **let sb in on a secret**) contarle un secreto a alguien • **a closely-guarded/well-kept secret** un secreto bien guardado • **a state secret** un secreto de estado • **an official secret** un secreto oficial • **an open secret** un secreto a voces • **your secret is safe with me** tu secreto está a salvo conmigo • **the secret is out** el secreto ha sido descubierto • **it's no secret that** no es ningún secreto que: *It is certainly no secret that the business is losing money.* Desde luego no es ningún secreto que la empresa está perdiendo dinero. • **make no secret of sth** no ocultar algo

2 (para lograr algo) **the secret of sth** el secreto de algo: *the secret of a happy marriage* el secreto de un matrimonio feliz • **the secret of/to doing sth** el secreto para hacer algo: *the secret of making good bread* el secreto para hacer buen pan • *There are secrets to being a good boss.* Ser un buen jefe tiene sus secretos. • **sb's secret** el secreto de alguien: *Your hair always looks great. What's your secret?* Siempre tienes el cabello fantástico. ¿Cuál es tu secreto? • **the secret of sb's/sth's success** el secreto del éxito de alguien/algo

3 secrets [pl] misterios: *the secrets of the universe* los misterios del universo

4 in secret en secreto: *They met in secret.* Se reunieron en secreto. ▶ TRADE SECRET

secret² W2 adj [gralm ante s]

1 secreto -a: *a secret location* un lugar secreto • *She had a secret lover.* Tenía un amante secreto. • **keep sth secret** mantener algo en secreto • **keep sth secret from sb** ocultar algo a alguien: *They kept their relationship secret from Jenny's parents.* Ocultaron su relación a los padres de Jenny. • **a secret weapon** un arma secreta

2 [solo ante s] oculto -a: *Her secret fear was that Jim would leave her.* Su temor oculto era que Jim la dejara. • **a secret admirer** un admirador secreto/una admiradora secreta ▶ TOP-SECRET

,secret 'agent s [C] agente secreto -a SIN **spy**

sec·re·tar·i·al /ˌsɛkrəˈtɛriəl/ adj de secretario -a, administrativo -a: *secretarial work* trabajo administrativo • *She didn't want a secretarial job.* No quería un trabajo de secretaria. • *a secretarial course* un curso de secretariado

sec·re·tar·y S3 W2 /'sɛkrəˌtɛri/ s [C] (pl **secretaries**)

1 (asistente) secretario -a

2 Secretary (en el gobierno estadounidense) Secretario -a: *the Secretary of Defense* el Secretario de Defensa

3 Secretary (en el gobierno británico) Ministro -a: *the British Foreign Secretary* el Ministro británico de Asuntos Exteriores ▶ SECRETARY OF STATE

4 (de un club, una organización) secretario -a ▶ SECRETARY OF STATE

,Secretary of 'State s [C] **1** (en Estados Unidos) Secretario -a de Estado (cargo equivalente al de Ministro -a de Relaciones Exteriores) **2** (en Gran Bretaña) Ministro -a, Secretario -a: *the Secretary of State for Education* el Ministro de Educación

se·crete /sɪˈkrit/ v [T] **1** (técn) segregar, secretar ▶ EXCRETE **2** [siempre + adv/prep] (frml) ocultar: *She secreted the chocolates in a drawer.* Ocultó los chocolates en un cajón.

se·cre·tion /sɪˈkriʃən/ s [C] (técn) secreción

se·cre·tive /'sikrətɪv/ adj reservado -a, hermético -a • **be secretive about sth** ser/mostrarse muy reservado -a con respecto a algo

se·cre·tive·ly /'sikrətɪvli/ *adv* en secreto, a escondidas

se·cre·tive·ness /'sikrətɪvnɪs/ *s* [U] gran reserva, actitud misteriosa

se·cret·ly /'sikrɪtli/ *adv* en secreto, a escondidas: *They had secretly gotten married.* Se habían casado en secreto. • *I was secretly hoping my cousins wouldn't come.* Tenía la secreta esperanza de que mis primos no vinieran.

ˌsecret po'lice *s* the secret police la policía secreta

ˌsecret 'service *s* **1 the Secret Service** el Servicio Secreto (en Estados Unidos, departamento a cargo de la protección del presidente) • **Secret Service agent** agente del Servicio Secreto **2** [C] servicio de inteligencia • **secret service agent** agente del servicio de inteligencia

sect /sɛkt/ *s* [C] secta: *a religious sect* una secta religiosa

sec·tar·i·an /sɛk'tɛriən/ *adj* [gralm ante s] **1** sectario -a **2** confesional

sec·tion¹ [S1] [W2] /'sɛkʃən/ *s*

1	fragmento
2	en un lugar
3	en un libro, un periódico
4	de una pieza
5	de la población
6	de una ley, un documento
7	en una orquesta
8	en cirugía
9	en obstetricia
10	para el microscopio
11	en arquitectura, dibujo
12	en geometría
13	unidad de medición

1 FRAGMENTO [C] parte: *Garnish the salad with fresh grapefruit sections.* Adorne la ensalada con gajos de toronja fresca. • [+of]: *a busy section of the highway* un tramo de la autopista con mucho tránsito

2 EN UN LUGAR [C] zona, área: *The restaurant does not have a smoking section.* El restaurante no tiene zona para fumadores. • [+of]: *the reference section of the library* la sección de libros de referencia de la biblioteca

3 EN UN LIBRO, UN PERIÓDICO [C] sección, parte: *the sports section of the newspaper* la sección de deportes del periódico

4 DE UNA PIEZA [C] parte: *the plane's tail section* la parte de la cola del avión • **in sections** en partes: *Most furniture is built and transported in sections.* La mayoría de los muebles se fabrican y transportan en partes.

5 DE LA POBLACIÓN [C] sector • [+of]: *a large section of the American public* un sector importante del público estadounidense

6 DE UNA LEY, UN DOCUMENTO [C] punto, apartado: *Article I, Section 8 of the U.S. Constitution* Artículo I, punto 8 de la Constitución de los Estados Unidos

7 EN UNA ORQUESTA [C] sección • **the brass/woodwind/string section** la sección (de) bronces/vientos/cuerdas

8 EN CIRUGÍA [C] (*técn*) sección

9 EN OBSTETRICIA [C,U] cesárea [SIN] **cesarean**

10 PARA EL MICROSCOPIO [C] (*técn*) sección (de tejido, etc.)

11 EN ARQUITECTURA, DIBUJO [C,U] corte, sección [SIN] **cross section**

12 EN GEOMETRÍA [C] (*técn*) sección, corte

13 UNIDAD DE MEDICIÓN [C] (*técn*) área de tierra de 1 milla de lado, equivalente a 2,59 kilómetros cuadrados

section² *v* [T] (*técn*) dividir, cortar en trozos
 section sth ↔ off *v+partíc* separar algo (con una línea divisoria, un tabique, etc.), acordonar algo (para impedir el acceso o la salida)

sec·tion·al /'sɛkʃənəl/ *adj* [gralm ante s] (*técn*) en corte (vista, diagrama)

sec·tor [W2] /'sɛktɚ/ *s* [C]
 1 (de la economía) sector: *all sectors of the economy* todos los sectores de la economía • **the industrial/financial/manufacturing sector** el sector industrial/financiero/manufacturero • **the public/private sector** el sector público/privado • **the service sector** el sector de servicios • **the voluntary sector** el sector voluntario
 2 (de la sociedad) sector • [+of]: *There is a lack of health care for the poorer sectors of society.* Hay falta de atención médica para los sectores más pobres de la sociedad.
 3 (de una zona) sector: *the city's eastern sector* el sector este de la ciudad

sec·u·lar /'sɛkyələ/ *adj* [gralm ante s] **1** laico -a: *secular education* educación laica **2** (*técn*) secular: *the secular clergy* el clero secular

se·cure¹ /sɪ'kyʊr/ *adj* **1** (no sujeto a cambios) seguro -a, estable: *a secure job* un trabajo seguro • *They knew now that their future was secure.* Ahora sabían que tenían el futuro asegurado. **2** (lugares) seguro -a: *Keep your passport in a secure place.* Guarde su pasaporte en un lugar seguro. • *Make sure the building is secure when you leave it.* Asegúrese de dejar el edificio bien cerrado al salir. **3** (sin riesgo) seguro -a: *secure transactions over the Internet* transacciones seguras por Internet • [+from]: *The new computer system is secure from hackers.* El nuevo sistema informático está a salvo de hackers. **4** (no preocupado) seguro -a: *a child who is happy and secure* un niño que es feliz y se siente seguro • **financially secure** en situación de seguridad económica, sin preocupaciones económicas • **secure in the knowledge that** con la certidumbre de que [ANT] **insecure 5** (bien) sujeto -a: *Make sure the ropes are secure.* Asegúrate de que las cuerdas estén bien sujetas. **6** [solo ante s] referido a un centro hospitalario o de internación, dotado del régimen de seguridad necesario para impedir que el recluso pueda dañar a otros o a sí mismo **7** [solo ante s] de acceso restringido: *secure government buildings* edificios gubernamentales de acceso restringido

secure² *v* [T] **1** lograr, asegurar: *They have secured an agreement with the Chinese government.* Han logrado un acuerdo con el gobierno chino. • *The last-minute goal secured their position in the final.* El gol de último momento les aseguró la participación en la final. • **secure the release of sb** lograr la liberación de alguien **2** proteger (un lugar, un edificio) **3** sujetar • **secure sth to sth** sujetar algo a algo: *He secured the boat to the jetty.* Sujetó el bote al embarcadero. **4 secure sb's/sth's future** asegurar el futuro de alguien/algo **5** (créditos, deudas) *He had used company money to secure a personal loan.* Había usado dinero de la compañía como garantía para solicitar un préstamo personal.

se·cure·ly /sɪ'kyʊrli/ *adv* **1** firmemente, bien (sujetar, atar) • **securely locked** bien cerrado -a • **securely fastened/tied** bien sujeto -a/atado -a **2** sin riesgos: *This system allows you to transfer money securely.* El sistema brinda la posibilidad de transferir dinero sin riesgos. **3** firmemente (con estabilidad)

se·cu·ri·ty /sɪ'kyʊrəṭi/ *s*

1	protección
2	ausencia de peligro
3	sensación de confianza
4	en internet
5	encargados de la vigilancia
6	para un préstamo
7	en finanzas

1 PROTECCIÓN [U] (medidas de) seguridad • **strict/tight security** estrictas/fuertes medidas de seguridad • **tighten security** reforzar la seguridad • **a breach of security** una violación de la seguridad • **security check** control de seguridad • **security officer** agente de seguridad • **security system** sistema de seguridad

2 AUSENCIA DE PELIGRO [U] seguridad • **national/internal security** seguridad nacional/interna

3 SENSACIÓN DE CONFIANZA [U] seguridad: *Parenting is about giving a child security and love.* Criar a un hijo consiste en darle seguridad y amor. • **a sense/feeling of security** una sensación de seguridad • **a false sense**

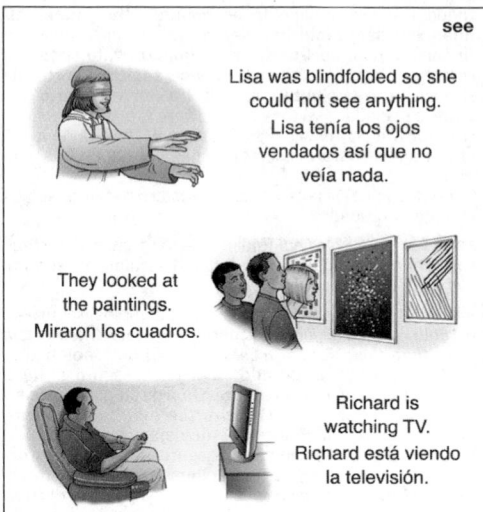

see

Lisa was blindfolded so she could not see anything.
Lisa tenía los ojos vendados así que no veía nada.

They looked at the paintings.
Miraron los cuadros.

Richard is watching TV.
Richard está viendo la televisión.

S

of security una falsa sensación de seguridad • **job security** seguridad laboral • **financial security** seguridad económica

4 EN INTERNET [U] seguridad

5 ENCARGADOS DE LA VIGILANCIA [U] personal de seguridad, guardias

6 PARA UN PRÉSTAMO [U] garantía, aval • [+**for**]: *They used their home as security for the loan.* Usaron su casa como garantía para el crédito.

7 EN FINANZAS securities [pl] valores, títulos: *the securities market* el mercado de valores

se'curity ,guard s [C] guardia (de seguridad)

se'curity ,service s [C] servicio de inteligencia

se·dan /sɪˈdæn/ s [C] sedán

se·date¹ /sɪˈdeɪt/ *adj* **1** sosegado -a, reposado -a **2** pausado -a, tranquilo -a

sedate² *v* [T] • **be heavily sedated** estar fuertemente sedado -a

se·da·tion /sɪˈdeɪʃən/ s [U] sedación • **under sedation** bajo los efectos de los sedantes

sed·a·tive¹ /ˈsɛdətɪv/ s [C] sedante

sedative² *adj* [solo ante s] (*frml*) sedante

sed·en·tar·y /ˈsɛdnˌtɛri/ *adj* (*frml*) sedentario -a: *a sedentary lifestyle* un estilo de vida sedentario

sed·i·ment /ˈsɛdəmənt/ s [C,U] sedimento

sed·i·men·ta·ry /ˌsɛdəˈmɛntri, -ˈmɛntəri/ *adj* [gralm ante s] (*técn*) sedimentario -a

se·di·tion /sɪˈdɪʃən/ s [U] (*frml*) sedición

se·di·tious /sɪˈdɪʃəs/ *adj* (*frml*) sedicioso -a

se·duce /sɪˈdus/ *v* [T] **1** [gralm en pasiva] tentar: *She was seduced by the huge salary offered.* Se vio tentada por el enorme sueldo que ofrecían. **2** seducir

se·duc·tion /sɪˈdʌkʃən/ s **1** [C,U] seducción **2** [C gralm pl] tentación

se·duc·tive /sɪˈdʌktɪv/ *adj* **1** seductor -a **2** tentador -a

see¹ S1 W1 /si/ *v* (**saw** /sɔ/, **seen** /sin/)

1 con la vista
2 darse cuenta de
3 averiguar, comprobar
4 comprender
5 estar con
6 mantener una relación con
7 televisión, películas
8 considerar
9 en el futuro
10 con cita
11 en un texto
12 verificar
13 vivir
14 ser testigo de
15 ir con

1 CON LA VISTA [I,T nunca en forma continua] ver: *Have you seen my keys anywhere?* ¿Has visto mis llaves en algún sitio? • *I saw John on the bus this morning.* Esta mañana, vi a John en el bus. • *Dad doesn't see as well as he used to.* Papá no ve tan bien como antes. • *Can I see your ticket, please?* ¿Me permite su entrada? • **can/can't see** ► Los verbos de percepción sensorial como **see**, **hear**, **smell**, etc. a menudo van acompañados de **can** o **could**: *I can't see anything without my glasses.* No veo nada sin mis anteojos. • *You can see the Empire State Building from here.* Desde aquí se ve el Empire State. • *She looked but she couldn't see him.* Miró pero no lo vio. • **see where/what/who** ver dónde/qué/quién: *Did you see who it was?* ¿Viste quién era? • **see sth/sb doing sth** ver algo/a alguien haciendo algo, ver algo/a alguien hacer algo: *I saw her dancing with John.* La vi bailando con John. • *He was seen entering the building.* Lo vieron entrar al edificio. • **see sth/sb do sth** ver algo/a alguien hacer algo: *I saw him leave five minutes ago.* Lo vi irse hace cinco minutos. • **as you can see** (*oral*) como puedes ver

2 DARSE CUENTA DE [T nunca en forma continua] notar, ver: *After a month of practice, you will see a difference in your playing.* Después de un mes de práctica, notará una diferencia en su manera de jugar. • **see (that)** *I can see there might be problems.* Veo que podría haber problemas. • **be seen to be (doing) sth** *We must be seen to be doing a good job.* Es necesario que se perciba que estamos haciendo un buen trabajo. • *This approach was soon seen to be inadequate.* Pronto se vio que este enfoque no era adecuado. • **I see** (*oral*) *You're not denying it, I see.* Veo que no lo niegas. • **you'll see** ya lo verás: *Things will get better, you'll see.* Las cosas van a mejorar, ya lo verás.

3 AVERIGUAR, COMPROBAR [T] **see what/when/who** ver qué/cuándo/quién: *I'll call him and see what he's doing.* Lo llamaré para ver qué está haciendo. • *I might come – I'll see how I feel tomorrow.* A lo mejor vengo, veré cómo me encuentro mañana. • **see if/whether** ver/averiguar si: *I'll see if he wants to go out for a drink this evening.* Voy a ver si quiere salir a tomar un trago esta noche. • *I'll be interested to see whether he replies to my letter.* Va a ser interesante ver si me contesta la carta. • **see about sth** averiguar (sobre) algo • **see at a glance** ver de un vistazo • **as we have seen** (*escrito*) como hemos visto • **it can be seen that** (tb **we can see that**) (*escrito*) se puede ver que • **we'll see** (*oral*) vamos a ver: *"Dad, can we go to the zoo?" "We'll see."* –Papá, ¿podemos ir al zoológico? –Vamos a ver. • **wait and see** esperar a ver

4 COMPRENDER [I,T nunca en forma continua] **see why/what/who** ver por qué/qué/quién: *I can see why she was upset.* Ya veo por qué estaba enojada. • **I see** (*oral*) ya veo, (ya) entiendo: *"First you need to switch the machine on like this." "Oh, I see."* –Primero tienes que encender la máquina así. –Ah, ya veo. • **you see** (*oral*) ¿(me) entiendes?: *You see, the thing is I'm really busy right now.* La cuestión es que estoy muy ocupada en este momento, ¿me entiendes? • **I see what you mean** te entiendo • **see sb's point** entender lo que alguien dice

5 ESTAR CON [T] ver, visitar: *She was supposed to see her boyfriend that evening.* Se suponía que iba a ver a su novio esa noche. • **see a lot of sb** ver a alguien a menudo: *I saw a lot of her when I lived in Atlanta.* La veía a menudo cuando vivía en Atlanta. • **see more/less of sb** ver a alguien más a menudo/con menos frecuencia

6 MANTENER UNA RELACIÓN CON be seeing sb salir con alguien: *Are you seeing anyone at the moment?* ¿Estás saliendo con alguien en este momento?

7 TELEVISIÓN, PELÍCULAS [T nunca en forma continua] ver: *Did you see that program about monkeys last night?* ¿Viste ese programa sobre los monos que pasaron anoche?

8 CONSIDERAR [T] ver: *Having a child makes you see things differently.* Tener un hijo te hace ver las cosas de otra manera. • **see sth/sb as sth** ver algo/a alguien como algo: *I see the job as a challenge.* Veo este trabajo como un reto. • **see yourself as sth** considerarse algo: *He saw himself as a failure.* Se consideraba un fracaso. • **be seen as (being) sth/to be sth** ser percibido -a como algo: *The decision was seen as a setback for the White House.* La decisión fue percibida como un revés para la Casa Blanca. • **as sb sees it** (tb **the way sb sees it**) al modo de ver de alguien: *The way I see it, we have two choices.* A mi modo de ver, tenemos dos opciones.

9 EN EL FUTURO [T nunca en forma continua] ver, imaginar • **see sb/sth doing sth** *I can't see him winning the competition.* No creo que vaya a ganar la competencia. • *I can see him lying around while she does all the work.* Me lo imagino haraganeando mientras ella hace todo el trabajo. • **see yourself doing sth** verse haciendo algo: *I don't see myself doing this job forever.* No me veo haciendo este trabajo para siempre. • **can see sb as sth** *I just can't see her as a mother.* No me la imagino de madre. SIN **imagine**

10 CON CITA [T] ver: *I have an appointment to see the doctor.* Tengo una cita para ver al doctor. • **see sb about sth** *I'm going to see a guy at the bank about the loan.* Voy a ver a un tipo del banco por lo del préstamo.

11 EN UN TEXTO [T solo en imperat] (*escrito*) ver: *See p. 8.* Ver p. 8./Véase p. 8. • **see above/below** ver más arriba/más abajo

12 VERIFICAR [T nunca en forma continua] **see (that)** asegurarse de que: *It's up to you to see that the job is done right.* De ti depende asegurarse de que el trabajo se haga como corresponde.

13 VIVIR [T nunca en forma continua] *The doctors didn't think she'd live to see her first birthday.* Los médicos no creyeron que fuera a llegar a su primer cumpleaños. • **live to see the day** llegar a ver el día • **have seen it all before** estar de vuelta de todo, haberlo visto todo

14 SER TESTIGO DE [T] *The 1980s saw a rapid rise in unemployment.* En los años 80 se registró un rápido incremento del desempleo.

15 IR CON [T siempre + adv/prep] **see sb home** acompañar a alguien a (su) casa • **see sb to the door** acompañar a alguien hasta la puerta ▶ **I wouldn't be seen** DEAD, **see/think** FIT **(to do sth)**, it REMAINS **to be seen how/whether**, SEEING

EXPRESIONES
it has to be seen to be believed hay que verlo para creerlo • **have seen better days** (*coloq*) haber visto/conocido tiempos mejores • **I don't see why not** (*oral*) no veo por qué no • **I'll see what I can do** (*oral*) veré qué puedo hacer • **let's see** (tb **let me see**) (*oral*) a ver, veamos • **you can't see the forest for the trees** los árboles no dejan ver el bosque (referido a perderse en detalles y no ver el panorama general) • **not see past/beyond the end of your nose** (*peyor*) no ver más allá de su nariz • **not see that it matters what/where/who** no creer que importe qué/dónde/quién: *I don't see that it matters what I wear.* No creo que importe lo que yo me ponga. • **now I've seen it all** (tb **I've seen everything (now))** (*oral*) ahora sí que lo he visto todo/que no me queda nada por ver • **see sth coming** verse venir algo • **see sth/sb for what they are** ver algo/a alguien como lo que es • **see for yourself** compruébalo tú mismo -a • **be seeing things** ver visiones • **see the last of sb/sth** *I hoped we'd seen the last of him.* Tenía esperanzas de no volver a verlo más. • *We may not have seen the last of the controversy.* Es posible que la polémica no quede así. • **see the world** ver mundo • **see you!** (*oral*) ¡hasta luego! • **see you tomorrow/at 3:00/Sunday** hasta mañana/las tres/el domingo • **see you later** hasta luego • **see you around** hasta la vista • **(I'll) be seeing you!** ¡hasta pronto! • **see you in a while** hasta pronto • **see your way (clear) to doing sth** (*frml*) encontrar la forma de hacer algo

see about sth *v+partíc* **1** ocuparse de algo: *She had gone to a lawyer to see about a divorce.* Había ido a un abogado para empezar los trámites de divorcio. • *I'll go*

see about dinner. Voy a preparar la cena. • **see about doing sth** *I'll have to see about getting a visa.* Voy a tener que ir a sacar la visa. **2 we'll (have to) see about that** ya veremos, habrá que ver **3 we'll (soon) see about that** (para expresar que se va a impedir algo) eso habrá que verlo
see around *v+partíc* **see sb around** ver a alguien: *I never actually met her, but I've seen her around.* No la conozco realmente, pero la he visto.
see in *v+partíc* **1 see sth in sb/sth** ver algo en alguien/algo: *I don't know what he sees in that girl.* No sé qué le ve a esa muchacha. • **not know what sb sees in sb** no saber qué le ve a alguien a alguien • **what does sb see in sb?** ¿qué le ve alguien a alguien? **2 see in the New Year** recibir/celebrar el Año Nuevo **3 see sb in** acompañar a alguien (a entrar en un lugar)
see off *v+partíc* **1 see sb ↔ off** despedir a alguien: *We went to the airport to see him off.* Fuimos al aeropuerto a despedirlo. **2 see sb/sth ↔ off** derrotar a alguien/algo, dejar fuera de juego a alguien/algo **3 see sb ↔ off** obligar a alguien a irse, ahuyentar a alguien **4 see sb off sth** obligar a alguien a salir de algo
see out *v+partíc* **1 see sb out** acompañar a alguien (hasta la puerta) • **I'll see myself out** no hace falta que me acompañes/acompañe **2 see sth ↔ out** permanecer en un sitio o proseguir con una actividad hasta el fin de determinado periodo: *She saw out her last years in a nursing home.* Pasó sus últimos años en un hogar de ancianos.
see through *v+partíc* **1 see through sth** no dejarse engañar por algo **2 see through sb, see (right) through sb** no dejarse engañar por alguien, conocer (muy) bien a alguien: *I saw through him instantly.* Enseguida me di cuenta de sus intenciones. • *I can see right through you.* A mí no me engañas. **3 see sth through** llevar algo a buen término **4 see sb through** ayudar a alguien a salir adelante **5 see sb through sth** ayudar a alguien a superar algo
see to sth *v+partíc* encargarse/ocuparse de algo • **see to it (that)** ocuparse (de que): *Don't worry. I'll see to it.* No te preocupes. Yo me voy a ocupar. • *I'll see to it that you're paid.* Yo me encargaré de que te paguen.
see to sb *v+partíc* atender a alguien: *She's upstairs seeing to the baby.* Está arriba atendiendo al niño.

¿see, notice, spot, glimpse o make out?
See es **ver**, pero hay otros verbos que expresan modos de ver:
notice se usa cuando algo llama la atención: *I noticed a police car outside their house.*
spot denota que algo se ve de repente, especialmente si se anda buscando: *A pilot spotted the wreckage.*
glimpse o **catch a glimpse of** se emplean cuando vemos algo fugazmente: *He caught a glimpse of the driver's face.*
make out da la idea de ver algo con dificultad: *I could just make out the shape of a woman in the dark.*

see² *s* [C] (*técn*) diócesis, obispado

seed¹ S3 W3 /siːd/ *s*
1 [C] (individual) semilla: *sunflower seeds* semillas de girasol • **plant/sow seeds** plantar/sembrar semillas • **grow sth from seed** cultivar algo de semilla
2 [U] (conjunto) semilla(s): *grass seed* semilla(s) de gramíneas
3 [C] (en una fruta) semilla, pepita
4 [C] (en deportes) **the top seed** el primer/la primera cabeza de serie • **the number one seed** el primer/la primera cabeza de serie, el primer sembrado/la primera sembrada • **the number three seed** el tercer/la tercera cabeza de serie, el tercer sembrado/la tercera sembrada
5 seeds [pl] (origen) semillas, germen • [+of]: *the seeds of revolution* las semillas de la revolución • **sow the seeds of sth** sembrar las semillas de algo

EXPRESIONES
go/run to seed (a) (planta) granar **(b)** (deteriorarse) estropearse, perder su lozanía

seed² *v* **1** [T] quitarle las semillas/pepitas a **2** [T gralm en pasiva] clasificar como cabeza de serie • **be seeded second/third** ser segundo -a/tercer -a cabeza de serie **3** [T gralm en pasiva] sembrar

seed·bed /'sidbɛd/ s [C] semillero

seed·less /'sidlɪs/ adj sin semilla/pepita

seed·ling /'sidlɪŋ/ s [C] plántula

seed·y /'sidi/ adj (**seedier**, **seediest**) (lugar) de mala muerte; (referido a una persona) de mal aspecto, de mala pinta

see·ing /'siɪŋ/ (tb **'seeing as (how)**, **'seeing that**) conj (oral) ya que, en vista de que: *Seeing as it's your birthday, why don't we go out for a meal?* Ya que es tu cumpleaños, ¿por qué no salimos a comer? SIN **since**

,Seeing 'Eye ,dog s [C] (marca reg) perro guía, perro lazarillo

seek S3 W1 /sik/ v [T] (**sought** /sɔt/)
1 (frml) buscar, intentar lograr: *Do you think the president will seek re-election?* ¿Crees que el presidente se presentará como candidato a la reelección? • **seek refuge/shelter** buscar refugio • **seek asylum** pedir asilo • **seek revenge** buscar venganza • **seek damages/compensation** reclamar una indemnización • **seek to do sth** intentar hacer algo: *Environmental groups are seeking to protect the forests.* Grupos medioambientales están intentando proteger los bosques.
2 (frml) **seek help/advice** pedir ayuda/consejo
3 (escrito) buscar: *Attractive woman, 27, seeks male, 25–35.* Mujer atractiva, de 27 años, busca hombre de 25 a 35 años. SIN **look for** ▶ HIDE-AND-SEEK, SOUGHT-AFTER
EXPRESIONES
seek your fortune (liter) probar fortuna
seek sth/sb ↔ **out** v+partíc buscar algo/a alguien (expresa dificultad)

seem S1 W1 /sim/ v [v copul, nunca en forma continua]
1 parecer: *Katie seems happy at her new school.* Katie parece contenta en su nuevo colegio. • **seem sth to sb** parecerle algo a alguien: *Does that seem right to you?* ¿Eso te parece bien? • **seem to do/be sth** parecer hacer/ser algo: *Lack of money seems to be the main problem.* La falta de dinero parece ser el principal problema. • **seem like** parecer: *Kevin seems like a nice guy.* Kevin parece un buen tipo. • **it seems to me/us (that)** me/nos parece que: *It seems to me you don't have much choice.* Me parece que no tienes mucha opción. • **it seems (that)** parece (ser) que: *It seemed the other woman didn't speak English.* Parecía que la otra mujer no hablaba inglés. • **it seems likely/unlikely (that)** parece/no parece probable que • **it seems as if/as though** parece que: *It seemed as if Frank was always working.* Parecía que Frank siempre estaba trabajando. • **so it seems** así parece
2 (para hacer una aseveración menos categórica) **seem to be doing/have done sth** *I seem to have lost my car keys.* Al parecer he perdido las llaves del carro. • *I seem to be winning.* Parecería que voy ganando yo. • **it seems (that)** (tb **it would seem (that)**) parece/parecería que: *It seems there's been a misunderstanding.* Parece que ha habido una confusión.
EXPRESIONES
can't/couldn't seem to do sth (para expresar fracaso en un intento) *I can't seem to relax.* No logro relajarme. • *They just couldn't seem to agree.* Es que no lograban ponerse de acuerdo.

seem·ing /'simɪŋ/ adj [solo ante s] (frml) aparente SIN **apparent**

seem·ing·ly /'simɪŋli/ adv 1 aparentemente SIN **apparently** 2 [adv oracional] (frml) según parece

seeml·y /'simli/ adj (antic) apropiado -a, decoroso -a

seen /sin/ participio pasado de SEE

seep /sip/ v [I siempre + adv/prep] **seep through/into sth** filtrarse por/en algo: *Water was seeping through the walls.* El agua se estaba filtrando por las paredes.

seer /sɪr, 'siɚ/ s [C] (esp liter) profeta, vidente

see·saw¹ /'sisɔ/ s [C] 1 subibaja, subeibaja 2 [gralm sing] vaivén

seesaw² v [I] oscilar

seethe /sið/ v [I] 1 estar furioso -a/hecho -a una furia • **seethe with anger/rage** *He seethed with anger.* Estaba que explotaba de la furia. 2 **be seething with sth** (referido a un lugar) ser un hervidero de algo

'see-through adj transparente (tela, prenda) SIN **transparent** ▶ SHEER

seg·ment¹ S3 /'sɛgmənt/ s [C]
1 segmento; (de la población, la sociedad) sector • [+of]: *a large segment of the population* un gran sector de la población
2 (de un cítrico) gajo: *orange segments* gajos de naranja
3 (técn) (en geometría) segmento

seg·ment² /sɛg'mɛnt/ v [T] segmentar

seg·re·gate /'sɛgrə,geɪt/ v [T gralm en pasiva] separar, segregar • **be segregated from sb** estar/ser separado -a de alguien, estar/ser segregado -a de alguien ANT **integrate**

seg·re·gat·ed /'sɛgrə,geɪtɪd/ adj segregado -a ANT **integrated**

seg·re·ga·tion /,sɛgrə'geɪʃən/ s [U] segregación: *racial segregation* segregación racial ANT **integration**

seis·mic /'saɪzmɪk/ adj [solo ante s] 1 (técn) (en geología) sísmico -a 2 (cambios) radical

seis·mol·o·gist /saɪz'mɑlədʒɪst/ s [C] sismólogo -a

seis·mol·o·gy /saɪz'mɑlədʒi/ s [U] sismología

seize W3 /siz/ v [T]
1 agarrar: *Suddenly she seized my hand.* De pronto, me agarró de la mano. • **seize sth from sb** arrebatarle algo a alguien: *He seized the scissors from her.* Le arrebató las tijeras. SIN **grab**
2 tomar: *A group of rebels seized the airport.* Un grupo de rebeldes tomó el aeropuerto. • **seize power/control** tomar el poder/el control
3 confiscar, embargar (bienes), incautarse de (drogas, armas, etc.): *Three thousand forged tickets were seized by police.* La policía se incautó de tres mil entradas falsificadas.
4 capturar: *Three hostages were seized at gunpoint.* Tres rehenes fueron capturados a punta de pistola.
5 (escrito) (emociones) apoderarse de: *A wave of panic seized her.* Fue presa del pánico. • **be seized with/by sth** *She was suddenly seized with guilt.* Súbitamente, un sentimiento de culpabilidad se apoderó de ella.
EXPRESIONES
seize a chance/an opportunity/the moment aprovechar una oportunidad • **seize the initiative** tomar la iniciativa
seize on/upon sth v+partíc aferrarse a algo (para sacar partido de ello): *His opponents have seized on this mistake and are calling for his resignation.* Sus opositores se han aferrado a este error y reclaman su renuncia. • *His every remark is seized upon by the press.* La prensa no deja pasar ni uno de sus comentarios.
seize up v+partíc 1 engranarse, atascarse (motor), atascarse (mecanismo) 2 agarrotarse (músculo)

sei·zure /'siʒɚ/ s 1 [C,U] toma 2 [C,U] incautación, decomiso 3 [C] ataque (de epilepsia) SIN **fit**

sel·dom /'sɛldəm/ adv rara vez, pocas veces: *She seldom travels.* Rara vez viaja. • *He very seldom loses his temper.* No pierde la calma casi nunca. SIN **rarely**

se·lect¹ S3 W2 /sɪ'lɛkt/ v [T]
1 seleccionar • **select sth/sb for sth** *He hoped to be selected for the national team.* Esperaba ser seleccionado para el equipo nacional. • **select sth/sb from sth** *The customer selects items from the catalog.* El cliente selecciona los artículos del catálogo. • **select sth/sb to do sth/as sth** *Simon has been selected to go to the conference.* Simon ha sido seleccionado para asistir al congreso. • *The party selected John Taylor as its candidate.* El partido eligió a John Taylor como candidato. SIN **choose**, **pick** ▶ ver nota en CHOOSE
2 (en informática) seleccionar: *Go to the File menu and select Save.* Vaya al menú Archivo y seleccione Guardar.

select² *adj* (*frml*) **1** [solo ante s] selecto -a: *a select group of students* un grupo selecto de estudiantes • **a select few** unos pocos elegidos/unas pocas elegidas **2** exclusivo -a (restaurante, hotel, etc.): *a very select residential area* una zona residencial muy exclusiva SIN **exclusive**

se,lect com'mittee *s* [C] comisión parlamentaria

se·lec·tion S3 W3 /sɪˈlekʃən/ *s*
1 [C,U] (entre varios similares) selección, elección • **make a selection** hacer una selección • [+**as**]: *his selection as the Republican Party's candidate* su selección como candidato del Partido Republicano • [+**for**]: *He had narrowly missed selection for the team.* No lo habían seleccionado para el equipo por muy poco.
2 [C] (conjunto de elementos escogidos) [+**of**]: *She showed me a selection of her drawings.* Me mostró una selección de dibujos suyos. • [+**from**]: *a selection of songs from "West Side Story"* una selección de canciones de "West Side Story"
3 [C gralm sing] (variedad) surtido • [+**of**]: *We offer a selection of hot and cold dishes.* Ofrecemos un surtido de platos fríos y calientes. • **a wide/good selection** un amplio/buen surtido: *a wide selection of digital cameras* un amplio surtido de cámaras digitales SIN **range**
4 [C] (elemento escogido) elección ▶ NATURAL SELECTION

se·lec·tive /sɪˈlektɪv/ *adj* **1** (exigente al escoger) selectivo -a • **be selective about/in sth** ser selectivo -a respecto de algo: *She is very selective in what she reads.* Es muy selectiva respecto de lo que lee. • **a selective school** establecimiento educativo para ingresar al cual hay que aprobar un examen de aptitud académica **2** [gralm ante s] (que implica selección) selectivo -a: *selective breeding* cría selectiva

EXPRESIONES
a selective memory una memoria selectiva

self W2 /self/ *s* (pl **selves** /selvz/)
1 [C gralm sing, U] carácter o forma de conducta habitual de una persona • **your usual/normal self** *Sid was not his usual smiling self.* Sid no estaba tan sonriente como de costumbre. • *She seemed her normal self.* Dio la impresión de ser la misma de siempre. • **be/look/feel (like) your old self** ser/parecer/sentirse el mismo/la misma de siempre • **your true/real self** su verdadero yo
2 [U] (*frml*) (en un cheque) el/la que suscribe ▶ **be a SHADOW of your former self**

self-ab'sorbed *adj* ensimismado -a

self-ab'sorption *s* [U] ensimismamiento

self-ad'dressed *adj* **a self-addressed envelope** un sobre con el nombre y la dirección (del remitente)

self-ad'hesive *adj* autoadhesivo -a

self-ap'pointed *adj* autoproclamado -a

self-as'surance *s* [U] confianza en sí mismo -a

self-as'sured *adj* seguro -a de sí mismo -a ANT **hesitant**

self-a'wareness *s* [U] autoconocimiento

self-'centered *adj* (*peyor*) egocéntrico -a SIN **selfish**

self-con'fessed *adj* [solo ante s] confeso -a

self-'confidence *s* [U] seguridad (en sí mismo -a) ANT **shyness**

self-'confident *adj* seguro -a (de sí mismo -a) ANT **shy**

self-'conscious *adj* **1** cohibido -a, acomplejado -a • [+**about**]: *He's self-conscious about his accent.* Se siente acomplejado por su acento. **2** afectado -a, artificioso -a

self-'consciously *adv* **1** cohibidamente, con timidez **2** de manera afectada, artificiosamente

self-'consciousness *s* [U] **1** inhibición **2** afectación

self-con'tained *adj* **1** (personas) de gran autonomía **2** (completo) autosuficiente, independiente

self-con'trol *s* [U] autocontrol, dominio de sí mismo -a

self-con'trolled *adj* ecuánime

self-de'ception *s* [U] autoengaño

self-de'feating *adj* contraproducente

self-de'fense *s* [U] **1** defensa propia • **in self-defense** en defensa propia: *She claims she shot him in self-defense.* Asegura que le disparó en defensa propia. **2** defensa personal

self-de'nial *s* [U] abnegación

self-de·struct /ˌself dɪˈstrʌkt/ *v* [I] autodestruirse

self-de'structive *adj* autodestructivo -a

self-determi'nation *s* [U] autodeterminación

self-'discipline *s* [U] autodisciplina

self-'disciplined *adj* autodisciplinado -a

self-ef'facement *s* [U] modestia, humildad

self-ef'facing *adj* modesto -a, humilde SIN **modest**

self-em'ployed *adj* **(a)** autónomo -a, independiente, por cuenta propia (trabajador) **(b)** **the self-employed** [usado como s pl] los trabajadores autónomos, los trabajadores independientes

self-em'ployment *s* [U] trabajo independiente, trabajo por cuenta propia

self-es'teem *s* [U] autoestima: *Getting a job can boost your self-esteem.* Conseguir trabajo puede mejorar tu autoestima. • **low/poor/high self-esteem** baja/poca/alta autoestima

self-'evident *adj* (*frml*) evidente, obvio -a: *self-evident truths* verdades evidentes • **it is self-evident that** es evidente/obvio que SIN **obvious**

self-'evidently *adv* evidentemente, obviamente

self-ex'planatory *adj* *The form is pretty self-explanatory.* El impreso es muy claro y fácil de entender. • *self-explanatory terms* términos que no necesitan explicación

self-ex'pression *s* [U] expresión personal

self-'governing *adj* autónomo -a

self-'help *s* [U] autoayuda • **self-help book** manual de autoayuda • **self-help group** grupo de autoayuda

self-'image *s* [C] imagen de uno mismo/una misma: *people with a poor self-image* personas con una mala imagen de sí mismas • *a positive self-image* una imagen positiva de sí mismo

self-im'portance *s* [U] (*peyor*) presuntuosidad, jactancia

self-im'portant *adj* presuntuoso -a, jactancioso -a

self-im'posed *adj* autoimpuesto -a, voluntario -a: *a self-imposed deadline* un plazo autoimpuesto

self-im'provement *s* [U] autosuperación, mejoramiento personal

self-in'dulgence *s* [U] **1** (persona, acción, actitud) tendencia o práctica de permitirse caprichos o lujos **2** (*peyor*) (de película, libro) autocomplacencia

self-in'dulgent *adj* **1** (persona, acción, actitud) que tiene o manifiesta tendencia a permitirse caprichos o lujos: *It felt self-indulgent spending so much on a pair of shoes.* Parecía un capricho gastar tanto en un par de zapatos. • *a self-indulgent rich kid* un niño rico y caprichoso • *He led an idle, self-indulgent life.* Llevaba una vida de ocio y caprichos. • *a self-indulgent morning in bed* una placentera mañana en la cama **2** (*peyor*) (película, libro) (demasiado) autocomplaciente

self-in'flicted *adj* autoinfligido -a: *a self-inflicted wound/injury* una herida/lesión autoinfligida • *His problems were self-inflicted.* Sus problemas se los había causado él mismo.

self-'interest *s* [U] interés propio, egoísmo: *He acted purely out of self-interest.* Actuó sólo por interés propio. ANT **altruism**

self-'interested *adj* interesado -a, egoísta

self·ish /ˈselfɪʃ/ *adj* (*peyor*) egoísta: *a selfish young man* un joven egoísta • **for selfish reasons** por razones egoístas

self·ish·ly /'sɛlfɪʃli/ *adv* (*peyor*) de manera egoísta, egoístamente

self·ish·ness /'sɛlfɪʃnɪs/ *s* [U] (*peyor*) egoísmo

,self-'knowledge *s* [U] conocimiento de sí mismo -a

self·less /'sɛlflɪs/ *adj* (*aprec*) altruista, desinteresado -a: *selfless devotion to others* dedicación altruista a los demás

self·less·ly /'sɛlflɪsli/ *adv* (*aprec*) de manera altruista/ desinteresada, desinteresadamente

self·less·ness /'sɛlflɪsnɪs/ *s* [U] (*aprec*) altruismo, desinterés

,self-'made *adj* que ha logrado su posición gracias a su esfuerzo personal: *a self-made man* un hombre que hizo todo con su esfuerzo

,self-'pity *s* [U] autocompasión

,self-'pitying *adj* (*peyor*) autocompasivo -a

,self-'portrait *s* [C] autorretrato

,self-pos'sessed *adj* templado -a, sereno -a

,self-preser'vation *s* [U] supervivencia, autoconservación: *the instinct for self-preservation* el instinto de conservación

,self-pro'claimed *adj* autoproclamado -a

,self-re'liance *s* [U] independencia, autosuficiencia

,self-re'liant *adj* independiente, autosuficiente

,self-re'spect *s* [U] dignidad, amor propio: *This has given us back our self-respect.* Esto nos ha devuelto nuestra dignidad.

,self-re'specting *adj* [solo ante s] (*esp hum*) que se precie: *No self-respecting teenager would admit to liking this kind of music.* Ningún adolescente que se precie admitiría que le gusta este tipo de música.

,self-re'straint *s* [U] autocontrol, dominio de sí mismo -a

,self-'righteous *adj* con aires de superioridad moral: *His self-righteous tone annoyed her.* Le molestaba su tono de superioridad moral. • *We have to learn tolerance and stop being self-righteous.* Hay que aprender a ser tolerantes y dejar de pensar que estamos en posesión de la verdad.

,self-'righteously *adv* (*peyor*) con aires de superioridad moral

,self-'righteousness *s* [U] (*peyor*) aires de superioridad moral

,self-'sacrifice *s* [U] abnegación

,self-'sacrificing *adj* abnegado -a

,self-satis'faction *s* [U] (*peyor*) satisfacción de sí mismo -a

,self-'satisfied *adj* pagado -a de sí mismo, engreído -a

,self-'seeking *adj* interesado -a, egoísta

,self-'service¹ (tb **,self 'serve**) *adj* de autoservicio: *a self-service restaurant* un restaurante de autoservicio

,self-'service² *s* [U] autoservicio

,self-'serving *adj* interesado -a, egoísta

'self-styled *adj* [solo ante s] supuesto -a, autoproclamado -a: *self-styled experts* supuestos expertos • *the self-styled republic* la autoproclamada república

,self-suf'ficiency *s* [U] autosuficiencia

,self-suf'ficient *adj* autosuficiente • **be self-sufficient in sth** autoabastecerse de algo, ser autosuficiente en algo: *Russia is self-sufficient in oil.* Rusia se autoabastece de petróleo.

,self-sup'porting *adj* autofinanciado -a (organización), económicamente independiente (persona) • **be self-supporting** autofinanciarse, ser económicamente independiente

,self-'taught *adj* autodidacta

sell S1 W1 /sɛl/ *v* (**sold** /soʊld/)
1 [I,T] vender: *More than a million copies of the book have been sold.* Se han vendido más de un millón de ejemplares del libro. • *Do they sell newspapers here?* ¿Venden periódicos aquí? • **sell sth for $100/$50** vender algo a/en 100/50 dólares: *The land was sold for $50,000.* El terreno se vendió a/en 50.000 dólares. • **sell sth at $10/$50** vender algo a/en 10/50 dólares: *They sell postcards at 50 cents.* Venden postales a 50 centavos. • **sell sth to sb** (tb **sell sb sth**) venderle algo a alguien: *I sold the piano to a friend.* Le vendí el piano a un amigo. • *He offered to sell me his car.* Me ofreció venderme su carro. • **sell sth at a loss/profit** vender algo perdiendo/ganando dinero ANT **buy**
2 [I] (ser comprado) venderse: *We're hoping the house will sell quickly.* Esperamos que la casa se venda rápido. • *Tickets for the concert aren't selling.* Las entradas para el concierto no se están vendiendo bien. • **sell well** venderse bien: *The car is selling well in Japan.* El carro se está vendiendo bien en Japón. • **sell at/for $50/$100** venderse a/en 50/100 dólares: *The painting is expected to sell for $100,000.* Se espera que el cuadro se venda en 100.000 dólares.
3 (referido a una idea o un plan) **(a)** [T] vender • **sell sth to sb** venderle algo a alguien: *He needed to sell the idea to his colleagues.* Tenía que venderles la idea a sus colegas. **(b)** [I] tener aceptación, vender
4 **sell yourself** venderse (haciéndose valer): *If you want promotion, you've got to sell yourself better.* Si quieres que te asciendan, tienes que venderte mejor. ▶ **be selling/going like** HOTCAKES

EXPRESIONES
sell sb down the river (*coloq*) vender/traicionar a alguien • **sell your body** vender su cuerpo • **sell sth/sb short** subestimar algo/a alguien: *Don't sell yourself short!* ¡No seas modesto! • **sell your soul (to the devil)** vender el alma (al diablo) • **sell your vote** vender el voto
sell sth ↔ off *v+partíc* **1** liquidar algo: *I had to sell off the house to pay my debts.* Tuve que liquidar la casa para pagar mis deudas. **2** vender algo (una empresa, un negocio)
sell on *v+partíc* **sell sb on sth** (*coloq*) convencer a alguien de algo • **be sold on (doing) sth** estar convencido -a de (hacer) algo: *I could see he was sold on the idea.* Me daba cuenta de que la idea lo convencía.
sell out *v+partíc* **1** (productos, localidades) **sell out** agotarse • **be/have sold out** haberse agotado: *Tickets for the game have already sold out.* Ya se han agotado las entradas para el encuentro. **2** (tienda, vendedor) **be/have sold out** "*Do you have any milk?*" "*Sorry, we've sold out.*" –¿Tienen leche? –Lo siento, se nos ha acabado. • **sell out of sth** *They'd sold out of the shoes in my size.* No les quedaban zapatos de mi número. **3** (políticos, artistas) **sell out** (*peyor*) venderse, renunciar a los principios: *His friends accuse him of selling out.* Sus amigos lo acusan de haberse vendido.

sell·er /'sɛlər/ *s* [C] **1** vendedor -a (en una compraventa) ANT **buyer 2** vendedor -a, comerciante: *the largest seller of wine in the U.S.* el mayor vendedor de vinos de Estados Unidos • **a flower seller** un -a florista • **a newspaper seller** un vendedor/una vendedora de periódicos • **a street seller** un vendedor/una vendedora ambulante **3** **a big/top seller** *The car was not a big seller in Japan.* El carro no se vendió bien en Japón. • *a list of the top ten sellers* una lista de los diez más vendidos • **a poor seller** *The software has been a poor seller.* El software se ha vendido mal. ▶ **BESTSELLER**

,seller's 'market *s* **a seller's market** un mercado que favorece al vendedor ANT **buyer's market**

'selling point *s* [C] atractivo para el comprador: *The school's strongest selling point is its excellent sports facilities.* Lo que más vende de la escuela son sus excelentes instalaciones deportivas.

'selling price *s* [C] precio de venta

'sell-off *s* [C] venta masiva (de acciones, bonos, etc.)

sell·out, sell-out /'sɛlaʊt/ *s* [C gralm sing] **1** espectáculo con lleno total: *The concert is expected to be a sellout.* Se espera que el concierto tenga un lleno total.

• *The Moscow game is a sellout.* No quedan entradas para el partido de Moscú. • **sellout concert** concierto con todas las entradas vendidas **2** (*coloq*) traición, claudicación

selves /sɛlvz/ pl de SELF

se·man·tic /sə'mæntɪk/ *adj* (*frml o técn*) semántico -a

se·man·ti·cally /sə'mæntɪkli/ *adv* semánticamente

se·man·tics /sə'mæntɪks/ s [pl, U] (*frml*) semántica

sem·a·phore /'sɛmə,fɔr/ s [U] (código de) comunicación por banderines

sem·blance /'sɛmbləns/ s **a/some semblance of sth** *After the war, life went back to a semblance of normalcy.* Tras la guerra, la vida volvió a una especie de normalidad. • *She tried to get her thoughts into some semblance of order.* Trató de poner sus ideas más o menos en orden.

se·men /'simən/ s [U] semen

se·mes·ter S2 /sə'mɛstər/ s [C] semestre ▶ En los centros de enseñanza secundaria y universitaria, especialmente en Estados Unidos, el curso se divide en dos "semestres" de entre 15 y 18 semanas cada uno. ▶ QUARTER, TERM

sem·i /'sɛmi/ s [C] (pl **semis**) **1** (*coloq*) semifinal SIN semifinal **2** camión con remolque, tráiler

semi- /sɛmi, sɛmaɪ/ *pref* **1** (la mitad de) semi-: *a semicircle* un semicírculo **2** (no del todo) semi-: *semi-skilled* semicualificado • *in semi-darkness* en la semioscuridad/la penumbra **3** (dos veces en un periodo) bi-: *semi-annual* bianual ▶ BI-

sem·i·cir·cle, semi-circle /'sɛmi,sɚkəl/ s [C] semicírculo • **in a semicircle** en semicírculo

sem·i·cir·cu·lar, semi-circular /,sɛmi'sɚkyələr/ *adj* semicircular

sem·i·co·lon /'sɛmi,koʊlən/ s [C] punto y coma ▶ COLON

sem·i·con·duct·or, semi-conductor /'sɛmikən,dʌktər/ s [C] semiconductor

sem·i·con·scious /,sɛmi'kɑnʃəs, -maɪ-/ *adj* semiconsciente

sem·i·fi·nal /'sɛmi,faɪnl, 'sɛmaɪ-, ,sɛmi'faɪnl/ s [C] semifinal ▶ FINAL

sem·i·nal /'sɛmənəl/ *adj* **1** (*frml*) de enorme trascendencia, clásico -a: *a seminal work/study* una obra/un estudio de enorme trascendencia **2** [solo ante s] (*técn*) seminal

sem·i·nar S3 /'sɛmə,nɑr/ s [C]
1 (de formación, informativo) seminario • [+on]: *I attended a seminar on how to run a business.* Asistí a un seminario sobre cómo administrar un negocio. • **hold/host a seminar** organizar/ofrecer un seminario **2** (en la universidad) seminario

sem·i·nary /'sɛmə,nɛri/ s [C] (pl **seminaries**) seminario (religioso)

Se·mit·ic /sə'mɪtɪk/ *adj* **1** (pueblo) semita **2** (lengua) semítico -a, semita **3** (*antic*) (judíos) hebreo -a, semita

sem·o·li·na /,sɛmə'linə/ s [U] sémola

sen·ate /'sɛnɪt/ s **1** **the Senate** el Senado: *He was elected to the Senate in 1996.* Fue elegido senador en 1996. **2** [C] (en un estado, provincia) senado: *the California state senate* el senado del estado de California

sen·a·tor W2, Senator /'sɛnətər/ s [C]
1 (en la actualidad) senador -a: *Senator Kennedy* el senador Kennedy • *a Republican senator from Indiana* un senador republicano por Indiana **2** (en un estado, provincia) senador -a **3** (en la antigua Roma) senador

sen·a·to·ri·al /,sɛnə'tɔriəl/ *adj* [solo ante s] senatorial

send S1 W1 /sɛnd/ v [T] (**sent** /sɛnt/)
1 (cartas, paquetes) mandar, enviar: *Did you remember to send that letter?* ¿Te acordaste de mandar la carta

aquella? • **send sb sth** mandar/enviarle algo a alguien: *I sent her an email yesterday.* Ayer le mandé un correo electrónico. • *Why don't we send Mom some flowers for Mother's Day?* ¿Por qué no le mandamos unas flores a mamá el Día de la Madre? • **send sth to sb/sth** mandar/enviarle algo a alguien/algo: *How much is it to send a letter to Australia?* ¿Cuánto cuesta mandar una carta a Australia? • *Many countries have sent emergency aid supplies to the area.* Muchos países han enviado ayuda humanitaria urgente a la zona. • **send sth by mail/courier/ship** mandar/enviar algo por correo/mensajería/barco
2 (a una persona) enviar, mandar • **send sb to sth** enviar/mandar a alguien a algo: *He was sent to prison for five years.* Lo mandaron a la cárcel cinco años. • **send sb to do sth** mandar a alguien a hacer algo: *I sent him to buy some bread.* Lo mandé a buscar pan. • *A reporter was sent to make inquiries.* Enviaron a un reportero a hacer averiguaciones. • **send sb back** hacer volver a alguien: *Many of the refugees were sent back to Vietnam.* Muchos refugiados fueron devueltos a Vietnam. • **send sb home** mandar a alguien a su casa: *The children were sent home from school early.* En el colegio mandaron a los niños a su casa antes. • **send sb on a course/a trip** mandar a alguien a un curso/de viaje
3 [siempre + adv/prep] (indicando cambio de estado) **send sb/sth into sth** *Doing a big dinner party sends me into a panic.* Organizar una cena con invitados es algo que me pone histérica. • *His dancing sent women into a frenzy.* Su forma de bailar volvía locas a las mujeres. • **send sb to sleep** (hacer) dormir a alguien: *This pill will send her to sleep.* Esta pastilla la hará dormir. • *His lectures always send me to sleep.* Siempre me duermo en sus clases.
4 [siempre + adv/prep] (hacer mover) **send sth through/over sth** *He kicked the ball and sent it straight through the window.* Le dio una patada al balón y lo mandó derecho por la ventana. • **send sth/sb flying** hacer salir volando algo/a alguien
5 (provocar reacción) **send sb/sth doing sth** hacer que alguien/algo haga algo: *The sound of gunfire sent people running for cover.* El ruido de los disparos hizo que la gente saliera corriendo a ponerse a cubierto. • *Poor harvests had sent prices soaring.* Las malas cosechas habían disparado los precios. ▶ **send SHIVERS/a shiver down sb's spine**

EXPRESIONES
send sb packing (*coloq*) mandar a alguien de/a paseo

send away v+partíc **1 send sb ↔ away** mandar a alguien a un internado, a otra ciudad, etc. • **send sb away to sth** mandar a alguien a algo: *Greg was sent away to school at the age of seven.* A Greg lo mandaron a un internado a los siete años. **2 send away for sth** escribir pidiendo algo: *I sent away for one of their catalogs.* Escribí pidiéndoles un catálogo.

send sth ↔ back v+partíc devolver algo, mandar algo de vuelta • **send sth back to sb** devolverle algo a alguien, mandar algo de vuelta a alguien: *Please fill the form out and send it back to us.* Llene el formulario y mándenoslo de vuelta.

send down v+partíc **send sth ↔ down** hacer bajar algo (precios, etc.)

send for v+partíc **1 send for sth** pedir algo: *Send for your free sample today!* ¡Pida su muestra gratuita ya! • *You'd better send for an ambulance.* Más vale que pidan una ambulancia. **2 send for sb** (*antic*) (mandar) llamar a alguien: *I think we should send for the doctor.* Creo que habría que mandar llamar al médico.

send in v+partíc **1 send sth ↔ in** mandar/enviar algo (por correo, a una oficina, etc.): *I've sent in applications for a couple of jobs.* He enviado solicitudes a un par de trabajos. **2 send sb ↔ in** hacer pasar a alguien: *Mr. Ellison is here. Shall I send him in?* El señor Ellison está aquí. ¿Le digo que pase? **3 send sth/sb ↔ in** enviar algo/a alguien (tropas, refuerzos, etc.)

send off v+partíc **1 send sth ↔ off** mandar/enviar algo, despachar algo: *I sent off the letter this morning.* Mandé la carta esta mañana. **2 send off for sth** escribir pidiendo algo: *Thousands of people sent off for tickets.* Miles de personas escribieron pidiendo entradas.

S

3 send sb ↔ off mandar a alguien: *She was sent off to a boarding school.* La mandaron a un internado.
send sth ↔ on v+*partíc* **1** remitir/enviar algo (previamente recibido) • **send sth ↔ on to sth/sb** remitir algo a algo/alguien: *We send any complaints on to the Head Office.* Remitimos todas las quejas a la central. **2** reenviar algo (a una nueva dirección): *My roommate said she'd send on all my mail.* Mi compañera de apartamento dijo que me reenviaría toda la correspondencia. SIN **forward**
send out v+*partíc* **1 send sth ↔ out** enviar/distribuir algo (por correo): *Information packs have been sent out to the students.* Se han enviado paquetes informativos a los alumnos por correo. **2 send sb ↔ out** enviar a alguien (a una misión, un trabajo): *Search parties were sent out to look for survivors.* Se enviaron equipos de búsqueda para tratar de encontrar sobrevivientes. **3 send sth ↔ out** emitir algo (una señal, un sonido): *The plane sent out a distress call.* El avión emitió una llamada de auxilio. **4 send out for sth** encargar (que traigan) algo: *Let's send out for a pizza.* Encarguemos una pizza.
send up v+*partíc* **1 send sb ↔ up** (*coloq*) meter preso -a a alguien **2 send sth ↔ up** hacer subir algo **3 send sth/sb ↔ up** (*coloq*) burlarse de algo/alguien (con imitaciones), parodiar algo/a alguien

send·er /ˈsɛndɚ/ s [C] remitente

send·off /ˈsɛndɔf/ s [C] despedida

ˈsend·up s [C] (*coloq*) parodia

Sen·e·gal /ˈsɛnɪˌgɔl/ Senegal

Sen·e·gal·ese¹ /ˌsɛnɪgəˈliz, -gə-/ s [pl] **the Senegalese** los senegaleses

Senegalese² *adj* senegalés -esa

se·nile /ˈsinaɪl/ *adj* senil • **go senile** ponerse senil

se·nil·i·ty /sɪˈnɪləti/ s [U] senilidad

Se·nior /ˈsinyɚ/ padre: *George Bush Senior* George Bush, padre

se·nior¹ S2 W2 /ˈsinyɚ/ *adj*
1 de alto rango: *senior officers in the armed forces* oficiales de alto rango de las fuerzas armadas • *the senior partner in a law firm* el socio principal de un bufete de abogados • *senior government officials* funcionarios gubernamentales de alto rango • *the firm's senior management* los altos directivos de la compañía • [+**to**]: *She's senior to me in our department.* Tiene más rango que yo en el departamento. • *Ask someone senior to you.* Pregúntale a un superior. ▸ **JUNIOR**
2 [solo ante s] de la tercera edad: *reduced fares for senior travelers* tarifas reducidas para pasajeros de la tercera edad

senior² S2 s [C]
1 estudiante del último año de la escuela secundaria o la universidad: *Jen will be a senior this year.* Jen hará el último curso este año. **senior year** último año en la escuela secundaria o la universidad ▸ **FRESHMAN, JUNIOR, SOPHOMORE**
2 [gralm pl] persona de la tercera edad, jubilado -a: *Seniors can get a 10% discount.* Las personas de la tercera edad pueden obtener un descuento del 10 por ciento.
3 be sb's senior (*frml*) ser mayor que alguien • **be ten/several years sb's senior** ser diez/varios años mayor que alguien ANT **junior**

ˌsenior ˈcitizen s [C] persona de la tercera edad, jubilado -a

senior ˈhigh school (tb **ˌsenior ˈhigh**) s [C,U] centro donde se imparte el segundo ciclo de la enseñanza secundaria a alumnos de entre 14 y 18 años SIN **high school** ▸ **JUNIOR HIGH SCHOOL**

se·nior·i·ty /ˌsinˈyɔrəti, -ˈyɑr-/ s [U] **1** categoría, rango **2** antigüedad (en una empresa u organización)

sen·sa·tion /sɛnˈseɪʃən/ s **1** [C,U] (física) sensación: *a strange sensation* una extraña sensación • [+**of**]: *He felt a sensation of nausea.* Sintió náuseas. • [+**in**]: *I felt a*

tingling sensation in my hand. Sentí un hormigueo en la mano. SIN **feeling 2** [C] (mental) sensación • [+**of**]: *the nasty sensation of being watched* la desagradable sensación de que te están vigilando SIN **feeling 3** [C gralm sing] (persona, cosa) sensación: *The band was an overnight sensation.* El grupo se convirtió de la noche a la mañana en una sensación. **4** [sing] (asombro, entusiasmo) **cause/create a sensation** causar sensación

sen·sa·tion·al /sɛnˈseɪʃənəl/ *adj* **1** [gralm ante s] sensacional, que causa sensación: *a sensational story in the papers* una sensacional noticia en la prensa **2** (*peyor*) sensacionalista: *sensational journalism* periodismo sensacionalista **3** (*coloq*) sensacional, estupendo -a: *She looked sensational in that dress.* Estaba sensacional con ese vestido.

sen·sa·tion·al·ism /sɛnˈseɪʃənəlˌɪzəm/ s [U] (*peyor*) sensacionalismo

sen·sa·tion·al·ist /sɛnˈseɪʃənəlɪst/ *adj* (*peyor*) sensacionalista

sen·sa·tion·al·ly /sɛnˈseɪʃənəli/ *adv* **1** sensacionalmente, de manera asombrosa **2** (*peyor*) de forma sensacionalista

sense¹ S1 W1 /sɛns/ s

1 impresión, idea
2 aptitud natural
3 buen juicio
4 cordura
5 vista, oído, olfato
6 significado
7 aspecto, manera

1 IMPRESIÓN, IDEA [C gralm sing] sensación • [+**of**]: *I felt a great sense of relief.* Sentí una gran sensación de alivio. • *a sense of achievement* la sensación de haber logrado algo • **have/get the sense that** tener la sensación de que: *She had the sense that he was lying.* Tenía la sensación de que estaba mintiendo. • *Did you get the sense that he didn't care?* ¿No te dio la sensación de que no le importaba? • **a sense of occasion** *Everyone wants to create a sense of occasion at Christmas.* Todos quieren que la Navidad se viva como un gran acontecimiento.
2 APTITUD NATURAL [C gralm sing, U] sentido: *She has a really good sense of humor.* Tiene mucho sentido del humor. • *It was dark in the forest and I had lost my sense of direction.* Era de noche en el bosque y había perdido el sentido de la orientación. • *Try and keep a sense of proportion.* Intenta no perder el sentido de la proporción. • **business sense** olfato para los negocios • **dress/fashion sense** buen gusto para vestirse
3 BUEN JUICIO [U] sensatez, sentido común: *At 15, she seemed to have no sense at all.* A los 15 años no parecía tener sensatez alguna. • *Have some sense!* ¡Ten un poco de sentido común! • **have the sense to do sth** tener el sentido común de hacer algo: *I hope he had the sense to take an umbrella.* Espero que se le haya ocurrido agarrar una sombrilla.
4 CORDURA **come to your senses** entrar en razón: *One day he'll come to his senses and see what a fool he's been.* Algún día entrará en razón y verá lo tonto que ha sido. • **bring sb to their senses** hacer entrar en razón a alguien • **take leave of your senses** perder la razón/el juicio
5 VISTA, OÍDO, OLFATO [C] sentido: *We perceive the world around us through our senses.* Percibimos el mundo que nos rodea a través de los sentidos. • **the sense of smell/taste/touch/sight/hearing** el sentido del olfato/del gusto/del tacto/de la vista/del oído ▸ **SIXTH SENSE**
6 SIGNIFICADO [C] sentido, acepción: *The word "record" has several different senses.* La palabra "record" tiene varios sentidos distintos. • **in every sense (of the word)** en toda la extensión de la palabra, en todos los sentidos: *He's a gentleman in every sense of the word.* Es un caballero en toda la extensión de la palabra. • **in the... sense** en el sentido... del término/de la

palabra: *Let's consider the environment in the broadest sense.* Consideremos el medio ambiente en el sentido más amplio del término.

7 **ASPECTO, MANERA** [C gram sing] sentido: *In what sense is this a fair policy?* ¿En qué sentido es esto una política justa? • **in a/some sense** en cierto sentido, de alguna manera: *What he says is right in a sense.* En cierto sentido lo que dice es verdad. • **in this sense** en este sentido

EXPRESIONES
make sense **(a)** (entenderse bien) tener sentido: *Read this and tell me if it makes sense.* Lee esto y dime si tiene sentido. **(b)** (ser sensato) tener sentido • **make sense to do sth** tener sentido hacer algo: *It makes sense to save money while you're earning a good salary.* Tiene sentido ahorrar cuando se gana un buen sueldo. • **make sense for sb to do sth** tener sentido que alguien haga algo: *It doesn't make sense for us all to take our cars.* No tiene sentido que todos llevemos el carro. **(c)** (ser lógico) tener sentido: *His behavior just didn't seem to make sense.* Su conducta no parecía tener sentido. • **make (some) sense of sth** entender algo, encontrarle sentido a algo: *Can you make any sense of this article?* ¿Entiendes algo de este artículo? • **see sense** entrar en razón • **talk sense** decir cosas sensatas, hablar con sensatez • **talk/knock some sense into sb** hacer entrar en razón a alguien • **there's no sense in doing sth** (oral) no tiene sentido hacer algo: *There's no sense in spending a fortune on kids' clothes.* No tiene sentido gastar un dineral en la ropa de los niños.

sense² ⒮⒊ ⒲⒊ v [T]
1 percibir, notar, intuir: *Max sensed her distrust of him.* Max percibió que ella desconfiaba de él. • **sense (that)** tener la sensación de que: *She sensed that she was being followed.* Tuvo la sensación de que alguien la seguía. • **sense what/how/who** *We could sense how unhappy she was.* Notábamos lo infeliz que era. • *She sensed what the child was thinking.* Intuyó lo que el niño estaba pensando. • **sense danger** presentir el peligro • **sense trouble** presentir problemas
2 detectar (por medios técnicos): *an electronic device for sensing intruders* un dispositivo electrónico para detectar intrusos

sense·less /ˈsɛnslɪs/ *adj* **1** absurdo -a, sin sentido: *Her death was a senseless waste of life.* Su muerte fue una pérdida absurda. • *It was senseless to be despondent.* No tenía sentido desanimarse. **2** [gram no ante s] inconsciente, sin conocimiento: *They beat him senseless.* Lo golpearon hasta dejarlo inconsciente.

sen·si·bil·i·ty /ˌsɛnsəˈbɪləti/ *s* [C gram pl, U] (pl **sensibilities**) sensibilidad • **offend/wound sb's sensibilities** herir la sensibilidad de alguien

sen·si·ble /ˈsɛnsəbəl/ *adj* **1** sensato -a: *She seems very sensible.* Parece muy sensata. • *It seemed like the sensible thing to do.* Parecía lo más sensato. • **be sensible to do sth** ser recomendable hacer algo: *It's sensible to drink more water in this heat.* Con este calor, es recomendable beber más agua. |SIN| **reasonable 2** cómodo -a, adecuado -a: *sensible walking shoes* calzado cómodo para caminar **3** equilibrado -a: *a sensible diet* una dieta equilibrada

sen·si·bly /ˈsɛnsəbli/ *adv* con sensatez, con buen criterio: *He sensibly decided to leave early.* Él, con buen criterio, decidió irse temprano. • *Come sensibly dressed for wet weather.* Traigan ropa adecuada para la lluvia.

sen·si·tive ⒮⒉ ⒲⒊ /ˈsɛnsətɪv/ *adj*

1	comprensivo
2	que se ofende fácilmente
3	que se daña fácilmente
4	que detecta cambios
5	que duele
6	secreto
7	problemático

1 **COMPRENSIVO** sensible: *He's a really sensitive guy.* Es un hombre muy sensible. • [+**to**]: *You have to be sensitive to the needs of others.* Hay que entender las necesidades de los demás. |ANT| **insensitive**

2 **QUE SE OFENDE FÁCILMENTE** susceptible • [+**about**]: *Laura's very sensitive about her weight.* Laura es muy susceptible con el tema de su peso.

3 **QUE SE DAÑA FÁCILMENTE** delicado -a, sensible: *a baby's sensitive skin* la delicada piel de un bebé

4 **QUE DETECTA CAMBIOS** sensible: *Dogs have very sensitive noses.* Los perros tienen el olfato muy sensible.

5 **QUE DUELE** adolorido -a, doloroso -a: *The patient's eyelids were sensitive and swollen.* El paciente tenía los párpados hinchados y doloridos.

6 **SECRETO** confidencial: *a sensitive document* un documento confidencial • **highly sensitive** altamente confidencial

7 **PROBLEMÁTICO** delicado -a: *a sensitive issue* una cuestión delicada ▶ **HYPERSENSITIVE**

sen·si·tive·ly /ˈsɛnsətɪvli/ *adv* con sensibilidad/ delicadeza: *The book deals with the subject of death very sensitively.* El libro trata el tema de la muerte con mucha sensibilidad.

sen·si·tiv·i·ty /ˌsɛnsəˈtɪvəti/ (tb **sensitiveness**) *s*
1 [sing, U] (en el trato) sensibilidad, delicadeza: *His comments show a lack of sensitivity.* Sus comentarios demuestran falta de sensibilidad. • *Great sensitivity is required when dealing with patients.* Se requiere mucha sensibilidad para tratar con los pacientes.
2 [U] (de quien se ofende fácilmente) susceptibilidad **3** [U] (de la piel) delicadeza, sensibilidad **4** [U] (de aparatos, órganos) sensibilidad **5** [U] (de información) confidencialidad **6** [U] (de un tema) delicadeza

sen·si·tize /ˈsɛnsəˌtaɪz/ v [T] sensibilizar

sen·sor /ˈsɛnsɚ, -sɔr/ *s* [C] sensor

sen·so·ry /ˈsɛnsəri/ *adj* [solo ante s] (frml o técn) sensorial ▶ **ESP**

sen·su·al /ˈsɛnʃuəl/ *adj* **1** (que da placer físico) sensual: *a sensual mouth* una boca sensual • *a sensual woman* una mujer sensual **2** [gram ante s] (que se percibe por los sentidos) sensual, sensorial: *sensual pleasures* placeres sensuales

sen·su·al·i·ty /ˌsɛnʃuˈæləti/ *s* [U] sensualidad

sen·su·ous /ˈsɛnʃuəs/ *adj* sensual

sent /sɛnt/ pasado y participio pasado de **SEND**

sen·tence¹ ⒮⒉ ⒲⒉ /ˈsɛntⁿns, -təns/ *s* [C]
1 oración: *Put a period at the end of the sentence.* Pon un punto al final de la oración. • *a short sentence* una oración corta
2 condena, pena • **serve a sentence** cumplir (una) condena • **a five-year/two-year sentence** una condena de cinco/dos años, una pena de cinco/dos años • **a life sentence** (una condena de) cadena perpetua • **a prison/ jail sentence** una pena de prisión/cárcel • **death sentence** pena de muerte • **a suspended sentence** (jur) una suspensión de la pena

EXPRESIONES
pass/pronounce sentence dictar sentencia • **be under sentence of death** (frml) estar condenado -a a muerte

sentence² v [T gram en pasiva] sentenciar • **be sentenced to three/ten years in prison/jail** ser condenado -a a tres/diez años de prisión/cárcel • **be sentenced to death** ser condenado -a a muerte

sen·ti·ment /ˈsɛntəmənt/ *s* **1** [C,U] (frml) parecer, sentir: *Similar sentiments were expressed by many politicians.* Muchos políticos expresaron pareceres semejantes. • **public/popular sentiment** el sentir popular: *The proposals take no account of popular sentiment.* Las propuestas no tienen en cuenta el sentir popular. • **anti-American sentiment** sentimiento antinorteamericano • **anti-war sentiment** oposición a la guerra, antibelicismo • **my sentiments exactly** eso mismo pienso yo **2** [U] sentimentalismo(s), sentimientos: *There's no place for sentiment in business.* En los negocios no hay lugar para sentimentalismos.

sen·ti·men·tal /ˌsɛntəˈmɛntl‹/ *adj* **1** (persona) sentimental • [+**about**]: *He feels very sentimental about his* *ship*. Se pone muy sentimental cuando se trata de su barco. **2** [solo ante s] (relacionado con los sentimientos) sentimental • **for sentimental reasons** por razones/ motivos sentimentales: *We kept the picture for sentimental reasons.* Conservamos la foto por razones sentimentales. • **sentimental value** valor sentimental **3** (*peyor*) sentimentaloide, cursi: *a sentimental story* una historia sentimentaloide

sen·ti·men·tal·i·ty /ˌsɛntəmɛn'tæləti/ *s* [U] sentimentalismo

sen·try /'sɛntri/ *s* [C] (pl **sentries**) centinela (soldado) • **sentry box** garita • **sentry duty** (la) centinela, (la) guardia: *He'd been on sentry duty for four hours already.* Llevaba ya cuatro horas de guardia.

sep·a·ra·ble /'sɛpərəbəl/ *adj* separable [ANT] **inseparable**

sep·a·rate¹ [S2] [W2] /'sɛprɪt/ *adj* [sin compar]
1 (no unido, no tocando) separado -a, aparte: *The music rooms are in a separate building.* Las aulas de música están en un edificio aparte. • *The two sites are completely separate.* Los dos emplazamientos están completamente separados. • [+**from**]: *The office is separate from the factory.* La oficina está separada de la fábrica. • **keep sth separate (from sth)** mantener algo aparte/ separado -a (de algo): *Keep the fish separate from the other food.* Mantenga el pescado separado del resto de la comida. **2** [gralm ante s] (otro, diferente) distinto -a, separado -a, aparte: *on three separate occasions* en tres ocasiones distintas • *We sleep in separate beds.* Dormimos en camas separadas. • *Write each list on a separate sheet.* Escribe cada lista en una hoja aparte. **3** (no relacionado) aparte, diferente: *That's a separate issue.* Eso es una cuestión aparte. • [+**from**]: *My social life is completely separate from my work.* Mi vida social es algo completamente aparte de mi trabajo. • **keep sth separate (from sth)** mantener algo separado -a (de algo), no mezclar algo (con algo): *Keep your love life separate from your studies.* No mezcles el amor con los estudios.
EXPRESIONES
go your separate ways **(a)** ir cada uno por su lado (en una relación) **(b)** seguir cada uno su camino (en un viaje)

sep·a·rate² [S2] [W2] /'sɛpəˌreɪt/ *v*

1	estar en medio de
2	en partes
3	a personas
4	ir en diferentes direcciones
5	pareja
6	reconocer como diferentes
7	hacer diferente
8	diferencia, distancia

1 **ESTAR EN MEDIO DE** [T] separar • **separate sth from sth** separar algo de algo: *A curtain separates the kitchen from the living area.* Una cortina separa la cocina de la zona de estar.
2 **EN PARTES** **(a)** [T] **separate sth into sth** dividir/ separar algo en algo: *Separate the students into four groups.* Divida a los alumnos en cuatro grupos. **(b)** [I] disgregarse (mezcla, líquido, etc.): *The paint had separated.* La pintura se había disgregado. • **separate into sth** dividirse/separarse en algo: *He asked us to separate into groups.* Nos pidió que nos dividiéramos en grupos.
3 **A PERSONAS** [T] separar: *We don't want to be separated.* No queremos que nos separen. • **be/get separated from sb** separarse de alguien: *I somehow got separated from the others.* No sé cómo, me separé de los demás.
4 **IR EN DIFERENTES DIRECCIONES** [I] separarse: *They separated when they reached the bus terminal.* Se separaron al llegar a la terminal de buses.
5 **PAREJA** [I] separarse: *My parents separated when I was two.* Mis padres se separaron cuando yo tenía dos años. • **separate from sb** separarse de alguien: *She separated from her husband last year.* Se separó de su marido el año pasado.

6 **RECONOCER COMO DIFERENTES** [T] distinguir, deslindar: *We need to separate these two issues.* Tenemos que distinguir estas dos cuestiones. • **separate sth from sth** separar/distinguir algo de algo: *She finds it hard to separate fact from fantasy.* Le cuesta distinguir la realidad de la fantasía.
7 **HACER DIFERENTE** **separate sth/sb from sth/sb** distinguir algo/a alguien de algo/alguien: *What separates her from the others?* ¿Qué la distingue del resto?
8 **DIFERENCIA, DISTANCIA** [T] separar: *Only three points now separate the teams.* Solo tres puntos separan ahora a los dos equipos. • *Less than a mile separated them.* Los separaba menos de una milla.
EXPRESIONES
separate the sheep from the goats (tb **separate the wheat from the chaff**) separar el grano de la paja
separate out *v+partíc* **1** **separate sth ↔ out** separar/ distinguir algo **2** **separate sth/sb ↔ out** separar/ apartar algo/a alguien (del resto)

sep·a·rat·ed /'sɛpəˌreɪtɪd/ *adj* separado -a (referido a un matrimonio) • [+**from**]: *He's separated from his wife.* Está separado de su mujer. ▶ **DIVORCED**

sep·a·rate·ly /'sɛprɪtli/ *adv* **1** (independientemente) por separado: *Tickets must be purchased separately for each performance.* Las entradas para cada actuación se compran por separado. • *The books are available separately.* Los libros se pueden comprar sueltos. **2** (sin contacto) por separado, aparte: *Should boys and girls be taught separately?* ¿Habría que educar a los niños y a las niñas por separado? • *Serve the rest of the sauce separately.* Sirva el resto de la salsa aparte. **3** (sin compañía) por separado, individualmente: *They arrived separately.* Llegaron por separado. • *Students can do this separately, or in pairs.* Los alumnos pueden hacer esto individualmente o por parejas. **4** [adv oracional] por su parte, en otro sentido: *Separately, the chairman questioned whether the plan would increase earnings.* Por su parte, el presidente puso en duda que el plan fuera a incrementar las utilidades.

sep·a·rates /'sɛprɪts/ *s* [pl] prendas para combinar

sep·a·ra·tion /ˌsɛpə'reɪʃən/ *s* **1** [U] (estado) separación: *the separation of church and state* la separación de la Iglesia y el Estado **2** [U] (acto) separación • [+**from**]: *the pain of separation from his mother* el dolor de estar separado de su madre **3** [C,U] (periodo) (tiempo de) separación **4** [C] (de un matrimonio) separación: *He agreed to a separation.* Accedió a la separación.

sep·a·ra·tist /'sɛprətɪst/ *s* [C] separatista • **separatist group** grupo separatista • **separatist movement** movimiento separatista

se·pi·a /'sipiə/ *s* [U] color sepia

Sept. (*abrev escrita de* **September**) sep., sept.

Sep·tem·ber /sɛp'tɛmbɚ/ (abrev escrita **Sept.**) *s* [C,U] septiembre ▶ ver ejs en **ABRIL**

sep·tic /'sɛptɪk/ *adj* infectado -a • **go septic** infectarse

se·quel /'sikwəl/ *s* **1** [C] continuación (de una novela, película, etc.): *She's writing a sequel.* Está escribiendo la continuación. • [+**to**]: *a sequel to the hit movie "Sister Act"* una continuación de la taquillera película "Sister Act" ▶ **PREQUEL** **2** [C gralm sing] consecuencia

se·quence /'sikwəns/ *s* **1** [C,U] (orden normal) **in sequence** por orden, en orden consecutivo • **in the correct sequence** en el orden correcto • **out of sequence** sin seguir un orden: *Two of the pages were out of sequence.* Dos de las páginas no estaban en orden. • **a logical sequence** un orden lógico, una secuencia lógica **2** [C] (serie ordenada) secuencia, sucesión • **a sequence of events** una serie/secuencia de acontecimientos **3** [C] (en cine, televisión) secuencia: *the dream sequence at the beginning of the movie* la secuencia del sueño al principio de la película

se·quen·tial /sɪ'kwɛnʃəl/ *adj* (*frml*) secuencial, ordenado -a

se·quen·tial·ly /sɪ'kwɛnʃəli/ *adv* (*frml*) secuencialmente, siguiendo un orden

se·ques·ter /sɪˈkwɛstər/ v [T gralm en pasiva] (frml) **1** aislar (a un jurado) **2** embargar

se·quin /ˈsikwɪn/ s [C] lentejuela

se·quined /ˈsikwɪnd/ adj [solo ante s] (cubierto -a) de lentejuelas

se·quoi·a /sɪˈkwɔɪə/ s [C] secoya, secuoya

Serb /sɜrb/ s [C] serbio -a

Ser·bi·a /ˈsɜrbiə/ Serbia

Ser·bi·an¹ /ˈsɜrbiən/ s **1** [C] (persona) serbio -a **2** [U] (idioma) serbio

Serbian² adj serbio -a

ser·e·nade¹ /ˌsɛrəˈneɪd/ s [C] serenata

serenade² v [T] darle una serenata a

se·rene /səˈrin/ adj sereno -a

se·ren·i·ty /sɪˈrɛnəti/ s [U] serenidad

serf /sɜrf/ s [C] siervo -a

serge /sɜrdʒ/ s [U] sarga

ser·geant /ˈsɑrdʒənt/ s [C] **1** sargento **2** oficial de policía

ˌsergeant ˈmajor s [C] sargento mayor, sargento primero

se·ri·al¹ /ˈsɪriəl/ s [C] (en radio, televisión) serie; (en prensa) novela por entregas: *The novel was printed as a serial.* La novela se publicó por entregas. ▶ **SERIES**

serial² adj [solo ante s] **a serial killer** un asesino/una asesina en serie, un asesino/una asesina serial • **a serial rapist** un violador en serie, un violador serial • **serial killings/rapes** asesinatos/violaciones en serie

se·ri·al·ize /ˈsɪriəˌlaɪz/ v [T frec en pasiva] **1** emitir en forma de serie/serial **2** publicar por entregas

ˈserial ˌnumber s [C] **1** número de serie **2** número (para identificar a miembros de las fuerzas armadas)

se·ries S2 W1 /ˈsɪriz/ s [C] (pl **series**) **1** (de hechos o cosas semejantes) serie • [+of]: *a series of vicious attacks* una serie de brutales atentados • *The area is linked by a series of canals.* La zona está intercomunicada por una serie de canales. **2** (de actos organizados) ciclo, serie: *a lecture series* un ciclo de conferencias **3** (de programas de TV o radio) serie • **a TV/television series** una serie de televisión ▶ **SERIAL 4** (de encuentros deportivos) serie

se·ri·ous S1 W1 /ˈsɪriəs/ adj

1 malo, peligroso
2 sincero
3 importante
4 profundo, a fondo
5 relación amorosa
6 poco alegre
7 grande

1 MALO, PELIGROSO serio -a, grave: *Drugs are a serious problem here.* Aquí las drogas son un problema serio. • *Luckily, the damage was not serious.* Afortunadamente, los daños no fueron graves. • **a serious illness/injury** una enfermedad/lesión grave • **a serious accident** un accidente grave/serio

2 SINCERO *"I'd like you to come with us." "Are you serious?"* –Quisiera que vinieras con nosotros. –¿Hablas en serio? • *Is that a serious offer?* ¿Es en serio esa oferta? • **be serious about (doing) sth** decir en serio (lo de hacer) algo: *Is she serious about quitting her job?* ¿Dice en serio lo de dejar su trabajo? • **You can't be serious!** (oral) ¡No hablarás en serio!, No lo dices en serio, ¿no?

3 IMPORTANTE serio -a • **a serious business** un asunto/tema serio: *Buying a home is a serious business.* Comprar casa es un asunto serio.

4 PROFUNDO, A FONDO [gralm ante s] serio -a: *a serious article* un artículo serio • **give sth serious consideration/thought** considerar/pensar algo seriamente

5 RELACIÓN AMOROSA serio -a: *JJ and Chuck seemed pretty serious.* Parecía que lo de JJ y Chuck iba bastante en serio. • [+**about**]: *Are you serious about her?* ¿Tienes intenciones serias con ella? • **a serious boyfriend/girlfriend** un novio/una novia formal

6 POCO ALEGRE serio -a: *He was a serious young man.* Era un muchacho serio. • *You look serious. What's wrong?* Estás muy serio. ¿Qué pasa? SIN **earnest**

7 GRANDE [solo ante s] (coloq, oral): *She's earning serious money.* Gana muchísimo dinero. • *a serious amount of work* una cantidad enorme de trabajo

se·ri·ous·ly S2 W2 /ˈsɪriəsli/ adv **1** (de manera negativa o peligrosa) seriamente, gravemente: *The budget cuts will seriously affect education.* Los recortes presupuestarios afectarán seriamente la educación. • *There was something seriously wrong.* Algo andaba verdaderamente mal. • **seriously ill/hurt** gravemente enfermo -a/herido -a **2** (en profundidad, con seriedad) seriamente, en serio: *You need to think seriously about your future.* Tienes que pensar seriamente en tu futuro. **3** [adv oracional] (oral) (sin bromear) en serio, de verdad: *Seriously, I've never met her before.* En serio, no la conozco. **4** (coloq, oral) (muy) *He's seriously rich.* Es riquísimo. • *I'm seriously hungry.* Tengo un hambre que me muero.
EXPRESIONES
seriously? (oral) ¿en serio?, ¿de verdad?: *"The job's yours." "Seriously?"* –El trabajo es suyo. –¿En serio? • **take sth/sb seriously** tomar(se) algo/a alguien en serio: *Don't take anything he says too seriously.* No tomes demasiado en serio lo que dice.

se·ri·ous·ness /ˈsɪriəsnɪs/ s [U] **1** (de una situación, un problema) seriedad, gravedad **2** (de una persona) seriedad
EXPRESIONES
in all seriousness (oral) hablando en serio, fuera de broma

ser·mon /ˈsɜrmən/ s [C] **1** (en misa) sermón: *a sermon on charity* un sermón sobre la caridad • **preach/give/ deliver a sermon** pronunciar un sermón **2** (peyor) (reprimenda) sermón SIN **lecture**

ser·pent /ˈsɜrpənt/ s [C] (liter) serpiente

ser·rat·ed /səˈreɪtɪd, ˈsɛˌreɪtɪd/ adj de sierra, dentado -a (cuchillo), dentado -a (hoja)

ser·ried /ˈsɛrid/ adj [sin compar] (liter) apretado -a (filas)

se·rum /ˈsɪrəm/ s [C,U] (técn) (pl **serums** o **sera** /-rə/) suero ▶ **VACCINE**

serv·ant /ˈsɜrvənt/ s [C] **1** criado -a, sirviente -a • **the servants' quarters** las habitaciones de la servidumbre/ del servicio **2 a servant of sb/sth** un servidor/una servidora de alguien/algo: *a servant of the state* un servidor del estado • **be the servant of sb/sth** estar al servicio de alguien/algo ▶ **CIVIL SERVANT**

serve¹ S1 W1 /sɜrv/ v

1 en un bar, restaurante
2 en una receta
3 en una tienda
4 tener utilidad
5 en un país, una organización
6 tener efecto
7 dar suministro
8 en prisión
9 en tenis, voley
10 en los tribunales

1 EN UN BAR, RESTAURANTE [I,T] servir • **serve sth with sth** servir/acompañar algo con algo: *Serve the soup with crusty bread.* Acompañe la sopa con pan crujiente. • **serve sb sth** servirle algo a alguien: *We were served iced tea.* Nos sirvieron té helado. • **serve**

S

breakfast/lunch/dinner servir el desayuno/el almuerzo/la comida, servir el desayuno/la comida/la cena: *Dinner is served at eight.* La comida se sirve a las ocho.

2 EN UNA RECETA serve two/three/four (people) Ser para dos/tres/cuatro (porciones): *The recipe serves six.* La receta es para seis porciones.

3 EN UNA TIENDA [I,T] atender: *There was only one girl serving customers.* Solo había una muchacha atendiendo. • *Are you being served?* ¿Lo atienden?

4 TENER UTILIDAD [I,T] servir • **serve as sth** servir de algo: *The sofa also serves as a bed.* El sofá también sirve de cama. • *Her death should serve as a warning.* Su muerte debería servir de advertencia. • **serve a purpose** cumplir una finalidad, servir para algo: *Having another meeting would serve no purpose.* Mantener otra reunión no serviría para nada.

5 EN UN PAÍS, UNA ORGANIZACIÓN (a) [T] cumplir (un mandato, una legislatura) • **serve your country** servir a su país • **serve an apprenticeship** trabajar de aprendiz -a **(b)** [I] **serve as sth** ser algo, ejercer de algo: *Roosevelt served as president for 13 years.* Roosevelt fue presidente durante 13 años. • **serve in the army/air force/navy** prestar servicio en el ejército/las fuerzas aéreas/la armada

6 TENER EFECTO serve to do sth (*frml*) servir para hacer algo: *The incident served to emphasize the importance of security.* El incidente sirvió para poner de relieve la importancia de la seguridad.

7 DAR SUMINISTRO [T] proveer servicios en un lugar: *Paris is served by two airports.* París dispone de dos aeropuertos.

8 EN PRISIÓN [T] cumplir: *He served two years for theft.* Cumplió dos años de condena por robo. • **serve a sentence** cumplir una condena • **serve time** estar en la cárcel

9 EN TENIS, VOLEY [I,T] sacar • **serve a double fault** hacer doble falta

10 EN LOS TRIBUNALES serve a summons/writ (on sb) enviar/entregar una citación/un mandato judicial (a alguien)

EXPRESIONES
(it) serves you/her right (for doing sth) (*oral*) lo tienes/tiene bien merecido (por hacer algo)
serve sth ↔ out *v+partíc* cumplir algo (un mandato, una condena, etc.)
serve up *v+partíc* **(a) serve sth** ↔ **up** servir algo (la comida, un plato, etc.) **(b) serve up** servir

serve² *s* [C] saque (en tenis, etc.)

serv·er /ˈsɜːvə/ *s* [C] **1** servidor (en informática) **2** mesero -a SIN **waiter, waitress 3** jugador -a que saca/sirve

serv·ice¹ S1 W1 /ˈsɜːvɪs/ *s*

1 para clientes
2 para ciudadanos
3 en una tienda, un restaurante
4 de un profesional
5 en un puesto de trabajo
6 deber ciudadano
7 ceremonia religiosa
8 estado de máquina, vehículo
9 ejército
10 ayuda
11 en tenis, voley
12 de platos, tazas

1 PARA CLIENTES [C,U] servicio(s): *a cleaning service* un servicio de limpieza • **financial services** servicios financieros

2 PARA CIUDADANOS [C] servicio • **public services** servicios públicos • **the postal service** (tb **the Postal Service**) el servicio postal

3 EN UNA TIENDA, UN RESTAURANTE [U] servicio • **good/poor service** buen/mal servicio • **quick/slow service** servicio rápido/lento

4 DE UN PROFESIONAL [U] (tb **services** [pl]) (*frml*) **sb's services** los servicios de alguien: *We needed the services*

of a lawyer. Necesitábamos los servicios de un abogado. • **offer your services** ofrecer sus servicios: *He offered his services as a tennis coach.* Ofrecía sus servicios como entrenador de tenis.

5 EN UN PUESTO DE TRABAJO [U] servicio • **20/30 years of service** 20/30 años de servicio

6 DEBER CIUDADANO [U] **military service** servicio militar • **community service** servicios a la comunidad, trabajo comunitario • **be called for jury service** ser convocado -a para formar parte de un jurado

7 CEREMONIA RELIGIOSA [C] oficio/servicio religioso • **hold a service** celebrar un oficio religioso • **a marriage/funeral service** una boda/un funeral

8 ESTADO DE MÁQUINA, VEHÍCULO [U] **in service** en servicio, en funcionamiento • **out of service** fuera de servicio

9 EJÉRCITO the service las fuerzas armadas • **in the service** en las fuerzas armadas • **join the service** ingresar a las fuerzas armadas

10 AYUDA [sing, U] (*frml*) **be of service to sb** ayudar a alguien, serle útil a alguien: *How can I be of service to you?* ¿En qué puedo serle útil? • **be at sb's service** estar al servicio de alguien

11 EN TENIS, VOLEY [C] saque SIN **serve**

12 DE PLATOS, TAZAS [C] vajilla, servicio • **a dinner service** una vajilla • **a tea service** un juego de té ▶ **PRESS sth/sb into service/duty** ▶ CIVIL SERVICE, SECRET SERVICE, SECURITY SERVICE, SERVICE INDUSTRY

EXPRESIONES
do sb a service hacerle a alguien un favor

service² W2 *v* [T] [gralm en pasiva] hacerle el servicio/la revisión a (un vehículo, una máquina): *I'm having the car serviced next week.* La semana que viene llevo el carro a que le hagan la revisión. ▶ ver nota en ARREGLAR

service³ *adj* **a service door/elevator/entrance** una puerta/un ascensor/una entrada de servicio

serv·ice·a·ble /ˈsɜːvɪsəbəl/ *adj* útil, práctico -a: *These tools are still serviceable.* Estas herramientas todavía sirven.

ˈservice ˌcharge *s* [C] recargo por servicio, cargo por servicio

ˈservice ˌindustry *s* [C] industria del sector servicios

serv·ice·man /ˈsɜːvɪsˌmæn, -mən/ *s* [C] (pl **servicemen** /-ˌmɛn, -mən/) militar, miembro de las fuerzas armadas (hombre)

ˈservice ˌstation *s* [C] gasolinera, estación de servicio SIN **gas station**

serv·ice·wom·an /ˈsɜːvɪsˌwʊmən/ *s* [C] (pl **servicewomen** /-ˌwɪmɪn/) militar, miembro de las fuerzas armadas (mujer)

ser·vile /ˈsɜːvəl, -vaɪl/ *adj* (*peyor*) servil

serv·ing¹ /ˈsɜːvɪŋ/ *s* [C] porción SIN **helping, portion**

serving² *adj* **a serving spoon** una cuchara para servir • **serving dish/platter** una fuente

ser·vi·tude /ˈsɜːvəˌtud/ *s* [U] esclavitud

ses·sion¹ S2 W2 /ˈsɛʃən/ *s* [C]
1 (de grabación, debate) sesión: *a session of group therapy* una sesión de terapia de grupo • **a training session** una sesión de formación
2 (de un parlamento, tribunal) sesión: *a new session of Congress* una nueva sesión del Congreso • **be in session** estar reunido -a
3 periodo, trimestre: *the fall session* el trimestre de otoño

session² *adj* **a session musician/player/singer** un músico/instrumentista/cantante de estudio

set¹ S1 W1 /sɛt/ *v* (**set**, **setting**)

1 un objeto, una carga
2 una película, una obra, un relato
3 un modelo a seguir
4 una fecha, un límite, un objetivo
5 un aparato, un termostato
6 materia líquida

7 el sol
8 un hueso fracturado
9 algo que hacer
10 la mesa
11 el pelo

1 UN OBJETO, UNA CARGA [T siempre + adv/prep] poner, colocar, depositar • **set sth (down) on sth** poner algo sobre algo: *Travis took the mug and set it on the table.* Travis agarró la taza y la puso sobre la mesa. • **set sth down** dejar algo (con cuidado) SIN **put**

2 UNA PELÍCULA, UNA OBRA, UN RELATO [T siempre + adv/prep, gralm en pasiva] ambientar, situar • **be set in/during/after sth** desarrollarse en/durante/después de algo: *The play is set in Madrid.* La obra se desarrolla en Madrid.

3 UN MODELO A SEGUIR [T] marcar, establecer • **set a standard/pattern/tone/trend** marcar un nivel/una pauta/un tono/una tendencia: *The speech set the tone for the whole conference.* El discurso marcó el tono que prevalecería en todo el congreso. • **set a record** establecer un récord • **set an example/a good example** dar ejemplo/buen ejemplo • **set a precedent** sentar un precedente

4 UNA FECHA, UN LÍMITE, UN OBJETIVO [T] fijar • **set a date/time for sth** fijar una fecha/hora para algo: *Have you set the date for your wedding?* ¿Han fijado fecha para la boda? • **set a target** fijar un objetivo • **set (yourself) a goal** fijarse un objetivo

5 UN APARATO, UN TERMOSTATO [T] poner, programar: *I set the alarm for 7:30.* Puse el despertador a las 7:30. • **Have you set the VCR?** ¿Has programado la videocasetera?

6 MATERIA LÍQUIDA [I] cuajar (gelatina), fraguar (cemento), secar (pegamento)

7 EL SOL [I] ponerse ANT **rise**

8 UN HUESO FRACTURADO (a) [T] reducir, volver a colocar **(b)** [I] soldarse

9 ALGO QUE HACER set yourself a task/the task of doing sth proponerse realizar una tarea/hacer algo

10 LA MESA [T] poner: *Can you set the table, please?* ¿Puedes poner la mesa, por favor?

11 EL PELO [T] (*antic*) marcar

EXPRESIONES
set fire to sth (tb **set sth on fire**, **set sth ablaze/alight**) prenderle fuego a algo • **set sb free** poner a alguien en libertad • **set sth/sb loose** soltar algo/a alguien • **set sth in motion** poner algo en marcha • **set your heart on sth** (tb **have your heart set on sth**) tener todas las miras puestas en algo, estar empeñado -a en algo • **set sth right** (tb **set sth to rights**) arreglar algo, poner algo en orden • **set sail** zarpar, hacerse a la mar • **set sb straight/right** aclararle las cosas a alguien • **set sth to music** ponerle música a algo • **set to work (on sth)** ponerse manos a la obra (con algo) • **set a trap** tender una trampa (a un animal, a un delincuente, etc.)
set about *v+partíc* **1 set about sth** (*esp escrito*) acometer/emprender algo • **set about doing sth** ponerse a hacer algo **2 set about sb** (*antic*) atacar a alguien
set against *v+partíc* **set sb against sb** poner a alguien en contra de alguien
set apart *v+partíc* **set sth/sb apart (from sth/sb)** distinguir algo/a alguien (de algo/alguien) (cualidad)
set sth ↔ aside *v+partíc* apartar/reservar algo (dinero, tiempo) • **set sth aside for sth/sb** apartar/reservar algo para algo/alguien: *This room has been set aside for visitors.* Se ha reservado esta habitación para las visitas.
set back *v+partíc* **1 set sth ↔ back** retrasar algo: *The delays have set the project back by several months.* Las demoras han retrasado varios meses el proyecto. **2 set sb back $800/$50** (*coloq*) costarle 800/50 dólares a alguien
set down *v+partíc* **1 set down sth** establecer/fijar algo (normas, pautas) **2 set sth ↔ down** poner algo por escrito
set forth *v+partíc* **1 set sth ↔ forth** (*frml*) exponer algo (ideas, hechos) **2 set forth** (*liter*) partir, ponerse en marcha

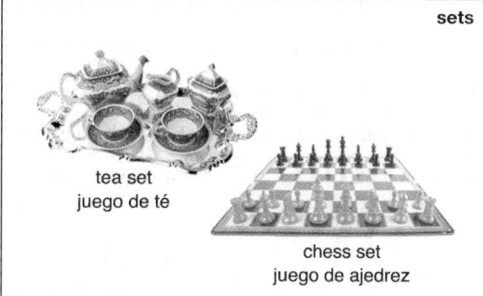

sets
tea set
juego de té
chess set
juego de ajedrez

set in *v+partíc* instalarse (mal tiempo), cundir (pánico, aburrimiento), arraigar (infección, declive económico): *We wanted to leave before winter set in.* Queríamos irnos antes de que llegara el invierno.
set off *v+partíc* **1 set off sth** desencadenar algo (una crisis, etc.): *The news set off widespread panic.* La noticia desencadenó un pánico generalizado. • **set sth ↔ off** hacer sonar algo (una alarma) **3 set sth ↔ off** hacer explotar algo (una bomba) **4 set off** salir, marchar(se) • **set off for London/for the beach** salir para Londres/hacia la playa SIN **leave**
set on *v+partíc* **be set on** (tb **be set upon**) (*liter*) ser agredido -a/atacado -a
set out *v+partíc* **1 set out** (*esp escrito*) salir, ponerse en marcha • **set out on sth** emprender algo (un viaje, una gira) • **set out for sth** salir hacia/para algo: *We set out for St. Petersburg.* Salimos hacia San Petersburgo. **2 set out** empezar, ponerse manos a la obra • **set out to do sth** proponerse hacer algo: *He set out to make a million dollars.* Se propuso ganar un millón de dólares. **3 set sth ↔ out** exponer algo (ideas, hechos, razones)
set up *v+partíc* **1 set sth ↔ up** poner algo, montar algo (un negocio, una empresa), crear algo (un partido, una organización): *They want to set up their own business.* Quieren poner su propia empresa. SIN **establish 2 set sth ↔ up** organizar algo (una reunión), concertar algo (una cita): *I've set a meeting up with the sales reps.* He organizado una reunión con los representantes de ventas. SIN **arrange 3 set sth ↔ up** preparar algo (un equipo, un proyector): *It took us two hours to set all the equipment up.* Nos llevó dos horas preparar todo el equipo. **4 set up** prepararse (para una actuación, etc.) **5 set sth ↔ up** levantar/erigir algo (una estatua), establecer algo (un puesto, un control de carretera) **6 set up** establecerse (por su cuenta), poner un negocio • **set up as a graphic designer/storekeeper** establecerse como diseñador gráfico/comerciante **7 set sb up** poner el dinero para ayudar a alguien a establecerse • **set sb up for life** asegurarle el porvenir a alguien **8 set sb up** (*coloq*) tenderle una trampa a alguien (para inculparlo) **9 set up house** independizarse, irse a vivir por su cuenta **10 set up shop** poner un negocio **11 set up camp** acampar

set² SI WI *s*

1 grupo
2 receptor
3 en estudios de cine o televisión
4 de una obra teatral o película
5 en tenis, voley
6 de un cantante, grupo
7 de personas
8 del cabello
9 en matemáticas

1 GRUPO [C] juego, conjunto: *a set of tools* un juego de herramientas • *a chess set* un juego de ajedrez • *a train set* un tren eléctrico de juguete • *a set of guidelines* un conjunto de pautas • *The older generation have a different set of values.* La generación anterior tiene otra escala de valores.

2 RECEPTOR [C] aparato • *a TV/television set* un televisor

3 EN ESTUDIOS DE CINE O TELEVISIÓN [C] set • **on set/on the set** en el set

S

4 DE UNA OBRA TEATRAL O PELÍCULA [C] decorado, escenografía

5 EN TENIS, VOLEY [C] set: *We played three sets.* Jugamos tres sets.

6 DE UN CANTANTE, GRUPO [C] actuación: *They played a 90-minute set.* Su actuación duró 90 minutos.

7 DE PERSONAS [C gralm sing] grupo, círculo: *the smart set* los famosos

8 DEL CABELLO [sing] marcado • **a shampoo and set** lavar y marcar

9 EN MATEMÁTICAS [C] (*técn*) conjunto

set³ *adj*

1 en un lugar
2 invariable
3 dispuesto
4 probable
5 costumbres
6 en joyería
7 en restaurantes

1 EN UN LUGAR [nunca ante s] situado -a: *a medieval village set high on a hill* un pueblo medieval situado en lo alto de una colina

2 INVARIABLE [gralm ante s] fijo -a: *We were paid a set amount.* Nos pagaban una cantidad fija.

3 DISPUESTO [nunca ante s] (tb **all set**) listo -a, preparado -a • [+**for**]: *Are you all set for your interview?* ¿Estás listo para la entrevista? • **be set to do sth** estar a punto de hacer algo: *He was all set to go, but Mel stopped him.* Estaba a punto de irse, pero Mel lo detuvo. • **on your mark – get set – go** (*oral*) a sus marcas, listos, ya, en sus marcas, listos, fuera

4 PROBABLE **be/look set to do sth** ir en camino de hacer algo: *The hot weather is set to continue.* Es probable que siga haciendo calor.

5 COSTUMBRES [solo ante s] arraigado -a, fijo -a • **set ideas/views** ideas/opiniones muy arraigadas

6 EN JOYERÍA **set with gems/rubies** con incrustaciones de piedras preciosas/con rubíes incrustados

7 EN RESTAURANTES [solo ante s] **a set menu** un menú fijo

EXPRESIONES
be (dead) set against sth oponerse rotundamente a algo • **be (dead) set on (doing) sth** estar totalmente decidido -a a hacer algo, estar empeñado -a en (hacer) algo • **be set in your ways** tener costumbres muy arraigadas

set·back /ˈsɛtˌbæk/ *s* [C] revés, contratiempo: *Today's loss was a major setback for the team.* La derrota de hoy ha supuesto un serio revés para el equipo. • **suffer a setback** sufrir un revés ▶ **SET back**

set·ter /ˈsɛtər/ *s* [C] setter (raza canina)

set·ting /ˈsɛtɪŋ/ *s* [C] **1** entorno, emplazamiento (de un edificio, una actividad): *The hotel is in a beautiful setting.* El hotel se halla en un bellísimo emplazamiento. **2** [gralm sing] escenario (de una novela, película): *Ireland is the setting for his latest movie.* Su última película está ambientada en Irlanda. **3** posición (en un mando, termostato, etc.): *Turn the oven to its lowest setting.* Baje el horno al mínimo. **4** montura, engaste (de una piedra preciosa) **5** versión musical, musicalización (de un poema)

set·tle S2 W2 /ˈsɛtl/ *v*

1 zanjar
2 un litigio, pleito, una demanda
3 decidir
4 en un lugar de residencia
5 nuevos territorios
6 en postura cómoda
7 en el suelo, en un líquido
8 edificio, cimientos, terreno
9 una deuda
10 los asuntos, los bienes
11 personas alborotadas
12 estómago

1 ZANJAR [T] resolver, solucionar: *Attempts to settle the dispute have been unsuccessful.* Los intentos de

solucionar la disputa han resultado infructuosos. • **settle your differences** resolver sus diferencias

2 UN LITIGIO, PLEITO, UNA DEMANDA (*técn*) **(a)** [T] resolver (de mutuo acuerdo) **(b)** [I] llegar a un acuerdo **settle with sb (for an undisclosed sum/for $11m)** llegar a un acuerdo con alguien (por una suma no revelada/a cambio de 11 millones de dólares) • **settle out of court** llegar a un acuerdo extrajudicial

3 DECIDIR [T gralm en pasiva] decidir, fijar: *Has the date for the party been settled yet?* ¿Ya se ha fijado una fecha para la fiesta? • **that settles it** (*oral*) entonces, está decidido, no hay más que hablar

4 EN UN LUGAR DE RESIDENCIA [I siempre + adv/prep] establecerse, instalarse • **settle in Madrid/France/the north** establecerse en Madrid/Francia/el norte

5 NUEVOS TERRITORIOS [T gralm en pasiva] colonizar

6 EN POSTURA CÓMODA [I,T siempre + adv/prep] acomodar(se), arrellanar(se): *I settled back against the pillow.* Me recosté en la almohada. • *A nurse settled the old man into a chair.* Una enfermera acomodó al anciano en una silla.

7 EN EL SUELO, EN UN LÍQUIDO [I] posarse (polvo), cuajar (nieve), depositarse (sedimento, poso) • **settle on sth** posarse/cuajar/depositarse sobre algo

8 EDIFICIO, CIMIENTOS, TERRENO [I] asentarse, hundirse ligeramente

9 UNA DEUDA [I,T] pagar • **settle a bill/an account** pagar una cuenta/saldar una cuenta • **settle with sb** ajustar cuentas con alguien

10 LOS ASUNTOS, LOS BIENES [T] **settle your affairs** poner sus asuntos en orden • **settle an estate** liquidar una herencia

11 PERSONAS ALBOROTADAS [I,T] calmar(se), tranquilizar(se) • **settle sb's nerves** calmarle los nervios a alguien SIN **settle down**

12 ESTÓMAGO [I,T] asentar(se) ▶ **wait until the DUST settles**

EXPRESIONES
settle a score/an account (with sb) ajustar cuentas/saldar una cuenta (con alguien)

settle down *v+partíc* **1 settle down** calmarse, tranquilizarse SIN **settle 2 settle sb down** calmar/tranquilizar a alguien SIN **settle 3 settle down** sentar cabeza **4 settle down** acomodarse **5 settle down** tranquilizarse, normalizarse (situación)

settle for sth *v+partíc* conformarse/contentarse con algo

settle in *v+partíc* adaptarse (a algo nuevo): *How are you settling in?* ¿Qué tal se van adaptando?

settle into sth *v+partíc* adaptarse/acostumbrarse a algo

settle on/upon sb/sth *v+partíc* decidirse por alguien/algo

settle up *v+partíc* pagar la cuenta • **settle up with sb** pagarle a alguien

set·tled /ˈsɛtld/ *adj* **1** (vida, comunidad, situación) estable **2** (persona) **feel/be settled** estar adaptado -a/asentado -a

set·tle·ment W3 /ˈsɛtlmənt/ *s*

1 en un conflicto, juicio
2 de una disputa, un reclamo
3 población
4 de una deuda, cuenta
5 de nuevos territorios
6 de propiedades

1 EN UN CONFLICTO, JUICIO [C] acuerdo • **reach/achieve a settlement** alcanzar/lograr un acuerdo • **a peace settlement** un acuerdo de paz • **an out-of-court settlement** un acuerdo extrajudicial • **a divorce settlement** un acuerdo de divorcio

2 DE UNA DISPUTA, UN RECLAMO [U] resolución: *the peaceful settlement of the conflict* la resolución pacífica del conflicto

3 POBLACIÓN [C] asentamiento

4 DE UNA DEUDA, CUENTA [U] (*frml*) liquidación, pago • **in settlement (of sth)** como liquidación (de algo), en pago (de algo)

5 DE NUEVOS TERRITORIOS [U] colonización

6 DE PROPIEDADES [C] (*jur*) fideicomiso

set·tler /ˈsɛtlə, ˈsɛtl̩-ə/ s [C] colono -a, poblador -a

ˈset-top ˌbox s [C] decodificador, receptor digital (para televisión)

set·up, set-up /ˈsɛtʌp/ s [C gralm sing] **1** organización, sistema (de actividades), disposición (de objetos): *We have a new set-up at work.* Hemos reorganizado las cosas en el trabajo. **2** (*coloq*) trampa ► SET up

sev·en /ˈsɛvən/ *núm* siete ► ver ejs en SIX

EXPRESIONES
the seven seas (*liter*) los siete mares • **the seven-year itch** (*hum*) expresión que se refiere a que después de siete años de matrimonio muchas personas empiezan a ser infieles

sev·en·teen /ˌsɛvənˈtinˈ/ *núm* diecisiete ► ver ejs en SIX

sev·en·teenth[1] /ˌsɛvənˈtinθˈ/ (abrev escrita **17th**) *adj*, *adv* decimoséptimo -a, en decimoséptimo lugar ► ver ejs en SIXTH

seventeenth[2] s, *pron* **1** (abrev escrita **17th**) decimoséptimo, -a **2** (abrev escrita **17th**) (día) diecisiete **3** (abrev escrita **1/17**) diecisieteavo, diecisieteava parte **4** (*oral*) decimoséptimo cumpleaños, cumpleaños número diecisiete ► ver ejs en SIXTH

sev·enth[1] /ˈsɛvənθ/ (abrev escrita **7th**) *adj*, *adv* séptimo -a, en séptimo lugar ► ver ejs en SIXTH

EXPRESIONES
be in seventh heaven (*coloq*) estar en el séptimo cielo

seventh[2] s, *pron* **1** (abrev escrita **7th**) séptimo -a **2** (abrev escrita **7th**) (día) siete **3** (abrev escrita **1/7**) séptimo, séptima parte **4** (*oral*) séptimo cumpleaños, cumpleaños número siete **5** (abrev escrita **VII**) (en nombres de monarcas, papas) séptimo -a ► ver ejs en SIXTH

sev·en·ties /ˈsɛvəntiz/ s [pl] **1 the seventies** (tb **the 70s**, **the 1970s**) los (años) setenta, la década de los setenta **2 be in your seventies** tener setenta y pico/ setenta y tantos **3 the seventies** (tb **the 70s**) temperaturas de entre 70 y 80 grados (Fahrenheit) ► ver ejs en SIXTIES

sev·en·ti·eth[1] /ˈsɛvəntiiθ/ (abrev escrita **70th**) *adj*, *adv* septuagésimo -a, en septuagésimo lugar ► ver ejs en SIXTH

seventieth[2] s, *pron* **1** (abrev escrita **70th**) septuagésimo -a **2** (abrev escrita **1/70**) setentavo, setentava parte **3** (*oral*) cumpleaños número setenta, septuagésimo cumpleaños ► ver ejs en SIXTH

sev·en·ty /ˈsɛvənti/ *núm* setenta ► ver ejs en SIX ► SEVENTIES

sev·er /ˈsɛvə/ v [T] (*frml*) **1** seccionar, amputar (una parte del cuerpo), cortar (un cable) **2** romper (relaciones), cortar (lazos)

sev·eral[1] S1 W1 /ˈsɛvrəl/ *det*, *adj* varios -as: *We visited them several times.* Los visitamos varias veces. • **several hundred dollars/thousand years** varios cientos de dólares/miles de años • **several more weeks/people** varias semanas/personas más

several[2] S1 W1 *pron* varios -as • **several of my friends/of the vehicles** varios amigos míos/varios de los vehículos

sev·erance /ˈsɛvrəns/ s [U] **1** despido (por cese de actividad o reducción de personal de una empresa) **2** indemnización por despido SIN **severance pay 3** ruptura (de relaciones), interrupción (del comercio)

ˈseverance ˌpay s [U] indemnización por despido

se·vere W3 /səˈvɪr/ *adj*

1 problema, daño, escasez
2 enfermedad, lesión
3 clima, invierno
4 pena, castigo
5 críticas, ataques
6 persona, tono, semblante
7 vestimenta, edificio, peinado

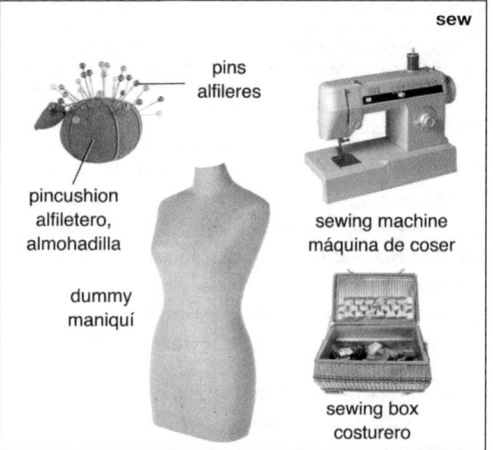

sew

pins
alfileres

pincushion
alfiletero,
almohadilla

dummy
maniquí

sewing machine
máquina de coser

sewing box
costurero

1 PROBLEMA, DAÑO, ESCASEZ grave, serio -a: *families living in severe poverty* familias que viven en situación de pobreza grave • *severe budget cuts* fuertes recortes presupuestarios • *a severe blow* un duro golpe • **severe problems** graves problemas

2 ENFERMEDAD, LESIÓN grave • **severe injuries** heridas graves • **severe pain/depression** fuerte dolor/ depresión ANT **mild**

3 CLIMA, INVIERNO riguroso -a, duro -a • **a severe drought/frost/storm** una fuerte sequía/helada/tormenta

4 PENA, CASTIGO severo -a, duro -a • **a severe penalty** una pena dura • **a severe punishment** un castigo severo SIN **harsh**

5 CRÍTICAS, ATAQUES duro -a • **severe criticism** duras críticas SIN **harsh** ANT **mild**

6 PERSONA, TONO, SEMBLANTE severo -a SIN **stern**

7 VESTIMENTA, EDIFICIO, PEINADO austero -a, sencillo -a SIN **plain**

se·vere·ly /səˈvɪrli/ *adv* **1** gravemente, seriamente: *The town was severely damaged in the war.* La ciudad sufrió graves daños durante la guerra. **2** con severidad (hablar, decir), duramente (criticar, reprender) **3** severamente (castigar) **4** austeramente (vestirse)

se·ver·i·ty /sɪˈvɛrəti/ s [U] **1** (de una enfermedad, un delito, un problema) gravedad, seriedad **2** (de una persona, del tono) severidad **3** (de un castigo, una condena) severidad, dureza **4** (de la vestimenta, del aspecto) austeridad

sew S2 /soʊ/ v [I,T] (**sewed**, **sewn** /soʊn/ o **sewed**) coser • **sew sth on/onto sth** coser algo en algo: *Can you sew a patch on my jeans?* ¿Puedes coserme un remiendo en los jeans?
sew up v+partíc **1 sew sth ↔ up** [gralm en pasiva] (*coloq*) cerrar algo, finiquitar algo: *The deal should be sewn up in a week.* El trato debería quedar cerrado en una semana. **2 sew sth ↔ up** coser algo, remendar algo **3 have sth (all) sewn up** tener algo completamente dominado -a

sew·age /ˈsuɪdʒ/ s [U] aguas residuales, aguas negras • **sewage plant** planta de tratamiento de aguas residuales

sew·er /ˈsuə/ s [C] alcantarillado, cloaca

sew·er·age /ˈsuərɪdʒ/ s [U] alcantarillado

sew·ing /ˈsoʊɪŋ/ s [U] **1** costura (actividad, técnica) • **sewing needle** aguja de coser **2** labor, costura (prenda, etc.)

ˈsewing ma‚chine s [C] máquina de coser

sewn /soʊn/ participio pasado de SEW

sex S2 W1 /sɛks/ s
1 [U] (actividad) sexo, relaciones sexuales • **have sex (with sb)** tener relaciones sexuales (con alguien) • **premarital sex** (tb **sex before marriage**) relaciones prematrimoniales • **casual sex** relaciones sexuales ocasionales

• **safe sex** sexo seguro • **unprotected sex** relaciones sexuales sin protección
2 [C,U] (condición) sexo: *Are the twins the same sex?* Los mellizos, ¿son del mismo sexo? • **of the same/your own sex** del mismo/de su propio sexo: *people of both sexes* personas de ambos sexos SIN **gender**
3 [C] (personas) sexo: *differences between the sexes* diferencias entre los sexos • **the opposite sex** el sexo opuesto ▸ SAME-SEX

'**sex ap,peal** *s* [U] sex-appeal, atractivo sexual

'**sex change** *s* [C] cambio de sexo

'**sex discrimi,nation** *s* [U] discriminación sexual

'**sex drive** *s* [sing, U] apetito/deseo sexual, libido

'**sex edu,cation** *s* [U] educación sexual

sex·ism /'sɛk,sɪzəm/ *s* [U] sexismo, discriminación sexual

sex·ist¹ /'sɛksɪst/ *adj* (*peyor*) sexista

sexist² *s* [C] (*peyor*) sexista

'**sex life** *s* [C] vida sexual

'**sex ,object** *s* [C] objeto sexual

'**sex of,fender** *s* [C] delincuente sexual, autor -a de delito sexual

'**sex of,fense** *s* [C] delito sexual

'**sex ,symbol** *s* [C] sex-symbol, símbolo sexual

sex·tant /'sɛkstənt/ *s* [C] sextante

sex·tet /sɛks'tɛt/ *s* [C] sexteto

sex·ton /'sɛkstən/ *s* [C] sacristán

sex·u·al S3 W1 /'sɛkʃuəl/ *adj* [sin compar]
1 (de la actividad física) sexual: *sexual relationships* relaciones sexuales
2 [solo ante s] (de la condición social) sexual: *a move toward greater sexual equality* un paso hacia una mayor igualdad sexual
3 [solo ante s] (de la actividad reproductiva) sexual: *sexual reproduction* reproducción sexual • *sexual organs* órganos sexuales

,**sexual 'harassment** *s* [U] acoso sexual

,**sexual 'intercourse** *s* [U] (*frml*) relaciones sexuales SIN **intercourse**

sex·u·al·i·ty /,sɛkʃu'æləti/ *s* [U] sexualidad

sex·u·al·ly /'sɛkʃuəli/ *adv* sexualmente (activo, explícito) • **be sexually assaulted** ser víctima de una agresión sexual • **find sb sexually attractive** encontrar a alguien atractivo -a físicamente

sex·y /'sɛksi/ *adj* (**sexier, sexiest**) **1** sexy **2** (*coloq*) atractivo -a, excitante (idea, producto) **3 feel sexy** excitarse (sexualmente)

Sey·chelles /seɪ'ʃɛlz/ **the Seychelles** las (islas) Seychelles

Sey·chel·lois /,seɪʃɛl'wɑ/ *s* [C], *adj* seychellense, seychelense

SF /,ɛs 'ɛf/ *s* [U] (**Science Fiction**) ciencia ficción

Sgt. (*abrev escrita de* **Sergeant**) Sgto.

sh, shh /ʃʃ/ *interj* shh

shab·bi·ly /'ʃæbəli/ *adv* **1** andrajosamente: *shabbily dressed* vestido -a con ropa andrajosa • *shabbily furnished* con muebles viejos y gastados **2** con mezquindad, ruinmente

shab·bi·ness /'ʃæbinɪs/ *s* [U] decrepitud

shab·by /'ʃæbi/ *adj* (**shabbier, shabbiest**) **1** raído -a, gastado -a (ropa, butaca), en decadencia, decrépito -a (mobiliario, lugar) SIN **scruffy** ANT **smart 2** mezquino -a, ruin (comportamiento, trato)
EXPRESIONES
be not (too) shabby (*coloq*) no estar nada mal

shack¹ /ʃæk/ *s* [C] casucha, choza, jacal

shack² *v*
shack up *v+partíc* (*peyor, coloq*) juntarse, arrejuntarse, amancebarse • **shack up with sb** arrejuntarse con alguien, irse a vivir con alguien

shack·le /'ʃækəl/ *v* [T gralm en pasiva] **1** atar, constreñir **2** encadenar, atar con grilletes

shack·les /'ʃækəlz/ *s* [pl] **1** grilletes ▸ HAND-CUFFS **2** ataduras • **the shackles of the past/of colonialism** las ataduras del pasado/del colonialismo

shade¹ S3 /ʃeɪd/ *s*

1 zona sin sol
2 para ventana
3 para lámpara
4 color
5 para el sol
6 pequeña cantidad

1 ZONA SIN SOL [U] sombra: *This plant needs shade.* Esta planta necesita sombra. • **in the shade** a la sombra: *We sat in the shade of an old oak tree.* Nos sentamos a la sombra de un viejo roble. ▸ SHADOW
2 PARA VENTANA [C] persiana: *All the shades are drawn.* Todas las persianas están echadas.
3 PARA LÁMPARA [C] pantalla
4 COLOR [C] tono, tonalidad • **a shade of pink/green** un tono rosa/verde
5 PARA EL SOL shades [pl] (*coloq*) anteojos de sol, gafas oscuras, gafas de sol
6 PEQUEÑA CANTIDAD a shade (*frml*) un poco: *Matt's clothes are a shade too big for me.* La ropa de Matt me queda un poquito grande. SIN **a little** ▸ LAMPSHADE
EXPRESIONES
have it made in the shade (*hum*) tener todo lo que se pueda necesitar (para estar bien) • **put sth/sb in the shade** eclipsar algo/a alguien ▸ ver nota en SHADOW

shade² *v* [T] **1** proteger (del sol), dar sombra a: *Trees shaded us from the midday sun.* Los árboles nos protegían del sol del mediodía. • **shade your eyes/face** proteger los ojos/la cara del sol **2** sombrear (un dibujo) **shade sth ↔ in** *v+partíc* sombrear algo (un dibujo)

shad·ing /'ʃeɪdɪŋ/ *s* [U] sombreado

shad·ow¹ W3 /'ʃædoʊ/ *s*
1 [C] (forma oscura) sombra: *I saw his shadow on the wall.* Vi su sombra proyectada en la pared. • **cast a shadow** proyectar una sombra
2 [U] (tb **shadows**) (zona oscura) sombra, oscuridad: *A tall thin man came out of the shadows.* Un hombre alto y delgado salió de entre las sombras. • **in shadow** oscuro -a, en sombra: *The room was half in shadow.* La habitación estaba en penumbra. • **in the shadows** en las sombras, en la oscuridad
3 [sing] (efecto negativo) **in/under the shadow of sth** bajo la sombra de algo: *life in the shadow of dictatorship* la vida bajo la sombra de la dictadura • **cast a shadow over/across/on sth** ensombrecer/empañar algo
4 (en los ojos) **shadows** [pl] ojeras ▸ EYE SHADOW
EXPRESIONES
be afraid/frightened/scared of your own shadow tener miedo hasta de su propia sombra • **be a shadow of your former self** no ser ni sombra de lo que era • **beyond/without a shadow of a doubt** sin lugar a dudas, sin sombra de duda • **in the shadow of sb** (tb **in sb's shadow**) a la sombra de alguien, eclipsado -a por alguien

¿shadow o shade?
No debemos confundir shadow con shade:
shadow es la silueta oscura que proyecta algo iluminado: *I saw his shadow on the wall.*
shade es la zona resguardada del sol: *We ate our lunch in the shade.*

shadow² *v* [T] **1** hacer un seguimiento de (detective, policía) **2** [gralm en pasiva] oscurecer, sombrear

'**shadow ,boxing** *s* [U] boxeo con un adversario imaginario

shad·ow·y /ˈʃædoʊi/ adj **1** misterioso -a, oscuro -a (mundo, actividad, motivos) **2** borroso -a, impreciso -a (figura)

shad·y /ˈʃeɪdi/ adj (**shadier, shadiest**) **1** sombreado -a, a la sombra: *We sat in a shady spot.* Nos sentamos en un lugar a la sombra. **2** que da sombra (arboleda, porche) **3** [gralm ante s] turbio -a (asunto, pasado) • **a shady character** un tipo sospechoso • **shady deals** negocios turbios

shaft¹ /ʃæft/ s [C] **1** pozo (de una mina), hueco, cubo (de un ascensor, elevador) **2** asta (de una lanza, una flecha), mango (de un palo de golf, un hacha) **3** eje, biela **4 a shaft of light** (*liter*) un rayo de luz **5** (*liter*) flecha

EXPRESIONES
get the shaft (*coloq*) ser tratado injustamente, por ejemplo al ser despedido sin motivo, etc.: *A lot of good workers are getting the shaft.* Están fregando a un montón de buenos empleados.

shaft² v [T gralm en pasiva] (*coloq*) fregar, joder, esquilmar (estafando, etc.) • **get shafted** ser esquilmado -a

shag·gy /ˈʃægi/ adj (**shaggier, shaggiest**) **1** largo -a y enmarañado -a (pelo, barba) **2** lanudo -a (animal)

shake¹ S2 W2 /ʃeɪk/ v (**shook** /ʃʊk/, **shaken** /ˈʃeɪkən/)

1 por frío, miedo, nervios
2 un recipiente, un edificio
3 para quitar algo
4 para despertar, maltratar
5 mala noticia, experiencia
6 voz
7 una enfermedad, un problema
8 la fe, la confianza
9 un perseguidor

1 POR FRÍO, MIEDO, NERVIOS [I] temblar: *His hands were shaking.* Le temblaban las manos. • *The explosion made the ground shake.* La explosión hizo temblar el suelo. • **be shaking like a leaf** temblar como una hoja • **shake with anger/fear** temblar de rabia/miedo • **shake with laughter** retorcerse de risa

2 UN RECIPIENTE, UN EDIFICIO [T] agitar, sacudir: *The earthquake shook buildings all around us.* El terremoto sacudió todos los edificios a nuestro alrededor.

3 PARA QUITAR ALGO [T] **shake sth out of sth** *She shook the sand out of her shoes.* Sacudió los zapatos para quitarles la arena. • **shake sth off/from sth** *Shake the excess flour off the meat.* Sacuda un poco la carne para quitar la harina sobrante.

4 PARA DESPERTAR, MALTRATAR [T] sacudir: *Never shake a baby.* Nunca sacuda a un bebé.

5 MALA NOTICIA, EXPERIENCIA [T] conmocionar, sacudir: *News of the accident shook the town.* La noticia del accidente conmocionó al pueblo.

6 VOZ [I] temblar • **shake with emotion/fear/anger** temblar de emoción/miedo/rabia

7 UNA ENFERMEDAD, UN PROBLEMA [T] librarse de, quitarse de encima: *I can't seem to shake this cold.* No acabo de librarme de este resfriado. SIN **shake off**

8 LA FE, LA CONFIANZA [T] hacer tambalear, quebrantar

9 UN PERSEGUIDOR [T] librarse de, quitarse de encima SIN **shake off** ▶ **shake/rock sth to its FOUNDATIONS**

EXPRESIONES
shake your finger agitar el dedo de forma acusadora • **shake your finger at sb** señalar a alguien agitando el dedo de forma acusadora • **shake your fist (at sb)** amenazar (a alguien) con el puño • **shake hands** darse la mano • **shake hands with sb** (tb **shake sb's hand**) darle la mano a alguien • **shake your head** negar con la cabeza • **shake your head in disappointment/disbelief/amazement** mover la cabeza con un gesto de desilusión/incredulidad/asombro ANT **nod** • **be shaking in your boots/shoes** (*coloq*) estar muerto -a de miedo • **shake a leg** (*oral*) apurarse, darse prisa

shake down v+partíc **1 shake sb ↔ down** (*coloq*) quitarle dinero a alguien, extorsionar a alguien (intimidándolo, con amenazas) **2 shake sth/sb ↔ down** (*coloq*) registrar algo/a alguien, requisar algo/a alguien, catear algo/a alguien

shake off v+partíc **1 shake sth ↔ off** librarse de algo, quitarse algo de encima **2 shake sb ↔ off** quitarse a alguien de encima

shake on sth v+partíc cerrar algo con un apretón de manos: *Let's shake on it.* De acuerdo: venga esa mano.

shake out v+partíc **shake sth ↔ out** sacudir algo (una servilleta, el mantel, etc.)

shake sb out of sth v+partíc sacar a alguien de algo: *I wanted to shake him out of his self-pity.* Quería sacarlo de su estado de autocompasión.

shake up v+partíc **1 shake sb ↔ up** afectar/conmocionar a alguien: *She was badly shaken up by the accident.* Quedó muy afectada por el accidente. **2 shake sth ↔ up** reestructurar algo, reorganizar algo: *plans to shake up the legal profession* planes para reestructurar la abogacía

---
¿shake, tremble o shiver?
El verbo **shake** expresa temblor por cualquier causa, tanto de personas como de cosas: *He was shaking with anger.* • *The floor started to shake.*
tremble solo indica temblor por miedo o nervios: *Trembling, she approached him.*
shiver da la idea de temblar por frío: *I jumped up and down to stop myself shivering.*

---

shake² s [C] **1** malteada, batido, licuado **2 the shakes** [pl] los temblores ▶ **to get a FAIR shake**

EXPRESIONES
give sth a shake agitar/sacudir algo • **in two shakes** (*antic*) en un abrir y cerrar de ojos • **a shake of the head** *He replied with a shake of the head.* Contestó negando con la cabeza.

shake·down /ˈʃeɪkdaʊn/ s [C] **1** (*coloq*) extorsión **2** (*coloq*) registro, requisa, cateo

shak·en /ˈʃeɪkən/ (tb ˌshaken ˈup) adj [gralm no ante s] conmocionado -a, afectado -a • **visibly shaken** visiblemente afectado -a

shake·up /ˈʃeɪk-ʌp/ s [C] reestructuración, reorganización: *a management shakeup* una reestructuración de la dirección

shak·y /ˈʃeɪki/ adj (**shakier, shakiest**) **1** tembloroso -a (persona, manos, etc.): *My legs felt shaky.* Me temblaban las piernas. **2** pobre, precario -a (conocimientos), inestable (relación) • **a shaky start** un comienzo flojo **3** tembloroso -a (voz) **4** poco firme, inestable (escalera, silla, etc.)

EXPRESIONES
be on shaky ground pisar un terreno poco firme

shale /ʃeɪl/ s [U] esquisto

shall S2 W2 /ʃəl; *fuerte* ʃæl/ v mod (contrac negat **shan't**) **1** (*oral*) (para hacer sugerencias, ofrecimientos) **shall I/we...?** *Shall I help you with that box?* ¿Te ayudo con esa caja? • *I'll reserve a table for us, shall I?* Reservo una mesa, ¿te parece bien?
2 (*oral*) (para solicitar indicaciones, opinión) **shall I/we ...?** *What shall we eat tonight?* ¿Qué comemos esta noche? • *Where shall I sit?* ¿Yo dónde me siento?
3 (*frml*) (indicando obligación) *All payments shall be made by the end of the month.* Todos los pagos se efectuarán a finales de mes.
4 (*frml, antic*) (indicando certidumbre) *You shall have the money tomorrow.* Mañana sin falta tendrás el dinero.
EXPRESIONES
we shall see (*frml*) **(a)** (para eludir una respuesta) ya veremos, ya se verá **(b)** (indicando incertidumbre) ya veremos

shal·lot /ˈʃælət, ʃəˈlɑt/ s [C] chalote

shal·low /ˈʃæloʊ/ adj **1** poco profundo -a, pando -a (aguas, río), llano -a, plano -a (plato) **2** (*peyor*) superficial, frívolo -a **3** superficial (respiración)

S

shal·lows /ˈʃæloʊz/ s **the shallows** [pl] los bajos (de arena), los bajíos

sham[1] /ʃæm/ s [C] **1** [gralm sing] farsa, engaño **2** [C] farsante **3** [C] funda (para almohada)

sham[2] adj [solo ante s] falso -a, fingido -a: *a sham marriage* un matrimonio de conveniencia • *sham companies* empresas fantasmas

sham[3] v [I] **be shamming** estar fingiendo

sha·man /ˈʃɑmən, ˈʃeɪ/ s [C] chamán

sham·ble /ˈʃæmbəl/ v [I siempre + adv/prep] caminar arrastrando los pies: *He shambled over to me.* Se me acercó arrastrando los pies.

sham·bles /ˈʃæmbəlz/ s [sing, U] **be a shambles** ser un caos/un desastre (reunión, vida, lugar) • **be in (a) shambles** estar hecho -a un desastre

shame[1] S3 /ʃeɪm/ s
1 a shame (*oral*) una lástima • **it's a shame (that)** es una lástima que: *It's a shame you can't come with us.* Es una lástima que no puedas venir con nosotros. • **what a shame (that)** qué lástima que: *What a shame Sarah's not here.* Qué lástima que Sarah no esté aquí. • **it's a real/terrible shame** es una verdadera lástima • **it would be a shame to do sth** sería una lástima hacer algo • **what a shame** qué lástima: *"She failed her test again."* "What a shame." –Ha vuelto a reprobar el examen. –Qué lástima.
2 [U] vergüenza, pena • **with/in shame** avergonzado -a: *Maria blushed with shame.* Maria se ruborizó avergonzada. • **without shame** sin vergüenza alguna • **a sense of shame** *He felt a deep sense of shame.* Sentía una profunda vergüenza. • **hang/bow your head in shame** agachar la cabeza avergonzado -a • **to sb's shame** para vergüenza de alguien: *To my shame, I have never read any of his books.* Aunque me dé vergüenza admitirlo, no he leído ninguno de sus libros.
3 [U] deshonra • **bring shame on sb** deshonrar a alguien, traerle la deshonra a alguien ▶ ASHAMED

EXPRESIONES
have no shame no tener vergüenza • **put sth/sb to shame** (*coloq*) poner en evidencia algo/a alguien, dejar algo/a alguien mal parado -a: *His cooking puts mine to shame.* Él cocina tan bien que me deja a mí en mala posición. • **Shame on you!** (*oral*) ¡Debería darte vergüenza! • **there's no shame in doing sth** no es ninguna deshonra hacer algo

shame[2] v [T] **1** avergonzar, apenar • **it shames sb to do sth** avergüenza/apena a alguien hacer algo **2** deshonrar **shame sb into doing sth** v+partíc avergonzar a alguien para obligarlo a hacer algo: *His wife shamed him into returning the money.* Su mujer le hizo sentir tal vergüenza que devolvió el dinero.

shame·faced /ˈʃeɪmfeɪst/ adj (*esp escrito*) avergonzado -a, apenado -a

shame·fac·ed·ly /ˈʃeɪmˌfeɪsɪdli/ adv (*escrito*) con vergüenza, con pena

shame·fac·ed·ness /ˈʃeɪmˌfeɪsɪdnɪs/ s [U] (*escrito*) *His shamefacedness still didn't make her feel any less annoyed.* El hecho de que se sintiera avergonzado no la hizo sentir menos molesta.

shame·ful /ˈʃeɪmfəl/ adj vergonzoso -a (hecho, conducta, etc.)

shame·ful·ly /ˈʃeɪmfəli/ adv vergonzosamente

shame·less /ˈʃeɪmlɪs/ adj descarado -a, desvergonzado -a

shame·less·ly /ˈʃeɪmlɪsli/ adv descaradamente, desvergonzadamente

shame·less·ness /ˈʃeɪmlɪsnɪs/ s [U] descaro, desvergüenza

sham·poo[1] /ʃæmˈpu/ s (pl **shampoos**) **1** [C,U] shampoo, champú • **carpet shampoo** shampoo para alfombras **2** [sing] lavado (con shampoo)

shampoo[2] v [T] lavar (con shampoo) • **shampoo your hair** lavarse el pelo/la cabeza

sham·rock /ˈʃæmrɑk/ s [C] trébol

shan·ty /ˈʃænti/ s [C] (pl **shanties**) casucha, choza, tugurio, jacal

shan·ty·town /ˈʃæntiˌtaʊn/ s [C] barriada, barrio de tugurios

shape[1] S2 W2 /ʃeɪp/ s
1 [C,U] forma (aspecto exterior): *What shape is the table?* ¿Qué forma tiene la mesa? • **in the shape of sth** en/con forma de algo • **round/square in shape** redondo -a/cuadrado -a
2 [C] figura (geométrica)
3 [C] figura (imprecisa), bulto: *A dark shape moved in front of them.* Un bulto oscuro se movió delante de ellos. ▶ **BENT** out of shape

EXPRESIONES
all shapes and sizes todo tipo: *There were people of all shapes and sizes at the gym.* Había gente de todo tipo en el gimnasio. • **come in all shapes and sizes** haber de todo tipo, haber para todos los gustos • **give shape to sth** darle forma a algo, plasmar algo • **be in good/bad/poor shape (a)** ir bien/mal/bastante mal (economía, empresa), estar en buen/mal/bastante mal estado (objeto) **(b)** estar bien/mal/bastante mal de salud (persona) • **be in no shape to do sth** no estar en condiciones de hacer algo • **be out of shape** no estar en forma • **not in any way, shape or form** en absoluto, en modo alguno: *I am not prejudiced in any way, shape or form.* No tengo prejuicios en absoluto. • **in shape** en forma • **get in shape** ponerse en forma • **stay/keep in shape** mantenerse en forma • **the shape of things to come** un ejemplo de lo que se avecina • **take shape** tomar forma

shape[2] S3 W3 v [T]
1 determinar, dar forma a: *the events that shape the future* los acontecimientos que determinan el futuro
2 dar forma a (un objeto, un material) • **shape sth into sth** *Shape the dough into small balls.* Forme bolas pequeñas con la masa.
shape up v+partíc **1 be shaping up** ir desarrollándose • **be shaping up to be sth** perfilarse como algo **2** enmendarse, mejorar, entrar en vereda (en el estudio, el trabajo) **3 shape up or ship out!** (*oral*) ¡a mejorar o a volar!

shaped /ʃeɪpt/ adj **shaped like sth** con forma de algo: *a balloon shaped like a cat* un globo con forma de gato

shape·less /ˈʃeɪplɪs/ adj (*peyor*) sin forma, amorfo -a

shape·li·ness /ˈʃeɪplinɪs/ s [U] (*aprec*) forma armoniosa, buena proporción

shape·ly /ˈʃeɪpli/ adj (*aprec*) torneado -a (piernas, etc.), esbelto -a, bien proporcionado -a (cuerpo, persona)

shard /ʃɑrd/ s [C] astilla, esquirla (de vidrio, metal), fragmento (de cerámica)

share[1] S1 W1 /ʃɛr/ v

  1 usar en común
  2 dejar usar
  3 tener en común
  4 encargarse en común
  5 decir a los demás
  6 distribuir

1 **USAR EN COMÚN** [I,T] compartir: *Tom and I share an office.* Tom y yo compartimos la oficina. • *You'll have to share if there aren't enough books.* Si los libros no alcanzan para todos, tendrán que compartirlos. • **share with sb** *Do you mind sharing with Jenny?* ¿Te molesta compartir la habitación con Jenny? • *I'm not very hungry. I'll share with Steve.* Yo no tengo mucha hambre. Compartiré lo mío con Steve. • **share sth with sb** compartir algo con alguien: *I shared a room with her when I was in college.* Compartí la alcoba con ella cuando estaba en la universidad.

2 **DEJAR USAR** [I,T] compartir: *Learning to share is difficult for small children.* A los niños pequeños les cuesta aprender a compartir. • **share sth with sb** compartir algo con alguien: *They share needles with other drug users.* Comparten agujas con otros drogadictos.

3 TENER EN COMÚN [T] compartir: *We share the same interests.* Compartimos los mismos intereses. • *the twins' shared experiences* las experiencias comunes de los mellizos
4 ENCARGARSE EN COMÚN [T] compartir: *We shared the cost of the meal.* Compartimos el costo de la comida. • *We all share some of the blame for the accident.* Todos somos en parte culpables del accidente.
5 DECIR A LOS DEMÁS [I,T] compartir: *The Internet allows people to share information.* Internet permite que la gente comparta información. • *If you think it would help to share, we're here to listen.* Si piensan que sirve de algo compartir sus problemas, estamos aquí para escucharlos. • **share your ideas with sb** contar sus ideas a alguien • **share a secret/problem with sb** confiarle un secreto/problema a alguien
6 DISTRIBUIR [T] **share sth between/among sb** repartir algo entre alguien: *He shared the money between his children.* Repartió el dinero entre sus hijos.

EXPRESIONES
share and share alike (*oral*) a cada cual su parte
share in sth *v+partíc* compartir algo, participar de algo
share sth ↔ out *v+partíc* repartir algo • **share sth out between/among sb** repartir algo entre alguien

share² S3 W1 *s*
1 [C gralm sing] (en un reparto, un negocio) parte, participación • **sb's share** la parte de alguien • [+of]: *I wrote a check for my share of the phone bill.* Hice un cheque para pagar mi parte de la cuenta de teléfono. • [+in]: *Each partner gets a share in the profits.* Cada socio obtiene una participación en los beneficios. • **do your share (of sth)** hacer su parte (de/en algo): *I do my share of the cooking.* Yo hago mi parte en la cocina.
2 [C] (en una sociedad anónima) acción: *He buys and sells shares.* Compra y vende acciones. • **shares in sth** acciones en algo: *She has shares in Microsoft.* Tiene acciones en Microsoft. • **issue shares** emitir acciones • **share capital** capital social • **share issue** emisión de acciones • **share offer** oferta de acciones • **share price** cotización ▶ STOCK
3 (en una actividad, un acontecimiento) **have/be given a share in sth** tomar parte en algo, participar en algo ▶ **the** LION's **share of sth**

EXPRESIONES
your (fair) share of sth *She has had her fair share of disappointment.* Ya ha tenido bastantes decepciones.

share·hold·er W3 /ˈʃerˌhoʊldər/ (tb **share·own·er** /ˈʃerˌoʊnər/) *s* [C] accionista SIN **stockholder**

shark /ʃɑrk/ *s* [C] **1** (pl **sharks** o **shark**) tiburón **2** (*coloq*) estafador -a ▶ LOAN SHARK

sharp¹ W3 /ʃɑrp/ *adj*

1	con filo o punta
2	aumento, descenso
3	curva, giro
4	con inteligencia
5	respuesta, tono
6	distinción, diferencia, contraste
7	dolor
8	sonido
9	sabor
10	imagen, perfil
11	oído, vista
12	clima
13	ropa
14	en música

1 CON FILO O PUNTA filoso -a, afilado -a (cuchillo, dientes), con punta (lápiz, aguja): *Make sure your pencils are sharp.* Asegúrate de que los lápices tengan punta. ANT **blunt**
2 AUMENTO, DESCENSO a sharp rise/increase (in sth) un brusco aumento (de algo), una fuerte subida (de algo) • **a sharp fall/drop/decrease (in sth)** un brusco descenso (de algo), una fuerte caída (de algo)
3 CURVA, GIRO cerrado -a, brusco -a
4 CON INTELIGENCIA listo -a, perspicaz, abusado -a • **have a sharp mind** ser listo -a/perspicaz/abusado -a

5 RESPUESTA, TONO cortante, brusco -a • **be sharp with sb** ser cortante/brusco -a con alguien • **sharp criticism** duras críticas • **a sharp tongue** una lengua afilada
6 DISTINCIÓN, DIFERENCIA, CONTRASTE [gralm ante s] marcado -a, claro -a
7 DOLOR punzante, agudo -a
8 SONIDO agudo -a: *The branch broke with a sharp crack.* La rama hizo un ruido seco al quebrarse.
9 SABOR fuerte (ácido)
10 IMAGEN, PERFIL nítido -a
11 OÍDO, VISTA sharp eyes/ears vista aguda/oído atento • **a sharp eye for sth** buen ojo para algo
12 CLIMA cortante (viento), fuerte (helada)
13 ROPA elegante, con estilo
14 EN MÚSICA F/D/C sharp fa/re/do sostenido ▶ RAZOR-SHARP, SHARPLY

EXPRESIONES
keep a sharp eye on sb no quitarle los ojos de encima a alguien, vigilar de cerca a alguien • **keep a sharp eye out for sth** ir con los ojos bien abiertos por si hay algo

sharp² *adv* **sing/play sharp** desafinar (dando un tono demasiado alto) ANT **flat**

EXPRESIONES
at ten-thirty/2 o'clock sharp a las diez y media/2 en punto • **turn sharp left/right** voltear a la izquierda/derecha, dar vuelta a la izquierda/derecha (a 90 grados): *Turn sharp right before the school.* Voltee a la derecha antes de llegar a la escuela.

sharp·en /ˈʃɑrpən/ *v* **1** [T] afilar (un cuchillo), sacarle punta a (un lápiz) **2** [T] (tb **sharpen up**) pulir, mejorar (una destreza) SIN **improve 3** [T] aumentar, avivar (el interés), agudizar (la tensión) • **sharpen your appetite** abrir el apetito **4** [I,T] hacer(se) más nítido -a (imagen)

sharp·en·er /ˈʃɑrpənər/ *s* [C] tajalápiz, sacapuntas (para lápices), afilador (de cuchillos)

sharp-'eyed *adj* con vista de lince

sharp·ly /ˈʃɑrpli/ *adv* **1** bruscamente (subir, bajar) • **rise/go up/increase sharply** aumentar/subir/incrementarse bruscamente • **fall/decrease/drop sharply** bajar/disminuir/caer bruscamente **2** con brusquedad (decir, preguntar), con dureza (criticar): *a sharply critical report* un informe extremadamente crítico **3** de forma cerrada (girar): *The road curves sharply.* El camino hace una curva cerrada. • *The car turned sharply.* El carro volteó bruscamente. **4** bruscamente, rápidamente (mirar) **5** marcadamente (contrastar)

sharp·ness /ˈʃɑrpnɪs/ *s* [U] **1** lo filoso, lo afilado (de los dientes, el cuchillo) **2** nitidez (de una imagen) **3** agudeza, perspicacia **4** acidez (del sabor) **5** brusquedad, dureza (del tono, etc.)

shat·ter /ˈʃætər/ *v* **1** [I,T] hacer(se) añicos: *The bomb shattered the windows.* La bomba hizo añicos las ventanas. • **shatter into pieces** hacerse añicos **2** [T] destruir, destrozar • **shatter sb's hopes/dreams** destruir las esperanzas/los sueños de alguien • **shatter sb's life/world** destrozar la vida/el mundo de alguien • **shatter an illusion/a myth/an image** destruir una ilusión/un mito/una imagen

EXPRESIONES
shatter a record batir un récord (por mucha diferencia)

shat·tered /ˈʃætərd/ *adj* **1** (psicológicamente) destrozado -a • **shattered nerves/emotions** nervios destrozados/sentimientos heridos **2** [solo ante s] (ventana) hecho -a añicos: *shattered glass* vidrio hecho añicos **3** [solo ante s] (economía, esperanzas, sueños) destrozado -a, destruido -a: *the shattered lives of the victims* las vidas destrozadas de las víctimas

shat·ter·ing /ˈʃætərɪŋ/ *adj* demoledor -a, tremendo -a • **a shattering blow** un golpe demoledor ▶ EARTH-SHATTERING

shave¹ S3 /ʃeɪv/ *v* [I,T] afeitar(se), rasurar(se) • **shave your legs/armpits** afeitarse las piernas/axilas, rasurarse las piernas/axilas • **shave your head** raparse la cabeza

shave sth ↔ off *v+partíc* afeitarse/rasurarse algo: *I've decided to shave off my beard.* He decidido afeitarme la barba.

shave² *s* [C gralm sing] afeitada, rasurada • **get a shave** (tb **have a shave**) afeitarse, rasurarse

EXPRESIONES
a close shave (a) (situación) *That was a close shave.* Me salvé por un pelo. **(b)** (afeitada) una afeitada al ras

shav·en /'ʃeɪvən/ *adj* **1** rapado -a (cabeza) **2** afeitado -a (cara) ► CLEAN-SHAVEN, UNSHAVEN

shav·er /'ʃeɪvər/ *s* [C] máquina de afeitar, rasuradora (eléctrica) ► RAZOR

'shaving cream *s* [U] crema de afeitar/rasurar

shawl /ʃɔl/ *s* [C] chal, rebozo

she¹ S1 W1 /ʃi/ *pron* ► En inglés nunca se omite el pronombre personal de sujeto.
1 (para designar sujeto femenino) ella: *She plays tennis.* Juega al tenis. • *She didn't go, but her husband did.* Ella no fue, pero su marido sí. • *Don't ask me. She's the expert.* A mí no me preguntes. La experta es ella. • *I'm not as smart as she is.* No soy tan inteligente como ella. • *Celia? Who's she?* ¿Celia? ¿Quién es esa?
2 (para designar el barco o vehículo mencionado) *She's a good little car.* Es un buen carrito.
3 (para designar el país mencionado) *France was not prepared for the troubles she would face.* Francia no estaba preparada para los problemas que habría de afrontar.

she² *s* [sing] (*coloq*) hembra: *Is the puppy a he or a she?* El cachorro, ¿es macho o hembra?

s/he /ʃi ə 'hi/ *pron* (*escrito*) ella o él (usado para indicar que el sujeto de una oración puede ser tanto masculino como femenino)

sheaf /ʃif/ *s* [C] (*pl* **sheaves** /ʃivz/) **1** fajo, manojo (de papeles, etc.) **2** haz

shear /ʃɪr/ *v* (**sheared**, **sheared** o **shorn** /ʃɔrn/) **1** [T] esquilar, trasquilar **2** [T gralm en pasiva] (*liter*) rapar **3 be shorn of sth** ser despojado -a de algo
shear off *v+partíc* **1 shear sth ↔ off** cortar algo, partir algo **2** cortarse, partirse

shears /ʃɪrz/ *s* [pl] podaderas, tijeras (de podar) (para el jardín), cizalla (para metal)

sheath /ʃiθ/ *s* [C] (*pl* **sheaths** /ʃiðz, ʃiθs/) funda, vaina (de una espada, etc.)

sheathe /ʃið/ *v* [T] (*liter*) envainar

sheaves /ʃivz/ *pl de* SHEAF

she'd /ʃid/ *contrac de* **1** (**she had**) *She'd fallen asleep on the train.* Se había dormido en el tren. **2** (**she would**) *She said she'd like to come with us.* Dijo que le gustaría ir con nosotros.

shed¹ /ʃed/ *s* [C] **1** cobertizo: *a tool shed* un cobertizo para las herramientas **2** nave (en una fábrica)

shed² *v* (**shed**, **shedding**) **1** [T] librarse de, deshacerse de • **shed jobs/workers** suprimir puestos de trabajo/ despedir a trabajadores • **shed weight/pounds** perder peso/libras • **shed your inhibitions** librarse de sus inhibiciones **2** [I,T] perder (las hojas), mudar, cambiar de (piel) (la piel) **3** [T] quitarse (la ropa), soltar (barro) **4** [T] (*liter*) dar (luz) ► **shed LIGHT on sth**

EXPRESIONES
shed blood derramar sangre • **shed tears (over sb/sth)** (*esp liter*) derramar lágrimas (por alguien/algo)

sheen /ʃin/ *s* [sing] brillo, lustre

sheep S2 /ʃip/ *s* [C] (*pl* **sheep**) oveja • **a flock of sheep** un rebaño de ovejas • **sheep farmer** criador -a de ovejas ► LAMB, RAM, EWE, MUTTON; BLACK SHEEP, a WOLF in sheep's clothing

EXPRESIONES
like sheep como borregos

sheep·ish /'ʃipɪʃ/ *adj* avergonzado -a • **look sheepish** parecer avergonzado -a

sheep·ish·ly /'ʃipɪʃli/ *adv* con vergüenza

sheep·skin /'ʃip,skɪn/ *s* [C,U] piel de oveja • **sheepskin coat** abrigo de piel de cordero • **sheepskin rug** alfombra de piel de oveja

sheer¹ /ʃɪr/ *adj* **1** [solo ante s] mero -a, puro -a • **the sheer size/weight/volume of sth** el mero tamaño/peso/ volumen de algo: *We were overwhelmed by the sheer number of applicants.* El número de candidatos era tal que estábamos abrumados. • **sheer luck/chance** pura suerte/casualidad • **sheer hell/torture** un verdadero infierno/una verdadera tortura **2** [gralm ante s] escarpado -a, vertical (pendiente) **3** [gralm ante s] transparente, muy fino -a (tela)

sheer² *adv* verticalmente, en vertical SIN **steeply**

sheer³ *v* [I siempre + adv/prep] **sheer off/away** cambiar de rumbo, desviarse

sheet S1 W2 /ʃit/ *s* [C]
1 sábana • **change the sheets** cambiar las sábanas ► BLANKET, DUVET
2 hoja (de papel): *a sheet of paper* una hoja de papel
3 placa (de vidrio), plancha, chapa (de metal)
4 capa (de hielo, nieve, agua) • **the rain comes down in sheets** llueve a cántaros ► BALANCE SHEET, SPREADSHEET, WORKSHEET

sheik, sheikh /ʃik, ʃeɪk/ *s* [C] jeque

shelf S2 /ʃelf/ *s* [C] (*pl* **shelves** /ʃelvz/)
1 estante, entrepaño, anaquel: *The walls were covered with shelves of books.* Las paredes estaban cubiertas de estanterías llenas de libros. • **put up shelves** colocar estantes/entrepaños/anaqueles
2 cornisa, saliente (de roca, hielo)

EXPRESIONES
off the shelf de confección (ropa), hechos en fábrica (productos): *Really good suits can be bought off the shelf these days.* Hoy en día, se puede comprar trajes de confección de muy buena calidad. ► READY-MADE

'shelf life *s* [sing] vida útil, periodo de validez

she'll /ʃɪl, ʃil/ *contrac de* **she will**

shell¹ S3 W3 /ʃel/ *s* [C]
1 cáscara (de un huevo, una nuez, etc.): *egg shells* cáscaras de huevo
2 caparazón, carapacho (de una tortuga, un cangrejo, etc.), concha (de un caracol, un mejillón, etc.): *a snail shell* una concha de caracol
3 proyectil: *mortar shells* proyectiles de mortero
4 cartucho, bala SIN **cartridge**
5 [gralm sing] estructura, esqueleto (de un edificio, un carro)

EXPRESIONES
come out of your shell salir de su/del caparazón, ser menos introvertido -a • **bring sb out of their shell** hacer salir a alguien de su/del caparazón, hacer que alguien sea menos introvertido -a • **be a shell of its former self** ser solo una sombra de lo que fue • **withdraw/retreat into your shell** encerrarse en sí mismo -a

shell² *v* [T] **1** bombardear **2** pelar (nueces, crustáceos), quitarle la concha a (ostras, etc.)
shell out *v+partíc* **1 shell out sth** desembolsar algo, apoquinar algo (una cantidad grande de dinero) **2 shell out** desembolsar dinero, apoquinar

shell·fish /'ʃel,fɪʃ/ *s* [C,U] (*pl* **shellfish**) **1** marisco(s) ► SEAFOOD **2** crustáceo(s) (langosta, cangrejo, etc.), molusco(s) (ostra, mejillón, etc.) ► SEAFOOD

shell·ing /'ʃelɪŋ/ *s* [U] bombardeo

'shell shock *s* [U] (*antic*) neurosis de guerra

'shell-shocked *adj* (*antic*) que sufre neurosis de guerra

shel·ter¹ /'ʃeltər/ *s* **1** [U] resguardo, cobijo, refugio: *They were standing under the shelter of a tree.* Estaban parados al resguardo de un árbol. • **shelter from sth** resguardo/refugio/cobijo de algo: *shelter from the wind and rain* refugio del viento y la lluvia • **find shelter** encontrar refugio/cobijo • **give sb shelter** resguardar a alguien, proteger a alguien, dar cobijo a alguien • **take/seek shelter** refugiarse, buscar refugio • **run for shelter** correr para resguardarse **2** [U] alojamiento, vivienda: *The people are in desperate need of food and shelter.* La gente necesita desesperadamente alimentos y alojamiento. **3** [C] albergue, refugio: *shelters for the homeless* albergues para los sin techo • *a shelter for battered women* un albergue para mujeres maltratadas • **an animal shelter** un albergue para animales **4** [C] refugio (lugar) • **an air-raid shelter** (tb **a bomb shelter**) un refugio antiaéreo • **a fall-out shelter** un refugio nuclear ► TAX SHELTER

shelter² *v* **1** [I,T] resguardar(se), cobijar(se) (del viento, las inclemencias, etc.) • **shelter from the rain/sun** resguardarse de la lluvia/protegerse del sol • **shelter sth/sb from sth** resguardar algo/a alguien de algo **2** [T] dar refugio a, dar cobijo a, acoger (refugiados, terroristas, etc.) ► HARBOR **3** [T] proteger (a los hijos, etc.) • **shelter sb from sth** proteger a alguien de algo

shel·tered /ˈʃɛltəd/ *adj* **1** resguardado -a, protegido -a (lugar) **2** protegido -a (de la realidad, las dificultades, etc.) • **lead a sheltered life** vivir en una burbuja • **have a sheltered childhood/upbringing** criarse metido -a en una burbuja

shelve /ʃɛlv/ *v* **1** [T] archivar (un proyecto, un plan) **2** [I siempre + adv/prep] descender, bajar (fondo del mar, terreno)

shelves /ʃɛlvz/ *pl* de SHELF

shelv·ing /ˈʃɛlvɪŋ/ *s* [U] estantería(s)

she·nan·i·gans /ʃəˈnænɪɡənz/ *s* [pl] (*coloq*) **1** travesuras SIN **mischief 2** chanchullos

shep·herd¹ /ˈʃɛpəd/ *s* [C] pastor -a

shepherd² *v* [T siempre + adv/prep] **shepherd sb onto/into/toward sth** conducir/guiar a alguien hasta algo

shep·herd·ess /ˈʃɛpədɪs/ *s* [C] (*antic*) pastora

sher·bet /ˈʃəbət/ (tb **sher·bert** /ˈʃəbət/ (*incorr*) *s* [C,U] sorbete, nieve (de fresa, limón, etc.)

sherd /ʃəd/ *s* variante de SHARD

sher·iff /ˈʃɛrɪf/ *s* [C] **1** en Estados Unidos, jefe de policía del condado **2** sheriff (del Oeste americano)

sher·ry /ˈʃɛri/ *s* [C,U] (pl **sherries**) jerez

she's /ʃiz/ *contrac de* **1** (**she is**) *She's a good friend of mine.* Es una buena amiga. **2** (**she has**) *She's changed the guidelines.* Ha cambiado las pautas.

shh /ʃʃ/ *interj* shh SIN **sh**

shield¹ /ʃild/ *s* [C] **1** (de soldado antiguo) escudo: *a sword and shield* una espada y un escudo **2** (de policía moderno) escudo: *riot shields* escudos antimotines **3** (protección) escudo: *a shield against infection* un escudo contra las infecciones **4** (en una máquina) placa protectora, cubierta de seguridad **5** (de un policía) placa, distintivo SIN **badge**

shield² *v* [T] proteger • **shield sth/sb from sth** proteger algo/a alguien de algo: *He shielded his eyes from the sun.* Se protegió los ojos del sol.

shift¹ S3 W2 /ʃɪft/ *v* [I,T]
1 (a una posición diferente) mover(se): *John shifted uncomfortably from foot to foot.* John se movía incómodo, pasando su peso de un pie a otro. • *The building's foundations have shifted slightly.* Los cimientos del edificio han cedido un poco. • **shift your weight** cambiar de postura
2 (actitudes, ideas, situaciones) cambiar, desplazar(se): *Public opinion was beginning to shift to the right.* La opinión pública empezaba a desplazarse hacia la derecha. • **shift the blame/responsibility onto sb** echarle la culpa/atribuirle la responsabilidad a alguien • **shift the blame/responsibility** eludir la culpa/la responsabilidad
3 (en un vehículo) cambiar (de velocidad) • **shift gears** cambiar de velocidad • **shift into first/second (gear)** poner primera/segunda

EXPRESIONES
shift gears cambiar (de tema/rumbo/actitud) • **shift your ground** cambiar de postura/de parecer

shift² S3 W2 *s* [C]
1 cambio, viraje (de política, actitud, etc.) • [+to/toward]:

Russia's shift to a market economy el viraje de Rusia hacia una economía de mercado • [+in]: *a shift in attitudes to homosexuality* un cambio en las actitudes respecto de la homosexualidad
2 turno (de trabajo) • **work a shift** hacer un turno • **work shifts** trabajar por turnos • **a day/night shift** un turno de día/noche, un turno diurno/nocturno
3 (empleados de un) turno: *The day shift will be coming on duty soon.* Los del turno de día entrarán pronto a trabajar.
4 tecla de mayúsculas: *Press SHIFT and F7.* Pulse Mayús y F7.
5 túnica (vestido suelto)

shift·i·ly /ˈʃɪftəli/ *adv* (*peyor*) de manera sospechosa

shift·i·ness /ˈʃɪftinɪs/ *s* [U] (*peyor*) carácter sospechoso

shift·less /ˈʃɪftlɪs/ *adj* (*antic, peyor*) holgazán -ana, perezoso -a, flojo -a

shift·y /ˈʃɪfti/ *adj* (*peyor*) sospechoso -a

shim·mer¹ /ˈʃɪmə/ *v* [I] centellear, titilar, brillar (con luz temblorosa)

shimmer² *s* [sing] centelleo

shin /ʃɪn/ *s* [C] espinilla, canilla (de la pierna)

shine¹ W3 /ʃaɪn/ *v* (**shone** /ʃoʊn/)

1	una luz, el sol
2	un objeto, el cabello
3	una linterna, una luz
4	los ojos, el rostro
5	sobresalir
6	pulir

1 UNA LUZ, EL SOL [I] brillar: *The moon shone brightly.* La luna brillaba intensamente. • *That lamp's shining in my eyes.* La luz de la lámpara me da en los ojos. • *The sun is shining, and the sky is blue.* Hay sol y el cielo está azul.
2 UN OBJETO, EL CABELLO [I] brillar, relucir: *She polished the table until it shone.* Le sacó brillo a la mesa hasta dejarla reluciente.
3 UNA LINTERNA, UNA LUZ [T] iluminar/alumbrar con • **shine sth on/over sth** *Shine the lamp over here.* Ilumina aquí con la lámpara. • *Jill shone the flashlight on the inscription.* Jill inspeccionó la inscripción con la linterna.
4 LOS OJOS, EL ROSTRO [I] brillar, resplandecer
5 SOBRESALIR [I nunca en forma continua] lucirse, destacarse: *The play gave her a chance to shine.* La obra le dio la oportunidad de lucirse. • **shine at sth** destacarse en algo: *I didn't shine at sports when I was a kid.* De niño, no me destacaba en los deportes.
6 PULIR [T] (**shined**) lustrar, embolar, bolear (zapatos) SIN **polish**

shine² *s* [sing, U] (cualidad) brillo: *This shampoo will add shine to your hair.* Este shampoo le dará brillo a su pelo. ► **(come) RAIN or shine**

EXPRESIONES
take a shine to sb/sth (*coloq*) quedarse prendado -a de alguien/algo • **take the shine off sth** empañar algo, restarle brillo a algo

shin·gle /ˈʃɪŋɡəl/ *s* **1** [C,U] teja plana y delgada de madera **2 shingles** [U] herpes (zóster): *She got shingles.* Le salió un herpes. **3** [U] guijarros, piedras: *a shingle beach* una playa de piedras

shin·ing /ˈʃaɪnɪŋ/ *adj* brillante, reluciente

shin·ny /ˈʃɪni/ *v* [I] (**shinnies, shinnied, shinnying**) **shinny up/down sth** treparse a algo/bajar de algo (usando las manos y las piernas)

shin·y /ˈʃaɪni/ *adj* (**shinier, shiniest**) brillante, reluciente: *shiny leather boots* botas de cuero relucientes • *Her hair was thick and shiny.* Tenía una cabellera abundante y brillante.

ship¹ S3 W2 /ʃɪp/ *s* [C]
1 barco, buque: *the ship's captain* el capitán del barco • *a cargo ship* un buque de carga • *a cruise ship* un (barco de) crucero • **by ship** en/por barco: *We decided to*

go by ship. Decidimos ir en barco. • *We sent the furniture by ship*. Mandamos los muebles por barco. • **on board ship/aboard ship** a bordo (del barco) ▶ **BATTLE-SHIP**

2 nave (espacial) SIN **spaceship** ▶ **run a TIGHT ship**

ships that pass in the night vidas que un día se cruzan para no volverse a encontrar jamás • **when my ship comes in** (*hum*) cuando sea rico -a

ship² S3 W3 *v* (**shipped**, **shipping**) [T] mandar, enviar (por barco, avión, etc.): *Your order will be shipped the next day*. Su pedido se enviará al día siguiente. • *large containers for shipping cargo* grandes contenedores para transportar carga • **ship sth (out) to sb** (tb **ship sb sth**) enviarle algo a alguien: *Food and clothing will be shipped out to the disaster area*. Se enviarán ropas y alimentos a la zona del desastre. • **ship sth from/to sth** enviar algo desde/a algo ▶ **SHIPPING**; **SHAPE up or ship out**

ship sb ↔ off *v+partíc* (*coloq*) mandar a alguien (adonde no quiere ir): *I was shipped off to boarding school at the age of seven*. Me mandaron a un internado cuando tenía siete años. SIN **pack off**

ship out *v+partíc* **1** ship out (*coloq*) irse (de un lugar) SIN **leave 2** ship out, be shipped out embarcarse, salir embarcado -a (en misión militar)

ship·build·ing /'ʃɪp,bɪldɪŋ/ *s* [U] construcción naval

ship·load /'ʃɪploʊd/ *s* [C] cargamento, carga

ship·mate /'ʃɪpmeɪt/ *s* [C] compañero -a de tripulación

ship·ment /'ʃɪpmənt/ *s* **1** [C] cargamento: *illegal arms shipments* cargamentos de armas ilegales • [+**of**]: *a shipment of car parts* un cargamento de repuestos de automóvil **2** [U] envío, despacho (por barco, avión, etc.)

ship·per /'ʃɪpər/ *s* [C] consignatario -a

ship·ping /'ʃɪpɪŋ/ *s* [U] **1** barcos, buques: *The port is closed to all shipping*. El puerto está cerrado al tráfico marítimo. **2** transporte marítimo (de mercaderías) • **shipping lane** ruta de navegación • **shipping line** (compañía) naviera **3** gastos de envío • **shipping and handling** gastos de envío **4** envío (de productos, mercaderías)

ship·shape /,ʃɪp'ʃeɪp◂/ *adj* [nunca ante s] limpio y ordenado/limpia y ordenada

ship·wreck¹ /'ʃɪp-rɛk/ *s* **1** [C,U] naufragio **2** [C] restos de un barco que naufragó SIN **wreck**

shipwreck² *v* be shipwrecked naufragar

ship·yard /'ʃɪp-yɑrd/ *s* [C] astillero

shirk /ʃɚk/ *v* (**a**) [I] holgazanear, flojear, haraganear (**b**) [T] **shirk your responsibilities/duties/obligations** eludir sus responsabilidades/deberes/obligaciones

shirk·er /'ʃɚkər/ *s* [C] holgazán -ana, flojo -a, haragán -ana

shirt S1 W2 /ʃɚt/ *s* [C] camisa: *a striped shirt* una camisa de rayas • *I have to wear a shirt and tie to work*. Tengo que ponerme camisa y corbata para trabajar. • **a denim/cotton shirt** una camisa de bluyín/de algodón, una camisa de tela de mezclilla/de algodón • **shirt collar** cuello de la camisa • **shirt tail** falda de la camisa ▶ **BLOUSE**; **DRESS SHIRT**, **T-SHIRT**

Keep your shirt on! (*oral*) ¡Tranquilízate!

shirt·sleeve /'ʃɚtsliv/ *s* [C] manga de camisa • **in (your) shirtsleeves** en mangas de camisa

shirt·tail /'ʃɚtˌteɪl/ *s* [C] faldón (de la camisa)

shiv·er¹ /'ʃɪvər/ *v* [I] temblar, tiritar • **shiver with cold** tiritar de frío • **shiver with fear** temblar de miedo • **shiver with excitement** estremecerse de emoción ▶ **TREMBLE**; ▶ ver nota en **SHAKE**, **TREMBLE**

shiver² *s* [C] escalofrío, estremecimiento: *A shiver ran through her*. Sintió un escalofrío./Un escalofrío le recorrió el cuerpo. • [+**of**]: *I felt a shiver of excitement*. Me estremecí de emoción. • **send shivers/a shiver**

---

down sb's spine producirle escalofríos a alguien, ponerle la carne de gallina a alguien • **give sb the shivers** (*coloq*) ponerle la carne de gallina a alguien, darle/producirle escalofríos a alguien

shiv·er·y /'ʃɪvəri/ *adj* tembloroso -a, con escalofríos: *When he looks at me, I get all shivery*. Cuando me mira, me pongo a temblar.

shoal /ʃoʊl/ *s* [C] **1** banco (de peces) ▶ **SCHOOL 2** banco (de arena)

shock¹ S3 /ʃɑk/ *s*

1	hecho, noticia
2	asombro
3	electricidad
4	en medicina
5	por explosión, terremoto
6	en un vehículo
7	pelo

1 HECHO, NOTICIA [C gralm sing] (duro) golpe, shock • **come as a shock (to sb)** ser un duro golpe (para alguien) • **a shock to the system** una situación/un cambio difícil de asimilar

2 ASOMBRO [sing, U] conmoción, impresión • **in (a state of) shock** conmocionado -a • **get a shock** llevarse una desagradable sorpresa • **the shock of sb's death/murder** la conmoción por la muerte/el asesinato de alguien • **the shock of seeing/hearing sth** la impresión de ver/oír algo • **you're/he's in for a shock** te vas/se va a llevar una desagradable sorpresa

3 ELECTRICIDAD [C] (tb **electric shock**) descarga (eléctrica) • **give sb a shock** darle una descarga a alguien

4 EN MEDICINA [U] (*técn*) shock • **be suffering from shock** (tb **be in (a state of) shock**) estar en estado de shock

5 POR EXPLOSIÓN, TERREMOTO [C,U] sacudida, temblor

6 EN UN VEHÍCULO [C gralm pl] amortiguador SIN **shock absorber**

7 PELO a shock of hair una mata de pelo ▶ **CULTURE SHOCK**, **SHOCKED**, **SHOCK WAVE**

shock² *v* **1** [T] (algo sorprendente) dejar pasmado -a; (un disgusto) conmocionar, impresionar: *The hatred in her voice shocked him*. Le impresionó el odio que había en su voz. • *a crime that has shocked the nation* un crimen que ha conmocionado al país • **shock sb into (doing) sth** *The poverty she saw shocked her into taking action*. La pobreza que vio le provocó tal conmoción que la empujó a actuar. • *My father was shocked into silence*. Mi padre se quedó mudo de la impresión. • **it shocks sb to see/realize/hear** *It shocked us to see how ill she looked*. Nos impresionó verla tan enferma. SIN **shake** ▶ **SURPRISE 2** [I,T] escandalizar: *I'm not easily shocked*. No soy de los que se escandalizan fácilmente. **3** [T] aplicar una descarga eléctrica a (un paciente cardiaco)

'shock ab,sorber *s* [C] amortiguador

shocked S3 /ʃɑkt/ *adj*

1 (por una sorpresa) horrorizado -a, estupefacto -a; (por un disgusto) conmocionado -a, impresionado -a: *I was shocked when I saw the bill*. Me quedé horrorizado cuando vi la cuenta. • *We were too shocked to speak*. Estábamos demasiado conmocionados para poder hablar. • [+**by**]: *Hotel employees were shocked by the decision*. La decisión dejó estupefactos a los empleados del hotel. • [+**at**]: *He is shocked at what happened to his son*. Está conmocionado por lo que le pasó a su hijo. • [+**that**]: *I'm shocked that you've let things get this far*. Me asombra que hayas dejado que las cosas lleguen tan lejos. • **shocked to hear/learn** conmocionado -a al enterarse de: *I was very shocked to hear of Brian's death*. Me quedé muy conmocionado al enterarme de la muerte de Brian. • **deeply shocked** profundamente conmocionado -a

2 escandalizado -a: *Thousands of shocked viewers called the station*. Miles de telespectadores llamaron escandalizados a la radio. • [+**by**]: *Many people were shocked by the movie*. La película escandalizó a mucha gente. • [+**at**]: *I was shocked at her behavior*. Su comportamiento me escandalizó.

3 a shocked look/voice una mirada/voz de asombro • **shocked silence** *For a few minutes they stood in shocked silence.* Durante unos minutos todos se quedaron sin habla.
4 en estado de shock

shock·ing /'ʃɑkɪŋ/ *adj* **1** (porque sorprende) asombroso -a, pasmoso -a, chocante; (porque disgusta) sobrecogedor -a, impresionante: *a shocking, utterly unpredictable ending* un final asombroso, totalmente impredecible • *shocking photographs of the bomb site* sobrecogedoras fotografías del escenario del bombardeo • **shocking news** una terrible noticia **2** escandaloso -a: *a shocking waste of human life* una escandalosa pérdida de vidas humanas • *He deliberately says the most shocking things.* Dice cosas muy chocantes adrede. • **it is shocking that** es indignante que: *It's shocking that hospitals can deny help to older people.* Es indignante que los hospitales puedan negarse a prestar asistencia a los ancianos.

'shock wave *s* **1** [C] onda expansiva **2 shock waves** [pl] conmoción, agitación • **send shock waves through sth** producir una auténtica conmoción en algo, sacudir a algo: *The plane crash sent shock waves through the aviation industry.* El accidente aéreo sacudió a la industria aeronáutica.

shod[1] /ʃɑd/ pasado y participio pasado de SHOE

shod[2] *adj* (frml) calzado -a • **shod in sth** calzado -a con algo

shod·dy /'ʃɑdi/ *adj* (**shoddier**, **shoddiest**) **1** malo -a, de mala calidad: *shoddy service* mal servicio • *shoddy goods* productos de mala calidad **2** mezquino -a, injusto -a

shoe[1] S1 W2 /ʃu/ *s* [C]
1 zapato (de vestir): *What size shoes do you wear?* ¿Qué número calzas? • *Wear comfortable shoes.* Póngase calzado cómodo. • **a pair of shoes** un par de zapatos • **take off/put on your shoes** quitarse/ponerse los zapatos • **running shoes** zapatillas deportivas • **a shoe brush** un cepillo para zapatos • **a shoe repairer** un zapatero • **shoe polish** betún, grasa (para zapatos) • **shoe size** número (de zapato): *What's your shoe size?* ¿Qué número calzas? • **shoe store** zapatería ▶ BOOT, SANDAL, SLIPPER
2 herradura SIN **horseshoe**
3 pastilla (de los frenos) ▶ **be shaking in your shoes** (SHAKE), **if the shoe FITS (, wear it)**, TENNIS SHOE

EXPRESIONES

in sb's shoes en el lugar de alguien: *I wouldn't want to be in Frank's shoes right now.* No me gustaría estar en el lugar de Frank en estos momentos. • **Try to put yourself in their shoes.** Intenta ponerte en su lugar. • **fill sb's shoes** (tb **step into sb's shoes**) ocupar el lugar de alguien, cubrir el vacío/hueco dejado por alguien

shoe[2] *v* [T] (**shod** /ʃɑd/, **shoeing**) herrar

shoe·horn /'ʃuhɔrn/ *s* [C] calzador

shoe·lace /'ʃuleɪs/ *s* [C] cordón (de zapato), agujeta • **tie/untie your shoelaces** atarse/desatarse los cordones de los zapatos

shoe·mak·er /'ʃu,meɪkɚ/ *s* [C] zapatero -a

shoe·shine /'ʃuʃaɪn/ *s* [C gralm sing] lustrada, embolada, boleada (de zapatos): *Shoeshine, mister?* ¿Le embolo los zapatos, caballero?

shoe·string[1] /'ʃu,strɪŋ/ *s* [C] cordón (de zapato), agujeta SIN **shoelace**

EXPRESIONES

on a shoestring (coloq) con muy poco dinero

shoestring[2] *adj* [solo ante s] de muy bajo presupuesto (proyecto, etc.), muy reducido -a (presupuesto)

shoe·tree /'ʃu,tri/ *s* [C] horma (para zapatos)

shone /ʃoʊn/ pasado y participio pasado de SHINE

shoo[1] /ʃu/ *interj* fuera, largo (de aquí)

shoo[2] *v* [T siempre + adv/prep] **shoo sb out/away** espantar/ahuyentar a alguien, echar a alguien: *Johnny*

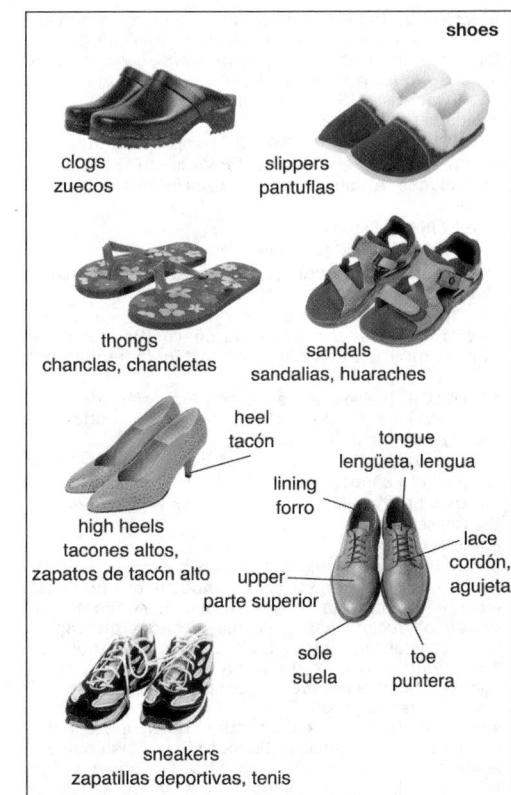

shoes

clogs
zuecos

slippers
pantuflas

thongs
chanclas, chancletas

sandals
sandalias, huaraches

heel
tacón

tongue
lengüeta, lengua

lining
forro

high heels
tacones altos,
zapatos de tacón alto

upper
parte superior

lace
cordón,
agujeta

sole
suela

toe
puntera

sneakers
zapatillas deportivas, tenis

tried to shoo the goats away. Johnny intentó ahuyentar a las cabras.

'shoo-in *s* [C gralm sing] (coloq) favorito -a (en una carrera, una elección) • [+for]: *He was far from a shoo-in for president.* Distaba mucho de ser el favorito para el cargo de presidente.

shook /ʃʊk/ pasado de SHAKE

shook-'up *adj* [nunca ante s] (coloq, oral) alterado -a, conmocionado -a

shoot[1] S1 W1 /ʃut/ *v* (**shot** /ʃɑt/)

1	a personas
2	tirador, arma
3	animales
4	una flecha
5	moverse rápidamente
6	en fútbol, básquetbol
7	una mirada
8	en cine
9	en fotografía
10	preguntas
11	triunfar
12	dolor
13	en un juego
14	una droga

1 A PERSONAS [T] dispararle, pegarle un tiro/balazo a: *I thought he was going to shoot me.* Creí que me iba a pegar un tiro. • **shoot sb in the head/back** dispararle a alguien en la cabeza/por la espalda • **shoot sb dead** matar a alguien a tiros/de un tiro • **be shot to death** *He was shot to death by rival gang members.* Los miembros de una pandilla rival lo mataron a tiros. • **shoot yourself** pegarse un tiro
2 TIRADOR, ARMA [I,T] disparar: *Stop or I'll shoot!* ¡Quieto o disparo! • **shoot at sb/sth** dispararle a alguien/algo • **shoot to kill** tirar a matar
3 ANIMALES [I,T] cazar
4 UNA FLECHA [T] lanzar, disparar

5 MOVERSE RÁPIDAMENTE (a) [I siempre + adv/prep] *She shot past me.* Pasó a mi lado como una exhalación. **(b)** [T siempre + adv/prep] *The fountain shoots water 80 meters into the air.* La fuente lanza agua a una altura de 80 metros. • *Scott shot out a hand.* Scott estiró rápidamente la mano.
6 EN FÚTBOL, BÁSQUETBOL [I,T] disparar, chutar
7 UNA MIRADA shoot sb a look/glance (tb **shoot a look/glance at sb**) (*escrito*) lanzarle una mirada a alguien
8 EN CINE [I,T] rodar
9 EN FOTOGRAFÍA [I,T] sacar (fotos)
10 PREGUNTAS shoot questions at sb acribillar a alguien a preguntas
11 TRIUNFAR [I siempre + adv/prep] *Her new album shot to the top of the charts.* Su nuevo álbum saltó al número uno del ránking. • **shoot to fame/stardom** saltar a la fama/al estrellato
12 DOLOR [I siempre + adv/prep] *Pain shot along his arm.* Un dolor agudo le recorrió el brazo. • **shooting pains** punzadas, dolores agudos
13 UN JUEGO [T] (*coloq*) **shoot hoops/baskets** jugar básquetbol • **shoot pool** jugar billar
14 UNA DROGA [T] (*coloq*) inyectarse ► **blame/shoot the MESSENGER**

EXPRESIONES
shoot the breeze/bull (*coloq*) echar carreta, platicar (sobre cosas sin importancia) • **shoot it out (with sb)** (*coloq*) enfrentarse a tiros (con alguien) • **shoot your mouth off** (*coloq*) hablar de más • **shoot the rapids** hacer canotaje en rápidos, hacer descenso en rápidos • **shoot your wad** (*coloq*) quemar su último cartucho • **shoot yourself in the foot** (*coloq*) meter la pata (hasta el fondo), cavar su propia fosa
shoot down *v+partíc* **1 shoot sth ↔ down** derribar algo (un avión, un helicóptero) **2 shoot sb ↔ down** matar a alguien a tiros/de un tiro **3 shoot sth ↔ down** (*coloq*) echar por tierra algo • **shoot sth/sb down in flames** criticar algo/a alguien (muy agresivamente)
shoot for sth *v+partíc* (*coloq*) apuntar a algo, aspirar a algo: *We are shooting for a 50% increase in sales this year.* Estamos apuntando a un 50 por ciento de aumento en las ventas para este año. SIN **aim for**
shoot up *v+partíc* **1 shoot up** dispararse (demanda, precios) **2 shoot up** crecer de golpe (planta), pegar el/un estirón, dar el estirón (niño) **3 shoot up** brotar como hongos **4 shoot up** (*coloq*) pincharse, arponearse **5 shoot sth ↔ up** (*coloq*) inyectarse algo, arponearse algo

shoot² *s* [C] **1** (de una planta) brote, retoño **2** (tb **photo shoot**) (en fotografía) sesión fotográfica: *a fashion shoot* una sesión de fotografías de moda **3** (en cine) rodaje: *a video shoot* el rodaje de un video **4** coto de caza

shoot³ *interj* (*coloq*) caray

shoot·ing /ˈʃuːtɪŋ/ *s* **1** [C] incidente (con armas/arma de fuego), asesinato (con armas/arma de fuego): *an increase in the number of shootings* un incremento en el número de incidentes con armas de fuego **2** [U] tiroteo, balacera: *He got caught up in the shooting between rival gangs.* Se vio involucrado en el tiroteo entre bandas rivales. **3** [U] la caza (con armas de fuego): *grouse shooting* la caza del urogallo SIN **hunting 4** [U] (en cine) rodaje **5** [U] (en fotografía) sesión fotográfica

shooting 'star *s* [C] estrella fugaz SIN **meteor**

shoot·out /ˈʃuːtaʊt/ *s* [C] tiroteo

shop¹ S1 W2 /ʃɒp/ *s*
1 [C] tienda, comercio • **a pet/gift shop** una tienda de mascotas/regalos • **a toy/an antique(s) shop** una juguetería/un anticuario • **run a shop** llevar/tener una tienda SIN **store** • **shop window** vitrina, aparador
2 [C] taller (de trabajo, reparaciones)
3 [U] (tb **shop class**) asignatura en la que se enseña a los alumnos a usar herramientas y máquinas para hacer reparaciones, etc. • **wood/metal/print shop** taller de carpintería/metales/imprenta ► **be like a BULL in a china shop, COFFEE SHOP, GIFT SHOP, TALK shop**

EXPRESIONES
close up shop cerrar el negocio • **set up shop** (*coloq*) establecerse, poner un negocio

shop² S2 *v* (**shopped, shopping**) [I] hacer compras, ir de compras: *Mom's out shopping with Grandma.* Mamá se ha ido de compras con la abuela. • *Because of my job I don't have much time to shop.* Mi trabajo no me deja mucho tiempo para hacer compras. • [+**at/in**]: *She always shops at the local supermarket.* Siempre compra en el supermercado del barrio. • *We were shopping in one of the big department stores.* Estábamos de compras en uno de los grandes almacenes. • **shop for sth** buscar algo (en las tiendas), hacer la compra de algo: *I was shopping for a new dress.* Estaba buscando un vestido nuevo. • *I usually shop for vegetables on a Friday.* Normalmente hago la compra de verduras los viernes. • **go shopping** ir de compras • **go shopping for sth** ir a comprar algo ► **SHOPPING**
shop around *v+partíc* comparar precios (en distintas tiendas)

shop·a·ho·lic /ˌʃɒpəˈhɒlɪk, -ˈhɑːlɪk/ *s* [C] (*hum*) adicto -a a las compras, comprador -a compulsivo -a

shop 'floor *s* **1 the shop floor** los talleres, la planta de producción (de una fábrica) • **on the shop floor** en los talleres **2 the shop floor** los obreros

shop·keep·er /ˈʃɒpˌkiːpər/ *s* [C] tendero -a, comerciante SIN **storekeeper**

shop·lift /ˈʃɒpˌlɪft/ *v* [I,T] robar mercancías en tiendas: *The clerk spotted the girl shoplifting.* El vendedor pescó a la chica robando.

shop·lift·er /ˈʃɒpˌlɪftər/ *s* [C] autor de robos de mercancías en tiendas ► ver nota en **THIEF**

shop·lift·ing /ˈʃɒpˌlɪftɪŋ/ *s* [U] pequeños robos en tiendas

shop·per /ˈʃɒpər/ *s* [C] **1** comprador -a **2** periódico gratuito con avisos de ofertas

shop·ping S2 /ˈʃɒpɪŋ/ *s* [U] (actividad) *Shopping is one of my favorite pastimes.* Ir de compras es uno de mis pasatiempos preferidos. • **go shopping** ir de compras • **grocery/food shopping** compra de comida • **Christmas/holiday shopping** compras navideñas • **online shopping** compras por Internet • **shopping channel** teletienda, canal de compras (por televisión) • **shopping trip** salida de compras

'shopping ,bag *s* [C] bolsa (de compras)

'shopping ,center *s* [C] centro comercial ► **MALL, SHOPPING MALL, STRIP MALL**

'shopping mall *s* [C] centro comercial SIN **mall** ► **SHOPPING CENTER**

,shop 'steward *s* [C] delegado -a sindical

shore¹ W3 /ʃɔːr/ *s*
1 [C,U] orilla, costa: *the lake's eastern shore* la orilla este del lago • *a rocky shore* una costa rocosa • **from/to shore** de/hacia la costa, de/hacia la orilla: *The boat was a mile from shore.* El barco estaba a una milla de la costa. • *She began to swim to shore.* Comenzó a nadar hacia la orilla. • **on the shores of sth** a orillas de algo: *a resort on the shores of Lake Ontario* un centro turístico a orillas del Lago Ontario • **on shore** en/a tierra: *We only had a couple of hours on shore.* Solo disponíamos de un par de horas en tierra. • *We hurried on shore.* Bajamos a tierra rápidamente. • **go on shore** desembarcar • **off shore** *They anchored a little way off shore.* Anclaron algo alejados de la costa. ► **BANK, BEACH, COAST, SEASHORE**
2 shores [pl] (*frml o liter*) **these/our shores** estas/ nuestras tierras: *Millions of immigrants flocked to these shores in the 19th century.* Millones de inmigrantes acudieron a estas tierras en el siglo XIX. • **foreign shores** el extranjero • **American/British shores** Estados Unidos/Gran Bretaña ► **ASHORE, OFFSHORE**

¿coast, shore, coastline o shoreline?
shore es la orilla del mar o de un lago: *the shores of Lake Ontario* y **shoreline** se refiere en concreto al contorno de éstas.

coast es la franja costera junto al mar: *the west coast of Africa* y para referirse en concreto al contorno se dice **coastline**: *California's rugged coastline*

shore²
shore sth ↔ **up** *v+partíc* **1** apuntalar/sostener algo (la economía, los precios, etc.) ▶ **PROP UP** **2** apuntalar algo (un edificio, un techo, etc.) SIN **prop up**

shore·line /'ʃɔːrlaɪn/ *s* [C,U] costa, orilla ▶ ver nota en **SHORE**

shorn /ʃɔːn/ participio pasado de **SHEAR**

short¹ S1 W1 /ʃɔːrt/ *adj*

1 en tiempo
2 en longitud
3 en estatura
4 en cantidad
5 nombre, palabra
6 al hablar
7 vocal

1 EN TIEMPO corto -a, breve: *a short meeting* una reunión corta • *Morris gave a short laugh.* Morris rió brevemente. • *The days are getting shorter.* Los días se van acortando. • **a short time/while** poco tiempo/un rato: *I've only been in Brisbane a short time.* Hace poco que estoy en Brisbane. • *She returned a short while later.* Al rato volvió. • **short and sweet** breve y sin rodeos ANT **long**

2 EN LONGITUD corto -a: *a short skirt* una falda corta • *short gray hair* pelo corto y canoso • **a short distance** una distancia corta: *a short distance away* a poca distancia • **a short walk/flight/drive** *It's a short drive to the airport.* El aeropuerto queda muy cerca en carro. ANT **long**

3 EN ESTATURA bajo -a, chaparro -a: *She's short with brown hair.* Es baja y con el pelo castaño. ANT **tall**

4 EN CANTIDAD [nunca ante s] **be short of sth** andar escaso -a de algo, andar corto -a de algo: *They are short of funds.* Andan escasos de fondos. • **he is $10/10 votes short** le faltan 10 dólares/10 votos • **time is short** hay poco tiempo • **be in short supply** escasear • **be short on sth** *The back of the car is short on room.* En la parte trasera del carro falta espacio. • *He's a little short on brains.* Es un poco corto de entendederas.

5 NOMBRE, PALABRA **be short for sth** ser apócope de algo

6 AL HABLAR **be short with sb** ser seco -a/cortante con alguien

7 VOCAL *(técn)* breve ANT **long** ▶ **LIFE's too short, on short NOTICE**

EXPRESIONES
draw/get the short straw *I drew the short straw.* Me tocó bailar con la más fea. • **get/be given short shrift** ser rechazado -a de plano (idea), ser despedido -a con cajas destempladas (persona) • **have a short memory** tener mala memoria • **have a short temper/fuse** tener mal genio • **in short order** *(frml)* rápidamente, en un abrir y cerrar de ojos • **in the short term/run** a corto plazo • **make short work of sth** despachar algo por la vía rápida • **be nothing short of a miracle/a crime** ser poco menos que un milagro/un crimen • **be nothing short of astonishing/miraculous** ser poco menos que asombroso/milagroso • **short of breath** sin aliento

short² S3 *adv*
1 (repentinamente) **cut sb short** cortar/interrumpir a alguien • **cut sth short** interrumpir algo, truncar algo: *His death at the age of 38 cut short a brilliant career.* Su muerte a la edad de 38 años truncó una brillante carrera. • **stop short** parar/detenerse en seco
2 (expresando insuficiencia) **be running short** estar acabándose/agotándose: *Let's go — time's running short!* ¡Vamos, queda poco tiempo! • **be running short of sth** *We're running short of coffee.* Nos queda poco café. • *Many stores are running short of bottled water.*

En muchas tiendas se está agotando el agua embotellada. • **fall short of sth** no alcanzar algo: *Economic growth fell short of the 2% target.* El crecimiento económico no alcanzó el objetivo del 2%. • *The new line of computers fell far short of our expectations.* La nueva gama de computadores no estaba ni de lejos a la altura de nuestras expectativas.

3 (referido a distancias, cantidades) **short of sth** **(a)** poco antes de algo, a poca distancia de algo: *The path ends just short of the summit.* El sendero acaba justo poco antes de la cima. • *The plane touched down 200 meters short of the runway.* El avión aterrizó a 200 metros de la pista. **(b)** poco menos de algo: *She was just short of six feet tall.* Medía poco menos de seis pies. • *He died two days short of his fifty-sixth birthday.* Murió dos días antes de cumplir cincuenta y seis años. • **stop short of (doing) sth** *The statement stopped short of a full apology.* La declaración no llegaba a ser una disculpa como corresponde. • *Paula stopped just short of calling me a thief.* A Paula le faltó poco para llamarme ladrón.

4 (referido a una excepción) **short of sth** salvo/excepto algo: *Nothing short of a miracle can save us now.* Nada salvo un milagro podría salvarnos ahora. • **short of doing sth** salvo hacer algo: *Short of locking her in, he couldn't stop her from leaving.* A menos que la encerrara, no podía impedir que se marchara. ▶ **to CUT a long story short, SELL sth/sb short**

short³ S2 *s* [C]
1 shorts [pl] pantalones cortos, pantalón corto, shorts: *a pair of shorts* unos pantalones cortos
2 shorts [pl] interiores, calzoncillos
3 *(coloq)* cortocircuito SIN **short circuit**
4 *(coloq)* corto, cortometraje ▶ **BOXER SHORTS, the LONG and (the) short of it**
EXPRESIONES
for short para abreviar • **in short** en resumen

short⁴ *v (coloq)* **1** **(a)** [I] (tb **short out**) hacer cortocircuito **(b)** [T] provocar un cortocircuito en SIN **short-circuit** **2** [T] dar de menos a

short·age /'ʃɔːrtɪdʒ/ *s* [C,U] escasez: *efforts to solve the housing shortage* esfuerzos para resolver la escasez de vivienda • *The country faces a severe water shortage.* El país enfrenta una grave escasez de agua. • [+**of**]: *There is a shortage of skilled labor.* Hay escasez de mano de obra calificada.
EXPRESIONES
there is no shortage of sth no falta algo: *There was no shortage of volunteers.* No faltaban voluntarios.

short·bread /'ʃɔːrtbrɛd/ *s* [U] tipo de galleta dulce hecha con mucha mantequilla

short·cake /'ʃɔːrtˌkeɪk/ *s* [U] pastel cubierto con frutas

short-'change *v* [T] **1** estafar, engañar: *Fans felt they had been short-changed.* Los admiradores se sentían estafados. **2** dar dinero de menos en el vuelto/cambio a: *One customer was short-changed by more than $4.* A un cliente le habían dado más de 4 dólares de menos en el vuelto.

short 'circuit *s* [C] cortocircuito SIN **short**

short-'circuit *v* **1** [I] tener un cortocircuito **2** [T] causar un cortocircuito en

short·com·ing /'ʃɔːrtˌkʌmɪŋ/ *s* [C gralm pl] defecto SIN **failing**

short·en /'ʃɔːrtn/ *v* **1** (en tamaño) **(a)** [T] acortar: *How much does it cost to get pants shortened?* ¿Cuánto cuesta acortar unos pantalones? • **shorten sth to sth** acortar/reducir algo a algo: *Her name is often shortened to Pat.* Su nombre suele abreviarse a Pat. ANT **lengthen** **(b)** [I] acortarse, reducirse ANT **lengthen** **2** (en tiempo) **(a)** [T] acortar: *Smoking can shorten your life.* El tabaco puede acortar su vida. ANT **lengthen** **(b)** [I] acortarse: *The days are shortening now.* Ahora los días se van acortando. ANT **lengthen**

short·en·ing /'ʃɔːrtn-ɪŋ, -nɪŋ/ *s* [U] grasa o mantequilla especial para pastelería

short·fall /'ʃɔrtfɔl/ s [C] déficit: *a $4 million budget shortfall* un déficit presupuestario de 4 millones de dólares • [+**in**]: *a shortfall in world food supplies* una insuficiencia de provisiones alimentarias en el mundo • [+**of**]: *a shortfall of about $1 million* un déficit de alrededor de 1 millón de dólares

short·hand /'ʃɔrthænd/ s [U] **1** taquigrafía • **in shorthand** taquigráfico -a, taquigrafiado -a • **take shorthand** tomar notas taquigráficas: *Can you take shorthand?* ¿Sabe taquigrafía? ▶ LONGHAND **2** forma de expresión abreviada: *SFX is Hollywood shorthand for "special effects."* SFX es la manera abreviada de decir "efectos especiales" en Hollywood.

short-list, **short·list** /'ʃɔrtlɪst/) s [C] lista final de candidatos, lista de (pre)seleccionados: *a shortlist of candidates* una lista de los candidatos preseleccionados • **on the shortlist (for sth)** en la lista de candidatos -as (para algo)

short-lived /ˌʃɔrt'laɪvd‹ / adj efímero -a, pasajero -a: *Our happiness was short-lived.* Nuestra felicidad fue efímera. • *a short-lived TV show* un programa de televisión que duró muy poco

short·ly W3 /'ʃɔrtli/ adv enseguida, en breve, dentro de poco: *Ms. Jones will be back shortly.* La señora Jones volverá enseguida. • *The train will be leaving shortly.* El tren efectuará su salida en breve. • **shortly before/after sth** poco antes/después de algo: *The accident happened shortly before noon.* El accidente ocurrió poco antes del mediodía. • **shortly afterward(s)/thereafter** poco (tiempo) después

short·ness /'ʃɔrtnɪs/ s [U] **1** escasa altura/estatura **2** escasa longitud/distancia: *the shortness of the girls' skirts* lo cortas que son las faldas de las muchachas **3** brevedad, escasa duración

EXPRESIONES
shortness of breath ahogo, falta de aliento

ˌshort-'range adj [solo ante s] **1** de corto alcance: *a short-range missile* un misil de corto alcance ANT **long-range 2** a short-range plan/goal/forecast un plan/objetivo/pronóstico a corto plazo: *the short-range weather forecast* el pronóstico del tiempo a corto plazo ANT **long-range**

short·sight·ed, short-sighted /'ʃɔrt̩saɪtɪd/ adj **1** (peyor) con escasa visión de futuro: *a short-sighted economic policy* una política económica corta de miras **2** miope, corto -a de vista: *I'm very shortsighted.* Soy muy miope. SIN **nearsighted**

ˌshort-'staffed adj falto -a de personal

short·stop /'ʃɔrtstɑp/ s **1** [C] shortstop (en béisbol, jugador que trata de detener las bolas entre la segunda y la tercera base) **2** [U] shortstop (en béisbol, zona entre la segunda y la tercera base)

ˌshort 'story s [C] cuento, relato

ˌshort-'tempered adj de mal genio, irascible

ˌshort-'term adj [gralm ante s] a corto plazo: *a short-term loan* un préstamo a corto plazo • *a short-term contract* un contrato de corta duración ANT **long-term** ▶ short-term MEMORY, **in the** SHORT **term/run**

short·wave /'ʃɔrt̩weɪv/ s [U] onda corta

shot¹ S2 W2 /ʃɑt/ s

1	con un arma
2	en deportes
3	en fotografía
4	en cine, televisión
5	intento
6	comentario
7	de bebida fuerte
8	de vacuna, droga
9	persona
10	para escopeta
11	en lanzamiento de bala

1 CON UN ARMA [C] disparo, tiro, balazo • **a shot to the head/chest** un disparo en la cabeza/el pecho, un tiro

en la cabeza/el pecho • **fire a shot** disparar (un tiro) • **take a shot at sb** intentar dispararle a alguien

2 EN DEPORTES [C] disparo, tiro (en fútbol, básquetbol), golpe (en tenis, golf) • **take a shot** tratar de encestar, intentar anotar una canasta • **make a shot** anotar un punto, encestar, anotar una canasta • **a shot at/on goal** un tiro al arco, un tiro a la portería

3 EN FOTOGRAFÍA [C] foto • **get/take a shot of sth** sacar una foto a/de algo • **a close-up shot** un primer plano

4 EN CINE, TELEVISIÓN [C] toma • **the opening shot** la toma inicial

5 INTENTO [C] (coloq) **a shot at (doing) sth** un intento de hacer algo: *a shot at the title* un intento de conseguir el título • **take/have a shot at doing sth** probar a hacer algo, intentar hacer algo • **give it a shot** intentarlo • **give it your best shot** hacerlo lo mejor que uno pueda

6 COMENTARIO [C] **take a shot at sth/sb** criticar algo/a alguien • **a cheap shot** un golpe bajo

7 DE BEBIDA FUERTE [C] trago

8 DE VACUNA, DROGA [C] inyección: *Have you had your typhoid and cholera shots?* ¿Se han dado la vacuna del tifus y del cólera?

9 PERSONA **a good/bad shot** un buen/mal tirador, una buena/mala tiradora

10 PARA ESCOPETA [U] perdigones

11 EN LANZAMIENTO DE BALA [C] bala, peso ▶ SHOT PUT; BIG SHOT, CALL **the shots**, **not by a** LONG **shot**, MUGSHOT, PARTING SHOT

EXPRESIONES
like a shot (coloq) *I'd go like a shot.* Iría sin dudarlo. • *She was out of the house like a shot.* Salió disparada de la casa. • **a shot in the arm** un fuerte impulso/estímulo • **a shot in the dark** un intento al azar/a ciegas

shot² adj [nunca ante s] (coloq) deshecho -a, destrozado -a: *My back tires are shot.* Tengo las ruedas traseras deshechas. • **shot to pieces** (tb **shot to hell**) hecho -a una nada, destrozado -a: *His confidence was shot to pieces.* Su seguridad estaba destrozada.

EXPRESIONES
be shot through with sth (escrito) estar lleno -a/plagado -a de algo: *Her stories are shot through with humor.* Sus relatos están llenos de humor.

shot³ pasado y participio pasado de SHOOT

shot·gun /'ʃɑt̩gʌn/ s [C] escopeta

ˌshotgun 'wedding (tb ˌshotgun 'marriage) s [C] boda precipitada por el embarazo de la novia

ˈshot put s **(the) shot put** el lanzamiento de bala

shot put·ter /'ʃɑt ˌpʊt̩ər/ s [C] lanzador -a de bala

should S1 W1 /ʃəd; *fuerte* ʃʊd/ v mod (contrac negat **shouldn't**)

1	indicando probabilidad futura
2	indicando probabilidad presente
3	indicando lo que sería lógico
4	indicando lo aconsejable o deseable
5	indicando lo correcto
6	en órdenes, instrucciones
7	indicando posibilidades

1 INDICANDO PROBABILIDAD FUTURA *She should pass the test easily.* Debería aprobar el examen con facilidad. • *It should be a nice day tomorrow.* Mañana debería estar lindo. SIN **ought to**

2 INDICANDO PROBABILIDAD PRESENTE *She should be home by now.* Ya debe de estar en casa. • *There should be some milk in the fridge.* Debe haber leche en la nevera. • **should have done sth** *They should have left by now.* Ya deben de haber salido. SIN **ought to**

3 INDICANDO LO QUE SERÍA LÓGICO *You should have no teeth left, with all the sweet things you eat.* No deberían quedarte ya dientes con tanto dulce que comes. • **should have done sth** *She should have beaten the less experienced player.* Tendría que haberle ganado a la jugadora menos experimentada. SIN **ought to**

4 INDICANDO LO ACONSEJABLE O DESEABLE *You should see a doctor.* Deberías ir al médico. • *He shouldn't be so selfish.* No debería ser tan egoísta. • **should have done sth** *They should have called the police.* Tendrían que haber llamado a la policía. SIN **ought to**

5 INDICANDO LO CORRECTO *Every sentence should start with a capital letter.* Todas las oraciones deben empezar con mayúscula. • *The oven should be very hot.* El horno tiene que estar muy caliente.

6 EN ÓRDENES, INSTRUCCIONES (*frml*): *All passengers should have their passports ready.* Se ruega a los pasajeros que tengan preparados sus pasaportes.

7 INDICANDO POSIBILIDADES (*frml*): *What if I should get sick?* ¿Y si me enfermo? • *If anything should happen, call this number.* Si pasa algo, llama a este número. • **should sb/sth do sth** *Should you need help, call me.* Si necesitas ayuda, llámame. • *Should it rain, you have your jacket.* Si lloviera, tienes la chompa. ▶ **how should/would I** KNOW

I should think so!/not! (en tono enfático o indignado) *"He apologized." "I should think so too!"* –Pidió disculpas. –¡Era lo menos que podía hacer! • *"I don't want to pay more than $100." "I should think not!"* –No quiero pagar más de 100 dólares. –¡Faltaría más! • **who/what should... but** (*oral*): *Who should I meet but my old pal, Frank!* ¿Y con quién crees que me encontré? ¡Con mi viejo amigo Frank! • **you should have seen/heard...** (*oral*) tendrías que haber visto/oído...: *You should have seen the look on her face when I told her!* Tendrías que haber visto la cara que puso cuando se lo dije. • **you shouldn't have** (*oral*) (¡qué detalle!,) no tendrías que haberte molestado

shoul·der¹ S2 W2 /'ʃəʊldə/ *s*
1 [C] (del cuerpo) hombro: *He put his arm around her shoulders.* Le pasó el brazo por los hombros. • **broad shoulders** espaldas anchas • **shrug your shoulders** encogerse de hombros • **look/glance over your shoulder** mirar por encima del hombro
2 [C] (de una prenda) hombro • **padded shoulders** hombreras
3 [C gralm sing] (en la carretera) berma, arcén, acotamiento • **pull onto the shoulder** ir/salir a la berma, ir/salir al acotamiento
4 [C,U] (carne) paletilla, paletero ▶ **give sb the** COLD **shoulder, have a** CHIP **on your shoulder, stand/be** HEAD **and shoulders above sb/sth,** RUB **shoulders with sb**

be looking over your shoulder estar alerta • **the responsibility/blame rests on his shoulders** la responsabilidad/culpa recae sobre él • **a shoulder to cry on** un paño de lágrimas • **shoulder to shoulder** hombro con hombro, codo con codo • **stand shoulder to shoulder with sb** estar junto -a a alguien

shoulder² *v* [T] **1** asumir, cargar con: *He shouldered the blame for his team's defeat.* Asumió la culpa por la derrota de su equipo. **2** ponerse al hombro, cargar al hombro: *They shouldered the boat and took it down to the river.* Cargaron el bote al hombro y lo llevaron hasta el río.

'shoulder bag *s* [C] cartera, bolsa (que se lleva colgada del hombro)

'shoulder blade *s* [C] omóplato

'shoulder-length *adj* hasta los hombros

'shoulder pad *s* [C] hombrera

should·n't /'ʃʊdnt/ *contrac de* **should not**

should've /'ʃʊdəv/ *contrac de* **should have**

shout¹ W2 /ʃaʊt/ *v* [I,T] gritar: *There's no need to shout, I'm not deaf!* ¡No hace falta gritar, que no estoy sordo! • **shout at sb** gritarle a alguien: *I'm sorry I shouted at you.* Lamento haberte gritado. • **shout for sth** gritar pidiendo algo: *Anne started shouting for help.* Anne empezó a gritar pidiendo ayuda. • **shout for sb** llamar a alguien a gritos • **shout sth at sb** (con enojo) *He was shouting insults at the other driver.* Insultaba a gritos al

otro conductor. • **shout at sb to do sth** decirle a alguien a gritos que haga algo, gritarle a alguien que haga algo: *Neil shouted at us to be quiet.* Neil nos gritó que nos calláramos. • **shout sth to sb** (sin enojo) gritarle algo a alguien, decirle algo a alguien gritando: *"He's down here!" she shouted to Alison.* –¡Está aquí! –le gritó a Alison. SIN **yell** ▶ SCREAM

shout sth from the rooftops gritar/proclamar algo a los cuatro vientos
shout sb ↔ **down** *v+partíc* hacer callar a alguien a gritos
shout out *v+partíc* **1 shout sth** ↔ **out** gritar algo: *Someone shouted my name out.* De pronto alguien gritó mi nombre. **2 shout out** gritar, dar gritos/un grito

shout² *s* [C] grito • **give a shout** gritar, dar un grito • **a shout of anger/joy** un grito de enojo/alegría • **a shout of laughter** una carcajada, una risotada

send a shout out to sb (*coloq*) saludar a alguien (desde la radio, la televisión o en Internet)

'shouting ˌmatch *s* [C] pelea a gritos

shove¹ /ʃʌv/ *v* **1** [I,T] empujar, dar(le) un empujón (a) • **shove sb toward/into sth** *He shoved her toward the car.* La empujó hacia el carro. • *The officer shoved him into the cell.* El oficial lo metió a empujones en la celda. • *He shoved Karen out of the way.* Apartó a Karen de un empujón. • **push and shove** abrirse paso a empujones • **shove your way to/through sth** abrirse paso a empujones hasta/entre algo **2** [T siempre + adv/prep] meter, poner (descuidadamente): *Amy just shoved everything under the bed.* Amy metió todo debajo de la cama de cualquier manera.
shove sb around *v+partíc* mangonear a alguien SIN **boss sb around**
shove off *v+partíc* **1 shove off!** (*malson, oral*) ¡vete!, ¡largo! SIN **get lost 2** alejarse de la orilla (remando, etc.)

shove² *s* [C] empujón • **give sb/sth a shove** darle un empujón a alguien/algo ▶ **if/when** PUSH **comes to shove**

shov·el¹ /'ʃʌvəl/ *s* [C] pala (para mover tierra, nieve, etc. de un lugar a otro) ▶ SPADE

shovel² *v* (**shoveled, shoveling** o **shovelled, shovelling**) **1 (a)** [T] mover con una pala: *Dad was outside shoveling snow.* Papá estaba afuera sacando nieve con una pala. • **shovel the driveway/sidewalk** sacar la nieve de la entrada/la acera, sacar la nieve de la entrada/la banqueta (usando una pala) **(b)** [I] dar paladas, palear **2 shovel sth into/onto sth** meter algo en algo: *He shoveled his dinner into his mouth.* Se engulló la comida.

show¹ S1 W1 /ʃəʊ/ *v* (**showed, shown** /ʃəʊn/)

1	un objeto material
2	dar prueba de
3	actitudes, sentimientos, cualidades
4	explicar
5	ilustración, gráfico
6	guiar
7	señalar
8	películas, programas
9	ser visible
10	hacer que se note
11	en una exposición
12	cambios, aumentos, disminuciones
13	acudir

1 UN OBJETO MATERIAL [T] enseñar, mostrar • **show sb sth** (*tb* **show sth to sb**) enseñarle/mostrarle algo a alguien: *Show me your tattoo.* Enséñame tu tatuaje. • *She read the message and then showed it to me.* Leyó el mensaje y después me lo enseñó.

2 DAR PRUEBA DE [T] mostrar, demostrar: *The latest figures show a rise in unemployment.* Las últimas cifras muestran un aumento del desempleo. • **show (that)** mostrar/demostrar que: *Studies show that advertising usually fosters more competition.* Los estudios demuestran que la publicidad suele fomentar la competitividad. • **show sb (that)** demostrarle a alguien que: *We have shown our critics that we can succeed.* Hemos demostrado a nuestros detractores que podemos triunfar. • **show (sb) what/how/who** mostrar/demostrar (a alguien) qué/cómo/quién: *She just wants a chance to show what she can do.* Solo quiere una oportunidad para demostrar de lo que es capaz. • **show sb/sth to be sth** demostrar que alguien/algo es algo: *Further investigations showed the tumor to be inoperable.* Posteriores investigaciones demostraron que el tumor era inoperable • *Charles showed himself to be a fine leader.* Charles demostró ser un buen líder. • **be shown to be/do sth** demostrar ser/hacer algo: *Caffeine has been shown to have a good effect on mental performance.* La cafeína ha demostrado tener un efecto beneficioso en el rendimiento intelectual.

3 ACTITUDES, SENTIMIENTOS, CUALIDADES (a) [T] demostrar, mostrar: *I was trying not to show my irritation.* Intentaba no demostrar mi irritación. • *Mary showed great interest in the children.* Mary se mostró muy interesada en los niños. • **show your emotions/feelings** mostrar/exteriorizar las emociones/los sentimientos • **show your appreciation/gratitude** mostrar su agradecimiento **(b)** [I] notarse: *His happiness showed in his face.* La felicidad se le notaba en la cara.

4 EXPLICAR [T] **show sb how to do sth** enseñarle a alguien a/cómo hacer algo: *He showed me how to do it.* Me enseñó a hacerlo. • *I wasn't sure how to use the scanner, but Jackie showed me how.* No estaba seguro de cómo usar el escáner, pero Jackie me enseñó. • **show sb the (right) way to do sth** enseñarle a alguien la manera (correcta) de hacer algo

5 ILUSTRACIÓN, GRÁFICO [T] mostrar: *The map shows the main rivers of the region.* El mapa muestra los principales ríos de la región. • **show sb/sth as sth** *The picture shows him as a stocky man.* El cuadro nos lo muestra como un hombre bajo y corpulento. • **be shown as/by sth** representarse con/mediante algo: *In Figure 3.1 the organizations are shown as solid lines.* En la figura 3.1, las organizaciones se representan con líneas continuas.

6 GUIAR [T] **show sb to/into sth** acompañar a alguien a/hasta algo, llevar a alguien a/hasta algo: *The maid showed him into the living room.* La empleada doméstica lo llevó al living. • **show sb the way (to sth)** enseñarle a alguien el camino/cómo ir (a algo) • **show sb out/in** acompañar a alguien hasta la salida/entrada: *I can show myself out.* No hace falta que me acompañes hasta la puerta.

7 SEÑALAR [T] enseñar, indicar: *Show me which tooth hurts.* Enséñame qué muela te duele. • **show sb where** enseñarle/indicarle a alguien dónde: *Can you show me exactly where he fell?* ¿Puedes indicarme exactamente dónde se cayó?

8 PELÍCULAS, PROGRAMAS (a) [T] emitir, dar, exhibir: *The game will be shown on television tonight.* El partido se emitirá por televisión esta noche. • *The local movie theater is showing Tarzan.* En el cine del barrio dan Tarzán. • **show sth live** emitir algo en directo **(b)** [I] emitirse, exhibirse, proyectarse: *The movie is showing at theaters across the country.* La película se exhibe en cines de todo el país. SIN **broadcast** ▶ **SHOWING**

9 SER VISIBLE [I] notarse, verse: *The scar doesn't show.* La cicatriz no se nota. • *Is my slip showing?* ¿Se me ve la enagua? • **and it shows** y se nota: *This is my first attempt, and it shows.* Es mi primer intento, y se nota.

10 HACER QUE SE NOTE [T] **show the dirt/marks** ser poco sufrido -a (color, prenda, etc.)

11 EN UNA EXPOSICIÓN [T] exponer, exhibir: *Her recent sculptures are being shown at the Hayward Gallery.* Sus últimas esculturas se exponen en la Hayward Gallery.

12 CAMBIOS, AUMENTOS, DISMINUCIONES [T] experimentar, mostrar: *Females showed greater height gain.* Las mujeres experimentaron un mayor aumento de estatura.

13 ACUDIR [I] (*coloq*) aparecer, presentarse: *I went to meet Hank, but he never showed.* Fui a encontrarme con Hank, pero no apareció. SIN **show up**

EXPRESIONES

have something/nothing to show for sth *At the end of the year, I had nothing to show for all my work.* Al cabo de un año, mi trabajo no había dado ningún fruto. • *He'll have something to show for his effort.* Su esfuerzo se verá recompensado. • **I'll show him/them** (*oral*) se va/van a enterar (de quién soy yo) • **it (just) goes to show** eso demuestra: *I guess it just goes to show you can't trust anyone.* Supongo que eso demuestra que uno no puede confiar en nadie. • **show sb the door** decirle a alguien que se vaya, echar a alguien • **show your face** asomar la nariz, dejarse ver: *I don't think he'll show his face around here again.* No creo que vuelva a asomar la nariz por aquí. • **show your hand** poner las cartas boca arriba, descubrir su juego • **show a profit/loss** tener beneficios/pérdidas • **show signs of sth** dar muestras/señales de algo: *The economy began to show signs of recovery.* La economía empezó a dar muestras de recuperación. • **show your true colors** mostrar su verdadero rostro • **show the way** abrir/marcar el camino • **show sb who's boss** (*coloq*) enseñarle a alguien quién manda

show sb around *v+partíc* **1 show sb around** enseñarle un lugar a alguien: *She'd never been to the city before, so I offered to show her around.* Jamás había estado en la ciudad, así que me ofrecí a enseñársela. **2 show sb around sth** enseñarle algo a alguien: *My dad showed her around the house.* Mi padre le enseñó la casa.

show off *v+partíc* **1 show off** (*peyor*) fanfarronear, presumir, alardear: *He was showing off on the tennis court.* Estaba fanfarroneando en la cancha de tenis. ▶ **SHOW-OFF 2 show sth ↔ off** enseñar/exhibir algo con orgullo, presumir algo, lucir algo: *She raised her wrist, showing off a diamond bracelet.* Alzó la muñeca, enseñando con orgullo una pulsera de diamantes. • *He likes to show off his muscles.* Le gusta lucir sus músculos. **3 show sth ↔ off** realzar algo: *The white dress showed off her dark skin.* El vestido blanco realzaba su piel morena.

show up *v+partíc* **1 show up** (*coloq*) aparecer: *Sue showed up twenty minutes late for class.* Sue apareció veinte minutos tarde en clase. SIN **turn up 2 show up** resaltar: *Use a light color which will show up on the dark background.* Use un color claro, que resalte sobre el fondo oscuro. **3 show sb up** hacerle pasar vergüenza/pena a alguien, poner en ridículo a alguien: *She says I showed her up in front of her friends.* Dice que la hice pasar vergüenza delante de sus amigos. SIN **embarrass**

show² S1 W1 *s*

1	para exhibir cosas
2	de teatro, música
3	de radio, televisión
4	competición
5	de un estado o cualidad
6	acto de fingir
7	de colorido

1 PARA EXHIBIR COSAS [C] exposición, muestra, feria: *The show opens October 30th.* La exposición se inaugura el 30 de octubre. • **a flower/craft show** una muestra de flores/artesanías, una exposición de flores/artesanías • **a boat/motor show** un salón náutico/del automóvil

2 DE TEATRO, MÚSICA [C] espectáculo: *The show starts at 7:30.* El espectáculo comienza a las 7:30. • **see a show** ver un musical

3 DE RADIO, TELEVISIÓN [C] programa: *It's one of the best shows on TV.* Es uno de los mejores programas de la televisión. • **a TV/television show** un programa de televisión • **a quiz/comedy show** un programa de preguntas y respuestas/de humor

4 COMPETICIÓN [C] concurso: *a dog show* un concurso canino

5 DE UN ESTADO O CUALIDAD **a show of sth** una demostración/muestra de algo: *The party needs a show of unity.* El partido necesita una demostración de unidad. • **a show of force/strength** una demostración de fuerza

6 ACTO DE FINGIR [sing, U] [+of]: *a show of gratitude*
gratitud fingida • **put on a show of (doing) sth** (tb
make a show of (doing) sth) fingir/aparentar (hacer)
algo • **be all show** ser todo puro teatro: *Their aggressive
stance was all show.* Su actitud agresiva era puro
teatro. SIN **pretense**

7 DE COLORIDO [C] despliegue, espectáculo • [+of]: *a
glorious show of fall color* un magnífico despliegue de
colores otoñales ▶ FASHION SHOW, GAME SHOW, STEAL the
show, TALK SHOW

EXPRESIONES
for show de adorno, para aparentar: *He does actually
play his guitar – it's not just for show.* Sí que toca la
guitarra; no la tiene de adorno. • **Let's get this show
on the road.** (*oral*) (Pongámonos) en marcha. • **make a
show of doing sth** hacer algo de forma ostensible: *The
government made a show of moving troops near the
border.* El gobierno envió tropas a la frontera de forma
pública y ostensible.

‚show and ‘tell *s* [U] actividad escolar que consiste en
que el alumno lleve un objeto a la escuela y hable sobre él
frente a sus compañeros

‘show ‚business *s* [U] el mundo del espectáculo

show·case¹ /ˈʃoʊkeɪs/ *s* [C] **1** vitrina, aparador (para
promoción o lucimiento) • **be a showcase for sth** ser una
vitrina para algo, ser un aparador para algo: *The new
musical is a good showcase for her talents.* El nuevo
musical es una buena vitrina para su talento. **2** vitrina

showcase² *v* [T] presentar, ser una vitrina/un aparador para, dar a conocer: *The gallery showcases talented
young artists.* La galería es una vitrina para jóvenes
artistas de talento.

show·down /ˈʃoʊdaʊn/ *s* [C gralm sing] enfrentamiento
• [+with]: *a showdown with the president over the
budget* un enfrentamiento con el presidente por el
presupuesto • [+between]: *a showdown between the top
two teams in the league* un enfrentamiento entre los
dos equipos principales de la liga

show·er¹ S2 /ˈʃaʊər/ *s* [C]
1 (aparato, lugar) ducha, regadera: *Is the shower working?* ¿Funciona bien la ducha? • **turn on/off the shower**
abrir/cerrar la ducha, abrir/cerrar la regadera • **in the
shower** en la ducha, en la regadera • **shower curtain**
cortina de baño • **shower stall** ducha, regadera
2 (baño) ducha, regaderazo: *I really need a shower.*
Necesito una ducha urgente. • **take a shower** darse una
ducha, ducharse, darse un regaderazo, bañarse
3 chubasco, chaparrón: *Heavy showers are forecast.* Se
anuncian fuertes chaparrones. • **a shower of rain/hail**
un chubasco/una granizada • **snow showers** chubascos
de nieve
4 lluvia (de piedras, hojas): *a shower of sparks* una
lluvia de chispas • **a meteor shower** una lluvia de
estrellas/de meteoritos
5 fiesta con entrega de regalos en honor de una mujer
próxima a casarse o a tener un hijo

shower² *v* **1** [I] ducharse, darse un regaderazo, bañarse
2 shower sb with gifts/praise colmar a alguien de
regalos/elogios • **shower sb with kisses** cubrir a alguien
de besos **3** [T] echar, tirar • **shower sb/sth with sth**
cubrir a alguien/algo de algo, tirarle algo a alguien/algo:
The volcano erupted, showering the city with ash. El
volcán hizo erupción, cubriendo la ciudad de ceniza.
4 [I siempre + adv/prep] *Pieces of broken glass showered
over me.* Me cayeron vidrios rotos. • *Confetti showered
down.* Caía una lluvia de confeti.

show·er·y /ˈʃaʊəri/ *adj* lluvioso -a: *showery weather*
tiempo lluvioso

show·ing /ˈʃoʊɪŋ/ *s* **1** [C] (en cine) sesión, proyección;
(en teatro) función; (en TV) transmisión: *It was the movie's first showing on TV.* Era la primera vez que daban
esta película en televisión.; (de pintura, fotografía)
exposición, muestra • **a private showing** (de una
película) una función privada; (de una exposición, en un
museo) una visita privada **2** [sing] actuación, resultado

obtenido • **make a good/poor showing** hacer un buen/
mal papel

‘show ‚jumping *s* [U] concurso de saltos

show·man /ˈʃoʊmən/ *s* [C] (pl **showmen** /-mən/) show-
man

show·man·ship /ˈʃoʊmənˌʃɪp/ *s* [U] talento para el espectáculo

shown /ʃoʊn/ participio pasado de SHOW

show-off, **show·off** /ˈʃoʊ-ɔf/ *s* [C] (*peyor, coloq*) fanfarrón -ona, presumido -a

show·piece /ˈʃoʊpis/ *s* [C gralm sing] pieza de exposición, que se muestra orgullosamente como ejemplo:
The new stadium is a showpiece for the Greeks. El
nuevo estadio es el orgullo de los griegos.

show·room /ˈʃoʊrum/ *s* [C] sala de ventas

show·y /ˈʃoʊi/ *adj* (**showier**, **showiest**) vistoso -a, llamativo -a, ostentoso -a: *cheap, showy jewelry* joyas baratas
y llamativas

shrank /ʃræŋk/ pasado de SHRINK

shrap·nel /ˈʃræpnəl/ *s* [U] metralla

shred¹ /ʃrɛd/ *s* **1** [C] (de papel, tela) tira; (de tabaco)
brizna, hebra • **tear/rip sth to shreds** hacer jirones algo,
destrozar algo • **in shreds** hecho -a jirones, destrozado
-a **2 a shred of sth** una pizca de algo: *Nobody with even
a shred of intelligence would agree.* Nadie que tuviera
siquiera una pizca de inteligencia estaría de acuerdo. •
not a shred of sth *There's not a shred of evidence
against him.* No hay ni la más mínima prueba contra
él. • *There is not a shred of doubt in my mind.* No me
cabe ninguna duda.

EXPRESIONES
in shreds hecho -a trizas: *Our wonderful plans were in
shreds.* Nuestros maravillosos planes quedaron hechos
trizas. • **tear/rip sth/sb to shreds** criticar algo/a alguien
duramente

shred² *v* [T] (**shredded**, **shredding**) **1** cortar en tiras
2 destruir (cortando en tiras, con una trituradora)

shred·der /ˈʃrɛdər/ *s* (tb **paper shredder**, **document
shredder**) *s* [C] trituradora (de papel)

shrew /ʃru/ *s* [C] **1** musaraña **2** bruja, arpía

shrewd /ʃrud/ *adj* **1** (personas) hábil, perspicaz, astuto
-a: *a shrewd businesswoman* una hábil mujer de negocios **2** (decisiones, maniobras) acertado -a: *a shrewd
investment* una inversión acertada • *The timing was
shrewd.* La elección del momento ha sido muy acertada.

shriek¹ /ʃrik/ *v* **1** [I] chillar: *Terrified, the girl shrieked
and ran.* Aterrorizada, la chica chilló y salió corriendo.
• **shriek with pain/fright** chillar de dolor/miedo • **shriek
with delight** dar gritos de alegría • **shriek with laughter**
reírse a carcajadas, estallar en carcajadas (estridentes)
2 (a) [I] chillar • **shriek at sb** chillarle a alguien **(b)**
[T] decir chillando: *“No!” she shrieked.* –¡No! –dijo ella
chillando.

shriek² *s* [C] **1** (de una persona) chillido • **give a shriek**
(tb **let out a shriek**) pegar/soltar un chillido: *Martha
gave a shriek and jumped up.* Martha soltó un chillido
y pegó un salto. • **a shriek of rage/pain** un chillido de
rabia/dolor • **a shriek of delight** un grito de alegría •
shrieks of laughter carcajadas **2** (de un animal, una
máquina) chillido

shrift /ʃrɪft/ *s* ▶ get/be given SHORT shrift

shrill /ʃrɪl/ *adj* **1** (referido a sonidos) estridente, chillón
-ona: *his aunt's shrill voice* la voz chillona de su tía
2 feroz (crítica), insistente (reclamo, queja)

shrimp S3 /ʃrɪmp/ *s* [C]
1 (pl **shrimp** o **shrimps**) camarón ▶ En inglés americano
esta palabra también puede hacer referencia a **langostinos** o **camarones** de diferentes tipos y tamaños.
2 (*hum*) canijo -a, renacuajo -a

shrine /ʃraɪn/ *s* [C] santuario • **a shrine to sb** un santuario (dedicado) a alguien

shrink¹ /ʃrɪŋk/ v (**shrank** /ʃræŋk/ o **shrunk** /ʃrʌŋk/, **shrunk**) **1** [I,T] encoger: *My sweater shrank in the dryer.* Mi suéter se encogió en la secadora. ▸ SHRUNKEN **2 (a)** [I] reducirse, disminuir: *Profits have been shrinking over the last year.* Los beneficios se han ido reduciendo durante el último año. • **shrink (from sth) to sth** reducirse (de algo) a algo: *The firm's staff had shrunk to only four people.* El personal de la empresa se había reducido a solo cuatro personas. **(b)** [T] reducir (el tamaño de): *This drug can shrink some tumors.* Este medicamento puede reducir el tamaño de algunos tumores. **3** [I siempre + adv/prep] retroceder • **shrink back** retroceder: *The children shrank back as she spoke.* Los niños retrocedieron cuando empezó a hablar. • **shrink away/back from sth/sb** retroceder ante algo/alguien
shrink from sth v+partíc eludir/rehuir algo: *We will not shrink from our responsibilities as leaders.* No eludiremos nuestras responsabilidades como líderes. • **shrink from doing sth** eludir hacer algo

shrink² s [C] (*coloq*) psicoanalista, psiquiatra

shrink·age /'ʃrɪŋkɪdʒ/ s [U] **1** disminución, reducción **2** medida en la que algo encoge: *There's bound to be some shrinkage as the wood dries out.* Seguramente, encogerá un poco a medida que se vaya secando la madera.

'shrink-wrap s [U] plástico transparente, película termocontraíble (para alimentos)

'shrink-wrapped adj envuelto -a en plástico transparente/película termocontraíble

shriv·el /'ʃrɪvəl/ v **1 (a)** [I] (tb **shrivel up**) marchitarse, secarse: *My plants have all shriveled up and died.* Todas mis plantas se han marchitado y muerto. **(b)** [T] marchitar, secar **2** [I] reducirse, disminuir: *Profits have shriveled since the beginning of the year.* Las utilidades se han reducido desde principios de año.

shriv·eled /'ʃrɪvəld/ adj seco -a, marchito -a, acartonado -a

shroud¹ /ʃraʊd/ s **1** [C] mortaja **2** [sing] (*liter*) manto, velo: *Smoke cast a gray shroud over the city.* El humo cubría la ciudad con un manto gris. • **a shroud of mystery** (*liter*) un halo de misterio • **a shroud of secrecy/silence** (*liter*) un velo de secreto/silencio

shroud² v (*liter*) [T gralm en pasiva] envolver, ocultar: *The cliffs were shrouded in mist.* Los acantilados estaban envueltos por la niebla. • **be shrouded in darkness** estar oculto -a en la oscuridad • **be shrouded in secrecy** estar rodeado -a de secreto

Shrove Tues·day /ˌʃroʊv 'tuzdi/ s [C,U] Martes de Carnaval

shrub /ʃrʌb/ s [C] arbusto

shrub·ber·y /'ʃrʌbəri/ s [U] (pl **shubberies**) macizo de arbustos

shrug¹ /ʃrʌg/ v [I,T] (**shrugged, shrugging**) (tb **shrug your shoulders**) encogerse de hombros: *He shrugged his shoulders and went back to his work.* Se encogió de hombros y reanudó su trabajo.
shrug sth/sb off v+partíc **1 shrug sth ↔ off** hacer caso omiso de algo, quitarle importancia a algo: *She tried to shrug off his remarks.* Intentó quitarles importancia a sus comentarios. **2 shrug sth ↔ off** quitarse algo de encima: *I've got a bad cold and I can't seem to shrug it off.* Tengo un fuerte resfriado y parece que no puedo quitármelo de encima. **3 shrug sb off** apartarse de alguien (rehuyendo su contacto)

shrug² s [C] [gralm sing] (tb **shrug of your shoulders**) *"I don't care what you do," he said with a shrug.* –No me importa lo que hagas –dijo encogiéndose de hombros. • **give a shrug** encogerse de hombros

shrunk /ʃrʌŋk/ pasado y participio pasado de SHRINK

shrunk·en /'ʃrʌŋkən/ adj encogido -a, reducido -a

shuck /ʃʌk/ v [T] **1** pelar (maíz, arvejas, ostras) SIN **shell 2** (tb **shuck off**) sacarse (la ropa) **3** (tb **shuck off**)

quitarse de encima, deshacerse de (una imagen, una idea)

shucks /ʃʌks/ interj (*coloq*) (expresando decepción) caramba, vaya

shud·der¹ /'ʃʌdə/ v [I] **1** estremecerse, temblar: *Dave tried to kiss Julia but she shuddered and turned away.* Dave intentó besar a Julia, pero ella se estremeció y se apartó. • **shudder with/in sth** temblar/estremecerse de algo: *I shudder with embarrassment whenever I think about it.* Tiemblo de vergüenza cada vez que lo pienso. **2** (máquinas, vehículos) dar sacudidas: *The train shuddered to a halt.* El tren dio unas cuantas sacudidas y se paró. • *The car shuddered briefly as its engine died.* El carro se sacudió un poco al pararse el motor.
EXPRESIONES
I shudder to think (*oral*) tiemblo sólo de pensar (en)
shudder at sth v+partíc horrorizarse ante algo: *He shuddered at the thought of meeting them again.* La idea de volverlos a ver lo horrorizaba.

shudder² s [C gralm sing] **1** temblor, escalofrío: *A shudder ran through her.* Un escalofrío le recorrió el cuerpo. **2** sacudida
EXPRESIONES
send a shudder through sb/sth hacer estremecer a alguien/algo

shuf·fle¹ /'ʃʌfəl/ v **1** [I siempre + adv/prep] **to shuffle along/across sth** ir por/atravesar algo arrastrando los pies: *The old man shuffled off down the hall.* El anciano se fue por el pasillo arrastrando los pies. **2** [T] (tb **shuffle through**) revolver: *He shuffled the papers on his desk.* Revolvió los papeles que tenía sobre el escritorio. • **shuffle through sth** revolver algo (en busca de algo): *He shuffled through the files in the drawer.* Revolvió las carpetas del cajón. **3** [T] cambiar, hacer cambios en • **shuffle sb around** cambiar de puesto a alguien: *The coach has shuffled the team's starting players around several times.* El entrenador ha cambiado la selección de jugadores varias veces. ▸ RESHUFFLE **4** [I,T] barajar: *Is it my turn to shuffle?* ¿Me toca barajar?
EXPRESIONES
shuffle your feet mover los pies (con nerviosismo, inquietud, etc.)

shuffle² s **1** [sing] **walk with a shuffle** caminar arrastrando los pies • **the shuffle of feet** el sonido de pasos **2** [C gralm sing] reestructuración, remodelación **3** [C] **give cards a shuffle** barajar las cartas
EXPRESIONES
be/get lost in the shuffle perderse en medio de la confusión: *The information in the memo got lost in the shuffle during the election.* Durante las elecciones, la información que contenía el memo se perdió en medio de la confusión.

shun /ʃʌn/ v [T] (**shunned, shunning**) rechazar, esquivar (rehuyendo el contacto): *Victims of the disease were shunned by society.* La sociedad rechazaba a los afectados por la enfermedad.

shunt /ʃʌnt/ v [T] **1 shunt sb off/around** mandar/mover a alguien (de un sitio a otro): *Employees were shunted from one department to another.* Movían a los empleados de un departamento a otro. • **shunt sb aside** (en el trabajo) relegar a alguien **2** (tren) cambiar de vía

shush¹ /ʃʌʃ, ʃʊʃ/ v [T] hacer callar (especialmente con un gesto), hacer shh

shush² interj shh SIN **sh**

shut¹ S1 W2 /ʃʌt/ v (**shut, shutting**)
1 [I,T] (ventana, tapa, libro) cerrar(se): *Can you shut the door?* ¿Te molesta cerrar la puerta? • *The door shut behind him.* La puerta se cerró tras él. SIN **close**
2 [I,T] (ojos, boca) cerrar(se): *He shut his eyes.* Cerró los ojos. SIN **close**
3 [I,T] (dejar de operar) cerrar SIN **close down**
4 [T] **shut the door/drawer on sth** (tb **shut sth in the door/drawer**) agarrarse algo con la puerta/el cajón: *I shut my finger in the door.* Me agarré un dedo con la puerta.

shut the door on sb (tb **shut the door in sb's face**) darle con la puerta en las narices a alguien • **shut your ears (to sth)** hacer oídos sordos (a algo) • **shut your eyes/ears to sth** (*frml*) hacer caso omiso de algo • **shut your mouth/trap/face!** (*malson, oral, coloq*) ¡cállate la boca!, ¡cierra el pico!

shut away *v+partíc* **1** shut sth/sb ↔ away encerrar algo/a alguien **2 shut yourself away** encerrarse

shut down *v+partíc* **1 shut sth** ↔ down cerrar algo (dejar de operar) SIN **close down 2 shut down** cerrar (negocio, fábrica) SIN **close down 3 shut sth** ↔ **down** apagar algo, desconectar algo **4 shut down** apagarse, desconectarse **5 shut sb** ↔**down** (*coloq*) no dejar jugar a alguien, marcar a alguien (un jugador rival)

shut in *v+partíc* **1** shut sb in encerrar a alguien **2 shut sb in sth** encerrar a alguien en algo **3 shut yourself in** encerrarse

shut off *v+partíc* **1 shut off** apagarse, desconectarse **2 shut sth** ↔ **off** apagar/desconectar algo (una máquina, un aparato), cerrar/cortar algo (el agua, la electricidad) **3 shut sth** ↔ **off** cortar (el suministro de) algo **4 shut yourself off** aislarse • **shut yourself off from sth/sb** aislarse de algo/alguien **5 be shut off from sth** estar aislado -a de algo

shut out *v+partíc* **1 shut sb** ↔ **out** excluir a alguien, dejar fuera a alguien • **shut sb out from/of sth** excluir a alguien de algo, dejar fuera a alguien de algo **2 shut sth/sb** ↔ **out** dejar algo/a alguien fuera, no dejar entrar algo/a alguien **3 shut sth** ↔ **out** aislarse de algo, borrar algo de la mente **4 shut out sb** blanquear a alguien (sin dejarle anotar puntos): *Colorado shut out Kansas City 3–0.* Colorado blanqueó a Kansas City por 3 a 0.

shut up *v+partíc* **1 shut up** (*coloq*) callarse • **shut up about sth** dejar de hablar de algo • **shut up!** (*malson, oral*) ¡cállate! **2 shut up!** (*coloq, oral*) ¡no me digas! **3 shut sb** ↔ **up** (*coloq*) hacer callar a alguien **4 shut sb** ↔ **up** encerrar a alguien

shut² *adj* [nunca ante s, sin compar] (puertas, ventanas, ojos, boca) cerrado -a: *Is the door shut?* ¿La puerta está cerrada? • *One of his eyes was swollen shut.* Tenía un ojo cerrado por la hinchazón. • **tightly/tight shut** bien cerrado -a • **keep sth shut** mantener algo cerrado -a: *Keep your eyes shut.* Mantenga los ojos cerrados. SIN **closed**

shut·down /'ʃʌtdaʊn/ *s* [C] **1** (de una fabrica, un negocio) cierre SIN **closure 2** (por una avería, falla) corte, paralización; (automáticamente por seguridad) desconexión

'shut-eye *s* [U] (*coloq*) **get some shut-eye** dormir un poco SIN **sleep**

shut·ter¹ /'ʃʌtə/ *s* [C] **1** [gralm pl] postigo, contraventana **2** [gralm pl] cortina metálica (enrollable) (en una tienda) **3** obturador (de una cámara fotográfica)

shutter² *v* [T] cerrar (una tienda, una empresa, etc.)

shut·tered /'ʃʌtəd/ *adj* **1** con los postigos cerrados **2** cerrado -a (tienda, empresa)

shut·tle¹ /'ʃʌtl/ *s* [C] **1** transbordador (espacial), lanzadera (espacial) SIN **space shuttle** • **shuttle mission** misión realizada por un transbordador **2** (tren, bus) servicio de enlace; (avión) puente aéreo • **shuttle service** servicio de enlace

shuttle² *v* **1** [I siempre + adv/prep] realizar trayectos regulares entre dos sitios • **shuttle between... and...** trasladarse con frecuencia entre... y..., viajar constantemente entre... y...: *She shuttles between Philadelphia and Washington for work.* Viaja constantemente entre Filadelfia y Washington por razones de trabajo. **2** [T gralm en pasiva] trasladar: *The passengers were shuttled to the hotel by bus.* Trasladaron a los pasajeros al hotel en bus.

shut·tle·cock /'ʃʌtl̩ˌkɑk/ *s* [C] volante (de badminton) SIN **birdie**

shy¹ /ʃaɪ/ *adj* (**shyer**, **shyest**) **1** (cohibido) tímido -a: *He was a quiet, shy boy.* Era un niño callado, tímido. • *a*

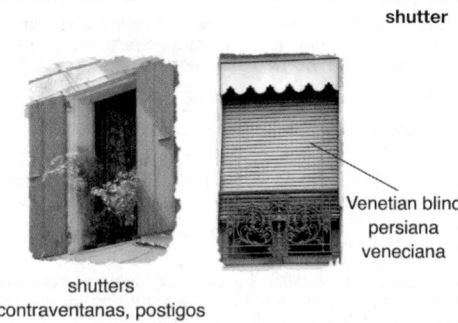

shutter

Venetian blind
persiana
veneciana

shutters
contraventanas, postigos

shy smile una tímida sonrisa • **painfully shy** terriblemente tímido -a • **be too shy to do sth** *He was too shy to come sit by me.* Era demasiado tímido para atreverse a venir a sentarse a mi lado. • **shy (and) retiring** tímido -a y reservado -a **2** (indicando que falta algo) **(just) shy of sth** *She was just shy of her twentieth birthday.* Le faltaba muy poco para cumplir los veinte años. • *The results came in slightly shy of Wall Street forecasts.* Los resultados quedaron un poco por debajo de los pronósticos de Wall Street. **3** [nunca ante s] (indicando falta de disposición) **be shy about/of (doing) sth** tener reparos en hacer algo: *Don't be shy about asking questions.* No duden en hacer preguntas. • **be shy about/of (doing) sth** *John has strong opinions, and he's not shy about sharing them.* John tiene opiniones muy firmes y se empeña en compartirlas. • *The company is shy of discussing its product in any detail.* La empresa es reacia a dar demasiados detalles sobre el producto. **4** (un animal) asustadizo -a SIN **timid** ▶ **once bitten twice shy** (BITE)

shy² *v* (**shies**, **shied**, **shying**) [I] asustarse (animal)

shy away *v+partíc* **1** mostrarse reticente • **shy away from (doing) sth** rehuir (hacer) algo: *They criticized the leadership, but shied away from a direct challenge.* Criticaron a la dirección, pero rehuyeron un enfrentamiento directo. **2** mostrarse esquivo -a

shy·ly /'ʃaɪli/ *adv* tímidamente

shy·ness /'ʃaɪnɪs/ *s* [U] timidez

shy·ster /'ʃaɪstə/ *s* [C] (*peyor, coloq*) sinvergüenza (especialmente un abogado o empresario)

Si·a·mese cat /ˌsaɪəmiz 'kæt/ *s* [C] gato siamés

sib·ling /'sɪblɪŋ/ *s* [C] (*frml*) hermano o hermana indistintamente: *Young children are often left in the care of older siblings.* A los niños pequeños a menudo se los deja al cargo de los hermanos mayores.
sibling rivalry rivalidad entre hermanos

sic¹ /sɪk/ *adv* (*frml*) sic

sic² *v* [T] (**sicced**, **siccing**) (*coloq*) **1 sic sth on sb** echarle un perro a alguien **2 sic sb on sb** *He sicced his lawyers on them.* Les mandó a sus abogados.

sick¹ S1 W2 /sɪk/ *adj*
1 enfermo -a • **get sick** enfermarse • **fall/take sick** (*frml*) enfermarse • **be off sick** (tb **be out sick**) estar con licencia por enfermedad, estar de incapacidad, faltar por enfermedad ▶ ver nota en **ILL**
2 feel sick (tb **feel sick to your stomach**) tener ganas de vomitar • **feel sick with fear/worry** morirse de miedo/preocupación
3 sick of sth/sb jarto -a de algo/alguien • **be sick of doing sth** estar jarto -a de hacer algo • **be sick and tired of sth/sb** (tb **be sick to death of sth/sb**) estar hasta la coronilla de algo/alguien, estar absolutamente jarto -a de algo/alguien • **be sick of the sight of sth/sb** no querer ver algo/a alguien ni en pintura
4 morboso -a, pervertido -a • **a sick mind** una mente enferma/retorcida
5 macabro -a (chiste) ▶ **CARSICK, HOMESICK, SEASICK**

S

EXPRESIONES
it/he makes me sick (oral) me enferma, me da coraje • **be sick as a dog** **(a)** estar muy enfermo -a **(b)** vomitar mucho • **be worried sick** morirse de preocupación

sick² s **the sick** [pl] los enfermos

'sick bay s [C] enfermería (habitación)

sick·en /'sɪkən/ v **1** [T] indignar • **it sickens me/him that** me/le enferma que, me/le da coraje que: *It sickens me that someone could lie like that.* Me enferma que alguien pueda mentir así. SIN **disgust 2** [T] darle asco a, darle ganas de vomitar a SIN **nauseate 3** [I] (antic) enfermarse
sicken of sth v+partíc hartarse de algo: *He sickened of all the parties and mindless conversation.* Se hartó de fiestas y de conversaciones triviales.

sick·en·ing /'sɪkənɪŋ/ adj **1** indignante, que da coraje • **it's sickening** es indignante, da coraje: *It's sickening that someone could do that to a child.* Es indignante que alguien pueda hacerle eso a un niño. SIN **disgusting 2** (referido a olores) nauseabundo -a; (referido a algo desagradable de ver) asqueroso -a SIN **nauseating 3 a sickening thud/crash/sound** un golpe/estrépito/ruido espantoso: *His head hit the floor with a sickening thud.* Se dio con la cabeza en el suelo y se oyó un golpe espantoso.

sick·le /'sɪkəl/ s [C] hoz

'sick leave s [U] licencia por enfermedad • **be on sick leave** estar de licencia por enfermedad, estar de incapacidad

sick·ly /'sɪkli/ adj **1** enfermizo -a: *a sickly child* un niño enfermizo **2** (sabor) empalagoso -a, dulzón -ona; (olor) nauseabundo -a, dulzón -ona: *a sickly smell* un olor nauseabundo **3** (color) desagradable, descolorido -a: *a sickly shade of green* un desagradable tono verdoso

sick·ness /'sɪknɪs/ s **1** [U] (estado) enfermedad: *absence from work due to sickness* ausentismo laboral por enfermedad ▸ **DISEASE 2** [U] (sensación) náuseas: *During early pregnancy many women suffer from sickness.* Al principio del embarazo muchas mujeres sienten náuseas. • **motion/car/air sickness** mareo (al viajar en carro, avión, etc.): *Many children suffer from motion sickness.* Muchos niños se marean cuando viajan. SIN **nausea 3** [U] (hecho de vomitar) vómitos: *sickness and diarrhea* vómitos y diarrea SIN **nausea 4** [C] (tipo de dolencia) enfermedad: *Malaria is a terrible sickness.* La malaria es una enfermedad terrible. SIN **disease**, **illness** ▸ **MORNING SICKNESS**

sick·o /'sɪkoʊ/ s [C] (coloq) degenerado -a

'sick pay s [U] salario que se percibe durante una licencia por enfermedad: *Don't you get any sick pay at all?* ¿No cobras mientras estás de licencia por enfermedad?

side¹ S1 W1 /saɪd/ s [C]
1 área izquierda o derecha
2 área próxima
3 área exterior
4 área del contorno
5 de una moneda, una hoja
6 del cuerpo
7 área interior
8 de un tema, una situación
9 en una discusión
10 en una guerra, pelea
11 de la personalidad
12 de una familia
13 de un acuerdo
14 indicando apoyo, compañía
15 en un barco

1 ÁREA IZQUIERDA O DERECHA lado: *on the east side of the city* en el lado este de la ciudad • *They drive on the left-hand side.* Conducen por la izquierda. • **to one side** (tb **to the side**) a/hacia un lado: *She pushed her plate to one side.* Corrió el plato hacia un lado. • **the far side** (tb **the other side**) el otro extremo, la otra punta: *an island*

on the other side of the world una isla en el otro extremo del mundo • *on the other side of the Atlantic* al otro lado del Atlántico

2 ÁREA PRÓXIMA [gralm sing] **at/by sb's side** al lado de alguien, junto a alguien • **to the left-hand/right-hand side of sth** (tb **on the left-hand/right-hand side of sth**) a la izquierda/derecha de algo • **on either side (of sb/sth)** a cada lado (de alguien/algo) • **on all sides** (tb **on every side**) por todos lados • **from side to side** de un lado a otro

3 ÁREA EXTERIOR costado, lado: *the door at the side of the building* la puerta del costado del edificio • *The car had a scratch along one side.* El carro tenía un rayón en un costado. • **on its side** de costado: *The truck was lying on its side.* El camión estaba de costado.

4 ÁREA DEL CONTORNO borde: *I sat down on the side of the bed.* Me senté en el borde de la cama. • **at/by the side of the lake/river** a orillas del lago/río • **at/by the side of the road** al borde de la carretera

5 DE UNA MONEDA, UNA HOJA cara: *Instructions are on the other side.* Las instrucciones están en la otra cara.

6 DEL CUERPO costado, lado: *Lie on your right side.* Acuéstese sobre el costado derecho.

7 ÁREA INTERIOR costado, lado: *The mixture had stuck to the sides.* La mezcla se había pegado a los costados.

8 DE UN TEMA, UNA SITUACIÓN aspecto, lado • **the technical/financial/social side (of sth)** el aspecto técnico/financiero/social (de algo) • **on the plus/positive side** *On the plus side, sales are up.* El lado positivo es que las ventas han aumentado. • **on the minus/negative side** *On the negative side, you can be impatient.* Entre tus defectos está que eres impaciente. • **look on the bright side** mirar el lado positivo

9 EN UNA DISCUSIÓN punto de vista, parte: *I can see both sides.* Entiendo los dos puntos de vista. • **your/her side of the story** tu/su versión • **on sb's side** estar del lado de alguien • **take sb's side** ponerse del lado de alguien • **take sides** tomar partido • **whose side are you on?** (oral) ¿tú de qué lado estás?

10 EN UNA GUERRA, PELEA bando, parte: *a deal that is acceptable to both sides* un acuerdo que sea aceptable para las dos partes • **change sides** cambiar de bando

11 DE LA PERSONALIDAD [gralm sing] lado, faceta: *He has a cruel side.* Tiene un lado cruel.

12 DE UNA FAMILIA lado, parte • **a side of the family** un lado de la familia • **on your mother's/father's side** por parte de madre/padre

13 DE UN ACUERDO **your side of the bargain/deal** su parte del trato • **keep your side of the bargain/deal** cumplir su parte del trato

14 INDICANDO APOYO, COMPAÑÍA **sb's side** *I hurried to his side.* Corrí para estar con él. • **be at/by sb's side** estar al lado de alguien, acompañar a alguien • **with sb at your side** acompañado -a de alguien

15 EN UN BARCO borda: *A child fell over the side.* Un niño cayó por la borda. ▸ **get up on the wrong side of the BED, ERR on the side of caution/safety, FIVE-A-SIDE, FLIP SIDE, RIGHT side up, (just) to be on the SAFE side, SPLIT your sides, the WRONG side of the tracks**

EXPRESIONES
criticize/ride sb up one side and down the other criticar duramente a alguien, no dejar en paz a alguien • **from all sides** (tb **from every side**) de todos lados • **have time/youth on your side** tener a su favor el tiempo/la juventud • **on the high/heavy/small side** (coloq) un poco alto -a/pesado -a/pequeño -a • **get on sb's good/bad side** (coloq) caerle bien/mal a alguien, ganarse la simpatía/antipatía de alguien • **on the side** **(a)** como trabajo extra **(b)** en secreto, secretamente • **have a man/woman on the side** tener un amante secreto/una amante secreta **(c)** aparte: *Could I have the salad dressing on the side?* ¿Podría traerme el aderezo en plato aparte? • **the other side of the coin** la otra cara de la moneda • **put/set/leave sth/sb to one side** dejar algo/a alguien a un lado • **put money to one side** apartar dinero • **side by side** **(a)** juntos -as, uno al lado del

otro/una al lado de la otra **(b)** codo con codo, juntos -as • **take/draw sb to one side** llevarse a alguien aparte, hacer un aparte con alguien • **this side of sth** aparte de algo, quitando algo: *the best Chinese food this side of Beijing* la mejor comida china quitando la de Pekín • **two sides of the same coin** dos caras de la misma moneda

side² ⓢ *adj* [solo ante s]
1 lateral • **side door/wall/entrance** puerta/pared/entrada lateral
2 secundario -a SIN **minor** ANT **main**

side³ *v*
side with sb *v+partíc* estar/ponerse del lado de alguien, darle la razón a alguien: *I knew she'd side with her husband.* Sabía que se pondría del lado de su marido.

side·board /'saɪdbɔrd/ *s* [C] seibó, trinchador, aparador

side·burns /'saɪdbɚnz/ *s* [pl] patillas

side·car /'saɪdkɑr/ *s* [C] sidecar

'**side dish** *s* [C] acompañamiento: *Would you like any side dishes?* ¿Desean algo más para acompañar?

'**side ef,fect** *s* [C] **1** (de un medicamento) efecto secundario, efecto colateral • **harmful/serious/adverse side effects** efectos secundarios perjudiciales/graves/negativos: *The drug has no harmful side effects.* Este medicamento no tiene efectos secundarios perjudiciales. **2** (de una acción o situación) efecto colateral, efecto secundario, consecuencia (imprevista)

side·kick /'saɪdˌkɪk/ *s* [C] acólito, secuaz (de un personaje principal)

side·light /'saɪdlaɪt/ *s* [C] detalle, dato (interesante, revelador), anécdota: *The rivalry between the two men never developed into anything more than a sidelight.* La rivalidad entre los dos hombres nunca pasó de algo anecdótico. • [+**to**]: *an interesting sidelight to the story* un detalle interesante de la historia

side·line¹ /'saɪdlaɪn/ *s* **1** [C] trabajo extra, actividad suplementaria (aparte del empleo habitual) **2** [C] (en deportes) línea de banda **3 the sidelines** [pl] la zona que rodea al campo de juego **4 on the sidelines** al margen: *Britain cannot stay on the sidelines of Europe.* Gran Bretaña no puede permanecer al margen de Europa. • **watch/observe from the sidelines** mirar/observar desde afuera

sideline² *v* [T gralm en pasiva] impedir una lesión que un jugador participe en un partido: *Horn will be sidelined for three weeks by a sprained ankle.* Una lesión en el tobillo mantendrá a Horn fuera del campo de juego durante tres semanas.

side·long¹ /'saɪdlɔŋ/ *adj* [solo ante s] **a sidelong glance/look** una mirada de reojo/soslayo

sidelong² *adv* de reojo, de soslayo

'**side ,order** *s* [C] porción que se pide para acompañar un plato principal: *Would you like a side order of fries with that?* ¿Quiere una porción de papas fritas para acompañar?

'**side road** *s* [C] carretera secundaria

side·sad·dle /'saɪd,sædl/ *adv* de lado (sentarse)

side·show /'saɪdʃoʊ/ *s* [C] **1** asunto, suceso, etc. que está en segundo plano respecto a otro más importante **2** en un circo o una feria, puesto donde se ofrece alguna atracción

side·step /'saɪdstɛp/ *v* (**sidestepped, sidestepping**) **1** [T] eludir, sortear: *The President simply sidestepped the question.* El Presidente simplemente eludió la pregunta. **2 (a)** [T] esquivar: *I sidestepped the first punch.* Esquivé el primer puñetazo. **(b)** [I] hacerse a un lado, apartarse (para esquivar algo)

'**side street** *s* [C] calle lateral (que corta una calle principal)

side·swipe¹ /'saɪdswaɪp/ *v* [T] rozar (el costado de un vehículo)

sideswipe² *s* [C gralm sing] crítica (hecha al pasar)

side·track /'saɪdtræk/ *v* [T] [gralm en pasiva] distraer, desviar de un tema a • **get sidetracked** distraerse (de lo que se estaba haciendo, hablando, etc.), dejarse desviar/desviarse del tema: *We were talking about my new job, but then we got sidetracked .* Estábamos hablando de mi nuevo trabajo, pero luego nos desviamos del tema.

,**side-view 'mirror** *s* [C] espejo lateral

side·walk ⓢ /'saɪdwɔk/ *s* [C] acera, andén, banqueta

side·ways¹ /'saɪdweɪz/ *adv* **1** hacia un lado: *The car skidded sideways and went off the road.* El carro derrapó hacia un lado y se salió de la carretera. • *He leaned sideways.* Se inclinó hacia un lado. • **to glance/look sideways** mirar de reojo **2** de lado: *Her baseball cap was on sideways.* Llevaba la gorra de béisbol de lado. **3** (en el trabajo) **to move (sb) sideways** cambiar (a alguien) a un puesto en el mismo nivel de responsabilidad, sin ascenderlo ni bajarlo en la jerarquía

sideways² *adj* [solo ante s] **1** de reojo (mirada), a un lado (paso), lateral (movimiento): *She took a sideways step.* Dio un paso a un lado. **2** (en el trabajo) **a sideways move** un cambio de puesto en el mismo nivel de responsabilidad, sin ascender ni bajar en la jerarquía al empleado/a la empleada

sid·ing /'saɪdɪŋ/ *s* **1** [C] vía muerta, apartadero **2** [U] revestimiento (de madera, metal, etc. para paredes exteriores)

si·dle /'saɪdl/ *v* [I siempre + adv/prep] desplazarse sigilosamente • **sidle up/toward/out** *A man sidled up to us, trying to sell us cheap watches.* Un hombre se nos acercó sigilosamente, intentando vendernos relojes baratos. • *I managed to sidle out without being noticed.* Logré escabullirme sin que nadie se diera cuenta.

siege /sidʒ/ *s* [C,U] sitio, asedio, cerco • [+**of**]: *the siege of Leningrad* el cerco de Leningrado • **lay siege to a town/city** sitiar un pueblo/una ciudad
EXPRESIONES
be under siege (a) estar bajo asedio **(b)** estar sitiado -a/cercado -a

Si·er·ra Le·one /si,ɛrə li'oʊn/ Sierra Leona

Si·er·ra Le·o·ne·an /si,ɛrə li'oʊniən/ *s* [C], *adj* sierraleonés -esa

si·es·ta /si'ɛstə/ *s* [C] siesta • **have/take a siesta** dormir una siesta, echarse una siesta

sieve¹ /sɪv/ *s* [C] tamiz, cernidor, cedazo

sieve² *v* [T] tamizar, colar, cernir ▶ SIFT

sift /sɪft/ *v* [T] **1** tamizar, pasar por un cedazo, cernir: *Sift the flour into a bowl.* Tamice la harina y colóquela en un tazón. ▶ SIEVE **2 (sift through)** examinar, analizar (minuciosamente): *Police spent weeks sifting through the evidence.* La policía pasó semanas analizando las pruebas.
sift sth ↔ out *v+partíc* extraer algo • **sift out sth from sth** separar algo de algo: *It's hard to sift out the truth from the lies in this case.* Es difícil separar la verdad de la mentira en este caso.

sigh¹ /saɪ/ *v* **1** [I,T] suspirar • **sigh deeply/heavily** suspirar profundamente • **sigh with relief/irritation** suspirar aliviado -a/irritado -a: *When it was over, Penny sighed with relief.* Cuando terminó, Penny suspiró aliviada. **2** [I] (*liter*) (viento, ramas) susurrar

sigh² *s* [C] suspiro • **breathe/heave a sigh of relief** dar un suspiro de alivio, suspirar aliviado -a: *Everyone breathed a sigh of relief when the final exams were over.* Todos suspiramos aliviados cuando terminaron los exámenes finales.

sight¹ ⓢ Ⓦ /saɪt/ *s*

1 sentido
2 acción de ver algo
3 campo de visión
4 lo que se ve
5 de interés turístico
6 aspecto
7 de un arma

1 SENTIDO [U] vista: *Her sight is very good for some-one of her age*. Tiene muy buena vista para su edad. • **lose your sight** perder la vista SIN **vision**

2 ACCIÓN DE VER ALGO [sing, U] [+of]: *He couldn't bear the sight of children begging in the streets*. No podía soportar ver a los niños pidiendo por las calles. • **at the sight of sth/sb** al ver algo/a alguien: *I always faint at the sight of blood*. Siempre me desmayo al ver sangre. • **at first sight** a primera vista, desde el primer momento: *It was a case of love at first sight*. Fue un caso de amor a primera vista • **on sight** *I disliked him on sight*. En cuanto lo vi me cayó mal. • *Rebel soldiers were shot on sight*. Disparaban a los soldados rebeldes en cuanto los veían. • **catch sight of sth/sb** ver algo/a alguien de pasada • **know sb by sight** conocer a alguien de vista

3 CAMPO DE VISIÓN [U] **in/within sight** a la vista: *There was no one in sight*. No había nadie a la vista. • **in/within sight of sb/sth** en un sitio desde donde se ve alguien o algo: *We camped within sight of the lake*. Acampamos en un sitio desde donde se veía el lago. • **out of sight** *Keep valuable items out of sight*. Evite dejar objetos de valor a la vista. • *I watched until the car was out of sight*. Miré hasta que el carro desapareció de mi vista. • **come into sight** aparecer: *The ship at last came into sight*. El barco por fin apareció. • **be hidden from sight** estar oculto -a a la vista • **not let sb out of your sight** no perder de vista a alguien, no dejar que alguien se aleje

4 LO QUE SE VE [C] *Sunrise over the Himalayas is a magnificent sight*. El amanecer en el Himalaya es un magnífico espectáculo. • **a familiar/common/rare sight** *Homeless people are now a familiar sight on London's streets*. Ya es habitual ver a personas sin techo por las calles de Londres. • *Nowadays lions are a rare sight there*. Hoy en día es raro ver leones por allí.

5 DE INTERÉS TURÍSTICO **the sights** [pl] los monumen-tos y lugares de interés • **see the sights** ver lugares de interés turístico • **show sb the sights** enseñarle los lugares de interés turístico a alguien

6 ASPECTO [sing] *She must have been quite a sight with her hair in curlers*. Debía tener un aspecto espan-toso con los rulos puestos.

7 DE UN ARMA [C gralm pl] mira ▶ **at FIRST sight/glance, LOSE SIGHT of sth, OUT-OF-SIGHT, be SICK of the sight of sth/sb, a SORRY sight**

EXPRESIONES
I/she can't stand the sight of sth/sb (tb **I hate/she hates the sight of sth/sb**) no puedo/puede ni ver algo/a alguien: *They can't stand the sight of each other*. No se pueden ni ver. • **in/within sight** *Peace is in sight*. La paz está próxima. • *A solution to the problem now seems in sight*. Ya parece que se vislumbra la solución del pro-blema. • **no end in sight** *The rain is still coming down, and there's no end in sight*. Sigue lloviendo y no parece que vaya a parar. • **in/within sight of sth** *I was now within sight of the championship*. Ya tenía el campeo-nato al alcance de la mano. • **have sth in your sights** tener como objetivo algo: *He had victory firmly in his sights*. Tenía como objetivo la victoria. • **out of sight, out of mind** ojos que no ven, corazón que no siente • **a sight for sore eyes** (*oral*) *Well, you're a sight for sore eyes!* ¡Bueno, ¡dichosos los ojos! • **a (darned) sight better/more** (*coloq*) mil veces mejor/más, muchísimo mejor/más

sight² *v* [T] divisar, ver: *They finally sighted land*. Por fin divisaron tierra.

sight·ed /'saɪtɪd/ *adj* [gralm ante s] vidente (que puede ver) ▶ **FARSIGHTED, NEARSIGHTED**

sight·ing /'saɪtɪŋ/ *s* [C] avistamiento: *a sighting of a blue whale* un avistamiento de una ballena azul

sight·see·ing /'saɪt,siːɪŋ/ *s* [U] visitas a lugares de interés turístico • **go sightseeing** ir a visitar lugares de interés turístico • **do some sightseeing** visitar lugares de interés turístico: *I did some sightseeing while I was in New York*. Visité algunos lugares de interés turístico cuando estuve en Nueva York.

sight·se·er /'saɪt,siːə/ *s* [C] turista

sign¹ SIN WI /saɪn/ *s* [C]
1 señal, indicio • [+of]: *Crying is seen as a sign of weakness*. Llorar se considera una señal de debilidad. • **a sign/signs (that)** *There are signs he may change his mind*. Hay indicios de que puede cambiar de opinión. • **no/little sign** *There is still no sign of peace*. Aún no hay nada que indique que se vaya a lograr la paz. • *There was little sign of any regret on her part*. No daba muchas muestras de arrepentimiento. • **a good/bad sign** una buena/mala señal • **a warning/danger sign** una señal de advertencia/de peligro: *Raised blood pressure is a warning sign*. El aumento de la tensión arterial es una señal de advertencia. • **a tell-tale sign** un indicio revelador • **show signs of sth** dar muestras de algo: *Some runners were showing signs of fatigue*. Algunos corredores estaban dando muestras de fatiga. • **show every sign of doing sth** *The play shows every sign of being a big success*. Todo parece indicar que la obra va a ser un gran éxito. • **a sign of things to come** un anticipo de lo que sucederá SIN **indication**
2 letrero, señal (de tráfico): *a "no smoking" sign* un letrero de "prohibido fumar" • **put up a sign** poner/colgar un letrero • **follow the signs** seguir las señales/indicaciones (para llegar a un lugar)
3 seña (gesto) • **give/make a sign** dar/hacer una seña: *Nobody move until I give the sign*. Que nadie se mueva hasta que yo dé la señal. ▶ ver nota en **SIGNAL**
4 (representación) signo, símbolo: *the equals sign* el signo de igual SIN **symbol**
5 (zodiaco) signo: *What sign are you?* ¿De qué signo eres? SIN **star sign** ▶ **EQUAL SIGN, MINUS SIGN, PLUS SIGN, ROAD SIGN**

EXPRESIONES
the sign of the cross la señal de la cruz • **sign of life** señales de vida: *There was no sign of life on the street*. No había señales de vida en la calle. • **a sign of the times** un indicio de los tiempos que corren • **there is no sign of sb** no hay señales de alguien, alguien no está por ningún sitio

¿notice o sign?
sign es un letrero en un lugar público con el nombre del sitio, con un aviso o con otra información: *The sign said "Open."*

notice es un aviso escrito, en particular un papel con información de interés que se coloca en la pared o en un tablón: *I'll put up a notice about the meeting.*

sign² SIN WI *v*
1 [I,T] firmar: *Sign here, please*. Firme aquí, por favor. • **sign your name** firmar • **sign a contract/deal** firmar un contrato/acuerdo • **sign an autograph** firmar un autó-grafo • **a signed photo/copy** una foto autografiada/un ejemplar firmado por el autor
2 (a) [T] contratar, fichar (a un jugador, un cantante, etc.) **(b)** [I] **sign with sb** fichar por alguien, firmar contrato con alguien

EXPRESIONES
sign on the dotted line (*coloq*) firmar, estampar la firma • **signed, sealed, and delivered** (tb **signed and sealed**) firmado -a y sellado -a, completamente formali-zado -a
sign sth ↔ **away** *v+partíc* renunciar por escrito a algo • **sign your life away** hipotecar su vida
sign for sth *v+partíc* firmar el acuse de recibo de algo
sign in *v+partíc* **1 sign in** firmar en el libro de registro al entrar ANT **sign out 2 sign sb** ↔ **in** firmar en el libro de registro por alguien
sign off *v+partíc* **1 sign off** despedir el programa (en televisión) **2 sign off** despedirse (en una carta)
sign off on sth *v+partíc* dar el visto bueno oficial a algo
sign on *v+partíc* **sign on** firmar contrato • **sign on as a player/soldier** firmar contrato como jugador -a/alistarse como soldado -a • **sign on with an agency/a company** firmar contrato con una agencia/una empresa
sign out *v+partíc* firmar en el libro de registro al salir ANT **sign in**
sign sth ↔ **over** *v+partíc* ceder por escrito algo • **sign sth over to sb** ceder por escrito algo a alguien

sign up *v+partíc* **1 sign up** anotarse, inscribirse • **sign up for sth** anotarse en algo, inscribirse en algo • **sign up to do sth** anotarse para hacer algo **2 sign sb ↔ up** contratar a alguien, fichar a alguien

sig·nal¹ S3 W3 /'sɪɡnəl/ *s* [C]
1 (gesto) seña, señal • **give (sb) a signal** hacer(le) una seña/señas (a alguien): *Don't do anything until I give the signal.* No hagas nada hasta que te haga señas. • **a signal for sb to do sth** una seña/señal para que alguien haga algo: *The buzzer was the signal for them to start.* El timbre era la señal para que empezaran.
2 (indicación) señal • **a signal of sth** una señal/un indicio de algo: *Was his resignation a signal of his guilt?* ¿Fue su renuncia un indicio de su culpabilidad? • **a signal (that)** una señal/un indicio de que: *These behaviors are a signal that the child needs help.* Este tipo de comportamiento es una señal de que el niño necesita ayuda. • **give off signals** dar señales
3 (de radio, TV) señal: *a radio signal* una señal de radio • *I couldn't call you because there was no signal.* No pude llamarte porque no había señal. • **a distress signal** una señal de emergencia
4 (luces) semáforo (en la calle), señal (en el ferrocarril)
▶ **TURN SIGNAL**

¿sign o signal?
sign es un movimiento que se hace para comunicar algo: *He raised his hand in a sign of greeting.*
signal es un sonido o movimiento que se hace para ordenarle a alguien que haga algo: *The soldiers were waiting for the signal to start firing.*

signal² *v* **1** [I,T] hacer(le) señas (a), hacer(le) señales (a): *The judge signaled, and the prisoner was led away.* El juez hizo una seña y se llevaron al prisionero. • **signal (to) sb to do sth** hacerle señas a alguien para que haga algo • **signal that** hacer señas de que: *Liz signaled that it was time to go.* Liz hizo señas de que era hora de irse. • **signal (to sb) for sth** hacer(le) señas (a alguien) pidiendo algo: *He signaled for silence.* Hizo señas pidiendo silencio. **2** [T] mostrar, dar muestras de (la intención, disposición) **3** [T] anunciar, marcar (un hecho) • **signal the end/beginning of sth** marcar el final/comienzo de algo **4** [I,T] poner el intermitente, poner la direccional • **signal right/left** poner el intermitente derecho/izquierdo, poner la direccional derecha/izquierda

signal³ *adj* (*frml*) importantísimo -a: *a signal moment in history* un momento emblemático de la historia • *a signal honor* un inmenso honor • **a signal success/failure** un éxito/fracaso rotundo

sig·nal·man /'sɪɡnəlmən/ *s* [C] (pl **signalmen** /-mən/) guardavía

sig·na·to·ry /'sɪɡnə,tɔri/ *s* [C] (pl **signatories**) firmante, signatario -a

sig·na·ture /'sɪɡnətʃɚ/ *s* **1** [C] (rúbrica) firma • [+**on**]: *I just need your signature on this last letter.* Solo necesito su firma en esta última carta. • **forge sb's signature** falsificar la firma de alguien ▶ **AUTOGRAPH 2** [U] (acción de firmar) firma: *six months after signature of the treaty* seis meses después de la firma del tratado • **for sb's signature** *Here's the contract for your signature.* Aquí está el contrato para que lo firme.

'signet ring *s* [C] (anillo) sello

sig·nif·i·cance /sɪɡ'nɪfəkəns/ *s* [sing, U] importancia, trascendencia • [+**of**]: *We're just starting to realize the significance of the problem of climate change.* Apenas estamos empezando a comprender la trascendencia del problema del cambio climático. • **of great/some/little significance** de gran/cierta/poca importancia • **attach significance to sth** darle importancia a algo ANT **insignificant**

sig·nif·i·cant S3 W2 /sɪɡ'nɪfəkənt/ *adj*
1 importante, trascendente: *a significant new discovery* un nuevo e importante descubrimiento • **it is significant that** es significativo que: *It is significant that the writers of the report were all men.* Es significativo que los autores del informe fueran todos hombres. ANT **insignificant**

2 considerable: *a significant increase in prices* un aumento considerable de los precios ANT **insignificant**

sig·nif·i·cant·ly W3 /sɪɡ'nɪfəkəntli/ *adv*
1 considerablemente: *In New York City, violent crime decreased significantly.* En la ciudad de Nueva York, los delitos violentos disminuyeron considerablemente. • **significantly better/greater/worse** considerablemente mejor/mayor/peor: *Her work has been significantly better this year.* Su trabajo ha sido considerablemente mejor este año.
2 [adv oracional] *Significantly, no one has admitted responsibility for the bombing.* Nadie ha reconocido su responsabilidad en el atentado, lo cual es muy significativo.

sig·ni·fy /'sɪɡnə,faɪ/ *v* [nunca en forma continua] (**signifies, signified, signifying**) [T] **1** simbolizar, significar, indicar: *The image of the lion signified power and strength.* La imagen del león simbolizaba el poder y la fuerza. **2** (*frml*) expresar, manifestar SIN **show, signal**

sign·ing /'saɪnɪŋ/ *s* **1** [U] (acto) firma (acción de firmar): *the signing of the peace treaty* la firma del tratado de paz **2** [C] firma (de libros) **3** [C,U] fichaje, contratación (de un futbolista, un músico, etc.) **4** [U] uso de lenguaje de señas

'sign ˌlanguage *s* [C,U] lenguaje de señas (utilizado por hipoacúsicos)

sign·post /'saɪnpoust/ *s* [C] señal (de tráfico), señal (vial): *Just follow the signposts to the center of the town.* No tiene más que seguir las señales hacia el centro de la ciudad. SIN **sign**

Sikh /sik/ *s* [C], *adj* sij

si·lage /'saɪlɪdʒ/ *s* [U] forraje

si·lence¹ W2 /'saɪləns/ *s*
1 [U] (ausencia de ruidos) silencio • **absolute/complete/dead silence** silencio absoluto/total/sepulcral: *There was a loud bang, then complete silence.* Hubo una fuerte explosión y después, silencio absoluto. SIN **quiet**
2 [C,U] (ausencia de conversación o comentarios) silencio: *There was a long silence before anyone answered.* Hubo un largo silencio hasta que alguien respondió. • *the government's silence on the issue* el silencio del gobierno respecto de la cuestión • **in silence** en silencio: *We drank our coffee in silence.* Bebimos el café en silencio. • **an awkward/uncomfortable silence** un silencio violento/incómodo • **Silence!** (*frml, oral*) ¡Silencio!: *Silence in court!* ¡Silencio en la sala!
3 (como homenaje) **a minute's/one-minute silence** un minuto de silencio

silence² *v* [T] (hacer) callar, acallar: *attempts to silence the rumors* intentos de acallar los rumores

si·lenc·er /'saɪlənsɚ/ *s* [C] (de un arma) silenciador

si·lent W3 /'saɪlənt/ *adj*
1 (que está en silencio) callado -a, silencioso -a: *He was silent for a moment as he thought about his reply.* Se quedó callado un momento mientras pensaba su respuesta. • **fall silent** quedarse en silencio, callar: *The audience fell silent as the play began.* El público se quedó en silencio cuando empezó la obra.
2 [solo ante s] (que habla poco) callado -a • **the silent type** el tipo de hombre de pocas palabras
3 (referido a un sitio) silencioso -a: *The city was strangely silent.* La ciudad estaba extrañamente silenciosa.
4 (sin sonido) silencioso -a: *a silent prayer* una plegaria silenciosa • *The children were doing some silent reading.* Los niños estaban leyendo en silencio.
5 (que no se pronuncia) mudo -a: *The "b" at the end of "thumb" is silent.* La "b" al final de "thumb" es muda.
EXPRESIONES
give sb the silent treatment no dirigirle la palabra a alguien

si·lent·ly /'saɪləntli/ *adv* **1** en silencio **2** silenciosamente

ˌsilent 'partner *s* [C] socio -a capitalista, socio -a industrial

sil·hou·ette[1] /ˌsɪluˈɛt, ˈsɪluˌɛt/ s **1** [C] (sombra) silueta **2** [C,U] (dibujo) silueta

silhouette[2] v **be silhouetted against sth** recortarse contra algo

sil·i·ca /ˈsɪlɪkə/ s [U] sílice

sil·i·con /ˈsɪlɪˌkɑn, -kən/ (símb quím **Si**) s [U] silicio

sil·i·cone /ˈsɪləˌkoʊn/ s [U] silicona

silk[1] /sɪlk/ s [U] **1** (tejido) seda **2** (hilo) seda

silk[2] adj de seda: *a silk tie* una corbata de seda

silk·en /ˈsɪlkən/ adj (liter) sedoso -a

silk·worm /ˈsɪlk-wɚm/ s [C] gusano de seda

silk·y /ˈsɪlki/ adj (**silkier, silkiest**) **1** sedoso -a **2** (tb **silky smooth**) suave, aterciopelado -a (voz, sonido)

sill /sɪl/ s [C] **1** alféizar **2** en un automóvil, parte de la carrocería que está debajo de las puertas

sil·li·ness /ˈsɪlinɪs/ s [U] **1** tonterías **2** estupidez

sil·ly S2 /ˈsɪli/ adj (**sillier, silliest**)
1 tonto -a, estúpido -a: *silly mistakes* errores tontos • **don't be silly** no seas tonto -a • **a silly thing to do/say** una tontería
2 tonto -a, ridículo -a: *Don't pay any attention to her – she's just being silly.* No le hagas caso: se está haciendo la tonta.
3 tonto -a, sin importancia: *It all seems so silly now.* Ahora todo parece una tontería.
4 gracioso -a, estrambótico -a: *a silly hat* un sombrero gracioso

si·lo /ˈsaɪloʊ/ s [C] (pl **silos**) **1** (para grano) silo **2** (para misiles) silo

silt[1] /sɪlt/ s [U] limo, lodo, cieno

silt[2]
silt up v+partíc **1** llenarse de limo/lodo **2 silt sth ↔ up** llenar algo de limo/lodo

sil·ver[1] /ˈsɪlvɚ/ s **1** [U] (símb quím **Ag**) (metal) plata • **solid silver** plata maciza **2** [U] (color) plata **3** [U] (cubiertos, fuentes, etc.) platería **4** [C] (coloq) medalla de plata **5** [U] monedas de plata

silver[2] W3 adj
1 de plata
2 plateado -a: *silver hair* pelo cano ▶ **sb is BORN with a silver spoon in their mouth**, **every CLOUD has a silver lining**

ˌsilver anniˈversary s [C] **1** bodas de plata **2** vigésimoquinto aniversario

ˌsilver ˈmedal s [C] medalla de plata

ˌsilver-ˈplated adj bañado -a en plata

ˌsilver ˈscreen s **the silver screen** la pantalla grande

sil·ver·smith /ˈsɪlvɚˌsmɪθ/ s [C] orfebre

sil·ver·ware /ˈsɪlvɚˌwɛr/ s [U] **1** cubiertos de plata **2** platería (cubiertos, vajilla)

sil·ver·y /ˈsɪlvəri/ adj **1** plateado -a **2** (esp liter) argentino -a (voz), claro a y sonoro -a (sonido)

sim·i·lar S2 W1 /ˈsɪmələr/ adj similar, parecido -a • [+to]: *Your shoes are similar to mine.* Tus zapatos son parecidos a los míos. • [+in]: *All the houses are similar in size.* Todas las casas tienen un tamaño similar. ANT **different**

sim·i·lar·i·ty /ˌsɪməˈlærəti/ s (pl **similarities**) **1** [sing, U] (hecho) parecido, similitud • [+between]: *some similarity between the two designs* cierto parecido entre los dos diseños • [+to]: *The religion has some similarity to Hinduism.* La religión tiene cierta similitud con el hinduismo. **2** [C] (rasgo) semejanza, similitud • [+between]: *the similarities between the two plays* las semejanzas entre ambas obras ANT **difference**

sim·i·lar·ly W3 /ˈsɪmələrli/ adv
1 [adv oracional] asimismo, igualmente: *Food now costs less. Similarly, fuel prices have fallen.* Ahora la comida es más barata. Asimismo, los precios del combustible han bajado.

2 de forma parecida, de manera similar: *Most people I know feel similarly.* La mayoría de la gente que conozco piensa de forma parecida.

sim·i·le /ˈsɪməli/ s [C] símil

sim·mer /ˈsɪmɚ/ v **1** [I,T] hervir a fuego lento **2** [I gralm en forma continua] fermentar (enfrentamiento, revuelta): *Anger was still simmering in him.* Todavía sentía que la sangre le hervía de la rabia.
simmer down v+partíc (esp oral) calmarse

sim·per[1] /ˈsɪmpɚ/ v [I] sonreír como un bobo/una boba, esbozar una falsa sonrisa

simper[2] s [C] sonrisa falsa

sim·per·ing /ˈsɪmpərɪŋ/ adj [solo ante s] *a simpering idiot* un idiota sonriendo como un bobo

sim·ple S2 W1 /ˈsɪmpəl/ adj

1	no complicado
2	sin adornos
3	solo
4	corriente
5	poco inteligente
6	oración

1 NO COMPLICADO simple, sencillo -a, fácil • **perfectly simple** muy simple/sencillo -a • **keep it/things simple** no complicar las cosas • **it's as simple as that** (oral) es así de sencillo/fácil • **it's not that simple** (oral) no es tan sencillo
2 SIN ADORNOS simple, sencillo -a
3 SOLO [solo ante s] puro -a, sencillo -a, mero -a • **the simple truth/fact is** la pura verdad es, lo cierto es • **for the simple reason that** por la sencilla razón de que
4 CORRIENTE [gralm ante s] sencillo -a, simple: *Joe was just a simple farmer.* Joe sólo era un simple granjero.
5 POCO INTELIGENTE (antic) simple
6 ORACIÓN (técn) simple ▶ **PURE and simple**
EXPRESIONES
the simple life una vida sencilla

sim·ple·ton /ˈsɪmpəltən/ s [C] (antic) tonto -a

sim·plic·i·ty /sɪmˈplɪsəti/ s [U] **1** simplicidad, facilidad • **sth is simplicity itself** algo es de lo más simple **2** (aprec) (sobriedad) sencillez

sim·pli·fied /ˈsɪmpləˌfaɪd/ adj simplificado -a

sim·pli·fy /ˈsɪmpləˌfaɪ/ v [T] (**simplifies, simplified, simplifying**) simplificar ▶ **OVERSIMPLIFY**

sim·plis·tic /sɪmˈplɪstɪk/ adj (peyor) simplista: *a simplistic argument* un argumento simplista

sim·ply S2 W1 /ˈsɪmpli/ adv
1 (sólo) simplemente, sencillamente • **it's simply a matter/question of sth** es simplemente una cuestión de algo
2 (sin complicación) de manera simple • **to put it simply** en pocas palabras, en una palabra
3 (para resaltar la facilidad) *Simply put it in the oven for ten minutes.* Basta con meterlo al horno diez minutos.
4 (para enfatizar una afirmación) sencillamente: *This work is simply not good enough.* Este trabajo sencillamente no sirve. • **quite simply** lisa y llanamente
5 (sin adornos, gastos) con sencillez, de manera sencilla

sim·u·late /ˈsɪmyəˌleɪt/ v [T] simular

sim·u·lat·ed /ˈsɪmyəˌleɪtɪd/ adj simulado -a, fingido -a

sim·u·la·tion /ˌsɪmyəˈleɪʃən/ s [C,U] simulación

sim·u·la·tor /ˈsɪmyəˌleɪtɚ/ s [C] simulador

si·mul·ta·ne·ous /ˌsaɪməlˈteɪniəs/ adj simultáneo -a

si·mul·ta·ne·ous·ly /ˌsaɪməlˈteɪniəsli/ adv simultáneamente

sin[1] /sɪn/ s **1** [C,U] pecado (en religión) • **commit a sin** cometer un pecado **2** [C gralm sing] pecado, crimen • **it's a sin to do sth** es un pecado/crimen hacer algo ▶ **LIVE in sin, cover/hide a MULTITUDE of sins**

sin[2] v [I] (**sinned, sinning**) pecar

since¹ S1 W1 /sɪns/ *conj*
1 (indicando tiempo) desde que: *The situation has changed since I left.* La situación ha cambiado desde que me fui. • *It's six months since I had my accident.* Han pasado seis meses desde que tuve el accidente. • *How long is it since we went to Greece?* ¿Cuánto hace que fuimos a Grecia? • **ever since** desde que: *Ever since I was a teenager, I've wanted to live in France.* Desde que era adolescente he querido vivir en Francia.
2 (indicando causa) como, ya que: *Since you're busy, I'll come back later.* Como estás ocupado, vuelvo más tarde.

since² S2 W1 *prep* (indicando tiempo) desde: *She's been sick since Friday.* Está enferma desde el viernes. • *It's a long time since their last vacation.* Ha pasado mucho tiempo desde sus últimas vacaciones. • *It's been half an hour since they scored a point.* Hace media hora que no anotan un punto. • **ever since** desde: *We've been friends ever since school.* Somos amigos desde el colegio.

EXPRESIONES
since when...? (*oral*) ¿desde cuándo...?: *Since when have you drunk beer?* ¿Desde cuándo tomas tú cerveza?

⚠ Observa en los ejemplos siguientes que el verbo que en español iría en presente, en inglés va en el **present perfect** o en el **present perfect continuous**:
We've known (✗ *we know*) *about this since early last year.*
He's been working (✗ *works*) *for the air force since 1998.*

since³ S2 W2 *adv* [usado con el pretérito perfecto y pluscuamperfecto] desde entonces: *He left a week ago, and I haven't seen him since.* Se fue hace una semana y no lo he visto desde entonces. • **ever since** desde entonces: *We moved in 1989 and we've lived there ever since.* Nos mudamos en 1989 y desde entonces vivimos allí. ▶ **LONG since**

sin·cere /sɪnˈsɪr/ *adj* **1** (acto, sentimiento) sincero -a • **sincere thanks/gratitude** sincero agradecimiento/ sincera gratitud • **sincere apologies** sinceras disculpas **2** (persona) sincero -a

sin·cere·ly /sɪnˈsɪrli/ *adv* sinceramente
EXPRESIONES
Yours sincerely,... Atentamente,...

sin·cer·i·ty /sɪnˈsɛrəti/ *s* [U] sinceridad
EXPRESIONES
in all sincerity con toda sinceridad

sine /saɪn/ *s* [C] (*técn*) seno

sin·ew /ˈsɪnju/ *s* [C,U] tendón (en el cuerpo), nervio (en un bistec)

sin·ew·y /ˈsɪnyui/ *adj* **1** fibroso -a (brazo, cuerpo) **2** con mucho nervio, fibroso -a (carne)

sin·ful /ˈsɪnfəl/ *adj* **1** pecador -a (persona), pecaminoso -a (acto) **2** imperdonable, lamentable

sing S1 W2 /sɪŋ/ *v* (**sang** /sæŋ/, **sung** /sʌŋ/)
1 [I,T] (persona) cantar: *She can sing beautifully.* Canta maravillosamente bien. • **sing a song** cantar una canción • **sing to sb** cantarle a alguien • **sing sb to sleep** cantarle a alguien para que se duerma
2 [I] (pájaro) cantar
3 [I siempre + adv/prep] (*liter*) silbar (tetera, balas)
EXPRESIONES
sing sb's praises llenar de elogios a alguien
sing along *v+partíc* cantar a coro (con alguien)
sing out *v+partíc* cantar (con fuerza y claridad)

sing. (*abrev escrita de* **singular**) sing.

Sin·ga·pore /ˈsɪŋgəˌpɔr/ Singapur

Sin·ga·por·e·an /ˌsɪŋgəˈpɔriən/ *s* [C], *adj* singapurense

singe /sɪndʒ/ *v* (**singed**, **singeing**) [T] chamuscar (quemar)

sing·er S3 /ˈsɪŋɚ/ *s* [C] cantante

sing·ing /ˈsɪŋɪŋ/ *s* [U] canto: *singing lessons* clases de canto • *her singing career* su carrera como cantante

sin·gle¹ S1 W1 /ˈsɪŋgəl/ *adj*
1 [solo ante s] (sólo uno) único -a, solo -a • **not a single person/reply** ni una sola persona/contestación
2 soltero -a • **a single mother/father** una madre/un padre que cría a sus hijos solo
3 [solo ante s] (sin más partes) único -a, solo -a: *a single-lane bridge* un puente de un solo carril
EXPRESIONES
every single absolutamente todos los/todas las: *His mom calls him every single day.* Su madre lo llama todos los días sin falta. • **the single biggest** el/la principal

single² *s* **1** [C] simple, sencillo, single **2 singles** [U] singles, sencillos (en tenis) **3 singles** [pl] solteros -as **4** [C] habitación individual

single³ *v*
single sth/sb ↔ **out** *v+partíc* destacar algo/a alguien, señalar algo/a alguien

ˌ**single 'bed** *s* [C] cama sencilla, cama individual

ˌ**single-'breasted** *adj* de abotonadura simple (chaqueta, abrigo)

ˌ**single 'file** *s* [U] fila india • **in single file** en fila india

ˌ**single-'handed** *adj* [solo ante s] en solitario, sin ayuda de nadie

ˌ**single-'handedly** (*tb* **single-handed**) *adv* en solitario, sin ayuda de nadie

ˌ**single-'minded** *adj* resuelto -a, decidido -a

ˌ**single 'parent** *s* [C] padre o madre, no necesariamente soltero, que cría solo a sus hijos

sin·gly /ˈsɪŋgli/ *adv* individualmente, por separado

sing·song /ˈsɪŋsɔŋ/ *adj* [solo ante s] cantarín -ina: *a singsong voice* una voz cantarina

sin·gu·lar¹ /ˈsɪŋgyələ/ *adj* **1** (en gramática) singular: *a singular verb* un verbo en singular **2** [solo ante s] (*frml*) (excepcional) singular

singular² *s* **the singular** el singular • **in the singular** en singular

sin·gu·lar·ly /ˈsɪŋgyələli/ *adv* (*frml*) singularmente

sin·is·ter /ˈsɪnɪstɚ/ *adj* siniestro -a: *a sinister laugh* una risa siniestra

sink¹ W3 /sɪŋk/ *v* (**sank** /sæŋk/, **sunk** /sʌŋk/)

1	en agua
2	en barro, arena, nieve
3	de nivel, altura
4	en un asiento, una cama
5	en una mala situación
6	en cantidad, valor
7	en lo moral

1 EN AGUA [I,T gralm en pasiva] hundir(se): *The boat sank after hitting a rock.* El barco se hundió tras chocar con una roca. • *A ship was sunk in the attack.* Un buque resultó hundido en el ataque. • **sink to the bottom of sth** hundirse hasta el fondo de algo
2 EN BARRO, ARENA, NIEVE [I] hundirse • **sink into sth** hundirse en algo
3 DE NIVEL, ALTURA [I] hundirse, descender: *The foundations have sunk several inches.* Los cimientos se han hundido varias pulgadas. • *The sun sank beneath the horizon.* El sol se ocultó tras el horizonte.
4 EN UN ASIENTO, UNA CAMA [I siempre + adv/prep] **sink into/onto sth** dejarse caer sobre algo • **sink to your knees** arrodillarse, ponerse de rodillas
5 EN UNA MALA SITUACIÓN [I siempre + adv/prep] hundirse, caer • **sink into depression/recession/a coma** hundirse en la depresión/caer en una recesión/ entrar en coma • **be sinking fast** apagarse rápidamente, empeorar rápidamente (persona), irse a pique rápidamente (negocio)
6 EN CANTIDAD, VALOR [I] caer, descender: *The price of oil could sink even further.* El precio del crudo podría caer aún más.

7 EN LO MORAL [I] **sink to doing sth** caer tan bajo como para hacer algo: *I never thought he'd sink to stealing from us.* Nunca pensé que sería capaz de robarnos.

EXPRESIONES

my heart sank se me cayó el alma a los pies • **sink or swim** hundirse o salir a flote • **be sunk** (*oral*) estar perdido -a

sink in *v+partíc The news hasn't really sunk in yet.* Todavía no he asimilado la noticia. • *The implications of the party's defeat were beginning to sink in.* Apenas comenzaban a comprenderse las consecuencias de la derrota del partido.

sink sth into sth *v+partíc* **1** invertir algo en algo (dinero) **2** hundir algo en algo, clavar algo en algo **3 sink your teeth into sth (a)** (morder, comer) clavar los dientes en algo, hincarle el diente a algo **(b)** (acometer con decisión) hincarle el diente a algo: *I'm waiting for a movie role I can really sink my teeth into.* Estoy esperando un papel en una película en el que pueda meterme de lleno.

sink² S3 *s* [C] lavaplatos, fregadero (en la cocina), lavamanos, lavabo (en el baño) • **a kitchen sink** un lavaplatos, un fregadero ▶ **take everything but the** KITCHEN **sink**

'sinking ,feeling *s* [sing] mal presentimiento

sin·ner /'sɪnər/ *s* [C] pecador -a

sin·u·ous /'sɪnyuəs/ *adj* sinuoso -a

si·nus /'saɪnəs/ *s* **sinuses** [pl] seno (nasal)

sip¹ /sɪp/ *v* [I,T] (**sipped**, **sipping**) sorber, tomar/beber a sorbos

sip² *s* [C] sorbo

si·phon¹ /'saɪfən/ *v* [T siempre + adv/prep] **1** (tb **siphon ↔ off**) desviar (dinero) **2** (tb **siphon ↔ off**) trasvasar con sifón

siphon² *s* [C] **1** (tubo) sifón **2** (botella) sifón

sir S2 W3 /sər/ *s* **1** (*frml*, *oral*) señor, caballero: *Can I help you, sir?* ¿Le puedo ayudar en algo, caballero? **2** (*frml*, *oral*) señor: *Sir! You dropped your wallet.* ¡Señor! Se le ha caído la billetera. **3 Sir**: *Sir Paul McCartney* Sir Paul McCartney

EXPRESIONES

Dear Sir/Sirs (*escrito*) Estimado señor/Estimados señores

sire¹ /saɪər/ *s* **1** [C gralm sing] (*técn*) padre (en cría de caballos, perros) **2** (*arc*) Señor, Majestad

sire² *v* [T] ser el padre de (en cría caballar, canina)

si·ren /'saɪrən/ *s* [C] **1** sirena (de ambulancia, policía) **2** mujer fatal

sir·loin /'sərlɔɪn/ (tb **'sirloin ,steak**) *s* **1** [U] lomo de res, lomo de ternera **2** [C] medallón de lomo, filete de lomo

sis·sy, cissy /'sɪsi/ *s* [C] (pl **sissies**) (*peyor*, *coloq*) mariquita

sis·ter S1 W1 /'sɪstər/ *s* [C] **1** (pariente) hermana: *Do you have any brothers or sisters?* ¿Tienes hermanos? • **sb's elder/older sister** la hermana mayor de alguien • **sb's younger sister** la hermana menor de alguien • **big/little sister** (*oral*) hermana mayor/pequeña **2** (tb **Sister**) (religiosa) hermana, monja: *Sister Mary* la hermana Mary

sis·ter·hood /'sɪstər,hʊd/ *s* **1** [U] solidaridad entre mujeres **2** [C] colectivo femenino, congregación femenina

'sister-in-,law *s* [C] (pl **sisters-in-law** o **sister-in-laws**) cuñada

sis·ter·ly /'sɪstərli/ *adj* **1** de hermana(s) **2** solidario -a con las mujeres

sit S1 W1 /sɪt/ *v* (**sat** /sæt/, **sitting**)

1 estar en asiento
2 ponerse en asiento
3 estar situado

4 no hacer nada
5 miembro
6 comité, junta, tribunal
7 para retrato

1 ESTAR EN ASIENTO [I] estar sentado -a: *The children sat quietly.* Los niños estaban sentados y quietos. • **sit on the floor/the grass/a chair** estar sentado -a en el piso/el césped/una silla • **sit in an armchair/your office** estar sentado -a en un sillón/en la oficina • **sit in a car** ir sentado -a en un carro/auto • **sit at a desk/at the table** estar sentado -a frente a un escritorio/a la mesa • **sit together** sentarse juntos -as • **sit still** estar sentado -a y quieto -a

2 PONERSE EN ASIENTO [I] sentarse: *Is it OK if I sit here?* ¿Me puedo sentar aquí? • **sit on the floor/the grass/a chair** sentarse en el piso/el césped/una silla

3 ESTAR SITUADO [I] **sit on sth** estar en/encima de algo: *A book is sitting on the shelf.* Hay un libro en el estante. • **sit empty** estar vacío -a

4 NO HACER NADA [I siempre + adv/prep] estar sentado -a (sin hacer nada): *I spent half the morning sitting in traffic.* Me pasé media mañana perdiendo tiempo en medio de los trancones. • **sit here/there** quedarse aquí/ahí sentado -a: *How can you just sit there and do nothing?* ¿Cómo puedes quedarte ahí sentado y no hacer nada?

5 MIEMBRO [I siempre + adv/prep] **sit on a committee/board** formar parte de un comité/una junta directiva

6 COMITÉ, JUNTA, TRIBUNAL [I] reunirse

7 PARA RETRATO [I] posar (sentado -a) • **sit for sb** posar (sentado -a) para alguien

EXPRESIONES

not sit well/comfortably with sb no gustarle/no agradarle a alguien • **sit on the fence** no definirse • **sit on your hands** estar de brazos cruzados • **sit tight** (*oral*) **(a)** quedarse aquí/ahí quieto -a **(b)** esperar, aguantar • **be sitting pretty** estar en una buena situación

sit around *v+partíc* estar sentado -a (sin hacer nada)

sit back *v+partíc* **1** recostarse, ponerse cómodo -a **2** cruzarse de brazos (no hacer nada)

sit down *v+partíc* **1 sit down** sentarse, tomar asiento: *Come in and sit down.* Pase y siéntese. **2 be sitting down** estar sentado -a **3 sit sb down** sentar a alguien, sentarse con alguien: *You need to sit him down and discuss it.* Tienes que sentarte con él y hablar de esto. **4 sit yourself down** (*coloq*) sentarse

sit in *v+partíc* asistir, estar presente • **sit in on sth** asistir a algo, estar presente en algo

sit in for sb *v+partíc* sustituir a alguien, reemplazar a alguien

sit on sth *v+partíc* (*coloq*) no hacer nada respecto a algo

sit sth ↔ out *v+partíc* **1** saltarse algo, no tomar parte en algo **2** aguantarse algo hasta el final, quedarse hasta el final de algo • **sit it out** aguantarse

sit through sth *v+partíc* aguantarse algo hasta el final

sit up *v+partíc* **1** incorporarse **2 be sitting up** estar incorporado -a **3** sentarse derecho -a • **sit up straight** sentarse derecho -a **4** trasnochar **5 sit up (and take notice)** empezar a interesarse

sit·com /'sɪtˌkɑm/ (tb **situation comedy**) *s* [C] comedia (en televisión, radio)

'sit-down¹ *adj* [solo ante s] para sentarse, con mesas: *a sit-down meal* una comida con mesa y mantel

sit-down² *s* [C] sentada (acción de protesta)

site¹ S3 W1 /saɪt/ *s* [C]
1 terreno, emplazamiento • [+of/for]: *the site of the new airport* los terrenos del nuevo aeropuerto
2 sitio (web)
3 escenario: *historic sites* lugares históricos • *an archeological site* un yacimiento arqueológico • [+of]: *the site of a Civil War battle* el escenario de una batalla de la guerra civil
4 lugar del accidente: *a crash site* un lugar donde ha habido un accidente
5 camping ▶ GREENFIELD SITE, ON-SITE

EXPRESIONES

on site in situ

site² v [T gralm en pasiva] situar, ubicar

'sit-in s [C] ocupación (de un lugar de trabajo, estudio)

sit·ter /'sɪtə/ (tb **babysitter**) s [C] **1** (cuando los padres salen) baby sitter, niñero -a **2** (cuando los padres trabajan) baby sitter, nana, niñero -a SIN **babysitter**

sit·ting /'sɪtɪŋ/ s [C] turno (de comida)

EXPRESIONES
at/in one sitting de una sentada

,sitting 'duck s [C] blanco fácil

'sitting room s [C] living, sala de estar

sit·u·ate /'sɪtʃuˌeɪt/ v [T] (frml) situar

sit·u·at·ed /'sɪtʃuˌeɪtɪd/ adj [nunca ante s] ubicado -a, situado -a • **conveniently/ideally situated** muy bien ubicado -a

sit·u·a·tion S1 W1 /ˌsɪtʃuˈeɪʃən/ s [C]
1 situación • **in a situation** en una situación: *They are in a very difficult situation.* Están en una situación muy comprometida. • **the economic/political situation** la situación económica/política
2 (frml) emplazamiento, ubicación ▶ **NO-WIN SITUATION**

,situation 'comedy s [C,U] (frml) comedia (en televisión, radio)

'sit-up s [C] abdominal (ejercicio)

six /sɪks/ núm **1** (el número) seis: *I've lived here for six months.* Hace seis meses que vivo aquí. • *Tickets cost six dollars.* Las entradas cuestan seis dólares. • *a six-story building* un edificio de seis pisos • **six hundred** seiscientos -as: *six hundred people* seiscientas personas • **six thousand** seis mil: *six thousand dollars* seis mil dólares **2** (la hora) las seis: *We arrived just after six.* Llegamos justo después de las seis. • *I want you here by six.* Quiero que estés aquí antes de las seis. • **at six** a las seis: *I'll be home at six.* Llegaré a la casa a las seis. • **six in the morning/evening** las seis de la mañana/tarde: *He has to get up at six in the morning.* Tiene que levantarse a las seis de la mañana. **3** (la edad) seis años: *a child of six* un niño de seis años • **be six (years old)** tener seis años: *She'll be six on Friday.* El viernes cumple seis años. • **at (the age of) six** a los seis años (de edad): *Children here start school at six.* Aquí los niños empiezan a ir al colegio a los seis años. • **aged six** de seis años: *a photograph of the writer aged six* una fotografía del escritor a los seis años

EXPRESIONES
it's six of one and half a dozen of the other (oral) **(a)** tanta culpa tiene uno/una como otro/otra **(b)** da lo mismo, da igual • **six feet under** (hum) bajo tierra • **six figures** un número de seis cifras, seis dígitos • **run into six figures** llegar a los seis dígitos

'six-pack s [C] **1** paquete de seis, pack de seis **2** (coloq) abdominales (muy trabajados y marcados)

six·teen /ˌsɪkˈstiːn/ núm dieciséis ▶ ver ejs en SIX

six·teenth¹ /ˌsɪkˈstiːnθ/ (abrev escrita **16th**) adj, adv decimosexto -a, en decimosexto lugar ▶ ver ejs en SIXTH

sixteenth² s, pron **1** (abrev escrita **16th**) decimosexto -a **2** (abrev escrita **16th**) (día) dieciséis **3** (abrev escrita **1/16**) dieciseisavo, dieciseisava parte **4** (oral) cumpleaños número dieciséis, decimosexto cumpleaños **5** (abrev escrita **XVI**) (en nombres de monarcas, papas) dieciséis ▶ ver ejs en SIXTH

sixth¹ /sɪksθ/ (abrev escrita **6th**) adj, adv sexto -a, en sexto lugar: *the sixth century* el siglo sexto • *Today is her sixth birthday.* Hoy cumple seis años. • *We were sixth in the league.* Íbamos sextos en la liga. • *the sixth largest city in Japan* la sexta ciudad más grande de Japón • **come/finish sixth** terminar/quedar sexto -a/en sexto lugar: *She came sixth in the competition.* Terminó sexta en la competencia.

sixth² s, pron **1** (abrev escrita **6th**) (en una serie) sexto -a: *This book is the sixth in the series.* Este libro es el sexto de la serie. • *He is the sixth of seven brothers.* Es el sexto de siete hermanos. • *She's had another baby – her sixth.* Ha tenido otro hijo, el sexto. • **the sixth to do sth** el sexto/la sexta en hacer algo: *She was the sixth to arrive.* Fue la sexta en llegar. **2** (abrev escrita **6th**) (día) seis: *Let's have dinner on the sixth.* Quedemos para comer el seis. • **the sixth of May/June** (tb **May/June the sixth**, **May/June sixth**) el seis de mayo/junio: *She starts a new job on the sixth of May.* Empieza en otro trabajo el seis de mayo. **3** (abrev escrita **1/6**) (fracción) sexto, sexta parte: *Everybody had a sixth of the pizza.* A todo el mundo le tocó una sexta parte de la pizza. • **one-sixth** un sexto, una sexta parte: *One-sixth of our income is spent on food.* Gastamos una sexta parte de nuestros ingresos en comida. • **two-/three-sixths** dos/tres sextos: *Two-sixths is equivalent to one-third.* Dos sextos equivalen a un tercio. **4** (oral) (cumpleaños) sexto cumpleaños, cumpleaños número seis: *It's my nephew's sixth on Sunday.* Mi sobrino cumple seis años el domingo. **5** (abrev escrita **VI**) (en nombres de monarcas, papas) sexto -a ▶ **Edward VI** se lee *"Edward the sixth"*

,sixth 'sense s [sing] sexto sentido

six·ties /'sɪkstiz/ s [pl] **1 the sixties** (tb **the 60s**, **the 1960s**) los (años) sesenta, la década de los sesenta: *The book was written in the sixties.* El libro se escribió en los sesenta. • **in the early/late sixties** a principios/finales de los sesenta • **the swinging sixties** la década de los sesenta, considerada un periodo de mayor libertad social y sexual **2 be in your sixties** tener sesenta y pico/sesenta y tantos: *a woman in her sixties* una mujer de sesenta y tantos • **be in your early/mid/late sixties** tener poco más de sesenta/alrededor de sesenta y cinco/casi setenta años • **work/live into your sixties** trabajar/vivir hasta pasados los sesenta: *She continued working well into her sixties.* Siguió trabajando hasta bien pasados los sesenta años. **3 the sixties** (tb **the 60s**) temperaturas de entre 60 y 70 grados (Fahrenheit): *Temperatures in London will be in the sixties.* Las temperaturas en Londres variarán entre los sesenta y los setenta grados Fahrenheit. • **in the low/mid/high sixties** de poco más de sesenta/alrededor de sesenta y cinco/casi setenta grados Fahrenheit

six·ti·eth¹ /'sɪkstiiθ/ (abrev escrita **60th**) adj, adv sexagésimo -a, en sexagésimo lugar ▶ ver ejs en SIXTH

sixtieth² s, pron **1** (abrev escrita **60th**) sexagésimo -a **2** (abrev escrita **1/60**) sesentavo, sesentava parte **3** (oral) cumpleaños número sesenta, sexagésimo cumpleaños ▶ ver ejs en SIXTH

six·ty /'sɪksti/ núm sesenta ▶ ver ejs en SIX, SIXTIES

siz·a·ble, sizeable /'saɪzəbəl/ adj [gralm ante s] considerable, bastante grande

size¹ S1 W1 /saɪz/ s
1 [C,U] tamaño • [+of]: *the size of his feet* el tamaño de sus pies • **be the same size as sth/sb** ser del mismo tamaño que algo/alguien • **the size of sth** del tamaño de algo: *a spider the size of my hand* una araña del tamaño de mi mano • **be three/two times the size of sth** ser el triple/doble de grande que algo • **full size** tamaño definitivo
2 [C] talla (de ropa), número (de zapatos) • **a size 10/12** una talla 10/12
3 [U] **the size of sth** lo grande que es algo, las dimensiones de algo, la magnitud de algo: *I couldn't believe the size of their house!* ¡No podía creer lo grande que era su casa! ▶ **CUT sb down to size**

EXPRESIONES
that's about the size of it (oral) eso es, tú lo has dicho

size² v
size sth/sb ↔ **up** v+partíc estudiar algo/a alguien, medir algo/a alguien

size·a·ble /'saɪzəbəl/ adj variante de SIZABLE

siz·zle /'sɪzəl/ v [I] chisporrotear

skate¹ /skeɪt/ s **1** [C] patín (para hielo) **2** [C] patín (de ruedas) **3** [C,U] (pl **skate** o **skates**) raya (pez)

skate² S3 v [I]
1 patinar
2 andar en skate, andar en patineta

EXPRESIONES
be skating on thin ice (*coloq*) pisar terreno peligroso
skate over/around sth *v+partíc* eludir algo, esquivar algo

skate·board /'skeɪtˌbɔrd/ *s* [C] skate, patineta

skate·board·er /'skeɪtˌbɔrdər/ *s* [C] skater

skate·board·ing /'skeɪtˌbɔrdɪŋ/ *s* [U] skateboarding, skate (deporte)

skat·er /'skeɪtər/ *s* [C] **1** patinador -a **2** skater

skat·ing /'skeɪtɪŋ/ *s* [U] **1** patinaje **2** skateboarding, skate (deporte)

skein /skeɪn/ *s* [C] madeja

skel·e·tal /'skɛlətl/ *adj* **1** [gralm ante s] esquelético -a, óseo -a **2** esquelético -a, delgadísimo -a

skel·e·ton[1] /'skɛlətn/ *s* [C] **1** (del cuerpo) esqueleto **2** (de un edificio) esqueleto, estructura **3** (de un plan) esqueleto, esquema

EXPRESIONES
a skeleton in the closet algo que ocultar, un oscuro secreto

skeleton[2] *adj* [solo ante s] **a skeleton staff/service** personal/servicio de guardia (de noche, en días festivos), servicios mínimos (en huelgas)

'skeleton key *s* [C] llave maestra

skep·tic /'skɛptɪk/ *s* [C] escéptico -a

skep·ti·cal /'skɛptɪkəl/ *adj* escéptico -a • [+**about/of**]: *I'm skeptical about what I read in the press.* Soy escéptica acerca de lo que leo en la prensa. • **be highly/deeply skeptical** tener serias dudas, mostrarse muy escéptico -a

skep·ti·cism /'skɛptəˌsɪzəm/ *s* [U] escepticismo

sketch[1] /skɛtʃ/ *s* [C] **1** boceto, bosquejo **2** sketch

sketch[2] *v* **1** [I,T] hacer bocetos/un boceto (de), bosquejar **2** [T] (tb **sketch ↔ out**) esbozar (un plan, una historia)

sketch·y /'skɛtʃi/ *adj* (**sketchier, sketchiest**) somero -a, incompleto -a

skew /skyu/ *v* [T] sesgar, distorsionar

skewed /skyud/ *adj* **1** (datos) sesgado -a, distorsionado -a **2** (opinión) sesgado -a, parcial **3** torcido -a

skew·er[1] /'skyuər/ *s* [C] brocheta, pincho

skewer[2] *v* [T] ensartar en una brocheta/un pincho

ski[1] /ski/ *s* [C] (pl **skis**) esquí (tabla): *a pair of skis* unos esquís

ski[2] *v* [I] (**skis, skied, skiing**) esquiar ▶ SKIER, SKIING

ski[3] *adj* [solo ante s] de esquí

skid[1] /skɪd/ *v* [I] (**skidded, skidding**) patinar, derrapar

skid[2] *s* **1** [C] patinada, patinazo, derrape • **go into a skid** patinar, derrapar **2** [C gralm pl] pieza de madera utilizada para deslizar objetos pesados o levantarlos

EXPRESIONES
be on the skids (*coloq*) ir de mal en peor • **hit the skids** (*coloq*) empezar a ir cuesta abajo • **put the skids on/under sth** (*coloq*) echar por tierra algo, mandar algo a pique

ˌskid 'row *s* [U] zona urbana con edificios antiguos en mal estado

ski·er /'skiər/ *s* [C] esquiador -a

skies /skaɪz/ pl de SKY

ski·ing /'skiɪŋ/ *s* [U] esquí (deporte) • **go skiing** ir a esquiar

skil·ful /'skɪlfəl/ *adj* variante británica de SKILLFUL

skill /skɪl/ *s*
1 [U] (cualidad) destreza, habilidad • **with (great) skill** con (gran) destreza
2 [C] (técnica) destreza, habilidad • **learn/acquire a skill** adquirir una destreza, aprender/adquirir una técnica • **management/communication skills** capacidad de

gestión/comunicación • **language skills** competencias lingüísticas

skilled /skɪld/ *adj* **1** calificado -a (técnico, trabajador), hábil, experto -a (negociador) • **be skilled at/in sth** ser experto -a en algo • **skilled labor** mano de obra calificada ANT **unskilled 2** especializado -a (trabajo) ANT **unskilled**

skil·let /'skɪlɪt/ *s* [C] sartén SIN **frying pan**

skill·ful /'skɪlfəl/ *adj* **1** hábil, diestro -a, habilidoso -a (jugador, artesano, gestor) • [+**at**]: *She was very skillful at drawing.* Era muy hábil dibujando. **2** hábil, logrado -a, habilidoso -a (acción, uso, gestión)

skill·ful·ly /'skɪlfəli/ *adv* hábilmente, con destreza

skim /skɪm/ *v* (**skimmed, skimming**) **1** [T] **skim sth off/from sth** quitar algo (de la superficie) de algo **2** [I,T] echarle una mirada a, leer por encima • **skim through sth** echar(le) una mirada (a) algo, leer algo por encima **3** [I,T] pasar rozando • **skim over/across sth** pasar rozando algo, deslizarse por encima de algo
skim sb ↔ off *v+partíc* llevarse a alguien: *The top universities skim off the best students.* Las principales universidades se llevan a los mejores estudiantes.

'skim milk *s* [U] leche descremada

skimp /skɪmp/ *v* [I] **1** (en dinero, recursos) escatimar • **skimp on sth** escatimar (en) algo **2** (en las porciones) **skimp on sth** escatimar algo

skimp·y /'skɪmpi/ *adj* (**skimpier, skimpiest**) **1** escueto -a (bikini), breve (vestido) **2** escaso -a

skin[1] /skɪn/ *s*
1 [C,U] (de personas) piel, cutis • **skin cancer** cáncer de piel
2 [C,U] (de leopardo, oso) piel
3 [C,U] (de frutas, hortalizas) piel, cáscara
4 [C] (en un líquido) nata (de la leche), película (de una salsa) ▶ FORESKIN, JUMP out of your skin, SAVE sb's skin, SHEEPSKIN

EXPRESIONES
be (all) skin and bones (*coloq*) estar en los huesos • **by the skin of your teeth** (*coloq*) por un pelo • **get under sb's skin** (*coloq*) sacar de quicio a alguien • **have (a) thick skin** ser poco sensible a las críticas • **it's no skin off my nose** (*coloq*) me tiene sin cuidado

skin[2] *v* [T] (**skinned, skinning**) **1** pelar (una fruta, hortaliza), desollar (un animal) **2** despellejar, pelar (un codo, una rodilla) **3** (*coloq*) darle una paliza a, darle una muenda a (en una competencia)

EXPRESIONES
skin sb alive (*coloq*) despellejar vivo -a a alguien

ˌskin 'deep *adj* [nunca ante s] superficial, aparente

'skin ˌdiving *s* [U] buceo (de superficie)

skin·flint /'skɪnˌflɪnt/ *s* [C] (*peyor*) tacaño -a

'skin graft *s* [C] injerto de piel

skin·head /'skɪnhɛd/ *s* [C] skinhead, cabeza rapada

skin·ny[1] /'skɪni/ *adj* (**skinnier, skinniest**) **1** flaco -a **2** [solo ante s] muy ajustado -a, muy apretado -a SIN **skin-tight**

skinny[2] *s* **the skinny** (*coloq, oral*) las intimidades, los secretos

ˌskin-'tight *adj* muy ajustado -a, muy apretado -a

skip[1] /skɪp/ *v*

1 no hacer algo
2 no leer, mencionar
3 de tema, actividad
4 avanzar a saltitos
5 arrojar guijarros
6 juego infantil

1 NO HACER ALGO [T] saltar(se) • **skip class/school** faltar a clase
2 NO LEER, MENCIONAR [I,T] saltarse (un párrafo, capítulo) • **skip over the details/the difficult words** saltarse los detalles/las palabras difíciles

3 DE TEMA, ACTIVIDAD [I siempre + adv/prep] **skip from one subject/topic to another** saltar de un tema a otro

4 AVANZAR A SALTITOS [I siempre + adv/prep] saltar, brincar: *She skipped down the sidewalk.* Iba brincando por la acera.

5 ARROJAR GUIJARROS skip stones/rocks hacer patitos, hacer rebotar piedras en el agua

6 JUEGO INFANTIL skip rope saltar el lazo, brincar la reata

EXPRESIONES
skip it! (*coloq*, *oral*) ¡olvídalo!, ¡déjalo! • **skip town** tomar las de villadiego

skip² s [C] salto, brinco

skip·per¹ /'skɪpər/ s [C] **1** (de un barco) capitán -ana, patrón -ona **2** (*coloq*) (de un equipo) capitán -ana

skipper² v [T] (*coloq*) capitanear

skir·mish /'skərmɪʃ/ s [C] escaramuza

skirt¹ [S2] /skərt/ s [C]
1 falda (prenda)
2 (tb **skirts**) (*antic*) falda (de un vestido), faldones (de un abrigo)

skirt² (tb **skirt around**) v [T] **1** bordear, rodear **2** eludir

skit /skɪt/ s [C] sátira, parodia

skit·tish /'skɪtɪʃ/ adj **1** nervioso -a, asustadizo -a (animal) **2** voluble, inquieto -a (inversor)

skit·tle /'skɪtl/ s **1 skittles** [U] bolos **2** [C] bolo

skulk /skʌlk/ v [I] esconderse • **skulk around** merodear

skull /skʌl/ s [C] **1** cráneo **2** cabeza

skull·cap /'skʌlkæp/ s [C] solideo (de un prelado), kipá (de un judío)

skunk /skʌŋk/ s [C] **1** zorrillo **2** (*coloq*) canalla

sky [S3] [W2] /skaɪ/ s [C,U] (pl **skies**) cielo, firmamento • **in the sky** en el cielo ▶ **PIE in the sky**

EXPRESIONES
the sky's the limit no hay límites, todo es posible

sky·dive /'skaɪdaɪv/ v [I] practicar (paracaidismo de/en) caída libre

sky·div·er /'skaɪˌdaɪvər/ s [C] paracaidista de/en caída libre

sky·div·ing /'skaɪˌdaɪvɪŋ/ s [U] (paracaidismo de/en) caída libre

sky-'high¹ adj altísimo -a

sky-'high² adv por las nubes

sky·light /'skaɪlaɪt/ s [C] claraboya, tragaluz

sky·line /'skaɪlaɪn/ s [C] perfil (del horizonte) (urbano, montañoso)

sky marshal s [C] agente de seguridad aérea (que viaja armado y de incógnito en vuelos comerciales) [SIN] **air marshal**

sky·rock·et /'skaɪˌrɑkɪt/ v [I] dispararse (déficit, inflación)

sky·scrap·er /'skaɪˌskreɪpər/ s [C] rascacielos

sky·ward /'skaɪwərd/ adv hacia el cielo

slab /slæb/ s [C] **1** losa (de piedra, cemento) **2** tableta, barra (de chocolate)

slack¹ /slæk/ adj **1** (en comercio) con/de poca actividad, tranquilo -a: *Business was slack.* Había poca actividad comercial. **2** (cuerda, músculo) flojo -a **3** (*peyor*) descuidado -a, negligente

slack² s **1** [U] (en una cuerda) *Leave a little slack in the line.* Afloja un poco el sedal. **2** [U] (en un presupuesto, una operación) margen (de maniobra) **3 slacks** [pl] pantalones (de vestir)

EXPRESIONES
cut/give sb some slack (*oral*) ser flexible con alguien • **pick/take up the slack (a)** cubrir el hueco, llenar el vacío **(b)** tensar la cuerda/el sedal

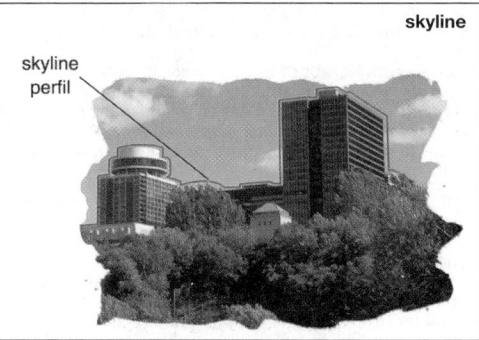

skyline

skyline
perfil

slack³ v [I] holgazanear
slack off v+*partic* **1** relajarse (en el trabajo) **2** amainar (lluvia), disminuir (ingresos)

slack·en /'slækən/ (tb **slacken off**) v **1 (a)** [I] amainar (lluvia), disminuir (apoyo) **(b)** [T] reducir **2** [I,T] aflojar(se), soltar(se)

slack·er /'slækər/ s [C] (*peyor*) holgazán -ana, haragán -ana

slag /slæg/ s [U] escoria (en metalurgia)

slain /sleɪn/ participio pasado de **SLAY**

slake /sleɪk/ v [T] (*liter*) saciar

EXPRESIONES
slake your thirst (*liter*) saciar la sed

sla·lom /'slɑləm/ s [C,U] slalom

slam¹ /slæm/ v (**slamming**, **slammed**) **1** [I,T] cerrar(se) de un portazo (puerta), cerrar(se) de golpe (ventana): *Don't slam the door!* ¡No des portazos! • **slam shut** cerrarse de un portazo (puerta), cerrarse de golpe (ventana) • **slam the door/window shut** cerrar la puerta de un portazo/la ventana de golpe, azotar la puerta/la ventana **2** [T siempre + adv/prep] **slam sth down** *Henry slammed the phone down angrily.* Enojado, Henry colgó el teléfono dando un golpe. • *I slammed down my cup, and left.* Dejé la taza de un golpe y me fui. **3** [T] criticar duramente **4** [I siempre + adv/prep, T] golpear, azotar • **slam into sth** estrellarse contra algo

EXPRESIONES
slam on the brakes dar un frenazo, frenar de golpe

slam² s [C gralm sing] golpe, portazo ▶ **GRAND SLAM**

slan·der¹ /'slændər/ s [C,U] calumnia(s), difamación

slander² v [T] calumniar, difamar

slan·der·ous /'slændərəs/ adj calumnioso -a, difamatorio -a

slang /slæŋ/ s [U] argot, jerga

slang·y /'slæŋi/ adj de(l) argot, argótico -a

slant¹ /slænt/ v **1 (a)** [I] caer oblicuamente, estar inclinado -a: *The sun's rays slanted through the trees.* Los rayos del sol se filtraban oblicuamente entre los árboles. **(b)** [T] inclinar **2** [T] sesgar, presentar de manera tendenciosa • **slant sth toward/against sb** enfocar algo para/en contra de alguien

slant² s [sing] **1** inclinación • **at/on a slant** inclinado -a **2** sesgo, enfoque parcial **3** enfoque, planteamiento • **a new/different slant on sth** un nuevo enfoque de algo

slant·ed /'slæntɪd/ adj **1** inclinado -a, oblicuo -a **2** sesgado -a, tendencioso -a • **be slanted toward/against sth** tener un sesgo a favor de/en contra de algo

slap¹ [S3] /slæp/ v (**slapped**, **slapping**)
1 [T] pegarle a (con la palma de la mano) • **slap sb across the face** darle una cachetada a alguien
2 [T siempre + adv/prep] **slap sth down** parar algo de golpe
3 [I siempre + adv/prep] **slap against sth** chocar contra algo

EXPRESIONES
slap sb on the back darle a alguien una palmadita en la espalda
slap sb around/about *v+partíc* pegarle a alguien
slap sb ↔ down *v+partíc* hacer callar a alguien
slap sth ↔ on *v+partíc* **1** dar algo (una mano de pintura, etc.) • **slap sth on sth** *Just slap some paint on the wall.* Dale una manito de pintura a la pared y listo. **2** imponer algo

slap² *s* [C] **1** palmada, bofetada, cachetada • **give sb a slap** darle una bofetada/una palmada a alguien **2** golpetazo, ruido seco

EXPRESIONES
a slap in the face (*peyor*) un insulto, una ofensa • **a slap on the back** una palmadita en la espalda • **a slap on the wrist** un tirón de orejas, un jalón de orejas

slap·dash /'slæpdæʃ/ *adj* (*peyor*) chapucero -a

slap·stick /'slæp,stɪk/ *s* [U] humor basado en la comicidad de actos físicos tales como caídas, golpes, etc., y no en el uso del lenguaje

slash¹ /slæʃ/ *v* **1** [I siempre + adv/prep, T] cortar (con cuchillo, navaja) **2** [T] recortar drásticamente

EXPRESIONES
slash your wrists cortarse las venas

slash² S3 *s* [C]
1 (acción) cuchillada: *a slash of his sword* un golpe de espada
2 (resultado) corte, tajo, cuchillada
3 (tb **slash mark**) (signo gráfico) barra (oblicua) ▶ BACK-SLASH

slat /slæt/ *s* [C] listón, tablilla, lama

slate¹ /sleɪt/ *s* **1** [U] pizarra (roca) **2** [C] lista de candidatos ▶ **a CLEAN slate**, **WIPE the slate clean**

slate² *adj* de pizarra

slate³ *v* [T siempre en pasiva] **be slated to do/be sth** *He is slated to appear at the Cambridge Jazz Festival next year.* Está programado que actúe en el Festival de Jazz de Cambridge del año que viene. • *The new office block is slated to be built by March.* Según lo planeado, el nuevo edificio de oficinas estará finalizado antes de marzo. • **be slated for sth** *Every house on this block is slated for demolition.* Existen planes de demoler todas las casas de esta cuadra.

slath·er /'slæðər/ *v* [T siempre + adv/prep] **slather sth/sb with sth** untar algo/a alguien con algo

slat·ted /'slætɪd/ *adj* [solo ante s] de tablillas, de lamas

slaugh·ter¹ /'slɔtər/ *v* [T] **1** sacrificar (animales para consumo) **2** (*peyor*) masacrar **3** darle una paliza a (un contrincante) **4** (*coloq*) criticar duramente

slaughter² *s* [U] **1** sacrificio (de animales para consumo) **2** (*peyor*) masacre, matanza, muenda ▶ **like a LAMB to the slaughter**

slaugh·ter·house /'slɔtər,haʊs/ *s* [C] matadero

Slav /slɑv/ *s* [C] eslavo -a

slave¹ S2 W3 /sleɪv/ *s* [C] esclavo -a

EXPRESIONES
be a slave to sth (*peyor*) ser esclavo -a de algo

slave² *v* [I siempre + adv/prep] (tb **slave away**) trabajar como (un) burro/(una) burra • **slave over sth** trabajar como (un) burro/(una) burra en algo

'slave ,driver *s* [C] (*hum, peyor*) negrero -a (jefe)

,slave 'labor *s* [U] **1** trabajo esclavo **2** esclavos

slav·er /'slævər, 'slɑ-/ *v* [I] babear

slav·er·y /'sleɪvəri/ *s* [U] esclavitud

'slave trade *s* [U] comercio de esclavos

slav·ish /'sleɪvɪʃ/ *adj* (*peyor*) servil

slav·ish·ly /'sleɪvɪʃli/ *adv* (*peyor*) servilmente

slay /sleɪ/ *v* [T] (**slew** /slu/, **slain** /sleɪn/) **1** (*liter*) asesinar, dar muerte a **2** (*coloq, oral*) matar de (la) risa, hacer desternillar de (la) risa

slay·ing /'sleɪ-ɪŋ/ *s* [C] asesinato SIN **murder**

sleaze /sliz/ *s* [U] (*peyor*) sordidez, corrupción, inmoralidad

slea·zy /'slizi/ *adj* (**sleazier**, **sleaziest**) (*peyor*) **1** sórdido -a, de mala muerte **2** sórdido -a, inmoral

sled¹ /slɛd/ *s* [C] trineo ▶ SLEIGH; BOBSLED

sled² *v* [I] andar/ir en trineo

sleek /slik/ *adj* **1** (*aprec*) elegante **2** (*aprec*) liso -a y brillante

sleep¹ S1 W1 /slip/ *v* (**slept** /slɛpt/)
1 [I] (reposar) dormir • **sleep like a log/baby** dormir como un tronco/un bendito • **not sleep a wink** no pegar un/el ojo
2 (pernoctar) dormir: *Where did you sleep last night?* ¿Dónde dormiste anoche?
3 [T] (albergar) **the cabin/tent sleeps six** en la cabaña/tienda pueden dormir seis

EXPRESIONES
let sleeping dogs lie mejor no revolver el asunto, mejor no meneallo • **sleep tight!** (*oral*) ¡que duermas/duerman bien!
sleep around *v+partíc* (*coloq*) acostarse con cualquiera
sleep in *v+partíc* **1** dormir hasta tarde **2** quedarse dormido -a SIN **oversleep**
sleep sth ↔ off *v+partíc* dormir hasta reponerse de algo • **sleep it off** dormir la borrachera, dormir la cruda/la peda
sleep on sth *v+partíc* consultar algo con la almohada • **sleep on it** consultarlo con la almohada
sleep over *v+partíc* quedarse a dormir
sleep through sth *v+partíc* **sleep through sth** dormir sin enterarse de algo: *I can't believe I slept through my alarm!* ¡Es increíble que no haya oído el despertador!
sleep together *v+partíc* acostarse, tener relaciones (sexuales)
sleep with sb *v+partíc* acostarse con alguien

sleep² S2 W2 *s*
1 [U] sueño (hecho de dormir): *eight hours sleep* ocho horas de sueño • *I had no sleep at all last night.* Anoche no pegué el ojo. • **go to sleep** dormirse, quedarse dormido -a • **go back to sleep** volver a dormirse • **get to sleep** dormirse • **in your sleep** estando dormido -a: *Ed often talks in his sleep.* Ed suele hablar en sueños.
2 [sing] (horas de) sueño, tiempo durmiendo: *Did you have a good sleep?* ¿Has dormido bien? • **have/get a good night's sleep** dormir una noche bien
3 [U] (*coloq*) lagañas

EXPRESIONES
go to sleep (*coloq*) dormirse (parte del cuerpo): *My leg has gone to sleep.* Se me ha dormido la pierna. • **lose sleep over sth** perder el sueño por algo, preocuparse por algo • **put sb to sleep** (*coloq*) anestesiar/dormir a alguien • **put a cat/dog to sleep** sacrificar a un gato/perro

sleep·er /'slipər/ *s* [C] **1** **be a light/heavy sleeper** tener el sueño liviano/pesado, tener el sueño ligero/pesado **2** tren con coches cama **3** coche cama **4** litera (en un coche cama)

sleep·i·ly /'slipəli/ *adv* somnolientamente

'sleeping bag *s* [C] saco de dormir, bolsa de dormir

'sleeping car *s* [C] coche cama

'sleeping pill *s* [C] somnífero, pastilla para dormir

sleep·less /'sliplɪs/ *adj* **1** **a sleepless night** una noche en vela **2** desvelado -a, insomne

sleep·less·ness /'sliplɪsnɪs/ *s* [U] insomnio

sleep·o·ver /'slip,oʊvər/ *s* [C] fiesta infantil en que los niños pasan la noche en la casa de un amigo

sleep·walk /'slip,wɔk/ *v* [I] caminar dormido -a, ser sonámbulo -a

sleep·walk·er /'slip,wɔkər/ *s* [C] sonámbulo -a

sleep·walk·ing /'slip,wɔkɪŋ/ *s* [U] sonambulismo

sleep·y ⬛ /'slipi/ *adj* (**sleepier, sleepiest**)
1 somnoliento -a, adormilado -a • **be/feel sleepy** tener sueño: *She was beginning to feel rather sleepy.* Empezaba a tener mucho sueño.
2 muy tranquilo -a (pueblo)

sleep·y·head /'slipi‚hɛd/ *s* [C] (*coloq, oral*) dormilón -ona

sleet¹ /slit/ *s* [U] aguanieve

sleet² *v* [I] **it is sleeting** cae aguanieve

sleeve /sliv/ *s* [C] **1** manga (de una prenda) **2** (tb **book sleeve**) sobrecubierta (de un libro) **3** (tb **record sleeve**) funda (de un disco) ▶ **have an ACE up your sleeve**, **LAUGH up your sleeve**, **ROLL up your sleeves**
EXPRESIONES
have something up your sleeve guardar un as en la manga

sleeve·less /'slivlɪs/ *adj* sin mangas

sleigh /sleɪ/ *s* [C] trineo

sleight of hand /‚slaɪt əv 'hænd/ *s* [C,U] **1** juego(s) de manos, truco(s) de prestidigitación **2** truco(s), artimaña(s)

slen·der /'slɛndə/ *adj* (*esp escrito*) **1** (mujer, piernas) esbelto -a: *her long slender fingers* sus dedos largos y finos **2** [gralm ante s] (árbol, objeto) esbelto -a, fino -a **3** [gralm ante s] (margen, mayoría) escaso -a, ajustado -a

slept /slɛpt/ pasado y participio pasado de **SLEEP**

sleuth /sluθ/ *s* [C] (*hum*) sabueso, detective

slew¹ /slu/ *s* (*coloq*) **a slew of sth** un pilón de algo, un montón de algo

slew² pasado de **SLAY**

slew³ *v* **(a)** [I] girar bruscamente, derrapar, hacer un trompo • **slew across/around** derrapar y quedar atravesado -a **(b)** [T] hacer girar bruscamente • **slew sth around/across** hacer girar algo bruscamente

slice¹ /slaɪs/ *s* [C] **1** rebanada (de pan), pedazo, porción (de pastel, pizza), rodaja (de limón, tomate), loncha, rebanada (de queso, jamón) **2** **a slice of sth** una parte de algo: *Everyone wants their slice of the profits.* Todos quieren su parte de las utilidades. **3** [gralm sing] slice (en golf, tenis) **4** [gralm sing] desviación, golpe desviado (en golf) ▶ **a slice of the PIE**
EXPRESIONES
a slice of life un fiel reflejo, una estampa realista

slice² *v* **1** [T] cortar (en rebanadas, rodajas, etc.) **2** [I] cortarse, poderse cortar (bien, mal, etc.) **3** [I,T] cortar (con facilidad) • **slice through sth** cortar algo • **slice into sth** clavarse/hundirse en algo • **slice sth in two/half** cortar algo en dos, partir algo en dos **4** [T] darle con efecto a (una pelota, un balón) **5** [T] golpear desviado (en golf)
EXPRESIONES
any way you slice it (*oral*) lo mires por donde lo mires, sea como sea
slice sth ↔ off *v+partíc* cortar algo, rebanar algo

slick¹ /slɪk/ *adj* **1** rutilante (pero insustancial) **2** con mucha labia **3** resbaloso -a, resbaladizo -a • [+**with**]: *The roads were slick with snow.* Las carreteras estaban resbaladizas por la nieve. **4** hábil (jugada, pases)

slick² *s* [C] **1** marea negra (en el océano), mancha de aceite (en la carretera) **2** revista en papel satinado
SIN **glossy magazine**

slick³ *v*
slick sth ↔ back *v+partíc* peinar algo hacia atrás
slick sth ↔ down *v+partíc* alisar algo

slick·er /'slɪkə/ *s* [C] tramposo -a

slide¹ ⬛ ⬜ /slaɪd/ *v* (**slid** /slɪd/)
1 (por una superficie) **(a)** [I] deslizarse, resbalar • **slide open** abrirse (deslizándose) **(b)** [T siempre + adv/prep] deslizar: *She slid the dish into the oven.* Metió la fuente en el horno.
2 [I siempre + adv/prep] (con sigilo) deslizarse • **slide into a room/out of the house** entrar sigilosamente a una

habitación/salir sigilosamente de la casa, deslizarse dentro de una habitación/fuera de una casa
3 [T siempre + adv/prep] (con disimulo) **slide sth into your pocket/bag** meterse algo discretamente en el bolsillo/la cartera, deslizar algo en el bolsillo/la cartera
4 [I] (precios, cantidad) bajar, caer
5 [I] (a una mala situación) caer: *It is easy to slide into debt.* Es fácil endeudarse.
EXPRESIONES
let sth slide dejar que algo se venga abajo

slide² ⬛ *s* [C]
1 rodadero, resbaladilla
2 diapositiva, transparencia
3 [gralm sing] descenso, caída (de precios)
4 [gralm sing] caída, hundimiento, declive • [+**into**]: *his slide into depression* su caída en la depresión • **on the slide** en baja, cayendo en picada
5 portaobjetos
6 [gralm sing] deslizamiento, resbalón: *The car went into a slide.* El carro patinó. ▶ **LANDSLIDE**

'slide pro‚jector *s* [C] proyector de diapositivas

'slide rule *s* [C] regla de cálculo

‚sliding 'door *s* [C] puerta deslizable, puerta corrediza

‚sliding 'scale *s* [C gralm sing] escala móvil

slight¹ ⬜ /slaɪt/ *adj*
1 [gralm ante s] leve, ligero -a: *a slight improvement* una leve mejoría • *a slight increase* un ligero aumento • *a slight problem* un pequeño problema
2 menudo -a (persona)
EXPRESIONES
not in the slightest en absoluto, ni en lo más mínimo • **not the slightest chance/doubt** (ni) la menor posibilidad/duda

slight² *v* [T] desairar, hacer un desaire a

slight³ *s* [C] desaire • [+**to/against**]: *a slight against your ability* un menosprecio de sus capacidades

slight·ed /'slaɪtɪd/ *adj* desairado -a, ofendido -a

slight·ly ⬛ ⬜ /'slaɪtli/ *adv*
1 ligeramente, un poco: *a slightly different color* un color ligeramente distinto • *slightly more than half the population* poco más de la mitad de la población • *Test scores rose slightly.* Los resultados de los exámenes mejoraron ligeramente. • **ever so slightly** muy ligeramente, apenas
2 **slightly built** menudo -a, de complexión delgada

slim¹ /slɪm/ *adj* (**slimmer, slimmest**) **1** delgado -a, esbelto -a: *a slim waist* una cintura esbelta **2** escaso -a • **a slim chance/possibility** una remota posibilidad, escasas posibilidades • **a slim majority** una estrecha mayoría • **have a slim lead** ir a la cabeza por un estrecho margen **3** delgado -a, poco voluminoso -a (libro)
EXPRESIONES
be slim pickings ser muy escaso -a, ser muy poco -a

slim² *v* (**slimmed, slimming**) [I] adelgazar
slim down *v+partíc* **1** **slim ↔ down** racionalizar algo, reducir algo (la empresa, el personal) **2** **slim down** reducir personal **3** **slim down** adelgazar

slime /slaɪm/ *s* [U] baba, lama: *a pond full of green slime* un estanque lleno de verdín

slim·ming /'slɪmɪŋ/ *adj* que adelgaza, que hace parecer más delgado -a: *Black is very slimming.* El color negro adelgaza.

slim·y /'slaɪmi/ *adj* (**slimier, slimiest**) **1** viscoso -a **2** (*coloq*) lambón -ona

sling¹ /slɪŋ/ *v* [T siempre + adv/prep] (**slung** /slʌŋ/) **1** tirar, aventar: *She slung the suitcase onto the bed.* Tiró la maleta sobre la cama. • *He slung his jacket over his shoulder.* Se echó la chaqueta al hombro. **2** colgar, guindar • **be slung around/over sth** estar colgado -a de algo: *He wore a tool belt slung around his waist.* Llevaba un cinturón con herramientas colgado de la cintura. ▶ **MUDSLINGING**
sling sth ↔ out *v+partíc* tirar algo a la basura, botar algo a la basura

S

sling² s [C] **1** cabestrillo • **in a sling** en cabestrillo **2** portabebés, canguro **3** cauchera, resortera

sling·shot /'slɪŋʃɑt/ s [C] cauchera, resortera

slink /slɪŋk/ v [I siempre + adv/prep] (**slunk** /slʌŋk/) esconderse, escabullirse: *He slunk back into his office.* Volvió a su oficina a escondidas.

slink·y /'slɪŋki/ adj seductor -a, sensual

slip¹ S2 W2 /slɪp/ v (**slipped, slipping**)

1	perder equilibrio
2	ir con sigilo
3	poner
4	entregar
5	soltarse
6	no agarrar
7	decaer

1 PERDER EQUILIBRIO [I] resbalarse: *Be careful you don't slip.* Ten cuidado de no resbalarte.

2 IR CON SIGILO [I siempre + adv/prep] **slip out/away** escabullirse • **slip past sb** pasar sigilosamente por delante de alguien

3 PONER [T siempre + adv/prep] **slip sth under sth** deslizar/pasar algo por debajo de algo • **slip sth into sth** deslizar/meter algo en algo

4 ENTREGAR [T] **slip sb sth** pasarle algo a alguien disimuladamente/a escondidas

5 SOLTARSE [I] resbalarse • **slip off/from sth** resbalarse/caerse de algo: *Her purse slipped off her shoulder.* La cartera se le cayó del hombro.

6 NO AGARRAR [I] resbalarse (manos, taladro), patinar (ruedas): *The knife slipped and cut his finger.* Se le escapó el cuchillo y se cortó un dedo.

7 DECAER [I] empeorar • **let things slip** dejar que todo se venga abajo

EXPRESIONES
let (it) slip that *He let it slip that they were planning to get married.* Se le escapó que estaban planeando casarse. • **slip a disk** hacerse una hernia de disco • **slip sb's mind** *I meant to call her, but it completely slipped my mind.* Iba a llamarla, pero me olvidé por completo. • **slip one over on sb** (coloq) engañar a alguien • **slip through the cracks** escapar a los controles • **slip through sb's fingers** escapársele de las manos/de entre los dedos a alguien

slip sth ↔ in v+partíc deslizar algo, incluir algo (en un texto, discurso)
slip into sth v+partíc entrar en algo (una recesión, rutina): *She slipped into a coma.* Entró en coma.
slip out v+partíc escaparse (comentario, frase)
slip through v+partíc colarse, escaparse (error)
slip up v+partíc meter la pata, equivocarse

slip² S3 s [C]
1 papelito • **a slip of paper** un papelito
2 error, desliz • **make a slip** cometer un error
3 combinación, enagua, fondo ▶ FREUDIAN SLIP, PINK SLIP, SALES SLIP

EXPRESIONES
give sb the slip zafarse de alguien • **a slip of the tongue** un lapsus (linguae) • **a slip of a girl/boy** (tb **a slip of a thing**) (antic, hum) una chiquilla/un chiquillo

slip·knot /'slɪpnɑt/ s [C] nudo corredizo

'**slip-on** adj sin cordones (zapato)

slip·per /'slɪpɚ/ s [C] pantufla

slip·per·y /'slɪpəri/ adj (**slipperier, slipperiest**) **1** resbaloso -a **2** (peyor) poco de fiar, tramposo -a
EXPRESIONES
a slippery slope un camino sin retorno, una caída en picada • **be on a slippery slope to sth** ir de cabeza a algo

slip·shod /'slɪpʃɑd/ adj (peyor) improvisado -a, chapucero -a

slip·stream /'slɪpstrim/ s [sing] rebufo

'**slip-up** s [C] error, metida de pata

slip·way /'slɪpweɪ/ s [C] rampa (para embarcaciones)

slit¹ /slɪt/ v [T] (**slit, slitting**) cortar • **slit sb's throat** degollar a alguien, rajarle el pescuezo a alguien, cortarle el cuello a alguien • **slit your wrists** cortarse las venas

slit² s [C] corte, abertura

slith·er /'slɪðɚ/ v [I siempre + adv/prep] **1** deslizarse (serpiente) **2** resbalarse (persona)

sliv·er /'slɪvɚ/ s [C] **1** esquirla, astilla **2** porción pequeña (de tarta), tajada fina (de queso, carne)

slob /slɑb/ s [C] (peyor, coloq) dejado -a, flojo -a, fodongo -a

slob·ber /'slɑbɚ/ v [I] (coloq) babear
slobber over sb/sth v+partíc (peyor, frml) babearse por alguien/algo

sloe /sloʊ/ s [C] endrina

slog¹ /slɑg/ v **1** [I siempre + adv/prep] avanzar con dificultad: *I slogged up the hill.* Subí la cuesta a duras penas. **2** [I] trabajar duro (en algo aburrido y difícil)
EXPRESIONES
slog your guts out (coloq) trabajar muy duro

slog² s **1** [sing, U] periodo de gran esfuerzo y trabajo: *It will be a slog, but I know we can do it.* Dará mucho trabajo, pero sé que podemos hacerlo. **2** [sing] caminata (larga y pesada)

slo·gan /'sloʊgən/ s [C] eslogan (en política, publicidad), consigna (en manifestaciones)

sloop /slup/ s [C] balandra

slop¹ /slɑp/ v (**slopped, slopping**) [I,T siempre + adv/prep] derramar(se) • **slop around** agitarse

slop² s **1** [U] (tb **slops** [pl]) (para los animales) sobras, desperdicios **2** [U] (peyor, coloq) bazofia

slope¹ /sloʊp/ s [C] **1** cuesta, pendiente • **a steep slope** una cuesta empinada • **a gentle slope** una pendiente suave **2** ladera **3** [gralm pl] pista de esquí **4** [gralm sing] ángulo, inclinación ▶ a SLIPPERY slope

slope² v [I] **1** tener pendiente • **slope down** bajar (terreno) **2** [siempre + adv/prep] inclinarse, estar inclinado -a: *Her handwriting slopes backward.* Tiene la letra inclinada hacia atrás.

slop·pi·ly /'slɑpəli/ adv (peyor) descuidadamente, de cualquier manera

slop·py /'slɑpi/ adj (**sloppier, sloppiest**) **1** (peyor) chapucero -a, descuidado -a **2** (peyor) sensiblero -a **3** húmedo -a, aguado -a: *a sloppy kiss* un beso baboso

slosh /slɑʃ/ v **1** [I,T siempre + adv/prep] agitar(se), salpicar, chapotear (en) • **slosh around** agitarse, chapotear • **slosh sth around** agitar/salpicar algo, chapotear en algo **2** [T siempre + adv/prep] echar (en forma descuidada): *Jo sloshed more wine into her glass.* Jo echó más vino en el vaso. **3** [I siempre + adv/prep] chapotear (con los pies) en: *People were sloshing around in the mud.* La gente chapoteaba en el barro.

sloshed /slɑʃt/ adj [nunca ante s] (coloq) rascado -a, jincho -a

slot¹ S3 /slɑt/ s [C]
1 ranura: *She put a coin in the slot.* Puso una moneda en la ranura. • **a parking slot** un espacio para parquear • **expansion slot** ranura de expansión
2 espacio (en radio, televisión), hueco (en un horario, calendario): *a landing slot* un derecho de aterrizaje

slot² v (**slotted, slotting**) (a) [T siempre + adv/prep] encajar, meter • **slot sth into sth** encajar/meter algo en algo (b) [I siempre + adv/prep] encajar, entrar • **slot into sth** encajar/entrar en algo
EXPRESIONES
slot into place encajar, cobrar sentido: *Suddenly, everything slotted into place.* De pronto todo encajó.
slot in v+partíc **1** slot in integrarse (en un grupo) **2** slot sth/sb ↔ in hacerle un hueco a algo/alguien (en la agenda)
slot into v+partíc **slot into sth** integrarse en algo

sloth /slɔθ, slouθ/ s **1** [C] perezoso (animal) **2** [U] (escrito) pereza

sloth·ful /'slɔθfəl, 'slouθ-/ adj (escrito) perezoso -a

'slot ma,chine s [C] máquina tragamonedas

slouch¹ /slautʃ/ v [I] caminar encorvado -a, estar encorvado -a: Jimmy slouched back in his chair. Jimmy se recostó en su butaca.

slouch² s [sing] espalda encorvada, hombros caídos: She has a slouch. Tiene la espalda encorvada.

EXPRESIONES
be no slouch no quedarse atrás, no ser ningún manco/ ninguna manca

Slo·vak¹ /'slouvak, -væk/ (tb **Slo·vak·i·an** /slou'vakiən, 'væk-/) s **1** [C] (persona) eslovaco -a **2** [U] (idioma) eslovaco

Slovak², Slovakian adj eslovaco -a

Slo·va·ki·a /slou'vakiə, -'væk-/ Eslovaquia

Slo·vene¹ /'slouvin/ (tb **Slo·ve·ni·an** /slou'viniən/) s **1** [C] (persona) esloveno -a **2** [U] (idioma) esloveno

Slovene², Slovenian adj esloveno -a

Slo·ve·ni·a /slou'viniə/ Eslovenia

slov·en·ly /'slʌvənli/ adj (peyor) desaliñado -a, descuidado -a

slow¹ S2 W2 /slou/ adj

1 poco veloz
2 de larga duración
3 en negocios
4 reloj
5 intelectualmente
6 tren, barco

1 POCO VELOZ lento -a: The car was traveling at a very slow speed. El carro iba muy lento.

2 DE LARGA DURACIÓN lento -a: a slow process un proceso lento • **be slow to do sth** tardar en hacer algo: The wound was slow to heal. La herida tardaba en sanar. • **painfully slow** terriblemente lento • **a slow start** un comienzo lento

3 EN NEGOCIOS flojo -a, con poco movimiento: a slow month in the tourist trade un mes flojo para el turismo • Business is often slow in the afternoon. Por la tarde suele haber poco movimiento.

4 RELOJ [nunca ante s] atrasado -a • **be five/ten minutes slow** andar cinco/diez minutos atrasado

5 INTELECTUALMENTE corto -a (de entenderas): She's a slow learner. Aprende despacio.

6 TREN, BARCO [solo ante s] con muchas paradas: the slow train el tren que para en todas las estaciones
▶ **SLOWLY**

EXPRESIONES
do a slow burn (coloq) ir enojándose cada vez más • **be slow going** ir lento, avanzar despacio • **be slow off the mark** tardar demasiado • **be slow on the uptake** ser corto -a de entenderas

slow² S3 W2 v [I,T] hacer(se) más lento -a, desacelerar(se), disminuir el ritmo (de): Economic growth has slowed. El crecimiento económico se ha desacelerado.
slow down v+partíc **1 slow down** reducir la velocidad (carro, conductor), disminuir el ritmo, desacelerarse (economía, crecimiento) **2 slow sth ↔ down** hacer más lento algo **3 slow sb ↔ down** hacer ir más despacio a alguien **4 slow down** tomárselo con más calma
slow up v+partíc **1 slow up** reducir la velocidad (carro, conductor), disminuir el ritmo, desacelerarse (economía, crecimiento) **2 slow sth ↔ up** hacer más lento algo **3 slow sb ↔ up** hacer ir más despacio a alguien

slow³ adv (oral) despacio, lentamente: You're walking too slow! ¡Andas demasiado despacio! • **take it slow** ir despacio

slow·down /'sloudaun/ s [C] **1** [gralm sing] desaceleración • [+in]: a slowdown in consumer spending una

desaceleración del consumo privado **2** operación tortuga, trabajo a reglamento (protesta laboral)

slow·ly S3 W2 /'slouli/ adv
1 despacio, lentamente: Can you speak more slowly? ¿Puedes hablar más despacio?
2 poco a poco: He's slowly recovering from his injuries. Se está recuperando poco a poco de sus lesiones.
EXPRESIONES
slowly but surely lento pero seguro

,slow 'motion s [U] cámara lenta • **in slow motion** en cámara lenta

'slow-motion adj [solo ante s] en cámara lenta

slow-poke /'sloupouk/ s [C] (coloq) tortuga (persona lenta)

sludge /slʌdʒ/ s [U] **1** lodos residuales, lodos industriales **2** sedimento, poso

slug¹ /slʌg/ s [C] **1** babosa, tlaconete **2** (coloq) bala **3** (coloq) trago, sorbo (de bebida alcohólica) **4** (coloq) pieza de metal con forma de moneda para extraer ilegalmente artículos de una máquina expendedora

slug² v [T] (**slugging**, **slugged**) **1** darle un puñetazo a **2** batear (con fuerza)
EXPRESIONES
slug it out enfrentarse a muerte

slug·gish /'slʌgɪʃ/ adj **1** lento -a (vehículo, reacción), flojo -a (ventas, economía) **2** aletargado -a, desganado -a **3** manso -a (aguas, río), lento -a (tráfico)

sluice¹ /slus/ s [C] canal, esclusa

sluice² v (escrito) **1** [T] enjuagar bien, lavar bien con agua • **sluice sth down** enjuagar/lavar bien algo **2** [I siempre + adv/prep] Water came sluicing out of the house. El agua salía a raudales de la casa.

slum¹ /slʌm/ s [C] barrio de tugurios

slum² (tb **slum it**) v [I] (hum) vivir como (un) pobre (en las vacaciones, etc.)

slum·ber¹ /'slʌmbər/ s [sing, U] (liter) (tb **slumbers** [pl]) sueño (hecho de dormir)

slumber² v [I] (liter) dormir

'slumber ,party s [C] fiesta infantil en que los niños pasan la noche en la casa de un amigo SIN **sleepover**

slump¹ /slʌmp/ v [I] **1** caer en picada (ventas, precios) • **slump to a record low/to 36%** caer hasta mínimos históricos/hasta un 36% **2** [siempre + adv/prep] desplomarse (persona) **3 slump to sth** caer a algo (un puesto en un ranking): They slumped to a 2–1 defeat against the United States. Cayeron por 2 a 1 ante Estados Unidos.

slump² s [C] **1** fuerte caída, caída en picada • [+in]: a slump in exports una fuerte caída de las exportaciones **2** recesión, crisis **3** bajón (de un jugador, un equipo)

slung /slʌŋ/ pasado y participio pasado de **SLING**

slunk /slʌŋk/ pasado y participio pasado de **SLINK**

slur¹ /slɜr/ s **1** [C] agravio, ofensa: racial slurs insultos racistas • [+on]: a slur on my reputation un agravio a mi reputación **2** [sing] **speak in a slur** farfullar, arrastrar las palabras al hablar

slur² v (**slurred**, **slurring**) **1** [I,T] arrastrar (las palabras) • **slur your words** hablar arrastrado **2** [T] difamar

slurp¹ /slɜrp/ v [I,T] sorber (haciendo ruido)

slurp² s [C] ruido hecho al sorber

slur·ry /'slɜri, 'slʌri/ s [U] mezcla acuosa de cemento, barro u otro elemento

slush /slʌʃ/ s **1** [U] nieve medio derretida **2** [C,U] granizado (de jarabe dulce) **3** [U] (peyor, coloq) sensiblería

'slush fund s [C] fondos reservados para fines deshonestos

slush·y /'slʌʃi/ adj **1** medio derretido -a (nieve) **2** (peyor, coloq) sensiblero -a

sly /slaɪ/ adj (**slier**, **sliest** o **slyer**, **slyest**) **1** astuto -a **2** [solo ante s] pícaro -a, malicioso -a: *a sly smile* una sonrisa pícara

EXPRESIONES
on the sly a escondidas

sly·ly /ˈslaɪli/ adv **1** con picardía, con malicia **2** astutamente, con astucia

smack¹ /smæk/ v **1** [I siempre + adv/prep] **smack into sth** estrellarse/chocar contra algo **2** [T] pegarle a (una persona), darle un golpe a (un objeto)

EXPRESIONES
smack your lips relamerse (de gusto)
smack of sth v+partíc oler a algo (situación, comentario)

smack² s **1** [C] palmada, cachetada • **give sb a smack** pegarle a alguien, darle una palmada/cachetada a alguien **2** [U] (*coloq*) caballo, jaco (heroína)

smack³ adv (*coloq*) **1** justo, exactamente • **smack in the middle of sth** justo en el medio/en mitad de algo • **smack dab** *It's smack dab in the middle of an earthquake zone.* Está justo, justo en plena zona de terremotos. **2** de lleno, con fuerza: *The car ran smack into the side of the bus.* El carro chocó de lleno contra el costado del bus.

small¹ S1 W1 /smɔl/ adj

1 en tamaño
2 en cantidad
3 en importancia
4 en edad
5 en negocios
6 letra

1 EN TAMAÑO chico -a, chiquito -a, pequeño -a: *a small town* una ciudad chiquita • *a small piece of paper* un papelito
2 EN CANTIDAD pequeño -a: *a small increase* un pequeño aumento • **a small number of...** unos pocos/unas pocas..., unos cuantos/unas cuantas...: *Only a small number of people were affected.* Solo unas cuantas personas resultaron afectadas. • **a small amount of sth** una pequeña cantidad de algo
3 EN IMPORTANCIA pequeño -a, insignificante, sin importancia: *a small mistake* un pequeño error • **in some/a small way** de alguna manera
4 EN EDAD pequeño -a, chico -a, chiquito -a: *She has three small children.* Tiene tres hijos pequeños.
5 EN NEGOCIOS [solo ante s] pequeño -a • **a small business** una pequeña empresa
6 LETRA [solo ante s] minúscula • **with a small "e"/"w"** con "e"/"w" minúscula ▸ **be cold/small** COMFORT, **in small** DOSES, **a big** FISH **in a small pond**, **a small** PRICE **to pay**, **(it's) small** WONDER **(that)**

EXPRESIONES
feel/look small sentirse/parecer inferior, sentirse/parecer insignificante • **(it's a) small world** (*oral*) el mundo es un pañuelo

small² s **the small of your back** los riñones, la zona lumbar

small³ adv en letra chiquita/pequeña (escribir), en trozos chiquitos/pequeños (cortar)

small 'change s [U] **1** dinero suelto, sencillo, feria: *He had two dollars in small change.* Tenía dos dólares en dinero suelto. **2** bicoca, suma insignificante

small 'claims court s [C] juzgado para demandas de menor cuantía

small 'fortune s [C] pequeña fortuna, dineral

small fry s [U] pobres diablos, personajes de poca monta

small hours s [pl] **the small hours** la madrugada

small·ish /ˈsmɔlɪʃ/ adj más bien pequeño -a

small-'minded adj (*peyor*) estrecho -a de miras

small-'mindedness s [U] (*peyor*) estrechez de miras

small po'tatoes s [pl] (*coloq*) (persona) pobre diablo; (suma de dinero) bicoca

small·pox /ˈsmɔlpɑks/ s [U] viruela

small-'scale adj [solo ante s] **1** (estudio, proyecto) a pequeña escala **2** (mapa, maqueta) a pequeña escala

small talk s [U] **make small talk** hablar de trivialidades, platicar de trivialidades (para mantener un diálogo en una reunión social, etc.)

small-time adj [solo ante s] de poca monta, de medio pelo: *a small-time crook* un maleante de poca monta

small-town adj [solo ante s] provinciano -a

smarm·y /ˈsmɑrmi/ adj zalamero -a

smart¹ S1 W3 /smɑrt/ adj

1 al obrar
2 idea, pregunta, decisión
3 intelectualmente
4 irrespetuoso
5 tecnología, armas
6 rápido

1 AL OBRAR inteligente, listo -a: *She is a smart businesswoman.* Es una empresaria inteligente.
2 IDEA, PREGUNTA, DECISIÓN inteligente • **a smart move** una decisión inteligente
3 INTELECTUALMENTE inteligente, listo -a: *a smart young police officer* un policía joven e inteligente
4 IRRESPETUOSO **get smart with sb** pasarse de listo -a con alguien
5 TECNOLOGÍA, ARMAS [solo ante s] inteligente
6 RÁPIDO [solo ante s] rápido -a • **at a smart pace** a buen paso ▸ SMARTS

EXPRESIONES
the smart money los entendidos en la materia

smart² v [I] **1** estar dolido -a • **smart from sth** estar dolido -a por algo **2** arder, escocer
smart off v+partíc (*coloq*) **smart off to sb** ser insolente con alguien

smart al·eck /ˈsmɑrt ˌælɪk/ s [C] (*peyor*, *coloq*) sabelotodo

smart-aleck adj (*peyor*, *coloq*) sabelotodo (persona), de sabelotodo (comentario)

smart card s [C] tarjeta inteligente

smart·ly /ˈsmɑrtli/ adv **1** inteligentemente **2** rápidamente **3** con fuerza

smarts /smɑrts/ s [pl] (*coloq*) inteligencia SIN **intelligence**

smash¹ /smæʃ/ v **1** [I,T] romper(se), hacer(se) añicos: *Vandals had smashed the windows.* Unos vándalos habían hecho añicos las ventanas. • **smash sth to bits/pieces** romper algo en pedazos, hacer algo añicos **2** [I,T siempre + adv/prep] **smash into sth** estrellarse contra algo: *Her car smashed into a tree.* Su carro se estrelló contra un árbol. • **smash through sth** pasar destrozando algo • **smash your fist/a bottle down on sth** darle un puñetazo/botellazo a algo **3** [T] aplastar, desarticular: *Police have smashed a major crime ring.* La policía ha aplastado una importante red criminal. **4** [T] rematar con un smash (en tenis)

EXPRESIONES
smash a record pulverizar un récord
smash sth ↔ down v+partíc destrozar algo
smash sth ↔ in v+partíc **1** romper algo, partir algo **2 smash sb's face/head in** (*coloq*) partirle la cara/la cabeza a alguien
smash sth ↔ up v+partíc destrozar algo (deliberadamente)

smash² s **1** [C] éxito **2** [sing] estruendo, estrépito **3** [C] smash (en tenis)

smashed /smæʃt/ adj [nunca ante s] (*coloq*) **1** jincho -a, rascado -a **2** trabado -a, englobado -a, hasta atrás

smat·ter·ing /ˈsmæɾərɪŋ/ s **a smattering of sth** un poco/una pizca de algo, un puñado de algo: *There was a smattering of polite applause.* Hubo unos pocos aplausos de cortesía.

smear¹ /smɪr/ v **1** [T] **smear cream/grease on/over sth** embadurnar algo con crema/grasa, untar crema/grasa en algo **2** [T] manchar • **be smeared with sth** estar manchado -a de algo **3** [I,T] correr(se) (maquillaje, tinta) **4** [T] difamar, manchar la reputación de

smear² s [C] **1** mancha **2** difamación, calumnia **3** citología (ginecológica)

smell¹ S1 W3 /smɛl/ s
1 [C] olor • [+**of**]: *the smell of flowers* el olor a flores • *The smell of baking bread filled the house.* El olor del pan que se horneaba llenaba la casa. • **have a smell** oler, tener olor: *The rooms had a damp smell.* Los cuartos olían a humedad.
2 [C] (mal) olor, hedor
3 [U] olfato • **a sense of smell** (sentido del) olfato

smell² W3 v
1 [I siempre + adv/prep, v copul] (tener olor) oler • **smell nice/good** oler bien • **smell bad** oler mal • **smell like sth** oler a algo, tener olor a algo: *a wine that smells like flowers* un vino que huele a flores • **smell of sth** oler a algo, tener olor a algo: *My clothes smell of smoke.* La ropa tiene olor a humo.
2 [I nunca en forma continua] oler mal, tener mal olor: *Your feet smell!* ¡Tienes mal olor en los pies!
3 [T nunca en forma continua] (sentir olor) oler, sentir olor a: *Do you smell smoke?* ¿Hueles el humo?
4 [T] (usar el olfato) oler: *Smell these roses. They're amazing!* Huele estas rosas. ¡Son increíbles!
5 [I, v copul] oler mal (asunto) • **smell fishy** oler mal (un negocio) ▶ WAKE up and smell the coffee

EXPRESIONES
smell a rat olerse algo raro • **smell trouble** prever (los) problemas, tener un mal presagio • **smell danger** sentir/presentir el peligro
smell out v+partíc **1 smell sth/sb** ↔ **out** detectar algo/a alguien, intuir algo/descubrir a alguien **2 smell sth** ↔ **out** olfatear algo
smell sth ↔ **up** v+partíc llenar algo de (mal) olor

smell·y /ˈsmɛli/ adj (**smellier, smelliest**) hediondo -a, con (mal) olor

smelt /smɛlt/ v [T] fundir (metal)

smidg·en, smidgin /ˈsmɪdʒən/ s (coloq) **a smidgen of sth** una pizca de algo
EXPRESIONES
a smidgen (coloq) un poquito

smile¹ S2 W2 /smaɪl/ v [I] sonreír • **smile at sb** sonreírle a alguien • **smile at sth** sonreír ante/por algo • **smile to yourself** sonreírse, sonreír para sí ▶ ver nota en SONREÍR
EXPRESIONES
fortune smiles on you/him (liter) la fortuna te/le sonríe

smile² S3 W2 s [C] sonrisa • **with a smile** con una sonrisa • **give sb a smile** sonreírle a alguien ▶ WIPE the smile/grin off sb's face
EXPRESIONES
be all smiles estar contentísimo -a

smirk¹ /smɜːk/ v [I] sonreír (con desdén, arrogancia) ▶ ver nota en SONREÍR

smirk² s [C] sonrisita (desdeñosa, arrogante)

smite /smaɪt/ v [T] (**smote** /smoʊt/, **smitten** /ˈsmɪt̚n/) golpear: *Suddenly my conscience smote me.* De repente sentí remordimiento de conciencia.

smith /smɪθ/ s [C] herrero -a

smith·er·eens /ˌsmɪðəˈrinz/ s **smash sth to smithereens** romper algo en pedazos, hacer añicos algo

smith·y /ˈsmɪθi/ s [C] (pl **smithies**) herrería

smit·ten /ˈsmɪt̚n/ adj **1** prendado -a, tragado -a: *As soon as he saw her, he was smitten.* Apenas la vio, se quedó prendado. • [+**with**]: *Eric's smitten with Jenny.* Eric está loco por Jenny. **2 be smitten with/by sth** tener un ataque de algo, padecer algo: *She was suddenly smitten with remorse.* De pronto le remordió la conciencia.

smock /smɑk/ s [C] bata (de trabajo)

smog /smɑg, smɔg/ s [U] smog (mezcla de emanaciones y niebla)

smog·gy /ˈsmɑgi, ˈsmɔ-/ adj lleno -a de smog

smoke¹ S3 W3 /smoʊk/ s
1 [U] humo • **a cloud of smoke** una nube de humo • **a puff of smoke** una bocanada de humo • **a wisp of smoke** una voluta de humo • **smoke inhalation** inhalación de humo
2 [C gralm sing] acto de fumar: *He went outside for a smoke.* Salió a fumar. • **have a smoke** fumar (un cigarrillo)
EXPRESIONES
go up in smoke (a) incendiarse (b) esfumarse, desvanecerse • **smoke and mirrors** fuegos de artificio, engañifas • **there's no smoke without fire** cuando el río suena, piedras lleva

smoke² S1 W2 v
1 [I,T] fumar: *Do you smoke?* ¿Fumas? • *Do you mind if I smoke?* ¿Te molesta si fumo? • *She smokes 40 a day.* Se fuma 40 cigarrillos diarios. • **smoke a cigarette/cigar** fumarse un cigarrillo/un puro • **smoke like a chimney** fumar como un carretero, fumar más que lavandera mueca
2 [I] echar humo
3 [T] ahumar ▶ **put/stick that in your PIPE and smoke it!**
smoke out v+partíc **1 smoke sb** ↔ **out** desenmascarar a alguien, poner a alguien al descubierto **2 smoke sb/sth** ↔ **out** hacer salir a alguien/algo (con humo)

'smoke de,tector s [C] detector de humo

smok·er /ˈsmoʊkɚ/ s [C] fumador -a • **a heavy smoker** un fumador empedernido/una fumadora empedernida

smoke·screen /ˈsmoʊkskrin/ s [C] cortina de humo

smoke·stack /ˈsmoʊkstæk/ s [C] chimenea (de fábrica, barco)

smok·ing¹ /ˈsmoʊkɪŋ/ s [U] el tabaco (consumo): *the dangers of smoking* los peligros del tabaco • **stop smoking** (tb **quit smoking**) dejar de fumar • **No Smoking** Prohibido Fumar

smoking² adj [solo ante s] **1** de fumar, respecto al tabaco: *a smoking ban* una prohibición de fumar **2** de fumadores, para fumadores • **a smoking area/section** una zona de fumadores • **a smoking compartment** un vagón de fumadores

,smoking 'gun s [C gralm sing] prueba definitiva

smok·y /ˈsmoʊki/ adj (**smokier, smokiest**) **1** lleno -a de humo **2** ahumado -a

smol·der /ˈsmoʊldɚ/ v [I] **1** arder (sin llama), consumirse (cigarrillo): *A cigarette smoldered in the ashtray.* Un cigarrillo se consumía en el cenicero. **2** (liter) consumirse, hervir por dentro (persona) • **smolder with anger/rage** consumirse de rabia **3** (liter) arder (ojos, mirada)

smooch /smutʃ/ v [I gralm en forma continua] (coloq) besuquearse

smooth¹ /smuð/ adj

1	superficie
2	piel, pelo
3	salsa, pasta
4	proceso, cambio
5	movimiento, gesto
6	vuelo, viaje
7	persona
8	vino, café

1 SUPERFICIE suave, liso -a: *a smooth pebble* un canto rodado liso
2 PIEL, PELO suave, terso -a: *the cat's smooth fur* el suave pelaje del gato
3 SALSA, PASTA cremoso -a, sin grumos: *Beat the mixture until smooth.* Batir la mezcla hasta que desaparezcan los grumos.
4 PROCESO, CAMBIO fácil, fluido -a: *The negotiations have hardly been smooth.* Las negociaciones no han

sido nada fáciles. • *a smooth and efficient railroad system* un sistema ferroviario fluido y eficaz • **the smooth running of sth** el buen funcionamiento de algo
5 MOVIMIENTO, GESTO suave
6 VUELO, VIAJE cómodo -a, agradable
7 PERSONA (*peyor*) con mucha labia
8 VINO, CAFÉ suave ▶ **take the ROUGH with the smooth**

EXPRESIONES
a smooth ride un camino de rosas • **be smooth sailing** ir/marchar viento en popa

smooth² *v* [T] **1** (una superficie) alisar **2** (el pelo, la ropa) alisar **3** [siempre + adv/prep] **smooth cream/lotion into/on sth** echar crema/loción en algo

EXPRESIONES
smooth the way for sth allanar el camino/terreno para algo
smooth sth ↔ away *v+partíc* hacer desaparecer algo
smooth sth ↔ out *v+partíc* **1** suavizar algo, mitigar algo **2** resolver algo, allanar algo
smooth sth ↔ over *v+partíc* resolver algo

smooth·ie /'smuði/ *s* [C] **1** batido de frutas **2** (tb **smoothy**) (*coloq*) zalamero -a

smooth·ly /'smuðli/ *adv* **1** (con fluidez) suavemente **2** sin contratiempos • **run/go smoothly** funcionar/ir bien **3** (al hablar) suavemente

smor·gas·bord /'smɔrgəs,bɔrd/ *s* [C] **1** bufé **2 a smorgasbord of sth** una amplia gama de algo

smote /smoʊt/ pasado de **SMITE**

smoth·er /'smʌðər/ *v* [T] **1** cubrir, recubrir • **be smothered with/in sth** estar cubierto -a de algo • **smother sb with kisses** cubrir a alguien de besos **2** ahogar, asfixiar **3** ahogar (una carcajada), contener, reprimir (la rabia)

smudge¹ /smʌdʒ/ *s* [C] mancha, borroneado

smudge² *v* **1 (a)** [T] (hacer) correr (la tinta, el maquillaje) **(b)** [I] correrse (tinta, maquillaje) **2** [T] manchar (papel, tela)

smudg·y /'smʌdʒi/ *adj* con manchas, borroneado -a

smug /smʌg/ *adj* (*peyor*) engreído -a: *a smug smile* una sonrisa de suficiencia

smug·gle /'smʌgəl/ *v* [T] **1** contrabandear, hacer contrabando de • **smuggle sth into/out of the country** introducir algo en el país/sacar algo del país clandestinamente • **smuggle sth in/out** introducir algo clandestinamente **2** llevar(se) a escondidas • **smuggle sth in/out** meter/sacar algo a escondidas • **smuggle sth into/out of a place** meter algo en un sitio/sacar algo de un sitio a escondidas

smug·gler /'smʌglər/ *s* [C] contrabandista

smug·gling /'smʌglɪŋ/ *s* [U] contrabando

smug·ly /'smʌgli/ *adv* (*peyor*) con aires de suficiencia

smug·ness /'smʌgnɪs/ *s* [U] (*peyor*) suficiencia, engreimiento

smut /smʌt/ *s* [U] **1** (*peyor*, *coloq*) indecencias, cochinadas (sobre sexo) **2** (tb **smuts** [pl]) hollín

smut·ty /'smʌti/ *adj* (**smuttier, smuttiest**) (*peyor*, *coloq*) indecente, obsceno -a

snack¹ 🔊 /snæk/ *s* [C] tentempié, refrigerio • **have a snack** comer algo liviano, tomar un tentempié

snack² *v* [I] comer algo liviano, tomar un tentempié

'snack bar *s* [C] **1** mostrador donde se venden sándwiches, tentempiés, etc. **2** bar donde se venden bebidas frías y calientes, sándwiches, hamburguesas, etc.

sna·fu /'snæfu, snæ'fu/ *s* [C] (*coloq*) inconveniente, falla

snag¹ /snæg/ *s* [C] **1** inconveniente • **hit a snag** tropezar con un obstáculo **2** jalón, tirón (en una tela, una prenda)

snag² *v* (**snagged, snagging**) **1** [T] (*coloq*) conseguir(se), enganchar(se) **2** [I,T] enganchar(se) • **snag on sth** engancharse en/con algo

snail /sneɪl/ *s* [C] caracol

at a snail's pace a paso de tortuga

'snail mail *s* [U] (*hum*) correo postal

snake¹ /sneɪk/ *s* [C] **1** serpiente • **a poisonous snake** una serpiente venenosa **2** (tb **snake in the grass**) (*coloq*) traidor -a, sapo -a, judas

snake² *v* [I siempre + adv/prep, T siempre + adv/prep] serpentear

snake·bite /'sneɪkbaɪt/ *s* [C,U] mordedura de serpiente

snap¹ 🔊 /snæp/ *v*

1 rama, hueso, cuerda
2 al abrir, cerrar
3 vestido, cinturón
4 con palabras
5 con actos
6 animal
7 una foto

1 RAMA, HUESO, CUERDA [I,T] partir(se), romper(se) • **snap off** partirse, romperse • **snap in two/half** partirse en dos/por la mitad

2 AL ABRIR, CERRAR [I,T siempre + adv/prep] **snap open/shut** abrirse/cerrarse de golpe, abrirse/cerrarse con un chasquido • **snap sth open/shut** abrir/cerrar algo de golpe, abrir/cerrar algo con un chasquido • **snap together** encajar con un chasquido

3 VESTIDO, CINTURÓN (a) [I siempre + adv/prep] abrocharse, cerrarse **(b)** [T siempre + adv/prep] abrochar, cerrar

4 CON PALABRAS (a) [I] hablar de mal modo • **snap at sb** hablar a alguien de mal modo **(b)** [T] espetar, soltar

5 CON ACTOS [I] explotar, saltar: *When he hit me, I just snapped.* Cuando me pegó, exploté.

6 ANIMAL [I] intentar morder • **snap at sth/sb** intentar morder algo/a alguien

7 UNA FOTO [T] (*coloq*) sacar ▶ **bite sb's HEAD off**, **SNAP-ON**

EXPRESIONES
snap your fingers chasquear los dedos
snap off *v+partíc* **snap sth ↔ off** apagar algo (que hace clic)
snap on *v+partíc* **snap sth ↔ on** encender algo (que hace clic)
snap out of sth *v+partíc* **1 snap out of it** animarse, alegrar esa cara **2** salir de algo (del ensimismamiento)
snap up *v+partíc* **1 snap sth ↔ up** hacerse con algo, llevarse algo **2 snap sb ↔ up** hacerse con los servicios de alguien, sacarse de las manos a alguien **3 snap sth ↔ up** no dejar escapar algo

snap² *s* **1** [sing] chasquido **2** [C] (tb **snap fastener**) broche a/de presión (en ropa) **3** [U] juego de cartas en que los jugadores van enseñando simultáneamente sus cartas y gritan **snap** cuando salen dos iguales ▶ **COLD SNAP**

EXPRESIONES
be a snap (*coloq*) ser facilísimo -a

snap³ *adj* [solo ante s] **a snap judgment/decision** un juicio precipitado/una decisión precipitada

snap·py /'snæpi/ *adj* (**snappier, snappiest**) **1** claro -a y conciso -a: *a snappy slogan* un eslogan con gancho • *a snappy headline* un titular impactante • **short and snappy** breve e ingenioso -a **2** moderno -a y elegante • **be a snappy dresser** vestir muy bien

EXPRESIONES
Make it snappy! (*oral*) ¡Rápido!

snap·shot /'snæpʃɑt/ *s* [C] **1** foto **2** (visión) panorámica, visión general • [+of]: *a snapshot of life in the Middle Ages* una visión general de la vida en la Edad Media

snare¹ /snɛr/ *s* [C] **1** trampa **2** tambor (individual), caja (de una batería)

snare² *v* [T] cazar (con trampas)

snarl¹ /snɑrl/ v **1** [I] (animal) gruñir • **snarl at sb** gruñirle a alguien **2** [I,T] (persona) gruñir • **snarl at sb** gruñirle a alguien **3 be/get snarled up** enredarse

snarl² s [C] **1** (de animal) gruñido **2** (de persona) gruñido **3** trancón, embotellamiento

'snarl-up s [C] trancón, embotellamiento SIN **tie-up**

snatch¹ /snætʃ/ v [T] **1** arrebatar, quitar • **snatch sth from sb** arrebatarle algo a alguien • **snatch sth from sth** tomar/agarrar algo rápidamente de algo **2** llevarse por la fuerza, secuestrar **3** quitar, robar **4** hacerse con (la victoria): *He tried to snatch a few hours' sleep.* Aprovechó para dormir unas horas. • *We snatched a glimpse of the queen.* Alcanzamos a ver a la reina fugazmente.
  snatch at sth v+partíc echar mano a algo
  snatch sth ↔ up v+partíc hacerse con algo

snatch² s [C] **snatches of music/conversation** fragmentos musicales/de una conversación
  EXPRESIONES
  in snatches a ratos, a trozos

snaz·zy /'snæzi/ adj (**snazzier, snazziest**) (coloq) llamativo -a, vistoso -a

sneak¹ S3 /snik/ v (**sneaked** o **snuck** /snʌk/)
1 [I siempre + adv/prep] **sneak into/out of sth** entrar en/salir de algo a escondidas
2 [T siempre + adv/prep] **sneak sth/sb into sth** meter algo/a alguien a escondidas en algo • **sneak sth/sb out of sth** sacar algo/a alguien a escondidas de algo
3 sneak a look/peek at sth echarle un vistazo a algo con disimulo
  sneak up v+partíc **1 sneak up** acercarse sin ser visto -a • **sneak up on sb** acercarse a alguien sin ser visto -a: *Don't sneak up on me like that!* ¡No te me acerques así, que me asustas! **2 sneak up on sb** echarse encima de alguien, sobrevenirle de repente a alguien

sneak² s [C] (coloq) traidor -a, judas

sneak³ adj [solo ante s] por sorpresa (ataque), disimulado -a (mirada)

sneak·er /'snikər/ s [C gralm pl] zapatilla, (zapato) tenis

sneak·ing /'snikɪŋ/ adj
  EXPRESIONES
  have a sneaking admiration/respect for sb sentir una secreta admiración por alguien • **have a sneaking suspicion/feeling (that)** tener la leve sospecha/ impresión de que

sneak·y /'sniki/ adj (**sneakier, sneakiest**) taimado -a, artero -a

sneer¹ /snɪr/ v **(a)** [I] burlarse, hacer una mueca de desdén • **sneer at sb/sth** burlarse de alguien/algo **(b)** [T] decir con sorna, decir con aire desdeñoso

sneer² s [C] mueca de desdén, expresión de sorna

sneeze¹ /sniz/ v [I] estornudar
  EXPRESIONES
  it's nothing to sneeze at (coloq) no es moco de pavo, no es ninguna bobada

sneeze² s [C] estornudo

snick·er¹ /'snɪkər/ v **1 (a)** [I] soltar una risita burlona, reír por lo bajo • **snicker at sb/sth** reírse burlonamente de alguien/algo **(b)** [T] decir con una risita burlona **2** [I] resoplar (suavemente)

snicker² s [C] risita burlona

snide /snaɪd/ adj insidioso -a, malicioso -a • **a snide remark/comment** un comentario insidioso

snide·ly /'snaɪdli/ adv insidiosamente, maliciosamente

sniff¹ S3 /snɪf/ v
1 [I] sorber, sorberse los mocos
2 [I,T] oler, olisquear • **sniff at sth** olisquear algo
3 [T] decir con desdén: *"Is that all?" he sniffed.* –¿Eso es todo? –dijo con desdén.
4 [T] esnifar, trabarse con
  sniff around v+partíc **sniff around** [gralm en forma continua] husmear

sniff at sth v+partíc **1** desdeñar algo, despreciar algo **2 it's not to be sniffed at** (coloq) (tb **it's nothing to sniff at**) no es moco de pavo, no es ninguna bobada
sniff sth ↔ out v+partíc **1** olfatear algo, detectar algo por el olfato **2** intuir algo, descubrir algo por intuición

sniff² s [C] resoplido: *a sniff of impatience* un resoplido de impaciencia • **give/take a sniff** olisquear, olfatear

snif·fle¹ /'snɪfəl/ v [I] sorberse la nariz/los mocos

sniffle² s **1** [sing] (tb **the sniffles** [pl]) resfriado, moquera **2** [C] gimoteo

snif·ter /'snɪftər/ s [C] copita, traguito

snig·ger¹ /'snɪgər/ v **(a)** [I] soltar una risita burlona, reír por lo bajo • **snigger at sb/sth** reírse burlonamente de alguien/algo **(b)** [T] decir con una risita burlona ► ver nota en **LAUGH**

snigger² s [C] risita burlona

snip¹ /snɪp/ v [I,T] (**snipped, snipping**) cortar (de un tijeretazo)

snip² s [C] tijeretazo

snipe¹ /snaɪp/ v [I] criticar • **snipe at sth/sb** criticar algo/despellejar a alguien

snipe² s [C] caica, agachona

snip·er /'snaɪpər/ s [C] francotirador -a

snip·ing /'snaɪpɪŋ/ s [U] críticas (despiadadas, sucias)

snip·pet /'snɪpɪt/ s [C gralm pl] fragmento, trozo (de conversación, música), recorte (de prensa) • [+of]: *snippets of information* datos sueltos

snit /snɪt/ s **be in a snit** (coloq) estar hecho -a un tití, estar furioso -a

snitch¹ /snɪtʃ/ v (coloq) **1** [I] sapear, delatar • **snitch on sb** sapear a alguien, delatar a alguien **2** [T] robar, volarse

snitch² s [C] sapo -a, delator -a

sniv·el /'snɪvəl/ v [I] (peyor) lloriquear, gimotear

sniv·el·ing /'snɪvəlɪŋ/ adj [solo ante s] (peyor) lloriqueante, gimoteante

snob /snɑb/ s [C] (peyor) pretencioso -a, esnob • **a wine snob** un entendido/una entendida en vinos de lo más pedante

snob·ber·y /'snɑbəri/ s [U] (peyor) pretenciosidad, esnobismo

snob·bish /'snɑbɪʃ/ (tb **snob·by** /'snɑbi/) adj (peyor) pretencioso -a, esnob

snoop /snup/ v [I] (peyor) fisgonear, curiosear • **snoop around/about** andar fisgoneando

snoop·er /'snupər/ s [C] (tb **snoop**) (peyor) fisgón -ona

snoot·i·ly /'snuṭəli/ adv (peyor, coloq) con engreimiento

snoot·y /'snuṭi/ adj (**snootier, snootiest**) (peyor, coloq) estirado -a, engreído -a

snooze¹ /snuz/ v [I] (coloq) **1** echar(se) una siestica, echarse un sueñito **2** estar dormido -a, estar en la luna de Valencia
  EXPRESIONES
  you snooze, you lose quien fue a Barranquilla, perdió su silla, el que se fue a la Villa, perdió su silla (si no prestas atención y actúas rápido, saldrás perdiendo)

snooze² s (coloq) **1** [C gralm sing] siestica, sueñito, siestecita **2** [sing] jartera, latazo

snore¹ /snɔr/ v [I] roncar

snore² s [C] ronquido

snor·kel¹ /'snɔrkəl/ s [C] **1** (para bucear) (tubo de) snorkel/esnórquel **2** (de un submarino) snorkel, esnórquel

snorkel² v [I] hacer snorkel/esnórquel

snor·kel·ing /'snɔrkəlɪŋ/ s [U] snorkel, esnórquel • **go snorkeling** ir a hacer snorkel/buceo libre

snort¹ /snɔrt/ *v* **1** [I] (persona) bufar, resoplar • **snort with laughter** reír resoplando **2** [T] gruñir, espetar **3** [I] (animal) bufar, resoplar **4** [T] esnifar, trabarse con (pegamento)

snort² *s* [C] **1** (de persona) bufido, resoplido **2** (de animal) bufido, resoplido

snot /snɑt/ *s* (*coloq*) **1** [U] mocos **2** [C] engreído -a, pedante

'snot-nosed *adj* **1** [solo ante s] mocoso -a, malcriado -a: *a snot-nosed kid* un mocoso **2** mocoso -a, con los mocos colgando

snot·ty /'snɑti/ *adj* (**snottier, snottiest**) (*coloq*) **1** lleno -a de mocos **2** engreído -a, pedante

snout /snaʊt/ *s* [C] hocico

snow¹ S2 W2 /snoʊ/ *s*
1 [U] nieve • **heavy snow** nieve abundante, fuertes nevadas • **snow falls** cae nieve, nieva
2 [C] nevada
3 snows [pl] nieves

snow² S2 *v*
1 [I] **it snows** nieva: *Is it snowing?* ¿Está nevando?
2 [T] (*coloq*) convencer, seducir
EXPRESIONES
be snowed in quedar aislado -a/incomunicado -a por la nieve • **be snowed under** estar desbordado -a (de trabajo) • **be snowed under with sth** estar desbordado -a de algo

snow·ball¹ /'snoʊbɔl/ *s* [C] bola de nieve
EXPRESIONES
a snowball effect un efecto bola de nieve

snowball² *v* [I] crecer aceleradamente, aumentar cada vez más

snow·board /'snoʊbɔrd/ *s* [C] tabla de snowboard

snow·board·er /'snoʊˌbɔrdɚ/ *s* [C] practicante de snowboard

snow·board·ing /'snoʊˌbɔrdɪŋ/ *s* [U] snowboard

snow·bound /'snoʊbaʊnd/ *adj* bloqueado -a por la nieve, aislado -a por la nieve

'snow-capped *adj* (*liter*) coronado -a de nieve

snow·drift /'snoʊˌdrɪft/ *s* [C] masa de nieve acumulada por el viento

snow·drop /'snoʊdrɑp/ *s* [C] campanilla de invierno (planta), galatea

snow·fall /'snoʊfɔl/ *s* **1** [C] nevada **2** [C,U] nieve caída, nevadas

snow·flake /'snoʊfleɪk/ *s* [C] copo de nieve

'snow job *s* [C] gralm sing (*coloq*) acción de convencer a alguien para que crea algo falso

snow·man /'snoʊmæn/ *s* [C] muñeco de nieve

snow·plow /'snoʊplaʊ/ *s* [C] (máquina) quitanieves

snow·shoe /'snoʊʃu/ *s* [C] raqueta (para la nieve)

snow·storm /'snoʊstɔrm/ *s* [C] tormenta de nieve

,snow-'white *adj* blanco -a como la nieve

snow·y /'snoʊi/ *adj* (**snowier, snowiest**) **1** de (mucha) nieve (tiempo, día) **2** [solo ante s] nevado -a, cubierto -a de nieve **3** [solo ante s] (*liter*) níveo -a, blanco -a como la nieve

snub¹ /snʌb/ *v* [T] (**snubbed, snubbing**) despreciar, desairar

snub² *s* [C] desprecio, desaire

snuck /snʌk/ pasado y participio pasado de SNEAK

snuff¹ /snʌf/ *v* [T] apagar (una vela, con los dedos o tapándola)
snuff out *v+partíc* **1 snuff sth ↔ out** apagar algo (una vela, con los dedos o tapándola) **2 snuff sth ↔ out** acabar/terminar con algo

snuff² *s* [U] rapé

---

up to snuff (*coloq*) satisfactorio -a

snuf·fle¹ /'snʌfəl/ *v* [I] resoplar

snuffle² *s* [C] resoplido

snug /snʌg/ *adj* **1** [nunca ante s] a gusto **2** acogedor -a **3** ajustado -a, ceñido -a

snug·gle /'snʌgəl/ *v* [I,T] acurrucarse • **snuggle up/down** acurrucarse

snug·ly /'snʌgli/ *adv* **1** perfectamente (ajustar, encajar) **2** a gusto

so¹ S1 W1 /soʊ/ *adv*

1 muy
2 hasta tal grado
3 igualmente
4 indicando lo dicho
5 indicando tamaño con un gesto
6 en respuestas
7 para enfatizar
8 indicando manera

1 MUY tan: *I felt so sick yesterday.* Ayer me sentía tan mal. • *We've behaved so stupidly.* Fuimos tan tontos. • **so much** tanto -a: *We still have so much to do.* Aún nos queda tanto que hacer. • *Thank you so much!* ¡Muchísimas gracias! • **so many** tantos -as: *We have so many decisions to make.* Tenemos tantas decisiones que tomar. • *There are so many people here!* ¡Cuánta gente que hay aquí! • **so little** tan poco -a: *We have so little time left.* Nos queda tan poco tiempo. • **so few** tan pocos -as: *There were so few good candidates.* Había tan pocos candidatos buenos. • **not so** no muy: *The results are not so good.* Los resultados no son muy buenos.

2 HASTA TAL GRADO tan: *Do we have to leave so early?* ¿Tan temprano tenemos que irnos? • **so... (that)** tan... que: *It happened so quickly I didn't see it.* Pasó tan rápido que no lo vi. • **not so** no tan: *Inside, the house is not so impressive.* Por dentro, la casa no es tan impresionante. • **so... as to be sth** (*frml*) tan... que es algo: *The insect is so small as to be almost invisible.* El insecto es tan pequeño que es casi invisible. • **so... a sth** (*frml*) algo tan...: *He had never spoken to so large a crowd before.* Nunca había hablado ante un público tan numeroso.

3 IGUALMENTE también • **so is sb/sth** alguien/algo también: *Ashley's a great swimmer, and so is her brother.* Ashley es una nadadora excelente, y su hermano también. • **so has sb/sth** alguien/algo también: *Income has risen, but so have prices.* Los sueldos han subido, pero los precios también. • **so does sb/sth** alguien/algo también: *"I have a lot to do today." "So do I."* –Hoy tengo mucho que hacer. –Yo también. • **so can/will sb** alguien también: *If I can do it, so can you.* Si yo puedo hacerlo, tú también.

4 INDICANDO LO DICHO *She's very upset, and understandably so.* Está muy disgustada, y con razón. • *"I'm a better player than you." "Perhaps so."* –Juego mejor que tú. –Puede ser. • **be so** ser así, ser cierto: *They claim you made mistakes. Is that really so?* Dicen que cometiste errores. ¿Es así? • **if so** en ese caso, si es así: *Did you do it and, if so, why?* ¿Lo hiciste tú? y, si es así, ¿por qué? • **do so** hacerlo: *If you haven't chosen, please do so now.* Si aún no elegiste, hazlo ahora por favor. • **say so** decirlo: *I didn't understand, and said so.* No entendí, y así lo dije. • **think/hope so** creer/esperar que sí: *"Have they arrived?" "I think so."* –¿Ya llegaron? –Creo que sí. • **so I see/hear** ya (lo) veo/eso he oído: *"I cleaned the windows." "So I see."* –Limpié las ventanas. –Ya lo veo. • **so it seems** eso parece • **more/less so** más/menos: *She feels relaxed here, even more so than at home.* Aquí está relajada, incluso más que en la casa.

5 INDICANDO TAMAÑO CON UN GESTO (*oral*) así: *He's about so tall.* Es así de alto.

6 EN RESPUESTAS (*coloq, oral*): *"You can't swim." "I can so."* –Tú no sabes nadar. –A que sí./Sí que sé. SIN **too**

7 **PARA ENFATIZAR** (*coloq, oral*) claramente: *This is so not the right color for me to wear.* Este color no me sienta bien para nada.

8 **INDICANDO MANERA** (*frml*) así, de este modo: *And so began their friendship.* Y así comenzó su amistad. • like so así, de este modo ▶ SUCH; EVEN SO, JUST SO, as/so LONG as

EXPRESIONES

and so forth (tb and so on) etcétera, y demás • only so much/many *There's only so much rudeness I'm willing to tolerate.* Aguanto groserías hasta un punto. • or so o así: *We're leaving in five minutes or so.* Nos vamos en unos cinco minutos o así. • so be it (*frml, oral*) pues bien, adelante • so help me (tb so help me God) (*oral*) *They will not defeat me, so help me God.* Juro por Dios que no van a poder conmigo. • so long! (*coloq, oral*) ¡hasta luego!, ¡adiós! • so much for... (*oral*) pues vaya con..., pues vaya un/una...: *The gate was unlocked. So much for security.* La puerta no estaba cerrada con llave. ¡Cuánta seguridad! • so much the better todavía mejor • so to speak (*oral*) por así decirlo • without so much as sth sin siquiera algo

so² S1 W1 *conj*

1 por esta razón
2 indicando finalidad
3 al relatar
4 para introducir pregunta, comentario
5 para pedir confirmación
6 indicando sorpresa
7 indicando indiferencia
8 reconociendo algo

1 **POR ESTA RAZÓN** así que: *There were no buses, so we walked.* No había buses, así que fuimos caminando. • so (that) así que: *The curtains were closed, so we couldn't see inside.* Las cortinas estaban corridas, así que no pudimos mirar dentro.

2 **INDICANDO FINALIDAD** so (that) para que: *I lowered my voice so she wouldn't hear.* Bajé la voz para que no me oyese. • so as to do sth para hacer algo: *I moved quietly so as not to wake the children.* Me moví despacio para no despertar a los niños.

3 **AL RELATAR** (*oral*): *So anyway, we decided to go to the movies.* Total, que decidimos ir al cine.

4 **PARA INTRODUCIR PREGUNTA, COMENTARIO** (*oral*): *So, Lisa, how's your new job?* Bueno, Lisa, ¿qué tal tu nuevo trabajo? • *So, you're Kevin's friend.* Así que tú eres amigo de Kevin.

5 **PARA PEDIR CONFIRMACIÓN** (*oral*) o sea que, entonces: *So this one is a copy, is it?* O sea que esto es una copia, ¿no?

6 **INDICANDO SORPRESA** (*oral*) ajá: *So! This is where you've been hiding!* ¡Ajá! ¡Así que aquí es dónde te escondías!

7 **INDICANDO INDIFERENCIA** So? (tb So what?) (*coloq, oral*) ¿Y?, ¿Y qué?: *"He's taller than you." "So what?"* –Es más alto que tú. –¿Y?

8 **RECONOCIENDO ALGO** (*oral*) es cierto, de acuerdo: *So I made a mistake. I'm only human.* Es cierto, me equivoqué. Uno es humano. • so what if...? ¿y qué si...?

so³ *s* [U] sol (nota musical)

soak¹ S3 /soʊk/ *v*
1 **(a)** [T] poner en remojo, dejar en remojo **(b)** [I] estar en remojo: *Let the pans soak. I'll wash them later.* Deja las ollas en remojo. Yo las lavo luego. **2** [T] (lluvia, sudor) empapar, calar **3** [I] soak through sth calar algo, traspasar algo **4** [T] (persona) empapar, calar • soak sth with/in sth empapar algo con/en algo **5** [I] darse un buen baño
soak sth ↔ up *v+partíc* **1** absorber algo, chupar algo (material, sustancia) **2** secar algo, empapar algo (con un paño, una toalla) **3** empaparse de algo, disfrutar de algo **4** asimilar algo

soak² *s* [C] baño largo

EXPRESIONES
an old soak (*hum*) un borrachín/una borracha

soaked /soʊkt/ *adj* [nunca ante s] empapado -a • [+with/in]: *His shirt was soaked with blood.* Tenía la camisa empapada de sangre. • soaked to the skin calado -a hasta los huesos

soak·ing¹ /ˈsoʊkɪŋ/ (tb ,soaking ˈwet) *adj* empapado -a, calado -a hasta los huesos

soaking² *s* [C gralm sing] remojo • get a soaking empaparse

ˈso-and-so *s* (pl so-and-so's) **1** [U] esto y lo otro, tal y tal (cosa), fulano -a, mengano -a (persona) **2** [C] (*coloq*) hijo -a de su madre

soap¹ S3 /soʊp/ *s*
1 [C,U] jabón: *a bar of soap* una pasta/barra de jabón • soap and water agua y jabón • soap dish jabonera **2** [C] (*coloq*) culebrón, telenovela, radionovela • soap star estrella de telenovela

soap² *v* [T] enjabonar

soap·box /ˈsoʊpbɑks/ *s* [C] tribuna • be/get on your soapbox estar en/salir a la palestra

ˈsoap ,opera *s* [C] culebrón, telenovela, radionovela

soap·y /ˈsoʊpi/ *adj* (soapier, soapiest) **1** jabonoso -a (agua), enjabonado -a (pelo) **2** a jabón (olor)

soar /sɔr/ *v* [I] **1** dispararse (precios, índice) **2** planear (ave) **3** levantarse (ánimo), renacer (esperanza) **4** [nunca en forma continua] alzarse, elevarse

sob¹ /sɑb/ *v* (sobbed, sobbing) **1** [I] sollozar **2** [T] decir sollozando

sob² /sɑb/ *s* [C] sollozo

so·ber¹ /ˈsoʊbər/ *adj* **1** [gralm no ante s] sobrio -a (no ebrio) • stone-cold sober totalmente sobrio -a **2** serio -a, mesurado -a **3** serio -a (tema, hecho): *sober reality* la cruda realidad **4** sobrio -a, sencillo -a

sober² *v* (*frml*) **(a)** [I] volverse (más) serio -a, ponerse (más) serio -a **(b)** [T] volver más serio -a, hacer sentar cabeza
sober up *v+partíc* **1** I/he sobered up se me/le pasó la borrachera **2** sober sb ↔ up despejar a alguien, quitarle la borrachera a alguien

so·ber·ing /ˈsoʊbərɪŋ/ *adj* aleccionador -a, que hace reflexionar

so·ber·ly /ˈsoʊbərli/ *adv* **1** seriamente, con seriedad **2** sobriamente, con sencillez

so·bri·e·ty /səˈbraɪəti/ *s* [U] (*frml*) **1** sobriedad, abstinencia (de beber alcohol) **2** seriedad, mesura

ˈsob ,story *s* [C] (*coloq*) dramononón, caso triste

ˈso-called W3 *adj* [solo ante s]
1 presunto -a, supuesto -a
2 llamado -a, denominado -a

soc·cer S2 /ˈsɑkər/ *s* [U] fútbol: *a game of soccer* un partido de fútbol • soccer fan hincha (de fútbol) • soccer player jugador -a de fútbol • soccer team equipo de fútbol

so·cia·bil·i·ty /ˌsoʊʃəˈbɪləti/ *s* [U] sociabilidad

so·cia·ble /ˈsoʊʃəbəl/ *adj* sociable

so·cia·bly /ˈsoʊʃəbli/ *adv* amistosamente, afablemente

so·cial¹ S1 W1 /ˈsoʊʃəl/ *adj*
1 [gralm ante s] (de la sociedad) social: *the existing social order* el orden social vigente • social class/status clase/estatus social • social justice justicia social **2** [solo ante s] (de relaciones humanas) social • social skills habilidades sociales, sociabilidad **3** [gralm ante s] (no laboral) social • a social event un evento social • a social call una visita social

social² *s* [C] (*antic*) reunión (social) (para los miembros de un club, una iglesia, etc.)

ˌsocial ˈclimber *s* [C] (*peyor*) arribista, trepa

so·cial·ism /ˈsoʊʃəˌlɪzəm/ *s* [U] socialismo

so·cial·ist /ˈsoʊʃəlɪst/ *s* [C], *adj* socialista

S

so·cial·ite /'souʃə,laɪt/ s [C] famoso -a (personaje de los círculos de sociedad)

so·cial·ize /'souʃə,laɪz/ v **1** [I] hacer vida social: *Most people enjoy socializing on weekends.* A la mayoría de la gente le gusta salir el fin de semana. • **socialize with sb** alternar con alguien **2** [T] socializar, integrar en la sociedad

'**social life** s [C,U] vida social

so·cial·ly /'souʃəli/ adv **1** en sociedad, en la vida social: *We work together, but I don't see him socially.* Trabajamos juntos pero no tengo trato con él fuera del trabajo. **2** socialmente, desde el punto de vista social **3 be socially acceptable/unacceptable** estar bien/mal visto

,**social** '**science** s **1** [U] ciencias sociales **2** [C] ciencia social

,**social** se'**curity** s [U] **Social Security** seguridad social

'**social** ,**studies** s [U] ciencias sociales

'**social work** s [U] trabajo social

'**social** ,**worker** s [C] trabajador -a social

so·ci·e·ty S2 W1 /sə'saɪəti/ s (pl **societies**)
1 [C,U] (ciudadanía) sociedad: *a society in which all people are equal* una sociedad en la que todas las personas son iguales • **a danger to society** un peligro para la sociedad • **a section/level of society** un sector de la sociedad/un estrato social
2 [C] (entidad) sociedad: *the university film society* la sociedad cinematográfica universitaria
3 [U] (grupo de gente) sociedad • **high society** alta sociedad • **polite society** gente educada

so·ci·o·ec·o·nom·ic /,sousiou,ɛkə'nɑmɪk, -,ikə-/ adj [gralm ante s] socioeconómico -a

so·ci·ol·o·gist /,sousi'ɑlədʒɪst/ s [C] sociólogo -a

so·ci·ol·o·gy /,sousi'ɑlədʒi/ s [U] sociología

sock¹ S2 /sɑk/ s [C]
1 media, calcetín: *a pair of socks* un par de medias
2 [gralm sing] (coloq) puñetazo, trompada
EXPRESIONES
knock sb's socks off (coloq) dejar alucinado -a a alguien, descrestar a alguien

sock² v [T] (coloq) **1** pegar, cascar **2 be socked with sth** tener que pagar algo (inesperadamente)
EXPRESIONES
sock it to sb (coloq) *Go on, George, sock it to them!* ¡Ven, George, demuéstrales quien eres!
sock sth away v+partíc (coloq) guardar algo (dinero)

sock·et /'sɑkɪt/ s [C] **1** enchufe, tomacorrientes **2** enchufe, toma (para auriculares, altavoces), portalámparas **3** cavidad: *the eye sockets* las cuencas de los ojos **4** orificio, ranura

sod /sɑd/ s [C,U] tepe(s)

so·da S3 /'soudə/ s
1 [C,U] gaseosa, refresco SIN **pop**
2 [C,U] soda
3 [C] ice-cream soda
4 [U] bicarbonato de sodio (para pastelería), soda cáustica, sosa cáustica (para limpieza)

'**soda** ,**water** s [U] soda

sod·den /'sɑdn/ adj empapado -a

so·di·um /'soudiəm/ (símb quím **Na**) s [U] sodio

sod·om·y /'sɑdəmi/ s [U] sodomía

so·fa /'soufə/ s [C] sofá

soft S2 W2 /sɔft/ adj

1	cama, queso, suelo
2	piel, tela, pelo
3	música, voz
4	color, iluminación
5	curvas, formas
6	brisa, lluvia
7	no estricto
8	sensible
9	agua
10	vida, trabajo

1 CAMA, QUESO, SUELO blando -a: *a soft pillow* una almohada blanda
2 PIEL, TELA, PELO suave: *a baby's soft skin* la piel suave de un bebé
3 MÚSICA, VOZ suave: *He calmed down and his voice became softer.* Se tranquilizó y se le suavizó la voz.
4 COLOR, ILUMINACIÓN [solo ante s] suave: *soft blues and grays* azules y grises suaves
5 CURVAS, FORMAS suave: *a soft, expressive face* una cara de rasgos suaves y expresivos
6 BRISA, LLUVIA suave: *soft summer rain* llovizna de verano
7 NO ESTRICTO (peyor) blando -a • **be soft on sth/sb** ser blando -a con algo/alguien
8 SENSIBLE (aprec) tierno -a, amable • **a soft heart** un buen corazón
9 AGUA blando -a
10 VIDA, TRABAJO fácil
EXPRESIONES
soft in the head (coloq) bobo -a: *I think the old woman's going soft in the head.* Creo que la vieja está perdiendo el juicio. • **have a soft spot for sb** tener debilidad por alguien

soft·ball /'sɔftbɔl/ s **1** [U] sóftbol (versión del béisbol jugada en un campo más pequeño con una bola más blanda) **2** [C] pelota de sóftbol

,**soft-**'**boiled** adj pasado por agua

'**soft drink** s [C] gaseosa, refresco

,**soft** '**drug** s [C] droga blanda, droga suave

soft·en /'sɔfən/ v

1	arcilla, comida, mantequilla
2	la piel
3	en severidad
4	efectos, derrota, crisis
5	en amabilidad
6	la luz, el color, el sabor

1 ARCILLA, COMIDA, MANTEQUILLA [I,T] ablandar(se): *He moved the clay around in his hands to soften it.* Manipuló un poco la arcilla para ablandarla.
2 LA PIEL [T] suavizar: *Moisturizer softens and protects your skin.* El humectante suaviza y protege la piel.
3 EN SEVERIDAD [I,T] ablandar(se) (persona), suavizar(se) (actitud, postura)
4 EFECTOS, DERROTA, CRISIS [T] mitigar, amortiguar • **soften the blow/impact of sth** amortiguar el golpe/impacto de algo
5 EN AMABILIDAD [I,T] suavizar(se) (tono, expresión), enternecer(se), ablandar(se) (persona)
6 LA LUZ, EL COLOR, EL SABOR [T] atenuar, suavizar
soften up v+partíc **1 soften sb ↔ up** tratar de ablandar a alguien **2 soften sth/sb ↔ up** debilitar algo/a alguien **3 soften sth ↔ up** ablandar algo, reblandecer algo

soft·en·er /'sɔfənər/ s [C] suavizante (para la ropa)

soft·ie, **softy** /'sɔfti/ s [C] (coloq) buenazo -a, blandengue

soft·ly /'sɔftli/ adv **1** en voz baja **2** suavemente

soft·ness /'sɔftnɪs/ s [U] **1** blandura **2** (de la piel, tela) suavidad **3** ternura **4** (de la voz) suavidad

,**soft-**'**pedal** v [T] quitarle importancia a

,**soft-**'**spoken** adj de voz suave

,**soft** '**touch** s [sing] **1** (coloq) blando -a: *Brad knew I was a soft touch.* Brad sabía que yo era fácil de convencer. **2** tacto, diplomacia

soft·ware S3 W1 /'sɔft-wɛr/ s [U] software, programas de computador

soft·y /'sɔfti/ adj variante de **SOFTIE**

sog·gy /'sɑgi/ adj (**soggier**, **soggiest**) húmedo -a y blando -a ▶ ver nota en **HÚMEDO**

soil[1] W3 /sɔɪl/ s
1 [C,U] (terreno) tierra, suelo: *dry soil* suelo seco
2 [U] (*frml*) (territorio) **on British/American soil** en suelo británico/estadounidense • **his/her native soil** su tierra natal

soil[2] *v* [T] (*frml*) ensuciar, manchar • **soil yourself** ensuciarse

EXPRESIONES
soil your hands ensuciarse las manos

soiled /sɔɪld/ *adj* sucio -a

so·journ /ˈsoʊdʒɜːn/ *s* [C] (*liter*) estadía, estancia

sol·ace /ˈsɑlɪs/ *s* [U] consuelo

so·lar /ˈsoʊlə/ *adj* [solo ante s] solar: *solar energy* energía solar

solar plex·us /ˈsoʊlə ˌplɛksəs/ *s* [sing] plexo solar

ˈsolar ˌsystem *s* **the solar system** el sistema solar

sold /soʊld/ pasado y participio pasado de SELL

sol·der[1] /ˈsɑdə, ˈsɔ-/ *v* [T] soldar

solder[2] *s* [U] soldadura

ˈsoldering ˌiron *s* [C] soldador (herramienta)

sol·dier[1] W2 /ˈsoʊldʒə/ *s* [C] soldado

soldier[2] *v*
soldier on *v+partíc* seguir adelante, seguir en la brecha

ˌsold ˈout, **sold-out** *adj* **1** (concierto, partido) **the concert/the game was sold out** se habían agotado las entradas para el concierto/partido **2** [nunca ante s] (tienda) **be sold out (of sth)** *I'm afraid we're sold out of bread.* Me temo que ya no nos queda pan. **3** [nunca ante s] (producto) agotado -a

sole[1] /soʊl/ *adj* [solo ante s] **1** único -a • **the sole survivor** el único/la única superviviente • **with the sole purpose of doing sth** con el único fin de hacer algo **2** exclusivo -a (propiedad, propietario)

sole[2] *s* **1** [C] planta (del pie) **2** [C] suela (de zapato) **3** [C,U] (pl **sole** o **soles**) lenguado

sole·ly /ˈsoʊli/ *adv* únicamente, solamente

sol·emn /ˈsɑləm/ *adj* **1** serio -a, adusto -a **2** [solo ante s] (promesa) solemne **3** (ceremonia) solemne

so·lem·ni·ty /səˈlɛmnəti/ *s* **1** [U] seriedad, solemnidad **2 solemnities** [pl] ceremonial

sol·emn·ly /ˈsɑləmli/ *adv* **1** seriamente **2** solemnemente

so·lic·it /səˈlɪsɪt/ *v* **1** [T] (*frml*) solicitar, requerir **2** [I] ejercer la prostitución **3** [I,T] vender a domicilio (un producto, un servicio)

so·lic·i·tor /səˈlɪsətə/ [C] **1** abogado a cargo de los asuntos legales de una ciudad, un distrito, etc. **2** (*frml*) vendedor -a (a domicilio, telefónico)

so·lic·it·ous /səˈlɪsətəs/ *adj* (*frml*) solícito -a

sol·id[1] W3 /ˈsɑlɪd/ *adj*

1 ni líquido ni gaseoso
2 sin mezcla
3 no hueco
4 fuerte
5 sin espacios
6 bueno, duradero
7 de confianza
8 sin pausa
9 en geometría

1 NI LÍQUIDO NI GASEOSO sólido -a • **be frozen solid** estar totalmente congelado -a • **solid food** alimentos sólidos
2 SIN MEZCLA [solo ante s] macizo -a, puro -a • **solid gold/silver** oro macizo/plata maciza • **solid oak/pine** roble/pino macizo
3 NO HUECO macizo -a: *solid rock* roca maciza
4 FUERTE sólido -a, resistente: *a solid piece of furniture* un mueble sólido • **(as) solid as a rock** duro -a como una piedra, muy resistente

5 SIN ESPACIOS continuo -a, ininterrumpido -a: *a solid line* una línea continua
6 BUENO, DURADERO sólido -a, firme • **a solid foundation** una base sólida
7 DE CONFIANZA confiable, sólido -a: *He's a very solid player.* Es un jugador muy sólido. • **solid evidence** pruebas contundentes
8 SIN PAUSA [solo antes o después de s] (*coloq*) **five solid hours/days** cinco horas seguidas/días seguidos
9 EN GEOMETRÍA [gralm ante s] (*técn*) tridimensional
EXPRESIONES
on solid ground (a) en tierra firme **(b)** en terreno seguro, en terreno conocido

solid[2] *s* **1** [C] sólido (materia) **2 solids** [pl] (alimentos) sólidos **3** [C] (*técn*) sólido, cuerpo (geométrico)

sol·i·dar·i·ty /ˌsɑləˈdærəti/ *s* [U] solidaridad

so·lid·i·fy /səˈlɪdəˌfaɪ/ *v* (**solidifies, solidified, solidifying**) **1** [I,T] solidificar(se) **2** [T] consolidar, afianzar

so·lid·i·ty /səˈlɪdəti/ *s* [U] solidez

sol·id·ly /ˈsɑlɪdli/ *adv* **1** sólidamente, firmemente **2** ininterrumpidamente: *They worked solidly for two hours.* Trabajaron dos horas seguidas. **3** unánimemente

so·lil·o·quy /səˈlɪləkwi/ *s* [C,U] (pl **soliloquies**) soliloquio

sol·i·taire /ˈsɑləˌtɛr/ *s* **1** [U] (juego de mesa) solitario **2** [C] (joya) solitario **3** [U] (juego de naipes) solitario

sol·i·tar·y[1] /ˈsɑləˌtɛri/ *adj* **1** [solo ante s] (figura, gol) solitario -a, único -a **2** (vida, paseo) solitario -a **3** (persona, animal) solitario -a
EXPRESIONES
not a solitary bed/cottage/word ni una sola cama/casa/palabra

solitary[2] *s* [U] (*coloq*) **in solitary** incomunicado -a (preso)

ˌsolitary conˈfinement *s* [U] incomunicación (castigo carcelario) • **in solitary confinement** incomunicado -a

sol·i·tude /ˈsɑləˌtud/ *s* [U] soledad

so·lo[1] /ˈsoʊloʊ/ *s* [C] (pl **solos**) **1** solo (musical) **2** vuelo en solitario, actuación en solitario

solo[2] *adj* [solo ante s] **1** solista (intérprete), en solitario (álbum, carrera) **2** para solista (fragmento) **3** en solitario (vuelo), individual (exposición)

solo[3] *adv* en solitario
EXPRESIONES
go solo hacerlo solo -a

so·lo·ist /ˈsoʊloʊɪst/ *s* [C] solista

sols·tice /ˈsɑlstɪs, ˈsɔl-/ *s* [C] solsticio

sol·u·ble /ˈsɑlyəbəl/ *adj* soluble

so·lu·tion S3 W2 /səˈluʃən/ *s*
1 [C] (a un problema) solución • [+**to**]: *a lasting solution to the conflict* una solución duradera al conflicto
2 [C] (en tests, crucigramas) solución • [+**to**]: *solutions to mathematical problems* soluciones de problemas matemáticos
3 [C,U] (líquido) solución

solve S2 W2 /sɑlv/ *v* [T]
1 resolver, solucionar: *She won't solve anything by running away.* Escapando no va a resolver nada. • **solve a problem** resolver/solucionar un problema
2 resolver, esclarecer • **solve a crime/case** resolver un crimen/un caso

sol·ven·cy /ˈsɑlvənsi/ *s* [U] solvencia

sol·vent[1] /ˈsɑlvənt/ *adj* solvente

solvent[2] *s* [C,U] disolvente

So·ma·li[1] /soʊˈmɑli/ *s* **1** [C] (persona) somalí **2** [U] (lengua) somalí

Somali[2] *adj* somalí

So·ma·li·a /soʊˈmɑliə/ Somalia

som·ber /'sɑmbɚ/ adj **1** sombrío -a, triste **2** sombrío -a (lugar), apagado -a, oscuro -a (color): *a somber dress* un vestido de colores apagados

some¹ S1 W1 /səm; *fuerte* sʌm/ det

1 indicando cantidad indefinida
2 indicando una parte
3 indicando persona o cosa indefinidas
4 indicando cantidad considerable
5 para enfatizar
6 irónicamente

1 INDICANCO CANTIDAD INDEFINIDA algo de (con nombres incontables), unos -as (con nombres plurales): *There's some bread in the kitchen.* En la cocina hay pan. • *They're looking for someone with some experience.* Buscan a una persona con algo de experiencia. • *Can we borrow some chairs?* ¿Nos prestas unas sillas? • *It would be good to spend some time together.* Estaría bien pasar un tiempo juntos. • **some more** *You'll need some more clothes.* Vas a necesitar un poco más de ropa.
2 INDICANDO UNA PARTE [usado con s pl] algunos -as: *Some people have more energy than others.* Algunas personas tienen más energía que otras. • *Some houses have pools, but most don't.* Algunas casas tienen piscina, pero la mayoría no.
3 INDICANDO PERSONA O COSA INDEFINIDAS [usado con s sing] un, algún, una, alguna • **some kind/type** algún tipo, cierto tipo: *She has some kind of tropical disease.* Tiene algún tipo de enfermedad tropical. • **for some reason** por alguna razón • **some other** algún otro, alguna otra: *Isn't there some other method we can use?* ¿No hay algún otro método que podamos usar? • **some ... or other/another** un..., una...: *I met him at some party or other.* Lo conocí en una fiesta.
4 INDICANDO CANTIDAD CONSIDERABLE bastante (con nombres incontables), bastantes, unos -as cuantos -as (con nombres plurales): *It was some time before the doctor arrived.* Pasó un buen rato hasta que llegó el médico. • *She retired some years ago.* Se jubiló hace unos cuantos años.
5 PARA ENFATIZAR (coloq, oral) qué: *That was some party!* ¡Esa sí que fue una fiesta! • *That guy is some idiot!* ¡Ese man es un pedazo de idiota!
6 IRÓNICAMENTE (coloq, oral) qué, valiente: *Some friend you are!* ¡Qué amigo estás hecho!

some² S1 W1 /sʌm/ pron
1 (cantidad indefinida) *We need more wine. Could you get some?* Hace falta más vino. ¿Podrías traer? • *Don't buy stamps because I have some here.* No compres sellos, que yo tengo aquí. • **some more** (algo) más, algunos -as más: *"Is there enough wood?" "No, we need some more."* –¿Hay suficiente madera? –No, hace falta más.
2 (parte) algunos -as (referido a nombres contables), una parte (referido a nombres incontables): *Most of the wheat is sold, but some is fed to the cattle.* La mayor parte del trigo se vende, pero una parte se le da al ganado. • *Some have suggested that the president was lying.* Algunos han dado a entender que el presidente mentía. • **some of** *I disagree with some of what she says.* No estoy de acuerdo con parte de lo que dice. • *Some of us left early.* Algunos nos fuimos pronto.

EXPRESIONES
and then some (coloq, oral) y más también

some³ adv **1** (frml) **some 10 people/$100** unas 10 personas/100 dólares • **some 20%/50%** alrededor del 20%/50% **2** (coloq, oral) (de tiempo) un rato, un poco SIN **a while 3** (coloq, oral) (en cantidad, grado) un poco SIN **a little**

EXPRESIONES
some more (coloq, oral) un poco más: *I thought about it some more.* Lo pensé un poco más.

some·bod·y¹ S1 W2 /'sʌm,bɑdi, -,bʌdi/ (tb someone) pron alguien: *Somebody has taken my pen.* Alguien se llevó mi lapicero. • *There was someone knocking on the door.* Alguien llamaba a la puerta. • **somebody famous/different/special** alguien famoso/diferente/especial • **somebody else** otro -a, otra persona • **or**

somebody o a alguien, o a otro -a: *We could ask John or somebody.* Podríamos preguntarle a John o a alguien así. • **somebody or other** alguien, no sé quién: *Somebody or other decided it was my fault.* Alguien llegó a la conclusión de que era culpa mía.

EXPRESIONES
be somebody ser alguien

somebody² s [C] (pl **somebodies**) persona importante, alguien (importante): *a bunch of nobodies who became somebodies* un puñado de desconocidos que llegaron a ser alguien

some·day /'sʌmdeɪ/ adv algún día

some·how S2 W2 /'sʌmhaʊ/ adv
1 de alguna manera: *We'll get the money back somehow.* Recuperaremos el dinero de alguna manera. • *Somehow, I managed to lose my keys.* No sé cómo, pero he perdido las llaves. • **somehow or other** de un modo u otro, sea como sea
2 en cierto sentido: *Her attitude somehow doesn't seem right.* Hay algo en su actitud que no me parece bien.
3 por alguna razón: *Somehow I knew she would say that.* Por alguna razón, sabía que diría eso.

some·one /'sʌmwʌn/ ▶ SOMEBODY ▶ ver nota en THEY

some·place /'sʌmpleɪs/ S2 adv, pron (coloq, oral) ▶ SOMEWHERE

som·er·sault¹ /'sʌmɚ,sɔlt/ s [C] **1** voltereta, maroma; (en el aire) salto mortal • **do a somersault** dar/hacer una voltereta, dar/echar una maroma, dar un salto mortal **2** vuelta de campana

somersault² v [I] **1** hacer/dar una voltereta, dar/echar una maroma, dar un salto mortal **2** dar una vuelta de campana

some·thing¹ S1 W1 /'sʌmθɪŋ/ pron [gralm no en interrog o negat]
1 (cosa indefinida) algo: *There's something in my eye.* Tengo algo en el ojo. • *I want to show you something.* Quiero enseñarte algo. • *Something she said made me think of you.* Algo que dijo me hizo pensar en ti. • **something important/big/better** algo importante/grande/mejor • **something else** otra cosa • **there's something wrong** algo va/anda mal: *There's something wrong with the TV.* Algo le pasa a la tele. • **something to eat/drink** algo de comer/beber • **something to read/do** algo para leer/que hacer • **or something** o algo así, u otra cosa por el estilo • **something or other** algo, no sé qué: *They were arguing about something or other.* Discutían por algo.
2 (número aproximado) **something like/around...** unos -as..., alrededor de...: *Something like 400 people attended the meeting.* Unas 400 personas asistieron a la reunión. • **something between sth and sth** *We spent something between three and four thousand dollars.* Gastamos entre tres y cuatro mil dólares.
3 (oral) (dato desconocido) no sé qué: *a phone call from a Michael something* una llamada de un tal Michael no sé qué

EXPRESIONES
do something hacer algo • **do something about sth** hacer algo respecto a algo • **have/be something to do with sth** tener (algo) que ver con algo: *His job has something to do with computers.* Su trabajo tiene que ver con computadores. • **make something of yourself** llegar a ser alguien • **be something** (coloq, oral) ser cosa fina, ser genial: *That guy sure is something!* ¡Mira que es genial el tipo ese! • **something about sb/sth** *There was something about Delaney that worried her.* Había algo en Delaney que la preocupaba. • **be something else** (coloq, oral) **(a)** ser genial, ser impresionante **(b)** ser de lo que no hay, ser inaguantable • **something for nothing** *Don't expect to get something for nothing.* No esperes que te regalen nada. • **something of a...** *The origin of the name is something of a mystery.* El origen del nombre es casi un misterio. • *She's something of an expert.* Es una especie de experta. • **that is saying something** (coloq, oral) lo cual ya es mucho decir • **that's**

something (*oral*) algo es algo, ya es algo • **there is something in/to sth** (*oral*) algo de bueno tiene que tener algo

some·thing² *adv* **be/look something like...** ser algo así como..., parecerse un poco a...

some·thing³ *s*

EXPRESIONES
a little something (*coloq, oral*) **(a)** un detalle, un regalito **(b)** un aperitivo, algo de picar

some·time¹ S2 /ˈsʌmtaɪm/ *adv* algún día: *Come and visit us sometime.* Ven a visitarnos algún día. • *The accident happened sometime after 8 o'clock.* El accidente ocurrió en algún momento después de las 8. • **sometime soon** pronto

sometime² *adj* [solo ante s] **1** ocasional, de tiempo parcial: *a sometime actor* un actor ocasional SIN **part-time 2** (*frml*) antiguo -a: *his friend and sometime rival* su amigo y otrora rival

some·times S1 W1 /ˈsʌmtaɪmz/ *adv* a veces: *I sometimes have to work late.* A veces tengo que trabajar hasta tarde. • *Sometimes, she stayed in bed until the afternoon.* A veces se quedaba en la cama hasta por la tarde.

some·way /ˈsʌmweɪ/ *adv* (*coloq*) de algún modo

some·what S3 W2 /ˈsʌmwʌt/ *adv* algo, un poco • **somewhat of a sth** *The news was somewhat of a surprise to me.* La noticia me sorprendió un poco.

some·where¹ S1 W2 /ˈsʌmwer/ *adv* [gralm no en interrog o negat]
1 en/a algún lugar, en/a alguna parte: *My bag must be here somewhere.* Mi bolsa tiene que estar por aquí en alguna parte. • *Let's go for a meal somewhere.* Vamos a comer a algún lugar. • **somewhere else** en/a otro lugar, en/a otra parte: *The children went to play somewhere else.* Los niños fueron a jugar a otro lugar. • **somewhere nice/quiet** en un lugar bonito/tranquilo, a un lugar bonito/tranquilo
2 aproximadamente • **somewhere around sth** alrededor de algo, aproximadamente algo: *a temperature somewhere around 90 degrees* una temperatura de alrededor de 90 grados • **somewhere between sth and sth** entre algo y algo • **somewhere in the region of sth** aproximadamente algo: *The project will cost somewhere in the region of $50,000.* El costo del proyecto rondará los 50.000 dólares.

EXPRESIONES
get somewhere avanzar

somewhere² *pron* algún lugar, alguna parte: *He must have gotten the information from somewhere.* De algún lugar habrá sacado la información. • **somewhere to do sth** un lugar para hacer algo: *I was looking for somewhere to stay the night.* Estaba buscando un lugar donde pasar la noche. • **somewhere else** otro lugar • **somewhere nice/quiet** un lugar bonito/tranquilo • **or somewhere** u otro lugar parecido

som·no·lent /ˈsʌmnələnt/ *adj* (*liter*) somnoliento -a

son S1 W1 /sʌn/ *s* [C]
1 (de unos padres) hijo: *We have two sons and a daughter.* Tenemos dos hijos y una hija.
2 (*oral*) (al dirigirse a un niño) niño: *What's your name, son?* ¿Cómo te llamas, niño?
3 (*liter*) (de una ciudad, nación) hijo: *New Jersey's most famous son* el hijo más famoso de Nueva Jersey

so·nar /ˈsoʊnɑr/ *s* [U] sonar

so·na·ta /səˈnɑtə/ *s* [C] sonata

song S1 W1 /sɔŋ/ *s*
1 [C] canción • **sing a song** cantar una canción • **a love song** una canción de amor • **a folk song** una canción tradicional/folklórica
2 [U] canciones, canto: *an evening of Scottish music and song* una velada de música y canciones escocesas • **burst into song** ponerse a cantar
3 [C,U] canto, trino

EXPRESIONES
for a song regalado -a, tirado -a • **a song and dance about sth** (*coloq*) una cantinela sobre algo, un rollo sobre algo (pretexto)

song·bird /ˈsɔŋbɚd/ *s* [C] pájaro cantor

song·writ·er /ˈsɔŋˌraɪtɚ/ *s* [C] compositor -a de canciones

song·writ·ing /ˈsɔŋˌraɪtɪŋ/ *s* [U] composición de canciones

son·ic /ˈsɑnɪk/ *adj* [solo ante s] (*técn*) **1** sonoro -a **2** sónico -a

ˈson-in-ˌlaw *s* [C] (pl **sons-in-law**) yerno

son·net /ˈsɑnɪt/ *s* [C] soneto

son·o·rous /ˈsɑnərəs, səˈnɔrəs/ *adj* (*escrito*) **1** sonoro -a **2** grandilocuente

soon S1 W1 /sun/ *adv* pronto: *It will be getting dark soon.* Pronto anochecerá. • *She'll be back soon.* Enseguida vuelve. • *I finished my business sooner than I expected.* Terminé mis gestiones antes de lo que esperaba. • **soon after sth** poco después de algo: *She left soon after breakfast.* Se fue poco después del desayuno. • **soon after** poco después: *Soon after, he realized that something was wrong.* Poco después, se dio cuenta de que algo andaba mal. • **as soon as possible** cuanto antes, lo antes posible • **how soon?** ¿cuándo?, ¿qué tan pronto?: *How soon can you get here?* ¿Cuándo puedes venir?

EXPRESIONES
as soon as en cuanto: *As soon as I walked into the room, I knew there was something wrong.* En cuanto entré en la habitación, noté que algo iba mal. • **no sooner... than...** apenas...: *No sooner had he sat down than the phone rang.* Apenas se sentó, sonó el teléfono. • **no sooner said than done** (*oral*) dicho y hecho • **not a moment too soon** por fin, ya era hora • **sooner or later** tarde o temprano: *She's bound to find out sooner or later.* Tarde o temprano se enterará. • **sooner rather than later** cuanto antes, mejor • **the sooner ... the better** cuanto antes ... mejor: *The sooner we get the job finished, the better.* Cuanto antes terminemos el trabajo, mejor. • **the sooner... the sooner...** cuanto antes... antes...: *The sooner I get this work done, the sooner I can go home.* Cuanto antes termine este trabajo, antes me podré ir a la casa. • **too soon** demasiado pronto • **all too soon** demasiado pronto • **sb would (just) as soon do sth** (tb **sb would sooner do sth**) alguien preferiría hacer algo • **sb would sooner do sth than sth** *I'd sooner die than go out with him.* Preferiría morir antes que salir con él.

soot /sʊt/ *s* [U] hollín

soothe /suð/ *v* [T] **1** calmar, tranquilizar **2** aliviar, calmar

sooth·ing /ˈsuðɪŋ/ *adj* **1** tranquilizante, tranquilizador -a (palabras, voz), relajante (música, ritmo) **2** calmante

sooth·say·er /ˈsuθˌseɪɚ/ *s* [C] adivino -a

soot·y /ˈsʊti/ *adj* cubierto -a de hollín, tiznado -a

sop /sɑp/ *s* [C] [gralm sing] (*peyor*) golosina, concesión (para acallar quejas)

so·phis·ti·cat·ed /səˈfɪstəˌkeɪtɪd/ *adj* **1** (equipos, sistema) sofisticado -a, complejo -a **2** (persona) sofisticado -a, refinado -a **3** avezado -a, entendido -a

so·phis·ti·ca·tion /səˌfɪstəˈkeɪʃən/ *s* [U] **1** (de una persona) sofisticación, refinamiento **2** (de los equipos, un sistema) sofisticación, complejidad **3** pericia

soph·o·more S3 /ˈsɑfmɔr/ *s* [C] estudiante de segundo año en el último ciclo de la escuela secundaria o la universidad

sop·o·rif·ic /ˌsɑpəˈrɪfɪk/ *adj* (*frml*) soporífero -a

sop·ping /ˈsɑpɪŋ/ (tb **ˌsopping ˈwet**) *adj* empapado -a

sop·py /ˈsɑpi/ *adj* (**soppier, soppiest**) (*peyor, coloq*) ñoño -a, sensiblero -a

so·pra·no¹ /səˈprænoʊ/ *s* (pl **sopranos**) **1** [C] soprano **2** [U] voz de soprano **3** [sing] papel de la soprano, papel del soprano

S

soprano² *adj* [solo ante s] (de) soprano

sor·bet /'sɔrˌbeɪ, 'sɔrbət/ *s* [C,U] sorbete (postre, refresco)

sor·cer·er /'sɔrsərəʳ/ *s* [C] hechicero, brujo

sor·cer·ess /'sɔrsərɪs/ *s* [C] hechicera, bruja

sor·cer·y /'sɔrsəri/ *s* [U] hechicería

sor·did /'sɔrdɪd/ *adj* **1** (indecente) sórdido -a **2** (sucio) sórdido -a

sore¹ 🔊 /sɔr/ *adj*
1 adolorido -a: *His arms were sore from carrying the boxes.* Le dolían los brazos de cargar las cajas. • **a sore throat** dolor de garganta ► ver nota en **PAINFUL**
2 [nunca ante s] (*coloq*) dolido -a, enojado -a • [+**at**]: *Is she still sore at us?* ¿Sigue enojada con nosotros? • [+**about**]: *He feels sore about losing his job.* Le duele quedarse sin trabajo.
3 [solo ante s] (*escrito*) enorme: *a country in sore need of help* un país con una necesidad acuciante de ayuda ► **a SIGHT for sore eyes, SORELY**
EXPRESIONES
a sore loser una persona que no sabe perder (que se enoja o disgusta) • **a sore point** un tema delicado • **stick/stand out like a sore thumb** (*coloq*) llamar la atención, saltar a la vista

sore² *s* [C] llaga ► **COLD SORE**

sore·ly /'sɔrli/ *adv* muy: *He will be sorely missed.* Se lo extrañará muchísimo.

sore·ness /'sɔrnɪs/ *s* [U] dolor

so·ror·i·ty /sə'rɔrəti, -'rɑr-/ *s* (pl **sororities**) [C] en EU, asociación femenina de estudiantes universitarias

sor·rel /'sɔrəl, 'sɑ-/ *s* [U] acedera

sor·row /'sɑroʊ, 'sɔ-/ **1** [U] (sentimiento) pena, pesar • [+**at/over**]: *his sorrow at the death of his colleague* su pena por la muerte de su colega **2** [C gralm pl] (hecho) pena, pesar ► **DROWN your sorrows**
EXPRESIONES
more in sorrow than in anger con más pena que otra cosa

sor·row·ful /'sɑroʊfəl, -rəfəl, 'sɔ-/ *adj* (*liter*) **1** triste, apenado -a **2** triste, lamentable

sor·ry 🔊 /'sɑri, 'sɔri/ *adj* (**sorrier**, **sorriest**)
1 [nunca ante s, sin compar] (indicando arrepentimiento) **be sorry** lamentarlo, sentirlo: *I told him I was sorry.* Le dije que lo lamentaba. • [+**that**]: *I'm sorry I upset you.* Lamento haberle ofendido. • [+**for**]: *He's sorry for what he's done.* Lamenta lo que ha hecho.
2 (indicando lástima) **be/feel sorry for sb** sentir pena por alguien, sentir lástima por alguien: *She felt sorry for the old man.* El viejo le daba pena. • **be/feel sorry for yourself** sentir lástima/compadecerse de sí mismo -a
3 [nunca ante s, sin compar] (indicando pesar) [+**about**]: *I'm so sorry about your accident.* Siento mucho lo de tu accidente. • [+**that**]: *I'm sorry you didn't enjoy the meal.* Lamento que no te haya gustado la comida. • **be sorry to do sth** sentir/lamentar hacer algo: *I was sorry to leave.* Lamentaba tener que marcharme. • **be sorry to hear/see that** lamentar enterarse de que/ver que
4 [solo ante s] lamentable, penoso -a • **a sorry state** un estado lamentable • **a sorry episode** un episodio lamentable • **be a sorry state of affairs** ser lamentable • **a sorry sight** un espectáculo lamentable ► **better SAFE than sorry**
EXPRESIONES
say sorry pedir perdón • **sorry** (tb **I'm sorry**) (*oral*) **(a)** (para excusarse) perdón/perdóname/perdóneme, disculpa/discúlpame, disculpe/discúlpeme: *I'm sorry, I didn't mean to step on your foot.* Perdón, no quería pisarte. • [+**that**]: *Sorry I'm late.* Perdona el retraso. • [+**about**]: *Sorry about the mess.* Perdón por el lío. • **sorry for (doing) sth** perdón por (hacer) algo: *I'm so sorry for the rude things I said.* Perdóname por las groserías que dije. • **sorry to do sth** perdón por hacer algo: *I'm so sorry to have kept you waiting.* Lamento mucho haberle hecho esperar. **(b)** (para dar una noticia)

lo lamento/siento: *I'm sorry, we don't have any tickets left.* Lo lamento, no nos quedan entradas. • **(I'm) sorry but** lo lamento pero: *I'm sorry but you'll have to leave.* Lo lamento, pero va a tener que irse. • **sorry to bother/ interrupt you** lamento molestarlo -a/interrumpirlo -a **(c)** (para corregirse) perdón: *Turn left, sorry, right at the traffic lights.* Voltee a la izquierda, perdón, a la derecha en el semáforo. **(d)** (para rehusar) perdón, lo lamento: *"Are you coming to lunch?" "No, sorry, I have some work to finish."* –¿Vienes a almorzar? –No, lo lamento, pero tengo que terminar unas cosas. **(e)** (indicando desacuerdo) **(I'm) sorry, but** perdone/perdona, pero: *I'm sorry, but that just isn't true.* Perdone, pero eso no es verdad. **(f)** (indicando pesar) (cuánto) lo siento/lamento: *"My husband died last year." "I'm sorry."* –Mi esposo murió el año pasado. –Cuánto lo siento. • **sorry?/I'm sorry?** (*oral*) ¿cómo?, ¿perdón?: *I'm sorry, what did you say?* Perdona, ¿qué has dicho? • **I'm sorry to say** lamento decir • **you'll be sorry** (*oral*) te vas a arrepentir

sort¹ 🔊 🔊 /sɔrt/ *s*
1 [C] tipo, clase • [+**of**]: *What sort of music do you like?* ¿Qué tipo de música te gusta? • **that/this sort of thing** ese/este tipo de cosas • **the sort of thing that** la clase de cosas que: *It's just the sort of thing your mother would say.* Es exactamente la clase de cosas que diría tu madre. • **all sorts of sth** toda clase/todo tipo de algo • **of this/that sort** de este/ese tipo: *Accidents of this sort are relatively common.* Los accidentes de este tipo son relativamente frecuentes. • **some sort of sth** algún tipo/alguna clase de algo: *He was in some sort of trouble.* Estaba metido en algún tipo de problema. • **of one sort or another** de uno u otro tipo
2 [sing] persona • **be the sort (of person) who...** ser de los/las que...: *He's the sort of person who is always late.* Es de los que siempre llegan tarde. • **be/look the sort** *He wouldn't have an affair. He's not the sort.* No tendría una aventura: no es de esa clase de personas.
3 [C] ordenación (en informática)
EXPRESIONES
of sorts (tb **of a sort**) si se le/la puede llamar así: *We were given a meal of sorts.* Nos sirvieron una especie de comida. • **feel out of sorts** no sentirse bien • **sort of** (*coloq*) **(a)** (en cierto modo) más o menos: *"Do you know what I mean?" "Sort of."* –¿Me entiendes? –Más o menos. **(b)** (indicando idea aproximada) como: *The dress was a sort of blue color.* El vestido era como azul. **(c)** (*oral*) (para quitar énfasis) *I sort of wondered if you'd like to come for a drink.* Me estaba preguntando si te provocaría venir a tomar algo. **(d) sort of time/price/ speed** *What sort of time do you want to leave?* ¿A qué hora quieres salir, aproximadamente?

sort² 🔊 *v* [T] clasificar, ordenar • **sort sth into categories/alphabetical order** clasificar algo por categorías/ordenar algo alfabéticamente
sort out *v+partíc* **1 sort sth ↔ out** solucionar algo, resolver algo, arreglar algo • **get sth sorted out** solucionar algo, resolver algo, arreglar algo **2 sort sth ↔ out** ordenar algo **3 sort sth ↔ out** separar algo • **sort sth out from sth** separar algo de algo **4 sort sth ↔ out** decidir algo **5 sort out the men from the boys** (*coloq*) separar a los fuertes de los débiles
sort through sth *v+partíc* revisar algo

sor·tie /'sɔrti, sɔr'ti/ *s* [C] **1** incursión aérea **2** (*escrito*) escapada, salida: *a shopping sortie* una escapada para ir de compras

SOS /ˌɛs oʊ 'ɛs/ *s* [sing] S.O.S.

'so-so *adj* (*coloq*) regular, más o menos

So·tho /'soutoʊ/ *s* **1** [C] miembro de la etnia soto **2** [U] (lengua) soto

souf·flé /su'fleɪ/ *s* [C,U] soufflé

sought /sɔt/ pasado y participio pasado de **SEEK**

'sought-ˌafter *adj* codiciado -a, solicitado -a • **much sought-after** muy codiciado -a/solicitado -a

soul S3 W2 /soʊl/ s
1 [C] (espíritu) alma: *the souls of the dead* las almas de los muertos
2 [C gralm sing] (*esp escrito*) (personalidad) alma • **be good for the soul** hacer bien al alma
3 [C] (*liter*) (persona) alma • **not a soul** ni un alma • **poor soul** pobrecito -a
4 [U] (música) soul • **soul singer** cantante de soul
5 [U] sentimiento (en una interpretación, obra, etc.)
6 [U] sensibilidad (artística) ▶ **BARE your soul**, **BODY and soul**, **the HEART and soul of the team/party**, **the LIFE and soul of the party**, **SELL your soul (to the devil)**
EXPRESIONES
God rest his/her soul que en paz descanse • **be the soul of discretion** ser la discreción personificada

'soul-des,troying *adj* desmoralizador -a

'soul food s [U] cocina tradicional de los negros del sur de EU

soul·ful /'soʊlfəl/ *adj* conmovedor -a

soul·ful·ly /'soʊlfəli/ *adv* de un modo conmovedor

soul·less /'soʊl·lɪs/ *adj* **1** desalmado -a (persona), frío -a, impersonal (entidad) **2** impersonal, anodino -a (barrio, edificio)

'soul ,music s [U] (la) música soul

'soul-,searching s [U] reflexión, examen de conciencia

sound¹ S1 W1 /saʊnd/ s
1 [C] (cosa oída) sonido, ruido: *Then she heard a sound behind her.* Entonces oyó un ruido detrás de ella. • [+**of**]: *the sound of running water* el sonido del agua que corre • **make a sound** emitir un sonido, hacer un ruido: *The kettle made a whistling sound.* La tetera silbaba. • **not make a sound** no hacer el menor ruido: *Don't make a sound.* No hagas el menor ruido.
2 [U] (ondas) el sonido • **the speed of sound** la velocidad del sonido
3 [U] (de un aparato) sonido • **turn the sound up/down** subirle/bajarle el volumen
EXPRESIONES
from/by the sound of it por lo que parece • **I like/I don't like the sound of that** eso suena genial/eso me da mala espina

¿**sound** o **noise**?
sound se usa para cualquier cosa que se percibe por el oído: *the sound of voices*
noise describe el sonido fuerte, desagradable o inesperado: *I heard a noise downstairs.*

sound² S1 W1 *v*
1 [v copul] (propuesta, idea, hecho) sonar, parecer: *The whole story sounded very odd.* Toda la historia sonaba muy extraña. • *$50 sounds about right.* Cincuenta dólares parece un buen precio. • **sound like sth** parecer algo: *That sounds like a good idea.* Eso parece una buena idea. • *That sounds like fun.* Eso suena divertido. • **it sounds like** parece que: *It sounds like you had a good time.* Parece que la pasaron bien. • **sound as if/as though** *It sounded as if her plan had worked.* Parecía que su plan había funcionado. • **how does that sound?** ¿qué te parece?
2 [v copul] (sonido, ruido) sonar: *The voice sounded familiar.* La voz me sonaba conocida. • **sound like sth** sonar a algo • **it sounds like** suena como si: *It sounds like the dog wants to be let out.* A juzgar por el ruido que hace, parece que el perro quiere salir.
3 [v copul] (en la voz) sonar, parecer: *Are you okay? You sound tired.* ¿Estás bien? Se te oye cansada. • **sound like** *You sound like you've got a cold.* Parece que estás resfriada. • **sound as if/as though** *She sounded as if she were in pain.* Por la voz parecía adolorida.
4 [T] (un aviso) **sound a warning** hacer una advertencia, dar un aviso • **sound the alarm** dar la voz de alarma
5 (timbre, sirena, campana) **(a)** [I] sonar **(b)** [T] tocar, hacer sonar ▶ **SOUNDINGS**
sound off *v+partíc* **1** (*peyor*) sermonear, despotricar • **sound off about sth** despotricar por algo **2** gritar su nombre/número de orden (soldados)

sound out *v+partíc* **1** **sound sth/sb ↔ out** sondear algo/a alguien, tantear algo/a alguien • **sound sb ↔ out about/on sth** tantear a alguien para ver su parecer sobre algo **2** **sound sth ↔ out** deletrear algo

sound³ *adj* **1** sensato -a, razonable • **environmentally/ ecologically sound** razonable desde el punto de vista del medio ambiente **2** (base, conocimiento) sólido -a • **a sound basis/base** una base sólida • **sound evidence** pruebas sólidas/firmes • **a sound knowledge/grasp of sth** sólidos conocimientos de algo **3** (edificio) sólido -a, firme **4** sano -a • **be of sound mind** (*jur*) estar en pleno uso de sus facultades mentales **5** [solo ante s] profundo -a (sueño)
EXPRESIONES
safe and sound sano -a y salvo -a

sound⁴ *adv* **sound asleep** profundamente dormido -a

'sound ,barrier s **the sound barrier** la barrera del sonido • **break the sound barrier** romper la barrera del sonido

'sound bite s [C] fragmento sonoro, frase lapidaria

'sound ef,fects s [pl] efectos de sonido

'sounding board s [C] **1** piedra de toque, punto de referencia (persona) **2** tornavoz, tabla de resonancia

sound·ings /'saʊndɪŋz/ s [pl] **1** (de la opinión) sondeos **2** (*técn*) (del agua) sondeos

sound·ly /'saʊndli/ *adv* **1** **sleep soundly** dormir profundamente **2** **be soundly defeated/beaten** sufrir una dura/aplastante derrota

sound·proof¹ /'saʊndpruf/ *adj* insonorizado -a, con aislamiento acústico

soundproof² *v* [T] insonorizar

'sound ,system s [C] equipo de sonido

sound·track /'saʊndtræk/ s [C] banda sonora

soup¹ S2 /sup/ s [C,U] sopa
EXPRESIONES
be in the soup (*coloq*) estar en un aprieto

soup² *v*
soup sth ↔ up *v+partíc* (*coloq*) trucar algo (un carro, un motor)

'soup ,kitchen s [C] comedor popular

'soup spoon s [C] cuchara sopera

sour¹ S3 /saʊər/ *adj*
1 (fruta, vino, sabor) ácido -a, agrio -a
2 (leche) cortado -a, agrio -a • **turn/go sour** cortarse, agriarse (leche), echarse a perder (comida)
3 (rostro, sonrisa) agrio -a, avinagrado -a
4 (olor) acre • **a sour smell/odor** un olor acre
EXPRESIONES
end on a sour note terminar con acritud • **go/turn sour** ponerse feo -a (situación), agriarse, deteriorarse (relación), venirse abajo (acuerdo)

sour² *v* [I,T] **1** agriar(se) (relaciones, ambiente) **2** cortar(se), agriar(se) (leche)

source¹ S3 W1 /sɔrs/ s [C]
1 fuente (de financiación, energía) • [+**of**]: *Milk is a very good source of calcium.* La leche es una excelente fuente de calcio.
2 origen (de un problema)
3 fuente (de información) • **a reliable source** una fuente fiable/fidedigna
4 nacimiento (de un río)

source² *v* [I,T] comprar, abastecerse (de) • **source sth from sb/sth** comprar algo a alguien/algo

,sour 'cream (tb **,soured 'cream**) s [U] crema agria

sour·dough /'saʊərdoʊ/ s [U] **1** (tb **sourdough bread**) pan de masa fermentada **2** masa fermentada

,sour 'grapes s [U] (*peyor*) despecho

sour·ly /'saʊərli/ *adv* (*escrito*) **1** con amargura, con acritud **2** agriamente, desagradablemente

south¹ S1 W1 /saʊθ/ s [sing, U]
1 (abrev escrita **S.**) sur, Sur (dirección): *Which way is*

south? ¿Dónde está el sur? • **to the south of sth** al sur de algo • **from the south** del sur, desde el sur
2 the south el sur (zona) • **in the south** en el sur
3 the South el Sur (de Estados Unidos)

south² *adj* **1** (abrev escrita **S.**) meridional, sur, del Sur: *a town on the south coast* una ciudad en la costa meridional **2** del sur (viento)

south³ S3 W3 *adv* al sur, hacia el sur: *The window faces south.* La ventana da al sur. • **south of sth** al sur de algo
EXPRESIONES
down south al/en el sur (de EU) • **go south** (*coloq*) irse a pique

South 'Africa Sudáfrica, Suráfrica

South 'African *s* [C], *adj* sudafricano -a, surafricano -a

South A'merica Sudamérica, Suramérica, América del Sur

South A'merican *s* [C], *adj* sudamericano -a, suramericano -a

south·bound /'saʊθbaʊnd/ *adj* [solo ante s], *adv* en dirección sur

south·east¹ /ˌsaʊθ'ist‹/ *s* [U] **1** (abrev escrita **S.E.**) sudeste, Sudeste (dirección) **2 the southeast** el sudeste (zona)

southeast² *adj* [solo ante s] **1** (abrev escrita **S.E.**) suroriental, sudeste, del Sudeste: *southeast Alaska* el sudeste de Alaska **2** del sudeste (viento)

southeast³ *adv* al sudeste, hacia el sudeste

south·east·er·ly¹ /saʊθ'istəli/ *adj* [solo ante s] hacia el sudeste • **in a southeasterly direction** en dirección sudeste **2** [solo ante s] suroriental, del sudeste **3** del sudeste (viento)

southeasterly² (pl **southeasterlies**) *s* [C] viento (del) sudeste

south·east·ern /ˌsaʊθ'istən/ *adj* suroriental, del sudeste

south·er·ly¹ /'sʌðəli/ *adj* **1** [solo ante s] hacia el sur • **in a southerly direction** en dirección sur **2** [solo ante s] sureño -a, meridional, del sur **3** del sur (viento)

southerly² (pl **southerlies**) *s* [C] viento (del) sur

south·ern S3 W2 /'sʌðən/ *adj* sureño -a, meridional, del sur: *southern Mexico* el sur de México • *a southern accent* un acento sureño

south·ern·most /'sʌðən,moʊst/ *adj* [gralm ante s] más meridional, más al sur

,South Ko'rea Corea del Sur

south·ward¹ /'saʊθwəd/ (tb **southwards**) *adv* hacia el sur

southward² *adj* hacia el sur

south·west¹ /ˌsaʊθ'wɛst‹/ *s* **1** [U] (abrev escrita **S.W.**) sudoeste, Sudoeste (dirección) **2 the southwest** el sudoeste (zona)

southwest² *adj* [solo ante s] **1** (abrev escrita **S.W.**) suroccidental, sudoeste, del Sudoeste: *southwest Texas* el sudoeste de Texas **2** del sudoeste (viento)

southwest³ *adv* al sudoeste, hacia el sudoeste

south·west·er·ly¹ /saʊθ'wɛstəli/ *adj* **1** [solo ante s] hacia el sudoeste • **in a southwesterly direction** en dirección sudoeste **2** [solo ante s] suroccidental, del sudoeste **3** del sudoeste (viento)

southwesterly² (pl **southwesterlies**) *s* [C] viento (del) sudoeste

south·west·ern /ˌsaʊθ'wɛstən/ *adj* [gralm ante s] suroccidental, del sudoeste

sou·ve·nir¹ /ˌsuvə'nɪr, 'suvə,nɪr/ *s* [C] recuerdo, souvenir • **souvenir shop** tienda de recuerdos

souvenir² *adj* [solo ante s] de recuerdo, de souvenir

sov·er·eign¹ /'sɑvərɪn/ *s* [C] **1** (*frml*) (monarca) soberano -a **2** (moneda) soberano

sovereign² *adj* **1** [gralm ante s] (con autogobierno) soberano -a **2** (con máximo poder) soberano -a
EXPRESIONES
sovereign territory (*frml*) territorio soberano

sove·reign·ty /'sɑvrənti/ *s* [U] **1** (máximo poder) soberanía **2** (autogobierno) soberanía

So·vi·et /'soʊviɪt, -vi,ɛt/ *adj* [gralm ante s] soviético -a

sow¹ /soʊ/ *v* (**sowed**, **sown** /soʊn/ o **sowed**) **1** [I,T] (semillas) sembrar, plantar **2** [T] (dudas, confusión) sembrar ► **you REAP what you sow**
EXPRESIONES
sow the seeds of sth sembrar la semilla de algo

sow² /saʊ/ *s* [C] cerda, puerca, marrana (animal)

soy sauce /'sɔɪ sɔs/ *s* [U] salsa de soya

spa /spɑ/ *s* [C] **1** balneario (de aguas termales) • **spa town** balneario, localidad balnearia **2** spa, centro de salud y belleza **3** (tb **spa bath**) jacuzzi, bañera de hidromasaje

space¹ S1 W1 /speɪs/ *s*

1 zona vacía
2 entre cosas, objetos
3 más allá de la tierra
4 medio físico
5 sin urbanizar
6 en una relación
7 entre palabras, renglones

1 ZONA VACÍA [U] lugar, espacio • [+**for**]: *There's space for a table.* Hay lugar para una mesa. • **take up space** ocupar espacio • **make space for sth** hacer lugar para algo • **leave space** dejar espacio • **floor space** espacio en superficie
2 ENTRE COSAS, OBJETOS [C] lugar, espacio: *Please write your comments in the space provided.* Sírvase escribir sus comentarios en el espacio en blanco. • **an empty space** un espacio vacío • **a parking space** un lugar para parquear, un lugar para estacionarse
3 MÁS ALLÁ DE LA TIERRA [U] el espacio • **space program** programa espacial • **space travel** viajes espaciales
4 MEDIO FÍSICO [U] el espacio: *time and space* el tiempo y el espacio
5 SIN URBANIZAR [C,U] terreno, espacio • **open space** espacio abierto • **wide-open spaces** campo abierto
6 EN UNA RELACIÓN [U] libertad, tiempo para uno -a mismo -a • **give sb space** darle libertad a alguien, no agobiar a alguien
7 ENTRE PALABRAS, RENGLONES [C] espacio: *Insert a space here.* Mete un espacio aquí. ► **OUTER SPACE**, **WATCH this space**
EXPRESIONES
in/within the space of four years/seven months en el espacio de cuatro años/siete meses • **a short space of time** un breve espacio de tiempo • **stare into space** mirar al vacío, tener la mirada perdida

space² *v* **1** [T] (tb **space ↔ out**) (hechos) espaciar **2** [T] (tb **space ↔ out**) (objetos, personas) espaciar **3** [I] (tb **space out**) (*coloq*) quedar como un zombi, quedarse colgado -a (con la mirada perdida) **4** [T] (*coloq*) olvidarse de

'space-age *adj* ultramoderno -a, futurista

space·craft /'speɪs-kræft/ *s* [C] nave espacial

spaced /speɪst/ *adj* **1** (en el espacio) espaciado -a, separado -a • **evenly spaced** espaciados -as de forma regular **2** (en el tiempo) *a series of three closely spaced events* una serie de tres sucesos muy cercanos en el tiempo **3** (*coloq*) trabado -a, colgado -a (por drogas), atontado -a (por cansancio)

,spaced 'out *adj* (*coloq*) trabado -a, colgado -a (por drogas)

space·ship /'speɪs,ʃɪp/ *s* [C] nave espacial

'space ,shuttle *s* [C] transbordador espacial

space·suit /'speɪs-sut/ *s* [C] traje espacial

space·y /ˈspeɪsi/ *adj* (*coloq*) volado -a, distraído -a

spac·ing /ˈspeɪsɪŋ/ *s* [U] **1** espacio (entre palabras, letras), interlineado (entre líneas, renglones) • **in/with single spacing** a un espacio • **in/with double spacing** a doble espacio **2** espaciamiento, separación

spa·cious /ˈspeɪʃəs/ *adj* amplio -a, espacioso -a

spa·cious·ness /ˈspeɪʃəsnɪs/ *s* [U] amplitud, espaciosidad

spade /speɪd/ *s* **1** [C] pala (para cavar) **2** [C] pica (naipe) **3 spades** [pl] picas (palo)

EXPRESIONES

call a spade a spade llamar a las cosas por su nombre, llamar al pan, pan, y al vino, vino • **in spades** (*coloq*) a montones, a paladas

spade·work /ˈspeɪdwɜːk/ *s* [U] trabajo preliminar

spa·ghet·ti 🔊 /spəˈɡɛti/ *s* [U] espaguetis, spaghetti(s)

Spain /speɪn/ España

spam¹ /spæm/ *s* [U] spam, correo basura

spam² *v* [I,T] (**spammed, spamming**) [I,T] enviar spam (a)

spam·ming /ˈspæmɪŋ/ *s* [U] envío de spam

span¹ /spæn/ *s* [C] **1** periodo, lapso • **attention span** periodo de atención **2** ojo (de un puente), luz (de un arco) **3** puente **4** envergadura (de un ala)
▶ LIFESPAN, WINGSPAN

span² *v* [T] (**spanned, spanning**) **1** (en el tiempo) abarcar **2** (en el espacio) abarcar **3** atravesar, cruzar (puente)

span·gle /ˈspæŋɡəl/ *s* [C] lentejuela

Span·iard /ˈspænyəd/ *s* [C] español -a

span·iel /ˈspænyəl/ *s* [C] spaniel

Span·ish¹ /ˈspænɪʃ/ *adj* español -a

Spanish² *s* **1** [U] español (lengua) **2 the Spanish** [pl] los españoles

spank¹ /spæŋk/ *v* **1** [I,T] dar(le) nalgadas/palmadas (a) **2** [T] (*coloq*) darle una paliza a, darle una muenda a (derrotar)

spank² *s* [C] palmada, nalgada

spank·ing¹ /ˈspæŋkɪŋ/ *s* [C,U] palmadas, nalgadas

spanking² *adv* **spanking new** (*coloq*) flamante

spar¹ /spɑː/ *v* [I] (**sparred, sparring**) **1** entrenarse (con un sparring) • **spar with sb** entrenarse con alguien **2** discutir • **spar with sb** discutir con alguien

spar² *s* [C] verga, palo (de un barco), larguero (de un ala)

spare¹ /spɛː/ *adj* **1** [solo ante s] de repuesto, de refacción: *a spare key* una llave de repuesto • *Bring some spare clothes.* Tráete mudas. **2** [gralm ante s] de sobra, de más: *Are there any spare seats?* ¿Sobra algún asiento? **3** [solo ante s] libre (tiempo, hora) **4** (*liter*) enjuto -a

spare² *v* [T] **1** disponer de (tiempo): *I'm sorry, I can't spare the time.* Lo lamento, no dispongo de ese tiempo. • **spare sb a few moments/some time** dedicarle unos minutos/un tiempo a alguien **2** prestar, prescindir: *Can you spare $5?* ¿Puedes prestarme 5 dólares? • **spare sth** prestarle algo a alguien **3** [gralm en pasiva] (*frml*) perdonar • **spare sb's life** perdonarle la vida a alguien **4** ahorrar • **spare sb sth** ahorrarle algo a alguien • **spare sb the embarrassment/trouble of doing sth** ahorrarle a alguien la vergüenza/molestia de hacer algo

EXPRESIONES

money/time to spare dinero/tiempo de sobra • **with seconds/minutes to spare** cuando quedan/quedaban algunos segundos/minutos: *They got to the airport with only seconds to spare.* Llegaron al aeropuerto con el tiempo justo. • **spare sb the details** ahorrarle a alguien los detalles • **spare sb's feelings** no herir los sentimientos de alguien • **spare no effort** no escatimar esfuerzos • **spare no expense** no reparar en gastos • **spare a thought for sb** pensar un momento en alguien

spare³ *s* [C] **1** duplicado (de una llave): *The batteries are dead. Do you have any spares?* Las pilas están gastadas. ¿Tienes alguna de sobra? **2** (llanta de) repuesto, (llanta de) refacción

spare part *s* [C gralm pl] recambio, repuesto

spare time *s* [U] tiempo libre • **in your spare time** en su tiempo libre

spar·ing /ˈspɛːrɪŋ/ *adj* moderado -a • [+with]: *He is sparing with his praise.* Es parco en elogios.

spar·ing·ly /ˈspɛːrɪŋli/ *adv* (*esp escrito*) con moderación • **use sth sparingly** usar algo con moderación

spark¹ /spɑːk/ *s* **1** [C] (fuego) chispa **2** [C] (electricidad) chispa **3** [U] (ingenio) chispa **4** [sing] (pizca) chispa • **a spark of interest/excitement** una chispa de interés/entusiasmo • **a spark of life** un hálito de vida **5** [sing] atracción

EXPRESIONES

(the) sparks fly se arma la gorda

spark² *v* **1** [T] (tb **spark ↔ off**) provocar (disturbios, indignación) **2** [T] despertar (interés, curiosidad) **3** [T] inspirar, alentar SIN **inspire 4** [T] provocar (un incendio, una explosión) **5** [I] chisporrotear, echar chispas

spar·kle¹ /ˈspɑːkəl/ *v* [I] **1** destellar, relucir (joya, agua) **2** brillar, relucir (ojos) • **sparkle with excitement/pleasure** brillar de emoción/placer **3** ser chispeante

sparkle² *s* **1** [C,U] brillo, destello (de una joya, del agua) **2** [sing, U] brillo (de los ojos) **3** [U] chispa (de una obra, interpretación)

spark·ler /ˈspɑːklə/ *s* [C] bengala (de adorno, para jugar)

spark·ling /ˈspɑːklɪŋ/ *adj* **1** brillante, reluciente, centelleante **2** reluciente (limpio) **3** con gas (refresco), espumoso -a (vino): *sparkling mineral water* agua mineral con gas **4** (*aprec*) chispeante

spark plug *s* [C] bujía

spar·row /ˈspærəʊ/ *s* [C] **1** escribano **2** gorrión

sparse /spɑːs/ *adj* escaso -a: *sparse hair* pelo ralo

sparse·ly /ˈspɑːsli/ *adv* escasamente: *a sparsely populated area* una zona escasamente poblada

spar·tan /ˈspɑːtn/ *adj* espartano -a

spasm /ˈspæzəm/ *s* **1** [C,U] espasmo • **a muscle spasm** un espasmo muscular • **go into spasm** contraerse espasmódicamente **2** [C] oleada, racha • **a spasm of coughing/laughter** un ataque de tos/risa

spas·mod·ic /spæzˈmɒdɪk/ *adj* intermitente, irregular

spas·mod·i·cal·ly /spæzˈmɒdɪkli/ *adv* de manera intermitente

spas·tic¹ /ˈspæstɪk/ *adj* espástico -a, con parálisis cerebral

spastic² *s* [C] enfermo -a de parálisis cerebral

spat¹ /spæt/ pasado y participio pasado de SPIT

spat² *s* [C] **1** (*coloq*) riña **2** [gralm pl] polaina

spate /speɪt/ *s* [C gralm sing] **a spate of sth** una oleada de algo: *a spate of burglaries* una oleada de robos

spa·tial /ˈspeɪʃəl/ *adj* [gralm ante s] (*frml*) espacial

spat·ter /ˈspætə/ *v* [I siempre + adv/prep, T] salpicar (persona, vehículo, barro) • **spatter sth/sb with mud/ink** salpicar algo/a alguien de barro/tinta • **spatter over/on sth/sb** salpicar algo/a alguien

spat·u·la /ˈspætʃələ/ *s* [C] **1** (en cocina) espátula **2** (en albañilería) espátula

spawn¹ /spɔːn/ *v* **1** [T] generar, producir **2** [I,T] desovar

spawn² *s* [U] freza, huevas, desove

spay /speɪ/ *v* [T] esterilizar (a una gata, perra)

speak S1 W1 /spiːk/ *v* (**spoke** /spəʊk/, **spoken** /ˈspəʊkən/)

1 conversar
2 expresarse
3 un idioma

4 disertar
5 opinar
6 por teléfono

1 CONVERSAR [I siempre + adv/prep] hablar: *They haven't spoken since the funeral.* No hablan desde el funeral. • **speak to sb** hablar con alguien • **speak with sb** hablar con alguien • **speak about/of sth** hablar de algo: *Dad never spoke about his family.* Mi padre jamás habló de su familia.
2 EXPRESARSE [I] hablar: *She was too nervous to speak.* Los nervios no le dejaban hablar.
3 UN IDIOMA [T nunca en forma continua] hablar: *Do you speak English?* ¿Hablas inglés? • **not speak a word of French/Chinese** no hablar ni una palabra de francés/chino
4 DISERTAR [I] hablar: *I get nervous if I have to speak in public.* Si tengo que hablar en público, me pongo nerviosa. • **speak about/on sth** hablar de/sobre algo
5 OPINAR [I siempre + adv/prep] **speak highly of sb/sth** hablar muy bien de alguien/algo • **speak ill of sb/sth** hablar mal de alguien/algo • **speaking as a parent/lawyer,...** como padre/abogado -a,... • **personally speaking** personalmente
6 POR TELÉFONO [I] hablar: *"Who's speaking?" "It's Mike Palmer."* –¿Quién es? –Soy Mike Palmer. • *Hello. This is Laura Brown speaking.* Hola. Habla Laura Brown. • **speak to sb** hablar con alguien: *"May I speak to Jim Smith?" "Speaking."* –¿Puedo hablar con Jim Smith? –Soy yo. ▶ ACTIONS **speak louder than words**, in a MANNER **of speaking**, SO **to speak**, be SPOKEN **for**

EXPRESIONES
no sth to speak of *They have no money to speak of.* Apenas tienen dinero./Casi no tienen dinero. • **not be on speaking terms** no hablarse, no dirigirse la palabra • **speaking of sb/sth** (oral) hablando de alguien/algo, a propósito de alguien/algo: *Speaking of birthdays, when's yours?* Hablando de cumpleaños, ¿cuándo es el tuyo? • **speak your mind** decir lo que uno piensa • **speak of the devil** (oral) hablando del rey de Roma (por la puerta asoma) • **speak out of turn** decir algo que está fuera de lugar • **speak the same language** hablar el mismo idioma • **sth speaks volumes (about/for)** algo dice mucho (de) • **speak with one voice** ser unánime, expresarse de forma unánime • **strictly speaking** en rigor, en sentido estricto
speak for v+partíc **1** **speak for sb/sth** hablar en nombre de alguien/algo, hablar por alguien/algo **2** **speak for itself/themselves** hablar por sí solo -a/solos -as **3** **speak for yourself!** (oral) ¡eso lo dirás tú!
speak out v+partíc expresar su opinión en voz alta, hablar sin tapujos • **speak out about sth** denunciar algo
speak to sb v+partíc hablar con alguien (para llamarle la atención): *Joe was late again today. You'll have to speak to him.* Joe ha vuelto a llegar tarde hoy. Vas a tener que hablar con él. • **speak to sb about sth** hablar con alguien de algo, decirle a alguien lo de algo
speak up v+partíc **1** hablar más alto, subir la voz **2** decir lo que uno piensa **3** **speak up for sth/sb** defender algo/a alguien, hablar en defensa de algo/alguien

speak·er S1 W2 /ˈspiːkə/ s [C]
1 orador -a, conferenciante: *Here is the first speaker in tonight's debate.* Les presento al primer participante en el debate de esta noche. • **a public speaker** un orador, una oradora • **a guest speaker** un conferenciante invitado, una conferenciante invitada
2 hablante • **a Spanish/an English speaker** un hispanohablante/angloparlante, un hablante de español/inglés
3 parlante, bafle, bocina
4 (frml) interlocutor -a, persona que habla
5 [gralm sing] vocero -a (de la Cámara de Representantes)
▶ NATIVE SPEAKER

spear¹ /spɪr/ s [C] lanza

spear² v [T] **1** pinchar, puyar • **spear sth with sth** pinchar algo con algo **2** arrojar una lanza a, clavar una lanza en **3** bloquear (ilegalmente con el casco, en fútbol

americano) **4** clavarle el palo a (un adversario, en hockey sobre hielo)

spear·head¹ /ˈspɪrhɛd/ v [T] encabezar, liderar

spearhead² s [C gralm sing] punta de lanza, vanguardia

spear·mint /ˈspɪrmɪnt/ s [U] **1** (sabor) menta **2** (planta) menta

spec /spɛk/ s [C] (coloq) especificación (técnica)

spe·cial¹ S1 W1 /ˈspɛʃəl/ adj
1 [gralm ante s] (particular) especial • **on special occasions** en ocasiones especiales • **something/nothing special** algo/nada especial • **anything special** algo (en) especial • [+about]: *What's so special about her?* ¿Qué tiene de especial?
2 (importante) especial: *a special friend* un amigo especial • [+to]: *This place was very special to her.* Este lugar era muy especial para ella. • **make sb feel special** hacer que alguien se sienta importante
3 [solo ante s] (mayor de lo normal) especial: *I made a special effort to be nice to him.* Me esforcé especialmente en ser simpática con él.
4 [solo ante s] (con misión) especial: *a special envoy* un enviado/una enviada especial ▶ SPECIALLY

special² s [C gralm sing] **1** especial (de televisión), plato del día, especialidad (en un restaurante) **2** promoción, oferta • **on special** de oferta

special edu'cation s [U] educación especial

spe·cial·ist¹ W3 /ˈspɛʃəlɪst/ s [C]
1 (experto) especialista • [+in]: *a specialist in African politics* un especialista en política africana
2 (médico) especialista • **a heart specialist** un -a cardiólogo -a • **a cancer specialist** un -a especialista en cáncer, un -a oncólogo -a

specialist² adj [solo ante s] **1** (personal, asesoramiento) especializado -a: *specialist knowledge* conocimiento especializado **2** (tienda, equipo, revista) especializado -a **3** (en medicina) especializado -a

spe·cial·i·za·tion /ˌspɛʃələˈzeɪʃən/ s **1** [C] especialidad **2** [U] especialización

spe·cial·ize W3 /ˈspɛʃəlaɪz/ v [I] especializarse • **specialize in sth** especializarse en algo

spe·cial·ized /ˈspɛʃəlaɪzd/ adj especializado -a

spe·cial·ly /ˈspɛʃəli/ adv **1** especialmente (ex profeso) • **specially designed/built/made** diseñado -a/construido -a/hecho -a especialmente • [+for]: *I bought this specially for you.* Compré esto especialmente para ti. **2** (oral) especialmente, en particular: *He specially liked the pie.* Le gustó especialmente el pay.

special 'needs s [pl] necesidades especiales

spe·cial·ty /ˈspɛʃəlti/ s [C] (pl **specialties**) **1** (en el ámbito culinario) especialidad • **a local/regional specialty** una especialidad de la zona/región **2** (en el ámbito académico, laboral) especialidad

spe·cies W2 /ˈspiːʃiːz, -sɪz/ s [C] (pl **species**) especie (animal, vegetal) ▶ ENDANGERED SPECIES

spe·cif·ic¹ S2 W2 /sprˈsɪfɪk/ adj
1 [solo ante s] específico -a, concreto -a: *Do you have any specific problems?* ¿Tienes algún problema concreto?
2 específico -a, preciso -a • **be more specific** especificar más
3 **specific to sb/sth** (frml) específico -a de alguien/algo

specific² s specifics [pl] detalles

spe·cif·i·cally S3 W3 /sprˈsɪfɪkli/ adv
1 específicamente
2 expresamente, explícitamente: *I specifically asked you not to do that!* ¡Te pedí expresamente que no hicieras eso!
3 [adv oracional] concretamente

spec·i·fi·ca·tion /ˌspɛsəfəˈkeɪʃən/ s [C] **1** [gralm pl] especificación (técnica) **2** descripción

spe·ci·fied /ˈspɛsəfaɪd/ adj [solo ante s] especificado -a

spe·ci·fy /ˈspɛsəˌfaɪ/ v [T] (**specifies**, **specified**, **specifying**) especificar

spec·i·men¹ /ˈspɛsəmən/ s [C] **1** muestra • **a blood/ tissue specimen** una muestra de sangre/tejido **2** espécimen, ejemplar **3** (hum) tipo -a, ejemplar

specimen² adj [solo ante s] de muestra

spe·cious /ˈspiʃəs/ adj (frml) especioso -a, engañoso -a

speck /spɛk/ s [C] mancha, mota

speck·led /ˈspɛkəld/ adj moteado -a, con manchas

spec·ta·cle /ˈspɛktəkəl/ s **1** [C,U] (acto público) espectáculo **2** [C gralm sing] (hecho singular) espectáculo **3 spectacles** [pl] (frml) anteojos, lentes

EXPRESIONES
make a spectacle of yourself dar un espectáculo, hacer un papelón

spec·tac·u·lar¹ /spɛkˈtækyələr/ adj **1** (fantástico) espectacular **2** (enorme) espectacular: *a spectacular fall in the stock market* una espectacular caída de la bolsa

spectacular² s [C] gran espectáculo (teatral, cinematográfico), programa especial (televisivo)

spec·tac·u·lar·ly /spɛkˈtækyələrli/ adv **1** espectacularmente: *a spectacularly successful young actor* un actor joven con un éxito espectacular • *a spectacularly beautiful country* un país de una belleza espectacular **2** estrepitosamente, de manera espectacular: *Her plan failed spectacularly.* Su plan fracasó estrepitosamente.

spec·ta·tor /ˈspɛkˌteɪtər/ s [C] espectador -a

ˈspectator ˌsport s [C] deporte que tiene muchos espectadores

spec·ter /ˈspɛktər/ s [C] **1** [gralm sing] (cosa temida) espectro, fantasma **2** (liter) (espíritu) espectro, fantasma

spec·trum /ˈspɛktrəm/ s (pl **spectra** /-trə/) **1** [C gralm sing] (gama) espectro **2** [sing] (en física) espectro

spec·u·late /ˈspɛkyəˌleɪt/ v [I] **1** especular, hacer conjeturas • **speculate on/about sth** hacer conjeturas sobre algo **2** especular (con bienes)

spec·u·la·tion /ˌspɛkyəˈleɪʃən/ s [C,U] **1** especulación • [+**about/on**]: *There has been a lot of speculation about his future.* Se ha especulado mucho sobre su futuro. • **speculation that** *There is speculation that he may have left the country.* Se especula sobre su posible salida del país. • **prompt/fuel speculation** alimentar las especulaciones **2** especulación (con bienes)

spec·u·la·tive /ˈspɛkyələtɪv, -ˌleɪtɪv/ adj **1** (hipotético) especulativo -a **2** (lucrativo) especulativo -a

spec·u·la·tor /ˈspɛkyəˌleɪtər/ s [C] especulador -a • **a property/currency speculator** un especulador inmobiliario/en divisas, una especuladora inmobiliaria/en divisas

sped /spɛd/ pasado y participio pasado de SPEED

speech S1 W1 /spitʃ/ s
1 [C] discurso (alocución) • **make a speech** dar un discurso • [+**on/about**]: *a speech on the environment* un discurso sobre el medio ambiente
2 [U] el habla, la facultad de hablar • **the power of speech** el habla, la facultad de hablar • **speech defect** defecto del habla/de dicción
3 [U] el habla, la lengua oral
4 [U] discurso, manera de hablar: *Her speech was slow and distinct.* Hablaba de manera pausada y clara.
5 [C] parlamento (en teatro) ▶ FIGURE OF SPEECH, FREEDOM of speech, PART OF SPEECH, REPORTED SPEECH

speech·less /ˈspitʃlɪs/ adj mudo -a, sin habla • **speechless with rage** mudo -a de rabia • **I'm speechless** no sé qué decir

ˈspeech ˌtherapy s [U] logopedia

speed¹ S2 W2 /spid/ s

1	de desplazamiento
2	de acción
3	cualidad
4	de una máquina
5	de una película fotográfica
6	droga

1 DE DESPLAZAMIENTO [C,U] velocidad: *the speed of light* la velocidad de la luz • **at a speed of 75 mph/100 kph** a una velocidad de 75 millas por hora/100 km/h • **pick up/gather speed** ganar velocidad • **at full/top speed** a toda velocidad • **reduce speed** reducir la velocidad
2 DE ACCIÓN [C,U] velocidad: *the speed of the virus' reproduction* la velocidad de reproducción del virus
3 CUALIDAD [U] velocidad, rapidez • **with speed** con rapidez
4 DE UNA MÁQUINA [C,U] velocidad (de un dispositivo, procesador), potencia (de un motor), tiempo de exposición (de una cámara)
5 DE UNA PELÍCULA FOTOGRÁFICA [C] sensibilidad • **a film speed** la sensibilidad de una película
6 DROGA [U] (coloq) anfetamina ▶ FULL speed/steam ahead!, more HASTE, less speed, HIGH-SPEED

EXPRESIONES
up to speed al día, al tanto

speed² S3 v (**sped** /spɛd/ o **speeded**)
1 [I siempre + adv/prep] **speed by/off** pasar/irse a toda velocidad
2 [I gralm en forma continua] **be speeding** superar el límite de velocidad
3 [T] acelerar
speed up v+partíc **1 speed sth ↔ up** acelerar algo **2 speed up** ganar velocidad, acelerar(se)

speed·boat /ˈspidboʊt/ s [C] lancha (a motor)

speed·i·ly /ˈspidəli/ adv rápidamente

speed·ing /ˈspidɪŋ/ s [U] exceso de velocidad

ˈspeed ˌlimit s [C] límite de velocidad, velocidad máxima • **break/exceed the speed limit** sobrepasar/ superar el límite de velocidad

speed·om·e·ter /spɪˈdɑmətər/ s [C] velocímetro

ˈspeed trap s [C] control de velocidad

speed·way /ˈspidweɪ/ s **1** [U] carreras de motos, carreras de carros/autos **2** [C] pista de carreras

speed·y /ˈspidi/ adj (**speedier**, **speediest**) veloz, rápido -a

spell¹ S1 W3 /spɛl/ v
1 [I,T] deletrear, escribir: *How do you spell your last name?* ¿Cómo se escribe tu apellido? • **spell sth wrong/ wrongly** escribir algo mal • **spell sth right/correctly** escribir algo bien
2 [T nunca en pasiva] formar la palabra (letras)
3 [T] significar, suponer • **spell trouble/disaster** suponer un problema/desastre • **spell the death/end of sth** significar la muerte/el fin de algo
4 [T] (coloq) cubrir (a alguien en el trabajo)
spell sth ↔ out v+partíc **1** explicar algo con detalle **2** deletrear algo

spell² S2 s [C]
1 temporada, racha • [+**of**]: *a spell of good weather* una racha de buen tiempo • [+**in**]: *a spell in the army* una temporada en el ejército • **a brief/short spell** una temporada corta • **sunny/wet spells** intervalos de sol/lluvia **2** hechizo • **cast/put a spell on sb** hechizar a alguien • **break the spell** romper el hechizo • **be under a spell** estar hechizado -a
3 a dizzy spell un mareo

spell·bind·ing /ˈspɛlˌbaɪndɪŋ/ adj fascinante, cautivante

spell·bound /ˈspɛlbaʊnd/ adj fascinado -a, cautivado -a

ˈspell-check v [T] revisar la ortografía de

ˈspell-ˌchecker s [C] corrector ortográfico

spell·ing /ˈspɛlɪŋ/ s **1** [U] ortografía • **spelling mistake** falta de ortografía **2** [C] grafía

ˈspelling bee s [C] concurso escolar de deletreo

spend S1 W1 /spɛnd/ v (**spent** /spɛnt/)
1 [T] gastar (dinero) • **spend money** gastar dinero • **spend $5/$10** gastar 5/10 dólares • **spend sth on sth** gastar algo en algo: *We spend $100 a week on food.* Gastamos 100 dólares por semana en comida.

2 [T] pasar (tiempo): *We spent two weeks in San Francisco.* Pasamos dos semanas en San Francisco. • **spend the day/afternoon doing sth** pasar el día/la tarde haciendo algo • **spend the night** pasar la noche
3 [T] dedicar, invertir (energía, esfuerzo) • **spend time/effort/energy doing sth** dedicar tiempo/esfuerzo/energía a hacer algo

EXPRESIONES
be money well spent ser dinero bien invertido • **spend money like water** despilfarrar/derrochar (el) dinero • **spend the night with sb** pasar la noche con alguien

spen·der /'spɛndə/ s [C] gastador -a, persona que gasta dinero • **be a big spender** gastar mucho dinero

spend·ing /'spɛndɪŋ/ s [U] el gasto • [+on]: *spending on education* el gasto en educación • **government/public spending** el gasto público • **spending cut** recorte del gasto

'spending ,money s [U] dinero para gastos

spend·thrift /'spɛnd,θrɪft/ s [C] (*peyor*) derrochador -a

spent¹ /spɛnt/ pasado y participio pasado de SPEND

spent² adj **1** usado -a **2** (*liter*) agotado -a, exhausto -a

EXPRESIONES
be a spent force haber perdido pujanza

sperm /spɚm/ s (pl **sperm**, **sperms**) **1** [C] espermatozoide **2** [U] esperma, semen

'sperm bank s [C] banco de semen

sper·mi·cide /'spɚmə,saɪd/ s [C,U] espermicida

'sperm whale s [C] cachalote

spew /spyu/ v **1** (a) [T] arrojar, escupir (humo, vertidos) • **spew sth out** arrojar algo (b) [I siempre + adv/prep] **spew out** salir a borbotones **2** [I,T] (tb **spew up**) (*coloq*) devolver, vomitar

sphere /sfɪr/ s [C] **1** (cuerpo geométrico) esfera **2** (área de actividad) esfera, ámbito • **in the political sphere** en la esfera política **3** (área de control) ámbito, esfera (de acción): *your sphere of responsibility* tu ámbito de responsabilidad • **sphere of influence** esfera de influencia

spher·i·cal /'sfɪrɪkəl, 'sfɛr-/ adj (*frml*) esférico -a

spice¹ /spaɪs/ s **1** [C,U] especia(s) **2** [U] chispa, emoción
▶ VARIETY **is the spice of life**

spice² (tb **spice ↔ up**) v [T] **1** condimentar, sazonar **2** dar chispa a, añadir emoción a

spick-and-span /,spɪk ən 'spæn/ adj (*coloq*) impecable, inmaculado -a

spic·y /'spaɪsi/ adj (**spicier**, **spiciest**) **1** muy condimentado -a, picante, picoso -a **2** (*coloq*) picante (historia, imagen)

spi·der /'spaɪdə/ s [C] araña

spi·der·web /'spaɪdə,wɛb/ s [C] telaraña

spi·der·y /'spaɪdəri/ adj **1** de trazos delgados **2** [gralm ante s] fino -a, delgado -a

spiel /ʃpil, spil/ s [C] (*coloq*) rollo, perorata

spike¹ /spaɪk/ s [C] **1** pincho, púa, pico **2** clavo (de una zapatilla) **3** **spikes** [pl] (zapatillas) spikes, (tenis) spikes

spike² v [T] **1** echar un chorrito de alcohol a, echar droga en **2** pinchar, clavar

spik·y /'spaɪki/ adj **1** de punta (pelo) **2** espinoso -a, con pinchos/púas

spill¹ /spɪl/ v (**spilled** o **spilt**)
1 [I,T] derramar(se), volcar(se) • **spill sth on sth** derramar algo en algo • **spill onto sth** derramarse en algo **2** [I siempre + adv/prep] **spill out into/onto sth** salir en masa/en tropel a algo: *The line spilled out onto the road.* La cola salía hasta la calle.

EXPRESIONES
spill the beans (*coloq*) soltar la lengua (revelando un secreto), irse de (la) lengua • **spill your guts** (*coloq*) abrir su corazón, soltar(lo) todo

spill over v+partíc **1** extenderse • **spill over into sth** extenderse a algo: *The violence has spilled over into neighboring countries.* La violencia se ha extendido a países vecinos. **2** desbordarse • **spill over into sth** desembocar/degenerar en algo: *Sometimes frustration spills over into violence.* A veces la frustración desemboca en violencia.

spill² s [C] **1** vertido, líquido derramado • **an oil/a chemical spill** un derrame de petróleo/de sustancias químicas **2** (*coloq*) caída (de un caballo, una bicicleta) **3** astilla, papelito (pare encender)

spill·age /'spɪlɪdʒ/ s [C] vertido, derrame

spin¹ /spɪn/ v (**spun** /spʌn/, **spinning**)
1 [I,T] (hacer) girar, dar vueltas (a) • **spin around** girar **2** [I] (tb **spin around**) dar la vuelta, voltearse: *He spun around to face her.* Se volteó para mirarla. **3** [I] dar vueltas (habitación, cabeza): *My head was spinning.* La cabeza me daba vueltas. **4** [T] tejer (una telaraña, un capullo) **5** [I,T] hilar (algodón, lana) **6** [I siempre + adv/prep] (*liter*) ir a toda velocidad

EXPRESIONES
spin a yarn contar un cuento
spin out v+partíc dar vueltas (carro fuera de control)

spin² s **1** [C] giro • **go into a spin** entrar en barrena (avión) • **give sth a spin** hacer girar algo **2** [C] (*coloq*) vuelta, paseo (en carro) • **go for a spin** ir a dar una vuelta en carro • **take sb/sth for a spin** llevar a alguien/ir en algo a dar una vuelta **3** [U] efecto (al balón, la bola) • **put spin on sth** darle efecto a algo **4** [sing, U] manipulación, presentación sesgada • **put (a) spin on sth** dar un sesgo a algo, presentar algo de manera sesgada

EXPRESIONES
in a spin (*coloq*) confundido -a, sin saber qué hacer

spin·ach /'spɪnɪtʃ/ s [U] espinaca(s)

spi·nal /'spaɪnl/ adj [gralm ante s] espinal, de la columna (vertebral)

'spinal ,column s [C] columna vertebral, espina dorsal

'spinal cord s [C] médula espinal

spin·dle /'spɪndl/ s [C] **1** eje **2** huso

spin·dly /'spɪndli/ adj alto -a y delgado -a (persona, árbol), largo -a y delgado -a (pierna, brazo)

'spin ,doctor s [C] (*coloq*) asesor -a político -a, asesor -a de comunicación

spine /spaɪn/ s [C] **1** columna (vertebral), espina dorsal **2** lomo (de un libro) **3** púa, espina

'spine-,chilling adj escalofriante

spine·less /'spaɪnlɪs/ adj (*peyor*) pusilánime, débil

spin·ner /'spɪnə/ s [C] hilandero -a

spin·ning /'spɪnɪŋ/ s [U] hilado

'spinning wheel s [C] rueca

'spin-off s [C] **1** beneficio indirecto, (producto) derivado **2** secuela televisiva (de otro programa o de una película)

spin·ster /'spɪnstə/ s [C] (*antic*) solterona, soltera

spi·ral¹ /'spaɪrəl/ s [C] **1** (curva) espiral **2** (proceso) [+of]: *a spiral of violence* una espiral de violencia • **a downward/an upward spiral** una espiral bajista/alcista

spiral² v [I] (**spiraled**, **spiraling** o **spiralled**, **spiralling**) **1** [siempre + adv/prep] **spiral up/down** subir/caer en espiral **2** agravarse, entrar en una espiral • **spiral out of control** descontrolarse

spiral³ adj [solo ante s] (en) espiral • **spiral staircase** escalera de caracol

spire /spaɪə/ s [C] aguja (de una iglesia)

spir·it¹ /'spɪrɪt/ s

1	carácter
2	humor
3	alma
4	brío

5 actitud
6 espectro
7 bebida

1 **CARÁCTER** [C,U] espíritu • **the human spirit** el espíritu humano • **in spirit** de espíritu: *I'm an entrepreneur in spirit.* Tengo alma de emprendedor.

2 **HUMOR** **spirits** [pl] ánimo • **be in good/high spirits** estar animado -a • **lift sb's spirits** levantarle el ánimo a alguien • **keep your spirits up** no desanimarse

3 **ALMA** [C] espíritu: *the spirits of the dead* los espíritus de los muertos

4 **BRÍO** [U] (aprec) espíritu, garra • **fighting spirit** espíritu de lucha • **break sb's spirit** hundir a alguien

5 **ACTITUD** [sing, U] espíritu • **a spirit of cooperation** un espíritu de colaboración • **team spirit** espíritu de equipo • **community spirit** espíritu comunitario

6 **ESPECTRO** [C] espíritu • **an evil spirit** un espíritu maligno

7 **BEBIDA** [C gralm pl] bebida espirituosa, licor ▶ **a KINDRED spirit**

EXPRESIONES
a free/an independent spirit un espíritu libre/una persona independiente • **get/enter into the spirit of sth** ponerse a tono con algo, meterse en el ambiente de algo • **in spirit** con el pensamiento: *I'll be with you in spirit.* Estaré pensando en ti. • **that's the spirit** (oral) así me gusta, así se habla

spirit² v
spirit sth/sb ↔ away (tb **spirit sth/sb ↔ off**) v+partíc hacer desaparecer algo/a alguien como por arte de magia

spir·it·ed /'spɪrɪtɪd/ adj (aprec) enérgico -a, lleno -a de vida • **a spirited performance** una actuación llena de brío/garra ▶ **HIGH-SPIRITED**, **PUBLIC-SPIRITED**

spir·i·tu·al¹ W3 /'spɪrɪtʃuəl, -tʃəl/ adj
1 (del espíritu) espiritual
2 (de la religión) espiritual: *a spiritual leader* un líder espiritual
3 (muy religioso) espiritual: *a very spiritual man* un hombre muy espiritual

spiritual² s [C] espiritual

spir·i·tu·al·ism /'spɪrɪtʃʊ,lɪzəm/ s [U] espiritismo

spir·i·tu·al·ist /'spɪrɪtʃʊlɪst/ s [C] espiritista

spir·i·tu·al·i·ty /,spɪrɪtʃu'æləti/ s [U] espiritualidad

spir·i·tu·al·ly /'spɪrɪtʃuəli/ adv espiritualmente

spit¹ /spɪt/ v (**spit** o **spat** /spæt/, **spitting**) **1** [I] escupir • **spit at sb/sth** escupirle a alguien/escupir en algo • **spit on sth** escupir en algo **2** [T siempre + adv/prep] **spit sth out** escupir algo **3** **(a)** [I] chisporrotear (fuego) **(b)** [T] escupir (volcán) **4** [I] bufar (gato)

EXPRESIONES
I could spit (coloq) estoy que trino • **spit it out!** (oral) ¡ya suéltalo!, ¡desembucha! • **within spitting distance (of sth)** a un paso (de algo), a tiro de piedra (de algo)
spit up v+partíc **spit up, spit sth ↔ up** vomitar/devolver (algo)

spit² s **1** [U] escupa, esputo **2** [C] espetón, pincho **3** [C] punta, lengua de tierra

spite¹ /spaɪt/ s [U] rencor, maldad, despecho • **out of spite** por despecho • **sheer/pure spite** puro rencor, pura maldad

EXPRESIONES
in spite of sth a pesar de algo: *We went out in spite of the rain.* Salimos a pesar de la lluvia. • **in spite of the fact that** a pesar de que: *I love him in spite of the fact that he's lazy.* Le quiero a pesar de lo vago que es.

EXPRESIONES
in spite of yourself *She laughed in spite of herself.* No pudo evitar reír.

spite² v [T] **do sth (just) to spite sb** hacer algo para incordiar a alguien ▶ **you'll be CUT ting off your nose to spite your face**

spite·ful /'spaɪtʃfəl/ adj rencoroso -a, malvado -a

spite·ful·ly /'spaɪtʃfəli/ adv con rencor, con maldad

spit·tle /'spɪtl̩/ s [U] saliva, baba

splash¹ /splæʃ/ v **1** [I] salpicar: *The waves splashed against the rocks.* Las olas chocaban contra las rocas. **2** [T] mojar, salpicar: *The kids were splashing each other.* Los niños se estaban mojando. • **splash sth on/onto sth** mojar algo con algo, echar algo en algo **3** [I] (tb **splash around/about**) chapotear: *The boys were splashing around in the ocean.* Los niños chapoteaban en el mar. **4** **be splashed across/over sth** figurar con grandes letras en algo: *The story was splashed across the front page.* La noticia figuraba en primera plana con grandes titulares.
splash down v+partíc amarizar (nave espacial)

splash² s [C] **1** chapoteo, chapaleo **2** [gralm sing] chorrito **3** mancha, toque • **a splash of color** un toque de color **4** salpicadura, mancha: *splashes of paint* salpicaduras de pintura

EXPRESIONES
make a splash (coloq) causar gran revuelo

splash·down /'splæʃdaʊn/ s [C,U] amaraje, amerizaje

splash·y /'splæʃi/ adj (**splashier**, **splashiest**) (coloq) llamativo -a, ostentoso -a

splat¹ /splæt/ s [sing] (coloq) ruido sordo (de algo blando al estrellarse)

splat² v (**splatted**, **splatting**) [I siempre + adv/prep] estrellarse, hacer plaf

splat³ adv (coloq) con ruido sordo, haciendo plaf

splat·ter /'splætər/ v [I siempre + adv/prep, T gralm en pasiva] salpicar

splay /spleɪ/ (tb **splay out**) v [T gralm en pasiva] abrir bien (las piernas, los brazos)

spleen /splin/ s [C] bazo

splen·did /'splendɪd/ adj (escrito) **1** espléndido -a, magnífico -a **2** magnífico -a, esplendoroso -a

splen·did·ly /'splendɪdli/ adv (antic) **1** magníficamente, espléndidamente **2** magníficamente, esplendorosamente

splen·dor /'splendər/ s (esp escrito) **1** [U] esplendor **2** **splendors** [pl] maravillas

splice¹ /splaɪs/ v [T] empalmar, unir

splice² s [C] empalme, unión

splint /splɪnt/ s [C] entablillado • **in a splint** entablillado -a

splin·ter¹ /'splɪntər/ s [C] astilla, esquirla

splinter² v [I,T] **1** astillar(se), hacer(se) astillas **2** desmembrar(se), escindir(se)

'splinter group s [C] escisión, facción

split¹ S2 /splɪt/ v (**split**, **splitting**)

1	por desacuerdo
2	en partes, grupos
3	por la mitad
4	entre personas
5	pareja
6	grupo, músicos
7	una parte del cuerpo
8	de un sitio
9	en un torneo

1 **POR DESACUERDO** [I,T] dividir(se), escindir(se): *The issue could split the party.* La cuestión podría dividir al partido. • **split over/on sth** *The party split over economic policy.* El partido se dividió en cuanto a la política económica.

2 **EN PARTES, GRUPOS** [I,T] dividir(se) • **split sth/sb into sth** dividir algo/a alguien en algo: *I'm going to split the class into three groups.* Voy a dividir la clase en tres grupos. • **split into sth** dividirse en algo

3 **POR LA MITAD** [I,T] partir(se) (madera), rajar(se), abrir(se) (tela): *The branch split under our weight.* La rama se partió con nuestro peso. • **split in two/half**

partirse en dos/por la mitad • **split sth in two/half** partir algo en dos/por la mitad • **split open** abrirse • **split apart** partirse, rajarse

4 ENTRE PERSONAS [T] repartir • **split sth with sb** compartir algo con alguien • **split sth between/among sb** repartir algo entre alguien • **split the cost** compartir los gastos, dividir el costo • **split sth down the middle** dividir algo por la mitad

5 PAREJA [I] separarse, romper • **split with sb** separarse de alguien, romper con alguien

6 GRUPO, MÚSICOS [I] separarse

7 UNA PARTE DEL CUERPO [T] partir • **split your lip** partirse/abrirse el labio • **split your head open** abrirse la cabeza

8 DE UN SITIO [I] (*coloq, oral*) largarse, salirse

9 EN UN TORNEO [T] empatar ▶ SPLITTING

EXPRESIONES

split the difference (*esp oral*) repartir la diferencia en partes iguales • **split hairs** (*peyor*) hilar demasiado fino • **split your sides** (*coloq*) partirse de la risa, desternillarse de risa

split off *v+partíc* **split off** separarse (de un grupo) • **split off from sth** separarse/escindirse de algo

split up *v+partíc* **1 split up** separarse, romper (pareja, matrimonio) • **split up with sb** separarse de alguien, romper con alguien **2 split sb ↔ up** separar a alguien, hacer romper a alguien **3 split up** separarse (grupo, músicos) **4 split up** dividirse (en partes, grupos) • **split up into groups/pairs** dividirse en grupos/parejas **5 split sb ↔ up** separar a alguien (a compañeros, amigos) **6 split sth/sb ↔ up** dividir algo/a alguien (en partes, grupos) • **split sth/sb up into sth** dividir algo/a alguien en algo: *The house has been split up into apartments.* Dividieron la casa en apartamentos.

split² s [C]

1 división, escisión

2 reparto • **a fifty-fifty split** un reparto al cincuenta por ciento • **a three-way/four-way split** una división en tres/cuatro partes

3 grieta, abertura • [+**in**]: *a split in the seam of his pants* una abertura en la costura de los pantalones

4 división (de opiniones)

5 ruptura, separación (de una pareja) • [+**with**]: *her split with her husband* la separación de su esposo

6 separación (de un grupo) • [+**with**]: *his split with the band* su separación del grupo

EXPRESIONES

do a split hacer el spagat, abrirse completamente de piernas

split³ /splɪt/ *adj* [gralm no ante s] **1** dividido -a • [+**on/over**]: *The party is split over the issue of immigration.* El partido está dividido respecto de la cuestión de la inmigración. **2** escindido -a **3** rajado -a, partido -a

,split in'finitive *s* [C] infinitivo que lleva un adverbio intercalado entre la partícula **to** y el verbo, lo cual algunos consideran incorrecto

,split-'level *adj* [gralm ante s] en desnivel, con dos niveles

,split 'second *s* [sing] fracción de segundo

'split-second *adj* [solo ante s] instantáneo -a • **split-second timing** sincronización perfecta

split-ting /'splɪtɪŋ/ *adj* **a splitting headache** una fuerte jaqueca ▶ EAR-SPLITTING

splurge¹ /splɜːdʒ/ *v* [I,T] (*coloq*) derrochar, darse el lujo (de)

splurge² *s* [C] (*coloq*) **1** derroche, despilfarro **2** gusto (estando a dieta)

splut·ter¹ /'splʌtə/ *v* **1** [I] resoplar **2** [I,T] balbucear **3** [I] chisporrotear, estallar (fuego), petardear (motor)

splutter² *s* [C gralm sing] **1** petardeo (de un motor), chisporroteo, estallido (del fuego, el aceite) **2** resoplido (al respirar)

spoil¹ /spɔɪl/ *v*

1 [T] arruinar, estropear: *I don't want to spoil the surprise.* No quiero arruinar la sorpresa. • **spoil everything** echarlo todo a perder

2 [T] malcriar, consentir • **spoil sb rotten** malcriar/consentir mucho a alguien

3 [T] malacostumbrar: *We've been spoiled by all the good restaurants around here.* Nos hemos malacostumbrado con todos los buenos restaurantes de por aquí.

4 [I] estropearse, echarse a perder (comida)

EXPRESIONES

spoil your appetite quitarse el apetito, quitarse las ganas de comer • **be spoiling for a fight/an argument** andar buscando pelea

spoil² *s* **spoils** [pl] botín: *the spoils of war* el botín de guerra

spoiled /spɔɪld/ (tb **spoilt** /spɔɪlt/) *adj* **1** malcriado -a, consentido -a: *a spoiled child* un niño malcriado • **a spoiled brat** un mocoso malcriado/una mocosa malcriada **2** [nunca ante s] privilegiado -a: *I'm spoiled, having such great kids.* Soy una privilegiada con estos hijos tan maravillosos.

EXPRESIONES

be spoiled for choice tener (mucho) donde elegir

spoil·sport /'spɔɪlspɔːt/ *s* [C] (*coloq*) aguafiestas

spoke¹ /spəʊk/ pasado de SPEAK

spoke² *s* [C] rayo (de una rueda)

spok·en¹ /'spəʊkən/ participio pasado de SPEAK

spoken² [gralm ante s] oral, hablado -a • **spoken English/Spanish** inglés/español hablado • **spoken language** lengua oral, lenguaje hablado

EXPRESIONES

be spoken for (a) estar reservado -a **(b)** estar comprometido -a (para casarse) • **the spoken word** el lenguaje oral/hablado

spokes·man /'spəʊksmən/ *s* [C] (pl **spokesmen** /-mən/) vocero, portavoz (hombre) • [+**for**]: *a spokesman for the teachers' union* un vocero del sindicato de maestros

⚠ Casi todo el mundo evita el uso de esta palabra para referirse indistintamente a hombres y mujeres, porque podría ofender a estas. En su lugar se utilizan **spokesperson** o **representative**, tanto para hombres como para mujeres.

spokes·per·son /'spəʊks,pɜːsən/ *s* [C] (pl **spokespeople** /-,piːpəl/) vocero -a, portavoz • [+**for**]: *a spokesperson for the cosmetics industry* un portavoz de la industria cosmética

spokes·wom·an /'spəʊks,wʊmən/ *s* [C] (pl **spokeswomen** /-,wɪmɪn/) vocera, portavoz (mujer) • [+**for**]: *a spokeswoman for the mayor's office* una vocera de la oficina del alcalde

sponge¹ /spʌndʒ/ *s* [C] **1** (de aseo) esponja **2** (marina) esponja

EXPRESIONES

like a sponge como una esponja

sponge² *v* **1** [T] (tb **sponge down**) pasar una esponja por **2** [I] gorronear, goterear • **sponge off sb** vivir a costa de alguien **3** [T siempre + adv/prep] **sponge sth off sth** limpiar algo con una esponja, limpiar algo con un trapo

'sponge cake *s* [C,U] bizcocho, pastel (esponjoso)

spong·y /'spʌndʒi/ *adj* (**spongier, spongiest**) esponjoso -a

spon·sor¹ /'spɒnsə/ *s* [C]

1 patrocinador -a

2 defensor -a, abanderado -a

3 persona que aporta una donación en una carrera o concurso con fines benéficos

sponsor² *v* [T] **1** (un equipo, un torneo) patrocinar **2** (un acto, un programa) patrocinar, financiar **3** apadrinar (a un niño), subvencionar (una escuela) **4** aportar donaciones en una carrera o concurso con fines benéficos

spon·sor·ship /ˈspɑnsəˌʃɪp/ s **1** [C,U] patrocinio, auspicio (de una actividad), apadrinamiento (de un niño), subvención (de un alumno) **2** [U] patrocinio, financiación

spon·ta·ne·i·ty /ˌspɑntəˈneɪəti, ˌspɑntˈnˈeɪ-/ s [U] espontaneidad

spon·ta·ne·ous /spɑnˈteɪniəs/ adj espontáneo -a

spon·ta·ne·ous·ly /spɑnˈteɪniəsli/ adv espontáneamente, con espontaneidad

spoof¹ /spuf/ s [C] parodia (de un documental, una película) *a spoof documentary* un documental en clave paródica • *a spoof horror movie* una película de terror en broma

spoof² v [T] parodiar

spook¹ /spuk/ v (coloq) **1** [T] asustar **2** [I] asustarse

spook² s [C] (coloq) **1** fantasma **2** espía

spook·y /ˈspuki/ adj (spookier, spookiest) (coloq) espeluznante, aterrador -a

spool /spul/ s [C] carrete

spoon¹ ⓢ² /spun/ s [C]
1 cuchara
2 cucharada ▸ **sb is** BORN **with a silver spoon in their mouth**

spoon² v [T siempre + adv/prep] **spoon sth into/over sth** poner algo en/sobre algo con una cuchara

ˈspoon-feed v [T] (spoon-fed) **1** (peyor) darle todo mascado a (un alumno, espectador) **2** dar(le) de comer con cuchara a

spoon·ful /ˈspunfʊl/ s [C] cucharada • [+of]: *a spoonful of sugar* una cucharada de azúcar

spo·rad·ic /spəˈrædɪk/ adj esporádico -a

spo·rad·i·cal·ly /spəˈrædɪkli/ adv esporádicamente, de forma esporádica

spore /spɔr/ s [C] espora

sport¹ ⓢ² Ⓦ¹ /spɔrt/ s
1 [C,U] (competición) deporte • **play sports** hacer deporte • **a team sport** un deporte de equipo
2 sports fan fanático -a del deporte • **sports page** página de deportes • **sports section** sección de deportes, suplemento deportivo • **sports store** tienda de deportes
3 [C] (caza, pesca, montañismo) deporte
4 [C gralm sing] (antic, coloq) tipo bueno/comprensivo, tipa buena/comprensiva • **be a good sport** saber perder, tener espíritu deportivo • **be a sport!** ¡sé bueno -a!
5 (oral) amigo, parcero, mano ▸ BLOOD SPORT, WATER SPORTS

sport² v [T] (escrito) lucir (ropa, pelo)

sport·ing /ˈspɔrtɪŋ/ adj **1** [solo ante s] (de deportes) deportivo -a • **a sporting event** un acontecimiento deportivo **2** (aprec) (con deportividad) deportivo -a
EXPRESIONES
have a sporting chance of doing sth tener bastantes posibilidades de hacer algo

ˈsports car s [C] (carro) deportivo

sports·cast /ˈspɔrts-kæst/ s [C] programa de deportes, transmisión deportiva/de un partido

ˈsports ˌcenter s [C] polideportivo

ˈsports ˌjacket s [C] saco, chaqueta

sports·man /ˈspɔrtsmən/ s [C] (pl **sportsmen** /-mən/) deportista

sports·man·like /ˈspɔrtsmənˌlaɪk/ adj deportivo -a, con deportividad: *sportsmanlike behavior* deportividad

sports·man·ship /ˈspɔrtsmənˌʃɪp/ s [U] deportividad

sports·wear /ˈspɔrtswɛr/ s [U] **1** ropa informal/sport **2** ropa deportiva, ropa de deporte

sports·wom·an /ˈspɔrtsˌwʊmən/ s [C] (pl **sportswomen** /-ˌwɪmɪn/) deportista (mujer)

ˌsport-uˈtility ˌvehicle s [C] cuatro por cuatro, todoterreno

sport·y /ˈspɔrti/ adj (**sportier**, **sportiest**) (coloq) **1** deportivo -a (vehículo): *a sporty car* un carro deportivo **2** de sport: *a sporty outfit* un conjunto de sport

spot¹ ⓢ¹ Ⓦ² /spɑt/ s [C]
1 lugar
2 zona de color
3 de suciedad, líquido
4 por salpullido
5 parte del cuerpo
6 en radio, televisión
7 en una lista
8 situación
9 luz

1 LUGAR [gralm sing] lugar, sitio: *We found a quiet spot on the beach.* Encontramos un lugar tranquilo en la playa. • **a good spot** un buen lugar • **the exact/same spot** el lugar exacto/el mismo lugar • **a tourist spot** un lugar turístico
2 ZONA DE COLOR mancha (en la piel), lunar (en una tela) • **with black/red spots** con manchas negras/rojas, con lunares negros/rojos
3 DE SUCIEDAD, LÍQUIDO mancha • [+of]: *spots of blood* manchas de sangre
4 POR SALPULLIDO [gralm pl] roncha
5 PARTE DEL CUERPO punto, zona: *I still have a few sore spots where I fell.* Todavía me duelen algunas partes donde me caí.
6 EN RADIO, TELEVISIÓN espacio (para actuar), anuncio, spot (de publicidad)
7 EN UNA LISTA puesto • **the top spot** el primer puesto
8 SITUACIÓN [gralm sing] (coloq) **a tight/tough spot** un aprieto, un apuro
9 LUZ (coloq) foco, reflector ▸ BLACKSPOT, BLIND SPOT, **have a** SOFT **spot for sb/sth**, TROUBLE SPOT, **a** WEAK **spot**
EXPRESIONES
on the spot (a) de inmediato, en el acto **(b)** en el lugar de los hechos • **put sb on the spot** poner a alguien en un aprieto

spot² ⓢ³ Ⓦ³ v [T] (**spotted**, **spotting**)
1 localizar, ubicar, distinguir • **spot sb doing sth** ver a alguien haciendo algo: *He was spotted leaving the building.* Se lo vio salir del edificio. • **be difficult/easy to spot** ser difícil/fácil de ver • **spot (that)** ver que: *The man spotted that I was in trouble.* El hombre vio que yo estaba en problemas. ▸ ver nota en SEE
2 descubrir (un talento)
3 darle ventaja a • **spot sb sth** darle algo de ventaja a alguien

ˌspot ˈcheck s [C] control al azar, inspección al azar

ˌspot-ˈcheck v [I,T] hacer controles al azar (de)

spot·less /ˈspɑtlɪs/ adj **1** impecable (limpísimo) **2** intachable

spot·less·ly /ˈspɑtlɪsli/ adv impecablemente: *spotlessly clean* impecable

spot·light¹ /ˈspɑtlaɪt/ s **1** **be in the spotlight** ser el centro de atención, estar en el candelero • **out of the spotlight** al margen, lejos del centro de atención **2** [C] foco, reflector

spotlight² v [T] (**spotlighted** o **spotlit**) centrar la atención en, poner de relieve

spot·ted /ˈspɑtɪd/ adj **1** [gralm ante s] de lunares, moteado -a **2 be spotted with sth** tener manchas de algo

spot·ty /ˈspɑti/ adj (**spottier**, **spottiest**) **1** (historial, actuación) irregular **2** (servicio, colaboración) irregular, ocasional

spouse /spaʊs/ s [C] (frml) esposo -a, cónyuge

spout¹ /spaʊt/ s [C] **1** pico (de una tetera, regadera) **2 a spout of water/blood** un chorro de agua/sangre

spout² v **1 (a)** [I siempre + adv/prep] **spout from sth** manar (a chorros) de algo **(b)** [T] arrojar (chorros de) **2** [I,T] (coloq) decir (tonterías)

sprain¹ /spreɪn/ v [T] torcerse, hacerse un esguince de

sprain² s [C] esguince, torcedura

sprang /spræŋ/ pasado de SPRING

sprawl¹ /sprɔl/ (tb **sprawl out**) v [I] **1** [siempre + adv/prep] despatarrarse, repantigarse • [+**on**]: *He was sprawling on the sofa*. Estaba repantigado en el sofá. • **be sprawled (out) on sth** estar despatarrado -a/repantigado -a en algo **2** (*peyor*) desparramarse, extenderse (ciudad, edificios)

EXPRESIONES

go sprawling caer despatarrado -a • **send sb sprawling** tumbar a alguien, dejar a alguien despatarrado -a del golpe

sprawl² s [sing, U] aglomeración, expansión (desordenada): *urban sprawl* aglomeraciones urbanas

sprawl·ing /ˈsprɔlɪŋ/ adj de crecimiento descontrolado

spray¹ S3 /spreɪ/ v (**sprays**, **sprayed**, **spraying**)
1 [T] rociar (con espray, manguera) • **spray sth with paint/air freshener** rociar algo de pintura/con ambientador • **spray paint/water on/onto sth** rociar algo de pintura/con agua
2 [T siempre + adv/prep] acribillar a balazos: *They sprayed bullets into the crowd*. Dispararon a mansalva sobre la multitud. • **spray sth/sb with bullets/gunfire** acribillar algo/a alguien a balazos

spray² S3 s (pl **sprays**)
1 [C,U] (líquido) spray, aerosol • **hair spray** laca para el pelo, spray (fijador) para pelo • **bug spray** insecticida en aerosol
2 [C] (recipiente) aerosol: *a perfume spray* un frasco de perfume con atomizador
3 [U] rocío del oleaje

spread¹ S2 W2 /sprɛd/ v (**spread**)

1	miedo, violencia
2	humo, incendio, lluvias
3	noticia, rumor
4	enfermedad
5	infección, tumor
6	mantequilla, pegamento
7	toalla, periódico
8	por una zona, región
9	los brazos, las piernas
10	en el tiempo
11	entre personas, áreas
12	sonrisa, mirada

1 MIEDO, VIOLENCIA [I,T] propagar(se), extender(se): *Panic spread through the town*. Cundió el pánico por toda la ciudad.
2 HUMO, INCENDIO, LLUVIAS [I] propagarse, extenderse: *The forest fires are spreading*. Los incendios forestales se están propagando.
3 NOTICIA, RUMOR [I,T] difundir(se), propagar(se): *News of the explosion spread swiftly*. La noticia de la explosión se difundió rápidamente. • **spread rumors** hacer correr rumores • **spread lies/gossip** contar mentiras/chismes • **spread the word** correr la voz • **spread like wildfire** correr como reguero de pólvora
4 ENFERMEDAD [I,T] propagar(se), contagiar(se): *The disease spread rapidly*. La enfermedad se propagó rápidamente.
5 INFECCIÓN, TUMOR [I] extenderse • **spread to sb's liver/lungs** extendérsele al hígado/a los pulmones a alguien
6 MANTEQUILLA, PEGAMENTO [I,T] extender(se), untar(se) • **spread sth on/over sth** extender algo sobre algo: *Spread the glue on both surfaces*. Extienda la cola por los dos lados.
7 TOALLA, PERIÓDICO [T] extender • **spread sth on/over sth** extender algo en/sobre algo: *He spread a towel on the sand*. Extendió una toalla en la arena.
8 POR UNA ZONA, REGIÓN [I,T gralm en pasiva] **be spread across/over sth** (tb **spread across/over sth**) extenderse por, estar distribuido -a por algo: *The company has more than 2,500 stores spread across the country*. La empresa tiene más de 2.500 tiendas distribuidas por todo el país.

9 LOS BRAZOS, LAS PIERNAS [T] extender, abrir • **spread its wings** desplegar/extender las alas
10 EN EL TIEMPO [T] distribuir • **spread sth over sth** *Could I spread the repayments over a longer period?* ¿Podría distribuir las cuotas en un periodo más largo?
11 ENTRE PERSONAS, ÁREAS [T] distribuir, repartir
12 SONRISA, MIRADA [I siempre + adv/prep] **spread across/over sb's face** dibujarse en el rostro de alguien: *A big smile spread across her face*. Sonrió de oreja a oreja.

EXPRESIONES

be spread (too) thin/thinly escasear: *They complained that resources were spread too thinly*. Se quejaban de que tenían que estirar demasiado los recursos. • **spread yourself too thin** tratar de abarcar demasiado • **spread your wings** independizarse

spread out v+partíc **1 spread out** dispersarse **2 spread sth ↔ out** extender algo, desplegar algo **3 be spread out** (tb **spread out**) extenderse (ciudad)

spread² s

1	de enfermedades, ideas
2	para untar
3	variedad
4	en una zona
5	en una publicación
6	medida
7	comida
8	propiedad
9	puntaje

1 DE ENFERMEDADES, IDEAS [sing] propagación • [+**of**]: *the spread of nuclear weapons* la proliferación de armas nucleares
2 PARA UNTAR [C,U] pasta para untar • **cheese spread** queso para untar
3 VARIEDAD [sing] gama, abanico: *a broad spread of investments* una amplia gama de inversiones
4 EN UNA ZONA [sing] distribución: *the geographical spread of the company's hotels* la distribución geográfica de los hoteles de la compañía
5 EN UNA PUBLICACIÓN [C] **a double-page spread** un artículo a doble página • **a center spread** un artículo en las páginas centrales
6 MEDIDA [U] envergadura (de las alas), diámetro (de un arbusto, árbol)
7 COMIDA [sing] (*coloq*) banquete, festín
8 PROPIEDAD [C] (*coloq*) finca, hacienda
9 PUNTAJE [sing] diferencia (de puntos) ▶ MIDDLE-AGED **spread**

spread·sheet /ˈsprɛdʃit/ s [C] hoja de cálculo

spree /spri/ s [C] **go on a shopping/spending spree** tener un arrebato consumista, gastar a lo loco • **go on a drinking spree** salir a emborracharse

sprig /sprɪg/ s [C] ramita

spright·ly /ˈspraɪtli/ adj (**sprightlier**, **sprightliest**) (*aprec*) ágil, lleno -a de energía

spring¹ S2 W2 /sprɪŋ/ s
1 [C,U] primavera • **in (the) spring** en primavera • **the spring of 1935/2001** la primavera de 1935/2001 • **spring flowers** flores de primavera • **spring semester** tercer semestre
2 [C] fuente, manantial • **spring water** agua de manantial
3 [C] muelle, resorte
4 [U] elasticidad (de una cama, un asiento)
5 [sing] brinco, salto ▶ BOX SPRING

EXPRESIONES

be full of the joys of spring estar alegre como unas pascuas • **walk with a spring in your step** caminar con paso alegre/con optimismo

spring² v (**sprang** /spræŋ/ o **sprung** /sprʌŋ/, **sprung**)
1 [I siempre + adv/prep] (persona, animal) saltar, brincar: *Tom sprang out of bed*. Tom saltó de la cama. • **spring to your feet** ponerse de pie de un salto, ponerse de pie de un brinco • **spring out at sb** saltar/abalanzarse sobre alguien **2** [I siempre + adv/prep] (objeto) saltar: *The*

branch sprang back and hit him in the face. La rama saltó y le dio en la cara. • *The door sprang open.* La puerta se abrió de golpe.

EXPRESIONES

spring into action entrar en acción • **spring into existence/being** aparecer de la noche a la mañana • **spring a leak** hacer agua (bote), tener una gotera (tanque, depósito) • **spring a surprise** dar una sorpresa • **spring to sb's defense** salir/saltar en defensa de alguien • **spring to life** ponerse en movimiento/en marcha • **spring to mind** venir a la mente, surgir • **spring a trap (a)** disparar la trampa **(b)** tender una trampa
spring for sth *v+partíc* (*coloq*) pagar algo
spring from sth *v+partíc* surgir de algo, tener su origen en algo
spring sth on sb *v+partíc* soltarle algo a alguien, decirle algo a alguien de buenas a primeras
spring up *v+partíc* surgir, aparecer de la noche a la mañana

spring·board /'sprɪŋbɔrd/ *s* [C] **1** (en una profesión) trampolín • [+**for/to**]: *his springboard to fame* su trampolín hacia la fama **2** (en gimnasia, natación) trampolín

,**spring 'break** *s* [C,U] vacaciones de primavera

,**spring 'chicken** *s* **he/she is no spring chicken** (*hum*) ya tiene sus años/añitos

,**spring-'clean** *v* [I,T] hacer limpieza general (de)

,**spring-'cleaning** *s* [U] limpieza general

,**spring 'fever** *s* [U] fiebre de primavera

spring·time /'sprɪŋtaɪm/ *s* [U] primavera • **in the springtime** en primavera

spring·y /'sprɪŋi/ *adj* (**springier**, **springiest**) mullido -a, elástico -a

sprin·kle¹ /'sprɪŋkəl/ *v* **1** [T] echar, rociar con (agua, gasolina), espolvorear (sal, queso) • **sprinkle salt/petrol on/over sth** espolvorear sal sobre algo/rociar algo con gasolina • **sprinkle sth with sth** espolvorear algo con algo, rociar algo con algo **2 sprinkle your stories/the conversation with sth** salpicar sus relatos/la conversación con algo **3** [I] lloviznar SIN **drizzle**

sprinkle² *s* **1** [sing] pizca • [+**of**]: *a sprinkle of sugar* una pizca de azúcar **2** [C] llovizna **3 sprinkles** [pl] virutas (en repostería, cocina)

sprin·kler /'sprɪŋklɚ/ *s* [C] **1** aspersor **2** rociador anti-incendios

sprin·kling /'sprɪŋklɪŋ/ *s* [C] pizca • [+**of**]: *a sprinkling of snow* unos copos de nieve

sprint¹ /sprɪnt/ *v* [I] correr (a toda velocidad), esprintar

sprint² *s* **1** [C] carrera de velocidad (en atletismo, natación), esprint (en ciclismo) **2** [sing] carrera (a toda velocidad)

sprint·er /'sprɪntɚ/ *s* [C] velocista, esprínter

sprock·et /'sprakɪt/ *s* [C] piñón, rueda dentada

sprout¹ /spraʊt/ *v* **1** (hojas, brotes) **(a)** [T] echar **(b)** [I] brotar (hojas), germinar (semillas) **2** [I] (tb **sprout up**) (edificios) surgir como hongos **3** (barba, pelo) **(a)** [T] dejarse (crecer) **(b)** [I] crecer, salir

sprout² *s* [C] **1** [gralm pl] germinado/germen de alfalfa, alfalfa germinada **2** [gralm pl] germinado/germen de soya, soya germinada **3** [gralm pl] col de Bruselas **4** brote (en una planta)

spruce¹ /sprus/ *s* [C,U] picea

spruce² *v*
spruce up *v+partíc* **1 spruce sth ↔ up** (*coloq*) lavarle la cara a algo, adecentar algo **2 spruce yourself ↔ up**, **spruce up** (*coloq*) arreglarse, acicalarse

sprung¹ /sprʌŋ/ pasado y participio pasado de **SPRING**

sprung² *adj* de resortes

spry /spraɪ/ *adj* (**sprier**, **spriest** o **spryer**, **spryest**) ágil, lleno -a de energía

spud /spʌd/ *s* [C] (*coloq*) papa

spun /spʌn/ pasado y participio pasado de **SPIN**

spunk /spʌŋk/ *s* [U] (*coloq*) agallas

spunk·y /'spʌŋki/ *adj* (*coloq*) valiente, con agallas

spur¹ /spɚ/ *s* [C] **1** acicate, estímulo • [+**to**]: *a spur to action* un acicate para entrar en acción **2** espuela **3** risco, saliente **4** espolón (de un gallo)

EXPRESIONES

on the spur of the moment sin pensarlo, de sopetón • **win/earn your spurs** demostrar su valía

spur² *v* (**spurred**, **spurring**) **1** [T] estimular, impulsar, servir de acicate a **2** [T] (tb **spur sb on**) alentar, animar • **spur sb into action** alentar a alguien a entrar en acción • **spur sb (on) to do sth** alentar/impulsar a alguien a hacer algo **3** [I siempre + adv/prep, T] espolear (al caballo)

spu·ri·ous /'spyʊriəs/ *adj* **1** espurio -a (argumento): *a spurious claim* una falsa alegación **2** falso -a (sentimiento)

spurn /spɚn/ *v* [T] (*liter*) rechazar: *a spurned lover* un amante rechazado

spurt¹ /spɚt/ *v* **1 (a)** [I] salir (a chorros), manar • **spurt from/out of sth** salir (a chorros) de algo: *Flames spurted from the engine.* Salían llamaradas del motor. **(b)** [T] echar chorros de, escupir **2** [I siempre + adv/prep] aligerar, acelerar

spurt² *s* [C] **1** chorro (de líquido), llamarada (de fuego) • **in spurts** a chorritos **2** *a spurt of activity* un arranque de actividad • **a growth spurt** un estirón

EXPRESIONES

in spurts a rachas

sput·ter /'spʌtɚ/ *v* **1** [I] chisporrotear, estallar (fuego), petardear (motor) **2** [I,T] balbucear

spy¹ /spaɪ/ *s* [C] (pl **spies**) espía

spy² *v* (**spies**, **spied**, **spying**) **1** [I] espiar **2** [T] (*liter*) ver, descubrir
spy on sb *v+partíc* espiar a alguien

spy³ *adj* [solo ante s] espía: *spy planes* aviones espía(s)

spy·ing /'spaɪ-ɪŋ/ *s* [U] espionaje

sq. (*abrev escrita de* **square**) cuadrado -a

squab·ble¹ /'skwabəl/ *v* [I] pelear, discutir • **squabble about/over sth** pelear/discutir por algo ▶ ver nota en **ARGUE**

squabble² *s* [C] pelea, discusión

squad /skwad/ *s* [C] **1** equipo, selección **2** escuadrón (policial), brigada (policial) • **the riot/drug squad** el escuadrón de la policía antidisturbios/antinarcóticos, la brigada antidisturbios/antinarcóticos **3** pelotón ▶ **DEATH SQUAD, FIRING SQUAD**

'**squad car** *s* [C] carro patrulla, coche patrulla

squad·ron /'skwadrən/ *s* [C] escuadrón

squal·id /'skwalɪd/ *adj* **1** inmundo -a **2** sórdido -a

squall /skwɔl/ *s* [C] vendaval, borrasca

squal·or /'skwalɚ/ *s* [U] inmundicia, miseria • **live in squalor** vivir en la miseria

squan·der /'skwandɚ/ *v* [T] despilfarrar, desperdiciar • **squander sth on sth** despilfarrar algo en algo

square¹ ▨ /skwɛr/ *adj*

1 de forma
2 de ángulo
3 de superficie
4 de lado
5 en paralelo
6 espaldas, rostro, mandíbula
7 persona

1 DE FORMA cuadrado -a: *a square table* una mesa cuadrada

2 DE ÁNGULO recto -a, en ángulo recto: *square corners* esquinas rectas

3 DE SUPERFICIE cuadrado -a • **a square meter/mile** un metro cuadrado/una milla cuadrada
4 DE LADO 5 feet/2 meters square cuadrado -a con 5 pies/2 metros de lado
5 EN PARALELO [nunca ante s] recto -a, nivelado -a • [+**with**]: *The shelf's not square with the floor.* El anaquel no está paralelo al suelo.
6 ESPALDAS, ROSTRO, MANDÍBULA cuadrado -a
7 PERSONA (*antic, coloq*) antiguo -a, anticuado -a

EXPRESIONES
a square deal un trato justo • **a square meal** una comida completa, una buena comida • **feel like a square peg in a round hole** (*coloq*) sentirse fuera de lugar

square² S3 W3 *s* [C]

1	forma
2	lugar
3	cálculo
4	en un juego
5	persona
6	para dibujo

1 FORMA cuadrado: *Draw a square.* Dibujar un cuadrado.
2 LUGAR plaza • **the main/town square** la plaza mayor • **the market square** la plaza del mercado
3 CÁLCULO cuadrado • [+**of**]: *The square of 4 is 16.* 4 al cuadrado son 16.
4 EN UN JUEGO casilla: *Which square was the queen on?* ¿En qué casilla estaba la reina?
5 PERSONA (*antic, coloq*) antiguo -a, anticuado -a
6 PARA DIBUJO escuadra, cartabón

EXPRESIONES
go back to square one volver a empezar de cero

square³ *v* [T] **1** elevar al cuadrado **2** cuadrar
square sth ↔ **away** *v+partíc* (*coloq*) (terminar de) resolver algo, arreglar algo • **get sth squared away** dejar terminado/resuelto algo
square off *v+partíc* **1 square off** ponerse en guardia, prepararse para/disponerse a pelear • **square off with sb** prepararse para pelear con alguien, disponerse a pelear con alguien **2 square off** cuadrar algo
square up *v+partíc* pagar, hacer/echar cuentas
square with *v+partíc* **square sth with sth** conciliar algo con algo

square⁴ *adv* directamente, de lleno: *I drove square into the wall.* Choqué de lleno contra la pared • **look sb square in the eye** mirar a alguien a los ojos ▶ **FAIR and square**

'square dance *s* [C] cuadrilla (baile tradicional)

square·ly /'skwɛrli/ *adv* **1** (en medio) directamente: *She hit him squarely on the nose.* Le pegó de lleno en la nariz. **2** (inequívocamente) directamente: *He placed the blame squarely on the United States.* Culpó directamente a los Estados Unidos. **3** sin rodeos, francamente

,square 'root *s* [C] raíz cuadrada

squash¹ /skwɑʃ, skwɔʃ/ *v* **1** [T] aplastar, espichar, apachurrar • **get squashed** aplastarse, espicharse, apachurrarse **2** [T siempre + adv/prep] embutir, meter apretando • **squash sth in** meter algo apretando **3** [I siempre + adv/prep] **squash into a car/room** apretujarse en un carro/una habitación • **squash in** apretujarse

squash² *s* **1** [C,U] (pl **squashes**, **squash**) cucurbitácea, calabaza **2** [U] squash • **squash court** pista de squash • **squash racket** raqueta de squash

squat¹ /skwɑt/ *v* [I] (**squatted**, **squatting**) **1** (tb **squat down**) ponerse en cuclillas, agacharse ▶ ver nota en **AGACHAR 2** estar en cuclillas **3** usurpar un edificio (para vivir en él), hacer paracaidismo

squat² *adj* rechoncho -a, achaparrado -a

squat³ *s* **1** [sing] (postura en) cuclillas **2** [U] (*coloq*) nada

squat·ter /'skwɑtər/ *s* [C] ocupante ilegal (de una vivienda previamente vacía), paracaidista

squaw /skwɔ/ *s* [C] (*antic, despec*) mujer india norteamericana

squawk¹ /skwɔk/ *v* [I] graznar, chillar

squawk² *s* [C] graznido, chillido

squeak¹ /skwik/ *v* **1** [I] chirriar (puerta, bisagra), crujir (zapatos), chillar (ratón) **2** [I,T] chillar, gritar

squeak² *s* [C] chirrido (de una puerta, bisagra), crujido (de los zapatos), chillido (de un ratón)

EXPRESIONES
not a squeak (*coloq*) ni una palabra

squeak·y /'skwiki/ *adj* (**squeakier**, **squeakiest**) chillón -ona (voz), que chirría (puerta)

,squeaky 'clean *adj* **1** impecable, impoluto -a **2** intachable

squeal¹ /skwil/ *v* **1** [I] chirriar **2** [T] chillar, gritar **3** [I] (*coloq*) sapear, delatar • **squeal on sb** sapear a alguien, delatar a alguien

squeal² *s* [C] chillido, chirrido

squeam·ish /'skwimɪʃ/ *adj* aprensivo -a, impresionable

squeeze¹ S3 /skwiz/ *v*
1 [I,T] apretar: *Terri squeezed his arm.* Terri le apretó el brazo. • **squeeze the trigger** apretar el gatillo
2 [T] exprimir: *Squeeze the oranges.* Exprima las naranjas.
3 [I,T siempre + adv/prep] **squeeze into sth** meterse a duras penas en algo: *Five of us squeezed into the back seat.* Como pudimos, nos metimos cinco en el asiento trasero. • **squeeze sth into sth** meter con dificultad algo en algo • **squeeze through a gap/hole** colarse por un hueco/agujero • **squeeze past** lograr pasar • **squeeze past sb** pasar por un hueco junto a alguien
4 [T] ahogar, cortar la financiación a
squeeze sth/sb ↔ **in** *v+partíc* **1** meter algo/a alguien: *We could probably squeeze one more person in.* Apretándose, quizá quepa otra persona. **2** hacer un hueco para algo a alguien: *The doctor could squeeze you in at four.* El doctor le puede hacer un hueco a las cuatro.
squeeze out *v+partíc* **1 squeeze sth/sb** ↔ **out** eliminar algo/a alguien, dejar fuera algo/a alguien **2 squeeze sth** ↔ **out** escurrir algo (apretando)
squeeze sth out of sb *v+partíc* sacarle algo a alguien: *I'll try to squeeze more information out of them.* Voy a tratar de sacarles más información.

squeeze² *s* **1** [sing] apretón • **give sth a squeeze** apretar algo **2 it is a (tight) squeeze** estamos/están como sardinas en lata **3** [sing] chorrito (de limón), poquito (de pasta de dientes) **4** restricción • [+**on**]: *the squeeze on public sector spending* la restricción del gasto público • **feel the squeeze** notar la crisis financiera **5 his/her (main) squeeze** (*hum, coloq*) su novia/novio

EXPRESIONES
put the squeeze on sb (*coloq*) presionar a alguien

squelch /skwɛltʃ/ *v* [T] acallar (rumores), rechazar (informe, especulaciones), aplastar (la creatividad, una protesta)

squib /skwɪb/ *s* [C] buscapiés

squid /skwɪd/ *s* (pl **squid**, **squids**) **1** [C] (animal) calamar **2** [U] (comida) calamares

squig·gle /'skwɪgəl/ *s* [C] garabato

squig·gly /'skwɪgli/ *adj* ondulante, serpenteante (calle, línea)

squint¹ /skwɪnt/ *v* [I] entrecerrar los ojos, entornar los ojos • **squint at sth/sb** mirar algo/a alguien entornando los ojos

squint² *s* [sing] hecho de entornar los ojos: *The squint was from the sun.* Entrecerraba los ojos por el sol.

squire /skwaɪər/ *s* [C] **1** señor, terrateniente **2** escudero

squirm /skwɜrm/ *v* [I] **1** retorcerse, removerse **2 make sb squirm** avergonzar a alguien • **squirm with embarrassment** morirse de vergüenza

squirm out of sth *v+partíc* librarse de algo, escabullirse de algo

squir·rel /'skwɚəl/ *s* [C] ardilla

squirt¹ /skwɚt/ *v* **1 (a)** [T siempre + adv/prep] **squirt sth on/in sth** echar un chorro de algo en algo (apretando) **(b)** [I siempre + adv/prep] chorrear • **squirt out** *There was a hole in the pipe and water was squirting out.* Había un agujero en la tubería y salía un chorrito de agua. **2** [T] mojar • **squirt sth/sb with sth** mojar algo/a alguien con algo

squirt² *s* [C] **1** chorrito **2** (*oral*) corazoncito
EXPRESIONES
a little squirt (*peyor*) un mequetrefe

squish /skwɪʃ/ *v* (*coloq*) **1** [T] espachurrar, aplastar **2** [I siempre + adv/prep] chapotear al andar

squish·y /'skwɪʃi/ *adj* (**squishier, squishiest**) blando -a

Sr. *abrev escrita de* **1** (**Senior**) padre **2** (**sister**) hermana (religiosa)

Sri Lan·ka /sri 'lɑŋkə, ʃri-/ Sri Lanka

Sri Lan·kan /sri 'lɑŋkən, ʃri-/ *s* [C], *adj* esrilanqués -esa

S.S. (*abrev escrita de* **Saints**) Stos./Stas.

St. *abrev escrita de* **1** (**Saint**) S., Sto., Sta. **2** (**Street**) calle

stab¹ /stæb/ *v* [T] (**stabbed, stabbing**) **1** apuñalar • **stab sb in the heart/arm** apuñalar a alguien en el corazón/brazo, clavarle a alguien un cuchillo en el corazón/brazo • **be stabbed to death** morir apuñalado -a **2** pinchar • **stab sth with sth** pinchar algo con algo **3** **stab sth with sth** *He stabbed the air with his pen.* Hundía el bolígrafo en el aire. • **stab sth at/into sth** *I accidentally stabbed my finger in my eye.* Sin querer, me metí el dedo en el ojo. ▶ **STABBING**
EXPRESIONES
stab sb in the back (*peyor*) dar una puñalada por la espalda a alguien, traicionar a alguien
stab at sth *v+partíc* *She stabbed at his chest with her finger.* Le clavaba el dedo en el pecho.

stab² *s* [C] **1 a stab at sth** (*coloq*) un intento de algo • **take/make a stab at sth** (tb **have a stab at sth**) intentar algo **2 a stab of pain/fear/envy** una punzada de dolor/un miedo repentino/un ataque de celos **3** puñalada • **stab wound** puñalada, herida de arma blanca **4** [C] pinchazo (con el tenedor)
EXPRESIONES
a stab in the back una puñalada por la espalda

stab·bing¹ /'stæbɪŋ/ *s* [C] apuñalamiento

stabbing² *adj* **a stabbing pain** un dolor punzante

sta·bil·i·ty /stə'bɪləti/ *s* [U] **1** (de una construcción) estabilidad SIN **instability 2** (política, social) estabilidad SIN **instability 3** (emocional) estabilidad SIN **instability**

sta·bi·li·za·tion /ˌsteɪbələ'zeɪʃən/ *s* [U] (*frml*) estabilización

sta·bi·lize /'steɪbəˌlaɪz/ *v* [I,T] (situación, precios, población) estabilizar(se) **2** [I] (enfermo) estabilizarse: *The patient's condition has now stabilized.* El estado del paciente es ahora estable.

sta·bi·liz·er /'steɪbəˌlaɪzɚ/ *s* [C] estabilizador

sta·ble¹ /'steɪbəl/ *adj* **1** (silla, mesa) estable SIN **unstable 2** (relación, situación) estable SIN **unstable 3** (persona, familia) equilibrado -a ANT **unstable 4** (enfermo) estable

stable² *s* **1** [C] establo, cuadra **2 stables** [pl] (criador) cuadra **3 stables** [pl] picadero, centro de equitación **4** [C] (caballos) cuadra **5** [C] grupo (empresarial) **6** [C] grupo, equipo

stable³ *v* [T] meter/tener en la cuadra

stac·ca·to /stə'kɑtoʊ/ *adj, adv* en staccato

stack¹ S3 /stæk/ *s* [C]
1 pila, montón ▶ ver nota en MONTÓN
2 almiar, pajar
3 a stack of sth (tb **stacks of sth**) (*coloq*) un montón de algo, montones de algo

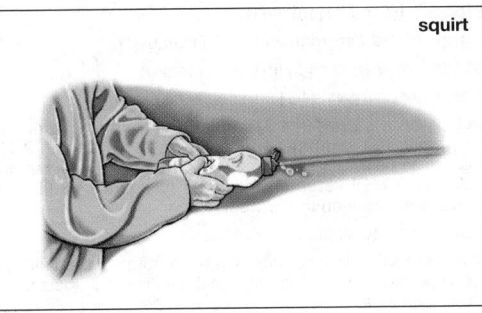

squirt

4 the stacks [pl] el depósito (de una biblioteca) ▶ **BLOW your stack**

stack² *v* [T] apilar
EXPRESIONES
the odds/cards are stacked against sb las circunstancias no le son favorables a alguien
stack up *v+partíc* **1 stack sth ↔ up** apilar algo **2 stack up** apilarse, amontonarse **3 stack up against/with sb/sth** (*coloq*): *How does the company stack up against its foreign competitors?* ¿Cómo es la compañía en comparación con sus competidores extranjeros?

sta·di·um /'steɪdiəm/ *s* [C] (pl **stadiums, stadia** /-diə/) estadio

staff¹ S1 W3 /stæf/ *s*
1 [C,U] personal, plantel, plantilla • **on the staff** en (el) plantel, en (la) plantilla • **join the staff** incorporarse al plantel/a la plantilla • **staff meeting** reunión de personal • **staff member** miembro del plantel/de la plantilla, empleado -a
2 [U] los empleados, el personal
3 [U] personal no docente
4 [C] pentagrama
5 [C] bastón (de mando)

staff² *v* [T] **1** dotar de personal **2 be staffed by sb** *The store is staffed by volunteers.* El personal que trabaja en la tienda es voluntario. ▶ **UNDERSTAFFED**

staff·er /'stæfɚ/ *s* [C] empleado -a (de un partido, una entidad)

staff·ing /'stæfɪŋ/ *s* [U] dotación de personal, contratación de personal • **staffing levels** número de empleados

stag /stæg/ *s* [C] ciervo
EXPRESIONES
go stag (*antic*) ir solo/sin pareja (a una fiesta)

stage¹ S2 W1 /steɪdʒ/ *s*
1 [C] etapa, fase: *The negotiations are reaching a critical stage.* Las negociaciones están llegando a una fase crítica. • **the early/final stages of sth** las etapas iniciales/finales de algo • **the next stage** la etapa siguiente • **in stages** por etapas, paso a paso • **at this stage** a estas alturas
2 [C,U] escenario: *There was an actor on the stage.* Había un actor en el escenario. • **on stage** en escena • **go on stage** salir a escena
3 the stage las tablas, el teatro • **go on the stage** hacerse actor/actriz
4 the stage el teatro: *The novel has been adapted for the stage.* La novela ha sido adaptada al teatro.
5 [sing] (ámbito) escena • **on the world/international stage** en la escena mundial/internacional
EXPRESIONES
take center stage (*esp escrito*) ser el centro de atención • **set the stage for sth** (*esp escrito*) crear el marco adecuado para algo

stage² *v* [T] **1** poner en escena, montar **2** organizar (una manifestación, una huelga)
EXPRESIONES
be carefully staged ser/estar cuidadosamente preparado -a • **stage a comeback** volver a escena, reaparecer

stage·coach /'steɪdʒkoʊtʃ/ *s* [C] diligencia

'stage fright s [U] miedo escénico

stage·hand /'steɪdʒhænd/ s [C] tramoyista

'stage-ˌmanage v [T] dirigir (en teatro)

'stage ˌmanager s [C] director -a de escena

stag·ger¹ /'stægə/ v **1** [I] tambalearse: *I staggered to the window.* Fui tambaleándome hasta la ventana. **2** [T gralm en pasiva] dejar pasmado -a: *We were staggered by the verdict.* El veredicto nos dejó pasmados. **3** [T frec en pasiva] escalonar ▸ **STAGGERED**

stagger² s [C gralm sing] tambaleo

stag·gered /'stægəd/ adj **1** [nunca ante s] pasmado -a, estupefacto -a **2** (actos) escalonado -a **3** (asientos) escalonado -a

stag·ger·ing /'stægərɪŋ/ adj asombroso -a

stag·ing /'steɪdʒɪŋ/ s **1** [U] puesta en escena **2** [C] montaje, producción **3** [U] andamiaje

stag·nant /'stægnənt/ adj [sin compar] **1** (agua, aire) estancado -a **2** (economía, mercado) estancado -a

stag·nate /'stægneɪt/ v [I] **1** (*peyor*) (economía, producción) estancarse **2** (agua, aire) estancarse

stag·na·tion /stæg'neɪʃən/ s [U] (*peyor*) estancamiento

staid /steɪd/ adj serio -a, formal, austero -a

stain¹ /steɪn/ s **1** [C] mancha • **a blood/an ink/a wine stain** una mancha de sangre/tinta/vino **2** [C,U] tinte
EXPRESIONES
a stain on sb's name/reputation (*liter*) una mancha en la reputación de alguien

stain² S3 v
1 [I,T] manchar(se)
2 [T] teñir
EXPRESIONES
stain sb's name/reputation (*liter*) manchar el nombre/la reputación de alguien

ˌstained 'glass s [U] vidrio de colores • **stained glass window** vidriera, vitral

ˌstainless 'steel s [U] acero inoxidable

stair S2 W2 /ster/ s
1 stairs [pl] escalera (de edificio) • **on the stairs** en la escalera • **a flight of stairs** un tramo de escalera • **climb the stairs** subir las escaleras
2 [C] escalón, peldaño

stair·case /'sterkeɪs/ s [C] escalera(s) (de edificio)

stair·way /'sterweɪ/ s [C] (pl **stairways**) escalera(s) (de edificio)

stair·well /'sterwel/ s [C] hueco de la escalera, cubo de la escalera

stake¹ W3 /steɪk/ s [C]
1 estaca
2 parte, participación (en un negocio) • [+**in**]: *his 30% stake in the company* su participación del 30% en la compañía
3 the stakes [pl] lo que está en juego: *The team is very aware of the stakes involved.* El equipo sabe muy bien lo que se juega. • **the stakes are high** hay mucho en juego • **raise the stakes** subir la apuesta
4 apuesta, dinero (apostado)
EXPRESIONES
at stake **(a)** en juego: *Thousands of lives are at stake.* Están en juego miles de vidas. **(b)** en cuestión: *There are important issues at stake.* Los asuntos en cuestión son importantes. • **be burned at the stake** morir en la hoguera • **have a stake in sth** tener interés en algo • **in the popularity/beauty stakes** en cuanto a popularidad/belleza, en el escalafón de popularidad/de gente bonita • **pull up stakes** (*coloq*) levantar campamento (cambiar de casa o trabajo)

stake² v [T] **1** (algo inmaterial) **stake sth on sth** jugarse algo en algo • **stake your reputation on sth** jugarse la reputación en algo **2** (dinero, propiedades) **stake sth on sth** jugarse algo a algo, apostar algo a algo **3** delimitar con estacas **4** apuntalar (con rodrigones, puntales)

EXPRESIONES
stake a claim to sth (*esp escrito*) **(a)** reivindicar su derecho a algo **(b)** reivindicarse como acreedor -a a algo
stake out v+partíc **1 stake sth ↔ out** vigilar constantemente algo **2 stake sth ↔ out** delimitar algo con estacas **3 stake out sth** asegurarse algo, hacerse con algo **4 stake out sth** dejar algo claro ▸ **STAKEOUT**

stake·out /'steɪkaʊt/ s [C] operativo de vigilancia

sta·lac·tite /stə'læktaɪt/ s [C] estalactita

sta·lag·mite /stə'lægmaɪt/ s [C] estalagmita

stale /steɪl/ adj **1** duro -a (pan, pastel) **2** viciado -a (aire, atmósfera), rancio -a (humo) **3** viejo -a (chiste, noticia), anquilosado -a (idea, relación) • **go stale** volverse rutinario -a, perder interés **4** estancado -a, anquilosado -a (persona)

stale·mate /'steɪlmeɪt/ s [C,U] **1** punto muerto • **reach a stalemate** llegar a un punto muerto **2** tablas (en ajedrez)

stalk¹ /stɔk/ s [C] tallo

stalk² v **1** [T] acechar **2** [T] acosar **3** [I siempre + adv/prep] (*liter*) **stalk out/off** salir/irse enojado -a

stalk·er /'stɔkə/ s [C] **1** acosador -a **2** cazador -a

stalk·ing /'stɔkɪŋ/ s [U] **1** acoso **2** acecho

stall¹ /stɔl/ s [C] **1** puesto: *a market stall* un puesto en el mercado **2** cubículo (del baño) ▸ **CUBICLE** **3** compartimiento (en una cuadra) **4** partidor, arrancadero (en un hipódromo) **5** [gralm pl] asiento (en la sillería de un coro)

stall² v **1** [I,T] parar(se) (carro, motor): *I stalled the engine.* Se me paró el motor. **2** **(a)** [I] estancarse, llegar a un punto muerto **(b)** [T] paralizar **3** [I] dar largas, andarse con rodeos/evasivas • **stall for time** ganar tiempo **4** [T] entretener (a una persona), demorar (un hecho)

stal·lion /'stælyən/ s [C] semental

stal·wart¹ /'stɔlwət/ s [C] incondicional

stalwart² adj **1** [solo ante s] incondicional **2** (*frml*) fornido -a, robusto -a

sta·men /'steɪmən/ s [C] estambre

stam·i·na /'stæmənə/ s [U] resistencia

stam·mer¹ /'stæmə/ v [I,T] tartamudear, gaguear

stammer² s [C gralm sing] tartamudeo, gageo • **speak with a stammer** tartamudear al hablar, gaguear

stamp¹ S2 /stæmp/ s [C]
1 sello (de correos), timbre • **a book of stamps** un pliego de sellos, de timbres
2 (utensilio) sello
3 (distintivo) sello: *a stamp in your passport* un sello en tu pasaporte
4 patada en el piso
5 [sing] sello (distintivo), impronta • **bear/have the stamp of sb/sth** llevar el sello de alguien/algo
6 the stamp of authority/antiquity el sello de la autoridad/antigüedad ▸ **FOOD STAMP**
EXPRESIONES
stamp of approval aprobación, beneplácito • **give sth a stamp of approval** darle el visto bueno a algo

stamp² v **1** [T] sellar (un documento) **2 (a)** [T] **stamp your feet** dar patadas en el suelo, patalear **(b)** [I] patalear • **stamp on sth** aplastar algo con el pie, pisar/pisotear algo **3** [I siempre + adv/prep] caminar dando fuertes pisadas: *He stamped angrily down the stairs.* Bajó airadamente las escaleras. **4** [T] imprimir (el sello personal) • **stamp sth on sth** imprimirle algo a algo: *He soon stamped his authority on the school.* Pronto imprimió el sello de su autoridad a la escuela. • **be stamped on your memory** estar grabado -a en su memoria **5** [T] franquear, sellar (una carta, un paquete)
stamp sth ↔ out v+partíc **1** erradicar algo **2** grabar algo, troquelar algo

stam·pede¹ /stæm'pid/ s [C] **1** (de animales) estampida **2** (de clientes, compradores) alud, avalancha **3** (de personas que huyen) avalancha, estampida

stampede² *v* [I] precipitarse, salir en estampida

'stamping ground *s* [C] lugar predilecto

stance /stæns/ *s* [C gralm sing] **1** (opinión) postura, posición • [+**on**]: *What is his stance on environmental issues?* ¿Cuál es su postura respecto a las cuestiones medioambientales? • **take/adopt a stance** tomar/ adoptar una postura **2** (del cuerpo) postura, posición

stanch /stɑːntʃ, stɑːntʃ/ *v* variante de **STAUNCH**

stand¹ S1 W1 /stænd/ *v* (**stood** /stʊd/)

1	estar de pie
2	ponerse de pie
3	en una ubicación
4	en un estado
5	en una situación
6	indicando aguante, paciencia
7	indicando solidez, resistencia
8	sin moverse
9	en un nivel
10	en altura
11	decisión, ofrecimiento, récord
12	comida, bebida, mezcla

1 ESTAR DE PIE [I] estar parado -a/de pie: *Don't just stand there – help me!* ¡No te quedes ahí parado y dame una mano! • *She could barely stand.* Apenas podía tenerse en pie. • **stand somewhere laughing/watching** estar en un lugar riéndose/mirando • **stand with your back to sb/sth** estar de espaldas a alguien/algo • **stand still** quedarse quieto -a
2 PONERSE DE PIE [I] levantarse, pararse, ponerse de pie: *We all stood and clapped.* Todos nos pusimos de pie y aplaudimos.
3 EN UNA UBICACIÓN [I gralm + adv/prep] estar: *There's a parking lot where the theater once stood.* Donde estaba el teatro actualmente hay un parqueadero. • **sth is still standing** algo sigue en pie
4 EN UN ESTADO [v copul] estar • **stand open** estar abierto -a • **stand empty** estar vacío -a • **stand idle** estar parado -a (sin funcionar)
5 EN UNA SITUACIÓN [v copul] **as things stand** (tb **the way things stand**) tal (y) como están las cosas: *As things stand, we'll be lucky to finish the job by Monday.* Tal como están las cosas, me extrañaría que termináramos el trabajo para el lunes. • **where/how things stand** cuál es la situación, cómo están las cosas • **know where/how sb stands** saber cuál es la situación de alguien
6 INDICANDO AGUANTE, PACIENCIA [T gralm en interrog y negat] soportar, aguantar • **can/could stand sth** *How can you stand the noise?* ¿Cómo puedes soportar el ruido? • **stand to see/hear/do** soportar ver/oír/hacer: *The kids can't stand to hear them arguing.* Los niños no pueden oírlos discutir. • **stand doing sth** soportar hacer algo: *Lily couldn't stand working in an office.* Lily no soportaba trabajar en una oficina. • **stand sb doing sth** soportar que alguien haga algo: *I can't stand people smoking around me.* No soporto estar con gente que fume.
7 INDICANDO SOLIDEZ, RESISTENCIA [T] resistir, soportar • **stand the test of time** resistir el paso del tiempo • **stand the strain** resistir el esfuerzo/la tarea
8 SIN MOVERSE [I siempre + adv/prep] estar parado -a: *The car's been standing in the garage for weeks.* El carro lleva semanas en el garaje.
9 EN UN NIVEL [v copul] **stand at sth** ser de algo, estar en algo: *Unemployment stands at 6%.* El desempleo es del 6%. • **stand above/below sth** estar por encima/ debajo de algo
10 EN ALTURA [v copul] (*frml*) medir: *John stands six feet tall.* John mide seis pies.
11 DECISIÓN, OFRECIMIENTO, RÉCORD [I nunca en forma continua] seguir en pie, seguir vigente: *My offer still stands.* Mi oferta sigue en pie.
12 COMIDA, BEBIDA, MEZCLA [I] reposar: *Leave the mixture to stand.* Deje reposar la mezcla. ► **be/stand in AWE of sb, stand BAIL for sb, stand your GROUND, make sb's HAIR stand on end, not have a LEG to stand on, stand sb in good STEAD**

EXPRESIONES
sb can do sth standing on their head (*coloq*) alguien puede hacer algo con los ojos cerrados • **sb can't stand sth/sb** alguien no soporta algo/a alguien • **from where I stand** a mi modo de ver • **I stand corrected** (*frml, oral*) tienes/tienen razón • **it stands to reason** es lógico, tiene sentido • **stand accused of doing sth (a)** estar acusado -a de hacer algo (en un tribunal) **(b)** haber sido acusado -a de hacer algo (con críticas) • **stand a chance/hope** tener posibilidades: *We don't stand a chance against such an experienced team.* No tenemos posibilidades frente a un equipo con tanta experiencia. • **stand firm (against sth)** mantenerse firme (en contra de algo) • **stand in line** hacer cola/fila • **stand in line to do sth** hacer fila/cola para hacer algo: *We were standing in line to buy tickets.* Estábamos haciendo la fila para comprar las entradas. • **stand in sb's way (a)** interponerse en el camino de alguien, ser un obstáculo para alguien **(b)** interponerse en el camino de alguien, cortarle el paso a alguien • **stand in the way of sth** obstaculizar/impedir algo • **stand on your own (two) feet** (*coloq*) valerse por sí mismo -a • **stand pat (on sth)** (*coloq*) mantenerse/seguir en sus trece (sobre algo), no ceder ni un ápice (sobre algo) • **stand still** estar paralizado -a • **stand to gain/lose sth** poder ganar algo/correr el riesgo de perder algo • **stand trial** ser enjuiciado -a

stand around *v+partíc* estar sin hacer nada
stand aside *v+partíc* apartarse, hacerse a un lado
stand back *v+partíc* retroceder • **stand back from sth** retirarse de algo
stand back from sth *v+partíc* estar a un lado de algo, estar apartado -a de algo (edificio)
stand between sb and sth *v+partíc* separar a alguien de algo, interponerse entre alguien y algo
stand by *v+partíc* **1 stand by** quedarse de brazos cruzados • **stand by and see sth/let sth happen** quedarse de brazos cruzados viendo algo/dejando que algo pase **2 stand by sth** mantener algo (una promesa, lo dicho): *I stand by what I said earlier.* Mantengo lo que dije antes. **3 stand by sb** apoyar a alguien **4 stand by** estar listo -a: *We have a helicopter standing by.* Tenemos un helicóptero listo. • **stand by to do sth** estar listo -a para hacer algo • **stand by for sth** estar atento -a para recibir algo
stand down *v+partíc* (*jur*) abandonar el estrado
stand for sth *v+partíc* **1** significar algo (siglas, símbolos): *What does UNHCR stand for?* ¿Qué significa ACNUR? **2** representar algo (ideas, valores) **3 not stand for sth** no tolerar algo
stand in for sb *v+partíc* sustituir/reemplazar a alguien
stand off sth/sb *v+partíc* mantener alejado -a algo/a alguien (evitando un ataque)
stand out *v+partíc* destacarse, notarse • **stand out against sth** destacarse en medio de algo, recortarse contra algo • **stand out like a sore thumb** desentonar mucho
stand over sb *v+partíc* vigilar a alguien, estar encima de alguien
stand up *v+partíc* **1 stand up** estar de pie • **stand up straight** ponerse derecho -a **2 stand up** ponerse de pie, levantarse **3 stand sth/sb up** poner algo/a alguien de pie, levantar algo/a alguien **4 stand sb up** (*coloq*) dejar plantado -a a alguien **5 stand up** sostenerse, tener sentido: *Her story simply doesn't stand up.* Su historia simplemente no se sostiene. • **stand up in court** sostenerse en un juicio, ser probado -a en los tribunales • **stand up to sth** resistir algo: *The data may not stand up to further testing.* Puede que los datos no resistan nuevos análisis.
stand up for sth/sb *v+partíc* defender algo/a alguien
stand up to sb/sth *v+partíc* **stand up to sb/sth** hacer frente a alguien/algo

stand² S2 W2 *s* [C]
1 soporte (para un objeto), pie (de un micrófono): *a music stand* un atril para partituras • *an umbrella stand* un paragüero
2 puesto (en un mercado, etc.)
3 [gralm sing] postura, posición • [+**on**]: *the company's*

stand on social issues la postura de la compañía respecto a cuestiones sociales • **take a stand on sth** adoptar una postura respecto a algo
4 the stands [pl] la tribuna (de un estadio)
5 the stand [sing] el estrado (de un tribunal) • **take the stand** subir al estrado ▶ GRANDSTAND, NEWSSTAND, ONE-NIGHT STAND, TAXI STAND

stand·a·lone /ˈstændəˌloʊn/ *adj* [solo ante s] autónomo -a, independiente

stan·dard[1] S2 W2 /ˈstændərd/ *s*

1	calidad
2	valor de comparación
3	en lo moral
4	medidas oficiales
5	automóvil
6	bandera
7	mástil con insignia

1 CALIDAD [C,U] nivel, estándar: *academic standards* nivel académico • **a high/good standard** un alto/buen nivel (de calidad) • **a low standard** un bajo nivel (de calidad) • **be below standard** no tener suficiente calidad, ser de baja calidad
2 VALOR DE COMPARACIÓN [C] patrón, estándar • **by local/modern standards** en comparación con el nivel medio de la zona/desde el punto de vista actual • **by any standard(s)** a todas luces, desde cualquier punto de vista
3 EN LO MORAL standards [pl] valores (morales), principios: *a decline in standards among young people* un declive de los valores morales entre la juventud
4 MEDIDAS OFICIALES [C] norma, estándar
5 AUTOMÓVIL [C gram sing] carro manual
6 BANDERA [C] estandarte
7 MÁSTIL CON INSIGNIA [C] estandarte ▶ DOUBLE STANDARD

standard[2] S3 W2 *adj*
1 (usual) estándar, normal: *the standard rate* la tarifa estándar • *Power steering is standard on all models.* La dirección asistida viene de serie en todos los modelos. • **standard practice/procedure** el procedimiento habitual, la norma
2 (según normas) estándar, normalizado -a: *standard size paper* papel de tamaño estándar
3 (lengua) estándar: *standard English* inglés estándar ▶ NONSTANDARD, SUBSTANDARD

stan·dard·i·za·tion /ˌstændərdəˈzeɪʃən/ *s* [U] normalización, estandarización

stan·dard·ize /ˈstændərˌdaɪz/ *v* [T] normalizar, estandarizar

standard of 'living *s* [C gram sing] nivel de vida • **a high standard of living** un elevado nivel de vida

standard 'time *s* [U] hora oficial

stand·by[1], stand-by /ˈstændbaɪ/ *s* [C] **1** recurso (en caso de apuro): *Powdered milk is a good standby in an emergency.* La leche en polvo siempre te saca de apuros en una emergencia. **2** recurso infalible ▶ STAND by
EXPRESIONES
on standby (a) en estado de alerta **(b)** en lista de espera

standby[2] *adj* [solo ante s] **1** en lista de espera, de lista de espera **2** auxiliar, de reserva **3 standby mode** modo de espera, stand-by

'stand-in *s* [C] **1** doble (en cine) **2** suplente ▶ STAND in

stand·ing[1] /ˈstændɪŋ/ *adj* [solo ante s] permanente • **a standing invitation/offer** una invitación/oferta abierta ▶ LONG-STANDING

standing[2] *s* **1** [U] posición, reputación, prestigio: *a lawyer of high standing* un abogado de mucho prestigio **2 the standings** [pl] la tabla de posiciones
EXPRESIONES
of 10/20/many years' standing de 10/20/muchos años de antigüedad

standing 'joke *s* [C] motivo de risa permanente

standing 'order *s* [C] orden (vigente)

standing o'vation *s* [C] ovación en pie • **get a standing ovation** recibir una ovación del público en pie

stand·off /ˈstændɔf/ *s* [C] tira y afloja, pulseada, punto muerto (en una confrontación) • [+with]: *a standoff with police* un tira y afloja con la policía

stand·off·ish /stænˈdɔfɪʃ/ *adj* (*coloq*) reservado -a, frío -a

stand·out[1] /ˈstændaʊt/ *s* [C] persona que sobresale o se destaca: *He was the standout in last Saturday's game.* Fue el mejor jugador del partido del sábado.

standout[2] *adj* [solo ante s] destacado -a, sobresaliente

stand·point /ˈstændpɔɪnt/ *s* [C gram sing] punto de vista • **from the worker's/teacher's standpoint** desde el punto de vista del trabajador/profesor

stand·still /ˈstændˌstɪl/ *s* **a standstill** un parón, una paralización • **be at a standstill** estar paralizado -a • **bring sth to a standstill** paralizar algo • **come to a standstill** pararse, detenerse (vehículo), paralizarse (proceso)

stand-up, stand·up /ˈstændʌp/ *adj* [solo ante s] **1** de monólogos cómicos: *stand-up comedy* monólogos cómicos • *a stand-up comedian/comic* un monologuista (cómico) **2** de pie, con soporte (espejo, marco), alto -a (cuello) **3** (para estar) de pie: *a stand-up buffet* un bufé sin asientos • *a stand-up reception* un cóctel **4** (*aprec*) honesto -a, de confianza: *a stand-up guy* un tipo honesto ▶ STAND up

stank /stæŋk/ pasado de STINK

stan·za /ˈstænzə/ *s* [C] estrofa

sta·ple[1] /ˈsteɪpəl/ *s* [C] **1** grapa **2** alimento básico

staple[2] *v* [T] grapar, engrapar • **staple sth together** grapar algo, engrapar algo • **staple sth to sth** grapar algo a algo, engrapar algo a algo

staple[3] *adj* [solo ante s] **1** principal **2** básico -a
EXPRESIONES
staple diet (a) dieta básica **(b)** pan nuestro de cada día

sta·pler /ˈsteɪplər/ *s* [C] grapadora, engrapadora

star[1] S2 W1 /stɑr/ *s* [C]

1	en el cielo
2	deportista, músico
3	actor principal
4	mejor actor
5	forma
6	símbolo
7	en calificaciones

1 EN EL CIELO estrella: *a sky filled with stars* un cielo estrellado
2 DEPORTISTA, MÚSICO estrella: *a movie star* una estrella del cine • *a pop star* una estrella de la música pop
3 ACTOR PRINCIPAL protagonista • [+of]: *the star of the popular TV comedy* el protagonista de la popular comedia de televisión
4 MEJOR ACTOR estrella • **the star of the show** la estrella del programa/espectáculo
5 FORMA estrella: *a five-pointed star* una estrella de cinco puntas
6 SÍMBOLO asterisco
7 EN CALIFICACIONES estrella • **a four-star hotel/restaurant** un hotel de cuatro estrellas/un restaurante de cuatro tenedores ▶ REACH for the stars, THANK your lucky stars (that ...), SHOOTING STAR
EXPRESIONES
see stars ver las estrellas • **the star attraction** la principal atracción

star[2] W3 *v* (**starred, starring**)
1 [I] trabajar como protagonista • **star in sth** trabajar como protagonista en algo, protagonizar algo • **star as sb** trabajar como protagonista en el papel de alguien
2 [T] tener como protagonista a: *a movie starring Meryl Streep* una película protagonizada por Meryl Streep

star·board[1] /'stɑrbəd/ s [U] estribor

starboard[2] adj de estribor

starch[1] /stɑrtʃ/ s [U] **1** almidón, fécula **2** almidón (para la ropa)

starch[2] v [T] almidonar

starched /stɑrtʃt/ adj almidonado -a

starch·y /'stɑrtʃi/ adj (**starchier**, **starchiest**) con mucho almidón, con mucha fécula

star·dom /'stɑrdəm/ s [U] estrellato

stare[1] W2 /stɛr/ v [I] mirar fijamente • **stare at sth/sb** mirar algo/a alguien fijamente, clavar los ojos en algo/alguien: *What are you staring at?* ¿Qué miras? • **stare into space** mirar al vacío ▶ ver nota en **LOOK**

EXPRESIONES

be staring sb in the face (a) salirle al paso a alguien (problema): *Defeat was staring us in the face.* Estábamos a un paso de la derrota. **(b)** estar delante de (las narices de) alguien: *The answer had been staring him in the face.* Había tenido la respuesta delante de sus narices. • **be staring sth in the face** enfrentarse a algo: *He thought he was staring death in the face.* Creyó que estaba a un paso de morir.
stare sb down v+partíc **1 stare sb ↔ down** mirar fijo a alguien, sostenerle la mirada a alguien **2 stare sth ↔ down** lograr vencer algo

stare[2] s [C] mirada fija

star·fish /'stɑr,fɪʃ/ s [C] (pl **starfish**) estrella de mar

stark[1] /stɑrk/ adj **1** austero -a, inhóspito -a **2** claro -a, marcado -a • **the stark reality/realities** la cruda realidad • **a stark choice** una dura elección • **a stark reminder** un duro recordatorio **3** [solo ante s] absoluto -a, completo -a **4 a stark contrast** un marcado contraste • **be in stark contrast to sth** contrastar marcadamente con algo

stark[2] adv

EXPRESIONES

stark naked completamente desnudo -a • **stark raving mad** (*coloq*) loco -a de atar

stark·ly /'stɑrkli/ adv **1** austeramente **2** claramente

star·let /'stɑrlɪt/ s [C] aspirante a estrella

star·light /'stɑrlaɪt/ s [U] luz de las estrellas

star·ling /'stɑrlɪŋ/ s [C] estornino (pinto)

star·lit /'stɑr,lɪt/ adj (*liter*) iluminado -a por las estrellas

star·ry /'stɑri/ adj estrellado -a

starry-'eyed adj iluso -a, cándido -a

Stars and 'Stripes s the Stars and Stripes la bandera de Estados Unidos

'star sign s [C] signo del zodiaco

'star-studded adj [solo ante s] estelar, plagado -a de estrellas

start[1] S1 W1 /stɑrt/ v

1	ponerse a hacer algo
2	pasar a ocurrir
3	de cierta manera
4	una empresa, un proyecto
5	en un trabajo, colegio
6	carro, motor
7	precios
8	por susto

1 PONERSE A HACER ALGO [I,T] empezar • **start doing sth** (tb **start to do sth**) empezar a hacer algo: *The baby started crying.* El bebé empezó a llorar. • *Marie started to say something.* Marie empezó a decir algo. • **get started** empezar: *Let's get started.* Vamos a empezar. • **start work** entrar a trabajar

2 PASAR A OCURRIR [I,T] empezar, iniciar(se): *What time does the movie start?* ¿A qué hora empieza la película? • **start to do sth** (tb **start doing sth**) empezar a hacer algo: *It's starting to rain.* Está empezando a llover. • *The phone started ringing.* El teléfono empezó a sonar. • **get started** empezar, iniciarse: *The party was*

just getting started. La fiesta estaba empezando. • **start a fire** provocar un incendio • **start a fight/war** empezar una pelea/guerra • **start at 7 p.m./noon** empezar a las 7 de la noche/a mediodía • **starting (from) now/today/tomorrow** a partir de ahora/hoy/mañana

3 DE CIERTA MANERA [I siempre + adv/prep, T] empezar • **start (sth) with sth** empezar (algo) con algo: *Always start the day with a good breakfast.* Empiece siempre el día con un buen desayuno. • *The festivities started with a fireworks display.* Las fiestas empezaron con fuegos artificiales. • **start (sth) by doing sth** empezar (algo) haciendo algo: *He started his talk by giving a brief account of the trip.* Empezó su conferencia con un breve relato del viaje. • *The chapter starts by looking at the issue of poverty.* El capítulo empieza analizando la cuestión de la pobreza. • **start as sth** empezar como algo: *The whole thing started as a joke.* Todo empezó como una broma. • **start well/badly** empezar bien/mal

4 UNA EMPRESA, UN PROYECTO [T] abrir, emprender • **start a business/company** abrir un negocio/una empresa • **start a project** emprender un proyecto SIN **start up**

5 EN UN TRABAJO, COLEGIO [I,T] empezar: *When can you start?* ¿Cuándo podría empezar? • **start school** empezar a ir al colegio • **start work** empezar a trabajar, ponerse a trabajar

6 CARRO, MOTOR [I,T] arrancar, prender

7 PRECIOS [I siempre + adv/prep] **start at/from sth** ser a partir de algo: *Summer rates at the hotel start at $199 a week.* Las tarifas de verano del hotel son a partir de 199 dólares semanales.

8 POR SUSTO [I] sobresaltarse

EXPRESIONES

be back where you started volver al punto de partida • **don't get me started!** ¡no me torees la lengua!, ¡no me hagas hablar! • **don't start!** (*oral*) ¡no empecemos! • **he/you started it!** (*oral*) ¡fue él/fuiste tú el que empezó! • **start a family** empezar a tener hijos • **to start with** (*oral*) **(a)** para empezar, en primer lugar **(b)** al principio
start back v+partíc emprender la vuelta, regresar
start in v+partíc empezar con las quejas/críticas • **start in on sb** empezar a quejarse de/criticar a alguien: *Then she started in on my wife.* Después empezó a criticar a mi mujer.
start in on sth v+partíc **1** (*coloq*) atacar algo (de comer) SIN **start on** **2** empezar a trabajar con/ocuparse de algo, ponerse con algo SIN **start on**
start off v+partíc **1 start off** empezar (a hacer algo) • **start off by doing sth** empezar haciendo algo: *Let's start off by introducing ourselves.* Vamos a empezar presentándonos. **2 start sth ↔ off** empezar algo **3 start off** empezar (en la vida, la profesión) • **start off as a reporter/singer** empezar como periodista/de cantante **4 start off** empezar (día, proyecto) • **start off as an experiment/a joke** empezar como un experimento/una broma **5 start off** ponerse en camino, arrancar **6 start sb off** ayudar a alguien a empezar • **start sb off with sth** ayudar a alguien a empezar con algo, iniciar a alguien mediante algo
start on v+partíc **1 start on sth** (tb **get started on sth**) empezar con algo, ponerse con algo: *You should get started on your homework.* Deberías empezar con los deberes. **2 start on sth** atacar algo, echarle diente a algo: *Mona started on a second piece of chicken.* Mona atacó el segundo trozo de pollo.
start out v+partíc **1** ponerse en camino **2** empezar (en la vida, la profesión) • **start out as a reporter/singer** empezar como periodista/de cantante **3** empezar (a ocurrir, existir): *The leaves start out a pale green.* Al principio las hojas son de un verde claro.
start over v+partíc empezar de nuevo/desde cero: *If you make an error, just delete it and start over.* Si te equivocas, borra el error y empieza de nuevo.
start up v+partíc **1 start sth ↔ up** abrir/poner algo (un negocio), crear/fundar algo (un grupo) ▶ **START-UP 2 start up** empezar a funcionar (empresa) ▶ **START-UP 3 start up** arrancar, prender (un carro, un motor) **4 start sth ↔ up** arrancar algo (un carro, un motor) **5 start up** volver a oírse

S

start² S2 W2 s

1 de un periodo
2 de una actividad
3 de una obra
4 manera de comenzar
5 sobresalto
6 en una carrera
7 ventaja

1 DE UN PERIODO [sing] **the start** el principio, el comienzo • **the start of the summer/year/month** el principio del verano/año/mes • **at the start of the summer/year/month** a principios de verano/año/mes
2 DE UNA ACTIVIDAD [sing] principio, comienzo • **the start of a war/race/campaign** el comienzo de una guerra/carrera/campaña • **from start to finish** de principio a fin • **make an early start** salir pronto
3 DE UNA OBRA [sing] **the start of a movie/book/ performance** el principio de una película/un libro/una actuación
4 MANERA DE COMENZAR [C gralm sing] comienzo • **a good/bad start to sth** un buen/mal comienzo de algo: *The team had a good start to the season.* El equipo empezó bien la temporada. • **get off to a good/bad start** arrancar con el pie derecho/izquierdo
5 SOBRESALTO [sing] **wake (up) with a start** despertarse sobresaltado -a • **give sb a start** sobresaltar a alguien • **give a start** sobresaltarse, dar un respingo
6 EN UNA CARRERA **the start** la salida
7 VENTAJA [sing] **have a start on sb** tener ventaja sobre alguien, llevar ventaja a alguien ▶ BRING sb up short/with a start, FALSE START, in/by FITS and starts, HEAD START
EXPRESIONES
for a start (*oral*) para empezar, en primer lugar • **(right) from the start** desde el principio • **it's a start** (*oral*) es un comienzo, peor es nada • **make a start on sth** empezar algo, ponerse con algo

start·er /ˈstɑrtər/ s [C] **1** competidor -a **2** juez de salida **3** jugador -a titular **4** motor de arranque
EXPRESIONES
for starters (*coloq*) **(a)** para empezar **(b)** en primer lugar

'starting gate s [C] partidor automático, arrancadero automático (en carreras de caballos)

'starting line s [C] línea de salida

'starting point s [C] **1** (de un proceso) punto de partida **2** (de un recorrido) punto de partida

star·tle /ˈstɑrtl̩/ v [T] asustar, sobresaltar

star·tled /ˈstɑrtld̩/ adj asustado -a, sobresaltado -a

star·tling /ˈstɑrtl̩ɪŋ/ adj asombroso -a: *a startling discovery* un descubrimiento asombroso

'start-up¹ adj [solo ante s] *start-up companies* empresas (nuevas) • *start-up costs* costos iniciales • *start-up funds* capital inicial

start-up² s **1** [C] (tb **start-up company**) empresa (nueva) **2** [U] arranque, encendido

star·va·tion /stɑrˈveɪʃən/ s [U] hambre, inanición

starve S3 /stɑrv/ v
1 (a) [I] pasar hambre, morirse de hambre • **starve to death** morir de hambre **(b)** [T] matar de hambre, hacer pasar hambre a • **starve yourself** matarse de hambre
2 be starved of sth estar privado -a de algo

starv·ing /ˈstɑrvɪŋ/ adj **1** hambriento -a **2** [nunca ante s] (*coloq*) muerto -a de hambre

stash¹ /stæʃ/ v [T] (*coloq*) esconder (en lugar seguro)

stash² s [C] (*coloq*) alijo, matute (de armas, drogas)

state¹ S1 W1 /steɪt/ s

1 de una cosa
2 de una persona
3 país
4 región autónoma
5 gobierno
6 de una sustancia

1 DE UNA COSA [C] estado • **the state of sth** el estado de algo: *the state of the economy* el estado de la economía • **in a state of chaos/crisis** en un estado de caos/crisis
2 DE UNA PERSONA [C] estado • **in a state of shock** en estado de conmoción • **mental/physical/emotional state** estado mental/físico/emocional • **state of mind** estado de ánimo • **be in no (fit) state to do sth** no estar en condiciones de hacer algo
3 PAÍS [C] estado: *the state of Israel* el estado de Israel
4 REGIÓN AUTÓNOMA [C] estado: *the state of Iowa* el estado de Iowa
5 GOBIERNO [U] Estado • **the state** el Estado • **matters/affairs of state** asuntos de Estado
6 DE UNA SUSTANCIA [C] estado ▶ LIE in state, NATION STATE, POLICE STATE, SECRETARY OF STATE, STATE OF EMERGENCY, in a state of UNDRESS, WELFARE STATE
EXPRESIONES
a state of affairs una situación

state² S3 W2 v [T] (*frml*)
1 declarar, afirmar, manifestar: *Please state your full name.* Por favor, escriba su nombre completo. • *He stated his intention to resign.* Manifestó su intención de renunciar. • **state that** declarar/afirmar/manifestar que: *The witness stated that he had not seen the woman before.* El testigo declaró que no conocía a la mujer. • **state the obvious** decir obviedades • **state the facts** exponer los hechos
2 indicar, estipular: *The price of the tickets is stated on the back.* El precio de las entradas figura al dorso.

state³ adj [solo ante s] **1** (del estado autónomo) estatal **2** (del Estado) estatal **3** (ceremonia) de estado • **state funeral** funeral de estado • **state visit** visita de estado
EXPRESIONES
state secret (a) secreto de estado **(b)** (*hum*) gran secreto

state·ly /ˈsteɪtli/ adj **1** majestuoso -a **2** imponente

state·ment S2 W1 /ˈsteɪtʰmənt/ s [C]
1 (pública, oficial) declaración • **make/issue a statement** hacer una declaración • **in a statement** *In a strongly-worded statement, he condemned the bombing.* Hizo una declaración de condena del atentado en términos muy duros.
2 afirmación (general) • **[+that]**: *Do you agree with the statement that women are better drivers than men?* ¿Está de acuerdo con la afirmación de que las mujeres conducen mejor que los hombres? • **a sweeping statement** una generalización excesiva
3 (de un testigo, acusado) declaración • **make/give a statement (to sb)** prestar declaración (ante alguien) • **get/take a statement (from sb)** tomar(le) declaración (a alguien)
4 estado/extracto de cuenta • **a bank statement** un extracto bancario
5 emblema, declaración de principios

,state of e'mergency s [C] estado de emergencia

,state-of-the-'art adj ultramoderno -a, de vanguardia: *state-of-the-art technology* tecnología (de) punta

'state ,school s [C] (*coloq*) universidad estatal (mantenida por el estado de EU al que pertenece)

states·man /ˈsteɪtsmən/ s [C] (pl **statesmen** /-mən/) estadista

states·man·ship /ˈsteɪtsmənˌʃɪp/ s [U] dotes de estadista, habilidad política

stat·ic¹ /ˈstætɪk/ adj estático -a, inalterado -a, estacionario -a

static² s [U] **1** interferencias **2** (*coloq*) oposición, críticas **3** (electricidad) estática

,static elec'tricity s [U] (electricidad) estática

sta·tion¹ S1 W1 /ˈsteɪʃən/ s
1 [C] (de transportes) estación • **train station** (tb **railroad station**) estación de tren/de ferrocarril • **bus station** estación de buses

2 [C] (para servicios, actividades) estación: *the international space station* la estación espacial internacional • *a police station* una estación de policia • *a fire station* un cuartel de bomberos • **a gas station** una gasolinera, una estación de sevicio • **a power station** una central eléctrica • **a polling station** un puesto de votación
3 [C] emisora, canal • **a radio/television station** una emisora de radio/un canal de televisión
4 [C,U] (*antic*) condición, posición social • **above your station** socialmente por encima

station² *v* [T gralm en pasiva] **1** destinar • **be stationed in Moscow/Europe** estar destinado -a en Moscú/Europa **2** apostar, estacionar: *A security guard was stationed near the door.* Había un guardia de seguridad apostado cerca de la puerta.

sta·tion·a·ry /'steɪʃə,nɛri/ *adj* parado -a, detenido -a, inmóvil

sta·tion·er /'steɪʃənə/ *s* [C] dueño -a de una papelería

sta·tion·er·y /'steɪʃə,nɛri/ *s* [U] **1** papel de carta **2** artículos de papelería, artículos de escritorio

'station ,wagon *s* [C] camioneta, station (wagon)

sta·tis·tic 🄦 /stə'tɪstɪk/ *s*
1 statistics [pl] estadísticas
2 [sing] dato: *a depressing statistic* un dato deprimente
3 statistics [U] estadística (ciencia) ▶ **VITAL STATISTICS**

sta·tis·ti·cal /stə'tɪstɪkəl/ *adj* [solo ante s] estadístico -a

sta·tis·ti·cally /stə'tɪstɪkli/ *adv* estadísticamente

stat·is·ti·cian /,stætə'stɪʃən/ *s* [C] estadístico -a

stats /stæts/ *s* [pl, U] (*coloq*) estadísticas

stat·u·ar·y /'stætʃu,ɛri/ *s* [U] estatuas

stat·ue /'stætʃu/ *s* [C] estatua

stat·u·esque /,stætʃu'ɛsk‹/ *adj* escultural

stat·u·ette /,stætʃu'ɛt/ *s* [C] estatuilla

stat·ure /'stætʃə/ *s* [U] (*frml*) **1** (física) estatura • **short/tall in stature** de estatura baja/alta **2** (moral, intelectual) estatura, talla • **of stature** destacado -a

sta·tus 🄢 🄦 /'steɪtəs, 'stæ-/ *s* [C,U]
1 condición, situación, estatus: *his refugee status* su condición de refugiado • *These documents have no legal status.* Estos documentos no tienen validez legal. • **marital status** estado civil
2 posición social, estatus • **social status** posición social, estatus

status quo /,steɪtəs 'kwoʊ, ,stæ-/ *s* **the status quo** el statu quo

'status ,symbol *s* [C] símbolo de estatus

stat·ute /'stætʃut/ *s* [C] **1** ley **2** estatuto

stat·u·to·ry /'stætʃə,tɔri/ *adj* (*frml*) legal, establecido -a por la ley

,statutory 'rape *s* [U] (*jur*) estupro, violación de menores

staunch¹ /stɔntʃ, stɑntʃ/ *adj* [solo ante s] incondicional, acérrimo -a: *a staunch conservative* un conservador a ultranza

staunch² (tb **stanch**) *v* [T] **1** restañar (una herida), contener, cortar (la sangre) **2** contener, frenar

staunch·ly /'stɔntʃli, 'stɑ-/ *adv* incondicionalmente

stave¹ /steɪv/ *v*
stave sth ↔ in *v+partíc* (*liter*) romper algo
stave sth ↔ off *v+partíc* evitar algo, mantener algo a raya • **stave off hunger** matar el hambre

stave² *s* [C] **1** duela **2** vara **3** pentagrama

stay¹ 🄢 🄦 /steɪ/ *v* (**stays**, **stayed**, **staying**)
1 [I] (en un lugar) quedarse: *Can you stay a little longer?* ¿Puedes quedarte un poco más? • **stay (at) home** quedarse en la casa • **stay here/there!** ¡quédate aquí/ahí! • **stay and do sth** quedarse a hacer algo: *I should stay and help.* Debería quedarme a dar una mano. • **stay for sth** *Tom stayed for a drink.* Tom se quedó a tomar un

trago. • **stay for dinner/lunch** quedarse a comer/almorzar
2 [I siempre + adv/prep, v copul] mantenerse, permanecer • **stay awake** mantenerse despierto -a • **stay calm** no perder la calma • **stay alive** seguir vivo -a, mantenerse con vida • **stay the same** seguir/permanecer igual
3 [I] (de visita, de vacaciones) quedarse: *We'll stay in a hotel.* Iremos a un hotel. • **stay with sb** quedarse en la casa de alguien • **stay the night** quedarse a dormir • **stay for a week/month** quedarse una semana/un mes • **a place to stay** un lugar para vivir ▶ **stay in TOUCH (with sb)**

EXPRESIONES
be here to stay **(a)** no ser algo pasajero **(b)** no tener intención de irse • **stay!** (*oral*) ¡quieto -a! (a un perro) • **stay the course** no flaquear, aguantar hasta el final • **stay put** (*coloq*) no moverse
stay away *v+partíc* mantenerse alejado -a, no acercarse • **stay away from sb/sth** no acercarse a alguien/algo: *Stay away from the edge of the cliff.* No te acerques al borde del acantilado.
stay behind *v+partíc* quedarse (a esperar, para comprobar): *I'll stay behind and wait for her.* Me voy a quedar a esperarla.
stay in *v+partíc* quedarse en la casa: *Let's stay in and watch TV.* Quedémonos en la casa a mirar la tele.
stay on *v+partíc* quedarse (estudiando, trabajando): *The coach stayed on for another year.* El entrenador se quedó un año más.
stay out *v+partíc* **stay out late/until three** salir hasta tarde/hasta las tres
stay out of sth *v+partíc* no meterse en algo: *You stay out of it.* No te metas.
stay together *v+partíc* estar/seguir juntos -as: *We've stayed together 18 years.* Hace 18 años que estamos juntos.
stay up *v+partíc* quedarse levantado -a: *We stayed up all night, talking.* Nos quedamos levantados toda la noche, charlando.

stay² 🄢 *s* [C gralm sing]
1 estancia, estadía (tiempo): *Enjoy your stay.* Que disfruten de su estancia.
2 (*jur*) suspensión, prórroga • **a stay of execution** un aplazamiento de la ejecución

'stay-at-,home *adj* [solo ante s] casero -a, hogareño -a (persona)

'staying ,power *s* [U] resistencia, aguante

STD /,ɛs ti 'di/ *s* [C,U] (*técn*) (**sexually transmitted disease**) ETS (enfermedad de transmisión sexual)

stead /stɛd/ *s*
EXPRESIONES
do sth in sb's stead (*frml*) hacer algo en lugar de alguien • **stand sb in good stead** serle muy útil a alguien

stead·fast /'stɛdfæst/ *adj* (*liter*) **1** leal, incondicional: *a steadfast friend* un amigo incondicional **2** firme, categórico -a, rotundo -a • [+in]: *They are steadfast in their refusal to sell the land.* Se niegan rotundamente a vender las tierras.

stead·i·ly /'stɛdəli/ *adv* **1** poco a poco, gradualmente: *A crowd had been steadily gathering.* Poco a poco, se había ido juntando una multitud. **2** sin parar, ininterrumpidamente: *It rained steadily all day.* Estuvo todo el día lloviendo sin parar.

stead·y¹ /'stɛdi/ *adj* (**steadier**, **steadiest**) **1** continuo -a, incesante (lluvia, erosión), regular (respiración, latidos) • **a steady stream/flow** un flujo continuo • **a steady speed** una velocidad constante • **a steady pace** un ritmo regular **2** gradual, constante, sostenido -a: *He has made steady progress.* Progresa de forma gradual. • *a steady increase in profits* un aumento sostenido de los beneficios **3** firme, estable • **hold/keep sth steady** sujetar/sostener bien algo: *Keep the camera steady.* No muevas la cámara. • **a steady hand** buen pulso, pulso firme **4** firme, sereno -a (voz, mirada) **5** serio -a, formal (persona)

S

EXPRESIONES
a steady job un trabajo estable • **a steady boyfriend/ girlfriend** un novio/una novia (formal)

steady² v (**steadies, steadied, steadying**) **1** [T] sujetar • **steady yourself** mantener el equilibrio **2** [T] tranquilizar • **steady your nerves** tranquilizarse **3** [I] estabilizarse

steady³ adv **go steady** (antic) ser novios (formales)

steady⁴ interj **1** cuidado **2** calma

steak S2 /steɪk/ s
1 [C,U] (de carne) filete, bistec, steak
2 [C] (de pescado) filete, rodaja

steal¹ S1 W2 /stil/ v (**stole** /stoʊl/, **stolen** /ˈstoʊlən/)
1 [I,T] (bienes) robar: *Somebody stole my bike.* Me robaron la bicicleta. • **steal sth from sb/sth** robarle algo a alguien/robar algo de algo: *He stole money from the company.* Robó dinero de la empresa. • **steal from sb/sth** robarle a alguien/robar de algo
2 [T] (ideas) robar • **steal sth from sb** robarle algo a alguien: *She stole the idea from a magazine.* Tomó la idea de una revista.
3 [I siempre + adv/prep] (liter) ir sigilosamente • **steal into/out of somewhere** entrar sigilosamente en/salir sigilosamente de un lugar • **steal away** escabullirse
▶ STOLEN

EXPRESIONES
steal a march on sb ganar(le) de mano a alguien, salirle adelante a alguien • **steal a glance/look** lanzar una mirada furtiva • **steal a kiss** robar un beso • **steal the show** (aprec) llevarse todos los aplausos • **steal sb's thunder** eclipsar a alguien

steal² s [C] (coloq) **1** quite **2** robo de base
EXPRESIONES
be a steal ser un regalo/una ganga

stealth /stɛlθ/ s [U] sigilo • **by stealth** furtivamente, sigilosamente

stealth·i·ly /ˈstɛlθəli/ adv sigilosamente, furtivamente

stealth·y /ˈstɛlθi/ adj sigiloso -a, furtivo -a

steam¹ /stim/ s [U] **1** vapor (de agua) **2** vaho **3** vapor (forma de energía) ▶ FULL speed/steam ahead!
EXPRESIONES
let/blow off steam desfogarse, desahogarse • **pick/build up steam (a)** (coloq) tomar impulso **(b)** ganar velocidad • **run out of steam** perder empuje/impulso • **under your own steam** por sus propios medios

steam² v **1** [I] **be steaming** humear, echar vapor **2** [T] cocer al vapor
EXPRESIONES
be steamed (up) (coloq) estar (uno -a) que echa humo, subirse por las paredes
steam sth ↔ open v+partíc abrir algo (al vapor)
steam up v+partíc **1 steam up** empañarse **2 steam sth** ↔ **up** empañar algo

steam·boat /ˈstimboʊt/ s [C] barco de vapor

'steam ,engine s [C] **1** máquina de vapor **2** locomotora de vapor

steam·er /ˈstimɚ/ s [C] **1** olla/recipiente para cocción al vapor **2** barco de vapor

steam·roll /ˈstimroʊl/ v [T] (coloq) asegurar(se) (por la fuerza, mediante influencias)

steam·roll·er¹ /ˈstim,roʊlɚ/ s [C] apisonadora

steamroller² v [T] forzar

'steam train s [C] tren de vapor

steam·y /ˈstimi/ adj (**steamier, steamiest**) **1** lleno -a de vapor (cocina, baño), empañado -a (ventana) **2** erótico -a, tórrido -a

steed /stid/ s [C] (liter) corcel

steel¹ /stil/ s [U] acero ▶ NERVES of steel, STAINLESS STEEL

steel² adj de acero

steel³ v **steel yourself** prepararse (para algo desagradable)

,steel 'band s [C] grupo de percusión caribeño que toca bidones de metal a modo de tambor

,steel 'wool s [U] lana de acero, fibra metálica/de acero

steel·works /ˈstilwɚks/ s [C] planta siderúrgica

steel·y /ˈstili/ adj duro -a (mirada), férreo -a (determinación, decisión)

steep¹ /stip/ adj **1** empinado -a • **a steep slope/hill** cuesta empinada • **a steep climb** una subida empinada • **steep steps/stairs** una escalera empinada **2 a steep rise/fall** un marcado aumento/descenso **3** caro -a, excesivo -a (precio, subida)

steep² v **1** [I,T] macerar • **steep sth in sth** macerar algo en algo **2 be steeped in sth** estar impregnado -a de algo, rezumar algo: *The town is steeped in history.* La ciudad rezuma historia.

stee·ple /ˈstipəl/ s [C] (torre del) campanario

stee·ple·chase /ˈstipəl,tʃeɪs/ s [C] carrera de obstáculos

steep·ly /ˈstipli/ adv **1** abruptamente, de manera empinada **2** marcadamente

steer¹ /stɪr/ v **1 (a)** [T] manejar, conducir (un carro, una moto), gobernar, llevar el timón de (un barco) **(b)** [I] manejar, conducir (en un carro, una moto), timonear (en un barco) **2** [T siempre + adv/prep] **steer sb somewhere** llevar/conducir a alguien a algún sitio **3** [T siempre + adv/prep] **steer sb toward/away from sth** llevar a alguien a algo/alejar a alguien de algo **4** [T siempre + adv/prep] **steer the conversation away from/toward sth** desviar la conversación de algo/llevar la conversación hacia algo
EXPRESIONES
steer clear of sth/sb (coloq) evitar algo/a alguien, mantenerse alejado -a de algo/alguien • **steer a course** tomar un rumbo • **steer a middle course** adoptar una línea intermedia

steer² s [C] buey (joven)

steer·ing /ˈstɪrɪŋ/ s [U] (sistema de) dirección (de un vehículo) ▶ POWER STEERING

'steering com,mittee s [C] comité directivo, comisión directiva

'steering wheel s [C] volante, cabrilla

stel·lar /ˈstɛlɚ/ adj [gralm ante s] **1** (técn) (de las estrellas) estelar **2** (en cine, música) estelar

stem¹ /stɛm/ s [C] **1** tallo **2** pie (de una copa) **3** raíz (de una palabra)

stem² v [T] (**stemmed, stemming**) **1** (el declive, el aumento) frenar, contener • **stem the flow/tide of sth** contener el flujo/la oleada de algo **2** (frml) (la hemorragia, el chorro) cortar, contener
stem from sth v+partíc ser fruto/producto de algo

'stem cell s [C] célula madre

stench /stɛntʃ/ s [C gralm sing] **1** hedor **2 the stench of corruption/treachery** el ambiente de corrupción/el aire de traición

sten·cil¹ /ˈstɛnsəl/ s [C] **1** plantilla (para estarcido) **2** estarcido

stencil² v [T] **1** estarcir **2** decorar con estarcido

ste·nog·ra·pher /stəˈnɑɡrəfɚ/ s [C] (antic) estenógrafo -a, taquígrafo -a

ste·nog·ra·phy /stəˈnɑɡrəfi/ s [U] (antic) estenografía, taquigrafía

step¹ S1 W1 /stɛp/ s

1	movimiento
2	acción, medida
3	en la escalera
4	fase
5	de baile

6 gimnasia

7 modo de caminar

1 MOVIMIENTO [C] paso: *a baby's first steps* los primeros pasos de un bebé • **take a step** dar un paso: *She took two steps forward.* Dio dos pasos adelante. • **retrace your steps** volver sobre sus pasos

2 ACCIÓN, MEDIDA [C] paso • **the first step in sth** el primer paso de algo • **a step toward sth** un paso hacia algo • **take steps to do sth** tomar medidas para hacer algo • **a major/big step forward** un gran paso adelante • **a step in the right direction** un paso adelante • **a step backward** un paso atrás

3 EN LA ESCALERA [C] peldaño, escalón • **climb the steps** subir los escalones • **a flight of steps** un tramo de escalera

4 FASE [C] paso (en un proceso, unas instrucciones), escalón, peldaño (en una escala, jerarquía) • **a step up/down** un paso adelante/atrás, un cambio a/para mejor/peor • **a step further** un paso adelante • **step by step** paso a paso • **every step of the way** en todo momento • **one step at a time** gradualmente, despacio

5 DE BAILE [C] paso • **dance steps** pasos de baile

6 GIMNASIA [U] step (tipo de aeróbicos)

7 MODO DE CAMINAR [sing] andar, paso: *Her step was slow and dragging.* Su andar era lento y arrastraba los pies. ▶ DOORSTEP, STEP-BY-STEP, with a SPRING in your step, WATCH your step

in step llevando el paso • **in step with sb/sth** en sintonía con alguien/algo • **one step ahead of sb** un paso adelante de alguien • **out of step** descoordinadamente: *The soldiers were out of step.* Los soldados no llevaban el paso. • **be out of step with sb/sth** no estar en sintonía con alguien/algo

step² S2 W2 *v* [I siempre + adv/prep] (**stepped**, **stepping**) **1 step forward/back** dar un paso adelante/atrás: *He stepped forward to receive his prize.* Dio un paso adelante para recibir su premio. • **step this way** pase(n) por aquí

2 step in/on sth pisar algo: *I accidentally stepped in a puddle.* Pisé un charco sin querer.

step on it (tb **step on the gas**) (*coloq*) acelerar, pisarle a fondo • **step on sb's toes** invadir el terreno de alguien, pisarle los callos a alguien • **step out of line** desobedecer

step aside *v+partíc* **1** apartarse, hacerse a un lado **2** retirarse, dejar paso a otros

step back *v+partíc* distanciarse (para ganar perspectiva)

step down *v+partíc* abandonar el cargo • **step down as chairman/leader** abandonar el cargo de presidente/líder

step forward *v+partíc* dar un paso al frente, ofrecerse

step in *v+partíc* intervenir

step out *v+partíc* salir

step up *v+partíc* **1 step sth ↔ up** intensificar algo, redoblar algo **2 step up** (aceptar) colaborar, hacerse cargo

step·broth·er /ˈstɛpˌbrʌðɚ/ *s* [C] hermanastro

ˌstep-by-ˈstep *adj* [solo ante s] paso a paso, por pasos

step·child /ˈstɛpˌtʃaɪld/ *s* [C] hijastro -a

step·daugh·ter /ˈstɛpˌdɔtɚ/ *s* [C] hijastra

step·fa·ther /ˈstɛpˌfɑðɚ/ *s* [C] padrastro (persona)

step·lad·der /ˈstɛpˌlædɚ/ *s* [C] escalera de mano, escalera de tijera

step·moth·er /ˈstɛpˌmʌðɚ/ *s* [C] madrastra

ˈstepping stone *s* [C] piedra (para cruzar un arroyo o un río)

step·sis·ter /ˈstɛpˌsɪstɚ/ *s* [C] hermanastra

step·son /ˈstɛpsʌn/ *s* [C] hijastro

ster·e·o¹ /ˈstɛriˌoʊ, ˈstɪr-/ *s* [C] (pl **stereos**) equipo (estéreo/estereofónico), aparato de música ▶ PERSONAL STEREO

in stereo en estéreo

stereo² (tb **ster·e·o·phon·ic** /ˌstɛriəˈfɑnɪk, ˌstɪr-/) *adj* [gralm ante s] estéreo, estereofónico -a

ster·e·o·type¹ /ˈstɛriəˌtaɪp, ˈstɪr-/ *s* [C] estereotipo: *racial stereotypes* estereotipos raciales

stereotype² *v* [T] (*peyor*) prejuzgar, estereotipar • **stereotype sb as sth** catalogar/etiquetar a alguien de algo

ster·e·o·typ·i·cal /ˌstɛrioʊˈtɪpɪkəl, ˌstɪr-/ *adj* típico -a, estereotipado -a

ster·e·o·typ·ing /ˈstɛriəˌtaɪpɪŋ, ˈstɪr-/ *s* [U] (*peyor*) prejuicios, creación de estereotipos

ster·ile /ˈstɛrəl/ *adj* **1** (sin gérmenes) estéril **2** (no fértil) estéril **3** (infructuoso) estéril • **a sterile debate/argument** un debate/una discusión estéril

ste·ril·i·ty /stəˈrɪləti/ *s* [U] **1** (de personas, animales) esterilidad **2** (de agujas, instrumental) esterilidad **3** (de un debate) esterilidad

ster·il·i·za·tion /ˌstɛrələˈzeɪʃən/ *s* **1** [C,U] (de una persona, un animal) esterilización **2** [U] (de agujas, instrumental) esterilización

ster·il·ize /ˈstɛrəˌlaɪz/ *v* [T] **1** (las agujas, el instrumental) esterilizar **2** (a una persona, un animal) esterilizar

ster·ling¹ /ˈstɚlɪŋ/ *adj* [solo ante s] excelente

sterling² *s* [U] **1** (tb **ˌsterling ˈsilver**) plata de ley **2** (tb **Sterling**) libra esterlina

stern¹ /stɚn/ *adj* **1** serio -a, adusto -a **2** [solo ante s] duro -a, severo -a **3** [solo ante s] duro -a, difícil

be made of sterner stuff ser más fuerte

stern² *s* [C gralm sing] popa

stern·ly /ˈstɚnli/ *adv* **1** con seriedad **2** duramente

ster·num /ˈstɚnəm/ *s* [C] (pl **sternums** o **sterna** /-nə/) (*técn*) esternón

ste·roid /ˈstɛrɔɪd, ˈstɪrɔɪd/ *s* [C] esteroide • **be on steroids** estar tomando esteroides

steth·o·scope /ˈstɛθəˌskoʊp/ *s* [C] estetoscopio

stew¹ /stu/ *s* [C] estofado, sudado, guisado

in a stew about/over sth (*coloq*) nervioso -a por algo

stew² *v* **1** [T] estofar, sudar, guisar (carne, pescado), hacer compota de (fruta) **2** [I] (tb **stew in your own juices**) (*coloq*) sufrir (por un error, una desgracia)

stew·ard /ˈstuɚd/ *s* [C] **1** auxiliar de vuelo **2** camarero (de barco) **3** guardián **4** administrador (de una finca)

stew·ard·ess /ˈstuɚdɪs/ *s* [C] (*antic*) auxiliar de vuelo, azafata

⚠ Algunas personas evitan el uso de esta palabra porque puede ofender a las mujeres. En su lugar utilizan **flight attendant** para referirse tanto a hombres como a mujeres.

stick¹ S1 W2 /stɪk/ *v* (**stuck** /stʌk/)

1 [I,T siempre + adv/prep] pegar(se): *Someone had stuck posters all over the walls.* Alguien había pegado afiches por las paredes. • *This stamp won't stick right.* Este sello no se pega bien. • **stick to sth** pegarse a algo: *My shirt was sticking to my back.* La camisa se me pegaba a la espalda.

2 [I siempre + adv/prep, T siempre + adv/prep] clavar(se) (pincho), meter(se) (tubo): *The boy stuck his fingers in his ears.* El niño se tapó los oídos con los dedos. • *a board with nails sticking through it* una tabla atravesada por clavos

3 [T siempre + adv/prep] (*coloq*) poner, dejar: *Stick it in the microwave.* Métela en el microondas.

4 [T siempre + adv/prep] sacar (una parte del cuerpo): *She stuck her head out of the window.* Asomó la cabeza por la ventana. • **stick your tongue out** sacar la lengua

5 [I] atascarse, atorarse • **stick fast** atascarse/atorarse totalmente ▶ **stick out a** MILE, **stick/poke your** NOSE **into sth**, STUCK

sb can stick sth (*malson, oral*) alguien puede meterse

S

algo por donde le quepa • **make sth stick** (*coloq*) hacer que algo resulte creíble/se pueda mantener • **stick in sb's craw** indignar a alguien, resultar inaguantable a alguien • **stick in sb's mind** quedarse grabado -a en la mente de alguien

stick around *v+partíc* (*coloq*) quedarse (un rato más)

stick by *v+partíc* **1 stick by sb** no abandonar a alguien **2 stick by sth** mantener algo

stick out *v+partíc* **1 stick out** sobresalir **2 stick it out** aguantar, tirar para delante **3 stick your neck out** (*coloq*) arriesgarse

stick to sth *v+partíc* **1** seguir con algo, atenerse a algo • **stick to your decision/principles** atenerse a su decisión/no apartarse de sus principios **2** limitarse a algo **3 stick to your guns** (*coloq*) seguir en sus trece, mantenerse firme/en la raya **4 stick to the point** no irse por las ramas **5 stick to your story** (*oral*) mantener su versión **6 stick it to sb** (*coloq*) castigar a alguien (con leyes, precios altos, etc.)

stick together *v+partíc* (*coloq*) mantenerse unidos -as

stick up *v+partíc* **1 stick up** sobresalir, asomar **2 stick 'em up!** (*coloq, oral*) ¡arriba las manos!

stick up for sb *v+partíc* (*coloq*) dar la cara por alguien • **stick up for yourself** saber defenderse

stick with *v+partíc* **1 stick with sth** (*coloq*) seguir con algo, no abandonar algo **2 stick with sth** seguir adelante con algo, mantener algo • **stick with it** perseverar **3 stick with sb** quedarse grabado -a en la memoria de alguien

stick² S2 W3 *s*

1	rama
2	utensilio
3	trozo
4	en deportes
5	lugar
6	carro

1 RAMA [C] palo: *a bundle of sticks* un atado de ramitas

2 UTENSILIO [C] vara: *a measuring stick* una vara de medir • *a pair of drum sticks* unas baquetas • **walk with a stick** andar con bastón

3 TROZO [C] *celery sticks* tallos de apio • *a glue stick* una barra de pegamento • [+of]: *a stick of chewing gum* un chicle • **a stick of butter** una barra de mantequilla (de aproximadamente 125 gramos)

4 EN DEPORTES [C] palo: *a hockey stick* un palo de hockey

5 LUGAR (out) **in the sticks** lejísimos

6 CARRO [C] (*coloq*) palanca de cambios SIN **stick shift** ▶ CARROT and stick, get the SHORT end of the stick

EXPRESIONES
get on the stick (*antic, oral*) ponerse a trabajar • **a stick of furniture** un mueble • **a stick to beat sb with** un arma arrojadiza para atacar a alguien

stick·er S3 /'stɪkə/ *s* [C] etiqueta (autoadhesiva) (con precio, información), pegatina (con imagen, texto) ▶ BUMPER STICKER

'stick-in-the-,mud *s* [C] (*peyor*) persona muy tradicional

stick·ler /'stɪklə/ *s* **be a stickler for detail/rules/accuracy** insistir mucho en los detalles/las normas/la precisión

'stick-on *adj* [solo ante s] adhesivo -a

stick·pin /'stɪk,pɪn/ *s* [C] alfiler de corbata

'stick shift *s* [C] **1** palanca de cambios/velocidades **2** carro con caja de cambios manual ▶ AUTOMATIC

'stick-up *s* [C] (*coloq*) atraco, asalto

stick·y S3 /'stɪki/ *adj* (**stickier, stickiest**)
1 pegajoso -a
2 bochornoso -a, pegajoso -a • **hot and sticky** bochornoso -a, caluroso -a y pegajoso -a
3 peliagudo -a, delicado -a

EXPRESIONES
have sticky fingers (*coloq*) tener la mano muy larga, ser mano larga (propensión a robar)

stiff¹ /stɪf/ *adj*

1	músculo, articulación
2	material
3	mezcla, masa
4	desafío, castigo
5	bebida
6	despedida, ambiente
7	viento
8	precio, impuesto

1 MÚSCULO, ARTICULACIÓN entumecido -a, agarrotado -a • **feel stiff** tener agujetas, sentirse entumecido -a • **a stiff neck** tortícolis • **(as) stiff as a board** muy entumecido -a

2 MATERIAL rígido -a, duro -a: *a stiff piece of cardboard* un pedazo de cartón duro

3 MEZCLA, MASA espeso -a: *Beat the egg whites until they are stiff.* Bata las claras hasta que estén firmes.

4 DESAFÍO, CASTIGO duro -a, severo -a • **a stiff sentence/penalty** una sentencia/pena dura • **stiff competition** fuerte competencia • **stiff resistance/opposition** resistencia/oposición tenaz

5 BEBIDA [solo ante s] fuerte, cargado -a

6 DESPEDIDA, AMBIENTE frío -a: *Their goodbyes were stiff and formal.* Sus despedidas fueron frías y formales.

7 VIENTO fuerte

8 PRECIO, IMPUESTO alto -a, exorbitante

EXPRESIONES
a stiff upper lip autocontrol, flema

stiff² *adv* (*coloq*) **scared stiff** muerto -a de miedo • **bored stiff** aburrido -a como una ostra • **worried stiff** en vilo, con el corazón en un puño/en la boca • **frozen stiff** congelado -a, helado -a de frío

stiff³ *s* [C] (*coloq*) **1** fiambre, cadáver **2** persona muy formal y anticuada

stiff⁴ *v* (*coloq*) [T] no pagar, no dejar propina

stiff·en /'stɪfən/ *v* **1** [I] ponerse rígido -a **2** [I] (tb **stiffen up**) agarrotarse, entumecerse **3 (a)** [T] endurecer (las leyes, sanciones) • **stiffen his/her resolve** fortalecer su determinación **(b)** [I] endurecerse, volverse más fuerte (competencia, oposición) **4** [T] almidonar, hacer más rígido -a

stiff·ly /'stɪfli/ *adv* **1** fríamente **2** dificultosamente, con agarrotamiento

stiff·ness /'stɪfnɪs/ *s* [U] **1** agarrotamiento, entumecimiento **2** rigidez **3** frialdad **4** dureza, severidad

sti·fle /'staɪfəl/ *v* [T] **1** ahogar, reprimir, restringir **2** contener (un bostezo, la risa, las ganas) **3** [gralm en pasiva] ahogar, asfixiar

sti·fling /'staɪflɪŋ/ *adj* **1** sofocante • **stifling heat** calor sofocante **2** agobiante, muy restrictivo -a

stig·ma /'stɪgmə/ *s* **1** [C gralm sing, U] (deshonra) estigma • **a stigma attached to sth** un estigma asociado a algo **2** [C] (*técn*) (en botánica) estigma

stig·ma·tize /'stɪgmə,taɪz/ *v* [T gralm en pasiva] estigmatizar

stile /staɪl/ *s* [C] escalones para pasar una cerca

sti·let·to /stɪ'lɛtoʊ/ *s* [C] (pl **stilettos, stilettoes**) **1** (tb **stiletto heel**) zapato de tacón aguja, stiletto **2** tacón (de) aguja

still¹ S1 W1 /stɪl/ *adv*
1 (indicando continuidad) todavía, aún: *It's still raining.* Todavía llueve. • *They still haven't arrived.* Todavía no llegaron. • *Does she still live in Tokyo?* ¿Sigue viviendo en Tokio?
2 (indicando resto) todavía, aún: *There's still some food left.* Todavía queda algo de comida. • **still to do/go/come** *There were more surprises still to come.* Todavía quedaban algunas sorpresas.
3 aun así, a pesar de eso: *She worked hard but she still*

failed the test. Se esforzó pero aun así reprobó el examen. • *She's probably out. Still, you could try calling her.* Es probable que no esté. Aun así, podrías llamarla. **4** sin embargo (indicando lado positivo): *The hotel was terrible. Still, the weather was good.* El hotel era horrible. Sin embargo, hizo buen tiempo.

EXPRESIONES
EXPRESIONES
still further (tb **further still**) más aún/todavía, todavía/ aún más: *The policy will weaken the party still further.* La medida debilitará aún más al partido. • **worse still** peor aún, aún peor: *It's making me unhappy. Worse still, it's affecting the kids.* Me hace sentir desgraciada. Peor aún: está afectando a los niños.

still² 🆂 *adj* [sin compar]
1 quieto -a • **sit/stand/keep still** quedarse/estarse quieto -a: *The kids find it hard to sit still.* A los niños les cuesta quedarse sentados y quietos. **2** tranquilo -a (lugar, calles) **3** en calma, sin viento

EXPRESIONES
still waters run deep del agua mansa líbreme Dios (que de la brava me libro yo)

still³ *s* [C] **1** (tb **still photograph**) fotograma **2** alambique

still⁴ *v* [I,T] (liter) **1** aquietar(se), parar(se) **2** aplacar(se) (la ira, el dolor), despejar(se) (las dudas) **3** acallar(se)

still·born /ˌstɪlˈbɔːn/ *adj* nacido -a muerto -a

still 'life *s* [C,U] (pl **still lifes**) naturaleza muerta

still·ness /ˈstɪlnɪs/ *s* [U] quietud

stilt /stɪlt/ *s* [C gralm pl] **1** pilote **2** zanco

stilt·ed /ˈstɪltɪd/ *adj* forzado -a, poco natural

stim·u·lant /ˈstɪmjələnt/ *s* [C] estimulante

stim·u·late /ˈstɪmjəˌleɪt/ *v* [T] **1** (la economía, el crecimiento) estimular **2** (el interés, la imaginación) estimular • **stimulate sb to do sth** estimular a alguien para hacer algo, animar a alguien a hacer algo **3** (las defensas, las neuronas) estimular

stim·u·lat·ing /ˈstɪmjəˌleɪtɪŋ/ *adj* **1** (intelectualmente) estimulante **2** (físicamente) estimulante

stim·u·la·tion /ˌstɪmjəˈleɪʃən/ *s* [U] **1** (cosa estimulante) estímulo **2** (de los sentidos) estimulación **3** (de la economía) estimulación

stim·u·lus /ˈstɪmjələs/ *s* [C gralm sing, U] (pl **stimuli** /-laɪ/) estímulo

sting¹ /stɪŋ/ *v* (**stung** /stʌŋ/) **1** [I,T] picar (insecto, planta) **2** [I,T] escocer, arder: *The smoke is stinging my eyes.* Me escuecen los ojos por el humo. **3** [T gralm en pasiva] (escrito) herir, lastimar (emocionalmente)

sting² *s* **1** [C] picadura, piquete (de insecto) **2** [sing] escozor, ardor **3** [sing] amargura, trauma • **take the sting out of sth** hacer algo menos amargo **4** [C] trampa (policial) (para atrapar a un delincuente)

EXPRESIONES
have a sting in the tail traérselas, tener un final sorpresivo

sting·er /ˈstɪŋə/ *s* [C] aguijón

sting·ing /ˈstɪŋɪŋ/ *adj* [gralm ante s] **1** feroz, muy crítico -a **2** (derrota, revés) fuerte, severo -a **3** (golpe) fuerte **4** punzante, de escozor: *a stinging pain* un dolor punzante

sting·ray /ˈstɪŋreɪ/ *s* [C] (manta) raya, pastinaca

stin·gy /ˈstɪndʒi/ *adj* (**stingier**, **stingiest**) **1** (coloq) tacaño -a **2** mísero -a, paupérrimo -a

stink¹ 🆂 /stɪŋk/ *v* [I] (**stank** /stæŋk/, **stunk** /stʌŋk/)
1 apestar
2 (coloq, oral) dar asco, ser una vergüenza, ser una pena: *The whole system stinks.* El sistema entero es una vergüenza.
stink sth ↔ up *v+partíc* apestar algo, dejar una peste horrible en algo

stink² *s* [C] peste, hedor

EXPRESIONES
raise/kick up a stink (coloq) montar/armar un escándalo

stink·er /ˈstɪŋkə/ *s* [C] (coloq) **1** demonio **2** jartera, lata (cosa difícil, desagradable) **3** **be a stinker** ser malísimo -a (una película, un equipo, etc.)

stink·ing¹ /ˈstɪŋkɪŋ/ *adj* **1** maloliente, apestoso -a **2** [solo ante s] (coloq, oral) maldito -a, asqueroso -a

stinking² *adv* (coloq)
EXPRESIONES
stinking rich asquerosamente rico -a

stink·y /ˈstɪŋki/ *adj* (**stinkier**, **stinkiest**) (coloq) maloliente, apestoso -a

stint¹ /stɪnt/ *s* [C gralm sing] temporada, periodo • **do a stint** pasar una temporada, trabajar una temporada • [+as]: *his two-year stint as chairman* su periodo de dos años como presidente

stint² *v* [I,T] escatimar • **stint on sth** escatimar algo • **stint yourself** pasar privaciones • **stint yourself on sth** privarse de algo

sti·pend /ˈstaɪpɛnd, -pənd/ *s* [C] estipendio

stip·u·late /ˈstɪpjəˌleɪt/ *v* [T] (frml) estipular • **stipulate that** estipular que

stip·u·la·tion /ˌstɪpjəˈleɪʃən/ *s* [C] estipulación, disposición • [+that]: *a stipulation that half of the money be spent on housing* una disposición para que la mitad del dinero se gaste en viviendas

stir¹ 🆆 /stɜː/ *v*

1	un líquido, una sustancia
2	por inquietud, incomodidad
3	por la brisa
4	moverse de un lugar
5	sentimientos, emociones
6	hechos, palabras

1 UN LÍQUIDO, UNA SUSTANCIA [T] revolver, rebullir • **stir sth into the mixture/your coffee** agregar algo a la mezcla/al café sin dejar de revolver • **stir sth in** agregar algo y revolver
2 POR INQUIETUD, INCOMODIDAD [I] (escrito) moverse, agitarse: *The sleeping child stirred.* El niño se movía mientras dormía.
3 POR LA BRISA [I,T] (escrito) agitar(se), mover(se): *A gentle breeze stirred the curtains.* Una suave brisa agitó las cortinas.
4 MOVERSE DE UN LUGAR [I,T] **stir from your chair/ your home** moverse de la silla/de casa • **stir yourself** moverse
5 SENTIMIENTOS, EMOCIONES [I siempre + adv/prep, T] despertar(se) • **stir a memory/an emotion** despertar un recuerdo/una emoción • **stir the imagination** estimular la imaginación
6 HECHOS, PALABRAS [T] incitar, impulsar • **stir sb to/into action** impulsar a alguien a actuar • **stir sb to do sth** incitar a alguien a hacer algo
stir up *v+partíc* **1 stir sth ↔ up** provocar algo • **stir up trouble** causar problemas • **stir things up** armar lío **2 stir sb ↔ up** incitar a alguien, agitar a alguien

stir² *s* **1** [C gralm sing] conmoción, revuelo • **create/ cause a stir** causar revuelo **2** [C gralm sing] *The paint needs a stir.* Hay que revolver la pintura. • **give sth a stir** revolver algo **3** [U] (antic, coloq) prisión, cárcel

'stir-fried *adj* salteado -a

'stir-fry¹ *v* [I,T] (**stir-fries**, **stir-fried**, **stir-frying**) saltear

'stir-fry² *s* [C] (pl **stir-fries**) salteado (de carne y verduras)

stir·ring¹ /ˈstɜːrɪŋ/ *adj* conmovedor -a

stirring² *s* [C] señal, indicio • [+of]: *the first stirrings of doubt* las primeras sombras de duda

stir·ring·ly /ˈstɜːrɪŋli/ *adv* conmovedoramente

stir·rup /ˈstɜːrəp, ˈstɪrəp/ *s* [C] **1** estribo (para montar) **2** soporte, horquilla (en forma de U) **3** tirante (en los bajos del pantalón)

stitch¹ /stɪtʃ/ s [C] **1** puntada (en costura) **2** punto (de sutura) • **have stitches** *Did you have stitches?* ¿Te dieron puntos? **3** [gralm sing] (*coloq*) **be a stitch** ser/estar divertidísimo -a **4** punto (en un tejido)

EXPRESIONES
be in stitches (*coloq*) descocerse de risa • **have/keep sb in stitches** hacer que alguien se desternille de risa • **not have a stitch on** (*coloq*) estar en cueros • **a stitch in time (saves nine)** más vale prevenir que curar

stitch² v [T] **1** coser (con hilo) **2** coser, dar puntos (de sutura) en
stitch up v+partíc **1 stitch sth ↔ up** coser algo, dar puntos (de sutura) en algo **2 stitch sth ↔ up** ultimar algo, dar los últimos toques a algo

stitch·ing /'stɪtʃɪŋ/ s [U] costura, pespunte

St. Lu·cia /seɪnt 'luʃə/ Santa Lucía

St. Lu·cian /seɪnt 'luʃən/ s [C], *adj* santalucense

stoat /stoʊt/ s [C] armiño

stock¹ S3 W1 /stɑk/ s

  1 de una tienda
  2 parte del capital
  3 capital total
  4 en cocina
  5 cantidad disponible
  6 cosa guardada
  7 respeto
  8 animales
  9 familia
  10 instrumento de tortura
  11 en teatro

1 DE UNA TIENDA [C,U] existencias, stock: *Buy now while stocks last!* ¡Compre antes de que se agoten las existencias! • [+**of**]: *We have a huge stock of carpets.* Disponemos de un amplio stock de alfombras. • **in stock** disponible, en stock • **out of stock** agotado -a
2 PARTE DEL CAPITAL [C gralm pl] acción, valor: *the trading of stocks* la compraventa de acciones
3 CAPITAL TOTAL [U] acciones: *Its stock rose 8 percent.* Sus acciones subieron un 8 por ciento.
4 EN COCINA [C,U] caldo • **chicken/beef stock** caldo de pollo/carne, caldo de ave/res
5 CANTIDAD DISPONIBLE [C] reserva: *coal stocks* reservas de carbón
6 COSA GUARDADA [C] reserva • [+**of**]: *John has an inexhaustible stock of jokes.* John tiene una colección inagotable de chistes.
7 RESPETO [U] reputación, prestigio • **his/her stock is high/low** tiene mucho/poco prestigio SIN **reputation, standing**
8 ANIMALES [U] ganado, animales de granja
9 FAMILIA [U] ascendencia, linaje • **be of Russian/Protestant stock** ser de ascendencia rusa/protestante
10 INSTRUMENTO DE TORTURA **the stocks** [pl] el cepo
11 EN TEATRO [C] compañía (de actores)
► **LOCK, stock, and barrel**

EXPRESIONES
on the stocks en preparación, en proceso de elaboración • **take stock (of sth)** hacer balance (de algo)

stock² v [T] **1** tener (disponible), vender: *The store stocks a wide range of kitchen equipment.* La tienda tiene una amplia gama de equipamiento de cocina. **2** llenar, surtir • **stock sth with sth** llenar algo de algo: *He had stocked the refrigerator with beer.* Había llenado la nevera de cerveza. **3** poblar con peces ► **WELL-STOCKED**
stock up v+partíc abastecerse, hacer acopio de provisiones • **stock up on sth** abastecerse de algo

stock³ *adj* [solo ante s] (*peyor*) típico -a, consabido -a: *a stock answer* una respuesta típica • *a stock phrase* una frase hecha

stock·ade /stɑ'keɪd/ s [C] **1** empalizada **2** recinto, cercado **3** prisión militar

stock·brok·er /'stɑk,broʊkɚ/ s [C] corredor -a de bolsa, agente de bolsa

stock·brok·ing /'stɑk,broʊkɪŋ/ s [U] corretaje/correduría de bolsa

'stock cer,tificate s [C] certificado bursátil

'stock ex,change s **1 the stock exchange** [sing] (actividad) la bolsa (de valores) **2** [C gralm sing] (lugar) bolsa

stock·hold·er /'stɑk,hoʊldɚ/ s [C] accionista

stock·i·ly /'stɑkəli/ *adv* *a stockily built man* un hombre bajo pero robusto

stock·ing /'stɑkɪŋ/ s [C] **1** [gralm pl] media (ropa interior): *a pair of stockings* unas medias **2** media que dejan los niños en Nochebuena para que Papá Noel la llene de regalos

EXPRESIONES
in your stocking feet en calcetines, en medias

stock-in-'trade s [U] especialidad

'stock ,market W3 s
  1 the stock market [sing] (actividad) la bolsa (de valores)
  2 the stock market [sing] (cotizaciones) la bolsa
  3 [C gralm sing] (lugar) bolsa

stock·pile¹ /'stɑkpaɪl/ s [C] reservas • [+**of**]: *stockpiles of nuclear weapons* arsenales nucleares

stockpile² v [T] hacer acopio de

stock-'still *adv* inmóvil

stock·y /'stɑki/ *adj* (**stockier**, **stockiest**) bajito -a y robusto -a, chaparro -a y fornido -a

stock·yard /'stɑkyard/ s [C] corral

stodg·y /'stɑdʒi/ *adj* (**stodgier**, **stodgiest**) (*peyor*) (persona, película) pesado -a

sto·ic¹ /'stoʊɪk/ s [C] estoico -a

stoic² *adj* estoico -a

sto·i·cism /'stoʊɪ,sɪzəm/ s [U] estoicismo

stoke /stoʊk/ v [T] **1** (el fuego) alimentar, avivar **2** (los problemas, la tensión) avivar, aumentar • **stoke fear/anger/resentment** avivar el miedo/la rabia/el resentimiento
stoke up v+partíc **stoke sth ↔ up** alimentar algo, avivar algo (el fuego)

stoked /stoʊkt/ *adj* [nunca ante s] (*coloq*) entusiasmado -a • [+**about**]: *I'm stoked about getting a new car.* Estoy muy entusiasmado con el carro nuevo que me voy a comprar.

stole¹ /stoʊl/ pasado de STEAL

stole² s [C] estola

sto·len¹ /'stoʊlən/ participio pasado de STEAL

stolen² *adj* robado -a

stol·id /'stɑlɪd/ *adj* impasible, imperturbable

stol·id·ly /'stɑlɪdli/ *adv* impasiblemente, imperturbablemente

stom·ach¹ S2 W3 /'stʌmək/ s [C]
  1 (órgano) estómago: *a stomach ulcer* una úlcera de estómago
  2 (parte exterior) estómago: *He punched me in the stomach.* Me dio un puñetazo en el estómago. ► **have butterflies (in your stomach)** (BUTTERFLY), **in the PIT of your stomach**, **feel SICK to your stomach**, **have a STRONG stomach**

EXPRESIONES
have the stomach for sth [gralm en negat y interrog] tener coraje/agallas para algo • **have the stomach to do sth** [gralm en negat y interrog] tener el coraje/las agallas de hacer algo • **on an empty/a full stomach** con el estómago vacío/lleno • **turn your stomach** revolver el estómago

stomach² v [T gralm en interrog y negat] aguantar, soportar • **hard/difficult to stomach** difícil de digerir/de tragar

stom·ach·ache /'stʌmək,eɪk/ s [C] dolor de estómago

stomp /stɑmp, stɔmp/ v **1** [I siempre + adv/prep] **stomp off/out** irse/salir con paso airado • **stomp out of the**

meeting/house salir de la reunión/de la casa con paso airado **2 (a)** [I] patalear • **stomp on sth/sb** pisotear algo/a alguien **(b)** [T] pisotear

stone¹ S2 W2 /stoʊn/ s
1 [U] (materia) piedra: *a huge block of stone* un enorme bloque de piedra
2 [C] (trozo) piedra: *They threw stones into the water.* Tiraban piedras al agua.
3 [C] gema, piedra preciosa • **a precious stone** una piedra preciosa ▸ COBBLESTONE, HEADSTONE, KILL **two birds with one stone**, PAVING STONE
EXPRESIONES
leave no stone unturned no dejar piedra sin mover, buscar por cielo, mar y tierra • **be made of stone** (tb **have a heart of stone**) (*liter*) ser de piedra (persona) • **not be carved/written/set in stone** no ser inamovible • **a stone's throw (away) from sth** (*coloq*) a tiro de piedra de algo

stone² *adj* de piedra

stone³ *v* [T] apedrear • **stone sb to death** lapidar a alguien

'Stone Age *s* **the Stone Age** la Edad de Piedra ▸ BRONZE AGE, IRON AGE

'stone-cold¹ *adj* **1** helado -a (comida, cuerpo) **2** [solo ante s] indudable **3** que no puede anotar (en un partido)

'stone-cold² *adv* **stone-cold sober** completamente sobrio -a

stoned /stoʊnd/ *adj* [nunca ante s] **1** (*coloq*) trabado -a, colgado -a (drogado) • **get stoned** trabarse, colgarse **2** (*antic*) borracho -a como una cuba, jincho -a de la perra

,stone 'dead *adj* [nunca ante s] tieso -a, completamente muerto -a

,stone 'deaf *adj* sordo -a como una tapia

stone·ma·son /'stoʊn,meɪsən/ *s* [C] albañil

stone·wall /'stoʊnwɔl/ *v* [I,T] dar largas (a)

stone·work /'stoʊnwɜk/ *s* [U] mampostería, cantería

ston·y /'stoʊni/ *adj* (**stonier**, **stoniest**) **1** pedregoso -a **2** pétreo -a, imperturbable: *a stony silence* un silencio hostil • *their stony faces* sus rostros pétreos
EXPRESIONES
fall on stony ground caer en saco roto

stood /stʊd/ pasado y participio pasado de STAND

stooge /studʒ/ *s* [C] cómico que actúa con un compañero que siempre se burla de él

stool S3 /stul/ *s* [C]
1 taburete, banqueta, banco
2 (*técn*) hez, deposición

stoop¹ /stup/ *v* [I] **1** agacharse • **stoop down** agacharse **2** ir encorvado -a, ser cargado -a de espaldas **3** (*peyor*) **stoop to (doing) sth** rebajarse a (hacer) algo, caer tan bajo como para hacer algo • **stoop so low** caer tan bajo • **stoop to sb's level** rebajarse al nivel de alguien, ponerse a la altura de alguien

stoop² *s* **1** [sing] *She has a slight stoop.* Es un poco cargada de espaldas/encorvada. **2** [C] (escalón de) entrada, porche de entrada

stop¹ S1 W1 /stɑp/ *v* (**stopped**, **stopping**)

1	dejar de hacer
2	terminar
3	dejar de moverse
4	hacer un alto
5	evitar
6	dejar de funcionar
7	apagar
8	camino

1 DEJAR DE HACER [I,T] parar(se), detener(se): *Can we stop now? I'm tired.* ¿Podemos parar? Estoy cansada. • *What time do you stop work?* ¿A qué hora terminas de trabajar? • *We've got to stop him.* Tenemos que detenerlo. • **stop doing sth** parar/dejar de hacer algo: *Stop pushing me!* ¡Deja de empujarme! • **stop sb doing sth**

hacer que alguien deje de hacer algo: *She tried to stop the child crying.* Intentó que el niño dejase de llorar. • **stop it/that** basta ya, ya párale
2 TERMINAR [I,T] parar, detener(se): *The referee stopped the fight.* El árbitro paró la pelea. • *The rain had stopped.* Había parado de llover.
3 DEJAR DE MOVERSE [I,T] parar(se): *He didn't stop at the traffic light.* No se paró en el semáforo. • *He stopped the car and got out.* Paró el carro y se bajó. • **stop and do sth** parar y hacer algo: *I stopped and waited for him.* Paré y lo esperé.
4 HACER UN ALTO [I] parar • **stop for sth** parar para algo: *Let's stop for a break.* Vamos a parar para descansar. • **stop to do sth** parar para hacer algo: *They stopped to admire the view.* Pararon para admirar la vista. • **stop and do sth** parar a hacer algo: *She used to stop and talk to us.* Se paraba a hablar con nosotros. • **a bus/ train stops** un bus/tren para • **stop to think/consider** parar(se) a pensar
5 EVITAR [T] impedir: *I'm leaving now, and you can't stop me.* Me voy ahorita mismo y no me lo vas a impedir. • **stop sb/sth (from) doing sth** impedir que alguien/algo haga algo: *a campaign to stop kids smoking* una campaña para impedir que los niños fumen • **stop yourself (from) doing sth** evitar hacer algo: *He couldn't stop himself from worrying.* No podía evitar preocuparse. • **there's nothing to stop sth/sb (from) doing sth** no hay nada que impida a algo/alguien hacer algo: *There's nothing to stop you applying for the job yourself.* Nada te impide presentarte al puesto tú misma.
6 DEJAR DE FUNCIONAR [I] pararse: *The clock has stopped.* El reloj se paró.
7 APAGAR [T] parar, apagar: *I stopped the video.* Paré el video.
8 CAMINO [I] acabarse: *The road stops at the farm.* La carretera se acaba en la granja.
EXPRESIONES
sb will stop at nothing (to do sth) alguien está dispuesto -a a todo (para hacer algo) • **stop short of (doing) sth** no llegar a (hacer) algo • **there is no stopping sb** no hay quien pare a alguien
stop back *v+partíc* volver
stop by *v+partíc* **1 stop by** pasar (por un lugar): *I'll stop by this evening.* Esta noche paso. **2 stop by sth** pasar por algo: *Could you stop by the store on your way home?* ¿Puedes pasar por la tienda de camino a la casa?
stop in *v+partíc* pasar (un momento) • **stop in at sth** pasar por algo
stop off *v+partíc* parar (de camino) • **stop off at a payphone/the supermarket** parar en una cabina/el supermercado
stop over *v+partíc* parar • **stop over in Paris/Singapore** parar en París/Singapur ▸ STOPOVER
stop up *v+partíc* **stop sth ↔ up** [gralm en pasiva] atascar/atorar algo

stop² S2 W3 *s* [C]
1 (acción) parada • **make a stop** hacer una parada
2 (lugar) parada, escala: *Our first stop was New Orleans.* Nuestra primera escala fue Nueva Orleans.
3 (de bus, tren) parada: *I'm getting off at the next stop.* Me bajo en la próxima parada. ▸ BUS STOP, FULL STOP, PULL **out all the stops**
EXPRESIONES
bring sth to a stop (a) parar algo **(b)** poner fin a algo • **come to a stop (a)** pararse, detenerse (vehículo, persona) **(b)** parar (actividad) • **put a stop to sth** acabar con algo, poner fin a algo

stop·gap /'stɑpgæp/ *s* [C] solución provisional

stop·light /'stɑplaɪt/ *s* [C] semáforo

stop·o·ver /'stɑp,oʊvɚ/ *s* [C] escala (en un vuelo)

stop·page /'stɑpɪdʒ/ *s* **1** [C] paro (huelga) **2** [C,U] interrupción **3** [C] obstrucción

stop·per /'stɑpɚ/ *s* [C] tapón

stop·watch /'stɑpwɑtʃ/ *s* [C] cronómetro

stor·age S3 /'stɔrɪdʒ/ *s* [U]
1 (de objetos, mercancías) almacenamiento • **storage jar**

S

frasco • **storage room** trastero, cuarto útil • **storage space** lugar para guardar cosas • **storage unit** guardamuebles, depósito de muebles
2 (en informática) almacenamiento
EXPRESIONES
in storage **(a)** en un guardamuebles **(b)** almacenado -a
store[1] S1 W1 /stɔr/ s [C]
1 tienda • **a shoe/clothing/toy store** una zapatería/una tienda de ropa/una juguetería • **store clerk** empleado -a de una tienda • **store manager** encargado -a de una tienda • **store shelf** *The book is now on store shelves.* El libro ya está en las tiendas. • **store window** vitrina, aparador ► **SHOP**
2 the store la tienda (de comestibles), la tienda (de abarrotes): *Do we need anything from the store?* ¿Necesitamos algo de la tienda?
3 reserva, provisión • [+**of**]: *a computer's store of information* información almacenada por un computador
4 almacén, bodega, depósito
5 stores [pl] pertrechos (militares)
6 stores [pl] almacén (militar) ► **BOOKSTORE**, **CHAIN STORE**, **CONVENIENCE STORE**, **DEPARTMENT STORE**, **DRUGSTORE**, **GENERAL STORE**, **GROCERY STORE**, **LIQUOR STORE**
EXPRESIONES
be in store (for sb) (tb **lay in store (for sb)**) aguardar (a alguien) (sorpresas), avecinarse (a alguien) (problemas): *He had a surprise in store for her.* Le tenía preparada una sorpresa. • **set great/much store by sth** darle mucha importancia a algo

store[2] W3 v [T]
1 (objetos, mercancías) guardar, almacenar • **store sth in sth** guardar algo en algo: *Store the film in a cool, dry place.* Guarde el rollo en un lugar fresco y seco.
2 (sustancias) almacenar: *the energy that is stored in muscles* la energía almacenada en los músculos
3 (datos, información) almacenar, guardar • **store sth on a computer/disk** almacenar algo en un computador/disco, guardar algo en un computador/disco
store sth ↔ **away** v+partíc guardar algo
store sth ↔ **up** v+partíc **1** hacer acopio de algo (provisiones) **2** acumular algo (experiencias, historias) **3** acumular algo (rencor, rabia)

store·front /'stɔrfrʌnt/ s [C] **1** fachada de una tienda **2** tienda (pequeña)
EXPRESIONES
a storefront office/business/operation una oficina/una empresa/un local que da a la calle

store·house /'stɔrhaʊs/ s [C] **1** (antic) almacén, depósito **2 a storehouse of information/knowledge** una mina de información/conocimientos

store·keep·er /'stɔrˌkipər/ s [C] tendero -a, comerciante

store·room /'stɔr-rum/ s [C] almacén, bodega

sto·rey /'stɔri/ s variante británica de **STORY**

stork /stɔrk/ s [C] cigüeña

storm[1] S3 W3 /stɔrm/ s [C]
1 (temporal) tormenta • **a storm is brewing** se avecina una tormenta
2 [gralm sing] (escándalo) tormenta: *a political storm* una tormenta política • **a storm of protest** un alud de protestas • **whip/stir up a storm** provocar un escándalo, desatar una tormenta • **a storm is brewing** se cuece una tormenta ► **HAILSTORM**, **RAINSTORM**, **SNOWSTORM**, **THUNDERSTORM**
EXPRESIONES
take sth by storm **(a)** tener un éxito rotundo en algo **(b)** tomar algo (por la fuerza), conquistar algo • **weather the storm** **(a)** capear el temporal **(b)** capear la tormenta

storm[2] v **1** [T] asaltar, tomar por la fuerza: *An angry crowd stormed the embassy.* Una multitud enfurecida asaltó la embajada. **2** [I siempre + adv/prep] ir hecho -a una furia • **storm out/in** salir/entrar hecho -a una furia • **storm out of/into sth** salir de/entrar en algo hecho -a una furia **3** [I,T] (liter) gritar enfurecido -a, bramar

'**storm cloud** s [C] nubarrón

storm·y /'stɔrmi/ adj (**stormier**, **stormiest**) **1** tormentoso -a, de tormenta: *stormy weather* tiempo tormentoso • *a stormy night* una noche de tormenta
2 tempestuoso -a, tormentoso -a: *a stormy relationship* una relación tempestuosa

sto·ry S1 W1 /'stɔri/ s [C] (pl **stories**)

1	relato
2	en prensa, radio
3	biográfica, histórica
4	excusa
5	en un edificio
6	de una obra, película, novela
7	embuste

1 **RELATO** historia (verídica), cuento (de ficción) • [+**about/of**]: *a story about a princess* un cuento sobre una princesa • **tell a story** contar un cuento/una historia • **read sb a story** leerle un cuento a alguien • **swap stories** contarse historias, intercambiar experiencias • **a bedtime story** un cuento para dormir • **a true story** una historia real
2 **EN PRENSA, RADIO** noticia, nota: *a front-page story* una noticia de primera página • **a news story** una noticia • **run a story on/about sth** dar la noticia de algo
3 **BIOGRÁFICA, HISTÓRICA** [gralm sing] historia: *the story of Western art* la historia del arte occidental
4 **EXCUSA** historia, cuento • **change your story** cambiar su versión
5 **EN UN EDIFICIO** piso ► **FLOOR**
6 **DE UNA OBRA, PELÍCULA, NOVELA** argumento
7 **EMBUSTE** mentira, cuento: *Have you been telling stories again?* ¿Has estado diciendo mentiras? ► **END OF story**, **HARD-luck story**, **HORROR STORY**, **the INSIDE story**, **it's a LONG story**, **SHORT STORY**, **your/her SIDE of the story**, **SOB STORY**, **a TALL story**
EXPRESIONES
but that's another story (oral) pero esa es otra historia • **be a different story** ser otra historia/cosa • **(to make a) long story short** para no alargar el cuento, en resumen • **it's the same old story** (oral) es la historia de siempre • **the story behind sth** *What's the story behind the painting?* ¿Cuál es la historia que hay detrás del cuadro? • **that's not the whole story** eso no es todo, aún hay más • **that's the story of my life** (hum, oral) me pasa siempre, es la historia de mi vida

sto·ry·book /'stɔriˌbʊk/ s [C] libro de cuentos

sto·ry·tell·er /'stɔriˌtɛlər/ s [C] narrador -a, cuentacuentos

stout[1] /staʊt/ adj **1** robusto -a, gordo -a **2** resistente, sólido -a **3** (escrito) firme, rotundo -a

stout[2] s [U] cerveza negra

stove[1] S2 /stoʊv/ s [C]
1 (en la cocina) estufa, cocina (aparato) • **on the stove** en el fuego
2 (para calefacción) estufa, calentador

stove[2] pasado y participio pasado de **STAVE**

stow /stoʊ/ v [T siempre + adv/prep] guardar
stow away v+partíc **1 stow away on sth** viajar de polizón en algo **2 stow sth** ↔ **away** guardar algo ► **STOWAWAY**

stow·a·way /'stoʊəˌweɪ/ s [C] polizón

strad·dle /'strædl/ v [T] **1** sentarse a horcajadas en **2** extenderse a ambos lados de

strafe /streɪf/ v [T] bombardear

strag·gle /'strægəl/ v [I] **1 straggle in/out/back** ir llegando/saliendo/volviendo • **straggle into/out of/toward sth** ir entrando a/saliendo de/dirigiéndose a algo **2** crecer desordenadamente

strag·gler /'stræglər/ s [C] rezagado -a

strag·gly /'strægli/ adj (**stragglier**, **straggliest**) descuidado -a, desordenado -a: *straggly hair* pelo desgreñado

straight¹ S1 W2 /streɪt/ *adv*

> 1 en línea recta
> 2 enseguida
> 3 sin parar o desviarse
> 4 en posición vertical
> 5 consecutivamente
> 6 con franqueza

1 EN LÍNEA RECTA derecho, en línea recta: *He was so tired he couldn't walk straight.* Estaba tan cansado que no podía caminar en línea recta. • *A man was looking straight at me.* Un hombre me miraba directamente a mí. • **straight ahead** hacia adelante • **go straight** seguir derecho
2 ENSEGUIDA directamente • [+**to**]: *I went straight to the police.* Fui directamente a la policía. • [+**from**]: *He'd come straight from work.* Había venido directamente del trabajo. • [+**out of**]: *a lawyer straight out of law school* un abogado recién salido de la facultad de derecho • [+**back**]: *I went straight back to bed.* Me volví directamente a la cama. • [+**in**]: *He walked straight in without knocking.* Entró sin llamar. • **straight home** derecho a la casa • **get/come straight to the point** ir derecho al grano
3 SIN PARAR O DESVIARSE directamente, derecho: *The bullet went straight through his heart.* La bala le atravesó el corazón. • *She walked straight past me.* Pasó de largo.
4 EN POSICIÓN VERTICAL derecho: *I can't get this picture to hang straight.* No consigo poner este cuadro derecho. • **sit/stand up straight** sentarse/ponerse derecho
5 CONSECUTIVAMENTE **eight days/two weeks straight** ocho días seguidos/dos semanas seguidas
6 CON FRANQUEZA (*coloq*) **ask sb straight (out)** *I asked her straight out if she was lying.* Le pregunté directamente si estaba mintiendo. • **tell sb straight (out) that...** decir claramente a alguien que... • **tell sb sth straight to their face** decir algo a alguien a la cara • **come straight out and say sth** (**tb come straight out with sth**) decir algo claramente ▶ **have your HEAD screwed on (straight/right), (straight) from the HEART, (straight/right) from the HORSE's mouth, LOOK straight/right through sb, STRAIGHTAWAY, WALK straight into sth**

EXPRESIONES
go straight (*coloq*) reformarse • **not think/see straight** no pensar/ver con claridad • **straight out of sth** sacado -a/salido -a de algo: *a street straight out of a 1950s movie* una calle salida de una película de 1950 • **straight up?** (*oral*) ¿de verdad?, ¿en serio? • **straight up** (*oral*) de verdad, en serio

straight² S3 *adj*

> 1 no torcido, doblado
> 2 igualado, vertical
> 3 sincero
> 4 sexualmente
> 5 consecutivos
> 6 vodka, whisky
> 7 obra, actor, papel
> 8 de un tipo
> 9 pelea, elección
> 10 sin deudas
> 11 aburrido
> 12 no delincuente
> 13 sin drogarse

1 NO TORCIDO, DOBLADO recto -a, derecho -a: *a straight road* una carretera recta • *Try to keep your legs straight.* Trate de mantener las piernas estiradas. • **in a straight line** en línea recta • **straight hair** pelo liso, pelo lacio
2 IGUALADO, VERTICAL derecho -a, recto -a: *Is my tie straight?* ¿Llevo la corbata derecha?
3 SINCERO directo -a, claro -a: *Just give me a straight yes or no.* Solo dime claramente si sí o si no. • **be straight with sb** ser claro -a con alguien, ser sincero -a con alguien • **a straight answer/question** una respuesta/pregunta clara • **straight talk** sinceridad
4 SEXUALMENTE (*coloq*) heterosexual

5 CONSECUTIVOS [solo ante s] seguidos -as: *43 straight wins* 43 victorias seguidas • **get straight A's/B's** sacar todo A/B, sacar meras As/Bs (calificaciones) • **win/lose in straight sets** ganar sin conceder un solo set/perder sin ganar un solo set
6 VODKA, WHISKY solo -a, seco -a
7 OBRA, ACTOR, PAPEL dramático -a
8 DE UN TIPO simple, sencillo -a: *a straight cash transfer* una simple transferencia de dinero
9 PELEA, ELECCIÓN [solo ante s] entre dos: *a straight fight between Republicans and Democrats* un mano a mano entre republicanos y demócratas
10 SIN DEUDAS [nunca ante s] (*oral*) en paz, a mano (sin deudas): *We're straight.* Estamos en paz.
11 ABURRIDO (*peyor, coloq*) soso -a, convencional
12 NO DELINCUENTE (*coloq*) decente, bueno -a
13 SIN DROGARSE (*coloq*) **be straight** estar limpio -a
▶ **set/put the RECORD straight**

EXPRESIONES
get sth straight entender algo • **let me get this straight** a ver si lo he entendido bien • **let's get something straight** aclaremos una cosa • **set things straight** aclarar las cosas • **set/put sb straight** aclararle las cosas a alguien • **set/put sb straight about sth** aclarar algo a alguien • **a straight face** una cara seria: *I couldn't keep a straight face.* No pude contener la risa.

straight³ *s* [C] [gralm pl] (*coloq*) hetero, heterosexual
EXPRESIONES
the straight and narrow el buen camino

straight·a·way¹, **straight away** /ˌstreɪtəˈweɪ/ *adv* enseguida, inmediatamente: *He didn't answer straight away.* Tardó en contestar.

straight·a·way² /ˈstreɪtəˌweɪ/ *s* [sing] recta (en una pista de carreras)

straight·en S3 /ˈstreɪtⁿn/ *v*
1 [I,T] enderezar(se), poner(se) recto -a: *Can you straighten your leg?* ¿Puedes estirar la pierna? • **straighten your back/spine** enderezar la espalda, erguirse
2 [T] enderezar, poner derecho -a: *He paused to straighten his tie.* Paró para arreglarse la corbata.
3 [T] limpiar, ordenar
straighten out *v+partíc* **1 straighten sth ↔ out** arreglar algo, solucionar algo **2 straighten sth ↔ out** enderezar algo (los hombros, las curvas), estirar algo (las piernas, los brazos) **3 straighten out** enderezarse, volverse recto -a (camino, carretera) **4 straighten sb ↔ out** enderezar a alguien
straighten up *v+partíc* **1 straighten sth ↔ up** limpiar algo, ordenar algo **2 straighten up** limpiar, ordenar **3 straighten up** enderezar la espalda, erguirse

straight·for·ward /ˌstreɪtˈfɔrwəd◂/ *adj* **1** simple, sencillo -a **2** franco -a, sincero -a

straight·jack·et /ˈstreɪtˌdʒækɪt/ *s* variante de **STRAITJACKET**

strain¹ /streɪn/ *s*

> 1 preocupación
> 2 excesiva demanda
> 3 en una relación
> 4 en física
> 5 lesión
> 6 en biología
> 7 música

1 PREOCUPACIÓN [C,U] estrés, agobio • **under strain** estresado -a, agobiado -a • **the strain of doing sth** el agobio/la presión de tener que hacer algo • [+**on**]: *The court case has been an enormous strain on my wife.* El juicio ha supuesto un estrés tremendo para mi mujer. • **put a strain on sb** someter a alguien a mucho estrés • **stresses and strains** el estrés y las tensiones
2 EXCESIVA DEMANDA [C,U] [+**on**]: *The dry summer has increased the strain on water resources.* El seco verano ha reducido aún más las reservas de agua. • **put a strain on sth** llevar algo al límite de sus posibilidades,

representar una carga para algo • **under strain** al límite • **collapse/break under the strain** desmoronarse/ hundirse por la sobrecarga

3 EN UNA RELACIÓN [C,U] tensión, tirantez: *the strain in their friendship* las tiranteces entre los dos amigos **4** EN FÍSICA [U] presión, tensión • **under strain** bajo presión • **snap/collapse under the strain** romperse por la tensión/desmoronarse por la presión • **take the strain** soportar el peso

5 LESIÓN [C,U] sobrecarga • **muscle strain** sobrecarga muscular • **eye strain** vista cansada • **a groin strain** una hernia inguinal

6 EN BIOLOGÍA [C] cepa, variedad: *bacterial strains* cepas bacterianas • [+of]: *different strains of wheat* diversas variedades de trigo

7 MÚSICA **the strains of sth** (*liter*) el son de algo, el compás de algo ▶ BEAR the strain

strain² *v* **1** [T] lesionarse, sufrir sobrecarga en (los músculos, la espalda), forzar, cansar (la vista): *He strained his back.* Se lesionó la espalda. **2** [I,T] esforzar(se), forzar(se) • **strain to do sth** esforzarse por hacer algo • **strain your ears/eyes** aguzar el oído/la vista • **strain yourself** forzarse **3** [T] colar, escurrir **4** [T] llevar al límite, mermar en exceso • **strain sth to the limit** llevar algo al límite de sus posibilidades **5** [T] crear tensiones en, causar tiranteces en

EXPRESIONES **be straining at the leash** (*coloq*) morirse de ganas/de impaciencia

strained /streɪnd/ *adj* **1** (relaciones) tenso -a, tirante: *a strained atmosphere/silence* un ambiente/silencio tenso **2** (voz, rostro) tenso -a, crispado -a **3** [gralm ante s] lesionado -a: *a strained muscle/ligament* una contractura muscular/del ligamento

strain·er /ˈstreɪnə/ *s* [C] colador: *a tea strainer* un filtro para el té

strait /streɪt/ *s* [C] (tb **straits** [pl]) estrecho: *the Bering Strait* el estrecho de Bering

EXPRESIONES **be in dire straits** estar en un serio aprieto, estar en una situación muy difícil

strait·jack·et, straightjacket /ˈstreɪtˌdʒækɪt/ *s* **1** [C] camisa de fuerza **2** [sing] corsé, traba

strait-ˈlaced *adj* puritano -a, mojigato -a

strand¹ /strænd/ *s* [C] **1** hebra, hilo • [+of]: *a strand of hair* un pelo **2** corriente (de pensamiento), hilo (del argumento)

strand² *v* [T gralm en pasiva] abandonar a su suerte, dejar tirado -a

strand·ed /ˈstrændɪd/ *adj* abandonado -a a su suerte, tirado -a (vehículo, pasajero), varado -a (barco, ballena) • **leave sb stranded** abandonar a alguien a su suerte, dejar tirado -a a alguien SIN **stuck**

strange S1 W2 /streɪndʒ/ *adj* **1** (inusual) raro -a, extraño -a: *That's strange. Jude was right here a second ago.* Qué raro. Jude estaba aquí hace un momento. • **it is strange that** es raro que: *It's strange that Linda hasn't even called.* Es raro que Linda ni siquiera haya llamado. • **it is strange to do sth** es raro hacer algo: *It was strange to see someone else wearing my clothes.* Se me hacía raro ver a otra con mi ropa. • **there's something strange about sb/sth** hay algo raro en alguien/algo • **a strange feeling/sensation** una sensación extraña • **for some strange reason** por alguna extraña razón • **strange as it may seem** por extraño que pueda parecer • **the strange thing is** lo raro es que ▶ ver nota en RARO **2** (en la conducta) raro -a **3** [gralm ante s] desconocido -a: *Don't speak to strange men.* No hables con desconocidos. • [+to]: *It's all strange to me.* Es todo nuevo para mí. **4 feel strange** sentirse raro -a

EXPRESIONES **truth is stranger than fiction** la realidad supera a la ficción

strange·ly /ˈstreɪndʒli/ *adv* **1** de manera rara, de un modo extraño: *He was looking at me rather strangely.* Me miraba de un modo extraño. **2** [adv oracional] curiosamente, sorprendentemente: *Strangely, I wasn't afraid anymore.* Curiosamente, ya no tenía miedo. ▶ strangely/oddly/funnily ENOUGH

strange·ness /ˈstreɪndʒnɪs/ *s* [U] **1** rareza (cualidad) **2** (sensación de) novedad

strang·er W3 /ˈstreɪndʒə/ *s* [C] **1** extraño -a, desconocido -a • **a complete/perfect/total stranger** un completo/perfecto/total desconocido **2** extraño -a, forastero -a

EXPRESIONES **Don't be a stranger!** (*hum, oral*) ¡Ven cuando quieras!, ¡Esta es tu casa! (*hum, oral*) ¡Dichosos los ojos que te ven! • **be no stranger to sth** no ser ajeno -a a algo, estar familiarizado -a con algo

stran·gle /ˈstræŋɡəl/ *v* [T] **1** (a una persona) estrangular **2** (la economía, una nación) estrangular, ahogar

stran·gle·hold /ˈstræŋɡəlˌhoʊld/ *s* [C] **1** [gralm sing] dominio absoluto • [+on]: *Britain's stranglehold on the market* el domino absoluto del mercado por parte de Gran Bretaña **2** llave al cuello (en una pelea)

stran·gu·la·tion /ˌstræŋɡyəˈleɪʃən/ *s* [U] estrangulamiento

strap¹ /stræp/ *s* [C] **1** (para llevar, colgar) correa **2** (para sujetar al cuerpo) tirante (de un vestido, sostén), correa (del reloj, los zapatos) **3** (para cerrar, fijar) correa ▶ JOCKSTRAP

strap² *v* [T siempre + adv/prep] (**strapped**, **strapping**) **be strapped to sth** estar amarrado -a a algo, estar sujeto -a con correas a algo • **strap sb down** amarrar con correas a alguien • **strap sth on** sujetar algo con correas • **strap yourself in** ponerse el cinturón de seguridad

strap·less /ˈstræplɪs/ *adj* sin tirantes: *a strapless dress* un vestido sin tirantes

strapped /stræpt/ *adj* **be strapped (for cash)** (*coloq*) andar sin un peso

strap·ping /ˈstræpɪŋ/ *adj* [solo ante s] robusto -a, fortachón -ona

stra·ta /ˈstrætə, ˈstreɪ-/ *pl* de STRATUM

strat·a·gem /ˈstrætədʒəm/ *s* [C] (*frml*) estratagema

stra·te·gic W3 /strəˈtidʒɪk/ (tb stra·te·gi·cal /strəˈtidʒɪkəl/) *adj* [gralm ante s] **1** estratégico -a **2 strategic weapons** armas estratégicas • **strategic missile** misil estratégico

stra·te·gi·cal·ly /strəˈtidʒɪkli/ *adv* estratégicamente: *strategically placed video cameras* videocámaras situadas en lugares estratégicos

strat·e·gist /ˈstrætədʒɪst/ *s* [C] estratega

strat·e·gy S2 W1 /ˈstrætədʒi/ *s* (pl **strategies**) **1** [C] (plan) estrategia • **a strategy for doing sth** (tb **a strategy to do sth**) una estrategia para hacer algo **2** [U] (planificación) estrategia

strat·i·fied /ˈstrætəˌfaɪd/ *adj* **1** (*frml*) (sociedad) estratificado -a **2** (*técn*) (suelo) estratificado -a

strat·o·sphere /ˈstrætəˌsfɪr/ *s* [sing] **the stratosphere** la estratosfera

stra·tum /ˈstrætəm, ˈstreɪ-/ *s* [C] (pl **strata** /-tə/) **1** (geológico) estrato **2** (social) estrato

straw¹ /strɔ/ *s* **1** [U] (de cereales) paja **2** [C] (para beber) pitillo, popillo, popote ▶ DRAW the short straw

EXPRESIONES **be clutching/grasping at straws** agarrarse a un clavo ardiendo, aferrarse a la última esperanza • **the last straw** el colmo, la gota que colma el vaso • **the straw that breaks the camel's back** la gota que colma el vaso

straw² *adj* [solo ante s] de paja: *a straw hat* un sombrero de paja

EXPRESIONES **a straw man** un pelele (persona o cosa débil)

S

straw·ber·ry S3 /'strɔˌbɛri/ s [C] (pl **strawberries**)
1 (fruta) fresa: *strawberries and cream* fresas con crema • **strawberry jam** mermelada de fresa **2** (tb **strawberry plant**) (planta) fresa

ˌstraw 'poll s [C] encuesta extraoficial

stray¹ /streɪ/ v [I] (**strays, strayed, straying**) **1** alejarse, extraviarse: *The cats never stray very far.* Los gatos nunca se alejan mucho. • **stray into/onto sth** meterse sin querer en algo • **stray from sth** apartarse/alejarse de algo **2** desviarse (del tema), divagar: *For an instant his mind strayed.* Por un momento se distrajo. • **stray into sth** desviarse hacia algo • **stray from sth** desviarse/apartarse de algo • **stray from the point** desviarse del tema **3 stray to sth** irse hacia algo (mirada): *Her eyes strayed to the clock.* Se le fue la vista hacia el reloj. **4** descarriarse, apartarse del buen camino

stray² adj [solo ante s] **1** descarriado -a (oveja, vaca): *a stray dog/cat* un perro/gato callejero **2** suelto -a (pelo, mechón): *a stray bullet* una bala perdida

stray³ s [C] (pl **strays**) animal callejero

streak¹ /strik/ s [C] **1** raya (de color), veta (de suciedad) **2** vena, lado: *She has a stubborn streak.* Es un poco testaruda. • *a violent streak* una vena violenta **3** racha • **a winning/losing streak** una racha de victorias/derrotas **4 streaks** [pl] mechas, rayitos, luces
EXPRESIONES
a streak of lightning un relámpago • **like a streak of lightning** como un rayo

streak² v **1** [T gralm en pasiva] surcar, vetear (el cielo), chorrear por (las mejillas) • **be streaked with sweat/paint** chorrear sudor/tener manchas de pintura: *Her dark hair is now streaked with silver.* Su pelo oscuro está ahora salpicado de canas. **2** [I siempre + adv/prep] pasar como un rayo, cruzar como un rayo **3** [I] (*coloq*) correr desnudo en un sitio público

streak·y /'striki/ adj **1** veteado -a, a rayas (de color), lleno -a de vetas (de grasa, suciedad): *streaky blond hair* pelo rubio con mechones más claros **2** [gralm ante s] irregular, con muchos altibajos (deportista, temporada)

stream¹ W3 /strim/ s
1 [C] arroyo, riachuelo **2 a stream of sth** un torrente de algo, una sucesión de algo: *a steady stream of traffic* un flujo constante de tránsito • *a stream of abuse* una sarta de insultos **3** [C] flujo, corriente (de aire, agua) **4** [C] (*técn*) stream, streaming (emisión audiovisual por Internet) ▶ BLOODSTREAM, DOWNSTREAM, MAINSTREAM, UPSTREAM

stream² v **1** [I siempre + adv/prep] (fluir en abundancia) **stream down sth** correr por algo: *Tears streamed down her cheeks.* Le corrían lágrimas por las mejillas. **2** [I siempre + adv/prep] (moverse en una dirección) **stream past sb/sth** *People streamed past us.* Un torrente de gente pasaba por delante de nosotros. **3** [I siempre + adv/prep] **stream in** entrar a raudales (luz) **4 (a)** [I] llorar (ojos), moquear (nariz), sangrar (herida) • **stream with sth** *His eyes were streaming with tears.* Lloraba a lágrima viva. • *My face was streaming with blood.* La sangre me corría por la cara. **(b)** [T] llorar (lágrimas), chorrear (sangre) **5** [T] (*técn*) hacer streaming de

stream·er /'strimɚ/ s [C] **1** serpentina **2** banderín

stream·line /'strimlaɪn/ v [T] **1** hacer más eficiente, racionalizar **2** hacer más aerodinámico -a, estilizar

stream·lined /'strimlaɪnd/ adj **1** más eficiente, racionalizado -a **2** aerodinámico -a, estilizado -a

street S1 W1 /strit/ s
1 [C] (con dos aceras) calle • **down/up the street** calle abajo/arriba: *We walked slowly down the street.* Caminábamos despacio por la calle. • **across the street** (a/en la acera de) enfrente: *A woman ran across the street.* Una mujer cruzó la calle corriendo. • **cross the street** cruzar la calle **2** (espacio público) **the street** (tb **the streets**) la calle • **on/in the street(s)** en la calle: *children begging in the street* niños mendigando en la calle • **street corner** esquina • **street cleaner** barrendero -a • **street crime** delincuencia callejera, delitos callejeros • **street market** mercado al aire libre • **street name** nombre de (una) calle ▶ CROSS STREET, MAIN STREET, a ONE-WAY street, SIDE STREET, THROW sb out on the street, WALK the streets
EXPRESIONES
keep sb off the street(s) mantener a alguien alejado -a de la calle • **the man/woman on the street** el hombre/la mujer de la calle, el ciudadano/la ciudadana de a pie • **take to the street(s)** echarse/salir a la calle

street·car /'stritˌkɑr/ s [C] tranvía

street·light /'stritlaɪt/ (tb **'street lamp**) s [C] farola, lámpara (del alumbrado público)

street·wise /'stritˌwaɪz/ adj (*coloq*) con mucho mundo, despierto -a

strength S3 W2 /strɛŋkθ, strɛnθ/ s

1 física
2 anímica
3 de un sentimiento, una creencia, una relación
4 de un país, una organización
5 cualidad
6 de una sustancia
7 personas
8 de una divisa
9 del viento, la corriente
10 de un sabor, olor, color

1 FÍSICA [U] fuerza(s) • **have the strength to do sth** tener fuerzas para hacer algo • **with all your strength** con todas sus fuerzas

2 ANÍMICA [U] fortaleza • **the strength to do sth** la fortaleza para hacer algo • **strength of character/mind** fortaleza de carácter/ánimo • **an inner strength** una fuerza interior

3 DE UN SENTIMIENTO, UNA CREENCIA, UNA RELACIÓN [U] fuerza, solidez • **the strength of his/her convictions** la firmeza de sus convicciones

4 DE UN PAÍS, UNA ORGANIZACIÓN [U] poderío, poder • **military/air strength** poderío militar/aéreo

5 CUALIDAD [C] punto fuerte: *His patience is one of his greatest strengths.* La paciencia es uno de sus puntos más fuertes. • **strengths and weaknesses** puntos fuertes y débiles

6 DE UNA SUSTANCIA [C,U] concentración (de un medicamento, detergente), graduación (de un licor)

7 PERSONAS [U] contingente, número de efectivos • **in strength** en masa: *Security forces were out in strength.* Salieron las fuerzas de seguridad en masa. • **at full strength** con todos los efectivos

8 DE UNA DIVISA [U] fortaleza, valor • [+of]: *the strength of the dollar against the pound* la fortaleza del dólar frente a la libra

9 DEL VIENTO, LA CORRIENTE [U] fuerza

10 DE UN SABOR, OLOR, COLOR [U] fuerza, intensidad ▶ not KNOW your own strength, be a PILLAR of strength, a TOWER of strength
EXPRESIONES
Give me strength! (*oral*) ¡Dios mío, dame paciencia! • **go from strength to strength** ir cada vez (a) mejor • **on the strength of sth** en virtud de algo

strength·en /'strɛŋkθən, 'strɛnθən/ v

1 relaciones, posición, poder
2 economía, mercado
3 un músculo, el cuerpo
4 una estructura, un edificio
5 moneda
6 un equipo, ejército
7 un argumento
8 viento, corriente

1 RELACIONES, POSICIÓN, PODER [I,T] afianzar(se), consolidar(se) • **strengthen ties/links** afianzar los lazos/vínculos • **strengthen his/her resolve** hacer más firme su determinación

2 **ECONOMÍA, MERCADO** [I,T] fortalecer(se): *measures to strengthen the economy* medidas para fortalecer la economía
3 **UN MÚSCULO, EL CUERPO** [T] fortalecer: *exercises to strengthen the leg muscles* ejercicios para fortalecer los músculos de las piernas
4 **UNA ESTRUCTURA, UN EDIFICIO** [T] reforzar: *The ship's decks were strengthened to carry the extra weight.* Las cubiertas del barco fueron reforzadas para cargar el peso extra.
5 **MONEDA** [I,T] fortalecer(se) • **strengthen against the dollar/yen** fortalecerse frente al dólar/yen
6 **UN EQUIPO, EJÉRCITO** [T] reforzar
7 **UN ARGUMENTO** [T] reforzar
8 **VIENTO, CORRIENTE** [I] aumentar

stren·u·ous /'strɛnyuəs/ *adj* **1** extenuante, agotador -a **2** enérgico -a, tenaz

stren·u·ous·ly /'strɛnyuəsli/ *adv* **1** enérgicamente, tenazmente **2** hasta la extenuación

stress¹ S3 W3 /strɛs/ *s*
1 [U] (sensación) estrés, tensión • **be under stress** tener estrés, estar sometido -a a estrés • **relieve stress** aliviar el estrés/la tensión • **stress level** nivel de estrés • **stress management** control del estrés
2 [C gralm pl] (situación) tensión • **the stresses (and strains) of sth** el estrés y las tensiones de algo
3 **a/the stress on sth** el hincapié en algo • **put/lay stress on sth** hacer hincapié en algo
4 [C,U] (sobre un objeto) presión, tensión • **put/place stress on sth** ejercer presión sobre algo, someter algo a presión
5 [C,U] acento, acentuación • **the stress is/falls on sth** el acento recae en algo

stress² W3 *v* [T]
1 hacer hincapié en, destacar • **stress that** hacer hincapié en que, destacar que • **stress the need for sth** hacer hincapié en la necesidad de algo • **stress the importance of sth** destacar la importancia de algo
2 acentuar
stress sb out *v+partíc* (*coloq*) estresar a alguien

stressed /strɛst/ *adj* **1** (tb **stressed out**) (*coloq*) estresado -a **2** [solo ante s] acentuado -a, tónico -a

stress·ful /'strɛsfəl/ *adj* estresante

stretch¹ S2 W3 /strɛtʃ/ *v*

1	agrandar
2	ropa, tejido
3	brazos, piernas
4	tirando de los lados
5	en el espacio
6	en el tiempo
7	el dinero, los recursos
8	los nervios, la imaginación
9	utilizar capacidad
10	las normas

1 **AGRANDAR** [I,T] estirar(se): *The rope stretched and then broke.* La cuerda se estiró y luego se rompió. • *"Can I borrow your boots?" "No, you'll stretch them."* –¿Me prestas las botas? –No, que me las vas a estirar.
2 **ROPA, TEJIDO** [I nunca en forma continua] estirarse, ser elástico -a: *The shorts will stretch to fit you.* Los shorts se estiran y se ajustan.
3 **BRAZOS, PIERNAS** [I,T] estirar(se): *She yawned and stretched her arms.* Bostezó y se desperezó. • **stretch up** estirarse (hacia arriba) • **stretch across** estirarse (a un lado)
4 **TIRANDO DE LOS LADOS** [T frec en pasiva] extender, poner tirante: *The canvas is stretched over a frame.* La tela se extiende sobre un bastidor.
5 **EN EL ESPACIO** [I siempre + adv/prep] extenderse • **stretch for miles** extenderse varias millas
6 **EN EL TIEMPO** [I siempre + adv/prep, T] **stretch over several weeks/ten years** extenderse a lo largo de varias semanas/diez años • **stretch into the evening** alargarse hasta la noche • **stretch back several weeks/to March** remontarse a varias semanas/a marzo

7 **EL DINERO, LOS RECURSOS** [T] estirar: *I have to stretch this $20 until payday.* Tengo que estirar estos 20 dólares hasta el día de pago.
8 **LOS NERVIOS, LA IMAGINACIÓN** [T] poner a prueba, llevar al límite • **stretch the truth/facts** tergiversar la verdad/los hechos • **be stretching it** (*coloq*) exagerar, pasarse un poco
9 **UTILIZAR CAPACIDAD** [T] estimular, obligar a esforzarse: *I want a job that stretches me.* Quiero un trabajo que me obligue a esforzarme.
10 **LAS NORMAS** [T] romper, saltarse
EXPRESIONES
stretch your lead aumentar su ventaja • **stretch your legs** (*coloq*) estirar las piernas
stretch out *v+partíc* **1** **be stretched out** estar tumbado -a/tendido -a **2** **stretch sth ↔ out** estirar algo (una mano, una pierna) **3** **stretch sth ↔ out** alargar algo, prolongar algo **4** **stretch sth ↔ out** estirar algo, agrandar algo (una prenda) **5** **stretch out** estirarse, agrandarse (prenda)

stretch² *s* **1** [C] tramo, trecho **2** [C] temporada, trecho • **at a stretch** de un tirón, de un jalón, sin parar **3** [C] estiramiento: *Steve gave a big stretch.* Steve se desperezó. **4** [U] elasticidad ▶ **STRETCHY**
EXPRESIONES
do a five-year/ten-year stretch (*coloq*) pasar cinco/diez años en la cárcel • **not by any stretch of the imagination** (*oral*) ni por asomo

stretch³ *adj* [solo ante s] elástico -a: *stretch jeans* jeans elásticos

stretch·er /'strɛtʃər/ *s* [C] camilla

stretch·y /'strɛtʃi/ *adj* (**stretchier**, **stretchiest**) elástico -a

strew /stru/ *v* [T] (**strewed**, **strewn** /strun/ o **strewed**) (*frml*) **1** [gralm en pasiva] desparramar, esparcir • **be strewn around the floor/garden** estar desparramado -a por el suelo/jardín **2** **be strewn with broken glass/garbage** estar cubierto -a de vidrios/basura **3** **be strewn with sth** estar plagado -a/lleno -a de algo

strick·en /'strɪkən/ *adj* (*frml*) **1** desconsolado -a, acongojado -a • [+**with/by**]: *She was stricken with remorse.* Le remordía la conciencia. **2** siniestrado -a: *a stricken ship* un barco siniestrado -a

strict /strɪkt/ *adj* **1** (persona) estricto -a, severo -a • [+**about**]: *The hospital is very strict about visiting hours.* El hospital es muy estricto en cuanto al horario de visitas. • [+**with**]: *Their parents are very strict with them.* Sus padres son muy estrictos con ellos. **2** (normas, límites, disciplina) estricto -a: *You had strict instructions not to tell anybody!* ¡Tenías órdenes estrictas de no decírselo a nadie! • **in the strictest confidence** en el más absoluto secreto, con absoluta reserva **3** [gralm ante s] (aplicación, interpretación) estricto -a, riguroso -a • **in the strict/strictest sense** en sentido estricto, en puridad **4** **a strict Muslim/Catholic** un musulmán/católico ortodoxo, una musulmana/católica ortodoxa

strict·ly /'strɪktli/ *adv* **1** estrictamente, rigurosamente • **strictly forbidden** terminantemente prohibido -a **2** absolutamente, a rajatabla: *The report is strictly confidential.* El informe es absolutamente confidencial. • *What she told you isn't strictly true.* Lo que te dijo no es del todo cierto. **3** exclusivamente: *I play the piano strictly for fun.* Toco el piano exclusivamente por diversión.
EXPRESIONES
strictly speaking para ser exactos: *Strictly speaking, spiders are not insects.* Para ser exactos, una araña no es un insecto.

stric·ture /'strɪktʃər/ *s* [C gralm pl] (*frml*) crítica

stride¹ /straɪd/ *s* **1** [C] zancada **2** [C gralm pl] avance • **make great/major strides in sth** hacer grandes avances en algo
EXPRESIONES
hit your stride tomar/agarrar el ritmo • **knock/throw/keep sb off stride** desconcentrar a alguien • **take sth in stride** tomarse algo con calma

stride² *v* [I siempre + adv/prep] (**strode** /strəʊd/, **stridden** /'strɪdn/) **stride into/out of/across sth** entrar en/salir de/cruzar algo a grandes zancadas

stri·dent /'straɪdnt/ *adj* **1** vociferante, ruidoso -a (persona), clamoroso -a (demanda) **2** estridente (voz, sonido)

strife /straɪf/ *s* [U] (*frml*) conflictos, enfrentamientos

strike¹ S3 W1 /straɪk/ *v* (**struck** /strʌk/, **struck** o **stricken** /'strɪkən/)

1	golpear
2	con la mano
3	idea, hecho
4	trabajador
5	ladrón, asesino
6	algo malo
7	un acuerdo, un trato
8	la pelota, el balón
9	un fósforo
10	oro, petróleo
11	rayo
12	reloj
13	de un texto, una lista
14	algo montado

1 **GOLPEAR** [I,T] (*frml*) golpear: *Several cars were struck by falling trees.* Los árboles caídos alcanzaron a varios carros. • **strike sb on/in sth** darle a alguien en algo: *The ball struck him in the face.* El balón le dio en la cara.

2 **CON LA MANO** [T] (*frml*) golpear • **strike sth/sb with sth** golpear algo/a alguien con algo: *He struck the table with his fist.* Dio un puñetazo en la mesa.

3 **IDEA, HECHO** [T nunca en forma continua] *A worrying thought struck me.* Me dio por pensar en algo preocupante. • *We were struck by her patience.* Nos llamó la atención su paciencia. • **it strikes sb that** alguien cae en la cuenta de que • **strike sb as (being) funny/ridiculous/interesting** parecerle a alguien gracioso/ridículo/interesante • **it strikes sb as strange/odd/funny that...** a alguien le parece raro que... • **how does ... strike you?** ¿qué te parece...?

4 **TRABAJADOR** [I] hacer huelga

5 **LADRÓN, ASESINO** [I,T] atacar: *Police fear that the killer will strike again.* La policía teme que el asesino vuelva a atacar.

6 **ALGO MALO** **(a)** [I] ocurrir (huracán, terremoto), sobrevenir (enfermedad) • **disaster/tragedy strikes** ocurre un desastre/una tragedia **(b)** [T] afectar, aquejar • **be stricken by/with sth** caer enfermo -a de algo, padecer algo

7 **UN ACUERDO, UN TRATO** **strike a deal/bargain** llegar a un acuerdo/hacer un trato

8 **LA PELOTA, EL BALÓN** [T] golpear, dar a

9 **UN FÓSFORO** [T] encender

10 **ORO, PETRÓLEO** **strike oil/gold** encontrar petróleo/oro

11 **RAYO** [T] alcanzar, caer sobre: *The church was struck by lightning.* La iglesia fue alcanzada por un rayo.

12 **RELOJ** [I,T] dar (la hora): *The clock had just struck two.* El reloj acababa de dar las dos.

13 **DE UN TEXTO, UNA LISTA** [T] (*frml*) **strike sth/sb from sth** tachar algo/a alguien de algo, borrar algo/a alguien de algo

14 **ALGO MONTADO** [T] arriar (una vela), desmontar (una tienda, un decorado) • **strike camp** levantar el campamento ▶ **hit/strike HOME**, **LIGHTNING never strikes (in the same place) twice**, **STRICKEN**, **STRIKING**

EXPRESIONES
be struck dumb quedarse sin habla • **strike a balance** encontrar el equilibrio • **strike a blow to/against sth** asestarle un golpe a algo • **strike a blow for sb/sth** dar un paso en favor de alguien/algo • **strike a chord with sb** calar hondo en alguien, tocar la fibra sensible de alguien • **strike gold** triunfar • **strike terror/fear into sb's heart** infundirle terror/miedo a alguien • **strike it**

rich hacerse rico -a • **strike while the iron is hot** actuar de inmediato • **within striking distance of sth** muy cerca de algo

strike at sth/sb *v+partíc* afectar (negativamente) a algo/alguien • **strike at the heart of sth** afectar a la esencia de algo

strike back *v+partíc* contraatacar, devolver el golpe • **strike back at/against sb** devolverle el golpe a alguien

strike down *v+partíc* **1 strike sb ↔ down** [gralm en pasiva] afectar gravemente a alguien, matar a alguien **2 strike sth ↔ down** (*técn*) declarar ilegal/inconstitucional algo **3 strike sb ↔ down** (*liter*) derribar a alguien

strike off *v+partíc* **strike sth/sb ↔ off** tachar algo/a alguien

strike on sth *v+partíc* (*frml*) dar con algo, descubrir algo

strike out *v+partíc* **1 strike out** poncharse (en béisbol) **2 strike sb ↔ out** ponchar a alguien (en béisbol) **3 strike out** (*oral*) fracasar **4 strike out** arremeter • **strike out at sb** arremeter contra alguien **5 strike out at sb** emprenderla con/contra alguien **6 strike out** emprender la marcha **7 strike sth ↔ out** (*frml*) tachar algo **8 strike out on your own** independizarse, irse a vivir por su cuenta, montar/poner su propio negocio

strike up *v+partíc* **1 strike up** empezar a tocar **2 strike up sth** empezar a tocar algo • **strike up a tune** empezar a tocar una melodía **3 strike up a conversation/friendship** entablar conversación/amistad

strike² W2 *s*
1 [C,U] huelga • **go on strike** ir a la huelga, hacer huelga • **be on strike** estar en huelga • **strike pay** subsidio de huelga
2 [C] ataque (militar) • **launch a strike** lanzar un ataque
3 [C] ponche ▶ **FOUL**
4 [C] descubrimiento (de oro, petróleo) ▶ **GENERAL STRIKE**, **HUNGER STRIKE**

EXPRESIONES
two/three strikes against sb/sth una doble/triple desventaja para alguien/algo

strik·er /'straɪkər/ *s* [C] **1** huelguista **2** delantero -a, goleador -a

strik·ing /'straɪkɪŋ/ *adj* **1** sorprendente, asombroso -a **2** atractivo -a **3** [solo ante s] en huelga ▶ **within striking distance of sth** (**STRIKE**)

string¹ S2 W3 /strɪŋ/ *s*
1	para atar
2	serie
3	conjunto
4	de cuentas, luces
5	de un instrumento
6	de una orquesta
7	de una raqueta
8	en informática
9	en deportes

1 **PARA ATAR** [C,U] cuerda, pita, cordel, mecate • **a piece of string** una cuerda • **a ball of string** un rollo de cuerda

2 **SERIE** **a string of sth** una serie de algo: *a string of hit albums* una serie de álbumes de éxito

3 **CONJUNTO** **a string of sth** un conjunto/un puñado de algo: *She owns a string of health clubs.* Tiene una cadena de gimnasios.

4 **DE CUENTAS, LUCES** **a string of sth** una sarta de algo: *a string of pearls* un collar de perlas • *a string of onions* una ristra de cebollas

5 **DE UN INSTRUMENTO** [C] cuerda

6 **DE UNA ORQUESTA** **strings** [pl] (tb **string section** [C]) cuerdas, sección de cuerda

7 **DE UNA RAQUETA** [C] cuerda

8 **EN INFORMÁTICA** [C] (*técn*) cadena

9 **EN DEPORTES** **first/second/third string** equipo de primera/segunda/tercera categoría, conjunto de primera/segunda/tercera categoría ▶ **be tied to sb's APRON strings**, **PULL strings**, **PULL sb's strings**, **hold/control the PURSE strings**

stringed instruments

strings
cuerdas

violin
violín

guitar
guitarra

cello
violonchelo,
violoncello

harp
arpa

double bass
contrabajo

banjo
banjo

EXPRESIONES
have sb on a string (*coloq*) tener dominado -a a alguien •
no strings (attached) sin compromiso alguno

string² *v* [T] (**strung** /strʌŋ/) **1** enhebrar, ensartar
2 string sth across sth colgar/tender algo de una cuerda
en algo **3** encordar ▶ HIGH-STRUNG, STRUNG OUT
string along *v+partíc* **string sb along** (*coloq*) darle a
alguien falsas esperanzas
string out *v+partíc* **1 be strung out along sth** (*escrito*)
estar repartido -a/distribuido -a a lo largo de algo
2 string sth ↔ out (*coloq*) alargar algo, prolongar algo
string together *v+partíc* **1 string sth ↔ together** reunir
algo **2 string words/sentences together** hilar
palabras/oraciones
string up *v+partíc* **1 string sth ↔ up** colgar algo
2 string sb ↔ up (*coloq*) colgar a alguien

,string 'bean *s* [C] habichuela, ejote

,stringed 'instrument *s* [C] instrumento de cuerda

strin·gent /'strɪndʒənt/ *adj* **1** estricto -a, riguroso -a
2 austero -a, riguroso -a (en lo económico)

string·y /'strɪŋi/ *adj* (**stringier**, **stringiest**) (*peyor*)
1 fibroso -a, con mucha hebra **2** greñudo -a, pajoso -a

strip¹ S3 /strɪp/ *v* (**stripped**, **stripping**)
1 [I,T] desnudar(se), desvestir(se) • **strip naked** desnudarse • **strip sb naked** desnudar a alguien • **strip to the**
waist desnudarse de la cintura para arriba
2 [I] hacer strip-tease
3 [T] deshacer (una cama), despintar (una puerta) • **strip**
sth off quitar algo
4 [T] vaciar • **strip sth of sth** despojar algo de algo • **strip**
sth bare desmantelar algo
strip away *v+partíc* **1 strip sth ↔ away** quitar algo,
descortezar algo **2 strip away sth** quitar algo, eliminar
algo
strip sth ↔ down *v+partíc* **1** desmontar algo (un motor,
una máquina) **2** simplificar algo
strip off *v+partíc* **1 strip sb of sth** quitarle algo a alguien,
despojar a alguien de algo **2 strip sth of sth** despojar a
algo de algo
strip off *v+partíc* **1 strip sth ↔ off** quitarse algo (la ropa)
2 strip sth ↔ off quitar algo (pintura, papel pintado)

strip² S3 *s* [C]
1 tira: *Cut the meat into strips.* Corte la carne en tiras. •
[+**of**]: *a strip of paper* una tira de papel
2 franja (de terreno) • [+**of**]: *a strip of land* una franja de
tierra
3 calle principal: *the Las Vegas strip* la calle principal de
Las Vegas
4 [gralm sing] strip-tease
5 tira cómica ▶ LANDING STRIP

stripe /straɪp/ *s* [C] **1** raya, franja **2** galón ▶ STARS AND
STRIPES

striped /straɪpt, 'straɪpɪd/ *adj* a rayas

'**strip mall** *s* [C] centro comercial (al aire libre, frente a un
parqueadero)

strip·per /'strɪpə/ *s* **1** [C] stripper, striptisero -a **2** [C,U]
decapante, removedor **3** [C] rasqueta, raspador

strip·tease /'strɪptiz/ *s* [C,U] strip-tease

strive /straɪv/ *v* [I] (**strove** /strouv/, **striven** /'strɪvən/ o
strived) (*frml*) esforzarse • **strive to do sth** esforzarse por
hacer algo • **strive for sth** luchar por (alcanzar) algo

strobe light /'stroub laɪt/ *s* [C] luz estroboscópica

strode /stroud/ pasado de STRIDE

stroke¹ /strouk/ *s* [C]

1	enfermedad
2	hecho, acción
3	movimiento
4	modo de nadar, remar
5	en tenis, golf
6	de un reloj, una campana
7	al pintar, dibujar, escribir
8	con la mano

1 ENFERMEDAD derrame cerebral, embolia cerebral,
apoplejía • **have/suffer a stroke** tener/sufrir un derrame
cerebral
2 HECHO, ACCIÓN a stroke of luck (tb **a stroke of**
good fortune) un golpe de suerte • **a stroke of genius/**
brilliance una genialidad, una idea genial
3 MOVIMIENTO brazada (en natación), palada (en remo)
4 MODO DE NADAR, REMAR estilo
5 EN TENIS, GOLF golpe
6 DE UN RELOJ, UNA CAMPANA campanada • **on the**
stroke of seven/ten al dar las siete/diez
7 AL PINTAR, DIBUJAR, ESCRIBIR pincelada, trazo
8 CON LA MANO caricia • **give sth a stroke** acariciar
algo ▶ BACKSTROKE, BREASTSTROKE
EXPRESIONES
at a stroke de (un) golpe, de un plumazo

stroke² *v* [T] **1** acariciar **2** (*coloq*) halagar SIN **flatter**

stroll¹ /stroul/ *v* [I] pasear • **stroll around the gardens/**
along the beach pasear por los jardines/por la playa •
stroll across the yard/the fields cruzar el patio/los
campos paseando

stroll² *s* [C] paseo • **take a stroll** salir a pasear, dar un
paseo

stroll·er /'stroulə/ *s* [C] cochecito de paseo, carreola,
carriola

strong S1 W1 /strɔŋ/ *adj*

1	físicamente
2	golpe, puñetazo
3	cuerda, rama, tela
4	deseo, creencia
5	defensor, partidario
6	líder, presidente
7	razones
8	influencia
9	posibilidad
10	emocionalmente
11	relación, amistad
12	olor, sabor
13	en nivel, calidad
14	bebida, medicamento
15	divisa
16	viento, corriente
17	enfermo, corazón
18	nariz, mentón, rasgos
19	acento
20	para criticar
21	para insultar

1 FÍSICAMENTE fuerte: *He was a big strong man.* Era
un hombre corpulento y fuerte. • **(as) strong as an ox**
fuerte como un toro ▶ ver nota en FUERTE

2 GOLPE, PUÑETAZO fuerte: *The punch was strong and well aimed.* El golpe fue fuerte y bien dirigido.

3 CUERDA, RAMA, TELA fuerte, resistente: *a strong synthetic fabric* una tela sintética resistente

4 DESEO, CREENCIA fuerte, firme: *There has been strong support for the strike.* Ha habido un fuerte respaldo a la huelga. • **strong views/feelings** firmes convicciones

5 DEFENSOR, PARTIDARIO firme: *I'm a strong believer in exercising.* Soy un firme partidario de hacer ejercicio.

6 LÍDER, PRESIDENTE fuerte • **be in a strong position** encontrarse en una buena posición

7 RAZONES de peso, contundente • **strong evidence** pruebas contundentes • **a strong argument/case** un argumento/argumentos de peso

8 INFLUENCIA fuerte, marcado -a • **have a strong influence/effect on sth** tener una fuerte influencia/un marcado efecto en algo

9 POSIBILIDAD a strong possibility/chance grandes posibilidades

10 EMOCIONALMENTE fuerte

11 RELACIÓN, AMISTAD fuerte, sólido -a

12 OLOR, SABOR fuerte

13 EN NIVEL, CALIDAD fuerte • [+on]: *His writing is strong on description.* El fuerte de su escritura son las descripciones.

14 BEBIDA, MEDICAMENTO fuerte

15 DIVISA fuerte

16 VIENTO, CORRIENTE fuerte

17 ENFERMO, CORAZÓN fuerte, sano -a: *He's still not very strong.* Aún no está del todo recuperado.

18 NARIZ, MENTÓN, RASGOS marcado -a, pronunciado -a ANT **weak**

19 ACENTO fuerte, marcado -a: *a strong Russian accent* un marcado acento ruso

20 PARA CRITICAR duro -a, fuerte • **in strong terms** en términos muy duros

21 PARA INSULTAR malsonante, subido -a de tono: *The movie contains strong language.* Esta película contiene lenguaje malsonante.

EXPRESIONES
600/10,000 strong de 600/10.000 personas: *The crowd was over 100,000 strong.* El público superaba las 100.000 personas. • **be (still) going strong** seguir teniendo éxito, seguir estando en forma • **his/her strong point** su (punto) fuerte • **have a strong stomach (a)** tener mucho estómago, no ser aprensivo -a **(b)** tener agallas

'strong-ˌarm *adj* [solo ante s] violento -a (método, táctica)

strong·hold /'strɔŋhoʊld/ *s* [C] **1** bastión, fortaleza: *a rebel stronghold* un bastión rebelde **2** bastión • **a Democratic/Republican stronghold** un bastión demócrata/republicano

strong·ly W3 /'strɔŋli/ *adv*

1 con seguridad, firmeza
2 en alto grado
3 físicamente
4 de construcción, fabricación
5 criticar
6 oler, saber

1 CON SEGURIDAD, FIRMEZA firmemente, totalmente: *I strongly disagree.* Estoy totalmente en desacuerdo. • **feel strongly about sth** considerar algo muy importante • **strongly support sth** apoyar decididamente algo • **strongly oppose sth** (tb **be strongly opposed to sth**) oponerse rotundamente a algo, estar totalmente en contra de algo • **strongly advise/recommend** aconsejar/recomendar encarecidamente

2 EN ALTO GRADO mucho, fuertemente: *I was strongly attracted to you.* Me sentí fuertemente atraído por ti.

3 FÍSICAMENTE con fuerza: *The wind blew strongly.* El viento soplaba con fuerza.

4 DE CONSTRUCCIÓN, FABRICACIÓN sólidamente: *The house is strongly built.* La casa es sólida.

5 CRITICAR a strongly worded letter/statement una carta/declaración formulada en términos muy duros

6 OLER, SABER fuerte: *The house smelled strongly of cats.* En la casa había un fuerte olor a gato.

ˌstrong-ˈwilled *adj* tenaz

strove /stroʊv/ pasado de STRIVE

struck /strʌk/ pasado y participio pasado de STRIKE

struc·tur·al /'strʌktʃərəl/ *adj* **1** (en una edificación) estructural **2** [gralm ante s] (en un objeto, una obra, una oración) estructural **3** (en una sociedad, un sistema) estructural

struc·ture¹ S2 W2 /'strʌktʃər/ *s*
1 [C,U] (de un objeto, una obra, una oración) estructura
2 [C] (de una edificación) estructura
3 [C,U] (de una sociedad, un sistema) estructura

structure² *v* [T] estructurar • **be structured around sth** centrarse en algo, estar estructurado -a en torno a algo

strug·gle¹ W2 /'strʌgəl/ *v* [I]
1 struggle to do sth esforzarse por hacer algo, conseguir algo a duras penas: *He struggled to express his feelings.* Le costaba expresar sus sentimientos. • **struggle with sth** luchar contra algo: *The airline is struggling with high costs.* La aerolínea está luchando contra los altos costos. • **struggle for survival/liberation** luchar por sobrevivir/liberarse
2 forcejear • **struggle against/with sb** forcejear con alguien: *James struggled with the burglars.* James forcejeaba con los ladrones. • **struggle for sth** forcejear para hacerse con algo
3 [siempre + adv/prep] avanzar a duras penas: *The old man struggled up the stairs.* El anciano subió con dificultad las escaleras.
4 pasar apuros, tener problemas: *He's struggling in some classes.* Tiene problemas en algunas asignaturas. • **struggle with sth** tener problemas con algo
struggle on *v+partíc* seguir adelante

struggle² W2 *s*
1 [C,U] (ideológica) lucha • [+for]: *the nation's struggle for independence* la lucha del país por la independencia • **a power struggle** una lucha por el poder
2 [C,U] (contra adversidades) lucha, esfuerzo • [+with/against]: *his struggle with cancer* su lucha contra el cáncer
3 [C] (a golpes) lucha, pelea, forcejeo: *Police said there were no signs of a struggle.* La policía dijo que no había señales de lucha.
4 [sing] (tarea difícil) lucha: *Feeding a family of five is a real struggle.* Es muy difícil alimentar una familia de cinco personas. • **it is a struggle to do sth** cuesta mucho hacer algo

strum /strʌm/ *v* [I,T] (**strummed**, **strumming**) rasguear (la guitarra)

strung /strʌŋ/ pasado y participio pasado de STRING

ˌstrung ˈout, strung-out *adj* (*coloq*) **1** trabado -a, colgado -a, drogado -a **2** agobiado -a

strut¹ /strʌt/ *v* [I] (**strutted**, **strutting**) **strut into the house/office** entrar en la casa/oficina pavoneándose • **strut around** pavonearse
EXPRESIONES
strut your stuff (*coloq, hum*) presumir

strut² *s* [C] puntal, riostra

strych·nine /'strɪknaɪn, -nən, -nin/ *s* [U] estricnina

stub¹ /stʌb/ *s* [C] **1** colilla (de un cigarrillo), cabo (de una vela), cabo (de un lápiz) **2** muñón **3** talón, resguardo (de una entrada) **4** talón, matriz (de un cheque)

stub² *v* (**stubbed**, **stubbing**)
EXPRESIONES
stub your toe golpearse el dedo del pie
stub sth ↔ out *v+partíc* apagar algo (un cigarrillo)

stub·ble /'stʌbəl/ *s* [U] **1** barba incipiente: *He had two days' stubble.* Tenía una barba de dos días. **2** rastrojo

S

stub·bly /'stʌbli/ *adj* sin afeitar

stub·born /'stʌbən/ *adj* **1** (*peyor*) terco -a, testarudo -a • **as stubborn as a mule** terco -a como una mula **2** [solo ante s] tenaz, pertinaz • **stubborn opposition/resistance** oposición/resistencia tenaz **3** rebelde (mancha), persistente (tos, catarro)

stub·born·ly /'stʌbənli/ *adv* **1** (*peyor*) obstinadamente, tercamente **2** tenazmente **3** persistentemente

stub·born·ness /'stʌbən-nɪs/ *s* [U] **1** (*peyor*) obstinación, terquedad **2** tenacidad

stub·by /'stʌbi/ *adj* (**stubbier**, **stubbiest**) regordete -a (dedo), chato -a (nariz)

stuc·co /'stʌkoʊ/ *s* [U] **1** estuco **2** (tb **stucco work**) molduras de estuco

stuck¹ /stʌk/ pasado y participio pasado de STICK

stuck² *adj* [nunca ante s]

1	cajón, ventana, cremallera
2	entre vehículos, gentío
3	en una tarea
4	sin escapatoria
5	aguantando
6	indicando carencia
7	indicando necesidad
8	indicando enamoramiento

1 CAJÓN, VENTANA, CREMALLERA atascado -a, atorado -a • [+**in**]: *The boat was stuck in the mud.* El barco estaba encallado en el barro. • **get stuck** quedarse atascado -a, quedarse atorado -a • **get sth stuck** *He got his toe stuck in the drain.* Se le quedó el dedo del pie atascado en el desagüe.
2 ENTRE VEHÍCULOS, GENTÍO atascado -a, varado -a • **be/get stuck in traffic** estar en/pillar un atasco, estar en/agarrar un trancón
3 EN UNA TAREA atascado -a, varado -a: *Can you help me with my homework, Dad? I'm stuck.* ¿Me ayudas con los deberes, papá? Estoy atascada.
4 SIN ESCAPATORIA atrapado -a • **be stuck** estar atrapado -a, no tener salida • [+**in**]: *Karl is stuck in a dead-end job.* Karl está atrapado en un trabajo sin futuro.
5 AGUANTANDO **be stuck with sth/sb** tener que apechugar con algo/aguantar a alguien: *We were stuck with a huge bill.* Nos tocó pagar una factura enorme.
6 INDICANDO CARENCIA **be stuck for ideas/words** estar sin ideas/no saber qué decir
7 INDICANDO NECESIDAD **be stuck for sth** *If you're stuck for a babysitter, give me a call.* Si te hace falta una niñera, llámame.
8 INDICANDO ENAMORAMIENTO **be stuck on sb** (*coloq*) estar loco -a por alguien

‚stuck-'up *adj* (*peyor*, *coloq*) creído -a, estirado -a

stud /stʌd/ *s*
1 ANIMAL [C] semental
2 HOMBRE [C] (*coloq*) semental
3 DE CABALLOS, PERROS [U] la monta, la reproducción • **be put out to stud** ser apartado para la reproducción
4 JOYA [C] arete, broquel
5 EN LA ROPA [C] tachuela, estoperol
6 EN UNA CAMISA [C] pasador
7 EN LLANTAS [C] taco (metálico) (en llantas para nieve)
8 EN ZAPATOS DE FÚTBOL [C] tache, taco
9 JUEGO [U] póquer descubierto

stud·ded /'stʌdɪd/ *adj* tachonado -a, con tachuelas, con estoperoles • [+**with**]: *a bracelet studded with diamonds* un brazalete con incrustaciones de diamantes ▶ STAR-STUDDED

stu·dent S1 W1 /'studnt/ *s* [C]
1 estudiante • **student nurse** estudiante de enfermería • **student teacher** estudiante de magisterio
2 alumno -a

‚student 'body *s* [sing] alumnado, estudiantado

stud·ied /'stʌdid/ *adj* [solo ante s] (*esp escrito*) estudiado -a

stu·di·o S3 W2 /'studi‚oʊ/ *s* [C] (pl **studios**)
1 (de radio, televisión) estudio • **a recording studio** un estudio de grabación
2 (tb **studios** [pl]) (de cine) estudio(s)
3 (de un artista, fotógrafo) estudio
4 (tb **studio apartment**) (departamento) estudio, apartaestudio
5 (de danza) estudio

stu·di·ous /'studiəs/ *adj* **1** estudioso -a **2** [solo ante s] cuidadoso -a, concienzudo -a

stu·di·ous·ly /'studiəsli/ *adv* **1** deliberadamente **2** cuidadosamente, concienzudamente

stud·y¹ S1 W1 /'stʌdi/ *s* (pl **studies**)

1	ensayo
2	actividad del investigador
3	actividad del estudiante
4	acción de estudiar
5	asignatura
6	habitación
7	análisis

1 ENSAYO [C] estudio: *a scientific study* un estudio científico
2 ACTIVIDAD DEL INVESTIGADOR **the study of sth** el estudio de algo: *Linguistics is the study of languages.* La lingüística es el estudio de las lenguas.
3 ACTIVIDAD DEL ESTUDIANTE **studies** [pl] estudios: *He gave up his studies.* Abandonó sus estudios.
4 ACCIÓN DE ESTUDIAR [U] estudio: *He has little time for study.* Tiene poco tiempo para estudiar.
5 ASIGNATURA **studies** [U] *business studies* ciencias empresariales • *a class in American studies* una clase de lengua, historia y cultura de Norteamérica
6 HABITACIÓN [C] estudio
7 ANÁLISIS [U] estudio: *The report deserves careful study.* El informe merece un estudio detenido.
EXPRESIONES
be a quick study aprender rápido

study² S1 W1 *v* (**studies**, **studied**, **studying**)
1 [I,T] (una asignatura, disciplina) estudiar • **study to be a lawyer/engineer** estudiar derecho/ingeniería • **study for sth** *Ann is studying for a degree in politics.* Ann está haciendo la carrera de ciencias políticas.
2 [I] (hacer deberes) estudiar • **study for a quiz/test** estudiar para una prueba/un examen
3 [T] (investigar, analizar) estudiar: *He studied the behavior of gorillas.* Estudió la conducta de los gorilas.
4 [T] (mirar fijamente) estudiar

stuff¹ S1 W2 /stʌf/ *s* [U]
1 (*coloq*) (sustancia, material) cosa, vaina: *What's that sticky stuff?* ¿Qué es esa cosa pegajosa? • *the stuff you use to wrap parcels* esa vaina que se usa para envolver paquetes
2 (*coloq*) (objetos) cosas: *Where's all the camping stuff?* ¿Dónde están las cosas de acampar? • **your/her stuff** tus/sus cosas: *Leave your stuff here.* Deja tus cosas aquí.
3 (*coloq*) (acciones, palabras, ideas) cosas: *I've got some stuff to do.* Tengo cosas que hacer. • **all this/that stuff** todo esto/eso, toda esta/esa vaina: *You don't believe all that stuff, do you?* Tú no te crees todo esa vaina, ¿no? • **stuff like that** ese tipo de cosas, ese tipo de vainas: *She likes reading and stuff like that.* Le gusta leer y esas vainas.
4 (*coloq*) (obras) cosas: *I've read some of her stuff.* He leído algunas de sus cosas.
5 cualidades • **the right stuff** lo que hay que tener, las cualidades necesarias ▶ **be HOT stuff**, **KID stuff**, **KNOW your stuff**, **STRUT your stuff**
EXPRESIONES
...and stuff (*coloq*, *oral*) ...y cosas por el estilo, ...y esas cosas, ... y esas vainas: *the grass and trees and stuff* el césped y los árboles y tal • **do your stuff** (*coloq*) hacer su parte, hacer lo suyo • **the hard stuff** (*coloq*) las drogas, el alcohol duro • **the stuff of dreams/fantasy**

(*esp escrito*) cosas de ensueño, pura fantasía: *Her clothes are the stuff of dreams.* Su ropa es de ensueño.

stuff² W3 *v*
1 [T siempre + adv/prep] meter: *I stuffed some clothes into a bag.* Metí algo de ropa en una maleta.
2 [T] llenar • **stuff your pockets/a sack with sth** llenarse los bolsillos/llenar un saco de algo
3 [T] rellenar • **stuff sth with sth** rellenar algo de algo
4 [T] disecar

EXPRESIONES
stuff yourself (with sth) (*coloq*) darse un atracón (de algo), ataracarse (de algo)

stuffed S3 /stʌft/ *adj*
1 [nunca ante s] atestado -a, atiborrado -a • [+**with**]: *bags stuffed with trash* bolsas atiborradas de basura
2 [nunca ante s] (*coloq*) lleno -a, ahíto -a
3 relleno -a: *a stuffed chicken* un pollo relleno • [+**with**]: *The peppers are stuffed with crabmeat.* Los pimientos están rellenos de cangrejo.
4 disecado • **a stuffed animal** un animal disecado
5 [solo ante s] de peluche • **a stuffed animal** un animal de peluche

stuff·ing /ˈstʌfɪŋ/ *s* 1 [C,U] (de un pavo, unos pimientos) relleno 2 [U] (de un cojín, peluche) relleno

stuff·y /ˈstʌfi/ *adj* (**stuffier, stuffiest**) 1 mal ventilado -a (habitación), cargado -a (ambiente): *It's very stuffy in here.* Aquí falta el aire. 2 (*peyor*) acartonado -a 3 tapado -a (nariz), congestionado -a (cabeza)

stum·ble¹ /ˈstʌmbəl/ *v* [I] 1 tropezar, dar un traspié • **stumble over/on sth** tropezar con algo 2 [siempre + adv/prep] (*esp escrito*) tambalearse, ir tropezándose: *She stumbled into the room.* Entró tambaleándose en la habitación. • *He was stumbling around in the dark.* Iba tropezándose en la oscuridad. 3 (*esp escrito*) trastabillar, equivocarse (al leer, hablar) • **stumble through sth** *He stumbled through his speech.* Dio su discurso equivocándose mucho.
stumble across sth/sb *v+partíc* toparse con algo/alguien, cruzarse con algo/alguien
stumble into sth *v+partíc* meterse en algo por casualidad
stumble on sth/sb (tb **stumble upon sth/sb**) *v+partíc* toparse con algo/alguien, tropezar con algo/alguien

stum·ble² *s* [C] 1 traspié, equivocación 2 tropezón, traspié

ˈstumbling ˌblock *s* [C] escollo

stump¹ /stʌmp/ *s* [C] 1 tocón 2 muñón 3 raigón

EXPRESIONES
on the stump en campaña (político)

stump² *v* 1 [T] dejar sin respuesta, dejar perplejo -a 2 [I,T] hacer campaña (en) • **stump for sb** hacer campaña para alguien

stump·y /ˈstʌmpi/ *adj* rechoncho -a

stun /stʌn/ *v* [T nunca en forma continua] (**stunned, stunning**) 1 dejar atónito -a, dejar anonadado -a 2 dejar inconsciente, aturdir 3 impresionar, deslumbrar • **stun sb with sth** deslumbrar a alguien con algo
▶ STUNNING

stung /stʌŋ/ pasado y participio pasado de STING

stunk /stʌŋk/ pasado y participio pasado de STINK

stun·ning /ˈstʌnɪŋ/ *adj* 1 impresionante, deslumbrante 2 asombroso -a (anuncio, noticia), apabullante, aplastante (victoria, derrota)

stunt¹ /stʌnt/ *s* [C] 1 escena peligrosa 2 (*peyor*) truco (publicitario)

EXPRESIONES
pull a stunt (*peyor*) hacer una tontería

stunt² *v* [T] impedir el crecimiento de, atrofiar • **stunt sb's growth** impedir el crecimiento de alguien

ˈstunt man *s* [C] doble, especialista

stu·pe·fied /ˈstupəfaɪd/ *adj* 1 estupefacto -a, atónito -a 2 atontado -a, aturdido -a

stu·pe·fy /ˈstupəˌfaɪ/ *v* [T] 1 dejar estupefacto -a, dejar atónito -a 2 atontar, aturdir

stu·pe·fy·ing /ˈstupəˌfaɪ-ɪŋ/ *adj* 1 increíble, asombroso -a 2 **be stupefying** atontar, aturdir

stu·pen·dous /stuˈpɛndəs/ *adj* [sin compar] formidable, magnífico -a

stu·pid S1 W3 /ˈstupɪd/ *adj*
1 (pregunta, idea) tonto -a, estúpido -a: *a stupid mistake* un error tonto • **it was stupid of sb to do sth** fue una tontería por parte de alguien hacer algo: *It was stupid of me to give her money.* Fue una tontería por mi parte darle dinero. • **a stupid thing to do** una estupidez
2 (*despec*) (persona) estúpido -a, imbécil: *She understands – she's not stupid.* Lo entiende; no es imbécil. • **feel stupid** sentirse como un estúpido/una estúpida • **look stupid** parecer estúpido -a
3 (*oral*) maldito -a, pinche • **look stupid** quedar ridículo -a (ropa)

stu·pid·i·ty /stuˈpɪdəti/ *s* [C,U] (pl **stupidities**) estupidez

stu·pid·ly /ˈstupɪdli/ *adv* 1 tontamente, sin tino 2 como un tonto/una tonta, estúpidamente

stu·por /ˈstupɚ/ *s* [C,U] aturdimiento • **in a drunken stupor** borracho -a como una cuba, jincho -a de la perra

stur·di·ly /ˈstɚdəli/ *adv* 1 sólidamente 2 robustamente: *a sturdily built young man* un joven de contextura robusta

stur·dy /ˈstɚdi/ *adj* (**sturdier, sturdiest**) 1 sólido -a, resistente 2 robusto -a, fuerte

stur·geon /ˈstɚdʒən/ *s* [C,U] esturión

stut·ter¹ /ˈstʌtɚ/ *v* (a) [I] tartamudear, gaguear (b) [T] decir tartamudeando, decir gageando

stutter² *s* [C gralm sing] tartamudeo, gageo

sty /staɪ/ *s* [C] (pl **sties**) 1 (tb **stye**) orzuelo, perrilla 2 (para cerdos) pocilga, chiquero 3 (*coloq*) (habitación) pocilga, chiquero

style¹ S2 W1 /staɪl/ *s*
1 [C,U] (en arte, música) estilo: *a cathedral built in the Victorian style* una catedral de estilo victoriano • **in the style of sb/sth** al estilo de alguien/algo, al modo de alguien/algo
2 [C,U] (en una profesión, actividad) estilo: *different management styles* diferentes estilos de gestión • **not be his/her style** no ser su estilo: *Confrontation is not his style.* La confrontación no es su estilo. • **be more his/her style** ser más acorde con él/ella, irle más • **I like your/his style** me gusta tu/su estilo
3 [C] modelo, diseño: *the latest styles for this season* los últimos modelos para esta temporada
4 [U] estilo, elegancia • **with style** con estilo: *He always dresses with style.* Tiene estilo para vestir. • **sense of style** (sentido del) gusto
5 [U] estilo, clase • **with style** con estilo, con clase
▶ CRAMP sb's style

EXPRESIONES
in style (a) de moda (b) a lo grande • **out of style** pasado -a de moda • **go out of style** pasar de moda

style² *v* [T] 1 **style sb's hair** peinar a alguien, cortar el pelo a alguien 2 [gralm en pasiva] diseñar ▶ SELF-STYLED

styl·ing /ˈstaɪlɪŋ/ *s* [U] diseño

styl·ish /ˈstaɪlɪʃ/ *adj* (*aprec*) elegante, con estilo

styl·ish·ly /ˈstaɪlɪʃli/ *adv* (*aprec*) con estilo, con elegancia

styl·ist /ˈstaɪlɪst/ *s* [C] estilista

sty·lis·tic /staɪˈlɪstɪk/ *adj* estilístico -a

styl·ized /ˈstaɪəˌlaɪzd/ *adj* estilizado -a, con un estilo propio

sty·mie /ˈstaɪmi/ *v* [T] (*coloq*) frustrar

Sty·ro·foam /ˈstaɪrəˌfoʊm/ *s* [U] (*marca reg*) poliestireno

suave /swɑv/ *adj* fino -a, refinado -a

suave·ly /ˈswɑvli/ *adv* con refinamiento, elegantemente

S

sub¹ /sʌb/ s [C] (coloq) **1** submarino **2** suplente, reserva (jugador) **3** (sándwich) submarino, sándwich cubano (torta de carnes, quesos, etc. en un pan alargado y blando) SIN **submarine sandwich 4** suplente (maestro, profesor) SIN **substitute teacher**

sub² v [I] (**subbed**, **subbing**) (coloq) **sub for sb** sustituir/reemplazar a alguien

sub·com·mit·tee /'sʌbkə,mɪti/ s [C] subcomité, subcomisión

sub·con·scious¹ /,sʌb'kɑnʃəs/ adj [sin compar] subconsciente

subconscious² (tb **sub,conscious 'mind**) s [sing] subconsciente

sub·con·scious·ly /,sʌb'kɑnʃəsli/ adv subconscientemente

sub·con·ti·nent /,sʌb'kɑntˌn-ənt, -tənənt/ s **1 the subcontinent** (tb **the Indian subcontinent**) el subcontinente indio **2** [C] subcontinente

sub·con·tract¹ /,sʌb'kɑntrækt/ (tb **subcontract ↔ out**) v [T] subcontratar • **subcontract sth to sb** subcontratarle algo a alguien

subcontract² s [C] subcontrato

sub·con·trac·tor /,sʌb'kɑntræktər/ s [C] subcontratista

sub·cul·ture /'sʌb,kʌltʃər/ s [C] subcultura

sub·di·vide /,sʌbdə'vaɪd, 'sʌbdə,vaɪd/ v [T] subdividir • **be subdivided into sth** subdividirse en algo

sub·di·vi·sion /'sʌbdə,vɪʒən/ s [C] **1** parcelación, loteo **2** subdivisión

sub·due /səb'du/ v [T] **1** dominar, someter **2** (frml) contener, reprimir **3** (frml) sojuzgar

sub·dued /səb'dud/ adj **1** apagado -a (persona) **2** flojo -a (mercado, economía) **3** tenue (iluminación) **4** apagado -a, bajo -a (sonido)

sub·head·ing /'sʌb,hɛdɪŋ/ s [C] subtítulo

sub·ject¹ S2 W1 /'sʌbdʒɪkt/ s [C]

1	asunto
2	en la enseñanza
3	en un experimento
4	en pintura, fotografía
5	en gramática
6	en una monarquía

1 ASUNTO tema • **a sensitive/delicate subject** un tema delicado • **change the subject** cambiar de tema • **get onto a subject** acabar hablando de un tema • **on the subject of sth** hablando de algo, a propósito de algo
2 EN LA ENSEÑANZA materia, asignatura: *new methods to teach traditional academic subjects* métodos nuevos para enseñar materias académicas tradicionales
3 EN UN EXPERIMENTO sujeto, individuo
4 EN PINTURA, FOTOGRAFÍA modelo: *Monet loved to use gardens as his subjects.* A Monet le encantaba pintar jardines.
5 EN GRAMÁTICA (técn) sujeto
6 EN UNA MONARQUÍA súbdito -a: *a British subject* un súbdito británico

subject, topic o theme?
subject es un tema del que se habla o sobre el que se escribe: *We talked about all kinds of subjects.*
topic es un tema de análisis o de debate, especialmente en libros, en la prensa o en la escuela: *The rise of Islam is a popular topic these days.*
theme es un tema recurrente en una narración, una película, un discurso, etc.: *Nature is a central theme in his poetry.*

subject² adj **1 be subject to sth** estar sujeto -a a algo, ser susceptible de algo: *All flights are subject to delay.* Todos los vuelos están sujetos a demoras. • **be subject to change** estar sujeto -a a cambios **2 subject to sth** sujeto -a a algo, a condición de algo • **subject to availability** sujeto -a a disponibilidad **3 be subject to sth** estar obligado -a al pago de algo

sub·ject³ /səb'dʒɛkt/ v
subject to v+partíc **1 subject sb to sth** someter a alguien a algo: *Police subjected him to hours of questioning.* La policía lo sometió a horas de interrogatorio. **2 be subjected to sth** estar sometido -a a algo, ser objeto de algo

sub·jec·tion /səb'dʒɛkʃən/ s [U] (frml) sometimiento

sub·jec·tive /səb'dʒɛktɪv/ adj **1** (en la opinión) subjetivo -a **2** [sin compar] (de la mente) subjetivo -a

sub·jec·tive·ly /səb'dʒɛktɪvli/ adv **1** (sin imparcialidad) subjetivamente **2** (en la mente) subjetivamente

'subject ,matter s [U] **1** (al hablar, escribir) tema **2** (en una obra de arte) tema

sub·ju·gate /'sʌbdʒə,geɪt/ v [T] subyugar, sojuzgar

sub·ju·ga·tion /,sʌbdʒə'geɪʃən/ s [U] sojuzgamiento

sub·junc·tive¹ /səb'dʒʌŋktɪv/ s [C] (técn) subjuntivo

subjunctive² adj (técn) subjuntivo -a

sub·let¹ /sʌb'lɛt, 'sʌblɛt/ v [I,T] (**sublet**, **subletting**) subarrendar

sub·let² /'sʌblɛt/ s [C] (coloq) subarriendo

sub·li·mate /'sʌblə,meɪt/ v [I,T] sublimar

sub·lime¹ /sə'blaɪm/ adj [sin compar] **1** sublime, magnífico -a **2** absoluto -a, supino -a **3** (frml) sublime (moral o intelectualmente)

sublime² s **the sublime** [sing] lo sublime

EXPRESIONES
from the sublime to the ridiculous de lo sublime a lo ridículo

su·blime·ly /sə'blaɪmli/ adv **1** magníficamente, de manera sublime **2** absolutamente, por completo

sub·lim·i·nal /,sʌb'lɪmənəl/ adj subliminal • **a subliminal message** un mensaje subliminal

sub·ma·chine gun /,sʌbmə'ʃin ,gʌn/ s [C] metralleta

sub·ma·rine¹ /'sʌbmə,rin, ,sʌbmə'rin/ s [C] submarino

submarine² adj [solo ante s] (técn) submarino -a

,submarine 'sandwich s [C] (sándwich) submarino, (sándwich) cubano (torta de carnes, quesos, etc. en un pan alargado y blando)

sub·merge /səb'mɚdʒ/ v **1** [I,T] sumergir(se) **2** [T] (escrito) soterrar, ocultar

sub·merged /səb'mɚdʒd/ adj sumergido -a

sub·mer·sion /səb'mɚʒən/ s [U] inmersión

sub·mis·sion /səb'mɪʃən/ s **1** [U] sumisión • **beat/frighten sb into submission** pegar/asustar a alguien para someterlo **2** [U] presentación, entrega **3** [C] trabajo, propuesta **4** [C] (frml) solicitud, alegato (a un juez)

sub·mis·sive /səb'mɪsɪv/ adj sumiso -a

sub·mis·sive·ly /səb'mɪsɪvli/ adv sumisamente

sub·mis·sive·ness /səb'mɪsɪvnɪs/ s [U] sumisión

sub·mit S3 W3 /səb'mɪt/ v (**submitted**, **submitting**) (frml)
1 [T] presentar, entregar • **submit sth to sb/sth** presentarle algo a alguien/algo
2 (a) [I] someterse, acceder • **submit to tests/questioning** someterse a pruebas/a un interrogatorio **(b)** [T] **submit yourself to/for sth** someterse a algo
3 [I,T] someterse, rendirse • **submit to sb/sth** someterse a alguien/algo, rendirse ante alguien/algo • **submit yourself to sb** someterse a alguien, rendirse ante alguien
4 [T] **submit (that)** sostener que

sub·nor·mal /,sʌb'nɔrməl/ adj (técn) subnormal

sub·or·di·nate¹ /sə'bɔrdənɪt/ s [C] subordinado -a

subordinate² adj [sin compar] **1** subordinado -a, subalterno -a • **a subordinate position/role** una posición/función subalterna • **be subordinate to sb** estar subordinado -a a alguien, depender de alguien **2** secundario -a

sub·or·di·nate³ /sə'bɔːrdn̩ˌeɪt/ v [T] **1 subordinate sth to sth** subordinar algo a algo **2** subordinar (a una persona)

su,bordinate 'clause s [C] (técn) oración subordinada

su·bor·di·na·tion /səˌbɔːrdn̩'eɪʃən/ s [sing, U] **1** (estado) subordinación **2** (acción) subordinación

sub·poe·na¹ /sə'piːnə/ s [C] (jur) citación, citatorio

subpoena² v [T gralm en pasiva] (**subpoenas, subpoenaed, subpoenaing**) (jur) **1** citar (a un testigo) **2** presentar como prueba

sub·scribe /səb'skraɪb/ v **1** [I] suscribirse, estar suscrito -a (a una publicación) • **subscribe to sth** suscribirse a algo, estar suscrito -a a algo **2** [I] abonarse, estar abonado -a (a un servicio) • **subscribe to sth** abonarse a algo, estar abonado -a a algo **3** [I] contribuir, dar donaciones • **subscribe to an environmental group/a charity** dar donaciones a un grupo ecologista/a una ONG **4** [I,T] (frml) suscribir, firmar • **subscribe your name to sth** suscribir/firmar algo
subscribe to sth v+partíc suscribir algo (una idea, una opinión): I have never subscribed to that view. Jamás suscribí esa opinión.

sub·scrib·er /səb'skraɪbər/ s [C] **1** suscriptor -a **2** abonado -a • [+to]: subscribers to on-line computer services los abonados a servicios informáticos en línea **3** donante (de una ONG) • [+to]: She was a subscriber to many worthy causes. Contribuía a muchas causas valiosas. **4** (frml) suscriptor -a, firmante

sub·scrip·tion /səb'skrɪpʃən/ s **1** [C,U] suscripción • [+to]: subscriptions to newspapers suscripciones a periódicos • **take out a subscription** suscribirse • **cancel a subscription** cancelar una suscripción **2** [C,U] donación, cuota **3** [C] abono (a un servicio)

sub·se·quent /'sʌbsəkwənt/ adj [solo ante s] (frml) posterior, subsiguiente
EXPRESIONES
subsequent to sth (frml) con posterioridad a algo

sub·se·quent·ly /'sʌbsəˌkwentli, -kwəntli/ adv (frml) posteriormente

sub·ser·vi·ence /səb'sɜːviəns/ s [U] (peyor) sumisión, servilismo

sub·ser·vi·ent /səb'sɜːviənt/ adj (peyor) sumiso -a, servil • [+to]: Women were expected to be subservient to men. Se esperaba que las mujeres se sometieran a los hombres.

sub·set /'sʌbset/ s [C] (esp técn) subconjunto

sub·side /səb'saɪd/ v [I] **1** calmarse (dolor), aplacarse (enfado), acallarse (gritos, risas) **2** amainar (viento, tormenta) **3** (frml) hundirse (suelo) **4** bajar (inundación, agua)

sub·si·dence /səb'saɪdns, 'sʌbsədəns/ s [C,U] (técn) hundimiento (de tierras, cimientos)

sub·sid·i·ar·y¹ /səb'sɪdiˌeri/ s [C] (pl **subsidiaries**) filial

subsidiary² adj (frml) secundario -a • [+to]: All other issues were subsidiary to this. Las demás cuestiones eran secundarias respecto a esta.

sub·si·di·za·tion /ˌsʌbsədə'zeɪʃən/ s [U] subvención, subsidio

sub·si·dize /'sʌbsəˌdaɪz/ v [T] subvencionar, subsidiar

sub·si·dized /'sʌbsəˌdaɪzd/ adj subvencionado -a, subsidiado -a • **heavily subsidized** muy subvencionado -a

sub·si·dy /'sʌbsədi/ s [C] (pl **subsidies**) subvención, subsidio

sub·sist /səb'sɪst/ v [I] (frml) subsistir, sobrevivir • **subsist on sth** subsistir a base de/con algo

sub·sis·tence /səb'sɪstəns/ s [U] subsistencia • **subsistence farming** agricultura de subsistencia • **subsistence level** nivel mínimo de subsistencia

sub·soil /'sʌbsɔɪl/ s [U] subsuelo

sub·son·ic /ˌsʌb'sɑnɪk/ adj subsónico -a

sub·stance 〔W3〕 /'sʌbstəns/ s
1 [C] sustancia • **an illegal substance** (frml) una sustancia ilegal
2 [sing, U] (frml) esencia • **the substance of sth** la esencia/lo esencial de algo: What was the substance of his argument? ¿Qué fue lo esencial de su argumentación? • **in substance** en esencia, esencialmente
3 [U] (frml) trascendencia, importancia
4 [U] (frml) fundamento: The rumors contained no substance whatsoever. Los rumores no tenían el menor fundamento.
EXPRESIONES
a man/woman of substance (liter) un hombre/una mujer de fortuna, un hombre poderoso/una mujer poderosa

'substance a,buse s [U] (frml) toxicomanía

sub·stand·ard /ˌsʌb'stændərd/ adj deficiente: substandard housing viviendas inhabitables

sub·stan·tial 〔W3〕 /səb'stænʃəl/ adj
1 numeroso -a, abundante • **a substantial increase/rise** un cuantioso aumento • **a substantial sum** una abultada suma
2 sustancial, significativo -a: We need more substantial evidence than this. Necesitamos pruebas de más peso que ésta.
3 (esp escrito) sustancioso -a, opíparo -a
4 [solo ante s] (esp escrito) sólido -a, resistente

sub·stan·tial·ly /səb'stænʃəli/ adv **1** considerablemente, significativamente: Prices are substantially higher. Los precios han aumentado considerablemente. **2** en esencia

sub·stan·ti·ate /səb'stænʃiˌeɪt/ v [T] (frml) probar, corroborar

sub·stan·ti·a·tion /səbˌstænʃi'eɪʃən/ s [U] (frml) prueba, confirmación

sub·stan·tive /'sʌbstəntɪv/ adj sustantivo -a

sub·sti·tute¹ /'sʌbstəˌtut/ s [C] **1** (sustancia) sustituto, sucedáneo: meat substitutes sustitutos de la carne • [+for]: synthetic substitutes for natural materials sustitutos sintéticos de materiales naturales **2** [gralm sing] (persona, cosa) sustituto -a • [+for]: using food as a substitute for love usar la comida como sustituto del amor • **be no substitute for sth** Vitamin pills are no substitute for a healthy diet. Las píldoras de vitaminas no pueden sustituir a una dieta saludable. **3** suplente: the substitute goalkeeper el arquero suplente

substitute² v **1** [T] usar como sustituto, usar en su lugar • **substitute sth for sth** usar algo en lugar de algo: You can substitute margarine for butter. Puedes usar margarina en lugar de mantequilla. • **substitute sth with sth** sustituir algo por algo: You should substitute coffee with herbal teas. Deberías sustituir el café por infusiones. **2** [T] poner como sustituto, poner en su lugar: The tiles were taken up and a wood floor was substituted. Se quitaron las baldosas y se puso parqué en su lugar. • **substitute sth for sth** poner algo en lugar de algo: The gallery has substituted a copy for the original painting. El museo ha puesto una copia en lugar del cuadro original. • **substitute sth with sth** sustituir algo por algo **3** [I] (en un trabajo) **substitute for sb** sustituir a alguien, reemplazar a alguien **4** [T] (en deportes) sustituir, reemplazar

,substitute 'teacher s [C] (maestro -a/profesor -a) suplente 〔SIN〕 **substitute, sub**

sub·sti·tu·tion /ˌsʌbstə'tuʃən/ s [C,U] **1** sustitución, cambio (en deportes) **2** sustitución, reemplazo • **the substitution of plastic for wood/of the Euro for national currencies** la sustitución de la madera por plástico/de las divisas nacionales por el euro

sub·sume /səb'sum/ v [T gralm en pasiva] (frml) subsumir • **be subsumed under/within sth** quedar subsumido -a en algo

sub·ter·fuge /'sʌbtərˌfyudʒ/ s [C,U] (frml) subterfugio(s) • **by subterfuge** por medio de subterfugios

S

sub·ter·ra·ne·an /ˌsʌbtəˈreɪniən/ *adj* [gralm ante s] subterráneo -a

sub·ti·tle¹ /ˈsʌbˌtaɪtl̩/ *s* [C] subtítulo

subtitle² *v* [T] subtitular

sub·ti·tled /ˈsʌbˌtaɪtl̩d/ *adj* subtitulado -a

sub·tle /ˈsʌtl̩/ *adj* **1** (cambio, diferencia) sutil **2** (ironía, humor) sutil, fino -a **3** (tono, olor, sabor) sutil, tenue

sub·tle·ty /ˈsʌtl̩ti/ *s* (pl **subtleties**) **1** [U] (ingenio) sutileza **2** [C gralm pl] (detalle) sutileza **3** [C,U] (delicadeza) sutileza

sub·tly /ˈsʌtl̩-i, ˈsʌtli/ *adv* **1** sutilmente, levemente **2** sutilmente, con discreción **3** ligeramente

sub·to·tal /ˈsʌbˌtoʊtl̩/ *s* [C] subtotal

sub·tract /səbˈtrækt/ *v* [T] restar • **subtract sth from sth** restarle algo a algo: *If you subtract 10 from 30, you get 20.* Si a 30 le restas 10 te quedan 20.

sub·trac·tion /səbˈtrækʃən/ *s* [U] resta

sub·trop·i·cal /ˌsʌbˈtrɑpɪkəl/ *adj* subtropical

sub·urb /ˈsʌbɚb/ *s* [C] barrio residencial, colonia (residencial): *a suburb of Los Angeles* un barrio residencial de la periferia de Los Angeles • **the suburbs** las zonas residenciales, los suburbios ▶ ver nota en **BARRIO**

sub·ur·ban /səˈbɚbən/ *adj* **1** [gralm ante s] suburbano -a, de las zonas residenciales de la periferia **2** (*peyor*) aburguesado -a, típico -a de clase media

sub·ur·bi·a /səˈbɚbiə/ *s* [U] (*esp peyor*) las zonas residenciales de la periferia

sub·ver·sion /səbˈvɚʒən/ *s* [U] subversión

sub·ver·sive¹ /səbˈvɚsɪv/ *adj* subversivo -a

subversive² *s* [C] elemento subversivo

sub·vert /səbˈvɚt/ *v* [T] (*frml*) subvertir, minar

sub·way /ˈsʌbweɪ/ *s* [C] (pl **subways**) metro • **on the subway** en el metro • **take/ride the subway** tomar/coger el metro • **subway station** estación de metro • **subway system** sistema de metro • **subway train** metro

ˌsub-ˈzero *adj* [gralm ante s] bajo cero

suc·ceed W2 /səkˈsid/ *v*
1 [I] lograrlo, lograr el objetivo: *Their plan almost succeeded.* El plan casi logró su objetivo. • **succeed in doing sth** lograr hacer algo, conseguir hacer algo: *The climbers finally succeeded in reaching the summit.* Finalmente, los escaladores lograron llegar a la cima. ▶ ver nota en **CONSEGUIR**
2 [I] tener éxito, triunfar • **succeed at school/at work** ir bien en la escuela/triunfar en el trabajo • **succeed in sth** tener éxito en algo, triunfar en algo
3 [I,T] suceder • **succeed sb as sth** suceder a alguien en el cargo de algo • **succeed to the throne/presidency** acceder al trono/a la presidencia

EXPRESIONES
if at first you don't succeed, try, try again si no lo consigues la primera vez, sigue intentándolo • **only succeed in doing sth** *I tried to help, but I only succeeded in upsetting her.* Traté de ayudar, pero lo único que logré fue molestarla.

suc·ceed·ing /səkˈsidɪŋ/ *adj* [solo ante s] sucesivo -a

suc·cess W1 /səkˈsɛs/ *s*
1 [U] (hecho) éxito: *The plan has a good chance of success.* El plan tiene posibilidades de éxito. • **with/ without success** con/sin éxito: *I tried to contact him, but without success.* Traté de contactarme con él, pero sin éxito. • **have some success** tener cierto éxito • **have success in doing sth** lograr hacer algo • **mixed success** un resultado desigual • **the secret of success** el secreto/la clave del éxito • **success rate** porcentaje de éxito
2 [C] (resultado) éxito: *I think the meeting was a success.* Creo que la reunión fue un éxito. • **a great/big success** un gran éxito • **make a success of sth** lograr que algo sea un éxito
3 [C] (película, libro) éxito • **a great/huge success** un

gran/enorme éxito • **an overnight success** un éxito de la noche a la mañana
4 [U] (profesionalmente) éxito
5 [C gralm sing] (persona) triunfador -a

suc·cess·ful S3 W2 /səkˈsɛsfəl/ *adj*
1 (campaña, reunión, tratamiento) exitoso -a, satisfactorio -a, fructífero -a • **be successful in sth** tener éxito en algo: *Joey was successful in his efforts to find a job.* Joey tuvo éxito en sus intentos de encontrar trabajo. • **be successful in doing sth** lograr hacer algo: *The government has been successful in controlling inflation.* El gobierno ha logrado controlar la inflación. • **a successful conclusion/outcome** un final/resultado satisfactorio
2 (persona) exitoso -a, de éxito: *a successful businessman* un empresario de éxito
3 (producto, negocio, película) exitoso -a, de éxito • **be highly/hugely successful** ser un gran éxito, tener un éxito tremendo

suc·cess·ful·ly W3 /səkˈsɛsfəli/ *adv*
1 con éxito
2 satisfactoriamente

suc·ces·sion /səkˈsɛʃən/ *s* **1** [sing] **a succession of** una serie de: *the succession of bombings* la serie de atentados • **in succession** seguidos -as: *He won the title twice in succession.* Ganó el título dos veces seguidas. • **in quick/rapid succession** inmediatamente uno tras otro/una tras otra **2** [U] sucesión • [+to]: *his succession to the presidency* su acceso a la presidencia

suc·ces·sive /səkˈsɛsɪv/ *adj* [solo ante s] sucesivo -a

suc·ces·sive·ly /səkˈsɛsɪvli/ *adv* sucesivamente • **successively larger/older** cada vez mayor

suc·ces·sor /səkˈsɛsɚ/ *s* [C] sucesor -a

suc·cinct /səkˈsɪŋkt, səˈsɪŋkt/ *adj* (*aprec*) sucinto -a, conciso -a

suc·cinct·ly /səkˈsɪŋktli, səˈsɪŋkt-/ *adv* (*aprec*) sucintamente

suc·cu·lent¹ /ˈsʌkyələnt/ *adj* **1** (carne, fruta) suculento -a, jugoso -a **2** (*técn*) (planta) suculento -a, carnoso -a

succulent² *s* [C] (*técn*) suculenta

suc·cumb /səˈkʌm/ *v* [I] (*frml*) sucumbir, rendirse • **succumb to sth** sucumbir a/ante algo

such¹ S1 W1 /sʌtʃ/ *det, predet*

1	de este tipo
2	para ejemplificar
3	para enfatizar
4	con oraciones consecutivas
5	en negativas no comparativas
6	en negativas comparativas
7	como demostrativo
8	indicando deficiencia, escasez

1 **DE ESTE TIPO** semejante, tal: *Such behavior is just not acceptable.* Semejante conducta es simplemente inaceptable. • *He was an expert on such matters.* Era un experto en esos asuntos. • **such a sth** *I know of such a place.* Conozco un lugar así. • *I didn't know how to deal with such a difficult situation.* No sabía cómo manejar una situación tan difícil. • **some such sth** *He's called Brad or Tad or some such name.* Se llama Brad o Tad o algo así. • **any such sth** ese tipo de algo: *We need to avoid any such mistakes.* Tenemos que evitar ese tipo de errores. • **no such sth** no algo así, no algo de ese tipo: *California has no such laws.* California no tiene leyes de ese tipo. • **there's no such thing as magic/perfect happiness** la magia/la felicidad completa no existe
2 **PARA EJEMPLIFICAR** **such places/characters as...** lugares/personajes (tales) como...: *such writers as Hemingway and Mark Twain* escritores como Hemingway y Mark Twain
3 **PARA ENFATIZAR** tan: *I felt such an idiot.* Me sentí tan tonta. • *They're such nice people.* Qué gente más simpática. • *It's such a long way from here.* Está lejísimos de aquí.

4 **CON ORACIONES CONSECUTIVAS** **such... (that)** tan... que: *I was having such a good time I didn't want to leave.* La estaba pasando tan bien que no me quería ir. • **in such a way/manner that** (*frml*) de forma/manera talque: *He speaks in such a way that everyone in the room listens.* Habla de forma tal que todos en la sala lo escuchan. • **to such an extent/a degree (that)** (*frml*) a/hasta tal punto que

5 **EN NEGATIVAS NO COMPARATIVAS** **not such** no muy: *This was not such a good idea.* No fue muy buena esta idea.

6 **EN NEGATIVAS COMPARATIVAS** **not such... (as)** no tan... (como): *It's not such an impressive building as I thought it would be.* No es un edificio tan imponente como pensaba.

7 **COMO DEMOSTRATIVO** **such... that/who/as...** (*frml*) aquellos -as... que..., los/las... que...: *Such workers who refused were fired.* Los trabajadores que se negaban eran despedidos.

8 **INDICANDO DEFICIENCIA, ESCASEZ** **such sth as...** (*frml*): *Such food as they gave us wasn't fit to eat.* La comida que nos dieron no se podía comer.

such² S2 W2 *pron*

1 en comparaciones
2 para ejemplificar
3 indicando lo mencionado
4 indicando deficiencia, escasez
5 en oraciones consecutivas
6 como demostrativo

1 **EN COMPARACIONES** **such as...** como...: *houses such as these* casas como estas • *People such as Steve never change.* La gente como Steve no cambia nunca.

2 **PARA EJEMPLIFICAR** **such as...** (tales) como...: *places such as Cairo and Giza* lugares como El Cairo y Gizeh • **such as?** ¿cómo por ejemplo?: *"There are lots of useful things you could do." "Such as?"* –Hay muchas cosas útiles que podrías hacer. –¿Como cuáles?

3 **INDICANDO LO MENCIONADO** ese/esa/eso, tal: *Such was the situation.* La situación era esa. • *Such were her reasons for leaving.* Esas fueron sus razones para irse.

4 **INDICANDO DEFICIENCIA, ESCASEZ** **such as...** *We examined the evidence, such as it was.* Examinamos las pocas pruebas que había.

5 **EN ORACIONES CONSECUTIVAS** **such that** (tb **such as to**) (*frml*) tal que: *His charm was such that people always believed him.* Tal era su encanto que la gente siempre le creía.

6 **COMO DEMOSTRATIVO** **such of... who/that/as...** (*frml*) aquellos -as... que..., los/las... que...: *Such of the children who had money spent it quickly.* Los niños que tenían dinero lo gastaban rápido.

EXPRESIONES
...and such (*oral*) ...y cosas por el estilo: *a store that sells computers and such* una tienda que vende computadores y cosas por el estilo • **as such** **(a)** propiamente dicho -a: *The committee doesn't have a plan as such.* El comité no tiene un plan propiamente dicho. **(b)** como tal: *She's an adult, and as such is responsible for her own behavior.* Es adulta y, como tal, es responsable de su conducta. **(c)** en general: *We're not criticizing priests as such.* No estamos criticando a los curas en general. **(d)** en sí, de por sí: *He is not afraid of failure as such.* No le tiene miedo al fracaso en sí.

'such and ,such *pron, predet* (*oral*) tal, tal o cual: *They will ask you to come on such and such a day, at such and such a time.* Te pedirán que vayas tal día a tal hora.

such·like /'sʌtʃlaɪk/ *pron* (*oral*) cosas por el estilo

suck¹ S2 /sʌk/ *v*
1 [I,T] (un objeto, una herida) chupar • **suck your thumb** chuparse el dedo • **suck on candy/lollipop** chupar un caramelo/una chupeta
2 [I,T] (aire, líquido) chupar, succionar, sorber: *The insects feed by sucking the animal's blood.* Los insectos se alimentan chupando la sangre del animal.
3 [T] (máquina, válvula) succionar, aspirar • **suck sb**

under tragarse a alguien: *The river sucked him under.* El río se lo tragó. • **suck sth out of sth** extraer algo de algo succionando
4 [T] (*peyor*) quitar (las energías), chupar (el dinero) • **suck sth out of sth** quitarle algo a algo • **suck sth/sb dry** exprimir algo/a alguien
5 [I] (*coloq, oral*) ser un asco, ser una porquería

EXPRESIONES
suck your stomach in meter (para adentro) la barriga
be/get sucked into sth *v+partíc* verse arrastrado -a a algo
suck up *v+partíc* **1 suck sth** ↔ **up** sorber algo, succionar algo: *He sucked up the water thirstily.* Sorbió el agua sediento. **2 suck up** (*peyor*) cepillar, lamber, hacer la barba • **suck up to sb** lamber/cepillar a alguien, hacerle la barba a alguien **3 suck it up** (*oral*) aguantársela

suck² *s* [C] chupada

suck·er¹ /'sʌkɚ/ *s* [C]

1 persona
2 de goma
3 de un animal
4 de una planta
5 cosa
6 golosina

1 **PERSONA** (*coloq*) bobo -a (ingenuo): *I can't believe you sent them money – what a sucker!* No puedo creer que les enviaste dinero. ¡Qué bobo!
2 **DE GOMA** ventosa
3 **DE UN ANIMAL** ventosa: *frogs with suckers on their feet* ranas con ventosas en las patas
4 **DE UNA PLANTA** brote, mamón
5 **COSA** (*oral*) cosa, vaina
6 **GOLOSINA** chupeta, paleta (de dulce) SIN **lollipop**
EXPRESIONES
be a sucker for sth (*coloq*): *I'm a total sucker for seafood.* El marisco me vuelve loco.

sucker² *v*
sucker sb into sth *v+partíc* (*coloq*) embaucar a alguien para (que haga) algo • **sucker sb into doing sth** embaucar a alguien para que haga algo

suck·le /'sʌkəl/ *v* **1** [T] amamantar **2** [I] mamar

su·crose /'sukroʊz, 'syu-/ *s* [U] sacarosa

suc·tion /'sʌkʃən/ *s* [U] succión, aspiración

Su·dan /su'dæn/ Sudán

Su·dan·ese¹ /ˌsudn'iz‹/ *s* [pl] **the Sudanese** los sudaneses

Sudanese² *adj* sudanés -esa

sud·den S1 W3 /'sʌdn/ *adj* repentino -a, súbito -a: *a sudden change in the weather* un cambio repentino del tiempo • *Her death was very sudden.* Su muerte fue muy repentina.
EXPRESIONES
all of a sudden de repente

,sudden 'death *s* [U] muerte súbita

sud·den·ly S2 W1 /'sʌdnli/ *adv* de repente: *The train suddenly stopped.* El tren se detuvo de repente. • *Suddenly I had an idea.* De repente se me ocurrió una idea.

sud·den·ness /'sʌdn-nɪs/ *s* [U] carácter repentino

suds /sʌdz/ *s* [pl] espuma (de jabón)

sue S3 W3 /su/ *v* [I,T] demandar • **sue (sb) for sth** demandar (a alguien) por algo

suede /sweɪd/ *s* [U] gamuza, ante

su·et /'suɪt/ *s* [U] sebo

suf·fer S3 W1 /'sʌfɚ/ *v*
1 [I,T] (dolor) sufrir: *I hate to see animals suffer.* No puedo ver sufrir a los animales. • *She's suffering a lot of pain.* Sufre muchos dolores.
2 [I,T] (una enfermedad, lesión) sufrir: *She suffered a heart attack.* Sufrió un infarto. • **suffer from asthma/**

S

depression sufrir de asma/depresión, padecer asma/ depresión
3 [T] (pérdidas, daño, discriminación) sufrir: *The plane had suffered engine failure.* El avión había sufrido fallas en el motor. • **suffer a defeat/setback** sufrir una derrota/un revés • **suffer the consequences** sufrir las consecuencias
4 [I] sufrir, pasarla mal • **suffer for your views/beliefs** sufrir por sus ideas/creencias • **suffer from sth** sufrir algo: *The industry is suffering from a shortage of trained workers.* El sector se resiente de la falta de personal calificado.
5 [I] verse afectado -a: *Safety might suffer if costs are cut.* La seguridad puede verse afectada si se recortan los costos.
EXPRESIONES
not suffer fools gladly no soportar a los estúpidos

suf·fer·ance /'sʌfərəns/ s [U] *You're only here on sufferance.* Te permitimos estar aquí, pero preferiríamos que no estuvieras.

suf·fer·er /'sʌfərər/ s [C] enfermo -a: *AIDS sufferers* enfermos de sida • **an asthma sufferer** un asmático/una asmática • [+**from**]: *sufferers from alcoholism* los que padecen alcoholismo

suf·fer·ing /'sʌfərɪŋ/ s [C,U] sufrimiento

suf·fice /sə'faɪs/ v [I nunca en forma continua] (*frml*) bastar, ser suficiente
EXPRESIONES
suffice (it) to say (that) baste decir que

suf·fi·cient W3 /sə'fɪʃənt/ adj [sin compar] (*frml*) suficiente • **be sufficient for sth** alcanzar/bastar para algo
▶ SELF-SUFFICIENT

suf·fi·cient·ly /sə'fɪʃəntli/ adv (*frml*) suficientemente, lo suficiente

suf·fix /'sʌfɪks/ s [C] (*técn*) sufijo

suf·fo·cate /'sʌfə,keɪt/ v **1** [I,T] asfixiar(se) **2 be suffocating** estar ahogándose, estar agobiándose (por calor, falta de aire) **3** [T] ahogar (una relación), agobiar (a una persona)

suf·fo·ca·ting /'sʌfə,keɪtɪŋ/ adj **1** sofocante, asfixiante SIN **stifling 2** agobiante

suf·fo·ca·tion /,sʌfə'keɪʃən/ s [U] asfixia

suf·frage /'sʌfrɪdʒ/ s [U] sufragio • **universal suffrage** sufragio universal

suf·fra·gette /,sʌfrə'dʒet/ s [C] sufragista

suf·fuse /sə'fyuz/ v [T] (*liter*) teñir, bañar (luz, color), invadir (emoción)

sug·ar¹ S2 W2 /'ʃʊgər/ s
1 [C,U] (en alimentación) azúcar
2 [C,U] (*técn*) (en química) azúcar
3 (*oral*) cariño, cielo ▶ BROWN SUGAR

sugar² v [T] echarle/ponerle azúcar a

'sugar beet s [U] remolacha, betabel

'sugar cube s [C] cubo de azúcar, terrón de azúcar

'sugar ,daddy s [C] hombre mayor que mantiene a una amante joven

sug·ared /'ʃʊgərd/ adj dulce, azucarado -a

sug·ar·y /'ʃʊgəri/ adj **1** dulce, azucarado -a **2** meloso -a, empalagoso -a

sug·gest S2 W1 /səg'dʒest, sə'dʒest/ v [T]
1 sugerir: *She wrote to me and suggested a meeting.* Me escribió sugiriendo que nos viéramos. • **suggest doing sth** sugerir hacer algo, sugerir que se haga algo: *She suggested calling a taxi.* Sugirió llamar a un taxi. • **suggest (that)** sugerir que: *I suggest we take a break now.* Sugiero que nos tomemos un descanso. • **can/may I suggest...?** ¿qué tal si...?, propongo que...
2 indicar, dejar ver • **suggest (that)** *Our survey suggests that people don't trust politicians.* Nuestra encuesta indica que la gente no confía en los políticos.
3 recomendar: *Can you suggest a good restaurant?* ¿Me puedes recomendar un buen restaurante? • **suggest**

sth/sb for sth recomendar algo/a alguien para algo
4 insinuar • **suggest (that)** *Are you suggesting I'm too fat?* ¿Insinúas que estoy demasiado gordo?
EXPRESIONES
I'm not suggesting (that) (*oral*) no quiero decir que

⚠ **to suggest to someone that they do something/to suggest that someone do something**
I suggested to her that she change her lifestyle (✗ *suggested her to change her life*).
The doctor suggested that I stop (✗ *suggested me to stop*) *smoking.* Observa que cuando se trata de sugerir algo a alguien en lenguaje informal no suele usarse **suggest**:
✔ *Why don't you visit the Museum of Modern Art?* (= May I suggest that you visit the Museum of Modern Art? – bastante formal)
✔ *Have you thought about going to the Guggenheim Museum?*
✔ *I think you should take a cab.*
✔ *It's a good idea to learn about your own country.*

sug·gest·i·ble /səg'dʒestəbəl, sə'dʒes-/ adj sugestionable

sug·ges·tion S3 W3 /səg'dʒestʃən, sə'dʒes-/ s
1 [C] sugerencia • **make a suggestion** hacer una sugerencia: *Can I make a suggestion?* ¿Puedo hacer una sugerencia? • **be open to suggestions** estar abierto -a a sugerencias, aceptar sugerencias
2 [sing, U] posibilidad, insinuación • [+**of**]: *He denied any suggestion of wrongdoing.* Negó cualquier insinuación de haber obrado mal. • [+**that**]: *There's some suggestion that the government lied.* Hay indicios de que el gobierno mintió.
3 a suggestion of sth un atisbo de algo: *a suggestion of a smile* el esbozo de una sonrisa
4 [U] sugestión
EXPRESIONES
at sb's suggestion a instancias de alguien

sug·ges·tive /səg'dʒestɪv, sə'dʒes-/ adj **1** insinuante, provocativo -a **2** (*frml*) indicativo -a • [+**of**]: *symptoms suggestive of mental illness* síntomas indicativos de trastorno mental **3** evocador -a • [+**of**]: *scents suggestive of faded perfumes* aromas evocadores de sutiles perfumes

su·i·ci·dal /,suə'saɪdl◂/ adj **1** (del suicidio) suicida • **suicidal tendencies** tendencia(s) suicida(s) **2** (pernicioso) suicida • **it would be suicidal to do sth** sería suicida hacer algo

su·i·cide W3 /'suə,saɪd/ s [C,U]
1 (hecho de matarse) suicidio • **commit suicide** suicidarse • **attempt suicide** intentar suicidarse
2 (acción temeraria) suicidio • **political/economic suicide** suicidio político/económico
3 suicida ▶ ASSISTED SUICIDE

suit¹ S2 W2 /sut/ s [C]
1 traje, vestido, terno • **a three-piece suit** un traje de tres piezas, un conjunto de traje y chaqueta
2 juicio, litigio • **file/bring suit against sb** llevar a juicio a alguien, demandar a alguien
3 palo (de naipes) ▶ BATHING SUIT, in your BIRTHDAY suit, FOLLOW suit, JOGGING SUIT, SWEAT SUIT, SWIMSUIT, WET SUIT
EXPRESIONES
be my/your strong suit ser mi/tu fuerte

suit² v **1** [T] venirle bien a, estar bien para: *Which day would suit you best?* ¿Qué día te viene mejor? • **when it suits you/him** cuando le/te venga bien • **it suits sb to do sth** le viene bien a alguien hacer algo: *It suited her to work on her own.* Le venía bien trabajar sola. • **suit sb fine** (*oral*) venirle bien a alguien • **to suit every pocket** para todos los bolsillos **2** [T nunca en pasiva] quedarle bien a: *That shirt really suits you.* Esa camisa te queda muy bien. **3 suit sth to sb/sth** adaptar algo a alguien/ algo
EXPRESIONES
best suited to sth más idóneo -a/adecuado -a para algo • **suit yourself** (*oral*) como quieras, haz lo que quieras • **be well/ideally suited to/for sth** ser apropiado -a/ideal para algo

suit up v+partíc vestir un uniforme o equipo: *They were all suited up in red.* Todos lucían sus uniformes rojos, listos para jugar.

suit·a·bil·i·ty /ˌsuːtəˈbɪləti/ s [U] idoneidad

suit·a·ble /ˈsuːtəbəl/ adj adecuado -a, apropiado -a • [+for]: *The show is not suitable for young children.* El programa no es apto para menores. ANT **unsuitable**

suit·a·bly /ˈsuːtəbli/ adv **1** adecuadamente, debidamente: *suitably qualified employees* personal debidamente calificado **2** como corresponde, como es debido: *She looked suitably embarrassed.* Como es lógico, se la veía avergonzada.

suit·case /ˈsuːtˌkeɪs/ s [C] maleta, petaca
EXPRESIONES
be living out of a suitcase pasarse la vida viajando

suite /swiːt/ s [C] **1** suite (de hotel), despacho (de oficinas) **2** (técn) suite (informática) **3** suite (musical)

suit·or /ˈsuːtə/ s [C] (antic) pretendiente

sul·fate /ˈsʌlfeɪt/ s [C,U] sulfato

sul·fide /ˈsʌlfaɪd/ s [C,U] sulfuro

sul·fur /ˈsʌlfə/ (símb quím **S**) s [U] azufre

sulk¹ /sʌlk/ v [I] (peyor) enfurruñarse, estar enfurruñado -a, tener cara larga

sulk² s [C] (peyor) **in a sulk** enfurruñado -a

sulk·y /ˈsʌlki/ adj (peyor) enfurruñado -a, malhumorado -a

sul·len /ˈsʌlən/ adj **1** hosco -a, malhumorado -a **2** (liter) sombrío -a

sul·ly /ˈsʌli/ v [T] (**sullies**, **sullied**, **sullying**) (frml) manchar, mancillar

sul·phur /ˈsʌlfə/ s variante de **SULFUR**

sul·tan /ˈsʌltˌn/ s [C] sultán

sul·tan·a /sʌlˈtænə/ s [C] sultana

sul·try /ˈsʌltri/ adj (**sultrier**, **sultriest**) **1** bochornoso -a, sofocante **2** [gralm ante s] sensual, seductor -a

sum¹ W3 /sʌm/ s [C]
1 (dinero) suma • **a sum of money** una suma de dinero • **the sum of $4,000** la suma de 4.000 dólares **2** (frml o técn) (total) **the sum of sth** la suma de algo: *The total cost is the sum of these two amounts.* El costo total es la suma de estas dos cantidades. ▶ **LUMP SUM**

sum² v (**summed**, **summing**)
sum up v+partíc **1 sum sth ↔ up** resumir algo **2 sum up** recapitular, hacer el resumen • **to sum up** resumiendo, en resumen **3 sum up** recapitular, exponer las conclusiones finales (juez) **4 sum up sth** recapitular algo, exponer las conclusiones finales de algo (juez) **5 sum sth ↔ up** sintetizar algo, condensar algo: *That image sums up the whole movie.* Esa imagen sintetiza toda la película. **6 sum sth ↔ up** hacerse una idea de algo **7 sum sb ↔ up** catalogar a alguien, calar a alguien **8 that (about) sums it up** (oral) así es

sum·ma·rize /ˈsʌməˌraɪz/ v [I,T] resumir, sintetizar • **to summarize** en resumen/síntesis, resumiendo

sum·ma·ry¹ /ˈsʌməri/ s [C] (pl **summaries**) resumen, síntesis: *a news summary* un resumen de las noticias • [+of]: *a summary of the main points* un resumen de los puntos principales
EXPRESIONES
in summary (frml) en síntesis, en resumen

summary² adj [solo ante s, sin compar] (frml) sumario -a (juicio, ejecución), inmediato -a (despido)

sum·mer S1 W1 /ˈsʌmə/ s [C,U] verano: *a hot summer's day* un caluroso día de verano • **in (the) summer** en (el) verano ▶ **INDIAN SUMMER**

ˈsummer house s [C] cenador, glorieta

ˈsummer school s [C,U] **1** clases de recuperación (en verano) **2** escuela de verano, cursos de verano

sum·mer·time /ˈsʌməˌtaɪm/ s [U] verano • **in (the) summertime** en (el) verano ▶ **BRITISH SUMMER TIME**

ˌsummer vaˈcation s **1** [U] (periodo) vacaciones de verano **2** [C] (viaje) vacaciones de verano

sum·mer·y /ˈsʌməri/ adj de verano, veraniego -a, estival

ˌsumming-ˈup s [C] (pl **summings-up**) (jur) recapitulación, conclusiones finales (del juez)

sum·mit W3 /ˈsʌmɪt/ s [C]
1 (reunión) cumbre
2 (pico) cumbre

sum·mon /ˈsʌmən/ v [T] (frml) **1** llamar (a un mesero, la policía) **2** (jur) citar (a un testigo) **3** convocar (una reunión)
summon up sth v+partíc **1** hacer acopio de algo (valor, voluntad): *She summoned up a smile.* Hizo esfuerzos para sonreír. **2** evocar algo, traer algo a la memoria **3** intentar recordar algo, tratar de recuperar algo **4** invocar algo (un espíritu)

sum·mons /ˈsʌmənz/ s [C] (pl **summonses**) **1** (jur) citación (judicial) **2** (frml) orden de acudir

su·mo /ˈsuːmoʊ/ s [U] sumo

sump /sʌmp/ s [C] cárter

sump·tu·ous /ˈsʌmptʃuəs/ adj suntuoso -a

Sun. (abrev escrita de **Sunday**) dom.

sun¹ S1 W2 /sʌn/ s
1 (astro) **the sun** (tb **the Sun**) el sol, el Sol • **the sun is shining** el sol brilla • **the sun comes out** sale el sol • **the sun goes in** se nubla • **the sun rises** (tb **the sun comes up**) sale el sol • **the sun sets** (tb **the sun goes down**) el sol se pone
2 [U] (luz, calor) sol: *Too much sun is bad for you.* Tanto sol no hace bien. • **in the sun** al sol ▶ **make HAY (while the sun shines)**
EXPRESIONES
every... under the sun todos los/todas las... imaginables: *They talked about everything under the sun.* Hablaron de todo lo imaginable. • **get/catch some sun** (coloq) broncearse

sun² v [I] (**sunned**, **sunning**) (tb **sun yourself**) tomar (el) sol, asolearse

sun·bathe /ˈsʌnbeɪð/ v [I] tomar (el) sol, asolearse

sun·bath·ing /ˈsʌnˌbeɪðɪŋ/ s [U] baños de sol: *It was a good day for sunbathing.* Era un buen día para tomar el sol.

sun·beam /ˈsʌnbiːm/ s [C] rayo de sol

sun·bed /ˈsʌnbed/ s [C] **1** cama solar **2** (silla) asoleadora, camastro

sun block, **sun·block** /ˈsʌnblɒk/ s [U] pantalla/bloqueador solar

sun·burn /ˈsʌnbɜːn/ s [U] quemaduras por el sol

sun·burned /ˈsʌnbɜːnd/ (tb **sun·burnt** /ˈsʌnbɜːnt/) adj quemado -a (por el sol) • **get sunburned** quemarse

sun·dae /ˈsʌndi, -deɪ/ s [C] sundae (copa de helado que se sirve con fruta, salsas, etc.)

Sun·day /ˈsʌndi, -deɪ/ s [C,U] domingo ▶ ver ejs en **FRIDAY**, **never/not in a MONTH of Sundays**

ˈSunday school s [C,U] catequesis

sun·dial /ˈsʌndaɪl/ s [C] reloj de sol

sun·down /ˈsʌndaʊn/ s [U] (antic) puesta de sol

ˈsun-drenched adj inundado -a de sol

sundries /ˈsʌndriz/ s [pl] (frml) cosas diversas, gastos varios

sun·dry /ˈsʌndri/ adj [solo ante s] (frml) diversos -as, varios -as
EXPRESIONES
all and sundry (coloq) todo el mundo

sun·flow·er /ˈsʌnˌflaʊə/ s [C] girasol • **sunflower seeds** pipas de girasol, semillas de girasol

sung /sʌŋ/ participio pasado de **SING**

sun·glass·es /'sʌn,glæsɪz/ s [pl] gafas de sol, gafas oscuras, anteojos de sol

'sun hat s [C] pamela (sombrero de paja)

sunk /sʌŋk/ pasado y participio pasado de **SINK**

sunk·en /'sʌŋkən/ adj **1** [solo ante s] (barco, tesoro) hundido -a **2** [solo ante s] en desnivel, a un nivel más bajo **3** [gralm ante s] (ojos, mejillas) hundido -a

sun·light /'sʌnlaɪt/ s [U] (luz del) sol, luz solar • **in the sunlight** al sol • **direct sunlight** luz solar directa

sun·lit /'sʌn,lɪt/ adj iluminado -a por el sol, soleado -a

sun·ny /'sʌni/ adj (**sunnier, sunniest**) **1** soleado -a • **it is sunny** hay sol • **sunny spells/intervals** intervalos de sol **2** [solo ante s] (coloq) alegre, radiante

sun·rise /'sʌnraɪz/ s [C,U] (el) amanecer, (el) alba • **at sunrise** al amanecer, al alba

sun·roof /'sʌnruf/ s [C] techo solar

sun·screen /'sʌnskrin/ s [U] pantalla/filtro solar

sun·set /'sʌnsɛt/ s **1** [U] el atardecer, el ocaso • **at sunset** al atardecer **2** [C,U] atardecer, puesta de(l) sol

EXPRESIONES
ride/head/sail off into the sunset (hum) marcharse para no volver jamás

sun·shine /'sʌnʃaɪn/ s [U] **1** sol (luz, calor) • **in the sunshine** al sol **2** (coloq) alegría • **a ray of sunshine** un sol **3** (oral) querido -a, cariño -a (fórmula de tratamiento)

sun·stroke /'sʌnstroʊk/ s [U] insolación

sun·tan /'sʌntæn/ s [C] bronceado

'suntan ,lotion (tb **'suntan ,oil**) s [U] bronceador

sun·tanned /'sʌntænd/ adj bronceado -a

sun·up /'sʌnʌp/ s [U] (antic) el amanecer

su·per¹ S2 W2 /'supɚ/ adj (antic, coloq) genial

super² s [C] (coloq) portero -a, conserje

super- /supɚ/ pref **1** (en tamaño, fuerza) super-: a super-tanker un superpetrolero **2** (en grado) super-: super-rich superrico

su·perb /su'pɚb/ adj estupendo -a, magnífico -a

su·perb·ly /su'pɚbli/ adv **1** estupendamente, magníficamente **2** extraordinariamente, extremadamente

su·per·con·duc·tor /'supɚkən,dʌktɚ/ s [C] superconductor

su·per·e·go /,supɚ'igoʊ/ s [C] (pl **superegos**) (técn) superego, superyó

su·per·fi·cial /,supɚ'fɪʃəl/ adj **1** (enfoque, tratamiento) superficial • **a superficial understanding/knowledge** una comprensión/un conocimiento superficial • **a superficial examination/inspection** una revisión/inspección superficial **2** (parecido, diferencia) superficial **3** (herida, daño) superficial **4** (peyor) (persona) superficial

su·per·fi·cial·ly /,supɚ'fɪʃəli/ adv **1** a primera vista, aparentemente **2** superficialmente, por encima

su·per·flu·ous /su'pɚfluəs/ adj (frml) superfluo -a

su·per·he·ro /'supɚ,hɪro/ s [C] (pl **superheroes**) super-héroe

su·per·high·way /,supɚ'haɪweɪ/ s [C] (frml) autopista

su·per·hu·man /,supɚ'hyumən◂/ adj sobrehumano -a

su·per·im·pose /,supɚɪm'poʊz/ v [T] superponer • **superimpose sth on/onto sth** superponer algo a/sobre algo

su·per·in·tend·ent /,supɚɪn'tɛndənt/ s [C] **1** (tb **superintendent of schools**) encargado -a de las escuelas pertenecientes a un distrito **2** portero -a, conserje **3** director -a (de un hospital, parque)

su·pe·ri·or¹ /sə'pɪriɚ, su-/ adj **1** (mejor) superior: his superior knowledge su mayor conocimiento/sus grandes conocimientos • [+to]: These computers are

superior to the old ones. Estos computadores son superiores a los anteriores. ANT **inferior 2** [solo ante s] (frml) (de calidad) superior, de la mejor calidad **3** (peyor) arrogante, altanero -a: a superior smile una sonrisa con aires de superioridad **4** [solo ante s] (en una jerarquía) superior • **a superior officer** un superior **5** [solo ante s] (militarmente) superior, mayor • **superior numbers** superioridad numérica

superior² s [C] superior

su·pe·ri·or·i·ty /sə,pɪri'ɔrəti, -'ɑr-/ s [U] **1** (en calidad, capacidad) superioridad **2** (militarmente) superioridad • **military/air/naval superiority** superioridad militar/aérea/naval **3** (peyor) (actitud) superioridad, suficiencia

su·per·la·tive¹ /sə'pɚlətɪv, su-/ adj **1** extraordinario -a **2** superlativo -a

superlative² s **1 the superlative** (de un adjetivo) el superlativo **2** [C] (elogio) superlativo

su·per·man /'supɚ,mæn/ s [C] (pl **supermen** /-,mɛn/) superhombre

su·per·mar·ket /'supɚ,mɑrkɪt/ s [C] supermercado

su·per·mod·el /'supɚ,mɑdl/ s [C] supermodelo

su·per·nat·u·ral¹ /,supɚ'nætʃərəl◂, -tʃrəl◂/ adj sobre-natural

supernatural² s **the supernatural** lo sobrenatural

sup·er·pow·er /'supɚ,paʊɚ/ s [C] superpotencia

su·per·sede /,supɚ'sid/ v [T] reemplazar

su·per·son·ic /,supɚ'sɑnɪk◂/ adj supersónico -a

su·per·star /'supɚ,stɑr/ s [C] superestrella

su·per·sti·tion /,supɚ'stɪʃən/ s [C,U] superstición

su·per·sti·tious /,supɚ'stɪʃəs/ adj supersticioso -a

su·per·store /'supɚ,stɔr/ s [C] hipermercado, mega almacén

su·per·struc·ture /'supɚ,strʌktʃɚ/ s [C] (técn) super-estructura (de un barco)

su·per·tank·er /'supɚ,tæŋkɚ/ s [C] superpetrolero

su·per·vise /'supɚ,vaɪz/ v [T] supervisar

su·per·vi·sion /,supɚ'vɪʒən/ s [U] supervisión • **under the supervision of sb** bajo la supervisión de alguien

su·per·vis·or S3 /'supɚ,vaɪzɚ/ s [C]
1 supervisor -a
2 miembro del gobierno (de un condado, un municipio, etc.)

su·per·vis·o·ry /,supɚ'vaɪzəri/ adj [gralm ante s] super-visor -a, de supervisión

su·pine /su'paɪn, 'supaɪn/ adj (frml) **in a supine position** en decúbito supino, tendido -a boca arriba

sup·per S3 /'sʌpɚ/ s [C,U] comida: a delicious supper una comida riquísima • **have/eat supper** comer

sup·plant /sə'plænt/ v [T] (frml) reemplazar

sup·ple /'sʌpəl/ adj **1** ágil, flexible **2** flexible, elástico -a

sup·ple·ment¹ /'sʌpləmənt/ s [C] **1** (para mejorar, completar) complemento • [+to]: Farming provided a supplement to his income. Con la agricultura complementaba sus ingresos. **2** (de la dieta) suplemento, complemento **3** (de un libro) apéndice (dentro), suplemento (por separado) **4** (de un periódico) suplemento **5** recargo, suplemento

sup·ple·ment² /'sʌplə,mɛnt/ v [T] complementar

sup·ple·men·ta·ry /,sʌplə'mɛntri, -'mɛntəri/ adj [gralm ante s] (tb **supplemental**) adicional

sup·pli·er /sə'plaɪɚ/ s [C] proveedor -a

sup·ply¹ S2 W2 /sə'plaɪ/ s (pl **supplies**)
1 [C] reservas, existencias: fuel supplies reservas de combustible • [+of]: a week's supply of food provisiones para una semana • **a limited supply** pocas existencias **2 supplies** [pl] provisiones • **emergency/relief supplies** ayuda humanitaria • **food supplies** provisiones, víveres • **medical supplies** suministros médicos

3 a water/a gas/an electricity supply una red de agua/de gas/eléctrica
4 [U] suministro • **the supply of sth to sb/sth** el suministro de algo a alguien/algo

EXPRESIONES
be in short supply escasear

supply² W3 *v* [T] (**supplies, supplied, supplying**) suministrar, proporcionar • **supply sb with sth** suministrarle/proporcionarle algo a alguien • **supply sth to sb** suministrarle/proporcionarle algo a alguien

supply³ *adj* [solo ante s] de suministro

sup·port¹ S2 W1 /sə'pɔrt/ *v* [T]

1 estar de acuerdo
2 dar ayuda
3 dar ánimo
4 un hijo, una familia
5 una entidad de beneficiencia
6 una estructura, el techo
7 una teoría
8 un programa, un sistema
9 vida animal, vegetal

1 ESTAR DE ACUERDO apoyar: *Most politicians support the reforms.* La mayoría de los políticos apoya las reformas. • **strongly support** apoyar firmemente
2 DAR AYUDA apoyar: *We should support our colleagues.* Deberíamos apoyar a nuestros colegas.
3 DAR ÁNIMO apoyar: *My family supported me through the divorce.* Mi familia me apoyó durante el divorcio.
4 UN HIJO, UNA FAMILIA mantener: *They have three children to support.* Tienen tres hijos que mantener. • **support yourself** ganarse la vida, mantenerse
5 UNA ENTIDAD DE BENEFICIENCIA dar donaciones a
6 UNA ESTRUCTURA, EL TECHO sostener • **support the weight of sth** soportar/aguantar el peso de algo • **support yourself** sostenerse, apoyarse
7 UNA TEORÍA respaldar, corroborar: *The results support our original theory.* Los resultados respaldan nuestra primera teoría.
8 UN PROGRAMA, UN SISTEMA dar soporte técnico para
9 VIDA ANIMAL, VEGETAL *Mars does not have enough oxygen to support life.* Marte no tiene oxígeno suficiente para que haya vida.

support² S2 W1 *s*

1 aprobación
2 ánimo
3 de una teoría
4 dinero
5 para impedir la caída
6 de una estructura
7 prótesis
8 en informática

1 APROBACIÓN [U] apoyo • [+for]: *There is very little support for this idea.* Esta idea cuenta con muy poco apoyo. • **in support of sth** en apoyo de algo • **strong support** firme apoyo • **public/popular support** apoyo de la gente/popular • **give your support to sth** dar su apoyo a algo
2 ÁNIMO [U] apoyo: *My family gave me a lot of support.* Mi familia me dio mucho apoyo.
3 DE UNA TEORÍA support for sth respaldo a/para algo, confirmación de algo: *Is there any support for this allegation?* ¿Hay algún elemento que respalde esta acusación?
4 DINERO [U] ayuda económica, financiación • **financial support** ayuda económica
5 PARA IMPEDIR LA CAÍDA [U] sujeción: *The cushions provide support for your back.* Los cojines le permiten apoyar la espalda.
6 DE UNA ESTRUCTURA [C] soporte: *roof supports* soportes para el techo
7 PRÓTESIS [C] soporte: *an ankle support* una tobillera

8 EN INFORMÁTICA [U] soporte técnico ▶ CHILD SUPPORT, LIFE SUPPORT SYSTEM

sup·port·er W2 /sə'pɔrtər/ *s* [C]
1 partidario -a • [+of]: *a supporter of the death penalty* un partidario de la pena de muerte
2 suspensorio (para hacer deportes, etc.)

sup'port group *s* [C] grupo de apoyo, grupo de autoayuda

sup·port·ing /sə'pɔrtɪŋ/ *adj* [solo ante s] **1** secundario -a (papel, actor) **2** maestro -a (pared, viga) **3** corroborativo -a: *supporting evidence* pruebas fehacientes

sup·port·ive /sə'pɔrtɪv/ *adj* **1** que apoya: *My husband has been very supportive.* Mi marido me ha apoyado mucho. **2** de apoyo, a favor • [+of]: *He is still supportive of government economic policy.* Todavía apoya la política económica del gobierno.

sup·pose S1 W1 /sə'poʊz/ *v* [T nunca en forma continua]
1 suponer, figurarse • **suppose (that)** suponer que: *I suppose Jack will be there.* Supongo que Jack irá. • **there is no reason to suppose that...** no hay razón para suponer que...
2 (*frml*) presuponer, partir de la base de

EXPRESIONES
be supposed to do/be sth (a) (indicando obligación) *We're supposed to leave by eleven o'clock.* Se supone que tenemos que irnos sobre las once. (b) (indicando propósito) *These new regulations are supposed to protect children.* Se supone que esta nueva normativa es para proteger a los niños. (c) (indicando creencia generalizada) *The castle is supposed to be haunted.* Dicen que el castillo está embrujado. • **do you suppose (that)...?** (*oral*) ¿piensas/crees que...?: *Do you suppose he's right?* ¿Crees que tiene razón? • **I don't suppose (that)...** (a) (*oral*) (para preguntar) *I don't suppose you've seen my glasses?* Tú no habrás visto mis anteojos, ¿verdad? (b) (*oral*) (para pedir) *I don't suppose you'd take me to the station?* Tú no me llevarías a la estación, ¿no? (c) (indicando improbabilidad) no creo que...: *I don't suppose I'll ever see her again.* No creo que la vuelva a ver. • **I suppose (that)...** (*oral*) (a) (indicando incertidumbre) supongo (que)..., me imagino (que)...: *I suppose you're right.* Supongo que tienes razón. (b) (sugiriendo desacuerdo) supongo que...: *OK, we can cancel it, I suppose.* Bueno, podemos suspenderlo, supongo. (c) (indicando enojo) supongo que...: *I suppose you think that's funny!* ¡A ti te parecerá gracioso, supongo! (d) (con atisbo de esperanza) *I suppose I'm too late to apply for the job now?* Me imagino que ya es tarde para solicitar el puesto, ¿no? • **I suppose so** (*oral*) (a) (indicando incertidumbre) supongo: *"Aren't you pleased?" "Yes, I suppose so."* –¿No estás contenta? –Pues, sí, supongo. (b) (sugiriendo desacuerdo) bueno, si no hay más remedio: *"Can we come with you?" "Yes, I suppose so."* –¿Podemos ir contigo? –Bueno... • **let us suppose (that)** (*frml*) supongamos que • **suppose (that)** (tb **supposing**) supón/supongamos que, suponiendo que: *Suppose you lost your job tomorrow, what would you do?* Supongamos que te quedas sin trabajo mañana, ¿qué harías? • **what's that supposed to mean?** (*oral*) ¿qué quieres decir con eso? • **who/what/why do you suppose...?** ¿quién/qué/por qué crees que...?: *What do you suppose he's doing?* ¿Qué crees que estará haciendo? • **you don't suppose...** *You don't suppose the samples got mixed up?* No se habrán mezclado las muestras, ¿no?

sup·posed /sə'poʊzd/ *adj* [solo ante s] supuesto -a

sup·pos·ed·ly S3 /sə'poʊzɪdli/ *adv* supuestamente

sup·po·si·tion /ˌsʌpə'zɪʃən/ *s* [C,U] (*frml*) suposición

sup·pos·i·to·ry /sə'pɑzəˌtɔri/ *s* [C] (pl **suppositories**) supositorio

sup·press /sə'prɛs/ *v* [T] **1** reprimir (a la disidencia) • **suppress a rebellion/an uprising/a revolt** sofocar una rebelión/un levantamiento/una revuelta **2** retirar de circulación (una publicación), ocultar (pruebas) **3** contener (las ganas), reprimir (un sentimiento) **4** inhibir (el apetito, las defensas)

S

sup·pres·sion /sə'prɛʃən/ s [U] **1** represión (de la disidencia) **2** ocultación, ocultamiento (de pruebas) **3** represión (de un sentimiento) **4** inhibición (del crecimiento, las defensas)

su·prem·a·cy /sə'prɛməsi, sʊ-/ s [U] supremacía

su·preme /sə'prim, sʊ-/ adj **1** (en poder, jerarquía) supremo -a, sumo -a **2** [solo ante s] (en cantidad, grado) sumo -a, supremo -a

Su‚preme 'Court s **1** (de un país) **the Supreme Court** la Corte Suprema (de Justicia), la Suprema Corte (de Justicia) **2** [C] (de un estado de EU) Corte Suprema (de Justicia), Suprema Corte (de Justicia)

su·preme·ly /sə'primli, sʊ-/ adv sumamente, extremadamente

Supt. (abrev escrita de **superintendent**) comisario -a de policía

sur·charge¹ /'sɜtʃɑrdʒ/ s [C] recargo • [+**on**]: a surcharge on imports un recargo a las importaciones

surcharge² v [T] cobrar un recargo a

sure¹ S1 W1 /ʃʊr, ʃɚ/ adj

> **1** de la verdad, los hechos
> **2** de las ideas, los sentimientos
> **3** indicando certeza futura
> **4** infalible
> **5** inequívoco
> **6** de la propia capacidad

1 DE LA VERDAD, LOS HECHOS [nunca ante s] seguro -a: "What time does the show start?" "I'm not sure." –¿A qué hora empieza la función? –No estoy segura. • **be sure (that)** estar seguro -a de que: I'm sure you'll have a great time. Estoy seguro de que la vas a pasar muy bien. • **not be sure how/where/when** no saber bien cómo/dónde/cuándo: I'm not sure what to do next. No sé muy bien qué hacer ahora. • **be sure of sth** estar seguro -a de algo: There's something wrong, I'm sure of it. Algo va mal, estoy segura. • **be sure about sth** estar seguro -a de algo: Are you quite sure about that? ¿Estás totalmente seguro de eso? • **fairly/pretty sure** casi seguro -a • **quite/absolutely sure** totalmente seguro -a
2 DE LAS IDEAS, LOS SENTIMIENTOS [nunca ante s] seguro -a • **be sure (that)** estar seguro -a de que: Are you sure you really want to leave? ¿Estás totalmente seguro de que quieres irte? • **not be sure what** no saber muy bien qué: I'm not sure what I believe in any more. Ya no sé en qué creo.
3 INDICANDO CERTEZA FUTURA [nunca ante s] **be sure to do sth** He's sure to say something stupid. Seguro que dice alguna estupidez. • promises that are sure to be broken promesas que seguro se van a incumplir
4 INFALIBLE [solo ante s] seguro -a • **a sure way** una manera segura: There's one sure way to find out. Hay una manera segura de averiguarlo. • **one thing is sure** una cosa es segura, no cabe duda de una cosa
5 INEQUÍVOCO [solo ante s] claro -a • **a sure sign** una señal clara
6 DE LA PROPIA CAPACIDAD **be sure of sth** estar seguro -a de algo: I wasn't sure of my ability. Dudaba de mi capacidad. • **be sure of yourself** estar seguro -a de sí mismo -a

EXPRESIONES
be sure to do sth (oral) asegurarse de hacer algo: Be sure to read all the directions carefully. Lea detenidamente todas las instrucciones. • **sb can be sure of sth** alguien puede estar seguro -a de algo, alguien puede tener la certeza de algo: They can be sure of a warm welcome. Pueden estar seguros de que tendrán una calurosa acogida. • **for sure (a)** (coloq) con seguridad: No one knows for sure what really happened. Nadie sabe con seguridad lo que de verdad ocurrió **(b)** (oral) seguro, sin duda • **that's for sure** no cabe duda, no te quepa duda • **one thing's for sure** una cosa es segura, de una cosa no cabe duda **(c)** (oral) bueno, de acuerdo • **make sure (a)** asegurarse, cerciorarse • **make sure (that)** asegurarse/cerciorarse de que: First, make sure that the printer has paper in it. Primero asegúrese de que la

impresora tenga papel. **(b) make sure (that)** asegurarse de que, hacer lo necesario para que: Make sure you're ready for six o'clock. Procura estar lista para las seis. • **make sure of sth** asegurarse (de) algo

sure² S1 W2 adv
1 (oral) claro, claro que sí: "Can you give me a ride to work tomorrow?" "Sure." –¿Me puedes llevar al trabajo mañana? –Claro.
2 (oral) de nada
3 (coloq, oral) realmente, de veras: It sure is hot in here. Sí que hace calor aquí adentro.
4 (oral) claro que: Sure, he's nice, but is he talented? Claro que es simpático, pero ¿tiene talento?

EXPRESIONES
sure enough como era de esperar, efectivamente • **sure you do/can/will** (oral) (al responder) "I don't remember him." "Sure you do." –No me acuerdo de él. –Cómo no te vas a acordar. • "I'll need a boat." "Sure you will." –Voy a necesitar un bote. –No hay dudas.

‚sure-'footed adj de pie firme

sure·ly W3 /'ʃʊrli, 'ʃɚli/ adv
1 [adv oracional] seguro, sin duda: Your car must be worth more than $500, surely! ¡Seguro que tu carro vale más de 500 dólares! • **surely not** (oral) no me digas
2 (antic) seguramente
3 (antic, oral) claro, sí ► SLOWLY **but surely**

surf¹ /sɜrf/ v [I,T] **1** hacer surf (en), surfear **2** navegar (por) (Internet)

surf² s [U] (espuma de las) olas

sur·face¹ W2 /'sɜrfəs/ s [C]
1 (de un objeto, líquido, planeta) superficie: an uneven road surface el pavimento irregular de una carretera • **on the surface of sth** en la superficie de algo • **below/beneath the surface** bajo la superficie
2 the surface el aspecto externo • **on the surface** en apariencia • **below/beneath the surface** en el fondo • **come/rise to the surface** aflorar
3 (de una mesa, de trabajo) superficie
4 (técn) cara (de un cuerpo geométrico) ► SCRATCH **the surface (of sth)**

surface² v **1** [I] aflorar, surgir **2** [I] aparecer **3** [I] salir a la superficie **4** [T] pavimentar

surf·board /'sɜrfbɔrd/ s [C] tabla de surf

sur·feit /'sɜrfɪt/ s **a surfeit of sth** (frml) un exceso de algo

surf·er /'sɜrfɚ/ s [C] **1** surfista **2** internauta, cibernauta

surf·ing /'sɜrfɪŋ/ s [U] **1** surf, surfing • **go surfing** ir a hacer surf **2** navegación por Internet ► CHANNEL SURFING, WINDSURFING

surge¹ /sɜrdʒ/ v [I] **1** [siempre + adv/prep] precipitarse, lanzarse • **surge forward** abalanzarse **2** dispararse, incrementarse repentinamente **3** (tb **surge up**) (liter) aflorar: Indignation surged up within her. La indignación se apoderó de ella. • **surge through sb** aflorar en alguien, invadir a alguien: Relief surged through him. Lo invadió una sensación de alivio. **4** [siempre + adv/prep] correr con fuerza, fluir como un torrente

surge² s [C gralm sing] **1** fuerte incremento • [+**in**]: a surge in sales un fuerte incremento de las ventas **2 a surge of sth** una oleada de algo, una fuerte sensación de algo **3** torrente (de agua, adrenalina) **4** sobrecarga, subida de tensión/voltaje **5** avalancha (de gente)

sur·geon /'sɜrdʒən/ s [C] cirujano -a

sur·ger·y S2 W3 /'sɜrdʒəri/ s (pl **surgeries**)
1 [C,U] cirugía • **have surgery** someterse a una intervención quirúrgica, operarse
2 [U] (hecho) The man was taken straight into surgery. El hombre fue llevado directamente al quirófano. • **in surgery** operando ► COSMETIC SURGERY, PLASTIC SURGERY

sur·gi·cal /'sɜrdʒɪkəl/ adj [solo ante s] quirúrgico -a

sur·gi·cally /'sɜrdʒɪkli/ adv quirúrgicamente

Su·ri·na·me /‚sʊrə'nɑmə/ Surinam

Su·ri·na·mese¹ /‚sʊrənə'miz/ s [pl] **the Surinamese** los surinameses

Surinamese² *adj* surinamés -esa

sur·ly /'sɜˑli/ *adj* (**surlier, surliest**) malhumorado -a, hosco -a

sur·mise¹ /sɜ'maɪz/ *v* [T] (*frml*) conjeturar, suponer • **surmise (that)** suponer que

surmise² *s* [C,U] (*frml*) conjetura, suposición

sur·mount /sɜ'maʊnt/ *v* [T] (*frml*) superar, sobreponerse a

sur·name /'sɜneɪm/ *s* [C] apellido

sur·pass /sɜ'pæs/ *v* [T] **1** superar **2 surpass yourself** superarse

sur·plus¹ /'sɜplʌs/ *s* [C] **1** excedente **2** (*técn*) superávit **3** (*técn*) superávit (de la balanza comercial)

EXPRESIONES
army/military surplus excedentes militares

surplus² *adj* [solo ante s] excedente, sobrante

sur·prise¹ W2 /sɜ'praɪz, sə'praɪz/ *s*
1 [C] (hecho) sorpresa: *Mark! What a surprise!* ¡Mark! ¡Qué sorpresa! • [+**to**]: *This was a surprise to most people.* Esto fue una sorpresa para casi todo el mundo. • **it is no surprise that** no es de extrañar que • **come as a surprise** ser una sorpresa: *Her answer came as a surprise.* No me esperaba su respuesta. • **come as no surprise** no ser ninguna sorpresa • **he is/you are in for a surprise** le/te aguarda una sorpresa, se va/te vas a llevar una sorpresa
2 [sing, U] (sensación) sorpresa: *a look of surprise* una mirada de sorpresa • **to my/his surprise** para mi/su sorpresa: *Much to my surprise, they offered me the job.* Para gran sorpresa mía, me ofrecieron el puesto.
3 [C] (regalo) sorpresa • [+**for**]: *I have a little surprise for you.* Tengo una pequeña sorpresa para ti. • **surprise!** (*oral*) ¡sorpresa!
4 [U] (en un ataque) sorpresa • **the element of surprise** el factor sorpresa

EXPRESIONES
catch/take sb by surprise (a) (hecho, pregunta) tomar a alguien por sorpresa **(b)** (en un ataque) pillar/agarrar desprevenido -a a alguien • **surprise, surprise** (*hum*) oh sorpresa

surprise² W3 *v* [T]
1 (dar sorpresa) sorprender • **sth does not surprise sb** algo no sorprende a alguien • **it surprises sb (that)** a alguien le sorprende que: *It surprised me that she left so soon.* Me sorprendió que se fuera tan pronto. • **it wouldn't surprise me if** no me sorprendería que: *It wouldn't surprise me if they got married eventually.* No me sorprendería que terminaran casándose. • **surprise yourself** sorprenderse
2 (pillar) sorprender

surprise³ *adj* [solo ante s] (por) sorpresa: *a surprise attack* un ataque por sorpresa

sur·prised S1 /sɜ'praɪzd, sə-/ *adj*
1 sorprendido -a • [+**at**]: *We were all really surprised at the news.* A todos nos sorprendió mucho la noticia. • [+**by**]: *I was surprised by his reaction.* Su reacción me sorprendió. • **be surprised** sorprenderse, estar sorprendido -a: *I was so surprised when I saw you walk in!* ¡Me sorprendió tanto cuando te vi entrar! • **be surprised (that)** *She was surprised that no one was there to greet her.* Le sorprendió que no hubiera nadie allí para recibirla. • **be surprised to see/learn/hear** *I bet she'll be really surprised to see me.* Seguro que se va a sorprender mucho de verme. • **be pleasantly surprised (by/at sth)** quedar gratamente sorprendido -a (por algo) • **I/she wouldn't be surprised if** no me/le extrañaría que • **don't be surprised if** no te sorprendas si
2 [solo ante s] de sorpresa: *a surprised look* una mirada de sorpresa

sur·pris·ing /sɜ'praɪzɪŋ, sə-/ *adj* sorprendente • **a surprising number of sth** una cantidad sorprendente de algo • **it is surprising that** es sorprendente que • **it is surprising how** *It's surprising how quickly you get used to things.* Es sorprendente lo rápido que uno se acostumbra a las cosas. • **it is hardly surprising (that)** no es de extrañar que

sur·pris·ing·ly W3 /sɜ'praɪzɪŋli, sə-/ *adv* sorprendentemente • **not surprisingly** *Not surprisingly, people began to leave.* Como es lógico, la gente empezó a marcharse.

sur·real /sə'riːl/ *adj* surrealista

sur·re·al·ism /sə'riəˌlɪzəm/ *s* [U] surrealismo

sur·re·al·is·tic /səˌriə'lɪstɪk/ *adj* surrealista

sur·ren·der¹ /sə'rendə/ *v* **1** [I] rendirse • **surrender to sb** rendirse ante alguien, entregarse a alguien **2** [T] (las armas, el territorio) entregar • **surrender sth/sb to sb** entregarle algo/a alguien a alguien **3** [T] renunciar a **4** [T] (*frml*) (el pasaporte, la licencia) entregar • **surrender sth to sb** entregarle algo a alguien **5 surrender (yourself) to sth** (*liter*) abandonarse a algo, dejarse vencer por algo

surrender² *s* [sing, U] **1** rendición **2** entrega

sur·rep·ti·tious /ˌsɜrəp'tɪʃəs, ˌsʌrəp-/ *adj* subrepticio -a, furtivo -a

sur·rep·ti·tious·ly /ˌsɜrəp'tɪʃəsli, ˌsʌrəp-/ *adv* subrepticiamente, furtivamente

sur·ro·gate¹ /'sɜrəgɪt, 'sʌrə-/ *adj* [solo ante s] sustituto -a

surrogate² *s* [C] **1** sustituto -a **2** madre de alquiler

ˌsurrogate 'mother *s* [C] madre de alquiler, vientre alquilado

sur·round¹ W2 /sə'raʊnd/ *v* [T]

1	estar alrededor
2	poner alrededor
3	situarse alrededor
4	amigos, familia
5	misterio, incertidumbre, secretismo
6	tener cerca

1 ESTAR ALREDEDOR rodear • **be surrounded by sth** estar rodeado -a de algo: *The lake is surrounded by trees.* El lago está rodeado de árboles.
2 PONER ALREDEDOR **surround sth with sth** rodear algo con algo: *They surrounded the site with barbed wire.* Cercaron la zona con alambre de púas.
3 SITUARSE ALREDEDOR rodear: *The police surrounded the house.* La policía rodeó la casa. • **be surrounded (by troops/by a crowd)** estar rodeado -a (de tropas/de una muchedumbre)
4 AMIGOS, FAMILIA rodear • **be surrounded by sb** estar rodeado -a de alguien: *He is surrounded by people who care about him.* Está rodeado de personas que lo quieren.
5 MISTERIO, INCERTIDUMBRE, SECRETISMO rodear, envolver: *A great deal of controversy surrounds this new drug.* Esta nueva droga viene rodeada de una gran polémica.
6 TENER CERCA **surround yourself with sb/sth** rodearse de alguien/algo: *He surrounds himself with women.* Se rodea de mujeres.

surround² *s* [C] **1** marco, borde **2 surrounds** [pl] alrededores, entorno SIN **surroundings**

sur·round·ing¹ /sə'raʊndɪŋ/ *adj* [solo ante s] circundante, de alrededor

surrounding² *prep* en torno a: *the mystery surrounding his death* el misterio en torno a su muerte

sur·round·ings /sə'raʊndɪŋz/ *s* [pl] alrededores, entorno: *in unfamiliar surroundings* en un entorno desconocido • *San Diego and its surroundings* San Diego y sus alrededores

sur·veil·lance /sə'veɪləns/ *s* [U] **1** vigilancia • **under surveillance** bajo vigilancia **2** vigilancia militar **3** observación (médica)

sur·vey¹ W2 /'sɜveɪ/ *s* [C] (pl **surveys**)
1 encuesta • **conduct a survey** (tb **carry out a survey**) realizar una encuesta

2 estudio topográfico
3 visión general

sur·vey² /səˈveɪ, ˈsɜ·veɪ/ v [T] (**surveys, surveyed, surveying**) **1** [gralm en pasiva] encuestar **2** (*frml*) observar detenidamente **3** medir (el terreno)

sur·vey·or /səˈveɪə/ s [C] topógrafo -a, agrimensor -a

sur·viv·al W3 /səˈvaɪvəl/ s
1 [U] (de seres vivos) supervivencia • **a fight/struggle for survival** una lucha por la supervivencia • **survival of the fittest** la supervivencia de los más aptos, la ley del más fuerte
2 [U] (de entidades) supervivencia: *Many small firms are now fighting for survival.* Muchas empresas pequeñas luchan actualmente por sobrevivir.
3 [U] (de tradiciones, manuscritos) supervivencia
4 [C] reliquia

sur·vive S2 W2 /səˈvaɪv/ v

1 a guerras, enfermedades
2 a crisis, problemas
3 en la pobreza
4 tradiciones, manuscritos
5 entidades
6 a un amigo, familiar

1 A GUERRAS, ENFERMEDADES [I,T] sobrevivir (a): *She survived the attack.* Sobrevivió al ataque. • *He was lucky to survive.* Tuvo suerte de salir con vida.
2 A CRISIS, PROBLEMAS [I,T] sobrevivir (a): *Don't worry about me, I'll survive.* No te preocupes por mí, saldré de ésta. • *I'm sure she will survive this crisis.* Estoy seguro de que va a superar esta crisis.
3 EN LA POBREZA [I] sobrevivir • **survive on sth** sobrevivir con algo/a base de algo: *We can't survive on just one salary.* No podemos sobrevivir con solo un sueldo.
4 TRADICIONES, MANUSCRITOS [I,T] sobrevivir (a): *None of the photos survived the fire.* Ninguna de las fotos sobrevivió al incendio.
5 ENTIDADES [I,T] sobrevivir (a): *The company survived the recession.* La compañía superó la recesión.
6 A UN AMIGO, FAMILIAR [T] sobrevivir: *He is survived by his two children.* Lo sobreviven dos hijos.

sur·vi·vor /səˈvaɪvə/ s [C] **1** superviviente, sobreviviente: *There were no survivors.* No hubo supervivientes. **2** luchador -a: *Don't worry about Kurt; he's a survivor.* No te preocupes por Kurt; es de los que siempre salen adelante.

sus·cep·ti·bil·i·ty /səˌsɛptəˈbɪləti/ s (pl **susceptibilities**) **1** [U] propensión • [+**to**]: *his susceptibility to infections* su propensión a las infecciones **2** [U] vulnerabilidad • [+**to**]: *the country's susceptibility to inflation* la vulnerabilidad del país frente a la inflación **3** **susceptibilities** [pl] (*frml*) sensibilidad • **offend sb's susceptibilities** herir la sensibilidad de alguien

sus·cep·ti·ble /səˈsɛptəbəl/ adj **1** propenso -a • [+**to**]: *He's very susceptible to chest infections.* Es muy propenso a las infecciones en las vías respiratorias. **2** susceptible • [+**to**]: *plants that are susceptible to frost damage* plantas susceptibles de verse afectadas por las heladas **3** [gralm ante s] influenciable

su·shi /ˈsuʃi/ s [U] sushi

ˈsushi bar s [C] sushi bar

sus·pect¹ W3 /səˈspɛkt/ v [T nunca en forma continua] **1** sospechar • **suspect (that)** sospechar que: *I suspected she was lying.* Sospechaba que mentía. • **strongly suspect** *I strongly suspected that the notes were forgeries.* Tenía la fuerte sospecha de que los billetes eran falsos. **2** sospechar de • **suspect sb of sth** *The police suspect him of murder.* La policía sospecha que es el asesino. • *He was suspected of fraud.* Se sospechaba que había cometido fraude. • **suspect sb of doing sth** sospechar que alguien ha hecho algo **3** dudar de: *I began to suspect his motives in inviting me.* Empecé a dudar de los motivos que lo habían llevado a invitarme.

I suspect (*oral*) sospecho, me imagino: *She won't be pleased, I suspect.* Me imagino que no le va a gustar.

sus·pect² /ˈsʌspɛkt/ s [C] **1** sospechoso -a • [+**in**]: *a suspect in a burglary case* un sospechoso de robo • **the prime/chief suspect** el principal sospechoso/la principal sospechosa **2** causante

suspect³ adj **1** (actitud, negocios) sospechoso -a **2** [solo ante s] (paquete, vehículo) sospechoso -a

sus·pend /səˈspɛnd/ v [T] **1** suspender (pagos, la producción): *Sales of the drug have now been suspended.* Se ha suspendido la venta del fármaco. **2** expulsar (a un alumno), sancionar (a un deportista) • **be suspended from sth** *children who are suspended from school* niños que son suspendidos de la escuela **3** retirar (un permiso de conducir) **4 suspend sth from sth** suspender algo de algo, colgar algo de algo • **suspend sth by sth** suspender algo de algo

suspend (your) disbelief entrar en el juego

sus·pense /səˈspɛns/ s [U] suspenso, incertidumbre • **keep/hold sb in suspense** tener a alguien en vilo • **the suspense is killing me** estoy en ascuas

sus·pen·sion /səˈspɛnʃən/ s **1** [U] suspensión, aplazamiento **2** [C,U] expulsión (de un alumno), sanción (de un deportista) • **under/on suspension** expulsado -a, sancionado -a **3** [U] retiro de la licencia **4** [U] suspensión (de un vehículo)

susˈpension ˌbridge s [C] puente colgante

sus·pi·cion /səˈspɪʃən/ s **1** [C,U] (del autor de un delito) sospecha • [+**about**]: *my suspicions about Henry* mis sospechas sobre Henry • **have a suspicion** tener una sospecha • **on suspicion of murder/fraud** bajo sospecha de asesinato/fraude • **be under suspicion** estar bajo sospecha **2** [U] recelo, desconfianza **3** [C] (de que algo es cierto) sospecha • **have a suspicion (that)** tener la sospecha de que: *I have a suspicion that everything will change when the boss gets back.* Tengo la sospecha de que todo va a cambiar cuando vuelva el jefe.

sus·pi·cious /səˈspɪʃəs/ adj **1** (que tiene sospechas) [+**of**]: *Police became suspicious of them.* La policía empezó a sospechar de ellos. • [+**about**]: *He was suspicious about my past.* Sospechaba de mi pasado. • **make sb suspicious** hacer que alguien sospeche, despertar la sospecha de alguien • **have a suspicious mind** ser suspicaz **2** (que despierta sospechas) sospechoso -a: *a suspicious death* una muerte sospechosa • *a suspicious package* un paquete sospechoso • **a suspicious character** un personaje sospechoso • **under/in suspicious circumstances** en circunstancias sospechosas • **anything/something suspicious** cualquier cosa sospechosa/algo sospechoso **3** desconfiado -a, suspicaz • [+**of**]: *She is very suspicious of strangers.* Desconfía mucho de los desconocidos. • **deeply suspicious** muy desconfiado -a

sus·pi·cious·ly /səˈspɪʃəsli/ adv **1** con desconfianza **2** sospechosamente • **act/behave suspiciously** actuar sospechosamente **3** sospechosamente: *The price seemed suspiciously low.* El precio parecía sospechosamente bajo.

look/sound suspiciously like sth tener todo el aspecto de algo

sus·tain W3 /səˈsteɪn/ v [T] (*frml*)
1 mantener (el interés, una relación)
2 sufrir (heridas, daños)
3 sostener, dar sustento a
4 hacer seguir adelante, mantener en pie
5 sostener, soportar (un peso)
6 sostener (una idea, teoría)

sus·tain·a·ble /səˈsteɪnəbəl/ adj sostenible

sus·tained /səˈsteɪnd/ adj [solo ante s] sostenido -a, continuo -a

sus·te·nance /ˈsʌstənəns/ s [U] **1** (*frml*) alimento, sustento **2** (*liter*) sostén

su·ture[1] /'sutʃər/ s [C] (técn) sutura

suture[2] v [T] (técn) suturar

SUV /ˌɛs yu 'vi/ s [C] (**sport-utility vehicle**) cuatro por cuatro, todoterreno

S.W. abrev escrita de **1** (**short wave**) OC (onda corta) **2** (**South-West**) SO (Sudoeste)

swab[1] /swɑb/ s [C] **1** gasa, hisopo, torunda **2** frotis, hisopado

swab[2] v [T] (**swabbed, swabbing**) **1** (tb swab ↔ **down**) fregar **2** limpiar (con torunda, hisopo)

swag·ger[1] /'swægər/ v [I siempre + adv/prep] (peyor) caminar pavoneándose

swagger[2] s [sing, U] **1** fanfarronería, pedantería **2** pavoneo

swal·low[1] 🅂 /'swɑloʊ/ v
1 [I,T] (comida, bebida) tragar
2 [I] tragar saliva • **swallow hard** tragar saliva
3 [T] (el orgullo, enojo) tragarse
4 [T] (coloq) (un cuento) tragarse • **hard to swallow** difícil de tragar ▶ **a BITTER pill (to swallow)**
swallow up v+partíc **1 swallow sth ↔ up** absorber algo (una compañía) **2 be swallowed up by sth** (escrito) desaparecer en medio de algo (la niebla, oscuridad) **3 be swallowed up by sth** desaparecer para dar paso a algo, ser absorbido -a por algo (campos, tierras) **4 be swallowed up** agotarse (dinero, recursos)

swallow[2] s [C] **1** golondrina **2** trago (de líquido), bocado (de comida)

swam /swæm/ pasado de **SWIM**

swamp[1] /swɑmp, swɔmp/ s [C,U] pantano

swamp[2] v [T] **1** [gralm en pasiva] **be swamped with letters/calls** recibir una avalancha de cartas/llamadas • **be swamped with work** estar desbordado -a/agobiado -a de trabajo **2** [gralm en pasiva] atestar • **be swamped with/by sth** estar atestado -a de/ser invadido -a por alguien **3** inundar, anegar

swamp·y /'swɑmpi, 'swɔ-/ adj pantanoso -a

swan /swɑn/ s [C] cisne

swank·y /'swæŋki/ (tb **swank** /swæŋk/) adj (**swankier, swankiest**) (coloq) chic, elegante

swap[1] /swɑp/ v (**swapped, swapping**) (coloq) **1** [I,T] (objetos) intercambiar: Do you want to swap umbrellas? ¿Quieres que intercambiemos las sombrillas? • **swap sth with sb** I swapped hats with Mandy. Mandy y yo nos hemos intercambiado los sombreros. • **swap with sb** If you don't like your present, I could swap with you. Si no te gusta tu regalo, te lo puedo cambiar por el mío. • **swap sth for sth** cambiar algo por algo: He swapped his watch for a box of cigars. Cambió su reloj por una caja de puros. **2** [T] (historias, información) contarse, intercambiar: The two men swapped stories of army life. Los dos hombres se contaron sus anécdotas de la vida en el ejército. **3** [T] cambiar de • **swap sth for sth** cambiar algo por algo: I think we should swap this car for a smaller one. Creo que deberíamos cambiar este carro por uno más pequeño. **4** (actividades) **(a)** [T] intercambiar: Why don't we swap jobs? ¿Por qué no intercambiamos trabajos? • **swap sth with sb** intercambiar algo con alguien **(b)** [I] hacer un intercambio
EXPRESIONES
swap places with sb (a) cambiarse de lugar con alguien **(b)** estar en el pellejo de alguien

swap[2] s [C] (coloq) **1** [gralm sing] (de objetos, prisioneros) canje, intercambio **2** [gralm sing] (de actividades) intercambio **3** [C] (coloq) reunión informal de compra y venta o canje de artículos de segunda mano [SIN] **swap meet**

'**swap ˌmeet** s [C] reunión informal de compra y venta o canje de artículos de segunda mano

swarm[1] /swɔrm/ s [C] **1** enjambre **2** multitud

swarm[2] v [I] **1** [siempre + adv/prep] **swarm through the streets/across the border** invadir las calles/cruzar en masa la frontera **2** volar en enjambre, pulular
EXPRESIONES
be swarming with people/police estar atestado -a de gente/policías

swar·thy /'swɔrði, -θi/ adj (**swarthier, swarthiest**) moreno -a, de tez morena

swash·buck·ling /'swɑʃˌbʌklɪŋ, 'swɔʃ-/ adj intrépido -a

swas·ti·ka /'swɑstɪkə/ s [C] esvástica

swat[1] /swɑt/ v [T] (**swatted, swatting**) matar, aplastar (un insecto)

swat[2] s [C] manotazo (al tratar de aplastar un insecto)

swatch /swɑtʃ/ s [C] muestra

swathe[1] /swɑθ, sweɪð/ (tb **swath** /swɑθ/) s [C] (frml) franja (de tierra)
EXPRESIONES
cut a swathe through sth causar estragos en algo, hacer mella en algo

swathe[2] v **be swathed in sth** (liter) estar envuelto -a en algo

sway[1] /sweɪ/ v **1** [I] balancearse, mecerse **2** [T gralm en pasiva] convencer, hacer cambiar de opinión

sway[2] s [U] balanceo
EXPRESIONES
hold/have sway (a) prevalecer, preponderar **(b)** ejercer (el) dominio

Swa·zi[1] /'swɑzi/ s **1** [C] (persona) suazi **2** [U] (lengua) suazi

Swazi[2] adj suazi

Swa·zi·land /'swɑziˌlænd/ Suazilandia

swear 🅂 /swɛr/ v (**swore** /swɔr/, **sworn** /swɔrn/)
1 [I] decir groserías/palabrotas/malas palabras • **swear at sb** insultar a alguien
2 [I,T] jurar • **swear (that)** jurar que: I swear I didn't tell him. Juro que no se lo dije. • **I swear (to God)** lo juro (por Dios): I didn't touch your purse, I swear! ¡Te juro que no he tocado el bolso!
3 [I,T] prometer, jurar • **swear (that)** prometer/jurar que: I swear I'll never leave you. Prometo que jamás te abandonaré. • **swear to do sth** prometer/jurar hacer algo
EXPRESIONES
I could have sworn that... (coloq) hubiera jurado que... • **swear sb to silence/secrecy** hacer jurar a alguien que guardará silencio/un secreto • **swear blind** jurar y perjurar
swear by sth v+partíc tener una fe ciega en algo
swear sb ↔ in v+partíc tomarle juramento a alguien
swear off sth v+partíc prometer dejar de (hacer) algo
swear to sth v+partíc **1** declarar algo bajo juramento **2 I couldn't/wouldn't swear to it** no podría jurarlo

swear·ing /'swɛrɪŋ/ s [U] groserías, palabrotas, malas palabras: He was cautioned for swearing. Lo amonestaron por decir groserías.

'**swear word** s [C] grosería, palabrota, mala palabra

sweat[1] /swɛt/ v [I] **1** sudar, transpirar • **sweat heavily/profusely** sudar mucho, transpirar intensamente • **sweat like a pig** (coloq) sudar como un caballo/como loco -a, sudar petróleo **2** (coloq) sudar (tinta), trabajar a lo bestia **3** (coloq) preocuparse, estar preocupado -a • **be sweating bullets** estar muy preocupado -a/ ansioso -a
EXPRESIONES
don't sweat it (coloq, oral) no te preocupes • **sweat blood** sudar sangre, sudar tinta
sweat sth ↔ out v+partíc **1** quitarse algo sudando (la fiebre) **2** (coloq) terminar algo con gran esfuerzo, matarse por terminar algo **3 sweat it out** (coloq) morderse las uñas

sweat[2] s [sing, U] sudor, transpiración
EXPRESIONES
be in a sweat (a) estar sudando **(b)** (coloq) estar preocupado -a • **no sweat** (coloq) ningún problema

sweat·er 🅂 /'swɛtər/ s [C] suéter, chompa, buzo

sweat·shirt ⑤³ /'swɛt-ʃət/ s [C] sudadera

sweat·shop /'swɛt-ʃɑp/ s [C] (peyor) taller ilegal donde se explota a los trabajadores

sweat suit, sweat-suit /'swɛtsut/ s [C] equipo de deportes/gimnasia, sudadera, pants

sweat·y /'swɛti/ adj (**sweatier, sweatiest**) **1** sudoroso -a, transpirado -a **2** sudado -a, con olor a sudor/transpiración

Swede /swid/ s sueco -a

Swe·den /'swidn/ Suecia

Swe·dish¹ /'swidiʃ/ s [U] sueco

Swedish² adj sueco -a

sweep¹ W2 /swip/ v (**swept** /swɛpt/)

1 el suelo, una escalera
2 con la mano
3 tornados, incendios
4 viento, olas
5 modas, movimientos
6 avanzar en tropel
7 llevarse por delante
8 con aire resuelto
9 vehículo
10 ojos, reflector
11 vestido
12 en unas elecciones

1 EL SUELO, UNA ESCALERA [T] barrer • **sweep the snow/dust off sth** quitar la nieve/el polvo de algo
2 CON LA MANO [T siempre + adv/prep] I swept the papers quickly into the drawer. Amontoné los papeles y los metí a toda prisa en el cajón. • She swept the coins into her purse. Arrastró las monedas con la mano dejándolas caer en el bolso.
3 TORNADOS, INCENDIOS (a) [T] azotar: Thunderstorms swept the country. Las tormentas azotaban el país. (b) [I siempre + adv/prep] 90 mile per hour winds swept across the plains. Vientos de 90 millas por hora azotaban las llanuras.
4 VIENTO, OLAS [T siempre + adv/prep] **be swept somewhere** ser arrastrado -a a algún lugar: You might be swept out to sea. La corriente podría arrastrarte mar adentro.
5 MODAS, MOVIMIENTOS [I siempre + adv/prep, T] **sweep the nation/state** arrasar en todo el país, invadir el país: A wave of nationalism was sweeping the country. Una ola de nacionalismo invadía el país.
6 AVANZAR EN TROPEL [I siempre + adv/prep] The crowd swept through the gates. La multitud franqueó las puertas en masa.
7 LLEVARSE POR DELANTE [T siempre + adv/prep] arrastrar: I got swept along by the crowd. La muchedumbre me arrastró.
8 CON AIRE RESUELTO [I siempre + adv/prep] **sweep into a room/through the hall** irrumpir en una habitación/cruzar el vestíbulo con aire resuelto
9 VEHÍCULO [I siempre + adv/prep] **sweep by/past** pasar velozmente
10 OJOS, REFLECTOR [T] barrer, recorrer: The General's eyes swept the horizon. El General oteó el horizonte.
11 VESTIDO [T] rozar (en)
12 EN UNAS ELECCIONES [T] arrasar en, imponerse fácilmente en

EXPRESIONES
sweep sb off his/her feet conquistar a alguien • **sweep to power/victory** acceder al poder/alcanzar la victoria holgadamente • **sweep sth under the carpet** (tb **sweep sth under the rug**) ocultar algo, correr un velo sobre algo
sweep sb ↔ along v+partíc be swept along by sth dejarse llevar por algo, verse arrastrado -a por algo
sweep sth ↔ aside v+partíc desechar algo, no hacer caso de algo
sweep away v+partíc **1 sweep sth ↔ away** eliminar algo, acabar con algo **2 sweep sb ↔ away** arrastrar a

alguien: We were swept away by her enthusiasm. Nos dejamos llevar por su entusiasmo.
sweep over sb v+partíc (liter) invadir a alguien, apoderarse de alguien
sweep up v+partíc **1 sweep sth ↔ up** barrer algo **2 sweep up** barrer **3 sweep sb ↔up** agarrar a alguien

sweep² s [C] **1 a sweep of her hand/his sword** un movimiento amplio de su mano/su espada **2** batida: Police made a sweep of the area. La policía realizó una batida de la zona. **3** triunfos aplastantes/arrolladores ▸ **a CLEAN sweep**

sweep·ing /'swipɪŋ/ adj **1** [gralm ante s] radical • **sweeping changes/reforms** cambios/reformas radicales **2** [solo ante s] (peyor) burdo -a (cliché, generalización) • **a sweeping generalization/statement** una generalización **3 a sweeping victory** un triunfo arrollador/aplastante **4** [solo ante s] (escrito) curvo -a **5** [solo ante s] (escrito) amplio -a (vista, paisaje)

EXPRESIONES
a sweeping gesture (a) un gesto/movimiento amplio **(b)** una medida global

sweep·stakes /'swipsteiks/ s [C gralm sing] **1** porra (apuesta) **2** (juego) lotería **3** (situación incierta) lotería

sweet¹ S1 W2 /swit/ adj

1 bebida, pastel
2 persona, sonrisa
3 niño, bebé
4 sentimientos
5 olor
6 sonido
7 agua, aire

1 BEBIDA, PASTEL dulce: a cup of sweet tea una taza de té dulce
2 PERSONA, SONRISA dulce, amable • **it is sweet of sb to do sth** es muy amable por parte de alguien hacer algo: It was sweet of you to help. Fue muy amable por tu parte ayudarme.
3 NIÑO, BEBÉ adorable, lindo -a: Look at his sweet little face! ¡Mira qué carita adorable!
4 SENTIMIENTOS Revenge is sweet. La venganza es dulce. • **the sweet smell of success** el dulce sabor del éxito
5 OLOR agradable: a rose with a very sweet smell una rosa con un olor muy agradable
6 SONIDO dulce
7 AGUA, AIRE (liter) fresco -a ▸ **SHORT and sweet**

EXPRESIONES
have a sweet tooth ser goloso -a • **in your own sweet time** a su ritmo: He does everything in his own sweet time. Se toma su tiempo para hacer las cosas. • **in your own sweet way** a su manera, a su aire

sweet² S3 s
1 sweets [pl] (tipo de comida) dulces, postres
2 (tb **my sweet**) (antic) cielo, mi vida

sweet-and-'sour adj [solo ante s] agridulce

sweet·en /'switn/ v [T] **1** endulzar **2** (coloq) suavizar (una crítica), hacer más atractivo -a (un acuerdo) • **sweeten the pot** hacer más atractivo -a la operación/la oferta
sweeten sb ↔ up v+partíc (coloq) ablandar a alguien, dorarle la píldora a alguien

sweet·en·er /'switn-ə, -nə/ s **1** [C,U] edulcorante, endulzante **2** [C] (coloq) prima, incentivo

sweet·heart¹ S3 /'swithɑrt/ s [C]
1 (oral) cariño, mi vida
2 (coloq) cielo, sol (buena persona)
3 (antic) novio -a • **childhood sweetheart** amor de infancia

sweetheart² adj **a sweetheart deal/agreement/contract** un trato/acuerdo/contrato injustamente ventajoso para el beneficiario

sweet·ie S3 /'switi/ s [C] (coloq)
1 (oral) mi vida, tesoro
2 amor, encanto (persona, animal)

sweet·ly /'switli/ *adv* **1** dulcemente, con dulzura **2** muy bien (oler) **3** (*liter*) como los ángeles (cantar, sonar) **4** suavemente, con suavidad

sweet·ness /'switnɪs/ *s* [U] **1** dulzor **2** dulzura **3** aroma agradable **4** (*liter*) sonido angelical
EXPRESIONES
be all sweetness and light ser todo -a dulzura y amabilidad

‚sweet po'tato *s* [C,U] batata, boniato, camote

'sweet-talk *v* [T] engatusar

swell¹ /swɛl/ *v* (**swelled** o **swollen** /'swoʊlən/) **1** (tobillo, rodilla) [I] (tb **swell up**) hincharse **2** [I] (madera, globo) (tb **swell up**) hincharse, inflarse **3** [I,T] aumentar, incrementar(se) **4** [I] crecer (río) ▶ SWOLLEN
EXPRESIONES
swell with pride/anger (*escrito*) henchirse de orgullo/llenarse de ira

swell² *s* **1** [sing] oleaje **2** [sing] clamor **3** [C] (*antic*) personaje importante

swell³ *adj* (*antic*) fantástico -a, estupendo -a

swell·ing /'swɛlɪŋ/ *s* **1** [U] (hecho) hinchazón **2** [C] (zona) hinchazón

swel·ter /'swɛltər/ *v* [I] sofocarse (de calor)

swel·ter·ing /'swɛltərɪŋ/ *adj* sofocante: *the sweltering heat* el calor sofocante

swept /swɛpt/ pasado y participio pasado de SWEEP

swerve¹ /swɜrv/ *v* [I] virar bruscamente, dar un cabrillazo

swerve² *s* [C] viraje brusco, cabrillazo

swift¹ /swɪft/ *adj* **1** rápido -a, pronto -a **2 be swift to do sth** apresurarse a hacer algo **3** (*esp escrito*) veloz
EXPRESIONES
not too swift (*coloq*) no muy inteligente

swift² *s* [C] vencejo

swift·ly /'swɪftli/ *adv* **1** rápidamente, con prontitud **2** (*esp escrito*) velozmente

swig¹ /swɪg/ *v* [T] (**swigged, swigging**) (*coloq*) beber(se), tomar(se)

swig² *s* [C] (*coloq*) trago

swill¹ /swɪl/ *v* **1** [I,T] agitar(se) (líquido) **2** [T] (*coloq*) tomar/beber (a grandes tragos)
swill sth ↔ down *v+partíc* lavar algo con agua abundante
swill sth ↔ out *v+partíc* enjuagar algo

swill² *s* [U] **1** comida para los cerdos, aguamasa **2** (*coloq*) porquería (comida asquerosa)

swim¹ S /swɪm/ *v* (**swam** /swæm/, **swum** /swʌm/, **swimming**)
1 [I,T] (persona) nadar: *Can you swim?* ¿Sabes nadar? • **swim (the) breaststroke/backstroke** nadar (a) pecho/espalda • **swim a river/the Channel** cruzar un río/el Canal de la Mancha a nado
2 [I] (pez) nadar
3 [I] (cabeza) dar vueltas: *My head was swimming.* Me daba vueltas la cabeza.
4 [I] (imagen, habitación) bailar, dar vueltas: *The numbers swam before my eyes.* Al mirarlos, los números me bailaban.
5 (comida) **be swimming in fat/tomato sauce** nadar en aceite/salsa de tomate ▶ SINK or swim
EXPRESIONES
swim against the tide/current nadar contra la corriente/a contracorriente

swim² *s* [C gralm sing] baño (en la piscina, el mar) • **go for a swim** ir a nadar • **take a swim** darse un baño

swim³ *adj* [solo ante s] de natación: *swim lessons* clases de natación SIN **swimming**

swim·mer /'swɪmər/ *s* [C] nadador -a

swim·ming S /'swɪmɪŋ/ *s* [U] natación • **go swimming** ir a nadar • **swimming lesson** clase de natación

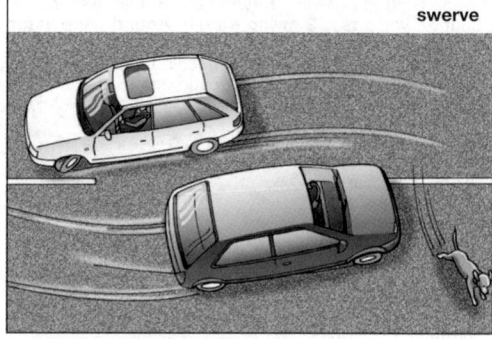

swerve

'swimming pool *s* [C] piscina, alberca

'swimming suit *s* [C] vestido de baño, traje de baño (para mujer) SIN **swimsuit**

'swimming trunks *s* [pl] traje de baño, pantaloneta de baño (de caballero), chingue

swim·suit /'swɪmsut/ *s* [C] vestido de baño, traje de baño (para mujer)

swin·dle¹ /'swɪndl/ *v* [T] estafar, timar • **swindle sb out of sth** estafar algo a alguien

swindle² *s* [C] estafa, timo

swin·dler /'swɪndlər/ *s* [C] estafador -a, timador -a

swine /swaɪn/ *s* [C] **1** (*coloq*) cerdo, canalla **2** (pl **swine**) (*antic*) puerco, cochino, marrano (animal)

swing¹ S3 W3 /swɪŋ/ *v* (**swung** /swʌŋ/)

1	adelante y atrás
2	haciendo una curva
3	para golpear
4	a lo contrario
5	en un columpio
6	con esfuerzo, con malas artes
7	música
8	fiesta, ambiente

1 ADELANTE Y ATRÁS [I,T] balancear(se), (hacer) oscilar: *The sign was swinging in the wind.* El cartel se balanceaba con el viento. • *The boys sat swinging their legs.* Los niños estaban sentados balanceando las piernas.
2 HACIENDO UNA CURVA [I,T siempre + adv/prep] girar: *A black car swung into the drive.* Un carro negro giró enfilando la calle. • *I swung the bag over my shoulder.* Me eché la cartera al hombro. • **swing open/shut** abrirse/cerrarse
3 PARA GOLPEAR [I,T] *He swung the bat with all his strength.* Dio un batazo con todas sus fuerzas. • **swing sth at sb/sth** blandir algo contra alguien/algo: *She swung her bag at him.* Blandió el bolso contra él. • **swing at sb/sth (with sth)** tratar de darle a alguien/algo (con algo): *I swung at the ball and missed.* Traté de darle a la pelota y fallé.
4 A LO CONTRARIO [I,T] cambiar • **swing from sth to sth** cambiar/pasar de algo a algo: *Her mood swings from joy to despair.* Su estado de ánimo pasa de la alegría a la desesperación. • **swing in her/our favor** cambiar a su/nuestro favor • **swing to the left/right** virar a la izquierda/derecha • **swing the vote** cambiar el (sentido del) voto
5 EN UN COLUMPIO [I] columpiarse
6 CON ESFUERZO, CON MALAS ARTES [T] (*oral*) hacerse con, conseguir • **I/she can swing it** puedo/puede arreglarlo
7 MÚSICA [I] tener ritmo
8 FIESTA, AMBIENTE [I] (*antic, coloq*) estar animado -a
▶ **swing the BALANCE**, **there's not enough ROOM to swing a cat**
EXPRESIONES
swing both ways (*coloq*) ser bisexual • **swing into action** ponerse manos a la obra

swing around *v+partíc* **1 swing around** girar sobre sus talones, voltearse **2 swing sth/sb around** hacer girar algo/a alguien en redondo, voltear algo/a alguien
swing by *v+partíc* **swing by (sth)** (*coloq*) pasar (por algo) (la casa de alguien, el supermercado, etc.)

swing² *s*

1 para niños
2 en el porche, jardín
3 para golpear
4 a lo opuesto
5 en deportes
6 adelante y atrás
7 género musical

1 PARA NIÑOS [C] columpio: *He fell off the swing and hurt his knee.* Se cayó del columpio y se hizo daño en la rodilla.
2 EN EL PORCHE, JARDÍN [C] mecedora: *the porch swing* la mecedora del porche
3 PARA GOLPEAR [C] *With one swing of the ax, he split the log.* De un solo hachazo partió el tronco. • **take a swing at sb/sth** tratar de darle a alguien/algo
4 A LO OPUESTO [C] cambio, viraje • [+**to/ toward**]: *the swing toward conservatism* el viraje hacia el conservadurismo • [+**away from**]: *the swing away from traditional methods* el alejamiento de los métodos tradicionales • **a swing to the left/right** un viraje a la izquierda/derecha • **mood swings** cambios de humor
5 EN DEPORTES [sing] golpe (en béisbol), swing (en golf)
6 ADELANTE Y ATRÁS **the swing of sth** el balanceo de algo, la oscilación de algo
7 GÉNERO MUSICAL [U] swing
EXPRESIONES
be in full swing estar en pleno apogeo • **get into the swing of things** (*coloq*) (tb **get into the swing of it**) agarrarle el ritmo

swing·ing /'swɪŋɪŋ/ *adj* (*antic*, *coloq*) desenfadado -a, desinhibido -a

swipe¹ /swaɪp/ *v* [T] **1** (*coloq*) robar(se), volarse **2** pasar por el lector de banda magnética **3** pegar, golpear
swipe at sth *v+partíc* tratar de pillar algo, tratar de golpear algo

swipe² *s* [C] **1** (*coloq*) crítica, ataque • [+**at**] *a sarcastic swipe at the police* una crítica sarcástica contra la policía **2** golpe, puñetazo, zarpazo

'swipe card *s* [C] tarjeta (con banda) magnética

swirl¹ /swɜːl/ *v* **(a)** [I] arremolinarse, remolinear • **swirl around sb/sth** arremolinarse en torno a alguien/algo **(b)** [T] dar vueltas a, formar remolinos con • **swirl sth around** dar vueltas a algo

swirl² *s* [C] **1** remolino **2** espiral

swish¹ /swɪʃ/ *v* **1 (a)** [I] agitarse (cola), hacer un frufrú (falda, cortinas), pasar con un silbido (tren) **(b)** [T] agitar, sacudir (la cola), hacer silbar (el látigo, hacha) **2** [T] agitar, remover (un líquido)

swish² *s* [sing] **1** silbido (del tren), frufrú (de la falda, las cortinas) **2** sacudida (de la cola)

Swiss¹ /swɪs/ *adj* suizo -a

Swiss² *s* **the Swiss** [pl] los suizos

switch¹ S2 /swɪtʃ/ *v*
1 [I,T] (sustituyendo) cambiar (de) • **switch to sth** pasarse/cambiar a algo: *She was a teacher before switching to journalism.* Era profesora antes de pasarse al periodismo. • **switch from sth to sth** pasar de algo a algo: *Danny could switch easily from English to Spanish.* Danny pasaba fácilmente del inglés al español. • **switch between sth and sth** alternar entre algo y algo • **switch your attention to sth** centrar su atención en alguien/algo • **switch sides** cambiar de bando
2 [T] (intercambiando) cambiarse • **switch seats/places** cambiar(se) de lugar (con otra persona)
3 [T siempre + adv/prep] (desplazando) trasladar • **be switched from sth to sth** pasarse/trasladarse de algo a

algo: *Money could be switched from other projects.* El dinero podría sacarse de otros proyectos.
4 [T siempre + adv/prep] (de fecha, hora) cambiar • **switch sth to sth** pasar/cambiar algo a algo: *a plan to switch the ceremony to the afternoon* un plan para pasar la ceremonia a la tarde
5 [I,T] cambiar el turno • **switch with sb** cambiar el turno con alguien
6 [T siempre + adv/prep] (con interruptor) **switch sth to sth** cambiar algo a algo: *Switch the freezer to "defrost."* Ponga el congelador en la posición de "descongelar".
switch off *v+partíc* **1 switch sth ↔ off** apagar algo: *Switch off the lights before you leave.* Apaga las luces antes de irte. **2 switch (itself) off** apagarse **3 switch off** turnarse (para hacer una tarea)
switch on *v+partíc* **1 switch sth ↔ on** encender algo **2 switch (itself) on** encenderse, ponerse en marcha

switch² S3 W3 *s* [C]
1 suiche, switch, apagador • **a light switch** un suiche de la luz, un apagador de la luz • **a power switch** (tb **an on-off switch**) un interruptor de encendido, un switch de encendido • **flip/flick/press the switch** prender/apagar el suiche, pulsar el/dar al apagador • **throw a switch** accionar un suiche, accionar un interruptor • **at the flick of the switch** con solo apretar un botón
2 cambio • **the switch from sth to sth** el cambio/paso de algo a algo • **switch to sth** cambio a algo, paso a algo: *Poland's switch to a market economy* el paso de Polonia a una economía de mercado • **make the switch to sth** pasarse a algo, cambiarse a algo: *More people are making the switch to digital cameras.* Cada vez más gente se está pasando a las cámaras digitales.
3 agujas (del ferrocarril)
EXPRESIONES
make a switch dar el cambiazo • **that's a switch** (*coloq*, *oral*) qué cambio

switch·back /'swɪtʃbæk/ *s* [C] **1** carretera zigzagueante **2** montaña rusa

switch·board /'swɪtʃbɔːd/ *s* [C] conmutador, centralita

Swit·zer·land /'swɪtsələnd/ Suiza

swiv·el¹ /'swɪvəl/ *v* **1** (objeto, persona) **(a)** [I] girar **(b)** [T] (tb **swivel sth around**) girar, hacer girar **2** [I,T siempre + adv/prep] (*escrito*) (la cabeza, la mirada) girar

swivel² *s* [C] plataforma giratoria, pieza giratoria

swol·len¹ /'swəʊlən/ participio pasado de SWELL

swollen² *adj* hinchado -a, inflamado -a

swoon¹ /swuːn/ *v* [I] **1** derretirse (de amor, admiración) • **swoon over sb** morirse por alguien **2** (*antic*) desvanecerse, desmayarse

swoon² *s* [sing] **1** *Elvis could send girls into a swoon with just one look.* Elvis hacía derretirse a las muchachas con una sola mirada. **2** (*antic*) desvanecimiento, desmayo

swoop¹ /swuːp/ *v* [I] **1** (tb **swoop down**) bajar en picada **2** hacer una redada • **swoop on a place** hacer una redada en un lugar, registrar un lugar

swoop² *s* [C] **1** redada • [+**on**]: *the swoop on suspected drug traffickers* la redada contra presuntos narcotraficantes **2** caída en picada (de un avión, un pájaro) ▸ **in/at one FELL swoop**

sword /sɔːd/ *s* [C] espada • **draw your sword** desenvainar la espada ▸ **CROSS swords**

sword·fish /'sɔːd,fɪʃ/ *s* [C,U] (pl **swordfish**) pez espada

swore /swɔː/ pasado de SWEAR

sworn¹ /swɔːn/ participio pasado de SWEAR

sworn² [solo ante s] jurado -a: *a sworn statement* una declaración jurada
EXPRESIONES
a sworn enemy un enemigo acérrimo, una enemiga acérrima

swum /swʌm/ participio pasado de SWIM

swung /swʌŋ/ pasado y participio pasado de SWING

syc·a·more /ˈsɪkəˌmɔr/ s [C] **1** plátano (de sombra) **2** sicomoro, arce (real)

syc·o·phant /ˈsɪkəfənt/ s [C] (peyor) adulador -a

syc·o·phan·tic /ˌsɪkəˈfæntɪk◂/ adj (peyor) adulador -a, obsequioso -a

syl·la·ble /ˈsɪləbəl/ s [C] sílaba ▶ in WORDS of one syllable

syl·la·bus /ˈsɪləbəs/ s [C] (pl **syllabuses** o **syllabi** /-baɪ/) programa de estudios, plan de estudios

sym·bi·o·sis /ˌsɪmbiˈoʊsɪs, -baɪ-/ s [sing, U] simbiosis

sym·bol /ˈsɪmbəl/ s [C] **1** (imagen, color, forma) símbolo • [+**of**]: *The dove is a symbol of peace.* La paloma es símbolo de paz. **2** (letra, número, signo) símbolo • [+**for**]: *the chemical symbol for hydrogen* el símbolo químico del hidrógeno **3** (persona, objeto) símbolo • [+**of**]: *A flag is a symbol of national unity.* Una bandera es un símbolo de la unidad nacional. ▶ SEX SYMBOL, STATUS SYMBOL

sym·bol·ic /sɪmˈbɑlɪk/ adj **1** (gesto, acto, significado) simbólico -a **2** [gralm no ante s] (objeto, imagen) simbólico -a • [+**of**]: *The sun is symbolic of life and creativity.* El sol simboliza la vida y la creatividad.

sym·bol·ism /ˈsɪmbəˌlɪzəm/ s [U] simbolismo

sym·bol·ize /ˈsɪmbəˌlaɪz/ v [T] simbolizar

sym·met·ri·cal /səˈmɛtrɪkəl/ (tb **sym·met·ric** /səˈmɛtrɪk/) adj simétrico -a

sym·met·ri·cally /sɪˈmɛtrɪkli/ adv simétricamente

sym·me·try /ˈsɪmətri/ s [U] simetría

sym·pa·thet·ic /ˌsɪmpəˈθɛtɪk◂/ adj **1** comprensivo -a, compasivo -a • [+**to/toward**]: *People feel sympathetic to the victims of crime.* La gente se solidariza con las víctimas de un delito. • **a sympathetic ear** *Mom was always there with a sympathetic ear.* Mamá siempre estaba allí, dispuesta a escuchar. **2** [nunca ante s] favorable, partidario -a **3 a sympathetic figure/character** (liter) una figura/un personaje entrañable

sym·pa·thet·i·cally /ˌsɪmpəˈθɛtɪkli/ adv **1** con comprensión **2** favorablemente

sym·pa·thize /ˈsɪmpəˌθaɪz/ v [I] **1** *I sympathize, but I don't know how to help.* Lo entiendo, pero no sé cómo puedo ayudar. • **sympathize with sb/sth** solidarizarse con alguien/algo **2** dar apoyo • **sympathize with sb/sth** simpatizar con alguien/apoyar algo

sym·pa·thiz·er /ˈsɪmpəˌθaɪzɚ/ s [C] simpatizante

sym·pa·thy /ˈsɪmpəθi/ s (pl **sympathies**) **1** [U] lástima, compasión • **have/feel sympathy for sb** tener/sentir lástima de alguien **2** [pl, U] pésame, condolencia • **our/my sympathies go out to sb** le damos/doy el pésame a alguien **3** [pl, U] apoyo, respaldo • [+**with/for**]: *The public had little sympathy for the war.* La opinión pública mostraba escaso apoyo a la guerra. • **in sympathy with sb** en solidaridad con alguien • **sb's sympathies lie with sb/sth** alguien/algo cuenta con la simpatía/el apoyo de alguien • **communist/right-wing sympathies** inclinaciones comunistas/derechistas **4** [U] empatía • [+**between**]: *the sympathy between the two boys* la empatía entre los dos muchachos

sym·pho·ny /ˈsɪmfəni/ s [C] (pl **symphonies**) **1** sinfonía **2** (tb **symphony orchestra**) (orquesta) sinfónica

symp·tom W3 /ˈsɪmptəm/ s [C] **1** (de una enfermedad) síntoma • [+**of**]: *symptoms of diabetes* síntomas de diabetes **2** (de un problema) síntoma • [+**of**]: *The high crime rate is a symptom of a wider social problem.* La elevada tasa de delincuencia es síntoma de un problema social más amplio. ▶ WITHDRAWAL SYMPTOMS

symp·to·mat·ic /ˌsɪmptəˈmætɪk/ adj **be symptomatic of sth** (frml) ser sintomático -a de algo

syn·a·gogue /ˈsɪnəˌgɑg/ s [C] sinagoga

---

sync, synch /sɪŋk/ s

EXPRESIONES

in sync (a) sincronizado -a • [+**with**]: *The soundtrack wasn't in sync with the picture.* El sonido no estaba sincronizado con la imagen. **(b)** en sintonía, de acuerdo • [+**with**]: *The president is in sync with her views.* El presidente se halla en sintonía con sus opiniones. • **out of sync (a)** desincronizado -a • [+**with**]: *The animation was out of sync with the characters' voices.* La animación estaba desincronizada de las voces de los personajes. **(b)** discrepante, en desacuerdo • [+**with**]: *The Prime Minister has been criticized for being out of sync with the British people.* Se ha criticado al Primer Ministro por no estar en sintonía con el pueblo británico.

syn·chro·ni·za·tion /ˌsɪŋkrənəˈzeɪʃən/ s [U] sincronización

syn·chro·nize /ˈsɪŋkrəˌnaɪz/ v **1** [T] sincronizar • **synchronize sth with sth** sincronizar algo con algo **2** [I] sincronizarse • **synchronize with sth** sincronizarse con algo

syn·co·pa·tion /ˌsɪŋkəˈpeɪʃən/ s [U] síncopa

syn·di·cate¹ /ˈsɪndəkɪt/ s [C] consorcio, organización: *a crime syndicate* una organización criminal • *banking syndicates* consorcios bancarios

syn·di·cate² /ˈsɪndɪˌkeɪt/ v [T] distribuir (a diversos medios de comunicación)

syn·di·cat·ed /ˈsɪndəˌkeɪtɪd/ adj [solo ante s] que se publica en diferentes periódicos del país

syn·di·ca·tion /ˌsɪndəˈkeɪʃən/ s **in syndication** que se emiten en distintos canales del país

syn·drome /ˈsɪndroʊm/ s [C] **1** (técn) (enfermedad) síndrome **2** (problema) síndrome ▶ DOWN'S SYNDROME, PREMENSTRUAL SYNDROME

syn·er·gy /ˈsɪnɚdʒi/ s [U] sinergia

syn·od /ˈsɪnəd/ s [C] sínodo

syn·o·nym /ˈsɪnəˌnɪm/ s [C] sinónimo

syn·on·y·mous /sɪˈnɑnəməs/ adj **1** (idea, cosa, persona) sinónimo -a • [+**with**]: *The word "home" is synonymous with love and safety.* La palabra "hogar" es sinónimo de cariño y seguridad. **2** (palabras, expresiones) sinónimo -a

syn·op·sis /sɪˈnɑpsɪs/ s (pl **synopses** /-siz/) [C] sinopsis

syn·tac·tic /sɪnˈtæktɪk/ adj (técn) sintáctico -a

syn·tax /ˈsɪntæks/ s [U] (técn) **1** (en gramática) sintaxis **2** (en informática) sintaxis

syn·the·sis /ˈsɪnθəsɪs/ s (pl **syntheses** /-siz/) (frml o técn) **1** [C gralm sing] (de ideas, estilos) síntesis • [+**of**]: *a synthesis of radical ideas* una síntesis de ideas radicales **2** [U] (de una sustancia, hormona) síntesis

syn·the·size /ˈsɪnθəˌsaɪz/ v [T] (frml o técn) **1** (sustancias, hormonas) sintetizar **2** (ideas, estilos) sintetizar

syn·the·siz·er /ˈsɪnθəˌsaɪzɚ/ s [C] sintetizador

syn·thet·ic /sɪnˈθɛtɪk/ adj sintético -a

syph·i·lis /ˈsɪfəlɪs/ s [U] sífilis

Syr·i·a /ˈsɪriə/ Siria

Syr·i·an /ˈsɪriən/ s [C], adj sirio -a

sy·ringe /səˈrɪndʒ/ s [C] jeringa

syr·up /ˈsɚəp, ˈsɪrəp/ s **1** [U] (dulce) jarabe **2** [U] jarabe de arce, miel de arce **3** [sing, U] almíbar **4** [C,U] (medicinal) jarabe

syr·up·y /ˈsɚəpi, ˈsɪrəpi/ adj **1** espeso -a y pegajoso -a **2** (peyor) almibarado -a, empalagoso -a

sys·tem S1 W1 /ˈsɪstəm/ s [C]

| **1** método |
| **2** elementos interconectados |
| **3** en informática |
| **4** cuerpo humano |

5 conjunto de órganos
6 normas sociales

1 MÉTODO sistema: *the education system* el sistema educativo • [+**of**]: *our system of government* nuestro sistema de gobierno
2 ELEMENTOS INTERCONECTADOS sistema: *an alarm system* un dispositivo de alarma • *the heating system* el sistema de calefacción
3 EN INFORMÁTICA sistema • **the system** el sistema: *The system has crashed.* Se ha caído el sistema.
4 CUERPO HUMANO organismo, cuerpo: *Too much alcohol is bad for your system.* El exceso de alcohol es malo para el organismo.

5 CONJUNTO DE ÓRGANOS sistema, aparato • **the respiratory/digestive system** el sistema respiratorio/el aparato digestivo
6 NORMAS SOCIALES **the system** (*coloq*) el sistema • **beat the system** vencer al sistema ▶ SOLAR SYSTEM

EXPRESIONES
all systems go (*esp hum*) adelante, todo listo • **get sth out of your system** (*coloq*) quitarse algo de la cabeza

sys·tem·at·ic /ˌsɪstə'mætɪk/ *adj* sistemático -a

sys·te·mat·i·cally /ˌsɪstə'mætɪkli/ *adv* sistemáticamente, de manera sistemática

'systems ˌanalyst *s* [C] analista de sistemas

S

Tt

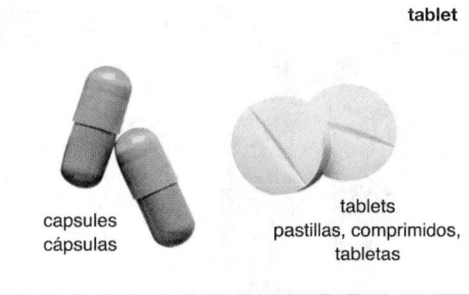

tablet

capsules
cápsulas

tablets
pastillas, comprimidos,
tabletas

T, t /tiː/ s [C,U] (pl **T's, t's**) T, t ▶ T-SHIRT
to a T (tb **to a tee**) (*coloq*) de maravilla, a la perfección

tab¹ /tæb/ s [C] **1** cuenta (en un restaurante, etc.) • **put sth on sb's tab** cargar algo en la cuenta de alguien: *He put dinner on his tab.* Pidió que le cargaran la comida en su cuenta. **2** anilla, lengüeta, pestaña (para abrir algo)
keep (close) tabs on sth/sb (*coloq*) vigilar de cerca algo/a alguien • **pick up the tab** (*coloq*) pagar el pato, correr con los gastos

tab² *v* [T gralm en pasiva] elegir, seleccionar (para una actividad, un premio)

tab·by¹ /'tæbi/ s [C] gato -a atigrado -a

tabby² *adj* atigrado -a

'tab key s [C] tabulador

ta·ble¹ S1 W1 /'teɪbəl/ s
  1 (para comer, escribir) mesa: *the dining room table* la mesa del comedor • *He put the box on the table.* Puso la caja sobre la mesa. • **at the table** a la mesa: *She sat down at the table.* Se sentó a la mesa. • **set the table** poner la mesa • **clear the table** quitar la mesa • **book/reserve a table (for 2/3/4)** reservar una mesa (para 2/3/4)
  2 (para juegos, deportes) mesa: *a pool table* una mesa de pool
  3 tabla, cuadro (con datos, cifras): *The figures are shown in the table below.* Las cifras figuran en la tabla de abajo. ▶ **put/lay your CARDS on the table, COFFEE TABLE, DRINK sb under the table**
on the table sobre la mesa (propuesta): *The offer on the table is a 10% increase.* La oferta que está sobre la mesa es un aumento del 10%. • **turn the tables (on sb)** hacer que se dé vuelta una situación (en contra de alguien), cambiar las tornas (en contra de alguien)

table² S3 *v* [T] postergar/posponer la discusión de: *He suggested the matter be tabled for 30 days.* Sugirió que se pospusiera la discusión del tema por treinta días.

tab·leau /'tæbloʊ/ s [C] (pl **tableaux** /-loʊz/) cuadro vivo

ta·ble·cloth /'teɪbəl,klɔθ/ s [C] mantel

'table ,lamp s [C] lámpara de mesa

,table of 'contents s [C] índice (de un libro, informe, etc.)

ta·ble·spoon W3 /'teɪbəl,spun/ s [C]
  1 cuchara (de servir)
  2 (tb **ta·ble·spoon·ful** /'teɪbəl,spunfʊl/) cucharada sopera (de las de servir): *Add two tablespoons of flour.* Añada dos cucharadas soperas de harina.

tab·let /'tæblɪt/ s [C] **1** (medicamento) pastilla, comprimido, tableta: *vitamin C tablets* comprimidos de vitamina C • **take a tablet** tomarse una pastilla SIN **pill** **2** (de jabón, detergente) pastilla **3** bloc: *a writing tablet* un bloc SIN **pad**

'table ,tennis s [U] ping-pong, tenis de mesa SIN **ping-pong**

ta·ble·ware /'teɪbəlwɛr/ s [U] vajilla, menaje para el servicio de mesa

'table ,wine s [C,U] vino de mesa

tab·loid /'tæblɔɪd/ (tb **,tabloid 'newspaper**) s [C] tabloide, periódico amarillista

ta·boo¹ /tə'bu, tæ-/ *adj* tabú: *a taboo subject* un tema tabú

taboo² s [C] (pl **taboos**) tabú: *cultural taboos* tabúes culturales • **break a taboo** romper un tabú

tab·u·late /'tæbyə,leɪt/ *v* [T] tabular

tab·u·la·tion /,tæbyə'leɪʃən/ s [C,U] tabulación

tac·it /'tæsɪt/ *adj* tácito -a: *a tacit agreement* un acuerdo tácito

tac·it·ly /'tæsɪtli/ *adv* tácitamente

tac·i·turn /'tæsə,tərn/ *adj* taciturno -a

tack¹ /tæk/ s **1** [C] tachuela **2** [C] tachuela, chinche SIN **thumbtack** **3** [C] enfoque, táctica • **try a different tack** probar un nuevo enfoque • **change tack** cambiar de táctica **4** [C,U] bordada (en navegación a vela) ▶ **get down to BRASS tacks**

tack² *v* **1** [T siempre + adv/prep] (tb **tack up**) **tack sth on/to sth** clavar algo con tachuelas en algo: *A note was tacked to the door.* Había una nota clavada en la puerta. SIN **pin** **2** [T siempre + adv/prep] clavar con tachuelas: *They were tacking the carpet down.* Estaban clavando la alfombra al piso. **3** [T] hilvanar (tela, ropa)
  tack sth ↔ on *v+partíc* añadir algo: *a clause tacked on at the end of the contract* una cláusula añadida al final del contrato • **tack sth onto sth** añadirle/agregarle algo a algo

tack·i·ness /'tækinɪs/ s [U] **1** (*peyor, coloq*) chabacanería, lobería, naquería **2** (*peyor, coloq*) mal gusto

tack·le¹ /'tækəl/ *v* **1** [T] abordar (un tema, una tarea, etc.) • **tackle a problem/an issue** abordar un problema/una cuestión **2** [T] tackle a blaze/fire luchar contra un incendio, tratar de sofocar un incendio **3** [I,T] entrar, hacer(le) una entrada/un toque (a) (en fútbol, hockey) **4** [I,T] tacklear/taclear, hacer(le) un tackle/tacle (a) **5** [T] hacer frente a (un atracador, un intruso)

tackle² s **1** [C] entrada, toque (en fútbol): *a late tackle* una entrada a destiempo **2** [C] tackle, tacle **3** [C] tacleador -a **4** [U] (tb **fishing tackle**) aparejos de pesca **5** [U] (tb **lifting tackle**) poleas

tack·y /'tæki/ *adj* (**tackier, tackiest**) **1** (*peyor, coloq*) chabacano -a, lobo -a, naco -a: *tacky souvenirs* recuerdos lobos **2** [nunca ante s] (*peyor, coloq*) de mal gusto **3** pegajoso -a

tact /tækt/ s [U] tacto, discreción

tact·ful /'tæktfəl/ *adj* discreto -a, con tacto ANT **tactless**

tact·ful·ly /'tæktfəli/ *adv* discretamente, con tacto

tact·ful·ness /'tæktfəlnɪs/ s [U] tacto, discreción SIN **tact**

tac·tic /'tæktɪk/ s **1** [C] (para lograr algo) táctica: *a negotiating tactic* una táctica de negociación **2 tactics** [pl] (militar) táctica

tac·ti·cal /'tæktɪkəl/ *adj* **1** [gralm ante s] (decisión) táctico -a • **a tactical error/mistake** un error táctico **2** [solo ante s] (armas) táctico -a: *tactical nuclear weapons* armas nucleares tácticas **3** [solo ante s] (en la batalla) táctico -a: *the military's tactical options* las opciones tácticas del ejército

tac·ti·cally /'tæktɪkli/ *adv* tácticamente

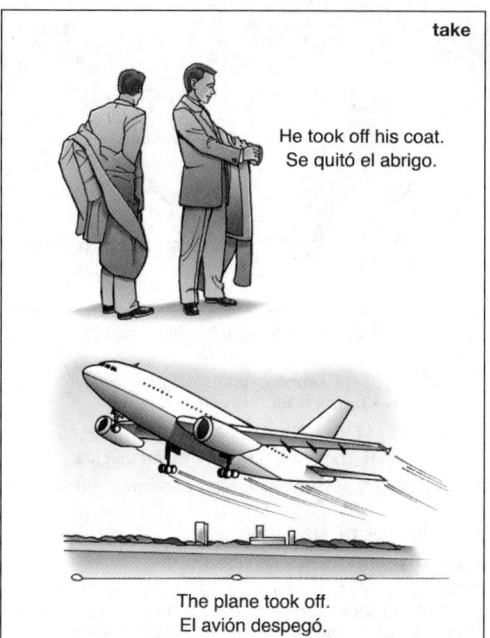

take

He took off his coat.
Se quitó el abrigo.

The plane took off.
El avión despegó.

tac·tile /'tæktl/ *adj* táctil

tact·less /'tæktlıs/ *adj* falto -a de tacto, indiscreto -a
ANT **tactful**

tact·less·ly /'tæktlısli/ *adv* indiscretamente, con falta de tacto

tact·less·ness /'tæklısnıs/ *s* [U] falta de tacto, indiscreción

tad /tæd/ *s*
  EXPRESIONES
  a tad (*oral*) un poquitico, un poquitín

tad·pole /'tædpoʊl/ *s* [C] renacuajo (larva)

taf·fe·ta /'tæfətə/ *s* [U] tafetán

taf·fy /'tæfi/ *s* [C,U] (pl **taffies**) caramelo de leche ▶ **TOFFEE**

tag¹ S3 /tæg/ *s*
  1 [C] etiqueta (con el precio, nombre, etc.): *an identification tag* una placa identificativa
  2 [U] (la) lleva, (la) roña (juego) • **play tag** jugar a la lleva, jugar a la roña
  3 tags [pl] (*coloq*) placa (de matrícula) ▶ **NAME TAG**

tag² *v* [T] (**tagged, tagging**) **1** (un objeto) etiquetar, ponerle una etiqueta a **2** (una persona, un organismo) etiquetar, calificar • **be tagged (as) sth** ser etiquetado -a como algo, ser tildado -a de algo **3** tocar (en béisbol)
  tag along *v+partíc* pegarse: *I hated it when my sister tagged along.* Odiaba cuando mi hermana se nos pegaba. • **tag along with sb** pegarse a alguien
  tag on *v+partíc* **tag sth ↔ on** agregar algo (no planeado originalmente)

tail¹ S2 /teıl/ *s*
  1 (de un animal) [C] cola, rabo: *The Dog was wagging its tail.* El perro maneaba la cola.
  2 (de un cometa) [C gralm sing] cola
  3 (de un avión) [C] cola
  4 (de una camisa) falda (de una camisa)
  5 (traje) **tails** [pl] frac
  6 (persona) [C] (*coloq*) persona empleada para seguir a alguien • **put a tail on sb** hacer seguir a alguien
  7 (de una moneda) **tails** [U] cruz, sello, sol ▶ **HEADS**; **can't make HEAD or tail of sth**
  EXPRESIONES
  chase tail (*coloq*) conquistar a una mujer (para mantener relaciones sexuales) • **be on sb's tail** pisarle los talones a

alguien • **it's (a case of) the tail wagging the dog** (*coloq*) eso es la cola meneando al perro • **turn tail** poner pies en polvorosa • **with your tail between your legs** con el rabo entre las piernas/patas, con la cola entre las piernas/patas

tail² *v* [T] seguir (policía, paparazzi)
  tail off *v+partíc* **1** decaer, mermar: *Profits tailed off toward the end of the year.* Los beneficios decayeron hacia finales de año. **2** (*escrito*) irse apagando (voz)

tail·back /'teılbæk/ *s* [C] tailback (en fútbol americano)

tail·coat /'teılkoʊt/ *s* [C] frac

tail·gate¹ /'teılgeıt/ *s* [C] puerta trasera/de atrás (de un camión, un carro de cinco o tres puertas)

tailgate² *v* [I,T] pegarse (al que va delante) (vehículo)

'tailgate ,party *s* [C] fiesta que se celebra antes de un partido de fútbol americano

tail·light /'teıl-laıt/ *s* [C] luz trasera (de un vehículo)

tai·lor¹ /'teılɚ/ *s* [C] sastre -a ▶ **DRESSMAKER**

tailor² *v* [T] adaptar, personalizar • **tailor sth to sb/sth** hacer algo a la medida de alguien/algo, adaptar algo a alguien/algo

tai·lored /'teılɚd/ *adj* entallado -a: *a tailored suit* un traje entallado

tai·lor·ing /'teılərıŋ/ *s* [U] **1** confección (de un traje) **2** sastrería (oficio)

,tailor-'made *adj* **1** (servicio, producto) personalizado -a, hecho -a a medida • [+**for**]: *The job's tailor-made for you.* El trabajo está hecho a tu medida. **2** (ropa) hecho -a a medida

tail·pipe /'teılpaıp/ *s* [C] exhosto, tubo de escape

tail·spin /'teılspın/ *s* [C] **1** (de una relación, la economía) caída en picada, entrada en barrena • **go into a tailspin** caer en picada, entrar en barrena **2** (de un avión) picada, barrena • **go into a tailspin** caer en picada, entrar en barrena

taint¹ /teınt/ *v* [T gralm en pasiva] **1** manchar, mancillar: *His reputation has been tainted by scandal.* Su reputación se ha visto manchada por el escándalo. **2** contaminar (agua, alimentos) • **be tainted with sth** contaminarse con algo

taint² *s* [sing] (*frml*) mancha, mancilla • [+**of**]: *the taint of corruption* la mancha de la corrupción

taint·ed /'teıntıd/ *adj* **1** corrupto -a (testigo), viciado -a (pruebas): *tainted money* dinero sucio **2** viejo -a, pasado -a (alimento, pescado, etc.): *tainted meat* carne vieja **3** contaminado -a (suelo, sangre, etc.)

Tai·wan /ˌtaı'wɑn/ Taiwán, Taiwan

Tai·wan·ese¹ /ˌtaıwɑ'niz⁊/ *s* [pl] **the Taiwanese** los taiwaneses

Taiwanese² *adj* taiwanés -esa

Ta·jik /tɑ'dʒık/ *s* **1** [C] (persona) tayico -a **2** [U] (idioma) tayico

Tajik² *adj* tayico -a

Ta·jik·i·stan /tɑ'dʒıkıˌstæn/ Tayikistán

take¹ S1 W1 /teık/ *v* (**took** /tʊk/, **taken** /'teıkən/) ▶ **take** forma parte de muchas expresiones como **take a look, take a shower, take action, take responsibility** etc. Estas están tratadas bajo el sustantivo **look, shower, action, responsibility** etc.

  1 de un lugar a otro
  2 en el tiempo
  3 lo que se ofrece, se presenta, se vende
  4 materias, cursos
  5 un examen, una prueba
  6 lo que está dentro o encima
  7 esfuerzo, dinero, cualidades
  8 sin permiso del dueño
  9 agarrando con las manos
  10 ciudades, territorios, prisioneros
  11 una situación negativa, una mala noticia

12 permitir viajar
13 medicamentos, drogas
14 un taxi, bus, tren
15 reaccionar de cierta forma
16 como acompañante o invitado
17 a un nivel más alto
18 una dirección, un camino, una calle
19 por escrito
20 la temperatura, el pulso
21 sal, azúcar, leche
22 un número de zapatos, una talla de ropa
23 un alimento, una bebida
24 para dar un ejemplo
25 en juegos
26 vehículo, ascensor, armario
27 en matemáticas
28 un giro, un obstáculo

1 DE UN LUGAR A OTRO [T] llevar: *Take an umbrella in case it rains.* Llévate un paraguas por si llueve. • *Her mother has taken her home.* Su madre se la llevó a la casa. • **take sth/sb to sth/sb** llevar algo/a alguien a algo/alguien: *He needs someone to take him to the hospital.* Necesita que alguien lo lleve al hospital. • *Take this note to the principal's office, please.* Lleva esta nota a la dirección, por favor. • **take sb sth** llevarle algo a alguien: *I took her a cup of tea in bed.* Le llevé un té a la cama. • **take sth/sb into the kitchen/the house** llevar algo/a alguien a la cocina/a la casa: *They took me into a tiny room.* Me llevaron a una habitación diminuta. • **take sth/sb away** llevarse algo/a alguien: *She took the tray away.* Se llevó la bandeja. • **take sth/sb with you** (tb **take sth/sb along**) llevar algo/a alguien (consigo): *Don't forget to take your passport with you.* No te olvides de llevar el pasaporte. • **take sb to do sth** llevar a alguien a hacer algo: *He took me to meet his parents.* Me llevó a conocer a sus padres. ▸ BRING

2 EN EL TIEMPO [T] llevar, durar: *How long is this going to take?* ¿Cuánto va a llevar esto? • *What took you so long?* ¿Por qué (te) tardaste tanto? • *The trip took longer than usual.* El viaje duró más que de costumbre. • **take (sb) 10 minutes/3 hours** llevar(le) (a alguien) 10 minutos/3 horas: *The painting alone will take him all day.* Sólo pintar le llevará todo el día. • *The whole process takes two hours.* El proceso completo dura dos horas. • **take 10 minutes/3 hours to do sth** tardar 10 minutos/3 horas en hacerse: *Repairs take time to carry out.* Se tarda tiempo en hacer las reparaciones. • **it takes 10 minutes/3 hours to do sth** se tarda 10 minutos/3 horas en hacer algo: *It took three and a half hours to get home.* Tardamos tres horas y media en volver a la casa. • **it takes sb 10 minutes/3 hours to do sth** (tb **it takes 10 minutes/3 hours for sb to do sth**) alguien (se) tarda 10 minutos/3 horas en hacer algo: *It takes me about 20 minutes to get to work.* Tardo unos 20 minutos en llegar al trabajo. • **take (sb) forever/ages/days** (*coloq*) *The drive to the airport took forever.* El trayecto al aeropuerto duró una eternidad. • *It took me ages to find a present for Dad.* Tardé siglos en encontrar un regalo para papá.

3 LO QUE SE OFRECE, SE PRESENTA, SE VENDE [T] aceptar (un empleo, un pago, un regalo), aprovechar (una oportunidad), llevarse (un producto): *He should have taken that job.* Debería haber aceptado ese trabajo. • *Did she take your advice?* ¿Siguió tu consejo? • *"It's $50." "OK, I'll take it."* –Son 50 dólares. –De acuerdo, me lo llevo. • **take sth from sb** aceptar algo de alguien, aceptarle algo a alguien • **take credit cards/checks/cash** aceptar tarjetas de crédito/cheques/pago en efectivo: *Will you take a check?* ¿Aceptan cheques?

4 MATERIAS, CURSOS [T] estudiar, hacer, tomar: *What classes are you taking next semester?* ¿Qué materias vas a hacer el próximo semestre?

5 UN EXAMEN, UNA PRUEBA [T] presentar, hacer: *The class is taking a history test today.* Hoy la clase va a hacer un examen de historia.

6 LO QUE ESTÁ DENTRO O ENCIMA [T siempre + adv/prep] **take sth off/out of/from sth** quitar algo de algo, sacar algo de algo, tomar algo de algo: *Take your feet off the seats.* Quiten los pies de los asientos. • *Could*

you take the turkey out of the oven? ¿Podrías sacar el pavo del horno? • *He took a book from the shelf.* Tomó un libro de la estantería. SIN **remove**

7 ESFUERZO, DINERO, CUALIDADES [T] requerir: *Looking after children takes hard work.* El cuidado de los niños lleva mucho trabajo. • **take courage/guts** requerir valor/agallas: *Starting your own business takes a lot of guts.* Se necesitan muchas agallas para montar tu propio negocio. • **it takes courage/patience/strength to do sth** hace falta valor/paciencia/fuerza para hacer algo • **it takes a lot of money/$500** cuesta mucho dinero/500 dólares: *It will take nearly $650,000 to restore the house.* Va a costar casi 650.000 dólares restaurar la casa. • **take some doing** (*coloq*) no ser tarea fácil • **have what it takes (to do sth)** tener lo que se necesita (para hacer algo)

8 SIN PERMISO DEL DUEÑO [T] llevarse, tomar, coger: *Did you take my pen?* ¿Tú te llevaste mi bolígrafo? • **take sth from sth** llevarse algo de algo: *I think she's been taking money from the cash register.* Me parece que se está llevando dinero de la caja. • **take sth from sb** quitarle algo a alguien

9 AGARRANDO CON LAS MANOS [T] tomar, coger: *Let me take your coat.* Permítame el abrigo. • *Can you take this package while I get my wallet?* ¿Me sujetas este paquete mientras busco la cartera? • **take sth from sb** quitarle algo a alguien • **take sb by the arm/hand** tomar a alguien del brazo/de la mano • **take sb in your arms** abrazar a alguien

10 CIUDADES, TERRITORIOS, PRISIONEROS [T] tomar: *Enemy forces have taken the airport.* Las fuerzas enemigas han tomado el aeropuerto. • **take sb prisoner/hostage** hacer prisionero -a/tomar como rehén a alguien: *Six soldiers were taken prisoner.* Hicieron prisioneros a seis soldados.

11 UNA SITUACIÓN NEGATIVA, UNA MALA NOTICIA [T] (*coloq*) aguantar, aceptar: *I just can't take any more.* Ya no aguanto más. • *He's not very good at taking criticism.* Le cuesta aceptar las críticas. • **be hard to take** ser difícil de aguantar/aceptar: *The death of a loved one is always hard to take.* Siempre cuesta aceptar la muerte de un ser querido. • **take it like a man** aguantar como un hombre

12 PERMITIR VIAJAR [T siempre + adv/prep] llevar: *My job takes me all over the world.* Mi trabajo me lleva por todo el mundo. • **take sb to/across/through sth** llevar a alguien a/a través de/por algo: *The highway takes you through some beautiful country.* La autopista te lleva por unos parajes preciosos.

13 MEDICAMENTOS, DROGAS [T] tomar: *Take two tablets before bedtime.* Tómese dos pastillas antes de acostarse. • **take sth for sth** tomar algo para algo: *You really need to take something for that cough.* Tienes que tomarte algo para esa tos. • **take drugs** consumir/tomar drogas

14 UN TAXI, BUS, TREN [T] tomar, coger: *Let's take a cab.* Tomemos un taxi.

15 REACCIONAR DE CIERTA FORMA [T siempre + adv/prep] tomar(se): *Sometimes I just don't know how to take him.* A veces no sé qué pensar de él. • **take sth/sb seriously** tomar(se) algo/a alguien en serio • **take sth well/badly/hard** tomar(se) algo bien/mal/muy mal: *She didn't take the news very well.* No se tomó muy bien la noticia. • **take sth lightly/personally** tomar algo a la ligera/como algo personal • **take sth/sb to be sth** creer que algo/alguien es algo • **take sth/sb for sth** tomar algo/a alguien por algo: *What do you take me for?* ¿Por quién me tomas?

16 COMO ACOMPAÑANTE O INVITADO [T] llevar • **take sb to a restaurant/the theater** llevar a alguien a un restaurante/al teatro ▸ TAKE OUT

17 A UN NIVEL MÁS ALTO [T siempre + adv/prep] **take sth to/into sth** llevar algo a algo: *The latest raise takes his salary into six figures.* El último aumento lleva su sueldo a una cifra de seis dígitos. • **take sth further** llevar algo más lejos (una queja, etc.)

18 UNA DIRECCIÓN, UN CAMINO, UNA CALLE [T] tomar, coger: *Take the freeway – it'll be quicker.* Vé por la autopista: va a ser más rápido. • **take a left/right** girar a la izquierda/derecha, voltear a la izquierda/derecha

19 **POR ESCRITO** [T] anotar: *Let me take your email address.* Dime tu dirección de correo electrónico para que la anote. • **take a message** tomar (nota de) un mensaje: *He's not here right now. Can I take a message?* No está en este momento. ¿Quiere dejar un mensaje?

20 **LA TEMPERATURA, EL PULSO** [T] tomar: *The doctor took her blood pressure.* El médico le tomó la tensión.

21 **SAL, AZÚCAR, LECHE** [T nunca en forma continua] tomar: *I don't take milk.* No tomo leche. • **take sth in sth** echarle/ponerle algo a algo: *Do you take sugar in your coffee?* ¿Le pones azúcar al café? • **take your coffee/tea black** tomar el café/té solo

22 **UN NÚMERO DE ZAPATOS, UNA TALLA DE ROPA** [T] *What size shoe do you take?* ¿Qué número calzas? • *I take a medium.* Uso la talla mediana.

23 **UN ALIMENTO, UNA BEBIDA** [T] tomar: *He took a mouthful of water from the bottle.* Tomó un trago de agua de la botella.

24 **PARA DAR UN EJEMPLO** [T gralm en imperat] mirar: *Take me, for example.* Mírame a mí, por ejemplo.

25 **EN JUEGOS** [T] comer, capturar (una pieza), matar, ganar a (un naipe)

26 **VEHÍCULO, ASCENSOR, ARMARIO** [T nunca en pasiva o forma continua] tener cabida para: *Our car can take up to six people.* En nuestro carro caben hasta seis personas.

27 **EN MATEMÁTICAS** [T] **take sth from sth** restar algo a algo: *Take four from nine and what do you get?* Si a nueve le restas cuatro, ¿cuánto te queda? SIN **subtract**, **take away**

28 **UN GIRO, UN OBSTÁCULO** [T] tomar, coger (una curva), saltar (una cerca): *He took the bend at over 60.* Tomó la curva a más de 60. ▶ **take sb's BREATH away**, **take CARE**, **take a HIKE**, **not take KINDLY to sth**, **take PART (in sth)**, **take PLACE**, **POINT taken**, **take sb's WORD for it**

EXPRESIONES

I take it (that) (*frml*, *oral*) deduzco/supongo que: *I take it you two have already met.* Por lo que veo, ustedes dos ya se conocen. • **take sth as read/given** dar algo por sentado/por hecho • **take it from me** hazme caso: *That's the truth – take it from me.* Es la verdad, hazme caso. • **take it or leave it** o lo tomas o lo dejas • **I/she can take it or leave it** a mí me/a ella le es indiferente • **take a seat** tomar asiento

take sb aback *v+partíc* [gralm en pasiva] sorprender/desconcertar a alguien: *I think he was a little taken aback by my reaction.* Creo que mi reacción lo sorprendió un poco.

take after sb *v+partíc* parecerse a alguien, haber salido a alguien (de la familia): *Everyone says I take after my mother.* Todo el mundo dice que salgo a mi madre.

take apart *v+partíc* **1** **take sth ↔ apart** desmontar algo (un aparato, etc.) SIN **put together** **2** **take a place/a house apart** registrar un lugar/una casa de arriba abajo

take away *v+partíc* **1** **take sth ↔ away** quitar algo: *This should take some of the pain away.* Esto debería quitarle un poco el dolor. **2** **take sth ↔ away** restar algo: *Ten take away nine equals one.* Diez menos nueve es igual a uno. • **take sth away from sth** restar algo a algo: *Take 19 away from 48.* Resta 19 a 48. SIN **subtract**, **take**

take away from sth *v+partíc* restarle valor a algo: *The sad news took away from our enjoyment of the evening.* La triste noticia nos arruinó la velada.

take back *v+partíc* **1** **take sth ↔ back** retirar algo (un comentario): *I take back everything I said.* Retiro todo lo que dije. **2** **take sth ↔ back** devolver algo (a una tienda): *If the shirt doesn't fit, take it back.* Si la camisa no es de tu talla, devuélvela. **3** **take sb ↔ back** reanudar una relación con alguien **4** **take sb ↔ back** traerle recuerdos a alguien, trasportar a alguien al pasado: *That song really takes me back.* Esa canción me trae muchos recuerdos.

take sth ↔ down *v+partíc* **1** desmontar algo (una tienda de campaña), quitar algo (un adorno, un póster) **2** anotar algo SIN **write down** **3** bajarse algo (los pantalones, etc.) SIN **pull down** ANT **pull up**

take in *v+partíc* **1** **take sth ↔ in** asimilar algo (datos, información): *She just couldn't take in what had happened.* Era sencillamente incapaz de asimilar lo sucedido. SIN **absorb** **2** **take sb ↔ in** [gralm en pasiva] engañar a alguien • **be taken in by sth** dejarse engañar por algo **3** **take sth ↔ in** recaudar algo, ganar algo **4** **take sb ↔ in** recoger/acoger a alguien (un huérfano, un animal abandonado, etc.) **5** **take sth ↔ in** meter/tomar (de cintura) algo (unos pantalones, una falda) ANT **let out** **6** **take sb ↔ in** trasladar a alguien a una comisaría **7** **take in sth** (*antic*) ir a ver algo (una película, una obra de teatro)

take off *v+partíc* **1** **take sth ↔ off** quitarse algo (ropa, etc.): *Could you take off your shoes?* ¿Podría quitarse los zapatos? ANT **put on** **2** **take sth ↔ off** quitar algo (una tapa, una pieza, etc.) ANT **put on** **3** **take sth ↔ off** quitar algo (pintura, manchas, etc.): *She took her makeup off.* Se desmaquilló. ANT **put on** **4** **take off** despegar (avión): *We took off from Chicago O'Hare.* Despegamos de Chicago O'Hare. ▶ **LIFT OFF** **5** **(a)** **take sth off** tomarse algo libre: *I arranged to take some time off.* Arreglé para tomarme algo de tiempo libre. **(b)** **take time off work/school** tomarse tiempo libre en el trabajo/colegio: *I need to take a week off work.* Necesito tomarme una semana libre en el trabajo. **6** **take sth ↔ off** bajar algo: *He's taken a lot of weight off recently.* Bajó mucho de peso en los últimos tiempos. SIN **lose** **7** **take off** despegar (ventas, negocio): *His career suddenly took off.* Su carrera despegó de repente.

take on *v+partíc* **1** **take sb/sth ↔ on** enfrentarse a alguien/algo **2** **take on sth** adquirir/cobrar algo (una cualidad, un aspecto): *Her face took on a fierce expression.* Su rostro adquirió una expresión feroz. **3** **take sth ↔ on** hacerse cargo de algo, asumir algo: *I've taken on too much work.* Tomé demasiado trabajo. **4** **take sb ↔ on** contratar a alguien • **take sb ↔ on as sth** contratar a alguien como algo SIN **hire**

take out *v+partíc* **1** **take sth ↔ out** sacar algo (de un lugar o recipiente): *She opened her briefcase and took a letter out.* Abrió el maletín y sacó una carta. **2** **take sb ↔ out** invitar a salir a alguien (pagando): *Is he taking you out again?* ¿Te volvió a invitar a salir? • **take sb out for dinner/a meal** llevar a alguien a cenar/a comer **3** **take out insurance/a loan** contratar un seguro/solicitar un préstamo: *The couple took out a $200,000 loan.* La pareja solicitó un préstamo de 200.000 dólares. **4** **take sth ↔ out** sacar algo (del banco): *How much would you like to take out?* ¿Cuánto quiere sacar? SIN **withdraw** **5** **take sth ↔ out** sacar algo (de una biblioteca): *You can take out six books at a time.* Se pueden sacar hasta seis libros a la vez. SIN **check out** **6** **take out an ad/an advertisement** publicar un anuncio **7** **take a lot out of sb** (tb **take it out of sb**) agotar a alguien: *My job takes a lot out of me.* El trabajo me deja agotada.

take sth out on sb *v+partíc* **take your anger/frustration out on sb** descargar la rabia/frustración en alguien • **take it out on sb** agarrársela con alguien, desquitarse con alguien: *Don't take it out on me!* ¡No te desquites conmigo!

take over *v+partíc* **1** **take over** hacerse cargo, asumir el mando: *She wants me to take over when she retires.* Quiere que yo me haga cargo cuando ella se jubile. • **take over from sb** reemplazar/sustituir a alguien: *She took over from him as Managing Director.* Lo remplazó en el cargo de Director Ejecutivo. **2** **take over sth** hacerse cargo de algo, asumir el mando de algo: *His brother took over the running of the business.* Su hermano se hizo cargo de manejar la empresa. **3** **take sth ↔ over** apoderarse de algo, hacerse con algo: *The company was taken over in 1989.* La empresa fue adquirida en 1989.

take to *v+partíc* **1** **take to sth** tomarle el gusto a algo • **take to sb** I/*They took to him.* Me/Les cayó bien. • *We took to each other right away.* Nos caímos bien enseguida. **2** **take to doing sth** dedicarse a algo • **take to doing sth** *She has taken to getting up early.* Le ha dado por madrugar. • **take to drink** darse a la bebida **3** **take to your bed** (*antic*) meterse en la cama **4** **take to sth like a**

duck to water adaptarse fácilmente a algo **5 take to the streets** echarse/lanzarse a la calle

take up *v+partíc* **1 take up sth** ocupar algo (un espacio) • **take up space/room** ocupar espacio: *All these old files are just taking up space.* Todos estos archivos viejos no hacen más que ocupar espacio. **2 take up sth** ocupar/ llevar algo (un tiempo) • **take up time** quitar/llevar tiempo: *I don't want to take up too much of your time.* No quiero quitarte demasiado tiempo. • **be taken up with sth** irse en algo: *Most of my time is taken up with work.* La mayoría del tiempo se me va trabajando. **3 take up ↔ sth** empezar a hacer/practicar algo: *I've just taken up golf.* Empecé a jugar al golf. • **take up the piano/violin** empezar a estudiar piano/violín **4 take sth ↔ up** aceptar algo (un ofrecimiento, una invitación) **5 take sth ↔ up** asumir algo, empezar a desempeñar algo • **take up a post/a position/your duties** empezar a desempeñar un cargo/un puesto/sus funciones **6 take sth ↔ up** hacer suyo algo (una causa), interesarse por algo (un tema): *Now the papers have taken up the story.* Ahora los periódicos se han interesado por la noticia. **7 take sth ↔ up** reanudar/retomar algo (un relato, una actividad) SIN **pick up 8 take sth ↔ up** levantar/quitar algo (un suelo, una alfombra) **9 take sth ↔ up** meter/ tomar de largo algo, meter el bajo de algo (unos pantalones, una falda, unas cortinas) • **have sth taken up** llevar algo a que lo metan/tomen de largo ANT **let down 10 take up arms** (*liter*) tomar las armas

take sb up on sth *v+partíc* tomarle la palabra a alguien: *Thanks for the offer. I might take you up on it.* Gracias por el ofrecimiento. Es probable que lo acepte.

take up with *v+partíc* **take sth ↔ up with sb** plantearle algo a alguien: *If you're unhappy, you should take it up with your supervisor.* Si no estás satisfecha, deberías planteárselo a tu supervisor.

take² S3 W3 *s* [C]
1 toma (en un rodaje, una grabación): *They filmed the scene in one take.* Rodaron la escena en una sola toma. **2** [gralm sing] (*coloq*) opinión • [+**on**]: *Let's hear your take on what just happened.* Dinos cómo ves tú lo que acaba de ocurrir. ▶ **DOUBLE TAKE**

EXPRESIONES
be on the take (*coloq*) dejarse sobornar

'take-home ,pay *s* [U] sueldo neto

tak·en¹ /'teɪkən/ participio pasado de TAKE

tak·en² *adj* [nunca ante s] **be taken with/by sb/sth** *She seems quite taken with him.* Parece que le gustó mucho.

take·off, take-off /'teɪk.ɔf/ *s* **1** [C,U] despegue (de un avión) **2** [C] parodia

take·out, take-out /'teɪk.aʊt/ *s* [U] comida para llevar (hecha en un restaurante) • **takeout food** comida para llevar

take·o·ver /'teɪk.ˌoʊvə/ *s* [C,U] **1** adquisición, absorción (de una compañía) • **a hostile takeover** una OPA hostil • **takeover attempt** intento de adquisición • **takeover bid** OPA, oferta pública de adquisición **2** toma del poder (en un país, un partido)

tak·er /'teɪkə/ *s* [C] **any takers?** ¿algún interesado/ alguna interesada?

tak·ings /'teɪkɪŋz/ *s* [pl] recaudación • **the day's/week's takings** la recaudación del día/de la semana • **bar/box-office takings** recaudación del bar/en taquilla

talc /tælk/ *s* [U] talco

tal·cum pow·der /'tælkəm ˌpaʊdə/ *s* [U] talco

tale W2 /teɪl/ *s* [C]
1 cuento (imaginario): *tales of adventure* historias de aventuras • **a folk tale** un cuento popular **2** historia (verídica) • **tell a tale** contar una historia ▶ **FAIRY TALE, OLD WIVES' TALE**

EXPRESIONES
live/survive to tell the tale vivir para contarlo/contarla

tal·ent W3 /'tælənt/ *s*
1 [C,U] talento, dote(s) • **have a talent for sth** tener talento para algo: *She has a natural talent for leadership.* Tiene un don natural para el liderazgo. • **a man/**

woman of many talents un hombre/una mujer con muchas dotes **2** [C,U] (persona de) talento

tal·ent·ed /'tæləntɪd/ *adj* talentoso -a, de talento: *a talented dancer* un bailarín de talento

tal·is·man /'tælɪsmən, -lɪz-/ *s* [C] talismán

talk¹ S1 W1 /tɔk/ *v*

1 conversar
2 sobre un tema importante, serio
3 disertar
4 emitir palabras
5 revelar información
6 ser amigos
7 chismosear
8 al hacer un cálculo

1 CONVERSAR [I] hablar, platicar: *I could hear people talking in the next room.* Oía a gente hablando en la habitación de al lado. • **talk to /with sb** hablar con alguien, platicar con alguien: *It's been nice talking to you.* Ha sido un placer hablar contigo. • **She's very easy to talk to.** Es muy fácil hablar con ella. • **talk about sb/sth** hablar de alguien/algo, platicar de alguien/algo: *They talked about their favorite bands.* Hablaron de sus grupos favoritos. • **talk together** hablar, charlar, platicar SIN **speak**

2 SOBRE UN TEMA IMPORTANTE, SERIO [I,T] hablar: *Joe, we need to talk.* Joe, tenemos que hablar. • **talk about/of (doing) sth** hablar de (hacer) algo: *We've been talking about getting married.* Hemos estado hablando de casarnos. • **talk to/with sb** hablar con alguien: *You should talk to a lawyer.* Deberías hablar con un abogado. • *I'd like to talk with you in private.* Me gustaría hablar contigo a solas.

3 DISERTAR [I] hablar • **talk on/about sth** hablar de/sobre algo: *She will be talking about Shakespeare's historical plays.* Hablará sobre los dramas históricos de Shakespeare. • **talk to sb** darle una charla a alguien SIN **speak**

4 EMITIR PALABRAS [I] hablar: *She was talking so fast I could hardly understand her.* Hablaba tan rápido que apenas la entendía. • *Please don't all talk at the same time.* Por favor, no hablen todos a la vez. • **talk about sb/sth** hablar de alguien/algo: *She talks about herself all the time.* No hace más que hablar de sí misma. • **talk of sb/sth** (*frml o liter*) hablar de alguien/algo: *She often talks of her first husband.* A menudo habla de su primer marido. • **learn/start to talk** aprender/empezar a hablar • **talk in French/German** hablar en francés/alemán SIN **speak**

5 REVELAR INFORMACIÓN [I] hablar: *He said he'd kill me if I talked.* Dijo que me iba a matar si hablaba. • **refuse to talk** negarse a hablar

6 SER AMIGOS **be talking** [I gralm en negat] (*coloq*) hablarse, dirigirse la palabra: *Pat and Alan are still not talking.* Pat y Alan siguen sin hablarse.

7 CHISMOSEAR [I] hablar, murmurar: *If we're seen together, people might talk.* Si nos ven juntos, podría dar que hablar.

8 AL HACER UN CÁLCULO **you're/we're talking (about) sth** (*oral*) estamos hablando de algo: *For a new set of tires, you're talking $250.* Para un juego nuevo de llantas, estamos hablando de 250 dólares. ▶ **speak/talk of the** DEVIL, **MONEY talks, talk in** RIDDLES

EXPRESIONES
do (all) the talking (*coloq*) encargarse de hablar • **know what you're talking about** saber de lo que se habla: *I know what I'm talking about.* Sé de lo que hablo. • **be like talking to a brick wall** ser como hablarle a la pared • **look who's talking** (tb **sb can talk, sb's a fine one to talk**) (*oral*) mira quién habla, mira quién fue a hablar • **now you're talking** (*oral*) así se habla • **talk about sth** (*oral*): *Talk about lucky!* ¡Pues qué suerte! • *Talk about annoying!* ¡Qué pesada! • **talk sb's ear off** (*oral*) no parar de hablarle a alguien, no parar de platicarle a alguien • **talk sense/nonsense/rubbish** (*coloq*) decir cosas sensatas/tonterías/estupideces • **talk (some) sense into sb** (*coloq*) hacer entrar en razón a alguien • **talk**

shop (*coloq*) hablar del trabajo • **talk smack** (*coloq*) criticar • **talk the talk (of sb/sth)** (*coloq*) decir lo que la gente espera o piensa que es necesario en una situación determinada: *Few companies talk the talk like this.* Pocas empresas se animan a hablar así. • **talk to yourself** hablar solo -a: *She was talking to herself as she worked.* Mientras trabajaba, hablaba sola. • **talk tough (on sth)** (*coloq*) hablar sin rodeos (sobre algo) • **talk trash** (*coloq*) insultar • **talk turkey** (*coloq*) hablar en serio • **talk your way out of sth** (*coloq*) salir de algo a base de labia: *He usually manages to talk his way out of trouble.* Suele arreglárselas para salir de aprietos a base de labia.

talk around *v+partíc* **talk around sth** darle vueltas a algo sin ir al grano

talk back *v+partíc* replicar, contestar mal • **talk back to sb** contestarle a alguien

talk down *v+partíc* **1 talk sb ↔ down** darle instrucciones a alguien para aterrizar **2 talk sb ↔ down** convencer a alguien de que baje

talk down to sb *v+partíc* menospreciar a alguien, hablar a alguien como si fuera tonto -a SIN **patronize**

talk sb into sth *v+partíc* convencer a alguien de algo: *Why did I let you talk me into this?* ¿Por qué te dejé convencerme de que me metiera en esto? • **talk sb into doing sth** convencer a alguien de algo/para que haga algo

talk sb out of sth *v+partíc* disuadir a alguien de algo: *His teammates helped talk him out of it.* Sus compañeros de equipo ayudaron a disuadirlo de su idea. • **talk sb out of doing sth** disuadir a alguien de hacer algo

talk sth ↔ over *v+partíc* hablar de algo, discutir algo • **talk sth ↔ over with sb** hablar/discutir algo con alguien: *I'm going to have to talk it over with Dan first.* Primero tendré que hablarlo con Dan. • **talk things over** hablar (las cosas)

talk through *v+partíc* **1 talk sth ↔ through** discutir/repasar algo a fondo **2 talk sb through sth** explicarle algo a alguien paso por paso

talk sb/sth ↔ up *v+partíc* exagerar el valor de alguien/algo SIN **talk down**

talk² S1 W1 *s*

1 entre personas
2 entre países, organizaciones
3 discurso
4 especulaciones
5 tipo de conversación
6 objeto de rumores

1 ENTRE PERSONAS [C] conversación, charla, plática: *After a brief talk with a neighbor, he went back in.* Después de una breve charla con un vecino, volvió a entrar. • **have a talk** tener una charla (en serio), hablar (en serio): *I think it's time we had a talk.* Creo que es hora de que tengamos una charla. • **a talk about sth** una conversación sobre algo SIN **conversation**

2 ENTRE PAÍSES, ORGANIZACIONES talks [pl] conversaciones: *The talks have reached an important stage.* Las conversaciones han llegado a una fase importante. • [+with]: *Talks with the rebels have failed.* Las conversaciones con los rebeldes han fracasado. • [+about]: *talks about the future of the Middle East* conversaciones sobre el futuro de Medio Oriente • **peace/merger talks** conversaciones de paz/para una fusión empresarial • **trade/budget talks** negociaciones comerciales/presupuestarias • **hold talks (with sb)** mantener conversaciones (con alguien) • **be in talks** estar en conversaciones • **enter into talks with sb** iniciar conversaciones con alguien

3 DISCURSO [C] charla, conferencia, plática • [+on/about]: *a talk on local history* una charla sobre historia local • [+by]: *a series of talks by well-known writers* un ciclo de charlas de conocidos escritores • [+to]: *He collapsed during a talk to campaign workers.* Se desplomó mientras daba una charla a los participantes en la campaña. • **give/do/deliver a talk** dar una charla SIN **speech, lecture**

4 ESPECULACIONES [U] habladurías, rumores, palabrería • [+of]: *Talk of more job cuts was demoralizing the workforce.* Los rumores de que se recortarían más

empleos estaban desmoralizando al personal. • *all this talk of equality* toda esta palabrería sobre la igualdad • **there's talk of sth** se habla de algo • **there's talk that** hay rumores de que, se dice que

5 TIPO DE CONVERSACIÓN [U] *That's enough of that kind of talk.* Ya basta de hablar de eso. • **girl/guy talk** cosas de mujeres/hombres • **sales talk** discurso de vendedor

6 OBJETO DE RUMORES the talk of sth la comidilla de algo • **the talk of the town** la comidilla del lugar ▶ PEP TALK, SMALL TALK

EXPRESIONES

be all talk (and/but no action) (*oral*) hablar mucho y no hacer nada • **be just/only talk** no ser más que palabras, ser pura palabrería • **talk is cheap** (*oral*) hablar no cuesta nada

talk·a·tive /ˈtɔkətɪv/ *adj* conversador -a, parlanchín -ina, platicador -a

talk·a·tive·ness /ˈtɔkətɪvnɪs/ *s* [U] locuacidad

talk·er /ˈtɔkə/ *s* [C] (*coloq*) parlanchín -ina

ˈtalking-to *s* [C gralm sing] sermón (reprimenda)

ˌtalk ˈradio *s* [U] programación de radio dedicada al debate, con participación de invitados, especialistas y oyentes

ˈtalk show *s* [C] programa de entrevistas (en radio o televisión) • **talk show host** presentador -a de programas de entrevistas

tall S1 W2 /tɔl/ *adj*

1 alto -a (persona, edificio, árbol): *She's tall and skinny.* Es alta y flaca. • *one of the tallest buildings in the world* uno de los edificios más altos del mundo • **grow tall** crecer: *The grass has grown very tall.* El césped creció mucho.

2 how tall are you/is he? ¿cuánto mides/mide?, ¿qué tan alto -a eres/es? • *How tall is that building?* ¿Cuánto mide ese edificio? • **be 5 feet/ meters/inches tall** medir 5 pies/metros/pulgadas de alto

3 [solo ante s] **a tall drink** un trago largo ▶ COCKTAIL; WALK tall

EXPRESIONES

a tall order (*coloq*) una tarea muy difícil • **a tall tale/story** un cuento chino

tal·low /ˈtæloʊ/ *s* [U] sebo

tal·ly¹ /ˈtæli/ *s* [C] (pl **tallies**) cuenta (de dinero gastado, etc.) • **keep a tally (of sth)** llevar la cuenta (de algo)

tally² *v* (**tallies, tallied, tallying**) **1** [T] (tb **tally up**) contar (votos, puntos, etc.) **2** [I] cuadrar, coincidir • **tally with sth** cuadrar con algo

tal·on /ˈtælən/ *s* [C] garra (de un ave)

tam·bou·rine /ˌtæmbəˈrin/ *s* [C] pandereta

tame¹ /teɪm/ *adj* **1** domesticado -a, manso -a ANT **wild** **2** (*coloq*) soso -a, insulso -a

tame² *v* [T] **1** domesticar, domar (a un animal) **2** dominar, controlar (la inflación, un río, etc.)

tam·per /ˈtæmpə/ *v* tamper with sth *v+partíc* manipular/toquetear algo

tam·pon /ˈtæmpɑn/ *s* [C] tampón (para el periodo), tampax®

tan¹ /tæn/ *s* **1** [C] bronceado • **get a tan** broncearse SIN **suntan** **2** [U] color canela, color tostado

tan² *adj* **1** (de) color canela, (de) color tostado **2** bronceado -a SIN **tanned**

tan³ *v* (**tanned, tanning**) **1** [I,T] broncear(se) **2** [T] curtir (una piel de animal)

tan·dem /ˈtændəm/ *s* [C] (tb ˌtandem ˈbicycle) tándem (bicicleta)

EXPRESIONES

in tandem (with) (a) conjuntamente (con) (b) a la vez (que), simultáneamente (con)

tang /tæŋ/ *s* [sing] **1** sabor fuerte/ácido **2** olor penetrante

tan·gent /'tændʒənt/ s [C] (*técn*) **1** (de una curva) tangente **2** (de un ángulo) tangente

EXPRESIONES
go off on a tangent salirse por la tangente

tan·ger·ine¹ /ˌtændʒə'rin/ s **1** [C] mandarina, tangerina **2** [U] color naranja rojizo

tangerine² *adj* de color naranja rojizo

tan·gi·ble /'tændʒəbəl/ *adj* tangible • **tangible evidence/ proof** pruebas tangibles ANT **intangible**

tan·gle¹ /'tæŋgəl/ s [C] **1** (de hilos) maraña, enredo: *a tangle of branches* una maraña de ramas • *Her hair was full of tangles.* Tenía el pelo muy enredado. **2** (de normas) maraña, lío: *a legal tangle* una maraña legal **3** lío, altercado • [+with]: *She got into a tangle with the police.* Se metió en un lío con la policía.

tangle² *v* **1** [I,T] (tb **tangle up**) enredar(se), enmarañar(se) **2** [I] pelearse • **tangle with sb** pelearse con alguien • **tangle with the police** meterse en líos con la policía

tan·gled /'tæŋgəld/ *adj* **1** (tb **tangled up**) enredado -a, enmarañado -a: *All the wires were tangled.* Todos los cables estaban enredados. **2** [solo ante s] enmarañado -a, complicado -a: *the country's tangled politics* la emarañada política del país • **a tangled web of sth** una maraña de algo **3** **be tangled up in/with sth** verse mezclado -a en/con algo

tan·go¹ /'tæŋgoʊ/ s [C] (pl **tangos**) tango (baile, música)

tango² *v* [I] bailar (el) tango

tang·y /'tæŋi/ *adj* **1** fuerte, ácido -a (sabor) **2** penetrante (olor)

tank¹ S2 W3 /tæŋk/ s [C]
1 (recipiente) tanque: *The water tank is leaking.* El tanque de agua tiene un escape. • **a fuel tank** un tanque/depósito de combustible (en una nave, etc.) • **a gas tank** un tanque de gasolina (en un vehículo) • **a full tank** un tanque lleno **2** (vehículo) tanque, carro de combate • **tank division** unidad de carros de combate **3** (tb **fish tank**) pecera SIN **aquarium** ▶ THINK TANK

tank² *v* [I] (*coloq*) desplomarse, ser un fracaso
tank up *v+partíc* llenar el tanque (de gasolina)

tan·kard /'tæŋkəd/ s [C] jarra (para cerveza)

tank·er /'tæŋkə/ s [C] **1** buque cisterna **2** camión cisterna, carro tanque, pipa

tanned /tænd/ *adj* bronceado -a, moreno -a SIN **suntanned**

tan·nin /'tænɪn/ s [U] tanino

tan·ta·lize /'tæntl̩ˌaɪz/ *v* [T] tentar, atormentar

tan·ta·liz·ing /'tæntl̩ˌaɪzɪŋ/ *adj* tentador -a, sugerente: *tantalizing smells* aromas tentadores • *tantalizing signs* sugerentes señales

tan·ta·liz·ing·ly /'tæntl̩ˌaɪzɪŋli/ *adv* *We had come tantalizingly close to winning.* Habíamos estado a un tris de ganar.

tan·ta·mount /'tæntəˌmaʊnt/ *adj* **be tantamount to sth** (*frml*) equivaler a algo

tan·trum /'tæntrəm/ s [C] berrinche, rabieta, pataleta • **she had/threw a tantrum** hizo un berrinche, le dio una rabieta/pataleta

Tan·za·ni·a /ˌtænzə'niə/ Tanzania

Tan·za·ni·an /ˌtænzə'niən, tæn'zeɪniən/ s [C], *adj* tanzano -a

tap¹ S3 W3 /tæp/ *v* (**tapped, tapping**)
1 [I,T] (persona) golpear suavemente, dar golpecitos (en): *He tapped the map with his finger.* Golpeó suavemente el mapa con el dedo. • **tap on/at the window/door** dar unos golpecitos en la ventana/puerta • **tap sb on the shoulder/arm/chest** dar unos golpecitos a alguien en el hombro/brazo/pecho • **tap your feet/foot** *She tapped her feet in time to the music.* Seguía el ritmo de la música con los pies. • *He was tapping his foot impatiently.*

Golpeaba impacientemente con un pie en el suelo.
2 [I] (cosa) golpear suavemente, dar golpecitos • **tap on/against sth** golpear suavemente algo: *the sound of high heels tapping on the sidewalk* el sonido de unos zapatos de tacón golpeando la acera
3 [T] (los recursos, los conocimientos) aprovechar, explotar: *We hope that other sources of funding can be tapped.* Esperamos que se puedan explotar otras fuentes de financiación. SIN **tap into**
4 [T] (un teléfono, una línea, una llamada) interceptar, pinchar
5 [T] elegir, seleccionar (para un puesto, un equipo)
tap into sth *v+partíc* **1** explotar algo (un sentimiento ajeno) **2** aprovechar/explotar algo (los conocimientos, la experiencia) **3** aprovechar/explotar algo (recursos, fuentes de energía)
tap out *v+partíc* **1** **tap out the rhythm** seguir el ritmo con los pies/dedos **2** **tap sb out** (*coloq*) dejar a alguien exhausto -a, dejar a alguien sin dinero

tap² s

1	con los dedos, un objeto
2	del agua, gas
3	de un teléfono
4	baile
5	de barril
6	música

1 **CON LOS DEDOS, UN OBJETO** [C] golpecito: *a gentle tap with the hammer* un golpecito suave con el martillo • [+at/on]: *She felt a tap on her left shoulder.* Notó que le daban un golpecito en el hombro izquierdo.
2 **DEL AGUA, GAS** [C] (del agua) grifo, llave, canilla; (del gas) llave: *She turned on the taps.* Abrió los grifos. SIN **faucet**
3 **DE UN TELÉFONO** [C] intercepción, pinchado • **put/ place a tap on/in sth** intervenir/pinchar algo
4 **BAILE** [U] claqué, tap dancing SIN **tap dancing**
5 **DE BARRIL** [C] espita, llave
6 **MÚSICA** **taps** [pl] toque de silencio
EXPRESIONES
on tap **(a)** (*coloq*) disponible: *We have all the information on tap.* Tenemos disponible toda la información. **(b)** de barril (cerveza) **(c)** (*coloq*) previsto -a

'tap dance s [C,U] tap, claqué

'tap dance *v* [I] bailar tap, bailar claqué

'tap ˌdancer s [C] bailarín -ina de tap, bailarín -ina de claqué

'tap ˌdancing s [U] tap, claqué

tape¹ S1 W2 /teɪp/ s
1 [U] cinta (para grabar) • **on tape** grabado -a: *We have the movie on tape.* Tenemos la película grabada.
2 [C] (cinta de) video, video(casete) • [+of]: *We were watching a tape of the game.* Estábamos viendo un video del partido. • **a blank tape** un videocasete virgen SIN **videotape**
3 [C] casete • [+of]: *He played me a tape of Brazilian music.* Me puso un casete de música brasileña. SIN **cassette**
4 [U] cinta (adhesiva) SIN **Scotch tape**
5 [C] metro, cinta métrica SIN **tape measure** ▶ RED TAPE

tape² S2 *v*
1 [I,T] grabar (en cinta): *Would you mind if I taped this conversation?* ¿Le importa si grabo esta conversación?
2 [T] pegar con cinta adhesiva: *There was a note taped to the front door.* Había una nota pegada con cinta adhesiva en la puerta de entrada.
3 [T] (tb **tape up**) cerrar/tapar con cinta adhesiva: *He taped the box up tightly.* Cerró bien la caja con cinta adhesiva.
4 [T] (tb **tape sth ↔ up**) vendar

'tape deck s [C] pletina, deck (para casetes)

'tape ˌmeasure s [C] cinta métrica, metro

ta·per¹ /'teɪpə/ *v* [I,T] estrechar(se): *The carpenter carefully tapers the wood.* El carpintero afila la madera con cuidado. • **taper to sth** *The jeans taper to the ankles.* Los jeans se van estrechando hasta los tobillos.   taper off *v+partíc* ir disminuyendo, remitir poco a poco

taper² *s* [C] vela (muy delgada)

'tape re,cord *v* [T] grabar (en cinta) SIN **tape**

'tape re,corder *s* [C] grabador, grabadora

'tape re,cording *s* [C] grabación (en cinta)

ta·pered /'teɪpəd/ *adj* acabado -a en punta, que se estrecha: *pants with tapered legs* pantalones bota tubo

tap·es·try /'tæpɪstri/ *s* (pl **tapestries**) **1** [C] tapiz **2** [U] tapicería, tapices **3** [sing] (*liter*) mosaico (de elementos diversos)

tape·worm /'teɪpwəm/ *s* [C] tenia, lombriz solitaria

tap·i·o·ca /,tæpi'oʊkə/ *s* [U] tapioca

'tap ,water *s* [U] agua del grifo, agua de la llave, agua de la canilla

tar¹ /tɑr/ *s* [U] **1** (para carreteras) alquitrán **2** (del tabaco) alquitrán

tar² *v* [T] (**tarred, tarring**) alquitranar

EXPRESIONES
tar and feather emplumar (como castigo) • **be tarred with the same brush** estar cortado -a con la misma tijera

ta·ran·tu·la /tə'ræntʃələ/ *s* [C] tarántula

tar·di·ness /'tɑrdinɪs/ *s* [U] (*frml*) **1** lentitud, parsimonia **2** llegada tarde **3** tardanza, demora

tar·dy /'tɑrdi/ *adj* (*frml*) **1** tardío -a, demorado -a **2** que llega tarde (a clase, al trabajo) • **be tardy** llegar tarde **3** lento -a, parsimonioso -a

tar·get¹ W2 /'tɑrgɪt/ *s* [C]
1 (en un ataque) blanco, objetivo • [+for/of]: *the target of a terrorist attack* el objetivo de un atentado terrorista • **an easy/a soft target** un blanco fácil
2 (en el trabajo, en la vida) objetivo, meta • **meet/reach a target** cumplir un objetivo/alcanzar una meta • **set a target** fijar un objetivo/una meta • **on target** dentro de lo previsto SIN **goal** • **target date** fecha prevista (de finalización de un plazo) ▶ ver nota en **OBJETIVO**
3 (de críticas, protestas) blanco, objeto • [+of]: *He was the target of a police investigation.* Fue objeto de una investigación policial.
4 (en tiro) blanco, diana • **target practice** práctica de tiro al blanco

EXPRESIONES
a target audience/group/market *the target audience for this magazine* el público al que va dirigida esta revista • *We must identify new target markets.* Debemos identificar nuevos mercados objetivo.

target² *v* [T] **1** dirigir, orientar (una campaña, un programa, etc.) • **target sth at/on sb/sth** dirigir algo a alguien/algo: *The campaign is targeted at women who smoke.* La campaña va dirigida a las fumadoras. **2** escoger como objetivo, poner las miras en: *The company has targeted a few local banks.* La compañía ha puesto sus miras en algunos bancos locales. • **target sb/sth for sth** *The area is being targeted for development.* Se proponen urbanizar la zona. **3** apuntar (un arma) • **target sth at/on sth** apuntar algo a algo: *The missiles are targeted at several military sites.* Los misiles apuntan a varios emplazamientos militares. **4** atacar, tomar como blanco: *The bombers targeted a power station.* Los terroristas atentaron contra una central eléctrica.

tar·iff /'tærɪf/ *s* [C] arancel (aduanero) • [+on]: *tariffs on imported goods* aranceles a las importaciones

Tar·mac /'tɑrmæk/ *s* (*marca reg*) **1** [U] asfalto SIN **asphalt 2 the tarmac** la pista de aterrizaje • **on the tarmac** en la pista de aterrizaje

tar·mac /'tɑrmæk/ *v* [T] (**tarmacked, tarmacking**) asfaltar

tar·nish¹ /'tɑrnɪʃ/ *v* **1** [T] manchar, empañar (el historial, la reputación, la imagen) **2** [I,T] (hacer) perder brillo,

deslustrar(se): *tarnished silver spoons* cucharas de plata sin brillo

tarnish² *s* [sing, U] **1** falta de brillo/de lustre **2** mancha, descrédito

tar·ot /'tæroʊ/ *s* [sing, U] tarot • **tarot cards** (cartas del) tarot • **tarot reading** lectura del tarot

tarp /tɑrp/ *s* [C,U] lona impermeable SIN **tarpaulin**

tar·pau·lin /tɑr'pɔlɪn/ *s* [C,U] lona impermeable SIN **tarp**

tar·ra·gon /'tærəgən, -gɑn/ *s* [U] estragón

tar·ry /'tæri/ *v* [I] (**tarries, tarried, tarrying**) (*liter*) demorarse SIN **linger**

tart¹ /tɑrt/ *s* **1** [C,U] pastel (abierto), pay **2** [C,U] tartaleta ▶ ver nota en **TARTA**

tart² *adj* **1** ácido -a, agrio -a (sabor, alimento) **2** cortante (comentario, tono)

tart³ *v*
tart up *v+partíc* **tart sth ↔ up** (*coloq*) decorar/retocar algo

tar·tan /'tɑrtn/ *s* [C,U] **1** tela escocesa **2** dibujo escocés, tartán

tar·tar /'tɑrtər/ *s* [U] sarro

Tar·tar /'tɑrtər/ *s* tártaro -a

'tartar ,sauce *s* [U] salsa tártara

task W2 /tæsk/ *s* [C] tarea • **the task of doing sth** la tarea de hacer algo: *I was given the task of building a fire.* Me encomendaron la tarea de hacer una fogata. • **be no easy task** no ser tarea fácil • **perform a task** (tb **carry out a task**) llevar a cabo una tarea SIN **job**

EXPRESIONES
take sb to task (for sth) llamarle la atención a alguien (por algo)

'task force *s* [C] **1** grupo de trabajo **2** grupo operativo (en misión especial)

task·mas·ter /'tæsk,mæstər/ *s* [C] tirano, -a

tas·sel /'tæsəl/ *s* [C] borla

tas·seled /'tæsəld/ *adj* con borlas

taste¹ S2 W3 /teɪst/ *s*

1	de comida, bebida
2	sentido corporal
3	criterio
4	preferencia
5	breve experiencia
6	conducta aceptable
7	sensación

1 DE COMIDA, BEBIDA [C,U] sabor, gusto: *The medicine had a bitter taste.* La medicina tenía un gusto amargo. • [+of]: *the taste of fresh strawberries* el sabor a fresas frescas SIN **flavor**
2 SENTIDO CORPORAL [U] gusto • **sense of taste** sentido del gusto
3 CRITERIO [U] gusto • [+in]: *her taste in clothes* su gusto al vestir • **have (good/great/excellent) taste** tener (buen/muy buen/excelente) gusto • **have no/bad taste** no tener gusto/tener mal gusto • **have terrible/ lousy taste** tener un gusto espantoso
4 PREFERENCIA [C,U] gusto: *his musical tastes* sus gustos musicales • [+in]: *We have similar tastes in art.* Tenemos gustos parecidos respecto al arte. • **be to my/your taste** ser de mi/su gusto: *The decor wasn't really to my taste.* La decoración no era muy de mi gusto.
5 BREVE EXPERIENCIA **a taste of sth** una muestra/un anticipo de algo: *a taste of freedom* un anticipo de lo que es la libertad
6 CONDUCTA ACEPTABLE [U] buen gusto • **be in bad/ poor taste** ser de mal gusto
7 SENSACIÓN [sing] sabor: *the sweet taste of success* el sabor dulce del éxito • **leave a bad/bitter taste in sb's**

mouth dejar mal sabor de boca/un regusto amargo a alguien ▶ there's no ACCOUNTING for taste, an ACQUIRED taste, give sb a taste of their own MEDICINE

EXPRESIONES
to taste a(l) gusto, a voluntad

taste² S1 W3 v
1 [v copul] saber (alimento, bebida): *This tastes good!* ¡Qué rico está! • **taste like sth** saber a algo, tener sabor a algo: *It tastes just like champagne.* Sabe igual que la champaña. • **taste of sth** saber a algo, tener sabor a algo: *The soup tasted of garlic.* La sopa sabía a ajo.
2 [T nunca en forma continua] notar el sabor de: *I can taste the brandy in it.* Noto el sabor del brandy que lleva.
3 [T] probar, degustar: *Would you like to taste the wine?* ¿Desearía probar el vino?
4 [T] probar, tomar: *I'd never tasted buffalo meat before.* Nunca había probado la carne de búfalo.
5 [T] probar el sabor de, saborear (el éxito): *They wanted to taste victory.* Querían probar el sabor de la victoria.

'**taste bud** s [C gralm pl] papila gustativa

taste·ful /'teɪstfəl/ adj de buen gusto (ropa, muebles)

taste·ful·ly /'teɪstfəli/ adv con (buen) gusto: *She was always tastefully dressed.* Iba siempre vestida con mucho gusto.

taste·ful·ness /'teɪstfəlnɪs/ s [U] buen gusto

taste·less /'teɪstlɪs/ adj **1** de mal gusto (comentario, broma) **2** soso -a, desabrido -a (comida) **3** de mal gusto (ropa, muebles)

tast·er /'teɪstə/ s [C] **1** catador -a **2** (coloq) anticipo, muestra

tast·ing /'teɪstɪŋ/ s [C] degustación (de quesos), cata (de vinos)

tast·y /'teɪsti/ adj (**tastier, tastiest**) sabroso -a, rico -a

tat /tæt/ s [U] porquerías

tat·tered /'tætəd/ adj hecho -a jirones, destrozado -a

tat·ters /'tætəz/ s [pl] andrajos
EXPRESIONES
be in tatters (a) haberse ido a pique (reputación, plan) **(b)** estar hecho -a jirones (ropa)

tat·tle·tale /'tætl̩teɪl/ s [C] (peyor, coloq) soplón -ona, sapo -a

tat·too¹ /tæ'tu/ s (pl **tattoos**) **1** [C] tatuaje **2** [C] desfile militar con acompañamiento musical

tattoo² v [T] tatuar • **have sth tattooed on your arm/shoulder** tener algo tatuado en el brazo/hombro

tat·tooed /tæ'tud/ adj tatuado -a

tat·too·ist /tæ'tuɪst/ (tb **tat'too ,artist**) s [C] tatuador -a

tat·ty /'tæti/ adj (**tattier, tattiest**) (coloq) gastado -a, raído -a (ropa, cortinas) SIN **shabby**

taught /tɔt/ pasado y participio pasado de TEACH

taunt¹ /tɔnt, tɑnt/ v [T] provocar, meterse con • **taunt sb about sth** meterse con alguien por algo

taunt² s [C] provocación, burla

Tau·rus /'tɔrəs/ s [C,U] Tauro: *I'm a Taurus.* Soy Tauro.

taut /tɔt/ adj **1** tenso -a, tirante (cuerda, cable) ANT **slack 2** (escrito) tenso -a, crispado -a (expresión, cara) • [+**with**]: *Her voice was taut with anger.* Tenía la voz crispada por la rabia. SIN **tense 3** firme (músculo, cuerpo) **4** ágil y conciso -a (libro, película)

taut·ly /'tɔtli/ adv **1** con tensión, de manera tirante: *tautly stretched skin* piel muy estirada SIN **tightly 2** firmemente: *his tautly muscled legs* sus piernas de músculos firmes **3** con sobriedad, sin elementos superfluos SIN **tightly**

tau·tol·o·gy /tɔ'tɑlədʒi/ s [C,U] (pl **tautologies**) (técn) tautología

tav·ern /'tævən/ s [C] bar, taberna SIN **bar**

taw·dri·ness /'tɔdrɪnɪs/ s [U] **1** sordidez **2** lo ordinario (de la ropa, la mercadería)

taw·dry /'tɔdri/ adj **1** sórdido -a, escabroso -a **2** ordinario -a, barato -a (ropa, mercadería)

taw·ny /'tɔni/ adj leonado -a

tax¹ S1 W3 /tæks/ s [C,U] impuesto(s) • **pay tax(es)** pagar impuestos: *They pay higher taxes than we do.* Pagan impuestos más altos que nosotros. • [+**on**]: *a tax on inherited wealth* un impuesto sobre el patrimonio adquirido por herencia • **raise taxes** aumentar los impuestos • **cut/reduce taxes** rebajar/reducir los impuestos • **before/after tax** antes/después de impuestos • **tax cut** rebaja de impuestos • **tax haven** paraíso fiscal • **tax increase** aumento de impuestos • **tax rebate** devolución de impuestos • **tax relief** desgravación fiscal • **tax system** régimen fiscal/impositivo • **tax year** año/ejercicio fiscal ▶ INCOME TAX, SALES TAX, VAT

tax² v [T] **1** gravar • **tax sth/sb at sth** gravar algo/a alguien con algo: *Company profits are taxed at 34%.* Los beneficios de las compañías tienen una carga fiscal del 34%. • **tax sb on sth** cobrarle impuestos a alguien por algo: *You will be taxed on your earnings.* Deberá pagar impuestos por sus ingresos. **2** poner a prueba • **tax sb's patience/strength** poner a prueba la paciencia/resistencia de alguien: *This exercise shouldn't tax your brain too much.* Este ejercicio no te va a exigir un gran esfuerzo mental.

tax·a·ble /'tæksəbəl/ adj gravable, sujeto -a a impuestos: *taxable income* renta gravable

tax·a·tion /tæk'seɪʃən/ s [U] **1** fiscalidad, sistema tributario **2** tributación, pago de impuestos, imposición de gravámenes **3** impuestos, recaudación fiscal

'**tax ,bracket** s [C] categoría tributaria • **high/low tax bracket** categoría tributaria alta/baja

,**tax-de'ductible** adj desgravable

,**tax-ex'empt** adj **1** (ingresos, dinero) exento -a/libre de impuestos **2** (organización, institución) exento -a/libre de impuestos

,**tax-'free** adj libre de impuestos

tax·i¹ /'tæksi/ s [C] (pl **taxis**) taxi • **take a taxi** coger/tomar un taxi • **by taxi** en taxi: *Anna arrived by taxi.* Anna llegó en taxi. • **in a taxi** en taxi • **call a taxi** llamar a un taxi/pedir un taxi • **hail a taxi** parar a un taxi • **taxi driver** taxista • **taxi fare** *I didn't have enough money for the taxi fare.* No tenía dinero suficiente para pagar el taxi. SIN **cab**

taxi² v [I] (**taxis** o **taxies, taxied, taxiing**) circular por la pista (avión)

tax·i·der·mist /'tæksə,dɜmɪst/ s [C] taxidermista

tax·i·der·my /'tæksə,dɜmi/ s [U] taxidermia

tax·ing /'tæksɪŋ/ adj arduo -a, agotador -a: *The trip was physically and emotionally taxing.* El viaje fue agotador, tanto física como emocionalmente. SIN **demanding**

'**tax ,inspector** s [C] inspector -a de impuestos

'**taxi stand** s [C] parada de taxis

tax·man /'tæks,mæn/ s (pl **taxmen** /-,mɛn/) **1** [C] recaudador -a de impuestos **2** the **taxman** [sing] Hacienda, el fisco

tax·pay·er /'tæks,peɪə/ s **1** [C] contribuyente: *a waste of taxpayers' money* un derroche del dinero de los contribuyentes **2** the **taxpayer** [sing] los contribuyentes

'**tax re,turn** s [C] declaración de la renta

'**tax ,shelter** s [C] protección tributaria/impositiva

TB /,ti 'bi/ s **1** [U] (**tuberculosis**) tuberculosis **2** [C] (**tailback**) (escrito) tailback (en fútbol americano)

tba, TBA (abrev escrita de **to be announced**) se comunicará próximamente

tea S1 W3 /ti/ s
1 [C,U] (bebida) té: *Do you take milk and sugar in your*

tea? ¿Tomas el té con leche y azúcar? • *I'd like two teas, please.* Dos tés, por favor. • **a cup of tea** una taza de té • **a pot of tea** una tetera llena de té • **make tea** hacer/preparar té ▶ ver nota en CENA
2 [C,U] (planta, hojas) té: *a box of tea* un paquete de té • **tea plantation** plantación de té
3 [C,U] (de otras hierbas) infusión, té • **chamomile tea** (infusión de) manzanilla • **mint tea** té de menta • **herbal tea** infusión (de hierbas) ▶ not be my/her CUP of tea

EXPRESIONES
I wouldn't/won't do sth for all the tea in China (*antic*, *coloq*) no haría algo ni por todo el oro del mundo

tea·bag /'tibæg/ s [C] bolsita de té

teach S1 W1 /titʃ/ v (**taught** /tɔt/)
1 [I,T] (en un centro docente) enseñar, dar clases (de/a): *She teaches physics.* Enseña física. • *I prefer teaching older children.* Prefiero darle clase a niños mayores. • [+**at**]: *She began teaching at Georgetown University.* Empezó a dar clases en la Universidad de Georgetown. • **teach sth to sb** (tb **teach sb sth**) enseñarle algo a alguien: *I taught English to Italian students.* Enseñaba inglés a estudiantes italianos. • **teach sb (sth) about sth** enseñar (algo) a alguien sobre algo: *We were never taught anything about other religions.* Nunca nos enseñaron nada sobre otras religiones. • **teach school/college** enseñar en una escuela/en la universidad, dar clase en una escuela/en la universidad: *My dad taught school in New York.* Mi papá enseñaba en una escuela en Nueva York.
2 [T] (cómo hacer algo) enseñar: *Swimming's easy. I'll teach you.* Nadar es fácil. Yo te enseñaré. • **teach sb (how) to do sth** enseñarle a alguien a hacer algo: *My mother taught me how to drive.* Mi madre me enseñó a conducir. • **teach sb sth** enseñarle algo a alguien: *He tried to teach me chess.* Trató de enseñarme a jugar al ajedrez. • **teach sb what to do** enseñar a alguien qué hacer
3 [T] (valores, ideas) enseñar • **teach sb to do sth** enseñar a alguien a hacer algo: *We were taught to behave politely.* Nos enseñaron a ser educados. • **teach sb sth** enseñarle algo a alguien: *No one ever taught him the difference between right and wrong.* Nunca nadie le enseñó la diferencia entre el bien y el mal. • **teach sb that** enseñarle a alguien que: *He taught me that the easy option isn't always the best.* Me enseñó que la opción más fácil no es siempre la mejor.
4 [T] (experiencia, situación, actividad) enseñar algo a alguien • **teach sb to do sth** enseñarle a alguien a hacer algo: *Playing sports has taught me never to give up.* Practicar deportes me ha enseñado a no darme nunca por vencido. • **teach sb that** enseñarle a alguien que: *It taught me that money can't buy happiness.* Me enseñó que el dinero no da la felicidad.

EXPRESIONES
teach sb a lesson (*coloq*) darle una lección a alguien • **that'll teach you (to do sth)!** (*oral*) ¡eso te enseñará (a no hacer algo)! • **you can't teach an old dog new tricks** loro viejo no aprende a hablar

teach·er S1 W1 /'titʃər/ s [C] maestro -a, profesor -a • **a history/an English/a chemistry teacher** un -a profesor -a de historia/inglés/química • **teacher training** formación pedagógica, formación docente ▶ SCHOOL-TEACHER, SUBSTITUTE TEACHER

teacher's 'pet s [C] (*peyor*, *coloq*) preferido -a del maestro/de la maestra

teach·ing /'titʃɪŋ/ s [U] **1** enseñanza, docencia • **go into teaching** dedicarse a la enseñanza • **leave teaching** dejar la enseñanza • **language/history/English teaching** enseñanza de idiomas/de historia/de inglés • **teaching aid** herramienta didáctica • **teaching materials** materiales didácticos • **teaching method** método de enseñanza **2** (tb **teachings** [pl]) enseñanzas • [+**of**]: *the teachings of Confucius* las enseñanzas de Confucio • **religious/Christian/Buddhist teaching(s)** enseñanzas religiosas/cristianas/budistas

tea·cup /'tikʌp/ s [C] taza de/para té

teak /tik/ s **1** [U] (madera) teca **2** [C,U] (árbol) teca

team¹ S1 W1 /tim/ s [C]
1 (en deportes) equipo • **a football/basketball/ baseball team** un equipo de fútbol/básquetbol/béisbol • **play for a team** jugar en un equipo • **be on a team** formar parte de un equipo • **a member of a team** un miembro de un equipo • **team captain** capitán del equipo • **team game** juego de equipo
2 (en el trabajo) equipo • [+**of**]: *a team of experts* un equipo de expertos • **a management/sales team** un equipo administrativo/de ventas • **work (together) as a team** trabajar en equipo • **team effort** trabajo de equipo • **team leader** líder del equipo • **team member** miembro de un equipo
3 (de bueyes) yunta; (de caballos) tiro

team² (tb **team up**) v [I] asociarse, hacer equipo • **team up with sb** hacer equipo con alguien • **team up to do sth** hacer equipo para hacer algo

team·mate /'tim-meɪt/ s [C] compañero -a de equipo

'team ˌplayer s [C] (*coloq*) persona que trabaja bien en equipo

ˌteam 'spirit s [U] espíritu de equipo

team·ster /'timstər/ s [C] **1** camionero -a **2** carretero -a (conductor)

team·work /'timwərk/ s [U] trabajo en equipo

'tea ˌparty s [C] pequeño festejo en la tarde en el que se sirve té, pasteles y galletas

tea·pot /'tipɑt/ s [C] tetera (para servir)

tear¹ W3 /tɪr/ s [C gralm pl] lágrima • **be in tears** estar llorando: *I used to come home in tears.* Solía llegar a la casa llorando. • **burst into tears** echarse a llorar • **have tears in your eyes** tener lágrimas en los ojos, tener los ojos llenos de lágrimas • **bring tears to sb's eyes** hacerle saltar las lágrimas a alguien, hacer llorar a alguien • **be close to tears** (tb **be on the verge of tears**) estar a punto de llorar • **tears were streaming/running/rolling down her face** lloraba como una magdalena/a lágrima viva/a mares • **tears of joy/anger/sadness** lágrimas de alegría/rabia/tristeza ▶ BLOOD, sweat, and tears, BORE sb to tears, CROCODILE tears

tear² S2 W3 /tɛr/ v (**tore** /tɔr/, **torn** /tɔrn/)
1 [I,T] (tela, papel) romper(se), rasgar(se): *I tore my pants.* Me rompí los pantalones. • *My coat caught on a nail and tore.* Se me enganchó el abrigo en un clavo y se rasgó. • **tear a hole in sth** hacerse un agujero en algo • **tear sth open** abrir algo (rasgándolo): *She tore the envelope open.* Abrió el sobre. • **tear sth off/out** arrancar algo (rasgándolo): *Tear off the slip at the bottom of the page.* Arranque el talón de la parte inferior de la página. • **tear sth on sth** romper algo con algo: *She had torn her skirt on a nail.* Se había roto la falda con un clavo. • **tear easily** romperse fácilmente • **tear sth to shreds/pieces** hacer pedazos/trizas algo • **tear sth in half/two** romper algo en dos • **tear sth apart** despedazar algo • **tear sb limb from limb** descuartizar a alguien SIN rip
2 (quitar, sacar) **(a)** [T siempre + adv/prep] **tear sth out of/from/off sth** arrancar algo de algo: *She tore the letter from my hand.* Me arrancó la carta de la mano. • **tear sth away/off /up** arrancar algo: *The trees had been torn up by the storm.* La tormenta había arrancado los árboles de cuajo. **(b)** [I] **tear loose/free** desprenderse: *One end of the bridge had torn loose.* Se había desprendido un extremo del puente.
3 [I siempre + adv/prep] (a toda velocidad) **tear off/away** salir disparado -a: *He tore off into town.* Salió disparado hacia el centro. • **tear past** pasar a toda velocidad • **tear up/down sth** subir/bajar algo corriendo • **tear around sth** andar corriendo por algo
4 [T] (un músculo, ligamento) *She had torn a muscle in her leg.* Tenía un desgarre muscular en la pierna. ▶ tear/pull your HAIR out, TORN

EXPRESIONES
tear sth to shreds/pieces hacer pedazos/trizas algo, echar por tierra algo: *He tore her arguments to pieces.* Echó por tierra sus argumentos. • **tear sb to shreds/**

pieces **(a)** (criticando) hacer pedazos/trizas a alguien **(b)** (derrotando) hacer pedazos/trizas a alguien

tear apart *v+partíc* **1 tear sth/sb apart** dividir a algo/alguien: *Scandal is tearing the town apart.* El escándalo está dividiendo al pueblo. SIN **rip apart 2 tear sb apart** (*coloq*) partirle el alma a alguien, destrozar a alguien: *Seeing her really tore me apart.* Verla me dejó completamente destrozado. **3 tear sb apart** separar a alguien: *War tore the family apart.* La guerra separó a la familia. **4 tear sth/sb apart** hacer pedazos/trizas algo/a alguien (criticándolo)

tear at sb/sth *v+partíc* tirar de alguien/algo, jalar de alguien/algo: *The children were tearing at each other's hair.* Los niños se tiraban del pelo.

tear sb away *v+partíc* arrancar a alguien (de un lugar, una actividad) • **tear yourself away** despegarse: *She couldn't tear herself away.* No conseguía despegarse.

tear sth ↔ down *v+partíc* echar algo abajo, tirar/demoler algo SIN **pull down**

tear into *v+partíc* **1 tear into sb/sth** emprenderla con alguien/algo, meterse con alguien/algo **2 tear into sb** emprenderla a golpes con alguien **3 tear into sth** lanzarse a algo (con ganas)

tear sth ↔ off *v+partíc* despojarse a toda prisa de algo (la ropa, los guantes, etc.)

tear up *v+partíc* **1 tear sth ↔ up** hacer trizas algo (un papel, una carta): *She tore up his letter without reading it.* Hizo trizas su carta sin leerla. **2 tear sth ↔ up** romper algo (un acuerdo), rescindir algo (un contrato)

tear³ *s* [C] rasgadura, rasgón, roto • [+**in**]: *How did you get that tear in your coat?* ¿Cómo te hiciste ese roto en el abrigo? ► **WEAR and tear**

tear·drop /ˈtɪrdrɑp/ *s* [C] (*liter*) lágrima

tear·ful /ˈtɪrfəl/ *adj* **1** lloroso -a **2** [solo ante s] entre lágrimas/sollozos (reunión, ruego) • **a tearful goodbye/farewell** un adiós/una despedida entre lágrimas

tear·jerk·er /ˈtɪrˌdʒɚrkɚ/ *s* [C] historia lacrimógena

tea·room /ˈtirum/ *s* [C] salón de té

tease¹ S2 /tiz/ *v*
1 (a) [T] tomarle el pelo a, mamarle gallo a, vacilar a • **tease sb about sth** tomar el pelo a alguien por algo, mamarle gallo a alguien por algo, vacilar a alguien por algo **(b)** [I] bromear, mamar gallo, vacilar • **be just/only teasing** *Don't cry! I was just teasing.* ¡No llores! Estaba mamando gallo nomás.
2 [T] molestar (a un animal)
3 [I,T] (*peyor*) provocar, calentar (sexualmente)
4 [T] enredar, cardar (pelo)
tease sth ↔ out *v+partíc* **1** entresacar algo (información, datos) **2** desenredar algo

tease² *s* [C] (*coloq*) **1** (*peyor*) provocador -a, calentador -a (sexualmente) **2** bromista, guasón -ona **3** gancho (para un programa, un producto) ► **STRIPTEASE**

teas·ing·ly /ˈtizɪŋli/ *adv* (*escrito*) en tono burlón, en son de burla

tea·spoon W3 /ˈtispun/ *s* [C]
1 cucharita
2 cucharita para medidas (de 5 ml)
3 (abrev escrita **tsp**) cucharadita • [+**(of)**]: *Add a teaspoon of salt.* Añada una cucharadita de sal. • *2 teaspoons vanilla extract* 2 cucharaditas de esencia de vainilla • **a level/heaped teaspoon** una cucharadita rasa/colmada

teat /tit/ *s* [C] teta (de animal hembra)

tech /tɛk/ *s* [C] instituto de formación profesional

tech·ie /ˈtɛki/ *s* [C] (*coloq*) experto -a en computadores

tech·ni·cal S3 W2 /ˈtɛknɪkəl/ *adj*
1 [gralm ante s] (de la técnica) técnico -a: *We provide technical training for our staff.* Brindamos formación técnica a nuestro personal.
2 (muy especializado) técnico -a: *The instructions are too technical.* Las instrucciones son demasiado técnicas. • **a technical term** un término técnico, un tecnicismo
3 (en una máquina, un sistema) **a technical problem/difficulty/hitch** un problema técnico/una dificultad técnica/una falla técnica

4 [gralm ante s] (en deportes, música) técnico -a: *a violinist with great technical ability* una violinista con mucha técnica
5 [solo ante s] (de las normas) técnico -a: *a technical foul* una falta técnica • *a technical point* una formalidad

ʹtechnical ˌcollege *s* [C,U] escuela politécnica ► **JUN-IOR COLLEGE, COMMUNITY COLLEGE**

tech·ni·cal·i·ty /ˌtɛknɪˈkæləti/ *s* [C] (pl **technicalities**)
1 formalidad, tecnicismo (en las normas) • **on a technicality** por una formalidad, por un defecto de forma
2 [gralm pl] detalle técnico (de una técnica, un procedimiento)

tech·ni·cally S3 /ˈtɛknɪkli/ *adv*
1 estrictamente hablando, técnicamente: *Technically, the two countries are still at war.* Técnicamente, los dos países siguen en guerra.
2 (en música, deportes) técnicamente: *a technically brilliant pianist* un pianista brillante desde el punto de vista técnico
3 (en ciencias, tecnología) técnicamente • **technically possible/impossible/difficult** técnicamente posible/imposible/difícil

tech·ni·cian /tɛkˈnɪʃən/ *s* [C] **1** técnico -a • **a laboratory technician** un técnico/una técnica de laboratorio • **a medical technician** un técnico médico/una técnica médica • **a dental technician** un técnico dental/una técnica dental **2** artista/intérprete/deportista muy técnico -a

tech·nique S3 W2 /tɛkˈnik/ *s*
1 [C] (procedimiento) técnica • [+**for**]: *prehistoric techniques for making weapons* técnicas prehistóricas para fabricar armas • [+**of**]: *the basic techniques of cooking* las técnicas básicas de cocina • **surgical/analytical techniques** técnicas quirúrgicas/de análisis • **management/production techniques** técnicas de adminstración/producción • **relaxation techniques** técnicas de relajación SIN **method**
2 [U] (capacidad) técnica: *improvements in technique* mejoras en la técnica

tech·no /ˈtɛknoʊ/ *s* [U] tecno

tech·no·crat /ˈtɛknəˌkræt/ *s* [C] tecnócrata

tech·no·log·i·cal /ˌtɛknəˈlɑdʒɪkəl/ *adj* [gralm ante s] tecnológico -a: *a major technological advance* un gran avance tecnológico

tech·no·log·i·cally /ˌtɛknəˈlɑdʒɪkli/ *adv* tecnológicamente

tech·nol·o·gy S3 W1 /tɛkˈnɑlədʒi/ *s* (pl **technologies**) [C,U] tecnología: *developments in science and technology* avances en ciencia y tecnología • *environmentally-safe technologies* tecnologías que no contaminan el medio ambiente • **medical/computer technology** tecnología médica/informática • **modern technology** la tecnología moderna, las nuevas tecnologías ► **INFORMATION TECHNOLOGY**

ted·dy /ˈtɛdi/ *s* [C] (pl **teddies**) **1** osito de peluche SIN **teddy bear 2** body

ʹteddy bear *s* [C] osito de peluche SIN **teddy**

te·di·ous /ˈtidiəs/ *adj* pesado -a, tedioso -a

te·di·ous·ly /ˈtidiəsli/ *adv* tediosamente

te·di·um /ˈtidiəm/ *s* [U] tedio • **relieve the tedium** aliviar el tedio

tee¹ /ti/ *s* [C] tee (soporte para la salida en golf)

tee² *v*
tee off *v+partíc* **1 tee off** dar el primer golpe, hacer la salida (en golf) **2 tee sb ↔ off** (*coloq*) irritar a alguien, enojar a alguien

teem /tim/ *v*
teem with sb/sth *v+partíc* [gralm en forma continua] **be teeming with fish/ants** rebosar de peces/hormigas • **be teeming with tourists** estar atestado -a de turistas SIN **swarm with**

teen¹ /tin/ *adj* [solo ante s] (*coloq*) **1** adolescente: *teen smokers* fumadores adolescentes SIN **teenage 2** juvenil, de adolescentes: *a teen magazine* una revista juvenil • *a teen idol* un ídolo de adolescentes SIN **teenage**

teen² *s* **1** [C graml pl] adolescente SIN **teenager 2 teens** [pl] adolescencia • **be in your teens** ser adolescente • **be in your early/late teens** estar empezando/saliendo de su adolescencia • **be in your mid teens** estar en medio de su adolescencia

teen·age /'tineɪdʒ/ *adj* [solo ante s] **1** adolescente: *my teenage son/daughter* mi hijo/hija adolescente SIN **teen 2** juvenil, de adolescentes: *teenage fashion* moda juvenil SIN **teen**

teen·ag·er /'tiːˌneɪdʒər/ *s* [C] adolescente ▶ **ADOLESCENT**

tee·ny /'tini/ *adj* (*coloq*) chiquitito -a, diminuto -a: *a teeny bit* un poquitico SIN **tiny**

'tee·shirt *s* variante de **T-SHIRT**

tee·ter /'titər/ *v* [I] tambalearse • **teeter on sth** tambalearse sobre algo • **teeter along/across sth** ir por/cruzar algo tambaleándose • **teeter along/around** ir/andar tambaleándose

EXPRESIONES
be teetering on the brink/edge of sth estar al borde de algo

teeth /tiθ/ *pl* de **TOOTH**

teethe /tið/ *v* [I graml en forma continua] **the baby is/was teething** al bebé le están/estaban saliendo los dientes

'teething ˌtroubles (tb **'teething ˌpains**) *s* [pl] problemas iniciales

tee·to·tal /'tiˌtoʊtl/ *adj* abstemio -a

tee·to·tal·er /'tiˌtoʊtlər/ *s* [C] abstemio -a

TEFL /'tɛfəl/ *s* [U] (**the Teaching of English as a Foreign Language**) enseñanza del inglés como lengua extranjera, inglés para extranjeros

Tef·lon /'tɛflɑn/ *s* [U] (*marca reg*) teflón®

tel. (*abrev escrita de* **telephone number**) tel., teléf.

tel·e·com·mu·ni·ca·tions /ˌtɛləkəˌmyunəˈkeɪʃənz/ *s* [U] telecomunicaciones • **telecommunications company** empresa de telecomunicaciones • **telecommunications equipment** equipos de telecomunicaciones • **telecommunications industry** industria de las telecomunicaciones

tel·e·com·mut·er /'tɛləkəˌmyutər/ *s* [C] teletrabajador -a

tel·e·com·mut·ing /'tɛləkəˌmyutɪŋ/ *s* [U] teletrabajo

tel·e·con·fer·ence /'tɛləˌkɑnfrəns/ *s* [C] teleconferencia

tel·e·gram /'tɛləˌgræm/ *s* [C] telegrama • **by telegram** por telegrama

tel·e·graph¹ /'tɛləˌgræf/ *s* [U] telégrafo

telegraph² *v* [I,T] telegrafiar

tel·e·path·ic /ˌtɛləˈpæθɪk/ *adj* **1** con poderes telepáticos **2** telepático -a

te·lep·a·thy /təˈlɛpəθi/ *s* [U] telepatía

tel·e·phone¹ /'tɛləˌfoʊn/ *s*
1 [C] (aparato) teléfono: *The telephone rang just as I was leaving.* El teléfono sonó justo cuando estaba saliendo. • **answer the telephone** contestar al/el teléfono • **use the telephone** llamar por teléfono SIN **phone**
2 [U] (sistema) teléfono • **by telephone** por teléfono, telefónicamente: *Reservations can be made by telephone.* Las reservas pueden hacerse telefónicamente. • **on/over the telephone** por teléfono: *I've spoken to him on the telephone.* Hablé con él por teléfono. SIN **phone** • **telephone bill** factura de teléfono • **telephone conversation** conversación telefónica
3 [C] (parte del aparato) auricular, teléfono • **pick up the telephone** levantar el auricular, descolgar el teléfono • **hang up the telephone** colgar (el teléfono) SIN **handset**, **phone**, **receiver**

4 [U] teléfono descompuesto (juego)

EXPRESIONES
be on the telephone estar hablando por teléfono • [+**to**]: *She's on the telephone to the hospital.* Está hablando por teléfono con el hospital.

telephone² *v* [I,T] llamar (por teléfono), telefonear • **telephone (sb) to say sth** llamar (a alguien) para decir(le) algo: *She telephoned to say she would be late.* Llamó para avisar que llegaría tarde. • **telephone for sth** *Telephone for more information.* Para mayor información, llame por teléfono. ▶ ver nota en **PHONE**

'telephone ˌbook *s* [C] directorio telefónico, guía telefónica SIN **phone book**, **telephone directory**

'telephone ˌbooth *s* [C] cabina telefónica, caseta telefónica SIN **phone booth**

'telephone ˌcall *s* [C] llamada (telefónica) • [+**to**]: *a telephone call to the president* una llamada a un presidente • [+**from**]: *a telephone call from his sister* una llamada telefónica de su hermana • [+**for**]: *There's a telephone call for you.* Hay una llamada para ti. • **get/receive a telephone call (from sb)** recibir una llamada telefónica (de alguien) • **make/place a telephone call (to sb)** hacer una llamada telefónica (a alguien) • **return a telephone call** devolver una llamada SIN **call**, **phone call**

'telephone diˌrectory *s* [C] guía telefónica SIN **phone book**, **telephone book**

'telephone exˌchange *s* [C] central telefónica

'telephone ˌnumber *s* [C] número de teléfono: *What's your telephone number?* ¿Qué número de teléfono tienes? SIN **number**

tel·e·pho·to lens /ˌtɛləˌfoʊtoʊ 'lɛnz/ *s* [C] teleobjetivo

tel·e·print·er /'tɛləˌprɪntər/ *s* [C] teletipo

tel·e·scope /'tɛləˌskoʊp/ *s* [C] telescopio • **through a telescope** con/por un telescopio

tel·e·scop·ic /ˌtɛləˈskɑpɪk/ *adj* [graml ante s] **1** (caña de pescar, antena) telescópico -a **2** (lente, mira) telescópico -a **3** (observaciones, imágenes) telescópico -a

tel·e·thon /'tɛləˌθɑn/ *s* [C] telemaratón (con fines benéficos)

tel·e·vise /'tɛləˌvaɪz/ *v* [T] televisar, retransmitir por televisión

tel·e·vi·sion /'tɛləˌvɪʒən/ *s*
1 [C] (tb **television set**) (aparato) televisión, televisor: *They eat dinner in front of the television.* Comen frente a la televisión. • **a color/black-and-white television** un televisor en color/en blanco y negro • **turn a television on/off** (tb **switch a television on/off**) encender/apagar un televisor • **turn a television up/down** subir/bajar (el volumen de) la televisión SIN **TV** • **television screen** pantalla de televisión
2 [U] (programas) la televisión: *Kids get all their ideas from television.* Los niños toman todas sus ideas de la televisión. • **watch television** ver (la) televisión SIN **TV**
3 [U] (industria, sistema) televisión • **in television** en televisión: *She works in television.* Trabaja en televisión. SIN **TV** • **television network** cadena de televisión • **television program** programa de televisión • **television show** programa de televisión • **television station** canal de televisión ▶ **CABLE TELEVISION**, **PUBLIC TELEVISION**, **SATELLITE TELEVISION**

EXPRESIONES
on television en (la) televisión: *What's on television tonight?* ¿Qué dan esta noche en la televisión?

tel·e·work·er /'tɛliˌwərkər/ *s* [C] teletrabajador -a

tel·e·work·ing /'tɛliˌwərkɪŋ/ *s* [U] teletrabajo

tel·ex¹ /'tɛlɛks/ *s* [C,U] télex

telex² *v* [T] enviar por télex

tell /tɛl/ *v* (**told** /toʊld/)

1 dar información
2 notar
3 dar una orden

4 hacer una advertencia
5 dar una indicación
6 contar un secreto
7 delatar
8 recordarse a sí mismo
9 tener efecto

1 DAR INFORMACIÓN [T] decir, contar: *I've only told a few people.* Sólo se lo conté a algunas personas. • *I wish you had told me earlier.* Ojalá me lo hubieras dicho antes. • **tell sb (that)** decirle a alguien que: *She told me she has five children.* Me dijo que tiene cinco hijos. • **tell sb sth** decirle/contarle algo a alguien: *Who told you that?* ¿Quién te lo dijo? • *I want you to tell me all the details.* Quiero que me cuentes todos los detalles. • **tell sb who/why/what/when** decirle a alguien quién/por qué/qué/cuándo: *Just tell me what happened.* Sólo dime qué ocurrió. • **tell sb about sth** contarle/decirle algo a alguien: *I'll tell you all about it later.* Luego te lo cuento. • *Please don't tell anyone about this.* Por favor, no le cuentes esto a nadie. • **tell (sb) a story/joke/secret** contar(le) un cuento/chiste/secreto (a alguien) • **tell (sb) the truth/a lie** decirle la verdad/una mentira (a alguien): *Tell me the truth.* Dime la verdad.

2 NOTAR [I,T nunca en forma continua] darse cuenta (de), saber: *The bomb threat might be a hoax, but how do you tell?* La amenaza de bomba podría ser falsa, pero ¿cómo saberlo? • **I/you can't/couldn't tell** *She might have been lying. I couldn't tell.* Podría haber estado mintiendo. No sabría decirlo. • **tell (that)** darse cuenta de que, notar que: *I could tell she was really nervous.* Me di cuenta de que estaba muy nerviosa. • **tell how/whether/when** *I couldn't tell exactly how old he was.* No sabría decir exactamente su edad. • **tell sth by/from sth** darse cuenta de/notar algo por algo: *You can tell that she's hiding something by the look on her face.* Se nota que oculta algo por la expresión de su cara. • **it is hard/impossible to tell what/how** es difícil/imposible saber qué/cómo • **tell the difference (between)** distinguir (entre) • **from what I can tell/she could tell** por lo que yo veo/ella veía

3 DAR UNA ORDEN [T] decir: *"Wait here!" he told them.* –¡Esperen aquí! –les dijo. • *Stop it! I'm not telling you again.* ¡Ya basta! No te lo voy a repetir más veces. • **tell sb to do sth** decirle a alguien que haga algo: *He told me to come in and sit down.* Me dijo que pasara y me sentase. • *I thought I told you not to touch anything!* ¡Ya te dije que no tocaras nada! • **tell sb (that)** decirle a alguien que: *His doctor told him he should exercise more.* Su médico le dijo que hiciera más ejercicio. • **tell sb what/how** decirle a alguien qué/cómo: *Stop telling me what to do.* Deja de decirme lo que tengo que hacer. • **do as you're told!** ¡haz lo que se te dice!

4 HACER UNA ADVERTENCIA [T gralm en pasado] decir: *I told her, but she still went ahead anyway.* Se lo dije, pero siguió adelante. • **tell sb (that)** decirle a alguien que: *I told you it was a waste of time talking to him.* Ya te dije que era una pérdida de tiempo hablar con él. • **tell sb (not) to do sth** decirle a alguien que (no) haga algo: *I told you not to trust him.* Te dije que no confiaras en él.

5 DAR UNA INDICACIÓN [T nunca en pasiva o forma continua] **tell you sth** indicar algo: *This dial tells you the altitude.* Este indicador marca la altitud. • **tell sb (that)** indicarle a alguien que: *The polls tell us that the election is going to be close.* Los sondeos nos indican que las elecciones van a ser muy reñidas. • **tell sb what/when/where** indicarle a alguien qué/cuándo/dónde: *The timer will tell you when the rice is done.* El temporizador te avisa cuando está hecho el arroz. • **tell sb sth about sth** decirle algo a alguien acerca de algo: *What do these fossils tell us about climate change?* ¿Qué nos dicen estos fósiles acerca del cambio climático? • **tell sb about sth** proporcionarle información a alguien acerca de algo

6 CONTAR UN SECRETO [I] *You can trust me. I won't tell.* Puedes confiar en mí: no voy a decírselo a nadie. • **that would be telling** (*oral*) es un secreto, no puedo decirlo

7 DELATAR [I] (*coloq*) contarle a alguien que otra persona hizo algo mal: *If you hit me, I'll tell.* Si me pegas, hablo. • **tell on sb** delatar a alguien

8 RECORDARSE A SÍ MISMO tell yourself sth decirse algo • **tell yourself (that)** decirse que: *I told myself that it wasn't my fault.* Me dije que no era culpa mía.

9 TENER EFECTO [I nunca en forma continua] notarse • **tell on sb/sth** afectar a alguien/algo: *The long wait was telling on her nerves.* La larga espera estaba afectándole los nervios. • **begin/start to tell** empezar a notarse
▶ **ALL told, tell a TALE, (only) TIME will tell**

EXPRESIONES

don't tell me (*oral*) no me lo digas (anticipándose a lo que va a decir): *Don't tell me we're out of milk again!* ¡No me digas que nos volvimos a quedar sin leche! • **I can't tell you how/what** (*oral*): *I can't tell you how worried I've been.* No te imaginas lo preocupada que estaba. • **I couldn't tell you** (*oral*) no sabría decirte • **I'll tell you something/one thing/another thing** (*oral*) te diré algo/una cosa/otra cosa • **(I'll/I) tell you what** (*oral*) mira, sabes qué: *Tell you what – call me on Friday.* Mira, llámame el viernes. • *I'll tell you what, I didn't think I was going to make it.* ¿Sabes qué?, pensé que no lo contaba. • **I'm not telling (you)** (*oral*) no te lo voy a decir • **I'm telling you** (tb **let me tell you, I tell you**) (*oral*) te lo aseguro • **(I) told you (so)** ya te lo dije • **something tells me (that)** algo me dice que • **(so) tell me** (*oral*) dime, cuéntame • **tell me about it** (*coloq, oral*) dímelo a mí • **tell me another one** (*coloq, oral*) no me vengas con cuentos, cuéntaselo a tu abuela • **sb tells me (that)** (*oral*) *Mike tells me you're leaving.* Mike me contó que te vas. • **tell sb straight** hablarle con franqueza a alguien • **tell time** decir la hora • **tell sb where to get off** (tb **tell sb where to go**) (*coloq*) mandar a alguien al diablo • **there's no telling what/how/whether** no hay manera de saber qué/cómo/si • **to tell (you) the truth** (*oral*) a decir verdad • **What did I tell you?** (*oral*) ¿Qué te/les dije? • **you never can tell** (tb **you can never tell**) (*oral*) nunca se sabe • **you're telling me** (*coloq, oral*) a mí me lo vas a decir/contar

tell against sb *v+partíc* jugarle en contra de alguien (factor, etc.)

tell sth/sb apart *v+partíc* distinguir algo/a alguien: *I can't tell the twins apart.* No distingo a los gemelos.

tell sth/sb from sth/sb *v+partíc* distinguir algo/a alguien de algo/alguien: *He can tell a real diamond from a fake.* Sabe distinguir un diamante verdadero de uno falso.

tell of *v+partíc* **tell of sb/sth** (*frml o liter*) hablar de alguien/algo

tell sb ↔ off *v+partíc* regañar a alguien • **tell sb off for (doing) sth** regañar a alguien por (hacer) algo • **be/get told off** llevarse un regaño

tell·er /ˈtɛlər/ *s* [C] **1** cajero -a (de banco) SIN **bank teller 2** escrutador -a (en unas elecciones) ▶ **STORYTELLER**

tell·ing¹ /ˈtɛlɪŋ/ *adj* **1** revelador -a, elocuente (comentario, señal, ejemplo) SIN **revealing 2** contundente (argumento, efecto) SIN **significant**

telling² *s* [C,U] narración, relato

tell·tale /ˈtɛlteɪl/ *adj* [solo ante s] revelador -a: *the telltale signs of addiction* los signos que revelan la adicción

te·mer·i·ty /təˈmɛrəti/ *s* [U] (*frml*) temeridad

temp¹ /tɛmp/ *s* [C] empleado -a temporal (de oficina) • **temp agency** empresa de trabajo temporal • **temp job** empleo temporal • **temp work** trabajo temporal

temp² *v* [I] trabajar como empleado -a temporal

tem·per¹ /ˈtɛmpər/ *s* **1** [C,U] (mal) genio • **have a temper** tener mal genio • **a bad/quick/short temper** mal genio • **tempers flare/fray** (*tb* **tempers become frayed**) los ánimos se caldean **2** [sing, U] furia • **a fit of temper** un ataque de furia **3** [sing, U] humor • **in a good/bad temper** de buen/mal humor • **in a foul temper** de un humor de perros SIN **mood 4** [sing] (*frml*) carácter: *Gandhi knew the temper of the country.* Gandhi conocía el carácter de su país. SIN **mood**

EXPRESIONES
keep your temper mantener la calma • **lose your temper (with sb)** perder los estribos (con alguien) • **temper, temper** (*hum*, *oral*) qué geniecito

tem·per² *v* [T] **1** (*frml*) moderar, atenuar • **temper sth with sth** moderar/atenuar algo con algo **2** templar (metal)

tem·per·a·ment /'tɛmprəmənt/ *s* [C,U] temperamento • **artistic/nervous/good temperament** temperamento artístico/temperamento nervioso/buen temperamento

tem·per·a·men·tal /ˌtɛmprə'mɛntl/ *adj* **1** (*peyor*) temperamental (persona, animal, conducta) **2** que funciona a ratos: *My car is very temperamental.* Mi carro funciona cuando le da la gana. **3** [gralm ante s] temperamental, de temperamento (diferencias, etc.)

tem·per·ance /'tɛmprəns/ *s* [U] **1** (*antic*) abstinencia (de alcohol) • **temperance movement** movimiento de la Liga Antialcohólica de finales del s. XIX y principios del XX **2** (*frml*) templanza SIN **moderation**

tem·per·ate /'tɛmprɪt/ *adj* **1** templado -a (clima, región, aguas) **2** de zona templada (especies, bosques) **3** (*frml*) moderado -a (lenguaje, comportamiento)

tem·per·a·ture S3 W2 /'tɛmprətʃər/ *s* **1** [C,U] (de un lugar) temperatura: *Temperatures in the city reached 30°C.* Las temperaturas en la ciudad alcanzaron los 30°C. • [+**of**]: *The temperature of the water was just right.* La temperatura del agua era perfecta. • **at a temperature of 100°C/180°C** a (una temperatura de) 100°C/180°C • **at a high/low temperature** a alta/baja temperatura • **temperatures in the 20s/30s** temperaturas del orden de los 20/30 grados • **the temperature goes up/rises** la temperatura sube/aumenta • **the temperature goes down/falls/drops** la temperatura baja/desciende • **a change in temperature** un cambio de temperatura • **a rise/fall in temperature** un aumento/descenso de la temperatura **2** [C,U] (del cuerpo) temperatura: *The patient's temperature is normal.* La temperatura del paciente es normal. • **take sb's temperature** tomarle la temperatura a alguien • **body temperature** temperatura corporal **3** [C gralm sing] fiebre • **have a temperature** (tb **be running a temperature**) tener fiebre • **a high temperature** fiebre alta **4** [C gralm sing] (nivel de) acaloramiento (en una situación): *attempts to lower the temperature of the debate* intentos de moderar el tono del debate ▶ **ROOM TEMPERATURE**

tem·pest /'tɛmpɪst/ *s* [C] (*liter*) tempestad
EXPRESIONES
a tempest in a teapot (*coloq*) una tormenta en un vaso de agua

tem·pes·tu·ous /tɛm'pɛstʃuəs/ *adj* **1** (*frml*) tempestuoso -a (relación, tiempos), apasionado -a (persona) SIN **stormy 2** (*liter*) tempestuoso -a (mar, viento) SIN **stormy**

tem·plate /'tɛmpleɪt/ *s* [C] **1** (para dibujar, recortar) plantilla **2** (*técn*) (en informática) plantilla **3** modelo, ejemplo • [+**for**]: *a template for change* un modelo para el cambio

tem·ple /'tɛmpəl/ *s* **1** [C] templo • **a Hindu/Mormon temple** un templo hindú/mormón • **an Egyptian/a Greek temple** un templo egipcio/griego **2** [C,U] templo, sinagoga • **go to temple** ir al templo SIN **synagogue 3** [C gralm pl] sien **4** [C gralm pl] patilla, pata (de anteojos)

tem·po /'tɛmpoʊ/ *s* [C] (pl **tempos**) **1** tempo (musical) **2** ritmo (de la vida, del partido) SIN **pace**

tem·po·rar·i·ly /ˌtɛmpə'rɛrəli/ *adv* temporalmente ANT **permanently**

tem·po·rar·y S3 W3 /'tɛmpəˌrɛri/ *adj*
1 (problema, solución, suspensión) temporal • **on a temporary basis** temporalmente • **sth is only temporary** algo es solamente temporal • **a temporary job/position** un empleo temporal • **temporary work** trabajo temporal • **temporary worker** empleado -a temporal • **a temporary measure** una medida temporal ANT **permanent**

2 (alojamiento, permiso, visa) provisional: *temporary shelters* refugios provisionales ANT **permanent**
3 (en informática) temporal: *temporary files* archivos temporales ANT **permanent**

tem·po·rize /'tɛmpəˌraɪz/ *v* [I] intentar ganar tiempo

tempt /tɛmpt/ *v* [T] **1** (para convencer) tentar, persuadir • **tempt sb to do sth** convencer a alguien de que haga algo, persuadir a alguien para hacer algo: *They're trying to tempt new members to join.* Tratan de convencer a la gente de que se haga socia. • **tempt sb into (doing) sth** inducir a alguien a (hacer) algo **2** (pasteles, ideas) tentar • **be (sorely) tempted to do sth** estar tentado -a a hacer algo: *I was tempted to tell him what I really thought.* Estuve tentada a decirle lo que pensaba de verdad. • **tempt sb into (doing) sth** inducir a alguien a (hacer) algo
EXPRESIONES
tempt fate/providence tentar a la suerte

temp·ta·tion /tɛmp'teɪʃən/ *s* [C,U] **1** (deseo) tentación • **a temptation to do sth** la tentación de hacer algo: *There is always a temptation to blame other people.* Siempre existe la tentación de culpar a otros. • **resist the temptation (to do sth)** resistir la tentación (de hacer algo) • **give in/yield to (the) temptation (to do sth)** ceder a/caer en la tentación (de hacer algo) **2** (cosa que tienta) tentación: *Life in Los Angeles offers so many temptations.* La vida en Los Ángeles está llena de tentaciones.

tempt·ing /'tɛmptɪŋ/ *adj* tentador -a: *a tempting job offer* una oferta de trabajo tentadora • *That pie looks tempting.* Ese pastel está diciendo cómeme. • **it is tempting to do sth** *It's tempting to believe her story.* Uno se siente tentado a creer lo que cuenta.

tempt·ing·ly /'tɛmptɪŋli/ *adv* tentadoramente

ten¹ /tɛn/ *núm* diez ▶ ver ejs en SIX ▶ TENTH
EXPRESIONES
ten out of ten diez de diez (máxima puntuación) • **ten to one** (*coloq*) qué te apuestas a que, apuesto a que: *Ten to one he'll have forgotten all about it.* Qué te apuestas a que se olvidó de todo.

ten² *s* [C] **1** billete de diez (libras, dólares, etc.) **2** [gralm sing] (*coloq*) (en competiciones) diez **3** [gralm sing] (*coloq*) (como elogio) diez

ten·a·ble /'tɛnəbəl/ *adj* defendible, sostenible

te·na·cious /tə'neɪʃəs/ *adj* tenaz

te·na·cious·ly /tə'neɪʃəsli/ *adv* con tenacidad

te·nac·i·ty /tə'næsəti/ (tb **te·na·cious·ness** /tə'neɪʃənsli/) *s* [U] tenacidad

ten·an·cy /'tɛnənsi/ *s* **1** [C] período de alquiler, período de arrendamiento **2** [C,U] alquiler, arrendamiento (derecho)

ten·ant /'tɛnənt/ *s* [C] inquilino -a • [+**of**]: *the other tenants of the building* los otros inquilinos del edificio

tend S2 W1 /tɛnd/ *v*
1 tend to do sth tener tendencia a hacer algo, tender a hacer algo: *My car tends to overheat.* Mi carro tiende a recalentarse. • **tend not to do sth** no soler hacer algo: *I tend not to notice what other people wear.* No suelo darme cuenta de lo que lleva puesto la gente. • **it tends to be sb who/sth that** *It tends to be women who care for older relatives.* Suelen ser las mujeres quienes cuidan de los familiares mayores.
2 tend toward sth tender a algo
3 [T] (*frml*) cuidar, atender, ocuparse de
EXPRESIONES
tend bar trabajar de barman/atendiendo un bar
tend to sb/sth *v*+*partíc* atender a alguien/algo, cuidar de alguien/algo

tend·en·cy S3 W3 /'tɛndənsi/ *s* [C] (pl **tendencies**)
1 tendencia, propensión • **a tendency to do sth** una tendencia a hacer algo • **have a tendency to do sth** tener tendencia a/tender a hacer algo: *The door has a tendency to stick.* La puerta tiende a atorarse. • [+**toward/to**]: *a tendency to depression* tendencia a la depresión • **aggressive/suicidal/criminal tendencies**

tendencias agresivas/suicidas/criminales • **artistic tendencies** inclinaciones artísticas
2 tendencia, corriente (de pensamiento, etc.) • **a tendency for sb to do sth** una tendencia de alguien a hacer algo: *There is a tendency for people to change jobs more often.* La gente tiende a cambiar de trabajo con más frecuencia. • [+**toward/to**]: *a general tendency toward recycling* una tendencia general al reciclaje SIN **trend**

ten·den·tious /tɛnˈdɛnʃəs/ *adj* (*frml*) tendencioso -a

ten·der¹ /ˈtɛndər/ *adj* **1** tierno -a, cariñoso -a **2** tierno -a, blando -a (carne, verduras) ANT **tough 3** dolorido -a, sensible (parte del cuerpo) **4** delicado -a (planta), tierno -a (brote)
EXPRESIONES
a tender age (*liter*, *hum*) una tierna edad

tender² *v* **1** [T] (*frml*) ofrecer, presentar (disculpas, una oferta) • **tender sth to sb/sth** ofrecerle algo a alguien/algo • **tender your resignation** presentar la renuncia **2** [T] (*frml*) entregar (dinero)

tender³ *s* [C] ténder (de una locomotora) ▶ BARTENDER

tender-ˈhearted *adj* bondadoso -a

ten·der·ly /ˈtɛndərli/ *adv* cariñosamente, con ternura

ten·der·ness /ˈtɛndərnɪs/ *s* [U] **1** (de persona) ternura **2** (de carne, verdura) ternura **3** sensibilidad, dolor

ten·don /ˈtɛndən/ *s* [C] tendón

ten·dril /ˈtɛndrəl/ *s* [C] **1** zarcillo (de una planta) **2** (*liter*) bucle, cachumbo, rizo (de pelo) **3** (*liter*) espiral

ten·e·ment /ˈtɛnəmənt/ *s* [C] edificio de departamentos (generalmente en zonas deprimidas)

ten·et /ˈtɛnɪt/ *s* [C] principio, norma • **a basic/central/fundamental tenet (of sth)** un principio básico/esencial/fundamental (de algo)

ten·nis S3 /ˈtɛnɪs/ *s* [U] tenis: *a game of tennis* un partido de tenis • **play tennis** jugar al tenis • **tennis ball** pelota de tenis • **tennis match** partido de tenis • **tennis player** tenista • **tennis racket** raqueta de tenis ▶ TABLE TENNIS

ˈtennis shoe *s* [C] zapatilla, (zapato) tenis

ten·or¹ /ˈtɛnər/ *s* **1** [C] (cantante) tenor ▶ BARITONE, BASS **2** [C] (voz) tenor ▶ BARITONE, BASS **3** [sing, U] parte/papel del tenor ▶ BARITONE, BASS **4 the tenor of sth** (*frml*) el tenor de algo

tenor² *adj* [solo ante s] **1** de/para tenor (voz, obra): *a tenor solo* un solo para tenor ▶ BARITONE, BASS **2** tenor (saxo) ▶ ALTO, BASS, SOPRANO, TREBLE

tense¹ S3 /tɛns/ *adj*
1 (ambiente, momento, situación) tenso -a
2 (persona) tenso -a
3 (músculo, parte del cuerpo) tenso -a ▶ TENSION

tense² *v* **(a)** [I] (tb **tense up**) ponerse tenso -a **(b)** [T] tensar, tensionar

tense³ *s* [C,U] tiempo (verbal) ▶ PAST TENSE, PRESENT TENSE

ten·sion W3 /ˈtɛnʃən/ *s*
1 [C,U] (hostilidad) tensión • **racial/political/social tension** tensión racial/política/social • **tension mounts/builds** la tensión aumenta/crece • **cause/create tension** provocar/generar tensión • **break/ease/relieve the tension** romper/reducir/aliviar la tensión
2 [U] (nerviosismo) tensión • **nervous tension** tensión nerviosa
3 [C,U] (entre factores opuestos) tensión, antagonismo • [+**between**]: *the tension between work and family life* el antagonismo entre el trabajo y la vida familiar
4 [U] (de una cuerda, un músculo) tensión • [+**in**]: *tension in the neck muscles* la tensión de los músculos del cuello • **muscle tension** tensión muscular
5 [U] (grado de estiramiento) tensión, tirantez • [+**on**]: *the tension on the rope* la tensión ejercida sobre la cuerda ▶ TENSE; HYPERTENSION

tent S3 /tɛnt/ *s* [C] tienda (de campaña) • **put up/pitch/erect a tent** armar una tienda de campaña, montar una

tienda de campaña • **take down a tent** desarmar una tienda de campaña, desmontar una tienda de campaña

ten·ta·cle /ˈtɛntəkəl/ *s* **1** [C gralm pl] tentáculo **2 tentacles** [pl] (*peyor*) tentáculos (de una red criminal)

ten·ta·tive /ˈtɛntətɪv/ *adj* **1** provisional (acuerdo, conclusiones, medidas) ANT **definite 2** vacilante, titubeante (persona, sonrisa) SIN **hesitant**

ten·ta·tive·ly /ˈtɛntətɪvli/ *adv* **1** provisionalmente SIN **provisionally** ANT **definitely 2** con vacilación SIN **hesitantly**

ten·ter·hooks /ˈtɛntərhʊks/ *s* **be on tenterhooks** estar en ascuas • **keep sb on tenterhooks** tener a alguien en ascuas

tenth¹ /tɛnθ/ (abrev escrita **10th**) *adj*, *adv* décimo -a, en décimo lugar ▶ ver ejs en SIXTH

tenth² *s*, *pron* **1** (abrev escrita **10th**) décimo -a **2** (abrev escrita **10th**) (día) diez **3** (abrev escrita **1/10**) décimo, décima parte **4** (*oral*) diez cumpleaños, décimo cumpleaños **5** (abrev escrita **X**) (en nombres de monarcas, papas) décimo -a ▶ ver ejs en SIXTH

ten·u·ous /ˈtɛnyuəs/ *adj* vago -a (relación, conexión), débil, frágil (pruebas, argumento, etc.)

ten·u·ous·ly /ˈtɛnyuəsli/ *adv* vagamente, débilmente

ten·ure /ˈtɛnyər/ *s* [U] **1** titularidad (en un puesto docente) **2** (*frml*) ejercicio (en un cargo) **3** (*jur*) tenencia (de la tierra, de un inmueble)

te·pee, **teepee** /ˈtipi/ *s* [C] tipi

tep·id /ˈtɛpɪd/ *adj* **1** tibio -a, medio frío -a: *tepid water* agua tibia SIN **lukewarm 2** tibio -a, poco entusiasta: *a tepid response from the audience* una reacción tibia del público SIN **lukewarm**

te·qui·la /təˈkilə/ *s* [C,U] tequila

term¹ S1 W1 /tɜrm/ *s* [C]

1	punto de vista
2	palabra
3	en un cargo
4	en el colegio, la universidad
5	de un tribunal, una institución
6	en la cárcel
7	de un contrato, tratado
8	de una compraventa
9	vigencia
10	de un embarazo
11	fin de vigencia

1 PUNTO DE VISTA terms [pl] **in terms of sth** en cuanto a algo, en términos de algo: *Is the schedule realistic in terms of time?* ¿Es un calendario realista en términos de tiempo? • **in practical/artistic/psychological terms** desde el punto de vista práctico/artístico/psicológico • **in relative terms** en términos relativos • **in terms of what/how/who** *Did the experiment find any differences in terms of what children learned?* ¿Halló el experimento alguna diferencia en cuanto a lo que aprendían los niños? • **think/talk in terms of (doing) sth** pensar en/hablar de (hacer) algo: *They're talking in terms of increasing taxes.* Hablan como si fueran a subir los impuestos.
2 PALABRA [C] término • [+**for**]: *"Multimedia" is the term for any technique combining sounds and images.* "Multimedia" es un término que designa cualquier técnica que combine sonido e imagen. • **a medical/legal/scientific term** un término médico/jurídico/científico • **in simple terms** en lenguaje sencillo • **in general/broad terms** en líneas generales • **in strong/forthright terms** de forma enérgica, con franqueza • **a term of endearment/respect/abuse** un apelativo cariñoso/una fórmula de respeto/un insulto • **coin a term** acuñar un término
3 EN UN CARGO [C] mandato, ejercicio • **a two-/five-year term** un mandato de dos/cinco años • **a term of/in office** un mandato, una legislatura • **serve a term** cumplir un mandato
4 EN EL COLEGIO, LA UNIVERSIDAD [C] trimestre • **the summer/fall/winter/spring term** el primer/segundo/

tercer/cuarto trimestre • **the first/last day of the term** el primer/último día de clase • **the beginning/start/end of the term** el principio/comienzo/fin del trimestre ▶ SEMESTER, TRIMESTER, QUARTER

5 DE UN TRIBUNAL, UNA INSTITUCIÓN [C gralm sing] periodo de sesiones/reuniones: *The court's term runs from September to May.* El periodo de sesiones del tribunal va de septiembre a mayo. • **a term of/in government** una legislatura

6 EN LA CÁRCEL [C] condena • [+of]: *a lengthy term of imprisonment* una larga condena de reclusión • **a prison/jail term** una condena de reclusión • **serve a term** cumplir una condena

7 DE UN CONTRATO, TRATADO terms [pl] términos, condiciones • [+of]: *The terms of the agreement are still being negotiated.* Aún se siguen negociando los términos del acuerdo. • **according to/under the terms of sth** según los términos de algo • **terms and conditions** términos y condiciones

8 DE UNA COMPRAVENTA terms [pl] condiciones de pago • **reasonable/ favorable terms** condiciones de pago razonables/favorables

9 VIGENCIA [C] plazo • [+of]: *You can reduce the term of your mortgage.* Puede reducir el plazo de amortización de su hipoteca. • **a fixed term** un plazo determinado

10 DE UN EMBARAZO [U] (*técn*) término • **carry a baby to term** llevar un embarazo a término • **before/at full term** antes de/a término

11 FIN DE VIGENCIA [sing] (*técn*) vencimiento del plazo: *The agreement reaches its term next year.* El acuerdo vence el año próximo. ▶ in ABSOLUTE terms, a CONTRADICTION in terms, on EASY terms with sb, be on FIRST NAME terms (with sb), in GLOWING terms, LONG-TERM, in REAL terms, SHORT-TERM, not be on SPEAKING terms, in no UNCERTAIN terms

EXPRESIONES
come to terms (with sb) ponerse de acuerdo/llegar a un acuerdo (con alguien) • **come to terms with sth** aceptar algo • **in the long/medium/short term** (tb **over the long/medium/short term**) a largo/mediano/corto plazo • **on equal terms (with sb/sth)** (tb **on the same terms (as sb/sth)**) en igualdad de condiciones (con alguien/algo): *Small businesses have to compete on equal terms with large organizations.* Las pequeñas empresas tienen que competir en igualdad de condiciones con las grandes compañías. • **be on good/bad terms (with sb)** tener buenas/malas relaciones (con alguien) • **be on friendly terms (with sb)** llevarse bien (con alguien) • **on your (own) terms** de acuerdo con sus propias condiciones: *He wanted our relationship to be only on his terms.* Quería que nuestra relación se ajustara sólo a las condiciones que él imponía.

term² *v* [T gralm en pasiva] **be termed sth** ser calificado -a de algo: *The meeting could hardly be termed a success.* La reunión difícilmente podría calificarse de exitosa.

ter·mi·nal¹ /'tɜmənəl/ *adj* **1** (enfermedad, paciente) terminal • **the terminal stages of sth** la fase terminal de algo **2** irreversible (crisis, deterioro) • **in terminal decline** en decadencia irreversible **3** (*hum*) supino -a (estupidez, aburrimiento) **4** [solo ante s] (*técn*) (brote, flor) terminal

terminal² *s* [C] **1** (de aeropuerto) terminal • **a passenger terminal** una terminal de pasajeros • **terminal building** edificio de la terminal **2** (de buses) terminal • **a bus/ferry/train terminal** una terminal de buses/transbordadores/trenes ▶ TERMINUS **3** (en informática) terminal: *a computer terminal* un terminal de computadores **4** (*técn*) (en electricidad) terminal, polo • **a positive/negative terminal** un terminal positivo/negativo

ter·mi·nal·ly /'tɜmənəli/ *adv* **terminally ill** (en fase) terminal: *terminally ill patients* enfermos terminales

ter·mi·nate /'tɜməˌneɪt/ *v* **1** (*frml*) **(a)** [T] rescindir (un contrato, un acuerdo), poner fin a (una relación) • **terminate a pregnancy** interrumpir un embarazo **(b)** [I] vencer (contrato), terminar (programa) **2** [T] (*frml*) despedir

(de un trabajo) **3** [I siempre + adv/prep] (*frml*) terminar el recorrido (tren, bus, etc.) **4** [I siempre + adv/prep] (*frml*) terminar, acabar (objeto): *The stick terminated in a point.* El palo terminaba en punta. **5** [T] (*coloq*) matar, eliminar

ter·mi·na·tion /ˌtɜməˈneɪʃən/ *s* [C,U] **1** (*frml*) rescisión (de un contrato, acuerdo) **2** (*técn*) interrupción (voluntaria) del embarazo SIN **abortion 3** (*frml*) despido (de un trabajo) • **wrongful termination** despido ilegal SIN **dismissal**

ter·mi·nol·o·gy /ˌtɜməˈnɑlədʒi/ *s* [C,U] (pl **terminologies**) terminología • **medical/scientific/computer terminology** terminología médica/científica/informática

ter·mi·nus /'tɜmənəs/ *s* [C] **1** final de trayecto/recorrido, última parada • **a railroad/bus terminus** una terminal de trenes/buses **2** terminal, estación terminal

ter·mite /'tɜmaɪt/ *s* [C] termita

ter·race /'tɛrɪs/ *s* **1** [C] (junto a un bar, en la azotea) terraza: *She ate breakfast on the terrace.* Desayunó en la terraza. • **a sun terrace** un solárium • **a roof terrace** una terraza (en la azotea) ▶ PATIO **2** [C] (para cultivos) terraza

ter·raced /'tɛrɪst/ *adj* [solo ante s] **1** adosado -a **2** en terrazas

ter·rain /təˈreɪn/ *s* [C,U] terreno • **rough/mountainous/rocky terrain** terreno escarpado/montañoso/pedregoso

ter·res·tri·al /təˈrɛstriəl/ *adj* [gralm ante s] **1** (*técn*) (de la Tierra) terrestre ANT **extraterrestrial 2** (*técn*) (no acuático) terrestre ▶ AQUATIC, MARINE

ter·ri·ble S1 W3 /'tɛrəbəl/ *adj*
1 (muy dañino) horrible, terrible, tremendo -a: *a terrible accident* un horrible accidente SIN **awful**
2 (de calidad, capacidad) pésimo -a, espantoso -a: *I have a terrible memory.* Tengo una memoria pésima. • [+at]: *I'm terrible at remembering names.* Para los nombres soy un desastre. SIN **awful**
3 (muy desagradable) horrible, espantoso -a: *the terrible news* la horrible noticia • *The way they've treated him is terrible.* La forma en que lo trataron es espantosa.
4 (muy grande) terrible, tremendo -a: *a terrible mistake* un terrible error • *The pain was terrible.* El dolor era tremendo. SIN **awful**
5 [nunca ante s] (de salud): *"How are you today?" "Terrible."* –¿Cómo te sientes hoy? –Pésimo. • **feel terrible** sentirse muy mal • **look terrible** tener muy mal aspecto SIN **awful**

EXPRESIONES
feel terrible (about sth) sentirse culpable/muy mal (por algo)

ter·ri·bly /'tɛrəbli/ *adv* **1** muchísimo, tremendamente, terriblemente: *He missed his mother terribly.* Extrañaba muchísimo a su madre. • **not terribly** *John's not terribly interested in school.* John no está muy interesado que digamos en la escuela. **2** terriblemente mal: *The team played terribly.* El equipo jugó pésimo.

ter·ri·er /'tɛriə/ *s* [C] terrier

ter·rif·ic S3 /təˈrɪfɪk/ *adj*
1 genial, fantástico -a, estupendo -a SIN **fantastic**
2 tremendo -a, enorme SIN **tremendous**

ter·rif·i·cal·ly /təˈrɪfɪkli/ *adv* **1** tremendamente, enormemente SIN **tremendously 2** de maravilla SIN **fantastically**

ter·ri·fied /'tɛrəˌfaɪd/ *adj* aterrorizado -a • [+of]: *I'm terrified of spiders.* Las arañas me dan pánico. • *She was terrified of being caught.* Le daba pánico que la atraparan. • **be terrified (that)** tenerle terror a que: *She was terrified he was following her.* Tenía terror a que él la siguiera. • **be terrified to do sth** *He was terrified to stay in the house alone.* Lo aterraba quedarse solo en la casa. • [+at]: *He was terrified at the thought of getting lost.* Lo aterrorizaba la idea de perderse.

ter·ri·fy /'tɛrəˌfaɪ/ *v* [T] (**terrifies**, **terrified**, **terrifying**) aterrorizar

ter·ri·fy·ing /'tɛrəˌfaɪ-ɪŋ/ *adj* aterrador -a

ter·ri·fy·ing·ly /ˈtɛrəˌfaɪ-ɪŋli/ adv espantosamente, terriblemente

ter·ri·to·ri·al /ˌtɛrəˈtɔːriəl/ adj **1** [sin compar] (expansión, integridad) territorial: *a territorial dispute* una disputa territorial **2** (animal) territorial

ter·ri·to·ry W3 /ˈtɛrəˌtɔːri/ s (pl **territories**)

1 de un país, ejército
2 tipo de suelo
3 división administrativa
4 ámbito de actuación
5 de un animal, grupo
6 en ventas, comercio
7 en deportes

1 DE UN PAÍS, EJÉRCITO [C,U] territorio • **U.S./British territory** territorio estadounidense/británico • **occupied/enemy territory** territorio ocupado/enemigo • **disputed territory** territorio en disputa • **on neutral territory** en territorio/campo neutral

2 TIPO DE SUELO [U] terreno: *mountainous territory* terreno montañoso • **uncharted/unexplored territory** tierras sin explorar

3 DIVISIÓN ADMINISTRATIVA [C] territorio, dependencia: *The island of Guam is a U.S. territory.* La isla de Guam es un territorio de Estados Unidos.

4 ÁMBITO DE ACTUACIÓN [U] terreno, campo: *The 17th century is not really my territory.* El siglo XVII no es mi terreno. • **familiar/new/uncharted territory** terreno conocido/nuevo/sin explorar

5 DE UN ANIMAL, GRUPO [C,U] territorio

6 EN VENTAS, COMERCIO [C,U] zona, área

7 EN DEPORTES terreno, zona del campo

EXPRESIONES
come/go with the territory ser gajes del oficio

ter·ror /ˈtɛrər/ s **1** [U] terror • **in terror** aterrorizado -a • **live in terror of sb/sth** tenerle terror a alguien/algo • **sheer/pure/utter terror** puro/absoluto terror • **strike terror into sb/sb's heart** infundir terror/aterrorizar a alguien **2** [U] terrorismo SIN • **terror campaign** campaña terrorista • **terror group** grupo terrorista **3** [C] peligro terrible • [+of]: *the terrors of war* los terribles peligros de la guerra **4** [C] (coloq) diablillo, demonio

EXPRESIONES
hold no terrors for sb (frml) no asustarle lo más mínimo a alguien: *Death held no terrors for him.* No le temía a la muerte.

ter·ror·ism /ˈtɛrəˌrɪzəm/ s [U] terrorismo • **an act of terrorism** un acto terrorista • **fight/combat terrorism** luchar contra/combatir el terrorismo • **the war/fight/battle against terrorism** la guerra/lucha/batalla contra el terrorismo

ter·ror·ist¹ /ˈtɛrərɪst/ s [C] terrorista ▶ FREEDOM FIGHTER, GUERRILLA

terrorist² adj [solo ante s] terrorista: *a terrorist attack* un atentado terrorista

ter·ror·ize /ˈtɛrəˌraɪz/ v [T] aterrorizar • **terrorize sb into doing sth** atemorizar a alguien para que haga algo

ter·ry·cloth /ˈtɛriˌklɔθ/ (tb **ter·ry** /ˈtɛri/) s [U] (tela de) toalla

terse /tɜːs/ adj lacónico -a

terse·ly /ˈtɜːsli/ adv lacónicamente

ter·ti·ar·y /ˈtɜːʃiˌɛri, -ʃəri/ adj [solo ante s] (frml o técn) **1** (en orden, nivel) terciario -a ▶ PRIMARY, SECONDARY **2** (en economía) terciario -a **3 Tertiary** (en geología) terciario -a, del Terciario

TESL /ˈtɛsəl/ s [U] (**Teaching English as a Second Language**) enseñanza de inglés como segunda lengua

test¹ S1 W1 /tɛst/ s [C]

1 a alumnos, candidatos
2 por un científico, un forense
3 por un médico
4 de producto, maquinaria
5 situación difícil
6 indicación del nivel

1 A ALUMNOS, CANDIDATOS examen, prueba, test • [+on]: *You'll have a test on irregular verbs tomorrow.* Mañana van a tener un examen de verbos irregulares. • **pass/fail a test** aprobar/reprobar un examen • **a math/French test** un examen de matemáticas/francés • **an intelligence/a memory/a personality test** un test de inteligencia/memoria/personalidad • **do/take a test** presentar un examen, presentar una prueba: *Applicants are required to take a written test.* Los candidatos tienen que hacer una prueba escrita. ▶ EXAM • **test score** puntuación de un examen ▶ ver nota en PRUEBA

2 POR UN CIENTÍFICO, UN FORENSE análisis, prueba: *a series of blood tests* una serie de análisis de sangre • [+on]: *tests on the accused's clothing* análisis de la ropa del acusado • [+for]: *a test for HIV* una prueba de VIH • *a test for chemicals in the water* un análisis de sustancias químicas en el agua • **do/carry out/run a test** hacer/llevar a cabo/realizar un análisis • **take a test** someterse a una prueba • **a pregnancy test** un test de embarazo • **test result** resultado de un análisis

3 POR UN MÉDICO examen, revisión: *an eye test* una revisión de la vista • *Allun failed the physical fitness test.* Allun no pasó las pruebas físicas.

4 DE PRODUCTO, MAQUINARIA prueba: *nuclear weapons tests* pruebas de armas nucleares • [+on]: *tests on cosmetics* pruebas de cosméticos • **a safety test** una prueba de seguridad • **test site** zona de pruebas

5 SITUACIÓN DIFÍCIL [gralm sing] prueba • **an endurance test** una prueba de resistencia • **be a test of character/courage** poner a prueba el temperamento/la valentía

6 INDICACIÓN DEL NIVEL prueba, medida • [+of]: *Profits are the ultimate test of a company's success.* Los beneficios son la medida definitiva del éxito de una compañía. ▶ APTITUDE TEST, BREATH TEST, DRIVING TEST, FIELD TEST, LITMUS TEST, STAND the test of time

EXPRESIONES
put sth/sb to the test poner algo/a alguien a prueba

test² S1 W2 v

1 médico
2 científico
3 en el colegio, para un trabajo
4 un producto, una máquina, un sistema
5 para ver temperatura, grado de cocción
6 la habilidad, la valentía
7 la fe, la paciencia, los nervios
8 una teoría, una hipótesis

1 MÉDICO [T] examinar: *I must get my eyes tested.* Tengo que examinarme la vista.

2 CIENTÍFICO [I,T] analizar • **test sb for sth** *They tested her for diabetes.* Le hicieron un análisis para determinar si tenía diabetes. • *Have you been tested for HIV?* ¿Te hicieron la prueba de VIH? • **test sth for sth** hacer un análisis de algo para determinar la presencia de algo • **test for sth** hacer un análisis para detectar algo

3 EN EL COLEGIO, PARA UN TRABAJO [T] evaluar (a un alumno, un candidato), poner a prueba (los conocimientos, las capacidades) • **test sb on sth** tomarle una prueba de algo a alguien: *You'll be tested on grammar tomorrow.* Mañana tendrán examen de gramática.

4 UN PRODUCTO, UNA MÁQUINA, UN SISTEMA [T] (tb **test out**) probar, poner a prueba • **test sth on sb/sth** probar algo en alguien/algo: *These cosmetics have not been tested on animals.* Estos cosméticos no se han probado en animales.

5 PARA VER TEMPERATURA, GRADO DE COCCIÓN [T] comprobar (el estado de): *She tested the bath water with her hand.* Tocó el agua de la bañera para comprobar la temperatura.

6 LA HABILIDAD, LA VALENTÍA [T] poner a prueba: *a game that will test the contestants' skill* un juego que pondrá a prueba la destreza de los participantes

7 LA FE, LA PACIENCIA, LOS NERVIOS [T] llevar al límite, poner a prueba

8 UNA TEORÍA, UNA HIPÓTESIS [T] (tb **test out**) comprobar ▶ TRIED and tested

T

EXPRESIONES

test positive/negative (for sth) dar positivo/negativo (en la prueba de algo): *He had tested negative for HIV.* Había dado negativo en la prueba de VIH. • **test the water(s)** tantear el terreno

tes·ta·ment /'tɛstəmənt/ *s* (*frml*) **1** [C,U] **be (a) testament to sth** dar buena prueba de algo **2** [C] (*antic*) testamento, documento SIN **will** ▸ **NEW TESTAMENT**, **OLD TESTAMENT**

'**test ban** *s* [C graml sing] acuerdo de prohibición de pruebas nucleares

'**test case** *s* [C] caso que sienta jurisprudencia

'**test drive** *s* [C graml sing] prueba de conducción (antes de comprar un carro)

'**test-drive** *v* [T] hacer una prueba de conducción (antes de comprar un carro)

test·er /'tɛstə/ *s* [C] **1** probador -a, persona encargada de probar un producto **2** muestra

tes·ti·cle /'tɛstɪkəl/ *s* [C] testículo

tes·ti·fy W3 /'tɛstə,faɪ/ *v* (**testifies**, **testified**, **testifying**) **1** [I,T] declarar, testificar, prestar declaración • **testify for/against sb** declarar a favor/en contra de alguien • **testify before sth** declarar/testificar ante algo • **testify that** declarar/testificar que: *She testified that he had attacked her.* Declaró que él la había atacado. **2 (a)** [T] (*frml*) atestiguar, ser testimonio de **(b)** [I] (*frml*) **testify to sth** ser testimonio de algo

tes·ti·ly /'tɛstəli/ *adv* con irritación

tes·ti·mo·ni·al /ˌtɛstə'moʊniəl/ *s* [C] **1** referencia, carta de recomendación ▸ **REFERENCE 2** homenaje • **testimonial dinner** comida de homenaje • **testimonial game** (tb **testimonial match**) partido de homenaje **3 a testimonial to sth** un testimonio de algo, una prueba fehaciente de algo SIN **testament 4** elogio

tes·ti·mo·ny W3 /'tɛstə,moʊni/ *s* [C,U] (pl **testimonies**) **1** testimonio, declaración **2 testimony to/of sth** testimonio de algo, prueba fehaciente de algo

tes·tos·ter·one /tɛ'stɑstə,roʊn/ *s* [U] testosterona

'**test run** *s* [C] prueba, ensayo

'**test tube** *s* [C] tubo de ensayo, probeta

'**test-tube ,baby** *s* [C] bebé/niño -a probeta

tes·ty /'tɛsti/ *adj* (**testier**, **testiest**) irritable, de mal humor SIN **irritable**

tet·a·nus /'tɛtˉn-əs, -nəs/ *s* [U] tétanos

tête-à-tête /ˌteɪt ə 'teɪt, ˌtɛt ə 'tɛt/ *s* [C] tête-à-tête, conversación cara a cara

teth·er¹ /'tɛðə/ *s* [C] correa (para atar un animal)

EXPRESIONES

be at the end of your tether (tb **have reached the end of your tether**) no poder más

tether² *v* [T] atar, amarrar (a un animal) • **tether sth to sth** atar/amarrar algo a algo

Tex-Mex /ˌtɛks 'mɛks◂/ *adj* [solo ante s] (*coloq*) tex-mex

text¹ S2 W2 /tɛkst/ *s* **1** [U] (escritura) texto: *a single column of text* texto a una sola columna **2** [C] (obra escrita) texto **3** [C] manual: *a chemistry text* un manual de química SIN **textbook 4** (versión escrita) **the (full) text of sth** el texto (completo) de algo **5** [C] mensaje de texto, SMS SIN **text message 6** [C] pasaje (de la Biblia)

text² *v* **(a)** [I] enviar un mensaje de texto/SMS: *She texted to say she'd be late.* Mandó un SMS diciendo que llegaría tarde. **(b)** [T] enviar un mensaje de texto/SMS a: *I'll text you later.* Te enviaré un mensaje de texto más tarde. • **text an SOS/invitation** enviar un SOS/una invitación con un mensaje de texto

text·book¹ /'tɛkstbʊk/ *s* [C] libro de texto, manual: *a geography textbook* un libro de texto de geografía • [+on]: *a textbook on medicine* un manual de medicina

textbook² *adj* [solo ante s] de manual, de libro • **a textbook example/case (of sth)** un ejemplo/caso clásico (de algo)

tex·tile /'tɛkstaɪl/ *s* [C] tejido, (materia) textil

text·ing /'tɛkstɪŋ/ *s* [U] mensajería de texto

'**text ,message¹** *s* [C] mensaje de texto, SMS SIN **text**

text message² *v* [T] enviar un mensaje de texto/SMS a SIN **text**

'**text ,messaging** *s* [U] mensajería de texto SIN **texting**

tex·tu·al /'tɛkstʃuəl, -tʃəl/ *adj* (*frml*) textual

tex·ture /'tɛkstʃə/ *s* [C,U] textura

tex·tured /'tɛkstʃəd/ *adj* con textura/relieve, texturado -a

Thai¹ /taɪ/ *s* **1** [C] (persona) tailandés -esa **2** [U] (lengua) tailandés

Thai² *adj* tailandés -esa

Thai·land /'taɪlænd/ Tailandia

than¹ S1 W1 /ðən; *fuerte* ðæn/ *conj* (en comparaciones) que: *He's stronger than I am.* Es más fuerte que yo. • *Our expenses are higher than last year.* Tenemos más gastos que el año pasado. • **more than** más que: *I love you more than she does.* Yo te quiero más que ella. • **more... than** más... de lo que, más... del/de la que: *There were more people than we expected.* Había más gente de lo que esperábamos. • **less than** menos que: *He complains a lot less than you do.* Se queja mucho menos que tú. • **less... than** menos... de lo que, menos... del/de la que: *They offered us less money than we wanted.* Nos ofrecieron menos dinero del que queríamos. ▸ **OTHER than, RATHER than**

than² S1 W1 *prep* **1** (en comparaciones) que ▸ Lo habitual es el uso con el pronombre de complemento (**than me**, **than her**, etc.); con el pronombre de sujeto (**than I**, **than she**, etc.), es un uso formal: *Natalie was prettier than her sister.* Natalie era más bonita que su hermana. • *She's a lot smarter than me.* Es mucho más lista que yo. • *He was two years older than I.* Era dos años mayor que yo. • *Repairing the machine is cheaper than buying a new one.* Reparar la máquina es más barato que comprar una nueva. • *I thought the work would be harder than this.* Creí que el trabajo iba a ser más difícil. • **more than** más que: *She loves swimming more than anything else.* Le encanta la natación más que cualquier otra cosa. • **more... than** más... que: *Your job is more exciting than mine.* Tu trabajo es más interesante que el mío. • **less than** menos que: *Women were often paid less than men.* Solían pagarles menos a las mujeres que a los hombres. • **less... than** menos... que: *Frozen beans are usually less expensive than fresh ones.* Los fríjoles congelados suelen ser menos caros que los frescos. **2** (con cantidades) **more than** más de: *The repairs cost more than a hundred dollars.* Las reparaciones costaron más de cien dólares. • **more than once** más de una vez • **less/fewer than** menos de: *She's leaving in less than a week.* Se va en menos de una semana. • *Fewer than fifty people attended the concert.* Al concierto asistieron menos de cincuenta personas. **3** (para matizar) **more/less... than** *She was more upset than angry.* Más que enojada, estaba disgustada. • *The words were less a request than an order.* Las palabras fueron más una orden que una petición. ▸ **OTHER than**

thank S1 W3 /θæŋk/ *v* [T] dar las gracias a: *Don't forget to thank her.* No te olvides de darle las gracias. • **thank sb for sth** agradecerle algo a alguien, darle las gracias a alguien por algo: *Did you thank Aunt Evie for the present?* ¿Le diste las gracias a tía Evie por el regalo? • *I thanked him for his help.* Le agradecí su ayuda. • **thank sb for doing sth** darle las gracias a alguien por haber hecho algo: *He thanked us all for coming.* Nos dio a todos las gracias por haber ido. ▸ **THANK YOU**

EXPRESIONES
have sb to thank for sth tener que agradecerle algo a alguien, deberle algo a alguien • **I'll thank you (not) to do sth** (*frml, oral*) *I'll thank you not to interfere.* Te agradecería que no te metieras. • **thank God/goodness/heavens** (*oral*) gracias a Dios, menos mal: *Thank goodness final exams are over.* Gracias a Dios, los exámenes finales han terminado. • *Thank God you reminded me.* Menos mal que me lo recordaste. • **thank your lucky stars (that...)** (*oral*) da gracias al cielo (de que...) • **he/they won't thank you (for doing sth)** (*oral*) no le/les va a hacer ninguna gracia (que hagas algo)

thank·ful /'θæŋkfəl/ *adj* [nunca ante s] agradecido -a • **be thankful for sth** agradecer algo, estar agradecido -a por algo: *We have a lot to be thankful for.* Tenemos mucho que agradecer. • **be thankful (that)** agradecer que, estar agradecido -a de que: *I was just thankful that it didn't rain.* Agradecí que no lloviera. • **be thankful to do sth** agradecer hacer algo, estar agradecido -a de hacer algo: *He felt thankful to be alive.* Estaba agradecido de estar vivo.

thank·ful·ly /'θæŋkfəli/ *adv* **1** [adv oracional] afortunadamente, gracias a Dios: *Thankfully, there were no injuries.* Afortunadamente, no hubo lesiones. **2** con agradecimiento SIN **gratefully**

thank·less /'θæŋklɪs/ *adj* [gralm ante s] ingrato -a (tarea, trabajo)

thanks¹ /θæŋks/ *interj* (*coloq*) **1** (para agradecer) gracias: *Pass the salt, please... thanks.* Alcánzame la sal, por favor... gracias. • [+**for**]: *Thanks very much for your help.* Muchas gracias por su ayuda. • **thanks for doing sth** gracias por hacer algo: *Thanks for asking me.* Gracias por invitarme. • [+**to**]: *Thanks to everyone who helped out.* Gracias a todos lo que dieron una mano. SIN **thank you** **2** (para aceptar) gracias: *"More coffee?" "Oh, thanks."* –¿Más café? –Ah, sí, gracias. **3** (al responder) gracias: *"Hi, Bill, how are you?" "Fine, thanks."* –Hola, Bill, ¿cómo estás? –Bien, gracias.

EXPRESIONES
many thanks (for sth) muchas gracias (por algo) • **no, thanks** no, gracias • **thanks a lot** (tb **thanks a bunch**) (*coloq, oral*) muchísimas gracias

thanks² *s* [pl] agradecimiento • **a word of thanks** una palabra/unas palabras de agradecimiento
EXPRESIONES
many/special thanks to sb (*frml, oral*) muchas gracias a alguien • **my/our thanks to sb** (*frml, oral*) mi/nuestro agradecimiento a alguien • **no thanks to sb/sth** (*oral*) a pesar de alguien/algo • **thanks to sb/sth** gracias a alguien/algo

Thanks·giv·ing /ˌθæŋks'gɪvɪŋ/ (tb **Thanks'giving ˌDay**) *s* [C,U] día de Acción de Gracias ▶ **Thanksgiving** es una fiesta nacional que se celebra en EU el cuarto jueves de noviembre con una gran cena familiar a base de pavo asado, pan de maíz, pastel de calabaza, etc. • **for Thanksgiving** en el día de Acción de Gracias • **on Thanksgiving** en el día de Acción de Gracias: *I invited him to dinner on Thanksgiving.* Lo invité a la comida de Acción de Gracias. • **Thanksgiving dinner** comida de Acción de Gracias

thanks·giv·ing /θæŋks'gɪvɪŋ/ *s* [C,U] (*frml*) acción de gracias

'thank you S1 *interj*
1 (para agradecer) gracias: *"Let me help." "Thank you very much."* –Permítame ayudarla. –Muchas gracias. • [+**for**]: *Thank you for your letter.* Gracias por tu/su carta. • **thank you for doing sth** gracias por hacer algo: *Thank you for helping me.* Gracias por ayudarme. • [+**to**]: *Thank you to everyone who took part.* Gracias a todos los que participaron. SIN **thanks**
2 (para aceptar) gracias: *"Can I give you a ride home?" "Oh, thank you."* –¿Quieres que te lleve a casa? –Ah, gracias.
3 (al responder) gracias: *"How are you feeling?" "Much better, thank you."* –¿Cómo te sientes? –Mucho mejor, gracias.
4 (para rechazar ayuda) gracias: *I can do it myself, thank*

you. Puedo hacerlo solo, gracias.
EXPRESIONES
no, thank you no, gracias

'thank-you *s* [C] (muestra de) agradecimiento • [+**to**]: *The party was a thank-you to all the staff.* La fiesta era una muestra de agradecimiento a todo el personal. • **thank-you letter** carta de agradecimiento • **thank-you note** nota de agradecimiento

that¹ S1 W1 /ðæt/ *pron*

1 uso demostrativo: indicando lo mencionado o conocido
2 uso demostrativo: indicando alejamiento
3 uso relativo
4 uso relativo con superlativos y afines
5 uso relativo enfático
6 indicando algo del mismo tipo

1 USO DEMOSTRATIVO: INDICANDO LO MENCIONADO O CONOCIDO (pl **those** /ðoʊz/) ese, esa, eso: *Don't worry about that.* No te preocupes por eso. • *She's kind. That's why I like her.* Es amable. Por eso me gusta. • *Those were her exact words.* Esas fueron sus palabras exactas. • *Why did she marry a man like that?* ¿Por qué se casó con un hombre así? ▶ THIS

2 USO DEMOSTRATIVO: INDICANDO ALEJAMIENTO (pl **those** /ðoʊz/) ese/esa/eso, aquel/aquella/aquello: *Who's that talking to your brother?* ¿Quién es aquel que está hablando con tu hermano? • *That's my drink – this one's yours.* Esa es mi copa, la tuya es esta. • *Is that your house?* ¿Es esa tu casa? • *Those look riper.* Aquellos parecen más maduros. ▶ THIS

3 USO RELATIVO /ðət/ que: *a list of the things that I need to buy* una lista de las cosas que necesito comprar • *the children that my daughter plays with* los niños con los que juega mi hija • *a book that changed my life* un libro que me cambió la vida • **the year/time that** el año/la época en que: *I'll never forget the day that she was born.* Jamás olvidaré el día en que nació. • **the reason that** el motivo por el que, la razón por la que: *the reason that I've put on weight* el motivo por el que subí de peso ▶ WHO, WHICH

4 USO RELATIVO CON SUPERLATIVOS Y AFINES /ðət/ que: *She's the nicest person that I've ever met.* Es la persona más agradable que jamás haya conocido. • *The only thing that matters to him is money.* Lo único que le importa es el dinero.

5 USO RELATIVO ENFÁTICO /ðət/ lo que: *It's his lack of communication that upsets me.* Lo que me molesta es su falta de comunicación.

6 INDICANDO ALGO DEL MISMO TIPO (pl **those** /ðoʊz/) (*frml*) el, la: *an education superior to that offered by local universities* una educación mejor que la ofrecida en universidades locales • **that of sb/sth** el/la de alguien/algo: *Her experience is different from that of her friends.* Su experiencia es distinta de la de sus amigos. • **that which** el/la que: *a price higher than that which you originally gave us* un precio más alto que el que nos diste en un principio
EXPRESIONES
is that sb/sth? *Hello, is that Peter?* Hola, ¿Eres Peter? • *Is that the University of Michigan?* ¿Hablo con la Universidad de Michigan? • **that's life/politics** (*oral*) así es la vida/la política ▶ THIS
EXPRESIONES
at that además: *It was one of his own songs, and a good one at that.* Era una de sus canciones, y además de las buenas. • **that's all there is to it** (*oral*) **(a)** punto, no hay más vuelta que darle **(b)** no tiene mayor secreto, es fácil • **that is (to say)** **(a)** (para rectificar) es decir, bueno: *I loved him – that is, I thought I did.* Lo amaba, bueno, eso creía. **(b)** (para aclarar) es decir, o sea • **that's it** (*oral*) **(a)** eso es todo, ya está: *That's it, then. There's nothing more we can do.* Eso es todo, entonces. No hay nada más que podamos hacer. **(b)** (tb **that does it**) se acabó: *That's it. I'm leaving.* Se acabó. Me voy. **(c)** eso es, así • **(and) that's that** y punto • **with that** con esto, después de decir esto

that² S1 W1 /ðæt/ *det* (pl **those** /ðoʊz/)

1 (indicando alejamiento) ese/esa, aquel/aquella: *That one looks nicer than this one.* Ese parece más bonito que este. • *Who's that man talking to Dad?* ¿Quién es aquel hombre que está hablando con papá? • *Those shoes are so uncomfortable.* Esos zapatos son incomodísimos. ▶ **THIS**

2 (indicando lo mencionado o conocido) ese/esa, aquel/aquella: *I saw that woman again today.* Hoy volví a ver a la mujer esa. • *That last test was a lot easier than this one.* La última prueba fue mucho más fácil que ésta. • *Those days are long gone.* Aquellos tiempos ya hace mucho que pasaron. ▶ **THIS**

that³ S1 W1 /ðət; *fuerte* ðæt/ *conj*

1 que ▶ A veces en el lenguaje hablado o informal se puede omitir la conjunción **that** después de verbo o adjetivo, por ej.: *She says she'll come./She says that she'll come.* Dice que va a venir. • *their belief that they would win* su convicción de que ganarían • *I was surprised that he had not been to college.* Me sorprendió que no hubiera ido a la universidad. • *The problem is that no one knows what will happen.* El problema es que nadie sabe qué va a pasar. • **the fact that** (el hecho de) que: *She can't accept the fact that she lost.* Es incapaz de aceptar que perdió. • **it is... that** es... que: *It's disappointing that we failed.* Es decepcionante que hayamos fracasado. • **I find/think it... that** me resulta/parece... que: *I find it amazing that nobody noticed.* Me resulta increíble que nadie se diera cuenta.

2 so/such... that tan ... que: *I was so tired that I fell asleep.* Estaba tan cansada que me dormí. • *He spoke so fast that I couldn't understand him.* Hablaba tan rápido que no le entendía.

3 (*liter*) para que: *They gave their lives that others might live.* Dieron sus vidas para que otros pudieran vivir.

4 (*liter*) ojalá, si: *Oh, that she were alive to see this!* ¡Ay, ojalá estuviera con vida para ver esto! ▶ **NOT that good/big/cheap**

that⁴ S2 /ðæt/ *adv* (*oral*)

1 así de: *The fish was about that long.* El pez era así de largo.

2 [solo en interrog y negat] tan: *I didn't know the situation was that bad.* No sabía que la situación fuera tan mala. • *Is it really going to cost that much?* ¿De veras va a costar tanto?

3 not be (all) that good/important/big no ser muy bueno-a/importante/grande

thatch¹ /θætʃ/ *s* [U] paja (para techos)

thatch² *v* [I,T] hacer (techos) de paja

thatched /θætʃt/ *adj* **1** de paja (techo) **2** con techo de paja: *the thatched cottages* las casitas con techos de paja

thaw¹ /θɔ/ *v* **1** [T] (tb **thaw out**) derretir, deshelar **2** it **thaws** deshiela **3 (a)** [T] (tb **thaw out**) descongelar SIN **defrost (b)** [I] (tb **thaw out**) descongelarse SIN **defrost 4** [I] relajarse, distenderse (persona, relaciones) **5** [I] (tb **thaw out**) desentumecerse

thaw² *s* **1** [sing] deshielo **2** [C gram sing] distensión

the¹ S1 W1 /ðə; *before a vowel* ði; *fuerte* ði/ *art det*

1 indicando lo mencionado o conocido
2 para especificar
3 con acciones
4 con partes del cuerpo
5 con nombres geográficos
6 con colectivos plurales
7 con genéricos singulares
8 en fechas
9 con periodos de tiempo
10 con instrumentos musicales
11 con unidades de medida
12 con adjetivos sustantivados
13 con apellidos en plural
14 para enfatizar la identidad
15 para enfatizar la importancia
16 para describir con enojo

1 INDICANDO LO MENCIONADO O CONOCIDO el/la, los/las: *The cheese was horrible.* El queso estaba horrible. • *The audience clapped and cheered.* El público aplaudía y gritaba. • *The earth moves around the sun.* La Tierra gira alrededor del Sol. • *What's the weather like in Singapore?* ¿Cómo es el clima en Singapur? • *I heard it on the radio.* Lo oí en el radio.

2 PARA ESPECIFICAR el/la, los/las: *That's the man we spoke to.* Ese es el hombre con el que hablamos. • *Here's the photograph.* Aquí tienes la fotografía. • *the house with a red door* la casa de la puerta roja • *the plants of southern Europe* las plantas del sur de Europa • *I prefer the blue one.* Prefiero la azul.

3 CON ACCIONES el/la: *the death of the king* la muerte del rey • *the arrival of guests* la llegada de invitados • *the cleaning of hotel rooms* la limpieza de habitaciones de hotel

4 CON PARTES DEL CUERPO el/la, los/las: *He was shot in the arm.* Le dispararon en el brazo. • *diseases of the liver* enfermedades hepáticas

5 CON NOMBRES GEOGRÁFICOS el/la, los/las: *the United States* (los) Estados Unidos • *an island in the Pacific* una isla del Pacífico • *the Alps* los Alpes

6 CON COLECTIVOS PLURALES los: *The poor are getting poorer.* Los pobres son cada vez más pobres. • *wars between the English and the French* guerras entre los ingleses y los franceses • *a school for the deaf* una escuela para sordos

7 CON GENÉRICOS SINGULARES el/la: *The tiger is a beautiful animal.* El tigre es un animal precioso. ▶ Este uso es más propio del lenguaje científico o académico. Para hacer referencias genéricas, lo habitual es el plural sin artículo (*Tigers are beautiful animals*) • *The computer has changed people's lives.* El computador ha cambiado la vida de la gente.

8 EN FECHAS el: *the 3rd of November* el 3 de noviembre

9 CON PERIODOS DE TIEMPO el/la, los/las: *I'll call you in the morning.* Te llamaré por la mañana. • *They have very little rain during the winter.* Tienen pocas lluvias durante el invierno. • *fashions of the 60s* modas de los años 60

10 CON INSTRUMENTOS MUSICALES el/la: *He plays the violin.* Toca el violín. • *She's learning the piano.* Estudia piano.

11 CON UNIDADES DE MEDIDA *They sell fabric by the yard.* Venden la tela por yardas. • *My car does over 30 miles to the gallon.* Mi carro hace más de 30 millas por galón.

12 CON ADJETIVOS SUSTANTIVADOS lo: *They're asking for the impossible.* Piden lo imposible.

13 CON APELLIDOS EN PLURAL los: *our friends the Johnsons* nuestros amigos los Johnson

14 PARA ENFATIZAR LA IDENTIDAD *"Her friend is Robin Williams." "Not the Robin Williams?"* –Su amigo es Robin Williams. –¿Qué Robin Williams, el actor?

15 PARA ENFATIZAR LA IMPORTANCIA la: *Paris is the city for romance.* París es la ciudad del amor.

16 PARA DESCRIBIR CON ENOJO (*oral*) el/la muy, los/las muy: *He lost his keys, the idiot!* ¡Perdió las llaves, el muy idiota!

the² S3 *adv*

1 (con superlativos) *She likes you the best.* Tú eres el que más le gusta. • *Which is the least expensive?* ¿Cuál es el menos caro?

2 (con comparativos) *The organization will be the better for these changes.* La organización mejorará con estos cambios. • **all the better/more difficult** incluso mejor/más difícil: *She looks all the more beautiful now.* Ahora está incluso más bonita. • **none the wiser/worse** *She explained it again, but I was none the wiser.* Volvió a explicarlo, pero yo seguía sin entender.

3 the more..., the more cuanto más..., más: *The more I thought about the idea, the more I liked it.* Cuanto más pensaba en la idea, más me gustaba. • *The faster you work, the sooner we can leave.* Cuanto más rápido trabajes, más pronto podremos irnos.

the·a·ter S2 W2 /'θiətⱹ/ s
1 [C] (edificio) teatro: *What's on at the theater?* ¿Qué dan en el teatro? • **go to the theater** ir al teatro
2 [U] (actividad, obras) teatro • **in the theater** en el teatro • **street theater** teatro callejero • **theater company** compañía de teatro • **theater critic** crítico -a teatral • **theater director** director -a de teatro • **theater ticket** entrada para el teatro
3 [C] (sala de) cine
4 [C] escenario (en la guerra) • **a theater of war** un escenario de guerra • **a theater of operations** un teatro de operaciones

the·a·tre /'θiətⱹ/ variante de THEATER

the·at·ri·cal /θi'ætrɪkəl/ adj **1** [solo ante s] (del teatro) teatral **2** [solo ante s] de(l) cine, en los cines **3** (afectado) teatral

thee /ði/ pron (arc) te, ti

theft /θɛft/ s **1** [U] (delito) robo: *Car theft is on the increase.* El robo de carros va en aumento. • **petty theft** hurto ▶ THIEF **2** [C] (acción) robo • [+of]: *He reported the theft of the truck.* Denunció el robo del camión.

their S1 W1 /ðⱹ; fuerte ðɛr/ det
1 su, sus ▶ Los posesivos se usan en inglés con más frecuencia que en español, como se observa en estos ejemplos: *my parents and their friends* mis padres y sus amigos • *They brushed their teeth before bed.* Se lavaron los dientes antes de acostarse. • *The buildings had all their windows smashed.* Los edificios tenían todas las ventanas hechas añicos. • **their doing sth** (frml) *I don't mind their being here.* No me importa que estén aquí.
2 (referido a "anyone", "everyone", etc.) su, sus: *Everyone is free to express their opinion.* Todos son libres de expresar su opinión. ▶ HIS

theirs S3 /ðɛrz/ pron
1 (el) suyo, (la) suya, (los) suyos, (las) suyas: *Our house is much nicer than theirs.* Nuestra casa es mucho más bonita que la suya. • *This is our car. Theirs is across the street.* Este es nuestro carro. El de ellos está enfrente. • *The decision was theirs.* La decisión fue de ellos. • **of theirs** *I'm a friend of theirs.* Soy amiga suya. • *It's a hobby of theirs.* Es una afición que tienen.
2 (referido a "anyone", "everyone", etc.) suyo(s), suya(s): *Everyone wants what is theirs.* Todo el mundo quiere lo que es suyo. ▶ HIS

them S1 W1 /ðəm, əm; fuerte ðɛm/ pron
1 (complemento directo e indirecto) los, las, les: *I looked for my keys but couldn't find them.* Busqué las llaves pero no las encontré. • *We lent them our car.* Les prestamos nuestro carro. • *I wanted to buy them all.* Quería comprármelos todos. • **them doing sth** *I don't remember them telling me that story.* No recuerdo que me hayan contado esa historia.
2 (tras preposición) ellos, ellas: *"Who does the child belong to?" "Them."* –¿De quién es el niño? –De ellos. • *Look at them.* Míralos. • *Are you annoyed with them?* ¿Estás enfadada con ellos?
3 (en comparaciones) ellos, ellas: *We're not as rich as them.* No somos tan ricos como ellos.
4 (con el verbo "to be") ellos, ellas: *It's them that you need to ask.* Es a ellos a quienes tienes que preguntarles.
5 (referido a "anyone", "everyone", etc.) *If anyone calls, tell them I'll be back later.* Si llama alguien, dile que volveré más tarde. ▶ HIM

the·mat·ic /θi'mætɪk/ adj [gralm ante s] temático -a

theme S3 W2 /θim/ s [C]
1 (de una novela, una campaña) tema • [+of]: *The theme of her speech was freedom.* El tema de su discurso fue la libertad. • **the main/central theme** el tema principal/central • **on a theme** sobre un tema • **a recurrent/recurring theme** un tema recurrente ▶ ver nota en SUBJECT
2 (tb **theme music/song**) (de una película, una serie, un programa) tema (musical) • [+from/to]: *the theme from "Star Wars"* el tema musical de "La guerra de las galaxias"

3 (en una obra musical) tema, motivo
4 (antic) redacción, composición SIN **assignment, essay**

'theme park s [C] parque temático ▶ AMUSEMENT PARK

them·selves S1 W1 /ðəm'sɛlvz, ðɛm-/ pron
1 (uso reflexivo) se: *They hurt themselves.* Se lastimaron. • *They've bought themselves a new car.* Se compraron un carro nuevo. • *They can laugh at themselves.* Saben reírse de sí mismos.
2 (uso enfatico) ellos mismos, ellas mismas: *They saw it themselves.* Ellos mismos lo vieron. • *The teachers themselves had made the same mistake.* Las propias maestras habían cometido el mismo error.
3 (tras preposición) ellos, ellas: *They wanted to be among others like themselves.* Querían estar con otros como ellos.
4 (referido a "anyone", "everyone", etc.) *Everybody enjoyed themselves.* Todos se divirtieron.
EXPRESIONES
(all) by themselves **(a)** (no acompañado) solos -as: *The children traveled by themselves.* Los niños viajaron solos. SIN **alone** **(b)** (sin ayuda) solos -as: *The spots will disappear by themselves.* Las manchas irán desapareciendo solas. SIN **unaided** • **in themselves** (tb **of themselves**) en sí mismos -as, de por sí: *These are major problems in themselves.* Estos son problemas graves de por sí. • **(all) to themselves** para ellos solos/ellas solas: *They had the whole beach to themselves.* Tenían toda la playa para ellos solos.

then¹ S1 W1 /ðɛn/ adv

1 en aquel momento
2 seguidamente
3 indicando resultado
4 indicando probabilidad
5 indicando añadidura
6 para llamar la atención
7 indicando acuerdo
8 para resumir

1 EN AQUEL MOMENTO entonces: *What was the town like then?* ¿Cómo era la ciudad en aquella época? • *He lived in St. Petersburg – or Leningrad as it then was.* Vivía en San Petersburgo, o Leningrado, como se llamaba entonces. • *It was then that I heard a noise.* Fue en ese momento cuando oí un ruido. • **since then** desde entonces: *She's grown up a lot since then.* Creció mucho desde entonces. • **by then** para entonces: *By then it was too late.* Para entonces ya era tarde. • *She'll be sixteen by then.* Para entonces, tendrá dieciséis años. • **back then** en aquella época • **until then** hasta entonces, hasta ese momento • **before then** antes • **only then** recién/sólo entonces: *Only then did I realize she was lying.* Sólo entonces me di cuenta de que estaba mintiendo. • **from then on** a partir de entonces • **just then** justo en ese momento, en ese preciso momento
2 SEGUIDAMENTE luego, después: *I walked the dog, then cooked dinner.* Saqué al perro y luego hice la comida. • *Mix the flour and butter, then add the eggs.* Mezcle la harina y la mantequilla, luego añada los huevos. • *Byron traveled to Italy and then to Greece.* Byron viajó a Italia y después a Grecia. SIN **next**
3 INDICANDO RESULTADO (oral) entonces: *"He said he'd call if he got lost." "Then you don't need to worry."* –Dijo que llamaría si se perdía. –Entonces, no te preocupes. • **if... then** si... entonces: *If you won't tell him, then I will.* Si tú no se lo cuentas, entonces lo haré yo.
4 INDICANDO PROBABILIDAD (oral) entonces: *Have you just gotten out of bed then?* Entonces, ¿acabas de levantarte? • **if... then** si... entonces: *If they're not here by now, then they probably aren't coming.* Si no han llegado ya, entonces lo más seguro es que no vengan.
5 INDICANDO AÑADIDURA (oral) luego, después, además: *She works long hours. Then there's the family to take care of.* Trabaja hasta tarde y después tiene que ocuparse de su familia. SIN **furthermore**
6 PARA LLAMAR LA ATENCIÓN (oral) *Okay then, let's get started.* Bueno, vamos a empezar. • *Now then, what would you like to do today?* A ver, ¿qué les gustaría hacer hoy?

7 INDICANDO ACUERDO (*oral*) entonces: *Good, that's settled then.* Bien, eso está arreglado entonces.
8 PARA RESUMIR (*frml*) pues, entonces: *This, then, was the situation we were in.* Esta era pues la situación en la que estábamos. ▶ **(every) NOW and then**

EXPRESIONES
but then (again) (*esp oral*) pero por otra parte, pero también: *William didn't succeed the first time, but then few people do.* William no lo logró la primera vez, pero por otra parte poca gente lo hace. • **then and there** (tb **there and then**) en el acto, en ese mismo momento

then² S2 *adj* [solo ante s] entonces: *the then US president, Richard Nixon* el entonces presidente de EU, Richard Nixon

thence /ðɛns/ *adv* (*antic, liter*) desde allí

the·o·lo·gian /ˌθiəˈloʊdʒən/ *s* [C] teólogo -a

the·o·log·i·cal /ˌθiəˈlɑdʒɪkəl/ *adj* teológico -a

the·ol·o·gy /θiˈɑlədʒi/ *s* (pl **theologies**) **1** [U] (estudio) teología **2** [C,U] (doctrina) teología

the·o·rem /ˈθiərəm, ˈθɪrəm/ *s* [C] (*técn*) teorema

the·o·ret·i·cal /ˌθiəˈrɛtɪkəl/ *adj* **1** (no práctico) teórico -a ▶ **PRACTICAL 2** (hipotético) teórico -a: *a theoretical risk* un riesgo teórico

the·o·ret·i·cal·ly /ˌθiəˈrɛtɪkli/ *adv* **1** teóricamente • **be theoretically possible** ser teóricamente posible **2** [adv oracional] en teoría: *Theoretically she's the boss.* En teoría, ella es la jefa.

the·o·rist /ˈθiərɪst/ (tb **the·o·re·ti·cian** /ˌθiərəˈtɪʃən/) *s* [C] teórico -a

the·o·rize /ˈθiəˌraɪz/ *v* [I] teorizar • **theorize about sth** teorizar sobre algo

the·o·ry S2 W2 /ˈθiəri, ˈθɪri/ *s* (pl **theories**)
1 [C] (explicación) teoría • [+about/on]: *There are different theories about how cancer spreads.* Existen diversas teorías sobre la propagación del cáncer. • [+that]: *the theory that the universe is expanding* la teoría de que el universo está en expansión • **support a theory** respaldar una teoría • **test a theory** poner a prueba una teoría
2 [C] (principio científico) teoría: *quantum theory* la teoría cuántica • [+of]: *Darwin's theory of evolution* la teoría de la evolución de Darwin ▶ **HYPOTHESIS**
3 [U] (principios generales) teoría: *music theory* teoría de la música • [+of]: *the theory of democracy* la teoría democrática ▶ **PRACTICE**
4 [C] (opinión) teoría • [+about]: *What's your theory about all this?* ¿Cuál es tu teoría acerca de todo esto? • [+that]: *Police are working on the theory that he may have been kidnapped.* La policía trabaja sobre la hipótesis de que puede haber sido secuestrado.

EXPRESIONES
in theory en teoría: *In theory, she's right.* En teoría, tiene razón. ANT **in practice**

ther·a·peu·tic /ˌθɛrəˈpyutɪk/ *adj* **1** [gralm ante s] (curativo) terapéutico -a **2** (relajante) terapéutico -a

ther·a·pist /ˈθɛrəpɪst/ *s* [C] **1** psicoterapeuta, psicólogo -a • **see a therapist** ir a terapia SIN **psychotherapist 2** terapeuta, terapista: *a speech therapist* un/una terapeuta del lenguaje • *a sex therapist* un sexólogo/una sexóloga ▶ **PSYCHOTHERAPIST**

ther·a·py S2 W3 /ˈθɛrəpi/ *s* (pl **therapies**)
1 [C,U] (para una dolencia, una lesión) terapia • [+for]: *radiation therapy for cancer* radioterapia para el cáncer • **alternative therapies** terapias alternativas
2 [U] (para problemas mentales, emocionales) terapia, psicoterapia • **be in therapy** hacer terapia, estar en tratamiento psiquiátrico
3 [C gralm sing] (actividad relajante) terapia ▶ **CHEMO-THERAPY, GROUP THERAPY, PSYCHOTHERAPY, RADIOTHERAPY**

there¹ S1 W1 /ðɛr/ *pron*
1 (con "to be", "to seem", etc.) **there is/are** hay: *There's more milk in the fridge.* Hay más leche en la nevera. • *Is there enough time to do that?* ¿Hay tiempo para hacer eso? • *I'd like some olives, if there are any.* Yo comería

unas aceitunas, si hay. • *There's a document missing, isn't there?* Falta un documento, ¿no? • **there was/were** había, hubo: *There were some sheep in the field.* Había algunas ovejas en el campo. • *Were there any problems?* ¿Hubo algún problema? • **there can/can't be** puede/no puede haber: *There can be more than one right answer.* Puede haber más de una respuesta correcta. • **there seems/seem to be** parece haber/que hay: *There seems to be a problem.* Parece que hay un problema.
2 (indicando lo que sucede) *Suddenly there was a loud crash.* De repente, se oyó un fuerte estrépito. • *There came a knock at the door.* Llamaron a la puerta. • *There followed several long speeches.* Después vinieron varios discursos largos.

there² S1 W1 *adv*

1 en ese lugar
2 en ese punto
3 al entregar o señalar
4 al encontrar
5 al hablar por teléfono
6 presente, disponible
7 al referirse a lo dicho

1 EN ESE LUGAR allí, allá, ahí: *We could go to my apartment and have lunch there.* Podríamos ir a mi apartamento y almorzar allí. • *Your room is that one there.* Su habitación es esa de allá. • *Sign the document there.* Firme el documento ahí. • **right there** justo allí/ahí, allí/ahí nomás: *When I looked up, she was standing right there.* Cuando levanté la vista, estaba justo allí. • **get there** llegar: *Will we get there before the store closes?* ¿Llegaremos antes de que cierre la tienda? • **in/up/out there** ahí dentro/arriba/afuera: *We've already looked in there.* Ya miramos ahí adentro. • **from there** desde allí • **over there** allí, allá: *Who's that man over there?* ¿Quién es ese hombre que está allí? • **there and back** ida y vuelta: *It's too far to drive there and back in one day.* Está demasiado lejos para ir y volver en el mismo día.
2 EN ESE PUNTO ahí: *Let's finish there and watch the rest tomorrow.* Vamos a dejarlo ahí y vemos el resto mañana. • **get there** conseguirlo, lograrlo: *There's still a lot of work to do, but we're getting there.* Queda aún mucho trabajo por hacer, pero lo vamos consiguiendo.
3 AL ENTREGAR O SEÑALAR there is the money/are the tickets (*oral*) ahí tienes el dinero/las entradas: *There's your brother, by the door.* Ahí está tu hermano, junto a la puerta. • **there it is/there they are** (*oral*) ahí lo/los tienes
4 AL ENCONTRAR there he/she/it is (*oral*) ahí está: *There she is at last!* ¡Ahí está por fin! • **there they are** ahí están: *Have you seen my keys anywhere? Ah, there they are.* ¿Viste mis llaves por alguna parte? Ah, ahí están.
5 AL HABLAR POR TELÉFONO (*oral*) *Is your mother there?* ¿Está tu madre?
6 PRESENTE, DISPONIBLE *The stain was still there.* La mancha no se había ido. • *The offer's there if you want it.* Si te interesa, la oferta sigue en pie.
7 AL REFERIRSE A LO DICHO (*coloq, oral*) en eso, en ese punto: *I don't agree with you there.* En eso no estoy de acuerdo contigo. • **you've/she's got me there** (tb **you/she got me there**) ahí me has/ha pillado, no tengo ni idea ▶ **THEN and there** ▶ **HERE**

EXPRESIONES
be not all there (*coloq*) no estar bien de la cabeza • **be there (for sb)** estar ahí (cuando alguien lo necesita) • **be there to do sth** estar para hacer algo: *Help yourself. The food is there to be eaten.* Sírvete. La comida está para comerla. • **there goes/go sth** (*oral*) **(a)** adiós a algo (al perderlo): *There go our chances of winning.* Adiós a nuestras posibilidades de ganar. • **(b)** ahí va/van (pasando) **(c)** (al sonar un timbre, el teléfono) *There goes the phone. I'll answer it.* El teléfono. Yo contesto. • **there's a good boy/girl/dog** ¡qué buen niño/buena niña/buen perro! • **there's sth for you** eso sí que es algo: *There's gratitude for you!* ¡Eso sí que es gratitud! • **there you go** (*oral*) **(a)** (tb **there you are**) (cuando algo queda probado) ya (lo) ves, ahí (lo) tienes: *There you are, then. There's nothing to worry about.* Ya ves. No

hay de qué preocuparse. **(b)** (tb **there you are**) (al entregar algo) aquí tienes/tiene **(c)** eso es, ahí va: *Can you turn just a little to the left? There you go.* ¿Puedes girar un poquitico a la izquierda? Eso es. **(d)** (tb **there you are, there it is**) (aceptando lo inevitable) así son las cosas • **there sb goes again** (*oral*) (ante la reiteración) *There they go again, blaming everything on us.* Ya están otra vez culpándonos de todo.

there³ *interj* **1** (al dar algo) toma, ahí tienes: *There! Now don't ask for any more!* ¡Toma! ¡Y ya no pidas más! **2** (indicando satisfacción) *There! It's done.* ¡Listo! Ya está hecho. • *There! I told you it wouldn't work.* ¿Ves? Te dije que no iba a funcionar. **3** (tb **there, there**) (al consolar a un niño) vamos, ándale: *There, now. Don't cry.* Vamos, no llores.

EXPRESIONES
so there! (*oral*) ¡y listo!, ¡y punto!

there·a·bouts /ˌðɛrəˈbaʊts, ˈðɛrəˌbaʊts/ *adv* por ahí, más o menos • **or thereabouts** o por ahí: *in 1930 or thereabouts* en 1930 o por ahí • *at ten o'clock or thereabouts* a eso de las 10

there·af·ter /ðɛrˈæftər/ *adv* [adv oracional] (*frml*) a partir de entonces • **shortly thereafter** al poco tiempo, poco tiempo después

there·by /ðɛrˈbaɪ, ˈðɛrbaɪ/ *adv* (*frml*) de ese/este modo, así

there·fore S3 W2 /ˈðɛrfɔr/ *adv* (*frml*) por lo tanto, en consecuencia

there·in /ðɛrˈɪn/ *adv* (*jur*) ahí, allí

EXPRESIONES
therein lies the problem/difficulty ahí radica el problema/la dificultad

there·of /ðɛrˈʌv/ *adv* (*frml o jur*) del mismo/de la misma: *They may refund the amount paid, or a part thereof.* Pueden reembolsar la suma abonada o una parte de la misma.

there·up·on /ˈðɛrəˌpɒn, ˌðɛrəˈpɒn/ *adv* (*frml*) acto seguido, a continuación

ther·mal¹ /ˈθɜːməl, ˈθɜːr-/ *adj* [solo ante s] **1** (energía, radiación) térmico -a **2** (ropa) térmico -a: *thermal underwear* ropa interior térmica

ther·mal² /ˈθɜːməl/ *s* [C] **1** corriente térmica, corriente de aire ascendente **2 thermals** [pl] ropa térmica, ropa interior térmica

ther·mo·dy·nam·ics /ˌθɜːmoʊdaɪˈnæmɪks/ *s* [U] termodinámica

ther·mom·e·ter /θərˈmɒmətər/ *s* [C] termómetro

Ther·mos /ˈθɜːməs/ *s* [C] (*marca reg*) termo (para café)

ther·mo·stat /ˈθɜːməˌstæt/ *s* [C] termostato

the·sau·rus /θɪˈsɔːrəs/ *s* [C] (pl **thesauruses** o **thesauri** /-raɪ/) diccionario ideológico, diccionario de sinónimos

these /ðiːz/ pl de **THIS**

the·sis /ˈθiːsɪs/ *s* [C] (pl **theses** /-siːz/) tesis (doctoral) • [+**on**]: *a thesis on modern poetry* una tesis sobre poesía moderna

thes·pi·an /ˈθɛspiən/ *s* [C] actor/actriz

they S1 W1 /ðeɪ/ *pron*
1 ellos, ellas ▶ En inglés nunca se omite el pronombre personal de sujeto: *Bob and Sue said they would help.* Bob y Sue dijeron que ayudarían. • *We didn't enjoy it much, but they did.* A nosotros no nos gustó mucho, pero a ellos sí. • *I'm as confused as they are.* Estoy tan confundido como ellos. • *Those two men. Who are they?* Y esos dos hombres, ¿quiénes son? • *Don't blame me – they started it.* A mí no me eches la culpa. Ellos fueron los que empezaron.
2 (referido a "anyone", "everyone", etc.) ellos, ellas: *If anyone else arrives, they'll have to wait.* Si llega alguien más, va a tener que esperar.

they say dicen que, se dice que: *They say the pain fades with time.* Dicen que el dolor va desapareciendo con el tiempo.

⚠ En lenguaje informal suelen usarse **they**, **them** y **their** en lugar de **he/she**, **him/her** y **his/her**, sobre todo después de palabras como **someone**, **anyone**, etc. Así se evita especificar los dos géneros:
✓ *If anyone calls, please tell them (fml him or her) that I'm busy.*
✓ *Someone has left their (fml his or her) coat in the classroom.*
Algunos consideran que este uso es incorrecto.

they'd /ðeɪd/ *contrac de* **1 they had 2 they would**

they'll /ðeɪl, ðɛl/ *contrac de* **they will**

they're /ðər; *fuerte* ðɛr/ *contrac de* (**they are**)

they've /ðeɪv/ *contrac de* **they have**

thick¹ S3 W3 /θɪk/ *adj*

1	de mucho grosor
2	con medidas
3	pintura, sopa, salsa
4	niebla, nube, humo
5	lleno
6	cabello, pelaje, barba
7	acento

1 DE MUCHO GROSOR grueso -a: *a thick slice of bread* una rebanada de pan gruesa ANT **thin**
2 CON MEDIDAS [nunca ante s] *The price of the glass will depend on how thick it is.* El precio del vidrio dependerá de su grosor. • **be 3 feet/1cm thick** tener 3 pies/1 cm de grosor/de espesor: *The walls are about 50 cm thick.* Las paredes tienen unos 50 cm de grosor.
3 PINTURA, SOPA, SALSA espeso -a ANT **thin**
4 NIEBLA, NUBE, HUMO denso -a: *We were driving through thick fog.* Conducíamos con una niebla densa. SIN **dense**
5 LLENO **be thick with dust** tener una gruesa/densa capa de polvo • **be thick with smoke** estar lleno -a de humo
6 CABELLO, PELAJE, BARBA tupido -a, espeso -a: *his thick black hair* su negra y tupida cabellera ANT **thin**
7 ACENTO cerrado -a • **a thick Russian/Southern accent** un fuerte acento ruso/del sur ▶ **have (a) thick/thin SKIN**

EXPRESIONES
be (as) thick as thieves (*antic, coloq*) ser uña y carne, ser uña y mugre • **can't you get it into your thick head/skull?** (*coloq*) ¿es que no te entra en esa cabeza de chorlito que tienes?

thick² *adv* **spread sth thick** poner/untar una capa gruesa de algo • **slice/cut sth thick** cortar algo grueso

thick³
EXPRESIONES
in the thick of sth en medio/en el centro de algo • **through thick and thin** en las buenas y en las malas, en las verdes y las maduras

thick·en /ˈθɪkən/ *v* **1** [I,T] espesar(se) (salsa, pintura): *Stir the sauce until it thickens.* Revolver la salsa hasta que espese. • **thicken sth with sth** espesar algo con algo **2** [I] hacerse más denso -a (niebla, nubes) ▶ **the PLOT thickens**

thick·et /ˈθɪkɪt/ *s* [C] matorral

thick·ly /ˈθɪkli/ *adv* **thickly covered with sth** cubierto -a por una densa/espesa capa de algo • **cut sth thickly** cortar algo grueso • **thickly padded** bien acolchado -a

thick·ness /ˈθɪknɪs/ *s* **1** [C,U] grosor, espesor **2** [C] capa (de un material)

thick·set /ˌθɪkˈsɛt◂/ *adj* robusto -a, macizo -a

thick-'skinned *adj* duro -a, insensible (ante las críticas)

thief /θiːf/ *s* [C] (pl **thieves** /θiːvz/) ladrón -ona, jalador -a: *a car thief* un jalador de carros ▶ **be (as) THICK as thieves**

¿thief, robber, mugger, burglar o shoplifter?
En inglés hay varias palabras para referirse a un ladrón:
thief es la palabra más genérica para referirse a alguien que roba dinero u objetos, generalmente sin violencia: *a jewel thief*
robber es la palabra para el atracador violento de bancos, tiendas, etc.: *Armed robbers broke into the bank.*
mugger es el que roba a personas asaltándolas en plena calle: *He was attacked by a gang of muggers.*
burglar es quien entra a robar en una casa o un local cuando no hay nadie: *The burglars got in through a window.*
shoplifter es quien roba a escondidas en una tienda: *Shoplifters will be prosecuted.*

thiev·ing¹ /ˈθiːvɪŋ/ *s* [U] robo

thieving² *adj* ladrón -ona

thigh /θaɪ/ *s* [C] muslo

thim·ble /ˈθɪmbəl/ *s* [C] dedal

thin¹ S2 W2 /θɪn/ *adj* (**thinner**, **thinnest**)

1 de poco grosor
2 persona, parte del cuerpo
3 niebla, nube, humo
4 cabello, pelaje, barba
5 pintura, sopa, salsa
6 aire
7 argumento, explicación, informe
8 voz, sonido

1 DE POCO GROSOR fino -a, delgado: *a thin slice of bread* una rebanada de pan fina • *a thin layer of ice* una delgada capa de hielo • **thin lips/hands** labios finos/manos finas ANT **thick**

2 PERSONA, PARTE DEL CUERPO delgado -a, flaco -a: *He was tall and thin.* Era alto y delgado. ANT **fat** ▶ **SLIM**

3 NIEBLA, NUBE, HUMO ligero -a, tenue ANT **dense**, **thick**

4 CABELLO, PELAJE, BARBA ralo -a, poco abundante ANT **thick**

5 PINTURA, SOPA, SALSA aguado -a, poco espeso -a: *thin soup* sopa aguada ANT **thick**

6 AIRE enrarecido -a, rarificado -a

7 ARGUMENTO, EXPLICACIÓN, INFORME pobre, flojo -a, poco convincente: *That's a pretty thin excuse.* Esa es una excusa muy pobre.

8 VOZ, SONIDO débil ▶ **be thick/thin on the GROUND**, **have thick/thin SKIN**, **WEAR thin**

EXPRESIONES
be (as) thin as a rail ser (más flaco -a que) un palillo • **disappear/vanish into thin air** esfumarse, desaparecer como por arte de magia • **be going thin on top** estar quedándose medio calvo -a • **out of thin air** (tb **from thin air**) de la nada, como por arte de magia • **be (skating/walking/treading) on thin ice** pisar terreno peligroso

thin² *v* (**thinned**, **thinning**) **1 (a)** [T] reducir (una cantidad) **(b)** [I] (tb **thin out**) disminuir, reducirse (muchedumbre, tránsito), disiparse (nube), clarear (vegetación) **2** [T] (tb **thin down**) diluir (la pintura, la salsa) • **thin sth with sth** diluir algo con algo ANT **thicken** **3** [I] *His hair is thinning* se le está cayendo el pelo, tiene menos pelo

thin³ *adv* **cut/slice sth thin** cortar algo en rebanadas/tajadas finas SIN **thinly**

thin⁴ *s* ▶ **through THICK and thin**

thine¹ /ðaɪn/ *pron* (*antic*, *liter*) (el) tuyo/suyo, (la) tuya/suya, (los) tuyos/suyos, (las) tuyas/suyas

thine² *det* (*antic*, *liter*) tu(s), su(s)

thing S1 W1 /θɪŋ/ *s*

1 acción, hecho, dato
2 objeto
3 persona, animal
4 situación general
5 pertenencias
6 ninguna cosa

1 ACCIÓN, HECHO, DATO [C] cosa: *I have a lot of things to do today.* Hoy tengo muchas cosas que hacer. • *A strange thing happened to me.* Me pasó algo raro. • *Let's forget the whole thing.* Olvidémonos del asunto. • *That's a ridiculous thing to say!* ¡Eso es una ridiculez! • **that kind/type of thing** ese tipo de cosas • **the thing about sb/sth is...** lo que tiene alguien/algo es..., lo que pasa con alguien/algo es... • **the strange/funny thing is...** lo raro/curioso es que... • **do the right thing** hacer lo correcto/lo que está bien

2 OBJETO [C] cosa: *What's that thing?* ¿Qué es eso? • *Turn that thing off!* ¡Apaga esa cosa!

3 PERSONA, ANIMAL [C] *That puppy is a sweet little thing.* Ese cachorrito es una divinura. • *She's a pretty thing.* Es una preciosidad. • **poor thing** pobrecito -a • **you lucky thing!** ¡Qué suerte!, ¡Qué suertudo -a!

4 SITUACIÓN GENERAL **things** [pl] las cosas: *Things are all right at the moment.* Las cosas marchan bien en este momento. • **how are things?** ¿cómo va todo?, ¿qué tal? • *How are things at work?* ¿Qué tal en el trabajo? • **as things stand/the way things are** tal (y) como están las cosas

5 PERTENENCIAS **things** [pl] cosas: *Have you packed your things?* ¿Ya empacaste tus cosas? SIN **stuff**

6 NINGUNA COSA **not a thing** nada: *I didn't see a thing.* No vi nada. • *I don't know a thing about opera.* No tengo ni idea de ópera. ▶ **FIRST thing**, **FIRST things first**, **be HEARing things**, **LAST thing (at night)**, **be SEEing things**, **the SHAPE of things to come**

EXPRESIONES
all good things come to an end todo lo bueno se acaba, lo bueno no dura • **all (other) things being equal** en condiciones normales • **all things considered** bien mirado, teniéndolo todo en cuenta • **be all things to all men/people** tener contentos a todos, contentar a todos • **among other things** entre otras cosas • **do/try the... thing** (*coloq*) ser.../probar con...: *I tried the college thing, but I didn't like it.* Probé con la universidad, pero no me gustó. • **do your own thing** hacer las cosas por su lado • **for one thing** para empezar, por lo pronto, en primer lugar • **have a thing about sb/sth** (*coloq*) **(a)** tenerle manía/idea a alguien/algo **(b)** *She's always had a thing about Martin.* Siempre le gustó mucho Martin. • **here's the thing** (*oral*) el asunto es este/la cuestión es esta • **in all things** en todo, para todo • **it's a girl/boy/woman thing** (*coloq*) es cosa de niñas/niños/mujeres • **it's a good thing (that)...** menos mal que... • **it's just one of those things** son cosas que pasan • **it's/there's (just) one thing after another** es una cosa detrás de otra • **just the thing** (tb **the very thing**) justo/exactamente lo que hace falta: *A vacation is just the thing for you right now.* A ti lo que te hace falta ahora son unas vacaciones. • **the (latest) thing** (*coloq*) lo último • **make a big thing out of sth** (*coloq*) hacer algo un mundo • **there is no such thing (as sth)** no existe (algo) • **of all things** nada más y nada menos: *She has taken up karate, of all things!* ¡Empecé a hacer nada más y nada menos que kárate! • **one thing led to another** una cosa llevó a la otra • **be onto a good thing** (*coloq*) encontrarse en una situación ventajosa o cómoda: *She knew she was onto a good thing.* Sabía que estaba haciendo buen negocio. • **the thing is...** la cosa es que... • **be/become a thing of the past** ser/convertirse en algo del pasado

thing·a·ma·jig /ˈθɪŋəməˌdʒɪg/ (tb **thing·a·ma·bob** /ˈθɪŋəməˌbɑb/) *s* [C] (*oral*) cosa, vaina, chisme

thing·y /ˈθɪŋi/ *s* [C] (pl **thingies**) (*oral*) cosa, vaina, chisme

think S1 W1 /θɪŋk/ *v* (**thought** /θɔt/)

1 [I,T] (opinar) **think (that)** pensar/creer que: *She thought that he was wonderful.* Ella pensaba que él era maravilloso. • **I think** pienso/creo, me parece: *I think you're right.* Creo que tienes razón. • **I don't think** pienso/creo que no, me parece que no: *I don't think you should accept.* Me parece que no deberías aceptar. • **I think so** me parece que sí, creo que sí • **I don't think so** creo/me parece que no, no creo • **do you think...?** ¿crees...?: *Do you think he'll like it?* ¿Crees que le gustará? • **what do you think (of/about sb/sth)?** ¿qué te parece (alguien/algo)?, ¿tú qué opinas (de alguien/algo)? • **I would have**

thought pensé/creí que: *I would have thought they'd offer to help.* Pensé que se ofrecerían a ayudar.
2 [I,T] (reflexionar) pensar: *Be quiet, I'm thinking.* Silencio, estoy pensando. • **think about sth/sb** pensar en algo/alguien: *I was thinking about you earlier.* Hace un rato estaba pensando en ti. • *I've thought about this problem a lot.* Pensé mucho sobre este problema. • **think hard/carefully** reflexionar, pensar(lo) detenidamente • **think to yourself** pensar para sí: *Good old George, I thought to myself.* El bueno de George, pensé para mí. • **think what/how/when** pensar qué/cómo/cuándo: *She sat down to think what she should do.* Se sentó a pensar qué hacer.
3 [I,T] (recordar) **think of sth** acordarse de algo: *I'll think of her name in a minute.* Ya me voy a acordar de su nombre. • **think where/when** acordarse de dónde/cuándo: *We were trying to think when it was that you came.* Tratábamos de acordarnos del momento en que llegaste.
4 [I] (considerar) **think of sb as sth** pensar que alguien es algo, tener a alguien por algo: *He had always thought of Kate as his friend.* Siempre había pensado que Kate era su amiga. • **think of sth as sth** considerar algo como algo: *I want you to think of this house as your home.* Quiero que consideres esta como tu propia casa. • **think about/of (doing) sth** pensar en (hacer) algo, plantearse (hacer) algo: *Have you thought about becoming a teacher?* ¿Te has planteado ser profesor?
5 (tener una idea) **think to do sth** *I never thought to ask him for his address.* Nunca se me ocurrió pedirle la dirección.

EXPRESIONES

anyone would think (that)... cualquiera pensaría que... • **I can't think how/why** no entiendo cómo/por qué: *I can't think how he found out.* No entiendo cómo pudo enterarse. • **come to think of it** (*oral*) ahora que lo pienso, pensándolo bien • **do you think (that) I/we could...** (*oral*) ¿te importa/importaría...?: *Do you think I could borrow your calculator?* ¿Te importaría prestarme la calculadora? • **I thought as much** (*oral*) ya me lo imaginaba/imaginé • **if you think..., you've got/you have another think coming!** (*oral*) si crees que..., estás muy equivocado -a • **just think!** (*oral*) ¡imagínate! • **not think much of sb/sth** creer que alguien/algo no es demasiado bueno -a: *We didn't think much of the show.* El espectáculo no nos pareció gran cosa. • **that's what you/they think!** (*oral*) ¡eso es lo que tú te crees/ellos se creen! • **think again** pensar mejor: *If you thought running a restaurant was easy, think again.* Si creías que llevar un restaurante era fácil, ya ves que no. • **think badly/the worst of sb** pensar mal/lo peor de alguien • **think better of it** pensarlo mejor (y cambiar de idea) • **think big** (*coloq*) pensar a lo grande, ser ambicioso -a • **think a lot of sb/sth** (tb **think highly of sb/sth**) tener muy buen concepto de alguien/algo • **think nothing of doing sth** hacer algo con toda naturalidad: *They think nothing of spending $200 on a meal.* Les parece de lo más natural gastarse 200 dólares en una comida. • **think nothing of sth** no darle importancia a algo, no hacerle caso a algo • **think on your feet** tener rapidez de reflejos, reaccionar al instante • **think outside the box** pensar de forma original, tener ideas originales • **think positively/positive** pensar positivamente • **think straight** pensar con claridad • **think twice (about/before doing sth)** pensar dos veces (antes de hacer algo) • **think the world of sb** admirar/respetar muchísimo a alguien • **who/what does sb think...?** (*oral*) *Where do you think you're going?* ¿Dónde crees que vas? • **who would have thought (that)...?** (*oral*) ¿quién hubiera dicho/imaginado que...?

think ahead *v+partíc* hacer planes (para el futuro/con antelación) • **think ahead to sth** pensar en algo, hacer planes para algo

think back *v+partíc* hacer memoria • **think back on/to/over sth** recordar algo

think of *v+partíc* **1** (tener una idea) **think of sth/sb** pensar en algo/alguien: *Have you thought of a name for the baby?* ¿Ya pensaron un nombre para el bebé? • *Can you think of someone who might be interested?* ¿Se te ocurre alguien que pueda interesar? **2** (tener en

cuenta) **think of sb** pensar en alguien • **only think of yourself** pensar sólo en sí mismo
think sth ↔ out *v+partíc* pensar bien algo, planear algo • **think things out** pensarlo bien SIN **work out**
think sth ↔ over *v+partíc* pensar algo, reflexionar sobre algo: *Think it over.* Piénsalo. • **think things over** pensar (bien)
think sth ↔ through *v+partíc* estudiar/examinar algo detenidamente • **think things through** estudiar bien la situación
think sth ↔ up *v+partíc* inventar/idear algo: *Did you think that up yourself?* ¿Eso se te ocurrió sola?

⚠ **I don't think...** Cuando utilizamos el verbo **think** en oraciones negativas para expresar que no creemos que algo es como se dice, debemos poner la negación delante de **think** y no del verbo de la subordinada:
I don't think Ray will mind (✗ *I think Ray won't mind*).
I don't think they're in (✗ *I think they're not in*).

think·er /ˈθɪŋkər/ *s* [C] **1** pensador -a **2** **a quick/creative/independent thinker** *Annie's always been a quick thinker.* Annie siempre tuvo mucha agilidad mental. • *an independent thinker* una persona con criterio propio

think·ing¹ /ˈθɪŋkɪŋ/ *s* [U] **1** sb's thinking la forma de pensar de alguien, las ideas de alguien • **the thinking behind sth** el fundamento de algo, las ideas en que se basa algo • **to my/his way of thinking** en mi/su opinión **2** pensamiento: *creative thinking* pensamiento creativo • **quick thinking** agilidad/rapidez mental

EXPRESIONES

good thinking (*oral*) buena idea

thinking² *adj* [solo ante s] inteligente

EXPRESIONES

the thinking man's/woman's/person's sth *They're the thinking man's rock band.* Son la banda de rock preferida de la gente con cerebro.

'think tank *s* [C] grupo de expertos, comité de expertos/sabios

thin·ly /ˈθɪnli/ *adv* **1** **thinly cut** cortado -a en rebanadas/rodajas finas • **thinly sliced** cortado -a en tajadas/rodajas finas • **spread sth thinly** poner/untar una capa fina de algo ANT **thickly 2** escasamente: *thinly populated* escasamente poblado **3** **thinly disguised/veiled** apenas disimulado -a/velado -a

thin·ness /ˈθɪn-nɪs/ *s* [U] **1** (de una persona, una parte del cuerpo) delgadez, flacura **2** (de una pared, una capa de hielo) delgadez, finura ANT **thickness 3** (de una tela, una prenda) finura ANT **thickness 4** escasez (del cabello, la vegetación) ANT **thickness**

thin·ning /ˈθɪnɪŋ/ *adj* [solo ante s] poco abundante (cabello)

third¹ /θɜrd/ (abrev escrita **3rd**) *adj, adv* tercero -a, en tercer lugar ► ver ejs en SIXTH

EXPRESIONES

feel like a third wheel (*coloq*) sentirse (que uno está) de más • **(the) third time's the charm** (*oral*) la tercera es la vencida

third² *s, pron* **1** (abrev escrita **3rd**) tercero -a **2** (abrev escrita **3rd**) (día) tres **3** (abrev escrita **1/3**) tercio, tercera parte **4** (abrev escrita **III**) tercer cumpleaños **5** (abrev escrita **III**) tercero, -a ► ver ejs en SIXTH

third³ *s* [U] tercera (en un vehículo) • **(be) in third** (ir) en tercera • **change into third** (tb **shift into third**) cambiar a tercera

,third 'base *s* [U] tercera base

,third de'gree *s* **give sb the third degree** (*coloq*) someter a alguien al tercer grado, someter a alguien a un interrogatorio

,third-degree 'burn *s* [C gralm pl] quemadura de tercer grado

third·ly /ˈθɜrdli/ *adv* [adv oracional] en tercer lugar ► FIRST, FIRSTLY, SECONDLY

,third 'party *s* [C] (*frml*) tercero • **third party insurance** seguro contra terceros

,third 'person *s* (*técn*) **in the third person** en tercera persona *a third person singular verb* un verbo en tercera persona del singular • **third person narrator** narrador en tercera persona • **third person pronoun** pronombre de tercera persona ▶ FIRST PERSON, SECOND PERSON

,third-'rate *adj* de tercera, muy malo -a

,Third 'World¹ *s* **the Third World** el Tercer Mundo

'Third World² *adj* [solo ante s] del Tercer Mundo, tercermundista ▶ DEVELOPING

⚠ Casi todo el mundo evita el uso de esta palabra porque es ofensivo. En su lugar se utiliza **developing**.

thirst¹ /θɜːst/ *s* **1** [U] sed • **quench your thirst** calmar la sed • **die of thirst** morir de sed **2 a thirst for sth** (*liter*) sed/ansia de algo

thirst² *v*
thirst for sth (tb **thirst after sth** (*liter*)) *v+partíc* estar sediento -a de algo, ansiar algo

thirst·i·ly /'θɜːstəli/ *adv* con avidez

thirst·y S3 /'θɜːsti/ *adj* (**thirstier, thirstiest**)
1 (persona) sediento -a • **be thirsty** tener sed
2 (campos, plantas) sediento -a, falto -a de agua

thir·teen /ˌθɜː'tiːn◂/ *núm* trece ▶ ver ejs en SIX

thir·teenth¹ /ˌθɜː'tiːnθ◂/ (abrev escrita **13th**) *adj, adv* decimotercero -a, en decimotercer lugar ▶ ver ejs en SIXTH

thirteenth² *s, pron* **1** (abrev escrita **13th**) decimotercero -a **2** (abrev escrita **13th**) (día) trece **3** (abrev escrita **1/13**) treceavo, treceava parte **4** (*oral*) decimotercer cumpleaños, trece cumpleaños **5** (abrev escrita **XIII**) (en nombres de monarcas, papas) trece ▶ ver ejs en SIXTH

thir·ties /'θɜːtiz/ *s* [pl] **1 the thirties** (tb **the 30s, the 1930s**) los (años) treinta, la década de los treinta **2 be in your thirties** tener treinta y pico/treinta y tantos **3 the thirties** (tb **the 30s**) temperaturas de entre 30 y 40 grados ▶ ver ejs en SIXTIES

thir·ti·eth¹ /'θɜːtiɪθ/ (abrev escrita **30th**) *adj, adv* trigésimo -a, en trigésimo lugar ▶ ver ejs en SIXTH

thirtieth² *s, pron* **1** (abrev escrita **30th**) trigésimo -a **2** (abrev escrita **30th**) (día) treinta **3** (abrev escrita **1/30**) treintavo, treintava parte **4** (*oral*) trigésimo cumpleaños, treinta cumpleaños ▶ ver ejs en SIXTH

thir·ty /'θɜːti/ *núm* treinta ▶ ver ejs en SIX ▶ THIRTIES

this¹ S1 W1 /ðɪs/ *det* (pl **these** /ðiːz/)
1 (*oral*) (indicando cercanía) este -a: *Is this CD yours?* ¿Es tuyo este CD? • *This lady is John's grandmother.* Esta señora es la abuela de John. • *These shoes cost $300.* Estos zapatos costaron 300 dólares. • *Aren't these flowers beautiful?* ¿No son bonitas estas flores? ▶ THAT
2 (indicando lo mencionado o conocido) este -a: *In this chapter, we consider the country's history.* En este capítulo, reflexionamos sobre la historia del país. • *Isn't this weather terrible?* El tiempo está espantoso, ¿verdad? • *Not all these changes have gone smoothly.* No todos estos cambios se produjeron sin sobresaltos. • **what's (all) this...?** ¿qué es todo esto/toda esta...?: *What's all this yelling about?* ¿A qué viene todo este griterío? ▶ THAT
3 (con periodos de tiempo) **this week/morning/Friday/ year** esta semana/esta mañana/este viernes/este año: *The meeting will be held later this week.* La reunión se celebrará esta semana más adelante. • **this minute/ second** ya, ahora/ahorita mismo: *We're leaving this minute.* Salimos ya.

this² S1 W1 *pron*
1 (pl **these**) (indicando lo mencionado o conocido) este -a, esto: *We'll discuss this later.* Hablaremos de esto más tarde. • *I've never done this before.* Nunca hice esto. • *These are important questions.* Estas son preguntas importantes. • *You have to stay as calm as this all the time.* Tienes que mantenerte así de tranquila todo el

tiempo. ▶ THAT
2 (pl **these**) (*oral*) (indicando cercanía) este -a, esto: *This is where I live.* Yo vivo aquí. • *This is a picture of my grandmother.* Esta es una foto de mi abuela.
3 (con periodos de tiempo) este -a, esto: *This has been the worst year of my life.* Este fue el peor año de mi vida. • *Is this a good time to talk?* ¿Es buen momento para hablar?
4 (*oral*) (para presentar a alguien) este -a: *Sam, this is my sister Liz.* Sam, esta es mi hermana Liz.

EXPRESIONES
this is it (*oral*) aquí estamos, llegó la hora: *This is it, the moment we've been waiting for.* Bueno, aquí estamos; llegó el momento que estuvimos esperando. • **this, that, and the other** (tb **this and that**) (*coloq, oral*) un poco de todo, esto, aquello y lo de más allá

this³ *adv* (*oral*) **1** así de: *He's about this tall.* Es más o menos así de alto. • *This much rice should be enough.* Con esto de arroz debería alcanzar. **2** [esp en interrog y negat] tan: *I didn't know cooking could be this much fun.* No sabía que cocinar podía ser tan divertido. • *We've never walked this far before.* Nunca hemos llegado tan lejos caminando.

this·tle /'θɪsəl/ *s* [C,U] cardo

tho' /ðəʊ/ *adv* (*coloq*) (**though**) aunque

thong /θɒŋ, θɑŋ/ *s* [C] **1** tanga **2 thongs** [pl] chanclas, chancletas (de hule)

thorn /θɔːn/ *s* [C] espina, púa
EXPRESIONES
a thorn in your side un incordio, una piedra en el zapato

thorn·y /'θɔːni/ *adj* (**thornier, thorniest**) [gralm ante s] espinoso -a (tema, problema)

thor·ough /'θʌrəʊ, 'θʌrəʊ/ *adj* **1** exhaustivo -a, detallado -a, a fondo • **a thorough understanding/knowledge** un conocimiento profundo/a fondo • **a thorough investigation/search** una investigación/búsqueda exhaustiva • **a thorough examination** un examen concienzudo **2** meticuloso -a, concienzudo -a (persona)

thor·ough·bred /'θʌrəˌbrɛd, 'θʌrəʊ-, 'θʌr-/ *s* [C] purasangre

thor·ough·fare /'θʌrəˌfɛr, 'θʌrəʊ-, 'θʌr-/ *s* [C] vía pública, calle (principal)

thor·ough·go·ing /ˌθʌrə'ɡəʊɪŋ◂, ˌθʌr-/ *adj* (*frml*) **1** exhaustivo -a, minucioso -a (investigación, análisis) **2** completo -a, total

thor·ough·ly /'θʌrəʊli, 'θʌr-/ *adv* **1** totalmente, completamente: *I thoroughly enjoyed the party.* Me divertí muchísimo en la fiesta. • *She felt thoroughly miserable.* Se sentía profundamente triste. **2** exhaustivamente, a fondo: *All complaints are thoroughly investigated.* Todos los reclamos son investigados a fondo. • **mix thoroughly** mezclar bien

those /ðəʊz/ **1** pl de THAT **2** quienes, los que: *those with heart problems* quienes tienen problemas cardíacos

thou¹ /θaʊ/ *núm* (*oral, coloq*) mil SIN **thousand**

thou² /ðaʊ/ *pron* (*antic, liter*) tú, vos

though¹ S1 W1 /ðəʊ/ *conj* aunque: *Though she's retired, she's still very active.* Aunque está jubilada, se mantiene muy activa. • *strange though it seems* por extraño que parezca SIN **although** ▶ ALTHOUGH, AS IF/AS THOUGH, EVEN though

though² S1 W1 [adv oracional] (*oral*) pero: *It sounds like fun. Isn't it dangerous, though?* Parece divertido, pero ¿no es peligroso?

thought¹ /θɔːt/ pasado y participio pasado de THINK

thought² W1 *s*
1 pensamiento, idea • **the thought that** la idea de que, pensar que: *The thought that I might lose my job was upsetting.* Me preocupaba la idea de quedarme sin trabajo. • **the thought of (doing) sth** la idea de (hacer) algo: *I was excited at the thought of seeing her again.* Me entusiasmaba la idea de volver a verla. • **the very**

thought la sola/mera idea • **I/she had a thought** se me/se le ocurrió una idea • **the thought had crossed my mind** ya lo había pensado
2 [U] reflexión, meditación: *This idea needs a lot more thought.* Hay que meditar más la idea. • **give sth thought** (tb **give thought to sth**) reflexionar sobre algo, plantearse algo: *I've been giving your proposal a lot of thought.* Estuve reflexionando mucho sobre tu propuesta. • **deep in thought** (tb **lost in thought**) ensimismado -a, sumido -a en sus pensamientos • **thought process** razonamiento, proceso mental
3 thoughts [pl] opinión, parecer: *What are your thoughts, Michael?* ¿Tú qué opinas, Michael? • [+**on**]: *She gave me her thoughts on the subject.* Me dio su opinión sobre el tema.
4 [C,U] consideración (hacia los demás, etc.): *lack of thought* falta de consideración • [+**for**]: *He had no thought for anyone but himself.* No pensaba en nadie más que en sí mismo.
5 [pl, U] (*frml*) idea, intención • **have thoughts of doing sth** tener idea de hacer algo: *He began to have thoughts of revenge.* Empezó a sentir deseos de venganza. • **have no thought/thoughts of doing sth** no pensar (en) hacer algo, no tener intención de hacer algo ▶ **PERISH the thought!**, a **SCHOOL** of thought, have **SECOND** thoughts (about sth), on **SECOND** thought, not give sth a **SECOND** thought, **SPARE** a thought for sb, sb's **TRAIN** of thought

I/he can't stand/bear the thought of sth no puedo/ puede soportar la idea de algo • **don't give it another thought** (*oral*) no tiene importancia • **it's the thought that counts** la intención es lo que cuenta • **(it's) just a thought** (*oral*) es solo una idea, se me ocurre • **that's a thought** (*oral*) no es mala idea, tienes razón

thought·ful /ˈθɔtfəl/ *adj* **1** atento -a, considerado -a, amable • **it is thoughtful of him/you to do sth** es muy amable de su/tu parte hacer algo, es todo un detalle por su/tu parte hacer algo [ANT] **thoughtless 2** pensativo -a, reflexivo -a

thought·ful·ly /ˈθɔtfəli/ *adv* **1** pensativamente **2** amablemente [ANT] **thoughtlessly**

thought·ful·ness /ˈθɔtfəlnɪs/ *s* [U] **1** consideración, amabilidad **2** seriedad, reflexión

thought·less /ˈθɔtlɪs/ *adj* (*peyor*) **1** desconsiderado -a • **it is thoughtless (of sb) to do sth** es una falta de consideración (por parte de alguien) hacer algo [ANT] **thoughtful 2** irreflexivo -a, imprudente

thought·less·ly /ˈθɔtlɪsli/ *adv* (*peyor*) **1** desconsideradamente, sin consideración **2** sin pensar, irreflexivamente

thought·less·ness /ˈθɔtlɪsnɪs/ *s* [U] (*peyor*) falta de consideración

thought-pro·voking *adj* que hace pensar, que invita a la reflexión

thou·sand /ˈθaʊzənd/ *núm* **1** (numeral) mil ▶ Cuando **thousand** se usa como numeral, su plural es invariable • **a/one thousand** mil: *a drive of a thousand kilometers* un viaje de mil kilómetros • **two/ten/100 thousand** dos/tres/cien mil: *a town with a population of fifty thousand* una ciudad con una población de 50.000 personas **2 thousands** [pl] (varios millares) miles • [+**of**]: *Thousands of people called the helpline.* Miles de personas llamaron al servicio de atención. **3 thousands** [pl] (dinero) *A vacation like that would cost thousands.* Unas vacaciones así costarían miles de dólares. **4** (muchos) **a thousand** mil: *I have a thousand things to do.* Tengo mil cosas que hacer. • **thousands of** miles de

thou·sandth¹ /ˈθaʊzəndθ/ (abrev escrita **1000th**) *adj, adv* milésimo -a ▶ ver ejs en **SIXTH**

for the thousandth time por enésima vez

thousandth² *s, pron* **1** (abrev escrita **1000th**) milésimo -a **2** (abrev escrita **1/1000th**) milésimo, milésima parte ▶ ver ejs en **SIXTH**

thrash /θræʃ/ *v* **1** [I,T] agitar(se) • **thrash around/about** revolverse, agitarse: *The fish started thrashing around.*

Los peces empezaron a revolverse. **2** [T] (*coloq*) darle una paliza a, darle una muenda a **3** [T] azotar, golpear **thrash sth ↔ out** *v+partíc* **thrash out a problem/deal** discutir a fondo hasta resolver un problema/alcanzar un acuerdo

thrash·ing /ˈθræʃɪŋ/ *s* [C] **1** paliza, derrota contundente **2** (*antic*) paliza, zurra

thread¹ /θrɛd/ *s* **1** [C,U] hilo (para coser): *a needle and thread* aguja e hilo **2** [C] hilo conductor • **a common thread** un hilo conductor, un factor común: *the common thread running through her books* el hilo conductor de sus libros **3** [C] rosca (de un tornillo) **4 threads** (*antic*) ropa ▶ **HANG** by a thread

lose the thread (of sth) perder el hilo (de algo)

thread² *v* **1 thread a needle** enhebrar una aguja **2 thread sth through (sth)** pasar/meter algo (por algo) (una cuerda, un cable): *Thread the chain through the holes.* Pasar la cadena por los agujeros. **3** [T] ensartar • **thread sth on/onto sth** ensartar algo en algo: *I threaded some shells onto a piece of string.* Ensarté unas conchas en una cuerda. **4** [I,T] (*escrito*) **thread your way through/between/into sth** abrirse paso con cuidado a través de/por entre/hasta algo: *She threaded her way between the tables.* Se abrió paso por entre las mesas.

thread·bare /ˈθrɛdbɛr/ *adj* [sin compar] **1** gastado -a, raído -a: *a threadbare carpet* una alfombra raída **2** manido -a, trillado -a

threat [W2] /θrɛt/ *s*
1 [C,U] (acto, dicho) amenaza • [+**of**]: *the threat of violence* la amenaza de violencia • **a threat to do sth** una amenaza de hacer algo: *threats to use nuclear weapons* amenazas de usar armas nucleares • **make threats** amenazar, proferir amenazas • **carry out a threat** cumplir (con) una amenaza • **a death threat** una amenaza de muerte • **a bomb threat** una amenaza de bomba • **an idle/empty threat** (tan) solo una amenaza • **under threat of sth** bajo amenaza de algo
2 [C gralm sing, U] (riesgo) amenaza: *Soldiers always face the threat of a surprise attack.* La amenaza de un ataque sorpresivo siempre acecha a los soldados. • **threat of/from sth** amenaza de algo: *the threat from avalanches* la amenaza de avalanchas • *the threat from asteroid impacts* la amenaza de impactos de asteroides • **pose/present a threat (to sb/sth)** representar/suponer una amenaza (para alguien/algo): *Pollution in the river poses a threat to fish.* La contaminación en el río supone una amenaza para los peces. • **be under threat** estar amenazado -a, correr peligro: *The program is under threat of closure due to lack of funding.* El programa corre peligro de ser suspendido por falta de fondos.
3 [C gralm sing] (persona o cosa peligrosa) amenaza • [+**to**]: *The virus is not a threat to humans.* El virus no representa una amenaza para las personas.

threat·en [S3] [W2] /ˈθrɛtⁿn/ *v*
1 [T] amenazar: *Are you threatening me?* ¿Me estás amenazando? • **threaten (to do) sth** amenazar con (hacer) algo: *They are threatening a strike.* Amenazan con ir a la huelga. • *He threatened to resign.* Amenazó con renunciar. • **threaten sb with death/violence/ prison** *They were threatened with prison.* Los amenazaron con mandarlos a la cárcel. • **threaten sb with a knife/gun** amenazar a alguien con un cuchillo/arma • **threaten sb's life** amenazar de muerte a alguien
2 [T] (poner en riesgo) amenazar: *Pollution is threatening wildlife.* La contaminación amenaza la vida silvestre. • **be threatened with sth** correr peligro de algo: *Large areas of the jungle are threatened with destruction.* Vastas zonas de la selva corren peligro de destrucción. • **threaten to do sth** amenazar con hacer algo: *The scandal threatens to ruin his chances in the election.* El escándalo amenaza con arruinar sus posibilidades electorales.

threat·en·ing /ˈθrɛtⁿn-ɪŋ/ *adj* amenazante, amenazador -a: *His voice sounded threatening.* Su voz tenía un tono amenazante.

threat·en·ing·ly /ˈθrɛtˀn-ɪŋli/ *adv* amenazadoramente

three /θri/ *núm* tres ▶ THIRD; ver ejs en SIX

EXPRESIONES
in threes de a tres • **things happen/come in threes** no hay dos sin tres

three-di'mensional *adj* **1** tridimensional **2** (*aprec*) de carne y hueso, verosímil (personaje) ▶ TWO-DIMENSIONAL

three·fold¹ /ˈθrifoʊld/ *adj* **1** de tres veces: *a threefold increase in price* una triplicación del precio • *a threefold decrease in output* una reducción de la producción a su tercera parte **2** triple: *The aim of the project is threefold.* El proyecto tiene un triple objetivo.

threefold² *adv* **rise/increase threefold** multiplicarse por tres

three-point 'turn *s* [C] cambio de sentido en tres maniobras

three-'quarter *adj* tres cuartos (mangas, abrigo, etc.)

three-'quarters *adv* en sus tres cuartas partes: *The house was three-quarters hidden by trees.* Tres cuartas partes de la casa quedaban ocultas por árboles.

three-'quarters *s* [pl] tres cuartos • [+of]: *three-quarters of a mile* tres cuartos de milla

three R's /ˌθri ˈɑrz/ *s* **the three R's** la lectura, la escritura y la aritmética

three·some /ˈθrisəm/ *s* [C gralm sing] trío, grupo de tres

thresh /θrɛʃ/ *v* [I,T] trillar

thresh·old /ˈθrɛʃhoʊld, -ʃoʊld/ *s* [C] **1** (entrada) **the threshold** el umbral • **carry sb over the threshold** tomar a alguien en brazos para cruzar el umbral **2** (nivel) umbral • **your/his pain threshold** tu/su umbral de (tolerancia al) dolor, tu/su resistencia al dolor • **have a high/low pain threshold** tener una alta/baja tolerancia al dolor • **have a low/high boredom threshold** aburrirse/no aburrirse pronto **3** límite, nivel • **above/below the threshold** por encima/debajo del límite, por encima/debajo del nivel: *Pollution is below the threshold at which it can be detected.* El índice de contaminación está por debajo del nivel detectable. • [+for]: *the threshold for paying tax* el nivel a partir del cual la renta es gravable

EXPRESIONES
on the threshold of sth (*esp escrito*) en el umbral de algo, a las puertas de algo: *The country is on the threshold of a new era.* El país se encuentra en el umbral de una nueva era.

threw /θru/ pasado de THROW

thrift /θrɪft/ *s* **1** [U] frugalidad, economía (ahorro) **2** [C] caja de ahorro y crédito, caja de ahorro y préstamos

thrift·i·ly /ˈθrɪftəli/ *adv* frugalmente

thrift·i·ness /ˈθrɪftinɪs/ *s* [U] frugalidad, economía (ahorro)

'thrift shop (tb **'thrift store**) *s* [C] tienda que vende mercancía de segunda mano para beneficiencia

thrift·y /ˈθrɪfti/ *adj* (**thriftier**, **thriftiest**) ahorrativo -a

thrill¹ /θrɪl/ *s* [C] **1 the thrill of (doing) sth** la emoción de (hacer) algo • **I get/she gets a thrill out of (doing) sth** me/le resulta emocionante (hacer) algo • **give sb a thrill** emocionar/excitar a alguien • **for the thrill of it** buscando sensaciones fuertes • **be a thrill** hacer (mucha) ilusión, ser una (gran) emoción **2** estremecimiento • **a thrill of excitement/fear/anticipation** *He felt a thrill of fear in his stomach.* Sintió que el temor se apoderaba de su interior. • *The news sent a thrill of alarm through the country.* La noticia hizo que cundiera la alarma por todo el país.

EXPRESIONES
thrills and spills (tb **thrills and chills**) emociones, sensaciones fuertes

thrill² S3 *v* [T] emocionar, estremecer

thrilled /θrɪld/ *adj* [nunca ante s] encantado -a, contentísimo -a • [+with]: *They're thrilled with their new*

grandchild. Están contentísimos con su nuevo nieto. • [+(that)]: *We're thrilled that you can join us.* Estamos encantados de que puedas estar con nosotros. • **thrilled to do sth** encantado -a/contentísimo -a de hacer algo: *I'm thrilled to be here.* Estoy encantada de estar aquí. • **thrilled to learn/hear/know sth** *They'll be thrilled to hear the news.* Se van a poner contentísimos cuando se enteren. • **thrilled to pieces** contentísimo -a, loco -a de contento -a: *If I got a part in the movie I'd be thrilled to pieces.* Me encantaría que me dieran un papel en la película.

thrill·er /ˈθrɪlɚ/ *s* [C] película/novela de suspenso

thrill·ing /ˈθrɪlɪŋ/ *adj* (muy) emocionante: *a thrilling adventure* una aventura emocionante

thrive /θraɪv/ *v* [I] (**thrived** o **throve** /θroʊv/, **thrived** o **thriven** /ˈθrɪvən/) prosperar (negocio, empresa), crecer bien (planta) SIN **flourish**
thrive on sth *v+partíc* agrandarse ante algo: *She's the type of person who thrives on challenges.* Es del tipo de persona que se agranda ante los desafíos.

thriv·ing /ˈθraɪvɪŋ/ *adj* [gralm ante s] floreciente, próspero -a: *He has built a thriving business.* Montó una empresa floreciente.

throat S2 W3 /θroʊt/ *s* [C]
1 garganta • **a sore throat** dolor de garganta • **I have/she has a sore throat** me/le duele la garganta • **throat cancer** cáncer de garganta • **throat infection** infección de garganta
2 cuello: *He grabbed her by the throat.* La agarró por el cuello. • **cut sb's throat** cortarle el cuello a alguien, degollar a alguien ▶ **have a FROG in your throat**, **JUMP down sb's throat**, **a LUMP to sb's throat**

EXPRESIONES
clear your throat aclararse la garganta, carraspear • **be at each other's throats** (*coloq*) pelear/reñir como (el) perro y (el) gato • **cut your own throat** suicidarse, darse uno mismo/una misma en la cabeza • **force/ram sth down sb's throat** (*peyor*) restregarle algo a alguien por las narices, tratar de meterle algo a alguien por las narices (una idea, una opinión)

throat·i·ness /ˈθroʊtinɪs/ *s* [U] guturalidad

throat·y /ˈθroʊti/ *adj* (**throatier**, **throatiest**) gutural, ronco -a, rasposo -a: *a throaty laugh* una risa gutural

throb¹ /θrɑb/ *v* [I] (**throbbed**, **throbbing**) **1 throb (with pain)** *Her feet were throbbing with pain.* Le daban punzadas (de dolor) en los pies. • **my head is throbbing** me va a estallar la cabeza **2** retumbar, vibrar **3** latir con fuerza

throb² *s* [sing] **1** punzada, dolor punzante **2** vibración, martilleo ▶ **HEARTTHROB**

throes /θroʊz/ *s* [pl]

EXPRESIONES
the final/last throes of sth los últimos coletazos de algo • **in the throes of sth** en medio de una situación compleja o difícil: *a country in the throes of an economic crisis* un país sumido en una crisis económica

throm·bo·sis /θrɑmˈboʊsɪs/ *s* [C,U] (*técn*) trombosis

throne /θroʊn/ *s* **1** (asiento) [C] trono **2** (cargo) **the throne** el trono • **on the throne** en el trono • **be on the throne** ocupar el trono • **come to the throne** acceder/subir al trono • **take the throne** acceder/subir al trono • **the heir to the throne** el heredero/la heredera al trono
EXPRESIONES
on the throne (*hum*) en el baño

throng¹ /θrɔŋ, θrɑŋ/ *s* [C] (*escrito*) multitud, muchedumbre • [+of]: *a throng of tourists* hordas de turistas SIN **crowd**

throng² *v* (*escrito*) [T] atestar, llenar: *Tourists thronged the bars and restaurants.* Los bares y restaurantes estaban atestados de turistas. • **be thronged with visitors/traffic** estar atestado -a de visitantes/tráfico

throt·tle¹ /ˈθrɑtl/ *v* [T] **1** estrangular SIN **strangle** **2** (expresando enfado) matar: *I could have throttled him!* ¡Lo podría haber matado! SIN **strangle**

throttle² s [C] **1** (*técn*) (dispositivo) acelerador **2** (pedal) acelerador

at full throttle a toda (velocidad), a toda máquina

through¹ S1 W1 /θru/ *prep*
1 (de un lado a otro de) por, a través de: *The sheep had got out through a hole in the fence.* Las ovejas habían salido por un agujero en la cerca. • *A river runs through the village.* Un río atraviesa el pueblo. • *We drove through France to Spain.* Cruzamos Francia para llegar a España. • *I saw her through the kitchen window.* La vi por la ventana de la cocina. • *The curtains were so thin, you could see right through them.* Las cortinas eran tan finas que se veía a través de ellas. • *The bullet went through his arm.* La bala le atravesó el brazo.
2 (entre muchas cosas o personas) entre, por: *I pushed my way through the crowd.* Me abrí paso entre la multitud.
3 (por lugares donde hay que detenerse) *The driver went through a stop light.* El conductor se pasó un semáforo en rojo. • *the passengers coming through passport control* los pasajeros que pasan el control de pasaportes
4 (con periodos de tiempo) (durante) todo -a: *I'll drive through the night if I have to.* Voy a conducir durante toda la noche si hace falta. • *We have enough food to last us through the winter.* Tenemos suficiente comida para pasar el invierno. • *The doctor says she won't live through the night.* El médico dice que no va a pasar de esta noche.
5 May through June/Wednesday through Friday de mayo a julio (inclusive)/de miércoles a viernes (inclusive): *The store is open Monday through Saturday.* La tienda abre de lunes a sábado.
6 (con procesos, sucesos, etapas) *The tutorial guides you through the process of creating a macro.* El tutorial lo guía paso a paso a lo largo del proceso de creación de un macro. • *Can you take us through what happened?* ¿Nos puede describir lo que sucedió? • *I don't want to live through another experience like that.* No quiero volver a pasar por una experiencia así. • *They didn't even get through the first round.* Ni siquiera pasaron de la primera ronda. • *a new law that was rushed through Congress* una nueva ley que se apresuraron a aprobar en el Congreso
7 (expresando causa) por: *the number of working days lost through sickness* el número de días de trabajo perdidos por licencias por enfermedad
8 (expresando medio) a través de, por medio de: *She got the job through a friend.* Consiguió el trabajo a través de un amigo.
9 (afectando la totalidad de) *These rumors will soon spread through the community.* Estos rumores pronto se van a extender por toda la comunidad. • *The sight of him sent a shiver through her body.* Al verlo, un escalofrío le recorrió el cuerpo.
10 (examinando la totalidad de) *Let's go through these documents again.* Revisemos estos documentos otra vez. • *Rescue workers searched through the wreckage for survivors.* Los socorristas buscaron sobrevivientes entre los restos del avión siniestrado.
11 (expresando consumo) *A big family goes through a lot of food in a week.* Una familia grande consume mucha comida en una semana.
12 get through doing sth (*coloq*) terminar/acabar de hacer algo: *Tell me when you get through discussing money.* Avísenme cuando hayan terminado de hablar de dinero. • **be through doing sth** (*coloq*) haber terminado/acabado de hacer algo ▶ THRU

through² S1 W1 *adv* ▶ **through** también forma parte de **phrasal verbs** como **pull through, put through**, etc. Estos están tratados bajo el verbo correspondiente.
1 (de un lado a otro) *They opened the gate and we walked through.* Abrieron la verja y entramos. • *The bus couldn't get through because of the snow.* El bus no pudo pasar por causa de la nieve. • [+**to**]: *Gas isn't flowing through to the engine.* La gasolina no llega al motor. • *This train goes through to Chicago.* Este tren sigue hasta Chicago.

2 (entre muchas personas o cosas) *Let the doctor through.* Dejen pasar al doctor.
3 (completamente) *We were soaked through.* Estábamos empapados hasta los huesos. • *Make sure the food is heated through.* Asegúrese de que la comida esté bien caliente. • *Take some time to read the contract through.* Tómese un tiempo para leer todo el contrato.

through and through de pura cepa, hasta la médula: *He's a politician through and through.* Es un político de pura cepa. • **the whole day/year through** todo el día/año, las veinticuatro horas del día/los doce meses del año: *I slept the whole night through for the first time in years.* Dormí toda la noche por primera vez en años. • **my /his whole life through** toda mi/su vida, mi/su vida entera

through³ *adj* [nunca ante s] (*coloq*) **1 be through** haber terminado/acabado: *I need to use the computer when you're through.* Necesito usar el computador cuando hayas terminado. • [+**with**]: *Can I borrow your ladder when you're through with it?* ¿Me prestas la escalera cuando acabes con ella? **2** (en una relación romántica) **be through (with sb)** haber roto (con alguien), haber terminado (con alguien): *She told me we're through.* Me dijo que lo nuestro había terminado.

through·out¹ S3 W1 /θru'aʊt/ *prep*
1 por todo -a, en todo -a: *The disease spread throughout Europe.* La enfermedad se extendió por toda Europa.
2 a lo largo de, (durante) todo -a: *throughout his life* a lo largo de toda su vida • *The museum is open throughout the year.* El museo está abierto todo el año.

throughout² *adv* **1** de principio a fin: *He remained calm throughout.* Conservó la calma de principio a fin. **2** en su totalidad: *The house is carpeted throughout.* Toda la casa está alfombrada.

through·put /'θrupʊt/ s [U] movimiento (de personas, mercancías), producción, rendimiento (de trabajador, fábrica)

through·way /'θruweɪ/ s [C] autopista

throve /θroʊv/ (*antic*) pasado de THRIVE

throw¹ S1 W1 /θroʊ/ *v* (**threw** /θru/, **thrown** /θroʊn/)

1	piedra, pelota, llaves
2	poner rápidamente
3	explosión, impacto
4	parte del cuerpo
5	hacer caer
6	ofrecer
7	confundir
8	perder deliberadamente
9	accionar
10	en judo, lucha
11	sombra, luz
12	en alfarería
13	dados

1 PIEDRA, PELOTA, LLAVES [I,T] tirar, aventar, lanzar • **throw sth at sb/sth** tirarle algo a alguien/algo, aventarle algo a alguien/algo (para hacerle daño): *Someone had thrown a bottle at him.* Alguien le había tirado una botella. • **throw sth into/through/out of sth** *He picked up a rock and threw it into the water.* Agarró una piedra y la tiró al agua. • **throw sth to sb** (tb **throw sb sth**) tirarle algo a alguien, aventarle algo a alguien (para que lo atrape): *She threw the ball to John.* Le tiró la pelota a John. • *She threw him a towel.* Le tiró una toalla.
2 PONER RÁPIDAMENTE [T siempre + adv/prep] **throw sth on/onto/into sth** *I quickly threw my clothes into a bag and left.* Puse rápido mi ropa en una maleta y salí.
3 EXPLOSIÓN, IMPACTO [T siempre + adv/prep] **throw sth/sb into/from sth** despedir algo/a alguien por/de algo: *The force of the blast threw her into the air.* Salió despedida por el aire con la fuerza de la explosión. • *He was thrown from the car when it crashed.* Salió despedido del carro cuando chocó.
4 PARTE DEL CUERPO [T siempre + adv/prep] **throw your head back** echar la cabeza atrás • **throw your arms up** levantar los brazos (al aire) • **throw your arms**

around sb abrazar a alguien • **throw your arms around sb's neck** echarle los brazos al cuello a alguien • **throw yourself into/onto sth** tirarse a algo, aventarse a algo: *He threw himself onto the floor and started screaming.* Se tiró al suelo y se puso a gritar.

5 HACER CAER [T] derribar (un caballo a su jinete)

6 OFRECER [T] **throw a party** dar/hacer una fiesta: *They threw a party to celebrate.* Dieron una fiesta para celebrarlo.

7 CONFUNDIR [T] desconcertar • **throw sb completely** dejar totalmente desconcertado -a a alguien: *I was completely thrown by the news.* La noticia me dejó totalmente desconcertada. • **throw sb for a loop** dejar a alguien helado -a/patitieso -a

8 PERDER DELIBERADAMENTE [T] **throw a race/ game/fight** dejarse ganar una carrera/partida/pelea

9 ACCIONAR [T] **throw a switch/lever** darle a un interruptor/una palanca

10 EN JUDO, LUCHA [T] tumbar, derribar

11 SOMBRA, LUZ [T] (*escrito*) proyectar

12 EN ALFARERÍA [T] tornear, modelar con el torno

13 DADOS [T] echar, tirar • **throw a five/four/six** sacar un cinco/cuatro/seis ▶ **throw/cast CAUTION to the wind(s)**, **throw down the GAUNTLET**, **throw LIGHT on sth**

EXPRESIONES

throw sth (back) in sb's face (tb **throw sth back at sb**) **(a)** echarle algo en cara a alguien **(b)** restregarle algo por las narices a alguien • **throw the book at sb** (*coloq*) castigar duramente a alguien • **he threw a fit/tantrum** le dio un ataque/una pataleta • **throw good money after bad** seguir tirando dinero por la ventana • **throw in the towel** (*coloq*) tirar la toalla • **throw sb into/in prison/jail** meter a alguien en la cárcel • **throw money at sth** (*coloq*) *Throwing money at the problem won't solve it.* El problema no se va a solucionar con dinero. • **throw money down the drain** tirar el dinero • **throw sth open (to sb)** **(a)** (un lugar) abrir algo (a alguien): *The Center will throw open its doors to the public July 8th.* El Centro abrirá sus puertas al público el 8 de julio. **(b)** (un concurso, una discusión) abrirle algo (a alguien): *Let's throw the discussion open.* Abramos la discusión a todo el mundo. • **throw a punch** soltar un puñetazo • **throw your voice** distorsionar la voz de modo que parezca que proviene de otra persona u otro lugar • **throw your weight around** mangonear, abusar de su autoridad • **throw your weight behind sb/sth** brindar todo su apoyo a alguien/algo, respaldar a alguien/algo • **throw sb in at the deep end**

throw sth ↔ aside *v+partíc* descartar/abandonar algo

throw yourself at sb *v+partíc* (*coloq*) echarse encima de alguien: *It's embarrassing the way she throws herself at men.* Da vergüenza el modo en que se echa encima de los hombres.

throw sth ↔ away *v+partíc* **1** botar algo (a la basura), tirar algo (a la basura): *You shouldn't have thrown away the receipt.* No deberías haber botado el recibo a la basura. SIN **throw sth ↔ out** **2** desperdiciar/desaprovechar algo (una oportunidad, una ventaja, etc.): *The team threw away a three-goal lead.* El equipo desperdició una ventaja de tres goles.

throw back sth *v+partíc* beber algo de un tirón

throw sb back on sth *v+partíc* [gralm en pasiva] (*frml*) **be thrown back on sth** tener que valerse de algo: *He is thrown back on his own resources.* Se tiene que valer de sus propios recursos.

throw sth ↔ in *v+partíc* **1** incluir algo (de regalo) (en un precio): *The trip costs $150, with lunch thrown in.* El viaje cuesta 150 dólares, el almuerzo es cortesía de la empresa. **2 throw in a comment/remark** soltar/hacer un comentario

throw into *v+partíc* **1 throw yourself into sth** meterse de lleno en algo: *After the divorce, she threw herself into her work.* Después del divorcio, se metió de lleno en su trabajo. **2 throw sth/sb into sth** sumir algo/a alguien en algo: *The attack threw the country into an economic crisis.* El ataque sumió al país en una crisis económica. • **throw sth/sb into chaos/despair** sumir algo/a alguien en el caos/la desesperación

throw off *v+partíc* **1 throw sth ↔ off** quitarse algo rápidamente (una prenda) **2 throw off sth** quitarse algo de encima (un peso, una preocupación) • **throw off the yoke/shackles of sth** (*liter*) liberarse del yugo de algo **3 throw sb ↔ off** confundir/desconcertar a alguien **4 throw sb off sth** echar a alguien de algo: *You can be thrown off the train if you don't have a ticket.* Pueden hacerte bajar del tren si no tienes tiquete. **5 throw sth/sb↔ off** librarse de algo/alguien, quitarse algo/a alguien de encima **6 throw sth ↔ off** superar algo (una enfermedad, una lesión) **7 throw sth ↔ off** despedir algo (calor, radiación), echar algo (chispas) **8 throw sb off the scent/ trail/track** despistar a alguien

throw sth ↔ on *v+partíc* ponerse algo (rápidamente) (una prenda): *Give me a minute to throw some clothes on.* ¿Me das un minuto para vestirme?

throw out *v+partíc* **1 throw sth ↔ out** botar algo (a la basura), tirar algo (a la basura): *Are you throwing these magazines out?* ¿Vas a botar estas revistas a la basura? SIN **throw sth ↔ away 2 throw sb ↔ out** echar/ expulsar a alguien • **throw sb out of sth** echar/expulsar a alguien de algo: *He was thrown out of school for smoking.* Lo expulsaron del colegio por fumar. • **throw sb out on the street** dejar a alguien en la calle **3 throw sth ↔ out** rechazar algo: *The proposal was thrown out.* La propuesta fue rechazada. **4 throw sb ↔ out** echar a alguien (de un cargo) • **be thrown out of work/office** perder el trabajo/cargo **5 throw sth ↔ out** despedir algo (humo, calor)

throw sb over *v+partíc* (*antic*) romper con alguien

throw together *v+partíc* **1 throw sth ↔ together** preparar/hacer algo (improvisadamente): *She went inside to throw a meal together.* Entró a preparar algo de comer. **2 throw sb ↔ together** hacer las circunstancias que dos o más personas se junten: *The war had thrown them together.* La guerra había hecho que sus caminos se cruzaran.

throw up *v+partíc* **1 (a) throw up** devolver, trasbocar, vomitar **(b) throw sth ↔ up** devolver/vomitar algo SIN **vomit 2 throw sth ↔ up** construir/levantar algo (rápidamente) **3 throw sth ↔ up** levantar algo, lanzar algo (al aire)

throw² *s* [C] **1** tiro, lanzamiento: *the best throw of the competition* el mejor lanzamiento del torneo **2** manta decorativa (en un asiento) **3** acción de tirar los dados: *It's your throw.* Te toca tirar. **4** llave, derribo (en judo, etc.) ▶ **a STONE's throw (away) from sth**

throw·a·way /ˈθroʊəˌweɪ/ *adj* [gralm ante s] hecho -a al pasar: *a throwaway remark* un comentario hecho al pasar

throw·back /ˈθroʊbæk/ *s* [C gralm sing] **a throwback to sth** una vuelta a algo: *His work is a throwback to old-fashioned Hollywood movies.* Su trabajo es una vuelta a las películas tradicionales de Hollywood.

thrown /θroʊn/ participio pasado de **THROW**

thru /θru/ *prep* grafía de **through** usada en contextos informales o en publicidad

thrush /θrʌʃ/ *s* **1** [C] tordo, zorzal **2** [U] aftas, candidiasis

thrust¹ /θrʌst/ *v* (**thrust**) **1** [T siempre + adv/prep] empujar • **thrust sth into/under sth** poner algo en/debajo de algo (bruscamente): *She thrust a letter into my hand.* Me puso una carta en la mano. • **thrust sth/sb away/ aside** apartar algo/a alguien, hacer algo/a alguien a un lado (bruscamente): *She tried to thrust him away.* Intentó apartarlo de un empujón. **2** [I] **thrust at sb/sth** abalanzarse sobre alguien/algo: *She thrust at him with a knife.* Se abalanzó sobre él con un cuchillo. SIN **lunge 3** [I,T] (*esp escrito*) **thrust (your way) through sth** abrirse paso entre algo (con dificultad): *He thrust his way through the crowd.* Se abrió paso a empujones entre la multitud. • **thrust forward(s)** arremeter

EXPRESIONES

thrust sth on/upon sb imponerle algo a alguien (una tarea, una responsabilidad, etc.): *He had never wanted to be famous. Fame had been thrust upon him.* No había buscado la fama. Esta le había sido impuesta.

thrust sth ↔ aside v+partíc (esp escrito) desechar/ desestimar algo

thrust² s **1** [C gralm sing] idea (central/principal), eje • [+of]: *the main thrust of their argument* la idea central de su argumento • *The whole thrust of his campaign has been "opportunity for all".* El eje de su campaña ha sido "oportunidades para todos". **2** [C] estocada, puñalada **3** [U] (técn) propulsión (de un avión, un cohete), empuje (de un motor)

thud¹ /θʌd/ s [C] ruido/golpe sordo

thud² v [I] (**thudded, thudding**) **1** caer o golpearse con algo produciendo un ruido sordo • **thud onto/against/ into sth** *A stone thudded onto the ground.* Una piedra cayó al suelo con un ruido sordo. **2** latir (velozmente): *She knocked on the door, her heart thudding violently.* Golpeó la puerta, con el corazón latiéndole violentamente.

thug /θʌg/ s [C] (peyor) matón

thumb¹ /θʌm/ s [C] pulgar, dedo gordo • **suck your thumb** chuparse el dedo ▸ have a GREEN thumb, a RULE of thumb, STICK out like a sore thumb
EXPRESIONES
be all thumbs ser/estar muy torpe • **give sth the thumbs up** (coloq) dar su aprobación a algo • **give sth the thumbs down** (coloq) criticar/rechazar algo • **he's under her/my thumb** lo tiene/tengo dominado

thumb² v
EXPRESIONES
thumb a ride (coloq) echar dedo, pedir aventón
thumb through sth v+partíc hojear algo SIN **flick through**

thumb·nail¹ /ˈθʌmneɪl/ s [C] uña del pulgar

thumbnail² adj [solo ante s] breve (historia, resumen) • **a thumbnail sketch** un breve reseña, una somera síntesis

thumb·tack /ˈθʌmtæk/ s [C] tachuela, chinche

thump¹ /θʌmp/ v **1** [T] dar un puñetazo en • **thump sth with sth** golpear algo con algo • **thump sth with your fist** dar/pegar un puñetazo en algo **2** [T] (coloq) pegar (un puñetazo) a **3** [I,T] golpear (con un ruido fuerte) • **thump against/into sth** *My head thumped against the floor.* Mi cabeza dio contra el suelo con un ruido fuerte. **4** [I] latir (con fuerza): *My heart began to thump.* El corazón empezó a latirme con fuerza.

thump² s [C] **1** ruido sordo/fuerte, golpe seco **2** puñetazo • **give sb/sth a thump** darle un puñetazo a alguien/algo

thump·ing /ˈθʌmpɪŋ/ adj [solo ante s] enorme, tremendo -a

thun·der¹ /ˈθʌndər/ s **1** [U] truenos: *thunder and lightning* truenos y relámpagos • **a crash/clap/crack/peal of thunder** un trueno **2** the thunder of sth (liter) el estruendo de algo ▸ STEAL sb's thunder

thunder² v **1** [I] tronar: *It thundered all night.* Tronó durante toda la noche. **2** [I siempre + adv/prep] desplazarse con gran estruendo: *Huge trucks thundered past.* Pasaban enormes camiones haciendo un ruido atronador. • **thunder down/along sth** avanzar por algo con gran estruendo: *The plane thundered down the runway.* El avión carreteó ruidosamente.

thun·der·bolt /ˈθʌndərˌboʊlt/ s [C] **1** rayo **2** mazazo, bomba (noticia, suceso) • **come as a thunderbolt** caer como una bomba/como una jarra de agua fría

thun·der·clap /ˈθʌndərˌklæp/ s [C] trueno

thun·der·cloud /ˈθʌndərˌklaʊd/ s [C] nubarrón

thun·der·ous /ˈθʌndərəs/ adj (esp escrito) **1** atronador -a, estruendoso -a: *thunderous applause* atronadores aplausos **2** furioso -a

thun·der·storm /ˈθʌndərˌstɔrm/ s [C] tormenta eléctrica

thun·der·struck /ˈθʌndərˌstrʌk/ adj [nunca ante s] (esp escrito) atónito -a, estupefacto -a SIN **dumbfounded**

thun·der·y /ˈθʌndəri/ adj tormentoso -a

Thurs·day /ˈθɜrzdi, -deɪ/ (abrev escrita **Thu., Thur., Thurs.**) s [C,U] jueves ▸ ver ejs en FRIDAY

thus W1 /ðʌs/ adv (frml) **1** [adv oracional] por (lo) tanto, por consiguiente: *She is an expert and thus the best person to ask.* Es una experta y por tanto, la mejor persona para consultar. SIN **therefore, hence 2** (tb **thusly**) así, de esta manera
EXPRESIONES
thus far hasta ahora/aquí

thwart /θwɔrt/ v [T] (frml) **1** frustrar **2** frustrar los intentos/los planes de SIN **frustrate**

thy /ðaɪ/ det (arc o bíbl) tu ▸ THOU

thyme /taɪm/ s [U] tomillo

thy·roid /ˈθaɪrɔɪd/ (tb **'thyroid ˌgland**) s [C] tiroides

ti·a·ra /tiˈɑrə, tiˈɛrə/ s [C] diadema, tiara

Ti·bet /tɪˈbɛt/ (el) Tíbet

Ti·bet·an¹ /tɪˈbɛtˀn/ s **1** [C] (persona) tibetano -a **2** [U] (lengua) tibetano

Tibetan² adj tibetano -a

tib·i·a /ˈtɪbiə/ s [C] (pl **tibiae** /-bi-i/ o **tibias**) (técn) tibia

tic /tɪk/ s [C] tic: *a nervous tic* un tic nervioso

tick¹ /tɪk/ v [I] hacer tictac
EXPRESIONES
what makes sb tick (coloq) de qué va alguien, lo que mueve a alguien: *Nobody can figure out what makes him tick.* Nadie sabe de qué va.
tick away v+partíc **tick away** pasar (tiempo, horas): *The seconds were ticking away.* Pasaban los segundos. SIN **tick by**
tick by v+partíc pasar (tiempo, horas) SIN **tick away**
tick off v+partíc **tick sb ↔ off** (coloq) fastidiar/molestar a alguien: *Her attitude is really ticking me off.* Su actitud me está molestando mucho.

tick² s [C] **1** tictac **2** garrapata

tick·et¹ S1 W2 /ˈtɪkɪt/ s [C]
1 (para viajar) pasaje, tiquete, boleto • **a bus/plane ticket** un tiquete de bus/avión, un boleto de camión/ avión • [+to]: *a ticket to Chicago* un pasaje a Chicago • **ticket office** ventanilla de venta de pasajes • **ticket window** ventanilla de venta de pasajes
2 (para un espectáculo) entrada, boleto • **a theater ticket** una entrada de teatro/cine, una entrada para el teatro/ cine • [+to]: *We got free tickets to the game.* Conseguimos entradas gratis para el partido. • [+for]: *Tickets for Sunday's game cost $100.* Las entradas para el partido del domingo cuestan 100 dólares. • **ticket agency** agencia de venta de entradas • **ticket booth** caseta o puesto que funciona como taquilla • **ticket holder** poseedor -a de una entrada • **ticket office** taquilla SIN **box office** • **ticket window** taquilla (ventanilla)
3 (para indicar el precio) etiqueta
4 (por una infracción) multa: *a parking ticket* una multa por mal estacionamiento • *He got a ticket for speeding.* Le pusieron una multa por exceso de velocidad.
5 (para un sorteo) billete: *a lottery ticket* un billete de lotería
6 (en las elecciones estadounidenses) [gralm sing] lista (de candidatos) • **run on the Democratic/Republican ticket** ser candidato del partido demócrata/republicano ▸ BIG-TICKET, SEASON TICKET
EXPRESIONES
be just the ticket (antic, coloq) ser justo lo que se necesita, ser ideal: *This plant is just the ticket for shady areas.* Esta planta es ideal para sitios sombreados.

ticket² v [T] **1** multar, dejar una multa en • **ticket sb for (doing) sth** multar a alguien por (hacer) algo **2** be **ticketed for sth** ser elegido -a/seleccionado -a para algo

tick·ing /ˈtɪkɪŋ/ s [U] tictac

tick·le¹ S3 /ˈtɪkəl/ v
1 [T] (con los dedos) hacer cosquillas a • **tickle sb's foot/neck** hacerle cosquillas a alguien en el pie/cuello
2 (plumas, el pelo) **(a)** [I] hacer cosquillas **(b)** [T] hacer

tie

She is tying back
the curtains.
Está recogiendo
las cortinas.

He is tying up letters
with some string.
Está atando unas cartas
con cuerda.

cosquillas en: *Her hair tickled his cheek*. Su pelo le hacía cosquillas en la mejilla.
3 [T] (*coloq*) hacer gracia a

EXPRESIONES
tickle sb's fancy (*antic*, *coloq*) gustar a alguien, despertar el interés/la curiosidad de alguien • **be tickled pink** (*coloq*) estar contentísimo -a

tickle² *s* [sing] picazón, picor (de garganta)

EXPRESIONES
give sb a tickle hacerle cosquillas a alguien

tick·lish /ˈtɪklɪʃ/ *adj* **1** [nunca ante s] **be ticklish** tener cosquillas **2** [gralm ante s] (*coloq*) delicado -a, complicado -a (situaciones, problemas) SIN **tricky**

tic-tac-toe, **tick-tack-toe** /ˌtɪk tæk ˈtoʊ/ *s* [U] tres en raya, triqui, gato

tid·al /ˈtaɪdl/ *adj* [solo ante s] de (la) marea; (ríos, estuarios) con régimen de marea

ˈtidal wave *s* [C] **1** tsunami **2** **a tidal wave of sth** (*esp escrito*): *a tidal wave of crime* una ola de delincuencia • *a tidal wave of unemployment* un enorme aumento de las cifras de desempleo

tid·bit /ˈtɪdˌbɪt/ *s* [C] **1** [gralm pl] bocado exquisito **2** dato • **a tidbit of gossip/information** un chisme/dato jugoso

tide¹ /taɪd/ *s* **1** [C,U] marea • **the tide is in/high** la marea está alta • **the tide is out/low** la marea está baja • **(at) high/low tide** (cuando hay) marea alta/baja, (en/a) pleamar/bajamar **2** [sing] (*esp escrito*) [+of]: *the tide of public opinion* la corriente de opinión pública • *the rising tide of anger in the city* la creciente ola de descontento en la ciudad • *The tide is turning against the government*. El gobierno está perdiendo el apoyo de la opinión pública. **3** [sing] (*esp escrito*) **a rising tide of sth** una creciente ola de algo: *the rising tide of crime in our cities* la creciente ola de delincuencia en nuestras ciudades

EXPRESIONES
be swimming against the tide nadar/ir contra la corriente

tide² *v*
tide sb over *v+partíc* sacar de apuros a alguien

ti·di·ly /ˈtaɪdəli/ *adv* ordenadamente

ti·di·ness /ˈtaɪdinɪs/ *s* [U] orden

tid·ings /ˈtaɪdɪŋz/ *s* [pl] nuevas, noticias

tidy¹ *adj* (**tidier**, **tidiest**) **1** (habitación, escritorio) ordenado -a; (aspecto de una persona) arreglado -a ANT **messy**, **untidy** **2** (carácter de una persona) ordenado -a: *I'm not very tidy*. No soy muy ordenada. ANT **messy**, **untidy** **3** [solo ante s] (*coloq*) bonito -a, considerable (suma de dinero) ▶ **TIDILY**, **TIDINESS**

ti·dy² /ˈtaɪdi/ *v* (**tidies**, **tidied**, **tidying**) [I,T] ordenar, recoger: *She started to tidy the room*. Empezó a ordenar la habitación. SIN **tidy up**
tidy up *v+partíc* (a) **tidy up** ordenar (b) **tidy sth ↔ up** ordenar algo, arreglar algo

tidy up after sb *v+partíc* ordenar lo que alguien deja tirado/botado/desordenado

tie¹ S2 W2 /taɪ/ *v*

1 con una cuerda, un cordel
2 los extremos de algo
3 prenda de ropa
4 equipos, jugadores
5 conectar
6 ataduras

1 CON UNA CUERDA, UN CORDEL [T] atar, amarrar • **tie sth to/onto sth** atar algo a algo: *They tied his hands behind his back*. Le ataron las manos a la espalda. • **tie sb to sth** atar a alguien a algo, amarrar a alguien a algo: *They tied him to a chair*. Lo ataron a una silla. • **tie sth together** atar algo, amarrar algo: *Their legs had been tied together*. Les habían atado las piernas.
2 LOS EXTREMOS DE ALGO [T] atar(se) (los cordones), amarrar(se) (las agujetas), hacer(se) el nudo de (la corbata): *She tied my shoelaces for me*. Me ató los cordones. • *Do you know how to tie a necktie?* ¿Sabes hacer el nudo de la corbata? • **tie sth around/under sth** *He tied his sweater around his waist*. Se ató el suéter a la cintura. • *The scarf was tied under her chin*. Llevaba el pañuelo atado bajo la barbilla. • **tie a knot/bow** hacer un nudo/lazo: *I tied a knot in one end of the thread*. Hice un nudo en un extremo del hilo.
3 PRENDA DE ROPA [I] **tie at the front/back/side** atarse delante/atrás/a un lado, amarrarse delante/atrás/a un lado: *a dress that ties at the back* un vestido que se ata atrás
4 EQUIPOS, JUGADORES [I] empatar • **tie with sb** empatar con alguien: *California tied with Louisiana*. California empató con Luisiana. • **tie for first/second place** empatar en el primer/segundo puesto
5 CONECTAR [T] ligar, condicionar • **be tied to sth** estar ligado -a a, estar condicionado -a por: *Executives' salaries are closely tied to company profits*. Los salarios de los ejecutivos están muy ligados a las ganancias de la empresa.
6 ATADURAS **be tied to (doing) sth** estar atado -a a (hacer) algo, estar amarrado -a a (hacer) algo: *I don't want to be tied to working for one company*. No quiero estar atada a trabajar para una sola empresa. • **be tied by sth/sb** estar atado -a por alguien/algo, estar amarrado -a por alguien/algo ▶ **sb's HANDS are tied**

EXPRESIONES
tie the knot (*coloq*) casarse: *When are you two going to tie the knot?* ¿Para cuándo la boda? • **tie one on** (*coloq*) emborracharse en serio, amarrársela • **tie yourself in knots** (*coloq*) embarullarse, enredarse
tie sth ↔ back *v+partíc* **tie your hair back** recogerse el pelo
tie sb down *v+partíc* atar a alguien, amarrar a alguien (quitarle libertad): *I'm not trying to tie you down*. No estoy intentando atarte.
tie in with sth *v+partíc* concordar/coincidir con algo: *Her description tied in with that of other witnesses*. Su descripción concordaba con la de otros testigos.
tie up *v+partíc* **1** **tie sth/sb ↔ up** atar algo/a alguien, amarrar algo/a alguien • **tie up a boat** amarrar un bote **2** **be tied up** (*oral*) estar ocupado -a **3** (dinero) **tie sth ↔ up in sth** invertir algo en algo (inmovilizarlo): *Most of our money is tied up in real estate*. Tenemos la mayor parte de nuestro dinero invertida en propiedad. **4** **tie sth ↔ up** cerrar algo (un trato) **5** **be tied up with sth** estar atado -a a algo, estar ligado -a a algo: *The workers' future is tied up with the future of the company*. El futuro de los trabajadores está atado al futuro de la empresa. **6** **get tied up** (*oral*) retrasarse ▶ **tie up the LOOSE ends**

tie² S2 W2 *s* [C]
1 corbata: *He straightened his tie*. Se arregló la corbata. • **a shirt/jacket/suit and tie** camisa/saco/traje y corbata: *I wear a suit and tie for work*. Voy de traje y corbata al trabajo.
2 [gralm pl] lazo, vínculo: *family ties* lazos familiares • **close/strong ties** estrechos/fuertes lazos, estrechos/fuertes vínculos: *There are close ties between the two*

countries. Hay estrechos vínculos entre ambos países.
3 [gralm sing] empate: *What happens if the game is a tie?* ¿Qué sucede si el partido termina en empate? • **end/finish in a tie** acabar en empate • **a tie for first/second/third place** un empate en el primer/segundo/tercer puesto
4 atadura, compromiso: *He's young and has no ties.* Es joven y no tiene ningún compromiso.
5 traviesa, durmiente ▶ **BLACK-TIE, BOW TIE**

'tie-in *s* [C] producto relacionado con una película, una serie de televisión, etc.

tier /tɪr/ *s* [C] **1** grada (de asientos), piso (de una torta, un pastel) **2** nivel (de una organización)

'tie-up *s* [C] (*coloq*) vínculo, conexión

tiff /tɪf/ *s* [C] riña, pelea (de pareja)

ti·ger /'taɪgər/ *s* [C] tigre • **tiger cub** cachorro de tigre

tight¹ S3 W2 /taɪt/ *adj*

> | **1** | ropa |
> |---|---|
> | **2** | cuerda, correa |
> | **3** | agarre |
> | **4** | control, restricciones |
> | **5** | tornillo, tapa |
> | **6** | dinero |
> | **7** | agenda, plazo |
> | **8** | espacio |
> | **9** | comunidad, grupo, países |
> | **10** | curva |
> | **11** | pecho, estómago |
> | **12** | voz, semblante |
> | **13** | partido, competición |
> | **14** | con el dinero |
> | **15** | por beber |

1 ROPA ceñido -a, ajustado -a, apretado -a: *tight jeans* bluyines ajustados • **be a tight fit** quedar justo -a ANT **loose**

2 CUERDA, CORREA tirante • **pull sth tight** tensar algo ANT **loose**

3 AGARRE keep a tight hold/grip (on sth) agarrar (algo) bien fuerte: *His mother had a tight hold on his hand.* Su madre lo tenía agarrado bien fuerte de la mano.

4 CONTROL, RESTRICCIONES estricto -a: *tight security* estrictas medidas de seguridad

5 TORNILLO, TAPA bien apretado -a ANT **loose**

6 DINERO escaso -a, corto -a: *Money is tight for him.* Anda escaso de dinero.

7 AGENDA, PLAZO ajustado -a, apretado -a • **time is tight** andamos mal de tiempo

8 ESPACIO escaso -a, justo -a • **be a tight squeeze/fit** caber muy justo -a

9 COMUNIDAD, GRUPO, PAÍSES muy unido -a SIN **tight-knit**

10 CURVA cerrado -a

11 PECHO, ESTÓMAGO oprimido -a • **a tight feeling in your chest/stomach** una opresión en el pecho/estómago

12 VOZ, SEMBLANTE (*escrito*) serio -a, tenso -a: *a tight smile* una sonrisa forzada

13 PARTIDO, COMPETICIÓN reñido -a, parejo -a SIN **close**

14 CON EL DINERO (*peyor*, *coloq*) amarrado -a, apretado -a SIN **mean** ANT **generous**

15 POR BEBER [nunca ante s] (*antic*, *coloq*) borracho -a ▶ **AIRTIGHT, WATERTIGHT**

EXPRESIONES
keep a tight rein/grip/hold on sth tener algo muy controlado, refrenar algo por completo • **run a tight ship** llevar una gestión seria y eficaz • **a tight spot/corner** (*coloq*) un aprieto, un apuro

tight² S2 *adv* fuerte • **hold (on) tight** agarrarse fuerte: *Hold tight to the handrail!* ¡Agárrate fuerte del pasamanos! • **shut/close sth tight** cerrar bien algo ▶ **SIT tight, SLEEP tight!**

tight·en /'taɪtṇ/ (tb **tighten up**) *v* **1** [T] (girando) apretar, ajustar ANT **loosen 2** [I,T] (tirando) tensar(se), ajustar(se) ANT **loosen 3** [I,T] (músculos, labios, estómago) tensar(se), apretar(se) ANT **relax 4** [T] (las normas, la ley) endurecer ANT **relax 5** [I] **a race/competition tightens** la distancia entre los competidores/contendientes se reduce ▶ **put/tighten the SCREWS (on sb)**

EXPRESIONES
tighten your belt (*coloq*) apretarse/ajustarse el cinturón • **tighten your hold/grip on sth/sb (a)** intensificar el control de algo/alguien **(b)** sujetar algo/a alguien con más fuerza
tighten up *v+partíc* ser más estricto -a/duro -a • **tighten up on sth** ser más duro -a con algo

ˌtight-'fisted *adj* (*peyor*, *coloq*) agarrado -a, amarrado -a, tacaño -a

ˌtight-'fitting *adj* muy ajustado -a

ˌtight-'knit *adj* muy unido -a (comunidad, grupo)

tight-lipped /ˌtaɪt 'lɪpt◂/ *adj* **1** hermético -a, con un mutismo absoluto **2** (*escrito*) con los labios apretados

tight·ly /'taɪtli/ *adv* **1** firmemente, con fuerza (sostener, apretar, enroscar) **2** estrictamente, rigurosamente (controlar) **3** bien, con fuerza (estirar, tensar) • **a tightly stretched rope/cord** una cuerda/un cordón muy tirante **4** (ropa) **fit tightly** ir ceñido -a/ajustado -a • **tightly fitting clothes** ropa ceñida/ajustada **5** (gente) **tightly packed** apiñado -a

EXPRESIONES
tightly knit muy unido -a (comunidad, grupo) SIN **tight-knit** • **tightly wound** muy nervioso -a/tenso -a, a punto de estallar

tight·rope /'taɪtroʊp/ *s* [C] cuerda floja

EXPRESIONES
walk a tightrope (a) caminar por la cuerda floja (acróbata) **(b)** estar en la cuerda floja (persona en apuros)

tights /taɪts/ *s* [pl] mallas (de ballet)

tile¹ S3 /taɪl/ *s*
1 [C,U] azulejo
2 [C,U] baldosa • **lay tiles** embaldosar
3 [C,U] teja • **a roof/roofing tile** una teja
4 [C] ficha (en juegos de mesa)

tile² *v* [T] **1** azulejar, colocar (azulejos) **2** embaldosar **3** tejar, cubrir con tejas

tiled /taɪld/ *adj* **1** azulejado -a **2** embaldosado -a **3** cubierto -a con tejas

till¹ S1 /tɪl, tl/ *conj* (*esp oral*) hasta (indicando tiempo): *Wait here till I get back.* Espera aquí hasta que yo vuelva.

till² S1 *prep* (*esp oral*) hasta (indicando tiempo): *The store stays open till 8.* La tienda está abierta hasta las 8.

till³ /tɪl/ *v* [T] labrar

till⁴ *s* [C] caja (registradora) SIN **cash register**

til·ler /'tɪlər/ *s* [C] caña del timón

tilt¹ /tɪlt/ *v* **1** (objeto, vehículo, edificio) inclinar(se): *The plane tilted sideways.* El avión se inclinó hacia un lado. **2** [I,T] (parte del cuerpo) inclinar(se), ladear(se): *She tilted her head and smiled.* Inclinó la cabeza y sonrió. **3** [T] (la opinión, una situación) inclinar • **tilt the balance (in sb's favor)** inclinar la balanza (en favor de alguien)

tilt² *s* **1** [C,U] inclinación **2** [C] cambio, vuelco

EXPRESIONES
(at) full tilt a toda velocidad, a toda máquina

tim·ber¹ /'tɪmbər/ *s* **1** [U] árboles madereros **2** [U] madera SIN **lumber 3** [C] viga (de madera)

time¹ S1 W1 /taɪm/ *s*

> | **1** | días, horas, minutos |
> |---|---|
> | **2** | en el reloj |
> | **3** | ocasión |
> | **4** | momento indicado |
> | **5** | periodo concreto |

6 periodo disponible
7 experiencia pasada
8 en comparaciones
9 en la historia
10 en una zona del mundo
11 en una carrera
12 en música

1 DÍAS, HORAS, MINUTOS [U] tiempo • **a period of time** un periodo (de tiempo): *This may change over a period of time.* Esto puede cambiar al cabo de un tiempo. • **an amount of time** un tiempo, una cantidad de tiempo: *We have a limited amount of time.* Disponemos de un tiempo limitado. • **a length of time** cierto tiempo: *It has gone on for a considerable length of time.* Viene pasando desde hace bastante tiempo. • **some time** (bastante) tiempo: *They have known about this for some time.* Hace tiempo que saben de esto. • **time passes/ goes by** el tiempo pasa: *as time goes by* a medida que pasa el tiempo

2 EN EL RELOJ [sing, U] hora • **what time... ?** ¿qué hora... ?, ¿a qué hora... ?: *What time is it?* –¿Qué hora es? • *What time are you going out?* –¿A qué hora sales? • **do you have the time?** ¿tienes/tiene hora? • **what time do you have?** ¿qué hora tienes? • **tell time** decir la hora • **look at the time!** (*oral*) ¡mira la hora que es! • **is that the time?** (*oral*) ¿es esa la hora? • **this time tomorrow/last week** mañana/la semana pasada a esta hora

3 OCASIÓN [C] vez: *That was the only time we disagreed.* Esa fue la única vez en que disentimos. • *I've seen that movie many times.* Vi muchas veces esa película. • **the first/second time** la primera/segunda vez: *It was the first time I'd been to Paris.* Fue la primera vez que estuve en París. • *He had just gotten divorced for the second time.* Acababa de divorciarse por segunda vez. • **(the) next time** la próxima vez • **the last time** la última vez • **this time** esta vez • **how many times** cuántas veces • **this/next time around** esta/la próxima vez • **every/each time** cada vez: *Every time I see him he's with a different girl.* Cada vez que lo veo está con una muchacha distinta. • **one time** una vez SIN **once** (*oral*) • **three times a day/week** tres veces por día/semana

4 MOMENTO INDICADO [C,U] hora: *It's the baby's bath time.* Es hora de bañar al bebé. • **it's time to do sth** es hora de hacer algo: *Come on. It's time to go.* Vamos. Es hora de irse. • **it's time for sth** es hora de algo: *Is it time for dinner yet?* ¿Ya es hora de comer? • **it's time sb did sth** va siendo hora de que alguien haga algo: *It's time we all went home.* Va siendo hora de que nos vayamos a la casa. • **at the same time** al mismo tiempo • **at the time** en ese momento • **at the time when** en el momento en que • **at the time of sth** (*frml*) en el momento/a la hora de algo • **at the time of doing sth** en el momento de hacer algo: *The total cost must be paid at the time of booking.* El costo total debe pagarse en el momento de hacer la reserva. • **a time of day/year** una hora del día/una época del año • **a good/bad time to do sth** un buen/mal momento para hacer algo • **the right time** el momento oportuno/justo: *You've come at just the right time!* ¡Llegaste justo en el momento oportuno! • **the wrong time** mal momento • **not be the time (to do sth)** no ser momento (de hacer algo)

5 PERIODO CONCRETO [C,U] tiempo • **a long/short time** mucho/poco tiempo: *I first met Jenny a long time ago.* Conocí a Jenny hace mucho tiempo. • *It seems only a short time since he was a baby.* Parece que fue ayer cuando era un bebé. • **take (sb) a long time** llevarle mucho tiempo (a alguien): *It took firefighters a long time to control the blaze.* Los bomberos tardaron mucho en controlar el incendio. • **delivery/response time** tiempo de entrega/respuesta • **for a time** por un tiempo, durante una época • **at that/this time** en esa época • **her time as a student/as director** su época de estudiante/directora • **sb's time in/at sth** *I enjoyed my time in Germany.* Disfruté de la época que pasé en Alemania. • **an easy/a hard time** una época fácil/difícil

6 PERIODO DISPONIBLE [U] tiempo • **have time (for sth)** tener tiempo (para algo): *Don't worry. We still have plenty of time.* No te preocupes. Todavía tenemos mucho tiempo. • *Do you have time for coffee?* ¿Tienes tiempo para un café? • **have/get time to do sth** tener/ sacar tiempo para hacer algo • **spend time (doing sth)** pasar tiempo (haciendo algo): *He wants to spend more time with his family.* Quiere pasar más tiempo con su familia. • *He spends most of his time on the phone.* Se pasa la mayor parte del tiempo en el teléfono. • **waste time (doing sth)** perder el tiempo (haciendo algo) • **save time** ahorrar tiempo • **take time to do sth** tomarse un tiempo para hacer algo • **there's time for sth/to do sth** hay tiempo para algo/hacer algo • **free/spare time** tiempo libre • **time runs out** el tiempo se acaba

7 EXPERIENCIA PASADA [sing] **have a good/great/ fantastic time** pasarla bien/genial/maravillosamente: *Did you have a good time at the party?* ¿La pasaste bien en la fiesta? • **have the time of your life** pasarla como nunca/en grande • **have a bad/terrible time** pasarla mal/pésimo

8 EN COMPARACIONES times [pl] veces • **three times higher/more expensive** tres veces más alto -a/caro -a • **three/five times as... as sth** tres/cinco veces más... que algo • **four times the size/rate/number** cuatro veces el tamaño/la tasa/la cantidad

9 EN LA HISTORIA [C] época, tiempo • **at/during the time of sth/sb** en/durante la época de algo/alguien • **our time** nuestro tiempo • **there's for sth/to do sth** in **Roman/Greek/medieval times** en la época de Roma/de Grecia/medieval

10 EN UNA ZONA DEL MUNDO [U] hora • **local time** hora local • **daylight savings time** hora/horario de verano

11 EN UNA CARRERA [C] tiempo • **sb's best time** el mejor tiempo de alguien, la mejor marca personal de alguien

12 EN MÚSICA [U] compás ▶ at the BEST of times, BIDE your time, BIG-TIME, in the FULLNESS of time, FULL-TIME, GREENWICH MEAN TIME, HALFTIME, it is HIGH time (that), KILL time, in the NICK of time, for OLD times' sake, ONCE upon a time, PART-TIME, PASS the time, PASS the time of day (with sb), PLAY for time, the time is RIPE (for sth), at the SAME time, a SIGN of the times, a STITCH in time (saves nine), have a WHALE of a time

EXPRESIONES
ahead of time por adelantado, con anticipación • **be (way) ahead of its/your time** adelantarse (mucho) a su época (persona, cosa) • **all in good time** (*oral*) todo a su debido tiempo • **all the time** (**a**) todo el tiempo, a todas horas: *They argue all the time.* Se pasan todo el tiempo discutiendo. (**b**) todo el tiempo, constantemente: *All the time I was thinking of you.* Pensaba en ti todo el tiempo. • *It rained all the time.* Llovió constantemente. SIN **the whole time** • **any time (now)** (*oral*) en cualquier momento • **two/five at a time** de dos en dos/de cinco en cinco • **for hours/weeks at a time** varias horas/semanas seguidas • **at all times** (*frml*) en todo momento • **at no time** (*frml*) en ningún momento: *At no time were the prisoners mistreated.* No se maltrató a los prisioneros en ningún momento. • **at one time** en una época • **at the time** (en aquel) entonces: *It seemed like a good idea at the time.* Entonces parecía una buena idea. • **at this time** (*frml*) en este momento • **at times** a veces SIN **sometimes** • **beat time (with sth)** seguir el compás (con algo) • **before sb's time** antes de la época de alguien, antes de que alguien naciera • **before your time** antes de tu tiempo: *At this rate, I'll be old before my time.* A este paso me voy a poner vieja antes de tiempo. • **behind the times** atrasado -a, anticuado -a • **the best/biggest... of all time** el/la mejor/más grande... de todos los tiempos • **by the time** para cuando: *By the time I got to the phone, it had stopped ringing.* Cuando quise contestar, el teléfono había dejado de sonar. • **do time (for sth)** (*coloq*) estar a la sombra (por algo), cumplir una condena (por algo) • **find (the) time** encontrar tiempo • **for the time being** de momento, por ahora • **from time to time** de vez en cuando • **given time** con el tiempo • **half the time** (*oral*) la mayor parte del tiempo • **have all the time in the world** tener todo el tiempo del mundo • **have no time for sth/sb** (tb **not have much time for sth/sb**) no soportar algo/a alguien • **in good time** (tb **in plenty of time**) con tiempo, con anticipación • **in no time (at all)**

(tb **in next to no time**) en un abrir y cerrar de ojos, en un santiamén • **in sb's own (good) time** (*coloq*) cuando alguien esté listo • **in time (a)** a tiempo • [+**for**]: *Will you be back in time for dinner?* ¿Estarás de vuelta a tiempo para comer? • **in time to do sth** a tiempo para hacer algo • **just in time** justo a tiempo **(b)** con el tiempo • **in 10 days'/five years'/a few minutes' time** dentro de 10 días/cinco años/unos minutos • **in time (with sb)** al ritmo (de alguien) • **in time to/with the music/rhythm** al compás de la música/del ritmo • **in his/her (own) time** en su época • **in my time** (*oral*) en mis tiempos • **(it's) about time** (*oral*) ya era hora • **it's about time sb did sth** (*oral*) ya es hora/va siendo hora de que alguien haga algo • **it's (just/only) a matter/question of time** solo es cuestión de tiempo • **keep time** llevar el compás • **keep (good/perfect) time** dar la hora exacta (reloj) • **make good/excellent time** andar rápido • **make time (for sth/sb)** encontrar tiempo (para algo/alguien) • **most of the time** la mayor parte del tiempo • **move/change/keep up with the times** mantenerse al día • **nine times out of ten/99 times out of 100** la mayoría de las veces, un 99% de las veces • **on time** a tiempo • **right/bang/dead on time** a la hora exacta • **on sb's own time** en su tiempo libre • **be out of time** no tener más tiempo • **over time** con el tiempo • **a race/battle against time** una carrera contra (el) reloj • **race/work against time (to do sth)** ir/trabajar contra reloj (para hacer algo) • **take your time (over sth)** tomarse su tiempo (con algo) • **there's a first time for everything** (*oral*) para todo hay una primera vez • **there's no time like the present** (*oral*) no dejes para mañana lo que puedas hacer hoy • **there's no time to lose** (*oral*) no hay tiempo que perder • **time after time** (tb **time and (time) again**) una y otra vez • **time flies** (*oral*) el tiempo vuela • **time is money** el tiempo es oro • **(sb's) time is up** se acabó el tiempo (de alguien) • **time of life** edad: *At my time of life, you don't take risks like that.* A mi edad, uno no corre ese tipo de riesgos. • **time was (when)** (*coloq*) hubo una época en que • **(only) time will tell** el tiempo dirá • **when the time comes** cuando llegue el momento • **the whole time** todo el tiempo • **with time** con el tiempo • **with time to spare** con tiempo de sobra

time² ⓢ ⓦ *v* [T]

1 [gralm en pasiva] programar • **be timed to do sth** estar programado -a para hacer algo • **time sth for the evening/summer** programar algo para la noche/el verano • **be perfectly/brilliantly timed** llegar en el momento oportuno/en el mejor momento **2** cronometrar, tomar el tiempo a **3** calcular el momento de dar (un pase, un golpe) ▶ **WELL-TIMED**

time out *v+partíc* (en informática) *The operation timed out.* La operación ha excedido el tiempo de espera.

'time bomb *s* [C] **1** (situación) bomba de tiempo **2** (explosivo) bomba de tiempo

'time-con,suming *adj* que lleva mucho tiempo

'time frame *s* [C] plazo (tiempo)

'time-,honored *adj* [solo ante s] arraigado -a, de larga tradición • **in the time-honored fashion/way** a la manera clásica

time·keep·er /'taɪmˌkipɚ/ *s* [C] cronometrador -a

EXPRESIONES
be a good/bad timekeeper dar bien/mal la hora (reloj)

'time lag (tb **'time lapse**) *s* [C] intervalo, lapso (de tiempo)

time·less /'taɪmlɪs/ *adj* intemporal, eterno -a

'time ,limit *s* [C] plazo, límite de tiempo

time·ly /'taɪmli/ *adj* (**timelier, timeliest**) oportuno -a • **a timely reminder** un oportuno recordatorio

,time 'off *s* [U] días libres • **take/have/get time off** tomarse/tener/conseguir días libres • [+**from**]: *I need some time off from work.* Necesito unos días libres en el trabajo.

,time 'out *s* **1** [U] descanso • **take time out (from sth/to do sth)** hacer una pausa (en algo/para hacer algo), tomarse un descanso (de algo/para hacer algo) **2** [C,U]

tiempo muerto (en deportes) • **call (a) time out** pedir (un) tiempo muerto • **take a time out** tomarse un tiempo muerto **3** [C,U] castigo sin poder jugar (a un niño)

tim·er /'taɪmɚ/ *s* [C] **1** reloj (de un horno, etc.) **2** temporizador, programador • **set the timer** programar el temporizador, poner el programador

times¹ ⓦ /taɪmz/ *prep* por (al multiplicar): *Two times two equals four.* Dos por dos son cuatro.

times² *v* [T] (*oral*) **times sth by sth** multiplicar algo por algo

time·scale, time scale /'taɪmskeɪl/ *s* [C] plazo ⓈⒾⓃ **time frame**

time·share¹ /'taɪmˌʃɛr/ *s* [C,U] tiempo compartido (turístico)

timeshare² *adj* en/de tiempo compartido (turístico)

'time sheet *s* [C] registro de horas trabajadas

time·ta·ble /'taɪmˌteɪbəl/ *s* [C] **1** (de actos, actividades) calendario, programa • [+**for**]: *a timetable for democratic reform* un calendario para la reforma democrática • **set/draw up a timetable** fijar/elaborar un calendario **2** (de trenes, aviones) horario: *a timetable of flights* un horario de vuelos ⓈⒾⓃ **schedule**

'time warp *s* [C] túnel del tiempo

EXPRESIONES
be (caught/stuck) in a time warp estar anclado -a en el pasado

'time zone *s* [C] zona horaria, huso horario

tim·id /'tɪmɪd/ *adj* tímido -a

ti·mid·i·ty /tə'mɪdəti/ *s* [U] (*frml*) timidez

tim·id·ly /'tɪmɪdli/ *adv* tímidamente

tim·ing /'taɪmɪŋ/ *s* **1** [U] sincronización (entre personas, hechos), oportunidad, elección del buen momento (al hacer algo) • **good/bad/perfect timing** buena/mala/perfecta sincronización • **a sense of timing** sentido de la oportunidad (para hacer algo), sentido del ritmo/de la sincronización (de un bailarín, un humorista) **2** [C,U] momento elegido: *That was good timing!* ¡Has elegido un buen momento! • [+**of**]: *the timing of the election* el momento elegido para las elecciones **3** [U] (*técn*) reglaje (del encendido) (en mecánica)

tim·pa·ni /'tɪmpəni/ *s* [U] timbales

tin¹ /tɪn/ *s* **1** [U] (símb quím **Sn**) estaño, hojalata **2** [C] lata (con tapa): *a cookie tin* una lata de galletas

tin² *adj* de estaño/hojalata

tin·der /'tɪndɚ/ *s* [U] yesca

tin·foil /'tɪnfɔɪl/ *s* [U] papel aluminio, papel albal®

tinge /tɪndʒ/ *s* [C] **1** tinte, tono (de color) **2** matiz, poso (de emoción, tristeza, etc.) • [+**of**]: *a tinge of regret* un dejo de arrepentimiento

tinged /tɪndʒd/ *adj* **1** be tinged with pink/gray tener un tono rosa/gris **2** be tinged with sadness estar teñido -a de tristeza, tener un dejo de tristeza • be tinged with sadness/regret tener un punto de arrepentimiento

tin·gle¹ /'tɪŋgəl/ *v* [I] **1** my fingers/legs were tingling sentía un hormigueo en los dedos/las piernas **2** tingle with excitement/pleasure estremecerse de emoción/placer

tingle² *s* [C gralm sing] **1** hormigueo **2** estremecimiento

tin·ker¹ /'tɪŋkɚ/ *v* hacer arreglos/ajustes • tinker (around) with sth hacerle ajustes a algo

tinker² *s* [C] hojalatero -a, calderero -a

tin·kle¹ /'tɪŋkəl/ *s* [C gralm sing] tintineo

tinkle² *v* [I,T] (hacer) tintinear

tin·ny /'tɪni/ *adj* (**tinnier, tinniest**) **1** metálico -a (sonido) **2** que parece hecho de lata (carro)

tin·sel /'tɪnsəl/ *s* [U] guirnaldas (adorno navideño)

tint¹ /tɪnt/ *s* [C] **1** tono (de color) **2** tinte (para el pelo)

tint² *v* [T] **1** (el pelo) teñir **2** (con una luz, un color) teñir

tint·ed /'tɪntɪd/ *adj* ahumado -a (anteojos, lentes), tintado -a, polarizado -a (vidrio), con color (crema hidratante)

ti·ny S2 W2 /'taɪni/ *adj* (**tinier, tiniest**) diminuto -a, pequeñísimo -a • **tiny little** pequeño -a

tip¹ S2 W3 /tɪp/ *s* [C]
1 punta, extremo • [+**of**]: *the tip of her nose* la punta de la nariz • *the southern tip of South America* el extremo meridional de América del Sur
2 propina: *a 15% tip* una propina del 15% • **give sb a tip** darle una propina a alguien • **leave a tip** dejar propina
3 consejo: *gardening tips* consejos de jardinería • [+**on**]: *useful tips on how to find a job* consejos útiles sobre cómo encontrar trabajo • **give sb a tip** darle un consejo a alguien
4 advertencia, soplo • [+**about**]: *The detective got a tip about the stolen vehicle.* Al detective le dieron un aviso sobre el vehículo robado. • [+**that**]: *Police were acting on a tip that Jones was planning to flee.* La policía actuaba por un aviso de que Jones planeaba huir.
5 (*coloq*) pronóstico (en carreras de caballos) • **a hot tip** un pronóstico fiable/que no puede fallar
EXPRESIONES
on the tip of your tongue en la punta de la lengua • **the tip of the iceberg** la punta del iceberg

tip² S3 *v* (**tipped, tipping**)
1 [I,T] inclinar(se) • **tip sth forward/back** echar algo hacia delante/hacia atrás: *He tipped his chair back.* Echó la silla hacia atrás. • **tip forward/back** inclinarse hacia delante/hacia atrás: *His chair suddenly tipped back.* De pronto, su silla se inclinó hacia atrás. • **tip sth down** bajar algo
2 **(a)** [T] darle propina a • **tip sb sth** darle algo a alguien de propina: *I tipped him $5.* Le di 5 dólares de propina. **(b)** [I] dejar propina: *They always tip generously.* Siempre dejan buenas propinas.
3 [T siempre + adv/prep] (verter) **tip sth into/out of/down sth** echar/volcar algo en/de/en algo: *Ben tipped the contents of the drawer onto the table.* Ben volcó el contenido del cajón sobre la mesa. • *Tip the water down the sink.* Vierte el agua en el lavaplatos. • **tip sth out** volcar para sacar algo
4 [T gralm en pasiva] (como ganador, sucesor) **be tipped to do sth** *He is tipped to become the next president.* Los pronósticos coinciden en que será el próximo presidente. • **be tipped as sth** *He's tipped as a future world champion.* Lo señalan como futuro campeón del Mundo.
5 (en el extremo) **be tipped with sth** tener algo en la punta
EXPRESIONES
tip the balance/scales inclinar la balanza • **tip your hand** revelar sus planes/intenciones • **tip sb over the edge** llevar a alguien al borde de la locura • **tip the scales at 180/200 pounds** pesar 180/200 libras
tip off *v+partíc* **1 tip sb ↔ off** avisar a alguien, alertar a alguien **2 tip sb off** hacer sospechar a alguien
tip over *v+partíc* **1 tip over** volcar(se), caerse **2 tip sth ↔ over** volcar/tumbar algo **3 tip sb ↔ over** tirar a alguien
tip up *v+partíc* **1 tip sth ↔ up** inclinar/volcar algo (para vaciarlo) **2 tip up** levantarse de un extremo, inclinarse hacia arriba

'tip-off *s* **1** [C] (*coloq*) aviso, advertencia, soplo **2** [C] (*coloq*) claro indicio, clara señal **3** [sing, U] salto inicial (en básquetbol)

tip·ster /'tɪpstə/ *s* [C] **1** pronosticador -a profesional (en carreras de caballos) **2** soplón -ona, sapo -a

tip·sy /'tɪpsi/ *adj* (**tipsier, tipsiest**) (*coloq*) achispado -a, prendido -a, alegre

tip·toe¹ /'tɪptoʊ/ *s* **on tiptoe** (tb **on (your) tiptoes**) de puntillas, de puntitas, en puntas de pie: *I had to stand on tiptoe.* Tenía que ponerme de puntillas.

tiptoe² *v* [I] caminar de puntillas, caminar de puntitas, caminar en puntas de pie • **tiptoe into/out of a room** entrar en/salir de una habitación de puntillas, entrar en/salir de una habitación de puntitas, entrar en/salir de una habitación en puntas de pie

,tip-'top *adj* (*coloq*) de primera, excelente

ti·rade /'taɪreɪd/ *s* [C] diatriba

tire¹ S2 /taɪr/ *s* [C] neumático, llanta • **a flat tire** una llanta desinflada • **a spare tire** una llanta de repuesto, una llanta de refacción

tire² *v* [I,T] cansar(se): *He tires very easily.* Se cansa con mucha facilidad.
tire of sb/sth *v+partíc* cansarse/jartarse de alguien/algo • **never tire of doing sth** no cansarse nunca de hacer algo
tire sb ↔ out *v+partíc* agotar a alguien

tired S1 W2 /taɪrd/ *adj*
1 (físicamente) cansado -a: *You look tired.* Se te ve cansada. • *tired feet* pies cansados • *I'm too tired to go out.* Estoy demasiado cansado para salir. • **get tired** cansarse • **tired out** agotado -a ▶ ver nota en CANSADO
2 (aburrido, harto) **tired of (doing) sth** cansado -a de (hacer) algo: *I'm tired of his criticism.* Estoy cansada de sus críticas. • **get tired of (doing) sth** cansarse de (hacer) algo • **sick and tired of (doing) sth** jarto -a de (hacer) algo
3 manido -a, trillado -a

tired·ness /'taɪrdnɪs/ *s* [U] cansancio

tire·less /'taɪrlɪs/ *adj* (*aprec*) incansable, inagotable

tire·some /'taɪrsəm/ *adj* tedioso -a, pesado -a

tir·ing /'taɪrɪŋ/ *adj* cansador -a, agotador -a: *Driving for hours is tiring.* Conducir durante horas es cansador. ▶ ver nota en CANSADO

tis·sue /'tɪʃu/ *s* **1** [U] tejido (orgánico) • **brain/muscle/lung tissue** tejido cerebral/muscular/pulmonar • **scar tissue** tejido de cicatrización **2** [C] pañuelo de papel, kleenex® **3** [U] (tb **tissue paper**) papel de seda
EXPRESIONES
a tissue of lies (*liter*) una sarta de mentiras, una patraña

tit /tɪt/ *s* [C] herrerillo, carbonero (pájaro)

ti·ta·ni·um /taɪ'teɪniəm/ *s* [U] titanio

tit-for-tat /,tɪt fə 'tæt/ *adj* [solo ante s] en represalia

tit·il·late /'tɪtl,eɪt/ *v* [T] excitar (sexualmente)

tit·il·lat·ing /'tɪtl,eɪtɪŋ/ *adj* excitante (sexualmente)

tit·il·la·tion /,tɪtl'eɪʃən/ *s* [U] excitación (sexual)

ti·tle S2 W2 /'taɪtl/ *s*

1	de una obra
2	libro, disco
3	antes de un nombre
4	en un trabajo
5	en deportes
6	propiedad legal

1 DE UNA OBRA [C] título: *song titles* títulos de canciones • *The title of her latest novel is "Zoo."* El título de su última novela es "Zoo."
2 LIBRO, DISCO [C] título: *They publish thousands of titles.* Publican miles de títulos.
3 ANTES DE UN NOMBRE [C] tratamiento, título: *Many women use the title "Ms."* Muchas mujeres usan el tratamiento "Ms".
4 EN UN TRABAJO [C] (tb **job title**) (nombre del) cargo: *Her title is editorial manager.* Su cargo es jefa editorial.
5 EN DEPORTES [C] título • **win the title** ganar el título • **defend your title** defender el título • **a world title** un título mundial • **title holder** campeón -ona
6 PROPIEDAD LEGAL [U] **title to sth** (*jur*) la titularidad de algo, el derecho legal sobre algo

ti·tled /'taɪtld/ *adj* **1 be titled sth** titularse algo: *The book was titled "Birdsong."* El libro se titulaba "Birdsong". • **oddly/aptly/grandly titled** con un título extraño/adecuado/rimbombante: *a bizarrely titled crime movie* una película policial con un título extraño ▶ ENTITLE **2** [gralm ante s] con título nobiliario

'title deed *s* [C] título de (la) propiedad

'title ,holder *s* [C] campeón -ona

'title page *s* [C] portada (página de un libro)

'title role s [C gralm sing] papel protagonista (que da título a la obra)

'title track s [C gralm sing] tema que da título al álbum

tit·ter¹ /'tɪtə/ v [I] reír nerviosamente/tontamente

titter² s [C] risita nerviosa/tonta

TN abrev escrita de **TENNESSEE**

to¹ S1 W1 /tə; before a vowel tʊ; fuerte tuː/ ▶ El infinitivo con **to** se usa después de ciertos verbos, sustantivos y adjetivos, y en ciertas construcciones. Abajo se dan algunos ejemplos y otros muchos se pueden encontrar en las entradas correspondientes de cada verbo, sustantivo, etc.

1 con algunos verbos
2 con interrogativos
3 con algunos sustantivos
4 con algunos adjetivos
5 indicando finalidad
6 con función de sujeto
7 con superlativos
8 indicando obligación
9 indicando resultado
10 en frases hechas que indican actitud

1 CON ALGUNOS VERBOS I decided to help. Decidí ayudar. • I didn't want to upset her. No quería molestarla. • We seem to have gotten lost. Parece que nos perdimos. • The manager asked them to leave. El encargado les pidió que se marcharan. • You can come if you'd like to. Puedes venir si quieres. • **not to do sth** They asked us not to make any noise. Nos pidieron que no hiciéramos ruido. • I tried not to look at him. Traté de no mirarlo.

2 CON INTERROGATIVOS I don't know how to switch the TV on. No sé cómo se enciende la televisión. • She showed us what to do. Nos enseñó qué hacer. • **how/where not to do sth** This is an example of where not to park your car. Este es un ejemplo de donde no se debe parquear.

3 CON ALGUNOS SUSTANTIVOS my first attempt to climb the mountain mi primer intento de escalar la montaña • an opportunity to see the movie una oportunidad para ver la película • **have the sense/the courage/the time to do sth** tener el sentido común/el valor/tiempo de hacer algo

4 CON ALGUNOS ADJETIVOS I'm sorry to bother you. Lamento molestarte. • I'm not ready to start. No estoy lista para empezar. • **not to do sth** I'm disappointed not to be chosen. Estoy decepcionado por no haber sido elegido. • **be too young/old to do sth** ser demasiado joven/viejo -a para hacer algo • **be good/big enough to do sth** ser lo bastante bueno -a/grande como para hacer algo • **be easy/exciting/cheap to do** The pastry is easy to make. La masa es fácil de hacer. • The game was exciting to watch. Fue un partido emocionante.

5 INDICANDO FINALIDAD para: They left early to catch the train. Salieron pronto para tomar el tren. • Use this cloth to wash the car. Usa este trapo para lavar el carro. • Would you like something to eat? ¿Te provoca comer algo? • **so as not to do sth** (tb **in order not to do sth**) para no hacer algo: She agreed so as not to upset them. Aceptó para no molestarlos.

6 CON FUNCIÓN DE SUJETO it is nice/easy to do sth es bonito/fácil hacer algo • **to do sth would be crazy/a disappointment** hacer algo sería una locura/decepción

7 CON SUPERLATIVOS the youngest/oldest person to do sth la persona más joven/vieja que haya hecho algo • **the first town/the last person/the only man to do sth** Ours was the first town to have a railroad. Nuestra ciudad fue la primera en tener ferrocarril.

8 INDICANDO OBLIGACIÓN He is to be congratulated. Hay que felicitarlo. • What am I to do? ¿Qué voy a hacer? • **have sth to do** tener algo que hacer: I have some letters to write. Tengo unas cartas que escribir. • **there is sth to do** There were clothes to wash. Había ropa que lavar.

9 INDICANDO RESULTADO He arrived to find that the train had left. Cuando llegó se encontró con que el tren se había ido. • She awoke to see Ben. Al despertar vio a Ben.

10 EN FRASES HECHAS QUE INDICAN ACTITUD To be honest, I didn't enjoy the movie. Para serte sincero, la película no me gustó. • To tell the truth, I was pretty scared. A decir verdad, estaba bastante asustada.

to² S1 W1 prep

1 INDICANDO DIRECCIÓN, DESTINO a: We're going to France next month. El mes que viene nos vamos a Francia. • She walked to the window. Se acercó a la ventana. • Are you coming to my party? ¿Vas a venir a mi fiesta? • She goes to gymnastics every Friday. Va a hacer gimnasia todos los viernes. • I pointed to the sign. Señalé el letrero.

2 INDICANDO COMPLEMENTO INDIRECTO a: He sent presents to the children. Les mandó regalos a los niños. • What did she say to you? ¿Qué te dijo?

3 INDICANDO RESULTADO She sang the baby to sleep. Le cantó al bebé hasta que se durmió. • The prisoners starved themselves to death. Los prisioneros ayunaron hasta morir de inanición.

4 INDICANDO NIVEL, ALCANCE a, hasta: The temperature dropped to 5 degrees. La temperatura bajó a 5 grados. • Can you count to ten? ¿Sabes contar hasta diez? • **from sth to sth** de algo a algo, desde algo hasta algo: Prices range from $80 to $200. Los precios van de 80 a 200 dólares. • They stayed from Friday to Monday. Se quedaron desde el viernes hasta el lunes. • **up/down to sth** hasta algo: She has hair down to her waist. Tiene el pelo largo hasta la cintura.

5 INDICANDO POSICIÓN a: a town to the south of Memphis una ciudad al sur de Memphis • He's standing to the left of the door. Está de pie a la izquierda de la puerta. • She had her back to me. Me daba la espalda.

6 INDICANDO OBJETO DE UNA ACCIÓN con, a: She's very mean to her brother. Es muy mala con su hermano. • I've done something to the computer. Le hice algo al computador.

7 INDICANDO UNIÓN, CONTACTO a, en: He tied the rope to a tree. Ató la cuerda a un árbol. • There's some gum stuck to my shoe. Tengo un chicle pegado en el zapato. • She held a knife to his throat. Le puso un cuchillo en el cuello.

8 INDICANDO TIEMPO para: It's only two weeks to Christmas. Faltan solo dos semanas para la Navidad.

9 AL DECIR LA HORA five to two/ten to six/a quarter to nine dos menos cinco/seis menos diez/nueve menos cuarto, cinco para las dos/diez para las seis/un cuarto para las nueve: It's ten to five already. Ya son las cinco menos diez.

10 INDICANDO RELACIÓN ENTRE COSAS de, a: the keys to my apartment las llaves de mi apartamento • the answer to this question la respuesta a esta pregunta

11 INDICANDO RELACIÓN ENTRE PERSONAS con, de: She's married to a Frenchman. Está casada con un francés. • He's an assistant to the manager. Es asistente del gerente.

12 INDICANDO SUJETO DE UNA ACTITUD U OPINIÓN para: To some people, $10 is a lot of money. Para algunos, 10 dólares es mucho dinero. • Her advice seems sensible to me. Su consejo me parece sensato.

13 INDICANDO LÍMITES DE CANTIDAD 20 to 30 children/three to four weeks entre 20 y 30 niños/entre tres y cuatro semanas: a crowd of eighteen to twenty thousand people una multitud de entre dieciocho y veinte mil personas • 80 to 90 miles per hour de 80 a 90 millas por hora

14 INDICANDO PROPORCIÓN por, a: This car will do over 40 miles to the gallon. Este carro hace más de 40 millas por galón. • a ratio of 15 to 1 una proporción de 15 a 1 • There are sixteen ounces to a pound. En una libra hay dieciséis onzas.

15 EN EL RESULTADO DE UN PARTIDO a: The Falcons won the game 27 to 0. Los Falcons ganaron el partido 27 a 0.

16 **EN EL PRONÓSTICO DE UNA APUESTA** a: *I'll bet you 50 to one he doesn't come.* Te apuesto 50 a uno a que no viene. ▶ **(there's)** NOTHING **to it**

EXPRESIONES
have sth (all) to yourself tener algo para uno -a solo -a: *We had the beach to ourselves.* Teníamos la playa para nosotros solos.

to³ /tu/ *adv* **push/pull the door to** cerrar la puerta ▶ COME **to**

toad /toʊd/ *s* [C] sapo

toad·stool /'toʊdstul/ *s* [C] hongo (venenoso)

toad·y¹ /'toʊdi/ *s* [C] (pl **toadies**) adulador -a, lambón -ona, lambiscón -ona

toady² *v* [I] (**toadies**, **toadied**, **toadying**) adular

to and fro /,tu ən 'froʊ/ *adv* de un lado a otro, de aquí para allá

toast¹ /toʊst/ *s* **1** [U] tostadas, pan tostado: *a piece of toast* una tostada/una rebanada de pan tostado • *Do you want some toast?* ¿Quieres tostadas/pan tostado? **2** [C] brindis • **drink a toast to sb/sth** brindar por alguien/algo • **propose/offer a toast (to sb/sth)** proponer un brindis (por alguien/algo)

EXPRESIONES
be the toast of Paris/Broadway ser el rey/la reina de París/Broadway

⚠ Observa que **toast** es un sustantivo incontable en inglés:
Would you like some more toast (✗ toasts)?
We had toast (✗ toasts) with jam for breakfast.
Would you like another piece of toast (✗ another toast)?

toast² *v* [T] **1** brindar por **2** tostar

toast·er /'toʊstɚ/ *s* [C] tostador, tostadora

to·bac·co W2 /tə'bækoʊ/ *s* [U]
1 (producto) tabaco: *pipe tobacco* picadura para pipa • **tobacco industry** industria tabacalera • **tobacco smoke** humo del tabaco
2 (planta) tabaco

to·bac·co·nist /tə'bækənɪst/ *s* [C] tabaquero -a

to·bog·gan /tə'bagən/ *s* [C] trineo (de madera)

to·bog·gan·ing /tə'bagənɪŋ/ *s* [U] descenso en trineo

to·day¹ S1 W1 /tə'deɪ/ *adv*
1 hoy (en este día): *I have my piano lesson today.* Hoy tengo clase de piano. • *It's a beautiful day today.* Es un día precioso. • **a year/two weeks ago today** hoy hace un año/dos semanas: *I started this job a year ago today.* Hoy hace un año que empecé a trabajar aquí.
2 hoy (en día), actualmente: *Today, they have over 1,000 employees.* Actualmente, tienen más de 1.000 empleados.

today² *s* [U] **1** (este día) hoy: *Today is Friday.* Hoy es viernes. • *Are you ready for today's meeting?* ¿Estás lista para la reunión de hoy? • **a week/year from today** dentro de una semana/un año, de aquí a una semana/un año **2** (esta época) hoy (en día): *today's technology* la tecnología de hoy • **of today** de hoy (en día): *the college students of today* los universitarios de hoy en día • **live for today** vivir el presente • **today's lifestyle/economy** el estilo de vida/la economía actual

tod·dle /'tadl/ *v* [I] empezar a caminar, dar los primeros pasos

tod·dler /'tadlɚ/ *s* [C] niño pequeño/niña pequeña (que está aprendiendo a caminar) ▶ ver nota en BABY

tod·dy /'tadi/ *s* [C] (pl **toddies**) ponche (caliente)

to 'die for *adj* [nunca ante s] (*esp hum*) espectacular, fantástico -a

toe¹ S2 /toʊ/ *s* [C]
1 dedo del pie • **stub your toe** golpearse un dedo del pie • **your big toe** el dedo gordo del pie
2 punta, puntera (del zapato, de la media) ▶ from HEAD to toe, TIPTOE

EXPRESIONES
go/stand/fight toe to toe enfrentar(se) duramente/

luchar duramente (con alguien) • **keep sb on their toes** mantener alerta a alguien • **step on sb's toes** pisarle el terreno a alguien, pisarle los callos a alguien • **touch your toes** tocarse los dedos del pie sin doblar las rodillas

toe² *v* **toe the line** obedecer, cumplir/acatar las órdenes

TOEFL /'toʊfəl/ (*marca reg*) (**Test of English as a Foreign Language**) examen de inglés para estudiantes extranjeros, especialmente si quieren ingresar en una universidad estadounidense

toe·hold /'toʊhoʊld/ *s* [C] **1** [gralm sing] **get/gain a toehold (in sth)** abrirse paso (en algo), hacerse un hueco (en algo) **2** punto de apoyo (para trepar)

toe·nail /'toʊneɪl/ *s* [C] uña del pie: *She painted her toenails.* Se pintó las uñas de los pies.

,toe-to-'toe *adj* [solo ante s] duro -a y abierto -a (confrontación, pelea) ▶ **go/stand/fight** TOE **to toe**

tof·fee /'tɔfi, 'tɑfi/ *s* [C,U] toffee, caramelo de leche

to·fu /'toʊfu/ *s* [U] tofu

to·ga /'toʊgə/ *s* [C] toga (romana)

to·geth·er¹ S1 W1 /tə'gɛðɚ/ *adv* ▶ **together** también forma parte de *phrasal verbs* como **come together**, **get together**, etc., que figuran bajo el verbo correspondiente.
1 (con otros) juntos -as: *We enjoyed working together.* Nos gustaba trabajar juntos. • *Together they went back inside the house.* Volvieron a entrar todos en la casa. • *I mailed both packages together.* Mandé los dos paquetes al mismo tiempo. • **together with sb/sth** junto con alguien/algo, además de alguien/algo • **all together now!** ¡todos juntos! ANT **alone**, **separately**
2 (en unión o combinación) *Mix the sugar and butter together.* Mezcle el azúcar con la mantequilla. • *Glue the broken pieces together.* Pegue los pedazos rotos. • **add numbers together** sumar cifras
3 (en relación sentimental) juntos -as: *How long have you two been together?* ¿Cuánto tiempo hace que están juntos? • **live together** vivir juntos -as
4 (en el mismo sitio) juntos -as: *Keep the documents together.* Guarde juntos los documentos. • *The trees had been planted too close together.* Los árboles estaban plantados demasiado juntos. ANT **apart**
5 (de acuerdo) juntos -as, unidos -as: *We are together on this issue.* Estamos unidos en este tema. ▶ **get your** ACT **together**

EXPRESIONES
for weeks/hours together (*antic*) durante varias semanas/ horas seguidas

together² *adj* (*coloq*) centrado -a, organizado -a

to·geth·er·ness /tə'gɛðɚnɪs/ *s* [U] unión, compañerismo

tog·gle /'tagəl/ *s* [C] (*técn*) **1** comando de activación/desactivación • **toggle key** tecla de función, tecla de activación/desactivación **2** [C] botón (de los de trenca)

To·go /'toʊgoʊ/ Togo

To·go·lese¹ /,toʊgə'liz/ *s* [pl] **the Togolese** los togoleses

Togolese² *adj* togolés -esa

toil¹ /tɔɪl/ *v* [I siempre + adv/prep] (*frml o liter*) **1** (tb **toil away**) trabajar duro • **toil (away) at sth** trabajar duro en algo **2** caminar con dificultad • **toil up/through/along sth** *They toiled up the hill* Subieron con dificultad la colina.

toil² *s* (*liter*) [U] trabajo duro, gran esfuerzo

toi·let S2 /'tɔɪlɪt/ *s* [C] inodoro, excusado • **flush the toilet** tirar de la cadena, soltar el inodoro, jalarle (al excusado) • **toilet bowl** taza del inodoro, taza del excusado • **toilet seat** tapa del inodoro, tapa del excusado • **toilet stall** baño (individual en baños públicos) • **toilet tank** tanque (del inodoro)

'toilet bag *s* [C] neceser

'toilet ,paper *s* [U] papel higiénico, papel del baño

toi·let·ries /'tɔɪlətriz/ *s* [pl] artículos de tocador

'toilet ‚water s [U] (agua de) colonia

to·ken¹ /'toʊkən/ s [C] **1** (frml) prueba, señal • **a token of appreciation/friendship** una prueba de agradecimiento/amistad **2** ficha (para máquinas) **3** vale
EXPRESIONES
by the same token (frml) por la misma razón, al mismo tiempo

token² adj [solo ante s] **1** simbólico -a (donativo, pago, acción) • **a token gesture** un gesto simbólico **2 a token woman/man/minority** She is the token woman on the board. Es la mujer que han puesto en la junta para cumplir con el requisito

tol·er·a·ble /'tɑlərəbəl/ adj **1** soportable ANT **intolerable 2** pasable

tol·er·a·bly /'tɑlərəbli/ adv **1** medianamente, razonablemente **2** bastante

tol·er·ance /'tɑlərəns/ s **1** [U] tolerancia • [+for/of/ toward]: tolerance toward religious minorities tolerancia de las minorías religiosas • **racial/sexual tolerance** tolerancia racial/sexual ANT **intolerance 2** [C,U] aguante, tolerancia • **tolerance for/of/to sth** aguante de algo: I have a low tolerance for boredom. No soporto bien el aburrimiento.

tol·er·ant /'tɑlərənt/ adj **1** tolerante • **tolerant of/ toward sb/sth** tolerante con alguien/algo ANT **intolerant 2** (técn) (en medicina) **be tolerant to sth** tolerar bien algo ANT **intolerant**

tol·er·ate /'tɑlə‚reɪt/ v [T] **1** (una actitud, una conducta) tolerar: Such behavior will not be tolerated. No se tolerará este tipo de comportamiento. • **tolerate sb doing sth** tolerar que alguien haga algo SIN **put up with 2** (una situación) soportar, aguantar **3** (a una persona) soportar, aguantar **4** (técn) (planta) resistir, tolerar **5** (técn) (un medicamento, un tratamiento, el alcohol) tolerar

tol·er·a·tion /‚tɑlə'reɪʃən/ s [U] tolerancia SIN **tolerance**

toll¹ /toʊl/ s [C] **1** [gralm sing] número (de víctimas/ afectados) • [+of]: The toll of dead and injured rose steadily. El número de víctimas mortales y heridos se elevaba continuamente. **2** [gralm sing] costo (emocional, económico, etc.) • **to take its toll (on sb/sth)** afectar (a alguien/algo): Smoking has taken its toll on his health. El tabaco le ha afectado la salud. **3** peaje, cuota (en una carretera): highway tolls peajes en autopistas • **toll road** carretera/autopista de peaje, carretera/autopista de cuota **4** [gralm sing] tañido (de campana) ▶ **DEATH TOLL**

toll² v **(a)** [I] doblar, sonar • **toll eleven/two o'clock** dar las once/las dos **(b)** [T] tocar (una campana)

‚toll-'free adj gratuito -a (llamada, servicio): Call this toll-free number for details! ¡Para más detalles, llame a este número gratuito!

toll-free adv en forma gratuita: Call toll-free, 1–800-555-1212. Llame en forma gratuita al 1–800-555-1212.

'toll road s [C] carretera/autopista de peaje

tom /tɑm/ s [C] (coloq) gato macho SIN **tomcat**

to·ma·to S2 /tə'meɪtoʊ/ s [C] (pl **tomatoes**) tomate, jitomate: sliced tomatoes tomates en rodajas • **tomato juice** jugo de tomate • **tomato puree** concentrado de tomate • **tomato sauce** salsa de tomate

tomb /tum/ s [C] tumba, sepulcro

tom·boy /'tɑmbɔɪ/ s [C] marimacho (niña con gustos de niño)

tomb·stone /'tumstoʊn/ s [C] lápida

tom·cat /'tɑmkæt/ s [C] gato macho

tome /toʊm/ s [C] (frml) mamotreto, librote, tomo

to·mor·row¹ S1 W2 /tə'mɑroʊ, -'mɔr-/ adv mañana: What are you doing tomorrow? ¿Qué haces mañana? •

tomorrow morning/afternoon/night mañana por la mañana/tarde/noche, mañana en la mañana/tarde/ noche

tomorrow² s **1** [U] mañana: Tomorrow is Thursday. Mañana es jueves. • I'll see you at tomorrow's meeting. Nos vemos en la reunión de mañana. • **a week from tomorrow** dentro de ocho días, de mañana en ocho • **a month from tomorrow** dentro de un mes a partir de mañana • **the day after tomorrow** pasado mañana **2** [sing, U] el mañana, el futuro: the leaders of tomorrow los líderes del mañana • We all hope for a better tomorrow. Todos esperamos un futuro mejor.

'tom-tom s [C] tam-tam

ton S2 W3 /tʌn/ s [C] (pl **tons, ton**)
1 (abrev escrita **t.**) tonelada ▶ Una **ton** equivale a 1.016 kg en el sistema británico y a 907 kg en el americano. La tonelada métrica (1.000 kg) se conoce como **metric ton** o **tonne**. • **one-ton/two-ton** de una/dos toneladas: a 41-ton airplane un avión de 41 toneladas **2 tons** [pl] (coloq) montones, un montón: We had tons left over. Nos sobró un montón. • **tons of sth** (tb **a ton of sth**) montones de algo, un montón de algo: shrimp with tons of garlic camarones con un montón de ajo • **tons and tons (of sth)** un montonazo (de algo)
EXPRESIONES
come down on sb like a ton of bricks (coloq) echarle una buena bronca a alguien, darle duro a alguien • **hit sb like a ton of bricks** (coloq) golpear/afectar fuertemente a alguien: Then the idea hit me like a ton of bricks. De golpe me asaltó la idea. • **weigh a ton** (coloq) pesar una tonelada

tone¹ S2 W2 /toʊn/ s
1 de la voz
2 de un discurso, una carta, un debate
3 del sonido
4 de un color
5 en un teléfono, un módem
6 del cuerpo
7 en música

1 DE LA VOZ [C] tono • **your/his tone of voice** tu/su tono de voz • **in a friendly/calm tone (of voice)** en un tono de voz amistoso/tranquilo • **a tone of regret/ admiration** un tono de arrepentimiento/admiración
2 DE UN DISCURSO, UNA CARTA, UN DEBATE [sing, U] tono • [+of]: the urgent tone of the memo el tono urgente del memo • **be moderate/formal in tone** tener un tono moderado/formal • **set the tone for/of sth** marcar el tono/la pauta de algo
3 DEL SONIDO [C,U] tono, timbre
4 DE UN COLOR [C,U] tono • [+of]: different tones of green diferentes tonos de verde • **skin tone** tono de piel
5 EN UN TELÉFONO, UN MÓDEM [C] tono, señal: Please leave a message after the tone. Por favor, deje su mensaje después de oír la señal.
6 DEL CUERPO [U] (técn) tono • **muscle tone** tono muscular • **skin tone** tonicidad de la piel
7 EN MÚSICA [C] (técn) tono (intervalo) SIN **step** ▶ **DIAL TONE, OVERTONE, TWO-TONE**
EXPRESIONES
lower/raise the tone (of sth) dar/quitar nivel (a algo), subir/bajar el nivel (de algo)

tone² v [I,T] tonificar(se)
tone sth ↔ down v+partíc **1** (un discurso, las críticas) suavizar/bajar el tono de algo **2** (un color) suavizar el tono de algo
tone up v+partíc **1 tone up** tonificarse **2 tone sth ↔ up** tonificar algo

‚tone-'deaf adj **be tone-deaf** no tener (buen) oído (para la música)

ton·er /'toʊnɚ/ s **1** [U] tóner **2** [C,U] tónico, loción tonificante

Ton·ga /'tɑŋgə/ Tonga

Ton·gan¹ /'tɑŋgən, 'tɒŋən/ s **1** [C] (persona) tongano -a **2** [U] (lengua) tongano

T

Tongan² *adj* tongano -a

tongs /tɑŋz, tɔŋz/ *s* [pl] tenazas, pinzas, tenacillas: *a pair of tongs* unas tenazas • *ice tongs* pinzas para hielo

tongue S2 W3 /tʌŋ/ *s*
1 [C] (en la boca) lengua • **stick/poke your tongue out (at sb)** sacar(le) la lengua (a alguien)
2 [C] (*escrito*) (idioma) lengua • **mother/native tongue** lengua materna
3 [C,U] (comida) lengua
4 [C] (en un zapato) lengüeta, lengua ▶ BITE your tongue, (has the) CAT got your tongue?, CLICK your tongue, HOLD your tongue, a SLIP of the tongue, on the TIP of your tongue

EXPRESIONES
get your tongue round/around sth (*coloq*) pronunciar bien algo • **(have you) lost your tongue?** (*oral*) ¿te comió la lengua el gato?, ¿te comieron la lengua los ratones? • **set tongues wagging** dar que hablar, convertirse en la comidilla de todo el mundo • **a sharp tongue** una lengua viperina • **have a smooth tongue** (tb **have a silver tongue** (*liter*)) tener mucha labia • **speak in tongues** hablar en lenguas extrañas • **roll/trip off the tongue** ser fácil de decir • **with (your) tongue in (your) cheek** medio en broma, en tono irónico

‚tongue-in-'cheek *adj* irónico -a, en broma

'tongue-tied *adj* cortado -a, cohibido -a

'tongue ‚twister *s* [C] trabalenguas

ton·ic¹ /'tɑnɪk/ *s* **1** [C,U] (tb **tonic water**) (agua) tónica: *a gin and tonic* un gin-tonic **2** [C] **be a real/the perfect tonic (for sb)** llenar de energía (a alguien) **3** [C] tónico, reconstituyente (bebida) **4** [C,U] tónico (capilar, facial) **5** [C gralm sing] (*técn*) tónica (en música)

tonic² *adj* [solo ante s] **1** (*frml*) tónico -a, tonificante **2** (*técn*) tónico -a (en música)

to·night¹ S1 W2 /tə'naɪt/ *adv* esta noche: *Let's go to a movie tonight.* Vamos a ver una película esta noche. • *The show is at 9 o'clock tonight.* El programa es a las 9 de la noche.

tonight² *s* [U] esta noche: *Do you have plans for tonight?* ¿Tienes algún plan para esta noche? • *tonight's game* el partido de esta noche

ton·nage /'tʌnɪdʒ/ *s* [C,U] tonelaje

ton·sil /'tɑnsəl/ *s* [C] amígdala • **have your tonsils out** operarse de las anginas/amígdalas

ton·sil·li·tis /ˌtɑnsə'laɪtɪs/ *s* [U] amigdalitis, anginas

too S1 W1 /tu/ *adv*
1 demasiado: *The music is too loud.* La música está demasiado alta. • *You're walking too slowly.* Caminas muy despacio. • *It's too heavy.* Pesa demasiado. • **too... to do sth** demasiado... para hacer algo: *It's too cold to sit outside.* Hace demasiado frío para sentarse afuera. • *I think too slowly to be a lawyer.* No tengo la rapidez mental suficiente para ser abogada. • **too... for sth/sb** demasiado... para algo/alguien: *The movie is too violent for children.* La película es demasiado violenta para niños. • **too... (for sb) to carry/reach/see** *The shelf was too high for me to reach.* El estante estaba demasiado alto para mí. • *They are too small to see without a microscope.* Son demasiado pequeños para verlos sin microscopio. • **too much** demasiado -a: *There's too much salt in the soup.* La sopa tiene demasiada sal. • **too many** demasiados -as: *We've invited too many people.* Hemos invitado a demasiada gente. • **too little** muy poco -a • **too few** muy pocos -as • **far/way/much too...** *That restaurant's far too expensive.* Ese restaurante es carísimo. • *He's way too old to play.* Es demasiado mayor para jugar. • **too... a sth** *This is too high a price to pay for fame.* Esto es un precio demasiado alto por la fama.
2 también: *"I love you." "I love you, too."* –Te quiero. –Yo también. • **me too** (*oral*) *"I really like him." "Me too."* –Me gusta mucho. –A mí también.
3 (*frml, oral*) muy: *You really are too kind.* Es usted muy amable.

EXPRESIONES
all too *People make this mistake all too often.* La gente comete este error con demasiada frecuencia. • **I am too/it is too!** ¡Sí que lo soy/lo es! • **not too** (tb **none too**) (*oral*): *They don't seem all too bothered.* No parece importarles demasiado. • *She looked none too happy.* No parecía demasiado contenta que digamos. • *"How are you?" "Not too bad."* –¿Cómo estás? –Bien. • **only too** *I'm afraid these rumors are only too true.* Me temo que estos rumores tienen bastante de cierto. • **be only too happy/pleased (to do sth)** estar encantado -a (de hacer algo) • **be too much for sb** ser demasiado para alguien ▶ ver nota en TAMBIÉN

took /tʊk/ pasado de TAKE

tool¹ S2 W2 /tul/ *s* [C]
1 (objeto) herramienta: *garden tools* herramientas de jardinería
2 (técnica, programa) herramienta, instrumento: *The game is a learning tool.* El juego es una herramienta de aprendizaje. • **a tool for doing/to do sth** una herramienta para hacer algo
3 (persona) (*peyor*) instrumento
EXPRESIONES
the tools of the trade las herramientas de trabajo

tool² *v* [I siempre + adv/prep] (*coloq*) **tool around/along/down sth** pasear por algo, ir (paseando) por algo

tool·bar /'tulbɑr/ *s* [C] barra de herramientas

tool·box /'tulbɑks/ *s* [C] caja de herramientas

'tool kit *s* [C] juego de herramientas

toot¹ /tut/ *v* **1** (a) [T] tocar, hacer sonar (el pito/el claxon): *The cab driver was tooting his horn.* El taxista tocaba el pito. (b) [I] sonar (claxon/bocina), pitar (carro, conductor) **2** [I] (*coloq*) tirarse/echarse un pedo
EXPRESIONES
toot your own horn (*coloq*) hacerse autobombo SIN **blow your own horn**

toot² *s* [C] bocinazo, pitido

tooth S1 W3 /tuθ/ *s* [C] (pl **teeth** /tiθ/)
1 (de la boca) diente • **brush your teeth** lavarse/cepillarse los dientes • **he's/she's cutting a tooth** le está saliendo un diente • **I/she had a tooth out** me/le sacaron un diente/una muela
2 (de un peine, una sierra, una cremallera) diente
3 teeth [pl] poder, eficacia (de una ley, un organismo) • **have teeth** tener poder, ser efectivo -a ▶ ARMED to the teeth, get the BIT between your teeth, CLENCH your teeth, GRIND your teeth, GRIT your teeth, LIE through your teeth, LONG in the tooth, by the SKIN of your teeth, have a SWEET tooth, -TOOTHED, WISDOM TOOTH
EXPRESIONES
fight (sth) tooth and nail luchar (contra algo) con uñas y dientes • **get/sink your teeth into sth** (*coloq*) hincarle el diente a algo, meterse de lleno en algo • **in the teeth of sth** a pesar de algo • **it sets my teeth on edge** me da dentera, me destempla los dientes

tooth·ache /'tuθeɪk/ *s* [C,U] dolor de muelas • **I have/he has (a) toothache** me/le duele una muela

tooth·brush /'tuθbrʌʃ/ *s* [C] cepillo de dientes

tooth·less /'tuθlɪs/ *adj* sin dientes

tooth·paste /'tuθpeɪst/ *s* [C,U] pasta de dientes, crema de dientes, dentífrico: *a tube of toothpaste* un tubo de pasta de dientes

tooth·pick /'tuθˌpɪk/ *s* [C] palillo (de dientes)

tooth·y /'tuθi/ *adj* dentón -ona, dentudo -a

top¹ S1 W1 /tɑp/ *s* [C]

1	parte de arriba
2	en una empresa, una profesión
3	para tapar
4	prenda de vestir
5	de un mueble
6	de una planta
7	juguete

1 PARTE DE ARRIBA parte superior/más alta (de un edificio, una página, etc.), cima, cumbre (de una montaña), techo (de un carro) • **a tree top** la copa de un árbol • **at the top (of sth)** *He stood at the top of the stairs.* Estaba de pie en lo alto de la escalera. • *We'll take a rest when we're at the top.* Descansaremos cuando estemos arriba. • **over the top of sth** por encima de algo • **to the top (of sth)** *A path climbs to the top of the hill.* Un camino sube hasta la cima de la colina. • **on top** (por) encima, (por) arriba: *Sprinkle a little cheese on top.* Espolvoree un poco de queso por encima. • *The cake was burned on top.* La torta estaba quemada por arriba. • **on top of sth** sobre algo, encima de algo: *There is a letter on top of the piano.* Hay una carta sobre el piano. • **the very top** lo más alto: *It leads to the very top.* Lleva a lo más alto. • **right to the top** hasta arriba de todo: *He filled my glass right to the top.* Me llenó el vaso hasta el borde. ANT **bottom**

2 EN UNA EMPRESA, UNA PROFESIÓN the top la cima: *He was determined to reach the top of his profession.* Estaba decidido a llegar a la cima de su profesión. • **at the top (of sth)** *It's the people at the top who make the decisions.* Los que están arriba son los que toman las decisiones. • **to the top** a lo más alto: *All young players dream of getting to the top.* Todos los jugadores jóvenes sueñan con llegar a lo más alto. • **work your way to the top (of sth)** trabajar para llegar a lo más alto (de algo) • **make it to the top** alcanzar el éxito, llegar a lo más alto • **the top of the charts** el número uno de las listas ANT **bottom**

3 PARA TAPAR tapón (de una botella), tapa (de un frasco), capuchón (de un bolígrafo, un marcador) • **a screw top** una tapa de rosca • **a pop top** una tapa abrefácil (lengüeta con anilla) ▶ **LID**

4 PRENDA DE VESTIR camiseta, playera, camisa: *He wore a striped top.* Llevaba una camiseta de rayas. • *a skirt with a matching top* una falda con la parte de arriba haciendo juego • **bikini/pajama top** parte de arriba de un bikini/un piyama

5 DE UN MUEBLE tablero, encimera: *a low table with a glass top* una mesa baja con tablero de cristal • **a table/desk top** un tablero de mesa/escritorio • **a counter top** un mesón (cocina), una superficie de trabajo (en una cocina)

6 DE UNA PLANTA hoja, tallo, parte verde

7 JUGUETE peonza, trompo ▶ **BIG TOP, SET-TOP BOX**

<u>EXPRESIONES</u>
at the top of your lungs a voz en grito/en cuello • **come out on top** salir ganando • **get on top of you** abrumar a uno, poder con uno • **off the top of your head** (*coloq*) sin pensarlo mucho, a ojo (de buen cubero) • **on top (a)** en la cima **(b)** con ventaja • **on top of sth** encima/además de algo: *He was filthy and, on top of that, drunk.* Estaba asqueroso, y encima, borracho. • *on top of everything else* aparte de todo lo demás • **get on top of a situation** dominar/controlar una situación • **be on top of your work** estar al día con el trabajo • **be on top of sb** estar/echarse encima de alguien: *By now the huge truck was on top of us.* Para entonces ya teníamos encima al enorme camión. • **be on top of the world** (*coloq*) sentirse/estar en el séptimo cielo • **on top of each other/on top of one another** uno encima de otro/una encima de otra • **push/put sb over the top** darle la victoria a alguien • **be at the top of the list/agenda** ser una prioridad absoluta • **(from) top to bottom** de arriba abajo, por completo: *I've cleaned the whole house from top to bottom.* He limpiado la casa entera de arriba abajo.

top² S3 W3 *adj*
1 [solo ante s] de arriba, superior: *We live on the top floor.* Vivimos en el último piso. • *the top button of his shirt* el primer botón de su camisa • *the top left-hand corner of the page* el ángulo superior izquierdo de la página • **the top drawer** el primer cajón, el cajón de arriba • **the top shelf** el último estante/anaquel • **top left/right/center** (*escrito*) arriba a la izquierda/a la derecha/en el centro ANT **bottom**
2 mejor, más alto -a: *women in top jobs* mujeres en los puestos más altos • **a top player/executive/student** un

jugador de élite/un alto ejecutivo/un estudiante buenísimo: *Carl is our top salesman.* Carl es nuestro mejor vendedor. • **a top hotel/restaurant** un hotel/ restaurante de primera categoría • **be top of the league** ir en (la) primera posición del torneo
3 [solo ante s] máximo -a: *a top speed of 140 mph* una velocidad máxima de 140 mph • *The top score was 72.* La puntuación más alta fue 72.

<u>EXPRESIONES</u>
be top of the list/agenda ser una prioridad absoluta • **our/his top priority** nuestra/su primera prioridad

top³ *v* [T] (**topped, topping**) **1** (una cantidad, un nivel) superar: *Their profits topped $200 million this year.* Sus ganancias superaron los 200 millones de dólares este año. • *Temperatures regularly top 40 degrees.* Las temperaturas suelen superar los 40 grados. **2** encabezar (una lista, una clasificación): *The series topped the TV ratings for years.* La serie encabezó durante años las listas de audiencia. • **top the bill** ser cabeza de cartel • **top a list** encabezar una lista • **top the charts** encabezar las listas de éxitos **3** (una actuación, una marca) superar, mejorar • **top the record** batir/superar el récord • **top an offer/a bid** mejorar una oferta **4 top sth with sth** echar/poner algo por encima de algo (un pastel, una pizza): *pancakes topped with maple syrup* panqueques con miel de arce por encima **5** [gralm en pasiva] rematar, coronar (un objeto, un edificio): *a bell tower topped with a statue* un campanario rematado por una estatua

<u>EXPRESIONES</u>
to top it all off (*oral*) para colmo de males • **top that** (*oral*) *Dan got 90%. Can you top that?* Dan se sacó un 90%. A ver si le ganas.
top sth ↔ off *v+partíc* **1** rematar/coronar algo • **top off sth with sth** rematar algo con algo **2** llenar algo (con líquido): *He stopped to top off the fuel tank.* Paró a llenar el tanque de gasolina.

to·paz /ˈtoʊpæz/ *s* [C,U] topacio

,**top 'brass** *s* [pl, U] (*coloq*) altos mandos, mandamases, meros meros

,**top 'dog** *s* (*coloq*) **be (the) top dog** dirigir el cotarro, ser el que manda la parada

,**top 'gear** *s* [U] la (marcha) directa, la marcha larga (en vehículos) SIN **high gear**

,**top 'hat** *s* [C] sombrero de copa

,**top-'heavy** *adj* **1** sobrecargado -a de directivos **2** sobrecargado -a

top·ic S2 W3 /ˈtɑpɪk/ *s* [C] tema: *A lot has been written on this topic.* Se ha escrito mucho sobre este tema. • **a topic of conversation/debate** un tema de conversación/ debate ▶ ver nota en **SUBJECT**

top·i·cal /ˈtɑpɪkəl/ *adj* de actualidad, de interés actual

top·less /ˈtɑplɪs/ *adj, adv* en topless • **topless photos** fotos de mujeres en topless • **a topless bar** un bar atendido por mujeres en topless

,**top-'level** *adj* [solo ante s] de alto nivel, de alta categoría

top·most /ˈtɑpmoʊst/ *adj* [solo ante s] superior, más alto -a

,**top-'notch** *adj* (*coloq*) de primera categoría

top·o·graph·i·cal /ˌtɑpəˈgræfɪkəl/ *adj* [solo ante s] topográfico -a

to·pog·ra·phy /təˈpɑgrəfi/ *s* [U] topografía

top·ping /ˈtɑpɪŋ/ *s* [C,U] ingrediente (de los que se ponen encima de una pizza, un helado): *vanilla ice cream with chocolate topping* helado de vainilla bañado en chocolate

top·ple /ˈtɑpəl/ *v* **1 (a)** [I] (tb **topple over**) caerse, derrumbarse • **topple backward/sideways** caerse hacia atrás/de lado **(b)** [T] derribar, tumbar **2** [T] derrocar

,**top-'ranking** *adj* [solo ante s] de gran categoría, de alto rango

,**top-'secret** *adj* ultrasecreto -a, estrictamente confidencial

torrential

torrential rain
lluvia torrencial

top·sy-tur·vy /ˌtɑpsi ˈtɜ·viˑ/ *adj* (*coloq*) patas arriba

torch¹ /tɔrtʃ/ *s* [C] antorcha ▶ CARRY a torch for sb

torch² *v* [T] (*coloq*) prenderle fuego a

tore /tɔr/ pasado de TEAR

tor·ment¹ /ˈtɔrmɛnt/ *s* [C,U] tormento • **in torment** atormentado -a

torment² /tɔrˈmɛnt/ *v* [T] **1** atormentar • **be tormented by/with sth** *He was tormented by guilt.* Le atormentaba la culpa. **2** martirizar, mortificar

tor·men·tor /tɔrˈmɛntɚ/ *s* [C] torturador -a

torn¹ /tɔrn/ participio pasado de TEAR

torn² *adj* [nunca ante s] **1** (persona) **be torn** estar en un dilema • **be torn between sth and sth** debatirse entre algo y algo **2** (país, región) **torn by sth** dividido -a/desgarrado -a por algo: *a country torn by civil war* un país dividido por la guerra civil

tor·na·do /tɔrˈneɪdoʊ/ *s* [C] (pl **tornadoes, tornados**) tornado

tor·pe·do¹ /tɔrˈpidoʊ/ *s* [C] (pl **torpedoes**) torpedo

torpedo² *v* [T] torpedear

tor·pid /ˈtɔrpɪd/ *adj* (*frml*) aletargado -a

tor·por /ˈtɔrpɚ/ *s* [sing, U] aletargamiento

tor·rent /ˈtɔrənt, ˈtɑr-/ *s* [C] **1** torrente (de agua) **2 a torrent of people/abuse/criticism** un torrente de gente/insultos/críticas

tor·ren·tial /təˈrɛnʃəl, tɔ-/ *adj* torrencial

tor·rid /ˈtɔrɪd, ˈtɑr-/ *adj* [gralm ante s] (*liter*) **1** tórrido -a, apasionado -a (romance, relación) **2** difícil (tiempo, momento) • **a torrid time** momentos difíciles **3** tórrido -a, muy caluroso -a (tarde, verano)

tor·so /ˈtɔrsoʊ/ *s* [C] torso

tor·ti·lla /tɔrˈtiyə/ *s* [C] tortilla (en la cocina mexicana)

tor·toise /ˈtɔrtəs/ *s* [C] tortuga (terrestre) ▶ TURTLE

tor·toise·shell /ˈtɔrtəsˌʃɛl/ *s* [U] carey

tor·tu·ous /ˈtɔrtʃuəs/ *adj* **1** (proceso, negociación) tortuoso -a, arduo -a **2** (camino) tortuoso -a, sinuoso -a

tor·ture¹ /ˈtɔrtʃɚ/ *s* [C,U] **1** (a un prisionero) tortura • **under torture** bajo tortura • **torture chamber** cámara de torturas **2** (dolor moral o físico) tortura: *P.E. was torture for me.* Para mí las clases de educación física eran una tortura.

torture² *v* [T] **1** torturar (a un prisionero) **2** atormentar (recuerdo, idea)

tor·tur·er /ˈtɔrtʃərɚ/ *s* [C] torturador -a

To·ry /ˈtɔri/ *s* [C], *adj* (pl **Tories**) conservador -a • **the Tory Party** el Partido Conservador (en GranBretaña)

toss¹ /tɔs/ *v*
1 [T] tirar, lanzar, aventar • **toss sth in/into/on/onto sth** tirar algo a algo, aventar algo a algo: *She tossed the ball into the air.* Tiró la pelota al aire. • **toss sth to sb** (tb **toss sb sth**) tirarle algo a alguien, aventarle algo a alguien (para dárselo): *Toss me a pillow.* Tírame una almohada. • **toss sth aside** echar algo a un lado
2 [I,T] agitar(se), zarandear(se) • **toss sth around/about**

agitar/zarandear algo: *The small boats were being tossed around.* Las barcas se zarandeaban. • **toss and turn** dar vueltas en la cama (sin poder dormir)
3 [T] mezclar (la ensalada, la pasta)
4 [I,T] **toss a coin** tirar una moneda al aire, echar un carisellazo • **toss for sth** tirar una moneda al aire para decidir algo, echar un carisellazo para decidir algo • **toss (up) for it** tirar una moneda para decidir, echar un carisellazo para decidir

EXPRESIONES
toss your cookies (*coloq*) vomitar, trasbocar
toss sth ↔ **back** *v+partíc* (*coloq*) empacarse algo, beberse algo de un trago
toss off *v+partíc* **toss** sth ↔ **off** (*coloq*) escribir algo en un minuto
toss out *v+partíc* **toss** sth ↔ **out** (*coloq*) botar algo (a la basura), tirar algo (a la basura) SIN **toss, throw out**

toss² *s* [C gralm sing] sorteo a cara o cruz, lanzamiento de la moneda al aire, volado • **decide sth on the toss of a coin** decidir algo tirando una moneda al aire, echar algo a cara o cruz, echar un volado para decidir algo • **win/lose the toss** ganar/perder el sorteo a cara o cruz

ʹtoss-up *s* **it's a toss-up** (*coloq*): *It's a toss-up whether he'll go.* No hay ninguna seguridad de que vaya a ir.

tot /tɑt/ *s* [C] (*coloq*) pequeñito -a (niño)

to·tal¹ S2 W1 /ˈtoʊtl/ *adj* [solo ante s]
1 (completo) total, absoluto -a • **a total lack of sth** una total falta de algo • **a total disaster/failure** un verdadero desastre/un fracaso rotundo
2 (cantidad, costo, población) total

total² W3 *s* [C] total • [+of]: *a total of $950 million* un total de 950 millones de dólares • **in total** en total ▶ **the GRAND total, RUNNING total**

total³ *v* **1** [v copul] ascender a, totalizar: *Contributions totaled $28,000.* Las donaciones ascendían a 28.000 dólares. **2** [T] (tb **total up**) sumar, totalizar **3** [T] (*coloq*) destruir (un carro sin posibilidad de repararlo)

to·tal·i·tar·i·an /toʊˌtæləˈtɛriən/ *adj* totalitario -a

to·tal·i·tar·i·an·ism /toʊˌtæləˈtɛriəˌnɪzəm/ *s* [U] totalitarismo

to·tal·i·ty /toʊˈtæləti/ *s* [U] (*frml*) totalidad

to·tal·ly S1 W3 /ˈtoʊtl-i/ *adv* totalmente, completamente: *I agree totally.* Estoy totalmente de acuerdo. • **totally different/new** totalmente diferente/completamente nuevo -a

tote bag /ˈtoʊt bæg/ (tb **tote**) *s* [C] bolso grande (sin cierre)

to·tem /ˈtoʊtəm/ *s* [C] tótem

ʹtotem pole *s* [C] **1** tótem (figura) **2 the totem pole** (*coloq*) la escalera jerárquica, la jerarquía

tot·ter /ˈtɑtɚ/ *v* [I] tambalearse

tou·can /ˈtukæn, -kɑn/ *s* [C] tucán

touch¹ S1 W2 /tʌtʃ/ *v*

1	con la mano
2	en contacto
3	emocionar
4	la comida, la bebida
5	lastimar
6	un nivel, una cantidad

1 CON LA MANO [T] tocar: *She touched his arm.* Le tocó el brazo. • *Don't touch that!* ¡No toques eso!

2 EN CONTACTO [I,T] tocar(se): *Their legs touched.* Sus piernas se tocaron. • **touch the ground** llegar al suelo, tocar el suelo

3 EMOCIONAR [T] conmover • **touch sb's heart** conmover a alguien ▶ TOUCHED

4 LA COMIDA, LA BEBIDA [T] tocar, probar: *She didn't touch her breakfast.* No tocó el desayuno.

5 LASTIMAR [T gralm en negat] tocar: *I didn't touch him!* ¡No lo toqué!

6 UN NIVEL, UNA CANTIDAD [T] llegar a, alcanzar

EXPRESIONES
nothing/no one can touch sth/sb nada/nadie puede igualar algo/a alguien • **touch base (with sb)** mantener contacto (con alguien) • **touch a nerve** caer muy mal • **not touch sth/sb with a ten-foot pole** no querer algo/a alguien ni regalado • **touch wood!** toquemos madera SIN **knock on wood**
touch down v+partíc aterrizar
touch sth ↔ off v+partíc provocar/desatar algo
touch on/upon sth v+partíc tocar algo (un tema, una cuestión)
touch up v+partíc **touch sth ↔ up** retocar algo

touch² S2 W2 s

1	con la mano
2	sentido
3	matiz
4	pequeña cantidad
5	destreza
6	en fútbol, rugby
7	get in touch (with sb)

1 CON LA MANO [C gralm sing] toque, roce: *the touch of her fingers* el roce de sus dedos
2 SENTIDO [U] el tacto • **by touch** por medio del tacto • **the sense of touch** el sentido del tacto • **soft/rough to the touch** suave/áspero -a al tacto
3 MATIZ [C] toque, detalle • **the final/finishing touch** el toque final • **a nice touch** un bonito detalle • **the personal touch** el toque humano
4 PEQUEÑA CANTIDAD **a touch (of sth)** una pizca/un poquito (de algo): *a touch of color* un toque de color
5 DESTREZA [sing] don, habilidad: *scoring touch* olfato goleador • **lose your touch** perder facultades, perder práctica
6 EN FÚTBOL, RUGBY [U] **into touch** fuera del terreno de juego ► **have/lose the** COMMON **touch**, have a MAGIC **touch**, OUT OF TOUCH, SOFT TOUCH
EXPRESIONES
at/with the touch of a button con sólo apretar un botón • **in touch** en contacto: *Are you still in touch with John?* ¿Sigues en contacto con John? • **keep/stay in touch (with sb)** mantenerse en contacto (con alguien) • **get in touch (with sb)** ponerse en contacto (con alguien) • **be in touch with sth** estar al tanto/al corriente de algo • **lose touch (with sth)** perder contacto (con alguien) • **lose touch with sth** dejar de estar al tanto/al corriente de algo

touch·down /'tʌtʃdaʊn/ s **1** [C,U] aterrizaje **2** [C] (en rugby) try **3** [C] (en fútbol americano) anotación, touchdown

touched /tʌtʃt/ adj [nunca ante s] **1 be touched** emocionarse, conmoverse • [+that]: *She was touched that you came.* La emocionó que fueras. • **deeply touched** profundamente conmovido -a ► TOUCH **2** (antic, coloq) chiflado -a, tocado -a

touch·ing¹ /'tʌtʃɪŋ/ adj conmovedor -a ► TOUCH

touching² prep (frml) (en lo) tocante a

touch·line /'tʌtʃlaɪn/ s [C] línea de banda

touch·stone /'tʌtʃstoʊn/ s [C] piedra de toque, punto de referencia

touch-type v [I] mecanografiar al tacto

touch·y /'tʌtʃi/ adj (**touchier, touchiest**) **1 a touchy issue/subject** un asunto/tema delicado **2** susceptible, suspicaz

tough¹ S1 W2 /tʌf/ adj

1	con complicaciones
2	física o mentalmente
3	leyes, sanciones, restricciones
4	material, fibra
5	carne, verdura
6	agresivo

1 CON COMPLICACIONES difícil (decisión, pregunta, elección), duro -a (vida, día): *It's tough being married to a cop.* Es duro estar casada con un policía. • **when the going gets tough** cuando las cosas se ponen difíciles • **a**

tough call una decisión difícil • **be tough going** hacerse cuesta arriba • **a tough sell** *The proposal will be a tough sell in Congress.* Va a ser difícil que el Congreso acepte la propuesta.
2 FÍSICA O MENTALMENTE fuerte, duro -a • **be a tough cookie/customer** (coloq) ser duro -a de pelar • **as tough as nails** duro -a como el acero
3 LEYES, SANCIONES, RESTRICCIONES severo -a, duro -a • [+on/with]: *a government that is tough on crime* un gobierno que es duro con la delincuencia • **get tough (on/with sb)** ponerse duro -a (con alguien)
4 MATERIAL, FIBRA resistente: *tough, durable plastic* plástico resistente y durable
5 CARNE, VERDURA duro -a ANT **tender**
6 AGRESIVO violento -a, duro -a • **a tough guy** un tipo duro
EXPRESIONES
that's tough! (oral) ¡qué mala suerte!

tough² v
tough sth ↔ out v+partíc aguantar algo (una situación difícil)

tough·en /'tʌfən/ v **1** [T] (una norma, una ley) endurecer **2** [T] (un material) hacer más resistente, reforzar: *toughened glass* vidrio reforzado **3** [T] (a una persona) endurecer
toughen up v+partíc **1 toughen sb** ↔ **up** endurecer a alguien **2 toughen up** endurecerse (persona) **3 toughen sth** ↔ **up** endurecer algo (una norma, una ley)

tough·ness /'tʌfnɪs/ s [U] **1** fortaleza **2** dureza (de la carne, la verdura) **3** agresividad

tour¹ S2 W2 /tʊr/ s [C]
1 viaje (turístico): *a sightseeing tour* un viaje para visitar lugares de interés turístico • [+of/around]: *a 10-day tour of China* un viaje de 10 días por China • **tour bus** bus turístico, autobús turístico • **tour operator** turoperador, operador turístico • **tour group** grupo de turistas ► ver nota en VIAJE
2 visita, recorrido • [+of/through/around]: *He gave us a quick tour of the building.* Nos llevó a hacer una visita rápida por el edificio. • **a guided tour** una visita guiada
3 gira (de un músico, un equipo): *a concert tour* una gira de conciertos • **on tour** de gira ► PACKAGE TOUR

tour² v **1** (a) [T] recorrer, viajar por • **tour the world** recorrer el mundo (b) [I] viajar **2** [T] visitar, recorrer (una fábrica, unos jardines, etc.) **3** [I,T] ir de gira (por)

tour de force /ˌtʊr də 'fɔrs/ s [sing] (escrito) proeza

tour·ism /'tʊrɪzəm/ s [U] turismo • **tourism industry** sector turístico, turismo ► ECOTOURISM

tour·ist W3 /'tʊrɪst/ s [C] turista • **tourist attraction** atracción turística • **tourist destination** destino turístico • **tourist industry** sector turístico, turismo • **tourist information (office)** oficina de turismo • **tourist town** ciudad turística

tour·na·ment W3 /'tʊrnəmənt, 'tɔ-/ s [C] torneo: *a golf tournament* un torneo de golf

tour·ni·quet /'tʊrnɪkɪt, 'tɔ-/ s [C] torniquete

'tour ˌoperator s [C] tour operador, operador turístico

tou·sled /'taʊzəld/ adj alborotado -a (cabello), desaliñado -a (aspecto)

tout¹ /taʊt/ v **1** [T] (una persona, una cualidad) promocionar, hacer propaganda de • **be touted as sth** *She is being touted as the next chief executive.* La están promocionando como la próxima directora ejecutiva. **2** [T] (un producto, un servicio) promocionar **3** [T] pronosticar qué caballos van a ganar una carrera

tout² s [C] pronosticador -a profesional (en carreras de caballo) SIN **tipster**

tow¹ /toʊ/ v [T] **1** remolcar **2** (tb **tow away**) llevarse (un vehículo): *Our car had been towed away.* La grúa se nos había llevado el carro. ► ver ilustración en la página 938

tow² s [C] remolque • **give sb a tow** remolcar a alguien, llevar a alguien a remolque

tow

pull a drawer
abrir un cajón

drag a sled
arrastrar un trineo

tow a car
remolcar un carro

T

with sb in tow (*coloq*) con alguien a cuestas, acompañado -a de alguien

to·ward S1 W1 /tɔrd, təˈwɔrd/ (tb **towards**) *prep*
▶ **toward** también forma parte de *phrasal verbs*, como **put toward**, y de construcciones con sustantivos y adjetivos, como **a trend toward** o **protective toward**, que figuran bajo la entrada correspondiente.

1 indicando dirección
2 con actitudes, sentimientos
3 indicando finalidad
4 indicando tiempo
5 indicando lugar
6 con aportaciones de dinero

1 INDICANDO DIRECCIÓN hacia: *Two policemen were coming toward him.* Dos policías iban hacia él. • *She was standing with her back toward me.* Estaba de pie, de espaldas a mí. • *I looked toward the door.* Miré hacia la puerta.
2 CON ACTITUDES, SENTIMIENTOS hacia: *his anger toward his parents* la furia que sentía hacia sus padres • *They feel bitter toward the government.* Están resentidos con el gobierno.
3 INDICANDO FINALIDAD hacia, para: *Both sides are working toward an agreement.* Ambas partes trabajan para alcanzar un acuerdo. • *the first step toward finding a solution* el primer paso hacia una solución
4 INDICANDO TIEMPO hacia: *The weather will turn brighter toward the end of the week.* El tiempo va a mejorar hacia el fin de semana.
5 INDICANDO LUGAR hacia, cerca de: *We sat toward the front of the plane.* Estábamos sentados hacia la parte delantera del avión.
6 CON APORTACIONES DE DINERO *How much of the cash goes toward expenses?* ¿Qué parte del dinero se destina a gastos? • **give sb money toward sth** darle dinero a alguien para ayudar a pagar algo

tow·el¹ S2 /ˈtaʊəl/ s [C] toalla ▶ THROW in the towel

towel² *v* [T] **towel yourself off/dry** secarse (con una toalla)

tow·el·ing /ˈtaʊəlɪŋ/ s [U] (tela de) toalla

tow·er¹ S3 /ˈtaʊər/ s [C]
1 (edificio) torre: *the Eiffel Tower* la Torre Eiffel • **a clock tower** una torre del reloj • **a bell tower** un campanario
2 (de telecomunicaciones) torre • **a radio tower** una torre de radio
3 (de un computador) torre, minitorre ▶ CONTROL TOWER

a tower of strength un gran apoyo, un pilar

tower² *v* [I] elevarse • **tower over/above sb** ser más alto -a que alguien • **tower over/above sth** elevarse por encima de algo

tow·er·ing /ˈtaʊərɪŋ/ *adj* [solo ante s] **1** imponente, altísimo -a **2** sobresaliente, destacado -a • **a towering figure** una figura destacada

in a towering rage (*escrito*) furiosísimo -a

town S1 W1 /taʊn/ s
1 [C] ciudad (pequeña): *a town of 35,000 people* una ciudad de 35.000 habitantes
2 [C] pueblo (grande)
3 [U] la ciudad (donde uno vive): *He has an apartment on the south side of town.* Tiene un apartamento en la zona sur de la ciudad. • **the outskirts/edge of town** las afueras de la ciudad • **be in town** estar (de visita) en la ciudad • **from out of town** de afuera (de una ciudad), de otros lugares: *visitors from out of town* visitantes de otros lugares
4 [U] el centro (de la ciudad): *He was shopping in town.* Estaba de compras en el centro. • **go into town** ir al centro ▶ DOWNTOWN, GHOST TOWN, HOME TOWN, PAINT the town red, UPTOWN

go to town (on/with sth) (*coloq*) **(a)** tirar la casa por la ventana (con algo) **(b)** no reparar en gastos (con algo) • **go out on the town** irse de juerga • **a night on the town** una noche de parranda

town 'clerk s [C] secretario -a de la alcaldía/del ayuntamiento

town 'council s [C] alcaldía, ayuntamiento

town 'hall s [C] alcaldía, ayuntamiento (edificio)

town·house, town house /ˈtaʊnhaʊs/ s [C] **1** (tb **townhome** /ˈtaʊnhoʊm/) casa en una hilera o grupo de viviendas idénticas o parecidas con medianeras compartidas **2** casa, residencia (en zona urbana privilegiada)

town·ie /ˈtaʊni/ s [C] (*coloq*) persona de ciudad

town 'planning s [U] urbanismo

town·ship /ˈtaʊnʃɪp/ s [C] **1** distrito segregado (antiguamente en Sudáfrica para la población negra) **2** alcaldía, ayuntamiento (parte de un condado en EU)

towns·peo·ple /ˈtaʊnzˌpipəl/ s [pl] vecinos, ciudadanos

tow·path /ˈtoʊpæθ/ s [C] camino de sirga

'tow truck s [C] grúa (para vehículos)

tox·ic /ˈtɑksɪk/ *adj* **1** tóxico -a • **highly toxic** altamente tóxico -a **2** dañino -a, perjudicial (para la salud física o mental)

tox·ic·i·ty /tɑkˈsɪsəti/ s **1** [U] (*frml*) toxicidad **2** [C] (*técn*) efecto tóxico

tox·i·col·o·gy /ˌtɑksɪˈkɑlədʒi/ s [U] (*técn*) toxicología

toxic 'waste s [C,U] residuos tóxicos • **toxic waste dump** vertedero de residuos tóxicos

tox·in /ˈtɑksɪn/ s [C] toxina

toy¹ S2 W3 /tɔɪ/ s [C] (pl **toys**) juguete • **toy library** ludoteca • **toy shop** (tb **toy store**) juguetería

toy² *adj* [solo ante s] **1** de juguete: *a toy car* un carro de juguete **2** enano (perro)

toy³ *v*
toy with *v+partíc* **1** toy with the idea of (doing) sth darle vueltas a la idea de (hacer) algo, contemplar la idea de (hacer) algo **2** toy with sb jugar con (los sentimientos de) alguien

trace¹ /treɪs/ *v* [T] **1** localizar, encontrar (gente desaparecida, objetos robados) **2** rastrear, determinar el origen de • **trace sth (back) to sth** *She has traced her ancestry to Scotland.* Su árbol genealógico lo ha llevado hasta Escocia. **3** calcar (en papel) **4** rastrear, localizar (una llamada): *The call was traced to a phone booth in downtown Seattle.* Rastrearon la llamada, que procedía de una cabina en el centro de Seattle.

trace² s **1** [C,U] (de una persona, un objeto robado) rastro • **find no trace of sb/sth** no encontrar ni rastro de alguien/algo • **all trace/traces of sth** todo rastro/todos los rastros de algo • **disappear/vanish without (a) trace** desaparecer sin dejar rastro **2** [C] (de una sustancia) rastro, resto • [+**of**]: *traces of blood* rastros de sangre

trace·a·ble /ˈtreɪsəbəl/ adj (de origen) localizable

ˈtrace ˌelement s [C] (técn) oligoelemento

track¹ S2 W2 /træk/ s

1	marcas
2	para carreras
3	para transitar
4	de las acciones, las ideas
5	disciplina deportiva
6	prueba atlética
7	en un disco
8	del ferrocarril
9	en una estación de tren
10	en la escuela

1 MARCAS tracks [pl] huellas: *tire tracks* huellas de llantas • **deer/bear tracks** huellas de ciervo/oso
2 PARA CARRERAS [C] pista, circuito: *Four times around the track is a mile.* Cuatro vueltas alrededor de la pista equivalen a una milla.
3 PARA TRANSITAR [C] sendero, camino • **a dirt track** un camino de tierra
4 DE LAS ACCIONES, LAS IDEAS [C] curso, vía: *The agreement put relations on a more positive track.* El acuerdo dio un curso más favorable a las relaciones. • **be on the right/wrong track** ir bien/mal encaminado -a
5 DISCIPLINA DEPORTIVA [U] atletismo • **go out for track** incorporarse al equipo de atletismo (de una escuela)
6 PRUEBA ATLÉTICA [U] pruebas de pista • **run track** correr (como disciplina atlética)
7 EN UN DISCO [C] tema (canción), pista (división) • **the title track** el tema que da título al álbum
8 DEL FERROCARRIL [C,U] vía: *train tracks* vías del tren
9 EN UNA ESTACIÓN DE TREN [C] andén, plataforma, vía
10 EN LA ESCUELA [C] orientación, tronco ▶ **off the BEATEN track, COVER your tracks, FAST TRACK, LOSE track of sth, ONE-TRACK MIND, be from the WRONG side of the tracks**

EXPRESIONES
keep track (of sth) estar al tanto (de algo), llevar la cuenta (de algo): *She changes boyfriends so often, I can't keep track.* Cambia tanto de novio que ya perdí la cuenta. • **make tracks** (coloq) irse yendo, pisarse • **make tracks for sth** irse yendo a algo, pisarse por algo • **go off track** irse a pique/al traste • **throw/knock sth off track** dar al traste con algo • **on track** encauzado -a • **get sth back on track** volver a encauzar algo • **be on track to do sth** ir camino de hacer algo • **stop/halt (dead) in your tracks** detenerse en seco • **stop/halt sb in their tracks** frenar en seco a alguien • **stop/halt sth in its tracks** frenar algo en seco

track² S3 W3 v
1 [T] seguir la evolución de
2 [T] seguirle la pista a, rastrear • **track sth/sb to sth** seguir la pista de algo/alguien hasta algo
3 [T] (barro, tierra) *Who tracked mud all over the kitchen floor?* ¿Quién dejó el piso de la cocina lleno de barro?
4 [T] agrupar a los alumnos según su capacidad o necesidades
track sb ↔ down v+partíc dar con alguien, localizar a alguien
track sth ↔ down v+partíc encontrar/localizar algo

ˌtrack and ˈfield s [U] atletismo

ˈtrack meet s [C] encuentro atlético (de pista y campo)

ˈtrack ˌrecord s [C] **1** trayectoria, historial • **a good/proven track record** una buena trayectoria/una trayectoria demostrable • **a poor track record** un mal historial
2 récord de pista/del circuito

tract /trækt/ s [C] **1 the digestive/respiratory tract** (técn) el tracto digestivo/respiratorio **2** extensión • [+**of**]: *vast tracts of land* grandes extensiones de tierra **3** (frml) tratado (sobre un tema)

trac·ta·ble /ˈtræktəbəl/ adj (frml) dócil, manejable

trac·tion /ˈtrækʃən/ s [U] **1** adherencia, agarre **2** tracción (en medicina) • **in traction** *His leg was in traction.* Tenía la pierna en alto. **3** apoyo (a un candidato, un plan, etc.)

trac·tor /ˈtræktər/ s [C] **1** tractor **2** (vehículo) tractor (al que se acopla un remolque)

trade¹ W1 /treɪd/ s

1	actividad
2	área económica
3	personas de un sector
4	trabajo
5	intercambio
6	en deportes

1 ACTIVIDAD [U] comercio: *international trade* comercio internacional • [+**in**]: *the trade in electronic goods* el comercio de productos electrónicos • [+**with**]: *companies involved in trade with India* empresas que comercian con la India • [+**between**]: *Trade between the two countries increased sharply.* El comercio entre los dos países aumentó acusadamente. • **the arms/drug trade** el tráfico de armas/drogas • **the fur trade** el comercio de pieles • **trade figures** cifras comerciales • **trade restrictions** restricciones comerciales
2 ÁREA ECONÓMICA sector • **the book/retail/tourist trade** el sector editorial/minorista/turístico SIN **industry**
3 PERSONAS DE UN SECTOR [sing, U] gremio, ramo: *The event is only open to the trade.* El evento es sólo para gente del gremio.
4 TRABAJO [C,U] oficio, profesión • **be a plumber/carpenter by trade** ser plomero -a/carpintero -a de oficio • **learn a trade** aprender un oficio
5 INTERCAMBIO [sing] intercambio: *That seems like a fair trade.* Parece un buen cambio. • **make a trade** *Let's make a trade – my Frisbee for your baseball.* Te cambio mi Frisbee por tu pelota de béisbol.
6 EN DEPORTES [sing] cambio (de jugadores entre equipos) ▶ **FREE TRADE, JACK-OF-ALL-TRADES, PLY your trade, TRICKS of the trade**

trade² S2 W1 v
1 [I,T] comerciar (con) • **trade with sb** comerciar con alguien, mantener relaciones comerciales con alguien • **trade in sth** comerciar con algo, dedicarse al comercio de algo
2 (a) [T] intercambiar: *We traded ideas.* Intercambiamos ideas. • **trade sth with sb** cambiar algo a alguien, intercambiar algo con alguien: *I wouldn't mind trading jobs with her.* No me importaría cambiarle mi trabajo por el suyo. • **trade (sb) sth for sth** cambiar(le) (a alguien) algo por algo: *I'll trade you this pie for that cake.* Te cambio este pastel por esa torta. **(b)** [I] hacer un intercambio SIN **swap**
3 [T] vender o dar a préstamo un jugador a cambio de otro jugador • **be traded to sb** ir a cambio a alguien
4 (técn) (en Bolsa) **(a)** [T gralm en pasiva] negociar • **be traded on the Nasdaq/the Nikkei** cotizar en el Nasdaq/Nikkei **(b)** [I] cotizar(se) • **be trading at $80/670p** cotizarse a 80 dólares/670 peniques

EXPRESIONES
trade insults/blows intercambiar insultos/golpes • **trade places (with sb)** cambiar de lugar (con alguien)
trade sth ↔ in v+partíc dar algo como parte del pago • **trade sth in for sth** dar algo como parte del pago de algo ▶ **TRADE-IN**
trade on/upon sth v+partíc explotar algo, aprovecharse de algo

ˈtrade-in s objeto usado, generalmente un carro, un computador, etc., que se entrega como parte del pago de uno nuevo *The trade-in value of the car is approximately $3,000.* El valor del carro entregándolo como parte del pago ronda los 3.000 dólares.

trade·mark /'treɪdmɑrk/ s [C] **1** marca (registrada) **2 his/her trademark** su sello personal

'**trade name** s [C] marca SIN **brand name**

'**trade-off** s [C] *career/family trade-offs* las concesiones que hay que hacer para poder conciliar la vida familiar y la vida laboral • [+**between**]: *There is a trade-off between quality and quantity.* La calidad y la cantidad no van de la mano.

trad·er W2 /'treɪdə/ s [C] **1** comerciante: *local traders* los comerciantes de la zona • *market traders* los vendedores de los mercados **2** operador -a, agente de Bolsa • **a currency/commodity trader** un(a) operador(a) del mercado de divisas/materias primas

'**trade ,school** s [C] escuela técnica

,**trade 'secret** s [C] **1** (de una empresa) secreto comercial/industrial **2** (*coloq*) (de una persona) secreto profesional

trades·man /'treɪdzmən/ s [C] (pl **tradesmen** /-mən/) trabajador -a manual (plomero, electricista, etc.)

trad·ing /'treɪdɪŋ/ s [U] **1** operaciones (bursátiles), volumen de negocio • **heavy/light trading** elevado/escaso volumen de negocio **2** comercio, actividad comercial

tra·di·tion S3 W2 /trə'dɪʃən/ s **1** [C] (antigua costumbre) tradición: *Japanese culture and traditions* cultura y tradiciones japonesas • [+**of**]: *the tradition of eating special food at Christmas* la tradición de comer cosas especiales en Navidad • *The country has a long tradition of accepting refugees.* El país tradicionalmente ha acogido a muchos refugiados. • [+**that**]: *the tradition that the groom should not see the bride before the wedding* la tradición de que el novio no debe ver a la novia antes de la boda • **a strong tradition** una tradición fuertemente arraigada • **a family tradition** una tradición familiar **2** [U] (conjunto de antiguas costumbres) tradición: *the importance of tradition* la importancia de la tradición • **according to/by tradition** según la tradición, por tradición: *According to tradition, the ceremony should be performed outdoors.* Según la tradición, la ceremonia debería llevarse a cabo al aire libre. • **break with tradition** romper con la tradición • **steeped in tradition** de arraigadas tradiciones **3** [C gralm sing, U] (hábito) costumbre, tradición

EXPRESIONES

in the tradition of sb/sth a la manera de alguien/algo: *in the tradition of Manet* a la manera de Manet • *Her paintings are very much in the tradition of Picasso.* Sus pinturas siguen de cerca el estilo de Picasso.

tra·di·tion·al S3 W2 /trə'dɪʃənəl/ adj **1** (según antiguas costumbres) tradicional: *traditional Greek cooking* cocina griega tradicional • **it is traditional (for sb) to do sth** *It's traditional to have turkey for Christmas* Es tradición comer pavo en Navidad. • *It's traditional for the bride to wear a white dress.* Es tradición que la novia lleve vestido blanco. **2** [gralm ante s] (conservador) tradicional: *traditional family values* valores tradicionales de la familia SIN **conventional 3** [solo ante s] acostumbrado -a, habitual SIN **customary** ▶ **TRADITIONALLY**

tra·di·tion·al·ist /trə'dɪʃənəlɪst/ s [C], adj tradicionalista

trad·i·tion·al·ly /trə'dɪʃənəli/ adv tradicionalmente: *a dish that is traditionally eaten at Christmas* un plato que tradicionalmente se come en Navidad

traf·fic¹ S3 W2 /'træfɪk/ s [U] **1** (por carretera) tránsito, tráfico: *a huge increase in traffic* un enorme incremento del tránsito • *The road is closed to traffic.* La carretera está cerrada al tráfico. • **heavy traffic** tránsito intenso • **be stuck in traffic** estar en medio de un trancón • **get stuck in traffic** *Sorry I'm late. I got stuck in traffic.* Perdón por llegar tarde. Quedé en un trancón. • **rush-hour traffic** el tránsito de/en hora pico • **oncoming traffic** tráfico que circula en

sentido contrario • **traffic accident** accidente de tránsito **2** (por mar, aire) tráfico: *increases in air traffic* incrementos del tráfico aéreo **3** (de drogas, armas) tráfico • [+**in**]: *the traffic in chemical weapons* el tráfico de armas químicas **4** (*frml*) (de pasajeros, mercancía) transporte: *The tunnel is now open for passenger traffic.* El túnel ya está abierto al transporte de pasajeros. • *the long-distance traffic of heavy goods* el transporte de mercancía pesada a larga distancia

traffic² v (**trafficked**, **trafficking**) **(a)** [I] traficar • **traffic in sth** traficar con algo: *He was arrested for trafficking in drugs.* Lo detuvieron por tráfico de drogas. **(b)** [T] traficar con ▶ **TRAFFICKING**

'**traffic ,circle** s [C] glorieta (en una carretera, etc.)

'**traffic ,island** s [C] isla, isleta de tránsito, camellón

'**traffic ,jam** s [C] trancón, embotellamiento: *I was stuck in a traffic jam.* Estaba en medio de un embotellamiento.

traf·fick·er /'træfɪkə/ s [C] traficante: *drug traffickers* narcotraficantes

traf·fick·ing /'træfɪkɪŋ/ s [U] tráfico: *drug trafficking* tráfico de drogas

'**traffic ,lights** s [pl] semáforo • **at the traffic lights** en el semáforo: *I stopped at the traffic lights.* Me paré en el semáforo.

trag·e·dy /'trædʒədi/ s (pl **tragedies**) **1** [C,U] (catástrofe) tragedia: *a tragedy in which a hundred people died* una tragedia en la que murió un centenar de personas • *The trip ended in tragedy.* El viaje terminó en tragedia. • **tragedy struck** la tragedia sobrevino **2** [C gralm sing] (situación lamentable) tragedia: *It would be a tragedy if the theater had to close.* Sería una tragedia que el teatro tuviera que cerrar. • **the tragedy is that...** lo trágico es que... **3** [C] (obra de teatro) tragedia: *Shakespeare's tragedies* las tragedias de Shakespeare ▶ **COMEDY 4** [U] (género teatral) tragedia: *Greek tragedy* la tragedia griega ▶ **COMEDY**

tra·gic /'trædʒɪk/ adj **1** (terrible) trágico -a: *He died in tragic circumstances.* Murió en circunstancias trágicas. • **a tragic death** una muerte trágica • **a tragic accident** un trágico accidente • **a tragic loss** una trágica pérdida **2** desastroso -a: *This had tragic consequences for the sector.* Esto tuvo desastrosas consecuencias para el sector. • *a tragic waste of her talent* un lamentable desperdicio de su talento **3** [solo ante s] (en teatro, literatura) trágico -a, dramático -a: *a great tragic actor* un gran actor dramático

trag·i·cally /'trædʒɪkli/ adv trágicamente

trail¹ S3 W3 /treɪl/ s [C]

1 para caminar
2 de marcas, manchas
3 de hechos, situaciones
4 que conduce a alguien
5 de lugares
6 para lograr algo

1 PARA CAMINAR senda, camino: *a hiking trail through the woods* una senda/un camino forestal • **follow a trail** seguir una senda

2 DE MARCAS, MANCHAS a trail of blood un reguero de sangre • **a trail of dust/smoke** una estela de polvo/humo: *The bus left a trail of black smoke.* El bus dejó una estela de humo negro.

3 DE HECHOS, SITUACIONES a trail of sth un reguero de algo: *He left a trail of death and destruction in his wake.* Dejó un reguero de muerte y destrucción tras de sí.

4 QUE CONDUCE A ALGUIEN rastro, pista: *The dogs picked up the man's trail.* Los perros dieron con el rastro del hombre. • *They followed him to Paris and there the trail went cold.* Lo siguieron a París y allí se le perdió el rastro. • **follow a trail** seguir un rastro/una pista

5 DE LUGARES ruta: *a town on the tourist trail* un pueblo de la ruta turística • **the campaign/election trail** la gira electoral: *politicians on the campaign trail* políticos en campaña
6 PARA LOGRAR ALGO [gralm sing] camino ▶ **BLAZE a trail**

EXPRESIONES
be on the trail of sb/sth seguirle la pista a alguien/algo, ir en busca de alguien/algo: *We're always on the trail of new and exciting ideas.* Siempre vamos en busca de ideas nuevas e interesantes.

trail² *v*

1 en competiciones, elecciones
2 a rastras
3 con paso cansino
4 al pasar
5 persiguiendo
6 colgando

1 EN COMPETICIONES, ELECCIONES (a) [I] ir a la zaga, ir perdiendo: *The candidate is trailing badly in the polls.* El candidato va muy a la zaga en las encuestas. • **trail behind sb/sth** ir a la zaga de alguien/algo: *He was trailing behind the other competitors.* Iba a la zaga de los demás competidores. • **be trailing by 10 points/73 runs** ir perdiendo por 10 puntos/73 carreras **(b)** [T] ir a la zaga de • **trail sb by two sets/three games** *The Suns trail the Spurs by two games.* Los Spurs aventajan a los Suns en dos partidos.
2 A RASTRAS (a) [T] arrastrar, llevar arrastrando • **trail sth across/along sth** arrastrar algo por algo: *She trailed a hand across the surface of the table.* Pasó la mano por la superficie de la mesa. **(b)** [I] arrastrar • **trail along/in sth** *Her skirt was trailing along the ground.* La falda le arrastraba por el suelo.
3 CON PASO CANSINO [I siempre + adv/prep] **trail after/behind/around** *She trailed after him.* Iba detrás de él, arrastrando los pies. • *We spent the day trailing around the town.* Nos pasamos el día pateando la ciudad.
4 AL PASAR [T] dejar una estela/un reguero/un rastro de: *They saw the plane trailing smoke before it crashed.* Vieron que el avión iba dejando una estela de humo antes de estrellarse. • **trail sth through/across/into sth** *The children had trailed mud into the house.* Los niños habían dejado un rastro de barro por toda la casa.
5 PERSIGUIENDO [T] seguir (la pista) a: *Photographers trailed her wherever she went.* Había fotógrafos que la seguían dondequiera que fuera.
6 COLGANDO [I] colgar: *He was lying on the bed, his arms trailing.* Estaba tumbado en la cama, con los brazos colgando.
trail away/off *v+partíc* irse apagando (voz), callar, interrumpirse (persona): *His voice trailed off.* Su voz se fue apagando.

trail·blaz·er /ˈtreɪlˌbleɪzɚ/ *s* [C] pionero -a (en una actividad) SIN **pioneer**

trail·er S2 /ˈtreɪlɚ/ *s* [C]
1 (tb **ˈtrailer home**) (vivienda permanente) tráiler, cámper, caravana
2 (para vacaciones) tráiler, cámper, caravana
3 tráiler, avance (de una película): *the trailer for the latest Disney movie* el tráiler de la última película de Disney
4 remolque (de un automóvil)
5 remolque, tractomula, tráiler (de un camión articulado)

ˈtrailer park (tb **ˈtrailer court**) *s* [C] trailer park (predio donde se instalan tráilers como vivienda permanente)

train¹ S2 W2 /treɪn/ *s* [C]
1 tren • [+**to**]: *the train to Seattle* el tren a Seattle • [+**from**]: *a train from New York to Washington, D.C.* un tren de Nueva York a Washington DC • **by train** en tren: *It's more relaxing to go by train.* Es más descansado viajar en tren. • **on the train** en el tren: *You can have a meal on the train.* Se puede comer en el tren. • **catch/get a train** tomar/coger un tren • **get on a train** (tb **board a train**) subirse a un tren • **get off a train** bajarse

de un tren *a train crash* un accidente ferroviario • **train driver** maquinista • **train fare** (precio del) tiquete de tren, (precio del) boleto de tren • **train trip** viaje en tren • **train service** servicio de tren(es): *There's an hourly train service.* Hay un tren cada hora. • **train ticket** tiquete de tren, boleto de tren
2 cola (de un vestido)
3 caravana (de personas, animales, vehículos), recua (de mulas): *a wagon train* una caravana de carretas
4 a train of events una serie/cadena de acontecimientos: *the train of events that led to the discovery of the body* la serie de acontecimientos que condujo al descubrimiento del cuerpo • **sb's train of thought** el hilo de pensamiento de alguien • **lose your train of thought** perder el hilo (de las ideas)
5 séquito ▶ **FREIGHT TRAIN**

train² S1 W2 *v*

1 a profesionales, empleados
2 animales
3 deportistas
4 desarrollar
5 apuntar
6 una planta

1 A PROFESIONALES, EMPLEADOS (a) [T] entrenar, dar formación a: *She trains teachers.* Se dedica a entrenar a profesores. • **train sb in sth** entrenar a alguien en algo: *All personnel will be trained in computer skills.* Se dará capacitación en computadores a todo el personal. • **train sb to do sth** formar/entrenar a alguien para hacer algo: *Employees are trained to deal with emergency situations.* Se forma a los empleados para resolver situaciones de emergencia. **(b)** [I] formarse, estudiar: *Many of the doctors had trained overseas.* Muchos de los médicos se habían formado en el extranjero. • **train as sth** estudiar para (ser) algo: *He trained as a chef.* Estudió para cocinero. • *She'd trained as an accountant.* Había estudiado contabilidad. • **train to be/become sth** estudiar para (ser) algo: *She's training to be a doctor.* Está estudiando medicina. SIN **study** ▶ **TRAINED, TRAINING**
2 ANIMALES [T] adiestrar, amaestrar: *the job of training police dogs* la tarea de adiestrar perros policía • **train a dog/horse to do sth** enseñarle a un perro/caballo a hacer algo: *The dogs are trained to attack.* Los perros están adiestrados para atacar.
3 DEPORTISTAS (a) [I] entrenarse • **train for sth** entrenarse para algo: *athletes training for the Olympics* atletas que se entrenan para los Juegos Olímpicos ▶ **TRAINING (b)** [T] entrenar: *I've been training professional athletes for years.* Hace años que vengo entrenando a atletas profesionales. ▶ **COACH**
4 DESARROLLAR [T] entrenar (la mente), educar (el oído, la voz): *You can train your mind to relax.* Se puede entrenar la mente para ayudar a relajarse.
5 APUNTAR train sth on/at sth/sb enfocar algo/a alguien con algo (una cámara, un foco), apuntar a algo/alguien con algo (un arma): *He trained the video camera on her.* La enfocó con la videocámara.
6 UNA PLANTA [T] guiar

trained /treɪnd/ *adj* **1** titulado -a, calificado -a: *a trained nurse* una enfermera titulada • **fully/highly trained** debidamente/altamente calificado -a: *a highly trained workforce* una mano de obra altamente calificada **2** amaestrado -a, adiestrado -a
EXPRESIONES
a trained eye el ojo experto

train·ee /treɪˈni/ *s* [C] aprendiz -a, empleado -a en prácticas: *management trainees* empleados en prácticas en el área de administración

train·er /ˈtreɪnɚ/ *s* [C] **1** adiestrador -a (de animales) **2** entrenador -a (de deportistas) ▶ **COACH, PERSONAL TRAINER**

train·ing S2 W1 /ˈtreɪnɪŋ/ *s*
1 [sing, U] (para un trabajo o actividad) formación, entrenamiento, capacitación: *centers providing management training* centros que brindan entrenamiento en el área

de administración • [+**in**]: *The program includes training in research skills.* El curso incluye formación en técnicas de investigación. • **receive/undergo training** recibir formación/capacitación • **give sb training** dar/impartir formación a alguien • **formal training** formación académica • **in-service training** formación continua, formación en el lugar de trabajo • **training course** curso de formación/capacitación • **training program** programa de formación
2 [U] (para las fuerzas armadas) instrucción
3 [U] (para competencias deportivas) entrenamiento • **be in training (for sth)** estar entrenando (para algo): *She's in training for the Olympics.* Está entrenando para los Juegos Olímpicos. • **training session** entrenamiento
▶ WEIGHT TRAINING

traipse /treɪps/ *v* [I siempre + adv/prep] andar de un lado para otro/de aquí para allá

trait /treɪt/ *s* [C] (*frml*) rasgo (físico, psicológico) • **a character/personality trait** un rasgo de(l) carácter/de (la) personalidad • **a physical trait** un rasgo físico SIN **characteristic**

trai·tor /'treɪtə/ *s* [C] traidor -a • [+**to**]: *a traitor to his country* un traidor a la patria • **turn traitor** convertirse en (un/una) traidor(a)

tra·jec·to·ry /trə'dʒɛktəri/ *s* [C] (pl **trajectories**) (*técn*) trayectoria

tram /træm/ (tb **tram·car** /'træmkɑr/) *s* [C] teleférico SIN **cable car**

tramp¹ /træmp/ *s* [C] **1** vagabundo -a **2** caminata **3** **the tramp of feet/boots** el ruido de pasos fuertes/de fuertes pisadas de botas

tramp² *v* **1** (con paso firme o fuerte) **(a)** [I siempre + adv/prep] *The kids tramped down the stairs.* Los niños bajaron las escaleras armando mucho ruido al pisar. **(b)** [T] caminar (con paso firme/fuerte) por **2** (con paso lento o pesado) **(a)** [I siempre + adv/prep] *They tramped through the snowy woods for hours.* Caminaron penosamente por el bosque nevado durante horas. **(b)** [T] recorrer: *She tramped the streets looking for work.* Pateó las calles buscando trabajo.

tram·ple /'træmpəl/ *v* **1** (pisar con fuerza) **(a)** [I siempre + adv/prep] **trample on/over sth** pisotear algo: *People had trampled over the flowers.* La gente había pisoteado las flores. **(b)** [T] pisotear • **be trampled to death** morir pisoteado -a • **be trampled underfoot** ser pisoteado -a **2** (despreciar) **(a)** [I siempre + adv/prep] **trample on/over sth/sb** pisotear algo/a alguien: *Opponents say the law tramples on the right to free speech.* Los opositores dicen que la ley pisotea el derecho a la libre expresión. **(b)** [T] pisotear

tram·po·line /ˌtræmpə'lin, 'træmpə,lin/ *s* [C] cama elástica, trampolín

trance /træns/ *s* **1** [C] trance • **in/into a trance** en trance: *The hypnotist will put you in a trance.* El hipnotizador te hará entrar en trance. • *He went into a trance.* Entró en trance. **2** [C] ensimismamiento • **in a trance** totalmente ensimismado -a

tran·quil /'træŋkwəl/ *adj* tranquilo -a, sereno -a, sosegado -a

tran·quil·i·ty /træŋ'kwɪləti/ *s* [U] tranquilidad, serenidad, sosiego

tran·quil·ize /'træŋkwə,laɪz/ *v* [T] sedar, darle un sedante/tranquilizante a

tran·qui·liz·er /'træŋkwə,laɪzə/ *s* [C] sedante, tranquilizante

tran·quil·ly /'træŋkwəli/ *adv* tranquilamente, con tranquilidad

trans- /træns, trænz/ *pref* tra(n)s-: *trans-Siberian* transiberiano • *transcontinental* transcontinental • *transmutation* transmutación

trans·act /træn'zækt/ *v* (*frml*) **(a)** [T] negociar **(b)** [I] hacer negocios

trans·ac·tion /træn'zækʃən/ *s* (*frml*) **1** [C] transacción, operación: *financial transactions* transacciones financieras • **enter into a transaction** realizar una transacción/operación **2** [U] trámite, realización • **the transaction of business (a)** la realización de negocios/de operaciones comerciales **(b)** el ejercicio de las funciones (de gobierno)

trans·at·lan·tic /ˌtrænzət'læntɪk/ *adj* [solo ante s] tra(n)satlántico -a: *transatlantic flights* vuelos transatlánticos • *transatlantic trade* el comercio transatlántico

tran·scend /træn'sɛnd/ *v* [T] (*frml*) trascender, superar, ir más allá de

tran·scen·den·tal /ˌtrænsɛn'dɛntl/ *adj* (*frml*) trascendental (intangible)

trans·con·ti·nen·tal /ˌtrænskɑntən'ɛntl, ˌtrænz-/ *adj* [solo ante s] transcontinental

tran·scribe /træn'skraɪb/ *v* [T] **1** (un texto oral o escrito) transcribir **2** (a otra lengua o alfabeto) **transcribe sth into braille** transcribir algo en braille • **transcribe sth into French** transcribir algo al/en francés, transliterar algo al francés

tran·script S3 /'træn,skrɪpt/ *s* [C]
1 transcripción
2 expediente académico: *a college transcript* un expediente académico universitario

tran·scrip·tion /træn'skrɪpʃən/ *s* **1** [C, U] (de un texto oral o escrito) transcripción **2** [U] (*técn*) (en fonética) transcripción **3** [C] (de un discurso) transcripción SIN **transcript**

tran·sept /'trænsɛpt/ *s* [C] transepto, nave transversal (en una iglesia)

trans·fer¹ S2 W3 /'trænsfə, træns'fə/ *v* (**transferred, transferring**)

1	de oficina, trabajo
2	dinero
3	de una persona o cosa a otra
4	bienes, propiedades
5	en telecomunicaciones
6	datos, imágenes, sonido
7	en viajes
8	enfermedades
9	de una superficie a otra

1 DE OFICINA, TRABAJO **(a)** [I] trasladarse • **transfer to a new office/another school** trasladarse a una nueva oficina/otra escuela: *Some students opt to transfer to other programs.* Algunos alumnos optan por pasarse a otros cursos. **(b)** [T] trasladar • **transfer sth/sb to sth** *She was transferred to a different branch of the bank.* La trasladaron a otra sucursal del banco.
2 DINERO [T] transferir • **transfer money/funds (from sth) to sth** transferir dinero/fondos (de algo) a algo: *He transferred $500 to his savings account.* Transfirió 500 dólares a su cuenta de ahorros.
3 DE UNA PERSONA O COSA A OTRA [T] (*frml*) traspasar, trasladar, transferir • **transfer sth (from sth) to sb/sth** *He was preparing to transfer power to his son.* Se preparaba para traspasarle el poder a su hijo. • *Transfer the meat to warmed plates.* Pase la carne a platos calientes. • **transfer your allegiance/affections to sb** pasar a depositar su lealtad/cariño en alguien
4 BIENES, PROPIEDADES [T] (*jur*) traspasar, tra(n)smitir: *Pension plans may have to be split or transferred.* Puede que haya que dividir o traspasar los planes de pensiones. • **transfer sth to sb** traspasar/transmitir algo a alguien • **transfer sth into sb's name** poner algo a nombre de alguien
5 EN TELECOMUNICACIONES [T] pasar, transferir: *Please hold while I transfer you.* Por favor no cuelgue, que le paso. • [+**to**]: *I was transferred to this department.* Me pasaron con este departamento.
6 DATOS, IMÁGENES, SONIDO [T] copiar, transferir • **transfer sth to floppy disk/the address book** copiar algo en un disquete/la agenda, pasar algo a un

disquete/la agenda: *recordings transferred from video to DVD* grabaciones en video pasadas a DVD

7 EN VIAJES [I] hacer tra(n)sbordo, tra(n)sbordar

8 ENFERMEDADES [T] tra(n)smitir: *Can the disease be transferred from animals to humans?* ¿Se puede transmitir la enfermedad de animales a seres humanos?

9 DE UNA SUPERFICIE A OTRA [T] calcar, trasladar • **transfer sth onto graph/tracing paper** calcar algo en papel milimetrado/de calco

trans·fer² /'trænsfə/ *s*

1	de oficina, trabajo
2	de lugar, posición
3	en viajes
4	de dinero
5	de bienes, propiedades
6	de poder, derechos
7	de ideas, conocimientos
8	de un soporte a otro
9	pasaje
10	estampa

1 DE OFICINA, TRABAJO [C,U] traslado • [+to]: *I asked for a transfer to another office.* Solicité el traslado a otra oficina.

2 DE LUGAR, POSICIÓN [U] traslado: *He died following his transfer to the hospital.* Murió después de su traslado al hospital. • *heat transfer* transferencia de calor

3 EN VIAJES [C] tra(n)sbordo, traslado: *You'll have a transfer in Chicago.* Tendrás que hacer transbordo en Chicago. • *The price includes flights, accommodation, and all transfers.* El precio incluye vuelos, alojamiento y traslados.

4 DE DINERO [C,U] transferencia: *a cash transfer* una transferencia en efectivo • *the transfer of funds* la transferencia de fondos

5 DE BIENES, PROPIEDADES [C,U] tra(n)smisión, traspaso: *a transfer of ownership* un traspaso de propiedad

6 DE PODER, DERECHOS [C,U] traspaso • **transfer of power** traspaso de poderes

7 DE IDEAS, CONOCIMIENTOS [U] tra(n)smisión, transferencia: *technology transfer to China* trasferencia de tecnología a China

8 DE UN SOPORTE A OTRO [C,U] transferencia: *the transfer of information from manuscripts to computer* la transferencia de información de los manuscritos al computador

9 PASAJE [C] transfer, transferencia

10 ESTAMPA [C] calcomanía SIN **decal**

trans·fer·a·ble /træns'fɜrəbəl/ *adj* **1** (a otro trabajo o situación) transferible, trasladable: *transferable skills* aptitudes trasladables a otros trabajos **2** (entre personas, organizaciones) transferible: *Air tickets are not transferable.* Los tiquetes de avión son intransferibles.

trans·fer·ence /'trænsfərəns, træns'fɜns/ *s* [U] transferencia

trans·fig·ure /træns'fɪgyə/ *v* [T] transfigurar

trans·fix /træns'fɪks/ *v* [T] paralizar

trans·fixed /træns'fɪkst/ *adj* [nunca ante s] paralizado -a (de asombro, miedo), embelesado -a, cautivado -a (por las palabras, la belleza): *He stood there, transfixed with shock.* Estaba allí de pie, paralizado por la impresión.

trans·form W3 /træns'fɔrm/ *v* **(a)** [T] transformar • **transform sth/sb (from sth) into sth** transformar algo/a alguien (de algo) en algo: *At night, the bar is transformed into a disco.* De noche, el bar se transforma en discoteca. **(b)** [I] transformarse • **transform into sth** transformarse en algo

trans·for·ma·tion /ˌtrænsfə'meɪʃən/ *s* [C,U] transformación • [+in]: *huge transformations in working practices* enormes transformaciones de los hábitos laborales • **a transformation from sth to/into sth** una transformación de algo en algo: *the gradual transformation from woodland to farmland* la transformación gradual del bosque en terreno agrícola • **undergo a**

transformation experimentar una transformación

trans·form·er /træns'fɔrmə/ *s* [C] transformador

trans·fu·sion /træns'fyuʒən/ *s* **1** [C,U] transfusión: *He was given a blood transfusion.* Le hicieron una transfusión de sangre. **2** [C] inyección (de capital): *a transfusion of funds* una inyección de fondos

trans·gress /trænz'grɛs/ *v* (*frml*) **(a)** [T] transgredir **(b)** [I] cometer una transgresión

trans·gres·sion /trænz'grɛʃən/ *s* [C,U] (*frml*) transgresión

trans·gres·sor /trænz'grɛsə/ *s* [C] (*frml*) transgresor -a

tran·sient¹ /'trænʒənt/ *adj* (*frml*) **1** pasajero -a, transitorio -a (fenómeno, problema, cambio) **2** temporal (trabajador), flotante (población), migratorio -a (ave)

transient² *s* [C] vagabundo -a

tran·sis·tor /træn'zɪstə/ *s* [C] **1** (pieza) transistor **2** (*antic*) (radio) transistor

tran·sit /'trænzɪt/ *s* **1** [U] (acción de trasladar) transporte, traslado • **in transit** durante el traslado/transporte: *The painting was damaged in transit.* El cuadro sufrió daños durante el traslado. • *passengers in transit to Lima* pasajeros en tránsito con destino a Lima • **transit camp** campamento de tránsito • **transit lounge** sala de tránsito **2** [U] **public/mass transit** transporte público/masivo • **transit rider** usuario -a del transporte público • **transit system** sistema de transporte público **3** [U] (paso por un lugar) tránsito: *the nine-hour transit through the canal* el tránsito de nueve horas por el canal

tran·si·tion S3 W3 /træn'zɪʃən/ *s* [C,U] (*frml*) transición • **a transition (from sth) to sth** una transición (de algo) a/hacia algo: *a smooth transition to democracy* una transición sin contratiempos a la democracia • [+between]: *the time of transition between high school and college* la época de transición entre el colegio y la universidad • **make the transition (from sth) to sth** pasar (de algo) a algo, hacer la transición (de algo) hacia algo • **in transition** en (fase de) transición: *a country that is in transition* un país que está en transición • **a period of transition** (tb **a transition period**) un periodo de transición

tran·si·tion·al /træn'zɪʃənəl/ *adj* de transición, transitorio -a • **a transitional period/stage** un periodo/una etapa de transición • **a transitional government** un gobierno de transición

tran·si·tive /'trænsətɪv, -zə-/ *adj* (*técn*) transitivo -a ▶ **INTRANSITIVE**

tran·si·to·ry /'trænzə,tɔri/ *adj* transitorio -a

trans·late S2 W3 /'trænzleɪt, ˌtrænz'leɪt/ *v*

1 [I,T] (de un idioma a otro) traducir(se): *I'll need you to translate for me.* Voy a necesitar que me traduzcas. • *Poetry doesn't usually translate well.* La poesía suele ser difícil de traducir. • **translate sth (from sth) into sth** *The book has been translated into ten languages.* El libro ha sido traducido a diez idiomas. • *He translated the article from English into Japanese.* Tradujo el artículo del inglés al japonés. • **translate as sth** traducirse por algo: *The phrase roughly translates as "I won't be away for long."* La frase se traduce más o menos por "no voy a estar afuera mucho tiempo". ▶ **INTERPRET**

2 (cambiar de forma) **(a)** [I] **translate into sth** traducirse en algo, dar lugar a algo: *It remains to be seen if increased demand will translate into more jobs.* Queda por ver si el incremento de la demanda se va a traducir en más empleos. **(b)** [T] **translate sth into sth** traducir/transformar algo en algo: *He never managed to translate his popularity into votes.* Nunca consiguió traducir su popularidad en votos. • *the difficulty of translating economic theory into practice* la dificultad de llevar a la práctica la teoría económica

3 translate into/to sth equivaler a algo: *A 16% raise translates to an extra $700 a month.* Un aumento del 16% equivale a 700 dólares más por mes.

4 [I,T] adaptar(se) (idea, método): *Many business ideas*

translate well to government. Muchas ideas del campo de la empresa se adaptan bien al ámbito gubernamental.
5 [T] interpretar • **translate sth as love/disapproval** interpretar algo como (una señal de) amor/desaprobación SIN **interpret**

trans·la·tion S3 /trænz'leɪʃən/ s
1 [U] traducción • [+**from/into**]: *a translation from (the) Arabic* una traducción del árabe • **do a translation (from Spanish/Latin into English)** hacer una traducción (del español/latín al inglés) • **read sth in translation** leer la traducción/la versión traducida de algo • **be lost in translation** perderse con la traducción/al traducirse
2 [U] (*frml*) (cambio) transformación • **the translation of sth into sth** la transformación de algo en algo: *new ideas and their translation into new products* nuevas ideas y su transformación en nuevos productos

trans·la·tor /'trænz,leɪtə/ s [C] traductor -a ▸ **INTERPRETER**

trans·lu·cent /trænz'lusənt/ *adj* **1** (entre opaco y transparente) tra(n)slúcido -a ▸ **OPAQUE, TRANSPARENT** **2** (muy pálido) tra(n)slúcido -a

trans·mis·sion /trænz'mɪʃən/ s

1	por radio, televisión
2	en mecánica
3	de enfermedades
4	de ideas, conocimientos
5	emisión radiofónica, televisiva
6	de impulsos nerviosos
7	de energía, electricidad

1 POR RADIO, TELEVISIÓN [C,U] tra(n)smisión: *electronic transmission of information* transmisión electrónica de información • *satellite and cable transmissions* trasmisiones vía satélite y por cable
2 EN MECÁNICA [C,U] tra(n)smisión: *a car with an automatic transmission* un carro con transmisión automática
3 DE ENFERMEDADES [U] (*frml*) tra(n)smisión: *the transmission of HIV* la transmisión del VIH
4 DE IDEAS, CONOCIMIENTOS [U] (*frml*) tra(n)smisión: *the transmission of values from parents to children* la transmisión de valores de padres a hijos
5 EMISIÓN RADIOFÓNICA, TELEVISIVA [C] (*frml*) tra(n)smisión SIN **broadcast**
6 DE IMPULSOS NERVIOSOS [U] tra(n)smisión
7 DE ENERGÍA, ELECTRICIDAD [U] tra(n)smisión

trans·mit /trænz'mɪt/ *v* (**transmitted, transmitting**)
1 [I,T] (por radio, televisión) tra(n)smitir: *The game will be transmitted live via satellite.* El partido será transmitido en directo vía satélite. **2** [T] (*frml*) (enfermedades) tra(n)smitir: *How is the disease transmitted?* ¿Cómo se transmite la enfermedad? • **transmit sth (from sth) to sb** transmitir algo (de algo) a alguien: *The virus can be transmitted from chickens to humans.* El virus puede transmitirse de pollos a seres humanos.
3 [T] (*frml*) (ideas, conocimientos) tra(n)smitir • **transmit sth (from sb) to sb** transmitir algo (de alguien) a alguien: *Cultural values are transmitted from parent to child.* Los valores culturales se transmiten de padres a hijos.

trans·mit·ter /trænz'mɪtə, 'trænz,mɪtə/ s [C] **1** (de señales) tra(n)smisor: *a radio transmitter* un radiotransmisor **2** (*frml*) (de ideas, conocimientos) tra(n)smisor -a

trans·mute /trænz'myut/ *v* [I] transmutarse • **transmute into sth** transmutarse en algo

trans·par·en·cy /træns'pærənsi, -'pɛr-/ s (pl **transparencies**) **1** [C] (para retroproyector) transparencia **2** [C] diapositiva SIN **slide 3** [U] (del vidrio, el agua) transparencia **4** [U] (de un gobierno, una organización) transparencia

trans·par·ent /træns'pærənt, -'pɛr-/ *adj* **1** (material) transparente ▸ **OPAQUE, TRANSLUCENT 2** evidente (mentira, intento, etc.): *It was a transparent excuse.* Era claramente una excusa. **3** (*frml*) (significado, estilo)

claro -a, transparente **4** (gobierno, elecciones) transparente **5** sin dobleces (persona): *You're so transparent.* A ti se te ve venir; no tienes dobleces.

trans·par·ent·ly /træns'pærəntli, -'pɛr-/ *adv* evidentemente, a todas luces: *a transparently feeble argument* un argumento a todas luces débil • *His motives were transparently obvious.* Sus motivos eran clarísimos.

tran·spire /træn'spaɪə/ *v* **1** [I] (*frml*) suceder, acontecer, ocurrir **2** [T] **it transpires that...** (*frml*) resulta que...: *It later transpired that the document had been forged.* Luego resultó que el documento había sido falsificado. **3** [I,T] (*técn*) transpirar (planta)

trans·plant¹ /'trænsplænt/ s **1** [C,U] tra(n)splante: *He had a heart transplant.* Le hicieron un trasplante de corazón. ▸ **IMPLANT 2** [C] órgano tra(n)splantado ▸ **IMPLANT**

trans·plant² /træns'plænt/ *v* [T] **1** (en medicina) tra(n)splantar **2** (en jardinería) tra(n)splantar **3** (*frml*) trasladar, tra(n)splantar • **transplant sth to/into sth** trasladar/trasplantar algo a algo

trans·port¹ /træns'pɔrt/ *v* [T] **1** (en un vehículo) transportar • **transport sth/sb to sth** *The statue was transported to London by ship.* La estatua fue transportada a Londres en barco. • *She was transported to the hospital by helicopter.* La trasladaron al hospital en helicóptero. **2** (con la imaginación) transportar, trasladar **3** (*arc*) deportar

trans·port² /'trænsport/ s **1** [U] (en un vehículo) transporte: *the transport of nuclear waste* el transporte de residuos nucleares **2** [U] (por otros medios) transporte **3** [C] buque/avión de transporte (para soldados, provisiones)

EXPRESIONES
be in a transport of delight/joy (*liter*) no caber en sí de placer/gozo

trans·por·ta·tion W3 /,trænspə'teɪʃən/ s [U]
1 (medio/sistema de) transporte: *plans to improve transportation* planes para mejorar el transporte • **public transportation** transporte público • **a means/method/mode of transportation** un medio de transporte • **transportation system** sistema de transporte (público)
2 (de mercancías) transporte: *the transportation of dangerous substances* el transporte de sustancias peligrosas
3 (viaje) transporte: *Tickets are $25 and include transportation and lunch.* Los tiquetes cuestan 25 dólares e incluyen transporte y almuerzo.
4 vehículo, medio de transporte: *You can't really get there without transportation.* No se puede llegar allí sin un vehículo.
5 (*arc*) deportación

trans·port·er /træns'pɔrtə, 'træns,pɔrtə/ s [C] camión para transporte de vehículos

trans·pose /træns'poʊz/ *v* [T] **1** trasladar **2** (*frml*) invertir (el orden de) (dos o más elementos) **3** (*técn*) transportar (en música)

trans·sex·u·al /trænz'sɛkʃuəl/ *adj* [solo ante s] transexual

transsexual s [C], *adj* transexual

trans·verse /,trænz'vɜs‹/ *adj* [sin compar] transversal

trans·ves·tite¹ /trænz'vɛstaɪt/ *adj* [solo ante s] travestido -a, travestista (persona), de travestis (local)

transvestite² s [C] travesti, travestido -a

trap¹ /træp/ s [C]

1	para animales
2	engaño
3	mala situación
4	en una tubería
5	en el suelo o el techo
6	lugar u objeto
7	coche de caballos
8	boca

1 PARA ANIMALES trampa: *a rat caught in a trap* una rata atrapada en una trampa • **lay/set a trap** poner una trampa

2 ENGAÑO trampa: *I was sure it was a trap, but I went in anyway.* Estaba segura de que era una trampa, pero de todos modos entré. • **lay/set a trap (for sb)** tenderle una trampa (a alguien) • **fall/walk into a trap** caer en una trampa

3 MALA SITUACIÓN trampa, pozo: *She felt her marriage was a trap.* Sentía que su matrimonio era una trampa. • **be caught in a trap** estar acorralado -a (en una trampa) • **fall into/avoid the trap of doing sth** caer/evitar caer en la trampa de hacer algo: *Don't fall into the trap of investing all your money in one place.* No caiga en la trampa de invertir todo su dinero en un mismo lugar.

4 EN UNA TUBERÍA sifón, bote sifónico

5 EN EL SUELO O EL TECHO trampilla, escotillón SIN **trapdoor**

6 LUGAR U OBJETO **be a sun trap** ser un lugar muy soleado • **be a dust trap** acumular mucho polvo

7 COCHE DE CABALLOS cabriolé ligero de dos ruedas tirado por un caballo

8 BOCA (*coloq, oral*) **keep your trap shut** mantener la boca cerrada, cerrar el pico • **shut your trap!** ¡cállate (la boca)!, ¡cierra el pico! ▶ **BOOBY TRAP, SPEED TRAP**

trap² *v* [T] (**trapped, trapping**)

1	en lugar peligroso
2	en mala situación
3	a un fugitivo
4	con artimañas
5	calor, agua, gas
6	animales

1 EN LUGAR PELIGROSO [gralm en pasiva] atrapar: *Twenty miners were trapped underground.* Veinte mineros quedaron atrapados bajo tierra. • *Survivors may still be trapped under the rubble.* Es posible que todavía haya sobrevivientes atrapados bajo los escombros. • **be trapped in an elevator** quedarse encerrado -a en un ascensor

2 EN MALA SITUACIÓN **be trapped** estar atrapado -a/acorralado -a: *She was trapped in an unhappy marriage.* Estaba atrapada en un matrimonio desdichado.

3 A UN FUGITIVO atrapar, acorralar: *Police trapped the terrorists at a roadblock.* La policía atrapó a los terroristas en un retén de carretera. • *He trapped me in a corner.* Me acorraló en un rincón.

4 CON ARTIMAÑAS tender una trampa a, engañar • **trap sb into (doing) sth** tenderle una trampa a alguien para que haga algo: *He claims he was trapped into signing a confession.* Asegura que le tendieron una trampa para hacerle firmar la confesión.

5 CALOR, AGUA, GAS retener

6 ANIMALES cazar (con trampas): *They trap rabbits and birds for food.* Cazan conejos y aves para alimentarse.

trap·door, trap door /ˌtræpˈdɔr/ *s* [C] trampilla, escotillón (en el suelo o el techo)

tra·peze /træˈpiz/ *s* [C] trapecio • **trapeze artist** trapecista

trap·per /ˈtræpər/ *s* [C] trampero -a (persona)

trap·pings /ˈtræpɪŋz/ *s* [pl] cosas que simbolizan el éxito, el estatus, etc. • **the trappings of sth** *the trappings of fame* la parafernalia que acompaña a la fama • *the trappings of power* los atributos del poder

trash¹ S2 /træʃ/ *s* [U]
1 (desperdicios) basura(s) • **take out the trash** sacar la basura ▶ ver nota en **BASURA**
2 (desperdicios y su contenedor) **the trash** la basura: *Just put it in the trash.* Bótalo a la basura.
3 (*coloq*) (libro, película) bazofia, basura: *How can you read that trash?* ¿Cómo puedes leer esa bazofia? ▶ **TALK trash, WHITE TRASH**

on the trash heap of history/ en/al basurero de la historia

trash² *v* [T] (*coloq*) **1** (un lugar, un objeto) destrozar **2** (una persona, su trabajo) destrozar, criticar duramente **3** botar, deshacerse de

'trash can *s* [C] caneca (de la basura), bote (de la basura), basurero SIN **garbage can** ▶ **DUMPSTER, WASTEBASKET**

trash·y /ˈtræʃi/ *adj* (**trashier, trashiest**) (*coloq*) **1** malísimo -a, de porquería **2** inmoral, indecente (especialmente en materia sexual)

trau·ma /ˈtrɔmə, ˈtraʊmə/ *s* **1** [C,U] (experiencia, estado mental) trauma: *childhood trauma* trauma infantil **2** [C,U] (lesión) (*técn*) trauma, traumatismo • **trauma center** unidad de urgencias

trau·mat·ic /trəˈmætɪk, trɔ-/ *adj* traumático -a

trau·ma·tize /ˈtrɔməˌtaɪz, ˈtraʊ-/ *v* [T] traumatizar

trav·el¹ S2 W2 /ˈtrævəl/ *v*

1	a un lugar
2	una distancia
3	a cierta velocidad
4	noticias, información
5	luz, sonido
6	ojos, mirada
7	comida, vino
8	por negocios
9	en básquetbol
10	velozmente

1 A UN LUGAR [I,T] viajar: *I'd like to travel abroad.* Me gustaría viajar al extranjero. • **travel by train/car/air** viajar en tren/carro/avión • **travel to Rome/through Canada/across Europe** viajar a Roma/por Canadá/por toda Europa: *passengers traveling to Lima* pasajeros con destino a Lima • **travel around** viajar (a muchos lugares): *He has traveled around a lot.* Ha viajado mucho. • **travel around the world/South America** viajar por todo el mundo/por Sudamérica • **travel the world/country** viajar por todo el mundo/el país • **travel widely/extensively** viajar mucho • **travel light** viajar con poco equipaje/ligero -a de equipaje

2 UNA DISTANCIA [T] recorrer, hacer: *They traveled 200 miles on the first day.* El primer día, recorrieron 200 millas.

3 A CIERTA VELOCIDAD [I] ir, viajar, desplazarse: *How fast was the vehicle traveling?* ¿A qué velocidad se desplazaba el vehículo? • **travel at 100 mph/very slowly** ir a 100 millas por hora/ir muy lento

4 NOTICIAS, INFORMACIÓN [I] propagarse, viajar: *News travels fast in a small town.* En un pueblo pequeño las noticias vuelan.

5 LUZ, SONIDO [I] propagarse, viajar • **travel at 1,100/800 feet per second** propagarse a una velocidad de 1.100/800 pies por segundo

6 OJOS, MIRADA [I siempre + adv/prep] (*escrito*) **travel over/around sth** recorrer algo: *His eyes traveled around the room.* Sus ojos recorrieron la habitación.

7 COMIDA, VINO [I] (tb **travel well**) no perder cualidades al ser trasladado fuera de su lugar de origen: *Some wines don't travel.* Hay vinos que pierden mucho con los desplazamientos.

8 POR NEGOCIOS [I] viajar • **travel for a company/firm** hacer viajes de negocios representando a una empresa/firma

9 EN BÁSQUETBOL [I] hacer pasos, caminar

10 VELOZMENTE [I] (*coloq*) ir rápido: *That motorbike was really traveling.* Esa moto iba muy rápido.

travel² S3 W2 *s*
1 [U] viajes: *The new job involves a lot of travel.* El nuevo trabajo implica viajar mucho. • [+**to**]: *restrictions on travel to Cuba* restricciones en los viajes a Cuba • **air/rail/space travel** viajes aéreos/en tren/espaciales • **foreign/international travel** viajes al extranjero/internacionales • **a means/form of travel** un medio de transporte ▶ ver nota en **VIAJE**

2 travels [pl] viajes: *Her travels have taken her all over China.* Sus viajes la han llevado por toda China. • **on your travels** *We met some interesting people on our travels.* Estando de viaje, conocimos a gente interesante. • *He'll soon be off on his travels again.* Pronto volverá a emprender viaje.

travel³ *adj* [solo ante s] **1** (relativo al viaje) *What are your travel plans?* ¿Qué planes de viaje tienes? • *a travel program on TV* un programa sobre viajes en televisión • **travel arrangements** preparativos para el/un viaje • **a travel company** un operador turístico • **travel expenses** gastos de viaje/desplazamiento • **travel insurance** seguro de viaje **2** (para llevar de viaje) *a travel alarm clock/iron* un despertador/una plancha de viaje

'travel ˌagency *s* [C] (pl **travel agencies**) agencia de viajes

trav·el·er W3 /ˈtrævələr/ *s* [C] viajero -a • [+**to**]: *He was a frequent traveler to France.* Viajaba con frecuencia a Francia. • **a business traveler** un pasajero/una pasajera en viaje de negocios

'traveler's ˌcheck *s* [C] cheque de viajero

trav·e·logue /ˈtrævəˌlɑg, -ˌlɔg/ *s* [C] documental sobre viajes

tra·verse /trəˈvɜrs/ *v* [T] (*frml*) atravesar, cruzar

trav·es·ty /ˈtrævɪsti/ *s* [C] (pl **travesties**) parodia, farsa

trawl /trɔl/ *v* **1** [I,T] hacer pesca de arrastre (en) • **trawl for fish** hacer pesca de arrastre **2** [I] **trawl for sth** buscar/rastrear algo • **trawl through sth** revisar/rastrear algo: *They trawled through her medical records.* Revisaron su historial médico.

trawl·er /ˈtrɔlər/ *s* [C] (barco) arrastrero, pesquero de arrastre

tray S3 /treɪ/ *s* [C] (pl **trays**)
1 (para bebidas, comida) bandeja, azafate, charola
2 (para documentos, papeles) bandeja
3 (para pintura) bandeja; (del gato, del perro) bandeja ▶ ASHTRAY

treach·er·ous /ˈtrɛtʃərəs/ *adj* traicionero -a

treach·er·y /ˈtrɛtʃəri/ *s* [U] traición ▶ ver nota en TRAICIÓN

tread¹ /trɛd/ *v* (**trod** /trɑd/, **trodden** /ˈtrɑdn/) **1** [I siempre + adv/prep] pisar • **tread on sth** pisar algo: *Sorry, did I tread on your toe?* Perdón, ¿te pisé el dedo? • **tread in sth** pisar algo: *He trod in something sticky.* Pisó algo pegajoso. SIN **step 2** [T] dejar pisadas de (barro, etc.) • **tread mud into the carpet/over the kitchen floor** ensuciar de barro la alfombra/el piso de la cocina **3** [T] **tread (the) grapes** pisar la uva ▶ **be treading on** THIN **ice**

EXPRESIONES
tread the boards (*hum*) dedicarse a las tablas • **tread carefully/warily** andar con pies de plomo • **tread water** (**treaded**) mantenerse a flote en el agua haciendo la bicicleta

tread² *s* **1** [C,U] banda de rodadura **2** [C] dibujo de la suela (de un zapato)

tread·le /ˈtrɛdl/ *s* [C] pedal (de máquina)

tread·mill /ˈtrɛdmɪl/ *s* **1** [C] (banda) caminadora **2** [sing] rutina cotidiana • **get/jump off the treadmill** salirse de la rutina **3** [C] noria (con tracción humana o animal)

trea·son /ˈtrizən/ *s* [U] traición (a la patria) • **commit treason (against sth)** cometer un delito de traición (contra algo) ▶ ver nota en TRAICIÓN

trea·son·a·ble /ˈtrizənəbəl/ *adj* traidor -a

treas·ure¹ /ˈtrɛʒər/ *s* **1** [U] (oro, monedas) tesoro(s) • **buried/hidden treasure** tesoros enterrados/escondidos **2** [C gralm pl] (objeto valioso) tesoro • **art treasures** tesoros artísticos **3** [C] (objeto personal) tesoro

treasure² *v* [T] **1** cuidar/guardar como un tesoro **2** valorar mucho

'treasure ˌhunt *s* [C] búsqueda del tesoro (juego)

treas·ur·er /ˈtrɛʒərər/ *s* [C] tesorero -a

treasure trove /ˈtrɛʒər ˌtroʊv/ *s* [U] tesoro

treas·ur·y /ˈtrɛʒəri/ *s* (pl **treasuries**) **1 the Treasury** [sing] el Ministerio de Hacienda **2** [C] tesorería, sala del tesoro

treat¹ S2 W2 /trit/ *v* [T]
1 [siempre + adv/prep] (portarse) tratar: *I didn't like the way he treated me.* No me gustó cómo me trató. • **treat sb like/as sth** tratar a alguien como algo: *They treat me like one of the family.* Me tratan como a alguien de la familia. • **treat sb badly/well/unfairly** tratar a alguien mal/bien/injustamente • **treat sb with respect/contempt/kindness** tratar a alguien con respeto/desprecio/amabilidad
2 [siempre + adv/prep] (considerar) tratar: *The subject is treated in the next chapter.* El tema es tratado en el próximo capítulo. • **treat sth as sth** tomar/considerar algo como algo: *She treats everything I say as a joke.* Se toma en charla todo lo que digo. • *Her death is being treated as suspicious.* Su muerte se considera sospechosa. • **treat sth seriously/carefully** tomarse algo en serio/con cautela • **treat sth lightly** tomar algo a la ligera
3 (curar) tratar, atender: *The drug is used to treat arthritis.* La droga se utiliza para tratar la artritis. • *Four casualties were treated in the hospital.* En el hospital se atendió a cuatro víctimas. • **treat sth/sb with sth** tratar algo/a alguien con algo: *Many infections can be treated with antibiotics.* Muchas infecciones pueden tratarse con antibióticos. • **treat sb for sth** tratar a alguien de/por algo: *He is being treated for cancer.* Está recibiendo tratamiento oncológico.
4 (en una ocasión especial) invitar • **treat sb to sth** invitar a alguien a algo • **treat yourself to sth** darse el gusto/el capricho de algo
5 (con sustancias químicas) tratar • **treat sth with sth** tratar algo con algo • **treat sth against sth** tratar algo para protegerlo de algo

treat² S2 *s* [C]
1 invitación, regalo (en una ocasión especial): *He took his son to the game as a birthday treat.* Llevó a su hijo al partido como regalo de cumpleaños. • *He deserves a treat: he's worked very hard.* Se merece algo especial: trabajó mucho. • **give sb a treat** darle un gusto a alguien • **give yourself a treat** darse un gusto • **a special treat** algo muy especial
2 placer, gusto • **a real treat (for sb)** un verdadero placer (para alguien)
3 delicia, bocado exquisito ▶ TRICK OR TREAT

EXPRESIONES
she is/they are in for a treat (*coloq*) se va/van a llevar una grata sorpresa • **(this is) my treat** (*oral*) invito yo

treat·a·ble /ˈtriṭəbəl/ *adj* tratable (enfermedad)

trea·tise /ˈtriṭəs/ *s* [C] (*frml*) tratado (obra)

treat·ment S2 W1 /ˈtritˀmənt/ *s*
1 [C,U] (curación) tratamiento: *The patient was taken to hospital for treatment.* El paciente fue hospitalizado para su tratamiento. • [+**of**]: *advances in the treatment of cancer* avances en el tratamiento del cáncer • [+**for**]: *a new treatment for diabetes* un nuevo tratamiento para la diabetes • [+**with**]: *Early treatment with antibiotics is vital.* El tratamiento temprano con antibióticos es fundamental. • **have/receive/undergo treatment (for sth)** recibir tratamiento (para algo): *Over 700 demonstrators received treatment in the hospital.* Más de 700 manifestantes fueron atendidos en el hospital. • **respond to treatment** responder al tratamiento
2 [U] (comportamiento) trato: *Customers complained of poor treatment.* Los clientes se quejaron del mal trato. • [+**of**]: *concerns about the treatment of prisoners* preocupación por el trato que reciben los prisioneros • **special/preferential treatment** trato especial/preferencial
3 [C,U] (enfoque) tratamiento • [+**of**]: *an interesting treatment of the subject* un tratamiento interesante del tema
4 [C,U] (con sustancias químicas) tratamiento • [+**of**]: *the*

treatment of radioactive waste el tratamiento de residuos radiactivos

trea·ty W3 /'triːti/ s [C] (pl **treaties**) tratado (acuerdo) • **sign/ratify a treaty** firmar/ratificar un acuerdo • **a peace/non-aggression treaty** un tratado de paz/de no agresión • [+**between**]: *a treaty between the two countries* un tratado entre los dos países • [+**with**]: *The U.S. has renewed its treaty with Mexico.* EU ha renovado su tratado con México. • [+**on**]: *a treaty on economic cooperation* un tratado de cooperación económica

tre·ble[1] /'trɛbəl/ *adj* [solo ante s] **1** de tiple/soprano (voz) **2** soprano (instrumento) **3** de agudos (botón, frecuencia)

treble[2] s **1** [U] agudos ► BASS **2** [C] tiple, soprano (niño) **3** [C] voz de tiple/soprano (en un niño) **4** [C] parte del/de la tiple/soprano

treble[3] v [I,T] triplicar(se) SIN **triple**

tree S1 W1 /triː/ s [C]
1 árbol • **an oak/elm tree** un roble/olmo • **a cherry/peach tree** un cerezo/duraznero
2 (tb **tree diagram**) (diagrama en forma de) árbol ► be BARKING up the wrong tree, CHRISTMAS TREE, FAMILY TREE, MONEY doesn't grow on trees, PALM TREE, you can't SEE the wood for the trees
EXPRESIONES
up a tree (*coloq*) en la olla, en apuros

tree-lined *adj* bordeado -a de árboles

tree-top /'triːtɒp/ s [C gralm pl] copa de árbol

tree-trunk s [C] tronco de árbol

trek[1] /trɛk/ v [I siempre + adv/prep] (**trekked**, **trekking**)
1 caminar, hacer senderismo • **trek in/across sth** hacer senderismo en/por algo • **go trekking** hacer senderismo **2** (*coloq*) caminar con dificultad • **trek up/to sth** subir/caminar con dificultad hasta algo: *We had to trek three miles to the nearest store.* Tuvimos que caminarnos tres millas hasta la tienda más próxima.

trek[2] s [C] **1** caminata **2** (*coloq*) trecho largo • **it's a trek (to sth)** *It was quite a trek to the station.* Había un buen trecho hasta la estación.

trel·lis /'trɛlɪs/ s [C] espaldera, espaldar (para plantas)

trem·ble[1] /'trɛmbəl/ v [I] **1** (persona, mano) temblar: *My hand trembled.* Me temblaba la mano. • **tremble with anger/fear** temblar de rabia/miedo • **tremble at the thought (of sth)** temblar al pensar (algo) **2** (casa, piso) temblar ► ver nota en SHAKE

tremble[2] s [C gralm sing] temblor

tre·men·dous /trɪ'mɛndəs/ *adj* **1** fantástico -a, formidable **2** tremendo -a, enorme • **a tremendous amount of sth** una enorme cantidad de algo • **a tremendous effort** un tremendo esfuerzo

tre·men·dous·ly /trɪ'mɛndəsli/ *adv* tremendamente, enormemente: *It's tremendously exciting.* Es emocionantísimo.

trem·or /'trɛmə/ s [C] **1** temblor (de tierra): *an earth tremor* un temblor de tierra **2** (por debilidad, enfermedad) temblor **3** (por miedo, emoción) temblor, estremecimiento

trem·u·lous /'trɛmyələs/ *adj* (*liter*) trémulo -a

trench /trɛntʃ/ s **1** [C] zanja **2** [C] (*técn*) fosa (marina) **3** [C gralm pl] trinchera (para soldados) • **the trenches** las trincheras

tren·chant /'trɛntʃənt/ *adj* (*fml*) incisivo -a, mordaz

trench coat s [C] impermeable

trend W2 /trɛnd/ s [C]
1 (inclinación) tendencia • [+**in**]: *trends in drug use* tendencias en el consumo de drogas • [+**toward**]: *a trend toward hiring younger employees* una tendencia a contratar empleados más jóvenes • **a current/recent trend** una tendencia actual/reciente • **a downward/an upward trend** una tendencia a la baja/al alza
2 (moda) tendencia: *fashion trends* tendencias de la moda • [+**in**]: *the latest trends in menswear* las últimas tendencias en ropa de caballero • **set/start a trend** marcar una pauta/tendencia • **follow a trend** seguir una moda

trend·y /'trɛndi/ *adj* (**trendier**, **trendiest**) de moda, moderno -a

trep·i·da·tion /ˌtrɛpə'deɪʃən/ s [U] (*fml*) temor, inquietud

tres·pass[1] /'trɛspæs/ v [I] entrar sin permiso (en propiedad ajena) • **trespass on sth** entrar sin permiso en algo
trespass against sb v+*partíc* (*antic*) ofender a alguien, pecar contra alguien
trespass on sth v+*partíc* (*fml*) abusar de algo

trespass[2] s **1** [C,U] (*jur*) violación de la propiedad, asalto a la propiedad **2** [C] (*bíbl*) deuda, falta: *Forgive us our trespasses.* Perdónanos nuestras deudas.

tres·pass·er /'trɛsˌpæsə/ s [C] intruso -a (en propiedad ajena): *Trespassers will be prosecuted.* Prohibido el paso.

tres·tle /'trɛsəl/ s [C] caballete

tri- /traɪ/ *pref* tri-: *triangle* triángulo • *trilingual* trilingüe

tri·al S3 W1 /'traɪəl/ s
1 [C,U] juicio, proceso (judicial): *a murder trial* un juicio por asesinato • **be on trial (for sth)** estar siendo procesado -a/enjuiciado -a (por algo): *Both men are on trial for bank robbery.* Se está procesando a los dos hombres por atraco a un banco. • **go on trial (for sth)** (tb **be put on trial (for sth)**) ser procesado -a (por algo) • **stand trial (on sth)** ser procesado -a (por algo) • **go/come to trial** ir a juicio • **bring sb to trial** llevar a alguien a juicio • **a fair trial** un juicio justo • **a criminal/civil trial** un proceso penal/civil • **trial by jury** juicio ante jurado • **trial court** tribunal de primera instancia • **trial judge** juez de primera instancia • **trial lawyer** abogado litigante **2** [C,U] prueba, ensayo • **clinical trials** ensayos clínicos • **field trials** pruebas de campo ► ver nota en PRUEBA
3 [C,U] prueba (oportunidad de probar): *Call today for your free trial!* ¡Llame ya y pruébelo gratis! • **have sth on trial** tener algo a prueba • **on a trial basis** a prueba, en periodo de prueba • **trial period** periodo de prueba: *a one-month trial period* un mes de prueba
4 [C gralm pl] padecimiento, suplicio • **trials and tribulations** tribulaciones, padecimientos • **be a trial (to/for sb)** ser una cruz (para alguien)
5 **trials** [pl] pruebas de selección (deportivas): *Olympic trials* pruebas de selección para los Juegos Olímpicos
EXPRESIONES
by/through trial and error por ensayo y error

trial run s [C] prueba, ensayo • **give sth a trial run** poner algo a prueba

tri·an·gle /'traɪˌæŋgəl/ s [C] **1** (forma) triángulo **2** (instrumento) triángulo **3** escuadra (objeto)

tri·an·gu·lar /traɪ'æŋgyələ/ *adj* triangular

tri·ath·lon /traɪ'æθlɒn, -lən/ s [C] triatlón ► PENTATHLON

trib·al /'traɪbəl/ *adj* tribal

tribe W3 /traɪb/ s [C]
1 tribu
2 (*hum*) tribu, familia

tribes·man /'traɪbzmən/ s [C] (pl **tribesmen** /-mən/) miembro de una tribu

trib·u·la·tion /ˌtrɪbyə'leɪʃən/ s (*fml*) [C] tribulación

tri·bu·nal /traɪ'byuːnl, trɪ-/ s [C] tribunal

trib·u·tar·y /'trɪbyəˌtɛri/ s [C] (pl **tributaries**) afluente

trib·ute /'trɪbyuːt/ s **1** [C,U] homenaje • [+**to**]: *The song was a tribute to his grandfather.* La canción era un homenaje a su abuelo. • **in tribute (to sb/sth)** en homenaje (a alguien/algo) • **pay tribute to sb/sth** rendir homenaje a alguien/algo **2** [C,U] tributo (por vasallaje)
EXPRESIONES
be a tribute to sb/sth hacer honor a alguien/algo: *It's a tribute to her teaching that the children love school.* Que a los niños les encante la escuela hace honor a su manera de enseñar.

trice /traɪs/ s **in a trice** en un abrir y cerrar de ojos

tri·ceps /'traɪsɛps/ s [C] (pl **triceps**) tríceps ▶ BICEPS

trick¹ ⚅ /trɪk/ s [C]

1	para engañar
2	para divertir
3	en magia
4	espejismo
5	método eficaz
6	en naipes

1 PARA ENGAÑAR trampa, engaño: *a trick to get me to give him money* una trampa para conseguir que le diera dinero • **fall for a trick** caer en una trampa, dejarse engañar

2 PARA DIVERTIR broma • **play a trick on sb** gastarle una broma a alguien

3 EN MAGIA truco: *magic tricks* trucos de magia • *card tricks* trucos con naipes • **do/perform a trick** hacer un truco

4 ESPEJISMO my eyes are playing tricks on me veo visiones • **my ears are playing tricks on me** oigo cosas que no son • **my mind is playing tricks on me** imagino cosas, la mente me juega malas pasadas • **a trick of the light** una ilusión óptica, un espejismo • **be just a trick of his/her imagination** ser solo su imaginación

5 MÉTODO EFICAZ truco, secreto • **the trick is to do sth** el secreto está en hacer algo • **tricks of the trade** los trucos del oficio

6 EN NAIPES [C] baza, mano • **win/take a trick** ganar una baza ▶ HAT TRICK, **you can't TEACH an old dog new tricks**

EXPRESIONES
a bag/box of tricks (*coloq*) un repertorio de recursos • **do the trick** (*coloq*, *oral*) bastar, ser suficiente • **a drop of oil/a dab of glue should do the trick** una gota de aceite/un poco de pegamento, y listo • **have a trick up your sleeve** (*coloq*) tener una carta en la manga • **how's tricks?** (*antic*, *oral*) ¿cómo te va? • **the oldest trick in the book** el viejo truco • **sb can teach/show sb a trick or two** (*coloq*) alguien tiene mucho que enseñar a alguien • **turn a trick** (*coloq*) prostituirse • **be up to your (old) tricks** (*coloq*) volver a hacer de las suyas • **use/try every trick in the book** recurrir a lo que sea

trick² v [T] engañar: *I realized that I had been tricked.* Me di cuenta de que me habían engañado. • **trick sb into doing sth** engañar/engatusar a alguien para que haga algo • **trick sb out of sth** birlarle algo a alguien
trick out *v+partíc* **be tricked out with/in sth** (*coloq*) estar adornado -a con algo

trick³ adj [solo ante s] **1** de chasco, de mentira: *trick dice* dados cargados **2 I have/he has a trick ankle/knee/shoulder** tengo/tiene problemas en el tobillo/la rodilla/el hombro

trick·er·y /'trɪkəri/ s [U] engaño(s)

trick·le¹ /'trɪkəl/ v [I siempre + adv/prep] **1** (líquido) **trickle down/into/out of sth** resbalar por/entrar en/salir de algo (gota a gota o en un hilo): *Tears trickled down her cheeks.* Las lágrimas le resbalaban por las mejillas. • *Water trickled out of the pipe.* De la tubería salía un hilito de agua. **2** (personas, vehículos) **trickle in/out/away** entrar/salir/irse poco a poco: *A few letters trickled in.* Poco a poco fueron llegando algunas cartas. • **trickle into/out of sth** entrar poco a poco en algo/salir poco a poco de algo

trick·le² s **1** [C] hilito (de líquido): *a trickle of blood* un hililllo de sangre **2** [sing] goteo (de personas, vehículos, etc.): *a trickle of refugees coming into the country* un goteo de refugiados que van entrando en el país

‚trick or 'treat *interj* frase con que los niños reclaman golosinas a los vecinos cuando van de casa en casa en la noche de Halloween

‚trick 'question s [C] pregunta engañosa

trick·ster /'trɪkstər/ s [C] embaucador -a

trick·y ⚅ /'trɪki/ adj (**trickier**, **trickiest**) complicado -a, delicado -a • **the tricky part** lo complicado, lo difícil

tri·cy·cle /'traɪsɪkəl/ s [C] triciclo ▶ BICYCLE

tri·dent /'traɪdnt/ s [C] tridente

tried¹ /traɪd/ pasado y participio pasado de TRY

tried² adj **tried and tested** de eficacia comprobada, probado -a

tri·fle¹ /'traɪfəl/ s **1** [C] (*antic*) insignificancia, nimiedad **2** [C,U] postre frío a base de bizcocho, fruta, gelatina y crema

EXPRESIONES
a trifle (*fml*) un poquitico, un poquitín

trifle² v
trifle with sb/sth *v+partíc* jugar con alguien/algo (maltratar)

tri·fling /'traɪflɪŋ/ adj insignificante, nimio -a

trig·ger¹ /'trɪgər/ (tb **trigger ↔ off**) v [T] **1** desencadenar (un ataque, una guerra), despertar (un recuerdo, una emoción) • **trigger a response/reaction** provocar una respuesta/reacción **2** detonar (una bomba), provocar (una explosión) • **trigger an alarm** disparar una alarma

trigger² s [C] **1** gatillo • **pull/squeeze the trigger** apretar el gatillo • **have/keep your finger on the trigger** tener/mantener el dedo en el gatillo **2** (factor) desencadenante • **be the trigger for sth** desencadenar/provocar algo

‚**trigger-,happy** adj (*coloq*) de gatillo fácil, que dispara a la menor provocación

trig·o·nom·e·try /,trɪgə'nɑmətri/ s [U] trigonometría

trike /traɪk/ s [C] (*coloq*) triciclo ⟨SIN⟩ **tricycle**

tri·lat·er·al /,traɪ'lætərəl‹/ adj [gralm ante s] trilateral

tril·by /'trɪlbi/ s [C] (pl **trilbies**) sombrero de fieltro (masculino)

trill¹ /trɪl/ v (*liter*) **1** [I] trinar, gorjear **2** [T] decir con voz cantarina

trill² s [C] **1** trino **2** (*técn*) vibración (en fonética)

tril·lion /'trɪlyən/ *núm* **1** billón ▶ En el inglés actual, **billion** equivale a mil millones (1.000.000.000) y **trillion**, a un billón (1.000.000.000.000). *The country is more than $3 trillion in debt.* El país tiene una deuda de más de 3 billones de dólares. **2 a trillion** (tb **trillions**) (*coloq*) millones, muchísimos -as

tril·o·gy /'trɪlədʒi/ s [C] (pl **trilogies**) trilogía

trim¹ /trɪm/ v [T] (**trimmed**, **trimming**) **1** (el bigote, el césped) recortar: *The hedge needs trimming.* Hay que recortar el seto. • **trim your hair** cortarse las puntas • **trim your beard/nails** recortarse la barba/las uñas **2** (empleos, un presupuesto) recortar • **trim sth from/off sth** recortar algo de algo: *a plan to trim $200 million from the budget* un plan para recortar 200 millones de dólares del presupuesto • **trim sth by 10%/$4 million** recortar algo en un 10%/en 4 millones de dólares **3** [gralm en pasiva] (un vestido, un sombrero) **trimmed with sth** con adornos de algo: *a dress trimmed with lace* un vestido con adornos de encaje • **trim the tree** decorar el árbol (de Navidad) **4** (*técn*) (las velas) poner a punto, trimar
trim sth ↔ away *v+partíc* recortar algo (sobrantes, puntas)
trim sth ↔ back *v+partíc* **1** hacer recortes en algo, reducir algo **2** podar algo, cortar algo
trim down *v+partíc* **1 trim down** adelgazar **2 trim ↔ down** recortar/reducir algo • **trim sth down to sth** reducir algo a algo
trim sth ↔ off *v+partíc* recortar algo (sobrantes, puntas)

trim² adj **1** esbelto -a, delgado -a • **keep/stay trim** mantener la silueta **2** muy cuidado -a

trim³ s **1** [C gralm sing] recorte (de la barba) • **give sth a trim** recortar algo **2** [sing, U] embellecedor, adorno (en un carro), ribete (en un vestido, un zapato), moldura (en un mueble, un edificio)

get in trim ponerse en forma • **keep yourself in trim** mantenerse en forma • **keep sth in trim** mantener algo en buenas condiciones

tri·mes·ter /'traɪmestər, traɪ'mestər/ s [C] trimestre

trim·ming /'trɪmɪŋz/ s **1 trimmings** [pl] recortes, trozos recortados **2** [C,U] ribete

EXPRESIONES
with all the trimmings con su guarnición, con todos los fierros

Trin·i·dad /'trɪnɪdæd/ Trinidad

Trinidad and To·ba·go /ˌtrɪnɪdæd ən tə'beɪgoʊ/ s Trinidad y Tobago

Trin·i·dad·i·an /ˌtrɪnɪ'dædiən/ s [C], adj trinidense

trin·i·ty /'trɪnəti/ s (pl **trinities**) **the (Holy) Trinity** la (Santísima) Trinidad

trin·ket /'trɪŋkɪt/ s [C] baratija

tri·o /'trioʊ/ s [C] (pl **trios**) trío: a jazz trio un trío de jazz

trip¹ S1 W1 /trɪp/ s [C]
1 (de placer, negocios) viaje; (al campo, a la playa) excursión: How was your trip? ¿Qué tal estuvo tu viaje? • [+to]: Win a free trip to New York! ¡Gane un viaje gratis a Nueva York! • **go on a trip** (tb **take a trip**) irse de viaje • **make a trip** viajar • **a business/school trip** un viaje de negocios/estudios • **a fishing trip** una excursión para ir a pescar • **a bus/boat trip** una excursión en autobús/barco ▶ ver nota en VIAJE
2 (a un punto cercano) viaje, visita, salida • [+to]: We made a quick trip to the store. Fuimos en un momento a la tienda. • We had to make three trips to carry everything. Tuvimos que hacer tres viajes para llevarlo todo. • a quick trip to the toilet una visita rápida al baño • **a shopping trip** una salida de compras/a hacer las compras • **a wasted trip** un viaje en vano
3 (con el pie) tropezón, tropiezo
4 [gralm sing] (coloq) **be a trip** ser genial, ser excepcional
5 (coloq) (por drogas) viaje, traba ▶ EGO TRIP, FIELD TRIP, a walk/trip down MEMORY lane, ROAD TRIP, ROUND TRIP

trip² S2 v
1 [I] tropezarse: She tripped and hurt her knee. Se tropezó y se lastimó la rodilla. • **trip over/on sth** tropezar con algo: He almost tripped over the dog. Casi se tropieza con el perro. • **trip and fall** tropezarse y caerse
2 [T] poner(le) (una) zancadilla a: She put her foot out to trip him. Alargó el pie para ponerle zancadilla.
3 [T] hacer saltar, activar (una alarma, etc.)
4 [I siempre + adv/prep] (liter) corretear, brincar, ir a paso ligero • **trip along/off** I was tripping along behind him. Lo seguía a paso ligero. • **trip down/along sth** recorrer algo con paso ligero
5 [I] (coloq) estar trabado -a, estar drogado -a SIN **trip out**
6 be tripping on sth (coloq, oral) quedar fascinado -a/alucinado -a con algo

EXPRESIONES
sb is tripping (coloq) estar medio -a loco -a • **be tripping over yourself to do sth** (tb **be tripping over each other to do sth**) apresurarse a hacer algo, deshacerse por hacer algo • **trip off the tongue** ser fácil de pronunciar
trip out v+partíc **1 trip out** (coloq) alucinar (con drogas) **2 trip out** (coloq, oral) alucinar, friquearse (sorprenderse) SIN **freak out 3 trip sb out** (coloq, oral) fascinar a alguien, divertir mucho a alguien SIN **freak out**
trip up v+partíc **1 trip sb ↔ up** hacer que alguien se equivoque **2 trip sb ↔ up** poner(le) (una) zancadilla a

tri·par·tite /traɪ'pɑrtaɪt/ adj [solo ante s] (frml) tripartito -a

tripe /traɪp/ s [U] **1** callos, menudo, pancita **2** (coloq) tonterías (dichas o escritas)

tri·ple¹ /'trɪpəl/ adj [solo ante s] triple: a triple homicide un triple asesinato • a triple whisky un whisky triple • **triple digits** (una cantidad de) tres cifras

trip

triple² det el triple de: The new machine works at triple the speed. La nueva máquina funciona al triple de velocidad.

triple³ v [I,T] triplicar(se) • **triple in size/price** triplicar su tamaño/precio

tri·plet /'trɪplɪt/ s [C] **1** [gralm pl] trillizo -a **2** (técn) tresillo (en música)

trip·li·cate /'trɪpləkɪt/ s **in triplicate** por triplicado

tri·pod /'traɪpɑd/ s [C] trípode

trite /traɪt/ adj manido -a, trillado -a

tri·umph¹ /'traɪəmf/ s **1** [C,U] (victoria) triunfo • [+over]: the city's triumph over hardship el triunfo de la ciudad sobre las penurias • **in triumph** triunfante **2** (paradigma) **a triumph of engineering/design** un triunfo de ingeniería/diseño

triumph² v [I] triunfar • **triumph over sth** triunfar sobre algo

tri·um·phal /traɪ'ʌmfəl/ adj [solo ante s] triunfal

tri·um·phant /traɪ'ʌmfənt/ adj **1** triunfante, de triunfo (sonrisa, gesto) **2** triunfal (momento, regreso) **3** triunfador -a

tri·um·phant·ly /traɪ'ʌmfəntli/ adv triunfalmente

triv·i·a /'trɪviə/ s [U] **1** datos y curiosidades: movie trivia datos y curiosidades del mundo del cine **2** trivialidades

triv·i·al /'trɪviəl/ adj trivial, insignificante

triv·i·al·i·ty /ˌtrɪvi'æləti/ s [C,U] (pl **trivialities**) trivialidad

triv·i·al·i·za·tion /ˌtrɪviələ'zeɪʃən/ s [U] trivialización

triv·i·al·ize /'trɪviəˌlaɪz/ v [T] trivializar

trod /trɑd/ pasado de TREAD

trod·den /'trɑdn/ participio pasado de TREAD

trog·lo·dyte /'trɑgləˌdaɪt/ s [C] troglodita

troi·ka /'trɔɪkə/ s [C] (frml) troika, troica

Tro·jan /'troʊdʒən/ s [C], adj troyano -a

troll¹ /troʊl/ s [C] troll, gnomo

troll² v [I,T] **1** buscar (en) • **troll (sth) for sth** buscar algo (en algo): travelers trolling for cheap flights viajeros en busca de vuelos baratos SIN **trawl 2** rastrear (el fondo del mar, río) • **troll (sth) for sth** rastrear (algo) buscando algo: They trolled the river for her body. Rastrearon el río buscando el cadáver. SIN **trawl**

trol·ley /'trɑli/ s [C] (pl **trolleys**) (tb **trolley car**) tranvía

trom·bone /trɑm'boʊn/ s [C] trombón

trom·bon·ist /trɑm'boʊnɪst/ s [C] trombonista, trombón

tromp /trɑmp, trɔmp/ v [I siempre + adv/prep] caminar pisando fuerte

troop¹ W1 /trup/ s
1 troops [pl] tropas • **withdraw troops** retirar las tropas • **troop movements** desplazamientos de tropas
2 [C] escuadra, sección (militar)
3 [C] tropa (de scouts)

4 [C] manada • [+of]: *a troop of monkeys* una manada de monos

troop² *v* [I siempre + adv/prep] **troop back/off/in** volver/salir/entrar en grupo: *The team trooped back onto the field.* El equipo regresó al terreno de juego. • **troop into/out of sth** entrar en/salir de algo en grupo

troop·er /'trupɚ/ *s* [C] **1** agente (de policía) **2** soldado (de caballería, de unidad acorazada)

EXPRESIONES

a (real) trooper (*aprec*, *oral*) un luchador/una luchadora incansable • **swear like a trooper** ser muy malhablado -a

tro·phy /'troʊfi/ *s* [C] (pl **trophies**) **1** (deportivo) trofeo • **win a trophy** ganar un trofeo **2** (de caza, de guerra) trofeo: *hunting trophies* trofeos de caza

trop·ic /'trɑpɪk/ *s* [C] trópico

trop·i·cal /'trɑpɪkəl/ *adj* tropical

trot¹ /trɑt/ *v* (**trotted**, **trotting**) **1** [I] (caballo) trotar • **trot off/away** irse trotando **2** [I siempre + adv/prep] (persona, perro) **trot along** trotar, ir trotando • **trot away** marcharse trotando

trot sth ↔ out *v+partíc* dar algo (una excusa, una respuesta): *Steve trotted out the same old excuses.* Steve dio las mismas excusas de siempre.

trot² *s* **1** [sing] trote • **break into a trot** salir trotando, empezar a trotar **2** **the trots** [pl] (*hum*, *coloq*) diarrea, cagalera, chorrillo SIN **diarrhea**

trou·ba·dour /'trubə,dɔr/ *s* [C] trovador

trou·ble¹ S1 W1 /'trʌbəl/ *s*

1 dificultad
2 situación difícil
3 lado negativo
4 por mala conducta
5 pelea
6 esfuerzo
7 dolencia

1 DIFICULTAD [U] (tb **troubles** [pl]) problemas: *The trouble started when she lost her job.* Los problemas empezaron cuando se quedó sin trabajo. • *the country's economic troubles* los problemas económicos del país • *We found the house without any trouble.* Encontramos la casa sin problemas. • **have trouble(s)** tener problemas: *We don't have any money troubles.* No tenemos problemas de dinero. • **have trouble with sb/sth** tener problemas con alguien/algo: *We've been having trouble with our teenage son.* Nuestro hijo adolescente nos está dando problemas. • **have trouble doing sth** *I have trouble staying awake in class.* Me cuesta mantenerme despierto en clase. • *He had no trouble landing.* No tuvo problemas para aterrizar. • **cause trouble** causar/provocar problemas: *Snow caused trouble at many airports.* La nieve provocó problemas en muchos aeropuertos. • *Our new software has been causing us a lot of trouble.* El nuevo programa nos ha dado muchos problemas. SIN **problem**

2 SITUACIÓN DIFÍCIL [U] **be in trouble** estar en un apuro/aprieto, tener problemas • **run/get into trouble** verse en un apuro/aprieto • **be in serious/deep trouble** tener serios/graves problemas

3 LADO NEGATIVO [sing] **the trouble is (that)** el problema es que, lo que pasa es que • **the trouble with sb/sth is (that)** lo malo de alguien/algo es que: *The trouble with this recipe is that it takes so long to make.* Lo malo de esta receta es que lleva mucho tiempo hacerla. • *The trouble with you is that you don't listen.* A ti lo que te pasa es que no escuchas. • **that's the/your trouble** ese es el/tu problema: *He never listens – that's his trouble.* El problema es que no escucha. • **what's the trouble?** ¿qué pasa?

4 POR MALA CONDUCTA [U] **be in trouble (with sb)** tener problemas (con alguien): *You'll be in trouble if they catch you cheating.* Vas a tener problemas si te pillan copiando. • *I think I'm in trouble with Dad.* Me parece que papá está enojado conmigo. • **get into trouble (for doing sth)** (tb **get in trouble (for doing sth)**) (*coloq*) meterse en líos/un lío (por hacer algo) • **get sb**

into trouble (tb **get sb in trouble**) (*coloq*) meter a alguien en líos/en un lío • **be in serious/deep/big trouble** estar metido -a en un buen lío: *We'll be in big trouble if Dad finds out.* Si papá se entera, se nos va a armar un buen lío. • **keep/stay out of trouble** no meterse en líos

5 PELEA [U] (tb **troubles** [pl]) disturbios, lío(s): *There's been some trouble downtown.* Hubo disturbios en el centro. • *I knew there was going to be trouble.* Sabía que iba a haber lío. • **cause/make trouble** armar lío, provocar disturbios

6 ESFUERZO [U] molestia • **it's no trouble (at all)** no es ninguna molestia • **take the trouble to do sth** tomarse la molestia de hacer algo • **save sb the trouble (of doing sth)** ahorrarle a alguien la molestia (de hacer algo) • **go to a lot of trouble** esforzarse mucho, hacer un gran esfuerzo • **put sb to... trouble** *I don't want to put you to any trouble.* No quiero ocasionarte molestias. • **take trouble over/with sth** esmerarse con algo • **it is more trouble than it's worth** es demasiado esfuerzo, no vale la pena

7 DOLENCIA [U] **have trouble with arthritis/your heart** tener problemas de artritis/de corazón • **heart/stomach/back trouble** problemas cardiacos/estomacales/de espalda ▸ SMELL **trouble**, TEETHING TROUBLES

EXPRESIONES

be asking for trouble buscarse problemas • **get sb into trouble** (*antic*) dejar embarazada a alguien • **have trouble with sth** no estar de acuerdo con algo, resistirse a aceptar algo • **be no trouble** no dar ningún problema (niño): *Don't worry, the kids were no trouble.* No te preocupes, los niños no dieron ningún problema. • **be (nothing but) trouble** no dar más que problemas: *Those people have been nothing but trouble.* Esas personas no han dado más que problemas.

trouble² *v* [T] **1** preocupar: *There is one thing that's been troubling me.* Hay una cosa que me tiene preocupado. **2** (*frml*) molestar • **trouble sb with sth** molestar a alguien con/por algo • **could/may I trouble you (for sth)?** (*frml*, *oral*) *Could I trouble you for a light?* ¿Le importaría darme fuego? **3** doler (parte del cuerpo, lesión): *Sam's ear has been troubling him.* A Sam le está doliendo el oído. **4** **not/never trouble to do sth** (*esp escrito*) no molestarse en hacer algo, no tomarse la molestia de hacer algo

EXPRESIONES

don't trouble yourself (*frml*, *oral*) no se moleste

trou·bled /'trʌbəld/ *adj* **1** preocupado -a, de preocupación (rostro, mirada) • **look troubled** parecer preocupado -a **2** difícil, turbulento -a (época, relación) **3** conflictivo -a (región, empresa) **4** perturbado -a, trastornado -a • **emotionally troubled** con trastornos emocionales

EXPRESIONES

pour oil on troubled waters calmar los ánimos

trouble-'free *adj* sin ningún contratiempo, sin problemas

trou·ble·mak·er /'trʌbəl,meɪkɚ/ *s* [C] alborotador -a

trou·ble·shoot·ing /'trʌbəl,ʃutɪŋ/ *s* [U] identificación y resolución de problemas (en una empresa, etc.)

trou·ble·some /'trʌbəlsəm/ *adj* **1** problemático -a, conflictivo -a **2** molesto -a, preocupante • **a troublesome knee** una rodilla con problemas

'trouble ,spot *s* [C] zona conflictiva, punto conflictivo

troub·ling /'trʌblɪŋ/ *adj* preocupante, inquietante

trough /trɔf/ *s* [C] **1** bebedero, abrevadero • **a horse/cattle trough** un bebedero de caballos/ganado **2** comedero **3** valle, seno (de una ola), hondonada, depresión (en un terreno) ANT **peak 4** fase baja, fase recesiva (de una economía), valle (en la curva de un gráfico) ANT **peak 5** (*técn*) depresión (atmosférica) • **a trough of low pressure** una banda de bajas presiones ANT **ridge**

trounce /traʊns/ *v* [T] arrollar, ganar de manera aplastante

troupe /trup/ *s* [C] compañía (de actores) • **a dance/ theater troupe** una compañía de danza/teatro • **a circus troupe** una caravana de circo

trou·sers /ˈtraʊzəz/ *s* [pl] pantalón, pantalones • **a pair of trousers** un pantalón, unos pantalones [SIN] **pants** ▶ WEAR the trousers

trous·seau /ˈtrusoʊ, truˈsoʊ/ *s* [C] (pl **trousseaus** o **trousseaux** /-soʊz/) (*antic*) ajuar de novia

trout /traʊt/ *s* (pl **trout**) [C,U] trucha

trow·el /ˈtraʊəl/ *s* [C] **1** desplantador, pala **2** cuchara (de albañil)

tru·an·cy /ˈtruənsi/ *s* [U] capada (de clase), pinta, absentismo escolar

tru·ant /ˈtruənt/ *s* [C] alumno -a que capa clase, alumno -a que se va de pinta

truant *v* [I] faltar a la escuela (sin permiso), capar clase, irse de pinta

truce /trus/ *s* [C] tregua • **call/declare a truce** decretar/ declarar una tregua

truck¹ [S1] [W2] /trʌk/ *s* [C]
1 camión (de carga) • **by truck** en camión
2 camioneta (de caja abierta)
3 carretilla (para traslado, almacenaje)
EXPRESIONES
want no truck with sb/sth no querer saber nada de alguien/algo

truck² *v* **1** [T siempre + adv/prep] llevar en camión **2** [I siempre + adv/prep] (*oral*) **truck along/down sth** avanzar/ir tranquilamente por algo (una calle, una carretera)
EXPRESIONES
get trucking (*oral*) irse, salirse

truck·er /ˈtrʌkər/ *s* [C] (*coloq*) camionero -a (de camión de carga de gran tamaño) [SIN] **truck driver**

'truck farm *s* [C] huerta (con fines comerciales)

truck·ing /ˈtrʌkɪŋ/ *s* [U] transporte por carretera

truck·load /ˈtrʌkloʊd/ *s* [C] **1** camión, cargamento (de un camión) **2** (*coloq*) montones • **by the truckload** a montones

'truck stop *s* [C] parada de camiones (de carga)

truc·u·lent /ˈtrʌkyələnt/ *adj* (*frml*) agresivo -a

trudge¹ /trʌdʒ/ *v* [I siempre + adv/prep] caminar fatigosamente • **trudge up/to/through sth** *We trudged to school through the snow.* Íbamos al colegio caminando a duras penas por la nieve

trudge² *s* [C gralm sing] caminata (fatigosa)

true¹ [S1] [W1] /tru/ *adj*

> 1 no imaginario o inventado
> 2 no aparente
> 3 con todas las cualidades
> 4 leal
> 5 al reconocer algo
> 6 no torcido

1 NO IMAGINARIO O INVENTADO verdadero -a, real, cierto -a: *a true story* una historia real • **be true** ser cierto, ser verdad: *Everything I said is true.* Todo lo que dije es verdad. • *That's not true!* ¡Eso no es cierto! • **it is true (that)** es verdad/cierto que: *Is it true that you're moving to Denver?* ¿Es verdad que te vas a vivir a Denver? • **it is true to say (that)** se puede afirmar que • **be true of sb/sth** (tb **be true for sb/sth**) poder decirse también de alguien/algo: *The text is poorly written, which is true of many textbooks.* El texto está mal escrito, cosa que puede decirse de muchos libros de texto. • **hold true for sb/sth** poder decirse también de alguien/algo • **true or false?** ¿verdadero o falso? [ANT] **false**

2 NO APARENTE [solo ante s] verdadero -a, real • **the true value/cost of sth** el valor/costo real de algo • **the true nature/meaning of sth** la verdadera naturaleza/el

verdadero sentido de algo • **his/their true identity** su verdadera identidad [SIN] **real**

3 CON TODAS LAS CUALIDADES [solo ante s] verdadero -a, de verdad: *He had found true happiness.* Había encontrado la verdadera felicidad. • **a true friend/ sportsman** un amigo/deportista de verdad

4 LEAL [nunca ante s] fiel • [+to]: *He has always been true to me.* Siempre me ha sido fiel. • **be true to your principles/ideals** ser fiel a sus principios/ideales • **remain/stay true to sb/sth** mantenerse fiel a alguien/ algo

5 AL RECONOCER ALGO [nunca ante s] (es) cierto: *True, he has a college degree, but...* Es cierto, tiene un título universitario, pero... • **it is true (that)** es cierto que

6 NO TORCIDO [nunca ante s] (*técn*) recto -a, derecho -a, nivelado -a ▶ be a DREAM come true, not RING true
EXPRESIONES
his/her aim is true (*liter*) tiene buena puntería • **come true** hacerse realidad, cumplirse: *Her dream finally came true.* Por fin su sueño se hizo realidad. • **be (all/only) too true** ser por desgracia cierto: *Too true!* ¡Por desgracia, es cierto! • **show/reveal your true colors** mostrarse tal como es • **true to form/type** como de costumbre, como es habitual • **be true to your word/ promise** cumplir su palabra/ser fiel a su promesa

true² *adv* (*liter*) directo, directamente

true³ *s* **be out of true** no estar recto -a/nivelado -a

,true-'life *adj* [solo ante s] real, verídico -a

,true 'love *s* **1** [U] amor verdadero/de verdad **2** [C] (*liter*) gran amor (persona)

truf·fle /ˈtrʌfəl/ *s* **1** [C,U] (hongo) trufa **2** [C] (bombón) trufa

tru·ism /ˈtruɪzəm/ *s* [C] **1** perogrullada, verdad de perogrullo, truismo **2** tópico, lugar común

tru·ly [S3] [W2] /ˈtruli/ *adv*
1 (para enfatizar lo descrito) verdaderamente, realmente: *a truly remarkable woman* una mujer realmente extraordinaria • *She felt truly happy.* Se sentía verdaderamente feliz.
2 (con exactitud) *a truly representative sample* una muestra auténticamente representativa • *No adult twins are truly identical.* Los gemelos adultos nunca son totalmente idénticos.
3 (para enfatizar ideas o sentimientos) de verdad, realmente: *I am truly sorry.* Lo siento de verdad.
4 (*frml* o *liter*) sinceramente, con sinceridad • **answer truly** responder con la verdad [SIN] **truthfully** ▶ WELL and truly, YOURS truly

trump¹ /trʌmp/ *s* **1** [C] (carta del palo de) triunfo **2** [U] triunfo (partida)

trump² *v* [T] **1** fallar (con un triunfo) a **2** superar
trump sth ↔ up *v+partíc* fabricar pruebas falsas de algo

'trump card *s* [C] **1** (carta del palo de) triunfo **2** baza, as en la manga • **play your trump card** jugar su baza, sacar el as (que tiene bajo la manga)

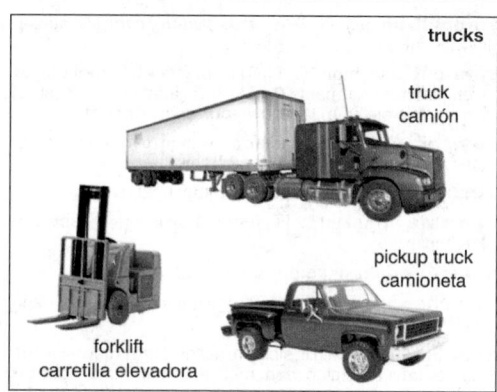

trucks

truck
camión

pickup truck
camioneta

forklift
carretilla elevadora

'trumped-up adj falso -a: *trumped-up charges* acusaciones falsas

trum·pet¹ /'trʌmpɪt/ s **1** [C] trompeta • **trumpet player** trompetista, trompeta **2** [C] flor acampanada **3** [sing] barrito (de elefante) ▸ BLOW your own trumpet

trumpet² v **1** [T] proclamar a los cuatro vientos, anunciar con bombos y platillos **2** [I] barritar

trum·pet·er /'trʌmpɪtə/ s [C] trompetista, trompeta

trun·cate /'trʌŋkeɪt/ v [T] (*frml*) **1** acortar SIN **shorten 2** truncar

trun·cat·ed /'trʌŋ,keɪtɪd/ adj truncado -a

trun·cheon /'trʌnʃən/ s [C] porra, cachiporra, macana SIN **nightstick**

trun·dle /'trʌndl/ v [I,T siempre + adv/prep] (hacer) avanzar lentamente (algo con ruedas): *Two large wagons trundled by.* Dos grandes carretas pasaron lentamente.

trunk S3 /trʌŋk/ s [C]
1 (de árbol) tronco • **a tree trunk** el tronco de un árbol
2 (de elefante) trompa
3 (del cuerpo) (*técn*) tronco
4 (prenda) **trunks** [pl] traje de baño, pantalón de baño, calzoneta (de varón, tipo short o bermudas)
5 (para ropa, libros) baúl
6 (de carro) baúl, cajuela

trust¹ W3 /trʌst/ s
1 [U] confianza • **trust in sth/sb** confianza en algo/ alguien • *efforts to restore trust in the government* esfuerzos por recuperar la confianza en el gobierno • **win/ lose sb's trust** ganarse/perder la confianza de alguien • [+**between**]: *the trust between doctor and patient* la confianza entre médico y paciente • **put your trust in sb/sth** (tb **place your trust in sb/sth**) depositar su confianza en alguien/algo
2 [C,U] fideicomiso • **be held in trust** quedar en fideicomiso • **put/place sth in trust** poner algo en fideicomiso
3 [C gralm sing] fundación (entidad): *a charitable trust* una fundación benéfica
4 [C] (oligopolio) trust, cartel

EXPRESIONES
put sb/sth in sb's trust (tb **place sb/sth in sb's trust**) confiarle alguien/algo a alguien • **take sth on trust** creer que algo es cierto (sin prueba alguna a cambio)

trust² S2 W2 v [T]
1 (una persona) confiar en, fiarse de: *I never trusted him.* Nunca confié en él. • **trust sb to do sth** confiar en que alguien hará algo: *You can trust me to keep your secret.* Puedes confiar en que te guardaré el secreto. • **trust sb completely/implicitly** confiar plenamente en alguien, tener plena confianza en alguien ANT **distrust, mistrust**
2 (un sentimiento, una información) confiar en, fiarse de: *Trust your instincts!* ¡Confía en tu instinto! • **trust sb's judgment** confiar en el criterio de alguien ▸ TRIED and trusted

EXPRESIONES
I trust (that) (*frml*) espero que • **not trust sb any farther than you can throw them** (tb **not trust sb an inch**) (*oral*) no confiar para nada en alguien • **trust sb (to do sth)!** *Trust you to be late!* ¡Para variar, llegas tarde!
trust in sb/sth v+*partíc* confiar en alguien/algo, tener confianza en alguien/algo
trust to sth v+*partíc* confiar en algo: *I'll just have to trust to luck.* Tendré que confiar en la suerte.
trust sb with sb/sth v+*partíc* confiarle alguien/algo a alguien • **trust sb with your life** poner la vida en manos de alguien

trust·ed /'trʌstɪd/ adj [solo ante s] de confianza

trust·ee /trʌ'sti/ s [C] **1** fiduciario -a, fideicomisario -a **2** administrador -a, consejero -a (de una entidad)

'trust fund s [C] fondo fiduciario

trust·ing /'trʌstɪŋ/ adj confiado -a

trust·wor·thy /'trʌst,wɜði/ adj **1** digno -a de confianza **2** fidedigno -a, fiable

trust·y /'trʌsti/ adj [solo ante s] (*arc o hum*) leal, fiel

truth S2 W1 /truθ/ s
1 [U] (hechos) verdad • [+**about**]: *She refuses to face the truth about herself.* Se niega a afrontar la verdad sobre sí misma. • [+**behind**]: *the truth behind the allegations* lo que hay de verdad en las acusaciones • **tell (sb) the truth** decir(le) la verdad (a alguien): *How do we know you're telling the truth?* ¿Cómo sabemos que dices la verdad? • **speak the truth** decir la verdad • **the truth is (that)** (tb **the truth of the matter is (that)**) la verdad es que, lo cierto es que • **know/discover the truth** saber/ descubrir la verdad • **hide/conceal the truth** ocultar la verdad • **the whole truth** toda la verdad: *I swear to tell the truth, the whole truth, and nothing but the truth.* Juro decir la verdad, toda la verdad y nada más que la verdad.
2 [U] (cualidad) verdad, veracidad: *The magazine could not prove the truth of this statement.* La revista no pudo comprobar la veracidad de esta declaración. • **there is some/no truth to sth** (tb **there is some/no truth in sth**) hay una parte de verdad/no hay ninguna verdad en algo
3 [C gralm pl] (*frml*) (idea) verdad • [+**about**]: *profound truths about life* verdades profundas sobre la vida

EXPRESIONES
in truth (*frml*) en honor a la verdad • **nothing could be further from the truth** nada más lejos de la realidad • **to tell (you) the truth** (*oral*) a decir verdad

truth·ful /'truθfəl/ adj **1** (persona) sincero -a, que dice la verdad • **be truthful** decir la verdad, ser sincero -a • [+**about**]: *He hasn't been truthful about their relationship.* No ha sido sincero sobre su relación. • [+**with**]: *I want you to be truthful with me.* Quiero que me digas la verdad. **2** (declaración, relato) veraz: *I want a truthful answer.* Quiero una respuesta sincera. **3** (película, libro) realista, veraz • **a truthful picture of sth** una fiel representación de algo

truth·ful·ly /'truθfəli/ adv **1** sinceramente, con sinceridad: *"I don't know," I answered truthfully.* –No sé –respondí sinceramente. **2** [adv oracional] a decir verdad

try¹ S1 W1 /traɪ/ v (**tries, tried, trying**)
1 [I,T] intentar(lo): *Try again.* Inténtalo otra vez. • *He tried a double somersault.* Intentó hacer un doble mortal. • **try to do sth** (tb **try and do sth**) intentar hacer algo, tratar de hacer algo: *She tried to forget about what had happened.* Intentó olvidar lo que había pasado. • *You have to try and eat something.* Tienes que tratar de comer algo. • **try and try** intentarlo una y otra vez
2 [I,T] esforzarse: *At least he tries.* Al menos se esfuerza. • **try hard (to do sth)** esforzarse mucho (para hacer algo), hacer lo posible (por hacer algo): *She's always tried really hard at school.* Siempre se esforzó mucho en la escuela. • *She tried hard not to laugh.* Hizo lo posible por no reírse. • **try your best/hardest (to do sth)** esforzarse al máximo (para hacer algo), hacer todo lo posible (por hacer algo): *I tried my best to comfort her.* Hice todo lo que pude para consolarla.
3 [T] probar (con): *Running is good exercise – you should try it.* Correr es un buen ejercicio; deberías probarlo. • *I'll go try the phone upstairs.* Voy a probar con el teléfono de arriba. • *Have you tried Sarah? She might know.* ¿Ya probaste con Sarah? Puede que ella lo sepa. • **try doing sth** probar a hacer algo: *Try walking to work instead of driving.* Prueba a ir al trabajo caminando en vez de en carro. • **try something new/different** probar cosas nuevas/distintas • **try sth on sb/sth** probar algo con alguien/algo
4 [T] intentar abrir (una puerta, una ventana) • **try a handle** intentar girar una manilla
5 [T gralm en pasiva] juzgar, procesar • **try sb for (doing) sth** juzgar a alguien por (hacer) algo • **try a case** juzgar/ ver un caso

EXPRESIONES
sb couldn't do sth if they tried (*oral*) alguien es incapaz de hacer algo • **it is not for (the) lack/want of trying** no será porque no lo haya/hayas intentado • **try as I/he**

might por más que lo intentaba, por más que me/se esforzaba • **try your hand at acting/painting** probar a hacer teatro/pintura • **try your luck** probar suerte • **try sb's patience** hacerle perder la paciencia a alguien

try for sth v+partíc intentar conseguir algo, presentarse a algo (un trabajo, un premio) • **try for a baby** intentar tener un hijo

try sth ↔ on v+partíc probarse algo: *Can I try these jeans on?* ¿Puedo probarme estos bluyines?

try out v+partíc **1 try sth ↔ out** probar algo (un método, un aparato, etc.) • **try sth ↔ out on sb** probar algo con alguien **2 try sb ↔ out** poner a alguien a prueba **3 try out** hacer una prueba, probarse (para actuar en una obra, formar parte de un equipo, etc.) • **try out for sth** probarse para algo

⚠ **try to do something** o **try doing something?**

Observa que **try to do something** se usa con el sentido de "intentar", y **try doing something** con el sentido de "probar":
✔ *She tried several times to stop smoking but she could never do it.*
✔ *How can I persuade him? I've tried telling the truth but he doesn't believe me.*

try² 🔲 s (pl **tries**)

1 [C] (hecho de intentar) intento: *It was a good try.* Fue un buen intento. • **on my/his first/second try** al primer/segundo intento • [+**at**]: *his third try at the marathon* la tercera vez que corre la maratón • **give it a try** intentarlo

2 [sing] (hecho de probar) **give sth a try** probar algo, ver qué tal es algo: *Why don't we give that new bar a try?* ¿Por qué no probamos ese bar nuevo? • **it's worth a try** vale la pena intentarlo/probar

EXPRESIONES

give sb a try (a) probar (a hablar) con alguien **(b)** darle una oportunidad a alguien • **good try (a)** (tb **nice try**) *Nice try, but I'm not that stupid!* Esa estuvo buena, ¡pero no soy tan tonta! **(b)** (*oral*) vas por buen camino, muy bien

try·ing /'traɪ-ɪŋ/ adj difícil, duro -a

try·out /'traɪ-aʊt/ s [C] **1** [gralm pl] prueba (para integrarse a un equipo, un elenco, etc.) • **baseball/Little League/cheerleader tryouts** pruebas para incorporarse al equipo de béisbol/a la Little League/para ser porrista SIN **trial 2** (de un programa de televisión) periodo de prueba **3** (de un método, una máquina) (periodo de) prueba

tsar /zɑr/ s variante de CZAR

T-shirt 🔲, **tee-shirt** /'ti ʃɜrt/ s [C] camiseta (de manga corta), playera

tsp. (abrev escrita de **teaspoon**) cucharadita

tub 🔲 /tʌb/ s [C]

1 tarro, pote, bote: *empty margarine tubs* envases vacíos de margarina • *I ate a whole tub of ice cream.* Me comí un pote de helado entero.
2 maceta, matera, tiesto
3 cubo, barreño
4 bañera, tina

tu·ba /'tubə/ s [C] tuba

tub·by /'tʌbi/ adj (**tubbier, tubbiest**) (coloq) rechoncho -a, gordito -a

tube 🔲 /tub/ s [C]

1 (conducto) tubo
2 (envase) tubo: *a tube of toothpaste* un tubo de crema de dientes
3 (cilindro) tubo
4 (órgano) **the fallopian tubes** las trompas de falopio • **bronchial tubes** bronquios
5 the tube (oral) la tele ► INNER TUBE, TEST TUBE

EXPRESIONES

go down the tubes (coloq) irse a pique

tu·ber /'tubər/ s [C] tubérculo

tu·ber·cu·lo·sis /tʊˌbərkyə'loʊsɪs/ s [U] tuberculosis SIN **TB**

tub·ing /'tubɪŋ/ s [U] tubería(s), cañería(s)

tu·bu·lar /'tubyələr/ adj tubular, de tubo

tuck¹ /tʌk/ v [T] **1** [siempre + adv/prep] (el pelo, las sábanas) **tuck sth under sth** meter algo debajo de algo • **tuck sth behind sth** *She tucked her hair behind her ear.* Se acomodó el pelo detrás de la oreja. **2** [siempre + adv/prep] (un objeto) **tuck sth under/in sth** meter algo bajo/en algo: *He tucked the newspaper under his arm.* Se puso el periódico bajo el brazo. • *She tucked her hands into the pockets of her jeans.* Metió las manos en los bolsillos de los bluyines.

tuck away v+partíc **1 be tucked away** estar escondido -a (lugar) **2 tuck sth ↔ away** guardar algo, esconder algo

tuck in v+partíc **1 tuck sth ↔ in** meter algo (dentro o debajo de otra cosa) • **tuck your shirt/T-shirt in** meterse la camisa/camiseta por dentro de los pantalones • **tuck a sheet in** meter la sábana (debajo del colchón) **2 tuck sb in** arropar a alguien **3 tuck sth ↔ in** meter algo para adentro (una parte del cuerpo): *Tuck your tummy in.* Mete la barriga para adentro.

tuck² s **1** [C] pinza (pliegue) **2** [C] operación de cirugía estética • **a tummy tuck** una reducción/liposucción de abdomen

tuck·er /'tʌkər/ v

tucker sb out v+partíc (coloq) agotar a alguien, dejar a alguien rendido -a

Tues·day /'tuzdi, -deɪ/ (abrev escrita **Tue., Tues.**) s [C,U] martes ► ver ejs en FRIDAY

tuft /tʌft/ s [C] **1** mata • [+**of**]: *tufts of grass* matas de pasto **2** mechón • [+**of**]: *a tuft of hair* un mechón de pelo

tug¹ /tʌg/ v [I,T] (**tugged, tugging**) tirar (de), jalar (de), tironear (de) • **tug on/at sth** tirar/tironear de algo, jalar de algo ► ver nota en PULL

tug² s [C] **1** [gralm sing] tirón, jalón **2** (tb **tugboat**) (barco) remolcador

tug-of-'war s **1** [sing, U] juego de tira y afloja con una cuerda **2** [sing] (situación de) tira y afloja

tu·i·tion /tu'ɪʃən/ s [U] **1** clases, enseñanza: *private tuition* clases particulares **2** matrícula

tu·lip /'tulɪp/ s [C] tulipán

tulle /tul/ s [U] tul

tum·ble¹ /'tʌmbəl/ v [I] **1** [siempre + adv/prep] caer(se) • **tumble over** caer(se) • **tumble backward** caer(se) de espaldas • **tumble down sth** caer rodando por algo **2** [siempre + adv/prep] **tumble out of/off sth** salir desordenadamente/en tropel de algo **3** desplomarse (precios, índices): *Oil prices have tumbled.* Los precios del petróleo se han desplomado.

EXPRESIONES

come tumbling down venirse abajo, derrumbarse • **my/her world is tumbling down** (liter) el mundo se me/le viene abajo

tumble out v+partíc (escrito) salir a borbotones (palabras)

tumble² s **1** [C] caída • **take a tumble** caerse **2** [gralm sing] desplome (de precios, índices) • **take a tumble** desplomarse

tum·bler /'tʌmblər/ s [C] vaso (de los de agua o whisky)

tum·my /'tʌmi/ s [C] (pl **tummies**) barriga, pancita

tu·mor /'tumər/ s tumor: *a brain tumor* un tumor cerebral • **a malignant/benign tumor** un tumor maligno/benigno

tu·mult /'tumʌlt/ s [C,U] (liter) **1** (de la muchedumbre) tumulto, agitación **2** (mental) tumulto, confusión

tu·mul·tu·ous /tʊ'mʌltʃuəs/ adj (liter) tumultuoso -a

tu·na /'tunə/ s (pl **tuna, tunas**) **1** [C] (pez) atún **2** [U] (tb **tunafish**) (pescado) atún

tun·dra /'tʌndrə/ s [C,U] (pl **tundra, tundras**) tundra

tune¹ 🔲 /tun/ s [C]

1 melodía, música • **sing sth to the tune of sth** cantar algo con la música de algo

2 (*coloq*) tema, canción ▶ CHANGE your tune, DANCE to sb's tune, FINE-TUNE

EXPRESIONES

in tune afinado -a: *They sang perfectly in tune.* Cantaron perfectamente afinados. • **be in tune with sb/sth** estar en sintonía con alguien/algo, sintonizar con alguien/algo • **out of tune** desafinado -a • **be/sing out of tune** desafinar • **to the tune of** $1,000/$50 million (*coloq*) por un total de 1.000 dólares/50 millones de dólares

tune² *v* [T] **1** afinar (un instrumento) **2** [gralm en pasiva] sintonizar (una radio, una televisión) • **be tuned to a station/channel** estar puesto -a en una emisora/un canal **3** poner a punto (un motor)

EXPRESIONES

stay tuned (*oral*) **(a)** permanezcan en nuestra sintonía **(b)** sigan atentos a su pantalla
tune in *v+partíc* **1 tune in** ver/escuchar el programa • **tune in to sth** sintonizar algo (una emisora, un canal) **2 tune in to sth** captar algo (una situación, una intención), conectar con algo (unos sentimientos, unas necesidades) **3 be tuned in (to sth)** ser receptivo -a (a algo)
tune up *v+partíc* **1 tune up** afinar (músico) **2 tune sth ↔ up** afinar algo (un instrumento) **3 tune sth ↔ up** poner a punto algo (un motor) ▶ TUNE-UP

tune·ful /'tunfəl/ *adj* melodioso -a

tune·less /'tunlɪs/ *adj* disonante

tun·er /'tunɚ/ *s* [C] **1** sintonizador (en un televisor, etc.) **2** afinador -a (persona) **3** afinador electrónico

'tune-up *s* [C] puesta a punto (de un motor)

tung·sten /'tʌŋstən/ (símb quím **W**) *s* [U] tungsteno

tu·nic /'tunɪk/ *s* [C] túnica

'tuning fork *s* [C] diapasón

Tu·ni·sia /tu'niʒə/ Túnez

Tu·ni·sian /tu'niʒən/ *s* [C], *adj* tunecino -a

tun·nel¹ /'tʌnl/ *s* [C] túnel

tunnel² *v* [I siempre + adv/prep, T] abrir un túnel (en) • **tunnel under/through/into sth** abrir un túnel debajo de/a través de/en algo

,tunnel 'vision *s* [U] **1** (*peyor*) estrechez de miras **2** visión de/en túnel

Tup·per·ware /'tʌpɚˌwɛr/ *s* [U] (*marca reg*) tupperwares®, tápers: *a Tupperware box* un tupperware®

tur·ban /'tɚbən/ *s* [C] turbante

tur·bine /'tɚbaɪn, -bɪn/ *s* [C] turbina

tur·bo·charged /'tɚboʊˌtʃɑrdʒd/ *adj* turbo, con turbo

tur·bo·jet /'tɚboʊˌdʒɛt/ *s* [C] turborreactor

tur·bu·lence /'tɚbyələns/ *s* [U] turbulencia(s)

tur·bu·lent /'tɚbyələnt/ *adj* turbulento -a

tu·reen /tʊ'rin/ *s* [C] sopera

turf /tɚf/ *s* **1** [U] césped **2** [U] (*coloq*) territorio, terreno • **on my/his own turf** (tb **on my/his home turf**) en mi/su (propio) territorio • **turf war** enfrentamiento interno, lucha interna

tur·gid /'tɚdʒɪd/ *adj* (*frml*) (*peyor*) tedioso -a, farragoso -a

Turk /tɚk/ *s* [C] turco -a

Tur·key /'tɚki/ Turquía

tur·key S2 /'tɚki/ *s* (pl **turkeys**)
1 [C] (ave) pavo, guajolote
2 [U] (carne) pavo, guajolote: *roast turkey* pavo asado
3 [C] (*peyor, coloq*) bazofia (película, obra) ▶ TALK turkey

Turk·ish¹ /'tɚkɪʃ/ *s* [U] turco

Turkish² *adj* turco -a

,Turkish 'bath *s* [C] baño turco

,Turkish de'light *s* [U] delicias turcas

Turk·men¹ /'tɚkmɛn, -mən/ *s* **1** [C] (persona) turcomano -a **2** [U] (lengua) turcomano

Turkmen² *adj* turcomano -a

Turk·men·i·stan /tɚk'mɛnɪˌstɑn, -ˌstæn/ Turkmenistán

tur·mer·ic /'tɚmərɪk, 'tu-/ *s* [U] cúrcuma

tur·moil /'tɚmɔɪl/ *s* [sing, U] agitación, confusión • **political/social turmoil** agitación política/social • **economic turmoil** crisis económica • **emotional turmoil** tensión emocional • **be in (a) turmoil** ser un caos, estar sumido -a en el caos: *His life was in turmoil.* Su vida era un caos. • **be thrown into turmoil** sumirse en el caos

turn¹ S1 W1 /tɚn/ *v*

1 para mirar en la dirección opuesta
2 cambiar la posición de
3 al conducir o caminar
4 en movimiento circular
5 indicando cambio
6 hora
7 la atención, los pensamientos
8 una página
9 marea

1 PARA MIRAR EN LA DIRECCIÓN OPUESTA (a) [I] voltearse: *He turned and looked at me.* Se volteó y me miró. • **turn around/away** darse la vuelta: *Turn around so that I can see you.* Date la vuelta para que pueda verte. • **turn back** *She turned back to James.* Se volteó nuevamente hacia James. • **turn to/toward sb** *He turned toward me and smiled.* Se volteó hacia mí y me sonrió. • **turn over** darse la vuelta (estando acostado): *I turned over and went back to sleep.* Me di la vuelta y volví a dormirme. • **turn to face sb** darse la vuelta y ponerse frente a alguien **(b)** [T] voltear (la cabeza, la espalda)

2 CAMBIAR LA POSICIÓN DE [T] (hacer) girar: *Turn the plant so it's facing the sun.* Gire la planta para que mire hacia el sol. • **turn sth around** (hacer) girar algo: *She turned her chair around to face the table.* Giró la silla para ponerse frente a la mesa. • **turn sth over** darle la vuelta a algo (a un colchón, un panqueque) • **turn sth upside down** poner algo boca abajo

3 AL CONDUCIR O CAMINAR (a) [I] voltear • **turn left/right** voltear a la izquierda/derecha, dar (la) vuelta a la izquierda/derecha • **turn into/onto/down sth** tomar algo (una carretera, una calle): *She turned onto Cedar Drive.* Cogió Cedar Drive. • **turn around** dar la vuelta: *The bus had no room to turn around.* El autobús no tenía espacio para dar la vuelta. **(b)** [T] **turn sth around** dar la vuelta con algo (con un vehículo): *I turned the car around and drove back home.* Di la vuelta con el carro y volví a casa.

4 EN MOVIMIENTO CIRCULAR (a) [T] (hacer) girar: *She turned the door knob.* Giró el pomo de la puerta. **(b)** [I] girar: *The wheels started to turn.* Las ruedas empezaron a girar.

5 INDICANDO CAMBIO [v copul] **turn 5/16/30** cumplir 5/16/30 años, cumplir los 5/16/30: *He's just turned twenty.* Acaba de cumplir veinte años. • **turn red/blue/green** ponerse rojo -a/azul/verde, volverse rojo -a/azul/verde • **turn cold/wet** empezar a hacer frío/a llover: *It's going to turn warmer next week.* Van a subir las temperaturas la semana que viene. • **turn nasty/violent** ponerse desagradable/violento -a • **turn professional** hacerse profesional

6 HORA [T] *It had just turned midday.* Acababan de dar las doce.

7 LA ATENCIÓN, LOS PENSAMIENTOS (a) [T siempre + adv/prep] *He tried to turn his thoughts to other things.* Intentó pensar en otras cosas. • *We must now turn our attention to the question of the schedules.* Ahora tenemos que ocuparnos del tema de los calendarios. **(b)** [I siempre + adv/prep] *Attention has now turned away from this problem.* Ahora se ha desviado la atención de este problema. • *My attention turned to my own problems.* Pasé a ocuparme de mis propios problemas.

8 UNA PÁGINA [T] pasar

9 MAREA [I] cambiar ▶ **turn a BLIND eye (to sth)**, **turn the other CHEEK**, **turn a DEAF ear to sth**, **he would turn in his GRAVE**, **turn your NOSE up at sth**, **turn sb's STOMACH**, **turn the TABLES (on sb)**, **turn TAIL**

not know which way to turn (tb **not know where to turn**) no saber qué hacer/para dónde agarrar • **turn your back on sb/sth** darle la espalda a alguien/algo • **turn a corner (a)** doblar (una) esquina **(b)** (tras una mala racha) superar el mal momento, salir del túnel • **turn sb's head** (*antic*) conquistar a alguien (hacer que se enamore) • **turn sth inside out** (tb **turn sth upside down**) **(a)** (desordenar) poner algo patas arriba (buscando algo) **(b)** (trastocar) poner algo patas arriba: *His theories have turned the financial world upside down.* Sus teorías han puesto patas arriba el mundo de las finanzas. • **turn the tide of sth** cambiar el curso de algo

turn against *v+partíc* **1 turn against sth/sb** ponerse en contra de algo/alguien, volverse contra algo/alguien **2 turn sb against sth/sb** poner a alguien en contra de alguien/algo

turn around *v+partíc* **1 turn sth ↔ around** hacer que algo se recupere/mejore **2 turn around** mejorar, recuperarse **3 turn sth ↔ around** procesar algo (un pedido, una solicitud), producir algo (un producto)

turn away *v+partíc* **1 turn sth ↔ away** no dejar entrar a alguien, denegarle el acceso a alguien **2 turn sb ↔ away** rechazar a alguien **3 turn away from sth** apartarse de algo, dejar de utilizar algo

turn back *v+partíc* **1 turn back** volver: *It's getting late – maybe we should turn back.* Se está haciendo tarde, quizá deberíamos ir volviendo. **2 turn sb ↔ back** hacer volver a alguien **3 turn back** volver(se) atrás

turn down *v+partíc* **1 turn sth ↔ down** bajarle algo (el volumen, la radio): *Can you turn the TV down, please?* ¿Puedes bajarle a la tele, por favor? ANT **turn up 2 turn sth ↔ down** rechazar algo (una oferta, una invitación): *They offered her the job, but she turned it down.* Le ofrecieron el trabajo, pero lo rechazó. **3 turn sth ↔ down** rechazar/denegar algo (una solicitud, una petición) **4 turn sb ↔ down** rechazar a alguien

turn in *v+partíc* **1 turn sth ↔ in** entregar algo (a una autoridad) **2 turn sth ↔ in** devolver algo, regresar algo (a la biblioteca, un carro alquilado) **3 turn sth ↔ in** entregar algo (un trabajo) SIN **hand in 4 turn sb in** entregar a alguien: *He finally turned himself in.* Finalmente se entregó. **5 turn in** (*coloq*) acostarse

turn into *v+partíc* **1 turn into sth (a)** hacerse/volverse algo, convertirse en algo: *These growths can turn into cancer.* Estos tumores pueden volverse cancerosos. • *a sofa which turns into a bed* un sofá que se convierte en cama **(b)** (por arte de magia) convertirse en algo **2 turn sth/sb into sth (a)** convertir algo/a alguien en algo, hacer de algo/alguien algo: *Hollywood turned her into a star.* Hollywood hizo de ella una estrella. **(b)** (por arte de magia) **turn sth/sb into sth** convertir algo/a alguien en algo **3 days turned into weeks/months turned into years** los días se hicieron semanas/los meses se hicieron años

turn off *v+partíc* **1 turn sth ↔ off** apagar algo (la luz, un aparato): *Don't forget to turn the lights off when you leave.* No te olvides de apagar las luces cuando salgas. SIN **switch off** ANT **turn on 2 turn sth ↔ off** cortar algo (el gas, el agua) ANT **turn on 3 turn off (sth)** salirse (de algo) (de una carretera): *We turned off the highway onto a small back road.* Nos salimos de la autopista y tomamos una pequeña carretera secundaria. ▶ **TURN-OFF 4 turn sb off** producir rechazo a alguien: *I was really turned off by the salesman's attitude.* La actitud del vendedor me resultó muy desagradable. ▶ **TURN-OFF 5 turn sb off** quitarle las ganas a alguien, causarle rechazo a alguien ANT **turn on** ▶ **TURN-OFF**

turn on *v+partíc* **1 turn sth ↔ on** encender algo (la luz, un aparato): *Turn the fan on if you're hot.* Enciende el ventilador si tienes calor. SIN **switch on** ANT **turn off 2 turn sth ↔ on** abrir algo (un grifo, el gas) ANT **turn off 3 turn on sb** atacar a alguien **4 turn sb on** (*coloq*)

excitar a alguien (sexualmente) ANT **turn off** ▶ **TURN-ON 5 turn sth ↔ on** *He can really turn on the charm when he wants to.* Se puede poner verdaderamente encantador cuando quiere.

turn out *v+partíc* **1 turn out** salir, resultar: *We'll have to wait and see how things turn out.* Tendremos que esperar a ver cómo salen las cosas. • **turn out well/ badly** salir bien/mal • **turn out to be sth** resultar (ser) algo • **as it turned out** al final **2 it turns out (that)** resulta que: *It turns out he lives in our street.* Resulta que vive en nuestra calle. • **turn out to be sth** resultar ser algo: *The phone call turned out to be a hoax.* La llamada resultó ser falsa. **3 turn sth ↔ out** apagar algo (una luz) SIN **turn off 4 turn out** acudir, ir • **turn out to do sth** ir a hacer algo: *Thousands of fans turned out to support their team.* Miles de hinchas fueron a animar a su equipo. • **turn out for sth** ir a ver algo, acudir a algo ▶ **TURNOUT**

turn over *v+partíc* **1 turn sth over to sb** pasar/ceder algo a alguien, dejar algo en manos de alguien: *Local police have turned the case over to the FBI.* La policía local le ha pasado el caso al FBI. **2 turn sb over to the police/the authorities** entregar a alguien a la policía/las autoridades **3 turn over sth** facturar algo (una cantidad de dinero) ▶ **TURNOVER 4 turn over** arrancar (motor)

turn to *v+partíc* **1 turn to sb** acudir a alguien: *She turned to her mother for advice.* Acudió a su madre en busca de consejo. **2 turn to sth** recurrir a algo • **turn to drink** darse a la bebida • **turn to drugs/crime** recurrir a las drogas/la delincuencia **3 turn to sth** convertirse en algo: *My frustration quickly turned to anger.* Mi frustración rápidamente se convirtió en rabia. **4 turn sth to sth** convertir algo en algo: *A sudden storm turned the soil to mud.* Una tormenta repentina convirtió la tierra en barro. **5 turn to sth** ir a algo (a una página)

turn up *v+partíc* **1 turn sth ↔ up** subirle a algo (la calefacción, el volumen) ANT **turn down 2 turn up** aparecer (objeto perdido): *Don't worry about the ring, it'll turn up eventually.* No te preocupes por el anillo, ya aparecerá. **3 turn up** aparecer (llegar): *She turned up late as usual.* Apareció tarde como siempre. **4 turn up** surgir (oportunidad)

turn² S1 W2 *s* [C]

1 para hacer algo
2 calle, camino
3 en una carretera
4 cambio de dirección
5 acción de girar algo
6 en un espectáculo

1 PARA HACER ALGO turno: *Whose turn is it now?* ¿A quién le toca ahora? • **it is sb's turn to do sth** le toca a alguien hacer algo: *It's your turn to wash the dishes.* Te toca lavar los platos. • **wait your turn** esperar su turno
2 CALLE, CAMINO bocacalle, calle (donde hay que voltear): *Take the first turn on your right.* Tome la primera (calle) a la derecha.
3 EN UNA CARRETERA curva: *a sharp turn* una curva cerrada
4 CAMBIO DE DIRECCIÓN make a left/right turn dar vuelta a la izquierda/a la derecha • **do a U turn** hacer un cambio de sentido, hacer la U • **do a three-point turn** hacer un cambio de sentido (en tres maniobras)
5 ACCIÓN DE GIRAR ALGO *He gave the handle a sharp turn.* Giró la manivela bruscamente. • *Tighten the screw another two or three turns.* Dale dos o tres vueltas más al tornillo.
6 EN UN ESPECTÁCULO actuación, número • **do a turn** hacer un número ▶ **U TURN**

by turns (*escrito*) sucesivamente • **do sb a good turn** hacerle un favor a alguien • **in turn (a)** a su vez: *This causes diarrhea, which in turn leads to dehydration.* Esto provoca diarrea, lo que a su vez lleva a la deshidratación. **(b)** uno -a tras otro -a, sucesivamente: *He examined each patient in turn.* Examinó a los pacientes uno tras otro. • **one good turn deserves another** favor con favor se paga, es de bien nacido ser agradecido • **speak/talk out of turn** hablar cuando uno no debería:

I'm sorry. I was talking out of turn. Lo siento. No soy quien para hablar. • **take a turn for the worse/better** empeorar/mejorar de repente • **take turns** turnarse: *You'll have to take turns on the swing.* Van a tener que turnarse para subirse al columpio. • **take turns doing sth** turnarse para hacer algo: *We take turns doing the cooking.* Nos turnamos para cocinar. • **the turn of the century** finales de siglo

turn·a·round /'tɜnə,raʊnd/ s **1** [C gralm sing] vuelco, remontada • [+in]: *the remarkable turnaround in our economy* el espectacular vuelco de nuestra economía **2** [C,U] proceso de despachar un pedido, tramitar un documento, etc. • **turnaround time** duración del proceso de despachar un pedido, tramitar un documento, etc. **3** [C gralm sing] giro de 180 grados • [+in]: *a surprising turnaround in company policy* un sorprendente giro de 180 grados en la política de la empresa ► **TURN around**

turn·coat /'tɜnkoʊt/ s [C] (*peyor*) traidor -a, renegado -a SIN **traitor**

'**turning point** s [C] punto de inflexión, momento decisivo • [+in]: *I was at a turning point in my life.* Estaba en un punto de inflexión en mi vida.

tur·nip /'tɜnɪp/ s [C,U] nabo

'**turn-off** s **1** [C] desvío • [+**to/for**]: *the turn-off to the town* el desvío hacia el pueblo **2** [gralm sing] (*coloq*) algo que desagrada, que causa rechazo ANT **turn-on** ► **TURN off**

'**turn-on** s [sing] **it's a turn-on for me/him** me/le excita (sexualmente)

turn·out /'tɜnaʊt/ s **1** [sing, U] participación (en unas elecciones) • **a high/low turnout** una alta/baja participación ► **TURN OUT 2** [sing, U] afluencia de público • **a big/good turnout** una gran afluencia de público **3** [C] apartadero ► **TURN out**

turn·o·ver /'tɜn,oʊvɚ/ s **1** [sing, U] (tb **staff turnover**) rotación de personal **2** [C] empanadilla con relleno dulce **3** [C] pérdida de posesión (del balón)

turn·pike /'tɜnpaɪk/ s [C] autopista de peaje

'**turn ,signal** s [C] luz de cruce, direccional

turn·stile /'tɜnstaɪl/ s [C] torniquete (en la entrada a un estadio, al metro, etc.)

turn·ta·ble /'tɜn,teɪbəl/ s [C] plato (de un tocadiscos)

tur·pen·tine /'tɜpən,taɪn/ s [U] aguarrás

tur·quoise¹ /'tɜkwɔɪz, -kɔɪz/ s **1** [C,U] (piedra) turquesa **2** [U] (color) turquesa

turquoise² *adj* (de color) turquesa

tur·ret /'tɜt, 'tʌrɪt/ s [C] **1** (de un edificio) torre, torreta **2** (de un carro de combate) torreta

tur·tle S3 /'tɜtl/ s [C] tortuga (de tierra o agua)

tur·tle·dove /'tɜtl,dʌv/ s [C] tórtola

tur·tle·neck /'tɜtl,nɛk/ s [C] suéter de cuello alto/volcado, suéter de cuello de tortuga

tush /tʊʃ/ s [C] (*coloq*) trasero SIN **bottom**

tusk /tʌsk/ s [C] colmillo (de elefante, morsa, etc.)

tus·sle¹ /'tʌsəl/ s [C] forcejeo, lucha

tussle² v [I] luchar, forcejear ► **WRESTLE**

tut¹ /tʌt/ *interj* chasquido con la lengua en señal de desaprobación

tut² v [I] (**tutted, tutting**) chasquear la lengua (en señal de desaprobación)

tu·tor¹ /'tutɚ/ s [C] profesor -a particular

tutor² v [T] **tutor sb (in sth)** darle clases particulares (de algo) a alguien

tu·tu /'tutu/ s [C] tutú

Tu·va·lu /tu'vɑlu/ Tuvalu

Tu·va·lu·an¹ /,tuvə'luən, tu'vɑluən/ s **1** [C] (persona) tuvaluano -a **2** [U] (lengua) tuvaluano

Tuvaluan², *adj* tuvaluano -a

tux·e·do /tʌk'sidoʊ/ s [C] (pl **tuxedos**) esmoquin, smoking

TV S2 W1 /,ti 'vi‹ / s (pl **TVs**) **1** [C] (aparato) televisión, tele: *Turn on the TV.* Enciende la tele. SIN **television** • **TV screen** pantalla de televisión **2** [U] (programas) televisión, tele: *I don't watch much TV.* No veo mucha televisión. • **on TV** en la tele: *There's a good movie on TV tonight.* Dan una buena película esta noche en la tele. • **satellite/cable TV** televisión satelital/por cable SIN **television 3** [U] (sistema, actividad profesional) televisión: *He worked in TV for a while.* Trabajó en televisión durante un tiempo. SIN **television** • **TV channel** canal de televisión • **TV network** red de televisión • **TV program** programa de televisión • **TV series** serie de televisión • **TV show** programa de televisión • **TV station** cadena de televisión

,**TV 'dinner** s [C] comida preparada y congelada en bandejas individuales

twad·dle /'twɑdl/ s [U] tonterías, bobadas

twang /twæŋ/ s [C gralm sing] tono nasal

tweak¹ /twik/ v [T] **1** pellizcar, retorcer **2** retocar

tweak² s [C gralm sing] **1** pellizco **2** retoque

tweed /twid/ s **1** [U] tweed **2 tweeds** [pl] traje de tweed

tweet /twit/ s [C], v [I] piar

tweez·ers /'twizɚz/ s [pl] pinzas (de depilar o similares) • **a pair of tweezers** unas pinzas

twelfth¹ /twɛlfθ/ (abrev escrita **12th**) *adj, adv* duodécimo -a, en duodécimo lugar ► ver ejs en SIXTH

twelfth² s, *pron* **1** (abrev escrita **12th**) duodécimo -a **2** (abrev escrita **12th**) (día) doce **3** (abrev escrita **1/12**) doceavo, doceava parte **4** (*oral*) duodécimo cumpleaños, cumpleaños número doce **5** (abrev escrita **XII**) (en nombres de monarcas, papas) duodécimo -a ► ver ejs en SIXTH

twelve /twɛlv/ *núm* **1** doce ► **TWELFTH 2** (hora) las doce: *We usually eat lunch at twelve.* Solemos almorzar a las doce. • **twelve noon** las doce del mediodía • **twelve midnight** las doce de la noche ► ver ejs en SIX

twen·ties /'twɛntiz/ s [pl] **1 the twenties** (tb **the 20s**, **the 1920s**) los (años) veinte, la década de los veinte **2 be in your twenties** tener veintipico/veintitantos **3 the twenties** (tb **the 20s**) temperaturas de entre 20 y 30 grados ► ver ejs en SIXTIES

twen·ti·eth¹ /'twɛntiiθ/ (abrev escrita **20th**) *adj, adv* vigésimo -a, en vigésimo lugar ► ver ejs en SIXTH

twentieth² s, *pron* **1** (abrev escrita **20th**) vigésimo -a **2** (abrev escrita **20th**) (día) veinte **3** (abrev escrita **1/20**) veinteavo, veinteava parte **4** (*oral*) vigésimo cumpleaños, cumpleaños número veinte **5** (abrev escrita **XX**) (en nombres de monarcas, papas) vigésimo -a ► ver ejs en SIXTH

twen·ty¹ /'twɛnti/ *núm* veinte ► ver ejs en SIX ► **TWEN-TIES, TWENTIETH**

twenty² s [C] (pl **twenties**) billete de 20

,**twenty-four 'seven**, **24/7** *adv* (*coloq*) 24 horas al día, 7 días a la semana, a todas horas del día: *The store is open twenty-four seven.* La tienda está abierta a todas horas.

,**twenty-'one** s [U] veintiuna (juego)

twerp /twɚp/ s [C] (*peyor, coloq*) imbécil, idiota

twice W2 /twaɪs/ *adv, predet* **1** dos veces: *We've been to Paris twice before.* Ya estuvimos dos veces en París. • **twice a day/week/year** dos veces por día/por semana/por año ► **TWO-TIME 2 twice as many/much (as sb/sth)** el doble (que alguien/algo): *He earns twice as much as Ellen.* Gana el doble que Ellen. • **twice as high/big (as sb/sth)** el doble de alto/grande (que alguien/algo): *The new office will be twice as large as the old one.* La nueva oficina será el doble de grande que la antigua. • **twice the size/amount** el doble (de tamaño/cantidad): *Over a hundred*

people came, twice the number we expected. Vinieron más de cien personas, el doble de lo que esperábamos.
▶ ONCE **bitten, twice shy**, ONCE **or twice**, THINK **twice (about/before doing sth)**

twid·dle /'twɪdl/ *v* **(a)** [T] dar vueltas a, (hacer) girar **(b)** [I] **twiddle with sth** juguetear con algo
EXPRESIONES
twiddle your thumbs (*coloq*) estar sin hacer nada,

twig /twɪg/ *s* [C] ramita

twi·light /'twaɪlaɪt/ *s* [U] **1** crepúsculo, anochecer • **at twilight** al anochecer SIN **dusk** **2** **in the twilight** en la penumbra/oscuridad del crepúsculo • **twilight falls** cae la noche **3** crepúsculo (de una vida, una carrera) • **twilight years** últimos años, otoño de la vida

twill /twɪl/ *s* [U] sarga

twin[1] SS /twɪn/ *s* [C] (hermano -a) gemelo -a, mellizo -a, cuate -ta

twin[2] *adj* [solo ante s] **1** gemelo -a, mellizo -a • **a twin brother** un hermano gemelo/mellizo • **a twin sister** una hermana gemela/melliza **2** (relacionado) *the twin problems of poverty and unemployment* la pobreza y el desempleo, problemas que siempre van de la mano **3** (de un par) gemelo -a: *the twin towers of the cathedral* las torres gemelas de la catedral • *The boat has twin engines.* El barco tiene doble motor.

,**twin 'bed** *s* [C] cama sencilla, cama individual

twine[1] /twaɪn/ *s* [U] hilo (de) cáñamo, (hilo de) mecate

twine[2] *v* (*escrito*) **(a)** [T siempre + adv/prep] enroscar • **twine sth around sth** enroscar algo en algo: *She twined her arms around his neck.* Le rodeó el cuello con los brazos. **(b)** [I siempre + adv/prep] enroscarse • **twine around sth** enroscarse en algo

twinge /twɪndʒ/ *s* [C] **1** punzada: *I felt a twinge in my back.* Sentí una punzada en la espalda. • **a twinge of pain** una punzada de dolor **2** **a twinge of jealousy/sadness/guilt** una punzada de celos/tristeza/remordimiento SIN **pang**

twin·kle /'twɪŋkəl/ *v* [I] **1** titilar **2** brillar (ojos) • **twinkle with delight** brillar de alegría/ilusión • **twinkle with amusement** brillar con un brillo pícaro

twinkle[2] *s* **1** [C gralm sing] destello **2** [U] centelleo
EXPRESIONES
a twinkle in your eye un brillo pícaro/de alegría en los ojos

twirl[1] /twɜːl/ *v* **(a)** [I] dar vueltas, girar **(b)** [T] hacer dar vueltas, (hacer) girar: *Do you know how to twirl a baton?* ¿Sabes hacer girar un bastón de porrista? • **twirl your mustache** retorcerse el bigote: *Jack twirled his mustache and smiled.* Jack se retorció el bigote y sonrió. • **twirl sb/sth around** hacer dar vueltas a alguien/algo, hacer girar a alguien/algo

twirl[2] *s* [C] **1** vuelta (al bailar, enseñar lo que se lleva puesto, etc.) **2** acción de hacer girar algo: *With a twirl of his wand, the rabbit disappeared.* Hizo girar su varita y el conejo desapareció.

twist[1] SS /twɪst/ *v*

1 cuerpo, parte del cuerpo
2 alambre, hilo, pelo
3 algo circular
4 carretera, río
5 lesionarse
6 facciones
7 palabras, comentarios

1 CUERPO, PARTE DEL CUERPO **(a)** [I] girar(se), retorcerse: *I stopped the car and twisted to face her.* Paré el carro y me di la vuelta para ponerme frente a ella. • **twist and turn** retorcerse **(b)** [T] retorcer (el brazo, la muñeca de alguien), girar (la cabeza)
2 ALAMBRE, HILO, PELO [T] enroscar, enrollar • **twist sth into sth** *She twisted her handkerchief into a knot.* Hizo un nudo con el pañuelo. • *Maggie quickly twisted her hair into a braid.* Maggie se recogió el pelo en una trenza. • **twist sth together** *Twist the two ends of the*

wire together. Una los dos extremos del alambre enroscándolos uno alrededor del otro.
3 ALGO CIRCULAR [T] (hacer) girar • **twist sth off (sth)** quitar algo (a algo) (desenroscándolo): *She picked up the jar and twisted the lid off.* Tomó el tarro y le quitó la tapa.
4 CARRETERA, RÍO [I] serpentear • **twist and turn** serpentear: *The path twisted and turned through the woods.* El sendero serpenteaba a través de los bosques.
5 LESIONARSE [T] torcerse, lastimarse • **twist your ankle/wrist** torcerse el tobillo/la muñeca
6 FACCIONES [I,T] (*liter*) torcer(se): *His mouth twisted scornfully.* Su boca se torció en un gesto de desdén.
7 PALABRAS, COMENTARIOS [T] tergiversar • **twist sb's words** tergiversar las palabras de alguien SIN **distort** ▶ **twist/wrap sb around your little** FINGER, **twist/turn the** KNIFE
EXPRESIONES
twist sb's arm (*coloq*) convencer a alguien a la fuerza: *We had to twist her arm to get her to come.* Tuvimos que traerla a rastras.

twist[2] *s* [C] **1** (en una situación, un argumento) giro, vuelco • **take a new/dramatic twist** dar un nuevo vuelco/un vuelco espectacular • **twists and turns** vaivenes **2** (movimiento) giro • **give sth a twist** (hacer) girar algo: *I put the key in the lock and gave it a twist.* Metí la llave en la cerradura y la hice girar. **3** (en un río, una carretera) recodo, curva • **twists and turns** serpenteo **4** (de limón, papel) trozo que se retuerce: *a twist of lemon* una rodaja de limón

twist·ed /'twɪstɪd/ *adj* **1** torcido -a, retorcido -a: *the twisted wreckage of the plane* los restos retorcidos del avión siniestrado **2** **a twisted ankle/wrist** *I have a twisted ankle.* Me torcí un tobillo. **3** (personas, actitudes, etc.) retorcido -a: *a twisted mind* una mente retorcida SIN **sick**

twist·er /'twɪstər/ *s* [C] (*coloq*) tornado SIN **tornado**

twit /twɪt/ *s* [C] (*coloq*) tonto -a

twitch[1] /twɪtʃ/ *v* **(a)** [I] crisparse, moverse (involuntariamente), temblar: *His mouth twitched.* Su boca se crispó. **(b)** [T] mover (ligeramente)

twitch[2] *s* [C] **1** (tb **nervous twitch**) tic (nervioso) **2** movimiento involuntario producido por un espasmo muscular reflejo **3** movimiento ligero, tirón

twitch·y /'twɪtʃi/ *adj* nervioso -a, inquieto -a

twit·ter[1] /'twɪtər/ *v* [I] gorjear

twitter[2] *s* [sing] gorjeo

two /tu/ *núm* dos
EXPRESIONES
in twos de dos en dos: *Line up in twos, please.* Pónganse en fila de dos en dos. SIN **in pairs** • **a year/an hour or two** (*oral*) un año/una hora o dos, un par de años/horas: *Come and stay for a week or two.* Vente y te quedas una semana o dos. • **put two and two together** atar cabos • **that makes two of us** (*oral*) ya somos dos: *"I'm really scared." "That makes two of us."* –Estoy asustadísimo –Ya somos dos. • **two bits** (*antic, coloq*) (moneda de) veinticinco centavos • **two can play at that game** (*oral*) yo también sé jugar a eso • **sb's two cents** (*coloq*) (tb **sb's two cents' worth**) la humilde opinión de alguien • **put/stick your two cents' worth in** dar su opinión • **two's company (three's a crowd)** dos es compañía, tres es multitud ▶ ver ejs en SIX

'**two-bit** *adj* [solo ante s] (*peyor, coloq*) de medio pelo

,**two-by-'four** *s* [C] pieza de madera de dos pulgadas de grosor y cuatro de anchura

,**two-di'mensional** *adj* **1** (tb **2-D**) bidimensional **2** (*peyor*) plano -a, poco creíble (personaje de ficción)

,**two-'faced** *adj* (*peyor, coloq*) falso -a, de dos caras

two·fold[1] /'tufoʊld/ *adj* **1** de dos aspectos/vertientes, doble: *The benefits of the scheme are twofold.* Los beneficios del programa son dobles. **2** [solo ante s] doble: *a* *twofold increase in price* una duplicación del precio • *a twofold risk* el doble de riesgo

twofold² *adv* **increase twofold** duplicarse

'two-piece *adj* [solo ante s] de dos piezas

,two-'seater *s* [C] biplaza

two·some /'tusəm/ *s* [C gralm sing] dúo, pareja ⟨SIN⟩ **duo**

'two-stroke *adj* de dos tiempos

'two-time *v* [T] (*coloq*) engañar a

'two-timer *s* [C] (*coloq*) persona que engaña a su pareja

'two-tone *adj* de dos colores, bicolor: *two-tone shoes* zapatos de dos colores

,two-'way *adj* **1** de doble sentido/dirección: *a two-way street* una calle de doble dirección **2** bidireccional, recíproco -a: *a two-way process* un proceso bidireccional • *a two-way conversation* un diálogo ⟨ANT⟩ **one-way**

TX *abrev escrita de* TEXAS

ty·coon /taɪ'kun/ *s* [C] magnate • **a media/property tycoon** un magnate de los medios de comunicación/del sector inmobiliario

ty·ing /'taɪ-ɪŋ/ *part pres de* TIE

tyke /taɪk/ *s* [C] (*coloq*) niñito -a ⟨SIN⟩ **tot**

type¹ ⟨S1⟩ ⟨W1⟩ /taɪp/ *s*
  1 [C] tipo: *What type of music do you like?* ¿Qué tipo de música te gusta? • **of this type** de este tipo: *Accidents of this type are extremely common.* Los accidentes de este tipo son sumamente frecuentes. ▸ ver nota en KIND
  2 [C] (de persona) *Jo's not the athletic type.* Jo no es el tipo de niña aficionada al deporte. • **one of those hippy types** uno de esos muchachos hippies • **the type to do sth** (tb **the type that does sth**) el tipo de persona que hace algo: *Beth is not the type to make a fuss.* Beth no es el tipo de persona que arma un escándalo. • **my/her type** mi/su tipo: *He's not my type.* No es mi tipo.
  3 [U] (en imprenta) tipo (de letra): *in bold type* en negrita ⟨SIN⟩ **typeface** ▸ BLOOD TYPE

type² ⟨S2⟩ ⟨W3⟩ *v* **(a)** [I] escribir a máquina, utilizar el teclado **(b)** [T] pasar/escribir a máquina (una carta, un trabajo): *Type your password.* Introduzca su contraseña.
  type sth ↔ in *v+partíc* introducir algo (con el teclado): *Please wait while I type in your information.* Por favor, espere a que introduzca sus datos.
  type sth ↔up *v+partíc* pasar algo a máquina

type·cast /'taɪpkæst/ *v* [T gralm en pasiva] (*peyor*) encasillar (en determinado tipo de papel): *I don't want to*

get typecast as a comedy actress. No quiero que me encasillen en el papel de actriz cómica.

type·face /'taɪpfeɪs/ *s* [C] tipo (de letra) ⟨SIN⟩ **font**

type·writ·er /'taɪp,raɪtə/ *s* [C] máquina de escribir

type·writ·ten /'taɪp,rɪt⌐n/ *adj* escrito -a a máquina

ty·phoid /'taɪfɔɪd/ (tb **'typhoid ,fever**) *s* [U] fiebre tifoidea

ty·phoon /taɪ'fun/ *s* [C] tifón ▸ HURRICANE

ty·phus /'taɪfəs/ *s* [U] tifus

typ·i·cal ⟨S3⟩ ⟨W2⟩ /'tɪpɪkəl/ *adj* típico: *a typical middle-class family* una típica familia de clase media • **be typical of sb to do sth** ser típico de alguien hacer algo: *It's typical of him to lose his temper.* Es típico de él perder los estribos.

typ·i·cally ⟨W3⟩ /'tɪpɪkli/ *adv*
  1 normalmente: *I typically get around 30 emails a day.* Normalmente recibo unos 30 correos por día. ⟨SIN⟩ **usually**
  2 típicamente: *a delightful, typically Dutch hotel* un hotel encantador, típicamente holandés
  3 (indicando lo que es típico de alguien) *Typically, Roland was late.* Como de costumbre, Roland llegó tarde. • *Aunt Lily's gifts were typically generous.* Los regalos de la tía Lily solían ser generosos.

typ·i·fy /'tɪpəfaɪ/ *v* [T nunca en forma continua] (**typifies**, **typified**, **typifying**) (*frml*) **1** ejemplificar, ser un típico ejemplo de: *the upsurge in violent crime, typified by the killing of this young boy* el aumento de los delitos violentos, ejemplificado por el asesinato de este joven **2** caracterizar: *the long complicated sentences that typify legal documents* las frases largas y complicadas que caracterizan a los documentos legales

typ·ing /'taɪpɪŋ/ *s* [U] mecanografía: *I have a lot of typing to do.* Tengo que pasar un montón de cosas a máquina. • **typing error** error mecanográfico • **typing speed** velocidad de mecanografiado

typ·ist /'taɪpɪst/ *s* [C] mecanógrafo -a • **be a good/fast typist** escribir a máquina rápido: *She wasn't a very good typist.* No escribía muy bien a máquina.

ty·po /'taɪpoʊ/ *s* [C] (pl **typos**) (*coloq*) error tipográfico

ty·pog·ra·phy /taɪ'pɑgrəfi/ *s* [U] tipografía

ty·ran·ni·cal /tɪ'rænɪkəl/ *adj* tiránico -a

tyr·an·nize /'tɪrənaɪz/ *v* [T] tiranizar

tyr·an·ny /'tɪrəni/ *s* [C,U] (pl **tyrannies**) tiranía

ty·rant /'taɪrənt/ *s* [C] tirano -a

tyre /taɪə/ *s* variante británica de TIRE

tzar /zɑr/ *s* variante de CZAR

Uu

U¹, u /yu/ s (pl **U's, u's**) [C,U] U, u ► U-TURN

U² abrev escrita de **1** UNIVERSITY **2** YOU

U³ símb quím URANIUM

u·biq·ui·tous /yu'bɪkwətəs/ adj (frml) omnipresente, ubicuo -a: the ubiquitous hamburger la omnipresente hamburguesa • Coffee shops are ubiquitous these days. Hoy en día hay cafés por todas partes.

u·biq·ui·tous·ly /yu'bɪkwətəsli/ adv (frml) en todas partes

U-boat /'yu boʊt/ s [C] submarino alemán

ud·der /'ʌdər/ s [C] ubre

UFO /ˌyu ɛf 'oʊ/ s [C] (**Unidentified Flying Object**) ovni ► FLYING SAUCER

U·gan·da /yu'gændə, -'gɑn-/ Uganda

U·gan·dan /yu'gændən, -'gan-/ s [C], adj ugandés -esa

ugh /ʌg, ʌk, ʌh/ interj puaj

ug·li·ness /'ʌglinɪs/ s [U] fealdad

ug·ly S2 /'ʌgli/ adj (**uglier, ugliest**)
1 feo -a: a very ugly man un hombre muy feo • the ugliest building in town el edificio más feo de la ciudad • (**as) ugly as sin** más feo -a que pegarle a la mamá SIN **unattractive**
2 violento -a: There were more ugly scenes last night. Se produjeron más escenas violentas anoche. • **turn ugly** ponerse feo -a: The situation turned ugly and the police were called. La situación se puso fea y llamaron a la policía.
3 muy desagradable: ugly rumors rumores muy desagradables ► sth REARS its ugly head
EXPRESIONES
an ugly duckling un patito feo

UHF /ˌyu eɪtʃ 'ɛf/ s [U] (**Ultra-High Frequency**) UHF ► VHF

uh huh /n'hn, m'hm, ə'hʌ/ interj (coloq): "Can I sit here?" "Uh huh." –¿Me puedo sentar aquí? –Ajá. ► UH-UH

uh-oh /'ʌ oʊ/ interj (coloq) ¡oh, no!: Uh-oh, I forgot my homework. ¡Oh, no!, me olvidé los deberes.

uh-uh /'ʌ ʌ, 'n n/ interj (coloq) no: "Is Paul here yet?" "Uh-uh." –¿Ha llegado Paul? –No. ANT **uh huh**

U.K. /ˌyu: 'keɪ/ **the U.K.** el Reino Unido

U·kraine /yu'kreɪn/ Ucrania

U·krai·ni·an¹ /yu'kreɪniən/ s **1** [C] (persona) ucraniano -a, ucranio -a **2** [U] (idioma) ucraniano, ucranio

Ukrainian² adj ucraniano -a, ucranio -a

ul·cer /'ʌlsər/ s [C] úlcera, llaga: a stomach ulcer una úlcera de estómago

ul·cer·ous /'ʌlsərəs/ adj ulceroso -a

ul·te·ri·or /ʌl'tɪriər/ adj **an ulterior motive/intention** un motivo oculto/una intención oculta: He's just being nice. I don't think he has any ulterior motives. Está siendo simpático. No creo que tenga segundas intenciones.

ul·ti·mate¹ S3 W3 /'ʌltəmɪt/ adj [solo ante s]
1 final: Ultimate responsibility lies with the President. La responsabilidad final recae sobre el Presidente. • **sb's ultimate goal/aim/objective** el objetivo final de alguien: My ultimate goal is to become a children's nurse. Mi objetivo final es ser enfermera de niños.
2 (superlativo) supremo -a, máximo -a: The female nude

is the ultimate test of artistic skill. El desnudo femenino es la prueba suprema de la habilidad del artista.

ultimate² s **the ultimate in sth** lo último en algo: Our hotel was the ultimate in luxury. Nuestro hotel era lo máximo en lujo.

ul·ti·mate·ly S3 W3 /'ʌltəmɪtli/ adv
1 en última instancia: The campaign was long, but ultimately successful. La campaña fue larga, pero en última instancia exitosa. • The proposal was ultimately rejected. La propuesta acabó siendo rechazada. • On a ship, it is the captain who is ultimately responsible. En un barco, el capitán es quien tiene la responsabilidad final.
2 [adv oracional] básicamente: He was ultimately a product of his time. Fue básicamente un producto de su tiempo.

ul·ti·ma·tum /ˌʌltə'meɪtəm/ s [C] (pl **ultimatums** o **ultimata** /-tə/) ultimátum • **give sb an ultimatum** darle un ultimátum a alguien • **issue an ultimatum (to sb)** dar(le) un ultimátum (a alguien)

ultra- /ʌltrə/ pref ultra-: ultra-modern ultramoderno -a • ultrasensitive ultrasensible • an ultra-conservative un ultraconservador

ul·tra·son·ic /ˌʌltrə'sɑnɪk◂/ adj ultrasónico -a

ul·tra·sound /'ʌltrəˌsaʊnd/ s **1** [U] ultrasonido **2** [C,U] ecografía • **ultrasound scan** ecografía

ul·tra·vi·o·let /ˌʌltrə'vaɪələt◂/ (abrev **UV**) adj **1** ultravioleta • **ultraviolet radiation** radiación ultravioleta • **ultraviolet light** luz ultravioleta **2** [solo ante s] ultravioleta

um /m/ interj eh, pues

um·ber /'ʌmbər/ s [U] **1** color pardo, color tierra **2** tierra de sombra (pigmento)

um·bil·i·cal cord /ʌm'bɪlɪkəl ˌkɔrd/ s [C gralm sing] cordón umbilical • **cut/sever the umbilical cord** cortar/romper el cordón umbilical

um·brage /'ʌmbrɪdʒ/ s **take umbrage (at sth)** sentirse ofendido -a (por algo)

um·brel·la¹ /ʌm'brɛlə/ s **1** [C] paraguas, sombrilla • **put up your umbrella** abrir el paraguas **2** [C] (tb **sun umbrella**) sombrilla: a beach umbrella una sombrilla de playa **3** [sing] protección, paraguas • **under the umbrella of sth** bajo el paraguas de algo

umbrella² adj [solo ante s] **an umbrella organization/group** una organización rectora/un grupo que aglutina a otros: an umbrella organization of opposition groups una organización que aglutina a grupos de la oposición

ump /ʌmp/ s [C] (coloq, oral) árbitro -a (en tenis, béisbol) SIN **umpire**

um·pire¹ /'ʌmpaɪər/ s [C] árbitro -a ► REFEREE

umpire² v [I,T] arbitrar

ump·teen /ˌʌmp'tin◂/ det (coloq) miles de

ump·teenth /ˌʌmp'tinθ◂/ adj (coloq) enésimo -a • **for the umpteenth time** por enésima vez

un- /ʌn/ pref **1** (indicando negativa, ausencia) unfair injusto • unhappy triste • uncertainty incertidumbre **2** (indicando acción opuesta) undress desnudarse • unpack deshacer las maletas

un·a·bashed /ˌʌnə'bæʃt◂/ adj que no siente vergüenza, no intenta disimular: an unabashed seeker of publicity alguien que busca descaradamente la publicidad • She stared at him with unabashed curiosity. Lo miraba fijamente sin disimular su curiosidad. SIN **unashamed**

un·a·bat·ed /ˌʌnə'beɪtɪd/ adj que continúa sin debilitarse: My enthusiasm is unabated. Mi entusiasmo se mantiene incólume. • **continue unabated** The storm continued unabated. La tormenta arreciaba.

un·a·ble W2 /ʌn'eɪbəl/ adj [nunca ante s] **(be) unable to do sth** no poder hacer algo: Don't worry if you are unable to help. No te preocupes si no puedes ayudar. • Unable to sleep, I got up and made a cup of tea. Como no podía dormir, me levanté y me hice un té. • **feel**

unable to do sth sentirse incapaz de hacer algo: *I felt unable to confront her.* Me sentía incapaz de enfrentarla. ▸ **INABILITY**

un·a·bridged /ˌʌnəˈbrɪdʒd◂/ *adj* íntegro -a (sin resumir)

un·ac·cept·a·ble /ˌʌnəkˈsɛptəbəl/ *adj* inaceptable: *Her attitude is totally unacceptable.* Su actitud es totalmente inaceptable. • **be unacceptable to do sth** ser inaceptable hacer algo • **the unacceptable face of sth** los aspectos inaceptables de algo: *the unacceptable face of capitalism* los aspectos inaceptables del capitalismo

un·ac·cept·a·bly /ˌʌnəkˈsɛptəbli/ *adv Unemployment is unacceptably high.* El desempleo está en un nivel inaceptable. • *They both behaved unacceptably.* Los dos se comportaron de forma inaceptable.

un·ac·com·pa·nied /ˌʌnəˈkʌmpənid/ *adj* **1** no acompañado -a, sin compañía: *No unaccompanied children allowed.* No se permite la presencia de menores no acompañados. • *Please do not leave your bags unaccompanied in the airport.* Por favor, no se separen de su equipaje en el aeropuerto. • **unaccompanied luggage** equipaje no acompañado **2** (en música) sin acompañamiento

un·ac·count·a·ble /ˌʌnəˈkaʊntəbəl/ *adj* (*fml*) **1** inexplicable **2** que no rinde cuentas a nadie • **be unaccountable to sb** no tener que dar explicaciones a alguien/que rendir cuentas ante alguien

un·ac·count·a·bly /ˌʌnəˈkaʊntəbli/ *adv* inexplicablemente

un·ac·cus·tomed /ˌʌnəˈkʌstəmd◂/ *adj* (*fml*) **1** unaccustomed to (doing) sth no acostumbrado -a a a (hacer) algo **2** [solo ante s] (*escrito*) inusual

un·a·dul·ter·at·ed /ˌʌnəˈdʌltəˌreɪtɪd/ *adj* **1** [solo ante s] auténtico -a **2** no adulterado -a

un·af·fect·ed /ˌʌnəˈfɛktɪd/ *adj* **1** no afectado -a • **be unaffected by sth** no verse afectado -a por algo: *Parts of the city were unaffected by the fire.* Algunas partes de la ciudad no se vieron afectadas por el incendio. **2** (*aprec*) natural, sin afectaciones

un·aid·ed /ʌnˈeɪdɪd/ *adj* sin ayuda: *She can no longer walk unaided.* Ya no puede caminar sin ayuda.

un·al·ter·a·ble /ʌnˈɔltərəbəl/ *adj* (*fml*) inalterable

un·am·big·u·ous /ˌʌnæmˈbɪgyuəs/ *adj* inequívoco -a: *an unambiguous statement of support* una inequívoca declaración de apoyo

un·am·big·u·ous·ly /ˌʌnæmˈbɪgyuəsli/ *adv* inequívocamente

un·A·mer·i·can /ˌʌn əˈmɛrɪkən◂/ *adj* **1** (*peyor*) (no aceptado) poco americano -a • **un-American activities** actividades antiamericanas **2** (no típico) poco americano -a

u·na·nim·i·ty /ˌyunæˈnɪməti/ *s* [U] (*fml*) unanimidad

u·nan·i·mous /yuˈnænəməs/ *adj* unánime: *a unanimous decision/verdict* una decisión/un veredicto unánime • **be unanimous in (doing) sth** hacer algo unánimemente: *The staff were unanimous in their decision.* El personal tomó la decisión por unanimidad.

u·nan·i·mous·ly /yuˈnænəməsli/ *adv* unánimemente

un·an·nounced /ˌʌnəˈnaʊnst◂/ *adj* inesperado -a: *We arrived unannounced.* Llegamos sin previo aviso.

un·an·swer·a·ble /ʌnˈænsərəbəl/ *adj* que no se puede contestar

un·an·swered /ʌnˈænsɚd/ *adj* sin contestación, sin respuesta: *The children's cries for help went unanswered.* Los gritos de socorro de los niños se quedaron sin respuesta.

un·ap·peal·ing /ˌʌnəˈpilɪŋ◂/ *adj* poco atractivo -a

un·ap·pe·tiz·ing /ʌnˈæpəˌtaɪzɪŋ/ *adj* poco apetitoso -a

un·ap·proach·a·ble /ˌʌnəˈproʊtʃəbəl/ *adj* inaccesible (de trato difícil)

un·armed /ˌʌnˈɑrmd◂/ *adj* desarmado -a • **unarmed combat** combate sin armas

un·a·shamed /ˌʌnəˈʃeɪmd◂/ *adj* que no siente vergüenza, no intenta disimular: *I'm an unashamed television addict.* No tengo reparos en admitir que soy adicto a la televisión.

un·a·sham·ed·ly /ˌʌnəˈʃeɪmɪdli/ *adv* descaradamente, sin reparos

un·asked /ˌʌnˈæskt◂/ *adj* **1** sin formular, no formulado -a **2 do sth unasked** hacer algo sin que nadie lo haya pedido

un·as·sail·able /ˌʌnəˈseɪləbəl◂/ *adj* (*fml*) invulnerable (posición), irrebatible (argumento): *The win gave the team an unassailable lead.* El resultado colocó al equipo en una posición invulnerable.

un·as·sum·ing /ˌʌnəˈsumɪŋ◂/ *adj* modesto -a SIN **modest**

un·at·tached /ˌʌnəˈtætʃt◂/ *adj* **1** soltero -a, sin pareja SIN **single 2** suelto -a, independiente

un·at·tain·a·ble /ˌʌnəˈteɪnəbəl◂/ *adj* inalcanzable

un·at·tend·ed /ˌʌnəˈtɛndɪd◂/ *adj* desatendido -a • **leave sth unattended** dejar algo desatendido

un·at·trac·tive /ˌʌnəˈtræktɪv/ *adj* poco atractivo -a: *an unattractive building* un edificio poco atractivo

un·au·thor·ized /ʌnˈɔθəˌraɪzd/ *adj* no autorizado -a: *the unauthorized use of government funds* el uso no autorizado de fondos gubernamentales

un·a·vail·a·ble /ˌʌnəˈveɪləbəl/ *adj* [nunca ante s] no disponible • **be unavailable for comment** no querer hacer declaraciones

un·a·void·a·ble /ˌʌnəˈvɔɪdəbəl/ *adj* inevitable: *unavoidable delays* retrasos inevitables

un·a·void·a·bly /ˌʌnəˈvɔɪdəbli/ *adv* inevitablemente

un·a·ware /ˌʌnəˈwɛr/ *adj* [gralm no ante s] **be unaware of sth** no ser consciente de algo: *Mike seems unaware of the trouble he's causing.* Mike parece no ser consciente de los problemas que está creando. • **be unaware (that)** no darse cuenta de que: *She was totally unaware that she was being watched.* No se daba cuenta de que la estaban observando. • **blissfully unaware** *He was blissfully unaware of the danger ahead.* Él, tan contento, no se daba cuenta del inminente peligro.

un·a·wares /ˌʌnəˈwɛrz/ *adv* (*fml*) sin darse cuenta

EXPRESIONES
catch/take sb unawares coger a alguien desprevenido -a, tomar/agarrar a alguien desprevenido -a

un·bal·anced /ʌnˈbælənst/ *adj* **1** desequilibrado -a • **be mentally unbalanced** ser un desequilibrado -a, sufrir un desequilibrio mental **2** tendencioso -a, sesgado -a SIN **biased**

un·bear·a·ble /ʌnˈbɛrəbəl/ *adj* insoportable: *The pain was almost unbearable.* El dolor era casi insoportable. SIN **intolerable**

un·bear·a·bly /ʌnˈbɛrəbli/ *adv* insoportablemente

un·beat·a·ble /ʌnˈbiṭəbəl/ *adj* **1** imbatible, insuperable **2** invencible

un·beat·en /ʌnˈbitˀn/ *adj* invicto -a • **an unbeaten streak** una racha de victorias: *The team extended their unbeaten streak to four games.* El equipo amplió a cuatro su racha de victorias.

un·be·com·ing /ˌʌnbəˈkʌmɪŋ/ *adj* (*antic*) **1** poco favorecedor -a **2** impropio -a

un·be·knownst /ˌʌnbɪˈnoʊnst/ *adj* **unbeknownst to him/me** sin su/mi conocimiento

un·be·liev·a·ble /ˌʌnbəˈlivəbəl/ *adj* **1** (muy bueno, muy malo) increíble: *He's done an unbelievable job.* Hizo un trabajo increíble. • *acts of unbelievable cruelty* actos de una crueldad increíble **2** (difícil de creer) increíble

un·be·liev·a·bly /ˌʌnbəˈlivəbli/ *adv* increíblemente: *The treatment was unbelievably painful.* El tratamiento era increíblemente doloroso.

un·be·liev·er /ˌʌnbəˈlivɚ/ *s* [C] no creyente

un·bend·ing /ʌnˈbɛndɪŋ/ *adj* inflexible

un·bi·ased /ʌnˈbaɪəst/ *adj* imparcial ⟨SIN⟩ **impartial** ⟨ANT⟩ **biased**

un·blem·ished /ˌʌnˈblɛmɪʃt/ *adj* **1** intachable **2** perfecto -a

un·born /ˌʌnˈbɔrn‹/ *adj* [solo ante s] que aún no ha nacido: *the rights of the unborn child* los derechos del no nacido • *She can pass the virus to her unborn baby.* Puede transmitirle el virus al feto.

un·bound·ed /ˌʌnˈbaʊndɪd/ *adj* (*frml*) ilimitado -a ⟨SIN⟩ **boundless**

un·break·a·ble /ˌʌnˈbreɪkəbəl/ *adj* **1** irrompible **2** inquebrantable

un·bri·dled /ˌʌnˈbraɪdld/ *adj* (*liter*) desenfrenado -a

un·bro·ken /ˌʌnˈbroʊkən/ *adj* **1** ininterrumpido -a **2** continuo -a **3** entero -a

un·buck·le /ʌnˈbʌkəl/ *v* [T] desabrochar

un·bur·den /ʌnˈbɜdn/ *v* [T] **unburden yourself** desahogarse (de un problema, una preocupación)

un·but·ton /ʌnˈbʌtn/ *v* [T] desabotonar, desabrochar

un·called for, uncalled-for /ʌnˈkɔld fɔr/ *adj* (*coloq*) fuera de lugar

un·can·ni·ly /ʌnˈkænəli/ *adv* asombrosamente

un·can·ny /ʌnˈkæni/ *adj* (**uncannier, uncanniest**) asombroso -a: *He has an uncanny ability to guess what you're thinking.* Tiene una habilidad asombrosa para adivinarte el pensamiento. • **bear an uncanny resemblance to sb/sth** parecerse asombrosamente a alguien/algo

un·cared for /ʌnˈkɛrd fɔr/ *adj* [nunca ante s] abandonado -a, descuidado -a

un·car·ing /ʌnˈkɛrɪŋ/ *adj* **1** frío -a, indiferente ⟨ANT⟩ **caring 2 be uncaring of sth** (*frml*): *She was uncaring of her appearance.* No se preocupaba por su aspecto.

un·ceas·ing /ʌnˈsisɪŋ/ *adj* incesante

un·cer·e·mo·ni·ous /ˌʌnsɛrəˈmoʊniəs/ *adj* brusco -a

un·cer·e·mo·ni·ous·ly /ʌnˌsɛrəˈmoʊniəsli/ *adv* bruscamente, sin contemplaciones

un·cer·e·mo·ni·ous·ness /ˌʌnsɛrəˈmoʊniəsnɪs/ *s* [U] brusquedad

un·cer·tain /ʌnˈsɜtn/ *adj* **1** inseguro -a • **be uncertain about/of sth** no estar seguro -a de algo: *I was uncertain about who I should call.* No estaba seguro de a quién debía llamar. • *Many people are uncertain of their rights.* Muchas personas no están seguras de cuáles son sus derechos. • **uncertain if/whether** *He paused, uncertain whether he should continue.* Hizo una pausa, sin saber si debía continuar. **2** incierto -a: *Workers at the company are facing an uncertain future.* Los trabajadores de la empresa se enfrentan a un futuro incierto. • *Our plans are still uncertain.* Nuestros planes todavía no son definitivos. **3** vacilante (pasos, andar)

EXPRESIONES
in no uncertain terms muy claramente: *I told Colin in no uncertain terms what I thought of him.* Le dije muy claramente a Colin lo que pensaba de él.

un·cer·tain·ly /ʌnˈsɜtnli/ *adv* (*escrito*) de forma insegura, de forma vacilante: *They smiled uncertainly at each other.* Se sonrieron vacilantes.

un·cer·tain·ty /ʌnˈsɜtnti/ *s* (pl **uncertainties**) [C gralm pl, U] incertidumbre: *a time of political uncertainty* una época de incertidumbre política • *doubts and uncertainties* dudas e incertidumbres • [+**about/over**]: *There is a great deal of uncertainty about the future of the company.* Hay una gran incertidumbre en torno al futuro de la empresa. • **a degree of uncertainty** cierta incertidumbre • **uncertainty surrounds sth** *Uncertainty now surrounds the future of the industry.* Existe incertidumbre en torno al futuro del sector.

un·chal·lenged /ʌnˈtʃæləndʒd/ *adj* **1** incontestado -a (supuesto, sospecha) **2** incuestionable (ganador)

un·changed /ʌnˈtʃeɪndʒd/ *adj* que no ha cambiado • **remain unchanged** no cambiar

un·chang·ing /ʌnˈtʃeɪndʒɪŋ/ *adj* inmutable

un·char·ac·ter·is·tic /ʌnˌkærɪktəˈrɪstɪk/ *adj* poco característico -a, inusual

un·char·ac·ter·is·ti·cal·ly /ˌʌnkærɪktəˈrɪstɪkli/ *adv* de manera poco característica: *He chose, uncharacteristically, not to intervene.* Decidió no intervenir, cosa rara en él.

un·char·i·ta·ble /ʌnˈtʃærətəbəl/ *adj* poco caritativo -a

un·chart·ed /ʌnˈtʃɑrtɪd/ *adj* [solo ante s] (*escrito*) **1** inexplorado -a • **uncharted territory/waters** territorio desconocido -a **2** que no figura en los mapas

un·checked /ˌʌnˈtʃɛkt‹/ *adj* no sujeto a ningún tipo de control o freno: *We cannot allow such behavior to continue unchecked.* No podemos permitir que tal comportamiento continúe sin que se le ponga freno. • **if left unchecked** si no se controla

un·civ·i·lized /ʌnˈsɪvəˌlaɪzd/ *adj* **1** incivilizado -a **2** (*antic*) primitivo -a ⟨SIN⟩ **primitive**

un·claimed /ˌʌnˈkleɪmd‹/ *adj* no reclamado -a, sin reclamar

un·cle ⟨S2⟩ /ˈʌŋkəl/ *s* [C] tío: *I visited Uncle Andrew.* Visité al tío Andrew. • *We often used to stay with my aunt and uncle.* Nos solíamos quedar con mis tíos.

EXPRESIONES
say/cry uncle (*oral*) rendirse, darse por vencido -a

un·clean /ˌʌnˈklin‹/ *adj* **1** (no limpio) sucio -a **2** (moralmente) sucio -a **3** (en algunas religiones o culturas) impuro -a

un·clear /ˌʌnˈklɪr‹/ *adj* **1** poco claro -a • **it is unclear how/what/why** no está claro cómo/qué/por qué: *It is still unclear how he died.* Todavía no está claro cómo murió. • **it is unclear whether** no está claro si: *It remains unclear whether the attack was provoked.* Aún no está claro si el ataque fue provocado. **2 be unclear as to/about sth** no tener claro algo: *Most workers are unclear about their rights.* La mayoría de los trabajadores no tienen claro cuáles son sus derechos.

Uncle Sam /ˌʌŋkəl ˈsæm/ *s* (*coloq*) el Tío Sam

Uncle Tom /ˌʌŋkəl ˈtɑm/ *s* [C] (*peyor*) término despectivo utilizado para referirse a una persona de color que adopta una actitud sumisa para con los blancos

un·com·fort·a·ble ⟨S2⟩ /ʌnˈkʌmftəbəl, ʌnˈkʌmfətəbəl/ *adj* **1** (referido a ropa, muebles) incómodo -a: *uncomfortable shoes* zapatos incómodos • *This sofa is very uncomfortable.* Este sofá es muy incómodo. **2** (referido a personas) incómodo -a: *Aren't you uncomfortable in that suit?* ¿Nó estás incómodo con ese traje? **3** (referido a situaciones) violento -a, incómodo -a: *an uncomfortable silence* un incómodo silencio • [+**about**]: *I feel uncomfortable about discussing her when she's not here.* Me siento incómodo hablando de ella en su ausencia.

un·com·fort·a·bly /ʌnˈkʌmftəbli, -fətəbli/ *adv* de manera desagradable o incómoda: *The room was uncomfortably hot.* Hacía un calor desagradable en la habitación. • *He shifted uncomfortably in his seat.* Se movió inquieto en el asiento.

un·com·mit·ted /ˌʌnkəˈmɪtɪd‹/ *adj* no comprometido -a

un·com·mon /ʌnˈkɑmən/ *adj* poco común • **be not uncommon** no ser raro -a: *Such feelings are not uncommon in new parents.* Esos sentimientos no son raros entre los padres primerizos. • **it is not uncommon for sb/sth to do sth** no es raro que alguien/algo haga algo: *Nowadays, it is not uncommon for women in their forties to have babies.* Hoy en día no es raro que una mujer de más de cuarenta años tenga un niño.

un·com·mon·ly /ʌnˈkɑmənli/ *adv* (*frml*) inusualmente

un·com·pli·cat·ed /ʌnˈkɑmpləˌkeɪt̬ɪd/ *adj* poco complicado -a, sencillo -a

un·com·pre·hend·ing /ˌʌnkɑmprɪˈhɛndɪŋ/ *adj with an uncomprehending look* con mirada de no entender nada

un·com·pro·mis·ing /ʌnˈkɑmprəˌmaɪzɪŋ/ *adj* intransigente: *an uncompromising attitude* una actitud intransigente

un·com·pro·mis·ing·ly /ʌnˈkɑmprəˌmaɪzɪŋli/ *adv* con intransigencia (contestar, decir): *She was uncompromisingly hostile to him.* Era inflexible en su hostilidad hacia él.

un·con·cerned /ˌʌnkənˈsɚnd‹/ *adj* **1** (no preocupado) indiferente, despreocupado -a • [+**about**]: *The man seemed unconcerned about his wife's health.* El hombre no parecía muy preocupado por la salud de su mujer. **2** (no interesado) [+**with**]: *He is unconcerned with his appearance.* No le importa su aspecto.

un·con·di·tion·al /ˌʌnkənˈdɪʃənəl‹/ *adj* incondicional • **unconditional surrender** rendición incondicional • **unconditional love** amor incondicional

un·con·di·tion·al·ly /ˌʌnkənˈdɪʃənəli/ *adv* incondicionalmente

un·con·firmed /ˌʌnkənˈfɚmd‹/ *adj* no confirmado -a • **an unconfirmed report** informaciones no confirmadas

un·con·nect·ed /ˌʌnkəˈnɛktɪd‹/ *adj* sin relación, no relacionado -a • **be not unconnected (with sth)** tener cierta relación (con algo)

un·con·scion·a·ble /ʌnˈkɑnʃənəbəl/ *adj* (*frml*) **1** desorbitado -a **2** intolerable

un·con·scious¹ /ʌnˈkɑnʃəs‹/ *adj* **1** (persona) inconsciente, sin sentido: *She was lying unconscious on the floor.* Estaba inconsciente en el suelo. • **knock sb unconscious** dejar a alguien inconsciente (como resultado de un golpe) **2** (deseos, sentimientos) inconsciente ▶ SUBCONSCIOUS **3 unconscious of sth** no consciente de algo **4** (no intencional) inconsciente

unconscious² *s* **the/her/your unconscious** [sing] el inconsciente: *memories that are deep in your unconscious* recuerdos que están en lo más profundo del inconsciente ▶ SUBCONSCIOUS

un·con·scious·ly /ʌnˈkɑnʃəsli/ *adv* inconscientemente

un·con·scious·ness /ʌnˈkɑnʃəsnɪs/ *s* [U] inconsciencia • **lapse/slip into unconsciousness** perder el conocimiento

un·con·sti·tu·tion·al /ˌʌnkɑnstəˈtuʃənəl/ *adj* inconstitucional

un·con·sti·tu·tion·al·ly /ˌʌnkɑnstəˈtuʃənəli/ *adv* inconstitucionalmente

un·con·test·ed /ˌʌnkənˈtɛstɪd‹/ *adj* **1** no impugnado -a (testamento) **2** con un solo candidato (elecciones)

un·con·trol·la·ble /ˌʌnkənˈtroʊləbəl‹/ *adj* **1** (deseos, sentimientos) irresistible, incontenible: *I felt an almost uncontrollable urge to hit him.* Sentí un impulso irresistible de pegarle. **2** (personas, situaciones) incontrolable

un·con·trolled /ˌʌnkənˈtroʊld/ *adj* incontrolado -a: *uncontrolled population growth* el crecimiento incontrolado de la población

un·con·ven·tion·al /ˌʌnkənˈvɛnʃənəl/ *adj* poco convencional ANT **conventional**

un·con·vinced /ˌʌnkənˈvɪnst/ *adj* poco convencido -a

un·cool /ˌʌnˈkul‹/ *adj* (*coloq*) poco chévere, poco chido -a ANT **cool**

un·co·op·er·a·tive /ˌʌnkoʊˈɑpət̬ɪv‹/ *adj* poco dispuesto -a a cooperar ANT **cooperative**

un·co·or·di·nat·ed /ˌʌnkoʊˈɔrdnˌeɪt̬ɪd/ *adj* descoordinado -a, falto -a de coordinación

un·cork /ʌnˈkɔrk/ *v* [T] descorchar

un·count·a·ble /ʌnˈkaʊnt̬əbəl/ *adj* **1** [solo ante s] (*frml*) (innumerable) incontable **2** (en gramática) incontable, no numerable ▶ COUNTABLE

un·couth /ʌnˈkuθ/ *adj* (*peyor*) basto -a, burdo -a

un·cov·er /ʌnˈkʌvɚ/ *v* [T] descubrir (algo enterrado, tapado o secreto): *Archeologists have uncovered a medieval village.* Una aldea medieval ha sido descubierta por arqueólogos. • *He was determined to uncover the truth about what had happened.* Estaba decidido a descubrir la verdad sobre lo que había ocurrido. SIN **discover**

un·crit·i·cal /ʌnˈkrɪt̬ɪkəl/ *adj* falto -a de sentido crítico

unc·tu·ous /ˈʌŋktʃuəs/ *adj* (*frml*) **1** untuoso -a, grasoso -a **2** zalamero -a, empalagoso -a

un·cut /ˌʌnˈkʌt‹/ *adj* **1** íntegro -a, sin cortes **2** en bruto

un·daunt·ed /ˌʌnˈdɔntɪd‹ , -ˈdɑn-/ *adj* impertérrito -a • [+**by**]: *They were undaunted by this setback.* No se arredraron por el contratiempo.

un·de·cid·ed /ˌʌndɪˈsaɪdɪd‹/ *adj* **1** indeciso -a • [+**about/on/as to**]: *He was undecided as to what to do.* Todavía no había decidido qué hacer. **2** no decidido -a • **be undecided** estar por decidir

un·de·mon·stra·tive /ˌʌndɪˈmɑnstrət̬ɪv/ *adj* reservado -a, inexpresivo -a

un·de·ni·a·ble /ˌʌndɪˈnaɪəbəl‹/ *adj* innegable • **it is undeniable that** es innegable que: *It is undeniable that children respond better to praise than to criticism.* Es innegable que los niños responden mejor a los elogios que a las críticas.

un·de·ni·a·bly /ˌʌndɪˈnaɪəbli/ *adv* innegablemente

un·der¹ S1 W1 /ˈʌndɚ/ *prep*
1 debajo de, abajo de: *I put the box under the table.* Puse la caja debajo de la mesa. • *There was a bruise under her right eye.* Tenía un moretón debajo del ojo derecho. • *I hid the note under a book.* Escondí la nota debajo de un libro. • *under (the) water* bajo el agua, abajo del agua: *She likes swimming under water.* Le gusta nadar bajo el agua. SIN **underneath** ANT **above**
2 por debajo de: *We sailed under the bridge.* Navegamos por debajo del puente. ANT **over**
3 menos de: *What can I buy for under ten dollars?* ¿Qué puedo comprar por menos de diez dólares? • *toys for children under five* juguetes para niños de menos de cinco años de edad • **be under age** ser menor de edad ANT **over**
4 (controlado, dirigido por) bajo: *Russia under Stalin* Rusia bajo Stalin • *The party won two elections under her leadership.* El partido ganó dos elecciones bajo su liderazgo.
5 (afectado por, sometido a) bajo: *I've been under a lot of stress lately.* Estuve sometido a muchas presiones últimamente. • *He was arrested for driving while under the influence of alcohol.* Lo detuvieron por conducir bajo los efectos del alcohol. • *I wish I'd met him under happier circumstances.* Ojalá lo hubiera conocido en circunstancias más propicias. • **under pressure** sometido -a a presión: *We're under pressure to finish the work by next week.* Nos presionan para que acabemos el trabajo la próxima semana. • **under the weight of sth** bajo el peso de algo: *The bridge was bending under the weight of traffic.* El puente estaba cediendo bajo el peso del tráfico. • **under control** bajo control: *The police have brought the situation under control.* La policía tiene la situación bajo control. • **under threat** amenazado -a: *These ancient traditions are now under threat.* Estas antiguas tradiciones se ven ahora amenazadas. • **be under consideration/discussion/investigation** estar siendo considerado -a/discutido -a/investigado -a: *This is among the options now under consideration.* Ésta se encuentra entre las opciones que están siendo estudiadas. • *These possibilities are still under discussion.* Estas posibilidades todavía se están discutiendo. • **be under attack** estar siendo atacado -a: *They feel that their values are under attack.* Sienten que sus valores están siendo atacados. • *We're under attack.* Nos están atacando. • **be under the**

impression (that) tener la impresión de que: *I was under the impression that you were married.* Tenía la impresión de que estaban casados.
6 (indicando responsabilidad) *the soldiers under his command* los soldados a su mando • *She has ten people working under her.* Tiene a diez trabajadores a su cargo.
7 (según) bajo: *Is this trade illegal under international law?* ¿Este comercio es ilegal bajo el derecho internacional?
8 (indicando nombres, seudónimos) bajo • **under an assumed/a false name** bajo nombre falso

under² 🆂🆂 *adv*
1 debajo, abajo: *She pulled the blanket up and crawled under.* Jaló de la manta y se metió debajo. • *He dived into the water and stayed under for two minutes.* Se sumergió en el agua y permaneció debajo durante dos minutos.
2 menos: *amounts of $50 or under* cantidades de 50 dólares o menos • *children twelve and under* los niños de doce años o menos
3 por debajo de: *Joe held the wire up while we crawled under.* Joe sostuvo el cable mientras pasábamos arrastrándonos por debajo.

under- /ˈʌndə/ *pref* **1** (no lo suficiente) *undercooked* muy poco cocido -a • *underachieve* rendir por debajo de las posibilidades **2** (por debajo de algo) *underpass* paso subterráneo **3** (de menor jerarquía) *undersecretary* subsecretario -a

un·der·a·chieve /ˌʌndərəˈtʃiv/ *v* [I] rendir por debajo de las posibilidades

un·der·a·chieve·ment /ˌʌndərəˈtʃivmənt/ *s* [U] rendimiento por debajo de las posibilidades de alguien

un·der·a·chiev·er /ˌʌndərəˈtʃivə/ *s* [C] persona que rinde por debajo de sus posibilidades

un·der·age /ˌʌndərˈeɪdʒ◂/ *adj* [solo ante s] realizado por menores de edad: *underage drinking* el consumo de alcohol por parte de menores • *underage sex* el sexo entre menores

un·der·arm¹ /ˈʌndərˌɑrm/ *adj* [solo ante s] de o para las axilas

underarm² *s* [C] axila

un·der·bel·ly /ˈʌndərˌbɛli/ *s* [sing] (*liter*) **1** vientre **2** punto débil

un·der·brush /ˈʌndərˌbrʌʃ/ *s* [U] maleza

un·der·car·riage /ˈʌndərˌkærɪdʒ/ *s* [C] tren de aterrizaje

und·er·charge /ˌʌndərˈtʃɑrdʒ/ *v* [I,T] cobrar de menos ▶ OVERCHARGE

un·der·class /ˈʌndərˌklæs/ *s* [sing] clase marginada ▶ LOWER CLASS, MIDDLE CLASS, UPPER CLASS

un·der·class·man /ˌʌndərˈklæsmən/ *s* [C] (pl **underclassmen** /-mən/) estudiante de los dos primeros años de escuela secundaria o universidad

un·der·clothes /ˈʌndərˌkloʊðz, -ˌkloʊz/ (tb **un·der·clothing** /ˈʌndərˌkloʊðɪŋ/) *s* [pl] ropa interior SIN **underwear**

un·der·coat /ˈʌndərˌkoʊt/ *s* [C] primera mano (de pintura)

un·der·cov·er¹ /ˌʌndərˈkʌvə◂/ *adj* [gralm ante s] secreto -a: *an undercover agent/detective* un agente/detective secreto • *an undercover reporter* un periodista de incógnito

undercover² *adv* **work undercover** trabajar de incógnito • **go undercover** pasar a actuar de incógnito

un·der·cur·rent /ˈʌndərˌkɚənt, -ˌkʌr-/ *s* [C] **1** trasfondo • [+of]: *an undercurrent of racism* un trasfondo de racismo **2** corriente submarina

un·der·cut /ˌʌndərˈkʌt, ˈʌndərˌkʌt/ *v* [T] (**undercut, undercutting**) vender más barato que • **undercut sb's prices** vender a mejores precios que alguien

un·der·de·vel·oped /ˌʌndərdɪˈvɛləpt◂/ *adj* **1** subdesarrollado -a ▶ DEVELOPING **2** poco desarrollado -a

un·der·dog /ˈʌndərˌdɔg/ *s* [C] **the underdog** (en una competición) el/la más débil; (en la sociedad, el mundo) el más desvalido/la más desvalida

un·der·es·ti·mate¹ /ˌʌndərˈɛstəˌmeɪt/ *v* [T] subestimar: *Never underestimate the power of the media.* Nunca subestimes el poder de los medios de comunicación. • *Don't underestimate your opponent.* No subestimes a tu adversario. • **grossly/seriously underestimate** subestimar gravemente • **underestimate how much/long/difficult** *We underestimated how difficult the task would be.* Subestimamos la dificultad de la tarea. ▶ OVERESTIMATE

un·der·es·ti·mate² /ˌʌndərˈɛstəmɪt/ *s* [C] infravaloración, subvaloración ▶ OVERESTIMATE

un·der·foot /ˌʌndərˈfʊt/ *adv* bajo los pies: *The fresh snow crunched underfoot.* La nieve reciente crujía bajo los pies. • *The stone floor was cold underfoot.* El piso de piedra estaba frío. • **trample sb underfoot** pisotear a alguien

EXPRESIONES
trample sth underfoot (*liter*) pisotear algo: *Democracy has been trampled underfoot.* Han pisoteado la democracia.

un·der·go /ˌʌndərˈgoʊ/ *v* [T nunca en pasiva] (**undergoes** /-ˈgoʊz/, **underwent** /-ˈwɛnt/, **undergone** /-ˈgɔn/) experimentar, sufrir, ser sometido -a a • **undergo surgery** ser sometido -a a una intervención quirúrgica: *He underwent surgery for cancer.* Lo operaron de un cáncer. • **undergo tests** *She underwent a series of tests.* Le hicieron una serie de análisis. • **undergo treatment** recibir tratamiento, ser tratado -a • **undergo training** recibir entrenamiento/capacitación • **undergo repairs/refurbishment** ser reparado -a/renovado -a

un·der·grad·u·ate¹ /ˌʌndərˈgrædʒuɪt/ *s* [C] estudiante universitario -a (que no ha terminado la carrera) ▶ GRADUATE

undergraduate² *adj* [solo ante s] que no ha terminado la carrera: *an undergraduate course* un curso de pregrado • *undergraduate students* estudiantes de pregrado

un·der·ground¹ /ˌʌndərˈgraʊnd◂/ *adj* **1** subterráneo -a: *an underground passage* un paso subterráneo **2** [solo ante s] clandestino -a: *an underground network of spies* una red clandestina de espías

underground² *adv* **1** bajo tierra: *Four miners were trapped underground.* Cuatro mineros quedaron atrapados bajo tierra. • **deep underground** a gran profundidad **2 go underground** pasar a la clandestinidad • **be forced/driven underground** verse forzado -a a pasar a la clandestinidad

un·der·ground³ /ˈʌndərˌgraʊnd/ *s* **the underground** la resistencia

un·der·growth /ˈʌndərˌgroʊθ/ *s* [U] maleza

un·der·hand /ˈʌndərˌhænd/ *adv* sin levantar el brazo por encima del hombro

un·der·hand·ed /ˈʌndərˌhændɪd/ *adj* poco limpio -a

un·der·lie /ˌʌndərˈlaɪ/ *v* [T] (**underlay** /-ˈleɪ/, **underlain** /-ˈleɪn/) (*frml*) subyacer en

un·der·line /ˈʌndərˌlaɪn, ˌʌndərˈlaɪn/ *v* [T] **1** (en un texto) subrayar SIN **underscore 2** (mostrar la importancia de) subrayar: *The incident underlines the need for more security.* El incidente subraya la necesidad de mayor seguridad. SIN **underscore 3** (poner énfasis en) subrayar: *I want to underline the importance of economic cooperation.* Quiero subrayar la importancia de la cooperación económica. SIN **stress, underscore**

un·der·ling /ˈʌndərlɪŋ/ *s* [C] subordinado -a

un·der·ly·ing /ˈʌndərˌlaɪ-ɪŋ/ *adj* [solo ante s] **1** subyacente • **the underlying reason/cause of sth** la razón/causa subyacente de algo: *Stress is the underlying cause of many illnesses.* El estrés es la causa subyacente de muchas enfermedades. • **an underlying problem** un problema subyacente **2** (*técn*) (en economía) subyacente:

the underlying rate of inflation la tasa de inflación subyacente

un·der·mine /ˈʌndə˞ˌmaɪn, ˌʌndə˞ˈmaɪn/ *v* [T] minar, socavar • **undermine sb's authority/credibility/ confidence** minar la autoridad/credibilidad/confianza de alguien

un·der·neath¹ [S2] /ˌʌndə˞ˈniθ/ *prep*
1 debajo de, abajo de: *The dog was lying underneath the table.* El perro estaba tirado debajo de la mesa. [SIN] **under**
2 por debajo de, por abajo de: *The railroad goes underneath the road.* La vía del tren pasa por debajo de la carretera. [SIN] **under**
3 detrás de, atrás: *Underneath all the bravado, he is lacking in confidence.* Detrás de la bravuconería, se esconde su inseguridad.

underneath² [S2] *adv*
1 debajo, abajo: *a photograph with his name underneath* una foto con su nombre debajo
2 en el fondo: *She seems confident, but underneath she's pretty shy.* Parece segura de sí misma, pero en el fondo es bastante tímida.
3 por debajo: *The car was very rusty underneath.* El carro estaba muy oxidado por debajo.

un·der·nour·ished /ˌʌndə˞ˈnɚɪʃt, -ˈnʌrɪʃt/ *adj* desnutrido -a [SIN] **malnourished**

un·der·nour·ish·ment /ˌʌndə˞ˈnɚɪʃmənt, -ˈnʌr-/ *s* [U] desnutrición

un·der·paid /ˌʌndə˞ˈpeɪd◂/ *adj* mal pagado -a

un·der·pants /ˈʌndə˞ˌpænts/ *s* [pl] (de mujer) calzones, pantaletas, pantys

un·der·pass /ˈʌndə˞ˌpæs/ *s* [C] paso subterráneo ▶ **OVER-PASS**

un·der·pin /ˈʌndə˞ˌpɪn/ *v* [T] (**underpinned, underpinning**) sustentar, subyacer en: *the principles which underpin the tax system* los principios que sustentan el sistema fiscal

un·der·play /ˌʌndə˞ˈpleɪ/ *v* [T] quitarle importancia a, minimizar

un·der·priv·i·leged /ˌʌndə˞ˈprɪvlɪdʒd◂/ *adj* desfavorecido -a

un·der·rate /ˌʌndə˞ˈreɪt/ *v* [T] subestimar, subvalorar [ANT] **overrate**

un·der·rat·ed /ˌʌndə˞ˈreɪt̬ɪd◂/ *adj* infravalorado -a [ANT] **overrated**

un·der·score /ˈʌndə˞ˌskɔr/ *v* [T] subrayar: *These failures underscore the need for more investment.* Estos fracasos subrayan la necesidad de invertir más. [SIN] **underline**

un·der·sec·re·tar·y /ˌʌndə˞ˈsɛkrəˌtɛri/ *s* [C] (pl **undersecretaries**) subsecretario -a

un·der·shirt /ˈʌndə˞ˌʃɚt/ *s* [C] camiseta (interior)

un·der·side /ˈʌndə˞ˌsaɪd/ *s* **1** [C] parte de abajo, parte inferior **2** [sing] lado oscuro (aspecto negativo)

un·der·signed /ˈʌndə˞ˌsaɪnd/ *adj* (*frml*) **(a)** abajo firmante **(b) the undersigned** el/la abajo firmante, los/ las abajo firmantes

un·der·sized /ˌʌndə˞ˈsaɪzd◂/ (tb **un·der·size** /ˌʌndə˞ˈsaɪz◂/) *adj* más pequeño -a de lo normal, demasiado pequeño -a

un·der·staffed /ˌʌndə˞ˈstæft◂/ *adj* sin suficiente personal

un·der·stand [S1] [W1] /ˌʌndə˞ˈstænd/ *v* [nunca en forma continua] (**understood** /-ˈstʊd/)
1 [I,T] entender, comprender: *I didn't understand the teacher's instructions.* No entendí las instrucciones del profesor. • *She doesn't understand English.* No entiende inglés. • *I don't understand soccer at all.* No entiendo nada de fútbol. • **understand what/whether/where** entender qué/si/dónde: *I couldn't understand what she was saying.* No entendía qué estaba diciendo. • **be easy/difficult to understand** ser fácil/difícil de entender • **make yourself understood** hacerse entender • **(do**

you) understand (me)? (*oral*) ¿(me) entiendes? • **(is that) understood?** (*oral*) ¿entendido? [SIN] **comprehend** [ANT] **misunderstand**
2 [I,T] (sentimientos) entender, comprender: *You're the only one who really understands me.* Eres el único que de verdad me entiende. • *When will you understand?* ¿Cuándo lo vas a entender? • **understand how/what** entender cómo/qué: *I understand how you feel.* Entiendo cómo te sientes. • **understand sb doing sth** *I can understand her wanting to be independent.* Entiendo que quiera ser independiente.
3 [T] (*frml*) **understand (that)** tener entendido que: *I understand you've invited John to the party.* Tengo entendido que me invitaste a John a la fiesta. • **it is understood (that)** *It is understood that she is going to resign.* Según parece va a renunciar. • **be understood to be (doing) sth** *They are understood to be unhappy with the current situation.* Según parece no están satisfechos con la actual situación.
4 be understood (*frml*) darse por hecho/sentado, sobreentenderse: *It was understood that my parents would choose my husband.* Se daba por hecho que mis padres escogerían a mi marido. ▶ **GIVE sb to understand/believe that**

un·der·stand·a·ble /ˌʌndə˞ˈstændəbəl/ *adj* comprensible: *an understandable mistake* un error comprensible • *her understandable reluctance to pursue the matter* su comprensible resistencia a continuar con el asunto • **it is understandable (that)** se entiende que: *It is understandable that parents are angry about this.* Se entiende que los padres estén enojados por esto. • **perfectly/entirely understandable** perfectamente/ totalmente comprensible

un·der·stand·a·bly /ˌʌndə˞ˈstændəbli/ *adv* como es lógico: *They were understandably upset by the news.* Como es lógico, estaban disgustados por la noticia.

un·der·stand·ing¹ /ˌʌndə˞ˈstændɪŋ/ *s* **1** [sing, U] (hecho de comprender) comprensión • [+**of**]: *advances in our understanding of the brain* avances en nuestra comprensión de cómo funciona el cerebro • *He seems to have very little understanding of economics.* No parece entender mucho de economía. • **get/gain an understanding of sth** llegar a entender algo: *The aim of the research is to gain a better understanding of the disease.* El objetivo de la investigación es llegar a comprender mejor la enfermedad. **2** [U] (benevolencia) comprensión: *He thanked us for our understanding.* Nos dio las gracias por ser tan comprensivos. **3** [C] (pacto) acuerdo • [+**between**]: *There was an unspoken understanding between us.* Había un acuerdo tácito entre nosotros. • **have an understanding (with sb)** tener un acuerdo (con alguien) • **come to an understanding** (tb **reach an understanding**) llegar a un acuerdo • **on the understanding that** a condición de que: *We said he could stay on the understanding that it would be temporary.* Dijimos que se podía quedar a condición de que fuera solo por un tiempo. **4** [C] (interpretación) *My understanding is that none of us is required to attend.* Según yo entendí, no es necesario que vaya ninguno de nosotros. • *What's your understanding of the letter?* ¿Tú cómo interpretas la carta? [SIN] **interpretation** **5** [U] (facultad) (capacidad de) comprensión, entendimiento [SIN] **comprehension, intelligence**

understanding² *adj* comprensivo -a: *Thank you for being so understanding.* Gracias por ser tan comprensivo.

un·der·state /ˌʌndə˞ˈsteɪt/ *v* [T] minimizar, subestimar [ANT] **overstate**

un·der·stat·ed /ˌʌndə˞ˈsteɪt̬ɪd◂/ *adj* (*aprec*) sobrio -a

un·der·state·ment /ˈʌndə˞ˌsteɪt̚mənt/ *s* **1** [C] descripción, crítica, etc., hechas con excesiva mesura: *To say I am delighted is an understatement.* Decir que estoy encantado es quedarse corto. • **the understatement of the year** (*coloq*) *Expensive? That's the understatement of the year!* ¿Caro? Caro es poco, ¡carísimo! **2** [U] mesura (al describir, criticar, elogiar, etc.)

un·der·stood /ˌʌndəˈstʊd/ pasado y participio pasado de **UNDERSTAND**

un·der·stud·y[1] /ˈʌndəˌstʌdi/ s [C] (pl **understudies**) suplente (actor)

understudy[2] v [T] (**understudies, understudied, understudying**) **understudy a part/role** aprenderse un papel (para poder sustituir a un actor si fuera necesario) • **understudy an actor** aprenderse el papel de un actor

un·der·take /ˌʌndəˈteɪk/ v [T] (**undertook** /-ˈtʊk/, **undertaken** /-ˈteɪkən/) **1** emprender: *Baker undertook the job of writing the report.* Baker se hizo cargo de la tarea de la redacción del informe. • *This is not something to be undertaken lightly.* No es para tomárselo a la ligera. • *"All types of building repair work undertaken."* "Se realizan todo tipo de reparaciones." • **to undertake responsibility for sth** asumir la responsabilidad de algo **2 undertake to do sth** (frml) comprometerse a hacer algo: *He undertook to pay the money back in six months.* Se comprometió a devolver el dinero en seis meses.

un·der·tak·er /ˈʌndəˌteɪkə/ s [C] **1** director de una empresa funeraria ⟨SIN⟩ **funeral director 2 the undertaker's** la funeraria

un·der·tak·ing /ˈʌndəˌteɪkɪŋ/ s **1** [C gralm sing] empresa (tarea) • **a huge/major undertaking** una empresa de enorme/gran envergadura **2** [C] (frml) compromiso (promesa) • [+that]: *an undertaking that the house would be kept in good condition* un compromiso de que la casa iba a ser mantenida en buen estado • **an undertaking to do sth** un compromiso de hacer algo • **give an undertaking** comprometerse: *He had given an undertaking to implement the report's recommendations.* Se había comprometido a poner en práctica las recomendaciones del informe.

un·der·tone /ˈʌndəˌtoʊn/ s [C] trasfondo: *the political undertones of the play* el trasfondo político de la obra ▶ **OVERTONE**

EXPRESIONES
in an undertone en voz baja

un·der·took /ˌʌndəˈtʊk/ pasado y participio pasado de **UNDERTAKE**

un·der·tow /ˈʌndəˌtoʊ/ s [C] resaca (en el mar)

un·der·val·ue /ˌʌndəˈvælyu/ v [T] **1** (a una persona, sus cualidades) infravalorar, subvalorar **2** (en sentido monetario) infravalorar, subvalorar • **undervalue sth by $400/30%** infravalorar algo en 400 dólares/un 30%

un·der·val·ued /ˌʌndəˈvælyud/ adj **1** infravalorado -a, subvalorado -a **2** infravalorado -a • **undervalued by $600/35%** infravalorado -a en 600 dólares/un 35%

un·der·wa·ter[1] /ˌʌndəˈwɔtə, -ˈwɑ-/ adj [solo ante s] submarino -a: *an underwater cave* una cueva submarina

underwater[2] adv (por) debajo del agua

un·der·way, under way /ˌʌndəˈweɪ/ adj [nunca ante s] **1** (proyectos, reformas) en marcha • **get underway** ponerse en marcha: *Building work on the the new theater got underway today.* Hoy se pusieron en marcha las obras del nuevo teatro. • **be well underway** haber empezado hace tiempo/rato **2** (vehículos) en movimiento, en marcha

un·der·wear ⟨SC⟩ /ˈʌndəˌwɛr/ s [U] ropa interior ⟨SIN⟩ **undies**

un·der·weight /ˌʌndəˈweɪt/ adj de bajo peso: *She's seriously underweight.* Está muy por debajo de su peso. ⟨ANT⟩ **overweight**

un·der·went /ˌʌndəˈwɛnt/ pasado de **UNDERGO**

un·der·world /ˈʌndəˌwɜld/ s [sing] **1** hampa, bajos fondos **2 the Underworld** el averno, el infierno

un·der·write /ˈʌndəˌraɪt, ˌʌndəˈraɪt/ v [T] (**underwrote** /-ˌroʊt/, **underwritten** /-ˌrɪtⁿn/) **1** (frml) financiar **2** (técn) reasegurar

un·der·writ·er /ˈʌndəˌraɪtə/ s [C] **1** suscriptor -a (de bonos, etc.) **2** reasegurador -a

underwater
The polar bear is swimming underwater.
El oso polar está nadando debajo del agua.

un·de·served /ˌʌndɪˈzɜvd/ adj inmerecido -a

un·de·sir·a·ble[1] /ˌʌndɪˈzaɪrəbəl/ adj (frml) **1** indeseado -a, no deseado -a: *undesirable side effects* efectos secundarios indeseados **2** indeseable (persona, conducta)

undesirable[2] s [C gralm pl] (frml) indeseable

un·de·tect·ed /ˌʌndɪˈtɛktɪd/ adj no descubierto -a

un·de·ter·mined /ˌʌndɪˈtɜmɪnd/ adj (frml) indeterminado -a

un·de·terred /ˌʌndɪˈtɜd/ adj **be undeterred by sth** no echarse atrás ante algo • **continue undeterred** seguir sin inmutarse

un·de·vel·oped /ˌʌndɪˈvɛləpt/ adj **1** sin explotar, sin urbanizar **2** poco desarrollado -a ⟨ANT⟩ **developed** ▶ **DEVELOPING, UNDERDEVELOPED 3** sin desarrollar

un·did /ʌnˈdɪd/ pasado de **UNDO**

un·dies /ˈʌndiz/ s [pl] (coloq) ropa interior ⟨SIN⟩ **underwear**

un·di·lut·ed /ˌʌndɪˈlutɪd, -daɪ-/ adj **1** (frml) puro -a, genuino -a **2** sin diluir

un·di·min·ished /ˌʌndɪˈmɪnɪʃt/ adj no disminuido -a

un·dis·ci·plined /ʌnˈdɪsɪplɪnd/ adj indisciplinado -a

un·dis·closed /ˌʌndɪsˈkloʊzd/ adj no revelado -a

un·dis·guised /ˌʌndɪsˈgaɪzd/ adj indisimulado -a: *He looked at her with undisguised hatred.* La miró sin disimular su odio.

un·dis·put·ed /ˌʌndɪˈspyutɪd/ adj indiscutible: *It is undisputed that they were responsible.* Es indiscutible que ellos fueron los responsables. • **the undisputed leader/master/champion (of sth)** *the undisputed market leaders* los líderes indiscutibles del mercado

un·dis·tin·guished /ˌʌndɪˈstɪŋgwɪʃt/ adj mediocre

un·dis·turbed /ˌʌndɪˈstɜbd/ adj **1** que no ha sido tocado, movido o modificado: *The papers on his desk were undisturbed.* Nadie había tocado los papeles de su escritorio. • **remain undisturbed** (tb **be left undisturbed**) permanecer intacto -a **2** sin interrupciones: *At last I was able to work undisturbed.* Finalmente conseguí trabajar sin ser interrumpido. **3** impertérrito -a

un·di·vid·ed /ˌʌndɪˈvaɪdɪd/ adj [gralm ante s] total • **undivided attention/support** total atención/apoyo: *I'll give the matter my undivided attention.* Le dedicaré al asunto toda mi atención. • **undivided loyalty** absoluta lealtad

un·do /ʌnˈdu/ v (**undoes** /-ˈdʌz/, **undid** /-ˈdɪd/, **undone** /-ˈdʌn/) **1** [T] desabrochar (una prenda, un cinturón, un botón), abrir, bajar (un cierre), desamarrar, deshacer (un nudo, un lazo), abrir, deshacer (un paquete) • **undo your jacket/shirt/bra** desabrocharse la chaqueta/la camisa/el brasier **2** [T] (anular) *There's no way of undoing the damage to his reputation.* No hay manera de reparar el daño causado a su reputación. • *This may undo all the good that's been done so far.* Esto podría echar a perder todo lo logrado hasta ahora. **3** (en informática) **(a)** [T] deshacer **(b)** [I] deshacer los cambios

un·do·ing /ʌnˈduːɪŋ/ s **be sb's undoing** ser la perdición de alguien

un·done /ˌʌnˈdʌn◂/ adj [nunca ante s] **1** desabrochado -a (prenda, cinturón, botón), abierto -a (cremallera), desatado -a, deshecho -a (nudo, lazo) • **come undone** desabrocharse, abrirse, desamarrarse: *One of his shoelaces had come undone.* Se le había desatado uno de los cordones. • **leave sth undone** dejar algo desabrochado/abierto/desatado ▸ **UNFASTENED 2** sin hacer • **leave sth undone** dejar algo sin hacer: *I can't leave the job undone.* No puedo dejar el trabajo sin hacer.

un·doubt·ed /ʌnˈdaʊtɪd/ adj indudable

un·doubt·ed·ly /ʌnˈdaʊtɪdli/ adv, adv oracional indudablemente, sin duda alguna: *That is undoubtedly true.* Eso es indudablemente cierto. • *He undoubtedly played an important role in the company's success.* Sin duda alguna desempeñó un papel importante en el éxito de la empresa.

un·dreamed of /ʌnˈdriːmd ʌv/ adj inimaginable

un·dress¹ /ʌnˈdres/ v **1** [I] (tb **undress yourself**) desnudarse, quitarse la ropa: *She undressed and got into bed.* Se desnudó y se metió en la cama. **2** [T] desnudar, quitar la ropa a

undress² s [U] (frml) **in a state of undress** desnudo -a

un·dressed /ʌnˈdrest/ adj [nunca ante s] desnudo -a • **get undressed** desnudarse

un·due /ˌʌnˈduː◂/ adj [solo ante s] (frml) excesivo -a, innecesario -a: *without undue delay* sin excesivo retraso SIN **excessive**

un·du·lat·ing /ˈʌndʒəˌleɪtɪŋ/ adj [solo ante s] (frml) ondulante, ondulado -a

un·du·ly /ʌnˈduːli/ adv (frml) excesivamente • **unduly worried/concerned** excesivamente preocupado -a

un·dy·ing /ˌʌnˈdaɪ.ɪŋ◂/ adj [solo ante s] (liter) eterno -a, imperecedero -a: *undying love* amor eterno • *You have my undying gratitude.* Le quedo eternamente agradecido. • *He has my undying respect.* Siento por él un respeto infinito.

un·earned /ˌʌnˈɜːnd◂/ adj **1** **unearned income** rendimientos del capital **2** inmerecido -a

un·earth /ʌnˈɜːθ/ v [T] **1** sacar a la luz: *The inquiry unearthed some new evidence.* La investigación sacó a la luz nuevas pruebas. SIN **dig up, uncover 2** desenterrar SIN **dig up**

un·earth·ly /ʌnˈɜːθli/ adj **1** sobrenatural **2** **an unearthly hour/time** (coloq) una hora intempestiva

un·ease /ʌnˈiːz/ s [U] malestar (disgusto), inquietud (desasosiego) • **a sense/feeling of unease** *She felt a growing sense of unease.* Se sentía cada vez más inquieta. • [+**about/at/over**]: *the public's unease about the war* el malestar de la gente por la guerra • *He expressed his unease at the situation.* Expresó su inquietud ante la situación. SIN **uneasiness**

un·eas·i·ly /ʌnˈiːzəli/ adv con inquietud: *She glanced around uneasily.* Miró inquieto a su alrededor. • *He slept uneasily.* Tuvo un sueño agitado.

EXPRESIONES
sit uneasily with sth no encajar bien con algo

un·eas·i·ness /ʌnˈiːzinɪs/ s [U] inquietud (desasosiego) SIN **unease**

un·eas·y /ˌʌnˈiːzi◂/ adj (**uneasier, uneasiest**) **1** inquieto -a, incómodo -a: *an uneasy silence* un silencio incómodo • *uneasy laughter* risa nerviosa • [+**about/at**]: *We were uneasy about his decision.* Su decisión nos inquietaba. • **feel uneasy (about sth)** sentirse inquieto -a/incómodo -a (por algo) • **make sb uneasy** hacer que alguien se sienta inquieto -a/incómodo -a ▸ **NERVOUS 2** tenso -a (calma, relación), precario -a (paz, acuerdo, tregua) **3** agitado -a (sueño, noche)

un·ec·o·nom·ic·al /ˌʌnekəˈnɒmɪkəl, -ikə-/ adj poco rentable • **it is uneconomical to do sth** resulta poco rentable hacer algo ANT **economical**

un·ec·o·nom·i·cally /ˌʌnekəˈnɒmɪkli, -ikə-/ adv de forma poco rentable ANT **economically**

un·ed·u·cat·ed /ʌnˈedʒəˌkeɪtɪd/ adj sin estudios, sin educación formal

un·e·mo·tion·al /ˌʌnɪˈməʊʃənəl◂/ adj impasible

un·em·ployed /ˌʌnɪmˈplɔɪd◂/ adj **(a)** desocupado -a, desempleado -a: *an unemployed actor* un actor desocupado • *I've only been unemployed for a few weeks.* Sólo llevo unas pocas semanas sin trabajo. SIN **jobless (b) the unemployed** [usado como s pl] los desocupados, los desempleados: *She has recently joined the ranks of the unemployed.* Pasó a engrosar las filas del desempleo hace poco. • **the long-term unemployed** los desocupados de larga data

un·em·ploy·ment W3 /ˌʌnɪmˈplɔɪmənt/ s [U] **1** (falta de trabajo) la desocupación, el desempleo: *measures to reduce unemployment* medidas para reducir el desempleo • *Many workers now face unemployment.* Muchos trabajadores se enfrentan ahora a la desocupación. • **low/high unemployment** bajo/alto índice de desempleo • **a rise/fall in unemployment** un aumento/descenso del desempleo • **rising unemployment** una creciente tasa de desempleo • **falling unemployment** una tasa de desempleo en descenso • **unemployment figures** cifras de desempleo • **unemployment rate** tasa de desempleo **2** (dinero) (coloq) seguro de desempleo • **on unemployment** *He's been on unemployment for three months.* Hace tres meses que cobra el seguro de desempleo.

un·en·cum·bered /ˌʌnɪnˈkʌmbəd/ adj **unencumbered by sth** sin el estorbo de algo *young people unencumbered by children or other responsibilities* jóvenes sin cargas familiares u otras responsabilidades

un·end·ing /ʌnˈendɪŋ/ adj interminable SIN **endless, never-ending**

un·en·vi·a·ble /ʌnˈenviəbəl/ adj poco envidiable

un·e·qual /ʌnˈiːkwəl/ adj desigual: *the unequal distribution of wealth* la desigual distribución de la riqueza • *an unequal contest* una contienda desigual ANT **equal**

un·e·qual·ly /ʌnˈiːkwəli/ adv de forma desigual

un·e·quiv·o·cal /ˌʌnɪˈkwɪvəkəl/ adj (frml) inequívoco -a, contundente

un·e·quiv·o·cally /ˌʌnɪˈkwɪvəkli/ adv (frml) de forma inequívoca/contundente

un·er·ring /ʌnˈɜːrɪŋ, ʌnˈɜːrɪŋ/ adj infalible, certero -a: *He passes the ball with unerring accuracy.* Pasa el balón con una precisión infalible.

un·er·ring·ly /ʌnˈɜːrɪŋli, ʌnˈɜːrɪŋ-/ adv infaliblemente

UNESCO /juˈneskəʊ/ s (**United Nations Educational, Scientific and Cultural Organization**) UNESCO

un·eth·i·cal /ʌnˈeθɪkəl/ adj poco ético -a

un·eth·i·cally /ʌnˈeθɪkli/ adv de forma poco ética

un·e·ven /ʌnˈiːvən/ adj **1** (superficies) irregular, desnivelado -a: *uneven ground* terreno irregular ANT **even 2** (cifras, niveles) desigual: *the uneven distribution of income* la distribución desigual de la renta ANT **even 3** (ritmos) irregular: *His breathing had become uneven.* Su respiración se había vuelto irregular. SIN **irregular** ANT **even**

un·e·ven·ly /ʌnˈiːvənli/ adv de forma desigual/irregular

un·e·vent·ful /ˌʌnɪˈventfəl◂/ adj sin incidentes: *Our trip was uneventful.* Nuestro viaje transcurrió sin incidentes.

un·e·vent·ful·ly /ˌʌnɪˈventfəli/ adv sin incidentes

un·ex·cit·ing /ˌʌnɪkˈsaɪtɪŋ◂/ adj poco interesante, anodino -a

ˌunexcused ˈabsence /ˌʌnɪkˈskjuːzd◂/ s [C] falta/ausencia injustificada • [+**from**]: *his four-day unexcused absence from the team* sus cuatro días de ausencia injustificada del equipo

un·ex·pect·ed /ˌʌnɪkˈspɛktɪd◂/ *adj* inesperado -a, imprevisto -a: *Her death was completely unexpected.* Su muerte fue totalmente inesperada. • *unexpected delays* retrasos imprevistos

un·ex·pect·ed·ly /ˌʌnɪkˈspɛktɪdli/ *adv* inesperadamente

un·ex·pect·ed·ness /ˌʌnɪkˈspɛktɪdnɪs/ *s* [U] carácter inesperado: *the unexpectedness of the news* lo inesperado de las noticias

un·ex·plained /ˌʌnɪkˈspleɪnd◂/ *adj* inexplicado -a

un·fail·ing /ʌnˈfeɪlɪŋ/ *adj* constante, inquebrantable: *their unfailing support* su constante apoyo

un·fail·ing·ly /ʌnˈfeɪlɪŋli/ *adv* indefectiblemente

un·fair /ˌʌnˈfɛr◂/ *adj* injusto -a: *an unfair accusation* una acusación injusta • *unfair competition* competencia desleal • *That's unfair!* ¡No es justo! • **be unfair to/on sb** ser injusto -a para/con alguien: *He was worried that he had been unfair to her.* Tenía miedo de haber sido injusto con ella. • *This would be unfair on patients.* Esto sería injusto para los pacientes. • **it is unfair that** no es justo que: *It's very unfair that she got all the blame.* No es nada justo que le hayan echado toda la culpa a ella. SIN **unjust** ANT **fair**

un·fair·ly /ʌnˈfɛrli/ *adv* injustamente: *She was unfairly treated.* La trataron injustamente. SIN **unjustly**

un·fair·ness /ʌnˈfɛrnɪs/ *s* [U] injusticia

un·faith·ful /ʌnˈfeɪθfəl/ *adj* infiel • [+**to**]: *He had been unfaithful to his wife.* Le había sido infiel a su mujer. ANT **faithful**

un·fa·mil·iar /ˌʌnfəˈmɪljɚ/ *adj* **1** desconocido -a: *a crowd of unfamiliar faces* un montón de caras desconocidas • **be unfamiliar to sb** serle/resultarle desconocido a alguien: *His name was unfamiliar to me.* Su nombre me resultaba desconocido. • *unfamiliar place/environment* lugar/entorno desconocido ANT **familiar 2 be unfamiliar with sth** no estar familiarizado -a con algo, no conocer algo: *I am unfamiliar with his work.* No estoy familiarizado con su obra. • *We were unfamiliar with the neighborhood.* No conocíamos el barrio. ANT **familiar**

un·fa·mil·i·ar·i·ty /ˌʌnfəˌmɪlˈyærəti/ *s* [U] desconocimiento, falta de familiaridad

un·fash·ion·a·ble /ʌnˈfæʃənəbəl/ *adj* pasado -a de moda, que no está de moda: *unfashionable clothes* ropa pasada de moda • *an unfashionable part of town* una zona que no está de moda • **it is unfashionable to do sth** no está de moda hacer algo ANT **fashionable**

un·fas·ten /ˌʌnˈfæsən/ *v* [T] desabrochar (una prenda, un botón, etc.), desatar, deshacer (un nudo): *Do not unfasten your safety belt until the plane has stopped.* Mantengan los cinturones de seguridad abrochados hasta que el avión se haya detenido. SIN **undo** ANT **fasten**

un·fas·tened /ʌnˈfæsənd/ *adj* desabrochado -a

un·fath·om·a·bly /ʌnˈfæðəməbli/ *adv* (*frml*) inexplicablemente

un·fa·vor·a·ble /ʌnˈfeɪvərəbəl/ *adj* **1** (situaciones, condiciones) desfavorable, poco propicio -a: *unfavorable circumstances* circunstancias desfavorables **2** (críticas, reacciones) negativo -a, desfavorable: *The play received unfavorable reviews.* La obra recibió críticas negativas. SIN **critical** ANT **favorable**

un·fa·vour·a·ble /ʌnˈfeɪvərəbəl/ variante británica de **UNFAVORABLE**

un·feel·ing /ʌnˈfilɪŋ/ *adj* insensible

un·fet·tered /ʌnˈfɛtɚd/ *adj* (*frml*) sin restricciones, sin trabas: *unfettered by social conventions* libre de las ataduras de las convenciones sociales

un·filled /ˌʌnˈfɪld◂/ *adj* sin cubrir (vacante)

un·fin·ished /ʌnˈfɪnɪʃt◂/ *adj* sin terminar, inacabado -a • **leave sth unfinished** dejar algo sin terminar: *She left the sentence unfinished.* Dejó la frase sin terminar. SIN **incomplete** ANT **finished**

EXPRESIONES
unfinished business asuntos pendientes

un·fit /ʌnˈfɪt/ *adj* **1** (para determinado uso) **unfit for sth/to do sth** *meat that is unfit for human consumption* carne no apta para el consumo humano • *The house was unfit for human habitation.* La casa no reunía las condiciones de habitabilidad. • *The food was unfit to eat.* La comida no estaba en condiciones de ser consumida. ANT **fit 2** (para una tarea) *She's an unfit mother.* Es inepta como madre. • *They judged him to be an unfit representative of his country.* Lo consideraban indigno de representar a su país. • **unfit for sth/to do sth** *He is unfit for public office.* No es apto para ejercer un cargo público. • *His son was deemed unfit to succeed him.* Se consideró que su hijo no reunía las condiciones para ocupar su lugar. ANT **fit 3** (estado físico) en baja forma, bajo -a de forma, que no está en forma ANT **fit 4** (para trabajar) **unfit for sth/to do sth** *She was declared unfit for active service.* Lo declararon no apto para el servicio militar. • *She was declared unfit to stand trial.* Declararon que no estaba en condiciones de ser sometida a juicio. ANT **fit**

un·flag·ging /ʌnˈflægɪŋ/ *adj* incansable

un·flap·pa·ble /ʌnˈflæpəbəl/ *adj* (*coloq*) imperturbable

un·flat·ter·ing /ʌnˈflæṭərɪŋ/ *adj* **1** poco favorecedor -a **2** poco halagador -a

un·flinch·ing /ʌnˈflɪntʃɪŋ/ *adj* impávido -a

un·fo·cused /ʌnˈfoʊkəst/ *adj* **1** carente de enfoque (discusión), sin objetivos establecidos (protesta, movimiento) **2** desenfocado -a, perdido -a (mirada)

un·fold /ʌnˈfoʊld/ *v* **1** [I] desarrollarse (trama, acontecimientos): *as the plot unfolds* a medida que se va desarrollando la trama **2 (a)** [T] desdoblar, extender (un mapa, un mantel), abrir (un periódico), desplegar (las alas) ANT **fold (b)** [I] desplegarse (alas) ANT **fold**

un·fore·seen /ˌʌnfɔrˈsin◂, -fɚ-/ *adj* imprevisto -a: *Unforeseen problems may arise.* Pueden surgir problemas imprevistos. • **due to unforeseen circumstances** debido a circunstancias imprevistas

un·for·get·ta·ble /ˌʌnfɚˈgɛṭəbəl/ *adj* inolvidable ▶ MEMORABLE

un·for·giv·a·ble /ˌʌnfɚˈgɪvəbəl◂/ *adj* imperdonable ▶ INEXCUSABLE

un·for·giv·a·bly /ˌʌnfɚˈgɪvəbli/ *adv* imperdonablemente

un·for·giv·ing /ˌʌnfɚˈgɪvɪŋ◂/ *adj* implacable

un·for·tu·nate¹ /ʌnˈfɔrtʃənɪt/ *adj* **1** (sin suerte) desafortunado -a: *You were really unfortunate – you deserved to win.* Tuviste muy mala suerte, merecías haber ganado. • **be unfortunate (enough) to do sth** *He was unfortunate enough to lose his job just after his wife had a baby.* Tuvo la mala suerte de perder su trabajo justo cuando su mujer acababa de tener un niño. SIN **unlucky** ANT **fortunate 2** (situación, condición) desafortunado -a, lamentable: *This could have unfortunate consequences.* Esto podría tener consecuencias lamentables. • **it is unfortunate that** es una pena que: *It is most unfortunate that your father can't come to the wedding.* Es una verdadera pena que tu padre no pueda venir a la boda. SIN **regrettable** ANT **fortunate 3** (accidente, incidente) desafortunado -a SIN **unlucky 4** (*frml*) (inoportuno) desafortunado -a

un·for·tu·nate² *s* [C] (*liter*) desdichado -a

un·for·tu·nate·ly S3 W3 /ʌnˈfɔrtʃənɪtli/ *adv* [adv oracional] lamentablemente, desgraciadamente: *Unfortunately, the banks were all closed.* Lamentablemente, los bancos estaban todos cerrados. • *There's nothing I can do about it, unfortunately.* Desgraciadamente, no hay nada que pueda hacer al respecto. • **unfortunately for him/us** para su/nuestra desgracia SIN **regrettably** ANT **fortunately**

un·found·ed /ʌnˈfaʊndɪd/ *adj* infundado -a • **unfounded rumors** rumores infundados • **unfounded allegations** acusaciones infundadas • **prove (to be) unfounded** resultar (ser) infundado -a

un·friend·li·ness /ʌnˈfrɛndlinɪs/ *s* [U] hostilidad

un·friend·ly /ʌn'frɛndli/ *adj* (**unfriendlier**, **unfriendliest**) antipático -a: *He's always so unfriendly.* Siempre es tan antipático. • [+**to/toward**]: *Her relatives were pretty unfriendly toward me.* Sus parientes fueron bastante antipáticos conmigo. ANT **friendly**

un·ful·filled /ˌʌnfʊl'fɪld‹/ *adj* incumplido -a

un·fun·ny /ʌn'fʌni/ *adj* (*coloq*) sin gracia

un·furl /ʌn'fɜl/ *v* [I, T] desplegar(se)

un·fur·nished /ˌʌn'fɜnɪʃt‹/ *adj* sin amueblar

un·gain·ly /ʌn'geɪnli/ *adj* desgarbado -a

un·god·ly /ʌn'gɑdli/ *adj* impío • **at an ungodly hour** a una hora intempestiva

un·gov·ern·a·ble /ʌn'gʌvənəbəl/ *adj* incontrolable

un·gra·cious /ʌn'greɪʃəs/ *adj* descortés

un·gra·cious·ly /ʌn'greɪʃəsli/ *adv* de mala gana

un·gram·mat·i·cal /ˌʌngrə'mætɪkəl/ *adj* agramatical, gramaticalmente incorrecto -a

un·grate·ful /ʌn'greɪtfəl/ *adj* desgradecido -a • **be ungrateful for sth** no estar agradecido -a por algo: *Please don't think I'm ungrateful for all you've done.* Por favor, no pienses que no te estoy agradecido por todo lo que has hecho. ANT **grateful**

un·grate·ful·ly /ʌn'greɪtfəli/ *adv* con ingratitud

un·guard·ed /ˌʌn'gɑrdɪd‹/ *adj* **1** descuidado -a, irreflexivo -a **2** de descuido, de despiste

un·hap·pi·ly /ʌn'hæpəli/ *adv* **1** con tristeza: *an unhappily married man* un hombre víctima de un matrimonio infeliz **2** lamentablemente, desgraciadamente

un·hap·pi·ness /ʌn'hæpinɪs/ *s* [U] infelicidad, desdicha

un·hap·py S /ʌn'hæpi/ *adj* (**unhappier**, **unhappiest**)
1 (personas, expresiones) infeliz, no contento -a, triste: *He was unhappy at school.* No era feliz en el colegio. • *If you're so unhappy, why don't you find a new job?* Si no estás contento, ¿por qué no buscas otro trabajo? • *He had an unhappy expression on his face.* Tenía cara de triste. • **deeply unhappy** muy desdichado -a: *a deeply unhappy child* un niño muy desdichado ANT **happy** ▶ ver nota en **SAD**
2 (situaciones, momentos) infeliz: *an unhappy marriage* un matrimonio infeliz • *I had an unhappy childhood.* Tuve una infancia infeliz. • *unhappy memories* recuerdos tristes ANT **happy**
3 [nunca ante s] (no satisfecho, preocupado) [+**about/at**]: *I'm slightly unhappy about him using my car.* No me hace mucha gracia que use mi carro. • *She was unhappy at being left off the team.* No estaba contenta con que la hubieran separado del equipo. • [+**with**]: *The coach was unhappy with the team's performance.* El entrenador no estaba contento con la actuación del equipo. SIN **dissatisfied** ANT **happy**, **satisfied**
4 [solo ante s] (*frml*) (lamentable, inoportuno) desafortunado -a: *an unhappy coincidence* una coincidencia desafortunada ANT **happy**

un·harmed /ʌn'hɑrmd/ *adj* [nunca ante s] ileso -a • **escape unharmed** salir ileso -a

un·health·y /ʌn'hɛlθi/ *adj* (**unhealthier**, **unhealthiest**) **1** poco saludable, insalubre ANT **healthy** **2** malsano -a, morboso -a • **an unhealthy interest/fear** un interés/temor malsano ANT **healthy**

un'heard of *adj* inusual, insólito -a

un·heed·ed /ʌn'hidɪd/ *adj* (*liter*) desatendido -a

un·help·ful /ʌn'hɛlpfəl/ *adj* **1** poco servicial: *The official was rude and unhelpful.* El funcionario fue maleducado y poco servicial. ANT **helpful** **2** inútil: *The tests are unnecessary and unhelpful.* Las pruebas son innecesarias e inútiles. ANT **helpful**

un·hinge /ʌn'hɪndʒ/ *v* [T] desquiciar, trastornar

un·ho·ly /ʌn'hoʊli/ *adj* [sin compar] **1** [solo ante s] (*coloq*) tremendo -a: *an unholy mess* un lío tremendo • *There's going to be an unholy fuss about this.* Va a haber un lío tremendo respecto de esto. **2** [solo ante s] malsano -a (sentimiento): *She took an unholy delight in humiliating Sarah.* Se regodeaba humillando a Sarah.

un·hook /ʌn'hʊk/ *v* [T] descolgar, desabrochar

un·hoped-for /ʌn'hoʊpt fɔr/ *adj* inesperado -a

un·hur·ried /ʌn'hɜid, -'hʌrid/ *adj* pausado -a

un·hurt /ʌn'hɜt/ *adj* [nunca ante s] ileso -a • **escape unhurt** salir ileso -a: *The plane crashed, but the pilot escaped unhurt.* El avión se estrelló, pero el piloto salió ileso.

UNICEF /'yunəˌsɛf/ *s* (**United Nations International Children's Fund**) UNICEF

u·ni·corn /'yunəˌkɔrn/ *s* [C] unicornio

un·i·den·ti·fied /ˌʌnaɪ'dɛntəˌfaɪd‹, ˌʌnə-/ *adj* no identificado -a

u·ni·fi·ca·tion /ˌyunəfə'keɪʃən/ *s* [U] unificación

u·ni·fied /'yunəˌfaɪd/ *adj* **1** unido -a: *Many countries are now working toward a more unified Europe.* Muchos países trabajan ahora para conseguir una Europa más unida. **2** [solo ante s] unificado -a: *a unified system of training* un sistema unificado de capacitación

u·ni·form¹ S3 W3 /'yunəˌfɔrm/ *s* [C,U] uniforme • **a school uniform** un uniforme escolar • **an army/a military uniform** un uniforme militar • **in uniform** uniformado -a, de uniforme: *an officer in uniform* un oficial uniformado

uniform² *adj* uniforme: *of uniform size* de tamaño uniforme • *The country needs a uniform legal system.* El país necesita un sistema legal uniforme. • [+**in**]: *The houses are uniform in size.* Las casas son de tamaño uniforme.

u·ni·formed /'yunəˌfɔrmd/ *adj* [solo ante s] uniformado -a, de uniforme

u·ni·for·mi·ty /ˌyunə'fɔrməti/ *s* [U] uniformidad

u·ni·form·ly /'yunəˌfɔrmli/ *adv* uniformemente

u·ni·fy /'yunəˌfaɪ/ *v* (**unifies**, **unified**, **unifying**) [I,T] unificar(se)

u·ni·lat·er·al /ˌyunə'lætərəl‹/ *adj* (*frml*) unilateral: *a unilateral decision* una decisión unilateral ▶ **BILATERAL**, **MULTILATERAL**

u·ni·lat·er·al·ly /ˌyunə'lætərəli/ *adv* unilateralmente

un·i·mag·i·na·ble /ˌʌnɪ'mædʒənəbəl‹/ *adj* inimaginable

un·i·mag·i·na·tive /ˌʌnɪ'mædʒənətɪv‹/ *adj* **1** sin imaginación: *an unimaginative writer* un escritor sin imaginación ANT **imaginative** **2** poco original: *an unimaginative present* un regalo poco original ANT **imaginative**

un·im·paired /ˌʌnɪm'pɛrd‹/ *adj* intacto -a, no afectado -a

un·im·por·tant /ˌʌnɪm'pɔrtⁿt‹/ *adj* sin importancia: *unimportant details* detalles sin importancia

un·im·pressed /ˌʌnɪm'prɛst/ *adj* *He spent hours telling us about the plan, but I was unimpressed.* Se pasó horas hablándonos del plan, pero a mí no me pareció gran cosa. • [+**with/by**]: *I was unimpressed with their performance.* Su actuación no me convenció. • *She was unimpressed by the new chairman.* El nuevo presidente no le causó una gran impresión.

un·im·pres·sive /ˌʌnɪm'prɛsɪv‹/ *adj* que no tiene nada de especial: *The house was unimpressive.* La casa no tenía nada de especial. • *an unimpressive teacher* un profesor del montón

un·in·formed /ˌʌnɪn'fɔrmd‹/ *adj* desinformado -a

un·in·hab·it·a·ble /ˌʌnɪn'hæbɪtəbəl‹/ *adj* inhabitable

un·in·hab·it·ed /ˌʌnɪn'hæbɪtɪd‹/ *adj* deshabitado -a

un·in·hib·it·ed /ˌʌnɪn'hɪbɪtɪd‹/ *adj* desinhibido -a

un·in·i·ti·at·ed /ˌʌnɪ'nɪʃiˌeɪtɪd‹/ *adj* no iniciado -a

un·in·spired /ˌʌnɪn'spaɪəd‹/ *adj* poco inspirado -a

un·in·spir·ing /ˌʌnɪnˈspaɪrɪŋ‹ / *adj* poco estimulante, aburrido -a

un·in·sured /ˌʌnɪnˈʃʊrd‹ / *adj* sin seguro

un·in·tel·li·gi·ble /ˌʌnɪnˈtɛlədʒəbəl/ *adj* ininteligible

un·in·tel·li·gi·bly /ˌʌnɪnˈtɛlədʒəbli/ *adv* de forma ininteligible

un·in·tend·ed /ˌʌnɪnˈtɛndɪd‹ / *adj* involuntario -a, no intencionado -a

un·in·ten·tion·al /ˌʌnɪnˈtɛnʃənəl‹ / *adj* involuntario -a, no intencionado -a ANT **deliberate**

un·in·ten·tion·al·ly /ˌʌnɪnˈtɛnʃənəli/ *adv* sin querer ANT **deliberately**

un·in·ter·est·ed /ʌnˈɪntrɪstɪd, -ˈɪntəˌrɛs-/ *adj* indiferente, poco interesado -a • **be uninterested (in sth)** He was uninterested in politics. No le interesaba la política. ▸ **DISINTERESTED**

un·in·ter·rupt·ed /ˌʌnɪntəˈrʌptɪd‹ / *adj* **1** ininterrumpido -a **2** [solo ante s] despejado -a (vista)

un·in·vit·ed /ˌʌnɪnˈvaɪtɪd‹ / *adj* no invitado -a: *uninvited guests* personas que no han sido invitadas • **to turn up/arrive uninvited** presentarse/llegar sin haber sido invitado -a

un·in·vit·ing /ˌʌnɪnˈvaɪtɪŋ‹ / *adj* poco atractivo -a

un·ion S3 W1 /ˈyunyən/ *s*
1 [C] (de trabajadores) sindicato • **join a union** afiliarse a un sindicato • **union dues** cuota sindical • **union leader** líder sindical • **union member** miembro del sindicato • **union meeting** reunión sindical, junta sindical • **union official** dirigente sindical SIN **labor union**
2 [C gralm sing] (en nombres de organizaciones) unión: *the European Union* la Unión Europea
3 (en historia) **the Union** los estados de la Unión (durante la guerra civil americana)
4 [sing, U] (acción, estado) (*frml*) unión: *monetary union* unión monetaria
5 [C] (matrimonio) (*antic*, *frml*) unión

un·ion·i·za·tion /ˌyunyənəˈzeɪʃən/ *s* [U] sindicalización

un·ion·ize /ˈyunyəˌnaɪz/ *v* [I, T] sindicalizar(se)

Union 'Jack *s* [C] Union Jack (bandera del Reino Unido)

u·nique S3 W3 /yuˈnik/ *adj*
1 (excepcionalmente bueno) único -a • **a unique opportunity** una oportunidad única • **quite/totally unique** sin comparación: *a publication that is totally unique* una publicación totalmente incomparable
2 [sin compar] (singular) único -a: *Each person's fingerprints are unique.* Las huellas digitales de cada persona son únicas. • **unique to sb/sth** exclusivo -a de alguien/algo, peculiar de alguien/algo: *This problem is not unique to Britain.* Este problema no es exclusivo de Gran Bretaña.

u·nique·ly /yuˈnikli/ *adv* **1** singularmente: *a uniquely talented man* un hombre de singular talento • **be uniquely placed to do sth** estar en una posición inmejorable para hacer algo **2** exclusivamente • **uniquely Spanish/French** exclusivamente español -a/francés -a

u·nique·ness /yuˈniknɪs/ *s* [U] singularidad

u·ni·sex /ˈyunəˌsɛks/ *adj* unisex, unisexo: *unisex clothing* ropa unisex

u·ni·son /ˈyunəsən/ *s*
EXPRESIONES
in unison **(a)** al unísono **(b)** **work/act in unison** trabajar/actuar de forma conjunta

u·nit S2 W1 /ˈyunɪt/ *s* [C]

1	elemento constitutivo
2	departamento
3	en la policía, el ejército
4	medida
5	en un libro
6	pieza, aparato
7	mueble

1 ELEMENTO CONSTITUTIVO unidad: *The family is the basic social unit.* La familia es la unidad social básica.
2 DEPARTAMENTO unidad: *the hospital's intensive care unit* la unidad de terapia intensiva del hospital
3 EN LA POLICÍA, EL EJÉRCITO unidad: *an army unit* una unidad del ejército
4 MEDIDA unidad: *Calories are units of energy.* Las calorías son unidades de energía.
5 EN UN LIBRO unidad: *We'll be working on Unit 10 next week.* La próxima semana trabajaremos la unidad 10.
6 PIEZA, APARATO unidad: *an air-conditioning unit* una unidad de aire acondicionado
7 MUEBLE módulo: *kitchen units* módulos de cocina

u·nite /yuˈnaɪt/ *v* **1** **(a)** [I] unirse • [+**with**]: *People must unite with the police to defeat crime.* La gente tiene que aunar esfuerzos con la policía para derrotar al crimen. • [+**against**]: *Townspeople have united against the closure of their school.* Los vecinos se han unido contra el cierre del colegio. • [+**behind**]: *The country united behind the president.* El país cerró filas en torno al presidente. • **unite to do sth** unirse para hacer algo **(b)** [T] unir: *The prime minister was unable to unite the country.* El primer ministro no logró unir al país. • **unite sb against sb/sth** unir a alguien contra alguien/algo: *He managed to unite the country against the treaty.* Consiguió unir al país contra el tratado. **2** [T frec en pasiva] (volver a) reunirse • **be united with sb** reunirse con alguien: *She was united with her husband after the war.* Se volvió a reunir con su marido después de la guerra. ▸ **REUNITE**

u·nit·ed /yuˈnaɪtɪd/ *adj* **1** unido -a: *the creation of a united Germany* la creación de una Alemania unida • *They were united by their common love of their country.* Los unía su amor por su país. • [+**against**]: *The people were united against slavery.* La gente estaba unida contra la esclavitud. • [+**on**]: *The party was united on policy.* El partido estaba unido con relación a las políticas. • [+**in**]: *The parents were united in their grief.* El dolor unía a los padres. **2** [solo ante s] (realizado por todos) conjunto -a: *a united effort to reduce pollution* un esfuerzo conjunto para reducir la contaminación

U,nited 'Kingdom the United Kingdom el Reino Unido

U,nited 'States the United States (of America) (los) Estados Unidos (de América)

u·ni·ty /ˈyunəti/ *s* [U] unidad, unión: *an attempt to preserve party unity* un intento de conservar la unidad del partido

u·ni·ver·sal S3 /ˌyunəˈvɚsəl‹ / *adj*
1 (para o de todo el mundo) universal: *These stories have universal appeal.* Estas historias tienen un atractivo universal. • *a universal truth* una verdad universal
2 [gralm ante s] (dentro de un grupo) universal, para todos: *free universal healthcare* atención médica gratis para todos • **universal suffrage** sufragio universal

u·ni·ver·sal·ly /ˌyunəˈvɚsəli/ *adv* **1** universalmente **2** por todos

u·ni·verse W3 /ˈyunəˌvɚs/ *s*
1 the universe el universo
2 [C] universo: *an imaginary universe* un universo imaginario

u·ni·ver·si·ty S2 W2 /ˌyunəˈvɚsəti/ *s* [C,U] (pl **universities**) universidad: *the University of Chicago* la Universidad de Chicago • *Harvard University* la Universidad de Harvard • **go to university** ir a la universidad • **at a university** en una universidad: *She studied physics at Leeds University.* Estudió física en la Universidad de Leeds. • **university degree** título universitario • **university education** estudios universitarios • **university student** (estudiante) universitario -a

un·just /ˌʌnˈdʒʌst‹ / *adj* (*frml*) injusto -a SIN **unfair**

un·jus·ti·fi·a·ble /ʌnˌdʒʌstəˈfaɪəbəl/ *adj* injustificable

un·jus·ti·fi·a·bly /ʌnˌdʒʌstəˈfaɪəbli/ *adv* injustificadamente, sin justificación

unload

The kids unloaded the shopping from the car.
Los niños descargaron la compra del carro.

un·jus·ti·fied /ˌʌn'dʒʌstəˌfaɪd/ *adj* injustificado -a

un·just·ly /ʌn'dʒʌstli/ *adv* (*frml*) injustamente

un·kempt /ˌʌn'kɛmpt‹/ *adj* **1** (aspecto personal) descuidado -a, desaliñado: *a youth with long unkempt hair* un joven con pelo largo y descuidado **2** (un jardín, cerca) descuidado -a: *an unkempt yard* un jardín descuidado

un·kind /ˌʌn'kaɪnd‹/ *adj* poco amable, desagradable, cruel: *I never heard him say an unkind word about anyone.* Nunca le he oído decir nada desagradable de nadie. • *Children can be very unkind.* Los niños pueden ser muy crueles. • **be unkind to sb** tratar mal a alguien: *Her husband is very unkind to her.* Su marido la trata muy mal. • *I didn't mean to be unkind to her.* No fue mi intención herirla. • **it is unkind (of sb) to do sth** *It was unkind of you to bring that up.* Fue muy poco amable de tu parte sacar eso a relucir. SIN **mean** ANT **kind**

un·kind·ly /ʌn'kaɪndli/ *adv* (*frml*) cruelmente, de forma desagradable/poco amable • **treat sb unkindly** tratar mal a alguien

un·kindness /ʌn'kaɪndnɪs/ *s* [U] crueldad, actitud desagradable/poco amable • [+**to/toward**]: *I couldn't forgive their unkindness toward me.* No les podía perdonar lo mal que me habían tratado.

un·known¹ S3 W3 /ˌʌn'noʊn‹/ *adj*
1 (no conocido) desconocido -a: *She said the flowers were from an unknown admirer.* Dijo que las flores eran de un admirador desconocido. • [+**to**]: *These facts were unknown to us.* Desconocíamos estos hechos. • **for some unknown reason** por algún motivo: *For some unknown reason, he quit his job and moved to Alaska.* Por algún motivo, dejó el trabajo y se mudó a Alaska. • **remain unknown** *The murderer's identity remains unknown.* La identidad del asesino sigue sin conocerse. ANT **known**
2 (no famoso) desconocido -a: *an unknown artist* un artista desconocido

EXPRESIONES
unknown to her/me sin que ella/yo lo supiera: *Unknown to his wife, he had been gambling for years.* Sin que su mujer lo supiera, hacía años que jugaba. • **be an unknown quantity** ser una incógnita

unknown² *s* **1** [C] desconocido -a **2** [C] incógnita **3 the unknown** lo desconocido: *a fear of the unknown* el miedo a lo desconocido

un·law·ful /ʌn'lɔfəl/ *adj* (*frml*) ilegal • **unlawful arrest/imprisonment** detención/reclusión ilegal SIN **illegal** ▶ **ILLICIT**

un·law·ful·ly /ʌn'lɔfəli/ *adv* (*frml*) ilegalmente SIN **illegally**

un·lead·ed¹ /ˌʌn'lɛdɪd‹/ *adj* sin plomo ▶ **REGULAR**

unleaded² *s* [U] gasolina sin plomo ▶ **REGULAR**

un·leash /ʌn'liʃ/ *v* [T] **1** desencadenar • **unleash a torrent/flood/wave of sth** desencadenar un torrente/una marea/una ola de algo: *The decision unleashed a storm of protest.* La decisión desencadenó una lluvia de protestas. • **unleash sth on sb/sth** descargar algo en

alguien/algo: *The players unleashed their anger on the referee.* Los jugadores descargaron su furia en el árbitro. **2** soltar

un·less S1 W2 /ən'lɛs, ʌn-/ *conj* si no, a no ser que, a menos que: *They threatened to kill me unless I agreed to help them.* Amenazaron con matarme si no aceptaba ayudarlos. • *Don't call me at the office unless it's absolutely necessary.* No me llames al trabajo a no ser que sea absolutamente necesario. • **unless I'm (very much) mistaken** si no me equivoco: *That's his wife, unless I'm mistaken.* Esa es su esposa, si no me equivoco.

EXPRESIONES
not unless sólo si: *"Are you going to tell Frank?" "Not unless I have to."* –¿Se lo vas a decir a Frank? –Sólo si me veo obligado."

un·li·censed /ʌn'laɪsənst/ *adj* **1** (armas, vehículos) sin licencia, ilegal: *The plane was unlicensed.* El avión no tenía licencia. • *unlicensed copies of the software* copias ilegales del programa de computador **2** (trabajadores, profesionales) sin permiso, sin licencia: *an unlicensed foreign doctor* un médico extranjero, sin permiso para ejercer

un·like¹ W2 /ˌʌn'laɪk‹/ *prep*
1 be unlike sb/sth no parecerse a alguien/algo: *The new model is quite unlike its predecessor.* El nuevo modelo no se parece en nada a su predecesor. • **be not unlike sb/sth** parecerse a alguien/algo: *The landscape is not unlike that of Scotland.* El paisaje es parecido al de Escocia. ANT **like**
2 a diferencia de: *Unlike most people in the office, I don't come to work by car.* A diferencia de la mayoría de la gente de la oficina, yo no vengo al trabajo en carro. • *Unlike me, she's very intelligent.* Es muy inteligente, no como yo. ANT **like**
3 be unlike sb *I don't understand why she is being so nice today – it's very unlike her.* No entiendo por qué está tan simpática hoy, es muy raro en ella. ANT **like**

unlike² *adj* [nunca ante s] distinto -a, diferente SIN **different** ANT **alike**

un·like·ly W3 /ʌn'laɪkli/ *adj*
1 poco probable, improbable: *He might come tomorrow, but it's unlikely.* Puede que venga mañana, pero es poco probable. • **be unlikely to do sth** *He is unlikely to survive.* Es poco probable que sobreviva. • **it's unlikely (that)** *It's increasingly unlikely that they'll win.* Cada vez es menos probable que vayan a ganar. • **very/most unlikely** muy improbable, muy poco probable • **highly unlikely** altamente improbable • **pretty/fairly/rather unlikely** bastante improbable • **in the unlikely event of sth** *in the unlikely event of a fire* en el caso poco probable de que se produjera un incendio ANT **likely**
2 inverosímil, increíble (versión, excusa, etc.) SIN **improbable** ANT **likely**
3 atípico -a: *a novel with the most unlikely hero* una novela con un héroe de lo más atípico
4 **an unlikely pair/couple** una extraña pareja SIN **improbable** ANT **alike**

un·lim·it·ed /ʌn'lɪmɪtɪd/ *adj* ilimitado -a: *unlimited Internet access* acceso ilimitado a Internet

un·list·ed /ˌʌn'lɪstɪd‹/ *adj* **1** no incluido -a en el directorio (telefónico): *an unlisted phone number* un número de teléfono no incluido en el directorio **2** que no cotiza en Bolsa (empresa) **3** no catalogado -a (obra de arte), extra (tema en un CD)

un·lit /ˌʌn'lɪt‹/ *adj* **1** oscuro -a, sin iluminación (lugar) **2** sin encender (cigarrillo, fuego)

un·load /ʌn'loʊd/ *v*

1 mercancías
2 pasajeros
3 armas, aparatos
4 vender
5 trabajo, responsabilidad
6 sentimientos

1 MERCANCÍAS [I, T] descargar • **unload sth from a lorry/a ship** descargar algo de un camión/un barco ANT **load**

2 PASAJEROS (a) [I] *The bus stopped briefly to unload and then sped off.* El bus hizo una breve parada para que bajaran los pasajeros y se fue a toda velocidad. **(b)** [T] *Three vans unloaded riot police.* Descendieron policías antidisturbios de tres furgonetas. ANT **load**
3 ARMAS, APARATOS [T] descargar (un arma), vaciar (un lavavajillas), sacar el rollo de (una cámara), sacar (los platos del lavavajillas, la ropa de la lavadora) ANT **load**
4 VENDER [T] (*coloq*) deshacerse de: *Investors continue to unload technology stocks.* Los inversores continúan deshaciéndose de acciones en empresas tecnológicas. • **unload sth on/onto sb** *Hundreds of cheap videos have been unloaded on the Mexican market.* Han aparecido cientos de videos baratos en el mercado mexicano.
5 TRABAJO, RESPONSABILIDAD [T] (*coloq*) **unload sth on/onto sb** endilgarle/encajarle algo a alguien, descargar algo en alguien
6 SENTIMIENTOS (a) [T] **unload sth on/onto sb** descargar algo en alguien **(b)** [I] **unload on/onto sb** descargarse en alguien

un·lock /ʌnˈlɑk/ *v* [T] **1** abrir (algo cerrado con llave): *Which of these keys unlocks the safe?* ¿Cuál de estas llaves abre la caja fuerte? ANT **lock 2 unlock the secret/mystery of sth** (*escrito*) develar el secreto/ resolver el misterio de algo **3** (*frml*) liberar (talentos, potencial)

un·luck·i·ly /ʌnˈlʌkəli/ *adv* desgraciadamente, por desgracia • [+**for**]: *Unluckily for us, she had overheard everything we said.* Para nuestra desgracia, había oído todo lo que dijimos. SIN **unfortunately**

un·luck·y /ʌnˈlʌki ◂/ *adj* (**unluckier, unluckiest**) **1** (que tiene mala suerte) desafortunado-a, sin suerte, con mala suerte: *I don't believe anyone is born lucky or unlucky.* No creo que nadie nazca con buena o mala suerte. • [+**with**]: *We were unlucky with the weather.* Tuvimos mala suerte con el tiempo. • **be unlucky (enough) to do sth** *She was unlucky enough to be there when it happened.* Tuvo la mala suerte de estar allí cuando ocurrió. • **be unlucky in love** tener mala suerte en el amor SIN **unfortunate 2** (que trae mala suerte) *Thirteen is an unlucky number.* El número trece trae mala suerte. • **it is unlucky to do sth** trae mala suerte hacer algo • **it is unlucky for sb to do sth** trae mala suerte que alguien haga algo **3** (que ocurre por mala suerte) desafortunado -a: *an unlucky accident* un desafortunado accidente • **it is unlucky (for sb) (that)** *It was unlucky for her that the boss happened to walk in just at that moment.* Tuvo la mala suerte de que el jefe entrara justo en ese momento. SIN **unfortunate**

un·made /ʌnˈmeɪd ◂/ *adj* sin hacer, deshecho -a (cama)

un·man·age·a·ble /ʌnˈmænɪdʒəbəl/ *adj* incontrolable, difícil de manejar

un·manned /ʌnˈmænd ◂/ *adj* no tripulado -a (nave, vehículo), no atendido -a (puesto, estación), sin operarios (fábrica)

un·marked /ʌnˈmɑrkt ◂/ *adj* (carretera, billete) sin marcas, inscripciones, etc: *an unmarked police car* una radiopatrulla camuflada • *an unmarked grave* una tumba sin nombre

un·mar·ried /ʌnˈmærɪd ◂/ *adj* soltero -a, no casado -a • **an unmarried mother** una madre soltera SIN **single**

un·mask /ʌnˈmæsk/ *v* [T] desenmascarar • **unmask sb as sth** *He was unmasked as a traitor.* Fue desenmascarado y señalado como traidor.

un·matched /ʌnˈmætʃt ◂/ *adj* (*liter*) sin par, inigualado -a

un·mis·tak·a·ble /ʌnmɪˈsteɪkəbəl ◂/ *adj* inconfundible, inequívoco -a

un·mis·tak·a·bly /ʌnmɪˈsteɪkəbli/ *adv* inequívocamente, sin lugar a dudas

un·mit·i·gat·ed /ʌnˈmɪtə,geɪtɪd/ *adj* [solo ante s] absoluto -a, total: *an unmitigated disaster* un absoluto desastre

un·moved /ʌnˈmuvd/ *adj* [nunca ante s] impasible • [+**by**]: *She seemed unmoved by the tragedy.* La tragedia no pareció conmoverla.

un·named /ʌnˈneɪmd ◂/ *adj* anónimo -a

un·nat·u·ral /ʌnˈnætʃərəl/ *adj* **1** anormal, extraño -a • **it is unnatural (for sb) to do sth** no es normal que alguien haga algo: *It's unnatural for a child to spend so much time alone.* No es normal que un niño pase tanto tiempo solo. ANT **natural 2** forzado -a, artificial: *Her laugh seemed unnatural.* Su risa sonaba forzada. SIN **artificial, fake** ANT **natural 3** antinatural: *unnatural sexual practices* prácticas sexuales antinaturales ANT **natural 4** no natural (muerte, causas)

un·nat·u·ral·ly /ʌnˈnætʃərəli/ *adv* **1** anormalmente, extrañamente • **not unnaturally** como es lógico: *Not unnaturally, he was upset.* Como es lógico, estaba disgustado. **2** de manera afectada

un·nec·es·sar·i·ly /ʌnˈnɛsəˈsɛrəli/ *adv* innecesariamente: *You're worrying unnecessarily.* Te estás preocupando innecesariamente.

un·nec·es·sar·y /ʌnˈnɛsə,sɛri/ *adj* **1** innecesario -a: *There's no point in taking unnecessary risks.* No tiene sentido correr riesgos innecesarios. • **it is unnecessary (for sb) to do sth** no es necesario que alguien haga algo ANT **necessary 2** fuera de lugar, de más: *an unnecessary remark* un comentario fuera de lugar

un·nerve /ʌnˈnɚv/ *v* [T] desconcertar, poner nervioso -a

un·nerv·ing /ʌnˈnɚvɪŋ/ *adj* desconcertante

un·no·ticed /ʌnˈnoʊtɪst/ *adj* inadvertido -a: *He slipped away unnoticed.* Se escabulló sin que nadie se diera cuenta. • **go/pass unnoticed** pasar desapercibido -a/inadvertido -a SIN **unobserved**

un·ob·served /ʌnəbˈzɚvd/ *adj* inadvertido -a SIN **unnoticed**

un·ob·struct·ed /ʌnəbˈstrʌktɪd ◂/ *adj* libre, despejado -a

un·ob·tru·sive /ʌnəbˈtrusɪv ◂/ *adj* discreto -a (que no llama la atención)

un·ob·tru·sive·ly /ʌnəbˈtrusɪvli/ *adv* discretamente

un·oc·cu·pied /ʌnˈɑkyə,paɪd/ *adj* **1** desocupado -a (asiento, vivienda) **2** no ocupado -a (por el enemigo)

un·of·fi·cial /ʌnəˈfɪʃəl ◂/ *adj* **1** extraoficial, no oficial (informe, fuente), no autorizado -a (biografía, huelga) **2** no oficial (visita, viaje)

un·of·fi·cial·ly /ʌnəˈfɪʃəli/ *adv* extraoficialmente

un·o·pened /ʌnˈoʊpənd/ *adj* sin abrir

un·op·posed /ʌnəˈpoʊzd ◂/ *adj* sin oposición

un·or·tho·dox /ʌnˈɔrθə,dɑks/ *adj* poco ortodoxo -a

un·pack /ʌnˈpæk/ *v* **(a)** [T] deshacer (una maleta), desempaquetar (cosas envueltas), vaciar (cajas) **(b)** [I] desempacar: *I haven't had a chance to unpack yet.* Todavía no he podido desempacar.

un·paid /ʌnˈpeɪd ◂/ *adj* **1** pendiente, sin pagar, impago -a: *a pile of unpaid bills* un montón de facturas pendientes **2** no remunerado -a: *unpaid work* trabajo no remunerado

un·pal·at·a·ble /ʌnˈpæləṭəbəl/ *adj* desagradable, intragable

un·par·al·leled /ʌnˈpærə,lɛld/ *adj* (*frml*) sin igual, sin precedentes, inigualable

un·planned /ʌnˈplænd ◂/ *adj* no planificado -a, improvisado -a: *an unplanned pregnancy* un embarazo no planificado

un·pleas·ant /ʌnˈplɛzənt/ *adj* **1** desagradable: *an unpleasant surprise* una desagradable sorpresa • *an extremely unpleasant smell* un olor sumamente desagradable ANT **pleasant 2** (en las relaciones con otros) antipático -a (persona), desagradable (comentario): *He said some very unpleasant things.* Dijo cosas muy desagradables. • [+**to**]: *She was rather unpleasant to me on* *the phone*. Fue bastante antipática conmigo por teléfono. SIN **nasty** ANT **pleasant**

un·pleas·ant·ly /ʌnˈplɛzəntli/ *adv* **1** desagradablemente **2** en un tono poco amistoso, de forma poco amistosa

un·plug /ʌnˈplʌg/ *v* [T] (**unplugged, unplugging**) desenchufar ANT **plug in**

un·plugged /ʌnˈplʌgd/ *adj* **1** desenchufado -a **2** acústico -a (versión, álbum, etc.)

un·pol·ished /ˌʌnˈpɑlɪʃt/ *adj* sin pulir

un·pop·u·lar /ʌnˈpɑpyələ/ *adj* impopular: *an unpopular decision* una decisión impopular • *She was unpopular at school and had few friends.* Les caía mal a sus compañeros del colegio y tenía poco amigos. • [+**with/ among**]: *The tax proved unpopular with voters.* El impuesto resultó impopular entre los votantes. • *He was unpopular among his coworkers.* Les caía mal a sus compañeros. • **deeply/highly unpopular** tremendamente/muy impopular ANT **popular**

un·pop·u·lar·i·ty /ˌʌnpɑpyəˈlærəti/ *s* [U] impopularidad

un·prec·e·dent·ed /ʌnˈprɛsəˌdɛntɪd/ *adj* **1** sin precedentes **2** inaudito -a, insólito -a

un·pre·dict·a·ble /ˌʌnprɪˈdɪktəbəl‹/ *adj* (tiempo, resultados, consecuencias) imprevisible, impredecible ANT **predictable**

un·pre·pared /ˌʌnprɪˈpɛrd‹/ *adj* desprevenido -a, no preparado -a • [+**for**]: *The country was unprepared for war.* El país no estaba preparado para la guerra. • *I was completely unprepared for her reaction.* Su reacción me tomó totalmente desprevenido.

un·pre·pos·sess·ing /ˌʌnpripəˈzɛsɪŋ/ *adj* (*frml*) poco atractivo -a/agraciado -a

un·prin·ci·pled /ʌnˈprɪnsəpəld/ *adj* (*frml*, *peyor*) sin principios, inescrupuloso -a SIN **unscrupulous**

un·print·a·ble /ʌnˈprɪntəbəl/ *adj* impublicable

un·pro·duc·tive /ˌʌnprəˈdʌktɪv‹/ *adj* **1** (reunión, negociaciones) improductivo -a, infructuoso -a **2** (tierra, región) improductivo -a, estéril

un·pro·fes·sion·al /ˌʌnprəˈfɛʃənəl/ *adj* (*peyor*) poco profesional: *unprofessional conduct* conducta poco profesional

un·prof·it·a·ble /ʌnˈprɑfɪtəbəl/ *adj* **1** no rentable **2** (*frml*) inútil, infructuoso -a

un·pro·nounce·a·ble /ˌʌnprəˈnaʊnsəbəl/ *adj* impronunciable

un·pro·tect·ed /ˌʌnprəˈtɛktɪd‹/ *adj* **1** desprotegido -a, sin protección • **leave sb/sth unprotected** dejar algo/a alguien desprotegido -a **2** (sexo) sin protección

un·prov·en /ˌʌnˈpruvən‹/ *adj* no probado -a, no demostrado -a

un·pro·voked /ˌʌnprəˈvoʊkt‹/ *adj* no provocado -a, injustificado -a

un·pub·lished /ʌnˈpʌblɪʃt/ *adj* inédito -a, sin publicar

un·pun·ished /ʌnˈpʌnɪʃt/ *adj* impune, sin castigo

un·qual·i·fied /ʌnˈkwɑləˌfaɪd/ *adj* **1** no calificado -a, sin título, no titulado -a • [+**for**]: *He was unqualified for the job.* No reunía los requisitos necesarios para el trabajo. • **unqualified to do sth** *I feel unqualified to advise you.* Creo que no tengo la preparación necesaria para asesorarte. **2** (absoluto) **an unqualified success** un éxito total/absoluto

un·ques·tion·a·ble /ʌnˈkwɛstʃənəbəl/ *adj* indiscutible, incuestionable SIN **indisputable**

un·ques·tion·a·bly /ʌnˈkwɛstʃənəbli/ *adv* indiscutiblemente

un·ques·tioned /ʌnˈkwɛstʃənd/ *adj* incuestionado -a

un·ques·tion·ing /ʌnˈkwɛstʃənɪŋ/ *adj* incondicional

un·rav·el /ʌnˈrævəl/ *v* **1** [T] esclarecer, desentrañar **2** [T] desenredar, desenrollar **3** [I] desintegrarse **4** [I] deshacerse (prenda de punto)

un·read·a·ble /ʌnˈridəbəl/ *adj* ilegible

un·real /ˌʌnˈril‹/ *adj* **1** [nunca ante s] irreal **2** poco realista SIN **unrealistic 3** [nunca ante s] (*coloq*, *oral*) fantástico, increíble SIN **excellent**

un·re·al·is·tic /ˌʌnriəˈlɪstɪk/ *adj* poco realista • **it is unrealistic to do sth** *It is unrealistic to expect the changes to happen overnight.* Es poco realista esperar que las cosas cambien de la noche a la mañana. • **unrealistic expectations** expectativas poco realistas

un·re·al·is·ti·cal·ly /ˌʌnriəˈlɪstɪkli/ *adv* de forma poco realista, irrazonablemente

un·re·al·i·ty /ˌʌnriˈæləti/ *s* [U] **1** irrealidad **2** falta de realismo, inverosimilitud

un·rea·son·a·ble /ʌnˈrizənəbəl/ *adj* **1** poco razonable: *I think he's being unreasonable.* Creo que está siendo poco razonable. • **it is unreasonable to do sth** *It's unreasonable to expect you to work seven days a week.* No es razonable esperar que trabajes los siete días de las semana. • **not unreasonable** *His attitude was not unreasonable in the circumstances.* Su actitud fue bastante razonable, dadas las circunstancias. • **make unreasonable demands** pedir cosas que no son razonables **2** excesivo -a (precio, costo, etc.)

un·rea·son·a·bly /ʌnˈrizənəbli/ *adv* **1** de forma poco razonable, irrazonablemente **2** excesivamente

un·rec·og·niz·a·ble /ˌʌnrɛkəgˈnaɪzəbəl/ *adj* irreconocible

un·rec·og·nized /ʌnˈrɛkəgˌnaɪzd/ *adj* **1** desapercibido -a • **go unrecognized** pasar desapercibido -a **2** poco reconocido -a (sin el debido reconocimiento) **3** no reconocido -a (por una autoridad)

un·re·cord·ed /ˌʌnrɪˈkɔrdɪd/ *adj* de lo que no hay constancia • **go unrecorded** *Many of the complaints have gone unrecorded.* No ha quedado constancia de muchos de los reclamos.

un·re·fined /ˌʌnrɪˈfaɪnd/ *adj* **1** sin refinar **2** (*frml*) poco refinado -a

un·re·lat·ed /ˌʌnrɪˈleɪtɪd‹/ *adj* **1** sin relación, sin conexión • [+**to**]: *His illness is unrelated to the accident.* Su enfermedad no está relacionada con el accidente. **2** sin relación de parentesco

un·re·lent·ing /ˌʌnrɪˈlɛntɪŋ‹/ *adj* (*frml*) implacable SIN **relentless**

un·re·li·a·ble /ˌʌnrɪˈlaɪəbəl‹/ *adj* **1** (información, testimonio) poco confiable • **an unreliable witness** un/una testigo poco confiable **2** (que no cumple) informal, poco serio -a **3** (máquina, método) poco confiable

un·re·lieved /ˌʌnrɪˈlivd‹/ *adj* (*escrito*) permanente, sin tregua

un·re·mark·a·ble /ˌʌnrɪˈmarkəbəl‹/ *adj* (*frml*) nada extraordinario -a

un·re·mit·ting /ˌʌnrɪˈmɪtɪŋ‹/ *adj* (*frml*) persistente

un·re·mit·ting·ly /ˌʌnrɪˈmɪtɪŋli/ *adv* (*frml*) persistentemente, sin tregua

un·re·peat·a·ble /ˌʌnrɪˈpitəbəl‹/ *adj* irrepetible

un·re·pent·ant /ˌʌnrɪˈpɛntənt/ *adj* empedernido -a, recalcitrante: *He remains unrepentant about his comments.* No se retracta de sus comentarios.

un·re·port·ed /ˌʌnrɪˈpɔrtɪd/ *adj* no denunciado -a: *Many cases go unreported.* Muchos casos no se denuncian.

un·rep·re·sent·a·tive /ˌʌnrɛprɪˈzɛntətɪv/ *adj* poco representativo -a

un·re·quit·ed /ˌʌnrɪˈkwaɪt̬ɪd‹/ *adj* no correspondido -a (amor)

un·re·served /ˌʌnrɪˈzɜvd‹/ *adj* **1** incondicional, sin reservas **2** no reservado -a (asiento, mesa)

un·re·serv·ed·ly /ˌʌnrɪˈzɜvɪdli/ *adv* incondicionalmente, sin reservas

un·re·solved /ˌʌnrɪˈzɑlvd‹/ *adj* sin resolver, pendiente

un·re·spon·sive /ˌʌnrɪ'spɑnsɪv/ adj **1** (en las actitudes) indiferente, frío -a **2 be unresponsive to sth** (a un estímulo, un tratamiento) no responder a algo **3 be unresponsive to sth** (a las necesidades, la opinión de alguien) ser insensible a algo

un·rest /ʌn'rɛst/ s [U] descontento, malestar; (con violencia) disturbios • **labor/industrial unrest** malestar entre los trabajadores

un·re·strained /ˌʌnrɪ'streɪnd◂/ adj incontrolado -a, desenfrenado -a

un·re·strict·ed /ˌʌnrɪ'strɪktɪd◂/ adj sin restricción, libre

un·ripe /ˌʌn'raɪp/ adj verde, inmaduro -a

un·ri·valed /ʌn'raɪvəld/ adj (frml) sin igual, incomparable

un·roll /ʌn'roʊl/ v [I, T] desenrollar(se)

un·ruf·fled /ʌn'rʌfəld/ adj (aprec) imperturbable

un·ru·ly /ʌn'ruli/ adj **1** indisciplinado -a, revoltoso -a (niño), incontrolable (multitud) SIN **wild 2** rebelde, indomable (pelo)

un·safe /ʌn'seɪf/ adj **1** (que puede causar daño) peligroso -a, riesgoso -a: *The water is unsafe to drink.* El agua no es apta para el consumo. **2** [nunca ante s] (que puede resultar dañado) inseguro -a, vulnerable

un·said /ʌn'sɛd/ **be left unsaid** *Some things are better left unsaid.* Algunas cosas es mejor no decirlas.

un·sat·is·fac·to·ry /ˌʌnsæɪ̆s'fæktəri/ adj insatisfactorio -a

un·sa·vor·y /ʌn'seɪvəri/ adj sucio -a, turbio (moralmente): *The club has an unsavory reputation.* El club tiene mala fama. • **an unsavory character** un/una indeseable

un·scathed /ʌn'skeɪðd/ adj [nunca ante s] **1** ileso -a • **emerge/escape unscathed** (persona) resultar/salir ileso -a; (monumento, ciudad) no sufrir daños, quedar intacto -a **2** indemne • **emerge/escape unscathed** resultar/ salir indemne: *The President escaped the crisis unscathed.* El Presidente salió indemne de la crisis.

un·sched·uled /ˌʌn'skɛdʒəld◂/ adj no planeado -a, imprevisto -a

un·screw /ʌn'skru/ v [T] **1** desenroscar **2** desatornillar, destornillar

un·scru·pu·lous /ʌn'skrupyələs/ adj inescrupuloso -a, sin escrúpulos

un·scru·pu·lous·ly /ʌn'skrupyələsli/ adv de forma poco escrupulosa, sin ningún tipo de escrúpulos

un·sea·son·a·bly /ʌn'sizənəbli/ **it is unseasonably cold/hot** hace frío/calor para esta época del año: *an unseasonably warm October day* un día cálido para octubre

un·seat /ʌn'sit/ v [T] **1** (de un puesto, cargo) derribar, deponer **2** (a un jinete) derribar (de la silla), tirar

un·se·cured /ˌʌnsɪ'kyʊrd◂/ adj no garantizado -a, sin garantía

un·seem·ly /ʌn'simli/ adj (frml) impropio -a, indecoroso -a

un·seen /ˌʌn'sin◂/ adj (frml) oculto -a: *Raj crept out of the house unseen.* Raj salió de la casa sigilosamente sin que nadie lo viera.

un·self·ish /ʌn'sɛlfɪʃ/ adj desinteresado -a, generoso -a, abnegado -a

un·self·ish·ly /ʌn'sɛlfɪʃli/ adv abnegadamente, generosamente

un·self·ish·ness /ʌn'sɛlfɪʃnɪs/ s [U] abnegación, generosidad

un·set·tle /ʌn'sɛtl/ v [T] inquietar, intranquilizar

un·set·tled /ˌʌn'sɛtld◂/ adj

1 situación
2 tiempo
3 conflicto, discusión
4 persona
5 territorio
6 estómago
7 deuda

1 SITUACIÓN inestable: *The political situation is very unsettled.* La situación política es muy inestable.

2 TIEMPO inestable: *Tomorrow will continue unsettled, with showers in most areas.* Mañana el tiempo seguirá inestable, con lluvias en casi todas las regiones.

3 CONFLICTO, DISCUSIÓN sin resolver, pendiente de resolución: *One important matter is still unsettled.* Queda sin resolver una cuestión importante. SIN **unresolved**

4 PERSONA intranquilo -a (con sensación de falta de estabilidad)

5 TERRITORIO despoblado -a, no colonizado -a

6 ESTÓMAGO revuelto -a

7 DEUDA sin pagar, pendiente

un·set·tling /ʌn'sɛtl-ɪŋ/ adj inquietante, perturbador -a

un·shak·a·ble /ʌn'ʃeɪkəbəl/ adj inquebrantable

un·shav·en /ʌn'ʃeɪvən/ adj sin afeitar, sin rasurar

un·sight·ly /ʌn'saɪtli/ adj (frml) antiestético -a, desagradable

un·signed /ˌʌn'saɪnd◂/ adj sin firmar

un·skilled /ˌʌn'skɪld◂/ adj **1** no calificado -a (trabajador, mano de obra) **2** no especializado -a (trabajo)

un·smil·ing /ʌn'smaɪlɪŋ/ adj (liter) serio -a, adusto -a

un·so·cia·ble /ʌn'soʊʃəbəl/ adj insociable

un·sold /ˌʌn'soʊld◂/ adj sin vender

un·so·lic·it·ed /ˌʌnsə'lɪsɪtɪd◂/ adj no solicitado -a

un·solved /ˌʌn'sɑlvd◂/ adj sin resolver, pendiente de resolución

un·so·phis·ti·cat·ed /ˌʌnsə'fɪstəˌkeɪtɪd/ adj **1** (persona) poco sofisticado -a **2** (herramienta, método) simple, sencillo -a SIN **crude**

un·sound /ˌʌn'saʊnd◂/ adj **1** sin base sólida, sin fundamento • **scientifically unsound** sin fundamento científico ANT **sound 2** erróneo -a, inaceptable • **ideologically/environmentally unsound** inaceptable desde un punto de vista ideológico/medioambiental ANT **sound 3** riesgoso -a (inversión, transacción) ANT **sound 4** poco sólido -a, inestable ANT **sound 5** (frml) enfermo -a • **be of unsound mind** tener perturbadas las facultades mentales ANT **sound**

un·speak·a·ble /ʌn'spikəbəl/ adj **1** incalificable **2** (liter) indecible, inefable SIN **indescribable**

un·spe·ci·fied /ʌn'spɛsəˌfaɪd/ adj no especificado -a

un·spoiled /ˌʌn'spɔɪld◂/ adj (aprec) **1** no estropeado -a (por el desarrollo, la construcción), que conserva su belleza natural **2** que no ha cambiado a pesar del éxito, una mala experiencia, etc.: *She had remained unspoiled by her success.* El éxito no la había cambiado. **3** (niño) no malcriado -a

un·spo·ken /ʌn'spoʊkən/ adj **1** tácito -a (acuerdo, norma) **2** no expresado -a (pensamiento, miedo): *words that remained unspoken* palabras que quedaron sin decir

un·sta·ble /ʌn'steɪbəl/ adj **1** (situación, economía) inestable ANT **stable 2** (persona) inestable, desequilibrado -a ANT **stable 3** (estructura) inestable, poco firme ANT **stable 4** (en química) inestable ANT **stable**

un·stead·y /ʌn'stɛdi/ adj **1** inseguro -a, vacilante (paso) • **be unsteady on your feet** tambalearse, tener dificultad para andar **2** tembloroso -a (voz, mano) **3** poco firme, inseguro -a (estructura, escalera) SIN **unstable**

un·stint·ing /ʌn'stɪntɪŋ/ adj (frml) incansable

un·stop·pa·ble /ʌn'stɑpəbəl/ adj imparable

un·stressed /ˌʌn'strɛst◂/ adj átono -a

un·stuck /ˌʌn'stʌk◂/ adj **come unstuck (a)** (coloq) fallar, fracasar **(b)** despegarse

un·sub·stan·ti·at·ed /ˌʌnsəb'stænʃiˌeɪtɪd/ adj sin fundamento

un·suc·cess·ful /ˌʌnsək'sɛsfəl◂/ adj infructuoso -a, fallido -a (esfuerzo, intento), rechazado -a (candidato, solicitante) • **be unsuccessful in sth** fracasar en algo • **be unsuccessful in (doing) sth** no lograr hacer algo: *We have been unsuccessful in finding a new manager.* No hemos logrado encontrar un nuevo administrador.

un·suc·cess·ful·ly /ˌʌnsək'sɛsfəli/ adv en vano, sin éxito: *He tried unsuccessfully to make them change their decision.* Intentó en vano hacer que cambiaran su decisión.

un·suit·a·ble /ʌn'sutəbəl/ adj inadecuado -a, inapropiado -a: *unsuitable housing* viviendas inadecuadas • [+for]: *The outfit was unsuitable for an interview.* El conjunto no era apropiado para una entrevista. • *The film is unsuitable for children.* La película no es apta para niños. • *She was clearly unsuitable for the job.* Estaba claro que no era una candidata idónea para el puesto. SIN **inappropriate**

un·suit·a·bly /ʌn'sutəbli/ adv inadecuadamente, inapropiadamente SIN **inappropriately**

un·sung /ˌʌn'sʌŋ◂/ adj olvidado -a (sin el debido reconocimiento) • **an unsung hero** un héroe olvidado/una heroína olvidada

un·sure /ˌʌn'ʃʊr◂/ adj **be/feel unsure of/about sth** no estar/sentirse seguro -a de algo: *If you are unsure, get expert advice.* Si no estás seguro, consulta a un experto. • *Police are unsure of the motive for the attack.* La policía no sabe con seguridad el motivo del ataque. • **unsure whether/what/who** *He seems unsure what to do next.* Parece no estar seguro de cómo continuar. • *I was unsure whether my idea would work.* No estaba segura de si mi idea funcionaría.

EXPRESIONES

unsure of yourself inseguro -a, falto -a de confianza en sí mismo -a

un·sur·passed /ˌʌnsə'pæst◂/ adj sin igual, incomparable: *For sheer excitement the movie is unsurpassed.* Como película emocionante al máximo ninguna otra la ha superado.

un·sus·pect·ing /ˌʌnsə'spɛktɪŋ◂/ adj confiado -a, desprevenido -a

un·sweet·ened /ˌʌn'switⁿnd◂/ adj sin azúcar, sin edulcorantes

un·swerv·ing /ʌn'swɜvɪŋ/ adj inquebrantable, absoluto -a

un·sym·pa·thet·ic /ˌʌnsɪmpə'θɛtɪk/ adj **1** poco comprensivo -a, indiferente **2** poco receptivo -a, renuente • **be unsympathetic to/toward sth** mostrarse reacio -a a apoyar algo **3** (personaje) antipático -a, desagradable

un·tan·gle /ʌn'tæŋgəl/ v [T] **1** desenredar (cuerdas, el pelo), deshacer, desamarrar (un nudo) **2** desenmarañar (algo complejo)

un·tapped /ˌʌn'tæpt◂/ adj sin explotar • **untapped potential** potencial sin explotar

un·ten·a·ble /ʌn'tɛnəbəl/ adj (frml) **1** (intolerable) insostenible **2** (indefendible) insostenible

un·test·ed /ʌn'tɛstɪd/ adj no probado -a

un·think·a·ble /ʌn'θɪŋkəbəl/ adj **1** impensable, inconcebible • **it is unthinkable that** es/resulta impensable que **2 the unthinkable** [sing] lo impensable

un·ti·dy /ʌn'taɪdi/ adj **1** (alcoba, ropa) desordenado -a SIN **messy 2** (persona) desordenado -a SIN **messy**

un·tie /ʌn'taɪ/ v [T] desamarrar, desatar

un·til¹ S1 W1 /ən'tɪl, ʌn-/ prep
1 hasta: *The meeting went on until 6:30.* La reunión duró hasta las 6.30. • **from... until...** desde... hasta..., de... a...: *from 1939 until 1945* desde 1939 hasta 1945 • *The store is open from 9 o'clock until 8 o'clock.* La tienda está

abierta de 9 a 8. • **until recently** hasta hace poco • **up until** hasta: *Up until last year, they didn't even own a car.* Hasta el año pasado, ni siquiera tenían carro. SIN **till**
2 not until sth *She didn't return until the following year.* No volvió hasta el año siguiente. • *It was not until 1972 that the war finally ended.* No fue hasta 1972 que la guerra finalmente terminó.
3 para: *It's only two weeks until my vacation.* Faltan sólo dos semanas para mis vacaciones. SIN **till**

until² S1 W1 conj
1 hasta (que): *Stay here until I get back.* Quédate aquí hasta que vuelva. • *Do nothing until you get more information.* No hagas nada hasta tener más información. • **until such time as** (frml) hasta (que): *until such time as a solution can be found* hasta que se pueda encontrar una solución SIN **till**
2 not until *You can't watch TV until you've done your homework.* No puedes ver la tele hasta que no hayas hecho la tarea.
3 para que: *There's still a few weeks until we leave.* Todavía faltan unas semanas para que nos vayamos. SIN **till**

un·time·ly /ʌn'taɪmli/ adj (frml) **1** prematuro -a, repentino -a • **sb's untimely death/demise** la muerte prematura/el fallecimiento prematuro de alguien **2** inoportuno -a: *an untimely interruption* una interrupción inoportuna

un·tir·ing /ʌn'taɪərɪŋ/ adj (aprec) incansable, infatigable SIN **tireless**

un·told /ˌʌn'toʊld◂/ adj [solo ante s] **1** (enorme) inmenso -a, incalculable • **untold riches/wealth** inmensas riquezas **2** (grave) indecible, incalculable • **untold harm/damage** incalculables daños

un·touch·a·ble¹ /ʌn'tʌtʃəbəl/ adj **1** (que no se puede criticar, castigar) intocable **2** [solo ante s] (en el sistema de castas) intocable

untouchable² s [C] intocable (en el sistema de castas)

un·touched /ʌn'tʌtʃt/ adj **1** (no dañado, no cambiado) intacto -a, virgen • **be left untouched** no ser afectado -a **2** (no comido, no bebido) *Her dinner lay untouched on her plate.* El plato de su comida estaba intacto. **3** (no tocado, no movido) *Most valuables were left untouched.* La mayoría de los objetos de valor no habían sido tocados.

un·toward /ˌʌn'tɔrd/ adj (frml) fuera de lo común, inusual • **nothing/not anything untoward** nada fuera de lo común, nada inusual

un·trained /ˌʌn'treɪnd◂/ adj sin capacitación: *Many of the staff are untrained.* Muchos de los empleados carecen de capacitación.

EXPRESIONES

to the untrained eye/ear para el ojo/oído inexperto

un·treat·ed /ˌʌn'tritɪd◂/ adj **1** (enfermedad, lesión) no tratado -a, sin tratar: *If it goes untreated, the disease can be fatal.* Si no se trata, la enfermedad puede ser mortal. **2** (agua, aguas residuales) no tratado -a, sin tratar **3** (madera) no tratado -a, sin tratar

un·tried /ˌʌn'traɪd◂/ adj **1** no probado -a **2** inexperto -a

un·true /ʌn'tru/ adj **1** falso -a: *These allegations are totally untrue.* Estas acusaciones son totalmente falsas. • **it is untrue to say that** no es cierto que SIN **false 2** (liter) infiel SIN **unfaithful**

un·trust·wor·thy /ʌn'trʌstˌwɜði/ adj poco digno -a de confianza, poco fiable

un·truth /ʌn'truθ, 'ʌntruθ/ s [C] (frml) falsedad

un·truth·ful /ʌn'truθfəl/ adj **1** falso -a **2** mentiroso -a SIN **dishonest**

un·used¹ /ˌʌn'yuzd◂/ adj que no se utiliza o no se ha utilizado: *The small office is unused.* La oficina pequeña nunca se utiliza. • *Put any unused paper back in the box.* Vuelva a poner el papel que no haya utilizado en la caja.

un·used² /ˌʌnˈyust◂/ *adj* **be unused to (doing) sth** no estar acostumbrado -a a (hacer) algo: *She was unused to being alone.* No estaba acostumbrada a estar sola.

un·u·su·al 🆂2 🆆2 /ʌnˈyuʒuəl, -ʒəl/ *adj*
1 raro -a, extraño -a, inusual: *Did you notice anything unusual?* ¿Notaste algo raro? • *the unusual circumstances of the case* las extrañas circunstancias del caso • *Such occurrences are very unusual.* Los sucesos de ese tipo son muy poco comunes. • **it is unusual for sb/sth to do sth** es raro que alguien/algo haga algo: *It's unusual for Dave to be late.* Es raro que Dave llegue tarde. • **it's not unusual (for sb/sth) to do sth** *It's not unusual to have to wait two weeks to be seen.* No es raro tener que esperar dos semanas para que te atiendan. • *It isn't unusual for people to work 15 hours a day.* No era raro que la gente trabajara 15 horas al día. • **there's nothing unusual about/in sth** *There was nothing unusual about his appearance.* Su aspecto no tenía nada de raro. • **highly/very unusual** muy raro -a/extraño -a, muy poco común 🆂🅸🅽 **strange**
2 singular (excepcional): *a land of unusual beauty* una tierra de singular belleza

un·u·su·al·ly /ʌnˈyuʒuəli, -ʒəli/ *adv* **1** (de forma diferente a lo normal) *unusually high levels of pollution* niveles de contaminación excepcionalmente altos • *She was unusually quiet.* Estaba más callada que de costumbre. • *Unusually, nobody was in when I called.* No había nadie cuando pasé, lo cual es raro. • **unusually for sb/sth** *Unusually for me, I fell asleep very quickly.* Me dormí muy rápido, algo raro en mí. **2** (de forma superior a lo normal) excepcionalmente, singularmente: *an unusually gifted teacher* un profesor con un talento excepcional

un·veil /ʌnˈveɪl/ *v* [T] **1** revelar (un plan, una propuesta), dar a conocer (un producto) **2** descubrir (una estatua, una placa conmemorativa)

un·want·ed /ˌʌnˈwɑntɪd◂, -ˈwɑn-, -ˈwɔn-/ *adj* no deseado -a, innecesario -a

un·war·rant·ed /ʌnˈwɔrəntɪd, -ˈwɑr-/ *adj* injustificado -a

un·war·y /ʌnˈwɛri/ *adj* **(a)** incauto -a **(b) the unwary** [usado como s pl] los incautos

un·washed /ˌʌnˈwɑʃt◂/ *adj* sin lavar

un·wav·er·ing /ʌnˈweɪvərɪŋ/ *adj* firme, inquebrantable

un·wel·come /ʌnˈwɛlkəm/ *adj* **1** no deseado -a, inoportuno -a (interrupción, intromisión), desagradable (sorpresa, noticia): *unwelcome publicity* publicidad no deseada • **unwelcome attention** atención no deseada **2** inoportuno -a: *an unwelcome visitor* un visitante inoportuno • **feel unwelcome** sentir que se está de más

un·well /ʌnˈwɛl/ *adj* [nunca ante s] (*frml*) **be/feel unwell** estar/sentirse mal: *If you are unwell, do not exercise.* Si estás mal, no hagas ejercicio.

un·wield·y /ʌnˈwildi/ *adj* **1** poco manejable (difícil de transportar o usar) **2** engorroso -a

un·will·ing /ʌnˈwɪlɪŋ/ *adj* **1** [nunca ante s] reacio -a • **be unwilling to do sth** no estar dispuesto -a a hacer algo, mostrarse reacio -a a hacer algo **2** [solo ante s] involuntario -a

un·will·ing·ly /ʌnˈwɪlɪŋli/ *adv* de mala gana

un·will·ing·ness /ʌnˈwɪlɪŋnɪs/ *s* [U] (*frml*) falta de voluntad

un·wind /ʌnˈwaɪnd/ *v* (**unwound** /-ˈwaʊnd/) **1** [I] relajarse: *the perfect place to unwind* el sitio perfecto para relajarse **2** [I, T] desenrollar(se)

un·wise /ˌʌnˈwaɪz◂/ *adj* imprudente • **it is unwise to do sth** es una imprudencia hacer algo: *It would be unwise to spend any more money.* Sería una imprudencia gastar más dinero. 🅰🅽🆃 **sensible**

un·wise·ly /ʌnˈwaɪzli/ *adv* imprudentemente: *I unwisely showed her the letter before I sent it.* Cometí la imprudencia de enseñarle la carta antes de enviarla.

un·wit·ting /ʌnˈwɪtɪŋ/ *adj* [solo ante s] (*frml*) hecho sin ser consciente de lo que se hace: *his unwitting involvement in the crime* su participación involuntaria en el crimen

un·wit·ting·ly /ʌnˈwɪtɪŋli/ *adv* sin darse cuenta

un·work·a·ble /ʌnˈwɚkəbəl/ *adj* impracticable

un·world·ly /ʌnˈwɚldli/ *adj* de poco mundo

un·wor·thy /ʌnˈwɚði/ *adj* **1** (despreciable) indigno -a • [+**of**]: *She felt that she was unworthy of love.* Sentía que no merecía ser amada. **2** (inaceptable) indigno -a • [+**of**]: *actions that are unworthy of a teacher* actuaciones que son indignas de un profesor

un·wound /ʌnˈwaʊnd/ pasado y participio pasado de **UNWIND**

un·wrap /ʌnˈræp/ *v* [T] (**unwrapped**, **unwrapping**) abrir, desenvolver

un·writ·ten /ˌʌnˈrɪt⁻n◂/ *adj* no escrito -a, oral

un·yield·ing /ʌnˈyildɪŋ/ *adj* inflexible

un·zip /ʌnˈzɪp/ *v* [T] (**unzipped**, **unzipping**) **1** abrir/ bajar la cremallera de, abrir/bajar el zíper de **2** descomprimir (un archivo) ▶ **ZIP FILE**

up¹ 🆂1 🆆1 /ʌp/ *adv*
1 **ARRIBA, HACIA ARRIBA** *He's up in his room.* Está arriba en su habitación. • *We climbed up onto the roof.* Nos subimos al techo. • *He kicked the ball up in the air.* Le dio una patada al balón y lo elevó por el aire. • *They live three floors up.* Viven tres pisos más arriba. • **the sun is up** ha salido el sol: *When he woke, the sun was already up.* Cuando se despertó, ya había salido el sol. • **high up** *the windows high up in the north wall* las ventanas en lo alto de la pared norte • **right side up** *Put the cards on the table right side up.* Pon las cartas boca arriba sobre la mesa. • *You have to put the key in right side up.* Tienes que meter la llave correctamente. • **the wrong/right way up** al revés/al derecho: *Isn't that painting the wrong way up?* ¿Ese cuadro no está al revés?
2 **EN UNA CALLE, UN PASILLO** más adelante: *The hotel is a few blocks up.* El hotel está unas cuadras más adelante. • *Her office is a few doors up from mine.* Su oficina está unas puertas después de la mía.
3 **NO ACOSTADO, NO SENTADO** **be up** estar levantado -a, estar parado -a: *Are you still up?* ¿Todavía estás levantado? • *Could you get me my glasses while you're up?* ¿Me alcanzarías los anteojos, ya que estás parado?
4 **INDICANDO FINALIZACIÓN** *Eat up your vegetables.* Termínate las verduras. • *In summer, the river dries up completely.* En verano, el río se seca del todo. • **your time's up/the two months were up** se te ha acabado el tiempo/se habían cumplido los dos meses
5 **EN O HACIA EL NORTE** *I had to fly up to Minneapolis.* Tuve que volar a Minneapolis. • *He lives up north.* Vive en el norte.
6 **CON PRECIOS, CIFRAS** *Inflation is up by 2%.* La inflación ha aumentado en un 2%. • *Train fares are going up again.* Las tarifas de los trenes van a volver a subir. • [+**on**]: *Profits are up on last year's figure.* Las utilidades han aumentado respecto de las cifras del año pasado. • **12/500 and up** a partir de 12/500: *a movie for children of twelve and up* una película para niños a partir de doce años • *prices of $500 and up* precios a partir de 500 dólares • **from sth up** de algo para arriba: *He was naked from the waist up.* Estaba desnudo de la cintura para arriba.
7 **INDICANDO CERCANÍA** *He came right up and asked my name.* Se me acercó y me preguntó cómo me llamaba. • [+**to**]: *I walked up to him and introduced myself.* Me le acerqué y me presenté. • [+**against**]: *He pushed the table up against the wall.* Empujó la mesa contra la pared.
8 **SUCESOS something is up (with sb/sth)** (le) pasa algo (a algo/alguien): *You look worried. Is something up?* Tienes cara de preocupado. ¿Ha pasado algo? • *Something's up with the printer.* Le pasa algo a la impresora.

• **what's up (with sb/sth)?** ¿qué (le) pasa (a alguien/algo)?: *What's up? Why are you crying?* ¿Qué te pasa? ¿Por qué lloras?

9 HASTA up to sth (a) (cantidades, niveles) hasta algo: *The car can hold up to seven people.* En el carro caben hasta siete personas. • **anything up to sth** *The process can take anything up to ten days.* El proceso puede llevar hasta diez días. **(b)** (tb **up until sth**) (fechas) hasta algo: *up until the early 1980s* hasta principios de los años ochenta • **up to now** hasta ahora

10 CAPACIDAD, NIVEL be up to sth (a) [solo en interrog y negat] *I'm not sure she's up to it.* No estoy seguro de si es lo bastante buena. • **be up to doing sth** *He's not really up to seeing any visitors.* No está en condiciones de recibir visitas. • **be up to the job** (*coloq*) tener las condiciones necesarias para un trabajo, servir (para un trabajo, una tarea) **(b)** estar a la altura de algo: *This new CD is not up to the band's usual standard.* Este nuevo CD no está a la altura del nivel que suele tener la banda.

11 CON PUNTUACIONES be two goals/ten points up ir ganando por dos goles/diez puntos

12 CONSTRUCCIONES, ESTRUCTURAS *Is the tent up yet?* ¿Ya está armada la carpa? • *How long before the new building's up?* ¿Cuánto tardarán en construir el nuevo edificio?

13 EN TURNO, COLAS (*coloq*): *Who's up next?* ¿A quién le toca ahora? • *You're up after John.* Te toca después de John. • **first up** en primer lugar • **next up** a continuación

14 COMPUTADOR, SISTEMA *When will the system be back up?* ¿Cuándo volverá a funcionar el sistema? ANT **down**

15 COMIDA listo- a: *Dinner's up!* ¡La comida está lista!

16 EN RÍOS *The boats only went up as far as Mandalay.* Los barcos sólo remontaron el río hasta Mandalay.

EXPRESIONES

have had it up to here (with sb/sth) estar harto -a (de alguien/algo) • **be/come/run up against sth/sb** vérselas con algo/alguien, enfrentarse a algo/alguien: *We know we're up against a tough team.* Sabemos que nos enfrentamos a un equipo difícil. • **be up against it** estar contra las cuerdas • **up and down (a)** de acá para allá, de un lado para otro: *Ralph paced up and down looking worried.* Ralph iba de acá para allá con aire preocupado. **(b) jump up and down** saltar, brincar • **look sb up and down** mirar a alguien de arriba abajo • **up and running** en funcionamiento • **be up for sth (a)** (disponible para algo) *The house is up for sale.* La casa está lista para la venta. • *Even the most personal subjects were up for discussion.* Hasta los asuntos más personales eran tema de debate. **(b)** (*oral*) (dispuesto a algo) *We're up for anything.* Estamos dispuestos a lo que sea. • *Is anybody up for a game of tennis?* ¿Alguien se apunta para un partido de tenis? **(c)** (candidato a algo) *She's up for reelection.* Se presenta como candidata a la reelección. **(d)** (juzgado por algo) *She's up for drinking and driving next week.* Va a juicio la semana próxima por conducir ebria. • *What is he up for?* ¿De qué se lo acusa? • **be (well) up on sth** (*coloq*) saber (mucho) de algo • **up to sb (a)** (decisión) *I'll leave the final decision up to Lloyd.* Le dejo la decisión final a Lloyd. • **it's up to you** como tú quieras, la decisión es tuya **(b)** (responsabilidad) *Teaching children discipline is up to the parents.* Inculcar disciplina en los niños es tarea de los padres. • *It's up to the company to inform their customers.* Es la compañía quien debe informar a sus clientes. • **be up to your ears/neck in sth** (*coloq*, *oral*) estar (metido -a) en algo hasta las orejas/el cuello: *We were up to our ears in debt.* Estábamos endeudados hasta las orejas. • **be up to sth** (planes, travesuras) *What are you kids up to?* ¿Qué están tramando, niños? • *I suspect they're up to something.* Sospecho que están tramando algo. • **be up to no good** estar haciendo de las suyas • **what have you/has she been up to (lately)?** (*coloq*, *oral*) ¿qué has/ha estado haciendo (últimamente)? • **Up with sb/sth!** ¡Viva alguien/algo!

up² S1 W1 *prep*

1 (dirección) *We walked up the hill.* Subimos la cuesta. •

Some water went up my nose. Me entró agua en la nariz. • **up and down sth** *I've been walking up and down the stairs all day.* Llevo todo el día subiendo y bajando las escaleras. ANT **down**

2 (posición) *The cat was up a tree.* El gato estaba subido a un árbol. • *Her office is just up those stairs.* Su oficina está subiendo esas escaleras. ANT **down**

3 (calles, carreteras) por: *The hotel is a few minutes up the road.* El hotel está a unos pocos minutos por esta calle. SIN **down**

4 (ríos) *a few miles further up the river* a unas pocas millas río arriba ANT **down**

up³ S3 W2 *adj*

1 [solo ante s] (hacia arriba) *the up escalator* la escalera mecánica de subida • *the up arrow* la flecha que señala hacia arriba ANT **down**

2 [nunca ante s] (*coloq*) animado -a, optimista: *She seems more up today.* Parece más animada hoy. SIN **upbeat** ANT **down**

up⁴ *s*

EXPRESIONES

be on the up and up (*coloq*) ser honesto -a, ser honrado -a • **ups and downs** (*coloq*) altibajos: *Every marriage has its ups and downs.* Todos los matrimonios tienen sus altibajos.

up⁵ *v* (**upped**, **upping**) (*coloq*) **1** [T] subir, aumentar (el nivel de): *They upped their offer by 5%.* Subieron su oferta en un 5%. **2 up and do sth** agarrar y hacer algo: *He just upped and left.* Agarró y se fue. ▶ **up/raise the ANTE**

up-and-'coming *adj* [solo ante s] prometedor -a, con mucho futuro: *an up-and-coming actor* un actor prometedor

up·beat /ˌ'ʌpˈbiːt◂/ *adj* optimista, positivo -a ANT **downbeat**

up·braid /ʌpˈbreɪd/ *v* [T] (*frml*) censurar, reprender

up·bring·ing /'ʌpˌbrɪŋɪŋ/ *s* [sing, U] educación, crianza: *He'd had a very strict upbringing.* Había recibido una educación muy estricta. • *He was Welsh by birth and upbringing.* Había nacido y se había criado en Gales.

up·com·ing /'ʌpˌkʌmɪŋ/ *adj* [solo ante s] próximo -a

up·date¹ S3 /'ʌpdeɪt, ˌʌpˈdeɪt/ *v*

1 (información, datos) **(a)** [T] actualizar: *The information is updated regularly.* La información se actualiza con regularidad. **(b)** [I] actualizarse

2 [T] (productos, servicios) modernizar: *The company needs to update its image.* La empresa necesita modernizar su imagen.

3 [T] (*coloq*) (una persona) poner al día • **update sb on sth** poner a alguien al día sobre algo

up·date² /'ʌpdeɪt/ *s* [C] **1** (puesta al día) *a news update* un boletín con las últimas noticias • [+on]: *an update on the investigation* información actualizada sobre la investigación • **give (sb) an update (on sth)** poner (a alguien) al tanto (de algo) **2** (en informática) actualización: *You can download updates from the Internet.* Puedes bajarte actualizaciones de Internet.

up·end /ʌpˈɛnd/ *v* [T] poner boca abajo

up·front¹ /ʌpˈfrʌnt/ *adj* **1** [nunca ante s] claro -a, franco -a • **be upfront about sth** hablar claro de/sobre algo, ser claro -a/franco -a acerca de algo **2** [solo ante s] por adelantado (pago)

upfront² *adv* por adelantado

up·grade¹ /'ʌpgreɪd, ˌʌpˈgreɪd/ *v* **1** [T] mejorar: *There are plans to upgrade the light rail system.* Hay planes para mejorar el sistema de tren ligero. **2** (computadores, programas) [I, T] *They upgrade their computers every two years.* Actualizan los computadores cada dos años. • **upgrade sth to sth** actualizar algo cambiándolo por algo • **upgrade to sth** *You may need to upgrade to a more recent version of the software.* Quizá necesites cambiar a una versión más moderna del programa. **3** [I, T] cambiar(se) a un asiento, una habitación, etc. de categoría superior • **upgrade sb to sth** *They upgraded me to business class.* Me cambiaron a clase ejecutiva. •

uptown[2] *adj* [solo ante s] **1** situado en una zona de la ciudad alejada del centro: *uptown Manhattan* en las afueras de Manhattan **2** *an uptown train* un tren que va hacia las afueras de la ciudad

up·turn /'ʌptɜːn/ *s* [sing] repunte, incremento: *an economic upturn* un repunte de la economía • [+**in**]: *an upturn in profits* un incremento de las utilidades ANT **downturn**

up·turned /'ʌptɜːnd, ˌʌp'tɜːnd/ *adj* [solo ante s] **1** vuelto hacia arriba: *an upturned nose* una nariz respingada • *the upturned collar of his coat* el cuello de su abrigo, que llevaba subido **2** boca abajo: *I sat on an upturned box.* Me senté en una caja que estaba boca abajo. • *upturned cars* carros volcados

up·ward[1] /'ʌpwɜːd/ (*tb* **upwards**) *adv* **1** (en el espacio) hacia/para arriba: *He pointed upward with his left hand.* Señaló hacia arriba con la mano izquierda. • *The road winds upward.* La carretera asciende serpenteando. ANT **downward 2** (en una escala) hacia/para arriba: *Stock prices have moved upward.* Las cotizaciones en Bolsa han subido. • *The expected rate of inflation was revised upwards.* El índice de inflación previsto se modificó hacia arriba. ANT **downward 3** (en cantidad, número, edad) **from 10/12 upward** de 10/12 años para arriba, a partir de 10/12 años • **and upward** para arriba: *The new models cost a thousand dollars and upward.* Los nuevos modelos cuestan de mil dólares para arriba. • **upward of** más de, por encima de: *Upward of 5,000 workers have lost their jobs.* Más de 5.000 trabajadores han perdido sus empleos.

upward[2] *adj* [solo ante s] **1** (en el espacio) ascendente, hacia arriba: *He was pointing in an upward direction.* Señalaba hacia arriba. ANT **downward 2** (en una escala) ascendente, al alza • **an upward trend/ movement** una tendencia/un movimiento ascendente, una tendencia/un movimiento al alza ANT **downward**

ˌupwardly 'mobile *s* (*adj*) ascendente, que asciende en la escala social

u·ra·ni·um /jʊ'reɪniəm/ (símb quím **U**) *s* [U] uranio

U·ra·nus /jʊ'reɪnəs, 'jʊərənəs/ *s* Urano

ur·ban W2 /'ɜːbən/ *adj* [solo ante s] urbano -a: *land needed for urban development* terreno necesario para el desarrollo urbano • *urban life* la vida en la ciudad ANT **rural** ▶ **SUBURBAN, INNER CITY**

ur·bane /ɜː'beɪn/ *adj* (*frml*) refinado -a, sofisticado -a

ˌurban re'newal (*tb* **ˌurban regene'ration**) *s* [U] renovación urbana

ˌurban 'sprawl *s* [U] expansión urbana (desenfrenada)

ur·chin /'ɜːtʃɪn/ *s* [C] (*antic*) gamín -ina, niño -a de la calle: *a street urchin* un gamín

Ur·du /'ʊədu, 'ɜːdu/ *s* [U] urdu

urge[1] W2 /ɜːdʒ/ *v* [T] pedir con insistencia, recomendar encarecidamente • **urge sb to do sth** pedirle con insistencia/encarecidamente a alguien que haga algo, instar a alguien a hacer algo: *I got an email from Moira urging me to get in touch.* Me llegó un correo de Moira pidiéndome encarecidamente que me pusiera en contacto. • *The police are urging drivers to avoid the area.* La policía insta a los conductores a evitar la zona. • **urge that** *The report urged that all children should be taught to swim.* El informe insistía en la necesidad de enseñar a todos los niños a nadar. • **urge caution/ restraint** rogar precaución/moderación • **urge sth on/upon sb** *They urged upon him the need for secrecy.* Le recalcaron la necesidad de mantener el secreto. urge sb ↔ on *v+partíc* animar a alguien

urge[2] *s* [C] **the urge to do sth** ganas de hacer algo: *She felt the urge to cry out.* Le entraron ganas de gritar. • **resist the urge to do sth** aguantar(se) las ganas de hacer algo • **an overwhelming/a strong/an uncontrollable urge** unas ganas irresistibles/tremendas/incontenibles SIN **desire**

ur·gen·cy /'ɜːdʒənsi/ *s* [sing, U] urgencia: *The meeting was called because of the urgency of the situation.* Se

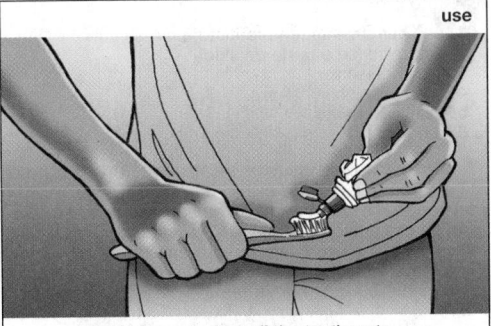

use

Mark has used up all the toothpaste.
Mark se ha gastado toda la pasta de dientes.

convocó la reunión por lo urgente de la situación. • **a matter of urgency** un asunto de la mayor urgencia: *The government must deal with this as a matter of urgency.* El gobierno debe abordar esto con la mayor urgencia. • **a sense of urgency** *He spoke quietly but with a sense of urgency.* Hablaba bajito pero en tono apremiante.

ur·gent /'ɜːdʒənt/ *adj* **1** urgente: *The police have made an urgent appeal for witnesses.* La policía ha hecho un llamamiento urgente para que se presenten testigos. • *The report calls for urgent action to tackle homelessness.* El informe pide medidas urgentes para solucionar el problema de los destechados. • **be in urgent need of sth** necesitar algo urgentemente **2** apremiante: *an urgent voice* una voz apremiante

ur·gent·ly /'ɜːdʒəntli/ *adv* urgentemente, con urgencia

u·ri·nal /'jʊərənəl/ *s* [C] **1** orinal, mingitorio **2** urinario

u·ri·nate /'jʊrəˌneɪt/ *v* [I] (*frml o técn*) orinar

u·ri·na·tion /ˌjʊrə'neɪʃən/ *s* [U] (*frml o técn*) micción

u·rine /'jʊrɪn/ *s* [U] orina

urn /ɜːn/ *s* [C] **1** urna (funeraria/cineraria) **2** urna, jarrón **3** recipiente grande para hacer o mantener infusiones calientes

U·ru·guay /'jʊrəˌgwaɪ/ Uruguay

U·ru·guay·an /ˌjʊrə'gwaɪən/ *s* [C], *adj* uruguayo -a

us S1 W1 /əs; *fuerte* ʌs/ *pron*
1 (objeto directo o indirecto) nos: *He didn't see us.* No nos vio. • *Let us help you.* Déjanos ayudarte. • *Give it to us.* Dánoslo. • **us doing sth** *Do you remember us showing you that photograph?* ¿Recuerdas que te enseñamos esa foto? • *Do you mind us smoking?* ¿Le molesta que fumemos?
2 (tras preposición) nosotros -as: *Are you coming with us?* ¿Vienes con nosotros? • *Look at us.* Míranos.
3 (en comparaciones) nosotros -as: *They're not as smart as us.* No son tan listos como nosotros.
4 (tras el verbo "to be") nosotros -as: *It's us who will have to pay for it.* Somos nosotros los que tendremos que pagarlo.
5 (referido a la gente en general) *War affects us all differently.* La guerra nos afecta a todos de forma distinta.

U.S. /ˌjuː 'es/, **the U.S.** (los) EU, (los) Estados Unidos

U.S.A. /ˌjuː es 'eɪ/, **the U.S.A.** (los) EU, (los) EUA, (los) Estados Unidos

us·a·ble /'juːzəbəl/ *adj* utilizable: *usable space* espacio útil • *It is still usable.* Todavía sirve.

USAF /ˌjuː es eɪ 'ef/ *s* (**United States Air Force**) Fuerzas Aéreas estadounidenses

us·age /'juːsɪdʒ/ *s* **1** [U] (en una lengua) uso: *modern English usage* el uso actual en inglés • **in common usage** de uso común/corriente **2** [C] (de una palabra o expresión) uso: *a metaphorical usage* un uso metafórico **3** [U] (de recursos) uso: *Water usage is increasing.* Está aumentando el uso de agua.

use¹ S1 W1 /yuz/ v

1 una herramienta, un producto, un recurso
2 una cantidad o parte de algo
3 a una persona
4 una situación ventajosa
5 palabras, frases
6 drogas

1 UNA HERRAMIENTA, UN PRODUCTO, UN RECURSO [T] usar, utilizar: *Can I use your phone?* ¿Puedo usar su teléfono? • *I always use the same shampoo.* Siempre utilizo el mismo champú. • *Can you show me how to use the DVD player?* ¿Me puedes enseñar a manejar el DVD? • *How often do you use the library?* ¿Con qué frecuencia hace uso de la biblioteca? • *She booked the flight using a false name.* Reservó el vuelo con un nombre falso. • *Use your imagination.* Usa la imaginación. • **easy/simple to use** fácil/sencillo -a de usar • **difficult/hard to use** difícil de usar/manejar • **use sth for (doing) sth** usar/utilizar algo para (hacer) algo: *They shouldn't use animals for scientific experiments.* No se deberían utilizar animales para experimentos científicos. • **use sth as sth** usar/utilizar algo como/de algo: *I use the dining-room table as a desk.* Utilizo la mesa del comedor como escritorio. • **use sth to do sth** usar/utilizar algo para hacer algo: *Use a calculator to check your answers.* Usa una calculadora para comprobar las respuestas. • **use force** emplear la fuerza, hacer uso de la fuerza • **use sth as an excuse** utilizar algo como/de excusa

2 UNA CANTIDAD O PARTE DE ALGO [T] utilizar, consumir, gastar: *Standard washing machines use about 40 gallons of water.* Las lavadoras normales utilizan unos 40 galones de agua. • *These light bulbs use less electricity.* Estos bombillos consumen menos. • *Someone's used all the toothpaste.* Alguien ha gastado todo el dentífrico.

3 A UNA PERSONA [T] (*peyor*) usar: *Can't you see that Helen's just using you?* ¿No ves que Helen sólo te está usando? • **use sb for your own ends** usar a alguien para sus propios fines

4 UNA SITUACIÓN VENTAJOSA [T] **use sth to do sth** usar/aprovechar algo para hacer algo: *She used her position as manager to get jobs for her friends.* Usó su puesto de jefa para conseguir trabajo a sus amigos. • **use sth to your (own) advantage** sacar partido/provecho de algo, aprovechar algo: *He used his previous experience to his advantage.* Sacó partido de su experiencia previa.

5 PALABRAS, FRASES [T] emplear, usar: *Don't use bad language.* No digas groserías.

6 DROGAS (a) [T] consumir: *Tests revealed he had used cocaine.* Los análisis determinaron que había consumido cocaína. **(b)** [I] drogarse ▶ USER; USED TO

EXPRESIONES
could use sth (*oral*) *I could use a drink.* Me caería bien una copa. • *You look like you could use some sleep.* Tienes cara de que te hace falta dormir un poco. • **use your head/brains/common sense** usar la cabeza/el cerebro/el sentido común
use sth ↔ up v+partíc gastar algo: *You've used up all the hot water!* ¡Te has gastado toda el agua caliente! ▶ ver ilustración en la página 979

use² S1 W1 /yus/ s
1 [sing, U] (acción de usar) uso: *an exit for use in emergencies* una salida para usar en caso de emergencia • *the increasing use of computers in education* el uso cada vez mayor de los computadores en la enseñanza
2 [C] (finalidad) uso, aplicación: *Robots have many different uses in industry.* Los robots tienen múltiples usos en la industria. • **find a use for sth** encontrarle utilidad a algo • **have a use for sth** *Before you get rid of your old computer, find out if someone has a use for it.* Antes de tirar su viejo computador, compruebe si le puede servir a alguien.
3 [C] (significado) sentido, uso: *the psychiatric use of the term "depression"* el sentido del término "depresión" en psiquiatría ▶ USEFUL, USELESS

EXPRESIONES
be of use (to sb/sth) ser(le) útil (a alguien/algo), servir(le a alguien/algo): *This book will be of use to all teachers.* Este libro les será útil a todos los profesores. • **bring sth into use** empezar a usar algo: *The new regulations will be brought into use in March.* La nueva reglamentación entrará en vigor en marzo. • **come into use** empezar a usarse: *Computers first came into use in the 1950s.* Los computadores empezaron a usarse en los años 50. • *The factory will come into use in March.* La fábrica entrará en funcionamiento en marzo. • **for the use of sb** para uso de alguien: *The board room is for the use of company executives only.* La sala de juntas es para uso exclusivo de los ejecutivos de la empresa. • **sth has its uses** (*hum*) *He was finally persuaded that a cellphone has its uses.* Al final lo convencieron de que los celulares tienen su utilidad. • **sb has their uses** (*hum*) *Tom can be difficult, but he has his uses.* Tom a veces es difícil, pero tiene sus cosas buenas. • **have no use for sth/sb** no soportar algo/a alguien: *She has no use for people who are always complaining.* No soporta a la gente que no hace más que quejarse. • **have the use of sth** poder usar algo • **be in use** usarse, estar en uso: *Vehicles built in 1920 were still in use in the 1950s.* Los vehículos fabricados en 1920 estaban aún en uso en los años 50. • **it's no use!** (*oral*) ¡es inútil! • **it's/there's no use doing sth** no sirve de nada hacer algo, es inútil hacer algo: *It's no use complaining.* De nada sirve quejarse. • **lose the use of sth** perder el uso de algo: *He lost the use of both legs.* Perdió el uso de las dos piernas. • **make use of sth** hacer uso de algo, aprovechar algo: *He had made use of confidential information.* Había hecho uso de información confidencial. • **make good use of sth** aprovechar algo, hacer buen uso de algo • **out of use** *The escalator is out of use.* La escalera mecánica está fuera de servicio. • *The mill went out of use in the late nineteenth century.* El molino dejó de utilizarse a finales del siglo XIX. • **put sth to (good) use** hacer (buen) uso de algo, darle (buen) uso a algo • **what's the use (of doing sth)?** (*oral*) ¿de qué sirve (hacer algo)?, ¿qué sentido tiene (hacer algo)?: *What's the use of decorating the house if we're going to sell it?* ¿De qué sirve pintar la casa si la vamos a vender?

used¹ S2 W2 /yust/ adj [nunca ante s] **be used to (doing) sth** estar acostumbrado -a a (hacer) algo: *You're used to driving in the city.* Estás acostumbrado a conducir en la ciudad. • *Paco's not used to such spicy food.* Paco no está acostumbrado a la comida tan picante. • *She is used to having her own way.* Está acostumbrada a salirse con la suya. • **get used to (doing) sth** acostumbrarse a (hacer) algo: *I still haven't gotten used to working nights.* Todavía no me he acostumbrado a trabajar de noche. • *You'll soon get used to the idea.* Pronto te harás a la idea. ▶ USED TO

used² /yuzd/ adj [gralm ante s] **1** (mercancías) usado -a, de segunda mano: *used cars* carros de segunda mano SIN **secondhand** ANT **new 2** (toallas, pañuelos) usado -a

'used to S1 W1 /'yustə; final o ante vocal 'yustu/ v mod
▶ **used to** se usa para referirse a algo que sucedía antes y ya no sucede, o que era así antes y ya no lo es. Equivale al uso del imperfecto en español: *She used to be so pretty.* Antes era tan linda. • *There used to be a grocery store over there.* Antes había una tienda de comestibles ahí.
▶ **solía, solíamos**, etc. expresan la misma idea en algunos contextos • *We eat out more often than we used to.* Comemos fuera más a menudo de lo que solíamos.
▶ El negativo de **used to** se forma con el auxiliar **did** y la forma **use**. (En inglés británico también se puede usar **used not to** en lenguaje muy formal.): *I didn't use to like butter.* Antes no me gustaba la mantequilla. • **never used to** también es frecuente como forma negativa: *I never used to like butter.* Antes no me gustaba la mantequilla.
▶ El interrogativo de **used to** se forma con el auxiliar **did** y la forma **use**: • *Where did you use to sleep?* ¿Tú dónde dormías? • *Didn't this place use to be a school?* ¿Este sitio no era un colegio antes?

use·ful S3 W2 /'yusfəl/ adj útil: *She gave me some useful advice.* Me dio consejos útiles. • *He could be a useful* *ally*. Podría ser un valioso aliado. • *It is useful to have a first aid box handy*. Es útil tener a mano un botiquín de primeros auxilios. • **be useful to sb** serle útil a alguien, servirle a alguien: *information that may be useful to the terrorist organization* información que puede serle útil a la organización terrorista • **be useful for (doing) sth** ser útil para (hacer) algo, servir para (hacer) algo: *Do you feel your training was useful for your job?* ¿Cree que su entrenamiento fue útil para su trabajo? • *The disks are useful for storing large quantities of data.* Los discos sirven para almacenar cantidades grandes de datos. • **find sth useful** encontrar algo útil • **find it useful to do sth** *You may find it useful to discuss your ideas with a friend.* Quizá te resulte útil intercambiar ideas con un amigo. • **prove useful** resultar útil [ANT] **useless**

EXPRESIONES
make yourself useful (*oral*) dar una mano: *Matt, make yourself useful and help me with the dishes.* Anda, Matt, haz algo y lava los platos. • **sth's useful life** la vida útil de algo

use·ful·ly /'yusfəli/ *adv* provechosamente: *I feel the money could be more usefully spent.* Me parece que el dinero podría emplearse más provechosamente.

use·ful·ness /'yusfəlnɪs/ *s* [U] utilidad ▶ **OUTLIVE your/its usefulness**

use·less /'yuslɪs/ *adj* inservible, inútil: *Water had gotten into the engine and now it was useless.* Al motor le entró agua y quedó inservible. • *Without a battery, the camera's useless.* Sin pilas, la cámara no sirve para nada. • *a useless piece of information* una información carente de utilidad • **be completely/totally/utterly useless** no servir absolutamente para nada • **be useless for sth** no servir para algo: *These shoes are useless for long walks.* Estos zapatos no sirven para caminatas largas. • **it is useless (trying) to do sth** no sirve de nada hacer algo, es inútil hacer algo: *She knew it was useless to complain.* Sabía que de nada servía protestar. • *It's useless trying to argue with her.* Es inútil discutir con ella. • **be worse than useless** no servir para nada [ANT] **useful**

us·er [W2] /'yuzɚ/ *s* [C]
1 usuario -a: *library users* usuarios de la biblioteca • *a computer user* un usuario de computador • *wheelchair users* personas en silla de ruedas
2 (*coloq*) drogadicto -a: *intravenous drug users* drogadictos que se inyectan • *heroin users* heroinómanos ▶ **END USER**

,user-'friendly *adj* fácil de usar, amigable

'user name (tb **'user I,D**) *s* [C] nombre de usuario

ush·er¹ /'ʌʃɚ/ *s* [C] acomodador -a (en cine, teatro), ujier (en un tribunal) ▶ En una boda, los **ushers** son parientes o amigos de los contrayentes, que se encargan de conducir a los invitados a sus asientos.

usher² *v* [T] **usher sb in** conducir/acompañar a alguien adentro • **usher sb into/out of sth** conducir/acompañar a alguien a/fuera de algo: *Security guards ushered the man out of the theater.* Los guardias de seguridad condujeron al hombre fuera del teatro.
usher sth↔ in *v+partíc* (*esp escrito*) abrir las puertas a algo

USS /,yu ɛs 'ɛs•/ *s* (**United States Ship**) barco de los Estados Unidos

u·su·al [S3] [W2] /'yuʒuəl, -ʒəl/ *adj* habitual, normal: *What are the usual symptoms?* ¿Cuáles son los síntomas habituales? • *the usual adult dose* la dosis normal para un adulto • **the usual time/place** la hora/el lugar de siempre, la hora/el lugar habitual: *I'll meet you at the usual time.* Nos vemos a la hora de siempre. • **the usual way/manner** *Cook the pasta in the usual way.* Cueza las pastas como de costumbre. • *He answered the door in his usual cheerful manner.* Abrió la puerta con su habitual buen humor. • **the usual people** los de siempre • **more/worse than usual** más/peor de lo habitual, más/peor que de costumbre: *I woke up earlier than usual.* Me desperté antes de lo habitual. • **it is usual (for sb) to**

do sth *It's usual to keep records of all expenses.* Se suele llevar un registro de todos los gastos. • *It is usual for the company to pay travel costs.* Normalmente la empresa paga los gastos de desplazamiento. ▶ **it's BUSINESS as usual**

EXPRESIONES
as usual como de costumbre, como siempre: *Lucy left home as usual at 8 o'clock.* Lucy salió de la casa a las 8, como de costumbre. • **as per usual** (*oral*) como de costumbre, como siempre • **not your usual self** *You haven't looked your usual self for a while now.* Desde hace un tiempo no pareces el de siempre. • *Tom wasn't his usual self at all today. Is there something the matter?* Tom estaba muy raro hoy. ¿Pasa algo? • **the usual** (*oral*) lo de siempre: *"So what have you been up to?" "Just the usual."* –Bueno, ¿qué estuviste haciendo? –Lo de siempre. • *"What would you like to drink?" "I'll have the usual!"* –¿Qué quieres de beber? –Lo de siempre.

u·su·al·ly [S1] [W1] /'yuʒuəli, -ʒəli/ *adv* normalmente, por lo general: *It usually takes me an hour to get home.* Normalmente tardo una hora en llegar a la casa. • *What do you usually have for breakfast?* ¿Qué sueles desayunar?

⚠ **Usually**, como los demás adverbios de frecuencia (**always**, **never**, **often**), va antes del verbo principal y después del primer modal o auxiliar, si lo hay. Si el verbo es **be**, va siempre después de este:
✔ *They usually spend the summer together.*
✔ *I could usually hear the birds singing in the morning.*
✔ *They are usually late.*

u·surp /yu'sɚp/ *v* [T] (*frml*) usurpar

u·surp·er /yu'sɚpɚ/ *s* [C] usurpador -a

u·su·ry /'yuʒəri/ *s* [U] usura

UT *abrev escrita de* **UTAH**

u·ten·sil /yu'tɛnsəl/ *s* [C] utensilio: *kitchen utensils* utensilios de cocina

u·ter·ine /'yuṭəraɪn, -rən/ *adj* uterino -a

u·ter·us /'yuṭərəs/ *s* [C] (*pl* **uteri** /-raɪ/, **uteruses**) útero

u·til·i·tar·i·an /yu,tɪlə'tɛriən/ *adj* utilitario -a, funcional

u·til·i·ty [W3] /yu'tɪləṭi/ *s* (*pl* **utilities**)
1 [C *gralm pl*] (gas, luz, agua) servicio (público): *Does your rent include utilities?* ¿Tu alquiler incluye el pago de los servicios? • **a public utility** una empresa de servicios públicos
2 [C] (programa informático) utilidad
3 [U] (*frml*) (cualidad de útil) utilidad ▶ **SUV**

u'tility ,room *s* [C] cuarto útil (para la máquina de lavar, los elementos de limpieza)

u·til·i·za·tion /,yuṭl-ə'zeɪʃən/ *s* [U] (*frml*) utilización, empleo

u·til·ize /'yuṭl,aɪz/ *v* [T] (*frml*) utilizar • **utilize sth for sth** utilizar algo para algo • **utilize sth as sth** utilizar algo de/como algo [SIN] **use**

ut·most¹ /'ʌt⁻moʊst/ *adj* [solo ante s] **of the utmost importance** de suma importancia, de la mayor importancia: *This is a matter of the utmost importance.* Este es un asunto de suma importancia. • **the utmost respect/care** el mayor respeto/cuidado, sumo respeto/cuidado: *I have the utmost respect for her.* Siento el mayor respeto por ella.

utmost² *s* **the utmost** lo máximo • **to the utmost** al máximo: *The state's resources have been stretched to the utmost.* Se han utilizado al máximo los recursos del Estado.

EXPRESIONES
do/try your utmost to do sth intentar por todos los medios hacer algo, hacer todo lo posible por hacer algo: *He said he would do his utmost to achieve a peaceful solution.* Dijo que intentaría por todos los medios alcanzar una solución pacífica. • *We are doing our utmost.* Estamos haciendo todo lo que podemos.

u·to·pi·a /yu'toʊpiə/ *s* [C,U] utopía

u·to·pi·an /yu'toʊpiən/ *adj* utópico -a

ut·ter¹ /'ʌtɚ/ *adj* [solo ante s] absoluto -a, total: *in utter silence* en absoluto silencio • *He made an utter fool of himself* . Quedó como un absoluto idiota. • *This is utter nonsense!* ¡Esto es totalmente absurdo! • **utter confusion/despair** (la más) absoluta confusión/ desesperación • **utter amazement/contempt** (el más) absoluto asombro/desprecio • **complete and utter** total y absoluto -a: *The trip has been a complete and utter waste of time.* El viaje ha sido una total y absoluta pérdida de tiempo. SIN **complete**

utter² *v* [T] (*esp escrito*) **1** pronunciar, decir: *He never uttered a single word of protest.* Jamás pronunció una palabra de protesta. • *"You fool!" she uttered in disgust.* –¡Idiota! –dijo indignada. • **hardly utter a word** *She hardly uttered a word all afternoon.* Apenas pronunció palabra en toda la tarde. SIN **say 2** proferir, soltar • **utter a cry/moan/groan** proferir un grito/quejido/ gemido SIN **let out**

ut·ter·ance /'ʌtərəns/ *s* [C] (*frml*) palabras: *They are always nearby to record his every utterance.* Siempre andan cerca para grabar todas y cada una de sus palabras. • *public utterances* declaraciones públicas

EXPRESIONES
give utterance to sth (*liter*) manifestar/expresar algo

ut·ter·ly /'ʌtɚli/ *adv* [+ adj/adv] totalmente, absolutamente: *I'm utterly against the idea.* Estoy totalmente en contra de la idea. • *You look utterly miserable.* Se te ve de lo más triste. SIN **completely**

U-turn /'yu tɚn/ *s* [C] **1** (en las ideas, los planes) giro de ciento ochenta grados, cambio radical • **make a U-turn** dar un giro de ciento ochenta grados: *The government was forced to make a humiliating U-turn on the issue.* El gobierno se vio obligado a dar un giro de 180 grados en este asunto. **2** (en la carretera) giro/vuelta en U

Uz·bek¹ /'ʊzbɛk/ *s* **1** [C] (persona) uzbeko -a **2** [U] (idioma) uzbeko

Uzbek² *adj* uzbeko -a

Uz·bek·i·stan /ʊz'bɛkɪˌstɑn, -ˌstæn/ Uzbekistán

Vv

V¹, v /viː/ s (pl **V's, v's**) **1** [C,U] V, v **2** (en números romanos) V **3** [C gralm sing] (objeto en forma de V) V

V² *símb quím* VANADIUM

V³ (*abrev escrita de* **volt**) V

v. *abrev escrita de* **1** VERB **2** VERSE **3** VERSUS **4** VERY

VA *abrev escrita de* VIRGINIA

vac /væk/ s [C gralm sing] vacaciones (en la universidad)

va·can·cy /'veɪkənsi/ s (pl **vacancies**) **1** [C] vacante: *job vacancies* ofertas de empleo • **fill a vacancy** cubrir una vacante • [+**for**]: *We have no vacancies for photographers at the moment.* Actualmente no tenemos vacantes de fotógrafo. **2** [C] habitación libre (en un hotel), cupo, lugar disponible (en una residencia, asilo, etc.): *The sign said, "No Vacancies."* El letrero decía: "Completo".

va·cant /'veɪkənt/ adj **1** libre (mesa, asiento, etc.), desocupado -a (casa, inmueble): *Is this seat vacant?* ¿Está libre este asiento? • **vacant office space** espacio para oficinas disponible **2** (*frml*) vacante (empleo, plaza): *vacant posts* puestos vacantes **3** ausente, inexpresivo -a: *vacant eyes* ojos ausentes • *his vacant expression* su inexpresivo semblante

va·cant·ly /'veɪkəntli/ adv con aire ausente, inexpresivamente

va·cate /'veɪkeɪt/ v [T] (*frml*) **1** dejar libre (un asiento, una mesa, etc.), desalojar, abandonar (una casa, un edificio) • **vacate the premises** desalojar/abandonar el local **2** dejar vacante (un puesto de trabajo)

va·ca·tion¹ S2 W3 /veɪˈkeɪʃən, və-/ s [C,U]
1 vacaciones • **on vacation** de vacaciones: *They were on vacation in Mexico.* Estaban de vacaciones en México. • **go on vacation** ir(se) de vacaciones, vacacionar • **take a vacation** ir(se) de vacaciones, vacacionar *a popular vacation spot* un popular centro turístico • **vacation home** casa de veraneo, casa de vacaciones
2 (en el trabajo) vacaciones, licencia: *Employees are entitled to four weeks' paid vacation.* Los empleados tienen derecho a gozar de cuatro semanas de vacaciones pagas. • **on vacation** con licencia, de vacaciones: *replacements for workers who are sick or on vacation* reemplazos para los empleados enfermos o con licencia • **take a vacation** tomarse la licencia/las vacaciones • **vacation day** día de licencia/vacaciones • **vacation pay** pago de vaciones • **vacation time** vacaciones, licencia
3 (en la escuela) vacaciones • **summer/Christmas/winter vacation** vacaciones de verano/Navidad/invierno

vacation² v [I] estar/ir(se) de vacaciones, vacacionar: *They met while vacationing in Hawaii.* Se conocieron estando de vacaciones en Hawai.

va·ca·tion·er /veɪˈkeɪʃənə, və-/ s [C] turista, veraneante, vacacionista

vac·ci·nate /'væksəneɪt/ v [T] vacunar • **vaccinate sb against sth** vacunar a alguien contra/de algo: *Have you been vaccinated against polio?* ¿Estás vacunado contra la polio? SIN **inoculate** ▶ IMMUNIZE

vac·ci·na·tion /ˌvæksəˈneɪʃən/ s [C,U] vacunación • **have a measles/polio vaccination** vacunarse contra el sarampión/la polio • **vaccination program** campaña de vacunación

vac·cine /væk'siːn/ s [C,U] vacuna: *a flu vaccine* una vacuna contra la gripa

vac·il·late /'væsəleɪt/ v [I] (*frml*) vacilar, dudar • **vacillate between sth and sth** vacilar entre algo y algo SIN **waver**

vac·il·la·tion /ˌvæsəˈleɪʃən/ s [C,U] (*frml*) vacilación, duda

vac·u·ous /'vækyuəs/ adj (*frml*) vacuo -a

vac·uum¹ /'vækyum/ s **1** [sing] (situación, sensación) vacío • **create/leave a vacuum** crear/dejar un vacío: *the vacuum created by the death of her husband* el vacío dejado por la muerte de su marido • **a political/moral/power vacuum** un vacío político/moral/de poder **2** [C] (espacio sin aire) vacío **3** [C] aspiradora SIN **vacuum cleaner**
EXPRESIONES
in a vacuum aisladamente, en el vacío: *exist/happen in a vacuum* exisitir/ocurrir aisladamente • *People don't live in a vacuum.* La gente no vive en una burbuja.

vacuum² v [I,T] pasar la aspiradora (por)

'vacuum ,cleaner s [C] aspiradora

'vacuum-,packed adj envasado -a al vacío

vag·a·bond /'vægəbɑnd/ s [C] (*esp liter*) vagabundo -a

va·ga·ries /'veɪgəriz/ s [pl] (*frml*) **the vagaries of sth** los vaivenes/los avatares/las vicisitudes de algo: *the vagaries of fashion* los vaivenes de la moda • *the vagaries of international politics* los avatares de la política internacional

va·gi·na /vəˈdʒaɪnə/ s [C] vagina

vag·i·nal /'vædʒənəl/ adj [solo ante s] vaginal

va·grant /'veɪgrənt/ s [C] (*frml*) mendigo -a, vagabundo -a

vague /veɪg/ adj **1** (ideas, palabras) vago -a, impreciso -a: *His answer was very vague.* Su respuesta fue muy vaga. • **a vague idea/feeling** una vaga idea/sensación: *He had a vague idea what the word meant.* Tenía una vaga idea de lo que significaba la palabra. • **a vague memory** un vago recuerdo **2** [nunca ante s] (referido a quien se expresa) poco claro -a, impreciso -a • [+**about**]: *He was vague about the reasons for his departure.* No explicó claramente las razones de su salida. **3** [solo ante s] (referido a un sentimiento) vago -a, ligero -a: *She felt a vague disappointment.* Sintió una ligera desilusión. **4** (gesto, mirada) ausente, distraído -a: *a vague smile* una sonrisa ausente **5** (contornos, formas) borroso -a, impreciso -a: *She could see the vague outline of his face in the dark.* Veía el perfil borroso de su rostro en la osuridad. SIN **indistinct**

vague·ly /'veɪgli/ adv **1** ligeramente, vagamente: *He looked vaguely familiar.* Resultaba vagamente familiar. • *She felt vaguely uneasy.* Sintió un ligero desasosiego. **2** vagamente, de manera imprecisa: *He talked vaguely about wanting to spend time with his family.* Habló vagamente del deseo de pasar más tiempo con su familia. • *I vaguely remembered her from school.* La recordaba vagamente del colegio. **3** con aire ausente, distraídamente: *He smiled vaguely.* Sonrió con aire ausente.

vain /veɪn/ adj **1** (*peyor*) vanidoso -a: *a vain, foolish man* un hombre vanidoso y tonto • *He is very vain about his looks.* Es muy creído. **2** [solo ante s] vano -a, inútil • **a vain attempt/effort** un vano intento/esfuerzo: *a vain attempt to save his life* un vano intento de salvarle la vida • **a vain hope** una vana esperanza: *He moved south in the vain hope of finding work.* Se mudó al sur con la vana esperanza de encontrar trabajo. ▶ VANITY
EXPRESIONES
in vain (a) (sin éxito) en vano: *She tried in vain to save her father.* Trató en vano de salvar a su padre. **(b)** (sin sentido) en vano: *He did not die in vain.* No murió en vano.

vain·ly /'veɪnli/ adv **1** en vano SIN **in vain 2** vanidosamente

val·ance /'væləns/ s [C] volante, cenefa

vale /veɪl/ s [C] (*liter*) valle

val·e·dic·to·ry /ˌvælə'dɪktəri‹/ *adj* (*frml*) de despedida

val·en·tine /'vælən,taɪn/ *s* [C] **1** (tb **'valentine card**) tarjeta que se manda el día de los enamorados. Ver nota en **Valentine's day 2 sb's valentine** la persona de quien alguien está enamorado -a

'Valentine's ,day *n* día de San Valentín ▶ El 14 de febrero se celebra el día de San Valentín o día de los enamorados. En esa fecha se manda una tarjeta, flores o bombones a la persona de quien uno está enamorado -a. La tarjeta, **valentine** o **valentine's card**, se suele mandar de forma anónima.

val·et /væ'leɪ, 'væleɪ/ *s* [C] **1** (tb **valet parker**) persona encargada de parquear los carros en un hotel o restaurante **2** ayuda de cámara, valet

val·iant /'vælyənt/ *adj* (*escrito*) valeroso -a: *a valiant effort/attempt* un valeroso esfuerzo/intento

val·iant·ly /'vælyəntli/ *adv* (*esp liter*) valerosamente

val·id /'vælɪd/ *adj* **1** (motivos, argumentos, críticas) válido -a: *Her reasons were valid.* Sus razones eran válidas. • *a valid complaint* una queja razonable **2** (un documento) válido -a, en vigor: *a valid passport* un pasaporte válido • [+**for**]: *valid for three years* válido por tres años • *The license is not valid for motorcycles.* El permiso no es válido para motocicletas. • **be no longer valid** estar caduco/vencido **3** (un acto jurídico o proceso legal) válido -a: *The elections were legally valid.* Las elecciones eran válidas. **4** (contraseña, nombre de archivo) válido -a

val·i·date /'vælə,deɪt/ *v* [T] **1** (*frml*) corroborar, confirmar (una afirmación, un diagnóstico, etc.): *The evidence validates his claim.* Las pruebas corroboran su afirmación. [SIN] **confirm 2** dar validez a, validar (un matrimonio, un acuerdo, etc.) **3** sellar una tienda un tiquete de parqueo para que el cliente no tenga que pagar

va·lid·i·ty /və'lɪdəti/ *s* [U] **1** (de un motivo, una crítica) validez: *He questioned the validity of the argument.* Puso en duda la validez del argumento. **2** (de un documento) validez **3** (de un acto jurídico o proceso legal) validez (legal)

val·ley [W3] /'væli/ *s* [C] (pl **valleys**) valle

val·or /'vælər/ *s* [U] (*liter*) valor, valentía: *an award for valor* un premio al valor

val·u·a·ble [W3] /'vælyəbəl, -yuəbəl/ *adj*
1 (por su utilidad) valioso -a: *a valuable source of information* una valiosa fuente de información
2 (por su valor en dinero) valioso -a, de valor: *valuable antiques* valiosas antigüedades • *valuable items* objetos de valor
3 (por su escasez) precioso -a, valioso -a: *I won't waste any more of your valuable time.* No le quito más de su precioso tiempo.

val·u·a·bles /'vælyəbəlz, -yuəbəlz/ *s* [pl] objetos de valor

val·u·a·tion /ˌvælyu'eɪʃən/ *s* [C,U] avalúo, valuación

val·ue¹ [S2] [W3] /'vælyu/ *s*
1 [C,U] (precio) valor: *The exact value of the painting is not known.* No se conoce el valor exacto del cuadro. • **increase/go up/rise in value** revalorizarse, aumentar/subir de valor • **decrease/go down/drop in value** depreciarse, disminuir/bajar de valor • **of value** (*frml*) de valor: *items of value* objetos de valor
2 [C,U] (en relación con el precio) **value for money** buena relación calidad/precio • **sth is a good/great/poor value (for the money)** *The software is a great value and easy to use.* El programa está muy bien de precio y es fácil de usar.
3 [U] (importancia, utilidad) valor: *He understands the value of friendship.* Entiende el valor de la amistad. • **place/put value on sth** valorar algo, dar importancia a algo: *The company places a high value on training.* La empresa valora mucho el entrenamiento. • **sentimental value** valor sentimental • **educational/nutritional value** valor pedagógico/nutritivo • **of value** (*frml*) de utilidad: *The book will be of value to both students and teachers.* El libro será de utilidad tanto para estudiantes como para profesores. • **of little/great/no value** de escaso/

gran/ningún valor
4 values [pl] valores: *moral values* valores morales
5 shock/curiosity/novelty value *Her clothes were all chosen for their shock value.* Elegía toda su ropa en función de su capacidad para escandalizar. • *the novelty value of having a puppy* la novedad de tener un cachorro ▶ FACE VALUE

value² [W3] *v* [T]
1 valorar (mucho), apreciar (mucho): *I value her opinion.* Valoro su opinión. • **value sth/sb for sth** valorar algo/a alguien por algo, apreciar algo/a alguien por algo: *herbs that are valued for their health-giving properties* hierbas muy apreciadas por sus propiedades medicinales
2 [gralm en pasiva] avaluar, valorar • **have/get sth valued** hacer avaluar algo: *We decided to get the house valued.* Decidimos hacer avaluar la casa. • **value sth at $4 million/$200,000** valorar algo en 4 millones/en 200.000 dólares

,value-added 'tax *s* [U] impuesto al valor agregado

val·ue·less /'vælyuləs/ *adj* sin valor

valve /vælv/ *s* [C] **1** (en un aparato o conducto) válvula: *an inlet/outlet valve* una válvula de entrada/salida **2** (en el organismo) válvula: *heart valves* válvulas cardiacas **3** (en instrumentos de viento) llave, pistón ▶ SAFETY VALVE

vam·pire /'væmpaɪr/ *s* [C] vampiro -a

van [S2] /væn/ *s* [C]
1 furgoneta, camioneta, vagoneta • **van driver** conductor -a de furgoneta/camioneta/vagoneta
2 combi, minivan, monovolumen ▶ MINIVAN

van·dal /'vændl/ *s* [C] vándalo -a

van·dal·ism /'vændl,ɪzəm/ *s* [U] vandalismo

van·dal·ize /'vændl,aɪz/ *v* [T gralm en pasiva] hacer destrozos en, destrozar, destruir (en actos de vandalismo): *Most of the public phones have been vandalized.* La mayoría de los teléfonos públicos han sufrido actos de vandalismo. • *His car had been vandalized several times.* Le habían destruido el carro varias veces.

vane /veɪn/ *s* [C] paleta (de turbina) ▶ WEATHER VANE

van·guard /'væŋgɑrd/ *s* **1** [sing] (en arte, pensamiento) vanguardia: *vanguard art* arte vanguardista/de vanguardia **2** (en un ejército) **the vanguard** la vanguardia
EXPRESIONES
in/at the vanguard of sth a la vanguardia de algo: *a group in the vanguard of social change* un grupo a la vanguardia del cambio social

va·nil·la¹ /və'nɪlə/ *s* [U] vainilla

vanilla² *adj* de vainilla: *vanilla ice cream* helado de vainilla

van·ish /'vænɪʃ/ *v* [I] **1** (de un sitio) desaparecer: *The boy vanished into the crowd.* El niño desapareció entre la multitud. • **vanish without (a) trace** (tb **vanish from the face of the earth**) desaparecer sin dejar rastro • **vanish into thin air** esfumarse, volatilizarse • **vanish from sight/view** dejar de verse **2** (dejar de existir) desaparecer: *Much of the forest has now vanished.* La mayor parte del bosque ha desaparecido. • *His smile vanished.* Su sonrisa se esfumó. • *Her appetite vanished.* Se le fue el apetito.

'vanishing ,point *s* [C gralm sing] punto de fuga

van·i·ty /'vænəti/ *s* **1** [U] vanidad • **appeal to sb's vanity/flatter sb's vanity** apelar a la vanidad/halagar la vanidad de alguien **2** [C] mueble para el baño **3** [C] tocador [SIN] **dressing table**

van·quish /'væŋkwɪʃ/ *v* [T] (*liter*) **1** vencer (un sentimiento) **2** derrotar, doblegar (a un enemigo)

van·tage point /'væntɪdʒ ,pɔɪnt/ (tb **vantage**) *s* [C] punto o lugar estratégico para observar algo: *From my vantage point on the hill, I could see the whole procession.* Desde mi mirador del cerro podía ver toda la procesión.

vap·id /'væpɪd/ *adj* soso -a

va·por /ˈveɪpɚ/ s [C,U] vapor: *poisonous vapors* vapores tóxicos

va·por·i·za·tion /ˌveɪpərəˈzeɪʃən/ s [U] evaporación

va·por·ize /ˈveɪpəˌraɪz/ v [I, T] evaporar(se)

var·i·a·bil·i·ty /ˌvɛriəˈbɪləti, ˌvær-/ s [U] variabilidad

var·i·a·ble¹ /ˈvɛriəbəl, ˈvær-/ adj **1** (en calidad) variable, irregular: *His work is very variable.* La calidad de su trabajo varía mucho. **2** (sujeto a cambios) variable: *variable interest rates* tasas de interés variables • *Winds will be variable but quite strong.* Los vientos serán variables, aunque de fuerte intensidad. ⟨ANT⟩ **fixed**

variable² s [C] variable ⟨SIN⟩ **factor**

var·i·ance /ˈvɛriəns, ˈvær-/ s (*frml*) **be at variance (with sb)** discrepar/estar en desacuerdo (con alguien) • **be at variance (with sth)** diferir (de algo), no concordar (con algo): *two historians whose views are at variance* dos historiadores con opiniones divergentes

var·i·ant¹ /ˈvɛriənt, ˈvær-/ adj [solo ante s] alternativo -a

variant² s [C] variante: *a spelling variant* una variante ortográfica • [+**of/on**]: *The game is a variant of baseball.* El juego es una variante del béisbol.

var·i·a·tion /ˌvɛriˈeɪʃən, ˌvær-/ s **1** [C,U] (cambio, diferencia) variación: *temperature variations* variaciones de temperatura • [+**in**]: *There will be some variation in the quality of materials.* La calidad de los materiales variará algo. • [+**between/among**]: *There is a wide variation in living standards between different social groups.* Hay gran variación de nivel de vida entre grupos sociales distintos. **2** [C] (versión) variación, variante: *repeated variations of the same tune* repetidas variaciones de la misma melodía • **variations on a theme** variaciones sobre un (mismo) tema

var·i·cose veins /ˌværəkoʊs ˈveɪnz/ s [pl] várices

var·ied /ˈvɛrid, ˈvær-/ adj variado -a: *a varied diet* una dieta variada

va·ri·e·ty ⟨W2⟩ /vəˈraɪəti/ s (pl **varieties**)
1 (cantidad) **a variety of sth** *Over the years, he had a variety of jobs.* A lo largo del tiempo, tuvo diversos trabajos. • **a wide/a great/an endless variety of sth** una amplia/gran/inagotable variedad de algo: *The cafe offers a wide variety of sandwiches.* La cafetería tiene una amplia variedad de sándwiches.
2 [U] (diversidad) variedad: *He complained about the lack of variety in his work.* Se quejaba de la monotonía de su trabajo. • **bring/give variety (to sth)** dar(le) variedad (a algo)
3 [C] (tipo) variedad: *The lake has more than 20 varieties of fish.* El lago alberga más de 20 variedades de peces.
EXPRESIONES
variety is the spice of life en la variedad está el placer

va·ri·e·ty ˌshow s [C] espectáculo/programa de variedades

var·i·ous ⟨S2⟩ ⟨W1⟩ /ˈvɛriəs, ˈvær-/ adj varios -as, diversos -as: *The jacket is available in various colors.* La chaqueta está disponible en varios colores. • *We have asked various people for their opinions.* Pedimos su opinión a varias personas. • **for various reasons** por varias/diversas razones

var·i·ous·ly /ˈvɛriəsli, ˈvær-/ adv *His fortune has been variously estimated at between $1 and $2 billion.* Se han hecho diversas estimaciones de su fortuna que oscilan entre uno y dos mil millones de dólares. • *variously known as …* conocido según el caso como…

var·nish¹ /ˈvɑrnɪʃ/ s [C,U] barniz: *a coat of varnish* una capa de barniz

varnish² v [T] barnizar

var·si·ty /ˈvɑrsəti/ s [C] (equipo de la) selección (de un colegio o universidad) • **varsity girls/women** selección juvenil femenina/selección femenina • **varsity boys/men** selección juvenil masculina/selección masculina • **varsity team** (equipo de la) selección

vase
pot
maceta, matera
vase
florero

var·y ⟨W3⟩ /ˈvɛri, ˈværi/ v (**varies, varied, varying**)
1 [I] variar: *Estimates of the size of the population vary.* Los cálculos sobre el número de habitantes varían. • *"What time do you normally start work?" "It varies."* –¿A qué hora entras a trabajar? –Depende. • **vary greatly/widely** variar mucho • **vary considerably** variar considerablemente • **vary from sth to sth (a)** (de un lugar o momento a otro) *Driving regulations vary from state to state.* Las normas de tránsito varían de un estado a otro. **(b)** (dentro de una gama o escala) *The colors of the materials vary from dark reds to bright blues.* Los colores de los materiales van del rojo oscuro al azul brillante. • [+**in**]: *The rooms vary in size.* Las habitaciones son de diversos tamaños. • *Tickets vary in price from $8 to $15.* El precio de las entradas oscila entre 8 y 15 dólares. • [+**between**]: *Voting patterns vary between states.* Los patrones de votación varían de un estado a otro.
2 [T] variar: *My doctor said I should vary my diet.* El médico me dijo que tengo que variar la dieta. ▶ **VARIED**

var·y·ing /ˈvɛriɪŋ, ˈvær-/ adj [solo ante s] diversos -as, distintos -as: *children of varying ages* niños de diversas edades • **widely varying** muy diversos -as/distintos -as • **varying degrees/levels of sth** diversos grados/niveles de algo: *tests of varying levels of difficulty* pruebas con diversos niveles de dificultad

vase /veɪs, veɪz, vɑz/ s [C] florero: *a vase of flowers* un florero con flores

va·sec·to·my /vəˈsɛktəmi/ s [C,U] (pl **vasectomies**) vasectomía • **have a vasectomy** hacerse la vasectomía

Vas·e·line /ˈvæsəˌlin, ˌvæsəˈlin/ s [U] (*marca reg*) vaselina®

vast ⟨W2⟩ /væst/ adj enorme, inmenso -a: *her vast experience in the field of public relations* su enorme experiencia en el campo de las relaciones públicas • *vast areas of rainforest* extensas zonas de selva tropical • **a vast amount/number of sth** una enorme cantidad de algo: *We received a vast number of complaints.* Recibimos una enorme cantidad de quejas. • **in vast numbers/quantities** *People are leaving the area in vast numbers.* Una enorme cantidad de gente está abandonando la zona.
EXPRESIONES
the vast majority la inmensa mayoría: *The vast majority of students work very hard.* La inmensa mayoría de los estudiantes trabaja mucho.

vast·ly /ˈvæstli/ adv enormemente, infinitamente: *This book is vastly superior to his last one.* Este libro es infinitamente superior al último que escribió.

vast·ness /ˈvæstnɪs/ s [U] inmensidad

vat /væt/ s [C] tanque: *a vat of chemicals* un tanque de productos químicos

vaude·ville /ˈvɔdvɪl, ˈvɑ-/ s [U] teatro de variedades

vault¹ /vɔlt/ s [C] **1** bóveda (de seguridad) **2** panteón: *the family vault* el panteón familiar **3** salto (gimnástico) ▶ **POLE VAULT**

vault² v **1** [I,T] (tb **vault over**) saltar (por encima de) **2** [I siempre + adv/prep] saltar, catapultarse **3 vault sb to power/prominence** catapultar a alguien al poder/a la fama ⟨SIN⟩ **catapult**

vault·ed /'vɔltɪd/ adj abovedado -a

VCR /ˌvi si 'ɑr/ s [C] (**video cassette recorder**) video (aparato), videocasetera • **set the VCR** programar el video/la videocasetera

VD /ˌvi 'di/ s [U] (antic) (**venereal disease**) enfermedades venéreas

VDT /ˌvi di 'ti/ s [C] (técn) (**video display terminal**) monitor (de computador) SIN **monitor**

veal /vil/ s [U] ternera • **veal escalope** escalope de ternera

veer /vɪr/ v [I siempre + adv/prep] **1** cambiar de dirección, generalmente bruscamente • **veer to the left/right** girar a la izquierda/derecha, voltear a la izquierda/ derecha • **veer off/away/across** The truck veered across the road. El camión se cruzó en la carretera. • The boat was heading for the rocks, but veered off at the last minute. El barco iba hacia las rocas, pero viró en el último instante. • **veer off course** salirse/desviarse de su rumbo **2** (conversaciones, opiniones) The party has veered to the right. El partido ha dado un giro a la derecha. • The conversation veered back to politics. La conversación volvió a derivar hacia la política. • The plot veers between the sentimental and the totally stupid. La trama oscila entre el sentimentalismo y la idiotez.

veg /vɛdʒ/ (tb **veg out**) v [I] (**vegges**, **vegged**, **vegging**) (coloq) holgazanear, haraganear, flojear

veg·an¹ /'vigən, 'veɪ-, 'vɛdʒən/ s [C] vegetariano -a estricto -a, vegano -a ▶ VEGETARIAN

vegan² adj estrictamente vegetariano -a, vegano -a ▶ VEGETARIAN

vege·ta·ble¹ S2 W3 /'vɛdʒtəbəl/ s [C] **1** verdura: fresh fruit and vegetables fruta fresca y verduras **2** (despec) (persona) vegetal

vegetable² adj [solo ante s] **1** de verduras: vegetable soup sopa de verduras • vegetable oil aceite vegetal • a vegetable stall un puesto de verduras • **a vegetable garden/patch/plot** un huerto, una huerta **2** vegetal: the vegetable kingdom el reino vegetal

veg·e·tar·i·an¹ /ˌvɛdʒə'tɛriən/ s [C] vegetariano -a ▶ VEGAN

vegetarian² adj vegetariano -a: a vegetarian restaurant un restaurante vegetariano ▶ VEGAN

veg·e·tar·i·an·ism /ˌvɛdʒə'tɛriəˌnɪzəm/ s [U] vegetarianismo

veg·e·tate /'vɛdʒəˌteɪt/ v [I] vegetar

veg·e·ta·tion /ˌvɛdʒə'teɪʃən/ s [U] (frml) vegetación

veg·gie /'vɛdʒi/ s [C] (coloq) verdura

ve·he·ment /'viəmənt/ adj vehemente: vehement criticism críticas vehementes • vehement opposition from environmental groups el vehemente rechazo de los grupos ecologistas

ve·he·ment·ly /'viəməntli/ adv con vehemencia, vehementemente

ve·hi·cle S3 W2 /'viːɪkəl/ s [C] (frml) **1** (carro, camión) vehículo: a stolen vehicle un vehículo robado **2** (para expresar o lograr algo) vehículo • [+for]: a perfect vehicle for propaganda un perfecto vehículo de propaganda SIN **medium**

veil¹ /veɪl/ s [C] **1** (prenda) velo: a bridal veil un velo de novia **2** (escrito) (algo que encubre) an article that lifts the veil on secret arms deals un artículo que pone al descubierto compraventas secretas de armas • a veil of respectability un halo de respetabilidad • **a veil of secrecy/silence** un halo de misterio/silencio

veil² v [T] **1** (escrito) **be veiled in mystery/secrecy** estar rodeado -a de (un halo de) misterio, estar envuelto -a en un halo de misterio **2** cubrir/tapar (con un velo)

veiled /veɪld/ adj velado -a, encubierto -a: a veiled reference to the scandal una velada referencia al escándalo

vein /veɪn/ s **1** [C] (del cuerpo) vena ▶ ARTERY **2** [C] (de una hoja) nervio, vena **3** [C] (de metal o mineral) veta, vena, filón **4** (al expresarse) **in a... vein** en un tono...: poems in a more humorous vein poemas en un tono más jocoso • **in the same vein** en la misma línea/el mismo estilo • **in a similar vein** de manera semejante, de estilo semejante **5** [sing] (de una cualidad, un recurso) vena, filón: her lyrical vein su vena lírica • **a vein of sth** un filón de algo: a rich vein of talent un rico filón de talento ▶ VARICOSE VEINS

veined /veɪnd/ adj **1** veteado -a **2** nervado -a **3** venoso -a

Vel·cro /'vɛlkroʊ/ s [U] (marca reg) velcro®

ve·loc·i·ty /və'lɑsəti/ s [C,U] (pl **velocities**) (técn) velocidad

vel·vet¹ /'vɛlvɪt/ s [U] terciopelo

velvet² adj [solo ante s] de terciopelo: a black velvet dress un vestido de terciopelo negro

vel·vet·y /'vɛlvɪti/ adj aterciopelado -a

ve·nal /'vinl/ adj (frml) venal, corrupto -a

ven·det·ta /vɛn'dɛtə/ s [C] **1** vendetta, venganza • **have/pursue a vendetta against sb** querer vengarse de alguien **2** violento y largo enfrentamiento entre grupos • [+between]: vendettas between rival gangs ajustes de cuentas entre bandas rivales SIN **feud**

vend·ing ma·chine /'vɛndɪŋ məˌʃin/ s [C] máquina expendedora: cigarette vending machines máquinas expendedoras de tabaco

ven·dor, vender /'vɛndər/ s [C] vendedor -a: a newspaper vendor un vendedor de periódicos

ve·neer¹ /və'nɪr/ s **1** [C,U] enchapado (de cedro, etc.): a walnut veneer un enchapado en madera de nogal **2** [sing] (frml) barniz, apariencia • [+of]: a veneer of politeness un barniz de cortesía

veneer² v [T] revestir con una chapa, enchapar

ven·er·a·ble /'vɛnərəbəl/ adj (frml, hum) venerable

ven·er·ate /'vɛnəˌreɪt/ v [T] (frml) venerar • **venerate sth/sb as sth** venerar algo/a alguien como algo: Their leaders were venerated as gods. Veneraban a sus líderes como a dioses.

ven·er·a·tion /ˌvɛnə'reɪʃən/ s [U] veneración

ve·ne·re·al dis·ease /vəˌnɪriəl dɪ'ziz/ s [C,U] (antic) enfermedad(es) venérea(s) SIN **VD**

Ve·ne·tian /və'niʃən/ adj veneciano -a

Ve,netian 'blind s [C] persiana veneciana

Ven·e·zue·la /ˌvɛnə'zweɪlə/ Venezuela

Ven·e·zue·lan /ˌvɛnə'zweɪlən/ s [C], adj venezolano -a

venge·ance /'vɛndʒəns/ s [U] (frml) venganza • **take/ wreak vengeance on sb** vengarse de alguien SIN **revenge**
EXPRESIONES
with a vengeance She set to work with a vengeance. Se puso a trabajar con todas sus ganas. • Inflation is back with a vengeance. La inflación ha vuelto con redoblada intensidad. • It started raining with a vengeance. Se puso a llover en serio.

venge·ful /'vɛndʒfəl/ adj (liter) vengativo -a

venge·ful·ly /'vɛndʒfəli/ adv (liter) vengativamente

ve·ni·al /'viniəl/ adj (frml) venial

ven·i·son /'vɛnəsən/ s [U] (carne de) venado

ven·om /'vɛnəm/ s [U] **1** (de una serpiente, un insecto) veneno SIN **poison 2** (odio, ira) veneno: a look of venom una mirada envenenada

ven·om·ous /'vɛnəməs/ adj **1** (serpientes, insectos) venenoso -a SIN **poisonous 2** (actitudes) venenoso -a, envenenado -a: a venomous attack on her former boss un venenoso ataque contra su ex jefe • a venomous glance una mirada envenenada

vent¹ /vɛnt/ s [C] **1** (para aire, humos, gases) rejilla, ducto (de ventilación) **2** (de un volcán) chimenea **3** (de una chaqueta) abertura

give vent to your feelings (*frml*) dar rienda suelta a sus sentimientos, desahogarse • **give vent to your anger** (*frml*) descargar/desahogar su ira

vent² *v* **(a)** [T] dar rienda suelta a, desahogar • **vent your anger** descargar/desahogar su ira **(b)** [I] (*coloq*) desahogarse

ven·ti·late /'vɛntl̩ˌeɪt/ *v* [T] **1** ventilar (una habitación) **2** (*técn*) someter a respiración asistida/artificial (a un paciente)

ven·ti·lat·ed /'vɛntl̩ˌeɪtɪd/ *adj* ventilado -a, con ventilación • **well-ventilated/properly ventilated** bien ventilado -a • **badly/poorly ventilated** mal ventilado -a

ven·ti·la·tion /ˌvɛntl̩'eɪʃən/ *s* [U] **1** ventilación: *a classroom with poor ventilation* un aula con mala ventilación • **ventilation shaft** conducto de ventilación • **ventilation system** sistema de ventilación **2** respiración asistida/artificial

ven·ti·la·tor /'vɛntl̩ˌeɪtər/ *s* [C] **1** equipo de respiración asistida/artificial, respirador (artificial) • **on a ventilator** con respiración asistida/artificial, conectado -a a un respirador (artificial) SIN **respirator** **2** extractor (de aire)

ven·tril·o·quism /vɛn'trɪləˌkwɪzəm/ *s* [U] ventriloquía

ven·tril·o·quist /vɛn'trɪləkwɪst/ *s* [C] ventrílocuo -a: *a ventriloquist's dummy* un muñeco de ventrílocuo

ven·ture¹ W3 /'vɛntʃər/ *s* [C] empresa • **a business/commercial venture** un negocio, una empresa comercial • **a joint venture** una empresa conjunta/mixta

venture² *v* (*frml*) **1** [I siempre + adv/prep] aventurarse (a entrar, salir, etc.) • **venture out/into/beyond** *Who would want to venture out in weather like this?* ¿Quién se aventuraría a salir con un tiempo así? • *On the second day, he ventured into the garden.* Al segundo día, se aventuró en el jardín. • *She never ventured beyond the school gates.* Jamás se aventuraba más allá de las puertas de la escuela. **2** [I,T] (comentarios, opiniones) aventurar(se): *"Maybe he forgot," she ventured.* –Tal vez se olvidó –aventuró ella. • **venture to say/ask** aventurarse a decir/preguntar • **venture an opinion** aventurar una opinión, aventurarse a dar una opinión **3** [I,T] (indicando acciones) *She ventured a glance at him.* Se atrevió a lanzarle una mirada. • **venture to do sth** arriesgarse/aventurarse a hacer algo **4** [T] (dinero, capital) arriesgar SIN **gamble**
venture into sth *v+partíc* (actividades, mercados) meterse en algo, aventurarse a entrar en algo: *Banks are now venturing into insurance.* Ahora los bancos se están metiendo en el sector de los seguros.

nothing ventured, nothing gained quien no arriesga, no gana

ven·ue /'vɛnyu/ *s* [C] lugar, local (donde tiene lugar un acto, una reunión, etc.): *The talks were held at a secret venue.* Las conversaciones se celebraron en un lugar secreto. • *a jazz venue* un local de jazz • **a conference/concert venue** una sala de conferencias/conciertos • **a sports venue** un centro deportivo, instalaciones deportivas

Ve·nus /'vinəs/ *s* Venus

ve·rac·i·ty /və'ræsəti/ *s* [U] (*frml*) veracidad SIN **truth**

ve·ran·da, verandah /və'rændə/ *s* [C] galería, porche, mirador ▶ PORCH, BALCONY

verb /vɜrb/ *s* [C] verbo • **verb form** forma verbal ▶ AUXILIARY VERB, PHRASAL VERB

ver·bal /'vɜrbəl/ *adj* **1** (no escrito) verbal: *a verbal agreement/warning* un acuerdo/una advertencia verbal ▶ WRITTEN **2** (de lenguaje) verbal: *verbal communication skills* destrezas de comunicación verbal **3** (no con actos) verbal: *He suffered verbal and physical abuse.* Sufrió agresiones verbales y físicas.

ver·bal·ly /'vɜrbəli/ *adv* **1** (no por escrito) verbalmente, de palabra: *He had accepted the offer verbally.* Había

aceptado la oferta verbalmente. **2** (no con actos) verbalmente: *Referees are often verbally abused.* Los árbitros suelen recibir muchos insultos.

ver·ba·tim¹ /vɜr'beɪtɪm/ *adv* literalmente • **reproduce/repeat sth verbatim** reproducir/repetir algo literalmente • **recall sth verbatim** recordar algo palabra por palabra

verbatim² *adj* [gralm ante s] literal

ver·bi·age /'vɜrbi-ɪdʒ/ *s* [U] (*frml*) verborrea, verborragia

ver·bose /vɜr'boʊs/ *adj* (*frml*, *peyor*) verboso -a, verborreico -a

ver·bos·i·ty /vɜr'bɑsəti/ *s* [U] (*frml*, *peyor*) verbosidad, verborrea

ver·dict /'vɜrdɪkt/ *s* [C] **1** (de un jurado) veredicto • **consider its/their verdict** deliberar: *The jury has retired to consider its verdict.* El jurado se ha retirado a deliberar. • **reach a verdict** llegar a/alcanzar un veredicto • **a unanimous verdict** un veredicto unánime • **a guilty/not guilty verdict** (tb **a verdict of guilty/not guilty**) un veredicto de culpabilidad/inocencia ▶ RULING **2** (de una autoridad) dictamen, decisión **3** (*coloq*) (de una persona cualquiera) opinión • [+**on**]: *What was your verdict on the game last night?* ¿Qué te pareció el partido de anoche?

verge¹ /vɜrdʒ/ *s*
be on the verge of sth estar al borde de algo: *an animal that is on the verge of extinction* un animal que está al borde de la extinción • **be on the verge of doing sth** estar a punto de hacer algo: *I was on the verge of giving up.* Estaba a punto de darme por vencido.

verge² *v*
verge on sth *v+partíc* rayar en algo • **verge on the impossible/ridiculous** rayar en lo imposible/ridículo, rozar lo imposible/ridículo

ver·i·fi·ca·tion /ˌvɛrəfə'keɪʃən/ *s* [U] **1** (acción de verificar) verificación, comprobación • [+**of**]: *the verification of the data* la verificación de los datos **2** (pruebas) [+**of**]: *We need verification of your name and address.* Necesitamos confirmación de su nombre y domicilio.

ver·i·fy /'vɛrəˌfaɪ/ *v* [T] (**verifies**, **verified**, **verifying**) **1** verificar, comprobar • **verify that/whether** verificar que/si: *Could you verify that our names are still on the list?* ¿Podría verificar que nuestros nombres aún figuran en la lista? SIN **check** **2** confirmar SIN **confirm**

ver·i·ta·ble /'vɛrətəbəl/ *adj* (*frml*) verdadero -a, auténtico -a: *The island is a veritable paradise for walkers.* La isla es un verdadero paraíso para el caminante.

ver·min /'vɜrmɪn/ *s* [pl] **1** (animales) bichos, alimañas ▶ PEST **2** (personas) escoria, alimañas

ver·nac·u·lar¹ /vɜr'nækyələr/ *s* [C gralm sing] (de un sitio) lengua vernácula; (de un grupo) lenguaje corriente/coloquial: *They speak in the local vernacular.* Hablan la lengua vernácula local. • *the modern black American vernacular* el lenguaje coloquial actual de los negros estadounidenses

vernacular² *adj* [gralm ante s] vernáculo -a, coloquial: *vernacular language* lengua vernácula • *vernacular speech* habla coloquial

ver·sa·tile /'vɜrsətl̩/ *adj* (*aprec*) **1** (persona) versátil, polifacético -a: *a very versatile actor* un actor muy versátil **2** (cosa) versátil: *a versatile machine* una máquina versátil • *Few foods are as versatile as cheese.* Pocos alimentos ofrecen tantas posibilidades como el queso.

ver·sa·til·i·ty /ˌvɜrsə'tɪləti/ *s* [U] **1** (de una persona) versatilidad, polifacetismo **2** (de una cosa) versatilidad

verse /vɜrs/ *s* **1** [C] (de una canción) estrofa ▶ CHORUS **2** [C] (de un poema) estrofa ▶ STANZA **3** [U] (obras en verso) poesía • **in verse** en verso ▶ PROSE **4** [C] (de la Biblia) versículo ▶ CHAPTER and verse

versed /vɜrst/ *adj* (**well**) **versed in sth** (muy) versado -a/ducho -a en algo

ver·sion S2 W2 /'vɜrʒən/ *s* [C]
1 (de un producto, una canción, etc.) versión: *the latest*

version of the software la última versión del programa • *the human version of mad cow disease* la variante humana del mal de las vacas locas
2 (descripción, relato) versión: *I don't believe his version of events.* No creo su versión de los hechos.

ver·sus S2 /'vɜsəs/ *prep*
1 (en contraste o comparación con) frente a, en oposición a: *It's a question of speed versus accuracy.* Es una cuestión de velocidad frente a precisión. • *love versus duty* el amor en oposición al deber
2 (en lucha o competencia) contra: *a simple story of the good guys versus the bad guys* una sencilla historia de buenos contra malos SIN **against**
3 (abrev escrita **v.s.**, **v.**) (en un encuentro deportivo) contra: *the Broncos versus New England* los Broncos contra New England SIN **against**
4 (abrev escrita **vs.**, **v.**) (en un juicio) contra: *the Supreme Court decision in Roe versus Wade* la sentencia de la Corte Suprema en el caso de Roe contra Wade SIN **against**

ver·te·bra /'vɜtəbrə/ *s* [C] (pl **vertebrae** /-breɪ, -bri/) vértebra ▶ **SPINE**

ver·te·brate[1] /'vɜtəbrət, -ˌbreɪt/ *adj* vertebrado -a

vertebrate[2] *s* [C] vertebrado

ver·ti·cal[1] /'vɜtɪkəl/ *adj* vertical: *a vertical line* una línea vertical • *The ride includes a vertical drop of 180 feet.* La atracción incluye una caída vertical de 180 pies. ▶ **HORIZONTAL**

vertical[2] *s* **1** **the vertical** la vertical **2** [C] línea/elemento vertical

ver·ti·cally /'vɜtɪkli/ *adv* verticalmente

ver·ti·go /'vɜtɪˌɡoʊ/ *s* [U] vértigo

verve /vɜv/ *s* [U] brío, entusiasmo

ve·ry[1] S1 W1 /'vɛri/ *adv*
1 muy: *He's a very good student.* Es muy buen estudiante. • *It's very cold outside.* Hace mucho frío fuera. • *I'm very sorry.* Lo siento mucho. • *"Are you hungry?" "Very."* –¿Tienes hambre? –Mucha. • **very much** mucho: *I love you very much.* Te quiero mucho. • *She's feeling very much better today.* Hoy se encuentra mucho mejor. • *"Did you enjoy the movie?" "Very much."* –¿Te gustó la película? –Mucho. • **not very** *I'm not very worried about it.* No estoy muy preocupado por ello. • *I'm not very good at tennis.* No soy muy buena para el tenis. • *She's not very smart.* No es muy inteligente que digamos. • **very few** muy pocos -as: *Very few of us have cars.* Muy pocos tenemos carro. • **very ... indeed** sumamente: *We're very pleased indeed.* Estamos contentísimos. • **very, very ...** (oral) muy, pero muy...: *She was very, very annoyed.* Estaba muy pero muy enfadada. • **very well** (oral) (al asentir) bueno, muy bien: *Very well, I'll go if you insist.* Bueno, ya que insistes, iré.
2 (para enfatizar) *This is the very latest information.* Esta es información de ultimísima hora. • *Carter went to the very best schools.* Carter fue a los mejores colegios. • **very first/last/next** *We met on the very first day of school.* Nos conocimos justo el primer día de clase. • *a goal in the very last minute of the game* un gol justo en el último minuto del partido • *The letter arrived the very next day.* La carta llegó justo al día siguiente. • **at the very latest** a más tardar, como muy tarde: *Papers must be in by Friday at the very latest.* Hay que entregar los trabajos el viernes a más tardar. ▶ **at the very LEAST**

EXPRESIONES
sth is all very well (oral) *It's all very well having good tools, but you need good skills as well.* Lo de tener buenas herramientas está muy bien, pero hace falta destreza también. • **sb's very own** *I finally have my very own bedroom.* Por fin tengo una habitación para mí solo. • *Now she has a car of her very own.* Ahora tiene un carro para ella solita.

very[2] S2 W2 *adj* [solo ante s]
1 (para especificar de qué o quién se habla) *He died in this very room.* Murió en esta misma habitación. • *Those were his very words.* Esas fueron sus palabras

exactas. • *You're the very person I've been looking for.* Eres justo la persona a quien andaba buscando. • **at this very moment/minute** en este mismo/preciso instante, ahora mismo: *He is, at this very moment, speaking to the president.* En este preciso instante, está hablando con el presidente. • **this very minute** ahora mismo, ya, de inmediato: *We need to take action this very minute.* Hay que hacer algo ya.
2 (para especificar posición) *He sat at the very back of the room.* Se sentó atrás del todo de la sala. • *They walked to the very edge of the cliff.* Caminaron hasta el borde mismo del acantilado. • *a table in the very center of the hall* una mesa justo en el centro del hall • **the very beginning** *Let's start at the very beginning.* Empecemos por el principio. • *He was rude to me from the very beginning.* Fue muy grosero conmigo desde el primer momento.
3 (para enfatizar el efecto de algo) solo -a, mero -a: *The very mention of his name excited her.* La sola mención de su nombre la excitaba. • *The very act of speaking tired him out.* El solo hecho de hablar lo agotaba. • **the very thought/idea (of sth)** *The very thought of food made me sick.* Me daban náuseas solo de pensar en comida. • *The very idea of flying makes him nervous.* La sola idea de volar lo pone nervioso. • **the very fact that ...** el hecho mismo de que..., el mero hecho de que...: *The very fact that she agreed proves she likes you.* El hecho mismo de que accediera demuestra que le gustas. SIN **mere**
4 (para enfatizar la importancia de algo) mismo -a, propio -a: *The decision changed the very nature of our political system.* La medida cambió la naturaleza misma de nuestro sistema político. • *Now, it seemed, his very life was in jeopardy.* Ahora, al parecer, su propia vida corría peligro.

ˌvery high ˌfrequency (abrev **VHF**) *s* muy alta frecuencia, VHF

ves·sel /'vɛsəl/ *s* [C] **1** (frml) navío, embarcación **2** (técn) recipiente **3** (técn) vaso (sanguíneo)

vest[1] /vɛst/ *s* [C] chaleco

vest[2] *v* [T] (frml) **vest sth in sb** conferirle algo a alguien • **vest sb with sth** investir a alguien de algo

vest·ed in·terest /ˌvɛstɪd 'ɪntrɪst/ *s* [C,U] interés personal

ves·ti·bule /'vɛstəˌbyul/ *s* [C] (frml) **1** vestíbulo (de un edificio), foyer (de un teatro) **2** descanso entre vagones de ferrocarril

ves·tige /'vɛstɪdʒ/ *s* [C] (frml) vestigio • **the last vestiges of sth** los últimos vestigios de algo

ves·try /'vɛstri/ *s* [C] (pl **vestries**) sacristía

vet[1] /vɛt/ *s* [C] (coloq) **1** veterinario -a **2** veterano -a (de guerra), ex combatiente: *a Vietnam vet* un veterano del Vietnam

vet[2] *v* [T] (**vetted**, **vetting**) **1** investigar (los antecedentes de) (un candidato, un empleado) **2** analizar, examinar (un documento, una operación)

vet·er·an W2 /'vɛtərən/ *s* [C], *adj* veterano -a: *a war veteran* un veterano de guerra

vet·er·i·nar·i·an /ˌvɛtərə'nɛriən, ˌvɛtrə-, ˌvɛt⁻n'ɛr-/ *s* [C] veterinario -a SIN **vet**

vet·er·i·nar·y /'vɛtərəˌnɛri, 'vɛtrə-, 'vɛt⁻nˌɛri/ *adj* [solo ante s] (técn) veterinario -a

ve·to[1] /'vitoʊ/ *v* [T] (**vetoes**, **vetoed**, **vetoing**) **1** vetar **2** rechazar (una idea, un plan)

veto[2] *s* [C,U] (pl **vetoes**) veto

vex /vɛks/ *v* [T] (antic) irritar, exasperar

vex·a·tion /vɛk'seɪʃən/ *s* [U] (antic) irritación, enojo

vexed /vɛkst/ *adj* **1** [solo ante s] controvertido -a, problemático -a SIN **problematic** **2** (antic) disgustado -a, enojado -a

VHF /ˌvi eɪtʃ 'ɛf/ *s* [U] (**very high frequency**) VHF

VHS /ˌvi eɪtʃ 'ɛs/ s [U] (*marca reg*) (**video home system**) VHS

vi·a W3 /'vaɪə, 'viə/ *prep*
1 vía: *We flew to Bali via Singapore*. Volamos a Bali vía Singapur.
2 a través de, por medio de: *E-mail is sent via the Internet*. Los correos electrónicos se envían a través de Internet.

vi·a·bil·i·ty /ˌvaɪə'bɪləti/ s [U] viabilidad

vi·a·ble /'vaɪəbəl/ *adj* viable • **a viable alternative** una alternativa viable

vi·a·duct /'vaɪə,dʌkt/ s [C] viaducto

vi·al /'vaɪəl/ s [C] ampolla (de medicamento, etc.)

vibe /vaɪb/ s [C] (*coloq*) vibración, vibra

vi·brant /'vaɪbrənt/ *adj* **1** animado -a (ciudad, vida nocturna) **2** muy vital, lleno -a de vitalidad (persona, personalidad) **3** fuerte (color)

vi·bra·phone /'vaɪbrə,foʊn/ s [C] vibráfono

vi·brate /'vaɪbreɪt/ v [I,T] (hacer) vibrar (suelo, cuerda, etc.) • **vibrate with sth** vibrar de algo

vi·bra·tion /vaɪ'breɪʃən/ s [C,U] vibración

vi·bra·tor /'vaɪbreɪtɚ/ s [C] vibrador

vic·ar /'vɪkɚ/ s [C] en la Iglesia Episcopal, persona a cargo de una capilla

vi·car·i·ous /vaɪ'kɛriəs/ *adj* [solo ante s] indirecto -a

vi·car·i·ous·ly /vaɪ'kɛriəsli/ *adv* indirectamente

vice¹, vice- /vaɪs/ *pref* vice- • **a vice chairman** un vicepresidente/una vicepresidenta • **a vice chancellor** un vicerrector/una vicerrectora

vice² s **1** [U] delincuencia (relacionada con el sexo, las drogas o el juego) **vice ring** red de prostitución/tráfico de drogas/juego ilegal **2** [C,U] vicio: *Smoking is his only vice*. Fumar es su único vicio.

vice 'president W2 (abrev VP) s [C]
1 vicepresidente -a (de un país)
2 director -a (de un departamento de una empresa)

vice·roy /'vaɪsrɔɪ/ s [C] virrey

vice squad s [C gralm sing] brigada de la policía que se ocupa de delitos vinculados con el sexo, las drogas y el juego

vi·ce ver·sa /ˌvaɪs 'vɚsə, ˌvaɪsə-/ *adv* viceversa

vi·cin·i·ty /və'sɪnəti/ s [U] alrededores • **in the vicinity (of sth)** en los alrededores/las inmediaciones (de algo)
EXPRESIONES
in the vicinity of $1 million/250 people alrededor de 1 millón de dólares/250 personas

vi·cious /'vɪʃəs/ *adj* **1** brutal (agresión, asesino), feroz (perro) **2** dañino -a, malicioso -a (mentira, rumor), despiadado -a (ataque verbal, campaña) • **turn/get vicious** ponerse feo -a (situación), ponerse agresivo -a/violento -a (persona)

vicious 'circle (tb **vicious 'cycle**) s [sing] círculo vicioso

vi·cious·ly /'vɪʃəsli/ *adv* con ferocidad, brutalmente

vic·tim W2 /'vɪktɪm/ s [C] víctima • **a crime/murder victim** una víctima de un delito/de asesinato • **be a victim of war/an accident** ser víctima de la guerra/de un accidente • **fall victim to sth** ser víctima de algo (una enfermedad)

vic·tim·i·za·tion /ˌvɪktəmə'zeɪʃən/ s [U] trato injusto, discriminación

vic·tim·ize /'vɪktə,maɪz/ v [T gralm en pasiva] tratar injustamente, discriminar

vic·tor /'vɪktɚ/ s [C] (*frml*) vencedor -a

Vic·to·ri·an /vɪk'tɔriən/ s [C], *adj* victoriano -a

vic·to·ri·ous /vɪk'tɔriəs/ *adj* victorioso -a

vic·to·ry W2 /'vɪktəri/ s (pl **victories**)
1 [C,U] (en una batalla, competencia) victoria, triunfo •

[+**over/against**]: *the Raiders' 35–17 victory over St. Louis* el triunfo de los Raiders sobre St. Louis por 35 a 17 • **lead sb to victory** llevar a alguien a la victoria
2 (en la defensa de una causa) **a victory for sb/sth** una victoria/un triunfo para alguien/algo: *The decision is a victory for women's rights*. La decisión constituye un triunfo para los derechos de las mujeres.

vid·e·o S1 W3 /'vɪdioʊ/ s (pl **videos**)
1 [C] (película) video • **rent a video** alquilar/rentar un video • **a home video** un video casero • **make a video** hacer un video
2 [U] (sistema) video • **on video** en video
3 [C] (cinta de) video • **a blank video** una cinta de video virgen
4 [C] (tb **music video**) videoclip, video

'video ar,cade s [C] local de videojuegos, local de maquinitas, arcada (de videojuegos)

'video ,camera s [C] videocámara, cámara de video

'video ,game s [C] videojuego

'video re,corder s [C] (aparato de) video, videocasetera SIN **VCR**

vid·e·o·tape¹ /'vɪdioʊ,teɪp/ s [C,U] video(casete), (cinta de) video • **catch sth on videotape** captar algo en vídeo SIN **video**

videotape² v [T] grabar en video

vie /vaɪ/ v [I] (**vies**, **vied**, **vying**) **vie for sth** disputarse algo • **vie (with sb) to do sth** competir (con alguien) para hacer algo

Viet·nam /ˌvyɛt'nɑm, -'næm/ Vietnam

Viet·nam·ese¹ /ˌvyɛtnə'miz‹/ s **1 the Vietnamese** [pl] los vietnamitas **2** [U] (lengua) vietnamita

Vietnamese² *adj* vietnamita

view¹ S2 W1 /vyu/ s
1 [C] opinión • [+**on/about**]: *What's your view on the subject?* ¿Cuál es su opinión sobre el tema? • **in my/her view** en mi/su opinión
2 [C gralm sing] (enfoque) visión • [+**of**]: *He has a romantic view of life*. Tiene una visión romántica de la vida.
3 [sing, U] (campo visual) visión, vista • **have a good/great view** ver bien/perfectamente: *We didn't have a very good view*. No veíamos muy bien. • **block sb's view** *A large pillar blocked my view*. Una columna grande no me dejaba ver. • **come into view** empezar a verse: *Suddenly the pyramids came into view*. De repente vimos las pirámides.
4 [C] (panorama) vista • [+**of**]: *a room with a view of the mountains* una habitación con vista a la montaña
5 [C] (foto, pintura) vista ▶ POINT OF VIEW, **take a** DIM **view of sth**
EXPRESIONES
in view of sth (*frml*) en vista de algo • **be on view** poderse ver, estar expuesto -a (obra de arte, etc.) • **with a view to (doing) sth** con miras a (hacer) algo, con la idea de (hacer) algo

view² W2 v [T]
1 view sth as sth ver/considerar algo como algo • **view sth with suspicion/caution** ver algo con recelo/tomar algo con cautela
2 (*frml*) ver, contemplar
3 (ir a) ver (para alquilar o comprar)

view·er W3 /'vyuɚ/ s [C] televidente

view·find·er /'vyu,faɪndɚ/ s [C] visor (de una cámara)

view·ing /'vyuɪŋ/ s [C,U] **1** acto de mirar un programa, una película, etc.: *after several viewings* después de verla varias veces • *It's great family viewing*. Es fantástica para verla en familia. • **viewing figures** índices de audiencia **2** acto de mirar algo: *The report is available for viewing on our website*. El informe se puede ver en nuestra web. • **a private viewing** *The collection is reserved for private viewings*. La colección se reserva para exposiciones privadas. • **viewing platform** observatorio, plataforma de observación

vineyard

view·point /'vyupɔɪnt/ s [C] punto de vista • **from sb's viewpoint** desde el punto de vista de alguien SIN **point of view**

vig·il /'vɪdʒəl/ s **1** [C,U] (a un enfermo) vigilia • **keep/maintain a vigil** permanecer en vela **2** [C] vigilia de protesta • **hold a vigil** celebrar una vigilia de protesta **3** [C] (religiosa) vigilia

vig·i·lance /'vɪdʒələns/ s [U] vigilancia, atención

vig·i·lant /'vɪdʒələnt/ adj vigilante, atento -a

vig·i·lan·te /,vɪdʒə'lænti/ s [C gralm pl] miembro de una patrulla vecinal (parapolicial)

vig·or /'vɪɡɚ/ s [U] vigor

vig·or·ous /'vɪɡərəs/ adj **1** intenso -a (ejercicio, actividad, debate), enérgico -a (campaña, oposición) **2** vigoroso -a, fuerte (persona, planta, crecimiento)

vig·or·ous·ly /'vɪɡərəsli/ adv vigorosamente, enérgicamente

Vi·king /'vaɪkɪŋ/ s [C] vikingo -a

vile /vaɪl/ adj **1** asqueroso -a, horrible **2** (frml) vil, despreciable

vil·i·fi·ca·tion /,vɪləfə'keɪʃən/ s (sing, U) vilipendio

vil·i·fy /'vɪlə,faɪ/ v [T] (**vilifies, vilified, vilifying**) (frml) vilipendiar

vil·la /'vɪlə/ s [C] **1** casa (de vacaciones, de fin de semana) **2** casa de campo

vil·lage W2 /'vɪlɪdʒ/ s [C]
1 (poblado antiguo) pueblo, aldea, caserío: a fishing village un pueblo de pescadores • a little seaside village un pueblecito costero • mountain villages aldeas de montaña • **village school** escuela del pueblo, escuela rural
2 (pobladores) pueblo, vecinos • **the whole village** (tb **the whole village**) todo el pueblo, el pueblo entero
3 (categoría descriptiva oficial) pueblo

vil·lag·er /'vɪlɪdʒɚ/ s [C] vecino -a (del pueblo), aldeano -a

vil·lain /'vɪlən/ s [C] **1** malo -a, villano -a (en una historia) ANT **hero, heroine 2** (coloq) canalla, sinvergüenza **3 the villain** el malo/la mala de la película (el responsable)

vil·lain·ous /'vɪlənəs/ adj malvado -a, infame

vin·ai·grette /,vɪnɪ'ɡrɛt/ s (sing, U) vinagreta

vin·di·cate /'vɪndə,keɪt/ v [T] (frml) **1** justificar (una decisión), confirmar (las dudas, una teoría) • **feel vindicated** sentirse reivindicado -a SIN **justify 2** exculpar

vin·di·ca·tion /,vɪndə'keɪʃən/ s (frml) **1** [U] reivindicación (de una persona, de sus teorías) **2** [sing, U] justificación (de una decisión)

vin·dic·tive /vɪn'dɪktɪv/ adj vengativo -a, lleno -a de saña

vine /vaɪn/ s [C] **1** enredadera **2** rama de enredadera **3** vid, parra SIN **grapevine**

vin·e·gar /'vɪnɪɡɚ/ s [U] vinagre

vine·yard /'vɪnyɚd/ s [C] viña, viñedo

vin·tage¹ /'vɪntɪdʒ/ adj [solo ante s] **1** de reserva (vino, champaña) **2** vintage, antiguo -a (ropa, carro) **3** formidable, extraordinario -a

vintage² s **1** [C] cosecha (de un vino) **2** [C,U] época (de una obra, un producto)

vi·nyl /'vaɪnl/ s [C,U] **1** vinilo, plástico **2** (disco de) vinilo • **on vinyl** en vinilo

vi·o·la /vi'oʊlə/ s [C] viola

vi·o·late W3 /'vaɪə,leɪt/ v [T] violar, vulnerar

vi·o·la·tion /,vaɪə'leɪʃən/ s [C,U] violación, vulneración • **in violation of sth** violando algo

vi·o·lence S3 W1 /'vaɪələns/ s [U]
1 (de una persona) violencia • [+**against**]: violence against women violencia contra las mujeres • **domestic/racial violence** violencia doméstica/racial • **a wave/an outbreak of violence** una ola/un estallido de violencia
2 (de una explosión, un impacto, una tormenta) violencia
3 (de las palabras, las emociones) violencia

vi·o·lent S3 W3 /'vaɪələnt/ adj
1 (conducta, ataque, incidente) violento -a: a rise in violent crime un aumento de los delitos violentos • **turn violent** volverse violento -a • **a violent death** una muerte violenta
2 (persona) violento -a
3 (película, programa, escena) violento -a
4 (discusión, reacción, temperamento) violento -a

vi·o·lent·ly /'vaɪələntli/ adv **1** (con fuerza) violentamente **2** (con intensidad) I was trembling violently. Temblaba fuertemente. • **be violently sick/ill** vomitar mucho **3** (con agresividad) violentamente

vi·o·let¹ /'vaɪəlɪt/ s **1** [C] (planta) violeta **2** [C, U] (color) violeta ▸ **ULTRAVIOLET**

violet² adj violeta

vi·o·lin /,vaɪə'lɪn/ s [C] violín: He plays the violin. Toca el violín.

vi·o·lin·ist /,vaɪə'lɪnⁱst/ s [C] violinista

VIP /,vi aɪ 'pi/ s [C] (**very important person**) VIP • **VIP lounge** sala VIP • **VIP treatment** trato reservado a personas VIP

vi·per /'vaɪpɚ/ s [C] víbora

vi·ral /'vaɪrəl/ adj viral

vir·gin¹ /'vɚdʒɪn/ s [C] **1** virgen: She's still a virgin. Todavía es virgen. **2 the (Blessed) Virgin** (tb **the Virgin Mary**) la (Santísima) Virgen, la Virgen María

virgin² adj [solo ante s] virgen • **virgin forest/land** selva/tierra virgen

EXPRESIONES
virgin territory At that time, the Internet was virgin territory. En esa época, Internet era algo completamente nuevo.

vir·gin·i·ty /vɚ'dʒɪnəti/ s [U] virginidad • **lose your virginity** perder la virginidad

Vir·go /'vɚɡoʊ/ s [C,U] (pl **Virgos**) Virgo

vir·ile /'vɪrəl/ adj (aprec) viril, varonil

vi·ril·i·ty /və'rɪləti/ s [U] (aprec) virilidad

vir·tu·al /'vɚtʃuəl/ adj [solo ante s] **1** (casi total) They drove home in virtual silence. Volvieron en carro a su casa casi sin hablar. • She felt like a virtual slave. Se sentía prácticamente una esclava. **2** (en informática) virtual

vir·tu·al·ly W2 /'vɚtʃuəli, -tʃəli/ adv prácticamente, casi

virtual re'ality s [U] realidad virtual

vir·tue /'vɚtʃu/ s **1** [C] (rasgo moral) virtud **2** [U] (frml) (actitud moral) virtud(es): a paragon of virtue un dechado de virtudes **3** [C,U] (punto a favor) virtud • **extol/preach the virtues of sth** ensalzar/alabar las virtudes de algo

EXPRESIONES
by virtue of sth (frml) en virtud de algo • **make a virtue**

of sth sacar partido de algo • **make a virtue (out) of necessity** hacer de la necesidad virtud

vir·tu·o·so /ˌvɔ^rtʃu'ousou/ s [C] (pl **virtuosos**) virtuoso -a (intérprete)

vir·tu·ous /'vɔ^rtʃuəs/ adj (frml) virtuoso -a

vir·u·lent /'vɪrələnt, 'vɪryə-/ adj (frml) virulento -a

vi·rus W3 /'vaɪrəs/ s [C]
1 (organismo) virus: *the HIV virus* el virus del VIH
2 (tb **virus infection**) (enfermedad) virus, infección viral
3 (en informática) virus: *a computer virus* un virus informático

vi·sa /'vizə/ s [C] visa • **to apply for a visa** solicitar una visa • **to grant/refuse sb a visa** concederle/negarle a alguien una visa • **a student/tourist visa** una visa de estudiante/turista

vis·age /'vɪzɪdʒ/ s [C] (liter) rostro, semblante

vis·à-vis /ˌvizə'vi/ prep (frml) con relación a, con respecto a

vis·cer·al /'vɪsərəl/ adj visceral

vis·cos·i·ty /vɪ'skɑsəti/ s [U] (técn) viscosidad

vis·cous /'vɪskəs/ adj (técn) viscoso -a

vise /vaɪs/ s [C] prensa (de carpintero, etc.)

vis·i·bil·i·ty /ˌvizə'bɪləti/ s [U] visibilidad

vis·i·ble W3 /'vɪzəbəl/ adj
1 visible • **be clearly visible** verse claramente • [+from]: *The moon's craters are visible from Earth.* Los cráteres de la Luna se pueden ver desde la Tierra. ANT **invisible**
2 evidente, visible

vis·i·bly /'vɪzəbli/ adv visiblemente, claramente

vi·sion S3 W2 /'vɪʒən/ s
1 [U] (sentido) visión, vista • **good/poor vision** buena/mala vista • **sb's field/line of vision** el campo visual/la línea de visión de alguien
2 [U] visión (de futuro)
3 [C] (idea) visión • [+of]: *a terrifying vision of the future* una visión aterradora del futuro
4 [C] (experiencia religiosa) visión, aparición • **in a vision** en una visión/aparición
5 [C gralm pl] (imagen mental) visión • **have a vision of sth** (**have visions of sth**) imaginarse algo ▶ DOUBLE VISION, PERIPHERAL VISION, TUNNEL VISION

vi·sion·ar·y¹ /'vɪʒə,nɛri/ adj **1** con visión de futuro **2** [gralm ante s] visionario -a (obra, ideas)

visionary² s [C] (pl **visionaries**) **1** visionario -a, persona con visión de futuro **2** visionario -a, místico -a

vis·it¹ S1 W1 /'vɪzɪt/ v
1 (a una persona) **(a)** [T] visitar, ir a ver: *Why don't you come and visit us sometime?* ¿Por qué no vienes a visitarnos alguna vez? **(b)** [I] ir/venir de visita: *She doesn't visit very often.* No suele venir de visita.
2 [T] (un lugar) visitar: *Thousands of people visit the museum every year.* Miles de personas visitan el museo cada año. • *Have you ever visited New York?* ¿Has estado alguna vez en Nueva York?
3 [T] (un sitio web) visitar
4 **visit a doctor/the dentist** ir al médico/al dentista
5 [I] (coloq) charlar, platicar • **visit with sb** charlar/platicar con alguien
visit sth on/upon sb v+partíc [gralm en pasiva] (liter) descargar algo sobre alguien, infligir algo a alguien: *A dreadful punishment had been visited upon me.* Se me había infligido un castigo terrible.

visit² S3 W2 s [C] visita: *Why don't you come for a visit?* ¿Por qué no vienes de visita? • [+to]: *a visit to Buenos Aires* una visita a Buenos Aires • [+from]: *a visit from my mother-in-law* una visita de mi suegra • **pay sb a visit** visitar a alguien, ir a ver a alguien • **make/pay a visit to sth** visitar algo, hacer una visita a algo • **have/receive a visit from sb** *I had a visit from the police.* Me vino a ver la policía.

vis·it·a·tion /ˌvizə'teɪʃən/ s **1** [U] (jur) derecho de visita, visitas (a los hijos) (en un divorcio) • **visitation rights** derecho(s) de visita **2** [C] aparición (sobrenatural) • [+from]: *a visitation from God* una aparición de Dios

vis·i·tor W2 /'vɪzət̮ə^r/ s [C]
1 (de una persona) visita • **have a visitor** tener visita
2 (de un lugar) visitante
3 (de un sitio web) visita • [+to]: *visitors to the website* los que visitan el sitio web

vi·sor /'vaɪzə^r/ s [C] **1** (de un casco) visera **2** (de una gorra) visera **3** (en un carro) parasol, visera

vis·ta /'vɪstə/ s [C] **1** (liter) vista (panorámica) **2** panorama, perspectiva • **open up new vistas** abrir nuevas perspectivas

vis·u·al /'vɪʒuəl/ adj visual

ˌvisual 'aid s [C] medio visual

ˌvisual 'arts s [pl] artes plásticas/visuales

vis·u·al·i·za·tion /ˌvɪʒuələ'zeɪʃən/ s [U] (frml) visualización (mental)

vis·u·al·ize /'vɪʒuə,laɪz/ v [T] imaginar, visualizar • **visualize sb doing sth** imaginar a alguien haciendo algo

vi·su·al·ly /'vɪʒuəli, 'vɪʒəli/ adv visualmente • **visually impaired** con discapacidad visual

vis·u·als /'vɪʒuəlz/ s [pl] imágenes (filmadas, etc.)

vi·tal W3 /'vaɪt̮l/ adj
1 vital, esencial • [+to/for]: *measures that are vital to national security* medidas que son vitales para la seguridad nacional • **it is vital (that)...** es fundamental que... • **it is vital to do sth** es fundamental hacer algo • **be of vital importance** ser de vital importancia
2 vital, lleno -a de vitalidad
3 [solo ante s] vital (órganos, procesos, etc.)

vi·tal·i·ty /vaɪ'tæləti/ s [U] vitalidad

vi·tal·ly /'vaɪt̮l-i/ adv de manera decisiva • **be vitally important** ser de vital importancia

ˌvital sta'tistics s [pl] estadísticas demográficas

vi·ta·min S3 /'vaɪt̮əmɪn/ s [C]
1 vitamina • **vitamin A/B/C** vitamina A/B/C • **vitamin deficiency** avitaminosis • **vitamin pill** pastilla de vitaminas • **vitamin supplement** suplemento vitamínico
2 [gralm pl] vitamina, pastilla de vitaminas

vit·ri·ol /'vɪtriəl/ s [U] vitriolo

vit·ri·ol·ic /ˌvɪtri'ɑlɪk/ adj (frml) virulento -a

vit·ri·ol·i·cally /ˌvɪtri'ɑlɪkli/ adv (frml) con virulencia

vi·va·cious /vɪ'veɪʃəs, vaɪ-/ adj vivaz

viv·id /'vɪvɪd/ adj **1** vívido -a **2** vivo -a (color)
EXPRESIONES
a vivid imagination una imaginación muy viva/fértil

viv·id·ly /'vɪvɪdli/ adv vívidamente

viv·i·sec·tion /ˌvɪvə'sɛkʃən/ s [U] vivisección

viv·i·sec·tion·ist /ˌvɪvɪ'sɛkʃənɪst/ s [C] vivisector -a

vix·en /'vɪksən/ s [C] zorra (animal)

viz. adv (namely) a saber

V-neck /'vi nɛk/ s [C] escote en V, cuello (en) V

V-necked /'vi nɛkt/ (tb **V-neck**) adj de escote en V, de cuello (en) V: *a V-necked sweater* un suéter de escote en V

vo·cab /'voukæb/ s [U] (coloq) vocabulario SIN **vocabulary**

vo·cab·u·lar·y S3 /vou'kæbyə,lɛri, və-/ s [C, U] (pl **vocabularies**) vocabulario, léxico • **a large/wide vocabulary** un vocabulario extenso/amplio • **a small/limited vocabulary** un vocabulario reducido/limitado • **enter the vocabulary** entrar en la lengua • **vocabulary item** término, vocablo • **vocabulary test** examen de vocabulario

vo·cal¹ /'voukəl/ adj **1** explícito -a, vehemente • **be vocal in sth** expresar algo sin tapujos, hacerse oír con relación a algo • **a vocal critic/opponent** un encendido detractor/opositor **2** [solo ante s] vocal, de (la) voz

vocal² s [C gralm pl] parte vocal (de una composición) • **the vocals** las voces

'vocal cords, vocal chords s [pl] cuerdas vocales

vo·cal·ist /'voʊkəlɪst/ s [C] vocalista

vo·ca·tion /voʊ'keɪʃən/ s [C] vocación

vo·ca·tion·al /voʊ'keɪʃənəl/ adj (de formación) vocacional

vo,cational 'school s [C] escuela (de formación) vocacional

vo·cif·er·ous /voʊ'sɪfərəs/ adj (frml) ruidoso -a, enérgico -a (opositor, protestas, etc.)

vod·ka /'vɑdkə/ s [C,U] vodka

vogue /voʊg/ s [C gralm sing, U] moda • [+for]: *There was a vogue for large families.* Estaban de moda las familias numerosas. • **in vogue** de moda • **to come into vogue** ponerse de moda

voice¹ S1 W1 /vɔɪs/ s
1 [C,U] (al hablar) voz • **in a loud/soft voice** en voz alta/con voz suave • **a low/small voice** una voz baja • **a deep/low voice** una voz profunda/grave • **his/her tone of voice** su tono de voz • **raise/lower your voice** levantar/bajar la voz
2 [C,U] (al cantar) voz: *Sophie has a beautiful voice.* Sophie tiene una voz preciosa.
3 [U] (capacidad de hablar) voz, habla • **lose your voice** quedarse afónico -a
4 [sing] (derecho a opinar) voz • **have a voice (in sth)** tener voz (en algo) • **make your voice heard** hacer oír su voz, expresar su opinión • **add your voice to sth** sumar su voz a algo
5 [C] (técn) (en gramática) voz • **the active/passive voice** la voz activa/pasiva ▶ -VOICED
EXPRESIONES
give voice to sth expresar algo • **his voice broke** (tb **his voice changed**) le cambió la voz • **keep your voice down!** (coloq) ¡baja la voz! • **the voice of reason/experience/authority** la voz de la razón/experiencia/autoridad

voice² v [T] (frml) manifestar, expresar

'voice mail s [U] buzón de voz

'voice-over s [C] voz en off

void¹ /vɔɪd/ s [C] vacío • **fill a void** llenar un vacío

void² adj **1** (jur) nulo -a SIN **null and void 2 be void of sth** (frml) carecer por completo de algo

vol. abrev escrita de VOLUME

vol·a·tile /'vɑlətl/ adj **1** (situación, mercado) volátil, inestable **2** voluble **3** (técn) (sustancia) volátil

vol·can·ic /vɑl'kænɪk/ adj volcánico -a

vol·ca·no /vɑl'keɪnoʊ/ s [C] (pl **volcanoes** o **volcanos**) volcán

vole /voʊl/ s [C] ratón de campo

vo·li·tion /və'lɪʃən, voʊ-/ s [U] (frml) volición • **do sth of your own volition** hacer algo por voluntad propia

vol·ley¹ /'vɑli/ s [C] **1** andanada, ráfaga (de disparos), lluvia (de piedras, flechas) **2** volea

volley² v [I,T] volear, golpear de volea

vol·ley·ball S3 /'vɑli,bɔl/ s
1 [U] vóleibol, volibol, volleyball
2 [C] balón de vóleibol/volibol/volleyball

volt /voʊlt/ s [C] voltio • **9-volt/120-volt** de 9/120 voltios: *a 9-volt battery* una pila de 9 voltios

volt·age /'voʊltɪdʒ/ s [C,U] voltaje

vol·u·ble /'vɑlyəbəl/ adj (frml) locuaz

vol·ume S3 W2 /'vɑlyəm, -yum/ s
1 [U] (de sonido) volumen • **turn the volume up/down** subir/bajar el volumen • **full volume** a todo volumen
2 [C,U] (de ventas, datos, tránsito) volumen • **a large/high volume of sth** un gran/elevado volumen de algo

3 [C] (de una enciclopedia, obras completas) tomo, volumen
4 [C] (frml) (obra impresa) libro, volumen
5 [U] (de un líquido, un gas) volumen ▶ **sth SPEAKS volumes (about/for)**

vo·lu·mi·nous /və'lumənəs/ adj (frml) muy amplio -a (ropa)

vol·un·ta·ri·ly /,vɑlən'tɛrəli/ adv **1** voluntariamente, por voluntad propia **2** como voluntario -a

vol·un·tar·y /'vɑlənˌtɛri/ adj **1** (por propia decisión) voluntario -a: *He took voluntary retirement.* Se acogió a la jubilación voluntaria. ANT **mandatory, compulsory 2** (no remunerado) voluntario -a • **a voluntary organization/agency** una organización/una agencia de trabajo voluntario • **on a voluntary basis** como voluntario -a

vol·un·teer¹ S2 W3 /,vɑlən'tɪr/ s [C]
1 (para ayuda humanitaria) voluntario -a
2 (para hacer una tarea) voluntario -a
3 (para el ejército) voluntario -a

volunteer² S2 v
1 [I] ofrecerse (como voluntario -a) • **volunteer to do sth** ofrecerse a hacer algo • **volunteer for sth** ofrecerse como voluntario -a para algo
2 [T] ofrecer (desinteresadamente) • **volunteer your time/services** prestar su tiempo/ofrecer sus servicios • **volunteer information** brindar información • **volunteer an opinion** dar una opinión (sin que nadie la pida)
3 [I] alistarse como voluntario -a • **volunteer for sth** alistarse como voluntario -a en algo

vo·lup·tu·ous /və'lʌptʃuəs/ adj voluptuoso -a

vom·it¹ /'vɑmɪt/ v [I,T] vomitar, trasbocar
vomit sth ↔ up v+partíc vomitar algo

vomit² s [U] vómito

voo·doo /'vudu/ s [U] vudú

vo·ra·cious /və'reɪʃəs, vɔ-/ adj voraz • **a voracious appetite** un apetito voraz

vor·tex /'vɔrtɛks/ s [C] (pl **vortexes** o **vortices** /-təsiz/)
1 (frml) torbellino, remolino **2** [gralm sing] (liter) vorágine • [+of]: *The area has been plunged into a vortex of violence.* La zona se ha sumido en una vorágine de violencia.

vote¹ S2 W1 /voʊt/ v
1 [I,T] (en las elecciones, el congreso) votar: *Anyone over eighteen can vote.* Todos los mayores de dieciocho años pueden votar. • **vote Democrat/Republican/Socialist** votar a los demócratas/republicanos/socialistas • **vote for/in favor of sb/sth** votar por alguien/algo, votar a favor de alguien/algo • **vote against sb/sth** votar en contra de alguien/algo • **vote on sth** someter algo a votación • **vote to do sth** votar a favor de hacer algo • **vote sb into office/power** elegir a alguien por votación para ocupar un cargo/el poder • **vote sb out of office/power** votar para que alguien deje un cargo/el poder
2 [T gralm en pasiva] (para un premio) votar, elegir • **to be voted sth** ser votado -a/elegido -a (como) algo: *It has been voted the movie of the year.* Ha sido elegida película del año. • **to vote sb sth** elegir a alguien (como) algo
3 [I,T] (sugerir) votar (por) • **I vote (that)** (coloq) voto por (que): *I vote we go to the movies.* Voto por ir al cine.
EXPRESIONES
vote your conscience votar según los dictados de la consciencia • **vote with your feet** irse (como protesta): *If you're not happy with your job, you should vote with your feet.* Si no estás contento en el trabajo, deberías irte.
vote sth ↔ down v+partíc rechazar algo (por votación), votar en contra de algo
vote sb ↔ in v+partíc elegir a alguien (por votación)
vote sb ↔ out v+partíc votar para que se vaya alguien

vote² W1 s
1 en una votación
2 acción
3 resultado

4 conjunto
5 derecho
6 votantes

1 EN UNA VOTACIÓN [C] voto • [+**for/in favor of**]: *There were 432 votes in favor of independence*. Hubo 432 votos a favor de la independencia. • [+**against**]: *How many votes were there against the plan?* ¿Cuántos votos hubo en contra del plan? • **cast a/your vote** emitir un/su voto • **win votes** atraer/obtener votos
2 ACCIÓN [C gralm sing] votación • [+**on**]: *a vote on a new immigration bill* una votación de un nuevo proyecto de ley de inmigración • **take/have a vote on sth** votar algo, someter algo a votación • **put sth to a/the vote** someter algo a votación
3 RESULTADO [sing] (resultado de la) votación: *The vote was 15 to 4 in favor*. El resultado de la votación fue de 15 votos a favor y 4 en contra. • *Both sides expect a close vote*. Ambos bandos creen que la votación será reñida.
4 CONJUNTO the vote los votos: *Davis won with 57% of the vote*. Davis ganó con el 57% de los votos. • **split the vote** dividir el voto
5 DERECHO the vote el derecho de voto, el derecho al voto • **have/get the vote** tener/obtener el derecho al voto
6 VOTANTES the female/gay/middle-class vote el voto femenino/homosexual/de la clase media

EXPRESIONES
sb/sth gets my vote (*coloq*) estoy a favor de alguien/algo, voto por alguien/algo

vote of 'confidence *s* [C] (pl **votes of confidence**) voto de confianza

vot·er ⓦ /'voʊt̬ɚ/ *s* [C] votante • **voter turnout** índice de participación (en las elecciones)

'voting booth *s* [C] cabina de votación, cubículo de votación

vo·tive /'voʊt̬ɪv/ *adj* [solo ante s] (*técn*) votivo -a

vouch /vaʊtʃ/
vouch for *v+partíc* **1 vouch for sth** dar fe de algo, dar garantías de algo **2 vouch for sb** responder por alguien

vouch·er /'vaʊtʃɚ/ *s* [C] **1** vale: *a travel voucher* un vale de viajes **2** comprobante

vow¹ /vaʊ/ *s* [C] **1** promesa (solemne) • **make a vow that** jurar que, prometer solemnemente que • **keep/break a vow** cumplir/romper una promesa **2** voto (religioso) • [+**of**]: *a vow of silence* un voto de silencio • **take (your) vows** hacer los votos **3 vows** [pl] votos (matrimoniales) • **wedding/marriage vows** votos matrimoniales • **make/take your vows** (tb **exchange vows**) pronunciar sus votos matrimoniales

vow² *v* [T] jurar • **vow to do sth** jurar hacer algo: *He vowed never to return*. Juró no regresar jamás. • **vow (that)** jurar que

vow·el /'vaʊəl/ *s* [C] vocal *vowel sounds* sonidos vocálicos

voy·age¹ /'vɔɪ-ɪdʒ/ *s* [C] viaje, travesía (por mar, por el espacio) ▶ ver nota en **VIAJE**

voy·age² *v* [I] (*liter*) viajar (por mar, por el espacio)

voy·ag·er /'vɔɪ-ɪdʒɚ/ *s* [C] (*liter*) viajero -a

voy·eur /vɔɪ'ɚ/ *s* [C] (*peyor*) voyeur, voyerista

voy·eur·ism /'vɔɪə,rɪzəm/ *s* [U] (*peyor*) voyeurismo, voyerismo

voy·eur·is·tic /,vɔɪə'rɪstɪk◂/ *adj* (*peyor*) voyeurista, voyerista

VP /,vi 'pi/ *s* [C] (*coloq*) (**Vice President**) vicepresidente -a

vs. (*abrev escrita de* **versus**) contra

VT *abrev escrita de* **VERMONT**

vul·gar /'vʌlgɚ/ *adj* **1** (*peyor*) (chiste, lenguaje) grosero -a, ordinario -a **2** (*peyor*) (modales) grosero -a, maleducado -a **3** (*peyor*) (ropa, decoración, etc.) de mal gusto, vulgar **4** [solo ante s] (*frml*) (del pueblo) vulgar: *Vulgar Latin* latín vulgar

vul·gar·i·ty /vəl'gærət̬i/ *s* (pl **vulgarities**) [C, U] grosería

vul·ner·a·bil·i·ty /,vʌlnərə'bɪlət̬i/ *s* (pl **vulnerabilities**) **1** [U] vulnerabilidad **2** [C gralm pl] punto débil

vul·ner·a·ble /'vʌlnərəbəl/ *adj* vulnerable • [+**to**]: *Babies are very vulnerable to infections*. Los bebés son muy vulnerables a las infecciones.

vul·ture /'vʌltʃɚ/ *s* [C] buitre

vul·va /'vʌlvə/ *s* [C] vulva

vy·ing /'vaɪ-ɪŋ/ *part pres de* **VIE**

W w

W¹, w /ˈdʌbəlyu/ s [C,U] (pl **W's, w's**) W, w

W² (*abrev escrita de* **watt**) W

WA *abrev escrita de* WASHINGTON

wack·y /ˈwæki/ *adj* (**wackier, wackiest**) (*coloq*) disparatado -a, chiflado -a

wad¹ /wɑd/ *s* [C] **1** fajo (de papeles, etc.) • [+**of**]: *a wad of dollar bills* un fajo de billetes de 1 dólar **2** bola (de algodón, chicle)

wad² *v*
wad sth ↔ up *v+partíc* hacer una bolita con algo

wad·dle¹ /ˈwɑdl/ *s* [sing] andar de pato: *a fat pigeon moving with a waddle* una paloma gorda que caminaba como un pato

waddle² *v* [I] caminar como un pato • **waddle off/up** irse/acercarse caminando como un pato

wade /weɪd/ *v* [I] caminar con esfuerzo en el agua, por el barro • **wade across/into/through** *They waded across the river.* Vadearon el río. • *We waded through mud up to our knees.* Caminamos con el barro hasta las rodillas.
wade through sth *v+partíc* leerse algo (pesado y largo)

ˈwading pool *s* [C] piscina para niños, alberca para niños

wa·fer /ˈweɪfɚ/ *s* [C] **1** barquillo (galleta) **2** hostia (para comulgar)

ˈwafer-thin *adj* delgadísimo -a, casi transparente

waf·fle¹ /ˈwɑfəl/ *s* [C] wafle

waffle² *v* [I] (*coloq*) vacilar, titubear

waft /wɑft, wæft/ *v* **(a)** [I siempre + adv/prep] desplazarse suavemente por el aire un olor, un sonido, humo, etc. • [+**up/along/off**]: *The smell of coffee wafted up from the kitchen.* Desde la cocina llegaba el olor a café. **(b)** [T] traer, llevar (un olor, un sonido)

wag¹ /wæg/ *v* **1** [I,T] menear(se) (la cola) **2** [T] sacudir (la cabeza) • **wag your finger (at sb)** amenazar con el dedo (a alguien) ▶ set TONGUES wagging

wag² *s* **1** [C gralm sing] meneo (de la cola) **2** [C] (*antic*) bromista

wage¹ W3 /weɪdʒ/ *s* [sing] (tb **wages** [pl]) salario, sueldo (por horas, días o semanas) • **earn a wage** ganar un salario • **wage increase** (tb **wage hike**) aumento/incremento salarial ▶ MINIMUM WAGE, SALARY
EXPRESIONES
the wages of sin (*liter*) el precio del pecado ▶ ver nota en SALARY

wage² *v* [T] librar (una batalla, una guerra) • **wage (a) war** librar una guerra • **wage war on sb/sth** luchar contra alguien/algo, hacerle la guerra a alguien/algo • **wage a campaign** hacer (una) campaña

wa·ger¹ /ˈweɪdʒɚ/ *s* [C] (*antic*) apuesta SIN **bet**

wager² *v* [I,T] (*antic*) apostar • **wager (sth) on sth** apostar (algo) a algo SIN **bet**

wag·gle¹ /ˈwæɡəl/ *s* [C] movimiento (de un lado a otro, de arriba abajo) SIN **wiggle**

waggle² *v* [I,T] mover(se) SIN **wiggle**

wag·on /ˈwæɡən/ *s* [C] **1** carro de arrastre de cuatro ruedas con una manija larga utilizado para jugar **2** carro, carreta ▶ CART **3** (*coloq*) camioneta, station (wagon) SIN **station wagon**

EXPRESIONES
be/go on the wagon (*coloq*) haber dejado/dejar la bebida, no beber

waif /weɪf/ *s* [C] niño -a desamparado -a

wail¹ /weɪl/ *v* **1** [T] lamentarse (de) **2** [I] gemir **3** [I] aullar (viento, sirenas)

wail² *s* [C] **1** gemido **2** aullido (del viento, de las sirenas)

waist /weɪst/ *s* [C] cintura • **from the waist up/down** de la cintura para arriba/abajo ▶ -WAISTED

waist·band /ˈweɪstbænd/ *s* [C] pretina, cintura

-waisted /weɪstɪd/ *suf* **high-waisted/low-waisted pants** pantalones de talle alto/bajo

waist·line /ˈweɪstlaɪn/ *s* [C] **1** (medida) cintura, talle **2** (en una prenda) cintura, talle

wait¹ S1 W1 /weɪt/ *v* [I]
1 (no irse, no seguir) esperar: *Everyone's waiting.* Todos están esperando. • *Wait! I have a better idea.* ¡Espera! Tengo una idea mejor. • **wait for sth/sb** esperar a algo/alguien: *Wait for me.* Espérame. • **wait (for) 3 hours/2 weeks** esperar 3 horas/2 semanas: *Can't you wait for five minutes?* ¿Es que no puedes esperar cinco minutos? • *We've been waiting hours.* Llevamos horas esperando. • **wait until/till sb does sth** esperar a/hasta que alguien haga algo • **wait to do sth** esperar para hacer algo: *Are you waiting to use the phone?* ¿Está esperando para llamar por teléfono? • **wait for sb/sth to do sth** esperar a que alguien/algo haga algo • **keep sb waiting** hacer esperar a alguien, tener a alguien esperando: *I'm sorry to have kept you waiting.* Siento haberle hecho esperar.
2 (a que suceda algo) esperar • **wait for sth** esperar algo: *I'm still waiting for my test results.* Todavía estoy esperando los resultados del análisis. • **wait for sb/sth to do sth** esperar a que alguien/algo haga algo: *I'm waiting for him to realize how stupid he's been.* Estoy esperando a que se dé cuenta de lo tonto que ha sido.
3 [siempre en forma continua] (comida, taxi, etc.) estar listo -a: *The report was waiting on my desk.* El informe estaba ya listo en mi escritorio. • **be waiting for sb** esperar a alguien: *There'll be a hire car waiting for you at the airport.* Habrá un carro de alquiler esperándolo en el aeropuerto.

EXPRESIONES
be an accident/a disaster waiting to happen verse venir que va/que iba a terminar mal: *The old building was an accident waiting to happen.* Se veía venir que el viejo edificio iba a dar problemas. • **sth can/can't wait** algo puede/no puede esperar • **sb can't wait** (tb **sb can hardly wait**) *We're going to Australia on Saturday – I can't wait!* El sábado nos vamos a Australia. ¡No veo la hora! • **I can't wait to get home/for the holidays** no veo la hora de llegar a la casa/que empiecen las vacaciones • **(just) you wait** (*oral*) **(a)** (indicando certeza) ya (lo) verás, ya vas a ver **(b)** (como amenaza) ya verás • **wait and see** esperar a ver • **wait in line** hacer cola/fila • **wait a minute/second/moment** (*oral*) **(a)** (para hacer esperar) espera un momento **(b)** (para interrumpir) un momento • **wait tables** servir mesas, trabajar de mesero -a • **wait your turn (to do sth)** esperar su turno (para hacer algo) • **wait until/till** (*oral*) esperar a (que): *Wait till you see my new house!* ¡Espera a ver mi casa nueva! • **be (well) worth waiting for** valer la espera • **sth will have to wait** algo tendrá que esperar
wait around *v+partíc* quedarse esperando
wait on *v+partíc* **1** wait on sb atender a alguien (en un restaurante) **2** wait on sth esperar algo (una llamada, una decisión) **3** wait on sb hand and foot hacerle de sirviente a alguien
wait sth ↔ out *v+partíc* esperar a que pase algo
wait up *v+partíc* **1** esperar levantado -a: *I'll be home late, so don't wait up.* Llegaré tarde, así que no me esperes levantado. **2** wait up! (*oral*) ¡espera/esperen!

wait² S1 *s* [C gralm sing] espera • [+**for**]: *The average wait for an appointment was eight weeks.* El tiempo de espera promedio para una cita era de ocho semanas. • **a wait to do sth** una espera para hacer algo • **a three**

hour/two week wait una espera de tres horas/dos semanas • **have a long wait** esperar mucho • **be worth the wait** valer la pena la espera ▶ **LIE in wait (for sb/sth)**

wait·er /ˈweɪtər/ s [C] mesero

ˈwaiting list s [C] lista de espera • **on a waiting list** en (una) lista de espera

ˈwaiting room s [C] sala de espera

wait·ress S3 /ˈweɪtrɪs/ s [C] mesera

waive /weɪv/ v [T] dejar de aplicar (una tarifa), pasar por alto (una norma, un requisito) • **waive your right to (do) sth** renunciar a su derecho a (hacer) algo

waiv·er /ˈweɪvər/ s [C] (técn) exención (de un pago), renuncia (a un derecho)

wake¹ S1 W3 /weɪk/ v (**woke** /woʊk/, **woken** /ˈwoʊkən/) [I,T] despertar(se): *Try not to wake the baby.* Trata de no despertar al niño. • *She woke early.* Se despertó temprano.
wake up v+partíc **1 wake up** despertarse: *I usually wake up at 7:00.* Suelo despertarme a las 7. **2 wake sb ↔ up** despertar a alguien: *I'll wake you up when it's time to leave.* Te despertaré cuando sea hora de irse. **3 wake up** prestar atención • **wake up and smell the coffee** (oral) abrir los ojos
wake up to sth v+partíc darse cuenta de algo

wake² s [C] **1** estela (de un barco) **2** velorio, velatorio
EXPRESIONES
in its/his/her wake a su paso • **in the wake of sth** a raíz de algo, como consecuencia de algo

wake·ful /ˈweɪkfəl/ adj (liter) desvelado -a

wak·en /ˈweɪkən/ (tb **waken up**) v (liter) [I,T] despertar(se)

ˈwake-up ˌcall s [C] **1** llamada del servicio de despertador **2** llamada de atención

Wales /weɪlz/ Gales

walk¹ S1 W1 /wɔk/ v
1 [I,T] (a pie) caminar, ir a pie: *"How did you get here?" "We walked."* –¿Cómo llegaron hasta aquí? –A pie. • *People have to walk miles to get water.* La gente tiene que caminar muchas millas para conseguir agua. • **walk to sth** ir a pie a algo: *I'm going to walk to the store – do you want to come?* Voy a ir a pie a la tienda, ¿quieres venir? • **walk in** entrar • **walk into/in sth** entrar a algo: *Carrie walked into the room.* Carrie entró a la habitación. • **walk down/up/along sth** ir/subir/caminar por algo
2 [T] (acompañando) • **walk sb home** acompañar a alguien a la casa • **walk sb to sth** acompañar a alguien a algo: *Her mother walked her to and from school.* Su madre la llevaba al colegio y la iba a buscar. • **walk the dog** (sacar a) pasear al perro
3 [I] (como ejercicio) caminar • **go walking** ir a caminar
4 (en béisbol) **(a)** [T] darle una base por bolas a **(b)** [I] recibir una base por bolas
5 [I] (en la justicia) salir impune, salir libre (sin ser castigado) SIN **walk free** ▶ **WALKING**
EXPRESIONES
walk the beat hacer la ronda (policía) • **walk free** salir libre • **be walking on air** estar como niño con zapatos nuevos, estar más contento que marrano estrenando lazo • **walk on eggshells/eggs** caminar sobre cáscaras de huevo • **walk on water** hacer milagros • **walk the plank** caminar por el tablón (como castigo en alta mar) • **walk the streets (a)** andar por la calle **(b)** (antic) hacer la calle, ejercer la prostitución • **walk tall** ir con la cabeza bien alta
walk around v+partíc (coloq) andar por ahí, andar paseándose
walk away v+partíc **1** largarse, desentenderse de todo • **walk away from sth** desentenderse de algo, dejar algo **2** salir ileso -a (de un accidente) • **walk away from sth** salir ileso -a de algo
walk away with sth v+partíc llevarse algo (un premio)
walk in on sb v+partíc entrar y pescar a alguien (haciendo algo)

walk into sth v+partíc **1** llevarse algo por delante • **walk straight/right into sth** darse de lleno contra algo **2** caer en algo (una trampa, etc.)
walk off v+partíc **1 walk off** irse (enojado, etc.) **2 walk off the/your job** declararse en huelga
walk off with sth v+partíc **1** llevarse algo (un premio) **2** llevarse algo (robándolo)
walk out v+partíc **1** irse (enojado, etc.) • **walk out of sth** retirarse de algo **2** irse (dejando al cónyuge) • **walk out on sb** abandonar a alguien **3** dejar el trabajo **4** declararse en huelga
walk over sb v+partíc pisotear/humillar a alguien • **walk all over sb** pisotear a alguien

walk² S2 W3 s
1 [C] caminata, paseo: *The beach is only a short walk away.* La playa está solo a unos minutos a pie. • **go for a walk** (tb **take a walk**) ir a caminar, (ir a) dar un paseo • **take the dog/the kids for a walk** sacar al perro a pasear/a los niños de paseo • **go on a walk** hacer una excursión a pie • **a five-minute/three-mile walk** cinco minutos/tres millas a pie: *From here to the bus station is a five-minute walk.* La estación de bus queda a cinco minutos a pie.
2 [sing] forma de caminar: *his shuffling walk* su forma de caminar arrastrando los pies
3 [sing] paso (ritmo de marcha): *The horse slowed to a walk.* El caballo disminuyó la marcha hasta ir al paso.
4 [C] (en béisbol) base por bolas
5 [C] camino (de entrada a una casa) ▶ **WALK OF LIFE**

walk·er /ˈwɔkər/ s [C] **1** caminante **2** excursionista **3** caminador, andador, andadera (para adultos) **4** caminador, andador, andadera (para bebés) **5 be a slow/fast walker** caminar lento/rápido

walk·ie-talk·ie /ˌwɔki ˈtɔki/ s [C] walkie-talkie, transmisor-receptor de radio

ˈwalk-in adj [solo ante s] **1** lo bastante grande para meterse dentro: *a walk-in closet* un vestidor • *a walk-in freezer* una cámara frigorífica **2** donde atienden sin necesidad de pedir cita: *a walk-in clinic* una clínica donde atienden sin pedir cita previa

walk·ing¹ /ˈwɔkɪŋ/ s [U] senderismo • **walking boots** botas para caminar

walking² adj [solo ante s] (hum) andante, ambulante • **a walking dictionary/encyclopedia** un diccionario/una enciclopedia ambulante • **a walking disaster (area)** un desastre con patas SIN **human**

ˈwalking stick s [C] **1** bastón SIN **cane** **2** insecto palo

Walk·man /ˈwɔkmən/ s [C] (marca reg) walkman® SIN **personal stereo**

ˌwalk of ˈlife s [C] condición social • **from every walk of life** (tb **from all walks of life**) de todas las condiciones sociales

ˈwalk-on s [C] **1** papel de figurante, papel de extra • **walk-on part** (tb **walk-on role**) papel de figurante, papel de extra **2** estudiante que integra el equipo deportivo de una universidad a quien no se le ha dado beca

walk·out /ˈwɔk-aʊt/ s [C] abandono del trabajo, de una negociación, etc. como señal de protesta

ˈwalk-up s [C] (coloq) **1** edificio sin ascensor **2** vivienda, oficina, etc. en un edificio sin ascensor

walk·way /ˈwɔk-weɪ/ s [C] (pl **walkways**) pasarela

wall¹ S1 W1 /wɔl/ s

1	de una habitación
2	de un edificio
3	en una zona
4	entre personas, generaciones
5	de un órgano, un conducto
6	masa enorme

1 DE UNA HABITACIÓN [C] pared • **on the wall** en la pared: *I looked at the clock on the wall.* Miré el reloj que había en la pared. • **a bathroom/kitchen wall** una pared del baño/de la cocina

W

2 **DE UN EDIFICIO** [C] pared, muro: *A wide crack ran along one wall of the house.* Una grieta ancha recorría una pared de la casa.

3 **EN UNA ZONA** [C] muro • **the city wall(s)** la(s) muralla(s) de la ciudad • **a sea/harbor wall** un espigón

4 **ENTRE PERSONAS, GENERACIONES** [sing] barrera, muro • [+**between**]: *There seemed to be a wall between us.* Entre nosotros parecía haber una barrera. • **build/ put up a wall** levantar una barrera/un muro

5 **DE UN ÓRGANO, UN CONDUCTO** [C] pared: *the wall of the uterus* la pared del útero

6 **MASA ENORME** muro • **a wall of water/flames** un muro de agua/una cortina de fuego ▶ **have your BACK to/against the wall**, **BANG your head against a (brick) wall**, **OFF-THE-WALL**, **be like TALKing to a brick wall**, **the WRITING is on the wall**

EXPRESIONES

drive sb up the wall (*coloq*, *oral*) sacar de quicio a alguien • **hit the/a wall** (*coloq*) estar (físicamente) agotado -a, llegar al límite de sus fuerzas • **off the wall** (*coloq*) raro -a, estrambótico -a • **be up against a (brick) wall** haber llegado al límite, no poder avanzar más • **(the) walls have ears** (*coloq*) las paredes oyen

wall²
wall in *v+partíc* **1 wall sth ↔ in** tapiar algo, cercar algo con un muro **2 be walled in** estar encerrado -a
wall off *v+partíc* **wall sth ↔ off** separar algo (con un muro, un tabique)
wall up *v+partíc* **wall sth ↔ up** [gralm en pasiva] tapiar algo (una ventana, una entrada)

walled /wɔld/ *adj* [solo ante s] tapiado -a (jardín), amurallado -a (ciudad)

wal·let S2 /'wɒlɪt, 'wɔ-/ *s* [C] billetera, cartera

wall·flow·er /'wɔl,flaʊər/ *s* [C] **1** alhelí **2 be a wallflower** no tener nadie con quien bailar

wal·lop¹ /'wɒləp/ *v* [T] (*coloq*) darle un puñetazo a

wallop² *s* [sing] (*coloq*) puñetazo, golpe

wal·low /'wɒloʊ/ *v* [I] **1** revolcarse (en barro), remojarse (en un baño) • [+**in**]: *Hippos wallowed in the mud.* Los hipopótamos se revolcaban en el barro. **2** cabecear, rolar (barco, avión)

EXPRESIONES

wallow in self-pity regodearse en la autocompasión

wall·pa·per¹ /'wɔl,peɪpər/ *s* **1** [C,U] papel (de colgadura), papel tapiz **2** [U] papel tapiz (en el computador), fondo de la pantalla

wallpaper² *v* [I,T] empapelar SIN **paper**

'Wall Street *s* Wall Street, la bolsa estadounidense

,wall-to-'wall *adj* [solo ante s] de pared a pared: *wall-to-wall carpeting* alfombrado de pared a pared

wal·nut /'wɔlnʌt/ *s* **1** [C] (fruto) nuez **2** [C] (tb **walnut tree**) (árbol) nogal **3** [U] (madera) nogal

wal·rus /'wɔlrəs, 'wɑl-/ *s* [C] morsa

waltz¹ /wɔlts/ *s* [C] **1** (danza) vals **2** (pieza musical) vals

waltz² *v* **1** [I] bailar el vals **2** [T siempre + adv/prep] (dirigir) *He waltzed her around the room.* La llevó por toda la habitación bailando el vals. **3** [I siempre + adv/prep] (*peyor*, *coloq*) **waltz in/out** entrar/salir con aires de superioridad • **waltz into/through/past sth** entrar en/cruzar/pasar por algo con toda confianza
waltz off with sth *v+partíc* (*peyor*, *coloq*) llevarse algo (sin permiso)
waltz through sth *v+partíc* (*coloq*) aprobar/ganar algo sin problemas

wan /wɑn/ *adj* (*liter*) **1** (persona) pálido -a, lánguido -a **2** (luz) tenue, pálido -a

wand /wɑnd/ *s* [C] varita mágica • **wave a (magic) wand** agitar la varita mágica

wan·der W3 /'wɑndər/ *v*

 1 sin rumbo
 2 andar sin apuro
 3 no quedarse en un lugar
 4 atención, imaginación
 5 al hablar
 6 con los ojos

1 **SIN RUMBO** [I,T] deambular (por), vagar (por) • **wander around/through sth** dar vueltas por algo: *He wandered around the city.* Dio vueltas por la ciudad. • **wander aimlessly** dar vueltas sin propósito • **wander the streets** deambular/vagar por las calles SIN **roam**

2 **ANDAR SIN APURO** [I siempre + adv/prep] **wander in/out/off** entrar/salir/irse distraídamente: *Andy wandered off to get a drink.* Andy se fue distraídamente a buscar un trago. • **wander into/through sth** entrar en/recorrer algo distraídamente SIN **amble**

3 **NO QUEDARSE EN UN LUGAR** [I] alejarse • **wander off** alejarse, irse: *Don't wander off without me.* No se vayan sin mí.

4 **ATENCIÓN, IMAGINACIÓN** [I] distraerse: *My mind started to wander.* Empecé a divagar con la imaginación..

5 **AL HABLAR** [I] divagar • **wander off/from sth** desviarse de algo: *I think we've wandered from the main issue.* Creo que no nos hemos desviado de la cuestión principal. • **wander off** irse por las ramas

6 **CON LOS OJOS** [I,T] *Her eyes wandered around the apartment.* Paseó la mirada por todo el departamento.

wan·der·er /'wɑndərər/ *s* [C] vagabundo -a, nómada

wan·der·ings /'wɑndərɪŋz/ *s* [pl] correrías, andanzas

wan·der·lust /'wɑndər,lʌst/ *s* [sing, U] pasión por viajar, deseo de viajar

wane¹ /weɪn/ *v* [I] **1** decaer, disminuir ANT **wax** **2** (*frml*) menguar (luna) ANT **wax**

wane² *s* **be on the wane** estar disminuyendo/decayendo

wan·gle /'wæŋgəl/ *v* [T] (*coloq*) agenciarse, conseguir con artimañas: *She managed to wangle an invitation.* Se las arregló para agenciarse una invitación. • **wangle sth out of sb** conseguir sacarle algo a alguien • **wangle your way out of sth** zafarse de algo

wan·na /'wʌnə, 'wɑnə/ (*coloq*) *contrac de* **1 want to** **2 want a**

wan·na·be /'wɑnəbi, 'wɑ-/ *adj* [solo ante s] **wannabe pop star/celebrity** persona que aspira a ser una estrella pop/una celebridad

wannabe *s* [C] (*coloq*) persona que quiere ser como alguien famoso

want¹ S1 W1 /wʌnt, wɑnt, wɔnt/ *v* [gralm no en forma continua]

 1 desear
 2 exigir
 3 al hacer un ofrecimiento
 4 requerir, buscar
 5 al dar un consejo
 6 sexualmente

1 **DESEAR** [T] querer: *Everybody wants a peaceful world.* Todos quieren un mundo pacífico. • **want to do sth** querer hacer algo: *I wanted to be a football player.* Quería ser jugador de fútbol. • *He wants to meet you.* Quiere conocerte. • **want sth for sth** querer algo para algo: *Ben wants a computer for his birthday.* Ben quiere un computador para su cumpleaños. • **whatever/ whenever/wherever you want** lo que/cuando/donde quieras: *You can order whatever you want.* Puedes pedir lo que quieras. • **want sb as sth** querer que alguien sea algo: *The party wanted him as their leader.* El partido quería que él fuera su líder. • **want sth from sth** querer algo de algo: *I don't really know what I want from life.* No sé claramente qué quiero de la vida.

2 **EXIGIR** [T] querer • **want sb/sth to do sth** querer que alguien/algo haga algo • **want sth done** querer algo hecho: *I want this mess cleaned up right now!* ¡Quiero este revoltijo ordenado ya mismo! • **want sth from/of sb** querer algo de alguien: *What exactly do you want from me?* ¿Qué quiere de mí concretamente?

3 AL HACER UN OFRECIMIENTO [T] (*coloq*) querer: *Do you want a drink?* ¿Quieres un trago? • **want to do sth** querer hacer algo: *Do you want to see a movie?* ¿Quieres ver una película? • **want sb to do sth** querer que alguien haga algo: *Do you want me to call later?* ¿Quiere que llame más tarde? • **if you want** si quieres/quieren: *I'll lend you my car, if you want.* Si quieres, te presto mi carro.

4 REQUERIR, BUSCAR [T] necesitar: *Mary wants you.* Mary te necesita. • *You're wanted on the phone.* Es para ti.

5 AL DAR UN CONSEJO [T] **you want/don't want to do sth** deberías/no deberías hacer algo: *You want to see a doctor about that cough.* Deberías ir al médico por esa tos. • **you may/might want to do sth** te/le convendría hacer algo ⸠SIN⸡ **should**

6 SEXUALMENTE [T] (*coloq*) desear ▶ **WASTE not, want not**

EXPRESIONES

do you want sth? (*oral*) ¿quieres algo?: *Do you want a fight?* ¿Quieres pelear? • **have sb just where you want them** tener a alguien a su merced • **I don't want to be/sound/appear sth** (*oral*) no quiero ser/parecer algo: *I don't want to be rude, but could you make a little less noise?* No quiero ser grosero, pero ¿podrían hacer un poquito menos de ruido? • **if you want my advice/opinion...** (*oral*) si me permites que te de un consejo/una opinión... • **I (just) wanted to ask/know/say sth** (*oral*) (solo) quería preguntar/saber/decir algo • **I want to say/thank...** (*frml, oral*) quiero decir/agradecer...: *I want to thank you all for being here today.* Quiero agradecerles a todos ustedes por estar hoy aquí. • **it's/that's just what I (always) wanted** (*oral*) es justo lo que quería • **what does sb want?** (*oral*) ¿qué quiere alguien?: *What do you want now? I'm busy.* ¿Y ahora qué quieres? Estoy ocupada.

want for sth *v+partíc* [gralm en negat] *She won't want for money.* No le faltará dinero. • **want for nothing** (tb **not want for anything**) *As kids, we wanted for nothing.* Cuando éramos niños, no nos faltaba de nada.

want in *v+partíc* **1** (*coloq*) querer meterse **2** querer entrar

want out *v+partíc* **1** (*coloq*) querer dejar de participar, querer largarse **2** querer salir • **want out of sth** querer salir de algo

want² ⸠S3⸡ *s*

1 [sing, U] (*frml*) falta, carencia: *a want of fuel for heating* una falta de combustible para calefacción • **for want of sth** por falta de algo: *The gallery might close down for want of funding.* La galería podría cerrar por falta de fondos. ⸠SIN⸡ **lack**

2 [U] (*frml*) necesidad, miseria

3 wants [pl] necesidades (deseos)

EXPRESIONES

for want of a better word/term/phrase a falta de una palabra/un término/una frase más apropiado -a, por así decirlo • **for want of anything better (to do)** a falta de algo mejor (que hacer) • **be in want of sth** (*frml*) necesitar algo: *The house is sadly in want of repair.* La casa necesita que la reparen con urgencia. • **not for want of trying** no por no haberlo intentado

'want ad *s* [C] aviso/anuncio (clasificado) ⸠SIN⸡ **classified ad**

want·ed /'wʌntɪd/ *adj* **1** buscado (por las autoridades): *She is wanted by the police.* La busca la policía. • [+**for**]: *Larson is wanted for bank robbery.* A Larson lo buscan por asalto bancario. • **a wanted man** un hombre buscado **2** querido -a, apreciado -a: *It's nice to feel wanted.* Es agradable sentirse querido. ⸠ANT⸡ **unwanted**

want·ing /'wʌntɪŋ/ *adj* [nunca ante s] (*frml*) **be wanting** faltar: *Team discipline was wanting.* Faltaba disciplina de equipo. • **be found wanting** *The policy has been tried and found wanting.* Se ha puesto a prueba la medida, y se le han encontrado deficiencias.

wan·ton /'wɑntˀn, 'wɔn-/ *adj* **1** [gralm ante s] (*peyor, frml*) sin sentido, gratuito -a: *an act of wanton cruelty* un acto de crueldad sin sentido **2** [gralm ante s] (*peyor,*

frml) desenfrenado -a, licencioso -a **3** (*liter*) excitado -a (sexualmente)

war ⸠S2⸡ ⸠W1⸡ /wɔr/ *s*

1 [C,U] (entre países) guerra: *The war ended in 1918.* La guerra terminó en 1918. • *the horrors of war* los horrores de la guerra • **in a war** en una guerra • **go to war (with sb)** entrar en guerra (con alguien) • **be at war (with sb)** estar en guerra (con alguien) • **fight a war** librar una guerra • **win/lose a war** ganar/perder una guerra • **war broke out** (**on sb**) estalló • **declare war (on sb)** declarar(le) la guerra (a alguien) • **war correspondent** corresponsal de guerra • **war hero** héroe de guerra • **war years** años de guerra

2 [C,U] (esfuerzo, oposición) lucha • [+**against/on**]: *the war against racism* la lucha contra el racismo • **the drug war** la lucha contra las drogas • **wage war on sth** luchar contra algo

3 [C] (en el comercio, las finanzas) guerra • **a trade/price war** una guerra comercial/de precios

4 [C gralm sing] (entre grupos, pandillas) guerra • [+**between**]: *a war between rival gangs* una guerra entre pandillas rivales • **a race/class war** una guerra racial/de clases • **the war of the sexes** (*hum*) la guerra de los sexos ▶ **CIVIL WAR, COLD WAR, PRISONER OF WAR**

EXPRESIONES

between the wars periodo de entreguerras

war·ble¹ /'wɔrbəl/ *v* **1** [I,T] (*hum*) cantar (mal) **2** [I] gorjear

warble² *s* [sing] gorjeo

'war crime *s* [C] crimen de guerra

'war ,criminal *s* [C] criminal de guerra

ward¹ /wɔrd/ *s* [C] **1** sala (de hospital) • **a psychiatric/surgical ward** una sala de psiquiatría/cirugía • **admit sb to a ward** internar a alguien en una sala, ingresar a alguien en una sala **2** (*jur*) pupilo -a (huérfano) • **make sb a ward of court** poner a alguien bajo tutela judicial **3** distrito, circunscripción: *electoral ward* distrito electoral

ward² *v*

ward sb/sth ↔ off *v+partíc* protegerse de alguien/algo (de un agresor, un golpe)

war·den /'wɔrdn/ *s* [C] **1** director -ora (de una cárcel) **2** guardabosques (de un parque nacional, una reserva)

war·drobe /'wɔrdroub/ [C] *s* **1** vestuario, guardarropa: *this season's wardrobe* el guardarropa de esta temporada **2** clóset, armario

ware·house¹ /'wɛrhaʊs/ *s* [C] bodega, depósito

warehouse² *v* [T] **1** almacenar (en un depósito) **2** internar (en un instituto penal, un hospital psiquiátrico)

war·fare /'wɔrfɛr/ *s* [U] **1** (actividad, métodos) guerra • **nuclear/chemical/germ warfare** guerra nuclear/química/bacteriológica • **guerrilla warfare** guerra de guerrillas **2** (entre grupos, facciones) guerra • **gang warfare** guerra entre bandas

'war ,game *s* [C] **1** simulacro de combate (ejercicio militar) **2** juego de guerra

war·head /'wɔrhɛd/ *s* [C] cabeza (de un misil): *nuclear warheads* cabezas nucleares

war·horse /'wɔrhɔs/ *s* [C] **1** caballo de batalla **2** veterano -a

war·i·ly /'wɛrəli/ *adv* con cautela

war·like /'wɔrlaɪk/ *adj* belicoso -a

war·lord /'wɔrlɔrd/ *s* [C] caudillo

warm¹ ⸠S1⸡ ⸠W2⸡ /wɔrm/ *adj*

1	clima, día
2	persona
3	ropa, edificio
4	amistoso
5	sensación
6	color, luz

W

warm **1** CLIMA, DÍA caliente, cálido -a: *The bed was nice and warm.* La cama estaba calientica. • *warm water* agua templada • **keep sth warm** mantener algo caliente
2 PERSONA **be warm** no tener frío: *Are you warm enough?* ¿No tienes frío? • **get warm** calentarse, entrar en calor • **keep/stay warm** mantener el calor
3 ROPA, EDIFICIO abrigador -a, de abrigo (ropa), caliente (casa, habitación): *a warm blanket* una manta abrigadora
4 AMISTOSO cordial, cálido -a: *a warm smile* una sonrisa cordial • **a warm welcome** una calurosa bienvenida • **warm and friendly** cordial y amistoso -a
5 SENSACIÓN *She felt a warm glow of satisfaction.* Se sintió colmada de satifacción.
6 COLOR, LUZ cálido -a

EXPRESIONES
the warm fuzzies (*coloq*) *The movie gave me the warm fuzzies.* La película me hizo sentir bien.

warm² S2 *v*
1 [I,T] calentar(se) (persona, comida, casa): *The sun warmed her body.* El sol le calentó el cuerpo. • *He was warming his hands.* Se calentaba las manos. • **warm yourself** calentarse SIN **warm up**
2 reconfortar, hacer sentir bien/a gusto • **warm sb's heart** reconfortar a alguien
warm down *v+partíc* hacer ejercicios de relajación
warm through *v+partíc* **1 warm sth ↔ through** calentar algo (una sopa, una salsa) SIN **heat through 2 warm through** calentarse (sopa, salsa)
warm to *v+partíc* **1 warm to sb** *I warmed to her immediately.* Me cayó simpática en cuanto la vi. **2 warm to sth** entusiasmarse con algo
warm up *v+partíc* **1 warm sb ↔ up** hacer entrar en calor a alguien: *A nice cup of coffee will warm you up.* Una buena taza de café te va a hacer entrar en calor. • **warm yourself up** calentarse (persona) **2 warm sth ↔ up** calentar algo (una comida, las manos, una habitación) **3 warm up** calentarse (comida, manos, habitación) **4 warm up** entrar en calor (antes de hacer ejercicio) **5 warm sth ↔ up** calentar algo (los músculos) **6 warm sth ↔ up** calentar algo (una máquina, un motor) **7 warm up** calentarse (máquina, motor) **8 warm up** ensayar, entrar en calor (antes de una función) **9 warm sb ↔ up** animar a alguien, hacer entrar en calor a alguien (al público) **10 warm up** animarse (fiesta)
warm up to *v+partíc* **1 warm up to sb** *He was a smiling child who warmed up to people easily.* Era un niño sonriente que de inmediato le caía simpático a la gente. SIN **warm to 2 warm up to sth** entusiasmarse con algo SIN **warm to**

warm³ *adv* **wrap up warm** (*esp oral*) abrigarse

,warm-'blooded *adj* **1** de sangre caliente (animal) ▶ COLD-BLOODED **2** [solo ante s] apasionado -a (persona, carácter)

'warmed-over *adj* [solo ante s] **1** recalentado -a: *warmed-over chicken* pollo recalentado **2** trillado -a: *warmed-over ideas* ideas trilladas

,warm-'hearted *adj* cordial, cálido -a

warm·ing¹ /'wɔrmɪŋ/ *adj* [solo ante s] **a warming soup/hot chocolate** una sopa/taza de chocolate para entrar en calor

warming² *s* [sing] calentamiento ▶ GLOBAL WARMING

warm·ly /'wɔrmli/ *adv* **1** cordialmente, cálidamente: *He greeted me warmly.* Me saludó con cariño. **2** calurosamente, afectuosamente: *Her speech was warmly received.* Su discurso tuvo una recepción calurosa. **3 dress up warmly** abrigarse: *She wrapped the baby up warmly.* Abrigó bien al bebé.

war·mon·ger·ing /'wɔr,mʌŋɡərɪŋ, -,mɑŋ-/ *s* [U] (*peyor*) belicismo

warmth /wɔrmθ/ *s* [U] **1** calor (temperatura, sensación) • [+of]: *the warmth of the sun* el calor del sol • **for warmth** *The sheep huddled together for warmth.* Las ovejas se apiñaron para darse calor. **2** calidez, afecto • [+of]: *the warmth of his smile* la calidez de su sonrisa

'warm-up¹ *s* [C] **1** calentamiento (ejercicios) **2** **warm-ups** [pl] (*coloq*) ropa de pre-calentamiento

warm-up² *adj* [solo ante s] **1 a warm-up game/match** un juego/partido de entrenamiento • **a warm-up competition** una competencia de preparación **2** chaqueta sport, chompa, chamarra deportiva **3** telonero -a (cómico, grupo)

warn S3 W2 /wɔrn/ *v*
1 [I,T] (hacer notar) advertir • **warn sb about sth** advertir a alguien de algo: *Travelers are being warned about the danger of infection.* Están advirtiendo a los viajeros del peligro de contagio. • **warn (sb) of sth** advertir (a alguien) de algo • **warn sb (not) to do sth** advertirle/aconsejarle a alguien que (no) haga algo: *I warned you not to walk home alone.* Te advertí que no fueras caminando sola a la casa. • **warn (sb) that** advertir (a alguien) de que
2 [I,T] (por adelantado) avisar, advertir: *I had been warned what to expect.* Me habían avisado qué esperar. • **warn (sb) that** avisar/advertir (a alguien) que: *He warned me that he might be late.* Me avisó que posiblemente llegaría tarde.
3 [T] (amenazar) advertir: *Stop it now – I'm warning you.* Ya basta, te lo advierto. • **warn sb about sth** advertir a alguien acerca de algo
warn against *v+partíc* **1 warn against sth** prevenir contra algo • **warn against doing sth** aconsejar no hacer algo **2 warn sb against sth** prevenir a alguien contra algo • **warn sb against doing sth** aconsejar a alguien que no haga algo: *He warned her against being too optimistic.* Le aconsejó que no fuera demasiado optimista.
warn off *v+partíc* **warn sb ↔ off** (tb **warn sb ↔ away**) advertir a alguien que se aleje

warn·ing¹ W3 /'wɔrnɪŋ/ *s*
1 [C,U] advertencia, aviso • [+that]: *warnings that forests are being destroyed* advertencias de que se están destruyendo los bosques • [+to]: *Our experience should be a warning to other travelers.* Nuestra experiencia debería servir como advertencia a otros viajeros. • [+about]: *warnings about the dangers of smoking* advertencias sobre los peligros de fumar • **without (any) warning** sin (ningún) aviso • **give (a) warning that** advertir que • **a health warning** una advertencia para la salud • **a word of warning** una advertencia
2 [C] amonestación, advertencia • **give sb a warning** amonestar a alguien • **a verbal warning** una amonestación verbal • **a written warning** una amonestación por escrito • **a final warning** una última advertencia/amonestación

warning² *adj* [solo ante s] de advertencia: *Warning notices were displayed.* Se pusieron carteles de advertencia. • **a warning sign** una señal de advertencia, un indicio • **a warning shot** un disparo de advertencia • **a warning light/signal** una luz/señal de advertencia

warp /wɔrp/ *v* [I,T] combar(se), arquear(se) ▶ WARPED

war·path /'wɔrpæθ/ *s*

EXPRESIONES
on the warpath (*coloq*) con ganas de pelear

warped /wɔrpt/ *adj* **1** retorcido -a (ideas, mente): *a warped sense of humor* un sentido del humor retorcido **2** combado -a, arqueado -a

war·rant¹ /'wɔrənt, 'wɑ-/ *s* [C] orden (judicial): *The police had a warrant to search the building.* La policía tenía una orden para registrar el edificio. • [+for]: *The court issued a warrant for his arrest.* El tribunal emitió una orden para su detención. ▶ SEARCH WARRANT

warrant² *v* [T] (*frml*) merecer, justificar

EXPRESIONES
I'll warrant (you) (*antic*) te/le aseguro

war·ran·ty /'wɔrənti, 'wɑ-/ *s* [C,U] (pl **warranties**) garantía (de un producto) • **under warranty** en garantía ▶ GUARANTEE

war·ren /'wɔrən, 'wɑ-/ *s* [C] **1** madriguera, conejera **2** laberinto • [+of]: *a warren of underground passages* un laberinto de pasajes subterráneos

W

war·ring /'wɔrɪŋ/ *adj* [solo ante s] enfrentado -a, en guerra: *warring factions* facciones enfrentadas

war·ri·or /'wɔriə, 'wɑ-/ *s* [C] guerrero -a

war·ship /'wɔrʃɪp/ *s* [C] buque de guerra

wart /wɔrt/ *s* [C] verruga

EXPRESIONES
warts and all (*coloq*) con todos sus defectos

war·time /'wɔrtaɪm/ *adj* [solo ante s] • **wartime conditions** condiciones durante la guerra • **wartime memories** recuerdos de la guerra

wartime *s* [U] **in wartime** en tiempo de guerra
ANT **peacetime**

'**war-torn** *adj* [solo ante s] devastado -a por la guerra

war·y /'wɛri/ *adj* (**warier, wariest**) cauteloso -a, receloso -a • **be wary of sth/sb** no fiarse de algo/alguien • **be wary of doing sth** cuidarse de hacer algo

was /wəz; *fuerte* wʌz, wɑz/ 1ª y 3ª pers sing del pasado de **BE**

wash¹ S1 W3 /wɑʃ, wɔʃ/ *v*
1 [T] lavar (con agua): *He washed and ironed a shirt.* Lavó y planchó una camisa. • **wash the dishes** lavar los platos
2 (a) [T] **wash your hands/hair** lavarse las manos/el cabello • **wash yourself** lavarse (b) [I] lavarse: *She washed and put on clean clothes.* Se lavó y se puso ropa limpia.
3 **wash well** lavar bien (tela, prenda)
4 [T siempre + adv/prep, gralm en pasiva] **be washed ashore** ser arrastrado -a hacia la costa (por la corriente) • **be washed overboard** ser arrojado -a por la borda (por las olas)

EXPRESIONES
it doesn't/won't wash with sb (*oral*): *That explanation won't wash with voters.* Los votantes no se van a tragar esa explicación. • **wash your hands of sb/sth** desentenderse de alguien/algo • **wash your dirty linen in public**
wash sth ↔ **away** *v+partíc* arrasar con algo, llevarse algo
wash sth ↔ **down** *v+partíc* **1** limpiar algo (una escalera, una pared) **2** **wash sth down with a glass of water** acompañar algo con un vaso de agua, tragar algo con (la ayuda de) un vaso de agua
wash off *v+partíc* **1** **wash sth** ↔ **off** quitar algo (con agua) **2** **wash sth off with water** quitar algo de algo (con agua) **3** **wash off** quitarse con agua: *Don't worry – the paint will wash off.* No te preocupes: la pintura se quita con agua.
wash out *v+partíc* **1** **wash sth** ↔ **out** enjuagar algo: *Wash out the cups.* Enjuaga las tazas. **2** **wash sth** ↔ **out** arrasar algo: *The new road had been washed out.* La carretera nueva había sido arrasada por las lluvias. **3** **wash out** salir/quitarse (lavando): *Grass stains don't wash out easily.* Las manchas de hierba no se quitan fácilmente. **4** **be washed out** ser cancelado -a por la lluvia (evento) **5** **wash out** (*coloq*) fracasar ► **WASHOUT**
wash over sb *v+partíc* resbalarle a alguien (no hacer efecto)
wash up *v+partíc* **1** lavarse: *I need to wash up before dinner.* Necesito lavarme antes de comer. **2** **wash sth** ↔ **up** arrastrar algo (hacia la costa): *The body was washed up on a beach.* El cadáver fue arrastrado a una playa. **3** **wash up** aparecer (llevado por la marea, las olas)

wash² S3 *s*
1 [C] lavada: *The floor needs a wash.* El piso necesita una lavada. • **give sth a wash** lavar algo • **a good wash** una buena lavada • **do a wash** lavar ropa
2 [U] ropa (lavada o sucia) • **hang out the wash** colgar/tender la ropa SIN **laundry**
3 [sing] estela (de un barco)

EXPRESIONES
be a wash (*oral*) *So far, the plan has been a wash in terms of jobs gained or lost.* Hasta ahora, el plan no ha tenido ningún efecto en lo que respecta a creación o pérdida de puestos de trabajo. • **in the wash** *Her T-shirt*

had shrunk in the wash. Su camiseta había encogido al lavarla. • **be in the wash** estar para lavar, estar lavándose (ropa) • **it will all come out in the wash** (*oral*) (a) se va a arreglar (problema) (b) va a salir a la luz (verdad, asunto)

wash·a·ble /'wɑʃəbəl/ *adj* lavable

wash·ba·sin /'wɑʃ,beɪsən/ *s* [C] lavamanos, lavabo

wash·cloth /'wɑʃklɔθ/ *s* [C] toallita (para lavarse)

,**washed-'out** *adj* **1** descolorido -a, desteñido -a (vestido, color, foto) **2** (*coloq*) rendido -a, agotado -a **3** dañado -a (por la lluvia, una inundación)

,**washed-'up** *adj* (*coloq*) acabado -a (artista, matrimonio, etc.)

wash·er /'wɑʃər/ *s* [C] **1** (*coloq*) lavadora SIN **washing machine 2** arandela

'**washing ma,chine** *s* [C] lavadora

wash·out, **wash out** /'wɑʃ-aʊt/ *s* [C] (*coloq*) **1** [gralm sing] desastre, fracaso **2** tramos dañados por la lluvia, las inundaciones en una carretera ► **WASH OUT 3** [gralm sing] *The game was a washout and play had to be abandoned.* No paró de llover en todo el partido y hubo que suspenderlo.

wash·room /'wɑʃrum/ *s* [C] baño(s) (en un lugar público)

was·n't /'wʌzənt, 'wazənt/ *contrac de* **was not**

WASP, **Wasp** /wɑsp/ *s* [C] (**White Anglo-Saxon Protestant**) estadounidense blanco, anglosajón y protestante que es miembro de la clase privilegiada

wasp /wɑsp, wɔsp/ *s* [C] avispa: *a wasps' nest* un avispero

wasp·ish /'wɑspɪʃ/ *adj* hiriente, mordaz

wast·age /'weɪstɪdʒ/ *s* [U] (*frml*) **1** (gasto) desperdicio **2** (residuo, sobras) desperdicio, sobrante

waste¹ S3 /weɪst/ *s*
1 [sing, U] desperdicio, derroche: *What a waste.* Qué desperdicio. • [+**of**]: *a waste of space* un desperdicio de espacio • **a waste of time/energy** una pérdida de tiempo/un derroche de energía • **it's a waste of money** es tirar el dinero • **go to waste** desperdiciarse
2 [U] residuos, desperdicios: *hazardous waste* residuos peligrosos • **nuclear/radioactive waste** residuos nucleares/radioactivos • **human waste** excrementos • **waste dump** vertedero de basura/residuos, botadero de basura/residuos • **waste pipe** tubería de desagüe
3 [C gralm pl] (*esp liter*) yermo, extensión (de tierra)

waste² S2 W3 *v*
1 [T] (la luz, el tiempo, el dinero) desperdiciar, derrochar, tirar: *Leaving lights on wastes electricity.* Dejar las luces encendidas es derrochar electricidad. • **waste sth on sb/sth** desperdiciar/derrochar algo en alguien/algo: *Don't waste your money on that junk!* ¡No derroches el dinero en esa basura! • **waste time** perder tiempo: *Stop wasting your time.* Deja de perder el tiempo.
2 [T] (un esfuerzo, un talento, la vida) desperdiciar, malgastar: *He never wastes an opportunity.* Nunca desperdicia una oportunidad.
3 **be wasted** estar desperdiciado -a, no estar bien aprovechado -a: *She's wasted in that job.* En ese trabajo está desperdiciada.
4 **be wasted on sb** *Her good advice was wasted on the children.* Darle consejos a sus hijos era perder el tiempo.
5 [T] (*coloq*) ganarle fácilmente a

EXPRESIONES
waste your breath gastar saliva (inútilmente) • **waste no time in doing sth** no perder tiempo en hacer algo • **waste not, want not** quien no malgasta, no pasa necesidades
waste away *v+partíc* consumirse, atrofiarse

waste³ *adj* [solo ante s] de desecho (material), residual (calor) ► **LAY waste to sth**

waste·bas·ket /'weɪst,bæskɪt/ *s* [C] papelera, bote SIN **wastepaper basket**

wast·ed /'weɪstɪd/ adj **1** [solo ante s] perdido -a (tiempo, dinero), desperdiciado -a (oportunidad), inútil (esfuerzo) **2** [nunca ante s] (coloq) borracho -a, volado -a, drogado -a

waste·ful /'weɪstfəl/ adj poco económico -a (uso, sistema) • **be wasteful** ser un despilfarro

waste·ful·ly /'weɪstfəli/ adv de manera poco económica

waste·land /'weɪstlænd/ s **1** [C,U] páramo, baldío **2** [sing] (peyor) **a cultural wasteland** un páramo cultural

waste·pa·per bas·ket /'weɪst,peɪpə ,bæskɪt/ s [C] papelera, bote SIN **wastebasket**

watch¹ S1 W1 /wɑtʃ, wɔtʃ/ v
1 [I,T] mirar, observar: *Watch me, I'll show you.* Mírame, que te voy a enseñar. • **watch TV** (tb **watch television**) ver la televisión • **watch sb do sth** ver hacer algo a alguien: *She watched him drive away.* Vió cómo se alejaba en el carro. • **watch sb doing sth** mirar cómo alguien hace algo: *We watched the children playing.* Mirabamos cómo jugaban los niños. • **watch what/how/when** mirar lo que/cómo/cuándo: *Watch what I do.* Mira lo que hago. ▶ SEE
2 [T] **watch your head/fingers** (oral) cuidado con la cabeza/los dedos • **watch what/how/where** *Watch where you put your feet.* Mira dónde pisas. • **watch (that)** tener cuidado de: *Watch you don't fall.* Ten cuidado de no caerte. • **watch your weight** cuidar el peso • **watch what you say** tener cuidado con lo que se dice • **watch what you're doing** (oral) tener cuidado con/mirar lo que se hace • **watch yourself** (oral) (tener) cuidado: *Watch yourself crossing the street.* Ten cuidado al cruzar la calle.
3 [T] observar: *The world is watching the progress of the war.* El mundo observa el desarrollo de la guerra. • **watch sth/sb closely** observar/seguir algo/a alguien con atención
4 [T] cuidar: *Can you watch my bags for me?* ¿Puedes cuidarme las maletas?
5 [T gralm en pasiva] vigilar: *I feel like I'm being watched.* Siento que me vigilan.
EXPRESIONES
watch your back (coloq) cubrirse las espaldas • **Watch it! (a)** (advertencia) ¡Cuidado! **(b)** (amenaza) ¡Ojo! • **watch sb like a hawk** no quitarle los ojos de encima a alguien • **watch your mouth/language** tener cuidado con lo que se dice • **watch this space** (coloq) estén atentos: los mantendremos informados • **watch your step** andar con cuidado • **watch the time** (oral) estar atento -a a la hora
watch out v+partíc tener cuidado: *Watch out!* ¡Ten cuidado!
watch out for v+partíc **1 watch out for sth/sb** estar atento -a a algo/alguien (a un problema, un efecto), tener cuidado con algo/alguien (un peligro) **2 watch out for sb** cuidar a alguien
watch over sb/sth v+partíc cuidar a alguien/vigilar algo

watch² S1 W3 s
1 [C] reloj (de pulsera): *My watch has stopped.* Mi reloj se ha parado.
2 [C] guardia (periodo de vigilancia) ▶ STOPWATCH, WRISTWATCH
EXPRESIONES
keep a close watch on sth vigilar/seguir algo de cerca • **keep a watch out for sb/sth** estar atento -a por si aparece alguien/algo • **keep watch** hacer guardia • **keep watch over sth/sb** vigilar algo/a alguien • **be on watch** estar de guardia

watch·dog /'wɑtʃdɔg/ s [C] **1** (comisión) organismo de control/protección; (persona) guardián -ana **2** (antic) perro guardián

watch·ful /'wɑtʃfəl/ adj atento -a, vigilante • **under the watchful eye of sb** bajo la mirada atenta de alguien

watch·mak·er /'wɑtʃ,meɪkə/ s [C] relojero -a

watch·man /'wɑtʃmən/ s [C] (pl **watchmen** /-mən/) vigilante • **a night watchman** un vigilante nocturno

watch·tow·er /'wɑtʃ,taʊə/ s [C] atalaya

watch·word /'wɑtʃwəd/ s [C] lema, consigna: *Service is our watchword.* Servicio es nuestro lema.

wa·ter¹ S1 W1 /'wɔtə, 'wɑ-/ s
1 [U] (líquido) agua: *Could I have a glass of water?* ¿Me podría dar un vaso de agua? • **a drink of water** un poco de agua: *Do you want a drink of water?* ¿Quieres un poco de agua? • **tap water** agua de la llave • **mineral water** agua mineral • **boiling water** agua hirviendo • **water level** nivel del agua • **water pressure** presión del agua • **water quality** calidad del agua • **water shortage** escasez de agua, sequía
2 [U] (suministro) agua: *The water was cut off for three days.* Cortaron el agua durante tres días. • **running water** agua corriente • **water company** compañía/empresa de agua • **water industry** industria del agua
3 [U] (tb **waters** [pl]) (en un lago, un mar) agua: *He dived into the water.* Se tiró al agua. • *the icy waters of the Atlantic* las aguas heladas del Atlántico • **by water** por barco • **under water** bajo (el) agua: *How far can you swim under water?* ¿Cuánto puedes nadar bajo el agua?
4 waters [pl] (mar) aguas: *permission to fish in Japanese waters* permiso para pescar en aguas japonesas
5 waters [pl] (esp escrito) **unknown/uncharted waters** territorio desconocido/inexplorado • **troubled/turbulent waters** aguas turbulentas ▶ BACKWATER, FRESHWATER, RAINWATER, SALTWATER, UNDERWATER, **keep your** HEAD **above water, not** HOLD **water,** MUDDY **the waters,** STILL **waters run deep,** TEST **the water(s),** TREAD **water**
EXPRESIONES
her waters broke rompió aguas, se le rompió la fuente • **be (like) water off a duck's back** (coloq) resbalar (críticas) • **pass water** (frml) orinar SIN **urinate** • **be water under the bridge** ser parte del pasado

wa·ter² S2 v
1 [T] regar (las plantas, el jardín)
2 [I] llorar (ojos): *My eyes were watering.* Me lloraban los ojos.
3 [I] **it makes my mouth/it made our mouths water** se me hace/se nos hacía agua la boca
4 [T] dar de beber a (un animal)
water sth ↔ down v+partíc **1** diluir algo (jugo, pintura) SIN **dilute 2** atenuar, suavizar

wa·ter·bed /'wɔtə,bɛd/ s [C] cama de agua

wa·ter·borne /'wɔtə,bɔrn/ adj transmitido -a por el agua

wa·ter·col·or /'wɔtə,kʌlə/ s **1** [C,U] (material) acuarela(s) **2** [C] (cuadro) acuarela

'water ,cooler s [C] fuente de agua (fría)

wa·ter·course /'wɔtə,kɔrs/ s [C] curso de agua, cauce

wa·ter·cress /'wɔtə,krɛs/ s [U] berro

,watered-'down adj **1** suavizado -a **2** aguado -a

wa·ter·fall /'wɔtə,fɔl/ s [C] cascada, salto de agua

'water ,fountain s [C] fuente de agua

wa·ter·front /'wɔtə,frʌnt/ s [C gralm sing] zona de una ciudad que bordea el mar, un río, un lago, etc.

wa·ter·hole /'wɔtə,hoʊl/ s [C] abrevadero (natural)

'watering can s [C] regadera

'watering hole s [C] **1** (coloq) bar **2** abrevadero (natural)

'water ,lily s [C] (pl **water lilies**) nenúfar

wa·ter·line /'wɔtə,laɪn/ s [C] línea de flotación

wa·ter·logged /'wɔtə,lɔgd, -,lɑgd/ adj anegado -a, inundado -a

Wa·ter·loo /,wɔtə'lu/ s **meet your Waterloo** conocer la derrota

wa·ter·mark /'wɔtə,mɑrk/ s [C] filigrana, marca de agua

wa·ter·mel·on /'wɔtə,mɛlən/ s [C,U] sandía

'water ,power s [U] energía hidroeléctrica

wa·ter·proof¹ /'wɔtə,pruf/ adj **1** impermeable **2** indeleble (tinta), resistente al agua (maquillaje, adhesivo) **3** sumergible

waterproof² *v* [T] impermeabilizar

wa·ter·shed /'wɔtərʃed/ *s* [C] **1** punto de inflexión • [+**in**]: *a watershed in American politics* un punto de inflexión en la política estadounidense **2** (*técn*) (línea) divisoria de aguas

wa·ter·side /'wɔtərsaɪd/ *s* [sing] orilla, ribera

water-ˌskiing, water skiing *s* [U] esquí acuático

water sports *s* [pl] deportes acuáticos

water supˌply *s* [C] suministro de agua

wa·ter·tight /'wɔtərtaɪt/ *adj* **1** hermético -a (envase), estanco -a (sala, puerta) **2** irrefutable, irrebatible (argumento), perfecto -a (plan, caso)

wa·ter·way /'wɔtərweɪ/ *s* [C] (pl **waterways**) vía navegable

water wheel *s* [C] noria, rueda hidráulica

wa·ter·works /'wɔtərwərks/ *s* **1** [C] planta depuradora de agua **2** [pl] red de abastecimiento de agua **3** [pl] (*coloq*) vías urinarias
EXPRESIONES
turn on the waterworks (*coloq*) echarse a llorar

wa·ter·y /'wɔtəri/ *adj* **1** lloroso -a **2** (*peyor*) aguado -a

watt /wɑt/ *s* [C] vatio • **a 40/100-watt bulb** un bombillo de 40/100 vatios, un foco de 40/100 vatios

watt·age /'wɑtɪdʒ/ *s* [sing, U] potencia en vatios

wave¹ S2 W2 /weɪv/ *s*

  1 en el mar
  2 aumento
  3 de terror, dolor
  4 luz, sonido
  5 saludo
  6 pelo

1 **EN EL MAR** [C] ola • **a wave breaks** una ola rompe
2 **AUMENTO** [C] ola: *a crime wave* una ola de delitos • [+**of**]: *a wave of rioting* una ola de disturbios
3 **DE TERROR, DOLOR** [C] **a wave of sth** una sensación de algo: *A wave of nausea swept over me.* Me recorrió una sensación repentina de náusea. • **come in waves** llegar en oleadas
4 **LUZ, SONIDO** [C] onda • **sound waves** ondas sonoras • **radio waves** radiación
5 **SALUDO** [C gralm sing] movimiento de la mano al saludar • **give a wave** saludar con la mano
6 **PELO** [C] onda ▶ **HEAT WAVE, SHOCK WAVE**
EXPRESIONES
make waves (*coloq*) **(a)** hacer olas, causar problemas **(b)** causar sensación • **the wave of the future** el futuro, la ola del futuro

wave² S3 W3 /weɪv/ *v*
1 [I,T] saludar (con la mano), hacer/decir adiós con la mano • **wave at/to sb** saludar a alguien (con la mano) hacerle señas a alguien: *She was waving at you.* Te estaba haciendo señas. • **wave sb goodbye** (tb **wave goodbye to sb**) hacerle/decirle adiós a alguien con la mano
2 [T] agitar (una bandera, un arma) • **wave your hands/arms around** mover mucho las manos/los brazos, agitar las manos/los brazos • **wave sth at sb** *He was waving a knife at me.* Me amenazaba agitando un cuchillo.
3 [T siempre + adv/prep] **wave sb through/on** hacerle señas para que alguien pase/siga
4 [I] ondear, flamear (bandera), agitarse, mecerse (árboles, ramas)
EXPRESIONES
wave goodbye to sth (*coloq*) despedirse de algo
wave sth ↔ **aside** (tb **wave sth** ↔ **away**) *v+partíc* desechar/rechazar algo (una idea, una objeción)
wave sth/sb ↔ **down** *v+partíc* parar algo/a alguien, hacer detener algo/a alguien (con señas)
wave sb ↔ **off** *v+partíc* despedir a alguien (decirle adiós)

wave·band /'weɪvbænd/ *s* [C] banda de frecuencia

wave·length /'weɪvlɛŋkθ/ *s* [C] **1** onda (de una persona) • **be on the same wavelength** estar en la misma onda **2** longitud de onda

wa·ver /'weɪvər/ *v* [I] **1** temblar (voz) **2** flaquear, debilitarse **3** decaer (atención) **4** vacilar, dudar

wav·y /'weɪvi/ *adj* (**wavier**, **waviest**) ondulado -a

wax¹ S3 /wæks/ *s* [U]
1 (para velas, lápices) cera: *candle wax* cera de vela • **wax crayon** lápiz de cera, crayola®
2 (en los oídos) cera, cerumen

wax² *v* **1** [T] (el suelo, la madera) encerar **2** [T] (las piernas, las axilas) depilar(se) (con cera) **3** [I] (*frml*) crecer (luna) ANT **wane**
EXPRESIONES
wax and wane (*liter*) crecer y decrecer • **wax sentimental/eloquent** (*hum*) ponerse sentimental/elocuente

ˌwaxed ˈpaper *s* [U] papel encerado

wax·work /'wækswərk/ *s* [C] figura de cera

wax·y /'wæksi/ *adj* (**waxier**, **waxiest**) **1** ceroso -a (hoja, flor), céreo -a (piel, tez) **2** de cera

way¹ S1 W1 /weɪ/ *s* (pl **ways**)

  1 método, estilo
  2 camino
  3 dirección
  4 orden, posición
  5 aspecto
  6 distancia
  7 tiempo
  8 movimiento, avance
  9 al comer, beber, fumar
  10 comportamiento

1 **MÉTODO, ESTILO** [C] manera, forma, modo • **the way (that/in which) sb does sth** cómo alguien hace algo, el modo/la forma en que alguien hace algo: *There are different ways we can tackle this problem.* Hay distintos modos de afrontar este problema. • *Look at the way he's dressed!* ¡Fíjate cómo está vestido! • **a way of doing sth** un modo/una forma/una manera de hacer algo: *We have no way of knowing.* No tenemos manera de saberlo. • **a way to do sth** un modo/una forma/una manera de hacer algo: *What's the best way to get in shape?* ¿Cuál es la mejor manera de ponerse en forma? • **there's no way (that)...** no hay modo/forma/manera de que...: *There's no way we can get there in an hour.* No hay modo de que lleguemos allí en una hora. • **a way around sth** una forma de evitar/resolver algo • **(in) the right/wrong way** de forma correcta/equivocada, bien/mal: *I think you're dealing with this the wrong way.* Me parece que estás manejándolo de forma incorrecta. • **(in) this/that way** así, de esta/esa forma: *Try doing it this way.* Procura hacerlo de esta forma. • *I didn't know you felt that way.* No sabía que te sentías así. • **in the same/in a different way** del mismo modo/de un modo diferente, de la misma forma/de una forma diferente • **do sth your own way** hacer algo a su manera • **ways and means** medios
2 **CAMINO** [C gralm sing] camino: *Is there another way we can go?* ¿Hay otro camino? • *Which way did you come?* ¿Por dónde viniste? • **the right way** el camino correcto • **go the wrong way** equivocarse de camino • [+**to**]: *What's the quickest way to the beach?* ¿Por dónde se llega más rápido a la playa? • [+**from**]: *What's the best way from here?* ¿Qué camino conviene desde aquí? • **know the way** saber cómo ir • **find your way home/back to sth** volver a casa/a algo • **lose your way** perderse • **tell/show/ask sb the way (to sth)** *Could you tell me the way to the station?* ¿Me podría indicar cómo ir a la estación?
3 **DIRECCIÓN** [C] *Which way is north?* ¿Por dónde está el norte? • **this/that way** por aquí/allá, hacia aquí/allá: *Walk this way, please.* Por aquí, por favor. • *He went that way.* Se fue por allá. • **the other way** por/para el otro lado: *A truck was coming the other way.* Venía un camión por el otro lado. • **look both ways** mirar a ambos lados

W

way

4 ORDEN, POSICIÓN [C] *Which way does this skirt go?* ¿Para qué lado va esta falda? • **the right way around** del derecho • **be the right way up** no estar al revés (mirando hacia arriba): *Is this picture the right way up?* ¿Está el cuadro del lado que corresponde? • **the wrong way around/up** al/del revés • **the other way around/up** al revés: *The street was named after the college, not the other way around.* La calle lleva el nombre de la universidad, y no al revés.

5 ASPECTO [C] modo, sentido • **in a/one way** en cierto modo/sentido: *In a way you're right.* En cierto modo, tienes razón. • **in some/many ways** en algunos/muchos sentidos • **in every way** en todo sentido • **in no way** de ningún modo, de ninguna forma • **in more ways than one** en varios sentidos, en más de un sentido SIN **respect**

6 DISTANCIA [sing, U] (tb **ways**) (*coloq*): *She slept most of the way home.* Durmió la mayor parte del trayecto a la casa. • **a long way** *You've come a long way.* Has venido desde muy lejos. • **be a long way off/away** quedar lejos • [+**to**]: *It's quite a way to town.* El centro queda bastante lejos. • [+**from**]: *She had to park some way from the restaurant.* Tuvo que parquear bastante lejos del restaurante. • **come all this way/go all that way** venir hasta aquí/ir hasta allá • **all the way down/across/through** *Did you really swim all the way across the bay?* ¿De veras cruzaste toda la bahía nadando?

7 TIEMPO [sing] (tb **ways** (*coloq*)) *We have some way to go before the deadline.* Nos queda tiempo hasta que venza el plazo. • **a long way off/away/ahead** *A cure is still a long way away.* Todavía falta mucho para conseguir una cura.

8 MOVIMIENTO, AVANCE **push/grope/inch/elbow your way to/through sth** *She elbowed her way to the front.* Se abrió camino hacia el frente a los codazos. • *He groped his way back to the bedroom.* Volvió a tientas al dormitorio. • **buy/charm/scam your way into/past sth/sb** *She charmed her way past the guards.* Logró que los guardias la dejaran pasar usando sus encantos.

9 AL COMER, BEBER, FUMAR **eat/drink/smoke your way through sth** comerse/beberse/fumarse algo entero -a

10 COMPORTAMIENTO [C] costumbre, forma de ser • **it's/that's (just) her/his way** es su forma de ser • **change/mend your ways** cambiar de/corregir su actitud ▶ **ALL the way, be in a BAD way, you can't have it BOTH ways, BY the way, COME sb's way, CUT both ways, EITHER way, EVERY which way, GIVE way, GO out of your way to do sth, LEAD the way, have come a LONG way, the OTHER way around/round, PAY your way, to PUT it another way, be SET in your ways, STAND in sb's way, TALK your way out of sth, take sth the WRONG way**

EXPRESIONES

across/over the way cruzando la calle, (de) enfrente: *the big house over the way* la casa grande de enfrente • **along the way (a)** (al viajar) en el camino **(b)** (en la vida) *She has made a number of enemies along the way.* Se ha hecho unos cuantos enemigos en el camino. • **be born/made that way** ser así • **by a long way** por lejos/mucho SIN **by far** • **by way of** vía: *We went by way of Miami.* Fuimos vía Miami. • **by way of introduction/explanation** a modo de presentación/explicación • **down/up/over your way** (*oral*) por su zona • **get/have your (own) way** hacer lo que le venga en gana, salirse con la suya • **get/stand in the way of sth** (tb **get/stand in sb's/sth's way**) *Don't let your social life get in the way of your studies.* No dejes que tu vida social interfiera con tus estudios. • *He's determined to succeed and nothing's going to get in his way.* Está decidido a lograrlo y nada lo detendrá. • **go on your way** (*escrito*) seguir su camino • **go some/a long way toward doing sth** servir de algo/servir mucho para hacer algo • **go your own way (a)** hacer las cosas a su manera **(b)** hacer su vida • **go your way** salir bien, salir como uno quiere • **everything/nothing is going my way** todo/nada me sale bien • **have a long way to go** tener mucho (camino) por recorrer • **have a way of doing sth** conseguir (siempre) hacer algo: *Information has a way of leaking out.* La información siempre consigue filtrarse. • **have a way with sb/sth** tener buena mano con alguien/algo • **have a**

way with words expresarse bien • **have it your way!** ¡haz lo que quieras! • **if I had my way** (*oral*) si fuera por mí • **in a big/small way** *Things are going to change in a big way.* Las cosas van a cambiar mucho. • *The business was a success, in a small way.* El negocio fue un éxito, a su modo. • **in the/your way (a)** *There was a car in the way.* Había un carro cerrando el paso. • **get in the/your way** cruzarse en el camino **(b)** estorbar, molestar • **get in the/your way** estorbar • **little/not much in the way of sth** (tb **little/not much by way of sth**) *The town has little in the way of hotels.* La ciudad tiene pocos hoteles. • **no way!** (*coloq, oral*) **(a)** ¡ni hablar! **(b)** ¡no puede ser! • **(there are) no two ways about it** (*oral*) no hay vuelta de hoja • **not in any way, shape or form** (tb **in no way, shape or form**) no en modo alguno • **one way or another** (tb **one way or the other**) **(a)** de un modo u otro **(b)** en un sentido u otro, en uno u otro sentido • **on the/your/its way** en el camino, durante el viaje: *The car broke down on the way.* El carro se varó en el camino. • [+**to**]: *I ran out of gas on my way to the airport.* Me quedé sin gasolina de camino al aeropuerto. • **on the/your way home/downtown** de camino a la casa/al centro: *I'll pick up some milk on the way home.* Voy a comprar leche de camino a la casa. • **on the/your way out** *I was on my way out when the phone rang.* Estaba saliendo cuando sonó el teléfono. • **be on the/its way** *More changes are on the way.* Hay más cambios en camino. • **be on the/your/its way (a)** estar en camino: *I phoned to say I was on my way.* Telefoneé para avisar que estaba en camino. **(b)** quedar de camino, quedar de paso: *Want a ride? It's on my way.* ¿Quieres que te lleve? Me queda de camino. • **be (well) on the way to (doing) sth** ir camino de (hacer) algo: *She is now well on the way to recovery.* Ahora va camino de la recuperación. • **be on the/your way up/down** *He's definitely on the way up.* Sin dudas va en ascenso. • **out of the way (a)** (que se ha resuelto o acabado) *Now that's out of the way, we can start work.* Ahora que aquello ha quedado resuelto, podemos ponernos a trabajar. • **get sth out of the way** quitarse algo de en medio **(b)** alejado -a: *The house is a little out of the way.* La casa está un poco alejada. • **out of the/your way (a)** *Tie your hair back, out of the way.* Recógete el pelo, para que no te estorbe. • **get out of the/your way** hacerse a un lado, quitarse • **push/move sth out of the/your way** empujar/mover algo para que no estorbe el paso: *We pushed the car out of the way.* Empujamos el carro para que no estorbara el paso. **(b)** **keep/stay out of sb's way** evitar a alguien (-a) (fuera del camino): *I'll give you a ride home. It's not far out of my way.* Te llevo a tu casa. No me queda a trasmano. • **pave/clear/open/prepare the way (for sth)** allanar el camino (para algo) • **split/divide sth two/three ways** dividir algo en dos/tres partes iguales • **that/this way** así, de este/ese modo: *That way, I wouldn't have to see him anymore.* Así ya no tendría que verlo más. • **there's no way I'll/he'll do sth** de ningún modo voy a/va a hacer algo • **to my/his way of thinking** en mi/su opinión, a mi/su modo de ver • **the way I see it...** en mi opinión, para mí (que)... • **it's the way of the world** así es la vida, las cosas son así • **the way things are** (tb **the way things are going, the way things stand**) como están/van las cosas • **way to go!** (*coloq, oral*) **(a)** (por un logro, un triunfo) ¡felicitaciones!: *"I got accepted at Stanford." "Way to go!"* –Me aceptaron en Stanford. –¡Felicitaciones! **(b)** (irónicamente) ¡felicitaciones!: *Way to go! Now we'll have to start all over again.* ¡Felicitaciones! Ahora vamos a tener que volver a empezar.

way² S1 *adv* (*coloq*)

1 way ahead (of sth/sb) muy por delante (de algo/alguien): *He was way ahead of us.* Iba muy por delante de nosotros. • **way behind/below** muy por detrás/muy abajo • **way off/out** muy lejos, allá lejos

2 way past sth *It's way past your bedtime!* ¡Hace mucho que deberías estar en la cama! • **way above/below sth** muy superior/inferior a algo, muy por encima/debajo de algo • **way off** *Guess again – you're way off.* Trata de acertar otra vez: te has equivocado por mucho. • **way back** hace mucho tiempo • **way**

back in 1970/January allá por 1970/enero • **way back when** en aquella época

way·far·er /'weɪˌfɛrə/ s [C] caminante

way·lay /'weɪleɪ/ v [T] (**waylays, waylaid, waylaying**) **1** detener, entretener; (con violencia) abordar **2 be/get waylaid** demorarse, entretenerse

way of 'life s [C] (pl **ways of life**) **1** modo/forma de vida • **the American/British way of life** el modo de vida estadounidense/británico, la forma de vida estadounidense/británica **2** estilo de vida: *For Tim, traveling has become a way of life.* Para Tim, viajar se ha convertido en un estilo de vida.

way 'out s [C] (pl **ways out**) solución, salida: *There seems to be no way out of the crisis.* No parece haber solución alguna para la crisis.

way-'out adj (coloq) ultramoderno -a, raro -a

way·side /'weɪsaɪd/ s [sing]

way·ward /'weɪwəd/ adj [gralm ante s] **1** díscolo -a, rebelde **2** fuera de control

we S1 W1 /wi/ pron nosotros -as ▶ En inglés nunca se omite el pronombre personal de sujeto. *Shall we begin?* ¿Empezamos? • *Our friends have children, but we don't.* Nuestros amigos tienen hijos, pero no nosotros. • *They are as busy as we are.* Ellos están tan ocupados como nosotros. • *We Italians are proud of our history.* Nosotros los italianos estamos orgullosos de nuestra historia.

weak S3 W2 /wik/ adj (**weaker, weakest**)

1	físicamente
2	sin poder o influencia
3	no hábil
4	no entretenido
5	argumento, pretexto
6	edificio, objeto
7	moneda
8	bebida

1 FÍSICAMENTE (a) débil • [+**with/from**]: *We were all weak with hunger.* Todos estábamos debilitados por el hambre. • **feel weak** sentirse débil • **be too weak to do sth** estar demasiado débil para hacer algo, no tener fuerzas para hacer algo • **have a weak heart/bladder** tener problemas cardiacos/de vejiga ANT **strong** (b) **the weak** [usado como s pl] los débiles
2 SIN PODER O INFLUENCIA (a) débil, endeble • **a weak president/manager** un presidente/gerente débil ANT **strong** (b) **the weak** [usado como s pl] los débiles
3 NO HÁBIL flojo -a • [+**in/at/on**]: *She's pretty weak at physics.* Es bastante floja en física. • **a weak point** un punto débil ANT **strong**
4 NO ENTRETENIDO pobre, flojo -a • **a weak joke** un chiste malo
5 ARGUMENTO, PRETEXTO poco convincente, pobre
6 EDIFICIO, OBJETO frágil, endeble • **be too weak to support/bear sth** no poder soportar/resistir algo ANT **strong**
7 MONEDA débil • [+**against**]: *The pound was weak against the dollar.* La libra se mostró débil ante el dólar. ANT **strong**
8 BEBIDA claro -a, liviano -a, poco cargado -a (café, té) ANT **strong**
EXPRESIONES
go weak in the knees *His smile makes me go weak in the knees.* Su sonrisa hace que me tiemblen las piernas. • **the weak/weakest link (in sth)** el punto débil/más débil (de algo), el punto flojo/más flojo (de algo) • **a weak point/spot** un punto débil

weak·en /'wikən/ v **1** (el poder, la autoridad) (a) [T] debilitar, disminuir (b) [I] debilitarse **2** (la fuerza física, la salud) (a) [T] debilitar (b) [I] debilitarse **3** (una estructura, un edificio) (a) [T] debilitar (b) [I] debilitarse, perder resistencia **4** (la decisión de una persona) (a) [T] debilitar, hacer flaquear • **weaken your resolve/determination** *The sight of his tears weakened my resolve.* Al ver sus lágrimas, flaqueó mi voluntad. (b)

[I] ceder, flaquear **5** (divisa) (a) [I] caer (b) [T] debilitar, hacer caer

weak·ling /'wik-lɪŋ/ s [C] alfeñique, enclenque

weak·ly /'wikli/ adv con voz débil (decir), sin fuerza

weak·ness /'wiknɪs/ s **1** [U] (del cuerpo) debilidad, falta de fuerza • [+**in**]: *weakness in his right arm* falta de fuerza en su brazo derecho **2** [C] defecto • **strengths and weaknesses** virtudes y defectos **3** [U] (falta de poder) debilidad **4** [U] (falta de carácter) debilidad • **a sign of weakness** un signo de debilidad • **a moment of weakness** un momento de debilidad **5** [U] (de una divisa) debilidad

wealth W2 /wɛlθ/ s
1 [U] riqueza • **his/her personal wealth** su fortuna personal
2 a wealth of information/choices una gran abundancia de información/opciones, abundante información/ abundantes opciones • **a wealth of experience** una amplia experiencia

wealth·y S3 W3 /'wɛlθi/ adj (**wealthier, wealthiest**) (a) adinerado -a, rico -a SIN **rich** ANT **poor** (b) **the wealthy** [usado como s pl] los ricos ▶ ver nota en RICH

wean /win/ v [T] destetar
wean sb off sth (tb **wean sb from sth**) v+partíc *She wanted to wean him off junk food.* Quería quitarle la costumbre de comer comida basura.
be weaned on sth v+partíc *the generation that was weaned on TV* la generación que se crió con la televisión

weap·on W2 /'wɛpən/ s [C]
1 (objeto) arma: *nuclear weapons* armas nucleares • **the murder weapon** el arma asesina • **a lethal/deadly weapon** un arma mortal ▶ ver nota en ARMA
2 (comportamiento, conocimiento) arma • [+**against**]: *a weapon against breast cancer* un arma contra el cáncer de mamas • **a secret weapon** un arma secreta

weap·on·ry /'wɛpənri/ s [U] (esp escrito) armas, armamento(s)

W

wear¹ S1 W1 /wɛr/ v (**wore** /wɔr/, **worn** /wɔrn/)
1 [T] tener puesto -a, llevar, ponerse (ropa, zapatos, accesorios): *She was wearing a long black dress.* Tenía puesto un vestido negro largo. • *I think I'll wear my boots.* Me parece que me voy a poner las botas. • **wear glasses** usar anteojos, usar gafas • **be wearing your glasses** tener puestos los anteojos • **wear make-up** llevar/ponerse maquillaje • **wear blue/black/red** vestir(se) de azul/negro/rojo • **wear sth to sth** ponerse algo para (ir a) algo: *What should I wear to the wedding?* ¿Qué me pongo para la boda?
2 [T] **wear your hair long/down** tener el pelo largo/ suelto • **wear a beard** tener barba
3 [T] tener (una sonrisa, una expresión): *He wore an expression of bemusement.* Tenía una expresión de desconcierto. • *He came out wearing a big grin.* Salió con una gran sonrisa.
4 [I] gastarse (ropa, alfombra, llanta): *Her jeans were wearing at the knees.* Se le estaban gastando los bluyines en las rodillas. • **wear thin** gastarse (mucho)
5 [T] **wear a hole in sth** hacerse un agujero en algo • **wear a groove in sth** hacer/dejar un surco en algo
EXPRESIONES
wear your heart on your sleeve (coloq) demostrar sus sentimientos • **wear the pants** (coloq) llevar los pantalones • **wear a seatbelt** tener puesto el cinturón de seguridad • **wear thin** (a) (broma, pregunta, excusa) *That excuse will soon wear thin.* Esa excusa ya no va a convencer a nadie. • *His little jokes were starting to wear thin.* Sus bromitas ya no causaban tanta gracia. (b) (sentimiento) ser cada vez menor: *My patience with Jean is wearing thin.* Se me está acabando la paciencia con Jean. • **wear sth well** llevar bien algo: *It was an expensive suit, and he wore it well.* Era un traje caro y le quedaba bien. • **wear well** durar mucho
wear away v+partíc **1 wear sth** ↔ **away** desgastar algo, erosionar algo **2 wear away** desgastarse, erosionarse

wear down v+partíc **1 wear sb ↔ down** minar la resistencia/moral de alguien, agotar a alguien **2 wear sth ↔ down** gastar/desgastar algo **3 wear down** gastarse, desgastarse

wear off v+partíc pasar(se) (dolor, sensación): *The drug was starting to wear off.* Empezaba a pasarse el efecto de la droga. • **the novelty wears off** pasa la novedad

wear on v+partíc **1** (*escrito*) pasar (tiempo) • **as the day/afternoon/evening wears on** a medida que avanza el día/la tarde/la noche **2 wear on sb** desgastar a alguien

wear out v+partíc **1 wear out** gastarse, desgastarse **2 wear sth ↔ out** gastar algo, desgastar algo **3 wear sb out** agotar a alguien

wear² s [U] **1** desgaste • **wear and tear** desgaste natural **2** uso • **get a lot of wear out of sth** *I've gotten a lot of wear out of these jeans.* Estos bluyines me han durado mucho. **3 casual/formal/evening wear** ropa informal/formal/de gala • **children's/women's wear** ropa para niños/mujer ▶ **be the worse for wear**

wear·er /ˈwɛrɚ/ s [C] **contact-lens/denture wearers** usuarios de lentes de contacto/dentadura postiza

wear·ing /ˈwɛrɪŋ/ adj agotador -a

wea·ry¹ /ˈwɪri/ adj (**wearier, weariest**) **1** cansado -a (persona), de cansancio (expresión) **2 weary of sth** (*liter*) cansado -a/jarto -a de algo

weary² v (**wearies, wearied, wearying**) (*liter*) **1 (a)** [T] cansar **(b)** [I] cansarse **2 weary of sb/sth** cansarse de alguien/algo, jartarse de alguien/algo

wea·sel¹ /ˈwizəl/ s [C] **1** comadreja **2** (*coloq*) rata (persona)

weasel² v
weasel out of sth v+partíc (*coloq*) zafar(se) de algo

weath·er¹ S2 W2 /ˈwɛðɚ/ s
1 [U] tiempo: *What's the weather like today?* ¿Qué tiempo hace hoy? • **hot/wet/cold weather** *We've had some cold weather lately.* Últimamente ha hecho frío. • **good/bad weather** buen/mal tiempo • **weather permitting** si el tiempo lo permite • **weather conditions** condiciones meteorológicas/climáticas • **weather pattern** patrón climático
2 the weather el pronóstico del tiempo

EXPRESIONES
be under the weather (*coloq*) no andar bien (levemente enfermo)

weather² v **1** [T] superar (una situación adversa), capear (una crisis), hacer frente a (las críticas) • **weather the storm** capear el temporal **2 (a)** [I] desgastarse (ladrillo, roca) **(b)** [T gralm en pasiva] erosionar (una roca), desgastar (una roca, una pared), curtir (un rostro, la piel)

'weather-ˌbeaten adj curtido -a (piel, rostro)

weath·ered /ˈwɛðɚd/ adj erosionado -a

'weather ˌforecast s [C] pronóstico del tiempo

'weather ˌforecaster s [C] persona en un programa de radio o televisión encargada de dar el pronóstico del tiempo

weath·er·man /ˈwɛðɚˌmæn/ s [C] (pl **weathermen** /-ˌmɛn/) hombre que da a conocer el pronóstico meteorológico por televisión o radio

weath·er·proof /ˈwɛðɚˌpruf/ adj impermeable, resistente a la lluvia

'weather reˌport s [C] informe meteorológico

'weather vane s [C] veleta

weave¹ /wiv/ v (**wove** /wouv/, **woven** /ˈwouvən/) **1** [I,T] (en un telar) tejer (en un telar) • **weave sth into sth** *They spun the yarn and wove it into cloth.* Hilaban y luego hacían tejidos con el hilo. **2** (un tejido, una alfombra) [T] hacer (tejiendo), tejer • **weave sth from sth** *textiles woven from linen or wool* tejidos de lino o lana **3** [T] (entrelazando) hacer (una cesta, una cuerda) • **weave sth into sth** *They wove the flowers into garlands.* Hicieron guirnaldas con las flores. **4** [I,T siempre + adv/prep] (**weaved**) (desplazarse en zigzag) **weave (your way)**

between/through sth *Waiters weaved between the tables.* Los meseros zigazagueaban entre las mesas.

weave² s [C] trama, tejido

weav·er /ˈwivɚ/ s [C] tejedor -a

web W2 /wɛb/ s [C]
1 the web (tb **the Web**) la red/Red, la web • **on the web** en la red/web • **surf the web** navegar por/en la red, navegar por/en la web • **web access** acceso a la red **2** telaraña, tela (de araña) • **spin a web** tejer una tela/telaraña **3 a web of lies** una maraña de mentiras • **a web of relationships** un entramado de relaciones

webbed /wɛbd/ adj palmeado -a

web·bing /ˈwɛbɪŋ/ s [U] cinchas

'web ˌbrowser s [C] navegador

web·cam /ˈwɛbkæm/ s [C] cámara web

web·cast¹ /ˈwɛbkæst/ s [C] transmisión por Internet

webcast² v [T] (**webcast**) transmitir por Internet

web·log /ˈwɛblɔg/ s [C] weblog, blog

'web page s [C] página web • **visit a web page** visitar una página web

web·site S2 W2 /ˈwɛbsaɪt/ s [C] sitio web • **create/set up a website** crear/armar un sitio web • **post sth on a website** publicar algo en un sitio web

Wed. (*abrev escrita de* **Wednesday**) miérc., miér.

we'd /wid/ contrac de **1** we had **2** we would

wed /wɛd/ v (**wedded** o **wed**) (*escrito*) [nunca en forma continua] **1** [I,T] casarse (con) **2** [T] desposar

wed·ded /ˈwɛdɪd/ adj [solo ante s] casado -a • **lawful(ly) wedded husband/wife** legítimo esposo/legítima esposa • **wedded bliss** felicidad conyugal

wed·ding S1 W3 /ˈwɛdɪŋ/ s [C] matrimonio, boda • **wedding anniversary** aniversario de bodas • **wedding ceremony** boda • **wedding dress** vestido/traje de novia • **wedding present** regalo de bodas • **wedding reception** banquete de bodas • **wedding ring** alianza, anillo de bodas • **wedding vows** votos nupciales

wedge¹ /wɛdʒ/ s [C] **1** cuña **2** trozo, porción (de forma triangular) • **a lemon wedge** un gajo de limón ▶ **DRIVE a wedge between sb**

wedge² v [T siempre + adv/prep] **1** colocar algo en un espacio reducido haciendo fuerza: *The phone was wedged under his chin.* Tenía el teléfono sujetado con la barbilla. **2** poner una cuña a • **wedge sth open/shut** *The door had been wedged shut.* Habían puesto una cuña para mantener cerrada la puerta.

wed·lock /ˈwɛdlɑk/ s [U] (*antic*) matrimonio • **be born out of wedlock** ser nacido -a fuera del matrimonio, ser hijo -a natural

Wednes·day /ˈwɛnzdi, -deɪ/ s [C,U] miércoles ▶ ver ejs en FRIDAY

wee¹ /wi/ adj (*coloq*) chiquito -a, pequeñito -a: *She looked a wee bit confused.* Parecía un poquito confundida.

EXPRESIONES
the wee small hours (tb **the wee hours**) altas horas de la madrugada

wee² v [I] (*oral coloq*) hacer pipí

weed¹ S3 /wid/ s
1 [C] hierbajo, maleza
2 [U] alga(s)
3 [U] (*coloq*) hierba (marihuana)
4 the weed [sing] (*coloq*) el cigarrillo

weed² v [I,T] desmalezar
weed sth/sb ↔ out v+partíc eliminar algo/a alguien

weed·ing /ˈwidɪŋ/ s [U] desmalezado -a

weed-kil·ler /ˈwidˌkilɚ/ s [C,U] herbicida

weed·y /ˈwidi/ adj (**weedier, weediest**) (*coloq*) lleno -a de maleza

week S1 W1 /wik/ s [C]
1 (siete días) semana: *I've been trying to call you all week.* Estuve tratando de llamarte toda la semana. • **this week** esta semana: *Greg just started working here this week.* Greg acaba de empezar a trabajar aquí esta semana. • **last week** la semana pasada: *It was George's birthday last week.* La semana pasada fue el cumpleaños de George. • **next week** la semana que viene: *See you next week.* Hasta la semana que viene. • **once/twice/three times a week** una vez/dos veces/tres veces por semana: *I go to the gym three times a week.* Voy al gimnasio tres veces por semana. • **in a week** dentro de una semana: *If he hasn't phoned in a week, I'll call him.* Si dentro de una semana no me ha llamado, lo llamaré yo. • **a week from Monday/Tuesday** no este lunes/martes sino el siguiente, de este lunes/martes en ocho: *The Reids are coming for dinner a week from Sunday.* Los Reid vienen a comer no este domingo, sino el siguiente.
2 (de lunes a viernes) semana: *a 40-hour week* una semana de 40 horas • **during the week** durante la semana: *I don't see her during the week.* No la veo durante la semana.
EXPRESIONES
week after week (tb **week in, week out**) semana tras semana

week·day /'wikdeɪ/ s [C] (pl **weekdays**) día de semana (de lunes a viernes): *The store stays open until 7 p.m. on weekdays.* La tienda está abierta hasta las 7 de la tarde los días de semana.

week·end¹ S1 W2 /'wikɛnd/ s [C] fin de semana: *What are you doing this weekend?* ¿Qué vas a hacer este fin de semana? • **on the weekend** el fin de semana: *Maybe we'll see them on the weekend.* Puede que los veamos el fin de semana. • **on weekends** los fines de semana: *They close at five on weekends.* Los fines de semana cierran a las cinco. • **a long weekend** un fin de semana largo: *We're going to Vegas for a long weekend.* Vamos a pasar un fin de semana largo en Las Vegas. • **a three-day/four-day weekend** un fin de semana largo

weekend² v [I siempre + adv/prep] ir a pasar el fin de semana

week·ly¹ /'wikli/ adj [solo ante s] **1** semanal: *weekly ballet lessons* clases de ballet semanales **2** por semana, semanal: *Weekly rates at the hotel start at $627.* El hotel cuesta a partir de 627 dólares por semana.

weekly² s [C] (pl **weeklies**) semanario

weekly³ adv semanalmente

week·night /'wiknaɪt/ s [C] cualquier noche de lunes a viernes: *The library is open until nine on weeknights.* La biblioteca está abierta hasta las nueve de la noche de lunes a viernes.

wee·nie /'wini/ s [C] (coloq) **1** salchicha (para perros calientes) SIN **wiener 2** pelele, apocado -a SIN **wimp**

weep /wip/ v (**wept** /wɛpt/) **1** [I,T] (frml o liter) llorar • **weep for sb/sth** llorar por alguien/algo • **weep bitterly** llorar amargamente ▶ ver nota en **LLORAR 2** [I] supurar

weepie s [C] (coloq) película/novela sentimental

weep·y /'wipi/ adj (coloq) llorón -ona • **feel weepy** tener ganas de llorar

wee-wee s [sing] (coloq) pipí, pis

weigh S2 W3 /weɪ/ v
1 [v copul] (tener determinado peso) pesar: *How much do you weigh?* ¿Cuánto pesas? • **weigh a ton** pesar una tonelada
2 [T] (determinar el peso de) pesar: *The grocer weighs the fruit on his scales.* El tendero pesa la fruta en la balanza. • **weigh yourself** pesarse
3 [T] (comparar) considerar, sopesar • **weigh sth against sth** sopesar algo frente a algo: *We have to weigh the benefits of the plan against the costs.* Tenemos que sopesar los beneficios del plan frente a los costos.
4 [I siempre + adv/prep] (influir) (frml) **weigh against sb/sth** pesar en contra de alguien/algo: *The evidence weighed heavily against him.* Las pruebas pesaban

mucho en su contra. • **weigh in sb's/sth's favor** ser un factor a favor de alguien/algo • **weigh with sb** pesar mucho para alguien: *Her testimony weighed strongly with the judge.* Su testimonio pesó mucho para el juez.
EXPRESIONES
weigh anchor levar anclas • **weigh your words** medir sus palabras
weigh down v+partíc **1 weigh sb** ↔ **down** pesarle mucho a alguien • **be weighed down with sth** ir cargado -a de algo: *Sally was weighed down with shopping bags.* Sally iba cargada de bolsas de compras. **2 weigh sth** ↔ **down** hacer de lastre en algo **3 weigh sb** ↔ **down** abrumar a alguien • **weighed down by/with sth** abrumado -a por algo: *He felt weighed down by his responsibilities.* Las responsabilidades lo abrumaban. • *The company was weighed down by debt.* La empresa está agobiada por las deudas.
weigh in v+partíc **1** (coloq) intervenir (en una pelea, una discusión, etc.) **2** ser pesado -a (antes de tomar parte en una competencia) • **weigh in at 100/80 kilos** pesar 100/80 kilos ▶ **WEIGH-IN**
weigh on sb/sth v+partíc abrumar a alguien/algo • **weigh on sb's mind** preocupar a alguien
weigh sth ↔ **out** v+partíc pesar algo (de una cantidad mayor): *She weighed out 100 grams of sugar.* Pesó 100 gramos de azúcar.

weight¹ S1 W1 /weɪt/ s

1	cuán pesado
2	cuán gordo
3	hecho de pesar mucho
4	cosa pesada
5	preocupación
6	importancia
7	mayor parte
8	para gimnasia

1 CUÁN PESADO [C,U] peso: *the average weight of a baby at birth* el peso medio de un bebé al nacer • **in weight** *The fish are over two kilos in weight.* Los peces pesan más de dos kilos.
2 CUÁN GORDO [U] peso: *You shouldn't worry about your weight.* No deberías preocuparte por tu peso. • **put on/gain weight** engordar, subir de peso • **lose weight** adelgazar, bajar de peso • **watch your weight** cuidarse (para no engordar) • **weight loss** pérdida de peso • **weight problem** problema de peso ▶ **OVERWEIGHT, UNDERWEIGHT**
3 HECHO DE PESAR MUCHO [U] peso: *Her arm ached from the weight of the suitcase.* Le dolía el brazo por el peso de la maleta. • **under the weight of sth** bajo el peso de algo: *The roof collapsed under the weight of the snow.* El techo se hundió bajo el peso de la nieve.
4 COSA PESADA [C] peso: *I can't lift heavy weights because of my bad back.* No puedo levantar mucho peso por mis problemas de columna.
5 PREOCUPACIÓN [sing] peso • **be a weight off sb's mind/shoulders** *Having found a place to live is a weight off my mind.* El haber encontrado un lugar para vivir me quitó un peso de encima.
6 IMPORTANCIA [U] peso • **carry weight** tener peso: *She knew that her opinion carried very little weight.* Sabía que su opinión tenía muy poco peso.
7 MAYOR PARTE the weight of sth el peso de algo: *the weight of public opinion* el peso de la opinión pública • **(sheer) weight of numbers** *They won the battle by sheer weight of numbers.* Ganaron la batalla gracias a su superioridad numérica.
8 PARA GIMNASIA [C] pesa • **lift weights** hacer/levantar pesas ▶ **PULL your weight, THROW your weight around, THROW your weight behind sb/sth**

weight² v [T] **1** (tb **weight down**) sujetar con un peso, lastrar • **weight sth (down) with sth** sujetar algo con algo **2** cambiar el enfoque de

weight·ed /'weɪtɪd/ adj ponderado -a (voto, media) • **be weighted against/in favor of sth/sb** perjudicar/favorecer algo/a alguien • **be weighted toward sth** *The course is weighted toward spoken language.* El énfasis del curso está en la expresión oral.

W

weight·less /'weɪtlɪs/ *adj* ingrávido -a

weight·less·ness /'weɪtlɪsnɪs/ *s* [U] ingravidez

weight·lift·er /'weɪt,lɪftər/ *s* [C] levantador -a de pesas, halterófilo -a

weight·lift·ing /'weɪt,lɪftɪŋ/ *s* [U] levantamiento de pesas, halterofilia

'weight ,training *s* [U] entrenamiento con pesas, halterofilia

weight·y /'weɪti/ *adj* (**weightier, weightiest**) **1** serio -a, importante (asunto, tema) **2** (*liter*) pesado -a (objeto)

weir /wɪr, wɛr/ *s* [C] azud, presa

weird S1 /wɪrd/ *adj* (*coloq*) raro -a, extraño -a • **weird and wonderful** alucinante: *They sell all sorts of weird and wonderful products.* Venden los productos más alucinantes. ▶ ver nota en **RARO**

weird·ly /'wɪrdli/ *adv* extrañamente: *a weirdly shaped rock* una roca con una forma muy extraña

weird·ness /'wɪrdnɪs/ *s* [U] rareza

weird·o /'wɪrdoʊ/ *s* [C] (pl **weirdos**) (*coloq*) bicho raro

wel·come¹ W3 /'wɛlkəm/ *v* [T]
1 (a una persona) dar la bienvenida a • **welcome sb with open arms** recibir a alguien con los brazos abiertos SIN **greet**
2 (una propuesta, una sugerencia, un suceso) *The proposal was warmly welcomed by environmental campaigners.* Los ecologistas acogieron la propuesta con beneplácito. • *Many people welcomed his resignation* Mucha gente se alegró de que renunciara.

welcome² S1 *adj*
1 bienvenido -a: *I had the feeling I wasn't really welcome.* Me parecía que no era del todo bienvenido. • **feel welcome** sentirse bienvenido -a • **make sb (feel) welcome** hacer que alguien se sienta bienvenido -a
2 (noticia, ofrecimiento) *A glass of water would be very welcome.* Un vaso de agua me vendría muy bien. • *The increase in interest rates is welcome news for investors.* El aumento de las tasas de interés es una gran noticia para los inversionistas. • **a welcome change** *It would be a welcome change to stay in a luxury hotel.* No estaría nada mal alojarse en un hotel de lujo para variar.

EXPRESIONES
be welcome to do sth (al hacer un ofrecimiento) *You're welcome to stay for lunch.* Encantados de que te quedes a almorzar si quieres. • *There is a phone, which guests are welcome to use.* Hay un teléfono a disposición de los huéspedes. • **be welcome to sth** (*oral*) (al ofrecer algo no deseado) *If you want to take the job, you're welcome to it!* Si quieres el trabajo, ¡es todo tuyo! • **you're (very) welcome** (*oral*) (al responder a un agradecimiento) de nada

welcome³ *s* **1** [C,U] bienvenida • **give sb a warm welcome** dar una calurosa bienvenida a alguien **2** [sing] acogida, recibimiento: *The proposals have received a cautious welcome.* Las propuestas han sido acogidas con cautela.

EXPRESIONES
overstay/outstay your welcome quedarse en la casa de otra persona más tiempo de lo debido

welcome⁴ S3 *interj* bienvenido -a: *Welcome to New York!* ¡Bienvenido a Nueva York! • **welcome home** bienvenido -a a casa • **welcome back** bienvenido -a una vez más

wel·com·ing /'wɛlkəmɪŋ/ *adj* **1** acogedor -a (persona, lugar, recibimiento) **2** [solo ante s] **a welcoming speech** un discurso de bienvenida • **a welcoming committee** un comité de bienvenida

weld¹ /wɛld/ *v* **1** [T] soldar **2** [T siempre + adv/prep] unir, amalgamar

weld² *s* [C] soldadura

weld·er /'wɛldər/ *s* [C] soldador -a

wel·fare W2 /'wɛlfɛr/ *s* [U]
1 bienestar: *Our only concern is the children's welfare.*

Nuestra única preocupación es el bienestar de los niños. SIN **well-being**
2 prestaciones de la seguridad social • **be on welfare** recibir prestaciones de la seguridad social **welfare check** subsidio que los ciudadanos reciben de la seguridad social

,welfare 'state *s* **the welfare state** [sing] el estado de bienestar

we'll /wɪl/ *fuerte* wil/ *contrac de* **1** we will **2** we shall

well¹ S1 W1 /wɛl/ *adv* (**better, best**)
1 bien: *Did you sleep well?* ¿Has dormido bien? • *The festival was very well organized.* El festival estaba muy bien organizado. • *The team played well in the first half.* El equipo jugó bien en la primera parte. • *We ate well.* Comimos bien. • **go well** salir bien, ir bien: *That went much better than I expected!* ¡Salió mucho mejor de lo que esperaba!
2 well after/before sth mucho antes/después de algo: *It was well after midnight when we got home.* Llegamos a la casa mucho después de la medianoche. • **well ahead/in front** muy por delante • **well behind** muy a la zaga: *As usual, the governments are lagging well behind events.* Como de costumbre, los gobiernos van muy a la zaga de los acontecimientos. • **well above/under sth** muy por encima/por debajo de algo: *Well over $100 million has been spent already.* Ya se ha gastado muy por encima de los 100 millones de dólares. • **well up/down** *Sales are well up on last year.* Las ventas son mucho mayores que las del año pasado.
3 well aware plenamente consciente: *I'm well aware of the problems involved.* Soy plenamente consciente de los problemas que conlleva. • **be well worth (doing) sth** valer realmente la pena (hacer) algo ▶ **KNOW** full/perfectly well, he/she MEANS well, be (well) on the WAY to (doing) sth

EXPRESIONES
as well también: *Did Joe go as well?* ¿Joe también fue? SIN **too** • **as well as** además de, así como: *My son has asthma as well as eczema.* Mi hijo tiene asma además de eccema. • **can't very well (do sth)** *I can't very well tell him we don't want him to come!* ¡No puedo ir y decirle que no queremos que venga! • **be doing well** estar recuperándose bien (paciente) • **do well** *I did very well that first year.* Me fue muy bien en ese primer año. • **do well for yourself** prosperar • **may/might/could well be sth** *What you say may well be true.* Es muy posible que lo que dices sea verdad. • **may/might (just) as well do sth** (*coloq*) **(a)** *I might as well eat the last little piece.* Ya que estoy, mejor me como el último pedacito. • *We may as well get used to the situation.* Más vale que nos vayamos acostumbrando a la situación. **(b)** (tb **could (just) as well**) *The cab was so slow we might just as well have gone on the bus.* El taxi fue tan lento que más nos valdría haber tomado el bus. • **speak/think well of sb/sth** hablar bien/tener una buena opinión de alguien/algo • **Well done!/said!** (*oral*) ¡Bien hecho/dicho!, ¡Muy bien! • **Well played!** (*oral*) ¡Buena jugada! • **well and truly** *Their relationship was well and truly over.* Su relación había acabado definitivamente.

⚠ Fíjate en la posición de **well** y **very well** en los ejemplos:
I know Carlos very well (✗ *I know very well Carlos*).
She played the piano well (✗ *played well the piano*).
You shouldn't go unless you know the country very well (✗ *know very well the country*).

well² S1 W1 *interj*
1 enfatizando
2 como pausa en la conversación
3 expresando resignación
4 expresando sorpresa
5 expresando enojo
6 introduciendo comentario final
7 expresando duda
8 añadiendo información
9 pregunta

1 ENFATIZANDO bueno: *Well, I think it's a good idea, anyway.* Bueno, a mí me parece una buena idea. • **well**

then entonces: *"I sympathize." "Well then, do something about it!"* –La compadezco. –¡Pues entonces haz algo al respecto!
2 COMO PAUSA EN LA CONVERSACIÓN bueno, bien: *Well, let's see now, how about next Thursday?* Bueno, vamos a ver, ¿qué tal el próximo jueves?
3 EXPRESANDO RESIGNACIÓN (tb **oh well**) bueno, en fin: *Oh well, we'll just have to postpone our trip.* En fin, tendremos que aplazar el viaje.
4 EXPRESANDO SORPRESA (tb **well, well** (**, well**)) vaya: *Well, well, look who's here!* ¡Vaya, vaya, mira quién está aquí!
5 EXPRESANDO ENOJO caramba: *Well, he could have let us know!* ¡Caramba, nos lo podía haber dicho!
6 INTRODUCIENDO COMENTARIO FINAL bien, bueno: *Well, that's all for today.* Bien, eso es todo por hoy.
7 EXPRESANDO DUDA bueno: *"Would you be interested in coming?" "Well, I might be."* –¿Te interesaría ir? –Bueno, quizás.
8 AÑADIENDO INFORMACIÓN pues bien: *You remember that article I wrote? Well, they're going to publish it.* ¿Te acuerdas del artículo que escribí? Pues bien, me lo van a publicar.
9 PREGUNTA Well? ¿Y bien?: *Well? What have you got to say for yourself?* ¿Y bien? ¿Qué explicación tienes?
EXPRESIONES
very well (*fml, oral*) muy bien: *"Very well," he said. "I accept."* –Muy bien, dijo. –Acepto.

well³ W3 *adj* (**better**, **best**) bien: *"How are you?" "Very well, thanks."* –¿Cómo estás? –Muy bien, gracias. • **look well** tener buen aspecto • **feel well** sentirse bien: *I don't feel well at all.* No me siento nada bien. • **get well/better** mejorarse • **get well soon!** ¡que te mejores pronto!
EXPRESIONES
all being well si todo va bien: *All being well, I'll be back early next week.* Si todo va bien, volveré a comienzos de la próxima semana. • **all is well** (*fml*) todo va bien • **all's well that ends well** bien está lo que bien acaba • **it is just as well (that)...** (*oral*) menos mal (que)...: *It's just as well I kept some money aside for emergencies.* Menos mal que aparté un poco de dinero para emergencias. • **it's/that's all very well...** (*oral*) *It's all very well telling me to rest, but who's going to take care of my children?* Es muy fácil decirme que descanse, ¿pero quién va a cuidar a los niños? • **leave well (enough) alone** dejarlo como está • **(all) well and good** (*oral*) muy bien: *Going on vacation is all well and good, but you've got to get back to reality sometime.* Lo de irse de vacaciones está muy bien, pero en algún momento hay que volver a la realidad.
well⁴ *s* [C] **1** (de agua) pozo • **dig a well** cavar un pozo **2** (de petróleo, gas) pozo • **drill/sink a well** perforar un pozo
well⁵ (tb **well up**) *v* [I gralm + adv/prep] **1** (sangre, agua) brotar: *I felt the tears welling up in my eyes.* Sentí cómo se me llenaban los ojos de lágrimas. **2** (ojos) llenarse de lágrimas **3** (*escrito*) (sentimiento) *Anger welled up in her.* La invadió la rabia. • *Panic welled inside him.* El pánico se apoderó de él.
well-ad'justed *adj* equilibrado -a (persona)
well-'balanced *adj* **1** (dieta, comida) equilibrado -a **2** (persona) equilibrado -a
well-be'haved *adj* bien educado -a, bien portado -a: *a well-behaved child* un niño bien educado
well-'being *s* [U] bienestar • **physical/emotional well-being** bienestar físico/emocional
well-'bred *adj* (*antic*) bien educado -a
well-brought-'up *adj* bien educado -a
well-'built *adj* de buen físico, fornido
well-'chosen *adj* elegido -a con cuidado, acertado -a
well-con'nected *adj* bien relacionado -a
well-de'fined *adj* claro -a
well-de'veloped *adj* bien desarrollado -a

well-dis'posed *adj* **be well-disposed toward sth** estar predispuesto-a a favor de algo
well-'done *adj* cocido -a (carne) ► MEDIUM, RARE; **WELL done!**
well-'dressed *adj* bien vestido -a
well-'earned *adj* merecido -a: *The team is taking a well-earned rest.* El equipo está tomándose un merecido descanso.
well-'educated *adj* culto -a, instruido -a
well-es'tablished *adj* arraigado -a, bien establecido -a
well-'fed *adj* bien alimentado -a
well-'founded *adj* bien fundado -a
well-'groomed *adj* bien arreglado-a
well-'heeled *adj* (*coloq*) adinerado -a
well-in'formed *adj* bien informado -a
well-in'tentioned *adj* bienintencionado -a
well-'kept *adj*
EXPRESIONES
a well-kept secret un secreto bien guardado
well-'known *adj* (**better-known**, **best-known**) conocido -a (hecho, nombre, marca): *a well-known TV personality* un famoso de la tele • *She's very well-known in Mexico.* Es muy conocida en México. • **well-known for sth** conocido -a/famoso -a por algo: *The area is well-known for its lakes.* La zona es famosa por sus lagos. • **it is well-known that...** es sabido que...: *It's well-known that smoking can cause lung cancer.* Es sabido que el tabaco puede causar cáncer de pulmón.
well-'mannered *adj* educado -a, cortés
well-'meaning *adj* bien intencionado -a: *Well-meaning friends tried to comfort me.* Amigos bien intencionados intentaron consolarme. ► MEAN well
well·ness /'wɛlnɪs/ *s* [U] salud (condición de sano)
'well-nigh *adv* (*antic*) prácticamente
well-'off *adj* (**better-off**, **best-off**) acomodado -a (económicamente): *children from well-off families* niños de familias acomodadas ► ver nota en RICH ANT **badly off**, **bad off** ► BETTER OFF
well-'paid *adj* bien pagado -a, bien remunerado -a: *a well-paid job* un trabajo bien pagado
well-read /ˌwɛl 'rɛd◂ / *adj* culto -a (que ha leído mucho)
well-'rounded *adj* **1** (persona) con diversidad de intereses, aptitudes, etc. **2** [gralm ante s] (educación) integral
well-'spoken *adj* que habla correctamente
well-'stocked *adj* bien surtido -a
well-'thought-of *adj* prestigioso -a
well-'timed *adj* oportuno -a (llegada, entrada, etc.)
well-to-'do *adj* **(a)** acomodado -a, rico -a: *well-to-do families* familias acomodadas SIN **rich** **(b) the well-to-do** [usado como s pl] los ricos ► ver nota en RICH
'well-'wisher *s* [C] persona que expresa apoyo, solidaridad o buenos deseos a otra, especialmente si no la conoce personalmente: *The singer received thousands of letters from well-wishers.* La cantante recibió miles de cartas de apoyo de sus admiradores.
well-'worn *adj* manido -a
Welsh¹ /wɛlʃ/ *s* **1 the Welsh** [pl] los galeses **2** [U] (idioma) galés
Welsh² *adj* galés -esa
Welsh·man /'wɛlʃmən/ *s* [C] (pl **Welshmen** /-mən/) galés
Welsh·wom·an /'wɛlʃˌwʊmən/ *s* [C] (pl **Welshwomen** /-ˌwɪmɪn/) galesa
welt /wɛlt/ *s* [C] marca (que deja un latigazo, etc.)
wel·ter /'wɛltər/ *s* [sing] **a welter of sth** un maremágnum de algo

W

wel·ter·weight /'wɛltɚˌweɪt/ s [C] peso wélter

wench /wɛntʃ/ s [C] muchacha

wend /wɛnd/ v **wend your way** (liter) It was time to wend our way home. Era hora de poner rumbo a la casa. • **wend your way through/toward sth** avanzar lentamente a través de algo

went /wɛnt/ pasado de **GO**

wept /wɛpt/ pasado y participio pasado de **WEEP**

we're /wɪr/ contrac de **we are**

were /wɚ/ pasado de **BE**

weren't /wɚnt, 'wɚənt/ contrac de **were not**

were·wolf /'wɛrwʊlf/ s [C] (pl **werewolves** /-wʊlvz/) hombre lobo

west¹ S2 W1, **West** /wɛst/ s [sing, U]
1 (abrev escrita **W.**) oeste, Oeste (dirección): Which way is west? ¿Dónde está el Oeste? • **to the west of sth** al oeste de algo • **from the west** del oeste, desde el oeste
2 the west el oeste (zona) • **in the west** en el oeste
3 the West Occidente
4 the West el oeste (de Estados Unidos)

west² S3 W3, **West** adj [solo ante s]
1 (abrev escrita **W.**) occidental, (del) oeste: the west coast of Scotland la costa occidental de Escocia
2 del oeste (viento) SIN **westerly**

west³ adv al oeste, hacia el oeste: The window faces west. La ventana da al oeste. • **west of sth** al oeste de algo • **out west** al oeste

west·bound /'wɛstbaʊnd/ adj [solo ante s], adv (que va/iba) en dirección oeste

west·er·ly¹ /'wɛstɚli/ adj **1** [solo ante s] hacia el oeste **2** [solo ante s] occidental **3** (del) oeste (viento)

westerly² s [C] (pl **westerlies**) viento (del) oeste

west·ern¹ S3 W3, **Western** /'wɛstɚn/ adj
1 [solo ante s] (geográficamente) occidental, del oeste
2 (cultura, ideas) occidental: Western culture la cultura occidental ▶ **COUNTRY AND WESTERN**

western² s [C] película/historia de vaqueros

west·ern·er, **Westerner** /'wɛstɚnɚ/ s [C] occidental, habitante del oeste

west·ern·i·za·tion /ˌwɛstɚnəˈzeɪʃən/ s [U] occidentalización

west·ern·ize /'wɛstɚˌnaɪz/ v [T gralm en pasiva) occidentalizar(se)

west·ern·ized /'wɛstɚˌnaɪzd/ adj occidentalizado -a

west·ern·most /'wɛstɚnˌmoʊst/ adj [solo ante s] más occidental

West In·dies /wɛst 'ɪndiz/ **the West Indies** las Antillas

west·ward /'wɛstwɚd/ adj [solo ante s], adv hacia el oeste

wet¹ S2 W3 /wɛt/ adj (**wetter**, **wettest**)
1 mojado -a, húmedo -a: wet grass hierba mojada • **wet with sth** His face was wet with sweat. Tenía la cara cubierta de sudor. • **soaking/sopping/dripping wet** empapado -a • **get wet** mojarse: Take an umbrella or you'll get wet. Lleva una sombrilla o te vas a mojar. ANT **dry**
2 lluvioso -a: There's more wet weather on the way. Viene más tiempo lluvioso.
3 fresco -a (pintura, cemento): The paint's still wet. La pintura todavía está fresca.
EXPRESIONES
be all wet (coloq) estar totalmente errado -a • **be wet behind the ears** (coloq) estar verde, no tener experiencia

wet² v [T] (**wet**, **wetted**) **1** mojar, humedecer **2** (al orinarse) mojar • **wet your pants** (tb **wet yourself**) orinarse, hacerse pipí: I nearly wet myself I was so scared. Casi me orino del miedo. • **wet the bed** orinarse en la cama, hacerse pipí en la cama

EXPRESIONES
wet your whistle (antic) tomarse un trago, remojar el guargüero

wet³ s **the wet** la lluvia • **in the wet** bajo la lluvia: They trudged along in the wet. Caminaban fatigosamente bajo la lluvia.

wet 'blanket s [C] (coloq) aguafiestas

wet·ness /'wɛtnɪs/ s [U] humedad

'wet suit s [C] traje de neopreno

we've /wiv/ contrac de **we have**

whack¹ /wæk/ v [T] (coloq) **1** pegarle fuerte a **2** (coloq) liquidar (matar)

whack² s (coloq) [C] porrazo, golpe fuerte
EXPRESIONES
in one whack de una vez • **out of whack** dañado -a, varado -a • **take a whack at (doing) sth** intentar (hacer) algo

whacked /wækt/ adj (tb **whack**) [nunca ante s] (coloq) descabellado -a, disparatado -a, espantoso -a
EXPRESIONES
whacked out trabado -a, pasado -a, hasta atrás

whale¹ W3 /weɪl/ s [C] ballena
EXPRESIONES
have a whale of a time (coloq) pasarla chévere, pasar(se)la padrísimo

whale² v [I] (coloq) golpear • **whale on sb** darle una paliza a alguien, ponerle una pela a alguien • **whale into sb/sth** arremeter contra alguien/algo, darle a alguien/algo

whal·er /'weɪlɚ/ s [C] **1** (persona) ballenero **2** (barco) ballenero

whal·ing /'weɪlɪŋ/ s [U] caza de ballenas

wham /wæm/ interj **1** pumba **2** zas

wharf /wɔrf/ s [C] (pl **wharves** /wɔrvz/, **wharfs**) muelle

what¹ S1 W1 /wʌt; fuerte wʌt, wɑt/ pron
1 qué: What happened? ¿Qué pasó? • "I have an idea." "What?"—Tengo una idea. –¿Cuál? • She asked me what the time was. Me pregunto qué hora era. • **what to do/say/expect** qué hacer/decir/esperar: I didn't know what to say. No sabía qué decir. • **what on earth/what in the world/what in heaven's name...?** ¿qué rayos...?: What on earth are you doing? ¿Qué rayos estás haciendo?
2 lo que: I believe what he told me. Creo lo que me dijo. • What he did was wrong. Lo que hizo estuvo mal.
3 what? (tb **what did you say?, what was that?**) (oral) ¿qué?, ¿cómo? (para pedir que se repita algo)
4 what? (tb **what is it?**) (oral) qué (al responder a un llamado)
5 (oral) (al calcular algo) It'll take us, what, about three hours. Nos llevará, veamos, unas tres horas. ▶ **what does he/do they CARE, GUESS what!, (I/I'll) TELL you what**

EXPRESIONES
...and what have you (coloq) big cities like London, Manchester and what have you ciudades grandes como Londres, Manchester y otras por el estilo • **now what?** (oral) ¿y ahora qué? • **...or what** (oral) ...o qué: Are you afraid of him, or what? ¿Le tienes miedo, o qué? • **so what?** (tb **what of it?**) (coloq, oral) ¿y qué?: "It's getting late." "So what?" –Se está haciendo tarde. –¿Y qué? • **what about...?** (oral) qué tal...?: What about dinner at my place next week? ¿Qué tal comer en mi casa la próxima semana? • **what do you/does Tom do?** (oral) ¿a qué se dedica usted/Tom? • **what... for?** (tb **what for?**) (oral) ¿para qué...?: "I want a new computer." "What for?" –Quiero un computador nuevo. –¿Para qué? • What is this button for? ¿Para qué es este botón? • **what if...?** (oral) ¿y si...?: What if this plan of yours fails? ¿Y si tu plan no da resultado? • **what's it to you?** (oral) ¿y a ti qué te importa? • **(and) what's more** (oral) y además • **what's up?** (coloq, oral) ¿qué pasa? • **what's up with that?** (oral) ¿a qué se debe? • **what's what** (coloq, oral) She's been working here long enough to know what's

what. Ya lleva trabajando aquí lo suficiente como para saber cómo son las cosas. • **what with... and...** entre... y...: *She couldn't get to sleep, what with all the screaming and shouting.* Entre los chillidos y los gritos, no conseguía dormirse. • **what's with sb?** (*coloq, oral*) ¿qué le pasa a alguien? • **what's with sth?** (*coloq, oral*) *What's with all the sad faces?* ¿A qué vienen esas caras largas?

what² *det, predet* **1** qué: *What time is it?* ¿Qué hora es? • *Ask him what size shoes he takes.* Pregúntale qué número calza. • *We don't know what color to paint the walls.* No sabemos de qué color pintar las paredes. • **what... to take/use/choose** qué... tomar/usar/elegir: *tips on what equipment to use* consejos sobre qué equipo usar **2** el poco/la poca... que: *What information they do have is often inaccurate.* La poca información que tienen es a menudo inexacta. **3** (*oral*) (en exclamaciones) qué: *What a beautiful day!* ¡Qué día tan maravilloso! • *What nonsense!* ¡Qué tontería!

what·cha·ma·call·it /'wʌtʃəmə͵kɔlɪt/ *s* [C] (*coloq, oral*) vaina, cosa

what·ev·er¹ S1 W1 /wʌt'evər/ *pron*
1 (todo) lo que: *I'll do whatever she wants me to do.* Haré lo que me pida. • *Buy whatever you need.* Compra todo lo que necesites. • **whatever else** cualquier otra cosa: *We'll get food and whatever else is necessary from the store.* Compraremos comida y cualquier otra cosa que nos haga falta en la tienda.
2 (no importa qué) *Whatever I suggest, he always disagrees.* Sugiera lo que sugiera, nunca está de acuerdo. • *The building must be saved, whatever the cost.* Hay que salvar el edificio, cueste lo que cueste. • **whatever else** *Whatever else you forget, don't forget to lock the door.* Te puedes olvidar de cualquier otra cosa, menos de cerrar la puerta con llave.
3 (*oral*) (cuando no se sabe un nombre) *Why don't you invite Seb, or whatever he's called, to supper?* ¿Por qué no invitas a Seb, o como se llame, a comer?
4 (*oral*) (para expresar indiferencia) me da igual: *"What flavor do you want? Strawberry, vanilla...?" "Whatever."* –¿Qué sabor quieres? Fresa, vainilla... –Me da igual.
5 (*antic, oral*) (para expresar sorpresa o enojo) *Whatever can he mean?* ¿Qué diablos querrá decir? • *Whatever did you do that for?* ¿Por qué diablos hiciste eso?
EXPRESIONES
...or/and whatever (*oral*) *You could put an ad in some magazine, newspaper, or whatever.* Podrías poner un anuncio en una revista, en un periódico, o donde sea. • **whatever next!** (*oral*) ¡lo que faltaba! • **whatever you do** sobre todo: *Whatever you do, don't drop it.* Sobre todo, que no se te caiga.

whatever² *adv* **no... whatever** *These tools are no use whatever.* Estas herramientas no sirven para nada. • *I have no doubt whatever that she's lying.* No tengo la más mínima duda de que está mintiendo. • **nothing whatever** absolutamente nada: *My problems have nothing whatever to do with money.* Mis problemas no tienen absolutamente nada que ver con el dinero. • **none whatever** absolutamente nada: *"Is there any food left?" "None whatever."* ¿Queda comida? –Absolutamente nada. • **any... whatever** *Has this been any help whatever?* ¿Te ha servido esto de algo? SIN **at all**

whatever³ *det* **1** todo -a, cualquier: *I'll take whatever help I can get.* Aceptaré toda la ayuda que pueda conseguir. **2** (no importa qué) *Whatever choice you make, we'll support you.* Elijas lo que elijas, te apoyaremos.

what·not /'wʌt͵nɑt/ *s* **...and whatnot** (*coloq, oral*) ...y todas esas cosas, ...etcétera

'what's-his-name *pron* fulano -a

what·so·ev·er S2 /͵wʌtsou'evər/ *adv* ▶ WHATEVER

wheat S3 /wit/ *s* [U] trigo (planta, cereal): *a field of wheat* un trigal
EXPRESIONES
separate/sort the wheat from the chaff separar el grano de la paja, separar lo bueno de lo malo

wheat·germ /'wit͞d͡ʒɚm/ *s* [U] germen de trigo

whee·dle /'widl/ *v* [I,T] decir (algo) en tono zalamero para lograr algo de alguien • **wheedle sth from/out of sb** sonsacarle algo a alguien • **wheedle your way in/into sth** lograr algo con halagos

wheel¹ S2 W3 /wil/ *s* [C]
1 rueda • **the front/rear wheel** la rueda delantera/trasera • **on wheels** con ruedas: *a hospital bed on wheels* una cama de hospital con ruedas
2 **the wheel** [sing] el volante • **at/behind the wheel** al volante: *The driver must have fallen asleep at the wheel.* El conductor se debe de haber dormido al volante. ▶ STEERING WHEEL
3 **the wheels of justice/government** la maquinaria judicial/gubernamental ▶ REINVENT the wheel
EXPRESIONES
set the wheels in motion (tb **start the wheels turning**) poner todo en marcha • **wheels within wheels** recovecos

wheel² *v* **1** [T siempre + adv/prep] empujar (algo con ruedas): *She wheeled her bicycle away.* Se marchó empujando la bicicleta. **2** [T siempre + adv/prep] llevar (a alguien en una silla de ruedas, una camilla, etc.): *He was wheeled into the operating room.* Lo llevaron al quirófano. **3** [I] girar en redondo • **wheel around** girarse en redondo **4** [I] volar en círculos
EXPRESIONES
wheel and deal negociar con astucia ▶ WHEELER-DEALER

wheel·bar·row /'wil͵bærou/ *s* [C] carretilla

wheel·chair /'wil-tʃɛr/ *s* [C] silla de ruedas • **in a wheelchair** en silla de ruedas • **be confined to a wheelchair** estar confinado -a a una silla de ruedas • **wheelchair access** acceso para discapacitados • **wheelchair user** persona en silla de ruedas

͵wheeler-'dealer *s* [C] negociador astuto/negociadora astuta

wheel·house /'wilhaus/ *s* [C] timonera

wheel·ie /'wili/ *s* **do a wheelie** (tb **pop a wheelie**) (*coloq*) andar en una rueda (con una bicicleta o moto)

͵wheeling and 'dealing *s* [U] chanchullos ▶ WHEELER-DEALER

wheeze¹ /wiz/ *v* **1** [I] respirar con dificultad, resollar **2** [T] decir resollando

wheeze² *s* [C] **1** respiración fatigosa acompañada de un silbido, o el silbido mismo **2** frase/idea remanida

wheez·i·ly /'wizəli/ *adv* resollando

wheez·i·ness /'wizinɪs/ *s* [U] respiración fatigosa acompañada de un silbido

wheez·y /'wizi/ *adj* (**wheezier, wheeziest**) referido a una persona, su tos, etc., que produce un silbido

whelk /wɛlk/ *s* [C] caracol de mar

when¹ S1 W1 /wɛn/ *adv*
1 cuándo: *When did you last see him?* ¿Cuándo lo viste por última vez? • *Do you know when the movie starts?* ¿Sabes cuándo empieza la película? • **when to do sth** cuándo hacer algo: *I'll tell you when to ring the bell.* Te diré cuándo hay que tocar el timbre.
2 en el/la que, cuando: *one of those days when everything goes wrong* uno de esos días en los que todo sale mal • *Tell me about when you were young.* Cuéntame de cuando eras joven.

when² S1 W1 *conj*
1 cuando: *I hated chocolate when I was a little boy.* Cuando era niño odiaba el chocolate. • *I travel early, when there's no traffic on the roads.* Viajo temprano, cuando no hay tránsito en las carreteras. • *When in Paris, he met Hemingway.* Cuando estaba en París, conoció a Hemingway. • *I'll see you when I get home.* Te veré cuando llegue a la casa. • **when doing sth** *Wear a helmet when riding your bike.* Ponte el casco cuando andes en la moto.
2 (si es que) cuando: *Why bother doing it yourself when they can do it for you?* ¿Para qué molestarte en hacerlo

tú mismo cuando te lo pueden hacer ellos? SIN **if**
3 (a pesar de que) cuando: *The doctor said he was fine, when he was really dying.* El médico dijo que estaba bien, cuando en realidad se estaba muriendo. SIN **whereas, although**

EXPRESIONES
when you think about it si lo piensas: *It's pretty amazing when you think about it.* Es increíble, si lo piensas. • **when you consider/remember sth** si uno piensa en/recuerda algo: *His success isn't surprising when you consider his background.* Su éxito no es sorprendente, si uno piensa en su historial.

when·ev·er¹ S1 W3 /wɛn'ɛvɚ, wən-/ *conj*
1 cada vez que, siempre que: *Whenever things go wrong, she blames me.* Cada vez que algo sale mal, me echa la culpa a mí. • **whenever possible** *I visit them whenever possible.* Los visito siempre que puedo. SIN **when**
2 cuando: *Come and see me whenever it's convenient.* Ven a verme cuando te venga bien. SIN **when**

whenever² S1 W3 *adv*
1 (oral) (no importa cuándo) cuando sea • **...or whenever** ...o cuando sea: *Come on Monday or Tuesday or whenever.* Ven el lunes o el martes, o cuando sea.
2 (no se sabe cuándo) *We'll wait till he comes, whenever that might be.* Esperaremos hasta que venga, sea cuando fuere. • **...or whenever** ...o cuando fuera: *She phoned at ten, or ten thirty, or whenever it was.* Llamó a las diez, o diez y media, o cuando fuera.

where¹ S1 W1 /wɛr/ *adv*
1 dónde: *Where do you live?* ¿Dónde vives? • *I asked Lucy where she was going.* Le pregunté a Lucy adónde iba. • **where (...) to/from** *Where have you come from?* ¿De dónde vienes? • *"We're going on a trip." "Where to?"* –Nos vamos de viaje. –¿Adónde? • **where to do sth** dónde hacer algo: *The plant is easy to find if you know where to look.* La planta es fácil de encontrar si sabes dónde buscar. • **where on earth/where in the world...?** ¿dónde rayos...?: *Where on earth did you find this?* ¿Dónde rayos encontraste esto?
2 donde: *This is the place where I hid the key.* Este es el lugar donde escondí la llave. • *We moved to Boston, where my grandparents lived.* Nos mudamos a Boston, donde vivían mis abuelos.
3 en el/la que, en el/la cual: *a situation where women are discriminated against* una situación en la cual las mujeres son discriminadas

where² S1 W1 *conj*
1 donde: *She used to live where the Bennetts live now.* Vivía donde ahora viven los Bennett.
2 siempre que • **where possible** *Where possible, we use fruit that's in season.* Siempre que sea posible, usamos frutas en cosecha. SIN **wherever**

EXPRESIONES
where it's at (coloq) **(a)** donde está la movida **(b)** lo que se usa

where·a·bouts¹ /'wɛrə,baʊts/ *s* [pl] paradero • **his/her current whereabouts** su paradero actual

where·a·bouts² /'wɛrə,baʊts, ˌwɛrə'baʊts/ *adv* (oral) (por) dónde: *Whereabouts do you live?* ¿Por dónde vives?

where·as S3 /'wɛrəz; *fuerte* wɛr'æz/ *conj* mientras que

where·by /wɛr'baɪ/ *adv* (frml) por el/la que, mediante el/la cual: *the process whereby shells become sand* el proceso por el que las conchas se convierten en arena

where·in /wɛr'ɪn/ *adv* (frml) dónde (interrogativo), donde (relativo)

where·u·pon /ˌwɛrə'pɑn, 'wɛrə,pɑn/ *conj* (frml) tras lo cual, con lo cual

wher·ev·er¹ S3 /wɛr'ɛvɚ/ *conj*
1 dondequiera que • **wherever he/she goes** dondequiera que va • **wherever you want/like** donde quieras
2 cada vez que • **wherever possible** de ser posible

wherever² S3 *adv* (oral)
1 en cualquier parte/lugar • **go wherever** ir a cualquier parte/lugar • **...or wherever** *You can go to London or Paris or wherever.* Puedes ir a Londres, a París, o a

donde sea.
2 (tb **where ever**) dónde diablos: *Wherever can she be?* ¿Dónde diablos puede estar?

EXPRESIONES
wherever that is (tb **wherever that may be**) que quién sabe dónde queda/está, que vaya a saber dónde quedará

where·with·al /'wɛrwɪˌðɔl, -ˌθɔl/ *s* **the wherewithal to do sth** los medios/recursos para hacer algo

whet /wɛt/ *v* [T]

EXPRESIONES
whet sb's appetite (for sth) despertar el interés de alguien (por algo)

wheth·er S1 W1 /'wɛðɚ/ *conj*
1 (indicando opciones) si • **whether to do sth** si hacer algo o no: *I wondered whether to tell them about my new job.* No sabía si contarles o no lo de mi nuevo trabajo. • **whether... or...** si... o...: *She was uncertain whether to stay or leave.* No sabía si quedarse o irse. • **whether or not** *They were debating whether or not to accept the offer.* Discutían si aceptar o no la oferta. • **whether you like it or not/she comes or not** te guste o no/venga o no venga
2 (indicando incertidumbre) si: *I wondered whether we would survive.* Me preguntaba si sobreviviríamos. • **whether or not** *We weren't sure whether this was legal or not.* No estábamos seguros de si esto era o no legal.

whew S3 /hwyu, hwu/ *interj*
1 (para expresar alivio) uf, menos mal
2 (para expresar calor) uf
3 (para expresar asombro) eh

whey /weɪ/ *s* [U] suero

which¹ S1 W1 /wɪtʃ/ *det* qué: *Which coat do you like best?* ¿Qué abrigo te gusta más? • *I don't know which road leads home.* No sé cuál es la carretera que va a la casa. • **which... to choose/buy/take** qué... elegir/comprar/llevar: *They couldn't decide which places to visit.* No podían decidir qué sitios visitar. • **which one/ones** cuál/cuáles: *Which one do you prefer?* ¿Cuál prefieres?

EXPRESIONES
at which point y en ese momento, momento en el cual • **by which time** *Wait until Monday, by which time he'll be back.* Espera hasta el lunes, que para entonces ya habrá vuelto. • **in which case** en cuyo caso

which² S1 W1 *pron*
1 (interrogativo) cuál: *Which is the best car for me?* ¿Cuál es el mejor carro para mí? • *Which do you prefer — orange juice or lemonade?* ¿Qué prefieres, jugo de naranja o limonada? • *Choose any table — it doesn't matter which.* Elige cualquier mesa, no importa cuál. • **which of sb/sth** *Which of you took my pencil?* ¿Quién de ustedes se llevó mi lápiz? • *I don't know which of them I like best.* No sé cuál me gusta más.
2 (relativo referido a sustantivo) que: *a movie which the whole family will enjoy* una película que le gustará a toda la familia • *This is the book which I told you about.* Éste es el libro del que te hablé. • *The train, which arrived late again, was very busy.* El tren, que volvió a llegar tarde, iba muy lleno. • *the areas in which the animal lives* las zonas en las que vive el animal • **many/some of which** muchos/algunos de los cuales: *She's written several books, some of which I've read.* Ha escrito varios libros, algunos de los cuales he leído. • **all of which** todos los cuales
3 (relativo referido a frase) lo cual: *I gave him all my money, which was a mistake.* Le di todo mi dinero, lo cual fue un error. • **after which** después de lo cual

EXPRESIONES
which is which cuál es cuál: *It's difficult to tell which is which.* Cuesta distinguir cuál es cuál.

which·ev·er¹ /wɪtʃ'ɛvɚ/ *det* **1** sea cual sea el/la: *You'll get the same result whichever method you use.* Llegarás al mismo resultado uses el método que uses. • *Whichever sport you play, you can get injured.* Sea cual sea el deporte que hagas, puedes lesionarte. • **whichever way you look at it** se mire por donde se mire, se mire como se mire **2** el/la ... que: *I'll use whichever treatment she* *recommends*. Voy a usar el tratamiento que recomiende.

whichever² *pron* **1** sea cual sea: *Whichever is selected, it won't affect you.* Sea cual seal el que se seleccione, no te va a afectar. • **whichever of sth** *Whichever of the places you visit, it will still be full of tourists.* Cualquiera de los lugares que visites estará todavía lleno de turistas. **2** el/la/lo que: *Come on Monday or Tuesday, whichever suits you.* Ven el lunes o el martes, lo que te venga bien. • **whichever of** *Use whichever of these tools seems most useful.* De estas herramientas, usa la que te parezca más útil.

whiff /wɪf/ *s* [C] olor, dejo • **get/catch a whiff of sth** notar un poco de olor a algo: *I caught a whiff of her perfume.* Me llegó el aroma de su perfume.

while¹ S1 W1 /waɪl/ *conj*
1 mientras: *They arrived while we were having dinner.* Llegaron mientras comíamos. • *While we were in London, we met John.* Estando en Londres, nos encontramos con John. • **while doing sth** *He was injured while playing football.* Se lesionó jugando al fútbol. • **while in York/in college** cuando estaba en York/en la universidad
2 mientras que: *While her parents are short, she's very tall.* Ella es muy alta, mientras que sus padres son bajitos. SIN **whereas**
3 si bien, aunque: *While that's true, it's not important.* Aunque es cierto, no tiene importancia. SIN **although**

EXPRESIONES
while you're at it (*oral*) ya que estás

while² S1 W1 *s* [sing] a while un rato, un tiempo: *It was a while before we were served.* Pasó un rato hasta que nos sirvieron. • *It takes a while to learn these skills.* Lleva tiempo adquirir estas habilidades. • **for a while** *We lived in Chicago for a while.* Vivimos en Chicago durante un tiempo. • **in a while** *I haven't seen him in a while.* Hace un tiempo que no lo veo. • *I'll be back in a little while.* Vuelvo enseguida. • **quite a while** bastante tiempo: *It's been quite a while since I played baseball.* Hace bastante tiempo que no juego al béisbol. • **a while ago/back** hace (un) tiempo, hace (un) rato: *She left a while ago.* Hace un rato. ▶ **(every) ONCE in a while**, **make it WORTH sb's while**

EXPRESIONES
all the while todo el rato/tiempo

while³ *v*
while away sth *v+partíc* pasar algo (un día, una tarde, etc.)

whim /wɪm/ *s* [C] capricho, antojo • **on a whim** por capricho: *I went to visit her on a whim.* La fui a visitar porque se me antojó.

whim·per¹ /'wɪmpə/ *v* [I,T] lloriquear

whimper² *s* [C] gemido, quejido

EXPRESIONES
without a whimper sin chistar

whim·si·cal /'wɪmzɪkəl/ *adj* peculiar, singular

whine¹ /waɪn/ *v* **1** [I,T] (*peyor*) quejarse, protestar **2** [I] aullar, gemir **3** [I] chillar, hacer ruido (máquina, motor)

whine² *s* [C] **1** gemido, aullido **2** ruido agudo (de una máquina)

whin·ny¹ /'wɪni/ *v* [I] (**whinnies**, **whinnied**, **whinnying**) relinchar

whinny² *s* [C] relincho

whip¹ /wɪp/ *v* (**whipped**, **whipping**) **1** (moverse con fuerza) **(a)** [I siempre + adv/prep] **whip across/past sth** *The train whipped past.* El tren pasó zumbando. • **whip around** voltear de repente **(b)** [T siempre + adv/prep] azotar, lanzar con fuerza • **whip sth around/about** *The branches were being whipped about in the storm.* La tormenta azotaba las ramas. **2** [T siempre + adv/prep] (quitar con fuerza) **whip sth off/away/back** *He whipped back the sheets.* Retiró las sábanas de un tirón. **3** [T] (con látigo, fusta) azotar (a una persona), fustigar (a un caballo) **4** [T] batir (claras, crema) **5** [T] (*coloq*) darle

una paliza a, darle una pela a

EXPRESIONES
whip sth/sb into shape (*coloq*) poner algo a punto/a alguien en forma
whip through sth *v+partíc* (*coloq*) despachar algo por la vía rápida
whip up *v+partíc* **1** whip sth ↔ up preparar algo rápido (para comer) **2** whip sb ↔ up agitar/enfervorizar a alguien (las masas, la gente) • **whip up interest/enthusiasm** despertar interés/entusiasmo

whip² *s* **1** [C] látigo **2** a (riding) whip una fusta **3** [C] en EU y Gran Bretaña, parlamentario -a encargado -a de mantener la disciplina de voto entre sus compañeros de grupo ▶ **CRACK the whip**

EXPRESIONES
have the whip hand llevar la batuta

whip·lash /'wɪplæʃ/ (tb **'whiplash ,injury**) *s* [C,U] (tb **whiplash injury**) traumatismo cervical

whipped /wɪpt/ *adj* batido -a

,whipped 'cream *s* [U] crema batida

'whipping boy *s* [sing] chivo expiatorio

whir, whirr /wɜ/ *s* [C] zumbido (de un insecto), ruido (de un motor, helicóptero)

whir, whirr *v* [I] (**whirred**, **whirring**) zumbar (motor, helicóptero, insecto)

whirl¹ /wɜl/ *v* **1 (a)** [I] dar vueltas, girar • **whirl around/about** darse vuelta de repente, voltear de repente **(b)** [T] whirl sth/sb around/away hacer girar algo/a alguien **2** [I] **whirl around your head/in your mind** dar vueltas en la cabeza **3** [I] **his/my head is whirling** la cabeza le/me da vueltas

whirl² *s* **1** [sing] **a whirl of activity** un torbellino de actividad • **social whirl** actividad social intensa **2** [C] remolino (de polvo), espiral (de humo) **3** [C] giro

EXPRESIONES
give sth a whirl (*coloq*) probar algo • **my mind is in a whirl** la cabeza me da vueltas

whirl·pool /'wɜlpul/ *s* [C] **1** remolino (en el agua) **2** (tb **whirlpool bath**) bañera de hidromasaje

whirl·wind¹ /'wɜl,wɪnd/ *s* **1** [C] torbellino (en el aire) **2** [sing] **a whirlwind of activity** un torbellino de actividad

whirlwind² *adj* [solo ante s] relámpago (viaje, gira), pasajero -a (aventura, idilio)

whirr /wɜ/ *s* variante de **WHIR**

whisk¹ /wɪsk/ *v* **1** [T] batir (huevos, claras, una mezcla) **2** [T siempre + adv/prep] **whisk sth/sb away/off** retirar algo/llevarse a alguien rápidamente

whisk² *s* [C] batidor

whisk·er /'wɪskə/ *s* **1** [C] bigote (de un gato, un ratón, etc.) **2** whiskers [pl] pelos de la cara

EXPRESIONES
by a whisker (*coloq*) por un pelo, por muy poco • **come within a whisker of doing sth** estar a punto de hacer algo

whis·key, whisky /'wɪski/ *s* [C,U] (pl **whiskeys**, **whiskies**) whisky: *I'll have a whiskey.* Yo tomaré un whisky.

whis·per¹ W3 /'wɪspə/ *v*
1 (a) [I] cuchichear, susurrar **(b)** [T] susurrar, decir en voz baja • **whisper sth to sb** susurrarle algo a alguien
2 [I,T] **people are whispering that...** (tb **it is whispered that...**) se rumorea que...
3 [I] (*liter*) susurrar (viento, hojas)

whisper² *s* [C] **1** (voz) susurro • **in a whisper** susurrando, en voz muy baja **2** (noticia) rumor **3** (del viento) [gralm sing] (*liter*) susurro, rumor

whist /wɪst/ *s* [U] whist (juego de naipes)

whis·tle¹ S3 /'wɪsəl/ *v*
1 [I,T] (con la boca) silbar • **whistle a tune** silbar una canción • **whistle at sb** silbarle a alguien (como cumplido)
2 [I siempre + adv/prep] (viento, bala) silbar: *The wind*

whistled through the trees. El viento silbaba entre los árboles.
3 [I] (pájaro) cantar
4 [I] (tetera, tren) silbar, pitar
5 [I] (árbitro, policía) pitar, tocar el silbato
EXPRESIONES
be whistling Dixie (*coloq*) decir tonterías, echar carreta, echar habladas

whistle² *s* [C] **1** (de un árbitro, un policía) silbato, pito • **blow a whistle** tocar un silbato **2** (con la boca) silbido • **let out a whistle** (tb **give a whistle**) lanzar/dar un silbido **3** (de un tren) silbato • **a whistle blows** suena un silbato **4** (de una fábrica) sirena • **a whistle blows** suena una sirena **5** (sonido) [gralm sing] silbido, pitido (de árbitro, policía, etc.), silbido (de proyectiles, etc.) **6** (de un pájaro) canto ► BLOW **the whistle (on sth)**, AS CLEAN **as a whistle**, WET **your whistle**

'whistle-,stop *adj* con breves escalas (viaje, gira)

whit /wɪt/ *s* **not a whit** ni pizca, ni un ápice

white¹ S1 W1 /waɪt/ *adj*
1 (color) blanco -a • **pure/snow white** blanquísimo -a, de un blanco inmaculado
2 (persona, raza) blanco -a: *the white population* la población blanca
3 blanco -a, pálido -a • **as white as a sheet/ghost** blanco -a como la nieve • **white with anger/fear** pálido de la rabia/del miedo
4 (vino) blanco ► RED
EXPRESIONES
a white Christmas/Thanksgiving unas Navidades con nieve

white² S2 W3 *s*

1	color
2	persona
3	vino
4	del huevo
5	del ojo
6	en el lavado
7	en tenis, críquet
8	en ajedrez, damas

1 **COLOR** [C,U] blanco • **in white** de blanco: *They were all dressed in white.* Todos estaban de blanco. • *Do you have this top in white?* ¿Tienen esta camiseta en blanco?
2 **PERSONA** [C gralm pl] (tb **White**) blanco -a: *Whites still make up a majority of the U.S. population.* Los blancos todavía son mayoría en la población estadounidense.
3 **VINO** [C,U] blanco ► RED
4 **DEL HUEVO** [C,U] clara: *Add two egg whites.* Añada dos claras de huevo. ► YOLK
5 **DEL OJO** [C gralm pl] blanco: *the whites of your eyes* el blanco de los ojos
6 **EN EL LAVADO** **whites** [pl] la ropa blanca
7 **EN TENIS, CRÍQUET** **whites** [pl] ropa blanca (deportiva)
8 **EN AJEDREZ, DAMAS** [U] (las) blancas ► BLACK

white·board /'waɪtbɔrd/ *s* [C] pizarra blanca, pizarrón blanco

,white-'collar *adj* [solo ante s] de oficina, no manual (trabajador): *white-collar workers* oficinistas ► BLUE-COLLAR

,white 'elephant *s* [C] (*coloq*) elefante blanco, proyecto faraónico (de escasa utilidad)

,white 'flag *s* [C] bandera blanca

'white ,heat *s* [U] temperatura muy elevada a la que el metal se vuelve de color blanco

,white-'hot *adj* candente

,white 'lie *s* [C] (*coloq*) mentira piadosa

'white meat *s* [U] carne blanca

whit·en /'waɪt⌐n/ *v* **1** **(a)** [T] blanquear **(b)** [I] ponerse blanco -a **2** [I] ponerse pálido -a/blanco -a, palidecer

white·ness /'waɪt⌐nɪs/ *s* [U] blancura

'white sauce *s* [C,U] salsa bechamel

,white 'trash *s* [U] (*despec*) blancos pobres del sur de Estados Unidos

white·wash¹ /'waɪt⌐wɑʃ/ *v* **1** [I,T] encubrir **2** [T] encalar

whitewash² *s* **1** [sing, U] encubrimiento **2** [U] lechada de cal

'white ,water *s* [U] rápidos (de un río) • **white water rafting** descenso de aguas rápidas

whit·tle /'wɪt̬l/ *v* [I,T] tallar (la madera)
whittle away *v+partíc* **whittle sth ↔ away**, **whittle away at sth** ir recortando/reduciendo algo
whittle sth ↔ down *v+partíc* ir reduciendo algo

whiz¹ /wɪz/ *v* [I] (**whizzed**, **whizzing**) (*coloq*) **1** [siempre + adv/prep] **whiz by/past** pasar zumbando • **whizz past/through sth** *A bullet whizzed past his head.* Una bala le pasó rozando la cabeza. **2** [siempre + adv/prep] **whiz by/past** pasar volando (el tiempo) **3** orinar
whiz through sth *v+partíc* hacer algo volando, despachar algo rápidamente

whiz² *s* (*coloq*) [C] (pl **whizzes**) genio -a
EXPRESIONES
take a whiz (*coloq*) orinar

'whiz kid *s* [C] (*coloq*) niño -a prodigio, joven genio: *a computer whiz kid* un joven genio de la informática

who S1 W1 /hu/ *pron*
1 (interrogativo) quién/quiénes: *Who locked the door?* ¿Quién cerró con llave? • *Someone told them, but I don't know who.* Alguien se lo dijo, pero no sé quién. • *We argue occasionally. Who doesn't?* De vez en cuando discutimos. ¿Quién no? • **who to ask/invite/choose** a quién preguntar/invitar/elegir • **who else** quién más: *Who else did you tell?* ¿A quién más se lo contaste?
2 (relativo especificativo) que: *the people who live next door* los que viven al lado • **the one who** el/la que, quien: *John was the one who organized the event.* John fue el que organizó el acto. • **the ones who** los/las que, quienes • **he/she who** (*liter*) quien, el/la que
3 (relativo explicativo) que, quien: *This is Alice, who I mentioned earlier.* Esta es Alice, de quien te hablé antes. • *Ron, who usually doesn't drink, had two beers.* Ron, que por lo general no bebe, se tomó dos cervezas. ► WHOEVER
EXPRESIONES
who is sb to do sth? ¿quién es alguien para hacer algo?: *Who are you to tell me what to do?* ¿Quién eres tú para decirme lo que tengo que hacer? • **who's who** quién es quién • **a who's who of jazz/tennis** lo más selecto del jazz/tenis

whoa /woʊ, hwoʊ, hoʊ/ *interj* (*coloq*) **1** (para pedir calma) despacio **2** (para expresar asombro) vaya **3** (a un caballo) so

who·dun·it, **whodunnit** /hu'dʌnɪt/ *s* [C] (*coloq*) novela/película policiaca (sobre un asesinato)

who·ev·er S2 /hu'ɛvɚ/ *pron*
1 (cualquier persona) quien, quienquiera (que): *Give these clothes to whoever needs them.* Dale esta ropa a quien la necesite.
2 (la persona concreta) quien: *Whoever is responsible for this will be punished.* Quien sea responsable de esto será castigado.
3 (no importa quién) *Whoever that is, tell them I'm busy.* Sea quien sea, dile que estoy ocupado. • **whoever wins/whoever you ask** gane quien gane/le preguntes a quien le preguntes
4 (en preguntas enfáticas) (tb **who ever**) quién diablos: *Who ever told you that?* ¿Quién diablos te dijo eso?
EXPRESIONES
...or whoever ...o quien sea: *I'll ask Mary or Gloria or whoever.* Le preguntaré a Mary, a Gloria o a quien sea. • **whoever sb is/was** sea quien sea/fuera quien fuera

whole¹ S1 W1 /hoʊl/ *adj*
1 [solo ante s] (completo) entero -a, todo -a: *It took a*

whole day to get there. Llevó un día entero llegar allí. • *You have your whole life ahead of you*. Tienes toda una vida por delante. • **the whole truth** toda la verdad • **the whole thing** todo este asunto • **the whole school/country** todo el colegio/el país • **in the whole (wide) world** de todos -as, del mundo: *the best place to be in the whole world* el mejor lugar del mundo para estar SIN **entire**
2 (sin partir) entero -a: *a whole lemon* un limón entero • **eat/swallow sth whole** comerse/tragarse algo entero
3 (para enfatizar) **a whole lot** (*coloq*) muchísimo: *I'm feeling a whole lot better now*. Ahora me siento muchísimo mejor. • **a whole variety/range of sth** toda una variedad/gama de algo ▶ **a whole new** BALL GAME
EXPRESIONES
the whole nine yards (*coloq*) y toda la parafernalia, y todo lo que se te/le ocurra • **the whole point (of sth)** el motivo principal (de algo): *The whole point of coming here was to visit the cathedral.* El motivo principal de venir aquí era visitar la catedral. • **the whole... thing** (*coloq*) toda esta historia de...: *The whole suburban thing freaks me out.* Toda esta historia de lo suburbano me alucina. • **the whole time** todo el tiempo/rato

whole² S2 *s* [C gralm sing]
1 **the whole of sth** *the whole of Latin America* toda América Latina • *He stayed in bed for the whole of the next day.* Todo el día siguiente lo pasó en la cama.
2 todo, unidad: *Two halves make a whole.* Dos mitades hacen una unidad.
EXPRESIONES
as a whole en su totalidad, globalmente • **on the whole** en general

whole³ *adv* totalmente: *a whole new way of doing things* una forma de hacer las cosas totalmente nueva

'whole food *s* [U] alimentos integrales

whole·heart·ed /ˌhoʊlˈhɑrtɪd◂/ *adj* incondicional

whole·heart·ed·ly /ˌhoʊlˈhɑrtɪdli/ *adv* incondicionalmente

'whole note *s* [C] redonda (en música)

ˌwhole 'number *s* [C] número entero

whole·sale¹ /ˈhoʊlseɪl/ *s* [U] venta al por mayor, venta mayorista, venta al mayoreo ▶ RETAIL

wholesale² *adj* [solo ante s] **1** mayorista, al por mayor, al mayoreo **2** masivo -a (destrucción, emigración), drástico -a (cambio)

wholesale³ *adv* **1** al por mayor, al mayoreo **2** por completo

whole·sal·er /ˈhoʊlˌseɪlɚ/ *s* [C] mayorista

whole·some /ˈhoʊlsəm/ *adj* sano -a, saludable

'whole wheat, whole-wheat *adj* integral (pan, harina)

who'll /hul/ *contrac de* **who will**

whol·ly /ˈhoʊli/ *adv* (*frml*) totalmente

whom W1 /hum/ *pron* (*frml*)
1 (interrogativo) quién (con preposiciones), a quién (como complemento directo): *With whom was she traveling?* ¿Con quién viajaba? • *Whom did he see?* ¿A quién vio? • **whom to ask/invite** a quién preguntar/invitar
2 (relativo especificativo) quien/quienes: *the men about whom I had heard so much* los hombres de quienes tanto había oído hablar • *the person whom I spoke to earlier* la persona con la que hablé antes
3 (relativo explicativo) quien/quienes: *I talked to his wife, whom I'd never met before.* Hablé con su mujer, a quien nunca antes había visto.

whoop¹ /hup, wup/ *v* **1** **(a)** [I] gritar, dar gritos **(b)** [T] gritar **2** [T] (tb **whup**) (*coloq, oral*) ganarle fácilmente a **3** [T] (tb **whup**) (*coloq, oral*) azotar (con un cinto, un palo)
EXPRESIONES
whoop it up (*coloq*) estar/ir de fiesta, estar/ir de rumba

whoop² *s* [C] grito, alarido

whoop·ing cough /ˈhupɪŋ kɔf, ˈwup-/ *s* [U] tos ferina

whoops S3 /wʊps/ *interj* epa, uy: *Whoops, I spelled that wrong.* Uy, lo escribí mal.

whoosh /wuʃ, wʊʃ/ *s* [C gralm sing] zumbido fuerte (como el de una llanta al pincharse, un chorro de agua a presión, etc.)

whop·per /ˈwɑpɚ/ *s* [C] (*coloq*) **1** gran mentira **2** **be a whopper** ser enorme/descomunal

whop·ping /ˈwɑpɪŋ/ (tb **'whopping great**) *adj* [solo ante s] (*coloq*) enorme, tremendo -a

who're /ˈhuɚ, hʊr/ *contrac de* **who are**

whore /hɔr/ *s* [C] (*coloq*) puta

whorl /wɔrl/ *s* [C] espira (de una concha de caracol)

who's /huz/ *contrac de* **1** who is **2** who has

whose¹ S3 W1 /huz/ *det*
1 (interrogativo) de quién: *Whose keys are these?* ¿De quién son estas llaves? • *She wondered whose jacket it was.* Se preguntó de quién sería la chaqueta.
2 (relativo especificativo) cuyo -a, cuyos -as: *That's the man whose house we bought.* Ese es el hombre al que le compramos la casa. • *I was sitting next to a woman whose face I knew.* Estaba sentada junto a una mujer cuya cara me era conocida.
3 (relativo explicativo) cuyo -a, cuyos -as: *I introduced him to my mom, whose face went red.* Le presenté a mi madre, cuyo rostro se puso colorado.

whose² S3 W1 *pron* de quién: *Whose are these gloves?* ¿De quién son estos guantes? • *If it's not your responsibility, whose is it?* Si no es responsabilidad tuya, ¿de quién es?

who've /huv/ *contrac de* **who have**

why¹ S1 W1 /waɪ/ *adv*
1 (interrogativo) por qué: *Why do you want to leave?* ¿Por qué quieres irte? • *I don't understand why you're upset.* No entiendo por qué estás disgustado. • **why not?** ¿por qué no?: *"I haven't asked him yet." "Why not?"* –Todavía no le he preguntado. –¿Por qué no? • **why ever...?** *Why ever are you crying?* ¿Qué te pasa que estás llorando?
2 (con infinitivo) por qué, para qué: *Why refuse their offer?* ¿Por qué rechazar su oferta? • *I'm going to fail, so why bother?* No lo voy a lograr, así que ¿para qué molestarse?
EXPRESIONES
that's why por eso: *That's why the company collapsed.* Por eso la empresa se fue a pique. • **why don't you/we/I...?** (tb **why not...?**) ¿por qué no...?: *Why don't you ask Denis?* ¿Por qué no le preguntas a Denis? • *Why don't I call back in the morning.* Mejor vuelvo a llamar por la mañana. • **why not?** (*oral*) ¿por qué no? (indicando asentimiento) • **why me/John?** (*oral*) ¿por qué yo/John?, ¿por qué a mí/a John? • **why should I/they?** ¿por qué iba/iban a hacerlo?: *I'm not going to apologize. Why should I?* No voy a disculparme. ¿Por qué iba a hacerlo?

why² *interj* (*antic*) **1** (indicando sorpresa) vaya **2** (al darse cuenta) vaya

why³ *s* **the whys and (the) wherefores** las razones, las causas

WI *abrev escrita de* WISCONSIN

wick /wɪk/ *s* [C] mecha (de una vela, una lámpara)

wick·ed¹ /ˈwɪkɪd/ *adj* **1** **(a)** malvado -a, perverso -a **(b)** **the wicked** [usado como s pl] los malos, los malvados **2** pícaro -a, de picardía (sonrisa, expresión): *a wicked sense of humor* un sentido del humor con picardía SIN **mischievous** **3** (*coloq*) excelente, espectacular, padrísimo
EXPRESIONES
no rest/peace for the wicked (*hum, oral*) hay que volver al trabajo

wicked² *adv* (*coloq, oral*) muy

wick·ed·ness /ˈwɪkɪdnɪs/ *s* [U] **1** maldad, malicia **2** picardía

wick·er /'wɪkə/ s [U] mimbre • **wicker basket** cesta de mimbre

wick·et /'wɪkɪt/ s [C] ventanilla (de una boletería, etc.)

wide¹ S2 W1 /waɪd/ adj

1	no estrecho
2	en medidas
3	variedad, experiencia, cobertura
4	variación, margen
5	global
6	ojos
7	pelota, tiro

1 NO ESTRECHO ancho -a: *a wide street* una calle ancha ANT **narrow**
2 EN MEDIDAS how wide? *How wide is the room?* ¿Cuánto mide de ancho la habitación? • **two meters/three centimeters wide** de dos metros/tres centímetros de ancho: *The stream is only two or three meters wide.* El arroyo tiene solo dos o tres metros de ancho.
3 VARIEDAD, EXPERIENCIA, COBERTURA [gralm ante s] amplio -a • **a wide range/variety (of sth)** una amplia gama/variedad (de algo) • **a wide choice/selection (of sth)** una amplia selección (de algo) • **wide support/influence** gran apoyo/influencia
4 VARIACIÓN, MARGEN [gralm ante s] amplio -a, grande: *the wide gap between the rich and the poor* la gran brecha entre los ricos y los pobres • **by a wide margin** por un amplio margen
5 GLOBAL [solo ante s] amplio -a • **in its/the widest sense** en su/el sentido más amplio • **a wider context** un contexto más general • **the wider community/economy/population** la comunidad/economía/población en general
6 OJOS (liter) muy abiertos: *Her eyes were wide with surprise.* Abrió los ojos sorprendida.
7 PELOTA, TIRO be wide salir desviado -a, no dar en el blanco ▶ **in the WHOLE (wide) world**

EXPRESIONES
give sth/sb a wide berth evitar algo/a alguien, mantenerse lejos de algo/alguien • **be wide of the mark** estar equivocado -a, ser erróneo -a

wide² adv **1** (ojos, piernas) **open wide** *Stan's eyes opened wide in horror.* Stan abrió los ojos horrorizado. • **open sth wide** abrir algo de par en par, abrir bien algo • **spread sth wide** abrir bien algo: *Sam spread his arms wide.* Sam abrió bien los brazos. • **wide apart** bien separados -as **2** (tiro, pelota, bala) **go wide** salir desviado -a • **fall wide of the mark/target** no dar en el blanco

EXPRESIONES
wide awake completamente despierto -a • **wide open** (tb **wide-open**) **(a)** abierto -a de par en par (ventana, puerta), bien abiertos (ojos) **(b)** desprotegido -a, vulnerable • [+**to**]: *We are wide open to electronic attack.* Somos vulnerables a un ataque informático. **(c)** wide open spaces/countryside espacios abiertos/campo abierto **(d)** be wide open no estar definido -a (elecciones, competencia).

,**wide-angle** 'lens s [C] gran angular

'**wide-eyed** adj **1** (escrito) con los ojos muy abiertos **2** cándido -a, ingenuo -a SIN **naive**

wide·ly W2 /'waɪdli/ adv
1 be widely available conseguirse con facilidad: *Organic food is now widely available.* Ahora los alimentos orgánicos se consiguen con facilidad. • **travel widely** viajar mucho • **widely used** muy corriente/utilizado -a • **be widely accepted/known** ser ampliamente aceptado -a/conocido -a • **a widely held view/opinion** una opinión muy extendida
2 vary/differ widely variar/diferir mucho • **widely different** muy diferente
3 widely spaced muy separados -as, muy espaciados -as • **widely separated** muy distantes

EXPRESIONES
be widely read (a) (persona) ser muy leído -a, haber leído mucho **(b)** (libro) ser muy leído -a, leerse mucho

wid·en /'waɪdn/ v **1** [I,T] ensanchar(se): *Further on, the river widens.* Más adelante, el río se ensancha. •

They're widening the road. Están ensanchando la carretera. ANT **narrow 2** [I,T] ampliar(se), (hacer) crecer: *Inequalities have widened.* Las desigualdades se han ampliado. • **widen the gap/gulf** acentuar las diferencias • **widen your horizons** ampliar sus/los horizontes ANT **narrow 3** [I] (escrito) his/her eyes widened abrió mucho los ojos ANT **narrow**

,**wide-'ranging** adj amplio -a (debate, poderes), muy diversos -as (intereses, beneficios), de gran alcance (reformas, proyecto)

wide·spread /,waɪd'sprɛd◂/ adj generalizado -a • **the widespread use of sth** el uso generalizado de algo • **widespread support/criticism** apoyo generalizado/críticas generalizadas

wid·ow¹ /'wɪdoʊ/ s [C] viuda • **leave sb a widow** dejar viuda a alguien

widow² v **be widowed** enviudar, quedarse viuda

wid·owed /'wɪdoʊd/ adj viudo -a

wid·ow·er /'wɪdoʊə/ s [C] viudo

width /wɪdθ, wɪtθ/ s **1** (medida) [C,U] ancho • **what's the width of the room/river?** ¿qué ancho tiene la habitación/el río? • **it's 2 meters/3 feet in width** tiene dos metros/3 pies de ancho **2** (distancia) [sing] ancho • **run/extend the (full) width of sth** ocupar todo el ancho de algo **3** (de una piscina) [C] ancho **4** (de una tela) [C] ancho

wield /wild/ v [T] **1** blandir **2 wield power/influence** detentar poder/ejercer influencia

wie·ner /'winə, 'wini/ s [C] salchicha (para perros calientes)

wife S1 W1 /waɪf/ s [C] (pl **wives** /waɪvz/) mujer, esposa • **his ex-wife/former wife** su ex mujer, su ex esposa ▶ **HUSBAND**

wig¹ /wɪg/ s [C] peluca

wig² v
wig out v+partíc **1** (coloq) friquearse **2 wig sb out** (coloq) friquear

wig·gle¹ /'wɪgəl/ v [I,T] menear(se) • **wiggle your hips** menear las caderas • **wiggle your fingers/toes** mover los dedos/los dedos de los pies

wiggle² s [C] meneo

'**wiggle room** s [U] margen de maniobra

wig·gly /'wɪgli/ adj (coloq) serpenteante

wig·wam /'wɪgwɑm/ s [C] tipi, carpa india

wik·i /'wɪki/ s [U] (página) wiki

wild¹ S2 W2 /waɪld/ adj

1	animal
2	planta
3	terreno, paisaje
4	emoción
5	conducta, persona
6	fiesta, fin de semana
7	acusación, rumor
8	entusiasta
9	climatológicamente
10	en naipes

1 ANIMAL salvaje: *a herd of wild horses* una manada de caballos salvajes
2 PLANTA silvestre: *wild flowers* flores silvestres
3 TERRENO, PAISAJE agreste: *the wild and lonely Scottish hills* las agrestes y solitarias colinas de Escocia
4 EMOCIÓN descontrolado -a (risa, furia), desbordante (entusiasmo, felicidad) • **go wild** volverse loco -a, ponerse como loco -a
5 CONDUCTA, PERSONA alocado -a, descontrolado -a • **a wild thing** una locura
6 FIESTA, FIN DE SEMANA (coloq): *"How was the party?" "It was wild!"* –¿Cómo estuvo la fiesta? –¡Fue la locura! • **have a wild time** pasársela super bien
7 ACUSACIÓN, RUMOR [solo ante s] infundado -a • **make/take a wild guess** dar una respuesta al azar

8 ENTUSIASTA be wild about sb/sth (*coloq*) estar loco -a por alguien/algo: *I'm not wild about rap music.* El rap no me vuelve loco.

9 CLIMATOLÓGICAMENTE (*esp liter*) tormentoso -a (tiempo, noche), embravecido -a (mar), muy fuerte (viento)

10 EN NAIPES be wild ser comodín
EXPRESIONES
beyond your wildest dreams que ni en sueños hubiera imaginado • **wild horses couldn't drag/stop/keep me...** *Wild horses couldn't stop me from going.* No dejaría de ir ni por todo el oro del mundo.

wild² *adv*
EXPRESIONES
grow wild crecer silvestre • **run wild (a)** correr libremente (niños, animales) **(b)** descontrolarse (emociones, mercados): *Let your imagination run wild.* Deja volar tu imaginación.

wild³ *s* **1 in the wild** en su hábitat natural, en estado salvaje • **return sth to the wild** devolver algo a su hábitat natural **2 the wilds of Africa/Alaska** las zonas más remotas de África/Alaska

wil·der·ness /'wɪldənɪs/ *s* **1** [C] tierra virgen **2** [sing] jungla, selva (lugar abandonado)
EXPRESIONES
in the wilderness en el ostracismo, lejos del poder

wild·fire /'waɪld,faɪə/ *s* [C,U] incendio (generalmente, en el campo, un bosque) ▶ **SPREAD like wildfire**

‚wild 'goose ‚chase *s* [C] búsqueda inútil

wild·life /'waɪldlaɪf/ *s* [U] fauna y flora, vida silvestre • **wildlife sanctuary** reserva natural

wild·ly /'waɪldli/ *adv* **1** como loco -a (correr, gritar, aplaudir), violentamente (oscilar, latir) **2** enormemente (popular, equivocado, etc.)

wiles /waɪlz/ *s* [pl] artimañas, ardides • **feminine wiles** trucos femeninos

wil·ful /'wɪlfəl/ *adj* variante británica de **WILLFUL**

will¹ S1 W1 /wəl, əl; *fuerte* wɪl/ *v mod* (contrac **'ll**, contrac negat **won't**)

1 indicando futuro
2 indicando voluntad o disposición
3 para pedir algo
4 indicando rotura
5 indicando decisión o intención
6 indicando potencialidad
7 para ordenar algo
8 para hacer ofrecimientos o invitaciones
9 indicando certeza
10 para criticar

1 INDICANDO FUTURO *What time will she arrive?* ¿A qué hora llega? • *I hope they won't be late.* Espero que no lleguen tarde. • *A meeting will be held next Tuesday.* Se celebrará una reunión el próximo martes. • **will have done sth** *Maybe by then you will have changed your mind.* Tal vez para entonces hayas cambiado de idea.

2 INDICANDO VOLUNTAD O DISPOSICIÓN *Dr. Weir will see you now.* El doctor Weir la atenderá ahora. • *The baby won't eat anything.* El bebé no quiere comer nada. • *I won't be spoken to like that!* ¡No consentiré que me hablen así!

3 PARA PEDIR ALGO *Will you stir the soup, please?* ¿Puedes revolver la sopa? • *Shut the door, will you?* ¿Te molesta cerrar la puerta?

4 INDICANDO ROTURA sth won't do sth *The window won't open.* La ventana no se abre. • *My car won't start.* No hay manera de prender el carro.

5 INDICANDO DECISIÓN O INTENCIÓN *I'll call her tonight.* Esta noche la llamo. • *I'll kill him!* ¡Lo mato! • *Don't worry, I won't forget.* No te preocupes, que no me olvido.

6 INDICANDO POTENCIALIDAD *This car will seat five people.* En este carro caben cinco personas. • *Oil will float on water.* El aceite flota en el agua. SIN **can**

7 PARA ORDENAR ALGO *You will do as I say.* Haga lo que yo le digo. • *Will you be quiet!* ¡Cállense!

8 PARA HACER OFRECIMIENTOS O INVITACIONES *Will you have some more coffee?* ¿Te sirvo más café? • *Won't you stay the night?* ¿Por qué no te quedas a dormir?

9 INDICANDO CERTEZA *That'll be the mailman.* Ese debe de ser el cartero. • **will have done sth** *They will have arrived by now.* Ya deben de haber llegado. SIN **must**

10 PARA CRITICAR *He will keep calling me "honey!"* ¡No hace más que llamarme "querida"!

will² W2 *s*
1 [C,U] (determinación) voluntad • **the will to do sth** la voluntad/el deseo de hacer algo: *A good team has the will to win.* Un buen equipo tiene el deseo de ganar. • *She had lost the will to live.* Había perdido las ganas de vivir. • **a strong/an iron will** (tb **a will of iron**) una voluntad de hierro • **a battle/clash of wills** un choque de voluntades
2 [sing] (lo deseado) voluntad, deseo: *the will of the people* la voluntad del pueblo • *We'll succeed, if it's God's will.* Lo lograremos, si Dios así lo quiere. • **against sb's will** contra la voluntad de alguien
3 [C] (documento) testamento • **make a will** hacer testamento • **in your will** en su testamento ▶ **FREE WILL, GOODWILL, ILL WILL, LIVING WILL**
EXPRESIONES
at will a voluntad: *He seems able to win at will.* Parece capaz de ganar siempre que se lo proponga. • *She can't just fire people at will.* No puede despedir gente cuando se le antoja. • **have a will of its own** *This car seems to have a will of its own.* Parece que este carro anda cuando le da la gana. • **where there's a will (there's a way)** (*oral*) querer es poder • **with a will** (*escrito*) con empeño, afanosamente

will³ *v* **1** [T] hacer realidad (deseando con fuerza) • **will sb/sth to do sth** *We were willing them to accept.* Deseábamos con todas nuestras fuerzas que aceptaran. • *She was willing herself not to cry.* Hacía todo lo posible para no llorar. **2 will sth to sb** legarle algo a alguien, dejarle algo en herencia a alguien **3** [I,T] (*antic*) disponer, querer: *if God wills it* si Dios lo dispone ▶ **GOD willing**
EXPRESIONES
if you will (*frml*) **(a)** si lo prefiere(s) (para ser más exactos) **(b)** tenga la bondad (por favor) • **what you/they will** (*frml*) lo que quieras/quieran

will sb ↔ on on *v+partíc* alentar a alguien, desear que alguien logre algo

will·ful /'wɪlfəl/ *adj* **1** (*jur*) intencionado -a, deliberado -a (daños, agresiones) **2** (*peyor*) terco -a, testarudo -a

will·ful·ly /'wɪlfəli/ *adv* **1** (*jur*) intencionadamente, deliberadamente **2** (*peyor*) tercamente, testarudamente

will·ing S2 W2 /'wɪlɪŋ/
1 [gralm no ante s] dispuesto -a • **willing to do sth** dispuesto -a a hacer algo: *How much are they willing to pay?* ¿Cuánto están dispuestos a pagar? • **quite/perfectly willing** totalmente dispuesto -a
2 [gralm ante s] servicial, voluntarioso -a: *I soon had an army of willing helpers.* En poco tiempo, tenía a mi disposición un ejército de asistentes serviciales. ANT **unwilling** ▶ **GOD willing**

will·ing·ly /'wɪlɪŋli/ *adv* por propia voluntad, de buena gana: *Davis willingly accepted the terms of the contract.* Davis aceptó por propia voluntad las condiciones del contrato.

will·ing·ness /'wɪlɪŋnɪs/ *adj* [U] **1** (buena) disposición **2** entusiasmo, deseo

'will-o'-the-‚wisp *s* [C gralm sing] fuego fatuo

wil·low /'wɪloʊ/ *s* **1** [C] (árbol) sauce **2** [U] (madera) sauce

wil·low·y /'wɪloʊi/ *adj* (*liter*) esbelto -a

will·pow·er /'wɪl,paʊə/ *s* [U] fuerza de voluntad

W

wil·ly-nil·ly /ˌwɪli ˈnɪli/ *adv* **1** sin ton ni son, sin planificación/organización **2 to do sth/happen willy-nilly** *He found himself drawn, willy-nilly, into the argument.* Lo quisiera o no, se vio arrastrado a la discusión.

wilt /wɪlt/ *v* **1** [I] marchitarse **2** [I] (*coloq*) sentirse sin fuerzas (por el calor)

wil·y /ˈwaɪli/ *adj* (**wilier, wiliest**) astuto -a, taimado -a SIN **cunning**

wimp¹ /wɪmp/ *s* [C] (*peyor, coloq*) (de carácter débil) pelele, apocado -a; (de físico débil) enclenque

wimp² *v*
wimp out *v+partíc* (*peyor, coloq*) arrugarse, acobardarse SIN **chicken out, cop out**

win¹ S1 W1 /wɪn/ *v* (**won** /wʌn/, **winning**)
1 [I,T] ganar (ser vencedor): *No one really expected the Socialist Party to win.* En realidad, nadie esperaba que ganara el Partido Socialista. • **win a race/a game/an election** ganar una carrera/un partido/una elección • **win a war/battle** ganar una guerra/una batalla • **win an argument** ganar una discusión • **win at sth** ganar a algo: *I rarely win at cards.* Es raro que gane cuando juego a las cartas. • **win by 10 points/40 votes** ganar por 10 puntos/40 votos • **win hands down** ganar sin esfuerzo ANT **lose**
2 [T] **win a prize/an award/a medal** ganar un premio/un galardón/una medalla
3 [T] ganarse, granjearse: *The company has won a contract to build a new power plant.* La compañía se ha ganado un contrato para construir una nueva central eléctrica. • **win sb's approval/support/respect** ganarse la aprobación/el apoyo/el respeto de alguien • **win sb's heart** ganarse el corazón de alguien • **win sb sth** valerle algo a alguien: *That performance won Hanks an Oscar.* Esa actuación le valió el Oscar a Hanks. SIN **gain** ► **win the** TOSS, WINNER, WINNING

EXPRESIONES
win or lose (*coloq*) gane/ganemos o no: *Win or lose, I love competitive sports.* Gane o no, me encantan los deportes de competición. • **win the day** triunfar: *Common sense won the day.* Triunfó el sentido común. SIN **triumph** • **you can't win** (*oral*) no hay caso/manera • **you can't win them all** (tb **you win some, you lose some**) (*oral*) no se puede pretender ganar siempre • **you win** (*oral*) como tú digas: *OK, you win – we'll go to the movies.* Está bien, como tú digas: vamos al cine.
win sth/sb ↔ back *v+partíc* recuperar algo/a alguien
win out *v+partíc* triunfar
win sb ↔ over *v+partíc* conquistar/convencer a alguien • **win sb over to sth** *She's trying to win him over to her side.* Está tratando de convencerlo para que se ponga de su lado.

win² W3 *s* [C]
1 triunfo, victoria: *We've had two wins so far this season.* Hasta ahora, hemos ganado dos veces esta temporada. • [+**over/against**]: *a 3–0 win over their opponents* una victoria de 3 a 0 frente a sus rivales • **a big/convincing win** un triunfo arrollador • **a narrow win** un triunfo ajustado SIN **victory** ANT **defeat, loss**
2 (en la lotería) *I'm still waiting for that big win.* Todavía estoy esperando ganarme el gordo. ► WIN-WIN

wince¹ /wɪns/ *v* [I] **1** hacer una mueca (de disgusto, etc.) • **wince with pain** hacer una mueca de dolor **2** morirse de vergüenza, morirse de pena SIN **cringe**

wince² *s* [sing] mueca de dolor/disgusto

winch¹ /wɪntʃ/ *s* [C] cabrestante

winch² *v* [T siempre + adv/prep] levantar (con un cabrestante)

wind¹ S2 W2 /wɪnd/ *s*
1 [C,U] viento: *Outside, the wind was blowing.* Afuera, soplaba el viento. • **in the wind** con el viento: *A palm tree was swaying in the wind.* Una palmera se balanceaba con el viento. • **strong/high winds** vientos fuertes • **light winds** vientos suaves • **a gust of wind** una racha • **a cold/an icy/a biting wind** un viento frío/helado/cortante • **an east/a west/a north/a south wind** un viento del este/oeste/norte/sur • **the wind picks up** el

viento aumenta • **the wind drops/dies down** el viento disminuye/amaina: *We'll wait till the wind drops before we put the tent up.* Vamos a esperar a que el viento amaine para montar la carpa. • **prevailing winds** vientos predominantes • **wind direction** dirección del viento • **wind power** energía eólica • **wind speed** velocidad del viento
2 [U] aliento (al respirar) • **get your wind (back)** recuperar el aliento • **knock the wind out of sb** dejar a alguien sin aliento (de un golpe)
3 [U] vientos (instrumentos) • **wind section** (sección de) vientos ► BREAK wind, **it's an** ILL **wind (that blows nobody any good),** WINDY

EXPRESIONES
get/catch wind of sth (*coloq*) enterarse de algo • **be in the wind** estar cocinándose: *If there was a merger in the wind, I'm sure we'd hear about it.* Si se estuviera cocinando una fusión, estoy segura de que algo oiríamos al respecto. • **take the wind out of sb's sails** (*coloq*) desinflar a alguien, desanimar a alguien • **see which way the wind blows/is blowing** ver por dónde van los tiros, esperar a ver qué pasa • **the winds of change/freedom** (los) aires de cambio/libertad

wind² *v* [T] dejar sin aliento a

wind³ S2 W2 /waɪnd/ *v* (**wound** /waʊnd/)
1 [T siempre + adv/prep] **wind sth tightly/into a ball** enrollar algo bien/hacer un ovillo enrollando algo • **wind sth around sth** enrollar/enroscar algo alrededor de algo: *She winds the strands of hair around her fingers.* Se enrolla el cabello alrededor de los dedos.
2 [I,T siempre + adv/prep] **wind across/through/along sth** *The parade winds through the narrow streets.* El desfile serpentea por las calles estrechas. • **wind your way across/through/along sth** *The road winds its way along the coast.* El camino serpentea bordeando la costa.
3 [T] darle cuerda a (un reloj, etc.) SIN **wind up**
4 [T] correr (una cinta, un video) • **wind sth forward/back** adelantar/rebobinar algo: *Can you wind the video back?* ¿Puedes rebobinar el video? ► REWIND
wind down *v+partíc* **1 wind sth ↔ down** reducir paulatinamente algo (un negocio, las operaciones, etc.) **2 wind down** relajarse (persona)
wind up *v+partíc* **1 wind up** concluir, terminar: *We need to start winding up.* Deberíamos empezar a concluir. **2 wind ↔ up** cerrar algo, poner fin a algo (una reunión, etc.) **3 wind up** (*coloq*) **wind up with/in sth** terminar con/en algo: *Patterson eventually wound up in jail.* Con el tiempo, Patterson terminó en la cárcel. • **wind up doing sth** terminar haciendo algo: *I wound up wishing I'd never come.* Terminé deseando no haber venido. SIN **end up** **4 wind sth ↔ up** darle cuerda a algo

wind·fall /ˈwɪndfɔl/ *s* [C] **1** dinero caído del cielo • **windfall profits** beneficios imprevistos **2** fruta caída

wind·ing /ˈwaɪndɪŋ/ *adj* sinuoso -a (camino, río)

wind in·stru·ment /ˈwɪnd ˌɪnstrəmənt/ *s* [C] instrumento de viento ► BRASS, PERCUSSION, STRINGED INSTRUMENT, WOODWIND

wind·mill /ˈwɪndˌmɪl/ *s* [C] molino

win·dow S1 W1 /ˈwɪndoʊ/ *s* [C]
1 (en un edificio) ventana; (en un carro) ventanilla; (en una tienda) vitrina, aparador • **open/close a window** abrir/cerrar una ventana • **in the window** (a) (de una tienda) en/de la vitrina, en/del aparador (b) (de una casa, un edificio) en la ventana: *Can I try on the red coat in the window?* ¿Puedo probarme el abrigo rojo de la vitrina? • **the bedroom/kitchen window** la ventana de la habitación/la cocina • **out (of) a window** por una ventana: *I looked out the window and saw her car.* Miré por la ventana y vi su carro.
2 (en informática) ventana
3 hueco (tiempo disponible): *We have a window between 10:30 and 11.* Tenemos un hueco entre 10 y media y 11. • **a window of opportunity** una oportunidad
4 ventanilla (de un sobre)

go out the window (*coloq*) esfumarse, desvanecerse • **throw/toss sth out the window** (*coloq*) echar algo por la borda • **a window on/into the world** una ventana al mundo

'window box *s* [C] matera, jardinera (de ventana)

'window ,cleaner *s* [C] limpiavidrios (persona)

'window ,dressing *s* [U] **1** (*peyor*) manipulación de información (para dar una imagen favorable) **2** decoración de vitrinas, diseño de aparadores

win·dow·pane /'wɪndoʊˌpeɪn/ *s* [U] vidrio (de una ventana)

win·dow·sill /'wɪndoʊˌsɪl/ *s* [C] alféizar, repisa (de la ventana)

wind·pipe /'wɪndpaɪp/ *s* [C] tráquea

wind·shield /'wɪndʃild/ *s* [C] parabrisas

'windshield ,wiper *s* [C] limpiabrisas, limpiaparabrisas, limpiador (del parabrisas)

wind·surf /'wɪndˌsəf/ *v* [I] windsurf

wind·surf·er /'wɪndˌsəfə/ *s* [C] windsurfista

wind·surf·ing /'wɪndˌsəfɪŋ/ *s* [U] windsurf

wind·swept /'wɪndswɛpt/ *adj* **1** azotado -a por el viento **2** despeinado -a, alborotado -a (por el viento)

wind·y /'wɪndi/ *adj* (**windier, windiest**) **1** (día) ventoso -a, ventiado -a: *a cold, windy day* un día frío y ventoso • *It's too windy for a picnic.* Hace demasiado viento para un picnic. **2** (sitio) ventoso -a, ventiado -a: *a windy hillside* una ladera ventosa

wine¹ S1 W2 /waɪn/ *s*
1 [C,U] (bebida) vino: *a glass of wine* una copa de vino • **red/white wine** vino tinto/blanco • **a dry/sweet/ sparkling wine** un vino seco/dulce/espumoso • **wine grower** viticultor -a • **wine merchant** vinatero -a **2** [C] (copa) vino: *I'll have a white wine, please.* Un vino blanco para mí, por favor.

wine² *v* [T] **wine and dine sb** agasajar a alguien

'wine bar *s* [C] bar de vinos

win·er·y /'waɪnəri/ *s* [C] (pl **wineries**) bodega ▶ VINE-YARD

wing¹ S3 W3 /wɪŋ/ *s* [C]

1	de un ave, un insecto
2	de un avión
3	de un edificio
4	en política
5	de pollo
6	en el teatro
7	en un campo de juego
8	jugador
9	de tropas, una flota

1 DE UN AVE, INSECTO ala: *a butterfly with beautiful markings on its wings* una mariposa con dibujos preciosos en las alas • **sth flaps/beats its wings** algo bate las alas • **sth spreads/stretches its wings** algo extiende las alas

2 DE UN AVIÓN ala: *The plane's wing had been damaged.* El ala del avión se había averiado.

3 DE UN EDIFICIO ala: *a new children's wing at the hospital* una nueva ala para niños en el hospital

4 EN POLÍTICA ala: *the moderate wing of the Republican Party* el ala moderada del Partido Republicano ▶ LEFT-WING, RIGHT-WING

5 DE POLLO ala: *spicy chicken wings* alas de pollo picantes

6 EN EL TEATRO the wings [pl] los bastidores

7 EN UN CAMPO DE JUEGO ala: *a perfect pass from the far wing* un pase perfecto desde el ala más alejada

8 JUGADOR ala: *the England left wing* el ala izquierdo de Inglaterra

9 DE TROPAS, UNA FLOTA ala ▶ CLIP sb's wings
on the wing (*liter*) en vuelo • **spread/stretch your wings**

alzar el vuelo (hijos, novatos, etc.) • **take sb under your wing** hacerse cargo de alguien • **take wing** (*liter*) alzar el vuelo, echar a volar • **be waiting in the wings (for sth)** estar listo -a (para algo), estar preparado -a (para algo): *Several candidates are waiting in the wings for promotion.* Varios candidatos están listos para el ascenso.

wing² *v* [I,T siempre + adv/prep] (*liter*) • **wing its way across/over sth** cruzar algo volando/volar sobre algo
wing it (*coloq*) improvisar sobre la marcha • **be winging its way to sb/sth** (*coloq*) estar en camino a alguien/algo

winged /wɪŋd/ *adj* alado -a

wing·span /'wɪŋspæn/ *s* [C] envergadura (de un ave, un avión, etc.)

wink¹ /wɪŋk/ *v* **(a)** [I] guiñar un ojo, hacer un guiño/ guiños: *Ben grinned at his father and winked.* Ben le sonrió a su padre y le hizo un guiño. • **wink at sb** guiñarle el ojo a alguien **(b)** [T] guiñar (un ojo)

wink² *s* [C] guiño • **give sb a wink** guiñarle el ojo a alguien ▶ **(as) QUICK as a wink**
not sleep a wink (tb **not get a wink of sleep**) no pegar un ojo

win·ner W2 /'wɪnə/ *s*
1 [C] (en un concurso) ganador -a, vencedor -a • [+of]: *the winner of the poetry competition* el ganador del concurso de poesía • **declare sb the winner** declarar a alguien ganador -a • **a prize/an award/a medal winner** un -a ganador -a de un premio/un galardón/una medalla: *a Nobel prize winner* un ganador del premio Nobel **2** [C] (*coloq*) éxito (resultado bueno): *Their business proved a winner.* El negocio les resultó un éxito. • **be onto a winner** *The company seems to be onto a winner.* Parece que la empresa va a cosechar un gran éxito. **3** [sing] gol/punto decisivo • **score the winner** anotar el gol/punto decisivo **4** [C] (más beneficiado) ganador -a: *winners and losers* ganadores y perdedores

win·ning /'wɪnɪŋ/ *adj* [solo ante s] **1** vencedor -a (equipo), ganador -a (diseño), decisivo -a, de la victoria (gol, jugada): *the winning team* el equipo vencedor **2 a winning combination/formula** una combinación/ fórmula que no falla **3** encantador -a: *a winning smile* una sonrisa encantadora ▶ **a winning STREAK**

win·nings /'wɪnɪŋz/ *s* [pl] ganancias (en el juego)

win·o /'waɪnoʊ/ *s* [C] (pl **winos**) (*coloq*) indigente borracho -a

win·some /'wɪnsəm/ *adj* (*liter*) encantador -a

win·ter¹ S2 W2 /'wɪntə/ *s* [C,U] invierno: *the cold Canadian winters* los fríos inviernos canadienses • **in (the) winter** en invierno: *It usually snows here in the winter.* Aquí normalmente nieva en invierno. • **this/last/next winter** este invierno/el invierno pasado/el próximo invierno • **a severe/hard/harsh winter** un invierno crudo • **a mild winter** un invierno templado **winter clothes** ropa de invierno • **winter months** meses de invierno/invernales • **winter sports** deportes de invierno

winter² *v* [I siempre + adv/prep] **winter in Africa/Florida** pasar el invierno en África/Florida (persona), invernar en África/Florida (aves)

win·ter·time /'wɪntəˌtaɪm/ *s* [U] invierno • **in (the) wintertime** en invierno ▶ SUMMERTIME, SPRINGTIME

win·try /'wɪntri/ (tb **win·ter·y** /'wɪntəri/) *adj* **1** invernal, de invierno: *a cold wintry day* un frío día invernal **2** (*liter*) glacial, frío -a (sonrisa)

,win-'win *adj* [solo ante s] **a win-win situation** una situación en la que nadie pierde ▶ NO-WIN SITUATION

wipe¹ S2 W3 /waɪp/ *v*
1 [T] (con un trapo, etc.) limpiar: *The waiter was wiping the tables.* El mesero estaba limpiando las mesas. • **wipe sth with sth** limpiar algo con algo: *She wiped her mouth with her sleeve.* Se limpió la boca con la manga. • **wipe your eyes** secarse las lágrimas • **wipe your nose** limpiarse la nariz

2 [T] (frotando contra algo) limpiar: *Wipe your feet before you come in.* Límpiate los zapatos antes de entrar. • **wipe sth off/from sth** limpiar algo de algo: *Kim wiped the sweat from her face.* Kim se secó el sudor de la cara. **3** [T] borrar (una cinta, un disco) **4** [I,T] secar (platos, etc.): *You wash, I'll wipe.* Tú lavas los platos, yo seco. $\boxed{\text{SIN}}$ **dry**

EXPRESIONES

wipe the floor with sb (*coloq*) darle una paliza a alguien, barrer el piso con alguien (en una competencia) • **wipe sth off the face of the earth** borrar algo de la faz de la Tierra • **wipe sth off the map** hacer desaparecer algo del mapa • **wipe the slate clean** hacer borrón y cuenta nueva • **wipe the smile/grin off sb's face** (*coloq*) borrarle la sonrisa a alguien, sacarle las ganas de reír a alguien

wipe sth ↔ away *v+partíc* borrar algo, barrer algo: *The sound of his voice wiped her smile away.* El sonido de su voz le borró la sonrisa.

wipe sth ↔ down *v+partíc* limpiar algo: *She took a cloth and wiped down the shelves.* Agarró un trapo y limpió los anaqueles.

wipe sth off sth *v+partíc* reducir algo en algo, hacer bajar algo en algo (el valor, etc.): *Nearly $12 billion has been wiped off stock prices worldwide.* Los precios de las acciones en todo el mundo se han reducido en 12 mil millones de dólares.

wipe out *v+partíc* **1 wipe sth ↔ out** arrasar algo (una ciudad, etc.), aniquilar algo (un ejército), erradicar algo (una enfermedad) **2 wipe sb out** (*coloq*) dejar a alguien agotado -a **3 wipe out** (*coloq*) darse un buen golpe, chocar

wipe sth ↔ up *v+partíc* limpiar algo: *You've spilled your milk. Wipe it up.* Se te ha derramado la leche. Límpiala.

wipe² *s* [C] **1** • **give sth a wipe** limpiar algo, pasarle un trapo a algo **2** toallita

wip·er /'waɪpər/ *s* [C] limpiaparabrisas, limpiabrisas, limpiador (de parabrisas) $\boxed{\text{SIN}}$ **windshield wiper**

wire¹ $\boxed{\text{S2}}$ $\boxed{\text{W3}}$ /waɪər/ *s*
1 [C,U] alambre: *Use copper wire for this job.* Use alambre de cobre para este trabajo. • **a piece/length/strand of wire** un alambre
2 [C,U] cable (para electricidad): *All wires should be checked for safety.* Conviene revisar todos los cables por seguridad. • *telephone wires* cables telefónicos
3 [C gralm sing] micrófono oculto (para escuchar clandestinamente): *The cop was wearing a wire.* El policía llevaba un micrófono oculto.
4 [C] (*coloq*) telegrama ▶ **BARBED WIRE**

EXPRESIONES

get your wires crossed no entender bien • **(right/down) to the wire** (*coloq*) hasta el último momento • **under the wire** (*coloq*) a último momento, por un pelo

wire² $\boxed{\text{S3}}$ *v* [T gralm en pasiva]

1	colocar cables
2	unir con cables
3	enviar dinero
4	mantener firme
5	para internet
6	con un dispositivo oculto
7	por telegrama

1 **COLOCAR CABLES** hacer la instalación eléctrica de (una casa), instalar el cableado de, conectar (un enchufe)

2 **UNIR CON CABLES** conectar • **wire sth to sth** conectar algo a algo: *The microphone is wired to a loudspeaker.* El micrófono está conectado a un altavoz.

3 **ENVIAR DINERO** girar • **wire sth to sb/sth** girar algo a alguien/algo: *$500,000 has been wired to your bank account.* Han girado 500.000 dólares a su cuenta bancaria.

4 **MANTENER FIRME** sujetar con alambre • **wire sth to sth** sujetar algo a algo con alambre

5 **PARA INTERNET** hacer la instalación para: *Most houses will be wired for cable T.V.* La mayoría de las casas tendrán instalación para televisión por cable.

6 **CON UN DISPOSITIVO OCULTO** colocar un micrófono oculto en: *His hotel room had been wired.* Habían colocado micrófonos ocultos en la habitación del hotel. $\boxed{\text{SIN}}$ **bug**

7 **POR TELEGRAMA** telegrafiar, mandar un telegrama a • **wire sth to sb/sth** telegrafiarle algo a alguien/algo: *The text was wired to London.* El texto fue telegrafiado a Londres.

wire³ *adj* [solo ante s] (de alambre o metal) *wire fencing* alambrada • *a wire coathanger* un gancho de alambre

wired /waɪərd/ *adj* **1** conectado -a a Internet, con conexión a Internet: *wired networks* redes conectadas a Internet **2** [solo ante s] (*coloq*) nerviosísimo -a, muy excitado -a

wire·less¹ /'waɪərlɪs/ *adj* [solo ante s] inalámbrico -a

wireless² *s* [C,U] (*antic*) radio $\boxed{\text{SIN}}$ **radio**

wire·tap·ping /'waɪərˌtæpɪŋ/ *s* [U] escuchas telefónicas

wir·ing /'waɪərɪŋ/ *s* [U] **1** cableado, instalación eléctrica • **faulty wiring** cableado defectuoso **2** cables: *copper wiring* cables de cobre

wir·y /'waɪəri/ *adj* **1** delgado -a y musculoso -a (persona) **2** hirsuto -a (cabello), duro -a (pastos)

wis·dom $\boxed{\text{W3}}$ /'wɪzdəm/ *s* [U]
1 (de una persona) sabiduría ▶ **WISE**
2 (de un pueblo) sabiduría
3 **the wisdom of (doing) sth** la sensatez/prudencia de (hacer) algo: *He began to question the wisdom of getting involved with Gail.* Empezó a dudar de que fuera prudente mantener una relación amorosa con Gail.

EXPRESIONES

conventional/received/traditional wisdom creencia(s) popular(es) • **in sb's (infinite) wisdom** (*hum*) en la infinita sabiduría de alguien • **pearls/words of wisdom** sabias palabras

'wisdom tooth *s* [C] muela del juicio

wise¹ $\boxed{\text{S3}}$ /waɪz/ *adj*
1 sensato -a, prudente: *You've made a wise decision.* Has tomado una decisión sensata. • **it is wise to do sth** es aconsejable hacer algo: *It's wise to reserve your tickets well in advance.* Es aconsejable reservar las entradas con bastante anticipación. • **sb is wise to do sth** alguien hace bien en hacer algo: *She was wise not to accept the job.* Hizo bien en no aceptar el trabajo. • **you/he would/might be wise to do sth** *You would be wise to start doing a little more exercise.* Sería aconsejable que empezaras a hacer un poco más de ejercicio. • **a wise move** una decisión prudente/acertada • **a wise precaution** una precaución acertada
2 sabio -a: *The chief of the tribe was a wise old man.* El jefe de la tribu era un anciano sabio.
3 **be wise to sth** (*coloq*) conocer(se) algo: *Experienced teachers are wise to all the tricks kids use.* Los maestros con experiencia se conocen todos los ardides que usan los niños. ▶ **STREETWISE, WISDOM**

EXPRESIONES

be none the wiser (tb **not be any the wiser**) no darse cuenta: *We replaced the broken vase, and Mom was none the wiser.* Reemplazamos el florero roto y mamá no se dio cuenta. • **be wise after the event** criticar después de que haya pasado todo

wise² *v*
wise up *v+partíc* (*coloq*) avivarse • **wise up to sth** darse cuenta de algo

wise·crack /'waɪzkræk/ *s* [C] broma

wise·ly /'waɪzli/ *adv* **1** prudentemente, sensatamente: *She wisely decided not to go.* Prudentemente, decidió no ir. • *Invest the money wisely.* Invierta el dinero con prudencia. **2** sabiamente

wish¹ $\boxed{\text{S1}}$ $\boxed{\text{W2}}$ /wɪʃ/ *v*
1 [T] (expresar deseos) **wish (that)** *Stella wished she was tall and slim.* Stella deseaba haber sido alta y delgada. • *I wish I didn't have to go to school today.* Ojalá no tuviera que ir a la escuela hoy. • **wish sb/sth would do sth** *Andy wished his mom would stop talking.* A Andy

gustaría que su madre se callara. • *I wish that letter would come!* ¡Ojalá llegara esa carta!

2 [T] (arrepentirse) **wish (that) you had done sth** lamentar no haber hecho algo: *I wish I'd been a little more careful.* Lamento no haber tenido un poco más de cuidado. • *I wish I'd been there.* Ojalá hubiera estado allí. • **wish (that) you hadn't done sth** lamentar haber hecho algo: *I wish I hadn't said that.* ¡Ojalá no hubiera dicho eso!* • **wish (that) sb had/hadn't done sth** (wish (that) sth had/hadn't done sth *I wish you'd told me that before.* Me lo podrías haber dicho antes. • *I wish it hadn't rained yesterday.* Ojalá no hubiera llovido ayer.

3 [I,T] (*frml*) desear, querer • **wish to do sth** desear/ querer hacer algo: *Do you wish to make a complaint?* ¿Desea presentar una queja? • *I wish to apologize.* Quiero pedir disculpas. • **if you wish** (*oral*) si lo desea/si usted quiere: *You may leave now, if you wish.* Puede irse ahora, si lo desea. • **whatever/anything you wish** lo que usted desee/quiera: *The cook can prepare whatever you wish.* El cocinero puede preparar lo que usted desee. • **as you wish** como (usted) desee/quiera

4 [T] (expresar buenos deseos) desear • **wish sb a happy birthday/merry Christmas** desearle a alguien feliz cumpleaños/feliz Navidad • **wish sb luck/happiness/success** desearle suerte/felicidad/éxitos a alguien: *He shook my hand and wished me luck.* Me estrechó la mano y me deseó suerte. • **wish sb well** desear a alguien que le vaya bien

EXPRESIONES

I (only) wish I knew (*oral*) ojalá supiera • **wouldn't wish sth on anybody** no desearle algo a nadie: *I wouldn't wish this disease on anybody.* No le desearía esta enfermedad a nadie. • **I wouldn't wish it on my worst enemy** (*oral*) no se lo desearía ni a mi peor enemigo

wish sth ↔ away *v+partíc* hacer desaparecer algo negándolo/solo con desearlo: *You can't just wish your problems away, you know!* Sabes que no puedes hacer que desaparezcan tus problemas negándolos.

wish for sth *v+partíc* **1** desear algo: *When I was little, I used to wish for an older sister.* Cuando yo era niña, deseaba tener una hermana mayor. • *Good friends, a loving family – what more could anyone wish for?* Buenos amigos, una familia cariñosa, ¿qué más podría desear una persona? **2** pedir algo (un milagro, un deseo): *She closed her eyes and wished for a miracle.* Cerró los ojos y pidió un milagro. **3** sb couldn't wish for a nicer/better... (tb sth/sb is the nicest/best... sb could wish for) *I couldn't wish for a better husband.* No podría pedir un marido mejor.

─────────

⚠ Observa que cuando se trata de expresar deseos para el futuro a menudo se usa **hope something happens/will happen**:
I hope (✗ wish) you will be happy together.
I hope (✗ wish) we'll meet again next summer.
I hope (✗ wish) you find a job soon.

─────────

wish² *s* [C] **1** (sentimiento) deseo • **a wish to do sth** un deseo de hacer algo: *her wish to have a child* su deseo de tener un hijo • *He had a strong wish to get away from the place.* Tenía un intenso deseo de escapar de ese lugar. • **express a wish** expresar un deseo • **against sb's wishes** en contra de la voluntad de alguien: *The couple married, against their families' wishes.* La pareja se casó, en contra de la voluntad de sus familias. • **respect sb's wishes** respetar la voluntad de alguien • **have no wish to do sth** (*frml*) no desear/tener ganas de hacer algo: *She had no wish to see him again.* No deseaba volver a verlo. • **have no wish for sth** (*frml*) no desear/tener ganas de algo: *I have no wish for an argument.* No quisiera discutir. **2** (objeto de deseo) deseo • **sb's one/greatest wish** el único/mayor deseo de alguien: *His one wish is to visit America.* Su único deseo es visitar América. • **sb's last/dying wish** la última voluntad de alguien **3** (por magia) deseo: *The wizard said I could have three wishes.* El mago dijo que podía pedir tres deseos. • **make a wish** pedir un deseo • **grant sb's wish** conceder un deseo: *When I wave my wand, your wish*

will be granted. Cuando agite la varita mágica, tu deseo será concedido.

EXPRESIONES

best/good/warmest wishes mejores/buenos/afectuosos deseos • [+**for**]: *Very best wishes for the New Year.* Muy buenos deseos para el Año Nuevo. • **give sb my/sb's best/good wishes** (tb **pass on my/sb's best/good wishes**) *Give your mom my best wishes.* Dale mis saludos a tu madre. • **sb's wish comes true** el deseo de alguien se hace realidad • **your wish is my command** (*hum, oral*) tus deseos son órdenes para mí • **(with) best wishes** (tb **(with) all good wishes**) saludos, un saludo afectuoso (al final de una carta, etc.)

wish·bone /ˈwɪʃboʊn/ *s* [C] hueso de la suerte

wishful 'thinking *s* [U] **be wishful thinking** *That's just wishful thinking.* Eso es hacerse ilusiones.

wish·y-wash·y /ˈwɪʃi ˌwɑʃi, -ˌwɔʃi/ *adj* (*peyor*) **1** endeble (gobierno, política), soso -a, insípido -a (persona) **2** desvaído -a (color, tela)

wisp /wɪsp/ *s* [C] **1** mechón (de pelo), brizna (de césped, paja) **2** voluta (de humo), jirón (de niebla)

wisp·y /ˈwɪspi/ *adj* ralo -a (pelo, barba), tenue (nube)

wist·ful /ˈwɪstfəl/ *adj* nostálgico -a, melancólico -a

wist·ful·ly /ˈwɪstfəli/ *adv* con añoranza

wist·ful·ness /ˈwɪstfəlnɪs/ *s* [U] nostalgia, añoranza

wit /wɪt/ *s* [sing, U] ingenio, agudeza: *People love him for his wit and charm.* La gente lo adora por su ingenio y encanto. • **quick/sharp wit** agudeza • **dry wit** causticidad, ironía ▶ WITTY **2** wits [pl] inteligencia: *He had to rely on his wits to survive.* Tenía que confiar en su inteligencia para sobrevivir. • **collect/gather your wits** recuperarse (de una sorpresa, un sobresalto) • **keep/ have your wits about you** mantenerse alerta **3** [C] persona ingeniosa/ocurrente **4** [sing, U] ingenio, gracia (en una obra): *a novel full of wit and humor* una novela llena de ingenio y humor ▶ **a BATTLE of wits**, HALF-WIT, OUTWIT, QUICK-WITTED

EXPRESIONES

be at your wits' end estar desesperado -a, no saber más qué hacer: *I'm at my wits' end trying to fix this computer.* Estoy desesperada tratando de reparar este computador. • **scare/frighten sb out of their wits** (tb **scare/ frighten the wits out of sb**) (*coloq*) darle un susto horrible a alguien • **to wit** (*frml*) a saber

witch /wɪtʃ/ *s* [C] **1** (en cuentos infantiles) bruja: *the wicked witch in the story* la bruja malvada del cuento ▶ WIZARD **2** (*despec*) (mujer repugnante) bruja

witch·craft /ˈwɪtʃkræft/ *s* [U] brujería

'witch-ˌdoctor *s* [C] hechicero, brujo

'witch-hunt *s* [C] caza de brujas

with S1 W1 /wɪθ, wɪð/ *prep*

1 **ACOMPAÑADO DE** con: *I saw him with that Jones girl.* Lo vi con esa muchacha Jones. • *I always wear these shoes with this dress.* Siempre me pongo estos zapatos con este vestido. • *The meal comes with fries and a drink.* La comida viene con papas fritas y una bebida.

2 **INDICANDO CARACTERÍSTICA** de: *a book with a green cover* un libro de tapa verde • *a man with a white beard* un hombre de barba blanca

3 **LLEVANDO ALGO** con, de: *She came back with a letter in her hand.* Volvió con una carta en la mano. • **have/ bring/take sth with you** llevar algo: *I don't have my passport with me.* No traigo el pasaporte.

4 **INDICANDO MODO** con: *We eat with our fingers.* Comemos con los dedos. • *What will you buy with the money?* ¿Qué vas a comprar con el dinero?

5 **INDICANDO PARTICIPACIÓN** con: *I used to play chess with him.* Jugaba ajedrez con él. • *Discuss the problem with your teacher.* Habla del problema con tu maestra.

6 **INDICANDO CAUSA** de: *They were trembling with fear.* Estaban temblando de miedo. • *Mother became seriously ill with pneumonia.* Mi madre se enfermó gravemente de neumonía.

7 INDICANDO SUSTANCIA, CONTENIDO de: *Her boots were covered with mud.* Tenía las botas cubiertas de barro. • *Fill the bowl with sugar.* Llena el tazón de azúcar.

8 RELATIVO A con: *Be careful with that glass.* Ten cuidado con ese vidrio. • *Is there something wrong with your phone?* ¿Qué pasa con tu teléfono?

9 EN DESCRIPCIONES con: *He prepared everything with great care.* Preparó todo con mucho cuidado. • *"Oh, I'm not in a hurry," I said with a smile.* –Ah, no tengo prisa –dije con una sonrisa.

10 EXPRESANDO SENTIMIENTOS, ACTITUDES de, con: *He's in love with you.* Está enamorado de ti. • *We're very pleased with your progress.* Estamos muy satisfechos con sus progresos.

11 INDICANDO POSICIÓN, ESTADO con: *She was standing with her back to me.* Estaba de espaldas a mí. • *We lay in bed with the window open.* Estábamos acostados con la ventana abierta. • **with sb/sth doing sth** con alguien/algo haciendo algo: *He was sitting in his room with music blaring.* Estaba sentado en su habitación con la música a todo volumen.

12 EN CONFLICTOS con: *an argument with my parents* una discusión con mis padres • *The evidence is at odds with this explanation.* Las pruebas se contradicen con esta explicación.

13 COMO RESULTADO DE con: *The wine improves with age.* El vino mejora con el añejamiento. • *a skill which develops with practice* una habilidad que se desarrolla con la práctica

14 EXPRESANDO APOYO, APROBACIÓN con, a favor de: *a Democrat who voted with the Republicans* un demócrata que votó a favor de los republicanos • *You're either with me or against me.* O estás conmigo o en contra de mí. ANT **against**

15 INDICANDO CAUSA Y EFECTO con: *I can't do my work with all this noise going on.* Con tanto ruido alrededor, no puedo trabajar.

16 INDICANDO SEPARACIÓN DE *The ceremony is a complete break with tradition.* La ceremonia constituye una ruptura total con la tradición. • *I'm reluctant to part with the money.* Soy reacio a desembolsar el dinero.

17 EN LA MISMA DIRECCIÓN DE con: *with the tide* con la marea • *We were sailing with the wind.* Navegábamos a favor del viento. ANT **against**

18 EN COMPARACIONES con: *Compared with other workers, we're paid a pretty good salary.* Comparado con otros trabajadores, nos pagan un sueldo bastante bueno.

19 REFERIDO AL EMPLEO *She's been with the company for 17 years.* Hace 17 años que trabaja en la compañía.

20 EN SALVEDADES a pesar de: *With all his faults, I still love him.* A pesar de todos sus defectos, igual lo amo.

21 AL CUIDADO DE con: *I left your keys with the janitor.* Le dejé tus llaves al portero.

22 EXPRESANDO VOLUNTAD, OBLIGACIÓN (oral) *Off to bed with you!* ¡Vete a la cama! • **Down with sth!** ¡Abajo algo!: *Down with racism!* ¡Abajo el racismo!

EXPRESIONES

(and) with that... y tras/con eso...: *He gave a little wave and with that he was gone.* Saludó con la mano y tras eso, se fue. • **be with sb** (oral) entender a alguien: *Sorry, I'm not with you.* Perdona, no te entiendo. • *Are you with me?* ¿Me entiendes? • **with it** (coloq) moderno -a, lúcido -a: *Your mom's so with it!* ¡Tu madre es tan moderna! • *I'm not feeling very with it today.* Hoy no estoy muy lúcida.

with·draw W3 /wɪθˈdrɔ, wɪð-/ *v* (**withdrew** /-ˈdru/, **withdrawn** /-ˈdrɔn/)

1 el apoyo, los fondos
2 de una actividad, una organización
3 un ofrecimiento, una amenaza, una solicitud
4 un comentario, una declaración
5 un producto, un servicio
6 de una cuenta

7 de un lugar
8 en un combate, una ocupación
9 volverse menos comunicativo
10 de un lugar

1 EL APOYO, LOS FONDOS [T] retirar • **withdraw your support (from sth)** retirar(le) su apoyo (a alguien) • **withdraw funding/sponsorship (from sth)** retirar(le) la financiación/el auspicio (a algo)

2 DE UNA ACTIVIDAD, UNA ORGANIZACIÓN (a) [I] retirarse • **withdraw from sth** retirarse de algo: *A knee injury forced her to withdraw from the tournament.* Una lesión en la rodilla la obligó a retirarse del torneo. **(b)** [T] sacar, retirar **withdraw sb from sth** sacar/retirar a alguien de algo: *Several parents have withdrawn their children from the school.* Varios padres han sacado a sus hijos de la escuela.

3 UN OFRECIMIENTO, UNA AMENAZA, UNA SOLICITUD [T] retirar: *The Americans withdrew their offer of economic aid.* Los estadounidenses retiraron su ofrecimiento de ayuda económica. • **withdraw your resignation** retirar la renuncia • **withdraw your name** retirar el nombre

4 UN COMENTARIO, UNA DECLARACIÓN [T] retirar, retractarse de • **withdraw an allegation** retirar una acusación SIN **retract**

5 UN PRODUCTO, UN SERVICIO [T] retirar • **withdraw sth from sale/from the market** retirar algo de la venta/del mercado • **withdraw sth from service** retirar algo del servicio

6 DE UNA CUENTA [T] retirar, sacar: *You can now withdraw your money 24 hours a day.* Ahora se puede retirar dinero las 24 horas del día. • **withdraw sth from sth** retirar/sacar algo de algo: *I'd like to withdraw $500 from my checking account.* Me gustaría retirar 500 dólares de mi cuenta corriente.

7 DE UN LUGAR [T] (frml) sacar, retirar: *He took her hand but she withdrew it.* Le agarró la mano pero ella la retiró.

8 EN UN COMBATE, UNA OCUPACIÓN [I,T] retirar(se) • **withdraw from/to sth** retirarse de/a algo: *The rebels withdrew to their stronghold in the mountains.* Los rebeldes se retiraron a su bastión en las montañas. • **withdraw sth/sb from sth** retirar algo/a alguien de algo: *Spain withdrew its troops from the area.* España retiró sus tropas de la zona. SIN **pull out**

9 VOLVERSE MENOS COMUNICATIVO [I] retraerse • **withdraw from sb** apartarse de alguien: *She suddenly withdrew from the rest of the family.* Repentinamente, se apartó del resto de la familia. • **withdraw into yourself** encerrarse en sí mismo -a, ensimismarse: *Many depressed people just withdraw into themselves.* Muchas personas deprimidas se encierran en sí mismas.

10 DE UN LUGAR [I] (frml) retirarse

with·draw·al /wɪθˈdrɔəl/ *s*

1 de tropas
2 de apoyo
3 de dinero
4 de una actividad
5 de una declaración
6 de un ofrecimiento
7 de drogadicción
8 comportamiento

1 DE TROPAS [C,U] retirada: *the withdrawal of U.N. forces* la retirada de las fuerzas de la ONU • [+from]: *withdrawal from the occupied territories* la retirada de los territorios ocupados

2 DE APOYO [U] retiro: *the withdrawal of government aid* el retiro de ayuda gubernamental

3 DE DINERO [C,U] retiro: *The maximum cash withdrawal is $500 per day.* El retiro de efectivo máximo es de 500 dólares por día. • [+from]: *the withdrawal of funds from the account* el retiro de fondos de la cuenta • **make a withdrawal** retirar/sacar dinero

4 DE UNA ACTIVIDAD [U] retiro • [+from]: *Germany's withdrawal from the talks* el retiro de Alemania de las

conversaciones • *An injury forced his withdrawal from the tournament*. Una lesión lo obligó a retirarse del torneo.
5 DE UNA DECLARACIÓN [sing, U] retractación SIN **retraction**
6 DE UN OFRECIMIENTO [U] retiro
7 DE DROGADICCIÓN [U] síndrome de abstinencia
8 COMPORTAMIENTO [U] retraimiento, ensimismamiento

with·drawal ˌsymptoms *s* [pl] síndrome de abstinencia

with·drawn¹ /wɪθ'drɔn/ *adj* retraído -a, ensimismado -a
withdrawn² participio pasado de **WITHDRAW**
with·drew /wɪθ'druː/ pasado de **WITHDRAW**

with·er /'wɪðər/ *v* **1** [I,T] marchitar(se) **2** [I] (tb **wither away**) debilitarse, decaer • **wither and die** desaparecer poco a poco, extinguirse

with·er·ing /'wɪðərɪŋ/ *adj* [gralm ante s] desdeñoso -a, despreciativo -a (mirada, comentario)

with·hold /wɪθ'hoʊld, wɪð-/ *v* [T] (**withheld** /-'held/) retener (un pago), ocultar (información), negar (un tratamiento médico): *I withheld payment until they had completed the work*. Retuve el pago hasta que hubieran terminado el trabajo. • **withhold sth from sb** ocultarle algo a alguien: *Ian was accused of withholding information from the police*. Ian fue acusado de ocultarle información a la policía.

with·in¹ S1 W1 /wɪð'ɪn, wɪθ-/ *prep*
1 ANTES DE CUMPLIRSE UN PLAZO *The job will be finished within a week*. El trabajo estará listo en menos de una semana. • *We should have the test results back within 24 hours*. Deberíamos tener los resultados del análisis antes de que se cumplan las 24 horas. • **within an hour/10 minutes of sth** *Within an hour of our arrival, Caroline was starting to complain*. No había pasado una hora de la llegada y Caroline ya estaba empezando a quejarse. SIN **inside**
2 EN CIERTO PERIODO en: *They have won three election victories within the last decade*. Han ganado tres elecciones en la última década. • **within the space of sth** en el lapso de algo: *Within the space of five days, the fire destroyed over 4,000 acres*. En el lapso de cinco días, el fuego destruyó más de 4.000 acres. SIN **in**
3 EN EXPRESIONES DE DISTANCIA **within 10 miles/100 yards of sth** *There are eight restaurants within five hundred yards of the hotel*. En un área de quinientas yardas a la redonda del hotel, hay ocho restaurantes. • **to within sth** a menos de algo: *The rebels have advanced to within 20 miles of the capital*. Los rebeldes han avanzado a menos de 20 millas de la capital. • **within easy reach** muy cerca: *a hotel within easy reach of the downtown district* un hotel muy cerca del centro de la ciudad • **within reach** al alcance: *All the controls should be within reach*. Todos los controles deberían estar al alcance de la mano. • **within sight/earshot** *The tower is within sight of our house*. Desde nuestra casa, se ve la torre.
4 EN UNA ZONA, UN EDIFICIO dentro de, en: *Hunting is not permitted within the park*. No se permite cazar dentro del parque.
5 EN UN GRUPO, UNA SOCIEDAD dentro de, en: *changes within the department* cambios en el departamento SIN **inside** ANT **outside**
6 CON ARREGLO A dentro de, según: *We have to operate within the law*. Tenemos que actuar dentro de la ley. • *Are these expenses within our budget?* ¿Están estos gastos al alcance de nuestro presupuesto? • **within reason** dentro de lo razonable
7 AL HABLAR DE SENTIMIENTOS, PENSAMIENTOS (*liter*) *She felt a stab of pain deep within her*. Sintió una punzada de dolor en lo más profundo de su ser.
EXPRESIONES
to within 1 second/10 centimeters con un margen de error de 1 segundo/10 centímetros: *The clock is accurate to within one twentieth of a second*. El reloj tiene un margen de error de un vigésimo de segundo.

with·in² *adv* (*frml*) dentro: *The rooms within were very comfortable*. Las habitaciones dentro eran muy cómodas. • **apply/enquire within** infórmese aquí SIN **inside** ANT **outside**
EXPRESIONES
from within (**a**) (de un grupo, una organización) desde dentro, desde el interior: *an attempt to reform the system from within* un intento de reformar el sistema desde dentro (**b**) (*liter*) (de una persona) desde dentro

with·out¹ S1 W1 /wɪð'aʊt, wɪθ-/ *prep*
1 (falto de) sin: *a book without a cover* un libro sin tapa • *After the storm we were without electricity for five days*. Después de la tormenta, estuvimos sin electricidad cinco días. • **be not without sth** (*frml*): *The design is not without beauty*. El diseño tiene su belleza.
2 (indicando que algo no ocurre) sin: *Without any warning, he started shooting at us*. Sin ningún aviso, empezó a dispararnos. • *without delay* sin demora • **without doing sth** sin hacer algo: *He answered without lifting his head*. Respondió sin levantar la cabeza. • **without sb doing sth** sin que alguien haga algo: *She hoped she might slip into her office without anyone noticing*. Esperaba poder colarse en su oficina sin que nadie se diera cuenta. • **without so much as sth** sin siquiera algo: *He left without so much as a word of thanks*. Se fue sin siquiera una palabra de agradecimiento. • **not without sth** (*frml*) no sin algo: *We finally finished the job, not without some difficulty*. Finalmente terminamos el trabajo, no sin cierta dificultad.
3 (referido a sentimientos) sin: *He told his story without anger or bitterness*. Relató su historia sin enojo ni resentimiento. • **not without sth** (*frml*) no sin algo: *She agreed, but not without misgivings*. Aceptó, pero no sin dudas.
4 (no acompañado de) sin: *Won't you be lonely without her?* ¿No te sentirás solo sin ella? ► **DO without, GO without**
EXPRESIONES
without wishing/wanting to do sth sin ánimo de hacer algo: *Without wishing to hurt your feelings, I think you need to practice more*. Sin ánimo de herir tus sentimientos, creo que necesitas practicar más.

with·out² *adv* *Two coffees, please, one with milk and one without*. Dos cafés, por favor, uno con leche, otro sin.
EXPRESIONES
from without desde fuera (de un país, una zona): *goods entering the community from without* mercancías que ingresan a la comunidad desde fuera

with·stand /wɪθ'stænd, wɪð-/ *v* [T] (**withstood** /-'stʊd/) **1** (temperaturas, condiciones) soportar, resistir **2** (sin sucumbir) soportar, resistir

wit·ness¹ S3 W2 /'wɪtˌnɪs/ *s*
1 [C] (presente en un accidente) testigo • [+**to**]: *There appear to have been no witnesses to the killing*. Al parecer, no hubo testigos del asesinato. ► **EYEWITNESS**
2 [C] (en un tribunal) testigo: *At least 17 witnesses have testified in the case*. Al menos 17 testigos han prestado declaración en el caso. • **call sb as a witness** llamar/citar a alguien a declarar • **a witness for the prosecution/defense** (tb **a prosecution/defense witness**) un -a testigo de cargo/descargo • **a key/star witness** un -a testigo clave
3 [C] (de una firma) testigo • [+**to**]: *His brother was a witness to his will*. Su hermano fue testigo de la firma de su testamento.
4 [U] (en religiones cristianas) testimonio
5 [C] (creyente que da testimonio) testigo ► **BEAR witness to sth**
EXPRESIONES
be witness to sth (*frml*) ser testigo de algo, presenciar algo: *We have been witness to considerable social change*. Hemos sido testigos de cambios sociales importantes.

witness² *v* **1** [T] (ver) presenciar, ser testigo de: *Several residents claim to have witnessed the attack*. Varios vecinos aseguran que presenciaron el ataque. **2** [T] (cambios, acontecimientos) presenciar, ser testigo de: *The 19th century witnessed significant change*. El siglo

XIX presenció cambios importantes. **3** [T] (experimentar) presenciar, ser testigo de: *Over a single decade, we have witnessed the emergence of new diseases.* En una sola década, hemos presenciado el surgimiento de nuevas enfermedades. **4** [T] (una firma) dar fe de, ser testigo de: *Will you witness my signature?* ¿Das fe de mi firma? **5 as is/was witnessed by sth** tal como lo demuestra/demostró algo: *Everyone loved the show, as witnessed by the cries of "More!"* A todo el mundo le encantó el espectáculo, tal como lo demostraron los gritos pidiendo que siguiera.

'witness stand *s* [C] estrado (de testigos): *The police officer was called to the witness stand.* El agente de policía fue llamado al estrado.

wit·ti·cism /'wɪtə̩sɪzəm/ *s* [C] agudeza, ocurrencia

wit·ti·ly /'wɪtəli/ *adv* ingeniosamente

wit·ti·ness /'wɪtinɪs/ *s* [U] ingenio (cualidad)

wit·ty /'wɪti/ *adj* (**wittier, wittiest**) ingenioso -a, ocurrente: *She's very witty.* Es muy ocurrente.

wives /waɪvz/ pl de WIFE

wiz·ard /'wɪzɚd/ *s* [C] **1** mago, brujo **2** genio: *Charlie was a wizard with a ball.* Charlie era un genio con el balón. • **a financial/computer/technical wizard** un genio de las finanzas/la informática/la técnica

wiz·ard·ry /'wɪzədri/ *s* [U] **1** technical/computer/financial **wizardry** (logros) maravillas de la técnica/la informática/las finanzas; (destreza) genio técnico/informático/financiero **2** hechicería, brujería

wiz·ened /'wɪzənd/ *adj* arrugado -a, marchito -a

wk. (*abrev escrita de* **week**) semana

wob·ble¹ /'wɑbəl/ *v* **1** **(a)** [I] tambalearse: *The pile of bricks wobbled and fell.* La pila de ladrillos se tambaleó y cayó. **(b)** [T] mover, sacudir: *Don't wobble the table!* ¡No muevas la mesa! **2** [I siempre + adv/prep] **wobble along/across sth** ir por/cruzar algo tambaleándose: *Cindy wobbled along the street on her bike.* Cindy iba tambaleándose por la calle en la cicla. **3** [I] vacilar • **wobble over sth** vacilar respecto de algo **4** [I] temblar (voz)

wob·ble² *s* [C] tambaleo

wob·bly /'wɑbli/ *adj* **1** desvencijado -a, que se tambalea (mueble), flojo -a, suelto -a (diente, rueda) **2** (*coloq*) inseguro -a, débil (persona, animal) **3** tembloroso -a (voz)

woe /woʊ/ *s* **1 woes** [pl] preocupaciones, tribulaciones **2** [U] (*liter*) congoja, aflicción

EXPRESIONES
a tale of woe una historia trágica • **woe is me** (*antic, oral*) pobre de mí • **woe betide sb** pobre de alguien: *Woe betide anyone who got in her way.* Pobre de quien se interpusiera en su camino.

woe·ful /'woʊfəl/ *adj* **1** deplorable, lamentable: *a woeful lack of information* una deplorable falta de información **2** (*liter*) acongojado -a, triste

woe·ful·ly /'woʊfəli/ *adv* **1 be woefully inadequate** ser de una insuficiencia deplorable, ser lamentablemente insuficiente • **be woefully ignorant** ser lamentablemente ignorante **2** tristemente, con tristeza (decir)

wok /wɑk/ *s* [C] wok (sartén china)

woke /woʊk/ pasado de WAKE

wo·ken /'woʊkən/ participio pasado de WAKE

wolf¹ /wʊlf/ *s* [C] (pl **wolves** /wʊlvz/) lobo • **a pack of wolves** una manada de lobos ▶ CRY wolf

EXPRESIONES
keep the wolf from the door no pasar miseria • **throw sb to the wolves** arrojar a alguien a los lobos • **a wolf in sheep's clothing** un lobo con piel de cordero

wolf² (tb **wolf down**) *v* [T] (*coloq*) tragarse, devorar SIN **gobble**

'wolf ˌwhistle *s* [C] silbido, chiflido (como halago)

wom·an S1 W1 /'wʊmən/ *s* (pl **women** /'wɪmɪn/)
1 [C] (adulta) mujer: *a woman with dark hair* una mujer

de cabello oscuro • **women and children** mujeres y niños • **women's clothes/magazines** ropa de mujer/revistas femeninas • **women's issues/problems** cuestiones/problemas de mujeres *a woman doctor* una médica • *Ireland's first woman president* la primera presidenta de Irlanda
2 [sing, U] (ser femenino) mujer: *the traditional image of woman* la imagen tradicional de la mujer
3 [C] (*coloq*) mujer, pareja: *Did he bring his new woman with him?* ¿Trajo a su nueva mujer con él?
4 (*antic, oral*) (como apelativo) mujer: *Stop talking, woman!* ¡Deja de hablar, mujer!
5 [C] muchacha, señora (de la limpieza) ▶ BUSINESSWOMAN, CHAIRWOMAN, CONGRESSWOMAN, SPOKESWOMAN, a man/woman of the WORLD

EXPRESIONES
another woman otra: *Her husband went off with another woman.* Su marido se fue con otra.

wom·an·hood /'wʊmən̩hʊd/ *s* [U] **1** madurez, edad adulta (de una mujer) ▶ MANHOOD **2** (*frml*) las mujeres ▶ MANHOOD

wom·an·ize /'wʊmə̩naɪz/ *v* [I] (*peyor*) andar con muchas mujeres (mantener relaciones sexuales)

wom·an·iz·er /'wʊmə̩naɪzɚ/ *s* [C] (*peyor*) mujeriego

wom·an·kind /'wʊmən̩kaɪnd/ *s* [U] (*frml*) las mujeres ▶ MANKIND

wom·an·ly /'wʊmənli/ *adj* (*aprec*) femenino -a ▶ MANLY

womb /wum/ *s* [C] útero SIN **uterus**

wom·en /'wɪmɪn/ pl de WOMAN

wom·en·folk /'wɪmɪn̩foʊk/ *s* [pl] (*antic*) mujeres

won /wʌn/ pasado y participio pasado de WIN

won·der¹ S1 W1 /'wʌndɚ/ *v* [I,T]
1 preguntarse: *"Will he call me tonight?" she wondered.* –¿Me llamará esta noche? –se preguntó. • **wonder who/what/how** preguntarse quién/qué/cómo: *I wonder how George is getting along.* Me pregunto cómo le estará yendo a George. • **wonder if/whether** preguntarse si: *I wonder if it will rain.* Me pregunto si lloverá. • **wonder about sth** pensar en algo: *She spent a lot of time wondering about her future.* Pasaba mucho tiempo pensando en su futuro.
2 wonder at sth maravillarse de/con algo, extrañarse de algo: *She wondered at his calmness and patience.* Se maravillaba con su calma y paciencia.
3 wonder about sb/sth dudar de alguien/algo: *Do you ever wonder about his motives?* ¿Alguna vez dudas de sus motivos?

EXPRESIONES
I was wondering if/whether... (*oral*): *I was wondering whether you're free for dinner tonight.* Estaba pensando si te gustaría comer conmigo esta noche. • **I wonder if/whether...** (*oral*): *I wonder if you could tell me where the bus station is?* ¿Podría decirme dónde queda la estación de bus? • **it makes you wonder** (*oral*) te hace dudar

won·der² S3 *s*
1 [U] asombro: *the look of wonder on his face* la expresión de asombro que tenía • **sb's sense of wonder** la capacidad de asombro de alguien • **gaze/stare/look in wonder** mirar asombrado -a
2 [C] maravilla: *The gorge is a natural wonder.* El desfiladero es una maravilla natural. • **the wonders of sth** las maravillas de algo: *the scenic wonders of Alaska* las maravillas panorámicas de Alaska
3 [sing] (*esp oral*) genio (persona dotada)
4 [sing, U] (*esp oral*) **(it's) no/small/little wonder (that)...** no me extraña (que)..., no me sorprende (que)...: *No wonder you have a headache, after drinking so much.* No me extraña que te duela la cabeza, con todo lo que has bebido. • **is it any wonder (that)...?** no es de extrañar que...: *With her attitude, is it any wonder she has so few friends?* Con su actitud, no es de extrañar que tenga tan pocos amigos. • **it's a wonder (that)...** es un milagro que...: *It's a wonder no one got hurt.* Es un milagro que nadie haya salido lastimado.

do/work wonders hacer maravillas: *This diet is supposed to work wonders.* Se supone que esta dieta hace maravillas.

wonder³ *adj* [solo ante s] milagroso -a (medicamento, etc.), prodigioso -a (persona)

won·der·ful S1 W2 /ˈwʌndəfəl/ *adj*
1 maravilloso -a (idea, oportunidad, etc.): *That's wonderful news!* ¡Qué noticia maravillosa! • **it's wonderful what/how...** es una maravilla lo que/cómo...: *It's wonderful what doctors can do nowadays.* Es una maravilla lo que los médicos pueden hacer hoy en día.
2 have a wonderful time pasarla genial
3 estupendo -a, magnífico -a (persona, sitio): *He was a wonderful man.* Era un hombre estupendo.
4 fantástico -a, genial (cocinero, actriz) • **[+at]**: *Brenda was wonderful at her job.* Brenda era genial en su trabajo. SIN **excellent**

won·der·ful·ly /ˈwʌndəfəli/ *adv* **1** maravillosamente: *Our new system works wonderfully.* Nuestro nuevo sistema funciona maravillosamente. **2** increíblemente, extraordinariamente: *a wonderfully relaxing vacation* unas vacaciones increíblemente relajantes • **wonderfully well** extraordinariamente bien

won·drous /ˈwʌndrəs/ *adj* (*liter*) maravilloso -a, impresionante

won't /wəʊnt/ *contrac de* **will not**

wont¹ /wɒnt, wəʊnt/ *adj* (*liter*) **be wont to do sth** acostumbrar hacer algo: *He was wont to fall asleep after eating.* Acostumbraba quedarse dormido después de comer.

wont² *s* (*liter*) **as is your wont** como es tu/su costumbre

woo /wu/ *v* [T] **1** captar, atraer a (un cliente) • **woo sb away/back** *Women were being wooed back into the workforce.* Estaban convenciendo a las mujeres de volver a incorporarse a la fuerza de trabajo. **2** (*antic*) cortejar

wood¹ S1 W2 /wʊd/ *s*
1 [C,U] madera, leña: *The floor is made of solid wood.* El piso es de madera maciza. • *a piece of wood* una madera • **cut/chop wood** cortar madera/leña • **dead wood** madera seca
2 the woods [pl] el bosque: *I followed a small trail through the woods.* Seguí un sendero pequeño por el bosque.
3 [C] madera (en golf) ▶ **DEAD WOOD, HARDWOOD, in this/sb's NECK of the woods**

EXPRESIONES
not be out of the woods yet (*coloq*) no estar todavía fuera de peligro/a salvo

wood² *adj* **1** [gralm ante s] de madera: *wood or metal frames* marcos de madera o metal SIN **wooden 2** [solo ante s] a leña: *a wood stove* una cocina a leña

wood·carv·ing /ˈwʊdˌkɑːrvɪŋ/ *s* [C,U] talla de madera

wood·chuck /ˈwʊdtʃʌk/ *s* [C] marmota americana SIN **groundhog**

wood·cut /ˈwʊdkʌt/ *s* [C] grabado en madera

wood·ed /ˈwʊdɪd/ *adj* boscoso -a

wood·en S3 W3 /ˈwʊdn/ *adj*
1 [gralm ante s] de madera: *a wooden box* una caja de madera
2 acartonado -a (actuación)

ˌwooden ˈspoon *s* [C] cuchara de madera

wood·land /ˈwʊdlənd, -lænd/ *s* [U] bosque ▶ **FOREST**

wood·peck·er /ˈwʊdˌpekə/ *s* [C] pájaro carpintero

wood·wind /ˈwʊdˌwɪnd/ *s* **1** [C,U] madera(s) (instrumento de viento) ▶ **BRASS, PERCUSSION, STRINGED INSTRUMENT, WIND INSTRUMENT 2 the woodwinds** [pl] (tb **the woodwind (section)**) las maderas

wood·work /ˈwʊdwɜːk/ *s* [U] **1** (zócalos, puertas) carpintería **2** (tb **wood-working**) (actividad) carpintería ▶ **CARPENTRY**

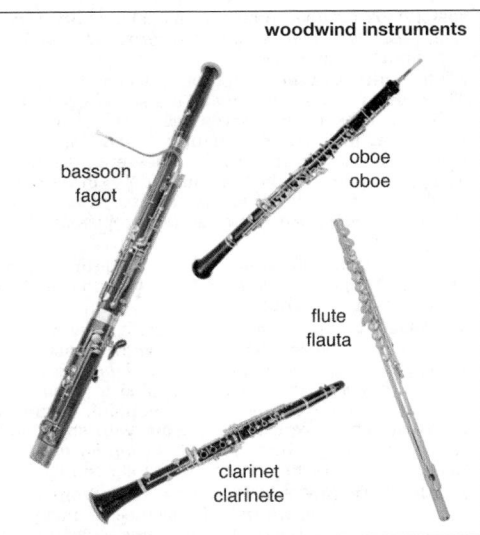

woodwind instruments

bassoon
fagot

oboe
oboe

flute
flauta

clarinet
clarinete

EXPRESIONES
come/crawl out of the woodwork (*peyor*) aparecer de quién sabe dónde

wood·worm /ˈwʊdwɜːm/ *s* **1** [C] polilla de la madera, carcoma **2** [U] *The house had a lot of dry rot and woodworm.* Buena parte de la madera de la casa estaba podrida y apolillada.

wood·y /ˈwʊdi/ *adj* **1** (plantas, vegetación) leñoso -a **2** (vino, sabor) leñoso -a **3** boscoso -a

woof¹ /wʊf/ *interj* guau ▶ **BARK, GROWL**

woof² *s* [C] ladrido ▶ **BARK**

woof³ *v* [I] (*coloq*) ladrar ▶ **BARK, GROWL**

wool¹ /wʊl/ *s* [U] **1** (de la oveja) lana **2** (tela) lana • **pure wool** lana pura **3** (hilado) lana • **a ball of wool** un ovillo de lana ▶ **YARN; DYED-IN-THE-WOOL, STEEL WOOL**

EXPRESIONES
pull the wool over sb's eyes engañar a alguien

wool² *adj* [gralm ante s] **1** de lana: *a blue wool suit* un traje azul de lana • **pure wool** de pura lana **2** de la lana (industria, sector)

wool·en /ˈwʊlən/ *adj* [gralm ante s] **1** de lana: *woolen cloth* tela de lana **2** de la lana (industria)

wool·len /ˈwʊlən/ *adj* variante británica de **WOOLEN**

wool·ly, wooly /ˈwʊli/ *adj* **1** [gralm ante s] de lana (suéter, sombrero) **2** vago -a (respuesta, idea) SIN **vague**

woo·zy /ˈwuːzi/ *adj* (*coloq*) mareado -a SIN **dizzy**

word¹ S1 W1 /wɜːd/ *s*

1	en la lengua
2	lo dicho
3	de una canción
4	conversación
5	exposición breve
6	información
7	promesa
8	instrucción
9	comentario
10	en religion

1 EN LA LENGUA [C] palabra: *What does this word mean?* ¿Qué significa esta palabra? • *an essay of about five hundred words* un ensayo de unas quinientas palabras • **[+for]**: *What's another word for "way out?"* ¿Qué otra palabra hay para decir "salida"? • **be the right/wrong word** ser/no ser la palabra adecuada: *Perhaps "lucky" is not exactly the right word.* Quizá "afortunado" no sea la palabra adecuada. • **find the words (to do sth)** encontrar las palabras (para hacer algo) •

W

search/look for a word buscar una palabra: *She was – what's the word I'm looking for? – rotund.* Era –¿cuál es la palabra?– rotunda.

2 LO DICHO sb's words [pl] las palabras de alguien: *Those are his words, not mine.* Esas son sus palabras, no las mías. • **in sb's words** según las palabras de alguien, según lo que dijo alguien: *Jones was, in the judge's words, "an evil man."* Jones era, según las palabras del juez, "un hombre malvado". • **in your own words** en sus propias palabras: *Tell us in your own words what happened.* Dinos en tus propias palabras qué ocurrió.

3 DE UNA CANCIÓN words [pl] letra • [+to]: *I don't know all the words to the song.* No sé la letra completa de la canción. [SIN] **lyrics**

4 CONVERSACIÓN [sing] (*esp oral*) conversación, charla, plática (breve) • **have a word with sb** hablar con alguien, platicar con alguien: *Could I have a quick word with you after the meeting?* ¿Podría hablar un momento contigo después de la reunión? • **want a word with sb** (tb **would like a word with sb**) querer hablar con alguien: *Wait a minute! I want a word with you!* ¡Espera un momento! ¡Quiero hablar contigo!

5 EXPOSICIÓN BREVE [C] palabra • [+about/on]: *First, a word about the health risks.* Para empezar, una palabra acerca de los riesgos para la salud. • **say a word (about/on sth)** decir una palabra (acerca de/sobre algo)

6 INFORMACIÓN [U] noticias • [+from]: *There's been no word from Susan since July.* No ha habido noticias de Susan desde julio. • **get/have word from sb** recibir/tener noticias de alguien: *Had any word from Andy?* ¿Tuviste noticias de Andy? • [+about]: *Still no word about your promotion?* ¿Todavía no tienes noticias de tu ascenso? • **(the) word is (that)...** (tb **word has it (that)...**) se dice que...: *The word is they're going to get married.* Se dice que van a casarse. • **word gets out/around (about sth)** corre(se) la voz (de algo) • **send/bring word (that)** (*frml o liter*) enviar/traer el mensaje (de que) • **spread/pass the word (about sth)** hacer correr la voz (sobre algo)

7 PROMESA sb's word [sing] la palabra de alguien: *Are you doubting my word?* ¿Dudas de mi palabra? • **give (sb) your word (that)** dar (a alguien) su palabra (de que): *I give you my word that it won't happen again.* Te doy mi palabra de que no volverá a ocurrir. • **keep your word** cumplir con su palabra • **have sb's word (that)** tener la palabra de alguien (de que) • **take sb's word for it** (*oral*) creer/confiar en lo que alguien dice: *Take my word for it – she's really funny.* Créeme lo que te digo: es muy divertida. • **have sb's word for it** (*oral*) tener la palabra de alguien • **sb's word of honor** la palabra de honor de alguien: *He gave me his word of honor.* Me dio su palabra de honor. • **be as good as your word** cumplir con lo prometido • **true to your word** fiel a su palabra: *True to his word, he had said nothing about the deal.* Fiel a su palabra, no había dicho nada sobre el trato. • **go back on your word** faltar a su palabra • **a man of his word/a woman of her word** un hombre/una mujer de palabra

8 INSTRUCCIÓN [C gralm sing] orden: *On the word "go" I want you to start running.* A la orden "ya" quiero que empiecen a correr. • **give/say the word** dar la orden: *When I give the word, grab him.* Cuando dé la orden, agárralo.

9 COMENTARIO [C] **a word of advice/warning** un consejo/una advertencia: *A word of advice: always be early for an interview.* Un consejo: llegue siempre temprano cuando vaya a una entrevista. • *He walked away without a word of thanks.* Se fue sin siquiera decir gracias. • **a cross/an angry word** *His parents never exchanged an angry word.* Sus padres nunca discutieron. • **harsh words** palabras duras, críticas • **a kind word** un halago, una palabra amable: *Thank you for all your kind words.* Gracias por todos tus halagos.

10 EN RELIGIÓN the Word (of God) la Palabra de Dios
▶ not BREATHE a word, BUZZWORD, EAT your words, FOUR-LETTER WORD, be LOST for words, (you) MARK my words, not MINCE (your) words, a PLAY on words, (just) SAY the word, SWEAR WORD

EXPRESIONES

exchange words (with sb) (a) (tb **have words (with sb)**) discutir (con alguien) **(b)** conversar/charlar/platicar (con alguien) • **(right) from the word go** (*coloq*) desde el principio: *The marriage was a disaster from the word go.* El matrimonio fue un desastre desde el principio. • **get a word in (edgeways/edgewise)** (*coloq*) meter baza, meter la cuchara: *I couldn't get a word in edgeways.* No logré meter baza. • **in a word** en una palabra: *"Did you have a good vacation?" "In a word, no."* –¿Pasaste bien las vacaciones? –En una palabra, no. **in other words** o sea, en otras palabras • **(not) in so/as many words** (no) directamente, (no) explícitamente: *"Did he say we got the contract?" "Not in so many words."* ¿Dijo que habíamos conseguido el contrato? –No directamente. • **have the last/final word (on sth)** tener la última palabra (sobre algo) (en una discusión): *My boss has the final word on hiring staff.* Mi jefe tiene la última palabra sobre la contratación de personal. • **be the last word in sth** ser lo máximo en algo: *Her clothes were always the last word in elegance.* La ropa que llevaba siempre era lo máximo en elegancia. • **sb's last words** las últimas palabras de alguien • **a man/woman of few words** un hombre/una mujer de pocas palabras • **My word!** (*antic, oral*) ¡Caramba!: *My word! Haven't you grown!* ¡Caramba!¡Vaya si has crecido! • **sth is not the word for it** (*oral*): *Tired isn't the word for it – I could sleep for a week.* Decir cansado es quedarse corto: podría dormir una semana entera. • **not a word** *Don't worry – I won't say a word about what happened.* No te preocupes: no diré palabra de lo ocurrido. • *don't believe a word he says.* No creas una palabra de lo que dice. • *"Have you heard from Ann?" "No, not a word."* –¿Sabes algo de Ann? –No, ni una palabra. • **put in a (good) word for sb (with sb)** interceder por alguien (ante alguien), recomendar a alguien (ante alguien) • **put sth into words** expresar algo, poner algo en palabras • **put words into sb's mouth** ponerle palabras en la boca a alguien, atribuirle a alguien algo que no dijo: *I didn't mean that at all — you're just putting words into my mouth!* No quise decir eso para nada, estás atribuyéndome algo que no dije. • **take sb at their word** tomarle la palabra a alguien • **take the words (right) out of sb's mouth** quitarle las palabras de la boca a alguien • **be too stupid/funny/ridiculous for words** (*coloq*) ser de lo más estúpido/ser de lo más ridículo/ser divertidísimo -a • **without (saying) a word** sin decir palabra: *He left without a word.* Se fue sin decir palabra. • **word for word(a)** textualmente, palabra por palabra: *The newspaper printed his speech more or less word for word.* El periódico publicó su discurso casi textualmente. **(b)** literalmente: *Don't translate word for word.* No traduzcan literalmente. • **word of mouth** boca a boca • **by word of mouth** por recomendación, de boca en boca: *At first, people learned about the band by word of mouth.* Al principio, la gente se enteraba de la existencia del grupo de boca en boca • **Words fail me!** (*oral*) ¡No tengo palabras! • **have a word in sb's ear** hablar con alguien en confianza

word² *v* [T siempre + adv/prep] formular (una pregunta), redactar (una carta, etc.) [SIN] **phrase**

word·ing /'wɜːdɪŋ/ *s* [U] texto, redacción

word·less /'wɜːdlɪs/ *adj* [solo ante s] (*liter*) mudo -a

'word·play *s* [U] juegos de palabras

'word ˌprocessing *s* [U] procesamiento de textos (en informática)

'word ˌprocessor *s* [C] **1** (programa) procesador de textos **2** (computador) procesador de textos

word·y /'wɜːdi/ *adj* (*peyor*) verboso -a

wore /wɔr/ pasado de WEAR

work¹ [S1] [W1] /wɜːk/ *v*

1	en un puesto
2	hacer esfuerzo
3	por una causa
4	máquina, aparato
5	tener éxito

6 tener efecto
7 usar, controlar
8 en arte
9 ser aceptable
10 moverse gradualmente
11 en una zona, un lugar
12 usar al pintar, diseñar
13 moldear
14 ejercitar
15 pensar
16 obligar a esforzarse
17 labrar
18 para extraer minerales
19 en matemáticas

1 EN UN PUESTO [I,T] trabajar: *Where do you work?* ¿Dónde trabajas? • *She isn't working tomorrow.* Mañana no trabaja. • **work for sb/sth** trabajar para alguien/algo: *I think she works for an insurance company.* Creo que trabaja para una compañía de seguros. • **work in industry/education/publishing** trabajar en la industria/la enseñanza/el mundo editorial • **work with/among sb** trabajar con alguien: *She wants to work with children.* Quiere trabajar con niños. • **work in/at sth** trabajar en algo: *She works in a bank.* Trabaja en un banco. • **work as sth** trabajar como/de algo: *Joe worked as a builder.* Joe trabajaba de albañil. • **work under sb** trabajar a las órdenes/bajo la dirección de alguien: *He has twelve people working under him.* Tiene doce personas trabajando a sus órdenes. • **work full-time** trabajar de tiempo completo • **work part-time** trabajar de tiempo parcial • **work hard** trabajar mucho • **work late** trabajar hasta tarde • **work weekends/nights/days** trabajar los fines de semana/de noche/de día • **work long hours** trabajar muchas horas • **work around the clock** trabajar las veinticuatro horas • **work from home** trabajar en/desde la casa

2 HACER ESFUERZO [I] trabajar: *I've been working in the yard this afternoon.* Esta tarde, he estado trabajando en el jardín. • **work together (to do sth)** trabajar juntos (para hacer algo): *The children work together to solve problems.* Los niños trabajan juntos para resolver problemas. • **work to do sth** trabajar para hacer algo: *I've been working nonstop to get everything ready for the party.* He estado trabajando sin parar para arreglar todo para la fiesta. • **work hard** trabajar mucho/duro

3 POR UNA CAUSA [I] trabajar • **work for sth** trabajar por algo: *She spent years working for equal rights.* Dedicó muchos años a trabajar por la igualdad de derechos. • **work to do sth** trabajar para hacer algo: *an organization that is working to preserve California's forests* una organización que trabaja para preservar los bosques de California • **work hard/tirelessly to do sth** trabajar duro/incansablemente para hacer algo • **work toward sth** trabajar para conseguir algo: *They are working toward a solution to these problems.* Están trabajando para conseguir una solución a estos problemas.

4 MÁQUINA, APARATO [I] funcionar: *The phone's not working.* El teléfono no funciona. • **get sth working/to work** hacer funcionar algo: *I can't get the dishwasher to work.* No puedo hacer funcionar el lavaplatos. • **work fine/properly** funcionar bien/correctamente SIN **function**

5 TENER ÉXITO [I] funcionar, resultar: *Most diets don't work.* La mayoría de las dietas no funciona. • **work for sb** darle (buen) resultado a alguien: *You need to find the method that works best for you.* Tienes que buscar el método que te dé mejor resultado. • **work against sth** servir para combatir algo: *The drug works against some cancers.* La droga sirve para combatir algunos tipos de cáncer. • **work with sb** funcionar con alguien: *That type of sales talk doesn't work with me.* Esos argumentos de vendedor no funcionan conmigo. • **work every time** (*oral*) siempre funcionar/dar resultado

6 TENER EFECTO [I] **work in sb's favor** (tb **work to sb's advantage**) obrar a favor de alguien, favorecer a alguien • **work against sb/sth** obrar en contra de alguien/algo, perjudicar a alguien/algo: *Unfortunately, her low grades worked against her.* Lamentablemente, sus bajas notas obraron en su contra.

7 USAR, CONTROLAR [T] manejar: *Do you know how to work the printer?* ¿Sabes cómo manejar la impresora? SIN **operate**

8 EN ARTE [I] estar bien logrado -a: *I don't think the scene with the horses really works.* No me parece que la escena de los caballos esté bien lograda. • **work for sb** *Those colors don't work for me.* Esos colores no me parecen bien.

9 SER ACEPTABLE [I] (*esp oral*) *Wednesday's no good. Will Thursday work?* El miércoles no es posible. ¿Qué tal el jueves?

10 MOVERSE GRADUALMENTE [I,T] **work yourself free of sth** librarse de algo (de una cuerda, un sitio) • **work (its) way/itself) loose** aflojarse (tornillo, rueda)

11 EN UNA ZONA, UN LUGAR [T] cubrir: *I work the northern regions.* Cubro las regiones del norte.

12 USAR AL PINTAR, DISEÑAR **work in/with sth** trabajar con algo: *I prefer to work in watercolors.* Prefiero trabajar con acuarelas.

13 MOLDEAR [T] trabajar (la arcilla, el cuero)

14 EJERCITAR [T] trabajar (un músculo)

15 PENSAR [I] trabajar: *His mind was working furiously.* Su mente trabajaba frenéticamente. • **work overtime** trabajar a toda máquina (mente, cerebro)

16 OBLIGAR A ESFORZARSE [T] **work sb hard** hacer trabajar mucho/duro a alguien: *The coach has been working us really hard this week.* El entrenador nos ha estado haciendo trabajar muchísimo esta semana.

17 LABRAR [T] trabajar

18 PARA EXTRAER MINERALES [T] explotar

19 EN MATEMÁTICAS [T] resolver (un problema, una ecuación) ▶ **work/drive/run yourself into the** GROUND, **work/weave your** MAGIC, **work/perform** MIRACLES

EXPRESIONES

work your fingers to the bone (*coloq*) quebrarse la espalda trabajando • **work it/things so that** hacer las cosas de manera tal de/que: *We should try and work it so that we can all go together.* Deberíamos tratar de hacer las cosas de manera tal de poder ir todos juntos. • **work like magic** funcionar maravillosamente • **work on the principle/assumption/basis that** partir del principio/del supuesto/de la base de que • **work your way to/through sth** **(a)** llegar a/cruzar algo (con esfuerzo): *We worked our way carefully across the rocks.* Con cuidado, logramos cruzar las rocas. **(b)** lograr llegar a algo (con trabajo, esfuerzo): *He worked his way to the top.* A base de esfuerzo, logró llegar a la cima. • **work your way through school/university** costearse la universidad trabajando • **work wonders** hacer maravillas: *A good night's sleep can work wonders.* Dormir bien una noche puede hacer maravillas.

work around sb/sth *v+partíc* **1 work around sb** eludir a alguien: *In the end, we found a way to work around him.* Al final, encontramos una manera de eludirlo. **2 work around sth** salvar algo, buscar una manera de arreglar algo

work around to sth *v+partíc* abordar algo poco a poco (un tema, un asunto)

work at sth *v+partíc* dedicarle tiempo y esfuerzo a algo: *Learning a language isn't easy. You have to work at it.* Aprender un idioma no es fácil. Hace falta dedicarle tiempo y esfuerzo.

work in *v+partíc* **1 work sth** ↔ **in** intercalar algo (en una conversación, etc.) **2 work sb** ↔ **in** (*oral*) hacerle un hueco a alguien (para recibirlo, atenderlo, etc.) SIN **fit in**

work into *v+partíc* **1 work sth into sth** intercalar/incluir algo en algo **2 work sth into sth** hacer penetrar algo en algo **3 work yourself into a frenzy/rage/state** ponerse frenético -a/furioso -a/como loco -a • **work yourself into a panic** entrar en pánico

work off *v+partíc* **1 work sth** ↔ **off** librarse de algo: *Running is a good way of working off stress.* Correr es una buena manera de librarse del estrés. **2 work off sth** pagar algo trabajando

work on *v+partíc* **1 work on sth** trabajar en algo: *Every weekend you see him working on his car.* Todos los fines de semana lo ves trabajando en su carro. **2 work on sth** mejorar algo: *A trainer has been brought in to work on her fitness.* Han llamado a un entrenador para

W

ayudarla a mejorar su estado físico. **3 work on sb** (*coloq*) tratar de convencer a alguien: *You leave him to me. I'll work on him.* Déjamelo a mí. Voy a tratar de convencerlo.

work out *v+partíc* **1 work sth** ↔ **out** elaborar/idear algo (un plan, etc.): *Have you worked out the schedule for next month?* ¿Has elaborado la agenda para el mes que viene? • **work out what/where/how** resolver/decidir qué/dónde/cómo: *We need to work out how we're going to get there.* Tenemos que resolver cómo vamos a llegar hasta allí. • **have sth all worked out** tener algo totalmente resuelto -a **2 work sth** ↔ **out** calcular algo: *"How much do I owe you?" "I haven't worked it out yet."* –¿Cuánto le debo? –Todavía no lo he calculado. • **work out how much/many** calcular cuánto -a/cuántos -as: *We'll have to work out how much it's all going to cost.* Vamos a tener que calcular cuánto va a costar todo. **3 work out** (tb **work itself out**) arreglarse: *I'm sure everything will work out in the end.* Estoy seguro de que, al final, todo se arreglará. • **work out for sb** salirle bien a alguien: *I hope it all works out for you.* Espero que todo te salga bien. **4 work sth** ↔ **out** solucionar/resolver algo (un problema, una situación) **5 work out** salir, resultar: *How did it all work out in the end?* ¿Cómo salió todo al final? • **work out well** salir/resultar bien SIN **turn out 6 work sth/sb** ↔ **out** lograr entender algo/a alguien: *I can't work her out at all.* No logro entenderla para nada. • **work out what/why/how** entender qué/por qué/cómo: *I tried to work out what was going on.* Traté de entender qué estaba sucediendo. • **work sth out for yourself** descifrar algo solo -a **7 work out to/at sth** salir (a razón de) algo, salir a algo: *It works out to $50 a night.* Sale 50 dólares la noche. • **work out (to be) expensive/cheap** salir caro -a/barato -a **8 work out** hacer ejercicio: *How often do you work out?* ¿Cón qué frecuencia hace ejercicio?

work sb over *v+partíc* (*coloq*) darle una paliza a alguien, darle una pela a alguien

work through *v+partíc* **work sth** ↔ **through** superar algo (emociones, etc.)

work up *v+partíc* **1 work up sth** reunir algo (coraje), despertar algo (entusiasmo): *I'm trying to work up the courage to visit the dentist.* Estoy tratando de reunir coraje para ir al dentista. **2 work up an appetite/a sweat** abrir el apetito/empezar a sudar **3 work sb** ↔ **up** excitar/alterar a alguien • **work yourself up** ponerse nervioso -a, ponerse ansioso -a ▶ WORKED UP **4 work sth** ↔ **up** desarrollar algo (una idea, una propuesta)

work up to sth *v+partíc* preparar el terreno para algo, prepararse para algo: *I haven't asked him yet, but I'm working up to it.* Todavía no se lo he preguntado, pero estoy preparando el terreno.

work² S1 W1 *s*

1	empleo
2	horas
3	lugar
4	tareas
5	producto
6	material
7	actividad
8	investigación
9	en literatura, música, ciencias
10	construcción
11	instalación industrial
12	en una máquina

1 EMPLEO [U] trabajo: *What kind of work do you do?* ¿Qué clase de trabajo haces? • **find work** encontrar trabajo • **look for work** buscar trabajo • **return/go back to work** volver a trabajar • **be out of/in work** estar sin trabajo/tener trabajo: *She's been out of work for six months.* Hace seis meses que está sin trabajo. • **a line of work** un tipo de trabajo: *You don't meet many people in my line of work.* En mi tipo de trabajo no se conoce a mucha gente. • **part-time work** trabajo de tiempo parcial • **full-time work** trabajo de tiempo completo • **paid/unpaid work** trabajo remunerado/no remunerado • **do volunteer work** trabajar como voluntario -a

2 HORAS [U] trabajo • **start work** entrar a trabajar • **be late/early for work** llegar tarde/temprano al trabajo •

before/after work antes/después del trabajo: *I'll meet you after work.* Nos encontramos después del trabajo. • **stop/finish work** salir de trabajar

3 LUGAR [U] trabajo: *I usually leave work around 5 p.m.* Generalmente salgo del trabajo alrededor de las 5 de la tarde. • **at work** en el trabajo, en la oficina: *She's still at work.* Todavía está en el trabajo. • **to work** al trabajo, a la oficina: *I had an accident on the way to work.* Tuve un accidente cuando iba a la oficina. • **from work** del trabajo, de la oficina: *I went out with the guys from work last night.* Anoche salí con unos compañeros de la oficina.

4 TAREAS [U] trabajo: *The work's really interesting, but the pay's lousy.* El trabajo es muy interesante, pero el sueldo es pésimo. • **do some/much work** trabajar un poco/mucho: *I didn't get much work done today.* Hoy no he conseguido trabajar mucho. • **clerical/secretarial work** trabajo de oficina/secretaria

5 PRODUCTO [U] trabajo: *The standard of work is improving.* El nivel de trabajo está mejorando. • **a piece of work** un trabajo

6 MATERIAL [U] trabajo, papeles • **take work home** llevarse trabajo a la casa

7 ACTIVIDAD [U] trabajo: *The yard still needs a lot of work.* Todavía falta trabajar mucho en el jardín. • **at work** *Dad was hard at work down in the basement.* Mi padre estaba muy ocupado trabajando en el sótano. • **hard work** *Taking care of children can be hard work.* Cuidar niños puede dar mucho trabajo. • **carry out/do work** trabajar • [+**on**]: *The work on the house will take months.* Las obras en la casa van a llevar meses. • **get (down) to work** (tb **set to work**) ponerse a trabajar, poner manos a la obra • **put work into sth** poner empeño/esfuerzo en algo

8 INVESTIGACIÓN [U] trabajo • **do/carry out work** hacer/llevar a cabo un trabajo • [+**on/in**]: *postgraduate work in sociology* trabajo de posgrado en sociología

9 EN LITERATURA, MÚSICA, CIENCIAS [C] obra: *one of the finest musical works ever written* una de las mejores obras musicales que se haya escrito • [+**of**]: *a great work of literature* una gran obra literaria • [+**by**]: *an early work by Mozart* una obra temprana de Mozart • [+**on**]: *a recent work on the Civil War* una obra reciente sobre la Guerra Civil • **the collected/complete works of sb** las obras completas de alguien

10 CONSTRUCCIÓN [U] (tb **works** [pl]) obras: *Work is expected to last several weeks.* Se espera que las obras duren varias semanas. • [+**on**]: *Work on the bridge is continuing.* Las obras en el puente siguen adelante. • **construction/building work** obras de construcción

11 INSTALACIÓN INDUSTRIAL works [C] fábrica, planta • **a brick/cement works** una fábrica de ladrillos/cemento

12 EN UNA MÁQUINA the works [pl] el mecanismo SIN **mechanism** ▶ **be all in a** DAY'**s work**, **do sb's** DIRTY **work**, **a** NASTY **piece of work**, ROADWORK

EXPRESIONES

be at work *Other motives may be at work here.* Aquí, pueden estar interviniendo otros factores. • **have your work cut out (for you)** (*coloq*) tener que esforzarse mucho (para conseguir algo) • **make heavy/hard work of sth** resultarle algo difícil a alguien • **make quick/light work of sb/sth** **(a)** despachar algo/a alguien con toda facilidad **(b)** hacer algo rápidamente (un trabajo, etc.) • **nice/good work** (*oral*) buen trabajo • **That was quick work!** (*oral*) ¡Qué rápido! • **the (whole) works** (*oral*) y todo lo que se te/le ocurra, y todo lo que se pueda/haya: *The hotel had everything – sauna, swimming pool, the works.* El hotel tenía de todo: sauna, piscina, y todo lo que se te ocurra.

work³ *adj* (solo ante s) **1 work clothes/boots** ropa/botas de trabajo **2 work practices/conditions** prácticas laborales/condiciones de trabajo **3 work hours/time** horas de trabajo SIN **working**

work·a·ble /'wəkəbəl/ *adj* viable

work·a·hol·ic /ˌwəkə'hɒlɪk/ *s* [C] (*coloq*) adicto -a al trabajo

work·bench /'wɔːkbentʃ/ s [C] banco (de carpintero, herrero, etc.)

work·book /'wɔːkbʊk/ s [C] cuaderno de ejercicios

‚worked 'up adj [nunca ante s] (coloq) disgustado -a, nervioso -a • **get worked up** ponerse nervioso -a, disgustarse • [+about/over]: *You're getting all worked up over nothing.* Te estás poniendo nervioso por nada.

work·er S2 W1 /'wɔːkə/ s [C]
1 trabajador -a: *workers in the manufacturing industry* trabajadores de la industria manufacturera • **a factory worker** un obrero/una obrera • **an office worker** un/una oficinista • **skilled/unskilled workers** mano de obra calificada/no calificada • **a manual/blue-collar worker** un obrero/una obrera • **a white-collar worker** un/una oficinista
2 a rescue worker un/una rescatista • **a relief worker** un/una socorrista • **an aid worker** un trabajador humanitario/una trabajadora humanitaria • **a health worker** un trabajador/una trabajadora de la salud • **a party worker** un/una militante • **a human/civil rights worker** un/una activista de derechos humanos/civiles
3 be a good/quick/slow worker trabajar bien/rápido/lento • **be a hard worker** ser muy trabajador -a: *Mike's always been a hard worker.* Mike ha sido siempre muy trabajador.
4 workers [pl] trabajadores: *a workers' revolution* una revolución obrera/de los trabajadores ▶ SOCIAL WORKER

work·fare /'wɔːkfɛr/ s [U] en Estados Unidos, trabajo por una cantidad mínima de horas en un empleo aprobado por la seguridad social para poder recibir subsidio por desempleo ▶ WELFARE

work·force /'wɔːkfɔrs/ s [sing] **1** personal (de una empresa) **2** población (económicamente) activa (de un país): *Women now represent almost 50% of the workforce.* En la actualidad, las mujeres representan casi el 50% de la población activa.

work·house /'wɔːkhaʊs/ s [C] asilo de pobres

work·ing¹ /'wɔːkɪŋ/ adj [solo ante s]

1	con empleo
2	en el empleo
3	relativo al trabajo
4	ropa
5	simultáneo con el trabajo
6	utilizable
7	tentativo
8	conocimiento

1 CON EMPLEO que trabaja (madre, padre), activo -a (población): *the benefits available to working people* los beneficios de los que disponen los trabajadores
2 EN EL EMPLEO de trabajo, laboral: *My working day begins at 8 o'clock.* Mi día laboral empieza a las 8. • **during working hours** en horario de trabajo: *You can call at any time during working hours.* Puede llamar en cualquier momento en horario de trabajo. • **outside working hours** fuera del horario de trabajo: *Use this number outside working hours.* Llame a este número fuera del horario de trabajo. • **flexible working hours** horario de trabajo flexible • **normal/regular working hours** horario de trabajo habitual
3 RELATIVO AL TRABAJO laboral, de trabajo: *recent improvements in working conditions* mejoras recientes en las condiciones laborales • **a working relationship** una relación de trabajo: *A company should have a good working relationship with its suppliers.* A una compañía le conviene mantener una buena relación de trabajo con sus proveedores.
4 ROPA de trabajo: *He changed into his working clothes.* Se puso la ropa de trabajo.
5 SIMULTÁNEO CON EL TRABAJO *opportunities for working vacations abroad* oportunidades de trabajar en el exterior durante las vacaciones • **a working lunch/dinner/breakfast** un almuerzo/una comida/un desayuno de trabajo, una comida/una cena/un desayuno de trabajo
6 UTILIZABLE que funciona: *There's a working fireplace in the sitting room.* En la sala, hay una chimenea

que funciona. • **a working model** modelo a escala con componentes que funcionan • **be in (good/perfect) working order** funcionar (bien/perfectamente): *This computer is still in good working order.* Este computador todavía funciona bien.
7 TENTATIVO provisional (documento, título), de trabajo (hipótesis)
8 CONOCIMIENTO **a working knowledge of sth** un conocimiento básico de algo

working² s **1** [sing] (tb **workings** [pl]) funcionamiento **2** [C gralm pl] mina, excavación: *old mine workings* viejas excavaciones de una mina

‚working 'class s **the working class** (tb **the working classes** [pl]) la clase trabajadora ▶ MIDDLE CLASS, UPPER CLASS

‚working-'class adj de clase trabajadora: *I come from a working-class family.* Provengo de una familia de clase trabajadora. ▶ MIDDLE-CLASS, UPPER-CLASS

'working ‚group s [C] grupo de trabajo • [+on]: *a working group on housing issues* un grupo de trabajo sobre problemas de vivienda

work·load /'wɔːkloʊd/ s [C] volumen de trabajo: *She has a very heavy workload.* Tiene un tremendo volumen de trabajo.

work·man /'wɔːkmən/ s [C] (pl **workmen** /-mən/) obrero, operario

work·man·like /'wɔːkmən‚laɪk/ adj profesional, competente

work·man·ship /'wɔːkmən‚ʃɪp/ s [U] trabajo, factura (habilidad, calidad) • **poor/good/excellent workmanship** mala/buena/excelente factura SIN **craftsmanship**

work·out /'wɔːk-aʊt/ s [C] ejercicio, sesión de ejercicios

'work ‚permit s [C] permiso de trabajo

work·place /'wɔːkpleɪs/ s [C] **1** lugar de trabajo **2 in the workplace** en el trabajo: *a report into discrimination in the workplace* un informe sobre la discriminación en el trabajo

work·sheet /'wɔːkʃit/ s [C] hoja de ejercicios

work·shop S2 /'wɔːkʃɑp/ s [C]
1 (de reparaciones, artesanías) taller
2 (grupo de estudio) taller • **hold a workshop** ofrecer un taller • **a theater/music/writing workshop** un taller de teatro/música/escritura

work·sta·tion /'wɔːk‚steɪʃən/ s [C] **1** puesto de trabajo (mobiliario) **2** (computador) terminal (de trabajo)

world¹ S1 W1 /wɜːld/ s

1	humanidad, lo existente
2	sociedad
3	campo de actividad
4	grupo de países
5	periodo histórico
6	sitio, situación
7	de una persona
8	cualquier planeta
9	vida
10	grupo
11	posición social
12	en religión

1 HUMANIDAD, LO EXISTENTE **the world** [sing] el mundo: *This was a terrorist act that shocked the world.* Fue un acto terrorista que consternó al mundo. • *the world's tallest building* el edificio más alto del mundo • **in the world** en el/del mundo: *There is nothing quite like it anywhere in the world.* No hay nada igual en ningún lugar del mundo. • *At that time China was the most powerful country in the world.* En esa época, China era el país más poderoso del mundo. • **all over the world** (tb **(all) around the world**) en/por todo el mundo: *All over the world people's lives are being changed by the new technology.* La nueva tecnología está cambiando la vida de las personas en todo el mundo. • *The book has been published throughout the world.* El libro ha sido publicado en todo el mundo. • *The Taj Mahal attracts*

W

visitors from around the world. El Taj Mahal atrae visitantes de todo el mundo. • **a part of the world** una parte del mundo: *Malaria is a common disease in some parts of the world.* El paludismo es una enfermedad común en algunas partes del mundo. • **travel the world** recorrer el mundo • **the whole world** el mundo entero, todo el mundo: *Global warming affects the whole world.* El calentamiento global afecta el mundo entero. • *I want the whole world to know how happy I am.* Quiero que todo el mundo sepa lo feliz que soy.

2 SOCIEDAD [sing] mundo: *the world we live in* el mundo en el que vivimos • **a better world (for sb)** un mundo mejor (para alguien): *Parents want a better world for their children.* Los padres quieren un mundo mejor para sus hijos. • **change the world** cambiar el mundo • **in an ideal/a perfect world** en un mundo ideal/perfecto: *In an ideal world everything would be recycled.* En un mundo ideal, todo sería reciclado. • **in the real world** en la realidad: *In the real world, things are never quite so simple.* En la realidad, las cosas nunca son tan sencillas. • **what is the world coming to?** ¿a dónde vamos a parar?, ¿en qué mundo vivimos?

3 CAMPO DE ACTIVIDAD [C gralm sing] mundo • **the world of fashion/politics/sport** el mundo de la moda/de la política/del deporte: *the biggest names in the world of fashion* los nombres más importantes del mundo de la moda • **the art/business/academic world** el mundo del arte/el mundo de los negocios/el mundo académico

4 GRUPO DE PAÍSES [sing] **the English-speaking/Arab/Western world** los países de habla inglesa/el mundo árabe/el mundo occidental: *Opinion in the Western world is divided.* En el mundo occidental, las opiniones están divididas. • **the industrialized/developing/developed world** los países industrializados/en desarrollo/desarrollados

5 PERIODO HISTÓRICO [sing] **the ancient/medieval/modern world** el mundo antiguo/medieval/moderno • [+of]: *the world of the Anglo-Saxons* el mundo de los anglosajones

6 SITIO, SITUACIÓN [C gralm sing] mundo: *the world she depicts in her books* el mundo que describe en sus libros • [+of]: *a world of lies and secrecy* un mundo de mentiras y secretos

7 DE UNA PERSONA [C] mundo: *Meeting him changed my world.* Conocerlo cambió mi mundo. • [+of]: *The world of children is full of magic and imagination.* El mundo infantil está lleno de magia e imaginación.

8 CUALQUIER PLANETA [C] mundo: *creatures from another world* criaturas de otro mundo

9 VIDA (*liter*) • **bring a child into the/this world** traer un hijo al mundo • **come into the/this world** venir al mundo • **depart/leave this world** dejar este mundo

10 GRUPO **the natural/insect/plant world** el mundo natural/de los insectos/de los animales: *the wonders of the natural world* las maravillas del mundo natural

11 POSICIÓN SOCIAL **go/move/come up in the world** prosperar, mejorar su posición • **go/move/come down in the world** venir a menos

12 EN RELIGIÓN **the world** [sing] el mundo ► **the BEST of both worlds, be DEAD to the world, it's not the END of the world, not LONG for this world, MEAN the world to sb, NEW WORLD, OLD WORLD, SEE the world, THINK the world of sb, THIRD WORLD, be on TOP of the world**

EXPRESIONES
the best/luckiest/most exciting in the (whole) world el/la mejor/más afortunado -a/más fascinante del mundo (entero): *I felt like the luckiest guy in the world.* Me sentí el tipo más afortunado del mundo. • **do sb a/the world of good** (*coloq*) hacerle muchísimo bien a alguien: *A bit of fresh air and exercise will do her a world of good.* Un poco de aire fresco y ejercicio le harán muchísimo bien. • **for all the world like/as if/as though** *He looked and sounded for all the world like Elvis.* Con ese aspecto y esa voz, todos hubieran dicho que era Elvis. • **have the world at your feet** tener el mundo a sus pies • **in a world of your own** (tb **in your own (little) world**) (*coloq*) en su propio mundo: *She was a shy child who seemed to live in a world of her own.* Era una niña tímida que parecía vivir en su propio mundo. • **a**

man/woman of the world un hombre/una mujer de mundo • **nothing in the world can/could do sth** nada en el mundo puede/podría hacer algo: *Nothing in the world can save them now.* Nada en el mundo los puede salvar ahora. • **be out of this world** (*coloq*) ser increíble • **what/who/where/how in the world...?** (*oral*) ¿qué/quién/dónde/cómo diablos...?: *What in the world are you talking about?* ¿De qué diablos estás hablando? • **be worlds apart** (tb **be a world apart**) ser totalmente diferentes, ser como el día y la noche: *I realized we were still worlds apart.* Me di cuenta de que seguíamos siendo como el día y la noche. • **be a world away from sth** (tb **be worlds away from sth**) **(a)** ser totalmente diferente de algo **(b)** estar a miles de kilómetros de algo • **the world is your oyster** el mundo está a tus pies • **a world of difference (between sth and sth)** una enorme diferencia (entre algo y algo): *There's a world of difference between the U.S. and Europe.* Existe una enorme diferencia entre Estados Unidos y Europa. • **the world over** en todo el mundo/el mundo entero: *Children are the same the world over.* Los niños son iguales en todo el mundo. • **the world to come** (tb **the next world**) (*liter*) el más allá • **sb would give the world to do sth** alguien daría cualquier cosa por hacer algo: *He would give the world to see her again.* Daría cualquier cosa por volver a verla. • **sb would not do sth for the world** alguien no haría algo por nada del mundo: *I wouldn't hurt her for the world.* No le haría daño por nada del mundo.

world² *adj* [solo ante s] **1** mundial, del mundo (campeón, economía, etc.): *the reigning world champion* el actual campeón mundial **2** mundial (líder, autoridad): *a meeting of world leaders* una reunión de líderes mundiales

world-'class *adj* de talla mundial

world-'famous *adj* de fama internacional

world·ly /'wɔːldli/ *adj* **1 be wordly** ser un hombre/una mujer de mundo **2** mundano -a, terrenal
EXPRESIONES
sb's worldly goods/possessions (*frml, hum*) los bienes/las posesiones materiales de alguien

worldly-'wise *adj* con mucho mundo

'world ,music *s* [U] (tb **'world ,beat**) world music (música popular con influencia del folklore de otros países)

,world 'power *s* [C] potencia mundial ► **SUPERPOWER**

,world 'record *s* [C] récord mundial • **set a world record (for sth)** establecer un récord mundial (de algo) • **break a/the world record** batir un/el récord mundial • **hold the world record (for sth)** tener el récord mundial (de algo)

world·view /ˌwɔːld'vjuː/ *s* [C gralm sing] cosmovisión

world·wide¹ /ˌwɔːld'waɪd◂/ *adj* [gralm ante s] mundial

worldwide² *adv* en/por todo el mundo, mundialmente: *We have over 100 offices worldwide.* Tenemos más de 100 oficinas en todo el mundo.

,World Wide 'Web (abrev escrita **WWW, www**) *s* **the World Wide Web** la Red: *a site on the World Wide Web* un sitio en la Red SIN **the web** ► **INTERNET**

worm¹ /wɔːm/ *s* [C] **1** lombriz, gusano ► **EARTHWORM 2** (larva) gusano SIN **maggot 3** (en informática) gusano **4 worms** [pl] (parásitos) lombrices • **have/get worms** tener/contagiarse de/con lombrices **5** (*coloq*) (persona) gusano ► **a CAN of worms**
EXPRESIONES
the worm turns (*liter*) *She's fed up and one day, the worm will turn.* Está harta y algún día se va a plantar y decir basta.

worm² *v* [T] desparasitar
EXPRESIONES
worm your way into sth colarse en algo (de manera deshonesta) • **worm your way into sb's life/confidence** entrar en la vida de alguien/ganarse la confianza de alguien (para beneficiarse) • **worm your way into/under sth** entrar a/pasar por debajo de algo arrastrándose o con

dificultad y cuidado • **worm your way out of (doing) sth** ingeniárselas para librarse/zafar de (hacer) algo
worm sth out of sb *v+partic* sonsacarle/arrancarle algo a alguien (información)

worn¹ /wɔrn/ participio pasado de **WEAR**

worn² *adj* **1** gastado -a, raído -a **2** cansado -a (persona, expresión)

ˌworn ˈout, **worn-out** *adj* **1** agotado -a, cansado -a: *You look worn out.* Se te ve agotado. [SIN] **exhausted 2** gastado -a, raído -a

wor·ried [S1] [W3] /ˈwʌrid, ˈwʌrid/ *adj* preocupado -a: *What's wrong? You look worried.* ¿Qué pasa? Tienes cara de preocupado. • *the worried expression on Helen's face* la expresión de preocupación de Helen • [+**about**]: *We're worried about his health.* Estamos preocupados por su salud. • **be worried (that)** tener miedo de que: *She's worried we'll be late.* Tiene miedo de que lleguemos tarde. • **get worried** preocuparse: *When you didn't call, I started to get worried.* Cuando no llamaste, empecé a preocuparme. • **be worried sick** estar preocupadísimo -a
EXPRESIONES
you had me worried (*oral*) me asustaste, me dejaste preocupado -a

wor·ri·er /ˈwʌriər/ *s* [C] **be a worrier** preocuparse por todo

wor·ry¹ [S1] [W2] /ˈwʌri, ˈwʌri/ *v* (**worries**, **worried**, **worry·ing**)
1 [I] preocuparse: *Stop worrying – you'll be fine.* Deja de preocuparte: te irá bien. • *I wish I didn't worry so much.* Ojalá no me preocupara tanto. • **worry about sb/sth** preocuparse por alguien/algo: *She worries about her daughter's future.* Se preocupa por el futuro de su hija. • **nothing to worry about** nada por qué preocuparse: *She's a good student – she has nothing to worry about.* Es buena alumna: no tiene nada por qué preocuparse. • **worry over sth** preocuparse por algo: *Dad worries over the slightest thing.* Mi padre se preocupa por la menor tontería.
2 [T] preocupar, inquietar: *Her lack of confidence worries me.* Me preocupa su falta de confianza. • **worry (that)** temer que, tener miedo de que: *I worried that I had offended them.* Temía haberlos ofendido. • **it worries sb/him that...** me/le preocupa que...: *It worries me that Christina hasn't found a job yet.* Me preocupa que Christina no haya conseguido trabajo todavía. • **worry yourself** preocuparse: *You're worrying yourself unnecessarily.* Te estás preocupando sin necesidad.
3 [T] (*antic*) molestar: *The heat didn't seem to worry him.* El calor no parecía molestarlo.
4 [T] (*frml*) acosar (un perro a una oveja)
EXPRESIONES
don't worry (if) (*oral*) **(a)** no te preocupes (si): *Don't worry. I'll loan you the money.* No te preocupes. Yo te presto el dinero. • *Don't worry if you don't finish it all today.* No se preocupen si no lo terminan todo hoy. **(b)** no te molestes: *Don't worry – I'll do it.* No te molestes; me encargo yo. • **don't worry about (doing) sth** no te preocupes/molestes por (hacer) algo • **have enough to worry about** (*oral*) tener suficientes problemas: *Don't call her now. She has enough to worry about.* No la llames ahora. Ya tiene suficientes problemas.

worry² *s* (pl **worries**) **1** [C] problema, preocupación: *We had a lot of money worries.* Teníamos muchos problemas de dinero. • **a big/major worry** un gran problema • **be the least of sb's worries** ser lo de menos para alguien **2** [C gralm pl, U] preocupación, temor: *This is not a cause for worry.* Este no es un motivo para preocuparse. • **frantic/sick with worry** loco -a de preocupación

wor·ry·ing /ˈwʌriɪŋ, ˈwʌri-/ *adj* preocupante, inquietante: *a worrying rise in crime* un aumento preocupante en el número de delitos

worse¹ [S1] [W3] /wɜrs/ *adj* [compar de "bad"]
1 (más grave, de menor calidad) peor: *The snow is worse today.* Hoy la nieve está peor. • *Lying is bad but stealing is worse.* Mentir es malo pero robar es peor. • [+**than**]: *The damage was worse than expected.* El daño

fue peor de lo que se esperaba. • *Her handwriting is worse than mine.* Su letra es peor que la mía. • **much/far/a lot worse** mucho peor: *The traffic is much worse after five o'clock.* El tránsito es mucho peor después de las cinco. • **even worse** peor todavía: *The second hotel was even worse.* El segundo hotel era peor todavía. • **be no worse than** no ser peor que: *It's no worse than having your ears pierced.* No es peor que hacerse agujeros en las orejas. • **make matters/things/it worse** hacerlo peor, empeorar las cosas: *He tried to help but only made matters worse.* Trató de ayudar, pero solo lo hizo peor. • **to make matters/things worse...** para colmo (de males)..., por si fuera poco...: *To make things worse, it started to rain.* Para colmo de males, empezó a llover. • **get worse** empeorar: *Conditions will get worse as winter arrives.* Las condiciones empeorarán cuando llegue el invierno.
2 (más enfermo) peor: *She looks a lot worse today.* Hoy tiene peor aspecto. • **get worse** empeorar: *She's getting worse, isn't she?* Está empeorando, ¿verdad? • [+**than**]: *My knee feels worse than it did yesterday.* Hoy tengo la rodilla peor que ayer. ▶ **go from BAD to worse**, **WORSE OFF**
EXPRESIONES
it/things could be worse (*oral*) podría ser peor/las cosas podrían ser peores • **there's nothing worse (than sth)** (*oral*) no hay nada peor (que algo): *There's nothing worse than getting stuck in traffic.* No hay nada peor que quedarse atascado en el tránsito.

worse² *s* [U] lo peor • **worse is to come/follow** lo peor está por venir ▶ **if WORST/worse comes to worst**, **NONE the worse/better**
EXPRESIONES
for the worse para peor: *The character of the place had changed for the worse.* El ambiente del lugar había cambiado para peor. • **take a turn for the worse** cambiar para peor (salud, situación) • **the worse for (doing) sth** afectado -a por (hacer) algo: *We returned home much the worse for the experience.* Volvimos a la casa muy afectados por la experiencia. • **be the worse for wear** (*coloq*) **(a)** estar deteriorado -a **(b)** (tb **be the worse for drink**) tener algunas copas de más

worse³ [W2] *adv* [compar de "badly"]
1 peor: *We needed to improve, not do worse.* Necesitábamos mejorar, no empeorar. • [+**than**]: *No one sings worse than I do.* Nadie canta peor que yo.
2 **worse than ever** más que nunca: *My head hurt worse than ever.* La cabeza me dolía más que nunca.
3 [adv oracional] **worse still** (tb **even worse**) peor aún: *She never went to school and, worse still, never learned to read.* No fue al colegio y, peor aún, no aprendió a leer.
EXPRESIONES
sb could do worse (than do sth) (*oral*) alguien haría bien (en hacer algo): *Young film directors could do worse than study Morris' pictures.* Los directores jóvenes harían bien en estudiar las películas de Morris.

wors·en /ˈwɜrsən/ *v* [I,T] empeorar: *The situation worsened.* La situación empeoró. • **worsen considerably/dramatically/significantly** empeorar considerablemente/dramáticamente/apreciablemente

worse ˈoff *adj* [nunca ante s] **be worse off (than)** **(a)** estar en peor situación económica (que): *We're no worse off than a lot of other people.* No estamos en peor situación económica que muchas otras personas. **(b)** estar peor (que): *There's always someone worse off than you.* Siempre hay alguien que está peor que uno. • **be $50/$200 worse off** salir perdiendo 50/200 dólares [ANT] **better off**

wor·ship¹ /ˈwɜrʃɪp/ *v* (**worshiped** o **worshipped**, **worshiping** o **worshipping**) **1** [I,T] rendir culto (a): *They all worship the same god.* Todos rinden culto al mismo dios. **2** [T] adorar: *She worships those kids.* Adora a esos niños.
EXPRESIONES
worship the ground sb walks on besar el suelo que pisa alguien

W

worship² *s* [U] **1** culto (homenaje religioso) • **a house/place of worship** (*frml*) un lugar de culto • **an act of worship** una ceremonia religiosa **2** (*peyor*) adoración (excesiva) • [+**of**]: *the modern worship of celebrities* la adoración moderna de las celebridades

wor·ship·per /'wɔːʃɪpə/ *s* [C] devoto -a, fiel

worst¹ S2 W2 /wɜːst/ *adj* [superl de "bad"] peor: *the worst student in the class* el peor alumno de la clase • *The pain was worst at night.* El dolor era peor por la noche. • **worst possible** peor ... posible: *That would be the worst possible result.* Ese sería el peor resultado posible. • **worst ever** *I've had the worst ever night's sleep.* He dormido peor que nunca. • **one of the worst** uno de los peores/una de las peores: *It's been one of the worst days of my life.* Ha sido uno de los peores días de mi vida.

EXPRESIONES
be your own worst enemy ser el peor enemigo (de uno mismo) • **sb's worst fear** lo que más se teme/temía alguien: *My worst fear was that we would all get sick.* Lo que más me temía era que todos nos fuéramos a enfermar.

worst² *s* **the worst** lo peor, el/la peor, los/las peores: *Even if the worst happens, we'll be safe.* Aunque ocurriera lo peor, estaremos a salvo. • **the worst is (still/yet) to come** todavía queda lo peor • [+**of**]: *The worst of his ordeal was over.* Lo peor de su suplicio había terminado. • **the worst of it** lo peor de todo: *The worst of it is that I'm hurting my friends.* Lo peor de todo es que estoy hiriendo a mis amigos. • **bring out the worst in sb** sacar a relucir lo peor de alguien

EXPRESIONES
at worst en el peor de los casos: *At worst, we'll have to pay the excess.* En el peor de los casos tendremos que pagar el exceso de equipaje. • **at your/its worst** *The interviewers were seeing me at my worst.* Los entrevistadores me estaban viendo en mi peor momento. • **do your/its worst** *Do your worst!* ¡Haz todo el mal que quieras! • **fear/expect the worst** temer/esperar lo peor • **get the worst of it** llevarse la peor parte • **get the worst of sth** salir perdiendo con algo • **the worst of both/all worlds** lo peor de las dos posibilidades/de todas las posibilidades

worst³ *adv* [superl de "badly"] **1** más: *the areas worst affected by the earthquake* las zonas más afectadas por el terremoto **2** peor: *It was the worst written book I've ever read.* Fue el libro peor escrito que jamás haya leído.

EXPRESIONES
come off worst (a) salir perdiendo **(b)** llevarse la peor parte **(c)** resultar el peor/la peor • **worst of all** lo que es peor: *He was timid, selfish and, worst of all, lazy.* Era tímido, egoísta y, lo que es peor, haragán.

worth¹ S1 W2 /wɜːθ/ *prep* **1 be worth sth** valer algo: *The painting is worth over $1 million.* La pintura vale más de 1 millón de dólares. • *Do you know how much the ring is worth?* ¿Sabes cuánto vale el anillo? • **be worth a fortune** valer una fortuna
2 be worth sth *The local museum is worth a visit.* Vale la pena visitar el museo del lugar. • **be well worth sth** *The meal was well worth the wait.* Bien valió la pena esperar la comida. • **be worth seeing/trying/reading** valer la pena ver/probar/leer: *The movie is well worth seeing.* Bien vale la pena ver la película. • **it's worth doing sth** vale la pena/conviene hacer algo: *It's worth checking the details of the contract.* Conviene revisar los detalles del contrato. • **be worth the effort/trouble/time** valer el esfuerzo/el trabajo/el tiempo • **be worth it** valer la pena: *It was a lot of hard work, but it was worth it.* Fue muchísimo trabajo, pero valió la pena. • **not be worth it** no valer la pena: *I didn't try hard because it wasn't worth it.* No me esforcé porque no valía la pena. • **sth is worth your while** *Taking a computer class would be well worth your while.* Te valdría la pena tomar una clase de computadoras.
3 be worth sth tener una fortuna de algo: *She's now worth over $200 million.* Ahora tiene una fortuna de

más de 200 millones de dólares. • **be worth a fortune** ser millonario -a, ser muy rico -a

EXPRESIONES
for all sb is worth (*escrito*) con todas las fuerzas de alguien: *Tom pulled at the rope for all he was worth.* Tom tiró de la cuerda con todas sus fuerzas. • **for what it's worth** si sirve de algo (mi opinión): *For what it's worth, I think you did a fine job.* Si sirve de algo, creo que hiciste un buen trabajo. • **make it worth sb's while** compensar a alguien (a cambio de hacer algo) • **be worth your/its weight in gold** valer su peso en oro

⚠ **worth doing** Observa que **worth** va seguido de la forma **-ing**, no del infinitivo con to:
The festival is really worth seeing (✗ *to be seen*).
It's worth going (✗ *to go*) *there.*

worth² S2 W3 *s*
1 ten dollars'/fifty cents' worth of sth algo por valor de diez dólares/cincuenta centavos: *a chance to win $2,000 worth of computer equipment.* una oportunidad de ganar equipos de computación por valor de 2.000 dólares
2 ten minutes'/a week's worth of sth diez minutos/una semana de algo: *There's about a week's worth of work here.* Aquí hay alrededor de una semana de trabajo.
3 valor, valía: *These new players have already proved their worth.* Estos nuevos jugadores ya han demostrado su valía. • **a sense of worth** un sentimiento de valía (personal) SIN **value**
4 valor (económico): *the current worth of the company* el valor actual de la compañía SIN **value**

worth·less /'wɜːθlɪs/ *adj* **1** (objeto, dato) inútil, sin valor: *The house was full of worthless junk.* La casa estaba llena de basura inútil. **2** (persona) inútil

worth·while /ˌwɜːθ'waɪl/ *adj* **a worthwhile job/exercise** un trabajo/ejercicio que vale la pena • **it is worthwhile doing sth** vale la pena hacer algo: *It wasn't worthwhile continuing with the project.* No valía la pena seguir adelante con el proyecto.

wor·thy¹ /'wɜːði/ *adj* (**worthier**, **worthiest**) **1** [gralm ante s] (*frml*) digno -a (oponente), merecido -a (ganador), noble (causa), encomiable (esfuerzo), respetable, digno -a (persona): *She was a worthy opponent.* Era una rival digna. • *The money is being raised for a worthy cause.* El dinero se está recaudando para una causa noble. **2 be worthy of sth** ser digno -a de algo: *A couple of other books are worthy of mention.* Hay un par de libros más que son dignos de mención. **3 be worthy of sb** ser digno -a de alguien: *a shot that was worthy of a champion* un disparo que fue digno de un campeón **4** (*peyor*) sesudo -a: *a very worthy program* un programa muy sesudo

worthy² *s* [C gralm pl] (pl **worthies**) (*frec hum*) personaje ilustre

would S1 W1 /wəd, əd, d; *fuerte* wʊd/ *v mod* (contrac **'d**, contrac negat **wouldn't**)

1	en estilo indirecto
2	condicional
3	en peticiones, ofrecimientos
4	al hablar de objetos, máquinas
5	en consejos
6	indicando hábito
7	indicando deseos
8	indicando falta de voluntad
9	en afirmaciones tentativas
10	indicando desaprobación

1 EN ESTILO INDIRECTO *He said he would go with me.* Dijo que iría conmigo. • *She asked if I would help her.* Me preguntó si la ayudaría.
2 CONDICIONAL *Dad would be mad if we crashed the car.* Papá se pondría furioso si chocáramos el carro. • *If he won tomorrow, I'd be amazed.* Si ganara él mañana, me asombraría muchísimo. • *I'm sure John would help you.* Estoy segura de que John te ayudaría. • *You'd look like an idiot in that hat.* Con ese sombrero, parecerías un idiota. • *I would come every day if I could.* Si pudiera, vendría todos los días. • **would have**

done sth *If she'd asked me, I would have said yes.* Si me lo hubiera preguntado, le habría dicho que sí.

3 EN PETICIONES, OFRECIMIENTOS • would you...? *Would you help me with my spelling?* ¿Me puedes ayudar con la ortografía? • *Would you like another drink?* ¿Quieres otro trago? • **would you mind...?** ¿te/le molestaría...?: *Would you mind waiting here?* ¿Le molestaría esperar aquí? • *Would you mind if I opened a window?* ¿Le molestaría que abriera una ventana? • **if you'd like/care to do sth** quiere hacer algo: *If you'd like to take a seat for a moment.* Quiere sentarse un momento, por favor.

4 AL HABLAR DE OBJETOS, MÁQUINAS sth would not do sth *The engine wouldn't start.* No hubo forma de hacer arrancar el motor.

5 EN CONSEJOS *I would get there early, if you can.* Yo que tú iría temprano, si es que puedes. • *Do you think it would be a good idea to buy a laptop?* ¿Crees que sería buena idea comprar un computador portátil?

6 INDICANDO HÁBITO *We would often go for long walks in the park.* A menudo, dábamos largos paseos por el parque. • *She would get mad if we asked her for money.* Si le pedíamos dinero, se ponía furiosa.

7 INDICANDO DESEOS *I wish they wouldn't make so much noise.* Ojalá no hicieran tanto ruido. • **would like/love** *My parents would like to meet you.* A mis padres les gustaría conocerte. • *I'd love a cup of coffee.* Me vendría muy bien una taza de café. • **would hate** *I'd hate to miss anything.* Odiaría perderme algo. • **would rather** *I would rather stay home tonight.* Preferiría quedarme en casa esta noche. • *Would you rather see a movie or go for a walk?* ¿Prefieres ir al cine o salir a caminar?

8 INDICANDO FALTA DE VOLUNTAD would not *They wouldn't accept my apology.* No quisieron aceptar mi disculpa. • *Nobody would tell me where Steve was.* Nadie me quiso decir dónde estaba Steve.

9 EN AFIRMACIONES TENTATIVAS *"How old is she?" "She'd be about 30."* –¿Cuántos años tiene? –Tendrá unos 30.

10 INDICANDO DESAPROBACIÓN *(peyor, oral)* *You would go and spoil the fun!* ¡Típico de ti, estropear la diversión!

EXPRESIONES
I would think/imagine/say... *I would think you'd be happier in a different school.* Me parece que en otro colegio estarías más contenta. • **sb would say that** *(peyor): He says he doesn't feel guilty, but then he would say that.* Dice que no se siente culpable, pero qué otra cosa podría decir.

'would-be *adj* [solo ante s] **a would-be pop star/artist** un/una aspirante a estrella pop/artista

would·n't /'wʊdnt/ *contrac de* **would not**

would've /'wʊdəv/ *contrac de* **would have**

wound¹ /waʊnd/ pasado y participio pasado de WIND

wound² /wund/ *s* [C] **1** (física) herida • **a wound heals** una herida se cura/cicatriza • **a gunshot/bullet wound** una herida de bala • **a stab/knife wound** una puñalada • **a head/chest wound** una herida en la cabeza/el pecho • **a flesh wound** una herida superficial **2** (emocional) herida • **open/reopen old wounds** abrir/reabrir viejas heridas ▶ **LICK your wounds, RUB salt into a wound**

wound³ *v* [T gralm en pasiva] **1** (físicamente) herir • **be seriously/badly wounded** ser/resultar gravemente herido -a • **be mortally/fatally wounded** ser/resultar herido -a de muerte ▶ ver nota en HURT **2** (apenar) herir: *I was deeply wounded by his comments.* Sus comentarios me hirieron profundamente.

wound·ed /'wundɪd/ *adj* **1** (físicamente) **(a)** herido -a: *a wounded soldier* un soldado herido • **seriously/badly wounded** gravemente herido -a • **fatally/mortally wounded** herido -a de muerte **(b) the wounded** [usado como s pl] los heridos: *We treated the sick and the wounded.* Atendimos a los enfermos y los heridos. **2** (emocionalmente) herido -a • **wounded pride** orgullo herido

wound up /ˌwaʊnd 'ʌp/ *adj* [nunca ante s] nervioso -a, agitado -a

wove /woʊv/ pasado de WEAVE

wo·ven¹ /'woʊvən/ participio pasado de WEAVE

woven² *adj* tejido -a

wow¹ /waʊ/ (tb **wow·ee** /waʊ'i/) *interj* (coloq) guau

wow² *v* [T] (coloq) maravillar

wpm /ˌdʌbəlyu pi 'ɛm/ *(abrev escrita de* **words per minute**) palabras por minuto

wran·gle¹ /'ræŋgəl/ *s* [C] disputa • [+**over**]: *wrangles over the budget* disputas por el presupuesto

wrangle² *v* **1** [I] pelearse, discutir • **wrangle over/about sth** pelearse/discutir por algo • **wrangle with sb** pelearse/discutir con alguien **2** [T] arrear, rejuntar ganado

wran·gler /'ræŋglər/ *s* [C] *(antic, coloq)* vaquero, cowboy

wrap¹ [S2] [W3] /ræp/ *v* [T] (**wrapped, wrapping**)
1 envolver • **wrap sth in sth** envolver algo en algo • **wrap sth around/round sth** *He wrapped a scarf around his neck.* Se puso una bufanda alrededor del cuello. [SIN] **wrap up**
2 **wrap your arms/legs/fingers around sth** *She wrapped her arms around my waist.* Me rodeó la cintura con los brazos. ▶ **wrap sb around your little FINGER**

wrap up *v+partíc* **1 wrap sth ↔ up** (coloq) cerrar/ terminar algo: *Both companies hope to wrap up the deal by Friday.* Las dos compañías esperan cerrar el trato para el viernes. **2 wrap up** (coloq) terminar: *It's time to wrap up.* Es hora de terminar. **3 wrap sth ↔ up** envolver algo: *We need to wrap these presents up.* Necesitamos envolver estos regalos. **4 wrap up** abrigarse • **wrap up warm/well** abrigarse bien **5 be wrapped up in your children/work** no pensar más que en los niños/el trabajo, no vivir más que para los niños/el trabajo

wrap² *s* **1** [U] film transparente (para envolver alimentos) **2** [C] tipo de sándwich de carne, verduras, etc. hecho con un pan muy delgado enrollado **3** [C] chal

EXPRESIONES
keep sth under wraps mantener/guardar algo en secreto • **take the wraps off sth** sacar algo a la luz

wrap·per /'ræpər/ *s* [C] **1** envoltorio, envoltura, papel: *a candy wrapper* un envoltorio de golosina **2** faja, tira (de un periódico, una revista) **3** tapa (de un libro)

¿wrapper o wrapping?
No se deben confundir **wrapper** y **wrapping**.
wrapper es el envoltorio de un producto que se compra: *chewing-gum wrappers*
wrapping es el papel que se le pone a algo para protegerlo, por ejemplo un regalo: *Christmas wrappings*

wrap·ping /'ræpɪŋ/ *s* [C,U] envoltorio, envoltura

'wrapping ˌpaper *s* [U] papel de regalo

wrath /ræθ/ *s* [U] *(liter)* ira • **incur sb's wrath** provocar la ira de alguien

wreak /rik/ *v* (**wreaked** o **wrought** /rɔt/) **1 wreak havoc/ devastation** causar estragos/sembrar la devastación **2 wreak vengeance/revenge on sb** descargar la venganza en alguien

wreath /riθ/ *s* [C] **1** (adorno) corona: *a Christmas wreath* una corona navideña **2** (para un difunto) corona (de flores) • **lay a wreath** colocar una corona **3** (galardón) corona: *a laurel wreath* una corona de laureles

wreathe /rið/ *v* *(liter)* **be wreathed in sth** estar envuelto -a en algo, estar rodeado -a de algo

EXPRESIONES
be wreathed in smiles *(liter)* ser todo -a sonrisas

wreck¹ /rɛk/ *v* [T] **1** arruinar, estropear (la vida, el matrimonio) [SIN] **ruin 2** destruir, destrozar (un carro, un edificio) **3 be wrecked** naufragar (barco)

wreck² *s* [C] **1** accidente • **a car/train wreck** un accidente automovilístico/ferroviario ⓢⒾⓃ **crash 2 be a wreck** (*coloq*) estar destrozado -a (cansado, enfermo, nervioso) • **be a nervous/an emotional wreck** tener los nervios destrozados **3** (de un carro o un avión siniestrado) restos **4** (*coloq*) carcacha (carro), ruina (edificio) **5** (de un barco naufragado) restos ▶ SHIPWRECK

wreck·age /ˈrɛkɪdʒ/ *s* [U] **1** restos (de un carro, un avión), ruinas (de un edificio) • **pull sb from the wreckage** rescatar a alguien de los restos/las ruinas **2** ruinas (de una relación, un plan)

wreck·er /ˈrɛkɚ/ *s* [C] **1** saboteador -a **2** destructor -a, aniquilador -a

wren /rɛn/ *s* [C] reyezuelo

wrench¹ /rɛntʃ/ *s* **1** [C] llave inglesa, perico **2** [C] (tb **monkey wrench**) llave inglesa ajustable **3** [sing] desgarramiento, dolor (por una separación): *Leaving the farm would be a wrench.* Dejar la granja le produciría gran dolor. **4** [sing] tirón, jalón

wrench² *v* **1** [T] torcerse (un tobillo, el cuello) ⓢⒾⓃ **sprain 2** [T siempre + adv/prep] **wrench sth/yourself free** soltar algo/soltarse (con esfuerzo) **3** [T siempre + adv/prep] **wrench sth off/from sth** arrancar algo de algo **4** [T siempre + adv/prep] **wrench sb/sth away from sth** arrancar a alguien/algo de algo

wrest /rɛst/ *v* [T siempre + adv/prep] (*liter*) • **wrest sth from sb** arrancarle algo a alguien

wres·tle /ˈrɛsəl/ *v* **1** [I,T] luchar (con) • **wrestle sb to the ground** derribar a alguien (tras forcejear) **2 (a)** [I] practicar lucha libre **(b)** [T] luchar contra
    wrestle with sth *v+partíc* lidiar/luchar con algo

wres·tler /ˈrɛslɚ/ *s* [C] luchador -a

wres·tling /ˈrɛslɪŋ/ *s* [U] lucha libre

wretch /rɛtʃ/ *s* [C] **1** desgraciado -a, desdichado -a **2** sinvergüenza **3** (*liter*) miserable

wretch·ed /ˈrɛtʃɪd/ *adj* **1** (*frml*) miserable (vida, condiciones) **2** (*frml*) desgraciado -a, desdichado -a (persona) **3** (*coloq*, *oral*) espantoso -a (calidad, tiempo): *She's had some wretched luck.* Ha tenido una suerte perra. **4 feel wretched** sentirse muy culpable **5** [nunca ante *s*] (*coloq*) **feel wretched** sentirse muy mal (enfermo) **6** [solo ante *s*] (*coloq*, *oral*) maldito -a: *Where did I put that wretched pencil?* ¿Dónde puse ese maldito lápiz?

wrig·gle /ˈrɪgəl/ *v* **1** [I] moverse, no quedarse quieto • **wriggle under/through/into sth** colarse por debajo de/por/en algo • **wriggle free** soltarse, zafarse **2 wriggle your toes/fingers** mover los dedos de los pies/las manos
    wriggle out of *v+partíc* **wriggle out of (doing) sth** zafarse de (hacer) algo, librarse de (hacer) algo

wring /rɪŋ/ *v* [T] (**wrung** /rʌŋ/) **1** retorcer, escurrir ⓢⒾⓃ **wring out 2 wring an animal's/a bird's neck** retorcerle el pescuezo a un animal/ave
EXPRESIONES
I'll wring your/his neck (*oral*) voy a retorcerte/retorcerle el pescuezo • **wring your hands** retorcerse las manos
    wring out *v+partíc* **1 wring sth ↔ out** retorcer algo, escurrir algo (un trapo) **2 wring sth out of sb** (tb **wring sth from sb**) arrancarle algo a alguien (dinero, una confesión)

wrin·kle¹ /ˈrɪŋkəl/ *s* [C] **1** [gralm pl] (en la piel) arruga **2** (en una prenda) arruga ⓢⒾⓃ **crease 3** (*coloq*) inconveniente • **iron/smooth out the wrinkles (in sth)** resolver inconvenientes (de algo) ⓢⒾⓃ **hitch 4** (*coloq*) rareza, peculiaridad ⓢⒾⓃ **idiosyncrasy**

wrinkle² *v* **1** [I,T] arrugar(se) (nariz), fruncir(se) (ceño) **2** [I,T] arrugar(se) (papel, tela) ⓢⒾⓃ **crease 3** [I] arrugarse (piel)

wrin·kled /ˈrɪŋkəld/ *adj* **1** (piel, manos) arrugado -a **2** (papel, tela) arrugado -a ⓢⒾⓃ **creased**

wrist /rɪst/ *s* [C] muñeca (articulación) • **slash/slit your wrists** cortarse las venas

wrist·watch /ˈrɪst-wɑtʃ/ *s* [C] reloj de pulsera

writ /rɪt/ *s* [C] mandato (judicial), orden (judicial)

write Ⓢ❶ Ⓦ❶ /raɪt/ *v* (**wrote** /roʊt/, **written** /ˈrɪt⁓n/)

1	crear libros
2	ser escritor
3	enviar correspondencia
4	formar la letra
5	expresar por escrito
6	funcionar un lapicero
7	librar
8	en música
9	en informática
10	deletrear

1 CREAR LIBROS [I,T] escribir: *The book was written by Daniel Defoe.* El autor del libro es Daniel Defoe. • *She spends the mornings writing.* Pasa las mañanas escribiendo. • **write on/about sth** escribir sobre algo: *The kids wrote about their summer vacations.* Los niños escribieron sobre sus vacaciones de verano.

2 SER ESCRITOR [I] escribir: *I'd love to write.* Me encantaría escribir. • **write for sth** escribir para algo: *She writes for the Washington Post.* Escribe para el Washington Post.

3 ENVIAR CORRESPONDENCIA [I,T] escribir: *He was writing a postcard.* Estaba escribiendo una postal. • *Don't forget to write.* No te olvides de escribir. • **write to sb** escribirle a alguien: *I'm writing to the manager about it.* Le estoy escribiendo al administrador al respecto. • **write sb sth** escribirle algo a alguien: *I've written them a long letter.* Les he escrito una larga carta. • **write to say/ask sth** escribir para decir/preguntar algo: *They wrote to say they were arriving earlier.* Escribieron para avisar que iban a llegar más temprano.

4 FORMAR LA LETRA [I,T] escribir • **read and write** leer y escribir

5 EXPRESAR POR ESCRITO [T] escribir: decir que (en una carta, un libro): *He wrote that he was now retired.* Dijo en la carta que ahora estaba jubilado. • **write sb that** escribirle a alguien para decirle que: *He wrote me that he was getting divorced.* Me escribió para decirme que se iba a divorciar.

6 FUNCIONAR UN LAPICERO [I] escribir: *This pen doesn't write.* Este lapicero no escribe.

7 LIBRAR [T] hacer, extender (un cheque, un recibo) • **write sb a receipt/check** hacerle un recibo/cheque a alguien ⓢⒾⓃ **write out**

8 EN MÚSICA [T] componer, escribir (música, canciones)

9 EN INFORMÁTICA [T] desarrollar (un programa)

10 DELETREAR [T] escribir: *Katherine's name is written with a K.* El nombre de Katherine se escribe con "K". ▶ WRITTEN

EXPRESIONES
have sth written all over it *The project had "failure" written all over it.* Se notaba a la legua que el proyecto iba a ser un fracaso. • **be nothing to write home about** (*coloq*) no ser nada del otro mundo • **written all over sb's face** *He had guilt written all over his face.* Se le notaba en la cara que era culpable.
    write away for sth *v+partíc* escribir pidiendo algo ⓢⒾⓃ **write off for, send off for**
    write back *v+partíc* (tb **write sb back**) responderle a alguien (por carta): *He never wrote me back.* No me respondió. • **write back to sb** contestarle a alguien: *Why don't you write back to them?* ¿Por qué no les contestas?
    write sth ↔ down *v+partíc* apuntar algo (para recordarlo): *Did you write down his number?* ¿Apuntaste su número?
    write in *v+partíc* **1 write in** escribir (a una empresa, un programa de radio) • **write in to sb/sth** escribirle a alguien/algo: *Hundreds of listeners have written in to us.* Cientos de oyentes nos han escrito. **2 write sb ↔ in** incluir a alguien en la lista de candidatos ▶ WRITE-IN **3 write sth ↔ in** escribir algo, poner algo: *Could you write your name in at the top?* ¿Podría escribir su nombre en la parte superior? **4 write sth ↔ in** agregar algo (a un contrato, una obra de teatro) ⓢⒾⓃ **add**
    write sth/sb into sth *v+partíc* incluir algo/a alguien en algo

write off *v+partíc* **1 write sth** ↔ **off** considerar a algo un fracaso • **write sb** ↔ **off** dar/tener a alguien por (un) caso perdido (por inútil, inepto) • **write sth/sb off as sth** descartar/rechazar algo/a alguien por considerarlo algo: *We eventually wrote the project off as a nonstarter.* Finalmente, descartamos el proyecto por considerar que no tenía posibilidades. **2 write sth** ↔ **off** anular algo (una deuda): *The banks are refusing to write off these debts.* Los bancos se rehúsan a anular estas deudas. ▸ **WRITE-OFF 3 write sth** ↔ **off** declarar incobrable algo (una suma de dinero) **4 write sth** ↔ **off** deducir algo (de impuestos) ▸ **WRITE-OFF**

write off for sth *v+partíc* escribir pidiendo algo: *I wrote off for information about the college.* Escribí pidiendo información sobre la universidad. [SIN] **write away for, send off for**

write out *v+partíc* **1 write sth** ↔ **out** escribir algo, poner algo por escrito **2 write sth** ↔ **out** hacer/extender algo (un cheque, un recibo)

write to *v+partíc* **write sth to sth** escribir/grabar algo en algo (en informática)

write up *v+partíc* **1 write sth** ↔ **up** redactar algo, pasar algo en limpio: *I have to write my report up before the meeting.* Tengo que redactar el informe antes de la reunión. **2 write sth** ↔ **up** escribir algo (en una pared, una pizarra) **3 be written up** *The festival was written up in last Sunday's paper.* En el periódico del domingo pasado, se publicó un artículo sobre el festival. ▸ **WRITE-UP 4 write sb up** ponerle a alguien un parte: *They wrote me up for being late again.* Me volvieron a poner un parte por llegar tarde.

ˈwrite-in *s* [C] voto a favor de un candidato no oficial que se realiza escribiendo su nombre en una papeleta

ˈwrite-off *s* **1** [C] declaración de incobrable (de una suma prestada) **2** [C] deducción fiscal **3** [sing] **be a write-off** ser un desastre (día, velada): *This morning was a complete write-off.* Esta mañana fue un desastre total.

writ·er [S2] [W3] /ˈraɪtər/ *s* [C]
1 (de libros, artículos) escritor -a, autor -a: *Who is your favorite writer?* ¿Quién es tu escritor favorito? • **a sports writer** un cronista deportivo/una cronista deportiva • **a crime writer** un escritor/una escritora de literatura policial • [+of]: *a writer of romance novels* un escritor/una escritora de novelas románticas
2 (de una carta, un ensayo) escritor -a, autor -a • [+of]: *the writer of this essay* el autor/la autora del ensayo
3 be a messy/neat writer tener mala/buena letra

ˈwrite-up *s* [C] crítica, reseña

writhe /raɪð/ *v* [I] **1** retorcerse • **writhe in pain/agony** retorcerse de dolor **2 writhe with embarrassment/envy** no saber dónde meterse de la vergüenza/retorcerse de envidia

writ·ing [S2] [W2] /ˈraɪtɪŋ/ *s*

1 palabras escritas
2 obra literaria o periodística
3 actividad
4 manera de escribir
5 formación de la letra
6 colección de obras

1 PALABRAS ESCRITAS [U] *I can't read the writing on the label.* No veo lo que dice en la etiqueta. • *There was some writing in the margin.* Había algo escrito al margen.

2 OBRA LITERARIA O PERIODÍSTICA [U] *Sherman produced his best writing in the 1960s.* Sherman escribió sus mejores libros en los años 60. • *I prefer travel writing to fiction.* Prefiero las crónicas de viajes a la ficción. • **a piece of writing** una obra, un trabajo: *The article is a brilliant piece of writing.* El artículo es una obra brillante.

3 ACTIVIDAD [U] *She enjoys writing and acting.* Le gusta escribir y actuar. • [+of]: *You'll do some writing of reports as part of the job.* Como parte del trabajo, tendrá que escribir algunos informes. • **creative writing** escritura creativa

4 MANERA DE ESCRIBIR [U] letra: *I recognized her writing.* Reconocí su letra. [SIN] **handwriting**
5 FORMACIÓN DE LA LETRA [U] escritura
6 COLECCIÓN DE OBRAS writings [pl] escritos, obras: *Darwin's scientific writings* los escritos científicos de Darwin
EXPRESIONES
in writing por escrito: *Until I see it in writing, I won't believe it.* Hasta que no lo vea por escrito, no lo voy a creer. • **get sth in writing** conseguir algo por escrito • **put sth in writing** poner algo por escrito • **the writing is on the wall** los días están contados • **see the writing on the wall** verse venir algo

ˈwriting ˌpaper *s* [U] papel de carta

writ·ten¹ /ˈrɪtn/ participio pasado de **WRITE**

written² *adj* [solo ante s] **1** (por) escrito: *a written agreement* un acuerdo por escrito **2** (no oral) escrito -a: *Her written English is excellent.* Su inglés escrito es excelente. **3 well/poorly/badly written** bien/mal escrito -a
EXPRESIONES
the written word (*frml*) la palabra escrita: *the power of the written word* el poder de la palabra escrita

wrong¹ [S1] [W2] /rɒŋ/ *adj*

1 no correcto
2 equivocado
3 al hablar de problemas
4 no el indicado
5 indicando una falla
6 contrario a la moral
7 no adecuado

1 NO CORRECTO equivocado -a, erróneo -a • **be wrong** estar mal, estar equivocado -a (respuesta, suma): *Your calculations must be wrong.* Tus cálculos deben estar mal. • *I'm afraid that's the wrong answer.* Me temo que esa no es la respuesta correcta. • **it is wrong to do sth** es erróneo hacer algo: *It is wrong to suggest that racism doesn't exist.* Es erróneo sugerir que el racismo no existe. [ANT] **right**

2 EQUIVOCADO [U] **be wrong** equivocarse: *If you think that, then you're wrong.* Si piensas eso, entonces te equivocas. • **prove sb wrong** demostrar que alguien está equivocado -a • **that's where you're wrong** (*oral*) ahí es donde te equivocas [SIN] **mistaken** [ANT] **right** • **be wrong in saying/thinking/believing (that)** equivocarse al decir/pensar/creer que: *Am I wrong in thinking that you're going to apply for the job?* ¿Me equivoco al pensar que vas a solicitar el empleo? [ANT] **right**

3 AL HABLAR DE PROBLEMAS [nunca ante s] **what's wrong?** ¿qué pasa? • [+with]: *I don't know what's wrong with me.* No sé qué me pasa. • **something is wrong** algo pasa: *She could see from his face that something was seriously wrong.* Por la cara que tenía se dio cuenta de que pasaba algo grave. • **nothing is wrong** no pasa nada: *There is nothing wrong with our marriage.* No tenemos ningún problema en el matrimonio.

4 NO EL INDICADO [gralm ante s] *She got on the wrong bus.* Se equivocó de bus. • *He set off in the wrong direction.* Partió en la dirección equivocada. • **the wrong number** *I'm sorry, I think I must have the wrong number.* Perdón, creo que debo haber marcado mal el número. [ANT] **right**

5 INDICANDO UNA FALLA [nunca ante s] *Doctors couldn't find anything wrong with her.* Los médicos no pudieron descubrir qué le pasaba. • **what's wrong with sth?** ¿qué le pasa a algo?: *What's wrong with the washing machine?* ¿Qué le pasa a la lavadora? • **there is something wrong with sth** algo le pasa a algo: *There was something wrong with the brakes.* A los frenos les pasaba algo. • **there is nothing wrong with sth** a algo no le pasa nada: *You can walk – there's nothing wrong with your legs.* Puedes caminar: no tienes nada en las piernas.

6 CONTRARIO A LA MORAL [nunca ante s] malo -a: *I haven't done anything wrong.* No he hecho nada malo. • *She knew what she was doing was wrong.* Sabía que lo que hacía estaba mal. • **be morally wrong** estar mal desde el punto de vista moral • **it is wrong to do sth** está mal hacer algo • **it is wrong of sb to do sth** alguien hace mal en hacer algo: *It was wrong of you to steal the money.* Hiciste mal en robar el dinero. • **it is wrong that...** está mal que... • **do something/nothing wrong** hacer algo malo/no hacer nada malo: *He has done nothing wrong.* No ha hecho nada malo. ANT **right** • **there's nothing wrong with sth** algo no tiene nada de malo: *There's nothing wrong with laying down rules for your child.* No tiene nada de malo establecer reglas para los propios hijos.

7 NO ADECUADO *I think he's the wrong person for the job.* Pienso que no es la persona indicada para el trabajo. • *I think we were given the wrong advice.* Creo que nos aconsejaron mal. ▶ **get up on the wrong side of the bed**, **correct me if I'm wrong**

EXPRESIONES

get off on the wrong foot empezar con el pie izquierdo • **get on the wrong side of sb** granjearse/ganarse la antipatía de alguien • **fall/get into the wrong hands** terminar en manos equivocadas • **be in the wrong place at the wrong time** estar en el lugar equivocado, en el momento equivocado ANT **be in the right place at the right time** • **be on the wrong track** ir mal encaminado -a • **take sth the wrong way** tomarse algo a mal • **the wrong side of the tracks** (*coloq*) la zona pobre de la ciudad, la clase baja: *You've done it the wrong way around.* Lo has hecho al revés. • **the wrong way up** boca abajo, al revés: *He was holding the book the wrong way up.* Sostenía el libro boca abajo. SIN **upside down**

wrong² S1 W2 *adv* mal: *You spelled my name wrong.* Has escrito mal mi nombre. • **do sth wrong** hacer algo mal: *She knew she had done it wrong.* Sabía que lo había hecho mal.

EXPRESIONES

get sth wrong equivocarse en/con algo: *I got their address wrong.* Me equivoqué con su dirección. • *So many companies still get it wrong.* Son muchas las compañías que siguen haciendo mal las cosas. • **don't get me wrong** (*oral*) no me malinterpretes • **go wrong (a)** ir/salir mal: *He felt as though everything was going wrong.* Sentía como si todo fuera mal. **(b)** equivocarse: *You must have gone wrong somewhere.* Debes haberte equivocado en algún lugar. • **have/have got it all wrong** no haber entendido nada: *No, you have it all wrong. We're just friends.* No, no has entendido nada. Solo somos amigos. • **you can't go wrong (a)** no te vas/se va a equivocar: *Follow the instructions and you can't go wrong.* Si sigue estas instrucciones, no se va a

equivocar. **(b)** ir sobre seguro • [+**with**]: *You can't go wrong with a black dress.* Con un vestido negro vas sobre seguro.

wrong³ W3 *s*
1 [U] mal (lo malo): *Very young children don't know right from wrong.* Los niños pequeños no distinguen lo que está bien de lo que está mal. • **do wrong** hacer mal: *People who do wrong should be punished.* Las personas que hacen mal deberían ser castigadas.
2 [C] injusticia (hecho): *Serious wrongs are not easy to forgive.* Las injusticias graves son difíciles de perdonar. • **right a wrong** reparar una injusticia

EXPRESIONES

sb can do no wrong alguien es incapaz de hacerle mal a nadie/cometer una maldad • **be in the wrong** estar equivocado -a • **the rights and wrongs of sth** los aspectos buenos y malos de algo (moralmente) • **two wrongs don't make a right** (*oral*) no hay que devolver golpe por golpe

wrong⁴ *v* [T] (*frml*) ser injusto -a con, tratar injustamente

wrong·do·er /ˈrɒŋˌduːə/ *s* [C] (*frml*) malhechor -a

wrong·do·ing /ˈrɒŋˌduːɪŋ/ *s* [C,U] (*frml*) acto ilícito

wrong·ful /ˈrɒŋfəl/ *adj* [gralm ante s] ilegal (detención), improcedente (despido), injusto -a (juicio, demanda)

wrong·ful·ly /ˈrɒŋfəli/ *adj* injustamente (acusado), ilegalmente (detenido), improcedentemente (despedido)

wrong·ly /ˈrɒŋli/ *adv* **1** equivocadamente, mal: *He had wrongly assumed they would agree.* Había supuesto equivocadamente que estarían de acuerdo. ANT **rightly**, **correctly 2** injustamente (acusado) ▶ **RIGHTLY or wrongly**

wrote /rəʊt/ pasado de **WRITE**

wrought /rɔːt/ *v* **sb/sth has wrought a change/ transformation** (*frml*) alguien/algo ha traído aparejado -a un cambio/una transformación

ˌwrought 'iron *s* [U] hierro forjado

'wrought-iron *adj* [solo ante s] de hierro forjado

wrung /rʌŋ/ pasado y participio pasado de **WRING**

wry /raɪ/ *adj* [gralm ante s] irónico -a: *a wry smile* una sonrisa irónica

wry·ly /ˈraɪli/ *adv* irónicamente

WV *abrev escrita de* **WEST VIRGINIA**

WWW (*abrev escrita de* **World Wide Web**) WWW, www

WY *abrev escrita de* **WYOMING**

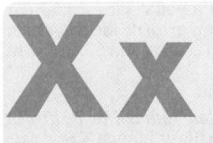

Xx

X¹, x /ɛks/ s (pl **X's, x's**)
1 (letra) [C,U] X, x
2 (número romano) [C] X
3 (en matemáticas) [U] (*técn*) x
4 (para no mencionar un nombre) [U] X: *Let's call him Mr. X.* Llamémosle señor X.
5 (en correspondencia) [C] símbolo de un beso
6 (en cine) [sing, U] calificación utilizada en el pasado para indicar películas prohibidas para menores de 18 años
7 (al seleccionar una opción) [C] cruz
8 (en un trabajo escolar) [C] marca que indica que una respuesta no es correcta ▶ CHECK
9 (en lugar de una firma) [U] cruz
10 (droga) [C,U] (*coloq*) éxtasis (droga) SIN E ▶ GENERATION X

EXPRESIONES
X number of people/things x cantidad de personas/cosas • **X marks the spot** la cruz señala el sitio

X² v
X sth ↔ out v+partíc (*coloq*) tachar algo ▶ CROSS OUT

xen·o·phobe /ˈzɛnəˌfoʊb/ s [C] xenófobo -a

xen·o·pho·bi·a /ˌzɛnəˈfoʊbiə/ s [U] xenofobia

xen·o·pho·bic /ˌzɛnəˈfoʊbɪk‹/ adj xenófobo -a

XL (*abrev escrita de* **extra large**) XL

X·mas /ˈkrɪsməs, ˈɛksməs/ s (*coloq*) [sing, U] Navidad: *a Xmas card* una tarjeta de Navidad

X-rated /ˈɛks ˌreɪtɪd/ adj para mayores de 18 años

X-ray¹ /ˈɛks reɪ/ s [C] (pl **X-rays**) **1** radiografía • **take an X-ray** hacer una radiografía • **have an X-ray** hacerse una radiografía • **a chest/head X-ray** una radiografía de tórax/de la cabeza **2** [gralm pl] rayo X

X-ray² v [T] (**X-rays**, **X-rayed**, **X-raying**) hacer una radiografía de

xy·lo·phone /ˈzaɪləˌfoʊn/ s [C] xilófono, xilofón

Yy

Y, y /waɪ/ (pl **Y's, y's**) **1** [C,U] Y, y **2** (en matemáticas) [U] (*técn*) y **3 the Y** (*coloq*) la ACJ, la YMCA, la Guay

-y, -ey /i/ suf **1** (indicando característica, cualidad) *hairy* peludo -a • *horsey* caballuno -a **2** (en diminutivos) *Daddy* papi • *a doggy* un perrito ▶ -IE **3** (indicando interés o afición) *sporty* deportivo -a • *artsy* aficionado -a al arte **4** (en sustantivos derivados de verbos) *expiry* caducidad • *flattery* halagos

yacht /yɑt/ s [C] yate, velero • **yacht club** club náutico • **yacht race** regata

yacht·ing /ˈyɑtɪŋ/ s [U] navegación (a vela) ▶ SAILING

yachts·man /ˈyɑtsmən/ s [C] (pl **yachtsmen** /-mən/) aficionado a la navegación a vela

yachts·wom·an /ˈyɑtsˌwʊmən/ s [C] (pl **yachtswomen** /-ˌwɪmɪn/) aficionada a la navegación a vela

yak¹ /yæk/ s [C] yak

yak² v [I] (**yakked**, **yakking**) (*coloq*) echar carreta, no dejar de hablar • **yak about sth** echar carreta sobre/de algo, no dejar de hablar de algo

y'all /yɔl/ pron (*oral*): *I'm going home now. See y'all later.* Ahora me voy a casa. Hasta luego.

yam /yæm/ s [C] **1** ñame **2** batata, boniato, camote

Yank /yæŋk/ s [C] (*coloq*) gringo -a, yanqui SIN **Yankee**

yank¹ /yæŋk/ v [I, T] (*coloq*) tirar (de), jalar (de) (con fuerza) • **yank on/at sth** tirar/jalar de algo (con fuerza) • **yank sth out/open** sacar/abrir algo de un tirón/jalón ▶ ver nota en PULL

yank² s [C] tirón, jalón • **give sth a yank** darle un tirón/jalón a algo

Yan·kee /ˈyæŋki/ s [C] **1** (en la Guerra Civil americana) yanqui (soldado norteño) **2** yanqui (del norte de Estados Unidos, en especial Nueva Inglaterra) **3** (estadounidense) gringo -a, yanqui SIN **Yank**

yap¹ /yæp/ v [I] (**yapped**, **yapping**) ladrar (con ladridos cortos y agudos) • **yap at sb/sth** ladrarle a alguien/algo ▶ BARK

yap² s [C] ladrido (corto y agudo)

yard S1 W2 /yɑrd/ s [C]
1 (abrev escrita **yd.**) yarda (=0,91 m)
2 patio usado como depósito de materiales o zona de trabajo en una empresa constructora, etc. • **the school yard** el patio del colegio ▶ SHIPYARD
3 jardín

'yard sale s [C] venta de garaje ▶ GARAGE SALE

yard·stick /ˈyɑrdˌstɪk/ s [C] patrón, criterio

yarn /yɑrn/ s **1** [C,U] hilo, lana, etc. utilizado para tejer **2** [C] (*coloq*) historia, cuento • **spin (sb) a yarn** contar una historia (a alguien)

yawn¹ /yɔn/ v [I] **1** bostezar **2** (*escrito*) abrirse (abismo, fosa, etc.)

yawn² s **1** [C] bostezo • **stifle a yawn** reprimir un bostezo **2** [sing] (*coloq*) aburrimiento: *The party was a huge yawn.* La fiesta fue un aburrimiento total.

yd. (*abrev escrita de* **yard**) yarda (0,91 m)

yeah¹ S1 /yɛə/ adv (*coloq, oral*) sí
EXPRESIONES
Oh, yeah? (*coloq, oral*) ah, ¿sí? (expresando incredulidad o sorpresa) • **yeah, right** (*coloq, oral*) sí, claro (dicho con ironía)

yeah² interj (*coloq, oral*) qué bien

year S1 W1 /yɪr/ s [C]
> **1** doce meses
> **2** del calendario
> **3** edad
> **4** mucho tiempo
> **5** época

1 DOCE MESES año: *He has worked here for several years.* Hace varios años que trabaja aquí. • **two/fifteen years ago** hace dos/quince años: *I moved here three years ago.* Me mudé aquí hace tres años. • **in recent years** en los últimos años • **the financial/tax year** el año financiero/fiscal, el ejercicio financiero/fiscal • **the academic/school year** el año académico/escolar
2 DEL CALENDARIO año: *What year did you two get married?* ¿En qué año se casaron? • **last/next year** el año pasado/que viene • **this year** este año • **a year** al año: *He earns $50,000 a year.* Gana 50.000 dólares al año. • **time of year** época del año: *It's hot for the time of year.* Hace calor para esta época del año. • **all (the) year**

round (durante) todo el año: *The park is open all year round.* El parque está abierto todo el año. SIN **calendar year**

3 EDAD **be five/50 years old** tener cinco/50 años: *She could read by the time she was four years old.* Cuando cumplió cuatro años ya sabía leer. • **a two-/four-year-old** un niño/una niña de dos/cuatro años • **a fourteen-/sixteen-year-old** un -a joven de catorce/dieciséis años • **a forty-/sixty-year-old** un hombre/una mujer de cuarenta/sesenta años • **three-year-old/18-year-old** [solo ante s] de tres/18 años: *She has an eight-year-old daughter.* Tiene una hija de ocho años. • **ten/39 years of age** (*frml*) diez/39 años de edad: *Children under sixteen years of age will not be admitted.* No se permitirá la entrada a menores de dieciséis años de edad.

4 MUCHO TIEMPO **years** [pl] años • **it's years since...** hace años que no...: *It's years since I went to the theater.* Hace años que no voy al teatro. • **for years** *She's been living with him for years.* Hace años que vive con él. • *I worked in a hotel for years.* Trabajé muchos años en un hotel. • **in years** *It was the first time in years that I'd seen him so happy.* Era la primera vez en años que lo veía así de contento. • *I haven't been there in years.* Hace años que no voy allí. SIN **ages**

5 ÉPOCA **years** [pl] *sb's childhood/teenage years* los años de la infancia/la adolescencia de alguien • **the war/postwar years** los años de la guerra/de la posguerra • **the early years of sth** los primeros años de algo • **in later years** años más tarde, en sus años tardíos • **sb's years as/in/at sth** *my years as a student* mi época de estudiante • *during his years at the company* durante sus años en la empresa ▶ LEAP YEAR, NEW YEAR, YEARLY

EXPRESIONES
player/singer/businesswoman of the year jugador -a/cantante/ejecutiva del año: *He was voted photographer of the year.* Fue elegido fotógrafo del año. • **sth puts years on sb** (*coloq*) algo le pone años encima a alguien: *All the trouble we've had has put years on me.* Todos los problemas que hemos tenido me han agregado años. • **sth takes years off sb** (*coloq*) *Her new haircut has taken years off her.* Se ha quitado años con el nuevo corte de pelo. • **year after year** (tb **year in, year out**) año tras año • **year by year** de año en año

year·book /ˈyɪrbʊk/ *s* [C] **1** (de un colegio, una universidad) anuario **2** (de una actividad, profesión) anuario

year·ling /ˈyɪrlɪŋ/ *s* [C] animal entre uno y dos años de edad, esp. un caballo

year·ly¹ /ˈyɪrli/ *adj* [solo ante s] **1** (que ocurre una vez al año) anual: *a yearly event* un acontecimiento anual • **twice yearly** bianual **2** (relativo a un año) anual: *a yearly budget of $1 million* un presupuesto anual de 1 millón de dólares

yearly² *adv* **1** (una vez al año) anualmente: *The report is published yearly.* El informe se publica anualmente. • **twice yearly** dos veces al año **2** (cada año) al año, anualmente: *The disease affects 1,500 people yearly.* La enfermedad afecta a 1.500 personas al año.

yearn /yɚn/ *v* [I] (*liter*) **yearn for sth** anhelar (tener/hacer) algo: *She yearned for a baby.* Anhelaba tener un hijo. • **yearn to do/be sth** anhelar hacer/ser algo: *He yearned to be like his older brother.* Anhelaba ser como su hermano mayor. SIN **long**

yearn·ing /ˈyɚnɪŋ/ *s* [C,U] (*liter*) **yearning (for sth)** anhelo (de algo) • **have a yearning to do sth** anhelar hacer algo, sentir el anhelo de hacer algo SIN **longing**

yeast /yist/ *s* [U] levadura

yell¹ /yɛl/ *v* **1** [I,T] (tb **yell out**) gritar • **yell at sb** gritarle a alguien • **yell at sb to do sth** gritarle a alguien que haga algo: *She yelled at them to stop fighting.* Les gritó que dejaran de pelearse. • **yell for sth** gritar pidiendo algo, pedir algo a gritos: *He started yelling for help.* Empezó a gritar pidiendo ayuda. • **yell in agony/fury** gritar de dolor/rabia • **yell at the top of your voice** gritar a todo pulmón **2** [I] (*oral*) (para pedir ayuda) *If you need me, just yell.* Si me necesitas, llámame.

yell² *s* [C] **1** grito • **let out/give a yell** dejar escapar/dar un grito • **a yell of delight/fury** un grito de alegría/rabia: *I heard yells of laughter.* Oí carcajadas. **2** hurra SIN **cheer**

yel·low¹ S2 W2 /ˈyɛloʊ/ *adj* **1** amarillo -a: *the girl in the yellow and white T-shirt* la muchacha de la camiseta amarilla y blanca • *She was dressed in yellow.* Estaba vestida de amarillo. • *We painted the door yellow.* Pintamos la puerta de amarillo. • **bright/pale yellow** amarillo intenso/claro **2** (tb **yellow-bellied**) (*coloq*) cobarde, gallina SIN **cowardly** ▶ LEMON yellow, PRIMROSE yellow

yellow² *s* [C,U] amarillo: *My favorite color is yellow.* El amarillo es mi color favorito.

yellow³ *v* [I, T] poner(se) amarillento -a

yellow 'card *s* [C] tarjeta amarilla ▶ RED CARD

'yellow ,fever *s* [U] fiebre amarilla

yellow 'line *s* [C] línea amarilla, raya continua (en la calle, una carretera) • **a double yellow line** una doble línea amarilla, una raya longitudinal doble

yellow 'pages *s* **the yellow pages** las páginas amarillas

yelp¹ /yɛlp/ *v* [I,T] gritar, aullar

yelp² *s* [C] grito, aullido

Yem·en /ˈyɛmən/ Yemen

Yem·en·i /ˈyɛməni/ *s* [C], *adj* yemení

yen /yɛn/ *s* (pl **yen**) **1** [C] (símb ¥) yen: *the dollar's decline against the yen* la depreciación del dólar frente al yen **2** [sing] **a yen for sth/to do sth** ansias de algo/de hacer algo

yep S1 /yɛp/ *adv* (*coloq*, *oral*) sí

yes¹ S1 W1 /yɛs/ *adv* (*oral*) **1** (respuesta a preguntas, afirmaciones, ofrecimientos) sí: *"Is that real gold?" "Yes, it is."* –¿Es oro de verdad? –Sí. • **say yes** decir que sí: *I asked him and he said yes.* Se lo pregunté y dijo que sí. • **yes, please** sí, gracias: *"Would you like some coffee?" "Yes, please."* –¿Quieres un café? –Sí, gracias. • **yes, but** sí, pero: *"He's very rich." "Yes, but money isn't everything."* –Es muy rico. –Sí, pero el dinero no lo es todo. ANT **no** **2** (al expresar desacuerdo) sí (que): *I bet he never called you." "Yes, he did."* –¿A que no te llamó? –Sí que me llamó. **3** (al responder a un llamado) sí: *"John?" "Yes?"* –¿John? –¿Sí? **4** (uso enfático) sí

EXPRESIONES
yes and no sí y no: *"Were you surprised?" "Well, yes and no."* –¿Te sorprendió? –Bueno, sí y no. • **yes, yes** sí, ya sé: *"Remember to lock the door." "Yes, yes."* –Acuérdate de cerrar la puerta con llave. –Sí, ya sé.

yes² *s* [C] (pl **yeses** o **yesses**) sí

yes³ *interj* bien: *"Dad says we can go to the movies." "Yes!"* –Papá dice que podemos ir al cine. –¡Bien!

'yes-man *s* [C] (pl **yes-men**) servil

yes·ter·day¹ S1 W2 /ˈyɛstɚdi, -deɪ/ *adv* ayer: *He arrived yesterday.* Llegó ayer. • **yesterday morning/afternoon/evening** ayer por la mañana/tarde/noche • **the day before yesterday** anteayer: *I called him the day before yesterday.* Lo llamé anteayer. ▶ TODAY, TOMORROW; **I wasn't BORN yesterday**

yesterday² *s* [U] **1** ayer: *Yesterday was Tuesday.* Ayer fue martes. • *Did you go to yesterday's meeting?* ¿Fuiste a la reunión de ayer? ▶ TODAY, TOMORROW **2** (*frml*) el ayer: *the great champions of yesterday* los grandes campeones del ayer ▶ TODAY, TOMORROW

EXPRESIONES
be yesterday's news ser noticia vieja: *By then the political scandal was already yesterday's news.* Para entonces el escándalo político era ya noticia vieja.

yes·ter·year /ˈyɛstɚˌyɪr/ *s* **of yesteryear** (*liter*) de antaño

yet¹ S1 W1 /yɛt/ *adv*
1 ya (en preguntas): *Is dinner ready yet?* ¿Ya está la

comida? • *Have you eaten yet?* ¿Ya comieron? • *Were you guys married yet?* ¿Ya se casaron?

2 (en negaciones) todavía: *She didn't call yet.* No ha llamado todavía. • *Didn't you finish the job yet?* ¿Todavía no has terminado el trabajo? • *You can't leave the table yet.* No te puedes levantar de la mesa todavía. • **not yet** todavía no: *"Has she been told?" "Not yet."* –¿Ya se lo han dicho? –Todavía no. • *The house did not yet have a telephone.* La casa todavía no tenía teléfono. • **as (of) yet** (*frml*) hasta ahora, hasta ese momento: *No survivors have been found as yet.* Hasta ahora no se han hallado sobrevivientes. • *As yet, the telephone hadn't rung.* Hasta ese momento el teléfono no había sonado.

3 (expresando lo que falta) todavía: *"How long before they finish?" "Several days yet."* –¿Cuánto falta para que terminen? –Varios días todavía. • *"When will they come back?" "Not for ages yet."* –¿Cuándo volverán? –Todavía falta muchísimo. • **have yet to do sth** (*frml*): *I've yet to hear your version of what happened.* Todavía no he oído tu versión de los hechos. • *They have yet to respond to our letter.* Todavía no han contestado a nuestra carta.

4 (uso enfático) aún, todavía: *Inflation had risen to a yet higher level.* La inflación había alcanzado un nivel aún más alto. • **yet more** más ... aún/todavía: *She earned yet more money the following year.* El año siguiente ganó más dinero aún. • **yet another** otro/otra ... más: *This is yet another reason to be cautious.* Ésta es otra razón más para ser prudentes. • **yet again** otra vez: *The meeting has been canceled yet again.* La reunión se ha vuelto a cancelar otra vez. • **the biggest/worst/best... yet** *This is our biggest mistake yet.* Éste es el peor error que hemos cometido hasta la fecha. • *The last trip we went on was the best one yet.* El último viaje fue el mejor de todos los que hemos hecho. • **more... yet** más... todavía/aún: *The second house was more expensive yet.* La segunda casa era más cara todavía. SIN **still**

5 (*frml*) (posibilidades futuras) todavía: *We may win yet.* Todavía es posible que ganemos. • *The plan could yet succeed.* El plan todavía podría funcionar.

yet² S1 W1 *conj* pero, sin embargo: *He was a cruel man, yet many people admired him.* Era un hombre cruel. Sin embargo, mucha gente lo admiraba. • *a simple yet effective solution* una solución sencilla pero eficaz • **and yet** (y) sin embargo SIN **but, nevertheless**

ye·ti /'yɛti/ *s* [C] yeti

yew /yu/ *s* **1** [C] (tb **yew tree**) tejo **2** [U] (madera de) tejo

Yid·dish¹ /'yɪdɪʃ/ *s* [U] yiddish ► **HEBREW**

Yiddish² *adj* yiddish

yield¹ W3 /yild/ *v*

1	resultados
2	ganancias
3	en agricultura, minería
4	aceptar de mala gana
5	a un sentimiento
6	al circular en la calle
7	el poder, un derecho
8	a la presión, a un peso
9	en una lucha

1 **RESULTADOS** [T] dar (como resultado), generar, producir: *Interviews with witnesses have yet to yield any clues.* Los interrogatorios de los testigos no han dado ninguna pista aún. • *The research had yielded little useful information.* La investigación había generado poca información útil. • **yield results** dar/arrojar resultados • **yield benefits** producir beneficios

2 **GANANCIAS** [T] generar (una ganancia de/ganancias por): *The sale should yield $330 million.* La venta debería generar 330 millones de dólares. • **yield a profit/return** generar una ganancia/un rendimiento • **high-yielding/low-yielding** de alto/bajo rendimiento

3 **EN AGRICULTURA, MINERÍA** [T] dar, rendir, producir: *The vine yielded a good crop of grapes.* La parra dio abundantes racimos de uvas. • *The mine is expected to*

yield 80,000 tons of coal in three years. Se espera que la mina rinda 80.000 toneladas de carbón en tres años.

4 **ACEPTAR DE MALA GANA** [I] ceder • **yield to demands/pressure** ceder a demandas/presiones • **yield to requests** acceder a peticiones • **yield to sb** ceder ante alguien: *She was a woman who yielded to no one.* Era una mujer que no cedía ante nadie.

5 **A UN SENTIMIENTO** [I] **yield to temptation** caer en la tentación • **yield to curiosity/an impulse** dejarse llevar por la curiosidad/un impulso

6 **AL CIRCULAR EN LA CALLE** [I] ceder el paso • **yield to sth** cederle el paso a algo: *Yield to traffic on the right.* Ceda el paso a los carros que vienen por la derecha.

7 **EL PODER, UN DERECHO** [T] (*frml*) entregar, ceder SIN **relinquish**

8 **A LA PRESIÓN, A UN PESO** [I] ceder: *The material yields slightly under pressure.* El material cede un poco al presionarlo. SIN **give**

9 **EN UNA LUCHA** [I] (*liter*) rendirse SIN **surrender**

yield to sth *v+partíc* (*frml*) dar paso a algo: *Laughter quickly yielded to amazement.* La risa pronto dio paso al asombro.

yield up sth *v+partíc* (*frml*) revelar algo: *The manuscript had yielded up secrets of the past.* El manuscrito había revelado secretos del pasado.

yield² W3 *s* [C,U]

1 (en finanzas) rendimiento: *a yield of around 6%* un rendimiento de aproximadamente un 6% • **a high/low yield** un alto/bajo rendimiento

2 (en agricultura) rendimiento, producción

yip·pee /'yɪpi/ *interj* hurra, viva: *Yippee! We're going to Grandma's.* ¡Viva! Vamos a la casa de la abuela. SIN **hurray**

YMCA /ˌwaɪ ɛm si 'eɪ/ *s* (**Young Men's Christian Association**) (*marca reg*) YMCA, ACJ

yo /you/ *interj* (*coloq*) **1** (como saludo) hola **2** (para atraer la atención de alguien) eh **3** (como respuesta) ¿qué?

yo·del /'youdl/ *v* [I,T] **1** cantar a la tirolesa **2** decir/ hablar haciendo gorgoritos

yo·del·ing /'youdl-ɪŋ/ *s* [U] canto tirolés

yo·ga /'yougə/ *s* [U] yoga • **do yoga** hacer yoga

yo·ghurt /'yougət/ *s* variante de **YOGURT**

yo·gurt S3 /'yougət/ *s* [C,U] yogur, yoghurt: *raspberry yogurt* yogur de frambuesa • **plain yogurt** yogur natural

yoke¹ /youk/ *s* [C] **1** (para animales de tiro) yugo **2** [gralm sing] (*liter*) (opresión) yugo • **the yoke of sth** el yugo de algo **3** (de un vestido) canesú **4** (para transportar cargas) balancín

yoke² *v* [T] **1** uncir **2** (*liter*) **be yoked to/with sth** asociarse con algo, estar unido -a a algo

yo·kel /'youkəl/ *s* [C] (*hum*) montañero -a, palurdo -a

yolk /youk/ *s* [C,U] yema (de huevo) ► **EGG WHITE**

yon·der¹ /'yandɚ/ *adv* (*antic*) allá lejos • **over yonder** allá lejos

yonder² *det* (*antic*) aquel

you S1 W1 /yə, yʊ; *fuerte* yu/ *pron*

1 (sujeto) tú/usted, ustedes ► En inglés nunca se omite el pronombre personal de sujeto: *Hi, Kelly. How are you?* Hola, Kelly. ¿Qué tal? • *You must all listen carefully.* Tienen que escucharme todos atentamente. • *We have as much right as you have.* Tenemos tanto derecho como ustedes. • *Don't blame me. You are responsible.* No me culpes a mí. El responsable eres tú.

2 (objeto directo o indirecto) te/lo/la/le, los/las/les: *I'll see you tomorrow.* Te veo mañana. • *I can take all of you in my car.* Los puedo llevar a todos en mi carro. • *Did Dad give you the money?* ¿Te dio el dinero papá?

3 (tras preposición) ti/usted, ustedes: *This letter is addressed to both of you.* Esta carta está dirigida a ustedes dos.

4 (uso impersonal) *You can never be sure what Emily is thinking.* Nunca se puede estar seguro de lo que está

pensando Emily. • *Sometimes you don't know what to say to her.* A veces uno no sabe qué decirle.
5 (*oral*) (al dirigirse a alguien) *Hey, you in the blue shirt!* ¡Eh tú! ¡El de la camisa azul! • *You boys have got to learn to behave yourselves.* Niños, tienen que aprender a comportarse. • *You stupid idiot!* ¡Serás idiota!

you'd /yəd, yʊd; *fuerte* yud/ *contrac de* **1 you had 2 you would**

you'll /yəl, yʊl; *fuerte* yul/ *contrac de* **you will**

young¹ S1 W1 /yʌŋ/ *adj*
1 (en la juventud) joven: *At thirty, you're still very young.* A los treinta, todavía se es muy joven. • *My brother's younger than me.* Mi hemano es menor que yo. • **a young man** un joven • **young people** los jóvenes, la juventud • **die/marry young** morir/casarse joven • **at a young age** a una edad (muy) temprana ANT **old**
2 (de corta edad) pequeño -a, chico -a: *a young child* un niño pequeño • *his younger brother* su hermano pequeño • *When I was young I wanted to be a train driver.* Cuando era pequeño quería ser maquinista de tren. • *Dogs should be trained while they are young.* Los perros se deben educar cuando son cachorros. ANT **old**
3 [gralm ante s] (organización, ciencia) joven: *a young nation* una nación joven • *a young company with an excellent reputation* una empresa joven con una excelente reputación ANT **old**
4 (de aspecto) joven: *smoother, younger skin* una piel más suave y más joven • **look/seem young** parecer joven: *Mom's new hairstyle makes her look younger.* El nuevo corte de pelo de mamá la hace ver más joven. SIN **youthful**
5 (adecuado para jóvenes) juvenil: *Do you think this dress is too young for me?* ¿Crees que este vestido es demasiado juvenil para mí?
6 (compuesto por niños o jóvenes) joven: *the demands of a young family* las exigencias de una familia joven

EXPRESIONES
in my/his younger days cuando era joven, en mis/sus años de juventud • **keep sb young** mantener joven a alguien: *Working with children keeps you young.* Trabajar con niños te mantiene joven. • **the night is yet/still young** (*hum*) la noche es joven • **young at heart** (*aprec*) joven de espíritu • **young blood** sangre joven • **be/look young for your age** parecer menor de lo que se es • **young man/lady** (*oral*) (expresando enfado) jovencito -a: *Listen to me, young man!* ¡Escúcheme bien, jovencito!

young² *s* [pl] **1** crías **2 the young** los jóvenes, la juventud

young·ster /'yʌŋstər/ *s* [C] (*antic*) joven

your S1 W1 /yər; *fuerte* yɔr/ *det*
1 tu(s), su(s): *Is that your brother over there?* ¿Es tu hermano ése que está ahí? • *You have to ask your parents.* Tienen que preguntarles a sus padres. ▸ Los posesivos se usan en inglés con más frecuencia que en español, como se observa en los siguientes ejemplos: • *How often do you wash your hair?* ¿Cada cuánto te lavas el pelo? • *Have you done your homework?* ¿Han hecho los deberes? • **your doing sth** (*frml*) *I remember your asking me.* Recuerdo que usted me lo preguntó.
2 (uso impersonal) *Your body needs vitamins for good health.* El organismo necesita vitaminas para tener buena salud.
3 (*coloq*) **your average/ordinary/typical sth** *They were just your ordinary American family.* Eran la típica familia americana común y corriente.

you're /yər; *fuerte* yɔr/ *contrac de* **you are**

yours S1 /yʊrz, yɔrz/ *pron* (el/los) tuyo(-s)/suyo(-s), (la/las) tuya(-s)/suya(-s), (el/los) de usted(es), (la/las) de usted(es): *I think this is yours.* Creo que esto es tuyo. • *Yours is the yellow one.* La suya es la amarilla. • *It was our fault, not yours.* Fue culpa nuestra, no de ustedes. • **of yours** tuyo(-s)/suyo(-s), tuya(-s)/suya(-s): *Is Maria a*

friend of yours? ¿Maria es amiga tuya? • *My daughter is a great fan of yours.* Mi hija es una gran admiradora suya. ▸ **UP yours!**

EXPRESIONES
Yours truly (*escrito*) le/la saluda atentamente • **Yours sincerely/faithfully** (*escrito*) le(s)/la(s) saluda atentamente

your·self S1 W2 /yər'sɛlf/ *pron* (pl **yourselves** /-'sɛlvz/)
1 (uso reflexivo) te, se: *Have you cut yourself?* ¿Te has cortado? • *Buy yourselves an ice cream.* Cómprense un helado. • *You can make yourself a cup of coffee.* Puede hacerse una taza de café.
2 (uso enfático) tú/usted (mismo -a), ustedes (mismos -as): *You yourself signed the papers.* Firmaste los papeles tú mismo. • *Will you be going to the meeting yourselves?* ¿Ustedes van a asistir personalmente a la reunión?
3 (tras preposición) tú/usted, ustedes: *information about yourselves* información sobre ustedes • *Send us a photograph of yourself.* Envíenos una fotografía suya. ▸ **DO-IT-YOURSELF, KEEP sth to yourself**

EXPRESIONES
(all) by yourself (a) (sin compañía) solo(s) -a(s): *Do you live all by yourself?* ¿Vives solo? • *Sometimes you just want to be by yourself.* A veces uno sólo quiere estar solo. SIN **alone (b)** (sin ayuda) solo(s) -a(s): *Did you do the work by yourself?* ¿Has hecho el trabajo tú solo? SIN **unaided** • **(all) to yourself** *Would you prefer to have a room to yourself?* ¿Preferirías tener una habitación para ti solo?

youth S3 W2 /yuθ/ *s* (pl **youths** /yuθs, yuðz/)
1 [U] (etapa de la vida) juventud: *memories of his childhood and youth* recuerdos de su niñez y juventud • **in my/his youth** cuando era joven, en mi/su juventud: *He was tall and slim in his youth.* Cuando era joven era alto y delgado. • **relive/recapture your youth** revivir/recuperar su juventud ▸ **CHILDHOOD, OLD AGE**
2 [C] (adolescente) joven (esp. un delincuente): *a gang of youths* una pandilla de jóvenes
3 [U] (jóvenes) juventud: *the importance of education for our youth* la importancia de la educación para nuestra juventud • *the youth of today* la juventud de hoy en día
4 [U] (cualidad de joven) juventud: *He fell in love with her youth and beauty.* Se enamoró de su juventud y su belleza.

'youth club *s* [C] club juvenil

youth·ful /'yuθfəl/ *adj* **1** [solo ante s] (propio de la juventud) juvenil, de la juventud: *their youthful idealism* su juvenil idealismo **2** (que hace parecer joven) juvenil: *her youthful appearance* su aspecto juvenil **3** [solo ante s] (de edad joven) joven: *a youthful audience* un público joven

'youth ,hostel *s* [C] albergue juvenil

you've /yəv, yʊv; *fuerte* yuv/ *contrac de* **you have**

yo-yo /'youyou/ *s* [C] (pl **yo-yos**) yoyó, yo-yo

yr. (*abrev escrita de* **year**) (pl **yrs.**) año

yuck, **yuk** /yʌk/ *interj* (*coloq*) puaj, qué maluco -a

yuck·y /'yʌki/ *adj* (*coloq*) asqueroso -a, maluco -a

Yu·go·sla·vi·a /ˌyugə'slaviə/ Yugoslavia

Yu·go·sla·vi·an /ˌyugə'slaviən/ (tb **Yu·go·slav** /'yugəˌslav/) *s* [C], *adj* yugoslavo -a

Yule·tide /'yultaɪd/ *s* [U] (*liter*) Navidad

yum /yʌm/ *interj* (*coloq*) mmm, qué rico -a

yum·my S3 /'yʌmi/ *adj* (**yummier**, **yummiest**) (*coloq*) rico -a, delicioso -a

yup·pie, **yuppy** /'yʌpi/ *s* [C] yuppie, yupi

YWCA /ˌwaɪ dʌbəlyu si 'eɪ/ *s* (**Young Women's Christian Association**) (*marca reg*) YWCA, ACJ (asociación cristiana que ofrece alojamiento barato a mujeres jóvenes)

Zz

Z, z /ziː/ s (pl **Z's, z's**) Z, z ▸ from A to Z

EXPRESIONES
catch/get some Z's (*coloq*) dormir

Zam·bi·a /'zæmbiə/ Zambia

Zam·bi·an /'zæmbiən/ s [C], *adj* zambiano -a

za·ny /'zeɪni/ *adj* (**zanier, zaniest**) alocado -a (comedia, situación)

zap /zæp/ *v* (**zapped, zapping**) **1** [T] liquidar, destruir (esp. con electricidad) **2** [T] (*coloq*) cocinar, calentar (en un horno de microondas) **3** (**a**) [I siempre + adv/prep] hacer zapping, zapear (**b**) [T] cambiar (de canal) **4** [T] enviar (de un computador a otro) • **zap sth to sth** enviar algo a algo **5** [I siempre + adv/prep] ir rápidamente

zeal /ziːl/ s [U] fervor, celo • [+**for**]: *the government's zeal for educational reform* el afán reformista del gobierno en el campo educativo • **religious/revolutionary/ missionary zeal** fervor religioso/revolucionario/ misionero

zeal·ot /'zelət/ s [C] fanático -a

zeal·ous /'zeləs/ *adj* ferviente, que pone gran celo

ze·bra /'ziːbrə/ s [C] cebra

Zen /zen/ s (tb **Zen Buddhism**) s [U] budismo zen

ze·nith /'ziːnɪθ/ s [C gralm sing] **1** apogeo: *At that time, the band was at its zenith.* En esa época, el grupo estaba en su apogeo. • **reach its zenith** alcanzar su apogeo [SIN] **peak 2** (*técn*) (en astronomía) cenit

zep·pe·lin /'zepəlɪn/ s [C] zepelín

ze·ro¹ /'ziːroʊ, 'zɪroʊ/ *núm* (pl **zeros** o **zeroes**) **1** (número) cero: *The last four numbers on my credit card are zero, zero, three, seven.* Los últimos cuatro números de mi tarjeta de crédito son cero, cero, tres, siete. **2** (en una escala) cero: *The gas gauge was almost down to zero.* El indicador de combustible estaba casi en cero. **3** (en la temperatura) cero (grados): *The temperature was still around zero.* La temperatura seguía siendo de alrededor de cero grados. • **above/below zero** sobre/bajo cero: *That night it was 35° below zero.* Esa noche, hacía 35 grados bajo cero. **4** (nada) cero: *Our profits rose from zero to 5.9%.* Nuestras utilidades aumentaron de cero al 5,9 por ciento. • *The daily dose was reduced to zero over the following weeks.* En las semanas siguientes, se fue reduciendo la dosis diaria hasta suprimirla por completo. • **sb's chances (of sth) are zero** las posibilidades que tiene alguien (de algo) son nulas: *Doctors say his chances of survival are almost zero.* Los médicos dicen que sus posibilidades de sobrevivir son prácticamente nulas. • **zero gravity** (*técn*) gravedad cero • **zero growth** crecimiento cero • **zero inflation** inflación cero ▸ GROUND ZERO

ze·ro² *v*
zero in on sb/sth *v+partíc* **1** centrarse en alguien/algo, concentrar la atención en alguien/algo **2** apuntarle a alguien/algo (con un arma, una cámara)

zest /zest/ s **1** [sing, U] entusiasmo, pasión, gusto • [+**for**]: *She had a great zest for life.* Tenía una enorme pasión por la vida. **2** [U] cáscara (de naranja o limón): *lemon zest* cáscara de limón [SIN] **peel 3** [sing, U] emoción, interés

zig·zag¹ /'zɪgzæg/ s [C] zigzag

zig·zag² *v* [I] (**zigzagged, zigzagging**) zigzaguear

zilch /zɪltʃ/ s [U] (*coloq*) nada de nada

zil·lion /'zɪlyən/ s [C] (*coloq*) enemil: *I've seen that movie a zillion times.* He visto esa película enemil veces. • **zillions of sth** millones de algo

Zim·ba·bwe /zɪm'bɑbweɪ/ Zimbabue

Zim·ba·bwe·an /zɪm'bɑbweɪən/ s [C], *adj* zimbabuense

zinc /zɪŋk/ (símb quím **Zn**) s [U] zinc, cinc

Zi·on /'zaɪən/ Sión

zip¹ /zɪp/ s **1** [U] (*coloq*) sabor, sazón **2** [U] (*coloq*) energía, brío **3** [U] (*coloq*) nada (de nada), cero **4** [C gralm sing] código postal [SIN] **zip code**

zip² *v* (**zipped, zipping**) **1** [T] abrir/cerrar (algo con cremallera/zíper) • **zip sth open/closed** abrir/cerrar algo (que tiene cremallera/zíper) • **zip sth together** *The two sleeping bags can be zipped together.* Los dos sacos de dormir se pueden unir con una cremallera. **2** [I siempre + adv/prep] (*coloq*) ir o hacer rápidamente • **zip through/past/down (sth)** *An ambulance zipped past.* Pasó una ambulancia a toda velocidad. • *I'll be able to zip through this essay.* Voy a poder despachar este ensayo rápidamente. [SIN] **zoom 3** [T] (*técn*) (en informática) comprimir

EXPRESIONES
zip your lip (tb **zip it**) (*coloq, oral*) cerrar la boca
zip up *v+partíc* **1 zip sth ↔ up** subir la cremallera/el zíper de algo [ANT] **unzip 2 zip up** cerrarse (con una cremallera/zíper) [ANT] **unzip 3 zip sb up** subirle la cremallera/el zíper a alguien: *Can you zip me up? I can't reach.* ¿Me subes la cremallera? No alcanzo.

'zip code, ZIP code s [C] código postal

'zip file (tb **'zipped file**) s [C] (*técn*) (en informática) archivo comprimido

zip·per¹ /'zɪpər/ s [C] cremallera, cierre, zíper

zipper² *v* [T] cerrar la cremallera/el zíper de • **zipper sth into sth** guardar algo en algo y cerrar la cremallera/el zíper [SIN] **zip**

zit /zɪt/ s [C] (*coloq*) grano, espinilla, barro

zom·bie /'zɑmbi/ s [C] **1** (*coloq*) (persona ausente) zombi **2** (muerto vivo) zombi

zone¹ [W3] /zoʊn/ s [C]
1 (con actividad militar) zona • **a war/combat zone** una zona de guerra/combate • **a no-fly zone** una zona de exclusión aérea • **a demilitarized zone** una zona desmilitarizada
2 (en una ciudad) zona: *a no-parking zone* una zona donde está prohibido parquear • *a pedestrian zone* una zona peatonal
3 (parte de algo mayor) zona: *The oceans can be divided into zones.* Los océanos pueden dividirse en zonas. • **the temperate/tropical zone** la zona templada/tropical
4 (con una característica destacada) zona: *the earthquake zone* la zona del terremoto • **a danger zone** una zona de peligro ▸ END ZONE, TIME ZONE

zone² *v* **1** [T gralm en pasiva] zonificar, dividir en zonas • **zone sth for sth** destinar algo para algo (tierras, un terreno) **2** [I] (tb **zone out**) (*coloq*) quedarse en blanco, dejar de prestar atención, distraerse

zon·ing /'zoʊnɪŋ/ s [U] zonificación (en una ciudad)

zoo [S3] /zuː/ s [C] (pl **zoos**)
1 zoológico • **at the zoo** *We went to see the monkeys at the zoo.* Fuimos a ver los micos al zoológico.
2 (*coloq*) caos

zoo·keep·er /'zuːkiːpər/ s [C] guarda (de zoológico)

zo·o·log·i·cal /ˌzoʊə'lɑdʒɪkəl/ *adj* zoológico -a

zo·ol·o·gist /zoʊ'ɑlədʒɪst/ s [C] zoólogo -a

zo·ol·o·gy /zoʊ'ɑlədʒi/ s [U] zoología

zoom¹ /zuːm/ *v* [I siempre + adv/prep] (*coloq*) **1** ir velozmente • **zoom past/off/along** pasar/salir/ir a toda velocidad: *She jumped into the car and zoomed off.* Subió de un salto al carro y salió a toda velocidad. **2** hacer rápidamente • **zoom through sth** despachar algo

Z

(rápidamente) **3 zoom up** dispararse (precio, cifra, etc.) • **zoom (up) to sth** dispararse a algo SIN **shoot up**

EXPRESIONES

zoom to the top (tb **zoom to stardom**) saltar a la fama
zoom in *v+partíc* **zoom in on sth** enfocar algo de cerca, hacer un primer plano de algo

zoom² *s* **1** [C] teleobjetivo, zoom SIN **zoom lens** **2** [sing] (*coloq*) zumbido

'zoom ,lens *s* [C] (lente) teleobjetivo, zoom

zuc·chi·ni /zuˈkini/ *s* [C] (pl **zucchini** o **zucchinis**) calabacín, calabacita

Guía de gramática

Guía para escribir

Diccionario ilustrado

Collocation

Una **collocation** es una palabra que se suele usar junto con otra. El hablante nativo suele asociar mentalmente estas dos palabras. Por ejemplo, **heavy** y **light** son **collocations** del sustantivo **rain**, mientras que **commit** y **solve** son **collocations** del sustantivo **crime**. Si quieres usar una palabra en una oración en inglés, es importante saber con qué otras palabras puede combinarse.

Verbos que se combinan con sustantivos

Algunas combinaciones de verbos y sustantivos suenan bien, mientras que otras no son idiomáticas. Por ejemplo, no puedes decir **do** a mistake. Tienes que decir **make** a mistake. Si dices **do** a mistake la gente te entenderá, pero tu inglés sonará poco natural.

Errores frecuentes en las combinaciones de verbo + sustantivo

✗ People who ~~do~~ crimes should be punished.
✓ People who **commit** crimes should be punished.

✗ We have to ~~do~~ a speech for our English class.
✓ We have to **make** a speech for our English class.

✗ He ~~said~~ a remark about my haircut.
✓ He **made** a remark about my haircut.

Este diccionario te indica los verbos que pueden combinarse con determinados sustantivos. Fíjate en la entrada **mistake**:

> **mis·take**[1] S2 W2 /mɪˈsteɪk/ s [C]
> **1** (falta) error, equivocación • make a mistake equivocarse, cometer un error: *I think I've made a mistake in my calculations.* Me parece que me he equivocado en los cálculos. • *It's an easy mistake to make.* Es un error fácil de cometer. • **be full of mistakes** (tb **be littered with mistakes**) estar lleno -a/plagado -a de errores: *The article was full of mistakes.* El artículo estaba lleno de errores. • **it is a mistake to think/assume that** es un error pensar/suponer que
> **2** (tontería) error, equivocación • **a big /terrible mistake**

Como puedes ver, la combinación **make a mistake** se ha resaltado en negrita.

make y do, have y take

Si te aprendes las posibles combinaciones de *verbo + sustantivo* tu inglés mejorará y sonará más correcto y natural. En la tabla siguiente aparecen los sustantivos que se combinan con *make*, *do*, *have* y *take*.

	make	do	have	take
preparations	✓			
damage		✓		
a bath				✓
research		✓		
a test		✓		
a decision	✓			✓
a discovery	✓			
a phone call	✓			✓
a look			✓	✓
a baby			✓	
a party			✓	

	make	do	have	take
a noise	✓			
an exam		✓	✓	✓
a promise	✓			
a complaint	✓		✓	
breakfast	✓		✓	
progress	✓			
harm		✓		
a comment	✓			
a break			✓	✓
a suggestion	✓			
a list	✓			

Adjetivos que se combinan con sustantivos

Si quieres describir un sustantivo, tendrás que elegir un adjetivo con el que se pueda combinar. Algunos adjetivos se usan siempre con determinados sustantivos. Alguien que come mucho es un **big** *eater*, pero alguien que fuma mucho es un **heavy** *smoker* (NO un **big** *smoker*).

Este diccionario te indica los adjetivos que pueden combinarse con determinados sustantivos. Fíjate en la entrada **drinker**:

> **drink·er** /'drɪŋkər/ s [C] bebedor -a, tomatrago • be a heavy drinker tomar mucho, ser un/una tomatrago • beer/tea drinker persona que suele tomar cerveza, té

Como puedes ver, la combinación **be a heavy drinker** se ha resaltado en negrita.

Si quieres que tu inglés suene más natural e interesante, puedes usar una selección más amplia de adjetivos y adverbios para recalcar lo que estés diciendo. En lugar de decir que algo es **a big problem** o **a big surprise**, puedes decir que es **a serious problem** o **a total surprise**.

Errores frecuentes al usar adjetivos

A veces cuesta elegir el adjetivo adecuado. Por ejemplo, puedes decir que algo es de **great importance**, pero no puedes decir que es de **big importance**.

✗ a ~~big~~ interest in something
✓ a **great** interest in something

✗ a ~~strong~~ illness/infection/disease
✓ a **serious** illness/infection/disease

En la tabla siguiente aparecen algunos de los distintos adjetivos que se usan para dar énfasis a varios sustantivos frecuentes:

	big	complete	total	serious	great	strong	distinct	huge
problem	✓			✓	✓			✓
mistake	✓			✓	✓			✓
possibility						✓	✓	
difference	✓				✓			✓
surprise	✓	✓	✓		✓			✓
importance					✓			✓
lack (of)		✓	✓	✓			✓	

Adverbios que se combinan con adjetivos

En lugar de decir que algo es **very difficult** o que alguien es **very intelligent**, puedes decir **extremely difficult**, o **highly intelligent**.

Errores frecuentes al usar adverbios

A veces cuesta elegir el adverbio adecuado. Por ejemplo, puedes decir **highly intelligent**, pero NO **highly smart** (tienes que decir **very smart**).

✗ ~~strongly~~ sure
✓ **absolutely** sure

✗ ~~absolutely~~ different
✓ **completely** different

✗ ~~strongly~~ disappointed
✓ **deeply** disappointed

En la tabla siguiente aparecen algunos de los distintos adverbios que se usan para dar énfasis a varios adjetivos frecuentes:

	very	really	extremely	highly	deeply	completely	totally	seriously	absolutely
difficult	✓	✓	✓						
interesting	✓	✓	✓						
important	✓	✓	✓	✓				✓	
funny	✓	✓	✓						
exhausted		✓				✓	✓		✓
sorry	✓	✓	✓		✓				
upset	✓	✓	✓		✓			✓	
successful	✓	✓	✓	✓		✓	✓		
ill	✓	✓	✓					✓	
different	✓	✓	✓			✓	✓		
impossible						✓	✓		✓

Este diccionario te proporciona mucha información útil para ayudarte a aprender qué adverbios y qué adjetivos debes emplear cuando quieras dar énfasis a una palabra. Fíjate en la entrada **upset**:

up·set¹ S1 /ˌʌpˈsɛt◂/ *adj*
1 [nunca ante s] disgustado -a: *She looked upset when she heard the news.* Parecía disgustada cuando se enteró de la noticia. • *She's upset because Jamie forgot her birthday.* Está disgustada porque Jamie se olvidó de su cumpleaños. • **get upset** ponerse mal, disgustarse • **really/deeply/terribly upset** muy/sumamente/tremendamente disgustado -a • [+**about/over**]: *I was really upset about the incident.* Estaba muy disgustado por el incidente. • **upset that** *Marcy was upset that she wasn't invited.* Marcy se disgustó porque no la invi-

N O T A
....
• Los distintos significados de una palabra se suelen combinar con adjetivos y adverbios intensificadores distintos. Así pues, se dice:

She was **badly/seriously** hurt (= injured) in the accident.

pero

I was **deeply/very** hurt (= upset) by her comments.

Sustantivos que se combinan con otros sustantivos

A veces, la combinación de dos o más sustantivos solo sonará bien en inglés si dichos sustantivos se colocan en un orden determinado. Por ejemplo, siempre se dice **bread and butter**. La frase **butter and bread** suena extraña al oído de un hablante nativo.

Aquí tienes algunos ejemplos de pares de sustantivos en el orden idiomáticamente correcto (búscalos en el diccionario si no estás seguro de su significado):

knife and fork   **hustle and bustle**
bed and breakfast   **pros and cons**
dos and don'ts   **salt and pepper**

Falsos amigos

Existen palabras muy similares en inglés y español que, además, tienen el mismo significado. Por ejemplo, las palabras **university** y **dictionary** se corresponden con las palabras *universidad* y *diccionario*, aunque su pronunciación sea diferente.

Los *falsos amigos*, sin embargo, son palabras muy parecidas en ambas lenguas pero que tienen significados diferentes en cada una de ellas. Por ejemplo, la palabra **library** significa *biblioteca* en español, mientras que *librería* se dice **bookstore** en inglés. El parecido entre las palabras **library** y *librería* nos puede llevar a pensar que tienen el mismo significado y confundirnos.

Para evitar errores se deben comprobar las palabras parecidas en ambas lenguas si su significado no se ajusta exactamente al contexto. A continuación encontrarás una lista de *falsos amigos* muy comunes.

No confundas la palabra inglesa ...	que en español significa ...	con la palabra española ...	que en inglés significa ...
actual	real, exacto	actual	current, present
actually	en realidad, de hecho	actualmente	currently
to advise	aconsejar	avisar	to let somebody know
agenda	orden del día	agenda	datebook
arena	estadio	arena	sand
to assist	ayudar	asistir	to attend
to attend	asistir a	atender	to pay attention
balloon	globo, globo aerostático	balón	ball
brave	valiente	bravo	angry
carpet	alfombra, tapete	carpeta	folder
college	universidad	colegio	school
comprehensive	completo, exhaustivo	comprensivo	understanding
concrete	hormigón	concreto	specific
conductor	director de orquesta	conductor	driver
conference	congreso, convención	conferencia	lecture
crude	grosero	crudo	raw
dormitory	residencia universitaria	dormitorio	bedroom
educated	culto, instruido	educado	polite, well-mannered
embarrassed	avergonzado, incómodo	embarazada	pregnant
fabric	tela	fábrica	factory
idiom	locución idiomática, modismo	idioma	language
to intend	tener la intención de	intentar	to try
large	grande	largo	long
lecture	conferencia, sermón	lectura	reading
library	biblioteca	librería	bookstore
miserable	triste, deprimido	miserable	poor
notice	cartel, letrero	noticia	news
professor	catedrático de universidad	profesor	teacher
qualification	requisito	calificación	grade
to record	registrar, grabar	recordar	to remember
sensible	sensato	sensible	sensitive
syllabus	programa de estudios	sílaba	syllable
sympathetic	comprensivo	simpático	nice
topic	tema	tópico	cliché

Verbos con partícula(s)

¿Qué es un verbo con partícula?

Un verbo con partícula(s) es un verbo compuesto por dos o tres palabras. La primera palabra es un verbo, mientras que la segunda palabra (y la tercera, si la hay) es una partícula. La partícula puede ser tanto un adverbio como una preposición. Por ejemplo, **get up** (=levantarse) es un verbo con partícula compuesto por el verbo **get** y la partícula **up**. Esta combinación de palabras tiene un significado distinto al de los sentidos habituales de **get** y **up** por separado.

Get up to something (=hacer algo) es otro verbo con partícula que no guarda relación con los significados habituales de las palabras **get** + **up** + **to**. A menudo es difícil deducir el significado de un verbo con partícula(s) a partir de las palabras que lo componen.

Fíjate en el párrafo siguiente:

> My alarm **went off** at 7:00, but I didn't **get up** until 8:45. My mum shouted, "**Hurry up** or you'll be late for your class!" So I <u>jumped out of</u> bed, **threw on** some clothes, and <u>ran out of</u> the door.

En este párrafo **go off**, **get up**, **hurry up** y **throw on** son verbos con partícula, pero *jumped out of* y *run out of* no lo son. ¿Por qué?

NOTA
....

- Si un verbo va seguido de una preposición pero mantiene su significado habitual, no es un verbo con partícula. Por consiguiente, en el párrafo anterior *get out of* y *run out of* no son verbos con partícula.

En este diccionario, los verbos con partícula(s) aparecen en azul al final de la entrada del verbo principal señalados como *v+partíc*.

Distintos tipos de verbos con partícula(s)

Verbos con partícula(s) sin objeto	get up *v+partíc* **1** levantarse (de la cama): *I got up at five o'clock.* Me levanté a las cinco.
Verbos con partícula(s) con un objeto	**1** Con algunos verbos el objeto puede ir o bien antes o bien después de la partícula. Este diccionario emplea el símbolo ↔ para indicar que ambas posiciones son posibles. put up *v+partíc* **1** put sth ↔ up construir/levantar algo [SIN] erect **2** put sth ↔ up poner/colgar algo (en la pared): *The group put up posters in hospitals across the city.* El grupo puso afiches en los hospitales de toda la ciudad. • *She was putting up some shelves.* Estaba colocando unos estantes. **NOTA:** Cuando el objeto es un pronombre (it/them/her/him, etc.), este SIEMPRE precede a la partícula: *They put it up.* NO *They put up it.*
	2 Con otros verbos el objeto siempre va entre el verbo y la partícula. get sb/sth down *v+partíc* **1** get sb down: *His work is really getting him down.* Su trabajo lo deprime mucho.
	3 Con un tercer grupo de verbos el objeto siempre va *después* de la partícula, siempre y cuando no se trate de un pronombre. put sb under *v+partíc* anestesiar a alguien

Distintos tipos de verbos con partícula	
Verbos con partícula(s) con dos objetos	Algunos verbos con partícula tienen dos objetos: el primero va después del verbo y el segundo después de la partícula. **talk sb into sth** *v+partíc* convencer a alguien de algo: *Why did I let you talk me into this?* ¿Por qué te dejé convencerme de que me metiera en esto? • **talk sb into doing sth** convencer a alguien de/para que haga algo: *My husband talked me into going skiing.* Mi marido me convenció para que fuera a esquiar.

¿Verbo con partícula(s) o verbo simple?

Algunos verbos formados por una sola palabra tienen un significado similar al de determinados verbos con partícula. Por ejemplo, el verbo **distribute** puede usarse con el mismo significado de **hand out** (=entregar a cada miembro de un grupo). Sin embargo, conviene tener presente que los verbos simples suelen ser más formales o técnicos que los verbos con partícula equivalentes. Comprueba siempre si un verbo es formal o informal, a fin de emplear el término adecuado a cada situación.

Verbos con partícula(s) de uso frecuente al hablar de llamadas telefónicas

Se emplean muchos verbos con partícula referidos a este tema:

LLAMADAS TELEFÓNICAS

para llamar a alguien:
• call sb up
• phone sb up
• get through to sb
• call in

para devolver una llamada:
• call sb back
• phone sb back

para terminar una llamada:
• hang up
• hang up on sb
• put the phone down on sb

otros verbos:
• hold on (= to wait for someone)
• put sb through
• pick up the phone
• be/get cut off

Verbos modales

Los verbos modales ingleses son **can**, **could**, **must**, **will**, **would**, **should**, **may**, **shall** y **might**. Estos verbos se emplean seguidos de un verbo en infinitivo sin "to", y proporcionan información adicional sobre el verbo principal.

Need (to), **ought to**, **have to** y **have got to** también suelen emplearse de forma similar.

En el inglés hablado y en los textos escritos con un estilo coloquial se suelen usar las formas contractas de los verbos modales. Por consiguiente, se dice *I can't* en lugar de *I cannot*, *you shouldn't* en lugar de *you should not*, *they wouldn't* en lugar de *they would not*.

Los verbos modales se emplean en las siguientes situaciones:

Al pedir algo: can, will, could, would	**Al ofrecer ayuda a alguien:** can, may, shall, will	**Al pedir y dar permiso:** can, could, may	**Al hacer sugerencias y dar consejos:** should, ought to, shall, have to
Can you help me, please?	**Can** I give you a hand?	You **can** borrow my bike.	You **should** exercise more.
Will you come here for a minute?	**May** I help you?	**Can** I have some of your French fries?	You **ought to** go to the doctor.
Could you tell me what time it is?	**Shall** I answer the phone?	**Could** I speak to the manager, please?	**Shall** we go?
Would you pass me the salt, please?	**I'll** drive you home.	**May** I use the car tonight?	You really **have to** try the fish – it's delicious.
NOTA: Fíjate en que **could** y **would** son más formales y denotan cortesía.		**NOTA:** Fíjate en que **could** es más cortés que can, mientras que **may** se emplea en el inglés más formal.	

Al expresar certeza respecto de algo: must, will	**Al decir que algo es probable:** should, ought to	**Al decir que algo es posible:** may, could/might, can't
He **must** be here already – there's his car.	They **should be** in New York by now.	I think that I **may** be home late this evening.
She's late. She **must** have missed the bus.	The show **ought to** end around 10:00.	The keys **could** be in the kitchen drawer.
NOTA: **Will** y **won't** se emplean para hablar de cosas que sucederán con seguridad en el futuro:	It's only a headache – I **should** feel better in the morning.	I **might** have left it on the bus – I can't remember.
It **will** be summer soon.		You **can't** have finished already!
They **won't** be fooled so easily.		
I **won't** forget you.		

Al decir que alguien sabe o puede hacer algo:
can, could

She **can** speak Chinese.

Can you see the mountains from here?

I **can't** afford a bigger car.

Could you understand what he was saying?

I **could** hear the neighbors arguing next door.

Al decir que necesitas hacer algo o debes hacer algo:
need to, have to, have got to, must

I **need** to go to the toilet.

I **have to** call my parents today.

I**'ve got to** get up early in the morning.

Members **must** sign in before using the club.

NOTA: Se emplea **will have to** o **will need to** para decir que es necesario hacer algo en el futuro:

You**'ll have to** help me move this – it's too heavy.

You**'ll need to** learn some Japanese before you go to Tokyo.

Problemas frecuentes con el uso de los verbos modales

Los verbos modales van seguidos de un verbo en infinitivo, sin "to":

✗ I should ~~to~~ do my homework.
✓ I should **do** my homework.

No llevan "s" en la 3ª persona del singular:

✗ She ~~cans~~ answer your questions.
✓ She **can** answer your question.

No pueden ir detrás de otro verbo. Para referirte al futuro, bastará con que uses el verbo modal sin **will**, u otro verbo o frase verbal como **will be able to** o **will have to**:

✗ I ~~will can~~ meet you tomorrow.
✓ I **can** meet you tomorrow.
✓ I **will be able** to meet you tomorrow.

✗ He ~~will must~~ pay a large fine.
✓ He **will have to** pay a large fine.

Estructuras verbales y adjetivales

Estructuras verbales

Cuando un verbo sigue a otro en una oración es preciso utilizar la estructura gramatical correcta. Lee el párrafo siguiente:

> Michael **wanted to buy** a present for his mother. He **finished doing** his homework and **asked his friend to come** with him to **help him decide** what to buy. He **thought about buying** a vase, but he **couldn't afford** it, so in the end his friend **advised him** to **buy** some flowers.

Las estructuras verbales empleadas en este párrafo son:

want **to do** sth, finish **doing** sth, ask sb **to do** sth, help (sb) **decide** sth, think **about doing** sth, (can't) afford **to do** sth, advise sb **to do** sth

Errores frecuentes al emplear estructuras verbales

✗ I want ~~that you come~~ to my party.
✓ I **want you to come** to my party.

✗ You can ~~to~~ go there by bus.
✓ You **can go** there by bus.

✗ I enjoy ~~to~~ play tennis.
✓ I **enjoy playing** tennis.

Cómo elegir la estructura correcta

Aquí tienes algunos ejemplos de las estructuras verbales más frecuentes:

Tipo de estructura verbal	Ejemplos	En el diccionario, las estructuras verbales se presentan así:
verbo + verbo -*ing*	I **enjoy reading**. He **denies cheating** on the test. He **keeps forgetting**.	**enjoy doing sth** **deny doing sth** **keep (on) doing sth**
verbo + infinitivo con *to*	I **want to go** home. He **needs to study**. She always **forgets to close** the door.	**want to do sth** **need to do sth** **forget to do sth**
verbo + objeto directo + infinitivo con *to*	The doctor **advised me to rest**. I **asked him to go** with me.	**advise sb to do sth** **ask sb to do sth**
verbo + objeto directo + infinitivo sin *to* + segundo objeto	She **let me drive** her car home. I **saw** her **leave** the meeting early.	**let sb do sth** **watch sb do sth** **see sb do sth**
verbo + objeto directo + infinitivo sin *to*	He **watched** her **dance**.	**watch sb do sth**
verbo + preposición + verbo -*ing*	He **thought about calling** the police. How long do you **plan on staying**?	**think about doing sth** **plan on doing sth**
verbo + objeto directo + preposición + verbo -*ing*	He **stopped me from leaving**. She **stopped the vase from falling**.	**stop sb/sth from doing sth**

Estructuras adjetivales

Al usar un adjetivo como **interested**, hace falta saber con qué preposición se puede combinar y en qué estructuras se puede usar. ¿Se dice **interested about something** o **interested in something**? ¿**Interested to do something** o **interested in doing something**?

Este diccionario te indica con claridad qué preposiciones y qué estructuras debes usar. Fíjate en la entrada **interested**:

> **in·terest·ed** [S1] /ˈɪntrɪstɪd, ˈɪntəˌrɛstɪd/ *adj*
> **1** [gralm no ante s] (por un tema) interesado -a • [**+in**]: *She's always been interested in music.* Siempre le ha interesado la música. • **be interested to hear/see** tener interés en oír/ver: *I'd be interested to hear your opinion.* Me interesa saber cuál es tu opinión.
> **2** [gralm no ante s] (en hacer algo) interesado -a: *I have a spare ticket, if you're interested.* Si te interesa, me sobra una entrada. • **interested in doing sth** querer hacer algo • **be interested in sth** estar interesado -a en algo: *Would you be interested in a second-hand car?* ¿Le interesaría un carro de segunda mano?
> **3 an interested party** (*frml* o *jur*) una parte interesada

Como puedes ver, la preposición que habitualmente sigue a **interested** es **in**. La estructura verbal que elijas dependerá del significado de la frase. Si se trata de "querer hacer algo", se dice **interested in doing something**. Si el significado es el de "querer saber acerca de algo", tienes que decir **interested to hear/know/learn**.

Errores frecuentes al emplear adjetivos

✗ She is good ~~in~~ math.
✓ She is **good at** math.

✗ He's good ~~with~~ teaching.
✓ He's **good at** teaching.

✗ I'm tired ~~to wait~~ for the bus.
✓ I'm **tired of** waiting for the bus.

✗ She's bored ~~about~~ her job.
✓ She's **bored with** her job.

✗ Are you interested ~~about~~ politics?
✓ Are you **interested in** politics?

✗ I'm scared of ~~to walk~~ alone at night.
✓ I'm **scared of** walking alone at night.

Cómo elegir la preposición o la estructura correctas

Aquí tienes una lista de algunos adjetivos frecuentes y de las estructuras en las que se emplean:

+ preposición + verbo *-ing*	+ *to* + infinitivo	+ *that*
bored with doing the same thing every day	**pleased to hear** the news	**surprised (that)** he didn't know
upset about/at being forgotten	**eager to get** married	**pleased (that)** she had remembered
excited about going on a trip	**unable to come** to class	**sure (that)** she would come soon
tired of waiting for the bus	**reluctant to give** an answer	**determined (that)** he would go
proud of winning the competition	**determined to go** to college	**aware (that)** she was uncomfortable
fond of telling stories	**proud to be** chosen	
	surprised to learn the truth	

Formación de palabras

Prefijos y sufijos

Un prefijo es una partícula de una o pocas letras que se añade al principio de algunas palabras, a las que aporta un significado específico. Por ejemplo, **un-** es un prefijo que significa *not*, como en **unhealthy** (= not healthy) o **unhelpful** (= not helpful).

Un sufijo es una partícula de una o pocas letras que se añade al final de algunas palabras, a las que aporta un significado específico. Un sufijo frecuente es **-less**, que significa *without*, como en **painless** (= without any pain) o **hopeless** (= without any hope).

Algunas palabras tienen tanto un *prefijo* como un *sufijo*. Por ejemplo, **unrecognizable** lleva tanto el prefijo **un-** (= not) como el sufijo **-able** (= able to be …), por lo que su significado es 'not able to be recognized'. A menudo el sufijo convierte una palabra en otra de distinta categoría gramatical. Por ejemplo, el sustantivo **realization** está formado por el verbo **realize** y por el sufijo **-ation** (= the act of …), por lo que significa 'the act of realizing that something is true'. El adverbio **easily** está formado por el adjetivo **easy** y el sufijo **-ly** (= in a … way) y significa 'in an easy way'.

Formación de palabras añadiendo prefijos y sufijos

Las tablas siguientes muestran cómo se crean nuevos significados y categorías gramaticales añadiendo prefijos y sufijos.

Formación de sustantivos

Prefijos de sustantivos	Significado	Ejemplos
anti-	empleado para impedir algo	antifreeze, antiseptic
auto-	1 de uno mismo 2 solo	autograph autopilot
bio-	relativo a la vida y a los seres vivos	biology, biochemistry
cyber-	relacionado con la comunicación electrónica	cybernetics, cybercafé
co-	con o junto a	copilot, coauthor
e-	electrónico	e-shopping, email
eco-	relativo al medio ambiente	ecology, ecosystem
ex-	antiguo, del pasado	ex-husband, ex-girlfriend
inter-	entre	intersection, interference
mid-	del medio	midday, midnight, midweek
mis-	malo o equivocado	misspelling, mismanagement
non-	no	nonsmoker, nonsense
over-	excesivo	overgrowth, overpopulation
psycho-	relativo a la mente	psychology, psychotherapy
self-	auto (en, a, etc. sí mismo)	self-confidence, self-control
semi-	medio	semicircle, semiprecious
sub-	1 bajo 2 menos importante o más pequeño	submarine, subconscious, subway subcommittee, subsection
techno-	relacionado con la tecnología	technocrat
uber-	el mayor o mejor, en gran medida	uber-cool, uber-chic

Sufijos de sustantivos	Significado	Ejemplos
-ability, -ibility	cualidad de (convierte adjetivos en sustantivos)	reliability, flexibility, responsibility
-al	acción o acto de (convierte verbos en sustantivos)	arrival, refusal, denial
-an **-ian**	una persona, un lugar o un tema determinados (convierte nombres propios en sustantivos)	American, Christian, historian
-ation	acción o acto de (convierte verbos en sustantivos)	creation, confirmation, hesitation, exploration
-ator	alguien o algo que hace algo (convierte verbos en sustantivos)	creator, generator, administrator, investigator
-cy	cualidad de	fluency, accuracy, decency
-er, -or, -ar, -r	1 una persona que realiza una actividad 2 una persona que vive en un lugar 3 un objeto que hace algo	teacher, actor, liar New Yorker, New Zealander heater, cooler, computer
-ful	la cantidad que cabe en un recipiente	spoonful, cupful, handful
-ist	1 alguien que defiende un conjunto determinado de ideas o creencias 2 alguien que toca un instrumento musical determinado 3 alguien que realiza una actividad determinada	idealist, communist, leftist, environmentalist violinist, pianist, cellist, guitarist, novelist, journalist, geologist, motorist, bicyclist
-ity **-ty**	cualidad de o tipos de comportamiento (convierte adjetivos en sustantivos)	stupidity, brutality, cruelty, beauty, anxiety
-let	un pequeño ejemplar de una cosa determinada	piglet, booklet
-ment	1 una actividad o una forma de hacer algo 2 una cualidad de (convierte verbos en sustantivos)	development, entertainment embarrassment, amusement, contentment
-ness	usado en nombres de cualidades (convierte adjetivos en sustantivos)	happiness, goodness, loudness, quietness
-ology	la ciencia o el estudio de algo	psychology, sociology, biology
-ship	1 una situación entre personas u organizaciones 2 la destreza o habilidad para hacer algo bien	friendship, partnership, relationship craftsmanship, musicianship
-ware	usado en los nombres de hardware, determinado tipo de artículo	software, glassware, silverware
-y	usado en los nombres de sentimientos	jealousy, sympathy

Formación de adjetivos

Prefijos de adjetivos	Significado	Ejemplos
anti-	1 opuesto a 2 contrario a	antinuclear anticlockwise
cross-	que va a través de o entre	cross-country, cross-cultural
dis-	no	discontented, disapproving
eco-	relativo al medio ambiente	ecofriendly
extra-	más allá o fuera de algo, o no incluido en algo	extracurricular, extramarital, extraordinary
in- **im-** before b, m, p **il-** before l **ir-** before r	no	inexact, incorrect impossible, imprecise illegal, illegible irregular, irresponsible
inter-	entre	international, interpersonal
multi-	que tiene muchos de algo	multinational, multimedia
non-	no	nonstop, nonsmoking
over-	1 excesivamente 2 a través de o sobre algo	overexcited, overemotional overland, overseas, overhead
post-	después o más tarde de	postwar, postgraduate
pre-	antes de	pre-existing, prehistoric
trans-	a través o al otro lado de	transatlantic
ultra-	1 muy, extremadamente 2 más allá de	ultramodern ultrasonic
un-	no, opuesto	unhappy, uncomfortable

Sufijos de adjetivos	Significado	Ejemplos
-able **-ible**	1 que puede (romperse, beberse, lavarse etc.) 2 que tiene una cualidad determinada (*convierte verbos en adjetivos*)	breakable, drinkable, washable reasonable, responsible
-al **-ial**	relativo a algo	political, ceremonial, facial
-an **-ian**	relativo a una persona, un lugar o un tema determinados	American, Christian, civilian reptilian
-ed	1 que tiene una cosa determinada 2 que tiene una cualidad determinada	bearded, armed big-headed, bored
-en	hecho de algo	wooden, golden, silken
-er	forma el comparativo de adjetivos cortos	hotter, cooler, nearer, bigger, safer

Sufijos de adjetivos	Significado	Ejemplos
-est	forma el superlativo de adjetivos cortos	hottest, coolest, nearest, biggest
-ish	1 relativo a un país, su idioma o sus habitantes 2 como algo o típico de algo 3 bastante o ligeramente 4 aproximadamente, alrededor de	British, Spanish, Swedish childish, impish, boyish smallish, greenish sixish, fortyish
-ive	que tiene determinada cualidad (*convierte verbos en adjetivos*)	creative, communicative, cooperative, supportive
-less	sin	hopeless, childless, painless
-like	como algo o típico de algo (*convierte sustantivos en adjetivos*)	childlike, lifelike, godlike
-ly	1 que se comporta como lo haría un tipo determinado de persona 2 que sucede con determinada regularidad	friendly, motherly, fatherly hourly, weekly, monthly
-most	forma el superlativo de algunos adjetivos	topmost, northernmost, uppermost
-ous	que tiene una cualidad determinada	dangerous, spacious, envious
-th	convierte números en adjetivos ordinales (salvo números que acaban en 1, 2, 3)	sixth, hundredth, ninth, fortieth
-y	cubierto de algo, que tiene mucho de algo o que tiene una cualidad determinada	dirty, dusty, cloudy, rainy, noisy, windy, smelly, greedy

Formación de verbos

Prefijos de verbos	Significado	Ejemplos
de-	quitar o reducir algo	decaffeinate, devalue
dis-	1 no hacer algo 2 quitar algo	disagree, disapprove, disobey disconnect, disinfect
mis-	hacer algo mal	misunderstand, misinterpret
re-	hacer algo de nuevo	rethink, remake, redo, reinvent
trans-	1 cambiar algo completamente 2 trasladar algo a otro lugar	translate, transform transfer, transport
un-	quitar o desabrochar algo	undress, unlock, untie

Sufijos de verbos	Significado	Ejemplos
-en	volverse o hacer que algo se vuelva	darken, soften, lighten
-ize	volverse o hacer que algo se vuelva	popularize, legalize, modernize, harmonize
-ify	dar a algo una cualidad determinada	solidify, simplify, purify

Formación de adverbios

Dado que la mayoría de los adverbios se forman a partir de adjetivos, pueden llevar los mismos prefijos que estos.

Sufijos de adverbios	Significado	Ejemplos
-er, **-r**	forma el comparativo de los adverbios cortos	later, sooner, farther
-est, **-st**	forma el superlativo de los adverbios cortos	latest, soonest, farthest
-ly	1 de una forma determinada (*convierte adjetivos en adverbios*) 2 que sucede con determinada regularidad (*convierte sustantivos en adverbios*)	carefully, slowly, easily, fully, freely, impatiently hourly, daily, weekly
-ward, **-wards**	en una dirección determinada	northward(s), backward(s)

Fíjate en que un pequeño número de adverbios no tienen el mismo significado que los adjetivos de los que se derivan. Búscalos en el diccionario y apréndetelos:

awfully ≠ awful + ly
lately ≠ late + ly
terribly ≠ terrible + ly
barely ≠ bare + ly
shortly ≠ short + ly
scarcely ≠ scarce + ly
hardly ≠ hard + ly

Otros prefijos

Prefijos	Significado	Ejemplos
bi-	dos	bicentenary, bilingual
fore-	1 antes de 2 delante de	forefather, foresight forecourt
hyper-	demasiado, más de lo normal	hypersensitive, hyperactive
mega-	enorme	megalithic
mono-	uno	monolingual, monosyllable
quadr-	cuatro	quadraphonic, quadruped
tri-	tres	triangle, triology
under-	insuficientemente	undercharge, undernourished
uni-	uno	unicorn, unisex

Cómo redactar un trabajo

Puntos que deben recordarse al redactar un trabajo

CONSEJOS PARA ESCRIBIR

- **Redacta siempre en inglés formal**

  No emplees contracciones como *I'm*, *I've*, *don't* y *can't* o abreviaturas como *eg* y *etc*. Son demasiado coloquiales como para incluirlas en un trabajo.

- **Evita emplear 'I think that'**

  No suena lo suficientemente formal. En su lugar, usa **in my opinion**, o **it is this writer's view that** ... . Es recomendable citar las opiniones de otros a fin de respaldar tus ideas. Así tendrán más fuerza tus argumentos.

- **Asegúrate de que tu trabajo esté bien estructurado**

  El trabajo debe tener una estructura clara y lógica, fácilmente comprensible para el lector. Antes de empezar a escribir el trabajo, haz una lista rápida de los puntos principales que quieres tratar y del orden en que quieres presentarlos.

  Empieza siempre el trabajo con una introducción, y después expón los puntos principales de tu argumentación; se suele exponer cada punto en un párrafo aparte.

  Finalmente, asegúrate de añadir una conclusión al final del trabajo.

Cómo organizar tus trabajos

Introducción (generalmente un párrafo)	1 Introduce el tema y explica por qué es importante.
	2 Describe de forma general de qué tratará tu trabajo.
	3 Presenta tu tesis, generalmente al final de la introducción. La tesis es una opinión clara, cuya validez debes demostrar en tu trabajo.
Parte principal (un párrafo para cada idea principal)	1 Describe los puntos principales de la situación o del problema de forma ordenada y comprensible. Reserva los puntos más convincentes para el final del trabajo.
	2 Organiza tus ideas en párrafos y expón cada punto importante en un párrafo aparte.
	3 Comienza cada párrafo con una frase introductoria que plantee la idea principal del párrafo. Emplea el resto del párrafo para aportar datos, detalles y ejemplos que respalden dicha frase introductoria.
Conclusión (generalmente un párrafo)	1 Haz un resumen de los puntos que has expuesto y presenta tu conclusión.
	2 Asegúrate de que la conclusión concuerde con la tesis de la introducción.
	3 No introduzcas ideas nuevas importantes en la conclusión.

Cómo enlazar tus ideas: expresiones útiles que puedes usar en tus trabajos

Estas expresiones suelen usarse al empezar un párrafo o una oración. Procura emplear una variedad de expresiones.

Para introducir el tema	*It is a well-known fact that* women are just as intelligent as men. *Many people believe that* the death penalty is morally unjustifiable. *It is often claimed that* science has brought great benefits to mankind. *There are several ways of looking at the problem of* homelessness. Climate change is **one of the most important issues facing the world today**.
Para iniciar la discusión	Cars have many disadvantages. **Firstly** o **first of all,** they produce large amounts of pollution. (**NO** Firstly of all) ***First of all, let us consider*** the effect of car pollution on our cities. ***Let us begin by looking at…*** ***The first thing that should be noted is…*** ***It is worth stating from the outset that…***
Para continuar la discusión	(al ordenar tus argumentos) ***Secondly,*** building new roads causes great damage to the environment. (**NO** Second o Secondly of all) ***Thirdly,*** people who drive a lot often have unhealthy lifestyles. (Es poco frecuente usar Fourthly, Fifthly, etc.) A fin de evitar el uso excesivo de números, también puedes decir ***In addition/Furthermore,*** our cities are becoming more and more congested with traffic, and this is affecting everyone's quality of life. ***Moreover/What is more,*** … ***Finally/Lastly,*** thousands of people are killed on our roads every year. (**NO** In the last/final place) (al introducir un nuevo argumento) ***As far as the future of the planet is concerned…*** ***As regards… / As for…*** ***This brings us to the question of whether*** o ***how*** o ***who, etc.…*** ***It should also be noted*** o ***stressed that…***
Para plantear argumentos contrarios	***On the other hand,*** cars have also brought many benefits. ***However/Nevertheless,*** there are some good points about cars. ***There is more than one way of looking at this problem***. What would people do if they did not have cars? ***The opposite may also be true***.
Para mostrar similitudes	***Similarly,/Likewise,/In the same way,*** …
Para dar ejemplos	In Holland, **for example**, many people travel to work by bicycle. Holland **is a case in point**.
Para exponer un resultado o un efecto	***Therefore,/As a result,/Thus,*** …
Para presentar una conclusión o una solución al problema	***In conclusion,*** for many people the car is a necessary evil. ***To sum up,*** cars have many advantages as well as disadvantages. ***On balance,*** the car creates more problems than it solves. ***This brings us to the conclusion that*** maybe we cannot live without our cars. ***To conclude, it seems likely that*** we may have to find cleaner forms of transportation.

Cómo escribir descripciones objetivas basadas en tablas y en gráficos

Total number of pupils studying each year at Global Language Schools

	1980	1985	1990	1995	2000	2005
London	495	998	1501	1200	1562	1300
New York	–	203	306	612	1093	1459
Sydney	–	–	701	650	503	450
Toronto	–	–	–	313	355	500

The above table shows the number of students studying in various branches of Global Language School (GLS) around the world over a 25-year period. There are significant differences in the size of the schools in the 5 different cities in the survey.

Numbers at the London school remained consistently high throughout the period. There was a dramatic increase in the first 5 years, and the numbers doubled during this time. The numbers continued to rise significantly up to 1990, after which time they have fluctuated between 1200 and 1562. The biggest growth, however, has been in the New York branch. Since opening in 1985, the figures have increased by over seven times. By 2005, it had become the most popular GLS in the world.

The newer branches are considerably smaller than the other two. In Australia, despite relatively high numbers of students in the first years of opening, the number of students dropped on a steady basis every 5 years. The newest branch in Toronto began with very low figures, and a very slow improvement in the first five year period, but rose significantly between 2000 and 2005.

In general, the first two branches to be established remain the most popular among students.

Cómo escribir una descripción objetiva

Una descripción objetiva tiene como fin analizar la información numérica presentada en una tabla o un gráfico. Es importante limitarse a hacer observaciones sobre los datos que se proporcionan y no especular sobre las razones de cualquier cambio.

1 La afirmación inicial

Indica de qué trata la tabla o el gráfico. Empieza por reescribir en tu propias palabras el título que te den, haciendo luego un comentario general sobre las estadísticas.

EXPRESIONES ÚTILES

- Para mencionar el contenido de la tabla o del gráfico:

The **above table shows** the number of students studying in various branches of the Global Language School. | **The graph illustrates** the rise in share prices.

- Para hacer un comentario general:

There are significant differences in the size of the schools. | There has been a wide variation in the value of shares during this period.

2 La parte principal de la descripción

Comienza comentando el dato más interesante de los que aparecen en las estadísticas. Suele ser la categoría mayor o menor, o la que ha experimentado un mayor aumento o descenso.

> EXPRESIONES ÚTILES
>
> • Para describir la categoría mayor/menor:
>
> *Numbers at the London school **remained consistently high** throughout the period.* | *Tokyo had **by far the largest** population in the year 1992.*
>
> • Para describir un cambio importante:
>
> ***The biggest growth has been** in the New York branch.* | ***The greatest change can be seen** in the figures for under 25 year olds.*

A continuación añade comentarios sobre la información por orden de importancia. Intenta establecer conexiones entre las distintas partes del gráfico.

> EXPRESIONES ÚTILES
>
> • Para establecer contrastes:
>
> *The newer branches are considerably smaller than the other two schools.* | ***While** the number of male smokers has fallen, the number of female smokers has remained stable.*
>
> • Para referirte a similitudes:
>
> ***There was a similar trend in** the United States.* | ***The same pattern is repeated** in the figures for both New York and Toronto.*

3 Cómo describir tendencias

Muchas descripciones objetivas requieren que establezcas una comparación de datos a lo largo de un periodo determinado.

> EXPRESIONES ÚTILES
>
> • Para referirte a aumentos:
>
> *The number of students **continued to rise** up to 1990.* | *Since 1990, US imports of foreign goods **have grown at a rate of** 8% a year.* [También puedes decir ***There has been an 8% increase** in imports of foreign goods.*]
>
> • Para referirte a descensos:
>
> *The number of people using public transportation **fell dramatically** between 1950 and 2005.* | *The rate of inflation has **declined sharply** over the past 5 years.* [También puedes decir ***There has been a sharp fall** o **decline** in the rate of inflation.*]
>
> • Para hacer predicciones basadas en las cifras:
>
> ***If the present trend continues**, oil prices could reach over $100 a barrel.* | *Based on these figures, the world population **is likely to** exceed 9 billion by 2050.*

4 Cómo describir porcentajes

Suele ser mejor hacer generalizaciones respecto de los porcentajes que repetir la cifra exacta que te hayan dado.

EXPRESIONES ÚTILES

- Para hablar de fracciones:

Prices rose by more than **a third**. | **Three quarters of the** *respondents stated that they were traveling for business purposes.* | **Half the money was** *spent on labor costs.*

- Para hablar de proporciones:

Two out of three people *were satisfied with the service they received.* | *The treatment worked on only* **one in four** *patients.*

- Usa "the majority" o "a minority":

The majority of the *people felt better.* | **In a small minority of cases**, *patients claimed that they had felt no improvement in their condition.*

---

5 Cómo finalizar la descripción

Reserva un comentario general sobre las estadísticas para la última frase. Es importante no especular sobre las causas o razones que subyacen a la información ni hacer otros comentarios, a menos que en la pregunta te pida expresamente que los hagas.

EXPRESIONES ÚTILES

- Para exponer tus conclusiones:

In general, *the first two branches of the school remained the most popular among students.* | **Overall**, *there was a general rise in pollution in all three countries.* | **In conclusion**, *we can see that there were significant differences in the results for the different socio-economic groups.*

Cómo escribir informes

<u>**JGT Electronics**</u>
<u>**Staff Restaurant Survey**</u>

Would you continue to use
a hot lunch service?

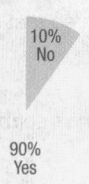

10%
No

90%
Yes

Which of these options
would you prefer?

Categories

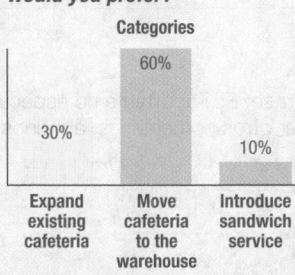

60%

30%

10%

| Expand existing cafeteria | Move cafeteria to the warehouse | Introduce sandwich service |

Staff Comments:

"The warehouse – great idea, we can take clients to look at the stock over coffee."

"A healthy lunch helps keep our workforce healthy – no sandwiches, thank you."

<u>**Report on the Proposed Relocation of the Staff Canteen**</u>

Introduction

The purpose of this report is to summarize the findings of a recent survey among JGT Electronics staff on the proposed changes to on-site cafeteria facilities.

The data was collected by questionnaire and interviews with staff members. In addition, a page was set up on the company website to allow the staff to add their views on these changes.

General findings

In general, it was felt that there is a need to change the current system. The cafeteria facilities were originally intended for a much smaller workforce, and the kitchens are no longer able to cope with the increased demand now that the company has expanded.

Proposal to replace the cafeteria with a sandwich buffet service

A clear majority of the people who responded to our survey felt that a freshly-cooked hot lunch was an important part of the food services we provide. Several managers expressed a concern over the possible rise in absenteeism if this service disappeared.

Problems with location

It was generally agreed that the current building is inadequate for the number of people who use the service. Various alternatives were discussed. The most popular suggestion was to move the cafeteria into the warehouse next to the main building. Several members of our sales team felt that this would also provide an excellent place to entertain clients.

Conclusions

Although relocating the cafeteria in the warehouse is the most expensive option, it is felt that this is the best choice in the long term. I propose that we contact an architect to carry out a survey and estimate of the costs involved.

Cómo escribir un informe

Es preciso que el informe esté estructurado de forma clara y que la información se presente en un orden lógico, dividida en subapartados.

Los informes deben redactarse en lenguaje formal. Se debe procurar ser objetivo en todo momento y evitar incluir tus opiniones personales o usar frases como 'I think that…'.

1 Título e introducción

Elige un título que resuma claramente de qué trata el informe. Comienza exponiendo el propósito del mismo, quizás también cómo se ha obtenido la información.

EXPRESIONES ÚTILES

• Para indicar el propósito del informe:

The aim of this report is to *assess the impact of tourism on the local economy.* | **This report is intended to** *give a brief summary of the findings of our recent survey on smoking.*

• Para explicar cómo has obtenido los datos:

The data was collected from *newspaper reports and documents on the Internet.* | **A survey was carried out among** *members of the local community.*

2 Análisis de los datos recabados

Se suele presentar una visión general de la situación, incluyendo las opiniones de los entrevistados al respecto.

> EXPRESIONES ÚTILES
>
> • Para presentar una visión general de la situación:
>
> *In general, the project has been a success.* | *On the whole/By and large/For the most part, people seem to be satisfied.* | *Generally speaking, services have improved in recent years.*
>
> • Para citar las opiniones de otros:
>
> *Many of our customers have reported an improvement since the introduction of the new system.* | *According to some members of staff, the parking facilities are often not lit at night.*

3 Evaluación de la situación y de las posibles opciones

A menudo tendrás que decidir cuáles son los aspectos principales de un problema o de una situación, y deberás sugerir y evaluar las posibles opciones para solucionarlos.

> EXPRESIONES ÚTILES
>
> • Para evaluar la situación:
>
> *The biggest issue is the cost.* | *A key challenge facing us is the shortage of suitably qualified employees.* | [**NOTA:** se suele evitar emplear la palabra "problem" porque suena demasiado negativa; en su lugar, usa palabras como *issue*, *challenge*, o *difficulty*]
>
> • Para evaluar las posibles opciones:
>
> *Replacing the cafeteria seems the best option.* | *One of the main advantages of this proposal is the low initial cost.* | *One obvious drawback is the amount of time that it will take.*

4 Análisis de las posibles consecuencias

A menudo deberás considerar los posibles efectos y consecuencias de las opciones planteadas.

> EXPRESIONES ÚTILES
>
> *This is likely to have an impact on other departments.* | *If we raise the price of our products, this could have a negative effect on our sales.*

5 Conclusiones

Termina el informe con una evaluación final que resuma tus conclusiones y recomiende tomar medidas si esto fuera necesario.

> EXPRESIONES ÚTILES
>
> • Para resumir los puntos expuestos anteriormente:
>
> *In conclusion, building a new cafeteria will address many of the concerns raised by staff members.* | *The following conclusions can be drawn from these figures.*
>
> • Para hacer una recomendación:
>
> *I propose that we contact an architect to carry out a survey.* | *We recommend that further research is done into customer needs.*
>
> • Para indicar qué medidas es preciso tomar:
>
> *The next stage is to draw up a list of target dates.* | *As a follow-up, we suggest that this assessment is repeated in a year's time.*

Cómo redactar cartas y e-mails

Cómo redactar cartas

	Cartas formales	Cartas informales
Encabezamiento de la carta	*Dear Mr./Mrs./Ms./Miss* + apellido: *Dear Dr./Professor* + apellido: *Dear Sir or Madam* o *To Whom It May Concern:* (se emplea cuando se desconoce el nombre y el sexo del destinatario) *Dear Sir:* (se emplea cuando se desconoce el nombre de un hombre) *Dear Madam:* (se emplea cuando se desconoce el nombre de una mujer) *To Whom It May Concern:* (se emplea en cartas muy formales cuando se desconoce el nombre del destinatorio)	*Dear* + nombre, *Hi* + nombre,
Frases que se usan en el cuerpo de la carta	*I am writing to ask if you* have a single room available from August 2–9. *I am writing to inquire about* English classes at your university. *I am writing in response to your advertisement* for research assistants in yesterday's "Times". *I would be grateful if* you could send me a brochure. *I would appreciate it if you could* contact me as soon as possible. *Please accept my apologies for* any inconvenience caused. *Please do not hesitate to contact me* if you have any questions. *I can be contacted at* the above address or on (555) 555-1234. *I look forward to hearing from you.* *Thank you in advance for* your help.	*How are things (with you)?* / *Hope all's well with you.* / *Hope you are well.* *Thanks for your letter.* *It was great to hear from you.* / *It was good to see you.* *Sorry I haven't written for so long.* *I've got some great news.* *Just a quick note to let you know* when I'm arriving in New York. *I was wondering if* you wanted to come and stay with us in Seattle this summer. *It would be good to* hear from you. *Hope to see you soon.* / *I'm really looking forward to seeing you soon.* *Write soon.* / *Keep in touch.* *Say hello to* your family. / *Give my best wishes to* your family. *Take care.*
Fórmulas de despedida	*Sincerely yours,* *Sincerely,*	*All the best,* / *Best wishes,* (se emplea al dirigirse a amigos y conocidos) *Love* / *Lots of love (from)* (se emplea al dirigirse a amigos íntimos y familiares) *Regards,* / *Best regards,* (se emplea al dirigirse a compañeros de trabajo y a personas a las que no conoces muy bien)
Después de firmar	*Enc. CV*	*PS* thanks for the lovely present.

Cómo escribir e-mails

E-mails informales

Los e-mails dirigidos a amigos y compañeros de trabajo se suelen escribir con un estilo rápido e informal, como el empleado en las cartas informales.

Puedes empezar así el e-mail:

Hi + nombre,
Dear + nombre, (un poco más formal)
solo el nombre,
sin nombre ni saludo

Puedes acabar así el e-mail:

All the best, + tu nombre
Best wishes, + tu nombre
Regards, (un poco más formal) + tu nombre
Love, (solo dirigido a amigos y familiares) + tu nombre
solo tu nombre/o tu inicial (informal)

E-mails formales

Los e-mails dirigidos a empresas y organizaciones suelen ser formales, por lo que puedes usar las mismas fórmulas de saludo y de despedida que se emplean en una carta formal.

2905 Forest Road
Boulder, CO 80302

21 June 2008

Ms Megan Gray
Director of Human Resources
Newstar Publishing
2816 Lincoln Avenue
Minneapolis, MN 65403

Dear Ms. Gray:

Thank you for taking the time to meet me this morning and tell me more about the post of IT Coordinator at Newstar. I really liked everyone I met and am excited about the possibility of working at your company. I feel sure that I could be an asset to your IT team.

As we discussed in the interview, I would be able to begin working as early as next month. If you have any further questions, please do not hesitate to contact me. My mobile number is (303)555-4965. I look forward to speaking with you again soon.

Sincerely,

Luis García

Luis García

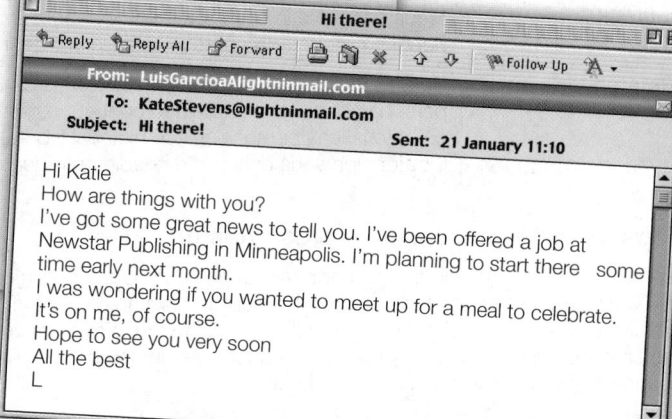

Hi there!

Reply   Reply All   Forward   Follow Up

From: LuisGarcioaAlightninmail.com
To: KateStevens@lightninmail.com
Subject: Hi there!
Sent: 21 January 11:10

Hi Katie
How are things with you?
I've got some great news to tell you. I've been offered a job at Newstar Publishing in Minneapolis. I'm planning to start there some time early next month.
I was wondering if you wanted to meet up for a meal to celebrate. It's on me, of course.
Hope to see you very soon
All the best
L

Cómo escribir currículos y cartas de presentación

Al solicitar un empleo se suele enviar un currículo acompañado de una carta de presentación para explicar por qué nos interesa dicho empleo.

Cómo escribir un currículo

Por lo general, el currículo no debería ocupar más de una página. Debería estar impreso, y NO escrito a mano.

Debido a las limitaciones de espacio, se considera aceptable omitir el pronombre personal de sujeto *I* y los artículos (por ejemplo, puedes decir *worked in restaurant* en lugar de *I worked in a restaurant*).

Es importante que te asegures de que tu currículo se ajusta al puesto que solicitas. Resalta tu formación académica y tu experiencia laboral, omitiendo la información que no resulte pertinente. A continuación puedes ver algunos de los datos que suelen incluirse en los currículos.

Parte del currículo	Información que debe incluirse
Personal Details and contact information	Escribe tu nombre, dirección, número de teléfono y dirección de correo electrónico en la parte superior de la primera página. NO incluyas tu edad, fecha de nacimiento, altura, peso o estado civil. No es preciso que adjuntes tu foto. Si el currículo ocupa más de una página, asegúrate de que tu nombre aparezca en la parte superior de cada página.
Education and Qualifications	Menciona la universidad o centro de enseñanza del que hayas sido alumno/a, las fechas de cada curso realizado y los títulos obtenidos. Consígnalos en orden inverso, los más recientes en primer lugar. Si has cursado estudios de nivel terciario, no menciones las instituciones de nivel secundario o primario a las que concurriste.
Work Experience	Empezando por tu último puesto de trabajo, enumera las empresas para las que hayas trabajado. Incluye las fechas de cada puesto ocupado, así como una breve descripción de tus funciones. Si has tenido muchos trabajos, consigna únicamente aquellos que resulten relevantes para el puesto que solicitas.
Skills	De tus conocimientos y destrezas, incluye aquellos que puedan serte útiles para el puesto que solicitas. Puedes citar, por ejemplo, los idiomas que hablas, tu experiencia en el manejo de distintos tipos de programas informáticos o si tienes licencia de conducir.
Awards and Achievements	Incluye, en orden cronológico inverso, cualquier reconocimiento que hayas recibido por méritos y logros en el campo de trabajo correspondiente al puesto que solicitas.
Interests	Menciona tus aficiones, intereses y deportes que practicas. Recuerda que pueden preguntarte sobre ellos en la entrevista.
References	Puedes incluir los nombres y los números de teléfono de dos o tres personas que hayan trabajado contigo, o que conozcan bien tus características personales y tu historial laboral. Otra opción sería escribir "Available on request" bajo este apartado.

Cómo escribir una carta de presentación

Una carta de presentación es una carta formal que acompaña al currículo cuando se solicita un empleo. En esta carta tienes la oportunidad de resaltar los puntos más importantes de tu historial académico y laboral, y de explicar por qué tendrían que concederte una entrevista. La carta debe estar escrita a máquina y no debe ocupar más de una página. A continuación puedes ver algunos ejemplos de lo que puedes escribir:

Parte de la carta de presentación	Qué debes escribir
Encabezamiento de la carta	Escribe directamente a la persona que leerá tu solicitud. Si su nombre no aparece en la oferta de trabajo, llama a la empresa e intenta averiguar su nombre y su cargo. Si se trata de una mujer, y no sabes si está casada, escribe **Dear Ms.** + su apellido. Si no puedes averiguar el nombre, escribe **Dear Sir or Madam**.
Primer párrafo	Especifica qué empleo solicitas y cómo te has enterado de la oferta. Bastará con que escribas una o dos frases. ***I am writing to apply for the post of*** *Marketing Assistant, which was advertised in yesterday's "Daily News."* ***I would like to be considered for the position of*** *Project Manager, which was advertised in "The Times" on Monday.* ***I am writing in response to the advertisement for*** *Research Workers, which I saw in last Tuesday's "Post." I would like to be considered for this position.*
Cuerpo de la carta	En el cuerpo de la carta explica por qué te interesa el empleo y por qué tu experiencia o tus cualidades personales te convierten en el candidato idóneo para el puesto. **NOTA:** Menciona únicamente los datos más relevantes, y procura no repetir lo que ya has puesto en el currículo. Tu experiencia: ***I already have*** *two* **years' experience of** *working in this field.* ***I have had considerable experience of*** *working with children.* ***I have been*** *teaching* **for over** *five years.* Tu formación: ***I am a fully qualified*** *accountant.* ***I have passed*** *an advanced first aid course.* ***I am currently studying*** *for a Master's degree at San Diego State University.* Tus conocimientos y cualidades personales: ***I am fluent in*** *English and I can speak some German.* ***I have a good working knowledge of*** *Excel.* ***I enjoy working with people*** *and I like being part of a team.* ***I am used to working*** *to tight deadlines/under pressure.* Los motivos por los que quieres el trabajo: ***I would welcome the opportunity to*** *gain more experience working in this field.* ***I am excited by the idea of*** *being part of a leading publisher like Newstar.* *XY systems* **is a leader in the field of** *cell phone technology.*
Despedida	Expresiones que se suelen usar para finalizar la carta: ***I look forward to hearing from you soon*** o ***in the near future*** o ***at your earliest convenience.*** También puedes decir: ***Please do not hesitate to contact me if you have any further questions.*** ***Please find enclosed a copy of my résumé.*** o ***I am enclosing my résumé.*** Utiliza las fórmulas de despedida **Sincerely,** o **Sincerely yours,** seguidas de tu firma.

Cómo solicitar un empleo por e-mail

Si solicitas un empleo por e-mail en lugar de por carta, no hace falta que incluyas las direcciones ni la fecha en la parte superior, ni la firma al final. Por lo demás, sigue las sugerencias previas para la redacción de cartas de presentación. No te olvides de adjuntar tu currículo.

2905 Forest Road
Boulder, CO 80302

21 June 2008

Ms Megan Gray
Director of Human Resources
Newstar Publishing
2816 Lincoln Avenue
Minneapolis, MN 65403

Dear Ms Gray

I am writing to apply for the post of IT Coordinator which was advertised in today's 'Times'. I enclose my Curriculum Vitae.

I am currently working as an IT support technician at Ranger Books. Although I have enjoyed my time at Ranger and have learned a great deal, I now feel that I am ready for the challenges of working at a larger company, with more opportunities for advancement. I am excited by the idea of being part of a leading publisher like Newstar. I am confident that my technical knowledge and interpersonal skills would make me an effective member of your team.

I hope you will consider my application favourably and I look forward to hearing from you soon.

Sincerely yours,

Luis García

Luis García

CURRICULUM VITAE

Name:	Luis García
Address:	2905 Forest Road
	Boulder
	CO 80302
Tel:	Home (303) 928-2000
	Mobile (303) 555-4965
Email:	LuisGarcia@lightninmail.com
Date of Birth:	28/05/80
Nationality:	Spanish

Education and Qualifications:

2000–2003 Portland State College, Portland, OR
B.S., Computer Science

Work Experience:

2005 – present Ranger Books, Boulder, CO
IT Support Technician
I am responsible for maintaining the computer system used by editorial and design staff.
I work with a team of five IT support staff to improve overall operations.

2004–2005 Portland State College, Portland, OR
Computer Lab Assistant
Helped students and staff with a variety of computer problems and needs.
Set up and maintained computer equipment as needed.

Skills:
I am familiar with a variety of computer programs/languages, including Flash, Quark, Pagemaker, HTML, C++ and Basic.
I speak fluent Spanish, and some French.

Interests: Squash, cinema, and travel.

References: Available upon request.

Mapa de EU

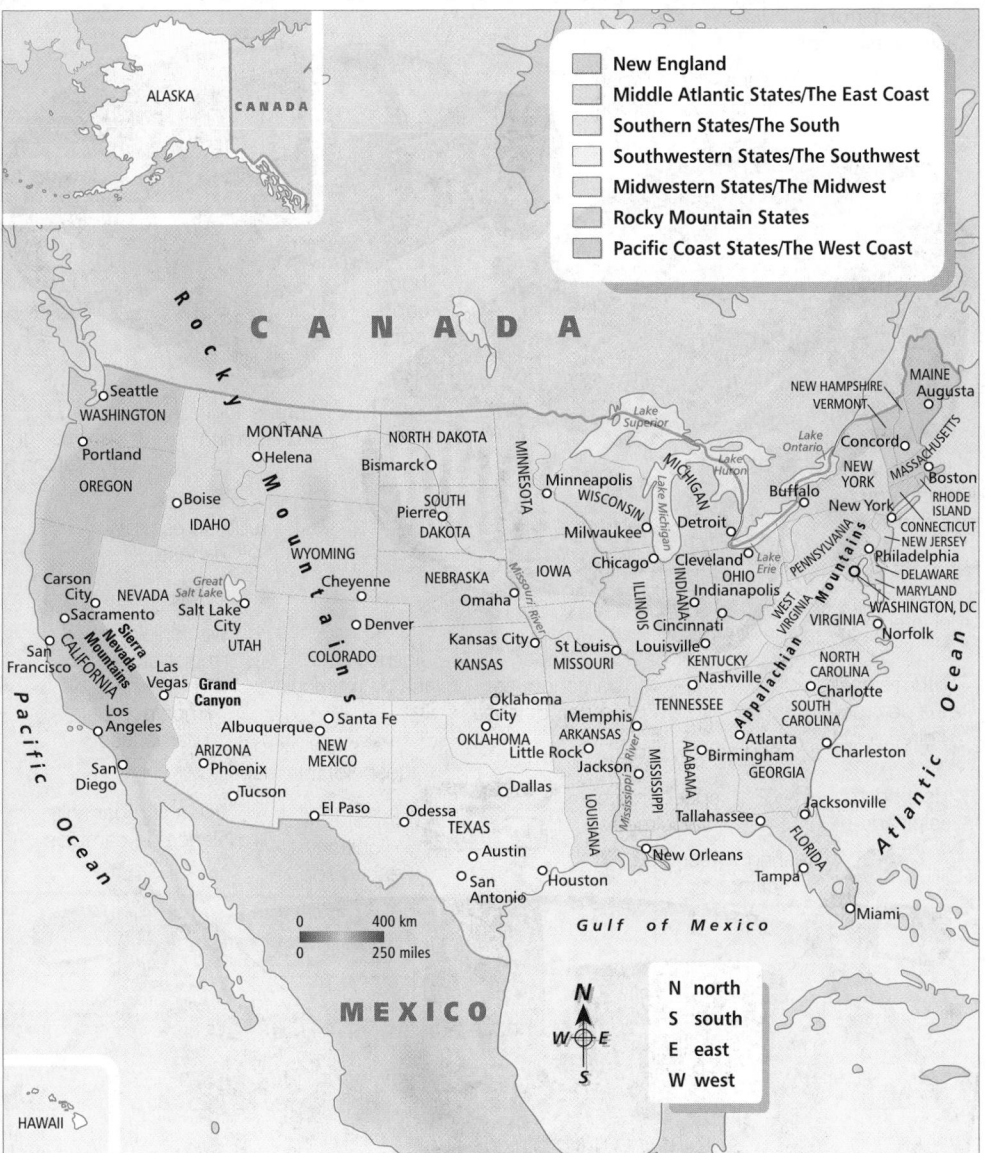

Carro

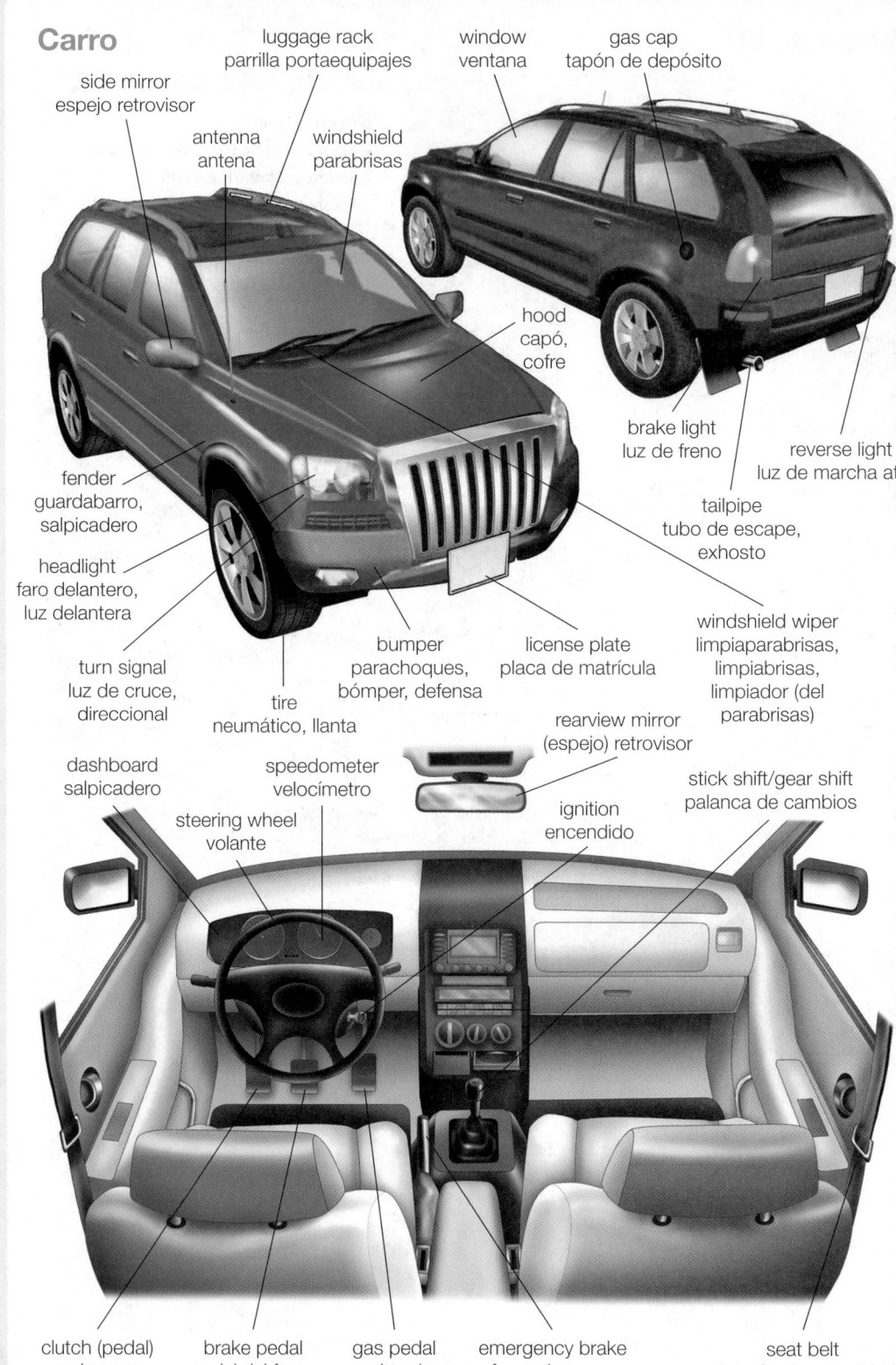

luggage rack
parrilla portaequipajes

window
ventana

gas cap
tapón de depósito

side mirror
espejo retrovisor

antenna
antena

windshield
parabrisas

hood
capó,
cofre

brake light
luz de freno

reverse light
luz de marcha at

tailpipe
tubo de escape,
exhosto

fender
guardabarro,
salpicadero

headlight
faro delantero,
luz delantera

windshield wiper
limpiaparabrisas,
limpiabrisas,
limpiador (del
parabrisas)

turn signal
luz de cruce,
direccional

tire
neumático, llanta

bumper
parachoques,
bómper, defensa

license plate
placa de matrícula

rearview mirror
(espejo) retrovisor

dashboard
salpicadero

speedometer
velocímetro

stick shift/gear shift
palanca de cambios

steering wheel
volante

ignition
encendido

clutch (pedal)
embrague

brake pedal
pedal del freno

gas pedal
acelerador

emergency brake
freno de mano

seat belt
cinturón de seguridad

Sonidos

ring
sonar

click
hacer clic

rustle
crujir

splash
salpicar

rattle
tintinear

tick
hacer tictac

snap
partir

buzz
zumbar

crackle
crepitar

crunch
morder (haciendo ruido)

sizzle
chisporrotear

fizz
burbujear

squeak
chillar

creak
chirriar

hiss
silbar

smash
hacer añicos

go bang
explotar

slam
golpear

Partes del cuerpo

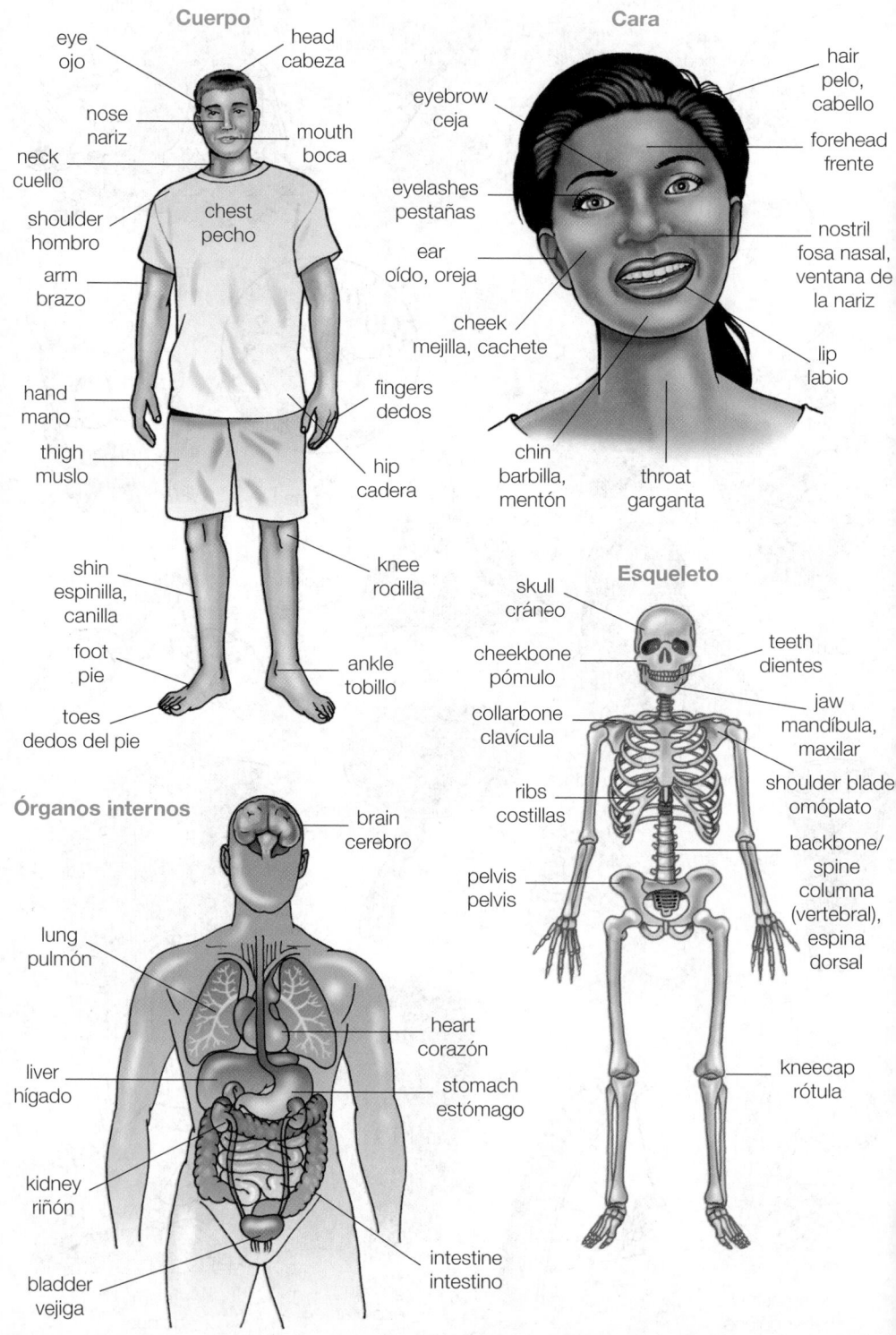

Cuerpo

eye
ojo

head
cabeza

nose
nariz

mouth
boca

neck
cuello

shoulder
hombro

chest
pecho

arm
brazo

hand
mano

fingers
dedos

thigh
muslo

hip
cadera

shin
espinilla,
canilla

knee
rodilla

foot
pie

ankle
tobillo

toes
dedos del pie

Cara

hair
pelo,
cabello

eyebrow
ceja

forehead
frente

eyelashes
pestañas

nostril
fosa nasal,
ventana de
la nariz

ear
oído, oreja

cheek
mejilla, cachete

lip
labio

chin
barbilla,
mentón

throat
garganta

Esqueleto

skull
cráneo

cheekbone
pómulo

teeth
dientes

jaw
mandíbula,
maxilar

collarbone
clavícula

shoulder blade
omóplato

ribs
costillas

backbone/
spine
columna
(vertebral),
espina
dorsal

pelvis
pelvis

Órganos internos

brain
cerebro

lung
pulmón

heart
corazón

liver
hígado

stomach
estómago

kidney
riñón

kneecap
rótula

intestine
intestino

bladder
vejiga

Verbos de cocina

roll out
extender

beat
batir

mash
hacer puré,
espichar,
moler

strain
colar,
escurrir

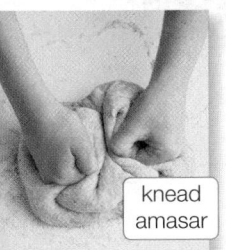
knead
amasar

crush
machacar

boil
hervir

slice
cortar en rebanadas

grate
rallar

pour
verter, echar

fry
freír

squeeze
exprimir

carve
trinchar, cortar

dip
mojar

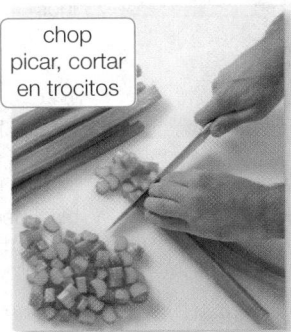
chop
picar, cortar
en trocitos

mix
mezclar

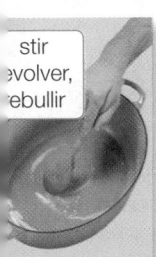
stir
revolver,
rebullir

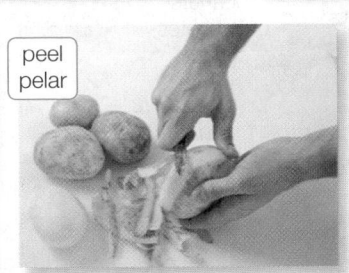
peel
pelar

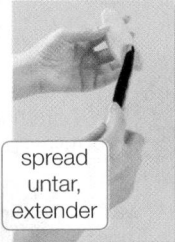
spread
untar,
extender

sprinkle
espolvorear

Frutas y frutos secos

apple
manzana

pear
pera

tangerine
mandarina, tangerina

lemon
limón

lime
lima

kiwi
kiwi

grapes
uvas

melon
melón

pineapple
piña

peach
durazno

nectarine
nectarina

plum
ciruela

apricot
albaricoque,
chabacano

cherries
cerezas

banana
banano

orange
naranja

watermelon
sandía

figs
higos

rhubarb
ruibarbo

grapefruit
pomelo, toronja

strawberries
fresas

raspberries
frambuesas

blackberries
moras,
zarzamoras

mango
mango

coconut
coco

prunes
ciruelas pasas,
ciruelas secas

apricots
albaricoques,
chabacanos

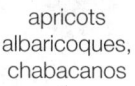

peanuts
cacahuetes,
maní

figs
higos

almonds
almendras

dates
dátiles

raisins
(uvas) pasas

walnut
nuez

pecans
nueces de pecán,
nueces de
castilla

Verduras y hortalizas

potato
papa

lettuce
lechuga

green onions
cebolletas,
bollitas de cambray

onion
cebolla

eggplant
berenjena

artichoke
alcachofa

green beans
habichuelas,
ejotes

radishes
rábanos

leek
puerro, poro

cucumber
pepino

broccoli
brócoli,
brécol

squash
calabaza

spinach
espinacas

mushrooms
champiñones, hongos

asparagus
espárragos

garlic
ajo

carrots
zanahorias

tomato
tomate,
jitomate

celery
apio

courgettes
calabacines,
calabacitas

pumpkin
calabaza

cabbage
repollo, col

red pepper
pimentón,
pimiento rojo

green pepper
pimentón, pimiento verde

corn
chócolo, choclo, elote

yellow pepper
pimentón, pimiento
amarillo

peas
guisantes, arvejas, chícharos

Tipos de transporte

traffic lights
semáforo

pedestrian crossing
paso de peatones,
cruce (peatonal)

car
carro, coche, auto

train
tren

railroad
vía(s) del ferrocarril

cab/taxi
taxi

motorcycle
motocicleta, moto

helmet
casco

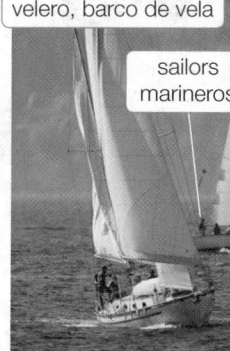

sailboat
velero, barco de vela

sailors
marineros

bus stop
paradero de bus,
parada de camión

passengers
pasajeros

bus
bus, camión

subway
metro

station
estación

platform
andén, plataforma

tractor
tractor

bicycle
bicicleta

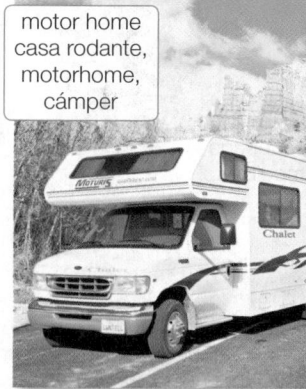

motor home
casa rodante,
motorhome,
cámper

van
furgoneta,
camioneta,
vagoneta

patrol/squad car
carro/coche
patrulla

fire truck
carro de bomberos

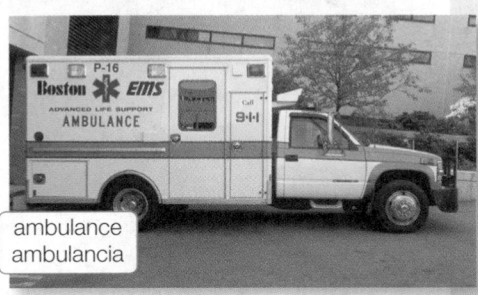

ambulance
ambulancia

ane
ión

pickup truck
camioneta

rowing boat
barca de remos

ship
barco, buque

ferry
ferry, transbordador

helicopter
helicóptero

truck
camión

Aa

a *prep*

1 indicando dirección
2 indicando intención, finalidad
3 en comparaciones
4 con horas
5 con edades
6 con precios
7 con velocidades
8 con distancias
9 con resultados deportivos
10 para desafiar
11 con órdenes
12 tras
13 con complementos verbales

1 INDICANDO DIRECCIÓN to: *Nos vamos al club.* We're going to the club. • *el vuelo a Nueva York* the flight to New York

2 INDICANDO INTENCIÓN, FINALIDAD to: *Salgo a comprar leche.* I'm going out to buy some milk. • *Se fue a buscar a su novia.* He went to get his girlfriend.

3 EN COMPARACIONES to: *Prefiero el básquetbol al fútbol.* I prefer basketball to soccer.

4 CON HORAS at: *Se despertó a las ocho.* She woke up at eight. • *No puedes llamar a estas horas.* You can't call at this time.

5 CON EDADES at: *A los quince años ya era famoso.* At fifteen he was already famous.

6 CON PRECIOS at: *Tienen camisas a 15 dólares.* They have shirts at 15 dollars. • *¿A cuánto/a cómo están las peras?* How much are the pears?

7 CON VELOCIDADES at: *Iban a 100 km por hora.* They were going at 100 km an hour.

8 CON DISTANCIAS *Vive a media hora del centro.* He lives half an hour from downtown.

9 CON RESULTADOS DEPORTIVOS *El partido terminó 0 a 0.* The game ended zero-zero. • *Ganamos por 2 a 1.* We won 2–1.

10 PARA DESAFIAR *¿A que no se atreven?* I bet you don't dare to do it! • *¿A que no lo sabes?* I bet you don't know! • *– ¿A que no la invitas a salir? – ¿A que sí?* "I bet you won't ask her out." "I bet you I will."

11 CON ÓRDENES *¡A dormir!* Time for bed! • *¡A la mesa!* Dinner's ready!

12 TRAS a la semana/a los dos días a week later/two days later: *A los tres días estaba listo.* It was ready three days later.

13 CON COMPLEMENTOS VERBALES *Invitaron a Matías.* They invited Matías. • *Le di las llaves a Maribel.* I gave Maribel the keys./I gave the keys to Maribel. • *Les expliqué el problema a los niños.* I explained the problem to the children.

ábaco *s* abacus

abad *s* abbot

abadesa *s* abbess (pl -sses)

abadía *s* abbey

abajo¹ *adv* **1** (indicando posición, dirección) **aquí/ahí abajo** down here/there: *Ponlo ahí abajo.* Put it down there. • **hacia abajo** down: *Si miro hacia abajo, me da vértigo.* If I look down, I get vertigo. • **para abajo** down: *de la cintura para abajo* from the waist down • **el cajón/el anaquel de abajo (a)** (el último) the bottom drawer/shelf **(b)** (el siguiente) the next drawer/shelf down **2** (en una casa, un edificio) downstairs: *El baño está abajo.* The bathroom is downstairs. • *los vecinos de abajo* the people downstairs

EXPRESIONES

tirar abajo (a) (una puerta) to break down: *Tiraron la puerta abajo para entrar.* They broke the door down to get in. **(b)** (una pared, un edificio) to knock down: *Tuvimos que tirar abajo la pared del jardín.* We had to knock the wall in the backyard down. • **venirse abajo (a)** (derrumbarse) to collapse: *La estantería se vino abajo.* The shelves collapsed. **(b)** (deteriorarse) to fall apart: *Esta casa se está viniendo abajo.* This house is falling apart. **(c)** (persona, equipo) to go to pieces: *Después del tercer gol en contra, el equipo se vino abajo.* After the third own goal, the team went to pieces.

abajo² *interj* down with: *¡Abajo el presidente!* Down with the president!

abajo de *prep* **1 abajo de la mesa/de la cama** under the table/bed: *El gato se escondió abajo de la mesa.* The cat hid under the table. **2 abajo de la rodilla/de la cintura** below the knee/waist: *La falda le llegaba abajo de la rodilla.* Her skirt was just below the knee.

abalanzarse *v pron* **abalanzarse hacia algo** to rush toward sth: *Los fans se abalanzaron hacia la puerta.* The fans rushed toward the door. • **abalanzarse sobre algo/alguien** to pounce on sth/sb: *Los policías se abalanzaron sobre el secuestrador.* The policemen pounced on the kidnapper.

abanderado, -a *s* **1** (en desfile) standard-bearer **2** (representante) champion

abanderar *v* [T] (una causa, un movimiento) to champion

abandonado, -a *adj* **1** (casa, pueblo, niño) abandoned: *un hogar para niños abandonados* a home for abandoned children **2** (en el aspecto) unkempt **3** (negligente) neglectful • **tener abandonado -a algo** to have neglected sth: *Tengo muy abandonado el inglés.* I've really neglected my English.

abandonar *v* **1** [T] (a una persona) to abandon: *Su madre los abandonó.* Their mother abandoned them. **2** [T] (un país, una ciudad) to leave: *Tuvieron que abandonar el país.* They had to leave the country. • **¡abandonen el barco!** abandon ship! **3** [T] (renunciar a – un proyecto) to abandon; (una actividad, una idea) to give up; (las armas) to lay down: *Tuvimos que abandonar la idea de irnos de viaje.* We had to give up the idea of going away. **4 abandonar los estudios** to quit school/college: *Abandonó los estudios y se puso a trabajar.* He quit school and started to work. **5** [I] (retirarse) to retire, to pull out: *Abandonó cuando solo quedaba un kilómetro.* He had to pull out with only one kilometer to go. **6** [I] (desistir) to give up: *No abandones ahora.* Don't give up now.

abandono *s*

1 de un bebé, un animal
2 de un proyecto, una actividad
3 de un territorio
4 de las armas
5 en deportes
6 descuido

1 DE UN BEBÉ, UN ANIMAL abandonment: *el abandono de los hijos* child abandonment • *El abandono de cachorros es muy común después de las fiestas navideñas.* It's very common for puppies to be abandoned after Christmas.

2 DE UN PROYECTO, UNA ACTIVIDAD *Las críticas condujeron al abandono del proyecto.* The criticism led to the project being abandoned.

3 DE UN TERRITORIO withdrawal: *Exigen el abandono inmediato de la zona.* They are demanding immediate withdrawal from the area.

4 DE LAS ARMAS laying down

5 EN DEPORTES withdrawal

6 DESCUIDO *Han denunciado el abandono de los jardines.* There have been complaints about the neglected state of the gardens. • **estado de abandono** state of neglect

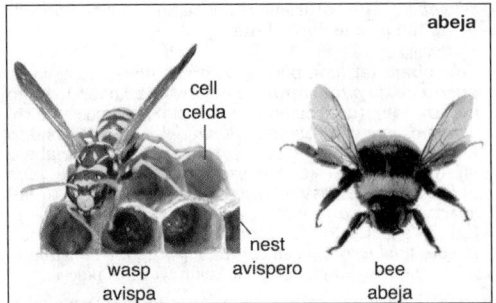

wasp / avispa — cell / celda — nest / avispero — bee / abeja — abeja

abanicar v [I] (en béisbol) to fan, strike out
—abanicarse v pron to fan yourself: *Se abanicaba con una revista.* She was fanning herself with a magazine.

abanico s **1** (objeto) fan **2** (gama) range • **un amplio abanico de posibilidades/opciones** a wide range of possibilities/options

abaratar v [T] **1** (un precio, un costo) to bring down: *Estas medidas abaratarán el precio del transporte.* These measures will bring down transportation costs. **2** (un producto) to make cheaper, to bring down the cost of
—abaratarse v pron **1** (precio, costo) to come down **2** (producto) to become cheaper

abarcar v [T] **1** (comprender) to cover: *El programa abarca desde el siglo XVI hasta la revolución.* The syllabus covers the period from the 16th century to the revolution. **2** (ocupar) to extend over: *El parque abarca 285.000 hectáreas.* The park extends over 285,000 hectares. **3** (en duración) to span: *el periodo que abarca de 1970 a 1995* the period from 1970 to 1995 **4** (ver) to see: *Desde el último piso se abarca toda la ciudad.* From the top floor you can see the whole city.

EXPRESIONES
el que mucho abarca poco aprieta don't bite off more than you can chew

abarcas s [pl] leather sandals

abarrotado, -a adj **1** (de gente) packed: *El estadio estaba abarrotado de fans.* The stadium was packed with fans. **2** (de objetos) crammed: *Tiene las estanterías abarrotadas de libros.* His shelves are crammed with books.

abarrotes s [pl] **1** (mercancías) groceries **2** (tienda de) **abarrotes** grocery store: *En la esquina hay una tienda de abarrotes.* There's a grocery store on the corner.

abastecedor, -a s supplier

abastecer v [T] to supply • **abastecer a alguien de algo** to supply sb with sth: *Nos abastecen de materia prima.* They supply us with raw materials.
—abastecerse v pron **abastecerse de algo** to get sth, to obtain sth (*más frml*): *Nos abastecemos de agua potable en el pueblo.* We get drinking water in the village.

abastecimiento s supply • **el abastecimiento de agua/petróleo** the water/oil supply

abasto s **no me doy/no se da abasto** (tb **no doy/da abasto**) I/he can't cope: *Tengo tanto trabajo que no doy abasto.* I've got so much work I can't cope.

abatible adj **1** (butaca – en el cine, una sala de conciertos) tip-up **2** (plegable – mesa) foldaway: *El carro tiene asientos traseros abatibles.* The car's rear seats can be folded down.

abatido, -a adj down, downhearted (*más frml*)

abatimiento s low spirits [pl], despondency (*más frml*)

abatir v [T] **1** (derribar) to bring down: *Los misiles abatieron dos cazas enemigos.* The missiles brought down two enemy fighters. **2** (plegar) to fold down **3** (desanimar) *La muerte de su madre lo abatió mucho.* His mother's death really hit him hard.
—abatirse v pron **1** (lanzarse) **abatirse sobre alguien/algo** to swoop down on sb/sth: *El búho se abatió sobre su presa.* The owl swooped down on its prey. **2** (desgracia) **abatirse sobre alguien/algo** to befall sb/sth: *La desgracia se abatió sobre nuestra familia.* Misfortune befell our family. **3** (desanimarse) to feel down: *Se abatió al conocer la triste noticia.* She felt very down when she heard the sad news.

abdicación s abdication

abdicar v [I, T] to abdicate • **abdicar al trono/a la corona a favor de alguien** to abdicate the throne/to renounce the crown in favor of sb

abdomen s abdomen

abdominal adj abdominal

abdominales s [pl] (ejercicios) sit-ups • **hacer abdominales** to do sit-ups

abecé s (fundamentos) **el abecé de la arquitectura/política** the ABCs of architecture/politics

abecedario s alphabet

abedul s (árbol) birch (pl -ches)

abeja s bee: *Me picó una abeja.* I was stung by a bee. • abeja obrera worker bee • abeja reina queen bee

abejorro s bumblebee

aberración s aberration • **ser una aberración (a)** (ser absurdo) to be ridiculous **(b)** (ser indignante) to be outrageous

aberrante adj (conducta, crimen) aberrant

abertura s **1** (agujero) opening **2** (en fotografía) aperture

abeto s (árbol) fir

abiertamente adv openly: *Lo dijo abiertamente.* She said it openly.

abierto, -a adj **1** (puerta, tienda, boca) open: *Las ventanas estaban abiertas.* The windows were open. • *Duerme con la boca abierta.* He sleeps with his mouth open. • *Todavía están abiertas las tiendas.* The stores are still open. • *Estamos abiertos a sugerencias.* We're open to suggestions. **2** (llave de agua) running: *La llave está abierta.* The faucet is running. **3** (camisa) open, undone; (cremallera) open, undone: *Tienes la cremallera abierta.* Your zipper is open. **4** (persona) open-minded: *Mis padres son muy abiertos.* My parents are very open-minded.

abisal adj deep-sea [solo ante s]: *peces abisales* deep-sea fish

abismal adj (diferencia) enormous

abismo s **1** (brecha) gulf: *el abismo entre ricos y pobres* the gulf between rich and poor • **haber/mediar un abismo** to be poles apart: *Entre sus ideas y las mías hay un abismo.* Our ideas are poles apart. **2** (profundidad) abyss (pl -sses)

ablandar v [T] **1** (a propósito) to soften: *Ablanda la mantequilla.* Soften the butter. **2** (accidentalmente) to soften, to make go soft: *El calor ablanda el asfalto.* The heat makes the asphalt go soft.
—ablandarse v pron **1** (mantequilla, cera) to soften **2** (persona) to have a change of heart; (con los años) to mellow

ablativo s ablative

abnegación s selflessness • **con abnegación** selflessly

abnegado, -a adj selfless

abocarse v pron **abocarse a algo** to apply yourself to sth • **abocarse a hacer algo** to apply yourself to doing sth

abochornado, -a adj embarrassed

abochornar v [T] to embarrass
—abochornarse v pron to get embarrassed

abofetear v [T] to slap

abogacía s (profesión) law • **ejercer la abogacía** to practice law

abogado, -a s lawyer: *Su madre es abogada.* Her mother is a lawyer. ▶ También se usa **attorney**, que es un término un poco más formal.

abogar v [I] **abogar por algo** to advocate sth

abolengo s lineage • **de rancio abolengo** of ancient lineage

abolición s abolition

abolicionismo s abolitionism

abolicionista s, adj abolitionist

abolir v [T] to abolish

abolladura s dent

abollar v [T] to dent
—**abollarse** v pron to get dented: *En el accidente se me abolló el bómper.* My bumper got dented in the accident.

abombar v [T] to warp
—**abombarse** v pron to warp

abominable adj abominable

abominar v [I, T] **abominar (de) algo** to detest sth

abonado¹, -a adj **estar abonado -a a la televisión por cable** to have cable, to have cable television • **estar abonado -a a un canal codificado** to be subscribed to a subscription channel

abonado², -a s subscriber: *los abonados al cable* cable subscribers • *los problemas que enfrentan los abonados a la telefonía móvil* problems faced by people on a cellphone contract

abonar v [T] **1** (pagar) to pay: *Puede abonar sus recibos en los bancos autorizados.* Bills may be paid at authorized banks. • *¿Cómo quiere abonarlo?* How would you like to pay? **2** (fertilizar) to fertilize
—**abonarse** v pron **abonarse al cable/a un canal codificado** to subscribe to cable television/to a subscription channel • **abonarse a un servicio de telefonía móvil** to take out a cellphone contract

abono s **1** (de transporte, para el teatro) season ticket: *un abono mensual* a monthly season ticket • **sacar/comprar un abono** to buy a season ticket **2** (fertilizante) fertilizer

abordar v [T] **1** (un tema) to approach: *Vamos a abordar el tema desde distintos ángulos.* We are going to approach the subject from different angles. **2** (a una persona) to approach **3** (una embarcación) to board

aborigen¹ adj (lengua, población) indigenous

aborigen² s **1** (de una nación, una región) **los aborígenes de la región/del continente** the indigenous people of the region/of the continent **2** (de Australia) aborigine

aborrecer v [T] to detest

abortar v **1** [I] (voluntariamente) to have an abortion **2** [I] (accidentalmente) to have a miscarriage **3** [I,T] (en informática) to cancel, to abort

abortivo¹, -a adj **droga abortiva/producto abortivo** abortion-inducing drug/product

abortivo² s abortion pill, abortifacient (*más frml*)

aborto s (acto-provocado) abortion; (accidental) miscarriage

abotagado, -a (tb **abotargado -a**) adj **1** (hinchado) swollen **2** (atontado) dopey

abotagarse (tb **abotargarse**) v pron **1** (hincharse) to swell up **2** (atontarse) to become addled

abotonar v [T] to button up, to do up
—**abotonarse** v pron **abotonarse el vestido/la camisa** to button up your dress/your shirt, to do up your dress/your shirt

abovedado, -a adj vaulted

abracadabra s abracadabra

abrasador, -a adj (día, sol) blazing hot

abrasivo, -a adj abrasive

abrazadera s clamp, hose clamp

abrazado, -a adj **abrazado -a a algo/alguien** with your arms around sth/sb: *Se durmió abrazado al osito.* He went to sleep with his arms around his teddy bear. • *Bailaban abrazados.* They were dancing with their arms around each other.

abrazar v [T] **1** (a una persona) to hug • **abrazar a alguien** to give sb a hug, to hug sb: *Me abrazó en cuanto me vio.* He gave me a hug as soon as he saw me. **2** (una doctrina, una ideología) to embrace
—**abrazarse** v pron **1** (personas) to hug each other: *Se abrazaron con fuerza.* They hugged each other tightly. **2 abrazarse a algo/alguien** to hug sth/sb: *Se abrazó a su muñeca.* She hugged her doll.

abrazo s **1** hug • **darle un abrazo a alguien** to give sb a hug: *Ven a darme un abrazo.* Come and give me a hug. • **dale un abrazo de mi parte** give him my love **2 un abrazo** (en correspondencia – a conocidos) all the best; (entre amigos) love: *Un abrazo, Juan.* All the best, Juan.

abrecartas s letter opener

abrelatas s can opener

abrevadero s **1** (pilón) drinking trough **2** (charca) watering hole

abrevar v **1** [I] to drink **2** [T] (ganado, aves) to water

abreviado, -a adj (curso) short; (texto) abridged

abreviar v [T] **1** (una palabra) to abbreviate: *¿Cómo se abrevia "mister"?* How do you abbreviate "mister?" **2** (un texto) to shorten: *Tienes que abreviar un poco el último capítulo.* You need to shorten the last chapter a little. **3** (una actividad) to cut short, to shorten (*más frml*); (un plazo, los tiempos) to reduce

abreviatura s abbreviation: *"Mr." es la abreviatura de "mister".* "Mr." is the abbreviation for "mister."

abridor s **1** (de botellas) bottle opener **2** (de latas) can opener

abrigado, -a adj **estar bien abrigado -a** to be wrapped up warm: *Estás demasiado abrigada.* You're wearing too many clothes.

abrigador, -a adj (ropa, manta) warm: *un suéter muy abrigador* a very warm sweater

abrigar v **1** [I] (dar calor) to be warm: *Este suéter no abriga nada.* This sweater isn't very warm. **2** [T] (proteger del frío) to keep warm: *Ponte las botas para abrigarte los pies.* Put on your boots to keep your feet warm. • *Abriga bien a los niños.* Make sure the children dress warmly.
—**abrigarse** v pron **abrigarse bien** to dress up warmly: *Abríguense bien si van al partido.* Dress warmly if you're going to the game.

abrigo s **1** (prenda) coat • **ponerse/quitarse el abrigo** to put on/take off your coat • **ropa/prendas de abrigo** warm clothing **2** (lugar resguardado) shelter

EXPRESIONES
al abrigo de la lluvia/tormenta sheltered from the rain/storm • **al abrigo de una montaña** sheltered by a mountain
abrigo de piel fur coat

abril s April ▶ para ejemplos, ver FEBRERO

abrillantador s polish

abrillantar v [T] to polish

abrir v **1** [I, T] (puerta, tienda, boca) to open: *¿Le importa si abro la ventana?* Do you mind if I open the window? • *Se abrió la puerta y apareció la directora.* The door opened and the principal appeared. • *Abran el libro en la página 19.* Open your books to page 19. • *¡Abra!* Open up! • *Abre la boca.* Open your mouth. • *¿Abrimos otra botella?* Do you want to open another bottle? • *Quiero abrir mis regalos.* I want to open my presents. • *¿Cuándo abren la nueva discoteca?* When are they opening the new club? • *¿A qué hora abre la biblioteca?* What time does the library open? • *Quisiera abrir una*

cuenta corriente. I'd like to open a checking account. **2** [T] (una llave de agua) to turn on: *Abre la llave del agua caliente.* Turn the hot water faucet on. **3** [T] (un túnel) to build **4** [T] (el apetito) *El paseo me ha abierto el apetito.* The walk has given me an appetite. **5** [T] (un desfile, una manifestación) to head: *Abrían el desfile los líderes de la oposición.* The procession was headed by the leaders of the opposition.
—abrirse *v pron* **1** (camisa, cremallera) to come undone, open: *Se te ha abierto la camisa.* Your shirt has come undone. **2** (al tomar una curva) to go wide: *Se abrió demasiado en la curva y se cayó.* He went too wide on the bend and fell off. **3** (flor) to come out, to blossom **4** (cielo) to clear: *Parece que se está abriendo.* It looks as if it's clearing. **5** (evento, era, día) to start: *La película se abre con una escena de acción.* The movie starts with an action scene. • *Con la cirugía láser, se ha abierto una nueva era.* Laser surgery has taken us into a new era. **6** (plazo) to open **7** (sincerarse) **abrirse con alguien** to confide in sb **8** (alejarse) to beat it: *Abrámonos que ahí viene la policía.* Let's beat it! The police are coming.

⚠ Para referirse a aparatos eléctricos se usan **turn on** o **switch on**:
He switched on (✗ opened) the light.
Let's turn on (✗ open) the television.

Cuando se trata de abrir un grifo se usa **turn on**:
She turned on (✗ opened) the faucet to fill the bathtub.

abrochar *v* [T] to button up • **abrochar un botón/el abrigo** to do up a button/to button your coat • **abrocharle el vestido/la camisa a alguien** to do sb's dress/shirt up: *¿Me abrochas el vestido?* Can you do my dress up for me?
—abrocharse *v pron* **1 abrocharse la camisa/el abrigo** to button your shirt/coat up: *Abróchate el pantalón.* Zip your pants up. **2** (un collar, una pulsera) to fasten • **abrocharse el cinturón de seguridad** to fasten your seat belt

abrumador, -a *adj* **1** (mayoría, superioridad, presencia) overwhelming **2** (éxito) runaway, roaring

abrumar *v* [T] (agobiar) to overwhelm: *Nos abrumaron con tantas preguntas.* We were overwhelmed by all the questions. • *La responsabilidad me abruma.* I'm weighed down by the responsibility.

abrupto, -a *adj* **1** (descenso, reducción) sharp **2** (cambio, final) abrupt **3** (terreno) rugged

absceso *s* abscess (pl -sses)

abscisa *s* x-coordinate • **el eje de las abscisas** the x-axis

ábside *s* apse

absolución *s* **1** (en un juicio) acquittal **2** (en la confesión) absolution • **darle la absolución a alguien** to give sb absolution

absolutamente *adv* absolutely: *Estoy absolutamente segura.* I'm absolutely sure. • *Desde este lugar no se ve absolutamente nada.* You can't see a thing from here. • *No me han contado absolutamente nada.* They haven't told me a thing.

absolutismo *s* absolutism

absolutista *s, adj* absolutist

absoluto, -a *adj* **1** (total) total, absolute: *El concierto fue un éxito absoluto.* The concert was a total success. • *Viven en la más absoluta pobreza.* They live in abject poverty. • *un absoluto desastre* an absolute disaster **2** (mayoría, poder) absolute: *El rey tenía poder absoluto.* The king had absolute power.
EXPRESIONES
en (lo) absoluto (a) (como respuesta) not at all: *–¿Está cansado? –En absoluto.* "Are you tired?" "Not at all." **(b)** (con un verbo en negativo) in the slightest: *No me importa en absoluto lo que digan.* I don't care in the slightest what they say.

absolutorio, -a *adj* **fallo absolutorio** acquittal

absolver *v* [T] **1** (en un juicio) to acquit **2** (en la confesión) to absolve • **absolver a alguien de sus pecados** to absolve sb of his/her sins

absorbente *adj* **1** (papel, material) absorbent **2** (persona) domineering **3** (trabajo, actividad) demanding

absorber *v* [T] **1** (un líquido, una sustancia) to absorb **2** (una empresa) to take over **3** (mantener ocupado a) *El trabajo me absorbe por completo.* My work takes up all my time.

absorción *s* **1** (de líquido, sustancia) absorption **2** (de empresa) takeover

absorto, -a *adj* engrossed, absorbed: *Se quedó absorto escuchando al pianista.* He was absorbed in listening to the pianist. • **estar absorto -a en algo** to be engrossed in sth: *Estaba absorto en mis pensamientos.* I was engrossed in my thoughts.

abstemio[1], -a *adj* abstemious, abstaining

abstemio[2], -a *s* teetotaler

abstención *s* abstention

abstenerse *v pron* **1** (no votar) to abstain **2** (desistir) **abstenerse de hacer algo** to refrain from doing sth: *Me abstuve de hacer ningún comentario.* I refrained from making any comment.

abstinencia *s* abstinence
abstinencia sexual sexual abstinence ▶ SÍNDROME de **abstinencia**

abstracción *s* abstraction, abstract thought

abstracto, -a *adj* **1** (concepto, idea) abstract **2** (arte) abstract

abstraerse *v pron* **abstraerse de algo** to shut yourself off from sth, to detach yourself from sth (*más frml*)

abstraído, -a *adj* lost in thought • **estar abstraído -a en algo** to be engrossed in sth: *Estaba abstraído en la lectura.* I was engrossed in my book.

absurdo[1], -a *adj* absurd

absurdo[2] *s* **1 ser un absurdo** to be ridiculous: *Su propuesta es un absurdo.* His proposal is ridiculous. **2** (sinsentido) absurdity: *el absurdo de la existencia* the absurdity of human existence **3 el absurdo** (en el teatro) the Absurd

abuchear *v* [T] to boo

abucheo *s* booing

abuelo, -a *s* **abuelo** grandpa, grandfather (*más frml*) • **abuela** grandma, grandmother (*más frml*) • **abuelos** (abuelo y abuela) grandparents: *Mi abuelo vive solo.* My grandpa lives on his own. • *Mis abuelos son italianos.* My grandparents are Italian.
abuelo materno maternal grandfather • **abuela materna** maternal grandmother • abuelo paterno paternal grandfather • **abuela paterna** paternal grandmother
EXPRESIONES
no tiene abuela/no tienes abuela he's so full of himself/you're so full of yourself

abultado, -a *adj* **1** (suma, déficit) large **2** (voluminoso – bolsillo) bulky; (billetera) fat; (vientre) swollen

abultar *v* **1** [I] (hacer bulto) to be bulky **2** [T] (exagerar) to exaggerate; (cifras, precios) to bump up **3** [T] (incrementar – cuenta de gas, precios) to inflate

abundancia *s* abundance • **en abundancia** in abundance: *Había comida en abundancia.* There was plenty of food. • *En la zona hay petróleo en abundancia.* There is oil in abundance in the area.
EXPRESIONES
nadar/vivir en la abundancia to be rolling in it

abundante *adj* **1** (en abundancia) plenty, abundant (*más frml*): *Hay pruebas abundantes de esta teoría.* There is abundant evidence for this theory. • *Lo untó con abundante mantequilla.* She spread plenty of butter on it. • *sus abundantes cabellos rubios* her thick blond hair **2** (porción) generous

abundar v [I] **1** (existir en cantidad) to abound: *En este bosque abundan los pinos.* There are lots of pine trees in this forest. **2 abundar en detalles/críticas** to go into detail/to be very critical: *Prefirió no abundar en detalles.* He preferred not to go into too much detail.

aburguesamiento s adoption of a middle-class way of life

aburguesarse v pron to become middle-class, to become bourgeois (*más frml*)

aburrición s **1** (estado) boredom • **morirse de aburrición** to be bored to death **2** (cosa aburrida) bore • **ser una aburrición** to be boring • **¡qué aburrición!** how boring!

aburrido¹, -a adj **1** (molesto, harto) bored: *Me fui porque estaba aburrida.* I left because I was bored. • *Estaban aburridos de jugar a las cartas.* They were bored with playing cards. **2** (que aburre) boring: *una clase aburrida* a boring class • *La obra me pareció aburridísima.* I thought the play was incredibly boring.

⚠ Una persona que se aburre está **bored**. Una cosa o una persona que aburre es **boring**:
✔ *My life was pretty boring.*
✔ *At home during summer vacation I was bored.*

aburrido², -a s bore: *Eres un aburrido.* You're boring. • *la aburrida de tu hermana...* your boring sister...

aburridor, -a adj boring

aburrimiento s **1** (estado) boredom • **morirse de aburrimiento** to be bored to death **2** (cosa aburrida) bore • **ser un aburrimiento** to be boring • **¡qué aburrimiento!** how boring!

aburrir v [T] to bore: *Aburre a la gente con sus historias.* He bores people with his stories.
—**aburrirse** v pron **1** (por falta de diversión) to get bored: *Me aburro en la casa de mi abuela.* I get bored at grandma's. **2** (hartarse) **aburrirse de hacer algo** to get bored of doing sth: *Me aburrí de escucharlo.* I got fed up of listening to him. • **aburrirse de algo** to get bored with sth

abusado¹, -a adj **1** (listo) smart, bright • **ser muy abusado -a para algo** to be brilliant at sth: *Es muy abusado para las matemáticas.* He's brilliant at math. **2 ponerse abusado -a** to watch out

abusado², -a interj watch out: *¡Abusado, ahí viene la policía!* Watch out! The police are coming. • **¡abusado con las drogas/los animales!** Careful with drugs/the animals!: *¡Abusado con lo que haces!* Be careful!

abusar v [I] **1** (usar en exceso) **abusar del vino/chocolate** to drink too much wine/to eat too much chocolate **2** (aprovecharse) **abusar de algo/alguien** to take advantage of sth/sb: *Esta empresa abusa de sus empleados.* This company takes advantage of its employees. • *No quisiera abusar de su generosidad.* I don't want to take advantage of your generosity. **3** (sexualmente) **abusar de alguien** to abuse sb

abusivo, -a adj **1** (injusto) unfair **2** (excesivo) exorbitant

abuso s **1** (exceso, injusticia) outrage • **ser un abuso** to be outrageous: *500 pesos la entrada es un abuso.* 500 pesos for a ticket is outrageous. **2** (uso indebido) abuse: *abuso de drogas* drug abuse • *Se dispondrán controles estrictos para evitar abusos.* Strict controls will be in place to stop people from taking advantage.
abuso de confianza breach of trust • **abuso de poder** abuse of power • **abusos deshonestos** [pl] sexual abuse [sing]

abusón¹, -ona adj **1** (aprovechado) *¡Qué abusón!* What a nerve! • **ser abusón -ona** to take advantage **2** (matón) **ser abusón -ona** to be a bully

abusón², -ona s **1** (aprovechado) **ser un abusón/una abusona** to take advantage: *Eso es ser un abusón.* That's really taking advantage. **2** (matón) bully (pl -llies)

a. C. (tb **a. de C.**) (abrev de **antes de Cristo**) BC

acá adv **1** (de lugar) here • **¡ven acá!** come here! • **acá abajo/arriba** down/up here • **acá adentro/afuera** in/out here **2** (tiempo) **de entonces (para) acá** since then: *De entonces para acá no me habla.* He hasn't spoken to me since then. • **¿de cuándo acá?** since when?: *¿De cuándo acá te interesas tanto por mí?* Since when are you so interested in me? **3 bien acá** (tb **muy acá**) **(a)** (de moda) groovy: *una tienda bien acá* a really groovy store **(b)** (moderno, juvenil) with it: *Se creen muy acá por andar con esa ropa.* They think they're really with it because they wear those clothes.

acabado¹, -a adj **1** (producto, trabajo) finished **2** (persona) finished • **estar acabado -a** to be finished

acabado² s finish (pl -shes) • **un acabado brillante/mate** a gloss/matte finish

acabar v **1** [I, T] (terminar) to finish: *¿Aún no has acabado la traducción?* Haven't you finished the translation yet? • *Cuando acabes, avísame.* When you've finished, let me know. • **acabar con algo/alguien** to be done with sth/sb: *¿Ya has acabado con el martillo?* Are you done with the hammer yet? • *Cuando acabe con tu hermana te ayudaré a ti.* When I'm done helping your sister, I'll help you. • **acabar de hacer algo** to finish doing sth: *Cuando acabes de comer, podemos salir.* When you finish eating, we can go out. • **acabar en primer/tercer lugar** to finish first/third **2** [I] (de una determinada manera) **acabar muerto -a/desilusionado -a** to end up exhausted/disillusioned • **acabar bien/mal** *Al final todo acabó bien.* Everything turned out all right in the end. • *Me temo que esto acabará mal.* I'm afraid no good will come of this. • *La película acaba bien.* The movie has a happy ending. • **acabar en algo** to end in sth: *Acaba en "r".* It ends in an "r". • *otra relación que acabó en divorcio* another relationship that ended in divorce • *Los zapatos acaban en punta.* They're pointy-toed shoes. **3** [I] (indicando una acción reciente) **acabar de hacer algo** to have just done sth: *Acabo de verlo.* I've just seen him. • *Se notaba que se acababa de levantar.* You could tell he had just gotten up. **4** [I] (indicando un resultado probable) **acabar haciendo algo/por hacer algo** to end up doing sth: *Van a acabar rompiéndolo.* They're going to end up breaking it. **5** [I, T] (destruir) to kill: *Lo acabaron como un perro.* They killed him like a dog. • **acabar con algo** to put an end to sth: *Prometieron acabar con el tráfico de drogas.* They promised to put an end to drug trafficking. • *¡Estás acabando con mi paciencia!* My patience is wearing thin! • **acabar con alguien** *¡Van a acabar conmigo!* You'll be the death of me!
—**acabarse** v pron *Se ha acabado el café.* There isn't any coffee left. • *Se nos acabó el dinero.* We ran out of money. • *Se me está acabando la paciencia.* I'm running out of patience. • *¡Se acabaron las discusiones!* That's enough arguing!

EXPRESIONES
acabáramos So that's it!: *¡Acabáramos! Así que lo que quería era dinero!* So that's it! He just wanted money. • **acabar de una vez** to get on with it: *¡Acaba de una vez que es hora de irse!* Get on with it! It's time to go. • **de nunca acabar** neverending • **no acabar de entender/saber** to not quite understand/know: *No acabo de entender qué fue lo que pasó.* I don't quite understand what happened. • **para acabarla de amolar** (tb **para acabarla de fregar**) to top it all • **¡se acabó!** That's enough!

acacia s acacia

academia s **1** (centro de estudios) school: *Estudia inglés en una academia.* She's learning English at a language school. **2** (sociedad de artes, letras) academy (pl -mies)
academia de baile dance school • **academia de conducción** driving school • **academia de idiomas** language school • **academia militar** military academy

académico¹, -a adj **1** (curso, título) academic **2** (estilo, autor) academic

académico², -a s academic

acallar v [T] **1** (silenciar) to silence **2** (calmar, aplacar – temores, dudas) to quell; (la conciencia) to clear

acalorado, -a *adj* **1** (debate, discusión) heated; (defensa) vigorous **2** (persona – por el calor) flushed; (excitado) worked up

acalorarse *v pron* **1** (por el calor) to get hot **2** (excitarse) to get worked up

acampanado, -a *adj* (pantalón) bell-bottomed, flared; (falda) flared

acampar *v* [I] to camp: *Acampamos cerca del río.* We camped near the river.

acantilado *s* cliff

acaparador¹, -a *adj* greedy

acaparador², -a *s* **1** (en tiempos de escasez) hoarder **2** (persona que no comparte) **ser un acaparador/una acaparadora** to be selfish

acaparar *v* [T] **1** (monopolizar) to hog, to monopolize (*más frml*): *No acapares el computador.* Don't hog the computer. • *Siempre acapara la conversación.* He always monopolizes the conversation. **2** (la atención, el interés) to grab: *La noticia acaparó la primera plana de los periódicos.* The news was all over the front pages of the newspapers. **3** (víveres, existencias) to buy up

acaramelado, -a *adj* lovey-dovey • **estar acaramelados** to be all lovey-dovey

acariciar *v* [T] **1** (a un animal) to stroke **2** (a una persona) to caress • **acariciarle la cara/el pelo a alguien** to stroke sb's face/hair

ácaro *s* dust mite

acarrear *v* [T] **1** (transportar) to carry **2** (causar) to cause

acartonado, -a *adj* **1** (tela) stiff **2** (piel) dry; (rostro) wizened **3** (actor, personaje) wooden **4** (evento, reunión, lenguaje) stuffy

acaso *adv* **1** (en preguntas) *¿Acaso lo sabes tú?* And I suppose you know, do you? **2** (quizá) perhaps: *Acaso vengan hoy.* Perhaps they'll come today.
EXPRESIONES
por si acaso just in case: *Lleva dinero por si acaso.* Take some money just in case. • **si acaso (a)** (en todo caso) maybe: *No le pongas pimienta, si acaso un poco de sal.* Don't put any pepper in it, maybe just a little salt. **(b)** (si por casualidad) in case: *Si acaso viene, dile que he llamado.* In case he comes, tell him I called.

acatar *v* [T] **1** (una orden, una norma) to obey, to abide by (*más frml*); (una ley) to comply with **2** (darse cuenta de) to realize: *Hasta que no la vi de cerca no acaté quién era.* I didn't realize who she was until I saw her up close. **3** (recordar) to remember • **acatar hacer algo** to remember to do sth

acatarrado, -a *adj* **estar acatarrado -a** to have a cold

acatarrarse *v pron* to catch a cold

acaudalado, -a *adj* wealthy

acceder *v* [I] **1** (en informática) **acceder a algo** to access sth: *Puedes acceder a tu cuenta de correo electrónico desde cualquier computador.* You can access your e-mail account from any computer. **2** (entrar) **acceder a algo** to get to sth, to gain access to sth (*más frml*): *Se puede acceder al jardín desde la cocina.* You can get to the yard from the kitchen. **3** (aceptar) **acceder a hacer algo** to agree to do sth **4** (alcanzar) **acceder a un cargo/a una posición social** to take up a post/to assume a position in society • **acceder al trono** to accede to the throne

accesible *adj* **1** (lugar) accessible **2** (persona) approachable **3** (lenguaje) accessible **4** (precio) affordable

acceso *s* **1** (a datos, servicios) access • **tener acceso a algo** to have access to sth: *No teníamos acceso a esa información.* We didn't have access to that information. **2** (a un edificio) entrance; (a una ciudad) approach **3** (a Internet) access: *Este servidor te ofrece un acceso más rápido.* This server offers you faster access. **4** (ataque) fit • **un acceso de tos/de rabia** a coughing fit/a fit of rage

acceso aleatorio random access • **acceso directo** direct access • **acceso remoto** remote access

accesorio *s* accessory (pl -ries)

accidentado, -a *adj* **1** (terreno) rough, rugged **2** (viaje, semana) eventful

accidental *adj* **1** (fortuito – disparo, muerte) accidental: *un encuentro accidental* a chance meeting **2** (no esencial) incidental

accidentarse *v pron* to have an accident

accidente *s* **1** (suceso) accident: *Tuvo un accidente con el carro.* She had a car accident. **2** (casualidad) coincidence • **por accidente** by chance, by accident **3** (en gramática) **accidente (gramatical)** (grammatical) accidence
accidente aéreo, accidente de avión plane crash (pl -shes) • **accidente de trabajo** industrial accident • **accidente de tránsito, tráfico** road accident, traffic accident • **accidente geográfico** geographical feature

acción *s* **1** (actividad) action: *La acción transcurre en Berlín en 1939.* The action takes place in Berlin in 1939. **2** (acto) act, action: *Sus acciones no se corresponden con los principios que declara.* His actions don't match his principles. • **una buena acción** a good deed: *mi buena acción del día* my good deed for the day **3** (combate) action • **entrar en acción** to go into action • **muerto -a en acción** killed in action **4** (de una empresa) share
▶ **PELÍCULA de acción**
acción de gracias Thanksgiving

accionar *v* [T] to operate • **accionar una palanca/un mecanismo** to pull a lever/to activate a mechanism

accionista *s* shareholder

acebo *s* (árbol) holly tree: *una ramita de acebo* a sprig of holly

acechar *v* **1** **(a)** [I] (vigilar con intención) to lie in wait **(b)** [T] (a una persona, un animal) to stalk **2** [T] (amenazar) to threaten: *No son conscientes del peligro que los acecha.* They are unaware of the danger threatening them.

acecho *s* *La sometieron a un acecho constante.* They kept a constant watch on her. • **estar al acecho (de algo/alguien)** to be lying in wait (for sth/sb)

aceitar *v* [T] to oil

aceite *s* **1** (para cocinar) oil **2** (en mecánica) oil
aceite de colza rapeseed oil • **aceite de girasol** sunflower oil • **aceite de maíz** corn oil • **aceite de oliva** olive oil • **aceite esencial** essential oil

aceitera *s* (para cocinar) oil bottle

aceitoso, -a *adj* oily

aceituna *s* olive • **aceitunas rellenas/deshuesadas** stuffed/pitted olives
aceituna negra black olive • **aceituna verde** green olive

aceleración *s* **1** (de un proceso) speeding up **2** (al conducir) acceleration **3** (en física) acceleration

acelerado, -a *adj* **1** (persona) hyper: *Estás demasiado acelerado.* You're too hyper. **2** (aumento, cambio, ritmo) rapid

acelerador *s* accelerator • **pisar el acelerador** to step on the gas

acelerar *v* **1** (al conducir) **(a)** [I] to accelerate: *Pasó la curva y aceleró.* He got past the bend and accelerated. **(b)** [T] *Aceleró la moto para alcanzarlos.* He accelerated on his bike to catch them. **2** [T] (un proceso) to speed up: *Tenemos que buscar formas de acelerar el proceso de producción.* We need to find ways of speeding up the production process. • *Hay que acelerar el ritmo.* We need to speed up. **3** [I] (apurarse) to hurry up
—**acelerarse** *v pron* **1** (proceso) to speed up, to accelerate (*más frml*) **2** (persona) to get hyper **3** (con drogas) to get high

acelere *s* **1** growth, acceleration (*más frml*): *A fin de año, llega el acelere en las ventas.* Sales peak toward

A

the end of the year. **2** fast pace: *Odio el acelere de las ciudades.* I hate the fast pace of city life.

acelerón s burst of acceleration • **dar un acelerón (a)** (conductor) to step on the gas **(b)** (país, economía) to have a growth spurt; (proyecto) to forge ahead

acelga s chard, swiss chard

acento s **1** (ortográfico) accent: *"Examen" no lleva acento.* There's no accent on the word "examen." **2** (pronunciación) accent: *Tiene acento mexicano.* He has a Mexican accent.

poner el acento en algo to focus on sth
acento agudo acute accent • acento grave grave accent • acento ortográfico written accent

acentuación s **1** (de una palabra, una sílaba) stress, accentuation (*más frml*) **2** (de un problema, una crisis) worsening

acentuado, -a *adj* **1** (palabra, sílaba – al escribir) accented; (al hablar) stressed **2** (marcado) marked

acentuar v [T] **1** (al escribir – una palabra) to put an accent on; (las palabras) to put accents on **2** (al hablar) to stress: *Tienes que acentuar más la "o."* You need to stress the "o" more. **3** (destacar) to emphasize, to accentuate (*más frml*): *Esta falda acentúa su silueta.* This skirt accentuates your figure. **4** (intensificar) to aggravate
—**acentuarse** v *pron* **1** (al escribir) **se acentúa/no se acentúa** it has an accent/it doesn't have an accent **2** (al hablar) to be stressed: *Se acentúa la segunda sílaba.* The second syllable is stressed.

acepción s sense, meaning

aceptable *adj* passable: *Habla un inglés aceptable.* His spoken English is passable.

aceptación s **1** (éxito) **tener aceptación** to be well received, to be popular **2** (de una oferta, una medida, una decisión) acceptance

aceptar v [T] **1** (una oferta, un regalo) to accept: *Me invitaron a ir con ellos y acepté.* They invited me to go with them and I accepted. **2** (acceder) to agree • **aceptar hacer algo** to agree to do sth: *Aceptó venir con nosotros.* He agreed to come with us. **3** (admitir) to admit • **aceptar la derrota** to admit defeat ▶ ver nota en **ACCEPT**

¿accept o agree?
Cuando alguien te pide que hagas algo y quieres decir que aceptas hacerlo, nunca uses accept, usa agree: *I agreed to do it.* • *The US agreed to provide military aid.*

acequia s irrigation channel, irrigation ditch

acera s sidewalk: *Iba en bicicleta por la acera.* She was riding her bicycle along the sidewalk. • **la acera de enfrente** the other side of the street: *Me gritó desde la acera de enfrente.* He shouted to me from the other side of the street.

acerca de *prep* about: *Habló acerca de la situación del colegio.* He talked about the situation at school.

acercamiento s **1** (entre países) rapprochement; (entre posturas) reconciliation: *Se ha producido un acercamiento entre los dos políticos.* The two politicians have moved closer together. **2** (a un lugar) approach: *El avión realizaba maniobras de acercamiento al aeropuerto.* The plane was making its approach to the airport.

acercar v [T] **1** (aproximar) to move closer • **acercar algo a algo** to move sth closer to sth: *Acerca el sofá a la ventana.* Move the sofa closer to the window. • **acercarle algo a alguien** to pass sb sth: *Acércame el azúcar.* Pass me the sugar. • *¿Me acercas el teléfono?* Could you bring me the phone? **2** (llevar en carro) to take • **acercar a alguien a la casa/a la estación** to give sb a ride home/to the station
—**acercarse** v *pron* **1** (aproximarse) to get close: *No te acerques tanto al televisor.* Don't get so close to the television. • *Acércate a la oficina y te doy las llaves.*

Come by the office and I'll give you the keys. **2** **acercársele a alguien** (para hablar – alejándose del hablante) to go up to sb; (caminando hacia el hablante) to come up to sb: *Se le acercó y le pidió fuego.* She went up to him and asked him for a light. • *Se me acercó para charlar.* He came up to me for a chat. **3** (en el tiempo) to approach: *Se acercaba el día de la operación.* The day of the operation was approaching.

acero s steel

nervios/músculos de acero nerves of steel/rock-hard muscles
acero inoxidable stainless steel

acérrimo, -a *adj* **1** (defensor, seguidor) staunch **2** (enemigo) bitter; (crítico) fierce

acertado, -a *adj* **una decisión/una elección acertada** the right decision/choice

acertar v **1** [I, T] (adivinar) to guess: *–¿Cómo quedaron? –A ver si aciertas.* "How did they end up?" "See if you can guess." **2** [I] (al decidir algo) to make the right decision: *Has acertado viniendo a vivir a esta ciudad.* You made the right decision coming to live in this city. • *Acertaste con el regalo.* The present you got was just right. **3** [I] (al disparar) *Has acertado en el blanco.* You've hit the target. • *¡No le acertado!* I missed! **4** [T] **acertar una respuesta** to get an answer right • **acertar el número ganador** to pick the winning number **5** [I] (por casualidad) **acertar a hacer algo** to happen to do sth: *La policía acertó a pasar justo en el momento del accidente.* The police happened to be passing just as the accident happened.

acertijo s riddle

acetato s acetate

acetona s **1** (en química) acetone **2** (removedor de esmalte) nail polish remover

achacar v [T] **achacarle la culpa de algo a alguien** to blame sth on sb, to blame sb for sth • **achacarle un error/un problema a alguien** to blame sb for a mistake/a problem

achacoso, -a *adj* **estar achacoso -a** to have a lot of aches and pains

achaparrado, -a *adj* **1** (persona, edificio) squat **2** (árbol) stunted

achaque s ailment

achicar v [T] **1** **achicar un vestido/una falda** to take in a dress/skirt: *Tuve que achicar los pantalones.* I had to take my pants in. **2** (agua – de un barco) to bail out; (con una bomba) to pump out
—**achicarse** v *pron* **1** (encoger) to shrink: *El suéter se achicó al lavarlo.* The sweater shrank in the wash. **2** (acobardarse) to be intimidated: *Los muchachos no se achicaron.* The boys weren't intimidated.

achicharrarse v *pron* **1** (tener mucho calor) to roast: *¡Me estoy achicharrando!* I'm roasting! **2** (cocinarse demasiado) to get burned to a crisp: *Se me achicharraron las hamburguesas.* The hamburgers got burned to a crisp.

achicopalado, -a *adj* down, downhearted

achicoria s chicory

achilado, -a *adj* down: *Está achilada porqué perdió matemáticas.* She's feeling down because she failed math.

achís *interj* atchoo

acicalarse v *pron* to get dressed up

acicate s incentive

acidez s **1** (de un sabor, de una sustancia) acidity **2** **acidez (estomacal)** • **acidez (de estómago)** heartburn

ácido¹, -a *adj* **1** (sabor) tart, sharp **2** (comentario, humor) caustic

A

ácido² s **1** (en química) acid **2** (droga) acid
ácido carbónico carbonic acid • **ácido fólico** folic acid • **ácido sulfúrico** sulfuric acid

acientífico, -a adj unscientific

acierto s **1** (buena decisión) good decision: *Comprar esta casa fue un acierto.* Buying this house was a good decision. **2** (respuesta correcta – en un concurso) correct answer; (en la lotería) winning number

EXPRESIONES
con acierto skillfully, cleverly: *El libro combina con acierto historia y ficción.* The book cleverly combines history and fiction.

aclamación s shout of appreciation, acclamation (*más frml*)

EXPRESIONES
por aclamación unanimously

aclamar v [T] to cheer, to acclaim (*más frml*)

aclaración s clarification: *Quisiera hacer una aclaración al respecto.* I'd like to clarify something on that point.

aclarar v **1** [T] (explicar) to clarify: *¿Me puedes aclarar una duda?* Can you clarify something for me? • **aclararle a alguien que...** to explain to sb that...: *Nos aclaró que no sabía mucho sobre el tema.* She explained to us that she didn't know much about the subject. **2** [T] (resolver) **aclarar un misterio/crimen** to solve a mystery/crime **3** [I] (despejarse) to clear up: *Parece que va a aclarar.* It looks as if it's going to clear up. **4** [I] (amanecer) to get light: *Me despierto apenas empieza a aclarar.* I wake up as soon as it starts to get light. **5** [T] (una salsa, una sopa) to thin down **6** [T] (la voz, la garganta) to clear
—**aclararse** v pron (pelo) to get lighter

aclimatación s acclimatization

aclimatar v [T] to acclimatize
—**aclimatarse** v pron to acclimatize: *Aún no ha podido aclimatarse.* She hasn't managed to get used to the climate yet. • **aclimatarse a un clima/un país** to get used to a climate/country

acné s acne: *Tiene acné.* He has acne.
acné juvenil acne

acobardarse v pron to lose your nerve: *Se acobardó y no se lo dijo.* She lost her nerve and didn't tell him.

acogedor, -a adj **1** (ambiente, casa) cozy **2** (ciudad) welcoming, friendly

acoger v [T] **1** (a una persona) to take in: *Este país siempre ha acogido a los inmigrantes.* This country has always welcomed immigrants. **2** (una obra, una idea, una noticia) to receive: *La crítica ha acogido muy bien la obra.* The play was very well received by the critics.
—**acogerse** v pron **acogerse a una ley/un beneficio** to have recourse to a law/to claim a benefit

acogida s **1** (aceptación) reception • **tener una buena/mala acogida** to be well/not well received **2** (recibimiento) welcome **3** (hospitalidad, protección) **dar acogida a alguien** to take sb in • **de acogida** *una familia de acogida* a foster family • *un centro de acogida* a reception center

acolchado¹, -a adj padded

acolchado² s padding

acomedido, -a adj helpful, obliging (*más frml*)

acomodado, -a adj well-off: *una familia acomodada* a well-off family ▶ ver nota en **RICH**

acomodador, -a s **acomodador** usher • **acomodadora** usherette

acomodar v [T] **1** (situar – huéspedes) to accommodate; (objetos) to put: *No sé dónde acomodar todos estos CDs.* I don't know where to put all these CDs. • *Acomodó al bebé sobre su regazo.* He sat the baby on his lap. • *Ayúdame a acomodar a los niños en la mesa.* Help me sit the children at the table. **2** (adaptar) **acomodar algo a algo** to adapt sth to suit sth: *Puedo acomodar mis horarios a mis necesidades.* I can fit my hours around my own needs. **3** (a un amigo, un pariente) **acomodar a alguien en algo** to get sb a job in sth: *Acomodó a su mujer en un ministerio.* He got his wife a job in a government department. **4** (convenir) to suit: *¿A qué horas te acomoda?* What times are best for you?
—**acomodarse** v pron **1** (instalarse) to settle yourself, to make yourself comfortable: *Nos acomodamos en el asiento de atrás.* We settled ourselves in the back seat. **2** (adaptarse) to adapt: *Las empresas deberán acomodarse a las nuevas pautas.* Companies must adapt to the new guidelines. **3** **acomodarse los anteojos/la corbata** to adjust your glasses/your tie

acompañado, -a adj accompanied • **acompañado -a de/por alguien** accompanied by sb: *Iba acompañado de sus guardaespaldas.* He was accompanied by his bodyguards. • **ir/venir acompañado -a** *Vino acompañada.* She came with someone. • *Tienen que ir siempre acompañados.* They must always be accompanied by someone. • **bien/mal acompañado -a** in good/bad company

acompañamiento s **1** (en música) accompaniment • **cantar sin acompañamiento** to sing unaccompanied **2** (de una comida) accompaniment

acompañante s **1** (de una persona) companion: *Es acompañante asiduo de la estrella.* He is the star's constant companion. • *Puedes venir con un acompañante.* You can bring someone with you. **2** (músico) accompanist **3** (en un vehículo) passenger: *el asiento del acompañante* the passenger seat

acompañar v [T] **1** (ir con) to go with, to accompany (*más frml*); (venir con) to come with, to accompany (*más frml*): *El perro lo acompaña a todas partes.* His dog goes everywhere with him. • *el libro que acompaña al CD* the book that accompanies the CD • *¿Me acompañas al supermercado?* Will you come to the supermarket with me? • **acompañar a alguien hasta la puerta** to see sb to the door, to see sb out **2** (hacer compañía a) **acompañar a alguien** to keep sb company **3** (a un cantante, un músico) to accompany: *Daniel nos acompañó con la guitarra.* Daniel accompanied us on the guitar. **4** (un plato) **acompañar algo con/de algo** to serve sth with sth: *El pescado viene acompañado de papas.* The fish is served with potatoes.

EXPRESIONES
te/le acompaño en el sentimiento my condolences • **la suerte/el tiempo nos acompañó** luck/the weather was on our side

acomplejado, -a adj **estar acomplejado -a por algo** to have a complex about sth: *Está acomplejado por su acné.* He has a complex about his acne. • **estar muy acomplejado -a** to have a lot of hang-ups

acondicionado adj ▶ **AIRE acondicionado**

acondicionador s (para el pelo) conditioner
acondicionador de aire air-conditioning unit

acondicionar v [T] **1** (adaptar, modificar) to equip, to fit out • **acondicionar algo como algo** to convert sth into sth **2** (un vehículo, un aparato) **acondicionarle algo a algo** to soup sth up

aconfesional adj secular: *un estado aconfesional* a secular state

acongojado, -a adj upset, distressed: *Estaban muy acongojados.* They were very upset.

aconsejable adj advisable

aconsejar v [T] (recomendar) to advise: *¿Qué me aconsejas?* What do you advise me to do? • *Necesito que me aconsejes.* I need your advice. • **aconsejarle a alguien que haga algo** to advise sb to do sth: *Nos aconsejaron que llegáramos temprano.* They advised us to get there early.

acontecimiento s event: *un acontecimiento histórico* an historic event • *Fue todo un acontecimiento.* It was quite an occasion. • **adelantarse/anticiparse a los acontecimientos (a)** (precipitarse) to jump the gun **(b)** (prevenirse) to anticipate events

acopio s (acción) gathering • **hacer acopio de alimentos/combustible** to stock up on food/fuel • **hacer acopio de valor/fuerzas** to pluck up your courage/to gather your strength

acoplar v [T] **1** (conectar) to connect; (vagones) to couple • **acoplar algo a algo** to connect sth to sth **2** (piezas) to attach
—**acoplarse** v pron (adaptarse) to fit in, to adapt • **acoplarse a algo** to adapt to sth

acorazado s battleship

acordar v [T] (convenir) to agree • **acordar hacer algo** to agree to do sth
—**acordarse** v pron to remember: *–¿Dónde lo pusiste? –No me acuerdo.* "Where did you put it?" "I can't remember." • **acordarse de algo/alguien** to remember sth/sb: *¿Te acuerdas de Betty?* Do you remember Betty? • **acordarse de hacer algo** to remember to do sth: *Acuérdate de traerme los libros.* Remember to bring me the books. • **no acordarse de hacer algo** to forget to do sth: *No se acordó de llamarla.* He forgot to call her. • **acordarse de haber hecho algo** to remember doing sth: *No me acuerdo de haber dicho eso.* I don't remember saying that.

acorde[1] adj **acorde con algo** (en concordancia con) appropriate to sth: *un puesto acorde con su experiencia* a post appropriate to your experience • *una imagen más acorde con la realidad de la compañía* an image more in keeping with the nature of the company

acorde[2] s (en música) chord

acordeón s **1** (instrumento) accordion **2** (para copiar en un examen) crib sheet, crib

acordonar v [T] to cordon off: *Han acordonado la zona.* They have cordoned off the area.

acorralado, -a adj cornered • **tener a alguien acorralado -a** to have sb cornered • **verse acorralado -a** to be cornered, to be backed into a corner

acorralar v [T] (en un lugar) to corner; (en una situación) to back into a corner

acortar v [T] **1** (un vestido, una falda) to shorten: *¿Me ayudas a acortar estos pantalones?* Can you help me shorten these pants? **2** (en duración) to shorten
EXPRESIONES
acortar (camino) to take a short cut: *Vamos por aquí para acortar.* Let's take a short cut through here.
—**acortarse** v pron **1** (días) to get shorter; (periodo, plazo) to be shortened **2** (brecha) to narrow; (diferencia) to grow smaller

acosador, -a s **1** (acechador) stalker **2** (que intimida) bully (pl -llies)

acosar v [T] to harass • **acosar sexualmente a alguien** to sexually harass sb

acoso s harassment
acoso escolar bullying at school • acoso laboral harassment at work • acoso sexual sexual harassment

acostado, -a adj **1** (en la cama) in bed: *Estaban todos acostados.* They were all in bed. **2 estar acostado -a en el piso/en el pasto** to be lying on the floor/on the grass

acostar v [T] **acostar a alguien** to put sb to bed
—**acostarse** v pron **1** (irse a dormir) to go to bed: *Anoche me acosté tarde.* I went to bed late last night. **2** (tenderse) to lie down: *Voy a acostarme un rato.* I'm going to lie down for a while. **3** (tener relaciones sexuales) **acostarse con alguien** to go to bed with sb, to sleep with sb

acostumbrado, -a adj **1 estar acostumbrado -a a (hacer) algo** to be used to (doing) sth: *El equipo está acostumbrado a ganar.* The team is used to winning.

2 (habitual) usual, customary (*más frml*)

acostumbrar v [T] **acostumbrar a alguien a hacer algo** to get sb used to doing sth: *Lo acostumbraron a comer de todo.* They got him used to eating all sorts of things.
—**acostumbrarse** v pron **acostumbrarse a (hacer) algo** to get used to (doing) sth: *No me puedo acostumbrar a comer tan temprano.* I can't get used to having lunch so early.

acotación s **1** (en un guión) stage direction **2** (en un libro, un texto) note **3** (al hablar) observation: *¿Me permiten una acotación?* Could I just make an observation?
acotación al margen footnote

acotamiento s (en la carretera) shoulder

acre[1] s acre (=4046,85 m²)

acre[2] adj (sabor) sharp, bitter; (olor) acrid, pungent

acreditación s (de congresista, periodista) pass (pl -sses); (documento) certificate

acreditado, -a adj **1** (diplomático, periodista) accredited **2** (prestigioso, conocido – persona) distinguished; (marca, empresa) reputable

acreditar v [T] (probar) to provide evidence of: *Tienes que acreditar tus conocimientos del idioma.* You must provide evidence of your knowledge of the language. • **acreditar a alguien como algo** to prove that sb is sth

acreedor[1], -a adj (banco, entidad) creditor [solo ante s]: *países acreedores* creditor countries

acreedor[2], -a s creditor

acribillar v [T] **1** (herir) **acribillar a alguien a tiros/a balazos** to riddle sb with bullets **2** (molestar) **acribillar a alguien a preguntas** to bombard sb with questions

acrílico, -a s, adj acrylic

acristalado, -a adj glass [solo ante s], glazed: *un edificio acristalado* a glass building

acristalamiento s glazing ▶ DOBLE acristalamiento

acrobacia s acrobatics [pl] • **hacer acrobacias (a)** (ejercicio) to do acrobatics **(b)** (para superar una dificultad) to perform miracles
acrobacia aérea aerobatics [pl]

acróbata s acrobat

acrónimo s **1** (sigla) acronym **2** (palabra compuesta) acronym

acta s **1** (de una reunión) minutes [pl] • **levantar (un) acta/redactar el acta** to take the minutes/to write up the minutes **2** (certificación) record; (de nacimiento, defunción) certificate • **levantar acta de...** to record that..., to put it on record that... **3 actas** [pl] (de un congreso, de unas jornadas) proceedings
acta de defunción death certificate • acta de matrimonio marriage certificate • acta de nacimiento birth certificate • acta notarial affidavit

actitud s **1** (disposición) attitude: *Me prometió que iba a cambiar de actitud.* She promised me she was going to change her attitude. **2** (postura física) attitude: *una actitud de sumisión* a submissive attitude • *Tenía una actitud pensativa.* He looked pensive.

activar v [T] **1** (una alarma, una máquina) to activate; (una bomba) to detonate **2** (negociaciones, un proceso) to speed up; (la circulación) to stimulate: *Buscan activar el acuerdo.* They are looking to speed up the agreement. • *ejercicios que activan la circulación sanguínea* exercises that stimulate the circulation
—**activarse** v pron (dispositivo, mecanismo) to be activated

actividad s activity (pl -ties): *una actividad en grupos* a group activity • *Tengo muchas actividades después de clase.* I do a lot of activities after school. • *Fue un día de mucha actividad.* It was a very busy day. • **la actividad docente/política/turística** teaching/politics/tourism • **la actividad empresarial/comercial** business activity

A

en actividad (volcán) active • **entrar en actividad** (central nuclear, planta industrial) to come into operation; (volcán) to become active

activista *s* activist

activo¹, -a *adj* active: *Es un niño poco activo.* He's not a very active boy. • **mantenerse activo -a** to keep active ▶ **voz activa**

activo² *s* assets [pl]: *el activo de la empresa* the company's assets

acto *s* **1** (acción) act: *un acto de valor* an act of bravery **2** (ceremonia) ceremony (pl -nies): *Nos invitaron al acto de inauguración.* We were invited to the opening ceremony. **3** (de una obra de teatro) act

en el acto on the spot, there and then: *Me contestaron en el acto.* They gave me an answer there and then. • *Se hacen fotografías en el acto.* Photographs developed while you wait. • **hacer acto de presencia** to put in an appearance, to show your face
acto seguido immediately afterward

actor, **actriz** *s* **actor** actor • **actriz** actress (pl -sses), actor ▶ ver nota en **ACTOR**

actuación *s* **1** (de un actor, un equipo) performance: *La actuación de Roberts es excelente.* Roberts gives an excellent performance. **2** (conducta) conduct: *Se criticó la actuación de la policía.* The police were criticized for their conduct. **3** (arte dramático) acting

actual *adj* (situación, circunstancias) current, present: *los actuales dueños de la tienda* the present owners of the store • *un tema muy actual* a very topical subject • **la sociedad/el mundo actual** society/the world today • **la Alemania/el México actual** present-day Germany/Mexico

---

⚠ Las palabras "actual" y "actualmente" se pueden traducir de varias maneras en inglés, pero nunca por *actual* o *actually*:
I enjoy my current (✗ *actual*) *job.*
I enjoy the work I have at the moment (✗ *actually*).
The situation in today's (✗ *actual*) *Spain.*

---

actualidad *s* **1** (realidad actual) current situation: *la actualidad en el Medio Oriente* the current situation in the Middle East **2** (noticias, sucesos) news: *la actualidad política* the current political situation • *un programa de actualidad económica* an economic news program

en la actualidad (a) (en este momento) currently: *En la actualidad vive en Brasil.* He is currently living in Brazil. **(b)** (hoy en día) nowadays: *En la actualidad eso se hace por computador.* Nowadays that is done by computer. • **estar de actualidad** to be in the news: *La banda vuelve a estar de actualidad.* The band is in the news again. • **un tema de (gran) actualidad** a (highly) topical subject

actualización *s* *un sistema de actualización automática de precios* a system that automatically updates prices • **hacer una actualización de algo** to update sth

actualizar *v* [T] (información) to update; (software, memoria) to upgrade: *Tengo que actualizar el antivirus.* I have to update my anti-virus program.

mantenerse actualizado -a (persona) to keep up to date

actualmente *adv* **1** (en este momento) currently: *Actualmente viven en Bogotá.* They are currently living in Bogotá. **2** (hoy en día) nowadays: *Actualmente las personas viven más tiempo.* Nowadays people live longer.

actuar *v* [I] **1** (comportarse) to behave: *Actuó muy mal, y lo sabe.* He behaved very badly and he knows it. **2** (obrar) to act: *Actuó sin reflexionar.* He acted without thinking. **3** (como actor) to act: *Había actuado en muchas películas.* He had acted in many movies. • *No sabe actuar.* He can't act.

---

acuarela *s* watercolor

Acuario *s* Aquarius: *Soy (de) Acuario.* I'm an Aquarius.

acuario *s* **1** (edificio) aquarium **2** (pecera) fish tank, aquarium

acuático, -a *adj* **1** (deporte) water [solo ante s]: *deportes acuáticos* water sports **2** (ave, planta) water [solo antes de s], aquatic; (animal, fauna) aquatic: *aves acuáticas* water birds ▶ **ESQUÍ acuático**, **PARQUE acuático**

acuchillar *v* [T] to stab

acuciante *adj* pressing, urgent

acudir *v* [I] **1** (ir) to go; (venir) to come • **acudir a** (asistir) to attend, to be at: *Miles de personas acudieron al concierto.* Thousands of people were at the concert. • **acudir a la mente/memoria** to come to mind/to come flooding back: *el primer pensamiento que acude a la mente* the first thought that comes to mind • *¡Cuántos recuerdos acuden a mi memoria!* So many memories come flooding back! **2** (recurrir) **acudir a alguien** to turn to sb: *Acudió a su padre para que lo ayudara.* He turned to his father for help.

acueducto *s* aqueduct

acuerdo *s* agreement: *un acuerdo entre el club y los jugadores* an agreement between the club and the players • **llegar a/alcanzar un acuerdo** to reach an agreement • **firmar un acuerdo** to sign an agreement

de acuerdo all right, okay: *–¿Te paso a buscar a las 8? –De acuerdo.* "Should I come by and get you at 8?" "All right." • **estar de acuerdo** to agree: *Laura está de acuerdo conmigo.* Laura agrees with me. • *No están de acuerdo en nada.* They don't agree about anything. • **ponerse de acuerdo** to agree: *Nos pusimos de acuerdo para ir juntos.* We agreed to go together. • *A ver si nos ponemos de acuerdo sobre esto.* Let's see if we can agree about this. • **de acuerdo con algo** (según) according to sth: *De acuerdo con las últimas encuestas, ha perdido popularidad.* According to the latest polls, his popularity has declined.
acuerdo de paz peace agreement • **acuerdo marco** framework agreement

acumulación *s* accumulation

acumular *v* [T] to accumulate
—**acumularse** *v pron* **1** (nieve, arena, basura) to pile up, to accumulate (*más frml*) **2** (trabajo) to mount up

acumulativo, -a *adj* cumulative

acunar *v* [T] to rock

acuñar *v* [T] **1** (una palabra, un término) to coin; (una estrategia) to develop **2** (una moneda) to mint; (una medalla) to strike

acuoso, -a *adj* **1** (con líquido) watery: *ojos acuosos* watery eyes **2** (del agua) water [solo ante s], aqueous [técn]: *contenido acuoso* water content

acupuntura *s* acupuncture

acurrucarse *v pron* to curl up: *Me acurruqué en el sillón para mirar la tele.* I curled up in the chair to watch TV.

acusación *s* **1** (imputación) accusation; (en contextos legales) charge **2** (personas que acusan) prosecution

acusado, -a *s* **el acusado/la acusada** the accused • **los acusados** the accused

acusar *v* [T] (inculpar) **acusar a alguien (de algo)** to accuse sb (of sth); (en contextos legales) to charge sb (with sth): *La acusó de mentirosa.* He accused her of lying. ▶ **acusar RECIBO**

acuse *s* **acuse de recibo** acknowledgement of receipt

acusetas (tb **acusete -a**) *s* tattletale

acústica *s* acoustics [pl]

acústico, -a *adj* acoustic

adaptable *adj* adaptable

adaptación s adaptation: *una adaptación para el cine* a film adaptation • *un periodo de adaptación* a period of adjustment

adaptador s (para un enchufe) adapter

adaptar v [T] to adapt: *Tendré que adaptar mi horario para acomodarlo.* I'll have to change my hours to fit it in.
—**adaptarse** v pron to adapt: *Se adaptó enseguida al nuevo colegio.* He adapted to his new school in no time.

adecuado, -a adj **1** (apropiado) suitable: *No es un regalo adecuado para una muchacha joven.* It isn't a suitable present for a young girl. • **el momento adecuado/la palabra adecuada** the right moment/the right word: *No era el momento adecuado para sacar el tema.* It wasn't the right moment to bring the subject up. **2** (suficiente) adequate: *una alimentación adecuada* an adequate diet

adecuar v [T] to adapt, to adjust: *estrategias para adecuar la oferta a la demanda* strategies for adjusting supply to demand
—**adecuarse** v pron **adecuarse a las circunstancias** to adapt to the circumstances • **adecuarse a la realidad/a los avances técnicos** to keep in line with reality/technical advances

adefesio s (edificio) eyesore; (persona) sight: *¡Estás hecha un adefesio!* You look a sight!

adelantado, -a adj **1** (país, alumno) advanced: *Es la alumna más adelantada de la clase.* She is the most advanced student in the class. **2** (reloj) fast: *Tu reloj está adelantado.* Your watch is fast. **3** (trabajo, obra) **estar adelantado -a** *La construcción está muy adelantada.* The building work is well advanced. • **ir adelantado -a** *El otro grupo va más adelantado.* The other group is further ahead. **4 adelantado -a a su época/tiempo** ahead of your time: *un científico adelantado a su tiempo* a scientist who was ahead of his time

EXPRESIONES
por adelantado in advance: *pagar por adelantado* to pay in advance

adelantamiento s overtaking

adelantar v

1 un viaje, una fiesta
2 colocar más adelante
3 un reloj
4 vehículo
5 una suma de dinero
6 conseguir
7 decir con anticipación
8 en un partido, un torneo
9 progresar

1 UN VIAJE, UNA FIESTA [T] to bring forward: *Nos adelantaron el examen al día 9.* They've moved the exam up to the 9th.
2 COLOCAR MÁS ADELANTE [T] to move forward
3 UN RELOJ [T] to set forward: *Esta noche hay que adelantar los relojes una hora.* Clocks have to be set forward one hour tonight.
4 VEHÍCULO [I, T] to overtake
5 UNA SUMA DE DINERO [T] to advance: *Me adelantaron 500 pesos del sueldo.* They advanced me 500 pesos against my salary.
6 CONSEGUIR [T] to gain: *No adelantas nada contándoselo ahora.* You don't gain anything by telling her now.
7 DECIR CON ANTICIPACIÓN [T] *Te adelanto que no estoy de acuerdo.* I can tell you now I don't agree. • *El ministro adelantó que iba a renunciar.* The minister revealed that he was going to resign.
8 EN UN PARTIDO, UN TORNEO [T] to get ahead of: *Con ese gol, adelantaron a sus rivales.* That goal put them ahead of their opponents.
9 PROGRESAR [I] to make progress
—**adelantarse** v pron
1 VERANO, FRÍO to come early: *El verano se ha adelantado este año.* Summer has come early this year.

2 ANTICIPARSE *Iba a llamarlo, pero te me adelantaste.* I was going to call him, but you beat me to it. • **adelantarse a quejas/preguntas** to anticipate complaints/questions
3 EN UNA CARRERA to get ahead • **adelantarse a alguien** to get ahead of sb
4 RELOJ to gain time: *Llevé el reloj a arreglar porque se adelantaba.* I took my watch to be repaired because it was getting faster.
5 ESCRITOR, CIENTÍFICO **adelantarse a su época/a su tiempo** to be ahead of your time ▸ **adelantarse a los** ACONTECIMIENTOS

adelante¹ adv **1** (lugar) in front: *Me senté adelante de todo.* I sat right in front. • *el taxi de adelante* the cab in front • **hasta adelante** in front **2** (indicando dirección) forward: *Dio un paso adelante.* She took a step forward. • **hacia adelante** forward

EXPRESIONES
en adelante from now on, in the future • **de aquí/ahora en adelante** from now on, in the future • **de hoy/marzo en adelante** from today/March onward • **de 18 años en adelante** aged 18 and over: *ciudadanos de 18 años en adelante* citizens aged 18 and over • **más adelante (a)** (en el espacio) further on: *Está a unos kilómetros más adelante.* It's a few kilometers further on. **(b)** (en el tiempo) later on: *Ya hablaremos de eso más adelante.* We can talk about that later on. • **seguir adelante** to carry on: *Siguieron adelante a pesar de todo.* They carried on in spite of everything.

adelante² interj **1** (invitando a pasar – desde dentro) come in **2** (invitando a pasar – desde fuera) go in: *Adelante, está abierto.* Go in, it's open.

adelante de prep **1** (frente a) **adelante de algo/alguien** in front of sth/sb **2** (más avanzado, en mejor posición) **adelante de algo/alguien** ahead of sth/sb

adelanto s **1** (de dinero) advance: *pedir un adelanto* to ask for an advance **2** (científico, tecnológico) advance: *los adelantos en las comunicaciones* advances in communications **3** (en el tiempo) *Acordaron el adelanto de las elecciones.* They agreed to bring the election forward. • **llegar con media hora/veinte minutos de adelanto** to arrive half an hour/twenty minutes early **4** (de un disco) preview; (de un libro) excerpt

adelfa s oleander

adelgazamiento s **una dieta/un tratamiento de adelgazamiento** a diet/treatment to lose weight

adelgazante adj dieting: *un producto adelgazante* a dieting product

adelgazar v (rebajar) **(a)** [I] to lose weight: *Tengo que adelgazar.* I need to lose weight. **(b)** [T] to lose: *Adelgazó cinco kilos.* He lost five kilos.

ademán s gesture • **con ademán amenazador/serio** threateningly/seriously • **hacer ademán de hacer algo** to make as if to do sth: *Hizo el ademán de irse.* He made as if to leave.

además adv **1** (para agregar información) besides, moreover (más frml): *Es tarde. Además, estoy cansado.* It's late. Besides, I'm tired. **2** (también) also, as well: *Estudia ingeniería y además trabaja.* She's studying engineering and has a job as well.

además de prep as well as; (en preguntas) apart from: *Además de bonita, es inteligente.* She's smart as well as pretty. • *¿Qué te gusta hacer, además de tocar la guitarra?* What do you like doing, apart from playing the guitar?

adentro adv inside: *Pasen adentro, por favor.* Go inside, please. • *Abre el cajón y dime qué hay adentro.* Open the drawer and tell me what's inside. • *Está fresco, vamos a tener que comer adentro.* It's a little bit cold, we'll have to eat inside. • **abrir/empujar hacia adentro** to open inward/to push in

EXPRESIONES
mar/tierra adentro out to sea/inland

adentro de *prep* in: *No se podía respirar adentro del metro.* You couldn't breathe in the subway. • *Adentro de la casa estaba todo oscuro.* Inside the house all was dark.

adentros *s* [pl] **para mis/sus adentros** to myself/to himself • **pensó/confesó para sus adentros** she thought/admitted to herself

aderezar *v* [T] (una ensalada) to dress; (carne, pescado) to season

aderezo *s* **1** (para ensaladas) dressing **2** (para carne, pescado) seasoning

adeudar *v* [T] (deber) to owe

adherencia *s* grip

adherente[1] *adj* adhesive

adherente[2] *s* supporter

adherir *v* [T] (pegar) to stick: *Adhiera las dos partes.* Stick the two parts together.
—**adherirse** *v pron* **1** (pegarse) to stick, to adhere (*más frml*) **2 adherirse a una idea/proposición** to support an idea/a proposal • **adherirse a una organización** to join an organization

adhesión *s* **1** (apoyo) support • **adhesión a una idea/la huelga** support for an idea/the strike **2** (afiliación) **con la adhesión de nuevos países/miembros...** with the new countries/members that have joined... **3** (pegado) adhesion [técn]: *La adhesión de etiquetas puede dañar un CD.* Sticking labels onto CDs can damage them.

adhesivo[1], -a *adj* sticky, adhesive (*más frml*) ▶ CINTA **adhesiva**

adhesivo[2] *s* adhesive

adicción *s* addiction: *Se recuperó de su adicción a la heroína.* He recovered from his heroin addiction. • **crear adicción** to be addictive: *El tabaco crea adicción.* Tobacco is addictive.

adición *s* (en matemáticas) addition

adicional *adj* additional

adictivo, -a *adj* addictive

adicto[1], -a *adj* **1** addicted: *Es adicto a los calmantes.* He's addicted to painkillers. **2 ser adicto -a al trabajo** to be a workaholic

adicto[2], -a *s* addict: *Crece el número de adictos a Internet.* The number of Internet addicts is increasing.

adiestrador, -a *s* trainer

adiestramiento *s* training
adiestramiento de perros dog training

adiestrar *v* [T] **1** (soldados, alumnos) to train **2** (un perro) to train

adinerado, -a *adj* wealthy ▶ ver nota en RICH

adiós *interj* **1** (al despedirse) bye, goodbye (*más frml*) • **decirle adiós a alguien** to say goodbye to sb • **hacerle adiós (con la mano) a alguien** to wave goodbye to sb: *Dile adiós a la abuela.* Wave goodbye to grandma. **2** (al cruzarse con alguien) hi, hello

aditivo *s* additive: *sin aditivos ni colorantes* no additives or artificial coloring

adivinación *s* prophecy (pl -cies)

adivinanza *s* riddle: *¿Sabes alguna adivinanza?* Do you know any riddles?

adivinar *v* [T] **1** (acertar) to guess: *Adivina cuántos años tiene.* Guess how old she is. • **¿a que no adivinas quién/cómo?** you'll never guess who/how!: *¿A que no adivinas a quién he visto?* You'll never guess who I saw! ▶ **adivinar el** PENSAMIENTO **2** (predecir) to predict • **adivinarle el futuro a alguien** to tell sb's fortune

adivino, -a *s* fortune-teller

adjetivo *s* adjective

adjudicar *v* [T] (un premio) to award; (una obra) to award the contract for

—**adjudicarse** *v pron* **1** (una victoria) to win **2** (apropiarse) to take for yourself: *Quiere adjudicarse el mérito del triunfo.* He wants to take the credit for their victory himself.

adjuntar *v* [T] **1** (a un e-mail, a un informe) to attach: *Le adjunto el documento.* I'm attaching the document. **2** (a una carta, en un sobre) to enclose: *Adjunte su currículum a la carta.* Enclose your CV with the letter.

adjunto, -a *adj* **1** (a un e-mail, a un informe) attached: *el gráfico adjunto* the attached graph • *No pude abrir el documento adjunto.* I couldn't open the attachment. **2** (a una carta, en un sobre) enclosed: *Ver el currículum adjunto.* See the enclosed CV.

administración *s* **1** (de fondos, recursos) management: *la administración de los recursos naturales* the management of natural resources **2** (secretaría) Administration **3** (gobierno) administration
administración de empresas business administration • la Administración Pública the civil service

administrador, -a *s* (de bienes, fondos) administrator; (de una organización) manager: *Tiene un administrador que le lleva las cuentas.* He has an administrator who does his accounts.

EXPRESIONES
ser un buen/mal administrador to be good/bad at managing money

administrar *v* [T] **1** (el dinero) to manage: *No sabe administrar bien el dinero.* She's not very good at managing money. **2** (un servicio) to run; (una empresa) to run, to manage **3** (un medicamento) to give, to administer (*más frml*): *Le administraron un sedante.* They gave him a tranquilizer.
—**administrarse** *v pron* **saber administrarse** to be good at managing your finances

administrativo[1], -a *adj* administrative • **trabajo/el personal administrativo** administrative work/the administrative staff

administrativo[2], -a *s* (empleado) administrative assistant

admirable *adj* **1** (honestidad, paciencia) admirable **2** (conocimientos, currículum) impressive

admiración *s* (sentimiento) admiration: *Siento una gran admiración por ella.* I have great admiration for her. • **ser digno -a de admiración** to be admirable ▶ SIGNO **de admiración**

admirador, -a *s* admirer

admirar *v* [T] **1** (a una persona) to admire: *Lo admiro por su honestidad.* I admire him for his honesty. **2** (un cuadro, un paisaje) to admire: *Estuvimos un rato admirando el paisaje.* We admired the scenery for a while. **3** (causar sorpresa a) **admirar a alguien algo** *Me admira su capacidad de trabajo.* I'm amazed at his capacity for work.

admisible *adj* acceptable

admisión *s* admission

admitir *v* [T] **1** (reconocer) to admit: *Admito que me equivoqué.* I admit that I was wrong. • *Es mejor que admitas tu error.* It would be better if you admitted your mistake. **2** (en un curso, un club) to admit **3** (tolerar) to allow: *Eso no lo admito.* I don't allow that. • *No admitieron discusión alguna.* They wouldn't allow any discussion.

ADN *s* (abrev de **ácido desoxirribonucleico**) DNA

adobado, -a *adj* marinated

adobar *v* [T] (una carne, un pescado) to marinate

adobe *s* adobe

adobo *s* marinade • **camarones/lomo (de cerdo) en adobo** marinated shrimp/loin of pork

adoctrinar *v* [I, T] to indoctrinate

adolecer *v* [I] **adolecer de algo** to suffer from sth: *La organización adolece de falta de inversión.* The organization is suffering from a lack of investment.

adolescencia s adolescence

adolescente[1] s teenager, adolescent (*más frml*): *Es un adolescente típico.* He's a typical teenager.

adolescente[2] *adj* teenage, adolescent (*más frml*): *Tiene dos hijos adolescentes.* She has two teenage children.

adolorido, -a *adj* **estar adolorido -a** to be in pain: *Está muy adolorida.* She's in a lot of pain. • **tengo la pierna/la mano adolorida** my leg/hand hurts: *Tenía el ojo adolorido.* My eye hurt. • *Tengo todo el cuerpo adolorido.* My whole body hurts.

adonde *pron* where: *el hospital adonde lo llevaron* the hospital where he was taken

adónde *pron* where: *¿Adónde va Lucas?* Where's Lucas going? • *Pregúntale adónde va.* Ask her where she's going.

adondequiera *adv* wherever: *Me la encuentro adondequiera que voy.* I bump into her wherever I go.

adopción s **1** (de un niño) adoption **2** (de una actitud, una medida) adoption: *un conflicto que requiere la adopción de medidas urgentes* a conflict which requires urgent measures to be taken **3** (de un método) adoption

adoptado, -a *adj* adopted: *Tienen dos hijos adoptados.* They have two adopted children.

adoptar *v* **1** [I,T] (a un niño) to adopt **2** [T] (una actitud, una medida) to take, to adopt (*más frml*) **3** [T] (un método) to adopt

adoptivo, -a *adj* **1** (hijo) adopted **2** (padres, familia) adoptive **3** (país) adopted • **mi/su patria adoptiva** my/his adopted country

adoquín s cobblestone

adorable *adj* adorable

adoración s (en religión) adoration

adorar *v* [T] **1** (querer mucho) to adore: *Tu abuela te adora.* Your grandmother adores you. **2** (disfrutar mucho de) to love: *Adoro el chocolate.* I love chocolate. **3** (a una divinidad) to worship

adormecer *v* [T] **1** (causar somnolencia) to lull to sleep: *El sonido de la lluvia me adormeció.* The sound of the rain lulled me to sleep. **2** (insensibilizar) to numb —**adormecerse** *v pron* to fall asleep

adormecimiento s (falta de sensibilidad) numbness

adormilado, -a *adj* dozing • **quedarse adormilado -a** to doze off

adornar *v* [T] **1** (una habitación, un edificio) to decorate, to adorn (*más frml*) **2** (un texto, un relato) to embellish

adorno s **1** (objeto) ornament • **figuritas/objetos de adorno** ornaments **2** (navideño) decoration

adosado, -a *adj* attached: *una cartelera adosada a la pared* a billboard attached to the wall

adquirir *v* [T] **1** (experiencia) to gain; (conocimientos) to acquire **2** (comprar) to buy, to purchase (*más frml*)

adquisición s **1** (de un objeto) purchase **2** (de conocimientos) acquisition **3** (objeto adquirido) acquisition, purchase • **ser una buena adquisición** to be a good buy

adquisitivo, -a *adj*

adrede *adv* on purpose, deliberately: *Lo hiciste adrede.* You did it on purpose.

adrenalina s adrenalin

EXPRESIONES
descargar adrenalina to let off steam

aduana s customs [+ v en sing] • **pasar por la aduana** to go through customs

aduanero, -a *adj* customs [solo ante s]: *las autoridades aduaneras* the customs authorities

aducir *v* [T] to claim, to cite (*más frml*): *Adujo conflicto de intereses.* He claimed a conflict of interests.

adueñarse *v pron* **adueñarse de algo** (un lugar, pertenencias) to take over sth; (el dinero, los fondos) to appropriate sth

adulador, -a *adj* flattering

adular *v* [T] to flatter

adulteración s adulteration

adulterar *v* [T] **1** (un alimento) to adulterate **2** (la verdad) to distort; (los resultados, las pruebas) to tamper with

adulterio s adultery

adúltero, -a *adj* **1** (marido, mujer) adulterous **2** (relación) adulterous

adulto, -a s, *adj* adult

advenimiento s (llegada) advent: *el advenimiento de la democracia* the advent of democracy

adventista s, *adj* Adventist

adverbial *adj* adverbial

adverbio s adverb

adversario, -a s opponent, adversary (pl -ries) (*más frml*)

adversidad s adversity

adverso, -a *adj* adverse

advertencia s warning: *Es la última advertencia que te hago.* This is the last warning I'm going to give you.

advertir *v* [T] **1** (avisar) to warn: *Le advertí que no lo hiciera.* I warned him not to do it. • **advertirle a alguien de algo** to warn sb of sth: *No nos advirtieron del riesgo.* We weren't warned of the risk. **2** (notar) to notice: *¿Has advertido su presencia?* Did you notice whether he was there?

Adviento s Advent

adyacente *adj* adjacent

aéreo, -a *adj* **1** (vista, foto) aerial **2** (de la aviación) air [solo ante s] • **un ataque aéreo** an air raid ▶ FUERZA **aérea**, LÍNEA **aérea**, PUENTE **aéreo**, TRÁFICO **aéreo**, VÍA **aérea**

aerobic (tb **aeróbic**) s aerobics [+v en sing]

aerobics (tb **aeróbicos**) s [+v en sing] aerobics

aeroclub s flying club

aerodinámica s aerodynamics [+v en sing]

aerodinámico, -a *adj* aerodynamic

aeródromo s airfield

aeroespacial *adj* aerospace [solo ante s]: *los viajes aeroespaciales* space travel

aerolínea s airline

aeromodelismo s model airplane making

aeromoza s stewardess (pl -sses) ▶ Las aeromozas prefieren el término **flight attendant** para referirse a sí mismas.

aeronáutica s aeronautics [+v en sing]

aeronáutico, -a *adj* aeronautical

aeronaval *adj* air-sea [solo ante s]: *maniobras aeronavales* air-sea maneuvers

aeronave s aircraft (pl aircraft)

aeroplano s airplane

aeroportuario, -a *adj* airport [solo ante s] • **las autoridades/las instalaciones aeroportuarias** the airport authorities/facilities

aeropuerto s airport

aerosol s aerosol

aerotaxi s air taxi

afable *adj* affable

afán s **1** (aspiración) desire: *personas con afán de superación* people with a desire to better themselves • *Tiene afán de protagonismo.* He likes to be the center

A

of attention. **2** (prisa) hurry: *No es un libro para leer con afán*. It's not a book to be read in a hurry. • **tener/llevar afán** to be in a hurry: *Ya me voy, tengo afán*. I'm going now, I'm in a hurry. **3** (esfuerzo) **poner afán** to make an effort • **poner mucho afán en algo** to put a lot of effort into sth

afanador, -a *s* (limpiador) cleaner

afanarse *v pron* **1** (darse prisa) to hurry: *¡Afánate, es tarde!* Hurry up, it's late! **2** (preocuparse) to worry **3** (esforzarse) **afanarse en/por hacer algo** to make a big effort to do sth, to try hard to do sth: *Se afana por sacar buenas notas*. He tries hard to get good grades.

afear *v* [T] **afear a alguien/algo** to make sb/sth look ugly: *La nariz tan larga le afea la cara*. That long nose makes him look ugly.

afección *s* condition • **una afección respiratoria/ pulmonar** a respiratory/lung condition

afectado[1], -a *adj* **1** (perjudicado) affected: *una de las zonas afectadas por la inundación* one of the areas affected by the flood • *las zonas más afectadas* the worst hit areas **2** (poco natural) affected

afectado[2], -a *s* victim: *los afectados por el huracán* the hurricane victims

afectar *v* [T] **1** (conmover) to upset, to affect (*más frml*): *La muerte de su abuelo lo afectó muchísimo*. His grandfather's death upset him terribly. **2** (incumbir, perjudicar) to affect: *Las medidas afectan principalmente a los estudiantes universitarios*. The measures mainly affect university students.

afectísimo, -a *adj* **suyo afectísimo** (al especificar el destinatario) sincerely yours; (al no especificar el destinatario) yours truly

afectividad *s* emotions [pl]

afectivo, -a *adj* emotional

afecto *s* affection • **tenerle afecto a alguien** to be fond of sb • **tomarle afecto a alguien** to become fond of sb

afectuoso, -a *adj* affectionate

afeitada *s* shave

afeitadora *s* shaver, electric shaver

afeitarse *v pron* to shave: *Se afeita todos los días*. He shaves every day. • **afeitarse las piernas/las axilas** to shave your legs/armpits: *Quiere afeitarse la cabeza*. He wants to shave his head. • **afeitarse la barba/el bigote** to shave your beard/your mustache off ▶ **CUCHILLA de afeitar, HOJA de afeitar, MÁQUINA de afeitar**

afeminado, -a *adj* effeminate

afeminarse *v pron* to become effeminate

aferrarse *v pron* **aferrarse a algo** to cling to sth: *Se aferró al pasamanos*. He clung to the handrail. • *Se aferra a su trabajo para olvidar sus penas*. She buries herself in her work to forget her worries.

Afganistán Afghanistan

afgano[1], -a *s* **1** (persona) Afghan **2** (perro) Afghan, Afghan hound

afgano[2] *s* (idioma) Afghan

afgano[3], -a *adj* Afghan

afianzamiento *s* **1** (de un muro, una casa) reinforcement **2** (de una empresa, la democracia) strengthening

afianzar *v* [T] **1** (un muro, una casa) to reinforce **2** (una empresa, la democracia) to strengthen: *Afianzaron su posición*. They strengthened their position.
—**afianzarse** *v pron* (consolidarse) to establish yourself: *La empresa se ha afianzado como líder indiscutible del sector*. The company has established itself as the undisputed leader in the industry.

afiche *s* poster: *un afiche de Britney Spears* a Britney Spears poster

afición *s* **1** (interés) interest: *su afición a la música brasileña* his interest in Brazilian music • **tener afición por algo** to have a love of sth **2** (hobby) hobby (pl

-bbies): *¿Cuáles son tus aficiones?* What are your hobbies? **3** (hinchada) **la afición** the fans [pl]: *La afición recibió al equipo con una ovación*. The fans gave the team a huge ovation.

aficionado[1], -a *adj* **1 ser aficionado -a a algo** to really like sth: *Es aficionado a la pesca*. He really likes fishing. **2** (no profesional) amateur: *un fotógrafo aficionado* an amateur photographer

aficionado[2], -a *s* **1 los aficionados al tenis/al buceo** tennis/diving fans • **los aficionados a la informática** computer enthusiasts • **los aficionados a la música/a la ópera** music/opera lovers • **los aficionados al cine** movie buffs **2** (no profesional) amateur

aficionar *v* [T] **aficionar a alguien a algo** to get sb interested in sth
—**aficionarse** *v pron* (a los alimentos, los vicios) to acquire a taste for; (a los pasatiempos) to start liking sth: *Me he aficionado a la comida japonesa*. I've acquired a taste for Japanese food.

afijo *s* affix

afilado, -a *adj* (cuchillo, dientes) sharp

afilar *v* [T] to sharpen

afiliación *s* **1** (a un partido político, un sindicato) membership • **afiliación a un partido** party membership **2** (a una doctrina) affiliation: *su afiliación política* his political affiliations

afiliado, -a *s* member • **un afiliado/una afiliada a un partido** a party member

afiliarse *v pron* **afiliarse a un partido** to join a party

afín *adj* **1** (próximo) close: *fuentes afines al gobierno* sources close to the government **2** (semejante) similar: *Tenemos ideas afines*. We have similar ideas.

afinado, -a *adj* (instrumento, voz) in tune

afinador, -a *s* tuner

afinar *v* [T] **1** (un piano, una guitarra) to tune **2** (la puntería) to improve **3** (una propuesta, un texto) to fine-tune

afincarse *v pron* to settle • **afincarse en México/ Canadá** to settle in Mexico/Canada

afinidad *s* affinity (pl -ties)

afirmación *s* **1** (declaración) statement **2** (reforzamiento) affirmation: *la afirmación de su identidad* the affirmation of her identity

afirmar *v* [T] **1** (declarar) to say, to declare (*más frml*): *Afirmó que en un mes estaría jugando de nuevo*. He said that he would be playing again within a month. • *–No vamos a introducir cambios –afirmó el ministro*. "We are not going to introduce any changes," the minister declared. **2** (reforzar) to assure

afirmativamente *adv* **1** (contestar) in the affirmative **2 votar afirmativamente** to vote in favor

afirmativo, -a *adj* affirmative

aflicción *s* suffering

afligido, -a *adj* upset: *Están muy afligidos por la noticia*. They are very upset by the news.

afligir *v* [T] **1** (entristecer) to sadden **2** (afectar) to affect
—**afligirse** *v pron* to be affected: *Se afligió profundamente*. She was deeply affected. • *No te aflijas*. Don't upset yourself.

aflojar *v* **1** [T] (un tornillo, una tuerca) to loosen **2** [T] **aflojar el paso/el ritmo** to slow down **3** [I] (debilitarse – viento, tormenta) to die down: *La ola de calor no afloja*. The heatwave isn't letting up. **4** [I] (en deportes) to slacken off • **no aflojar** to keep it up: *El equipo no aflojó y consiguió otro triunfo*. The team kept it up and got another win. **5** [T] (dinero) to shell out: *Tuvimos que aflojar 100 dólares cada uno*. We had to shell out 100 dollars each.
—**aflojarse** *v pron* **1 aflojarse la corbata/el cinturón** to loosen your tie/your belt **2** (tornillo, tuerca) to come loose

aflorar v [I] **1** (sentimiento) to come to the surface; (dinero) to come to light **2** (mineral) to appear on the surface; (agua) to rise to the surface

afluencia s **1** (llegada) influx (pl -xes): *una gran afluencia de visitantes* a large influx of visitors **2** (presencia) **una gran afluencia de turistas/vehículos** large numbers of tourists/a large number of vehicles

afluente s tributary (pl -ries)

afónico, -a adj **estar afónico -a** to have lost your voice: *Estoy afónica.* I've lost my voice. • **quedarse afónico -a** to lose your voice

afortunadamente adv fortunately, luckily: *Afortunadamente, una ambulancia pasaba por el lugar.* Fortunately, an ambulance was passing by.

afortunado, -a adj **1** (con suerte) fortunate, lucky **2** (oportuno) fortunate: *una afortunada decisión* a fortunate decision

afrenta s insult, affront (*más frml*): *Su actitud supone una afrenta a sus compañeros.* His attitude is an insult to his colleagues.

África Africa

africano, -a adj, s African

afro adj (peinado) afro

afroamericano, -a adj, s African-American, Afro-American

afrodisíaco, -a adj, s aphrodisiac

afrontar v [T] **afrontar un desafío/el futuro** to face a challenge/the future • **afrontar un problema/la realidad** to face up to a problem/to reality

afrutado, -a adj (vino) fruity

afuera[1] adv outside: *Los niños han salido afuera.* The children have gone outside. • *Afuera hace frío.* It's cold out. • *El problema no viene de afuera.* The problem hasn't come from outside.

afuera[2] **las afueras** s [pl] the outskirts: *en las afueras de San Diego* on the outskirts of San Diego

afuera de prep outside: *afuera de la ciudad* outside the city

agachar v [T] **agachar la cabeza** (inclinar la cabeza) to lower your head; (para esquivar un golpe) to duck
—**agacharse** v pron **1** (ponerse en cuclillas) to crouch down **2** (inclinarse) to bend down **3** (humillarse) **agacharse ante alguien** to bow down to sb

> **¿bend, crouch o squat?**
> Estos tres verbos ingleses expresan la idea de "agacharse":
> **bend**, **bend down** o **bend over** indican que lo que se agacha es el tronco: *She bent over to pick up the coin.*
> **crouch** indica flexión de las rodillas hasta la posición de cuclillas: *He crouched behind some bushes.*
> **squat** indica mayor flexión aún, con la espalda muy cerca del suelo: *She squatted down next to the child.*

agache **pasar de agache** to escape notice

agalla s **1** (de un pez) gill **2 agallas** [pl] (valor) guts • **tener agallas** to have guts

agarrado, -a adj **1 agarrado -a de algo** holding on to sth: *Estaba agarrado de la soga.* He was holding on to the rope. • **agarrados -as de la mano** holding hands **2** (tacaño) stingy

agarrar v **1** [T] **agarrar a alguien de la mano/del brazo (a)** (para ayudar o acompañar) to take sb's hand/arm: *La agarró de la mano para cruzar.* He took her hand to cross the road. **(b)** (con violencia) to grab sb by the hand/arm: *Me quise escapar pero me agarró del brazo.* I tried to escape but he grabbed me by the arm. **2** [T] (tomar) to take: *Alguien agarró mi calculadora.* Somebody's taken my calculator. **3** [T] (atrapar) to catch: *Lo agarraron robando en una tienda.* He was caught shoplifting. **4** [T] (un resfriado, una pulmonía) to catch: *Abrígate o vas a agarrar un resfriado.* Wrap up warm or you'll catch a cold. **5 agarrarla con alguien** to take it out on sb **6** [I] (indicando acción repentina) *Agarró y se fue.* He upped and left. • *Entonces agarra y me dice: ya*

lo vendí. Then she goes and tells me, "I've already sold it". **7** [I, T] **agarrar (por) una calle/una carretera (a)** (ir por) to take a street/road, to go along a street/road: *Conviene agarrar la autopista.* The best idea is to take the freeway. **(b)** (girar por) to turn up a street/road, to turn down a street/road: *Agarra por la que viene.* Turn up the next street.
—**agarrarse** v pron **1** (sostenerse) to hold on: *¡Agárrate fuerte!* Hold on tight! • **agarrarse de algo/alguien** to hold on to sth/sb: *Se agarró al pasamanos.* He held on to the handrail. **2 agarrarse de algo** (usar como excusa) to use sth as an excuse: *Se agarra de cualquier cosa para no trabajar.* He uses anything as an excuse not to work.

> **¿take hold of, grab, grip, grasp o clutch?**
> Todos estos verbos expresan la idea de "agarrar", pero con matices:
> **take hold of** sirve para indicar la acción de coger y sujetar: *Take hold of the rope and pull.*
> **grab** indica que la acción se realiza de repente y con violencia: *He grabbed the bag and ran.*
> **grip** y **grasp** indican que se agarra con fuerza: *I gripped the rail and tried not to look down.*
> **clutch** denota miedo a perder lo que se tiene agarrado: *a child clutching a bag of candy*

agarrotamiento s **1** (de un músculo) stiffness **2** (de un mecanismo) **por agarrotamiento del mecanismo/motor** because the mechanism/engine seized up

agarrotar v [T] **1** (un músculo) to make stiff **2** (un mecanismo) to cause to stick
—**agarrotarse** v pron **1** (músculo) to go stiff **2** (mecanismo) to stick

agasajar v [T] **agasajar a alguien con una fiesta/una cena** to hold a party/dinner in sb's honor

ágata s agate

agave s agave

agazaparse v pron to crouch down

agencia s **1** (comercial) agency (pl -cies) **2** (del gobierno) department **3** (sucursal) branch (pl -ches)
agencia de empleo employment agency • agencia de noticias news agency • agencia de publicidad advertising agency • agencia de viajes travel agency • agencia funeraria funeral home • agencia inmobiliaria real estate agency

agenciarse v pron to manage to get: *El equipo se agenció la victoria.* The team managed a win.

agenda s **1** (cuaderno) datebook: *Lo anoté en mi agenda.* I wrote it in my datebook. **2** (de direcciones) address book: *No tengo su dirección en mi agenda.* I don't have her address in my address book. **3** (lista de temas) agenda: *El primer tema en la agenda era el presupuesto.* The first item on the agenda was the budget. **4** (de actividades) schedule: *Hoy tengo una agenda muy apretada.* I have a very busy schedule today.
agenda electrónica electronic organizer

agente[1] s [masc & fem] **1 agente (de policía)** police officer **2** (de un actor, un escritor) agent **3** (de una empresa) representative
agente de aduanas (tb **agente aduanal**) customs officer • agente de bolsa stockbroker • agente de seguros insurance broker • agente de viajes travel agent • agente secreto secret agent

agente[2] s [masc] (en gramática) agent

ágil adj (persona, mente, animal) agile

agilidad s (de una persona, un animal) agility

agilizar v [T] (un proceso, el tráfico) to speed up

agitación s **1** (nerviosismo) agitation: *Era presa de una gran agitación.* She was extremely agitated. **2** (protestas, descontento) unrest: *agitación política y económica* political and economic unrest
agitación nerviosa stress, agitation (*más frml*)

agitado, -a *adj* **1** (ajetreado) hectic: *Lleva una vida muy agitada.* She leads a very hectic life. **2** (alterado) agitated **3** (sin aliento) out of breath **4** (mar) choppy

agitador, -a *s* agitator

agitar *v* [T] **1** (un frasco, una botella) to shake: *Agítese bien antes de usar.* Shake well before use. **2** (un pañuelo, los brazos) to wave: *Saludaba desde el barco agitando los brazos.* She was waving her arms from the boat.
—**agitarse** *v pron* **1** (quedarse sin aliento) to get out of breath **2** (alterarse) to get upset **3** (bandera) to flutter **4** (árbol) to sway

aglomeración *s* (de personas) crowd: *Una gran aglomeración de curiosos impedía el paso de la ambulancia.* A large crowd of onlookers prevented the ambulance from getting through.

aglomerado *s* (de madera) particleboard

aglomerarse *v pron* to gather, to congregate (*más frml*)

aglutinar *v* [T] (a personas, grupos) to bring together, to unite (*más frml*); (esfuerzos, ideas) to pool; (votos) to gather
—**aglutinarse** *v pron* (personas, grupos) to join forces, to unite (*más frml*)

agnosticismo *s* agnosticism

agnóstico, -a *adj, s* agnostic

agobiado, -a *adj* **estar agobiado -a de trabajo** to be snowed under with work

agobiante *adj* **1** (calor) stifling: *Hace un calor agobiante.* It's stifling. **2** (angustiante) *Vivir en la ciudad me resulta agobiante.* I find living in the city stressful. • *Se sentía agobiado por tantos problemas.* He felt overwhelmed by all his problems.

agobiar *v* [T] **1** (abrumar) **me/le agobia algo** I find/he finds sth stressful: *Me agobian los ambientes tan formales.* I find these formal settings stressful. • *Me agobia pensar en todo lo que queda por hacer.* I'm stressed thinking about everything that still has to be done. • **agobiar a alguien** to stress sb out: *Me agobia con sus problemas.* He stresses me out with his problems. **2** (calor) *Este calor me agobia.* I find this heat oppressive.
—**agobiarse** *v pron* to get stressed out: *Se agobia pensando en el viaje.* She gets stressed out thinking about the trip.

agobio *s* **1** (sufrimiento) stress: *La persona a cargo de un enfermo terminal sufre un gran agobio.* Anyone caring for a terminally ill person is under a lot of stress. **2** (por el calor) *¡Qué agobio!* It's stifling!

agolparse *v pron* (personas) to crowd around

agonía *s* **1** (que precede a la muerte) **tener una lenta/terrible agonía** to die a slow/terrible death **2** (angustia) anguish: *Vivieron horas de agonía.* They went through hours of anguish.

agonizante *adj* dying

agonizar *v* [I] **estar agonizando** to be dying

agorafobia *s* agoraphobia

agorafóbico, -a *adj* agoraphobic

agosto *s* August ▶ para ejemplos, ver FEBRERO

EXPRESIONES
hacer (uno) su agosto to make a fortune

agotado, -a *adj* **1** (persona) exhausted: *Terminamos agotados.* We were exhausted when we finished. **2 estar agotado -a (a)** (entradas, pasajes) to be sold out: *Las entradas para el recital están agotadas.* The tickets for the concert are sold out. **(b)** (libro) to be sold out (temporalmente), to be out of print (cuando ya no se publica)

agotador, -a *adj* exhausting

agotamiento *s* **1** (cansancio) exhaustion: *Algunos empleados muestran signos de agotamiento.* Some employees are showing signs of exhaustion. **2** (por el

uso) exhaustion: *el agotamiento de los recursos naturales* the exhaustion of natural resources

agotar *v* [T] **1 agotar a alguien** to wear sb out: *Los viajes largos en avión lo agotan.* Long plane trips wear him out. **2** (los recursos) to exhaust **3** (una batería, una pila) to wear out: *Vas a agotar las pilas.* You're going to wear out the batteries.
—**agotarse** *v pron* **1** (cansarse) to wear yourself out: *Me agoté subiendo la escalera.* I wore myself out climbing the stairs. **2** (entradas, pasajes, libro) to sell out: *Ya se han agotado las entradas.* The tickets have already sold out. **3** (pilas) to run out; (batería) to run down

agraciado[1], -a *adj* **1** (bonito, atractivo) attractive **2** (premiado) winning: *El número agraciado fue el 22.* The winning number was 22. • **resultar agraciado -a con un viaje/un televisor** to win a trip/a television

agraciado[2], -a *s* (en una rifa, concurso) winner

agradable *adj* **1** (persona, lugar, temperatura) pleasant: *una muchacha muy agradable* a very pleasant girl **2** (viaje, tarde) nice: *Pasamos un día muy agradable en el campo.* We had a very nice day in the country.

agradar *v* [I] to please: *Me gusta agradar.* I like to please. • *una actuación que agradó a los fans* a performance that pleased the fans • **me/te/le agradó...** *Me agradó mucho su visita.* I really enjoyed her visit.

agradecer *v* [T] **1** (expresar gratitud por) **agradecerle algo a alguien** to thank sb for sth: *Me olvidé de agradecerle la postal.* I forgot to thank him for the postcard. • *Ni me lo agradeció.* She didn't even thank me for it. **2** (sentir gratitud por) to be grateful for: *Le agradezco muchísimo lo que hizo por mí.* I'm very grateful for what she did for me. **3** (beneficiarse de) *Estas plantas agradecerían que las regasen.* These plants could do with being watered.

agradecido, -a *adj* **1** (persona) grateful: *Le quedaría muy agradecido si me pudiera enviar más información.* I would be very grateful if you could send me more information. • *Estoy muy agradecido por la ayuda que nos prestaron.* I'm very grateful for the help they gave us. **2** (objeto, planta, trabajo) *Esta planta es muy agradecida.* This plant is very easy to take care of. • *un trabajo muy poco agradecido* a thankless task

agradecimiento *s* **1** (gratitud) gratitude: *Los niños hicieron dibujos como muestra de agradecimiento.* The children did drawings for her to show their gratitude. • *una carta de agradecimiento* a thank-you letter **2 agradecimientos** [pl] (en un libro) acknowledgements

agrado *s* pleasure: *Es una de las pocas cosas que hago con agrado.* It's one of the few things I take pleasure in doing. • **es/no es de mi agrado** it is/it is not to my liking • **recibir algo con agrado** to welcome sth: *Recibieron con agrado la noticia.* They welcomed the news. • **ver/no ver algo con agrado** to be/not to be happy with sth

agrandar *v* [T] (una casa, una habitación) to extend; (un vestido, una falda) to let out: *Tuve que agrandar los pantalones.* I had to let the pants out.
—**agrandarse** *v pron* (aumentar de tamaño) to get bigger

agrario, -a *adj* **1** (zona, región) agricultural **2** (sociedad) agrarian

agravamiento *s* worsening

agravante[1] *adj* aggravating

agravante[2] *s* **1** (factor, circunstancia) additional problem • **con el agravante de...** with the additional problem of... **2** (en derecho) aggravating circumstance

agravar *v* [T] to make worse, to aggravate (*más frml*): *La tormenta agravó la situación.* The storm made the situation worse.
—**agravarse** *v pron* **1** (crisis, problema) to get worse, to worsen (*más frml*) **2** (enfermo) to deteriorate **3** (enfermedad) to get worse

agraviar *v* [T] to offend

agravio *s* **1** (ofensa) insult **2** (perjuicio) **ser/suponer un agravio comparativo** to be discriminatory

agredir *v* [T] **1** (físicamente) to assault: *El cantante agredió a uno de los fotógrafos.* The singer assaulted one of the photographers. **2** (verbalmente) to attack: *Agredió física y verbalmente a su abuelo.* He verbally and physically attacked his grandfather.

agregado, -a *s* (de embajada) attaché • **un agregado comercial/cultural/militar** a commercial/cultural/ military attaché

agregar *v* [T] to add: *Agregue sal y pimienta a gusto.* Add salt and pepper to taste. • *–Y no es culpa mía –agregó.* "And it isn't my fault," she added.

agresión *s* **1** (militar) aggression **2** (a un individuo) assault **3** (verbal) attack: *Sus declaraciones constituyen una agresión flagrante a los derechos humanos.* His statement is a blatant attack on human rights.
agresión sexual sexual assault

agresividad *s* **1** (violencia) aggression **2** (osadía) aggressiveness

agresivo, -a *adj* **1** (violento) aggressive: *Después del tercer vaso se puso agresivo.* After the third glass, he got aggressive. **2** (con dinamismo, empuje) aggressive: *una campaña publicitaria agresiva* an aggressive advertising campaign

agresor, -a *s* attacker, assailant (*más frml*)

agreste *adj* **1** (terreno) rugged **2** (persona) rough

agriarse *v pron* **1** (leche) to go sour; (salsa) to go bad **2** (relación) to turn sour **3** (discusión, conflicto) to turn nasty

agrícola *adj* agricultural

agricultor, -a *s* farmer

agricultura *s* agriculture; (actividad) farming
agricultura ecológica (tb **agricultura orgánica**) organic farming

agridulce *adj* (recuerdo, experiencia) bittersweet

agrietarse *v pron* **1** (manos, piel) to get chapped **2** (revoque, tierra) to crack

agrio, -a *adj* **1** (sabor) sour • **ponerse agrio -a** (sopa, comida, queso) to go bad/sour; (leche) to go bad: *La leche se puso agria.* The milk went sour. **2** (persona) bad-tempered **3** (cara, expresión) sour **4** (discusión, pelea) bitter

agroalimentario, -a *adj* **productos agroalimentarios** farmed food products • **el sector agroalimentario** the food and agriculture industry

agronomía *s* agronomy

agrónomo, -a *s* agronomist

agropecuario, -a *adj* **el sector agropecuario** the agricultural and livestock sector

agrupación *s* group: *una agrupación ecologista* an environmental group

agrupar *v* [T] **1** (unir) to bring together: *un organismo que agrupa a las empresas del sector* an organization that brings together companies in the industry **2** (reunir en un grupo) to group together: *Los niños fueron agrupados por edades.* The children were grouped together according to age.
—**agruparse** *v pron* **1** (reunirse) to group together **2** (unirse) to get together

agua¹ *s* **1** (líquido) water: *Un vaso de agua, por favor.* A glass of water, please. • *¡Qué fría está el agua!* The water is so cold! **2** (lluvia) rain: *El año pasado cayó poca agua.* There wasn't much rain last year. **3 aguas** [pl] (mares) waters: *aguas de México* Mexican waters
EXPRESIONES
como agua para chocolate (a) (persona) furious **(b)** (situación) like a powder keg • **estar con el agua al cuello** to be in dire straits • **hacer agua (a)** (barco) to take in water **(b)** (empresa, proyecto) to founder • **más claro que el agua** crystal clear • **quedarse en agua de borrajas** to come to nothing • **se me hace agua la boca** it makes my mouth water • **ser agua pasada** to be water under the bridge

agua con gas sparkling water • agua corriente running water • agua de colonia eau de cologne • agua de la llave tap water • agua destilada distilled water • agua dulce fresh water • agua fresca (fruit) juice drink • agua mineral mineral water • agua oxigenada hydrogen peroxide • agua potable drinking water • agua salada salt water • agua sin gas still water • agua tónica, agua quina tonic water • aguas jurisdiccionales territorial waters • aguas residuales sewage [U] • aguas territoriales territorial waters

agua² *interj* **¡aguas!** [pl] careful!, watch out!: *¡Aguas con el vidrio!* Careful with the glass!

aguacate *s* avocado (pl avocados)

aguacero *s* downpour: *Cayó un aguacero.* There was a downpour.

aguachento, -a *adj* watery

aguado, -a *adj* watery

aguafiestas *s* spoilsport

aguafuerte *s* (estampa) etching

aguamala *s* jellyfish (pl -fish): *Me picó una aguamala.* I was stung by a jellyfish.

aguanieve *s* sleet: *Está cayendo aguanieve.* It's sleeting.

aguantar *v*

> **1** algo o a alguien desagradable
> **2** un peso
> **3** la respiración, la risa
> **4** las ganas de ir al baño
> **5** resistir
> **6** durar

1 ALGO O A ALGUIEN DESAGRADABLE [T] (en frases afirmativas) to put up with; (con negativos e interrogativos) to stand, to bear (*más frml*): *Solo la aguanto porque es tu novia.* I only put up with her because she's your girlfriend. • *A ese tipo no lo aguanto.* I can't stand that guy. • *No podía aguantar el dolor.* He couldn't bear the pain. • *No se aguanta más este calor.* This heat is unbearable.
2 UN PESO [T] to take the weight of: *¿Aguantará los diccionarios esta estantería?* Do you think this shelf will take the weight of the dictionaries? • *Esta bolsa no va a aguantar tanto peso.* This bag won't hold that much weight.
3 LA RESPIRACIÓN, LA RISA [T] *Aguanta la respiración.* Hold your breath. • *No pude aguantar la risa.* I couldn't stop myself from laughing.
4 LAS GANAS DE IR AL BAÑO [I] to hold on: *¿Puedes aguantar hasta que lleguemos?* Can you hold on until we get there?
5 RESISTIR [I] to hold on: *Aguanta un poco más, que ya falta poco.* Hold on a little longer, it's not far now. • *No aguanto más, ¡necesito un cigarrillo!* I can't stand it any longer, I need a cigarette!
6 DURAR [I] to last: *Estos jeans todavía me van a aguantar otro año.* These jeans will last me another year yet.
—**aguantarse** *v pron*
RESIGNARSE *Por ahora me voy aguantando, pero un día explotaré.* I'm putting up with it for now, but one of these days I'll explode. • *Si no les gusta, que se aguanten.* If they don't like it, they can lump it.
▶ ver nota en **SUFRIR**

aguante *s* **tener aguante (a)** (tener resistencia física) to have stamina **(b)** (tener empuje) to have spirit: *El equipo no tiene aguante.* The team has no spirit. **(c)** (tener paciencia) to be patient: *¡Qué aguante tienes!* You're so patient!

aguar *v* [T] (fastidiar) to spoil: *El apendicitis me aguó las vacaciones.* The appendicitis spoiled my vacation. • **aguarle la fiesta a alguien** to spoil sb's fun

aguardar *v* **1 (a)** [I] to wait: *Aguarde aquí, por favor.* Wait here, please. **(b)** [T] to wait for, to await (*más frml*) • **aguardar la llegada de alguien** to wait for sb to arrive, to await sb's arrival (*más frml*) **2** [I] (por teléfono) to hold on: *Aguarde, por favor.* Hold on, please.

aguardiente *s* **1** liquor **2** in Colombia, strong spirit distilled from sugar cane and flavored with aniseed

aguarrás *s* turpentine

agudeza *s* **1** (de los cinco sentidos) sharpness **2** (inteligencia) shrewdness

agudizar *v* [T] **1** (agravar) to make worse, to worsen (*más frml*): *La falta de lluvias ha agudizado la crisis.* The lack of rain has made the crisis worse. **2 agudizar el ingenio** to sharpen your wits: *La necesidad agudiza el ingenio.* Necessity is the mother of invention.
—**agudizarse** *v pron* **1** (empeorar) to get worse, to worsen (*más frml*): *La crisis en la región se ha agudizado.* The crisis in the region has worsened. **2** (intensificarse) to get worse: *El dolor se ha agudizado en las últimas horas.* The pain has gotten worse over the last few hours.

agudo, -a *adj* **1** (dolor) sharp **2** (crisis) serious **3** (grito, voz) high-pitched; (desagradable) shrill **4** (ángulo) acute **5** (inteligente) shrewd **6** (ingenioso) witty **7 una palabra aguda** a word which is stressed on the last syllable

agudos *s* [pl] **los agudos** the treble: *Sube un poco los agudos.* Turn the treble up a little.

agüero *s* **ser de mal agüero** to be bad luck • **ser pájaro de mal agüero** to bring bad luck

aguijón *s* (de un insecto) sting

águila *s* **1** (animal) eagle **2** (de una moneda) heads: *Salió águila.* It came up heads. • **águila o sol** heads or tails • **echar una moneda a águila o sol** to toss a coin, to flip a coin
ser un águila to be very sharp: *Es un águila para los negocios.* He has a good head for business.
águila imperial imperial eagle • águila real golden eagle

aguinaldo *s* **1** (de un trabajador) a bonus payment that workers get at Christmas and in some countries also at other times of the year **2** (propina) a small cash gift given at Christmas

aguja *s* **1** (de coser) needle **2** (de una jeringa) needle **3** (de un reloj) hand **4** (de una brújula, una balanza) needle
ser (como) buscar una aguja en un pajar to be like looking for a needle in a haystack
aguja de tejer knitting needle

agujereado, -a *adj* (con un agujero) with a hole in it; (con varios agujeros) with holes in it • **estar agujereado -a** (con un agujero) to have a hole in it; (con varios agujeros) to have holes in it

agujerito *s* **hacerse agujeritos en las orejas** to have your ears pierced • **tener agujeritos (en las orejas)** to have pierced ears

agujero *s* (abertura) hole • **hacer un agujero** to make a hole
agujero de ozono hole in the ozone layer • agujero negro black hole

agujeta *s* (del zapato) shoelace: *Tienes las agujetas desamarradas.* Your laces are undone.

agujetas *s* [pl] aching muscles: *Amanecí con agujetas.* I woke up with aching muscles. • **tener agujetas** to feel stiff

ah *interj* **1** (expresando sorpresa) oh: *¿Ah sí? ¡No lo sabía!* Oh, really? I didn't know! **2** (expresando desilusión, lástima) oh: *¡Ah, qué lástima!* Oh, what a pity! **3** (al caer en la cuenta) oh: *¡Ah, claro, ahora lo entiendo!* Oh, of course, now I understand!

ahí *adv* **1** (en un lugar) there: *Ahí está Emilia.* There's Emilia. • **ahí abajo/arriba** down there/up there • **ahí adentro/afuera** in there/out there • **ahí mismo** right there **2** (con verbos como venir, llegar) here: *Ahí llegan los niños.* Here come the children. **3 por ahí** (en lugar indeterminado) over there somewhere; (aproximadamente) about: –*¿Dónde pongo esto?* –*Déjalo por ahí.* "Where should I put this?" "Leave it over there somewhere." • *Tendrá unos cuarenta años, o por ahí.* She must be about forty. **4 de ahí que...** that's why...: *Es complicado, de ahí que no lo entiendas.* It's complicated, that's why you don't understand it.
ahí va (al lanzar algo) here!

ahijado, -a *s* **ahijado** godson • **ahijada** goddaughter • **ahijados** godchildren

ahogado, -a *adj* **1 morir ahogado -a** to drown **2** (borracho) plastered

ahogar *v* [T] **1** (en el agua) to drown **2** (producir sofoco) to suffocate **3** (una revuelta, una protesta) to suppress **4** (un grito, el llanto) to stifle **5** (un motor) to flood
—**ahogarse** *v pron* **1** (en el agua) to drown **2** (sofocarse) to suffocate **3** (motor) to flood

ahogo *s* (asfixia) breathlessness

ahondar *v* [I] **ahondar en algo** to look at sth in depth

ahora *adv* **1** (en este momento, en la actualidad) now: *Ahora viven en la capital.* They live in the capital. • **hasta ahora** so far • **por ahora** for now • **de ahora en adelante/desde ahora** from now on **2** (en este preciso momento) right now: *¿Tiene que ser ahora?* Does it have to be right now? **3** (dentro de un momento) in a minute: *Ahora la llamo.* I'll call her in a minute. • **¡ahora voy!** I'm coming! **4** (hace un momento) just now: *Lo vi ahora, cuando venía.* I saw her just now, on my way here.
ahora bien however

ahorcado *s* (juego) hangman • **jugar (al) ahorcado** to play hangman

ahorcar *v* [T] to hang
—**ahorcarse** *v pron* to hang yourself

ahorita (tb **ahoritita**) *adv* right now: *Ahorita no está. ¿Quiere dejarle un recado?* She's not here right now. Do you want to leave a message? • *Dile que ahorita voy.* Tell him I'll be right there.

ahoritica (tb **ahoritita**) *adv* in a second: *Ahoritica le atienden.* They'll be with you in a second.

ahorrador, -a *adj* good at saving

ahorrar *v* [I,T] **1** (dinero, tiempo, agua, energía) to save **2** (para comprar algo) to save up: *Estoy ahorrando para un DVD.* I'm saving up for a DVD player.
—**ahorrarse** *v pron* **1** (dinero) to save: *Comprando el abono te ahorras el 20%.* By buying a season ticket you save 20%. **2 ahorrarse el viaje/la molestia** to save yourself the trip/the bother

ahorrativo, -a *adj* thrifty

ahorro *s* **1** (acción de ahorrar) saving: *el ahorro de energía* energy saving **2 ahorros** [pl] (dinero) savings

ahumado, -a *adj* **1** (salmón, jamón) smoked **2** (cristal) tinted

ahumar *v* [T] (un salmón, un jamón) to smoke

ahuyama *s* pumpkin

ahuyentar *v* [T] **1** (a una persona, un animal) to scare off • **ahuyentar los malos espíritus** to ward off evil spirits **2** (sospechas, dudas) to dispel; (miedos) to keep at bay

airado, -a *adj* angry

airbag *s* airbag

aire *s* **1** air **2 al aire libre** outdoors: *un concierto de rock al aire libre* an outdoor rock concert **3 en el aire** (sin contacto con el suelo) in mid-air **4 tomar el aire** (disfrutar del aire libre) to get some fresh air • **tomar aire** (respirar hondo) to take a deep breath **5 estar en el aire (a)** (en radio, televisión) to be on the air **(b)** (sin definirse) to be up in the air
aire acondicionado air conditioning

airear v [T] (una habitación, las sábanas) to air
—**airearse** v pron **1** (tomar el aire) to get some fresh air **2** (ventilarse) to air

airoso, -a adj **salir airoso -a de algo** to get through sth successfully

aislado, -a adj **1** (lugar) isolated; (vida) solitary **2** **quedar aislado -a (de algo)** to be cut off (from sth) **3** (hecho, caso) isolated

aislamiento s **1** (de un país, una comunidad) isolation **2** (de un gen, un virus) isolation **3** (de una vivienda, un cable) insulation
aislamiento acústico soundproofing • aislamiento eléctrico electrical insulation • aislamiento térmico thermal insulation

aislante adj **un material aislante** an insulating material

aislar v [T] **1** (un país, una comunidad) to isolate **2** (un gen, un virus) to isolate **3** (una vivienda, un cable) to insulate
—**aislarse** v pron (persona) **aislarse de algo/alguien** to cut yourself off from sth/sb

ajá interj aha

ajedrecista s chess player

ajedrez s chess • **jugar (al) ajedrez** to play chess

ajeno, -a adj (de otra persona) someone else's; (de otras personas) other people's: *No te puedes portar así en casa ajena.* You can't behave like that in someone else's house. • *el respeto por la propiedad ajena* respect for other people's property

ajetreado, -a adj hectic

ajetreo s (de una persona) frantic activity; (de una ciudad, la vida moderna) hustle and bustle

ají s chili (pl -lies)

ajiaco s soup made from four types of potato, chicken and corn on the cob

ajo s garlic
EXPRESIONES
estar en el ajo to be in the know • **estar (metido -a) en el ajo** to be mixed up in it ► CABEZA de ajo, DIENTE de ajo

ajoporro s leek

ajuar s (de una novia) trousseau

ajustable adj (altura, cinturón) adjustable; (sábana) fitted

ajustado, -a adj **1** (prenda) tight: *una chica con jeans ajustados* a girl in tight-fitting jeans **2** (resultado, triunfo) close **3** (idea, descripción) accurate

ajustar v [T] **1** (el volumen, la temperatura, la presión) to adjust **2** (un tornillo, una tuerca) to tighten **3** (precios – a la baja) to lower; (al alza) to increase; (salarios) to fix
—**ajustarse** v pron **1** (adaptarse) **ajustarse a algo** (a una situación, un horario) to get used to sth; (a las normas) to comply with sth • **ajustarse a los hechos/la realidad** to fit the facts/to reflect reality **2** (un cinturón) to fasten; (una correa) to adjust **3** (lentes, auriculares) to adjust

ajuste s **1** (del volumen, la temperatura, la presión) adjustment **2** (de una máquina, un motor) adjustment
ajuste de cuentas settling of scores • ajuste de personal, ajuste de planta (de personal) downsizing • ajuste de precios (a la baja) price cut; (al alza) price rise • ajuste económico economic reform • ajuste salarial pay raise

ajusticiar v [T] to execute

al¹ (contrac de **a+el**) ► a

al² conj **1** (cuando) when: *Tome una pastilla al acostarse.* Take one tablet when you go to bed. **2** (como) as: *Al ver que no venía nadie, se fue.* As he could see that nobody was coming, he left. **3** (si) if: *al pagar por adelantado* if you pay in advance

Alá s Allah

ala s **1** (de un ave, un insecto, un avión) wing **2** (de un edificio) wing **3** (de una organización política) wing

4 (de un sombrero) brim
EXPRESIONES
cortarle las alas a alguien to clip sb's wings • **darle alas a alguien** to give sb a free hand
ala delta **1** (deporte) hang-gliding: *hacer ala delta* to go hang-gliding **2** (aparato) hang-glider • ala pivote power forward

alabanza s praise • **cantar alabanzas a algo/alguien** to sing sth's/sb's praises

alabar v [T] to praise

alabastro s alabaster

alacena s cupboard

alacrán s scorpion

aladeltismo s hang-gliding

alambrada (tb **alambrado**) s wire fence

alambre s **1** (de metal) wire **2** (platillo) kabob
alambre de púa(s) barbed wire

alameda s **1** (lugar con álamos) poplar grove **2** (paseo) tree-lined avenue

álamo s poplar

alarde s show • **hacer alarde de algo** to show off about sth • **en un alarde de sinceridad/generosidad** in an outburst of sincerity/a show of generosity

alardear v [I] **alardear de algo** to show off about sth

alargado, -a adj long

alargador s extension cord

alargar v [T] **1** (un vestido, una falda) to lengthen **2** (en el tiempo) to prolong
—**alargarse** v pron **1** (días) to get longer **2** (reunión, conferencia) to go on

alargue s (de un partido de fútbol) overtime: *Italia ganó 2–1 en el alargue.* Italy won 2–1 in overtime.

alarido s **1** (de terror, histeria) shriek **2** (de dolor) howl

alarma s **1** (dispositivo) alarm ► **falsa alarma** (FALSO) **2 dar la alarma** to raise the alarm **3** (preocupación) alarm
alarma antirrobo **1** (de un carro) car alarm **2** (de una casa) burglar alarm • alarma contra incendios fire alarm

alarmante adj alarming

alarmar v [T] to alarm
—**alarmarse** v pron to be alarmed

alarmismo s alarmism

alarmista s, adj alarmist

alba s dawn • **al alba** at dawn

albahaca s basil

albanés¹, -esa s (persona) Albanian

albanés² s (lengua) Albanian

albanés³, -esa adj Albanian

Albania Albania

albañil s (en general) construction worker; (que pone ladrillos) bricklayer

albarán s delivery note

albaricoque s apricot

albatros s albatross (pl -sses)

alberca s **1** (piscina) pool, swimming pool **2** (para almacenar agua) water tank

albergar v [T] **1** (a una persona) to accommodate **2** (una exposición, un campeonato, un concierto) to host **3** (esperanzas, dudas) to harbor
—**albergarse** v pron **1** (alojarse) to stay **2** (cobijarse) to shelter

albergue s **1** **albergue (juvenil)** youth hostel **2** (de montaña) refuge **3** (para gente necesitada) hostel

albino, -a s, adj albino

albóndiga s meatball

alborotado, -a adj 1 (persona – excitado) excited; (irreflexivo) rash 2 (pelo) disheveled 3 (mar) rough

alborotador[1], -a adj 1 (escandaloso) rowdy 2 (agitador) grupos alborotadores groups of troublemakers

alborotador[2], -a s troublemaker

alborotar v 1 [T] **alborotar a alguien** (excitar) to get sb excited; (revolucionar) to get sb stirred up 2 [I] to be rowdy
—**alborotarse** v pron 1 (entusiasmarse) to get very excited 2 (haciendo mucho ruido) to make a big commotion

alboroto s 1 (desorden, lío) commotion 2 (ruido) racket

alborozo s jubilation

álbum s 1 **álbum (de fotos)** (photo) album 2 **álbum (de cromos/figuritas/estampitas)** picture card album 3 **álbum (de estampillas/timbres/sellos)** (stamp) album 4 (disco) album

albur s (juego de palabras) double entendre: *Nunca entiende los albures.* She never understands double entendres.

alcachofa s artichoke

alcalde, -esa s mayor

alcaldía s 1 (cargo) position of mayor, mayoralty (más frml) 2 (edificio) city hall

alcalino, -a adj alkaline

alcance s 1 (de un arma, una emisora) range • **misiles de corto/medio/largo alcance** short-/medium-/long-range missiles 2 (en sentido económico) un producto al alcance de todo el mundo a product that anyone can afford • **está a mi/su alcance** I/he can afford it • **está fuera de mi/tu alcance** I/you can't afford it 3 **al alcance de la mano** to hand 4 **darle alcance a alguien** to catch up with sb

alcancía s piggy bank, coin box (pl -xes)

alcantarilla s 1 (cloaca) sewer 2 (boca) drain

alcantarillado s sewerage system

alcanzar v

1	ser suficiente
2	llegar
3	a una persona
4	un tren, un bus
5	pasar
6	lograr
7	una temperatura, una altura

1 SER SUFICIENTE [I] **no me/te alcanza** I/you don't have enough: *No me alcanzó el tiempo.* I didn't have enough time.
2 LLEGAR [I, T] to reach: *Pablito no alcanza el timbre.* Pablito can't reach the doorbell.
3 A UNA PERSONA [T] to catch up with: *Si corres, la alcanzas.* If you run, you'll catch up with her.
4 UN TREN, UN BUS [T] to catch
5 PASAR [T] to pass: *¿Me alcanzas el martillo?* Can you pass me the hammer?
6 LOGRAR [I] **alcanzar a hacer algo** to manage to do sth: *No alcancé a contestar la última pregunta.* I didn't manage to answer the last question.
7 UNA TEMPERATURA, UNA ALTURA [T] to reach: *La temperatura alcanzó los 38 grados.* The temperature reached 38 degrees.

alcaparra s caper

alcatraz s 1 (ave) gannet 2 (flor) arum lily (pl -lies)

alcázar s fortress (pl -sses)

alce s 1 (en América) moose (pl moose) 2 (en Europa) elk (pl elk)

alcista adj 1 (tendencia) upward 2 (mercado) bull [solo ante s]

alcoba s bedroom

alcohol s 1 (bebidas alcohólicas) alcohol 2 (para desinfectar) surgical spirit 3 (sustancia química) alcohol • **sin alcohol** non-alcoholic

alcoholemia s un accidente por alcoholemia an accident caused by drunk driving • **control/prueba de alcoholemia** Breathalyzer test (marca reg)

alcohólico[1], -a adj 1 (bebida) alcoholic 2 **ser alcohólico -a** to be an alcoholic

alcohólico[2], -a s alcoholic

alcoholímetro s Breathalyzer (marca reg)

alcoholismo s alcoholism: *El alcoholismo es una enfermedad social.* Alcoholism is a social disease.

alcoholizado, -a adj **estar alcoholizado -a (a)** (ser alcohólico) to be an alcoholic **(b)** (haber bebido alcohol) to have been drinking

alcornoque s cork oak

alcurnia s lineage • **de (alta) alcurnia** (persona) of noble birth; (nombre) noble

aldea s 1 little village 2 **la aldea global** the global village

aldeano, -a s villager

aleación s alloy

aleatorio, -a adj random

alebrestarse v pron (alborotarse, alterarse) to get all worked up: *El público se alebrestó cuando el árbitro anuló el gol.* There were howls of protest from spectators when the goal was disallowed.

aleccionar v [T] to teach

aledaños s [pl] surrounding area [sing]: *en los aledaños de la catedral* in the area around the cathedral

alegación s statement • **presentar alegaciones** to present your views

alegar v [T] 1 (causas, motivos) to cite • **alegar que...** to claim that... 2 (ignorancia, inocencia) to protest

alegato s 1 (exposición) statement • **un alegato a favor de/contra algo** a plea for/an attack on sth 2 (ante un tribunal) submission

alegoría s allegory (pl -ries)

alegórico, -a adj allegorical

alegrar v [T] 1 (poner contento) **alegrar a alguien** to make sb happy 2 (una casa, una habitación) to brighten up
—**alegrarse** v pron to be pleased • **me alegro (mucho)** I'm (very) glad • **me alegro mucho por ti/por ellos** I'm very happy for you/for them • **alegrarse de algo** to be pleased about sth: *Me alegré de verla.* I was pleased to see her. • **alegrarse de que...** to be glad that...

alegre adj 1 (persona) cheerful 2 (habitación, casa) bright 3 (color) bright 4 (música) lively 5 (por haber bebido) **estar alegre** to be tipsy

alegría s 1 joy • **¡qué alegría!** that's wonderful! 2 **darle una alegría a alguien** to make sb happy • **sentir una (gran) alegría** to be (really) pleased

alegrón s **me/nos dio un alegrón** I was/we were thrilled • **llevarse un alegrón** to be thrilled

alejado, -a adj 1 (lejano – aldea, pueblo) remote: *una zona muy alejada del centro* an area a long way from the center of town 2 (distanciado – persona) **estar alejado -a de la política** to be out of politics • **mantener a alguien alejado -a de algo** to keep sb away from sth 3 (diferente – opinión, situación) **estar alejado -a de algo** to be far removed from sth • **alejado -a de la realidad** out of touch with reality • **nada más alejado de la realidad** nothing could be further from the truth

alejamiento s 1 (de un lugar) distance • **una orden de alejamiento** a restraining order 2 (distanciamiento – entre personas) estrangement: *Se ha producido un alejamiento entre los partidos/sus posturas.* The two parties/Their positions have grown apart.

alejar *v* [T]　**1** (físicamente) **alejar algo/a alguien de algo** to move sth/sb away from sth　**2** (un pensamiento, una idea) to banish　**3** (afectivamente) **alejar a alguien de alguien** to drive sb apart from sb
—**alejarse** *v pron*　**1** (físicamente) to go away: *Aléjate del borde.* Move away from the edge.　**2** (afectivamente) to grow apart

alelado, -a *adj* in a daze

aleluya *interj, s* hallelujah

alemán[1], -ana *adj, s* German • **los alemanes** (the) Germans

alemán[2] *s* (idioma) German

Alemania Germany

alentador, -a *adj* encouraging

alentar *v* [T] (animar) to encourage; (a un equipo) to cheer on

alergia *s* allergy (pl -gies) • **tener alergia a algo** to be allergic to sth

alérgico, -a *adj* (reacción) allergic • **ser alérgico -a a algo** to be allergic to sth

alero *s*　**1** (de una casa) eaves [pl]　**2** (en básquetbol) forward

alerón *s*　**1** (de un carro) spoiler　**2** (de un avión) aileron

alerta[1] *s*　**1** **estar en estado de alerta** to be on alert　**2 dar la/el alerta** to raise the alarm　**3** (aviso) warning: *una alerta meteorológica* a weather warning
alerta roja red alert • alerta máxima full alert

alerta[2] *adv, adj* **estar alerta** to be on the alert • **mantenerse alerta** to keep an eye out, to remain vigilant (*más frml*)

alertar *v* [T] to alert • **alertar a alguien de algo** to alert sb to sth

aleta *s*　**1** (de un pez) fin　**2** (para buceo) flipper　**3** (de un carro) wing

alevines *s* [pl] (en deportes) under 11s

alevosía *s* premeditation: *Lo hizo con alevosía.* His actions were premeditated.

alfa *s*　**1** (letra) alpha　**2 ser el alfa y omega de algo** to be the be-all and end-all of sth

alfabético, -a *adj* alphabetical

alfabetización *s* literacy

alfabetizar *v* [T] (enseñar) to teach to read and write: *el deber de alfabetizar a la población* the duty to teach the population to read and write

alfabeto *s* alphabet

alfalfa *s* alfalfa

alfarería *s* pottery (pl -ries)

alfarero, -a *s* potter

alféizar *s* windowsill

alférez *s* second lieutenant

alfil *s* bishop

alfiler *s*　**1** pin　**2 prendido -a con alfileres** pretty shaky: *Estuvo estudiando, pero tiene los conocimientos prendidos con alfileres.* She's been studying, but her knowledge of the subject is still pretty shaky. • **no cabe (ni) un alfiler** it's full to bursting

alfombra *s*　**1** (de pared a pared) carpet　**2** (tapete) rug

alfombrilla *s* mat

algas *s* [pl] seaweed [U]

álgebra *s* algebra

algo[1] *pron*　**1** (en oraciones afirmativas o preguntas que anticipan una respuesta afirmativa) something: *Tengo algo que decirte.* I have something to tell you. • *¿Tienes algo que decirme?* Do you have something to tell me?　**2** (en preguntas y en oraciones con "if") anything: *¿Algo más?* Anything else? • *Si necesitas algo, pídemelo.* If

you need anything, ask me. • *¿Hablas algo de inglés?* Do you speak any English?
EXPRESIONES
algo es algo it's better than nothing • **o algo así** or something like that • **por algo será** there must be a reason for it • **eso ya es algo** that's something at least

algo[2] *adv* a little, slightly: *Está algo nerviosa.* She's a little nervous.

algodón *s*　**1** (tejido, planta) cotton • **una camisa/un vestido de algodón** a cotton shirt/dress • **criarse entre algodones** to be pampered　**2** (en cosmética, enfermería) cotton: *un algodón* a piece of cotton
algodón de azúcar cotton candy • algodón hidrófilo cotton

algodonal *s* cotton field

algoritmo *s* algorithm

alguien *pron*　**1** (en oraciones afirmativas o preguntas que anticipan una respuesta afirmativa) someone, somebody: *Buscan a alguien con experiencia.* They are looking for someone with experience. • *¿Viene alguien conmigo?* Will someone come with me?　**2** (en preguntas y en oraciones con "if") anyone, anybody: *¿Conoces a alguien que nos pueda ayudar?* Do you know anyone who can help us? • *Avísame si viene alguien.* Let me know if anyone comes.

algún ▶ ALGUNO

alguno[1], -a *adj*　**1** (en oraciones afirmativas) some: *Algún día te lo contaré.* I'll tell you some day. • *Algunas personas resultaron heridas.* Some people were hurt. • *Ya he leído algún artículo sobre el tema.* I've read some articles on the subject. • **algunas veces** sometimes: *Algunas veces me acuesto temprano.* Sometimes I go to bed early. • **alguna parte/algún lugar** somewhere: *Lo había guardado en algún lugar.* I had put it away somewhere. • **no hay razón alguna/peligro alguno** there is no reason at all/no danger at all　**2** (en oraciones interrogativas) any: *¿Has visto alguna película interesante últimamente?* Have you seen any interesting movies lately? • **alguna vez** ever: *¿Has estado alguna vez en su casa?* Have you ever been to her house?

alguno[2], -a *pron*　**1** (cuando significa uno) one: *Alguno de nosotros tiene que hacerlo.* One of us has to do it. • *Necesito un calendario. ¿Tienes alguno?* I need a calendar. Have you got one?　**2** (cuando significa más de uno en oraciones afirmativas) some; (en oraciones interrogativas) any: *Algunos de ellos ya han pagado.* Some of them have already paid. • *Me olvidé de comprar huevos. ¿Tienes alguno?* I forgot to get eggs. Do you have any?

alhaja *s* jewel: *Tiene una fortuna en alhajas.* She has a fortune in jewelry.

alhajero *s* jewelry box (pl boxes)

alhelí *s* wallflower

aliado[1], -a *adj* allied: *las tropas aliadas* the allied troops

aliado[2], -a *s* ally (pl allies)

alianza *s*　**1** (entre personas, países) alliance　**2** (anillo) wedding ring

aliarse *v pron* **aliarse con alguien** to form an alliance with sb • **aliarse contra alguien** to join forces against sb

alias *adv, s* alias

alicaído, -a *adj*　**1** (tristón) down: *Me siento bastante alicaída.* I feel pretty down.　**2** (cansado) washed-out

alicates *s* [pl] pliers

aliciente *s* incentive • **servir de aliciente** to be an incentive

alien *s* alien

alienación *s* alienation

alienar *v* [T] to alienate

aliento *s*　**1** (olor) breath: *Tiene mal aliento.* She has bad breath. • *Tienes aliento a ajo.* Your breath smells of garlic.　**2** (respiración) breath • **sin aliento** out of breath: *Llegó sin aliento.* He was out of breath when he arrived. • **quedarse sin aliento** (de la impresión) to be speechless: *Me quedé sin aliento cuando lo vi.* I was speechless when I saw him. **3** (ánimo) encouragement: *unas cuantas palabras de aliento* a few words of encouragement • **darle aliento a alguien** to encourage sb

aligerar *v* [T] **1** (quitar peso) to make lighter: *Aligera un poco la maleta.* Take something out of the suitcase to make it a little lighter. **2 aligerar el paso/la marcha** to hurry up, to quicken your pace (*más frml*)

alijo *s* consignment

alimaña *s* vermin

alimentación *s* **1** diet: *una alimentación sana* a healthy diet **2** feed [U]: *Tiene alimentación automática.* It has an automatic paper feed.

alimentado, -a *adj* **bien/mal alimentado -a** well-fed/ undernourished

alimentar *v* **1** [I] (ser nutritivo) to be nutritious: *El pan blanco no alimenta mucho.* White bread isn't very nutritious. **2** [T] (darle de comer a) to feed
—**alimentarse** *v pron* **1** (comer) **alimentarse con/de algo** to live on sth: *Se alimenta de arroz y verduras.* She lives on rice and vegetables. **2 alimentarse bien/mal** to have a healthy/poor diet

alimentario, -a *adj* food [solo ante s] • **la industria/ cadena alimentaria** the food industry/chain

alimenticio, -a *adj* **1** (nutritivo) nutritious • **ser muy alimenticio -a** to be very nutritious: *de gran valor alimenticio* of great nutritional value **2** (alimentario) food [solo ante s]: *el sector alimenticio* the food industry • **hábitos alimenticios** eating habits ▶ **INTOXICACIÓN alimenticia**

alimento *s* **1** (producto) food: *alimentos nutritivos* nutritious foods **2** (valor nutritivo) **tener mucho/poco alimento** to be very nutritious/to have little nutritional value

alineación *s* (en fútbol) line-up

alineado, -a *adj* **no alineado** non-aligned

alinear *v* [T] **1** (en una fila) to line up **2** (en un equipo) to include in the line-up **3** (las llantas de un carro) to align
—**alinearse** *v pron* to align yourself: *Se alineó con un partido de derecha.* He aligned himself with a right-wing party.

aliñar *v* [T] (una ensalada) to dress

aliño *s* dressing

alisar *v* [T] **1** (el pelo) to straighten **2** (una pared) to smooth down **3** (un mantel, una colcha) to smooth out

alistarse *v pron* to enlist

aliviar *v* [T] **1** (un dolor) to relieve: *Esto te va a aliviar el dolor de estómago.* This will relieve your stomachache. **2 aliviar a alguien de un peso/una carga** to relieve sb of a burden
—**aliviarse** *v pron* **1** (dolor) to get better: *Se me alivió el dolor de cabeza.* My headache's gotten better. **2** (enfermo) to get better: *¡Que te alivies!* I hope you get better! • **aliviarse de algo** to get over sth: *Ya se alivió de la gripa.* She's gotten over the flu now. **3** (dar a luz) to have a baby, to give birth

alivio *s* relief: *¡Qué alivio!* What a relief! • *Sentí un gran alivio cuando se fue.* I felt a great sense of relief when he left.

aljibe *s* cistern

allá *adv* over there: *Pon tus cosas allá.* Put your things over there. • **allá abajo/arriba** down there/up there: *allá arriba, en el último estante* up there, on the top shelf • **allá adentro/afuera** in there/out there • **más allá (a)** (para aquel lado) further over that way: *Pon el florero más allá.* Move the vase further over that way. **(b)** (más adelante) further on: *La playa está dos kilómetros más allá.* The beach is two kilometers further on. • **más allá del puente/del aeropuerto** beyond the bridge/ the airport • **allá por los 80/por 1995** back in the 80s/in

1995
EXPRESIONES
allá tú/él that's your/his problem: *Si aún así quiere ir, allá él.* If he still wants to go, that's his problem. • **el más allá** the beyond

allanamiento de morada *s* breaking and entering

allegado, -a *s* **mis/tus allegados** my/your close friends: *parientes y allegados* close friends and family

allí *adv* there; (al señalar un lugar) over there: *Allí estaba, esperándonos.* There she was, waiting for us. • *Viven allí, en aquel edificio.* They live over there, in that building. • **allí abajo/arriba** down there/up there: *allí arriba, en el último estante* up there, on the top shelf • **allí adentro/afuera** in there/out there

alma *s* soul: *cuerpo y alma* body and soul • *No había ni un alma.* There wasn't a soul there.
EXPRESIONES
un amigo/una amiga del alma a very close friend • **con toda mi alma** with all my heart • **me llegó al alma** I was very touched • **se me cayó el alma a los pies/al suelo** my heart sank • **ser un alma en pena** to be a lost soul

almacén *s* **1** (tienda) store **2** (tienda grande, por departamentos) department store **3** (depósito) warehouse **4** (de ropa, telas) clothing and fabric store **5 almacenes** [pl] department store [U]

almacenar *v* [T] **1** (mercancías) to store **2** (en informática) to store

almanaque *s* calendar

almeja *s* clam

almendra *s* almond

almendro *s* almond tree

almíbar *s* syrup: *duraznos en almíbar* peaches in syrup

almidón *s* starch

almidonar *v* [T] to starch

alminar *s* minaret

almirante *s* admiral

almohada *s* pillow

almohadilla *s* **1** (para asiento) cushion, seat pad **2** (de tinta) ink pad

almohadón *s* cushion

almorrana *s* **1** hemorrhoid **2 almorranas** [pl] piles

almorzar *v* **1** (a) (al mediodía) [I] to have lunch: *Almorzamos en la cocina.* We have lunch in the kitchen. • *Me invitó a almorzar afuera.* He invited me out for lunch. **(b)** [T] (al mediodía) to have for lunch: *¿Qué almorzaron?* What did you have for lunch? **2** (a) [I] (a media mañana) to have a mid-morning snack **(b)** [T] (a media mañana) to have mid-morning: *Almorzamos chiles rellenos.* We had stuffed chilies mid-morning.

almuecín *s* muezzin

almuerzo *s* **1** (al mediodía) lunch (pl -ches): *¿A qué hora sirven el almuerzo?* What time do they serve lunch? • *a la hora del almuerzo* at lunchtime **2** (a media mañana) mid-morning snack
almuerzo de trabajo working lunch

aló *interj* (por teléfono) hello

aloe *s* **1** (planta) aloe **2** (jugo) aloes [pl]
aloe vera aloe vera

alojamiento *s* accommodations [pl]: *El precio incluye el alojamiento.* The price includes accommodations.
alojamiento y desayuno bed and breakfast

alojar *v* [T] **1 alojar a alguien** to put sb up: *la familia que nos alojó* the family that put us up **2** (contener) to house: *El edificio alojaba varias empresas.* The building housed several companies.
—**alojarse** *v pron* **1** (pasar la noche) to stay: *Se alojaron en un hotel cerca de la playa.* They stayed in a hotel near the beach. **2** (situarse) to lodge: *La bala se alojó cerca del corazón.* The bullet lodged near the heart.

alondra s lark

alopecia s alopecia

alpaca s (animal, tela) alpaca

alpargata s espadrille

alpinismo s mountain climbing

alpinista s mountain climber

alpino, -a adj **1** (de los Alpes) alpine **2** (de alta montaña) mountain [solo ante s]: *el deporte alpino* mountain sport ▶ **ESQUÍ alpino**

alpiste s birdseed

alquilar v [T] **1** (tomar en alquiler – una vivienda) to rent; (una bicicleta, un vehículo, ropa) to rent; (un video, un DVD) to rent: *El verano pasado alquilamos una casa en Acapulco.* Last summer we rented a house in Acapulco. • *Alquilaron un carro dos semanas.* They rented a car for two weeks. • *¿Alquilamos una película para esta noche?* Do you want to rent a movie for tonight? **2** (dar en alquiler – una vivienda) to rent out; (una bicicleta, un vehículo, ropa) to rent out; (un video, un DVD) to rent out: *¿Alquilan bicicletas?* Do you rent bicycles? • **se alquila** for rent

alquiler s **1** (pago) rent: *Todavía no han pagado el alquiler.* They haven't paid the rent yet. **2** (acción – de un vehículo) rental; (de una casa, un local) renting: *el mercado de alquiler* the rental market • **de alquiler** (para alquilar – vehículos, bicicletas) for rent; (apartamentos, locales) for rent ▶ **CONTRATO de alquiler**

alquimista s alchemist

alquitrán s tar

alrededor adv around • **a mi/tu alrededor** around me/you: *Miré a mi alrededor.* I looked around me.

alrededor de prep **1** (en torno a) around: *Se sentaron alrededor de la mesa.* They sat around the table. **2** (aproximadamente) about, around: *Dura alrededor de una hora.* It lasts about an hour. • *Salieron alrededor de las doce.* They left around twelve.

alrededores s [pl] **1** (afueras) outskirts: *los alrededores de la ciudad* the outskirts of the city **2** (cercanías) **en los alrededores del estadio/de la catedral** in the area around the stadium/the cathedral

alta s **1** (autorización médica) **darle el alta a alguien** • **dar de alta a alguien** to discharge sb: *Mañana le dan el alta.* He's being discharged tomorrow. • **tener el alta** to have been discharged: *¿Tienes ya el alta?* Have you been discharged yet? **2 darse de alta (en algo) (a)** (en un servicio, un registro) to register (with sth) **(b)** (como socio) to become a member (of sth)

altamente adv highly: *Es altamente peligroso.* It is highly dangerous.

altanero, -a adj arrogant

altar s altar

altavoz s **1** (en un lugar público) loudspeaker • **anunciar algo por los altavoces** to announce sth over the loudspeakers **2** (de un equipo de música) speaker

alteración s (cambio) change, alteration (*más frml*) **alteración nerviosa** nervous disorder

alterar v [T] **1** (cambiar) to change, to alter (*más frml*) **2** (disgustar) to upset
—**alterarse** v pron (persona) to get upset

altercado s argument, altercation (*más frml*)

álter ego s alter ego

alternador s alternator

alternancia s alternation

alternar v **1** [T] **alternar algo con algo** to balance sth with sth: *Alterna los estudios con la diversión.* She balances studying with having fun. **2** [I] (en una sucesión) to alternate: *Los días claros alternaron con los de lluvia.* The weather alternated between clear and rainy. **3** [I] (hacer vida social) to socialize

—**alternarse** v pron **1** (personas) to take turns: *Nos alternamos a la hora de conducir.* We took turns driving. **2** (cosas) to alternate: *Los periodos de depresión se alternan con otros de animación.* Periods of depression alternate with more cheerful moods.

alternativa s alternative: *No me queda otra alternativa.* I have no alternative. • *Es una alternativa a la medicina tradicional.* It's an alternative to traditional medicine.

alternativo, -a adj **1** (no convencional) alternative: *el rock alternativo* alternative rock **2** (como segunda opción) alternative: *una solución alternativa* an alternative solution

alterno, -a adj alternate: *Trabaja en días alternos.* He works on alternate days.

alteza s Highness: *Su Alteza Real* His/Her Royal Highness

altibajos s [pl] ups and downs: *Su trabajo tiene altibajos.* Her work has its ups and downs.

altillo s (habitación) attic

altímetro s altimeter

altiplano s high plateau: *el altiplano boliviano* the Bolivian Altiplano

altísimo s **el Altísimo** the Almighty

altitud s altitude: *a 5.860 metros de altitud* at an altitude of 5,860 meters

altivo, -a adj arrogant, haughty

alto¹, -a adj **1** (persona, edificio, árbol) tall; (muro, montaña) high: *Es muy alto para su edad.* He's very tall for his age. • *Es más alta que tu mamá.* She's taller than her mother. • *el edificio más alto del mundo* the tallest building in the world • *una columna alta* a tall column • *Ponlas en un florero más alto.* Put them in a taller vase. • *Construyeron un muro más alto.* They built a higher wall. **2** (con sustantivos abstractos – precio, calidad) high: *Siempre saca la nota más alta.* She always gets the highest mark. **3** (indicando posición, nivel) high: *un estante alto* a high shelf • *El desempleo está muy alto.* Unemployment is very high. • *No alcanzo el timbre, está muy alto.* I can't reach the bell, it's too high. **4** (sonido) loud: *El volumen de la tele está demasiado alto.* The TV's too loud. **5** (funcionario) high-ranking; (ejecutivo, dirigente) top [solo ante s]: *un alto ejecutivo* a top executive • *Ocupa un alto cargo en la empresa.* She has one of the top jobs in the company. ▶ **CLASE alta, TEMPORADA alta**

alta costura haute couture • **alta fidelidad** hi-fi, high fidelity (*más frml*): *un equipo de alta fidelidad* a hi-fi system • **altos hornos** iron and steel works [+v en sing] **alta mar** *en alta mar* on the high seas • **alta tecnología** high technology: *de alta tecnología* hi-tech • **alta tensión** high voltage: *cables de alta tensión* high-voltage power cables • **alta sociedad** high society • **alta velocidad** high speed: *trenes de alta velocidad* high-speed trains

alto² adv **1** (hablar) loudly: *No hablen tan alto.* Don't talk so loudly. • *Habla más alto que no te oigo.* Speak up, I can't hear you. **2** (volar) high: *Volaba muy alto.* It was flying very high.

alto³ s **1** (altura) **¿cuánto tiene/mide de alto?** (persona) how tall is he/she?; (edificio, árbol) how tall is it?; (montaña) how high is it? • **tiene/mide 5 metros de alto** (edificio, árbol) it's 5 meters tall; (valla, muro) it's 5 meters high **2** (pausa) **hacer un alto (en el camino)** to stop (along the way) **3** (parte alta) **lo alto** *Colócalo ahí en lo alto.* Put it up there on top. • *Consiguió llegar a lo alto.* He managed to get to the top. • *en lo alto de los árboles* high up in the trees • **en alto** (los pies, los brazos) up: *Puso los pies en alto.* She put her feet up. • **por todo lo alto** *Lo celebraron por todo lo alto.* They celebrated in style. • *una fiesta por todo lo alto* a lavish party • *Lo hemos pasado por todo lo alto.* We had a great time. **4** (semáforo en rojo) red light: *Nos paró la policía porque*

nos pasamos un alto. We were stopped by the police because we went through a red light.
  alto el fuego ceasefire

alto[4] *interj* stop, halt: *¡Alto el fuego!* Cease fire!

altoparlante *s* **1** (en un lugar público) loudspeaker • **anunciar algo por los altoparlantes** to announce sth over the loudspeakers **2** (de un equipo de música) speaker

altruismo *s* altruism

altruista[1] *adj* altruistic

altruista[2] *s* altruist

altura *s*

> **1** alto, estatura
> **2** de vuelo, sobre el nivel del mar
> **3** lugar elevado
> **4** en religión
> **5** de una calle
> **6** en geometría

1 ALTO, ESTATURA height • **¿cuánto tiene/mide de altura?** how high is it? • **tiene/mide 5 metros de altura** it's 5 meters high
2 DE VUELO, SOBRE EL NIVEL DEL MAR height, altitude *(técn)*: *a 3.000 metros de altura* at an altitude of 3,000 meters
3 LUGAR ELEVADO height • **tener miedo a las alturas** to be afraid of heights
4 EN RELIGIÓN las alturas [pl], Heaven [U]
5 DE UNA CALLE *¿A qué altura de la avenida queda?* How far along the avenue is it?
6 EN GEOMETRÍA height ▶ PESCA de altura, SALTO de altura

EXPRESIONES

a esta/estas alturas at this point: *A estas alturas ya deben estar terminando el álbum.* They should be finishing the album by now. • **a esta altura de su carrera/su vida** at this point in her career/life • **estar a la altura de alguien** to be on a par with sb • **estar a la altura de las circunstancias** to be equal to the challenge

alubia *s* bean

alucinación *s* hallucination

alucinado, -a *adj* **estar/quedarse alucinado -a (con algo)** to be stunned (by sth) • **dejar a alguien alucinado -a (con algo)** to stun sb (with sth)

alucinante *adj* amazing

alucinar *v* [I] (tener alucinaciones) to hallucinate, to delude, to deceive

alucinógeno, -a *adj* hallucinogenic

alud *s* **1** (de nieve) avalanche **2** (de barro, piedras) landslide **3** (de llamadas, quejas) flood **4** (de cartas, pedidos) avalanche

aludido[1], **-a** *adj* **darse por aludido -a** to take the hint

aludido[2], **-a** *s* person in question

aludir *v* [I] **1** (mencionar) **aludir a algo/alguien** to mention sth/sb **2** (referirse) **aludir a algo/alguien** to refer to sth/sb

alumbrado *s* lighting
  alumbrado público street lighting

alumbramiento *s* (parto) birth

alumbrar *v* **1** [T] (dar luz a) to light: *Dos lámparas alumbraban el salón.* The living room was lit by two lamps. • *Alumbré el camino con la linterna.* I lit the way with the flashlight. **2** [I] (despedir luz – lámpara) to be bright; (sol) to shine: *Esta lámpara no alumbra mucho.* This lamp isn't very bright.

aluminio *s* aluminum: *una cacerola de aluminio* an aluminum saucepan ▶ PAPEL de aluminio

alumnado *s* students [pl]

alumno, -a *s* student • **ex alumno** former student
  alumno -a interno -a boarder

alunizaje *s* moon landing

alunizar *v* [I] to land on the moon

alusión *s* **1** (mención) reference • **hacer alusión a algo** to mention sth **2** (referencia) allusion • **en alusión a algo** alluding to sth • **hacer alusión a algo** to be an allusion to sth

alusivo, -a *adj* **alusivo -a a algo** alluding to sth

aluvión *s* **1** (de compradores, turistas) huge influx (pl -xes) **2** (de cartas, llamadas, quejas) flood **3** (de insultos, críticas) barrage **4** (de agua) flash flood **5** (de sedimentos) alluvium

alverja *s* pea

alza *s* (subida) rise • **un alza de los precios/las temperaturas** a rise in prices/temperatures

EXPRESIONES

estar en alza to be on the up: *un artista en alza* an artist whose star is rising

alzado, -a *adj* **1** rebel [solo ante s]: *los militares alzados* the rebel troops **2** (engreído) conceited, arrogant **3** (algo ebrio) tipsy

alzado *s* (dibujo) elevation

alzamiento *s* uprising

alzar *v* [T] **1** (una copa, el telón) to raise **2** (un trofeo) to lift **3** (un monumento) to erect **4** (un precio) to raise **5** (una veda, un castigo) to lift **6 alzar la mano (a)** (en el colegio) to raise your hand **(b)** (para llamar la atención, pegar) to raise your hand: *¡No me alces la mano!* Don't raise your hand to me! **7 alzar los hombros** to shrug your shoulders **8 alzar la mirada/la vista** to look up **9 alzar la voz** (hablar en voz más alta) to speak up • **alzarle la voz a alguien** to raise your voice to sb
—**alzarse** *v pron* **1** (sobresalir) to stand: *En el medio de la plaza se alza una torre.* A tower stands in the center of the square. **2** (rebelarse) to rise up **3 alzarse con la victoria/el premio** to win/to win the prize ▶ ver nota en LIFT

Alzheimer *s* Alzheimer's

amabilidad *s* kindness • **¿tendría la amabilidad de ayudarme/esperar?** would you be so kind as to help me/wait?

amable *adj* kind • **ser amable con alguien** to be kind to sb • **muy amable** (como agradecimiento) thank you • **si fuera tan amable** if you would be so kind

amacizado, -a *adj* **bailar amacizado -a** to dance close together

amado, -a *s* beloved

amaestrado, -a *adj* trained

amaestrar *v* [T] to train

amagar *v* **1** [I] (moverse) **amagar a/por la derecha/izquierda** to feint right/left **2** [T] (hacer un gesto) **amagar un saludo/una sonrisa** to make as if to wave/to give a hint of a smile **3** [I] (amenazar) **amagar con algo/con hacer algo** to threaten sth/to do sth **4** [I] (estar próximo) **amaga tormenta/lluvia** it looks like there's going to be a storm/like it's going to rain

amago *s* **1** (indicio) sign: *un amago de crítica* a hint of criticism **2** (gesto) **hacer amago de algo** to make as if to do sth

amainar *v* [I] **1** (viento, tormenta) to die down; (lluvia) to ease off **2** (críticas, protestas) to let up

amamantar *v* [T] **1** (a un bebé) to breastfeed **2** (un animal a su cría) to suckle

amanecer[1] *s* **1** (hora) dawn • **al amanecer** at dawn **2** (salida del sol) sunrise **3** (comienzo) dawn: *Estamos asistiendo al amanecer de una nueva era en la historia.* We are witnessing the dawn of a new era in history.

amanecer[2] *v* [I] **1** (clarear) to get light: *Está amaneciendo.* It's getting light. **2** (salir el sol) *Hoy amaneció a las siete.* Dawn broke at seven today. **3** (estar en una situación) *La ciudad amaneció tranquila.* Next morning the city was calm. **4** (despertarse) to wake up

amanerado, -a *adj* affected

amansar *v* [T] (a un animal) to tame

amante *s* **1** (de una persona) lover **2 los amantes de la ópera/el arte** opera/art lovers

amañar *v* [T] (unas elecciones) to rig; (un resultado, un combate) to fix; (la información) to doctor
—**amañarse** *v pron* **1** to settle in **2 amañarse con alguien/algo** to become fond of sb/to grow to like sth

amapola *s* poppy (pl -ppies)

amar *v* [T] to love: *Te amo.* I love you.
—**amarse** *v pron* to love each other

amargado, -a *adj* **1** (resentido) bitter **2** (disgustado) angry, annoyed

amargar *v* [T] **amargarle el día/la vida a alguien** to ruin sb's day/life
—**amargarse** *v pron* to get upset: *No te amargues por eso.* Don't get upset about that.

amargo, -a *adj* **1** (sabor) bitter **2** (sin azúcar) without sugar: *Tomo el café amargo.* I don't take sugar in my coffee.

amargura *s* bitterness • **con amargura** bitterly

amarillento, -a *adj* (color, piel) yellowish; (papel, dedos) yellowed

amarillo, -a *adj*, *s* yellow ▶ **PÁGINAS amarillas**, **PRENSA amarilla**, **TARJETA amarilla**

amarra *s* mooring rope • **echar amarras** to moor • **soltar amarras** to cast off

amarrado, -a *adj* stingy

amarrar *v* [T] **1** (atar) to tie: *Amarró la cuerda al árbol.* He tied the rope to the tree. • **amarrar a alguien** to tie sb up **2** (una embarcación) to moor **3 estar amarrado -a** (negocio, contrato) to be in the bag • **tener algo amarrado** to have sth in the bag
—**amarrarse** *v pron* **1 amarrarse los zapatos/las agujetas** to tie your shoelaces • **amarrarse el pelo** to tie your hair back **2** (frenar bruscamente) to slam the brakes on: *Se amarró cuando vio el perro, pero ya no pudo evitarlo.* She slammed the brakes on when she saw the dog, but couldn't avoid hitting it.

amarrarse los pantalones to take a firm hand

amarrete[1], -a *adj* tight-fisted, stingy

amarrete[2], -a *s* skinflint

amasar *v* [T] **1** (en cocina) to knead **2** (una fortuna) to amass

amateur *adj*, *s* amateur

amatista *s* amethyst

amazona *s* (jinete) horsewoman (pl -women)

Amazonas *s* **el Amazonas** the Amazon

amazónico, -a *adj* Amazonian

ambages **sin ambages** (aceptar, reconocer) without hesitation; (condenar, describir) without mincing your words: *Voy a decirlo sin ambages.* I won't beat around the bush.

ámbar *s* amber

ambición *s* ambition • **tener/no tener ambiciones** to be ambitious/unambitious

ambicioso, -a *adj* (persona, proyecto) ambitious

ambientación *s* (de una película) setting

ambientado, -a *adj* set: *una novela ambientada en los años cuarenta* a novel set in the forties

ambientador *s* air freshener

ambiental *adj* environmental ▶ **MÚSICA ambiental**

ambientar *v* [T] (una película, una acción) to set

ambiente *s* **1** (entorno) environment • **cambiar de ambiente** to have a change of scene **2** (atmósfera) atmosphere: *un ambiente tenso* a tense atmosphere

3 (animación) atmosphere: *una fiesta con mucho ambiente* a very lively party ▶ **MEDIO ambiente**

ambigüedad *s* ambiguity (pl -ties)

ambiguo, -a *adj* ambiguous

ámbito *s* **1** (espacio físico) area: *una emisora de ámbito nacional/regional* a national/regional radio station **2** (espacio de influencia) domain **3** (campo de actividad) world

ambivalencia *s* ambivalence

ambivalente *adj* ambivalent

ambos, -as *adj*, *pron* both: *Ambos equipos tienen 20 puntos.* Both teams have 20 points. • *A ambos nos gusta el tenis.* We both like tennis.

ambulancia *s* ambulance

ambulante *adj* ▶ **VENDEDOR ambulante**, **VENTA ambulante**

ambulatorio *s* health center

ameba *s* amoeba

amedrentar *v* [T] to intimidate

amén *interj* amen
en un decir amén in no time at all • **amén de** as well as

amenaza *s* threat
amenaza de bomba bomb scare • **amenaza de muerte** death threat

amenazador, -a *adj* threatening

amenazante *adj* threatening

amenazar *v* **1** [T] to threaten • **amenazar a alguien de muerte** to threaten to kill sb **2** [I] **amenazar con hacer algo** to threaten to do sth: *Nos amenazó con denunciarnos a la policía.* He threatened to report us to the police. **3** [I] (dar indicios de) *Amenaza lluvia/tormenta.* It looks like rain/like there's going to be a storm.

amenizar *v* [T] **amenizar algo** to make sth enjoyable

ameno, -a *adj* enjoyable

América *s* the Americas
América Central Central America • **América del Norte** North America • **América del Sur** South America • **América Latina** Latin America

americano, -a *adj*, *s*

American significa fundamentalmente estadounidense. Para expresar "del continente americano" se suele usar from the Americas, in the Americas, etc. y así se evita la ambigüedad: *la principal cadena montañosa americana* the main mountain range of the Americas • *el continente americano* the American continent
"Los americanos" se dice (the) Americans si se refiere a los estadounidenses y (the) people from the Americas si designa a los habitantes del continente.

amerizaje *s* **1** (de una nave espacial) splashdown **2** (de un hidroavión) landing on the water

amerizar *v* [I] **1** (nave espacial) to splash down **2** (hidroavión) to land on the water

ametralladora *s* machine gun

amianto *s* asbestos

amigable *adj* **1** (persona, charla, gesto) friendly • **poco amigable** unfriendly **2** (solución) amicable

amígdalas *s* [pl] tonsils • **me/lo operaron de las amígdalas** I had my tonsils out/he had his tonsils out

amigdalitis *s* tonsillitis

amigo[1], -a *s* friend • **un amigo mío/suyo** a friend of mine/his • **hacer amigos** to make friends • **hacerse amigo -a de alguien** to make friends with sb • **hacerse amigos -as** to become friends • **los amigos de lo ajeno** light-fingered people
amigo -a íntimo -a close friend

amigo², -a *adj* **1** (personas, países) friendly • **ser muy amigos -as** to be very good friends • **ser muy amigo -a de alguien** to be a good friend of sb's **2** (aficionado) **ser amigo -a de algo/de hacer algo** to be fond of sth/of doing sth: *No es muy amigo de madrugar.* He's not a great one for getting up early.

amigote *s* buddy (pl -ddies)

amiguismo *s* favorable treatment of your friends

aminoácido *s* amino acid

aminorar *v* **1** [T] (reducir) to reduce **2** [I] (reducirse) to diminish; (lluvia) to ease off; (viento) to drop

amistad *s* **1** (relación) friendship • **hacer amistad con alguien** to make friends with sb **2 amistades** [pl] (amigos) friends

amistoso¹, -a *adj* **1** (saludo, tono, relación) friendly **2 partido amistoso** friendly (pl -lies)

amistoso² *s* friendly (pl -lies)

amnesia *s* amnesia

amnistía *s* amnesty (pl -ties)
amnistía fiscal tax amnesty

amnistiar *v* [T] to grant an amnesty to

amo, -a *s* amo master • ama mistress (plural -sses)
ama de casa housewife (pl -wives)

amoblado, -a *adj* furnished

amoblar *v* [T] to furnish

amodorrar *v* [T] **amodorrar a alguien** to make sb feel sleepy
—amodorrarse *v pron* to doze off

amolado, -a *adj* **1** (persona) in a bad way: *Salió de la operación pero está bastante amolado.* He got through the operation but he's in a pretty bad way. **2** (cosa) beat-up, on its last legs: *Mi coche está muy amolado, no creo que llegue a Acapulco.* My car's on its last legs, I don't think it'll get to Acapulco.

amolar *v* [T] **1** (perjudicar) **amolar a alguien** to mess things up for sb: *Ahora sí que me amolaron.* Now they've really messed things up for me. **2** (estropear) to ruin, to bust
—amolarse *v pron* **1** (perjudicar) **amolarse a alguien** to mess things up for sb: *Se lo amolaron por copiar en el examen.* They came down hard on him for cheating on the exam. **2** (estropearse) to be ruined, to bust

EXPRESIONES
¡no la amueles! you're kidding!: *–Lo detuvieron. –¡No la amueles!* "He's been arrested." "You're kidding!" • **ya ni la amuelas/amuelan** you're/they're hopeless, you're/they're the limit

amoldar *v* [T] to adapt • **amoldar algo a algo** to adapt sth to sth
—amoldarse *v pron* (adaptarse) to adapt • **amoldarse a algo** to adapt to sth

amonestación *s* **1** (reprimenda) reprimand **2** (tarjeta amarilla) warning (en fútbol)

amonestar *v* [T] **1** (reñir) to reprimand **2** (mostrar la tarjeta amarilla a) to caution (en fútbol)

amoniaco, amoníaco *s* ammonia

amontonar *v* [T] to pile up
—amontonarse *v pron* **1** (acumularse) to pile up **2** (personas) to crowd together

amor *s* **1** (sentimiento) love: *una historia de amor* a love story **2** (persona amada) love: *Sí, mi amor.* Yes, my love.

EXPRESIONES
de mil amores with pleasure • **¡por (el) amor de Dios!** for goodness' sake! • **por amor al arte** for the love of it • **hacer el amor** to make love
amor libre free love • amor platónico platonic love • amor propio pride

amoral *adj* amoral

amoratado, -a *adj* (con golpes) black and blue

amordazar *v* [T] to gag

amorfo, -a *adj* **1** (sin forma) shapeless, amorphous (*más frml*) **2** (sin personalidad) characterless

amoroso, -a *adj* **1** (encantador) lovely: *una niña amorosa* a lovely girl **2 vida amorosa** love life • **relaciones amorosas** relationships

amortiguador *s* shock absorber

amortiguar *v* [T] **1** (un golpe, un impacto) to soften **2** (un ruido, un sonido) to muffle **3** (la luz) to dim

amortizable *adj* **1** (crédito, préstamo) repayable **2** (inversión) recoverable

amortización *s* **1** (de crédito, préstamo) repayment **2** (de inversión) recovery

amortizar *v* [T] **1** (una deuda, un préstamo) to repay **2** (una inversión) to recoup **3** (aprovechar) to recover the cost of: *Amortizamos la impresora en pocos meses.* In only a few months the printer paid for itself.

amotinarse *v pron* (reclusos) to riot; (marineros) to mutiny

amparar *v* [T] **1** (proteger) to shelter **2** (dar cobijo a – los pobres) to take in; (terroristas, criminales) to harbor **3** (estar del lado de) to protect
—ampararse *v pron* **1** (protegerse) to shelter **2 ampararse en algo** (valerse de algo) to use sth

amparo *s* (protección) protection • **al amparo de los árboles/la oscuridad** in the shelter of the trees/under cover of darkness • **al amparo de la ley** under the law • **darle amparo a alguien** (a un perseguido) to give sb refuge; (a un terrorista, un criminal) to harbor sb

amperímetro *s* ammeter

amperio *s* amp

ampliación *s* **1** (de una foto) enlargement **2** (del vocabulario) widening **3** (de un plazo) extension **4** (de una organización, un negocio) expansion; (de un tratado) enlargement

ampliamente *adv* **1** (superar, ganar) comfortably **2** (extensamente) widely

ampliar *v* [T] **1** (una foto) to enlarge **2** (el vocabulario) to widen **3** (un plazo) to extend **4** (una organización, un negocio) to expand; (un tratado) to enlarge **5** (una casa) to extend

amplificador *s* amplifier

amplio, -a *adj* **1** (casa, habitación) spacious **2** (sofá, cama) large **3** (calle, avenida) wide **4** (abrigo, pantalones) loose-fitting **5** (gama, margen) wide **6 en el sentido amplio de la palabra/del término** in the broad sense of the word/term

amplitud *s* **1** (de una casa, habitación) spaciousness **2** (en física) amplitude

ampolla *s* **1** (en la piel) blister **2** (de vidrio) vial, phial

ampolleta *s* (de luz) light bulb

amputación *s* amputation

amputar *v* [T] to amputate

amueblado, -a *adj* furnished

amueblar *v* [T] to furnish

amuleto *s* **1** (de la suerte) charm **2** (antiguo) amulet

amurallado, -a *adj* walled

anabólico, -a (tb **anabolizante**) *s* anabolic steroid

anacardo *s* cashew nut

anaconda *s* anaconda

anacrónico, -a *adj* anachronistic

anacronismo *s* anachronism

anafre *s* portable stove

anal *adj* anal

anales *s* [pl] (historia) annals: *una victoria que pasará a los anales del deporte* a win that will go down in the annals of sport

analfabetismo *s* illiteracy

analfabeto[1], -a *adj* illiterate

analfabeto[2], -a *s* **analfabeto** illiterate man (pl men) • **analfabeta** illiterate woman (pl women) • **los analfabetos** illiterate people

analgésico *s* painkiller, analgesic (*técn*)

análisis *s* **1** (en medicina) test • **hacerse análisis** to have some tests done **2** (de un texto, un problema) analysis (pl -lyses) • **hacer un análisis de algo** to analyze sth
análisis de orina urine test • análisis de sangre blood test • análisis sintáctico parsing

analista *s* analyst
analista de sistemas systems analyst • analista financiero financial analyst

analítico, -a *adj* analytical

analizar *v* [T] to analyze

analogía *s* analogy (pl -gies)

analógico, -a *adj* analog

análogo, -a *adj* similar: *Tiene efectos análogos a la insulina.* It has effects similar to insulin.

anaquel *s* **1** (tabla) shelf (pl shelves) **2** (mueble) set of shelves, shelving unit

anaranjado[1], -a *adj* orange

anaranjado[2] *s* orange

anarquía *s* anarchy

anárquico, -a *adj* anarchic

anarquismo *s* anarchism

anarquista *adj*, *s* anarchist

anatomía *s* anatomy

anatómico, -a *adj* **1** (de la anatomía) anatomical **2** (asiento) orthopedic

anca *s* **ancas de rana** frogs' legs

ancestral *adj* **1** (costumbre) ancient **2** (miedo, ciencia, odio) age-old

ancho[1], -a *adj* **1** (calle, río, cinturón, tela) wide **2** (frente, cara, hombros, caderas) broad: *un hombre de cara ancha* a man with a broad face • *Es ancho de hombros.* He has broad shoulders. **3** (boca) wide **4** (pantalón, abrigo) loose-fitting • **me/le queda ancho -a, me/le viene ancho -a** it's too big for me/him ▸ **a lo LARGO y a lo ancho**, **BANDA ancha**

EXPRESIONES
a mis/tus anchas at home: *Ponte a tus anchas.* Make yourself at home. • **quedarse tan ancho -a** not to be at all bothered • **quedarle/venirle ancho -a a alguien** to be too much for sb

ancho[2] *s* width • **¿cuánto tiene/mide de ancho?** how wide is it? • **tiene/mide 2 metros de ancho** it's 2 meters wide
ancho de banda bandwidth

anchoa *s* anchovy (pl -vies)

anchura *s* width • **medir 5 centímetros/10 metros de anchura** to be 5 centimeters/10 meters wide

anciano[1], -a *s* (persona) **anciano** elderly man (pl men) • **anciana** elderly woman (pl women) • **los ancianos** the elderly

anciano[2], -a *adj* elderly

ancla *s* anchor • **echar anclas/el ancla** to drop anchor • **levar anclas** to weigh anchor

andadas *s* [pl] **volver a las andadas** to return to your old ways

andador *s* **1** (para bebé) baby walker **2** (para adulto) walker

andadura *s una marca que solo cuenta con un año de andadura* a brand which has been in existence for only a year • *el primer disco del cantante en su andadura como solista* the first record of the singer's solo career • **comenzar/iniciar su andadura** to start

ándale, **ándele** *interj* **1** (para apurar a alguien) hurry up!, come on! **2** (para animar a alguien) come on! **3** (para expresar sorpresa) well, well, well!: *Ándale, conque tienes un Mercedes.* Well, well, well! So you have a Mercedes. **4** (para mostrar acuerdo) sure, right: *–¿Me invitas a comer? –Ándale.* "Can I stay to lunch?" "Sure."

andamio *s* scaffolding [U]: *Están colocando unos andamios.* They're putting up scaffolding.

andanzas *s* [pl] (aventuras) adventures

andar *v*

1	estar
2	para indicar acción
3	recorrer
4	funcionar
5	montar
6	tener una edad
7	con alguien
8	detrás de alguien, algo
9	tener ganas
10	trabajar

1 **ESTAR** [I] to be: *¿Cómo andas?* How are you? • *Hugo anda por el jardín.* Hugo's in the garden. • *Siempre anda quejándose.* He's always complaining. • **andar cansado -a/triste/preocupado -a** to be tired/sad/worried • **andar mal de dinero/tiempo** not to have much money/time • **¿en qué anda/andas?** what's he up to/what are you up to?

2 **PARA INDICAR ACCIÓN** [I] to be: *Andamos buscando un departamento en la playa.* We're looking for an apartment at the beach. • *Andan discutiendo desde hace una semana.* They've been arguing for a week.

3 **RECORRER** [T] to travel: *Anduvimos 100 kilómetros en una semana.* We traveled 100 kilometers in a week.

4 **FUNCIONAR** [I] to work: *No me anda el reloj.* My watch isn't working. • **andar bien/mal (a)** (negocio) to be going well/badly **(b)** (radio, aspiradora) to be working properly/not to be working properly: *El televisor anda mal.* The television's not working properly. **(c)** (persona) *Sonia anda mal de salud.* Sonia's not very well.

5 **MONTAR** [I] **andar en bicicleta** to ride a bike/bicycle: *No sé andar en bicicleta.* I don't know how to ride a bike. • *Fuimos a andar en bicicleta.* We went for a ride on our bikes. • **andar a caballo** to ride, to ride a horse: *¿Sabes andar a caballo?* Can you ride (a horse)? • *Podríamos ir a andar a caballo.* We could go horseback riding.

6 **TENER UNA EDAD** **andar por los quince/los veinte** to be about fifteen/twenty: *Debe andar por los cuarenta.* She must be about forty.

7 **CON ALGUIEN** **andar con alguien (a)** (tratar) to mix with sb: *No les gusta la gente con la que ando.* They don't like the people I mix with. **(b)** (salir) to be going out with sb: *No les gusta el chavo con el que ando.* They don't like the boy I'm going out with.

8 **DETRÁS DE ALGUIEN, ALGO** **andar detrás de alguien/algo (a)** (buscar) to be looking for sb/sth: *Ando detrás de un electricista de confianza.* I'm looking for a reliable electrician. **(b)** (estar interesado) to be after sb/sth: *Varios equipos europeos andan detrás de la joven estrella africana.* Several European teams are after the young African star.

9 **TENER GANAS** **me anda por salir de vacaciones/por ver a los abuelos** I can't wait to go on vacation/to see my grandparents • **me anda (del baño)** I'm dying to go to the bathroom

10 **TRABAJAR** **andar de algo** (trabajar) to be working as sth: *La última vez que lo vi andaba de jardinero.* The last time I saw him he was working as a gardener.
—**andarse** *v pron*
  ACTUAR **andarse con cuidado/con ojo** to be careful

andarivel *s* **1** (de una piscina, una pista de atletismo) lane **2** (en un centro de esquí) ski lift; (de silla) chair lift **3** (para ayudarse a caminar) walker

ándele *interj* ▸ **ÁNDALE**

andén s **1** (en una estación) platform **2** (acera) sidewalk: *Estaban jugando en el andén.* They were playing on the sidewalk.

Andes s [pl] **los Andes** the Andes

andinismo s climbing, mountain climbing

andinista s climber, mountain climber

andino, -a *adj* Andean

Andorra Andorra

andorrano, -a s, *adj* Andorran

andrajo s rag

andrajoso, -a *adj* ragged

andrógino, -a *adj* androgynous

anécdota s anecdote • **contar una anécdota** to tell an anecdote

anecdótico, -a *adj* (sin interés) incidental

anemia s anemia • **tener anemia** to be anemic

anémico, -a *adj* anemic

anestesia s anesthesia • **ponerle anestesia a alguien** to give sb an anesthetic • **con/sin anestesia** with/without an anesthetic
anestesia general general anesthetic • anestesia local local anesthetic • anestesia epidural epidural

anestesiar *v* [T] (a una persona) to anesthetize: *Me anestesiaron el brazo.* They gave me a local anesthetic in my arm.

anestesista s anesthetist

anexión s annexation

anexionar *v* [T] (un territorio, un país) to annex
—**anexionarse** *v pron* (un territorio, un país) to annex

anexo[1] s **1** (de un edificio) annex (pl -xes) **2** (a un texto, a un documento) appendix (pl -dices) **3** (en informática) attachment **4** (telefónico) extension

anexo[2], -a *adj* **1** (edificio) connected **2** (texto, documento) attached

anfetamina s amphetamine

anfibio[1], -a *adj* **1** (animal, planta) amphibious **2** (vehículo) amphibious

anfibio[2] s amphibian

anfiteatro s **1** (romano) amphitheater **2** (en un teatro) circle **3** (en la universidad) auditorium

anfitrión, -ona s **anfitrión** host • **anfitriona** hostess (pl -sses) • **el país/equipo anfitrión** the host country/team

ánfora s **1** (vasija) amphora **2** (para votar) ballot box (pl -xes)

ángel s **1** (en religión) angel **2** (buena persona) angel
EXPRESIONES
como los ángeles wonderfully
ángel de la guarda guardian angel

angelical *adj* angelic

angina s **1 anginas** [pl] (amígdalas) tonsils **2 anginas** [pl] (inflamación) tonsillitis [sing]: *Tiene anginas.* She has tonsillitis.
angina de pecho angina

anglicano, -a *adj*, s Anglican

anglicismo s Anglicism

angloamericano, -a *adj* Anglo-American

anglófilo, -a *adj*, s anglophile

anglófono, -a *adj* English-speaking

angloparlante *adj* English-speaking

anglosajón[1], -ona *adj* **1** (de los pueblos de lengua inglesa) **la cultura anglosajona** the culture of the English-speaking nations • **la música anglosajona** music from English-speaking countries • **el mundo anglosajón** the English-speaking world **2** (del pueblo de la antigüedad) Anglo-Saxon

anglosajón[2], -ona s **los anglosajones (a)** (la gente de habla inglesa) English-speaking people **(b)** (en la antigüedad) the Anglo-Saxons

Angola Angola

angoleño, -a *adj*, s Angolan

angora s angora

angosto, -a *adj* narrow

anguila s eel

angula s elver

angular *adj* angular ▸ **gran angular** (GRANDE)

ángulo s **1** (en geometría) angle: *un ángulo de 30 grados* a 30 degree angle **2** (punto de vista) angle: *Yo lo enfoco desde otro ángulo.* I look at it from a different angle. **3** (esquina) corner
ángulo agudo acute angle • ángulo muerto blind spot • ángulo obtuso obtuse angle • ángulo recto right angle

angustia s **1** (sufrimiento) distress [U] **2** (inquietud) anxiety

angustiar *v* [T] **1** (hacer sufrir) **me angustia** it distresses me **2** (inquietar) **me angustia** it makes me anxious
—**angustiarse** *v pron* **1** (sufrir) to get distressed **2** (inquietarse) to get anxious

angustioso, -a *adj* **1** (situación, espera, silencio) anxious **2** (grito, súplica, gesto) anguished

anhelar *v* [T] **anhelar algo** to long for sth • **anhelar hacer algo** to long to do sth

anidar *v* [I] **1** (ave) to nest **2** (sentimiento, cualidad) to take root

anillar *v* [T] to ring

anillas s [pl] (en gimnasia) rings

anillo s **1** (para el dedo) ring: *un anillo de brillantes* a diamond ring **2** (de planeta) ring **3** (de árbol) ring **4 anillos** [pl] (en gimnasia) rings
EXPRESIONES
ir/venir como anillo al dedo to be a godsend
anillo de boda wedding ring • anillo periférico beltway

animación s **1** (afluencia de gente) activity: *Había mucha animación en el centro de la ciudad.* There was a lot of activity downtown. **2** (alegría) *Hubo mucha animación en la fiesta.* The party was very lively. **3** (en cine) animation • **animación por computador/computadora** computer animation

animado, -a *adj* **1** (persona) cheerful **2** (entretenido) lively **3** (película) animated • **animado -a por computador/computadora** computer-animated ▸ **DIBUJOS animados**

animador, -a s **1** (de dibujos, películas) animator **2** (en un hotel, un campamento) entertainment coordinator; (en una colonia de vacaciones) entertainment coordinator **3** (de televisión) presenter **4** (de fiestas infantiles) children's entertainer **5** (en un espectáculo deportivo) cheerleader

animadversión s hostility • **sentir animadversión hacia algo/alguien** to feel hostile toward sth/sb

animal[1] s **1** (ser vivo) animal **2** (mascota) pet **3** (persona bruta) brute: *¡Es un animal!* He's such a brute! **4** (persona ignorante) idiot: *¡Es un animal!* He's such an idiot! **5** (persona que se destaca) **ser un animal** to be unbelievable: *¡Qué animal! Se sabe todas las respuestas.* She's unbelievable, she knows all the answers!
animal doméstico (de compañía) pet; (de granja) farm animal • animal de compañía pet • animal racional rational being • animal salvaje wild animal

animal[2] *adj* **1** (del animal) animal: *el reino animal* the animal kingdom **2** (bruto) rough: *¡No seas animal!* Don't be so rough! **3** (ignorante) ignorant: *¡Qué animal eres!* You're so ignorant! **4** (que se destaca) unbelievable

animalada s **1** (tontería) **hacer animaladas** to behave stupidly • **decir animaladas** to talk nonsense **2** (acción brutal) outrage **3** (cantidad enorme) tons [pl]: *Tengo una* *animalada de trabajo.* I have tons of work. • **costar una animalada** to cost a fortune

animar *v* [T] **1** (levantar el ánimo a) to cheer up **2** (a un equipo, un jugador) to cheer on **3** (alentar) to encourage • **animar a alguien a hacer algo/a que haga algo** to encourage sb to do sth **4** (una fiesta) to liven up
—**animarse** *v pron* **1** (alegrarse) to cheer up • **¡anímate (un poco)!** cheer up (a little)! **2** (decidirse) to decide: *A lo mejor me animo y me voy con ustedes a Miami.* I might decide to go to Miami with you. • *Nos vamos a la piscina. ¿Te animas?* We're going to the swimming pool. Are you up for coming along? • **animarse a hacer algo** to feel like doing sth

anímico, -a *adj* **estado anímico** state of mind

ánimo¹ *s* **1 levantarle el ánimo a alguien** to cheer sb up **2 ¿cómo estás/está de ánimo?** how are you/is he feeling? **3 estar/andar con el ánimo por el suelo/piso, estar/andar con el ánimo por los suelos** to be down in the dumps **4 darle ánimo a alguien (a)** (a un equipo, un jugador) to cheer sb on **(b)** (a una persona desanimada) to encourage sb **5** (intención) **con ánimo de hacer algo** with the intention of doing sth: *No dije eso con ánimo de ofenderte.* I didn't mean to offend you when I said that. • **sin ánimo de hacer algo** with no intention of doing sth: *Lo dije sin ánimo de ofender a nadie.* I didn't mean to offend anybody when I said that. • **sin ánimo de lucro** nonprofit

ánimo² *interj* come on!: *¡Ánimo, que casi hemos llegado!* Come on, we're nearly there!

aniquilar *v* [T] to annihilate

anís *s* **1** (semilla) aniseed **2** (bebida) anisette

aniversario *s* **1** anniversary (pl -ries) **2 aniversario (de boda)** (wedding) anniversary (pl -ries)

ano *s* anus (pl -ses)

anoche *adv* last night: *¿Qué tal la fiesta de anoche?* How was last night's party?

anochecer¹ *v* [I] to get dark: *¿A qué hora anochece?* What time does it get dark? • *Está anocheciendo.* It's getting dark.

anochecer² *s* dusk: *Vimos el anochecer desde la montaña.* We watched the sun go down from the mountain. • **al anochecer** at dusk

anodino, -a *adj* unremarkable

anomalía *s* **1** (irregularidad) anomaly (pl -lies) **2** (de un feto, de la sangre) abnormality (pl -ties)

anómalo, -a *adj* anomalous

anonadado, -a *adj* **dejar anonadado -a a alguien** to stun sb • **quedarse anonadado -a** to be stunned

anonimato *s* anonymity • **permanecer en el anonimato** to remain nameless • **pedir permanecer en el anonimato** to ask not to be named

anónimo¹, -a *adj* anonymous ▶ **SOCIEDAD** anónima

anónimo² *s* anonymous letter

anorak *s* anorak

anorexia *s* anorexia

anoréxico, -a *s, adj* anorexic

anormal *adj* unusual, abnormal (*más frml*)

anotación *s* **1** (apunte, nota) note • **hacer una anotación** to make a note • **anotación (a pie de página)** footnote **2** (en fútbol) goal; (en fútbol americano) touchdown; (en básquetbol) point
anotación contable book entry (pl -tries)

anotar *v* **1** [T] (escribir) to make a note of **2** [I, T] (marcar) to score
—**anotarse** *v pron* **1** (inscribirse – en un curso) to enroll; (para una actividad) to put your name down: *Se anotó en la lista de espera.* He had his name put on the waiting list. **2** (marcar) to score

ansia *s* **1** (deseo) desire • **tener ansia(s) de algo/de hacer algo** to long for sth/to do sth • **comer/escuchar**

con ansia to eat hungrily/to listen eagerly: *Lo espero con ansia.* I can't wait for it. **2** (angustia) anxiety • **esperar algo con ansia** to be anxiously awaiting sth

ansiedad *s* anxiety • **con ansiedad** anxiously

ansioso, -a *adj* **1** (deseoso) eager • **esperar algo ansioso -a** to be eagerly awaiting sth • **estar ansioso -a de algo/de hacer algo** to be eager for sth/to do sth **2** (con angustia) anxious • **esperar algo ansioso -a** to be anxiously awaiting sth

Antártico *s* **el (océano) Antártico** the Antarctic Ocean

antártico, -a *adj* Antarctic

Antártida *s* **la Antártida** the Antarctic, Antarctica

ante¹ *s* suede • **unos zapatos/una falda de ante** a suede jacket/skirt

ante² *prep* **1** (en presencia de) before: *Tuvo que declarar ante el juez.* She had to give evidence before the judge. **2** (frente a) in the face of: *¿Qué haría usted ante una situación como ésta?* What would you do in a situation like this?
EXPRESIONES
ante todo (a) (sobre todo) above all **(b)** (antes que nada) first and foremost

anteanoche *adv* the night before last

anteayer *adv* the day before yesterday

antebrazo *s* forearm

antecedente *s* **1** (de una enfermedad) history **2 antecedentes** [pl] (policiales) record [sing] • **antecedentes penales** criminal record [sing] **3 antecedentes** [pl] (académicos, profesionales) record [sing]
EXPRESIONES
poner a alguien en antecedentes to put sb in the picture

antecesor, -a *s* **1** (predecesor) predecessor **2** (antepasado) ancestor

antecopretérito *s* past perfect

antefuturo *s* future perfect

antejardín *s* front yard

antelación con antelación in advance • **con dos días/un mes de antelación** two days/a month in advance

antemano de antemano in advance

antena *s* **1** (de TV, radio) antenna (pl -nnas) **2** (de un insecto) antenna (pl -nnae)
EXPRESIONES
estar con la antena puesta (tb **estar con las antenas puestas**) to be listening in to everything • **estar en antena** to be on air
antena parabólica satellite dish (pl -shes) • antena colectiva communal aerial

antenoche *adv* the night before last

anteojo *s* **1** (catalejo) telescope **2 anteojos** [pl] glasses: *¿Laura usa anteojos?* Does Laura wear glasses?
anteojos de sol sunglasses • anteojos negros sunglasses

antepasado¹, -a *adj* **la semana antepasada/el año antepasado** the week before last/the year before last

antepasado², -a *s* (antecesor) ancestor

antepenúltimo, -a *adj* third from last: *Llegó a la meta en antepenúltimo lugar.* He finished third from last.

antepospretérito *s* conditional perfect

antepresente *s* present perfect

anteproyecto *s* preliminary draft
anteproyecto de ley bill

anterior *adj* **1** (previo) previous • **anterior a algo** before sth **2** (que está delante) front [solo ante s]: *las patas anteriores* the front legs • **la parte anterior de algo** the front of sth

anterioridad con anterioridad previously • **con anterioridad a algo** prior to sth

A

anteriormente *adv* (antes) previously

antes¹ *adv* **1** (previamente) before: *Encontrémonos un poco antes.* Let's meet a little earlier. • **antes de algo/de hacer algo** before sth/doing sth: *Llámame antes de salir.* Call me before you leave. • **antes de que** before: *¿Me das tu teléfono, antes de que me olvide?* Will you give me your phone number, before I forget? • **hacer algo antes que alguien** to do sth before sb • **el/la de antes** (el anterior) the previous one; (el antiguo) the old one **2** (en una época anterior) in the past: *Antes me caía bien pero ahora no lo puedo ver.* I used to like him but now I can't stand him. **3** (en el espacio) before: *Está antes del cine/de la plaza.* It's before the movie theater/ the square. **4** (en una fila) first: *Disculpe, yo estaba antes.* Excuse me, I was first. • **estar antes que alguien** to be before sb **5** (para indicar preferencia) rather: *Antes prefiero perder el puesto.* I'd rather lose my job. • **antes que hacer algo** rather than do sth: *Prefiero vender la moto antes que endeudarme.* I'd rather sell the motor- bike than get into debt. **6** (por suerte) **antes no te reprobó/antes di que no perdiste** you were lucky he didn't fail you/you were lucky not to lose: *Antes di que estás vivo.* You're lucky to be alive.

EXPRESIONES
antes de nada first of all • **antes que nada** first and foremost • **lo antes posible** as soon as possible • **antes de ayer** the day before yesterday

antes² *adj* previous: *el día antes* the previous day

anti *pref* anti-: *su postura antimilitarista* his anti- military stance

antiabortista *adj* anti-abortion

antiacné *adj* acne [solo ante s] • **tratamiento/crema antiacné** acne treatment/cream

antiadherente *adj* non-stick

antiaéreo, -a *adj* anti-aircraft

antibalas *adj* ▶ CHALECO **antibalas**

antibiótico *s* antibiotic

anticiclón *s* anticyclone, area of high pressure

anticipación *s* **1** (adelanto) bringing forward: *la antici- pación de las elecciones* the bringing forward of the election **2** (antelación) **con anticipación** in advance • **con tres días/una semana de anticipación** three days/a week in advance

anticipado, -a *adj* (pago) advance; (elecciones) early • **por anticipado** in advance

anticipar *v* [T] **1** (un viaje, una fiesta) to bring forward **2** (anunciar, comunicar) **anticiparle algo a alguien** to tell sb sth in advance: *Me anticipó que iba a llegar tarde.* He told me beforehand that he'd be late. **3** (prever) to anticipate **4** (un pago, un desembolso) to pay in advance —**anticiparse** *v pron* **1** (verano, frío) to come early **2** (adelantarse) **anticiparse a alguien** to beat sb to it: *Iba a llamarla, pero te me has anticipado.* I was going to call her, but you beat me to it. ▶ **anticiparse a los ACONTECIMIENTOS**

anticipo *s* **1** (de sueldo) advance **2** (pago inicial) deposit

anticonceptivo *s, adj* contraceptive

anticongelante *s* antifreeze

anticonstitucional *adj* unconstitutional

anticorrupción *adj* anticorruption

anticuado, -a *adj* (ropa, persona, idea) old-fashioned; (computador, programa) out of date ▶ ver nota en OLD- FASHIONED

anticuario¹, **-a** *s* (persona) antique dealer

anticuario² *s* (tienda) antique store

anticucho *s* kabob

anticuerpo *s* antibody (pl -dies)

antidemocrático, -a *adj* (no democrático) undemo- cratic; (contrario a la democracia) antidemocratic

antideportivo, -a *adj* unsportsmanlike

antidepresivo *s* antidepressant

antidisturbios *adj* riot [solo ante s]: *la policía antidis- turbios* the riot police

antidopaje (tb **antidoping**) *adj* drugs [solo ante s]: *una prueba antidopaje* a drugs test

antídoto *s* antidote • **un antídoto contra/para algo** an antidote to sth

antier *adv* the day before yesterday

antiestético, -a *adj* unsightly

antifaz *s* mask

antigripal *s* flu remedy (pl -dies)

antiguamente *adv* in the past

Antigua y Barbuda *s* Antigua, Antigua and Barbuda

antigüedad *s* **1** (de un fósil, un edificio) age • **tener mil años/millones de años de antigüedad** to be a thousand years/to be millions of years old **2** (tiempos antiguos) **la Antigüedad** antiquity **3** (en el trabajo) seniority • **tener cinco/diez años de antigüedad** to have been with the company for five/ten years **4 antigüedades** [pl] (objetos) antiques: *una tienda de antigüedades* an antique store

antiguo, -a *adj* **1** (edificio, ciudad) old **2** (mueble, jarrón, joya) antique **3** (anterior) former: *su antiguo socio* his former partner **4** (civilización, sociedad) ancient **5** (ve- terano – empleado) long-serving

EXPRESIONES
hacer algo a la antigua to do sth the old-fashioned way: *un noviazgo a la antigua* an old-fashioned engagement ▶ CHAPADO **-a a la antigua**
el Antiguo Testamento the Old Testament • **antiguo -a alumno -a** former student

¿ancient o antique?
antique se aplica a objetos antiguos y valiosos: *a lovely antique desk*
ancient se aplica a edificios, ciudades, etc., muy antiguos o de valor histórico: *ancient monuments*

antihéroe *s* antihero (pl -heroes)

antihigiénico, -a *adj* unhygienic

antiinflamatorio *s* anti-inflammatory drug

antillano, -a *adj* West Indian

Antillas *s* **las Antillas** the West Indies

antílope *s* antelope

antinatural *adj* unnatural

antiniebla *adj* ▶ FAROS **antiniebla**

antioxidante¹ *adj* **1** (vitamina, fórmula) antioxidant [solo ante s]: *vitaminas antioxidantes* antioxidant vita- mins **2** (pintura, tratamiento) antirust

antioxidante² *s* (en un organismo, un alimento) antioxi- dant

antipatía *s* dislike • **tenerle antipatía a/sentir antipatía por alguien** to dislike sb

antipático¹, **-a** *adj* unpleasant

antipático², **-a** *s* **ser un antipático/una antipática** to be very unpleasant

antípodas *s* [pl] (lugar) **las antípodas** the Antipodes

EXPRESIONES
estar en las antípodas de algo to be poles apart from sth

antirreglamentario, -a *adj* illegal: *una jugada antirre- glamentaria* a foul

antirrobo *adj* antitheft ▶ ALARMA **antirrobo**

antisemita¹ *adj* anti-Semitic

antisemita² *s* anti-Semite

antisemitismo *s* anti-Semitism

antiséptico *s* antiseptic

antitabaco *adj* (campaña, legislación) anti-smoking: *un tratamiento antitabaco* a treatment to help people give up smoking

antiterrorista *adj* anti-terrorist

antítesis *s* **1** (de una persona, una cosa) exact opposite **2** (dicotomía) antithesis (pl -theses)

antitetánico, -a tetanus [solo ante s]: *la vacuna antitetánica* the tetanus vaccine

antojarse *v pron* **1** (desear) *Se me antoja un helado.* I'd like an ice cream. • *Yo digo lo que se me antoja.* I say whatever I feel like saying. • *Se le antojó salir a pasear.* She had a sudden urge to go out for a walk. • **cuando se me/te antoja** when I/you feel like it, when I/you please **2** (parecer) **se me antoja infantil/innecesario** I think it's childish/unnecessary • **se me/le antoja que...** I have/he has the feeling that...

antojitos *s* [pl] appetizers, snacks

antojo *s* (deseo) *Entra y sale de la casa a su antojo.* He comes and goes as he pleases. • **tener antojo (de algo)** to have a craving (for sth)

antología *s* **1** (de literatura) anthology (pl -gies) **2** (de música) compilation **3 de antología** brilliant

antónimo *s* antonym

antorcha *s* torch (pl -ches)

ántrax *s* anthrax

antropología *s* anthropology

antropológico, -a *adj* anthropological

antropólogo, -a *s* anthropologist

anual *adj* annual

anualmente *adv* annually: *Un millon de niños mueren anualmente de malaria.* A million children a year die of malaria.

anulación *s* **1** (de elecciones) *La oposición reclama la anulación de las elecciones.* The opposition is demanding that the election results should be declared void. **2** (de un gol) *El entrenador protestó por la anulación del gol de su equipo.* The manager protested when his team's goal was disallowed. **3** (de una reservación, un contrato) cancellation **4** (de una ley) repeal **5** (de un matrimonio) annulment

anular[1] *v* [T] **1** (un gol) to disallow **2** (una boda, un concierto) to cancel **3** (una reservación, un contrato) to cancel **4** (una sentencia) to overturn **5** (un fallo) to revoke **6** (una suscripción) to cancel **7** (una ley) to repeal **8** (una votación, elecciones) to declare invalid **9** (un matrimonio) to annul

anular[2] *s* (dedo) ring finger

anunciante *s* advertiser

anunciar *v* [T] **1** (hacer público, dar aviso de) to announce; (un vuelo) to call **2** (hacer publicidad de) to advertise **3** (pronosticar) to forecast

anuncio *s* **1** (publicidad en TV, radio) ad **2** (publicidad en un periódico, una revista) ad **3** (pidiendo algo) advertisement • **poner un anuncio pidiendo algo/alguien** to advertise for sth/sb **4** (de una noticia) announcement • **hacer un anuncio** to make an announcement

¿advertisement, ad, commercial o billboard?
Hay varios términos para designar el anuncio publicitario:
advertisement es el término más general
ad es más coloquial
commercial se refiere más bien a un anuncio de radio o televisión
billboard es el anuncio en una valla publicitaria

anzuelo *s* hook

EXPRESIONES
tragarse el anzuelo to take the bait

añadido[1], **-a** *adj* additional

añadido[2] *s* addition

añadidura *s* **por añadidura** also: *Era un veterano político, y héroe de la guerra por añadidura.* He was a veteran politician and also a war hero.

añadir *v* [T] **1** (poner) to add • **añadirle algo a algo** to add sth to sth **2** (decir) to add: *"Estoy muy cansado", añadió.* "I'm very tired," he added.

añejo, -a *adj* **1** (vino, ron) aged **2** (costumbre, tradición) long-established

añicos *s* [pl] **hacer algo añicos** to shatter sth: *Hizo añicos la ventana de un pelotazo.* His ball hit the window and shattered it. • **hacerse añicos** to shatter • **hecho -a añicos** shattered

año *s* **1** (para expresar edad) **tener 7/16 años** to be 7/16 (years old): *Tengo 17 años.* I'm 17./I'm 17 years old. • *Ese edificio tiene más de 100 años.* That building is over 100 years old. • **¿cuántos años tienes/tiene?** how old are you/is he? • **a los 2/10 años** at the age of 2/10 • **cumplo 20/30 años el próximo lunes** I'll be 20/30 next Monday, next Monday is my twentieth/thirtieth birthday • **una niña de 6 años/un hombre de 40 años** a 6-year-old girl/a 40-year-old man **2** (periodo, momento) year: *¿En qué año naciste?* What year were you born? • *Vivimos dos años en Barcelona.* We lived in Barcelona for two years. • *Hace un año que no lo veo.* I haven't seen him for a year. • **al/por año** a year: *Gana un millón de dólares al año.* He earns a million dollars a year. • **el año pasado** last year • **el año que viene** next year • **en el año 1492/1970** in 1492/1970 **3** (curso escolar) grade: *¿En qué año estás?* What grade are you in? **4 los años cincuenta/setenta** the fifties/seventies: *una película de los años cincuenta* a fifties movie

EXPRESIONES
a mis/tus años at my/your age: *A tus años no deberías pasarte el día limpiando la casa.* You shouldn't be spending all day cleaning the house at your age. • **entrado -a en años** elderly: *una mujer entrada en años* an elderly woman • **estar a años luz de algo/alguien** to be light years away from sth/sb • **hace años que...** it's been ages since...: *Hace años que no voy al cine.* It's been ages since I went to the movies. • **¡cómo pasan los años!** doesn't time fly!
año académico academic year • año bisiesto leap year • año escolar school year • año fiscal financial year • año natural calendar year • año luz light year • año nuevo New Year: *¡Feliz año nuevo!* Happy New Year! • año sabático sabbatical

añorar *v* [T] to miss

aorta *s* aorta

apabullante *adj* (éxito, victoria) overwhelming; (oferta, habilidad) staggering

apachurrado, -a *adj* (deprimido) down

apachurrar *v* [T] **1** (un insecto, una lata, una caja) to crush: *Apachurró la lata de cerveza.* He crushed the beer can. • **lo apachurró un carro/un tren** he was run over by a car/a train **2** (una tecla, un botón, el acelerador) to press
—apachurrarse *v pron* to get squashed

apacible *adj* **1** (persona, carácter) placid **2** (paisaje, barrio, ambiente) pleasant **3** (mar) calm **4** (brisa) gentle **5** (día, tarde, clima) mild **6** (vida) quiet

apaciguar *v* [T] (a una persona, un animal) to calm down • **apaciguar los ánimos** to calm everyone down
—apaciguarse *v pron* **1** (persona, animal) to calm down **2** (tormenta) to die down; (viento) to drop; (mar) to calm down

apagado, -a *adj* **1 estar apagado -a** (luz, aparato) to be off; (fuego) to be out **2** (persona) subdued **3** (color) dull **4** (sonido) muffled **5** (voz) quiet

apagador *s* switch (pl switches)

apagar *v* [T] **1** (la luz, la radio, el computador) to switch off **2** (un incendio, un cigarrillo) to put out **3** (una vela) to blow out
—apagarse *v pron* **1** (luz, vela) to go out **2** (calefacción, aparato) to go off **3 irse apagando** (persona) to slide toward death

apagón *s* power cut, blackout

apalear *v* [T] to beat up

apapachar v [T] **1** (abrazar) to cuddle **2** (mimar, consentir) to pamper

apapacho s cuddle

aparador s **1** (mueble de comedor) sideboard **2** (de una tienda) store window • **ir a ver/mirar aparadores** to go windowshopping

aparato s

1	máquina
2	instrumento técnico
3	electrodoméstico
4	para los dientes
5	de gimnasia
6	pene

1 MÁQUINA machine: *un aparato para destilar agua* a machine for distilling water
2 INSTRUMENTO TÉCNICO device: *aparatos detectores de explosivos* devices for detecting explosives
3 ELECTRODOMÉSTICO appliance
4 PARA LOS DIENTES aparatos [pl] braces [sing]: *Tiene que usar aparatos.* He has to wear braces.
5 DE GIMNASIA aparatos [pl] apparatus [sing] • **hacer aparatos** to work out
6 PENE tackle
aparato circulatorio circulatory system • aparato digestivo digestive system • aparato reproductor reproductive system

aparatoso, -a adj **1** (caída, accidente, incendio) spectacular **2** (joya, sombrero, mueble) showy

aparecer v [I] **1** (mostrarse) to appear: *Aparecieron manchas en la pared.* Stains have appeared on the wall. **2** (ser encontrado) to turn up: *Tus llaves no han aparecido.* Your keys haven't turned up. **3** (llegar) to turn up: *Apareció a las 8.* He turned up at 8 o'clock. **4** (en una lista, un documento) **aparecer en algo** to be on sth
—**aparecerse** v pron **se le apareció el diablo/un espíritu** the Devil/a spirit appeared to him

aparentar v **1** [T] (cierta edad) to look: *Tiene 40 años, pero aparenta menos.* She's 40, but she looks younger. **2** [T] (fingir) to feign: *Trataba de aparentar interés.* He tried to feign interest. **3** [I] (presumir) to show off: *Solo lo hacen para aparentar.* They just do it to show off.

aparente adj **1** (supuesto, no real) apparent **2** (evidente) obvious: *sin causa aparente* for no apparent reason

aparición s **1** (en cine, televisión) appearance **2** (de una publicación) publication; (de un disco) release **3** (ser sobrenatural) apparition **4 hacer su aparición** to appear

apariencia s appearance • **en apariencia** at first sight
EXPRESIONES
las apariencias engañan appearances can be deceptive

apartado¹, -a adj (lugar) isolated • **apartado -a de algo** a long way from sth

apartado² s (de un texto) section
apartado postal P.O. Box

apartamento s apartment
apartamento modelo show apartment

apartar v [T] **1** (poner a un lado) **apartar algo** to put sth to one side: *Aparta las peras maduras.* Put the ripe pears to one side. • **apartar a alguien** to push sb aside **2** (reservar) *¿Me puede apartar el lugar un momento?* Could you keep my place for me a moment? • *Le pedí que me apartara el libro.* I asked her to put the book to one side for me. **3 apartar los ojos/la mirada** to look away
—**apartarse** v pron (persona) to move out of the way: *¡Apártate, que no veo la pantalla!* Move out of the way, I can't see the screen! • **apartarse de algo** to move away from sth • **apartarse de alguien** to drift away from sb

aparte¹ adv **1** (por separado) separately: *¿Me los puede envolver aparte?* Can you wrap them separately? **2 poner algo aparte** to put sth to one side: *He puesto mis CDs aparte.* I have put my CDs to one side. **3** (no incluido en un precio) extra: *Las bebidas son aparte.* Drinks are extra.

aparte² adj separate: *Duerme en una alcoba aparte.* She sleeps in a separate bedroom.

aparte de prep apart from: *Aparte de eso no me dijo nada.* Apart from that she didn't say anything.

apartheid s apartheid

apasionado, -a adj passionate

apasionante adj **1** (muy interesante – debate, libro, tema) fascinating **2** (emocionante – partido, carrera, descubrimiento) exciting

apasionar v [T] **me apasiona la música/mi trabajo** I'm crazy about music/my work
—**apasionarse** v pron (persona) to get excited • **apasionarse con/por algo** to be crazy about sth

apatía s apathy • **con apatía** apathetically

apático, -a adj apathetic

apdo. (abrev de **apartado**) P.O. Box: *apdo. postal 252* P.O. Box 252

apeadero s halt

apearse v pron **apearse de un caballo/un burro** to get off a horse/a donkey

apedrear v [T] **1** (tirar piedras a) to throw stones at **2** (lapidar) to stone

apego s **tener apego a algo/alguien** to be fond of sth/sb

apelación s **1** (ante un tribunal) appeal • **interponer/presentar una apelación** to lodge an appeal **2** (invocación) appeal

apelar v **1** [I,T] (ante un tribunal) to appeal **2** [I] (invocar) **apelar a la generosidad/la responsabilidad de alguien** to appeal to sb's generosity/sense of responsibility

apelativo s nickname • **un apelativo cariñoso** a pet name

apellido s surname
apellido de casada married name • apellido de soltera maiden name

apelotonarse v pron to crowd together

apenado, -a adj **1** (con vergüenza) ashamed, embarrassed **2** (triste) sad

apenar v [T] **1** (hacer sentir vergüenza) **me/le apena** I'm/he's ashamed, I'm/he's embarrassed: *Me apena reconocerlo.* I'm ashamed to admit it. **2** (entristecer) to sadden
—**apenarse** v pron **1** (sentir vergüenza) to be embarrassed **2** (sentir tristeza) to be sad

apenas¹ adv **1** (solo) only: *Tiene apenas tres años.* She's only three. **2** (casi no) hardly: *Apenas me conocen.* They hardly know me.

apenas² conj as soon as: *Apenas la vi, la reconocí.* As soon as I saw her, I recognized her.

apéndice s **1** (órgano) appendix (plural -dixes): *Lo operaron del apéndice.* He had his appendix out. **2** (de un texto) appendix (plural -dices)

apendicitis s appendicitis • **operarse de apendicitis** to have your appendix out

aperitivo s **1** (bebida) aperitif **2** (alimento) appetizer

apertura s **1** (inauguración) opening: *la ceremonia de apertura* the opening ceremony **2** (a otras ideas, culturas) opening-up **3** (en economía) liberalization

apestar v [I] to stink • **apestar a algo** to stink of sth

apestoso, -a adj smelly

apetecible adj **1** (comida, bebida) delicious **2** (propuesta, oferta) tempting; (actividad, lugar, idea) appealing **3** (persona) attractive

apetito s appetite: *No tengo apetito.* I'm not hungry. • **me/le abrió el apetito** it made me/him hungry • **perder el apetito** to lose your appetite
apetito sexual sexual appetite

apetitoso, -a *adj* **1** (comida, bebida) delicious **2** (propuesta, premio) tempting; (proyecto, lectura) appealing **3** (persona) attractive

apiadarse *v pron* **apiadarse de alguien** to take pity on sb

apicultor, -a *s* beekeeper

apicultura *s* beekeeping

apilar *v* [T] **apilar algo (a)** (ordenadamente) to put sth in a pile: *Apila los libros en el rincón.* Put the books in a pile in the corner. **(b)** (desordenadamente) to pile sth up
—**apilarse** *v pron* to pile up

apiñarse *v pron* to crowd together

apio *s* celery

apisonadora *s* steamroller

aplanadora *s* road roller, steamroller

aplanar *v* [T] to level

aplastante *adj* **1** (derrota) crushing; (victoria) resounding; (mayoría) overwhelming **2 hace un calor aplastante** the heat is oppressive

aplastar *v* [T] **1** (estrujar) to crush **2** (hacer puré con) to mash **3** (una rebelión, una huelga) to crush

aplaudir *v* [I,T] to clap, to applaud (*más frml*)

aplauso *s* **un aplauso** a round of applause • **aplausos** [pl] applause [U]: *Hubo fuertes aplausos.* There was loud applause.

aplazamiento *s* **1** (de un juicio, una reunión, elecciones) postponement **2** (de un pago) deferral

aplazar *v* **1** [T] (un juicio, una reunión, elecciones) to postpone; (una fecha) to put back **2** [T] (un pago) to defer **3** [I] (en un examen) to fail

aplicable *adj* applicable

aplicación *s* **1** (uso) application **2** (de una ley, una regla) enforcement **3** (de una pena, una sanción) imposition **4** (de un plan, una medida) implementation **5** (en informática) application

aplicado, -a *adj* **1** (alumno) hard-working **2 ciencia/ tecnología aplicada** applied science/technology

aplicar *v* [T] **1** (una crema, un cosmético) to apply **2** (una ley, una regla) to enforce **3** (un método) to use **4** (una pena, una sanción) to impose **5** (un plan, una medida) to implement **6** (una inyección) to administer
—**aplicarse** *v pron* (esforzarse) to apply yourself

aplomo *s* composure • **perder el aplomo** to lose your composure

apocado, -a *adj* timid

apocalipsis *s* **1** (desastre) disaster **2** (en la Biblia) **el Apocalipsis** Revelations

apocalíptico, -a *adj* apocalyptic

apodar *v* [T] to call
—**apodarse** *v pron* to be nicknamed: *Se apoda "Spider."* His nickname is "Spider."

apoderarse *v pron* **apoderarse de algo** (de tierras, bienes) to seize sth

apodo *s* nickname

apogeo *s* **1** (plenitud) height • **estar en su/en pleno apogeo** to be at its height **2** (en astronomía) apogee

apolillado, -a *adj* moth-eaten

apolillarse *v pron* to get moth-eaten

apolítico, -a *adj* apolitical

apología *s* (defensa) defense • **hacer apología del terrorismo/de la violencia** to defend terrorism/violence

apoltronarse *v pron* **apoltronarse en un sillón/un sofá** to settle down in an armchair/on a sofa

apoplejía *s* stroke • **sufrir un ataque de apoplejía** to have a stroke

apoquinar *v* [T] to fork out

aporrear *v* [T] **aporrear la puerta** to bang on the door • **aporrear el piano/el teclado** to bang away on the piano/ the computer keyboard

aportación *s* **1** (de dinero) contribution **2** (de ideas, trabajo) contribution

aportante *s* contributor, taxpayer

aportar *v* [T] **1** (ideas, sugerencias) to contribute **2** (dinero) to contribute

aporte *s* **1** (de dinero) contribution **2** (de ideas, trabajo) contribution **3 aportes** [pl] (a la seguridad social) contributions, social security contributions

aposición *s* apposition • **en aposición** in apposition

apósito *s* dressing

apostar *v* **1** [T] to bet • **apostar algo a que** to bet sth that • **apostarle $20 /$40 a algo** to bet $20/$40 on sth • **¿cuánto/qué te apuesto (a) que...?** how much/what do you bet that...?: *¿Qué te apuesto a que llega tarde?* What do you bet that he's late? **2** [I] to bet • **apostar a que** to bet that: *Te apuesto a que no se lo dices.* I bet you don't tell her. **3** [I] **apostar por algo/alguien** to be committed to sth/sb

a posteriori *adv* afterwards

apóstol *s* apostle

apostólico, -a *adj* apostolic

apóstrofo *s* apostrophe

apoteósico, -a *adj* spectacular

apoteosis *s* **1** (culminación) height: *en plena apoteosis de la dictadura* at the height of the dictatorship **2** (en un espectáculo) **la apoteosis final** the grand finale

apoyar *v* [T] **1** (poner) **apoyar algo en algo** to rest sth on sth: *Apoyó la cabeza en la almohada.* She rested her head on the pillow. • **apoyar algo contra algo** to lean sth against sth: *Apoya la escalera contra la pared.* Lean the ladder against the wall. **2** (respaldar) to support: *La mayoría apoya al nuevo gobierno.* The majority supports the new government.
—**apoyarse** *v pron* **apoyarse en/contra algo** to lean on/against sth

apoyo *s* support • **contar con el apoyo de alguien** to have sb's support

apreciable *adj* **1** (cambio, mejora, descenso) noticeable **2** (cantidad, suma) substantial **3** (escritor, pintor, actor) notable

apreciación *s* **1** (valoración) assessment **2** (de una moneda) appreciation

apreciado, -a *adj* **1** (jefe, médico) highly-regarded; (amigo) valued **2** (metal, carne) prized • **ser muy apreciado -a** to be highly prized

apreciar *v* [T] **1** (estimar) **apreciar a alguien** (sentir afecto) to be fond of sb; (sentir estima) to think highly of sb **2** (valorar) to appreciate: *Aprecio mucho lo que hiciste por mí.* I really appreciate what you did for me. **3** (percibir) to see: *No se aprecian las diferencias.* You can't see the difference.
—**apreciarse** *v pron* (moneda) to appreciate

aprecio *s* **tenerle aprecio a alguien** (sentir afecto) to be fond of sb; (sentir estima) to think highly of sb

apremiante *adj* urgent

apremiar *v* **1** [T] (apurar a) **apremiar a alguien para que haga algo** to put pressure on sb to do sth **2** [I] (urgir) to be required urgently: *Apremia tomar una decisión.* A decision is required urgently. • *El tiempo apremia.* Time is running out.

aprender *v* [I, T] to learn • **aprender a hacer algo** to learn to do sth • **aprender (algo) de alguien/algo** to learn (sth) from sb/sth • **aprender cómo funciona algo** to find out how sth works
—**aprenderse** *v pron* to learn • **aprenderse algo de memoria** to learn sth by heart

aprendiz, -a *s* apprentice

A

aprendizaje s **1** (de un idioma, una técnica) learning: *Tiene problemas de aprendizaje.* She has learning difficulties. **2** (periodo de formación) training

aprensión s **1** (temor) apprehension **2** (recelo) wariness

aprensivo, -a *adj* (temeroso) nervous

apresar v [T] (a una persona) to catch

apresurado, -a *adj* (decisión) hasty; (movimiento, pasos) hurried

apresurarse v *pron* **1** to hurry up **2 apresurarse a hacer algo** to be quick to do sth

apretado, -a *adj* **1** (falda, pantalón) tight **2** (en un lugar) cramped **3** (tornillo, tuerca) tight **4** (resultado) close; (victoria) narrow **5 estar/andar apretado -a de dinero** to be short of money

apretar v **1** [T] (hacer presión sobre) to squeeze: *¡No me aprietes el brazo!* Don't squeeze my arm! • **apretar el gatillo** to pull the trigger • **apretar los dientes** to grit your teeth • **apretar los puños** to clench your fists **2** [T] (un botón, una tecla) to press **3** [T] (un tornillo, un nudo) to tighten **4** [I] (zapatos) to pinch; (ropa) to be tight: *¿No te aprieta esa camisa?* Isn't that shirt too tight for you? **5** [I] (ser intenso – calor, frío) to be intense: *Cuando el hambre aprieta, hay que comer.* When you're really hungry, you have to eat.
—**apretarse** v *pron* (en un sitio) to squeeze up ► **apretarse el CINTURÓN**

apretón de manos s handshake • **darle un apretón de manos a alguien** to shake sb's hand • **darse un apretón de manos** to shake hands

apretujado, -a *adj* (en un carro, un apartamento) cramped • **ir/estar apretujados -as** to be squashed together

aprieto s difficult situation • **estar en un aprieto/en aprietos** to be in a difficult situation/in trouble • **meterse en un aprieto** to get into trouble • **poner a alguien en un aprieto** to put sb in a difficult situation • **sacar a alguien de un aprieto** to get sb out of trouble • **salir de un aprieto** to get out of a difficult situation

a priori *adv* in advance

aprisa *adv* fast: *¡Aprisa, que llegamos tarde!* Hurry up or we'll be late!

aprisionar v [T] to trap

aprobación s **1** (visto bueno) approval • **dar mi/tu aprobación a algo** to give my/your approval to sth **2** (de una ley) passing

aprobado s (calificación) pass: *Le pusieron aprobado.* He got a pass.

aprobar v **1** [I, T] (un examen, una materia, a un alumno) to pass: *Nos aprobó a todos.* She passed us all. • **aprobar justo/raspando, aprobar de panzazo** to just scrape through **2** [T] (una ley, un proyecto de ley) to pass **3** [T] (un plan, un presupuesto) to approve **4** [T] (una actitud, un comportamiento) to approve of

apropiación indebida s misappropriation

apropiado, -a *adj* (lugar, expresión, ropa) suitable, appropriate; (momento, persona) right

apropiarse v *pron* **apropiarse de algo** to steal sth

aprovechado, -a s **1 ser un aprovechado/una aprovechada** to take advantage of people **2** (estudioso, trabajador) diligent: *Es un alumno muy aprovechado.* He is a very diligent student.

aprovechador, -a s **ser un aprovechador/una aprovechadora** to take advantage of people

aprovechamiento s (de los recursos, la energía, del espacio) use

aprovechar v **1** [T] (usar) to use • **aprovechar algo para hacer algo** to use sth to do sth **2** [T] (el día, el tiempo, el sol) to make the most of • **aprovechar bien algo** to make good use of sth • **aprovechar algo al máximo** to make the most of sth **3** (a) [T] (una oportunidad, una ocasión) to take: *Aprovechando que te veo, te*

voy a preguntar algo. Seeing as you're here, I'd like to ask you something. **(b)** [I] **aprovechar para hacer algo** to take the opportunity to do sth
—**aprovecharse** v *pron* to take advantage • **aprovecharse de alguien/algo** to take advantage of sb/sth

aproximación s **1** (a un tema) approach (pl -ches) **2** (entre países, personas, ideas) rapprochement: *Se produjo una aproximación entre las dos posturas.* The two positions have come closer together. **3** (en la lotería) prize given to the numbers immediately above and below the winning number

aproximado, -a *adj* approximate

aproximar v [T] **1** (acercar) **aproximar algo a algo** to move sth closer to sth **2** (dos países, posturas) to bring closer together
—**aproximarse** v *pron* **1** (en el espacio) to approach: *Aproxímate, para que lo veas mejor.* Come closer so you can see it better. **2** (en el tiempo) to get closer **3** (parecerse) to be close • **aproximarse a algo** to be close to sth: *Su declaración de hoy se aproxima más a la verdad.* What he said today is closer to the truth.

aptitud s aptitude: *una prueba de aptitud* an aptitude test • **tener aptitudes para algo** to have an aptitude for sth

apto, -a *adj* (adecuado) **apto -a para algo/alguien** suitable for sth/sb

apuesta s **1** (de dinero) bet • **hacer una apuesta** to have a bet • **hacerle una apuesta a alguien** to make a bet with sb **2** (por una posición) bid: *una apuesta por la paz* a bid for peace

apuesto, -a *adj* handsome

apunarse v *pron* to get altitude sickness

apuntador, -a s prompter

apuntalar v [T] (un edificio, una fachada) to shore up

apuntar v **1** [T] (escribir) to write down **2** [T] (inscribir) **apuntar a alguien (en algo)** to put sb's name down (for sth) **3** [I] (con un arma) to aim • **apuntar a algo/alguien** to aim at sth/sb • **apuntar a algo/alguien con un arma** to point a gun at sth/sb **4** [I] (señalar) to point • **apuntarle a alguien/algo** to point at sb/sth **5** [T] (en teatro) to prompt **6** [T] (al dar la opinión) to point out
—**apuntarse** v *pron* **1** (inscribirse) **apuntarse en algo** (en un curso) to enroll in sth; (en una lista) to put your name down on sth **2** (a una actividad) *Vamos al cine. ¿Te apuntas?* We're going to the movies. Do you want to come?

apuntes s [pl] notes • **tomar apuntes** to take notes

apuñalar v [T] to stab

apurado, -a *adj* **1** (con prisa) in a hurry • **estar apurado -a** to be in a hurry: *Estoy apurada, después te llamo.* I'm in a hurry, I'll call you later. **2** (preocupado) worried **3** (con poco tiempo, dinero) short • **estar apurado -a de algo** to be short of sth

apurar v [T] **1** (apresurar) to hurry: *Tranquila, nadie apura.* Take it easy, no one's hurrying you. • *Apura a los niños, que es tarde.* Hurry the children up, it's late. • *¡apúrale!* get a move on! **2** (acabar – la bebida, la comida) to finish off **3** (preocupar) to worry: *Me apura lo que puedan pensar.* I'm worried about what they might think.
—**apurarse** v *pron* (darse prisa) to hurry: *Apúrate, que perdemos el tren.* Hurry up or we'll miss the train.

apuro s **1** (aprieto) difficult situation • **estar en un apuro/en apuros** to be in a difficult situation/in trouble • **meterse en un apuro** to get into trouble • **poner a alguien en un apuro** to put sb in a difficult situation • **sacar a alguien de un apuro** to get sb out of trouble • **salir de un apuro** to get out of a difficult situation **2** (prisa) rush, hurry: *No hay apuro.* There's no rush. • **con el apuro** in the rush **3** (dificultad económica) **pasar apuros (económicos)** to have financial problems

aquejado, -a *adj* **aquejado -a de algo** suffering from sth

aquel¹, aquella *adj* that (pl those): *El libro va en aquel estante.* The book goes on that shelf over there. • **en aquella época** in those days

aquel², aquella *pron* **1** (indicando cosa) that one (pl those): *Esa revista no, aquella.* Not that magazine, that one over there. **2** (indicando persona) that person (pl those people): *Mi novia es aquella.* That's my girlfriend. • **aquel que** anyone who: *Aquel que lo sepa, que levante la mano.* Anyone who knows, put your hand up. **3** (lo que se nombró primero) the former: *Vinieron Luis y Pedro, pero aquel se fue más temprano.* Luis and Pedro came, but the former left early.

aquél, aquella *pron* ▶ AQUEL

aquelarre *s* witches' sabbath

aquello *pron* that: *¿Qué es aquello?* What's that over there? • **aquello que me dijiste/que te pregunté** what you told me/I asked you • **todo aquello que...** anything that...: *Me encanta todo aquello que tenga almendras.* I love anything with almonds in it.

aquí *adv* here: *Aquí están tus llaves.* Here are your keys. • **aquí abajo/arriba** down here/up here • **aquí adentro/afuera** in here/out here
EXPRESIONES
de aquí para allá to and fro • **por aquí** (para indicar el camino) this way; (en un lugar impreciso) around here

árabe¹ *adj* **1** (país, comida, persona) Arab **2** (palabra, literatura) Arabic

árabe² *s* **1** (hombre, mujer) Arab • **los árabes** the Arabs **2** (idioma) Arabic

Arabia Saudita (tb **Arabia Saudí**) Saudi Arabia

arado *s* plow

arancel *s* **1** (impuesto) tariff **2** (de abogado, notario) fee
aranceles aduaneros customs duties

arándano *s* blueberry (pl -rries)

arandela *s* washer

araña *s* **1** (animal) spider **2** (lámpara) chandelier

arañar *v* [T] (con las uñas, algo afilado) to scratch
—arañarse *v pron* to scratch yourself

arañazo *s* scratch (pl -ches)

arar *v* [I,T] to plow

arbitraje *s* **1** (en fútbol, básquetbol, boxeo) refereeing; (en tenis, béisbol) umpiring **2** (de un intermediario) arbitration

arbitrar *v* [I] **1** (en fútbol, básquetbol, boxeo) to referee; (en tenis, béisbol) to umpire **2** (en conflictos) to arbitrate

arbitrariedad *s* **1** (acción) arbitrary act **2** (cualidad) arbitrariness

arbitrario, -a *adj* arbitrary

árbitro *s* **1** (en fútbol, básquetbol, boxeo) referee **2** (en tenis, béisbol) umpire

árbol *s* tree
árbol de levas camshaft • árbol de Navidad Christmas tree • árbol genealógico family tree

arboleda *s* clump of trees

arbusto *s* bush (pl -shes)

arca *s* **1** (caja) chest **2** arcas [pl] (reserva de dinero) coffers
el arca de Noé Noah's Ark • el arca de la Alianza the Ark of the Covenant

arcada *s* **1** (del estómago) **hacer arcadas** (tb **tener arcadas**) to retch • **me/le dan arcadas** it makes me/him retch **2** (de videojuegos) video arcade **3** (en arquitectura) arcade

arcaico, -a *adj* archaic

arcaísmo *s* archaism

arcángel *s* archangel

archi- *pref* really: *Es archiconocido.* He's really well-known. • *Se hizo archifamosa.* She became really famous.

archiduque, -esa *s* **archiduque** archduke • **archiduquesa** archduchess (pl -sses)

archipiélago *s* archipelago

archivador *s* **1** (mueble) filing cabinet **2** (carpeta) file

archivar *v* [T] **1** (un documento) to file • **archivar algo en un computador/una computadora** to store sth on a computer **2** (un caso, una investigación) to close the file on

archivero, -a *s* **1** (mueble) filing cabinet **2** (persona que archiva) archivist

archivo *s* **1** (en informática) file **2** (colección de documentos) archive **3** (institución) archive
archivo de audio audio file • archivo de video video file

arcilla *s* clay: *una figura de arcilla* a clay figure

arcilloso, -a *adj* clayey

arco *s* **1** (en fútbol, hockey) goal • **tirar al arco** to shoot at goal **2** (arma) bow **3** (de un violín) bow **4** (en arquitectura) arch (pl -ches)
arco de triunfo triumphal arch • arco iris rainbow

arcón *s* large chest

arder *v* [I] **1** (ojos, herida) to sting: *Me arden los ojos por el cloro.* My eyes are stinging from the chlorine. **2** (estar muy caliente – persona, cuerpo) to be burning; (café, sopa) to be boiling hot: *Te arde la cara.* Your face is burning. **3** (quemarse) to burn • **estar ardiendo** to be on fire
EXPRESIONES
la cosa está que arde things are pretty heated

ardid *s* ruse

ardido, -a *adj* (herido, dolido) hurt, upset

ardiente *adj* **1** (líquido, sol) burning; (hierro) red-hot **2** (relación, amor) passionate **3** (defensor, orador) passionate ▶ CAPILLA ardiente

ardilla *s* squirrel

ardor *s* **1** (irritación) burning sensation **2** (vehemencia) passion
ardor de estómago heartburn

arduo, -a *adj* arduous

área *s* **1** (zona) area **2** (en matemáticas) area **3** (en fútbol, hockey) **área (grande)** penalty area, eighteen-yard box **4** (de una actividad) field
área chica (en fútbol) six-yard box

arena *s* sand
arenas movedizas quicksand [+v en sing]

arengar *v* [T] to give a rousing speech to

arenilla *s* **1** (del mar) fine sand **2** (en el riñón) stone

arenisca *s* sandstone

arenoso, -a *adj* sandy

arenque *s* herring
arenque ahumado smoked herring

arepa *s* round corn bread

arete *s* hoop earring

argamasa *s* mortar

Argelia Algeria

argelino, -a *s, adj* Algerian

Argentina Argentina

argentino¹, -a *adj* Argentinian

argentino², -a *s* Argentinian • **los argentinos** the Argentinians

argolla *s* **1** (aro) ring **2** (anillo sencillo) ring

argot *s* **1** (de un médico, un abogado) jargon **2** (lenguaje marginal) slang

argucia *s* cunning argument

A

argüir v [T] to argue

argumentación s argument

argumentar v [T] (dar razones) to argue • **argumentar que...** to argue that...

argumento s **1** (de una novela, película) plot **2** (razón) argument • **un argumento a favor/en contra de algo** an argument in favor of/against sth

aria s aria

aridez s dryness, aridity (más frml)

árido, -a adj **1** (terreno, región, clima) dry, arid (más frml) **2** (lenguaje, estilo) dry

Aries s Aries: Soy (de) Aries. I'm an Aries.

ario, -a s, adj Aryan

arisco, -a adj (persona) surly; (animal) unfriendly

arista s edge

aristocracia s aristocracy (pl -cies)

aristócrata s aristocrat

aristocrático, -a adj aristocratic

aritmética s arithmetic

aritmético, -a adj arithmetic

arlequín s harlequin

arma s **1** (de ataque o defensa) weapon • **las armas** arms • **alzarse en armas** to rise up in arms • **ser de armas tomar** to be formidable **2** (recurso) weapon
arma biológica biological weapon • arma blanca sharp weapon • arma de destrucción masiva weapon of mass destruction • arma de doble filo double-edged sword • arma de fuego firearm • arma nuclear nuclear weapon • arma química chemical weapon

> ¿arms o weapon?
> weapon es la palabra más genérica para traducir 'arma', ya sea con fines militares o de otro tipo: the murder weapon • nuclear weapons
> arms designa exclusivamente armas de guerra y solo se usa en plural, frecuentemente antes de sustantivo: They supplied arms to the rebels. • the arms race

armada s navy (pl -vies): un oficial de la Armada a naval officer

armadillo s armadillo

armado, -a adj **1** (grupo, enfrentamiento) armed • **estar armado -a** to be armed **2** (hormigón, cemento) reinforced ▶ FUERZAS armadas, a MANO armada

armador s (persona) shipowner

armadora s (empresa) shipping company (pl -nies)

armadura s suit of armor

armamentista adj arms [solo ante s]: la carrera armamentista the arms race

armamento s weapons [pl]

armar v [T] **1** (una máquina, un mueble) to assemble; (un rompecabezas) to do **2** (dar armas a) to arm • **armar a alguien con/de algo** to arm sb with sth **3 armar alboroto/desorden** to make a racket/a mess
—armarse v pron **1** (provocarse) Se armó un buen escándalo. There's been a real fuss. **2 armarse de paciencia** to be patient • **armarse de valor** to pluck up your courage

> EXPRESIONES
> **se armó/se va a armar la gorda** there was/there'll be an almighty fuss ▶ **armarse un ESCÁNDALO, armarse un LÍO**

armario s **1** (para ropa) closet **2** (para otros usos) cupboard: un armario de cocina a kitchen cupboard
> EXPRESIONES
> **salir del armario** to come out
> armario empotrado built-in closet

armatoste s (cosa grande) enormous great thing; (máquina) contraption

armazón s **1** (de anteojos, lentes) frame **2** (de un edificio, un puente) skeleton **3** (de una cama, una tienda de campaña) frame

Armenia Armenia

armenio¹, -a s (persona) Armenian

armenio² s (lengua) Armenian

armenio³, -a adj Armenian

armiño s **1** (animal) stoat **2** (piel) ermine

armisticio s armistice

armonía s harmony (pl -nies)

armónica s harmonica

armónico, -a adj **1** (en música) harmonic **2** (colores, convivencia, movimiento) harmonious

armonioso, -a adj harmonious

armonizar v [T] to harmonize

aro s **1** (cualquier argolla) ring **2** (en básquetbol) hoop **3** (en el circo, para gimnasia) hoop

aroma s **1** (de flores) scent **2** (de café) aroma **3** (de vino) bouquet
aroma artificial artificial flavoring

aromaterapia s aromatherapy

aromático, -a adj aromatic

aromatizante ambiental s air freshener

aromatizar v [T] **1** (un cuarto, un armario, la ropa) to scent **2** (alimentos) to flavor

arpa s harp
> EXPRESIONES
> **tirar/soltar el arpa** to throw in the towel

arpón s harpoon

arquear v [T] **1** (las cejas) to raise **2** (la espalda) to arch **3** (la madera) to warp: El peso de los libros está arqueando el estante. The weight of the books is making the shelf sag.
—arquearse v pron (madera) to warp; (estante) to sag

arqueología s archeology

arqueológico, -a adj archeological

arqueólogo, -a s archeologist

arquero, -a s **1** (en fútbol, hockey) goalkeeper **2** (en arquería) archer

arquetípico, -a adj archetypal

arquetipo s archetype

arquitecto, -a s architect

arquitectónico, -a adj architectural

arquitectura s architecture

arracada s hoop earring

arraigado, -a adj (costumbre, hábito, prejuicio) deep-rooted

arraigar v [I] (costumbre, hábito, prejuicio) to take root
—arraigarse v pron to settle

arraigo s un deporte con arraigo popular a traditionally popular sport • **tener mucho arraigo** to be well-established

arrancar v

1 una hoja, una página
2 una confesión, la verdad
3 una flor
4 arrebatar
5 ponerse en marcha
6 computador
7 ponerse en camino
8 tener su origen

1 UNA HOJA, UNA PÁGINA [T] to tear out • **arrancar un clavo de la pared** to pull a nail out of the wall

2 UNA CONFESIÓN, LA VERDAD [T] **arrancarle una confesión/una declaración a alguien** to get a confession/statement out of sb
3 UNA FLOR [T] to pick; (una planta) to pull up
4 ARREBATAR [T] to snatch • **arrancarle algo a alguien** to snatch sth from sb • **arrancarle algo de las manos a alguien** to snatch sth out of sb's hands
5 PONERSE EN MARCHA [I] (vehículo, máquina) to start
6 COMPUTADOR [I, T] to start, to boot up (técn)
7 PONERSE EN CAMINO [I] to leave
8 TENER SU ORIGEN [I] **arrancar de algo** (problema, tradición) to have its origins in sth; (calle, río) to start in sth

arranque s **1** (de un vehículo) starter motor • **tener problemas de arranque** to have trouble starting **2** (de un computador) start-up **3** (inicio) start **4** (arrebato) fit • **en un arranque de ira/de celos** in a fit of anger/jealousy

arrasar v **1** [T] (destruir) to completely destroy **2** [I] (tener mucho éxito) to be hugely successful **3** [I] (en un concurso, una competencia) to sweep the board

arrastrar v **1** [T] (mover) to drag: *El caballo lo arrastró unos metros.* The horse dragged him along for several meters. • **arrastrar los pies** to drag your feet **2** [T] (atraer) to draw: *un grupo que arrastra multitudes* a group that draws huge crowds **3** [T] (padecer) to be dogged by: *La empresa arrastra graves problemas financieros.* The company is dogged by serious financial problems. **4** [T] (en informática) to drag **5** [I] (rozar el suelo) to trail on the floor: *El mantel arrastra.* The tablecloth is trailing on the floor.
—**arrastrarse** v pron **1** (persona) to crawl **2** (serpiente) to slither along **3** (humillarse) **arrastrarse frente a/ante alguien** to crawl to sb

arre interj giddy up • **¡arre burro/caballo!** giddy up!

arrear v [T] **1** (ganado) to herd **2** (robar) **arrear con algo** to swipe sth: *El ladrón arreó con todo lo que encontró.* The thief swiped everything he could find.

arrebatador, -a adj captivating

arrebatar v [T] (quitar) **arrebatarle algo a alguien** to snatch sth from sb: *Un ladrón le arrebató la cámara.* A thief snatched his camera.

arrebato s (arranque) fit • **en un arrebato de ira/de celos** in a fit of anger/jealousy

arreciar v [I] **1** (lluvia, tormenta) to get worse; (viento) to get stronger **2** (críticas) to grow; (silbidos) to get louder

arrecife s reef
 arrecife de coral coral reef

arreglado, -a adj
 1 solucionado, resuelto
 2 partido, torneo
 3 bien vestido
 4 ordenado
 5 reparado
 6 fregado

1 SOLUCIONADO, RESUELTO straightened out: *Está todo arreglado.* Everything's been straightened out.
2 PARTIDO, TORNEO fixed: *El partido estaba arreglado.* The game was fixed.
3 BIEN VESTIDO **estar/venir/andar arreglado -a** to look well-dressed
4 ORDENADO tidy: *Siempre tiene el cuarto muy arreglado.* His room is always very tidy.
5 REPARADO (carro, aparato) fixed; (zapatos, ropa) mended
6 FREGADO **estar arreglado -a** to have had it: *Estás arreglado si esperas que ella te ayude.* You've had it if you think she's going to help you.

arreglar v [T] **1** (un carro, un aparato) to fix; (zapatos, ropa) to mend • **mandar a arreglar algo** to take sth to be repaired **2** (solucionar) to straighten out: *Esto lo vamos a arreglar entre nosotros.* We'll straighten this out between ourselves. **3** (ordenar) to clean up

—**arreglarse** v pron **1** (solucionarse) to straighten itself out: *Con el tiempo, todo se va a arreglar.* Everything will straighten itself out in time. **2** (acicalarse) to get ready **3** (vestir con elegancia) to dress nicely **4** (preocuparse por el aspecto) to take care over your appearance **5** (con ingenio) to manage • **arreglarse con algo, arreglárselas con algo** to manage with sth **6 arreglárselas** to manage: *¿Cómo se las arregla para estar siempre tan elegante?* How does she always manage to look so well-dressed? • **arréglatelas como puedas** it's up to you how you do it **7** (ponerse de acuerdo) **arreglarse (con alguien)** to settle things (with sb): *Se arreglaron entre ellos antes de que llegara la policía.* They settled it between themselves before the police arrived.

> **¿repair, fix o mend?**
> repair es algo más formal que fix: *The plane was too damaged to be repaired.* • *Someone's coming to fix the washing machine.*
> mend suele aplicarse a cosas con agujeros o desperfectos como ropa o zapatos: *This shirt needs mending.*

arreglo s **1** (reparación) repair • **no tiene arreglo** (aparato) it's beyond repair; (persona) he's/she's hopeless **2** (acuerdo) arrangement • **llegar a un arreglo (con alguien)** to come to an arrangement (with sb) **3** (musical) arrangement

EXPRESIONES
con arreglo a in accordance with

arremangarse v ► REMANGARSE

arremeter v [I] **arremeter contra alguien/algo** (cargar) to charge at sb/sth; (criticar) to attack sb/sth

arremetida s (embestida) charge; (crítica) attack

arremolinarse v pron **1** (personas) to mill around • **arremolinarse alrededor de algo/alguien** to crowd around sth/sb **2** (agua, hojas) to swirl around

arrendar v [T] **1** (propietario) to rent • **arrendarle algo a alguien** to rent sth to sb **2** (inquilino, usuario – una vivienda) to rent; (un vehículo) to hire

arrepentido, -a adj **1** (que siente lo hecho) **estar arrepentido -a** to be sorry, to regret it (más frml) • **estar arrepentido -a de algo** to be sorry about sth, to regret sth (más frml) • **estar arrepentido -a de haber hecho algo** to be sorry you did sth, to regret doing sth (más frml) **2** (delincuente, mafioso) reformed

arrepentimiento s remorse

arrepentirse v pron **1** (de una acción) to be sorry, to regret it (más frml) • **arrepentirse de algo** to be sorry about sth, to regret sth (más frml) • **arrepentirse de haber hecho algo** to be sorry you did sth, to regret doing sth (más frml) • **¡te vas a arrepentir!** You'll be sorry! **2** (de un pecado) to repent • **arrepentirse de algo** to repent sth

arrestar v [T] to arrest

arresto s arrest
 arresto domiciliario house arrest

arriar v [T] (una bandera, las velas) to lower

arriba[1] adv **1** (posición) **aquí/allí arriba** up here/up there • **el estante/el cajón de arriba** (el primero) the top shelf/drawer; (el siguiente) the next shelf/drawer up **2 desde arriba** (desde un avión, un piso superior) from above; (desde la parte de arriba de un edificio, una montaña) from the top: *visto desde arriba* seen from above • *Desde arriba se veía toda la ciudad.* From the top you could see the whole city. **3 para arriba** up: *de la cintura para arriba* from the waist up • **niños de siete años para arriba** children aged seven and above **4** (en una casa, un edificio) upstairs: *Los vecinos de arriba hacen mucho ruido.* The upstairs neighbors are very noisy.

EXPRESIONES
¡arriba las manos! hands up! • **mirar a alguien de arriba abajo** to look sb up and down • **limpiar la casa de arriba abajo** to clean the house from top to bottom

A

arriba² *interj* ¡*Arriba todo el mundo!* Come on everybody, get up! • ¡*Arriba ese ánimo!* Cheer up! • ¡*Arriba Toluca!* Come on, Toluca!

arriba de *prep* **1** (sobre) **arriba de la mesa/del escritorio** on the table/desk • **arriba del piano/ropero** on top of the piano/clothes closet **2** (más alto que) above: *arriba de las nubes* above the clouds **3** (más de) **estar/andar (por) arriba de algo** to be above sth

arriesgado, **-a** *adj* **1** (peligroso) risky **2** (valiente, atrevido) daring

arriesgar *v* [T] to risk
—**arriesgarse** *v pron* to risk it: *No me quiero arriesgar.* I don't want to risk it. • *No quiero arriesgarme a que me vean.* I don't want to risk being seen. • **arriesgarse mucho/demasiado** to take a big risk/too much of a risk • **arriesgarse a hacer algo** to risk doing sth

arrimar *v* [T] to move closer • **arrimar algo a algo** to move sth closer to sth
—**arrimarse** *v pron* to move closer • **arrimarse a algo** to move closer to sth

arrinconar *v* [T] (acorralar) to corner

arritmia *s* **arritmia (cardiaca)** (cardiac) arrhythmia

arroba *s* "at" sign: *carlos arroba cybernet punto mx* carlos at cybernet dot mx

arrodillado, **-a** *adj* kneeling

arrodillarse *v pron* to kneel

arrogancia *s* arrogance

arrogante *adj* arrogant

arrojado, **-a** *adj* **1** (valiente) brave **2** (osado) bold

arrojar *v* [T] **1** (una piedra, una pelota) to throw • "**prohibido arrojar basura**" "no dumping" **2** (humo, lava) to spew out **3** (un resultado) to produce
—**arrojarse** *v pron* **arrojarse al río/al agua** to jump into the river/the water • **arrojarse sobre alguien** to hurl yourself at sb

arrojo *s* **1** (valentía) bravery **2** (osadía) boldness

arrollador, **-a** *adj* (éxito) runaway [solo ante s]; (triunfo, victoria) overwhelming; (personalidad) dazzling

arrollar *v* [T] (un peatón, un ciclista) to run over; (un vehículo) to crash into

arropar *v* [T] **1** (cubrir) to wrap up **2** (apoyar) to support

arroyo *s* stream

arroz *s* rice
arroz blanco (no cocido) white rice; (cocido) boiled rice • arroz con leche rice pudding • arroz integral brown rice
EXPRESIONES
como arroz (en gran cantidad) *Está vendiendo su nuevo disco como arroz.* His new CD is selling like hot cakes.

arruga *s* **1** (en la piel) wrinkle **2** (en la ropa) crease: *lleno de arrugas* creased

arrugado, **-a** *adj* **1** (ropa) creased **2** (cara) wrinkled **3** (papel) crumpled

arrugar *v* [T] **1** (una camisa, una sábana) to crease **2** (una hoja de papel, el periódico) to crumple
EXPRESIONES
arrugar el ceño/el entrecejo/la frente to frown
—**arrugarse** *v pron* **1** (ropa) to get creased **2** (piel, cara) to get wrinkled **3** (acobardarse) to chicken out

arruinar *v* [T] **1** (económicamente) to ruin **2** (echar a perder) to ruin
—**arruinarse** *v pron* **1** (estropearse) to be ruined **2** (económicamente) to go bankrupt

arrullar *v* [T] (un bebé) to sing to sleep

arsenal *s* **1** (de armas, municiones) arsenal **2** (de recursos) array

arsénico *s* arsenic

arte *s* art: *el arte moderno* modern art ► **bellas artes** (BELLO), **OBRA de arte**, **el SÉPTIMO arte**

EXPRESIONES
como por arte de magia as if by magic • **no tener ni arte ni parte en algo** to have absolutely nothing to do with sth • **tener arte para hacer algo** to be good at doing sth
artes escénicas performing arts • artes gráficas graphic arts • artes marciales martial arts • artes plásticas plastic arts

artefacto *s* device
artefacto explosivo explosive device

arteria *s* **1** (vaso sanguíneo) artery (pl -ries) **2** (vía de comunicación) artery (pl -ries)
arteria aorta aortic artery

arterial *adj* arterial ► PRESIÓN **arterial**, TENSIÓN **arterial**

arteriosclerosis *s* arteriosclerosis

artesanal *adj* (producto, cerámica) handcrafted; (pesca) traditional; (queso, vino) made using traditional methods; (bomba) homemade; (taller, tradición) craft [solo ante s]: *una tienda de productos artesanales* a craft store • **elaborado -a de manera artesanal** made using traditional methods

artesanía *s* **1** (trabajo artesanal) craftwork **2** (productos artesanales) **artesanías** [pl] handicrafts: *una feria de artesanías* a craft fair

artesano, **-a** *s* **artesano** craftsman (pl -men) • **artesana** craftswoman (pl -women)

Ártico *s* **el (océano) Ártico** the Arctic (Ocean)

ártico, **-a** *adj* Arctic

articulación *s* (en anatomía) joint

articulado, **-a** *adj* (brazo, camión, robot) articulated

articular *v* [T] **1** (un sonido, una palabra) to articulate • **no poder/lograr articular palabra** to be speechless **2** (unas piezas) to articulate **3** (ideas, una política) to formulate; (un ensayo) to put together

articulista *s* feature writer

artículo *s* **1** (en un periódico, una revista) article **2** (en gramática) article **3** (producto) item **4** (de la Constitución, de una ley) article
artículo definido, artículo determinado definite article • artículos de tocador toiletries • artículo indefinido, artículo indeterminado indefinite article • artículos de limpieza cleaning products • artículos de lujo luxury items

artífice *s* architect

artificial *adj* artificial ► FUEGOS **artificiales**, INTELIGENCIA **artificial**, RESPIRACIÓN **artificial**

artificiero, **-a** *s* bomb disposal expert

artificio *s* **1** (falta de naturalidad) affectation **2** (engaño) trick ► FUEGOS **de artificio**

artillería *s* artillery
artillería antiaérea anti-aircraft guns [pl]

artillero *s* **1** (militar) artilleryman (pl -men) **2** (en fútbol) goalscorer

artilugio *s* **1** ruse **2** contraption

artimaña *s* trick

artista *s* **1** (pintor, escultor) artist **2** (de cine, de teatro) actor **3** (haciendo algo) wizard: *En la cocina, es un artista.* He's a wonderful cook.

artístico, **-a** *adj* artistic

artritis *s* arthritis

artrosis *s* arthrosis

arveja *s* pea

arzobispo *s* archbishop

as *s* **1** (en cartas, dados) ace: *el as de diamantes* the ace of diamonds **2** (persona) ace: *un as del volante* an ace driver

asa *s* handle

asado[1], -a *adj* **1** (al horno – carne, papas sin piel) roast; (verduras, hortalizas) roasted; (pescados, frutas, papas con piel) baked **2** (a la parrilla) grilled

asado[2] *s* **1** roast: *asado de ternera* roast beef **2** (reunión) barbecue

asador *s* **1** (restaurante) steakhouse **2** (a carbón) barbecue; (eléctrico) roaster **3** (varilla) spit

asalariado[1], -a *adj* salaried

asalariado[2], -a *s* salaried employee

asaltante *s* **1** (ladrón) robber **2** (agresor) attacker

asaltar *v* [T] **1** (un banco, una tienda) to rob **2** (a una persona) to mug **3** (un castillo, una fortaleza) to storm **4** (sentimiento) to seize: *Nos asaltó el pánico.* We were seized with panic.

asalto *s* **1** (robo) robbery (pl -ries): *un asalto a un banco* a bank robbery **2** (militar) assault **3** (en boxeo) round asalto a mano armada armed robbery

asamblea *s* **1** (reunión) meeting **2** (cuerpo legislativo) assembly (pl -lies) la Asamblea General (de la ONU) the General Assembly • asamblea general anual annual general meeting

asar *v* [T] **1** (al horno – carne, verduras, papas sin piel) to roast; (pescado, fruta, papas con piel) to bake **2** (a la parrilla) to grill —asarse *v pron* **1** (al horno – carne, verduras, papas sin piel) to roast; (pescado, fruta, papas con piel) to bake **2 me estoy asando (de calor)** I'm boiling

ascendencia *s* descent • de ascendencia italiana/judía of Italian/Jewish descent

ascendente *adj* (curva, tendencia, trayectoria) upward

ascender *v* **1** [I] (de categoría deportiva) to be promoted • ascender a (la) primera/segunda división to be promoted to the first/second division **2** (en el trabajo) **(a)** [T] to promote • ascender a alguien a supervisor -a/director -a to promote sb to supervisor/manager **(b)** [I] to be promoted: *Tiene posibilidades de ascender.* She has a chance of being promoted. **3** [I] (una cuenta, una factura) **ascender a algo** to come to sth **4** [I] (montañista, avión, carretera) to climb

ascendiente *s* ancestor

ascensión *s* **1** (a lugar elevado) ascent **2 la Ascensión** (de Cristo a los cielos) the Ascension; (festividad) Ascension Day

ascenso *s* **1** (en deporte) promotion **2** (en el trabajo) promotion **3** (de una montaña) ascent **4** (de las temperaturas, los precios) rise: *el ascenso del precio del petróleo* the rise in the price of oil • seguir/continuar en ascenso to continue to rise

ascensor *s* elevator, lift

ascensorista *s* elevator attendant

asceta *s* ascetic

asco *s* **1** (sensación desagradable) **dar asco** (provocar desagrado físico) to be disgusting; (provocar repulsión moral) to make you sick: *Esta cocina da asco.* This kitchen is disgusting. • *Da asco ver cómo tratan a los animales.* It makes you sick to see how they treat animals. • me/le da asco (provoca desagrado físico) I think/he thinks it's disgusting; (provoca repulsión moral) it makes me/him sick: *El olor a pescado le da asco.* She thinks the smell of fish is disgusting. • *Me da asco ver cómo la trata.* It makes me sick to see how he treats her. • ¡qué asco! how disgusting! • ¡qué asco de equipo! what a lousy team! **2** (objeto, persona) **ser un asco** to be disgusting: *Este lugar es un asco.* This place is disgusting. **3 hecho -a un asco** (lugar) in a disgusting state; (persona) being a complete mess

EXPRESIONES
no hacerle asco(s) a nada to not turn your nose up at anything

ascua *s* ember

EXPRESIONES
tener/mantener a alguien en ascuas to keep sb on tenterhooks

aseado, -a *adj* clean

asear *v* [T] to clean up —asearse *v pron* to clean yourself up

asediar *v* [T] **1** (una ciudad, un castillo) to besiege **2** (a una persona) to besiege • asediar a alguien con preguntas to bombard sb with questions

asedio *s* **1** (de una ciudad, un castillo) siege **2** (de una persona) hounding

asegurar *v* [T] **1** (afirmar) to assure: *Te lo aseguro.* I assure you. **2** (un carro, una casa) to insure **3** (fijar con firmeza) to secure —asegurarse *v pron* **1 asegurarse de que** to make sure that: *Asegúrate de que el gas esté apagado.* Make sure that the gas is off. **2** (sujetarse) to hold on: *Asegúrate bien.* Hold on tight.

asemejarse *v pron* (cosas) to be similar; (personas) to be alike • asemejarse a algo/alguien to look like sth/sb

asentado, -a *adj* **1** (costumbre) long-established **2** (sensato) sensible

asentamiento *s* settlement

asentar *v* [T] **1** (dar firmeza a) **asentar algo** to keep sth steady • asentar algo sobre algo to place sth firmly on top of sth **2** (un edificio, una fábrica) to locate **3** (un nombre, un dato) to enter —asentarse *v pron* **1** (personas) to settle **2** (polvo, partículas) to settle

asentir *v* [I] to agree • asentir a algo to agree to sth • asentir con la cabeza to nod

aseo *s* **1** (cualidad de limpio) cleanliness **2** (acción de limpiar) **hacer el aseo** to do the cleaning el aseo personal personal hygiene

aséptico, -a *adj* **1** (de la asepsia) sterile, aseptic (*más frml*) **2** (frío) clinical

asequible *adj* **1** (precio, hotel) affordable **2** (objetivo) achievable **3** (persona) approachable

aserradero *s* sawmill

aserrar *v* [T] to saw

aserrín *s* sawdust

asesinar *v* [T] (a una persona) to murder; (a un político, un monarca) to assassinate

asesinato *s* (de una persona) murder; (de un político, un monarca) assassination • cometer un asesinato to commit murder ▶ ver nota en MURDER

asesino, -a *s* (de una persona) murderer; (de un político, un monarca) assassin asesino -a en serie, asesino -a serial serial killer

asesor, -a *s* (en contextos políticos) adviser; (en contextos comerciales) consultant asesor de imagen image consultant

asesoramiento *s* (consejos) advice; (servicio comercial) consultancy

asesorar *v* [T] (abogado, experto) to advise; (en contextos comerciales) to act as a consultant to —asesorarse *v pron* to seek advice • asesorarse con alguien to consult sb

asesoría *s* (oficina) consultancy (pl -cies)

asestar *v* [T] **asestarle un golpe a alguien** to hit sb • asestarle una puñalada a alguien to stab sb

asexual *adj* asexual

asfaltado[1], -a *adj* asphalt [solo ante s]: *una pista asfaltada* an asphalt track

asfaltado[2] *s* (acción) tarmacking

asfaltar *v* [T] to tarmac

asfalto *s* tarmac, asphalt

asfixia *s* suffocation, asphyxiation (*técn*)

asfixiante *adj* **1** (calor, clima) stifling; (humo) choking **2** (deuda) crippling; (presión) overwhelming

asfixiar *v* [T] **1** (no dejar respirar a) to suffocate: *Murieron asfixiados.* They suffocated. **2** (agobiar) to stifle **3** (económicamente) to cripple
—**asfixiarse** *v pron* to suffocate

así[1] *adj* (de esa manera, como eso) like that; (de esta manera, como esto) like this: *Yo nunca haría una cosa así.* I'd never do anything like that.

así[2] *adv* **1** (de esa manera, como eso) like that; (de esta manera, como esto) like this: *No hables así de tus amigos.* Don't talk like that about your friends. • *Se hace así.* You do it like this. **2 así de grande/alto** this big/tall • **es así de fácil/sencillo** it's as easy/simple as that

EXPRESIONES
así es that's right: –*¿Ustedes son primos? –Así es.* "You're cousins, are you?" "That's right." • **así como así** just like that • **así mismo** also • **o algo así** or something like that

así[3] *conj* (entonces) then: *Quédate a cenar; así la conoces.* Stay for dinner; then you can meet her. • **así que** so: *Ya he terminado, así que me voy.* I've finished, so I'm going.

Asia Asia
Asia Menor Asia Minor

asiático[1], -a *adj* Asian

asiático[2], -a *s* Asian • **los asiáticos** the Asians

asiduidad *s* **con asiduidad** regularly

asiduo[1], -a *adj* (cliente) regular; (lector) avid; (visitante) frequent

asiduo[2], -a *s* regular

asiento *s* **1** (para sentarse) seat • **cederle el asiento a alguien** to give sb your seat • **tomar asiento** to take a seat **2** (en un registro) entry (pl -tries) • **asiento (contable)** (book) entry

asignación *s* **1** (atribución) allocation **2** (dinero asignado) allocation **3** (paga) allowance

asignar *v* [T] **1** (un rol, una tarea) to assign **2** (una cantidad de dinero, una habitación) to allocate

asignatura *s* subject
asignatura pendiente 1 (en los estudios) subject which needs to be retaken: *Tiene dos asignaturas pendientes del año pasado.* He has to retake two subjects from last year. **2** (hablando de algo no resuelto) unresolved matter

asilar *v* [T] (refugiado) to grant asylum to; (huérfano, anciano) to put in a home, to take in, to give shelter to
—**asilarse** *v pron* to be granted asylum

asilo *s* **1** asylum • **asilo político** political asylum • **pedir asilo político** to seek political asylum **2** (hogar para niños) children's home **3 asilo (de ancianos)** old people's home

asimétrico, -a *adj* asymmetrical ▶ **BARRAS asimétricas**

asimilación *s* assimilation

asimilar *v* [T] **1** (un concepto, conocimientos, valores) to assimilate; (información) to take in **2** (las grasas, el hierro) to assimilate

asimismo *adv* also

asintomático, -a *adj* with no symptoms, asymptomatic (técn): *Esta enfermedad es asintomática.* This disease has no symptoms.

asir *v* [T] (agarrar) to grab; (sujetar) to grip
—**asirse** *v pron* **asirse a/de algo** to hold on to sth

asistemático, -a *adj* unsystematic

asistencia *s* **1** (acto de presencia) attendance **2** (ayuda) assistance **3** (en fútbol, básquetbol) assist
asistencia en carretera roadside assistance • **asistencia médica** medical attention • **asistencia técnica** technical support

asistencial *adj* healthcare [solo ante s]: *un centro asistencial* a healthcare center

asistente[1] *s* **1** (ayudante) assistant **2** (concurrente) **los asistentes a la reunión/a la ceremonia** those present at the meeting/the ceremony
asistente personal (digital) PDA • **asistente social** social worker

asistente[2], -a *adj el público asistente* the audience • *los estudiantes asistentes a la conferencia* the students attending the lecture

asistido, -a *adj* assisted • **asistido -a por computador, asistido -a por computadora** computer-aided ▶ **DIRECCIÓN asistida**, **REPRODUCCIÓN asistida**

asistir *v* **1** [I] (ir) to attend: *No sé si podremos asistir.* I don't know if we'll be able to go. • **asistir a una clase/a una conferencia** to attend a class/a lecture **2** [I] (presenciar) **asistir a algo** to witness sth **3** [T] (ayudar) to help, to assist (*más frml*); (a un paciente) to attend **4** [T] (estar del lado de) *La ley nos asiste.* The law is on our side.

⚠ En el sentido de "estar presente", se traduce por **attend** (y no por *assist*):
Did you attend (✗ *assist*) *Pedro's talk last month?*
It is very important for you to attend (✗ *assist*) *that meeting.*
How many people came to (✗ *assisted*) *the lecture?*

asma *s* asthma: *un ataque de asma* an asthma attack

asmático, -a *s, adj* asthmatic

asno *s* donkey

asociación *s* **1** (agrupación) association **2 asociación de ideas** association of ideas
asociación de padres de familia (de un colegio) parent-teacher association • **asociación de vecinos** neighborhood association

asociado[1], -a *adj* (relacionado) **asociado -a a algo** associated with sth

asociado[2], -a *s* **1** (miembro) member **2** (persona que colabora en un negocio) associate

asocial *adj* antisocial

asociar *v* [T] to associate • **asociar algo/a alguien con algo/alguien** to associate sth/sb with sth/sb
—**asociarse** *v pron* **1** (formar una sociedad) to form a partnership **2** (relacionarse) **asociarse con algo** to be associated with sth

asocio *s* **en asocio con algo/de alguien** in collaboration with/in association with

asolar *v* [T] to devastate

asolear *v* **asolear la ropa** to hang the wash out in the sun
—**asolearse** *v pron* to sunbathe

asomar *v* **1** [T] **asomar la cabeza por la ventana** to stick your head out of the window **2** [I] (aparecer) to stick out • **asomar de/por debajo de algo** to stick out from/from under sth
—**asomarse** *v pron* **1** (para ver) to look out: *Asómate para ver si está lloviendo.* Take a look outside to see if it's raining. • **asomarse a la ventana/la puerta** to look out of the window/door • **asomarse al balcón** to go out onto the balcony • **asomarse por la ventanilla** to lean out of the window **2** (aparecer) to appear: *Espero que no se le ocurra volver a asomarse por aquí.* I hope he's not thinking of showing his face here again.

asombrado, -a *adj* **1** amazed **2 quedarse asombrado -a (por algo)** to be amazed (at sth)

asombrar *v* [T] to amaze; (en oraciones negativas) to surprise: *Me asombra ver lo rápido que aprende.* I'm amazed at how quickly he learns. • *Ya nada me asombra.* Nothing surprises me any more.
—**asombrarse** *v pron* to be amazed • **asombrarse de/por algo** to be amazed at sth

asombro *s* amazement: *Me miraron con asombro.* They looked at me in amazement. • *No salgo de mi asombro* I can't get over it

asombroso, -a *adj* amazing

asomo s hint, sign, trace

EXPRESIONES
ni por asomo by no means, not in the least: *No se parecen ni por asomo.* They're nothing like each other.

aspa s **1** (de un molino) sail **2** (de un ventilador) blade **3** (figura) cross (pl -sses)

aspaviento s **hacer aspavientos** (gesticular) to wave your arms around • **sin aspavientos** without any fuss

aspecto s **1** (apariencia) appearance • **tener buen/mal aspecto** (comida) to look good/not to look very good • **tener (el) aspecto de algo** to look like sth: *Tiene aspecto de extranjero.* He looks foreign. **2** (faceta) aspect • **en ese aspecto** in that respect

aspereza s **1** (de material, piel) roughness **2** (de terreno) ruggedness ▶ **LIMAR asperezas**

áspero, -a adj **1** (material, piel) rough **2** (terreno) rugged **3** (sabor) sharp **4** (voz) harsh **5** (clima) harsh **6** (discusión) acrimonious **7** (persona) surly

aspersor s sprinkler

aspiración s (ambición) ambition

aspiradora s vacuum cleaner • **pasar la aspiradora** to do the vacuuming • **pasar la aspiradora por algo** to vacuum sth

aspirante s **1** (a un trabajo) candidate • **un aspirante a un cargo** a candidate for a position **2** (a un título) challenger • **un aspirante al título** a challenger for the title

aspirar v **1** [I, T] (inspirar) to breathe in, to inhale (*técn*) **2** [I, T] (aspiradora, máquina) to suck **3** [T] (pasar el aspirador por) to vacuum **4** [I] **aspirar a algo** to aspire to sth • **aspirar a hacer algo** to hope to do sth, to aspire to do sth (*más frml*)

aspirina® s aspirin

asqueado, -a adj **estar asqueado -a de algo** to be sick of sth

asquear v [T] **asquearle a alguien** to make sb sick

asquerosidad s **ser una asquerosidad** to be disgusting • **hecho -a una asquerosidad** in a disgusting state: *¡Qué asquerosidad este vino!* What a disgusting wine!

asqueroso, -a adj **1** (comida, bebida, lugar, olor) disgusting; (tiempo) horrible **2** (persona) disgusting

asta s **1** (de una bandera) flagpole • **a media asta** at half-mast **2** (de un toro) horn; (de un ciervo) antler

asterisco s asterisk

asteroide s asteroid

astigmatismo s astigmatism

astilla s splinter: *Me he clavado una astilla en el dedo.* I have a splinter in my finger.

astillarse v pron to splinter

astillero s shipyard

astral adj astral ▶ **CARTA astral**

astro s **1** (persona famosa) star: *un astro del cine* a movie star **2** (en astronomía) star

astrofísica s astrophysics [+v en sing]

astrofísico, -a s astrophysicist

astrología s astrology

astrológico, -a adj astrological

astrólogo, -a s astrologer

astronauta s astronaut

astronomía s astronomy

astronómico, -a adj **1** (precio, sueldo) astronomical **2** (de la astronomía) astronomical

astrónomo, -a s astronomer

astucia s **1** (ingenio) astuteness **2** (malicia) cunning **3** (trampa) ploy

astuto, -a adj **1** (ingenioso) astute **2** (malicioso) cunning

asumir v [T] **1** (un problema, una situación) to accept **2** (una responsabilidad, una tarea) to take on; (un riesgo) to take • **asumir un cargo** to take up a post • **asumir la responsabilidad de algo** to take responsibility for sth

asunción s **la Asunción** (de la Virgen) the Assumption; (festividad) the Feast of the Assumption

asunto s **1** (cuestión) matter: *¿Me explicas el asunto de la beca?* Can you explain to me about the grant? • **el asunto es que...** the thing is... **2** (argumento) theme **3** (ocupación de alguien) business [U]: *De mis asuntos me encargo yo.* I mind my own business. • **no es asunto mío/tuyo** it's none of my/your business

asustadizo, -a adj easily frightened

asustar v [T] to scare • **me asustan los truenos/las serpientes** I'm scared of thunder/snakes
—**asustarse** v pron to be scared: *No te asustes.* Don't be scared. • **asustarse con algo** to be scared by sth

atacante¹ adj (ejército, equipo) attacking

atacante² s **1** (agresor) attacker **2** (delantero) forward

atacar v

1	agredir
2	un problema
3	criticar
4	en deporte
5	una sensación
6	irritar
7	corroer

1 AGREDIR [T] to attack: *Atacaron al ejército alemán.* They attacked the German army.

2 UN PROBLEMA [T] to tackle: *medidas para atacar el desempleo* measures to tackle unemployment

3 CRITICAR [T] to attack: *Fue atacado por la oposición.* He was attacked by the opposition.

4 EN DEPORTE [I] to attack

5 UNA SENSACIÓN [T] **me atacó la risa/el sueño** I started laughing/feeling sleepy

6 IRRITAR [T] to get on your nerves • **me ataca los nervios** it gets on my nerves

7 CORROER [T] to corrode

atadura s **1** (cuerda) bond (*frml*): *Intenté desatar sus ataduras.* I tried to untie him. **2** (vínculo) tie

atajar v **1** [T] (una pelota) to catch **2** [T] (un penal) to save **3** [T] (un fuego, la inflación) to contain; (una fiebre, una enfermedad) to stop **4** [T] (interceptar) to intercept

atajo s **1** (camino) short cut • **tomar un atajo** to take a short cut **2** (bando) bunch • **¡atajo de cobardes/ mentirosos!** you bunch of cowards/liars!

atañer v [I] **atañer a algo/alguien** to concern sth/sb • **en lo que atañe a algo** as far as sth is concerned

ataque s **1** (agresión) attack • **¡al ataque!** charge! **2** (crítica) attack **3** (acceso repentino) **me/le dio un ataque** I/he had a fit • **le dio un ataque de rabia/celos** she had a fit of rage/jealousy • **le dio un ataque de risa/llanto** she had a fit of the giggles/she burst into tears • ataque al corazón, ataque cardiaco heart attack • ataque de tos coughing fit

atar v **1** [T] (un cabo, las manos) to tie; (una persona, un paquete) to tie up: *¿Me atas los zapatos?* Can you tie my shoelaces for me? **2 (a)** [T] (restringir) to tie down: *Mi trabajo me ata demasiado.* My work ties me down too much. **(b)** [I] to tie you down: *Tener una tienda ata mucho.* Running a store ties you down.
EXPRESIONES
atar cabos to put two and two together • **atar corto a alguien** to keep sb on a tight rein
—**atarse** v pron **atarse los zapatos** to tie your shoelaces • **atarse el pelo** to tie your hair back

atarantado, -a adj groggy, dazed

A

atarantar *v* **atarantar a alguien** to make sb's head spin
—**atarantarse** *v pron* to get flustered: *Me ataranté y no pude contestar las preguntas.* I got flustered and couldn't answer the questions.

atardecer[1] *s* **1** (hora) dusk • **al atardecer** at dusk **2** (puesta del sol) sunset

atardecer[2] *v* [I] **1** (oscurecer) to get dark: *Está atardeciendo.* It's getting dark. **2** (ponerse el sol) *Hoy atardeció a las siete.* The sun set at seven today.

atareado, -a *adj* busy

atascamiento *s* (en el tránsito) traffic jam

atascarse *v pron* **1** (persona) to get stuck: *Me atasqué en la tercera pregunta.* I got stuck on the third question. **2** (carro, ascensor) to get stuck; (papel, mecanismo) to jam: *El ascensor se atascó en el segundo piso.* The elevator got stuck on the second floor. • *Se atascó el papel en la impresora.* The paper jammed in the printer. **3** (tubo) to get blocked (up) **4** (llenarse) to get packed: *En Navidad, las tiendas se atascan de gente.* The stores get packed with people at Christmas time.

atasco *s* **1** (en el tráfico) traffic jam **2** (en un tubo) blockage

ataúd *s* casket

atemorizar *v* [T] to frighten

atención[1] *s* **1** (interés, concentración) attention • **leer/escuchar con atención** to read/to listen carefully • **prestar/poner atención** to pay attention • **prestarle atención a alguien** to listen to sb • **prestar atención a algo** to pay attention to sth • **llamar la atención** (atraer la atención) to attract attention • **llamarle la atención a alguien** (reprender) to tell sb off • **me llama/me llamó la atención que...** I'm/I was surprised that...: *Me llama la atención que no haya llegado.* I'm surprised that he hasn't arrived. **2** (cuidado) attention **3** (servicio) service: *horario de atención: de 9 a 18* hours of business: 9am – 6pm **4** (cortesía) **tener muchas atenciones con alguien** to lavish attention on sb: *Le agradezco la atención que ha tenido conmigo.* I'm grateful for your kindness.

EXPRESIONES
a la atención de for the attention of • **en atención a** in recognition of
atención al cliente customer service • **atención domiciliaria** home visits [pl] • **atención médica** medical attention

atención[2] *interj* (ten cuidado) look out!; (en un letrero) danger! • **¡atención, por favor!** (en el aeropuerto) your attention, please!

atender *v* **1** [T] (a un cliente, en una tienda) to serve: *¿Lo atienden?* Are you being served? **2** [T] (en una oficina, un consultorio) to see: *El doctor la va a atender enseguida.* The doctor will see you in a moment. **3** [T] (el teléfono) to answer **4** [I] (prestar atención) to pay attention

atenerse *v pron* **1** (a normas, reglas) **atenerse a** to abide by; (a órdenes, instrucciones) to follow **2** (remitirse) to concur • **atenerse a algo** to concur with sth

EXPRESIONES
atenerse a las consecuencias to face the consequences

atentado *s* **1** (terrorista) attack: *un atentado con bomba* a bomb attack • **un atentado contra el presidente/el Papa** an assassination attempt on the president/the Pope **2** (agravio) **un atentado contra algo** a crime against sth

atentamente *adv* **1** (leer, escuchar) carefully **2** (lo saluda) **atentamente** (en una carta) sincerely yours

atentar *v* [I] **atentar contra alguien** to make an attempt on sb's life • **atentar contra algo** (una instalación militar, un edificio) to carry out an attack on sth; (la ética, el medio ambiente) to be a crime against sth

atento, -a *adj* **1 estar atento -a (a algo)** to pay attention (to sth): *Tienes que estar atento al tráfico.* You have to watch the traffic. **2** (considerado) courteous

atenuante[1] *adj*

atenuante[2] *s* extenuating circumstance

atenuar *v* [T] (la tristeza, el dolor) to alleviate; (la desigualdad) to reduce; (los efectos) to mitigate

ateo[1], **-a** *adj* atheist [solo ante s]: *un intelectual ateo* an atheist intellectual

ateo[2], **-a** *s* atheist

aterciopelado, -a *adj* velvety

aterrador, -a *adj* **1** (que produce terror) terrifying **2** (espantoso) horrific

aterrar *v* [T] to terrify • **me/le aterran las arañas** I'm/he's terrified of spiders

aterrizaje *s* landing
aterrizaje forzoso emergency landing

aterrizar *v* [I] **1** (avión) to land **2** (caerse) to fall **3** (aparecer) to turn up

aterrorizar *v* [T] to terrify • **me/le aterrorizan las serpientes** I'm/she's terrified of snakes

atesorar *v* [T] **1** (dinero, una fortuna) to amass **2** (cultura, conocimientos) to boast

atestado, -a *adj* packed • **atestado -a de gente/de turistas** packed with people/tourists

atiborrado, -a *adj* (atestado) packed: *El metro estaba atiborrado.* The subway was packed. • *un estante atiborrado de libros* a shelf packed with books

atiborrarse *v pron* **atiborrarse de algo** (consumir en exceso) to stuff yourself with sth

ático *s* attic

atinado, -a *adj* (observación, crítica) apt; (razonamiento, idea) sensible: *un comentario muy atinado* a very apt comment

atinar *v* **1** [I] **atinar a hacer algo** (conseguir) to manage to do sth **2** [I] **atinar con/en algo** (acertar) to get sth right: *Había cinco preguntas y no atinó en ninguna.* There were five questions and he didn't get a single one right. • *Han atinado con el regalo.* They chose their present well. **3** [T] **atinarle a algo/alguien** to hit sth/sb: *Le atinó al primer disparo.* He hit it on the first shot.

atípico, -a *adj* unusual

atisbo *s* trace: *No tenía ningún atisbo de duda.* I hadn't a shadow of a doubt.

atizar *v* [T] **1** (el fuego) to poke **2** (pegar) to hit: *Su hermanito la estaba atizando.* Her little brother was hitting her. • **atizarle una paliza/una patada a alguien** to beat sb up/to kick sb: *Le atizó una patada y salió corriendo.* He kicked him and ran off.

Atlántico *s* **el Atlántico** the Atlantic

atlántico, -a *adj* Atlantic

atlas *s* atlas (plural -ses)

atleta *s* athlete

atlético, -a *adj* **1** (figura, aspecto) athletic **2** (de atletismo) athletics [solo ante s]: *una competición atlética* an athletics competition

atletismo *s* track and field

atmósfera *s* **1** (capa de aire) atmosphere **2** (ambiente) atmosphere

atmosférico, -a *adj* atmospheric

atole *s* **1** a thick, hot drink made of milk, cornmeal and sugar, usually flavored with chocolate or fruit pulp **2** **darle atole con el dedo a alguien** to put one over on sb, to take sb in

atolladero *s* (situación) **salir de un atolladero** to get out of a jam • **sacar a alguien de un atolladero** to get sb out of a jam

atolondrado, -a *adj* **1** (irreflexivo) *Eso te pasa por atolondrado.* That happens because you don't think. **2** (despistado) scatterbrained

atómico, -a *adj* atomic

atomizador *s* spray, atomizer (*técn*)

átomo s (en física) atom

atónito, -a adj **dejar atónito -a a alguien** to amaze sb • **quedar atónito -a** to be amazed • **escuchar/observar algo atónito -a** to listen to/watch sth in amazement

átono, -a adj unstressed

atontado, -a s (por un golpe, una caída) dazed; (por una droga, una fiebre) dopey

atontamiento s dopiness

atorado, -a adj stuck, jammed: *La llave se quedó atorada en la cerradura.* The key got stuck in the lock.

atorar v [T] **1** to block, to obstruct **2** (un tubo, un desagüe) to block **3** to hold up: *Culpan al partido de atorar las leyes indígenas.* They blame the party for holding up laws on indigenous affairs.
—**atorarse** v pron **1** (cañería, desagüe) to get blocked **2** (al hablar) to get tongue-tied; (al leer) to get stuck: *Me atoré en la tercera pregunta.* I got stuck on the third question. **3** (vehículo, ascensor) to get stuck; (papel, mecanismo) to jam: *El ascensor se atoró en mi piso.* The elevator got stuck on my floor. • *Al niño se le atoró algo en la garganta.* The child got something stuck in his throat.

atormentar v [T] to torment
—**atormentarse** v pron to torment yourself

atornillar v [T] to screw: *Atornillé el estante a la pared.* I screwed the shelf to the wall.

atracador, -a s **1** (de bancos, tiendas) robber **2** (que agrede a una persona) mugger ▶ ver nota en THIEF

atracar v **1** [T] (un banco, un supermercado) to rob; (a una persona) to mug: *Nos atracaron cuando salíamos del banco.* We were mugged as we left the bank. **2** [I] (barco) to dock
—**atracarse** v pron (comiendo) to stuff yourself: *Me atraqué de uvas.* I stuffed myself with grapes.

atracción s **1** (de un lugar) attraction: *las atracciones turísticas de Cartagena* the tourist attractions of Cartagena **2** (entre personas) **sentir atracción por alguien** to be attracted to sb **3** (en física) attraction

atraco s **1** (a un banco, una tienda) robbery (plural -ries); (a una persona) mugging **2** (por un precio excesivo) **es un atraco** it's daylight robbery
  atraco a mano armada armed robbery

atracón s (de comida, bebida) binge: *Murió tras un atracón de carne y cerveza.* He died after bingeing on meat and beer. • **darse un atracón de algo** (de comida) to stuff yourself with sth; (de una actividad) to overdose on sth

atractivo¹, -a adj attractive

atractivo² s **1** (de un lugar, una actividad) attraction **2** (de una persona) appeal • **no sé qué atractivo le ves/encuentras** I don't know what you see in him/her

atraer v [T] **1** (interesar) **me/nos atrae** it appeals to me/us: *No me atrae mucho la idea.* The idea doesn't really appeal to me. • **sentirse atraído -a por alguien** to feel attracted to sb **2** (captar) to attract: *promociones para atraer clientes* special promotions to attract customers

atragantarse v pron (al tragar) to choke • **atragantarse con algo** to choke on sth

atrancar v [T] (una puerta, una ventana) to bar

atrapado, -a adj **quedar atrapado -a (a)** (en una trampa) to get trapped **(b)** (en un edificio, una habitación) to get shut in

atrapar v **1** [T] (capturar) to catch: *Lo atraparon a dos calles del banco.* They caught him two blocks away from the bank. **2** [I,T] (cautivar) to captivate: *una novela que atrapa* a captivating novel

atraque s docking: *el atraque de un buque* the docking of a ship

atrás adv **1** (dirección) back: *Dio un paso atrás.* She took a step back. • **hacia/para atrás** back: *Muévelo un poco para atrás.* Move it back a little. • *Cayó hacia atrás.* She

fell backward. **2** (posición – en un vehículo) in the back; (en un aula, en el cine) at the back: *Nos sentamos atrás.* We sat in the back. • **el bolsillo/el cuarto de atrás** the back pocket/room **3** (en el tiempo) **años/semanas atrás** years/weeks ago: *Su carrera comenzó 20 años atrás.* Her career began 20 years ago. • *una información aparecida días atrás* information which came out several days ago

EXPRESIONES
dejar algo/a alguien atrás to leave sth/sb behind: *Los dejamos atrás enseguida.* We soon left them behind. • **estar/ponerse hasta atrás (a)** (por el alcohol) to be/to get blind drunk **(b)** (por las drogas) to be as high as a kite/to get absolutely stoned • **quedarse atrás** to get left behind: *Corrí para no quedarme atrás.* I ran so that I wouldn't get left behind. • **volverse atrás** (arrepentirse) to change your mind ▶ CUENTA **atrás**, **echarse atrás** (ECHAR)

atrasado, -a adj **1** (reloj) **estar atrasado -a** to be slow: *Tienes el reloj atrasado.* Your watch is slow. **2** (en la escuela, con un trabajo) **estar atrasado -a** to be behind • **el trabajo atrasado** the backlog of work **3** (país, mentalidad) backward **4** (pago, impuesto) overdue **5** (periódico) out-of-date • **números atrasados** back numbers

atrasar v **1** [T] (posponer – un viaje, una reunión) to postpone; (la fecha de algo) to put back **2** [I] (reloj – estar atrasado) to be slow; (atrasarse constantemente) to lose time **3** [T] (un reloj) to put back
—**atrasarse** v pron **1** (suceder más tarde) to be late: *El comienzo del verano se está atrasando.* Summer is late this year. **2** (en la escuela, con el trabajo) to get behind: *Me atrasé porque falté mucho.* I got behind because I was absent a lot. **3** (reloj) to lose time: *Se atrasa 3 minutos cada 24 horas.* It loses 3 minutes every 24 hours. • *Mi reloj se atrasa.* My watch is slow.

atrás de prep **atrás de algo/alguien** behind sth/sb: *Mira atrás de la puerta.* Look behind the door. • **atrás de mí/de ti** behind me/him: *Se sentó atrás de mí.* She sat behind me.

atraso s **1** (falta de desarrollo) backwardness • **atraso tecnológico/económico** technological/economic backwardness **2** **con atraso** late: *Llegó con una hora de atraso.* It arrived an hour late.

atravesar v [T] **1** (pasar a través de) to go through: *La bala atravesó la puerta del carro.* The bullet went through the car door. **2** (un río, una cordillera, un país) to cross **3** (una crisis, un mal momento) to go through: *la crisis que atraviesa la empresa* the crisis that the company is going through **4** (poner a través de) to put across: *Atravesaron un tronco en la carretera.* They put a log across the road.
—**atravesarse** v pron (cruzarse) *Disparan a todo el que se atraviese en su camino.* They shoot at anyone who crosses their path. • *Se nos atravesó un carro deportivo.* A sports car crossed in front of us.

atreverse v pron **atreverse a hacer algo** to dare do sth: *No se atrevió a decírselo.* She didn't dare tell him.

atrevido, -a adj **1** (caradura) sassy: *¡Qué tipo más atrevido!* That guy has some nerve! **2** (arriesgado, valiente) daring **3** (provocativo) daring

atrevimiento s **1** (cualidad) daring **2** (hecho) forwardness • **tener el atrevimiento de hacer algo** to have the nerve to do sth • **permitirse el atrevimiento de hacer algo** to be so bold as to do sth

atribución s (facultad, competencia) power

atribuir v [T] **1 atribuirle algo a algo (a)** (una responsabilidad, un problema) to put sth down to sth, to attribute sth to sth (más frml): *Se lo atribuyó al calor.* He put it down to the hot weather. **(b)** (una causa) to attribute sth to sth: *¿A qué atribuye el éxito del producto?* What do you think is the reason for the product's success? **2** (considerar como autor) **atribuirle un atentado/un asesinato a alguien** to blame an attack/a murder on sb • **atribuirle un cuadro/una obra a alguien** to attribute a painting/a work to sb **3 atribuirle poderes/una cualidad a algo/alguien** (adjudicar una cualidad) to say that

sth/sb has powers/a quality: *Algunos atribuyen poderes especiales a las pirámides.* Some say that the pyramids have special powers.
—**atribuirse** *v pron* **atribuirse un atentado/un asesinato** to claim responsibility for an attack/a murder

atributo *s* (cualidad) quality (pl -ties)

atril *s* **1** (para partituras) music stand **2** (para libros) lectern

atrio *s* atrium

atrocidad *s* (hecho atroz) atrocity (pl -ties)

atrofia *s* atrophy

atrofiarse *v pron* to become atrophied

atropellar *v* [T] **1 lo atropelló un carro/un camión (a)** (tirándolo al suelo) he was knocked down by a car/a truck **(b)** (pasándole por encima) he was run over by a car/a truck **2** (derribar) to knock over; (empujar) to push

atropello *s* **1** (abuso) outrage **2** (vulneración) violation: *un atropello a nuestros derechos* a violation of our rights

atroz *adj* **1** (historia, crimen) terrible **2** (tiempo, condiciones, comida) terrible

atuendo *s* clothing

atún *s* tuna

aturdido, -a *adj* (mareado) dazed

aturdimiento *s* dazed feeling: *una sensación de aturdimiento* a dazed feeling

aturdir *v* [T] **1** (golpe, ruido, luces) to daze **2** (noticia, pregunta, discusión) to bewilder: *La noticia de su muerte nos aturdió.* We were bewildered by the news of his death.
—**aturdirse** *v pron* (con un golpe, el ruido, las luces) to be dazed: *Se aturdió con el golpe.* He was dazed by the blow.

aturullado -a (tb **aturrullado -a**) *adj* flustered

aturullarse (tb **aturrullarse**) *v pron* to get flustered

atusarse *v pron* (el pelo, los bigotes) to smooth

audacia *s* daring • **con audacia** daringly

audaz *adj* daring

audible *adj* audible

audición *s* **1** (prueba) audition **2** (capacidad auditiva) hearing **3** (recital, concierto) concert

audiencia *s* **1** (de un programa de radio, TV) audience **2** (entrevista) meeting; (con un monarca, con el Papa) audience **3** (ante un juez, un tribunal) hearing

audífono *s* (para sordos) hearing aid

audio *s* audio: *un archivo de audio* an audio file

audiovisual *adj* audiovisual

auditar *v* [T] to audit

auditivo, -a *adj* hearing [solo ante s]: *una pérdida auditiva* hearing loss

auditor, -a *s* (persona) auditor

auditoría *s* (revisión) audit

auditorio *s* **1** (sala) concert hall **2** (oyentes) audience

auge *s* boom: *el auge de las nuevas tecnologías* the boom in new technologies • **en auge** booming

augurar *v* [T] (predecir) to predict

augurio *s* **1** (indicio) **un buen/mal augurio** a good/bad sign **2** (presagio) prediction

aula *s* (en un colegio) classroom; (en la universidad) lecture hall: *la violencia en las aulas* violence in schools

aullar *v* [I] to howl

aullido *s* howl

aumentar *v* **1 (a)** [I] (precios, impuestos, ventas) to go up, to increase: *Ha aumentado el costo de la vida.* The cost of living has gone up. **(b)** [T] **aumentar los precios/los impuestos** to increase prices/taxes **2** [I]

(desempleo, delincuencia) to rise: *Está aumentando el desempleo.* Unemployment is rising. **3** [I] (pedidos, demanda) to increase **4 (a)** [I] **aumentar de peso** to put on weight **(b)** [T] **aumentar dos kilos/medio kilo** to put on two kilos/half a kilo **5** [I, T] **aumentarle (el sueldo) a alguien** to give sb a raise

aumento *s* **1 un aumento de la leche/del pan** an increase in the price of milk/bread **2 un aumento del desempleo/de la delincuencia** a rise in unemployment/crime • **un aumento de los pedidos/la demanda** an increase in orders/demand • **un aumento del 20%** a 20% rise **3 aumento (de sueldo)** (pay) raise: *Pedí un aumento.* I've asked for a raise. **4** (en óptica) **anteojos con mucho aumento, lentes con mucho aumento** glasses with very strong lenses • **anteojos de 3/10 aumentos, lentes de 3/10 aumentos** 3/10 times magnification lenses

EXPRESIONES
ir en aumento to increase • **seguir en aumento** to continue to increase

aun *conj* (incluso) even: *aun los más experimentados* even the most experienced people

EXPRESIONES
y aun así but even so: *Nos hicieron descuento y aun así salió carísimo.* They gave us a discount, but even so it was really expensive.

aún *adv* **1** (tiempo) still; (con una negación) yet: *Aún la quiere.* He still loves her. • *Aún no ha empezado.* It hasn't started yet. **2** (igual) still: *¿Le haces el trabajo y aún se queja?* You do his work for him and still he complains? **3** (en comparaciones) even: *Estas peras son aún más ricas.* These pears are even nicer.

aunque *conj* **1** (incluso si) even if: *Aunque lo supiera, no te lo diría.* Even if I knew, I wouldn't tell you. • *Vas a ir aunque no quieras.* You're going, like it or not. **2** (a pesar de que) even though, although: *Aunque sus padres son mexicanos, no habla español.* Even though her parents are Mexican, she doesn't speak Spanish.

EXPRESIONES
aunque sea un rato/un poco even if it's only for a while/even if it's just a little

au pair *s* au pair

aupar *v* [T] **1** (socialmente, económicamente) *Los empresarios lo auparon a la alcaldía.* He was elected mayor thanks to the votes of businessmen. • *La victoria lo aupó al segundo puesto de la clasificación.* The victory moved him up to second in the table. **2** (levantar) to lift up
—**auparse** *v pron* to rise: *Se ha aupado a la primera posición del ránking.* He's risen to first place in the rankings.

aureola *s* (halo, fama) aura

auricular *s* **1** (del teléfono) receiver **2** (de un móvil) headset **3 auriculares** [pl] (de un equipo de audio) headphones; (más pequeños) earphones

aurora *s* dawn
aurora boreal northern lights [pl], aurora borealis

auscultar *v* [T] **auscultar (el pecho) a alguien** to listen to sb's chest

ausencia *s* **1** (de una persona) absence: *Se nota la ausencia de Luis en el equipo.* The team is feeling Luis's absence. **2** (de algo) lack: *ausencia de información* lack of information

EXPRESIONES
brillar por su ausencia to be noticeable by its absence

ausente *adj* (de una clase, una reunión) absent • **estar ausente** to be absent

ausentismo *s* (laboral – con causa justificada) absence from work; (con causa injustificada) absenteeism
ausentismo escolar poor attendance at school

auspiciar *v* [T] **1** (apoyar) to support **2** (fomentar) to foster

auspicio s **1** (favor, apoyo) **bajo el auspicio/los auspicios de alguien/algo** under the auspices of sb/sth **2 con buenos/malos auspicios** with good/bad omens

austeridad s austerity: *medidas de austeridad* austerity measures

austero, -a adj (sobrio – persona) austere; (edificio, mueble) spartan; (presupuesto) tight

austral adj southern

Australia Australia

australiano, -a s, adj Australian

Austria Austria

austriaco, -a, austríaco, -a s, adj Austrian

autenticidad s authenticity

auténtico, -a adj **1** (cuadro, documento) genuine, authentic; (cuero, joya, perla) real **2** (interés, razón) real **3** (problema) real; (vergüenza, caos) absolute: *Es una auténtica vergüenza.* It's an absolute disgrace.

autismo s autism

autista adj autistic

autitos chocadores s [pl] bumper cars

auto s **1** (automóvil) car **2** (resolución) order
   auto de prisión detention order • auto de procesamiento indictment

auto- pref (de o por sí mismo) self-: *autodominio* self-control

autoadherible adj self-adhesive

autoadhesivo, -a adj self-adhesive

autoayuda s self-help: *libros de autoayuda* self-help books

autobiografía s autobiography (pl -phies)

autobiográfico, -a adj autobiographical

autobús s bus (pl buses) • **en autobús** by bus • **tomar/perder un autobús** to catch/to miss a bus

autocensura s self-censorship

autocomplaciente adj **1** (satisfecho de sí mismo) self-satisfied **2** (demasiado confiado) complacent

autocontrol s self-control

autocrítica s self-criticism • **hacer autocrítica** to be self-critical

autocrítico, -a adj self-critical

autóctono, -a adj **1** (población, cultura) native, indigenous (*más frml*) **2** (bosque, fauna, flora) native **3** (industria) domestic

autodefensa s self-defense

autodefinirse verb pron **autodefinirse como algo** to define yourself as sth

autodestructivo, -a adj self-destructive

autodeterminación s self-determination

autodidacta adj self-taught

autódromo s circuit, racetrack

autoedición s desktop publishing

autoescuela s driving school

autoestéreo s car stereo

autoestima s self-esteem

autofinanciarse v pron to finance yourself

autofoco s autofocus

autogestión s self-management

autogobierno s self-government

autogol s own goal

autógrafo s autograph: *Le pedimos un autógrafo.* We asked her for her autograph.

autómata s automaton

automático, -a adj automatic ▶ CAJERO **automático**, CONTESTADOR **automático**, PILOTO **automático**, PORTERO **automático**

automatización s automation

automatizar v [T] to automate

automedicación s self-medication

automedicarse v pron to self-medicate

automotor, -triz adj (industria, sector, empresa) car [solo ante s], automobile [solo ante s]: *La industria automotriz colombiana ha experimentado un marcado crecimiento.* The Colombian car industry has grown considerably.

automóvil s, adj car, automobile

automovilismo s (deporte) motor racing: *un campeón de automovilismo* a motor racing champion

automovilista s driver; (piloto de carreras) race car driver

automovilístico, -a adj car [solo ante s], automobile [solo ante s]: *un accidente automovilístico* a car accident

autonomía s **1** (independencia) autonomy **2** (de un vehículo) **tiene una autonomía de 200 kilómetros/600 millas** it has a range of 200 kilometers/600 miles
   autonomía de vuelo range: *3.000 kilómetros de autonomía de vuelo* a range of 3,000 kilometers

autónomo, -a adj **1** (región) autonomous **2** (mecanismo) stand-alone, self-contained **3** (independiente) independent **4** (trabajador) self-employed

autopista s freeway • **ir por la autopista** to go on the freeway
   autopista de peaje turnpike

autopsia s post-mortem, autopsy (pl -sies) • **hacerle la autopsia a alguien** to perform a post-mortem on sb

autor, -a s **1** (escritor – de libros) author; (de artículos) writer **2** (de un cuadro) painter **3** (de un asesinato, un atentado) perpetrator

autoría s (de un asesinato, un atentado) responsibility

autoridad s **1** (poder) authority: *Le falta autoridad.* She lacks authority. **2** (experto) authority (pl -ties): *Es una autoridad en temas de ecología.* He is an authority on environmental subjects. **3 las autoridades** the authorities: *las autoridades de la escuela* the school authorities

autoritario, -a adj authoritarian

autoritarismo s authoritarianism

autorización s permission, authorization (*más frml*): *No les dieron la autorización para las obras.* They weren't given planning permission to do the work.

autorizado, -a adj (digno de crédito) authoritative

autorizar v [T] to authorize • **autorizar a alguien a hacer algo** to give sb permission to do sth, to authorize sb to do sth (*más frml*): *El profesor los autorizó a salir antes.* The teacher gave them permission to leave early. • *Fueron autorizados a ingresar al país.* They were authorized to enter the country.

autorretrato s self-portrait

autoservicio s **1** (tienda) supermarket **2** (restaurante) self-service restaurant **3** (gasolinera) self-service gas station

autostop s hitchhiking • **hacer autostop** to hitchhike: *Recorrí el país haciendo autostop.* I hitchhiked around the country.

autostopista s hitchhiker

autosuficiencia s **1** (autonomía) self-sufficiency **2** (engreimiento) smugness

autosuficiente adj **1** (autónomo) self-sufficient **2** (engreído) smug

auxiliar[1] s [masc] (en gramática) auxiliary (pl -ries)

auxiliar[2] s [masc & fem] (persona) assistant
   auxiliar administrativo -a administrative assistant •

aves

| vulture | talon | hawk | eagle |
| buitre | garra | halcón | águila |

auxiliar de enfermería auxiliary nurse • auxiliar de vuelo flight attendant

auxiliar³ v [T] to help, to assist (más frml)

auxilio¹ s help, assistance (más frml) • **pedir auxilio** to ask for help

auxilio² interj help

auyama s pumpkin

aval s guarantee

avalancha s **1** (de nieve) avalanche **2** (de barro, piedras) landslide **3** (de llamadas, quejas) flood **4** (de cartas, pedidos) avalanche

avalar v [T] **1** (una deuda, un crédito) to guarantee; (a una persona) to act as guarantor for **2** (respaldar) to back

avalista s guarantor

avance s **1** (al moverse) advance **2** (en la técnica, la tecnología) progress [U], advance: avances en la investigación médica advances in medical research • Han hecho grandes avances en ese campo. There has been great progress in this field. **3** (de una película) trailer **4** (de una noticia, de la programación) preview: el avance de los resultados the preliminary results
avance informativo (de un noticiero) news summary

avanzada s (de soldados) advance party (pl -ties)
EXPRESIONES
de avanzada state of the art

avanzado, -a adj **1** (nivel, obras) advanced **2** (técnica, ideas) advanced; (mentalidad) progressive **3 avanzada la tarde/avanzado el curso** late in the afternoon/well into the course • **en/hasta horas avanzadas de la noche** late into the night

avanzar v [I] **1** (ir hacia adelante) to move forward, to advance (más frml): La cola avanzaba lentamente. The line moved forward slowly. • Les dieron la orden de avanzar. They were given the order to advance. **2** (progresar – persona) to make progress; (ciencia, conocimientos) to advance: No avanza mucho en sus estudios. He isn't making much progress in his studies. • una ciencia que avanza velozmente a rapidly advancing science

avaricia s greed, avarice (más frml)
EXPRESIONES
la avaricia rompe el saco If you are too greedy you might end up with nothing.

avaro¹, -a adj miserly

avaro², -a s miser

avasallador, -a adj (fuerza, poder) overwhelming; (persona, carácter) domineering

avasallar v [T] (tratar sin respeto) to push around: Se deja avasallar por su jefe. He lets his boss push him around.

avatares s [pl] ups and downs, vicissitudes (más frml): los avatares de la historia the vicissitudes of history

Avda. (abrev de **avenida**) Av., Ave.

ave s bird
ave de rapiña bird of prey • aves de corral poultry [pl] • ave nocturna nocturnal bird

avecinarse v pron to approach: No sabemos lo que se nos avecina. We don't know what's coming. • la difícil tarea que se avecina the difficult task ahead

avellana s hazelnut

avellano s hazel tree

avemaría (tb **Ave María**) s Hail Mary (pl -rys) • **rezar un avemaría** to say a Hail Mary

avena s **1** (cereal) oats [pl] **2** (harina) oatmeal
avena arrollada • avena en hojuelas cereal oats, rolled oats

avenida s avenue

avenido, -a adj **bien/mal avenido -a** on good/bad terms: una pareja mal avenida a couple that doesn't get along together

avenirse verb pron (acceder) **avenirse a hacer algo** to agree to do sth

aventajado, -a adj outstanding

aventajar v [T] **aventajar a alguien en algo** (en una competencia) to be ahead of sb: Aventaja a su seguidor en tres puntos. He is three points ahead of his nearest rival. • Lo aventajaba en inteligencia. She was more intelligent than him.

aventar v **aventar algo** to throw sth: La novia aventó el ramo. The bride threw her bouquet. • **aventar a alguien** to push sb: Me aventó y caí al piso. He pushed me and I fell on the floor. • **aventarle algo a alguien (a)** (para alcanzárselo) to throw sth to sb **(b)** (para agredir) to throw sth at sb: Le aventó una piedra. He threw a stone at him.
—aventarse v pron **1** (arrojarse) to throw yourself: Se aventó de la camioneta. She threw herself from the van. **2** (atreverse) **aventarse a hacer algo** to dare to do something

aventón s **1 pedir (un) aventón** to hitch, to hitch a ride: Decidieron pedir un aventón para volver. They decided to hitch a ride back. • **darle (un) aventón a alguien** to give sb a ride • **irse/viajar de aventón** to hitchhike **2** (empujón) **darle un aventón a alguien** to push sb: Me dio un aventón. He pushed me. • **meter/sacar a alguien a aventones** to shove sb in/out: Lo metieron en el carro a aventones. They shoved him into the car.
EXPRESIONES
al aventón any old how: Esto está hecho al aventón. This has been done any old how.

aventura s **1** (peripecia) adventure • **un libro/una película de aventuras** an adventure story/movie **2** (romance) fling

aventurado, -a adj risky

aventurarse v pron **aventurarse a hacer algo** to venture to do sth: No se aventuró a concretar una fecha. He didn't venture to fix a date.

aventurero¹, -a s adventurer

aventurero², -a adj adventurous

avergonzado, -a adj **estar/sentirse avergonzado -a (de algo) (a)** (por una acción) to be/to feel ashamed (of sth): Estoy avergonzada de lo que hice anoche. I'm ashamed of what I did last night. **(b)** (por timidez) to be/to feel embarrassed (about sth)

avergonzar v [T] **1 me/nos avergüenza reconocerlo** I'm/we're ashamed to admit it **2 me avergüenza lo que hice/mi comportamiento** I'm ashamed of what I did/of my behavior
—avergonzarse v pron **1** to be ashamed: ¡Deberías avergonzarte! You should be ashamed of yourself! **2 avergonzarse de algo/alguien** to be ashamed of sth/sb: No te avergüences de tus orígenes. Don't be ashamed of your roots.

avería s **1** (de un vehículo) breakdown; (de un electrodoméstico) fault **2** (de una puerta, un muro) damage, break

averiado, -a adj (vehículo) broken down; (televisor, equipos) broken

A

averiarse *v pron* (vehículo) to break down; (televisor, equipos) to break

averiguación *s* inquiry (pl -ries): *Están haciendo averiguaciones.* They are making inquiries.

averiguar *v* **1** [T] to find out: *¿Me podrías averiguar su número de teléfono?* Could you find out his telephone number for me? **2** [I] **averiguar por algo** to find out about sth: *Llamó para averiguar por el estado del trámite.* She called to find out how her application was progressing. **3** [I] to argue: *Estuvo averiguando largo rato con el policía.* He was arguing with the police officer for a long time.

aversión *s* aversion • **tener aversión a algo** to have an aversion to sth • **sentir aversión por algo/alguien** to have a strong dislike of sth/to loathe sb

avestruz *s* ostrich (pl -ches)
EXPRESIONES
la estrategia/política del avestruz the strategy/policy of burying your head in the sand

aviación *s* **1** (fuerza aérea) air force **2** (sistema de transporte) aviation: *un accidente de aviación* a plane crash
aviación civil civil aviation • aviación comercial commercial aviation • aviación militar military air force

aviador, -a *s* pilot

aviar *adj* ▶ **AVIAN**

avícola *adj* poultry [solo ante s]: *una granja avícola* a poultry farm

avicultor, -a *s* poultry farmer

avicultura *s* poultry farming

avidez *s* eagerness • **beber/comer con avidez** to drink thirstily/to eat hungrily

ávido, -a *adj* **1 estar ávido -a de algo** to be eager for sth: *Están ávidos de noticias.* They are eager for news. **2** (lector, consumidor) avid

avinagrado, -a *adj* vinegary

avión *s* **1** plane, airplane **2 viajar/ir en avión** to fly: *Fuimos en avión.* We flew. **3 mandar una carta/un paquete por avión** to send a letter/a package by airmail

avioneta *s* light aircraft (pl aircraft)

avisado, -a *adj* **estar avisado -a** to be warned: *Ustedes ya están avisados.* You have been warned.

avisar *v* **1** [T] (decir) **avisarle algo a alguien** to let sb know sth: *Me avisó que iba a llegar tarde.* He let me know that he was going to be late. **2** [I] **sin avisar** *Llegaron sin avisar.* They arrived unannounced. • *Se fue sin avisar.* She left without telling anyone. **3** [T] (advertir) to warn: *No digas que no te avisé.* Don't say I didn't warn you.

aviso *s* **1** (anuncio) **hasta nuevo aviso** until further notice • **sin previo aviso** without prior notice **2** (advertencia) warning • **estar sobre aviso** to be forewarned, to have been warned • **poner a alguien sobre aviso** to warn sb **3** advertisement, ad • **aviso clasificado** classified ad
aviso luminoso (tb **aviso de neón**) neon sign ▶ ver nota en **SIGN**

avispa *s* wasp

avispado, -a *adj* sharp

avispero *s* **1** (nido) wasps' nest **2** (lío) mess • **meterse en un avispero** to get into a real mess

avistar *v* [T] to sight

avivar *v* [T] **1** (el fuego) to stoke **2** (el interés) to arouse **3** (los colores) to make brighter
—**avivarse** *v pron* **1** (fuego) to flare up **2** (interés) to be rekindled; (polémica) to be stirred up: *Se avivó la polémica tras el atentado.* The attack stirred up controversy.

avizor *adj* ▶ **OJO**

axila *s* armpit

axioma *s* axiom

ay *interj* **1** (de dolor) ow, ouch: *¡Ay! ¡No me tires del pelo!* Ow! Don't pull my hair! **2** (de contrariedad) oh: *¡Ay! ¡Qué pena!* Oh! What a shame! **3** (ante un pequeño accidente) oops: *¡Ay! ¡Casi me caigo!* Oops! I nearly fell over!

ayatola *s* ayatollah

ayer *adv* yesterday • **la clase/el periódico de ayer** yesterday's class/newspaper • **ayer por/en la mañana** yesterday morning • **ayer por/en la tarde** (antes de las seis) yesterday afternoon; (después de las seis) yesterday evening

ayuda *s* **1** (asistencia) help: *¿Necesitan ayuda?* Do you need any help? • **con/sin la ayuda de alguien** with/without sb's help: *sin ayuda de nadie* without anybody's help • **con/sin (la) ayuda de algo** with/without the aid of sth • **ser de poca/mucha/gran ayuda** to be little/a big/a great help • **pedir ayuda** to ask for help **2** (económica, alimentaria) aid
ayuda a domicilio home help • ayuda económica financial aid • ayuda humanitaria humanitarian aid

ayudante *s* (en un empleo) assistant; (voluntario) helper: *Tuvo que contratar un ayudante.* She had to hire an assistant. • *La maestra pidió un ayudante.* The teacher asked for a helper.

ayudar *v* [I, T] to help: *¿Quieres que te ayude?* Do you want me to help you? • *Tus quejas no ayudan en nada.* Your complaints are not helping at all. • **ayudar a alguien a hacer algo** to help sb to do sth, to help sb do sth: *¿Me ayudas a hacer este ejercicio?* Can you help me do this exercise? • **ayudar a alguien con algo** to help sb with sth
—**ayudarse** *v pron* **ayudarse de algo** to use sth: *Es mejor que te ayudes de la calculadora.* You'd better use a calculator.

ayunar *v* [I] to fast

ayunas *s* [pl] **en ayunas** *Estoy en ayunas.* I haven't eaten anything.

ayuno *s* **hacer/guardar ayuno** to fast

ayuntamiento *s* **1** (gobierno) city council, town council **2** (edificio) city hall, town hall

azabache *s* jet

azada *s* hoe

azafata *s* air stewardess (pl -sses) ▶ Las azafatas prefieren el término **flight attendant** para referirse a sí mismas

azafrán *s* saffron

azahar *s* orange blossom

azar *s* **1** (casualidad) chance • **por azar** by chance: *Nos vimos por azar.* We saw each other by chance. • **dejar algo al azar** to leave sth to chance • **al azar** at random **2** (destino) fate: *Fue el azar el que nos unió.* Fate brought us together.

azaroso, -a *adj* (pasado, vida) eventful; (viaje) risky

Azerbaiyán Azerbaijan

azerbaiyano, -a *s, adj* Azerbaijani

azerí *s, adj* Azeri

azotador *s* (oruga) caterpillar

azotar *v* **1** [T] (como castigo) to beat; (con látigo) to whip **2** [T] (olas, temporal) to lash **3** [T] (terremoto) to strike; (hambruna) to ravage; (crisis, violencia) to afflict **4** [I] to fall heavily
—**azotarse** *v pron* (exagerar) to exaggerate: *No te azotes, que no va a pasar nada si no vas.* Don't exaggerate, nothing will happen if you don't go.

azote *s* **1** (golpe – con la mano) whack; (con un látigo) lash (pl -shes) **2** (de las olas, del temporal) lashing: *Nos protegimos del azote del viento.* We took shelter from the wind lashing around us. **3** (algo dañino) scourge: *El terrorismo es uno de los principales azotes de la sociedad.* Terrorism is one of the main scourges of society.

azotea *s* roof terrace

EXPRESIONES
andar/estar mal de la azotea not to be all there, to be funny in the head

azteca s Aztec

azúcar s sugar: *una cucharadita de azúcar* a teaspoon of sugar
azúcar en polvo • azúcar glas confectioners' sugar • azúcar morena brown sugar

azucarado, -a *adj* sweet

azucarera (tb **azucarero**) s sugar bowl

azucena s lily (pl -lies)

azufre s sulfur

azul[1] *adj* blue: *el cielo azul* the blue sky • *un pantalón azul* blue pants ▶ **PRÍNCIPE azul**

azul[2] s blue: *¿Me das el azul?* Can I have the blue one? • *No lo tenían en azul.* They didn't have it in blue.
azul clarito, azul cielo sky blue • azul marino navy blue • azul turquesa turquoise

azulado, -a *adj* bluish

azulejo s tile

azuzar *v* [T] **1** (a un perro) **azuzar a un perro contra alguien** to set a dog on sb **2** (a una persona) to incite, to urge

Bb

B, b s B, b

baba s **1** (de una persona) dribble, drool **2** (de un perro, un caballo) slobber **3** (de un caracol, una babosa) slime
EXPRESIONES
se le cae la baba/caen las babas por ella/él (a) (por una chica, un chico) he's/she's besotted with her/him **(b)** (por un hijo, un nieto) he/she dotes on her/him

babear v [I] **1** (persona) to dribble, to drool **2** (animal) to slobber **3 babear con/por alguien** to drool over sb

babel s **ser un(a) babel** to be total bedlam • **una babel de culturas/lenguas** a babel of cultures/languages • **un babel de términos/argumentos** a jumble of terms/arguments

babeo s **1** (de una persona) dribbling, drooling **2** (de un animal) slobbering

babero s bib

Babia **estar en Babia** to have your head in the clouds

babor s port • **a babor** to port: *virar a babor* to turn to port

babosa, **baboso** s slug

babosear v [T] (con saliva – persona) to dribble on; (animal) to slobber all over

baboso[1], -a adj **1** (adulador) groveling, slimy **2** (perro, caballo) slobbery **3** (bebé) dribbly **4** (poco inteligente) daft, silly

baboso[2], -a s (persona poco inteligente) silly fool, dim-wit

babucha s curly-toed slipper

baca s roof rack

bacalao s (fresco) cod; (seco) salt cod

bacano[1], -a adj great: *Juan es un tipo bacano.* Juan is a great guy.

bacano[2] adv **pasarla bacano** to have a great time

bacenica (tb **bacenilla**) s **1** (para niños) potty (pl -tties) **2** (antigua) chamber pot

bache s **1** (en una calle, una carretera) pothole **2** (mal momento) bad patch (pl -ches) • **atravesar un bache** to go through a bad patch • **salir del bache** to get back on your feet

bachillerato s **1** (educación secundaria – en EU) high school; (en GB) secondary school **2** (título secundario – en EU) the equivalent of a high-school diploma; (en GB) the equivalent of A-levels **3** (en el sistema internacional) baccalaureate

bacilo s bacillus (pl bacilli)

bacinilla (tb **bacinica**) s **1** (para niños) potty (pl -tties) **2** (antigua) chamber pot

bacteria s **1** germ, bacterium (técn) **2 bacterias** [pl] bacteria

bacteriológico, -a adj bacteriological ▶ GUERRA **bacteriológica**

badén s **1** (en una carretera, una calle) dip **2** (en una acera) the part of a curb that is lower at the entrance of a driveway

bádminton s badminton

bafle s speaker

bagaje s (profesional) experience; (cultural) knowledge

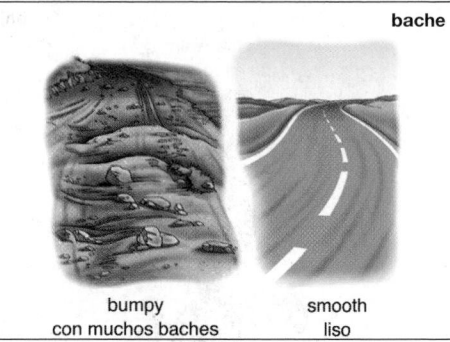

bache

bumpy
con muchos baches

smooth
liso

bagre s (pez) catfish (pl -fish)

Bahamas **las Bahamas** the Bahamas

bahamés, **-esa** (tb **bahameño**, **-a**) s, adj Bahamian

bahía s bay

Bahrein Bahrain

bahriní s, adj Bahraini

bailable adj **música bailable** music that's good to dance to

bailar v **1** [I,T] (danzar) to dance: *¿Sabes bailar tango?* Can you dance the tango? • *Me encanta bailar.* I love dancing. • *Bailas muy bien.* You're a very good dancer. • **sacar a bailar a alguien** to ask sb to dance • **ir/salir a bailar** to go clubbing **2** [I] (quedar grande) to be too loose **3** [T] (un trompo, una pirinola) to spin **4** [T] (robar) to swipe: *Le bailaron el reloj a la entrada del concierto.* They swiped his watch as he went into the concert. **5** [T] (derrotar) to thrash: *Lo bailó en dos sets.* He thrashed him in two sets. **6** [I] **me/le baila un diente** I have/she has a loose tooth
EXPRESIONES
que me/le quiten lo bailado, quien me/le quita lo bailado it was good while it lasted
—**bailarse** v pron (derrotar) to trounce: *Brasil se bailó a Italia en el amistoso de ayer.* Brazil trounced Italy in yesterday's exhibition game.

bailarín, -ina s dancer
bailarín de ballet ballet dancer • bailarina de ballet ballet dancer, ballerina

baile s **1** (fiesta) dance **2** (composición) dance: *un baile típico* a traditional dance **3** (acción) dancing: *clases de baile* dancing classes ▶ PISTA de baile
EXPRESIONES
darle un baile a alguien to defeat sb (in sport, election) baile de disfraces costume ball • baile de gala ball • bailes de salón [pl] ballroom dancing [U]

baja s **1** (descenso) fall, drop: *una baja de los precios* a fall in prices **2** (en la guerra) casualty (pl -ties) **3 darse de baja (a)** (cancelar una subscripción) to cancel your subscription **(b)** (de un club) to cancel your membership **(c)** (en un registro) to remove your name from the register **(d)** (en una organización) to leave
EXPRESIONES
a la baja *La bolsa cerró a la baja.* The market closed down. • *una tendencia a la baja* a downward trend • **estar en baja** to be on the decline: *Su imagen está en baja.* His image is suffering.

bajada s **1** (descenso) fall, drop: *una bajada de los precios* a fall in prices **2** (acción de bajar) way down, descent (más frml): *La bajada es más fácil.* The way down is easier. **3** (en una carretera, una calle) downhill slope
bajada de bandera minimum fare

bajamar s low tide

bajante s downspout

B

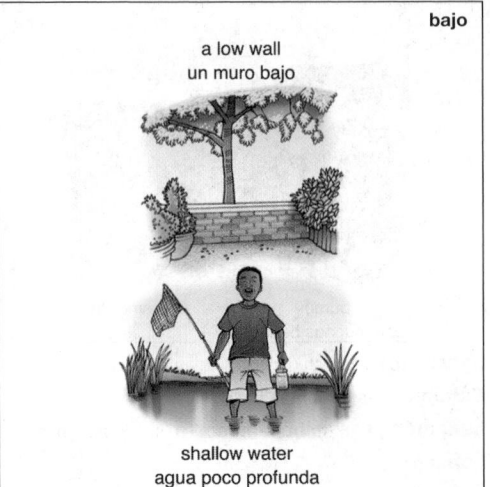

bajo

a low wall
un muro bajo

shallow water
agua poco profunda

bajar *v*

1 ir hacia abajo
2 de un vehículo
3 reducirse
4 reducir
5 volumen
6 adelgazar
7 traer o llevar abajo
8 mover hacia abajo
9 descargar
10 marea

1 IR HACIA ABAJO [I,T] (alejándose) to go down; (acercándose) to come down: *Bajé a abrir la puerta.* I went down to open the door. • *¿Bajas a comer?* Are you coming down to eat? • **bajar la escalera/una cuesta** to go down the stairs/a hill, to come down the stairs/a hill

2 DE UN VEHÍCULO [I] (de un tren, un avión, un caballo) to get off; (de un carro) to get out

3 REDUCIRSE [I] (temperatura) to drop; (fiebre) to go down; (precio, valor) to come down: *Los precios de los computadores están bajando.* Computer prices are coming down.

4 REDUCIR [T] **bajar los precios** to lower prices • **bajarle el sueldo a alguien** to cut sb's salary

5 VOLUMEN [T] **bajarle a la música/al radio, bajar la música/la radio** to turn the music/the radio down • **bajar la voz** to lower your voice: *¡Baja la voz!* Keep your voice down!

6 ADELGAZAR (a) [T] **bajar un kilo/medio kilo** to lose a kilo/half a kilo (b) [I] **bajar de peso** to lose weight

7 TRAER O LLEVAR ABAJO [T] **bajar algo de un estante/un armario** to get sth down from a shelf/cupboard: *Baja la maleta del desván.* Get the suitcase down from the attic. • **bajar algo al sótano/a la calle** to take sth down to the basement/street • **bajar una persiana/el telón** to lower a blind/to bring down the curtain

8 MOVER HACIA ABAJO [T] (un cuadro) to lower • **bajar la cabeza/la mirada** to lower your head/eyes: *Bajó la cabeza, avergonzado.* He hung his head in shame.

9 DESCARGAR [T] **bajar algo de Internet** to download sth from the Internet: *Puedes bajar el programa gratis.* You can download the software for free.

10 MAREA [I] to go out ▶ **bajar la GUARDIA, bajarle los HUMOS a alguien**
—**bajarse** *v pron*

1 DE UN VEHÍCULO (de un tren, un avión, un caballo) to get off; (de un carro) to get out: *Yo me bajo en la próxima parada.* I get off at the next stop. • *No se bajaron del taxi.* They didn't get out of the taxi.

2 DE UN SITIO ALTO to get down: *¡Bájate de ahí!* Get down from there! • **bajarse de un muro/una mesa** to get down off a wall/a table • **bajarse de un árbol** to get

down out of a tree • **bajarse de un salto/brinco** to jump down: *Se bajó de la tapia de un salto.* He jumped down off the wall.

bajero, -a *adj*

bajeza *s* **1** (acción) despicable act **2** (cualidad) despicable conduct

bajío *s* sandbank

bajista *s* bass player

bajo¹, -a *adj*

1 de estatura
2 de altura
3 en posición
4 en nivel o intensidad
5 reducido
6 zapatos

1 DE ESTATURA short: *Es bajo para su edad.* He's short for his age. • *Eres más baja que yo.* You're shorter than me.

2 DE ALTURA low: *una cerca baja* a low fence

3 EN POSICIÓN low: *El cuadro está demasiado bajo.* The picture is too low. • *un cielo raso bajo* a low ceiling • *nubes bajas* low clouds

4 EN NIVEL O INTENSIDAD (precio, temperatura, volumen) low: *Tiene la presión baja.* She has low blood pressure. • **estar bajo -a de energía/ánimo** to lack energy/to be in low spirits: *Estaba bajo de defensas.* His resistance was low.

5 REDUCIDO ser bajo -a en calorías to be low in calories • **una dieta/una bebida baja en calorías** a low-calorie diet/drink

6 ZAPATOS low-heeled ▶ **MAREA baja, PLANTA baja, TEMPORADA baja, en VOZ baja**

EXPRESIONES
calculando por lo bajo at the very least • **cantar/reírse por lo bajo** to sing/to laugh to yourself • **decir algo por lo bajo** to say sth under your breath
la Baja Edad Media the late Middle Ages [pl] • **baja forma estar en baja forma** not to be in shape • **bajas presiones** [pl] low pressure [U] • **el bajo vientre** the lower abdomen • **los bajos fondos** [pl] the underworld [sing]

bajo² *adv* **1** (hablar) quietly; (cantar) softly: *No hables tan bajo.* Don't speak so softly. • *Me cantó bajito al oído.* She sang softly in my ear. **2** (volar) low: *El avión volaba muy bajo.* The plane was flying very low. **3 caer muy bajo/tan bajo** to stoop very low/so low

bajo³ *prep* **1** (debajo de) under: *Dormimos bajo un puente.* We slept under a bridge. • *con un periódico bajo el brazo* with a newspaper under his arm • **bajo el sol/la lluvia** in the sun/the rain **2 bajo la dirección/la protección de alguien** under sb's direction/protection • **bajo el reinado/el régimen de alguien** in the reign of/under sb ▶ **bajo CERO, bajo FIANZA, bajo JURAMENTO**

bajo⁴ *s* **1** (instrumento) bass, bass guitar **2** (bajista) bass player **3** (cantante) bass (pl -sses) **4** (dobladillo) hem

bajón *s* **1** (descenso) sharp fall: *Se produjo un repentino bajón de las temperaturas.* Temperatures fell sharply. **2** (de salud) **dar/pegar un bajón** to go downhill: *Mi abuela ha dado un bajón tremendo en el último año.* My grandmother's health has really gone downhill over the last year. **3** (de ánimo) **tener/sufrir un bajón** to slump: *Tuvo un bajón cuando su novia le dejó.* He really was down when his girlfriend left him.

bajorrelieve *s* bas-relief

bala *s* **1** (proyectil) bullet • **echar bala** to spray bullets everywhere **2** (en atletismo) shot • **lanzamiento de bala** shot put

EXPRESIONES
entrar/salir/pasar como una bala to shoot in/out/past • **hecho la bala, como bala** like a shot • **ni a bala va a renunciar/voy a ir** there's no way she'll resign/I'm going **bala de goma** rubber bullet • **bala perdida** stray bullet • **bala perdida** (persona) good-for-nothing • **bala rasa** (persona) good-for-nothing

balaca *s* **1** (accesorio) hairband **2** (en deportes) headband, sweatband

balacear *v* [T] **1** (a una persona) to gun down **2** (un vehículo, un edificio) to spray with bullets

balacera *s* shooting, shootout

balancear *v* [T] (los brazos, las piernas) to swing: *Caminaba con decisión, balanceando los brazos.* She walked purposefully, swinging her arms.
—**balancearse** *v pron* **1** (persona – en un columpio, una hamaca) to swing; (en una mecedora) to rock; (por mareo, borrachera) to sway **2** (embarcación) to rock **3** (lámpara, letrero) to swing

balanceo *s* **1** (de un barco) rocking: *el suave balanceo del barco* the gentle rocking of the boat **2** (de una mecedora, una cuna) rocking **3** (de un columpio, una hamaca) swinging

balancín *s* **1** (para niños) seesaw **2** (de jardín) hammock

balandro *s* yacht

balanza *s* scale: *¿Tienes una balanza?* Do you have a scale?
EXPRESIONES
inclinar la balanza a favor de algo/alguien to tip the balance in sth's/sb's favor
balanza comercial balance of trade • **balanza de pagos** balance of payments

balar *v* [I] to bleat

balaustrada *s* (de una terraza, un balcón) balustrade

balazo *s* **1** (tiro) shot • **pegarle un balazo a alguien** to shoot sb: *Le pegaron un balazo en la cabeza.* He was shot in the head. **2** (herida) bullet wound

balbucear *v* **1** [T] (adulto) to stammer out; (bebé) to babble: *Balbuceó una excusa y se fue.* He stammered out an excuse and left. **2** [I] (adulto) to stammer; (bebé) to babble

balbuceo *s* **1** (de un adulto) stammering **2** (de un bebé) babbling

Balcanes los Balcanes the Balkans

balcánico, **-a** *adj* Balkan

balcón *s* balcony (pl -nies): *No te asomes al balcón.* Don't lean over the balcony.

baldado[1], **-a** *adj* crippled

baldado[2] *s* (de un balde) bucket, bucketful
EXPRESIONES
caerle a alguien como un baldado de agua fría to hit sb like a ton of bricks, to come as a complete surprise

baldazo *s* (de un balde) bucket, bucketful

balde *s* (de agua) bucket
EXPRESIONES
caerle a alguien como un baldado de agua fría to hit sb like a ton of bricks, to come as a complete surprise • **entrar/ir de balde** to get in/to go free • **trabajar de balde** to work for nothing • **en balde** in vain: *Su sufrimiento no fue en balde.* Her suffering was not in vain. • **no en balde** not in vain, not for nothing

baldío, **-a** *adj* (terreno, lote) vacant

baldosa *s* floor tile

balear *v* [T] (disparar contra) to shoot, shoot at

Baleares *s pl* **las (Islas) Baleares** the Balearic Islands, the Balearics

balido *s* bleat • **balidos** [pl] bleating [U]

balín *s* pellet • **balines** [pl] shot [U]

balística *s* ballistics [+v en sing]

balístico, **-a** *adj* ballistic

baliza *s* **1** (en navegación) buoy **2** (en aviación) runway light

balizar *v* [T] **1** to mark out (with buoys) **2** (un carril, un sendero, una pista de esquí – marcar) to mark out; (separar) to mark off, to cone off

ballena *s* whale
ballena azul blue whale

ballenero[1], **-a** *adj* whaling [solo ante s]: *la flota ballenera* the whaling fleet

ballenero[2] *s* (barco, persona) whaler

ballesta *s* **1** (arma) crossbow **2** (muelle) spring

ballet *s* **1** (danza) ballet: *clases de ballet* ballet classes **2** (compañía) ballet: *el Ballet Nacional de Cuba* the Cuban National Ballet

balneario *s* **1** (de aguas termales) spa **2** (en la costa) resort, seaside resort

balón *s* ball
balón de gas gas cylinder • **balón de fútbol** football • **balón de oxígeno** **(a)** (recipiente) oxygen cylinder **(b)** (ayuda) lifesaver

baloncestista *s* basketball player

baloncesto *s* basketball: *un partido de baloncesto* a basketball game • **jugar (al) baloncesto** to play basketball

balonmano *s* handball

balota *s* **1** (para votar) ballot; (en una lotería) numbered ball **2** (de un programa) topic

balsa *s* raft
EXPRESIONES
ser/estar como una balsa de aceite (a) (mar) to be as calm as a millpond **(b)** (lugar, situación) to be an oasis of calm

balsámico, **-a** *adj* (efecto) soothing ▸ VINAGRE **balsámico**

bálsamo *s* **1** (medicamento) balm **2** (alivio, consuelo) balm

Báltico *s* **el (Mar) Báltico** the Baltic (Sea)

báltico, **-a** *adj* Baltic

baluarte *s* **1** (bastión) bastion: *uno de los últimos baluartes del comunismo* one of the last bastions of Communism **2** (fortaleza) fortress (pl -sses)

bambalinas entre bambalinas (a) (de forma encubierta) behind closed doors **(b)** (en teatro) backstage

bambolearse *v pron* **1** (persona, árbol, edificio) to sway **2** (vehículo, embarcación) to rock **3** (lámpara, campana) to swing

bamboleo *s* **1** (de una persona, un árbol, un edificio) swaying **2** (de un vehículo, una embarcación) rocking **3** (de una lámpara, una campana) swinging

bambú *s* bamboo

banal *adj* (comentario) banal; (asunto, tema) trivial: *La depresión no es algo banal.* Depression is no trivial matter.

banalidad *s* banality (pl -ties)

banano *s* **1** (fruta) banana **2** (en la barriga) roll of fat, spare tire

banca *s* **1 la banca** (sector) banking; (bancos) banks: *la banca privada* private banks **2 la banca** (en juegos de azar) the bank • **hacer saltar la banca** to break the bank **3** (en una plaza, parque) bench (pl -ches) **4** (en la escuela) desk: *Somos compañeros de banca.* We share a desk. • *Me siento en la primera banca.* I sit in the front row. **5** (de senador, diputado) seat **6 banca (de suplentes)** (susbtitutes') bench
la banca electrónica electronic banking

bancada *s* (parlamentaria) voting block

bancal *s* **1** (terraza) terrace **2** (parcela rectangular) plot

bancario, **-a** *adj* (actividad, sistema, operación) banking [solo ante s]; (depósito, crédito) bank [solo ante s]: *el sistema bancario* the banking system • *un depósito bancario* a bank deposit

bancarrota *s* (quiebra) bankruptcy (pl -cies) • **estar/quedar en bancarrota** to be/to go bankrupt

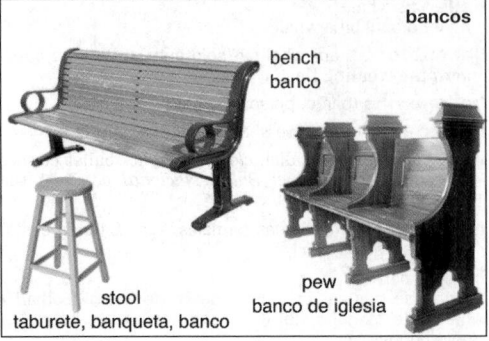

bancos

bench
banco

stool
taburete, banqueta, banco

pew
banco de iglesia

banco s **1** (establecimiento) bank: *Trabaja en un banco.* She works in a bank. **2** (en una plaza, un parque) bench (pl -ches) **3** (pupitre) desk: *mi compañero de banco* the boy who sits next to me in class • *Me siento en el primer banco.* I sit in the front row. **4** (en una iglesia) pew **5** (taburete) stool **6 banco (de suplentes)** (susbstitutes') bench

banco de arena sandbank • banco de datos database • banco de esperma sperm bank • banco de sangre blood bank

banda s **1** (musical) band: *Toca en una banda de rock.* She plays in a rock band. **2** (de delincuentes) gang **3** (franja) stripe

EXPRESIONES

cerrarse en banda to dig your heels in

banda ancha broadband: *¿Tienes conexión de banda ancha?* Do you have broadband? • banda sonora soundtrack • banda terrorista terrorist group

bandada s **1** (de aves) flock **2** (de peces) shoal **3** (de personas) swarm

bandazo s **1** (en actitudes, políticas) change of direction • **dar un bandazo** to change direction **2** (sacudida, viraje) **dar bandazos (a)** (barco, avión) to lurch **(b)** (vehículo) to swerve violently **(c)** (persona – al caminar) to lurch

bandeja s tray

EXPRESIONES

servirle algo en bandeja (de plata) a alguien to hand sth to sb on a plate

bandera s flag

EXPRESIONES

estar hasta la bandera to be packed

bandera blanca white flag • bandera roja red flag

banderilla s (en el toreo) a decorated dart used in bullfighting

banderín s **1** (de un equipo, un club) pennant **2 banderín (de esquina), banderín (del córner)** (corner) flag

banderines de colores [pl] (para adornar calles) colored bunting [U]

bandido, -a s **1** (hablando de un niño) little rascal: *¡Qué bandido eres!* You little rascal! **2** (persona deshonesta) crook **3** (bandolero) bandit

bando s **1** (lado) side • **pasarse al otro bando** to go over to the other side **2** (edicto) edict

bandolera s **1** (correa) strap **2** (bolsa) shoulder bag

bandolero, -a s bandit

Bangladesh Bangladesh

bangladesí s, adj Bangladeshi

banjo s banjo

banquero, -a s banker

banqueta s **1** (asiento) stool **2** (acera) sidewalk • **la banqueta de enfrente** the other side of the road: *Me gritó desde la banqueta de enfrente.* He shouted to me from the other side of the road.

banquete s dinner, banquet (*más frml*)

banquete de bodas, banquete nupcial wedding reception

banquillo s **1 banquillo (de suplentes)** (substitutes') bench • **en el banquillo** on the bench **2 el banquillo (de los acusados)** the dock • **en el banquillo** in the dock, in court

bañado s area of marshland

bañador s **1** (de mujer) swimsuit **2** (de hombre) swimming trunks [pl]: *Solo tengo un bañador.* I only have one pair of swimming trunks.

bañar v [T] **1** (a un bebé) to bathe **2** (un pastel, un bizcocho) to ice **3 bañar algo en oro/plata** to goldplate/to silver-plate sth: *un bolígrafo bañado en oro* a gold-plated ballpoint pen **4** (de sudor, lágrimas) to bathe: *Tenía la frente bañada en sudor.* His forehead was bathed in sweat.

—**bañarse** v pron **1** (en la bañera) to take a bath: *No quiero bañarme.* I don't want to take a bath. **2** (en ducha o regadera) to take a shower **3** (en el mar, un río) to go for a swim

⚠ Cuando se trata de bañarse en el mar o en un río, se usan **swim** o **swimming**:
We had a swim (✗ bath) in the river.
We went swimming (✗ for a bath) at the beach.

bañera s bathtub • **llenar la bañera** (preparar un baño) to run a bath

bañista s swimmer

baño s **1** (en una casa, un hotel) bathroom: *Quisiera una habitación con baño.* I'd like a room with a bathroom. • *¿Puedo ir al baño?* Can I use your bathroom? **2** (en un lugar público) bathroom: *¿Dónde está el baño?* Where's the bathroom? **3** (acción de bañarse – en la bañera) bath; (en la ducha o regadera) shower; (en el mar, en un río) swim • **darse un baño (a)** (en la bañera) to take a bath: *Me di un baño.* I took a bath. **(b)** (en la ducha o regadera) to take a shower **(c)** (en el mar, un río) to go for a swim: *¿Vamos a darnos un baño?* Do you want to go for a swim? **4** (de metal) **un reloj con un baño de plata/de oro** a silver-plated/gold-plated watch **5** (de chocolate, caramelo) coating

baño de sangre bloodbath • baño maría bain-marie

baqueta s (para instrumentos de percusión) drumstick

baqueteado, -da adj **1** (estropeado, gastado – vehículo, mueble, zapatos) battered **2** (sometido a malos tratos – pueblo, nación) battered **3** (ducho) seasoned

bar s bar

baraja s deck: *la baraja española* the Spanish deck of cards • *la baraja francesa* the standard deck of cards • **jugar baraja(s)** to play cards

barajar v [T] **1** (cartas) to shuffle **2** (opciones, posibilidades, nombres) to consider

baranda (tb **barandilla**) s **1** (de un balcón) railing **2** (de una escalera) banister

barandal s **1** (de un balcón) railing **2** (de una escalera) banister

barata s (en una tienda) sale: *Lo compré en una barata.* I bought it in a sale. • *La mayoría de las tiendas están de barata.* Most of the stores are having sales.

baratija s knick-knack

baratillo s **1** (puesto, tienda) stall **2** (feria) street market

EXPRESIONES

de baratillo (de escasa calidad) third-rate

barato[1], **-a** adj cheap • **salir más barato** to work out cheaper

EXPRESIONES

lo barato sale caro you get what you pay for

barato[2] adv (comprar, comer) cheaply: *Aquí se come bastante barato.* You can eat pretty cheaply here.

barba s beard: *Tiene barba.* He has a beard. • *un hombre con barba* a man with a beard • **dejarse (la) barba** to grow a beard • **afeitarse/rasurarse la barba** to shave your beard off

EXPRESIONES
hacerle la barba a alguien to suck up to sb
barba de chivo goatee

barbacoa s (especialidad mexicana) mutton or goat meat cooked in a hole in the ground, covered with bunches of maguey leaves

barbadense s, adj Barbadian

Barbados Barbados

barbaridad s **1** (acto bárbaro) atrocity (pl -ties) **2 hacer una barbaridad** to do something stupid • **decir barbaridades** (tonterías) to talk nonsense; (cosas escandalosas) to say outrageous things • **¡qué barbaridad!** (para expresar indignación) That's outrageous! **3 una barbaridad** (mucho) loads: *una barbaridad de gente/comida* loads of people/food • **costar/gastar una barbaridad** to cost/to spend a fortune • **comer/fumar una barbaridad** to eat like a horse/to smoke like a chimney

barbarie s **1** (brutalidad) barbarity **2** (estado incivilizado) barbarism

barbarismo s **1** (extranjerismo) borrowing **2** (incorrección) incorrect usage, barbarism (*más frml*)

bárbaro¹, -a adj **1** (horrible, cruel) barbaric **2** (incivilizado, bruto) **ser bárbaro -a** to be a brute: *¡No seas tan bárbaro!* Don't be such a brute! **3** (extraordinario – comida, persona, viaje) amazing; (suerte) incredible; (éxito) huge: *Tuviste una suerte bárbara.* You were incredibly lucky. **4** (en historia) barbarian

EXPRESIONES
¡qué bárbaro! (a) (para enfatizar) good Lord! (b) (para expresar admiración) wow!

bárbaro², -a s **1** (bruto) thug **2 los bárbaros** (en historia) the barbarians

bárbaro³ adv **pasarla bárbaro** to have a whale of a time

barbecho s **dejar un campo en barbecho** to leave a field fallow

barbería s barbershop

barbero, -a s barber

EXPRESIONES
ser un barbero/una barbera to be a bootlicker

barbilla s chin

barbitúrico s barbiturate

barbudo¹, -a adj bearded

barbudo² s man with a beard

barca s boat
barca de pesca fishing boat • barca de remos rowboat

barcaza s barge

barco s (grande) ship; (pequeño) boat: *Organizan paseos en barco por el lago.* They run boat trips around the lake. • **ir/viajar en barco** to go/to travel by boat, to go by sea • **abandonar el barco** to abandon ship
barco de guerra warship • barco de vapor steamship • barco de vela (a) (grande) sailing ship (b) (pequeño) sailboat • barco mercante merchant ship • barco pesquero fishing boat • barco pirata pirate ship

barda s **1** (cerco) fence **2** (muro) wall **3** (en béisbol) wall • **volarse la barda** to hit the ball over the wall

baremo s **1** (escala) scale **2** (para juzgar otras cosas) yardstick • **tomar algo como baremo** to take sth as a yardstick

bareta s (hierba) dope

bareto s (cigarrillo) joint

bario s barium

barítono s, adj baritone

barman s bartender

barniz s **1** (para madera) varnish **2** (para cerámica) glaze **3** (de cultura, modernidad) veneer **4 barniz (de uñas)** nail polish

barnizado s **1** (de la madera) varnishing **2** (de la cerámica) glazing

barnizar v [T] **1** (madera) to varnish **2** (cerámica) to glaze

barómetro s barometer

barón¹, -onesa s (noble) **barón** baron • **baronesa** baroness (pl -sses): *el barón Munchhausen* Baron Munchhausen

barón² s [masc] (persona poderosa) baron • **los barones de la droga/del partido** the drug/party barons

barquero, -a s **barquero** boatman (pl -men) • **barquera** boatwoman (pl -women)

barquillo s **1** (cucurucho) cone **2** (galleta) wafer

barra s **1** (en un bar) bar: *Me tomé un café en la barra.* I had a cup of coffee at the bar. **2 barra (de pan)** baguette **3** (de chocolate, de cereales) bar **4** (de metal) bar: *una barra de hierro* an iron bar **5** (de una bicicleta) crossbar **6** (signo gráfico) slash (pl -shes) **7** (pandilla) gang

EXPRESIONES
no pararse en barras to stop at nothing
barra brava la barra brava de Colo-Colo/Toluca/Sporting Cristal a fanatical gang of Colo-Colo/Toluca/Sporting Cristal supporters • barra de abogados bar association • barra de cambios gearshift • barra de estado status bar • barra de menús menu bar • barra de tareas taskbar • barra espaciadora space bar • barra fija (en gimnasia) horizontal bar • barra inclinada (signo gráfico) forward slash • barra inversa (signo gráfico) backslash • barra libre free bar • barras asimétricas asymmetric bars • barras paralelas parallel bars

barrabasada s **1** (disparate, barbaridad) stupid mistake • **hacer una barrabasada** to do something really stupid **2 barrabasadas** [pl] (travesuras, trastadas) antics

barracuda s barracuda

barranco (tb **barranca**) s **1** (cauce) gully (pl -llies) **2** (precipicio) ravine

barranquismo s canyoning • **hacer barranquismo** to go canyoning

barranquista s canyoner

barredor, -a s road sweeper

barrena s drill

EXPRESIONES
entrar en barrena (a) (avión) to go into a spin **(b)** (popularidad, moneda) to plummet

barrendero, -a s road sweeper

barreno s **1** (agujero) blast hole **2** (explosivo) explosive charge

barreño s washbowl

barrer v **1** (con una escoba) (a) [I] to sweep up (b) [T] (el suelo) to sweep; (las hojas, los vidrios) to sweep up: *Barrió los vidrios rotos.* He swept up the broken glass. **2** (vencer) (a) [I] to sweep the board (b) [T] to thrash **3** [T] (una zona) to comb ▶ **barrer para CASA**

EXPRESIONES
barrer con algo (a) (comerse) to polish sth off **(b)** (eliminar) to do away with sth **(c)** (robar) to clean sth out: *Los ladrones barrieron con todo.* The thieves cleaned the place out.
—**barrerse** v pron **1** (en béisbol, fútbol) to slide **2** (tornillo, birlo) to lose its thread

barrera s **1** (obstáculo) barrier: *La barrera estaba baja.* The barrier was down. • **barreras culturales** cultural barriers **2** (en fútbol) wall **3** (cerca de una plaza de toros) barrier; (asientos) front row
la barrera del sonido the sound barrier • barreras arancelarias tariff barriers • barreras comerciales trade barriers

barriada s **1** (de viviendas precarias) shanty town **2** (barrio popular) working-class area

barrial s quagmire

barricada s barricade • **levantar una barricada** to put up a barricade

barrida s (con la escoba) sweep • **darle una barrida a la cocina/a la sala** to give the kitchen/living room a sweep

barrido s **1** (con la escoba) sweep • **darle un barrido a la cocina/a la sala** to sweep the kitchen/living room **2** (de un escáner) scan **3** (en cine) pan shot

barriga s **1** (internamente) stomach: *Me duele la barriga.* I have a stomach ache. **2** (panza) belly (pl -llies): *una barriga enorme* a huge belly • **echar barriga** (hombre) to get a paunch; (mujer) to get a fat belly

barrigón, -ona (tb **barrigudo, -a**) adj **ser barrigón** to have a paunch • **ser barrigona** to have a fat belly

barril s barrel: *un barril de petróleo* a barrel of oil ▶ **CERVEZA de barril**

barrio s **1** (vecindario) area: *Vivo en un barrio tranquilo.* I live in a quiet area. • *el barrio neoyorquino de Queens* the New York borough of Queens • **el supermercado/la escuela del barrio** the local supermarket/school • **un cine de barrio** a local movie theater **2** (zona típica) quarter: *el Barrio Latino* the Latin Quarter

EXPRESIONES
irse al otro barrio to depart this life
barrio residencial residential area • **barrios bajos** rough areas

¿area, district o neighborhood?
En inglés hay varias maneras de referirse a un barrio:
area es la palabra más general: *a working-class area of Detroit*
Para referirse a un distrito municipal o a una zona dedicada a una determinada actividad, se usa district: *the financial district of New York*
neighborhood se refiere específicamente a una zona donde reside gente: *a friendly neighborhood*
residential area es el barrio residencial
suburb se refiere al barrio residencial que está en las afueras

barriobajero, -a adj rough

barrito s (en la piel) pimple: *Tiene la cara llena de barritos.* He has a really pimply face. • **me/le salió un barrito** I/he got a pimple

barrizal s quagmire

barro s **1** (lodo) mud • **estar lleno -a de barro** to be muddy **2** (en cerámica) clay • **una olla/un jarrón de barro** an earthenware pot/jug **3** (en la piel) pimple: *Tiene la cara llena de barros.* He has a really pimply face. • **me/le salió un barro** I/he got a pimple

barroco¹, -a adj **1** (en arte) baroque **2** (excesivamente adornado) ornate

barroco² s **el barroco** the Baroque

barrote s iron bar

EXPRESIONES
meter/poner a alguien entre barrotes to put sb behind bars

barruntar v [T] to sense
—**barruntarse** v pron to suspect

bartola s **tumbarse/tenderse a la bartola** to lounge around

bártulos s [pl] things: *Recoge tus bártulos y vete.* Take your things and go.

barullo s **1** (desorden) mess **2** (lío) **armarse un barullo** to get into a muddle **3** (ruido) racket • **armar barullo** to make a racket

basalto s basalt

basar v [T] **basar algo en algo** to base sth on sth: *Basé mi estudio en estos informes.* I based my study on these reports.
—**basarse** v pron **basarse en algo** to be based on sth: *La película se basa en una novela de Chandler.* The movie is based on a novel by Chandler. • **¿en qué te basas para decir/negar...?** what grounds do you have for saying/denying...?

bascas s [pl] (náuseas) nausea

báscula s scale: *¿Tienes una báscula?* Do you have a scale?

base¹ s [fem]

1 fundamento
2 de un triángulo, una pirámide
3 de una columna, un jarrón
4 de un concurso
5 de un partido político
6 del ejército
7 en béisbol
8 en matemáticas
9 en química
10 cosmético

1 FUNDAMENTO basis (pl bases): *la base de una buena relación* the basis of a good relationship • **sobre la base de** on the basis of: *sobre la base de los últimos resultados* on the basis of the latest results • **sobre la base de que** on the basis that • **una acusación/sospecha sin base** a groundless accusation/suspicion
2 DE UN TRIÁNGULO, UNA PIRÁMIDE base
3 DE UNA COLUMNA, UN JARRÓN base
4 DE UN CONCURSO bases [pl] rules
5 DE UN PARTIDO POLÍTICO las bases [pl] the grass roots: *No lo van a hacer sin consultar a las bases.* They won't do it without consulting the grass roots.
6 DEL EJÉRCITO base (militar) (military) base
7 EN BÉISBOL base • **me/le dieron base por bolas** they walked me/him
8 EN MATEMÁTICAS base
9 EN QUÍMICA base
10 COSMÉTICO base (de maquillaje) foundation
EXPRESIONES
a base de algo by sth: *Lo lograron a base de manipulación y mentiras.* They achieved it by manipulation and lies. • **un plato a base de carne/pescado** a fish-based/meat-based dish • **una bebida a base de cola/ginebra** a cola-based/gin-based drink • **a base de hacer algo** by doing sth: *Logré aprenderlo a base de repetirlo.* I managed to learn it by repeating it. • **con base en algo, sobre la base de algo** on the basis of sth: *con base en los últimos resultados* on the basis of the latest results **base aérea** air base • **base de datos** database • **base imponible** taxable income • **base naval** naval base

base² s [masc & fem] (en básquetbol) guard: *Voy a jugar de base.* I'm playing guard.

básico, -a adj basic: *un derecho básico* a basic right • *Tiene un inglés muy básico.* His English is very basic.

basílica s basilica

basilisco s **estar hecho -a un basilisco** to be fuming • **ponerse hecho -a un basilisco** to hit the roof

básquetbol (tb **basketball**) s basketball: *un partido de básquetbol* a basketball game • **jugar básquetbol** to play basketball

basset s basset hound

basta interj that's enough: *¡Ya basta de llorar!* That's enough crying! • *¡Basta de mentiras!* Enough of your lies! • *¡No vas a ir, y basta!* You're not going, and that's that!

bastante¹ adj **1** (cantidad considerable) **bastante trabajo/espacio/dinero** quite a lot of work/room/money • **bastantes faltas/amigos** quite a lot of mistakes/friends • **hace bastante calor/frío** it's pretty hot/cold **2** (suficiente) enough: *Ya tengo bastantes problemas.* I have enough problems as it is. • *Ya es bastante por hoy.* That's enough for today. • **ser lo bastante grande/fuerte/claro** to be big/strong/clear enough

bastante² pron **1** (una cantidad considerable) quite a lot: *Gana bastante.* She earns quite a lot. • **queda bastante por hacer/ver** there's quite a lot left to do/to see **2** (suficiente) enough: *No compres más pan, tenemos bastante.* Don't buy any more bread, we have enough. • *No comes bastante.* You don't eat enough. **3 bastantes** [pl] (gente) quite a lot of people: *Hay bastantes que* *piensan lo mismo que tú.* There are quite a lot of people who think the same as you.

bastante³ *adv* **1** (considerablemente) **bastante caro -a/sucio -a** pretty expensive/dirty: *Estoy bastante cansada.* I'm pretty tired. • **bastante mejor/más grande/ más alto -a** quite a lot better/bigger/taller: *Agrégale bastante más leche.* Add quite a lot more milk. • **trabaja/viaja bastante** he works/travels quite a lot **2** (lo suficiente) enough: *No estudia bastante.* He doesn't work hard enough. • **bastante bien/mal** quite well/ badly: *Habla inglés bastante bien.* He speaks English quite well.

> **¿fairly, pretty o quite?**
> Todos estos adverbios significan "bastante", con escasa diferencia de matiz:
> fairly es el más neutro: *The test was fairly easy.*
> pretty denota algo más de intensidad que quite y fairly: *pretty good* sonaría más elogioso que: *fairly good*
> pretty es más propio del lenguaje oral: *It's pretty cold today.*
> quite es más formal: *That's quite an interesting problem.*

bastar *v* [I] to be enough: *Creo que basta por hoy.* I think that's enough for today. • **bastar con algo** *Basta con que le pidas perdón.* All you have to do is say you're sorry to him. • *¿Con esto basta?* Is this enough? • **bastar que ... para que** *Basta que lo diga yo para que no me haga caso.* If it's me saying it, he'll take no notice. • **bastar y sobrar** to be more than enough, to be plenty
—**bastarse** *v pron* **bastarse a/por sí mismo -a** to manage on your own • **bastarse para hacer algo** to manage to do sth on your own

bastardo¹, -a *adj* (hijo) illegitimate

bastardo², -a *s* (hijo) bastard (*antic*)

bastidor *s* **1** (para bordados) embroidery frame **2** (del lienzo de una pintura) frame **3 bastidores** [pl] wings • **entre bastidores (a)** (en privado) behind the scenes **(b)** (en teatro) offstage

bastilla *s* hem

bastión *s* bastion

basto¹, -a *adj* **1** (superficie, madera) rough **2** (tejido) rough **3** (persona, modales) coarse

basto² *s* (en la baraja española) **un basto** is a card of the suit **bastos**, one of the four suits in the Spanish deck of cards.

bastón *s* **1** (para caminar) walking stick, cane **2** (para esquiar) ski stick
bastón de mando (a) (poder) control • **entregarle el bastón de mando a alguien** to hand control over to sb **(b)** (objeto) ceremonial mace

bastoncillo *s* (de algodón) Q-tip®

basura *s* **1** (desperdicios) garbage; (por la calle) litter: *¿Dónde botas la basura?* Where do you put the garbage? • *No tire basura en la calle.* Don't drop litter in the street. • **sacar la basura** to take out the garbage **2** (recipiente) **botar/tirar algo a la basura** to throw sth away **3 ser una basura (a)** (libro, película) to be garbage **(b)** (mala persona) to be a pig ▶ COMIDA **basura**, CONTRATO **basura**, CORREO **basura**

> **¿garbage, trash, litter o refuse?**
> garbage y trash significan "basura" en general
> litter es la basura tirada por la calle: *You can be fined for dropping litter.*
> refuse es formal y designa cualquier tipo de basura o residuo: *domestic refuse*

basural *s* (vertedero) garbage dump

basurero *s* **1** garbage collector **2** (vertedero) garbage dump **3** (en la cocina) trash can; (en la calle) garbage can
basurero nuclear nuclear waste dump

bat *s* bat

bata *s* **1** (para estar en casa) dressing gown, robe **2** (de médico, dentista) coat **3 bata (de baño)** bathrobe, robe

batalla *s* battle: *una batalla de bolas de nieve* a snowball fight

EXPRESIONES
presentar/dar batalla (ejército, persona, equipo) to put up a fight • **sin presentar/dar batalla** without a fight
batalla campal pitched battle

batallador, -a *adj* **ser batallador -a** to be a fighter

batallar *v* [I] **batallar por algo** to fight for sth • **batallar contra algo** to struggle with sth

batallón *s* **1** (de soldados) battalion **2 un batallón de fans/periodistas/voluntarios** hordes of fans/reporters/ volunteers

batata *s* sweet potato (pl -toes)

bate *s* bat
bate de béisbol baseball bat

bateador, -a *s* (en béisbol) batter

batear *v* **(a)** [I] to bat: *Te toca batear.* It's your turn to bat. **(b)** [T] to hit: *Bateó la pelota con fuerza.* She hit the ball hard.

batería¹ *s* [fem] **1** (instrumento musical) drums [pl] • **tocar la batería** to play (the) drums **2** (de un vehículo) battery (pl -ries) **3** (para celulares, notebooks) battery (pl -ries): *Se me terminó la batería.* My battery's dead.
EXPRESIONES
estacionarse en batería to park at an angle to the curb
batería de cocina cookware set

batería² *s* [masc & fem] drummer

baterista *s* drummer

batiburrillo *s* jumble

batida *s* (policial) hunt, search • **hacer/realizar una batida** to conduct a search

batido *s* milk shake

batidor *s* (manual) whisk

batidora *s* (eléctrica) mixer

batiente *s* **1** (parte del marco – de una puerta) jamb; (de una ventana) frame **2** (hoja – de una puerta) panel; (de una ventana) pane

batín *s* dressing gown, robe

batir *v* [T] **1** (huevos, mantequilla) to beat, to whisk; (crema) to whip: *Bata las claras a punto de nieve.* Beat the egg whites until stiff. **2** (un récord, una marca) to break **3** (derrotar) to beat ▶ **batir** PALMAS, **batirse en** DUELO, **batirse en** RETIRADA

batuta *s* baton: *bajo la batuta de Zubin Mehta* conducted by Zubin Mehta
EXPRESIONES
llevar la batuta to call the tune

baúl *s* **1** (arcón) trunk, chest **2** (de un vehículo) trunk

bautismal *adj* baptismal

bautismo *s* **1** (sacramento) baptism **2** (ceremonia) christening
bautismo de fuego baptism of fire

bautizar *v* [T] **1** (a una persona) to baptize, to christen **2** (un barco) to name

bautizo *s* christening, baptism

baya *s* berry (pl -rries)

bayoneta *s* bayonet

baza *s* **1** (en las cartas) trick • **ganar/perder una baza** to win/to lose a trick **2** (recurso) asset, advantage • **la mejor/principal baza** the greatest/main asset
EXPRESIONES
meter baza (a) (en una conversación – interrumpiendo) to butt in; (participando) *No me dejó meter baza.* She didn't let me get a word in edgeways. **(b)** (en un asunto) to stick your two cents in

bazar *s* (oriental) bazaar

bazo *s* spleen

bazofia *s* **1** (comida) slop **2** (cosa de mala calidad) garbage **3** (gente despreciable) scum

beatificar *v* [T] to beatify

B

beato¹, -a *adj* **1** (beatificado) blessed, beatified (*más frml*) **2** (santurrón) pious

beato², -a *s* **1** (beatificado) devout person: *los beatos* the devout **2** (santurrón) pious person

bebe, -a ▶ BEBÉ

bebé *s* baby (pl -bies) ▶ ver nota en BABY
bebé (de) probeta test-tube baby

bebedero *s* **1** (para pájaros) water dish (pl -shes) **2** (para el ganado) drinking trough

bebedor¹, -a *adj* **ser bebedor -a** to like your drink • **no ser muy bebedor -a** not to drink much

bebedor², -a *s* **1** (de determinada bebida) **los bebedores de café/vino tinto** coffee/red wine drinkers **2** (consumidor habitual de alcohol) drinker: *Es un bebedor empedernido.* He's a heavy drinker.

beber *v* [I,T] to drink: *No bebe café.* She doesn't drink coffee. • *Bebe demasiado.* He drinks too much. • *¿Te provoca beber algo?* Would you like a drink? • **beber a la salud de alguien** to drink to sb's health • **darle de beber a alguien** to give sb a drink • **darle de beber a un animal** to give an animal some water • **si bebes, no conduzcas** don't drink and drive ▶ **beber a** MORRO
—**beberse** *v pron* (beber) to drink; (terminar) to drink up: *Bébete la leche.* Drink up your milk.

bebida *s* **1** drink: *El precio no incluye la bebida.* The price does not include drink. **2 la bebida** (la adicción) drink, drinking: *Perdió el trabajo por culpa de la bebida.* He lost his job because of his drinking. • **darse a la bebida** to take to drink
bebida alcohólica alcoholic drink • bebida energética energy drink • bebida energizante energy drink • bebida gaseosa soft drink • bebida sin alcohol non-alcoholic drink

bebido, -a *adj* (borracho) drunk

beca *s* **1** (del estado, de una organización) grant • **pedir/solicitar una beca** to apply for a grant **2** (por mérito académico) scholarship

becar *v* [T] **1** (estado, organización) to give a grant to **2** (a un alumno dotado) to award a scholarship to

becario, -a *s* **1** (del estado, de una organización) grant holder **2** (alumno dotado) scholar

becerro *s* **1** (animal) calf (pl calves) **2** (piel) calfskin

bechamel *s* white sauce

begonia *s* begonia

beige *adj, s* beige

béisbol (tb **beisbol**) *s* baseball • **jugar (al) béisbol** to play baseball

beisbolista *s* baseball player

Belén Bethlehem

belga *s, adj* Belgian

Bélgica Belgium

Belice Belize

beliceño, -a *s, adj* Belizean, Belizian

belicismo *s* warmongering

belicista¹ *adj* warmongering

belicista² *s* warmonger

bélico, -a *adj* (juguete, esfuerzo) war [solo ante s] • **la amenaza/escalada bélica** the threat/escalation of war ▶ CONFLICTO bélico

belicoso, -a *adj* **1** (inclinado a la guerra) warlike, bellicose (*más frml*) **2** (actitud, tono) belligerent

beligerante *adj* **1** (en guerra) *los países beligerantes* the countries at war **2** (agresivo, hostil) belligerent

belladona *s* deadly nightshade, belladonna (*técn*)

belleza *s* **1** (cualidad) beauty: *los cánones de belleza actuales* current ideals of beauty • **de una belleza extraordinaria/incomparable** extraordinarily/incomparably beautiful **2** (mujer hermosa) beauty (pl

-ties) **3** (cosa hermosa) **ser una belleza** to be absolutely beautiful ▶ CONCURSO de belleza, PRODUCTO de belleza, SALÓN de belleza

bello, -a *adj* (en lo estético) beautiful
la Bella Durmiente Sleeping Beauty • bellas artes [pl] fine art [U]

bellota *s* acorn

bemol¹ *adj* **mi/la bemol** E/A flat

bemol² *s* (nota) flat
EXPRESIONES
tener (sus) bemoles (tener complicaciones) to have its problems

benceno *s* benzene

bencina *s* **1** (disolvente) benzene **2** (gasolina) gasoline

bencinera *s* (gasolinera) gas station

bendecir *v* [T] **1** (un objeto, a una persona) to bless • **que Dios te bendiga** God bless you **2** (dar gracias por) to bless: *Bendigo el día en que le conocí.* I bless the day I met him. **3** (consagrar – una iglesia) to consecrate

bendición *s* **1** (de un sacerdote) blessing • **darle la bendición a alguien** to bless sb **2** (cosa que se agradece) bliss: *¡Este silencio es una bendición!* This silence is bliss! **3** (aprobación) **dar su bendición a algo** to give sth your blessing

bendito¹, -a *adj* **1** (en religión) blessed **2** (para expresar contrariedad) blessed

bendito², -a *s* saint: *Su marido es un bendito.* Her husband's a saint.
EXPRESIONES
dormir como un bendito to sleep like a baby

benedictino, -a *adj, s* Benedictine

benefactor¹, -a *s* benefactor

benefactor², -a *adj* (efecto) beneficial

beneficencia *s* charity

beneficiado, -a *adj, s* **1 las personas beneficiadas por/con algo** the beneficiaries of sth **2 ser el más beneficiado/la más beneficiada por algo** to benefit most from sth

beneficiar *v* [T] to be good for, to benefit (*más frml*): *La competencia beneficia al consumidor.* Competition benefits the consumer. • *Esa actitud no lo beneficia.* That attitude does him no good.
—**beneficiarse** *v pron* to benefit • **beneficiarse de/con algo** to benefit from sth

beneficiario¹, -a *s* **1** (de un seguro, una herencia) beneficiary (pl -ries) **2** (de una subvención, una pensión) recipient

beneficiario², -a *adj* **los países beneficiarios de la ayuda** the countries that benefit from the aid

beneficio *s* **1** (ventaja) benefit • **en beneficio de alguien/algo** for sb's/sth's benefit • **en beneficio propio** for his/your own benefit **2** (ganancia) profit • **dar/obtener beneficios** to make a profit **3** (de café – proceso) processing; (lugar) processing plant
EXPRESIONES
a beneficio de algo/alguien in aid of sth/sb
beneficio bruto gross profit • beneficio fiscal tax benefit • beneficio neto net profit • beneficio operativo operating profit

beneficioso, -a *adj* beneficial • **resultar beneficioso -a (para algo/alguien)** to be beneficial (to sth/sb)

benéfico, -a *adj* **1** (de beneficencia) charity [solo ante s] • **un concierto/un festival benéfico** a charity concert/festival **2** (que hace bien) beneficial ▶ OBRA benéfica, ORGANIZACIÓN benéfica

beneplácito *s* (aprobación) approval • **contar con el beneplácito de alguien** to have sb's approval • **dar su beneplácito a algo** to approve sth

benevolencia *s* **1** (indulgencia) leniency **2** (bondad) benevolence

benévolo, -a (tb **benevolente**) *adj* **1** (indulgente) lenient **2** (bondadoso) benevolent

bengala *s* **1** (para hacer señales, en partidos de fútbol) flare **2** (varilla) sparkler

benigno, -a *adj* **1** (ley, pena, persona) lenient **2** (tumor, quiste) benign **3** (clima, invierno) mild

Benin Benin

beninés¹, -esa *s* Beninese man/woman • **los benineses** the Beninese

beninés², -esa *adj* Beninese

benjamín, -ina *s* **1** (de una familia) youngest child • **el benjamín/la benjamina (de la familia)** the baby (of the family) **2** (de un grupo) youngest member **3** **benjamines** [pl] (en deportes) colts

berberecho *s* cockle

bereber, beréber *adj*, *s* Berber

berenjena *s* eggplant

berenjenal *s* **meterse en un berenjenal/en berenjenales** to get into a real mess

Berlín Berlin

berma *s* (en la carretera) shoulder

Bermudas las Bermudas Bermuda

bermudas *s* [pl] **1** (pantalones) Bermuda shorts, Bermudas **2** (traje de baño) swimming shorts

bermudeño, -a *s*, *adj* Bermudan, Bermudian

Berna *s* Berne

berrear *v* [I] **1** (niño) to howl **2** (cerdo) to squeal; (becerro) to bellow

berrido *s* **1** (al llorar) howl: *los berridos del bebé* the baby's howling **2** (de un cerdo) squeal; (de un becerro) bellow

berrinche *s* tantrum • **hacer un berrinche** to have a tantrum

berro *s* watercress

berza *s* cabbage

besar *v* [T] to kiss • **besar a alguien en la mejilla/en la boca** to kiss sb on the cheek/on the lips
—**besarse** *v pron* to kiss, to kiss each other: *Nos besamos en la mejilla.* We kissed each other on the cheek. • *Se besaron apasionadamente.* They kissed passionately.

beso *s* **1** kiss: *Se despidieron con un beso.* They kissed goodbye. • **darle un beso a alguien** to give sb a kiss • **tirarle un beso a alguien, aventarle un beso a alguien** to blow sb a kiss **2** (al final de una carta) *Un beso, Ana.* Lots of love, Ana. • *Besos para todos, Juan.* Love to everyone, Juan.
beso francés, beso profundo French kiss

bestia¹ *adj* **1** (poco inteligente) dumb **2** (poco delicado) rough
EXPRESIONES
a lo bestia (a) (en gran cantidad) loads • **comer/beber a lo bestia** to eat like a pig/to drink like a fish **(b)** (violentamente) **manejar a lo bestia** to drive like a maniac

bestia² *s* **1** (persona poco inteligente) dimwit **2** (persona poco delicada – hombre) brute; (mujer) *Es una bestia.* She's really rough. **3** (persona violenta) animal: *Es un bestia.* He's an animal. **4** (animal) beast
EXPRESIONES
comer como una bestia to eat like a horse • **trabajar como una bestia** to work like a dog
bestia de carga beast of burden • bestia negra bugbear, bête noire (*más frml*)

bestial *adj* **1** (salvaje, primitivo) brutal: *un crimen bestial* a brutal crime **2** (extraordinario, tremendo) tremendous • **tener un hambre bestial** to be ravenous **3** (genial) great

bestialidad *s* **1** (condición) brutality: *la bestialidad de la guerra* the brutality of war **2** (grosería) *No digas*

bestialidades. Don't be so disgusting. **3** (error grave) barbarism
EXPRESIONES
ser una bestialidad (ser demasiado) to be outrageous • **una bestialidad de comida/dinero/gente** loads of food/money/people

besucón, -ona *s*, *adj* **ser (un/una) besucón/besucona** to love kissing people

besugo *s* (pez) bream (pl bream)

besuquear *v* [T] (a una persona) to smother with kisses: *Mi abuela siempre nos besuqueaba.* Grandma always smothered us with kisses.
—**besuquearse** *v pron* to smooch

beta *s* beta

betabel (tb **betarraga**) *s* beet

betún *s* **1** (para zapatos) shoe polish • **ponerles/echarles betún a los zapatos** to polish your shoes **2** (en repostería) frosting

bianual *adj* biannual

biberón *s* bottle: *Dale el biberón.* Give him his bottle.

biblia *s* bible • **la Biblia** the Bible

bíblico, -a *adj* biblical

bibliobús *s* bookmobile (pl -ries)

bibliografía *s* **1** (en un libro) bibliography (pl -phies) **2** (para un curso) book list

biblioteca *s* **1** (sala, edificio) library (pl -ries) **2** (conjunto de libros) library (pl -ries) **3** (mueble) bookcase
biblioteca pública public library

bibliotecario, -a *s* librarian

bicarbonato *s* bicarbonate
bicarbonato de sodio **1** (en cocina) bicarbonate of soda **2** (en química) sodium bicarbonate

bicentenario *s* bicentenary (pl -ries)

bíceps *s* biceps (pl biceps)

bicho *s* **1** (insecto) bug **2** (cualquier animal) creature, critter
EXPRESIONES
¿qué bicho te/le ha picado? what's up with you/him?
bicho raro weirdo

bici *s* bike

bicicleta *s* bike, bicycle • **dar una vuelta en bicicleta** to go for a bike ride • **andar/montar en bicicleta** to ride a bike • **ir/venir en bicicleta** to bike, to come/to go on your bike: *Voy al colegio en bicicleta.* I bike to school. • *Vino en bicicleta.* He came on his bike.
bicicleta de carreras racing bike • bicicleta de montaña mountain bike • bicicleta estática, bicicleta fija exercise bike

bicimoto *s* moped

bicolor *adj* two-tone

bidé (tb **bidet**) *s* bidet

bidireccional *adj* (cable, comunicación) two-way, bidirectional (*más frml*)

bidón *s* (con asa) jerry can

Bielorrusia Belarus, Byelorussia

bielorruso¹, -a *s* (persona) Belarusian, Belarussian

bielorruso² *s* (idioma) Belarusian, Belarussian

bielorruso³, -a *adj* Belarusian, Belarussian

bien¹ *adv* ► **llevarse bien, pasarlo bien, sentar bien,** etc. se tratan bajo el verbo correspondiente

1	satisfactoriamente
2	con buena salud
3	como es debido
4	correcto
5	muy
6	suficiente
7	intensificador

1 SATISFACTORIAMENTE well: *Anoche no dormí bien.* I didn't sleep well last night. • *Lo sé muy bien.* I'm well aware of that. • *Llegamos bien.* We arrived safely. • *¿Me has entendido bien?* Is that clear? • **estar bien vestido -a/alimentado -a** to be well dressed/fed
2 CON BUENA SALUD well • **encontrarse/sentirse bien** to feel well: *No me encuentro muy bien.* I don't feel very well. • *–¿Cómo estás? –Bien ¿y tú?* "How are you?" "Fine thanks, and you?"
3 COMO ES DEBIDO (hacer) right, properly; (contestar) correctly: *¿Lo he hecho bien?* Did I do it right?
4 CORRECTO right: *Esta cuenta no está bien.* This sum isn't right. • **estar bien que...** *Está bien que lo prohíban.* I think it should be banned. • *No está bien que digas eso.* You shouldn't say that.
5 MUY very, really • **bien caliente/tarde/lleno -a** really hot/late/full
6 SUFICIENTE enough: *Con eso ya está bien.* That's enough. • **¡Ya está bien!** That's enough! • **ya está bien de decir tonterías** that's enough nonsense
7 INTENSIFICADOR *Bien se ve que no sabe mucho.* It's obvious he doesn't know much. • *¡Bien podrías habérmelo dicho!* You might have told me!
EXPRESIONES
está bien (de acuerdo) all right • **estar muy bien** to be really good: *Su último álbum está muy bien.* Their latest album is really good. • **(o) bien... (o) bien...** either... or...: *Iré o bien esta noche o bien mañana.* I'll either go tonight or tomorrow.
bien² *s* **1 el bien** (lo bueno) good: *el bien y el mal* good and evil **2** (calificación) good: *Me he sacado un bien en inglés.* I got "good" for English. **3 bienes** [pl] (pertenencias) possessions **4** (beneficio) **por mi/tu/su bien** for my/your/his own good: *Lo hace por tu bien.* He's doing it for your own good.
bienes de consumo consumer goods • bienes gananciales, bienes mancomunados community property • bienes inmuebles, bienes raíces *s* [pl] real estate [U]
bien³ *interj* **1** (para expresar consentimiento) all right, okay **2** (para expresar aprobación) well done **3** (para expresar entusiasmo) great **4** (al cambiar de tema) right
bienal *adj* **1** (cada dos años) biennial **2** (que dura dos años) two-year: *un plan bienal* a two-year plan
bienestar *s* well-being, welfare: *una sensación de bienestar* a feeling of well-being
bienestar económico economic welfare • bienestar emocional emotional well-being • bienestar social social welfare
bienintencionado, -a *adj* (persona, actitud, propuesta) well-meaning; (comentario) well-meant
bienio *s* (periodo) two-year period
bienvenida *s* welcome • **darle la bienvenida a alguien** to welcome sb • **darle una calurosa/cordial bienvenida a alguien** to give sb a warm welcome
bienvenido¹, -a *adj* welcome
bienvenido², -a *interj* welcome: *Bienvenidos a Bogotá.* Welcome to Bogotá.
EXPRESIONES
bienvenido -a sea *Si viene el gol, bienvenido sea.* If we score a goal, so much the better. • *Bienvenida sea esta nueva propuesta.* This new proposal is very welcome.
bife *s* (filete) steak
bífido, -a *adj*
bifocal *adj* bifocal
bifocales *s* [pl] bifocals
bifurcación *s* (en la carretera) fork
bifurcarse *v pron* to fork
bigamia *s* bigamy
bígamo¹, -a *adj* bigamous
bígamo², -a *s* bigamist
big bang *s* **el big bang** the big bang

bigote *s* **1** (de persona) mustache: *Tiene bigote.* He has a mustache. • **dejarse el bigote** to grow a mustache **2** (de gato) whiskers [pl]
bigotudo, -a *adj* with a mustache • **ser bigotudo -a** to have a mustache
bikini *s* bikini
bilateral *adj* bilateral
bilé (tb **bilet**) *s* lipstick
biliar *adj* ▶ VESÍCULA **biliar**
bilingüe *adj* bilingual
bilingüismo *s* bilingualism
bilis *s* **1** (líquido) bile **2** (rabia) anger
EXPRESIONES
tragar bilis to grin and bear it
billar *s* **1** (juego) billiards [+v en sing] • **jugar (al) billar** to play billiards **2** (mesa) billiard table **3** (local) billiard hall
billete *s* **1** (de dinero) bill • **un billete de 10 pesos/de 20 dólares** a 10 peso/20 dollar bill **2 billetes (de lotería)** lottery ticket
billetera *s* wallet, billfold
billón *s* trillion
bimensual *adj* (dos veces al mes) fortnightly, twice-monthly
bimestral *adj* (cada dos meses) bimonthly
bimestre *s* two-month period
bimotor¹ *adj* twin-engined
bimotor² *s* twin-engined plane
binario, -a *adj* binary
bingo *s* **1** (juego) bingo • **jugar (al) bingo** to play bingo • **hacer bingo** to get a full house **2** (local) bingo hall
binoculares *s* [pl] binoculars
binomio *s* **1** (en matemáticas) binomial **2** (dos personas) duo
biodegradable *adj* biodegradable
biodiversidad *s* biodiversity
biofísica *s* biophysics [+v en sing]
biografía *s* biography (pl -phies)
biográfico, -a *adj* biographical
biógrafo, -a *s* biographer
biología *s* biology
biológico, -a *adj* **1** (relativo a la biología) biological **2** (cultivos, agricultura, productos) organic **3** (madre, familia, hijo) biological
biólogo, -a *s* biologist
biombo *s* screen
biopsia *s* biopsy (pl -sies) • **hacer una biopsia** to take a biopsy
bioquímica *s* biochemistry
bioquímico¹, -a *s* biochemist
bioquímico², -a *adj* biochemical
biorritmo *s* biorhythm
biosfera *s* biosphere
biotecnología *s* biotechnology
bióxido *s* dioxide
bipartidismo *s* two-party system
bipartidista *adj* two-party
bípedo, -a *adj* two-legged
biplaza *adj, s* two-seater
biquini *s* bikini
birlar *v* [T] to swipe: *Me han birlado la billetera.* Someone's swiped my wallet.

birra *s* beer

birria *s* **1** (cerveza) beer **2** (guiso) Mexican stew, usually of goat or lamb, with chili and tomato sauce

bis *s* encore • **hacer un bis** to give an encore

bisabuelo, -a *s* **bisabuelo** great-grandfather • **bisabuela** great-grandmother • **bisabuelos** great-grandparents

bisagra *s* hinge

bisexual *adj, s* bisexual

bisexualidad *s* bisexuality

bisiesto *adj, s* **un (año) bisiesto** a leap year

bisnieto, -a *s* **bisnieto** great-grandson • **bisnieta** great-granddaughter • **bisnietos** great-grandchildren

bisonte *s* bison (pl bison)

bisoño, -a *adj* (jugador, político) inexperienced: *un soldado bisoño* a rookie soldier

bistec *s* steak

bisturí *s* scalpel

bisutería *s* imitation jewelry

bit *s* (en informática) bit ▶ ver nota en TROZO

bitácora *s* (en informática) blog

bizantino, -a *adj* **1** (en historia, arte) Byzantine **2** (discusión, debate) convoluted

bizco, -a *adj* cross-eyed: *Es un poco bizca.* She's slightly cross-eyed.

bizcocho *s* **1** (pastel) sponge cake **2** (pastelito) bun **3** (persona atractiva) stunner
  bizcocho de novia wedding cake

bizcochuelo *s* sponge cake

biznieto, -a *s* ▶ BISNIETO

bizquear *v* [I] **1** (ser bizco) to squint **2** (haciendo una mueca) to go cross-eyed

blanca *s* **1** (en música) half note **2** (en ajedrez) white, white piece: *Yo juego con las blancas.* I'll be white.
  EXPRESIONES
  estar sin blanca to be broke

Blancanieves *s* Snow White

blanco[1], -a *adj* **1** (color) white: *sábanas blancas* white sheets **2** (piel, cutis) fair **3** (pálido) pale: *¡Qué blanco estás!* You look really pale! **4** (raza) white ▶ ARMA blanca, BANDERA blanca, VINO blanco

blanco[2], -a *s* (persona) **blanco** white man (pl men) • **blanca** white woman (pl women) • **los blancos** white people

blanco[3] *s* **1** (color) white: *El blanco es mi color favorito.* White is my favorite color. • *Pintamos las paredes de blanco.* We painted the walls white. **2** (objetivo) target • **ser el blanco de un ataque/de las críticas** to be the target of an attack/of criticism: *Su vestido fue el blanco de todas las miradas.* Everyone was looking at her dress. ▶ TIRO al blanco **3 en blanco y negro** in black and white: *una foto en blanco y negro* a black and white photo **4** (vino) white, white wine
  EXPRESIONES
  dar en el blanco (a) (con un arma, un dardo) to hit the target **(b)** (con un comentario, una respuesta) to hit the nail on the head • **en blanco** (hoja, papel) blank: *un cheque en blanco* a blank check • *Complete los espacios en blanco.* Fill in the blanks. • **se me/le puso la mente en blanco** my/his mind went blank
  el blanco del ojo the white of the eye

blancura *s* whiteness

blancuzco, -a *adj* whitish

blandengue[1] *adj* wimpish

blandengue[2] *s* wimp

blandir *v* [T] to brandish

blando[1], -a *adj* **1** (almohada, mantequilla, masa) soft • **ponerse blando -a** to go soft **2** (carne) tender

3 (benévolo) soft • **ser blando -a con alguien** to be soft on sb **4** (débil) pathetic: *¡Pero qué blando eres!* You're so pathetic! **5** (agua) soft ▶ DROGA blanda

blando[2], -a *s* **ser un blando/una blanda** to be soft

blandura *s* **1** (de una cama, una almohada) softness **2** (de carácter) softness

blanqueador *s* bleach

blanquear *v* [T] **1** (el dinero) to launder **2** (la ropa) to bleach **3** (las paredes) to whitewash

blanqueo de dinero *s* money laundering

blasfemar *v* [I] **1** (contra lo sagrado) to blaspheme **2** (proferir ofensas) to curse

blasfemia *s* **1** (contra lo sagrado) blasphemy **2 ser una blasfemia hacer algo** to be sacrilege to do sth **3 lanzar/soltar blasfemias** to curse

blasfemo[1], -a *adj* blasphemous

blasfemo[2], -a *s* blasphemer

blasón *s* (escudo) coat of arms

bledo *s* **me/te importa un bledo** I/you couldn't care less: *Me importa un bledo lo que piensen.* I couldn't care less what they think.

blindado[1], -a *adj* (carro) armored; (puerta) reinforced

blindado[2] *s* armored vehicle

blindaje *s* (de un carro, una puerta) armor-plating

blindar *v* [T] (un carro) to armor-plate; (una puerta) to reinforce
  —**blindarse** *v pron* **blindarse contra algo** to protect yourself against sth

bloc *s* pad
  bloc de notas notepad

blog *s* blog

bloguero, -a *s* blogger

bloque *s* **1** (de piedra, cemento, hielo) block • **bloque de hormigón/hielo** concrete block/block of ice **2** (de legisladores) group **3** (de países, partidos) bloc: *el bloque del Este* the Eastern bloc
  EXPRESIONES
  en bloque en masse

bloquear *v* [T] **1** (una calle, la salida) to block; (un puerto) to blockade: *Todas las calles están bloqueadas.* All the roads are blocked. **2** (un mecanismo, una centralita) to jam • **bloquear el volante del carro** to lock the steering wheel **3** (una acción, un proceso) to bring to a halt: *Eso podría bloquear las negociaciones de paz.* That could bring the peace negotiations to a halt. **4** (una cuenta bancaria) to freeze
  —**bloquearse** *v pron* **1** (al hablar) to freeze **2** (al escribir) to get a mental block **3** (mecanismo) to jam: *Se me bloquearon los frenos.* My brakes jammed. **4** (pantalla, computador) to freeze

bloqueo *s* **1** (de una calle) road block **2** (a un país) blockade • **levantar/romper un bloqueo** to lift/to raise a blockade **3** (de una cuenta) freezing
  bloqueo económico economic blockade • bloqueo mental mental block

blusa *s* blouse

blusón *s* smock

bluyín *s* **1** (tela) denim: *una falda de bluyín* a denim skirt **2** ▶ BLUYINES

bluyines (tb **bluyín**) *s* jeans [pl]: *Tenía puestos unos bluyines viejos.* She was wearing an old pair of jeans. • *unos bluyines/un bluyín* a pair of jeans

boa *s* **1** (serpiente) boa **2** (prenda) boa, feather boa

boato *s* pomp

bobada (tb **bobería**) *s* **1** (tontería) *Eso es una bobada.* That's just silly. • **¡qué bobada!** what a silly thing to say! • **decir/hacer una bobada** to say/to do something silly • **decir/hacer bobadas** to talk nonsense/to be silly: *¡Deja de decir bobadas!* Stop talking nonsense! **2** (cosa sin importancia) silly little thing: *Se pelearon por una bobada.* They had an argument over some silly little thing.

bobina *s* **1** (de hilo) spool **2** (de una máquina de coser) bobbin

bobo[1], -a *adj* silly: *¡No seas boba!* Don't be silly!

bobo[2], -a *s* idiot: *el bobo de Antonio* that idiot Antonio

boca *s* **1** (parte del cuerpo) mouth: *No hables con la boca llena.* Don't talk with your mouth full. **2** (de un túnel, un puerto) entrance

EXPRESIONES
abrir la boca (hablar) to open your mouth: *No abrió la boca en toda la noche.* He didn't open his mouth all night. • **¡cállate la boca!** shut up! • **boca abajo (a)** (persona) on your stomach: *Duerme boca abajo.* He sleeps on his stomach. **(b)** (objeto) face down • **boca arriba (a)** (persona) on your back: *Pónganse boca arriba.* Lie down on your backs. **(b)** (objeto) face up • **está en boca de todos** everyone's talking about it • **no decir esta boca es mía** not to say a word • **por boca de alguien** through sb: *Negaron las acusaciones por boca de su portavoz.* They denied the accusations through a spokesperson. • **quedarse con la boca abierta** to be astonished • **salir a pedir de boca** to turn out perfectly • **se me hace agua la boca** it makes my mouth water • **el boca a boca (a)** (resucitación) mouth-to-mouth resuscitation (*más frml*) • **hacerle el boca a boca a alguien** to give sb mouth-to-mouth resuscitation **(b)** (comunicación) word of mouth • **la boca del estómago** the pit of your stomach • **boca de riego** fire hydrant

bocacalle *s* **1** (calle secundaria) side street **2** (entrada) turning: *Gira a la derecha en la segunda bocacalle.* Take the second turning on the right. **3** (cruce) intersection

bocadillo *s* **1** (dulce) pastry (pl -ries) **2** (salado) sandwich, snack

bocado *s* mouthful: *Se lo comió de un bocado.* He ate it in one mouthful.

EXPRESIONES
no probar bocado not to have a bite to eat: *No he probado bocado en todo el día.* I haven't had a bite to eat all day.

bocajarro **a bocajarro (a)** (a quemarropa) at point-blank range **(b)** (de improviso) straight out • **soltar/preguntar algo a bocajarro** to say/to ask sth straight out

bocamanga *s* cuff

bocanada *s* **1** (de humo) puff **2** (de aire) blast

EXPRESIONES
ser/representar una bocanada de aire fresco to be a breath of fresh air

boceto *s* **1** (en arte) sketch (pl -ches) **2** (de un proyecto, un libro) outline

bochinche *s* **1** (ruido) racket • **armar/hacer bochinche** to make a racket: *¡Qué bochinche armaron!* You made such a racket! **2** (alboroto) uproar, free-for-all

bochorno *s* **1** (vergüenza) embarrassment • **¡qué bochorno!** how embarrassing! **2** (calor) stifling heat • **hace bochorno** it's stifling **3** (en la menopausia) hot flash (pl -shes)

bochornoso, -a *adj* **1** (vergonzoso) embarrassing **2** (caluroso) stifling

bocina *s* **1** (de un equipo de música, un computador) speaker **2** (del teléfono) receiver • **levantar/colgar la bocina** to pick up/to replace the receiver **3** (de un vehículo) horn • **tocar la bocina** to sound your horn

bocinazo *s* (de un vehículo) sound of a car horn • **dar un bocinazo** to sound your horn

boda *s* wedding: *Se enfermó el día de su boda.* He became sick on his wedding day.
boda civil civil marriage • boda por la iglesia • boda religiosa church wedding • bodas de oro golden wedding anniversary • bodas de plata silver wedding anniversary

bodega *s* **1** (para almacenar cosas) store **2** (para producir vino) winery (pl -ries) **3** (para almacenar vino) wine cellar **4** (en un barco, un avión) hold

bodrio *s* load of trash: *Su última película es un bodrio.* His latest movie is a load of trash.

body *s* (prenda) body (pl -dies)

bofetada *s* **1** (en la cara) slap • **darle una bofetada a alguien** to slap sb's face **2** (afrenta) **ser una bofetada para alguien** to be a slap in the face for sb

bofetón *s* hard slap • **darle un bofetón a alguien** to slap sb's face hard

boga **en boga** in vogue

bogavante *s* lobster

bohemio, -a *adj*, *s* bohemian

boicot *s* boycott • **hacer boicot a algo** to boycott sth

boicotear *v* [T] to boycott

boiler *s* water heater, boiler

boina *s* beret

bol *s* bowl

bola *s* **1** (cuerpo esférico) ball: *una bola de ping-pong* a ping-pong ball **2** (de helado) scoop **3** (rumor) rumor • **se corre la bola de que...** there's a rumor going around that... **4** (gran cantidad) **una bola de algo** loads of sth: *Llegó con una bola de paquetes.* She arrived with a whole load of packages. **5** (en béisbol) ball • **lanzar una bola alta/baja/mala** to throw a high/low/bad ball

EXPRESIONES
se armó/se va a armar la bola there was/there'll be a big row • **hacerse bolas** to get mixed up
bola de billar billiard ball • bola de cristal crystal ball • bola de nieve **(a)** snowball **(b)** (situación, asunto) snowball • **convertirse en una bola de nieve** to snowball • bolas de naftalina mothballs

bolear *v* **1** [T] (los zapatos) to shine, to polish **2** [I,T] (en tenis) to volley: *Para jugar dobles hay que saber bolear.* You have to know how to volley to play doubles. **3** [I] (jugar informalmente) to knock around

bolera *s* bowling alley

bolero *s* **1** (persona) fibber, truant **2** (género musical) bolero

boleta *s* **1** (entrada) ticket **2 boleta (electoral)** voting paper, voting slip **3 boleta (de calificaciones)**, **boleta (de notas)** report card

boletería *s* **1** (que vende entradas para un espectáculo) box office **2** (en una estación) ticket office

boletín *s* **1** (publicación) newsletter **2 boletín (informativo)** news bulletin
boletín de calificaciones, boletín de notas report card • boletín meteorológico weather forecast

boleto *s* **1** (de bus, tren) ticket: *Un boleto para Las Condes, por favor.* A ticket to Las Condes, please. • **sacar (un) boleto** to get a ticket **2** (tarifa) fare: *¿Cuánto cuesta el boleto de tren?* How much is the train fare? **3** (para un espectáculo) ticket **4** (de sorteo, rifa) ticket **5** (asunto) *No te metas, que no es tu boleto.* Don't poke your nose in, it's none of your business. • *Eso es otro boleto.* That's another matter.
boleto de ida one-way ticket • boleto de ida y vuelta, boleto redondo round trip (ticket)

boliche *s* **1** (juego) bowling • **ir a jugar boliche** to go bowling **2** (local) bowling alley

bolígrafo *s* pen, ballpoint pen • **a bolígrafo** in pen

bolillo *s* **1** (de policía) nightstick **2** (pan) bread roll, roll

EXPRESIONES
me/le importa un bolillo I/she couldn't care less

bolívar *s* (moneda) bolívar

Bolivia Bolivia

boliviano, -a *s*, *adj* Bolivian

bollo s **1** (dulce) bun **2** (pan) roll **3** (abolladura) dent

bolos s (juego) bowling • **ir a jugar bolos** to go bowling

bolsa s **1** (de papel, plástico) bag: *una bolsa de carame-los* a bag of candy **2** (de papas, arena) sack: *una bolsa de papas de 50 kg* a 50 kilo sack of potatoes **3** (de mujer) purse **4** (bolsillo) pocket **5** (premio en dinero) prize money **6 la Bolsa** the Stock Market, the Stock Exchange: *la Bolsa de México* the Mexico Stock Exchange • **jugar a la bolsa** to play the market **7 bol-sas** [pl] (debajo de los ojos) bags
bolsa de agua caliente hot water bottle • **bolsa de la basura** garbage sack • **bolsa de trabajo** Employment Service • **bolsa de viaje** travel bag • **bolsa marsupial** pouch (pl -ches)

bolsillo s (de una prenda, un bolso) pocket
EXPRESIONES
de bolsillo pocket [solo ante s]: *una edición de bolsillo* a pocket edition • *un computador de bolsillo* a palmtop • **pagar algo de su (propio) bolsillo** to pay for sth out of your own pocket • **tener metido -a a alguien en el bolsillo** to have sb eating out of your hand

bolsita de té s teabag

bolso s **1** (de mujer) purse **2** (de viaje, deportes) bag
bolso de mano item of hand luggage

bomba s **1** (explosivo) bomb • **poner una bomba en algo** to plant a bomb in sth • **tirar una bomba a algo** to bomb sth **2** (en una gasolinera) gas pump **3** (de aire, de agua) pump **4** (globo) balloon ▶ **AMENAZA de bomba**, **CARTA bomba**, **COCHE bomba**, **PAQUETE bomba**
EXPRESIONES
caer como una bomba to be a bombshell • **ser una bomba de tiempo** to be a time bomb
bomba atómica atomic bomb, atom bomb • **bomba incendiaria** firebomb • **bomba lacrimógena** tear gas bomb

bombardear v [T] **1** (con bombas) to bomb **2** (acosar) to bombard • **bombardear a alguien con publicidad/preguntas** to bombard sb with advertising/questions

bombardeo s **1** (con bombas) bombing **2** (con publici-dad, preguntas) bombardment
bombardeo aéreo aerial bombardment

bombardero s bomber

bombazo s **1** (explosión) explosion **2** (éxito, sensación) hit

bombear v [T] **1** (un líquido) to pump **2** (una pelota) to float

bombero, -a s **bombero** firefighter, fireman (pl -men) • **bombera** firefighter • **los bomberos** the fire department

bombillo, bombilla s (de luz) light bulb: *Se quemó el bombillo.* The bulb's gone.

bombín s **1** (sombrero) bowler hat, derby **2** (inflador) pump

bombo s (instrumento) bass drum
EXPRESIONES
con bombo y platillo in a blaze of publicity

bombón s **1** (malvavisco) marshmallow **2** (de chocolate) chocolate: *una caja de bombones* a box of chocolates

bómper s bumper

bonachón, -ona adj, s **ser (un) bonachón/(una) bona-chona** to be good-natured

bonanza s (prosperidad) prosperity: *una época de bonanza económica* a time of economic prosperity

bondad s **1** (amabilidad) kindness: *Mi abuelo es la bon-dad personificada.* My grandpa is kindness itself. **2 tener la bondad de hacer algo** to be kind enough to do sth: *¿Tendría la bondad de acompañarme?* Would you be so kind as to come with me?

bondadoso, -a adj kind-hearted

boniato s sweet potato (pl -toes)

bonificación s **1** (rebaja) discount **2** (suplemento) bonus (pl -ses) **3** (en deportes) bonus (pl -ses)

bonito¹, -a adj **1** (mujer, cara, vestido) pretty **2** (día, paisaje, cuadro) nice **3** (suma) tidy
EXPRESIONES
¿te parece bonito? are you happy now?

bonito² s tuna (pl tuna): *una ensalada de bonito* a tuna salad

bono s **1** (vale) voucher **2** (en finanzas) bond
bono del Estado government bond

bonsai, bonsái s bonsai

boom s boom: *el boom de Internet* the Internet boom

boomerang s boomerang

boquete s (agujero) hole

boquiabierto, -a adj speechless • **dejar a alguien boquiabierto -a** to leave sb speechless • **quedarse boquiabierto -a** to be speechless

boquilla s **1** (de un clarinete) mouthpiece **2** (para fumar) cigarette holder

borbotones s [pl] **salir/brotar a borbotones** to gush forth/out: *La sangre le salía a borbotones del corte.* Blood was gushing out from his cut. • **sangrar a bor-botones** to bleed profusely

borda s **arrojar/tirar algo por la borda (a)** (desperdi-ciar) to let sth go to waste **(b)** (de un barco) to throw sth overboard

bordado¹, -a adj embroidered: *sábanas bordadas a mano* hand-embroidered sheets

bordado² s embroidered pattern: *con bordados y encaje* with embroidery and lace

bordar v [I,T] (coser) to embroider

borde s **1** (de una mesa, un pañuelo, un camino) edge: *Tenía un dibujo en los bordes.* It had a pattern around the edges. • *el borde de la mesa* the edge of the table • **al borde del mar** by the sea **2** (de una taza, un vaso) rim • **llenar algo hasta el borde** to fill sth to the brim **3 borde (de la acera), borde (de la banqueta)** curb
EXPRESIONES
al borde del abismo on the edge of the abyss • **al borde de la quiebra/la locura** on the verge of bankruptcy/madness • **estar al borde de la muerte** to be at death's door

bordear v [T] **1** (rodear) to go around the edge of: *el camino que bordea el pantano* the path that goes around the edge of the marsh **2** (estar a lo largo de – un camino, un río) to run along the edge of; (árboles) to line: *una avenida bordeada de árboles* a tree-lined avenue **3** (aproximarse a) *Debe bordear los 50 años.* She must be getting close to 50. • *Su actuación bordeó el ridículo.* His performance was bordering on the ridiculous.

bordo a bordo on board: *Hay 60 pasajeros a bordo.* There are 60 passengers on board. • *¡Todos a bordo!* All aboard! • **a bordo de un avión/un barco** on board a plane/a ship

boreal adj ▶ **AURORA boreal**

borrachera s *¡Qué borrachera tiene* He's really drunk! • **agarrar(se)/ponerse una borrachera** to get drunk

borracho¹, -a adj **1** (ebrio) drunk: *Estaban todos borra-chos.* They were all drunk. **2 borracho -a de felicidad/poder** drunk with happiness/power
EXPRESIONES
¡ni borracho -a! no way!: *No pienso invitarla a la fiesta ni borracho.* There's no way I'm inviting her to the party.

borracho², -a s drunk: *un bar lleno de borrachos* a bar full of drunks

borrador s **1** (para el pizarrón) eraser **2** (goma) eraser **3** (texto) draft • **hacer algo en borrador** to do sth in rough

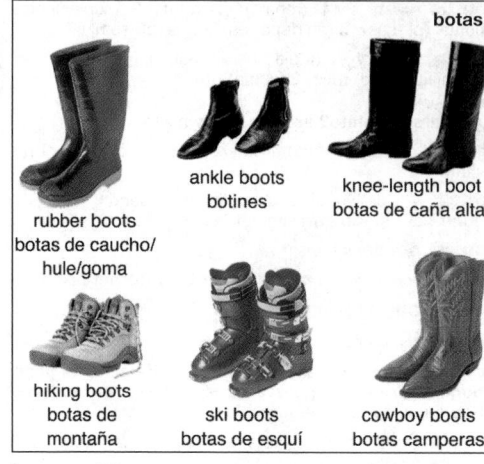

botas

ankle boots
botines

knee-length boot
botas de caña alta

rubber boots
botas de caucho/
hule/goma

hiking boots
botas de
montaña

ski boots
botas de esquí

cowboy boots
botas camperas

borrar v [T]

1 con una goma
2 el pizarrón
3 de una lista
4 en informática
5 las huellas
6 una grabación
7 de la mente

1 CON UNA GOMA to erase: *Bórralo.* Erase it. • **borrar una palabra/una línea** to erase a word/a line

2 EL PIZARRÓN to wipe

3 DE UNA LISTA borrar a alguien/un nombre de una lista to take sb/sb's name off a list

4 EN INFORMÁTICA to delete: *Voy a borrar este archivo.* I'm going to delete this file.

5 LAS HUELLAS (dactilares) to wipe; (de los pies, las ruedas) to cover

6 UNA GRABACIÓN to wipe, to erase

7 DE LA MENTE to wipe: *Borra esa idea de tu mente.* Wipe that idea from your mind.
—**borrarse** v pron

1 EN INFORMÁTICA to be deleted

2 IMAGEN, INSCRIPCIÓN to fade

3 DE LA MENTE el nombre/el incidente se le ha borrado de la memoria he has completely forgotten the name/about the incident

4 SONRISA *La noticia hizo que se me borrara la sonrisa.* The news wiped the smile off my face.

borrasca s **1** (en la atmósfera) area of low pressure **2** (tempestad) storm; (en el mar) squall

borrascoso, -a adj stormy

borrego, -a s **1** (cordero) lamb **2** (persona sumisa) sheep

borrón s (tachón) smudge; (mancha de tinta) blot
hacer borrón y cuenta nueva to wipe the slate clean

borroso, -a adj **1** (imagen, foto, visión) blurred **2** (recuerdo, concepto) vague

Bosnia Bosnia
Bosnia y Hercegovina Bosnia-Herzegovina

bosnio, -a s, adj Bosnian

bosque s wood; (más grande) forest: *un paseo por el bosque* a walk in the woods • **un bosque de pinos/coníferas** a pine forest/a conifer wood • **animales/plantas del bosque** woodland animals/plants
bosque tropical rainforest

bosquejo s **1** (en arte) sketch (pl -ches) **2** (idea, plan) outline

bostezar v [l] to yawn

bostezo s yawn

bota s **1** (calzado) boot **2** (para vino) wineskin
ponerse las botas (beneficiarse) to make a fortune
botas camperas cowboy boots • botas de caucho, botas de hule, botas de goma rubber boots • botas de caña alta knee-length boots • botas de esquí ski boots • botas de montaña hiking boots • botas de montar riding boots

botadero s garbage dump

botana s appetizer, snack

botánica s botany

botánico[1], -a adj botanical ▶ JARDÍN **botánico**

botánico[2], -a s botanist

botar

1 desechar
2 malgastar
3 tirar, arrojar
4 abandonar
5 pelota
6 expulsar
7 un barco

1 DESECHAR [T] **botar algo (a la basura)** to throw sth away: *No lo botes.* Don't throw it away. • *Bota esos papeles a la basura.* Throw those pages away.

2 MALGASTAR [T] **botar (el) dinero** to throw (your) money away

3 TIRAR, ARROJAR [T] to throw: *Botó la piedra al agua.* She threw the stone into the water.

4 ABANDONAR [T] **botar al novio/a la novia** to dump your boyfriend/girlfriend • **dejar algo botado -a** to dump sth, throw sth away

5 PELOTA [l,T] to bounce: *La pelota botó contra la pared.* The ball bounced against the wall. • *Botó la pelota tres veces antes de lanzarla.* He bounced the ball three times before throwing it.

6 EXPULSAR [T] to throw out: *Lo quieren botar del trabajo.* They want to fire him. • *Nos botaron a la calle.* They threw us out in the street.

7 UN BARCO [T] to launch
—**botarse** v pron

1 DESPILFARRAR to blow: *Se botaron cuanto tenían.* They blew everything they had.

2 ZAMBULLIRSE to jump: *De un salto, Richard se botó al agua.* Richard jumped into the water.

bote s **1** (embarcación) boat: *un paseo en bote* a boat trip **2** (de una pelota) bounce • **dar botes** to bounce **3** (salto) **dar botes** to jump **4** **bote (de la basura) (a)** (en la cocina) trash can **(b)** (en la calle) garbage can, trash can **5** (cárcel) slammer, pen: *Lo metieron en el bote.* They put him in the slammer
estar de bote en bote to be packed
bote de remos rowboat • bote de vela sail boat • bote inflable inflatable dinghy • bote salvavidas lifeboat

botella s **1** (de refresco, aceite) bottle • **una botella de vino/cerveza** (recipiente) a wine/beer bottle; (bebida) a bottle of wine/beer: *botellas de cerveza vacías* empty beer bottles • **en/de botella** bottled: *agua de botella* bottled water ▶ ver nota en RECIPIENTE **2** (biberón) bottle, baby's bottle: *Toma su botella cada cuatro horas.* He has a bottle every four hours.

botellazo s **darle/pegarle un botellazo a alguien** to hit sb with a bottle

botellero s (para guardar botellas) wine rack

botica s pharmacy (pl -cies)
hay/había de todo como en botica there is/there was everything under the sun

botín s **1** (bota corta) ankle boot **2** (de un robo) haul **3** **botín (de guerra)** booty [U], spoils of war

botiquín s (armario) medicine cupboard, medicine cabinet; (caja) medicine box (pl -xes)

botiquín de primeros auxilios first aid kit, first aid box (pl -xes)

botón s   **1** (de la ropa) button: *A tu camisa le falta un botón.* There's a button missing from your shirt. • **coser un botón** to sew a button on   **2** (de un aparato) button

botones s (de hotel) bellboy, bellhop

Botsuana Botswana

botsuanés, **-esa** (tb **botsuano**, **-a**) s, adj Botswanan

boulevard s boulevard

bóveda s vault
   bóveda de cañón barrel vault • **bóveda de crucería** ribbed vault

bovino, **-a** adj, s bovine • **bovinos** cattle ▶ **GANADO** **bovino**

bowling s bowling • **ir a jugar bowling** to go bowling

box (tb **boxeo**) s boxing

boxeador, **-a** s boxer

boxear v [I] to box

bóxer s ▶ **CALZONCILLOS** **bóxer**

boya s   **1** (señal) buoy   **2** (de una caña de pescar) float

boy scout s boy scout

bozal s muzzle

bracero, **-a** s seasonal farm worker

bragueta s fly: *Tiene la bragueta abierta.* His fly is undone.

braille s, adj braille

bramar v   **1** [I,T] (persona) to roar   **2** [I] (toro, ciervo) to bellow   **3** [I] (mar) to rage; (viento) to howl

bramido s   **1** (de un toro, un ciervo) bellow   **2** (de un motor, una persona enfadada) roar   **3** (del mar) roar; (del viento) howling

branquia s gill

brasa s ember • **pollo/pescado a la(s) brasa(s)** char-grilled chicken/fish

brasero s (de carbón, de leña) brazier

brasier s bra

Brasil Brazil

brasileño, **-a** s, adj Brazilian

bravata s   **1** (fanfarronada) boast   **2** (amenaza) threat

bravío, **-a** adj   **1** (mar) rough   **2** (animal) wild, untamed

bravo¹, **-a** adj   **1** (animal) wild   **2** (persona) angry • **ponerse bravo -a con alguien** to get angry with sb   **3** (guerrero) valiant   **4** (mar) rough   **5** (picante) hot: *Estos chiles están muy bravos.* These chilis are really hot.

bravo² s cheer

bravo³ interj bravo

bravucón, **-ona** adj, s *Es un bravucón.* He's a bragger.

bravuconada s boast: *Son solo bravuconadas suyas.* He's just bragging.

bravura s   **1** (valentía) bravery • **con bravura** bravely: *Luchó con bravura.* He fought bravely.   **2** (de un toro) fierceness

brazada s stroke

brazalete s   **1** (pulsera) bracelet   **2** (distintivo) armband

brazo s   **1** (miembro) arm: *Se rompió el brazo.* He broke his arm. • **en brazos** in your arms: *Tenía a su hija en brazos.* He was carrying his daughter in his arms. • **del brazo** arm in arm: *Iban del brazo.* They were walking along arm in arm. • **con los brazos cruzados** with your arms crossed   **2** (de un sillón, una butaca) arm   **3** (de un río) branch (pl -ches) ▶ **HUELGA** de brazos caídos
   EXPRESIONES
   recibir a alguien con los brazos abiertos to welcome sb with open arms • **(no) dar su brazo a torcer** (not) to give

in • **estar/quedarse de brazos cruzados** to do absolutely nothing • **luchar/pelear a brazo partido** to fight tooth and nail
   brazo de mar   **1** (que penetra en la tierra) inlet   **2** (entre dos territorios) strait • **brazo derecho** (hombre) right hand man; (mujer) right hand woman • **brazo político** political wing

brea s tar

brebaje s concoction

brecha s   **1** (abertura) hole • **abrir una brecha en una pared/valla** to make a hole in a wall/an opening in a fence   **2** (división) rift: *la brecha entre el gobierno y los sindicatos* the rift between the government and the labor unions   **3** (social) divide: *la brecha entre norte y sur* the north-south divide
   brecha generacional generation gap • **brecha digital** technology gap
   EXPRESIONES
   abrir brecha (a) (en un ámbito, una actividad) to break new ground   **(b)** (en una competencia, un partido) to open up a gap   **(c)** (en combate) to breach • **estar en la brecha** to be hard at it • **seguir en la brecha (a)** (con éxito) to be still going strong   **(b)** (con empeño) to keep going

bregar v [I]   **1** (trabajar) to plug away   **2** (luchar) to fight • **bregar con algo/alguien** to contend with sth/sb

breva s early fig ▶ **de HIGOS a brevas**

breve adj (descripción, repaso) brief; (distancia, descanso) short: *Voy a ser breve.* I'll be brief. • *Hagamos una pausa breve.* Let's have a short break.
   EXPRESIONES
   en breve shortly

brevedad s brevity • **con brevedad** briefly
   EXPRESIONES
   a la mayor brevedad (posible) as soon as possible

brevemente adv briefly

brezo s heather

bribón, **-ona** s   **1** (pícaro) rascal   **2** (persona deshonesta) rogue

bricolage (tb **bricolaje**) s do-it-yourself

brida s bridle

brigada s   **1** (unidad militar) brigade   **2** (unidad policial) squad   **3** (cuadrilla) team

brillante¹ adj   **1** (luz, color) bright   **2** (pelo, tela, zapatos) shiny; (metal) gleaming   **3** (ojos) sparkling   **4** (muy bueno) brilliant

brillante² s diamond

brillantez s   **1** (de una persona, una obra, un equipo) brilliance • **con brillantez** brilliantly   **2** (de un metal) gleam   **3** (de un color, de la luz) brightness

brillar v   **1** [I] (sol, luz, pelo) to shine: *luces que brillan a lo lejos* lights shining in the distance • *¡Cómo brilla el sol!* The sun is really bright!   **2** [I] (metal) to gleam; (diamante, ojos) to sparkle: *Los ojos le brillaban de alegría.* Her eyes were sparkling with joy.   **3** [I] (sobresalir) to shine   **4** [T] (piso) to polish ▶ **brillar por su AUSENCIA**

brillo s   **1** (del pelo) shine; (de una estrella) brightness; (del metal) gleam; (de un diamante) sparkle • **darle/sacarle brillo a algo** to polish sth   **2** **brillo (de labios)** lip gloss   **3** **brillo (de uñas)** clear nail polish

brilloso, **-a** adj shiny

brincar v   **(a)** [I] to jump • **brincar de alegría** to jump for joy   **(b)** [T] **brincar una cerca/un muro** to jump over a fence/wall

brinco s jump • **dar/pegar un brinco** to jump: *Dio un brinco del susto.* The fright made her jump. • **levantarse/bajarse de un brinco** to jump up/down

brindar v   **1** [I] (al beber) to drink a toast • **brindar por algo/alguien** to drink a toast to sth/sb: *¡Brindemos por*

B

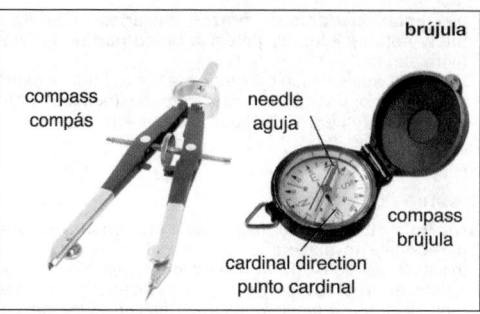

compass
compás

needle
aguja

brújula

compass
brújula

cardinal direction
punto cardinal

los novios! Here's to the bride and groom! **2** [T] (ofrecer, proporcionar – apoyo) to lend; (asesoramiento, tratamiento) to provide; (oportunidad) to offer
—brindarse *v pron* **brindarse a hacer algo** to offer to do sth

brindis *s* toast • **hacer un brindis (por los novios/la victoria)** to drink a toast (to the bride and groom/to victory)

brío *s* spirit: *Empezó el partido con muchos bríos.* He made a spirited start in the game. • **cobrar brío(s)** to gain momentum • **dar nuevo brío/nuevos bríos a alguien** to revitalize sb

brioso, -a *adj* spirited

brisa *s* breeze

británico¹, -a *adj* British

británico², -a *s* **británico** British man, Briton • **británica** British woman, Briton • **los británicos** the British

brizna *s* (de hierba) blade; (de paja) wisp

broca *s* bit, drill bit

brocado *s* brocade

brocha *s* **1** (de pintor) brush (pl -shes), paintbrush (pl -shes) **2** (para maquillaje) brush (pl -shes) **3 brocha (de afeitar)** shaving brush (pl -shes) ▸ **PINTOR de brocha gorda**

brochazo *s* brushstroke

broche *s* **1** (joya) brooch (pl -ches) **2** (de un monedero) clasp **3** (en una prenda de vestir) fastener **4** (para el pelo) barrette **5** (remate) **broche (final)** *El festival tuvo un emotivo broche.* The festival closed on an emotional note. • **ponerle el broche (final) a algo** to bring sth to a close: *El maratón pondrá el broche final a los juegos.* The marathon will bring the games to a close.
broche de oro perfect end • **ponerle (el) broche de oro a algo** to be/to make the perfect end to sth

brocheta *s* **1** (plato) kabob **2** (varilla) skewer

brócoli *s* broccoli

broma *s* **1** (para reírse) joke: *Me pareció una broma pesada.* I thought the joke was in bad taste. • **hacerle/gastarle una broma a alguien** to play a joke on sb **2** (asunto) little matter: *La broma nos ha costado una fortuna.* That little matter cost us a fortune.
EXPRESIONES
bromas aparte joking apart, seriously • **en tono de broma** as a joke • **entre bromas y veras** only half jokingly • **decir algo de/en broma** *Lo dije en broma.* I was joking. • **hacer algo en broma** to do sth as a joke: *Lo hizo en broma.* He did it as a joke. • **¡ni de/en broma!** you must be joking! • **no estar para bromas** to be in no mood for jokes • **tomarse algo en/a broma** to treat sth as a joke

bromear *v* [I,T] to joke • **bromear con algo** to joke about sth

bromista *adj, s* **ser (un/una) bromista** to be a joker

bromuro *s* bromide

bronca *s* (pelea) fight • **tener una bronca con alguien** to have a fight with sb • **armar/montar una bronca** to start a fight • **se armó/se montó una bronca** trouble broke out • **buscar bronca** to be looking for a fight

bronce *s* **1** (para estatuas, medallas) bronze: *una medalla de bronce* a bronze medal **2** (para picaportes, herrajes) brass

bronceado¹, -a *adj* (piel, cara) tanned, brown • **estar bronceado -a** to have a tan, to be brown

bronceado² *s* tan, suntan

bronceador *s* suntan lotion

broncear *v* [T] to tan
—broncearse *v pron* to get a tan: *Me bronceo con facilidad.* I tan easily. • **broncearse la cara/los brazos** to get a tan on your face/arms

broncearse *v pron* to get a tan

bronco, -a *adj* **1** (persona, carácter) surly, brusque **2** (voz) gruff; (sonido) harsh

bronconeumonía *s* bronchopneumonia

bronquial *adj* bronchial

bronquio *s* bronchial tube

bronquitis *s* bronchitis

brotar *v* [I] **1** (planta, hoja) to sprout; (flor, capullo) to come out **2** (agua, sangre) to flow; (con más fuerza) to gush; (lágrimas) to well up: *Le brotaba mucha sangre de la herida.* Blood was gushing from the wound. **3** (granos, sarpullido) *Me brotó un sarpullido.* I've come out in a rash. **4** (amor) to blossom; (violencia) to break out; (iniciativa, movimiento) to spring up: *Pronto brotó el amor.* Love soon blossomed.

brote *s* **1** (de una planta) shoot **2** (de una enfermedad) outbreak **3** (de violencia, racismo) outbreak

broza *s* **1** (residuos de hojas, rama) brushwood **2** (maleza) undergrowth

bruces caer/irse de bruces to fall flat on your face • **darse/toparse de bruces con alguien** to bump/to run straight into sb • **darse de bruces con/contra algo** to bang into sth

bruja *s* **1** (hechicera) witch (pl -ches) **2** (mujer mala) witch (pl -ches) **3** (mujer vieja y fea) old hag

brujería *s* witchcraft

brujo *s* **1** (de una tribu) witchdoctor **2** (hechicero) wizard

brújula *s* compass (pl -sses)

bruma *s* mist

brumoso, -a *adj* misty

bruneano, -a *s, adj* Bruneian

Brunei Brunei

bruñido, -a *adj* shiny, burnished

bruñir *v* [T] to polish

brusco, -a *adj* **1** (cambio) sudden; (caída, aumento) sharp **2** (persona) brusque **3** (movimiento) abrupt

Bruselas Brussels

brushing *s* blow-dry (pl -dries): *¿Cuánto cuesta el lavado y brushing?* How much is it for a wash and blow-dry? • **hacerse (el) brushing (a)** (uno mismo) to blow-dry your hair **(b)** (en la peluquería) to have a blow-dry

brusquedad *s* brusqueness
EXPRESIONES
con brusquedad (a) (decir, contestar) brusquely **(b)** (levantarse, apartarse) abruptly; (acelerar) sharply

brutal *adj* **1** (crimen, atentado) brutal **2** (dictador, invasor) cruel **3** (dolor) terrible; (aumento) huge: *El nivel de exigencia es brutal.* The standard required is outrageously high. • *Hacía un frío brutal.* It was bitterly cold.

brutalidad *s* **1** (cualidad) brutality: *la brutalidad del atentado* the brutality of the attack **2** (hecho, acción) outrage: *Lo que pasó allí es una brutalidad.* What happened there is an outrage.

bruto[1], -a *adj* **1** (ignorante) dumb: *Es muy bruto.* He's really dumb. **2** (violento) rough **3** (poco delicado) insensitive; (grosero) crude **4** (ganancia, margen) gross • **ganar $100,000/$700,000 brutos** to earn $100,000/$700,000 before tax ▶ BENEFICIO **bruto**, FUERZA **bruta**, PRODUCTO **interno bruto**

bruto[2], -a *s* **1** (persona ignorante) idiot **2** (persona violenta) brute **3 ser un bruto/una bruta** (persona poco delicada) to be insensitive; (persona grosera) to be crude
EXPRESIONES
en bruto (a) (diamante) uncut **(b)** (información, datos) raw **(c)** (peso) gross

bucal *adj* oral ▶ ENJUAGUE **bucal**, HIGIENE **bucal**

buceador, -a *s* diver

bucear *v* [I] **1** (en el agua) to dive • **ir a bucear** to go diving; (con tubo) to go snorkeling; (con tanque) to go scuba diving **2** (profundizar) **bucear en algo** to delve into sth

buceo *s* diving; (con tubo) snorkeling; (con botella de oxígeno) scuba diving

buche *s* **1** (de un ave) crop **2** (sorbo) mouthful

bucle *s* **1** (en el pelo) ringlet **2** (en informática, telecomunicaciones) loop

bucólico, -a *adj* **1** (poesía, género) bucolic **2** (paisaje) idyllic; (escena) bucolic

budín *s* **1** (con frutos secos) pudding **2** (de pescado, verduras) terrine

budismo *s* Buddhism

budista *adj*, *s* Buddhist

buen *adj* ▶ BUENO

buenamente *adv* **1** (dentro de las posibilidades) **como buenamente pueda/puedas** as best I/you can: *Lo hice como buenamente pude.* I did it as best I could. **2** (voluntariamente) **consentir/aceptar algo buenamente** to readily agree to/to accept sth

buenas *interj* hi, hello: *¡Buenas! ¿Qué tal?* Hi! How are you?

buenaventura *s* **decirle/leerle la buenaventura a alguien** to tell sb's fortune

buenazo, -a *adj*, *s un hombre buenazo* a kind-hearted man • *Es una buenaza.* She's really kind-hearted.

buen mozo (tb **buenmozo**) *adj* good-looking

bueno[1] , -a *adj* ▶ Las expresiones como **buen humor**, **buena suerte**, **buen viaje**, etc., están tratadas bajo el sustantivo correspondiente.

1 en calidad
2 en comportamiento
3 en lo moral
4 bondadoso
5 tiempo
6 atractivo
7 oportuno
8 sabroso
9 considerable
10 no averiado, no roto
11 para intensificar

1 EN CALIDAD good: *¿Conoces un buen restaurante por aquí?* Do you know a good restaurant around here? • *¡Qué buena idea!* What a good idea!
2 EN COMPORTAMIENTO good: *Sé buena y cómetelo todo.* Be good and eat it all up.
3 EN LO MORAL good: *una buena acción* a good deed
4 BONDADOSO kind, nice: *Tu madre es muy buena.* Your mother's really kind. • **ser bueno -a con alguien** to be good to sb
5 TIEMPO nice
6 ATRACTIVO estar bueno -a to be good-looking: *¡Qué bueno está tu primo!* Your cousin is really good-looking!
7 OPORTUNO good: *Es un buen momento para comprar acciones.* It's a good time to buy shares.

8 SABROSO good: *¡Qué bueno que está el pastel!* This cake is really good!
9 CONSIDERABLE un buen número/una buena cantidad de clientes quite a lot of customers
10 NO AVERIADO, NO ROTO estar bueno -a to be all right
11 PARA INTENSIFICAR un buen lío/regaño a real mess/scolding • **un buen rato** a fairly long time
EXPRESIONES
de buenas a primeras just like that, out of the blue: *De buenas a primeras, renunció.* She resigned just like that. • **estar de buenas** to be in a good mood • **¡estaría bueno!** that would be great, wouldn't it! • **lo bueno es que...** the good thing is (that)...: *Lo bueno es que es gratis.* The good thing is that it's free. • **meterse en una buena** to get yourself into a real mess • **por las buenas** (voluntariamente) voluntarily • **por las buenas o por las malas** whether he/she likes it or not

bueno[2], -a *s* (en una película) good guy: *los buenos* the good guys
EXPRESIONES
el bueno de Paco/la buena de Lola good old Paco/Lola

bueno[3] *interj* **1** (expresando acuerdo) all right: *–¿Me acompañas? –Bueno.* "Will you come with me?" "All right." **2** (para calmar a alguien) all right: *Bueno, no te enfades.* All right, don't get angry. **3** (al empezar a hablar) right: *Bueno, vamos a empezar.* Right, let's get started. **4** (expresando contrariedad) all right: *¡Bueno, basta!* All right, that's enough! **5** (al contestar el teléfono) hello

buey[1] *s* **1** (mamífero) ox (pl oxen) **2 buey (de mar)** edible crab **3** (*coloq*) (amigo) bud

buey[2] *adj* (tonto) silly • **hacerse buey** to be silly

búfalo *s* buffalo (pl buffaloes tb buffalo)

bufanda *s* scarf (pl scarves)

bufar *v* [I] **1** (resoplar – toro, caballo) to snort **2** (refunfuñar) to fume • **está que bufa** he's fuming

bufete *s* (de abogados) law firm, legal practice: *Trabaja en un bufete.* She works for a law firm.

buffet *s* **1** (comida) buffet: *un buffet frío* a cold buffet • **un desayuno de buffet** a buffet breakfast **2** (mesa) buffet
buffet libre self-service buffet

bufido *s* **1** (de un toro, un caballo) snort **2** (de enfado) snort • **dar bufidos** to be fuming

bufón *s* **1** (gracioso) clown **2** (de una corte) jester

bufonada *s* **1** (cosa absurda) farce **2** (tontería) silly joke

buhardilla *s* **1** (desván) loft **2** (vivienda) loft apartment **3** (ventana) dormer window

búho *s* owl

buitre *s* vulture

bujía *s* spark plug

bulbo *s* bulb

buldog *s* bulldog

bulevar *s* boulevard

Bulgaria Bulgaria

búlgaro[1], -a *s* (persona) Bulgarian

búlgaro[2] *s* (idioma) Bulgarian

búlgaro[3], -a *adj* Bulgarian

bulimia *s* bulimia

bulla *s* (alboroto) **hacer/meter bulla** to make a racket

bulldozer *s* bulldozer

bullicio *s* **1** (ruido) racket **2** (movimiento) hustle and bustle: *el bullicio de las grandes ciudades* the hustle and bustle of big cities

bullicioso, -a *adj* **1** (persona) rowdy **2** (ciudad, mercado) bustling; (bar) noisy

bullir v [I] **1** (ideas, pensamientos) *En su cabeza bullían ideas contradictorias.* Her head was buzzing with conflicting ideas. **2 bullir de algo** to buzz with sth: *El país bullía de excitación.* The country was buzzing with excitement. • *La oficina bullía de actividad.* The office was a hive of activity.

bulto s **1** (masa) bulge **2** (en el cuerpo) lump: *Tengo un bulto en el brazo.* I have a lump on my arm. **3** (de equipaje) item of luggage: *Solo se pueden llevar dos bultos.* You can only take two items of luggage. • *Viaja con muchos bultos.* She travels with a lot of luggage. **4** (saco – grande) sack; (pequeño) bag: *un bulto de 5 kilos de sal* a 5 kilo bag of salt • **bulto (escolar)** school bag **5** (forma imprecisa – cosa) shape; (persona) figure

EXPRESIONES
calcular algo a bulto to make a rough estimate of sth • **escurrir el bulto** to evade the issue • **hacer bulto** (estar en un acto, un lugar) to swell the numbers

bumerán s boomerang

bungalow s chalet

búnker s **1** (refugio) bunker **2** (en golf) bunker

buñuelo s fritter

buque s ship
buque cisterna tanker • buque de guerra warship • buque insignia flagship • buque pesquero fishing boat

burbuja s bubble
EXPRESIONES
vivir en una burbuja to live in a bubble, to live in a world of your own
burbuja inmobiliaria housing market bubble

burdel s brothel

burdeos[1] s **1** (vino) Bordeaux **2** (color) burgundy

burdeos[2] adj burgundy

burdo, -a adj **1** (excusa, mentira) clumsy **2** (imitación, traducción) crude **3** (persona, modales, humor) crude **4** (tela) coarse

burgués[1], -esa adj **1** (de clase media) middle-class **2** (mediocre) bourgeois: *gente burguesa* the bourgeoisie **3** (en la Edad Media) bourgeois

burgués[2], -esa s **1** (persona de clase media) **burgués** middle-class man (pl men) • **burguesa** middle-class woman (pl women) • **los burgueses** middle-class people, the middle classes **2** (persona mediocre) bourgeois (pl bourgeois): *Se ha vuelto una burguesa.* She's become really bourgeois. **3** (en la Edad Media) bourgeois (pl bourgeois)

burguesía s **1 la burguesía** (clase media) the middle class, the middle classes **2 la burguesía** (en política, en la Edad Media) the bourgeoisie

burka s burka

Burkina Faso Burkina Faso

burkinés, -esa s, adj Burkinan, Burkinese

burla s taunt: *Está harta de sus burlas.* She's sick of his mocking. • **hacerle burla a algo/alguien** to make fun of sth/sb: *Sus compañeros le hacen burla.* His classmates make fun of him.

burlar v [T] **burlar la vigilancia/el control** to dodge the security system/the checkpoint • **burlar la ley/a la justicia** to get around the law
—burlarse v pron **burlarse de algo/alguien** to make fun of sth/sb: *No te burles de su desgracia.* Don't make fun of her misfortune.

burlete s draft guard

burlón adj **1** (sonrisa, mirada, comentario) mocking **2** (persona) *No seas tan burlona.* Stop teasing.

buró s **1** (escritorio) writing desk, bureau (pl bureaux) **2** (de una organización, un partido) committee **3** (mesita de noche) bedside table

burocracia s red tape, bureaucracy (*más frml*)

burocrático, -a adj bureaucratic

burrada s **1** (acción) stupid thing • **hacer una burrada** to do something stupid • **hacer burradas** to do stupid things **2** (dicho) stupid remark • **decir una burrada** to say something stupid • **decir burradas** to talk nonsense: *No digas tantas burradas.* Don't talk such nonsense. **3** (mucho) **una burrada (de algo)** loads (of sth): *Tengo una burrada de trabajo.* I have loads of work to do. • *Nos costó una auténtica burrada.* It cost us a fortune.

burro[1], -a s **1** (animal) donkey **2** (persona) dimwit
EXPRESIONES
trabajar como un burro/una burra to slave away
burro de planchar ironing board

burro[2], -a adj (poco inteligente) dumb: *¡Qué burro!* How dumb can you get!

bursátil adj stock market [solo ante s]: *actividad bursátil* stock market trading ▶ COTIZACIÓN **bursátil**

burundés, -esa s, adj Burundian

Burundi Burundi

bus s bus (pl buses) • **en bus** by bus • **coger/tomar el bus** to take the bus • **perder el bus** to miss the bus

busca s search (pl -ches) • **en busca de algo/alguien** in search of sth/sb *Salieron en busca del niño perdido.* They went out to search for the lost child.
busca y captura *El juez ordenó la busca y captura de los delincuentes.* The judge has issued a warrant for the criminals' arrest. • **estar en busca y captura** to be wanted, to be on the run

buscador s (en Internet) search engine

buscapersonas s pager, beeper • **llamar a alguien al buscapersonas** to page sb

buscar v **1** (tratar de encontrar) **(a)** [I] to look: *Ya busqué por todas partes.* I've already looked everywhere. • **se busca** wanted **(b)** [T] to look for: *¿Me ayudas a buscar los anteojos?* Will you help me to look for my glasses? • *¿A quién estás buscando?* Who are you looking for? **2** [T] (recoger) **ir a buscar algo/a alguien** to pick sth/sb up: *¿Me puedes ir a buscar las medicinas a la farmacia?* Can you pick up my medicines from the pharmacy? • *Mis padres me fueron a buscar al colegio.* My parents picked me up from school. **3** [T] (traer) to get: *Carlos fue a buscar a mi madre.* Carlos went to get my mother. • *Ve a buscar la cámara.* Go and get the camera. **4** [T] (provocar) to provoke: *No la busques, porque es muy vengativa.* Don't provoke her because she's very vindictive. • *Si me buscas me vas a encontrar.* If you're looking for a fight, you'll get one. **5** [T] (información) **buscar algo en el diccionario/en Internet** to look sth up in the dictionary/to look for sth on the Internet ▶ **buscar** PELEA
—buscarse v pron (un problema, un castigo) *Te buscas todos los problemas tú sola.* You just go looking for problems. • *Tú te lo buscaste.* It's your own fault. • *Te la estás buscando.* You're asking for it.

buscavidas s go-getter

buseta s minibus

búsqueda s **1** search (pl -ches) • **búsqueda de algo/alguien** search for sth/sb: *búsqueda de información* search for information • *Continúa la búsqueda de sobrevivientes.* The search for survivors continues. **2** (en Internet) search (pl -ches) • **hacer una búsqueda** to do a search

busto s **1** (estatua) bust **2** (de una mujer) bust, breasts [pl] • **tener mucho/poco busto** to have big/small breasts

butaca s **1** (en cine, teatro – asiento) seat; (entrada) ticket: *las butacas de las primeras filas* the front row seats **2** (sillón) armchair

Bután Buthan

butanés[1], -esa s **butanés** Bhutanese man (pl men) • **butanesa** Bhutanese woman (pl women) • **los butaneses** the Bhutanese

butanés[2], -esa adj Bhutanese

butano s butane, butane gas

buzo[1] *s* **1** (buceador) diver **2** (suéter) sweater **3** (equipo deportivo) sweatsuit

buzo[2], -a *adj* (listo) sharp • **ponerse buzo -a para algo** to watch out for sth

buzón *s* **1** (en la calle) letterbox (pl -xes), mailbox (pl -xes) **2** (de una casa) mailbox (pl -xes) **3 buzón (electrónico)** mailbox: *Envíe su opinión a nuestro buzón electrónico.* E-mail us with your views.

buzón de entrada inbox • buzón de salida outbox • buzón de voz voice mail

by-pass, bypass *s* bypass • **un triple/cuádruple by-pass** a triple/quadruple bypass • **hacerle un by-pass a alguien** to give sb a bypass
by-pass coronario heart bypass, coronary bypass (*más frml*)

byte *s* byte

Cc

C, c s C, c

cabal adj **1** (exacto) exact **2** (completo) full **3** (íntegro) upright
> EXPRESIONES
> **nadie en sus cabales** no one in their right mind • **no está en sus cabales** he's not in his right mind

cábala s (doctrina) cabbala
> EXPRESIONES
> **hacer cábalas** to speculate

cabalgar v [I, T] to ride

cabalgata s procession

caballa s mackerel (pl mackerel)

caballeresco, -a adj **1** (cortés) chivalrous **2** (de la literatura) chivalric

caballería s **1** (en el ejército – montada a caballo) cavalry; (en vehículos) motorized forces [pl] **2** (caballo) mount

caballeriza s stable

caballero s **1** (hombre educado) gentleman (pl -men) **2** (hombre) man (pl men): *¿Qué desea el caballero?* Can I help you, sir? • **zapatos para caballeros** men's shoes • **sección de caballeros** menswear department **3** (de la Edad Media) knight **4 caballeros** [pl] (letrero) gentlemen
caballero andante knight errant

caballerosidad s chivalry

caballeroso, -a adj gentlemanly

caballete s **1** (para pintar) easel **2** (de una mesa) trestle

caballista s **1** (jinete – hombre) horseman (pl -men); (mujer) horsewoman (pl -women) **2** (especialista) horse expert

caballito s **caballitos** [pl] (en feria) merry-go-round [sing]
caballito de mar seahorse • caballito del diablo damselfly (pl -flies)

caballo s **1** (animal) horse • **montar/andar a caballo** to ride • **ir a montar/andar a caballo** to go riding **2** (en ajedrez) knight **3** (unidad de potencia) horsepower: *un motor de 200 caballos* a 200-horsepower engine **4** (en naipes) a card in the Spanish deck, equivalent to a queen **5** (en gimnasia) horse, vault horse
> EXPRESIONES
> **a caballo regalado no se le mira el diente** (tb **a caballo dado no se le ve el colmillo/diente**) don't look a gift horse in the mouth
> caballo de batalla key theme • caballo de carreras racehorse • caballo de Troya Trojan horse • caballo de vapor metric horsepower

cabaña s (construcción) cabin

cabaret s cabaret

cabaretera s cabaret artist

cabecear v [I] **1** (dormirse) to nod off **2** (balancearse) to pitch **3** (en fútbol) to head the ball

cabecera s **1** (parte de la cama) head • **junto a la cabecera de alguien** at sb's bedside **2** (de mesa) head • **en/a la cabecera (de la mesa)** at the head of the table **3** (de río) source

cabecilla s ringleader

cabellera s **1** (de una persona) head of hair **2** (de una cometa) tail

cabello s hair

cabelludo, -a adj ▶ CUERO cabelludo

caber v [I] **1** (poder contenerse) to fit: *El regalo no cabe en la caja.* The present won't fit in the box. • *En esta maleta no cabe nada más.* There's no room for anything else in this suitcase. • *¿Quepo yo también?* Is there room for me as well? **2** (ser posible) *Caben varias posibilidades.* There are several possibilities. • **cabe añadir que...** it is worth adding that... • **cabe destacar que...** it is worth pointing out that... • **cabe preguntarse si...** you might ask whether... • **cabe recordar que...** it should be remembered that... • **dentro de lo que cabe** all things considered • **si cabe** if that's possible **3** (corresponder) **me/le cabe el honor de...** I have/he has the honor of...
> EXPRESIONES
> **no caber en sí de alegría** to be beside yourself with joy • **no cabía ni un alfiler** it was absolutely packed • **no me/le cabe en la cabeza** I/she just can't understand • **no me cabe la menor duda (de que...)** I have absolutely no doubt (that...) • **no te quepa duda** you can be quite sure

cabestrillo s sling • **llevar un brazo en (un) cabestrillo** to have your arm in a sling

cabeza s
1 parte del cuerpo
2 mente
3 persona
4 de ganado
5 primer lugar
6 de un clavo, un alfiler

1 PARTE DEL CUERPO head: *Me duele la cabeza.* My head hurts. • **golpearse la cabeza** to bang your head
2 MENTE mind: *Tiene la cabeza en otro lado.* Her mind is elsewhere. • **ni se me/le pasó por la cabeza** it never even crossed my/her mind • **la fama/el vino se le ha subido a la cabeza** the fame/the wine has gone to his head
3 PERSONA $200/$500 **por cabeza** 200/500 dollars a head
4 DE GANADO head (pl head)
5 PRIMER LUGAR estar/ir a la cabeza (en una carrera) to be in the lead; (en una clasificación) to be top
6 DE UN CLAVO, UN ALFILER head
> EXPRESIONES
> **calentarle la cabeza a alguien** (para que se haga ilusiones) to put all sorts of ideas in sb's head • **levantar cabeza** to get back on your feet • **meterle algo a alguien en la cabeza** (persuadir) to put sth into sb's head • **se le metió en la cabeza que...** he/she got it into his/her head that... • **¿has perdido la cabeza?** are you out of your mind? • **perder la cabeza por alguien** to fall head over heels in love with sb
> cabeza de ajo head of garlic • cabeza de chorlito (despistado) scatterbrain; (estúpido) featherbrain • cabeza de familia head of the family • cabeza de serie seed • cabeza dura **ser (un) cabeza dura** to be pigheaded • cabeza rapada skinhead

cabezada s (balanceo) **cabezadas** [pl] pitching [U]
> EXPRESIONES
> **echar una cabezada** to have a nap

cabezal s **1** (de una máquina de afeitar) head **2** (de un video, un disco rígido) head

cabezazo s **1** (golpe) **darse un cabezazo (con algo)** to bang your head (on sth) • **darle un cabezazo a alguien** to headbutt sb **2** (en fútbol) header

cabezón[1], -ona adj (terco) pig-headed

cabezón[2], -ona s (terco) **ser un cabezón/una cabezona** to be pig-headed

cabezonería s pig-headedness

cabida s (referido a una actitud, un comportamiento) *En el partido tienen cabida distintas ideologías.* The party is a home to different ideologies. • *Ese comportamiento no tiene cabida en una sociedad democrática.* This behavior has no place in a democratic society.

cabildo s **1** (ayuntamiento) council **2** (de eclesiásticos) chapter

cabina s **1** (del piloto) cockpit **2** (para los pasajeros) cabin **3** (de un camión) cab **4** (en un barco) cabin **5** (en la radio) **cabina (de transmisión)** (broadcasting) studio **6 cabina (de teléfonos/telefónica)** telephone booth
cabina de proyección projection room

cabizbajo, -a adj downcast

cable s **1** (de un aparato eléctrico) lead; (sin la cubierta plástica) wire; (de un ascensor, submarino) cable **2** (sistema de TV) cable TV: *La dan por cable.* It's on cable TV.
▶ TELEVISIÓN **por cable**

cableado s wiring

cablear v [T] to wire up

cableoperador s cable company (pl -nies)

cabo s **1** (en geografía) cape **2** (en el ejército) corporal **3** (extremo) end **4 al cabo de unos días/de un rato** (después de) after a few days/a while **5 llevar algo a cabo** to carry sth out
EXPRESIONES
al fin y al cabo after all • **atar cabos** to put two and two together • **leer algo de cabo a rabo** to read sth from beginning to end • **conocer algo de cabo a rabo** to know sth inside out
Cabo Cañaveral Cape Canaveral • Cabo de Hornos Cape Horn • Cabo Kennedy Cape Kennedy • cabo suelto loose end

Cabo Verde Cape Verde

caboverdiano, -a s, adj Cape Verdean

cabra s goat: *queso de cabra* goat's cheese
EXPRESIONES
estar loco -a como una cabra to be crazy
cabra montés mountain goat

cabrilla s (de un vehículo) steering wheel

cabrío, -a adj

cabriola s **1** (de persona) jump • **hacer cabriolas** to leap around **2** (de caballo) prance • **hacer cabriolas** to prance around

cabritas s [pl] (de maíz) popcorn [sing]

cabrito s (cría de la cabra) kid

cabronada s (jugarreta) filthy trick

caca s (excremento) poop • **caca de perro** dog poop • **hacer caca** to poop • **hacerse caca (encima)** to mess your pants

cacahuate s peanut

cacao s (polvo) cocoa

cacarear v **1** [I] (gallo) to crow **2** [I] (gallina) to cluck **3** [T] (presumir de) to crow about

cacareo s **1** (del gallo) crowing **2** (de la gallina) clucking

cacatúa s (ave) cockatoo

cacería s hunt • **ir de cacería** to go hunting

cacerola s saucepan

cacerolazo s a political protest where people bang pots and pans

cachalote s sperm whale

cachar v [T] **1** (sorprender) to catch: *La maestra lo cachó copiando.* The teacher caught him copying. **2** (una pelota) to catch: *A ver si la cachas.* Let's see if you can catch it.

cacharro s **1** (trasto) **un cacharro** a piece of junk • **cacharros** [pl] junk [U] **2** (de cocina) pot **3** (incidente) *Me pasó un cacharro y necesito dinero.* I had a little problem and I need some money.

caché¹ s [masc] **1 de mucho caché** (de alto nivel) very prestigious, very classy **2** (de un actor) **su caché** the fees he/she can command

caché² s [fem] (en informática) cache

cachear v [T] **1** (registrar) to frisk **2** (cornear) to gore

cachemir s (tejido) cashmere

cacheo s body search (pl -ches) • **someter a alguien a un cacheo** to frisk sb

cachet s (de un actor) **su caché** the fees he/she can command

cachetada (tb **cachetazo**) s **darle una cachetada a alguien** to slap sb's face: *Me contestó y le di una cachetada.* He answered back and I slapped his face.

cachete s cheek

cachiporra s (palo) club; (de policía) nightstick

cachito s (bollo) croissant ▶ CACHO

cachivache s (trasto) **un cachivache** a piece of junk • **cachivaches** [pl] junk [U]

cacho s **1 un cacho/un cachito** a piece/a little bit: *un cacho de pan* a piece of bread • *¿Me das un cachito?* Can I have a little bit? **2** (cuerno) horn **3** (de un cigarrillo) butt
EXPRESIONES
ser un cacho de pan to be a real sweetie

cachondo, -a adj (sensual) sexy

cachorro, -a s **1** (de un perro) puppy (pl -ppies) **2** (de un león, un tigre, un oso) cub • **un cachorro de león/oso** a lion cub/a bear cub

cachucha s (gorro) cap: *una cachucha de béisbol* a baseball cap

cacique s **1** (en política) local political boss (pl -sses) **2** (de una tribu) chieftain

caciquismo s rule by local political bosses

caco s thief (pl thieves)

cacofonía s cacophony

cacofónico, -a adj cacophonous

cactus s cactus (pl cacti)

cacumen s brains [pl]

cada adj **1** (referido a los elementos de un grupo) each: *Cada alumno tiene su computador.* Each student has a computer. • *Cada caso es distinto.* Each case is different. • **cada uno -a** each: *Hay dos para cada uno.* There are two each. • *Cuestan $50 cada uno.* They cost 50 dollars each. • *Les di una galleta a cada uno.* I gave each of them a cookie. • **cada quien** everyone: *Cada quien sabe lo que tiene que hacer.* Everyone knows what they have to do. **2** (de frecuencia) every: *Me lo dice cada vez que lo veo.* He tells me every time I see him. • **a cada momento/rato** all the time • **cada tres horas/cada dos días** every three hours/every two days • **¿cada cuánto...?** how often...? **3** (de progresión) *Es cada vez más gordo.* He's getting fatter and fatter. • *Hace cada vez más frío.* It's getting colder and colder. • *Canta cada vez peor.* His singing is getting worse and worse. • *Me interesa cada vez menos.* I'm less and less interested in it. **4** (en exclamaciones) *¡Dice cada cosa!* He comes out with some strange things! • *¡Viene con cada idea!* He comes up with the weirdest ideas!

cadalso s scaffold

cadáver s body (pl -dies)

cadavérico, -a adj (pálido) deathly pale

caddie s caddie

cadena s **1** (para amarrar algo) chain • **amarrar algo con una cadena** to chain sth up **2** (joya) chain: *una cadena de oro* a gold chain **3** (de hoteles, supermercados) chain **4** (de televisión) channel
EXPRESIONES
una reacción en cadena a chain reaction • **un choque en cadena** a pile-up • **tirar (de) la cadena** (en el baño) to flush the toilet
cadena alimentaria food chain • cadena de montaje assembly line • cadena montañosa mountain range • cadena perpetua life imprisonment

cadencia s **1** (ritmo) rhythm **2** (de la música) rhythm

cadencioso, -a adj (rítmico) lilting

cadera s (parte del cuerpo) hip *Se rompió la cadera.* She broke her hip.

cadete s **1** (de una escuela militar) cadet **2 cadetes** [pl] (en deportes) under 15s

cadmio s cadmium

caducado, -a *adj* **1** (medicamento) past its expiry date **2** (pasaporte, carnet) out-of-date

caducar v [I] **1** (medicamento) to expire **2** (pasaporte, carnet, oferta) to expire

caducidad s ▸ FECHA de caducidad

caduco, -a *adj* (anticuado) outmoded ▸ de HOJA caduca

caer v [I]

1	hablando de la impresión que causa una persona
2	hablando de comida
3	hablando del tiempo
4	entender
5	aparecer
6	hablando de fechas
7	dictadura, gobierno
8	morir
9	precios, ventas
10	tocar

1 HABLANDO DE LA IMPRESIÓN QUE CAUSA UNA PERSONA *¿Qué tal te cayó el novio de Vicky?* What did you think of Vicky's boyfriend? • **me cae bien/mal** I like him/I don't like him • *Ese tipo de gente me cae muy mal.* I really don't like people like that.
2 HABLANDO DE COMIDA la comida me cayó bien/ mal the food agreed/didn't agree with me: *El café me cae mal.* Coffee doesn't agree with me.
3 HABLANDO DEL TIEMPO *Cayó un fuerte chaparrón.* There was a heavy downpour. • *Cayó una nevada.* It snowed. • *Está cayendo granizo.* It's hailing.
4 ENTENDER to get it: *¡Ah, ahora caigo!* Oh, now I get it!
5 APARECER to turn up: *Cayó con dos amigas.* She turned up with a couple of friends.
6 HABLANDO DE FECHAS caer en to fall on: *Navidad cae en lunes.* Christmas falls on a Monday.
7 DICTADURA, GOBIERNO to fall
8 MORIR to be killed
9 PRECIOS, VENTAS to fall
10 TOCAR *Le cayeron varios millones en la lotería.* He won several million in the lottery. • *Nos cayó una pregunta muy difícil.* We got a really difficult question.
▸ **caer en la CUENTA, caer en DESGRACIA, me cae GORDO -a**
—**caerse** v pron
1 PRECIPITARSE to fall: *Cuidado, no te caigas.* Careful you don't fall. • *¡Ay, casi me caigo!* Oops, I nearly fell down! • **caerse al agua/por la escalera** to fall into the water/down the stairs • **caerse de algo** to fall off sth
2 OBJETO, PRENDA se me cayó el lápiz/la taza I dropped my pencil/the cup • **se me cayeron los anteojos/se me cayó el reloj** my glasses/watch fell off
3 DESPRENDERSE se me/le cayó un diente one of my/his teeth fell out • **se me/le está cayendo el pelo** I'm losing my hair/he's losing his hair • *A mi padre se la está cayendo el pelo.* My dad is losing his hair.

café s **1** (bebida, planta) coffee: *Me gusta el café.* I like coffee. • *Un café por favor.* A cup of coffee, please. **2** (bar) café **3** (color) brown
café cortado coffee with a dash of milk • café con leche coffee with milk • café helado iced coffee • café instantáneo instant coffee • café irlandés Irish coffee • café tinto, café solo, café negro black coffee

café-cantante s a café with live singing

café concert (tb **café-concierto**) s a café with live music

cafeína s caffeine • **sin cafeína** caffeine-free

cafetal s coffee plantation

cafetera s **1** (para hacer café – eléctrica) coffee machine; (que se pone en el fuego) stove-top coffee percolator; (de émbolo) coffee press **2** (para servir café) coffee pot **3** (carro) old banger
cafetera eléctrica coffee machine • cafetera express expresso machine

cafetería s **1** (lugar público) café **2** (en una escuela, un lugar de trabajo) cafeteria **3** (en la universidad, un museo) cafeteria

cafetero¹, -a *adj* (del café) coffee [solo ante s]: *la producción cafetera* coffee production

cafetero², -a s **1** (recolector) coffee picker **2** (productor) coffee merchant

cafeto s coffee bush (pl -shes)

cafre¹ *adj* brutish

cafre² s brute

caída s **1** (accidente) fall • **sufrir una caída** to have a fall **2** (en los precios, las ventas) drop • **una caída de precios/de las temperaturas** a drop in prices/ temperatures **3** (de un dictador, un imperio) fall **4 la caída del cabello** hair loss **5 a la caída del sol** at sunset
caída de agua waterfall • caída libre free fall

caído¹, -a *adj* **1** (hoja, árbol) fallen **2** (párpados) drooping **3** (pechos) sagging

caído² **los caídos** [pl] (en una guerra) the fallen

caimán s **1** (animal) alligator **2** (trabajador) temporary worker in poorly paid jobs **3** (persona astuta) sly old devil

Caín s **pasar las de Caín** to go through hell

caja s **1** (recipiente) box (pl -xes) • **una caja de cartón/ chocolates** a cardboard box/a box of chocolates **2** (para transportar frutas, botellas) crate **3** (en un supermercado) checkout **4** (en un negocio) cash desk *Pague por la caja, por favor.* Please pay at the cash desk. **5** (en un banco) window *Pase por la caja dos.* Please go to window number two. **6** (ataúd) casket
caja de ahorros **(a)** (entidad) savings bank **(b)** (cuenta) savings account • caja de cambios gearbox (pl -xes) • caja de música music box (pl -xes) • caja fuerte safe • caja negra flight recorder • caja registradora till • caja torácica ribcage

cajero¹, -a s [masc & fem] (persona – en un banco) cashier; (en un supermercado) checkout assistant

cajero² s [masc] **cajero (automático)** cash machine

cajeta s type of sweet spread made by boiling milk and sugar together

cajetilla s **1** (de cigarrillos) pack **2** (de fósforos, cerillos) box (pl -xes)

cajón s **1** (de un mueble) drawer **2** (para frutas, botellas) crate **3** (ataúd) casket
EXPRESIONES
ser de cajón to be obvious *Era de cajón que no vendría.* It was obvious that she wouldn't come.
cajón de sastre *El sector de comunicaciones es un cajón de sastre.* The communications industry includes all kinds of different companies.

cajonera s (conjunto de cajones) chest of drawers

cajuela s (del auto) trunk

cal s **1** (sustancia usada en la construcción) lime **2** (para pintar casas) whitewash

cala s **1** (ensenada) cove **2** (planta) arum lily (pl -lies)

calabacín (tb **calabacita**) s zucchini

calabaza s (fruto) pumpkin
EXPRESIONES
darle calabazas a alguien (a un novio, una novia) to turn sb down

calabozo s **1** (celda) cell **2** (prisión antigua) dungeon

calada s drag • **dar una calada a un cigarrillo** to take a drag on a cigarette

calado¹, -a *adj* soaked • **estar calado -a hasta los huesos** to be soaked to the skin

calado² *s* **1** (de un barco) draft **2** (de un puerto) depth **3** (labor de punto) openwork

calamar *s* squid (pl squid)
calamares a la romana squid rings in batter

calambre *s* (muscular) cramp • **me/le dio un calambre** I/she got a cramp

calamidad *s* **1** (catástrofe) disaster **2** (persona) disaster

calamina *s* corrugated iron

calamitoso, -a *adj* disastrous

calaña *s* sort: *gente de esa calaña* people like that

calar *v* **1** [I] (frío) to get into your bones; (lluvia, agua) to get through: *Con impermeable y todo, el agua calaba.* Even with a raincoat, the water was getting through. • *Hacía un frío que calaba.* It was the sort of cold that chills you to the bone. **2** [I] (impresionar) **calar/calar hondo en alguien** to make an impression/a deep impression on sb **3** [T] **calar a alguien** to figure sb out **4** [T] **calar un melón/un aguacate** to cut a piece of melon/avocado, to sample it

calavera *s* **1** (cráneo) skull **2** (hueso) skeleton

calcar *v* [T] (con papel de calco) to trace

calcáreo, -a *adj* chalky • **aguas calcáreas** [pl] hard water [sing]

calcetín *s* sock

cálcico, -a *adj* calcium [solo ante s]: *un suplemento cálcico* a calcium supplement

calcificación *s* calcification

calcificar *v* [T] to calcify
—**calcificarse** *v pron* to calcify

calcinación *s* **1** (de un cuerpo, un vehículo) charring **2** (de un metal, un mineral) calcination

calcinado, -a *adj* **1** (cuerpo, vehículo) charred **2** (metal, mineral) calcinated

calcio *s* calcium

calco *s* **1** **ser un calco de alguien** to be the spitting image of sb • **ser un calco de algo** to be exactly like sth **2** (de un dibujo) tracing: *papel de calco* tracing paper

calcomanía *s* transfer

calculador, -a *adj* calculating

calculadora *s* calculator

calcular *v* [T] **1** (aritméticamente) **calcular algo** to work sth out, to calculate sth (*más frml*) **2** (suponer) to reckon: *Calculo que llegaremos a las 3.* I reckon we'll get there at 3.

cálculo *s* **1** (cuenta) calculation • **hacer cálculos** to do some calculations **2** (ciencia) calculus **3** (presupuesto) estimate: *un cálculo de los costos* an estimate of the costs **4** (en medicina) stone
cálculo diferencial differential calculus • cálculo infinitesimal infinitesimal calculus • cálculo integral integral calculus • cálculo mental mental arithmetic • cálculos en la vesícula gallstones • cálculos en los riñones kidney stones

caldear *v* [T] **1** (calentar) to heat up **2 caldear los ánimos/el ambiente** (revolver) to stir things up
—**caldearse** *v pron* **1** (calentarse) to heat up **2** (ambiente, situación) to get heated: *No tardaron en caldearse los ánimos.* Things soon got heated.

caldera *s* (para calefacción) boiler

caldero *s* cauldron

caldo *s* **1** (para cocinar) stock: *caldo de pollo* chicken stock **2** (para tomar) clear soup
caldo de cultivo **1** (en biología) culture medium **2** (ambiente propicio) breeding ground

calefacción *s* heating
calefacción central central heating

calefactor *s* heater

caleidoscopio *s* kaleidoscope

calendario *s* **1** (de pared, de mesa) calendar **2** (de actividades) schedule **3** (sistema) calendar
calendario de Adviento Advent calendar • calendario escolar annual list of school holidays • calendario gregoriano Gregorian calendar • calendario juliano Julian calendar • calendario laboral annual list of public holidays • calendario lunar lunar calendar • calendario solar solar calendar

calentador *s* **1** (para el agua) water heater **2** (calefactor) heater **3 calentadores** [pl] (para gimnasia, danza) legwarmers

calentamiento *s* (en deportes) warm-up: *ejercicios de calentamiento* warm-up exercises
calentamiento global global warming

calentar *v* **1 (a)** [T] (una comida, un líquido) **calentar algo** to heat sth up • **calentar el motor** to warm the engine up **(b)** [I] (generar calor) to give off heat **2** [T] (sexualmente) to turn on **3** [T] (torturar) to torture
—**calentarse** *v pron* **1** (objeto) to get hot; (plancha, horno, comida) to heat up; (motor) to warm up **2** (en deportes) to warm up **3** (perder la calma) to get worked up **4** (sexualmente) to get turned on

calentura *s* (fiebre) temperature • **tener calentura** to have a temperature

calenturiento, -a *adj* **1 tener una mente/imaginación calenturienta (a)** (exaltada) to have a feverish mind/a wild imagination **(b)** (en sentido sexual) to have a dirty mind **2** oversexed

calibrar *v* [T] **1** (importancia, posibilidades, consecuencias) to gauge **2** (instrumentos de medida) to calibrate **3** (armas, balas) to calibrate

calibre *s* **1** (de un arma, una bala) caliber **2** (importancia) significance; (de un actor, cantante) caliber; (de un error) scale

calidad *s* quality • **ser de buena calidad** to be good quality • **de primera/de la mejor calidad** top-quality
calidad de imagen image quality • calidad de vida quality of life

calidez *s* (de un clima, una persona, un color) warmth

cálido, -a *adj* (clima, persona, color) warm

calidoscopio *s* kaleidoscope

calientaplatos *s* hotplate

caliente *adj* **1** (a alta temperatura, que quema) hot **2** (templado) warm **3** (sexualmente) hot • **estar/ponerse caliente** to be/to get horny **4** (enojado) heated **5** (en adivinanzas) **caliente, caliente** you're getting warm
EXPRESIONES
en caliente in the heat of the moment

califa *s* caliph

califato *s* caliphate

calificación *s* (nota) grade

calificado, -a *adj* **1** (obrero, mano de obra) skilled: *Se necesita mano de obra calificada.* They need skilled labor. **2** (profesional) qualified: *Es un profesional muy calificado.* He's a very well-qualified professional. • **estar calificado -a para hacer algo** to be qualified to do sth

calificar *v* **1** [T] (un trabajo, un examen) to grade **2** [T] (a un alumno) to give a grade to **3** [T] (valorar, catalogar) **calificar algo/a alguien de algo** to describe sth/sb as sth **4** [I] (en una competencia) to qualify: *México y Colombia calificaron al mundial.* Mexico and Colombia qualified for the World Cup. • *Con un empate califican a la siguiente ronda.* A draw will get them through to the next round.

calificativo¹, -a *adj* qualifying

calificativo² *s* epithet

caligrafía *s* **1** (arte) calligraphy **2** (letra) handwriting

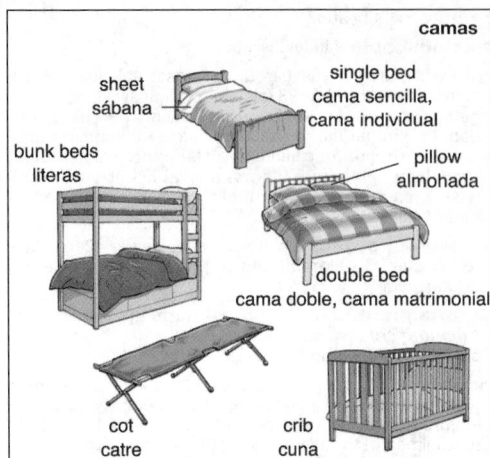

camas

sheet / sábana

single bed cama sencilla, cama individual

bunk beds literas

pillow almohada

double bed cama doble, cama matrimonial

cot catre

crib cuna

caligráfico, -a *adj* **1** (arte) calligraphic **2** (informe, análisis, perito) handwriting [solo ante s]: *un perito caligráfico* a handwriting expert

calígrafo¹, -a *adj* handwriting [solo ante s]: *un perito calígrafo* a handwriting expert

calígrafo², -a *s* calligrapher

calima (tb **calina**) *s* haze

cáliz *s* **1** (copa) chalice **2** (de una flor) calyx (pl -xes)

caliza *s* limestone

calizo, -a *adj* chalky

callado, -a *adj* **estar callado -a** to be quiet • **ser callado -a** to be quiet • **quedarse callado -a** to be silent

callampa *s* **1** (hongo) mushroom **2** shack
EXPRESIONES
valer callampa to be completely worthless
población callampa shantytown

callar *v* [l] **hacer callar a alguien** to get sb to be quiet: *¿Puedes hacer callar a los niños?* Can you get the children to be quiet? • *Le pegué un codazo para hacerla callar.* I jabbed her with my elbow to get her to shut up.
EXPRESIONES
quien calla otorga silence implies consent
—callarse *v pron* to stop talking: *Todos se callaron cuando apareció ella.* Everyone stopped talking when she appeared. • *Cállate, por favor.* Be quiet, please. • **¡cállate (la boca)!** shut up!

calle *s* **1** (camino) street **2** **en la calle** (afuera) out: *Me pasé todo el día en la calle.* I was out all day. **3** (en atletismo, en natación) lane
EXPRESIONES
echar a alguien a la calle to kick sb out • **hacer la calle** to walk the streets • **quedar(se) en la calle (a)** (sin trabajo) to lose your job **(b)** (en bancarrota) to lose everything • **salir a la calle** to take to the streets
calle de sentido único, calle de un solo sentido one-way street • calle de doble sentido two-way street • calle peatonal pedestrian street • calle sin salida, calle ciega dead end

calleja *s* ▶ CALLEJUELA

callejear *v* [l] to wander around the streets

callejero, -a *adj* **perro callejero** stray dog • **artista/músico callejero** street artist/musician • **puesto callejero** street stall

callejón *s* alley
callejón sin salida **1** (calle) blind alley **2** (situación difícil) dead end

callejuela *s* sidestreet

callicida *s* corn remover

callo *s* **1** (en los dedos del pie) corn **2** (en las manos, en la planta del pie) callus (pl -ses) **3 callos** [pl] (plato) tripe [U]
EXPRESIONES
tener callo to be an old hand

callosidad *s* hard skin [U] • **callosidades** [pl] hard skin

calma *s* calm: *Necesito un poco de calma.* I need a little peace and quiet. • **mantener la calma** to keep calm • **perder la calma** to lose your cool • **tómatelo con calma** take it easy • **tomarse las cosas con calma** to take things easy

calmante *s* **1** (para dolores) painkiller **2** (sedante) tranquilizer

calmar *v* [T] **1** (aliviar – el dolor) to relieve • **calmar la sed** to quench your thirst **2** (sosegar) **calmar a alguien** to calm sb down
—calmarse *v pron* to calm down

calor *s* **1** (por altas temperaturas) heat: *No quiero salir con este calor.* I don't want to go out in this heat. • **hace/hizo calor** it's hot/it was hot • **tener calor** to be hot • **entrar en calor** to warm up: *¿Quieres un té para entrar en calor?* Do you want some tea to warm you up? **2** (apasionamiento) passion • **con calor** passionately
calor humano human kindness

caloría *s* calorie: *alimentos bajos en calorías* low-calorie foods

calorífico, -a *adj* calorific

calumnia *s* (en general) lie; (oral) slander [U]; (por escrito) libel [U]

calumniar *v* [T] (de palabra) to slander; (por escrito) to libel

caluroso, -a *adj* **1** (clima, día, lugar – muy caliente) hot; (templado) warm **2** (aplauso, recibimiento) warm

calva *s* **1** (cabeza entera) bald head **2** (parte sin pelo) bald patch (pl -ches)

calvario *s* **1** (sufrimiento) hell • **ser un calvario** to be hell • **vivir un calvario** to go through hell **2** (vía crucis) Stations of the Cross [pl]

calvicie *s* baldness: *un tratamiento contra la calvicie* a treatment for baldness

calvinismo *s* Calvinism

calvinista *s, adj* Calvinist

calvo¹, -a *adj* bald • **quedarse calvo -a** to go bald

calvo², -a *s* **calvo** bald man (pl men) • **calva** bald woman (pl women)

calza *s* filling

calzada *s* **1** (de una calle, una carretera) road **2** (de una autopista) roadway

calzado¹ *s* footwear

calzado², -a *adj* **estar calzado -a** to have your shoes on: *Ve tú, que estás calzada.* You go, you have your shoes on.

calzador *s* shoehorn

calzar *v* [T] **calzar (un) 36/38** to take a size 36/38 • **calzar del 6/8** to take a size 6/8: *Carlos calza del 7.* Carlos takes a size 7. • *¿Qué número calzas?* What size shoe do you take?
—calzarse *v pron* to put your shoes on

calzas *s* [pl] leggings

calzón (tb **calzones**) *s* (de mujer) panties [pl]: *unos calzones de encaje* a pair of lace panties

calzoncillos *s* [pl] (tb **calzoncillo** [sing]) underpants

cama *s* bed • **irse a la cama** to go to bed • **estar en cama** to be in bed • **tender la cama** to make the bed
EXPRESIONES
hacerle la cama a alguien to plot against sb
cama elástica trampoline • cama de una plaza single bed • cama de dos plazas double bed • cama doble

double bed • cama individual single bed • cama matrimonial double bed • cama plegable foldaway bed • cama sencilla single bed

camada *s* (cría) litter

camafeo *s* cameo

camaleón *s* chameleon

camaleónico, -a *adj* chameleon-like

cámara¹ *s* [fem] **1** (de fotos, de cine) camera • **en cámara lenta** in slow motion **2** (de una llanta) inner tube **3** (institución, recinto) chamber
cámara alta upper house • cámara baja lower house • Cámara de Diputados Chamber of Deputies • Cámara de Representantes House of Representatives • Cámara de Senadores Senate • cámara de gas gas chamber • cámara de video camcorder • cámara digital digital camera • cámara fotográfica camera • cámara oculta candid camera

cámara² *s* [masc & fem] (hombre) cameraman (pl -men); (mujer) camerawoman (pl -women)

camarada *s* **1** (de partido, sindicato) comrade **2** (de trabajo) colleague

camaradería *s* camaraderie

camarín *s* **1** (en un teatro) dressing room **2** (tb **camarines**) (de un club deportivo) changing room, locker room

camarógrafo, -a *s* **camarógrafo** cameraman (pl -men) • **camarógrafa** camerawoman (pl -women)

camarón *s* shrimp

camarote *s* cabin

cambiante *adj* (tiempo, humor) changeable

cambiar *v* **1** [I, T] to change: *Tengo que cambiarle la pila al reloj.* I have to change the battery in my watch. • *Si no te gusta, lo puedes cambiar.* If you don't like it, you can change it. • *Este barrio ha cambiado mucho.* This area has changed a lot. • **cambiar dólares por pesos** to change dollars into pesos **2** [T] (canjear) to trade • **cambiarle algo a alguien (por algo)** to trade sb sth (for sth): *¡Te lo cambio!* I'll trade you! **3** [I] **cambiar de algo** to change sth • **cambiar de canal** to change channels • **cambiar de forma/de color** to change shape/color • **cambiar de idea/de opinión** to change your mind • **cambiar de actitud/de enfoque** to change your attitude/approach **4** [T] (trasladar) to move • **cambiar a alguien de habitación/de colegio** to move sb to another room/school • **cambiar algo de lugar** to move sth **5** [I] (al conducir) to change gear: *¡Cambia a segunda!* Change to second gear!
—**cambiarse** *v pron* **1** (de ropa) to get changed • **cambiarse de ropa** to get changed • **cambiarse de camisa/de zapatos** to change your shirt/shoes **2** (trasladarse) **cambiarse de casa** to move house • **cambiarse de colegio/de club** to change schools/clubs

cambio *s* **1** (alteración) change • **un cambio de planes/de táctica** a change of plan/tactics • **un cambio de temperatura/de clima** a change in temperature/in the climate **2** (trueque) exchange • **a cambio (de algo)** in exchange (for sth) • **a cambio de que** in exchange for: *Te lo presto a cambio de que me ayudes.* I'll lend it to you in exchange for your helping me. **3** (en una tienda) exchange: *No admiten cambios.* They don't exchange goods. **4** (dinero) change: *¿Me puede dar cambio de diez dólares?* Do you have change for ten dollars? **5** (en moneda extranjera) exchange rate **6** (en un vehículo) **hacer los cambios** to change gear
EXPRESIONES
en cambio whereas: *Tú sales mucho, en cambio yo no.* You go out a lot, whereas I don't. • **a las primeras de cambio** at the first opportunity
cambio automático (en un vehículo) automatic transmission • cambio climático climate change • cambio de domicilio change of address • cambio de velocidades **1** (engranaje) transmission **2** (acción) gear change

cambista *s* moneychanger

Camboya Cambodia

camboyano, -a *s*, *adj* Cambodian

cambur *s* banana

camelia *s* camellia

camellar *v* [I] to work hard

camello *s* **1** (animal) camel **2** (trabajo) job

camellón *s* median strip

camelo *s* **1** (engaño) con **2** (mentira) cock-and-bull story (pl -ries)

cameo *s* cameo

camerino *s* (en un teatro) dressing room

Camerún Cameroon

camerunés, -esa *s*, *adj* Cameroonian

camilla *s* stretcher • **en camilla** on a stretcher

camillero, -a *s* (en el ejército) stretcher-bearer; (en un hospital) porter

caminante *s* walker

caminar *v* [I, T] to walk • **ir/salir a caminar** to go for a walk • **ir/venir caminando** to walk: –*¿Cómo viniste?* –*Caminando.* "How did you get here?" "I walked."

caminata *s* walk

camino *s* **1** (sendero) path • **un camino de montaña** a mountain trail • **un camino de tierra** a dirt road **2** (ruta) way: *No conozco el camino.* I don't know the way. • **de camino** on the way • **de camino al colegio/al trabajo** on the way to school/work **3** (viaje, trayecto) trip • **a medio camino (entre)** halfway (between): *Paramos a medio camino para cargar gasolina.* We stopped halfway to get gas. • *a mitad de camino entre Aguas Calientes y Guadalajara* halfway between Aguas Calientes and Guadalajara • **por el camino** on the way
EXPRESIONES
abrirse camino to get ahead • **abrir camino** to open up new horizons • **ir por buen/mal camino** to be on the right track/to go astray • **llevar a alguien por mal camino** to lead sb astray • **quedarse a mitad de camino** (proyecto) to be left unfinished; (persona) to give up halfway • **todos los caminos llevan a Roma** all roads lead to Rome

camión *s* **1** (de carga) truck **2** (bus) bus (pl -ses): *¿Dónde tomas el camión?* Where do you catch the bus? • **en camión** by bus
camión cisterna tanker • camión de la basura garbage truck • camión de bomberos fire truck • camión de mudanzas removal van

camionero, -a *s* **1** (de camión de carga) truck driver **2** (de bus) bus driver

camioneta *s* **1** (de uso comercial) van **2** (coche familiar) station wagon

camisa *s* **1** (de hombre o mujer) shirt **2** (de un equipo deportivo) jersey
EXPRESIONES
meterse en camisa de once varas to get involved unnecessarily • **perder hasta la camisa** to lose everything
camisa de fuerza straitjacket

camiseta *s* **1** (prenda exterior) T-shirt **2** (prenda interior) undershirt **3** (de un equipo deportivo) T-shirt, shirt

camisola *s* (camisa amplia) beach shirt

camisón *s* nightgown

camomila *s* camomile

camorra *s* **buscar camorra** to look for a fight

camorrero, -a *s* troublemaker

camorrista *s* troublemaker

camote *s* **1** sweet potato **2** **hacerse camote** to get confused, to get mixed up: *Me hice camote con las fórmulas.* I got confused by the formulae.

campal *adj* ► BATALLA **campal**

camping

camping equipment
equipos de camping, equipos de campismo

backpack
mochila

tent
tienda de campaña

sleeping bag
saco de dormir, bolsa de dormir

flashlight
linterna

campamento s **1 irse/salir de campamento** to go on a camp **2** (grupo de carpas) camp
campamento de verano summer camp

campana s **1** (de una iglesia, en el colegio) bell • **tocar la campana** to ring the bell **2** (de cocina) **campana (extractora)** range hood

campanada s **1** (de un reloj) stroke • **sonaron tres/ cuatro campanadas** the clock struck three/four **2** (de una campana) chime • **se escucharon tres/cinco campanadas** the bell chimed three/five times

campanario s bell tower

campanilla s **1** (campana pequeña) bell **2** (flor) bell-flower **3** (del paladar) uvula

campante adj **tan campante** as if nothing had happened • **se quedó tan campante** he didn't bat an eyelid

campaña s campaign • **hacer campaña a favor de/contra algo** to campaign in favor of/against sth
campaña electoral election campaign • campaña informativa information campaign • campaña publicitaria advertising campaign

campechano, -a adj down-to-earth

campeón, -ona s champion: *el campeón de Europa* the European champion

campeonato s championship

campero s (vehículo) camper

campesino, -a s (persona que vive en el campo) country person (pl country people); (en contextos históricos, el tercer mundo) peasant

campestre adj country [solo ante s]: *la vida campestre* country life • *una comida campestre* a picnic

camping s **1** (lugar) campground **2** (actividad) camping: *¿Te gusta el camping?* Do you like camping? • **irse de camping** to go camping

⚠ *If you stay on a campground (✗ in a campground) it is cheaper than going to a hotel.*

campiña s countryside

campista s camper

campo s **1** (campiña) country: *Vive en el campo.* She lives in the country. **2** (plantación, terreno) field **3** (en deportes – terreno de juego) playing field • **jugar en campo contrario/en campo propio** to play away/at home **4** (área) field: *el campo de los estudios sociales* the field of social studies

EXPRESIONES
a campo traviesa cross-country • **dejarle el campo libre a alguien** to leave the field clear for sb
campo de batalla battlefield • campo de béisbol baseball field • campo de concentración concentration camp • campo de deportes playing field • campo de fútbol soccer field • campo de golf golf course • campo

de juego playing field • campo magnético magnetic field • campo de refugiados refugee camp • campo visual field of vision

campus s campus (pl -ses)
campus universitario university campus

camuflaje s camouflage

camuflar v [T] (ocultar) to hide
—camuflarse v pron to camouflage yourself

cana s **1** (pelo blanco) gray hair • **tener/peinar canas** to have gray hair **2** (cárcel) the slammer
EXPRESIONES
echar(se) una cana al aire (ir de juerga) to let your hair down

Canadá Canada

canadiense s, adj Canadian

canal s **1** (de TV) channel: *¿En qué canal dan la película?* What channel is the movie on? **2** (de agua – natural) channel; (artificial) canal: *el canal de la Mancha/de Panamá* the English Channel/the Panama Canal
canal de riego irrigation channel

canalización s **1** (de un río) diversion **2** (del agua – por acequias) channeling; (por tubos) piping **3** (de recursos, ayudas, propuestas) channeling

canalizar v [T] **1** (un río) to divert **2** (el agua – por acequias) to channel; (por tubos) to pipe **3** (recursos, ayudas, propuestas) to channel

canalla[1] adj rotten

canalla[2] s [masc & fem] swine

canalla[3] s [fem] **la canalla** the rabble: *la canalla terrorista/fascista* the terrorist/fascist scum

canallada s outrage • **hacerle una canallada a alguien** to treat sb shabbily

canapé s **1** (para comer) canapé **2** (diván) settee

Canarias the Canary Islands

canario[1], -a adj (de Canarias) Canary [solo ante s]: *la capital canaria* the Canary capital

canario[2], -a s (persona de Canarias) Canary Islander

canario[3] s (pájaro) canary (pl -ries)

canasta s **1** (cesta) basket **2** (juego de cartas) canasta **3** (en básquetbol) basket • **anotar/meter una canasta** to score a basket

canasto s **1** (cesta) basket **2 canasto (de los papeles)** wastebasket **3** (en básquetbol) basket

cancel s storm door

cancelación s **1** (de un vuelo, una reunión, un pedido) cancellation **2** (de una deuda) paying off

cancelar v [T] **1** (un vuelo, una reunión, un pedido) to cancel **2** (una deuda, una hipoteca) to pay off

Cáncer s Cancer: *Soy (de) Cáncer.* I'm a Cancer.

cáncer s cancer: *cáncer de piel* skin cancer

cancerbero, -a s (en fútbol) goalkeeper

cancerígeno, -a adj carcinogenic

canceroso, -a adj cancerous

cancha s **una cancha de tenis/de básquetbol** a tennis/ basketball court • **una cancha de fútbol/de rugby** a soccer/rugby field • **una cancha de golf** a golf course
cancha de polvo de ladrillo; cancha de arcilla clay court • cancha de pasto; cancha de césped grass court

canciller s **1** (ministro) foreign minister **2** (jefe de estado) chancellor **3** (de una embajada) chancellor

cancillería s **1** (ministerio) Foreign Ministry **2** (de una embajada) chancellery

canción s song

la misma canción the same old story
canción de amor love song • canción de cuna lullaby (pl -bies)

cancionero s **1** (con canciones) collection of songs **2** (con poemas) anthology (pl -gies)

candado s padlock • **cerrar algo con candado** to padlock sth
echarle/ponerle candado a algo (a una puerta, una verja) to padlock sth

candelabro s candelabra

candelero s **estar en el candelero (a)** (persona) to be in the limelight **(b)** (tema) to be in the headlines

candente adj **1** (metal) red-hot **2** (cuestión, problema) very topical: *temas de candente actualidad* very topical issues

candidato, -a s candidate: *los candidatos al puesto* candidates for the post • *la candidata a la presidencia* the presidential candidate

candidatura s (a un cargo, un premio) candidacy (pl -cies): *Ha presentado su candidatura a la presidencia.* He has decided to stand as a candidate for the presidency.

candidez s naivety

cándido, -a adj naive

candil s oil lamp

candilejas s [pl] footlights

candor s innocence

candoroso, -a adj innocent

caneca s **caneca (de la basura)** (en la cocina) trash can; (en la calle) garbage can, trash can

canela s cinnamon
ser canela fina to be wonderful
canela en polvo ground cinnamon • canela en rama cinnamon sticks [pl]

canelones s [pl] canelloni

canesú s bodice

cangrejo s **1** (de mar) crab **2** (de río) crayfish (pl crayfish)

canguro s **1** (animal) kangaroo **2** (para bebés) sling, baby sling

caníbal adj, s cannibal

canibalismo s cannibalism

canica s marble • **jugar (a las) canicas** to play marbles
se le botó la canica he went crazy, he flipped his lid

caniche s poodle

canícula s high summer

canijo, -a adj mean, nasty
estar canijo -a to be a tough one

canilla s shin

canillera s shin pad

canino[1], -a adj dog [solo ante s], canine (*más frml*): *una exposición canina* a dog show • *el comportamento canino* canine behavior

canino[2] s canine

canje s exchange

canjear v [T] **canjear algo/a alguien por algo** to exchange sth/sb for sth

cannabis s cannabis

cano, -a adj gray • **de pelo cano** gray-haired

canoa s canoe

canódromo s greyhound track

canon s **1** (regla) norm **2** (impuesto) local tax **3** (composición musical) canon

canónico, -a adj canonical

canónigo s canon

canonización s canonization

canoso, -a adj **1** (persona) gray-haired • **ser canoso -a** to have gray hair **2** (pelo) gray

cansado, -a adj **1** (agotado) tired **2** (harto) **estar cansado -a de algo** to be tired of sth • **estar cansado -a de hacer algo** to be tired of doing sth • **me tiene cansado -a** I'm fed up with him/it **3** (que cansa) tiring: *Es un trabajo cansado.* It's tiring work.

> **¿tired o tiring?**
> Conviene no confundir tired con tiring:
> tired expresa el estado de una persona: *He's tired. Está cansado.*
> tiring indica el efecto que tiene algo: *The trip was really tiring. El viaje fue muy cansado.*

cansador, -a adj tiring

cansancio s tiredness • **estar muerto -a de cansancio** to be absolutely exhausted

cansar v **1** [T] **cansar a alguien (a)** (agotar) to tire sb out **(b)** (hartar) to bore sb **2** [I] (ser agotador) to be tiring —cansarse v pron **1** (físicamente) to get tired; (agotarse) to tire yourself out **2** (hartarse) **cansarse de algo/alguien** to get tired of sth/sb • **cansarse de hacer algo** to get tired of doing sth

cansino, -a adj **1** (gesto, aspecto, paso) weary **2** (persona, trabajo, música) boring

cansón, -ona adj **1** (pesado, fastidioso – persona) tiresome; (película, programa) tedious **2** (que cansa físicamente) tiring

cantado, -a adj **estar cantado -a** to be a foregone conclusion

cantamañanas s **ser un cantamañanas** to be unreliable

cantante[1] adj singing ▶ **voz cantante**

cantante[2] s singer: *un cantante de rock* a rock singer

cantar[1] s poem

cantar[2] v **1** [I, T] (persona) to sing: *No sé cantar.* I can't sing. **2** [I] (pájaro) to sing **3** [I] (gallo) to crow **4** (confesar) **(a)** [I] to talk **(b)** [T] to confess ▶ **cantar VICTORIA**

cántaro s large jug
está lloviendo a cántaros it's pouring down

cantautor, -a s singer-songwriter

cantera s (de piedras) quarry (pl -rries)

cantidad s **1** (con sustantivos incontables) amount, quantity (pl -ties) (*más frml*); (con sustantivos contables) number: *la cantidad de agua/sal que necesito* the amount of water/salt that I need • *la cantidad de horas/alumnos* the number of hours/students • **la calidad es más importante que la cantidad** quality is more important than quantity **2** (de dinero) sum **3** (abundancia) **cantidad de sangre/gente** a lot of blood/people *Mira la cantidad de ropa que trajo.* Look how many clothes she's brought.

cantimplora s water bottle

cantina s **1** (local público) bar **2** (mueble) bar

cantinela s **la misma cantinela** the same old story

canto s **1** (actividad) singing: *clases de canto* singing lessons • **los cantos de los chicos/las monjas** the children's/nuns' singing **2** (de las aves) song: *el canto de los pájaros* the birdsong **3** (borde) edge • **poner algo de canto** to lay sth on its side

cantón s canton

cantonés s Cantonese

canturrear v [I, T] to sing to yourself

canuto s 1 (carrete) tube 2 (helado) pastry tube filled with ice cream

caña s (planta, tallo) cane
caña de azúcar sugar cane • caña de bambú bamboo cane • caña de pescar fishing rod

cañada s 1 (valle) valley 2 (camino) cattle track

cañamazo s 1 (para bordar) canvas (pl -ses) 2 (tela resistente) burlap

cáñamo s 1 (planta) hemp 2 (fibra textil) hemp

cañaveral s reedbed

cañería s 1 (caño) pipe 2 (sistema de caños) pipes [pl]: *las cañerías del agua/del gas* the water/gas pipes

cañizal s reedbed

caño s 1 (tubo) pipe 2 (llave de agua) faucet 3 (en fútbol) **hacerle un caño a alguien** to pass a ball through your opponent's legs and catch it yourself

cañón s 1 (arma – antigua) cannon; (actual) gun 2 (de una escopeta) barrel 3 (en geografía) canyon
cañón antiaéreo anti-aircraft gun • cañón antitanque anti-tank gun

cañonazo s 1 (disparo de cañón antiguo) cannon shot; (disparo de canon actual) artillery shot • **destruir algo a cañonazos** to destroy sth with artillery fire 2 (en fútbol) powerful drive

caoba[1] s [fem] (madera) mahogany: *una mesa de caoba* a mahogany table

caoba[2] s [masc] (color) mahogany

caos s chaos • **ser un caos/estar hecho -a un caos** to be in chaos

caótico, -a adj chaotic

capa s 1 (de pintura, barniz) coat 2 (nivel, estrato) layer 3 (abrigo) cloak
EXPRESIONES
estar/andar de capa caída (persona) to be down in the dumps; (negocio, equipo) to be struggling
capa de ozono ozone layer

capacidad s 1 (aptitud) ability (pl -ties) • **capacidad de/para hacer algo** ability to do sth • **capacidad de aprendizaje/de adaptación** ability to learn/to adapt • **tener capacidad para algo** to have an aptitude for sth 2 (de un recipiente, un recinto, en informática) capacity (pl -ties)

capacitación s (formación) training

capacitado, -a adj qualified • **estar capacitado -a para algo** to be qualified for sth

capacitar v [T] **capacitar a alguien para hacer algo** (formar) to train sb to do sth

capar v [T] 1 to castrate 2 **capar clase** to cut class, to cut school • **capar oficina** to leave work early when you should not: *Capemos oficina esta tarde y nos vamos por ahí.* Let's cut work and hang out.

caparazón s shell

capataz, -a s capataz foreman (pl -men) • capataza forewoman (pl -women)

capaz adj 1 (competente, hábil) capable 2 **ser capaz de hacer algo (a)** (por capacidad) to be able to do sth **(b)** (por atrevimiento) to be capable of doing sth • **ser capaz de cualquier cosa** to be capable of anything • **no eres/no fuiste capaz de...** (reproche) you can't/you couldn't even be bothered to...

capcioso, -a adj trick [solo ante s]: *preguntas capciosas* trick questions

capellán s chaplain

caperuza s (gorro) pointed hood

capicúa adj, s **un (número) capicúa** a number that reads the same both forward and backward

capilar[1] adj (del cabello) hair [solo ante s]: *higiene capilar* hair hygiene ▶ LOCIÓN capilar

capilar[2] s capillary (pl -ries)

capilla s chapel
EXPRESIONES
estar en capilla to be on tenterhooks
capilla ardiente chapel of rest

capirotada s Mexican bread pudding

capital[1] adj key

capital[2] s [fem] 1 (ciudad principal) capital 2 (centro importante) capital

capital[3] s [masc] (dinero, bienes) capital

capitalismo s capitalism

capitalista s, adj capitalist

capitán, -ana s (de un equipo, en el ejército, de un barco) captain

capitanear v [T] 1 (tropas) to command 2 (un equipo deportivo) to captain 3 (una expedición) to lead

capitanía s captaincy

capitel s capital

capitolio s capitol • **el Capitolio** (en Estados Unidos) the Capitol

capitulación s surrender

capitular v [I] 1 (ejército, nación) to surrender 2 (claudicar) to give in

capítulo s 1 (de un libro) chapter 2 (de una serie de TV) episode

capo, -a s (jefe) boss (pl -sses), chief

capó s hood (car)

capota s (de un carro) convertible roof

capote s (de torero) cape

capricho s whim • **cumplirle un capricho a alguien** do what sb wants • **por capricho** on a whim

caprichoso, -a adj, s **ser muy caprichoso -a/ser un -a caprichoso -a (a)** (ser obstinado) to be stubborn **(b)** (ser antojadizo) to be always wanting things **(c)** (ser voluble) to be capricious, to be unpredictable

caprichudo, -a adj stubborn

Capricornio s Capricorn: *Es (de) Capricornio.* He's a Capricorn.

cápsula s 1 (de un medicamento) capsule 2 (de una nave espacial) capsule 3 (en radio, televisión) report, update

captar v [T] 1 (una idea, una indirecta) to get 2 (un concepto) to grasp 3 (un canal, una transmisión) to get 4 (clientes) to attract 5 **captar el interés/la atención de alguien** to capture sb's interest/attention

captor, -a s captor

captura s 1 (de persona, animal) capture 2 (en informática) capture
captura de pantalla screen shot

capturar v [T] 1 (a personas, animales) to capture 2 (datos) to capture

capturista s data entry clerk

capucha s hood

capuchino s cappuccino

capuchón s (de un bolígrafo) top

capul s bangs [pl]

capullo s 1 (de una flor) bud 2 (de un insecto) cocoon

caqui[1] adj khaki

caqui[2] s 1 (color) khaki 2 (fruta) sharon fruit

cara s 1 (rostro) face: *Tiene la cara redonda.* She has a round face. • *Se le veía en la cara lo mucho que sufría.* You could tell from his face how much he was suffering. 2 (expresión, aspecto) **tener cara de cansado -a/dormido -a** to look tired/sleepy • **tener cara de pocos amigos** not to look very friendly • **tienes/tiene mala cara** you don't/he doesn't look well • **poner cara de asco** to look disgusted • **ponerle mala cara a alguien/**

algo to be grumpy with sb/to react badly to sth **3** (descaro) nerve • **¡qué cara!** what a nerve! • **tener mucha cara** to have a real nerve • **tener cara para hacer algo** to have the nerve to do sth **4** (de una moneda) heads [+v en sing]: *Salió cara.* It came up heads. • **cara o sello** (tb **cara o cruz**) heads or tails: *Hagamos cara o cruz.* Let's toss for it. • **echar (una moneda) a cara o sello/cruz** to toss a coin

EXPRESIONES
cara a cara face to face • **se te/le debería caer la cara de vergüenza** you should be ashamed of yourself/he should be ashamed of himself • **dar la cara** to take the flak • **dar la cara por alguien** to stand up for sb • **decirle algo a alguien en la/su cara** to say sth to sb's face • **echarle algo en cara a alguien** to reproach sb for sth • **partirle/romperle la cara a alguien** to kick sb's head in

carabina s (arma) rifle
EXPRESIONES
ser la carabina de Ambrosio to be worse than useless

caracol s **1** (de tierra) snail **2** (de mar) winkle **3** (concha) snail shell **4** (en el oído) cochlea

caracola s (conchilla) conch (pl -ches)

carácter s **1** (modo de ser) character • **tener mal/buen carácter** to be bad-tempered/good-natured **2** (firmeza, fuerza) personality • **ser de carácter fuerte** (tb **tener mucho carácter**) to have a strong personality • **un hombre/una mujer de carácter** a strong man/woman **3** (naturaleza) nature: *el carácter cíclico de la economía* the cyclical nature of the economy • **un problema de carácter social/estructural** a social/structural problem • **con carácter de urgencia** as a matter of urgency **4** (en imprenta, informática) character **5** (rasgo distintivo) characteristic

característica s **1** (rasgo típico) characteristic **2** (de un logaritmo) characteristic

característico, -a adj characteristic

caracterizar v [T] **1** (ser distintivo de) to characterize **2** (representar el papel de) to play
—**caracterizarse** v pron **caracterizarse por algo** to be characterized by sth

caradura s sassy so-and-so • **ser un/una caradura** to be sassy

caramba interj **1** (para expresar sorpresa) oh my gosh **2** (para expresar enfado) for heaven's sake

carámbano s icicle
EXPRESIONES
hecho -a un carámbano frozen stiff

carambola s **1** (en billar) cannon **2** (suerte, casualidad) fluke • **de/por carambola** by luck **3** (jugada política) ploy **4** (choque) pile-up **5** (fruta) starfruit
EXPRESIONES
por una carambola del destino by a quirk of fate

carambolo s (fruta) starfruit

caramelizado, -a adj caramelized

caramelo s **1** (golosina) candy (pl -dies): *un caramelo de menta* a mint **2** (azúcar derretido) caramel

carantoña s sign of affection • **carantoñas** [pl] affection [sing] • **hacer -le carantoñas a alguien** (acariciar) to caress sb

caraota s bean

carátula s **1** (de un CD, un DVD) cover **2** (de un disco) sleeve **3** (de un fax, un documento) cover sheet **4** (máscara) mask

caravana s **1** (de vehículos en un embotellamiento) backup **2** (en el desierto) caravan **3** (vehículos en fila) motorcade **4** (reverencia) bow • **hacer una caravana** to bow, to make a bow **5** (grupo numeroso de personas) bunch (pl -ches)

caray interj **1** (expresando enfado) darn it **2** (expresando sorpresa) wow
EXPRESIONES
¡qué caray! darn it! • **¿a tí qué caray te importa?** what

the heck does it matter to you? • **¿qué caray te pasa?** what the heck's the matter with you?

carbón s **1 carbón (mineral)** coal: *una mina de carbón* a coal mine **2 carbón (vegetal)** charcoal
EXPRESIONES
un dibujo/un retrato al carbón a charcoal drawing/portrait

carboncillo s (lápiz) charcoal • **dibujar algo a/al carboncillo** to draw sth in charcoal

carbónico, -a adj (en química) carbonic ▶ ANHÍDRIDO carbónico

carbonífero, -a adj **1** (yacimiento, formación) coal [solo ante s]: *yacimientos carboníferos* coal deposits **2** (periodo) Carboniferous

carbonilla s (lápiz) charcoal • **dibujar algo a carbonilla** to draw sth in charcoal

carbonizado, -a adj (cuerpo, vehículo) charred
EXPRESIONES
morir carbonizado -a to be burned alive

carbono s carbon
carbono 14 carbon 14

carbunco s anthrax

carburador s carburetor

carburante s fuel

carburo s carbide

carcacha s old heap

carcajada s roar of laughter
EXPRESIONES
soltar una carcajada/estallar en una carcajada to burst out laughing • **reírse a carcajadas** to laugh your head off

carcajearse v pron **1** (reírse) to laugh your head off **2** (burlarse) **carcajearse de alguien/algo** to make fun of sb/sth

carcasa s **1** (de un computador) casing; (de un celular) cover **2** (de un animal) carcass (pl -sses)

cárcel s prison • **ir a la cárcel** to go to prison • **meter a alguien en la cárcel** to put sb in prison

carcelario, -a (tb **carcelero, -a**) adj prison [solo ante s]: *el lenguaje carcelario* prison slang

carcelero, -a s prison officer

carcoma s (insecto) woodworm

carcomer v [T] **me carcome la duda/la sospecha** doubt/suspicion is eating away at me • **le carcomía la rabia/le carcomían los celos** he was consumed with anger/jealousy

cardado, -a adj (pelo, peinado) back-combed

cardenal s **1** (eclesiástico) cardinal **2** (pájaro) cardinal

cardiaco, -a (tb **cardíaco, -a**) adj heart [solo ante s], cardiac (técn): *un problema cardíaco* a heart problem

cardinal adj ▶ PUNTO **cardinal**

cardiólogo, -a s cardiologist

cardiopatía s heart condition

cardo s (planta espinosa) thistle; (con pencas comestibles) cardoon

carecer v [I] **carecer de algo** to lack sth: *Esto carece de sentido.* This makes no sense.

carencia s **1** lack • **una carencia de algo** a lack of sth • **suplir una carencia (con algo)** to fill a need (with sth) **2** (en medicina) deficiency (pl -cies) **3** (periodo) payment-free period

carencial adj deficient

carente adj **carente de algo** lacking sth

careo s confrontation • **someter a dos personas a un careo** to bring two people face to face

carestía s **1** (escasez) shortage **2** (precio alto) high cost • **la carestía de la vida** the high cost of living

careta *s* (máscara) mask • **quitarse la careta** to drop your mask
careta antigás gas mask

carey *s* (material) tortoiseshell • **unos anteojos/un abanico de carey** some glasses with tortoiseshell frames/a tortoiseshell fan

carga *s*

1 peso
2 de un avión, un barco
3 de un camión
4 de una lavadora, una secadora
5 acción
6 responsabilidad
7 obligación impuesta por el estado
8 en electricidad
9 de una batería, una pila
10 de un arma
11 cantidad de explosivos
12 repuesto
13 concentración, contenido
14 impuesto
15 sobre una propiedad
16 ataque
17 en deportes

1 PESO load: *No puedo con tanta carga.* I can't carry all this. • **un muro de carga** a supporting wall
2 DE UN AVIÓN, UN BARCO cargo • **un avión/un buque de carga** a freight plane/a freighter • **un animal/una bestia de carga** a draft animal
3 DE UN CAMIÓN load
4 DE UNA LAVADORA, UNA SECADORA load • **una lavadora de carga frontal/superior** a front-loading/top-loading washing machine
5 ACCIÓN loading: *zonas de carga y descarga* loading and unloading areas
6 RESPONSABILIDAD burden • **ser una carga para alguien** to be a burden to sb
7 OBLIGACIÓN IMPUESTA POR EL ESTADO responsibility (pl -ties)
8 EN ELECTRICIDAD charge • **carga eléctrica** electric charge
9 DE UNA BATERÍA, UNA PILA charge
10 DE UN ARMA charge
11 CANTIDAD DE EXPLOSIVOS charge • **una carga explosiva** (artefacto) an explosive device
12 REPUESTO refill
13 CONCENTRACIÓN, CONTENIDO charge • **con una fuerte carga de emotividad/ansiedad** heavily charged with emotion/anxiety
14 IMPUESTO tax (pl -xes)
15 SOBRE UNA PROPIEDAD charge
16 ATAQUE charge • **volver a la carga** to return to the fray
17 EN DEPORTES charge, shoulder charge
carga de profundidad depth charge • carga de trabajo workload • carga horaria number of hours • carga lectiva number of hours • cargas familiares family responsibilities • cargas financieras financial burden [sing] • cargas fiscales taxes

cargaderas *s* [pl] (para pantalones) suspenders

cargadero *s* loading bay

cargado, -a *adj* **1** (con algo pesado) **cargado -a de algo** loaded with sth: *Llegó cargada de paquetes.* She arrived loaded down with packages. • **ir muy/demasiado cargado -a** (persona) to be carrying too many things **2** (con sentimientos, emociones) **cargado -a de algo** (de tensión, ironía, sensualidad) full of sth: *una tarde cargada de emociones* a very emotional afternoon • **el año/mes viene cargado de algo** the year/month will be full of sth **3** (arma) loaded **4** (ambiente, aire) stuffy **5** (café, té) strong **6** (día, tarde) close; (cielo) overcast **7 cargado -a de hombros/espaldas** round-shouldered

cargador *s* **1** (para pilas, baterías) charger **2** (de un arma) magazine

cargamento *s* **1** (de un barco, un avión) cargo **2** (de un camión) load

cargante *adj* annoying

cargar *v*

1 llevar
2 un vehículo, un camión
3 tener una capacidad de
4 poner
5 llenar
6 datos, un programa
7 un arma
8 una batería, un celular
9 imputar, achacar
10 cobrar
11 asumir
12 causar fastidio a
13 atacar
14 gasolina
15 en fútbol, básquetbol

1 LLEVAR **(a)** [T] to carry: *No puedo cargar tanto peso.* I can't carry all this weight. **(b)** [I] **cargar con algo** to carry sth
2 UN VEHÍCULO, UN CAMIÓN [T] to load • **cargar un carro/un camión de algo** to load a car/a truck with sth
3 TENER UNA CAPACIDAD DE [T] to be able to carry: *Mi camión carga varias toneladas.* My truck can carry several tons.
4 PONER [T] **cargar algo en algo** to put sth in sth • **cargar algo a tus/sus espaldas** to sling sth over your/his back
5 LLENAR [T] **cargar algo de algo** to fill sth up with sth
6 DATOS, UN PROGRAMA [T] to load
7 UN ARMA [T] to load
8 UNA BATERÍA, UN CELULAR [I, T] to charge
9 IMPUTAR, ACHACAR [T] **cargar a alguien la culpa de algo** to blame sb for sth
10 COBRAR [T] **cargar algo en la cuenta de alguien** (bancaria, de una tarjeta) to debit sth to sb's account; (en un hotel, un restaurante) to charge sth to sb's account: *Le cargué un 10% por demorarse en el pago.* I've charged her 10% extra for late payment.
11 ASUMIR [I] **cargar con una responsabilidad** to shoulder a responsibility • **cargar con los costos/los gastos** to cover the cost • **cargar con la culpa** to take the blame
12 CAUSAR FASTIDIO A [T] to annoy
13 ATACAR [I] (policía, toro) to charge • **cargar contra alguien** (policía, ejército) to charge at sb; (verbalmente) to attack sb
14 GASOLINA [T] **cargar gasolina** to get some gas
15 EN FÚTBOL, BÁSQUETBOL [I] **cargar contra alguien** to body check sb ▸ **cargar las TINTAS**
—**cargarse** *v pron*
1 MATAR to do in, to bump off
2 CELULAR to charge up
3 COLMARSE **cargarse de hijos** to have a lot of children • **cargarse de deudas** to get heavily into debt
4 ARMARSE **cargarse de paciencia** to be patient
EXPRESIONES
cargársela (cargar con la culpa) *Al final me la cargué yo.* In the end I got the blame. • **¡te la vas a cargar!** you're in for it!

cargo *s* **1** (empleo) post; (puesto político) office • **asumir el cargo** (en una empresa, una organización) to take up your post; (político) to take up office • **ocupar un cargo** (en una empresa, una organización) to hold a position; (político) to hold an office **2** (cobro) charge • **con cargo a algo/alguien** charged to sth/sb • **hacer un cargo en una cuenta** to debit an account **3** (acusación) charge **4** (cuidado, responsabilidad) **los gastos corren a cargo de nosotros/la empresa** the costs will be met by us/the company: *La organización corre a mi cargo.* I am responsible for the organization. • **estar a cargo de algo** to be in charge of sth • **estar a cargo de alguien** to be responsible for sb • **hacerse cargo de algo** (ocuparse

de) to take care of sth; (asumir el control de) to take charge of sth; (entender) to understand sth • **hacerse cargo de alguien** to take care of sb • **tener a alguien a su cargo** to be responsible for sb
cargo de conciencia guilty feeling

carguero s freighter

Caribe el **Caribe** the Caribbean

caribeño[1], -a *adj* Caribbean

caribeño[2], -a *s* **caribeño** Caribbean man (pl men) • **caribeña** Caribbean woman (pl women) • **los caribeños** the Caribbeans

caricatura s 1 (dibujo) caricature 2 **caricaturas** [pl] (dibujos animados) cartoons

caricaturista s caricaturist

caricaturizar v [T] to caricature

caricia s stroke • **hacerle una caricia a alguien** to stroke sb • **hacerle una caricia a alguien en la cabeza/el pelo** to stroke sb's head/hair

caridad s charity • **vivir de la caridad** to live on charity

caries s 1 (agujero) cavity (plural -ties) 2 (proceso) **la caries dental** tooth decay

carilla s page

cariño s 1 (afecto) affection • **tomarle/cogerle cariño a algo/alguien** to grow fond of sth/sb • **con cariño (a)** (con afecto) fondly **(b)** (con cuidado) with great care **(c)** (al final de una carta) with love • **hacerle cariños a alguien** to show sb affection • **tenerle (mucho) cariño a alguien/algo** to be (very) fond of sb/sth 2 (apelativo) darling 3 **cariños** [pl] (al final de una carta) love: *Cariños, Isabel.* Love, Isabel. • **cariños a tu madre/a Juan** give my love to your mother/to Juan, say hello to your mother/to Juan for me

cariñoso, -a *adj* affectionate

carisma s charisma

carismático, -a *adj* charismatic

caritativo, -a *adj* charitable

cariz s (índole, carácter) nature: *No me gusta el cariz que han tomado los acontecimientos.* I don't like the way things are going.

tomar mal cariz to take a turn for the worse

carmelito[1], -a *adj* brown

carmelito[2] s brown

carmesí *adj, s* crimson

carmín s 1 (color) carmine 2 (pintalabios) lipstick

carnada s bait

usar a alguien como carnada to use sb as bait

carnal *adj* 1 (deseo, placeres) carnal 2 (pariente) **primo carnal** first cousin • **tío carnal** blood uncle

carnaval s (fiesta, periodo) carnival

carnavalesco, -a *adj* carnival [solo ante s]: *una fiesta carnavalesca* a carnival party

carnaza s 1 (carnada) bait 2 (carne) carrion

carne s 1 (de animal comestible) meat 2 (del cuerpo) flesh 3 (de fruta, verdura) flesh

una persona/un personaje de carne y hueso a real person/character • **ser de carne y hueso** (ser sensible) to have feelings • **en carne viva** raw • **entrado -a en carnes** plump • **no es ni carne ni pescado** it's neither one thing nor the other • **poner/echar toda la carne en el asador** to pull out all the stops • **sufrir/vivir algo en carne propia** to suffer/experience sth yourself
carne blanca white meat • carne de cañón cannon fodder • carne de cerdo pork • carne de gallina goose bumps [pl]: *Se me pone la carne de gallina de pensarlo.* I get goose bumps just thinking about it. • carne de res

beef • carne de vaca beef • carne molida ground beef • carne picada ground beef • carne roja red meat

carné (tb **carnet**) s 1 **carné (de identidad)** identity card 2 **carné (de conducir)** driver's license 3 (de un club, una asociación) membership card 4 (de una biblioteca) library card
carné de estudiante student card • carné de socio -a membership card

carnero s ram

carnicería s 1 (comercio) butcher's 2 (matanza) bloodbath

carnicero, -a s (comerciante) butcher

carnívoro[1], -a *adj* carnivorous

carnívoro[2] s carnivore

carnoso, -a *adj* 1 (labios) full 2 (fruto, hoja) fleshy

caro[1], -a *adj* expensive • **costar/salir caro -a** to be expensive: *¿Te costaron caros los libros?* Were the books expensive?

caro[2] *adv* **vender caro** to charge a lot

carozo s 1 (de una fruta) pit 2 (de una aceituna) pit

carpa s 1 (de un circo) big top; (de una feria) marquee 2 (pez) carp 3 (para acampar) tent • **armar una carpa** to put up a tent

carpeta s (para papeles, en informática) folder

carpetazo s **dar carpetazo a algo** to put an end to sth

carpintería s 1 (taller – de muebles) carpenter's 2 (actividad – de hacer muebles) carpentry 3 (conjunto de obras de carpintería) carpentry
carpintería metálica metalwork

carpintero, -a s (que hace muebles) carpenter

carraspear v [I] to clear your throat

carraspeo s slight cough

carreola, carriola s 1 (tipo silla plegable) stroller 2 (en la que el niño va acostado) baby carriage

carrera s

1	en deportes
2	hecho de correr
3	en la universidad
4	en una profesión
5	en una media
6	viaje en taxi
7	de caballos
8	tendencia
9	calle
10	en béisbol

1 **EN DEPORTES** race: *una carrera de automóviles* a motor race • **jugarle/echarle una carrera a alguien** to race sb: *Te echo una carrera hasta la esquina.* I'll race you to the corner. • **una carrera contra el tiempo** a race against time

2 **HECHO DE CORRER** run • **carreras** [pl] running [U]

3 **EN LA UNIVERSIDAD** degree course • **hacer/seguir/estudiar una carrera** to do a degree: *Hice la carrera de Historia.* I did a history degree. • **darle una carrera a alguien** to send sb to university

4 **EN UNA PROFESIÓN** career • **un juez/un diplomático de carrera** a career judge/diplomat

5 **EN UNA MEDIA** run: *Se me hizo una carrera en la media.* I have a run in my stocking.

6 **VIAJE EN TAXI** ride

7 **DE CABALLOS las carreras** the races

8 **TENDENCIA** trend • **la carrera alcista del euro/de las tasas de interés** the upward trend of the euro/in interest rates

9 **CALLE** street

10 **EN BÉISBOL** run

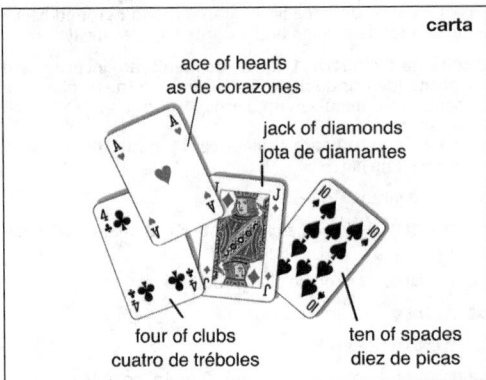

carta

ace of hearts
as de corazones

jack of diamonds
jota de diamantes

four of clubs
cuatro de tréboles

ten of spades
diez de picas

hacer algo a la carrera to do sth in a rush • **continuar/seguir en carrera** (en una carrera) to still be in the race; (en un torneo de fútbol, rugby) to still be in the competition • **hacer carrera** to be successful
carrera de obstáculos **(a)** (en atletismo, equitación) steeplechase **(b)** (de niños) obstacle race • carrera de costales sack race • carrera de postas relay race • carrera de relevos relay race • carrera de sacos sack race • carrera de caballos horse race • carrera de fondo long-distance race • carrera de galgos greyhound race • carrera de vallas hurdles race

carrerilla s **coger/tomar carrerilla (a)** (antes de saltar) to take a run-up **(b)** (economía, mercado) to take off
recitar algo de carrerilla to reel sth off • **saber/aprender algo de carrerilla** to know/to learn sth by heart

carreta s (descubierta) cart; (cubierta) wagon

carrete s **1** (de hilo) spool **2** (de una caña de pescar) reel

carretera s road • **por carretera** by road
carretera circunvalar beltway • carretera de acceso approach road • carretera de circunvalación beltway • carretera de cuota toll road • carretera de doble vía/carril divided highway • carretera de peaje toll road • carretera general national highway • carretera local minor road • carretera nacional highway

carretilla s wheelbarrow

carril s **1** (de una calle, una carretera) lane • **cambiarse de carril** to change lanes • **el carril de la derecha/izquierda** the right-hand/left-hand lane • **el carril del centro** the center lane **2** (en un terreno de juego) flank **3** (en atletismo) lane **4** (canal, ranura) rail **5** (en las líneas férreas) rail
carril bici bicycle lane • carril bus bus lane • carril de aceleración acceleration lane • carril de desaceleración deceleration lane • carril lento slow lane • carril rápido fast lane

carrillo s cheek
comer a dos carrillos to stuff yourself

carriola s **1** (tipo silla plegable) stroller **2** (en la que el niño va acostado) baby carriage

carrito s (de supermercado, aeropuerto) cart
carritos chocones bumper cars

carro s **1** (automóvil) car • **en carro** by car: *¿Fuiste en carro? Did you go by car?/Did you drive?* • *Los llevé en carro hasta el aeropuerto.* I drove them to the airport. **2** (tirado por caballos) cart **3** (de tren) coach (pl -ches), car **4** (tranvía) streetcar **5** (para el equipaje, para bebidas, de supermercado) cart **6** (de una máquina de escribir) carriage
subirse al carro to jump on the bandwagon

carro bomba (a) (explosivo) car bomb **(b)** (de bomberos) fire truck • carros chocones bumper cars • carro de bomberos fire truck • carros locos bumper cars

carrocería s bodywork

carromato s covered wagon

carroña s (carne) carrion

carroñero, -a adj (animal) carrion-eating

carrotanque s tanker

carroza s **1** (de carnaval) float **2** (coche antiguo) carriage

carruaje s carriage

carrusel s **1** (para niños) merry-go-round **2** (sucesión) series

carta s **1** (escrito) letter **2** (naipe) card • **jugar a las cartas** to play cards • **tener/llevar malas cartas** to have a bad hand • **dar/repartir las cartas** to deal the cards • **mezclar las cartas** to shuffle the cards **3** (menú) menu
a la carta a la carte • **darle carta blanca a alguien (para hacer algo)** to give sb carte blanche (to do sth) • **tener carta blanca (para hacer algo)** to have carte blanche (to do sth) • **echarle/tirarle las cartas a alguien** to tell sb's fortune • **jugar bien sus cartas** to play your cards right • **jugarse/jugárselo todo a una carta** to stake everything • **poner las cartas sobre la mesa** to put your cards on the table • **tomar cartas en el asunto** to intervene in the matter
carta abierta open letter • carta astral star chart • carta bomba letter bomb • carta certificada registered letter • carta de crédito letter of credit • carta de marear chart • carta de naturaleza **(a)** (derecho) naturalization papers [pl] **(b)** (reconocimiento) acceptance • carta de pago receipt • carta de vinos wine list • carta de recomendación reference • carta magna constitution • carta náutica chart • cartas credenciales letters of credence • cartas del tarot tarot cards • cartas de póker English-style playing cards • cartas francesas English-style playing cards • cartas españolas Spanish-style playing cards

cartabón s (instrumento) set-square

cartel s **1** (letrero) sign ▶ ver nota en SIGN **2** (póster) poster • **estar en cartel** to be showing **3** (tb **cártel**) (organización ilícita) cartel **4** (tb **cártel**) (conjunto de empresas) cartel

cartelera s **1** (en un periódico) listings [pl] **2** (en un cine, un teatro) billboard • **estar en cartelera** to be showing **3** (en un periódico, de espectáculos) listing **4** (en la calle) advertising billboard **5** (para poner avisos) bulletin board

cartera s **1** (billetera) wallet **2** (ministerio) portfolio **3** (de valores) portfolio • **inversiones/activos en cartera** investments/assets held **4** (de mujer) purse
tener algo en cartera to have sth in the pipeline
cartera de clientes customer portfolio • cartera de pedidos order book

carterista s pickpocket

cartero, -a s **cartero** postman (pl -men) • **cartera** postwoman (pl -women)

cartílago s cartilage

cartilla s **1** (cuaderno pequeño) card; (para canjear por un producto) coupon **2** (publicación) handbook

cartografía s cartography

cartógrafo, -a s cartographer

cartón s **1** (material) cardboard: *una caja de cartón* a cardboard box **2** (de leche, jugo, cigarrillos) carton; (de huevos) box (pl -xes) **3** (en bingo) **cartón (de bingo)** (bingo) card **4** (en arte) cartoon **5** (de cerveza) pack, crate
cartón corrugado (tb **cartón ondulado**) corrugated cardboard • cartón piedra papier-mâché • **de cartón piedra** (falso) artificial

cartuchera s **1** (para balas) cartridge belt **2** (para lápices, bolígrafos) (pencil) case

cartucho s **1** (de tinta) cartridge **2** (de un arma) cartridge **3** (cucurucho) paper cone **4** (con videojuegos) cartridge

EXPRESIONES
quemar el último cartucho to play your last card
cartucho de dinamita stick of dynamite

cartulina s construction paper

casa s **1** (vivienda individual) house **2** (hogar) home • **estar/quedarse en casa** to be/to stay at home • **en casa de mi abuela/de Juan** at my grandma's/at Juan's • **en mi/su casa** at my/his place • **irse a casa** to go home • **irse de casa** to leave home **3** (familia) family: *Es el más alto de la casa.* He's the tallest of the family **4** (establecimiento comercial) company (pl -nies) • **vino/ especialidad de la casa** house wine/specialty

EXPRESIONES
barrer para casa to look after number one • **con (la) casa llena** with the bases loaded • **botar/echar/tirar la casa por la ventana** to spare no expense • **para/de andar por casa** (conocimientos, modelo) basic
casa central, casa matriz head office • casa de cambio bureau de change (pl bureaux) • casa de citas brothel • Casa de Gobierno presidential palace • casa de huéspedes guesthouse • Casa de la Moneda mint • casa de muñecas dollhouse • casa de remolque, casa rodante **(a)** (que se remolca) trailer **(b)** (camioneta) camper • casa discográfica record company (pl -nies) • casa hogar children's home

casado[1], -a *adj* married • **estar casado -a con alguien** to be married to sb

casado[2], -a s **casado** married man (pl men) • **casada** married woman (pl women)

casamiento s **1** (ceremonia) wedding **2** (unión) marriage

casar v [T] (cura, autoridad) to marry
—**casarse** v pron to get married • **casarse con alguien** to marry sb • **casarse por (la) iglesia** to have a church wedding • **casarse por (lo) civil** to get married in a civil ceremony

EXPRESIONES
no casarse con nadie not to take sides

cascabel s **1** (bolita de metal) bell **2** (de bebé) rattle

cascada s waterfall

cascado, -a *adj* (voz) broken

cascanueces s nutcracker

cascar v [T] **1** (una nuez) to crack; (un huevo) to break **2** (pegar) to thump

cáscara s **1** (de un huevo, una nuez) shell; (de una manzana) peel; (de un plátano, una papa) skin; (de un cítrico) rind: *una cáscara de plátano* a banana skin **2** (del queso) rind; (del pan) crust

cascarón s **1** (de huevo) shell **2** (armazón) framework

EXPRESIONES
acaba de salir del cascarón he's/she's still wet behind the ears

cascarrabias s grouch (pl -ches)

casco s **1** (para la cabeza) helmet; (en obras de construcción) hard hat **2** (de una embarcación) hull **3** (botella) bottle **4 el casco (urbano)** the town center **5** (pezuña) hoof (pl hooves)
casco histórico old town • cascos azules UN peacekeeping forces

cascote s piece of rubble • **cascotes** [pl] rubble [U]

caserío s **1** (conjunto de casas) hamlet **2** (casa de labranza) farmhouse

casero[1], -a *adj* **1** (comida, pan) homemade **2** (persona) home-loving • **ser casero -a** to like being at home

casero[2], -a s **1** (propietario) **casero** landlord • **casera** landlady (pl -dies) **2** (cliente) customer

caseta s **1** (de un perro) kennel, doghouse **2** (en una feria) stall **3** (en una carretera) **caseta (de cobro)** toll barrier
caseta telefónica, caseta de teléfono phone booth

casete s cassette

casetera s cassette player, cassette deck

casi adv **1** (prácticamente) almost: *¡Uy, casi lo rompo!* Oops, I almost broke it! **2** (con adverbio negativo) hardly: *Casi no se oye la música.* You can hardly hear the music. • **casi nada** hardly anything: *No compró casi nada.* He hardly bought anything. • **casi nadie** hardly anyone • **casi nunca** hardly ever: *Casi nunca lo veo.* I hardly ever see him. **3** (expresando duda) *Casi sería mejor que te quedaras.* It might be better if you stayed.

EXPRESIONES
¡casi nada! is that all?

casilla s **1** (de un crucigrama, un tablero) square **2 casilla (electrónica)** e-mail address • **enviar algo a la casilla de alguien** to email sth to sb **3 casilla (electoral)** polling station **4** (de un perro) kennel **5** (de un impreso) box (pl -xes)

EXPRESIONES
sacar a alguien de sus casillas to drive sb mad • **salirse de sus casillas** to fly off the handle
casilla postal, casilla de correo(s) P.O. Box

casillero s **1** (en una recepción) pigeonholes [pl] **2** (armario) locker

casino s **1** (para jugar) casino **2** (club) club **3** (comedor) cafetería

caso s **1** (situación) case • **en ese caso** in that case • **yo en tu/su caso** if I were you/him **2** (en medicina) case **3** (policial) case

EXPRESIONES
en caso de emergencia/urgencia in case of emergency • **en caso de incendio/lluvia** in the event of a fire/of rain: *en caso de no ser así* should this not be the case • **en caso de que...** should...: *en caso de que decida asistir* should you decide to attend • **en el mejor de los casos** at best • **en el peor de los casos** if the worst comes to the worst • **en todo caso (a)** (si es necesario) always: *En todo caso, pueden quedarse a dormir aquí.* They can always stay the night here. **(b)** (sea como sea) in any case: *En todo caso, lo que él dice no es cierto.* In any case, what he says isn't true. • **hacerle caso a alguien (a)** (prestar atención) to listen to sb **(b)** (obedecer) to do as sb says • **hacer caso omiso de alguien/algo** to ignore sb/sth • **no hacerle caso a alguien** not to take any notice of sb • **no hay/hubo caso** it is/was no good • **pongo/ pongamos por caso** for example: *un país como, pongamos por caso, Cuba* a country like Cuba, for example • **no venir/hacer al caso** to be irrelevant

caspa s dandruff

casquete s helmet
casquete glaciar icecap • casquete polar polar icecap

cassette s ▶ CASETE

casta s **1** (linaje) breed **2** (en antropología) caste **3** (bravura, calidad) **un toro de casta** a pedigreed bull

castaña s (fruto) chestnut

EXPRESIONES
sacarle las castañas del fuego a alguien to bail sb out

castañetear v [I] to chatter

castaño[1], -a *adj* brown

castaño[2] s **1** (color) brown • **pasar de castaño oscuro** to be beyond a joke **2** (árbol) chestnut tree

castañuelas s [pl] castanets

castellano s (idioma) Spanish

castigado, -a *adj* **estar castigado -a** (sin permiso para salir) to be grounded

castigar v [T] **1** (imponer un castigo a) to punish • **castigar a alguien por hacer algo** to punish sb for doing sth • **castigar a alguien con una pena** to give sb a sentence **2** (azotar, asolar) to hit

castigo s **1** punishment • **levantarle el castigo a alguien** to let sb off their punishment **2** (persona, cosa) pain • **¡qué castigo!** what a pain!
castigo físico corporal punishment

castillo s castle
castillo de arena sandcastle • castillo de fuegos artificiales firework display

castillos en el aire castles in the air

casting s (para una película) casting; (para una obra de teatro, un programa televisivo) auditions [pl]

casto, -a adj chaste

castor s beaver

castración s (de una persona, un toro) castration; (de un gato, un perro) neutering

castrar v [T] (a una persona, un toro) to castrate; (a un gato, un perro) to neuter

castrense adj military

casual[1] adj (comentario) casual; (encuentro, hallazgo) chance [solo ante s] • **un encuentro casual** a chance encounter

casual[2] s **por un casual** by any chance

casualidad s coincidence: *¡Qué casualidad!* What a coincidence!

da/dio la casualidad de que... it so happens/happened that... • **de casualidad** by chance • **por casualidad** (en preguntas) by any chance; (de casualidad) by chance: *¿Tienes un bolígrafo, por casualidad?* You wouldn't have a pen by any chance, would you?

casualmente s (justamente) as it happens

⚠ Hay diversas traducciones para **casualmente, de casualidad, por casualidad**, pero nunca se traducen por **casually**:
Los gángsters los vieron por casualidad.
The gangsters spotted them by chance (✗ casually).
Mataron a Charlie, que casualmente estaba en el garaje.
They killed Charlie who happened to be (✗ was casually) in the garage.

cata s tasting

cataclismo s **1** (catástrofe natural) disaster **2** (grave trastorno) **producir/provocar un cataclismo en algo** to throw sth into meltdown

catacumbas s [pl] catacombs

catalejo s telescope

catalepsia s catalepsy

catalizador s **1** (en un vehículo) catalytic converter **2** (en química) catalyst **3** (elemento que favorece algo) catalyst

catalogación s cataloging

catalogar v [T] **1** (en un catálogo) to catalog **2** (considerar) **catalogar algo/a alguien de algo** to class sth/sb as sth • **estar catalogado -a como algo** to be classed as sth

catálogo s catalog

catamarán s **1** (embarcación deportiva) catamaran **2** (de pasajeros) catamaran ferry (pl -rries)

catapulta s **1** (para piedras) catapult **2** (elemento que favorece algo) springboard

catapultar v [T] **catapultar a alguien a/hacia la fama** to shoot sb to fame

catar v [T] to taste

catarata s **1** (salto de agua) waterfall: *las cataratas del Niágara* Niagara Falls **2** (en el ojo) cataract

catarina s ladybug

catarro s (resfriado) cold • **agarrarse/coger un catarro** to catch a cold • **tener catarro** to have a cold

catástrofe s disaster

catastrófico, -a adj (muy malo) disastrous

catcher s catcher

catear v [T] **1** (a una persona) to search **2** (una vivienda) to search

catecismo s **1** (libro) catechism **2** (instrucción) **ir al catecismo/tener catecismo** to go to catechism/to have catechism

cátedra s (en la universidad) professorship

catedral s cathedral

catedrático, -a s (de universidad) professor

categoría s **1** (clase, división) category (pl -ries) **2 de (primera) categoría** first-rate **3** (distinción) class

categórico, -a adj categorical

categorizar v [T] to categorize

cateo s **1** (de una vivienda) search (pl -ches): *una orden de cateo* a search warrant **2** (de una persona) search (pl -ches)

catequesis s **ir a la catequesis** to go to catechism • **tener catequesis** to have catechism

catequista s chatechist

catering s catering

catéter s catheter

cateto, -a adj uncouth

catire, -a adj **1** (pelo) blonde, blond **2** (persona) fair-haired

catódico, -a adj cathode [solo ante s]: *rayos catódicos* cathode rays

catolicismo s Catholicism

católico[1], -a adj Catholic • **ser católico -a** to be a Catholic

católico[2], -a s Catholic

catorce núm **1** (número, cantidad) fourteen **2** (en fechas) fourteenth

catorceavo, -a núm fourteenth

catre s camp bed

catsup s ketchup

cauce s **1** (de un río, un canal – lecho) bed; (curso) bed **2** (medio, procedimiento) channel

darle cauce a algo to channel sth in the right direction • **las cosas/aguas han vuelto a su cauce** things have returned to normal

cauchera s slingshot

caucho s **1** (material) rubber **2** (banda elástica) rubber band **3** (neumático) tire

caudal s **1** (de un río) flow **2** (dinero, bienes) wealth • **caudales públicos** public funds **3** (de información, conocimientos) wealth

caudaloso, -a adj large

caudillo s leader

causa s **1** (origen) cause **2** (motivo) reason • **a causa de** because of • **por mi/su causa** because of me/her **3** (ideal, finalidad) cause • **hacer causa común con alguien/algo** to make common cause with sb/sth **4** (en derecho) case

causal adj (relación, nexo) causal

causalidad s causality

causante s **1** (cosa) cause **2** (persona) **el causante del incendio/de los destrozos** the person who caused the fire/damage

causar v [T] **1** (ser la causa de) to cause: *Nos causó muchos problemas.* It caused us a lot of problems. **2 causarle alegría/tristeza a alguien** to make sb happy/sad • **causarle gracia a alguien** to make sb laugh

cáustico, -a *adj* **1** (sustancia) caustic **2** (comentario, humor) caustic

cautela *s* caution • **con cautela** cautiously • **tener cautela** to be cautious

cauteloso, -a *adj* cautious

cautivador -a (tb **cautivante**) *adj* captivating

cautiverio *s* (encarcelamiento) imprisonment

cautividad *s* captivity • **en cautividad** in captivity

cautivo[1], -a *s* captive

cautivo[2], -a *adj* captive • **tener a alguien cautivo -a** to hold sb captive

cauto, -a *adj* cautious

cava *s* **1** (bodega) wine cellar **2** (vino) cava

cavar *v* [I, T] to dig

caverna *s* cave

cavernícola[1] *s* **1** (en la prehistoria – hombre) caveman (pl -men); (mujer) cavewoman (pl -women) **2** (retrógrado) reactionary (pl -ries)

cavernícola[2] *adj* (retrógrado) reactionary

cavernoso, -a *adj* (voz, tos) hollow

caviar *s* caviar

cavidad *s* cavity (pl -ties)

cavilar *v* [I] to ponder • **cavilar sobre algo** to ponder sth

caza[1] *s* [fem] (de caza mayor, zorros) hunting; (de aves) shooting: *la caza del jabalí* boar hunting • **ir/salir de caza** to go hunting

EXPRESIONES
andar/ir a la caza de algo to be looking for sth
caza de brujas witch-hunt • caza mayor (actividad) game hunting; (animales) big game • caza menor (actividad) shooting; (animales) small game • caza submarina underwater fishing

caza[2] *s* [masc] (avión) fighter plane

cazabombardero *s* fighter-bomber

cazador, -a *s* hunter: *un cazador de ballenas* a whaler
cazador -a furtivo -a poacher • cazador de recompensas bounty hunter

cazar *v* **1** [I] (caza mayor, zorros) to hunt; (aves) to shoot • **ir/salir a cazar** to go hunting **2** [T] (animales – intentar atrapar) to hunt; (atrapar sin matar) to catch; (matar) to shoot: *Cazaron dos tigres.* They shot two tigers. **3** [T] (entender) to get

cazarrecompensas *s* bounty hunter

cazatalentos *s* (de ejecutivos) head hunter; (de deportistas) scout; (de artistas, músicos) talent scout

cazuela *s* **1** (comida) stew: *cazuela de marisco* seafood stew • **pollo a la cazuela** chicken casserole **2** (recipiente) **cazuela (de barro)** (earthenware) dish (pl -shes)

c/c (abrev de **cuenta corriente**) C/A

CD (abrev de **compact disc**) CD
CD interactivo interactive CD

CD-ROM *s* CD-ROM • **en CD-ROM** on CD-ROM ► GRABADORA de cd-rom

cebada *s* barley

cebar *v* [T] (a un animal) to fatten up
—cebarse *v pron* (ensañarse) **cebarse en/con alguien** to pick on sb • **cebarse en/con algo** to attack sth

cebo *s* **1** (para atraer animales) bait **2** (señuelo) bait • **usar algo como cebo** to use sth as bait

cebolla *s* onion

cebolleta (tb **cebollita de cambray**) *s* spring onion, green onion

cebollinos, cebollines *s* chives

cebra *s* zebra ► PASO de cebra

Ceca ir de la Ceca a la Meca to go from pillar to post

cecear *v* [I] to pronounce your "s"s as "th"

cedazo *s* sieve

ceder *v*

  1 transigir
  2 dar
  3 perder
  4 disminuir
  5 pasar
  6 estirarse
  7 techo, anaquel

1 TRANSIGIR [I] to give way • **ceder a algo** to give in to sth

2 DAR [T] **cederle el asiento a alguien** to give up your seat to sb • **cederle la palabra a alguien** to give sb the floor • **ceder el paso** to give way

3 PERDER [T] **cederle dos segundos a alguien** to be two seconds behind sb

4 DISMINUIR [I] (tormenta, viento) to ease off; (fiebre) to go down

5 PASAR [T] (una pelota) to pass

6 ESTIRARSE [I] (cuero, zapatos) to give; (pantalones) to stretch

7 TECHO, ANAQUEL [I] to give way

cedilla *s* cedilla

cedro *s* (árbol, madera) cedar

cédula *s* **cédula (de identidad/ciudadanía)** identity card

cefalópodo *s* cephalopod

cegar *v* [T] **1** (dejar sin vista) to blind **2** (impedir razonar a) to blind: *Lo cegaban los celos.* He was blinded by jealousy.

cegato[1], -a (tb **cegatón -ona**) *adj* half blind • **ser cegato -a** to be half blind

cegato[2], -a (tb **cegatón, -ona**) *s* **ser un cegato/una cegata** to be half blind

ceguera *s* blindness

ceja *s* eyebrow

EXPRESIONES
se le metió entre ceja y ceja he/she got it into his/her head: *Se le metió entre ceja y ceja que tenía que conquistarla.* He got it into his head that he had to win her heart. • **quemarse las cejas** to burn the midnight oil • **tener a alguien entre ceja y ceja** to have it in for sb

cejar *v* [I] to give up • **no cejar en algo** not to let up in sth

celador, -a *s* **1** (en un colegio) janitor **2** (en un hospital) porter **3** (en un museo) attendant **4** (en una prisión) guard

celda *s* **1** (en la cárcel) cell **2** (en una hoja de cálculo) cell **3** (en un panal) cell

celebración *s* **1** (de un acto, un congreso, unas elecciones) holding: *Faltan pocos días para la celebración de los Juegos Olímpicos.* It's only a few days until the Olympic Games. **2** (festejo) celebration ► ver nota en CELEBRATION

celebrar *v* **1** [T] (festejar) to celebrate **2** [T] (una reunión, unas elecciones) to hold **3** [T] (alegrarse de) to be delighted at: *Celebro que te haya gustado el regalo.* I'm delighted that you liked the present. **4 (a)** [I] (decir misa) to say mass **(b)** [T] **celebrar misa** to say mass • **celebrar una boda** to officiate at a wedding
—celebrarse *v pron* (reunión, elecciones) to take place

célebre *adj* (famoso) famous

celebridad *s* **1** (persona famosa) celebrity (pl -ties) **2** (fama) fame

celeridad *s* speed • **con celeridad** rapidly

celeste[1] *adj* **1** (del cielo) heavenly **2** (azul) light blue

celeste[2] *s* (color) light blue

celestial *adj* **1** (del cielo) heavenly **2** (delicioso) heavenly

celestina *s* go-between

celibato s celibacy

célibe s, adj celibate

cellista s cellist

cello s cello

celo s **1 celos** [pl] jealousy [sing] • **hacer algo por celos** to do sth out of jealousy • **me/le da celos** it makes me/him jealous • **darle celos a alguien** to make sb jealous • **tener celos de algo/alguien** to be jealous of sth/sb **2 (estar) en celo** (hembra) (to be) in heat

celofán s Cellophane (*marca reg*)

celosía s lattice

celoso, -a adj **1** (que tiene celos) jealous • **estar celoso -a de alguien** to be jealous of sb • **ponerse celoso -a** to get jealous **2** (cuidadoso) conscientious

celta[1] adj Celtic

celta[2] s (persona) Celt

célula s **1** (en biología) cell **2** (de una organización) cell **célula fotoeléctrica** photoelectric cell • **célula madre** stem cell

celular[1] s (teléfono) cell phone: *¿Tienes mi número de celular?* Do you have my cell phone number? • *Llámame al celular.* Call me on my cell phone.

celular[2] adj (de la célula) cellular

celulitis s cellulite

celuloide s **1** (sustancia) celluloid **2** (cine) movies [pl]: *la industria del celuloide* the movie industry

celulosa s cellulose

cementerio s cemetery (pl -ries) cementerio de carros (tb **cementerio de coches**) scrapyard • cementerio nuclear nuclear waste dump

cemento s **1** (en la construcción) cement **2** (pegamento) adhesive cemento armado reinforced concrete • cemento de contacto contact adhesive

cena s dinner, supper: *¿Qué hay de cena?* What's for dinner? • **a la hora de la cena** at dinner time cena de gala gala dinner

cenar v **1** [I] to have dinner: *¿Qué hay de cenar?* What's for dinner? • **darle a alguien algo de cenar** to give sb sth for dinner • **salir a cenar** to eat out **2** [T] **cenar pescado/pasta** to have fish/pasta for dinner

cencerro s cowbell

cenefa s **1** (en un vestido) border **2** (en una construcción) frieze

cenicero s ashtray

Cenicienta s **1 la Cenicienta** (personaje) Cinderella **2** (persona, grupo, cosa) poor relation

cenit, **cénit** s **1** (punto culminante) peak • **en el cenit de algo** at the peak of sth **2** (en astronomía) zenith

ceniza s **1** ash **2 cenizas** [pl] (de una persona) ashes

censar v [T] to take a census of

censo s census (pl -ses) censo de población census • censo electoral electoral register

censor, -a s **1** (de películas, publicaciones) censor **2** (crítico) critic censor -a jurado -a de cuentas chartered accountant

censura s **1** (prohibición oficial) censorship **2 la censura** (organismo) the censors [pl] **3** (reprobación) criticism ▶ voto de censura

censurable adj reprehensible

censurar v [T] **1** (un libro, una película) to censor **2** (reprobar) to criticize

centauro s centaur

centavo s cent

no gastar ni un centavo en algo not to spend a single penny on sth • **no tener ni un centavo** to be flat broke

centella s **1** (rayo) flash of lightning (pl -shes) **2** (chispa) spark
como una centella in a flash

centellear v [I] **1** (estrella) to twinkle **2** (joya, ojos, luz) to sparkle

centena s hundred • **una centena de personas/vehículos** about a hundred people/cars

centenar s **un centenar de personas/vehículos** about a hundred people/cars • **centenares de personas/vehículos** hundreds of people/cars

centenario[1] s centenary (pl -ries): *el tercer centenario de su muerte* the three hundredth anniversary of his death

centenario[2], -a adj **1** (persona) **ser centenario -a** to be over a hundred years old **2** (árbol) hundred-year-old **3** (institución) century-old

centeno s rye: *pan de centeno* rye bread

centésima s hundredth: *una centésima de segundo* a hundredth of a second

centésimo[1], -a adj hundredth • **la centésima parte** a hundredth

centésimo[2], -a s (fracción) hundredth

centígrado, -a adj centigrade: *25 grados centígrados* 25 degrees centigrade

centilitro s centiliter

centímetro s (unidad) centimeter centímetro cuadrado square centimeter • centímetro cúbico cubic centimeter

céntimo s cent
no tener ni un céntimo to be flat broke

centinela s **1** (soldado) sentry (pl -tries) **2** (persona que vigila) lookout

centolla s crab

centollo s spider crab

centrado, -a adj **1** (colocado en el centro) centered **2** (concentrado) focused • **estar centrado -a en algo** to be focused on sth

central[1] adj **1** (zona, punto) central **2** (gobierno, banco) central: *la oficina central* head office **3** (principal) main ▶ CALEFACCIÓN central

central[2] s **1** (de energía) power station **2** (oficina central) head office **3** (en fútbol) center back central hidroeléctrica hydroelectric power station • central nuclear nuclear power station • central sindical labor union • central telefónica telephone exchange • central térmica power station

centralita s switchboard

centralización s centralization

centralizar v [T] to centralize

centrar v **1** [T] (poner en el centro) to center **2** [T] (concentrar) **centrar algo en algo** to focus sth on sth • **centrar la atención de alguien** to be the focus of sb's attention **3** [T] (equilibrar) to settle down **4** [I, T] (en fútbol) to cross —**centrarse** v pron **1** (tener su centro) **centrarse en algo** to focus on sth: *La atención se centraba en la novia.* The bride was the center of attention. **2** (equilibrarse) to settle down

céntrico, -a adj central

centrifugar v [I, T] (la ropa) to spin

centrífugo, -a adj centrifugal

centrípeto, -a adj centripetal

centrismo s centrism

centro *s* **1** (parte central) center **2** (de un pueblo, una ciudad) center • **ir al centro** to go into town **3** (en política) center: *un partido de centro* a center party • **ser de centro** to be in the center **4** (en fútbol) cross (pl -sses) • **tirarle un centro a alguien** to cross sb

centro comercial shopping mall • centro cultural arts center • centro de atención telefónica call center • centro de cálculo computer center • centro de enseñanza educational establishment • centro de flores floral centerpiece • centro de gravedad center of gravity • centro de mesa centerpiece • centro de negocios business center • centro de salud health center • centro de trabajo workplace • centro del campo midfield • centro médico clinic • centro nervioso nerve center • centro turístico tourist resort

centroafricano, -a *adj, s* Central African

Centroamérica Central America

centroamericano, -a *s, adj* Central American

centrocampista (tb **centrohalf**) *s* midfielder

centrodelantero (tb **centroforward**) *s* center forward

centroeuropeo, -a *s, adj* Central European

centurión *s* centurion

ceñido, -a *adj* tight

ceñirse *v pron* **1** (limitarse) **ceñirse a algo** to confine yourself to sth **2** (ajustarse) to put on

ceño *s* **fruncir el ceño** to frown

cepa *s* **1** (de vid) stock **2** (base) base **3** (en biología) strain

cepillar *v* [T] **1** (la ropa, el calzado) to brush **2** (la madera) to plane
—**cepillarse** *v pron* (con cepillo) **cepillarse el pelo/los dientes** to brush your hair/teeth

cepillo *s* **1** (para el pelo, la ropa) brush (pl -shes) **2** (de carpintero) plane
cepillo de carpintero plane • cepillo de dientes toothbrush (pl -shes) • cepillo de uñas nailbrush (pl -shes)

cepo *s* **1** (para carros) wheel boot • **me/le pusieron el cepo** I/she got booted **2** (para animales) trap

cera *s* **1** (de vela) wax **2** (para suelos, madera) polish • **pasarle cera a algo** to polish sth **3** **cera (depilatoria)** (depilatory) wax **4** (en las orejas) wax **5** (para pintar) crayon

EXPRESIONES
dar cera to play dirty • **hacerse la cera** to wax
cera de abejas beeswax

cerámica *s* **1** (material) ceramic • **un jarrón/un plato de cerámica** a ceramic vase/plate **2** (actividad, artesanía) pottery, ceramics [+v en sing] (*más frml*) **3** (objeto) piece of pottery

cerámico, -a *adj* ceramic

cerbatana *s* blowpipe

cerca[1] *adv* (en el espacio) near: *¿Está cerca la estación de tren?* Is the train station near here? • *¿Hay algún restaurante cerca?* Is there a restaurant nearby? • *Queda cerca.* It's not far. • **cerca de la escuela/del club** near the school/the club • **cerca de mí/de nosotros -as** near me/us

EXPRESIONES
cerca de (casi) nearly: *Ayer hizo cerca de 30 grados.* Yesterday it was nearly 30 degrees. • **de cerca** close up: *De cerca no es tan bonita.* She doesn't look so pretty close up. • **vivir algo de cerca** to experience sth firsthand • **estar cerca** (en el tiempo) to be getting close: *Las vacaciones están cerca.* There's not long to go until vacation.

cerca[2] *s* fence

cercanía *s* [fem] **1** (en el tiempo) proximity (*frml*): *Todos están nerviosos ante la cercanía de la boda.* Everyone is nervous as the wedding gets closer. **2** (en el espacio) proximity (*frml*): *La cercanía del centro hace que el departamento valga más.* The apartment is more expensive because it is near the downtown area.

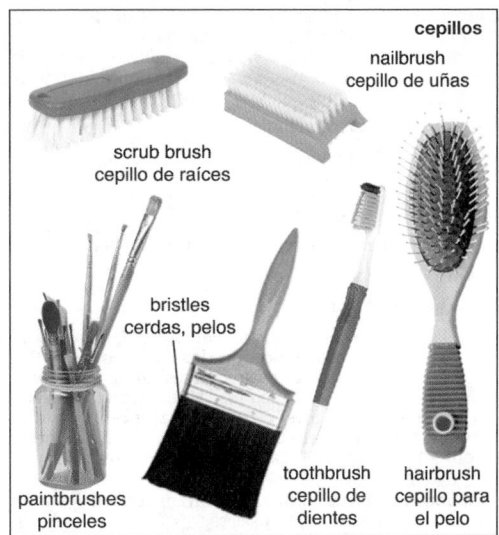

cepillos
nailbrush
cepillo de uñas
scrub brush
cepillo de raíces
bristles
cerdas, pelos
paintbrushes
pinceles
toothbrush
cepillo de dientes
hairbrush
cepillo para el pelo

3 cercanías [pl] surrounding area [sing]: *Todos los hoteles en las cercanías están llenos.* All the nearby hotels are full. • **en las cercanías de** in the vicinity of

cercano, -a *adj* **1** nearby • **un pueblo cercano/una ciudad cercana** a nearby village/town • **el pueblo más cercano/la ciudad más cercana** the nearest village/town **2** (amigo, pariente) close **3 en un futuro cercano** in the near future **4 cercano -a a algo/alguien** close to sth/sb: *una cifra cercana a los 20.000 dólares* a figure close to 20,000 dollars

cercar *v* [T] **1** (rodear) to surround **2** (poner un cerco alrededor de) to fence off

cercenar *v* [T] **1** (amputar) to cut off: *Se cercenó un dedo con una sierra.* She cut off a finger with a saw. **2** (disminuir – libertades) to curtail; (gastos) to cut back

cerciorarse *v pron* to make sure • **cerciorarse de que** to make sure that

cerco *s* fence

cerda *s* **1** (pelo de animal) bristle **2** (pelo de cepillo) bristle

cerdada *s* **1** (cosa sucia) **ser una cerdada** to be filthy • **hacer cerdadas** to be disgusting **2** (indecencia) disgusting thing • **ser una cerdada** to be disgusting • **hacer cerdadas** to be disgusting **3** (jugarreta) dirty trick • **hacerle una cerdada a alguien** to play a dirty trick on sb

cerdo[1]**, -a** *s* **1** (animal) **cerdo** pig • **cerda** sow **2** (mala persona) swine **3** (persona sucia) filthy pig

EXPRESIONES
comer como un cerdo to stuff yourself

cerdo[2] *s* (carne) pork ▶ CHULETA de cerdo, COSTILLA de cerdo, LOMO de cerdo, MANTECA de cerdo

cerdo[3]**, -a** *adj* **1** (malintencionado) nasty **2** (sucio) filthy

cereal *s* **1** cereal **2** cereales [pl] (para el desayuno) cereal [sing]

cerebral *adj* **1** (del cerebro) brain [solo ante s]: *una lesión cerebral* brain damage **2** (racional) cerebral ▶ CONMOCIÓN cerebral, DERRAME cerebral

cerebro *s* **1** (órgano) brain **2** (persona) brains [+v en sing]: *el cerebro de la banda* the brains behind the gang **3** (inteligencia) brains [pl]: *Es una persona con mucho cerebro.* He's got a lot of brains. ▶ FUGA de cerebros, LAVADO de cerebro

EXPRESIONES
lavarle el cerebro a alguien to brainwash sb
cerebro gris éminence grise

ceremonia *s* **1** (acto) ceremony (pl -nies) **2** (pompa) ceremony **3** (cortesía) formality (pl -ties)
ceremonia de apertura opening ceremony • ceremonia de clausura closing ceremony • ceremonia inaugural inaugural ceremony

ceremonial¹ *adj* ceremonial

ceremonial² *s* protocol

ceremonioso, -a *adj* formal

cereza *s* cherry (pl -rries)

cerezo *s* **1** (árbol) cherry tree **2** (madera) cherry

cerillo, cerilla *s* match (pl -ches)

cernícalo *s* **1** (ave) kestrel **2** (persona) oaf

cero *núm* **1** (en temperaturas, matemáticas, números de teléfono) zero • **diez/cinco grados bajo cero** ten/five degrees below zero **2** (en fracciones) zero: *cero coma cinco* zero point five **3** (en resultados deportivos) zero, nothing; (en tenis) love: *Ganamos tres a cero.* We won three to zero. • *quince cero* fifteen love • **un empate a cero** a scoreless tie **4** (calificación escolar) zero

EXPRESIONES
empezar/partir de cero to start from scratch • **ser un cero a la izquierda** to be useless
cero absoluto absolute zero

¿zero u o?
Hay varias maneras de decir cero en inglés:
zero es la más general: *Her extension is two zero five.*
En inglés hablado, al decir años, números de teléfono, etc., es común usar o, como la letra: *You'll be in room two-o-four.*
En resultados deportivos se usa nothing: *The Cougars won the game 10-nothing.*

cerquillo *s* bangs [pl]

cerrada *s* cul-de-sac (pl cul-de-sacs tb culs-de-sac)

cerrado, -a *adj* **1** (puerta, museo, ojos) closed: *Tenía los ojos cerrados.* Her eyes were closed. • **cerrado -a (con llave)** locked **2** (llave de agua) turned off **3** (curva) sharp **4** (niebla) thick **5** (aplauso, ovación) enthusiastic **6** (vocal) closed **7** (acento) broad **8** (poco tolerante) narrow-minded

cerradura *s* lock

cerrajería *s* locksmith's

cerrajero, -a *s* locksmith

cerrar *v*

1 puerta, museo, ojos
2 negocio
3 una llave de agua
4 ropa, una cremallera
5 una botella
6 un frasco
7 una cortina
8 una persiana

1 **PUERTA, MUSEO, OJOS** [I, T] to close: *Cierra los ojos.* Close your eyes. • *¿A qué hora cierra el banco?* What time does the bank close? • **cerrar algo con llave** to lock sth
2 **NEGOCIO** (definitivamente) [I, T] to close down: *¿Cerró el restaurante chino?* Has the Chinese restaurant closed down?
3 **UNA LLAVE DE AGUA** [T] to turn off
4 **ROPA, UNA CREMALLERA** [T] to zip up
5 **UNA BOTELLA** [T] (de agua mineral, whisky, aceite) to put the top on; (de vino) to put the cork in
6 **UN FRASCO** [T] to put the lid on
7 **UNA CORTINA** [T] to draw, pull
8 **UNA PERSIANA** [T] to pull down
—**cerrarse** *v pron*
1 **PUERTA, VENTANA** to close
2 **OJOS** to close: *Se me están cerrando los ojos.* My eyes are closing.
3 **FLOR** to close up
4 **EL TIEMPO** to become overcast

5 **AL TOMAR UNA CURVA** to take the bend tightly: *No te cierres tanto.* Don't take the bend so slowly.
6 **ACABAR** to end: *El plazo se cierra el próximo viernes.* The deadline is next Friday.
7 **OBSTINARSE** to dig your heels in • **cerrarse a algo** to close your mind to sth

⚠ Para referirse a aparatos eléctricos se usan **turn off** o **switch off**:
Please turn off (✗ *close*) *the lights.*
He switched off (✗ *closed*) *the television and left the room.*
Cuando se trata de cerrar un grifo se usa **turn off**:
Please make sure that the faucet is turned off (✗ *closed*) *before leaving.*

cerrazón *s* (obstinación) stubbornness

cerro *s* (colina) hill

EXPRESIONES
irse por los cerros de Úbeda to go off at a tangent

cerrojo *s* bolt • **echar el cerrojo/cerrar con cerrojo** to bolt the door • **echar el cerrojo a/cerrar con cerrojo una puerta** to bolt a door

certamen *s* competition
certamen cinematográfico film festival

certero, -a *adj* (disparo, golpe) well-aimed; (persona) accurate

certeza (tb **certidumbre**) *s* certainty • **saber algo con certeza** to know sth for certain • **tener la certeza de que** to be certain that

certificado¹, -a *adj* (carta, correo) registered • **mandar algo por correo certificado** to send sth by registered mail

certificado² *s* certificate
certificado de defunción death certificate • certificado de nacimiento birth certificate • certificado médico medical certificate

certificar *v* [T] **1** (una carta, un paquete) to register **2** (comprobar) to confirm

cerumen *s* earwax

cervatillo *s* fawn

cervecería *s* **1** (bar) bar **2** (fábrica) brewery (pl -ries)

cervecero¹, -a *adj* (de la cerveza) brewing [solo ante s]: *la industria cervecera* the brewing industry

cervecero², -a *s* (fabricante) brewer

cerveza *s* beer
cerveza clara lager • cerveza de barril draft beer • cerveza negra stout • cerveza oscura stout • cerveza rubia lager • cerveza sin alcohol alcohol-free beer

cervical¹ *adj* (de la cerviz) cervical

cervical² *s* neck vertebra (pl vertebrae)

cesante *adj* **1** (que completa un periodo): *El director cesante hará entrega del cargo la semana próxima.* **2** (por racionalización de personal) **3** (desempleado) unemployed

cesantía *s* (desempleo) unemployment

cesar *v* [I] **1** (parar) to stop • **no cesar de hacer algo** to keep doing sth • **sin cesar** incessantly **2** (renunciar) **cesar en un cargo** to resign from a job

césar *s* Caesar

cesárea *s* cesarean • **le hicieron/practicaron una cesárea** she had a cesarean

cese *s* **1** (detención) end: *Exigen el cese de los ataques.* They are demanding an end to the attacks. **2** (destitución, despido) dismissal

cesión *s* transfer

césped *s* **1** (en un jardín) lawn • **cortar el césped** to mow the lawn **2** (en una plaza, un parque) grass: *Prohibido pisar el césped.* Keep off the grass. **3** (en un estadio) field

cesto (tb **cesta**) s **1** (canasto) basket **2** (en básquetbol) basket
　cesto de la ropa sucia laundry basket • **cesto de los papeles** wastebasket

cetáceo s cetacean

cetro s **1** (vara) scepter **2** (supremacía) crown • **el cetro mundial** the crown of world champion

ceviche (tb **cebiche**) s dish consisting of raw fish marinated in lemon or lime juice

chabacanería s (vulgaridad) vulgarity

chabacano[1], -a adj vulgar

chabacano[2] s (fruta) apricot

chacal s jackal

chacarero, -a s (dueño) farmer; (trabajador) farm worker

cháchara s **1** (charla) chatter • **estar de cháchara** to chat **2 chácharas** [pl] (baratijas) junk [sing], knick-knacks

chacra s (finca) farm

Chad (el) **Chad** Chad

chadiano, -a s, adj Chadian

chador s chador

chafa adj trashy: *Es muy barato, pero es bien chafa.* It's very cheap, but it's really trashy.

chafar v [T] **1** (aplastar) (aplastar – una caja, una fruta) to squash; (huevos) to crush **2** (frustrar) to mess up **3** (deprimir) to deflate • **dejar chafado -a a alguien** to leave sb feeling deflated

chaflán s (en una calle) corner

chal s shawl

chalé s ▶ CHALET

chaleca s cardigan

chaleco s **1** (sin mangas) vest **2** (con mangas) cardigan
　chaleco antibalas bulletproof vest • **chaleco salvavidas** life jacket

chalequear v [T] (burlarse de) to make fun of, to tease

chalet (tb **chalé**) s **1** (en la ciudad) house **2** (en la montaña) chalet **3** (en el campo) cottage

chalota s shallot

chalupa s dinghy (pl -ghies)

chamaco, -a s kid

chamán s shaman

chamanismo s shamanism

chamarra s jacket

chamba s (trabajo en general) work; (empleo) job

chambrita s baby's sweater

chamo, -a s (niño, muchacho) kid

champán (tb **champaña**) s champagne

champiñón s mushroom

champú s shampoo
　champú anticaspa anti-dandruff shampoo

chamuscar v [T] (pelo) to singe; (papel, tela) to scorch; (comida) to burn
　—**chamuscarse** v pron (pelo) to get singed; (papel, tela) to get scorched; (comida) to burn: *Se chamuscó la barba.* He singed his beard. • **se me chamuscó el pelo/el bigote** my hair/my mustache got singed

chamusquina s

chancho[1], -a s **1** (animal) pig **2** (persona sucia) dirty pig

chancho[2], -a adj disgusting: *¡No seas chancha!* Don't be so disgusting!

chanchullo s racket

chancla (tb **chancleta**) s **1** (con tira entre los dedos) thong **2** (pantufla) slipper

chanfle s (al patear una pelota) curl

chango s (primate) monkey
　EXPRESIONES
　hacer changuitos to cross your fingers

chanquete s transparent goby (pl goby)

chantaje s blackmail [U]: *¡Esto es un chantaje!* This is blackmail! • **hacerle chantaje a alguien** to blackmail sb
　chantaje emocional emotional blackmail

chantajear v [T] to blackmail

chantajista s blackmailer

chao, **chau** interj ciao!, bye!

chapa s **1** (lámina de metal) sheet **2** (de un vehículo) bodywork **3** (de una botella) top **4** (insignia) badge **5** (cerradura) lock
　EXPRESIONES
　tener chapas to have rosy cheeks

chapado, -a adj **chapado -a a la antigua** old-fashioned

chapaleta s (para nadar) flipper

chaparro, -a adj short

chaparrón s downpour: *Cayó un chaparrón.* There was a downpour.

chapista s sheet metal worker

chapistería s (taller) body shop

chapopote s tar

chapotear (tb **chapucear**) v [I] (en el agua) to splash around

chapucero[1], -a adj (persona) slapdash; (trabajo) shoddy

chapucero[2], -a s shoddy worker

chapulín s grasshopper

chapurrear v [T] **chapurrear el inglés/alemán** to have a smattering of English/German

chapuza s **1** (trabajo mal hecho) shoddy piece of work • **hacer una chapuza** to make a mess of it **2** (trabajo menor) odd job

chapuzas s shoddy worker

chapuzón s dip • **darse un chapuzón** to go for a dip

chaqué s morning coat

chaqueta s jacket
　EXPRESIONES
　cambiar de chaqueta to change sides
　chaqueta de jean denim jacket

chaquetero, -a s opportunist

chaquetón s short coat
　chaquetón de tres cuartos three-quarter length coat

charanga s brass band

charango s small guitar made from the shell of an armadillo

charca s pool

charco s **1** (de agua) puddle **2** (de aceite, sangre) pool **3 el charco** the Pond • **cruzar el charco** to cross the Atlantic

charla s **1** (conversación) chat • **tener una charla** to have a chat **2** (conferencia) talk • **dar una charla (sobre algo)** to give a talk (about sth)

charlar v [I] to chat • **charlar con alguien** to chat to sb • **charlar de algo** to chat about sth

charlatán[1], -ana adj (conversador) talkative

charlatán[2], -ana s **1** (embaucador) con artist **2** (persona conversadora) chatterbox (pl -xes)

charol s patent leather • **zapatos de charol** patent leather shoes

charola s tray
　EXPRESIONES
　poner/servir algo en charola de plata to give sth to sb on a silver platter

charro[1], -a *adj* **1 2** (de mal gusto) garish, showy **3** (tímido) shy, timid **4** (sindicato) in league with the bosses

charro[2] *s* Mexican cowboy

chárter[1] *adj* charter [solo ante s]: *un vuelo chárter* a charter flight

chárter[2] *s* charter flight

chascarrillo *s* funny story (pl -ries)

chasco *s* disappointment • **llevarse un chasco** to be disappointed

chasis *s* chassis (pl chassis)

chasquear *v* [T] **1** (la lengua) to click **2** (los dedos) to snap **3** (un látigo) to crack

chasquido *s* **1** (con la lengua) click **2** (con los dedos) snap **3** (con un látigo) crack

chasquilla *s* bangs [pl]

chatarra *s* (material) scrap

chatarrería *s* scrapyard

chatear *v* [I] (en Internet) to chat

chateo *s* (en Internet) chat

chato[1], -a *adj* **1** (nariz, hocico) snub **2** (casa, edificio) low, squat **3** (vida, ambiente) humdrum **4** (persona) snub-nosed

chato[2], -a *s* (apelativo cariñoso) darling

chato[3] *s* [masc] (de vino, manzanilla) glass of wine

chauvinismo, chovinismo *s* chauvinism

chauvinista[1], chovinista *adj* chauvinistic

chauvinista[2], chovinista *s* [masc & fem] chauvinist

chaveta *s* (cabeza) nut

> EXPRESIONES
> **estar mal de la chaveta** to be crazy

chavo, -a *s* **1** (niño) **chavo** kid, boy • **chava** kid, girl • **chavos** (niños y niñas) kids: *un chavo de primaria* an elementary school kid **2** (joven) **chavo** guy • **chava** girl • **chavos** guys **3** (hijo) **chavo** son • **chava** daughter • **chavos** kids **4** (novio) **chavo** boyfriend • **chava** girlfriend: *Su nuevo chavo es futbolista.* Her new boyfriend is a soccer player.

checar *v* [T] **1** to check: *Checó el horario de la película.* She checked the times of the movie. • **checar el e-mail** to check your e-mail **2 checar (tarjeta) (a)** (al entrar al trabajo) to clock in: *Tienes que checar antes de las ocho.* You have to clock in before eight. **(b)** (al salir del trabajo) to clock out

Chechenia Chechnya

checheno[1], -a *s* (persona) Chechen

checheno[2] *s* (idioma) Chechen

checheno[3], -a *adj* Chechen

chécheres *s* [pl] belongings, stuff

checo[1], -a *adj* Czech

checo[2], -a *s* (persona) Czech

checo[3] *s* (idioma) Czech

chef *s* chef

chela *s* beer

chelista *s* cellist

chelo *s* cello

cheque *s* check: *un cheque por 450 dólares* a check for 450 dollars • **pagar con cheque** to pay by check • **hacerle/extenderle un cheque a alguien** to write sb a check • **cobrar un cheque** to cash a check
cheque cruzado crossed check • cheque de viaje traveler's check • cheque de viajero traveler's check • cheque en blanco blank check • **darle un cheque en blanco a alguien** to give sb a blank check • cheque sin fondos bad check

chequear *v* [T] to check: *Chequeó el horario de la película.* She checked the times of the movie. • *No te olvides de chequearle el aceite al carro.* Don't forget to check the oil in the car. • **chequear el mail** to check your e-mail
—chequearse to check in: *Revisen su equipaje antes de chequearse.* Look over your baggage before checking in.

chequeo *s* check-up • **hacerse un chequeo** to have a check-up

chequera *s* checkbook

chévere *adj* great

chic *adj* chic

chica *s* (empleada doméstica) maid

chicano, -a *s, adj* Chicano, Mexican-American: *movimiento chicano* Chicano movement

chicha *s* **1** alcoholic drink of fermented maize **2** beer

chícharo *s* pea

chicharra *s* **1** (cigarra) cicada **2** (timbre, sonido) buzzer

chicharrón *s* pork rind

chichón *s* bump • **hacerse un chichón** to get a bump

chicle *s* chewing gum [U]: *No me gusta el chicle.* I don't like chewing gum. • **un chicle** a piece of chewing gum • **mascar chicle** to chew gum

chico[1], -a *s* **1** (niño) **chico** boy • **chica** girl • **chicos** (niños y niñas) children: *un chico de cinco años* a five-year-old kid **2** (muchacho) **chico** boy • **chica** girl • **chicos** guys: *Los chicos están en el club.* The guys are at the club.

chico[2], -a *adj* **1** (de tamaño) small: *La habitación más chica del hotel.* The smallest room in the hotel. • **me/le queda chico -a** it's too small for me/her: *Estos zapatos me quedan chicos.* These shoes are too small for me. **2** (de edad) young: *Juan es el más chico de los hermanos.* Juan is the youngest of the brothers. **3** (inmenso) enormous, massive: *Llegó en chica limusina.* She arrived in an enormous limousine.

chido, -a *adj* nice, pretty

chiflado[1], -a *s* nut (crazy person)

chiflado[2], -a *adj* crazy • **estar chiflado -a por algo/alguien** to be crazy about sth/sb

chifladura *s* **1** (condición) madness **2** (insensatez) **ser una chifladura** to be crazy

chiflar *v* **1** (persona, viento) to whistle **2** [I] (a un actor, un cantante) to boo
—chiflarse *v pron* **1** (perder la razón) to go off your head **2** (entusiasmarse en exceso) **chiflarse con algo/alguien** to be/to go crazy about sb

chií (tb **chiita**) *s, adj* Shiite

chilango, -a *s* person from Mexico City

Chile Chile

chile *s* chili

> EXPRESIONES
> **estar a medios chiles** to be a little tipsy
> chile jalapeño jalapeño chili (small, very hot, dark green chili) • chile poblano poblano chili (large, mild, dark green chili)

chilena *s* overhead kick

chileno, -a *s, adj* Chilean

chillar *v* [I] **1** (gritar con voz aguda) to scream **2** (llorar) to cry **3** (cerdo) to squeal **4** (ratón, murciélago) to squeak **5** (gaviota) to screech

chillido *s* **1** (grito) scream • **dar/pegar un chillido** to scream **2** (de un cerdo) squeal **3** (de un ratón, un murciélago) squeak **4** (de una gaviota) screech (pl -ches)

chillón, -ona *adj* **1** (color) garish **2** (voz) shrill

chimenea *s* **1** (hogar) fireplace • **prender/encender la chimenea** to light the fire **2** (conducto) chimney **3** (de un barco) funnel

chimpancé s chimpanzee

chimuelo, -a adj **estar chimuelo -a** to have a tooth missing, to be missing a tooth

China (la) China China

chinche s **1** (insecto) bedbug **2** (clavito) thumbtack

chinchilla s (animal) chinchilla

chinchín interj cheers

chinesco, -a adj Chinese ▶ **SOMBRAS chinescas**

chinita s ladybug

chino¹, -a adj **1** (de la China) Chinese **2** (pelo) curly

chino², -a s **1** (persona de la China) **chino** Chinese man (pl men) • **china** Chinese woman (pl women) • **los chinos** the Chinese **2** (persona de pelo rizado) person with curly hair

chino³ s **1** (idioma) Chinese **2** (pelo) curl **3** (para rizar el pelo) curler

chip s chip

chipote s bump: *Me salió un chipote.* It came up in a bump.

Chipre Cyprus

chipriota s, adj Cypriot

chiquear v [T] to spoil: *Le gusta que la chiqueen.* She likes being spoiled.
—**chiquearse** v to spoil yourself

chiquero s (para cerdos) pigsty (pl -sties)

chiquillada s **1** childish game • **hacer chiquilladas** to be childish **2** bunch of kids

chiquillería s **la chiquillería** the kids

chiquillo, -a s kid

chiquitas s [pl] **no andarse con chiquitas** (al hablar) not to beat around the bush; (al actuar) to mean business

chiquitín¹, -ina adj tiny

chiquitín², -ina s little one

chirimbolo s thingamajig

chirimoya s custard apple

chiripa s stroke of luck • **de/por chiripa** by pure chance

chirriar v [I] **1** (frenos, ruedas) to screech **2** (puerta, madera) to creak **3** (gozne, resortes) to squeak

chirrido s **1** (de frenos, ruedas) screech (pl -ches) **2** (de una puerta, madera) creak **3** (de un gozne, resortes) squeak

chisme s **1** (cotilleo) gossip [U]: *Vengo con muchos chismes.* I've got lots of gossip to tell you. • **contarle un chisme a alguien** to tell sb some gossip • **contar chismes/andar con chismes** to gossip • **ir con el chisme** *Si vas con el chisme, te mato.* If you tell on me, I'll kill you. **2** (cosa) thing

chismosear v [I] to gossip

chismoseo s gossip [U]

chismoso¹, -a s gossip

chismoso², -a adj **ser (muy) chismoso -a** to be a (real) gossip

chispa s **1** (de fuego, de electricidad) spark **2** (vivacidad) wit • **tener chispa** to be witty

EXPRESIONES
está que echa chispas he's/she's hopping mad

chispas interj jeez

chispazo s **1** (de fuego, eléctrico) spark • **dar un chispazo** to give off a spark **2** (de inspiración, humor) flash (pl -shes)

chispear v [I] **1** (chisporrotear) to give off sparks **2** (llover) to spit with rain: *Está chispeando.* It's spitting with rain.

chisporrotear v [I] **1** (hoguera, fuego) to crackle **2** (aceite) to sizzle

chisporroteo s **1** (de hoguera, fuego) crackling **2** (de aceite) sizzling

chistar v [I] **hacer algo sin chistar** to do sth without a word of protest: *Obedece, y sin chistar.* Do as you're told, and no arguments.

chiste s joke • **contar un chiste** to tell a joke

EXPRESIONES
fue en chiste it was only a joke • **lo dijo/dije en/de chiste** I/he was joking • **ni de chiste** no way: *Yo ni de chiste me meto al mar.* No way am I going in the ocean.
chiste colorado, chiste de color dirty joke

chistoso¹, -a adj (persona) funny

chistoso², -a s joker

chiva s **1** (bus) bus (pl -ses) **2** (cabra) goat **3** (barba) goatee **4 chivas** [pl] things: *Voy por mis chivas al carro.* I'm going to get my things from the car.

chivatear v [T] **chivatear a alguien** to tell on sb

chivato, -a s **1** (niño travieso) little devil **2** (entre niños) tattletale **3** (entre delincuentes) rat

chivearse v pron to get embarrassed, to become all shy

chivera s goatee

chivo s (cabrito) kid
chivo expiatorio scapegoat

chocar v **1** [I] (estrellarse) to crash • **chocar con/contra algo** to crash into sth • **chocar frontalmente** to collide head-on **2** [I] (enfrentarse) **chocar con alguien/algo** to clash with sb/sth • **chocar con/contra la oposición de alguien** to run into opposition from sb **3** [I] (sorprender, causar impresión – un poco) to surprise; (mucho) to shock **4** [T] (resultar molesto para, fastidiar) to shock **5** [T] (los vasos, las copas) to clink: *Choquemos nuestras copas.* Let's raise our glasses.

EXPRESIONES
chocar las manos/chocarlas to shake hands

chochear v [I] to be gaga, to be senile

chocho¹, -a adj (senil) gaga, senile

chocho² s (vulva) beaver

chocolate s **1** chocolate • **pastel/helado de chocolate** chocolate cake/ice cream **2** (golosina individual) chocolate: *Me regaló una caja de chocolates.* He gave me a box of chocolates. **3** (bebida caliente) hot chocolate ▶ **como AGUA para chocolate**
chocolate con leche milk chocolate • chocolate blanco white chocolate • chocolate negro dark chocolate

chocolatina s chocolate bar

chócolo (tb **choclo**) s **1** (granos) sweetcorn **2** (con la mazorca) corn on the cob

chofer, chófer s **1** (de un bus, un camión) driver **2** (de un particular, de una empresa) chauffeur

cholo, -a s, adj a person of mixed race

chompa s **1** (chaqueta) jacket **2** (suéter) sweater

chompipe s turkey

chongo s bun • **hacerse un chongo** to put your hair up in a bun

choque s **1** (colisión) crash (pl -shes): *un choque de trenes* a train crash **2** (enfrentamiento) clash (pl -shes) **3** (emocional) shock

EXPRESIONES
plan/medidas de choque emergency plan/measures
choque cultural culture shock • choque en cadena pile-up • choque frontal head-on collision • choque generacional generational conflict

chorcha s get-together: *Estábamos en plena chorcha cuando llegó el maestro.* We were just having a get-together when the teacher arrived.

chorizo s (embutido) chorizo

chorlito s ▶ **CABEZA de chorlito**

chorrear v **1** [I] (líquido) to drip • **estar chorreando** (ropa, tela) to be dripping wet **2** [T] (desprender) **chorrear agua/sudor** to be dripping wet/dripping with sweat **3** [I] (perder líquido – recipiente) to drip **4** [T] (verter por accidente) to spill: *Chorreó café en la alfombra.* He spilled coffee on the carpet. • **chorrear el mantel de vino/la alfombra de café** to spill wine on the tablecloth/coffee on the carpet

chorro s **1** (saliendo con fuerza) jet; (saliendo débilmente) trickle • **salir a chorros** to gush out • **sangrar a chorros** to bleed profusely **2** (de leche, aceite, café) dash (pl -shes) **3** (mucho) **un chorro** a lot • **un chorro de problemas/amigos** lots of problems/friends

chotear v [T] to make fun of: *Lo choteaban porque se pintaba el pelo.* They made fun of him because he dyed his hair.

choza s hut

chubasco s shower

chuchería s **1** **chucherías** [pl] candy and snacks **2** (objeto de poco valor) trinket

chueco, -a adj (torcido) crooked

chulear v [T] to compliment • **chulearle algo a alguien** to compliment sb on sth: *Me chulearon mucho mi nuevo carro.* I got lots of compliments about my new car.

chuleta s (de carne) chop • **una chuleta de cerdo/de cordero** a pork/lamb chop

chulo[1], -a adj (casa) neat; (bebé) cute; (mujer) pretty

chulo[2], -a s **1** (marca) check **2** (ave) vulture

chupa s pacifier

chupada s **1** (con la lengua) lick • **darle una chupada a un helado** to lick an ice cream **2** (a un caramelo) suck • **darle una chupada a una chupeta/paleta** to suck a lollipop **3** (a un cigarrillo) drag • **darle una chupada a un cigarrillo** to take a drag on a cigarette

chupar v **1** [T] (un caramelo) to suck **2** [T] (con la lengua) to lick **3** [T] (absorber) to soak up **4** [I,T] (tomar alcohol) to drink
—**chuparse** v pron (succionar) **chuparse el dedo** to suck your thumb

EXPRESIONES
¡chúpate esa! so there! • **no me chupo el dedo** I wasn't born yesterday

chupeta s **1** (golosina) popsicle® **2** pacifier

chupete s (de bebé) pacifier

chupetear v [T] **1** (un caramelo) to suck **2** (con la lengua) to lick

chupo s **1** (de biberón) nipple **2** (de bebé) pacifier

chupón, -a s **1** (de mamila) nipple **2** (de bebé) pacifier

churro[1] s **1** (para comer) coil or stick of fried dough, sometimes with a sweet filling **2** (suerte) fluke • **de (puro) churro** by sheer luck **3** (película mala) turkey **4** (persona atractiva) good-looking person

churro[2], -a adj coarse (wool)

chusma s rabble

chutar v [I] (en fútbol) to shoot • **chutar al arco** to shoot at goal

chute s injection of heroin or other drug

chuzar v [T] **1** (pinchar) to prick: *No se debe chuzar la carne porque se seca.* You shouldn't prick the meat because it dries out. • **chuzar algo con un cuchillo/un tenedor** to stick a knife/a fork into sth **2** (con un arma blanca) to stab: *Los ladrones la chuzaron sin piedad.* The thieves stabbed her mercilessly.
—**chuzarse** v pron **chuzarse (con algo)** to prick oneself (on sth)

chuzón s jokester

Cía. (abrev de **compañía**) Co.

cianuro s cyanide

cibercafé s Internet café

ciberespacio s cyberspace

cibernauta s Internet user

cibernética s cybernetics [+v en sing]

cibernético, -a adj cybernetic

cicatriz s scar

cicatrizar v [I] to heal

cicla s bike ▶ BICICLETA

cíclico, -a adj cyclical

ciclismo s bicycling

ciclista[1] s bicyclist

ciclista[2] adj (equipo, competición) bicycling [solo ante s]: *un equipo ciclista* a bicycling team • *una carrera ciclista* a bicycle race

ciclo s **1** (sucesión de fases) cycle **2** (de cine) season **3** (de conferencias) series (pl series)

ciclomotor s moped

ciclón s cyclone

cicloparqueadero s (espacio) bicycle parking; (dispositivo) bike stand

ciclorruta s bicycle route

cicloturismo s bicycle touring

ciego[1], -a adj **1** (persona) blind • **quedarse ciego -a** to go blind **2** (fe, obediencia) blind **3 ciego -a de rabia/amor** blind with rage/blinded by love

EXPRESIONES
a ciegas blindly • **buscar algo a ciegas** to grope around for sth

ciego[2], -a s (persona) **ciego** blind man (pl men) • **ciega** blind woman (pl women) • **los ciegos** the blind

cielo s **1** (firmamento) sky (pl skies) **2** (paraíso) heaven • **irse al cielo** to go to heaven **3** (apelativo) sweetheart

EXPRESIONES
como llovido -a/caído -a del cielo out of the blue
cielo raso ceiling

ciempiés s centipede

cien núm a hundred, one hundred: *Hay cien invitados.* There are a hundred guests. • *dos mil cien* two thousand one hundred • **cien por cien** (tb **cien por ciento**) a hundred percent

ciénaga s marsh (pl -shes)

ciencia s **1** (conocimientos de la humanidad) science **2 ciencias** [pl] science [U]: *Soy de ciencias.* I studied science.

EXPRESIONES
a ciencia cierta for certain
ciencia ficción science fiction • **ciencias exactas** exact sciences • **ciencias naturales** natural sciences • **ciencias ocultas** [pl] occultism [U] • **ciencias sociales** social sciences

cieno s mud

científico[1], -a adj scientific

científico[2], -a s scientist

ciento núm **1** (en cifras) a hundred, one hundred: *ciento veinte* a hundred and twenty • *tres mil ciento veinte pesos* three thousand one hundred and twenty pesos **2 el 30/el 15 por ciento** 30/15 percent: *un aumento del 15 por ciento* a 15 percent increase **3 cientos** [pl] (centenares) hundreds

ciernes s [pl] **en ciernes** (escritor, tenista) budding; (guerra, catástrofe) impending; (proyecto) in its infancy

cierre s **1** (de una fábrica, empresa) closure **2** (de un collar) fastener **3** (de una cremallera) fly, flies • **subirse el cierre** to close your fly • **bajarse el cierre** to open your fly **4** (en béisbol) bottom
cierre centralizado central locking

cierto, -a adj **1** (verdadero) true • **¿no es cierto?** right?: *Es bonito, ¿no es cierto?* It's pretty, isn't it? **2** (indefinido)

cierto placer/cierto encanto a certain pleasure/a certain charm **3** (determinado) certain: *Ciertas personas no están de acuerdo.* Certain people don't agree.

EXPRESIONES
en cierto modo in some ways • **estar en lo cierto** to be right • **por cierto** by the way

ciervo s (macho o hembra) deer (pl deer); (macho) stag; (hembra) doe

cifra s **1** (cantidad) number **2** (dígito) figure: *un número de seis cifras* a six-figure number

cifrar v [T] **1** (valorar) to estimate **2** (basar) **cifrar algo en algo** (esperanzas) to pin sth on sth; (optimismo) to base sth on sth; (éxito) to put sth down to sth

cigarra s cicada

cigarrillo s cigarette

cigarro s **1** (cigarrillo) cigarette **2** (habano) cigar

cigüeña s stork

cigüeñal s crankshaft

cilantro s cilantro

cilindrada s cubic capacity

cilíndrico, -a adj cylindrical

cilindro s **1** cylinder **2** **cilindro (de oxígeno)** oxygen cylinder

cima s **1** (de una montaña) summit **2** (de una profesión, una actividad) top • **en la cima de su carrera/popularidad** at the peak of her career/popularity

cimarra s **hacer la cimarra** to cut class, to cut school

cimientos s [pl] **1** (de un edificio) foundations **2** (principios) foundations

cinc s ▶ ZINC

cincel s chisel

cincelar v [T] to chisel

cinco núm **1** (número, cantidad) five **2** (en fechas) fifth

cincuenta núm **1** fifty **2** **los (años) cincuenta** the fifties

cincuentena s **una cincuentena de...** about fifty...

cincuentenario s fiftieth anniversary (pl -ries)

cincuentón, -ona s, adj fifty-something: *una mujer cincuentona* a fifty-something woman/a woman in her fifties • *un cincuentón* a fifty-something man/a man in his fifties

cine s **1** (lugar) movie theater • **ir al cine** to go to the movies **2** (arte, industria) cinema: *el cine argentino* Argentinian cinema • **una actriz/un crítico de cine** a movie actor/critic
el cine mudo silent movies [pl]

cineasta s **1** (director) moviemaker, film maker **2** (aficionado) movie buff, film buff

cineclub s film club

cinéfilo¹, -a adj **ser muy cinéfilo -a** to be a real movie buff

cinéfilo², -a s movie buff

cinematografía s **1** (arte) cinematography **2** (películas) movies [pl]

cinematográfico, -a adj **la industria cinematográfica** the movie industry • **una producción/una adaptación cinematográfica** a movie production/adaptation

cinética s kinetics [+v en sing]

cínico¹, -a adj (persona, comentario, actitud) cynical

cínico², -a s cynic

cinismo s cynicism

cinta s **1** (de audio, de video) tape **2** (para el pelo, un paquete) ribbon **3** (en el cine) movie **4** (en judo, karate) belt
cinta adhesiva **(a)** (en papelería) tape **(b)** (para gasas, vendas) tape • cinta aislante insulating tape • cinta

métrica tape measure • cinta pegante, cinta Scotch® tape • cinta transportadora conveyor belt

cinto s belt

cintura s **1** (de una persona) waist **2** (de una prenda) waist

EXPRESIONES
meter a alguien en cintura to bring sb into line

cinturón s **1** (cinto) belt **2** **cinturón (de seguridad)** seat belt **3** (en judo, karate) belt **4** (rodeando a una ciudad) belt

EXPRESIONES
apretarse el cinturón to tighten your belt

ciprés s cypress (pl -sses)

circense adj circus [solo ante s]: *un espectáculo circense* a circus show

circo s circus (pl -ses)

circuito s **1** (eléctrico) circuit **2** (automovilístico) circuit circuito cerrado closed circuit: *cámaras de circuito cerrado* closed-circuit cameras

circulación s **1** (de la sangre) circulation **2** (tránsito) traffic **3** (de capitales, personas, mercancías) movement

circular¹ adj circular

circular² v [I]

1	en un vehículo
2	vehículo
3	sangre
4	agua
5	aire
6	moneda, billete
7	pasar de unos a otros

1 **EN UN VEHÍCULO** to drive: *Por aquí no se puede circular.* You can't drive along here.
2 **VEHÍCULO** to travel: *El vehículo circulaba a gran velocidad.* The vehicle was traveling at high speed. • **circular por la izquierda/derecha** to drive on the left/right
3 **SANGRE** to circulate
4 **AGUA** to flow
5 **AIRE** to circulate
6 **MONEDA, BILLETE** to be in circulation
7 **PASAR DE UNOS A OTROS** to go around • **circula el rumor de que...** there's a rumor going around that...

circular³ s circular

circulatorio, -a adj **1** (de la sangre) circulatory **2** (del tránsito) traffic [solo ante s]: *problemas circulatorios* traffic problems

círculo s circle • **en círculo** in a circle
el Círculo Polar Ártico the Arctic • el Círculo Polar Antártico the Antarctic • círculo vicioso vicious circle

circuncidar v [T] to circumcise

circuncisión s circumcision

circundante adj surrounding

circundar v [T] to surround

circunferencia s circumference

circunflejo adj

circunloquio s **andarse con circunloquios** to beat around the bush • **dejarse de circunloquios** to stop beating around the bush

circunscribir v [T] (ceñir) to confine • **circunscribir algo a algo** to confine sth to sth
—circunscribirse v pron **circunscribirse a algo** (persona) to confine yourself to sth; (fenómeno, enfermedad) to be confined to sth

circunscripción s **circunscripción (electoral)** electoral district

circunstancia s (situación) circumstance • **dadas las circunstancias** under the circumstances • **se da la circunstancia de que...** it so happens that...

por/bajo ninguna circunstancia under no circumstances

circunvalación s beltway

cirio s candle

cirrosis s cirrhosis

ciruela s plum
ciruela pasa prune

ciruelo s plum tree

cirugía s surgery
cirugía estética cosmetic surgery • cirugía plástica plastic surgery

cirujano, -a s surgeon

cisma s **1** (en una iglesia) schism **2** (en un partido política) split **3** (en una familia) rift

cisne s swan

cisterna s **1** (del inodoro) cistern **2** (vehículo) tanker ▸ CAMIÓN **cisterna 3** (aljibe) tank; (subterránea) cistern

cistitis s cystitis

cita s **1** (con un profesional) appointment • **hacer/concertar una cita (con alguien)** to make an appointment (with sb) • **pedir cita** to make an appointment **2** (para salir con un muchacho, una muchacha) date **3** (en un texto) quotation
cita a ciegas blind date

citación s summons [+v en sing]

citar v [T] **1 citar a alguien (para las tres/las cinco)** to arrange to meet sb (at three/five o'clock): *Me citaron en la oficina central.* I was called to a meeting at head office. **2** (juez) to summons • **citar a alguien a declarar** to call sb as a witness **3** (a un autor) to quote **4** (mencionar) to cite
—**citarse** v pron to arrange to meet: *Se citaron en el bar a las dos.* They arranged to meet in the bar at two.

citófono s speaker phone

citología s smear test

cítrico s citrus fruit

ciudad s (grande) city (pl -ties); (pequeña) town • **mi/tu ciudad natal** my/your home town
ciudad perdida shanty town

ciudadanía s citizenship

ciudadano[1], -a s citizen

ciudadano[2], -a adj ▸ INSEGURIDAD **ciudadana**

ciudadela s citadel

cívico, -a adj **1** (derechos, deberes) civic **2** (comportamiento) public-spirited

civil[1] adj **1** (autoridades, aviación) civil **2** (población) civilian **3** (derecho, responsabilidad) civil ▸ ESTADO **civil**, REGISTRO **civil**

civil[2] s (persona) civilian • **de civil (a)** (militar) in civilian clothes **(b)** (policía) in plain clothes ▸ CASARSE **por (lo) civil**

civilización s civilization

civilizado, -a adj civilized

civismo s civic-mindedness

cizaña s **meter/sembrar cizaña** to stir up trouble

clamar v **1** [I, T] (exigir) **clamar (por) algo** to demand sth • **clamar venganza** to call for vengeance **2** [I] (protestar) to protest
clamar al cielo to be outrageous

clamor s **1** (grito) roar **2** (protesta) outcry (pl -cries): *Se suma Europa al clamor por el cierre de Guantánamo.* Europe joins the outcry demanding the closure of Guantanamo.

clamoroso, -a adj **1** (aplausos, ovación) thunderous; (acogida) rapturous **2** (error, fracaso) terrible; (éxito) resounding

clan s clan

clandestinidad s secrecy • **en la clandestinidad** in secret • **salir de/pasar a la clandestinidad** to come out of hiding/to go underground

clandestino, -a adj clandestine

claqué s tap dancing

clara s **clara (de huevo)** (egg) white

claraboya s skylight

claramente adv clearly

clarear v [I] **1** (amanecer) to get light: *Está clareando.* It's getting light. **2** (despejarse) to clear up

claridad s **1** (de una idea, una explicación) clarity • **con claridad** clearly **2** (luz) light

clarificación s clarification

clarificar v [T] (explicar) to clarify

clarinete s clarinet

clarinetista s clarinettist

clarividencia s **1** (facultad de comprender) perceptiveness **2** (facultad paranormal) clairvoyance

clarividente s **1** (que comprende) perceptive person (pl people) **2** (que tiene facultades paranormales) clairvoyant

claro[1], -a adj **1** (no confuso) clear: *Las instrucciones son claras.* The instructions are clear. • **dejar algo (en) claro** to make sth clear • **dejar claro que** to make it clear that • **poner algo en claro** to clarify sth • **quedar claro** to be clear • **no me queda claro** I'm not quite sure **2** (color) light • **verde/azul claro** light green/light blue **3** (ojos – azules) blue; (verdes) green **4** (sonido, voz) clear **5** (piel, pelo) fair
a las claras clearly • **decir algo a alguien a las claras** to tell sb sth openly, for all to hear

claro[2] interj of course: *Claro que me gusta.* Of course I like it. • **claro que sí** of course • **claro que no** of course not

claro[3] adv **1** clearly: *Lo dijo muy claro.* She said it very clearly. **2 hablar claro** (sin rodeos) to say what you mean

claroscuro s chiaroscuro

clase s

1	lección
2	grupo escolar
3	aula
4	tipo
5	en un tren, un avión
6	social

1 LECCIÓN (en el colegio) class (pl -sses); (en una academia, un conservatorio) lesson; (en la universidad) lecture: *El jueves no hay clase.* There's no school on Thursday. • **faltar a clase** (en el colegio) to miss school; (en una academia, un conservatorio) to miss lessons; (en la universidad) to miss lectures • **dar/dictar/hacer clases (de algo)** to teach sth: *Da clases de historia.* She teaches history.
2 GRUPO ESCOLAR class (pl -sses): *Invité a los niños de mi clase.* I invited the children from my class.
3 AULA classroom
4 TIPO sort: *No me gusta esa clase de música.* I don't like that sort of music.
5 EN UN TREN, UN AVIÓN class • **de primera/segunda clase** first-class/second-class
6 SOCIAL **clase (social)** (social) class
clase alta/baja/media upper/lower/middle class • clase de manejar, clase de manejo driving class • clase ejecutiva (en avión) business class • clase obrera, clase trabajadora working class • clase práctica practical

class • **clase teórica** theory lesson • **clases particulares** private lessons • **clase turista** economy class

clásico¹, -a *adj* **1** (ropa, muebles, estilo) classic **2** (típico) classic **3** (de la antigüedad griega y romana) classical ▶ **MÚSICA clásica**

clásico² *s* **1** (en fútbol) big game: *el clásico América-Millonarios* the big game between America and Millonarios **2** (en literatura, cine) classic

clasificación *s* **1** (acción de clasificarse) qualification: *un partido de clasificación* a qualifier **2** (ordenamiento) classification

clasificar *v* **1** [T] (según un criterio) to classify **2** [I] (en deportes) to qualify
—**clasificarse** *v pron* (en deportes) to qualify • **se clasificó en primer/segundo lugar** he came first/second

clasificatorio, -a *adj* qualifying

clasista *adj* class-conscious

claudicar *v* [I] to give in

claustro *s* **1** (en iglesia) cloister **2** (conjunto de profesores) teaching staff

claustrofobia *s* claustrophobia

claustrofóbico, -a *adj* claustrophobic

cláusula *s* (en documento) clause

clausura *s* **1** (de un local, un negocio) closure **2** (de un evento) **ceremonia/acto de clausura** closing ceremony (pl -nies)

clausurar *v* [T] **1** (por motivos legales) to close down **2** (un evento) to close

clavada *s* (en básquetbol) dunk

clavadista *s* diver

clavado¹, -a *adj* **1** (muy interesado) **estar clavado -a de/con alguien** to be crazy about sb • **estar clavado -a en algo** to be fixated on sth: *Está clavado en su música.* He's fixated on his music. **2** (exacto) **a las dos/tres clavadas** at two/three on the dot

clavado² *s* dive: *una competencia de clavados* a diving competition • **echarse/tirarse un clavado** to dive

clavar *v* [T] **1** (asegurar con clavos) to nail • **clavar algo en algo** to nail sth to sth **2** (meter) **clavar algo en algo** (un puñal, un alfiler) to stick sth in sth; (una estaca, un clavo) to hammer sth into sth • **clavarle las uñas/los dientes a alguien** to sink your nails/teeth into sb **3** **clavar los ojos/la mirada en algo** to stare at sth • **clavarle los ojos/la mirada a alguien** to stare at sb
—**clavarse** *v pron* **1** **clavarse una astilla** to get a splinter • **clavarse una aguja/un alfiler en el dedo** to prick your finger on a needle/pin **2** **clavarse a estudiar** to sit down and do some serious studying

clave¹ *s* **1** (código) code • **en clave** coded **2** **clave (LADA)** area code **3** (de un misterio) key **4** (instrumento) harpsichord
clave de sol/de fa treble/bass clef

clave² *adj* key [solo ante s]: *un factor clave* a key factor

clavel *s* carnation

clavicémbalo *s* harpsichord

clavicordio *s* clavichord

clavícula *s* collarbone

clavija *s* **1** (de sujeción) peg **2** (de guitarra, violín) peg **3** (enchufe) plug: *Le cambié la clavija a la plancha.* I changed the plug on the iron. **4** (de auriculares) jack
EXPRESIONES
apretarle las clavijas a alguien to put pressure on sb

clavo *s* **1** (para clavar) nail **2** (especia) **clavo (de olor)** clove
EXPRESIONES
dar en el clavo to hit the nail on the head

claxon *s* horn • **tocar el claxon** to sound your horn

clemencia *s* mercy, clemency (*más frml*)

clemente *adj* (rey, dios) merciful; (actitud, juez, tratamiento) lenient

cleptomanía *s* kleptomania

cleptómano, -a *s* kleptomaniac

clérigo *s* priest

clero *s* clergy

clic *s* click • **hacer clic (en algo)** to click (on sth) • **hacer doble clic (en algo)** to double-click (on sth)

cliché *s* (estereotipo) cliché

cliente, -a *s* **1** (de una tienda, una empresa, un restaurante) customer **2** (de un hotel) guest **3** (de un profesional) client

clientela *s* **1** (de una tienda, una empresa, un restaurante) customers [pl] **2** (de un hotel) guests [pl] **3** (de un profesional) clients [pl]

clientelismo *s* political patronage

clima *s* **1** (de una región) climate **2** (de una situación) atmosphere **3** **clima (artificial)** air conditioning
EXPRESIONES
al clima at room temperature

climático, -a *adj* climatic: *el cambio climático* climate change

climatizado, -a *adj* **1** (local) air-conditioned **2** (piscina) heated

climatología *s* **1** (estudio) climatology **2** (clima) weather conditions [pl]

clímax *s* climax (pl -xes)

clínica *s* clinic

clínico¹, -a *adj* clinical

clínico², -a *s* (médico) diagnostician

clip *s* **1** (tb **video clip**) video **2** (para papeles) paperclip

clítoris *s* clitoris

cloaca *s* sewer

cloch, cloche *s* clutch (plural -ches)

clon *s* clone ▶ **COMPUTADOR clon, COMPUTADORA clon**

clonación *s* cloning

clonar *v* [T] to clone

cloro *s* chlorine

clorofila *s* chlorophyll

cloroformo *s* chloroform

cloruro *s* chloride
cloruro sódico sodium chloride

clóset, closet *s* closet
EXPRESIONES
salir del clóset to come out

club *s* club: *un club de tenis* a tennis club

clutch *s* clutch (plural -ches) • **meter el clutch** to let the clutch in, to put the clutch down • **sacar el clutch** to release the clutch

cm (abrev de **centímetro**) cm

coacción *s* coercion

coaccionar *v* [T] to coerce • **coaccionar a alguien para que haga algo** to coerce sb into doing sth

coagularse *v pron* (líquido) to coagulate; (sangre) to clot

coágulo *s* clot

coalición *s* coalition

coartada *s* alibi

coartar *v* [T] **1** (a una persona) to inhibit **2** (la libertad) to restrict; (la voluntad) to coerce

cobalto *s* cobalt

cobarde¹ *adj* cowardly • **ser cobarde** to be a coward

cobarde² *s* coward

cobardía *s* cowardice

cobayo, cobaya *s* guinea pig

cobertizo *s* shed

cobertor *s* bedspread

cobertura *s* **1** (de telefonía, televisión) coverage: *una emisora de cobertura nacional* a national radio station **2** (del seguro) cover **3** (de la información) coverage

cobija *s* blanket

cobijar *v* [T] (dar protección a) to shelter
—cobijarse *v pron* to take shelter • **cobijarse de algo** to take shelter from sth

cobra *s* cobra

cobrador, -a *s* (de deudas) collector

cobrar *v*

1 por un servicio o producto
2 al hacer un pago
3 sueldo
4 una pensión
5 un cheque
6 una factura

1 POR UN SERVICIO O PRODUCTO [T] to charge • **cobrarle algo a alguien** to charge sb for sth
2 AL HACER UN PAGO [T] ¿*Me cobra, por favor?* Can I pay, please? • **cobrarle de más/de menos a alguien** to overcharge/to undercharge sb
3 SUELDO (a) [I] (recibir el sueldo) to get paid: *Lo compraré cuando cobre.* I'll buy it when I get paid. **(b)** [T] (ganar) to earn
4 UNA PENSIÓN [T] to draw
5 UN CHEQUE [T] to cash
6 UNA FACTURA [T] to collect payment for
EXPRESIONES
llamar por cobrar to make a collect call • **llamar a alguien por cobrar** to call sb collect
—cobrarse *v pron*
EN COMPENSACIÓN *Vino a mi casa a cobrarse un favor.* He came over to ask me to return a favor.

cobre *s* copper • **una moneda de cobre** a copper coin

cobrizo, -a *adj* copper

cobro revertido *s* **llamar (con/por) cobro revertido** to make a collect call • **llamar a alguien (con/por) cobro revertido** to call sb collect

coca *s* **1** (cocaína) coke **2** (planta) coca

Coca Cola® *s* Coke®

cocaína *s* cocaine

cocainómano, -a *adj* cocaine addict

cocción *s* **1** (de verduras, carne) cooking **2** (del pan) baking **3** (de la cerámica) firing

cocer *v* [T] **1** (la verdura, la carne) to cook; (en agua hirviendo) to boil **2** (el pan) to bake **3** (la cerámica) to fire

coche *s* **1** (vehículo privado) car • **ir en coche** to go by car: *Juan los llevó en coche a la estación.* Juan drove them to the station. **2** (en el tren) car **3** (tirado por caballos) carriage
coche antiguo vintage car • coche bomba car bomb • coche cama sleeper • coche de carreras racing car • coche de época vintage car • coche deportivo sports car • coche fúnebre hearse • coche comedor dining car

cochecito *s* **1** (para llevar al bebé acostado) baby carriage **2** (tipo sillita) stroller

cochera *s* (de coche) garage

cochinada *s* **1** (mala pasada) dirty trick • **hacerle una cochinada a alguien** to play a dirty trick on sb **2** (algo sucio, repugnante) disgusting thing • **dejar algo hecho -a una cochinada** to leave sth in a disgusting state

cochinilla *s* (insecto) cochineal insect

cochino[1], -a *adj* **1** (manos, casa, ropa) filthy **2** (película, libro, chiste) dirty **3** (tramposo) **ser cochino -a** to be a cheat

cochino[2], -a *s* **1** (animal) pig **2** (persona sucia) filthy pig

cochino[3] (tb **cochinito**) *s* **1** (alcancía) piggy bank **2** (ahorro) **hacer su cochinito** to save up

cocido, -a *adj* **1** (no crudo) cooked • **bien cocido -a** (bistec) well done **2** (hervido) boiled

cociente *s* (de una división) quotient
cociente intelectual IQ

cocina *s* **1** (habitación) kitchen **2** (comida) cuisine **3** (actividad) cooking; (materia) cookery **4** (electrodoméstico) stove
cocina a gas gas stove • cocina eléctrica electric stove

cocinar *v* [I] **1** (preparar alimentos) to cook **2** (como tarea doméstica) to do the cooking: *En mi casa cocina mi padre.* In my house my father does the cooking.

cocinero, -a *s* cook

coco *s* **1** (fruto) coconut **2** (cabeza) head • **te/le patina el coco** you're/he's nuts **3** (golpe) **darse un coco** to bang your head **4** (ser imaginario) bogeyman (pl -men)
coco rallado desiccated coconut

cocoa *s* cocoa

cocodrilo *s* crocodile

cocotero *s* coconut palm

coctel, cóctel *s* **1** (bebida) cocktail **2** (reunión) cocktail party (pl -ties)

coctelera *s* cocktail shaker

cocuyo *s* **1** (insecto) firefly (pl -flies), lightning bug **2** (luz) parking light

codazo *s* **darle/pegarle un codazo a alguien** (por descuido o con violencia) to elbow sb; (como señal) to nudge sb • **abrirse paso a codazos (entre algo)** to elbow your way through (sth)

codearse *v pron* **codearse con alguien** to rub shoulders with sb

codera *s* (para deportistas) elbow pad

códice *s* (codex (pl codices)

codicia *s* greed

codiciar *v* [T] to covet

codicioso, -a *adj* greedy

codificar *v* [T] **1** (una imagen) to encode **2** (un archivo) to code **3** (leyes) to codify

código *s* code
código civil civil code • código de barras bar code • código de conducta code of conduct • código de (la) circulación highway code, traffic laws • código genético genetic code • código penal penal code • código postal zip code

codo *s* elbow • **hablar hasta por los codos** to talk incessantly, to talk a blue streak • **empinar el codo** to booze • **trabajar codo con codo** to work together closely

codorniz *s* quail

coeficiente *s* coefficient
coeficiente intelectual IQ

coetáneo, -a *s* contemporary (pl -ries)

coexistencia *s* coexistence

cofia *s* cap

cofradía *s* (de hombres) brotherhood; (de mujeres) sisterhood

cofre *s* chest: *el cofre del tesoro* the treasure chest

coger *v* [T]

1 tomar, agarrar
2 atrapar
3 atropellar
4 el tren, el bus, un avión
5 recoger
6 sorprender
7 entender

C

1 TOMAR, AGARRAR to take: *Coge lo que quieras.* Take whatever you want. • **coger a alguien de la mano** to take sb's hand • **coger el teléfono** to answer the phone
2 ATRAPAR (una pelota, un pez, un ladrón) to catch
3 ATROPELLAR (una persona) to hit
4 EL TREN, EL BUS, UN AVIÓN to catch
5 RECOGER (objetos caídos) to pick up; (flores, setas) to pick
6 SORPRENDER to catch • **coger a alguien haciendo algo** to catch sb doing sth
7 ENTENDER to get: *Nunca coge los chistes.* She never gets jokes.
—cogerse *v pron*
1 SUJETARSE to hold on • **cogerse de algo** to hold on to sth
2 DE LA MANO, DEL BRAZO cogerse a la mano/del brazo to hold each other's hand/to take each other's arm

cogido, -a *adj* **cogidos -as de la mano** hand in hand • **cogidos -as del brazo** arm in arm

cogollo *s* **1 cogollo de lechuga** lettuce heart **2** (centro) heart

cogote *s* back of your neck

coherencia *s* **1** (lógica) coherence **2** (entre los principios y la conducta) consistency

coherente *adj* **1** (explicación, declaración) coherent **2** (actitud, conducta) consistent • **ser coherente con algo** to be consistent with sth

cohesión *s* **1** (de ideas, una exposición) coherence **2** (de un partido, un grupo) cohesion

cohete *s* **1** (nave espacial, proyectil) rocket **2** (en pirotecnia) rocket

cohibir *v* [T] **1** (asustar) to inhibit **2** (reprimir – la libertad) to restrict
—cohibirse *v pron* to be inhibited

coima *s* (dinero) bribe; (acción) bribery

coimear *s* to bribe: *Lo quisieron coimear.* They tried to bribe him.

coincidencia *s* coincidence: *¡Qué coincidencia!* What a coincidence!

coincidir *v* [I] **1** (ocurrir al mismo tiempo) to coincide • **coincidir con algo** to coincide with sth **2** (si crea inconvenientes) to clash: *Me coinciden los horarios de las dos clases.* The times of the two classes clash. **3** (estar en el mismo lugar) to come across each other • **coincidir con alguien** to come across sb **4** (estar de acuerdo) **coincidir con alguien** to agree with sb **5** (versiones, descripciones) to tally

coito *s* intercourse

cojear *v* [I] **1** (persona – por una lesión temporal) to limp; (por una deformidad permanente) to be lame • **cojear de la pierna derecha/izquierda** to be lame in your right/left leg **2** (mueble) to wobble

cojín *s* cushion

cojinete *s* bearing

cojo, -a *adj* (persona, animal) lame • **quedarse cojo -a** to go lame • **ser cojo -a** (persona) to have a limp

col *s* cabbage
coles de bruselas Brussels sprouts

cola *s* **1** (de gente que espera) line: *Hay mucha cola.* There's a long line. • **hacer cola** to wait in line • **saltarse la cola** to cut in line **2** (de un animal) tail **3** (de una persona) butt **4** (bebida) cola **5** (de un avión) tail **6** (de un vestido) train **7** (pegamento) glue • **no pegar ni con cola** (ropa) to clash horribly; (dos personas) to be totally unsuited to each other **8 traer cola** to have serious consequences
cola de caballo (peinado) ponytail

colaboración *s* collaboration • **en colaboración (con alguien)** in collaboration (with sb)

colaborador, -a *s* **1** (ayudante) collaborator **2** (de un periódico o revista) contributor

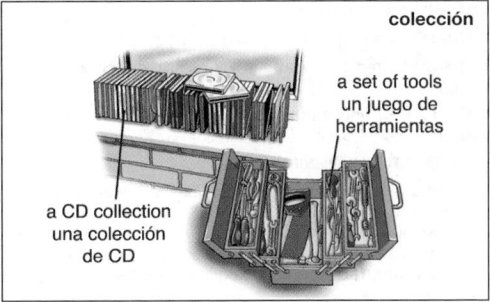

colección

a set of tools
un juego de
herramientas

a CD collection
una colección
de CD

colaborar *v* [I] **1** (contribuir) **colaborar con algo** to contribute sth: *Colaboró con 500 dólares.* He contributed 500 dollars. **2** (ayudar) to help, to collaborate (*más frml*)

colación *s* **sacar/traer algo a colación** to bring sth up

coladera *s* **1** (en la calle) drain **2** (de un lavabo) wastepipe, drain

colador *s* **1** (para pasta, verduras) colander **2** (para té) strainer

colágeno *s* collagen

colapsar *v* **1** [T] (el tráfico, la ciudad) to bring to a standstill; (una calle, el acceso) to block **2** [I] (servicio) to grind to a halt; (servidor) to go down

colapso *s* (paralización – de la economía, un país) collapse; (de negociaciones) breakdown; (de un servidor) failure

colar *v* [T] **1** (pasta, verduras, té) to strain **2** (café) to filter
—colarse *v pron* **1** (en una cola) to cut in line **2** (en una fiesta) to gatecrash • **colarse en una fiesta** to gatecrash a party **3** (en el bus, el tren) to sneak on without paying **4** (en un partido, un concierto) to get in without paying

colcha *s* bedspread

colchón *s* mattress (pl -sses)
colchón inflable airbed

colchoneta *s* **1** (inflable) airbed **2** (para gimnasia) mat

colección *s* collection

coleccionable *adj* collectable

coleccionar *v* [T] to collect

coleccionismo *s* collecting

coleccionista *s* collector

colecta *s* collection • **hacer una colecta** to have a collection

colectividad *s* community (pl -ties) • **en colectividad** as a community

colectivo[1], **-a** *adj* (esfuerzo, convenio) collective; (histeria, suicidio) mass [solo ante s]: *El atentado desató la histeria colectiva.* The attack provoked mass hysteria.

colectivo[2] *s* **1** (colectividad) community (pl -ties) **2** (transporte) in Andean countries, shared taxi that follows a fixed route

colector *s* **1** (de aguas cloacales) sewer; (de aguas pluviales) drainage pipe **2** (en electrónica) collector

colega *s* **1** (de profesión) colleague **2** (amigo) buddy (pl -ddies), pal

colegial, -a *s* **colegial** schoolboy • **colegiala** schoolgirl • **colegiales** schoolchildren

colegiarse *v pron* to become a member of a professional association

colegiatura (que se paga por educación) tuition

colegio *s* **1** (escuela) school • **en el colegio** at school • **ir al colegio** to go to school **2** (asociación) association
colegio de curas Catholic boys' school • colegio de monjas convent school • colegio electoral electoral college • colegio oficial, colegio público public school • colegio particular, colegio privado private school

coleóptero s beetle

cólera[1] s [masc] (enfermedad) cholera

cólera[2] s [fem] (ira) anger • **montar en cólera** to get angry

colérico, -a adj **1** (irascible) quick-tempered **2** (furioso) angry

colesterol s cholesterol

coleta s pigtail: *Se peina de coletas.* She wears pigtails.
▶ ver nota en **PONYTAIL**

EXPRESIONES
cortarse la coleta (abandonar el toreo) to retire from bullfighting; (abandonar cualquier actividad) to call it a day

colgado, -a adj **1** hanging **2 dejar a alguien colgado -a** (no acudir a una cita) to stand sb up **3 quedarse colgado -a** (computador, programa) to crash

colgante s pendant

colgar v **1** [T] (un abrigo, un vestido) to hang up **2** [T] (un cuadro, un espejo) to hang • **colgar algo en algo** to hang sth on sth **3** [T] (en una página web) to post **4** [I] (por teléfono) to hang up • **colgarle a alguien** to hang up on sb **5** [T] (ahorcar) to hang
—colgarse v pron **1** (retrasarse) to be late, to get held up: *Tienes que estar a las siete, no te vayas a colgar.* You have to be there at seven – don't be late. • *Camina rápido, no te cuelgues.* Walk quickly – don't get delayed. **2** (programa, computador) to crash

colibrí s hummingbird

cólico s colic [U] • **estar con cólicos** to have colic
cólico renal renal colic (*técn*) • **tener un cólico renal** to have a kidney stone

coliflor s cauliflower

colilla s cigarette end

colina s hill

colirio s eye drops [pl]

colisión s **1** (entre vehículos) crash (pl -shes) **2** (entre personas, ideas, intereses) clash (pl -shes)
colisión frontal head-on collision • colisión múltiple pile-up

colisionar v [I] **1** (vehículos) to crash • **colisonar con algo** to crash into sth **2** (personas, ideas, intereses) to clash

colitis s colitis • **tener colitis** (diarrea) to have an upset stomach

collage s collage

collar s **1** (alhaja) necklace **2** (de un perro, un gato) collar

collarín s surgical collar

colmar v [T] **1** (un recipiente) to fill to the brim: *una cucharada bien colmada* a heaped tablespoon **2 colmar de atenciones/elogios a alguien** to lavish attention on sb/to shower sb with praise ▶ ser la GOTA que colma el vaso

colmena s beehive

colmillo s **1** (de una persona, un perro) canine **2** (de un elefante) tusk **3** (de un vampiro) fang

colmo s **1 ser el colmo** to be the limit **2 para colmo** to top it all

colocación s **1** (acción) positioning; (de una antena) installation; (de una bomba) planting; (de baldosas) laying **2** (posición) position **3** (empleo) position

colocar v [T] **1** (poner) to put **2** (emplear) **colocar a alguien** to find sb a job
—colocarse v pron (encontrar un empleo) **colocarse de/como algo** to find a job as sth

Colombia Colombia

colombiano[1], -a adj Colombian

colombiano[2], -a s Colombian • **los colombianos** the Colombians

colon s colon

colonia s **1** (territorio) colony (pl -nies) **2** (de extranjeros) community (pl -ties) **3** (perfume – de mujer) cologne; (de hombre) aftershave **4** (barrio) neighborhood • **una colonia residencial** a residential area

colonial adj colonial

colonialismo s colonialism

colonialista s, adj colonialist

colonización s colonization

colonizador, -a s colonizer

colonizar v [T] to colonize

colono, -a s settler

coloquial adj colloquial

coloquio s debate

color s **1** color: *¿De qué color es tu bicicleta?* What color is your bike? • **de color amarillo/verde** yellow/green • **colores primarios** primary colors • **una foto (a/en) color** a color photo • **una impresora (a/en) color** a color printer • **lápices/tizas de colores** colored pencils/chalks **2 ser color de rosa** to be a bed of roses **3 colores** [pl] (lápices) colored pencils, crayons

colorado, -a adj **1 ponerse colorado -a** to blush **2** (grosero) rude, coarse ▶ **ponerse** (ROJO)

colorante s coloring

colorear v [T] to color in

colorete s blush

colorido s **1** (de un animal) coloring; (de un dibujo, unas flores) colors [pl] **2** (de un lugar) color

colosal adj **1** (edificio, estatua, error) huge; (deuda, mentira) massive **2** (extraordinario) sensational

coloso s **1** (estatua) colossus (pl -ses) **2** (persona destacada) giant

columna s **1** (pilar) column **2 columna (vertebral)** spine **3** (en un texto) column **4** (en periodismo) column

columnista s columnist

columpiar v [T] to push on the swing
—columpiarse v pron **1** (balancearse) to swing **2** (equivocarse) to put your foot in it

columpio s swing

coma[1] s [fem] (signo de puntuación) comma

coma[2] s [masc] (en medicina) coma • **estar/entrar en coma** to be in/to go into a coma

comadre s **1** (madrina) godmother **2** (vecina) neighbor **3** (chismosa) gossip

comadreja s weasel

comadrona s midwife (pl -wives)

comal s (para cocinar) griddle • **al comal** grilled: *pescado al comal* grilled fish

comandante s **1** (piloto) captain **2** (grado militar) major
comandante en jefe commander in chief (pl commanders in chief)

comando s **1** (en informática) command **2** (de soldados) commando; (de terroristas) cell: *un comando suicida* a suicide squad

comarca s district

comarcal adj (hospital, consejo) district [solo ante s]; (carretera) minor: *un hospital comarcal* a district hospital

comatoso, -a adj comatose

combate s **1** (militar) combat **2** (en boxeo) fight **3** (lucha) fight

EXPRESIONES
dejar a alguien fuera de combate (a un boxeador) to knock sb out; (a cualquier rival) to completely overwhelm sb

combatiente s soldier • **un/una ex combatiente** a veteran

combatir v **1** [T] to combat **2** [I] to fight • **combatir contra algo/alguien** to fight sth/sb • **combatir por algo** to fight for sth

combativo, -a adj aggressive

combi s minibus (pl -ses)

combinación s **1** (mezcla) combination **2** (de una caja fuerte) combination **3** (prenda) slip

combinado s **1** (cóctel) cocktail **2** (equipo) team

combinar s **1** [I] (armonizar – dos o más cosas) to go together: *Los dos colores no combinan.* The two colors don't go together. • **combinar con algo** to go with sth **2** [T] (mezclar) to combine

combo s **1** (promoción) combo offer **2** (orquesta) combo **3** (de amigos) crowd

combustible s fuel

combustión s combustion

comedero s **1** (para cerdos, vacas) trough **2** (para pájaros) feeder

comedia s comedy (pl -dies)
comedia de situación, comedia de situaciones sitcom • comedia musical musical
hacer (la) comedia to put on an act

comediante, -a s **1** (actor) actor **2** (farsante) fraud

comedido, -a adj (persona) restrained; (tono) measured

comedor s **1** (en una casa) dining room **2** (en un colegio, una fábrica) cafeteria

comelón, -ona adj **ser muy comelón -ona** to be a big eater

comentar v [T] **1** (decir) **comentar que** to mention that • **comentarle algo a alguien** to mention sth to sb **2** (hablar de) to talk about

comentario s **1** (observación) comment • **hacer un comentario** to make a comment • **sin comentarios** no comment **2** (en deportes) commentary (pl -ries)

comentarista s commentator
comentarista deportivo -a sports commentator

comenzar v [I, T] **1** to start **2** **comenzar a hacer algo** to start to do sth

comer v **1** [I, T] (tomar alimentos) to eat • **¡a comer!** your meal's ready! • **darle de comer al perro/gato** to feed the dog/cat • **comer bien/mal** (por costumbre) to eat properly/not to eat properly • **comer como (un) cerdo** to eat like a horse • **comer fuera/afuera** to eat out **2** (al mediodía) **(a)** [I] to have lunch • **¿qué hay de comer?** what's for lunch? **(b)** [T] to have for lunch: *Al mediodía solo come fruta.* She only has fruit for lunch. **3** [T] (en ajedrez, damas) to take: *Le comí la torre.* I took her castle.
—**comerse** v pron **1** to eat: *Se comió toda la pizza.* She ate all the pizza. • **comerse a alguien con los ojos** not to be able to keep your eyes off sb • **está para comérsela** she's gorgeous **2** (al escribir) **comerse algo** to leave sth out **3** (al hablar) **comerse las palabras** to swallow your words • **se come las eses** he doesn't pronounce his s's ▶ **comerse las UÑAS**

comercial¹ adj **1** (de empresas) business [solo ante s]: *una zona comercial* a business district **2** (de países) trade [solo ante s]: *relaciones comerciales* trade relations **3** (que se vende bien) commercial

comercial² s sales rep

comercialización s (de un producto) marketing

comercializar v [T] (un producto) to market

comerciante s storekeeper

comercio s **1** (tienda) store **2** (actividad) trade
comercio electrónico e-commerce • comercio exterior/interior foreign/domestic trade • comercio internacional

(carrera universitaria) international business studies [+v en sing] • comercio justo fair trade

comestible adj edible

comestibles s [pl] food [sing]: *una tienda de comestibles* a grocery store

cometa¹ s [fem] (juguete) kite • **volar una cometa** to fly a kite

cometa² s [masc] (en astronomía) comet

cometer v [T] **1** (un error, una falta) to make **2** (un delito, un pecado) to commit

cómic s **1** (revista) comic **2** (viñetas) comic strip

comicios s [pl] elections

cómico¹, -a adj **1** (divertido) funny **2** **un actor/personaje cómico** a comedy actor/character

cómico², -a s comedian

comida s **1** (alimento) food: *Me encanta la comida china.* I love Chinese food. **2** (al mediodía) lunch (pl -ches): *¿A qué hora es la comida?* What time is lunch? • **a la hora de la comida** at lunchtime **3** (desayuno, almuerzo, cena) meal: *¿Las comidas están incluidas?* Are meals included? **4** **hacer la comida** (del mediodía) to make lunch; (sin especificar la hora) to do the cooking
comida chatarra, comida basura junk food • comida para llevar takeout food • comida preparada, comida lista TV dinners [pl]

comienzo s beginning • **al comienzo** at first • **al comienzo de algo** at the beginning of sth • **a comienzos de siglo/de año** at the beginning of the century/year • **dar comienzo a algo** to begin sth • **desde el comienzo** from the beginning

comillas s [pl] quotation marks • **entre comillas** in quotation marks

comilón, -ona adj **ser muy comilón -ona** to be a big eater

comino s **1** (especia) cumin **2** **me importa un comino** I couldn't care less

comisaría s **1** (de policía) police station **2** (división administrativa) precinct

comisario, -a s **1** (en la policía) captain **2** (de una división administrativa) an official in charge of an administrative area below that of a municipality

comisión s **1** (de dinero) commission **2** (comité) committee

comisura s **la comisura de los labios** the corner of your mouth

comité s committee

comitiva s (de un ministro, una estrella) entourage • **la comitiva oficial/presidencial** the official delegation/the president's entourage

como¹ adv **1** (igual a, del mismo modo que) like: *Quiero unos patines como los de Ana.* I want some skates like Ana's. • *Hazlo como te dijo la maestra.* Do it like the teacher told you. • **como siempre/como de costumbre** as usual • **como si** as if: *Me miró como si no me conociera.* He looked at me as if he didn't know me. **2** (para introducir ejemplos) such as: *anfibios como la rana y el sapo* amphibians such as frogs and toads **3** (aproximadamente) about: *Te lo dije como diez veces.* I've told you about ten times. • *Cuesta como cien dólares.* It costs about a hundred dollars.

⚠ *She has been working like (✗ as) a slave.*
She's 50 years old but behaves like (✗ as) a teenager.

como² conj **1** (según) as: *Como te expliqué, no tengo dinero.* As I explained to you, I don't have any money. **2** (puesto que) as, since: *Como no entendía, le pregunté a la profesora.* Since I didn't understand, I asked the teacher. **3** (si) if: *Como lo pierdas, te mato.* If you lose it, I'll kill you. **4** (que) that: *Vas a ver como le gusta.* She'll like it, you'll see. • *Todos vieron como me pegó.* Everyone saw that he hit me.

como³ *prep* (en el papel de) as: *Lo contrataron como asesor.* They hired him as an adviser.

cómo *adv* **1** (en preguntas directas e indirectas) how: *¿Cómo te sientes?* How do you feel? • *No entiendo cómo funciona.* I don't understand how it works. • **¿cómo es tu hermana/la profesora?** what's your sister/the teacher like? • **¿cómo te llamas/se llama?** what's your name?/ what's his name? **2** (para pedirle a alguien que repita lo que dijo) **¿cómo?** sorry?: *¿Cómo has dicho?* What did you say? **3** (para expresar disgusto o sorpresa) **¿cómo?** what?: –*Perdí los 20 dólares.* –*¿Cómo?* "I lost the 20 dollars." "What?" • **¿cómo que...?** what do you mean...?: *¿Cómo que te olvidaste?* What do you mean, you forgot? **4** (en exclamaciones) *¡Cómo me gusta!* I really like it! • *¡Cómo nos divertimos!* We had a lot of fun! • *¡Cómo llueve!* Boy, is it raining! **5 ¡cómo no!** of course!

cómoda *s* (mueble) chest of drawers

comodidad *s* **1** (conveniencia) convenience **2** (confort) comfort

comodín *s* **1** (con el dibujo del comodín) joker **2** (cualquier carta que toma el valor de otra) wild card

cómodo, -a *adj* **1** (confortable) comfortable • **ponerse cómodo -a** to make yourself comfortable **2** (práctico) convenient: *Me resulta más cómodo tomar el tren.* It's more convenient for me to go by train. **3** (relajado) **sentirse cómodo -a** to feel comfortable **4** (perezoso) lazy: *No seas tan cómoda.* Don't be so lazy.

comodón, -ona *adj* lazy

comorano, -a *s, adj* Comoran

Comoras Comoros

compa *s* buddy (pl -ddies), pal

compact (tb **compact disc**) *s* **1** (disco) CD, compact disc **2** (reproductor) CD player

compacto¹, -a *adj* **1** (masa) solid; (vegetación, muchedumbre) dense **2** (carro, ciudad) compact **3** (equipo, grupo) tight-knit

compacto² *s* **1** (disco) CD, compact disc **2** (aparato) CD player

compadecer *v* [T] **compadecer a alguien** to sympathize with sb
—**compadecerse** *v pron* **compadecerse de alguien** to feel sorry for sb

compadre *s* (amigo) friend, buddy (pl -ddies)

compadreo *s* (en política) cronyism

compaginar *v* [T] (hacer compatible) to combine • **compaginar algo con algo** to combine sth with sth
—**compaginarse** *v pron* (corresponderse) **compaginarse con algo** to square with sth

compañerismo *s* comradeship, camaraderie

compañero, -a *s* **1** (de clase) classmate; (de trabajo) colleague: *Fuimos compañeros de colegio.* We were at school together. • *mis compañeros de mesa* the people sitting at my table **2** (pareja) **compañero -a (sentimental)** partner **3** (en deportes, juegos) partner
compañero -a de armas comrade-in-arms (pl comrades-in-arms) • compañero -a de equipo team-mate • compañero -a de cuarto, compañero -a de habitación room-mate • compañero -a de pupitre, compañero -a de banco *Fue su compañero de pupitre en el colegio.* He used to sit next to him at school. • compañero -a de viaje traveling companion

compañía *s* **1** (empresa) company (pl -nies) • **la compañía de gas/electricidad** the gas/electricity company **2** (acompañamiento) **en compañía de alguien** accompanied by sb • **hacerle compañía a alguien** to keep sb company **3** (personas) company • **malas compañías** [pl] bad company • **sin compañía** alone **4** (actores) company (pl -nies) **5** (soldados) company (pl -nies) ▶ ANIMAL **de compañía**
compañía aérea airline

comparable *adj* **comparable a/con algo** comparable to/with sth

comparación *s* comparison • **en comparación con algo/alguien** compared to sth/sb • **hacer una comparación** to draw a comparison

comparado, -a *adj* (estudio, lingüística) comparative

comparar *v* [T] to compare • **comparar algo/a alguien con algo/alguien** to compare sth/sb to sth/sb

comparativo, -a *adj* **1** (estudio, análisis) comparative **2** (en gramática) comparative

comparecer *v* [I] to appear • **comparecer ante el juez/el tribunal** to appear before the judge/to appear in court

comparsa *s* **1** (en carnaval) a group of people in a carnival wearing the same costume **2** (persona secundaria) minor player

compartimento, compartimiento *s* compartment
compartimento estanco, compartimiento estanco watertight compartment: *Los departamentos funcionan como compartimentos estancos.* The different departments operate totally independently of each other.

compartir *v* [T] to share • **compartir algo con alguien** to share sth with sb

compás *s* **1** (para dibujar) compass (pl -sses) **2** (en navegación) compass (pl -sses) **3** (ritmo) rhythm, beat • **al compás de la música** in time to the music **4** (en una composición musical) bar: *el primer compás* the opening bar
compás de espera **1** (en una situación) stand-off: *Hay un tenso compás de espera en el conflicto.* There is a tense stand-off in the conflict. **2 estar en un compás de espera** to be on hold

compasión *s* compassion • **por compasión** out of pity • **sentir compasión por alguien** to feel pity for sb • **tener compasión de alguien/tenerle compasión a alguien** to have pity on sb

EXPRESIONES
sin compasión without mercy

compasivo, -a *adj* (persona, mirada) compassionate • **ser compasivo -a con alguien** to be understanding toward sb

compatible *adj* **1** (armónico) compatible • **ser compatible con algo** to be compatible with sth **2** (en informática) compatible

compatriota *s* (hombre) fellow countryman (pl -men); (mujer) fellow countrywoman (pl -men)

compendio *s* **1** (resumen) compendium **2** (conjunto de cualidades) synthesis

compenetrarse *v pron* to understand each other • **compenetrarse con algo/alguien** *Espero compenetrarme pronto con el resto del equipo.* I hope to establish a good working relationship with the rest of the team very soon. • *Es el lugar ideal para compenetrarse con la selva amazónica.* It's the ideal place to really get to know the Amazon jungle.

compensación *s* compensation • **en compensación (por algo)** in compensation (for sth), as compensation (for sth)
compensación económica financial compensation

compensar *v* **1** [T] (contrarrestar) to make up for • **compensar algo con algo** to make up for sth with sth **2** [I] (valer la pena) to be worth it • **compensarle a alguien hacer algo** to be worth sb's while to do sth **3** [T] (resarcir) **compensar a alguien por algo** to repay sb for sth **4** [T] (indemnizar) to compensate

competencia *s* **1** (rivalidad) competition • **hacerle la competencia a alguien** to compete with sb **2 la competencia** (los rivales) the competition **3** (deportiva) competition **4** (aptitud) competence **5** (responsabilidad) responsibility (pl -ties) • **ser competencia de alguien** to be sb's responsibility, to be the responsibility of sb

competente *adj* **1** (capaz) competent **2** (con responsabilidad) competent, responsible

competición s competition • **deporte/espíritu de competición** competitive sport/spirit • **bicicleta/carro de competición** competition bicycle/car

competidor, -a s competitor

competir v [I] **1** to compete • **competir con algo/alguien** to compete with sth/sb • **competir por algo** to compete for sth **2** (rivalizar) to rival • **competir con algo/alguien (en algo)** to rival sth/sb (in sth)

competitividad s competitiveness

competitivo, -a adj **1** (persona, espíritu) competitive **2** (precio) competitive: *productos competitivos* competitively-priced products

compilar v [T] **1** (reunir) to compile **2** (en informática) to compile

compinche s **1** (compañero) buddy (pl -ddies), pal **2** (en un delito) accomplice

complacer v [T] **1** (causar placer a) to please • **nos complace anunciar/informar que...** we are pleased to announce that.../to inform you that... **2** (en un deseo) to indulge • **complacer a alguien en algo** to indulge sb in sth

complaciente adj **1** (tolerante) indulgent: *bajo la mirada complaciente del gobierno* under the indulgent eye of the government **2** (propenso a satisfacer) helpful, willing to please

complejidad s complexity (pl -ties)

complejo¹, -a adj complex: *un tema complejo* a complex issue

complejo² s **1** (en psicología) complex (pl -xes) • **tener complejo de algo** to have a complex about sth **2** (instalaciones) complex (pl -xes)
complejo de inferioridad inferiority complex • complejo deportivo sports complex • complejo turístico tourist development

complementar v [T] to complement • **complementar algo con algo** to complement sth with sth
—**complementarse** v pron to complement each other • **complementarse con algo** to be complemented by sth

complementario, -a adj (material, programa, horario) additional, supplementary; (colores, caracteres) complementary

complemento s **1** (para completar, mejorar) complement **2** (accesorio) accessory (pl -ries): *complementos de moda* fashion accessories **3** (retribución adicional) supplement **4** (de un verbo) object
complemento agente agent • complemento circunstancial adverbial • complemento directo direct object • complemento indirecto indirect object • complemento predicativo predicate • complemento vitamínico vitamin supplement

completar v [T] to complete

completo, -a adj **1** (sin faltar nada) complete **2** (lleno - hotel) full **3** (total) complete, total • **un completo misterio/fracaso** a total mystery/failure **4** (perfecto, pleno) accomplished, well-rounded ▶ PENSIÓN completa

por completo completely

complexión s build • **de complexión fuerte/media/delgada** powerfully-built/of medium build/of slim build

complicación s **1** (cosa que complica) complication **2** (cualidad de complicado) complexity

complicado, -a adj complicated

complicar v [T] to complicate: *No compliques más las cosas.* Don't complicate things even more.
—**complicarse** v pron to get complicated: *Las cosas se complicaron cada vez más.* Things got more and more complicated.

cómplice s accomplice • **ser cómplice de/en algo** to be an accomplice to/in sth

complicidad s complicity

complot s conspiracy (pl -cies)

componente¹ s [masc] **1** (sustancia, pieza) component **2** (aspecto) element

componente² s [masc & fem] (miembro) member

componer v [T] **1** (una sinfonía) to compose; (una canción) to write **2** (constituir) to make up
—componerse v pron **componerse de** to be made up of, to consist of

comportamiento s **1** (de una persona, un animal) behavior **2** (de la economía, los mercados) performance

comportar v [T] (implicar) to involve
—comportarse v pron **1** (persona, animal) to behave: *Se comportó como un idiota.* He behaved like an idiot. **2** (economía, mercado) to perform

composición s **1** (en música) composition **2** (redacción) essay, composition

hacerse una composición de lugar to take stock of the situation: *¿Ya se ha hecho una composición de lugar de lo que puede pasar?* Has anyone taken stock of what might happen? • *Me hice una composición de lugar de qué haría yo.* I tried to imagine what I would do.

compositor, -a s composer

compost s compost

compostura s composure • **perder/mantener la compostura** to lose/to maintain your composure

compota s compote, stewed fruit: *compota de manzana* stewed apple

compra s **1** (para el consumo habitual) shopping [U] • **hacer la compra/las compras** to do the shopping **2** (acción de comprar) purchase • **plantearse la compra de algo** to consider buying sth **3** (cosa comprada) buy, purchase (*más frml*) • **ser una buena compra** to be a good buy

ir/salir de compras to go shopping

comprador, -a s buyer, purchaser (*más frml*)

comprar v **1** (a) [T] to buy: *Lo compré por 10 dólares.* I bought it for 10 dollars. • **comprarle algo a alguien (a)** (para alguien) to buy sb sth: *Le voy a comprar un ramo de flores.* I'm going to buy her a bunch of flowers. **(b)** (al que vende) to buy sth from sb: *Como los vendía baratos le compré dos.* As he was selling them cheap, I bought two from him. **(b)** [I] to shop: *los riesgos de comprar por Internet* the risks of shopping online • **ir a comprar** to go shopping **2** [T] (sobornar) to bribe
—comprarse v pron to buy: *Me tuve que comprar una impresora nueva.* I had to buy a new printer. • *Me compré unos bombones.* I bought myself some chocolates.

compraventa s (de inmuebles, carros, objetos) buying and selling; (de acciones, valores) trading: *un contrato de compraventa* a contract of sale

comprender v **1** [I,T] (entender) to understand: *No comprendí la pregunta.* I didn't understand the question. **2** [I,T] (darse cuenta) to realize: *Entonces comprendí que no iba a volver.* Then I realized that she wasn't going to come back. **3** [T] (componerse de) to be made up of: *El país comprende cuatro zonas diferentes.* The country is made up of four different areas. **4** [T] (incluir) to comprise, to include: *El disco comprende doce temas.* The disc comprises twelve songs. **5** [T] (abarcar) to cover: *El primer tomo comprende los años 1800–1848.* The first volume covers the years 1800 to 1848.

comprensible adj understandable

comprensión s **1** (tolerancia) understanding **2** (entendimiento) understanding

comprensivo, -a adj understanding

compresa s (de uso femenino) sanitary napkin

compresor s compressor

comprimido s tablet

comprimir v [T] (en informática) to zip, to compress (*más frml*)

C

comprobación s checking

comprobante s voucher, receipt

comprobar v [T] **1** (verificar) to check **2** (constatar) to see: *Pude comprobar que era cierto.* I could see that it was true.
EXPRESIONES
está comprobado que it has been proved that

comprometedor, -a adj compromising

comprometer v [T] **1** (poner en dificultades) to compromise **2** (poner en peligro) to endanger **3 comprometer a alguien a algo** to commit sb to sth • **comprometer a alguien a hacer algo** to oblige sb to do sth
—comprometerse v pron **1 comprometerse a hacer algo** to commit yourself to do sth, to pledge to do sth (*más frml*): *El gobierno se ha comprometido a reducir las emisiones en un 8%.* The government has committed itself to reducing emissions by 8%. • *Me comprometí a ayudarla.* I promised to help her. **2** (para casarse) to get engaged • **comprometerse con alguien** to get engaged to sb

comprometido, -a adj **1** (situación) awkward **2** (persona) committed **3** (para casarse) **estar comprometido -a (con alguien)** to be engaged to sb

compromiso s **1** (obligación) commitment: *compromisos familiares* family commitments • **hacer algo por compromiso** to feel obliged to do sth, to do sth out of a sense of duty: *Acepté por compromiso.* I felt obliged to accept. • **sin compromiso (a)** (sin obligación) with no obligation: *Pruébelo sin compromiso.* Try it with no obligation. **(b)** (sin pareja) unattached: *soltero y sin compromiso* unmarried and unattached **2** (cita) engagement **3** (situación arriesgada) **poner a alguien en un compromiso** to put sb in an awkward position **4** (para casarse) engagement **5** (social, político) commitment

compuerta s sluicegate • **abrir las compuertas (a algo)** to open the floodgates (to sth)

compuesto¹, -a adj **1 estar compuesto -a de/por** to be made up of **2** (oración, palabra) compound

compuesto² s (en química) compound

compulsar v [T] to certify: *original o copia compulsada del DNI* original or certified copy of identity card

compulsivo, -a adj compulsive

compungido, -a adj (cara, voz, persona) contrite

computación s computing: *ciencias de la computación* computer science

computacional adj computational

computador (tb **computadora**) s computer
computador clon clone computer • computador portátil laptop

computar v **1** [T] (calcular) to calculate **2** [I] (tenerse en cuenta) to count

computarizar v [T] to computerize

computista s programmer

cómputo s (de los gastos, los ingresos) calculation; (de los votos) count

comulgar v [I] (en la religión) to take communion

común adj **1** (frecuente) common: *un error común* a common mistake **2** (normal, no especial) ordinary: *la gente común* ordinary people • **común y corriente/silvestre** perfectly ordinary: *una persona común y corriente* a perfectly ordinary person **3** (compartido) common: *Tienen características comunes.* They have some common characteristics. ▸ DENOMINADOR **común**, SENTIDO **común**
EXPRESIONES
en común (a) (conjuntamente) together: *Lo decidimos en común.* We decided together. • *La vida en común no es fácil* Living together isn't easy. **(b)** (compartido) in common • **tener mucho/muy poco en común** to have a lot/very little in common • **por lo común** generally

comuna s (comunidad) commune

comunicación s **1** (entre personas) communication: *un sistema de comunicación* a communication system • **estar/ponerse en comunicación con alguien** to be in contact with sb/to contact sb **2** (entre lugares) communications [pl] **3 comunicaciones** [pl] (conjunto de medios) communications **4** (en un congreso) paper

comunicado s (declaración) statement; (oficial) communiqué

comunicar v **1** [T] **comunicarle algo a alguien** to inform sb of sth • **comunicarle a alguien que** to inform sb that **2** [T] (dos lugares) **comunicar algo con algo** to link sth to sth **3** [T] (por teléfono) to put through: *¿Me comunica con Ventas?* Could you put me through to Sales?
—comunicarse v pron **1** (relacionarse, transmitirse información) to communicate **2** (ponerse en contacto) to get in touch • **comunicarse con alguien** to get in touch with sb **3** (habitaciones) to be connected

comunicativo, -a adj (persona) communicative

comunidad s community (pl -ties)

comunión s communion • **hacer la (primera) comunión** to take (your first) communion

comunismo s communism

comunista adj, s communist

comunitario, -a adj **1** (de una comunidad) community [solo ante s], communal: *complejo privado con piscina comunitaria* private complex with communal swimming pool **2** (de la Unión Europea) Community [solo ante s], EU [solo ante s]: *pasaporte comunitario* Community passport

con prep

1 indicando compañía, instrumento
2 indicando manera
3 indicando trato, relación
4 indicando causa
5 con alimentos, bebidas
6 así que
7 condición

1 INDICANDO COMPAÑÍA, INSTRUMENTO with: *Ven con nosotros.* Come with us. • *¿Con qué lo abriste?* What did you open it with? • *un niño con pecas* a boy with freckles • *Estaba satisfecha con el trabajo que habían hecho.* She was happy with the work they'd done.
2 INDICANDO MANERA con *cuidado* carefully • *con ironía* ironically • *con amor* lovingly • *Con gritar no vas a lograr nada.* Shouting will get you nowhere. • *Con eso solo vas a crear más problemas.* You'll only create more problems that way.
3 INDICANDO TRATO, RELACIÓN to, toward: *Es muy fría con él.* She's very cold toward him. • **ser amable/cruel con alguien** to be kind/cruel to sb
4 INDICANDO CAUSA *Me desperté con la lluvia.* The rain woke me up. • *Con la prisa, me olvidé las llaves.* I forgot my keys in the rush. • *La bacteria se destruye fácilmente con el calor.* The bacterium is easily killed by heat. • **con lo que...** *Con lo que ha estudiado, debería irle bien.* She should do well, after all the studying she's done. • **con lo... que** *Con lo tonto que es, ¿cómo no lo echan?* He's such a fool I'm surprised they don't fire him.
5 CON ALIMENTOS, BEBIDAS and: *pan con mantequilla* bread and butter • *galletas con queso* cheese and crackers
6 ASÍ QUE con que so: *Con que no quieres ir.* So you don't want to go, then.
7 CONDICIÓN con (tal de) que as long as: *Con que sepas inglés, el puesto es tuyo.* As long as you know English, the job's yours.

conato s attempt: *Ante un conato de incendio, mantenga la calma.* If fire breaks out, stay calm. • *su frustrado conato de fuga* his failed escape attempt • *un conato de golpe de estado* an attempted coup

cóncavo, -a adj concave

concebir v **1** [T] (una idea) to conceive; (un plan) to devise **2** [T] (imaginar) to imagine, to conceive **3** [I,T] (embarazada) to conceive

conceder v [T] **1** (un préstamo, una entrevista) to give, to grant (*más frml*); (un deseo) to grant; (una beca, un premio) to give, to award (*más frml*) • **concederle algo a alguien** to give sb sth, to grant sb sth • **concederle importancia a algo** to attach importance to sth **2** (admitir) to admit

concejal, -ala s councilor

concejo s **1** (corporación) town council, city council **2** (edificio) town hall, city hall

concentración s **1** (de la atención) concentration **2** (manifestación) rally (pl -llies), demonstration **3** (de una sustancia) concentration **4** (acumulación) concentration **5** (en deportes) pre-game preparation ▶ CAMPO de **concentración**

concentrado, -a adj **1** (atento) **estar concentrado -a (en algo)** to be concentrating (on sth) **2** (sustancia) concentrated **3** (acumulado) concentrated

concentrar v [T] **concentrar la atención en algo** to focus your attention on sth • **concentrar los esfuerzos en algo** to concentrate your efforts on sth
—**concentrarse** v pron **1** (fijar la atención) **concentrarse (en algo)** to concentrate (on sth): *Le cuesta concentrarse.* He finds it hard to concentrate. **2** (reunirse) to gather

concéntrico, -a adj concentric

concepción s **1** (de ideas, proyectos) conception **2** (de un niño) conception: *la Inmaculada Concepción* the Immaculate Conception **3** (interpretación) understanding: *una concepción marxista de la historia* a Marxist understanding of history • *Ellos tienen otra concepción de la muerte.* They see death in a different way.

concepto s **1** (idea) concept **2** (opinión) opinion • **tener buen/mal concepto de alguien** to have a high/low opinion of sb
EXPRESIONES
bajo ningún concepto under no circumstances • **en concepto de** by way of

concerniente adj **concerniente a** regarding, concerning • **en lo concerniente a** with regard to

concernir v [I] to concern
EXPRESIONES
en lo que a mí concierne as far as I'm concerned • **en lo que concierne a** as regards

concertar v **1** [T] (una cita) to arrange; (un acuerdo) to reach; (un precio, unas condiciones) to agree on **2** [I] (en gramática) to agree: *El adjetivo concierta con el nombre en género y número.* The adjective agrees with the noun in gender and number.

concertista s [masc & fem] concert performer

concesión s **1** (hecho de ceder) concession • **hacer concesiones** to make concessions **2** (de un crédito, un subsidio) granting **3** (permiso oficial) franchise

concesionario s dealer

concha s **1** (de un molusco, una tortuga) shell **2** (material) tortoiseshell

conciencia s **1** (moral) conscience **2** (percepción) awareness • **tener/tomar conciencia de algo** to be/to become aware of sth
EXPRESIONES
hacer algo a conciencia to do sth correctly or well: *Límpiate la cara a conciencia antes de ir a la cama.* Clean your face properly before going to bed. • *trabajar a conciencia* to work hard • **me/le remuerde la conciencia** I feel/he feels guilty, it's on my/his conscience • **tener la conciencia tranquila** to have a clear conscience

concientizar v [T] **concientizar a alguien de/sobre algo** to raise sb's awareness of sth • **concientizar a alguien de que** to make sb aware that
—**concientizarse** v pron **concientizarse de/sobre algo** to become aware of sth • **concientizarse de que** to become aware that

concienzudo, -a adj **1** (persona) conscientious **2** (trabajo) thorough

concierto s **1** (actuación) concert **2** (obra) concerto

conciliar v [T] to reconcile • **conciliar algo con algo** to reconcile sth with sth ▶ **conciliar el** SUEÑO

concilio s council

conciso, -a adj concise

concluir v **1** [T] (unas obras, un trabajo) to finish; (un discurso) to end, to conclude (*más frml*); (un acuerdo) to conclude **2** [T] (deducir) to conclude: *Concluyeron que era culpable.* They concluded that he was guilty. **3** [I] (llegar a su fin) to end: *Las clases concluyen la próxima semana.* School ends next week.

conclusión s **1** (deducción) conclusion • **en conclusión** in conclusion, in short • **llegar a la conclusión de que** to come to the conclusion that • **sacar una conclusión (de algo)** to draw a conclusion (from sth) • **sacar la conclusión de que** to come to the conclusion that **2** (finalización – de obras, un trabajo) completion; (de un acto, un concierto) end: *No hay un plazo para la conclusión de las obras.* There is no completion date for the work.

concluyente adj conclusive

concordancia s (en gramática) agreement

concordar v [I] **1** (estar de acuerdo) to agree: *Sus dos relatos no concuerdan.* Their two versions don't agree. • **concordar con algo** to agree with sth **2** (en gramática) to agree

concordia s harmony

concretamente adv **1** (específicamente) specifically **2** (de forma concreta) precisely

concretar v [T] **1** (una fecha) to set: *Concretamos la fecha.* We set the date. **2** (detalles) to settle: *Hay que concretar los detalles del viaje.* We need to settle the travel arrangements.

concreto¹ s (material) concrete

concreto², -a adj **1** (dato, pregunta) specific: *Hazle preguntas concretas.* Ask him specific questions. **2** (fecha, hora) definite: *Fijemos una hora concreta.* Let's agree on a definite time. **3** (no abstracto) concrete
EXPRESIONES
en concreto to be precise: *Nació en Andalucía, en concreto en Granada.* He was born in Andalusia, in Granada to be precise. • **referirse a algo/alguien en concreto** to refer to sth/sb in particular

concurrencia s **1** (espectadores) audience **2** (de circunstancias) combination

concurrido, -a adj (bar, restaurante) busy • **estar muy concurrido -a** to be very busy, to be very crowded

concursante s contestant

concursar v [I] to take part • **concursar para/por algo** to compete for sth

concurso s **1** (competición) competition: *Hubo un concurso de disfraces.* There was a costume competition. **2** (programa de TV) game show **3** (para adjudicar una obra) competition • **sacar algo a concurso** to open sth to bids or applications **4** (para un cargo) competition based on qualifications
concurso de belleza beauty contest

condado s county (pl -ties)

conde, -esa s **1** (en Gran Bretaña) **conde** earl • **condesa** countess (pl -sses) **2** (en otros países) **conde** count • **condesa** countess (pl -sses)

condecoración s medal

condecorar v [T] to decorate: *Lo condecoraron por su valor.* He was decorated for bravery. • **condecorar a alguien con algo** to award sb sth

condena s **1** (pena impuesta) sentence • **cumplir su condena** to serve your sentence **2** (repudio) condemnation

condenado¹, -a *adj* (maldito) darn: *¡Estos condenados zapatos están acabando con mis pies!* These darn shoes are killing my feet!

condenado², -a *s* convicted prisoner • **un condenado/una condenada a muerte** a condemned man/woman

EXPRESIONES

como un condenado *Trabajé como un condenado todo el fin de semana.* I worked like mad the whole weekend. • *El chico gritaba como un condenado.* The kid was shouting his head off. • *Corría como un condenado.* He was running like crazy.

condenar *v* [T] **1** (castigar) **condenar a alguien a algo** to sentence sb to sth: *Lo condenaron a dos años de cárcel.* He was sentenced to two years in prison. • *Fueron condenados a muerte.* They were sentenced to death. They were condemned to death. • *Fue condenado a pagar una multa.* He was ordered to pay a fine. • **condenar a alguien por algo** to convict sb of sth: *Lo condenaron por robo.* He was convicted of robbery. **2** (reprobar) to condemn: *Condenamos el atentado terrorista de ayer.* We condemn yesterday's terrorist attack. **3** (predestinar) **estar condenado -a a algo** to be doomed to sth: *El proyecto está condenado al fracaso.* The project is doomed to failure. • *Estamos condenados a entendernos.* We have to understand each other whether we like it or not.

condensación *s* condensation

condensado, -a *adj* condensed ▶ **LECHE condensada**

condensador *s* condenser

condensar *v* [T] **1** (un líquido, vapor) to condense **2** (sintetizar) to condense
—**condensarse** *v pron* (gas, vapor) to condense

condición *s*

1 requisito
2 situación
3 estado
4 aptitudes
5 categoría social
6 situación especial

1 REQUISITO condition • **con una condición** on one condition • **a condición de que/con la condición de que** on condition that
2 SITUACIÓN **condiciones** [pl] conditions: *Viven en condiciones espantosas.* They live in appalling conditions.
3 ESTADO **en buenas/malas condiciones** in good/bad condition • **no estar en condiciones de hacer algo (a)** (física o mentalmente) to be in no condition to do sth: *No está en condiciones de conducir.* She's in no condition to drive. **(b)** (por las circunstancias) not to be in a position to do sth: *No estaba en condiciones de devolver el dinero.* He was not in a position to repay the money.
4 APTITUDES **condiciones** [pl] talent [U]: *Tiene condiciones para la pintura.* She has a talent for painting. • *No reúne las condiciones para ser profesor.* He's not cut out to be a teacher.
5 CATEGORÍA SOCIAL class, social class • **de condición humilde** of humble origins
6 SITUACIÓN ESPECIAL **mi condición de jubilado/famosa...** being retired/famous...: *Ocultó su condición de seropositivo.* He hid the fact that he was HIV positive. • **en su condición de parlamentario/presidente** in his/her capacity as a member of parliament/as president
condiciones de trabajo working conditions • **condiciones de vida** living conditions

condicional *adj, s* conditional

condicionante¹ *adj* determining

condicionante² *s* determining factor

condicionar *v* [T] **1** (hacer depender) **condicionar algo a algo** to make sth conditional on sth **2** (determinar) to determine

condimentar *v* [T] **1** (con sal, pimienta) to season **2** (una ensalada) to dress

condimento *s* seasoning [U]: *condimento para aves* seasoning for poultry

condolencia *s* **un mensaje/un telegrama de condolencia** a message/a telegram of condolence • **mis más sinceras/profundas condolencias** my sincerest/deepest condolences

condón *s* condom

condonar *v* [T] (una deuda) to cancel

cóndor *s* condor

conducción *s* (de vehículos) driving

conducir *v* **1** [I,T] (en un vehículo) to drive: *¿Sabes conducir?* Can you drive? • *Conduce un taxi.* He's a taxi driver. **2** [I] (llevar) **conducir a algo** to lead to sth: *Esa carretera conduce a la costa.* That road leads to the coast. • *Son discusiones que no conducen a nada.* These arguments get us nowhere. **3** [T] (guiar) **conducir a alguien a un lugar** to lead sb somewhere **4** [T] (llevar) to carry **5** [T] (dirigir) to run: *Conduce los negocios familiares desde hace mucho tiempo.* He has been running the family business for a long time. **6** [T] (un programa de televisión) to present **7** [T] (propagar) to conduct

conducta *s* behavior

conducto *s* **1** (tubo) pipe **2** (en el cuerpo humano) duct **conducto auditivo** ear canal • **conducto biliar** bile duct • **conducto digestivo** digestive tract • **conducto respiratorio** respiratory tract

conductor¹, -a *s* **1** (de un vehículo) driver **2** (de un programa de televisión, radio) presenter

conductor² *s* (del calor, la electricidad) conductor

conectar *v* [T] **1** (un aparato – a otro aparato) to connect; (a la corriente) to plug in: *Se puede conectar la cámara al computador.* The camera can be connected to the computer. • *Asegúrese de que esté conectado a una toma de corriente.* Make sure it's plugged in. **2** (dos lugares) to link • **conectar algo con algo** to link sth to sth **3** (el teléfono, el gas) to connect
—**conectarse** *v pron* **1** (a Internet) to connect: *Me conecto a Internet por las noches.* I go on the Internet at night. **2** (ponerse en contacto) **conectarse con alguien** to get in touch with sb, to contact sb **3** (en televisión, radio) **conectarse con alguien** to go to sb: *Nos conectamos ahora con nuestro enviado a Jerusalén.* We are going now to our Jerusalem correspondent.

conectividad *s* connectivity

conejillo de Indias *s* guinea pig

conejo, -a *s* rabbit

conexión *s* **1** (informática) connection: *Tengo problemas con la conexión a Internet.* I'm having problems with my Internet connection. **2** (vinculación) connection **3 conexiones** [pl] (relaciones, conocidos) connections

confección *s* **1** (de ropa – de hombre) tailoring; (de mujer) dressmaking: *la industria de la confección* the clothing industry **2** (de objetos, artefactos) making: *artesanos especializados en la confección de guantes* craftsmen who specialize in the making of gloves • *la confección de páginas web* the construction of webpages **3** (de documentos) drawing up

confeccionar *v* [T] **1** (ropa) to make **2** (un objeto, un artefacto) to make **3** (un documento) to draw up

conferencia *s* **1** (charla, exposición) lecture: *una conferencia sobre Cervantes* a lecture on Cervantes **2** (congreso) conference **3** (telefónica) call
conferencia de prensa press conference

⚠ *Professor Jackson gave the inaugural lecture* (✗ *conference*) *at our annual conference.*

conferencista *s* speaker

conferir *v* [T] **conferirle algo a alguien/algo** to give sth to sb/sth, to lend sth to sb/sth (*más frml*)

confesar *v* [T] **1** to confess: *Confesó que había sido él.* He confessed that it had been him. • **confesar la verdad** to tell the truth • **confesar un delito** to confess to

a crime • **confesar haber hecho algo** to confess to having done sth   **2** (sacerdote) **confesar a alguien** to hear sb's confession
—confesarse *v pron* **1** (con un sacerdote) to go to confession   **2** (reconocer) to confess: *Se confesó culpable del asesinato.* He confessed to the murder.

confesión *s* **1** (de culpabilidad) confession   **2** (en la iglesia) confession   **3** (creencia) faith

confesionario *s* confessional

confesor *s* confessor

confeti *s* confetti

confiable *adj* **1** (información) reliable   **2** (persona) reliable, trustworthy ▶ **reliable** implica una persona responsable, formal, y **trustworthy** que merece confianza por su honestidad

confiado, -a *adj* **1** (con seguridad) confident: *Estoy confiado, vamos a ganar.* I'm confident we're going to win.   **2** (con exceso de confianza) trusting

confianza *s* **1** (fe) confidence: *personas que no inspiran confianza* people who don't inspire confidence • **tener confianza en alguien** to trust sb • **tener confianza en sí mismo -a** to be self-confident, to have self-confidence: *Tiene mucha confianza en sí misma.* She is very self-confident.   **2 ser de confianza** (formal) to be reliable; (honrado) to be trustworthy   **3 tener confianza con alguien** to know sb well

EXPRESIONES
en confianza in confidence

confianzudo, -a *adj* forward, familiar

confiar *v* **1** [I] (tener confianza) **confiar en alguien** to trust sb: *Confía en mí.* Trust me.   **2** [I] (esperar) **confiar en algo** *Confiamos en la victoria.* We are confident of victory. • *No confíes en la suerte.* Don't trust to luck. • **confiar en que** to hope that   **3** [T] (encargar) **confiar algo/el cuidado de algo a alguien** to entrust sb with sth/with taking care of sth   **4** [T] (contar) **confiarle algo a alguien** to confide sth to sb: *Me confió un secreto.* She confided a secret to me.
—confiarse *v pron* to be overconfident

confidencia *s* secret, confidence (*más frml*)

confidencial *adj* confidential

confidencialidad *s* confidentiality

confidente, -a *s* **1** (de la policía) informer   **2** (amigo – hombre) confidant; (mujer) confidante

configuración *s* **1** (en informática) configuration   **2** (elaboración) shaping; (de una lista) drawing up: *el papel de la genética en la configuración de la mente humana* the role of genes in the shaping of the human mind   **3** (estructura) shape; (de una ciudad, un edificio) layout

configurar *v* [T] **1** (dar forma a) to shape   **2** (en informática) to configure

confines *s* [pl] **en los confines de la tierra/ciudad** at the ends of the earth/on the outskirts of the city: *los confines de Colombia y Brasil* the border between Colombia and Brazil

confirmación *s* **1** (de la presencia, una sospecha, una reserva) confirmation   **2** (sacramento) confirmation

confirmar *v* [T] **1** (la presencia, una sospecha, una reserva) to confirm: *¿Confirmaste el vuelo?* Have you confirmed the flight?   **2** (en la iglesia) to confirm
—confirmarse *v pron* (en la iglesia) to be confirmed

confiscar *v* [T] to confiscate, to seize (*más frml*)

confite *s* piece of candy • **confites** [pl] candy

conflictividad *s* conflict, disputes [pl]

conflictivo, -a *adj* **1** (que provoca conflictos) difficult, contentious   **2** (que sufre conflictos) troubled

conflicto *s* conflict
conflicto bélico armed conflict • el conflicto generacional the generation gap

confluencia *s* (de calles, carreteras) junction; (de ríos) confluence

confluir *v* [I] **1** (calles, carreteras) to meet; (ríos) to flow into each other   **2** (personas) to gather

conformarse *v pron* **conformarse con algo (a)** (resignarse) to make do with sth, to settle for sth: *Se tuvo que conformar con la mitad.* He had to settle for half.   **(b)** (contentarse) to be happy with sth: *¡No te conformas con nada!* You're never satisfied!

conforme[1] *adj* **estar conforme (con algo)** to be happy (with sth)

EXPRESIONES
conforme a algo in accordance with sth

conforme[2] *adv* **1** (de acuerdo con) as: *Lo hice conforme me lo pediste.* I did as you asked.   **2** (a medida que) as: *Conforme entraban, se sentaban.* As they came in they sat down.

conformidad *s* (acuerdo) consent

EXPRESIONES
de/en conformidad con in accordance with

conformismo *s* conformism

conformista *s, adj* conformist

confort *s* comfort

confortable *adj* comfortable

confortar *v* [T] **1** (consolar) to comfort   **2** (dar fuerza a) *Un té caliente te confortará.* A hot cup of tea will make you feel better.

confraternizar *v* [I] **confraternizar con alguien** (con el enemigo) to fraternize with sb; (con amigos, compañeros) to socialize with sb

confrontación *s* **1** (enfrentamiento) confrontation   **2** (comparación) comparison

confrontar *v* [T] **1** (personas) to bring face to face   **2** (documentos, declaraciones) to compare   **3** (toparse con – problemas, dificultades) to face, to confront (*más frml*)   **4** (abordar – un problema) to tackle, to deal with: *No es la mejor forma de confrontar el problema.* That's not the best way to tackle the problem.

confundir *v* **1** [T] (desorientar) to confuse: *Me estás confundiendo.* You're confusing me.   **2** [I] (ser confuso) to be confusing: *Esos carteles confunden.* Those signs are confusing.   **3** [T] **confundir a alguien con alguien** to mistake sb for sb: *Me confundió con mi hermana.* He mistook me for my sister. • *Siempre nos confunden por teléfono.* They always get us mixed up on the phone.
—confundirse *v pron* **1** (equivocarse) to make a mistake • **me confundí de puerta/de casa** I got the wrong door/house: *Se confundió de palabra.* He used the wrong word.   **2** (mezclarse) *El espía se confundió entre la multitud.* The spy disappeared in the crowd. • *Sus voces se confundían en el griterío.* Their voices were lost in all the shouting.

confusión *s* **1** (equivocación) mix-up: *Hubo una confusión con los nombres.* There was a mix-up with the names.   **2** (desconcierto) confusion

confuso, -a *adj* **1** (idea, explicación) confused   **2** (recuerdo) hazy

congelación *s* **1** (de comida, líquido) freezing   **2** (de dedos, pies) frostbite   **3** (de salarios, pensiones) freeze

congelado, -a *adj* **1** (comida) frozen   **2 estar congelado -a (a)** (persona) to be freezing: *Estoy congelada.* I'm freezing.   **(b)** (agua, comida) to be frozen; (lago) to be frozen over   **3 congelados** [pl] frozen food [+v en sing]

congelador *s* **1** (electrodoméstico) freezer   **2** (de un refrigerador) freezer compartment

congelar *v* [T] **1** (la comida) to freeze   **2** (los salarios, las pensiones) to freeze
—congelarse *v pron* **1** (agua, río) to freeze: *En invierno se congela el arroyo.* The stream freezes in winter.   **2** (persona) **congelarse (de frío)** to freeze: *¡Me estoy congelando de frío!* I'm freezing!

C

congeniar v [I] to get along: *No sé si congenia demasiado con ella.* I don't know if he gets along with her very well. • *Ambos congeniaron inmediatamente.* They hit it off immediately.

congénito, -a adj congenital

congestión s **1** (en la nariz, el cerebro) congestion **2** (de vehículos) congestion

congestionado, -a adj (calle, zona) congested, busy

conglomerado s **1** (roca) conglomerate **2** (de empresas) conglomerate

Congo el Congo (the) Congo

congoleño, -a s, adj Congolese

congratularse v pron **congratularse de/por algo** to be pleased at/about sth • **congratularse de que** to be pleased that

congregar v [T] to bring together
—**congregarse** v pron to gather, to congregate (*más frml*)

congresista (tb **congresal**) s **1** (parlamentario) (hombre) congressman (pl -men); (mujer) congresswoman (pl -women) **2** (delegado) conference delegate; (en un congreso científico) conference participant

congreso s **1** (reunión) conference **2 el Congreso (de los Diputados) (a)** (la institución) the Congress (of Deputies) **(b)** (el edificio) Congress, the Congress building

congrio s conger eel

cónico, -a adj conical

conjetura s conjecture: *Eso no son más que conjeturas.* That is pure conjecture. • **hacer conjeturas (con algo)** to speculate (about sth)

conjugación s conjugation

conjugar v [T] **1** (un verbo) to conjugate **2** (combinar) to combine

conjunción s (en gramática) conjunction

conjuntamente adv jointly • **conjuntamente con** together with

conjuntivitis s conjunctivitis

conjunto s **1** (de ropa) outfit: *un conjunto ideal para una boda* an ideal outfit for a wedding • *un conjunto de falda y suéter* a matching skirt and sweater **2** (de música popular) group, band **3** (de música clásica) ensemble **4** (de obras) collection: *un conjunto de fotografías* a collection of photographs **5** (en matemática) set
EXPRESIONES
en conjunto on the whole

conjura s conspiracy (pl -cies)

conjuro s spell

conllevar v [T] to involve, to entail (*más frml*)

conmemoración s commemoration

conmemorar v [T] to commemorate

conmemorativo, -a adj commemorative: *un acto conmemorativo del centenario del museo* a ceremony commemorating the museum's centenary

conmigo pron with me: *¿Vienes conmigo?* Are you coming with me? • *Eso no va conmigo* That's not my style, I'm not like that. • **habló/fue simpático conmigo** he spoke to me/was nice to me • **conmigo mismo -a** with myself

conmoción s shock
conmoción cerebral concussion

conmocionar v [T] to shock

conmovedor, -a adj moving, touching

conmover v [T] **1** (emocionar) to move: *La escena la conmovió.* The scene moved her. **2** (estremecer) to shake: *La noticia conmovió a la población.* People were shaken by the news.

—**conmoverse** v pron to be moved: *Me conmoví con su actuación.* I was moved by her performance.

conmutador s switchboard

conmutar v [T] (una pena) to commute • **conmutar algo por algo** to commute sth to sth

connotación s connotation

cono s cone

conocer v [T] **1** (tener trato con) to know: *La conozco desde hace mucho.* I've known her for a long time. • *A Luis lo conozco muy bien.* I know Luis very well. **2** (por primera vez) to meet: *La conocí en una fiesta.* I met her at a party. • *Todavía no conozco a tu novio.* I haven't met your boyfriend yet. **3** (una ciudad, un país – visitar) to go to; (tener conocimiento de) to know: *Me gustaría conocer Rusia.* I'd like to go to Russia. • *¿Conoces Montreal?* Have you been to Montreal? **4** (saber de la existencia de) to know of: *¿Conoces algún dentista bueno?* Do you know of a good dentist?
—**conocerse** v pron to meet: *Se conocieron en el 99.* They met in 1999.
EXPRESIONES
no lo/la conozco de nada I don't know him/her from Adam • **se conoce que** apparently

⚠ Cuando se trata de conocer a alguien por primera vez, en inglés se usa **meet**:
Two weeks ago he met (✗ knew) a Mexican girl.
The second day I was here I met (✗ knew) a beautiful English girl.
She met (✗ knew) her husband 5 years ago.

conocido¹, -a adj **1** (famoso) well-known: *una actriz conocida* a well-known actress **2** (familiar) familiar: *Aquí hay muchas caras conocidas.* There are a lot of familiar faces here. • *Ese tipo me resulta conocido.* That guy looks familiar.

conocido², -a s acquaintance: *un conocido mío* an acquaintance of mine

conocimiento s **1** (saber) knowledge **2** (sentido) consciousness • **sin conocimiento** unconscious • **perder/recobrar el conocimiento** to lose/to regain consciousness **3 conocimientos** [pl] (nociones) knowledge [+v en sing]: *Tiene conocimientos de inglés.* She has some knowledge of English.
EXPRESIONES
hablar/actuar con conocimiento de causa to know what you are talking about/what you are doing

Cono Sur s Southern Cone

conque conj so: *¿Conque no tienes ganas de estudiar?* So you don't feel like studying, eh?

conquista s **1** (de un territorio) conquest **2** (logro) achievement **3** (persona) conquest

conquistador, -a s **1** (de América) conquistador (pl conquistadors) **2** (de otras regiones) conqueror

conquistar v [T] **1** (un territorio) to conquer **2** (cautivar) **conquistar a alguien** to win sb's heart

consabido, -a adj **1** (conocido) well-known **2** (habitual) usual

consagración s **1** (conquista de la fama) **una obra que supuso su consagración como compositor/actor** a work which established him as a composer/an actor **2** (dedicación) devotion **3** (del pan y el vino) consecration

consagrar v [T] **1** (dar fama a) to establish **2** (dedicar) to devote **3** (el pan y el vino) to consecrate
—**consagrarse** v pron **consagrarse a algo** to devote yourself to sth

consciencia s ▶ CONCIENCIA

consciente adj **1 ser/estar consciente de algo** to be aware of sth: *No es consciente del peligro.* He is not aware of the danger. **2 estar consciente** to be conscious

conscripción s **hacer la conscripción** to do your military service

conscripto s conscript

consecuencia s consequence • **a/como consecuencia de algo** as a result of sth • **en consecuencia** (por tanto) consequently • **actuar/obrar en consecuencia** to act accordingly • **tener/traer consecuencias** to have consequences • **sufrir/pagar las consecuencias** to suffer/to pay the consequences

consecuente adj **1** (coherente) consistent • **ser consecuente con algo** to be consistent with sth **2** (resultante) consequent

consecutivo, -a adj consecutive: *números consecutivos* consecutive numbers • **ganar cinco partidos/años consecutivos** to win five games/years in a row

conseguir v [T] **1** (obtener) to get: *Consiguió una beca para estudiar en Canadá.* He got a scholarship to study in Canada. • *No consigue trabajo.* He can't get a job. • *¿Conseguiste entradas?* Did you manage to get tickets? • *No conseguimos lugar para sentarnos.* We couldn't find a place to sit. **2** (lograr – un objetivo, una meta) to achieve; (un premio) to win: *Consiguió el primer premio.* She won first prize. • **conseguir hacer algo** to manage to do sth: *Al final consiguió convencerla.* He managed to persuade her in the end. • **conseguir que alguien haga algo** to manage to get sb to do sth: *Conseguí que me lo prestara.* I managed to get him to lend it to me.

⚠ ✔ He finally managed to persuade them.
✔ He finally succeeded in persuading them.
Cuando quieres hacer hincapié en la dificultad de conseguir algo o en el proceso de conseguirlo, más que en el resultado, se prefiere **manage** a **succeed**, sobre todo en construcciones interrogativas o negativas:
It's so heavy. I'll never manage (✗ succeed) to lift it.
I have to go now. Can you manage (✗ succeed) to finish that by yourself?

consejero, -a s **1** (asesor) adviser **2** (matrimonial, psicológico) counselor
consejero -a delegado -a chief executive

consejo s **1** (sugerencia) advice [U] • **darle un consejo a alguien** to give sb a piece of advice: *Me dio unos consejos útiles.* He gave me some useful advice. • **pedirle consejo a alguien** to ask sb's advice: *Fui a pedirle consejo.* I went to ask her advice. • **seguir el consejo de alguien** to follow sb's advice **2** (organismo de gobierno) council **3** (en una empresa) board
consejo de guerra court-martial (pl courts-martial) • consejo de ministros **1** (grupo) cabinet **2** (reunión) cabinet meeting

consenso s consensus (pl -ses)

consentido¹, -a adj spoiled

consentido², -a s spoiled brat

consentimiento s consent

consentir v **1** [T] (malcriar) to spoil **2** [T] (permitir) to allow: *No se lo deberías consentir.* You shouldn't let him get away with it. **3** [I] **consentir en hacer algo** to agree to do sth

conserje s **1** (de un edificio) superintendent **2** (de un colegio) janitor **3** (de un hotel) concierge

conserjería s **1** (de un edificio) superintendent's office **2** (de un colegio) janitor's room **3** (de un hotel) concierge's desk

conserva s **conservas** [pl] canned food • **conservas de pescado/carne** canned fish/meat

EXPRESIONES
en conserva canned

conservación s (de la naturaleza) conservation; (del patrimonio) preservation

conservador, -a adj, s conservative

conservante s preservative

conservar v [T] **1** (preservar – alimentos) to preserve; (el calor) to retain **2** (guardar) to keep: *Conservar en la nevera.* Keep refrigerated.

—**conservarse** v pron **1** (preservarse – alimentos) to keep: *Se conserva varios meses.* It keeps for several months. **2** (persona) **conservarse (muy) bien** to look (very) good for your age **3** (subsistir) to survive: *Todavía se conserva la fachada.* The façade still survives.

conservatorio s conservatory (pl -ries)

considerable adj **1** (tamaño) considerable **2** (suma, cifra) substantial, considerable

consideración s consideration • **tener/tomar algo en consideración** to take sth into account

EXPRESIONES
de consideración serious • **no se produjeron heridos/daños materiales de consideración** no one was seriously injured/there was no serious damage • **de mi (mayor) consideración** (en cartas formales) Dear Sir

considerado, -a adj (respetuoso) considerate

considerar v [T] **1** (analizar) to consider: *Vamos a considerar otras opciones.* Let's consider other options. **2** (tener en cuenta) to bear in mind: *Hay que considerar que todavía es muy joven.* You have to bear in mind that he's still very young. **3** (pensar) **considerar que** to believe that, to consider that (*más frml*): *Considero que se equivocó.* I believe that he made a mistake. **4** **considerar a alguien algo** to consider sb sth: *Yo la considero una gran actriz.* I consider her a great actress.
—**considerarse** v pron to consider yourself: *No me considero el mejor.* I don't consider myself the best.

consigna s **1** (en una manifestación) slogan **2** (orden) order **3** (equipaje) checkroom: *Dejé la maleta en consigna.* I've left my suitcase in left luggage.

consignar v [T] (asignar) to allocate

consigo pron (con él) with him; (con ella) with her; (con ellos, con ellas) with them; (con usted, con ustedes) with you: *Acuérdese de llevar el pasaporte consigo.* Remember to take your passport with you. • **consigo mismo/misma/mismos** with himself/herself/themselves: *Estaba enojada consigo misma.* She was angry with herself.

consiguiente adj resulting

EXPRESIONES
por consiguiente consequently, as a result

consistencia s consistency (pl -cies)

consistente adj **1** (sólido) solid **2 consistente en** consisting of

consistir v [I] **consistir en algo/en hacer algo (a)** (componerse de) to consist of sth/to consist in doing sth: *El examen consiste en una prueba oral y una escrita.* The exam consists of one oral and one written test. • *¿En qué consiste la prueba?* What does the test entail? • *El juego consiste en acumular puntos.* The game consists in accumulating points. **(b)** (ser debido a) *Su éxito consiste en su simplicidad.* It's success lies in its simplicity.

consistorio s town council, city council

consola s console
consola de videojuegos games console

consolación s comfort ▸ **PREMIO de consolación**

consolar v [T] to console: *Nadie lo podía consolar.* He was inconsolable. • **me consuela pensar que.../ver que...** it is some comfort to think that.../to see that...
—**consolarse** v pron to console yourself: *Yo con eso no me consuelo.* I don't take any comfort from that.

consolidación s consolidation

consolidar v [T] to consolidate
—**consolidarse** v pron (empresa, equipo) to consolidate its position

consomé s consommé

consonancia s **en consonancia con** in keeping with

consonante s consonant

consorcio s (de empresas) consortium (pl consortia tb consortiums)

consorte s consort

conspiración s conspiracy (pl -cies)

conspirador, -a s conspirator

conspirar v [I] to conspire, to plot • **conspirar contra alguien** to plot against sb, to conspire against sb (*más frml*) • **conspirar contra algo** to conspire against sth • **conspirar para hacer algo** to plot to do sth, to conspire to do sth (*más frml*)

constancia s **1** (persistencia – en las acciones) perseverance; (en las ideas) steadfastness **2** (certeza) **dejar constancia de algo** to prove sth • **tener constancia de algo** to have evidence of sth **3** (certificado, documento) proof, written evidence: *una constancia de residencia* proof of domicile

constante¹ adj constant ▶ ver nota en CONTINUOUS

constante² s **1** (elemento que se repite) constant feature **2 constantes (vitales)** vital signs **3** (en matemáticas) constant

constar v [I] **1 me consta/le consta que** I know/he knows that: *Me consta que hiciste todo lo posible.* I know you did everything you could. **2 que conste que** I want to make it quite clear that: *Que conste que yo no sabía nada.* I want to make it quite clear that I didn't know anything about it. • *Que conste que yo te avisé.* Well, I did warn you. **3 constar de algo** to consist of sth: *El libro consta de dos partes.* The book consists of two parts.

constatar v [T] to establish, verify

constelación s constellation

consternación s dismay

consternar v [T] to fill with dismay

constipado¹, -a adj **estar constipado -a (a)** (resfriado) to have a cold **(b)** (estreñido) to be constipated

constipado² s (resfriado) cold

constiparse v pron (resfriarse) to catch a cold

constitución s **1** (ley) constitution • **la Constitución** the Constitution **2** (complexión) build, constitution (*más frml*) • **un joven de constitución atlética/robusta** a young man with an athletic build/a well-built young man **3** (formación) setting up: *El ministro anunció la constitución de un consejo asesor de Educación Superior.* The minister announced that an advisory board for Higher Education would be set up.

constitucional adj constitutional

constitucionalidad s constitutionality

constituir v [T] **1** (formar) to make up **2** (representar) to be, to constitute (*más frml*) **3** (fundar) to set up, to form —**constituirse** v pron **constituirse en algo** to become sth

constituyente adj

construcción s **1** (de un edificio, un monumento) building, construction (*más frml*): *La construcción del edificio tardará dos años.* The construction of the building will take two years. • **en construcción** under construction **2 la construcción** the building industry, the construction industry (*más frml*): *los trabajadores de la construcción* construction workers **3** (edificio) structure: *una construcción sólida* a solid structure

constructor, -a s builder

constructora s construction company (pl -nies)

construir v [T] **1** (una casa, un puente) to build: *Están construyendo un puente colgante.* They are building a suspension bridge. **2** (en gramática) to construct

consuegro, -a s the father-in-law/mother-in-law of your son or daughter

consuelo s **ser un consuelo** to be a comfort: *Su único consuelo son sus hijos.* His only comfort are his children. • **buscar consuelo en algo** to seek solace in sth • **tener el consuelo de** to have the comfort of: *Al menos tengo el consuelo de saber que están bien.* At least I have the comfort of knowing that they're all right. • **si te sirve de consuelo** if it's any consolation

cónsul s consul

consulado s consulate

consulta s **1** (pregunta) question • **hacerle una consulta a alguien** to ask sb a question • **hacer una consulta telefónica** to enquire by phone **2** (con un profesional) consultation • **dar consulta** to give consultations: *Los miércoles no da consulta.* She doesn't give consultations on Wednesdays.

EXPRESIONES

de consulta reference [solo ante s]: *libros de consulta* reference books

consultar v [T] **1** (a una persona) to ask; (a un profesional) to consult: *¿Te puedo consultar algo?* Can I ask you something? • *Consultó a un especialista.* He consulted a specialist. • **consultar algo con alguien** to ask sb about sth, to consult sb about sth (*más frml*): *Consúltalo con tus padres.* Ask your parents about it. **2** (un libro) to consult • **consultar (algo en) un diccionario** to look (sth up) in a dictionary

EXPRESIONES

consúltalo/lo consultaré con la almohada sleep on it/I'll sleep on it

consultor, -a s consultant

consultoría s (empresa) consultancy firm

consultorio s (de un médico, un dentista) surgery (pl -ries), office

consultorio sentimental (a) (en una revista) problem page **(b)** (en la radio) phone-in for personal problems

consumar v [T] **1** (un delito) to carry out • **consumar la venganza** to take revenge **2** (el matrimonio) to consummate

consumición s **1** (bebida) drink: *La entrada incluye una consumición.* The ticket includes one drink. **2** (acción) consumption

consumición mínima minimum charge

consumidor, -a s consumer

consumir v [T] **1** (comer) to eat; (beber) to drink: *Deberíamos consumir más pescado.* We should eat more fish. **2** (usar) to use: *Esta camioneta consume mucha gasolina.* This car uses a lot of gas. **3** (comprar) to buy: *No consumen productos importados.* They don't buy imported products. **4 consumir preferentemente antes de…** best before… —**consumirse** v pron **1** (fuego) to burn out **2** (persona) to waste away • **consumirse de envidia** to be eaten up with jealousy

consumismo s consumerism

consumista adj consumerist

consumo s **1** (de productos, de combustible) consumption: *Debe evitar el consumo de grasas.* You should avoid eating fats. • **el consumo de alcohol/drogas** alcohol/drug consumption **2** (en economía) spending, consumption (*más frml*): *medidas para estimular el consumo* measures to encourage spending ▶ **bienes de consumo** (BIEN)

EXPRESIONES

consumo mínimo minimum charge • **de bajo consumo** low-energy

contabilidad s accountancy • **llevar la contabilidad** to do the accounts

contabilizar v [T] **1** (contar) to count **2** (en contabilidad) to enter

contactar v [T] to contact, to get in touch with —**contactarse** v pron **contactarse con alguien** to get in touch with sb, to contact sb: *No pudieron contactarse con ella.* They couldn't contact her.

contacto s **1** (comunicación) **ponerse en contacto con alguien** to get in touch with sb, to contact sb (*más frml*): *Ponte en contacto con él.* Get in touch with him. • *Me puse en contacto con un abogado.* I contacted a lawyer. • **poner a alguien en contacto con alguien** to put sb in touch with sb • **tener contacto/estar en contacto con alguien** to be in touch with sb, to have contact with sb (*más frml*) **2** (roce) contact: *Evite el contacto con los ojos.* Avoid contact with the eyes. **3** (de una pila, una batería) contact **4** (persona) contact **5** (enchufe) socket **6 contactos** [pl] (conocidos) contacts

contado *s* **pagar al/de contado** to pay cash • **comprar algo al/de contado** to pay cash for sth • **precio de contado** cash price

contador[1], -a *s* accountant

contador[2] *s* [masc] meter: *el contador del gas* the gas meter

contados, -as *adj* very few: *en contadas ocasiones* on very few occasions

contagiar *v* [T] **1** (una enfermedad) to give, to transmit (*técn*); (un virus) to pass on: *Se teme que las aves puedan contagiar el virus a los seres humanos.* It is feared that birds may pass the virus on to humans. • **contagiarle un resfriado/las paperas a alguien** to give sb a cold/mumps: *Me contagió la varicela.* She gave me chickenpox. **2 me has contagiado el miedo/los nervios** you've made me scared/nervous
—**contagiarse** *v pron* to get, to catch: *Se contagió los hongos en la piscina.* She got athlete's foot at the swimming pool. • **contagiarse (algo) de alguien** to get sth from sb, to catch sth from sb: *Me contagié de Pedro.* I got it from Pedro.

contagio *s* contagion (*técn*)

contagioso, -a *adj* **1** (enfermedad – por contacto directo) contagious; (por contacto indirecto) infectious **2** (risa) infectious

contaminación *s* **1** (del medio ambiente) pollution **2** (del agua potable, de alimentos) contamination
contaminación ambiental environmental pollution • contaminación acústica noise pollution

⚠ Cuando se trata de contaminación del medio ambiente en general, se prefiere hablar de **pollution**:
We need to save the world from pollution (✗ *contamination*). *the problems of environmental pollution* (✗ *contamination*)

contaminado, -a *adj* **1** (medio ambiente, río) polluted **2** (agua potable, alimentos) contaminated

contaminante[1] *adj* polluting

contaminante[2] *s* pollutant

contaminar *v* **1 (a)** [T] (el medio ambiente, un río) to pollute **(b)** [I] to be harmful to the environment: *una energía que no contamina* a type of energy that isn't harmful to the environment **2** [T] (el agua potable, los alimentos) to contaminate

contante *adj* **contante y sonante** in hard cash: *1.000 dólares contantes y sonantes* 1,000 dollars in hard cash

contar *v*

1 relatar
2 decir los números
3 dinero, objetos
4 incluir
5 valer
6 depender de

1 RELATAR [T] **contarle algo a alguien** to tell sb sth: *Le contó un secreto.* She told him a secret. • *Cuéntanos un cuento.* Tell us a story. • *Me contó lo de Natalia.* She told me about Natalia.
2 DECIR LOS NÚMEROS [I] to count: *Sabe contar hasta diez.* He can count up to ten.
3 DINERO, OBJETOS [T] to count: *¿Contaste el dinero?* Have you counted the money?
4 INCLUIR [T] to count: *A mí no me cuentes.* Don't count me. • *Éramos 50, sin contar a los niños.* There were 50 of us, not counting the children.
5 VALER [I] to count: *La actitud es lo que cuenta.* It's your attitude that counts.
6 DEPENDER DE [I] **contar con algo/alguien** to count on sth/sb, to rely on sth/sb: *Sabes que puedes contar con nosotros.* You know you can count on us. • *Cuento con tu ayuda.* I'm relying on your help.

¿qué cuentas? how are things?
—**contarse** *v pron*
  INCLUIRSE contarse entre to be among: *países que se cuentan entre los más pobres del planeta* countries that are among the poorest in the world

contemplación *s* **1** (observación) contemplation **2 contemplaciones** [pl] indulgence [U]: *La tratas con demasiadas contemplaciones.* You're too indulgent with her. • **sin contemplaciones** without a second thought **3** (meditación) contemplation

contemplar *v* [T] **1** (mirar) to contemplate **2** (considerar) to contemplate

contemplativo, -a *adj* contemplative

contemporáneo[1], -a *adj* contemporary

contemporáneo[2], -a *s* contemporary (pl -ries)

contemporizar *v* [I] **contemporizar con alguien** to side with sb

contención *s* (de costos, gastos, precios, inversiones) containment

contenedor *s* **1** (para escombros) dumpster **2** (para transporte) container **3 contenedor (de basura)** trash container
contenedor de vidrio glass recycling bin

contener *v* [T] **1** (tener) to contain: *La leche contiene calcio.* Milk contains calcium. **2** (frenar) to hold back: *No podían contener a los hinchas.* They could not hold back the fans.
contener la respiración to hold your breath • **contener la risa** to stop yourself laughing • **contener las lágrimas** to hold back the tears • **contener una epidemia** to contain an epidemic
—**contenerse** *v pron* to control yourself: *No me pude contener y le grité.* I couldn't control myself and shouted at her.

contenido *s* **1** (de un recipiente) contents [pl] **2** (de una carta, un artículo) contents [pl]
contenido graso fat content • contenido vitamínico vitamin content

contentar *v* [T] to please
—**contentarse** *v pron* **contentarse con algo** to be satisfied with sth

contento, -a *adj* **1** (alegre) happy: *Los niños estaban contentísimos.* The kids were really happy. • *Estoy contento de haber ido a la fiesta.* I'm glad I went to the party. • **ponerse/quedarse muy contento -a** to be very pleased: *Se puso muy contenta cuando me vio.* She was very pleased to see me. **2** (satisfecho) pleased: *Están muy contentos con su nueva casa.* They're very pleased with the new house.

¿happy, glad o pleased?
happy indica un estado de felicidad o alegría: *They seem to be very happy together.* • *a happy child*
glad y pleased indican la actitud de satisfacción ante un hecho o situación: *I'm glad you telephoned.* • *Are you pleased with your grades?*

contestación *s* answer, reply (pl -plies) (*más frml*)

contestador (tb **contestador automático**) *s* answering machine

contestadora (tb **contestadora telefónica**) *s* answering machine

contestar *v* **1** [T] (una pregunta) to answer: *No me contestaste la pregunta.* You didn't answer my question. **2** [T] (una carta, un mail) to answer, to reply to: *Nunca le contesté la carta.* I never answered her letter. **3** [I,T] (al teléfono) to answer: *No contestan.* There's no answer. • *¡Yo contesto!* I'll get it! **4** [I,T] (replicar) to answer back: *¡No me contestes!* Don't answer back!

contestatario, -a *adj* anti-establishment

contestón, -ona *adj* **eres/es muy contestón** you're/he's always answering back

contexto s context

contextualizar v [T] to put in context: *Hace falta contextualizar el problema.* You need to put the problem in context.

contienda s **1** (guerra) conflict **2** (deportiva) game

contigo pron with you: *Voy contigo.* I'm coming with you. • *Contigo es simpática.* She's nice to you. • **contigo mismo -a** with yourself

contiguo, -a adj adjoining: *edificios contiguos* adjoining buildings • **contiguo -a a** adjacent to: *Trabaja en una oficina contigua a la mía.* She works in an office adjacent to mine.

continental adj continental

continente s continent

contingencia s **contingencia (ambiental)** smog alert • **entrar en contingencia** to go onto smog alert: *A las 15:30 entramos en contingencia.* We went onto smog alert at 15:30.

contingente s **1** (de tropas) contingent **2** (cuota) quota

continuación s **1** (de una acción) continuation **2** (de una película) sequel **3** (de un programa) next installment

EXPRESIONES

a continuación (a) (inmediatamente después) next: *A continuación voy a hablar de la situación económica.* Next, I am going to talk about the economic situation. **(b)** (en un texto) below: *el texto que se reproduce a continuación* the text reproduced below

continuar v [I,T] to continue: *Continúan los conflictos en este país.* The conflict in this country is still continuing. • *Continuaremos la reunión mañana.* We'll continue the meeting tomorrow. • *Continuamos sin teléfono.* The telephone is still not working. • **continuar haciendo algo** to continue doing sth, to continue to do sth: *Continuó hablando.* He continued speaking. • *Continúa aumentando la temperatura.* The temperature continues to rise. • **continuará** (al final de un episodio) to be continued

continuidad s **1** (entre varias partes) continuity **2** (en la realización de algo) continuation

continuo, -a adj **1** (muy frecuente) constant: *Se cansó de las continuas interrupciones.* She grew tired of the constant interruptions. **2** (ininterrumpido) continuous: *un proceso continuo* a continuous process ▶ ver nota en **CONTINUOUS**

contonearse v pron to sway your hips

contorno s (línea) outline

contorsionarse v pron to writhe

contorsionista s contortionist

contra[1] prep **1** (indicando oposición) against: *Jugaron contra Italia.* They played against Italy. • *una campaña contra el alcoholismo* a campaign against alcoholism • **en contra (de algo)** against (sth): *12 votos a favor y 15 en contra* 12 votes for and 15 against • *Están en contra de la reforma.* They are against the reform. • **en contra de ella/de nosotros** against her/us **2** (indicando posición o contacto) against: *Ponlo contra la pared.* Put it against the wall. • *Chocamos contra un poste.* We crashed into a post. **3** (indicando dirección) against: *Estaba nadando contra la corriente.* She was swimming against the current.

contra[2] s (desventaja) disadvantage ▶ **los PROS y los contras**

EXPRESIONES

llevarle la contra a alguien (a) (en una conversación) to contradict sb **(b)** (hacerlo enojar) to annoy sb: *Lo hace para llevarme la contra.* He does it to annoy me.

contraatacar v [I] to counterattack

contraataque s counter-attack

contrabajista s double bass player

contrabajo s double bass

contrabandear v [T] to smuggle

contrabandista s smuggler

contrabando s **1** (actividad) smuggling: *medidas para frenar el contrabando* measures to curb smuggling • **cigarrillos/relojes de contrabando** smuggled cigarettes/ watches • **entrar/pasar algo de contrabando** to smuggle sth in **2** (mercancías) contraband
contrabando de armas gun-running • contrabando de drogas drug smuggling

contracción s **1** (del cuerpo) contraction **2** (de una palabra) contraction **3** (de la economía, del mercado) contraction; (de los precios) reduction

contrachapado[1], **-a** adj plywood [solo ante s]: *muebles contrachapados* plywood furniture

contrachapado[2] s plywood

contracorriente s **ir a contracorriente** to go against the tide

contractual adj contractual

contractura s spasm

contracultura s counter-culture

contradecir v [T] to contradict
—**contradecirse** v pron **1** (uno mismo) to contradict yourself **2** (personas, versiones) to contradict each other

contradicción s contradiction

contradictorio, -a adj contradictory

contraer v [T] **1** (una enfermedad) to contract **2** (un músculo) to contract **3** (una deuda) to incur
—**contraerse** v pron **1** (metal, madera) to contract **2** (músculo) to contract

contraindicación s contraindication (técn): *contraindicaciones: embarazo y lactancia* should not be taken if you are pregnant or breastfeeding

contraindicado, -a adj contraindicated (técn): *Este medicamento está contraindicado durante la lactancia.* This medicine should not be taken if breastfeeding.

contralto s alto, contralto (más frml)

contraluz s **a contraluz** against the light

contramano s **ir/manejar a contramano** (en una calle de sentido único) to go/to drive the wrong way down the street; (en el lado contrario) to drive on the wrong side of the road

contraofensiva s counter-offensive

contrapartida s compensation • **como/en contrapartida** as compensation

contraproducente adj counterproductive

contrapropuesta s counter-proposal

contraria s **llevarle la contraria a alguien (a)** (en una conversación) to contradict sb **(b)** (para que se enoje) to annoy sb: *Lo hace para llevarme la contraria.* He does it to annoy me.

contrariar v [T] **1** (disgustar) to upset: *Me contrarió que no vinieran.* I was upset that they didn't come. **2** (oponerse a) to go against

contrariedad s **1** (contratiempo) setback: *¡Qué contrariedad!* How annoying! **2** (disgusto) annoyance

contrario[1], **-a** adj **1** (sentido, dirección) opposite • **ir en el sentido contrario** to be going in the opposite direction **2** (punto de vista, opinión) opposing • **ser contrario -a a algo** (persona) to be against sth; (idea) to go against sth **3** (rival) opposing: *el equipo contrario* the opposing team
EXPRESIONES

al contrario on the contrary: *Al contrario, lo pasé muy bien.* On the contrary, I had a really good time. • **lo contrario (de algo)** the opposite (of sth): *Yo digo algo y él dice lo contrario.* I say one thing and he says the opposite. • *Fue lo contrario de lo que esperaba.* It was the opposite of what I expected. • **todo lo contrario (a)** the complete opposite: *Ella es simpática, pero su novio es todo lo contrario.* She is nice but her boyfriend is the complete opposite. **(b)** (como respuesta) on the contrary: *–Así que no te gusta la idea. –Todo lo contrario, me parece genial.* "So you don't like the idea." "On the contrary, I think it's brilliant."

contrario², -a *s* opponent

contrarreloj¹ *adj una etapa contrarreloj* a time trial ▶ **a contra RELOJ**

contrarreloj² *s* time trial ▶ **a contra RELOJ**

contrarrestar *v* [T] to counteract

contrasentido *s* contradiction in terms • **ser/parecer un contrasentido** not to make any sense: *Eso que dices me parece un contrasentido.* What you're saying doesn't make sense.

contraseña *s* password

contrastar *v* **1** [I] **contrastar (con algo)** to contrast (with sth) **2** [T] (datos) to check, to verify (*más frml*)

contraste *s* **1** (diferencia) contrast **2** (en un televisor) contrast

contratación *s* **1** (de un empleado) hiring, recruitment (*más frml*): *medidas para reducir la contratación temporal* measures to reduce the hiring of temporary workers **2** (de un cantante, un futbolista) signing **3** (de un seguro, una hipoteca) taking out: *Aumenta la contratación de hipotecas.* There has been an increase in the number of mortgages taken out.

contratar *v* [T] **1** (a un empleado) to hire, to recruit (*más frml*): *la empresa que lo contrató* the firm that hired him **2** (a un cantante, un futbolista) to sign: *Los contrató una discográfica inglesa.* They were signed by an English record company. **3** (un seguro, una hipoteca) to take out; (un servicio) to sign up for: *Contraté la banda ancha y el teléfono de la misma empresa.* I've signed up for broadband and phone with the same company.

contratiempo *s* setback • **suponer/sufrir un contratiempo** to be/to suffer a setback • **sin contratiempos** without mishap

contratista *s* contractor
contratista de obras building contractor

contrato *s* contract
contrato basura employment contract, usually temporary, with unfair conditions for the worker • contrato de alquiler, contrato de arrendamiento lease • contrato fijo, contrato indefinido permanent contract • contrato temporal temporary contract

contraventana *s* shutter

contravía *s* **ir/manejar en contravía** (en una calle de sentido único) to go/to drive the wrong way down the street; (en el lado contrario) to drive on the wrong side of the road

contribución *s* **1** (aportación) contribution **2** (impuesto) tax (pl -xes)

contribuir *v* [I] **1** to contribute • **contribuir con algo** to contribute sth: *Contribuyó con 2.000 pesos.* She contributed 2,000 pesos. **2 contribuir a hacer algo** to help to do sth • **contribuir al éxito de algo** to contribute to the success of sth

contribuyente *s* taxpayer

contrincante *s* opponent

control *s* **1** (dominio) control • **bajo control** under control: *Todo está bajo control.* Everything is under control. • **tener control sobre algo** to have control over sth • **perder el control (a)** (de un vehículo) to lose control **(b)** (enfadarse) to lose control **2** (prueba) test: *Mañana tenemos control de historia.* We have a history test tomorrow. **3** (de un aparato) control: *el control del volumen* the volume control **4** (inspección) control: *Estén listos para el control de pasaportes.* Be ready to go through passport control. • **llevar el control de algo** to keep a check on sth

control antidoping drug test • control de calidad quality control • control de (la) natalidad birth control • control remoto remote control

controlador aéreo, controladora aérea *s* air traffic controller

controlar *v* [T] **1** (dominar) to control: *No pudo controlar la moto y chocó.* He couldn't control the bike and it crashed. **2** (regular) to control: *Este botón controla la temperatura.* This button controls the temperature.
—controlarse *v pron* **1** (dominarse) to control yourself: *Contrólate, por favor.* Please control yourself. **2 controlarse el peso/la presión** to check your weight/blood pressure

⚠ Con el sentido de "vigilar" o "realizar un seguimiento", **controlar** a menudo se traduce por **monitor**:
By monitoring (✗ controlling) customers' purchases, we can find out more about their lifestyles.
Scientists will monitor (✗ control) patients' reactions to this new drug.

controversia *s* controversy (pl -sies)

controvertido, -a (tb **controversial**) *adj* controversial

contundente *adj* **1** (objeto, instrumento) blunt; (golpe) heavy **2** (prueba) convincing; (argumento) forceful; (respuesta) unequivocal

contusión *s* bruise, contusion (*técn*)

convalecencia *s* convalescence

convalecer *v* [I] to convalesce • **convalecer de una enfermedad/una lesión** to be convalescing after an illness/to be recovering from an injury

convaleciente *adj* convalescent

convalidación *s* **1** (de un título) validation **2** (de una materia o asignatura) validation

convalidar *v* [T] **1** (un título) to validate **2** (una asignatura) to validate

convencer *v* [T] **1** to convince: *La convencí de que teníamos razón.* I convinced her that we were right. **2 convencer a alguien de/para que haga algo** to persuade sb to do sth: *Me convenció para que lo acompañara.* He persuaded me to join him. **3 no me convence la tela/el color** I'm not sure about the material/the color
—convencerse *v pron* to be convinced: *Al final me convencí de que me decía la verdad.* In the end I was convinced that he was telling me the truth.

convencido, -a *adj* **estar convencido -a (de algo)** to be sure (about sth) • **estar convencido -a de que** to be convinced (that), to be sure (that): *Estoy convencida de que me mintió.* I'm convinced he lied to me.

convencimiento *s* conviction • **tener el convencimiento de que** to be convinced that • **llegar al convencimiento de que** to become convinced that

convención *s* **1** (reunión) convention **2** (acuerdo) convention **3** (norma) convention

convencional *adj* conventional

convencionalismo *s* conventionality

conveniencia *s* **1** (interés) *Lo hizo por conveniencia personal.* He did it because it suited his own purpose. • *un matrimonio de conveniencia* a marriage of convenience **2** (acción aconsejable) advisability
conveniencias sociales social conventions

conveniente *adj* **1** (aconsejable) **ser conveniente** to be a good idea, to be advisable (*más frml*): *Es conveniente esperar unos días.* It's a good idea to wait a few days. **2** (cómodo) convenient: *¿A qué hora le resulta más conveniente?* What time is most convenient for you?

convenio *s* agreement

convenir *v* [I] **1** (ser aconsejable) to be a good idea, to be advisable (*más frml*): *Conviene reservar antes.* It's advisable to book in advance. • *No te conviene comprar el pequeño.* There's no point buying the small one. **2** (ser

copas

top copa

glass copa

cup copa

cómodo) to be convenient: *El horario no me conviene.* The times aren't very convenient for me.

convento *s* **1** (de religiosas) convent **2** (de religiosos) monastery (pl -ries)

converger *v* [I] (líneas, carreteras) to converge

conversación *s* conversation • **una conversación telefónica/privada** a telephone/private conversation

conversador, -a *adj* chatty

conversar *v* [I] to talk, to converse (*más frml*)

conversión *s* **1** (transformación, cambio) conversion: *conversión de kilos a libras* conversion of kilos into pounds **2** (a una religión, una ideología) conversion

convertible *s* convertible

convertir *v* [T] **1 convertir algo en algo** to turn sth into sth • **convertir a alguien en algo** to make sb sth: *La serie lo convirtió en un actor famoso.* The series made him a famous actor. **2** (divisas, medidas) to convert • **convertir dólares a libras/gramos en onzas** to convert dollars into pounds/grams into ounces **3** (un edificio) to convert: *Convertimos el granero en vivienda.* We converted the barn into a house.
—**convertirse** *v pron* **1 convertirse en algo (a)** (hacerse) to become sth: *Se convirtió en una estrella del rock.* He became a rock star. **(b)** (transformarse) to turn into sth: *Todo lo que tocaba se convertía en oro.* Everything he touched turned to gold. **2 convertirse al hinduismo/al catolicismo** to convert to Hinduism/Catholicism

convexo, -a *adj* convex

convicción *s* **1** (convencimiento) conviction • **tener la convicción de que** to be convinced that **2 convicciones** [pl] (creencias) convictions

convidado, -a *s* guest

convidar *v* [T] **1** (una copa, un café) **convidar a alguien con algo/convidarle algo a alguien** to offer sb sth: *Nos convidó un café.* He offered us a cup of coffee. • **convidarle a alguien de algo** to share sth with sb: *Juan me convidó de su refresco.* Juan shared his drink with me. **2** (a una fiesta, una boda) to invite: *Nos convidó a su fiesta de cumpleaños.* She invited us to her birthday party. • **convidar a alguien a hacer algo** to invite sb to do sth

convincente *adj* convincing

convite *s* function

convivencia *s* (entre culturas) coexistence; (entre parejas) living together

convivir *v* [I] to live together: *Queremos convivir en paz.* We want to live together in peace. • **convivir con alguien** to live with sb

convocar *v* [T] **convocar una asamblea/una huelga** to call a meeting/a strike • **convocar a elecciones** to call elections

convocatoria *s* **1** (de una huelga, un congreso, elecciones) call: *la convocatoria de elecciones generales* the call for a general election • *El gobierno ha anunciado la convocatoria de un referéndum.* The government has called for a referendum. **2** (de exámenes) exams [pl]:

Aprobó todo en la convocatoria de septiembre. He passed everything in the September exams.

convoy *s* **1** (de vehículos, barcos) convoy **2** (tren) train

convulsión *s* (en medicina) convulsion

conyugal *adj* (domicilio, lecho, problemas) marital, conjugal (*más frml*); (vida, amor) married: *derechos conyugales* conjugal rights

cónyuge *s* spouse • **los cónyuges** the couple, husband and wife [sing]: *Los cónyuges residían en distintas viviendas.* The couple lived at separate addresses.

coñac *s* brandy (pl -dies)

cooperación *s* cooperation

cooperante *s* volunteer worker

cooperar *v* [I] to cooperate • **cooperar con alguien** to cooperate with sb • **cooperar en algo** to help with sth, to cooperate with sth (*más frml*)

cooperativa *s* cooperative

cooperativo, -a *adj* cooperative

coordenada *s* coordinate

coordinación *s* coordination

coordinador, -a *s* coordinator

coordinar *v* [T] to coordinate

copa *s*

> **1** recipiente, contenido
> **2** bebida
> **3** premio
> **4** de un árbol
> **5** de un sombrero
> **6** en la baraja

1 RECIPIENTE, CONTENIDO glass (pl -sses) • **una copa de vino** (recipiente) a wine glass; (contenido) a glass of wine ▶ ver nota en RECIPIENTE
2 BEBIDA drink: *Nos tomamos una copa en el bar del hotel.* We had a drink in the hotel bar.
3 PREMIO cup: *Ganaron la copa.* They won the cup.
4 DE UN ÁRBOL top
5 DE UN SOMBRERO crown
6 EN LA BARAJA una copa is a card of the suit **copas**, one of the four suits in the Spanish deck of cards.
la Copa del Mundo the World Cup

copia *s* copy (pl -pies) • **hacer/sacar una copia de algo** to make a copy of sth

copiar *v* **1** [T] (transcribir) to copy: *Lo copié del libro.* I copied it from the book. **2** [T] (imitar) to copy **3** [I] (en un examen) to copy: *Lo pillaron copiando.* He was caught copying.
—**copiarse** *v pron* (en un examen) to copy, to cheat • **copiarse de alguien** to copy from sb

copiloto *s* **1** (en un avión) co-pilot **2** (en un automóvil de carreras) co-driver **3** (persona que va mirando el mapa) navigator • **hacer de copiloto** to navigate

copión, -ona *s* copycat

copo *s* **copo (de nieve)** snowflake
copos de maíz cornflakes

copular *v* [I] to copulate

copulativo, -a *adj* copulative

coquetear *v* [I] **coquetear con alguien** to flirt with sb

coqueto, -a *adj* **1** (persona) **ser coqueto -a (a)** (cuidar el aspecto) to be careful about your appearance **(b)** (coquetear) to be a flirt **2** (apartamento, habitación) attractive: *un apartamento coqueto* an attractive little apartment

coraje *s* **1** (valor) courage **2** (agallas, empuje) guts: *Al equipo le falta coraje.* The team doesn't have any guts. **3** (rabia) anger • **me/le da coraje** it makes me/him mad: *Me da mucho coraje que me mientas.* It makes me really mad when you lie to me. • **¡qué coraje!** what a pain!/it makes you mad! • **hacer un coraje** to make a real effort not to lose your temper

coral s coral: *arrecifes de coral* coral reefs • **una pulsera/un collar de coral** a coral bracelet/necklace

Corán s **el Corán** the Koran

coraza s **1** (armadura) cuirass (pl -sses) **2** (protección) front, façade (*más frml*): *Se hace el duro, pero no es más que una coraza.* He pretends to be hard, but it's just a front.

corazón s **1** (órgano) heart: *Padece del corazón.* She has heart trouble. **2** (sentimientos) heart: *No tienes corazón.* You have no heart. • **con todo el corazón** with all your heart: *La quería con todo el corazón.* He loved her with all his heart. • **de todo corazón** *Te lo agradezco de todo corazón.* I'm truly grateful – I thank you from the bottom of my heart. • *Te lo digo de todo corazón.* I really mean it. • *Deseo de todo corazón que sean felices.* I hope with all my heart that they'll be happy. **3** (de una ciudad) heart **4** (de una alcachofa) heart; (de una manzana) core **5 corazones** [pl] (en naipes) hearts

corazonada s feeling: *Tuve la corazonada de que me iba a llamar.* I had a feeling he was going to call me.

corbata s tie
     corbata de moño (tb **corbata de lacito, corbata de humita**) bow tie

corchea s eighth note

corchete s **1** (paréntesis) bracket: *una palabra entre corchetes* a word in brackets **2** (broche) fastener **3** (para papeles) staple

corchetear v [T] to staple, to staple together

corchetera, corchetero s stapler

corcho s **1** (de una botella) cork **2** (material) cork: *un tablón de corcho* a cork board

corcholata s bottle top

cordel s string [U]: *Átalo con un cordel.* Tie it with a piece of string.

cordero s **1** (animal) lamb **2** (carne) lamb: *cordero asado* roast lamb

cordial adj friendly
EXPRESIONES
un cordial saludo (en una carta) kind regards

cordialidad s friendliness

cordialmente adv in a friendly way, warmly
EXPRESIONES
(lo saluda) cordialmente sincerely yours

cordillera s mountain range

córdoba s (moneda) cordoba

cordón s **1** (del zapato) shoelace, lace: *Tienes los cordones desatados.* Your shoelaces are undone. **2** (policial) cordon **3** (de un aparato eléctrico) lead
     cordón de seguridad security cordon • cordón umbilical umbilical cord

cordura s sense • **perder/recobrar la cordura** to take leave of your senses/to come to your senses

Corea Korea
     Corea del Norte North Korea • Corea del Sur South Korea

coreano¹, -a s (persona) Korean

coreano² s (idioma) Korean

coreano³, -a adj Korean

corear v [T] **1** (una canción) to sing together **2** (una consigna) to chant

coreografía s choreography

coreógrafo, -a s choreographer

coriandro s coriander, cilantro

corista s [fem] (en ópera, zarzuela) member of the chorus; (en revista musical) chorus girl; (para cantante) background singer: *Es corista de Sting.* She's a background singer for Sting.

cornada s *Murió de una cornada.* He died after being gored by a bull. • **darle una cornada a alguien** to gore sb

córnea s cornea

corneja s crow

córner s corner • **lanzar/sacar un córner** to take a corner

corneta s **1** (instrumento) bugle **2** (de un vehículo) horn • **tocar la corneta** to sound your horn, to honk your horn **3** (de un equipo de música, un computador) speaker

cornisa s ledge, cornice (*más frml*)

corno s (instrumento) horn
     corno inglés English horn

cornudo, -a adj (persona) cuckolded: *A nadie le gusta ser cornudo.* Nobody likes being cheated on.

coro s **1** (en una iglesia, una escuela) choir; (en la ópera) chorus (pl -ses): *el coro del colegio* the school glee club **2** (pieza musical, estribillo) chorus (pl -ses)
EXPRESIONES
a coro together

corona s **1** (de un monarca) crown • **la Corona** the Crown **2** (para una muela) crown **3** (funeraria) wreath

coronación s coronation

coronar v [T] **1** (a un monarca) to crown **2** (en ajedrez) to queen

coronario, -a adj heart [solo ante s], coronary (*más frml*): *pacientes con problemas coronarios* patients with heart problems

coronel s colonel ▸ TENIENTE **coronel**

coronilla s (de la cabeza) crown
EXPRESIONES
estar hasta la coronilla to be fed up

corporación s **1** (empresa) corporation **2** (entidad) corporation

corporal adj body [solo ante s] • **calor/imagen corporal** body heat/image ▸ EXPRESIÓN **corporal**

corporativo, -a adj corporate

corpulento, -a adj heavily built

corpus s corpus (pl -pora)

corpúsculo s corpuscle

corral s **1** (para aves) yard; (para ganado) pen; (para caballos) corral **2** (para niños) playpen

corralito s playpen

correa s **1** (del reloj) watchband, band **2** (de un bolso, una cámara) strap **3** (para un perro) leash (pl -shes): *Ponle la correa.* Put him on his leash. **4** (de una máquina) belt: *la correa del ventilador* the fan belt **5 correa (de vestir)** belt

corrección s **1** (rectificación) correction: *Le hice unas correcciones.* I made a few corrections to it. **2** (de un examen, un trabajo) grading
     corrección de pruebas proofreading

correccional (tb **correccional de menores**) s reformatory

correcto, -a adj (respuesta, decisión) correct, right: *Ésa es la respuesta correcta.* That is the right answer.
EXPRESIONES
lo correcto the right thing: *Creo que hice lo correcto.* I think I did the right thing.

corrector¹, -a s (persona) proofreader

corrector² s **corrector (ortográfico)** spell-checker • **corrector (líquido)** correction fluid

corredero -a (tb **corredizo -a**) adj

corredizo ▸ PUERTA **corrediza**

corredor¹, -a s **1** (deportista) runner **2** (en automovilismo) driver, race driver
     corredor -a de bolsa stockbroker • corredor -a de

fondo long-distance runner • corredor -a de seguros insurance broker

corredor² s (pasillo) corridor

corregir v **1** [I, T] (un examen, un trabajo) to grade: *¿Ya corrigió los exámenes?* Have you graded the exams yet? **2** [T] (un error, una falta) to correct: *Corregí las faltas de ortografía.* I corrected the spelling mistakes. **3** [T] (a una persona) to correct: *Corrígeme si me equivoco.* Correct me if I'm wrong.

correlación s correlation
correlación de fuerzas balance of power

correo s **1** (servicio) mail, mail service • **mandar algo por correo** to mail sth: *Mandé el paquete por correo.* I mailed the package. **2** (local) the post office: *¿Sabe dónde queda el correo?* Do you know where the post office is?
correo aéreo airmail • correo basura junk mail • correo certificado registered mail, certified mail • correo electrónico e-mail: *Introduzca su dirección de correo electrónico.* Enter your e-mail address. • correo recomendado registered mail, certified mail

correr v

1 andar rápido
2 apresurarse
3 ir de prisa
4 conducir rápido
5 vehículo, moto
6 mover
7 perseguir
8 río
9 tiempo, periodo
10 en informática
11 rumor, noticia
12 brisa, viento
13 calle
14 de una fiesta, de la casa de alguien
15 de un trabajo

1 ANDAR RÁPIDO [I, T] to run: *Tuve que correr para llegar a tiempo.* I had to run to get there in time. • *Corre tres kilómetros por día.* She runs three kilometers a day. • **salir corriendo** to run off: *Salieron corriendo cuando vieron a mi padre.* They ran off when they saw my Dad. • **echar a correr** to start running • **ir/salir a correr** to go running: *Voy a correr todos los días.* I go running every day.
2 APRESURARSE [I] **correr a hacer algo** to rush to do sth: *Corrieron a esconderse.* They rushed to hide.
3 IR DE PRISA [I] to rush: *Fui corriendo a llamar al médico.* I rushed to call the doctor. • **salir corriendo para un lugar** to rush off somewhere: *Salimos corriendo para el aeropuerto.* We rushed off to the airport.
4 CONDUCIR RÁPIDO [I] to go fast, to drive fast: *No corras tanto.* Don't go so fast.
5 VEHÍCULO, MOTO [I] to go fast: *Corre muy rápido.* It goes very fast.
6 MOVER [T] to move over; (unas cortinas) to draw: *¿Puedes correr la mesa un poquito?* Can you move the table over a little? • *Corre el sillón para allá.* Move the chair over that way. • *Voy a correr las cortinas.* I'm going to draw the curtains.
7 PERSEGUIR [I, T] to chase: *Corrieron al ladrón pero no lograron alcanzarlo.* They chased after the thief, but they couldn't catch him.
8 RÍO [I] to flow
9 TIEMPO, PERIODO [I] to pass, to go by: *El tiempo corría y él no llegaba.* Time was going by and he didn't arrive.
10 EN INFORMÁTICA [I] to run: *un programa que corre en Linux* a program that runs on Linux
11 RUMOR, NOTICIA [I] to spread: *La noticia corrió rápidamente.* The news spread quickly. • *Corre el rumor de que va a renunciar.* There's a rumor going around that he's going to resign.
12 BRISA, VIENTO [I] to blow: *Corre una brisa muy agradable.* A pleasant breeze is blowing.

13 CALLE [I] to run: *Soriano corre paralela a San José.* Soriano runs parallel to San José.
14 DE UNA FIESTA, DE LA CASA DE ALGUIEN [T] to throw out: *El padre lo corrió de la casa.* His father threw him out.
15 DE UN TRABAJO [T] to fire
—**correrse** v pron
1 MOVERSE to move over: *Córrete, no veo nada.* Move over, I can't see a thing.
2 TINTA, COLOR to run • **se me/te corrió el rímel** my/your mascara's run
EXPRESIONES
correr con los gastos/el riesgo to bear the costs/risk

correspondencia s (cartas) correspondence: *un curso por correspondencia* a correspondence course

corresponder v **1** [I] (tocar) **me corresponde la mitad/te corresponden dos** I'm entitled to half/you're entitled to two: *Le corresponde un 50 por ciento de las ganancias.* He's entitled to 50 percent of the profits. • *A ti te corresponde una sola.* You only get one. **2** [I] (ser responsabilidad de) **me/le corresponde hacer algo** *Te corresponde a ti decírselo.* You're the one who should tell her. • *No me corresponde a mí pedir perdón.* It's not up to me to apologize. **3** [I] (pertenecer) **corresponder a algo** to belong to sth: *Esta ficha no corresponde a este juego.* This piece doesn't belong in this set. **4** [T] (en sentimientos) **ser correspondido -a** not to have your feelings reciprocated: *Es triste no ser correspondido.* It's sad when your feelings are not reciprocated. • *un amor no correspondido* unrequited love
EXPRESIONES
hacer algo como corresponde to do sth properly: *¡Siéntate y come como corresponde!* Sit down and eat properly!

correspondiente adj (adecuado) appropriate: *Pon una cruz en la casilla correspondiente.* Put a cross in the appropriate box.

corresponsal s correspondent

corretear v [I] to run about

corrida s **1 corrida (de toros)** bullfight **2 corrida (bancaria)** run on the banks • **corrida (cambiaria)** rush to buy foreign currency

corrido 1 (continuo) continuous: *Atienden en horario corrido.* They don't close for lunch. **2 de corrido (a)** (sin interrupción) *Habló de corrido durante diez minutos.* He spoke nonstop for ten minutes. • *Mi hijo ya sabe leer de corrido.* My son can read fluently already. **(b)** (de memoria) by heart • **en lo corrido del año/de la semana** so far this year/week

corriente¹ s **1** (electricidad) power, electricity: *No hay corriente.* There's no power. • *¿Has cortado la corriente?* Have you turned the electricity off? • **corriente (eléctrica)** (electric) current • **me/le dio corriente** I/he got a shock off it **2** (movimiento – de agua) current; (de aire) draft: *Los arrastró la corriente.* The current swept them away. • *Aquí hay corriente.* There's a draft in here. **3** (de pensamiento) school of thought
EXPRESIONES
al corriente (de algo) (a) (con conocimiento) up to date (on sth), informed (of sth): *Mantenme al corriente.* Keep me informed. **(b)** (sin atraso) up to date: *Estoy al corriente con las pagos.* I'm up to date with my payments. • **llevarle/seguirle la corriente a alguien** to play along with sb • **nadar contra la corriente** to swim against the tide
corriente migratoria flow of immigrants

corriente² adj **1** (normal, no especial) ordinary: *el lector corriente* the ordinary reader **2** (frecuente) common: *una situación corriente* a common situation **3** (actual) **del corriente mes/año** of the current month/year, of this month/year ▶ AGUA **corriente**, COMÚN **y corriente**, CUENTA **corriente**

corro s (de personas) circle: *un corro de curiosos* a circle of curious bystanders • *Bailaban en corro.* They were dancing in a circle.

corroborar v [T] to corroborate

corroer v [T] **1** (el hierro) to corrode **2 la corroen los celos/la envidia** she's eaten up by jealousy/envy • **me/le corroían las dudas** I/he was plagued by doubts

corromper v **1** [T] (sobornar) to bribe **2** [I,T] (pervertir) to corrupt: *El poder corrompe.* Power corrupts. **3** [T] (en informática) to corrupt
—**corromperse** v pron to become corrupted

corrosión s corrosion

corrupción s corruption

corrupto, -a adj corrupt

corsé s **1** (prenda) corset **2 corsé (ortopédico)** surgical corset

cortacésped s lawnmower

cortada s (herida) cut: *una cortada profunda* a deep cut • *Me hice una cortada en la frente.* I cut my forehead.

cortado¹, -a adj **1** (echado a perder) **estar cortado -a (a)** (leche) to be sour, to be bad **(b)** (mayonesa) to be curdled **2** (bloqueado) **estar cortado -a (a)** (calle) to be closed off **(b)** (tránsito) *El tránsito está cortado cerca de la catedral.* Roads are closed near the cathedral. **3** (tímido) shy

cortado² s (café) a coffee with a dash of milk

cortafuegos s **1** (en informática) firewall **2** (zanja) firebreak

cortagrama (tb **cortadora (de pasto)**) s lawnmower

cortante adj **1** (objeto, elemento) sharp **2** (viento) biting **3** (tono, respuesta) sharp

cortapisa s restriction • **ponerle cortapisas a algo/ alguien** to place obstacles in the way of sth/sb • **sin cortapisas** *una economía de mercado sin cortapisas* an unrestricted market economy • *Nos dejan trabajar sin cortapisas.* They let us work freely.

cortaplumas s penknife (pl -knives)

cortar v

1	con algo afilado
2	tijera, cuchillo
3	una falda, unos pantalones
4	novios
5	la luz, el gas
6	eliminar
7	una calle
8	relaciones
9	jugando a las cartas
10	por teléfono
11	viento, frío
12	atajar
13	en informática

1 CON ALGO AFILADO [I, T] to cut; (un árbol) to cut down; (el césped) to mow; (leña) to chop: *Corte por la línea de puntos.* Cut along the dotted line. • *Ahora vamos a cortar el pastel.* Now we're going to cut the cake. • **cortar algo en rodajas/rebanadas** to slice sth: *Corte el pan en rebanadas.* Slice the bread.

2 TIJERA, CUCHILLO [I] to be sharp, to cut: *Estas tijeras no cortan.* These scissors don't cut. • *Usa este cuchillo que corta muy bien.* Use this knife because it's very sharp.

3 UNA FALDA, UNOS PANTALONES [T] to cut out

4 NOVIOS [I] to split up: *Cortamos hace un mes.* We split up a month ago. • *Mari cortó con Jorge.* Mari's split up with Jorge.

5 LA LUZ, EL GAS [T] to cut off; (cuando el corte es momentáneo) to turn off: *No pagaron la cuenta y les cortaron el gas.* They didn't pay the bill and their gas was cut off. • *Cortaron el agua para hacer reparaciones.* They turned the water off to do some repairs.

6 ELIMINAR [T] to cut: *Tuvo que cortar varias escenas.* He had to cut several scenes.

7 UNA CALLE [T] to close off: *Han cortado la avenida por la manifestación.* The avenue has been closed off because of the demonstration. • **cortar el tráfico** to close off the roads

8 RELACIONES [T] to break off

9 JUGANDO A LAS CARTAS [I, T] to cut: *Corta la baraja, que ya mezclé.* Cut the deck, I've already shuffled.

10 POR TELÉFONO [I, T] to hang up • **cortarle a alguien** to hang up on sb

11 VIENTO, FRÍO [T] to chap

12 ATAJAR [I] **cortar por una calle/un camino** to take a short cut down a street/path

13 EN INFORMÁTICA [I,T] **cortar y pegar** cut and paste: *Corta y pega la imagen.* Cut and paste the image.
—**cortarse** v pron

1 HACERSE DAÑO to cut yourself: *Me corté con un vidrio.* I cut myself on a piece of glass. • **cortarse el dedo/el pie** to cut your finger/foot: *Se cortó la mano.* She cut her hand.

2 REBAJAR cortarse las uñas to cut your nails • **cortarse el pelo** (en la peluquería) to have your hair cut: *Este fin de semana me voy a cortar el pelo.* I'm having my hair cut this weekend.

3 INTERRUMPIRSE se cortó (la comunicación) I was/we were cut off • **se cortó la luz** there was a power outage

4 LECHE to turn sour

5 MAYONESA to curdle

cortaúñas s nail clippers [pl]

corte¹ s [masc] **1** (herida) cut: *un corte profundo* a deep cut • *Me hice un corte en la frente.* I cut my forehead. **2** (de pelo) haircut: *¿Cuánto cuesta el corte?* How much do they charge for a haircut? **3** (de una prenda) cut **4** (de tela) length **5** (técnica) **corte (y confección)** dressmaking [U]
corte de luz power outage: *Hubo un corte de luz.* There was a power outage. • **corte de mangas** (gesto) a rude gesture equivalent to sticking two fingers up at someone

corte² s [fem] **1** (de un monarca) court **2** (tribunal) court

cortejo s (comitiva) procession: *un cortejo fúnebre* a funeral procession

cortés adj polite

cortesía s (comportamiento) politeness, courtesy (*más frml*): *Se rió por cortesía.* He laughed out of courtesy. • *fórmulas de cortesía* polite expressions

corteza s **1** (de un árbol) bark **2** (del pan) crust; (de un limón) peel; (del queso) rind
corteza cerebral cerebral cortex (pl -ties) • **la corteza terrestre** the Earth's crust

cortina s **1** (de tela) curtain: *Corre las cortinas, por favor.* Can you draw the curtains, please? **2 cortina (musical)** theme tune
cortina de baño shower curtain • **cortina de humo** smokescreen

cortisona s cortisone

corto¹, -a adj **1** (en longitud) short: *una falda corta* a short skirt • *una niña de pelo corto* a girl with short hair • **me/te queda corto -a** it's too short on me/you **2** (en duración) short: *La reunión fue corta.* The meeting was short. **3** (tonto) dim **4** (tímido) shy ▶ **corto PLAZO**

EXPRESIONES
estar/andar corto -a de algo to be short of sth: *Ando corto de tiempo.* I'm short of time. • **me quedé corto -a con la cerveza/la comida** I didn't buy enough beer/I didn't make enough food
corto -a de vista near-sighted

corto² s ▶ **CORTOMETRAJE**

cortocircuito s short circuit: *Hubo un cortocircuito.* There was a short circuit. • *La tele está en cortocircuito.* The TV is short-circuiting.

cortometraje s short (movie)

cosa s **1** (algo abstracto) thing: *Las cosas cambian.* Things change. • *¿Cómo van las cosas?* How are things? • *Tengo muchas cosas que hacer.* I have a lot of things to do. • *Si surge cualquier cosa, llámame.* If you have any problems, call me. • **una cosa** something: *Tengo que decirte una cosa.* I have something to tell you. • *Me pasó una cosa espantosa.* Something terrible happened to me. **2** (objeto material) thing: *Compré muchas cosas.* I bought lots of things. • *Pásame esa cosa.* Pass me that thing. **3** (asunto) thing: *Tú atiende a tus cosas primero.* You sort out your own things first. • *Eso es cosa suya.* That's his business. **4 cosas** [pl] (ocurrencias, acciones) *¡Qué cosas tiene!* He has some funny ideas! • *¡Qué cosas dice!* He comes out with some funny things! • *¡Son cosas de niños!* Boys will be boys!/Kids will be kids!

EXPRESIONES
es cosa de un mes/un par de días it's a question of a month/a couple of days • **cosa que** which: *Tengo que buscar trabajo, cosa que no me entusiasma mucho.* I have to look for work, which I'm not looking forward to. • **cosa rara** strange: *Cosa rara que no haya venido.* Strange that he doesn't seem to have come. • *¡Qué cosa más rara!* That's strange! • **entre una cosa y otra** with one thing and another • **esto es cosa de tu hermano/de Juana** this was your brother's/Juana's idea • **hacer las cosas de la casa** to do the housework • **¡lo que son las cosas!** honestly! • **no es cosa de broma/risa** it's no joking/laughing matter • **no ser gran cosa** to be nothing special: *La película no es gran cosa.* The movie is nothing special. • **no sea cosa que (a)** (por si) in case: *Llévate un suéter, no sea cosa que haga frío.* Take a sweater in case it's cold. **(b)** (para que no) *Explícaselo bien, no sea cosa que se enoje.* Explain it to him clearly. You wouldn't want him to get annoyed. • **poca cosa** little thing: *No nos vamos a enojar por tan poca cosa.* We're not going to fall out over such a little thing. • **son cosas de la vida** that's life!

coscorrón s **darle un coscorrón a alguien** to hit sb on the head • **darse un coscorrón** to bang your head

cosecha s **1** (época) harvest; (productos cosechados) crop: *una buena cosecha de trigo* a good crop of wheat **2** (de vinos) vintage

cosechadora s combine harvester

cosechar v [T] (trigo, maíz) to harvest

coseno s cosine

coser v **1** [I, T] (con hilo) to sew: *No sé coser.* I can't sew. • **coser un botón** to sew on a button: *¿Me coses este botón?* Can you sew on this button for me? • **coser (algo) a máquina** *¿Sabes coser a máquina?* Can you use a sewing machine? • *Cosió el dobladillo a máquina.* He stitched the hem on the machine. **2** [T] (una herida, una parte del cuerpo) to stitch up

EXPRESIONES
ser coser y cantar to be a piece of cake

cosmético, -a adj, s cosmetic

cósmico, -a adj cosmic

cosmopolita s cosmopolitan

cosmos s cosmos

coso s (taurino) bullring

cosquillas s [pl] **tener cosquillas** to be ticklish: *¿Tienes cosquillas?* Are you ticklish? • **hacerle cosquillas a alguien** to tickle sb: *Le hice cosquillas en los pies.* I tickled her feet.

costa s coast: *un pueblo de la costa* a town on the coast, a coastal town

EXPRESIONES
a costa de alguien at sb's expense: *Odio que se diviertan a costa mía.* I hate them laughing at my expense. • **a costa del consumidor** at the consumer's expense • **vivir a costa de alguien** to live off sb: *Todos viven a costa del abuelo.* They all live off their grandfather. • **a toda costa** at all costs ▶ ver nota en SHORE

Costa de Marfil Ivory Coast

costado s side: *Me duele el costado.* I have a pain in my side.

EXPRESIONES
de costado on your side: *Duermo de costado.* I sleep on my side.

costal s ▶ ser HARINA de otro costal

costamarfileño s, adj ▶ MARFILENSE

costanera s **1** (de un río) riverside **2** (del mar) oceanfront

costar v **1** [I, T] (tener determinado precio) to cost: *Éste cuesta 15 dólares.* This one costs 15 dollars. • *¿Cuánto cuesta la entrada?* How much are the tickets? • *¿Cuánto te costó el CD?* How much did the CD cost you?, How much was the CD? • *No nos costó mucho.* It didn't cost us very much., It wasn't very expensive. • **costar caro/barato** to be expensive/cheap: *¡Me costó baratísimo!* It was really cheap! • *Le costó caro el error.* It was an expensive mistake. **2** [I] (resultar difícil) to be hard: *Me ha costado mucho.* I found it really hard., It was a huge effort. • *Me cuesta levantarme temprano.* I find it hard to get up early. • **cuesta entender/decidirse** it's hard to understand/decide • **el francés me cuesta/las matemáticas me cuestan** I find French/Math hard • **costar mucho** to be hard, to be an effort • **cueste lo que cueste** whatever it takes • **¿qué te cuesta?** come on!: *¡Préstamelo! ¿qué te cuesta?* Lend it to me, come on! **3** [T] (tener consecuencias) to cost: *El accidente casi le costó la vida.* The accident nearly cost him his life. • *Ese fallo podría costarte el puesto.* That mistake could cost you your job. ▶ **costar** TRABAJO

Costa Rica Costa Rica

costarricense¹ adj Costa Rican

costarricense² s Costa Rican • **los costarricenses** (the) Costa Ricans

costear v [I] **1** (ir por la costa) to go along the coast: *Vas costeando todo el trayecto.* You go along the coast for the whole way. **2** (valer la pena) to be worth it: *Si tengo que pagar el flete, no me costea.* If I have to pay a delivery charge, it's not worth it.
—**costearse** v **costearse los estudios/un viaje** to pay for your studies/a trip

costero, -a adj coastal

costilla s **1** (hueso) rib **2** (en cocina) ribs [pl] • **costillas (de cerdo)** spareribs

costo s **1** (cantidad de dinero) cost **2** (hachís) hash **el costo de la vida** the cost of living

costoso, -a adj (caro) costly, expensive

costra s **1** (de una herida) scab **2** (en cocina) crust

costumbre s **1** (de una persona) habit • **tener la costumbre de hacer algo** to be in the habit of doing sth: *Tiene la mala costumbre de entrar sin llamar.* He has this bad habit of coming in without knocking. • *No tengo la costumbre de tomar café.* I'm not in the habit of drinking coffee., I don't usually drink coffee. **2** (de una sociedad) custom: *las costumbres locales* the local customs • *Se ha convertido en costumbre.* It's become a custom.

EXPRESIONES
como de costumbre as usual

costura s **1** (en una prenda) seam: *Se está descosiendo la costura.* The seam's coming undone. **2** (actividad) sewing: *clases de costura* sewing classes ▶ **alta costura** (ALTO)

costurera s seamstress (pl -sses)

costurero s (caja) sewing box (pl -xes)

cota s (nivel) level

cotarro s (asunto, situación) fuss • **animar el cotarro** to liven things up • **manejar/dirigir el cotarro** to rule the roost

cotejar v [T] to compare: *Me falta cotejar la traducción con el original.* I just need to compare the translation with the original.

cotelé s corduroy • **una falda/una chaqueta de cotelé** a corduroy skirt/jacket • **unos pantalones de cotelé** a pair of corduroy pants, a pair of cords

cotidiano, -a *adj* everyday, daily: *la vida cotidiana* everyday life, daily life

cotillón s **1** (objetos) party decorations **2** (fiesta) party (pl -ties)

cotización s **1** (de una divisa) value **2** (de una acción, un bono) price

cotizar *v* [I] (alcanzar un precio) **cotizar a 2 dólares/150 yens (a)** (divisa) to be worth 2 dollars/150 yen **(b)** (acción, bono) to be quoted at 2 dollars/150 yen • **cotizar (en bolsa)** to be listed on the Stock Exchange • **cotizar al alza/a la baja** to be up/down

coto s reserve
coto de caza game reserve

cotorra, cotorro s **1** (pájaro) parrot **2** (persona) windbag • **hablar como una cotorra** to chatter

cotufas s [pl] popcorn

coxis s coccyx (pl -xes)

coyote s (animal) coyote

coyuntura s (situación) situation

coyuntural *adj* temporary

coz s kick • **dar coces** to kick • **darle una coz a alguien** to kick sb

C.P. (abrev de **código postal**) zip code

crack s **1** (campeón) star **2** (droga) crack **3** (financiero, inmobiliario) crash (pl -shes)

cráneo s skull

crashear *v* [I] (programa, computador) to crash

craso, -a *adj* (error) crass

cráter s crater

crawl s crawl • **nadar (estilo) crawl** to do the crawl

crayón (tb **crayola**®) s crayon

creación s **1** (acción) creation • **la creación de empleo/ puestos de trabajo** work/job creation • **proponer la creación de algo** to propose setting sth up **2** (producto) creation

creador, -a s creator

crear *v* [T] **1** (hacer) to create: *Van a crear más puestos de trabajo.* They are going to create more jobs. • **crear problemas** to create problems • **crearle problemas a alguien** to create problems for sb, to cause sb problems **2** (fundar) to set up: *Creó su propia empresa.* He set up his own business.
—**crearse** *v pron* **crearse problemas** to create problems for yourself

creatividad s creativity

creativo[1], -a *adj* creative

creativo[2], -a s **creativo -a (de publicidad)** creative director

crecer *v* [I] **1** (persona, planta, uñas) to grow: *Edu ha crecido mucho este año.* Edu has grown a lot this year. • *Estos perritos no crecen mucho.* These dogs don't grow very big. **2 dejarse crecer el pelo** to let your hair grow: *Me voy a dejar crecer el pelo.* I'm going to let my hair grow. • **dejarse crecer la barba** to grow a beard **3** (desempleo, inflación) to increase: *El desempleo creció un 3 por ciento.* Unemployment increased by 3 percent. **4** (río) to rise
—**crecerse** *v pron* to rise to the challenge: *Nos crecemos ante las dificultades.* We rise to the challenge in times of difficulty.

creces con creces *El resultado superó con creces nuestras expectativas.* The result was much better than we expected. • *Ya te pagué, y con creces, lo que te debía.* I've more than paid you back what I owed you.

crecida s *La crecida del río inundó las calles.* The rise in the river level caused the streets to flood.

crecido, -a *adj* **1** (persona) **estar crecido -a** to be tall: *Tu hijo está muy crecido.* Your son's very tall for his age. **2** (río) **bajar crecido -a** to run high

creciente *adj* growing: *el creciente interés por los temas ecológicos* the growing interest in ecological issues ▶ **CUARTO creciente**

crecimiento s **1** (de una persona, una planta) growth **2** (aumento – del desempleo, de la inflación) increase; (de la población) growth: *el crecimiento de la población urbana* the growth in the urban population

credencial s **1 credencial (de elector)** (voter's) ID card **2** (de un club, una asociación) card; (de una biblioteca) card, library card **3 credenciales** [pl] (identificación) credentials
credencial de socio -a membership card

credibilidad s credibility

crédito s **1** (préstamo) loan: *Pidió un crédito para comprarse un carro.* She applied for a loan to buy a car. **2** (en una tienda) credit: *No le dan crédito en ningún lado.* He can't get credit anywhere. • **comprar algo a crédito** to buy sth on credit **3** (en la universidad) credit **4 créditos** [pl] (de una película) credits

EXPRESIONES

dar crédito a algo to believe sth: *¡No doy crédito a lo que ven mis ojos!* I can't believe my eyes!
crédito hipotecario mortgage

credo s **1** (creencias) creed **2 el Credo** (oración) the Creed

crédulo, -a *adj* gullible

creencia s belief

creer *v* **1** [T] (pensar) to think: *Yo creía que me iban a invitar.* I thought they were going to invite me. • *Creo que no están.* I don't think they're in. • **creo que sí/no** I think so/I don't think so: *–¿Habrá mucha gente? –Creo que sí.* "Will there be many people there?" "I think so." • **no creo** I don't think so • **no creas** don't you believe it • **¡ya lo creo!** you bet!: *–¿Tu madre se enojó? –¡Ya lo creo!* "Was your mother angry?" "You bet!" ▶ ver nota en **THINK** **2** [T] (considerar cierto) to believe: *No me creyó.* He didn't believe me. **3** [I] (tener fe) **creer en algo/alguien** to believe in sth/sb: *¿Tú crees en Dios?* Do you believe in God?
—**creerse** *v pron* **1** (aceptar como cierto) to believe: *Se creyó todo lo que le dije.* He believed everything I told him. • *¡Te crees cualquier cosa!* You'd believe anything! • *¿No viene? ¡No lo puedo creer!* She isn't coming? I don't believe it! **2** (considerarse) to think: *¿Quién te crees que eres?* Who do you think you are? • *Se cree la dueña.* She thinks she owns the place. • *¿Qué se creen, que soy su esclava?* They must think I'm their slave or something.

creíble *adj* believable

creído[1], -a *adj* conceited

creído[2], -a s **eres/es un creído** you're/he's arrogant

crema s **1 crema (de leche)** cream **2** (cosmético) cream • **una crema para la cara/las manos** a face/hand cream **3 (color) crema** cream: *cortinas color crema* cream curtains **4** (sopa) cream: *crema de espárragos/apio* cream of asparagus/celery
crema antiarrugas anti-wrinkle cream • crema bronceadora sun cream • crema catalana a dessert made with cream and eggs, similar to crème brûlée • crema chantilly whipped cream • crema de afeitar, crema de rasurar shaving foam • crema hidratante, crema humectante moisturizer • crema limpiadora cleanser, cleansing cream • crema pastelera crème pâtissière

cremación s cremation

cremallera s zipper

cremar *v* [T] to cremate

crematorio s crematorium (pl -ria tb -riums)

cremoso, -a *adj* creamy

crepe, **crepa** s crepe, pancake

crepúsculo s (al atardecer) twilight; (al alba) first light

crespo, -a adj curly: *Tiene el pelo crespo.* He has curly hair.

crespón s black crepe

cresta s **1** (de un gallo) comb **2** (de plumas) crest **3** (de una montaña) crest **4** (de una ola) crest
   EXPRESIONES
   estar en la cresta de la ola to be riding the crest of a wave

cretino¹, -a adj (necio) cretinous

cretino², -a s (necio) cretin

creyente¹ adj **ser creyente** to believe in God

creyente² s believer: *los no creyentes* non-believers

creyón (tb **creyola**) s crayon

cría s **1** (animal) *una cría de pingüino* a baby penguin • *una hembra con sus crías* a female with her young **2** (camada) **la cría** the litter • **tener cría** *La perra tuvo cría.* The dog had puppies. • *¿Tu gata ya tuvo cría?* Has your cat had kittens yet? **3** (actividad) breeding: *la cría de caballos* horse breeding

criadero s (de animales) farm; (de plantas) nursery (pl -ries)
   criadero de ostras oyster bed • **criadero de peces** fish farm

criado, -a s criado servant • **criada** maid

criador, -a s (de animales) breeder; (de plantas) grower

criar v [T] **1** (a alguien) to bring up: *Me criaron mis abuelos.* I was brought up by my grandparents. **2** (animales) to keep: *Crían patos y gallinas.* They keep ducks and hens.; (para mejorar la raza) to breed: *Cría caballos.* He breeds horses.
   —**criarse** v pron to grow up: *Me crié en el campo.* I grew up in the country.

criatura s **1** (niño pequeño) child (pl children); (bebé) baby (pl -bies) **2** (ser) creature **3** (ser fantástico) creature

criba s **1** (utensilio) sieve **2** (selección) selection process

cribar v [T] **1** (con un tamiz) to sieve **2** (seleccionar) to select

crimen s **1** (asesinato) murder: *el lugar del crimen* the murder scene **2** (delito grave) crime **3 el crimen** (la delincuencia) crime: *el crimen organizado* organized crime **4** (hecho censurable) crime • **es un crimen (hacer algo)** it's criminal (to do sth) ▶ ver nota en CRIME
   crimen contra la humanidad (tb **crimen de lesa humanidad**) crime against humanity • crimen de guerra war crime

criminal adj, s criminal
   criminal de guerra war criminal

criminalidad s (índice) crime rate

crin s mane

criollo, -a adj **1** (históricamente) Creole **2** (nativo, no extranjero) *la cocina criolla* national cuisine • *una familia criolla* a Colombian/Mexican/Argentinian etc. family

cripta s crypt

críptico, -a adj cryptic

crisálida s chrysalis (pl -ses)

crisantemo s chrysanthemum

crisis s crisis (pl crises) • **estar en crisis** to be in crisis: *El país está en crisis.* The country is in crisis.
   crisis de identidad identity crisis • crisis nerviosa nervous breakdown

crisma s (cabeza) nut

crispación s tension

crispetas s [pl] popcorn

cristal s **1** (material) crystal • **un jarrón/una copa de cristal** a crystal vase/glass **2** (de anteojos) lens (pl lenses) **3** (en química) crystal
   cristal líquido liquid crystal

cristalera s **1** (puerta) glass door **2** (ventana) window **3** (armario) display cabinet

cristalería s (vajilla de cristal) set of glasses

cristalino¹, -a adj crystal-clear

cristalino² s crystalline lens (pl lenses)

cristalizar v [I] **1** (sustancia) to crystallize **2** (propuesta, proyecto) to materialize

cristianismo s **el cristianismo** Christianity

cristiano, -a adj, s Christian: *la fe cristiana* the Christian faith • *Se considera cristiano.* He considers himself a Christian.

Cristo s Christ
   EXPRESIONES
   todo Cristo absolutely everybody

criterio s **1** (principio) criterion (pl criteria): *Vamos a unificar criterios.* Let's agree on our criteria. **2** (opinión) view: *No compartimos su criterio.* We don't share his view. • *Hazlo según tu criterio.* Do as you think fit.

crítica s **1** (ataque) criticism [U]: *Recibieron más críticas que elogios.* They got more criticism than praise. **2** (sobre una obra) review: *Recibió buenas críticas.* It had good reviews. **3 la crítica** (los críticos) the critics [pl]
   crítica literaria literary criticism

criticar v [T] to criticize

crítico¹, -a s critic: *Es crítico de cine.* He's a movie critic.

crítico², -a adj critical: *Llegó en un momento crítico.* She arrived at a critical moment.

criticón¹, -ona adj critical

criticón², -ona s nit-picker

Croacia Croatia

croar v [I] to croak

croata¹ s Croat, Croatian

croata² adj Croatian

crocante adj crispy

crochet, **croché** s crochet • **hacer crochet** to crochet

crol s crawl • **nadar (estilo) crol** (tb **nadar de crol**) to do the crawl

cromado, -a adj chrome-plated

cromático, -a adj chromatic

cromo s **1** (estampa) picture card; (adhesivo) sticker **2** (elemento químico) chromium

cromosoma s chromosome

crónica s **1** (periodística) report **2** (de la historia) chronicle

crónico, -a adj chronic

cronista s **1** (periodista) writer **2** (historiador) chronicler

crono s **1** (tiempo) time **2** (cronómetro) stopwatch (pl -ches)

cronología s chronology

cronológicamente adv chronologically

cronológico, -a adj chronological

cronómetro s stopwatch (pl -ches)

croqueta s **1** (de pollo, arroz) croquette **2** (para animales) (food) pellet

croquis s sketch (pl -ches)

cruasán s croissant

cruce s **1** (de calles, carreteras) intersection: *un cruce peligroso* a dangerous intersection **2** (acción) crossing: *el cruce de los Andes* the crossing of the Andes • **un**

cruce de acusaciones an exchange of accusations **3** (de animales, plantas) cross (pl -sses)
cruce de líneas crossed line [sing]: *Debe haber un cruce de líneas*. There must be a crossed line. • cruce de peatones, cruce peatonal **(a)** (en una calle) pedestrian crossing, crosswalk **(b)** (puente) footbridge

crucero s **1** (viaje) cruise • **hacer un crucero** to go on a cruise **2** (barco turístico) cruise ship; (buque de guerra) cruiser **3** (de calles, carreteras) intersection: *un crucero peligroso* a dangerous intersection • **crucero (ferroviario)** grade crossing

crucial *adj* crucial

crucificar *v* [T] to crucify

crucifijo s crucifix (pl -xes)

crucifixión s crucifixion

crucigrama s crossword • **hacer un crucigrama** to do a crossword

cruda s (causada por el alcohol) hangover

crudeza s **1** (del clima, el invierno) harshness **2** (de una descripción, de hechos, imágenes) brutality

crudo[1], -a *adj* **1** (sin cocinar) raw: *Comen pescado crudo*. They eat raw fish. **2** (poco cocido) underdone: *La carne está cruda para mi gusto*. The meat is underdone for my taste. **3** (invierno, clima) harsh **4** (descripción, hechos, imágenes) brutal • **la cruda realidad** the harsh reality **5** (tras una borrachera) **andar/estar crudo -a** to have a hangover

crudo[2] s (petróleo) crude oil

cruel *adj* cruel

crueldad s **1** cruelty **2** **ser una crueldad** to be cruel

crujido s **1** (de la madera, de una puerta) creak, creaking [U] **2** (de la nieve, la grava) crunch, crunching [U] **3** (de hojas secas) crackle, crackling [U]

crujiente *adj* **1** (galleta) crisp **2** (pan) crusty **3** (manzana) crunchy **4** (papa frita) crunchy

crujir *v* [I] **1** (madera, puerta) to creak **2** (nieve, grava) to crunch **3** (hojas secas) to crackle

crustáceo s crustacean

cruz s **1** (figura) cross (pl -sses): *Marque con una cruz la opción correcta*. Mark the correct answer with a cross. **2** (de una moneda) tails [sing]: *Salió cruz*. It was tails. **3** (sufrimiento) burden: *¡Qué cruz tengo con mis hijos!* My children are such a burden! **4** (condecoración) cross (pl -sses)

EXPRESIONES
¡cruz y raya! that's the end of it!
la Cruz del Sur the Southern Cross • cruz esvástica swastika • la Cruz Roja the Red Cross

cruza s (de un animal, de una planta) cross (pl -sses): *Es una cruza de caballo y burro*. It's a cross between a horse and a donkey.

cruzada s **1** (en la historia) crusade **2** (campaña) crusade

cruzado, -a *adj* **1** **con los brazos cruzados** with your arms folded: *Estaba sentado con los brazos cruzados*. He was sitting with his arms folded. • **con las piernas cruzadas** with your legs crossed **2** (saco, traje) double-breasted **3** (en diagonal) **un tiro/cabezazo cruzado** an angled shot/a header

cruzar *v* **1** [I,T] (atravesar) to cross: *Mira antes de cruzar*. Look before you cross. • *Cruzaron el Atlántico*. They crossed the Atlantic. **2** [T] (poner cruzado) **cruzar las piernas** to cross your legs • **cruzar los brazos** to fold your arms **3** [T] (un cheque) to cross **4** [T] (animales, plantas) to cross

EXPRESIONES
cruzar los dedos (para tener suerte) to cross your fingers
—cruzarse *v pron* **1** **cruzarse con alguien** to bump into sb: *¿No te cruzaste con Alex?* Didn't you bump into Alex? **2** (no encontrarse) to pass each other: *Se deben haber cruzado*. You must have passed each other.

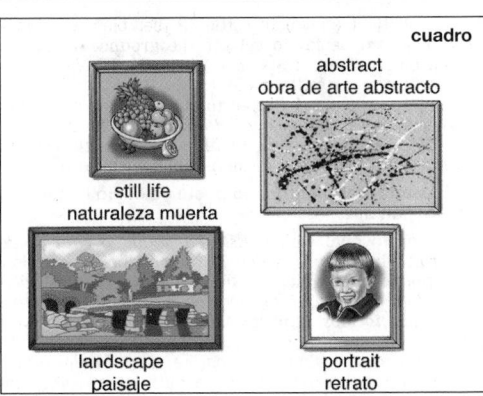

cuadro
abstract
obra de arte abstracto
still life
naturaleza muerta
landscape
paisaje
portrait
retrato

3 (interponerse) **se me cruzó un camión/una bicicleta** a truck/a bike pulled out in front of me

cuaderno s (para el colegio) notebook; (para notas) notebook
cuaderno espiral spiral-bound notebook

cuadra s **1** (manzana) block: *Está a dos cuadras de aquí*. It's two blocks from here. **2** (establo) stable

cuadrado[1], -a *adj* **1** (forma) square **2 metro/kilómetro cuadrado** square meter/kilometer: *Tiene 60 metros cuadrados*. It measures 60 square meters. **3** (robusto, fuerte) hefty **4** (de mentalidad estrecha) narrow-minded

cuadrado[2] s **1** (figura geométrica) square **2** (de un número) square: *9 al cuadrado* 9 squared

cuadragésimo, -a *adj* fortieth

cuadrangular[1] *adj* quadrangular

cuadrangular[2] s (en béisbol) home run

cuadrante s quadrant

cuadrar *v* **1** [I] (ser iguales – cuentas, cálculos) to balance: *Estas cuentas no cuadran*. These accounts don't balance. **2** [T] (hacer que coincidan – cuentas, cálculos) to balance: *No consigo cuadrar el presupuesto*. I can't balance the budget. **3** [I] (encajar) to add up • **cuadrar con algo** to tally with sth **4** (un vehículo) to park
—cuadrarse *v pron* **1** (soldado) to stand to attention **2** (con un vehículo) to park: *Me cuadré frente al teatro*. I parked opposite the theater. **3** (ennoviarse) **cuadrarse (con alguien)** to get engaged (to sb)

cuadrícula s grid

cuadriculado, -a *adj* (papel, hoja) squared

cuadrilátero s (en boxeo) ring

cuadrilla s **1** (de trabajadores) team **2** (de amigos) group **3** (de ladrones) gang

cuadrito s (cuadrado) **de/a cuadritos** checked: *una camisa de cuadritos* a checked shirt

cuadro s **1** (obra) painting: *un cuadro de Picasso* a painting by Picasso **2** (esquema) table: *Ver cuadro 3*. See Table 3. **3** (situación) scene **4** (cuadrado) **de/a cuadros** checked: *una camisa de cuadros* a checked shirt **5** (de una bicicleta) frame **6** (equipo de fútbol) team • **el cuadro mexicano/colombiano** the Mexican/Colombian team **7** (prenda femenina) panties [pl]
cuadro clínico symptoms [pl] • cuadro sinóptico diagram

cuadrúpedo, -a s quadruped

cuádruple[1] s **el cuádruple de grande/largo/caro** four times as big/long/expensive • **aumentar el cuádruple** to quadruple

cuádruple[2] *adj* quadruple: *un cuádruple DVD* a quadruple DVD • *el cuádruple campeón del mundo* the four-times world champion

cuadruplicar *v* [T] to quadruple
—cuadruplicarse *v pron* to quadruple

cuajada s curd

cuajar *v* [I] **1** (nieve) to settle **2** (ser bien acogido – iniciativa, propuesta) to get off the ground; (moda) to catch on **3** (llegar a realizarse) to make it: *No llegó a cuajar.* He never quite made it.
—**cuajarse** *v pron* **1** (leche) to curdle; (sangre) to clot; (gelatina) to set: *Se ha cuajado la leche.* The milk has curdled. **2 cuajarse de** to fill with: *Los jardines se cuajaron de flores.* The gardens filled with flowers.

cuajo *s* **arrancar un árbol/un poste de cuajo** to uproot a tree/to pull up a post

cual *pron* **lo cual** which: *Está cansada, lo cual es de esperar.* She's tired, which is only to be expected. • **con/por lo cual** which is why: *La maltosa es de fácil digestión, por lo cual los médicos la recomiendan para los recién nacidos.* Malt is easy to digest which is why doctors recommend it for babies. • **el/la cual (a)** (indicando personas) whom: *un hombre al cual todos admiran* a man everyone admires, a man whom everyone admires • *una profesora de la cual aprendí mucho* a teacher I learned a lot from, a teacher from whom I learned a lot • *dos de los cuales eran mis primos* two of whom were my cousins **(b)** (indicando cosas) which: *medidas con las cuales no están de acuerdo* measures they don't agree with, measures with which they don't agree ▸ **TAL cual**

cuál *pron* **1** (interrogativo) what: *¿Cuál es la diferencia?* What's the difference? • *No veo cuál es la ventaja de ir en tren.* I don't see what the advantage is of going by train. **2** (con respuestas limitadas) which, which one: *¿Cuál es el tuyo?* Which one is yours? • *¿Cuál de los tres te gusta más?* Which of the three do you like best? • *–Vi la película. –¿Cuál?* –I saw the movie. –Which one? • *No sé con cuál quedarme.* I don't know which one to keep.

cualidad *s* **1** (característica) quality (pl -ties) **2** (virtud) good quality (pl -ties): *Tiene muchas cualidades.* She has many good qualities.

cualitativo, -a *adj* qualitative

cualquier *adj* any: *Cualquier color va bien.* Any color will do. • *Puede llegar en cualquier momento.* He could arrive at any moment. • **cualquier cosa** anything: *"¿Qué le digo?" "Cualquier cosa, no importa."* "What shall I tell him?" "Anything, it doesn't matter." • **cualquier otro -a** anyone: *Cualquier otro haría lo mismo.* Anyone else would do the same thing. • **cualquier lugar/sitio** anywhere ▸ **de cualquier MANERA**

cualquiera¹ *adj* (no importa cuál) any: *Dame un papel cualquiera.* Give me any piece of paper. • *Hoy no es un día cualquiera.* Today isn't just any day. • *No es una chica cualquiera.* She's not just any girl.

cualquiera² *pron* **1** (alguien en general) anyone, anybody: *Le puede pasar a cualquiera.* It can happen to anyone. • **cualquiera de mis amigos/sus alumnos** any of my friends/his students **2** (indicando una de dos personas o cosas) either: *–¿Quiere hablar con mi madre o con mi padre? –Con cualquiera (de los dos).* "Do you want to speak to my Mom or Dad?" "To either (of them)." • *–¿El viejo o el nuevo? –Cualquiera.* "The old one or the new one?" "Either." **3** (algo en general) any, any one: *cualquiera de esos libros* any of those books, any one of those books **4** (alguien nada especial) just anyone: *Yo no salgo con cualquiera.* I don't go out with just anyone.

cuando *adv* **1** (en el momento que) when: *Cuando llegué, estaba lloviendo.* It was raining when I arrived. • *Avísame cuando termines.* Let me know when you've finished. • *Ven cuando quieras.* Come whenever you like. • *¿Te acuerdas de cuando estuvimos en Grecia?* Do you remember when we went to Greece? • *Eso es cuando deberías haberme llamado.* That's when you should have called me. **2** (si) if: *Cuando se enoja, es porque no tiene razón.* If she gets annoyed, it's because she's wrong. • *Cuando lo alaban tanto, debe ser un buen restaurante.* It must be a good restaurant if people praise it so much. **3** (aunque) when: *Me dijeron que me estaba entrometiendo, cuando en realidad quería ayudar.* They said I was interfering when I just wanted to help.

de vez en cuando/de cuando en cuando every now and again, from time to time: *Me llama de vez en cuando.* He calls me every now and again., He calls me from time to time.

cuándo *adv* when: *¿Cuándo es el examen?* When's the exam? • *Todavía no sabemos cuándo llegan.* We still don't know when they are arriving. • *¿Desde cuándo le duele?* How long has it been hurting? • *¿Para cuándo lo necesita?* When do you need it for?

cuantía *s* **1** (cantidad) amount **2** (alcance) extent: *la cuantía de las pérdidas* the extent of the damage

cuantioso, -a *adj* substantial

cuantitativo, -a *adj* quantitative

cuanto¹, -a *adj* (indicando cantidad) *Vuelve a intentarlo cuantas veces haga falta.* Try it again as many times as it takes. • **cuanto más/menos... más/menos...** the more/less... the more/less...: *Cuanto más dinero tenemos, más gastamos.* The more money we have, the more we spend. • *Cuantas menos distracciones haya, mejor.* The fewer distractions there are, the better. • **unos cuantos libros/unas cuantas personas** (bastantes) quite a few books/people; (algunos) a few books/people: *Vinieron unas cuantas personas.* Quite a few people came. • *No voy a discutir por unos cuantos pesos.* I'm not going to argue over a few pesos.

cuanto² *conj* (con comparativos) **cuanto antes, mejor** the sooner, the better • **cuanto más.../cuanto menos...** the more.../the less...: *Cuanto más lo piensas, peor es.* The more you think about it, the worse it is. • *Cuanto menos hable, mejor.* The less he talks, the better.

cuanto antes as soon as possible: *Ven cuanto antes.* Come as soon as you can. • **en cuanto** as soon as: *En cuanto termine nos vamos.* As soon as I'm finished we'll go. • **en cuanto a** with regard to

cuanto³, -a *pron* **1 unos cuantos/unas cuantas** (bastantes) quite a few; (algunos) a few: *Vinieron unos cuantos.* Quite a few came. • *Dame unas cuantas.* Give me a few. **2** (todo lo que) *Te di todo cuanto tenía.* I gave you everything I had. • **cuantas quieras/cuanto puedas** as many as you want/as much as you can: *Llévate cuantas quieras.* Take as many as you want.

cuánto¹, -a *adj* **1** (en preguntas – con sustantivo en singular) how much; (con sustantivo en plural) how many: *¿Cuánto café queda?* How much coffee is there left? • *¿Cuántas niñas hay en tu clase?* How many girls are there in your class? **2** (en preguntas sobre el tiempo) how long: *¿Cuánto tiempo te vas a quedar?* How long are you going to stay? • *¿Cuántos años hace que vives aquí?* How many years have you been living here? **3** (en exclamaciones) what a lot: *¡Cuánta comida!* What a lot of food! • *¡Cuántos turistas!* What a lot of tourists! **4** (en exclamaciones sobre el tiempo) *¡Cuánto tiempo sin verte!* It's been ages since I've seen you!

cuánto², -a *pron* **1** (en preguntas – en singular) how much; (en plural) how many: *¿Cuánto quieres?* How much do you want? • *–Necesito unos alfileres. –¿Cuántos?* "I need some pins." "How many?" **2** (en preguntas sobre el tiempo) how long: *¿Cuánto falta para comer?* How long is it till lunch? **3** (indicando costo) *¿a cuánto...?* how much...?: *¿A cuánto están las naranjas?* How much are the oranges? • *¿Cuánto es?* How much is it? **4** (uso exclamativo) *¡cuánto me alegro!* I'm so pleased! • *¡cuánto has crecido!* haven't you grown!

¿a cuántos estamos (hoy)? What's the date (today)?

cuarenta *núm* **1** forty: *Somos cuarenta.* There are forty of us. • *Tiene cuarenta y dos años.* He's forty-two. **2 los (años) cuarenta** the forties

cuarentena *s* **1** (aislamiento) quarantine • **estar en cuarentena** to be in quarantine • **poner algo/a alguien en cuarentena** to put sth/sb in quarantine **2** (cantidad) about forty • **una cuarentena de gente/cuadros** about forty people/paintings

cuarentón, **-ona** *adj*, *s* forty-something • **una mujer cuarentona** a forty-something woman, a woman in her forties • **un cuarentón** a forty-something, a man in his forties

cuaresma *s* Lent

cuarta *s* (en la caja de cambios) fourth, fourth gear • **meter (la) cuarta** to change into fourth ▶ CUARTO

cuartel *s* (militar) barracks [pl]: *el cuartel de infantería* the infantry barracks

EXPRESIONES
no darle cuartel a alguien to show no mercy to sb • **una lucha/guerra sin cuartel** an all-out war
cuartel de bomberos fire station • **cuartel general** headquarters [+v en sing]: *el cuartel general de Churchill* Churchill's headquarters

cuarteto *s* **1** (de músicos) quartet • **un cuarteto de cuerda/viento** a string/wind quartet **2** (composición musical) quartet

cuartilla *s* **1** (hoja) sheet of paper **2** (tamaño) quarto (técn)

cuarto¹ *s* **1** (habitación) room **2** (cuarta parte) quarter: *un cuarto de litro de aceite* a quarter liter of oil • *un cuarto kilo* a quarter of a kilo • *un cuarto de pollo* a chicken quarter **3** (al dar la hora) quarter • **las cuatro/cinco y cuarto** a quarter after four/five • **las seis/siete menos cuarto** (tb **un cuarto para las seis/siete**) a quarter of six/seven: *a las cinco menos cuarto* at a quarter of five

EXPRESIONES
qué... ni qué ocho cuartos my foot!: *–No voy a poder venir por culpa del trabajo. –¡Qué trabajo ni qué ocho cuartos!* "I won't be able to come because of work." "Work, my foot!"
cuarto creciente first quarter • **cuarto de baño** bathroom • **cuarto de estar** living room • **cuarto de hora** quarter of an hour: *tres cuartos de hora* three quarters of an hour • **cuarto de servicio** maid's room • **cuarto menguante** last quarter • **cuarto oscuro** darkroom • **cuartos de final** quarterfinals

cuarto², **-a** *núm* (número ordinal) fourth • **la cuarta parte** a quarter: *la cuarta parte de los alumnos* a quarter of the students

cuarzo *s* quartz: *un reloj de cuarzo* a quartz watch

cuate, **-ta** *s* **1** (tipo) **cuate** guy • **cuata** woman; (si es joven) girl: *Sale con una cuata mayor que él.* He's going out with an older woman. • *Es un cuate muy extraño.* He's a really weird guy. **2** (amigo) pal, buddy (pl -ddies) **3** (gemelo) twin

cuatrillizo, **-a** *s* quadruplet

cuatrimestral *adj* **1** (plazos, pagos) four-monthly; (reuniones) every four months: *Tenemos reuniones cuatrimestrales.* We have meetings every four months. **2** (asignatura, materia) four-month-long

cuatrimestre *s* (en economía) four-month period; (en educación) term

cuatro *núm* **1** (número, cantidad) four **2** (en fechas) fourth **3 cuatro por cuatro** four-wheel drive (vehicle): *una camioneta cuatro por cuatro* a four-wheel drive pick-up truck

cuatrocientos, **-as** *núm* four hundred

Cuba Cuba

cuba *s* (barril) barrel
EXPRESIONES
estar (borracho -a) como una cuba to be blind drunk

cubalibre *s* (de ron) rum and Coke®; (de ginebra) gin and Coke®

cubano¹, **-a** *adj* Cuban

cubano², **-a** *s* Cuban • **los cubanos** (the) Cubans

cubertería *s* flatware service

cubeta *s* (para agua) bucket

cubetera *s* ice tray

cúbico, **-a** *adj* cubic: *200 centímetros cúbicos* 200 cubic centimeters

cubierta *s* **1** (de un barco) deck: *Vamos a salir a cubierta.* Let's go up on deck. • **en cubierta** on deck **2** (de un libro) cover **3** (de una rueda) tire **4** (en una cocina) counter **5** (de un edificio) roof
cubierta principal main deck

cubierto¹, **-a** *adj* **1** (tapado) covered • **cubierto -a de polvo/nieve** covered in dust/snow • **cubierto -a con chocolate/una sábana** covered in chocolate/with a sheet **2 una piscina/cancha cubierta** an indoor swimming pool/court **3** (cielo) overcast **4** (vacante, lugar) filled

cubierto² *s* **1** (tenedor, cuchara o cuchillo) piece of cutlery: *Faltan dos cubiertos del juego.* There are two pieces of cutlery missing from the set. **2 cubiertos** [pl] (cubertería) flatware **3** (servicio de mesa) place setting: *Pon un cubierto más.* Can you set another place? **4** (comida) place setting: *El precio del cubierto es de 10 dólares.* The place setting costs 10 dollars.

EXPRESIONES
ponerse a cubierto de algo (a) (de la lluvia, del frío) to shelter from sth **(b)** (de un ataque) to hide from sth

cubilete *s* shaker

cubismo *s* cubism

cubista *adj*, *s* cubist

cubitera *s* **1** (para la nevera) ice tray **2** (para servir el hielo) ice bucket

cubito (tb **cubito de hielo**) *s* ice cube

cúbito *s* ulna (técn)

cubo *s* **1** (recipiente) bucket: *un cubo de agua* a bucket of water **2** (cuerpo geométrico) cube
EXPRESIONES
al cubo (en matemáticas) cubed: *21 al cubo* 21 cubed
cubo de Rubik® Rubik's Cube® • **cubo del elevador** elevator shaft

cubreboca *s* (face) mask

cubrecama *s* bedspread

cubrir *v* [T]

1	tapar
2	bañar
3	seguro
4	una noticia
5	una deuda, una obligación
6	un lugar, una vacante
7	proteger

1 TAPAR to cover: *Lo cubrió con una cobija.* She covered him with a blanket.
2 BAÑAR (con pintura) to coat; (con chocolate, azúcar) to cover: *Cubrir el bizcocho con chocolate.* Cover the cake with chocolate.
3 SEGURO to cover: *¿Lo cubre el seguro?* Is it covered by the insurance?
4 UNA NOTICIA to cover
5 UNA DEUDA, UNA OBLIGACIÓN cubrir los gastos/los costos to cover your expenses/costs • **cubrir las necesidades de alguien** to meet sb's needs
6 UN LUGAR, UNA VACANTE to fill
7 PROTEGER to cover: *Cúbreme.* Cover me.
—**cubrirse** *v pron*
1 DE UN PELIGRO to take cover: *¡Cúbranse!* Take cover!
2 DEL FRÍO to wrap up: *Cúbrete bien antes de salir.* Wrap up well before you go out. • **cubrirse la cabeza/los brazos** to cover your head/arms: *Se cubrió la cara con las manos.* He covered his face with his hands.
3 QUEDAR CUBIERTO cubrirse de algo to get covered in sth: *Las botas se le cubrieron de barro.* His boots got covered in mud.

cucaracha *s* cockroach (pl -ches)

cuchara *s* spoon
cuchara de palo wooden spoon • **cuchara de postre** dessert spoon • **cuchara sopera** soup spoon

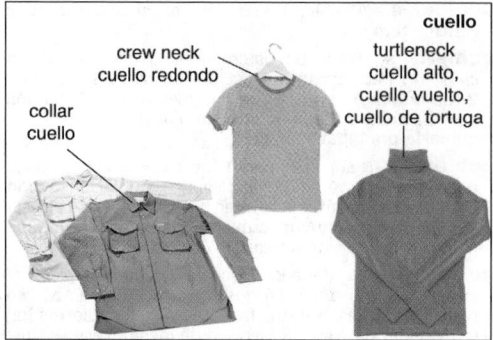

crew neck
cuello redondo

collar
cuello

cuello

turtleneck
cuello alto,
cuello vuelto,
cuello de tortuga

---

cucharada s spoonful: *una cucharada de aceite* a spoonful of oil

cucharadita s teaspoonful

cucharita s 1 (cubierto) teaspoon 2 (cucharadita) teaspoonful

cucharón s ladle

cuchichear v [I,T] to whisper

cuchilla s 1 (de una licuadora, una batidora) blade 2 **cuchilla (de afeitar)** razor blade

cuchillada s 1 (en una agresión) stab • **darle una cuchillada a alguien** to stab sb 2 (herida) stab wound

cuchillo s knife (pl knives)
cuchillo de carne steak knife • cuchillo de cocina kitchen knife • cuchillo del pan bread knife • cuchillo de trinchar carving knife

cuclillas en cuclillas squatting • **ponerse en cuclillas** to squat ▶ ver nota en AGACHAR

cuco, -a adj 1 (bonito) cute 2 **cucos** [pl] (ropa interior femenina) panties

cucurucho s 1 (de helado) cone: *un cucurucho de chocolate* a chocolate cone 2 (de papel) cone

cuello s 1 (de una persona) neck: *Me duele el cuello.* My neck hurts. 2 (de una camisa, un saco) collar 3 (de una botella) neck
cuello alto turtleneck • cuello de botella bottleneck • cuello del útero cervix (pl -xes) • cuello en V V-neck • cuello (de) tortuga turtleneck • cuello redondo round neck • cuello vuelto turtleneck

cuenca s 1 (de un río) basin 2 (del ojo) socket
cuenca minera mining area

cuenta s 1 (cálculo matemático) math problem • **hacer una cuenta** to do a sum • **hacer/sacar la cuenta de algo** to work sth out: *Todavía no hemos hecho la cuenta.* We haven't worked it out yet. • **llevar la cuenta (de algo)** to keep count (of sth) • **salir las cuentas** *No me salen las cuentas.* I can't get the figures to add up. 2 (en un restaurante) check: *¿Nos trae la cuenta, por favor?* Can we have the check, please? • **pedir la cuenta** to ask for the check 3 (factura) bill: *la cuenta del teléfono* the phone bill • **a cuenta** on account: *¿Me das algo a cuenta?* Can you give me something on account? • **entregar algo a cuenta de algo** to pay sth toward sth 4 (en un banco) account • **abrir/cerrar una cuenta** to open/to close an account 5 (de un collar) bead

EXPRESIONES
a cuenta de (a) (a costa de) *Hago un cursillo a cuenta de la empresa.* I'm doing a course at the company's expense. • *Esto va a cuenta mía.* This is on me. **(b)** (a cambio de) *Esto es a cuenta de lo mal que me lo has hecho pasar.* This is in return for the trouble you've given me. • **caer en la cuenta (de algo)** to realize (sth) • **corre de mi/su cuenta** it's on me/him • **dar cuentas a alguien** to account to sb: *Tengo que darle cuentas al jefe de mis gastos.* I have to account to my boss for my expenses. • **darse cuenta (de algo)** (notar) to notice (sth); (tomar conciencia) to realize (sth): *Me teñí el pelo y ni se dio cuenta.* I dyed my hair and he didn't

even notice. • *Se dio cuenta de que había metido la pata.* He realized he had put his foot in his mouth. • **en resumidas cuentas** in short • **perder la cuenta (de algo)** to lose count (of sth): *Perdí la cuenta otra vez.* I've lost count again. • **hacer algo por su cuenta** to do sth on your own: *Lo hice por mi cuenta.* I did it on my own. • **más de la cuenta** too much: *Bebí más de la cuenta.* I drank too much. • **tener algo en cuenta** to bear sth in mind, to take sth into account (*más frml*): *Ten en cuenta que todavía es joven.* Bear in mind that he's still young. • *No tuvieron en cuenta la diferencia de horario.* They didn't take the time difference into account. • **trabajar por cuenta ajena/propia** to be an employee/to be self-employed
cuenta atrás, cuenta regresiva countdown • cuenta corriente checking account • cuenta de ahorros savings account • cuenta de depósito deposit account

cuentacuentos s storyteller

cuentagotas s (dosificador) dropper

EXPRESIONES
con cuentagotas in dribs and drabs: *Empezaron a llegar con cuentagotas.* They began to arrive in dribs and drabs.

cuentakilómetros s 1 (de velocidad) speedometer 2 (de distancia recorrida) odometer

cuentero, -a (tb **cuentista**) s (que inventa cosas) fibber

cuento s 1 (para niños) story (pl -ries): *¿Me cuentas un cuento, mamá?* Will you tell me a story, Mom? 2 (para adultos) short story (pl -ries): *un cuento de Cortázar* a short story by Cortázar 3 (mentira) story (pl -ries): *¡No me vengas con cuentos!* I don't want to hear any tales!
EXPRESIONES
¿a cuento de qué...? what's the point of...?: *¿A cuento de qué me lo dices ahora?* What's the point of telling me now? • **eso no viene a cuento** that has nothing to do with it • **sin venir a cuento** for no apparent reason cuento de hadas fairy tale • el cuento de nunca acabar a never-ending story

cuerda s 1 (para atar – gruesa) rope; (fina) string 2 (de una guitarra, un violín) string 3 (resorte) spring • **darle cuerda a algo** to wind sth up: *Dale cuerda al reloj.* Wind the clock up. • **un reloj/juguete de cuerda** a windup clock/a clockwork toy 4 **cuerdas** [pl] (instrumentos) strings 5 **cuerda (de saltar)** jump rope • **saltar la cuerda** to jump rope 6 (de una raqueta) string
EXPRESIONES
bajo cuerda behind closed doors: *Lo hace todo bajo cuerda.* He does everything behind closed doors. • **darle cuerda a alguien** *No le des más cuerda.* Stop encouraging him or he'll go on and on. • **estar en la cuerda floja** to be walking on a tightrope • **poner a alguien contra las cuerdas** to have sb on the ropes • **tener cuerda para rato** to go on for ever
cuerdas vocales vocal cords

cuerdo, -a adj sane

cuernito s (para comer) croissant

cuerno s 1 (de un toro) horn 2 (de un ciervo) antler 3 (instrumento) horn 4 (para comer) croissant
EXPRESIONES
mandar a alguien al cuerno to tell sb to get lost • **ponerle los cuernos a alguien** to be unfaithful to sb • **¡y un cuerno!** you must be joking!

cuero s 1 leather • **una chaqueta/una falda de cuero** a leather jacket/skirt 2 (mujer atractiva) stunner; (hombre atractivo) hunk: *Está hecha un cuero.* She's a stunner.
EXPRESIONES
en cueros stark naked
cuero cabelludo scalp

cuerpo s 1 (de una persona, un animal) body (pl -dies): *el cuerpo humano* the human body • *Me duele todo el cuerpo.* I'm aching all over. • *¡Qué cuerpo tiene!* He/she has a great body! • de cuerpo entero/de medio cuerpo full-length/half-length 2 (cadáver) body (pl -dies) 3 (en física) body (pl -dies) 4 (de una salsa) thickness • **tener**

mucho/poco cuerpo to be very thick/to be not very thick

EXPRESIONES

una lucha/batalla cuerpo a cuerpo hand-to-hand combat • **¡cuerpo a tierra!** get down! • **en cuerpo y alma** body and soul: *Se entregó al papel en cuerpo y alma.* She threw herself into the role body and soul.

cuerpo de bomberos fire department • cuerpo diplomático diplomatic corps [+v en sing]

cuervo *s* raven, crow

cuesta *s* hill • **cuesta arriba/abajo** uphill/downhill

EXPRESIONES

a cuestas on your back: *El caracol lleva su casa a cuestas.* The snail carries its house on its back. • **hacerse algo cuesta arriba/abajo** to be very hard going: *Se le hizo muy cuesta arriba el embarazo.* She found the pregnancy very hard going.

cuestión *s* matter: *Eso es otra cuestión.* That's another matter. • **es cuestión de gustos/tiempo/practicar** it's a matter of taste/time/practicing

EXPRESIONES

en cuestión in question • **en cuestión de segundos/ minutos** in a matter of seconds/minutes • **el tema/la persona en cuestión** the subject/the person in question • **la cuestión es** the thing is: *La cuestión es que no tengo dinero.* The thing is, I don't have any money. • **poner algo en cuestión** to bring sth into question

cuestionar *v* [T] to question

cuestionario *s* questionnaire

cuete¹ *s* **1** (buscapié, paloma) firework **2** (borrachera) **agarrar un cuete** to get loaded • **traer un cuete** to be loaded

cuete² *adj* (borracho) loaded

cueva *s* cave

cuidado¹ *s* **1** (precaución) **(tener) cuidado con algo** (to be) careful with sth: *Ten cuidado con ese jarrón.* Be careful with that vase. • **cuidado con el escalón/el techo** watch the step/ceiling • **cuidado con llegar tarde/ faltarme el respeto** make sure you're not late/don't be rude to me • **tener cuidado con alguien** to watch out for sb: *Ten cuidado con él que es falso.* Watch out for him because he's untrustworthy. **2** (vigilancia) care • **estar/ quedar al cuidado de algo** to be/to be left in charge of taking care of sth: *Se quedó al cuidado de la casa.* She was left in charge of taking care of the house. **3** (atención) care • **con cuidado** carefully: *Lávalo con cuidado.* Wash it carefully. • **poner cuidado en algo** to take care with sth

EXPRESIONES

¡anda con cuidado! watch your step! • **de cuidado (a)** (grave) serious: *Está enferma de cuidado.* She's seriously ill. **(b)** (peligroso) **un asesino/bromista de cuidado** a lethal killer/a real joker • **tener una borrachera de cuidado** to be completely drunk • **estar al cuidado de alguien (a)** (bajo la vigilancia de) to be in sb's care: *Los niños estaban a mi cuidado.* The children were in my care. **(b)** (encargado de) to be taking care of sb • **me/le trae sin cuidado** I/she couldn't care less: *Me trae sin cuidado lo que pienses.* I couldn't care less what you think.

cuidados intensivos intensive care [U]

cuidado² *interj* careful: *¡Cuidado! ¡Está caliente!* Careful! It's hot!

cuidador, -a *s* **1** (de ancianos) caregiver **2** (de niños) caregiver, nanny (pl -nnies)

cuidadoso, -a *adj* **1** (persona) careful: *Es muy cuidadosa con sus cosas.* She's very careful with her things. **2** (estudio, investigación) thorough: *El análisis fue muy cuidadoso.* The analysis was very thorough.

cuidar *v* **1** [T] (un niño, un enfermo) to take care of: *Tiene que cuidar a la abuela.* She has to take care of her grandmother. **2** [T] (los juguetes, el jardín) to take care of: *No cuida los juguetes.* He doesn't take care of his toys. • **cuidarle algo a alguien** to watch sth for sb: *Cuídame la bicicleta un segundo.* Can you watch my

bike for me for a minute? **3** [I] (atender) **cuidar de algo/alguien** to take care of sb/sth: *Ella cuida de su madre.* She takes care of her mother. • *Se necesita persona para cuidar de una finca.* Person wanted to take care of a farm. • **cuidar de que …** to make sure that …: *Cuida de que no se te queme.* Make sure it doesn't burn. **4** [T] (poner atención en) to take care over: *Cuida la letra.* Take care over your writing.

—**cuidarse** *v pron* (de salud, aspecto) to take care of yourself: *¡Cuídate!* Take care! • *Tiene que cuidarse con la comida.* He has to be careful what he eats.

culantro *s* coriander, cilantro

culata *s* (de un arma) butt

culebra *s* (animal) snake

culebrón *s* **1** (en la televisión) soap opera **2** (historia compleja) saga: *¡Qué culebrón!* What a saga!

culinario, -a *adj* culinary

culmen *s* height • **el culmen de la felicidad/de la carrera** the height of happiness/your career

culminación *s* culmination

culminante *adj* **el momento/punto culminante** (de unas negociaciones) the crucial moment/point; (de una historia, una película) the climax

culminar *v* [I] **culminar con/en algo** to end with sth, to culminate in sth (*más frml*)

culo *s* **1** (trasero) butt • **tener mucho/poco culo** to have a big/small butt **2** (de una botella, vaso) bottom

EXPRESIONES

el culo del mundo the end of the earth • **caer(se) de culo** (caerse y quedar sentado) to fall on your backside

culpa *s* **1** (responsabilidad) fault: *Es culpa mía.* It's my fault. • **tienes/tuvo la culpa** it's your/it was his fault: *La culpa la tuvieron ellos.* It was their fault. • *¿Quién tuvo la culpa?* Whose fault was it? • *Tú tienes la culpa de todo.* It's all your fault. • **echarle la culpa (de algo) a alguien** to blame sb (for sth): *Le echaron la culpa de todo a Pedro.* They blamed Pedro for everything. **2** (culpabilidad) guilt: *Tiene sentimiento de culpa.* He feels guilty.

EXPRESIONES

por culpa de algo/alguien because of sth/sb: *Llegamos tarde por su culpa.* We were late because of him. • *Fue por culpa del tráfico.* It was because of the traffic.

culpabilidad *s* guilt

culpabilizar *v* [T] to blame • **culpabilizar a alguien de algo** to blame sb for sth

culpable¹ *adj* guilty: *Me siento culpable.* I feel guilty. • **ser culpable de algo** to be responsible for sth: *Todos somos culpables de lo que pasó.* We are all responsible for what happened.

culpable² *s* (de un delito) culprit

culpar *v* [T] to blame • **culpar a alguien de algo** to blame sb for sth

cultivar *v* [T] **1** (cereales, plantas) to grow; (la tierra) to farm **2** **cultivar la amistad de alguien** to cultivate sb's friendship • **cultivar la mente** to cultivate your mind

cultivo *s* **1** (producto) crop **2** (acción) **el cultivo de papas/cereales** potato/cereal growing

culto¹, -a *adj* cultured

culto² *s* **1** (práctica religiosa) worship: *libertad de cultos* freedom of worship **2** cult • **el culto a la belleza/al cuerpo** the cult of beauty/of the body

EXPRESIONES

de culto cult [solo ante s]: *una película de culto* a cult movie

cultura *s* **1** (civilización) culture: *la cultura occidental* western culture **2** (conocimientos) culture: *Es una mujer de mucha cultura.* She is a very cultured woman. • **no tener cultura** to be uncultured

cultura general general knowledge

C

cultural *adj* **1** (política, asociación, programa) cultural **2** (del conocimiento) **tener un alto/bajo nivel cultural** to be very well-educated/not very well-educated

culturista *s* bodybuilder

cumbia *s* cumbia

cumbre *s* **1** (de una montaña) summit **2** (reunión) summit

cumpleaños *s* **1** (aniversario) birthday: *¡Feliz cumpleaños!* Happy birthday! • **una fiesta/un regalo de cumpleaños** a birthday party/present **2** (fiesta) birthday party (pl -ties)

cumplido¹ *s* (halago) compliment

cumplido², -a *adj* **1** (puntual) punctual **2** (atento) polite

cumplimiento *s* **1** (de una obligación, una promesa) fulfillment **2** (realización) achievement: *Han alcanzado el cumplimiento de todos los objetivos.* They have achieved all their objectives. **3** (de la ley, una normativa) observance, compliance (*más frml*) **4** (de una condena) *tras el cumplimiento de su condena...* after serving his sentence... **5** (de un plazo) expiration

cumplir *v* **1** [T] (años) to be: *Mañana cumplo 25 años.* I'm 25 tomorrow. • *¿Cuántos años cumples?* How old are you? • *Se fue de casa cuando cumplió los 18.* He left home when he was 18. **2** [T] (una promesa, una obligación) to keep: *No cumpliste tu promesa.* You didn't keep your promise. **3** [T] (una orden) to carry out **4** [T] (una condena) to serve **5** [I] (hacer lo debido) to do your part: *Yo ya he cumplido.* I've done my part. • **cumplir con su deber** to do your duty
—**cumplirse** *v pron* **1** (sueño, deseo) to come true: *Se me cumplieron todos los sueños.* All my dreams came true. **2** (plazo) to expire: *Hoy se cumple el plazo de presentación de reclamaciones.* The deadline for registering complaints is today. **3** (vencerse) *Hoy se cumple un año de su muerte.* He died a year ago today.
EXPRESIONES
por cumplir just to be polite

cúmulo *s* **1** **ser un cúmulo de circunstancias/errores** to be a combination of circumstances/a catalog of errors **2** (nube) cumulus (pl cumuli)

cuna *s* **1** (fija) crib **2** (para mecer) cradle **3** (origen) **ser de humilde/noble cuna** to be of humble/noble birth • **ser la cuna de algo** to be the cradle of sth: *Francia es la cuna de la Ilustración.* France is the cradle of the Enlightenment.

cundir *v* [I] (extenderse – rumor, pánico) to spread

cuneta *s* **1** (zanja) ditch (pl -ches) **2** (espacio al costado de la carretera) shoulder **3** (borde de la acera) curb

cuña *s* (para una puerta, un mueble) wedge
cuña publicitaria advertising slot, commercial break

cuñado, -a *s* **cuñado** brother-in-law (pl brothers-in-law) • **cuñada** sister-in-law (pl sisters-in-law)

cuño *s* **de nuevo cuño (a)** (palabra) newly coined **(b)** (carrera universitaria) newly created

cuota *s* **1** (pago parcial) installment: *las cuotas del crédito* the payments on the loan **2** (de un club) membership fee: *La cuota mensual es de 500 pesos.* The monthly membership fee is 500 pesos. **3** (de un colegio) fees [pl]: *las cuotas del colegio* the school fees **4** (parte correspondiente) quota: *la cuota venezolana de exportación de aceite* the Venezuelan export quota for oil
cuota de mercado market share • **cuota inicial** deposit

cupo *s* (de socios, solicitudes) quota

cupón *s* (para un concurso, descuento, canjeo) voucher
cupón de regalo gift certificate

cuprero, -a *adj* copper

cúpula *s* **1** (de un edificio) dome **2** (de una organización) leadership

cura¹ *s* [masc] priest

cura² *s* [fem] **1** (para una enfermedad) cure • **tener/no tener cura** to be curable/to have no cure **2** (de una herida) treatment

curación *s* (de una enfermedad) recovery (pl -ries); (de una herida) healing

curado, -a *adj* (chorizo, salchichón) cured
EXPRESIONES
mal curado -a *Hay que tener cuidado con los resfriados mal curados.* You need to make sure you get over a cold properly.
EXPRESIONES
estar curado -a de espanto to have seen it all before

curandero, -a *s* **1** (sanador) traditional healer **2** (mal médico) quack

curar *v* [T] **1** (una enfermedad) to cure; (un resfriado) to make better: *Esto te curará el resfriado.* This will make your cold better. **2** (una herida) to dress **3** (tratar) to heal: *El tiempo todo lo cura.* Time heals everything.
—**curarse** *v pron* **1** (persona enferma) to get better, to recover (*más frml*): *cuando te cures* when you get better • **curarse de algo** to get over sth: *Ya se ha curado de la varicela.* She's gotten over her chickenpox. **2** (herida) to heal: *¿Se te ha curado ya la herida?* Has the wound healed yet?

curativo, -a *adj* curative

curiosamente *adv* strangely enough: *Curiosamente, no nos habíamos visto antes.* Strangely enough, we hadn't seen each other before.

curiosear *v* [I,T] **curiosear (en) algo (a)** (cosas ajenas) to go through sth: *Le encanta curiosear mis cosas.* He loves going through my things. **(b)** (tiendas) to browse around sth: *Me gusta mucho curiosear en los anticuarios.* I love browsing around antique stores.

curiosidad *s* **1** (deseo de saber) curiosity: *Fui por curiosidad.* I went out of curiosity. • **despertar la curiosidad de alguien** to arouse sb's curiosity • **tener curiosidad por hacer algo** to be curious to do sth: *Tenía mucha curiosidad por ver dónde vivían.* I was very curious to see where they lived. **2** (hecho curioso) curiosity (pl -ties)

curioso, -a *adj* **1** (indiscreto) nosy: *No seas curioso.* Don't be nosy. **2** (inquieto) inquisitive: *Siempre he sido muy curioso.* I've always been very inquisitive. **3** (extraño) odd: *Qué curioso ¿no?* Isn't that odd? • **lo curioso es que...** the strange thing is that...

curita *s* (marca reg) Band-Aid®, plaster: *Ponte una curita.* Put a Band-Aid on it.

currículo *s* (plan de estudios) curriculum

curriculum (tb **curriculum vitae**) *s* CV, résumé, curriculum vitae (*más frml*)

cursar *v* [T] **1** **cursar la carrera de filosofía/historia** to be studying philosophy/history • **cursar estudios universitarios/médicos** to be at university/to be studying medicine **2** (una materia) to study: *Voy a cursar tres materias este trimestre.* I'm going to study three subjects this quarter.

cursi¹ *adj* (persona, vestido) tacky

cursi² *s* **ser un/una cursi** to be really tacky

cursilada *s* **1** (objeto) **ser una cursilada** to be tacky **2** (dicho) **decir cursiladas** to come out with some naff things

cursilería *s* **1** (cualidad) tackiness **2** (objeto) **ser una cursilería** to be tacky **3** (dicho) **decir cursilerías** to come out with some naff things

cursillo *s* course • **inscribirse en/hacer un cursillo** to enroll on/to do a course

cursiva **en cursiva** in italics

curso *s* **1** (clases) course: *un curso de francés* a French course • **inscribirse en/hacer un curso** to enroll on/to do a course **2** (año escolar) **curso (académico)** (academic) year: *¿En qué curso estás?* What year are you in? • *mis compañeros de curso* my classmates **3** (de una enfermedad, un proceso) course: *Deja que las cosas sigan su curso.* Let things follow their natural course. • **moneda/billetes de curso legal** legal tender **4** (de un río) course

EXPRESIONES

dar curso a una reclamación/una solicitud to process a claim/an application • **dar curso libre a algo** to give free rein to sth: *Dio curso libre a su imaginación.* She gave free rein to her imagination. • **el año/mes en curso** the current year/month

curso a distancia distance learning course • curso intensivo crash course, intensive course (*más frml*): *un curso intensivo de inglés* a crash course in English • curso por correspondencia correspondence course

cursor *s* cursor

curtido, -a *adj* **1** (cara, rostro) weather-beaten **2** (cuero) tanned

curtir *v* [T] **1** (la cara, el rostro) to weather **2** (un cuero) to tan

curul *s* seat

curva *s* **1** (en una carretera) bend, curve: *una curva cerrada* a sharp bend • **curva a la derecha/izquierda** right-hand/left-hand curve **2** (línea) curve: *una curva de temperaturas* a temperature curve

curvilíneo, -a *adj* **1** (forma) curved **2** (mujer) curvaceous

curvo, -a *adj* curved

cúspide *s* **1** (de una montaña) top, summit (*más frml*) **2** (de un edificio) top **3** (de una pirámide) apex (pl -xes) **4** (de la vida profesional) peak

custodia *s* **1** (de un niño) custody: *Le concedieron la custodia de sus hijos.* He was granted custody of his children. **2** (de una persona importante) security staff **3** (del Santísimo Sacramento) monstrance

custodiar *v* [T] to guard

cutáneo, -a *adj* skin [solo ante s]: *una infección cutánea* a skin infection

cúter *s* craft knife (pl knives)

cutícula *s* cuticle

cutis *s* **1** (piel) skin • **cutis seco/graso** dry/oily skin **2** (calidad de la piel) complexion

cuyo, -a *adj* **1** (indicando una persona) whose: *un actor cuyo nombre no recuerdo* an actor whose name I forget **2** (indicando una cosa) **cuyo contenido/cuyos detalles...** the contents/details of which... • **en cuyo caso** in which case

Dd

D, d s D, d

dactilar *adj* **huellas/impresiones dactilares** fingerprints

dado¹ s dice (pl dice) • **tirar/echar los dados** to throw the dice • **jugar a los dados** to play dice

dado², -a *adj* **1** (momento, situación) given • **dada la situación/dadas las circunstancias** given the situation/the circumstances • **en un momento dado** at a given moment • **dado que** since, given that: *Dado que la mayoría está de acuerdo,...* Since the majority agree,... **2 ser dado -a a hacer algo** to be prone to doing sth: *Es muy dada a exagerar.* She's very prone to exaggerating.

daga s dagger

dálmata s dalmatian

daltónico, -a *adj* color-blind

dama s **1** (señora distinguida) lady (pl -dies) • **damas y caballeros** ladies and gentlemen **2** (pieza) king **3** (en las cartas) queen **4 damas** [pl] (juego) checkers [+v in sing] • **jugar (a las) damas** to play checkers ▸ **primera dama** (PRIMERO)
dama de honor bridesmaid

damasco s (fruta) apricot

damnificado¹, -a *adj* (persona) affected

damnificado², -a s victim: *los damnificados por el terremoto* the earthquake victims

danés¹, -esa *adj* Danish

danés², -esa s (persona) Dane • **los daneses** the Danes, Danes

danés³ s (idioma) Danish

dantesco, -a *adj* horrific

danza s dance: *clases de danza* dance classes
EXPRESIONES
en danza (en marcha) on the go: *Tienen varios proyectos en danza.* They have several projects on the go.
danza contemporánea contemporary dance • danza del vientre belly dance • danza guerrera, danza de guerra war dance

danzar v [I] (bailar) to dance
EXPRESIONES
andar/estar danzando to be on the go

dañar v [T] **1** (la salud, la cosecha) to damage **2** (la reputación, la imagen) to damage **3** (un televisor, un computador) to break: *Me dañó la cámara.* He broke my camera. **4** (echar a perder) to ruin: *La lluvia nos dañó la fiesta.* The rain ruined the party.
—dañarse v pron **1** (televisor, batidora) to break: *Se ha vuelto a dañar la impresora.* The printer has broken again. **2** (leche, pescado) to go bad **3** (el brazo, la pierna) to hurt: *Me dañé la muñeca en la caída.* I hurt my wrist when I fell.

dañino, -a *adj* **1** (para la salud) harmful • **dañino -a para algo** harmful to sth: *productos dañinos para las plantas* products harmful to plants **2** (comentario) hurtful

daño s **1** (de una persona) pain: *Sufrió daños físicos y psíquicos.* She suffered both physical and mental pain. • **hacerle daño a alguien (a)** (doler) to hurt sb: *¡Ay, que me estás haciendo daño!* Ow, you're hurting me! • *Estos zapatos no me hacen daño.* These shoes don't hurt my feet. **(b)** (sentar mal) *El picante me hace daño.* Spicy things don't agree with me. **(c)** (afectar los sentimientos) to hurt sb: *Sus palabras me hicieron mucho daño.* I

was really hurt by what he said. • **hacerse daño** to hurt yourself: *No me hice daño.* I didn't hurt myself. **2** (a un edificio, una cosecha) damage
daños materiales [pl] damage to property [U] • daños y perjuicios damages

dar v ▸ **dar** también forma parte de expresiones como **dar clases, dar miedo, dar suerte**, etc. que figuran bajo el adjetivo o sustantivo correspondiente.

1	entregar, comunicar
2	aplicar
3	un premio, una beca
4	en el cine, teatro, televisión
5	desprender
6	decir
7	celebrar
8	reloj
9	fastidiar
10	estar orientado
11	con objetos
12	encontrar
13	golpear
14	chocar
15	importar
16	causando daño
17	ser suficiente
18	considerar

1 ENTREGAR, COMUNICAR [T] to give: *Me dio mil pesos.* He gave me a thousand pesos. • *Le di la llave a Pablo.* I gave Pablo the key. • *¿Me das tu teléfono?* Can you give me your phone number? • *Te lo doy a cambio de diez dólares.* I'll let you have it for ten dollars. • *Dame una carta más.* Deal me another card. • *Todavía no le han dado la noticia.* They still haven't told her the news. • *Vino a dar una conferencia.* She came to give a talk. • *Siempre me da consejos.* He always gives me advice.

2 APLICAR [T] to give: *Dale una mano de pintura.* Give it a coat of paint.

3 UN PREMIO, UNA BECA [T] to award

4 EN EL CINE, TEATRO, TELEVISIÓN [T] *¿Qué dan hoy en el Teatro Cervantes?* What's on today at the Cervantes Theater? • *¿Qué dan hoy en el canal 4?* What's on channel 4 today?

5 DESPRENDER [T] **dar calor** to be warm: *Esta bufanda da mucho calor.* This scarf is very warm. • **dar un lindo perfume** to smell nice

6 DECIR [T] **dar los buenos días/las gracias** to say good morning/thank you

7 CELEBRAR [T] to have: *Vamos a dar una fiesta.* We're going to have a party.

8 RELOJ [I] to strike: *Dieron las doce.* It's just struck twelve.

9 FASTIDIAR [T] to ruin

10 ESTAR ORIENTADO [I] **dar a la calle/al mar** to look onto the street/the sea

11 CON OBJETOS [I] **darle a un botón/una tecla** to press a button/a key • **darle a una pelota** to hit a ball: *Dale fuerte.* Hit it hard.

12 ENCONTRAR [I] **dar con algo/alguien** to find sth/sb: *No conseguí dar con su casa.* I couldn't find their house. • *Tras varias llamadas, di con ella.* After several calls I got hold of her.

13 GOLPEAR [I] **darle (con algo) a alguien** to hit sb (with sth): *Le di con un palo en la cabeza.* I hit him on the head with a stick.

14 CHOCAR [I] **dar contra algo** to hit sth: *Fue a dar contra una pared.* It hit a wall.

15 IMPORTAR [I] **¡qué más da!** it doesn't matter! • **¡da igual!** it doesn't matter!, never mind!

16 CAUSANDO DAÑO [I] **darle a alguien de puñetazos/puñaladas** to punch/to stab sb repeatedly

17 SER SUFICIENTE [I] **dar para algo** *Una botella no da para todos.* One bottle won't be enough for everyone. • *El dinero que teníamos no daba para más.* The money we had wouldn't stretch any further.

18 CONSIDERAR [T] **dar por** *Dio por terminado el asunto.* He considered the matter closed. • *Se acabó*

dando por vencido. In the end he gave up. • *No des por cierto todo lo que te digan.* Don't believe everything you're told. • **dar por hecho algo** to take sth for granted: *Dábamos por hecho que vendrías.* We took it for granted that you were coming.

—**darse** *v pron*

1 **OCURRIR** to happen: *Hacía tiempo que no se daban esas circunstancias.* This hadn't happened for some time.

2 **CHOCAR** **darse contra algo** to hit sth: *Se dio contra el techo.* It hit the roof. • **darse contra una puerta/un poste** to bump into a door/a lamppost

EXPRESIONES

a (todo) lo que da **(a)** (a todo volumen) full blast: *Tenía el radio a lo que daba.* She had the radio on full blast. **(b)** (a toda velocidad) at full speed: *Iban por la carretera a todo lo que daba.* They were driving along the road at full speed. • **darle a alguien por hacer algo** to take to doing sth: *Le dio por levantarse temprano para estudiar.* He has taken to getting up early to study. • **darle a alguien por algo** to take up sth • **se las da de intelectual/de experto** he likes to think he's an intellectual/an expert • **estar dale que dale/dale y dale** to keep going on and on • **no dar ni una** not to get anything right: *Últimamente no da ni una.* He doesn't get anything right lately. • **¡y dale!** *¡Y dale! que no me interesa el tema.* How many times have I told you I'm not interested!

dardo *s* dart • **jugar (a los) dardos** to play darts

dársena *s* dock

datar *v* **1** [T] (un fósil, un documento) to date **2** [I] **datar de** to date from

dátil *s* date

dato *s* **1** (información) piece of information [U]: *Aquí tiene los datos que me pidió.* Here's the information you asked for. • *Está recopilando datos para la tesis.* She's collecting data for her thesis. **2** **datos** [pl] (en informática) data [pl]: *los datos almacenados en el computador* the data stored on the computer ▶ **BANCO de datos**, **BASE de datos**

datos personales details, personal details

d.C. (abrev de **después de Cristo**) AD: *en el 300 d.C.* in 300 AD

de *prep*

> **1** indicando pertenencia
> **2** en descripciones
> **3** indicando tema
> **4** indicando material
> **5** indicando procedencia, origen
> **6** indicando pertenencia a un grupo
> **7** con superlativos
> **8** indicando característica
> **9** indicando autoría
> **10** indicando contenido
> **11** indicando ocupación
> **12** desde

1 **INDICANDO PERTENENCIA** ▶ Cuando se trata de algo que pertenece a alguien, se usa el nombre del poseedor seguido de **'s** si el sustantivo termina en **s** se usa solo el apóstrofe: *los amigos de Laura* Laura's friends • *la bufanda de la niña* the girl's scarf • *la bicicleta de Luis* Luis' bicycle • *las notas de sus alumnos* her students' grades

2 **EN DESCRIPCIONES** *la pantalla del computador* the computer screen • *la ventana del baño* the bathroom window

3 **INDICANDO TEMA** *una clase de ballet* a ballet class • *un programa de deportes* a sports program • *una película de terror* a horror movie

4 **INDICANDO MATERIAL** *un vaso de plástico* a plastic cup • *una maleta de cuero* a leather suitcase

5 **INDICANDO PROCEDENCIA, ORIGEN** from: *Soy de Caracas.* I'm from Caracas. • *¿De dónde eres?* Where are you from? • *¿Ya volvieron de Europa?* Are they back from Europe yet?

6 **INDICANDO PERTENENCIA A UN GRUPO** of: *uno de los niños* one of the children • *¿Quién de ustedes hizo esto?* Which one of you did this? • *la mejor de sus canciones* the best of their songs

7 **CON SUPERLATIVOS** in: *el país más grande del mundo* the largest country in the world • *el chico más guapo del colegio* the best-looking boy in the school

8 **INDICANDO CARACTERÍSTICA** *ése de la barba* that guy with a beard • *la mujer del vestido negro* the woman in the black dress

9 **INDICANDO AUTORÍA** by: *una canción de los Beatles* a song by the Beatles • *una novela de Fuentes* a novel by Fuentes

10 **INDICANDO CONTENIDO** of: *un vaso de agua* a glass of water

11 **INDICANDO OCUPACIÓN** as: *Trabaja de mesera.* She works as a waitress.

12 **DESDE** from: *La clase es de 9 a 11.* The class is from 9 to 11 o'clock. • *¿Cuánto se tarda de Bogotá a Caracas?* How long does it take to get from Bogotá to Caracas?

deambular *v* [I] to wander

debajo *adv* underneath: *No hay nada debajo.* There's nothing underneath. • *Pon un plato debajo.* Put a plate underneath it. • **el/la de debajo** the one underneath

debajo de *prep* under: *debajo de la cama* under the bed

EXPRESIONES

por debajo del 20 por ciento/de los 25 grados below 20 percent/25 degrees • **por debajo de la media** below average

debate *s* debate

debatir *v* [T] to debate

—**debatirse** *v pron* **debatirse entre algo y algo** to be torn between sth and sth • **debatirse entre la vida y la muerte** to be fighting for your life

deber[1] *v aux* **1** (suposición en oraciones afirmativas) must: *Debes (de) estar cansado.* You must be tired. • *Debe (de) tener unos 30 años.* She must be about 30. • *Ya debe (de) haberse ido.* He must have left by now. **2** (suposición en oraciones negativas) *No debe (de) ser muy difícil.* It can't be very difficult. • *No debe (de) haber entendido nada.* He probably didn't understand a word. **3** (obligación en presente) must: *Es algo que debemos tener en cuenta.* It is something we must take into account. **4** (obligación en pasado o condicional) should: *Deberías haberme avisado.* You should have told me. • *Deberías llamarla.* You ought to call her. • *No se debe hablar con la boca llena.* You shouldn't talk with your mouth full. **5** [T] (dinero, un favor) to owe: *Me debes 100 pesos.* You owe me 100 pesos. • *Le debo el regalo de cumpleaños.* I owe him a birthday present.

—**deberse** *v pron* **1** (ser consecuencia de) **deberse a algo** to be due to sth: *Esto se debe al agujero de ozono.* This is due to the hole in the ozone layer. • **¿a qué se debe...?** what is the reason for...?: *¿A qué se debe el retraso?* What's the reason for the delay? • *¿A qué se debe este cambio de opinión?* Why have they changed their minds? **2** (tener obligación con) **deberse a alguien** to have a duty to sb

EXPRESIONES

como debe ser properly

deber[2] *s* **1** duty (pl -ties): *Cumplió con su deber.* He did his duty. **2** **deberes** [pl] homework [+v en sing] • **hacer los deberes** to do your homework: *¿Ya hiciste los deberes?* Have you done your homework yet?

debido, -a *adj* (necesario) proper: *Tomaron las debidas precauciones.* They took the proper precautions.

EXPRESIONES

a su debido tiempo in due course • **como es debido** real: *un trabajo como es debido* a real job • *Eso sí que es una fiesta como es debido.* Now that's what you call a party. • **hacer algo como es debido** to do sth properly: *Pórtate como es debido.* Behave properly. • *No funciona como es debido.* It isn't working properly. • **con el debido respeto** with all due respect • **más de lo debido** too much: *Bebí más de lo debido.* I drank too much.

debido a *prep* because of: *El partido se suspendió debido a la lluvia.* The game was canceled because of the rain.

débil *adj* **1** (persona, carácter) weak **2** (voz, sonido) faint **3** (luz) dim, faint ▶ **PUNTO débil**

debilidad *s* **1** (física, de carácter) weakness (pl -sses) **2** (fuente de placer) weakness (pl -sses): *El chocolate es mi debilidad.* Chocolate is my weakness. • **sentir debilidad por algo** to have a weakness for sth • **sentir debilidad por alguien** to have a soft spot for sb

debilitar *v* [T] to weaken
—**debilitarse** *v pron* to grow weaker

débito *s* **1** (deuda) debt **2** (debe) debit ▶ **TARJETA de débito**

debut *s* début • **hacer su debut** to make your début

debutar *v* [I] to make your début: *Debutó en televisión en 2005.* He made his television début in 2005.

década *s* decade • **la década de los ochenta/de los sesenta** the eighties/the sixties

decadencia *s* **1** (proceso) decline • **estar en (plena) decadencia** to be in (serious) decline **2** (estado decadente) decadence

decadente *adj* **1** (sociedad, ambiente) decadent **2** (economía, imperio) declining • **en un estado decadente** in a state of decline

decaer *v* [I] **1** (enfermo, salud) to deteriorate **2** (economía, país) to decline **3** (interés, ánimo) to flag

decaído, -a *adj* **1** (sin ánimo) depressed: *La encontré muy decaída.* She seemed very depressed to me. • **estar/andar decaído -a** to be feeling low **2** (sin fuerzas) run-down: *Parece algo decaído.* He looks a little run-down to me.

decálogo *s* (normas) basic rules [pl]: *un decálogo para dejar de fumar* the basic rules for giving up smoking

decano, -a *s* **1** (en la universidad) dean **2** (con más antigüedad) **ser el decano/la decana de algo** to be the doyen/doyenne of sth

decantarse *v pron* **decantarse por algo (a)** (decidirse) to decide on sth **(b)** (preferir) to be more inclined toward sth

decapitar *v* [T] to behead

decena *s* **1** ten: *una decena de personas* about ten people **2** (en aproximaciones) **decenas de casos/veces** dozens of cases/times

EXPRESIONES
por decenas (a) (de diez en diez) in tens: *Venden los huevos por decenas.* The eggs are sold in tens. **(b)** (en grandes cantidades) by the dozen

decencia *s* decency: *No tuvo la decencia de llamarle.* He didn't have the decency to call her. • **¡Qué falta de decencia!** How rude! • **vestir con decencia** to dress respectably

decenio *s* decade

decente *adj* **1** (decoroso) respectable: *una chica decente* a respectable girl **2** (aceptable) decent: *un sueldo decente* a decent salary **3** (honesto) decent: *Es una persona decente.* He's a decent person.

decepción *s* disappointment • **me llevé/se llevó una decepción** I/she was disappointed

decepcionante *adj* disappointing: *El artículo fue muy decepcionante.* The article was very disappointing.

decepcionar *v* [T] **1** (dejar descontento) to disappoint: *Su reacción me decepcionó.* I was disappointed by his reaction. **2** (defraudar) to let down: *Me decepcionaste.* You've let me down. ▶ ver nota en **DISAPPOINTED**

decibelio *s* decibel

decidido, -a *adj* **1** (resuelto – carácter) determined; (acción, tono) decisive; (apoyo) unswerving: *una niña muy decidida* a very determined girl **2** (seguro) **estar decidido -a** to have made up your mind: *No estoy muy decidida.* I haven't quite made up my mind. • **estar decidido -a a hacer algo** to be determined to do sth

decidir *v* [I,T] to decide: *¿Qué decidiste?* What have you decided? • *Finalmente decidieron que no.* In the end they decided against it. • *Ha llegado el momento de decidir.* It's time to decide. • **decidir hacer algo** to decide to do sth
—**decidirse** *v pron* to make up your mind: *Vamos, decídete.* Come on, make up your mind. • **decidirse a hacer algo** to decide to do sth: *Se decidió a escribirle.* He decided to write to her. • **decidirse por algo** to decide on sth: *Al final me decidí por el azul.* I decided on the blue one in the end.

decilitro *s* deciliter

décima *s* tenth • **tener unas décimas de fiebre** to have a slight fever

decimal *adj, s* decimal: *el sistema decimal* the decimal system

décimo, -a *núm* tenth

decimoctavo, -a *núm* eighteenth

decimocuarto, -a *núm* fourteenth

decimonoveno, -a *núm* nineteenth

decimoprimero, -a *núm* eleventh

decimoquinto, -a *núm* fifteenth

decimoséptimo, -a *núm* seventeenth

decimosexto, -a *núm* sixteenth

decimotercero, -a *núm* thirteenth

decir *v* **1** [T] (sin indicar a quién se le dice algo) to say: *¿Qué dijiste?* What did you say? • *No dije nada.* I didn't say anything. • *¿Cómo se dice "queso" en francés?* How do you say "cheese" in French? • *Todos los entrevistados dijeron lo mismo.* All the people interviewed said the same thing. • *¿Tú qué dices al respecto?* What do you think about it? • **decir que no/sí** to say no/yes: *Lo invité y dijo que sí.* I invited him and he said yes. **2** [T] (indicando a quién se habla) to tell: *Me dijo que venía.* She told me she was coming. • *Eso no es lo que me dijo a mí.* That's not what she told me. **3** [T] (con órdenes) *Dice que le esperemos.* He says to wait for him. • *Mi madre dijo que no tocaras eso.* My mom said not to touch that. • **decirle a alguien que haga algo** to tell sb to do sth: *Dile que espere.* Tell her to wait. • *¡Te he dicho que me dejes en paz!* I've told you to leave me alone! **4** [T] (llamar) to call: *Le dicen Manu.* They call him Manu.

EXPRESIONES
con decirte que... if I tell you...: *Fue muy emotivo; con decirte que me hizo llorar...* It was very emotional; I tell you it made me cry... • **decir la verdad/decir mentiras** to tell the truth/to tell lies: *¡No digas mentiras!* Don't tell lies!, Don't lie! • **decir (algo) por decir** *No quiso ofenderte, lo dijo por decir.* She didn't mean to offend you, she wasn't being serious. • **decirle a alguien de todo** to call sb all the names under the sun: *Me dijo de todo cuando se enteró.* She called me all the names under the sun when she found out. • **di que...** if it weren't for the fact that...: *Di que no tengo dinero,...* If it weren't for the fact that I don't have any money... • **di que sí** go on • **dicho sea de paso** by the way • **digo** I mean: *Hay dos, digo, tres.* There are two, I mean, three. • **digamos** let's say: *una casa que vale, digamos, 2 millones de dólares* a house worth, let's say, 2 million dollars • **el qué dirán** what other people say: *No me importa el qué dirán.* I don't care what other people say. • **es decir** that is: *El 28, es decir, a fin de mes.* The 28th, that is, at the end of the month. • **estamos en lo dicho** that's agreed then, okay then • **lo que se dice...** *Lindo, lo que se dice lindo, no es.* It's not what you'd call pretty. • **ni que decir tiene** it goes without saying • **¡no me digas!** never! • **no me dice nada** it doesn't do much for me: *A mí el chocolate no me dice nada.* Chocolate doesn't do much for me. • **no digamos** to say nothing of: *En Castilla llueve poco, y no digamos en Andalucía.* In doesn't rain much in Castilla, to say nothing of Andalusia. • **querer decir** to mean: *¿Qué quiere decir "obsoleto"?* What does "obsolete" mean? • *No quise decir eso.* I didn't mean that. • **(que) se dice pronto** no less: *Ha dado cuatro*

veces la vuelta al mundo, que se dice pronto. He's been four times around the world, no less. • **que ya es decir (demasiado)** which is saying something: *Tiene siete carros, que ya es decir.* He has seven cars, which is saying something. • **usted dirá** how can I help you? • **¡y que lo digas!** you can say that again!

decisión *s* **1** (resolución) decision • **tomar una decisión** to make a decision **2** (cualidad) decisiveness • **me/le falta decisión** I am/he is indecisive

decisivo, -a *adj* **1** (papel, factor) decisive **2** (momento) crucial

declaración *s* **1** (a la prensa) statement **2** (anuncio oficial) declaration: *una declaración de principios* a declaration of principles **3** (de un acusado, un testigo) statement • **tomarle declaración a alguien** to take a statement from sb • **prestar declaración (a)** (ante la policía) to make a statement **(b)** (en un juicio) to give evidence
declaración de amor declaration of love • declaración de guerra declaration of war • declaración de independencia declaration of independence • declaración de la renta tax return • declaración jurada affidavit

declarar *v* **1** [T] (afirmar) to state: *según han declarado fuentes oficiales* according to official statements • *El ministro declaró que...* The minister stated that... **2** [T] (anunciar) to declare: *El gobierno ha declarado tres días de luto oficial.* The government has declared three days of official mourning. • **declararle la guerra a alguien** to declare war on sb **3** [I,T] (ante un juez) to testify **4** [T] (en la aduana) to declare: *¿Tiene algo que declarar?* Do you have anything to declare? **5** [T] (considerar) **declarar a alguien culpable/inocente** to find sb guilty/not guilty
—**declararse** *v pron* **1** (considerarse) **declararse culpable/inocente** to plead guilty/not guilty • **declararse en quiebra** to declare yourself bankrupt **2** (enamorado) **declarársele a alguien** to tell sb you love them, to declare yourself to sb (*más frml*): *Se le declaró en Venecia.* He told her he loved her in Venice. **3** (incendio) to break out; (guerra) to break out, to be declared (*más frml*)

declinar *v* **1** [I] (decaer) to deteriorate: *Su salud ha empezado a declinar.* His health has begun to deteriorate. **2** [I] (día) to draw to a close **3** [T] (una invitación, una oferta) to decline **4** [T] (un comentario, una declaración) to decline to make

declive *s* (de una civilización, una industria) decline

decodificador *s* decoder

decolaje *s* take-off

decolar *v* [I] (avión) to take off

decolorar *v* [T] **1** (el pelo) to bleach **2** (la ropa) to bleach
—**decolorarse** *v pron* **1** (pelo) to get bleached **2** (ropa) to fade

decomisar *v* [T] to seize

deconstrucción *s* deconstruction

decoración *s* **1** (acción de decorar) decoration **2** (aspecto) decor: *La decoración es muy moderna.* The decor is very modern.
decoración de interiores interior design

decorado *s* set

decorador, -a *s* **1 decorador -a (de interiores)** interior designer **2** (en teatro, cine) set designer

decorar *v* **1** [T] (una casa, un bar) to decorate **2** [T] (una pared, un mueble) to decorate: *¿Me ayudas a decorar el árbol de Navidad?* Will you help me decorate the Christmas tree? **3** [I] (adornar) to look decorative

decorativo, -a *adj* decorative

decoro *s* **1** (dignidad) dignity, decorum (*más frml*): *con gran decoro* with great decorum **2** (decencia) decency

decoroso, -a *adj* **1** (comportamiento) respectable, seemly; (actitud) decent **2** (sueldo, vivienda) decent

hitchhike **hacer dedo, ir de aventón**

decrecer *v* [I] **1** (interés, popularidad) to decline **2** (número, cantidad) to fall

decrépito, -a *adj* decrepit

decretar *v* [T] to order, to decree (*más frml*)

decreto *s* decree
decreto ley decree law

dedal *s* thimble

dedicación *s* dedication: *Su dedicación a la política fue total.* He was totally dedicated to politics.
dedicación exclusiva full-time commitment

dedicar *v* [T] **1** (como homenaje) to dedicate • **dedicarle algo a alguien** to dedicate sth to sb: *Me dedicó la canción.* He dedicated the song to me. • **dedicarle unas palabras a alguien/algo** to say a few words to sb/about sth **2** (destinar) to dedicate, to devote: *Les dedicó su vida a los hijos.* She dedicated her life to her children. • *Dedicó parte del dinero al pago de la hipoteca.* He used part of the money to pay the mortgage. • **dedicarle tiempo a algo/alguien** to spend time doing sth, to devote time to sth/sb (*más frml*): *¿A qué dedicas los fines de semana?* How do you spend your weekends? **3** (un libro) to dedicate: *¿Me puede dedicar este ejemplar?* Would you sign this copy for me?
—**dedicarse** *v pron* **dedicarse a (hacer) algo** *¿A qué te dedicas?* What do you do for a living? • *Se dedica al periodismo.* He's a journalist.

dedicatoria *s* dedication

dedillo *s* **conocer un lugar/una zona al dedillo** to know a place/an area like the back of your hand • **saber algo al dedillo** to know sth off by heart

dedo *s* **1** (de la mano) finger: *Me corté el dedo.* I cut my finger. • **señalar algo con el dedo** to point at sth **2** (del pie) toe **3** (medida) approximately an inch: *Mide dos dedos.* It's a couple of inches.
EXPRESIONES
contar algo con los dedos de la mano to count sth on the fingers of one hand • **estar para chuparse los dedos** to be scrumptious • **hacer/echar dedo** to hitch, to hitchhike (*más frml*): *Hicimos dedo hasta Valparaíso.* We hitched as far as Valparaíso. • **ir/viajar a dedo** to hitch, to hitchhike (*más frml*) • **no mover un dedo** not to lift a finger • **poner el dedo en la llaga** to touch a raw nerve
dedo anular ring finger • dedo gordo (del pie) big toe; (de la mano) thumb • dedo corazón, dedo medio middle finger • dedo índice forefinger • dedo meñique little finger

deducir *v* [T] **1** (inferir) to deduce **2** (descontar) to deduct: *Del sueldo hay que deducir los impuestos.* Taxes have to be deducted from your salary.

defecar *v* [I] to defecate

defecto *s* **1** (de una persona) fault: *Todos tenemos defectos.* We all have our faults. • **encontrar/sacar defectos** to find fault **2** (de una máquina, un sistema) fault, defect **3** (en un objeto de cerámica, una tela) flaw
▶ ver nota en **FAULT**

en su defecto (a) (a falta de alguien) in his/her absence **(b)** (a falta de algo) failing that • **por defecto** by default **defecto de fabricación** manufacturing defect • **defecto físico** physical defect

defectuoso, -a *adj* faulty, defective (*más frml*)

defender *v* [T] **1** (ante una agresión) to defend: *Los amigos fueron a defenderlo*. His friends went to defend him. **2** (dando la cara) to stick up for: *Tú siempre lo defiendes*. You always stick up for him. **3** (apoyar) to defend • **defender una causa** to champion a cause **4** (proteger) to defend **5** (un título) to defend **6** (ante un tribunal) to defend
—**defenderse** *v pron* **1** (protegerse) to defend yourself • **defenderse de algo/alguien** to defend yourself against sth/sb **2** (arreglárselas) to get by: *Me defiendo en inglés*. I can get by in English. • *No es un gran jugador pero se defiende*. He's not a great player but he's not bad.

defensa¹ *s* [fem] **1** (protección) defense: *la defensa de los derechos de la mujer* the defense of women's rights • **en defensa de algo/alguien** in defense of sth/sb: *Salió en defensa de su padre*. She came out in her father's defense. • **en defensa propia** in self-defense • **la defensa del medio ambiente/de la naturaleza** protection of the environment/of nature **2** (de un equipo deportivo) defense **3** (en un juicio) defense **4 defensas** [pl] defenses: *Tiene las defensas bajas*. Her defenses are low. **defensa personal** self-defense

defensa² *s* [masc & fem] (en deportes) defender: *Juega de defensa*. He's a defender.

defensivo, -a *adj* (arma, movimiento) defensive
estar/ponerse a la defensiva to be/to go on the defensive

defensor, -a *s* **1** (militante) defender: *un defensor de la democracia* a defender of democracy **2** (en deportes) defender: *Juega de defensor*. He's a defender.
defensor del pueblo ombudsman (pl -men) ▶ **ABO-GADO -a defensor -a**

defeño, -a *s* **defeño** man from Mexico City • **defeña** woman from Mexico City • **los defeños** the people of Mexico City

deficiencia *s* **1** (carencia) deficiency (pl -cies): *Tiene deficiencia de calcio*. She has a calcium deficiency. **2** (fallo) fault: *El motor tenía deficiencias*. The engine was faulty.
deficiencia física physical handicap • **deficiencia mental** mental handicap

deficiente¹ *adj* inadequate: *una alimentación deficiente* an inadequate diet • **deficiente en algo** deficient in sth

deficiente² *s* (tb **deficiente mental**) person with a learning disability

déficit *s* **1** (en economía) deficit **2** (falta) deficiency (pl -cies): *Tiene déficit de vitaminas*. He has a vitamin deficiency. • **un déficit de inversión/infraestructuras** a lack of investment/infrastructure

deficitario, -a *adj* (negocio) loss-making; (balanza, saldo) negative

definición *s* **1** (de una palabra) definition **2** (de una imagen) sharpness, definition; (de una pantalla) resolution: *televisión de alta definición* high-definition television • *Tiene buena definición*. The image is very sharp.
por definición by definition

definir *v* [T] **1** (una palabra) to define **2** (a una persona) to describe: *¿Cómo definirías a tu marido?* How would you describe your husband?
—**definirse** *v pron* to define yourself: *¿Cómo te defines políticamente?* Where do you stand politically?

definitivamente *adv* **1** (para siempre) for good: *Dejó la música definitivamente*. He's given up music for good. **2** (sin dudas) definitely

definitivo, -a *adj* **1** (respuesta) definite: *No me dio una respuesta definitiva*. She didn't give me a definite answer. **2** (versión, solución) final, definitive (*más frml*) *¿Estos resultados son definitivos?* Are these results the final ones? • *Ya es definitivo que asistirá el presidente* It's now definite that the president will be there.
en definitiva in short

deforestación (tb **desforestación**) *s* deforestation

deformación *s* **1** (física) deformity (pl -ties) **2** (de metal) deformation; (de la madera) warping
deformación profesional occupational hazard

deformar *v* [T] **1** (las manos, la columna) to deform **2** (el metal) to twist out of shape; (la madera) to warp
—**deformarse** *v pron* (manos, columna) to become deformed: *Se le deformaron los dedos*. Her fingers became deformed.

deforme *adj* deformed

defraudar *v* [T] **1** (decepcionar) to disappoint: *La película me defraudó*. I was disappointed by the movie. ▶ ver nota en **DISAPPOINTED** **2** (estafar) to defraud • **defraudar al fisco** to evade taxes, to defraud the IRS

defunción *s* death

degeneración *s* **1** (de un hueso, del sistema nervioso) degeneration **2** (depravación) degeneracy

degenerado, -a *s* **1** (pervertido sexual) pervert **2** (mala persona) degenerate

degenerar *v* [I] (problema, situación) to deteriorate • **degenerar en algo** (conversación, situación) to degenerate into sth; (resfriado, infección) to develop into sth
—**degenerarse** *v pron* **1** (hueso, sistema nervioso) to degenerate **2** (problema, situación) to deteriorate

degenerativo, -a *adj* degenerative

degollar *v* [T] **degollar a alguien** to slit sb's throat: *La degolló con un cuchillo*. He slit her throat with a knife

degradación *s* **1** (del medio ambiente, del litoral) degradation **2** (de la persona) degradation

degradante *adj* degrading

degradar *v* [T] **1** (el medio ambiente, el litoral) to damage: *emisiones que degradan la capa de ozono* emissions that deplete the ozone layer **2** (a una persona) to be degrading to: *Esos insultos me degradan*. These insults are degrading to me. **3** (en el ejército) to demote: *Lo degradaron al rango de sargento*. He was demoted to the rank of sergeant. **4** (los colores) to make paler
—**degradarse** *v pron* **1** (situación, relación) to deteriorate: *Su relación se fue degradando poco a poco*. Their relationship gradually deteriorated. **2** (persona) to degrade yourself

degustación *s* tasting • **una degustación de quesos/vinos** a cheese/wine tasting

degustar *v* [T] to taste

dejadez *s* **1** (en el trabajo) carelessness: *Hace las cosas con mucha dejadez*. He's very careless about every thing he does. **2** (en el deber) negligence: *Acusan al gobierno de actuar con dejadez*. The government is accused of negligence. **3** (en el aseo) slovenliness

dejado, -a *adj* **1** (descuidado) careless **2** (perezoso) lazy **3** (desordenado) messy; (en el aseo) slovenly

dejar *v*

1	poner
2	abandonar
3	no molestar
4	dar, guardar
5	encomendar
6	permitir
7	a un pasajero
8	olvidar
9	parar

1 PONER [T] to leave: *Deja la llave en el cajón*. Leave the key in the drawer.

2 ABANDONAR [T] to leave: *El marido la dejó.* Her husband left her. • *Dejó su casa a las diez.* He left home at ten o'clock. • *¿Lo dejamos para otro día?* Do you want to leave it for another day? • **dejar la bebida/el cigarrillo** to give up drinking/smoking
3 NO MOLESTAR [T] to leave: *¡Déjame tranquila!* Leave me alone!
4 DAR, GUARDAR [T] to leave: *Déjale un poco de jugo a tu hermano.* Leave some juice for your brother. • *Su abuelo le dejó mucho dinero.* His grandfather left him a lot of money.
5 ENCOMENDAR [T] to leave: *Le dejó el bebé a la vecina.* She left the baby with her neighbor.
6 PERMITIR [T] to let: *Dejé correr el agua.* I let the water run. • *Déjame ver.* Let me see. • *Deja que te explique.* Let me explain. • *Mis padres no me dejan ir.* My parents won't let me go. • *Yo quise ayudar pero no me dejaron.* I wanted to help but they wouldn't let me.
► ver nota en **ALLOW**
7 A UN PASAJERO [T] to drop off: *Déjeme en la esquina.* Just drop me off on the corner.
8 OLVIDAR [T] to leave: *Me dejé la bolsa en la oficina.* I've left my bag at the office.
9 PARAR [I] **dejar de hacer algo** to stop doing sth: *¡Ya déjate de gritar!* Stop shouting! • *Dejó de fumar.* He gave up smoking.
EXPRESIONES
dejar caer (a) (al suelo) to drop: *Dejé caer la copa.* I dropped my glass. **(b)** (decir) *Dejó caer que...* He let it drop that... • **dejar (mucho) que desear** to leave a lot to be desired
—**dejarse** *v pron*
1 OLVIDARSE to leave: *Se dejó el paraguas en tu casa.* She left her umbrella at your house.
2 BARBA, BIGOTE dejarse (la) barba/(el) bigote to grow a beard/mustache
EXPRESIONES
dejarse caer por casa/por la oficina to drop in/to drop by the office • **dejarse de tonterías** to stop being silly • **dejarse de hacer algo** to stop doing sth: *Déjate de decir estupideces.* Stop talking nonsense. • **se dejó ganar/engañar** she let herself be beaten/be cheated: *Me dejé convencer.* I let myself be persuaded. • *Se dejó besar.* He let her kiss him.

dejo *s* **1** (acento) accent **2** (nota) hint

del (contrac de **de+el**) ► **DE**

delantal *s* (de cocina) apron

delante *adv* (en el espacio) at the front; (en un carro) in the front: *una casa con un jardín delante* a house with a yard at the front • **sentarse/ponerse delante** to sit/to stand at the front: *Siéntate aquí delante.* Sit here at the front.
EXPRESIONES
de delante in front: *el carro de delante* the car in front • **llevarse algo/a alguien por delante** to walk into sth/sb: *Me llevé la puerta por delante.* I walked into the door. • **por delante (a)** (en el tiempo) ahead: *Tienes toda la vida por delante.* You have your whole life ahead of you. **(b)** (en el espacio) at the front: *La falda se cierra por delante.* The skirt fastens at the front.

delante de *prep* **1** in front of: *Tengo su carta delante de mí.* I have your letter in front of me. • **sentarse/ponerse delante de algo/alguien** to sit/to stand at the front of sth/in front of sb: *No te sientes delante de mí.* Don't sit in front of me. • *Ponte delante de la casa.* Stand in front of the house. **2** (en presencia de) in front of: *Le gritó delante de todos.* He shouted at her in front of everybody.

delantera *s* **1** (en fútbol – línea de ataque) forward line; (que tira) forward **2** (ventaja) lead
EXPRESIONES
llevar la delantera to be in the lead

delantero¹, -a *s* (en deporte) forward

delantero², -a *adj* front [solo ante s] • **el asiento delantero/las ruedas delanteras** the front seat/the front wheels

delatar *v* [T] to give away, to inform on

delator, -a *s* informer

delegación *s* **1** (representantes) delegation **2** (de una empresa) office

delegado, -a *s* **1** (representante) delegate **2** (en un colegio, un gobierno) representative

delegar *v* [T] to delegate • **delegar algo en alguien** to delegate sth to sb

deleitar *v* [T] to delight
—**deleitarse** *v pron* to enjoy

deleite *s* delight

deletrear *v* [T] to spell

deleznable *adj* (despreciable) contemptible

delfín *s* dolphin

delgado, -a *adj* **1** (persona – flaco) thin; (esbelto) slim: *una persona delgada* a thin person • *Estás más delgado.* You're looking slimmer. **2** (pared, labios) thin

deliberación *s* deliberation

deliberado, -a *adj* deliberate

deliberar *v* [I] to deliberate • **deliberar sobre algo** to deliberate on sth

delicadeza *s* **1** (de un acto) courtesy: *Tuvo la delicadeza de avisarnos.* She had the courtesy to tell us. **2** (cuidado, ternura) gentleness • **tratar algo/a alguien con delicadeza** to treat sth/sb gently **3** (tacto) tact • **tener/no tener delicadeza** to be tactful/to be tactless • **con delicadeza** tactfully **4** (de un dibujo, un objeto) delicacy

delicado, -a *adj* **1** (tema, situación) delicate **2** (objeto, planta) delicate **3** (facciones) delicate **4** (remilgado) fussy **5** (respetuoso) polite; (diplomático) tactful: *No has sido muy delicada con él.* You weren't very tactful with him.

delicia *s* delight: *Esta sopa es una delicia.* This soup is delicious. • **una delicia de día/persona** a delightful day/person • **hacer las delicias de alguien** to delight sb

delicioso, -a *adj* **1** (comida, bebida) delicious **2** (persona, sonrisa, rato) delightful

delimitar *v* [T] **1** (competencias, responsabilidades) to define **2** (un terreno) to mark out

delincuencia *s* crime: *la lucha contra la delincuencia* the fight against crime

delincuente *s* criminal

delineante *s* (hombre) draftsman (pl -men); (mujer) draftswoman (pl -women)

delirar *v* [I] **1** (por la fiebre) to be delirious **2** (decir incoherencias) to talk nonsense

delirio *s* **1** (alteración psíquica) delirium (técn): *La fiebre le produjo delirios.* The fever made him delirious. **2** (pasión) wild enthusiasm: *El gol provocó el delirio de los aficionados.* The goal drove the fans wild. **3 delirios** [pl] (disparates) madness [U]: *Son solo delirios suyos.* He's just crazy.
EXPRESIONES
me/le gusta con delirio I absolutely love it/he absolutely loves it
delirios de grandeza delusions of grandeur

delito *s* crime • **cometer un delito** to commit a crime
► ver nota en **CRIME**

delta *s* (en geografía) delta

demacrado, -a *adj* haggard

demagogia *s* demagogy

demagógico, -a *adj* demagogic

demagogo, -a *s* demagogue

demanda s **1** (exigencia) demand • **en demanda de** for: *una huelga en demanda de mejores salarios* a strike for better wages **2** (en economía) demand: *la demanda de este tipo de producto* the demand for this type of product • *la oferta y la demanda* supply and demand **3** (en derecho) lawsuit • **presentar una demanda contra alguien** to bring a lawsuit against sb, to sue sb

demandar v [T] **1 demandar a alguien por algo** to sue sb for sth: *Los demandó por calumnias.* She sued them for libel. **2** (exigir) to demand: *Los trabajadores demandan salarios justos.* The workers are demanding fair wages.

demás¹ adj other: *Las demás canciones son malísimas.* The other songs are terrible. • *Después saludó a las demás personas.* Afterwards he greeted everybody else. • *la universidad, el trabajo y demás obligaciones* university, work and other obligations

demás² pron **1 todo lo demás** everything else: *Yo me encargo de todo lo demás.* I'll take care of everything else. **2 lo demás** the rest: *Lo demás no es importante.* The rest isn't important. • *Lo demás no le interesa.* He's not interested in anything else. **3 las/los demás (a)** (el resto) the others: *Vamos a esperar a los demás.* Let's wait for the others. **(b)** (el prójimo) others, other people: *Nunca piensa en los demás.* He never thinks of other people.

EXPRESIONES

por lo demás apart from that: *Por lo demás no hay problema.* Apart from that there's no problem.

demasiado¹, -a adj, pron (con sustantivo en inglés en singular) too much; (con sustantivo en inglés en plural) too many • **demasiado ruido/trabajo** to much noise/work • **demasiados carros/turistas** too many cars/tourists: *Aquí hay demasiada gente.* There are too many people here. • *Son demasiados.* There are too many of them. • **¡esto es demasiado!** This is too much!

demasiado² adv **1 demasiado grande/lejos/caro -a** too big/far/expensive: *Vas demasiado rápido.* You're going too fast. **2** (excesivamente) too much: *Te preocupas demasiado.* You worry too much. • **comer/fumar demasiado** to eat/to smoke too much • **trabajar demasiado** to work too hard

demencia s insanity
demencia senil senile dementia

demencial adj (absurdo) crazy

demente s lunatic

democracia s democracy (pl -cies)

demócrata¹ adj democratic

demócrata² s democrat; (del partido demócrata de EU) Democrat

democrático, -a adj democratic

demografía s demography

demográfico, -a adj demographic

demoledor, -a adj devastating

demoler v [T] to demolish

demolición s demolition

demoniaco, demoníaco -a adj demonic

demonio s devil

EXPRESIONES

¡al demonio con...! to heck with...!: *¡Al demonio con el trabajo! Renuncio.* To heck with this job! I resign. • **del demonio/de (los) mil demonios** *Pasamos un susto del demonio.* We had the fright of our lives. • *Hace un calor de mil demonios.* It's boiling. • *Armaron un lío de mil demonios.* They made a heck of a racket. • *–¿Cómo te fue? –¡Del demonio!* "How was it?" "It was terrible!" • **¡me lleva el demonio!** oh heck! • **saber/oler a demonios** to taste/to smell disgusting • **¿qué/cómo demonios...? (a)** (expresando enojo) what/how the heck...? **(b)** (expresando sorpresa) what/how on earth...? • **ser un demonio** (niño) to be a little devil

demora s delay: *Se disculpó por la demora.* He apologized for the delay.

demorar v **1** [I] (tardar) to take: *Demoraste mucho.* You took a long time. • *¿Cuánto se demora en avión?* How long does it take by plane? • **demoré diez minutos/una hora en hacer algo** it took me ten minutes/an hour to do sth: *Demoramos cuarenta minutos en llegar a casa.* It took us forty minutes to get home. **2** [T] (retrasar) to hold up, to delay: *No te quiero demorar.* I don't want to hold you up. **3** [T] (retrasar) to postpone: *María demoró el viaje hasta el próximo mes.* María postponed her trip until next month.
—demorarse v pron **1** (tardar) to be slow: *¡Cómo se demora esa niña!* How slow that girl is! • *No te demores.* Don't be long. • **demorarse en hacer algo** to take too long to do sth, to be too slow in doing sth **2** (retrasarse) to be delayed: *Se demoraron por el tránsito.* They were delayed because of the traffic.

demostrable adj provable, demonstrable (*más frml*)

demostración s **1** (de un producto) demonstration • **hacer una demostración de algo** to give a demonstration of sth, to demonstrate sth **2** (muestra) show: *una demostración de fuerza* a show of strength **3** (en ciencia) proof

demostrar v [T] **1** (probar) to prove: *Demuéstrales que eres capaz de hacerlo.* Prove to them that you're capable of doing it. **2** (mostrar) to show: *No demuestra sus sentimientos.* He doesn't show his feelings. **3** (enseñar, explicar) to demonstrate

denegar v [T] to refuse

denigrante adj (trato, condiciones) degrading; (palabras) insulting

denominación s name
denominación de origen Designation of Origin

denominador s denominator
denominador común **1** (en matemáticas) common denominator **2** (elemento común) common factor

denominar v [T] to call

denotar v [T] (mostrar) to show

densidad s **1** (de un material) density **2** (de la vegetación) thickness
densidad de población population density

denso, -a adj **1** (material) thick **2** (vegetación) dense

dentadura s teeth [pl]: *Tiene una dentadura buenísima.* She has excellent teeth.
dentadura postiza false teeth [pl], dentures [pl]

dental adj dental ▶ HILO dental, SEDA dental

dentífrico s toothpaste

dentista s dentist • **ir al dentista** to go to the dentist

dentro adv inside: *Están todos dentro.* They are all inside. • *Vamos a tener que comer dentro.* We are going to have to eat indoors. • **aquí/ahí dentro** in here/there: *Las llaves están aquí dentro.* The keys are in here.

EXPRESIONES

por dentro inside: *Por dentro se moría de rabia.* Inside, he was furious. • *Es suave por dentro.* It's soft on the inside.

dentro de prep **1** (en el espacio) inside: *Está dentro de esa caja.* It's inside that box. • *las personas que se encuentran dentro del edificio* the people who are inside the building **2** (en el tiempo) in: *Se casan dentro de dos meses.* They are getting married in two months. • *Nos vamos dentro de un par de días.* We're leaving in a couple of days' time. • **dentro de poco (tiempo)** soon: *Se mudan dentro de poco.* They are moving soon.

EXPRESIONES

dentro de lo posible as far as possible: *Trato de llamarla todos los días, dentro de lo posible.* I try to phone her every day, as far as possible. • **dentro de lo que cabe** all things considered: *Se siente mejor, dentro de lo que cabe.* She's feeling better, all things considered.

denuncia, denuncio *s* (de un robo) **hacer/presentar una denuncia de/por algo** to report sth: *Hizo una denuncia por el robo del carro.* She reported the theft of the car. • **poner/presentar una denuncia contra alguien** to report sb

denunciante *s* person who reports sth to the police: *un denunciante anónimo* an anonymous caller

denunciar *v* [T] **1** (a la policía) to report: *Denunciaron el robo a la policía.* They reported the theft to the police. **2** (públicamente) to condemn

deparar *v* [T] to bring

departamento *s* **1** (sección) department **2** (vivienda) apartment: *un departamento con dos recámaras* a two-bedroom apartment

dependencia *s* **1** (necesidad compulsiva) dependence: *la dependencia de la droga* drug dependence • **tener dependencia de algo** to be dependent on sth **2** (oficina) office **3** (sección) department **4 dependencias** [pl] premises

depender *v* [I] **1 depender de algo** to depend on sth: *Depende del tamaño.* It depends on the size. • **depende de ti/mí** it depends on you/me: *El éxito del proyecto depende de ti.* The success of the project depends on you. • *No depende de mí.* It isn't up to me. • **depender de qué/cómo** to depend what/how: *Depende de cómo lo quieras.* It depends how you want it. • *Depende de qué me pregunte.* It depends what she asks me. • **depende** it depends: *–¿Qué vas a hacer? –No sé, depende.* "What are you going to do?" "I don't know, it depends." **2 depender de alguien** (económica o emocionalmente) to be dependent on sb: *Como no trabaja, depende de sus padres.* Since he doesn't have a job, he is dependent on his parents.

dependiente, -a *s* sales clerk

depilación *s* **1** (con cera) waxing **2** (con afeitadora) shaving

depilarse *v* pron **1** (con cera) **depilarse las piernas/las axilas (a)** (uno mismo) to wax your legs/underarms: *Me depilé las piernas.* I waxed my legs. **(b)** (otra persona) to have your legs/your underarms waxed: *Fui a depilarme las piernas.* I went to have my legs waxed. **2** (con afeitadora) **depilarse las piernas/las axilas** (uno mismo) to shave your legs/underarms: *Me depilé las piernas.* I shaved my legs. **3** (con pinza) **depilarse las cejas** to pluck your eyebrows

deplorable *adj* (comportamiento, gusto) deplorable, appalling; (estado, situación) sorry

deportar *v* [T] to deport

deporte *s* sport • **hacer deporte** to play sports: *No hace deporte.* She doesn't play any sports.
deportes acuáticos water sports • deportes de aventura adventure sports • deportes náuticos water sports
por deporte for fun

deportista[1] *s* (hombre) sportsman (pl -men); (mujer) sportswoman (pl -women)

deportista[2] *adj* athletic: *Es un chico muy deportista.* He's very athletic.

deportividad *s* sportsmanship

deportivo[1], -a *adj* **1** (del deporte) **un acontecimiento deportivo** a sporting event • **un periodista deportivo** a sports journalist • **ropa deportiva** sportswear **2** (de la deportividad) **espíritu deportivo** sporting spirit

deportivo[2] *s* (automóvil) sports car

depositar *v* [T] **1** (poner) to place • **depositar la confianza en alguien** to place your trust in sb **2** (dinero) to deposit: *Deposité el dinero en mi cuenta corriente.* I paid the money into my checking account.

depósito *s* **1** (de agua, de gasolina) tank **2** (de dinero) deposit **3** (almacén) warehouse

depravado, -a *adj* depraved

depre[1] *adj* **estar depre** to be feeling down

depre[2] *s* **estar con la depre** to be feeling down

depreciación *s* depreciation

depreciar *v* [T] to devalue
—**depreciarse** *v pron* to depreciate

depredador[1], -a *adj* predatory

depredador[2], -a *s* predator

depresión *s* **1** (abatimiento) depression **2** (económica) depression **3** (del terreno) depression
depresión posparto postnatal depression

depresivo, -a *adj* depressive

deprimente *adj* depressing

deprimido, -a *adj* depressed

deprimir *v* [T] to depress: *Este clima me deprime.* I find this climate depressing.
—**deprimirse** *v pron* to get depressed

deprisa *adv* fast, quickly: *Habla muy deprisa.* She speaks very fast. • **deprisa y corriendo** in a rush

depurar *v* [T] **1** (el agua, la sangre) to purify **2** (un partido, una organización) to purge

derbi *s* derby (pl -bies)

derecha *s* **1 la derecha** (la mano) your right hand: *Escribe con la derecha.* He writes with his right hand. **2 a la derecha** on the right: *la primera calle a la derecha* the first street on the right • **dar vuelta/doblar/girar a la derecha** to turn right • **a la derecha de algo** to the right of sth: *Está a la derecha de la puerta.* It's to the right of the door. • **a la derecha de alguien** on sb's right: *Estaba sentada a la derecha de Victoria.* She was sitting on Victoria's right. • **el/la de la derecha** the one on the right: *El de la derecha es mi primo.* The one on the right is my cousin. • **de derecha a izquierda** from right to left **3** (en política) right: *el candidato de la derecha* the candidate of the right • **de derecha** right-wing: *un partido de derecha* a right-wing party

derecho[1], -a *adj* **1** (mano, pie) right: *Se lastimó la mano derecha.* He hurt his right hand. • **en el/del lado derecho** on the right-hand side: *Tengo un dolor en el lado derecho de la espalda.* I have a pain on the right-hand side of my back. **2** (recto, no torcido) straight: *Siéntense derechos.* Sit up straight. • **poner algo derecho** to straighten sth up: *Puso el cuadro derecho.* She put the picture straight.

derecho[2] *s* **1** (de una persona, un ciudadano) right: *los derechos de la mujer* women's rights • **el derecho a la educación/a la libertad de expresión** the right to education/freedom of speech • **tener derecho a algo** to be entitled to sth: *Tenemos derecho a una explicación.* We're entitled to an explanation. • **tener derecho a hacer algo** to have the right to do sth: *No tienes derecho a abrirle las cartas.* You don't have the right to open her letters. **2** (de una tela, una prenda de ropa) **el derecho** the right side **3** (disciplina) law: *Estudia derecho.* She's studying law. ▶ DERECHA
¿con qué derecho lees mis cartas/me hablas así? what right do you have to read my letters/talk to me like that? • **¡no hay derecho!** it's not fair!
derechos de autor royalties • derechos humanos human rights • derecho penal criminal law

derecho[3] *adv* straight: *Me fui derecho a la cama.* I went straight to bed. • *Siga derecho por esta calle.* Carry straight on down this street.

deriva *s* **ir a la deriva** (barco) to be adrift; (empresa) to go under

derivada *s* (en matemáticas, geometría) derivative

derivado *s* (producto) by-product

derivar *v* [I] **1** (problema, dificultad) **derivar de algo** to stem from sth **2** (palabra) *una palabra que deriva del latín* a word derived from Latin

dermatólogo, -a *s* dermatologist

dermoprotector, -a *adj* skin-protecting

derogación s repeal

derogar v [T] to repeal

derramamiento de sangre s bloodshed [U]

derramar v [T] **1** (dejar caer) to spill: *Derramó el vino sobre el sofá.* He spilled the wine on the sofa. **2** (lágrimas, sangre) to shed: *No pienso derramar ninguna lágrima por él.* I'm not going to shed any tears over him.
—**derramarse** v pron to get spilled: *Se derramó la leche.* The milk got spilled. • *No se derramó ni una gota.* Not a single drop got spilled.

derramarse v to get spilled: *Se derramó la leche.* The milk got spilled.

derrame s **1** (de petróleo) spill **2 derrame (cerebral)** brain hemorrhage

derrapar v [I] to skid

EXPRESIONES
llegar derrapando to get there at the last possible moment

derretir v [T] to melt
—**derretirse** v pron **1** (material) to melt **2** (persona) to go weak at the knees: *Me derrito cuando me mira.* I go weak at the knees when he looks at me.

derribar v [T] **1** (un gobierno) to overthrow **2** (un edificio) to demolish **3** (un avión) to bring down: *Derribaron un avión.* They brought down a plane. **4** (un árbol – leñador) to fell; (viento) to bring down: *El viento derribó dos árboles.* The wind brought down two trees. **5** (una puerta) to break down: *La policía derribó la puerta.* The police broke down the door. **6** (a un jugador) to knock down: *Derribó a un atacante dentro del área.* He knocked down an opponent inside the area.

derrocamiento s overthrow

derrocar v [T] to overthrow

derrochador[1], -a adj wasteful

derrochador[2], -a s spendthrift

derrochar v [T] **1** (agua, electricidad) to waste **2** (dinero) to squander **3** (felicidad, entusiasmo) to be full of: *una mujer que derrocha vitalidad* a woman who's full of vitality • *Derrocha simpatía por los cuatro costados.* He's incredibly nice.

derroche s waste • **permitir/evitar el derroche de algo** to allow sth to be wasted/to avoid sth being wasted

derrota s defeat

derrotar v [T] to defeat

derrotero s (rumbo) course • **cambiar de derrotero** to change course

derruir v [T] to demolish

derrumbamiento s collapse

derrumbarse v pron to collapse

desabotonarse v pron **1** (uno mismo) **me desabotoné la camisa/el abrigo** I unbuttoned my shirt/coat **2** (accidentalmente) **se me desabotonó la camisa/el abrigo** my shirt/coat has come unbuttoned

desabrido, -s adj (sin sabor) tasteless, insipid: *una carne desabrida* tasteless meat

desabrigado, -a adj **estar desabrigado -a** not to be wearing enough clothes • **salir desabrigado -a** to go out without enough clothes on

desabrochar v [T] to undo
—**desabrocharse** v pron **1** (uno mismo) **me desabroché la camisa/la falda** I unfastened my shirt/skirt **2** (accidentalmente) **se me desbrochó la camisa/el abrigo** my shirt/coat has come open

desacertado, -a adj **1** (equivocado) mistaken **2** (poco apropiado) ill-judged

desacierto s mistake

desaconsejable adj inadvisable

desaconsejar v [T] **desaconsejar(le) algo (a alguien)** to advise (sb) against sth • **desaconsejar a alguien que haga algo** to advise sb not to do sth

desacreditar v [T] to discredit

desactivar v [T] **1** (una bomba) to defuse **2** (una alarma) to disable

desacuerdo s disagreement • **estar en desacuerdo con algo/alguien** to disagree with sth/sb, not to agree with sth/sb

desafiante adj defiant

desafiar v [T] **1** (retar) **desafiar a alguien a hacer algo** to challenge sb to do sth • **desafiar a alguien a que haga algo** to dare sb to do sth **2** (el peligro, la muerte) to defy **3** (no obedecer) **desafiar a alguien/la autoridad de alguien** to defy sb/sb's authority

desafinado, -a adj out of tune

desafinar v [I] (al cantar) to sing out of tune; (al tocar un instrumento) to play out of tune

desafío s challenge

desafortunado, -a adj **1** (persona) unlucky, unfortunate **2** (comentario, actuación) unfortunate

desagradable adj unpleasant

desagradar v [I] **me/le desagrada** I don't/she doesn't like it, I dislike/she dislikes it: *una comida que no me desagrada del todo* a type of food I don't actually dislike

desagradecido[1], -a adj (persona) ungrateful

desagradecido[2], -a s **ser un desagradecido/una desagradecida** to be ungrateful

desagrado s displeasure

desaguar v [I] *un río que desagua en el mar* a river that flows into the sea

desagüe s (de bañera – abertura) drain; (sistema) drain

desaguisado s mess (pl -sses)

desahogado, -a adj **1** (económicamente) comfortable **2** (de tiempo) **ir desahogado -a** to have plenty of time

desahogarse v pron **1** (cuando se tiene rabia) to vent your anger **2** (cuando se está triste) *Me desahogué con mi mejor amiga.* I poured all my troubles out to my best friend. • *Me desahogué llorando.* I felt better after I'd had a good cry.

desahuciar v [T] **1** (a un paciente) *Los médicos lo han desahuciado.* The doctors have said there is no hope for him. **2** (a un inquilino) to evict

desahucio s eviction

desairar v [T] to snub

desaire s snub • **hacerle un desaire a alguien** to snub sb

desalentador, -a adj discouraging

desalentar v [T] to discourage
—**desalentarse** v pron to get discouraged

desalmado[1], -a adj heartless

desalmado[2], -a s heartless beast

desalojar v [T] **1** (un edificio) to evacuate **2** (a un ocupante, un huelguista) to remove **3** (a un inquilino) to evict

desalojo s **1** (de un edificio) evacuation **2** (de un ocupante, un huelguista) removal **3** (de un inquilino) eviction

desamarrar v [T] (un nudo) to untie; (a una persona) to untie • **desamarrar un animal** to untie an animal, to let an animal loose
—**desamarrarse** v pron **1** (paquete, nudo) to come untied: *Ten cuidado, se te desamarraron los zapatos.* Careful, your shoelaces have come untied. **2** (persona) to get free; (animal) to get loose

desamparado, -a adj defenseless

desangrado, -a adj **morir desangrado -a** to bleed to death

desangrarse *v pron* (perder mucha sangre) to lose a lot of blood; (morir desangrado) to bleed to death

desanimado, -a *adj* downhearted

desanimar *v* [T] to discourage
—**desanimarse** *v pron* to get discouraged

desánimo *s* despondency

desapacible *adj* (tiempo, día) unpleasant

desaparecer *v* [I] to disappear: *Me desapareció la calculadora.* My calculator has disappeared.

desaparecido¹, -a *adj* **1** (muerto) late: *el desaparecido director de cine* the late movie director **2** (con paradero desconocido) missing

desaparecido², -a *s* missing person (pl persons): *El balance final del naufragio son cinco muertos y dos desaparecidos.* Five people died and two are missing after the shipwreck.

desaparición *s* disappearance

desapercibido, -a *adj* **pasar desapercibido -a** to go unnoticed

desaprensivo¹, -a *adj* (sin escrúpulos) unscrupulous

desaprensivo², -a *s* (persona sin escrúpulos) unscrupulous individual

desaprobación *s* disapproval

desaprobar *v* [I, T] (en un examen, una materia) to fail: *Desaprobé otra vez.* I failed again. • *Voy a desaprobar química.* I'm going to fail chemistry.
EXPRESIONES
me desaprobaron/lo desaprobaron en francés I/he failed French

desaprovechar *v* [T] **1 desaprovechar la oportunidad de hacer algo** to miss the chance to do sth: *No desaproveches la oportunidad.* Don't miss the chance. **2** (material, espacio) to waste: *El espacio está desaprovechado.* The space is being wasted.

desarmado, -a *adj* (sin armas) unarmed

desarmador *s* (herramienta) screwdriver

desarmar *v* [T] **1** (desmontar – un aparato) to take apart; (un motor) to strip down **2** (quitar las armas a) to disarm

desarme *s* disarmament

desarraigado, -a *adj* (persona) rootless

desarraigo *s* (de persona) rootlessness

desarrollado, -a *adj* developed

desarrollar *v* [T] **1** (un producto, un modelo) to develop **2 desarrollar la inteligencia/los músculos** to develop your intelligence/muscles
—**desarrollarse** *v pron* **1** (acontecimiento, acción) to take place: *La acción se desarrolla en Londres.* The action takes place in London. **2** (país) to develop

desarrollo *s* development • **un país en vías de desarrollo** a developing country

desarticulación *s* (de una banda, un grupo terrorista) breaking up

desarticular *v* [T] (una banda, un grupo terrorista) to break up

desasosiego *s* unease

desastre *s* **1** (desgracia) disaster: *un desastre ecológico* an environmental disaster **2** (cosa de mala calidad) disaster: *La comida fue un desastre.* The food was a disaster. **3** (fracaso) disaster: *La fiesta fue un desastre.* The party was a disaster. **4** (inútil) **ser un desastre** to be hopeless

desastroso, -a *adj* disastrous: *Tus notas son desastrosas.* Your grades are terrible. • **tener consecuencias desastrosas** to have disastrous consequences

desatar *v* [T] **1** (un nudo) to untie **2** (a una persona) to untie **3** (la ira) to unleash; (protestas) to spark off

—**desatarse** *v pron* **1** (nudo) to come untied: *Ten cuidado, se te desataron los cordones.* Careful, your shoelaces have come untied. **2** (tormenta) to break: *Se desató una violenta tormenta.* A violent storm broke.

desatascador *s* (utensilio) sink plunger

desatascar *v* [T] (un desagüe, el inodoro) to unblock

desatento, -a *adj* **1** (sin prestar atención) inattentive • **estar desatento -a** not to be paying attention **2** (descortés) discourteous

desatino *s* (error) mistake

desatornillador *s* screwdriver

desatornillar *v* [T] to unscrew

desautorizar *v* [T] (a una persona) to contradict; (declaraciones) to disavow; (una teoría) to discredit

desavenencia *s* difference of opinion, discord

desayunar *v* **1** [I] (comer por la mañana) to have breakfast: *¿Ya desayunaste?* Have you had breakfast? **2** (comer en el desayuno) [T] to have for breakfast • **desayunar huevos/cereales** to have eggs/cereal for breakfast

desayuno *s* breakfast: *¿Qué tomas de desayuno?* What do you have for breakfast?

desbancar *v* [T] **desbancar a alguien** to take sb's place

desbandada *s* (de personas, animales) *El disparo provocó la desbandada de los patos.* The shot sent the ducks flying up in all directions. • *El partido teme una desbandada de militantes.* The party fears a mass exodus of members. • **en desbandada** (en confusión) in confusion; (en distintas direcciones) in all directions

desbarajuste *s* mess (pl -sses)

desbaratar *v* [T] (impedir – los planes de alguien) to spoil; (un atentado) to prevent: *Me has desbaratado todos los planes.* You've spoiled all my plans.
—**desbaratarse** *v pron* **1** (carro) to be a write-off; (juguete, edificio) to be completely destroyed; (chícharos, lentejas) to be ruined **2** (banda, organización terrorista) to be broken up

desbloquear *v* [T] **1** (una carretera, un acceso) to clear **2** (un proceso de paz, conversaciones) to break the deadlock in **3** (una cuenta bancaria) to unfreeze

desbloqueo *s* **1** (de un proceso de paz, conversaciones) breaking of the deadlock **2** (de una cuenta bancaria) unfreezing

desbocarse *v pron* (caballo) to bolt

desbordamiento (tb **desborde**) *s* overflowing

desbordante *adj* (alegría, imaginación) boundless • **desbordante de felicidad/entusiasmo** bursting with happiness/bubbling over with enthusiasm

desbordar *v* [T] (sobrepasar) to exceed
—**desbordarse** *v pron* to overflow

descabellado, -a *adj* crazy

descafeinado¹, -a *adj* decaffeinated

descafeinado² *s* decaffeinated coffee

descalabro *s* upset, disaster: *el descalabro del equipo en la final* the team's disastrous performance in the final

descalificación *s* **1** (eliminación) disqualification **2** (comentario negativo) damaging remark

descalificar *v* [T] **1** (de una competición) to disqualify **2** (con comentarios negativos) to condemn

descalzarse *v pron* to take your shoes off

descalzo, -a *adj* barefoot: *No andes descalza.* Don't go around in your bare feet.

descamisado, -a *adj* (sin camisa) without a shirt on

descampado *s* area of open ground

descansar *v* **1** [I] (de una actividad) to rest: *Paremos a descansar.* Let's stop and have a rest. **2** [I] (hacer una pausa) to take a break: *Descansaremos a las once.* We'll take a break at eleven. **3** [I] (dormir) to sleep • **que**

descanses sleep well   **4** [I] (apoyarse) **descansar sobre algo** to rest on sth   **5** [I] (estar enterrado) to lie   **6** [T] **descansar la vista/los ojos** to rest your eyes   **7** [I] (no trabajar) to have the day off: *Descanso los lunes.* I have Mondays off.

descansillo *s* landing

descanso *s*   **1** (reposo) rest: *Se tomó unos días de descanso.* She took a few days off.   **2** (pausa) break: *Ahora haremos un descanso de 10 minutos.* We'll take a 10-minute break now.   **3** (en concierto, teatro) intermission   **4** (en deportes) half time   **5** (de la escalera) landing
EXPRESIONES
sin descanso without a break, tirelessly

descapotable *adj, s* convertible

descarado[1], **-a** *adj*   **1** (atrevido) **ser descarado -a** to have a nerve   **2** (desvergonzado) shameless   **3** (mentira) barefaced

descarado[2], **-a** *s* (atrevido) **ser un descarado/una descarada** to have some nerve

descarapelado, **-a** *adj* (pintura) chipped: *las paredes descarapeladas de la cocina* the kitchen walls with paint peeling

descarga *s*   **1** (de mercancías) unloading: *zona de carga y descarga* loading and unloading area   **2** (en informática) downloading   **3** (de disparos) fire: *Escuchamos una descarga de ametralladora.* We heard machine gun fire.   **4** (de electricidad) shock • **recibir una descarga (eléctrica)** to get an electric shock

descargado, **-a** *adj*   **1** (batería) dead   **2** (arma) unloaded

descargar *v* [T]   **1** (un camión) to unload   **2** (un archivo, un video) to download   **3** (un arma – quitar la carga de) to unload; (disparar) to fire   **4** (una batería) to run down
—**descargarse** *v pron* (batería) to go dead: *Se me descargó el celular.* My cell phone needs recharging.

descargo *s* **en mi/su descargo** in my/his defense

descaro *s* **con descaro** brazenly • **tener el descaro de hacer algo** to have the nerve to do sth

descarrilamiento *s* derailment

descarrilar *v* [I] to be derailed

descarrilarse *v pron* to derail, to be derailed

descartar *v* [T] to rule out: *Yo no descartaría esa posibilidad.* I wouldn't rule out that possibility.

descendencia *s* descendants [pl] • **morir sin descendencia** to die without issue

descendente *adj* downward

descender *v* [I]   **1** (en una clasificación) to drop: *Descendió al tercer lugar.* He dropped to third place.   **2** (de una categoría a otra) to be relegated: *Van a descender a tercera división.* They're going to be relegated to the third division.   **3** (provenir) **descender de alemanes/italianos** to be of German/Italian descent • **descender de alguien** to be descended from sb   **4** (temperatura) to drop, to fall

descendiente *s* descendant • **ser descendiente de alemanes/italianos** to be of German/Italian descent • **ser descendiente de alguien** to be a descendant of sb

descenso *s*   **1** (de una montaña, en un avión) descent: *Vamos a iniciar el descenso.* We are about to begin our descent.   **2** (de cifras, temperaturas) **un descenso de algo** a fall in sth, a drop in sth   **3** (en deportes) relegation • **irse al descenso** to be relegated, to be downgraded

descentrado, **-a** *adj* (en el espacio) off-center

descentralización *s* decentralization

descentralizar *v* [T] to decentralize

descerebrado, **-a** *adj*   **1** (en medicina) brain-dead   **2** (idiota) brainless

descifrar *v* [T]   **1** (un mensaje) to decode; (un código) to crack, to decipher (*más frml*)   **2** (un misterio) to solve   **3** (la letra, una grabación) to make out: *No logro descifrar lo que dice aquí.* I can't make out what's written here.

descodificador *s* (aparato) decoder

descodificar *v* [T] to decode

descolgar *v* [T]   **1** (un cuadro, un espejo) to take down: *Hay que descolgar los cuadros antes de pintar.* We need to take the pictures down before we start painting.   **2** (el teléfono) to pick up • **dejar el teléfono descolgado** to leave the phone off the hook

descolorido, **-a** *adj* faded: *Estas cortinas están descoloridas.* These curtains are faded.

descomponer *v* [T]   **1** (separar – una sustancia, una molécula) to break down; (un átomo, la luz) to split; (un proceso, una palabra) to split up; (un número) to factorize   **2** (una sustancia orgánica) to break down   **3** **descomponer a alguien** **(a)** (revolverle el estómago) to make sb feel queasy: *El olor a pescado me descompone.* The smell of fish makes me feel queasy.   **(b)** (marearlo) to make sb feel faint: *El calor la descompuso.* The heat made her feel faint.
—**descomponerse** *v pron*   **1** (separarse) to break down: *El agua se descompone en oxígeno e hidrógeno.* Water breaks down into oxygen and hydrogen.   **2** (del estómago) to have diarrhea   **3** (cadáver, sustancia orgánica) to decompose   **4** (leche, carne) to go bad   **5** (vehículo, electrodoméstico) to break down   **6** (sentir náuseas) to feel queasy; (marearse) to feel faint   **7** **se le descompuso el rostro/la sonrisa** his face fell/the smile vanished from his face

descomposición *s*   **1** (de sustancias orgánicas) decomposition   **2** (de cifras, moléculas) breakdown   **3** (desbaratamiento) breakdown, disintegration: *la descomposición familiar* the breakdown of the family

descompresión *s* decompression

descompuesto, **-a** *adj*   **1** **el televisor/el computador está descompuesto** the TV/computer isn't working, the TV/computer has broken down • **el ascensor/el teléfono está descompuesto** the elevator/the phone is out of order   **2** **estar descompuesto -a** (del estómago) to have diarrhea

descomunal *adj* huge: *Tuvo un éxito descomunal.* It was hugely successful.

desconcertado, **-a** *adj* **quedar/estar desconcertado -a** to be disconcerted: *Estoy algo desconcertado por su actitud.* I am a little disconcerted by his attitude.

desconcertante *adj* disconcerting: *una respuesta desconcertante* a disconcerting answer

desconcertar *v* [T] to disconcert

desconcierto *s* (perplejidad) confusion, uncertainty: *un clima de desconcierto* a climate of uncertainty

desconectado, **-a** *adj*   **1** (cable, aparato) not plugged in, unplugged: *El monitor está desconectado.* The monitor isn't plugged in. • *Déjelos desconectados.* Leave them unplugged.   **2** (sin relación) cut off: *Están desconectados del mundo.* They are cut off from the outside world.

desconectar *v* [T]   **1** (quitar la conexión de) to disconnect: *Desconecta la batería.* Disconnect the battery. • *Me desconectaron del servidor.* I was disconnected from the server.   **2** (desenchufar) to unplug
—**desconectarse** *v pron*   **1** (de Internet) to disconnect   **2** (del trabajo, de las obligaciones) to switch off: *un lugar ideal para desconectarse* an ideal place to switch off

desconexión *s*   **1** (de una línea telefónica, de un servicio) disconnection: *Tiene desconexión automática.* It has an automatic shut-off.   **2** (falta de relación) lack of connection

desconfiado, **-a** *adj* distrustful: *Eres muy desconfiada.* You're very distrustful.

desconfianza *s* distrust, suspicion: *una mirada de desconfianza* a suspicious look • *la desconfianza en el comercio electrónico* distrust of e-commerce • **tenerle desconfianza a alguien** to be suspicious of sb, not to trust sb

desconfiar v [I] **desconfiar de algo/alguien** not to trust sth/sb: *Desconfía de todo el mundo.* He doesn't trust anyone.

descongelar v [T] **1** (un pollo, un pastel) to defrost, to thaw **2** (un congelador) to defrost
—**descongelarse** v pron (alimentos) to defrost, to thaw

descongestión s (de nariz) decongestion

descongestionar v [T] **1** (la nariz) to decongest **2 descongestionar el tráfico** to relieve traffic congestion

desconocer v **1** (no conocer) not to know: *Se desconocen los motivos de su renuncia.* The reasons for his resignation are not known. • **se desconoce quién/cuándo/si** it is not known who/when/whether **2** (no reconocer) not to recognize: *Te desconozco.* I hardly recognize you.

desconocido¹, -a adj **1** (actor, escritor, motivo) unknown **2** (lugar, ciudad) unfamiliar **3** (muy cambiado) unrecognizable: *Está desconocido.* He's unrecognizable. **4 lo desconocido** the unknown

desconocido², -a s stranger

desconocimiento s ignorance

desconsideración s lack of consideration: *Me parece una desconsideración.* I think it's inconsiderate.

desconsiderado, -a adj inconsiderate

desconsoladamente adv inconsolably: *El bebé lloraba desconsoladamente.* The baby was crying inconsolably.

desconsolado, -a adj inconsolable

desconsuelo s distress

descontado **dar por descontado que** to take it for granted that: *Damos por descontado que vendrá mucha gente.* We take it for granted that a lot of people will come. • **por descontado** of course

descontaminación s cleaning up, decontamination (*más frml*)

descontaminar v [T] to decontaminate

descontar v [T] **1** (restar) to deduct: *Te lo descuentan del sueldo.* They deduct it from your salary. • *Te descuentan un punto por cada respuesta incorrecta.* They deduct one point for every wrong answer. **2** (en una compra) **descontarle el 10%/20% a alguien** to give sb a 10%/20% discount: *Me descontaron el 15%.* I was given a 15% discount. **3** (en un partido de fútbol) **descontar dos/tres minutos** to add on two/three minutes' stoppage time

descontento¹, -a adj dissatisfied • **descontento -a con algo/alguien** dissatisfied with sth/sb

descontento², – a s **miles de descontentos** thousands of dissatisfied people

descontento³ s [masc] dissatisfaction, discontent • **mostrar/expresar su descontento** to show/to express your dissatisfaction

descontrol s lack of control • **el descontrol de los precios/la inflación** with prices/inflation out of control: *El descontrol de la inflación está provocando incertidumbre económica.* With inflation out of control, there is economic uncertainty.

descontrolado, -a adj uncontrolled

descontrolarse v pron (persona) to lose control; (vehículo) to go out of control; (inflación, precios) to get out of control

desconvocar v [T] to call off

descoordinación s lack of coordination

descorazonador, -a (tb **descorazonante**) adj disheartening

descorchar v [T] (una botella) to open

descortés adj rude: *Estuvo muy descortés con mis padres.* He was very rude to my parents.

descortesía s rudeness: *Es una descortesía marcharse sin saludar.* It's rude to leave without saying goodbye.

descoserse v pron **1** (costura) to come undone, to come unstitched **2** (botón) to come off; (pantalón, falda) to come apart at the seams

descosido, -a adj unstitched: *Este bolsillo está descosido.* This pocket has come unstitched.

descremado, -a adj **1 leche descremada** skim milk **2** (yogur) low-fat

describir v [T] to describe

descripción s description

descriptivo, -a adj descriptive

descuartizar v [T] **1** (a una persona) to dismember **2** (a un animal – en una carnicería) to quarter; (al cazar) to tear to pieces

descubierto¹, -a adj **1** (cara) uncovered: *Iban con la cara descubierta.* They had their faces uncovered. **2** (cabeza) uncovered

descubierto² s (en una cuenta) overdraft • **tener un descubierto** to have an overdraft • **estar en descubierto** to be overdrawn
poner/dejar al descubierto (poner en evidencia) to expose, to reveal • **quedar al descubierto** (quedar en evidencia) to be exposed, to be revealed

descubridor, -a s discoverer

descubrimiento s **1** (acción) discovery (pl -ries): *el descubrimiento de América* the discovery of America **2** (cosa descubierta) find, discovery: *Esta tienda ha sido un descubrimiento.* This store was a real find.

descubrir v [T] **1** (enterarse de) to find out, to discover: *Descubrí que era mentira.* I discovered that it was a lie. **2** (un lugar, un fenómeno) to discover: *La penicilina se descubrió en 1929.* Penicillin was discovered in 1929. **3** (a una persona) to find out, to catch; (un delito, una trampa) to uncover: *Nos van a descubrir.* We're going to be found out. • *Lo descubrieron robando.* He was caught stealing.

descuento s discount: *un descuento del 20%* a 20% discount • *Lo compró con descuento.* He bought it at a discount. • **hacerle descuento a alguien** to give sb a discount: *Me hizo el 10% de descuento.* She gave me a 10% discount.

descuidado, -a adj **1** (edificio, jardín) neglected **2** (pelo, aspecto) untidy **3** (negligente) careless

⚠ *The road is in a totally neglected (✗ careless) state.*

descuidar v **1** [T] to neglect: *No descuidaron ni un detalle.* They didn't neglect a single detail. **2** [I] **descuida** don't worry: *Descuida, no me voy a olvidar.* Don't worry, I won't forget.
—**descuidarse** v pron (distraerse) *Si te descuidas, te puedes perder.* If you're not careful, you can get lost. • *Se descuidó un minuto y le robaron la maleta.* His attention strayed for a moment and his suitcase was stolen.

descuido s **1** (falta de atención) mistake, oversight: *Seguro que fue un descuido.* I'm sure it was just an oversight. **2** (distracción) *Aprovechó un descuido del padre para salir.* He took advantage of when his father wasn't looking to slip out.
en un descuido *En un descuido le robaron la maleta.* She took her eye off her suitcase for a second and somebody stole it.

desde prep **1** (indicando tiempo) since: *Cambió mucho desde que se casó.* He's changed a lot since he got married. • *Estoy levantada desde las cinco.* I've been up since five. • *Desde entonces, no lo he vuelto a ver.* Since then, I haven't seen him. • *Desde ahora no voy a hacer nada sin consultarle.* From now on, I won't do anything without consulting you first. • *No lo veo desde el viernes.* I haven't seen him since Friday. • *Toca la guitarra* *desde que tenía cinco años.* She has been playing the guitar since she was five. **2** (indicando lugar) from: *Desde aquí se ve mejor.* You can see better from here. • *Vine corriendo desde la playa.* I've run all the way from the beach. **3** (indicando variedad) from: *Hay entradas desde $5.* Tickets are available from $5.

EXPRESIONES

¿desde cuándo...? how long...?; (uso irónico) since when...?: *¿Desde cuándo la conoces?* How long have you known her? • *¿Desde cuándo te interesa la política a ti?* Since when have you been interested in politics? • **desde hace** for: *Estudio inglés desde hace tres años.* I've been learning English for three years. • **desde... hasta... (a)** (indicando tiempo) from... until.../from... through...: *Me quedé desde el 31 hasta el 8.* I stayed from the 31st until the 8th. **(b)** (indicando distancia) from... to...: *la carretera que va desde Maracaibo hasta Perijá* the road that runs from Maracaibo to Perijá **(c)** (indicando variedad) from... to...: *Venden desde televisores hasta relojes.* They sell everything from televisions to watches. • **desde luego** of course: *Desde luego que iré.* Of course I'll go. • **desde luego que sí/no** of course/of course not: *–¿Tú has dicho eso? –Desde luego que no.* "Did you say that?" "Of course I didn't."

⚠ Observa en los ejemplos siguientes que el verbo que en español iría en presente, en inglés va en el *present perfect* o en el *present perfect continuous*:
We've known (✗ *we know*) *about this since early last year.*
He's been working (✗ *works*) *in the air force since 1998.*

---

desdén s disdain: *con desdén* disdainfully

desdentado, -a *adj* toothless

desdeñable *adj* **no ser nada desdeñable** not to be insignificant: *El peligro no es nada desdeñable.* The danger is not insignificant.

desdeñar v [T] **1** (menospreciar) to look down on, to spurn: *Desdeñaba a sus vecinos porque eran pobres.* She looked down on her neighbors because they were poor. **2** (rechazar) to reject: *jóvenes que desdeñan los valores del consumismo* young people who reject the values of consumerism

desdicha s misfortune

desdichado, -a *adj* unfortunate

deseable *adj* **1** (digno de ser deseado) desirable **2** (apetecible) desirable

desear v [T] **1** (querer) **desear hacer algo** to wish to do sth, to want to do sth • **estar deseando hacer algo** to be looking forward to doing sth: *Estoy deseando volver a verlo.* I'm looking forward to seeing him again. • **estoy deseando que...** I can't wait for..., I'm really looking forward to...: *Estoy deseando que empiecen las vacaciones.* I can't wait for vacation./I'm really looking forward to vacation. **2** (augurar) **desearle algo a alguien** to wish sb sth: *Te deseo suerte.* I wish you luck. • *Les deseo lo mejor.* I wish you all the best. • *No se lo deseo a nadie.* I wouldn't wish it on anyone.

EXPRESIONES

ser de desear to be desirable: *Es de desear que la solución llegue pronto.* It is desirable that a solution is found quickly. • **¿qué desea?** (en una tienda) how can I help you? ▸ **DEJAR que desear**

desechable *adj* (pañal, jeringa, plato) disposable; (envase) non-returnable

desechar v [T] **1** (rechazar) to reject **2** (arrojar, descartar) to throw away

desecho s **1** (basura) waste: *desechos radiactivos* radioactive waste • *productos de desecho* waste products **2 desechos** [pl] (de comida) leftovers

desembarcar v **1** [I] (pasajeros) to disembark **2** [T] (bajar de una nave – una carga) to unload; (pasajeros) to disembark

desembarco s (de tropas) landing

desembarque s disembarkation

desembocadura s **1** (de un río) mouth **2** (de una calle) end

desembocar v [I] **1** (río) **desembocar en el Atlántico/el Amazonas** to flow into the Atlantic/the Amazon **2** (calle) **desembocar en la calle Venustiano Carranza/la avenida** to meet Venustiano Carranza street/to come out onto the avenue

desembolsar v [T] to pay out

desembolso s **1** (gasto) outlay **2** (pago) payment **desembolso inicial** down payment

desembragar v [I] to release the clutch

desempacar v [I,T] to unpack

desempañar v [T] (la ventanilla) to defog

desempaquetar v [T] to unwrap

desempatar v [I] (en deportes, en un juego) to break the tie: *Desempataron en el último minuto.* They broke the tie in the last minute. • *Jugaron otro partido para desempatar.* They played a deciding game.

desempate s (en deportes, en un juego) *Se llegó al desempate por penales.* The game was decided on penalties. • **jugar el desempate** to play a tie-breaker, to play-off

desempeñar v [T] **1** (un cargo) to hold **2** (un papel) to play
—**desempeñarse** v pron **1** (trabajar) **desempeñarse como docente/periodista** to work as a teacher/journalist **2** (desenvolverse) **desempeñarse bien** to do well

desempeño s **en el desempeño de su cargo/sus funciones** while fulfilling his post/carrying out his duties

desempleado¹, -a *adj* unemployed

desempleado², -a s unemployed person (pl people): *miles de desempleados* thousands of unemployed people • **los desempleados** the unemployed

desempleo s unemployment: *Hay mucho desempleo.* There's a lot of unemployment.

desencajado, -a *adj* (rostro) contorted

desencantado, -a *adj* disillusioned, disenchanted (*más frml*): *votantes desencantados* disenchanted voters

desencanto s disillusion, disenchantment (*más frml*)

desenchufar v [T] to unplug

desenfado s (de personalidad) lack of inhibition • **con desenfado** uninhibitedly

desenfocado, -a *adj* out of focus

desenfrenado, -a *adj* wild

desengañado, -a *adj* disillusioned

desengañar v [T] **1** (decepcionar) to disillusion **2** (sacar del engaño) to open sb's eyes
—**desengañarse** v pron **1** (decepcionarse) **desengañarse (de algo)** to be/become disillusioned (by sth) **2** (salir del engaño) *Desengáñate. No va a suceder.* Don't kid yourself. It isn't going to happen.

desengaño s disappointment • **llevarse/sufrir un desengaño** to be disappointed

desenlace s **1** (de un suceso) outcome **2** (de una historia, un relato) ending

desenredar v [T] **desenredarle el pelo a alguien** to untangle sb's hair
—**desenredarse** v pron **desenredarse el pelo** to untangle your hair

desenroscar v [T] to unscrew

desentenderse v [I] **desentenderse de algo** (lavarse las manos de) to wash your hands of sth; (no participar en) not to get involved in sth: *Se desentendió del asunto.* He washed his hands of the affair. • *Siempre se desentiende de los problemas familiares.* He never gets involved in family problems.

desenterrar v [T] to dig up: *Tuvieron que desenterrar el cadáver.* They had to dig up the body.

desentonar *v* [I] **1** (al cantar) to sing out of tune **2** (en un lugar, un ambiente) to look out of place

desenvolver *v* [T] (un paquete) to unwrap
—**desenvolverse** *v pron* (manejarse) to cope: *Se sabe desenvolver en situaciones difíciles.* He knows how to cope in difficult situations.

desenvuelto, -a *adj* self-assured: *una niña muy desenvuelta* a very self-assured young girl

deseo *s* **1** (interés, anhelo) wish (pl -shes): *Su mayor deseo es ser campeón del mundo.* His greatest wish is to be world champion. • **un deseo de algo** a desire for sth: *su deseo de venganza* his desire for revenge • **un deseo de hacer algo** a desire to do sth **2** (apetito) **deseo (sexual)** sexual desire
EXPRESIONES
arder en deseos de hacer algo to be dying to do sth • **pedir un deseo** to make a wish

deseoso, -a *adj* **deseoso -a de algo/hacer algo** eager for sth/eager to do sth

desequilibrado, -a *adj* unbalanced

desequilibrio *s* **1** (falta de equilibrio) imbalance **2** (estado mental) instability

deserción *s* (del ejército) desertion; (de una causa, un grupo) defection

desertar *v* [I] **1 desertar (del ejército)** to desert (from the army) **2 desertar (de un país/un partido/una causa)** to defect (from a country/a party/a cause) **3** (de los estudios, de una carrera) to drop out

desértico, -a *adj* (clima, paisaje) desert [solo ante s]: *una región desértica* a desert region

desertización (tb **desertificación**) *s* desertification

desertor, -a *s* **1** (del ejército) deserter **2** (de un país, de un partido) defector

desescombro *s* clearing of rubble: *Las labores de desescombro del edificio se iniciarán mañana.* Work will start tomorrow on clearing away rubble from the building.

desesperación *s* **1** (angustia) desperation • **por desesperación** out of desperation **2** (desesperanza) despair • **sumirse en la desesperación** to sink into despair

desesperado, -a *adj* **1** (persona) desperate • **estar desesperado -a (por hacer algo)** to be desperate (to do sth) **2** (situación, intento) desperate
EXPRESIONES
a la desesperada in desperation

desesperante *adj* exasperating

desesperar *v* **1** [T] (irritar, angustiar) *Me desespera que no entiendan.* It's exasperating that they don't understand. • *Me desespera no poder hacer nada por él.* I'm really frustrated that I can't do anything for him. **2** [I] (perder la esperanza) to despair
—**desesperarse** *v pron* **1** (perder la paciencia) to get frustrated, to get exasperated (*más frml*) • **desesperarse con algo/alguien** *Se desesperaba con los niños y su trataba mal.* The children drove him crazy and he didn't treat them well. **2** (perder las esperanzas) to despair

desestabilizar *v* [T] to destabilize

desestimar *v* [T] to reject, to have a low opinion of

desfachatez *s* nerve: *¡Qué desfachatez!* What nerve!

desfalco *s* embezzlement

desfallecer *v* [I] **1** (perder el ánimo) to lose heart **2** (perder las fuerzas) to flag

desfasado, -a *adj* **1** (anticuado) out of date **2** (desincronizado) out of synch

desfase *s* (falta de correspondencia) gap
desfase horario (a) time lag **(b)** (después de un viaje) jet lag

desfavorable *adj* unfavorable

desfavorecido, -a *adj* (persona) underprivileged; (ámbito, ambiente) disadvantaged • **los desfavorecidos** the underprivileged

desfigurar *v* [T] **1** (a una persona) to disfigure **2** (los hechos, la verdad) to distort

desfiladero *s* gorge

desfilar *v* [I] **1** (modelos) *Desfilaron más de 50 modelos.* Over 50 models took part in the show. • *Van a desfilar en traje de baño.* They'll be going down the catwalk in swimsuits. **2** (soldados) to march past; (atletas) to parade

desfile *s* **1 desfile (de modas/modelos)** (fashion) show **2** (de soldados, atletas) parade

desfogarse *v pron* to let off steam • **desfogarse con algo/algn** to vent your anger on sth/sb

desganado, -a *adj* (apático) unenthusiastic, listless; (inapetente) having no appetite

desgano, **desgana** *s* (falta de entusiasmo) lack of enthusiasm; (falta de apetito) lack of appetite
EXPRESIONES
a desgano unenthusiastically

desgañitarse *v pron* to shout yourself hoarse

desgarbado, -a *adj* ungainly

desgarrador, -a (tb **desgarrante**) *adj* heartrending

desgarrar *v* [T] **1** (una tela, la ropa) to tear **2** (una persona, un país) to tear apart
—**desgarrarse** *v pron* **1** (vestido, tela) to tear **2** (un músculo, un ligamento) to tear

desgarro, **desgarre** *s* (en un músculo) torn muscle; (en un ligamento) torn ligament • **sufrir/tener un desgarro** to tear a muscle/to tear a ligament: *Sufrió un desgarre en el muslo.* He tore a thigh muscle.

desgastado, -a *adj* worn

desgastar *v* [T] **1** (la ropa, los zapatos) to wear out; (la roca) to wear away **2** (debilitar) to wear down
—**desgastarse** *v pron* **1** (ropa, zapatos) to wear out; (roca) to wear away **2** (persona) to be worn down; (imagen) to be tarnished; (relación) to grow stale

desgaste *s* **1** (por el uso, el roce) wear **2** (en política) *Es una consecuencia del desgaste del poder.* It's a consequence of being in power too long.

desglosar *v* [T] to break down: *una factura desglosada* an itemized bill

desglose *s* breakdown

desgracia *s* **1** (suceso) tragedy (pl -dies) **2** (mala suerte) misfortune
EXPRESIONES
caer en desgracia to fall from grace • **por desgracia** unfortunately • **¡qué desgracia!** how terrible!

desgraciadamente *adv* unfortunately

desgraciado¹, -a *s* **1** (persona infeliz) **un pobre desgraciado** a poor devil • **una pobre desgraciada** a poor woman **2** (persona vil) **desgraciado** swine • **desgraciada** miserable woman

desgraciado², -a *adj* **1** (infeliz) unhappy **2** (desafortunado) unlucky **3** (vil) vile

desgravable *adj* tax-deductible

desgravación *s* tax relief

desgravar *v* **1** (en la declaración fiscal) **(a)** [T] to deduct **(b)** [I] to claim **2** [I] (ser deducible) to be tax-deductible

desgreñado, -a *adj* disheveled

desguace *s* (de un vehículo) scrapping; (de un barco) breaking up

deshabitado, -a *adj* **1** (casa) empty, unoccupied **2** (pueblo, isla) uninhabited

deshacer *v* [T]

    1 un nudo, una trenza
    2 una maleta, el equipaje

D

D

3 un acuerdo, un contrato
4 un malentendido
5 estropear, destruir
6 anímicamente
7 en informática
8 disgregar

1 **UN NUDO, UNA TRENZA** to undo
2 **UNA MALETA, EL EQUIPAJE** to unpack
3 **UN ACUERDO, UN CONTRATO** to terminate
4 **UN MALENTENDIDO** to sort out: *Tendrás que hablar con él para deshacer este malentendido.* You'll have to speak to him to sort out this misunderstanding.
5 **ESTROPEAR, DESTRUIR** to destroy: *Están deshaciendo lo que ha hecho el gobierno anterior.* They're destroying what the previous government has done. • *Se dio de frente contra un poste y deshizo el coche.* He crashed head-on into a post and wrecked the car.
6 **ANÍMICAMENTE** to devastate: *La noticia la dejó deshecha.* She was devastated at the news.
7 **EN INFORMÁTICA** to undo • **deshacer los cambios** to undo the changes
8 **DISGREGAR** to break up ▶ **HACER y deshacer**
—**deshacerse** *v pron*

1 **NUDO, TRENZA** to come undone: *Se te ha deshecho la trenza.* Your braid has come undone.
2 **DESINTEGRARSE** to disintegrate: *Lo tocas y se deshace.* If you touch it it disintegrates.
3 **DISOLVERSE** to dissolve
4 **LIBRARSE deshacerse de algo/alguien** to get rid of sth/sb

EXPRESIONES
deshacerse en elogios/halagos (a alguien) to be all praise (for sb) • **deshacerse en excusas** to apologize profusely

desharrapado, -a *adj* ragged

deshecho, -a *adj* 1 (paquete, nudo) undone 2 (persona – extenuado) exhausted; (destruido emocionalmente) devastated

desheredar *v* [T] to disinherit

deshidratación *s* dehydration

deshidratarse *v pron* to become dehydrated

deshielo *s* thaw, thawing out, defrosting

deshilachado, -a *adj* frayed

deshincharse *v pron* (ojos, cara) to go down: *Se me ha deshinchado la rodilla.* The swelling on my knee has gone down.

deshonesto, -a *adj* dishonest

deshonor *s* dishonor

deshonra *s* disgrace

deshonrar *v* [T] 1 (la familia, la patria) to bring disgrace on 2 (una mujer) to dishonor

deshora a deshora(s) (cuando no se debe) at the wrong time; (en mal momento) at a bad time; (a mala hora) at some ungodly hour; (a cualquier hora) any hour, at anytime • **comer a deshora** to eat outside normal mealtimes

deshuesadero *s* scrapyard

deshumanización *s* dehumanization

desidia *s* laxity

desierto¹, -a *adj* 1 (ciudad, calle) deserted • **una isla desierta** a desert island 2 (concurso) void: *El primer premio fue declarado desierto.* The first prize was not awarded.

desierto² *s* desert

designación *s* (de un funcionario) appointment; (de un lugar) designation: *la designación de Londres como sede olímpica* the designation of London as host city for the Olympics

designar *v* [T] 1 (a un funcionario) to appoint 2 (un lugar, una empresa) to designate, to select 3 (denominar) to call: –*¿Cómo se designa al animal de cuatro patas?*

–*Cuadrúpedo.* "What is a four-legged animal called?" "A quadruped."

desigual *adj* 1 (diferente) different; (físicamente) dissimilar: *Se ha producido un trato desigual por razones de sexo.* People have received different treatment on grounds of sex. • *Las dos torres son demasiado desiguales.* The two towers are too dissimilar. 2 (no equitativo – competencia, lucha) unequal 3 (variable – tiempo) changeable; (resultados) mixed; (comportamiento, actuación) varying, variable 4 (suelo, terreno) uneven

desigualdad *s* inequality (pl -ties): *la desigualdad social* social inequality

desilusión *s* disappointment • **llevarse una desilusión** to be disappointed

desilusionado, -a *adj* disappointed ▶ ver nota en DISAPPOINTED

desilusionar *v* [T] to disappoint
—**desilusionarse** *v pron* to be disappointed

desinfección *s* disinfection

desinfectante *s* (para uso general) disinfectant; (para heridas) antiseptic

desinfectar *v* [T] to disinfect

desinflar *v* [T] (una llanta, un globo) to deflate
—**desinflarse** *v pron* 1 (llanta, globo) to go down 2 (perder ímpetu – persona) to lose your confidence; (equipo) to run out of steam

desinformación *s* 1 (informacion falsa) misinformation 2 (falta de información) lack of information: *Su desinformación sobre el tema es alarmante.* He is alarmingly ill-informed on the subject.

desinhibición *s* lack of inhibition

desinhibido, -a *adj* (espontáneo) uninhibited

desinstalar *v* [T] (en informática) to uninstall

desintegración *s* (social, política) disintegration

desintegrarse *v pron* 1 (materia, objeto) to disintegrate 2 (grupo, familia) to break up

desinterés *s* 1 (falta de interés) lack of interest 2 (generosidad) unselfishness

desinteresado, -a *adj* (generoso) unselfish

desinteresarse *v pron* **desinteresarse de algo** to lose interest in sth

desistir *v* [I] **desistir de algo** to give sth up • **desistir de hacer algo** to give up the idea of doing sth

deslave *s* landslide

desleal *adj* 1 (persona) disloyal 2 (competencia) unfair

deslealtad *s* disloyalty

desligar *v* [T] 1 (separar) to separate • **desligar algo de algo** to separate sth from sth 2 (de una responsabilidad, una obligación) **desligar a alguien de algo** to release sb from sth
—**desligarse** *v pron* **desligarse de algo (a)** (de una responsabilidad, una obligación) to escape sth (b) (de la familia, un grupo) to break away from sth

desliz *s* 1 (error) slip-up 2 (falta moral) lapse, indiscretion

deslizamiento *s* slide
deslizamiento de tierra landslide

deslizante *adj* (superficie, calzada) slippery

deslizar *v* [T] 1 (sobre una superficie) to run • **deslizar la mano por algo** to run your hand over sth 2 (con disimulo) to slip • **deslizar algo en algo** to slip sth into sth 3 (en un discurso, un texto) to slip in: *En el discurso, deslizó varias críticas al gobierno.* He slipped several criticisms of the government into his speech.
—**deslizarse** *v pron* 1 (por una superficie) to slide: *Se deslizaron por la pendiente.* They slid down the hill. 2 (al bailar, patinar) to glide 3 (con disimulo – para entrar) to slip in; (para salir) to slip out

deslucir *v* [T] to spoil

deslumbramiento *s* dazzle

deslumbrante *adj* dazzling • **inteligencia/belleza deslumbrante** dazzling intelligence/beauty

deslumbrar *v* [T] **1** (luz) to dazzle **2** (causar impresión a) to dazzle

desmadrarse *v pron* (situación) to get out of control; (persona) to go wild

desmadre *s* **1** (caos) chaos **2** (desorden) mess • **hecho -a un desmadre** in a mess **3** (desenfreno) *No esperes un fin de semana de locura y desmadre.* Don't expect a wild weekend.

desmán *s* excess (pl -sses)

desmantelar *v* [T] **1** (un edificio, una planta) to take down, to dismantle (*más frml*) **2** (una organización) to dismantle; (una red delictiva) to break up

desmaquillarse *v pron* to take your make-up off

desmarcarse *v pron* **1** (distanciarse, diferenciarse) to distance yourself • **desmarcarse de algo** to distance yourself from sth **2** (en deportes) to lose your marker

desmayarse *v pron* to faint: *Casi me desmayo.* I nearly fainted.

desmayo *s* **1 sufrir un desmayo** to faint **2 sin desmayo** tirelessly

desmedido, -a *adj* (incremento, afán) excessive

desmejorado, -a *adj* unwell

desmelenarse *v pron* (perder la moderación) to let your hair down

desmemoriado, -a *adj* forgetful

desmentir *v* [T] (una noticia, un rumor) to deny

desmenuzar *v* [T] **1** (pan, bizcocho) to crumble **2** (pollo) to shred; (pescado) to flake

desmerecer *v* [I] **1** (perder valor) *una actriz que no ha desmerecido con los años* an actress who has lost nothing over the years **2** (en una comparación) **no desmerecer de algo** to compare favorably with sth **3 sin desmerecer algo** without detracting from sth

desmesurado, -a *adj* excessive

desmilitarización *s* demilitarization

desmitificar *v* [T] to demystify, to demythologize

desmontable *adj* (pieza) detachable; (bicicleta, silla de ruedas) collapsible • **una cama/estantería desmontable** a bed/bookcase that can be dismantled

desmontar *v* **1** [T] (un aparato, una máquina) to dismantle; (una pieza) to detach; (un motor) to strip **2** [T] (un escenario, un andamio) to take down **3** [I] (de un caballo, una bicicleta) to dismount

desmoralizar *v* [T] to demoralize
—**desmoralizarse** *v pron* to become demoralized

desmoronarse *v pron* **1** (edificio, muro) to collapse **2** (imperio, régimen) to crumble, to collapse **3** (persona, equipo) to go to pieces

desnivel *s* **1** (diferencia de altura) drop: *Desde aquí a la playa hay un desnivel de 300 metros.* There is a drop of 300 meters between here and the beach. • *Tropezó con un desnivel en la calle.* He tripped on an uneven surface in the street. • **en desnivel** on a slope **2** (en senderismo) ascent

desnivelar *v* [T] **1** (una relación, una situación) to upset the balance of; (un presupuesto) to throw out: *Ese gasto inesperado ha desnivelado el presupuesto familiar.* That unexpected expense has thrown the family budget out. **2** (el marcador) *Los locales desnivelaron el marcador con el gol de Valdés.* The home team tipped the score in their favor with Valdés's goal.

desnucarse *v pron* to break one's neck

desnuclearización *s* nuclear disarmament

desnudar *v* [T] to undress
—**desnudarse** *v pron* to get undressed

desnudez *s* nakedness

desnudo¹, -a *adj* **1** (persona) naked **2** (pies, hombros) bare **3** (pared, rama) bare ▸ ver nota en **NAKED**

desnudo² *s* **1** (en pintura) nude **2** (en cine) nude scene
EXPRESIONES
al desnudo bare: *Dejó al desnudo uno de sus brazos.* She left one of her arms bare.

desnutrición *s* malnutrition
desnutrición infantil child malnutrition

desnutrido, -a *adj* malnourished

desobedecer *v* [T] (una orden, a una persona) to disobey: *No deberías desobedecer a tus padres.* You shouldn't disobey your parents.

desobediencia *s* disobedience
desobediencia civil civil disobedience

desobediente *adj* disobedient

desocupación *s* unemployment: *Ha aumentado la desocupación.* Unemployment has risen.

desocupado¹, -a *adj* **1** (desempleado) unemployed **2** (habitación, vivienda) empty, unoccupied (*más frml*); (silla) free

desocupado², -a *s* (desempleado) unemployed person (pl people): *miles de desocupados* thousands of unemployed people • **los desocupados** the unemployed

desocupar *v* [T] **1** (una habitación, una vivienda) to leave, to vacate (*más frml*) **2** (un cajón, un armario) to empty
—**desocuparse** *v pron* to be free: *Cuando te desocupes, avísame.* Let me know when you're free.

desodorante *s* deodorant

desoír *v* [T] (un consejo, una petición) to ignore

desolado, -a *adj* **1** (persona, mirada) devastated • **estar desolado -a por algo** to be devastated by sth: *Estaba desolada por la muerte de su padre.* She was devastated by her father's death. **2** (paisaje, desierto) desolate

desolador, -a *adj* (panorama, paisaje) bleak; (resultado) disastrous

desorbitado, -a *adj* (precio) exorbitant; (aumento) disproportionate

desorden *s* **1** (en una casa, una habitación) mess: *¡Qué desorden!* What a mess! **2 desórdenes** [pl] (disturbios) disturbances: *desórdenes callejeros* disturbances on the streets **3 desórdenes** [pl] (en medicina, psiquiatría) disorders

desordenado, -a *adj* (casa, habitación, persona) messy • **estar desordenado -a** to be messy, to be in a mess • **ser desordenado -a** to be messy

desordenar *v* [T] to mess up: *Desordenaron todo.* They messed everything up.

desorganización *s* lack of organization

desorganizado, -a *adj* disorganized

desorganizar *v* [T] to disorganize; (un servicio, una actividad) to disrupt
—**desorganizarse** *v pron* to become disorganized; (servicio, actividad) to be disrupted

desorientación *s* **1** (en el espacio) disorientation **2** (desconcierto) confusion

desorientado, -a *adj* **estar desorientado -a (a)** (en el espacio) to have lost your bearings **(b)** (sin saber qué hacer) to be confused

desorientar *v* [T] **1** (en el espacio) to confuse **2** (desconcertar) to confuse
—**desorientarse** *v pron* **1** (en el espacio) to lose your bearings **2** (desconcertarse) to get confused

despabilado, -a *adj* **1** (vivo, avispado) bright, sharp **2** (completamente despierto) wide awake

despachar *v* **1** [T] (vender) to sell **2** [I,T] (en una tienda, un bar) to serve **3** [T] (librarse de) to send away **4** [T] (un asunto) to deal with **5** [T] (un trabajo, una tarea) to finish

6 [T] (una carta, a un mensajero) to send
—**despacharse** v pron to speak your mind: *Se despachó públicamente en la prensa y la televisión.* She spoke her mind publicly in the press and on television. • **despacharse a gusto** to let fly • **despacharse a gusto con/contra alguien** to lay into sb

despacho s **1** (oficina) office **2** (en una casa) study (pl -dies) **3** (de prensa) dispatch (pl -ches); (oficial) communiqué

despacio[1] adv **1** (lento) slowly: *¿Puedes hablar más despacio?* Can you speak more slowly? **2** (con detenimiento) calmly

despacio[2] interj slow down: *¡Despacio, que todavía no he dicho nada!* Slow down, I haven't said anything yet!

despampanante adj stunning

desparejo, -a adj **1** (no plano) uneven: *La cancha está muy despareja.* The playing field is very uneven. **2** (desigual) uneven: *Te dejaron las patillas desparejas.* They've cut your sideburns unevenly. **3** (en una competencia) unequal, unevenly matched: *un partido muy desparejo* a very unequal game

desparpajo s self-assurance • **con desparpajo** with assurance

desparramar v [T] to scatter
—**desparramarse** v pron **1** (líquido) to spill **2** (objetos) to scatter

despatarrarse v pron to sprawl

despavorido, -a adj (persona) terrified • **huir despavorido -a** to flee in terror

despecho s spite • **por despecho** out of spite
EXPRESIONES
a despecho de in spite of

despectivo, -a adj (actitud, tono) contemptuous

despedazar v [T] **1** (un cuerpo) to dismember; (una presa) to tear to pieces **2** (maltratar, destrozar) to pull to pieces: *La crítica la despedazó.* The critics pulled her to pieces.

despedida s (adiós) goodbye
EXPRESIONES
una fiesta/una cena de despedida a farewell party/dinner
despedida de soltera girls' night out • **despedida de soltero** stag night

despedir v [T] **1** (decir adiós) to see off: *Fuimos a despedirla al aeropuerto.* We went to the airport to see her off. **2** (del trabajo) **despedir a alguien** (por mala conducta) to dismiss sb, to fire sb; (por falta de trabajo) to let sb go **3** (emanar, echar fuera de sí – olor, chispas) to give off; (lava, humo) to spew out: *Las flores despedían un aroma dulzón.* The flowers gave off a sickly sweet scent.
EXPRESIONES
salió despedido del carro/de su asiento he was thrown out of the car/out of his seat • **salió despedido por el aire/por el parabrisas** he was thrown into the air/through the windshield
—**despedirse** v pron **1** (al irse) to say goodbye: *Nos despedimos en la estación.* We said goodbye at the station. • **despedirse de alguien** to say goodbye to sb **2** (olvidarse) **despedirse de algo** to say goodbye to sth: *Si no apruebas, despídete del computador.* If you don't pass, you can say goodbye to your computer. • **despedirse de hacer algo** to forget about doing sth, to give up hope of doing something

despegar v **1** [T] **despegar algo (de algo)** to get sth off (sth) **2** [I] (avión) to take off **3** [I] (negocio, actividad) to take off
—**despegarse** v pron **1** (cartel, etiqueta, foto) to come off **2** (persona) to break away

despegue s (de un avión) takeoff

despeinado, -a adj **estoy/estaba despeinado -a** my hair is/was messy: *Siempre va despeinado.* His hair's always messy.

despeinar v [T] **despeinar a alguien** to mess sb's hair up
—**despeinarse** v pron to mess your hair up: *Me despeiné con el viento.* The wind messed my hair up.

despejado, -a adj **1** (cielo, día) clear **2** (camino, acceso) clear **3** (frente) wide

despejar v **1** [T] (un camino, un acceso) to clear **2** [I,T] (en fútbol) **despejar (el balón/el centro)** to clear (the ball/the cross) **3** [T] (en matemáticas) **despejar una incógnita** to find the value of an unknown **4** [T] (las dudas) to clear up; (las inquietudes) to deal with
—**despejarse** v pron **1** (tiempo) to clear up: *Se está despejando.* It's clearing up. **2** (persona) to clear your head: *Salí un rato para despejarme.* I went out for a while to clear my head.

despenalización s legalization

despenalizar v [T] to legalize

despensa s larder

despeñarse v pron **despeñarse por un puente/un acantilado** (vehículo) to drive off a bridge/over a cliff; (persona) to fall off a bridge/a cliff

desperdiciar v [T] **1** (papel, material) to waste **2** (una ocasión, una oportunidad) to miss

desperdicio s **1** (gasto) waste **2 desperdicios** [pl] (basura) garbage • **no bote/no arroje desperdicios** (en un cartel) no dumping
EXPRESIONES
no tener desperdicio to be useful, to be beneficial, to be excellent

desperezarse v pron to stretch

desperfecto s **1** (daño leve) damage **2** (defecto) flaw, imperfection

despertador s alarm clock: *No sonó el despertador.* The alarm clock didn't go off. • *Pon el despertador a las 7.* Set the alarm for 7 o'clock.

despertar v [T] **1** to wake up: *Despiértame a las 8.* Wake me up at 8. **2** (causar – el interés) to arouse; (la polémica) to cause; (sentimientos, pasiones) to arouse; (dudas) to raise
—**despertarse** v pron to wake up: *Yo me despierto temprano.* I wake up early.

⚠ **Awake** y **awaken** se usan solamente en contextos formales y literarios. Nunca van seguidos de *up*:
Can you wake me up in the morning? (awaken me = demasiado formal)
Next morning I woke up (✗ awoke up) in the dining room.

despiadado, -a adj (trato, persona) cruel, heartless, merciless

despido s (por mala conducta) firing, dismissal; (por falta de trabajo) letting go
despido improcedente unfair dismissal

despierto, -a adj **1** (no dormido) awake **2** (listo) bright

despilfarrar v [T] to squander, to waste

despilfarro s **1** (acción) waste **2** (cualidad) wastefulness, extravagance

despistado, -a adj **1 ser despistado -a** to be absentminded **2 estar/ir despistado -a** to be miles away

despistar v **1** [T] (desorientar) to confuse: *para despistar al enemigo* to confuse the enemy **2** (disimular) *Para despistar, me puse a hablar con mi vecina.* To pretend I hadn't noticed, I started talking to my neighbor. • *Su única intención era despistar.* He was only trying to divert attention. **3** [T] (hacer perder la pista a) to throw off the scent: *Las huellas despistaron a la policía.* The tracks threw the police off the scent.
—**despistarse** v pron **1** (confundirse) to get mixed up **2** (distraerse) to get distracted **3** (perder el rumbo) to go wrong, to lose one's bearings

despiste s **1** (característica permanente) absentmindedness: *¡Tiene un despiste!* He's so absent-minded! **2** (estado pasajero) *Supo aprovechar el momento de despiste.* He took advantage of that momentary lapse.

3 (error) mistake: *Pagó caro su despiste.* His mistake cost him dearly.

desplante *s* insult • **un desplante a alguien** a snub to sb

desplazar *v* [T] **1** (suplantar) to replace: *Desplazó al equipo paraguayo del primer puesto.* He replaced the Paraguayan team at the top of the rankings. • *El DVD ha desplazado al video.* Video is being superseded by DVD. **2** (mover, trasladar) to move
　—**desplazarse** *v pron* **1** (moverse) to move: *Tiene dificultad para desplazarse.* He has problems getting around. **2** (viajar) to travel: *Se desplaza 20 km para ir a trabajar.* She travels 20 km to work.

desplegar *v* [T] **1** (un mapa) to spread out; (una bandera) to unfurl • **desplegar las alas** to spread your wings **2** (tropas) to deploy **3** (energía, el talento) to display; (recursos, medios) to use

despliegue *s* **1** (de tropas, fuerzas) deployment **2** (de conocimientos, talento, energía) display

desplomarse *v pron* **1** (pared, edificio) to collapse **2** (persona) to collapse **3** (bolsa, mercado, precio) to plummet **4** (esperanzas) to be dashed; (confianza) to slump

desplome *s* **1** (de una pared, un edificio) collapse **2** (de la bolsa, el mercado) slump

desplumar *v* [T] (a una persona) to clean out; (una cantidad) to take: *Le desplumó todos sus ahorros.* He took all her savings.

despoblación *s* depopulation

despoblado, -a *adj* **1** (deshabitado) uninhabited **2** (con pocos habitantes) underpopulated

despojar *v* [T] (privar) **despojar algo/a alguien de algo** to strip sth/sb of sth: *Los despojaron de sus tierras.* They were stripped of their lands.
　—**despojarse** *v pron* **despojarse de algo (a)** (ropa) to remove sth **(b)** (riqueza, posesiones) to give sth up

despojo *s* **1** (privación – de bienes, de la libertad) stripping; (de una comunidad, un pueblo) plundering **2 despojos** [pl] (restos) remains

desposeído, -a *adj* deprived • **los desposeídos** the dispossessed

déspota *s* (persona autoritaria) tyrant; (gobernante) despot

despotismo *s* despotism

despotricar *v* [I] **despotricar contra alguien/algo** to rant and rave about sb/sth

despreciable *adj* (persona, actitud) contemptible

despreciar *v* [T] **1** (subestimar) to look down on **2** (sentir desprecio por) to despise **3** (rechazar) to turn down

desprecio *s* contempt • **sentir desprecio por alguien** to feel contempt for sb

desprender *v* [T] **1** (despedir) to give off **2** (quitar) to take off, to remove (*más frml*): *No pude desprender la mirada de su anillo.* I couldn't take my eyes off her ring.
　—**desprenderse** *v pron* **1** (soltarse) to come off: *Se desprendió la etiqueta.* The label came off. **2 desprenderse de algo (a)** (deducirse) *Del estudio se desprende que...* We can see from the study that... **(b)** (emanar) to come from sth: *De la bolsa se desprendía un olor nauseabundo.* There was a nauseating smell coming from the bag. **(c)** (soltar) to let go of sth; (dar voluntariamente) to part with sth

desprendido, -a *adj* (generoso) generous

despreocupado, -a *adj* (persona, actitud) carefree

despreocuparse *v pron* **despreocuparse de algo/alguien (a)** (librarse de una preocupación) to stop worrying about sth/sb **(b)** (desentenderse) to show no concern about sth/sb

desprestigiar *v* [T] to discredit

desprevenido, -a *adj* **pillar/tomar a alguien desprevenido -a** to catch sb unawares

desproporción *s* disparity

desproporcionado, -a *adj* **1** (violencia, severidad) disproportionate **2** (manos, pies) out of proportion

despropósito *s* nonsense [U]

desprotección *s* lack of protection

desprotegido, -a *adj* (persona) unprotected; (lugar) exposed

desprovisto, -a *adj* (carente) **desprovisto -a de algo** devoid of sth

después *adv* **1** (más tarde) later: *Después te llamo.* I'll call you later. • *varios años después* several years later • **después de algo** after sth: *Te veo después de la clase.* I'll see you after class. • **después de hacer algo** after doing sth: *No conviene nadar después de comer.* It's not advisable to swim after eating. • **después de desayunar/comer** after breakfast/lunch • **después de que** after: *Llegaron después de que hablara contigo.* They arrived after I spoke to you. **2** (a continuación) then: *Después se puso a cantar.* Then she started singing. • *La ceremonia es a las siete y después hay una fiesta.* The ceremony is at seven and afterward there's a party. **3** (en el espacio) after; (más adelante) further on: *Hay una panadería y el banco está justo después.* There's a bakery and the bank is just after that. • *Dos semáforos después gire a la derecha.* Two traffic lights further on, turn right. • **después del banco/del puente** after the bank/the bridge **4** (indicando turno) *Ahora le toca a esta señora y yo voy después.* This lady is next, and then it's me. • **después de alguien** after sb: *¿Quién va después del señor?* Who's after this gentleman? **5** (también) then: *Después tienes éstos de 5.000 pesos.* Then you have these at 5,000 pesos.

EXPRESIONES
después de todo after all: *Después de todo, es mi casa.* It's my house, after all.

despuntar *v* [I] (empezar a manifestarse – alba) to break; (día) to dawn

desquiciar *v* [T] **desquiciar a alguien** to drive sb crazy

desquitarse *v pron* **1** (vengarse) **desquitarse de algo/alguien** to get your own back for sth/on sb **2** (compensar) **desquitarse de algo** to make up for sth

desquite *s* revenge

desratización *s* rodent control

destacable *adj* notable

destacado, -a *adj* **1** (artista, científico) distinguished **2** (papel) prominent

destacamento *s* detachment

destacar *v* [T] (poner de relieve) to stress
　—**destacarse** *v pron* to stand out: *Se destaca entre las demás jugadoras.* She stands out from the rest of the players. • **destacarse por algo** to be noted for sth

destajo **a destajo (a) trabajo a destajo** piece work **(b) trabajar a destajo** (por trabajo hecho) to be paid by the job

destapador *s* bottle opener

destapar *v* [T] **1** (quitarle la tapa – un frasco) to take the lid off, to open; (una botella) to open **2** (en la cama) to take the covers off **3** (poner al descubierto) to uncover **4** (una tubería, un desagüe) to unblock
　—**destaparse** *v pron* (en la cama) to throw the covers off

destape *s* (en una película, una obra de una teatro) nudity; (de una persona) striptease • **una película/una revista de destape** an erotic movie/a nudie magazine

destartalado, -a *adj* (viejo, mal cuidado – edificio, mueble) dilapidated; (carro) battered

destello *s* **1** (luz) flash (pl -shes) **2** (atisbo) **un destello de luz/esperanza** a flash of light/glimmer of hope

destemplado, -a *adj* (con malestar) under the weather

destemplarse *v pron* to get angry • **se me/le destemplan los dientes** it sets my/his teeth on edge

desteñir v **1** [T] (hacer perder el color) to fade: *una camisa negra desteñida* a faded black shirt **2** [I,T] (manchar) *Lávalo con agua fría para que no destiña.* Wash it in cold water so that the color doesn't run. • *Tu falda roja destiñó la ropa blanca.* Your red skirt ran and stained the whites.
—**desteñirse** v pron *prendas que tienden a desteñirse* garments in colors that tend to run

desternillarse v pron **desternillarse (de risa)** to split your sides (laughing)

desterrar v [T] **1** (de un país) to exile **2** (una idea) to dismiss; (un hábito) to break

destiempo a destiempo (demasiado tarde) too late; (cuando no conviene) at the wrong time

destierro s (castigo) exile

destilar v [T] (por evaporación) to distill

destilería s distillery (pl -ries)

destinar v [T] **1** (para un fin, una función) *Destina una parte importante de sus ingresos al alquiler.* A large proportion of his income goes on rent. • *Destinaremos más dinero a la salud pública.* We will allocate more money to public health. **2** (para un empleo, un lugar) to send, to post **3** (dirigir – una carta) to address: *El sobre va destinado a ti.* The envelope is addressed to you. • *¿A quién está destinado el curso?* Who is the course aimed at?

destinatario, -a s (de una carta, un discurso) addressee: *los destinatarios del discurso del presidente* the people the president's speech was aimed at

destino s **1** (punto de llegada) destination • **con destino a** *los pasajeros con destino a Medellín* passengers traveling to Medellín • *Salieron con destino a Cuba.* They left for Cuba. • *el vuelo con destino a París* the flight to Paris **2** (uso) use: *Detalló el destino del dinero.* He explained what the money was to be used for. **3** (sino, suerte) fate: *las vueltas del destino* the quirks of fate **4** (lugar de trabajo) assignment

destituir v [T] **destituir a alguien** to remove sb from office

destornillador s screwdriver

destreza s skill • **con destreza** skillfully
destreza manual manual dexterity

destronar v [T] **1** (un rey) to dethrone; (un emperador) to depose **2** (de un cargo o posición) to topple

destrozado, -a adj **1** (anímicamente) devastated **2** (arruinado, roto) ruined

destrozar v [T] **1** (una ciudad, un edificio) to destroy **2** (la ropa, los zapatos) to ruin **3** (romper a propósito – un carro, muebles) to smash up **4** (emocionalmente) to devastate

EXPRESIONES
destrozarle la vida a alguien to ruin sb's life • **destrozarle el corazón a alguien** to break sb's heart

destrozo s **1** destruction **2 destrozos** [pl] damage [+v en sing]: *La inundación causó grandes destrozos.* The flood caused a lot of damage.

destrucción s destruction

destructivo, -a adj destructive

destruir v [T] **1** (en pedazos) to destroy **2** (la reputación) to ruin; (el matrimonio) to wreck **3** (causar daños a) to destroy: *La sequía destruyó la cosecha.* The drought destroyed the crop.

desunión s lack of unity

desuso en desuso no longer in use • **caer en desuso** (término, edificio) to fall into disuse; (práctica) to go out of fashion: *Esa moda ha caído en desuso.* That's gone out of fashion.

desvalido, -a adj (anciano, niño) helpless

desvalijar v [T] **1 desvalijar una casa/una tienda** to clean a house/a shop out **2 desvalijar a alguien** to rob sb

of everything he/she has **3 desvalijar un carro/auto** to steal everything from a car

desvalorización s devaluation

desvalorizar v [T] **1** (restar valor a) to undervalue **2** (una divisa) to devalue
—**desvalorizarse** v pron **1** (persona) to undervalue yourself **2** (divisa) to become devalued; (casa, terreno) to lose value

desván s attic

desvanecer v [T] **1** (atenuar) to disperse **2** (eliminar – las esperanzas) to dash; (los temores) to dispel
—**desvanecerse** v pron **1** (perder el conocimiento) to faint **2** (niebla, humo) to disperse **3** (recuerdos) to fade; (esperanzas) to vanish; (dudas, temores) to disappear

desvanecimiento s fainting fit

desvelarse v pron **1** (no poder dormir) *Tomé café y me desvelé.* I had some coffee and it kept me awake. • *Se despertó con el ruido y se desveló.* The noise woke him up and he couldn't get back to sleep. **2** (desvivirse) **se desvela por sus hijos/por él** she'll do anything for her children/for him

desvencijado, -a adj (sillón) rickety; (bus, carro) battered

desventaja s disadvantage • **estar en desventaja** to be at a disadvantage

desvergonzado, -a adj shameless

desvergüenza s (falta de vergüenza) shamelessness

desvestir v [T] to undress
—**desvestirse** v pron to get undressed

desviación s **1** (en dirección) change **2** (de la columna) curvature; (de un rayo de luz) bending **3** (camino secundario) turn-off **4** (camino provisional) detour **5** (hábito anormal) deviation

desviar v [T] (el tráfico, fondos) to divert; (una pelota) to deflect; (un golpe) to ward off
—**desviarse** v pron **1** (vehículo, conductor) to turn off **2** (barco, avión) to go off course
EXPRESIONES
desviarse del tema to go off the subject

desvincular v [T] **desvincular algo de algo** to dissociate sth from sth
—**desvincularse** v pron **desvincularse de algo** to dissociate yourself from sth

desvío s (del tráfico) diversion

desvivirse v pron **desvivirse por hacer algo** to do your utmost to do sth • **se desvive por sus hijos/por él** she'll do anything for her children/for him

detal al detal retail

detalladamente adv in detail

detallado, -a adj detailed

detallar v [T] to detail, to relate in detail

detalle s **1** (pormenor) detail • **analizar algo en detalle** to analyze sth in detail • **con todo detalle** in great detail **2** (de un cuadro) detail: *Guernica (detalle)* Guernica (detail) **3** ▶ DETAL **4** (atención, gesto) nice thought, nice gesture: *¡Qué detalle, acordarse de mí!* How thoughtful of him to remember me! • **tener el detalle de hacer algo** to be kind enough to do sth ▶ **con todo LUJO de detalles**

detallista adj **1** (atento) thoughtful **2** (minucioso) particular, meticulous (*más frml*)

detectar v [T] to detect

detective s detective
detective privado private detective

detector s detector
detector de mentiras lie detector • detector de metales metal detector

detención s **1** (arresto) arrest **2** (encarcelamiento) detention

detener v [T] **1** (arrestar) to arrest **2** (parar) to stop
—**detenerse** v pron (parar) to stop

detenidamente adv carefully

detenido[1], -a adj **estar detenido -a** to be under arrest

detenido[2], -a s *Dejaron en libertad al detenido.* The man who had been arrested was freed. • *Hubo más de 40 detenidos.* More than 40 people were arrested.

detenimiento con detenimiento carefully

detergente s **1** (para lavar la ropa) detergent, laundry detergent **2** (para lavar los platos) dishwashing liquid

deteriorarse v pron (salud, economía, relaciones) to get worse, to deteriorate (*más frml*)

deterioro s (de la salud, las relaciones) deterioration; (de la economía) downturn

determinación s **1** (decisión) decision • **tomar una determinación** to make a decision • **tomar la determinación de hacer algo** to make the decision to do sth **2** (valentía) determination

determinado, -a adj (cierto) certain • **en determinado momento** at a certain point

determinante[1] adj decisive, determining

determinante[2] s determiner, determinant

determinar v [T] **1** (precisar) to determine: *Hay que determinar si fue o no un accidente.* We must determine whether or not it was an accident. • **determinar las causas de algo/la identidad de alguien** to establish the cause of sth/the identity of sb **2** (fijar) to decide: *La hora está todavía por determinar.* The time has yet to be decided. **3** (causar) to cause: *los factores que determinaron la crisis de 1929* the factors that caused the crash of 1929 **4** (ley, código) to stipulate, to specify, to lay down

detestable adj (persona) detestable; (comportamiento) abominable; (crimen) despicable

detestar v [T] to hate, to detest • **detestar hacer algo** to hate doing sth

detonador (tb **detonante**) s detonator • **ser el detonador de algo** to spark sth off

detractor, -a s critic • **ser un detractor de algo** to be a critic of sth

detrás adv behind: *El perro venía detrás.* The dog came behind him. • **por detrás (a)** (por la parte posterior) *Fírmalo por detrás.* Sign it on the back. • *El vestido se abrocha por detrás.* The dress fastens at the back. **(b)** (solapadamente) *Siempre critica a los compañeros por detrás.* He's always criticizing his colleagues behind their backs.

detrás de prep **1** (en el espacio) behind: *Se escondió detrás de la puerta.* He hid behind the door. • *El jardín estaba detrás de la casa.* The garden was at the back of the house. **2** (en una secuencia) after: *Estoy detrás de la señora.* I'm after this lady. • **uno detrás de otro** one after another **3** (indicando responsabilidad o causa) behind: *¿Quién está detrás de todo esto?* Who's behind all this? **4** (en busca de) **estar detrás de algo/alguien** to be after sth/sb: *Estoy detrás de una moto usada.* I'm after a second-hand motorbike.

detrimento en detrimento de algo to the detriment of sth • **ir en detrimento de algo** to be detrimental to sth

deuda s **1** debt • **pagar una deuda** to pay a debt, to pay off a debt • **tener una deuda con alguien** to owe sb money **2 estar en deuda con alguien** to be indebted to sb
deuda externa foreign debt • **deuda pública** national debt

deudor, -a s debtor

devaluación s devaluation

devaluar v [T] to devalue
—**devaluarse** v pron (moneda) to fall in value

devanarse v pron ▶ **devanarse los SESOS**

devastación s devastation

devastador, -a adj devastating

devoción s **1** (cariño) devotion • **sentir devoción por alguien** to be devoted to sb **2** (admiración) great admiration • **sentir devoción por algo/alguien** to be a great admirer of sth/sb **3** (en religión) devotion

devolución s **1** (de dinero) refund **2** (de una compra) *Estas prendas no tienen devolución.* These garments cannot be exchanged or returned. **3** (de una pertenencia, un territorio) return

devolver v **1** [T] (algo prestado) **devolverle algo a alguien** to give sth back to sb, to give sb sth back: *Le tengo que devolver este CD a Lucía.* I have to give this CD back to Lucía. • *¿Te devolví aquellos 50 dólares?* Did I give you those 50 dollars back? **2** [T] (a su lugar original) to put back: *Devuélvelo al cajón.* Put it back in the drawer. • **devolver un libro a la biblioteca** to return a book to the library **3** [T] (una deuda, un préstamo) to repay **4** [T] (en una compra) to refund: *No podemos devolverle el dinero.* We can't give you a refund. **5** [T] (un favor, una llamada, una visita) to return: *¿Qué puedo hacer para devolverte el favor?* What can I do to return the favor? **6** (vomitar) **(a)** [I] to be sick **(b)** [T] to bring up, to throw up • **devolver el estómago** to throw up **7** [T] (la paz, la tranquilidad) *Sus palabras nos devolvieron la tranquilidad.* His words gave us back our peace of mind. • *un intento de devolver la paz a la zona* an attempt to bring peace back to the area ▶ **devolverle la PELOTA a alguien**
—**devolverse** v pron (ir) to go back; (venir) to come back: *Tengo que devolverme porque se me olvidó un libro.* I have to go back because I forgot a book. • *¡Devuélvete a pedir perdón!* Come back and apologize!

devorar v [T] **1** (animal) to eat, to devour (*más frml*) **2** (fuego) to consume **3** (celos, envidia) *Los celos la devoraban.* She was consumed with jealousy. • *La curiosidad me devora.* I'm burning with curiosity.

devoto[1], -a adj devout

devoto[2], -a s (aficionado) devotee

DF s (abrev de **Distrito Federal**) Mexico City: *los habitantes del DF* the people of Mexico City

día s **1** (24 horas) day: *Mayo tiene 31 días.* There are 31 days in May. • *¿Qué día es hoy?* What day is it today? • **al día** a day: *ocho horas al día* eight hours a day • **al día siguiente** the following day • **de un día para otro** overnight • **un día sí y un día no, día por medio** every other day • **el otro día** the other day • **todo el día** all day • **todos los días** every day **2** (hablando del tiempo) day: *¡Qué bonito día!* What a lovely day! • **un día soleado/lluvioso/de viento** a sunny/rainy/windy day **3** (claridad) **de día** in the daytime: *Prefiero manejar de día.* I prefer driving in the daytime. • *Duerme de día.* He sleeps during the day. • *¿Ya es de día?* Is it morning yet? • **en pleno día** in broad daylight • **hacerse de día** to get light • **ser de día** to be daylight **4** (en fechas) *Llegan el día 3 de junio.* They arrive on June 3rd. • *¿Cuándo es el día de tu cumpleaños?* When is your birthday? • **algún día** some day • **un día de estos** one of these days **5 buenos días** good morning • **darle los buenos días a alguien** to say good morning to sb

EXPRESIONES

el día menos pensado when you least expect it • **en su día (a)** (en el pasado) at the time: *Todo esto se lo expliqué en su día.* I explained all this to her at the time. **(b)** (en sus tiempos) in his/her/its day: *En su día, esta película causó sensación.* In its day, this movie caused a sensation. • **estar/mantenerse al día** to keep up to date • **poner a alguien al día (de algo)** to bring sb up to date (on sth) • **ponerse al día (con algo)** (con la información) to get up to date (with sth); (con el trabajo, los estudios) to catch up (on sth) • **tener los días contados** *El video tiene los días contados.* The days of video are numbered.
día de Año Nuevo New Year's Day • **día de semana** weekday • **día de la Madre** Mother's Day • **día de los enamorados** Valentine's Day, St Valentine's Day • **día del Padre** Father's Day • **día de Muertos** All Souls' Day •

día del Trabajo Labor Day • día festivo, dia feriado public holiday • día hábil working day • día laborable working day

diabetes *s* diabetes

diabético, -a *adj, s* diabetic

diablito *s* **1** (para tomar electricidad) a device used for illegally connecting to the public electricity supply **2** (para transportar cosas) hand truck

diablo *s* **1** devil **2 el Diablo** the Devil **3** (niño travieso) little devil

EXPRESIONES
mandar a alguien al diablo to tell sb to get lost • **¿cómo/dónde/por qué/qué diablos...?** how/where/why/what the heck...?: *¿Dónde diablos estabas?* Where the heck were you? • **¡qué diablos!** darn it! • **¡vete al diablo!** get lost! • **ser un pobre diablo** to be a nobody

diablura *s* mischief • **hacer diabluras** to make mischief

diabólico, -a *adj* **1** (del diablo) satanic **2** (malévolo) evil: *Era un ser diabólico.* He was evil. **3** (complicado) fiendishly complicated

diadema *s* **1** (para sujetar el pelo) hair band **2** (corona) tiara **3** (con audífonos) headset

diáfano, -a *adj* **1** (transparente) translucent **2** (limpio) crystal-clear **3** (explícito) crystal-clear

diafragma *s* **1** (en el cuerpo) diaphragm **2** (en una cámara) diaphragm **3** (anticonceptivo) diaphragm

diagnosticar *v* [T] to diagnose: *Le han diagnosticado un cáncer.* He has been diagnosed with cancer.

diagnóstico *s* diagnosis (pl diagnoses)
diagnóstico precoz early diagnosis

diagonal[1] *adj* diagonal

diagonal[2] *s* (línea) diagonal line, diagonal • **en diagonal** diagonally

diagrama *s* diagram
diagrama de barras bar chart • diagrama de flujo flow chart

dial *s* **1** (de la velocidad, del peso) dial **2** (de la radio) dial

dialectal *adj* dialectal

dialéctica *s* (en filosofía) dialectics [+v en sing]

dialéctico, -a *adj* dialectical

dialecto *s* dialect

diálisis *s* dialysis

dialogar *v* [I] **1** (conversar) to talk • **dialogar con alguien** to talk to sb **2** (negociar) to have talks • **dialogar con alguien** to have talks with sb

diálogo *s* **1** (en un libro, una película) dialog **2** (conversación) conversation **3** (entendimiento) dialog
diálogo de sordos *Todo acabó en un diálogo de sordos.* In the end nobody was listening to what anybody else was saying.

diamante *s* **1** diamond • **un anillo/un collar de diamantes** a diamond ring/necklace **2** (en naipes) **diamantes** [pl] diamonds
EXPRESIONES
ser un diamante en bruto to be full of potential

diamantina *s* **1** (para usar sobre papel) glitter **2** (cosmético) body glitter

diámetro *s* diameter

diana *s* **1** (blanco) target **2** (centro del blanco) bull's-eye **3** (para dardos) dartboard

diapositiva *s* slide

diariamente *adv* daily, every day

diario[1] *s* **1** (periódico) newspaper **2** (memorias) diary (pl -ries) • **escribir un diario** to keep a diary **3** (tarifa) daily rate
diario de a bordo log • diario de navegación log

diario[2], -a *adj* **1** (cotidiano) daily: *la vida diaria* daily life **2** (cada día) a day: *ocho horas diarias* eight hours a

day **3 a diario** every day • **de diario** everyday: *los cubiertos de diario* the everyday utensils

diarrea *s* diarrhea

dibujante *s* (hombre) draftsman (pl -men); (mujer) draftswoman (pl -women)
dibujante de historietas cartoonist

dibujar *v* [I,T] to draw: *Me encanta dibujar.* I love drawing.
—**dibujarse** *v pron* to appear: *Se le dibujó una sonrisa en la cara.* A smile appeared on her face.

dibujo *s* **1** (obra) drawing • **hacer un dibujo de algo** to draw sth **2** (actividad) drawing: *clases de dibujo* drawing lessons **3** (diseño) pattern: *una tela con dibujos* a patterned fabric **4** (asignatura) art
dibujos animados cartoons • dibujo técnico technical drawing

diccionario *s* dictionary (pl -ries) • **buscar algo en el diccionario** to look sth up in the dictionary
diccionario bilingüe bilingual dictionary • diccionario enciclopédico encyclopedic dictionary

dicha *s* joy

dicho[1] *participio* **1 dejarle dicho a alguien que haga algo** to tell sb to do sth **2 dicho de otro modo** in other words • **mejor dicho** or rather • **dicho sea de paso** incidentally: *En eso tenía toda la razón, dicho sea de paso.* Incidentally, she was quite right. **3 dicho y hecho** no sooner said than done

dicho[2], -a *adj* this (pl these), the aforementioned (*más frml*): *En dicho contrato se especifican las condiciones.* The conditions are specified in the aforementioned contract.

dicho[3] *s* saying • **como dice el dicho** as the saying goes
EXPRESIONES
del dicho al hecho hay mucho trecho there's many a slip 'twixt cup and lip

dichoso, -a *adj* **1** (feliz) happy **2** (expresando irritación) blessed: *él y su dichoso perro* him and his blessed dog
EXPRESIONES
¡dichosos los ojos (que te ven)! how lovely to see you!

diciembre *s* December ▶ para ejemplos, ver FEBRERO

dictado *s* **1** (ejercicio) dictation **2 dictados** [pl] (directrices) dictates • **seguir los dictados de tu corazón/tu conciencia/la moda** to follow the dictates of your heart/your conscience/fashion

dictador, -a *s* dictator

dictadura *s* dictatorship
dictadura militar military dictatorship

dictamen *s* ruling
dictamen médico medical report

dictar *v* [T] to dictate: *Haz lo que te dicte tu corazón.* Do what your heart tells you. ▶ **dictar** SENTENCIA

didáctica *s* methodology of teaching, didactics [pl] (*más frml*)

didáctico, -a *adj* **1** (programa, juguete, visita) educational **2** (método) didactic: *material didáctico* teaching materials

diecinueve *núm* **1** (número, cantidad) nineteen **2** (en fechas) nineteenth

dieciocho *núm* **1** (número, cantidad) eighteen **2** (en fechas) eighteenth

dieciséis *núm* **1** (número, cantidad) sixteen **2** (en fechas) sixteenth

dieciseisavos *s* **los dieciseisavos (de final)** the last thirty-two

diecisiete *núm* **1** (número, cantidad) seventeen **2** (en fechas) seventeenth

diente *s* **1** (de una persona, un animal) tooth (pl teeth) • **lavarse/cepillarse los dientes** to brush your teeth • **se me/le cayó un diente** I/he lost a tooth, one of my/his teeth came out: *Todavía no se le han caído los dientes.*

He hasn't lost his baby teeth yet. • **sacarse un diente** to have a tooth out **2** (de un peine) tooth (pl teeth)

EXPRESIONES
ir armado -a hasta los dientes to be armed to the teeth • **decir algo de dientes para afuera** to say sth insincerely • **decir algo entre dientes** to mutter sth • **hincarle el diente a algo (a)** (comer algo) to sink your teeth into sth: *Venga, híncale el diente.* Come on, dig in. **(b)** (abordar algo) to get to grips with sth
diente de ajo clove of garlic • diente de leche baby tooth • dientes postizos false teeth, dentures (*más frml*)

diéresis s diaeresis (pl diaereses): *Se escribe con diéresis en la ü.* It has a diaeresis on the ü.

diesel s, adj diesel: *un motor diesel* a diesel engine

diestra a diestra y siniestra left and right

diestro, -a adj **1** (que usa la mano derecha) right-handed: *¿Eres diestro o zurdo?* Are you right-handed or left-handed? **2 ser diestro -a en algo** to be skillful at sth

dieta s **1** (régimen) diet • **estar/ponerse a dieta** to be/to go on a diet **2** (alimentación) diet: *una dieta equilibrada* a balanced diet

dietético, -a adj **alimentos dietéticos** diet foods • **bebidas dietéticas** diet drinks

diez núm **1** (número, cantidad) ten **2** (en fechas) tenth

diezmar v [T] to decimate

difamar v [T] **1** (al hablar) to slander **2** (al escribir) to libel

difamatorio, -a adj **1** (al hablar) slanderous **2** (al escribir) libelous

diferencia s **1** (desigualdad) difference: *¿Qué diferencia hay entre estos dos?* What's the difference between these two? • *No hay mucha diferencia de precio.* There's not much difference in price. • *El segundo clasificado llegó con una diferencia de diez minutos.* The person in second place was ten minutes behind. **2 diferencias** [pl] (desacuerdos) differences: *Arreglaron sus diferencias.* They settled their differences. **3 a diferencia de** unlike: *A diferencia de su madre, Olga es muy alta.* Unlike her mother, Olga is very tall. **4 la diferencia** (el resto) the difference: *Quédate con la diferencia.* You keep the difference.
diferencia de edad age difference: *Hay mucha diferencia de edad entre mi hermano y yo.* There's a big age difference between my brother and me.

diferencial s (de un carro) differential

diferenciar v [T] **1** (distinguir) to differentiate between: *Todavía no diferencia los colores.* He still can't differentiate between colors. **2 diferenciar algo/a alguien de algo/alguien** (hacer diferente) to make sth/sb different from sth/sb: *¿Qué los diferencia de otros grupos?* What makes them different from other bands?
—diferenciarse v pron **¿en qué se diference... de...?** how is... different from...?, what's the difference between... and...?: *¿En qué se diferencia su estilo del de los Beatles?* How is their style different from that of the Beatles?

diferente adj **1** (distinto) different • **diferente a/de** different from **2 diferentes** (varios) various: *diferentes tipos de madera* various types of wood

diferido en diferido pre-recorded: *una transmisión en diferido* a pre-recorded broadcast

diferir v [I] to differ • **diferir de algo** to differ from sth, to be different from sth

difícil adj **1** difficult, hard: *Es muy difícil de entender.* It's very hard to understand. **2** (improbable) unlikely: *Lo veo difícil.* I don't think it's very likely. • **es (muy) difícil que...** it's (highly) unlikely that...

dificultad s (problema) problem: *dificultades económicas* financial problems • *La dificultad está en recordar todos los pasos.* The difficult thing is remembering all the steps. • **tener dificultades en/para hacer algo** to

have problems doing sth • **respirar/caminar con dificultad** to have difficulty breathing/walking • **sin dificultad** easily, without difficulty

dificultar v [T] **1** (el acceso) to make difficult; (el desarrollo) to hinder **2** (el tráfico) to hold up

dificultoso, -a adj awkward

difteria s diphtheria

difundir v [T] **1** (hablando de noticias) to make sth public; (por radio o TV) to broadcast; (en prensa escrita) to publish **2** (hablando de las ideas, la obra de alguien) to disseminate
—difundirse v pron to spread

difunto¹, -a adj late: *su difunta madre* his late mother

difunto², -a s **el difunto/la difunta** the deceased

difusión s **1** (de una noticia, un rumor) spreading **2** (en los medios) coverage • **dar amplia difusión a algo** to give sth extensive coverage • **tener una amplia difusión** to receive extensive coverage

difuso, -a adj **1** (recuerdo, idea) vague **2** (luz) diffuse

digerir v [T] (un alimento) to digest

digestión s digestion • **hacer la digestión** to digest, to digest your food

digestivo, -a adj **1** (de la digestión) digestive **2** (que mejora la digestión) good for the digestion

digital adj digital

dígito s digit

dignarse v pron **dignarse (a) hacer algo** to deign to do sth

dignatario, -a s dignitary (pl -ries): *altos dignatarios* high-ranking dignitaries

dignidad s dignity

digno, -a adj **1** (salario, vivienda) decent **2** (actitud) honorable **3 ser digno -a de respeto/admiración** to be worthy of respect/admiration • **ser digno -a de verse** to be worth seeing • **es digno de lástima/compasión** he is to be pitied

dije s **1** (para pulsera) charm **2** (para colgar del cuello) pendant

dilación s **sin dilación** without delay

dilapidar v [T] to squander, to waste

dilatación s **1** (de un metal) expansion **2** (de la pupila, los pulmones) dilation

dilatar v [T] **1** (un metal) to expand **2** (la pupila) to dilate
—dilatarse v pron **1** (metal) to expand **2** (pupila) to dilate

dilema s dilemma

diligencia s **1** (trámite, gestión) piece of business, job, affair **2** (en derecho) procedure **3** (cualidad – cuidado) diligence; (rapidez) speed

diligente adj **1** (cuidadoso) conscientious **2** (rápido) quick

dilucidar v [T] **1** (una cuestión) to clarify **2** (un asesinato, un misterio) to solve **3** (una duda) to resolve

diluir v [T] **1** (un líquido) to dilute **2** (la pintura) to thin **3** (un polvo, una pastilla) to dissolve

diluviar v [I] to pour (with) rain, to teem

diluvio s **1** deluge: *Cayó un auténtico diluvio.* It absolutely poured. **2 un diluvio de cartas/quejas** a flood of letters/complaints
el Diluvio Universal the Flood

dimensión s **1** (magnitud) dimension: *animación en tres dimensiones* 3-D animation **2** (de un problema, una tragedia) scale: *Tiene una dimensión global.* It is on a world scale. **3 dimensiones** [pl] (de una habitación, un terreno) dimensions, size [+v en sing] • **de grandes/medianas/pequeñas dimensiones** large/medium-sized/small

diminutivo s diminutive

diminuto, -a *adj* tiny

dimisión *s* resignation • **presentar su dimisión** to hand in your resignation

dimitir *v* [I] to resign

Dinamarca Denmark

dinámica *s* **1** (en física) dynamics [+v en sing] **2** (funcionamiento) dynamics [+v en sing]

dinámico, -a *adj* (persona) dynamic

dinamismo *s* dynamism

dinamita *s* dynamite

dinamitar *v* [T] to dynamite

dinamo, **dínamo** *s* dynamo

dinastía *s* dynasty (pl -ties)

dinástico, -a *adj* dynastic

dineral *s* fortune • **costar/gastar un dineral** to cost/to spend a fortune

dinero *s* money • **gente/una familia de dinero** wealthy people/a wealthy family • **estar bien/mal de dinero** to have plenty of money/to be short of money • **sacar dinero** to get some money out
dinero de plástico plastic • dinero negro undeclared income

dinosaurio *s* dinosaur

diócesis *s* diocese

diodo *s* diode

dioptría *s* diopter: *¿Cuántas dioptrías tienes?* What's your prescription?

dios¹ *s* [masc] **Dios** God: *¿Crees en Dios?* Do you believe in God?

a la buena de Dios (a) (sin preocuparse) any which way, at random   **(b)** (sin premeditación) without thinking • **¡Dios mío! (a)** (para expresar sorpresa) Good God!   **(b)** (para expresar angustia) my God! • **como Dios manda** (apropiadamente) properly; (apropiado) proper • **Dios los cría y ellos se juntan** birds of a feather flock together • **estar de Dios** to be God's will: *Si está de Dios, los veremos; si no, no.* If God wills it, we'll see them; if not, we won't. • **gracias a Dios** thank God • **¡Dios me libre!** God forbid! • **Dios mediante** God willing • **¡Dios lo quiera!** let's hope so! • **Dios te lo pague** God bless you • **ni Dios** not a soul: *En la sala no quedó ni Dios.* There wasn't a soul left in the room. • **poner a Dios por testigo** to swear to God • **sabe Dios** God knows • **si Dios quiere** God willing • **¡vaya (usted) con Dios!** God be with you!

dios², -a *s* [masc & fem] **dios** god • **diosa** goddess (pl -sses)

dióxido *s* dioxide: *dióxido de carbono* carbon dioxide

diploma *s* diploma

diplomacia *s* **1** (actividad, carrera) diplomacy **2** (conjunto de diplomáticos) diplomatic corps **3** (tacto) diplomacy

diplomado¹, -a *s* **1** graduate: *Soy diplomado en enfermería.* I am a registered nurse. **2** (curso) diploma (course): *los requisitos para inscribirse al diplomado* the requirements for enrolling in the diploma course **3** (título) diploma: *Tiene el diplomado en edición de la UNAM.* She has a diploma in publishing from the National Autonomous University of Mexico.

diplomado², -a *adj* qualified

diplomático¹, -a *adj* **1** (cargo, relaciones, servicio) diplomatic **2** (en el trato) diplomatic

diplomático², -a *s* diplomat

diplomatura *s* diploma: *Está haciendo la diplomatura de traducción.* She's doing a diploma in translation.

díptico *s* diptych

diptongo *s* diphthong

diputado, -a *s* (en EU – hombre) Representative, Congressman (pl -men); (mujer) Representative, Congresswoman (pl -women); (en algunos otros países) deputy (pl -ties)

dique *s* **1** (de un río) dyke **2** (en un puerto) dock
en (el) dique seco out of action

dirección *s*

1	domicilio
2	sentido
3	gestión, control
4	equipo directivo
5	oficina del director
6	de un vehículo
7	en cine, teatro

1 **DOMICILIO** address (pl -sses): *¿Cuál es tu dirección?* What's your address?
2 **SENTIDO** direction: *Venían en dirección contraria.* They were coming from the opposite direction. • *Iban en dirección a Puebla.* They were going toward Puebla. • **en dirección norte/sur/este/oeste** in a northerly/southerly/easterly/westerly direction
3 **GESTIÓN, CONTROL** supervision; (de un proyecto, una empresa, un club deportivo) management; (de un partido político) leadership; (de un periódico) editorship: *obras realizadas bajo la dirección de Miguel Ruiz* work carried out under the supervision of Miguel Ruiz
4 **EQUIPO DIRECTIVO** (de una empresa, un club deportivo) management; (de un partido político) leadership; (de un periódico) editorial board: *la dirección de la escuela* the school authorities
5 **OFICINA DEL DIRECTOR** (en una escuela) principal's office; (en una empresa) manager's office; (en un periódico) editor's office
6 **DE UN VEHÍCULO** steering
7 **EN CINE, TEATRO** direction
dirección asistida power steering • dirección de e-mail, dirección electrónica e-mail address • dirección general department: *Dirección General de Derechos Humanos* Department of Human Rights • *Dirección General de Tesorería* Treasury Department • dirección obligatoria one way: *Es una calle de dirección obligatoria.* It's a one-way street.

direccional *s* turn signal • **poner la(s) direccional(es)** to signal

directamente *adv* **1** (derecho) straight: *Lo llevaron directamente al hospital.* He was taken right to the hospital. **2** (sin intermediarios) directly: *La orden viene directamente del Presidente.* The order comes directly from the president.

directiva *s* board (of directors)

directivo, -a *s* (en una empresa) executive; (en un club, una institución) director

directo, -a *adj* **1** (camino, ruta, vuelo) direct **2** (contacto, comunicación) direct **3 un tren directo** a through train, a direct train **4** (lenguaje) direct; (respuesta) straight **5 en directo** live: *una entrevista en directo* a live interview

director, -a *s* **1** (de una escuela) principal **2** (de cine, teatro) director **3** (de una orquesta) conductor **4** (de una publicación) editor **5** (de una empresa, una organización) director **6** (de un banco) manager
director -a de cine movie director • director -a de tesis supervisor • director espiritual spiritual director • director -a general (de una empresa) chief executive officer; (de una institución) director general; (de un departamento, una sucursal) general manager • director -a técnico -a head coach (pl -ches)

directorio *s* **1 directorio (telefónico)** (telephone) directory (pl -ries) • **buscar un número en el directorio** to look up a number in the directory **2** (de una empresa, un banco) board, board of directors • **una reunión/una junta de directorio** a board meeting **3** (de un partido político) executive committee **4** (en computación) directory (pl -ries)

directriz s **1** (instrucción) guideline **2** (norma) directive

dirigente s leader

dirigible s airship, dirigible

dirigir v [T]

1 orientar
2 una empresa, una institución
3 una publicación
4 una película, una obra de teatro
5 una orquesta
6 una carta
7 un debate
8 un partido político

1 ORIENTAR (un vehículo) to drive; (un avión) to fly; (un barco) to sail: *¿Nos diriges tú?* Can you lead the way? • *Dirigieron todos sus esfuerzos a luchar contra la epidemia.* They directed all their efforts toward fighting the epidemic. • **dirigir la mirada hacia algo/alguien** to look toward sth/at sb • **dirigir los pasos hacia algo/alguien** to head toward sth/sb
2 UNA EMPRESA, UNA INSTITUCIÓN to manage, to run
3 UNA PUBLICACIÓN to be the editor of
4 UNA PELÍCULA, UNA OBRA DE TEATRO to direct
5 UNA ORQUESTA to conduct
6 UNA CARTA to address: *La carta va dirigida a ti.* The letter is addressed to you. • **dirigirle unas palabras a alguien** to say a few words to sb, to address sb (*más frml*)
7 UN DEBATE to chair
8 UN PARTIDO POLÍTICO to lead
—**dirigirse** v pron
1 IR to head: *El taxi se dirigía al aeropuerto.* The taxi was heading for the airport. • *Se dirigió a la sala de reuniones.* He made his way to the meeting room.
2 DESTINARSE to be aimed: *El programa se dirige a un público adulto.* The program is aimed at an adult audience.
3 HABLAR dirigirse a alguien to speak to sb, to address sb (*más frml*): *¿Se está dirigiendo usted a mí?* Are you speaking to me? • *Se dirigió a la cámara en inglés.* She addressed the house in English.

discado directo s direct dialing

discapacidad s disability (pl -ties) • **discapacidad física/psíquica** physical/mental disability

discapacitado[1], -a adj disabled

discapacitado[2], -a s disabled person (pl people) • **discapacitado -a físico -a/psíquico -a** physically/mentally disabled person (pl people) • **los discapacitados** the disabled

discernir v [T] to distinguish

disciplina s **1** (normas) discipline **2** (en deporte, enseñanza) discipline

discípulo, -a s disciple

disc jockey s disc jockey

discman® s personal CD player

disco[1] s [masc] **1** (de vinilo) record; (compacto) CD • **poner un disco** to put a CD on, to put a record on • **grabar un disco** (para una discográfica) to make a record **2** (en computación) disk **3** (en atletismo) discus (pl -ses)
▶ HERNIA de disco

EXPRESIONES
ser un disco rayado to be like a needle stuck in a gramophone record
disco compacto compact disc, CD • disco duro, disco rígido hard disk • disco flexible floppy disk, diskette • disco de platino platinum disc

disco[2] s [fem] (discoteca) club

discografía s (colección de discos) records [pl]; (lista de títulos) discography (pl -phies): *la discografía completa de Madonna* all Madonna's records

discográfica s record company (pl -nies)

discográfico, -a adj **la industria discográfica** the record industry • **una compañía discográfica** a record company

disconforme adj **1** (en desacuerdo) in disagreement • **estar/mostrarse disconforme con algo** to disagree with sth **2** (insatisfecho) unhappy, dissatisfied (*más frml*)

discontinuo, -a adj (línea) broken

discordante adj (voz) dissenting; (opinión) conflicting; (nota) discordant

discoteca s nightclub

discotequero, -a adj **un éxito/un ritmo discotequero** a disco hit/beat

discreción s **1** discretion • **con discreción** discreetly **2 a discreción** (comer, beber) as much as you like: *Añadir sal a discreción.* Add salt to taste. • *¡Fuego a discreción!* Fire at will!

discrecional adj (poderes, gastos) discretionary

discrepancia s **1** (desacuerdo) disagreement **2** (diferencia – entre personas) difference of opinion; (entre cosas) discrepancy (pl -cies)

discrepar v [I] **1** (de una opinión) to disagree • **discrepar de algo/alguien** to disagree with sth/sb **2** (ser diferente) to differ • **discrepar de algo** to differ from sth

discreto, -a adj **1** (persona) discreet (color) discreet **3** (traje, vestido) sober

discriminación s discrimination • **discriminación de/contra alguien** discrimination against sb

discriminar v **1** (dar trato diferente) **(a)** [I] to discriminate **(b)** [T] to discriminate against **2** (diferenciar) [T] to distinguish

discriminatorio, -a adj discriminatory

disculpa s **1** apology (pl -gies): *Le debo una disculpa.* I owe you an apology. **2 pedirle disculpas a alguien** to apologize to sb

disculpar v **1** [I] **disculpa/disculpe (a)** (para pedir perdón) sorry, I'm sorry: *Discúlpame, no te vi.* Sorry, I didn't see you. **(b)** (al abordar a alguien) excuse me: *Disculpe ¿tiene hora?* Excuse me, do you have the time? **2** [T] **disculpa/disculpe la interrupción** sorry to interrupt • **disculpen las molestias** we apologize for any inconvenience
—**disculparse** v pron to apologize: *Se disculpó por el retraso.* She apologized for the delay. • **disculparse con alguien (por algo)** to apologize to sb (for sth)

discurrir v [I] **1** (tiempo, días) to pass; (acontecimiento) to pass off **2** (río) to flow; (carretera, vía del tren) to run **3** (pensar) to think

discursivo, -a adj discursive

discurso s **1** (en público) speech (pl -ches) • **dar/pronunciar un discurso** to make a speech **2** (ideología) line, ideology (*más frml*)
discurso de apertura opening speech • discurso de clausura closing speech

discusión s **1** (pelea) argument **2** (debate) discussion • **estar en discusión** to be under discussion

discutible adj debatable

discutir v **1** [I] (pelearse) to argue • **discutir por algo** to argue about sth **2** [T] (cuestionar) to question: *Nadie se atreve a discutir sus órdenes.* No one dares to question his orders. **3** [I,T] (debatir) to discuss • **discutir sobre algo** to discuss sth ▶ ver nota en ARGUE

disecar v [T] **1** (un animal) to stuff **2** (una planta) to dry

disección s dissection

disectar v [T] (un animal) to dissect

diseminar v [T] (las ideas, las personas) to spread; (la información) to disseminate; (los objetos, las semillas) to scatter

disentería s dysentery

disentir v [I] to disagree • **disentir de algo** to disagree with sth

diseñador, -a s designer
diseñador -a de modas fashion designer • diseñador -a gráfico -a graphic designer

diseñar v [T] to design

diseño s design
diseño asistido por computador computer-aided design • diseño de modas fashion design • diseño gráfico graphic design

disertación s (hablada) lecture; (escrita) dissertation

disertar v [I] to speak • **disertar sobre algo** to speak about sth, to give a lecture on sth (*más frml*)

disfraz s **1** (para divertirse) costume **2** (para ocultarse) disguise ▶ **FIESTA de disfraces**

disfrazado, -a adj **1** (para divertirse) in costume • **ir disfrazado -a** to go in costume • **disfrazado -a de algo** dressed up as sth **2** (para ocultarse) in disguise • **disfrazado -a de algo** disguised as sth

disfrazar v [T] **1** (de apariencia) to dress up • **disfrazar a alguien de algo** to dress sb up as sth **2** (los sentimientos, la verdad) to hide
—**disfrazarse** v pron **1 disfrazarse (de algo)** (para divertirse) to dress up (as sth) **2** (para ocultarse) to disguise yourself (as sth)

disfrutar v [I,T] (divertirse) **disfrutar (de) algo** to enjoy sth: *¡Que disfrutes de las vacaciones!* Enjoy your vacation! • **disfrutar haciendo algo** to enjoy doing sth

disfrute s (placer) enjoyment

disfunción s dysfunction

disgustado, -a adj **1** (molestado) upset **2** (enfadado) annoyed, displeased

disgustar v [T] **1** (enojar) to upset **2** (no gustar) *Este programa me disgusta profundamente.* I dislike this program intensely. • **no me/le disgusta** I don't/she doesn't dislike it
—**disgustarse** v pron to get upset

disgusto s **1** (mal rato) *¡Qué disgusto lo del robo!* It was a really upsetting business, that burglary. • *El disgusto de la muerte de la madre fue muy grande.* They were terribly upset by their mother's death. • **llevarse un disgusto (enorme)** to be (really) upset • **darle un disgusto a alguien** to upset sb **2** (pelea) **tener un disgusto con alguien** to have an argument with sb **3 hacer algo a disgusto** to do sth unwillingly • **sentirse a disgusto** to feel uncomfortable

disidencia s **1** (en política – corriente) dissidence; (personas) dissidents [pl] **2** (desacuerdo) dissent

disidente[1] s **1** (en política) dissident **2** (persona en desacuerdo) dissenter

disidente[2] adj **1** (en política) dissident [solo ante s] **2** (en desacuerdo) dissenting

disimulado, -a adj **1** (persona) discreet: *No estuviste muy disimulada.* You were pretty obvious. **2 hacerse el disimulado/la disimulada** to play the innocent: *No te hagas la disimulada.* Don't play the innocent with me. • *Se hizo el disimulado, pero bien que oyó.* He pretended he hadn't heard, but he had.

disimular v [I,T] *No podía disimular los nervios.* She couldn't hide the fact that she was nervous. • *No sabe disimular.* He's no good at hiding things. • *Esta ropa disimula la panza.* These clothes cover up your big stomach.

disimulo s **1 con disimulo** surreptitiously **2 sin ningún disimulo (a)** (mirar, reírse) quite openly **(b)** (mentir) quite blatantly

disipar v [T] **1** (niebla) to clear; (nubes) to disperse **2** (sospechas, dudas) to dispel
—**disiparse** v pron **1** (niebla) to lift; (nubes) to disperse **2** (sospechas, dudas) to be dispelled

disketera s disk drive

diskette s floppy disk, diskette

dislexia s dyslexia

disléxico, -a adj dyslexic

dislocarse v pron to dislocate • **dislocarse el tobillo/el hombro** to dislocate your ankle/your shoulder

disminución s (de ingresos, precios, temperaturas) drop; (de la población, de velocidad) decrease: *una disminución de los ingresos* a drop in income

disminuir v **1** [I] (ingresos, precios, temperaturas) to drop; (población, velocidad) to decrease: *Ha disminuido el número de accidentes de tráfico.* The number of road accidents has fallen. • **disminuir un 10%/un 5%** to drop by 10%/5% **2** [T] **disminuir la velocidad** to slow down

disolución s **1** (de un matrimonio, una sociedad) dissolution **2** (en química) solution

disolvente s solvent

disolver v [T] **1** (en un líquido) to dissolve **2** (una manifestación) to break up **3** (matrimonio, sociedad) to dissolve
—**disolverse** v pron **1** (en un líquido) to dissolve **2** (manifestación) to break up **3** (matrimonio, sociedad) to be dissolved

dispar adj different; (opiniones, criterios) diverse; (evolución, comportamiento, resultados) uneven; (calidad, suerte) varying

disparar v **1** (a una persona) **(a)** [I] to shoot, to fire: *¡No dispares!* Don't shoot! • *Estaban disparando al aire.* They were shooting into the air. **(b)** [T] to shoot: *Le dispararon por la espalda.* They shot him from behind. **disparar contra alguien** to shoot at sb, to fire at/on sb: *Dispararon contra los manifestantes.* They fired on the demonstrators. **2** [T] (un arma, un tiro) to fire **3** [I] (en fútbol) to shoot **4** [I] (en fotografía) to shoot **5** [T] (invitar) *Me disparó el cine y las palomitas.* He paid for the movie and the popcorn. • *Yo disparo los cafés.* The coffee is on me.
—**dispararse** v pron **1** (pistola, mecanismo) to go off **2** (inflación, ventas) to shoot up

disparatado, -a adj **1** (idea, comentario) absurd **2** (precio, tamaño) ridiculous

disparate s **1** (tontería) **decir disparates** to talk nonsense • **hacer un disparate** to do something stupid **2** (cantidad de dinero) **costar/cobrar un disparate** to cost/to charge a ridiculous amount

disparejo, -a adj **1** (no plano) uneven: *La cancha está muy dispareja.* The playing field is very uneven. **2** (desigual) uneven: *Te dejaron las patillas disparejas.* They've cut your sideburns unevenly. **3** (competencia) unequal, unevenly matched: *Va a ser un partido muy disparejo.* It's going to be a very unequal game.

disparo s shot: *Murió de un disparo en el corazón.* He was killed by a shot in the heart.
disparo de advertencia warning shot

dispensar v [T] (disculpar) to excuse • **dispensar a alguien de algo** to excuse sb from sth, to exempt sb from sth • **¡dispense (usted)!** excuse me!

dispensario s outpatients' clinic

dispersar v [T] (a manifestantes) to disperse; (a enemigos) to scatter
—**dispersarse** v pron to get distracted: *Es una niña que se dispersa con mucha facilidad.* She's a child who's easily distracted

disperso, -a adj **1** (chubascos, grupos) scattered **2** (mente, discurso) distracted, unfocused

disponer v **1** [I] (tener) **disponer de algo** to have sth **2** [T] (colocar) to arrange; (preparar) to get ready: *Lo dispuso todo para la partida* He got everything ready for the game. **3** [T] (mandar) to order **4** [T] (establecer) to stipulate
—**disponerse** v pron **disponerse a hacer algo** to get ready to do sth

disponibilidad s availability

disponible *adj* available: *¿A qué hora estarás disponible?* What time will you be free?

disposición *s* **1** (aptitud) aptitude **2** (colocación) arrangement **3 a (entera) disposición de alguien** (entirely) at sb's disposal • **poner algo a disposición de alguien** to make sth available to sb **4** (norma) regulation; (de una ley) provision
disposición de ánimo attitude of mind

dispositivo *s* device
dispositivo de seguridad **(a)** (mecanismo) safety device **(b)** (personal) security measures [pl] • **dispositivo intrauterino** intrauterine device

dispuesto, -a *adj* **1 estar dispuesto -a a hacer algo** to be prepared to do sth **2** (preparado) ready: *Está todo dispuesto para las elecciones.* Everything is ready for the election.

disputa *s* dispute

disputar *v* [T] (jugar) to compete for
—**disputarse** *v pron* **1** (luchar por – un campeonato, el amor de alguien) to compete for; (bienes, una herencia) to fight over **2** (jugarse) to be played

disquería *s* record store

disquete *s* floppy disk, diskette

disquetera *s* disk drive

disquisición *s* **1** (análisis) disquisition **2** (en un debate) digression: *No entremos en disquisiciones.* Let's not digress.

distancia *s* **1** (entre dos lugares) distance: *¿Qué distancia hay entre Cuzco y Lima?* What's the distance from Cuzco to Lima? • *un vuelo de larga distancia* a long-haul flight • **¿a qué distancia está?** how far is it?: *¿A qué distancia está de la estación?* How far is it from the station? • **a una distancia de 50 m/100 km** at a distance of 50 m/100 km **2** (entre personas) distance • **guardar/mantener las distancias** to keep your distance
EXPRESIONES
a la distancia at a distance, from a distance

distanciamiento *s* distancing

distanciar *v* [T] **1** (alejar) to move apart **2** (a amigos, familiares) to drive apart
—**distanciarse** *v pron* **1** (alejarse) to move away **2** (amigos, familiares) to drift apart • **distanciarse de alguien** to drift apart from sb

distante *adj* **1** (lejano) far away: *una galaxia distante* a distant galaxy **2** (persona, trato) distant, aloof

distar *v* [I] (ser diferente) *Mis gustos distan mucho de los tuyos.* My tastes are very different from yours. • *Lo que dijiste distaba mucho de la verdad.* What you said is far from the truth.

distendido, -a *adj* relaxed

distinción *s* **1** (diferencia) distinction • **hacer una distinción/distinciones** to make a distinction/to make distinctions: *Hay que hacer una distinción entre ellos.* We have to make a distinction between them. • *No se puede hacer distinciones entre los hijos.* You can't treat children differently. • **no hacer distinciones** to make no distinction • **sin distinción de edad/raza** regardless of age/race **2** (elegancia) elegance • **con distinción** elegantly **3** (galardón) award

distinguir *v* [T]

1	ver la diferencia entre
2	establecer una diferencia entre
3	caracterizar
4	ver
5	honrar
6	otorgar

1 VER LA DIFERENCIA ENTRE distinguir cosas/a personas to tell things/people apart • **no distingo una cosa de otra/entre una cosa y otra** I can't tell the difference between one thing and another

2 ESTABLECER UNA DIFERENCIA ENTRE to distinguish between: *El autor distingue cinco clases de mascota.* The author distinguishes among five types of pet.

3 CARACTERIZAR to distinguish: *Esto es lo que le distingue como entrenador.* This is what distinguishes him as a coach. • *con el humor que le distingue* with his usual humor • **distinguir algo de algo** to make sth different from sth: *¿Qué distingue estos productos de los demás?* What makes these products different from the rest?

4 VER to make out: *No distingo el número del bus.* I can't make out the number on the bus. ▶ ver nota en SEE

5 HONRAR to honor: *Gracias por distinguirnos con su presencia.* Thank you for honoring us with your presence.

6 OTORGAR to award: *El jurado le distinguió con el premio al mejor director.* The jury awarded him the prize for best director.
—**distinguirse** *v pron*
distinguirse de algo/alguien to stand out from sth/sb: *un barrio que se distingue de los demás* an area that stands out from the rest • **distinguirse por algo** to be noted for sth: *Estas aves se distinguen por su plumaje.* These birds are noted for their plumage.

distintivo *s* **1** (insignia) emblem **2** (de una empresa) logo

distinto, -a *adj* **1** (diferente) different • **distinto -a a/de** different from **2 distintos -as** (varios) various: *Hay distintas formas de hacerlo.* There are various ways of doing it.

distorsión *s* distortion

distorsionar *v* [T] to distort

distracción *s* **1** (entretenimiento) entertainment: *Aquí no hay muchas distracciones.* There isn't much entertainment around here. **2** (falta de atención) *En un momento de distracción lo perdí de vista.* I was distracted for a moment and lost sight of him.

distraer *v* [T] **1** (apartar la atención de) to distract **2** (entretener) to keep amused: *Puse la televisión para distraer a los niños.* I put the TV on to keep the kids amused.
—**distraerse** *v pron* **1** (desconcentrarse) to get distracted: *Se distrae con facilidad.* He's easily distracted. **2** (entretenerse) to keep yourself amused

distraído, -a *adj* **1** (como característica permanente) absent-minded **2 estar distraído -a** not to be paying attention: *Últimamente está muy distraído en clase.* He hasn't been paying attention in class lately. • *Perdóname, estaba distraído.* Sorry, my mind was on other things.

distribución *s* **1** (de alimentos, folletos, dinero) distribution **2** (de tareas) assignment, allocation **3** (de una vivienda, un local) layout

distribuidor¹, -a *s* (persona) distributor

distribuidor² *s* (de un vehiculo) distributor

distribuidora *s* (empresa) distributor

distribuir *v* [T] **1** (alimentos, folletos, dinero) to distribute **2** (tareas) to allocate **3** (mercaderías, productos) to distribute; (a domicilio) to deliver **4** (repartir) to share out **5** (colocar) to arrange

distrito *s* district
distrito electoral precinct • Distrito Federal Mexico City

distrofia *s* dystrophy
distrofia muscular muscular dystrophy

disturbio *s* riot

disuadir *v* [T] to dissuade • **disuadir a alguien de hacer algo/de que haga algo** to dissuade sb from doing sth

disuasorio, -a *adj* (medida) that acts as a deterrent: *un efecto disuasorio* a deterrent effect • *medidas disuasorias para que la gente deje de fumar* measures to deter people from smoking

disyuntiva s alternative

DIU s (abrev de **dispositivo intrauterino**) IUD

diurético, -a s, adj diuretic

diurex s Scotch tape®

diurno, -a adj **turno diurno** day shift • **horario diurno** daytime hours

divagación s digression

divagar v [I] **1** (cambiar de tema) to digress, to wander from the subject **2** (hablar o escribir con divagaciones) to ramble

diván s couch (pl -ches)

divergencia s (discrepancia) difference

divergente adj differing

diversidad s **1** (cualidad) diversity **2** (cosas diversas) variety

diversión s **1** (disfrute) fun • **hacer algo por diversión** to do sth for fun **2** (actividad recreativa) entertainment: *No hay diversiones para los niños.* There is no entertainment for the children.

diverso, -a adj **1** (diferente) different: *archivos con formatos de muy diverso tipo* files of many different formats **2** (variado) varied **3 diversos** [pl] (varios) various: *objetos de diversos tamaños* objects of various sizes

divertido, -a adj **1** (entretenido – fiesta, juego, vacaciones) fun; (libro, partido, autor) entertaining: *un juego divertido* a fun game • **ser/estar muy divertido -a** to be a lot of fun **2** (gracioso – chiste, incidente) funny; (persona) fun ▶ ver nota en **FUN**

⚠ **funny** se aplica a lo que te hace reír, como chistes, anécdotas, incidentes. Lo que te divierte o te entretiene, como una fiesta, un juego o unas vacaciones, es **fun**:
We had a fun (✗ funny) day together.
The park has some fun (✗ funny) outdoor activities for the children.

---

divertir v [T] to entertain • **me/le divierte hacer algo** I enjoy/he enjoys doing sth
—**divertirse** v pron to enjoy yourself: *¡Que se diviertan!* Have a good time!

dividendo s (en economía) dividend

dividir v **1** [T] (partir) to divide: *Decidieron dividir los terrenos.* They decided to divide up the land. • **dividir algo en dos/tres** to divide sth into two/three **2** [T] (enfrentar) to divide: *La eutanasia divide a los médicos.* Doctors are divided over euthanasia. **3** [I,T] (en matemáticas) to divide • **dividir algo entre/por algo** to divide sth by sth
—**dividirse** v pron **1** (repartirse) to split: *Se dividieron el premio entre los cuatro.* They split the prize among the four of them. **2** (separarse – célula) to divide • **dividirse en grupos/equipos** to split up into groups/teams **3** (estar distribuido) **dividirse en algo** to be divided into sth: *El país se divide en tres grandes regiones naturales.* The country is divided into three main natural regions.

divinamente adv *Lo hemos pasado divinamente en la montaña.* We had a wonderful time in the mountains.

divinidad s (dios) deity (pl -ties)

divino, -a adj (de los dioses) divine

divisa s **1** (moneda extranjera) unit of currency • **la divisa japonesa/norteamericana** the Japanese yen/US dollar **2 divisas** [pl] foreign currency [+v en sing]

divisar v [T] to make out, to distinguish, to discern

división s

1 operación matemática
2 partición
3 reparto
4 enfrentamiento
5 en un organismo, una empresa
6 en deportes
7 en el ejército

1 OPERACIÓN MATEMÁTICA division • **hacer una división** to do a division
2 PARTICIÓN division: *la división celular* cell division
3 REPARTO sharing: *la división de la herencia* the sharing of the inheritance
4 ENFRENTAMIENTO division
5 EN UN ORGANISMO, UNA EMPRESA division
6 EN DEPORTES division • **ascender/bajar a segunda división** to be promoted/relegated to the second division
7 EN EL EJÉRCITO division

divisorio, -a adj dividing

divo, -a s star (usually an opera singer)

divorciado[1], -a adj divorced • **una mujer divorciada/un hombre divorciado** a divorcee

divorciado[2], -a s divorcee

divorciarse v pron to get divorced • **divorciarse de alguien** to divorce sb

divorcio s divorce: *un divorcio de mutuo acuerdo* a divorce by mutual consent

divulgación s *un autor especializado en la divulgación científica* an author who specializes in writing popular science books • *un compositor de gran divulgación internacional* a composer whose works are widely performed internationally • **una campaña/un programa de divulgación** a public information campaign/program • **un libro/un folleto de divulgación** a book for the layperson/an information leaflet

divulgar v [T] (una noticia, un informe) to make public; (la cultura, la ciencia) to popularize; (un secreto) to reveal

dizque[1] adv supposedly: *Estaba dizque estudiando.* He was supposedly studying. • *Murió dizque de pena.* They say he died of grief.

dizque[2] adj so-called: *los dizque representantes del pueblo* the so-called representatives of the people

DJ s (abrev de **disc jockey**) DJ

DNI s identity card

do s C: *un concierto en do menor* a concerto in C minor • **do de pecho** top C

dóberman s Doberman

dobladillo s hem • **subir/bajar el dobladillo** to take the hem up/to let the hem down

doblado, -a adj (película) dubbed

doblaje s dubbing

doblar v **1** [T] (un papel, una camisa, una sábana) to fold • **doblar algo en dos/cuatro** to fold sth in two/four **2** [T] (una articulación, la espalda) to bend • **doblar las piernas/las rodillas** to bend your legs/your knees **3** [I,T] (girar) to turn • **doblar a la derecha/izquierda** to turn right/left **4** [T] (una película) to dub **5** [T] (duplicar) to double: *Quiero doblar la apuesta.* I want to double the stake. • **me/te dobla la edad** he's twice my/your age
—**doblarse** v pron **1** (curvarse) to bend **2** (inclinarse) to bend **3** (multiplicarse por dos) to double **4** (en el dominó) to put down a double

doble[1] adj double
doble vidrio, **doble** acristalamiento double pane windows • **doble** clic double click • **doble** discurso double standards [pl] • **doble** espacio double spacing • **a doble espacio** double spaced • **doble** falta (en tenis) double fault • **doble** fondo false bottom • **doble** ciudadanía dual nationality • **doble** página double-page spread • **doble** sentido (de algo que se dice) double meaning: *un chiste con doble sentido* a joke with a double meaning

doble[2] s [masc] **1 el doble** twice as much • **el doble de dinero/de agua** twice as much money/water • **el doble de edad/peso que algo/alguien** to be twice sth's/sb's age/weight • **el doble de votos/habitantes** twice as many votes/inhabitants • **el doble de largo -a/rápido -a (que algo)** twice as long/fast (as sth) • **el doble (de tiempo)** twice as long: *Tardé el doble que ayer.* I took twice as long as yesterday. • *Necesito el doble de tiempo.* I need twice as much time. **2 dobles** [pl] (en tenis)

doubles 3 (en básquetbol) **hacer un doble** to score a two-pointer

doble³ s [masc & fem] **1** (persona parecida) double **2** (en el cine) stand-in

doblez s (pliegue) fold

doce núm **1** (número, cantidad) twelve **2** (en fechas) twelfth

doceavo, -a núm twelfth

docena s **1** (doce unidades) dozen: *una docena de rosas* a dozen roses • *dos docenas de huevos* two dozen eggs • **por docena** by the dozen **2** (cantidad aproximada) dozen • **docenas de...** dozens of... • **a docenas** by the dozen

docencia s teaching: *Se dedica a la docencia.* She's a teacher.

docente¹ adj teaching: *el personal docente* the teaching staff • **la actividad docente** teaching

docente² s teacher

dócil adj (persona, animal) docile

docilidad s docility

doctor, -a s **1** (médico) doctor **2** (profesional con posgrado) **ser doctor -a en algo** to have a Ph.D. in sth

doctorado s Ph.D. • **hacer un doctorado (en algo)** to do a Ph.D. (in sth)

doctoral adj

doctorarse v pron **doctorarse en algo** to obtain a Ph.D. in sth

doctrina s doctrine

docudrama s docudrama

documentación s **1** (de una persona) papers [pl]; (de un vehículo) documents [pl] **2** (documentos oficiales) documentation, documents [pl]; (para un trabajo) material: *documentación técnica* technical documentation • *Me falta documentación para hacer este trabajo.* I haven't got enough material for this essay.

documental s documentary (pl -ries) • **un documental sobre algo** a documentary on/about sth

documentalista s (de cine, televisión) documentary filmmaker

documentar v [T] to document

documento s document
    documento nacional de identidad identity card

dodecafónico, -a adj twelve-tone, dodecaphonic (técn)

dogma s dogma

dogmático, -a adj (persona) dogmatic

dogmatismo s dogmatism

dogo s mastiff
    dogo alemán Great Dane

dólar s dollar

dolencia s (enfermedad) illness (pl -sses); (dolor) pain • **una dolencia renal/hepática/cardiaca** a kidney/liver/heart complaint

doler v [I] **1** (físicamente) to hurt; (cuando el dolor es continuo) to ache • **me/le duele** *Me duele cuando haces eso.* It hurts when you do that. • *Ya no le duele.* It doesn't hurt any more. • *Le duelen los pies.* His feet ache. • *Me duele todo el cuerpo.* I ache all over. • **me duele la cabeza** I have a headache • **me duele la muela** I have a toothache • **me duele el estómago/la barriga** I have a stomachache/a tummyache • **me duele el oído** I have an earache • **me duele la garganta** I have a sore throat ► ver nota en PAINFUL **2** (emocionalmente) to hurt: *Me duele que digas eso.* It hurts to hear you say that.

EXPRESIONES
ahí le duele that's the problem

dolido, -a adj hurt

dolor s **1** (físico) pain; (cuando el dolor es continuo) ache **2** (pena) sorrow, grief: *Siento un gran dolor por lo que pasó.* I feel very sad about what happened.

EXPRESIONES
con todo el dolor de mi corazón *Con todo el dolor de mi corazón, tuve que abandonar mi casa.* It broke my heart, but I had to leave my home.
    dolor de cabeza headache • **dolor de espalda** backache • **dolor de estómago** stomachache • **dolor de barriga** tummyache • **dolor de garganta** sore throat • **dolor de muelas** toothache • **dolor de oídos** earache

¿pain o ache?
El dolor en general es pain: *You won't feel any pain during the operation.*
Si el dolor es continuo y no muy fuerte, se usa ache: *The ache in my shoulder is getting worse.*
La palabra ache se une a otros sustantivos para designar dolores concretos: headache • toothache • stomach ache etc.

dolorido, -a adj **1** (físicamente – persona) in pain; (parte del cuerpo) painful: *Está muy dolorida.* She's in a lot of pain. • **tengo la pierna/la mano dolorida** my leg/hand hurts: *Tengo todo el cuerpo dolorido.* I ache all over. ► ver nota en PAINFUL **2** (con pena) hurt; (por la muerte de alguien) saddened

doloroso, -a adj **1** (inyección, tratamiento) painful **2** (experiencia, recuerdo) painful ► ver nota en PAINFUL

domador, -a s (de leones, de osos) tamer; (de caballos) horsebreaker

domar v [T] (un león, un oso) to tame; (un caballo) to break in

domesticar v [T] **1** (un animal) to tame, to domesticate (más técnico) **2** (a una persona) to housetrain; (a un grupo) to bring to heel

doméstico, -a adj **1** (del hogar – responsabilidades, tareas, problemas) domestic: *un accidente doméstico* an accident in the home • *un video doméstico* a home video **2** (animal) domestic **3** (no industrial ni comercial – tarifa) domestic: *los usuarios domésticos de computadores* home computer users **4** (no internacional – ruta, venta) domestic ► **ANIMAL doméstico, EMPLEADO doméstico, SERVICIO doméstico, VIOLENCIA doméstica**

domicilio s address (pl -sses)

EXPRESIONES
a domicilio (reparto, entrega) home [solo ante s]: *Da clases a domicilio.* She gives classes in people's homes. • *un servicio de comida a domicilio* a home delivery food service • *Entregamos a domicilio.* We deliver to your door.
    domicilio particular home address

dominación s rule: *bajo la dominación romana* under Roman rule

dominante adj **1** (persona) domineering **2** (que destaca) dominant **3** (ideología, clase social) dominant **4** (gen) dominant

dominar v [T] **1** (controlar – una región, las masas) to control; (el mercado, un partido) to dominate • **dominar una situación** to be in control of a situation **2** (conocer bien – un instrumento) to master • **dominar el francés/el inglés** to have a very good command of French/English • **dominar un tema** to be an expert on a subject **3** (a una persona) to dominate
    —**dominarse** v pron to control yourself

domingo s Sunday ► para ejemplos, ver VIERNES
    Domingo de Pascua Easter Sunday • **Domingo de Ramos** Palm Sunday • **Domingo de Resurrección** Easter Sunday

dominguero, -a s **1** (excursionista) day tripper **2** (en la carretera) Sunday driver

Dominica Dominica

dominical¹ s (revista) Sunday supplement; (periódico) Sunday newspaper

dominical² adj Sunday [solo ante s]

dominicano, -a s, adj Dominican

dominio s **1** (de un idioma, un tema) command **2** (control) control **3** (en Internet) domain name: *los dominios*

".co" the ".co" domain names **4** (supremacía) dominance **5** (territorio) dominion

ser de dominio público (información) to be public knowledge; (los derechos de algo) to be in the public domain

dominó s dominoes [+v en sing] • **jugar al dominó** to play dominoes • **una ficha de dominó** a domino

don¹, **doña** s **1 don** Mr: *Don Pedro Ochoa* Mr. Pedro Ochoa • *Don Pedro* Mr. Ochoa **2 doña** (casada) Mrs; (soltera) Miss; (sin especificar) Ms: *Doña Eugenia Ordóñez* Mrs./Miss/Ms. Eugenia Ordóñez • *Doña Eugenia* Mrs./Miss/Ms. Ordóñez

don² s gift

tener don de gentes to have a way with people

dona s doughnut, donut

donación s donation • **hacer una donación** to make a donation

donador, **-a** (tb **donante**) s donor: *un donador de órganos* an organ donor

donar v [T] **1** (sangre, un órgano) to donate **2** (dinero) to donate

donativo s donation • **hacer un donativo** to make a donation

donde adv **1** where: *el lugar donde nació Bolívar* the place where Bolivar was born • *Lo volví a poner donde lo encontré.* I put it back where I found it. • *el puerto desde donde partimos* the port we sailed from • *Fue corriendo hacia donde estábamos.* She ran to where we were. • *Volvimos por donde vinimos.* We went back the way we came. **2** (cuando no importa el lugar) wherever: *Siéntate donde quieras.* Sit wherever you like. **3** (si) if: *Donde vuelvas a llegar a estas horas, no te abro.* If you get back this late again, I'm not opening the door.

el lugar de donde vienen/hacia donde van the place they come from/they are going to • **esté donde esté/vaya donde vaya** *Vaya donde vaya, me la encuentro.* Wherever I go, I bump into her. • *Llámame a las nueve, estés donde estés.* Call me at nine, wherever you are. • **ir donde alguien** *Ha ido donde Tony.* She's gone to Tony's.

dónde adv where: *No sé dónde está.* I don't know where it is. • *¿De dónde es?* Where's he from? • *¿De dónde sacaste ese libro?* Where did you get that book from? • *¿Por dónde queda Maracaibo?* Whereabouts is Maracaibo? • *¿Por dónde tenemos que ir?* Which way do we have to go?

dondequiera, donde quiera adv **dondequiera que voy/que estés** wherever I go/you are

donut s doughnut, donut

dopaje (tb **doping**, **dóping**) s (de deportistas) use of performance-enhancing drugs; (de caballos) doping: *una prueba de dopaje* a drugs test

dopar v [T] (a un deportista) to give performance-enhancing drugs to; (un caballo) to dope
—**doparse** v pron to take performance-enhancing drugs

dorado, **-a** adj **1** (de color oro) gold; (arena, cabello) golden (*literario*): *botones dorados* gold buttons • *su dorada cabellera* her golden locks **2** (periodo) **época dorada** golden age

dorar v [T] (en cocina) to brown ▶ **dorar la PÍLDORA**
—**dorarse** v pron (en cocina) to brown

dormido, **-a** adj **1** (persona, animal) sleeping: *un tigre dormido* a sleeping tiger • **estar (medio) dormido -a** to be (half) asleep • **quedarse dormido -a (a)** (conciliar el sueño) to fall asleep **(b)** (no despertarse) to oversleep **2** (sin sensibilidad) **tengo la pierna dormida/el pie dormido** my leg's/my foot's asleep

dormilón¹, **-ona** adj **ser dormilón -ona** to be a sleepyhead

dormilón², **-ona** s sleepyhead

dormir v **1** [I] to sleep: *¿Cómo dormiste?* How did you sleep? • *Están todos durmiendo.* They're all asleep. • **irse a dormir** to go to bed • **quedarse a dormir** to stay the night **2** [T] **dormir la siesta** to take a nap ▶ **dormir la MONA**
—**dormirse** v pron **1** (conciliar el sueño) to fall asleep **2** (no despertarse a tiempo) to oversleep **3** (quedar insensible) **se me ha dormido la mano/pierna** my hand's/my leg's asleep

dormitar v [I] to doze

dormitorio s **1** (en una casa) bedroom: *Éste es el dormitorio de los niños.* This is the children's bedroom. • *una casa con dos dormitorios* a two-bedroomed house **2** (en un cuartel, un internado) dormitory (pl -ries)

dorsal¹ s (de un atleta, un ciclista) number

dorsal² adj dorsal ▶ **ESPINA dorsal**

dorso s back • **sigue al dorso** PTO (please turn over)

dos núm **1** (número, cantidad) two • **las dos manos/los dos zapatos** both hands/both shoes: *Se rompió las dos piernas.* He broke both legs. • **los dos/las dos** both of them: *Me gustan los dos.* I like both of them. • **ninguno de los dos/ninguna de las dos** neither of them; (si el verbo está en negativo) either of them: *Ninguno de los dos quiso venir.* Neither of them wanted to come. • *No compró ninguno de los dos.* She didn't buy either of them. **2** (en fechas) second
dos puntos colon

doscientos, **-as** núm two hundred

dosificador s (de jabón líquido) dispenser; (de detergente) dosing ball, dosing pump

dosificar v [T] **1** (un medicamento, un detergente) to measure out **2** (graduar) to use wisely: *Hemos de dosificar nuestros recursos.* We have to use our resources wisely.

dosis s **1** (de medicamentos, drogas) dose **2 una buena dosis de paciencia/grandes dosis de humor** a good deal of patience/a great deal of humor

dossier s (documentos) file, dossier (*más frml*); (informe periodístico) report

dotado, **-a** adj **1** (con condiciones) gifted: *una niña muy dotada* a very gifted child • **ser dotado -a para algo** to have a gift for sth **2** (provisto) **dotado -a de algo** *un edificio dotado de piscina* a building with a swimming pool • *La cocina está dotada de un lavavajillas.* The kitchen is equipped with a dishwasher. • **bien dotado -a (a)** (persona) well-endowed **(b)** (edificio, laboratorio) well-equipped

dotar v [T] **1 dotar a algo de algo (a)** (proveer) to provide sth with sth **(b)** (equipar) to equip sth with sth **2** (asignar) **dotar a algo de algo** (de recursos) *Dotaron al centro de medios financieros suficientes.* The center was provided with sufficient funds. • *Hace falta dotar a las empresas de personal especializado.* The companies need to be staffed with specialized people. **3** (imprimir una cualidad, una característica – a una cosa) to give; (a una persona) to endow

dote s **1 dotes** [pl] (aptitud) talent [+v en sing] **2** (dinero, bienes) dowry (pl -ries)

Dr. (abrev de **doctor**) Dr: *el Dr. Garrido* Dr. Garrido

Dra. (abrev de **doctora**) Dr: *la Dra. Sánchez* Dr. Sánchez

dragar v [T] (para limpiar) to dredge

dragón s (animal fantástico) dragon

drama s **1** (situación triste) terrible situation; (de una persona) plight: *el drama de los refugiados* the plight of the refugees **2** (obra de teatro) play: *un drama con toques de comedia* a play with comic touches **3** (género o arte dramático) drama: *un drama conmovedor* a moving drama

hacer un drama to make a scene • **hacer un drama de algo** to make a drama out of sth

dramático, -a *adj* **1** (terrible) terrible **2** (emocionante) dramatic **3** (relacionado con el teatro) dramatic • **una obra dramática** a play • **un autor dramático** a playwright

dramatización *s* (representación) dramatization

dramatizar *v* **1** [T] (convertir en una obra de teatro) to dramatize **2** [I] (exagerar) to overdramatize the situation

dramaturgo, -a *s* playwright

dramón *s* tearjerker

drástico, -a *adj* drastic

drenaje *s* **1** (desagüe) drainage **2** (de una herida – aparato) drain; (acción) drainage
drenaje linfático lymphatic drainage

drenar *v* **1** [I,T] (tierra, agua) to drain **2** [T] (una herida) to drain

driblar *v* [I,T] to dribble • **driblar a alguien** to dribble past sb

droga *s* **1** (narcótico) drug • **la droga** drugs [pl]: *la lucha contra la droga* the fight against drugs **2** (en medicina) drug
droga blanda soft drug • droga dura hard drug

drogadependencia (tb **drogodependencia**) *s* drug dependence

drogadicción *s* drug addiction

drogadicto, -a *s* drug addict

drogar *v* [T] to drug
—**drogarse** *v pron* to take drugs

droguería *s* (farmacia) drugstore

dromedario *s* dromedary (pl -ries)

dual *adj* dual

dubitativo, -a *adj* (que tiene dudas) doubtful; (indeciso) hesitant

ducado *s* (territorio) duchy (pl -chies)

ducha *s* **1** (baño) shower • **darse/pegarse una ducha** to take a shower **2** (aparato, instalación) shower

ducharse *v pron* to take a shower: *¿Ya te has duchado?* Have you taken a shower yet?

ducho, -a *adj* (entendido) knowledgeable; (experimentado) experienced • **ser ducho -a en la materia** to be an expert on the subject

dúctil *adj* **1** (material) malleable; (metal) ductile **2** (persona, carácter – adaptable) adaptable

duda *s* **1** (interrogante) question: *¿Alguna duda?* Any questions? • *Quisiera que me aclararas una duda.* There's one thing I'm not sure about that I'd like you to explain. **2** (incertidumbre) doubt: *No tengo ninguna duda.* I have no doubt whatsoever. • *Hay dudas sobre su futuro.* It's future is in doubt. • *De eso no hay duda.* There's no doubt about that.
EXPRESIONES
ante la duda if in doubt • **no cabe duda de que...** there's no doubt (that)... • **poner algo en duda** to question sth • **por (si) las dudas** just in case: *Llévate el paraguas por si las dudas.* Take your umbrella just in case. • **sin duda (alguna)** without a doubt

dudar *v* **1** [I,T] (tener dudas sobre) to doubt: *–¿Vendrán? –Lo dudo.* "Will they come?" "I doubt it." • **dudar de algo** to doubt sth: *Nadie duda de su talento.* Nobody doubts his talent. • **dudar (de) que** to doubt (that): *Dudo que quiera ir.* I doubt that she'll want to go. **2** (no poder decidirse) not to be able to decide: *Estoy dudando entre ir hoy o mañana.* I can't decide whether to go today or tomorrow. **3** [I] **dudar de algo/alguien** (tener desconfianza de) to doubt sth/sb

dudoso, -a *adj* **1** (indeciso) **estar dudoso -a** to be undecided **2** (incierto) **ser/estar dudoso -a** to be doubtful: *Está dudoso que haya sido penalty.* It's doubtful it was a penalty. • *Es dudoso que vengan.* It's doubtful that they'll come./I doubt that they'll come. **3** (calidad,

reputación) dubious, questionable: *gente de dudosa reputación* people with a dubious reputation

duelo *s* **1** (luto) mourning • **estar de duelo** to be in mourning **2** (combate) duel • **batirse en duelo** to fight a duel: *un duelo entre los dos equipos* a clash between the two teams

duende *s* pixie

dueño, -a *s* owner
EXPRESIONES
ser dueño -a de sí mismo -a to be self-possessed • **ser dueño -a y señor -a de algo** to be lord and master of sth • **ser (muy) dueño -a de hacer algo** to be (perfectly) free to do sth

dueto *s* **1** (de actores, músicos) duo: *el dueto de Laurel y Hardy* the Laurel and Hardy duo **2** (en música) duet ▶ DÚO

dulce[1] *adj* **1** (gusto) sweet: *Está demasiado dulce.* It's too sweet. **2** (persona, sonrisa) sweet; (voz) soft ▶ AGUA dulce, FLAUTA dulce

dulce[2] *s* piece of candy ▶ PERA en dulce
dulce de membrillo quince jelly • dulces cubiertos crystallized fruits

dulcería *s* **1** (tienda) candy store **2** (en una tienda departamental) candy department

dulzón, -ona *adj* sickly sweet

dulzura *s* tenderness: *una expresión de dulzura* a tender expression • **hablar con dulzura** to speak tenderly

duna *s* dune

dúo *s* **1** (de actores, músicos) duo: *el dúo Laurel y Hardy* the Laurel and Hardy duo **2** (en música) duet: *un dúo de guitarras* a guitar duet
EXPRESIONES
cantar a dúo to sing a duet • **contestar a dúo** to answer in unison

duodécimo, -a *núm* twelfth

duodeno *s* duodenum

dúplex *s* **1** (departamento) duplex (pl -xes) **2** (casa) duplex (pl -xes)

duplicado *s* copy (pl -pies), duplicate (*más frml*) • **por duplicado** in duplicate

duplicar *v* **1** [T] (doblar) to double: *Han duplicado las ventas.* They've doubled their sales. **2** [I,T] (ser el doble) **duplicar (a) algo** to be twice sth: *La inflación duplica a la de hace un año.* Inflation is twice that of a year ago. **3** [T] (copiar – un documento) to copy; (una llave) to cut: *¿Duplican llaves?* Do you cut keys?
—**duplicarse** *v pron* to double

duque, -esa *s* **duque** duke • **duquesa** duchess (pl -sses)

duración *s* length: *sonidos de distinta duración* sounds of different lengths • *La duración del curso es de un año.* The course lasts a year. • **un periodo de dos horas/tres meses de duración** a two-hour/three-month period • **de larga duración** *pilas de larga duración* long-life batteries

duradero, -a *adj* long-lasting: *una amistad duradera* a long-lasting friendship

durante *prep* (indicando duración) during; (indicando una cantidad de tiempo) for • **durante las vacaciones/la semana** during the vacation/the week: *No hablen durante la clase.* No talking during class time. • **durante dos horas/tres años** for two hours/three years: *Lo esperé durante horas.* I waited for him for hours. • **durante todo el mes/toda la tarde** all month/all afternoon: *Está abierto durante todo el año.* It's open all year. • **durante toda la guerra/la película** all through the war/the movie, throughout the war/the movie: *Hablaron durante toda la película.* They talked all through the movie.

⚠ Durante se traduce por **during** cuando significa "en el transcurso de algo". Se traduce por **for** cuando indica una cantidad de tiempo. Observa que **during** no va seguido de números:
We went on vacation to the same place for (✗ during) fourteen years.

durar *v* **1** [I, T] (ropa, comida, situación) to last: *Estas pilas duran más.* These batteries last longer. • **durar mucho** to last a long time, to last: *Son caros pero duran mucho.* They're expensive but they last. • *No creo que dure mucho en el puesto.* I don't think he'll last long in that job. • **durar poco** not to last, not to last long: *La relación duró poco.* Their relationship didn't last. **2** [T] (clase, película, reunión) **durar una hora/dos semanas** to be an hour/two weeks long, to last an hour/two weeks: *El curso duró seis meses.* The course lasted six months. • *¿Cuánto dura la película?* How long is the movie?, How long does the movie last?

duraznero *s* peach tree

durazno *s* peach (plural -ches)

dureza *s* **1** (de un material) hardness **2** (en el trato) harshness • **con dureza** harshly **3** (en el pie, la mano) callus (pl -ses)

durmiente *adj*

duro¹ , -a *adj*

> **1** material, asiento
> **2** carne
> **3** pan
> **4** difícil
> **5** severo
> **6** fuerte
> **7** facciones
> **8** mecanismo, tapa
> **9** agua

1 **MATERIAL, ASIENTO** hard: *La cama es un poco dura.* The bed is a little hard.
2 **CARNE** tough: *La carne estaba durísima.* The meat was really tough.
3 **PAN** stale
4 **DIFÍCIL** (trabajo) hard; (situación) tough: *Éstos son tiempos duros.* These are hard times.
5 **SEVERO** (persona, crítica, castigo) severe, harsh • **ser/estar duro -a con alguien** to be hard on sb: *Creo que estuviste demasiado dura con él.* I think you were too hard on him.
6 **FUERTE** tough: *Hay que ser duro para aguantar tanto.* You have to be tough to put up with so much.
7 **FACCIONES** harsh
8 **MECANISMO, TAPA** stiff
9 **AGUA** hard ▶ **a duras** PENAS, **DISCO duro**, **duro -a de** OÍDO, **duro -a de** MOLLERA, **HUEVO duro**, **MANO dura**

EXPRESIONES
estar a las duras y a las maduras to take the bad with the good

duro² *adv* **1** (trabajar, estudiar) hard: *Trabajamos muy duro.* We worked very hard. **2** (hablar, gritar) loudly: *Hablaban muy duro.* They were talking very loudly. • *¿Puede hablar más duro, por favor?* Can you speak up, please?

EXPRESIONES
darle duro y parejo to work without stopping • **estar duro y duro con algo** to be dead set on sth: *Está duro y duro con que le compre un auto.* He's dead set on me buying him a car.

DVD *s* DVD

Ee

E, e s E, e

ebanista s cabinet maker

ébano s ebony

ebrio, -a adj (borracho) drunk

ebullición s (hervor) boiling

eccema s eczema

echado, -a adj **estar echado -a** to be lying down: *Estaba echado en el sofá.* He was lying on the sofa.

echar v ▶ **echar** también forma parte de expresiones como **echar la culpa, echar una mano a alguien**, etc. que figuran bajo **culpa, mano**, etc.

1	poner
2	servir
3	tirar
4	del trabajo
5	expulsar
6	expeler
7	empezar
8	plantas
9	mover
10	enviar
11	llave, cerrojo

1 PONER [T] to put • **echarle algo a algo/echar algo en algo** to put sth in sth: *¿Le has echado sal?* Did you put any salt in it? • *Echa las papas en la cacerola.* Put the potatoes in the pan.

2 SERVIR [T] to pour: *¿Me echas un vaso de vino?* Can you pour me a glass of wine?

3 TIRAR [T] to throw: *Lo echó a la basura.* He threw it out. • *¿Quién debe echar el dado?* Whose turn is it to throw the dice?

4 DEL TRABAJO [T] to fire: *Están echando a mucha gente.* They are firing a lot of people.

5 EXPULSAR [T] (de la escuela) to expel; (de un bar, un club) to throw out: *Lo van a echar del colegio.* He is going to be expelled from school. • *El padre lo echó de la casa.* His father threw him out.

6 EXPELER [T] **echar pus/sangre** *Empezó a echar sangre por la nariz.* Blood started coming out of his nose. • **echar humo** to smoke: *El edificio todavía echaba humo.* The building was still smoking.

7 EMPEZAR [I] **echar a correr/andar** to start running/ walking

8 PLANTAS [T] **echar raíces** to produce roots • **echar hojas** to sprout leaves

9 MOVER [T] to move: *Eche los brazos hacia atrás.* Move your arms back.

10 ENVIAR [T] **echar un email/una línea a alguien** to drop sb an email/a line • **echar un fon/fonazo/ telefonazo a alguien** to give sb a call

11 LLAVE, CERROJO [T] **echar llave/cerrojo** to lock/to bolt the door

—**echarse** v pron

1 TUMBARSE to lie down: *¿Quieres echarte aquí un rato?* Do you want to lie down here for a while?

2 AL AGUA to jump • **echarse un chapuzón/un clavado** to dive in

3 PONERSE echarse a llorar to start crying, to burst into tears • **echarse a reír** to start laughing, to burst out laughing

4 HACER, TOMAR to have, to take • **echarse una siesta/un trago/un café** to have a nap/a drink/a coffee: *Voy a echarme una siesta.* I'm going to take a nap.

EXPRESIONES
echar a andar to get underway: *El proyecto echó a andar sin problemas.* The project got underway without a hitch. • **echar de menos a algo/alguien** to miss sth/sb: *Te echo de menos.* I miss you. • **echarse a perder** to go bad: *La fruta se echó a perder.* The fruit went bad. • **echarse atrás** to back out: *Pensaba ir sola, pero me eché atrás.* I was planning to go on my own but then I backed out. • **echársele encima a alguien** to leap on sb

echarpe s (chal) shawl

ecléctico, -a adj eclectic

eclesiástico, -a adj church [solo ante s], ecclesiastical (*más frml*)

eclipse s (de sol, de luna) eclipse

eco s **1** (sonido) echo (pl echoes) **2** (repercusión) interest

EXPRESIONES
hacerse eco de algo to echo sth
ecos de sociedad society news

ecografía s scan, ultrasound scan (*técn*), ultrasound • **hacerse una ecografía** to have an ultrasound

ecología s ecology

ecológico, -a adj **1** (medioambiental) environmental, ecological: *el equilibrio ecológico* the ecological balance **2** (que respeta el medio ambiente) environmentally friendly: *un detergente ecológico* an environmentally-friendly detergent **3** (biológico, orgánico) organic: *alimentos ecológicos* organic foods

ecologismo s environmentalism

ecologista[1] adj environmental, ecological

ecologista[2] s environmentalist, ecologist

economato s staff discount shop

economía s **1** (de un país) economy (pl -mies) **2** (disciplina) economics [+v en sing]

EXPRESIONES
hacer economías to economize
economía de mercado market economy • **economía ilegal, economía sumergida** underground economy

económico, -a adj **1** (problemas, recursos, situación) financial: *Tienen problemas económicos.* They have financial problems. **2** (crisis, política, prosperidad) economic **3** (barato) cheap **4** (que gasta poco – carro, sistema de calefacción) economical

economista s economist

economizar v **(a)** [T] (dinero, fuerzas, tiempo) to save; (costos, gastos) to reduce **(b)** [I] to economize • **economizar en algo** to economize on sth

ecosistema s ecosystem

ecuación s equation

Ecuador (país) Ecuador

ecuador s **el ecuador** (terrestre) the equator

ecualizador s equalizer

ecuánime adj (imparcial) impartial

ecuatoguineano, -a s, adj Equatorial Guinean

ecuatoriano, -a s, adj Ecuadorean, Ecuadorian

ecuestre adj equestrian

ecuménico, -a adj ecumenical

eczema s ▶ ECCEMA

edad s **1** (de una persona) age: *Tenemos la misma edad.* We're the same age. • *A tu edad yo ya trabajaba.* At your age I was already working. • **gente de mi/tu edad** people my/your age: *No había niños de mi edad.* There weren't any children my age. • **¿qué edad tiene/ tienes?** how old is he?/how old are you? • **un hombre de 25/30 años de edad** a man of 25/30: *Javier, de 26 años de edad, es abogado.* Javier, 26, is a lawyer. **2** (en la historia) age ▶ **MAYOR de edad, MENOR de edad, tercera edad (TERCERO)**

EXPRESIONES
un hombre/una persona de edad (avanzada) an elderly

man/an elderly person • **estar en edad de hacer algo** to be old enough to do sth: *Está en edad de vivir solo.* He's old enough to live on his own. • **no estar en edad de hacer algo** to be too old to do sth: *Ya no está en edad de trasnochar.* She's too old to stay up late.
la Edad Antigua antiquity • la Edad Contemporánea the modern age • la Edad de(l) Bronce the Bronze Age • la Edad de(l) Hierro the Iron Age • la edad del pavo, la edad de la punzada **estar en la edad del pavo/de la punzada** to be at an awkward age • edad de oro golden age • la Edad de Piedra the Stone Age • edad límite age limit • la Edad Media the Middle Ages [pl] • la Edad Moderna modern times [pl]

edecán s conference usher, assistant

edema s edema

edén s paradise

edición s 1 (de un libro, un festival, un programa) edition: *Ya ha salido la nueva edición.* The new edition is out already. 2 (acción) editing: *una sala de edición de sonido* a sound-editing suite 3 (de un disco – puesta en venta) release; (versión) version, edition

edificable adj **terreno/suelo edificable** building land

edificación s (hecho) building, construction

edificante adj edifying

edificar v [I,T] to build

edificio s 1 (construcción) building: *un edificio público* a public building 2 **edificio (de apartamentos/departamentos)** (apartment) building: *Vivo en ese edificio.* I live in that building.

edil, -a s councilor

editar v [T] 1 (publicar) to publish 2 (revisar, corregir) to edit 3 (un programa, una película) to edit

editor, -a s 1 (que publica) publisher 2 (que revisa) editor

editorial[1] s [fem] (empresa) publisher, publishing company (pl -nies)

editorial[2] s [masc] (en un periódico) editorial

edredón s 1 (que va sobre las cobijas) quilt, comforter 2 (que se usa en lugar de cobijas) duvet, comforter

educación s 1 (enseñanza) education: *el nuevo plan de educación* the new education plan 2 (modales) manners [pl] • **ser de buena/mala educación** to be polite/rude: *Es de mala educación llegar tan tarde.* It's rude to be so late. • **ser una falta de educación** to be rude, to be bad manners
educación a distancia distance learning, correspondence courses [pl] • educación especial special needs education • educación física physical education • educación sexual sex education • educación superior, educación universitaria higher education

educacional adj educational

educado, -a adj polite, well-mannered • **bien/mal educado -a** polite/rude

educador, -a s teacher, educator (más formal)

educar v [T] 1 (instruir) to educate: *Los educaron en los mejores colegios.* They were educated at the best schools. 2 (criar) to bring up: *No sabe educar a sus hijos.* She doesn't know how to bring up her children. 3 (a un perro) to train

educativo, -a adj 1 (programa, juego) educational 2 (política, reforma) education [solo ante s]: *el sistema educativo* the education system

edulcorante s sweetener

efectivamente adv (en efecto) in fact: *Efectivamente, hemos tenido que hacer algunos cambios.* We have had to make certain changes. • *La situación no fue agradable, efectivamente.* The situation was not pleasant, naturally.

efectividad s effectiveness

efectivo[1], -a adj 1 (sistema, remedio) effective 2 (real) actual

efectivo[2] s 1 (dinero) cash: *¿Efectivo o tarjeta?* Cash or credit card? • **pagar algo en efectivo** to pay for sth in cash • **10 pesos/20 dólares en efectivo** 10 pesos/20 dollars cash: *un premio de 200 dólares en efectivo* a cash prize of 200 dollars 2 efectivos [pl] **efectivos de bomberos/de la policía local** firefighters/local police officers

hacer efectivo un cheque to cash a check

efecto s 1 (consecuencia) effect: *los efectos nocivos del alcohol* the harmful effects of alcohol • **hacerle efecto a alguien** to have an effect on sb: *El calmante no le hizo efecto.* The painkiller had no effect on him. • **surtir efecto** to work (medicine, drug) 2 (impresión) impression • **causar buen/mal efecto (a alguien)** to make a good/bad impression (on sb): *Me causó mal efecto.* He made a bad impression on me. 3 (en deporte) spin • **darle efecto al balón/a la pelota** to put some spin on the ball

bajo los efectos de algo under the influence of sth • **en efecto** (efectivamente) in fact; (indicando confirmación) indeed: *Siempre pensé que se haría rico y, en efecto, lo consiguió.* I always thought he'd become rich, and in fact, he managed it. • *En efecto, tiene razón.* You are indeed right.
efecto dominó domino effect • el efecto invernadero the greenhouse effect • efecto secundario side effect • efectos de sonido sound effects • efectos especiales special effects • efectos personales personal effects

efectuar v [T] (una operación, una investigación) to carry out; (cambios) to make

efervescente adj effervescent

eficacia s effectiveness

eficaz adj 1 (método, medida, remedio) effective 2 (eficiente) efficient

eficiencia s efficiency

eficiente adj efficient

efímero, -a adj ephemeral

efusivo, -a adj (persona) demonstrative; (saludo, recibimiento) warm

egipcio, -a s, adj Egyptian

Egipto Egypt

ego s ego

egocéntrico, -a adj self-centered, egocentric (*más frml*)

egoísmo s selfishness

egoísta[1] adj (actitud, persona) selfish

egoísta[2] s **ser un/una egoísta** to be very selfish

egresado, -a s 1 (de la universidad) graduate: *Es egresada de la Universidad de Los Andes.* She's a graduate of the University of Los Andes. 2 (de la secundaria) high-school graduate

egresar v [I] 1 (de la universidad) to graduate 2 (de la secundaria) to graduate: *los que egresaron en 1999* those who graduated in 1999

eh interj 1 (para atraer la atención) ¡eh! hey!, excuse me! 2 **¿eh?** **(a)** (en advertencias) okay?: *Cuídalo ¿eh?* Take care of it, okay? **(b)** (cuando no se ha oído algo) sorry?: *¿Eh? ¿Me hablabas?* Sorry? Were you talking to me? 3 (al hacer pausas) um: *Se llama... eh...Tina, creo.* Her name is... um... Tina, I think.

ej. (abrev de **ejemplo**) **por ej.** (tb **p. ej.**) e.g.: *colores cálidos, por ej. amarillo y naranja* warm colors, e.g. yellow and orange

eje s 1 (de un vehículo) axle 2 (de un cuerpo) axis (pl axes) 3 (elemento esencial – persona) lynchpin; (idea) central theme 4 (en una ciudad) corridor
eje de las abscisas x-axis • eje de coordenadas coordinate axis • eje de las ordenadas y-axis

ejecución s **1** (de una orden) carrying out; (de un plan) implementation; (de una obra musical, una acrobacia) performance • **poner algo en ejecución** to implement sth **2** (de una persona) execution

ejecutar v [T] **1** (una orden) to carry out; (un plan) to implement; (una obra musical, una acrobacia) to perform: *Se negó a ejecutar la orden.* She refused to carry out the order. **2** (en informática) to run, to execute (*técn*) **3** (a una persona) to execute

ejecutiva s executive committee

ejecutivo¹, -a adj executive ▶ **PODER ejecutivo**

ejecutivo², -a s executive

ejemplar¹ s **1** (de un libro, una revista) copy (pl -pies) **2** (de un animal, un árbol) specimen

ejemplar² adj model: *una hija ejemplar* a model daughter

ejemplificar v [T] to exemplify

ejemplo s **1** (muestra) example: *¿Puede dar un ejemplo?* Can you give an example? • **por ejemplo** for example: *Ésta, por ejemplo, es barata.* This one, for example, is cheap. **2** (modelo de conducta) example: *Son un mal ejemplo para los jóvenes.* They're a bad example to young people. • **dar (el/buen) ejemplo** to set a good example: *Tú eres el mayor y tienes que dar ejemplo.* You're the eldest and you have to set a good example. • **dar mal ejemplo** to set a bad example • **seguir el ejemplo de alguien** to follow sb's example

ejercer v **1** [I, T] (una profesión) to practice: *Es arquitecto, pero no ejerce.* He's an architect, but he doesn't practice. • **ejercer la medicina/la abogacía** to practice medicine/law **2** [T] (un derecho) to exercise **3** [T] (poder, presión) to exert

ejercicio s **1** (de lengua, de guitarra) exercise: *¿Has hecho los ejercicios de matemáticas?* Have you done the math exercises? **2** (actividad física) **ejercicio (físico)** (physical) exercise: *un ejercicio para fortalecer los muslos* an exercise to strengthen your thighs • **hacer ejercicio** to exercise, to do some exercise: *No haces ejercicio.* You don't do any exercise. **3** (en finanzas) financial year: *los resultados del ejercicio de este año* the results of this financial year

EXPRESIONES
en ejercicio (a) (abogado, médico) practicing **(b)** (presidente, ministro) current • **en el ejercicio de su cargo/sus funciones** in the course of his duties
ejercicios espirituales [pl] retreat [sing]

ejercitar v [T] (el cuerpo, la memoria) to exercise; (a un alumno, un deportista) to coach
—**ejercitarse** v pron to practice

ejército s army (pl -mies) • **entrar en el ejército** to join the army
Ejército de Tierra army • Ejército del Aire air force

ejido s a form of cooperative agricultural property holding; the term ejido can refer both to the piece of land and to the cooperative that manages it.

ejote s green bean

el, la art **1** (precediendo a un sustantivo) the: *¿Dónde está el gato?* Where's the cat? • *Te espero en la puerta.* I'll wait for you at the door. • *Me gusta el chocolate.* I like chocolate. • *No me interesa la política.* I'm not interested in politics. • *El kiwi tiene vitamina C.* Kiwis contain vitamin C. • *La gente está harta de los políticos.* People are fed up with politicians. **2** (con títulos) *Llamó el Sr. Lagos.* Mr. Lagos phoned. • *Ésta es la Dra. Orgaz.* This is Dr. Orgaz. **3** (en expresiones de tiempo) *Es la una.* It's one o'clock. • *¿Vienes el sábado?* Are you coming on Saturday? • *el mes pasado* last month • *la semana que viene* next week **4** (con partes del cuerpo, objetos personales) *Lávate la cara.* Wash your face. • *Tiene el pelo corto.* She has short hair. • *Se dejó el celular.* He left his cell phone. **5** (en construcciones sin sustantivo) the one: *Pruébate el más grande.* Try the bigger one on. • *Me gusta la de madera.* I like the wooden one. • *Laura es la de la derecha.* Laura's the

one on the right.; (cuando hay un posesivo) *El de Juan es el modelo nuevo.* Juan's is the new model. • *La mía está rota.* Mine is broken.

EXPRESIONES
el/la que *La que sabe qué pasó es Elena.* Elena's the one who knows what happened. • *El que tenga hambre, que me avise.* If anyone's hungry, just let me know. • *el hotel en el que nos hospedamos* the hotel that we stayed at • *la chica con la que hablé* the girl that I spoke to
▶ AL, DEL

él pron **1** (como sujeto) he: *Me lo dijo él.* He told me. • **fue/es él** it was/is him **2** (con preposiciones) him: *Se lo di a él.* I gave it to him. • *Voy a ir con él.* I'm going with him. • *¿Has recibido carta de él?* Have you had a letter from him? **3** (uso posesivo) **de él** his: *Estos CD son de él.* These CDs are his. **4** (en comparaciones) him: *Tú eres más alto que él.* You're taller than him. • *Nadie juega como él.* Nobody plays like him. **5** (indicando una cosa) it

elaboración s **1** (producción, fabricación) production • **la elaboración del vino/pan** wine-making/bread-making **2** (de un informe) preparation, writing **3** (de un proyecto) development; (de un plan) drawing up

elaborar v [T] **1** (producir, fabricar) to make, to produce **2** (un informe) to prepare **3** (un plan) to draw up; (un proyecto) to develop

elasticidad s **1** (de un material, un tejido) elasticity **2** (del cuerpo) suppleness

elástico¹, -a adj (tejido, material) elastic

elástico² s (de una prenda) elastic

elección s **1** (opción, decisión) choice: *Fue una mala elección.* It was a bad choice. • **a elección** *El premio es un CD a elección.* The prize is a CD of your choice. **2** (selección) election: *la elección de Ramos como presidente* the election of Ramos as president **3** (tb **elecciones**) (comicio) election [sing], elections [pl] • **llamar/convocar a elecciones** to call an election, to call elections
elecciones generales general election [sing] • elecciones legislativas legislative elections • elecciones municipales local elections • elecciones primarias, elecciones internas primary elections, primaries

electivo, -a adj elective

electo, -a adj elect

elector, -a s voter

electorado s electorate

electoral adj (sistema, reforma) electoral; (resultado, campaña) election [solo ante s]: *una campaña electoral* an election campaign ▶ DISTRITO electoral

electricidad s electricity

electricista s electrician

eléctrico, -a adj **1** (luz, guitarra, cocina) electric **2** (instalación, artefacto) electrical: *aparatos eléctricos* electrical appliances ▶ SILLA eléctrica

¿electric o electrical?
electric se usa con aparatos concretos que funcionan con electricidad: *an electric guitar* • *an electric stove*
electrical se usa con nombres más genéricos: *electrical goods* • *electrical equipment*

electrocardiograma (tb **electro**) s ECG, electrocardiogram (*técn*)

electrocutarse v pron to electrocute yourself

electrodo s electrode

electrodoméstico s electrical appliance

electrolisis s electrolysis [+v en sing]

electrón s electron

electrónica s electronics [+v en sing]

electrónico, -a adj electronic ▶ AGENDA electrónica, BUZÓN electrónico, COMERCIO electrónico, CORREO electrónico, MÚSICA electrónica

elefante, -a *s* elephant
  elefante marino elephant seal

elegancia *s* elegance • **con elegancia** elegantly

elegante *adj* **1** (persona) elegant: *una mujer muy elegante* a very elegant woman • **estar muy elegante** to look very elegant • **ponerse elegante** to dress up: *Ponte elegante, que va a ser un acontecimiento formal.* You'd better dress up because it's a formal occasion. **2** (restaurante, zona) stylish: *una zona muy elegante de Nueva York* a very stylish area of New York

elegir *v* **1** [I,T] (escoger) to choose: *Elige tú la película.* You choose the movie. • *Puedes elegir entre estos tres.* You can choose from these three. • *Es difícil elegir.* It's difficult to choose. ▶ ver nota en **CHOOSE** **2** [T] (por votación) to elect: *Lo eligieron delegado.* They elected him as their representative.

elemental *adj* **1** (curso, nivel) elementary **2** (conocimientos, vocabulario) basic

elemento *s* **1** (componente) element **2** (en química) element

elenco *s* (reparto) cast

elevación *s* rise: *una elevación progresiva de las temperaturas* a gradual rise in temperatures

elevado, -a *adj* **1** (alto) high **2** (en matemáticas) **tres elevado al cuadrado/al cubo** three squared/cubed • **tres elevado a la quinta/sexta** three to the power of five/six **3** (lenguaje, estilo) high-level, elevated (*más frml*)

elevador *s* elevator

elevalunas *s* **elevalunas (eléctrico)** electric windows [pl]

elevar *v* [T] **1** (aumentar) to raise **2** (una propuesta, un recurso) to present **3** (en matemáticas) **elevar un número al cuadrado/al cubo** to square/to cube a number • **elevar un número a la cuarta/a la quinta** to raise a number to the power of four/five
  —**elevarse** *v pron* **1** (globo) to rise; (avión) to climb **2** (aumentar) to rise **3 elevarse a** (llegar a) to reach: *La cifra de víctimas del accidente se eleva ya a cincuenta.* The number of people who died in the accident has now reached fifty.

eliminación *s* **1** (en deportes) elimination **2** (de una sustancia, una persona) elimination; (de una mancha) removal; (de residuos) disposal

eliminar *v* [T] **1** (en deportes) to knock out: *Quedó eliminada en cuartos de final.* She was knocked out in the quarterfinals. **2** (un olor, a una persona) to get rid of, to eliminate (*más frml*); (una mancha) to remove, to get rid of; (residuos) to get rid of, to dispose of (*más frml*): *Elimina el olor a humedad.* It gets rid of the smell of damp. **3** (hormigas, cucarachas) to kill, to get rid of

eliminatoria *s* **1** (en una carrera) heat **2** (serie de partidos) qualifying round: *las eliminatorias para el Mundial* the World Cup qualifiers

eliminatorio, -a *adj* qualifying: *las pruebas eliminatorias de los 100 metros* the 100-meter qualifying heats

elipse *s* ellipse

elipsis *s* ellipsis

élite *s* elite • **de élite** *deportistas de élite* top-class sportsmen • *tropas de élite* crack troops

elitismo *s* elitism

elitista *adj, s* elitist

elixir *s* (remedio) elixir

ella *pron* **1** (como sujeto) she: *Me lo regaló ella.* She gave it to me. • **fue/es ella** it was/is her **2** (con preposiciones) her: *Es para ella.* It's for her. • *Estoy harto de ella.* I'm fed up with her. • *Recibí un mail de ella.* I had an email from her. **3** (uso posesivo) hers: *Ese libro no es de ella.* That book isn't hers. • **el libro/la casa de ella** her book/house • (en comparaciones) her: *Él es más joven que ella.* He is younger than her. • *La hermana no es como ella.* Her sister isn't like her. **5** (indicando una cosa) it

ello *pron* **1** (como sujeto) that: *La inflación crece, y ello me preocupa.* Inflation is rising, and that worries me. • *a pesar de ello* despite that • **por ello** so **2** (como objeto) it: *No hablemos más de ello.* Let's not mention it again.

ellos, -as *pron* **1** (como sujeto) they: *Ellos no saben nada.* They don't know anything. • **fueron/son ellos** it was/is them **2** (con preposiciones) them: *Las cervezas son para ellos.* The beers are for them. • *Me despedí de ellos.* I said goodbye to them. **3** (uso posesivo) theirs: *Las azules son de ellos.* The blue ones are theirs. • **la casa/el carro de ellos** their house/car **4** (en comparaciones) them: *Ustedes ganan más que ellas.* You earn more than them. • *Tú no eres como ellos.* You're not like them.

elocuencia *s* eloquence

elocuente *adj* eloquent

elogiar *v* [T] to praise

elogio *s* compliment • **elogios** [pl] praise [U]: *No es una crítica sino un elogio.* It isn't a criticism, it's a compliment. • *Recibió muchos elogios.* He received a lot of praise.

elote *s* **1** (granos) sweetcorn, corn **2** (mazorca) corncob

El Salvador El Salvador

elucubración *s* speculation: *Sólo son elucubraciones suyas.* It's just speculation on your part.

eludir *v* [T] (evitar) to avoid

e-mail, email *s* **1** (sistema) email: *¿Tienes e-mail?* Do you have email? • **mandarle algo a alguien por e-mail** to email sb sth: *Le mandé la receta por email.* I emailed the recipe to him. **2** (mensaje) email: *Le mandé un e-mail.* I sent her an email.

emanación *s* emission

emanar *v* [I] **1** (proceder) **emanar de** to come from, to emanate from (*más frml*) **2** (desprenderse) **emanar de** to come from

emancipación *s* (de la mujer) emancipation; (de una nación) liberation; (de un esclavo) freeing, emancipation (*más frml*); (de la juventud) independence

emanciparse *v pron* (mujer) to become emancipated; (nación) to gain independence; (esclavo) to be freed; (juventud) to become independent

embadurnar *v* [T] **embadurnar algo de algo** to smear sth with sth

embajada *s* embassy (pl -ssies)

embajador, -a *s* ambassador

embalaje *s* **1** (acción) packing **2** (envoltorio) packaging

embalar *v* [T] to pack
  —**embalarse** *v pron* **1** (tomar velocidad) to go fast: *El camión se embaló mucho en la bajada.* The truck went down the hill very fast. **2** (entusiasmarse) to get carried away

embaldosar *v* [T] to tile

embalsamar *v* [T] to embalm

embalse *s* reservoir

embarazada[1] *adj* pregnant • **estar embarazada de tres/cinco meses** to be three/five months pregnant • **dejar embarazada a alguien** to get sb pregnant • **quedarse embarazada** to get pregnant

embarazada[2] *s* pregnant woman (pl women)

embarazo *s* pregnancy (pl -cies)

embarazoso, -a *adj* embarrassing

embarcación *s* boat

embarcadero *s* (para pasajeros) jetty (pl -ties); (para mercancías) wharf

embarcar *v* **1** [I,T] (en un avión) to board: *¿Por qué puerta embarcas?* Which gate are you boarding through? • *Embarcaron a los pasajeros por la puerta de atrás.* They boarded the passengers through the rear of the plane. **2** [I] (en un barco) to board the ship: *la gente*

que embarcó en Cartagena the people who boarded the ship at Cartagena • *Estábamos esperando para embarcar.* We were waiting to board the ship. **3** [T] (mercancías) to load **4** [T] (involucrar) **embarcar a alguien en algo** to get sb involved in sth
—**embarcarse** *v pron* (involucrarse) **embarcarse en algo** to get involved in sth

embargar *v* [T] **1** (judicialmente) to seize **2** (apoderarse de) **me embarga la tristeza/la emoción** I'm overcome with sadness/emotion

embargo *s* **1** (económico, de armamentos) embargo (pl -goes) • **levantar un embargo** to lift an embargo **2** (de bienes) seizure

sin embargo however: *Sin embargo, no todos están de acuerdo.* However, not everyone agrees. • **y sin embargo** but still: *No lo habíamos ensayado y sin embargo salió bien.* We hadn't rehearsed it, but it still went well.

embarque *s* boarding ▶ **SALA de embarque**, **TARJETA de embarque**

embarrado, -a *adj* muddy • **estar/quedar embarrado -a (a)** (camino, cancha) to be/to get muddy **(b)** (alfombra, zapatos) to be/to get covered in mud, to be/to get muddy

embarrancar *v* [I] (barco) to run aground

embarrar *v* [T] **embarrar el suelo/la alfombra** to get mud all over the floor/the carpet • **embarrarla** to mess things up
—**embarrarse** *v pron* to get covered in mud • **embarrarse los zapatos/la ropa** to get mud all over your shoes/your clothes

embaucador, -a *s* con artist

embaucar *v* [T] to trick

embeber *v* [T] **1** (en un líquido) to soak **2** (en computación) to insert

embellecedor *s* (para un carro) trim

embellecer *v* [T] to make more attractive

embestida *s* **1** (de un vehículo) impact **2** (de un toro) charge

embestir *v* **1** [I] (vehículo) **embestir contra/a algo** to smash into sth: *El camión embistió a un carro.* The truck smashed into a car. **2** [I, T] (animal) to charge at: *Lo embistió un toro.* A bull charged at him. • **embestir contra algo** to charge at sth

emblema *s* (figura) emblem

emblemático, -a *adj* emblematic

embolador *s* shoeshine boy

embolar *v* [T] (los zapatos) to shine, to polish

embolatado, -a *adj* **1** (perdido) mislaid **2** (demorado) held up **3** (ocupado) busy

embolia *s* embolism

émbolo *s* (en un motor) piston

embolsarse *v pron* to pocket: *El ganador se embolsará 100.000 dólares.* The winner will pocket 100,000 dollars.

emborracharse *v pron* to get drunk • **emborracharse con cerveza/vino** to get drunk on beer/wine

emborronar *v* [T] **1** (llenar de manchas) to smudge **2** (llenar de garabatos) to scribble on

emboscada *s* ambush (pl -shes): *Cayeron en una emboscada.* They were ambushed. • **tenderle una emboscada a alguien** to lay an ambush for sb

embotellado¹, -a *adj* bottled, bottling

embotellado² *s* bottle

embotellamiento *s* traffic jam

embotellar *v* [T] (una bebida) to bottle

embragar *v* [I] to release the clutch

embrague *s* clutch (pl -ches) • **pisar el embrague** to depress the clutch

embriagador, -a *adj* heady, intoxicating (*más frml*)

embrión *s* embryo

embrionario, -a *adj* embryonic

embrollo *s* **1** (aprieto) mess: *Nos hemos metido en un buen embrollo.* We've gotten ourselves into a fine mess. **2** (situación confusa) mess • **el embrollo diplomático/jurídico** the diplomatic/legal mess

embrujado, -a *adj* haunted: *una casa embrujada* a haunted house

embrujar *v* [T] **1** (con brujería) to bewitch **2** (atraer) to bewitch

embrujo *s* **1** (hechizo) spell; (maleficio) curse **2** (fascinación) magic

embrutecer *v* [T] **embrutecer a alguien** to dull sb's mind

embuchado *s* (fraude) con

embucharse *v pron* **1** (dinero) to pocket **2** **embucharse (de) algo (a)** (comida) to wolf sth, to stuff yourself with sth **(b)** (bebida) to knock sth back

embudo *s* **1** (para líquidos) funnel **2** (cuello de botella) bottleneck

embuste *s* lie

embustero¹, -a *adj* lying

embustero², -a *s* liar

embutidos *s* [pl] cured cold meats

emergencia *s* emergency (pl -cies) • **en caso de emergencia** in case of emergency

emerger *v* [I] **1** (salir a la superficie) to surface **2** (aparecer) to appear

emigración *s* **1** (a otro país) emigration **2** (del campo a la ciudad) migration **3** (de animales, aves) migration

emigrante *s* emigrant

emigrar *v* [I] **1** (a otro país) to emigrate: *Emigraron a España.* They emigrated to Spain. **2** (del campo a la ciudad) to migrate **3** (animales, aves) to migrate

eminencia *s* (persona) leading figure
eminencia gris power behind the scenes, éminence grise (*más frml*)

eminente *adj* eminent

emirato *s* emirate

emisario, -a *s* emissary (pl -ries)

emisión *s* **1** (de radio, televisión) broadcast **2** (de gases, líquidos) emission **3** (de monedas, bonos) issue

emisor¹, -a *adj* **1** (en radio, televisión) broadcasting: *centro emisor* broadcasting center **2** (en ecología) **focos emisores/fuentes emisoras** sources of pollution **3** (en finanzas) issuing • **banco emisor** issuing bank

emisor² *s* (aparato) transmitter

emisora *s* **1** (de radio) radio station **2** (de televisión) channel

emitir *v* [T] **1** (en radio, televisión) to broadcast: *Van a emitir todos los partidos del Mundial.* All the World Cup matches will be broadcast. **2** (un gas) to give off **3** (una moneda, un bono) to issue **4** (sonido, luz) to emit **5** (una opinión) to express; (un veredicto) to return; (un voto) to cast

emoción *s* **1** (alteración) emotion: *Lloraba de la emoción.* She was crying with emotion. **2** (expectación, interés) excitement: *Al partido le faltó emoción.* The game lacked excitement. • **¡qué emoción!** how exciting!

emocionado, -a *adj* **1** (conmovido) emotional: *El novio estaba muy emocionado.* The bridegroom was very emotional. • *Se despidió emocionado.* He was very emotional when he said goodbye. **2** (ilusionado) excited: *Estamos muy emocionados con el viaje que vamos a hacer.* We're very excited about our forthcoming trip.

emocional *adj* emotional

emocionante *adj* **1** (conmovedor) moving: *un momento emocionante* a moving moment **2** (apasionante) exciting: *un partido emocionante* an exciting game

emocionar *v* [T] **1** (conmover) to move: *Lo que dijo me emocionó.* I was moved by what she said. • *Esos casos me emocionan.* I find that kind of thing moving. **2** (apasionar) to excite: *Nos emociona pensar en el viaje a India.* Just thinking about our trip to India is exciting. —**emocionarse** *v pron* **1** (conmoverse) to be moved: *Se emocionó cuando le dieron el premio.* She was moved when she received the prize. **2** (apasionarse) to get excited: *Se emociona hablando de sus proyectos.* She gets excited when she talks about her projects.

emoticono *s* smiley, emoticon (*más frml*)

emotividad *s* emotion

emotivo, -a *adj* emotional

empacar *v* [I,T] to pack

empachado, -a *adj* **estar empachado -a** to have indigestion

empachar *v* [I] **1** (causar indigestión) to cause indigestion: *Mucho pan empacha.* Too much bread causes indigestion. **2** (hartar) *Tantos elogios acaban por empachar.* You end up getting tired of so much praise. —**empacharse** *v pron* **1** (sufrir indigestión): *Me empaché de comer pasteles.* I got indigestion from eating cake. **2** (hartarse) to overdose: *Me empaché de ver la tele.* I overdosed on watching TV.

empacho *s* **1** (por comer demasiado) indigestion: *Le dio un empacho de tanto comer chocolate.* He got indigestion from eating so much chocolate. **2** (hartazgo) **acabar con empacho de algo/de hacer algo** to end up getting sick of sth/of doing sth: *En Roma, uno acaba con empacho de monumentos.* In Rome, you end up getting sick of seeing monuments. **3** **no tener empacho en hacer algo** not to be at all embarrassed to do sth: *No tuvo empacho en reconocer que había mentido.* He was not at all embarrassed to admit he had lied.

empadronarse *v pron* to register

empalagar *v* **1** **(a)** [I] (ser muy dulce) to be sickly sweet: *Este merengue empalaga.* This meringue is sickly sweet. **(b)** [T] **el merengue/la miel me empalaga** I find meringue/honey too sweet **2** **(a)** [I] (actitud, comportamiento) to be cloying: *Su amabilidad empalaga.* Her kindness is cloying. **(b)** [T] **su amabilidad/cortesía me empalaga** I find her kindness/politeness cloying

empalagoso, -a *adj* **1** (alimento) sickly sweet **2** (persona, actitud) cloying

empalizada *s* fence

empalmar *v* **1** [T] (unas tuberías) to connect; (unos cables) to join • **empalmar tuberías/cables con algo** to connect pipes/to join cables to sth **2** [T] (enlazar, juntar) **empalmar algo con algo** to tag sth onto sth: *Queremos empalmar nuestras vacaciones con las de Semana Santa.* We want to tag our vacation onto the Easter break. **3** [I] (unirse) **empalmar con una carretera/una avenida** to join a road/an avenue: *Empalma con la carretera a Bucaramanga.* It joins the road to Bucaramanga.

empalme *s* **1** (de cables, tuberías) joint **2** (de carreteras) junction

empanada *s* **1** (salada) a kind of small pie filled with chicken, meat, corn, etc. **2** (dulce) turnover: *una empanada de manzana* an apple turnover

empanado, -a *adj* breaded, in breadcrumbs

empanar *v* [T] (carne, verduras) to coat in breadcrumbs

empanizado, -a *adj* breaded, in breadcrumbs: *camarones empanizados* popcorn shrimp

empanizar *v* [T] (carne, verduras) to coat in breadcrumbs

empañado, -a *adj* (vidrio, anteojos) steamed up

empañar *v* [T] (una reputación, un historial) to tarnish: *El escándalo puede empañar su brillante carrera política.*

This scandal could tarnish his brilliant political career. —**empañarse** *v pron* to steam up: *Se empañaron los vidrios.* The windows steamed up.

empapado, -a *adj* soaking wet: *Estaba empapado.* He was soaking wet.

empapar *v* [T] **1** (mojar) to soak, to drench: *Pasó un carro y me empapó de arriba abajo.* A car went past and soaked me. **2** (humedecer) **empapar algo en algo** to soak sth in sth —**empaparse** *v pron* **1** (mojarse) to get soaked, to get drenched: *Salí sin paraguas y me empapé.* I went out without my umbrella and got soaked. **2** (enterarse) **empaparse de algo** to steep oneself in sth, to study up on sth: *Me voy a empapar bien del arte impresionista antes de ir al museo.* I'm going to study up on Impressionism before visiting the museum.

empapelar *v* [T] **1** (una pared) to wallpaper **2** (a una persona) to bust

empaque *s* **1** (envoltura) packaging **2** (de una llave de agua) washer **3** (de una cafetera, una licuadora) (rubber) seal

empaquetar *v* [T] (objetos) to pack; (productos comerciales) to package

emparedado *s* sandwich (pl -ches)

emparejar *v* [T] **1** (un terreno, una superficie) to make level **2** (el pelo) to make even **3** **emparejar el partido/el marcador** to equalize (sport)

emparentado, -a *adj* **1** (relacionado) related, linked • **emparentado -a con algo** related to sth: *un tipo de música emparentado con el jazz* a type of music related to jazz **2** (con lazos familiares) related • **estar emparentado -a con alguien** to be related to sb

emparentar *v* **1** [T] (relacionar) to relate, to link • **emparentar algo con algo** to relate sth to sth: *Su obra se puede emparentar con la de Caravaggio.* His work can be related to Caravaggio's. **2** [I] to become related by marriage • **emparentar con alguien** to become related to sb: *Quería que su hija emparentara con un aristócrata.* She wanted her daughter to marry into the aristocracy.

empastar *v* [T] (una muela) to fill: *Me tienen que empastar una muela.* I have to have a filling done.

empaste *s* (en una muela) filling

empatado, -a *adj* **1** (en fútbol, básquetbol) **estar/ir empatados -as** to be tied: *Iban empatados hasta los 35 minutos.* They were tied until the 35th minute. • *Van empatados.* They're tied. • **van empatados -as uno a uno/dos a dos** they're tied one one/two two **2** (en juegos) *Iban empatados hasta la última pregunta.* The scores were tied until the last question.

empatar *v* [I] **1** (al dar el resultado) to tie: *Empatamos 1 a 1.* We tied 1–1. • *Empatamos con los de ultimo año.* We tied with the seniors. **2** (durante el partido) to even the scores: *Empató a los diez minutos.* He evened the scores after ten minutes. • *Van empatando 3–3.* They are tied at 3–3. **3** (en una votación) to tie

empate *s* **1** (en fútbol, básquetbol) tie: *Hubo empate.* It was a tie. • *Lograron el empate con un penal.* They managed to tie, thanks to a penalty. **2** (en una votación) tie: *Hubo empate entre los dos candidatos.* It was a tie between the two candidates.

empatía *s* empathy

empecinarse *v pron* **empecinarse en hacer algo** to get sth into your head to do sth: *Se ha empecinado en aprender japonés.* He's gotten it into his head to learn Japanese.

empedernido, -a *adj* (fumador, bebedor, seductor) inveterate; (jugador) compulsive; (lector) voracious; (solterón) confirmed

empedrado¹, -a *adj* cobbled

empedrado² *s* cobbles [pl]

empeine s instep

empeñado, -a adj 1 (decidido) **estar empeñado -a en hacer algo** to be determined to do sth: *Está empeñado en conseguir ese puesto.* He's determined to get that job. 2 (endeudado) **estar empeñado -a** to be in debt

empeñar v [T] to pawn: *Empeñó todas sus joyas.* She pawned all her jewelry.
—**empeñarse** v pron 1 **empeñarse en hacer algo** to insist on doing sth: *Se empeñó en pagarlo todo.* She insisted on paying for everything. 2 (endeudarse) to get into debt: *Se empeñaron para poder comprar la casa.* They got into debt to buy the house.

empeño s 1 (deseo intenso) determination: *Lo consiguió gracias a su empeño.* She got it thanks to her determination. 2 (esfuerzo) effort • **poner empeño en algo** to put a lot of effort into sth

empeoramiento s deterioration

empeorar v 1 [I] (volverse peor) to get worse, to deteriorate (*más frml*): *El tiempo está empeorando.* The weather's getting worse. 2 [T] (poner peor) to make worse: *Vas a empeorar las cosas si se lo dices.* You're going to make things worse if you tell her.

emperador, **emperatriz** s **emperador** emperor • **emperatriz** empress (pl -sses)

emperrarse v pron **emperrarse en hacer algo** to be dead set on sth: *Se emperró en ir al cine.* She was dead set on going to the movies.

empezar v 1 [I] (clase, partido) to start, to begin: *La clase empieza a las 10.* The class starts at 10 o'clock. • *¿A qué hora empieza la película?* What time does the movie start? • **empezar a hacer algo** to start doing sth, to start to do sth: *Empieza a pelar las papas.* Start peeling the potatoes. • *Empecé a reírme.* I started laughing. • **empezar a llover/nevar** to start raining/snowing: *Empezó a hacer frío.* It started getting cold. • **empezar haciendo algo** to start out doing sth: *Empezó trabajando de cartero.* He started out working as a mailman. 2 [I] (palabra, canción) to begin, to start: *palabras que empiezan con "e"* words that begin with "e" • *¿Cómo empieza la novela?* How does the novel begin? 3 [T] (un trabajo, una actividad, un libro) to start: *Mañana empiezo francés.* I start French classes tomorrow. • *¿Cuándo empezaste la dieta?* When did you start your diet? 4 [T] (una botella, un paquete) to start, to open: *Empieza otra botella.* Open another bottle.
EXPRESIONES
para empezar to start with: *Para empezar, es muy caro.* To begin with, it's too expensive. • **¡ya empezamos con...!** here we go again with...: *¡Ya empezamos con los ladridos del perro!* Here we go again with that dog and its barking!

empinado, -a adj steep

empinar v [T] ► **empinar el CODO**

empírico, -a adj empirical

empleado, -a s 1 (de una empresa, del estado) employee 2 (en una tienda) salesclerk
empleado -a doméstico -a cleaner • **empleado -a de banco** bank employee • **empleado -a de oficina** office worker

emplear v [T] 1 (dar trabajo a) to employ: *Emplean a más de 150 trabajadores.* They employ more than 150 workers. 2 (contratar) to hire: *Van a emplear más gente.* They are going to hire more people. 3 (utilizar) to use: *Emplearon todos los medios a su alcance.* They used all the means at their disposal. 4 (gastar – dinero) to spend; (tiempo) to take: *Empleamos la paga extra para arreglar el carro.* We spent the bonus on repairing the car. • *Empleamos dos horas para llegar al aeropuerto.* We took two hours to get to the airport.
—**emplearse** v pron
EXPRESIONES
emplearse a fondo to work really hard: *Los bomberos tuvieron que emplearse a fondo para apagar el incendio.* The firemen had to work really hard to put the fire out.

empleo s 1 (puesto) job: *Tiene un buen empleo.* She has a good job. ► ver nota en **JOB** 2 (trabajo en general) work, employment: *gente buscando empleo* people looking for work • **estar sin empleo** to be out of work 3 (uso) use: *La ONU ha denunciado el empleo de armas químicas en el conflicto.* The UN has condemned the use of chemical weapons in the conflict.

empobrecer v [T] (a alguien) to impoverish
—**empobrecerse** v pron to become poorer

empollar v [T] (un huevo) to sit on

emporio s 1 (empresa) empire 2 (lugar) trading center

empotrado, -a adj ► **ARMARIO empotrado**

empotrarse v pron **empotrarse contra/en algo** to smash into sth: *El bus se empotró en la pared de la casa.* The bus smashed into the wall of the house.

emprendedor, -a adj enterprising

empresa s 1 (compañía) company (pl -nies), firm 2 (acción) enterprise
empresa multinacional multinational, multinational company • **empresa pública** public corporation • **empresa privada** private company • **empresa de trabajo temporal** temping agency

empresarial adj 1 (de una empresa) business [solo ante s]: *una crisis empresarial* a business crisis 2 (de empresarios) employers': *una organización empresarial* an employers' organization

empresario, -a s 1 (de una empresa) **empresario** businessman (pl -men) • **empresaria** businesswoman (pl -women) 2 (de un espectáculo) impresario

empujar v 1 [I, T] (físicamente) to push: *¡No empujen!* Stop pushing! • *Tuvimos que empujar el carro.* We had to push the car. 2 [T] (instigar) **empujar a alguien a hacer algo/a que haga algo** to push sb into doing sth: *Me empujó a que me presentara al concurso.* She pushed me into entering the competition.

empuje s 1 (dinamismo) drive: *Le falta empuje.* He lacks drive. 2 (en construcción) thrust 3 (en física) thrust

empujón s 1 (con las manos) push • **darle un empujón a alguien** to push sb: *Me dio un empujón.* He pushed me. 2 (esfuerzo) push: *Con otro empujón lo acabamos.* We just need another big push and we'll finish it.
EXPRESIONES
entrar/salir a empujones to push your way in/out: *Lo metieron en el carro a empujones.* They shoved him into the car.

empuñadura s (de un cuchillo, un paraguas, un bastón) handle; (de una raqueta, una pistola) grip; (de una espada) hilt

empuñar v [T] (una espada, una pistola) to brandish

emulsión s emulsion

en prep

1	dentro de
2	sobre
3	indicando una ciudad, un país
4	indicando un lugar
5	indicando años, meses, estaciones
6	durante
7	indicando tiempo futuro
8	indicando tiempo empleado
9	indicando modo, medio, formato
10	indicando medio de transporte

1 DENTRO DE in: *Ponlo en el cajón.* Put it in the drawer. • *Alejandro está en el baño.* Alejandro's in the bathroom.

2 SOBRE on: *Déjamelo en la mesa.* Leave it on my desk. • *Échate en el sofá.* Lie down on the sofa.

3 INDICANDO UNA CIUDAD, UN PAÍS in: *en Londres* in London • *en Alemania* in Germany • *en el sur* in the south

4 INDICANDO UN LUGAR **en casa/la escuela/la oficina** at home/at school/at the office • **en el teatro/el cine/el club** at the theater/the movie theater/the club • **en el**

E

tren/avión on the train/plane: *Te espero en la esquina.* I'll meet you on the corner. • *Vive en el tercer piso.* He lives on the third floor. • *Ya estábamos en el tren.* We were already on the train.
5 INDICANDO AÑOS, MESES, ESTACIONES in: *en 1987* in 1987 • *en octubre* in October • *en invierno* in winter
6 DURANTE *Siempre nos reunimos en Navidad.* We always get together at Christmas. • *en las vacaciones* in the vacation period
7 INDICANDO TIEMPO FUTURO in • **en una hora/tres semanas** in an hour/three weeks: *El avión sale en una hora.* The plane's leaving in an hour.
8 INDICANDO TIEMPO EMPLEADO in: *Lo hice en cinco minutos.* I did it in five minutes.
9 INDICANDO MODO, MEDIO, FORMATO in: *No salgas en camisón.* Don't go out in your nightgown. • *Viene en tres tamaños.* It comes in three sizes. • *Escríbelo en inglés.* Write it in English. • *La canción está en MP3.* The song is in MP3 format.
10 INDICANDO MEDIO DE TRANSPORTE by: *en bus* by bus • *en tren* by train • *en metro* on the subway • *Vinimos en carro.* We drove./We came by car. • *Fuimos en avión.* We flew./We went by plane.

enagua s petticoat

enajenación s (de la propiedad, los derechos) transfer enajenación mental derangement

enamorado[1], -a *adj* **estar enamorado -a (de alguien)** to be in love (with sb): *Estamos muy enamorados.* We are very much in love. • *Estoy enamorado de ella.* I'm in love with her.

enamorado[2], -a s **1** (persona enamorada) *Te comportas como un enamorado.* You're behaving like someone in love. **2** (aficionado) lover • **ser un enamorado/una enamorada del ballet** to be a ballet lover ▶ **DÍA de los enamorados**

enamorarse *v pron* to fall in love: *Nunca me había enamorado como ahora.* I've never been in love like this before. • **enamorarse de alguien** to fall in love with sb: *Se enamoró perdidamente de ella.* He fell madly in love with her.

enano[1], -a s **1** (en cuentos) dwarf (pl dwarfs, dwarves): *Blancanieves y los siete enanitos* Snow White and the Seven Dwarfs **2** (persona de estatura baja) dwarf (pl dwarfs, dwarves), midget (*despec*)

enano[2], -a *adj* **1** (muy pequeño) tiny **2** (de tamaño inferior) dwarf: *un perro enano* a dwarf dog

enarbolar *v* [T] (una bandera) to raise

encabezamiento s (de una carta) heading

encabezar *v* [T] **1** (una lista, un ránking) to be top of: *El tema "Luna" encabeza la lista de esta semana.* "Luna" is top of this week's charts. **2** (una marcha, un desfile) to head: *Los estudiantes encabezan la marcha.* The students are heading the march. **3** (una sublevación) to lead

encabritarse *v pron* (caballo) to rear

encadenar *v* [T] to chain: *Lo encadenaron a la silla.* They chained him to the chair.

encajar *v* **1** [I] (entrar) to fit, to go in: *Esta pieza encaja aquí.* This piece fits here. **2** [T] (meter) **encajar algo en algo** to fit sth into sth **3 encajarle tres/cuatro goles a alguien** to put three/four goals past sb **4** (dar) [T] **encajarle una patada a alguien** to kick sb • **encajarle un puñetazo a alguien** to punch sb: *Le encajé un puñetazo en la cara.* I punched him in the face. • **encajarle un beso a alguien** to plant a kiss on sb

encaje s lace

encallar *v* [I] (barco) to run aground

encandilar *v* [T] (impresionar) to delight, to impress

encantado, -a *adj* **1** (feliz) delighted: *Está encantada con su nueva casa.* She's delighted with her new house. **2** (en presentaciones) pleased to meet you: *–Ésta es mi tía. –Encantada.* "This is my aunt." "Pleased to meet you." • *Encantado de conocerla.* I'm very pleased to

meet you. ▶ ver nota en **HELLO 3** (hechizado) enchanted: *una casa encantada* an enchanted house

encantador[1], -a *adj* lovely, charming

encantador[2], -a s **encantador -a de serpientes** snake charmer

encantamiento s spell

encantar *v* [T] **1** (gustar) **me/le encanta el chocolate** I love/she loves chocolate: *Antes me encantaba patinar.* I used to love skating. • *Le encantaron los regalos.* She loved the presents. • *Nos encantaría que vinieran a visitarnos.* We'd love you to come and visit us. **2** (hechizar) to cast a spell on: *La bruja encantó a la princesa.* The witch cast a spell on the princess.

encanto s **1** (persona) **ser un encanto** to be charming: *Su novia es un encanto.* His girlfriend's charming. **2** (atractivo) charm: *No me pude resistir a sus encantos.* I couldn't resist his charms. **3 como por encanto** as if by magic

encapotado, -a *adj* (cielo) overcast

encapricharse *v pron* **1** (obsesionarse) **encapricharse con algo** *Se ha encaprichado con un MP3.* She's gotten it into her head that she has to have an MP3 player. **2** (enamorarse) **encapricharse con alguien** to be smitten with sb

encapuchado[1], -a *adj* hooded

encapuchado[2], -a s hooded person

encaramarse *v pron* (subirse) **encaramarse a algo** to climb up sth

encarar *v* [T] **1** (enfocar – una tarea, un problema) to approach: *No sabe cómo encarar el problema.* He doesn't know how to approach the problem. **2** (un desafío) to face up to: *encarar el futuro* to face the future

encarcelamiento s imprisonment

encarcelar *v* [T] to imprison

encarecer *v* [T] to raise the price of: *La crisis encarecerá el petróleo.* The crisis will raise the price of oil.
—**encarecerse** *v pron* to go up in price, to become more expensive: *El pescado se ha encarecido mucho.* Fish has become a lot more expensive.

encarecidamente *adv* **te pido/ruego encarecidamente que...** I beg you to... • **te recomiendo encarecidamente que...** I strongly recommend you to...

encarecimiento s rise in price: *el encarecimiento del petróleo* the rise in oil prices

encargado[1], -a *adj* **estar encargado -a de algo** to be in charge of sth, to be responsible for sth: *Está encargado de juntar el dinero.* He's in charge of collecting the money.

encargado[2], -a s **1** (en una tienda, una fábrica) manager: *¿Puedo hablar con el encargado?* Can I speak to the manager? **2 el encargado/la encargada de algo** the person in charge of sth, the person responsible for sth: *el encargado de seguridad* the person in charge of security • **ser el encargado/la encargada de algo** to be in charge of sth, to be responsible for sth: *Ella es la encargada de organizar el concierto.* She's in charge of organizing the concert.

encargar *v* [T] **1** (en una tienda – flores, comida, un libro) to order: *Encarguemos unas pizzas.* Let's order some pizzas. **2 encargarle algo a alguien (a)** (pedirle que lo compre) to ask sb to get sth for you: *Me encargó unos libros de arte.* She asked me to get some art books for her. **(b)** (pedirle que lo haga) to ask sb to do sth: *Me encargó que no dejara entrar a nadie.* He asked me not to let anybody in.
—**encargarse** *v pron* **1 encargarse de algo/alguien** to take care of sth/sb: *Yo me encargo de la comida.* I'll take care of the food. • *Encárgate de avisar a los demás.* You let the others know. **2 encargarse de que alguien haga algo** to make sure that sb does sth: *Se encargó de que nadie se aburriera.* He made sure that nobody got bored.

encargo s **1** (pedido) order: *Aún no han traído el encargo.* They haven't delivered our order yet. • **por encargo** to order: *Solo los hacemos por encargo.* We only make them to order. **2** (a un amigo, un vecino) **hacerle un encargo a alguien** to ask sb to get something for you: *Quería hacerte un encargo.* I wanted to ask you to get something for me. • *Me hicieron miles de encargos.* Lots of people asked me to get things for them.

encariñarse v pron **encariñarse con algo/alguien** to become very attached to sth/sb

encarnación s **1** (personificación) embodiment: *la encarnación del mal* the embodiment of evil **2 la Encarnación** the Incarnation

encarnado[1], -a adj **1** (color) red **2** (uña, vello) ingrown, ingrowing **3** (personificado) incarnate: *Es el demonio encarnado.* He's the devil incarnate.

encarnado[2], -a s red

encarnar v [T] **1** (personificar) to personify **2** (interpretar) to play: *En su última película encarna a un agente secreto.* In his latest movie he plays a secret agent.

encarnizado, -a adj (lucha, batalla) fierce, bitter

encarretarse v pron to get hooked • **encarretarse con algo** to get really involved in sth, to get into sth • **encarretarse con alguien** to get involved with sb

encarrilar v [T] (llevar por buen camino) to get back on track: *El país no consigue encarrilar su economía.* The country can't get its economy back on track.

encasillar v [T] to pigeonhole

encasquillarse v pron (arma) to jam

encauzar v [T] **1** (agua) to channel **2** (dirigir) to channel

encendedor s lighter

encender v [T] **1** (la luz, la televisión, el computador) to turn on, to switch on: *Enciende la luz.* Turn the light on. • *No pude encender el computador.* I couldn't turn the computer on. **2** (un cigarrillo, una vela, el fuego) to light: *Tuvimos que encender las velas.* We had to light the candles. **3** (provocar) to inflame: *Su discurso encendió a las masas.* His speech inflamed the masses. —**encenderse** v pron (luz, calefacción) to come on: *La calefacción se enciende automáticamente.* The heating comes on automatically.

encendido[1], -a adj **estar encendido -a (a)** (luz, aparato) to be on: *La calefacción no está encendida.* The heating isn't on. **(b)** (cigarrillo, vela, fuego) to be lit

encendido[2] s (de un carro) ignition

encerar v [T] (el suelo) to polish

encerrar v [T] **1** (a una persona, un animal – con llave) to lock in; (sin llave) to shut in: *Te voy a encerrar en tu cuarto.* I'm going to lock you in your room. • *Encerré al perro en la cocina.* I shut the dog in the kitchen. **2** (contener) to contain: *El libro encierra las respuestas a muchas preguntas.* The book contains the answers to many questions. —**encerrarse** v pron **1** (con llave) to lock yourself in **2** (sin llave) to shut yourself in: *Me encerré en mi cuarto a estudiar.* I shut myself in my room to study.

encerrona s **1** (trampa) trap • **hacerle una encerrona a alguien** to set a trap for sb **2** (para trabajar) retreat, seclusion

encestar v [I, T] (en básquetbol) to score: *Encestó un triple.* He scored a three-pointer. • *Encestó desde muy lejos.* He scored from a long way away.

enceste s basket

enchilada s tortilla filled with meat and covered with tomato and chili sauce

enchinarse v pron **1** (el pelo) to curl **2 se me enchinó la piel/el cuero** I got goosebumps

enchufar v [T] (un aparato) to plug in: *Enchufa el televisor.* Plug the TV in.

enchufe s **1** (de un aparato) plug **2** (en la pared) socket, outlet

encía s gum

encíclica s encyclical

enciclopedia s encyclopedia

encierro s **1** (reclusión) retreat, seclusion **2** (aislamiento) seclusion **3** (para protestar) sit-in

encima[1] prep **encima de algo/alguien** on sth/sb, on top of sth/sb: *encima del televisor* on the television/on top of the television

estar encima de alguien, estarle encima a alguien (a) (para que haga algo) to be on sb's back: *Mis padres me están siempre encima para que estudie.* My parents are always on my back about studying. **(b)** (controlando) to be breathing down sb's neck: *Siempre está encima de los empleados.* He's always breathing down his employees' necks. • **estar por encima de algo** to come before sth: *Mis hijos están por encima de todo.* My children come before everything else. • **estar por encima de alguien** to be above sb: *Se cree que está por encima de los demás.* He thinks he's above everyone else.

encima[2] adv **1** (además) on top of that: *Hacía frío y encima llovía.* It was cold, and on top of that, it was raining. • *Encima me gritó.* He even shouted at me. • *Es feo y encima caro.* It's ugly, and expensive to boot. • *Y encima quiere que pague yo.* And to cap it all, he wants me to pay. **2** (en la parte de arriba) on top: *Ponlo ahí encima.* Put it on top of there. • **por encima** on top: *Espolvoréelo con azúcar por encima.* Sprinkle some sugar on top. **3** (consigo) **tener/llevar algo encima** to have sth on you: *No llevo dinero encima.* I don't have any money on me. **4** (cerca) **tenemos el examen/la Navidad encima** the exam/Christmas is upon us

leer/mirar algo por encima to take a quick look at sth • **por encima de todo** first and foremost: *Es, por encima de todo, un gran cantante.* He is, first and foremost, a great singer. • **quitarse algo/a alguien de encima** to get rid of sth/sb

encimar v [T] (dar de más) to add on: *¿Cuánto quieres que te encime por el celular?* How much do you want me to add on for the cell phone?

encime s (al vender algo) *dos juegos y un CD de encime* two games with a CD thrown in for free

encina (tb **encino**) s holm oak (pl holm oaks)

encinta adj **estar encinta** to be pregnant

enclaustrarse v pron (para estudiar, aislarse) to shut yourself away

enclavado, -a adj set, situated: *una capilla enclavada en el centro de París* a chapel in the middle of Paris

enclave s enclave

enclenque[1] adj **1** (débil) weak **2** (enfermizo) sickly

enclenque[2] s weakling

encoger v **1** [I] (tb **encogerse**) to shrink: *Este tipo de tela encoge.* This kind of material shrinks. **2** [T] (contraer) to pull back: *Encogió la pierna rápidamente.* He quickly pulled his leg back.

encomendar v [T] (encargar) **encomendarle algo a alguien** to entrust sth to sb, to entrust sb with sth

encomienda s package, parcel • **enviar algo por encomienda** to send something by parcel post

enconcharse v pron **1** (ensimismarse) to withdraw into your shell **2** (esconderse) to go into hiding

encontrar v [T] **1** (hallar) to find **2** (considerar) to find —**encontrarse** v pron **1** (hallar) to find: *Me lo encontré en la calle.* I found it in the street. **2** (reunirse) to meet • **encontrarse con alguien** (por casualidad) to meet sb; (habiendo hecho un arreglo) to meet up with sb **3** (sentirse) to feel: *No me encuentro muy bien.* I don't feel very well. **4** (descubrir) **encontrarse con que** to discover that

encorvado, -a adj **ser/estar encorvado -a** to have a stoop • **caminar encorvado -a** to walk with a stoop

E

encriptación *s* encryption

encrucijada *s* **1** (cruce) crossroads **2** (situación difícil) **estar en una encrucijada** to be at a crossroads: *Me encuentro en una encrucijada, no sé qué hacer.* I'm faced with a dilemma; I don't know what to do.

encuadernación *s* **1** (acción) binding **2** (tapas) **encuadernación en rústica/tela/cuero** paperback/cloth/leather binding

encuadernar *v* [T] to bind

encuadrar *v* [T] (con una cámara) to frame

encuadre *s* composition

encubierto, -a *adj* (intento, ayuda, actividad) covert; (crítica, amenaza) veiled

encubrir *v* [T] **1** (una persona) to cover up for **2** (un delito) to cover up **3** (un sentimiento) to hide

encuentro *s* **1** (de personas) meeting **2** (en deportes) game

encuesta *s* opinion poll

encuestado, -a *s* respondent: *un tercio de los encuesta-dos* a third of those polled

encuestador, -a *s* **1** (de encuestas de opinión) pollster **2** (de estudios de mercado) market researcher

encurtidos *s* [pl] pickles

endeble *adj* **1** (persona) frail **2** (mueble, armazón, embarcación) flimsy **3** (defensa, razonamiento) feeble

endémico, -a *adj* endemic

endemoniado, -a *adj* **1** (inaguantable) darned **2** (malvado) evil **3** (poseído del demonio) possessed

enderezar *v* [T] to straighten
—**enderezarse** *v pron* (de pie) to stand up straight; (sentado) to sit up straight

endeudarse *v pron* to get into debt

endibia (tb **endivia**) *s* endive

endilgar *v* [T] **1** (una tarea, un encargo) **endilgarle algo a alguien** to lumber sb with sth **2** (un discurso, un sermón) **endilgarle algo a alguien** to subject sb to sth **3** (un apodo) **endilgarle algo a alguien** to give sb sth

endocrino[1], -a *adj* endocrine

endocrino[2], -a *s* endocrinologist

endocrinólogo, -a *s* endocrinologist

endogamia *s* inbreeding

endosar *v* [T] **1** (un cheque) to endorse **2** (una tarea, un encargo) **endosarle algo a alguien** to saddle sb with sth

endoscopio *s* endoscope

endrogado, -a *adj* **estar endrogado (con alguien)** to be heavily in debt (to sb): *Está endrogado con su suegro.* He's heavily in debt to his father-in-law.

endrogarse *v pron* to get into debt

endulzar *v* [T] to sweeten

endurecer *v* [T] to harden
—**endurecerse** *v pron* **1** (material) to go hard **2** (persona) to grow hardened

endurecimiento *s* **1** (de unas sanciones, una política) toughening **2** (de arterias) hardening

enema *s* enema

enemigo[1], -a *s* enemy (pl -mies)

enemigo[2], -a *adj* enemy [solo ante s]: *el ejército enemigo* the enemy army

enemistad *s* enmity

enemistarse *v pron* **enemistarse (con alguien)** to fall out (with sb)

energético, -a *adj* **1** (suministro, ahorro, política) energy [solo ante s]: *el consumo energético* energy consumption **2** (alimento, bebida) **una barra/bebida energética** an energy bar/drink

energía *s* **1** (en física) energy **2** (de una persona) energy • **energía eléctrica** electricity • **energía eólica** wind power • **energía nuclear** nuclear power • **energía solar** solar power

enérgico, -a *adj* **1** (actitud, tono) firm **2** (discurso, defensa) strong **3** (movimiento, gesto) energetic

energúmeno, -a *s* mindless thug • **ponerse como un energúmeno/una energúmena** to go berserk • **gritar como un energúmeno/una energúmena** to shout like a madman/madwoman

enero *s* January ▶ para ejemplos, ver FEBRERO

enésimo, -a *adj* **1** (vez) umpteenth • **por enésima vez** for the umpteenth time **2** (en matemáticas) nth: *un número elevado a la enésima potencia* a number raised to the nth power

énfasis *s* emphasis • **poner (el) énfasis en algo** to emphasize sth

enfático, -a *adj* emphatic

enfatizar *v* [T] to emphasize

enfermarse *v pron* to get sick, to fall ill: *No pudo venir porque se enfermó.* He couldn't come because he got sick. • **enfermarse de cáncer/tuberculosis** to get cancer/tuberculosis

enfermedad *s* illness (pl -sses), disease (*más frml*): *una enfermedad de la piel* a skin disease • **contraer una enfermedad** to catch a disease

> **¿illness o disease?**
> Como sustantivos contables la diferencia es pequeña:
> illness es un problema serio de salud en general: *She died at the age of 52, after a long illness.*
> disease es un tipo concreto de enfermedad que recibe un nombre y afecta a una parte del cuerpo: *childhood diseases such as measles and chickenpox*
> Como incontables, illness es la condición de estar enfermo: *She missed two weeks' work because of illness.*
> disease se refiere a enfermedades en general: *Thousands of refugees are dying of hunger and disease.*

enfermería *s* **1** (lugar) sickbay **2** (disciplina) nursing

enfermero, -a *s* nurse

enfermizo, -a *adj* **1** (persona) sickly **2** (pasión, conducta, celos) unhealthy

enfermo[1], -a *adj* sick, ill ▶ ver nota en ILL

enfermo[2], -a *s* **1** (persona enferma) sick person • **los enfermos** the sick • **un -a enfermo -a de sida/cáncer** a person with AIDS/cancer • **los enfermos terminales/mentales** the terminally/mentally ill **2** (paciente) patient: *los enfermos de sida* the AIDS patients

enfocar *v* **1** (en cine y fotografía) **(a)** [I] to focus **(b)** [T] **enfocar algo** to focus on sth **2** [T] (con una linterna, un reflector) **enfocar a alguien con algo** to shine sth at sb **3** [T] (un tema, un problema) to approach

enfoque *s* **1** (en cine y fotografía – acción) focusing; (efecto) focus **2** (de un tema, un problema) approach (pl -ches) • **un enfoque de algo** an approach to sth

enfrenón *s* screech of brakes • **darse un enfrenón** to slam the brakes on

enfrentamiento *s* clash (pl -shes)

enfrentarse *v pron* **1** (equipos deportivos) to play • **enfrentarse a/con alguien** to play sb **2** (boxeadores) to fight • **enfrentarse a/con alguien** to fight sb **3** (hacerle frente a) **enfrentarse a/con algo** to confront sth **4** (con violencia) **enfrentarse con alguien** to clash with sb

enfrente *adv* (del otro lado de la calle) across the road: *La biblioteca está enfrente.* The library is across the road. • **justo enfrente** directly opposite

enfrente de *prep* **enfrente de algo** (del otro lado de la calle) opposite sth, across the road from sth; (de la misma acera) in front of sth: *Vive enfrente de la florería.* She lives opposite the florist. • *Plantamos un árbol enfrente de la casa.* We planted a tree in front of the house. • **enfrente de alguien** (delante) in front of sb; (cara a cara) facing sb: *Lo dijo enfrente de todos.* She said it in front of everybody. • *Estaba sentado enfrente de nosotros.* He sat facing us.

enfriamiento *s* **1** (de las relaciones, la economía) cooling **2** (de un líquido, un gas, la atmósfera) cooling **3** (catarro) chill

enfriar *v* [I] **dejar enfriar algo** (si está demasiado caliente) to let sth cool down; (si debería estar caliente) to let sth get cold
—**enfriarse** *v pron* (si está demasiado caliente) to cool down; (si debería estar caliente) to get cold

enfurecer *v* [T] **enfurecer a alguien** to make sb furious
—**enfurecerse** *v pron* to get furious

enfurruñarse *v pron* to sulk

enganchar *v* [T] **1** **enganchar algo a algo** (con un gancho) to hook sth onto sth; (un remolque, un vagón) to attach sth to sth **2** **enganchar a alguien para hacer algo/para que haga algo** to rope sb in to doing sth
—**engancharse** *v pron* **1** (quedar atrapado) to get caught: *Se me enganchó el pantalón en la cadena de la bicicleta.* My pants got caught in the bicycle chain. **2** (con la droga, el cigarro) to get hooked • **engancharse (con algo)** to get hooked (on sth)

engañar *v* [T] **1** (mentirle a) to fool, to deceive (*más frml*) **2** (ser infiel a) **engañar a alguien** to cheat on sb

engañito *s* token gift, little something

engaño *s* (mentira) deception

engañoso, -a *adj* (información, publicidad, pregunta) misleading; (apariencia, impresión) deceptive

engatusar *v* [T] to sweet-talk • **engatusar a alguien para que haga algo** to sweet-talk sb into doing sth

engavetar *v* [T] to put on ice

engendrar *v* [T] **1** (un hijo – la madre) to conceive; (el padre) to father **2** (violencia, odio, injusticia) to breed

engendro *s* **1** (persona) freak **2** (obra, producto) monstrosity (pl -ties)

englobar *v* [T] to include

engordar *v* **1** [I] (ponerse gordo) to put on weight **2** [T] (aumentar) **engordar un kilo/tres kilos** to put on a kilo/three kilos **3** [I] (alimentos) to be fattening

engorroso, -a *adj* **1** (tarea) tiresome **2** (proceso, sistema) cumbersome

engrampadora (tb **engrapadora**) *s* stapler

engrampar (tb **engrapar**) *v* [T] to staple

engranaje *s* (conjunto) gears [pl]; (individual) gear; (de un reloj) cogs [pl]

engrasar *v* [T] **1** (con aceite) to oil **2** (con grasa) to grease
—**engrasarse** *v pron* **me engrasé las manos/la ropa** my hands/clothes got greasy

engreído[1], -a *adj* conceited, bigheaded

engreído[2], -a *s* conceited person, spoiled person

enguayabado, -a *adj* with a hangover • **estar enguayabado -a** to have a hangover

engullir *v* [T] to wolf down

enharinar *v* [T] (alimento) to dip in flour; (molde, superficie) to dust with flour

enhebrar *v* [T] to thread

enhorabuena[1] *interj* congratulations

enhorabuena[2] *s* **darle la enhorabuena a alguien** to congratulate sb

enigma *s* mystery, enigma (*más frml*)

enigmático, -a *adj* enigmatic

enjabonar *v* [T] to soap
—**enjabonarse** *v pron* to soap yourself • **enjabonarse la cara/las manos** to soap your face/your hands

enjambre *s* swarm

enjuagar *v* [T] (la ropa, los platos) to rinse

—**enjuagarse** *v pron* **enjuagarse la boca/el pelo** to rinse your mouth/hair

enjuague *s* rinse • **hacer enjuagues** to rinse your mouth
enjuague bucal mouthwash

enlace *s* **1** (en Internet) link **2** (aéreo, ferroviario, por satélite, teléfono) link • **vuelo de enlace** connecting flight **3** (en química) bond **4** (en una organización) go-between

enlatado, -a *adj* (alimento) canned

enlazar *v* **1** [I] **enlazar con algo** (tren, vuelo – con otro tren, vuelo) to connect with sth; (carretera) to join sth **2** [T] (relacionar) to link • **enlazar algo con algo** to link sth with sth

enlodado, -a *adj* muddy • **estar/quedar enlodado -a (a)** (zapatos, tapete) to be/to get covered in mud, to be/to get muddy: *Me dejaron todo el tapete enlodado.* They got mud all over the carpet. **(b)** (camino, cancha) to be/to get muddy: *Había llovido y la cancha estaba enlodada.* It had rained and the playing field was muddy.

enloquecedor, -a *adj* maddening

enloquecer *v* **1** [I] (enloquecerse) to go mad **2** [T] **enloquecer a alguien (a)** (hacer que se vuelva loco) to drive sb crazy: *Me estás enloqueciendo con tantas preguntas.* You're driving me crazy with all these questions. **(b)** (enfervorizar) to drive sb wild **(c)** (gustar mucho a) *La música lo enloquece.* He's crazy about music.

enmarañar *v* [T] **1** (cabellos, hilos, cables) to tangle **2** (un asunto) to complicate

enmarcar *v* [T] (una lámina, una foto) to frame

enmascarado[1], -a *adj* masked

enmascarado[2], -a *s* **enmascarado** masked man (pl men) • **enmascarada** masked woman (pl women)

enmedio, en medio *adv* in the middle: *Tú ponte enmedio.* You stand in the middle. • *enmedio del partido* in the middle of the game • *Estaba enmedio de las dos muchachas.* He was in between the two girls.

enmendar *v* [T] **1** (una ley) to amend **2** (una errata) to correct

enmicar *v* [T] (un documento, una credencial) to laminate, to cover in plastic

enmienda *s* **1** (de una ley) amendment **2** (de una errata) correction

enmohecer *v* [T] **enmohecer algo** (un alimento, una prenda) to make sth go moldy; (el metal) to make sth go rusty
—**enmohecerse** *v pron* **1** (alimento, prenda) to go moldy **2** (metal) to go rusty

enmudecer *v* [I] to fall silent

ennegrecer *v* [T] to blacken
—**ennegrecerse** *v pron* to go black

enojado, -a *adj* **estar enojado -a (con alguien)** (por algo serio) to be angry (with sb); (por algo poco importante) to be mad (at sb)

enojar *v* [T] to anger

enojarse *v pron* **enojarse (con alguien)** (por algo serio) to get angry (with sb); (por algo poco importante) to get mad (at sb): *No te enojes conmigo.* Don't get angry with me.

enojo *s* **1** (ira) anger **2** (molestia) annoyance

enólogo, -a *s* wine expert

enorgullecer *v* [T] **enorgullecer a alguien** to make sb proud • **me enorgullece ser mexicano/su victoria** I am proud to be Mexican/of their victory
—**enorgullecerse** *v pron* **enorgullecerse de algo** to be proud of sth

enorme *adj* huge

enormemente *adv* enormously • **enormemente difícil** terribly difficult

enredadera *s* creeper

enredado, -a *adj* tangled

enredar *v* [T] **1** (enmarañar) to tangle up **2** (enrollar) to wind up **3** (complicar) to complicate **4** (implicar) **enredar a alguien en algo** to get sb mixed up in sth
—**enredarse** *v pron* **1** (enmarañarse) to get tangled up: *Se me enredó el pelo.* My hair has gotten tangled up. **2** (complicarse) to get complicated **3** (aturdirse) to get mixed up • **enredarse con algo** to get confused by sth **4** (en una relación) **enredarse con alguien** to have an affair with sb

enredo *s* **1** (en cabellos, hilos, cables) tangle **2** (lío) mess **3** (relación) affair • **tener un enredo con alguien** to have an affair with sb

enrejado *s* (verja) railings [pl]; (de cañas) trellis (pl -ses)

enrevesado, -a *adj* complicated

enriquecedor, -a *adj* enriching

enriquecer *v* [T] **1** (hacer rico) **enriquecer a alguien** to make sb rich **2** (culturalmente, espiritualmente) to enrich **3** (un mineral, un alimento) to enrich
—**enriquecerse** *v pron* (hacerse rico) to get rich

enriquecimiento *s* **1** (económico) acquisition of wealth **2** (cultural, espiritual) enrichment **3** (de un mineral, un alimento) enrichment

enrocar *v* [I] to castle

enrojecer *v* **1** [I] (ponerse rojo) to flush **2** [T] (poner rojo) to redden
—**enrojecerse** *v pron* to go red

enrojecimiento *s* (de la piel, los ojos) redness

enrolar *v* [T] to enlist
—**enrolarse** *v pron* to enlist • **enrolarse en la marina/el ejército** to join the navy/army • **enrolarse en un partido/una organización** to join a party/an organization

enrollar *v* [T] **1** (una alfombra, un periódico) to roll up **2** (un cable, una manguera) to coil up

enroscar *v* [T] (una tapa) to screw on; (un tornillo) to screw in
—**enroscarse** *v pron* (persona, gato, perro) to curl up; (serpiente) to coil up

enrulado, -a *adj* curly

ensalada *s* salad: *una ensalada de lechuga y tomate* a lettuce and tomato salad
ensalada de frutas fruit salad

ensaladera *s* salad bowl

ensalzar *v* [T] (alabar) to praise

ensamblaje *s* assembly

ensamblar *v* [T] to assemble

ensanchar *v* [T] **1** (una calle, una carretera) to widen **2 ensanchar una falda/un vestido** to let out a skirt/a dress
—**ensancharse** *v pron* (calle, carretera) to widen

ensangrentado, -a *adj* bloodstained

ensañarse *v pron* **ensañarse con alguien** to be brutal with sb

ensayar *v* [I, T] (para un espectáculo) to rehearse

ensayo *s* **1** (de un espectáculo) rehearsal **2** (en literatura) essay **3** (prueba) test ▶ ver nota en **PRUEBA**
ensayo general dress rehearsal

enseguida, **en seguida** *adv* immediately: *Enseguida vuelvo.* I'll be right back. • *Enseguida termino.* I won't be a minute.

ensenada *s* inlet

enseña *s* (bandera) flag

enseñanza *s* **1** (acción de enseñar) teaching **2** (sistema educativo) education
enseñanza primaria primary education • enseñanza secundaria secondary education • enseñanza superior higher education

enseñar *v* [T] **1** (una materia, una técnica) to teach • **enseñarle a alguien a hacer algo** to teach sb to do sth **2** (mostrar) to show • **enseñarle algo a alguien** to show sb sth

ensillar *v* [T] to saddle

ensimismado, -a *adj* lost in thought • **ensimismado -a en algo** engrossed in sth

ensordecedor, -a *adj* deafening

ensuciar *v* [T] **ensuciar algo** to get sth dirty
—**ensuciarse** *v pron* to get dirty • **ensuciarse el vestido/los pantalones** to get your dress/pants dirty • **ensuciarse la ropa de helado/chocolate** to get ice cream/chocolate on your clothes

ensueño **de ensueño** dream [solo ante s]: *unas vacaciones de ensueño* a dream vacation

entablar *v* [T] (una lucha, unas negociaciones) to start; (una amistad, una conversación) to strike up

entallado, -a *adj* fitted

ente *s* **1** (ser) being **2** (organismo) body (pl -dies)
ente público state institution

entender *v* **1** [T] (una explicación, un idioma) to understand • **entender algo mal** to misunderstand sth • **dar a entender que** to hint that • **darle a entender a alguien que** to give sb to understand that **2** [T] (a una persona) to understand **3** [I] (saber) **entender de algo** to know about sth
—**entenderse** *v pron* **1** (comprenderse) to understand each other **2** (llevarse bien) to get along **3** (ponerse de acuerdo) to come to an agreement

entendido[1], -a *adj* (persona) knowledgeable • **ser entendido -a en algo** to know about sth

EXPRESIONES
dar algo por entendido to assume sth • se da por entendido que... it goes without saying that... • tengo/tenemos entendido que... I/we understand that... • ¿entendido? understood?

entendido[2], -a *s* expert • **un entendido/una entendida en algo** an expert on sth

entendimiento *s* **1** (acuerdo) understanding • **llegar a un entendimiento** to reach an understanding **2** (inteligencia) intellect

enterado, -a *adj* **1 estar enterado -a** to know about it • **estar enterado -a de algo** to know about sth **2 darse por enterado -a** to take the hint

enterarse *v pron* **1** (de una noticia) to hear • **enterarse de algo** to hear about sth **2** (descubrir) to find out: *Si se entera, me mata.* If he finds out, he'll kill me. • **enterarse de algo** to find out about sth **3** (darse cuenta) to realize • **enterarse de algo** to realize sth

entereza *s* **1** (serenidad) fortitude **2** (firmeza) strength of character

enternecedor, -a *adj* touching, moving

entero, -a *adj* **1** (completo) whole: *un año entero* a whole year **2** (intacto) in one piece **3** (no descremado) **leche entera** whole milk • **yogur entero** full-fat yogurt **4** (número) whole

enterrador, -a *s* gravedigger

enterrar *v* [T] to bury

entidad *s* **1** (organismo, institución) organization; (empresa) company (pl -nies): *una entidad bancaria* a bank **2** (importancia) importance: *un rival de mucha entidad* a serious rival **3** (en filosofía) entity (pl -ties)

entierro *s* **1** (ceremonia) funeral **2** (acción de enterrar) burial

entonación *s* intonation

entonces *adv* **1** (en ese caso) then: *¿Entonces qué hago?* What should I do, then? **2** (en ese momento) then: *Yo entonces tenía seis años.* I was six then. • **en/por aquel entonces** at that time **3** (luego) then

entornado, -a *adj* **1** (puerta) ajar **2** (ventana, ojos) half-closed

entornar *v* [T] **1** (una puerta) to leave ajar **2** (una ventana, los ojos) to half-close

entorno *s* **1** (sistema operativo) environment **2** (medio ambiente) environment
entorno familiar home environment • entorno laboral work environment

entorpecer *v* [T] (un proceso, una investigación) to hinder; (el tránsito) to slow down

entrada *s*

   1 de un lugar
   2 para un espectáculo
   3 acción de entrar
   4 primer plato
   5 en béisbol
   6 en fútbol
   7 en la cabeza

1 **DE UN LUGAR** entrance: *Te espero en la entrada del restaurante.* I'll wait for you outside the restaurant.
2 **PARA UN ESPECTÁCULO** ticket
3 **ACCIÓN DE ENTRAR** entry (pl -tries): *"Prohibida la entrada"* "No entry"
4 **PRIMER PLATO** starter • **de entrada** for starters
5 **EN BÉISBOL** inning
6 **EN FÚTBOL** tackle • **hacerle una entrada a alguien** to tackle sb
7 **EN LA CABEZA** **tener entradas** to have a receding hairline

entrante *adj* **1** (año, mes) next: *la semana entrante* next week **2** (gobierno, presidente) incoming

entrañable *adj* (amistad) warm; (amigo) dear; (persona, lugar) pleasant; (cariño) deep; (recuerdo) fond

entrañar *v* [T] to involve

entrañas *s* [pl] **1** (vísceras) entrails **2** (de un volcán, de la Tierra) bowels

entrar *v*

   1 pasar adentro
   2 meter
   3 empezar
   4 caber
   5 prenda
   6 meterse
   7 ser comprensible
   8 ser admitido
   9 frío, hambre, sueño
   10 participar
   11 empezar a comer

1 **PASAR ADENTRO** [I] (si el que habla está fuera) to go in; (si el que habla está dentro) to come in; (indicando dificultad) to get in: *Entra sin hacer ruido.* Go in quietly. • *Entré por la puerta de atrás.* I came in through the back door. • *La vi entrar a su casa.* I saw her go into her house. • *Entraron por la ventana del baño.* They got in through the bathroom window.
2 **METER** [T] (si el que habla está fuera) to take in; (si el que habla está dentro) to bring in: *Entra la ropa tendida.* Bring the wash in. • *Entremos las sillas antes de que llueva.* Let's take the chairs in before it rains.
3 **EMPEZAR** [I] **entramos (al colegio) a las ocho/las nueve** we start (school) at eight/nine • **entrar (a trabajar)** to start work
4 **CABER** [I] to go in: *Estos libros no entran.* These books won't go in. • *Aquí ya no entra nada más.* There's no room for anything else in here.
5 **PRENDA** [I] **esta falda/este vestido no me entra** I can't get into this skirt/this dress
6 **METERSE** [I] to get in: *Cierra la puerta, entra frío.* Shut the door, it's getting cold in here. • *Abre la ventana para que entre aire.* Open the window to let some air in. • *Me entró arena en el ojo.* Some sand got into my eye.

7 **SER COMPRENSIBLE** [I] **no me/le entra** I can't get it into my head/he can't get it into his head
8 **SER ADMITIDO** [I] **entrar a un colegio/a la universidad** to get into a school/into university • **entrar a una empresa/una organización** to join a company/an organization • **entrar como algo** to start as sth
9 **FRÍO, HAMBRE, SUEÑO** [I] **me entró frío/sueño/hambre** I started feeling cold/sleepy/hungry
10 **PARTICIPAR** [T] **entrarle a un torneo/un partido** to compete in a tournament/to join in a game • **no entrarle a algo** not to be into sth: *Yo a la mota no le entro.* I'm not into smoking pot.
11 **EMPEZAR A COMER** [T] **éntrale/éntrenle** start eating: *Éntrenle, que si no se les va a enfriar.* Tuck in, or it'll get cold. • *Tú éntrale a tu sopa.* You get started on your soup.

entre *prep*

   1 indicando pertenencia a un grupo
   2 indicando relación
   3 indicando cooperación
   4 indicando punto intermedio
   5 intercalado con
   6 indicando distribución
   7 indicando suma de elementos
   8 en matemáticas

1 **INDICANDO PERTENENCIA A UN GRUPO** among: *Tu dibujo estaba entre los mejores.* Your drawing was among the best.
2 **INDICANDO RELACIÓN** between: *No hay nada entre él y yo.* There's nothing between him and me.
3 **INDICANDO COOPERACIÓN** between • **entre todos/los tres** between all of us/the three of us
4 **INDICANDO PUNTO INTERMEDIO** between: *Siéntate entre Inés y Ana.* Sit between Inés and Ana. • *Cuesta entre 25 y 30 dólares.* It costs between 25 and 30 dollars.
5 **INTERCALADO CON** in among: *Lo encontré entre mis libros.* I found it in among my books.
6 **INDICANDO DISTRIBUCIÓN** (entre dos personas) between; (entre varias personas) among: *Repártanse la pizza entre los dos.* Share the pizza between you. • *Reparte las golosinas entre todos los niños.* Share the candy out among all the children.
7 **INDICANDO SUMA DE ELEMENTOS** *Entre el regalo y las flores gasté un montón.* What with the present and the flowers, I spent a lot of money. • *Entre todos éramos más de veinte.* Altogether there were more than twenty of us.
8 **EN MATEMÁTICAS** *dividir doce entre tres* to divide twelve by three • *Doce entre tres es igual a cuatro.* Twelve divided by three is four.

¿between o among?
"Entre" indica posición entre dos o más elementos.
Si es entre dos, se usa between: *I sat between Alex and Sarah.*
Si es entre más de dos, se usa among: *The hut was hidden among the trees.*

entreabierto, -a *adj* **1** (puerta) ajar **2** (ventana, ojos) half-open

entreacto *s* intermission

entrecejo *s* space between your eyebrows • **fruncir el entrecejo** to frown

entrecerrado, -a *adj* (ojos) half-closed

entrecortado, -a *adj* **1** (voz) faltering **2** (respiración) labored

entrega *s* **1** (de premios en una ceremonia) awards ceremony **2** (de mercancías) delivery (pl -ries)
entrega a domicilio home delivery • entrega contra reembolso cash on delivery

entregar *v* [T] **1** (dar) **entregarle algo a alguien** to give sb sth **2** (deberes, una tarea) to hand in **3 entregarle un premio a alguien** to present sb with a prize **4** (mercancías) to deliver **5** (a un delincuente, un rehén) to hand over
—**entregarse** *v pron* (a una autoridad) to give yourself up

E

entremés s (plato) **entremeses** [pl] hors d'oeuvres

entrenador, -a s **1** (de un atleta, un tenista) coach (pl -ches) **2** (de un equipo) coach (pl -ches)
entrenador -a personal personal trainer

entrenamiento s **1** (físico) training; (táctico) coaching **2** (sesión) training session

entrenar v **1** [T] (a un atleta, un tenista, un equipo) to coach **2** [I] (hacer ejercicio) to train
—entrenarse v pron to train

entrepaño s (anaquel) shelf (pl shelves)

entrepierna s crotch (pl -ches)

entresijos s [pl] ins and outs

entretanto, entre tanto adv in the meantime

entretención s entertainment

entretener v [T] **1** (divertir) (programa, espectáculo) to entertain: No sabía qué hacer para entretener a los chicos. I didn't know what to do to keep the children amused. **2** (retrasar) to hold up **3** (distraer) to distract
—entretenerse v pron **1** (divertirse) to keep yourself amused **2** (retrasarse) to be held up

entretenido, -a adj entertaining • **es/no es muy entretenido -a** it's a lot of fun/it isn't much fun

entretenimiento s entertainment

entretiempo s **1 de entretiempo** lightweight **2** (en deportes) half time

entrevista s **1** (en los medios) interview • **hacerle una entrevista a alguien** to interview sb **2** (para un trabajo) interview

entrevistado, -a s interviewee

entrevistador, -a s interviewer

entrevistar v [T] (en los medios, para un trabajo) to interview

entristecer v [T] **me/nos entristece** it makes me/us sad, it saddens me/us (más frml)

entrometerse v pron to interfere • **entrometerse en algo** to meddle in sth, to interfere in sth

entrometido¹, -a adj interfering

entrometido², -a s busybody (pl -dies)

entronque s junction

entumecer v [T] **entumecer algo** (frío, medicamento) to make sth go numb; (el estar sentado) to make sth go stiff
—entumecerse v pron (por el frío, un medicamento) to go numb; (por estar sentado) to go stiff

entumecimiento s (por el frío, un medicamento) numbness; (por estar sentado) stiffness

enturbiar v [T] **1** (un líquido) to cloud **2** (el ambiente, una relación, una celebración) to sour
—enturbiarse v pron **1** (líquido) to go cloudy **2** (ambiente, relación, celebración) to go sour

entusiasmado, -a adj **estar entusiasmado -a (con algo)** to be excited (about sth)

entusiasmar v [T] to thrill: No me entusiasma mucho. I'm not very keen on it.
—entusiasmarse v pron **entusiasmarse (con algo)** to get excited (about sth)

entusiasmo s enthusiasm

entusiasta¹ adj enthusiastic

entusiasta² s enthusiast

enumeración s (lista) list

enumerar v [T] to list

enunciado s **1** (de una idea, un problema, una pregunta) wording **2** (en matemáticas) formulation **3** (en lingüística) utterance

enunciar v [T] **1** (una teoría, un principio) to state **2** (un problema matemático) to formulate

envainar v [T] to put aside
—envainarse v pron to get into trouble

envasado s (en latas) canning; (en paquetes, cajas) packing; (en botellas) bottling
envasado al vacío vacuum packaging

envasar v [T] (en latas) to can; (en paquetes, cajas) to pack; (en botellas) to bottle • **envasar al vacío** to vacuum-pack

envase s **1** (de un producto – recipiente) container; (frasco) jar; (de cartón) carton **2** (botella vacía) empty bottle
envase no retornable non-returnable bottle

envejecer v [I] **1** (hacerse viejo) to grow old **2** (parecer más viejo) to age

envejecimiento s ageing

envenenamiento s poisoning

envenenar v [T] to poison

envergadura s **1** (importancia) importance • **de gran/escasa envergadura** of major/little importance **2** (de un ave, un avión) wingspan

enviado, -a s **1** (corresponsal) correspondent **2** (en política) envoy

enviado especial, enviada especial s special correspondent

enviar v [T] **1** (una carta, un paquete, un mensaje) to send • **enviar algo por barco/por avión** to send sth by sea/by air • **enviarle un SMS a alguien** to text sb • **enviar(le) algo (a alguien) por correo electrónico** to e-mail sth (to sb) **2** (una pizza, las compras) to send

enviciarse v pron **enviciarse con algo** to get addicted to sth

envidia s jealousy • **¡qué envidia!** I'm so jealous! • **me/le da envidia** I'm/he's jealous • **tenerle envidia a alguien** to be jealous of sb • **morirse de envidia** to be green with envy

envidiable adj enviable

envidiar v [T] to envy • **no tener nada que envidiarle a alguien/algo** to be every bit as good as sb/sth

envidioso¹, -a adj jealous

envidioso², -a s **ser un envidioso -a** to be a jealous person

envío s **1** (de una carta, un paquete) ¿Cuánto cuesta el envío de este paquete? How much will it cost to send this parcel? **2** (de tropas, ayuda) sending
envío a domicilio home delivery

enviudar v [I] to be widowed

envoltura (tb **envoltorio**) s **1** (de una golosina) wrapper **2** (de un regalo) wrapping

envolvente adj enveloping ▶ SONIDO envolvente

envolver v [T] **1** (un regalo, un paquete) to wrap • **envolver algo para regalo** to gift-wrap sth **2** (para abrigar) to wrap up **3** (rodear) to envelop **4** (implicar) to involve • **envolver a alguien en algo** to get sb involved in sth

enyesado, -a adj (brazo, pierna) in a cast: Tengo el brazo enyesado. My arm is in a cast.

enyesar v [T] (un brazo, una pierna) to put in a cast

enzima s enzyme

eólico, -a adj wind [solo ante s]: un generador eólico a wind turbine ▶ ENERGÍA eólica

epicentro s epicenter

épico, -a adj epic

epidemia s epidemic

epidural s epidural • **ponerle a alguien la epidural** to give sb an epidural

epígrafe s **1** (en libro, capítulo) epigraph **2** (en piedra, metal) inscription

epilepsia s epilepsy: un ataque de epilepsia an epileptic fit

epiléptico, -a adj, s epileptic

epílogo s epilog

episodio s **1** (de una serie) episode **2** (suceso) incident

epístola s epistle

epitafio s epitaph

epíteto s (calificativo) epithet

época s **1** (período) time: *en aquella época* in those days **2** (del año) time of year: *en esta época* at this time of year **3** (de la historia) times [pl]: *en la época de la dictadura/de Clinton* during the dictatorship/during the Clinton era • **la época victoriana** Victorian times **4 traje/película de época** period costume/drama • **un coche de época** a vintage car **5 hacer época** to be epoch-making: *Anotó un gol de los que hacen época.* He scored a goal that will go down in history.

epopeya s **1** (poema) epic **2** (hazaña) feat

equidistante adj equidistant

equilátero, -a adj equilateral

equilibrado, -a adj **1** (persona) well-balanced **2** (dieta) balanced

equilibrar v [T] (balanza, presupuesto) to balance
—**equilibrarse** v pron (balanza, presupuesto) to be balanced

equilibrio s **1** (para no caer) balance • **mantener el equilibrio** to keep your balance • **perder el equilibrio** to lose your balance **2** (entre dos cosas diferentes) balance: *Buscan un equilibrio entre las dos tendencias.* They are seeking a balance between the two tendencies. **3 hacer equilibrios** to do a balancing act

equilibrismo s **1** (en el suelo) **un espectáculo de equilibrismo** a balancing act **2** (en la cuerda floja) tightrope walking

equilibrista s **1** (en el suelo) acrobat **2** (en la cuerda floja) tightrope walker

equipado, -a adj equipped

equipaje s luggage • **hacer el equipaje** to pack
equipaje de mano hand luggage ▶ **EXCESO de equipaje**

equipamiento s **1** (acción) equipping **2** (equipo) equipment; (de un carro) features [pl]

equipar v [T] **1** (la casa, el gimnasio) to equip; (un carro) to equip **2** (con herramientas) to equip **3** (con ropa) to outfit, to equip

equiparable adj comparable • **equiparable a algo** comparable to sth

equiparación s equality: *Exigen la equiparación de servicios.* They are demanding the same level of service.

equiparar v [T] to make equal • **equiparar algo a/con algo** to put sth on a par with sth

equipo s **1** (en deportes) team: *el equipo de vóleibol* the volleyball team **2** (de profesionales o técnicos) team • **trabajar en equipo** to work as a team • **trabajo en equipo** teamwork **3** (equipamiento) equipment [U]: *un equipo de esquí/de fútbol* skiing equipment/a football uniform **4** (herramientas) kit
equipo de buceo diving gear • equipo de música, equipo de sonido sound system • equipo de salvamento rescue team

equitación s riding, horseback riding • **hacer equitación** to ride

equitativo, -a adj fair

equivalencia s equivalence

equivalente[1] adj equivalent: *palabras de significado equivalente* words with the same meaning

equivalente[2] s equivalent • **el equivalente a** the equivalent of

equivaler v [I] **1** (con cantidades) **equivaler a algo** to be equivalent to sth **2** (con significados) **equivaler a algo** to amount to sth: *Eso equivale a decir que no.* That amounts to saying no.

equivocación s mistake • **por equivocación** by mistake

equivocado, -a adj **1** (errado) wrong • **estar equivocado -a** to be wrong **2** (al llamar por teléfono) –*¿Está María? –No, está equivocado.* "Is Maria there?" "No, you have the wrong number."

equivocarse v pron **1** (cometer un error) to make a mistake: *Cualquiera se puede equivocar.* Anyone can make a mistake. • *Te equivocaste, es el rojo.* You're wrong, it's the red one. • **equivocarse de puerta/de número** to get the wrong door/to dial the wrong number: *Se equivocó de tren.* He got on the wrong train. **2** (estar equivocado) to be wrong, to be mistaken (*más frml*) • **equivocarse con alguien** to be wrong about sb

equívoco s misunderstanding

era s age: *la era de Internet* the Internet age
la era cristiana the Christian era • la era espacial the space age

erario s treasury

erección s erection

erecto, -a adj erect

ergonomía s ergonomics [+v en sing]

ergonómico, -a adj ergonomic

erguir v [T] **1** (la cabeza, el cuerpo) to raise **2** (la espalda) to straighten **3 erguir las orejas** to prick up your ears
—**erguirse** v pron (un edificio, una montaña) to stand

erigir v [T] **1** (construir) to build, to erect (*más frml*) **2** (fundar) to found **3** (dar condición de) **erigir a alguien en algo** to make sb sth
—**erigirse** v pron (convertirse) **erigirse en algo** to become sth

erizar v [T] **erizar a alguien** to set sb's teeth on edge: *Ese ruido me eriza.* That noise sets my teeth on edge.
—**erizarse** v pron **se me/le eriza la piel** (por miedo) my/his hair is standing on end; (por impresión) the hairs on the back of my/his neck are standing up

erizo s **1** (mamífero) hedgehog **2 erizo (de mar)** sea urchin

ermita s chapel

ermitaño, -a s hermit

erógeno, -a adj erogenous

erosión s erosion

erosionar v [T] to erode
—**erosionarse** v pron to erode

erótico, -a adj erotic

erotismo s eroticism

erradicación s eradication

erradicar v [T] to eradicate

errante adj wandering

errar v [T] (un tiro, un penal) to miss • **errarle (a)** (no dar en el blanco) to miss **(b)** (en un cálculo) *Le erró por mucho.* He was way out.

errata s misprint ▶ **FE de erratas**

errático, -a adj erratic

erróneo, -a adj incorrect

error s **1** (equivocación) mistake, error (*más frml*) • **cometer un error** to make a mistake **2** (en informática) bug
error de cálculo miscalculation • error de imprenta misprint • error de ortografía spelling mistake • error judicial miscarriage of justice

eructar v [I] to burp

eructo s burp

erudición s learning, erudition (*más frml*)

erudito[1], **-a** adj erudite

erudito[2], **-a** s scholar

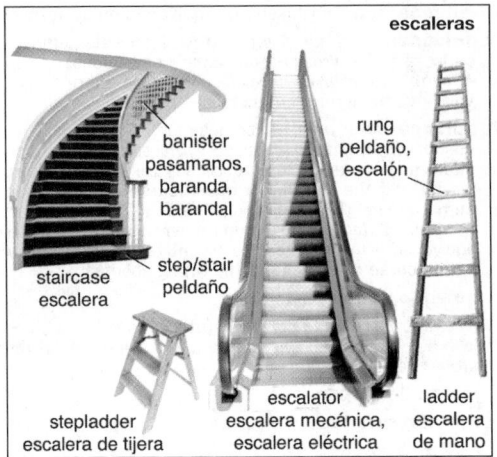

escaleras

banister
pasamanos,
baranda,
barandal

step/stair
peldaño

staircase
escalera

stepladder
escalera de tijera

rung
peldaño,
escalón

escalator
escalera mecánica,
escalera eléctrica

ladder
escalera
de mano

erupción *s* **1** (en la piel) rash (pl -shes) • **me/le salió una erupción (en la cara)** I got a rash (on my face)/he got a rash (on his face) **2** (de un volcán) eruption • **entrar en/hacer erupción** to erupt

esbeltez *s* **1** (de persona) slenderness **2** (de edificio) elegance

esbelto, -a *adj* **1** (persona) slender **2** (edificio) elegant

esbozar *v* [T] **1** (un plan, una solución) to outline **2** **esbozar una sonrisa** to give a hint of a smile

esbozo *s* **1** (dibujo) sketch (pl -tches) **2** (resumen) outline **3** **un esbozo de sonrisa** a hint of a smile

escabeche *s* pickling liquid made with oil, wine or vinegar and bay leaves • **pescado/zanahorias en escabeche** pickled fish/carrots

escabroso, -a *adj* **1** (terreno) rough **2** (detalle) lurid; (suceso) shocking **3** (tema) delicate

escabullirse *v pron* **1** (escaparse) to escape **2** (irse con disimulo) to slip away **3** (librarse) **escabullirse de algo** to get out of sth

escafandra *s* **1** (de buzo) diving suit **2** (de astronauta) space suit

escala *s* **1** (en un viaje) stopover: *un vuelo sin escalas* a non-stop flight • **hacer escala en** (avión) to stop over in; (barco) to call at **2** (serie jerárquica) scale: *en una escala de uno a diez* on a scale of one to ten **3** (en música) scale **4** (proporción) scale • **una reproducción/un dibujo a escala** a scale model/drawing • **a gran/pequeña escala** on a large/small scale: *un estudio a gran/pequeña escala* a large-scale/small-scale study • **dibujar algo a escala** to draw sth to scale • **escala de Richter** Richter scale • **escala de valores** set of values • **escala técnica** refueling stop

escalada *s* **1** (de una montaña) climb: *una escalada difícil* a difficult climb **2** (de precios, de protestas) rise • **una escalada de los precios** a rise in prices

escalador, -a *s* climber

escalafón *s* (de ascensos) ladder

escalar *v* **1** [I, T] (una montaña) to climb **2** [I] (de categoría) to rise

escaldar *v* [T] (verduras) to blanch
—**escaldarse** *v pron* to scald yourself

escalera *s* **1** (de un edificio) stairs [pl] • **bajar/subir las escaleras** to go down/up the stairs • **bajar/subir las escaleras corriendo** to run down/up the stairs • **bajar/subir por las escaleras** to take the stairs • **caerse por las escaleras** to fall down the stairs **2** (estructura) staircase: *una escalera de mármol/madera* a marble/wooden staircase **3** (para apoyar en la pared) ladder **4** (de tijera) stepladder
escalera de caracol spiral staircase • **escalera de**

incendios fire escape • **escalera eléctrica** escalator • **escalera mecánica** escalator

escalerilla *s* (de avión) steps [pl]

escalfar *v* [T] to poach

escalinata *s* staircase: *una escalinata de mármol* a marble staircase

escalofriante *adj* **1** (declaración, crimen) chilling **2** (cantidad, cifra) staggering

escalofrío *s* **1** (de frío o fiebre) shiver: *Me dio un escalofrío.* I shivered. • **me/le produce escalofríos** it makes me/him shiver • **tener escalofríos** to be shivering **2** (de miedo) shiver (of fear)

escalón *s* **1** (fijo, en un edificio) step: *Cuidado con el escalón.* Watch the step. **2** (de una escalera portátil) rung **3** (en un proceso) stage **4** (en una empresa, una organización) grade

escalonado, -a *adj* **1** (pirámide) stepped; (terreno) terraced **2** (pagos) staggered

escalope *s* escalope

escama *s* **1** (de un pez, un reptil) scale **2** (de piel, jabón) flake

escamar *v* [T] **1** (intrigar) **escamar a alguien** to make sb suspicious **2** (pescado) to scale
—**escamarse** *v pron* to become suspicious

escampar *v* [I] **1** to stop raining: *Espera, a ver si escampa.* Wait and see if it stops raining. **2** to shelter: *Escampemos de la lluvia en ese portal.* Let's shelter from the rain in this doorway.

escandalizar *v* [T] (asustar, provocar escándalo) to shock
—**escandalizarse** *v pron* to be shocked • **escandalizarse por/con algo** to be shocked by/at sth

escándalo *s* **1** (alboroto) racket • **armar escándalo** to make a racket **2** (quejas, protestas) **armar un escándalo** to make a scene **3** (asunto escandaloso) scandal • **¡es un escándalo!** it's outrageous!

escandaloso, -a *adj* **1** (alborotador – persona, máquina) very noisy; (risa) very loud: *No seas escandaloso.* Stop being so noisy. **2** (llamativo) outrageous **3** (exagerado) outrageous: *El precio era escandaloso.* The price was outrageous.

escandinavo, -a *adj*, *s* Scandinavian

escanear *v* [T] to scan

escáner *s* (aparato) scanner

escaño *s* seat

escapada *s* **1** (viaje) short break **2** (en ciclismo) breakaway

escapar *v* [I] **1** (huir) to escape • **dejar escapar a alguien** (perder) to let sb get away; (liberar) to set sb free **2** (quedar fuera del alcance) to be beyond: *Eso escapa a mi comprensión.* This is beyond my comprehension. **3** (involuntariamente) **dejar escapar un grito/una carcajada/un suspiro** to let out a scream/to let out a laugh/to sigh • **dejar escapar una oportunidad** to miss an opportunity
—**escaparse** *v pron* **1** (de la cárcel, de una jaula) to escape • **escaparse de su/la casa** to run away from home **2** (salir corriendo) to run off: *No dejes que se escape el perro.* Don't let the dog run off. • **escaparse de entre las manos** to slip through your fingers **3** (gas, líquido) to leak **4** (involuntariamente) **se me/le escapó** (un secreto) I/he let it slip • **se me/le escapó una carcajada** I/he couldn't help laughing • **se me/le escapó un eructo** I/he burped **5** (pasar desapercibido) **no se te/le escapa nada** you don't/he doesn't miss a thing **6** (un punto) **se me/le ha escapado un punto** I/he dropped a stitch

escaparate *s* **1** (para la ropa) wardrobe **2** (aparador) sideboard

escapatoria *s* way out

escape s **1** (salida) escape **2** (pérdida) leak: *un escape de gas* a gas leak **3** (de un vehículo a motor) exhaust ▶ TUBO de escape

escapulario s scapular

escarabajo s beetle

escaramuza s **1** (batalla) skirmish (pl -shes) **2** (enfrentamiento) brush (pl -shes)

escarbadientes, escarbadiente s toothpick

escarbar v [I, T] **1 escarbar (en) la tierra/la arena** to dig in the earth/the sand **2 escarbar (en) un asunto/el pasado** to delve into a matter/the past —**escarbarse** v pron **escarbarse los dientes** to pick your teeth

escarceo s **1** (tentativa) foray **2** (flirteo) fling

escarcha s frost

escarificación s scarification

escarlata adj scarlet

escarlatina s scarlet fever

escarmentar v **1** [I] (aprender) to learn your lesson **2** [T] (castigar) **escarmentar a alguien** to teach sb a lesson

escarmiento s **1** (castigo) lesson • **darle un escarmiento a alguien** to teach sb a lesson **2** (lección) lesson • **servirle de escarmiento a alguien** to be a lesson to sb

escarola s endive

escarpado, -a adj (terreno) steep

escarpín s bootee

escasear v [I] to be scarce

escasez s **1** (insuficiencia) shortage **2** (pobreza) poverty

escaso, -a adj **1** (recursos, información, conocimientos) limited **2 estar/andar escaso -a de algo** to be short of sth **3 a escasos diez centímetros/cinco días** just ten centimeters/five days away **4** (poco, pequeño) little: *El gobierno tiene escaso margen de maniobra.* The government has little room for maneuver.

escatimar v [T] (fondos, comida) to skimp on • **no escatimar esfuerzos/gastos** to spare no effort/expense • **no escatimar elogios a alguien/algo** to be full of praise for sb/sth

escena s **1** (de una obra, una película) scene **2** (escenario) entrar en/salir a escena to go on stage • **poner una obra en escena** to stage a play **3** (campo) scene: *la escena política* the political scene **4 hacer/montar una escena** to make a scene **5** (situación) scene: *escenas de la vida cotidiana* scenes of daily life **6** (de un crimen, un accidente) scene

escenario s **1** (en un teatro) stage • **subir al escenario** to go up onto the stage **2** (de un crimen, un accidente) scene

escénico, -a adj

escenificación s **1** (de una obra literaria) dramatization **2** (de una obra de teatro) staging

escenificar v [T] **1** (una obra literaria) to dramatize **2** (una obra de teatro) to stage

escenografía s **1** (arte) set design **2** (decorados) set

escenógrafo, -a s set designer

escepticismo s skepticism • **manifestar/expresar escepticismo ante algo** to be skeptical about sth

escéptico[1], -a adj skeptical

escéptico[2], -a s skeptic

escindir v [T] (separar) to split —**escindirse** v pron **escindirse de algo** to split from sth • **escindirse en algo** to split into sth

escisión s split

esclarecedor, -a adj (dato, informe) illuminating

esclarecer v [T] (hechos) to clarify; (un crimen, una muerte) to clear up

esclarecimiento s (de unos hechos) clarification; (de un crimen) clearing up

esclava s **1** (pulsera) identity bracelet **2** ▶ ESCLAVO

esclavitud s slavery

esclavizar v [T] **1** (someter a esclavitud) to enslave **2** (sojuzgar) to enslave

esclavo, -a s slave

esclerosis s (en medicina) sclerosis esclerosis múltiple multiple sclerosis

esclusa s (de un canal) lock

escoba s **1** (de paja) broom; (tipo cepillo) brush (pl -shes) **2** (de bruja) broomstick

escobazo s **darle un escobazo a alguien** to hit sb with a broom

EXPRESIONES
echar a alguien a escobazos to kick sb out

escobero s (armario) broom cupboard

escobeta s scrub brush (pl -shes)

escobilla s (para limpiar) brush (pl -shes)

escocer v [I] **1** (ojos, herida) to sting: *Me escuecen los ojos.* My eyes are stinging. **2** (producir amargura) to hurt

escocés[1], -esa adj (a cuadros) tartan ▶ FALDA escocesa

escocés[2], -esa s (persona) Scot • **los escoceses** the Scots

escocés[3] s (idioma) Scots

Escocia Scotland

escoger v [I, T] to choose • **escoger entre dos/varias cosas** to choose between two/several things • **escoger entre algo y/o algo** to choose between sth and/or sth ▶ ver nota en CHOOSE

escolar[1] adj school [solo ante s] • **el año/el reglamento escolar** the school year/the school rules • **las vacaciones escolares** the school vacation • **edad escolar** school age: *un niño en edad escolar* a child of school age

escolar[2] s (niño) schoolboy; (niña) schoolgirl • **escolares** schoolchildren

escolarización s schooling

escolarizar v [T] to provide with a school education

escoleta s **1** (ensayo) rehearsal: *Los alumnos deben asistir puntualmente a las escoletas.* Students must be punctual for rehearsals. **2** (banda) band

escollo s (obstáculo) obstacle • **salvar/superar un escollo** to overcome an obstacle

escolta[1] s [masc & fem] (guardaespaldas) bodyguard

escolta[2] s [fem] escort • **escolta policial** police escort

escoltar v [T] to escort

escombros s [pl] rubble [sing]

esconder v [T] **1** (ocultar) to hide **2** (sorpresa, enojo) to hide —**esconderse** v pron to hide • **esconderse de alguien** to hide from sb

escondida s **1 jugar a la(s) escondida(s)** to play hide-and-seek **2 a escondidas** in secret: *Fuman a escondidas.* They smoke in secret. • *Se ve con él a escondidas de sus padres.* She's seeing him behind her parents' back.

escondidillas s [pl] **jugar a las escondidillas** to play hide-and-seek

escondite s **1** (lugar) hiding place **2 jugar al escondite** to play hide-and-seek

escopeta s shotgun escopeta de caza hunting rifle • escopeta de dos cañones double-barreled shotgun • escopeta de cañones recortados sawn-off shotgun

escorar v [I] (en navegación) to list
—**escorarse** v pron (barco) to list

escoria s 1 (residuo de fundición) slag 2 (de la sociedad) dregs [pl]

Escorpio (tb **Escorpión**) s Scorpio: *Francisco es (de) Escorpio.* Francisco's a Scorpio.

escorpión s scorpion

escotado, -a adj (vestido) low-cut: *un vestido escotado* a low-cut dress

escote s 1 (de una prenda de vestir) neckline: *un escote grande* a low neckline 2 (de una persona) cleavage • **escote en V** V-neck • **escote redondo** crew neck

escozor s (dolor, ardor) stinging

escribir v 1 [I, T] (trazar signos) to write: *Escribe con la derecha.* She writes with her right hand. • **escribir a máquina** to type • **escribir algo a mano** to write sth by hand 2 [I, T] (una carta, un mail) to write • **escribirle a alguien** to write to sb 3 [I, T] (en periodismo, música, literatura) to write • **escribir una canción** to write a song 4 [T] (deletrear) to spell: *Se escribe con K.* It's spelled with a K. 5 [I] (bolígrafo, lápiz) to write
—**escribirse** v pron (tener correspondencia) to write to each other

escrito[1], -a adj written • **una carta escrita a mano/a máquina** a handwritten/typed letter
EXPRESIONES
estaba escrito que se iba a equivocar/que la conocería he was destined to make a mistake/to meet her • **por escrito** in writing

escrito[2] s (documento, petitorio) document

escritor, -a s writer

escritorio s 1 (mueble) desk 2 (oficina) office 3 (en una casa) study (pl -dies) 4 (en computación) desktop

escritura s 1 (acción de escribir) writing 2 (sistema) script 3 (de una propiedad, un contrato) **escritura (pública)** deed 4 **las Sagradas Escrituras** the Holy Scriptures
escritura de compraventa deed of sale

escriturar v [T] to execute by deed

escrúpulo s (moral) scruple • **sin escrúpulos** unscrupulous

escrupuloso, -a adj scrupulous

escrutar v [T] (los votos) to count

escrutinio s count

escuadra s 1 (para dibujar) set square 2 (de buques) squadron

escuadrilla s (de aviones, buques) squadron

escuadrón s 1 (de caballería) squadron 2 (del ejército) troop 3 (de aviones) squadron

escuálido, -a adj skinny

escucha s **escucha(s) telefónica(s)** (phone) tapping

escuchar v 1 [I] (con atención) to listen: *¡Escucha!* Listen! 2 [T] **escuchar algo/a alguien** to listen to sth/sb • **escuchar la radio** to listen to the radio 3 (oír) to hear: *¿Escuchaste eso?* Did you hear that?
—**escucharse** v pron to like the sound of your own voice

escudarse v pron **escudarse en algo** to use sth as an excuse

escudería s team

escudo s 1 (arma) shield 2 (de un estado, una familia) coat of arms 3 (que se lleva en la solapa) badge

escuela s 1 (institución, edificio) school • **estar en la escuela** to be at school • **ir a la escuela** to go to school 2 (facultad) school, faculty (pl -ties) 3 (en arte, filosofía) school
escuela de conducción driving school • **escuela de conductores** driving school • **escuela de manejo** driving school • **escuela particular** private school • **escuela primaria** elementary school • **escuela privada** private

school • **escuela pública** public school • **escuela secundaria** secondary school • **escuela técnica** technical college

escueto, -a adj (conciso) succinct

escuincle, -a s kid: *Ya tienen cinco escuincles.* They have five kids now.

esculcar v [T] (un cajón, un armario) to rummage around in: *La encontré esculcando en mi oficina.* I found her rummaging around in my office. • *No me esculques los bolsillos.* Don't go through my pockets.

esculpir v [T] (una escultura) to sculpt

escultor, -a s sculptor

escultura s sculpture

escultural adj (bello, proporcionado) statuesque

escupir v 1 [I] (por la boca) to spit • **escupir a alguien** to spit at sb: *Me escupió a la cara.* He spat in my face. 2 [T] (semillas, huesos) to spit out 3 [T] (lava, humo) to spew out

escupitajo s gob of spit • **lanzarle un escupitajo a alguien** to spit at sb

escurridizo, -a adj 1 (suelo) slippery 2 (asunto, problema) tricky 3 (persona) evasive

escurridor s 1 (para platos) dish rack 2 (colador) colander

escurrir v 1 [I, T] (los platos, la verdura) to drain 2 [I] (ropa) to drip-dry 3 [T] (torcer) to wring out • **escurrir la ropa** to wring the washing out
—**escurrirse** v pron 1 (resbalarse) to slip: *El jarrón se me escurrió de las manos.* The vase slipped out of my hands. 2 (escabullirse) to slip away

esdrújulo, -a adj stressed on the third-last syllable

ese[1], -a adj that: *Dame ese libro.* Give me that book. • **ese día/esa semana** that day/that week ▶ ESOS

ese[2], -a pron that one: *–¿Cuál te gusta? –Esa.* "Which one do you like?" "That one." ▶ ESOS

ese[3] s
EXPRESIONES
hacer eses (al andar) to stagger

ése, -a pron ▶ ESE -A

esencia s 1 (lo fundamental) essence • **en esencia** essentially 2 (extracto) essence: *esencia de vainilla* vanilla essence

esencial adj 1 (constitutivo) essential 2 (necesario) essential 3 **lo esencial** the main thing • **en lo esencial** basically

esfera s 1 (en geometría) sphere 2 (del reloj) face 3 (campo, área) sphere

esférico, -a adj spherical

esfero s pen, ballpoint pen

esfinge s (en la mitología) sphinx (pl -xes)

esforzarse v pron to make an effort • **esforzarse más** to try harder • **esforzarse para/por hacer algo** to make an effort to do sth

esfuerzo s 1 effort • **hacer un esfuerzo (por hacer algo)** to try (to do sth) • **hacer esfuerzos (a)** (físicamente) to exert yourself **(b)** (tratar) to try 2 (intento) attempt

esfumarse v pron 1 (desaparecer) to fade 2 (marcharse) to vanish

esgrima s fencing • **practicar esgrima** to fence

esgrimir v [T] 1 (una razón, un argumento) to put forward • **esgrimir algo como algo** to use sth as sth 2 (un arma) to wield

esguince s sprain • **hacerse un esguince en el tobillo/la rodilla** to sprain your ankle/to twist your knee

eslabón s 1 (de metal) link 2 (enlace) link

eslavo[1], -a adj Slav, Slavonic

eslavo², -a *s* (persona) Slav

eslavo³ *s* (idioma) Slavonic

eslogan *s* slogan

eslora *s* length • **tener 100 metros de eslora** to be 100 meters long

eslovaco¹, -a *s* (persona) Slovak, Slovakian

eslovaco² *s* (idioma) Slovak, Slovakian

eslovaco³, -a *adj* Slovak, Slovakian

Eslovaquia Slovakia

Eslovenia Slovenia

esloveno¹, -a *s* (persona) Slovene, Slovenian

esloveno² *s* (idioma) Slovene, Slovenian

esloveno³, -a *adj* Slovene, Slovenian

esmaltado *s* enamel

esmaltar *v* [T] (con esmalte) to enamel

esmalte *s* **1** (barniz) enamel **2** (de los dientes) enamel **3 esmalte (de uñas)** nail polish

esmerado, -a *adj* (persona) painstaking; (trabajo, presentación) careful; (servicio) attentive

esmeralda *s* (piedra) emerald • **un collar/un anillo de esmeraldas** an emerald necklace/ring

esmeraldero, -a *s* (minero) emerald miner; (traficante, comerciante) emerald dealer

esmerarse *v pron* **esmerarse (en hacer algo)** to take great care (to do sth)

esmero *s* great care • **con esmero** with great care

esmirriado, -a *adj* skinny

esmoquin *s* tuxedo

esnifar *v* [T] (cocaína) to snort; (pegamento) to sniff

esnob¹ *s* person who wants to seem trendy (pl people who want to seem trendy): *Esos críticos son unos verdaderos esnobs.* Those critics just want to seem trendy.

esnob² *adj* **ser esnob** to always be trying to seem trendy

esnobismo *s* snobbery

esnórquel snorkel

esnorquelear *v* [I] to snorkel • **ir a esnorquelear** to go snorkeling

eso *pron* **1** (algo cerca) that: *Deja eso por ahí y siéntate.* Leave that there and sit down. **2** (lo que se ha mencionado) that: *No digas eso.* Don't say that. • *¿Qué es eso de que no vas a ir?* What's all this about you not going? • **eso es** that's right • **por eso** that's why • **será por eso que...** that must be why...

a eso de las dos/las seis at around two o'clock/six o'clock • **en eso** just then • **¿y con eso qué?** so what? • **¿y eso?** how come? • **y eso que** even though

esófago *s* esophagus

esos¹, -as *adj* those: *Me gustan esos zapatos.* I like those shoes. • *¿Puedo comer una de esas galletas?* Can I have one of those cookies?

esos², -as *pron* those: *–¿Te gustan estos zapatos? –Prefiero esos.* "Do you like these shoes?" "I prefer those."

ésos, -as *pron* ▶ **ESOS -AS**

esotérico, -a *adj* esoteric

espabilado, -a *adj* **1** (listo) smart **2** (despierto, alerta) alert

espabilar *v* **1** [I, T] (despertar) to wake up **2** [I] (dejar de ser ingenuo) to get your act together **3** [T] (hacer que deje de ser ingenuo) **espabilar a alguien** to make sb get their act together

—**espabilarse** *v pron* **1** (despertarse) to wake up **2** (dejar de ser ingenuo) to get your act together **3** (darse prisa) to get a move on

espaciador, -a *adj* **barra/tecla espaciadora** space bar

espacial *adj* space [solo ante s] • **una misión espacial** a space mission ▶ **ESTACIÓN espacial**, **NAVE espacial**, **SONDA espacial**, **VUELO espacial**

espaciar *v* [T] **1** (físicamente) to space out **2** (en el tiempo) to reduce the frequency of

espacio *s*

> **1** lugar
> **2** entre palabras, líneas
> **3** medio físico
> **4** tiempo
> **5** en radio, televisión
> **6** en astronomía

1 **LUGAR** room: *Ocupa demasiado espacio.* It takes up too much room.

2 **ENTRE PALABRAS, LÍNEAS** space: *una página a doble espacio* a double-spaced page • **espacio (en blanco)** (en un ejercicio) blank

3 **MEDIO FÍSICO** space: *el tiempo y el espacio* time and space

4 **TIEMPO** space: *en un corto espacio de tiempo* in a short space of time • **por espacio de dos horas/unos minutos** for two hours/a few minutes

5 **EN RADIO, TELEVISIÓN** (programa) program; (parte de un programa) slot

6 **EN ASTRONOMÍA el espacio** space

espacio aéreo airspace • **espacio informativo** news program • **espacio vital** living space

espacioso, -a *adj* spacious

espada¹ *s* [fem] **1** sword **2 espadas** [pl] (en naipes) one of the four suits in the Spanish deck of cards

espada² *s* [masc & fem] (en tauromaquia) matador

espadachín *s* swordsman (pl -men)

espaguetis *s* [pl] spaghetti [U]

espalda *s* **1** (parte del cuerpo) back **2** (parte de una prenda) back **3** (en natación) backstroke: *los 100 metros espalda* the 100 meters backstroke • **nadar espalda** to do the backstroke

a espaldas de alguien behind sb's back • **caerse de espaldas** (asombrarse) to die of shock • **darle la espalda a alguien (a)** (presentar la espalda) to stand with your back to sb **(b)** (abandonar, no hacer caso) to turn your back on sb • **de espaldas** (boca arriba) on your back • **estar de espaldas a alguien** to have your back to sb: *No lo reconocí porque estaba de espaldas.* I didn't recognize him because he had his back to me. • **de espaldas a algo (a)** (presentando la espalda) with your back to sth **(b)** (sin considerar) without acknowledging sth • **por la espalda** behind his/her back

espaldarazo *s* (reconocimiento) recognition

espaldera *s* **1** (de listones) trellis (pl -ses) **2 espalderas** [pl] wall bars

espantada *s* (fuga) flight

espantado, -a *adj* frightened • **huir espantado -a** to flee in terror

espantapájaros *s* scarecrow

espantar *v* **1** (aterrar) **(a)** [T] to frighten **(b)** [I] to be frightening: *una herida que espanta* a horrible wound **2** [T] (ahuyentar – las aves) to frighten away; (las moscas) to keep off **3** [T] (quitar) **espantar el hambre/el sueño** to spoil your appetite/to keep you awake

espanto *s* **1** (miedo) fright **2** (profunda impresión) horror • **provocarle espanto a alguien** to appall sb **3** (persona, cosa) **ser un espanto** to be hideous **4** (aparición, fantasma) ghost: *una película de espantos* a scary movie ▶ **CURADO -a de espanto**

espantoso, -a *adj* **1** (muy feo) hideous **2** (monstruo, sueño) horrific **3** (dolor, ruido) terrible: *Hace un frío espantoso.* It's freezing cold.

España Spain

español¹, -a *adj* Spanish

español², -a s Spaniard • **los españoles** the Spanish

español³ s (idioma) Spanish

esparcimiento s **1** (diversión) recreation **2** (pasatiempo) leisure activity (pl -ties) • **me sirve de esparcimiento** I do it for relaxation

esparcir v [T] **1** (desparramar) to scatter • **esparcir algo por algo** to scatter sth over sth **2** (información, una noticia) to spread
—**esparcirse** v pron **1** (desparramarse) to scatter • **esparcirse por algo** to scatter over sth **2** (rumor, noticia) to spread

espárrago s asparagus spear • **espárragos** asparagus [U]

EXPRESIONES
irse a freír espárragos to get lost • **mandar a alguien a freír espárragos** to tell sb where to go

esparto s (material, planta) esparto grass

espasmo s spasm

espasmódico, -a adj spasmodic

espátula s spatula

especia s spice

especial adj **1** (particular, diferente) special **2** (específico) special • **especial para algo/alguien** especially for sth/sb

EXPRESIONES
en especial especially • **¿algo/alguien en especial?** anything/anyone in particular?

especialidad s specialty (pl -ties)

especialista s **1** (profesional) specialist **2 especialista en arte/computación** art/computer expert

especialización s specialization

especializado, -a adj **1 especializado -a en algo** specialized in sth **2** (publicación, revista) specialized

especializarse v pron **especializarse en algo** to specialize in sth

especialmente adv **1** (sobre todo) especially **2** (sumamente) particularly **3** (específicamente) specially

especie s **1** (clase, tipo) kind **2** (en biología) species (pl species): *una especie en peligro* an endangered species

EXPRESIONES
en especie in kind

especiero s (recipiente, mueble) spice rack

especificación s specification
especificaciones técnicas technical specifications

especificar v [T] to specify

específico, -a adj specific

espécimen s specimen

espectacular¹ adj **1** (paisaje, puesta de sol) spectacular **2** (persona) stunning; (casa, carro) fantastic

espectacular² s billboard

espectacularidad s spectacular nature

espectáculo s **1** (de cine, teatro) show: *el mundo del espectáculo* show business **2** (acción que escandaliza) spectacle • **dar/hacer/montar un espectáculo** to make a spectacle of yourself **3** (vista que atrae, conmueve) sight

espectador, -a s **1** (en un cine, un teatro) member of the audience • **los espectadores** the audience [sing] **2** (de televisión) viewer **3** (en un encuentro deportivo) spectator

espectro s **1** (fantasma) ghost **2** (en física) spectrum (pl -tra)

especulación s **1** (en las finanzas, el comercio) speculation **2** (conjetura) speculation • **especulaciones sobre/acerca de algo** speculation about sth

especulador, -a s speculator

especular v [I] **1** (en finanzas) to speculate • **especular con algo** to speculate in sth **2** (realizar conjeturas) to speculate • **especular sobre/acerca de algo** to speculate on/about sth

especulativo, -a adj speculative

espejismo s **1** (ilusión óptica) mirage **2** (engaño) illusion

espejo s mirror • **mirarse al/en el espejo** to look at yourself in the mirror
espejo retrovisor rearview mirror

espeleología s (deporte) caving, spelunking

espeleólogo, -a s (deportista) caver, spelunker

espeluznante adj horrific

espera s wait • **estar a la espera de algo** to be waiting for sth • **quedo a la espera de tus noticias** I look forward to hearing from you

esperanto s Esperanto

esperanza s hope • **tener esperanzas/la esperanza de hacer algo** to hope to do sth • **perder las esperanzas (de hacer algo)** to lose hope (of doing sth)
esperanza de vida life expectancy

esperanzado, -a adj hopeful: *Estaba esperanzado en obtener la beca.* He was hopeful that he would get the grant.

esperanzador, -a adj encouraging

esperar v **1** (aguardar) **(a)** [I] to wait: *Espera un minuto.* Wait a minute. **(b)** [T] **esperar a alguien** (aguardar) to wait for sb; (al arreglar con alguien) to meet sb: *Lo esperé hasta el mediodía.* I waited for him until noon. • *Te espero en la boletería.* I'll meet you at the ticket office. • **esperar el bus** to wait for the bus • **esperar el tren** to wait for the train **2** (hasta que suceda algo) **esperar a algo** to wait till sth: *Nos conviene esperar al fin de semana.* It would be better if we waited till the weekend. • **esperar a que** to wait till **3** [T] (desear) to hope: *Espero que estés bien.* I hope you are well. • **esperar hacer algo** to hope to do sth • **espero que sí** I hope so • **espero que no** I hope not **4** [T] (imaginar, prever) to expect: *Fue más fácil de lo que esperaba.* It was easier than I expected. • **como era de esperar** as expected **5** [T] **esperar un bebé** to be expecting a baby
—**esperarse** v pron (imaginar, prever) to expect: *No me lo esperaba.* I wasn't expecting it.

EXPRESIONES
puedes esperar sentado -a you're in for a long wait

esperma s sperm

espermatozoide s sperm

espermicida s spermicide

esperpéntico, -a adj (situación, comportamiento) absurd; (espectáculo, aspecto) grotesque

esperpento s **1** (persona) freak **2** (cosa) grotesque thing: *un esperpento de vestido* a grotesque dress **3** (en literatura) theater of the grotesque

espesar v [I, T] to thicken
—**espesarse** v pron to thicken

espeso, -a adj **1** (salsa, chocolate) thick **2** (neblina, niebla) thick **3** (cabello) bushy **4** (bosque, vegetación) dense

espesor s (grosor) thickness • **tener un espesor de 2 milímetros/4 centímetros** to be 2 millimeters/4 centimeters thick

espesura s (árboles, matorrales) undergrowth

espía s spy (pl spies)

espiar v [T] **espiar a alguien** to spy on sb

espichar v [T] **1** (apretar) to press: *Espiche la tecla Control.* Press Control. **2** (aplastar) to squash, to crush **3 lo espichó un carro/un bus** he was run over by a car/a bus
—**espicharse** v pron **se me espichó un caucho/una llanta** I had a flat

espiga s ear

espigado, -a adj (persona) tall and slim

espigón s breakwater

espina s **1** (de pescado) bone **2** (de una planta) thorn **3** (astilla) splinter
espina dorsal backbone
EXPRESIONES
darle mala espina a alguien to give sb a bad feeling • **sacarse la espina de algo** to get your own back for sth

espinaca (tb **espinacas**) s [pl] spinach [U]

espinal adj spinal

espinazo s spine

espinilla s **1** (parte de la pierna) shin **2** (grano) blackhead

espinillera s shin pad

espino s (arbusto) hawthorn

espinoso, -a adj **1** (planta) thorny; (pescado) bony **2** (asunto, tema) thorny

espionaje s spying, espionage (más frml)

espiral s **1** (objeto) spiral **2** (proceso) spiral

espirar v [I, T] to breathe out

espiritismo s spiritualism • **una sesión de espiritismo** a seance

espiritista s spiritualist

espíritu s **1** (ser sobrenatural) spirit **2** (alma) soul **3** (ánimo, valor) spirit **4** (actitud) spirit
el Espíritu Santo the Holy Ghost

espiritual adj spiritual

espiritualidad s spirituality

espléndido, -a adj (día, tiempo) beautiful; (vista, oportunidad) splendid; (casa, edificio) magnificent; (novela, película, figura) wonderful

esplendor s **1** (magnificencia) splendor **2** (auge) glory

esplendoroso, -a adj magnificent

espolón s **1** (de un ave) spur **2** (malecón) sea wall

espolvorear v [T] to sprinkle

esponja s **1** (utensilio de limpieza) sponge **2** (animal) sponge

esponjoso, -a adj (bizcocho, pan) light; (lana, tejido) fluffy

espontaneidad s spontaneity

espontáneo, -a adj spontaneous

esporádico, -a adj (consumo, visitante) occasional

esposar v [T] to handcuff

esposas s [pl] handcuffs • **ponerle las esposas a alguien** to handcuff sb

esposo, -a s **esposo** husband • **esposa** wife (pl wives)

espuela s spur

espulgar v [T] **1** (de piojos) to delouse • **espulgar a un gato** to get rid of a cat's fleas **2** (escudriñar) to go through with a fine-tooth comb

espuma s **1** (de jabón) lather • **hacer espuma** to lather **2** (de un líquido) foam **3** (de cerveza) head **4** (al romper una ola) surf **5** (para el pelo) styling mousse **6** (gomaespuma) foam rubber
espuma de afeitar shaving foam • espuma de mar (mineral) meerschaum
EXPRESIONES
crecer/subir como la espuma to shoot up

espumadera s (para caldo) skimmer; (para sartén) fish slice

espumoso¹, -a adj **1** (ola) foamy; (cerveza) frothy **2** (vino) sparkling

espumoso² s (vino) sparkling wine

esqueje s cutting

esquelético, -a adj painfully thin

esqueleto s **1** (huesos) skeleton **2** (armazón) framework **3** (persona delgada) **estar hecho -a un esqueleto/ser un esqueleto** to be all skin and bone **4** (formulario) form
EXPRESIONES
mover el esqueleto to boogie

esquema s **1** (diagrama) diagram **2** (resumen) summary (pl -ries)
EXPRESIONES
romper (los) esquemas to break the mold

esquemático, -a adj **1** (dibujo, figura) schematic **2** (texto, informe) simplified

esquí s **1** (deporte) skiing • **hacer esquí** to go skiing **2** (tabla) ski
esquí acuático water skiing • esquí alpino downhill skiing • esquí de fondo cross-country skiing

esquiador, -a s skier

esquiar v [I] to ski • **ir a esquiar** to go skiing

esquilar v [T] to shear

esquilmar v [T] (a una persona) **esquilmar a alguien** to bleed sb dry

esquimal s, adj Eskimo

esquina s **1** (encuentro de dos calles) corner • **doblar la esquina** to turn the corner • **hacer esquina con algo (a)** (edificio) to be on the corner of sth **(b)** (calle) to meet sth: *donde Juárez hace esquina con Washington* where Juárez meets Washington **2** (de una mesa, un cuadro) corner
EXPRESIONES
a la vuelta de la esquina just around the corner

esquinazo **dar esquinazo a alguien** (a una persona que no te gusta) to avoid sb; (a un perseguidor) to give sb the slip

esquirla s (de cristal) shard; (de hueso) splinter; (de piedra) fragment

esquirol s scab

esquites s [pl] corn kernels sautéed with chilli peppers, herbs and lime juice

esquivar v [T] **1** (un obstáculo) to avoid **2** (un golpe) to dodge **3** (a una persona) to avoid

esquivo, -a adj uncommunicative

esquizofrenia s schizophrenia

esquizofrénico, -a adj, s schizophrenic

esquizoide adj schizoid

esrilanqués, -esa s, adj Sri Lankan

estabilidad s stability

estabilización s stabilization

estabilizar v [T] to stabilize

estable adj **1** (situación, personalidad) stable; (trabajo) steady; (tiempo) settled **2** (en química) stable

establecer v [T] **1** (disponer) to stipulate **2** (un régimen) to establish; (una empresa) to set up **3** (un contacto, una relación) to establish • **establecer una comparación** to draw a comparison **4** (determinar) to establish
—**establecerse** v pron **1** (afincarse) to settle **2** (por cuenta propia) **establecerse como algo** to set up as sth

establecimiento s **1** (de actividad comercial) establishment **2** (creación) establishment

establo s **1** (para vacas) cowshed **2** (para caballos) stable

estaca s **1** (palo) stake **2** (de una carpa) peg

estacada s **dejar a alguien en la estacada** to leave sb in the lurch

estación s **1** (del año) season **2** (de tren, de metro) station **3 estación (de radio)** (radio) station
estación de bomberos fire station • estación de esquí ski resort • estación de gasolina gas station • estación

de metro subway station • **estación de policía** police station, precinct • **estación de servicio** gas station • **estación de tren** railroad station • **estación espacial** space station

estacional *adj* seasonal

estacionamiento *s* **1** (para muchos carros) parking lot (cubierto), parking garage (al aire libre) **2** (lugar libre) parking place: *No encontré estacionamiento.* I couldn't find a parking place. **3** (acción de estacionar) parking: *una multa por estacionamiento indebido* a parking ticket

estacionar *v* [I, T] to park • **prohibido estacionar** no parking

estacionario, -a *adj* (paciente, estado de salud) stable

estacionómetro *s* parking meter

estadio *s* (para deportes) stadium
estadio de béisbol ballpark

estadista *s* (hombre) statesman (pl -men); (mujer) stateswoman (pl -women)

estadística *s* **1** (disciplina) statistics [+v en sing] **2 estadísticas** [pl] (datos) statistics

estadístico[1], -a *adj* statistical

estadístico[2], -a *s* statistician

estado *s* **1** (condición, situación) state • **en estado gaseoso/crítico** in a gaseous state/in a critical condition **2 estar en buen estado** (alimento) to be all right to eat; (calle, edificio, vehículo) to be in good condition • **estar en mal estado** (alimento) to be bad; (calle, edificio, vehículo) to be in bad condition **3** (tb **Estado**) (órgano de gobierno) state **4** (división territorial) state: *el estado de Michoacán* the state of Michoacan
estado civil marital status • estado de ánimo state of mind • estado de bienestar welfare state • estado de emergencia, estado de excepción state of emergency • estado de sitio state of siege • Estado Mayor general staff

Estados Unidos (los) **Estados Unidos** (de América) the United States (of America)

Estados Unidos Mexicanos United States of Mexico

estadounidense[1] *adj* American

estadounidense[2] *s* American • **los estadounidenses** the Americans

estafa *s* **1** (delito) fraud **2** (engaño) swindle

estafador, -a *s* **1** (que engaña a compañías) swindler, embezzler **2** (timador) con artist

estafar *v* [T] **1** (a una compañía) to defraud **2** (timar) to swindle • **estafarle algo a alguien** to swindle sb out of sth

estalactita *s* stalactite

estalagmita *s* stalagmite

estallar *v* [I] **1** (bomba, granada) to explode • **hacer estallar algo** to blow sth up **2** (neumático, globo) to burst **3** (guerra) to break out **4** (escándalo) to break **5** (por ira) to explode • **estallar de alegría** to go wild with joy

estallido *s* **1** (de una bomba, una granada) explosion **2** (de una guerra) outbreak **3** (de un escándalo) breaking

estambre *s* (de una flor) stamen

estamento *s* **1** (grupo profesional) *el estamento político/militar/estudiantil* politicians/the military/students **2** (clase social) social class (pl -sses)

estampa (tb **estampita**) *s* **1** (coleccionable) (picture) card; (autoadhesible) sticker **2** (de un santo, de la Virgen) picture
EXPRESIONES
ser la viva estampa de alguien to be the spitting image of sb

estampado[1], -a *adj* patterned, print

estampado[2] *s* pattern

estampar *v* [T] **1** (escribir) **estampar la firma en algo** to sign sth **2** (arrojar) to hurl **3** (un beso, una bofetada) to give • **estamparle un beso/una bofetada a alguien** to give sb a kiss/a slap **4** (imprimir) to print

estampida *s* stampede

estampido *s* (de un cañón) boom; (de una pistola, una bomba) bang; (de un trueno, de un látigo) crack

estampilla *s* (de correos) stamp

estancado, -a *adj* **1** (agua) stagnant **2 estar estancado -a** (economía) to be stagnant, to be at a standstill; (negociaciones) to be in deadlock; (reformas) to be at a standstill

estancarse *v pron* **1** (agua) to stagnate **2** (economía) to stagnate; (negociaciones) to reach an impasse; (reformas) to get bogged down

estancia *s* **1** (en un lugar) stay **2** (hacienda ganadera) ranch (pl -ches)

estanco[1], -a *adj* (compartimento) watertight

estanco[2] *s* liquor store

estándar *s, adj* standard

estandarte *s* standard

estanque *s* **1** (en un parque, un jardín) pond **2** (para la cría de peces) tank **3** (del inodoro) cistern **4** (en un vehículo) tank

estanquillo *s* liquor store, variety store

estante *s* **1** (mueble) set of shelves, shelving **2** (repisa) shelf (pl shelves)

estantería *s* **1** (biblioteca, librero) bookcase **2** (repisas) shelves [pl]

estaño *s* tin

estar[1] *v*

1	indicando estado, condición
2	indicando aspecto
3	indicando lugar, posición
4	indicando situación, actividad
5	indicando presencia
6	indicando permanencia
7	indicando preparación, disposición
8	indicando día, fecha
9	indicando precio, temperatura

1 INDICANDO ESTADO, CONDICIÓN [v copul] to be: *¿Cómo está tu hermana?* How's your sister? • *El pollo estaba riquísimo.* The chicken was delicious. • *¿Estás casada?* Are you married? • *Últimamente está muy serio.* He's been very serious lately. • **estar feliz/triste** to be happy/sad

2 INDICANDO ASPECTO [v copul] to look: *Estás muy elegante.* You look very stylish. • *El jardín estaba muy lindo.* The garden looked beautiful. • **estar muy alto -a** to have grown a lot

3 INDICANDO LUGAR, POSICIÓN [I] to be: *Aquí están las llaves.* Here are the keys. • *Ayer estuvimos en el club.* We were at the club yesterday. • **estar parado -a/sentado -a/acostado -a** to be standing/sitting/lying down • **¿has estado en Perú/la nueva discoteca?** have you been to Peru/the new club?

4 INDICANDO SITUACIÓN, ACTIVIDAD [I] to be: *La empresa está en quiebra.* The company is bankrupt. • *Estoy sin dormir desde hace una semana.* I haven't slept for a week. • *Todavía está sin acabar.* It's still not finished. • **estar de vacaciones/de viaje** to be on vacation/to be away • **estar con paperas/sarampión** to have mumps/measles

5 INDICANDO PRESENCIA [I] (al preguntar) to be there; (al responder) to be here; (en casa) to be in: *Llamó a la oficina preguntando si estaba Lucía.* He called the office and asked if Lucía was there. • *Hoy está, pero mañana no.* He's here today, but he won't be tomorrow. • *¿Está tu madre?* Is your mother in? • **no está** (en la oficina, la escuela) he's/she's not here; (en casa) he's/she's not in

6 INDICANDO PERMANENCIA [I] to stay: *No pienso estar más de media hora.* I'm not planning on staying more than half an hour.
7 INDICANDO PREPARACIÓN, DISPOSICIÓN [I] to be ready: *¿Ya estás?* Are you ready? • *En cuanto esté la comida, les aviso.* I'll let you know when dinner's ready.
8 INDICANDO DÍA, FECHA [I]: *¿A qué estamos hoy?* What's the date today? • **estamos a martes/a 1 de abril** it's Tuesday/it's the first of April
9 INDICANDO PRECIO, TEMPERATURA [I] to be: *¿A cuánto están las peras?* How much are the pears? • *El barril de crudo está a más de 60 dólares.* A barrel of crude costs over 60 dollars. • *El agua debe estar a 40°.* The water must be 40°.
—**estarse** *v pron*
   USO ENFÁTICO *¡Estáte quieto!* Stay still for five minutes! ▶ **estar en TODO**
EXPRESIONES
está bien (de acuerdo) all right: *–¡Vente con nosotros! –Está bien.* "Go on, come with us!" "All right." • **¿estamos?** right? • **estar con alguien (a)** (a favor) to be with sb **(b)** (de acuerdo) to agree with sb • **estar de seis semanas/meses** to be six weeks/months pregnant • **estar de más (a)** (ser innecesario) to be unnecessary **(b)** (estorbar) to be in the way • **no estaría de más** it wouldn't hurt • **estar en algo** (radicar) to be in sth: *El secreto está en la salsa.* The secret is in the sauce. • **eso está por hacer** that hasn't been done yet • **lo mejor está por venir** the best is yet to come • **está por ver(se) si...** it remains to be seen whether... • **estar por hacer algo** (a punto) to be on the verge of doing sth • **estoy que no lo puedo creer/que me caigo de sueño** I just can't believe it/I'm really sleepy • **no estar para algo** not to be in the mood for sth: *No estoy para bromas.* I'm in no mood for jokes.

estar² *v aux* **1** (con gerundio) to be • **estar haciendo algo** to be doing sth: *Está leyendo una revista.* She's reading a magazine. • *Estuvimos estudiando toda la tarde.* We were studying all afternoon. • **está lloviendo/nevando** it's raining/snowing **2** (con participio) to be: *La ciudad estaba muy cambiada.* The city was very different. • *Esta casa ya está vendida.* This house is already sold.

estatal *adj* (institución, escuela) state [solo ante s]; (empresa, canal de televisión) state-owned; (empleado) public-sector; (edificio) government [solo ante s]: *el apoyo estatal* government support

estático, -a *adj* **1** (persona) **permanecer/quedarse estático -a** to stand stock-still **2** (en física) static ▶ **BICICLETA estática**

estatua *s* statue

estatuilla *s* statuette

estatura *s* **1** (altura) height • **medir 1,80 de estatura** to be one meter eighty tall **2** (moral) stature

estatus *s* status

estatutario, -a *adj* statutory

estatuto *s* statute
   estatuto de autonomía statute of autonomy

este¹, -a *adj* this: *Nos gusta mucho esta casa.* We really like this house. ▶ **ESTOS**

este², -a *pron* **1** (cosa, persona) this one: *–¿Cuál te gusta? –Esta.* "Which one do you like?" "This one." **2** (lo mencionado en último lugar) the latter: *Llegaron mi padre y mi madre, esta con cara de enojo.* My father and mother arrived, the latter looking angry. ▶ **ESTOS**

este³ *s* **1** (área) east: *La casa mira al este.* The house faces east. • **al este de** east of • **viento del este** east wind **2 el Este** (zona política) the East • **los países del Este** the Eastern European countries

este⁴ *adj* (viento, costa, ala) east; (parte, región) eastern • **en dirección este** eastwards

éste, -a *pron* ▶ **ESTE -A**

estela *s* **1** (de un avión) vapor trail **2** (de un barco, una lancha) wake **3** (de un cometa) tail

estepa *s* steppe

estera *s* (de playa) beach mat

estéreo¹ *adj* stereo

estéreo² *s* (equipo de música) stereo

estereotipado, -a *adj* stereotyped

estereotipo *s* stereotype

estéril *s* **1** (mujer) infertile; (hombre) sterile **2** (suelo, terreno) barren

esterilidad *s* (de una mujer) infertility; (de un hombre) sterility

esterilización *s* **1** (de una persona, un animal) sterilization **2** (del instrumental, de un quirófano) sterilization

esterilizar *v* [T] **1** (a una persona, un animal) to sterilize **2** (el instrumental, un quirófano) to sterilize

esterilla *s* (que sirve de alfombra) mat; (para la playa) beach mat

esterlina *s* ▶ **LIBRA esterlina**

esternón *s* breastbone, sternum (*técn*)

esteroide *s* steroid

estética *s* **1** (ciencia) esthetics [+v en sing] **2** (estilo) style **3** (apariencia) appearance

esteticista *s* beautician

estético, -a *adj* esthetic ▶ **CIRUGÍA estética**

estetoscopio *s* stethoscope

estibador, -a *s* stevedore

estiércol *s* (excremento) dung; (abono) manure

estigma *s* **1** (deshonra) stigma **2** (en botánica) stigma

estigmatizar *v* [T] (deshonrar) to stigmatize

estilarse *v pron* to be in fashion

estilista *s* (peluquero) stylist

estilístico, -a *adj* stylistic

estilo *s* **1** (característica personal) style **2** (en arte) style: *muebles de estilo colonial* colonial-style furniture **3** (en natación) stroke • **estilos** [pl] medley **4** (clase, distinción) style: *un hombre con estilo* a man with style
EXPRESIONES
algo por el estilo something like that
   estilo de vida lifestyle • estilo directo direct speech • estilo indirecto reported speech • estilo libre freestyle

estilógrafo (tb **estilográfica**) *s* fountain pen

estima *s* respect • **tener en gran estima a alguien** to thing very highly of sb

estimable *adj* considerable

estimación *s* **1** (evaluación) estimate **2** (estima) respect

estimado, -a *adj* (en cartas) dear: *Estimada Sra:* Dear Madam,

estimar *v* [T] **1** (evaluar) to estimate • **estimar algo en algo** to estimate sth at sth **2** (apreciar – una persona) to think highly of; (una cosa) to value **3** (creer) to consider: *No estimo necesario contarles nada.* I don't consider it necessary to tell them anything.

estimulación *s* stimulation

estimulante¹ *adj* stimulating

estimulante² *s* stimulant

estimular *v* [T] **1** (el apetito, el deseo sexual) to stimulate **2** (la exportación, una inversión) to encourage **3** (a una persona) to encourage

estímulo *s* **1** (incentivo) encouragement • **servir de estímulo a algo** to encourage sth **2** (visual, acústico) stimulus (pl stimuli)

estirado, -a *adj* **1** (piernas, brazos) outstretched **2** (creído) snooty

estiramiento *s* (ejercicio) stretching • **hacer estiramientos** to do stretching exercises

estirar v [T] **1** (los brazos, las piernas) to stretch • **estirar el cuello** to crane your neck • **estirar las piernas** to stretch your legs **2** (la comida, los recursos, el dinero) **estirar algo** to make sth go further **3** (alisar) to smooth out
—**estirarse** v pron **1** (para alcanzar algo) to stretch **2** (para desperezarse) to stretch **3** (perder la forma) to stretch **4** (crecer) to shoot up

estirón s **dar/pegar un estirón** to shoot up

estirpe s stock

estival adj summer [solo ante s]: *las vacaciones estivales* the summer vacation

esto pron this: *¿Qué es esto?* What's this? • *Esto de tener dos exámenes en un día no es justo.* This business of having two exams in one day isn't fair.
EXPRESIONES
a todo esto by the way • **en esto** just then • **esto es** (es decir) that is to say

estocada s **1** (golpe) sword thrust **2** (herida) stab wound

estofado s stew

estofar v [T] to stew

estoicismo s stoicism

estomacal adj stomach [solo ante s]: *una úlcera estomacal* a stomach ulcer

estómago s stomach: *Me duele el estómago.* I have (a) stomachache. • **tener el estómago revuelto** to feel sick
EXPRESIONES
me/le revuelve el éstomago it makes me/him sick • **tener estómago** to be made of stern stuff

Estonia Estonia

estoniano, -a adj, s Estonian

estonio¹, -a s (persona) Estonian

estonio² s (idioma) Estonian

estonio³, -a adj Estonian

estoperol s (adorno) stud: *una chamarra de cuero con estoperoles* a leather jacket with studs

estoque s **1** (de espadachín) rapier **2** (de torero) sword

estorbar v **1** [I] (estar en el camino) to be in the way **2** [T] (molestar) to disturb

estorbo s (objeto, persona) nuisance

estornudar v [I] to sneeze

estornudo s sneeze

estos¹, -as adj these: *Mira estas fotos.* Look at these photos.

estos², -as pron these: *Estas son mis tías.* These are my aunts.

éstos, -as pron ▶ ESTOS -AS

estrabismo s wall-eye • **tener estrabismo** to be wall-eyed

estrado s platform

estrafalario, -a adj (ropa, ideas) outlandish

estragos s [pl] (daños) damage [sing] • **sufrir los estragos de algo** to suffer the ravages of sth • **hacer/causar estragos** (causar daños) to wreak havoc: *un grupo que causa estragos entre las adolescentes* a group that drives teenage girls wild

estrambótico, -a adj outlandish

estrangular v [T] to strangle: *Murió estrangulada.* She was strangled.

estratagema s (engaño) trick

estratega s strategist

estrategia s strategy (pl -gies)

estratégico, -a adj strategic

estrato s **1** (en el terreno) stratum (pl strata) **2 estrato (social)** social stratum (pl strata) **3** (barrio) band **4** (nube) stratus (pl strati)

estratosfera s stratosphere

estratosférico, -a adj (enorme) astronomical

estrechamiento s **1** (de una calle, una carretera) narrowing **2** (de relaciones) strengthening

estrechar v [T] **1** (abrazar) **estrechar a alguien entre los brazos** to hug sb **2** (apretar) **estrecharle la mano a alguien** to shake sb's hand **3** (una falda, una camisa) to take in **4** (las relaciones) to strengthen
—**estrecharse** v pron (carretera, río) to narrow

estrechez s **1** (de una carretera, una calle) narrowness **2 estrecheces** [pl] (económicas) hardship [sing]

estrecho¹, -a adj **1** (calle, pasillo) narrow **2** (falda, pantalón) tight: *La falda le queda muy estrecha.* The skirt is too tight on her. **3** (relación, vínculo) close **4** (margen) narrow **5** (reprimido) prudish

estrecho² s strait: *el Estrecho de Gibraltar* the Strait of Gibraltar

estrecho³, -a s prude

estrechura s (de una calle, un pasillo) narrowness

estrella¹ s **1** (en el cielo) star **2** (de cine, de fútbol) star • **una estrella del fútbol** a football star **3** (que indica categoría) star: *un hotel de cinco estrellas* a five-star hotel
EXPRESIONES
ver las estrellas to see stars
estrella de cine movie star • **estrella de mar** starfish (pl starfish) • **estrella fugaz** shooting star

estrella² adj (producto, programa) flagship; (jugador) star [solo ante s]: *el delantero estrella de la selección* the team's star forward

estrellada s crash (pl -shes): *Hubo otra estrellada en la esquina.* There was another crash at the corner.

estrellado, -a adj (cielo, noche) starry

estrellarse v pron (chocar) to crash • **estrellarse contra algo** to crash into sth, to smash into sth: *La copa se estrelló contra el piso.* The glass smashed on the floor.

estrellato s stardom

estremecedor, -a adj horrifying

estremecerse v pron **1** (de frío) to shiver: *Se estremeció de frío.* He shivered with cold. **2** (de emoción, miedo) to shudder: *Me estremecí de miedo.* I shuddered with fear.

estremecimiento s **1** (de frío) shiver **2** (de emoción, miedo) shudder

estrenar v [T] **1** (usar por primera vez) **estrenar una falda/unos jeans** to wear a new skirt/a new pair of jeans • **estrenar una billetera/cartera** to have a new wallet **2** (una película) to release; (con una gala) to premiere: *Todavía no se ha estrenado en México.* It hasn't been released in Mexico yet. **3** (una obra de teatro) *¿Cuándo estrenan el musical?* When does the musical open?
—**estrenarse** v pron (comenzar) **estrenarse en algo** to start in sth • **estrenarse como algo** to make your debut as sth

estreno s **1** (de una película) premiere **2** (de una obra teatral) opening night

estreñido, -a adj constipated

estreñimiento s constipation

estrépito s (de una alarma, bocinas, una multitud) din; (de algo que se cae o se rompe) crash (pl -shes)

estrepitoso, -a adj **1** (ruido, explosión) deafening; (carcajada) raucous **2** (fracaso) spectacular **3** (subida, caída) massive

estrés s stress

estresado, -a adj **estar muy estresado -a** to be stressed out

estresante adj stressful

estresar v [T] **me/le estresa** I find/he finds it stressful

estría s **1** (en la piel) stretch mark **2** (surco) groove

estribaciones s [pl] foothills

estribar v [I] **estribar en** to lie in

estribillo s chorus (pl -ses)

estribo s **1** (para montar) stirrup **2** (de una moto) footrest **3** (de un vehículo) running board **4** (del oído) stirrup bone
EXPRESIONES
perder los estribos to fly off the handle

estribor s starboard • **a estribor** to starboard

estricto, -a adj strict

estridente adj **1** (ruido, música) raucous **2** (color) loud

estrofa s verse

estrógeno s estrogen

estropajo s **1** (para lavarse) loofah **2** (para los trastes) scourer

estropeado, -a adj (frigorífico, televisor) broken; (ascensor, teléfono público) out of order; (comida) bad

estropear v [T] **1** (deteriorar – la ropa, los zapatos, los muebles) to ruin **2** (dañar) to damage **3 estropearle los planes/la noche a alguien** to ruin sb's plans/evening
—**estropearse** v pron **1** (televisor, computador) to break **2** (ropa, zapatos, muebles) to be ruined

estropicio s mess

estructura s **1** (disposición de las partes) structure **2** (armazón) framework

estructuración s structuring • **la nueva estructuración de algo** the restructuring of sth

estructural adj structural

estructurar v [T] to structure

estruendo s **1** (de algo que se cae) crash (pl -shes) **2** (de maquinaria, un volcán) roar **3** (de una explosión) bang

estruendoso, -a adj **1** (ruido) deafening; (ovación) thunderous; (carcajada) raucous **2** (fracaso) spectacular

estrujar v [T] **1** (un limón) to squeeze; (una esponja) to squeeze out; (la ropa) to wring out **2** (un papel) to screw up **3** (a una persona – haciéndole daño) to crush; (abrazar) to squeeze
—**estrujarse** v pron (aglomerarse) to huddle together: *Los seguidores se estrujaban a la entrada del estadio.* There was a crush of fans at the entrance to the stadium.
EXPRESIONES
estrujarse la cabeza to rack your brains

estuario s estuary (pl -ries)

estuche s (para anteojos, violín, lápices) case

estudiante s student: *Es estudiante de derecho.* He's a law student.

estudiantil adj student [solo ante s]: *una protesta estudiantil* a student protest

estudiar v **1** [I, T] (para aprender) to study: *Está estudiando psicología.* She's studying psychology. • *Tienes que estudiar más.* You have to work harder. **2** [I] (asistir a clases) **estudiar en un colegio** to go to a school • **dejar de estudiar** (en el colegio) to quit school; (en la universidad) to drop out of university **3** [T] (analizar) to study: *Todavía no hemos estudiado la propuesta.* We haven't studied the proposal yet. **4** [T] (observar) to watch: *El león estudiaba cuidadosamente a su presa.* The lion was carefully watching its prey.
—**estudiarse** v pron to study

estudio s **1** (de cine, televisión) studio **2** (en una casa) study (pl -dies) **3** (actividad) study: *el estudio del cáncer* the study of cancer **4** (trabajo de investigación) study (pl -dies) **5 estudios** [pl] studies • **dejar los estudios** (en el colegio) to quit school; (en la universidad) to drop out of university • **tener estudios** to have a formal education **6** (análisis médico) test • **hacerse un estudio** to have a

test done **7** (departamento pequeño) studio apartment **estudio de grabación** recording studio • **estudio de impacto ambiental** environmental impact study • **estudios primarios** [pl] elementary school education [sing] • **estudios secundarios** [pl] high school education [sing]

estudioso, -a adj hard-working

estufa s **1** (para dar calor) heater **2** (para cocinar) stove **estufa a gas** gas stove • **estufa eléctrica** electric stove

estupefaciente s drug

estupefacto, -a adj astounded • **quedarse estupefacto -a** to be astounded

estupendo, -a adj wonderful

estupidez s **1** (cualidad de estúpido) stupidity **2** (que se dice) **¡qué estupidez!** what a stupid thing to say! • **decir una estupidez** to say something stupid • **decir estupideces** to talk nonsense **3** (que se hace) **¡qué estupidez!** what a stupid thing to do! • **ser una estupidez** to be stupid • **hacer una estupidez** to do something stupid

estúpido[1], -a adj stupid

estúpido[2], -a s idiot: *Ahí viene el estúpido de mi vecino.* Here comes my neighbor, the stupid idiot.

estupor s (asombro) astonishment

esturión s sturgeon

esvástica s swastika

etapa s **1** (fase) stage • **por etapas** in stages **2** (en una carrera) stage

etc. (abrev de **etcétera**) etc

etcétera adv etcetera

éter s ether

etéreo, -a adj ethereal

eternidad s **1 una eternidad** (mucho tiempo) forever: *Tardó una eternidad en abrir la puerta.* He took forever to open the door. **2** (perpetuidad) eternity

eternizarse v pron **eternizarse (haciendo algo)** to take forever (to do sth)

eterno, -a adj **1** (sin principio ni fin) eternal **2** (constante, interminable) never-ending • **el viaje/el concierto se me hizo eterno** the trip/concert seemed to go on forever

ética s **1** (parte de la filosofía) ethics [+v en sing] **2** (principios morales) ethics [+v en sing]

ético, -a adj ethical • **poco ético -a** unethical

etílico, -a adj **1** (coma) alcohol-induced: *intoxicación etílica* alcohol poisoning **2 alcohol etílico** ethyl alcohol

etimología s etymology

etíope s, adj Ethiopian

Etiopía Ethiopia

etiqueta s **1** (en un cuaderno, una botella) label **2** (de una prenda) label • **la etiqueta del precio** the price tag **3** (calificativo) label: *Le pusieron la etiqueta de perezoso.* He was labeled as lazy. **4** (protocolo) etiquette • **vestirse de etiqueta** to wear formal dress

etiquetado s label, labeling

etiquetar v [T] **1** (un producto) to label; (con el precio) to put a price tag on **2** (calificar) to label • **etiquetar algo/a alguien como algo** to label sth/sb as sth

etnia s ethnic group • **de etnia árabe/gitana** of Arab/gypsy extraction

étnico, -a adj ethnic

etnología s ethnology

etnólogo, -a s ethnologist

etrusco, -a adj, s Etruscan

EU (abrev de **Estados Unidos**) U.S.A., U.S.: *en EU* in the U.S.A./in the U.S.

eucalipto s eucalyptus (pl -ses)

Eucaristía s **la Eucaristía** the Eucharist

eufemismo s euphemism

eufemístico, -a adj euphemistic

euforia s euphoria

eufórico, -a adj ecstatic • **estar/ponerse eufórico -a** to be ecstatic

eunuco s eunuch

eurasiático, -a adj, s Eurasian

Europa Europe

europeo, -a adj, s European

eutanasia s euthanasia

evacuación s evacuation

evacuar v [T] to evacuate

evadir v [T] **1** (impuestos) to evade **2** (una pregunta) to evade
—**evadirse** v pron to take your mind off things: *Fui al cine para evadirme.* I went to the movies to take my mind off things. • **evadirse de la realidad** to escape from reality

evaluación s **1** (valoración) assessment: *Todavía no tenemos una evaluación de los daños.* We don't have an assessment of the damage yet. **2** (prueba) test **3** (de los conocimientos) assessment: *evaluación continua* continuous assessment

evaluador, -a adj assessment [solo ante s]: *un proceso evaluador* an assessment process

evaluar v [T] **1** (los daños) to assess **2** (a un alumno) to assess

evangélico, -a adj evangelical

evangelio s gospel: *el evangelio según San Mateo* the gospel according to Saint Matthew

evangelista s evangelist

evangelización s evangelization

evangelizar v [T] to evangelize

evaporación s evaporation

evaporarse v pron **1** (líquido) to evaporate **2** (persona, cosa) to vanish

evasión s (escape) escape: *una evasión de la realidad* an escape from reality
evasión de capitales capital flight • **evasión de impuestos** tax evasion • **evasión fiscal** tax evasion

evasiva s **contestar/responder con evasivas** to avoid the issue: *No me respondas con evasivas.* Stop avoiding the issue.

evasor, -a s **evasor fiscal/de impuestos** tax evader

evento s event

eventual adj **1** (hipotético) possible **2** (trabajador) temporary

---

⚠ Las palabras eventual y eventualmente se pueden traducir de varias maneras en inglés, pero nunca por *eventual* o *eventually*:
We should be prepared for possible (✗ *eventual*) *delays in the schedule.*
They took measures to prevent potential (✗ *eventual*) *problems.*

---

eventualidad s (posibilidad) possibility (pl -ties): *Están preparados ante cualquier eventualidad.* They are ready for any eventuality. • **ante/en la eventualidad de** in the event of

eventualmente adv (posiblemente) possibly

evidencia s **1** (pruebas) evidence [U]: *las evidencias presentadas* the evidence presented **2** **poner algo en evidencia** to show sth • **poner a alguien en evidencia** to show sb up

evidenciar v [T] to show

evidente adj obvious

evidentemente adv obviously

evitar v [T] **1** (impedir – problemas, una colisión) to avoid • **evitar que alguien haga algo** to prevent sb doing sth:

No pudimos evitar que se enterara. We couldn't prevent him finding out. • **no puedo/no puede evitarlo** I/he can't help it • **no puedo/no puede evitar hacer algo** I/he can't help doing sth: *No puedo evitar ponerme rojo.* I can't help blushing. • **me evita mucho trabajo/muchos problemas** it saves me a lot of work/problems **2** (eludir) to avoid • **evitar hacer algo** to avoid doing sth: *Evita mencionar a su ex novia.* Avoid mentioning his ex-girlfriend. **3** (a una persona) to avoid
—**evitarse** v pron (ahorrarse) to save yourself: *Hazlo como te digo, y te evitarás problemas.* Do it the way I've told you and you'll save yourself a lot of problems.

evocador, -a adj evocative

evocar v [T] **1** (persona) to recall **2** (palabra, color, música) to be evocative of

evolución s **1** (cambio, desarrollo) development: *la evolución del país* the country's development **2** (en biología) evolution: *la teoría de la evolución* the theory of evolution

evolucionar v [I] **1** (sociedad, tecnología, situación) to develop; (moda, carácter) to change: *El enfermo evoluciona satisfactoriamente.* The patient is making satisfactory progress. **2** (en biología) to evolve

evolucionista adj evolutionary

ex[1], **ex-** pref former • **el ex presidente/los ex alumnos** the former president/former pupils • **mi ex novio/marido/esposa** my ex

ex[2] s ex (pl exes)

exabrupto s sharp remark

exacerbado, -a adj excessive

exacerbarse v pron (intensificarse) to get worse

exactamente adv exactly

exactitud s accuracy

exacto[1]**, -a** adj **1** (preciso) exact: *Llegué en el momento exacto en que empezaba.* I arrived just as it was starting. • **la respuesta exacta/10 kilos exactos** exactly the right answer/exactly 10 kilos **2** (sin errores) accurate **3** (idéntico) identical ▶ **CIENCIAS exactas**

exacto[2] adv exactly: *–O sea que son parientes. –Exacto.* "So they're related." "Exactly."

exageración s exaggeration

exagerado, -a adj **1** (referido a personas) **no seas exagerado -a** don't exaggerate • **eres/es muy exagerado -a** you're/he's always exaggerating • **¡qué exagerado -a!** you're/he's always exaggerating! **2** (gesto, reacción) exaggerated **3** (precio) exorbitant; (sueldo) inflated; (cantidad) excessive

exagerar v **1** [I] (al hablar) to exaggerate; (al actuar) to overdo it **2** [T] (aumentar la importancia de) to exaggerate

exaltación s (elogio) exaltation

exaltado[1]**, -a** adj (persona) worked up

exaltado[2]**, -a** s hothead

exaltar v [T] **1** (alabar) to extol **2** (provocar) **exaltar a alguien** to get sb worked up
—**exaltarse** v pron to get worked up

examen s exam, test: *¿Cómo te fue en el examen?* How did your exam go? • **un examen de francés/química** a French/chemistry test • **presentar/rendir/hacer (un) examen** to take an exam • **aprobar/pasar/ganar un examen** to pass an exam • **reprobar un examen** to fail an exam
examen de admisión entrance examination • **examen de ingreso** entrance examination • **examen de manejo** driving test • **examen extraordinario** makeup test • **examen final** final exam • **examen médico** medical • **examen oral** oral • **examen parcial** mid-course exam

examinador, -a s examiner

examinar v [T] **1** (a un paciente, una herida) to examine • **examinarle la vista a alguien** to test sb's eyesight **2** (a un estudiante) to examine **3** (una propuesta, una situación) to study

exasperante *adj* (irritante) exasperating

excarcelación *s* release from prison

excarcelar *v* [T] to release

excavación *s* excavation
excavación arqueológica archeological dig

excavadora *s* digger, excavator

excavar *v* [T] **1** (un túnel, un pozo) to dig **2** (en arqueología) to excavate

excedente¹ *adj* (que sobra) surplus

excedente² *s* surplus (pl -ses)

exceder *v* [T] (un límite) to exceed: *Le multaron por exceder el límite de velocidad.* He was fined for speeding.
—**excederse** *v pron* to go too far • **excederse en la comida/el trabajo** to eat too much/to work too hard

excelencia *s* **1** (cualidad) excellence **2** (fórmula de tratamiento) Your Excellency • **Su Excelencia** His/Her Excellency

EXPRESIONES
por excelencia par excellence

excelente *adj* excellent

excelentísimo, -a *adj* **el excelentísimo presidente de la República/embajador** the president of the Republic/His Excellency the ambassador

excelso, -a *adj* sublime

excentricidad *s* eccentricity (pl -ties)

excéntrico, -a *adj, s* eccentric

excepción *s* exception: *una excepción a la regla* an exception to the rule • **hacer una excepción** to make an exception • **sin excepción** without exception • **a/con excepción de** except: *todos a excepción de Juan* everyone except Juan • **excepción hecha de** with the exception of
EXPRESIONES
la excepción confirma la regla the exception proves the rule

excepcional *adj* exceptional

excepto *prep* except: *Hice todos los ejercicios excepto el último.* I did all the exercises except the last one.

exceptuar *v* [T] **1** (excluir) to exclude: *Todos recibirán un premio, sin exceptuar a nadie.* Everyone without exception will receive a prize. • **exceptuando** apart from **2** (eximir) **exceptuar a alguien de algo** to exempt sb from sth

excesivamente *adv* excessively

excesivo, -a *adj* excessive: *Cobran precios excesivos.* Their prices are too high. • **pasar un tiempo excesivo haciendo algo** to spend too long doing sth

exceso *s* excess (pl -sses) • **cometer excesos** to commit excesses • **beber/comer en exceso** to drink/to eat too much • **trabajar en exceso** to work too hard • **no me/le preocupa en exceso** I'm/he's not that worried about it
exceso de equipaje excess baggage • exceso de velocidad speeding

excitante¹ *adj* **1 una bebida/una sustancia excitante** a stimulant **2** (emocionante) exciting **3** (sexualmente) arousing

excitante² *s* stimulant

excitar *v* [T] **1** (sexualmente) to arouse **2** (poner nervioso) **el café/el té me excita** coffee/tea makes me a bit hyper
—**excitarse** *v pron* **1** (ponerse nervioso) to get overexcited **2** (sexualmente) to get aroused

exclamación *s* exclamation

exclamar *v* [T] to exclaim

exclamativo, -a *adj* exclamatory

excluir *v* [T] **1** (apartar) to exclude • **excluir a alguien de algo** to exclude sb from sth: *Le excluyeron del equipo.* He was dropped from the team. **2** (descartar) to rule out

exclusión *s* exclusion
exclusión social social exclusion

exclusiva *s* **1** (derecho) exclusive rights [pl] **2** (noticia) exclusive **3 en exclusiva** exclusively

exclusividad *s* exclusivity

exclusivo, -a *adj* exclusive

excluyente *adj* (proyecto) that excludes people: *Las dos propuestas no son excluyentes.* The two proposals are not mutually exclusive.

Excmo., **Excma.** (abrev de **excelentísimo**) Most Excellent

excomulgar *v* [T] to excommunicate

excomunión *s* excommunication

excremento *s* excrement • **un excremento** some excrement

exculpación *s* (en derecho) acquittal

exculpar *v* [T] (en derecho) to acquit

excursión *s* trip • **ir(se) de excursión** to go on a trip

excursionismo *s* hiking • **hacer excursionismo** to go hiking

excursionista *s* **1** (turista) tourist **2** (que practica el excursionismo) hiker

excusa *s* (pretexto, justificación) excuse: *Puso la excusa de que estaba ocupado.* His excuse was that he was busy. • **con la excusa de que** on the pretext that

excusado *s* toilet • **bajar/vaciar el excusado, jalarle al excusado** to flush the toilet • **echar algo al excusado** to flush sth down the toilet

excusar *v* [T] **1** (justificar) to excuse **2** (dispensar) to excuse • **excusar a alguien de hacer algo** to excuse sb from doing sth
—**excusarse** *v pron* to apologize: *Se excusó por haber llegado tarde.* He apologized for being late.

execrable *adj* abominable

exención *s* exemption

exentar *v* [T] **1 exentar una materia** to be exempt from taking an exam in a subject • **exentar a un alumno** to exempt a student from taking an exam **2** (de un pago, un impuesto, un requisito) **exentar a alguien de algo** to exempt sb from sth • **exentar un producto/un servicio de algo** to make a product/a service exempt from sth

exento, -a *adj* **1** (sin obligación) **exento de algo** exempt from sth: *Esos ingresos están exentos de impuestos.* That income is tax-exempt. **2 quedar exento -a en geografía/física** to be exempt from taking the geography/physics exam **3** (sin) **exento de algo** without sth: *Es una operación no exenta de riesgos.* It's an operation not without its risks. • **exento -a de interés** devoid of interest

exequias *s* [pl] funeral [sing]

exfoliante *s* exfoliant

exhalación *s* exhalation
EXPRESIONES
como una exhalación as quick as a flash

exhalar *v* [T] **1** (aire, un aroma) to give off **2** (un suspiro) to give

exhaustivo, -a *adj* exhaustive

exhausto, -a *adj* exhausted

exhibición *s* **1** (espectáculo) display: *un partido de exhibición* an exhibition game **2** (artística) exhibition **3** (de películas) showing

exhibicionista *s* **1** (que quiere llamar la atención) exhibitionist **2** (en sentido sexual) flasher

exhibir v [T] **1** (exponer) to display **2** (mostrar) to show **3** (una película) to show
—**exhibirse** v pron to draw attention to yourself

exhortación s **1** (incitación) exhortation **2** (ruego) plea **3 una exhortación a la huelga/la paz** a call for a strike/for peace

exhortar v [T] **exhortar a alguien a que haga algo/a hacer algo** to urge sb to do sth

exhosto s exhaust pipe, tailpipe

exhumación s exhumation

exhumar v [T] to exhume

exigencia s **1** (demanda) demand **2** (rigor) standards [pl]

exigente adj demanding • **ser exigente con alguien** to ask a lot of sb

exigir v [T] **1** (reclamar – una respuesta, una disculpa) to demand: *Exijo que me devuelvan el dinero.* I demand that you give me my money back. • **exigirle algo a alguien, exigir algo de alguien** to demand sth from sb ▶ ver nota en **ASK** **2** (requerir) to require: *Exige mucha concentración.* It requires a lot of concentration. **3** (esperar de alguien) **exigir(le) mucho/demasiado (a alguien)** to be very/too demanding (with sb)

exiguo, -a adj (presupuesto, ingresos) meager; (crecimiento) negligible; (mayoría) very slim

exiliado[1], -a adj (escritor, político) exiled • **estar exiliado -a** to be in exile

exiliado[2], -a s exile

exiliarse v pron to go into exile

exilio s exile • **en el exilio** in exile

eximente s (en derecho) grounds for acquittal [pl]

eximir v [T] **eximir a alguien de algo** to exempt sb from sth

existencia s **1** (hecho de existir) existence **2** (vida) life (pl lives) **3 existencias** [pl] (mercancías) stock

existencial adj existential

existencialista s, adj existentialist

existente adj existing: *los problemas existentes entre ambos países* the problems between the two countries

existir v [I] **1** (ser real) to exist: *Los fantasmas no existen.* Ghosts don't exist. **2** (haber) **existe/existen** there is/there are: *Existen otras posibilidades.* There are other possibilities.

éxito s **1** (buen resultado) success (pl -sses) • **tener éxito** to be successful • **no tener éxito (a)** (cantante, película) not to be successful **(b)** (al tratar de hacer algo) to be unsuccessful: *Lo intentamos, pero no tuvimos éxito.* We tried but we were unsuccessful. **2** (disco, película) hit • **grandes éxitos** greatest hits • **la lista de éxitos** (de discos) the charts • **una película/un disco de éxito** a hit movie/record • **un libro de éxito** a bestseller
éxito de ventas bestseller • **éxito de taquilla** box-office hit

exitoso, -a adj successful

éxodo s exodus (pl -ses)

exorbitante adj exorbitant

exorcismo s exorcism

exorcista s exorcist

exótico, -a adj exotic

exotismo s exoticism

expandir v [T] **1** (un gas, un objeto) to expand **2** (una empresa, un negocio, la influencia) to expand
—**expandirse** v pron **1** (gas, objeto) to expand **2** (empresa, negocio) to expand **3** (ciudad, mancha de petróleo) to spread

expansión s **1** (de un objeto, un gas) expansion **2** (de una empresa, un negocio) expansion **3** (de una epidemia, una mancha de petróleo, una doctrina) spread

expansivo, -a adj (persona, carácter) expansive ▶ **ONDA expansiva**

expatriado, -a s **1** (que ha emigrado) expatriate **2** (exiliado) exile

expectación s anticipation

expectante adj expectant: *Los niños aguardaban expectantes.* The children waited expectantly.

expectativa s **1** (inquietud) expectation **2** (espera) **estar a la expectativa (de algo)** to be waiting (for sth) **3 expectativas** [pl] (perspectivas) prospects; (esperanzas) expectations • **tengo/no tengo muchas expectativas** I have high hopes/I don't have very high hopes
expectativa de vida life expectancy

expedición s **1** (viaje) expedition **2** (personas) expedition **3** (emisión) issuing

expedicionario, -a s expedition member

expediente s **1** (documentación) file **2** (procedimiento administrativo) **abrir expediente (disciplinario) a alguien** to take disciplinary action against sb **3** (calificaciones) **expediente (académico)** academic record **4** (profesional) record
EXPRESIONES
cubrir el expediente to do the minimum required
expediente de regulación de empleo staff reduction plan

expeler v [T] (aire) to breathe out; (agua) to spray out; (humo, lava) to belch out

expendedor, -a adj

expender v [T] to sell

expensas s [pl] **a expensas de algo/alguien** at the expense of sth/at sb's expense • **vivir a expensas de algo/alguien** to live off sth/sb

experiencia s **1** (de trabajo) experience: *un empleado con mucha experiencia* a very experienced worker **2** (vivencia) experience • **saber algo por experiencia propia** to know sth from personal experience

experimentación s experimentation • **experimentación en animales** animal experiments [pl]

experimentado, -a adj experienced

experimental adj experimental

experimentar v **1** [I] (hacer experimentos) to experiment • **experimentar con algo** (con animales, humanos) to experiment on sth; (con técnicas, ingredientes) to experiment with sth **2** [T] (un sentimiento, una sensación) to experience • **experimentar alegría/tristeza** to feel happy/sad **3** [T] (un cambio) to undergo

experimento s experiment • **hacer un experimento** to do an experiment • **un experimento de química** a chemistry experiment

experto[1], -a s expert • **un experto/una experta en algo** an expert on sth

experto[2], -a adj expert • **ser experto -a en algo** to be an expert on sth

expiatorio, -a adj ▶ **CHIVO expiatorio**

expirar v [I] to expire

explanada s area of flat open ground

explayarse v pron **1** (hablando) to speak at length **2** (divertirse) to amuse yourself **3** (desahogarse) to get things off your chest

explicación s explanation • **darle una explicación a alguien** to give sb an explanation: *No tengo por qué darte explicaciones.* I don't have to explain myself to you.

explicar v [T] to explain • **explicarle algo a alguien** to explain sth to sb
—**explicarse** v pron **1** (comprender) to understand: *No me explico por qué me fue mal.* I can't understand why I did badly. **2** (hacerse entender) to explain: *¿Me explico?* Is that clear?

explicativo, -a adj explanatory

explícito, -a *adj* explicit

exploración *s* **1** (de un lugar desconocido) exploration **2** (médica) examination

explorador[1], -a *s* (persona que explora) explorer

explorador[2] *s* (en informática) browser • **el explorador de Windows®** Windows Explorer® (*marca reg*)

explorar *v* [T] **1** (un lugar desconocido) to explore **2** (a un paciente) to examine

explosión *s* **1** (de una bomba) explosion • **hacer explosión** to explode **2** (de un sentimiento) outburst **explosión demográfica** population explosion

explosivo, -a *s, adj* explosive

explotación *s* **1** (de recursos naturales) exploitation **2** (de una mina) mining; (de un negocio) running **3** (de personas) exploitation
explotación agrícola farm • **explotación ganadera** livestock farm • **explotación petrolífera** oilfield

explotador, -a *s* exploiter

explotar *v* **1** [I] (estallar) to explode **2** [T] (a una persona) to exploit **3** [T] (recursos naturales) to exploit **4** [T] (tierras) to work; (una mina) to mine; (un negocio) to run

expolio *s* plundering

exponencial *adj* (aumento, crecimiento) exponential

exponente *s* (persona) exponent; (cosa) example

exponer *v* **1** [I, T] (obras de arte) to exhibit **2** [T] (objetos en una vitrina) to display **3** [T] (un problema, una teoría) to set out; (un proyecto, un tema) to present **4** [T] to expose • **exponer algo al sol/al aire** to expose sth to sunlight/the air
—**exponerse** *v pron* **1** (arriesgarse) **exponerse a algo** to risk sth: *Se expuso a que lo echaran.* He risked being fired. **2** (a rayos, radiaciones) **exponerse a algo** to expose yourself to sth • **exponerse al sol** to expose your skin to the sun

exportación *s* **1** (acción) export **2 exportaciones** [pl] (productos) exports

exportador[1], -a *adj* **un país exportador de petróleo** an oil-exporting country • **un país exportador de vino/carne** a country that exports wine/meat

exportador[2], -a *s* exporter

exportar *v* [T] **1** (vender al extranjero) to export **2** (en informática) to export

exposición *s* **1** (de obras de arte) exhibition **2** (de flores, animales) show **3** (de un tema, de un proyecto) presentation; (de razones) explanation **4** (a los elementos) exposure • **exposición al calor/al sol** exposure to heat/to the sun **5** (en fotografía) exposure

expositor[1], -a *s* exhibitor

expositor[2] *s* display stand

expresar *v* [T] (preocupación, una opinión) to express
—**expresarse** *v pron* to express yourself

expresión *s* **1** (de un pensamiento, un sentimiento) expression **2** (idiomática) expression

expresionismo *s* expressionism

expresionista *s, adj* expressionist

expresividad *s* expressiveness

expresivo, -a *adj* expressive

expreso[1], -a *adj* **1** (explícito) express • **en forma expresa** explicitly **2** (tb **express**) (tren, bus) express: *Hay un tren expreso a las 10.* There's an express train at 10 o'clock.

expreso[2] (tb **express**) *s* **1** (tren) express train; (bus) express bus (pl -ses) **2** (café) espresso

exprimidor *s* **1** (manual) lemon squeezer **2** (eléctrico) juicer

exprimir *v* [T] **1** (una naranja, un limón) to squeeze **2** (la ropa, una jerga) to wring, to wring out **3** (un grano) to squeeze **4** (a una persona) to exploit

ex profeso *adv* expressly

expropiación *s* expropriation
expropiación forzosa compulsory purchase

expropiar *v* [T] **1** (sin indemnización) to expropriate **2** (con indemnización) to acquire by compulsory purchase

expuesto, -a *adj* (arriesgado) risky

expulsar *v* [T] **1** (a un alumno) to expel **2** (en deportes) to send off: *Lo expulsaron en el primer tiempo.* He was sent off in the first half.

expulsión *s* **1** (de la escuela) expulsion **2** (en deportes) sending-off (pl sendings-off)

exquisitez *s* exquisiteness

exquisito, -a *adj* **1** (comida, sabor) delicious **2** (tela, calidad) exquisite; (modales) impeccable

extasiarse *v pron* **extasiarse con algo** to go into ecstasies over sth

éxtasis *s* **1** (estado) ecstasy **2** (droga) ecstasy

extender *v* [T]

1	los brazos, las piernas
2	un plazo, un contrato
3	un mapa, un plano
4	una sábana, un mantel
5	las alas
6	un cheque
7	untar

1 LOS BRAZOS, LAS PIERNAS to stretch out • **extender los brazos/las piernas** to stretch your arms/your legs out • **extender la mano** to hold out your hand
2 UN PLAZO, UN CONTRATO to extend: *Me extendieron el contrato por tres meses más.* My contract has been extended by three months.
3 UN MAPA, UN PLANO to spread out: *Extendió el mapa sobre la mesa.* He spread the map out on the table.
4 UNA SÁBANA, UN MANTEL to spread
5 LAS ALAS to spread
6 UN CHEQUE to write: *Me extendió un cheque.* She wrote me a check.
7 UNTAR to spread
—**extenderse** *v pron*
1 EN EL ESPACIO to stretch, to extend (más frml): *La llanura se extiende hasta las montañas.* The plain stretches as far as the mountains.
2 EN EL TIEMPO to last: *La conferencia se extendió más de una hora.* The talk lasted more than an hour.
3 FUEGO, INCENDIO to spread

extendido, -a *adj* (costumbre, práctica) widespread; (técnica, expresión) widely used

extensible *adj* (aplicable) applicable • **ser extensible a algo/alguien** to apply to sth/sb

extensión *s* **1** (acción) extension **2** (de un conflicto) spread **3** (superficie) area: *¿Qué extensión tiene el terreno?* What is the area of the plot of land? • **de gran extensión** large **4** (longitud) length **5** (de teléfono) extension **6** (en informática) extension
EXPRESIONES
en toda la extensión de la palabra in every sense of the word • **por extensión** by extension

extensivo, -a *adj* **hacer extensivo -a algo a alguien/algo** to extend sth to sb/sth • **ser extensivo -a a alguien/algo** to be applicable to sb/sth

extenso, -a *adj* **1** (texto, reportaje) lengthy **2** (en superficie) large **3** (en el tiempo) long **4** (conocimientos, vocabulario) extensive; (familia) large

extenuante *adj* exhausting

exterior[1] *adj* **1** (de afuera – capa, lado) outer; (mundo, temperatura) outside; (pared) external; (aspecto) outward: *la parte exterior* the outside **2** (política, déficit) foreign ▶ **COMERCIO exterior**

exterior[2] *s* **1** (extranjero) **vivir/trabajar en el exterior** to live/to work abroad • **viajar al exterior** to travel abroad **2 el exterior** the outside • **en el exterior de algo** outside sth **3 exteriores** [pl] location filming [sing] • **rodar/ filmar en exteriores** to film on location

exteriorizar v [T] to express

exteriormente adv **1** (por la parte exterior) on the outside **2** (aparentemente) outwardly

exterminador, -a s killer
exterminador de insectos (dispositivo) insect killer; (persona) pest controller

exterminar v [T] **1** (una plaga, insectos) to exterminate **2** (la población, una tribu) to wipe out

exterminio s extermination

externalizar v [T] to outsource

externo, -a adj **1** (que está fuera) external; (capa, superficie) outer; (signo, apariencia) outward; (influencia) outside: *un módem/dispositivo externo* an external modem/device **2** (uso, causa, factor) external • **de uso externo** for external use **3** (asesor, auditor) external **4** (deuda, déficit) foreign

extinción s extinction: *una especie en peligro de extinción* an endangered species

extinguidor (tb **extintor**) s extinguidor de incendios fire extinguisher

extinguir v [T] (un incendio) to put out, to extinguish (*más frml*)
—**extinguirse** v pron **1** (especie) to become extinct **2** (incendio) to go out

extirpación s removal

extirpar v [T] to remove

extorsión s (delito) extortion

extorsionar v [T] to extort money from

extorsionista s extortionist

extra¹ adj **1** (adicional) extra: *He tenido muchos gastos extra este mes.* I've had a lot of extra expenses this month. **2 de calidad extra** top-quality ▶ HORAS extra

extra² s [masc & fem] (actor, actriz) extra

extra³ s [masc] **1** (número extraordinario – de una revista) special **2** (accesorio) extra

extra- pref **1** (fuera de) extra-: *relaciones extramatrimoniales* extramarital sex **2** (sumamente) extra-: *extrasuave* extra-soft

extracción s **1** (en odontología) extraction; (en medicina) removal • **realizar una extracción de sangre** to take a blood sample **2** (de petróleo, gas) extraction; (de minerales) mining **3** (origen) extraction • **ser de extracción social alta/baja** to come from an upper-class/lower-class background

extracto s **1** (concentrado) extract **2** (resumen) summary (pl -ries)
extracto de cuenta bank statement

extractor s extractor
extractor de aire extractor fan • extractor de cocina range hood • extractor de humos extractor fan

extracurricular adj extracurricular

extraditar v [T] to extradite

extraer v [T] **1** (un diente, una muela) to extract: *Le extrajeron una muela.* He had a tooth out. **2** (obtener) to extract • **extraer algo de algo** to extract sth from sth **3** (petróleo, gas) to extract; (minerales) to mine; (agua) to draw

extraescolar adj extracurricular

extralimitarse v pron to overstep the mark • **extralimitarse en (el ejercicio de) sus funciones** to exceed your authority

extramatrimonial adj extramarital

extramuros adv outside the town

extranjero¹, -a adj foreign

extranjero², -a s **1** (persona) foreigner **2 vivir/trabajar en el extranjero** to live/to work abroad • **viajar al extranjero** to travel abroad

extrañar v **1** [T] (sorprender) **me extraña** I'm surprised: *Me extraña que no estén.* I'm surprised they're not in. • **no me extraña** I'm not surprised **2** [T] (echar de menos) to miss: *Te extraño mucho.* I really miss you. **3** [I] (sentir nostalgia) to be homesick: *Volvió antes porque extrañaba.* She came back early because she was homesick.
—**extrañarse** v pron to be surprised • **extrañarse de algo** to be surprised at sth: *¿De qué te extrañas?* Why are you so surprised?

extrañeza s **1** (asombro) surprise • **mirar a alguien con extrañeza** to look at sb in surprise **2** (cosa rara) *No tendría que ser una extrañeza.* I don't see what's so strange about it.

extraño¹, -a adj **1** (raro) strange: *¡Qué extraño!* How strange! ▶ ver nota en RARO **2** (de otra familia, otro grupo) **personas extrañas/gente extraña** strangers **3 un cuerpo extraño** a foreign body

extraño², -a s stranger: *No hables con extraños.* Don't talk to strangers.

extraoficial adj unofficial

extraordinario, -a adj **1** (fuera de lo común) extraordinary **2** (buenísimo) outstanding **3** (reunión, asamblea) extraordinary; (edición) special

extraplano, -a adj slimline

extrapolar v [T] **extrapolar algo a algo** to extrapolate sth to sth

extrasensorial adj extrasensory

extraterrestre¹ adj extraterrestrial

extraterrestre² s alien, extraterrestrial (*más frml*)

extravagancia s **1** (afectación) outlandishness **2** (dicho, acto extravagante) eccentricity (pl -ties)

extravagante adj (ropa, ideas) outlandish; (persona) eccentric

extraviar v [T] (perder) to mislay
—**extraviarse** v pron (perderse) to get lost

extravío s (pérdida) loss

extremar v [T] to step up

extremaunción s last rites [pl]

extremidades s [pl] extremities

extremismo s extremism

extremista s, adj extremist

extremo¹, -a adj (de grado máximo) extreme
extrema derecha far right: *un partido/un activista de extrema derecha* a far-right party/a right-wing extremist • extrema izquierda far left: *un partido/un activista de extrema izquierda* a far-left party/a left-wing extremist • el Extremo Oriente the Far East

extremo² s **1** (de un objeto, un lugar) end: *el extremo norte del país* the far north of the country **2** (en la actitud, el comportamiento) extreme: *Llegó al extremo de no mirarme.* He went as far as not looking at me. **3** (en deportes) winger, wing
EXPRESIONES
en extremo extremely

extrovertido, -a s, adj extrovert

exuberante adj **1** (vegetación) lush **2** (mujer) voluptuous **3** (imaginación) fertile

eyaculación s ejaculation

eyacular v [I, T] to ejaculate

F, f s F, f

fa s F, fa

fábrica s factory (pl -ries) • **una fábrica de muebles/ zapatos** a furniture/shoe factory • **una fábrica de cerveza/papel** a brewery/a paper mill

fabricación s manufacture: *la fabricación de acero* steel manufacture • *un defecto de fabricación* a manufacturing defect • **de fabricación casera** home-made • **de fabricación mexicana/colombiana** made in Mexico/ Colombia, manufactured in Mexico/Colombia
fabricación asistida por computador computer-aided manufacture, computer-assisted manufacture • **fabricación en serie** mass production

fabricante s manufacturer

fabricar v [T] to manufacture, to make: *Se fabrican en el extranjero.* They're made abroad. • **fabricar algo en serie** to mass-produce sth

fábula s **1** (cuento) fable **2 un pueblito/una casa de fábula** a fairytale village/a dream house • **estar de fábula** to be fantastic, to be fabulous

fabuloso, -a adj **1** (extraordinario – colección, casa) fantastic, fabulous; (fortuna) immense; (vista) spectacular; (gol) brilliant **2** (irreal) mythical

facción s **1 facciones** [pl] (del rostro) features: *con su rostro de facciones delicadas* with her delicate features **2** (bando) faction

faceta s **1** (aspecto) side, facet (*más frml*) • **su faceta musical/de actor** his musical/acting side **2** (de un brillante) facet

facha s look: *No me gusta la facha de su novio.* I don't like the look of her boyfriend. • *Con esta facha no puedo salir.* I can't go out looking like this. • **tener facha de algo** to look like sth

fachada s **1** (de un edificio) front, façade (*más frml*): *Pintaron la fachada de la casa.* They painted the front of the house. **2** (apariencia) façade: *Es pura fachada.* It's just a façade.

facial adj (rasgos, músculos) facial

fácil¹ adj **1** (sencillo) easy: *Este ejercicio es más fácil que el anterior.* This exercise is easier than the previous one. • **ser fácil de hacer/usar** to be easy to do/to use: *El programa es fácil de instalar.* The program is easy to install. **2** (probable) likely • **es fácil que...** it's pretty likely...: *Si no nos damos prisa, es fácil que perdamos el tren.* It's pretty likely we'll miss the train if we don't hurry. **3** (mujer) easy

fácil² adv easily: *Eso lo arreglo yo fácil.* I can fix that easily. • *Te va a costar 2.000 pesos fácil.* It'll easily cost you 2,000 pesos.

facilidad s **1** ease • **con facilidad** easily • **facilidad de instalación/uso** ease of installation/use **2 tener facilidad de palabra** to have a way with words • **tener facilidad para los idiomas/la música** to be good at languages/music **3** (crédito) **facilidades** [pl] facilities: *Nos han dado facilidades para comprar la casa.* We got a good mortgage deal on the house. • **en facilidades** with credit facilities **4** (condiciones necesarias) **facilidades** [pl] **darle facilidades a alguien** (dar ayuda) to provide sb with every facility; (facilitar) to make things easy for sb

facilidades de crédito credit facilities • **facilidades de pago** payment terms

facilitar v [T] **1** (hacer más fácil) **facilitar algo** to make sth easier **2** (proporcionar) **facilitarle algo a alguien** to provide sb with sth

facineroso, -a s criminal

facsímil s facsimile

factible adj feasible: *No veo factible un nuevo acuerdo con ellos.* I don't think a new agreement with them is feasible.

factor s factor
factor humano human factor • **factor de protección (solar)** (sun) protection factor • **factor sorpresa** surprise element

factoría s factory (pl -ries)

factura s **1** (del gas, de la luz) bill: *la factura del teléfono* the telephone bill **2** (por trabajo) invoice • **presentar una factura** to invoice, to send an invoice

pasar factura (a) (por un favor) to want something in return **(b)** (tener consecuencias) *La guerra les va a pasar factura en las urnas.* They'll pay for the war when it comes to the elections.

facturación s **1** (volumen facturado) turnover **2** (cobro) invoicing

facturar v [T] **1 facturarle algo a alguien** to invoice sb for sth **2 facturar 15/20 millones** to have a turnover of 15/20 million

facultad s **1** (tb **Facultad**) (departamento) faculty (pl -ties): *la Facultad de Ingeniería* the Faculty of Engineering **2** (universidad) college, university: *Lo conocí en la facultad.* I met him at university. **3** (aptitud) faculty (pl -ties) • **estar en plena posesión/pleno uso de sus facultades mentales** to be in full possession of your faculties **4** (poder) **tener facultades/la facultad para hacer algo** to have the power to do sth, to have the authority to do sth

facultar v [T] **facultar a alguien para hacer algo** to authorize sb to do sth

facultativo¹, -a adj **1** (opcional) optional **2** (médico) medical: *un parte facultativo* a medical report ▶ PRES-CRIPCIÓN facultativa

facultativo², -a s doctor

faena s **1** (trabajo) work: *las faenas del campo* farm work • *Aún nos queda mucha faena.* We still have a lot of work to do. **2** (en tauromaquia) moves made by a bullfighter, especially those with the cape

fagot¹ s [masc] (instrumento) bassoon

fagot² s [masc & fem] (músico) bassoonist

faisán s pheasant

faja s **1** (prenda interior) girdle **2** (de un vestido, un uniforme) sash (pl -shes) **3** (de terreno) strip

fajo s **1** (de billetes) wad **2** (de cartas, papeles) bundle

falacia s **1** (argumento) fallacy (pl -cies) **2** (mentira) lie, untruth

falange s (del dedo) phalanx (pl phalanges)

falaz adj false

falda s **1** (prenda de vestir) skirt **2** (de una montaña, una colina) foot **3 faldas** [pl] (mujeres) *un lío de faldas* an affair with a woman **4** (carne) brisket

estar pegado a las faldas de su madre/su esposa to be tied to your mother's apron strings
falda escocesa (de mujer) tartan skirt; (de hombre) kilt • **falda pantalón** culottes [pl]

faldón s **faldones** [pl] (de una camisa) shirt tails

fálico, -a adj phallic

falla s **1** (en una máquina, un sistema) fault: *una falla en el motor* an engine fault **2** (defecto) flaw **3** (error) mistake, error: *Perdimos por una falla de la defensa.* We lost because of a mistake by the defense. **4** (geológica) fault: *la falla de San Andrés* the San Andreas Fault

5 (ausencia) absence: *No vino a clase y le pusieron falla.* He didn't come to class and they marked him absent.

fallar *v*

1	no funcionar, salir mal
2	un penal, una falta
3	una respuesta
4	en un juicio
5	un premio
6	decepcionar

1 NO FUNCIONAR, SALIR MAL [I] to fail, to go wrong: *El plan falló.* The plan failed. • *Empezó a fallar el motor.* The engine started to go wrong. • *Me falló la intuición.* My intuition failed me. • *Le falla la memoria.* His memory's failing. • **si no me falla la memoria** if I'm not mistaken, if my memory serves me right

2 UN PENAL, UNA FALTA [T] to miss: *Falló el penal.* He missed the penalty.

3 UNA RESPUESTA [T] to get wrong: *Fallé varias respuestas.* I got several answers wrong.

4 EN UN JUICIO [I] **fallar a favor/en contra de alguien** to find for/against sb

5 UN PREMIO [T] to award: *El jurado fallará los premios el domingo.* The judges will award the prizes on Sunday.

6 DECEPCIONAR **fallarle a alguien** to let sb down: *No me falles.* Don't let me down.

EXPRESIONES
no falla you can guarantee it

fallecer *v* [I] to pass away

fallecimiento *s* death

fallido, -a *adj* (intento, atentado) unsuccessful

fallo *s* **1** (veredicto) ruling **2** (de un concurso) decision
▶ ver nota en **FAULT**

falluca *s* contraband • **cigarros/relojes de falluca** contraband cigarettes/watches: *Todo lo que venden es (de) falluca.* Everything they sell is contraband.

falluquero, -a *s* dealer in contraband

falo *s* phallus (pl -ses)

falsear *v* [T] **1** (datos, pruebas, la realidad) to falsify **2** (un documento, las cuentas) to forge, to falsify

falsedad *s* **1** (de una persona) falseness **2** (mentira) lie

falsete *s* falsetto

falsificación *s* **1** (acción) forging, forgery **2** (objeto falsificado) forgery (pl -ries)

falsificador, -a *s* forger

falsificar *v* [T] to forge

falso¹, -a *adj* **1** (dinero, billete) counterfeit **2** (documento, pasaporte) forged, false **3** (perla, brillante) fake **4** (persona) two-faced: *Es muy falso.* He's really two-faced. **5** (sonrisa) false **6** (no cierto) false: *¿Verdadero o falso?* True or false?
falsa alarma false alarm • **falso amigo** (palabra, frase) false friend • **falso testimonio** false evidence • **dar falso testimonio** to give false evidence

falso², -a *s* hypocrite

falta *s*

1	carencia
2	no asistencia
3	error ortográfico
4	en fútbol
5	en tenis
6	en la menstruación

1 CARENCIA lack • **falta de recursos/tiempo/dinero** lack of resources/time/money: *No lo terminé por falta de tiempo.* I didn't finish it because I didn't have enough time. • *¡Qué falta de consideración!* How inconsiderate!

2 NO ASISTENCIA absence: *tres faltas no autorizadas* three unauthorized absences • **ponerle falta a alguien** to mark sb absent

3 ERROR ORTOGRÁFICO **falta (de ortografía)** (spelling) mistake: *Tuve tres faltas en el dictado.* I made three mistakes in my dictation.

4 EN FÚTBOL foul • **cometerle/hacerle una falta a alguien** to foul sb

5 EN TENIS fault: *doble falta* double fault

6 EN LA MENSTRUACIÓN *Ha tenido dos faltas.* She's missed two periods.

EXPRESIONES
hacer falta *Hace falta otra silla.* We need another chair. • *¿Hace falta que escriba todo eso?* Do I have to write all that? • **no hace falta** there's no need: *No hace falta gritar.* There's no need to shout. • **me/te hace falta** I/you need: *Me hace falta una maleta.* I need a suitcase. • *Le hacía falta descansar.* He needed to rest. • **sin falta** without fail: *el sábado sin falta* on Saturday without fail
falta de educación bad manners [pl] • **ser una falta de educación** to be bad manners • **falta de respeto** lack of respect, disrespect: *Me parece una falta de respeto.* I think it's disrespectful., I think it's rude. • **falta personal** personal foul

faltar *v* [I]

1	no estar
2	no haber suficiente
3	quedar
4	quedar por hacer
5	no asistir
6	ofender
7	no cumplir

1 NO ESTAR to be missing: *Espera, falta Luis.* Wait a minute, Luis is missing. • *No falta nadie.* There's no one missing., Everyone's here. • *Faltaban datos.* There was some information missing. • *A este libro le faltan varias hojas.* There are several pages missing from this book.

2 NO HABER SUFICIENTE *Faltan sillas.* There aren't enough chairs. • *Me faltó tiempo.* I didn't have enough time.

3 QUEDAR *Faltan dos días para el examen.* There are two days to go until the exam. • **falta mucho/poco** *Falta poco para las vacaciones.* It's not long until the vacation. • *Falta mucho para mi cumpleaños.* It's ages until my birthday. • *¿Falta mucho para que llegue Iván?* Will Ivan be here soon? • *¿Falta mucho para llegar?* Are we almost there yet? • *¿Te falta mucho?* Will you be long? • *Me falta poco para terminar.* I've almost finished.

4 QUEDAR POR HACER *Falta lavar los platos.* We just need to wash the dishes. • *Me falta el último ejercicio.* I just need to do the last exercise.

5 NO ASISTIR *Los únicos que faltaron fueron mis hermanos.* The only ones who didn't come were my brothers. • *¿Por qué faltaste?* Why didn't you come? • **faltar a clase** to be absent: *Otra vez ha faltado Laura a clase.* Laura was absent again. • **faltar al trabajo** to miss work, not to go into work: *Ha faltado tres veces al trabajo esta semana.* She hasn't come in to work three times this week. • **¡no faltes!** make sure you come!

6 OFENDER to be rude • **faltarle al respeto a alguien** to be rude to sb, to be disrespectful to sb (*más frml*)

7 NO CUMPLIR **faltar a la verdad** not to tell the truth • **faltar a su palabra** to break your word

EXPRESIONES
¡faltaría más!/¡no faltaba más! **(a)** (para mostrar acuerdo) of course!: *–¿Podrías acercarme a la estación? –¡Faltaría más!* "Could you give me a ride to the station?" "Of course!." **(b)** (¡ni hablar!) you must be kidding!: *¿Invitarla a la fiesta? ¡faltaría más!* Invite her to the party? You must be kidding! • **lo que (me/te/nos) faltaba!** that's all I/you/we need!

falto, -a *adj* **falto de ideas/recursos/inteligencia** lacking in ideas/resources/intelligence

fama *s* **1** (popularidad) fame: *No le interesa la fama.* She's not interested in fame. • *un cantante de fama internacional* an internationally famous singer **2** (reputación) **tener fama de (ser) algo** to have a reputation for being sth: *Tiene fama de tacaño.* He has a reputation for being stingy. • **tener mala/buena fama** to have a bad/good reputation

famélico, -a *adj* **1** (hambriento) famished, starving **2** (delgado) emaciated

familia *s* **1** (parientes) family (pl -lies): *una familia numerosa* a large family **2** (hijos) children: *Nunca tuvieron familia.* They never had children. **3** (en biología) family (pl -lies)

EXPRESIONES
de buena familia from a good family • **en familia (a)** (con los familiares) with the family: *Siempre celebramos la Navidad en familia.* We always spend Christmas with the family. **(b)** (entre amigos) among friends: *No te andes con ceremonias, estás en familia.* Don't stand on ceremony, you're among friends. • **ser como de la familia** to be like a member of the family
familia monoparental one-parent family, single-parent family • familia política in-laws [pl] • familia real royal family

familiar[1] *adj* **1** (de la familia) **una reunión/tradición familiar** a family reunion/tradition **2** (tamaño) family [solo ante s], family-size: *Viene en tamaño familiar.* It comes in a family-size pack. • *un carro familiar* a family car **3** (conocido) familiar: *Su nombre me es familiar.* Her name is familiar. **4** (lenguaje) colloquial

familiar[2] *s* relative: *un familiar suyo* a relative of hers

familiaridad *s* **1** (conocimientos) **familiaridad con algo** familiarity with sth, knowledge of sth **2** (en el trato) informality • **tratar a alguien con familiaridad** to treat sb informally

familiarización *s* familiarization

familiarizado, -a *adj* **estar familiarizado -a con algo** to be familiar with sth

familiarizarse *v pron* **familiarizarse con algo** to familiarize yourself with sth

famoso[1], -a *adj* famous: *una actriz famosa* a famous actress • **hacerse famoso -a** to become famous

famoso[2], -a *s* celebrity (pl -ties)

fan *s* fan

fanático[1], -a *adj* fanatical

fanático[2], -a *s* **1** (de una ideología o religión) fanatic **2** (aficionado) fan • **ser un -a fanático -a de algo/alguien** to be crazy about sth/sb

fanatismo *s* fanaticism: *el fanatismo religioso* religious fanaticism

fandango *s* party (pl ties)

fanfarrón, -ona *adj, s* **ser un -a fanfarrón -ona** to be a show-off

fanfarronada *s* **ser una fanfarronada** *No son más que fanfarronadas.* He's/She's just showing off.

fanfarronear *v* [I] to show off, to brag

fango *s* mud

fantasear *v* [I] to fantasize • **fantasear sobre algo** to fantasize about sth

fantasía *s* **1** (imaginación) fantasy (pl -sies): *un mundo de fantasía* a fantasy world **2** (cosa imaginada) fantasy (pl -sies) **3 joyas de fantasía** costume jewelry, imitation jewelry

fantasioso, -a *adj* **un niño fantasioso** a boy with a vivid imagination

fantasma[1] *s* **1** (aparición) ghost **2** (amenaza) specter: *el fantasma de la guerra/del hambre* the specter of war/hunger **3** (en televisión) ghost

fantasma[2] *adj* **1 un barco/pueblo fantasma** a ghost ship/town **2 una empresa/un contrato fantasma** a bogus company/contract

fantasmal *adj* ghostly

fantástico[1], -a *adj* **1** (magnífico) fantastic **2** (irreal) fantastic, imaginary

fantástico[2] *adv* **pasarlo fantástico** to have a fantastic time

fantoche *s* **1** (persona grotesca) **ser/parecer un fantoche** to look a sight **2** nonentity (pl -ties): *No dudaron en condenarlo como a un fantocheególatra.* They didn't hesitate to condemn him as an egotistical nonentity.

farándula *s* **la farándula** the stage, the theater

faraón *s* pharaoh

faraónico, -a *adj* **1** (grandioso) grandiose: *un proyecto faraónico* a grandiose project **2** (fastuoso) magnificent: *lujo faraónico* extreme luxury **3** (de los faraones) pharaoh's [solo ante s], pharaonic (más frml): *una tumba faraónica* a Pharaoh's tomb

fardo *s* bundle

faringe *s* pharynx (pl -xes tb pharynges)

faringitis *s* pharyngitis

fariseo, -a *s* **1** (hipócrita) hypocrite **2** (en la Biblia) Pharisee

farmaceuta (tb **farmacista**) *s* pharmacist

farmacéutica *s* pharmaceutical company (pl -nies)

farmacéutico[1], -a *s* pharmacist

farmacéutico[2], -a *adj* pharmaceutical

farmacia *s* **1** (establecimiento) drugstore, pharmacy (pl -cies) (más frml): *¿Hay una farmacia por aquí?* Is there a drugstore around here? **2** (estudios) pharmacy
farmacia de guardia all night pharmacy

fármaco *s* medicine, drug

farmacología *s* pharmacology

faro *s* **1** (en la costa) lighthouse **2** (de un vehículo) headlight
faro antiniebla fog lamp • faro halógeno halogen lamp

farol *s* **1** (de la calle) streetlight **2** (para campamento, de jardín) lamp **3** (de papel) lantern **4** (de un vehículo) headlight **5** (persona) show-off • **ser un farol** to be a show-off

farola *s* (luz) streetlight

farolazo *s* stiff drink

farra *s* partying: *una noche de farra* a night out on the town • **andar/irse de farra** to go out on the town

farragoso, -a *adj* (proceso, trámite) cumbersome; (texto, estilo) convoluted

farsa *s* **1** (engaño) farce **2** (obra de teatro) farce

farsante[1] *adj* two-faced

farsante[2] *s* fraud

fascículo *s* installment

fascinación *s* fascination • **fascinación por algo** fascination for/with sth • **sentir fascinación por algo** be fascinated by sth • **ejercer fascinación sobre alguien** to hold/to have a fascination for sb

fascinante *adj* fascinating

fascinar *v* [T] **me fascina la ciencia ficción/el mundo de los animales** I find science fiction/the animal world fascinating

fascismo *s* fascism

fascista *adj, s* fascist

fase *s* **1** (etapa) stage, phase: *la fase final del campeonato* the final stage of the championship • *Entramos en una nueva fase.* We are entering a new phase. • **estar en fase de construcción/estudio** to be under construction/under consideration **2** (de la luna) phase

fastidiar *v* [T] **1** (irritar, molestar) to annoy: *Me fastidia bastante que me hayan engañado.* I'm really annoyed at being cheated. • *Al perro le fastidia que lo cepillen.* The dog hates being brushed. • *¡Deja ya de fastidiarme!* Stop annoying me!/Stop being such a pain! **2** (estropear – una televisión, una cerradura) to break; (los planes, las vacaciones) to ruin **3** (ocasionar perjuicio a) to ruin things for: *Se pasó a la competencia y nos*

fastidió a todos. She went over to the competition and ruined things for all of us.
—fastidiarse *v pron* **1** (molestarse) to get annoyed: *Se fastidia por cualquier cosa.* She gets annoyed at the slightest thing. **2** (estropearse) to break down: *Se fastidió la lavadora.* The washing machine's broken down. • **se nos fastidió la noche/la fiesta** our evening/the party was ruined

fastidio *s* **1** nuisance, pain: *Es un fastidio tener que llenar tantos formularios.* It's a pain having to fill out so many forms. • **¡qué fastidio!** what a nuisance!/what a pain! **2** (asco) **las cucarachas/los gusanos me dan fastidio, les tengo fastidio a las cucarachas/los gusanos** I think cockroaches/worms are revolting • **¡qué fastidio!** how revolting!

fastidioso, -a *adj* **1** (molesto) tedious **2** (aburrido) boring

fastuoso, -a *adj* magnificent, luxurious

fatal *adj* **1** (mortal) fatal **2** (muy grave, muy malo) terrible: *un error fatal* a terrible mistake **3** **estar fatal** to be behaving terribly: *Los niños están fatales hoy.* The children are behaving terribly today.

fatalidad *s* **1** (desgracia) misfortune, stroke of bad luck **2** **la fatalidad** fate, destiny

fatalismo *s* fatalism

fatalista[1] *adj* fatalistic

fatalista[2] *s* fatalist

fatídico, -a *adj* fateful

fatiga *s* **1** (cansancio) fatigue, tiredness **2** (ahogo) difficulty breathing, shortness of breath

fatigado, -a *adj* tired, weary

fatigar *v* [T] to tire, to tire out • **me/le fatiga hacer algo** I'm/he's tired of having to do sth
—fatigarse *v pron* to get tired, to tire

fauces *s* [pl] jaws

faul *s* foul

fauna *s* fauna

favor *s* **1** **por favor** **(a)** (para pedir algo) please: *Dos cafés, por favor.* Two coffees, please. • *Se pide por favor.* Say "please". **(b)** (para expresar rechazo) for heaven's sake!: *–Cuesta 200 dólares la noche. –¡Por favor!* "It's 200 dollars a night." "For heaven's sake!" **2** (ayuda) favor: *Te debo un favor.* I owe you a favor. • **hacerle un favor a alguien** to do sb a favor: *¿Me haces un favor?* Can you do me a favor? • **pedirle un favor a alguien** to ask sb a favor: *¿Te puedo pedir un favor?* Can I ask you a favor? • **hacer(le a alguien) el favor de (a)** (con amabilidad) *Hagan el favor de formar una fila.* Could you form a line, please. **(b)** (con enojo) *¿Me harías el favor de callarte un momento?* Would you just shut up a moment? **3** (apoyo) **gozar del favor de alguien** to enjoy the support of sb

EXPRESIONES
a favor in favor: *diez votos a favor* ten votes in favor • *88–87 a favor de Italia.* 88–87 Italy • **a favor de (hacer) algo** in favor of (doing) sth: *Yo estoy a favor de ir en tren.* I'm in favor of going on the train. • *¿Están a favor o en contra del aborto?* Are they for or against abortion? • **estar a favor de alguien** to be on sb's side • **tener algo a su favor** to have the advantage of sth: *Tiene a su favor el apoyo de los trabajadores.* He has the advantage of the workers' support.

favorable *adj* favorable: *una respuesta favorable* a favorable reply • *Hubo 42 votos favorables.* There were 42 votes in favor. • **ser favorable a algo** to be in favor of sth

favorecedor, -a *adj* flattering, becoming: *un peinado muy favorecedor* a very flattering hairstyle

favorecer *v* [T] **1** (sentar bien a) to suit: *Ese color te favorece.* That color suits you. • **salir favorecido -a** to look good, to come out well **2** (beneficiar) to favor: *El jurado la favoreció.* The jury favored her. • *La suerte no nos favoreció.* Luck was not on our side. • *Hizo todo*

para favorecer al equipo local. He did everything to help the local team.

favoritismo *s* favoritism

favorito[1], -a *adj* favorite: *Es mi programa favorito.* It's my favorite program.

favorito[2], -a *s* favorite: *Es el favorito del torneo.* He's the favorite to win the tournament. • *Es la favorita de la maestra.* She's the teacher's pet.

fax *s* **1** (documento) fax (pl -xes) **2** (aparato) fax (pl -xes), fax machine: *¿Tienes fax?* Do you have a fax? • **mandar algo por fax** to fax sth: *Mándame los datos por fax.* Fax me the information. • **mandarle/ponerle/enviarle un fax a alguien** to fax sb, to send sb a fax

faz *s* face • **desaparecer de la faz de la Tierra** to disappear off the face of the earth

fe *s* **1** (creencia) faith: *Te falta fe.* You lack faith. • **tener fe en algo/alguien** to have faith in sth/sb **2** (intención) **de buena/mala fe** in good/bad faith: *Lo hizo de buena fe.* He did it in good faith. **3** (religión) faith: *la fe cristiana* the Christian faith
fe ciega blind faith • **tener una fe ciega en algo** to have blind faith in sth • **fe de bautismo** certificate of baptism • **fe de erratas** errata [pl]

fealdad *s* ugliness

febrero *s* February: *Las elecciones serán en febrero.* The elections will be in February. • *Se casan en febrero.* They are getting married next February. • *El festival se hace todos los años en febrero.* The festival takes place every February. • *uno de los febreros más secos en 30 años* one of the driest Februaries in 30 years • **el ocho de febrero** (al hablar) February eighth; (escrito) February 8th: *Nació el ocho de febrero.* He was born on February eighth. • **a principios/finales de febrero** at the beginning/end of February • **a mediados de febrero** in the middle of February, mid-February

febril *adj* **1** (actividad) frantic, feverish; (ritmo) hectic **2** (estado, delirio, convulsiones) feverish

fecal *adj* fecal

fecha *s* **1** date: *Cambiaron la fecha del examen.* They've changed the date of the test. • *¿Cuál es la fecha de publicación?* What is the publication date? • **hasta la fecha** to date: *No ha habido problemas hasta la fecha.* There haven't been any problems to date. • **¿Qué fecha es hoy?/¿A qué fecha estamos?** What's the date today?/What date is it today? **2** **fechas** [pl] (época) **en/por estas fechas** around this time: *el año que viene por estas fechas* this time next year
fecha de caducidad **(a)** (de un alimento) sell-by date **(b)** (de un medicamento) expiration date • **fecha de nacimiento** date of birth

fechar *v* [T] to date

fechoría *s* **1** (delito) crime • **cometer una fechoría** to commit a crime **2** (travesura) prank

fécula *s* starch
fécula de maíz corn starch

fecundación *s* fertilization
fecundación artificial artificial insemination • **fecundación in vitro** in vitro fertilization

fecundar *v* [T] **1** (un óvulo) to fertilize **2** (a una hembra) to impregnate **3** (un terreno) to fertilize, to make fertile

fecundidad *s* fertility

fecundizar *v* [T] to fertilize, to make fertile

fecundo *adj* **1** (escritor, investigador) prolific **2** (imaginación) fertile; (talento) prodigious **3** (relación, amistad, encuentro) fruitful **4** **fecundo en algo** *un siglo fecundo en descubrimientos científicos* a century that produced many scientific discoveries **5** (hembra) fertile **6** (tierra) fertile

federación *s* federation

federal *adj* federal

federalismo *s* federalism

F

federalista s, adj federalist

felicidad s happiness: *Solo quiere la felicidad de sus hijos.* She just wants her children to be happy. • *Lloraba de felicidad.* He wept with happiness.

felicidades interj **1** (por un logro) congratulations: *¿Has aprobado? ¡Felicidades!* You passed? Congratulations! • *¡Muchas felicidades por el premio!* Congratulations on winning the prize! **2** (por un cumpleaños) happy birthday: *–Es mi cumpleaños. –¡Felicidades!* "It's my birthday." "Happy birthday!" • *¡Muchas felicidades!* Many happy returns! **3** (en Navidad) merry Christmas **4** (en Año Nuevo) happy New Year

⚠ *Congratulations on (✗ for) the new baby!*

felicitación s **1** (enhorabuena) **recibir la felicitación/ las felicitaciones de alguien** to be congratulated by sb: *Mis más sinceras felicitaciones por el nacimiento de su hija.* My warmest congratulations on the birth of your daughter. **2 una carta/una tarjeta de felicitación** a congratulatory letter/a greeting card

felicitaciones interj **1** (por un logro) congratulations: *¡Felicitaciones por el examen!* Congratulations on doing well on your exam! **2** (por un cumpleaños) happy birthday

felicitar v [T] **1** (por un logro) to congratulate: *Llamó para felicitarte.* He phoned to congratulate you. • *Los felicito, tocaron muy bien.* Congratulations! You played very well. • **felicitar a alguien por algo** to congratulate sb on sth: *Te felicito por el nuevo trabajo.* Congratulations on your new job. **2** (por un cumpleaños) **felicitar a alguien** to wish sb a happy birthday: *Llámalo para felicitarlo.* Call him and wish him a happy birthday.

⚠ *May I congratulate you on (✗ for) your recent success.*

feligrés, -esa s parishioner

felino[1], -a adj feline

felino[2], -a s cat, feline (*más frml*): *los grandes felinos* the big cats

feliz adj **1** (dichoso) happy: *Estoy muy feliz aquí.* I'm very happy here. • *¡Que sean felices!* I hope you'll be happy! • *Me gustan los finales felices.* I like happy endings. • **hacer feliz a alguien** to make sb happy **2** (oportuno, acertado) timely, opportune: *un feliz comentario* an opportune remark • *Tuvo una feliz idea.* He had a good idea. **3 ¡felices fiestas!** Merry Christmas!/Happy Holidays! • **¡feliz Año (Nuevo)!** Happy New Year! • **¡feliz cumpleaños!** happy birthday! • **¡feliz Navidad!** Merry Christmas!

EXPRESIONES
Fueron felices y comieron perdices. And they all lived happily ever after.

felizmente adv **1** (afortunadamente) fortunately, luckily: *Felizmente, no hubo que lamentar víctimas.* Fortunately, no one was injured. **2** (con felicidad) happily

felpa s **1** (para toallas) toweling **2** (para juguetes) fur fabric: *un osito de felpa* a furry teddy bear **3** (para forros) fleece **4** (para camisetas, pantalones) flannel

felpudo s doormat

femenil adj **equipo/torneo femenil** women's team/ championship, ladies' team/championship: *la selección femenil de vóleibol* the national women's volleyball team • **la policía femenil** female police officers, women police officers

femenino[1], -a adj **1** (en biología) female: *hormonas femeninas* female hormones **2** (aspecto, actitud) feminine: *Hay muchos tipos de belleza femenina.* There are many types of feminine beauty. **3** (para o de mujeres) women's [solo ante s], female: *revistas femeninas* women's magazines • *los dobles femeninos* the women's doubles • *el desempleo femenino* female unemployment • *un rol tradicionalmente femenino* a traditionally female role **4** (en gramática) feminine: *el artículo femenino* the feminine article

femenino[2] s feminine, feminine form

feminidad (tb **femineidad**) s femininity

feminismo s feminism

feminista adj, s feminist

fémur s femur

fénix s phoenix (pl -xes)

fenomenal[1] adj **1** (muy bueno) fantastic: *Se compró un departamento fenomenal.* She's bought a fantastic apartment. **2** (muy grande) huge: *Tuvieron un éxito fenomenal.* They were a huge success.

fenomenal[2] adv **pasarlo fenomenal** to have a fantastic time

fenómeno[1] s **1** (suceso) phenomenon (pl phenomena): *los fenómenos naturales* natural phenomena **2 ser un fenómeno** (persona) to be amazing: *Es un fenómeno para los números.* She's amazing with numbers. **3** (ser anormal) freak

fenómeno[2] adv great: *–¿Entonces a las 8? –Fenómeno.* "See you at 8 then?" "Great."

feo[1], -a adj **1** (persona, edificio, pueblo) ugly: *Es bastante fea.* She's pretty ugly. **2** (olor, sabor) nasty **3 es feo hacer eso/hablar así** it isn't nice to do that/to talk like that **4 ponerse feo -a (a)** (situación) to turn nasty, to get unpleasant: *La cosa se empezó a poner fea.* Things started to get nasty. **(b)** (tiempo) to cloud over: *Se está poniendo feo.* It's clouding over.

feo[2] adv **1 saber feo** to taste nasty • **oler feo** to smell bad, to have a nasty smell **2 contestarle feo a alguien** to be rude to sb: *No le contestes feo a tu abuelita.* Don't be rude to your grandma. **3 sentirse feo** to give you a nasty feeling: *Cuando rascan el pizarrón se siente feo.* It gives you a nasty feeling when they scrape the blackboard. • *Se siente feo que te traten así.* It gives you a bad taste in the mouth when they treat you like that. **4 estar/verse feo** to look bad: *Se va a ver feo que no te quedes a la cena.* It will look bad if you don't stay for dinner.

féretro s coffin, casket

feria s **1** (exposición) fair **2** (mercado) market **3** (dinero) cash: *Ellos sí que tienen feria.* They're not short of cash. • *Necesito feria para comprar los libros.* I need some cash to buy the books. **4** (cambio) change, small change: *No traigo feria para la propina.* I don't have any change for the tip. • **y feria** a little over: *Cuesta unos mil pesos y feria.* It costs a little over a thousand pesos. feria del libro book fair • feria de muestras trade fair

feriado s national holiday: *El lunes es feriado.* Monday is a national holiday.

fermentación s fermentation

fermentar v [I, T] to ferment

fermento s **1** (de protestas, disturbios) ferment • **fermento revolucionario/cultural** revolutionary/cultural ferment • **ser el fermento de algo** to be a catalyst for sth **2** (enzima) fermenting agent, enzyme

ferocidad s fierceness, ferocity

feromona s pheromone

feroz adj **1** (lucha, competencia, ataque) fierce **2** (animal) ferocious, fierce ▸ LOBO feroz **3 tener un hambre feroz** to be ravenous

férreo, -a adj **1** (disciplina, voluntad) iron [solo ante s]; (control, autoridad) very strict **2** (resistencia) fierce, strong: *El equipo cuenta con una férrea defensa.* The team has an impenetrable defense. **3** (de hierro) iron [solo ante s], ferrous (*técn*)

ferretería s **1** (tienda) hardware store **2** (productos) hardware

ferrocarril s railroad: *las vías del ferrocarril* the railroad tracks
ferrocarril de vía, trocho angosta narrow-gauge railroad

ferrocarrilero[1], -a adj **un accidente ferrocarrilero** a rail accident • **un obrero ferrocarrilero** a railroad worker

ferrocarrilero², -a s railroad worker

ferroviario¹, -a adj **un accidente ferroviario** a rail accident • **un obrero ferroviario** a railroad worker

ferroviario², -a s railroad worker

ferry s ferry (pl -rries)

fértil, -a adj **1** (tierra) fertile **2** (hembra) fertile **3** (imaginación) fertile **4** (colaboración, relación, intercambio) fruitful, productive

fertilidad s fertility

fertilizante s fertilizer

fertilizar v [T] **1** (la tierra) to fertilize **2** (un óvulo, a una hembra) to fertilize

ferviente adj fervent, ardent: *uno de sus más fervientes admiradores* one of his most ardent admirers

fervor s **1** (religioso) fervor • **con fervor** fervently **2** (entusiasmo) enthusiasm: *El cantante despertó el fervor del público.* The audience responded enthusiastically to the singer. • *fervor nacionalista* nationalist fervor

fervoroso, -a adj **1** (creyente, devoto) fervent **2** (público) enthusiastic; (admirador) ardent, fervent; (defensor) passionate **3** (aplauso) enthusiastic; (homenaje) impassioned

festejar v [T] (celebrar) to celebrate

festejos s [pl] celebrations: *festejos en honor del santo patrón* celebrations in honor of the patron saint • *festejos navideños* Christmas celebrations

festín s feast, banquet • **darse un festín** to have a feast

festival s festival: *un festival de rock* a rock festival • *un festival de cine* a film festival

festividad s **1** (de un santo) feast; (día festivo) holiday **2 festividades** [pl] festivities

festivo¹, -a adj (alegre) festive, holiday [solo ante s]: *una atmósfera muy festiva* a very festive atmosphere

festivo² s public holiday: *Cerrado domingos y festivos.* Closed on Sundays and public holidays.

fetal adj fetal: *sufrimiento fetal* fetal distress • *en posición fetal* in the fetal position

fetiche¹ s (objeto de culto) fetish (pl -shes)

fetiche² adj **actor/actriz fetiche** leading man/lady (pl -dies)

fetichismo s fetishism

fetichista¹ adj fetishistic

fetichista² s fetishist

fétido, -a adj foul, fetid (*más frml*): *un aliento fétido* foul breath

feto s (embrión) fetus (pl -ses)

feúcho, -a adj plain, plain-looking: *un chico feúcho pero muy simpático* a plain-looking, but very nice boy • **ser feúcho -a** to not be very attractive: *Es una chica feúcha.* She's not a very attractive girl.

feudal adj feudal

feudalismo s feudalism

feudo s **1** (en la Edad Media) fief **2** (zona de influencia) stronghold

fez s fez (pl fezzes)

fiabilidad s reliability: *un pronóstico de escasa fiabilidad* a somewhat unreliable forecast

fiable adj reliable

fiador, -a s guarantor

fiambre s **1** (carne) cold cuts [pl] **2** (picnic) picnic

fiambrera s lunchbox (pl -xes)

fianza s **1** (para salir de la cárcel) bail: *Pagó la fianza.* He paid the bail. • **salir bajo fianza** to be released on bail **2** (depósito) deposit

fiar v **1** [I] **ser de fiar** to be trustworthy **2** (dar a crédito) **(a)** [I] to give credit: *No fiamos.* We don't give credit. **(b)** [T] **fiarle algo a alguien** to let sb have sth on credit: *Nos fió las cervezas.* She let us have the beers on credit. —**fiarse** v pron **fiarse de alguien** to trust sb

fiasco s fiasco

fibra s (material) fiber: *fibras naturales/sintéticas* natural/manmade fibers

EXPRESIONES
tocarle la fibra sensible a alguien (a) (conmover) to touch sb's heart **(b)** (enojar) to touch a nerve with sb
fibra de vidrio fiberglass • **fibra óptica** optical fiber

fibrosis s fibrosis [+sing vb]
fibrosis quística cystic fibrosis

fibroso, -a adj **1** (tejido, tumor) fibrous **2** (carne) gristly **3** (persona, cuerpo) sinewy

ficción s **1** (invención) fiction **2** (género literario) fiction: *obras de ficción* works of fiction ▶ CIENCIA ficción

ficha s **1** (en juegos de mesa) counter; (de damas) checker; (de dominó) domino (pl dominoes) **2** (en el casino) chip **3** (de teléfono) token **4** (con datos) index card
ficha médica medical record • **ficha policial** police record • **ficha técnica** (de un producto) technical specifications [pl]

fichaje s **1** (contratación – de un jugador) signing; (de un ejecutivo, un presentador) appointment **2** (persona contratada) signing: *el nuevo fichaje del Galaxy* Galaxy's new signing

fichar v **1 (a)** [T] (a un jugador, una banda) to sign, to sign up: *Las fichó una discográfica sueca.* They were signed up by a Swedish record company. **(b)** [I] (jugador, banda) to sign: *Fichó por un equipo italiano.* He signed for an Italian team. **2** [T] (a un delincuente) to open a file on

fichero s **1** (archivador) filing cabinet **2** (caja) card index box (pl -xes)

ficho s voucher

ficticio, -a adj fictitious: *un personaje ficticio* a fictitious character

ficus s rubber plant

fidedigno, -a adj reliable: *fuentes fidedignas* reliable sources

fidelidad s **1** (lealtad) loyalty; (en una relación amorosa) faithfulness **2** (de una copia) faithfulness ▶ **alta fidelidad** (ALTO)

fideo s noodle

EXPRESIONES
estar hecho-a un fideo to be as thin as a rail

fiebre s **1** (temperatura alta) temperature, fever (*más frml*) • **tener (mucha) fiebre** to have a (high) fever: *Tiene 40 grados de fiebre.* He has a temperature of 40 degrees. • **le ha bajado/subido la fiebre** his temperature has come down/gone up • **tomarle la fiebre a alguien** to take sb's temperature **2** (agitación, gran interés) fever, craze: *fiebre electoral* election fever • *el inicio de la fiebre de las puntocom* the start of the dotcom craze • *Le ha entrado la fiebre consumista.* He's become addicted to buying things.
fiebre aftosa foot-and-mouth disease • **fiebre amarilla** yellow fever • **fiebre del heno** hay fever • **fiebre tifoidea** typhoid, typhoid fever

fiel¹ adj **1** (leal) loyal; (en una relación amorosa) faithful • **serle fiel a alguien** to be loyal to sb, to be faithful to sb • **ser fiel a algo** to be faithful to sth: *Es fiel a sus ideas.* She is faithful to her ideas. **2** (verídico – traducción) faithful, accurate; (descripción) accurate; (copia, transcripción) faithful

fiel² s **1 los fieles** [pl] the faithful **2** (de una balanza) pointer, needle

fieltro s felt: *un sombrero de fieltro* a felt hat

fiera s (animal) wild animal, beast

EXPRESIONES
ponerse como/hecho-a una fiera to go wild • **ser una fiera para algo** to be brilliant at sth: *Es una fiera para los idiomas.* She's brilliant at languages.

fiero, -a *adj* fierce

fierro *s* **1** (hierro) iron **2** (pieza de metal) piece of metal **3 fierros** [pl] (para los dientes) braces

fiesta *s* **1** (reunión) party (pl -ties): *La invité a la fiesta.* I invited her to the party. • **hacer/dar una fiesta** to have a party, to throw a party • **estar de fiesta** to be celebrating: *Todo Bogotá estaba de fiesta.* The whole of Bogota was celebrating. • **un vestido de fiesta** an evening dress **2** (día festivo) public holiday: *El martes es fiesta.* Tuesday is a public holiday. **3 las fiestas** (de Navidad) the holidays ▶ **felices fiestas** (FELIZ) ▶ ver nota en CELEBRATION
EXPRESIONES
aguarle la fiesta a alguien to spoil sb's fun • **no estar para fiestas** not to be in a very good mood • **tengamos la fiesta en paz** let's have some peace and quiet
fiesta de cumpleaños birthday party • **fiesta de disfraces** costume party • **fiesta nacional** national holiday

figura *s* **1** (cuerpo, silueta) figure: *Se preocupa por su figura.* She worries about her figure. **2** (representación) figure: *una figura de cera* a wax figure **3** (persona importante) figure
figura decorativa token presence • **figura retórica** figure of speech

figuración *s* (imaginación) **son figuraciones tuyas/suyas** it's just your/his imagination, you're/he's just imagining it

figurado, -a *adj* figurative: *lenguaje figurado* figurative language • *en sentido figurado* in the figurative sense

figurante *s* extra

figurar *v* [l] **1** (estar) to be: *La isla no figura en el mapa.* The island isn't on the map. • *Mi teléfono figura en la guía.* My number is in the phone book. • *Figura entre los diez países más ricos.* It is among the ten richest countries. **2** (destacar) to get attention: *Al alcalde le encanta figurar.* The mayor loves to get attention.
—**figurarse** *v pron* to imagine: *Me figuro que vendrá pronto.* I imagine she'll be here soon. • *Ni te figuras lo contenta que se puso.* You can't imagine how happy she was. • *–¿Cantaron muy mal? –¡Figúrate!* "Did they sing very badly?" "You've no idea!"

figurativo, -a *adj* figurative: *el arte figurativo* figurative art

figurín *s* (para hacer vestidos) fashion drawing

fijación *s* **1** (obsesión) fixation, obsession • **tener una fijación con algo/alguien** to be obsessed with sth/sb **2** (de un precio, un horario) fixing **3 fijaciones** [pl] (para esquiar) bindings

fijamente *adv* **mirar fijamente algo/a alguien** to stare at sth/sb

fijar *v* [T] **1** (una fecha, un precio) to set, to fix: *¿Ya han fijado la fecha del examen?* Have they set a date for the exam yet? • *Han fijado el precio de las entradas en 15 dólares.* The ticket price has been set at 15 dollars. **2** (mantener) **fijar la vista/la mirada en algo** to fix your gaze on sth **3** (un objetivo, un límite) to set: *Han fijado los límites de velocidad.* They have set the speed limits. **4** (sujetar) to fix: *Fijó la alfombra al suelo.* He fixed the carpet to the floor. • **"prohibido fijar carteles"** "post no bills"
—**fijarse** *v pron* **fijarse en algo** **(a)** (notarlo) to notice sth: *Se fija en todo.* He notices everything. **(b)** (prestarle atención) to watch sth: *Fíjate en lo que estás haciendo.* Watch what you're doing. **(c)** (mirar) **fijarse en alguien** to look at sb **(d)** **¡fíjate!** *¡Fíjate si será tonto!* How stupid can he be? • *–¿Te ha gustado? –¡Fíjate! He llorado y todo.* "Did you like it?" "You can't imagine! I cried and everything."

fijo¹, -a *adj* **1** (que no se mueve) fixed: *un punto fijo* a fixed point **2** (trabajo, empleo) permanent: *No tiene trabajo fijo.* She doesn't have a permanent job.

3 (domicilio) permanent: *No tiene domicilio fijo.* He has no fixed abode. **4 tener la mirada/la vista fija en algo/alguien** to be staring at sth/sb • **TELÉFONO fijo** ▶ **TELEFONÍA fija**

fijo² *adv* **1 fijo que...** *Fijo que se olvidó.* He's bound to have forgotten. • *Fijo que no viene.* I bet she doesn't come. **2 mirar fijo algo/a alguien** to stare at sth/sb: *Me miró fijo.* She stared at me.

fijo³ *s* (teléfono) landline, fixed line: *llamadas de fijo a móvil* calls from landlines to cell phones

fila *s* **1** (de asientos) row: *en la primera fila* in the front row **2** (de personas, de cosas) line: *el último de la fila* the last one in the line • **en fila** in line: *Todos esperaban en fila.* They all waited in line. • **en fila india** in single file • **formar/hacer una fila** to get in a line, to form a line **3 filas** [pl] (fuerzas militares) ranks: *las filas del ejército enemigo* the ranks of the enemy army • **romper filas** to fall out: *¡Rompan filas!* Fall out! • **ser llamado -a a filas** to be drafted **4 filas** [pl] (agrupación, equipo) ranks: *Segundo cambio en las filas de Argentina.* Second change to the Argentinian squad. **5** (de un gráfico) row
EXPRESIONES
cerrar filas (en torno a alguien) to close ranks (around sb)

> **¿row o line?**
> Para una fila de personas o cosas unas junto a otras, se puede usar line: *a line of trees* o row: *a row of houses* row se usa especialmente si hay varias filas: *He sat in the back row.*
> Si la fila es de personas o cosas unas detrás de otras, solo es posible usar line: *a line of cars waiting to get into the car park.*

filamento *s* filament

filantropía *s* philanthropy

filantrópico, -a *adj* philanthropic

filántropo, -a *s* philanthropist

filarmónico, -a *adj* philharmonic

filatelia *s* (actividad) stamp collecting, philately (*más frml*)

filatélico¹, -a *adj* stamp [solo ante s]: *una colección filatélica* a stamp collection

filatélico², -a *s* stamp collector, philatelist (*más frml*)

filatelista *s* stamp collector, philatelist

fildeador, -a *s* outfielder

filete *s* **1** (corte de carne) filet **2** (rebanada de carne) steak **3** (de pescado) filet: *un filete de lenguado* a filet of sole

filiación *s* **1** (política, religiosa) affiliation: *¿Cuál es su filiación política?* What is his political affiliation? **2** (datos personales) particulars [pl] **3** (parentesco) family relationship

filial¹ *adj* **1** (amor, gratitud) filial **2** (empresa) subsidiary

filial² *s* subsidiary (pl -ries)

filigrana *s* **1** (de un papel, un billete) watermark **2** (en orfebrería) filigree

Filipinas las Filipinas the Philippines

filipino, -a *s, adj* Filipino

film *s* movie

filmación *s* filming

filmadora *s* camcorder, video camera

filmar *v* [T] to film: *Papá filmó mi fiesta.* Dad filmed my party. • **filmar una película** to shoot a movie

filmografía *s* movies [pl]

filmoteca *s* **1** (archivo) film library (pl -ries) **2** (sala) movie theater

filo *s* edge, cutting edge • **tener filo** to be sharp

EXPRESIONES
al filo de la medianoche/de las diez just on midnight/ten o'clock • **en el filo de la navaja** on a knife edge

filología s **1** (ciencia) philology: *filología clásica* classical philology **2** (carrera) language and literature: *Tiene una licenciatura en Filología Inglesa.* She has a degree in English.

filón s **1** (de minerales) seam, vein: *un filón de oro/cobre* a gold/copper seam **2** (cosa o persona provechosa) gold mine

filoso, -a *adj* sharp

filosofar *v* [I] to philosophize

filosofía s **1** philosophy (pl -phies) **2 tomarse algo con filosofía** to be philosophical about sth, to take sth philosophically

filosófico, -a *adj* philosophical

filósofo, -a s philosopher

filtrar *v* [T] **1** (líquido) to filter: *Filtró el agua.* She filtered the water. **2** (información) to leak: *Filtró la información a la prensa.* He leaked the information to the press.
—**filtrarse** *v pron* **1** (líquido) to seep through: *El agua se filtraba por una grieta.* The water was seeping through a crack. **2** (luz, ruidos) to filter in: *La luz del sol se filtraba por las persianas.* The sunlight filtered in through the shutters. **3** (noticia, informe) to be leaked: *El informe se ha filtrado a la prensa.* The report has been leaked to the press.

filtro s filter
filtro solar sunscreen

fin s **1** (final) end: *el fin del mundo* the end of the world • *la fiesta de fin de curso* the end-of-year party • *"Fin"* "The End" • **a fin de mes/año** at the end of the month/year • **a fines de agosto/de 1996** at the end of August/of 1996 **2** (objetivo) aim: *Su único fin era llamar la atención.* Her only aim was to attract attention. • **a fin de hacer algo/con el fin de hacer algo** in order to do sth: *Viajó a Madrid a fin de entrevistarse con él.* She traveled to Madrid in order to have a meeting with him. • **con fines terapéuticos/comerciales** for therapeutic/commercial purposes

EXPRESIONES
al/por fin at last: *¡Por fin has llegado!* You're here at last! • **al fin y al cabo** after all • **El fin no justifica los medios.** The end does not justify the means. • **en fin** anyway: *En fin ¿a quién le importa?* Anyway, who cares? • **llegar/tocar a su fin** to come to an end, to come to a close • **poner fin a algo** to put an end to sth, to end sth: *Hay que poner fin a estos rumores.* We have to put an end to these rumors. • **sin fin** endless: *una historia sin fin* an endless story
fin de año New Year's Eve • **fin de mes** the end of the month • **llegar a fin de mes** to make ends meet • **fin de semana** weekend: *Nos vemos el fin de semana.* I'll see you on the weekend. • *Vinieron a pasar el fin de semana.* They came for the weekend.

final¹ s [masc] **1** (fin) end: *Nos quedamos hasta el final.* We stayed till the end. • **al final del partido/de la clase** at the end of the game/the class • **al final de la calle/del pasillo** at the end of the street/the corridor **2** (de un libro, una película) ending: *Tiene un final muy triste.* It has a very sad ending.
EXPRESIONES
al final in the end: *Al final me quedé en casa.* In the end, I stayed at home. • **a finales de** at the end of

⚠ Cuando se habla del final de un periodo de tiempo, como una clase, una cena, etc., se usa la locución preposicional **at the end of**:
At the end (✗ in the end) of the evening we all went home.
At the end (✗ in the end) of the game you'll want to start all over again.
Con el sentido de "finalmente" o "después de todo", se usa **in the end**:

✔ *We started to walk home, but in the end we had to call a cab.*
✔ *In the end children get used to all that TV violence.*

final² s [fem] final: *Llegaron a la final.* They got to the final.

final³ *adj* final: *el toque final* the final touch

finalidad s aim, purpose • **con la finalidad de** with the aim of: *Se reunieron con la finalidad de llegar a un acuerdo.* They met with the aim of reaching an agreement. • **tener algo como finalidad** to aim to do sth: *Este programa tiene como finalidad la promoción de la lectura.* This program aims to promote reading.

finalista¹ *adj uno de los equipos finalistas* one of the teams in the final

finalista² s finalist

finalizar *v* [I, T] to finish: *¿Cuándo finaliza el plazo de entrega?* What's the closing date for handing things in? • **dar algo por finalizado (a)** (un partido, un conflicto) to end sth **(b)** (un acuerdo, un servicio) to terminate sth: *El árbitro dio por finalizado el encuentro.* The referee ended the game.

finalmente *adv* **1** (al final) in the end, eventually: *Finalmente, decidieron posponer la reunión.* In the end they decided to postpone the meeting. • *Su salud fue empeorando y finalmente murió.* His health gradually deteriorated and he eventually died. **2** (en último lugar) finally: *Se lija y finalmente se vuelve a pintar.* You sand it and finally put on another coat of paint.

financiación (tb **financiamiento**) s (acción) financing; (fondos) funding: *la financiación del proyecto* the financing of the project • *un plan de financiación a largo plazo* a long-term finance plan • *Estamos buscando nuevas fuentes de financiación.* We are seeking new sources of funding.

financiador¹, -a s financial backer

financiador², -a *adj* finance [solo ante s]: *una empresa financiadora* a finance company

financiar *v* [T] to fund, to finance: *El Estado financió las obras.* The works were state-funded. • *las negociaciones para financiar la deuda* talks about financing the debt

financiera s finance company (pl -nies)

financiero¹, -a *adj* **1** (sistema, operación, situación) financial **2** (entidad, organismo) financial

financiero², -a s financial expert, financier

finanzas s [pl] **1** (actividad) finance [U]: *el mundo de las finanzas* the world of finance **2** (de una persona, una institución) finances

finca s (propiedad inmueble) property (pl -ties)
finca raíz real estate business • **finca rústica** country estate • **finca cafetalera** coffee plantation • **finca urbana** property (pl -ties) (in a city)

finde s weekend: *¡Buen finde!* Have a good weekend!

finés, -esa ▶ FINLANDÉS

fingir *v* [I,T] to pretend, to feign (*más frml*): *No finjas más.* Stop pretending. • **fingir interés/sorpresa** to feign interest/surprise, to pretend to be interested/surprised • **fingir hacer algo** to pretend to do sth: *Fingieron no conocerlo.* They pretended they didn't know him. • *fingió que dormía/que estaba contento* he pretended to be asleep/that he was happy

finiquito s (al acabar un empleo) final pay check; (tras ser despedido) severance pay

finito, -a *adj* finite

finlandés¹, -esa s (persona) Finn • **los finlandeses** the Finnish

finlandés² s (idioma) Finnish

finlandés³, -esa *adj* Finnish

Finlandia Finland

fino, -a *adj*

1 delgado
2 de calidad
3 refinado
4 sutil
5 al tacto
6 agudo

1 DELGADO (tela, papel, dedos) thin; (pelo, polvo, arena) fine: *Tiene los labios finos.* She has thin lips.
2 DE CALIDAD (perfume) good-quality, luxury [solo ante s]; (joyas) fine: *una copa de fino cristal* a glass of fine crystal
3 REFINADO refined: *Tiene unos gustos muy finos.* She has very refined tastes.
4 SUTIL (ironía) subtle; (sentido del humor) keen
5 AL TACTO (seda, piel) smooth, soft
6 AGUDO tener el oído fino to have acute hearing • **tener el olfato fino** to have a keen sense of smell ▶ HILAR **fino**, SAL **fina**
finas hierbas mixed herbs

finolis[1] *adj* **1** (persona) fussy **2** (restaurante, hotel) pretentious

finolis[2] *s* **1 ser un/una finolis** to be really fussy **2 un colegio/restaurante para finolis** a school for snooty kids/a restaurant for pretentious people

finta *s* (en básquetbol, fútbol) fake; (en boxeo) feint • **hacer una finta** (en básquetbol, fútbol) to fake; (en boxeo) to feint

fintar *v* [I,T] to fake

finura *s* **1** (cualidad) fineness, thinness **2** (refinamiento) refinement **3** (agudeza) perspicacity **4** (habilidad) expertise **5** (delicadeza) fineness, delicacy

fiordo *s* fjord

firma *s* **1** (escrita) signature • **poner una/la firma** to sign **2** (acción) signing: *Hoy es la firma del contrato.* The contract gets signed today. **3** (empresa) firm, company (pl -nies)
firma digital digital signature

firmamento *s* firmament

firmante[1] *adj los países firmantes del tratado* the countries that have signed the treaty • *las partes firmantes del convenio* the signatories to the agreement

firmante[2] *s* signatory (pl -ries)

firmar *v* [I,T] (un documento, una carta) to sign

firme[1] *adj*

1 constante, estricto
2 mano, paso
3 voluntad, convicción
4 defensor, partidario
5 candidato
6 estable
7 en el ejército

1 CONSTANTE, ESTRICTO firm: *Es firme con sus alumnos.* She is firm with her students. • **mantenerse firme** to stand firm • **ponerse firme** to put your foot down: *Se pusieron firmes y no nos dejaron entrar.* They put their foot down and wouldn't let us in.
2 MANO, PASO firm • **con paso/mano firme** with a firm step/grip: *Caminó con paso firme hasta la puerta.* He walked firmly toward the door. • *Sostuvo el volante con mano firme.* He held the steering wheel with a firm grip.
3 VOLUNTAD, CONVICCIÓN strong, firm: *Tenemos la firme intención de seguir adelante.* We fully intend to go ahead.
4 DEFENSOR, PARTIDARIO staunch
5 CANDIDATO strong: *Es un firme candidato al puesto.* She is a strong candidate for the job.
6 ESTABLE (escalera, mesa, pulso) steady; (superficie) firm: *La escalera no está firme.* The ladder isn't steady.
7 EN EL EJÉRCITO ponerse firme to stand to attention • **¡firmes!** attention!

EXPRESIONES
en firme definite: *No hay nada en firme.* There's nothing definite. • *La oferta es en firme.* It's a firm offer. ▶ TIERRA **firme**

firme[2] *s* surface, road surface

firmeza *s* **1** (en una postura, una actitud) firmness • **con firmeza** firmly **2** (estabilidad) durability **3** (dureza) hardness
firmeza de carácter strength of character

fiscal[1], -a *s* (en EU) district attorney

fiscal[2] *adj* (del fisco) tax [solo ante s], fiscal (*más frml*): *una reforma fiscal* a tax reform ▶ AÑO **fiscal**, BENEFICIO **fiscal**, EVASIÓN **fiscal**, PARAÍSO **fiscal**

fiscalizar *v* [T] **1** (supervisar) to supervise, to oversee **2** (vigilar) to control

fisco *s* **1 el fisco** (organismo recaudador) the Internal Revenue Service **2 el fisco** (bienes) the Treasury

fisgón[1], -ona *adj* nosy: *una vecina fisgona* a nosy neighbor

fisgón[2], -ona *s* busybody (pl -dies)

fisgonear (tb **fisgar**) *v* **(a)** [I] to snoop, to snoop around • **fisgonear en la vida de alguien** to pry into sb's life **(b)** [T] to nose around in • **fisgonear un cajón/una habitación** to nose around in a drawer/to snoop around in a room • **fisgonear los papeles/la correspondencia de alguien** to go through sb's papers/mail

física *s* physics [+v en sing]
física aplicada applied physics • **física atómica** atomic physics • **física cuántica** quantum physics • **física nuclear** nuclear physics

físico[1], -a *adj* physical ▶ DISCAPACIDAD **física**, EDUCACIÓN **física**, PERSONA **física**, PREPARADOR **físico**

físico[2], -a *s* (científico) physicist

físico[3] *s* **1** (aspecto) appearance: *la obsesión por el físico* our obsession with physical appearance **2** (de un atleta, un deportista) physique
EXPRESIONES
tener buen físico (a) (hombre) to have a good body **(b)** (mujer) to have a good figure

fisiología *s* physiology

fisiológico, -a *adj* physiological

fisión *s* fission
fisión nuclear nuclear fission

fisioterapeuta *s* physical therapist

fisioterapia *s* physical therapy

fisonomía (tb **fisionomía**) *s* **1** (de una ciudad, un paisaje) face, appearance: *Las nuevas obras han cambiado la fisonomía de la ciudad.* The new building work has changed the face of the city. **2** (de una persona) features [pl]

fisonomista *s* **ser buen/buena fisonomista** to have a good memory for faces

fisura *s* **1** (en un sistema, en la unidad de algo) crack, fissure (*más frml*): *las fisuras en el sistema legal* the cracks in the legal system • **sin fisuras** (apoyo, compromiso) solid; (equipo) united: *una unidad sin fisuras* a united front **2** (grieta) crack **3** (en un hueso) fracture

Fiyi Fiji

fiyiano[1], -a *s* (persona) Fijian

fiyiano[2] *s* (idioma) Fijian

fiyiano[3], -a *adj* Fijian

flacidez, flaccidez *s* flabbiness, flaccidity (*más frml*)

flácido -a, fláccido -a *adj* flabby, flaccid (*más frml*)

flaco, -a *adj* **1** (persona, cara, piernas) thin; (demasiado) skinny: *Es alto y flaco.* He's tall and thin. • *Está muy flaco.* He's too thin., He's skinny. **2** (débil, endeble) weak: *El punto flaco de este gobierno es la economía.* This government's weak point is the economy.

F

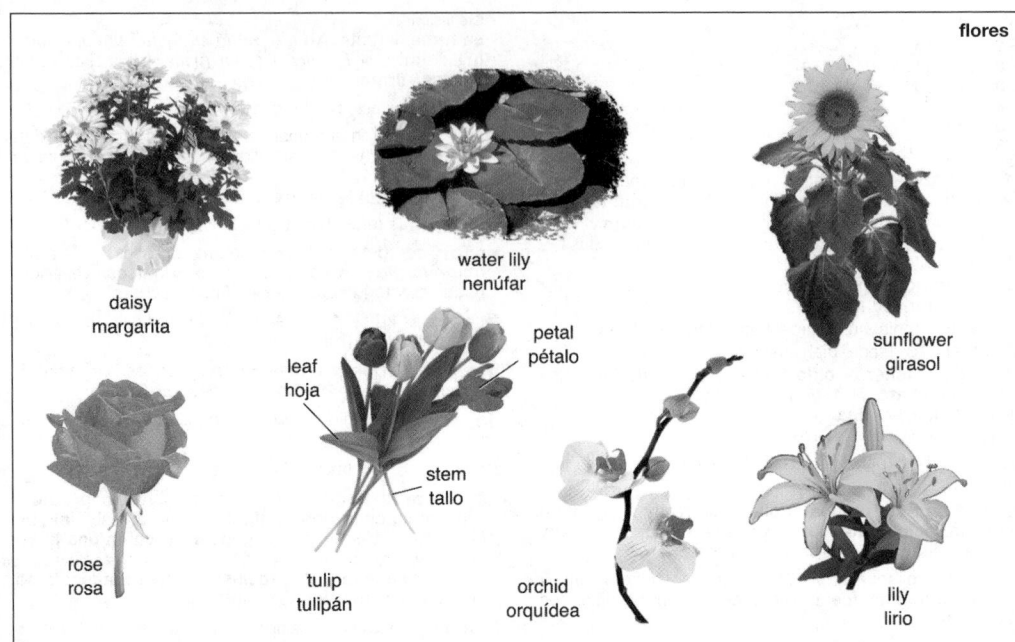

flores

daisy
margarita

water lily
nenúfar

leaf
hoja

petal
pétalo

sunflower
girasol

stem
tallo

rose
rosa

tulip
tulipán

orchid
orquídea

lily
lirio

EXPRESIONES
hacerle un flaco favor/servicio a alguien/algo not to help sb/sth, to do sb/sth no favors: *Políticas de ese tipo hacen un flaco servicio a la democracia.* Policies like that aren't helping democracy. ▶ **VACAS flacas**

flagrante *adj* (violación, injusticia) flagrant; (mentira, error, ejemplo) blatant

flamante *adj* **1** (carro, casa) brand-new: *su flamante bicicleta* her brand-new bicycle **2** (presidente) newly-elected; (campeón) newly-crowned: *la flamante ministra de Agricultura* the newly-appointed Minister of Agriculture

flambear *v* [T] to flambé

flamenco¹ *s* **1** (música, baile) flamenco **2** (animal) flamingo

flamenco², -a *adj* (cante, baile) flamenco [solo ante s]: *un espectáculo de baile flamenco* a flamenco dance show

flan *s* crème caramel ▶ ver nota en **TARTA**

EXPRESIONES
estar como un flan to be shaking like a leaf

flanco *s* **1** (en una batalla, en ajedrez) flank **2** (de un carro, un barco) side **3** (de un edificio) side wall

EXPRESIONES
cubrir todos los flancos to plan for every eventuality • **atacar por/desde todos los flancos** to attack from all sides

flanquear *v* [T] **1** (a una persona) to flank **2** (un río, una calle) to line

flaquear *v* [I] (debilitarse – fuerzas, equipo, persona) to flag; (piernas) to give out; (memoria) to go, to fail: *cuando la memoria comienza a flaquear* when your memory starts to go • *Le flaqueaban las fuerzas.* He began to flag.

flaqueza *s* **1** (falta de fuerza) weakness **2** (acción desacertada) indiscretion ▶ **sacar FUERZAS de flaqueza**

flash *s* **1** (en fotografía) flash (pl -shes) **2 flash (informativo)** news flash (pl -shes) **3** (inspiración) brainwave; (reacción súbita) sudden urge • **tener un flash** to have a brainwave • **me/le dio un flash** I/he got a sudden urge: *Me dio un flash y me he comprado el MP3.* I just got a sudden urge and bought an MP3 player.

flato *s* (gases) wind

flatulencia *s* flatulence

flauta *s* flute
    flauta dulce recorder

flautín *s* piccolo (pl -los)

flautista *s* flutist

flecha *s* **1** (arma) arrow **2** (indicación) arrow

EXPRESIONES
como una flecha like a shot • **entrar/salir como una flecha** to shoot in/out

flechazo *s* (amor repentino) love at first sight • **fue un flechazo** it was love at first sight

fleco *s* **1** bangs (pl) **2 flecos** [pl] fringes • **una alfombra/una bufanda con flecos** a fringed rug/scarf **3 flecos** [pl] (de una prenda gastada) frayed edges

flema *s* **1** (mucosidad) phlegm **2** (calma) aplomb, composure

flemático, -a *adj* phlegmatic

flemón *s* abscess (pl -sses)

flequillo *s* bangs [pl]: *Tiene flequillo.* She has bangs.

fletar *v* [T] (una embarcación, un avión) to charter; (un camión, un bus) to rent

flete *s* **1** (de una embarcación, un avión) charter fee; (de un camión, un bus) rental charges [pl] **2** (cargamento) cargo (pl cargoes tb cargos)

flexibilidad *s* **1** (de un material) flexibility; (del cuerpo) suppleness, flexibility **2** (en las actitudes) flexibility **3** (de un sistema, una política) flexibility • **flexibilidad (laboral)** flexible working conditions [pl]

flexibilizar *v* [T] to make more flexible: *medidas para flexibilizar los horarios* measures to make working hours more flexible

flexible *adj* **1** (material) flexible; (cuerpo) supple, flexible **2** (persona, actitud) flexible **3** (sistema, política) flexible ▶ **HORARIO flexible**

flexión *s* **1** (en gimnasia) **flexiones (de brazos)** push-ups • **flexiones de piernas** squats • **hacer flexiones** (de cintura) to touch your toes **2** (en gramática) inflection

flexionar *v* [T] to bend

flirtear *v* [I] to flirt

flojear v [I] to laze around: *A la escuela no se va a flojear.* You don't go to school to laze around.

flojera s **tener flojera** to feel lazy • **me/le da flojera** I/she doesn't feel like it: *Los lunes me da mucha flojera levantarme.* I never feel like getting up on Mondays.

flojo, -a adj **1** (suelto) loose: *un tornillo flojo* a loose screw • *Tengo un diente flojo.* I have a loose tooth. **2** (perezoso) lazy **3** (mediocre) poor: *Tu prueba estaba bastante floja.* Your test was pretty poor. • **estar flojo -a en una materia/un tema** to be weak in a subject **4** (sin fuerza) weak: *Me siento floja.* I feel weak. • *un disparo flojo* a feeble shot **5** (cobarde) **ser muy flojo -a** to be a coward **6** (temporada, trimestre) slack ▶ **CUERDA floja**

flor s flower: *un ramo de flores* a bunch of flowers • **en flor** (planta) in flower, in bloom; (frutal) in blossom • **un estampado/vestido de flores** a floral print/a floral print dress

EXPRESIONES

a flor de agua just below the surface of the water • **a flor de labios** on her/their lips • **a flor de piel** *Tenía los nervios a flor de piel.* My nerves were all on edge. • *Anda con la sensibilidad a flor de piel.* She's highly sensitive at the moment. • **a flor de tierra** just below the surface • **tirarle flores a alguien** to compliment sb • **la flor y nata de la música colombiana/del país** the crème de la crème of Colombian music/the country
flor de lis fleur-de-lis

flora s **1** (plantas) flora **2** (microorganismos) flora: *la flora intestinal* the intestinal flora

floral adj floral

floreado, -a adj flowery

florecer v [I] **1** (planta) to flower; (árbol) to blossom **2** (arte, industria, actividad) to flourish

floreciente adj flourishing: *un mercado floreciente* a flourishing market

florecimiento s (de una arte, la cultura) flowering; (de una actividad, una industria) growth

florería s flower shop, florist

florero s vase

florido, -a adj **1** (con flores – planta) flowering; (lugar) full of flowers **2** (lenguaje) flowery, florid; (relato) embellished

florista s florist

floristería s flower shop, florist

floritura s embellishment • **sin florituras** with no frills

flota s fleet
flota mercante merchant fleet • flota pesquera fishing fleet

flotador s **1** (aro) rubber ring; (para el brazo) armband **2** (de una cisterna) ballcock **3** (en pesca) float

flotante adj **1** (sobre el agua) floating **2** (población, tipo de cambio) floating

flotar v [I] **1** (en el agua, el aire) to float: *una rama flotando en el río* a branch floating in the river **2** (percibirse) **flotar en el aire/en el ambiente** to hang in the air

flote s **mantenerse a flote (a)** (en el agua) to stay afloat **(b)** (empresa, economía) to stay afloat • **mantener una empresa/la economía a flote** to keep a company/the economy afloat • **sacar a flote una empresa/la economía** to get a company/the economy back on its feet • **salir a flote (a)** (en la adversidad) to get back on your feet: *El país está saliendo a flote tras la crisis económica.* The country is getting back on its feet after the economic crisis. **(b)** (salir a la luz) to come to light: *La verdad ha salido a flote.* The truth has come to light.

flotilla s (de barcos) flotilla; (de camiones, buses, aviones) fleet

fluctuación s fluctuation

fluctuar v [I] to fluctuate • **fluctuar entre... y...** to vary between... and...: *Las tarifas fluctúan entre los 20 y los 50*

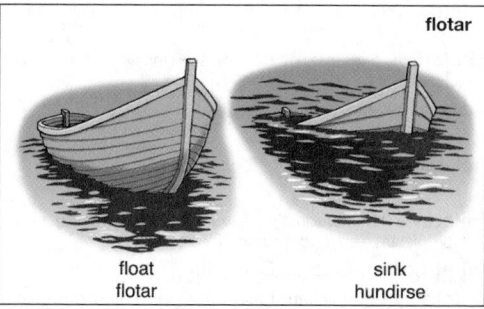

float / flotar   sink / hundirse

dólares mensuales. Rates vary between 20 and 50 dollars a month.

fluidez s fluency • **con fluidez** fluently: *Habla inglés con fluidez.* She speaks English fluently.

fluido¹, -a adj **1** (estilo, lenguaje) fluid • **hablar inglés/ francés fluido** to speak fluent English/French **2** (tránsito, circulación) free-flowing **3** (relaciones, comunicación) smooth **4** (sustancia, estado) fluid

fluido² s **1** (líquido) fluid **2 fluido (eléctrico)** electric current, power: *un corte en el fluido eléctrico* a power cut

fluir v [I] **1** (agua, sangre) to flow; (energía, calor) to flow **2** (ideas, palabras) to flow

flujo s **1** (de turistas, inmigrantes) flow; (de capitales, información, vehículos) flow **2** (de aire, agua) flow **3** (de la marea) **el flujo y reflujo** the ebb and flow **4 flujo (vaginal)** discharge
flujo de caja cash flow • flujo menstrual menstrual flow • flujo migratorio flow of immigrants • flujo sanguíneo blood flow

flúor s **1** (en odontología) fluoride **2** (en química) fluorine

fluorescencia s fluorescence

fluorescente¹ adj fluorescent

fluorescente² s fluorescent light

fluvial adj river [solo ante s]: *el transporte fluvial* river transport

FM s (abrev de **frecuencia modulada**) FM

fo interj ugh!, yuk!

fobia s **1** (temor) phobia • **tenerle fobia a algo** to have a phobia about sth: *Les tiene fobia a las cucarachas.* He has a phobia about cockroaches. **2** (antipatía) **le tengo/ tiene fobia** I/he can't stand him
fobia social social phobia

foca s seal

foco s **1** (de luz) bulb, light bulb: *Se quemó el foco.* The light bulb's gone. **2** (para iluminar un escenario, monumentos) spotlight **3** (origen) source: *el foco del incendio* the source of the fire **4** (en fotografía, cine) **fuera de foco** out of focus • **en foco** in focus **5** (concentración) **foco de atención/interés** focus of attention/interest **6** (en física) focal point

fodongo, -a adj slovenly

fofo, -a adj flabby

fogata s bonfire

fogón s **1** (para cocinar) stove **2** (quemador) burner **3** (al aire libre) campfire

fogonazo s flash (pl -shes)

fogoso, -a adj (amante, romance) passionate; (discurso, intervención) impassioned, forceful: *Tiene un carácter fogoso.* He has a fiery nature.

fogueo s **una pistola/un disparo de fogueo** a blank pistol/shot

foie-gras s foie gras

folclore, folklore *s* **1** (tradición) folklore **2** (música) folk music

folclórico, -a, folklórico, -a *adj* (música, danza) folk [solo ante s]

fólder *s* folder

folículo *s* follicle

folk *adj, s* folk

follaje *s* foliage

folletín *s* **1** (melodrama) saga **2** (en la prensa) newspaper serial; (en la televisión) TV serial

folletinesco, -a *adj* melodramatic

folleto *s* **1** (publicitario) brochure: *un folleto turístico* a tourist brochure **2** (informativo) leaflet; (más grueso) booklet • **un folleto informativo/de instrucciones** an information booklet/an instruction leaflet • **un folleto de inscripción** a registration form

fomentar *v* [T] to promote, to encourage: *La estabilidad económica fomenta la inversión.* Economic stability encourages investment. • *una campaña para fomentar la lectura* a campaign to promote reading

fomento *s* promotion, encouragement: *una campaña de fomento del comercio electrónico* a campaign to promote e-commerce

fonda *s* guest house

fondillo (tb **fondillos**) *s* seat

fondista *s* long-distance runner

fondo *s*

  1 del mar, de un pozo, de una caja
  2 de una calle, un pasillo
  3 de una habitación, una casa
  4 de un cuadro, una escena, un diseño
  5 profundidad
  6 capital
  7 parte esencial
  8 contenido
  9 forma de ser
  10 dinero reunido
  11 de un museo, una biblioteca
  12 resistencia
  13 carrera
  14 prenda interior

1 DEL MAR, DE UN POZO, DE UNA CAJA bottom
2 DE UNA CALLE, UN PASILLO end: *Está al fondo a la derecha.* It's at the end on the right.
3 DE UNA HABITACIÓN, UNA CASA back: *El piano está al fondo de la sala.* The piano is at the back of the living room. • **el aula/el dormitorio del fondo** the classroom at the end/the back bedroom
4 DE UN CUADRO, UNA ESCENA, UN DISEÑO background: *flores rojas sobre un fondo blanco* red flowers on a white background • **en el/al fondo** in the background
5 PROFUNDIDAD depth • **tiene mucho/poco fondo** it's very/not very deep • **tiene 2/3 metros de fondo** it's 2/3 meters deep • **¿cuánto mide/tiene de fondo?** what's the depth?
6 CAPITAL fondos [pl] funds • **recaudar fondos** to raise funds, to fundraise • **quedarse sin fondos** to run out of money
7 PARTE ESENCIAL (de un problema) root; (de una cuestión, un asunto) heart, bottom • **llegar al fondo del problema/del asunto** to get to the root of the problem/the heart of the matter
8 CONTENIDO content: *Es una cuestión de fondo, no de forma.* It's a question of content rather than form.
9 FORMA DE SER tener (un) buen/mal fondo to have a good heart/a nasty streak
10 DINERO REUNIDO fund • **fondo (común)** kitty (pl -tties)
11 DE UN MUSEO, UNA BIBLIOTECA collection
12 RESISTENCIA fondo (físico) stamina
13 CARRERA long-distance running

14 PRENDA INTERIOR slip
EXPRESIONES
una limpieza/un repaso a fondo a thorough clean/revision • **limpiar algo a fondo** to clean sth thoroughly, to give sth a good cleaning • **una investigación/un análisis a fondo** an in-depth investigation/analysis • **emplearse a fondo** to work really hard • **en el fondo perdido** non-returnable • **en el fondo** deep down: *En el fondo se quieren mucho.* Deep down they really love each other. • **en el fondo de su alma/corazón** in his heart of hearts, deep down • **de dos/cuatro en fondo** two/four abreast • **música/ruido de fondo** background music/noise • **tocar fondo** to reach rock bottom; (anticipando una mejora) to bottom out: *Aseguran que la crisis económica ha tocado fondo.* We are assured that the economic crisis has bottomed out. ▸ **BAJOS fondos**, **CHEQUE sin fondos**, **CORREDOR de fondo**, **DOBLE fondo**, **ESQUÍ de fondo**, **POZO sin fondo**
fondo de inversión investment fund • **fondo de pensiones** pension fund • **fondo editorial** list of titles • **Fondo Monetario Internacional** International Monetary Fund • **fondos públicos** [pl] public money [U], public funds • **fondos reservados** secret funds

fonema *s* phoneme

fonética *s* phonetics [+v en sing]

fonético, -a *adj* phonetic

foniatra *s* speech therapist

fonología *s* phonology

fonoteca *s* record library (pl -ries)

fontanería *s* **1** (oficio) plumbing **2** (conductos, instalaciones) plumbing

fontanero, -a *s* plumber

footing *s* jogging • **hacer footing** to go jogging

forajido, -a *s* outlaw

foráneo, -a *adj* foreign

forastero, -a *s, adj Son forasteros.* They're not local./They're not from around here. • *lleno de forasteros* full of visitors, full of people from outside

forcejear *v* [I] to struggle • **forcejear con alguien** to struggle with sb • **forcejear con la puerta/una cerradura** to struggle with the door/a lock

forcejeo *s* struggle

fórceps *s* forceps

forense[1] *s* forensic scientist

forense[2] *adj* (examen, informe) forensic ▸ **MÉDICO forense**

forestación *s* afforestation

forestal *adj* forest [solo ante s]: *un incendio forestal* a forest fire ▸ **GUARDA forestal**, **REPOBLACIÓN forestal**

forja *s* **1** (creación) forging • **la forja de un revolucionario/una nación** the forging of a revolutionary/a nation **2** (taller) forge

forjado, -a *adj*

forjar *v* [T] **1** (un metal) to forge **2** (un revolucionario, una nación, una identidad) to create, to forge (*más frml*)
—**forjarse** *v pron* **1** (revolucionario, nación, identidad) to be created, to be forged (*más frml*): *Se está forjando una nueva Europa.* A new Europe is being created. **2** (una imagen, una reputación) to build up: *Se forjó una reputación de corrupto.* He has built up a reputation for being corrupt. • *No quiero forjarme ninguna ilusión.* I don't want to get my hopes up. **3** (una opinión) to form

forma *s* **1** (contorno) shape: *piedras de distintas formas* stones of different shapes • *¿Qué forma tiene?* What shape is it? • *Tiene forma de cilindro.* It's in the shape of a cylinder./It's cylinder shaped. • **en forma de corazón/rombo** heart-shaped/diamond-shaped **2** (modo) way: *su forma de pensar* his way of thinking • *una forma de gobierno* a form of government • *Ésa es su forma de ser.* That's just the way he is. • *¡Qué forma de nevar!* Just look at that snow! • *¡Qué forma de* contestar es esa! Imagine answering like that! • **de forma ordenada** in an orderly fashion **3** (estado físico) **estar en forma** to be fit, to be in shape • **mantenerse en forma** to keep fit **4** (formulario) form: *una forma de solicitud* an application form • **llenar una forma** to fill in a form, to fill out a form

EXPRESIONES
de cualquier forma anyway: *De cualquier forma, yo ya me iba.* I was just leaving anyway. • **de forma que** so that: *Se lo dijo al oído, de forma que nadie pudiera escucharla.* She whispered it in his ear, so that nobody could hear. • **de todas formas** anyway: *Gracias de todas formas.* Thanks anyway. • **guardar las formas** to keep up appearances • **no hay/no hubo forma** there's/there was no way: *No hay forma de que me haga caso.* There's no way of making him take any notice of me. • *No hubo forma de que entendiera.* There was no way of making him understand.
forma de pago method of payment: *¿Cuál va a ser la forma de pago?* How would you like to pay?

formación s **1** (para un oficio, una profesión) training **2** (educación) education: *Le falta formación académica.* He lacks a formal education. **3** (creación) formation: *la formación de un nuevo gobierno* the formation of a new government **4 formación (política)** (political) party (pl -ties) **5** (de soldados) formation
formación continua in-service training • **formación ocupacional, formación profesional** vocational training

formal *adj* **1** (ropa, lenguaje, ocasión) formal: *No tengo novio formal.* I don't have a steady boyfriend. **2** (serio) responsible; (cumplidor) reliable: *Es una persona formal.* He's a responsible person.

formalidad s **1** (seriedad) responsible nature; (fiabilidad) reliability: *¡Qué poca formalidad!* That's so irresponsible! **2** (requisito) formality (pl -ties): *Es solo una formalidad.* It's just a formality.

formalizar *v* [T] **1** (un contrato, un acuerdo) to formalize **2 formalizar una relación** to make a relationship official

formar *v* **1** [T] (crear) to form: *Formaron un círculo con las sillas.* They formed a circle with the chairs. • *Formaron un equipo de trabajo.* They formed a work team. **2** [T] (constituir) **estar formado -a por algo** to be made up of sth: *Una molécula está formada por átomos.* A molecule is made up of atoms. • **formar parte de algo** to be part of sth **3** [T] (preparar) to train: *Ha formado a muchos músicos jóvenes.* He has trained a lot of young musicians. **4** [I] (soldados) to fall in
—**formarse** *v pron* **1** (crearse) to form: *Se formaron unas nubes negras.* Black clouds formed. **2** (educarse) to be educated: *Se formó en los mejores colegios.* He was educated at the best schools.

formatear *v* [T] to format

formativo, -a *adj* **1 actividades formativas** (educativas) educational activities; (en el trabajo) training activities **2** (período, influencia, experiencia) formative ▶ **CICLO formativo**

formato s **1** (forma) format: *una página en formato A4* a sheet of A4 paper • *en formato HTML* in HTML format **2** (formulario) form • **llenar un formato** to fill in a form, to fill out a form

formica® s Formica®

formidable *adj* **1** (enemigo, poder) formidable **2** (excelente) tremendous

fórmula s **1** (en ciencias) formula (pl -lae) **2** (secreto) way, formula: *No existe una fórmula mágica.* There's no magic formula. • **la fórmula del éxito/de la felicidad** the recipe for success/happiness **3** (convención) expression **4** (receta médica) prescription: *El doctor me hizo una fórmula.* The doctor wrote me out a prescription. • **con fórmula** on prescription
fórmula de cortesía polite expression • **Fórmula 1** Formula 1: *una carrera de Fórmula 1* a Formula 1 race

formulación s formulation

formular *v* [T] (una hipótesis, una propuesta, una política) to formulate • **formular una pregunta** to pose a question • **formular una reclamación/un deseo** to make a complaint/to express a wish

formulario s form • **llenar un formulario** to fill in a form, to fill out a form

fornicar *v* [I] to fornicate

fornido, -a *adj* beefy, hefty

foro s **1** (en Internet) **foro (de discusión)** forum (pl forums), discussion group **2** (encuentro) forum (pl forums) ▶ **hacer MUTIS por el foro**

forrado, -a *adj* **1 forrado -a de seda/terciopelo** (por dentro) lined with silk/velvet; (por fuera) covered in silk/velvet: *un abrigo forrado de piel* a fur-lined coat **2** (rico) **estar forrado -a** to be rolling in it

forraje s fodder

forrar *v* [T] **1** (un libro, un cuaderno) to cover: *Lo forró con papel azul.* He covered it with blue paper. **2** (una prenda de vestir, una caja) to line
—**forrarse** *v pron* to make a fortune: *Se ha forrado con el restaurante.* He's made a fortune with that restaurant.

forro s **1** (de un libro, un cuaderno) cover **2** (de una prenda de vestir, una caja) lining **3** (de una bicicleta) tire

fortalecedor, -a *adj* strengthening

fortalecer *v* [T] to strengthen
—**fortalecerse** *v pron* to become stronger

fortalecimiento s strengthening

fortaleza s **1** (moral) strength of character **2** (física) strength **3** (edificio) fortress (pl -sses)

fortificación s **1** (acción) strengthening, fortification (*más frml*) **2** (militar) fortifications [pl]

fortificar *v* [T] **1** (los músculos, el pelo) to strengthen **2** (un lugar) to fortify

fortuito, -a *adj* chance [solo ante s]: *un encuentro fortuito* a chance meeting • **de modo fortuito** by chance

fortuna s **1** (dinero) fortune: *Tiene una gran fortuna en diamantes.* She has a large fortune in diamonds. • **hacer/ganar/costar una fortuna** to make/to win/to cost a fortune **2** (suerte) fortune: *Tuve la fortuna de escucharlo cantar.* I had the good fortune to hear him sing./I was fortunate enough to hear him sing. • *Tuvo la mala fortuna de romperse una pierna.* She had the misfortune to break a leg. • **por fortuna** fortunately, luckily • **probar fortuna** to try your luck

forúnculo s boil

forzado, -a *adj* forced: *una sonrisa forzada* a forced smile • **verse forzado -a a hacer algo** to be forced to do sth ▶ **TRABAJOS forzados**

forzar *v* [T] **1** (obligar) to force • **forzar a alguien a hacer algo** to force sb to do sth: *No pueden forzarme a hablar.* They can't force me to talk. **2** (una cerradura, una puerta) to force **3 forzar la vista** to strain your eyes

forzosamente *adv* necessarily, inevitably: *La fruta buena no es forzosamente cara.* Good fruit is not necessarily expensive. • *Tendremos que pasar por el centro forzosamente.* We have no choice but to go through the town center.

forzoso, -a *adj* **1** (inevitable) unavoidable • **ser forzoso** *Es forzoso reconocer que la economía va bien.* You have to admit that the economy is doing well. **2** (obligado) compulsory ▶ **ATERRIZAJE forzoso**

forzudo¹, -a *adj* strong

forzudo², -a s **forzudo** big strong man (pl men) • **forzuda** big strong woman (pl women)

fosa s **1** (tumba) grave **2** (hoyo) pit
fosa común common grave • **fosa séptica** septic tank • **fosas nasales** nostrils

fosfato s phosphate

fosforescencia s phosphorescence

fosforescente *adj* **1** (material, sustancia) phosphorescent **2** (color) fluorescent ▸ **ROTULADOR fosforescente**

fósforo *s* **1** (cerilla) match (pl -ches) **2** (en química) phosphorus

fósil[1] *s* fossil

fósil[2] *adj* fossilized ▸ **COMBUSTIBLE fósil**

fosilizarse *v pron* to become fossilized, to fossilize

foso *s* **1** (zanja) ditch (pl -ches) **2** (en un castillo) moat **3** (en un estadio) moat **4** (en un garaje) inspection pit **5 el foso (de la orquesta)** the pit, the orchestra pit

foto *s* photo • **sacar/tomar una foto** to take a photo, to take a picture • **sacarle/tomarle una foto a alguien** to take a photo of sb, to take sb's photo • **sacarse una foto** to have your photo taken: *Nos sacamos una foto todos juntos.* We all had our photo taken together.
foto (de) carnet passport photo • foto de familia family photo • foto digital digital photo • foto fija still • foto tamaño pasaporte passport photo

fotocomposición *s* filmsetting, photocomposition (*más frml*)

fotocopia *s* photocopy (pl -pies) • **hacer una fotocopia de algo** to photocopy sth

fotocopiadora *s* photocopier

fotocopiar *v* [T] to photocopy

fotogénico, -a *adj* photogenic

fotografía *s* **1** (arte, técnica) photography **2** (foto) photograph: *una fotografía aérea* an aerial photograph • **sacar/tomar una fotografía** to take a photograph • **sacarle/tomarle una fotografía a alguien** to take a photograph of sb, to take sb's photograph • **sacarse una fotografía** to have your photograph taken
fotografía (de) carnet passport photo • fotografía digital **1** (arte) digital photography **2** (foto) digital photograph

fotografiar *v* [T] to photograph

fotográfico, -a *adj* photographic

fotógrafo, -a *s* photographer

fotograma *s* (cinema) still

fotomatón® *s* photo booth

fotoperiodismo *s* photojournalism

fotosíntesis *s* photosynthesis

foul *s* foul

frac *s* tail coat • **ir de frac** to be wearing tails

fracasado[1]**, -a** *adj* failed • **un escritor/intento fracasado** a failed writer/attempt

fracasado[2]**, -a** *s* failure • **ser un fracasado/una fracasada** to be a failure

fracasar *v* [I] **1** (intento, plan, negociación) to fail **2** (persona) to fail: *un actor que fracasó como director* an actor who failed as a director **3** (película, álbum) to flop: *Su última película fracasó por completo.* His latest movie was a total flop.

fracaso *s* failure: *Es un fracaso como futbolista.* He's a failure as a football player. • *un fracaso sentimental* a failed relationship
fracaso escolar educational failure

fracción *s* **1** (parte) fraction: *una fracción de segundo* a fraction of a second **2** (en política) faction **3** (en matemáticas) fraction
fracción decimal decimal fraction

fraccionar *v* [T] to divide up • **fraccionar un pago** to split a payment into installments, to spread a payment
—**fraccionarse** *v pron* (grupo) to split up

fractura *s* fracture: *Sufrió una fractura en el tobillo izquierdo.* He fractured his left ankle.

fracturarse *v pron* **fracturarse una pierna/la cadera** to fracture your leg/hip

fragancia *s* scent

fragante *adj* fragrant

fragata *s* frigate

frágil *adj* **1** (objeto) fragile **2 tener una salud frágil** to have a delicate constitution **3** (situación) delicate: *la frágil paz en Oriente Medio* the fragile peace in the Middle East **4** (persona) frail

fragilidad **1** (de un objeto) fragility **2** (de la salud) delicacy **3** (de una situación) delicacy, fragility

fragmentación *s* fragmentation

fragmentar *v* [T] **1** (dividir) to break up **2** (disco duro) to fragment
—**fragmentarse** *v pron* **1** (dividir) to break up **2** (disco duro) to become fragmented

fragmentario, -a *adj* fragmentary

fragmento *s* **1** (de un objeto) fragment **2** (de un texto) extract **3** (de una película) excerpt: *un fragmento de "Gladiador"* an excerpt from "Gladiator"

fragor *s* (de las olas, del viento) roar; (de las bombas, de la batalla) din

fragua *s* (taller) forge

fraguar *v* **1** [T] (planear – un plan, una idea) to think up; (un ataque, un atentado) to plan **2** [I] (concretarse – proyecto, plan) to come to fruition **3** [I] (cemento, hormigón) to set
—**fraguarse** *v pron* (acuerdo, ideología) to be forged

fraile *s* friar

frambuesa *s* raspberry (pl -rries)

francamente *adv* **1** (con sinceridad) frankly: *Decidió hablar francamente con él.* He decided to speak to him frankly. • *Francamente, no me gustó lo que hiciste.* Frankly, I didn't like what you did. **2** (claramente) really: *una película francamente divertida* a really funny movie

francés[1]**, -esa** *adj* French

francés[2]**, -esa** *s* (persona) **francés** Frenchman (pl -men) • **francesa** Frenchwoman (pl -women) • **los franceses** the French

francés[3] *s* (idioma) French

franchute *s* Frog

Francia France

franciscano, -a *adj, s* Franciscan

franco, -a *adj* **1** (sincero) frank: *Sé franca conmigo.* Be frank with me. **2** (evidente) marked: *un franco deterioro* a marked deterioration ▸ **GOLPE franco, PISO franco, ZONA franca**

francófilo, -a *adj, s* Francophile

francófono[1]**, -a** *adj* Francophone, French-speaking

francófono[2]**, -a** *s* Francophone, French-speaker

francotirador, -a *s* sniper

franela *s* **1** (tela) flannel • **una camisa/un pijama de franela** a flannel shirt/a pair of flannel pajamas **2** (para limpiar) cloth; (para quitar el polvo) dustcloth **3** (prenda interior) undershirt **4** (prenda exterior) T-shirt

franja *s* **1** (raya) stripe **2** (zona) **una franja de tierra** a strip of land • **la franja costera** the coastal area
la Franja de Gaza the Gaza Strip • franja horaria time slot: *la franja horaria de máxima audiencia* prime time, peak viewing time • *llamadas durante la franja horaria más cara* calls at peak times

franquear *v* [T] **1 franquear una carta/un paquete** to put stamps on a letter/parcel **2** (matasellar) to frank **3** (un río, una frontera) to cross **4 franquearle el paso/la puerta a alguien** to let sb pass/to let sb through the door

franqueo *s* postage • **franqueo pagado** post paid

franqueza *s* frankness • **con franqueza** frankly: *Te voy a hablar con franqueza.* I'm going to be frank with you.

franquicia *s* **1** (cesión, negocio) franchise • **un negocio/una tienda en franquicia** a franchise business/store

2 (en un seguro) excess **3** (exención) exemption

frasco s **1** (de alimentos envasados) jar: *un frasco de mermelada* a jar of jam **2** (de medicamentos, perfume) bottle

frase s **1** (oración) sentence **2** (sin verbo conjugado) phrase: *una frase adjetiva* an adjectival phrase, an adjective phrase
frase hecha set phrase

fraternal adj brotherly, fraternal (*más frml*)

fraternidad s fraternity

fraternizar v [I] to fraternize

fraterno, -a adj fraternal, brotherly

fratricida¹ adj fratricidal

fratricida² s fratricide

fratricidio s fratricide

fraude s fraud • **cometer un fraude** to commit fraud
fraude electoral electoral fraud • fraude fiscal tax evasion

fraudulento, -a adj fraudulent

fray s brother: *Fray Alberto* Brother Alberto

frazada s blanket

frecuencia s frequency (pl -cies) • **con frecuencia** frequently • **con mucha/demasiada/mayor frecuencia** very/too/more frequently • **¿con qué frecuencia...?** how often...?: *¿Con qué frecuencia se ven?* How often do you see each other?
frecuencia modulada FM, frequency modulation [técn]

frecuentar v [T] **1** (un lugar) to go to, to frequent (*más frml*): *Solemos frecuentar ese bar.* We usually go to that bar. **2** (a una persona) to mix with: *No me gustan los amigos que frecuenta.* I don't like the friends he mixes with.

frecuente adj **1** (común) common: *un error muy frecuente* a very common mistake **2** (que sucede a menudo) frequent: *inundaciones frecuentes* frequent floods

frecuentemente adv frequently

freelance, free lance adj, s freelance

freezer s freezer

fregadero s sink, kitchen sink

fregado¹ s **1** (de los platos) washing • **el fregado de la vajilla** the dish-washing **2** (del suelo) cleaning, scrubbing
meterse en un fregado to get into a mess

fregado², **-a** adj **estar fregado -a (a)** (persona) to be in a bad way **(b)** (aparato, vehículo) to be busted **(c)** (situación) to be really awkward

fregar v **1** [T] (el suelo, la pared) to clean; (con cepillo, estropajo) to scrub **2** [T] (una cacerola, la vajilla) to wash • **fregar los platos/la vajilla** to wash the dishes **3** [I] (lavar los platos) to wash the dishes **4** [I] (limpiar) to clean, to do the cleaning **5** [T] (molestar) to pester: *¡Deja ya de fregarme!* Stop being such a pain! **6** [T] (estropear, arruinar) **fregarle los planes/la noche a alguien** to ruin sb's plans/evening: *Se pasó a la competencia y nos fregó a todos.* She went over to the competition and wrecked things for us.
¡no (la) friegues! (para expresar sorpresa) you're kidding!
—**fregarse** v pron **1** (descomponerse – vehículo, aparato) to break down • **se fregó la lavadora/el computador** the washing machine/the computer's broken down, the washing machine/the computer's busted **2** (arruinarse, estropearse) *¡Se fregaron todos los planes de la playa!* That's ruined all our plans to go to the beach! • *Cuando llegaron sus amigos, se fregó la cosa.* When his friends arrived, they ruined everything. **3** (aguantarse) *¡Y si no estás de acuerdo, te friegas!* And if you don't agree, that's tough!

fregona s (utensilio) mop

freidora (tb **freidora eléctrica**) s deep fat fryer

freír v [T] (alimentos) to fry
mandar a alguien a freír churros/espárragos to tell sb to get lost: *¡Vete a freír churros!* Get lost!
—**freírse** v pron to fry

frenado s braking

frenar v **1** [I, T] (al conducir) to brake: *Frenó el carro justo a tiempo.* She managed to brake just in time. • **frenar de golpe** to brake suddenly, to slam on the brakes **2** [T] (el desempleo) to stem; (la inflación) to curb: *No logran frenar la oleada de violencia que asola el país.* They are unable to stem the wave of violence sweeping the country. **3** [T] (a una persona) to stop, to hold back: *No hay quien lo frene.* There's no stopping him.
—**frenarse** v pron (contenerse) to restrain yourself

frenazo s **dar/pegar un frenazo** to slam on the brakes

frenesí s frenzy • **con frenesí** frenetically

frenético, -a adj **1** (enloquecido) frenetic, frantic: *un ritmo frenético* a frantic pace **2** (furioso) **poner a alguien frenético -a** to drive sb crazy

frenillos s [pl] braces, brace [sing]

freno s **1** (de un vehículo, una bicicleta) brake • **pisar el freno** to put your foot on the brake **2** (obstáculo) **poner un freno a algo** to put a stop to sth • **ser/significar un freno a algo** to hold back sth, to deter sth **3 frenos** [pl] (para los dientes) braces, brace [sing]
freno de mano, freno de emergencia emergency brake • frenos ABS ABS brakes • frenos de disco disc brakes

frente¹ s [fem] (parte del cuerpo) forehead: *Tiene la frente ancha.* She has a high forehead.

frente² s [masc] **1** (parte delantera) front • **dar un paso al frente** to take a step forward **2** (en meteorología) front: *un frente frío* a cold front **3** (militar) front: *Enviaron a los soldados al frente.* They sent the soldiers to the front. **4** (político) front
de frente *Le daba el sol de frente.* The sun was shining right in his face. • *Chocaron de frente contra un camión.* They crashed head-on into a truck. • **una foto de frente y otra de perfil** one full-face photo and another in profile • **estar al frente de algo** *Está al frente de la empresa.* She heads up the company. • *Su abuelo estaba al frente de la casa.* Her grandfather was head of the family. • **frente a frente** face to face: *Es hora de hablar frente a frente.* It's time we talked face to face. • *Se encontró frente a frente con la realidad.* He found himself face to face with reality. • **hacer frente a algo** (a un compromiso, una demanda) to meet sth; (a la realidad, una situación) to face up to sth • **hacerle frente a alguien** to stand up to sb • **hacer frente común** to put up a united front • **pasar al frente** to go to the front: *La profesora me hizo pasar al frente.* The teacher made me go to the front.

frente a prep **1** (delante de) in front of: *Está todo el día sentado frente al televisor.* He sits in front of the television all day. **2** (de cara a) facing: *Estaba sentado frente a ella.* He was sitting facing her./He was sitting opposite her. • **una casa frente al mar** a house facing the sea **3** (ante) in the face of: *El presidente prometió firmeza frente al terrorismo.* The president promised firm action in the face of terrorism. • *Frente a tanta intolerancia, poco se puede hacer.* Faced with such intolerance, there is little one can do. **4** (en comparación con) compared with: *54 millones, frente a los 49 del año anterior.* 54 million, compared with 49 last year • *El euro sigue fortaleciéndose frente al dólar.* The euro continues to strengthen against the dollar.

fresa¹ s strawberry (pl -rries): *fresas con crema* strawberries and cream

fresa² adj shallow

fresco¹, -a *adj*

1 tiempo
2 bebida
3 carne, verdura
4 pintura
5 vestido, blusa
6 noticia, idea
7 descansado
8 caradura

1 TIEMPO (agradablemente) cool; (frío) chilly: *Aquí en la sombra se está más fresco*. It's cooler here in the shade. • *una mañana bastante fresca* a fairly chilly morning ▶ ver nota en COLD
2 BEBIDA cold: *una cerveza fresca* a cold beer
3 CARNE, VERDURA fresh: *Este pescado no está fresco*. This fish is not fresh.
4 PINTURA wet: *La pintura todavía está fresca* The paint is still wet.
5 VESTIDO, BLUSA cool: *un vestido fresco* a cool dress
6 NOTICIA, IDEA fresh: *Tengo noticias frescas*. I have some fresh news.
7 DESCANSADO fresh: *Estoy más fresca por la mañana*. I feel fresher in the morning.
8 CARADURA ser fresco -a to be sassy

fresco² *s* **1** (temperatura) **al fresco de la mañana** in the cool of the morning • **el fresco del atardecer** the evening chill • **hace fresco** it's chilly • **tomar el fresco** to get some fresh air **2** (en arte) fresco (pl -coes)

fresco³, -a *s* (caradura) **ser un fresco/una fresca** to be a sassy person

frescor *s* coolness, cool

frescura *s* **1** (de un alimento) freshness **2** (esplendor) freshness

fresón *s* large strawberry (pl -rries)

freudiano, -a *adj* Freudian

frialdad *s* coldness: *Reaccionó con frialdad*. He showed no emotion. • **tratar a alguien con frialdad** to treat sb coldly

fricción *s* **1** (enfrentamiento) friction [U]: *Hubo fricciones entre los líderes del partido*. There was friction among the party's leaders. **2** (roce) friction

frigidez *s* frigidity

frígido, -a *adj* frigid

frigorífico *s* **1** (aparato) fridge **2** (planta) meat processing plant

frijol, frijól *s* bean: *No me gustan los frijoles*. I don't like beans. • *frijoles refritos* refried beans • *un kilo de frijol* a kilo of beans
frijol de soya soy bean

friki¹ *adj* freaky

friki² *s* geek: *un friki informático* a computer geek

frío¹, -a *adj* **1** (de temperatura) cold: *un invierno muy frío* a very cold winter • *La comida estaba fría*. The food was cold. • *una cerveza fría* a cold beer ▶ ver nota en COLD **2** (persona, mirada) cold: *Es un hombre frío*. He's a cold man. **3** (color) cold
EXPRESIONES
dejar frío -a a alguien to leave sb cold

frío² *s* cold: *No soporta el frío*. He can't stand the cold. • *¡Qué frío!* Isn't it cold! • **tener frío** to be cold: *¿Tienes frío?* Are you cold? • **hace frío** it's cold: *Hace un frío que pela*. It's freezing. • **tomar frío** to catch cold • **morirse de frío** to freeze to death: *Con esa ropa te vas a morir de frío*. You're going to freeze to death in those clothes.
EXPRESIONES
en frío (a) (sin preparación) *Así, en frío, no sé qué decir*. Off the top of my head, I don't know what to say. **(b)** (sin ser presionado) *Mañana, en frío, volveremos a estudiar el problema*. We'll look at the problem again tomorrow, calmly.

friolento, -a *adj* **ser muy friolento -a** to really feel the cold: *Vivi es muy friolenta*. Vivi really feels the cold.

friolera *s* **la friolera de 5 millones de dólares/ejemplares** a cool 5 million dollars/copies

friso *s* **1** (sobre una cornisa) frieze **2** (en la parte inferior de una pared) dado (pl dadoes tb dados)

fritanga *s* (comida frita y grasosa) greasy fried food

frito, -a *adj* fried: *cebolla frita* fried onion ▶ **papas fritas** (PAPA)
EXPRESIONES
quedarse frito -a to drop off: *Me quedé frita viendo la tele*. I dropped off watching TV.

fritos *s* [pl] fried food [U]

frivolidad *s* frivolity, triviality

frívolo, -a *adj* frivolous

frondoso, -a *adj* (planta, árbol) leafy; (bosque, vegetación) thick, dense

frontal¹ *adj* **1** (choque) head-on **2 un golpe/una lesión frontal** a blow/an injury to the forehead **3** (ataque, enfrentamiento) direct **4** (oposición, rechazo) outright **5** (delantero) front [solo ante s]: *la parte frontal* the front part **6** (hueso, lóbulo) frontal

frontal² *s* (de un vehículo) front

frontalmente *adv* **1** (chocar, colisionar) head-on **2** (oponerse) directly

frontera *s* border, frontier (*más frml*): *la frontera con Brasil* the border with Brazil: *un mundo sin fronteras* a world without frontiers

fronterizo *adj* (control, pueblo) border [solo ante s]: *una disputa fronteriza* a border dispute • *el comercio entre países fronterizos* trade between bordering countries • **fronterizo -a con algo** on the border with sth, bordering sth

frontón *s* **1** (deporte) pelota • **jugar (al) frontón** to play pelota **2** (cancha) pelota court **3** (en arquitectura) pediment

frotar *v* [T] to rub: *Frota la mancha con un paño*. Rub the stain with a cloth.
—**frotarse** *v pron* to rub yourself: *Frótate con la toalla*. Rub yourself with the towel. • **frotarse las manos/los ojos** to rub your hands/your eyes

frotis *s* smear
frotis cervical cervical smear

fructífero, -a *adj* fruitful: *un año muy fructífero para la ciencia* a very fruitful year for science

fructificar *v* [I] (plan, propuesta) to bear fruit, to be fruitful

frugal *adj* frugal: *una cena frugal* a frugal supper

fruición **con fruición** (comer, beber) with relish; (leer, contemplar) with delight

frunce (tb **fruncido**) *s* gather: *una falda con frunces por delante* a skirt gathered at the front

fruncir *v* [T] (una tela) to gather ▶ **fruncir el** CEÑO

frustración *s* frustration: *¡Qué frustración!* How frustrating!

frustrado, -a *adj* **1** (persona) frustrated: *Se siente muy frustrado*. He feels very frustrated. **2** (intento, atentado, golpe) failed **3 un actor frustrado/una bailarina frustrada** a frustrated actor/ballet dancer

frustrante *adj* frustrating

frustrar *v* [T] **1** (a una persona) to frustrate: *Me frustra no poder trabajar*. I find it frustrating not being able to work. **2** (un atentado, un robo) to foil: *La policía frustró el robo de los cuadros*. The police foiled the attempt to steal the paintings. **3** (un plan, un pacto) to thwart **4** (expectativas, sueños) to dash; (ilusiones, sueños) to shatter
—**frustrarse** *v pron* **1** (persona) to get frustrated **2** (plan, pacto) to fall through **3** (expectativas, sueños) to be dashed; (ilusiones, sueños) to be shattered

fruta s fruit [U]: *Me encanta la fruta.* I love fruit. • **una fruta** a piece of fruit: *Come una fruta.* Have a piece of fruit.
fruta confitada, fruta cristalizada candied fruit • **fruta de la pasión** passion fruit • **fruta de (la) estación** fruit in season, seasonal fruit

frutal¹ adj fruit [solo ante s]: *árboles frutales* fruit trees

frutal² s fruit tree

frutería s **1** (tienda) fruit (and vegetable) store, green-grocer **2** (puesto) fruit stall

frutero¹, -a s (persona) fruit seller

frutero² s (recipiente) fruit bowl

frutilla s strawberry (pl -rries)

fruto s **1** (de una planta) fruit **2** (resultado) fruit: *el fruto de años de trabajo* the fruit of years of work • **ser fruto de algo** to be the result of sth: *Todo lo que tiene es fruto de su trabajo.* Everything she has is the result of her hard work.
EXPRESIONES
dar fruto to bear fruit: *Tanto esfuerzo finalmente dio fruto.* All that effort finally bore fruit.
fruto prohibido forbidden fruit • **frutos secos** dried fruit and nuts

fu ni fu ni fa so-so: *–¿Te ha gustado el libro? –Ni fu ni fa.* "Did you like the book?" "So-so."

fuchi interj ugh!, yuck!

fucsia s, adj (color) fuchsia

fuego s **1** (sustancia) fire • **apagar el fuego** to put the fire out • **prenderle fuego a algo** to set fire to sth • **prenderse fuego** to catch fire: *Se prendió fuego la cortina.* The curtain caught fire. **2** (de un fogón, de la chimenea) fire: *Estaban sentados alrededor del fuego.* They were sitting around the fire. **3** (en cocina) heat: *Quita la leche del fuego.* Take the milk off the heat. • **a fuego lento** over a low heat • **a fuego fuerte/vivo** over a high heat **4** (para un cigarrillo) light: *¿Me das fuego?* Do you have a light? **5** (de armas) **abrir fuego** to open fire • **¡fuego!** fire! **6** (en los labios) cold sore
EXPRESIONES
echar fuego por los ojos to be fuming • **estar entre dos fuegos** to be caught between a rock and a hard place • **jugar con fuego** to play with fire
fuegos artificiales, fuegos de artificio fireworks • **fuego cruzado** crossfire

fuelle s **1** (para el fuego) bellows [pl] **2** (de un acordeón, un órgano) bellows [pl] **3** (capacidad respiratoria) **tener fuelle** to have stamina • **quedarse sin fuelle** to run out of breath
EXPRESIONES
perder fuelle to run out of steam

fuente s **1** (de agua) fountain: *la fuente de la plaza* the fountain in the square **2** (origen) source: *una fuente de inspiración* a source of inspiration • *El bar es su principal fuente de ingresos.* The bar is his main source of income. **3** (para servir) serving dish (pl -shes)
fuente de soda fountain

fuera¹ adv **1** outside: *Los niños están jugando fuera.* The children are playing outside. • **por fuera** on the outside: *Era verde por fuera.* It was green on the outside. **2** **ir a cenar/comer fuera** to go out for dinner/lunch, to go out for a meal **3** (del país) abroad: *Quiero estudiar fuera.* I want to study abroad.

fuera² interj get out: *¡Fuera de esta casa!* Get out of this house!

fueraborda s outboard motor

fuera de prep **1** (un lugar) out of: *Está fuera del país.* He's out of the country. • *Dejaste la carne fuera de la nevera.* You left the meat out of the fridge. **2** (excepto) apart from: *Fuera de unos rasguños, no se hizo nada.* Apart from a few grazes, he wasn't hurt.
fuera de borda outboard • **fuera de combate** out of action • **fuera de juego** offside: *Estaba (en) fuera de juego.* He was offside. • **fuera de lo común/normal** unusual: *una persona fuera de lo común* an unusual person • **fuera de lugar (a)** (desubicado) out of place: *Tu comentario estaba fuera de lugar.* That remark was out of place. • *Se siente fuera de lugar en este ambiente.* He feels out of place in this situation. **(b)** (en fútbol) offside: *Estaba fuera de lugar.* He was offside. • **fuera de peligro** out of danger • **fuera de plazo** after the deadline: *Presentó la solicitud fuera de plazo.* He submitted his application after the deadline.

fuero s **1** (concedido a un territorio) charter **2** (concedido a una persona) privilege
fuero parlamentario parliamentary privilege
EXPRESIONES
en mi/su fuero interno in my/his heart of hearts

fuerte¹ adj

  1 persona
  2 volumen
  3 dolor
  4 olor, sabor
  5 abrazo
  6 cuerda, tela, papel
  7 moneda
  8 tiempo atmosférico
  9 golpe, patada
  10 película, libro
  11 en un tema, una materia

1 **PERSONA** strong: *un niño muy fuerte* a very strong boy • *Tienes que ser fuerte.* You have to be strong. • *Tiene un carácter muy fuerte.* She has a very strong character.
2 **VOLUMEN** loud: *La música está demasiado fuerte.* The music's too loud. • *un ruido fuerte* a loud noise • **poner algo más fuerte** to turn sth up: *Pon la televisión más fuerte, que no oigo.* Turn the TV up, I can't hear.
3 **DOLOR** bad, intense: *un dolor de cabeza muy fuerte* a very bad headache
4 **OLOR, SABOR** strong: *un fuerte olor a ajo* a strong smell of garlic • *Me gusta el café fuerte.* I like my coffee strong.
5 **ABRAZO** big: *Me dio un fuerte abrazo.* He gave me a big hug. • **un fuerte abrazo** (en una carta) lots of love
6 **CUERDA, TELA, PAPEL** strong
7 **MONEDA** strong: *una divisa fuerte* a strong currency • *La libra está muy fuerte.* The British pound is very strong.
8 **TIEMPO ATMOSFÉRICO** (lluvia, nevada) heavy; (viento) strong: *las fuertes lluvias de la semana pasada* last week's heavy rains
9 **GOLPE, PATADA** hard: *Se dio un golpe muy fuerte en la cabeza.* He hit his head very hard.
10 **PELÍCULA, LIBRO** graphic
11 **EN UN TEMA, UNA MATERIA** strong: *No estoy muy fuerte en matemáticas.* Mathematics is not my strong point.

⚠ Fuerte se traduce de varias maneras en inglés, y no siempre por *strong*:
I had a very bad/terrible (✗ strong) *headache.*
There are fierce (✗ strong) *fights between political parties.*
I felt really/deeply (✗ strongly) *depressed.*
She was holding her glass tightly (✗ strongly).
It began to rain hard (✗ strongly).

---

fuerte² adv **1** (hablar, gritar) loud: *No grites tan fuerte.* Don't shout so loud. • *Habla más fuerte, que no te oigo.* Speak up, I can't hear you. **2** (agarrarse, abrazar, atar) tight: *Agárrate bien fuerte.* Hold on really tight. • *Abrázame fuerte.* Hold me tight. **3** (empujar, pegar) hard: *Empuja fuerte.* Push hard. • *¡Me ha pegado muy fuerte!* He hit me really hard! • *El disco está pegando fuerte.* The record is a big hit. **4** (llover) hard, heavily: *Estaba lloviendo fuerte.* It was raining hard. **5** **desayunar/comer fuerte** to have a big breakfast/lunch

fuerte³ s **1** (fortaleza) fort **2** (especialidad) forte, strong point: *La historia no es mi fuerte.* History is not my forte.

fuertemente *adv* **1** (armado, custodiado) heavily **2** (endeudado, empobrecido) heavily **3** (criticado) strongly; (cuestionado) seriously

fuerza *s* **1** (capacidad física) strength • **tener fuerza** to be strong: *Hay que tener mucha fuerza para levantarlo.* You have to be very strong to lift it. • **tener fuerza en las piernas/los brazos** to have strong legs/arms • **con fuerza (a)** (jalar, pegar) hard: *Jala con fuerza.* Pull hard. **(b)** (apretar, abrazar, tomar) tightly, tight: *La apretó con fuerza contra su pecho.* He held her tightly to his chest. **2** (esfuerzo) (empujando) to push hard; (tirando) to pull hard: *Tienes que hacer mucha fuerza.* You have to push really hard./You have to pull really hard. **3 fuerzas** [pl] (energía) strength [U] • **tener fuerzas para hacer algo** to have the strength to do sth: *No tengo fuerzas para continuar.* I don't have the strength to go on. • **quedarse sin fuerzas** *Me he quedado sin fuerzas.* I don't have any strength left. • **recuperar las fuerzas** to get your strength back **4** (en física) force **5** (del viento) strength

a fuerza de hacer algo by doing sth: *Lo aprendí a fuerza de repetirlo.* I learned it by repeating it over and over again. • **a fuerza de sacrificios/ahorrar** by making sacrifices/by economizing • **a/por la fuerza** by force: *Se lo llevaron a la fuerza.* They took him away by force. • **írsele a alguien la fuerza por la boca** to be all talk: *Se le va la fuerza por la boca, pero nunca hace nada.* He's all talk, and no action. • **sacar fuerzas de flaqueza** to make a superhuman effort

fuerza aérea air force • fuerzas armadas armed forces • fuerza bruta brute force • fuerza de gravedad force of gravity • fuerza de voluntad willpower • fuerza mayor force majeure: *por causas de fuerza mayor* due to circumstances beyond our control

fuga *s* **1** (huida) escape • **darse a la fuga (a)** (persona) to flee: *El preso se dio a la fuga.* The prisoner fled. **(b)** (vehículo) to drive off **2** (de agua, gas) leak
fuga de capitales flight of capital • fuga de cerebros brain drain

fugarse *v pron* to flee • **fugarse del país/de la cárcel** to flee the country/to escape from prison • **fugarse de casa** to run away from home

fugaz *adj* **una visita fugaz** a fleeting visit • **un encuentro fugaz** a very brief meeting ▶ ESTRELLA fugaz

fugitivo, -a *s, adj* fugitive

fulana *s* [fem] prostitute

fulano, -a *s* so-and-so • **fulano -a de tal** (hombre) so-and-so, what's-his-name; (mujer) so-and-so, what's-her-name

fulbito *s* five-a-side, five-a-side soccer

fulgor *s* **1** (del sol, de las estrellas) brightness **2** (de una mirada) gleam

fulgurante *adj* **1** (luz, estrella) bright, brilliant; (joya) sparkling **2** (éxito, triunfo) brilliant

full *adj* full: *Déjemelo full.* Fill her up, please. • **a full** (lleno) full

fulminante *adj* **1** (efecto, reacción, éxito) instant **2** (infarto, ataque) massive **3** (despido, expulsión) instant **4** (mirada) murderous: *Le lancé una mirada fulminante.* I shot him a murderous look.

fulminar *v* [T] **1** (enfermedad) to strike down; (disparo) to kill instantly: *La fulminó un cáncer de pulmón.* She was struck down by lung cancer. **2** (rayo) to strike: *Cayó fulminado por un rayo.* He was struck by lightning. **3 fulminar a alguien con la mirada** to shoot a murderous look at sb, to look daggers at sb

fumador, -a *s* smoker: *una fumadora empedernida* a hardened smoker • *fumadores ocasionales* people who smoke the occasional cigarette • **la zona de no fumadores** the no-smoking area
fumador -a pasivo -a passive smoker

fumar *v* [I,T] to smoke: *Fuma demasiado.* She smokes too much. • *Fumo medio paquete al día.* I smoke half a pack a day. • **dejar de fumar** to give up smoking • **fumar en pipa** to smoke a pipe • **"prohibido fumar"** "no smoking"

fumigador, -a *s* fumigator

fumigar *v* [T] **1** (un árbol, una cosecha) to spray **2** (un edificio) to fumigate

funámbulo, -a *s* tightrope walker

función *s* **1** (en un cine) showing **2** (en un teatro, un circo) performance **3** (de una persona) job, role: *Su función es ayudar a los clientes.* Her job is to help the customers. **4 funciones** [pl] duties • **cumplir con sus funciones** to carry out your duties **5** (de un aparato, un órgano) function

en función de according to: *El pronóstico varía en función de la edad del enfermo.* The prognosis varies according to the patient's age. • **en funciones** acting, interim: *la presidenta en funciones* the interim president
función de gala gala performance

funcional *adj* functional

funcionamiento *s* **1** (de una máquina, un órgano) working: *No entiendo el funcionamiento de la Bolsa.* I don't understand how the Stock Market works. **2** (de una institución, una empresa) running • **poner algo en funcionamiento** (un sistema, un servicio) to put sth into operation; (un centro) to set sth up; (una máquina) to start sth up: *Pondrán en funcionamiento dos nuevos hospitales.* They are going to open two new hospitals.

funcionar *v* [I] **1** (máquina, plan) to work: *¿Cómo funciona?* How does it work? • **funcionar a/con pilas** to run on batteries • **no funciona** (en un cartel) out of order **2** (persona, relación) to work out: *No ha funcionado como entrenador.* He didn't work out as coach. • *Su matrimonio no funcionó.* Their marriage didn't work out.

funcionario, -a *s* **1 funcionario -a (público -a)** government employee **2** (empleado) employee, official

funda *s* **1** (de una almohada) pillowcase; (de un almohadón, un sillón) cover **2** (de unos anteojos) case **3** (de una guitarra) case **4** (de una raqueta) cover **5** (de una pistola) holster **6** (de un disco) sleeve, jacket

fundación *s* **1** (institución) foundation **2** (acción de fundar) founding: *el centenario de la fundación del partido* the centenary of the founding of the party

fundado, -a *adj* **1** (sospechas, temores) well-founded; (razones) good, justifiable **2** (esperanzas, expectativas) legitimate

fundador¹, -a *adj* founding: *los miembros fundadores* the founding members

fundador², -a *s* founder

fundamental *adj* fundamental: *¿Cuál es la diferencia fundamental entre las dos opciones?* What is the fundamental difference between the two options? • **lo fundamental** the most important thing • **es fundamental que...** it is essential that...: *Es fundamental que cooperemos todos.* It is essential that we all cooperate.

fundamentalismo *s* fundamentalism

fundamentalista *s, adj* fundamentalist

fundamentalmente *adv* **1** (principalmente) mainly, principally: *Las ayudas se han destinado, fundamentalmente, a los refugiados.* Aid has gone mainly to refugees. **2** (en lo esencial) essentially, fundamentally: *modos de vida fundamentalmente distintos* fundamentally different ways of life

fundamentar *v* [T] **1** (basar) **fundamentar algo en algo** to base sth on sth: *¿En qué fundamentas tu opinión?* What are you basing your opinion on? **2** (reforzar) to support: *los argumentos que fundamentan esta hipótesis* the arguments that support this hypothesis

fundamento *s* **1** (base) basis, foundation • **críticas/rumores sin fundamento** unfounded criticisms/rumors **2** (motivo) reason: *No tiene ningún fundamento para comportarse así.* She has no reason to behave like that.

3 fundamentos [pl] (cimientos) foundations • **poner los fundamentos** to lay the foundations **4 fundamentos** [pl] (principios básicos) basic principles, fundamentals: *fundamentos de física nuclear* basic principles of nuclear physics

fundar *v* [T] **1** (una ciudad, una empresa) to found **2** (basar) to base • **fundar algo en algo** to base sth on sth —**fundarse** *v pron* (basarse) **fundarse en algo** (teoría) to be based on sth: *¿En qué se fundan para opinar así?* What grounds do they have for thinking that?

fundición *s* **1** (acción) smelting **2** (lugar) foundry (pl -dries)

fundido, -a *adj* **1** (metal) molten: *hierro fundido* molten iron **2** (queso – derretido) melted; (procesado) processed

fundir *v* [T] (derretir) to melt —**fundirse** *v pron* **1** (fusible) to blow; (foco) to go; (televisor, motor) to burn out **2** (arruinarse – comerciante, negocio) to go bust **3** (fusionarse) to merge **4** (el dinero) to blow: *Se ha fundido el sueldo en ropa.* She's blown her salary on clothes.

fundo *s* farm, ranch (pl -ches)

fúnebre *adj* (color, aspecto, ambiente) funereal: *¡Qué comentario más fúnebre!* What a gloomy thing to say! ► **COCHE fúnebre**

funeral *s* funeral

funeraria *s* funeral home

funerario, -a *adj* funeral [solo ante s]: *ritos funerarios* funeral rites

funesto, -a *adj* disastrous

funicular *s* **1** (teleférico) cable car **2** (tren) funicular, funicular railway

furgón *s* **1** (furgoneta) van **2** (vagón) car furgón de cola caboose • **estar en el furgón de cola** to be at the bottom of the league, to be in last place

furgoneta *s* van

furia *s* **1** (ira) fury: *una expresión de furia* a look of fury **2** (ímpetu) fury: *la furia de las olas* the fury of the waves • *Remaban con furia río arriba.* They rowed furiously upriver.

estar/ponerse hecho -a una furia to be/to get in a rage

furibundo, -a *adj* furious: *Nos lanzó una mirada furibunda.* She shot us a furious look.

furioso, -a *adj* furious: *Se puso furioso cuando lo vio.* He was furious when he saw it.

furor *s* **1** (furia) rage, fury **2** (ímpetu) fury • **con furor** furiously: *Pedaleaba con furor cuesta arriba.* She pedaled furiously up the hill.

hacer furor to be all the rage: *Sus canciones hicieron furor en los ochenta.* Her songs were all the rage in the eighties.

furtivo, -a *adj* **1** (mirada, sonrisa, encuentro) furtive **2 cazador/pescador furtivo** poacher • **caza/pesca furtiva** poaching

fuselaje *s* fuselage

fusible *s* fuse: *Se fundió un fusible.* A fuse has blown.

fusil *s* rifle

fusilamiento *s* execution by firing squad ► **PELOTÓN de fusilamiento**

fusilar *v* [T] **1** (ejecutar) to execute by firing squad; (disparar) to shoot dead: *Lo fusilaron.* He was executed by firing squad. • *Fusilaron a los rehenes.* They shot the hostages dead. **2** (plagiar) to lift: *Fusiló un párrafo entero de la novela.* He lifted a whole paragraph from the novel.

fusión *s* **1** (de empresas, instituciones) merger **2** (de hielo, metales) melting **3** (de elementos, ideas) fusion fusión nuclear nuclear fusion

fusta *s* riding crop

fustigar *v* [T] **1** (a un caballo, una mula) to whip **2** (censurar) to lash out at: *La ministra fustigó a la oposición.* The minister lashed out at the opposition.

fútbol, futbol *s* soccer: *jugar (al) fútbol* to play soccer • *Le encanta ver el fútbol.* He loves watching soccer. fútbol americano football • fútbol sala indoor soccer

futbolero, -a *adj* **ser muy futbolero -a** to be a big soccer fan

futbolín® *s* (juego mecánico) foosball

futbolista *s* soccer player

futbolístico, -a *adj* soccer: *temporada futbolística* soccer season

futbolito *s* **1** (juego mecánico) foosball **2** (deporte) five-a-side, five-a-side soccer

fútil *adj* trivial

futón *s* futon

futurismo *s* futurism

futurista[1] *adj* **1** (diseño, cine, literatura) futuristic **2** (en arte) futurist

futurista[2] *s* futurist

futuro[1] *s* **1** (porvenir) future: *nuestros planes para el futuro* our plans for the future • **en un futuro próximo/cercano** in the near future **2** (posibilidad de éxito) future • **tener mucho futuro** to have a great future **3** (en gramática) future

futuro[2], **-a** *adj* future [solo ante s] • **mi futura esposa/mi futuro esposo** my future wife/my future husband, my wife-to-be/my husband-to-be futura madre, futura mamá mother-to-be

futurología *s* futurology

futurólogo, -a *s* futurologist

G, g s G, g

g (abrev de **gramo**) g

gabacho, -a *adj*, s gringo, Yankee

gabardina s (prenda) raincoat

gabinete s **1** (de ministros) cabinet: *una reunión de gabinete* a cabinet meeting **2** (departamento) department: *gabinete jurídico* legal department
gabinete de crisis crisis cabinet • gabinete de prensa press office

Gabón Gabon

gabonés¹, -esa s Gabonese man/woman • **los gaboneses** the Gabonese

gabonés², -esa *adj* Gabonese

gacela s gazelle

gacho¹, -a *adj* terrible, awful: *Le dieron una tranquiza bien gacha.* He got a terrible beating. • **estar gacho -a** to be terrible, to be awful: *Estuvo gacho: un muerto y siete heridos.* It was terrible: one dead and seven injured.

gacho² *adv* **portarse gacho** to be nasty • **sentirse gacho** to feel really annoyed • **ganarle gacho a alguien** to beat badly: *Nos ganaron gacho: 5 – 0.* They beat us: 5–0. • **perder gacho** to be beaten badly: *Perdieron gacho y contra las reservas.* They were beaten badly, and by the reserves too! • **¡qué gacho!** what a bummer!

gachupín, -ina s Spaniard

gag s gag

gaita s (instrumento) bagpipes [pl]

gaitero, -a s piper

gajes s [pl] **gajes del oficio** (inconvenientes) drawbacks of the job; (riesgos) occupational hazards: *Tengo que trabajar los domingos. Son gajes de oficio.* I have to work on Sundays. It's one of the drawbacks of the job.

gajo s (de una naranja) segment, piece

gala s **1** (fiesta) gala • **función/cena de gala** gala performance/dinner **2** (concierto) concert **3 galas** [pl] (ropa) best clothes
EXPRESIONES
ir/vestirse de gala to wear formal dress • **hacer gala de algo (a)** (exhibir) to display sth: *La actriz hizo gala de su gran sentido del humor.* The actress displayed her great sense of humor. **(b)** (enorgullecerse) to be proud of sth: *El gobierno hace gala de su espíritu dialogante.* The government is proud of its openness to dialog. • **tener a gala algo** to pride yourself on sth: *Tiene a gala siempre decir la verdad.* He prides himself on always telling the truth.
gala benéfica gala benefit

galán s **1** (hombre guapo) heartthrob **2** (actor) leading man

galante *adj* gallant

galantería s **1** (cualidad) politeness **2** (acción) polite gesture; (expresión) compliment

galápago s turtle

galardón s award

galardonado¹, -a s prizewinner

galardonado², -a *adj* **la película/actriz más galardonada** the greatest award-winning movie/actress

galardonar *v* [T] **galardonar a alguien con algo** to award sb sth

galaxia s galaxy (pl -xies)

galeón s galleon

galera s (embarcación) galley

galería s **1 galería (comercial)** shopping mall **2** (subterráneo) underground passage **3 galería (de arte)** art gallery (pl -ries) **4** (balcón) balcony extension with big windows **5** (en un teatro, cine) balcony (pl -ries)
EXPRESIONES
hacer algo para la galería to play to the gallery

Gales (el País de) Gales Wales

galés¹, -esa *adj* Welsh

galés², -esa s (persona) **galés** Welshman (pl -men) • **galesa** Welshwoman (pl -women) • **los galeses** the Welsh

galés³ s (idioma) Welsh

galgo s greyhound

galimatías s **1** (lenguaje incomprensible) gobbledegook **2** (situación confusa) shambles [sing]: *El final de la película es un auténtico galimatías.* The end of the movie is a total shambles.

gallardía s **1** (elegancia) elegance **2** (valor) bravery, gallantry (*más frml*)

gallardo, -a *adj* **1** (elegante) (persona) fine-looking; (edificio) fine **2** (valiente) brave, gallant

galleta s **1** (dulce) cookie **2** (salada) cracker

gallina¹ s [fem] (ave) hen ▶ CARNE **de gallina**, PIEL **de gallina**
la gallina ciega (juego) blind man's buff • la gallina de los huevos de oro the goose that lays the golden eggs

gallina² s, *adj* [masc & fem] (cobarde) chicken: *No seas gallina.* Don't be chicken.

gallinero s **1** (corral) henhouse **2** (en el teatro) the highest level

gallito s (en bádminton) birdie, shuttlecock
el gallito ciego blind man's buff

gallo¹ s **1** (animal) cockerel (*más frml*), rooster **2** (al cantar) sharp note • **soltar un gallo (a)** (al cantar) to crack **(b)** (al hablar) *Soltó un gallo en medio de su discurso.* His voice cracked in the middle of his speech. **3** (pez) John Dory **4** (fanfarrón) cocky person
EXPRESIONES
en menos (de lo) que canta un gallo in no time at all • **otro gallo me/le cantara** it would be a different story
gallo de pelea fighting cock

gallo², -a s (persona) **gallo** guy • **galla** woman

galo¹, -a *adj* **1** (francés) French **2** (de la Galia) Gaulish

galo², -a s (de la Galia) Gaul

galón s **1** (en uniformes) stripe **2** (medida) gallon

galopante *adj* (inflación, ritmo) galloping

galopar *v* [I] to gallop

galope s gallop • **al galope** at a gallop

gama s range: *una variada gama de artículos* a wide range of articles

gamba s prawn, shrimp

gambeta s dummy • **hacerle una gambeta a alguien** to trick sb

gambetear *v* [T] **gambetear a alguien** to evade sb, to fool sb

Gambia Gambia

gambiano, -a s, *adj* Gambian

gamma s gamma

gamo s fallow deer

gamuza s **1** (piel) chamois leather • **zapatos/guantes de gamuza** chamois gloves/shoes **2** (paño) soft cloth **3** (animal) chamois

gana s **1** (con el verbo "tener") **tener ganas de salir/ escuchar música** to feel like going out/listening to some music: *No tenía ganas de estudiar.* I didn't feel like studying. • *¿Tienes ganas de ir a la fiesta?* Do you feel like going to the party? • *–¿Vienes? –No tengo ganas.* "Are you coming?" "I don't feel like it." • **tener ganas de vomitar** to feel sick to your stomach, to feel nauseated **2** (con el verbo "dar") **hacer lo que me/te da la gana** to do what I/you like/want: *Hago lo que me da la gana.* I do what I want. • *Le dejan hacer lo que le da la gana.* They let him do what he wants. • *Haz lo que te dé la gana.* Do what you want. • *No me da la gana.* I don't feel like it. • **te dan ganas de pegarle/matarlo** you feel like hitting him/killing him • **me dieron ganas de llorar/de verla** I felt like crying/seeing her: *De repente me dieron ganas de comer chocolate.* I suddenly felt like having some chocolate. • **no me/le da la gana** I don't/ she doesn't feel like it: *No fui porque no me dio la gana.* I didn't go because I didn't feel like it.

con ganas (a) (mucho) *Se reía con ganas.* She laughed wholeheartedly. • *Lo aplaudieron con ganas.* They applauded him enthusiastically. **(b)** (muy) *Era feo con ganas.* He was really ugly. • *¡Eres tonto con ganas!* You're so stupid! • **sin ganas** *Me lo comí sin ganas.* I ate it without being hungry. • *Bailaba sin ganas.* I was dancing, but I didn't really feel like it. • **de buena gana** *Lo hizo de buena gana.* He did it willingly. • *De buena gana me iría con ella si pudiera.* I'd gladly go with her if I could. • **de mala gana** reluctantly: *Me invitó a pasar de mala gana.* She reluctantly asked me in. • **echarle ganas** to put some effort into it • **hacer lo que se le pega la gana** to do exactly what you want to do • **¡qué ganas de verte/de conocerlo!** I'm dying to see you/to meet him! • **¡qué ganas de que lleguen las vacaciones/de que sea viernes!** I can't wait till vacation/till Friday! • **me quedé/te quedaste con las ganas de hacer algo** I/you never got to do sth: *Se quedó con las ganas de conocerla.* He never got to meet her. • **se me/le quitaron las ganas de hacer algo** I don't/he doesn't feel like doing sth any more: *Se me han quitado las ganas de trabajar ahí.* I don't feel like working there any more. • **tenerle ganas a alguien** to have it in for sb • **traerle ganas a algo** to have your eye on sth: *Le trae ganas a una raqueta de grafito.* He has his eye on a graphite racket. • **traerle ganas a alguien** *Me traía ganas desde hace tiempo, por eso me reprobó.* He'd had it in for me for a long time, that's why he told me off. • *Le traía ganas a Laura, pero ella nunca me hizo caso.* I had my eye on Laura, but she never took any notice of me.

ganadería s **1** (actividad) livestock farming **2** (ganado) livestock **3** (de toros) herd

ganadero[1], **-a** s livestock farmer

ganadero[2], **-a** adj livestock-farming: *una región ganadera* a livestock-farming region

ganado s livestock [pl] • **ganado (vacuno/bovino)** cattle ganado equino horses [pl] • ganado ovino sheep [pl] • ganado porcino pigs [pl]

ganador[1], **-a** s winner

ganador[2], **-a** adj winning: *el equipo ganador* the winning team

ganancia s (beneficio) profit: *La empresa dio ganancias.* The company made a profit.
ganancias de capital capital gains • ganancias y pérdidas profit and loss [sing]

gananciales adj ▶ **bienes gananciales** (BIEN)

ganar v

1 en competiciones, concursos
2 trabajando
3 obtener ganancias
4 en juegos de azar, apuestas
5 conseguir
6 mejorar

1 EN COMPETICIONES, CONCURSOS [I, T] to win: *Ganaron el partido.* They won the game. • *la película que ganó el Óscar* the film that won the Oscar • *¿Quién va ganando?* Who's winning? • *Ganamos tres a uno.* We won three-one. • **ganarle a alguien (a algo)** to beat sb (at sth): *¡Te gané!* I beat you! • *Siempre me gana al tenis.* He always beats me at tennis. • **que gane el mejor** may the best man win

2 TRABAJANDO [T] to earn: *¿Cuánto ganas?* How much do you earn? • *Gana un buen sueldo.* She earns a good salary.

3 OBTENER GANANCIAS [I] to make a profit: *No ganaron mucho el año pasado.* They didn't make much profit last year.

4 EN JUEGOS DE AZAR, APUESTAS [T] to win: *Ganó la apuesta.* He won the bet. • *Nunca gané nada en la ruleta.* I've never won anything at roulette.

5 CONSEGUIR [T] to gain: *No ganó nada con eso.* He didn't gain anything by doing that. • *No vas a ganar nada con llorar.* Crying isn't going to get you anywhere. • **ganar peso** to put on weight, to gain weight (*más frml*) • **ganar tiempo** to gain time

6 MEJORAR [I] (en situación) to gain; (en aspecto) to look better: *Todos ganaremos con el cambio de gobierno.* We'll all gain from the change of government. • *Ha ganado mucho sin el bigote.* He looks a lot better without the mustache. • **ganar en algo** *El nuevo modelo ha ganado en velocidad.* The new model has increased speed. • *Hemos ganado en calidad de vida.* Our quality of life has improved.

—ganarse v pron

1 HACER DINERO **ganarse la vida** to earn your living: *Se gana la vida como profesor.* He earns his living as a teacher.

2 CONQUISTAR **ganarse a alguien** to win sb over: *Enseguida se la ganó.* He won her over right away. • **ganarse el amor/el respeto de alguien** to win sb's love/respect: *Se ganó el cariño de todos.* She won everyone's affection.

3 MERECER, RECIBIR **ganarse una bofetada** to deserve a smack • **ganarse algo a pulso** to fully deserve sth: *Te has ganado a pulso el castigo.* You fully deserve your punishment.

¡te la vas a ganar! You're going to get it!

ganchillo s (aguja) crochet hook
hacer ganchillo to crochet

gancho s **1** (garfio) hook: *Cuélgalo del gancho.* Hang it on the hook. **2** (en la ropa) (tb **ganchito**) hook **3** (atractivo) attraction • **tener gancho** to be attractive **4** (en baloncesto) hook **5** (en boxeo) hook **6** (para tender la ropa) clothes pin **7** (para colgar ropa en un closet) hanger **8** **gancho (de pelo) (a)** (alambre doblado) bobby pin **(b)** (de carey, nácar) barrette **9** **gancho (de nodriza)** safety pin
gancho de cosedora staple

gandalla[1] adj **ser gandalla** to be a bully: *Es medio gandalla.* He's kind of a bully.

gandalla[2] s bully (pl -llies)

gandul[1], **-la** s lazybones [sing]

gandul[2], **-la** adj lazy

gandulear v [I] to laze around

ganga s bargain

ganglio s **ganglio (linfático)** lymph node

gangoso, **-a** adj (voz) nasal

gangrena s gangrene

gángster gangster

ganso, **-a** s (ave) goose (pl geese); (macho) gander

ganzúa s (instrumento) picklock; (ladrón) burglar

garabatear v **1** [I, T] (dibujar) to doodle **2** [I, T] (escribir) to scribble **3 (a)** [I] (decir groserías) to swear **(b)** [T] (insultar con groserías) to swear at

garabato s **1** (dibujo) doodle • **hacer garabatos** to doodle **2** (escrito) scribble; (letra irregular) scrawl: *Firmó con*

G

un garabato. He signed with a scrawl. **3** (grosería) swearword

garaje, garage *s* (en una casa) garage

garante *s* guarantor

garantía *s* **1** (de algo comprado) guarantee: *Tiene un año de garantía*. It has a year's guarantee. • **estar en garantía** to be under guarantee **2** (seguridad) guarantee: *No le puedo dar ninguna garantía*. I can't give you any guarantee. **3 garantías** [pl] **garantías (constitucionales/individuales)** constitutional rights

garantizar *v* [T] to guarantee: *–¿Te parece que va a venir? – Te lo garantizo.* "Do you think she'll come?" "I can guarantee it."

garbanzo *s* chickpea

garbeo *s* **dar/darse un garbeo** to go for a stroll

garbo *s* elegance: *Camina con mucho garbo*. She walks very elegantly.

gardenia *s* gardenia

garete *s* **irse al garete** to go down the drain

garfio *s* hook

gargajo *s* phlegm [U] • **echar un gargajo** to cough up phlegm

garganta *s* **1** (espacio interno) throat: *Me duele la garganta*. I have a sore throat. **2** (cuello) neck **3** (valle) gorge **4** (voz) singing voice ▶ **DOLOR de garganta**

gargantilla *s* choker

gárgaras *s* [pl] **hacer(se) gárgaras** to gargle

gárgola *s* gargoyle

garita *s* **1** (de centinela) sentry box **2** (de conserje) lodge

garito *s* **1** (bar) little bar **2** (casa de juego) gambling den

garra *s* **1** (de un león, un tigre) claw **2** (de un ave de rapiña) talon **3** (fuerza, atractivo) *La nueva campaña publicitaria tiene mucha garra*. The new advertising campaign has plenty of punch. • *una película con garra* a gripping movie **4** (empuje) spirit, guts [pl]: *Al equipo le faltó garra*. The team lacked guts.

EXPRESIONES

caer en las garras de algo/alguien to fall into sth's/sb's clutches • **hecho -a garras (a)** (ropa) torn to shreds, in tatters: *Llegó con la camisa hecha garras*. He arrived with his shirt torn to shreds. **(b)** (cansado) pooped: *Terminaron hechos garras*. They were pooped by the time they finished. • **hecho -a una garra** to look really scruffy, to look really messy • **sacar la garra** to show what you're made of

garrafa *s* (para sustancias químicas, aceite, etc.) drum

garrafal *adj* huge: *un error garrafal* a huge mistake

garrapata *s* tick

garrocha *s* pole

garrote *s* (palo) stick

garza *s* heron

garzón, -ona *s* garzón waiter • **garzona** waitress (pl -sses)

gas *s* **1** gas (pl -ses): *una cocina a gas* a gas stove **2 gases** [pl] (en el intestino) gas [sing]: *Tengo gases*. I have gas. **3 gases** [pl] (emanaciones) fumes: *gases tóxicos* toxic fumes ▶ **AGUA con gas**

EXPRESIONES

a todo gas at full speed • **dar gas** to step on it **gas butano** butane • **gas lacrimógeno** tear gas [U] • **gas mostaza** mustard gas • **gas natural** natural gas • **gases de invernadero** greenhouse gases

gasa *s* **1** (para curar heridas) dressing **2** (tela) chiffon

gaseoducto *s* gas pipeline

gaseosa *s* soda

gaseoso, -a *adj* **1** (cuerpo, estado) gaseous **2** (bebida) fizzy

gásfiter (tb **gasfitero -a**) *s* plumber

gasoducto *s* gas pipeline

gasoil (tb **gasóleo**) *s* **1** (para vehículos) diesel **2** (para calefacción) oil

gasolina *s* gasoline, gas: *Nos estamos quedando sin gasolina*. We're running out of gas. • **ponerle/echarle gasolina al carro** to get some gas • **cargar gasolina** to fill up with gas
gasolina sin plomo, gasolina verde unleaded gasoline

gasolinera (tb **gasolinería**) *s* gas station

gastado, -a *adj* **1** (ropa, zapatos) worn out: *una chaqueta vieja y gastada* an old, worn-out jacket **2** (pila) dead

gastar *v* **1** [I, T] (dinero) to spend: *Estamos gastando demasiado*. We're spending too much. • **gastar dinero/1.000 dólares en algo** to spend money/1,000 dollars on sth: *Gasta mucho en ropa*. She spends a lot on clothes. **2** [T] (consumir) to use: *No gastes tanta electricidad*. Don't use so much electricity. • *Me vas a gastar las pilas*. You'll wear out the batteries. • *Mi carro gasta muy poco*. My car doesn't use much gas. **3** [T] (desgastar – la ropa, los zapatos) to wear out; (los codos, las rodillas) to wear through: *Gasté las suelas de los zapatos*. I've worn out the soles of my shoes. **4** [T] (agotar) to use up: *¡Me gastaste el champú!* You've used up all my shampoo! ▶ **gastar SALIVA**
—**gastarse** *v pron* **1** (dinero) to spend: *Se gastó todo el dinero que le quedaba*. She spent all the money she had left. • **gastarse el dinero/los ahorros en algo** to spend your money/savings on sth **2** (desgastarse – ropa, zapatos) to wear out; (codos, rodillas) to wear through: *Se le han gastado las chanclas*. His slippers have worn out. **3** (acabarse) to run out: *Se gastaron las pilas*. The batteries have run out.

gasto *s* expense: *Compartimos los gastos*. We share the expenses. • *los gastos de la casa* the household expenses • **correr con todos los gastos** to pay for everything • **cubrir gastos** to cover costs • **no reparar en gastos** to spare no expense
gasto educativo spending on education • gasto militar defense spending • gasto público public expenditure • gastos corrientes running costs • gastos de desplazamiento traveling expenses • gastos de envío postage and handling [U] • gastos de transporte freight charges

gástrico, -a *adj* gastric

gastritis *s* gastritis

gastroenteritis *s* gastroenteritis

gastrointestinal *adj* gastrointestinal

gastronomía *s* (arte, ciencia) gastronomy; (tipo de cocina) cuisine: *gastronomía española* Spanish cuisine

gastronómico, -a *adj* gastronomic

gata *s* (herramienta) jack

EXPRESIONES

a gatas on all fours • **andar a gatas** to crawl

gatear *v* [I] to crawl

gatillo *s* trigger • **apretar el gatillo** to pull the trigger

gato¹, -a *s* (macho o hembra) cat; (macho) tom-cat; (hembra) female cat: *No me gustan los gatos*. I don't like cats. • *¿Es gato o gata?* Is it a tom or a female?

EXPRESIONES

aquí hay gato encerrado there's something fishy going on here • **cuatro gatos** handful of people: *Éramos cuatro gatos*. There was only a handful of us. • **dar gato por liebre a alguien** to con sb • **llevarse el gato al agua** to pull it off
gato de Angora Angora cat • gato montés wild cat • gato siamés Siamese cat

gato² *s* (herramienta) jack

gaucho, -a *s* gaucho

gavera *s* (para botellas) crate

gaveta *s* drawer

gavilán *s* sparrowhawk

gaviota s seagull

gay adj, s gay: *un bar para gays* a gay bar

gazapo s (error) mistake, slip; (de imprenta) misprint

gaznate s throat

géiser s geyser

gel s gel
  gel de baño shower gel • gel de ducha shower gel

gelatina s 1 (sustancia) gelatine 2 (postre) Jello-O®: *gelatina de limón* lemon Jell-O

gélido, -a adj icy

gema s gem, gemstone (*más frml*)

gemelo[1], -a adj **mi hermano gemelo/hermana gemela** my twin brother/sister

gemelo[2], -a s twin
  gemelos -as idénticos -a identical twins

gemelo[3] s 1 (para camisas) cufflink 2 **gemelos** [pl] (prismáticos) binoculars: *unos gemelos* a pair of binoculars

gemido s 1 (de una persona) groan 2 (de un perro) whine 3 (del viento) moaning

Géminis s Gemini: *Soy Géminis.* I'm a Gemini.

gemir v [I] 1 (persona) to groan • **gemir de dolor/placer** to groan with pain/pleasure 2 (perro) to whine 3 (viento) to moan

gen s gene

genealogía s genealogy

genealógico, -a adj ▶ ÁRBOL genealógico

generación s 1 (de personas) generation 2 (en la evolución tecnológica) generation: *un procesador de última generación* a latest-generation processor 3 (creación) creation: *la generación de empleo* employment creation

generacional adj generational: *cambio generacional* change of generation ▶ BRECHA generacional, CONFLICTO generacional

generador[1], -a adj *empresas generadoras de empleo* businesses that create employment • *inversiones generadoras de renta* income-generating investments

generador[2] s **generador (eléctrico)** (electric) generator

general[1] adj general: *un tema de interés general* a general interest subject ▶ ANESTESIA general, CARRETERA general, ENSAYO general, HUELGA general

EXPRESIONES
en general (a) (sin entrar en detalles) in general: *Estoy hablando en general.* I'm talking in general. **(b)** (generalmente) generally: *En general, me acuesto tarde.* I generally go to bed late. **(c) el público/la sociedad en general** the general public/society in general • **por lo general** generally

general[2] s (militar) general
  general de brigada brigadier general • general de división major general • general en jefe Chief of the General Staff, Army Chief of Staff

generalidad s 1 (mayoría) majority: *la generalidad de los jóvenes* the majority of young people 2 **generalidades** [pl] (vaguedades) generalities: *Sólo dijo generalidades.* He only made general comments. 3 **generalidades** [pl] (conocimientos básicos) basic concepts

generalización s 1 (afirmación) generalization 2 (extensión) spread

generalizar v 1 [I] (hacer generalizaciones) to generalize: *No hay que generalizar.* You shouldn't generalize. 2 [T] (extender) to make more widespread: *Queremos generalizar el uso de estas tecnologías.* We want to make the use of these technologies more widespread.
  —**generalizarse** v pron (costumbre, práctica, tecnología) to become widespread; (huelga, conflicto) to spread

generar v [T] (ingresos, electricidad) to generate; (empleo, riqueza) to create; (problemas, confusión) to cause: *energías renovables que generan electricidad* renewable sources of energy that generate electricity

genérico[1], -a adj 1 (nombre, término) generic; (recomendación) general • **de forma genérica** in general terms 2 (droga, producto) generic ▶ MEDICAMENTO

genérico[2] s generic drug

género s 1 (tipo) kind: *Venden todo género de cosas.* They sell all kinds of things. • **en su género** of its kind: *Es único en su género.* It's the only one of its kind. • *un museo pionero en su género* a museum that is a pioneer in its field 2 (masculino o femenino) gender 3 (literario, musical) genre • **cine/literatura de género** genre films/literature 4 (en clasificaciones biológicas) genus (pl genera) 5 (tela) material
  el género humano humankind [U] • géneros de punto knitwear [U] • el género fantástico fantasy literature • el género narrativo the narrative form • el género negro (en cinematografía) film noir; (en literatura) the noir novel • el género novelesco the novel • el género policiaco the crime novel

generosidad s generosity

generoso, -a adj 1 (desprendido) generous • **ser generoso -a con alguien** to be generous to sb 2 (abundante, grande) generous

génesis s origin, genesis (*más frml*)

genética s genetics [+v en sing]

genéticamente adv **modificado -a/manipulado -a genéticamente** genetically modified

genético, -a adj genetic

genial[1] adj brilliant: *Estuvo genial.* She was brilliant. • *una idea genial* a brilliant idea

genial[2] adv **pasarla genial** to have a great time

genialidad s 1 (cualidad) genius 2 (acción genial) stroke of genius; (idea) brilliant idea

genio s 1 (persona) genius (pl -ses): *¡Es un genio!* He's a genius! • **un genio de la música/de la computación** a musical/computer genius 2 (temperamento) temper • **tener mal/mucho genio** to have a bad temper/a real temper 3 (humor) mood • **estar de buen/mal genio** to be in a good/bad mood • **ponerse de mal genio** to get in a bad mood 4 (mal humor) bad mood 5 (ser fantástico) genie

EXPRESIONES
ser un genio haciendo algo to be very talented at doing sth

genital adj genital

genitales s [pl] genitals

genocidio s genocide

gente s 1 (personas) people [pl]: *La gente piensa que está loca.* People think she's crazy. • *la gente que conocimos en el viaje* the people we met on the trip • *Había demasiada gente.* There were too many people. • **toda la gente** everyone, everybody: *He llamado a toda la gente del equipo.* I've called everyone on the team. • **la gente del lugar** the local people • **la gente del barrio/pueblo** local/village people • **gente del cine/de la cultura** people in the movie industry/the world of culture 2 (persona) *Lo recuerdo como una gente muy cariñosa.* I remember him as a very affectionate person. • *Soy una gente trabajadora.* I'm hard-working.

EXPRESIONES
mi/su gente (a) (familia, seres queridos) my/his family **(b)** (seguidores, público) my/his public • **ser buena gente** to be nice: *Mi vecina es muy buena gente.* My neighbor is really nice.
  gente bien well-to-do people [pl] • gente de bien decent people [pl] • la gente de la calle ordinary people [pl] • gente menuda the little ones [pl] • gente común (y corriente) ordinary people [pl]

G

⚠ En la mayoría de los casos, el plural de **person** es **people**. Se usa **persons** en lenguaje formal u oficial, sobre todo escrito:
Work in groups of four people (✗ *persons*).
They are the most important people (✗ *persons*) *in our school.*

gentil *adj* kind

gentileza *s* **1** (amabilidad, cortesía) kindness • **tener la gentileza de hacer algo** to be kind enough to do sth • **con gentileza** nicely **2** (regalo) courtesy (pl -sies): *El vino es gentileza de la casa.* The wine is on the house.

EXPRESIONES
(por) gentileza de alguien courtesy of sb: *reproducido por gentileza del autor* reproduced courtesy of the author

gentío *s* crowd

gentuza *s* riff-raff

genuino, -a *adj* genuine: *Mostró un genuino interés por el tema.* She showed a genuine interest in the subject. • *Son perlas genuinas.* They are real pearls. • *un líder genuino* a true leader

geofísica *s* geophysics [+v en sing]

geografía *s* **1** (ciencia) geography **2** (territorio) geography: *la geografía de Argentina* the geography of Argentina
geografía física physical geography • geografía política political geography

geográfico, -a *adj* geographical ▶ ACCIDENTE **geográfico**

geógrafo, -a *s* geographer

geología *s* geology

geológico, -a *adj* geological

geólogo, -a *s* geologist

geometría *s* geometry

geométrico, -a *adj* geometric

geopolítica *s* geopolitics [+v en sing]

geopolítico, -a *adj* geopolitical

geranio *s* geranium

gerencia *s* **1** (gerente, conjunto de gerentes) management **2** (actividad) management **3** (cargo) post of manager: *Va a ocupar la gerencia de la empresa.* He is going to be manager of the company. **4** (oficina) manager's office

gerente *s* manager
gerente de finanzas finance manager • gerente de sistemas systems manager • gerente de ventas sales manager • gerente general general manager • gerente regional regional manager

geriatría *s* geriatrics [+v en sing]

geriátrico *s* **1** (hospital) geriatric hospital **2** (residencia) old people's home

germen *s* **1** (microorganismo) germ **2** (origen, principio) seeds [pl] **3** (de una semilla) germ
germen de trigo wheatgerm

germinado *s* beansprout • **germinados de soja/alfalfa** soy beansprouts/alfalfa sprouts

germinar *v* [I] (semilla, grano) to germinate

gerundio *s* present participle

gestación *s* **1** (proceso) gestation • **en gestación** (ciudad, proyecto) in development; (movimiento) nascent **2** (embarazo) pregnancy (pl -cies)

gestar *v* [T] **1** (una idea, un proyecto) to initiate **2** (un embrión) to gestate
—**gestarse** *v pron* (plan, proyecto) to take shape: *Se estaba gestando una rebelión.* A rebellion was brewing.

gesticular *v* [I] to gesticulate

gestión *s* **1** (gobierno) administration **2** (de una empresa, una organización) management; (de fondos) administration: *la gestión de universidades* university

management **3 gestiones** [pl] (trámites, diligencias) procedure [sing]; (papeleo) paperwork [U]: *las gestiones para conseguir la visa* the procedure for getting a visa • **hacer/realizar gestiones para algo** *Tuve que hacer muchas gestiones para conseguirlo.* I had to go through a lot of formalities to get it. • *Han realizado intensas gestiones para impedirlo.* They have taken strong measures to try and prevent it. • **iniciar gestiones para hacer algo** to set things in motion to do sth

gestionar *v* [T] **1** (dirigir, administrar) to manage **2** (tramitar – un préstamo, un encuentro) to arrange: *Está gestionando su pasaporte.* She's applying for her passport.

gesto *s* **1** (de la cara, las manos) gesture; (peculiaridad) mannerism: *un gesto cariñoso* an affectionate gesture • *Tiene los mismos gestos que su madre* She has the same mannerisms as her mother. • **hacerle un gesto a alguien (para que haga algo)** to gesture to sb (to do sth): *Me hizo un gesto para que me callara.* He gestured to me to be quiet. • **comunicarse por gestos** to communicate using sign language **2** (acto) gesture: *Fue un gesto de buena voluntad.* It was a good will.

EXPRESIONES
torcer el gesto to make a face

gestor¹, -a *s* **gestor -a (admininstrativo -a)** agent who deals with official bodies on a client's behalf

gestor² *s* (en informática) manager: *un gestor de memoria* a memory manager

gestora *s* **1** (comisión) management committee; (empresa) management company (pl -nies) **2** ▶ GESTOR

gestoría *s* agency that deals with official bodies on a client's behalf

Ghana Ghana

ghanés, -esa *s, adj* Ghanaian

giga *s* gig: *un disco duro de 120 gigas* a 120-gig hard disk

gigabyte *s* gigabyte

gigante¹ *adj* **1** (más grande de lo esperado) gigantic: *una araña gigante* a gigantic spider **2** (muy grande) giant [solo ante s]: *marionetas gigantes* giant puppets

gigante² *s* **1** (personaje) giant **2** (genio) giant: *un gigante del fútbol* a soccer giant **3** (persona alta) giant **4** (empresa, corporación) giant • **un gigante informático/mediático** a computer/media giant

gigantesco, -a *adj* huge, gigantic

gigoló *s* gigolo

gimnasia *s* **1** (ejercicio) exercise; (a nivel de competencias) gymnastics [+v en sing]: *una clase de gimnasia* an exercise class • *la campeona de gimnasia* the gymnastics champion • **hacer gimnasia** to exercise **2** (en la escuela) P.E.: *Hoy tuvimos gimnasia.* We had P.E. today.
gimnasia artística gymnastics [+v en sing] • gimnasia correctiva remedial exercises [pl]

gimnasio *s* gymnasium, gym

gimnasta *s* gymnast

gimotear *v* [I] to whimper

gin (tb **ginebra**) *s* gin
gin tonic gin and tonic

ginecología *s* gynecology

ginecológico, -a *adj* gynecological

ginecólogo, -a *s* gynecologist

gingivitis *s* gingivitis (*técn*)

gira *s* **1** (serie de actuaciones) tour: *su última gira por Europa* their last European tour • **estar/salir de gira** to be/to go on tour **2** (excursión, viaje) trip

girar *v*

1	planeta
2	trompo, bailarín
3	una llave, un volante
4	cambiar de dirección
5	desarrollarse

6 dinero
7 un cheque

1 PLANETA [I] to revolve, to go around: *¿Cuánto tarda la Tierra en girar alrededor del Sol?* How long does the Earth take to revolve around the sun?
2 TROMPO, BAILARÍN [I] to spin
3 UNA LLAVE, UN VOLANTE [T] to turn
4 CAMBIAR DE DIRECCIÓN [I] to turn • **girar a la izquierda/a la derecha** to turn left/right
5 DESARROLLARSE [I] **girar en torno a algo** (conversación, debate, actividad) to center around sth; (vida) to revolve around sth: *La vida en la ciudad gira en torno a la mezquita.* Life in the city revolves around the mosque.
6 DINERO [T] to transfer
7 UN CHEQUE [T] to draw

girasol *s* sunflower

giratorio, **-a un ventilador giratorio/una pantalla giratoria** a revolving fan/a swivel screen ▶ **PUERTA giratoria**

giro *s* **1** (cambio) change of direction: *un giro radical en su política* a radical change of direction in their policy • **dar un giro a algo** to change the direction of sth: *Han dado un giro a su estrategia empresarial.* They have changed the direction of their company strategy. • **dar un giro hacia la derecha/izquierda** (en política) to move toward the right/left **2 giro (postal)** money order **3** (vuelta) turn • **hacer un giro (a la derecha/izquierda)** (persona, carro) to turn (right/left); (camino) to turn (to the right/left) **4** (expresión) expression
EXPRESIONES
dar un giro copernicano/de 180 grados to do a U-turn: *La investigación ha dado un giro copernicano.* The inquiry has done a U-turn. • *Mi vida dio un giro de 180 grados.* My life has changed dramatically. • **tomar un giro inesperado/sorprendente** to take an unexpected/a surprising turn
giro bancario bank draft, banker's draft • **giro electrónico** electronic transfer

gis *s* **1** (trozo, barra) piece of chalk: *un gis blanco* a piece of white chalk **2** (material) chalk: *Lo escribieron con gis.* They wrote it in chalk.

gitano, **-a** *s, adj* gypsy (pl -sies) • **una canción/tradición gitana** a gypsy song/tradition

glacial *adj* **1** (invierno, lluvia) freezing; (frío, viento) icy: *Hacía un frío glacial.* It was icy cold. **2** (silencio) icy; (mirada, tono) icy **3** (zona) glacial

glaciar[1] *s* glacier

glaciar[2] *adj* glacial

gladiador *s* gladiator

glándula *s* gland
glándula mamaria mammary gland • **glándula pituitaria** pituitary gland • **glándula salival** salivary gland • **glándula sebácea** sebaceous gland • **glándula sudorípara** sweat gland

glas *adj* ▶ **AZÚCAR glas**

glaucoma *s* glaucoma

glicerina *s* glycerine

global *adj* **1** (de todo el mundo) global: *la economía global* the global economy **2** (del conjunto) overall: *una visión global del tema* an overall view of the subject

globalización *s* globalization

globalizado, **-a** *adj* globalized: *una economía globalizada* a globalized economy

globalizar *v* [T] to extend throughout the world, to globalize (*más frml*): *Debemos globalizar la justicia.* We must extend justice throughout the world.
—**globalizarse** *v pron* to become globalized

globo *s* **1 globo (terráqueo)** globe **2** (esfera) globe **3** (decoración) balloon: *Se me reventó el globo.* My balloon popped. **4 globo (aerostático)** hot-air balloon **5** (de historieta) speech balloon **6** (de chicle) bubble • **hacer globos** to blow bubbles **7** (lámpara) glass globe

8 (en tenis, fútbol) lob • **lanzar un globo** to lob the ball
globo ocular eyeball • **globo sonda** (para estudios meteorológicos) weather balloon • **lanzar un globo sonda** to test the waters

glóbulo *s* blood cell
glóbulo blanco white corpuscle • **glóbulo rojo** red corpuscle

gloria *s* **1** (fama, honor) glory **2** (persona destacada) **una gloria literaria/del deporte** a great literary figure/a sporting hero • **una gloria del cine** a big name in motion pictures **3** (en la religión cristiana) Heaven ▶ **sin PENA ni gloria**
EXPRESIONES
estar en la gloria to be in seventh heaven • **que en gloria esté** may he/she rest in peace • **saber/oler a gloria** to taste/to smell divine

glorieta *s* **1** (plaza) traffic circle **2** (en un jardín) arbor

glorioso, **-a** *adj* glorious

glosa *s* **1** (comentario) commentary (pl -ries) **2** (nota explicativa) note, gloss (pl -sses) (*técn*) **3** (de homenaje) tribute **4** (paráfrasis) rehash (pl -shes)

glosar *v* [T] **1** (comentar) to comment on; (explicar) to explain **2** (agregar notas a) to annotate **3** (reexpresar) to rehash

glosario *s* glossary (pl -ries)

glotón[1], **-ona** *s* glutton

glotón[2], **-ona** *adj* greedy

glucosa *s* glucose

gluten *s* gluten
gluten de trigo wheat gluten

glúteo *s* buttock, gluteus (pl glutei) (*más frml*)

gnomo *s* gnome

gobernador, **-a** *s* **1** (de una provincia, una ciudad) governor **2** (de un banco) governor
gobernador -a civil civil governor • **gobernador -a militar** military governor

gobernante[1] *adj* **el partido/la coalición gobernante** the party/coalition in power

gobernante[2] *s* government leader: *los gobernantes de los países europeos* European government leaders

gobernar *v* **1** [I,T] (dirigir) to govern: *Gobernó el país entre 1983 y 1989.* He governed the country between 1983 and 1989. • *No saben gobernar.* They don't know how to govern. • **gobernar en mayoría/minoría** to have a majority/minority government **2** [T] (una empresa, un club) to run **3** [T] (una embarcación) to steer

gobierno *s* **1** (de un país, una ciudad) government • **el Gobierno** the Government • **formar gobierno** to form a government • **asumir el gobierno** to come to power **2** (de una empresa, un club) running: *normas para el gobierno de la empresa* rules for the running of the company

goce *s* **1** (disfrute) pleasure **2 el goce de un bien/un derecho** the enjoyment of an asset/a right

gofre *s* waffle

goggles *s* [pl] (para nadar) goggles

gol *s* goal: *Perdimos por 2 goles a 1.* We lost by 2 goals to 1. • **anotar/meter/hacer/marcar un gol** to score a goal: *Nos metieron un gol en el último minuto.* They scored against us in the last minute.
gol de cabeza headed goal: *Hizo un gol de cabeza.* He scored from a header. • **gol del empate** equalizer • **gol de oro** golden goal • **gol en contra** own goal

goleada *s* (montón de goles) feast of goals; (amplia victoria o derrota) clobbering • **ganar/perder por goleada** (en un partido) to clobber your opponents/to be clobbered: *Ganamos por goleada.* We clobbered them.

goleador, **-a** *s* goal-scorer • **máximo -a goleador -a** top goal-scorer

G

golear v [T] to clobber: *Los goleamos por 8 a 0.* We clobbered them 8–0.

golero, -a s goalkeeper

golf s golf • **jugar al golf** to play golf

golfa s ▶ SESIÓN golfa

golfista s golfer

golfo s (accidente geográfico) gulf: *el golfo de México* the Gulf of Mexico

golondrina s (pájaro) swallow

golosina s piece of candy • **golosinas** [pl] candy

goloso, -a adj (aficionado a los dulces) **ser goloso -a** to have a sweet tooth

EXPRESIONES

mirar algo con ojos golosos to look greedily at sth

golpe s

1 en la cabeza, el cuerpo
2 dado a un objeto
3 magulladura
4 abolladura
5 ruido
6 revés
7 en golf, tenis
8 atraco
9 aparición repentina

1 EN LA CABEZA, EL CUERPO blow: *Los golpes en la cabeza pueden ser peligrosos.* Blows to the head can be dangerous. • **darse un golpe en la cabeza/la rodilla** to bang your head/your knee • **darle un golpe a alguien en la cara/el pecho** to punch sb in the face/chest • **agarrarse a golpes** to start hitting each other • **matar a alguien a golpes** to beat sb to death

2 DADO A UN OBJETO darle/pegarle un golpe a algo to bang sth: *Le di un golpe a la televisión y se arregló.* I banged the TV and that fixed it. • **dar/pegar un golpe en algo** to bang on sth: *Pegó un golpe en la mesa y nos gritó.* He banged on the table and shouted at us.

3 MAGULLADURA bruise

4 ABOLLADURA dent: *El carro tiene varios golpes.* There are several dents in the car.

5 RUIDO bump; (más fuerte) bang: *¿Qué fue ese golpe?* What was that bump?

6 REVÉS blow: *Fue un golpe tremendo para ella.* It was a terrible blow for her. • *Han asestado un fuerte golpe al narcotráfico.* A severe blow has been dealt to drug trafficking.

7 EN GOLF, TENIS shot

8 ATRACO robbery (pl -ries) • **dar un golpe a un banco** to rob a bank

9 APARICIÓN REPENTINA un golpe de tos a coughing fit • **un golpe de viento** a gust of wind

EXPRESIONES

a golpe de algo *No todo se soluciona a golpe de chequera.* You can't solve everything by throwing money at it. • *una visita guiada de la ciudad a golpe de pedal* a guided bicycle tour of the city • *a golpe de martillo* using a hammer • **dar el golpe** to cause a sensation • **de golpe (y porrazo)** (de repente) suddenly: *De golpe me di cuenta de quién era.* I suddenly realized who he was. • *Apareció de golpe.* He suddenly appeared. • **de un golpe** in one go • **errar/fallar el golpe** to miss the mark • **no dar/pegar (ni) golpe** not to do a lick of work

golpe bajo (en boxeo) punch below the belt; (acción malintencionada) dirty trick • golpe de calor heatstroke • golpe de efecto effect: *Fue sólo un golpe de efecto.* She only did it for effect. • golpe de Estado coup (d'état) • golpe de gracia (revés) death blow, coup de grâce (*más frml*): *Fue el golpe de gracia para la empresa.* That was the company's death blow. • golpe de mano surprise attack • **dar (un) golpe de mano** to mount a surprise attack • golpe de pecho **darse golpes de pecho** to beat your chest • golpe de suerte stroke of luck • golpe de timón sudden change of direction • golpe de vista **al primer golpe de vista** at first sight • **con un (simple) golpe de vista** at a glance • golpe militar (military) coup

golpear v **1** [T] (pegar a) to hit; (repetidamente) to beat: *Tienes que golpear la pelota con el bate.* You have to hit the ball with the bat. • *Su marido la golpeaba.* Her husband used to beat her. • **golpear a alguien en la cabeza/las costillas** to hit sb in the head/ribs **2** [T] (dar golpes en) to bang on: *¿Quién está golpeando la pared?* Who's banging on the wall? **3** [I,T] (lluvia, granizo) to beat • **golpear en los vidrios/contra el techo** to beat on the window/roof

—**golpearse** v pron **golpearse el dedo/la cabeza** to hit your finger/head: *Se golpeó el dedo con el martillo.* He hit his finger with the hammer.

golpista adj *los militares golpistas* the members of the military involved in the coup • *una intentona golpista* an attempted coup

golpiza s beating: *Le dieron tal golpiza que lo dejaron irreconocible.* They gave him such a beating he was almost unrecognizable./They beat him up so badly he was almost unrecognizable.

goma s **1** (material) rubber • **guantes/suelas de goma** rubber gloves/soles **2** (sustancia) rubber **3** (pegamento) glue **4 goma (de borrar)** eraser **5 goma (elástica)** rubber band **6** (elástico) elastic **7** (preservativo) condom, rubber **8** (en béisbol) mound

EXPRESIONES

mandar a alguien a la goma to tell sb to get lost: *¡Mándalo a la goma!* Tell him to get lost! • **ser de goma** to be very supple

goma arábiga gum arabic • goma de mascar chewing gum

gomaespuma s foam rubber

gomina s hair gel

gónada s gonad

góndola s gondola

gonorrea s gonorrhea

gordinflón¹, -ona adj chubby

gordinflón², -ona s fatty

gordo¹, -a adj **1** (persona, cara, animal) fat: *Estoy más gordo que él.* I'm fatter than him. • *Este pantalón me hace ver gorda.* These pants make me look fat. • *una niña gordita* a plump little girl • *Está muy gorda.* She's put on weight. **2** (objeto) thick: *un libro muy gordo* a very thick book **3** (muy importante, grave): serious: *un problema gordo* a serious problem ▶ DEDO gordo, SAL gorda, sudar la GOTA gorda, VACAS gordas, hacer la VISTA gorda

EXPRESIONES

me cae gordo -a I can't stand him/her

gordo², -a s (persona) fat person • **los gordos** fat people

EXPRESIONES

se armó la gorda all heck broke loose

gordo³ s (de la lotería) jackpot: *el gordo de Navidad* the Christmas lottery jackpot

gordura s fatness: *de una gordura enorme* really fat/really overweight • *De chico lo maltrataban por su gordura.* As a boy he was badly treated for being overweight.

gore¹ s slasher movies [pl]

gore² adj slasher: *el cine gore* slasher movies

gorila s **1** (animal) gorilla **2** (guardaespaldas) bodyguard

gorra s cap

EXPRESIONES

de gorra (a) (gratis) for free: *Viajamos de gorra.* We traveled for free. **(b)** (pidiendo a otros) **fumar/vivir de gorra** to scrounge cigarettes/to scrounge off others • **pasar la gorra** to pass the hat around

gorra de béisbol baseball cap • gorra de baño (para bañarse) shower cap; (para nadar) swimming cap

gorrear v **1** [T] (pedir) to sponge • **gorrearle algo a alguien** to bum sth from sb **2** [I] (vivir de los otros) to sponge

gorrero¹, -a s sponger

gorrero², -a *adj ¡No sea tan gorrero!* Don't be such a sponger!

gorrión *s* sparrow

gorro *s* **1** (de lluvia, sangre) drop • **un gorro de lana** a wool hat **2** (de bebé) bonnet
EXPRESIONES
estar hasta el gorro (de algo/alguien) to be fed up (with sth/sb) • **estar/ponerse/terminar hasta el gorro** (de beber) to be/to get/to end up smashed, to be/to get/to end up plastered • **me/nos tiene hasta el gorro** I'm/we're up to here
gorro de baño (para la ducha) shower cap; (para nadar) swimming cap

gorrón¹, -ona *s* sponger

gorrón², -ona *adj ¡No seas tan gorrón!* Don't be such a sponger!

gorronear *v* **1** [T] (pedir) to sponge • **gorronearle algo a alguien** to bum sth from sb **2** [I] (vivir de los otros) to sponge

góspel *s* gospel music

gota *s* **1** (de lluvia, sangre) drop **2** (de sudor) bead **3** (para los ojos, los oídos) drop **4** (enfermedad) gout
EXPRESIONES
cayeron cuatro gotas there were just a few drops of rain • **ni gota** *Sin lentes no veo ni gota.* I can't see a thing without my glasses. • *No entiendo ni gota de griego.* I don't understand a word of Greek. • *No le hizo ni gota de gracia.* He didn't like it one little bit. • **ser como dos gotas de agua** to be like two peas in a pod • **ser la gota que colma el vaso** to be the last straw • **sudar la gota gorda** to sweat blood
gota fría cold front with heavy rain

gotear *v* [I] **1** (llave de agua) to drip: *Esta llave gotea.* This faucet drips. **2** (techo) to leak **3** (llover) to spit

goteo *s* **1** (de líquido) dripping **2** (de datos, muertes) trickle

gotera *s* **1** (filtración) leak: *La casa tiene goteras.* The roof leaks. **2** (mancha) stain

gotero *s* **1** (para el suero, medicamentos) drip **2** (cuentagotas) dropper

gótico¹, -a *adj* Gothic

gótico² *s* **el gótico** Gothic

gourmet *s* gourmet

gozada *s* **ser una gozada** to be fantastic: *Esta playa es una gozada.* This beach is fantastic.

gozar *v* [I] **1** (poseer) **gozar de algo** to enjoy sth: *Goza de buena salud.* She enjoys good health. • *Goza de una buena posición en la empresa.* She has a good position in the company. **2** (disfrutar) **gozar de algo** to enjoy sth: *Estábamos en la playa gozando del paisaje.* We were on the beach enjoying the scenery. • **gozar haciendo algo** to enjoy doing sth

gozne *s* hinge

gozo *s* (alegría) joy • **no caber en sí de gozo** to be overjoyed

gozoso, -a *adj* (feliz) blissful

gr (abrev de **gramo**) g, gr

grabación *s* recording: *una grabación de 1968* a 1968 recording

grabado *s* **1** (obra) print **2** (técnica) engraving

grabador¹, -a *s* engraver

grabador², grabadora *s* tape recorder

grabar *v* [T] **1** (una canción, un álbum) to record: *Están grabando un nuevo álbum.* They are recording a new album. **2** (una conversación, una entrevista) to record **3** (en video) to video, to record: *Quiero grabar el partido de esta noche.* I want to video tonight's game. **4** (en CD-ROM, DVD) to burn **5** (en metal) to engrave **6** (en madera) to carve

—**grabarse** *v pron* **se me/le grabó en la memoria** it's etched on my/his memory

gracia *s* **1** (comicidad) **me/le hace gracia** I think/she thinks it's funny: *No me hace ninguna gracia.* I don't think it's at all funny. • **yo no le veo la gracia** I don't find it funny **2** (encanto) grace: *Bailan con mucha gracia.* They dance very gracefully. **3** (cosa divertida) funny thing: *Todos se ríen de sus gracias.* Everyone laughs at the funny things he does. • *No le rías las gracias.* Don't encourage him. **4** (agradecimiento) **gracias** [pl] **gracias a algo/alguien** thanks to sth/sb: *Pude hacerlo gracias a Hugo.* I was able to do it thanks to Hugo. • *Es posible gracias a las nuevas tecnologías.* It is possible thanks to new technology. • **¡gracias a Dios!** thank God!: *¡Gracias a Dios que salimos temprano!* Thank God we set off early! • **darle las gracias a alguien** to thank sb/to say thank you to sb: *Quiero darte las gracias por lo que hiciste.* I want to thank you for what you did. • *Dale las gracias a la señora.* Say thank you to the lady. • *Ni me dio las gracias.* She didn't even say thank you to me. **5** (indulto) pardon
EXPRESIONES
caerle en gracia a alguien *Me cayó en gracia desde que lo conocí.* I took a shine to him as soon as I met him. • **no me hace ninguna gracia estudiar/ir** I'm not looking forward to studying/going at all

gracias *interj* thank you, thanks: *–¡Gracias! —De nada.* "Thank you!" "You're welcome." • *Muchas gracias.* Thanks very much. • **gracias por (hacer) algo** thank you for (doing) sth: *Gracias por ayudarme.* Thank you for helping me. • *Gracias por todo.* Thanks for everything. • *¡Mil gracias por el regalo!* Thanks a lot for the present!
EXPRESIONES
¡y gracias! and that's it: *Te darán de desayunar, y gracias.* They'll give you your breakfast and that'll be it.

grácil *adj* graceful

gracioso¹, -a *adj* **1** (divertido) funny: *un chiste muy gracioso* a very funny joke • *No me parece nada gracioso.* I don't think it's at all funny. • *Tu hermano es muy gracioso.* Your brother is very funny. **2** (curioso) funny: *Lo más gracioso es que a mí me pasó lo mismo.* The funny thing is, the same thing happened to me. • *¡Qué gracioso, se parece muchísimo a mi padre!* How funny, he looks just like my father.

gracioso², -a *s* **1** (bromista) joker • **hacerse el gracioso/la graciosa** to try to be funny: *Conmigo no te hagas el gracioso.* Don't try to be funny with me. **2** (persona molesta) joker: *¿Quién fue el gracioso que se comió mi postre?* Who's the joker who ate my dessert? ► ver nota en **FUN**

gradación *s* **1** (en música, arte) gradación **2** (de una bebida alcohólica) alcohol content

gradas *s* [pl] (en estadio) terraces

grado *s* **1** (de temperatura) degree: *El agua hierve a 100 grados centígrados.* Water boils at 100 degrees centigrade. • *El termómetro marcaba 40 grados.* The thermometer read 40 degrees. • **hace 10/30 grados** it's 10/30 degrees **2** (nivel) degree: *quemaduras de tercer grado* third-degree burns • *Quieren saber el grado de preparación de un candidato.* They want to know how much a candidate knows. • **en mayor o menor grado** to a greater or lesser extent **3** (de un ángulo) degree: *un ángulo de 30 grados* an angle of 30 degrees/a 30-degree angle • *Giró 360 grados.* It did a 360-degree turn. **4** (de alcohol) proof: *alcohol de 90 grados* 90-degree proof alcohol **5** (universitario) degree: *grado de maestría* master's (degree) **6** (en la escuela) grade: *¿En qué grado estás?* What grade are you in? • *Emilia está en cuarto grado.* Emilia is in fourth grade. ► **ECUACIÓN de segundo grado**
EXPRESIONES
de buen grado willingly: *Dijo que nos ayudaría de buen grado.* He said he would willingly help us.
grado centígrado degree centigrade • **grado Celsius** degree Celsius • **grado Fahrenheit** degree Fahrenheit

graduación *s* **1** (en la universidad) graduation **2** (de una bebida alcohólica) alcohol content

graduado[1], -a *adj* ▸ LENTES **graduados**

graduado[2], -a *s* graduate

gradual *adj* gradual

graduar *v* [T] (ajustar) to regulate: *Ese botón sirve para graduar la temperatura.* This button is for regulating the temperature.
—**graduarse** *v pron* **1** (ajustarse) to adjust: *El volumen se gradúa con este control.* You adjust the volume with this knob. **2** (terminar la carrera) to graduate: *Se graduó el año pasado.* She graduated last year. • **graduarse en ingeniería/ciencias políticas** to graduate in engineering/political science, to get a degree in engineering/political science **3** **graduarse de la secundaria** to graduate from high school

graffiti *s* ▸ GRAFITI

gráfica *s* graph • **hacer una gráfica** to draw a graph
gráfica circular pie chart • gráfica de barras bar chart • gráfica de sectores pie chart

gráfico[1], -a *adj* graphic ▸ DISEÑO **gráfico**

gráfico[2] *s* **1** graph • **hacer un gráfico** to draw a graph **2 gráficos** [pl] graphics
gráfico circular pie chart • gráfico de barras bar chart • gráfico de sectores pie chart

grafiti, **graffiti** *s* graffiti [U]: *un grafiti* some graffiti • *paredes cubiertas de grafiti(s)* walls covered in graffiti

grafito *s* graphite

gragea *s* pill

grajo *s* rook

gramática *s* grammar

gramatical *adj* grammatical

gramático, -a *s* grammarian

gramínea *s* grass

gramo *s* gram

gran *adj* ▸ GRANDE

Granada (país) Grenada

granada *s* **1** (explosivo) grenade **2** (fruta) pomegranate
granada de mano hand grenade

granate *adj, s* maroon

Gran Bretaña Great Britain

grande[1] *adj* **1** (tamaño, casa) big; (bebida, porción) large: *Tu perro es más grande que el mío.* Your dog's bigger than mine. • *la habitación más grande de la casa* the biggest room in the house • *–Una coca-cola. –¿Grande o pequeña?* "A coke, please." "Large or small?" • **me/te queda grande** it's too big for me/you: *Estos zapatos me quedan grandes.* These shoes are too big for me. **2** (cantidad, número) large: *un gran número de errores* a large number of mistakes **3** (en comparaciones referidas a la edad) *Es más grande que yo.* She's older than me. • *Soy la más grande de la clase.* I'm the oldest in the class. **4** (mayor, adulto) grown-up: *Tiene hijos grandes.* He has grown-up children.; (hablando con un niño) *No hagas eso, ya eres grande.* Don't do that, you're a big boy/big girl now. • **cuando seas/sea grande** when you grow up/when he grows up: *¿Qué quieres ser cuando seas grande?* What do you want to be when you grow up? • **de grande** as an adult: *Empecé a tocar la guitarra de grande.* I started playing the guitar as an adult. **5** (importante) great: *una gran amiga mía* a great friend of mine • *uno de los grandes fabricantes de automóviles* one of the major car manufacturers • *No hay gran diferencia entre uno y otro.* There isn't much difference between one and the other.
EXPRESIONES
pasarla en grande to have a great time
gran angular wide-angle lens • gran danés Great Dane • Gran Premio Grand Prix • grandes almacenes department store [sing]

grande[2] *s* (persona) big name; (entidad) big gun: *uno de los grandes del teatro* one of the big names in the theater • *los grandes de la banca europea* the big guns of European banking

grandeza *s* **1** (en tamaño) size **2** (en importancia) greatness, importance **3** (de sentimientos) nobility

grandilocuencia *s* grandiloquence

grandilocuente *adj* grandiloquent

grandiosidad *s* grandeur

grandioso, -a *adj* magnificent

grandulón, -ona *s* (de tamaño, actitud) big kid

granel **a granel** **(a)** (sin envase – frutos secos, galletas) loose; (vino) from the barrel: *Tenemos vino a granel.* We sell wine from the barrel. **(b)** (en gran cantidad) in bulk: *cemento a granel* bulk cement • *Compro el aceite a granel.* I buy oil in bulk. **(c)** (abundante) lots of...: *Preparamos comida a granel.* We made lots of food.

granero *s* barn

granito *s* **1** (roca) granite • **una baldosa/un bloque de granito** a granite tile/a block of granite **2** (en la piel) pimple: *Tiene la cara llena de granitos.* He has a really pimply face. • **me/le salió un granito** I/he got a pimple
EXPRESIONES
aportar/poner su granito de arena to do your bit

granizada *s* (de granizo) hailstorm

granizado *s* (bebida) granita: *un granizado de limón* a lemon granita

granizar *v* [I] to hail: *Está granizando.* It's hailing.

granizo *s* hail [U], hailstones [pl]: *Cayó granizo.* It hailed. • *granizo del tamaño de una pelota de golf* hailstones the size of golf balls

granja *s* farm
granja avícola poultry farm

granjear *v* [T] to win
—**granjearse** *v pron* to win

granjero, -a *s* farmer

grano *s* **1** (en la piel) pimple: *¡No te revientes los granos!* Don't squeeze your pimples! • **me/le salió un grano** I/he got a pimple **2** (de trigo, arroz) grain: *un grano de arroz* a grain of rice • **un grano de café** a coffee bean • **un grano de pimienta** a peppercorn **3** (de arena) grain
EXPRESIONES
aportar/poner su grano de arena to do your bit • **ir al grano** to get straight to the point

granola *s* granola

granuja *s* **1** (canalla) rogue **2** (pícaro) rascal

grapa *s* staple

grapadora *s* stapler

grapar *v* [T] to staple

grasa *s* **1** (de los animales, vegetales) fat: *carne con mucha grasa* very fatty meat **2 grasas** [pl] fatty foods: *Tiene que consumir menos grasas.* You have to cut down on fatty foods. **3** (suciedad) grease: *una mancha de grasa* a grease stain **4** (para una máquina) grease: *El motor necesita un poco de grasa.* The engine needs a little grease. **5 grasa (para zapatos)** (shoe) polish • **darles grasa a los zapatos** to shine your shoes, to polish your shoes

grasiento, -a *adj* greasy: *comida grasienta* greasy food

graso, -a *adj* **1** (pelo) greasy **2** (piel) oily **3** (carne) fatty

grasoso, -a *adj* greasy

gratamente *adv* pleasantly: *Quedé gratamente sorprendido al leer su nueva novela.* I was pleasantly surprised when I read her new novel.

gratificación *s* **1** (por un trabajo) bonus **2** (por encontrar algo) reward

gratificante *adj* rewarding

gratificar v [T] **1** (con dinero) to reward • **se gratificará** reward **2** (moralmente) to please: *Me gratifica saber que les he sido de ayuda.* I'm pleased to know that I have been of help.

gratinar v [T] to brown under the broiler, to toast in the oven

gratis[1] adj free: *entradas gratis* free tickets

gratis[2] adv for free: *Comimos gratis.* We ate for free. • *La comida me salió gratis.* The meal didn't cost me anything.

gratitud s gratitude

grato, -a adj pleasant: *una grata sorpresa* a pleasant surprise • **me es grato comunicarle que...** I am pleased to inform you that...

gratuidad s **la gratuidad de la enseñanza/de los libros de texto** free education/text books

gratuitamente adv **1** (sin pagar) free **2** (sin fundamento) without justification

gratuito, -a adj **1** (gratis) free: *La entrada es gratuita.* Entrance is free. **2** (violencia) gratuitous; (acusaciones) unfounded

grava s gravel

gravamen s tax (pl -xes)

gravar v [T] to tax

grave adj **1** (paciente, enfermo) seriously ill: *enfermos graves* seriously ill patients • *Hay muchos heridos graves.* Many people have been seriously injured. • **estar grave** to be seriously ill **2** (enfermedad, herida) serious **3** (situación, crisis) serious: *La situación es grave.* The situation is serious. • *Tienen problemas, pero nada grave.* They're having a few problems, but it's nothing serious. **4** (voz, sonido) deep: *Tiene una voz muy grave.* He has a very deep voice. **5 una palabra grave** a word which is stressed on the penultimate syllable • **un acento grave** a grave accent

gravedad s **1** (importancia) seriousness: *No pueden negar la gravedad de la situación.* They cannot deny the seriousness of the situation. • *Es un asunto de mucha gravedad.* It is a very serious matter. • **herido -a de gravedad** seriously injured: *Resultó herido de gravedad.* He was seriously injured. **2** (en física) gravity: *la ley de gravedad* the law of gravity

graves s [pl] **los graves** the bass: *Baja un poco los graves.* Turn the bass down a little.

gravilla s gravel

graznar v [I] **1** (cuervo) to caw **2** (ganso) to cackle **3** (pato) to quack

graznido s **1** (de cuervo) caw **2** (de ganso) cackle **3** (de pato) quack

Grecia Greece

grecorromano, -a adj Greco-Roman

gregario, -a adj gregarious

gregoriano, -a adj Gregorian

gremio s **1** (sector de actividad) industry (pl -ries): *el gremio de la construcción* the construction industry **2** (grupo de profesionales) *el gremio de los docentes* the teaching profession • *el gremio de los taxistas* cab drivers **3** (sindicato) union, labor union **4** (en historia) guild

greña s **greñas** [pl] mop of hair [+v en sing]: *Haz el favor de peinarte esas greñas.* Comb that mop of yours, will you?

andar a la greña to be at loggerheads

gres s stoneware • **una baldosa de gres** a stone tile • **un suelo de gres** a stone-tiled floor

grial s **el Grial** the Grail • **el Santo Grial** the Holy Grail

griego[1], -a adj Greek

griego[2], -a s (persona) Greek • **los griegos** (the) Greeks

griego[3] s (idioma) Greek

grieta s **1** (en la tierra, en un muro) crack **2** (en un glaciar) crevasse

grifo s **1** (llave de agua) faucet, tap • **abrir/cerrar el grifo** to turn the tap on/off **2** (estación de servicio) gas station

grill s grill

grillete s shackle

grillo s cricket

grima s **me/le da grima** (dentera) it sets my/his teeth on edge

gringo[1], -a adj Yankee [solo ante s], gringo [solo ante s]: *soldados gringos* Yankee soldiers

gringo[2], -a s Yank, gringo

gripa s **1** (influenza) flu • **tener gripa** to have the flu **2** (resfriado) cold

gripal adj flu [solo ante s]: *un proceso gripal* a bout of flu

gripe s flu • **tener gripe** to have the flu

griposo, -a adj fluey • **estar griposo -a** to have a touch of the flu

gris[1] adj **1** (color) gray **2** (día, tarde) gray: *una tarde gris de invierno* a gray winter afternoon

gris[2] s (color) gray

grisáceo, -a adj grayish

gritar v [I,T] (hablar fuerte) to shout: *Oímos que alguien gritaba.* We could hear someone shouting. • *Mi hermana grita como una loca.* My sister's always shouting her head off. • *Gritaba pidiendo ayuda.* She was shouting for help. • *–¡Socorro! gritó.* "Help!", he shouted. • **gritar consignas/instrucciones** to shout slogans/instructions • **gritarle a alguien (a)** (con enojo) to shout at sb: *No le grites.* Don't shout at him. **(b)** (para comunicar algo) to shout to sb: *Les grité pero no me oyeron.* I shouted to them but they didn't hear me. • *Nos gritó que tuviéramos cuidado.* She shouted to us to be careful. • **gritar de alegría** to shout for joy • **gritar de dolor** to cry out in pain • **gritar de horror** to scream with horror

griterío s shouting [U]

grito s **1** (aislado) shout; (varios) shouting [U]: *Oí un grito fuerte.* I heard a loud shout. • *Tus gritos se oían desde la esquina.* I could hear your shouting from the corner. • **dar/pegar un grito (de dolor)** to cry out (in pain): *Me enojé y empecé a dar gritos.* I got annoyed and started shouting. • **dar un grito de alegría** to shout for joy • **darle/pegarle un grito a alguien** (para regañarle) to shout at sb • **hablar a gritos** to shout: *Hay tanto ruido que tienes que hablar a gritos.* It's so noisy that you have to shout. **2 el Grito** (en México) the annual ceremony held on September 15th which re-enacts the priest Miguel Hidalgo's call to arms in 1810 that started Mexico's war of independence against Spain

a grito pelado, a los gritos at the top of your voice: *Discutían a grito pelado.* They were arguing at the tops of their voices. • **(ser) el último grito (de la moda)** (to be) the latest thing: *el último grito en celulares* the latest thing in cell phones • **pedir algo a gritos** (necesitar) to be crying out for sth: *Esa pared está pidiendo a gritos que la pinten.* That wall is crying out for a coat of paint. • **poner el grito en el cielo** to be up in arms

groenlandés[1], -esa adj Greenlandic

groenlandés[2], -esa s (persona) Greenlander

groenlandés[3] s (idioma) Greenlandic

Groenlandia Greenland

grogui adj **1** (atontado) groggy **2** (en boxeo) groggy

grosella s redcurrant
  grosella negra blackcurrant

grosería s **1** (acción, dicho) rudeness [U]: *No soporto esas groserías.* I can't bear such rudeness. • **ser una grosería** to be rude: *Es una grosería irse sin despedirse.*

It's rude to leave without saying goodbye. • **¡qué grosería!** how rude! **2** (palabrota) swearword

grosero, -a *adj, s* **ser (un) grosero/(una) grosera** to be very rude

grosor *s* thickness • **10 milímetros/20 centímetros de grosor** 10 millimeters/20 centimeters thick: *una tabla de 3 centímetros de grosor* a 3 centimeter thick board

grosso modo *adv* broadly speaking: *Y esto es, grosso modo, lo que ocurrió.* And, broadly speaking, this is what happened.

grotesco, -a *adj* bizarre

grúa *s* **1** (para vehículos mal parqueados) tow truck: *Una grúa se llevó nuestro coche.* Our car was towed away. **2** (para vehículos averiados) tow truck **3** (en una obra, en el puerto) crane

grueso[1], -a *adj* (con mucho grosor) thick: *Pedí una cobija más gruesa.* I asked for a thicker blanket. • **cortar algo grueso -a** to cut sth in thick slices ▸ **INTESTINO grueso**

grueso[2] *s* **1 el grueso de algo** (la mayoría) the bulk of sth: *El grueso de la población apoya la nueva ley.* The bulk of the population supports the new law. **2** (grosor) thickness (pl -sses)

grulla *s* crane

grumete *s* cabin boy

grumo *s* lump • **salsa/puré de papas con grumos** lumpy sauce/mashed potato

gruñido *s* **1** (de un perro) growl **2** (de un cerdo) grunt **3** (de una persona – sonido) grunt; (queja) grumble

gruñir *v* [I] **1** (perro) to growl **2** (cerdo) to grunt **3** (persona – emitir un sonido) to grunt; (quejarse) to grumble

gruñón[1], -ona *adj* grumpy

gruñón[2], -ona *s* grump

grupo *s* **1** (de personas, animales, cosas) group • **dividirse en grupos (de cinco/diez)** to split up into groups (of five/ten) • **trabajar en grupo** (en varios) to work in groups; (en uno solo) to work in a group **2** (de pop, rock) group
grupo de presión pressure group • grupo electrógeno generator • grupo sanguíneo blood group: *¿Cuál es tu grupo sanguíneo?* What blood group are you? • grupo terrorista terrorist group

gruta *s* **1** (natural) cave **2** (artificial) grotto (pl grottoes tb grottos)

guacal *s* ▸ **HUACAL**

guácala *interj* ugh!, yuck!

guacamaya *s* (ave) macaw

guacamayo *s* macaw

guacamole *s* guacamole

guacamote *s* yucca, cassava

guadaña *s* scythe

guagua *s* **1** (bebé) baby (pl -bies) **2** (vehículo) bus (pl -ses)

guaje *s* **hacerse guaje** to pretend not to notice, to pretend you don't know: *Siempre se hace guaje con la cuenta.* He always pretends not to notice when it's time to pay the bill. • **hacer guaje a alguien** to rip sb off

guajolote *s* turkey

guantazo *s* **darle un guantazo a alguien** to slap sb

guante *s* glove: *un par de guantes de lana* a pair of wool gloves
EXPRESIONES
arrojar el guante to throw down the gauntlet • **colgar los guantes** to hang up your gloves • **echarle el guante a alguien** to nab sb • **ladrón/delincuente de guante blanco** gentleman thief • **ajustarse/venir como un guante** to fit like a glove

guantera *s* glove compartment

guaperas *s* **¡qué guaperas!** He's so good-looking!

guapetón, -ona *adj* good-looking

guapo[1], -a *adj* **1** (bien parecido – hombre) handsome, good-looking; (mujer, niña) pretty, good-looking; (niño) good-looking: *la chica más guapa de la clase* the prettiest girl in the class/the best-looking girl in the class • *¡Hola, guapa!* Hello, gorgeous! ▸ ver nota en **GOODLOOKING 2** (arreglado) **estar/ir guapo -a** to look nice: *Iba muy guapa con su vestido nuevo.* She looked very nice in her new dress. **3** (bonito) cool: *Se ha comprado una moto muy guapa.* He's bought himself a really cool motorbike.

guapo[2], -a *s* (como apelativo – cariñoso) darling; (mostrando enojo) pal: *Ven aquí, guapo.* Come here, darling. • *Oye, guapo, que yo estaba sentado ahí.* Hey, pal, that was my seat.

EXPRESIONES
¿a ver quién es el guapo que...? who's got the guts to...?

guarda[1] *s* [masc & fem] **1** (vigilante) guard **2** (cuidador) keeper
guarda de seguridad security guard • guarda de tránsito traffic cop • guarda forestal forest ranger • guarda jurado security guard

guarda[2] *s* [fem] (custodia) custody • **guarda y custodia** care and custody

guardabarros *s* fender

guardabosques *s* forest ranger

guardacostas *s* coastguard cutter

guardaespaldas *s* bodyguard

guardafangos *s* fender

guardalíneas *s* **1** (en fútbol, hockey) (hombre) linesman (pl -men); (mujer) lineswoman (pl -women) **2** (en tenis) line judge

guardameta *s* goalkeeper

guardaparque *s* ranger, park ranger

guardar *v* [T]

1	recoger
2	poner
3	conservar
4	reservar
5	en informática
6	un secreto, una promesa

1 RECOGER to put away: *Guarden los libros.* Put your books away. • *Guarda todo.* Put everything away.
2 PONER to put: *¿Dónde guardo los cuchillos?* Where shall I put the knives? • **guardar algo en el bolsillo/en un cajón** to put sth in your pocket/in a drawer: *Guardó las llaves en la bolsa.* She put the keys in her bag.
3 CONSERVAR to keep: *Lo guarda en el clóset.* She keeps it in her wardrobe. • *Lo guardé de recuerdo.* I kept it as a souvenir. • *Guardo los dibujos de cuando era niña.* I still have the pictures I did when I was a girl. • *Guardo muy buenos recuerdos de mi infancia.* I have very good memories of my childhood.
4 RESERVAR to save: *Te guardé un poco de sopa.* I've saved you some soup. • *¿Me guardas el lugar?* Can you save my place for me?
5 EN INFORMÁTICA to save
6 UN SECRETO, UNA PROMESA to keep ▸ **guardar las DISTANCIAS, guardar SILENCIO**

guardarropa *s* **1** (en un lugar público) cloakroom **2** (ropa) wardrobe

guardavidas *s* lifeguard

guardería *s* (para niños) nursery (pl -ries)

guardia[1] *s* [masc & fem] **1** (policía) police officer **2** (de un banco, un edificio) guard, security guard **3** (en baloncesto) guard
guardia de seguridad security guard

guardia[2] *s* [fem] **1** (turno de trabajo) shift: *una guardia de 12 horas* a 12-hour shift • **estar de guardia (a)** (médico – en un hospital, una clínica) to be on duty; (para emergencias) to be on call: *¿Quién está de guardia?* Who's the doctor on call? **(b)** (farmacia) to be open outside hours **2** (conjunto de personas) guard **3** (vigilancia) **estar de guardia** to be on guard duty: *Le toca hacer guardia a García.* It's García's turn to stand guard. • **montar guardia** (soldados) to mount guard

EXPRESIONES
bajar la guardia to lower your guard • **¡en guardia!** en garde! • **poner a alguien en guardia** to put sb on his/her guard

guarecer *v* [T] **guarecer a alguien de algo** to shelter sb from sth
—**guarecerse** *v pron* **guarecerse de algo** to shelter from sth

guarida *s* **1** (de animales) den **2** (de ladrones) hideout

guarnecer *v* [T] **1** (la comida) to garnish **2** (con tropas) to garrison **3** (adornar) to decorate

guarnición *s* **1** (tropa) garrison **2** (con comida) garnish (pl -shes)

guarura *s* bodyguard

guasa *s* **estar de guasa** to be joking • **tomarse algo a guasa** to treat sth as a joke

guaso, -a *s* **1** (campesino) country person (pl country people) **2** (persona rústica) hick, country bumpkin

guasón[1], -ona *adj* jokey

guasón[2], -ona *s* joker

guata *s* (barriga) stomach, belly (pl -llies)

Guatemala Guatemala

guatemalteco, -a *s*, *adj* Guatemalan

guau *interj* **1** (ladrido) woof **2** (expresando admiración) wow: *¡Guau, qué carro!* Wow, what a car!

guayaba *s* guava

guayabo *s* **1** (de una borrachera) hangover: *Amaneció con un guayabo terrible.* He woke up with a terrible hangover. **2** (árbol) guava tree

Guayana Francesa French Guiana

guayanés, -esa *s*, *adj* French Guianan

gubernamental *adj* government [solo ante s]: *el portavoz gubernamental* the government spokesperson

guepardo *s* cheetah

güero, -a *adj* **1** (pelo) blonde, blond **2** (persona – de tez blanca) fair-skinned; (de pelo rubio) fair-haired

guerra *s* war • **estar en guerra** to be at war • **declararle la guerra a alguien** to declare war on sb

EXPRESIONES
dar guerra to play up
guerra abierta open warfare • guerra bacteriológica germ warfare • guerra biológica biological warfare • guerra civil civil war • guerra convencional conventional warfare • guerra comercial trade war • guerra de precios price war • guerra de nervios war of nerves • guerra fría cold war • guerra mundial world war: *la Primera Guerra Mundial* World War I • *la Segunda Guerra Mundial* World War II • guerra nuclear nuclear war • guerra psicológica psychological warfare • guerra química chemical warfare • guerra santa holy war • guerra sucia dirty war

guerrero[1], -a *s* warrior

guerrero[2], -a *adj* (pueblo, espíritu) warlike

guerrilla *s* **1** (grupo) guerrilla group, guerrillas [pl]: *miembros de la guerrilla* members of the guerrillas **2** (lucha) guerrilla warfare

guerrillero[1], -a *s* guerrilla

guerrillero[2], -a *adj* guerrilla [solo ante s]: *un ataque guerrillero* a guerrilla attack

gueto *s* ghetto

güey[1] *adj* (tonto) silly, nuts

güey[2] *s* guy

guía[1] *s* [fem] **1** (libro) guide: *los hoteles de la guía* the hotels in the guide **2** (orientación) guide: *Para que te sirva de guía,...* As a guide,... **3 guía (telefónica)** phone book: *Lo busqué en la guía.* I looked it up in the phone book.
guía turística tourist guide

guía[2] *s* [masc & fem] (persona) guide
guía de montaña mountain guide • guía turístico -a tourist guide

guiar *v* [T] to guide
—**guiarse** *v pron* to be guided: *Se guió por su intuición.* He was guided by his intuition.

guijarro *s* pebble

guillotina *s* **1** (para ejecutar) guillotine **2** (para cortar papel) guillotine

guillotinar *v* [T] **1** (a una persona) to guillotine **2** (un papel) to guillotine

guinda *s* (fruto) cherry (pl -rries)

Guinea Guinea

Guinea Ecuatorial Equatorial Guinea

guineano, -a *s*, *adj* Guinean

guiñapo *s* **1** rag **2** wreck • **dejar a alguien hecho un guiñapo** *La muerte de su marido la dejó hecha un guiñapo.* She was a wreck after her husband's death.

guiñar *v* [T] **guiñarle un ojo a alguien** to wink at sb

guiño *s* **hacerle un guiño a alguien** to wink at sb

guión, guion *s* **1** (en una palabra) hyphen; (en diálogo) dash (pl -shes) **2** (de una película, un programa) script: *un guión cinematográfico* a movie script

guionista *s* scriptwriter

guirnalda *s* garland

guisa a guisa de as: *a guisa de ejemplo* by way of an example

guisado *s* stew

guisante *s* pea

guisar *v* [I] to cook: *Guisas muy bien.* You're a very good cook. • *¿Quién guisa en tu casa?* Who does the cooking in your house?

guiso *s* stew

guitarra[1] *s* [fem] guitar • **tocar la guitarra** to play the guitar
guitarra acústica acoustic guitar • guitarra eléctrica electric guitar

guitarra[2] *s* [masc & fem] (persona) guitarist

guitarrista *s* guitarist

gula *s* greed, gluttony (*más frml*)

gurú *s* guru

gusano *s* **1** (nombre genérico) worm; (en la fruta, para pescar) maggot **2** (de mariposa) caterpillar **3** (persona) worm **4** (virus informático) worm
gusano de seda silkworm

gustar *v* [I] **1** (causar placer) **me gusta el chocolate/no le gusta el helado** I like chocolate/she doesn't like ice cream: *¿Te gusta la ciencia ficción?* Do you like science fiction? • *A mi hermano le gusta el béisbol.* My brother likes baseball. • *A Mari no le gusta el ajo.* Mari doesn't like garlic. • *Me gusta mucho esta canción.* I really like this song. • *Nos gusta más el azul.* We like the blue one better. • *Me gusta más el tenis que el golf.* I like tennis better than golf./I prefer tennis to golf. • **me gusta jugar al ajedrez/escuchar música** I like playing chess/listening to music: *¿Te gusta ir al cine?* Do you like going to the movies? • *¿Te gustaría venir con nosotros?* Would you like to come with us? • **me/le gusta que...** *Le gusta que lleguemos temprano.* She likes us to get there early. • *Me gustaría que vinieras.* I'd like you to come. • *A los gatos les gusta que los acaricien.* Cats like being stroked. • *No le gusta que le digan la verdad.* She doesn't like being told the truth. **2** (atraer) **me gusta/le gusta Eva** I like/he likes Eva: *Me gustas mucho.* I really like you. **3** (en frases de cortesía) **como/cuando guste** as/whenever you wish **4** (disfrutar) **gustar de algo** to enjoy sth: *Gustan de un buen vino.* They enjoy a good wine. • **gustar de hacer algo** to like to do sth: *Gustan de pasar las vacaciones en la montaña.* They like to spend their vacation in the mountains.

gustazo *s* real pleasure • **darse el gustazo de hacer algo** **(a)** (con malicia) to take great pleasure in doing sth: *Me di el gustazo de mandarlos a paseo.* I took great pleasure in telling them where to go. **(b)** (con placer) *Nos dimos el gustazo de alojarnos en un castillo.* We treated ourselves to a stay in a castle.

gustillo *s* **1** (de alimento, bebida) aftertaste **2** (sensación) taste: *La discusión me dejó un gustillo amargo.* The argument left a nasty taste in my mouth.

gusto *s* **1** (sabor) taste • **tiene un gusto amargo/raro** it tastes bitter/funny • **tiene gusto a limón/cerveza** it tastes of lemon/beer **2** (preferencia) taste: *Tenemos los mismos gustos en música.* We have the same taste in music. **3** (estilo) taste: *Su casa está decorada con mucho gusto.* Their house is very tastefully decorated. • **tener buen/mal gusto** to have good/bad taste: *Tiene mucho gusto para vestirse.* She has very good taste in clothes. • **de mal gusto** in bad taste: *Esa broma es de muy mal gusto.* That joke is in very bad taste. **4** (sentido) taste **5** (placer, satisfacción) pleasure • **dar gusto** to be a pleasure: *Da gusto oírla cantar.* It's a pleasure hearing her sing. • *Da gusto verlos jugar juntos.* It's nice seeing them play together. • **con mucho gusto** with pleasure: *Los ayudaré con mucho gusto.* It'll be a pleasure to help you. • **darse un gusto** to treat yourself: *Me di el gusto de ir en primera.* I treated myself to traveling first class.

EXPRESIONES
tomarle el gusto a algo to get a taste for sth: *Le estoy tomando el gusto a vivir en el campo.* I'm getting a taste for living in the country. • **estar a gusto (a)** (con alguien) to feel comfortable: *No está a gusto con ellos.* He doesn't feel comfortable with them. **(b)** (en un lugar) to feel at home; (en un trabajo, en clase) to be happy: *Estoy muy a gusto en mi nuevo trabajo.* I am very happy in my new job. • **mucho gusto** (en presentaciones formales) pleased to meet you: *–Soy el nuevo coordinador. –Mucho gusto.* "I'm the new coordinator." "Pleased to meet you." • **para mi gusto** *Para mi gusto, está demasiado salado.* It's too salty for my taste. • *La película es demasiado violenta para mi gusto.* The movie is too violent for my liking. • **que da gusto** *Canta que da gusto.* He's a really good singer. • **sobre gustos no hay nada escrito** to each his own

gustoso, -a *adj* (con placer) with pleasure

gutural *adj* guttural

Guyana Guyana

guyanés¹, -esa *adj* Guyanese

guyanés², -esa *s* Guyanese man/woman • **los guyaneses** the Guyanese

G

Hh

H, h s H, h

haba s fara bean, broad bean

> EXPRESIONES
> **son habas contadas (a)** (ser muy pocos) you can count them on the fingers of one hand **(b)** (ser preciso) that's all there is to it

habano s (puro) Havana cigar

haber[1] *v aux* **1** (en los tiempos compuestos) to have: *Hemos terminado por hoy.* We've finished for today. • *No te había visto ahí.* I didn't see you there. • *Te lo habría dicho.* I would have told you. **2** (expresando necesidad, obligación) *Hay que arreglarlo.* It needs fixing. • *Hay que hacer este ejercicio.* We have to do this exercise. • *Hay que usar el mouse.* You have to use the mouse. • *Hubo que hacerlo de nuevo.* It had to be done again. • *¡Haberme avisado antes!* You could have let me know beforehand! • *De haberlo sabido, no hubiera venido.* If I'd have known, I wouldn't have come.

> EXPRESIONES
> **¡hay que ver...!** goodness!: *¡Hay que ver cómo han crecido tus hijos!* Goodness, how your children have grown!

haber[2] *v impersonal* (seguido de sustantivo singular en inglés) there is; (seguido de sustantivo plural en inglés) there are: *Hay una carta para ti.* There's a letter for you. • *Había una cola tremenda.* There was a huge line. • *Hubo un accidente.* There was an accident. • *Va a haber problemas.* There's going to be trouble. • *Hay dos o tres cosas de las que tenemos que hablar.* There are two or three things we need to talk about. • *Había mucha gente esperando.* There were a lot of people waiting.

> EXPRESIONES
> **los hay que...** some people...: *Los hay que piensan que el gobierno no lo está haciendo tan mal.* Some people think the government isn't doing such a bad job. • **no hay como...** there's nothing like...: *No hay como unas vacaciones en la playa.* There's nothing like a beach vacation. • **no hay de qué** don't mention it, you're welcome: *–Gracias por venir. –No hay de qué.* "Thanks for coming." "Don't mention it./You're welcome." • **¿qué hay?/¿qué hubo?** Hi, how are you doing?

habichuela s bean
habichuela verde green bean

hábil *adj* (político, jugador, maniobra, jugada) skillful • **ser hábil para algo** to be good at sth: *Es muy hábil para conseguir lo que quiere.* She's very good at getting what she wants. ▶ **DÍA HÁBIL**

habilidad s skill • **tener habilidad para algo** to be good at sth

habilidoso, -a *adj* **1** (para trabajos manuales) good with your hands: *Es muy habilidosa.* She's very good with her hands. **2** (jugador) skillful

habilitar *v* [T] **1** (una persona) to authorize • **habilitar a alguien para hacer algo** to authorize sb to do sth **2** (un lugar) to equip; (un computador) to set up: *Tu navegador debe ser habilitado para soportar cookies.* Your browser needs to be set up to handle cookies. **3** (hacer disponible) to make available: *La biblioteca ha habilitado 50 computadores para el uso público.* The library has made 50 computers available for public use.

habitable *adj* habitable

habitación s **1** (cuarto) room: *¿Tienen habitaciones con baño?* Do you have any rooms with a bath? **2** (dormitorio) bedroom
habitación doble double room • habitación individual single room

habitáculo s (de un automóvil) interior

habitante s inhabitant: *tres millones de habitantes* three million inhabitants • *¿Cuántos habitantes tiene Oaxaca?* What is the population of Oaxaca? • *los habitantes de las zonas rurales* people living in rural areas • *el consumo por habitante* the per capita consumption

habitar *v* **1** [T] (vivir en, ocupar) to live in: *¿Esta casa está habitada?* Does anyone live in this house? **2** [I] (vivir) to live, to inhabit (*más frml*): *una foca que habita en los mares antárticos* a seal that lives in the Antarctic sea • *un castillo sin habitar* an uninhabited castle

hábitat s habitat

hábito s **1** (costumbre) habit • **adquirir/tomar el hábito de hacer algo** to get into the habit of doing sth • **tener el hábito de hacer algo** to be in the habit of doing sth: *Tiene el hábito de acostarse temprano.* He's in the habit of going to bed early. **2** (vestimenta) habit

> EXPRESIONES
> **colgar los hábitos (a)** (sacerdote) to leave the priesthood **(b)** (monja) to renounce your vows • **tomar el hábito (a)** (sacerdote) to take holy orders **(b)** (monja) to take the veil • **el hábito no hace al monje** clothes don't make the man

H

habitual *adj* **1** (conducta, reacción, respuesta) usual **2** (cliente, oyente) regular: *Soy cliente habitual de este restaurante.* I'm a regular customer of this restaurant.

habituar *v* [T] **habituar a alguien a hacer algo** to get sb used to doing sth
—habituarse *v pron* *Al principio cuesta, pero pronto te habitúas.* It's hard to begin with, but you soon get used to it. • **habituarse a (hacer) algo** to get used to (doing) sth

habla s **1** (lengua) **un país de habla hispana/inglesa** a Spanish-speaking/an English-speaking country **2** (forma de hablar) *el habla de los médicos* medical jargon • *el habla que tienen en el sur* the way they talk in the south **3** (capacidad de hablar) speech: *No sabemos si recuperará el habla.* We don't know if he will ever speak again.

> EXPRESIONES
> **quedarse sin habla** to be speechless

hablado, -a *adj* spoken

hablador, -a *adj* (que habla mucho) talkative: *Es muy habladora.* She's very talkative.

habladurías s [pl] **1** (críticas) gossip [U] **2** (rumores) rumors

hablante s speaker: *¿Cuántos hablantes de español hay en el mundo?* How many Spanish speakers are there in the world? • **un hablante nativo/español** a native/Spanish speaker

hablantín, -ina *adj* talkative

hablar *v*

1 comunicarse, charlar
2 emitir palabras
3 un idioma
4 por teléfono
5 tratar
6 comentar

1 COMUNICARSE, CHARLAR [I] to talk, to speak: *Tenemos que hablar.* We have to talk. • *No hables tan fuerte.* Don't talk so loudly. • *Habla en voz baja.* Speak quietly. • **hablar con alguien** to talk to sb, to speak to sb: *Tengo que hablar contigo.* I need to talk to you. • *¿Con quién estabas hablando?* Who were you talking to? • *Quiero hablar con el encargado.* I want to speak to the person in charge.

2 EMITIR PALABRAS [I] to talk: *Empezó a hablar al año y medio.* He started talking at eighteen months.

3 UN IDIOMA [I,T] to speak: *¿Hablas ruso?* Do you speak Russian? • *Habla muy bien el alemán.* She speaks very good German. • *Se habla español.* Spanish spoken here. • **hablar a alguien en inglés/francés** to speak to sb in English/French: *Nos habló en inglés.* He spoke to us in English.

4 POR TELÉFONO [I] to speak: *Estoy hablando por teléfono.* I'm on the phone. • *Hablé con mi madre por teléfono.* I spoke to my mother on the phone. • *¿Podría hablar con Eva, por favor?* Could I speak to Eva, please?

5 TRATAR [T] to discuss: *Lo hablé con mis compañeros.* I discussed it with my classmates.

6 COMENTAR [I] **hablar de algo/alguien** to talk about sth/sb: *No hablamos de ellos.* We didn't talk about them. • *Vamos a hablar de tus notas.* Let's talk about your grades. • *Sería mejor no hablar del tema.* It would be best not to mention the subject. • **hablar bien de alguien** to speak highly of sb: *Hablan muy bien de ella.* People speak very highly of her. • **hablar mal de alguien** to criticize sb: *No hables mal de tus amigos.* Don't criticize your friends.

EXPRESIONES

hablando del rey de Roma..., hablando de Roma talk of the devil... • **hablar en serio** to be serious • **hablar por hablar** to talk for the sake of it • **hablar hasta por los codos** to talk a blue streak, to be a chatterbox • **¡mira quién habla!** look who's talking! • **¡ni hablar!** no way! • **no se hable más de ello/del asunto** let that be an end to it

—**hablarse** v pron

1 DIRIGIRSE LA PALABRA to speak to each other, to talk to each other: *No nos hablamos.* We're not speaking to each other

2 RUMOREARSE se habla de... there is talk of...: *Se habla de una remodelación ministerial.* There is talk of a cabinet reshuffle.

hacendado, -a s **1** (dueño de una hacienda) ranch owner **2** (terrateniente) landowner

hacer v ▶ Para otras expresiones con **hacer,** por ejemplo: **hacer una fotografía, hacer caso, hacerse el sordo** buscar bajo el sustantivo correspondiente.

  1 indicando actividad
  2 crear, preparar
  3 un dibujo, un ejercicio
  4 construir
  5 adquirir
  6 una redacción
  7 indicando tiempo transcurrido
  8 indicando tiempo atmosférico
  9 recorrer
  10 representar
  11 obrar
  12 suponer

1 INDICANDO ACTIVIDAD [T] to do: *¿Qué vas a hacer esta noche?* What are you doing tonight? • *Se pasa el día sin hacer nada.* She spends the whole day doing nothing. • *¿Tu padre qué hace?* What does your father do? • *¿Haces algún ejercicio?* Do you get any exercise?

2 CREAR, PREPARAR (a) [T] to make: *Me hizo unos pantalones.* She made me a pair of pants. • *Hice sopa de verduras.* I made some vegetable soup. • *Hacen unos muebles preciosos.* They make beautiful furniture. **(b)** [I] **hacer de comer/cenar** to make lunch/dinner: *¿Qué hiciste de comer?* What did you make for lunch?

3 UN DIBUJO, UN EJERCICIO [T] to do: *Te hice un dibujo.* I've done a drawing for you. • *Hagan el primer ejercicio.* Do the first exercise.

4 CONSTRUIR [T] to build: *Están haciendo una casa de dos pisos.* They're building a two-story house.

5 ADQUIRIR [T] (dinero, amigos) to make

6 UNA REDACCIÓN [T] to write: *Tengo que hacer una redacción sobre la primavera.* I have to write an essay on spring.

7 INDICANDO TIEMPO TRANSCURRIDO [T, impersonal] *Hace diez minutos que se fue.* He left ten minutes ago. • *Hace muchos años que murió.* He died many years ago. •

Hace una hora que espero. I've been waiting for an hour. • *Hace una semana que no lo veo.* I haven't seen him for a week.

8 INDICANDO TIEMPO ATMOSFÉRICO [T, impersonal] **hace frío/calor/viento** it's cold/hot/windy

9 RECORRER [T] to do: *Hago más de 500 kilómetros al mes.* I do over 500 kilometers a month. • *Hicimos todo el camino a pie.* We walked the whole way.

10 REPRESENTAR [I] **hacer de alguien** to play sb: *Hace de Batman.* He plays Batman.

11 OBRAR [I] to do • **hacer bien/mal (en hacer algo)** to be right/wrong (to do sth): *Hiciste bien en decírmelo.* You were right to tell me.

12 SUPONER [T] to think: *Te hacía en tu casa.* I thought you'd be at home. • *Te hacía menos paciente.* I thought you wouldn't be so patient.

EXPRESIONES

hacer como que/si *Haz como si no la hubieras visto.* Pretend you didn't see her. • *Hizo como que no lo sabía.* He pretended not to know. • **hacer de las suyas** *Otra vez ha hecho de las suyas.* He's been up to his old tricks again. • **hacer el amor** to make love • **hacer hacer algo** *Hicimos cambiar la cerradura.* We had the lock changed. • *Me hizo limpiar la cocina.* She made me clean the kitchen. • *Nos hacía estudiar mucho.* He made us study hard. • **hacerla de algo** *La hizo de San José en la pastorela.* He played Joseph in the Nativity play. • *Me tocó hacerla de nana.* I had to play the nanny. • **hacer reír/pensar a alguien** to make sb laugh/think • **hacer y deshacer** to do whatever you like • **me hace (ver) delgada/gorda** it makes me look slim/fat: *Esa falda te hace gorda.* That skirt makes you look fat. • **no le hace** it doesn't matter • **¿qué se le va a hacer?** (tb **¿qué le vamos a hacer?**) what can you do?

—**hacerse** v pron

1 CREAR, PREPARAR hacerse un sandwich/una falda to make yourself a sandwich/a skirt

2 VOLVERSE to become: *Quiere hacerse cura.* He wants to become a priest. • *Se hicieron famosos con esa canción.* They became famous with that song.

3 FINGIR hacerse el dormido/la distraída to pretend to be asleep/not to notice

4 ACOSTUMBRARSE hacerse a algo to get used to sth: *No me hago a este nuevo horario.* I can't get used to this new schedule.

5 CONSEGUIR, APODERARSE DE hacerse con algo to get sth

6 APARTARSE *Se hicieron a un lado para dejarle paso.* They moved to one side to let her pass. • *Hazte más allá, que no hay lugar.* Move over, there's no room.

7 COCINARSE to cook: *Se hace en diez minutos.* It cooks in ten minutes. • *El almuerzo se está haciendo.* Lunch is cooking.

hacha s ax

hache s **por hache o por be** for one reason or another

hachís s hashish, hash

hacia prep **1** (indicando dirección) toward: *Íbamos hacia la costa.* We were heading toward the coast. • **hacia arriba/abajo** upward/downward • **hacia adelante/atrás** forward/backward **2** (indicando tiempo aproximado) around: *Llegaremos hacia las seis.* We'll arrive around six o'clock. • **hacia finales de mayo/principios del verano** around the end of May/the beginning of summer: *Se construyó hacia finales del siglo XIX.* It was built around the end of the 19th century. **3** (indicando una tendencia) toward: *un paso más hacia la guerra* another step toward war **4** (indicando actitud, sentimiento) toward: *su actitud hacia los inmigrantes* his attitude toward immigrants

hacienda s (finca) farm, ranch (pl -ches)
  la hacienda pública public funds [pl]

hacinar v [T] to cram
  —**hacinarse** v pron to be crowded together

hacker s hacker

hada s fairy (pl -ries)
hada madrina fairy godmother ▶ **CUENTO de hadas**

Haití Haiti

haitiano, -a s, adj Haitian

halagador, -a adj flattering

halagar v [T] to flatter • **me halaga que...** I'm flattered that...

halago s **1** (elogio) praise • **llenar a alguien de halagos** to shower sb with praise **2** (adulación) flattery [U]

halagüeño, -a adj **1** (halagador) flattering **2** (prometedor) promising

halar v **1** [I,T] (tirar) **halar (de) algo** to pull sth: *No me hales el pelo.* Don't pull my hair. • *Me halaba del brazo con desesperación.* He was tugging desperately at my arm. **2** [T] (agarrar) to take: *Haló una silla y se sentó a escuchar.* He pulled up a chair and sat down to listen. **3** [I] (funcionar) to work

EXPRESIONES
halarle a algo *¿Le halas a un trago?* Would you like a drink? • *Ya sabes que no le halo al heavy metal.* You know I'm not into heavy metal. • **halar parejo** to pull together: *Tenemos que halar parejo para lograrlo.* We have to pull together to achieve it.
—**halarse** v pron (emborracharse) to have a few too many

halcón s **1** (ave) falcon **2** (político) hawk
halcón peregrino peregrine falcon

hall s **1** (de una casa) **hall (de entrada)** (entrance) hall **2** (de un teatro) foyer **3** (de un hotel) lobby (pl -bbies)

hallar v [T] to find: *Han hallado un automóvil abandonado.* An abandoned car has been found. • *No consigo hallar la solución.* I can't find the answer.
—**hallarse** v pron **1** (encontrarse) to be: *Me hallo en el mejor momento de mi vida.* This is the best time of my life. • *Se halla enfermo.* He is ill. **2 hallarse a gusto/no hallarse** to feel at home/not to feel at home: *Todavía no me he hallado en el nuevo trabajo.* I haven't settled into my new job yet.

hallazgo s **1** (descubrimiento) discovery (pl -ries): *el hallazgo de un cadáver* the discovery of a corpse • *un hallazgo de la ciencia* a scientific discovery **2** (cosa o persona halladas) find: *Esta playa fue todo un hallazgo.* This beach was quite a find.

hallulla s (pan) type of round bread

halo s **1** (de un astro) halo (pl -loes) **2** (de un santo) halo (pl -loes) **3** (atmósfera) aura: *Ha estado rodeado de un halo de misterio.* It has been shrouded in secrecy.

halógeno, -a adj halogen [solo ante s] ▶ **FARO halógeno**

halterofilia s weightlifting

hamaca s **1** (para echarse) hammock **2** (en una plaza) swing

hamacar v **1** [T] (en una hamaca) to push: *¿Me hamacas?* Can you push me? **2** [T] (a un bebé) to rock
—**hamacarse** v pron (en una hamaca) to swing

hambre s **1** (ganas de comer) **tener hambre** to be hungry: *Tengo mucha hambre.* I'm very hungry. • **matar el hambre** to keep me/him going: *Me comí una manzana para matar el hambre.* I had an apple to keep me going. • **me quedé con hambre** I'm still hungry **2** (falta de alimentos) hunger; (condición prolongada) starvation; (de proporción epidémica) famine: *problemas sociales como el hambre y la pobreza* social problems such as hunger and poverty ▶ **HUELGA de hambre**

EXPRESIONES
juntarse el hambre con las ganas de comer (a) (personas) to be as bad as each other **(b)** (hacer peor) to make matters worse • **morirse de hambre (a)** (tener mucho apetito) to be starving: *Me muero de hambre.* I'm starving. **(b)** (estar en la miseria) to live in poverty: *Los jubilados se están muriendo de hambre.* Retired people are living in poverty. **(c)** (por inanición) to die of starvation: *La gente se moría de hambre por la sequía.* People were dying of starvation because of the drought. • **ser más listo -a que el hambre** to be sharp

hambriento, -a adj starving

hambruna s famine

hamburguesa s hamburger
hamburguesa con queso cheeseburger • hamburguesa de pollo chicken burger

hamburguesería s hamburger bar

hampa s **el hampa** the underworld

hampón s thug

hámster s hamster

handball s handball • **jugar (al) handball** to play handball

handicap s **1** (desventaja) handicap: *La edad es un handicap para muchos deportistas.* Age is a handicap for many sportspeople. **2** (en equitación) handicap **3** (en golf) handicap

hangar s hangar

haragán[1], -ana adj lazy

haragán[2], -ana s lazybones

harapiento, -a adj ragged

harapo s rag

haraquiri s hara-kiri • **hacerse el haraquiri** to commit hara-kiri

hardware s hardware

harén s harem

harina s flour: *un paquete de harina* a bag of flour
EXPRESIONES
ser harina de otro costal to be a different kettle of fish harina de maíz cornmeal • harina integral wholemeal flour, whole wheat flour • harina con levadura, harina leudante self-rising flour

hartar v [T] **1** (fastidiar) to annoy: *No me hartes más.* Stop annoying me. **2** (llenar) **hartar a alguien a/de algo** to fill sb up with sth: *Nos hartaron a arroz.* They filled us up with rice. • *Nos han hartado de noticias sobre el secuestro.* We've had a surfeit of news about the kidnapping.
—**hartarse** v pron **1** (aburrirse) **hartarse (de algo/alguien)** to get fed up (with sth/sb): *Me harté y me fui.* I got fed up and left. • *Se está hartando de su novio.* She's getting fed up with her boyfriend. • **hartarse de hacer algo** to get fed up with doing sth: *Se hartó de esperar.* She got fed up with waiting. **2** (llenarse) **comer hasta hartarse** to stuff yourself • **hartarse de algo** to stuff yourself with sth: *Se hartaron de helado.* They stuffed themselves with ice cream.

hartazgo s **¡qué hartazgo!** I'm sick to death of it! • **hasta el hartazgo** ad nauseam

harto[1], -a adj **1** (aburrido) **estar harto (de algo)** to be fed up (with sth), to be sick of: *Estoy harta de tus mentiras.* I'm sick of your lies. • **estar harto -a de hacer algo** to be sick of doing sth: *Estamos hartos de ir siempre al mismo sitio.* We're sick of going to the same place all the time. • **me tienes/tiene harto -a** I'm fed up with you/him **2** (mucho) **harto dinero/hartas fotos** lots of money/lots of photos **3** (lleno) full

harto[2] adv **1** (muy) really: *una historia harto triste* a really sad story **2** (mucho) a lot: *Es harto más pequeño de lo que parecía.* It's a lot smaller than it looked. • *Me gustó harto.* I liked it a lot.

hasta[1] prep **1** (indicando tiempo) until: *Te espero hasta las diez.* I'll wait for you until ten. • *No me enteré hasta abril.* I didn't find out until April. • **hasta que lleguen/que entiendas** until they arrive/you understand • **¿hasta cuándo...?** how long...?: *¿Hasta cuándo estarás en Londres?* How long are you going to be in London? • **hasta ahora** so far: *Hasta ahora, nadie ha contestado.* Nobody has replied so far. **2** (indicando un límite) *¿Hasta dónde vas?* How far are you going? • *Desde aquí hasta mi casa son 10 minutos.* It's 10 minutes to my house from here. • *El agua me llegaba hasta las rodillas.* The water came up to my knees. • *La falda le llega* *hasta los tobillos.* The skirt is down to her ankles. • *Me llevó hasta mi casa.* He took me all the way home. **3** (con cantidades) up to: *Puedo gastar hasta 1.000 pesos.* I can spend up to 1,000 pesos. • *Cuenta hasta cien.* Count up to a hundred.

EXPRESIONES

hasta el lunes/martes see you on Monday/Tuesday • **hasta la vista** see you • **hasta luego** see you, see you later • **hasta mañana** see you tomorrow

⚠ Cuando se refiere a distancia o espacio, hasta no se traduce por *until*:
He sank into water up to (✗ *until*) *his knees.*
Drive as far as (✗ *until*) *Salamanca.*

Sin embargo, es correcto usar **until** en frases como esta:
✔ *Drive until you reach Salamanca.*

hasta² *adv* (incluso) even: *Sabe hasta un poco de ruso.* She even knows a little Russian. • *Vino hasta mi abuela.* Even my grandmother came.

hastiar *v* [T] **me/le hastía algo** I'm/he's fed up with sth —**hastiarse** *v pron* **hastiarse de algo** to get sick of sth: *La gente se ha hastiado de tanta corrupción.* People are sick of all this corruption.

hastío *s* boredom: *Aumenta el hastío de los telespectadores.* Viewers are getting more and more bored. • **hasta el hastío** ad nauseam • **causar/provocar hastío a alguien** to bore sb: *La rutina de su trabajo le causaba hastío.* The routine of his job bored him.

hato *s* (establecimiento rural) cattle farm, dairy farm

Hawai Hawaii

hawaiano¹, -a *adj* Hawaiian

hawaiano², -a *s* (persona) Hawaiian

hawaiano³ *s* (idioma) Hawaiian

haya *s* (árbol, madera) beech (pl -ches): *un bosque de hayas* a beech wood

haz *s* **1** (de luz) beam **2** (de leña, de hierba) bundle

hazaña *s* (hecho heroico) exploit: *las hazañas de los guerreros* the warriors' exploits • **ser toda una hazaña** to be no mean feat

hazmerreír *s* laughing stock: *Vas a ser el hazmerreír de la oficina.* You're going to be the laughing stock of the office.

he *v* [T, impersonal] **he aquí/ahí** *He aquí los resultados de la encuesta.* Here are the results of the survey. • *He ahí el dilema.* That is the dilemma.

hebilla *s* **1** (de un cinturón, zapato, etc.) buckle **2** (para el pelo) barrette

hebra *s* **1** (de hilo) thread **2** (de tabaco) strand

hebreo¹, -a *s, adj* Hebrew

hebreo² *s* (idioma) Hebrew

hecatombe *s* disaster: *una hecatombe nuclear* a nuclear disaster

heces *s* [pl] feces

hechicería *s* **1** (brujería) witchcraft **2** (encantamiento) spell

hechicero, -a *s* **1** (mago) **hechicero** wizard • **hechicera** witch (pl -ches) **2** (de una tribu) witch doctor

hechizar *v* [T] **1** (embrujar) to cast a spell on: *La bruja lo hechizó.* The witch cast a spell on him. **2** (cautivar) to bewitch: *Su belleza lo ha hechizado.* He has been bewitched by her beauty.

hechizo *s* spell: *Fue víctima de un hechizo.* She was put under a spell.

hecho¹, -a *adj* **1** (convertido en) *Dejaron todo hecho un caos.* They left everything in a real mess. • *¡Tu madre está hecha una niña!* Your mom looks really young! ▸ **estar hecho -a una FURIA 2** (manufacturado) **hecho -a a mano** handmade • **un vestido bien hecho/mal hecho** a well-made/badly made dress • **un trabajo bien/mal hecho** a good/bad job **3** (cocinado) done: *¿Está hecho el pollo?* Is the chicken done? • **un filete poco**

hecho/muy hecho a rare/well-done steak ▸ **FRASE hecha**

EXPRESIONES

a lo hecho, pecho what's done is done • **hecho -a y derecho -a** grown: *una mujer hecha y derecha* a grown woman

hecho² *s* **1** (acción) action, deed (*más frml*): *Menos palabras y más hechos.* Less talk, more action. **2** (realidad) fact: *el hecho de que no hayan llamado* the fact that they haven't phoned • **el hecho es que...** the fact is that... **3** (suceso) event: *una versión diferente de los hechos* a different version of events

EXPRESIONES

de hecho (en realidad) in fact: *De hecho, lo vi sólo una vez.* In fact, I only saw him once.
hecho consumado fait accompli

hechura *s* **1** (de un traje) **de hechura impecable** exquisitely made **2** (de una persona) **de hechura corpulenta** heavily built

hectárea *s* hectare

hediondo, -a *adj* **1** (fétido) foul-smelling: *un hombre de aliento hediondo* a man with foul-smelling breath **2** (repugnante) disgusting, abhorrent (*más frml*): *un crimen hediondo* an abhorrent crime

hedonista¹ *adj* hedonistic

hedonista² *s* hedonist

hedor *s* stench: *un hedor insoportable* an unbearable stench

hegemonía *s* (supremacía) dominance; (en política) hegemony

hegemónico, -a *adj* dominant

helada *s* frost

heladería *s* ice cream parlor

helado¹, -a *adj* **1** (muy frío) freezing: *Estoy helada.* I'm freezing. • *No me voy a bañar porque el agua está helada.* I'm not going for a swim because the water's freezing. • *Tengo los pies helados.* My feet are frozen. • *Esta casa está helada.* This house is freezing. **2** (por una sorpresa) **me/te dejó helado -a** I was stunned/you were stunned: *La noticia la dejó helada.* She was stunned by the news. • **quedarse helado -a** to be stunned: *Me quedé helado cuando me enteré.* I was stunned when I found out.

helado² *s* ice cream: *De postre pedí helado de fresa.* I had strawberry ice cream for dessert.
helado de agua Popsicle®

helador, -a *adj* freezing: *un aire helador* freezing air • *Hacía un frío helador.* It was freezing.

helar *v* **1** [I] (indicando el tiempo) **heló/va a helar** there was a frost/there's going to be a frost **2** [T] (congelar) to freeze —**helarse** *v pron* **1** (sentir mucho frío) to freeze: *Me estoy helando.* I'm freezing. • **se me heló la nariz/se me helaron los pies** my nose/feet froze **2** (lago, río) to freeze, to freeze over

helecho *s* fern

hélice *s* **1** (de un avión, un barco) propeller **2** (en matemáticas) helix (pl helices)

helicóptero *s* helicopter

helio *s* helium

helipuerto *s* heliport

helvético, -a *adj* Swiss

hematoma *s* bruise

hembra *s, adj* female: *¿Es macho o hembra?* Is it a male or a female? • *un avestruz hembra* a female ostrich

hemeroteca *s* newspaper and periodicals library

hemiciclo *s* (salón) chamber

hemiplejia, **hemiplejía** *s* hemiplegia

hemipléjico, -a *s, adj* hemiplegic

hemisférico, -a *adj* hemispheric

hemisferio *s* **1** (terrestre) hemisphere • **el hemisferio norte/sur** the northern/southern hemisphere **2** (cerebral) hemisphere

hemodiálisis *s* hemodialysis

hemofilia *s* hemophilia

hemofílico, -a *s, adj* hemophiliac

hemorragia *s* hemorrhage: *Tuvo una hemorragia.* She had a hemorrhage.
hemorragia cerebral brain hemorrhage • hemorragia interna internal bleeding [U] • hemorragia nasal nosebleed

hemorroides *s* hemorrhoids

henchir *v* [T] to fill: *El viento henchía las velas del barco.* The wind filled the boat's sails. • **henchido -a de orgullo/vanidad** swelling with pride/puffed up with conceit

hendidura *s* (en la madera, el hielo) crack; (en la roca) gap, fissure (*técn*); (en la piel) split

henna *s* henna

heno *s* hay ▶ FIEBRE del heno

hepático, -a *adj* liver [solo ante s]: *trasplante hepático* liver transplant

hepatitis *s* hepatitis

heptágono *s* heptagon

herbicida *s* weedkiller, herbicide (*técn*)

herbívoro[1], -a *adj* herbivorous

herbívoro[2], -a *s* herbivore

herbolario *s* herbalist's

herboristería *s* herbalist's

hercio *s* hertz

heredar *v* [T] **1** (bienes, dinero) to inherit: *Heredé una casa de mis abuelos.* I inherited a house from my grandparents. **2** (características, rasgos) *Heredó los ojos verdes de su madre.* He has his mother's green eyes. • *¿De quién heredó ese carácter?* Who did he get that temperament from? **3** (ropa, juguetes) **heredé este abrigo/estos zapatos** this coat is a hand-me-down/these shoes are hand-me-downs

heredero, -a *s* heir: *el heredero al trono* the heir to the throne • *Yo soy la única heredera.* I'm the only heir.
▶ Para referirse a una mujer que va a heredar mucho dinero se usa **heiress** (pl **heiresses**)

hereditario, -a *adj* hereditary: *una enfermedad hereditaria* a hereditary disease

hereje *s* heretic

herejía *s* heresy (pl -sies)

herencia *s* **1** (de dinero, propiedades) inheritance: *Las hermanas se repartieron la herencia.* The sisters divided the inheritance between them. • **dejarle algo en herencia a alguien** to leave sth to sb, to bequeath sth to sb (*más frml*): *Le dejaron una casa en herencia.* They left her a house. **2** (en biología) heredity **3** (cultural, histórica) legacy (pl -cies)
herencia genética genetic inheritance

herida *s* **1** (física) wound: *Tiene una herida en la rodilla.* She's hurt her knee. • *Recibió una herida mortal en el cuello.* He was mortally wounded in the neck. • *heridas internas* internal injuries **2** (emocional) wound: *heridas psicológicas* psychological wounds

EXPRESIONES
abrir viejas heridas to open up old wounds • **hurgar en la herida** to rub salt into the wound
herida abierta open wound • herida de bala bullet wound

herido[1], -a *adj* **1** (en un accidente) injured: *Cinco niños resultaron heridos.* Five children were injured. **2** (de arma) wounded: *un hombre herido de bala* a man with a bullet wound **3** (emocionalmente) hurt: *Se sintió herida*

por lo que dijiste. She was hurt by what you said.

herido[2], -a *s* **1** (en un accidente) injured person: *Hubo dos muertos y doce heridos.* There were two dead and twelve injured. • *el hospital donde fueron atendidos los heridos* the hospital where the injured were treated **2** (de arma) wounded person: *Llevaban a un herido en camilla.* They were carrying a wounded man on a stretcher. • *los muertos y los heridos* the dead and the wounded

herir *v* [T] **1** (con un arma) to wound: *Lo hirieron en la cabeza.* He was wounded in the head. ▶ ver nota en HURT **2** (emocionalmente) to hurt: *Tus palabras me hirieron profundamente.* I was deeply hurt by what you said. • **herir a alguien en su orgullo** to hurt sb's pride

hermafrodita *s, adj* hermaphrodite

hermanar *v* [T] **1** (personas, culturas) to unite **2** (municipios, ciudades) to twin **3** (combinar) to combine

hermanastro, -a *s* **hermanastro** stepbrother • **hermanastra** stepsister

hermandad *s* **1** (entre hombres) brotherhood; (entre mujeres) sisterhood; (entre seres humanos) fellowship **2** (asociación) association

hermano, -a *s* **1** (pariente) **hermano** brother • **hermana** sister • **hermanos** (de ambos sexos) brothers and sisters, siblings (*más frml*): *mi hermano mayor* my older brother • *Tengo cuatro hermanas.* I have four sisters. • *mi hermana la del medio* my middle sister • *¿Tienes hermanos?* Do you have any brothers or sisters? • *Somos cinco hermanos.* There's five of us./I have four brothers and sisters. • *Pablo y Belén son hermanos.* Pablo and Belén are brother and sister. **2** (de una orden religiosa) **hermano** brother • **hermana** sister: *el hermano Miguel* brother Miguel • *la hermana Teresa* sister Teresa

hermético, -a *adj* **1** (envase, cierre) airtight, hermetic (*técn*): *hermético al agua* watertight **2** (persona) inscrutable **3** (texto, lenguaje) impenetrable

hermetismo *s* **1** (de una persona) inscrutability **2** (de un texto, un lenguaje) impenetrability

hermoso, -a *adj* **1** (bello) beautiful: *¡Qué paisaje tan hermoso!* What beautiful countryside! • *una hermosa mujer* a beautiful woman **2** (espléndido) beautiful: *Es un día muy hermoso.* It's a beautiful day. **3** (saludable) radiant **4** (noble) generous: *un hermoso gesto* a generous gesture

hermosura *s* beauty (pl -ties): *Fue famosa por su hermosura.* She was famous for her beauty. • **¡qué hermosura!** how beautiful!: *¡Qué hermosura de bebé!* What a beautiful baby!

hernia *s* hernia
hernia de disco slipped disc

herniarse *v pron* (sufrir una hernia) to strain yourself

héroe *s* hero (pl -roes)

heroico, -a *adj* heroic

heroína *s* **1** (mujer) heroine **2** (droga) heroin

heroinómano, -a *s* heroin addict

heroísmo *s* heroism

herpes *s* herpes

herradura *s* horseshoe

herrajes *s* [pl] ironwork [U]

herramienta *s* **1** (instrumento) tool: *una caja de herramientas* a tool box **2** (mecanismo, técnica) tool ▶ ver ilustración en la página 1262

herrar *v* [T] **1** (a un caballo) to shoe **2** (con hierro candente) to brand

herrería *s* blacksmith's

herrero, -a *s* blacksmith

hertzio *s* ▶ HERCIO

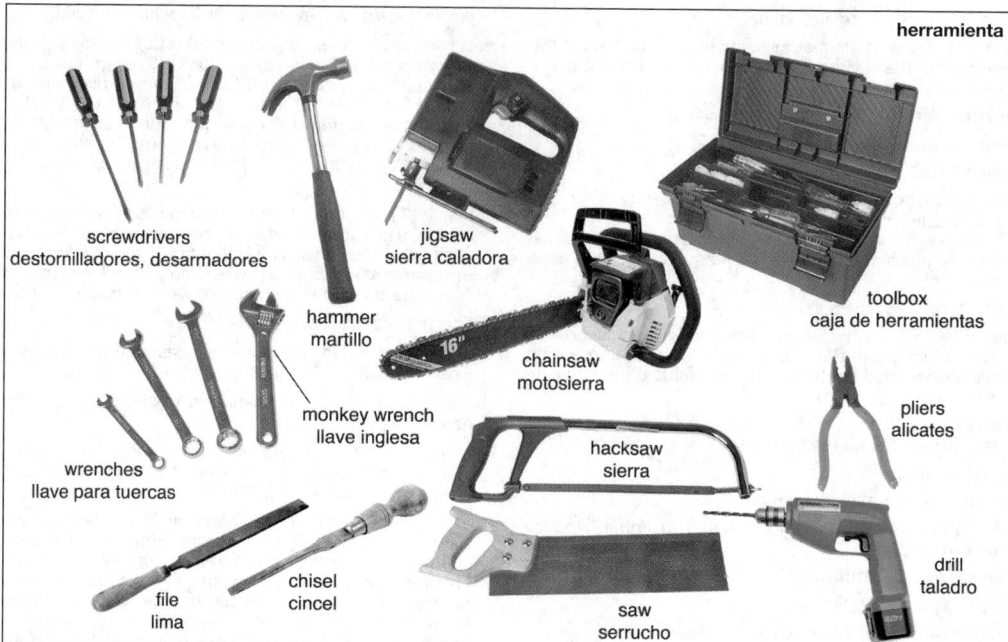

herramienta

screwdrivers
destornilladores, desarmadores

jigsaw
sierra caladora

hammer
martillo

toolbox
caja de herramientas

chainsaw
motosierra

monkey wrench
llave inglesa

pliers
alicates

wrenches
llave para tuercas

hacksaw
sierra

file
lima

chisel
cincel

saw
serrucho

drill
taladro

hervidero s (de gente, moscas) swarm; (de rumores, ideas) hotbed: *La estación era un hervidero de gente.* The station was swarming with people.

hervir v [I,T] to boil: *El arroz ya está hirviendo.* The rice is boiling already. • *Hierve un poco de agua.* Boil some water. • **hervir a fuego lento** to simmer
EXPRESIONES
estar hirviendo (demasiado caliente) to be boiling hot: *El café está hirviendo.* The coffee is boiling hot.

hervor s **dar un hervor** to come to the boil • **darle un hervor a algo** to bring sth to the boil: *Añadir el vino y darle un hervor.* Add the wine and bring to the boil.
EXPRESIONES
me/le falta un hervor (a) (es inexperto o inmaduro) I/he could use a little more experience: *A este tenista aún le falta un hervor.* This tennis player could use a little more experience. **(b)** (es poco inteligente) I'm/he's not very bright

heterodoxo, -a adj unorthodox

heterogéneo, -a adj heterogeneous: *un grupo heterogéneo de gente* a heterogeneous group of people

heterosexual s, adj heterosexual

hexagonal adj hexagonal

hexágono s hexagon

hiato s (en una palabra, en un verso) hiatus (pl -ses)

hibernación s **1** (de animales) hibernation **2** (en medicina) hibernation **3** (en informática) hibernation

hibernar v [I] to hibernate

híbrido¹, -a adj hybrid

híbrido² s hybrid • **un híbrido entre algo y algo** a cross between sth and sth

hidratación s **1** (de la piel) moisturizing **2** (del cuerpo) hydration

hidratante adj moisturizing: *una crema hidratante* a moisturizing cream

hidratar v [T] **1** (la piel) to moisturize **2** (el cuerpo) to hydrate

hidrato s hydrate
hidrato de carbono carbohydrate

hidráulico, -a adj (que funciona con agua) hydraulic

hidroavión s seaplane

hidrocarburo s hydrocarbon

hidroeléctrico, -a adj hydroelectric

hidrógeno s hydrogen

hidromasaje s **1** (bañera) whirlpool bathtub **2** (masaje) hydromassage

hidrosfera s hydrosphere

hiedra s ivy (pl ivies)

hielera s **1** (aparato) refrigerator, fridge **2** (para hacer hielo) ice tray
hielera portátil cooler

hielo s ice: *Trae hielo para las bebidas.* Bring some ice for the drinks. • *¿Quieres unos hielos en el jugo?* Would you like some ice in your juice? • *un whisky con hielo* a whiskey on the rocks ► HOCKEY **sobre hielo**, PATINAJE **sobre hielo**
EXPRESIONES
romper el hielo to break the ice

hiena s hyena

hierba s **1** (césped) grass **2** (en cocina, medicina) herb • **hierbas (aromáticas)** (aromatic) herbs **3** (marihuana) pot ► **finas hierbas** (FINO)

hierbabuena s mint

hierbajo s (mala hierba) weed

hierro s **1** (metal) iron; (trozo de metal) piece of metal: *Es de hierro.* It's made of iron. • *Se cortó la pierna con un hierro.* She cut her leg on a piece of metal. • **una cadena/un candado de hierro** an iron chain/padlock **2** (elemento químico, vitamina) iron **3** (en golf) iron: *un hierro del 7 a 7 iron*
EXPRESIONES
quitar hierro a algo to play sth down
hierro fundido cast iron

hígado s **1** (en anatomía) liver **2** (alimento) liver
EXPRESIONES
echar los hígados to almost kill yourself: *Eché los hígados para levantar el televisor.* I almost killed myself lifting the television. • **me/le pone del hígado** it makes me/him mad

higiene s hygiene: *¡Qué falta de higiene!* How unhygienic!

higiene bucal oral hygiene • **higiene íntima** personal hygiene • **higiene personal** personal hygiene

higiénico, -a *adj* hygienic ▶ PAPEL **higiénico**

higo *s* fig
EXPRESIONES
de higos a brevas once in a blue moon
higo chumbo prickly pear • **higo seco** dried fig

higuera *s* fig tree

hijastro, -a *s* **hijastro** stepson • **hijastra** stepdaughter • **hijastros** (de ambos sexos) stepchildren

hijo, -a *s* **1** (de padres) **hijo** son • **hija** daughter • **hijos** (de ambos sexos) children: *Tiene una hija y dos hijos.* She has a daughter and two sons. • *¿Cuántos hijos tienes?* How many children do you have? • **estar esperando un hijo** to be expecting a baby **2** (detrás del nombre) junior: *Marcos hijo* Marcos junior **3** (como apelativo) *¿Ahora qué quieres, hijo?* What do you want now? • *Hijo mío, deberías aprender a defenderte tú solito.* You should learn to defend yourself, son.
EXPRESIONES
cualquier/todo hijo de vecino anyone else/everyone else: *Cometo errores, como todo hijo de vecino.* I make mistakes, like everyone else.
hijo adoptivo (niño o niña) adopted child; (niño) adopted son • **hija adoptiva** adopted daughter • **hijo -a de papá** rich kid • **hijo ilegítimo** (niño o niña) illegitimate child; (niño) illegitimate son • **hija ilegítima** illegitimate daughter • **hijo -a predilecto -a** honorary citizen, favorite son • **hijo pródigo** prodigal son • **hija pródiga** prodigal daughter • **hijo -a único -a** only child: *Soy hija única.* I'm an only child.

híjole (tb **híjoles**) *interj* jeez!: *¡Híjole! ¿Qué te pasó?* Jeez! What happened to you?

hilar *v* [T] **1** (algodón, lana) to spin **2** (frases) to string together; (ideas) to put together
EXPRESIONES
hilar muy fino (ser muy exacto) to be very particular; (ser minucioso) to split hairs

hilera *s* (de asientos, árboles) row; (de personas, vehículos) line • **en hilera** (uno detrás del otro) in a line; (uno al lado del otro) in a row ▶ ver nota en FILA

hilo *s* **1** (para coser) thread: *aguja e hilo* needle and thread **2** (lino) linen • **un mantel/una camisa de hilo** a linen tablecloth/shirt **3** (cable, filamento) thread • **hilo (telefónico)** (telephone) line • **sin hilos** wireless **4** (chorro) trickle: *un hilo de sangre* a trickle of blood **5** (de un pensamiento, un discurso) thread: *el hilo argumental de una película* the plot of a movie • **seguir/perder el hilo de algo** to follow/to lose the thread of sth: *No quiero perder el hilo de la conversación.* I don't want to lose the thread of the conversation.
EXPRESIONES
al hilo in a row • **colgar/pender de un hilo** to hang by a thread: *El futuro de la empresa pende de un hilo.* The company's future is hanging by a thread.
hilo dental dental floss

hilvanar *v* [T] **1** (una prenda) to tack **2** (frases) to string together; (ideas) to put together

Himalaya *s* **el Himalaya** the Himalayas

himen *s* hymen

himno *s* **1** (de un país) **himno (nacional)** national anthem **2** (cántico) hymn

hincapié *s* **hacer hincapié en algo** to emphasize sth: *Hizo hincapié en que tenías que estudiar más.* He emphasized the fact that you need to work harder.

hincha *s* (de un equipo) fan: *los hinchas de Chivas* the Chivas fans • **ser hincha de Millonarios/Colo Colo** to support Millonarios/Colo Colo

hinchable *adj* inflatable

hinchado, -a *adj* (rodilla, tobillo) swollen: *Tengo la rodilla hinchada.* My knee's swollen.

hinchar *v* [T] **1** (un balón, un neumático) to pump up, to inflate (*más frml*); (un globo) to blow up **2 hinchar por**

alguien to cheer sb on: *Fuimos a hinchar por el equipo del colegio.* We went to cheer the school team on.
—**hincharse** *v pron* (inflamarse) to swell up • **se me hinchó la rodilla/el tobillo** my knee/my ankle swelled up

hinchazón *s* (en una parte del cuerpo) swelling: *Tengo una hinchazón en el tobillo.* My ankle's swollen.

hindi *s* Hindi

hindú *adj, s* **1** (referido a la religión) Hindu **2** (de la India) Indian

hinduismo *s* Hinduism

hinduista *adj, s* Hindu

hinojo *s* fennel

híper *s* hypermarket

hiperactivo, -a *adj* hyperactive

hipérbola *s* hyperbola

hipérbole *s* hyperbole

hipermercado *s* hypermarket

hipermetropía *s* far-sightedness

hipertensión (tb **hipertensión arterial**) *s* high blood pressure

hipertexto *s* hypertext

hipervínculo *s* hyperlink

hip-hop *s* hip-hop

hípica *s* (deporte) horseriding, equestrian sports (*más frml*); (carreras) horse racing

hípico, -a *adj* (club) riding [solo ante s]; (concurso) show-jumping [solo ante s]: *un torneo hípico* a showjumping tournament • *un club hípico* a riding club

hipnosis *s* hypnosis

hipnótico, -a *adj* hypnotic

hipnotismo *s* hypnotism

hipnotizador, -a *s* hypnotist

hipnotizar *v* [T] **1** (por hipnosis) to hypnotize **2** (por atracción) to mesmerize: *Se quedó hipnotizada por el espectáculo.* She was mesmerized by the show.

hipo *s* hiccups [pl] • **tener hipo** to have hiccups

hipoalergénico, -a *adj* hypoallergenic

hipocondríaco, -a *adj, s* hypochondriac

hipocresía *s* hypocrisy

hipócrita[1] *adj* hypocritical

hipócrita[2] *s* hypocrite

hipodérmico, -a *adj* hypodermic: *una aguja hipodérmica* a hypodermic needle

hipódromo *s* racetrack

hipopótamo *s* hippopotamus (pl hippopotamuses tb hippopotami)

hipoteca *s* mortgage: *una hipoteca a veinte años* a twenty-year mortgage • **pedir una hipoteca** to apply for a mortgage • **cancelar una hipoteca** to pay off a mortgage

hipotecar *v* [T] **1** (un inmueble) to mortgage **2** (el futuro) to jeopardize; (la salud) to put at risk: *Estás hipotecando tu salud trabajando tanto.* You're putting your health at risk by working so much.

hipotecario, -a *adj* mortgage [solo ante s]: *una oferta hipotecaria* a mortgage offer ▶ CRÉDITO **hipotecario**

hipotenusa *s* hypotenuse

hipotermia *s* hypothermia

hipótesis *s* hypothesis (pl -ses)
hipótesis de trabajo working hypothesis

hipotético, -a *adj* hypothetical: *en el hipotético caso de salir ganador* in the hypothetical case of winning

hippie, **hippy** *adj, s* hippie, hippy (pl -ppies)

hiriente *adj* (palabras, comentarios) hurtful

hisopo *s* (de algodón) Q-tip®

hispánico, -a *adj* **1** (de habla hispana) Spanish-speaking: *el mundo hispánico* the Spanish-speaking world **2** (de España) Spanish **3** (de la cultura española) Hispanic

hispanidad, Hispanidad *s* **la Hispanidad** (pueblos hispánicos) the Spanish-speaking world

hispanista *s* Hispanicist, Hispanist

hispano[1], -a *adj* **1** (hispanoamericano) Spanish-American; (en EU) Hispanic **2** (de España) Spanish

hispano[2], -a *s* (hispanoamericano) Spanish American; (en EU) Hispanic

hispano- *pref* Spanish-, Hispano- (*más frml*): *hispanofrancés* Spanish-French

Hispanoamérica *s* Spanish America

hispanoamericano[1], -a *adj* Spanish American

hispanoamericano[2], -a *s* Spanish American

hispanohablante[1] *adj* Spanish-speaking

hispanohablante[2] *s* Spanish speaker

histamina *s* histamine

histerectomía *s* hysterectomy

histeria *s* hysteria: *Le va a dar un ataque de histeria.* She'll have a fit.

histérico[1], -a *adj* hysterical: *los gritos histéricos de las fans* the fans' hysterical screams • *Es histérica.* She gets really worked up about things. • **ponerse histérico -a** *Se puso histérico cuando se lo conté.* He had a fit when I told him. • *No te pongas histérico.* Don't get so worked up. • *¡Me pone histérica!* It makes me mad!

histérico[2], -a *s* **es un histérico/una histérica** he/she always gets in a flap about things

historia *s* **1** (acontecimientos pasados) history: *la historia de Europa* the history of Europe • *el profesor de historia* the history teacher **2** (narración) story (pl -ries): *una historia real* a true story • *una historia de amor* a love story • *No me cuentes el final de la historia.* Don't tell me how the story ends. **3** (chisme) piece of gossip, gossip [U]: *Acaban de contarme una historia muy interesante.* I've just heard an interesting piece of gossip. • *No me creo esas historias.* I don't believe all that gossip. **4** (excusa) excuse: *No me vengas con historias.* Don't give me excuses. **5** (asunto) business: *Anda metido en una historia de drogas.* He's mixed up in some drugs business.

EXPRESIONES
dejarse de historias to stop pussyfooting around • **hacer historia** to make history • **pasar a la historia (a)** (ser recordado) to go down in history: *una película que pasará a la historia* a movie that will go down in history **(b)** (ser olvidado) to become a thing of the past: *una tecnología que ha pasado a la historia* a technology that has become a thing of the past
historia antigua ancient history • historia clínica medical history • historia natural natural history • historia universal world history

historiador, -a *s* historian

historial *s* **1** (de un delincuente, un profesional) record: *el historial delictivo del detenido* the criminal record of the accused • *un entrenador con un excelente historial* a coach with an excellent track record **2** (historia) history: *El régimen tiene un historial de abusos de los derechos humanos.* The regime has a history of human rights abuse.
historial clínico medical history • historial médico medical history

histórico, -a *adj* **1** (de la historia) historical: *un hecho histórico* a historical fact **2** (memorable) historic: *un triunfo histórico* a historic victory **3** (sin precedentes) all-time: *El euro alcanzó ayer un nuevo récord histórico.* The euro reached a new all-time high yesterday.
▶ casco histórico

historieta *s* comic strip

hito *s* (acontecimiento) milestone: *un hito en la historia del rock* a milestone in the history of rock music

hobby *s* hobby (pl -bbies): *¿Tienes algún hobby?* Do you have any hobbies? • *Mi hobby es coleccionar monedas.* I collect coins as a hobby.

hocico *s* (de un perro) muzzle; (de un cerdo) snout; (de un gato) nose

EXPRESIONES
meter el hocico en algo to poke your nose into sth

hockey *s* hockey • **jugar (al) hockey** to play hockey
hockey sobre hielo ice hockey, hockey • hockey sobre césped/pasto field hockey • hockey sobre patines roller hockey

hogar *s* **1** (casa) home: *Abandonó el hogar a los 15 años.* He left home at the age of 15. • *hogares en los que el padre y la madre trabajan* households where both parents are working • **sin hogar** homeless: *niños sin hogar* homeless children **2** (familia) home: *Querían formar un hogar.* They wanted to set up home together. **3** (chimenea) fireplace

EXPRESIONES
hogar dulce hogar home sweet home
hogar de ancianos old age home

hogareño, -a *adj* **1** (persona) home-loving: *una mujer hogareña* a home-loving woman • **ser hogareño -a** to be a homebody **2** (vida, clima) home [solo ante s]: *Su vida hogareña es un infierno.* His home life is hell.

hogaza *s* a large loaf of bread

hoguera *s* bonfire: *Hicimos una hoguera.* We made a bonfire. • **morir en la hoguera** to be burned at the stake

hoja *s* **1** (de un libro, un periódico) page: *un libro con hojas amarillas* a book with yellow pages **2** (de un árbol, una planta) leaf (pl leaves): *Están cayendo las hojas.* The leaves are falling off the trees. • **de hoja caduca/perenne** deciduous/evergreen **3** (folio) **hoja (de papel)** sheet of paper: *¿Me das otra hoja?* Can I have another sheet of paper? **4** (de un cuchillo, una navaja) blade ▶ **no hay VUELTA de hoja**
hoja de afeitar/rasurar razor blade • hoja de cálculo spreadsheet • hoja de parra (en obras de arte) fig leaf • hoja de ruta waybill • hoja de vida résumé

hojalata *s* tinplate • **un bote/una casucha de hojalata** tin can/shack

hojalatería *s* **hojalatería y pintura** body shop

hojaldre *s* (masa) puff pastry

hojear *v* [T] (un libro, una revista) to leaf through; (rápidamente) to flick through: *Estaba hojeando el periódico.* I was leafing through the newspaper.

hojilla *s* **hojilla (de afeitar)** razor blade

hojuelas *s* [pl] flake
hojuelas de avena oats • hojuelas de maíz cornflakes

hola *interj* **1** (saludo) hello: *¡Hola! ¿Cómo estás?* Hello! How are you? **2** (por teléfono) hello ▶ ver nota en **HELLO**

Holanda Holland

holandés[1], -esa *adj* Dutch

holandés[2], -esa *s* **holandés** Dutchman (pl -men) • **holandesa** Dutch woman (pl -women) • **los holandeses** the Dutch, Dutch people

holandés[3] *s* (idioma) Dutch

holding *s* holding company (pl -nies): *un holding de empresas* a holding company

holgado, -a *adj* **1** (ropa) loose-fitting: *una chaqueta holgada* a loose-fitting jacket • *Esta falda me queda muy holgada.* This skirt is too loose on me. **2** (situación, vida) comfortable • **vivir holgado -a** to be comfortably off **3** (mayoría) ample; (victoria) comfortable: *Obtuvieron una holgada mayoría.* They won an ample majority.

holgazán[1], -ana *adj* lazy

holgazán[2], -ana *s* **ser un holgazán/una holgazana** to be a lazybones

holgazanear *v* [I] to laze around

holgura *s* **1** (de espacio) *La holgura del salón es apreciable.* The living room is very spacious. **2** (de situación, vida) *una situación de holgura económica* a comfortably-off position • **vivir con holgura** to be comfortably off **3** (de mayoría, victoria) *La holgura de la mayoría alcanzada sorprendió a todos.* Everyone was surprised at the size of their majority. • **con holgura** comfortably: *El equipo local venció con holgura.* The team won comfortably.

hollín *s* soot

holocausto *s* (matanza) holocaust: *un holocausto nuclear* a nuclear holocaust • **el Holocausto (judío)** the Holocaust

holograma *s* hologram

hombre *s* **1** (persona de sexo masculino) man (pl men) **2 el hombre** (ser humano) man: *la aparición del hombre en la Tierra* the appearance of man on the Earth
EXPRESIONES
como un solo hombre as one • **de hombre a hombre** man to man • **estar hecho un hombre** to be pretty grown up • **es cosa de hombres** it's a man's thing • **¡hombre al agua!** man overboard! • **hombre prevenido vale por dos** forewarned is forearmed • **ser un hombre hecho y derecho** to be a grown man
hombre bomba suicide bomber • **el hombre de la calle** the man in the street • **hombre de confianza** right-hand man • **hombre de Estado** statesman • **el hombre del saco, el hombre del costal** the bogeyman • **hombre de negocios** businessman • **hombre de paja** front man • **hombre fuerte** (en un gobierno, un grupo) strongman • **hombre lobo** werewolf (pl -wolves) • **hombre orquesta** one-man band • **hombre rana** frogman

hombrera *s* (almohadilla) shoulder pad

hombrillo *s* (de una carretera) shoulder

hombro *s* shoulder
EXPRESIONES
a hombros *¿Me llevas a hombros?* Will you carry me on your shoulders? • *El boxeador salió del ring a hombros.* The boxer was carried shoulder-high out of the ring. • **al hombro** on your shoulder: *Llevaba una bolsa al hombro.* He was carrying a bag on his shoulder. • **arrimar el hombro** to pitch in • **encogerse de hombros** to shrug, to shrug your shoulders • **mirar a alguien por encima del hombro** (desdeñar) to look down your nose at sb

homenaje *s* **1** (tributo) tribute, homage (*más frml*): *Lo hicimos como homenaje a las víctimas.* We did it as a tribute to the victims. • **rendirle homenaje a alguien** to pay tribute to sb • **en homenaje a alguien** in honor of sb • **un álbum/CD homenaje** a tribute album/CD **2** (acto) ceremony (pl -nies), reception: *Le están preparando un homenaje al director.* They're planning a ceremony in honor of the director.

homenajear *v* [T] to pay tribute to, to honor: *Lo van a homenajear con una cena.* They are going to give a dinner in his honor.

homeópata *s* homeopath

homeopatía *s* homeopathy

homeopático, -a *adj* (medicina, tratamiento) homeopathic

homicida[1] *adj* (ataque, furia) murderous; (maníaco) homicidal: *el arma homicida* the murder weapon

homicida[2] *s* murderer

homicidio *s* murder, homicide • **cometer un homicidio** to commit a murder ▶ ver nota en **MURDER**

homofobia *s* homophobia

homofóbico, -a *adj* homophobic

homófobo[1], -a *adj* homophobic

homófobo[2], -a *s* homophobe

homogéneo, -a *adj* homogeneous

homologación *s* **1** (de un título) recognition: *La homologación de mi título de médico no fue nada fácil.* Getting my doctor's degree recognized was no easy task. **2** (de normas) harmonization: *Exigen la homologación de salarios con los de los funcionarios.* They are demanding parity with civil servants' pay. **3** (de un producto) official authorization

homologar *v* [T] **1** (un título) to recognize **2** (normas, condiciones) to harmonize; (salarios) to bring into line • **homologar algo con/a algo** to bring sth into line with sth **3** (un producto) to officially authorize

homólogo, -a *s* (persona) counterpart: *Se entrevistó con su homólogo italiano.* He met with his Italian counterpart.

homónimo *s* (palabra) homonym

homosexual *adj*, *s* homosexual

homosexualidad *s* homosexuality

honda *s* sling

hondo[1], -a *adj* **1** (piscina, río) deep • **tiene 50 centímetros/2 metros de hondo** it's 50 centimeters/2 meters deep **2** (emoción, tristeza) deep, profound (*más frml*): *Sentía una honda tristeza por lo sucedido.* He was deeply saddened by what had happened. ▶ PLATO **hondo**
EXPRESIONES
en lo más hondo de mi corazón/mi ser in my heart of hearts

hondo[2] *adv* deeply: *Respire hondo.* Breathe deeply. ▶ CALAR **hondo**

Honduras Honduras

hondureño, -a *s*, *adj* Honduran • **los hondureños** (the) Hondurans

honestidad *s* honesty: *Siempre actuó con honestidad.* He was always honest.

honesto, -a *adj* honest: *Quiero que seas honesta conmigo.* I want you to be honest with me.

hongo *s* **1** (en biología) fungus (pl fungi) **2 hongos** [pl] (en los pies) athlete's foot [+v en sing]; (en la piel) fungal infection [+v en sing]: *Tengo hongos.* I have athlete's foot. **3** (sombrero) derby (pl -bies)
hongo atómico, hongo nuclear mushroom cloud

honor *s* **1** (reputación, integridad) honor: *el honor de la familia* the family's honor • *un hombre de honor* a man of honor **2** (privilegio) honor: *Sería un honor para mí.* It would be an honor. • *Tengo el honor de presentarles al presidente de la sociedad.* It gives me great pleasure to introduce to you the society's president.
EXPRESIONES
en honor a/de alguien in honor of sb: *Hicieron una fiesta en su honor.* They gave a party in her honor. • **una medalla/un lugar de honor** a medal/a place of honor • **en honor a la verdad** to be perfectly honest: *En honor a la verdad, no me gustó mucho.* To be perfectly honest, I didn't like it very much. • **hacer honor a algo** to live up to sth: *un restaurante que hace honor a su nombre* a restaurant that lives up to its name • **hacer los honores** (a un invitado) to do the honors

honorable *adj* (persona) honorable

honorario, -a *adj* honorary

honorarios *s* [pl] fees: *Sus honorarios son muy elevados.* He charges very high fees.

honorífico, -a *adj* honorary

honra *s* (dignidad) honor
EXPRESIONES
tener algo a (mucha) honra to be (very) proud of sth • **¡y a mucha honra!** and proud of it!
honras fúnebres funeral [+v en sing]

honradamente *adv* honestly: *Se gana la vida honradamente.* He earns an honest living.

honradez *s* honesty

honrado, -a *adj* (honesto) honest

EXPRESIONES
sentirse honrado -a con/de algo to be honored by sth

honrar *v* [T] **1** (mostrar respeto) to honor: *una sociedad que honra la memoria de sus muertos* a society that honors the memory of its dead **2** (enorgullecer) to honor: *Hoy nos honra con su compañía un ilustre profesor.* Today we are honored to have with us a distinguished teacher.
—**honrarse** *v pron* **honrarse con/de algo** *Me honro de ser amigo suyo.* I'm proud to be his friend. • **honrarse en hacer algo** to be honored to do sth

hora *s* **1** (sesenta minutos) hour: *Tuve que esperar dos horas.* I had to wait two hours. • *Fue hace una hora y media.* It was an hour and a half ago. • *a 50 kilómetros por hora* at 50 kilometers an hour • *Me pagan 10 dólares por hora.* I get paid 10 dollars an hour. • *Pagan por hora.* They pay by the hour. • **a las dos/tres horas** two/three hours later **2** (parte del día) time: *¿Qué hora es?* What time is it? • *¿A qué hora te levantas?* What time do you get up? • *¿Tienes hora?* Do you have the time? • **a altas horas de la madrugada/noche** in the wee hours • **a estas horas** by now: *A estas horas ya deben de estar en Francia.* They should be in France by now. **3** (momento) time: *Es hora de irnos.* It's time to go. • *Es hora de ir a la cama.* It's bedtime. • **a la hora de la comida/de la cena** at lunchtime/dinnertime • **a la hora de viajar/de divertirse** when it comes to traveling/entertainment • **a última hora** at the last minute: *A última hora cambió de idea.* She changed her mind at the last minute. • **es hora de que empecemos/te vayas** it's time we started/you left: *Es hora de que tomen una decisión.* It's time they made a decision. **4** (de clase) period: *una hora libre* a free period **5** (con el médico, el dentista) appointment: *Tengo hora con el dentista.* I have a dentist's appointment. • *Me dieron hora para dentro de un mes.* They gave me an appointment for next month. • *¿Has pedido hora para el médico?* Did you make an appointment with the doctor?

EXPRESIONES
¡a buena hora me lo dices/nos informan! now you tell me/now they let us know! • **a la hora de la verdad** when it comes to the crunch • **dar la hora** to strike the hour • **de última hora** last-minute: *una noticia de última hora* some news just in • **poner un reloj en hora (a)** (de pared) to set the time on a clock **(b)** (de pulsera) to set a watch • **comer entre horas** to eat between meals • **no veo la hora de verla/de terminar esto** I can't wait to see her/to finish this • **sobre la hora** just in time • **¡ya era hora!** and about time too!: –*Terminé.* –¡*Ya era hora!* "I've finished." "And about time too!" • *¡Ya era hora de que llegaras!* It's about time you got here!
hora local local time • **hora pico** rush hour • **horas de oficina** office hours • **horas de visita** visiting hours • **horas extra** [pl] overtime [+v en sing]: *Están haciendo horas extra.* They're working overtime.

horario¹ *s* **1** (de clases, transportes) schedule: *Nos han cambiado el horario.* Our schedule has been changed. • *¿Tienes el horario?* Do you have the schedule? **2 horario (de trabajo)** hours [pl], working hours [pl]: *¿Qué horario tienes?* What hours do you work? **3** (de una oficina, un negocio) business hours [pl]: *¿Qué horario tienen los bancos?* When are banks open? **4** (de un espectáculo) *Mira el horario de la película.* Look to see what times the movie is showing.
horario comercial business hours [pl] • **horario corrido** continuous working day with no lunch break • **horario de atención al público** opening hours • **horario de verano** summer opening hours [pl] • **horario de visitas** visiting hours [pl] • **horario flexible** flexible working hours [pl], flextime

horario², -a *adj* time [solo ante s]: *la diferencia horaria* the time difference ▶ **HUSO HORARIO**

horca *s* **la horca** the gallows [pl]: *Lo condenaron a la horca.* He was sentenced to be hanged.

horcajadas a horcajadas astride: *Se sentó a horcajadas en el caballo.* She sat astride the horse.

horda *s* (multitud) horde: *La ciudad fue invadida por hordas de turistas.* The city was invaded by hordes of tourists.

horizontal *adj, s* horizontal

horizonte *s* **1** (línea) horizon: *Vimos un barco en el horizonte.* We saw a ship on the horizon. **2** (perspectivas) *El resultado electoral abre horizontes inquietantes.* The election results leave us with a worrying prospect. • *Siempre está buscando nuevos horizontes.* She is always seeking to broaden her horizons.

horma *s* (forma del zapato) fitting

EXPRESIONES
encontró la horma de su zapato they make a perfect pair

hormiga *s* ant

EXPRESIONES
ser una hormiga to be hardworking and thrifty

hormigón *s* concrete
hormigón armado reinforced concrete

hormigueo *s* (sensación) pins and needles [pl]: *Siento un hormigueo en las manos.* I have pins and needles in my hands.

hormiguero *s* **1** (nido de hormigas) ants' nest; (montículo) anthill: *Pisé un hormiguero.* I trod on an ants' nest. **2** (lugar bullicioso) *El museo era un hormiguero de gente.* The museum was swarming with people.

hormona *s* hormone
hormona del crecimiento growth hormone

hornada *s* (de personas, productos) crop: *una nueva hornada de cantantes* a new crop of singers

hornear *v* [T] to bake

hornilla *s* **1** (eléctrica) hotplate, ring **2** (a gas) burner

hornillo *s* **1** (aparato) portable stove **2** (quemador) burner
hornillo de gas camp stove

horno *s* **1** (para cocinar) oven • **pollo/cordero al horno** roast chicken/lamb • **papas al horno (a)** (peladas) roast potatoes **(b)** (sin pelar) baked potatoes • **manzanas/pescado al horno** baked apples/fish **2** (para cerámicas) kiln **3** (industrial) furnace

EXPRESIONES
no está el horno para bollos, el horno no está para bollos it's not a good time • **ser un horno** to be like an oven: *Esta habitación es un horno en verano.* This room is like an oven in the summer.
horno de gas gas oven • **horno de leña** wood-burning oven • **horno eléctrico** electric oven • **horno microondas** microwave oven

horóscopo *s* (predicción) horoscope

horquilla *s* **1** (para el pelo) bobby pin **2** (de bicicleta) fork

horrendo, -a *adj* (crimen, ataque) horrific

horrible *adj* **1** (terrible) terrible, awful: *Le pasó algo horrible.* Something terrible happened to her. **2** (muy feo) hideous: *un vestido horrible* a hideous dress • *Estás horrible con ese sombrero.* You look awful in that hat. **3** (muy desagradable) horrible, terrible: *¡Qué ruido más horrible!* What a horrible noise! • *Hacen un café horrible.* Their coffee is terrible. • *Tuvimos un tiempo horrible.* The weather was terrible. **4** (muy grande) *Hace un frío horrible.* It's terribly cold. • *Tengo un sueño horrible.* I can't keep my eyes open. • *Tenía unas ganas horribles de vomitar.* She had a terrible urge to be sick.

horror *s* **1** (terror) horror • **me/le da horror** it horrifies me/him **2 horrores** [pl] (cosas horribles) horrors: *los horrores de la guerra* the horrors of war

EXPRESIONES
horrores *Me cuesta horrores levantarme los lunes.* I find it really hard to get up on Monday mornings. • *Las*

extraño horrores. I miss them terribly. • *Me cuesta horrores entenderle*. I find it terribly hard to understand him. • **¡qué horror!** how terrible!, how awful!: *¡Qué horror que te digan eso!* How awful for someone to say that to you! • **¡qué horror de tiempo/música!** what awful weather/what awful music! • **ser un horror** (ser terrible) to be terrible, to be awful; (ser feo) to be hideous: *Fue un horror*. It was terrible. • *Ese sombrero es un horror*. That hat is hideous.

horrorizar *v* [T] **me/le horroriza** *Me horrorizan las arañas*. I'm terrified of spiders. • *Le horroriza viajar en barco*. He's terrified of traveling by boat.
—**horrorizarse** *v pron* to be horrified: *Se horrorizó cuando le contamos lo que había pasado*. She was horrified when we told her what had happened.

horroroso, -a *adj* **1** (terrible) horrific: *Le pasó algo horroroso*. Something terrible happened to her. • *las imágenes horrorosas que vimos por televisión* the horrific images we saw on television **2** (muy feo) hideous: *un vestido horroroso* a hideous dress • *Estás horrorosa con ese sombrero*. You look awful in that hat. **3** (muy desagradable) horrible, terrible: *¡Qué ruido más horroroso!* What a horrible noise! • *Hacen un café horroroso*. Their coffee is terrible. • *Tuvimos un tiempo horroroso*. The weather was awful. **4** (muy grande) *Hace un frío horroroso*. It's terribly cold. • *Tengo un sueño horroroso*. I can't keep my eyes open.

hortaliza *s* vegetable

hortensia *s* hydrangea

horticultor, -a *s* truck farmer

horticultura *s* horticulture

hosco, -a *adj* surly

hospedaje *s* **1** (alojamiento) accommodations [pl] **2** (valor) room and board **3** (en informática) hosting

hospedar *v* [T] **1** (a alguien) to put up **2** (una página web) to host
—**hospedarse** *v pron* to stay: *Nos hospedamos en un hotel en el centro*. We stayed in a hotel in the center of town.

hospedería *s* (casa de huéspedes) guesthouse; (en un convento) hospice

hospital *s* hospital: *Trabaja en el hospital*. She works at the hospital. • *Estuvo una semana internada en el hospital*. She was in the hospital for a week. • *Tuvieron que llevarlo al hospital*. They had to take him to the hospital.
hospital clínico/de clínicas teaching hospital • **hospital de campaña** field hospital • **hospital infantil** children's hospital • **hospital universitario** teaching hospital

hospitalario, -a *adj* **1** (del hospital) hospital [solo ante s]: *la atención hospitalaria* hospital care **2** (persona) hospitable

hospitalidad *s* hospitality

hospitalización *s* hospitalization: *Un derrame obligó a su hospitalización urgente*. He had a hemorrhage and had to be rushed to the hospital.

hospitalizar *v* [T] **hospitalizar a alguien** to admit sb to the hospital, to hospitalize sb (*más frml*)

hostal *s* cheap hotel

hostelería *s* **1** (sector) hotel and catering industry **2** (carrera, profesión) hotel and restaurant management

hostia *s* (consagrada) host; (antes de consagrarla) wafer, communion wafer

hostigar *v* [T] **1** (a una persona) to harass **2** (a un caballo) to whip **3** (a un ejército) to harass

hostil *adj* hostile • **ser hostil a algo** to be hostile toward sth

hostilidad *s* **1** (actitud) hostility (pl -ties) **2 hostilidades** [pl] hostilities • **romper las hostilidades** to initiate hostilities

hot cake *s* pancake

hot dog *s* hot dog

hotel *s* hotel • **quedarse en un hotel** to stay at a hotel • **un hotel de tres/cinco estrellas** a three-/five-star hotel

hotelería *s* (carrera, profesión) hotel and restaurant management

hotelero¹, -a *adj* hotel [solo ante s]: *un complejo hotelero* a hotel complex

hotelero², -a *s* hotelier

hoy *adv* **1** today: *¿Qué día es hoy?* What day is it today? • *¿A qué estamos hoy?* What date is it today? • **de hoy en adelante** starting from today • **de hoy en ocho** a week today • **¡hoy no es mi día!** it's not my day! • **por hoy** for today: *Por hoy hemos terminado*. We've finished for today. • **el periódico/las noticias de hoy** today's paper/ news **2** (la actualidad) today • **la música/el cine de hoy** modern-day music/motion pictures • **hoy (en) día** these days

hoyito *s* dimple • **se le hacen/le salen hoyitos** he/she gets dimples

hoyo *s* **1** (en la tierra, en la arena) hole • **hacer/cavar un hoyo** to dig a hole **2** (en golf) hole: *un campo de 18 hoyos* an 18-hole course **3** (en una media, un pantalón) hole **4** (en un camino, una carretera) pothole
hoyo negro black hole

hoyuelo *s* dimple • **se le hacen/le salen hoyuelos** he/she has dimples

hoz *s* sickle • **la hoz y el martillo** the hammer and sickle

huacal *s* **1** (para verduras, frutas) crate **2** (para transportar perros, gatos) pet carrier

huachinango *s* red snapper

huarache *s* sandal

huaso, -a *s* **1** (campesino) peasant **2** (persona rústica) bumpkin

huauzontle (tb **huazontle**) *s* edible Mexican plant similar to broccoli

hucha *s* moneybox (pl -xes); (en forma de cerdo) piggy-bank

hueco¹, -a *adj* **1** (vacío) hollow • **sonar (a) hueco** to sound hollow **2** (sonido, voz) hollow **3** (lenguaje, promesa) empty; (estilo) superficial **4** (persona – vanidoso) conceited; (orgulloso) proud

hueco² *s* **1** (lugar vacío) space: *No encuentro un hueco para parquear*. I can't find a parking space. • **hacerle un hueco a alguien** to make room for sb **2** (cavidad) **el hueco del ascensor** the elevator shaft **3** (intervalo de tiempo) spare moment: *Te puedo hacer un hueco mañana*. I can squeeze you in tomorrow. **4** (en una carretera, un camino) pothole **5** (hoyo) hole
EXPRESIONES
dejar un hueco to leave a gap

huelga *s* strike • **estar en huelga** to be on strike • **hacer huelga/ir a la huelga/ponerse en huelga** to go on strike • **huelga de brazos caídos** sit-down strike • **huelga de hambre** hunger strike • **huelga general** general strike • **huelga indefinida** indefinite strike

huelguista *s* striker

huella *s* **1** (de pies, calzado) footprint **2** (de un animal) track **3** (de un vehículo) track **4** (de un accidente, una experiencia) mark
EXPRESIONES
dejar huella to leave its mark • **desaparecer sin dejar huella** to vanish without trace • **seguir las huellas de alguien** to follow in sb's footsteps
huella dactilar, huella digital fingerprint • **le/me tomaron las huellas digitales** they took his/my fingerprints

huérfano¹, -a *adj* orphaned: *un hogar para niños huérfanos* a home for orphans • **ser huérfano -a** to be an orphan • **es huérfano de padre/madre** he lost his father/mother • **quedarse huérfano -a** to be orphaned

huérfano[2], -a s orphan

huerta s **1** (en una casa) vegetable garden **2** (para explotación comercial) market garden

huerto s **1** (de verduras) vegetable garden **2** (de árboles frutales) orchard

hueso s **1** (en anatomía) bone **2** (de una ciruela, un durazno, una aceituna) pit **3 huesos** [pl] (restos mortales) bones **4** (trabajo) cushy job • **agarrar hueso** to get a cushy job
EXPRESIONES
dar con los huesos en algo to end up in sth • **estar en los huesos** to be nothing but skin and bone • **no puedo con mis huesos** I'm fit to drop • **ser un hueso duro de roer** to be a tough challenge

huésped s guest

huesudo, -a adj bony

hueva s **huevas** [pl] roe [sing]

huevera s **1** (para transportar) egg box (pl -xes) **2** (para servir) egg cup

huevo s (de ave, tortuga) egg • **poner un huevo** to lay an egg
EXPRESIONES
estar hasta los huevos de alguien/algo to be completely fed up with sb/sth
huevo de pascua Easter egg • huevo duro hard-boiled egg • huevo frito, huevo estrellado fried egg • huevo pasado por agua, huevo tibio soft-boiled egg • huevos a la mexicana scrambled eggs with onions, chilli and tomato • huevos rancheros fried eggs with Mexican tomato sauce served on a fried tortilla • huevos revueltos, huevos pericos scrambled eggs

huida s (de refugiado, delincuente, animal) flight; (de prisionero) escape • **una huida de la realidad/la pobreza** an escape from reality/poverty

huidizo, -a adj (persona, animal) elusive; (mirada) evasive

huincha s **1** (cinta) ribbon **2** (para el pelo) hairband
huincha adhesiva tape • huincha aisladora insulating tape • huincha de medir tape measure

huipil s traditional, colorfully embroidered top worn by indigenous women of Mexico and Central America

huir v [I] (un refugiado, un delincuente, un animal) to flee; (un prisionero) to escape • **huir de alguien** to escape from sb • **huir de la cárcel** to escape from prison • **huir del país** to flee the country

hule s **1** (tela) oilcloth **2** (caucho) rubber
hule espuma foam rubber

hulla s coal

humanidad s **1 la humanidad** (los seres humanos) humanity **2** (compasión) humanity **3 humanidades** [pl] (literatura, historia) humanities

humanismo s humanism

humanista s humanist

humanístico, -a adj humanistic

humanitario, -a adj humanitarian

humano[1], -a adj **1** (del hombre) human **2** (solidario, comprensivo) humane ▶ DERECHOS **humanos**, SER **humano**

humano[2] s human being

humanoide s, adj humanoid

humareda s cloud of smoke

humedad s **1** (en una pared, el techo) damp: *una mancha de humedad* a damp spot **2** (del clima, el tiempo) humidity

humedecer v [T] to moisten
—humedecerse v pron (tierra, papel) to get damp: *Se le humedecieron los ojos.* His eyes filled with tears. • **humedecerse los labios** to moisten your lips

humedecido, -a adj (trapo, cuerpo) damp; (algodón) moistened

húmedo, -a adj **1** (ropa, trapo, casa, terreno) damp **2** (clima, tiempo) humid **3** (ojos, labios) moist

⚠ the old city with its dark streets and damp (✗ humid) walls

¿damp, moist o humid?
damp se refiere en general a lo que está húmedo, especialmente si resulta desagradable: *damp sheets* En cambio, si resulta agradable o su estado natural es ese, se emplea moist: *moist lips*.
humid se aplica al ambiente o al clima húmedos, y denota calor e incomodidad.
Para algo frío y húmedo, se puede usar dank: *a dank cellar*. Para la comida que se ha humedecido y reblandecido, se dice soggy: *The toast was soggy*.

húmero s humerus (pl humeri)

humidificador s humidifier

humidificar v [T] to humidify

humildad s **1** (de actitud, carácter) humility • **con humildad** humbly **2** (de extracción social) humbleness

humilde adj **1** (actitud, carácter) humble **2** (vivienda, origen) humble

humillación s humiliation • **¡qué humillación!** how humiliating!

humillante adj humiliating

humillar v [T] to humiliate

humita s **1** (comida) South American dish prepared with ground corn and fried vegetables **2** (corbata) bow tie

humo s **1** (de algo que se quema) smoke **2** (de un vehículo) fumes [pl] **3** (vapor) steam **4 humos** [pl] **tener/darse humos** to be full of yourself • **se te/le han subido los humos** it's gone to your/his head • **bajarle los humos a alguien** to take sb down a peg or two

humor s **1** (estado de ánimo) mood • **buen humor** good humor • **(estar) de buen/mal humor** (to be) in a good/bad mood • **no estar de humor para algo** not to be in the mood for sth • **poner a alguien de mal humor** to put sb in a bad mood **2** (gracia) humor • **tomarse algo con humor** to take sth in good humor • **una película/un programa de humor** a comedy movie/program
humor negro black humor

humorista s **1** (hombre) comedian; (mujer) comedienne **2** (de historietas) cartoonist

humorístico, -a adj humorous: *un programa humorístico* a comedy program

humus s humus

hundido, -a adj **1** (barco) sunken **2** (ojos – por naturaleza) deep-set; (por enfermedad) sunken **3** (mejillas) hollow

hundimiento s **1** (de un barco, una flota) sinking **2** (de un edificio, un puente) collapse **3** (del piso) subsidence **4** (de una empresa, un sistema político) collapse

hundir v [T] **1** (un barco, una flota) to sink **2** (un negocio, a un comerciante) to ruin
—hundirse v pron **1** (barco) to sink **2** (edificio, puente, techo) to collapse **3** (piso) to subside **4** (empresa) to fold

húngaro[1], -a adj Hungarian

húngaro[2], -a s (persona) Hungarian

húngaro[3] s (idioma) Hungarian

Hungría Hungary

huracán s hurricane

huracanado, -a adj hurricane-force

huraño, -a adj unsociable

hurgar v [I] **hurgar en algo (a)** (rebuscar) to rummage around in sth **(b)** (fisgar) to poke your nose into sth: *No hurgues en mis asuntos.* Don't poke your nose into my affairs.
—hurgarse v pron **hurgarse la nariz** to pick your nose

hurón, -ona s (animal) ferret

hurra interj hurray

hurtadillas a hurtadillas (mirar, huir, avanzar) surreptitiously • **entrar/salir a hurtadillas** to sneak in/out

hurtar *v* [T] to steal

hurto *s* theft

husmear *v* **1** (olfatear) **(a)** [T] to sniff **(b)** [I] to sniff around • **husmear en/entre algo** to sniff around in sth

2 [I] (indagar, fisgar) to nose around: *Deja de husmear en mis asuntos.* Stop poking your nose into my affairs.

huso horario *s* time zone

huy *interj* **1** (expresando sorpresa) gosh!: *¡Huy, qué tarde es!* Gosh, it's late! **2** (ante un pequeño accidente) Whew!: *¡Huy! ¡Casi me caigo!* Whew! I nearly fell over!

I, **i** s I, i

Iberoamérica Latin America

iberoamericano, -a *adj* Latin American

iberoamericano, -a *s* Latin American man/woman

iceberg s iceberg

icono, ícono s icon

iconoclasta¹ *adj* iconoclastic

iconoclasta² s iconoclast

icopor s polystyrene

ida s **1** (viaje) **la ida** the trip there, the outward trip (*más frml*) • **a la ida** on the way there **2** (pasaje) one-way ticket: *Dos de ida a Monterrey, por favor.* Two one-way tickets to Monterrey, please. • **un boleto de ida y vuelta** a round-trip ticket

EXPRESIONES
partido de ida first leg

idea¹ s **1** (ocurrencia) idea • **se me/le ocurrió una idea** I/he had an idea **2** (noción, conocimiento) idea: *Tienes una idea equivocada de lo que significa estudiar.* You have the wrong idea about what studying involves. **3** (intención) idea: *La idea es empezar mañana mismo.* The idea is to start tomorrow. **4** (parecer) **cambiar de idea** to change your mind **5 ideas** [pl] (creencias) ideas: *ideas políticas* political ideas

EXPRESIONES
hacerse a la idea (de algo) to get used to the idea (of sth) • **hacerse una idea de algo** to get an impression of sth • **¡(no tengo) ni idea!** (I have) no idea! • **no tener ni idea de cuánto cuesta/de cómo se hace** to have no idea how much it costs/how it's done

ideal *adj*, s ideal

idealista¹ *adj* idealistic

idealista² s idealist

idealizar v [T] to idealize

idear v [T] to devise

ídem *pron* **1** (en una cita) idem **2** (en un listado) ditto

idéntico, -a *adj* identical • **ser idéntico -a a algo** to be identical to sth • **ser idéntico -a a alguien** (físicamente) to look just like sb; (en la manera de ser) to be just like sb

identidad s identity (pl -ties)

identificación s identification

identificado, -a *adj* **sentirse identificado -a con alguien** to identify with sb: *Me siento totalmente identificada con el personaje de la hija.* I identify completely with the character of the daughter.

identificador¹, -a *adj* identifying

identificador² s (en informática) identifier
identificador de llamadas caller ID

identificar v [T] to identify
—**identificarse** v *pron* **1** (darse a conocer) to identify yourself **2 identificarse con alguien** to identify with sb

ideología s ideology (pl -gies)

ideológico, -a *adj* ideological

idílico, -a *adj* idyllic

idioma s language

idiomático, -a *adj* idiomatic

idiosincrasia s ways [pl], idiosyncrasy (pl -sies)

idiota¹ *adj* stupid

idiota² s idiot

idiotez s **1** (que se dice) **¡qué idiotez!** what a stupid thing to say! • **decir una idiotez** to say something stupid • **decir idioteces** to talk nonsense **2** (que se hace) **¡qué idiotez!** what a stupid thing to do! • **ser una idiotez** to be stupid • **hacer una idiotez** to do something stupid

ido, -a *adj* **1** (despistado) distracted **2** (loco) crazy

idolatrar v [T] **1** (a un dios) to worship **2** (querer, admirar) to idolize

ídolo s idol

idóneo, -a *adj* (adecuado) suitable; (ideal) ideal: *el candidato más idóneo* the most suitable candidate • **la persona/la edad idónea para algo** the best person/age for sth • **el momento idóneo para algo** the right time for sth

iglesia s **1** (edificio) church (pl -ches) • **ir a la iglesia** to go to church **2** (institución) **la iglesia** (tb **la Iglesia**) the Church ▶ CASARSE **por (la) iglesia**

iglú s igloo

ignífugo, -a *adj* fireproof

ignominioso, -a *adj* shameful

ignorancia s ignorance

ignorante¹ *adj* ignorant

ignorante² s ignoramus (pl -ses)

ignorar v [T] **1** (no hacer caso de) to ignore: *Me ignoró completamente.* He totally ignored me. **2** (desconocer) **ignorar algo** not to know sth: *Ignoramos dónde está.* We don't know where he is.

> **¿ignore o be ignorant of?**
> El verbo **ignore** significa "ignorar" en el sentido de "no hacer caso", pero no en el de "desconocer": *We cannot ignore the problem.*
> Para expresar el sentido de "desconocer", se suele usar **not know**: *I don't know why they're so angry*, aunque también se puede decir **be ignorant of** o **be ignorant about**, especialmente cuando se trata de lo que se debería saber: *We were ignorant of the dangers involved.* • *I'm very ignorant about politics.*

igual¹ *adj* **1** (idéntico) the same: *Los dos dibujos son iguales.* The two drawings are the same. • *Necesito dos sobres iguales.* I need two identical envelopes. • **ser igual a/que algo** to be the same as sth • **ser igual a/que alguien** to be just like sb **2** (en operaciones matemáticas) **3 por 2 es igual a 6** 3 times 2 is 6, 3 times 2 equals 6 (*más frml*) **3** (en tenis) **quince/treinta iguales** fifteen/thirty all • **cuarenta iguales** deuce

igual² *adv* **1 da igual** it doesn't matter • **me/le da igual** I don't mind/he doesn't mind: *Me da igual lo que diga.* I don't care what she says. **2** (de la misma manera) the same • **igual que** the same as: *Yo pienso igual que tú.* I think the same as you. • **por igual** equally **3** (de todos modos) still: *No tengo hambre pero igual lo quiero probar.* I'm not hungry but I still want to try it. **4 ser igual de caros -as/feos -as** to be equally expensive/ugly • **eres igual de tonto -a/culpable que...** you're just as stupid/just as much to blame as...

igual³ s [masc & fem] equal: *Te habla de igual a igual.* He talks to you as an equal.

igual⁴ s [masc] (signo matemático) equals sign

igualado, -a *adj* **1** (competición) evenly contested; (resultado, votación) close: *dos equipos/candidatos muy igualados* two very evenly matched teams/candidates • **estar/ir igualados en algo** to be neck and neck in sth: *Están igualados en las encuestas.* They're neck and neck in the polls. • *Van igualados en el marcador.* The scores are even. **2** (irrespetuoso) fresh, sassy

igualar v **1** [T] (un terreno, una superficie) to level **2** [T] (un récord, una puntuación, un nivel) to equal **3** [I] (empatar) to tie **4** [T] **igualar el partido/el marcador** to even the scores

igualdad s equality • **la igualdad entre los sexos** equality between the sexes • **en igualdad de condiciones** on equal terms
igualdad de derechos equal rights [pl] • **igualdad de oportunidades** equal opportunities [pl]

igualitario, -a adj (trato, acceso) equal; (sociedad) egalitarian

igualmente adv **1** (como respuesta) the same to you: –Feliz Navidad. –Gracias, igualmente. "Merry Christmas!" "The same to you." **2** (de manera igual) equally

iguana s iguana

ilegal adj illegal

ilegalidad s **1** (cualidad) illegality • **trabajar/vivir en la ilegalidad** to work/to live illegally **2** (hecho) unlawful act

ilegalizar v [T] to outlaw

ilegible adj illegible

ilegitimidad s illegitimacy

ilegítimo, -a adj (hijo) illegitimate

ileso, -a adj **resultar/salir ileso -a** to be/to escape unhurt

ilícito, -a adj (ilegal) illegal; (irregular) illicit

ilimitado, -a adj unlimited

ilógico, -a adj illogical

iluminación s lighting: una habitación con buena iluminación a well-lit room

iluminar v [T] (una calle) to light; (un edificio) to light up

ilusión s **1** (esperanza) hope • **no tengo muchas ilusiones de que...** I'm not too hopeful that... • **hacerse ilusiones** to get your hopes up: No te hagas ilusiones. Don't get your hopes up. **2** (sueño) dream: Tiene la ilusión de trabajar en Hollywood. Her dream is to work in Hollywood. **3** (alegría) **me hizo ilusión verla/que te acordaras de mi cumpleaños** it was wonderful to see her/I was really pleased that you remembered my birthday: ¿No te hace ilusión irte a Nueva York? ¿Aren't you looking forward to going to New York? • **¡qué ilusión!** how exciting!
ilusión óptica optical illusion

ilusionado, -a adj **estar ilusionado -a con algo** to be excited about sth

ilusionar v [T] to excite: Me ilusiona jugar en este equipo. I'm excited about playing for this team. • **ilusionar a alguien (con algo)** to get sb's hopes up (with sth)
—**ilusionarse** v pron **1** (emocionarse) to get excited: Se ilusiona con la idea de ser padre. He's excited about becoming a father. **2** (esperanzarse) to get your hopes up: No se ilusionen demasiado. Don't get your hopes up too much.

ilusionismo s magic

ilusionista s magician

iluso, -a s **ser un iluso/una ilusa** to be naive

ilustración s **1** (dibujo) illustration **2 la Ilustración** the Enlightenment

ilustrado, -a adj **1** (con ilustraciones) illustrated **2** (culto) erudite

ilustrador, -a s illustrator

ilustrar v [T] **1** (con dibujos, pinturas) to illustrate **2** (ejemplificar) to illustrate

ilustrativo, -a adj illustrative

ilustre adj illustrious

imagen s

1 apariencia
2 de una figura pública
3 de un televisor
4 en la mente
5 en un espejo
6 en informática
7 estatua
8 en literatura

1 APARIENCIA image: un cambio de imagen a change of image
2 DE UNA FIGURA PÚBLICA image: Tiene asesores de imagen. She has image consultants.
3 DE UN TELEVISOR picture: La imagen se ve borrosa. The picture is fuzzy.
4 EN LA MENTE picture: la imagen mental que tenía de él the mental picture I had of him
5 EN UN ESPEJO reflection: Miró su imagen en el espejo. He looked at his reflection in the mirror.
6 EN INFORMÁTICA image: un archivo de imagen an image file
7 ESTATUA image: una imagen de la Virgen an image of the Virgin
8 EN LITERATURA image
EXPRESIONES
ser la viva imagen de alguien to be the spitting image of sb

imaginación s **1** imagination: Tiene mucha imaginación. She has a vivid imagination. **2 imaginaciones** [pl] (sospechas) imaginings: Eso son imaginaciones tuyas. You're imagining things.

imaginar v [T] to imagine: Es difícil de imaginar. It's difficult to imagine. • Imagino que ya sabes qué ha pasado. I imagine you already know what's happened. • Imagina que alguien se entera de nuestro plan. What if someone finds out our plan?
—**imaginarse** v pron **1** (suponer) to imagine: –Estoy muy contenta. –¡Me imagino! "I'm very happy." "I can imagine!" • ¡Me imagino que no se lo habrás dicho! You haven't told her, have you? **2 me lo imaginaba gordo/alto** I imagined him to be fat/tall: No me lo imagino trabajando en una oficina. I can't imagine him working in an office. • Me la imaginaba distinta. I pictured her differently./I imagined her to be different.

imaginario, -a adj imaginary

imaginativo, -a adj imaginative

imán s **1** (mineral) magnet **2** (musulmán) imam

imbatible adj unbeatable

imbatido, -a adj unbeaten

imbécil[1] adj stupid: ¡Mira que eres imbécil! You stupid idiot!

imbécil[2] s idiot

imbecilidad s **1** (que se dice) **¡qué imbecilidad!** what a stupid thing to say! • **decir una imbecilidad** to say something stupid • **decir imbecilidades** to talk nonsense: ¡Déjate de decir imbecilidades! Stop talking nonsense! **2** (que se hace) **¡qué imbecilidad!** what a stupid thing to do! • **ser una imbecilidad** to be stupid: Es una imbecilidad hacerlo de nuevo. It's stupid to do it all over again. • **hacer una imbecilidad** to do something stupid

imborrable adj (recuerdo) indelible, unforgettable; (huella) indelible

imeca s (abrev de **índice metropolitano de la calidad del aire**) a measure of air quality in Mexican cities

imitación s **1** (de una persona) impression: Hace muy buenas imitaciones. He does very good impressions. **2** (no original) imitation; (para engañar) fake: Es una imitación. It's a fake. • **de imitación** fake: Venden relojes de imitación. They sell fake watches.

imitador, -a s **1** (que copia) imitator **2** (humorista) impressionist

imitar v [T] **1** (copiar) to copy, to imitate (más frml): Imita a su hermana en todo. She copies everything her sister does. **2** (parodiar) to do an impression of: Imita muy bien a la directora. She does a very good impression of the principal. **3** (parecerse a) **imitar el cuero/la madera** to be imitation leather/wood

impaciencia s impatience

impacientar v [T] to make impatient
—**impacientarse** v pron to get impatient: *No te impacientes.* Don't get impatient.

impaciente adj impatient • **estar impaciente por hacer algo** to be impatient to do sth: *Estoy impaciente por saber qué nota saqué.* I'm impatient to find out what grade I got.

impactante adj (imagen, anuncio) powerful, striking; (tragedia, noticia) shocking

impactar v **1** [T] to have a profound effect on: *Su lloro me impactó mucho.* Her crying had a profound effect on me. **2** [I] **impactar en/contra algo** to hit sth, to strike sth (*más frml*): *Las balas impactaron en la pared del edificio.* The bullets hit the wall of the building.

impacto s **1** (impresión) impact • **causar impacto** to make an impact: *Lo que dijo causó mucho impacto.* What he said made quite an impact. **2** (efecto) impact • **tener un impacto negativo/positivo** to have a negative/positive impact **3** (colisión) impact
impacto ambiental environmental impact

impagable adj (ayuda) invaluable: *Nos hiciste un favor impagable.* We'll never be able to return the favor you've done us.

impago s failure to pay, non-payment

impar adj **un número impar** an odd number

imparable adj unstoppable

imparcial adj impartial, unbiased

imparcialidad s impartiality

impartir v [T] (una bendición) to give • **impartir clases** to teach • **impartir justicia** to dispense justice

impasible adj impassive, unmoved • **mantenerse/ permanecer impasible** to remain impassive

impecable adj **1** (muy limpio) spotless: *La casa estaba impecable.* The house was spotless. **2** (ropa) immaculate: *una camisa blanca impecable* an immaculate white shirt • **estar impecable** to be immaculately dressed **3** (perfecto) impeccable: *Habla un inglés impecable.* He speaks impeccable English.

impedimento s obstacle, impediment (*más frml*)

impedir v [T] to prevent, to stop • **impedirle a alguien hacer algo/impedir que alguien haga algo** to prevent sb from doing sth, to stop sb doing sth: *La enfermedad le impidió seguir con las clases de ballet.* The illness prevented her from continuing with her ballet lessons. • *No pudimos impedir que se lo dijera.* We couldn't stop her telling him. • **impedirle la entrada a alguien** to stop sb going in, not to let sb in: *Nos impidió la entrada.* He wouldn't let us in. • **impedirle el paso a alguien** to block sb's way, not to let sb through: *La policía nos impidió el paso.* The police wouldn't let us through.

impenetrable adj **1** (selva, puerta) impenetrable; (castillo) impregnable **2** (misterio, enigma) unfathomable; (sonrisa) inscrutable

impensable adj unthinkable

imperante adj (moda, ideas, cultura) prevailing; (sistema) current

imperativo, -a adj, s (en gramática) imperative

imperceptible adj imperceptible

imperdonable adj unforgivable

imperfección s (de un objeto) flaw

imperfecto[1], -a adj **1** (no perfecto) imperfect **2** (en gramática) imperfect

imperfecto[2] s (en gramática) imperfect

imperial adj imperial

imperialismo s imperialism

imperialista adj, s imperialist

imperio s empire

imperioso, -a adj **1** (urgente) urgent: *Es imperioso actuar con firmeza.* Firm action is urgently needed. **2** (voz, tono) imperious

impermeabilizar v [T] to waterproof

impermeable[1] s raincoat

impermeable[2] adj (tela, pintura) waterproof • **ser impermeable al agua** to be waterproof

impersonal adj **1** (no personal) impersonal **2** (en gramática) impersonal

impertinencia s **1** impertinence **2 impertinencias** [pl] impertinence [U]; (comentarios) impertinent remarks

impertinente[1] adj **1** (persona) impertinent **2** (comentario, pregunta) impertinent

impertinente[2] s **ser un/una impertinente** to be very rude, to be very impertinent (*más frml*)

imperturbable adj **1** (sin alterarse) unperturbed • **permanecer/mantenerse imperturbable** to remain unperturbed **2** (calma, rostro) imperturbable

ímpetu s **1** (fuerza) force **2** (decisión) energy, impetus

impetuoso, -a adj (persona, temperamento) impetuous, impulsive

implacable adj (enemigo) implacable; (avance, calor) relentless

implantación s (de un sistema, una tecnología) implementation

implantar v [T] **1** (un sistema, una tecnología) to implement; (una costumbre) to introduce **2** (una prótesis, un miembro) to implant

implante s implant

implementación s implementation

implementar v [T] to implement

implicación s (en un delito) involvement

implicancia s implication

implicar v [T] **1 implicar a alguien en algo** to involve sb in sth: *A mí no me impliques en esto.* Don't involve me in this. • **estar implicado -a (en algo)** to be involved (in sth): *Hay muchos políticos implicados en el escándalo.* There are many politicians involved in the scandal. **2** (significar) to mean: *Eso implica que nos tenemos que levantar a las cinco.* That means we have to get up at five.

implícito, -a adj implicit

implorar v [T] to beg, to implore (*más frml*): *Te lo imploro.* I beg you.

imponente adj **1** (voz, personalidad) formidable **2** (extraordinario – edificio) imposing; (vehículo, jugador) impressive

imponer v [T] **1** (una multa, un castigo) to impose **2** (respeto) to command **3** (miedo) to instill **4** (una medalla) to present
—**imponerse** v pron **1** (ganar) to win: *Se impusieron por 3–0.* They won 3–0. • **imponerse a alguien** to beat sb: *Se impuso a la jugadora polaca.* She beat the Polish player. **2** (hacerse respetar) to assert your authority **3** (predominar) to catch on: *una moda que se impuso el año pasado* a fashion that really caught on last year

imponible adj ▶ BASE imponible

impopular adj unpopular

importación s **1** (acción) importation **2 importaciones** [pl] imports

EXPRESIONES
artículos/productos de importación imported goods/ products

importado, -a adj imported

importador, -a s importer

importancia s importance • **un tema/un acontecimiento de gran importancia** a very important issue/ event • **darle importancia a algo** to attach importance to sth: *No le des tanta importancia.* Don't make so much of it. • **no tiene importancia** it doesn't matter, it's not important • **quitarle/restarle importancia a algo** to play sth down: *El entrenador le quitó importancia a la derrota sufrida.* The coach played down their defeat. • **sin importancia** minor: *Sufrió un corte sin importancia.* She suffered a minor cut.

⚠ La traducción de la frase "tener importancia" depende del contexto, pero nunca se traduce por *have importance*:
Pollution is a very important issue (✗ *has great importance*) *in our daily life.*
In the Stone Age women had an important role (✗ *had importance*) *in society.*
The ideas of Adolf Hitler began to be influential (✗ *to have importance*) *in Germany.*

importante *adj* **1** (persona, asunto, hecho) important: *Es un examen muy importante.* It's a very important test. • *una mujer muy importante* a very important woman • *Tengo que decirte algo muy importante.* I have something very important to tell you. • *Es muy importante que aprendas inglés.* It's very important that you learn English. • **lo importante es** the main thing is: *Lo importante es que te mejores.* The main thing is that you get better. • **ser importante para alguien** to be important to sb: *La música es muy importante para mí.* Music is very important to me. **2** (cantidad, número) substantial, considerable: *Perdió una importante cantidad de dinero.* He lost a substantial sum of money.

importar *v*

1	ser importante
2	interesar
3	preocupar
4	fórmula de cortesía
5	de otro país
6	en informática

1 SER IMPORTANTE [I] **no importa** it doesn't matter: *–¡Se nos fue el tren! –No importa.* "We've missed the train!" "It doesn't matter." • *No importa que no esté perfecto.* It doesn't matter if it's not perfect.
2 INTERESAR [I] **no me/le importa (a)** (para expresar indiferencia) I don't/she doesn't care: *–Está enojada contigo. –No me importa.* "She's angry with you." "I don't care." • *No le importa lo que digan los demás.* She doesn't care what other people say. **(b)** (para expresar que no hay problema) I don't/she doesn't mind: *–Tendrás que volver mañana. –No me importa.* "You'll have to come back tomorrow." "I don't mind." • *No me importa hacerlo sola.* I don't mind doing it on my own. • **lo que me/le importa** *Lo único que le importa es el fútbol.* The only thing he cares about is football. • *Lo que me importa es aprobar la materia.* What I care about is passing the test in the subject. • *¡Por supuesto que me importa!* Of course I care!
3 PREOCUPAR [I] **¿a ti qué te importa?** it's none of your business: *–¿Con quién hablabas? –¿A ti qué te importa?* "Who were you talking to?" "It's none of your business." • **¿a mí qué me importa?** what do I care?
4 FÓRMULA DE CORTESÍA [I] **¿te/le importa...?** do you mind...?: *¿Le importa si me siento aquí?* Do you mind if I sit here? • **¿te/le importaría...?** would you mind...?: *¿Te importaría cerrar la ventana?* Would you mind closing the window?
5 DE OTRO PAÍS [T] to import: *Importan mucha fruta de Brasil.* They import a lot of fruit from Brazil.
6 EN INFORMÁTICA [T] to import

importe *s* **1** (costo) cost: *el importe final de la obra* the final cost of the work **2** (cantidad) amount, sum: *El importe total de la factura ascendía a 900 dólares.* The total of the invoice came to 900 dollars. • *Suscribieron un préstamo por importe de 400 millones de dólares.* They took out a loan of 400 million dollars.

importunar *v* [T] to bother

imposibilidad *s* impossibility

imposible *adj* **1** (no posible) impossible: *Me resulta imposible creerlo.* I find it impossible to believe. • **es imposible que esté listo -a/que lo sepa** it can't possibly be ready/he can't possibly know • **hacer lo imposible** to

do everything you can: *Voy a hacer lo imposible por aprobar.* I'm going to do everything I can to pass. **2** (insoportable) impossible: *¡Eres imposible!* You're impossible!

imposición *s* (exigencia) imposition

impositivo, -a *adj* tax [solo ante s] • **sistema impositivo/reforma impositiva** tax system/tax reform

impostor, -a *s* impostor

impotencia *s* **1** (para actuar) powerlessness, impotence (*más frml*) **2** (sexual) impotence

impotente *adj* **1** (incapaz) powerless • **sentirse impotente** to feel powerless **2** (sexualmente) impotent

imprecisión *s* **1** (falta de precisión) vagueness, imprecision (*más frml*) **2** (error) inaccuracy (pl -cies)

impreciso, -a *adj* vague, imprecise (*más frml*)

impredecible *adj* unpredictable

impregnar *v* [T] **impregnar algo de algo** to soak sth in sth

imprenta *s* **1** (taller) print shop **2** (máquina) printing press (pl -sses)

imprescindible *adj* essential: *Es imprescindible que vengas.* It is essential that you come. • *Es imprescindible tener conocimientos de informática.* Knowledge of computers is essential.

impresentable[1] *adj* **1** (de aspecto inaceptable) not presentable: *Son impresentables.* They're a disgrace./They're not presentable. **2** (poco moral) disgraceful

impresentable[2] *s* **ser un impresentable** to be a disgrace

impresión *s* **1** (opinión) impression • **causarle una buena/mala impresión a alguien** to make a good/bad impression on sb: *No sé si le causé buena impresión.* I don't know if I made a good impression on him. **2** (sensación) feeling, impression • **me/te da la impresión de que...** I/you get the impression (that)...: *Me dio la impresión de que no te gustó.* I got the impression you didn't like it. • *Me da la impresión de que no van a venir.* I get the feeling that they aren't going to come. • **tener la impresión de que...** to have the feeling (that)...: *Tengo la impresión de que se me ha olvidado algo.* I have the feeling I've forgotten something. **3** (susto) shock: *Se desmayó de la impresión.* She fainted from the shock. **4 me/le da impresión...** I/he can't stand...: *Me da impresión tocar el pescado crudo.* I can't stand touching raw fish. • *Nos dio impresión verla tan mal.* Seeing her looking so sick had a real effect on us. **5** (señal) print: *una impresión digital* a fingerprint

impresionable *adj* impressionable

impresionante *adj* **1** (admirable) amazing: *Fue un concierto impresionante.* It was an amazing concert. • *Es impresionante cómo ha mejorado.* It's amazing how much he has improved. **2** (muy grande) enormous: *una cantidad impresionante de gente* an enormous number of people **3** (que produce impresión) horrific: *un accidente impresionante* a horrific accident

impresionar *v* [T] **1** (causar una mala impresión a) to shock: *Nos impresionó verla tan delgada.* We were shocked to see her looking so thin. • *La noticia le impresionó mucho.* He was very shocked at the news. **2** (causar admiración) to impress: *Quedamos muy impresionados con Roma.* We were very impressed with Rome.
—**impresionarse** *v pron* to be shocked: *Se impresionó al verlo tan desfigurado.* She was shocked to see how badly disfigured he was.

impresionista *adj, s* impressionist

impreso[1], **-a** *adj* printed

impreso[2] *s* form • **rellenar un impreso** to fill out a form

impresora *s* printer
impresora (en) color color printer • impresora de chorro de tinta ink-jet printer • impresora láser laser printer

imprevisible *adj* unpredictable: *El tiempo es imprevisible en esta época.* The weather is unpredictable at this time of year. • *El resultado del partido es imprevisible.* You can't predict the result of the game.

imprevisto[1], -a *adj* **1** (inesperado) unexpected **2** (no previsto) unforeseen

imprevisto[2] *s* **ha surgido un imprevisto** something unexpected has come up • **debido a un imprevisto** due to unforeseen circumstances

imprimir *v* [T] **1** (un libro, un documento) to print **2** (un carácter, un estilo) to stamp; (un tono) to give **3** (velocidad) to set; (efecto) to put: *Imprimió velocidad a la carrera desde el principio.* He set a fast pace in the race from the outset.

improbable *adj* unlikely

improperio *s* insult

impropio, -a *adj* **1** (no característico) **ser impropio -a de alguien** to be uncharacteristic of sb: *Llegar tarde es impropio de él.* It's not like him to be late./It's uncharacteristic of him to be late. **2** (inadecuado) inappropriate

improvisación *s* improvisation

improvisar *v* [I,T] to improvise: *No improvises.* Don't improvise. • *Tuve que improvisar una respuesta.* I had to give an answer off the top of my head.

improviso **de improviso** unexpectedly, suddenly: *Se presentó allí de improviso.* He turned up there unexpectedly. • *Todo sucedió de improviso.* It all happened suddenly.

imprudencia *s* **1** (falta de precaución) carelessness: *Manejas con mucha imprudencia.* You're a reckless driver. **2** (acción) *El accidente se debió a una imprudencia del conductor.* The accident was caused by careless driving. • *Fue una imprudencia dejar a los niños solos tanto tiempo.* It was unwise to leave the children alone for so long.

imprudente *adj* **1** (persona, conducta) rash: *No seas tan imprudente.* Don't be so rash. **2** (conductor) careless: *Es muy imprudente conduciendo.* He's a reckless driver.

impuesto *s* tax (pl -xes) • **antes/después de impuestos** before/after tax • **pagar impuestos** to pay tax
impuesto de circulación (y tránsito) road tax • impuesto de salida departure tax • impuesto predial tax on capital • impuesto sobre el valor agregado value-added tax • impuesto sobre la renta income tax

impugnar *v* [T] (una decisión) to contest; (una teoría) to refute

impulsar *v* [T] **1** (animar) to encourage • **impulsar a alguien a hacer algo** to encourage sb to do sth: *Sus padres la impulsaron a seguir estudiando.* Her parents encouraged her to continue studying. **2** (estimular) to drive • **impulsar a alguien a hacer algo** to drive sb to do sth: *La situación los impulsó a irse del país.* The situation drove them to leave the country. **3** (hacer mover) to propel

impulsivo, -a *adj* impulsive: *No seas tan impulsiva.* Don't be so impulsive.

impulso *s* **1** (deseo) impulse, urge: *Le cuesta controlar sus impulsos.* He finds it difficult to control his impulses. • **resistir el impulso** to resist the urge **2** (estímulo) boost • **darle un impulso a algo** to give sth a boost **3 tomar impulso** to pick up speed: *Tomó impulso y saltó.* He picked up speed and jumped.

impulsor, -a *s* driving force

impune *adj* **quedar impune** to go unpunished

impunidad *s* impunity

impuntual *adj* unpunctual

impuntualidad *s* unpunctuality

impureza *s* impurity (pl -ties)

impuro, -a *adj* impure

in- *pref* un-: *innecesario* unnecessary • *infeliz* unhappy • *inadmisible* unacceptable

inaccesible *adj* **1** (lugar) inaccessible **2** (persona) unapproachable **3** (precio) unaffordable

inaceptable *adj* unacceptable

inactividad *s* inactivity

inactivo, -a *adj* **1** (que no actúa – persona) inactive; (bacteria, enfermedad) dormant **2** (sin trabajo – persona) not working, out of work; (equipo) out of action: *el porcentaje de mujeres inactivas* the percentage of women not working

inadaptación *s* failure to adapt
inadaptación social social maladjustment

inadaptado[1], -a *adj* maladjusted

inadaptado[2], -a *s* misfit
inadaptado -a social social misfit

inadecuado, -a *adj* **1** (comportamiento) inappropriate; (horario) unsuitable **2** (fondos, recursos) inadequate

inadmisible *adj* unacceptable

inadvertido, -a *adj* **pasar inadvertido -a** to go unnoticed: *Se vistió discretamente para pasar inadvertida.* She dressed discreetly so that no one would notice her.

inagotable *adj* inexhaustible

inaguantable *adj* unbearable: *Ese tipo es inaguantable.* That guy is unbearable. • **un calor/una presión inaguantable** unbearable heat/pressure

inalámbrico[1], -a *adj* (teclado, micrófono) wireless; (teléfono) cordless

inalámbrico[2] *s* (teléfono) cordless phone

inalcanzable *adj* unattainable

inalterable *adj* **1** (que no cambia) *materiales inalterables* resistant materials **2** (imperturbable) impassive • **permanecer/mantenerse inalterable** to remain impassive

inamovible *adj* fixed, that cannot be changed

inanición *s* starvation • **morir de inanición** to die of starvation, to starve to death

inanimado, -a *adj* inanimate

inapelable *adj* (sentencia) unappealable; (fallo, decisión) final: *La decisión del tribunal es inapelable.* There is no right of appeal against the court's decision.

inaplazable *adj* **una reforma/decisión inaplazable** a reform/decision that cannot be put off

inapreciable *adj* **1** (subida, contenido) imperceptible **2** (colaboración, respaldo) invaluable

inapropiado, -a *adj* inappropriate • **ser inapropiado -a para algo** to be inappropriate for sth: *La ropa que llevaba era inapropiada para la ocasión.* The clothes he was wearing were inappropriate for the occasion.

inasequible *adj* unattainable

inaudible *adj* inaudible

inaudito, -a *adj* unprecedented • **es inaudito que...** it's incredible that...: *Es inaudito que no hayan podido llegar a un acuerdo.* It's incredible that they haven't managed to reach a decision.

inauguración *s* opening

inaugural *adj* opening, inaugural (*más frml*)

inaugurar *v* [T] **1** (un hospital, un colegio) to open, to inaugurate (*más frml*) **2** (una exposición, una muestra) to open

incalculable *adj* (cifra, daño) incalculable • **de un valor incalculable** priceless

incalificable *adj* unspeakable

incansable *adj* tireless

incapacidad *s* **1** (falta de capacidad) inability • **incapacidad de alguien para hacer algo** sb's inability to do sth **2** (falta de aptitud) incompetence **3** (física, mental)

disability   **4** (en el trabajo) **estar de incapacidad** to be on sick leave, to be off sick: *Está de incapacidad por maternidad.* She's on maternity leave.
incapacidad laboral incapacity for work

incapacitado, -a *adj* **1** (minusválido) disabled **2** (sin talento o condiciones) **incapacitado -a para algo/para hacer algo** unfit for sth/to do sth **3** (inhabilitado) disqualified

incapaz *adj* **ser incapaz de hacer algo (a)** (no tener capacidad) to be incapable of doing sth: *Es incapaz de entenderlo.* He's incapable of understanding it. **(b)** (no tener voluntad) not to manage to do sth, to be incapable of doing sth: *Fue incapaz de llamarla.* He couldn't manage to phone her. • *El hijo es incapaz de visitarla.* Her son can't be bothered to visit her.

incautar *v* [T] to seize

incendiar *v* [T] to set fire to: *Le incendiaron la tienda.* They set fire to his store.
—**incendiarse** *v pron* **1** (edificio, bosque) to burn down: *Se incendió una gran parte del bosque.* A large part of the forest burned down. **2** (prenderse fuego) to catch fire: *Pudieron impedir que se incendiara la casa de al lado.* They were able to stop the house next door from catching fire.

incendiario, -a *adj* **1** (artefacto, bomba) incendiary **2** (subversivo, revolucionario) inflammatory

incendio *s* fire: *Hubo un incendio en el colegio.* There was a fire at the school. • **apagar un incendio** to put out a fire
incendio provocado arson

¿fire, blaze o inferno?
La traducción de "incendio" es fire.
Si el incendio es de grandes proporciones, en lenguaje periodístico se suele usar el término blaze: *Firemen fought to keep the blaze under control.*
En lenguaje literario, también se ve el término "inferno": *Soon, the house became a raging inferno.*

incentivar *v* [T] to encourage

incentivo *s* incentive

incertidumbre *s* uncertainty

incesante *adj* (lluvia, ruido) incessant; (violencia) unceasing; (aumento, búsqueda) constant

incesto *s* incest

incidencia *s* **1** (repercusión) impact, effect • **incidencia en/sobre algo** impact on sth **2** (cantidad de casos) incidence

incidente *s* (contratiempo, conflicto) incident

EXPRESIONES
sin incidentes without incident: *La marcha se desarrolló sin incidentes.* The march went off without incident.

incidir *v* [I] **incidir en algo** (tener efecto) to affect sth

incienso *s* incense

incierto, -a *adj* (porvenir, futuro) uncertain

incinerar *v* [T] **1** (un cadáver) to cremate **2** (la basura) to incinerate

incipiente *adj* incipient

incisión *s* incision

incisivo¹, -a *adj* (comentario, estilo) incisive

incisivo² *s* incisor

incitar *v* [T] **incitar a alguien a hacer algo (a)** (instigar) to incite sb to do sth: *Incitaron a los obreros a ir a la huelga.* They incited the workers to go on strike. **(b)** (animar) to encourage sb to do sth: *ofertas especiales para incitar a la gente a comprar* special offers to encourage people to buy

inclemencia *s* inclemency [U]: *las inclemencias del tiempo* the inclemency of the weather

inclinación *s* **1** (tendencia, afición) inclination • **tener inclinaciones artísticas/políticas** to be artistically

inclined/to have political leanings • **inclinación a hacer algo** inclination to do sth, tendency to do sth: *Tiene inclinación a restar importancia a los problemas.* She has a tendency to play down the importance of problems. • **mostrar/sentir inclinación por algo** to be drawn to sth: *Desde niña mostró inclinación por la música.* She's always been drawn to music, even as a child. **2** (pendiente) slope; (dirección) inclination **3** (de la cabeza) nod

inclinado, -a *adj* **1** (torre, poste) leaning: *la torre inclinada de Pisa* the leaning tower of Pisa • **estar inclinado -a hacia un lado** to lean to one side • **estar inclinado -a sobre algo/alguien** to be leaning over sth/sb **2 sentirse inclinado -a a hacer algo** to feel inclined to do sth **3** (superficie, terreno) sloping; (plano) inclined

inclinar *v* [T] **1 inclinar la cabeza (a)** (bajarla) to lower your head **(b)** (hacia un lado) to tilt your head **(c)** (para afirmar) to nod **(d)** (en reverencia) to bow **2** (un objeto) **inclinar algo hacia un lado/hacia atrás/hacia adelante** to tilt sth to one side/back/forward
—**inclinarse** *v pron* **1** (doblar el cuerpo) to lean over: *Se inclinó para mirarlo de cerca.* She leaned over to have a closer look at it. • **inclinarse hacia adelante** to lean forward **2** (sentirse impulsado) **inclinarse a hacer algo** to be inclined to do sth: *Me inclino a creer que está diciendo la verdad.* I'm inclined to believe that he's telling the truth. **3** (preferir) **inclinarse por hacer algo** to be inclined to do sth: *Me inclino por ir en avión.* I'm inclined to go by plane. • **inclinarse por algo** to tend to favor sth: *Me inclino por la primera opción.* I'm inclined to go for the first option.

incluido, -a *adj* included: *una habitación con desayuno incluido* a room with breakfast included • **unas vacaciones con todo incluido** an all-inclusive vacation

incluir *v* [T] **1** (comprender) to include: *El precio no incluye el desayuno.* The price does not include breakfast. **2** (poner) to include: *Me han incluido en el equipo.* I've been included in the team.

inclusión *s* inclusion
inclusión social social integration

inclusive *adv* including: *hasta el 6 inclusive* up to and including the 6th • **ambos inclusive** inclusive: *del 3 al 10 de junio, ambos inclusive* from the 3rd to the 10th of June inclusive

incluso *adv* even: *Les gustó a todos, incluso al profesor.* Everyone liked it, even the teacher. • *Se lo contó incluso a sus padres.* She even told her parents.

incógnita *s* **1** (misterio) mystery (pl -ries) • **despejar una incógnita** to clear up a mystery **2** (en matemáticas) unknown quantity (pl -ties)

incógnito **de incógnito** incognito: *Vino de incógnito.* He came incognito.

incoherencia *s* **1** (falta de coherencia) incoherence **2** (dicho incoherente) inconsistency (pl -cies)

incoherente *adj* incoherent: *Todo lo que dice es incoherente.* Everything he says is illogical. • **ser incoherente con algo** to be inconsistent with sth • **ser incoherente consigo mismo** to contradict yourself

incoloro, -a *adj* colorless

incomodar *v* [T] **1** (causar incomodidad) **incomodar a alguien** to make sb feel uncomfortable **2** (causar molestia) to bother, to inconvenience (*más frml*): *No quería incomodarlo.* I didn't want to bother you. • *Si no te incomoda, paso mañana.* I'll come by tomorrow, if that's all right with you.
—**incomodarse** *v pron* No creí que fuera a incomodarse con la pregunta. I didn't think she'd mind my asking. • *Se incomodaron porque no fuiste.* They were upset that you didn't go.

incomodidad *s* **1** (falta de comodidad) discomfort **2** (molestia) inconvenience: *Pese a las incomodidades, se divirtieron.* Despite the inconvenience, they enjoyed themselves.

incómodo, -a *adj* **1** (sillón, cama) uncomfortable: *una cama muy incómoda* a very uncomfortable bed **2 estar incómodo -a** to be uncomfortable: *Estoy muy incómoda en esta silla.* I'm very uncomfortable in this chair. **3 sentirse incómodo -a** to feel uncomfortable: *Me sentía incómoda entre tanta gente importante.* I felt uncomfortable among so many important people. **4** (situación) awkward

incompatibilidad *s* **1** (falta de compatibilidad) incompatibility: *Hay una incompatibilidad entre la grabadora y el DVD.* The recorder and the DVD are incompatible. **2** (en un cargo, un trabajo) conflict of interests

incompatible *adj* incompatible

incompetencia *s* incompetence

incompetente *adj* incompetent

incompleto, -a *adj* incomplete

incomprendido, -a *adj* misunderstood • **sentirse incomprendido -a** to feel that no one understands you

incomprensible *adj* incomprehensible

incomprensión *s* lack of understanding, incomprehension (*más frml*)

incomunicación *s* **1** (entre personas) lack of communication **2** (de un acusado, un testigo) *Han decretado la incomunicación del acusado.* The defendant has been ordered to be held incommunicado. **3** (aislamiento) *Sigue la incomunicación del pueblo debido a las inundaciones.* The village is still cut off by the floods.

incomunicado, -a *adj* **1** (como castigo) in solitary confinement **2** (un testigo, un acusado) incommunicado • **estar/permanecer incomunicado -a** to be/remain incommunicado **3** (aislado) cut off

incondicional *adj* **1** (apoyo, rendición, amor) unconditional **2** (público, admirador) devoted

inconfundible *adj* unmistakable

inconsciente[1] *adj* **1** (sin conocimiento) unconscious: *Estuvo inconsciente unos minutos.* She was unconscious for a few minutes. • **dejar inconsciente a alguien** to knock sb unconscious: *Los golpes lo dejaron inconsciente.* The blows knocked him unconscious. **2** (involuntario – movimiento, reacción) unconscious **3** (imprudente) irresponsible: *¡No seas tan inconsciente!* Don't be so irresponsible!

inconsciente[2] *s* **1 ser un/una inconsciente** to be very irresponsible **2** (en psicología) **el inconsciente** the unconscious

inconstitucional *adj* unconstitutional

inconstitucionalidad *s* unconstitutionality

incontable *adj* (numerosos) countless

incontrolable *adj* uncontrollable

inconveniente *s* **1** (problema, obstáculo) problem: *Si hay algún inconveniente, llámame.* If there's any problem, give me a call. • **no tener inconvenientes/(ningún) inconveniente** to have no problems/no problem: *No tuve ningún inconveniente para llegar aquí.* I had no problem getting here. • **no tener (ningún) inconveniente en hacer algo** to have no objection to doing sth: *No tengo inconveniente en dejarle mi bicicleta.* I have no objection to lending him my bicycle. • **surgió un inconveniente/surgieron inconvenientes** a problem came up/there were problems **2** (desventaja) disadvantage: *Tiene el inconveniente de que está algo lejos.* It has the disadvantage of being a bit far.

incordiar *v* **1** [T] to annoy: *Dejemos de incordiarles.* Let's stop annoying them. **2** [I] to be annoying

incordio *s* nuisance, pain

incorporación *s* inclusion, incorporation (*más frml*): *la incorporación de información a la base de datos* the inclusion of information in the database • *la incorporación de nuevas tecnologías* the introduction of new technology • **la incorporación de nuevos productos/juegos** the addition of new products/games • **desde su incorporación al equipo/a la empresa** since she joined the team/the company

incorporar *v* [T] **1** (añadir, unir) to incorporate, to add • **incorporar algo a algo** to incorporate sth into sth, to add sth to sth **2** (en un trabajo) to take on; (en un equipo) to include
—**incorporarse** *v pron* **1** (en la cama) to sit up **2 incorporarse al trabajo/a un equipo** to start work/to join a team: *Se incorporará el mes que viene.* She starts work next month./She takes up her post next month.

incorrecto, -a *adj* **1** (erróneo, equivocado) wrong, incorrect (*más frml*) **2** (comportamiento) improper, inappropriate

incorregible *adj* **1** (manía, defecto) incurable **2** (mujeriego, mentiroso) incorrigible

incredulidad *s* incredulity

incrédulo[1], -a *adj* skeptical

incrédulo[2], -a *s* skeptic

increíble *adj* **1** (no creíble) incredible, unbelievable: *¡Parece increíble!* It's incredible! **2** (excepcional) amazing: *un músico increíble* an amazing musician

incrementar *v* [T] to increase • **incrementar algo en algo** to increase sth by sth
—**incrementarse** *v pron* to increase: *El gasto anual puede incrementarse hasta un 70 por ciento.* Annual expenditure may increase by up to 70 percent.

incremento *s* increase • **un incremento del 10/15%** an increase of 10/15%: *El incremento de las exportaciones fue del 15 por ciento.* The increase in exports was 15 percent.

increpar *v* [T] to reprimand • **increpar a alguien por algo** to reprimand sb for sth

incrustación *s* **1** (adorno) inlay: *La caja tenía incrustaciones de nácar.* The box was inlaid with mother-of-pearl. **2 incrustaciones** [pl] scale [U], encrustation [U] (*más frml*)

incrustar *v* [T] (marfil, piedras) to inlay: *una caja incrustada de joyas* a jewel encrusted box/a box inlaid with jewels • **incrustar algo en algo** to set sth in sth
—**incrustarse** *v pron* **incrustarse en algo** to become embedded in sth

incubadora *s* incubator

incubar *v* **1 (a)** [T] (huevos) to incubate **(b)** [I] (gallina) to incubate its eggs **2** [T] (una enfermedad) to be coming down with, to incubate (*técn*): *Creo que estoy incubando un catarro.* I think I'm coming down with a cold.
—**incubarse** *v pron* (revolución) to brew

incuestionable *adj* undeniable, unquestionable • **es incuestionable que...** there is no question that...: *Es incuestionable que ese edificio debe ser reparado.* There is no question that this building must be repaired.

inculcar *v* [T] to instill • **inculcar algo en alguien** to instill sth in sb • **inculcarle algo a alguien** to instill sth into sb

inculpar *v* [T] to charge • **inculpar a alguien de algo** to charge sb with sth

inculto, -a *adj* (ignorante) uneducated, ignorant

incumbencia *s* **no es de mi/tu incumbencia** it's no concern of mine/yours: *Mi situación laboral no es de tu incumbencia.* My work situation is no concern of yours.

incumplimiento *s* **incumplimiento de las normativas/de la ley** failure to comply with the regulations/the law • **incumplimiento de pagos/de un plazo** failure to pay/to meet a deadline • **incumplimiento de una promesa** failure to keep a promise
incumplimiento de contrato breach of contract

incumplir *v* [T] (una ley) to fail to comply with; (un contrato) to breach; (un pacto) to fail to observe; (una promesa) to fail to keep, to break

incurable *adj* (enfermedad) incurable

incurrir *v* [I] **1 incurrir en un delito/una falta** to commit a crime/an offense • **incurrir en un error** to make a mistake **2 incurrir en gastos/costos/pérdidas** to incur expenses/costs/losses

incursión *s* **1** (en territorio enemigo) incursion, raid **2** (en una actividad) foray: *Ha hecho varias incursiones en el cine.* He has made several forays into film-making.

indagación *s* investigation

indagar *v* [I,T] to investigate: *Están indagando las causas del desastre.* They are investigating the causes of the disaster. • **indagar en algo** to investigate sth

indebidamente *adv* **1** (incorrectamente) unlawfully **2** (injustamente) wrongfully

indebido, -a *adj* **1** (ilegal) unlawful **2** (incorrecto) improper **3** (injusto) wrongful

indecencia *s* **1** (falta de decencia) indecency **2** (dicho o hecho) obscenity (pl -ties) • **ser una indecencia** to be obscene

indecente *adj* **1** (escote, bikini) indecent **2** (gesto, palabra) obscene

indecisión *s* indecision

indeciso, -a *adj* **1** indecisive: *Es muy indecisa.* She's very indecisive. **2 estoy indecisa/está indeciso** I can't make up my mind/he can't make up his mind

indefenso, -a *adj* defenseless: *Me sentía indefensa.* I felt defenseless.

indefinible *adj* indefinable: *de edad indefinible* of indeterminate age

indefinido, -a *adj* **1** (período, tiempo) indefinite **2** (contrato) permanent **3** (impreciso, vago) indeterminate **4** (en gramática) indefinite

indeleble *adj* indelible

indemne *adj* **salir indemne de algo** to come through sth unscathed

indemnización *s* compensation • **indemnización por despido** severance pay

indemnizar *v* [T] **indemnizar a alguien** (víctimas, familiares) to pay sb compensation; (por despido) to give sb a severance package

independencia *s* independence
EXPRESIONES
con independencia de regardless of

independiente *adj* **1** (país, persona, político, asesor) independent **2** (episodio, módulo) self-contained **3** (trabajador) self-employed

independientemente *adv* independently
EXPRESIONES
independientemente de regardless of

independizarse *v pron* **1** (persona) to become independent **2** (país) to gain independence

indescifrable *adj* (letra, frase) indecipherable; (código) unbreakable; (misterio) unfathomable

indescriptible *adj* indescribable

indeseable *adj* undesirable

indestructible *adj* indestructible

indeterminado, -a *adj* **1** (tiempo, período) indefinite **2** (número, cantidad) indeterminate

indexar *v* [T] **1** (en informática) to index **2** (en economía) **indexar algo a algo** to index-link sth to sth

India la India India

indicación[1] *s* **1** (consejo) **por indicación médica** on medical advice **2** (señal) sign **3 indicaciones** [pl] (para ir a un lugar) directions **4 indicaciones** [pl] (instrucciones) instructions **5 indicaciones** [pl] (consejos) advice [U]

indicado, -a *adj* **1** (adecuado, apropiado) suitable • **el lugar indicado/la persona indicada** the right place/the right person • **no es el momento más indicado/la**

persona más indicada it's not the best time/she's not the best person **2** (señalado) specified: *la dirección indicada en el anuncio* the address specified in the advertisement **3** (un medicamento, un tratamiento) recommended: *El fármaco está indicado para el tratamiento de pacientes adultos.* The drug is recommended for the treatment of adults. **4 lo (más) indicado** the best thing

indicador *s* **1** (en investigación, economía) indicator **2** (dispositivo) gauge
indicador de combustible fuel gauge • indicador de presión pressure gauge • indicador de velocidad speedometer

indicar *v* [T] **1** (mostrar) to show, to indicate (*más frml*) • **indicar el camino** (persona) to show the way; (flecha) to point the way **2** (marcar) to mark: *Indique la respuesta correcta con una cruz.* Mark the correct answer with a cross. **3** (explicar) to tell • **indicar a alguien cómo hacer algo** to tell sb how to do sth **4** (aconsejar) to tell • **indicar a alguien que haga algo** to tell sb to do sth

indicativo, -a *adj, s* (en gramática) indicative

índice *s* **1** (dedo) index finger **2** (de un libro, documento) index (pl -xes) **3** (tasa) rate
índice de audiencia ratings [pl] • índice de desempleo unemployment rate • índice de inflación inflation rate • índice de mortalidad mortality rate • índice de natalidad birth rate • índice de precios al consumidor retail price index

indicio *s* (señal) sign, indication (*más frml*)

Índico *s* **el (océano) Índico** the Indian Ocean

indiferencia *s* indifference

indiferente *adj* **1** (insensible) indifferent • **ser indiferente a algo** to be indifferent to sth **2** (sin importancia) *Es indiferente que vayas o no.* It makes no difference whether you go or not. • **me es indiferente** (una cosa) it's all the same to me; (una persona) I neither like him nor dislike him

indígena[1] *adj* (población, lengua, civilización) indigenous

indígena[2] *s* native • **los indígenas** the indigenous people

indigente *s* homeless person (pl people)

indigestarse *v pron* (con un alimento) to get indigestion

indigestión *s* indigestion • **me/le dio una indigestión** I/he got indigestion • **tener una indigestión** to have indigestion

indigesto, -a *adj* hard to digest

indignación *s* (enojo) indignation; (más fuerte) outrage

indignado, -a *adj* (enojado) indignant; (más fuerte) outraged • **estar indignado -a por algo** (enojado) to be indignant at sth; (más fuerte) to be outraged at sth

indignante *adj* outrageous

indignar *v* [T] (enojar) to make angry; (más fuerte) to outrage
—**indignarse** *v pron* (enojarse) to be angry; (más fuerte) to be outraged • **indignarse por algo** (enojarse) to be angry about sth; (más fuerte) to be outraged at sth • **indignarse con alguien** to be really angry with sb

indigno, -a *adj* **1** (no merecedor) **ser indigno -a de algo/alguien** to be unworthy of sth/sb **2** (no acorde) **ser indigno -a de alguien** to be unworthy of sb **3** (de escaso valor o calidad) miserable

indio[1]**, -a** *adj* **1** (de la India) Indian **2** (de América) Native American

indio[2]**, -a** *s* **1** (de la India) Indian **2** (de América) Indian • **los indios** the Native American Indians

indirecta *s* hint • **captar la indirecta** to take the hint • **echarle/lanzarle/soltarle una indirecta a alguien** to drop sb a hint

indirecto, -a *adj* **1** (no directo) indirect **2** (en gramática) indirect

indiscreción *s* **1** (dicho) indiscreet remark; (hecho) indiscretion • **si no es indiscreción** if you don't mind my asking **2** (falta de discreción) lack of discretion

indiscreto, -a *adj* indiscreet

indiscriminado, -a *adj* indiscriminate

indiscutible *adj* **1** (verdad) indisputable **2** (vencedor, campeón) undisputed

indisoluble *adj* indissoluble • **ser/formar parte indisoluble de algo** to be an integral part of sth

indispensable *adj* essential, indispensable (*más frml*) • **es indispensable que** it is essential that • **lo indispensable** the absolute essentials

indispuesto, -a *adj* **estar indispuesto -a** to be unwell

indistintamente *adv* both: *Puede usar la mano izquierda o la derecha indistintamente.* She can use both her left and her right hand.

individual *adj* **1** (derechos, libertades) individual **2** (habitación, asiento, cama) single **3 individuales** [pl] (en tenis) singles

individualidad *s* individuality

individualista[1] *adj* individualistic

individualista[2] *s* individualist

individualizar *v* [T] (un tratamiento, un programa) to tailor to the individual

individuo *s* **1** (hombre) man (pl men) **2** (persona en general) person (pl people), individual (*más frml*): *los derechos del individuo* the rights of the individual

indivisible *adj* indivisible

indocumentado[1]**, -a** *adj* without identity papers • **un inmigrante indocumentado** an illegal immigrant

indocumentado[2]**, -a** *s* (cualquier persona sin documentos) person without identity papers (pl people); (inmigrante) illegal immigrant

índole *s* (naturaleza) nature • **de índole personal/ económica** of a personal/an economic nature • **de toda/ ninguna índole** of every/any kind

indolente *adj* (persona, actitud) slack

indoloro, -a *adj* painless

indomable *adj* (animal) untameable; (niño) unruly; (espíritu) indomitable

indómito, -a *adj* (animal) untameable; (espíritu) indomitable

Indonesia Indonesia

indonesio[1]**, -a** *s* (persona) Indonesian

indonesio[2] *s* (idioma) Indonesian

indonesio[3]**, -a** *adj* Indonesian

inducción *s* **1** (influjo) incitement **2** (razonamiento) induction **3** (en física) induction

inducir *v* **1** [T] (el parto) to induce **2** [T] (incitar) **inducir a alguien a hacer algo** to lead sb to do sth **3** [I] (resultar) **inducir a algo** to lead to sth • **inducir a error** to be misleading **4** [T] (en física) to induce

indudable *adj* undoubted • **es indudable que...** there is no doubt that...

indulgencia *s* **1** (tolerancia) indulgence **2** (benevolencia) leniency

indulgente *adj* **1** (mirada, persona) indulgent **2** (condena, castigo) lenient

indultar *v* [T] to pardon

indulto *s* pardon

indumentaria *s* (ropa) clothing, attire (*más frml*)

industria *s* industry (pl -tries)
industria automotriz, industria automovilística motor industry • industria discográfica record industry • industria manufacturera manufacturing industry • industria pesada heavy industry • industria textil textile industry

industrial[1] *adj* industrial

industrial[2] *s* industrialist

industrialización *s* industrialization

industrializar *v* [T] to industrialize
—**industrializarse** *v pron* to become industrialized

inédito, -a *adj* **1** (obra, libro) unpublished **2** (tema, canción) unreleased **3** (sin precedentes) unprecedented

ineficacia *s* **1** (de una medida, una política) ineffectiveness **2** (de una persona) inefficiency

ineficaz *adj* **1** (medida, política, tratamiento) ineffective **2** (persona) inefficient

ineficiente *adj* inefficient

ineludible *adj* (hecho, responsabilidad) inescapable; (compromiso, gastos) unavoidable

ineptitud *s* ineptitude, incompetence

inequívoco, -a *adj* (señal, síntoma) unmistakable; (apoyo, rechazo) unequivocal

inercia *s* **1 hacer algo por inercia** to do sth out of inertia **2** (en física) inertia

inerte *adj* **1** (en química) inert **2** (sin vida) lifeless **3** (inmóvil) motionless

inescrutable *adj* inscrutable

inesperado, -a *adj* unexpected

inestabilidad *s* **1** (política, económica) instability **2** (de una persona) instability **3** (meteorológica) changeability

inestable *adj* **1** (trabajo, economía) unstable **2** (persona) unstable **3** (tiempo) changeable

inevitable *adj* inevitable

inexacto, -a *adj* **1** (impreciso) inaccurate **2** (incorrecto) incorrect

inexistencia *s* nonexistence

inexistente *adj* nonexistent

inexorable *adj* (inevitable) inexorable

inexperiencia *s* inexperience

inexperto, -a *adj* inexperienced

inexplicable *adj* inexplicable

in extremis *adv* at the very last moment

infalible *adj* **1** (remedio, argumento, método) infallible **2** (persona) infallible

infame *adj* **1** (deleznable – persona) despicable; (acción, abuso) disgraceful **2** (muy malo) dreadful

infamia *s* (acción, dicho) disgraceful thing • **ser una infamia** to be disgraceful

infancia *s* **1** (niñez) childhood • **amigos -as/recuerdos de la infancia** childhood friends/memories **2** (niños) children [pl] ▶ JARDÍN

infantería *s* infantry

infantil[1] *adj* **1** (de niños) **un programa/una canción infantil** a children's show/song • **las enfermedades infantiles** childhood diseases **2** (inmaduro) childish

infantil[2] **infantiles** *s* [pl] (en deportes) under 13s

infarto *s* heart attack: *Casi le da un infarto.* He almost had a heart attack.

infección *s* infection

infeccioso, -a *adj* infectious

infectar *v* [T] **1** (virus, enfermedad, persona) to infect **2** (un archivo, un programa) to infect
—**infectarse** *v pron* to get infected: *Se le infectó la herida.* Her wound got infected.

infelicidad *s* unhappiness

infeliz *adj* **1** (desdichado) unhappy ▶ ver nota en SAD **2** (ingenuo, apocado) trusting

inferior *adj* **1** (más bajo) lower: *la parte inferior* the bottom • **el labio/la mandíbula inferior** the lower lip/jaw **2** (no bueno) inferior **3** (en cantidad, rango, importancia)

inferior a 400 pesos/al 15% under 400 pesos/15%: *temperaturas inferiores a los 15 grados* temperatures below 15 degrees • **sentirse inferior (a alguien)** to feel inferior (to sb)

inferioridad s inferiority • **en inferioridad de condiciones** at a disadvantage

infernal adj (muy desagradable, molesto) dreadful • **hace un calor infernal** it's unbearably hot

infertilidad s infertility

infidelidad s 1 (a una empresa, un amigo, la patria) disloyalty 2 (conyugal) infidelity (pl -ties)

infiel adj 1 (en una pareja) unfaithful • **serle infiel a alguien** to be unfaithful to sb 2 (a una empresa, un amigo, la patria) disloyal 3 (inexacto) inaccurate: *La traducción es muy infiel al original.* The translation is not at all faithful to the original.

infierno s 1 (en religión, mitología) **el infierno** hell 2 (caos, alboroto) hell • **es un infierno** it's hell

infiltración s 1 (de espías, agentes) infiltration 2 (en medicina) infiltration

infiltrado, -a s infiltrator

infiltrar v [T] (en medicina) **infiltrar a alguien** to give sb an injection: *Le han infiltrado el hombro.* They have given him an injection in his shoulder.
—**infiltrarse** v pron **infiltrarse en territorio enemigo/en una organización** to infiltrate enemy territory/an organization

ínfimo, -a adj 1 (cantidad, diferencia) negligible 2 (calidad) extremely poor; (precios) rock-bottom

infinidad s **infinidad de veces/casos** countless times/ cases • **infinidad de problemas/cosas que hacer** no end of problems/of things to do

infinitesimal adj infinitesimal

infinitivo s infinitive • **en infinitivo** in the infinitive

infinito¹, -a adj 1 (sin límite) infinite 2 (de gran número) countless

infinito² s 1 **el infinito** infinity 2 (en matemática) infinity

EXPRESIONES
seguir hasta el infinito to go on indefinitely • **repetir algo hasta el infinito** to repeat sth countless times

inflable adj inflatable

inflación s **la inflación** inflation

inflacionista adj inflationary

inflamable adj flammable

inflamación s swelling, inflammation (técn) • **tener una inflamación en la rodilla/el pie** to have a swollen knee/ foot

inflamarse v pron 1 (tobillo, rodilla) to swell up, to become inflamed (técn): *Se me inflamó el tobillo.* My ankle swelled up. 2 (encenderse) to catch fire

inflamatorio, -a adj inflammatory

inflar v [T] 1 (una llanta, un balón) to inflate; (un neumático de bicicleta) to pump up; (un globo) to blow up 2 (los precios) to inflate; (los resultados, beneficios) to overstate
—**inflarse** v pron (sentir orgullo) to puff up with pride

inflexible adj inflexible

inflexión s (cambio) change of direction • **punto de inflexión** turning point

influencia s 1 influence • **tener influencia en alguien/ algo** to have an influence on sb/sth • **tener influencia sobre alguien** to have influence over sb 2 **influencias** [pl] contacts

influir v 1 [I] to have an influence • **influir en algo/ alguien** to influence sth/sb • **influir mucho en algo/ alguien** to have a big influence on sth/sb 2 [T] to influence

influjo s influence

influyente adj influential

infografía s computer graphics [+v en sing]

información s 1 (datos) information • **una información** some information 2 (noticias) news [+v en sing]: *la información deportiva* the sports news 3 (tb **Información**) (en el servicio telefónico) information (en una estación, un centro comercial) information desk: *Vaya a Información.* Go to the information desk. 4 (hecho de informar) information • **para su información** for your information

informal adj 1 (ropa) casual 2 (lenguaje, charla, comida) informal 3 (persona) unreliable

informante s informer

informar v 1 [T] **informar a alguien (de/sobre algo)** to tell sb (about sth), to inform sb (of sth) (más frml) • **me/te informaron mal** I was/you were misinformed • **informar que** to announce that 2 [I] (un corresponsal, un periódico) to report • **según informa...** according to...
—**informarse** v pron (obtener información) to get information: *Infórmese llamando a este número.* For more information, call this number. • **informarse sobre algo** to find out about sth

informática s 1 (la ciencia) computing, IT (más frml) • **saber mucho de informática** to know a lot about computers 2 (la asignatura) computer science: *un curso de informática* a computer course

informático, -a adj computer [solo ante s] • **un programa informático/una red informática** a computer program/a computer network

informativo¹, -a adj information [solo ante s] • **una campaña informativa/un folleto informativo** an information campaign/an information leaflet

informativo² s **el informativo** the news [+v en sing]: *el informativo de las tres* the three o'clock news

informatizar v [T] to computerize

informe s 1 report 2 **informes** [pl] (sobre el rendimiento, el comportamiento) reports; (para un puesto de trabajo) references 3 **informes** [pl] (información) details: *informes en el 0800* for more details, call 0800

infortunio s (suerte adversa) misfortune

infracción s offense: *una infracción de tráfico* a traffic offense ▶ ver nota en CRIME

infractor, -a s offender

infraestructura s (medios, instalaciones) infrastructure

in fraganti adv **sorprender/agarrar a alguien in fraganti** to catch sb red-handed

infranqueable adj (barrera, muro) impassable; (dificultad) insurmountable; (distancia) unbridgeable

infrarrojo, -a adj infrared

infrecuente adj infrequent • **es/no es infrecuente** it's unusual/it's not unusual

infringir v [T] to break

infructuoso, -a adj unsuccessful

infundado, -a adj unfounded

infundir v [T] **infundir(le) confianza/respeto (a alguien)** to inspire confidence/respect (in sb) • **infundir temor/ desconfianza (en alguien)** to instill fear/to arouse distrust (in sb)

infusión s herbal tea • **una infusión de menta/de manzanilla** a mint/camomile tea

ingeniarse v pron **ingeniárselas para hacer algo** to manage to do sth

ingeniería s engineering
ingeniería civil civil engineering • ingeniería electrónica electronic engineering • ingeniería genética genetic engineering • ingeniería industrial industrial engineering

ingeniero, -a s engineer
ingeniero -a agrónomo -a agronomist • ingeniero -a civil civil engineer • ingeniero -a de sonido sound

engineer • **ingeniero -a electrónico -a** electronic engineer • ingeniero -a industrial industrial engineer • **ingeniero -a en sistemas (computacionales)** systems engineer

ingenio s 1 (gracia, agudeza) wit 2 (inventiva) ingenuity

ingenioso, -a adj 1 (solución, idea) ingenious 2 (persona) witty

ingente adj huge

ingenuidad s 1 (inocencia) naiveté 2 (dicho, acto) **ser una ingenuidad** to be naive

ingenuo[1], -a adj naive

ingenuo[2], -a s **ser un ingenuo/una ingenua** to be very naive

Inglaterra England

ingle s groin

inglés[1], -esa adj English

inglés[2], -esa s (persona) **inglés** Englishman (pl -men) • **inglesa** Englishwoman (pl -women) • **los ingleses** the English

inglés[3] s (idioma) English: *¿Hablas inglés?* Do you speak English?

ingrato, -a adj 1 (desagradecido) ungrateful • **ser ingrato -a con alguien** to be ungrateful to sb 2 (desagradable) unpleasant 3 (no gratificante) thankless

ingrediente s ingredient

ingresar v 1 [I] (en un sitio) to enter 2 [I] **ingresar en el ejército/en una organización** to join the army/an organization • **ingresar a la universidad** to start university 3 [I] **ingresar al hospital** to be admitted to the hospital 4 [T] (en informática) to enter: *Ingrese su código.* Enter your code. 5 [T] (una tarjeta) to insert

ingreso s 1 (tb **ingresos**) (de dinero) income [sing]: *ingresos mensuales de 1.200 dólares* a monthly income of 1,200 dollars 2 (a un país, un recinto) entry 3 (a una organización) entry • **el ingreso de alguien a algo** sb's entry into sth 4 (a un hospital) admission • **el ingreso a un hospital** admission to a hospital ▶ **EXAMEN de ingreso**

inhabilitado, -a adj **estar/quedar inhabilitado -a para (hacer) algo** to be barred from (doing) sth

inhabilitar v [T] **inhabilitar a alguien para (hacer) algo** to bar sb from (doing) sth

inhabitable adj uninhabitable

inhalación s inhalation

inhalador s inhaler

inhalar v [T] to inhale

inherente adj **inherente a algo** inherent in sth

inhibición s inhibition

inhibido, -a adj inhibited

inhibir v [T] (cohibir) to inhibit
—**inhibirse** v pron 1 (cohibirse) to get shy 2 (abstenerse) **inhibirse de hacer algo** to refrain from doing sth

inhóspito, -a adj inhospitable

inhumación s burial

inhumano, -a adj 1 (muy duro) inhuman 2 (cruel) inhumane

inhumar v [T] to inter

iniciación s 1 (inicio) start 2 (introducción) introduction • **iniciación en/a algo** introduction to sth 3 (en una secta, sociedad secreta) initiation
iniciación sexual sexual initiation

inicial[1] adj initial

inicial[2] s initial

iniciar v [T] 1 (empezar) to start 2 (introducir) **iniciar a alguien en algo** to introduce sb to sth
—**iniciarse** v pron 1 (comenzar) to start 2 (en una actividad, un arte) **iniciarse en algo** (en el periodismo, la política) to start out in sth: *Se inició en la música cuando*

era pequeño. He first took up music when he was little. 3 (en una secta) **iniciarse en algo** to be initiated into sth

iniciativa s initiative • **por iniciativa propia** on your own initiative • **tomar la iniciativa** to take the initiative
la iniciativa privada private enterprise

inicio s 1 (comienzo) start 2 (tb **Inicio**) (en informática) start: *menú de inicio* start menu
EXPRESIONES
a inicios de at the beginning of

inigualable adj (belleza, prosa) unrivaled; (precios, rapidez) unbeatable; (talento) unique

inimaginable adj unimaginable

inimitable adj inimitable

ininteligible adj unintelligible

ininterrumpido, -a adj continuous • **de forma ininterrumpida** continuously • **doce horas ininterrumpidas de música** twelve hours of non-stop music

injerencia s **injerencia en algo** interference in sth

injertar v [T] 1 (una planta) to graft 2 (un tejido, un hueso) to graft

injerto s graft

injuria s 1 (insulto) insult 2 **injurias** [pl] slander [U]

injuriar v [T] 1 (insultar) to insult 2 (en derecho) to slander

injusticia s injustice: *la injusticia social* social injustice • **es/fue una injusticia** it's not/it wasn't fair

injustificable adj (guerra, violencia, castigo) unjustifiable; (error, actitud) inexcusable

injustificado, -a adj (retraso) unjustified; (despido) unfair

injusto, -a adj unfair • **ser injusto -a con alguien** to be unfair to sb

inmaculado, -a adj 1 (ropa, mantel) spotless 2 (trayectoria) unblemished • **la Inmaculada** the Virgin Mary • **la Inmaculada Concepción** the Immaculate Conception

inmadurez s immaturity

inmaduro, -a adj immature

inmediaciones s [pl] **las inmediaciones** the surrounding area [sing] • **en las inmediaciones (de algo)** in the vicinity (of sth)

inmediatamente adv immediately

inmediato, -a adj immediate • **de inmediato** immediately

inmejorable adj (precio) unbeatable; (oportunidad) unique; (posición) perfect

inmenso, -a adj 1 (enorme) huge 2 (pena, felicidad) immense
EXPRESIONES
la inmensa mayoría the vast majority

inmerecido, -a adj undeserved

inmersión s 1 (en un líquido) immersion 2 (en una lengua, una cultura) immersion

inmerso, -a adj **estar inmerso -a en algo** (en una tarea, en los pensamientos) to be absorbed in sth; (en una crisis, una gira) to be in the middle of sth

inmigración s immigration

inmigrante s, adj immigrant

inmigrar v [I] to immigrate

inminente adj imminent

inmiscuirse v pron **inmiscuirse en algo** to interfere in sth

inmobiliaria s real estate agency

inmobiliario, -a adj property [solo ante s]: *el mercado inmobiliario* the property market

inmoral adj immoral

inmoralidad *s* **1** (falta de moral) immorality **2** (dicho, acto) **ser una inmoralidad** to be immoral

inmortal *adj* immortal

inmortalidad *s* immortality

inmortalizar *v* [T] to immortalize

inmóvil *adj* still • **permanecer/quedarse inmóvil** to stand still

inmovilidad *s* immobility

inmovilizar *v* [T] **1** (físicamente) to immobilize **2** (por el miedo, una huelga) to paralyze

inmueble *s* building • **los inmuebles** property [U] ▶ **bienes inmuebles** (BIEN)

inmundicia *s* **1** (suciedad) filth • **ser una inmundicia** to be filthy **2** (indecencia) filth

inmundo, -a *adj* (comida, olor) disgusting

inmune *adj* **1** (invulnerable) immune **2** (en medicina) **ser inmune a algo** to be immune to sth

inmunidad *s* **1** (en medicina) immunity **2** (prerrogativa) immunity
inmunidad diplomática diplomatic immunity • inmunidad parlamentaria parliamentary privilege

inmunización *s* immunization

inmunizar *v* [T] **inmunizar a alguien contra algo** to immunize sb against sth

inmunodeficiencia *s* immunodeficiency

inmunológico, -a *adj* (sistema, respuesta) immune; (factor, técnica) immunological

inmutable *adj* **1** (que no cambia – ley, principio, rutina) unchanging **2** (que no se inmuta) impassive

inmutarse *v pron* **no se inmutó/ni se inmutaron** he/they didn't bat an eye • **sin inmutarse** without showing any emotion

innato, -a *adj* innate

innecesario, -a *adj* unnecessary

innegable *adj* undeniable • **es innegable que...** undeniably...: *Es innegable que el mundo necesita cambiar.* The world undeniably needs to change.

innovación *s* innovation

innovador, -a *adj* innovative

innovar *v* **1** [I] to innovate **2** [I, T] **innovar (en) algo** to make innovations in sth

innumerable *adj* countless

inocencia *s* **1** (no culpabilidad) innocence **2** (ingenuidad) innocence

inocentada *s* practical joke

inocente[1] *adj* **1** (no culpable) innocent **2** (ingenuo) naive **3** (sin malicia – pregunta) innocent **4** (que no daña – broma, juego, bebida) harmless

inocente[2] *s* **1** (sin culpa) innocent person (pl people) **2** (ingenuo) naive person (pl people) • **ser un inocente** to be naive

inocuo, -a *adj* innocuous

inodoro[1], -a *adj* odorless

inodoro[2] *s* **1** (retrete) toilet **2** (taza) toilet bowl

inofensivo, -a *adj* harmless

inolvidable *adj* unforgettable

inoportuno, -a *adj* (visita) untimely; (comentario, intervención) inappropriate • **eres/es muy inoportuno -a** you always pick/he always picks the wrong moment

inorgánico, -a *adj* inorganic

inoxidable ▶ ACERO

inquebrantable *adj* (fe) unshakeable; (apoyo, lealtad) unswerving

inquietante *adj* worrying

inquietar *v* [T] to worry

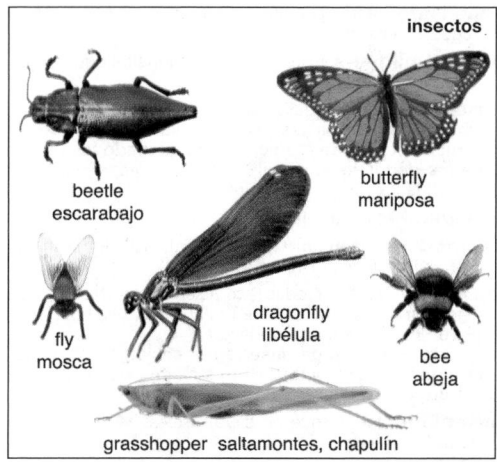

insectos

beetle
escarabajo

butterfly
mariposa

dragonfly
libélula

fly
mosca

bee
abeja

grasshopper   saltamontes, chapulín

—**inquietarse** *v pron* to worry • **inquietarse por algo** to worry about sth

inquieto, -a *adj* **1** (preocupado) worried **2** (algo agitado) uneasy **3** (activo, curioso) inquisitive **4** (que se mueve) fidgety

inquietud *s* **1** (preocupación) worry (pl -rries) **2 inquietudes** [pl] (intereses, inclinaciones) interests • **inquietudes musicales/literarias** musical/literary leanings

inquilino, -a *s* tenant

inquisición *s* **la Inquisición** the Inquisition

insaciable *adj* insatiable

insalubre *adj* (zona, vivienda) insalubrious; (trabajo, actividad, condiciones) unhealthy

insalvable *adj* (obstáculo, problema) insurmountable

insano, -a *adj* **1** (insalubre) unhealthy **2** (perturbado) insane

insatisfacción *s* dissatisfaction

insatisfactorio, -a *adj* unsatisfactory

insatisfecho, -a *adj* **1** (descontento) dissatisfied • **estar/sentirse insatisfecho -a con algo** to be/to feel dissatisfied with sth **2** (deseo, demanda) unsatisfied

inscribir *v* [T] **1** (en un curso) to enroll • **inscribir a alguien en un curso/una escuela** to enroll in a class at a school **2** (para competir) **inscribir a alguien para un torneo** to put sb's name down for a tournament **3** (en un registro) to register **4** (grabar) to engrave
—**inscribirse** *v pron* **1** (en un curso) to enroll • **inscribirse en un curso/una universidad** to enroll in a class at a university • **inscribirse para un examen** to register for an exam **2 inscribirse en un concurso/en un torneo** to enter a competition/a tournament **3** (incluirse) **inscribirse en algo** to form part of sth

inscripción *s* **1** (en un curso) enrollment; (en un examen, un registro) registration; (en un concurso, un torneo) entry (pl -tries) **2** (grabado) inscription

insecticida *s* insecticide

insecto *s* insect

inseguridad *s* **1** (respecto de sí mismo) insecurity **2 inseguridad (ciudadana/pública)** problems with law and order [pl]
inseguridad laboral job insecurity

inseguro, -a *adj* **1** (persona) insecure **2** (ciudad, barrio) unsafe

inseminación *s* insemination
inseminación artificial artificial insemination

inseminar *v* [T] to inseminate

insensatez *s* **1** (falta de juicio) foolishness **2** (dicho, acto) foolish thing • **decir/hacer una insensatez** to say/do something foolish

insensato, -a *adj* (persona, conducta) foolish; (violencia, tragedia) senseless

insensibilidad *s* insensitivity • **insensibilidad hacia/ ante algo** insensitivity toward/to sth

insensible *adj* **1** (afectivamente) insensitive • **ser insensible a algo** to be insensitive to sth **2** (físicamente) without feeling • **tengo/se me han quedado las yemas de los dedos insensibles** I don't have any feeling/I've lost all feeling in my fingertips

inseparable *adj* inseparable

inserción *s* **inserción (social)** social inclusion • **inserción (laboral)** employment

insertar *v* [T] **1** (introducir) to insert • **insertar algo en algo** to insert sth into sth **2** (un anuncio, una noticia) to place **3** (en informática) to insert
—**insertarse** *v pron* **insertarse en algo (a)** (músculo, tendón) to be attached to sth **(b)** (situarse) to fall within sth

inservible *adj* **1** (que no sirve) useless **2** (inutilizable) unusable

insigne *adj* famous

insignia[1] *s* **1** (de una asociación, un club) badge **2** (estandarte) standard

insignia[2] *adj* (representativo) trademark [solo ante s]: *es uno de los platos insignia de este restaurante* it is one of the trademark dishes of this restaurant ▶ BUQUE **insignia**

insignificancia *s* **1** (falta de importancia) insignificance **2** (nimiedad) silly little thing

insignificante *adj* **1** (persona, problema, diferencia) insignificant **2** (suma, cantidad) trivial **3** (detalle, regalo) small

insinuación *s* **1** (de algo negativo) insinuation; (indirecta) hint **2 insinuaciones** [pl] (amorosas, sexuales) advances

insinuante *adj* (mirada, gesto) suggestive; (ropa) provocative

insinuar *v* [T] **1** (algo negativo) to insinuate **2** (sugerir) to hint • **me/le insinuó que...** he hinted to me/to her that...
—**insinuarse** *v pron* **insinuársele a alguien** to make advances to sb

insípido, -a *adj* **1** (sin sabor) tasteless **2** (soso) bland **3** (sin gracia) insipid

insistencia *s* insistence • **insistencia en hacer algo** insistence on doing sth

insistente *adj* **1** (reclamación, pedido) repeated **2** (persona) insistent

insistir *v* [I] **1** (reiterar un dicho) to insist; (de manera pesada) to go on: *¡No insistas más!* Stop harping on! • **insistir en que** to insist that: *Insistieron en que me quedara a dormir.* They insisted that I stay the night. **2** (repetir lo hecho) to keep trying: *Insiste hasta que contesten.* Keep trying until they answer. **3** (persistir) **insistir en una postura/una idea** to stick to a position/an idea • **insistir en hacer algo** to insist on doing sth

in situ *adv* on the spot, in situ (*más frml*)

insolación *s* sunstroke • **me/le dio (una) insolación** I/he got sunstroke

insolencia *s* **1** (falta de respeto) insolence **2** (dicho) insolent remark **3** (hecho) **ser una insolencia** to be insolent • **insolencias** [pl] insolence [U]

insolente *adj* (persona, gesto) insolent

insolidario, -a *adj* **1** (mundo, actitud) uncaring **2** (persona) unsupportive

insólito, -a *adj* **1** very unusual **2 lo insólito** the unusual

insolvente *adj* **1** (sin dinero) insolvent • **declararse insolvente** to declare yourself insolvent **2** (incapaz) incompetent

insomnio *s* insomnia: *una noche de insomnio* a sleepless night • **estar con/tener insomnio** to suffer from/to have insomnia

insondable *adj* unfathomable

insonorización *s* soundproofing

insonorizado, -a *adj* soundproofed

insonorizar *v* [T] to soundproof

insonoro, -a *adj* silent

insoportable *adj* unbearable: *Hace un calor insoportable.* It's unbearably hot.

insospechable *adj* impossible to predict

insospechado, -a *adj* unexpected

insostenible *adj* (situación, teoría) untenable

inspección *s* inspection

inspeccionar *v* [T] to inspect

inspector, -a *s* inspector: *un inspector de policía* a police inspector

inspiración *s* **1** (estímulo) inspiration • **servirle de inspiración a alguien** to be a source of inspiration to sb **2** (al respirar) inhalation • **hacer inspiraciones profundas** to take deep breaths

inspirador, -a *adj* inspiring

inspirar *v* **1** [T] **inspirarle confianza/respeto a alguien** to inspire confidence/respect in sb: *La pobre niña inspira lástima.* You have to feel sorry for the poor girl. **2** [I, T] (al respirar) to inhale **3** [T] (ser fuente de inspiración de) to inspire
—**inspirarse** *v pron* **inspirarse en algo/alguien** to be inspired by sth/sb

instalación *s* **1** (acción de instalar) installation **2** (equipo instalado) system: *la instalación eléctrica* the wiring **3 instalaciones** [pl] (de un club, un balneario) facilities; (de una empresa) premises
instalaciones deportivas sports facilities • instalaciones militares military installations

instalar *v* [T] (una cocina, un programa informático) to install
—**instalarse** *v pron* **1** (establecerse) to settle **2** (mudarse) to move: *Nos vamos a instalar en Pando.* We're going to move to Pando.

instancia *s* (en derecho) **juzgado de primera/segunda instancia** court of first/second instance • **en primera/ segunda instancia** at the first attempt/on appeal
EXPRESIONES
a instancias de alguien at sb's request • **en última instancia (a)** (por último) ultimately **(b)** (como último recurso) as a last resort

instantánea *s* snapshot

instantáneo, -a *adj* (efecto, reacción) instantaneous; (acceso, diagnóstico, éxito) instant ▶ CAFÉ **instantáneo**

instante *s* moment • **hace un instante** a moment ago • **en ese instante** just at that moment
EXPRESIONES
al instante right away

instar *v* [T] **instar a alguien a hacer algo** to urge sb to do sth

instigación *s* incitement: *la instigación al odio* incitement to hatred • **a instigación de alguien** at sb's instigation

instigador, -a *s* instigator

instigar *v* [T] (una protesta, una huelga) to instigate • **instigar a alguien a hacer algo** to incite sb to do sth

instintivo, -a *adj* instinctive

instinto *s* **1** (en una especie) instinct: *el instinto de conservación* the survival instinct **2** (impulso natural, tendencia) instinct: *instinto maternal* maternal instinct • **por instinto** instinctively **3** (facilidad) instinct: *un instinto para los negocios.* an instinct for business

institución s **1** (organismo público) institution: *una institución benéfica* a charity **2** (cosa establecida) institution **3 instituciones** [pl] (del Estado) institutions
EXPRESIONES
ser una institución to be an institution

institucional *adj* institutional

instituto s **1** (institución científica, cultural, pública) institute: *el Instituto Cervantes* the Cervantes Institute **2** (escuela) school **3** (de idiomas) language school **4 instituto (de belleza)** beauty salon

institutor, -a s teacher: *Preocupa la carencia de institutores en algunas áreas.* The lack of teachers in some subjects is a worrying.

institutriz s governess (pl -sses)

instrucción s **1** (acto de instruir) instruction **2** (cultura, conocimientos) education **3 instrucciones** [pl] instructions **4** (en el ejército) **instrucción (militar)** (military) training

instructor, -a s instructor: *Es instructora de aerobics.* She's an aerobics instructor.

instruido, -a *adj* educated

instrumental[1] *adj* (música, acompañamiento) instrumental

instrumental[2] s (instrumentos) instruments [pl]

instrumentista s **1** (músico) instrumentalist **2** (en medicina) surgical nurse

instrumento s **1** (musical) instrument • **instrumentos de viento/cuerda/percusión** wind/string/percussion instruments • **tocar un instrumento** to play an instrument **2** (herramienta) tool **3** (de laboratorio) instrument • instrumento de medida measuring instrument • instrumento de trabajo tool

insubordinación s insubordination

insubordinado, -a s rebel

insuficiencia s **1** (falta) lack **2** (en medicina – incapacidad total) failure; (incapacidad parcial) insufficiency

insuficiente[1] *adj* **1** (cantidad, recursos) insufficient • **ser/resultar insuficiente para hacer algo** to be insufficient to do sth **2** (trabajo, nivel) unsatisfactory

insuficiente[2] s (calificación) fail • **sacar insuficiente en química/inglés** to fail chemistry/English

insufrible *adj* (calor, sufrimiento) unbearable; (persona) insufferable

insular *adj* island [solo ante s]: *el gobierno insular* the island's government

insulina s insulin

insulinodependiente *adj* insulin-dependent

insulso, -a *adj* **1** (sin gracia ni interés) dull **2** (sin sabor) bland

insultante *adj* insulting

insultar v [T] to insult
—**insultarse** *v pron* to insult each other

insulto s insult

insumo s consumption

insuperable *adj* (obstáculo, dificultad) insurmountable; (precios) unbeatable; (divergencias, diferencias) irreconcilable

insurgente s insurgent

insurrección s uprising

insurrecto, -a *adj* rebel [solo ante s]: *militares insurrectos* rebel military officers

insustituible *adj* irreplaceable

intachable *adj* irreproachable

intacto, -a *adj* **1** (sin daño) intact • **conservarse/mantenerse intacto -a** to remain intact **2** (sin probar) untouched • **dejar algo intacto -a** to leave sth untouched

intangible *adj* **1** (valor, objeto) intangible **2** (en economía, finanzas) intangible

integración s (de una persona, un colectivo) integration; (de dos equipos, dos departamentos) merging • **integración de algo en algo** integration of sth into sth

integrado, -a *adj* **(estar) integrado -a por algo** (to be) made up of sth

integral *adj* **1** (formación, educación, programa) comprehensive **2** (harina, pan) whole wheat; (arroz) brown

íntegramente *adv* entirely • **reproducir algo íntegramente** to reproduce sth in its entirety

integrante s member

integrar v [T] **1** (componer) to make up: *los políticos que integran la comisión* the politicians who make up the committee **2** (formar parte de) to form part of: *Fue elegido para integrar el equipo.* He was chosen to play in the team. **3** (hacer formar parte) **integrar algo/a alguien en algo** to integrate sth/sb into sth **4** (reunir) to bring together **5** (culturas, razas) to integrate
—**integrarse** *v pron* **1** (a un grupo, una cultura) to integrate • **integrarse en algo** to integrate into sth **2** (a una asociación, una banda) **integrarse a algo** to join sth

integrismo s fundamentalism

integrista s, *adj* fundamentalist

íntegro, -a *adj* **1** (texto, debate, importe) whole; (video, versión) uncut **2** (persona) upright

intelectual s, *adj* intellectual

inteligencia s intelligence
inteligencia artificial artificial intelligence

inteligente *adj* intelligent

intemperie a la intemperie out in the open, exposed to the weather

intempestivo, -a *adj* (hora) ungodly

intención s (propósito) intention: *Vino con la intención de ayudar.* She came with the intention of helping. • **tener intenciones/(la) intención de hacer algo** to intend to do sth
EXPRESIONES
no lo dijo/hizo con mala intención he/she didn't mean any harm • **segunda intención** ulterior motive • **tener buenas intenciones** to mean well

intencionado, -a *adj* **1** (deliberado) deliberate **2** (chiste, frase, comentario) ill-intentioned
EXPRESIONES
bien intencionado -a (acción) well-meant; (persona) well-meaning • **mal intencionado -a** malicious

intencional *adj* (deliberado) deliberate

intensidad s (de una mirada, un deseo, un dolor) intensity (pl -ties); (del viento) strength; (de la luz) brightness; (del ruido) volume • **llovía con intensidad** it was raining hard

intensificar v [T] (los esfuerzos, la vigilancia, una campaña) to step up; (la competencia, la presión, la cooperación) to increase
—intensificarse *v pron* (la competencia, un deseo, el dolor) to intensify; (las lluvias) to get heavier; (el viento) to grow stronger

intensivo, -a *adj* intensive ▶ CUIDADOS **intensivos**

intenso, -a *adj* **1** (frío, calor, dolor) intense **2** (viento) strong; (lluvias) heavy **3** (color, luz) bright **4** (ruido) loud **5** (olor) strong **6** (vida, actividad) intense

intentar v [T] to try: *He intentado varias veces.* I've tried several times. • **intentar hacer algo** to try to do sth • **intenta/intentemos que...** try/let's try to make sure that...

intento s attempt: *al primer intento* at the first attempt • **un intento de fuga/sucidio** an attempted escape/a suicide attempt

intentona s attempt
intentona golpista attempted coup

inter- *pref* **1** (en medio) inter- **2** (entre) inter-

interacción *s* interaction

interactividad *s* interactivity

interactivo, -a *adj* interactive

interanual *adj* year-to-year

intercalar *v* [T] **intercalar algo entre algo** to insert sth between sth • **intercalar algo en algo** (en un texto) to insert sth in sth

intercambiar *v* [T] **1** (sellos, etc.) to swap **2** (ideas, opiniones) to exchange

intercambio *s* **1** (estudiantil) exchange **2** (de ideas, opiniones) exchange **3** (de archivos, ficheros) sharing intercambio comercial trade • intercambio de archivos file-sharing

interceder *v* [I] to intercede • **interceder por alguien** to intercede on sb's behalf

interceptar *v* [T] **1** (detener) to intercept **2** (interrumpir el paso) to block

intercesión *s* intercession

interés *s* **1** (curiosidad) interest: *Escuchó con mucho interés.* He listened with great interest. • **tener interés en/por (hacer) algo** to be interested in (doing) sth • **no tener interés en (hacer) algo** not to be interested in (doing) sth • **perder el interés (en/por algo)** to lose interest (in sth) **2** (en finanzas) interest: *Te cobran un 5% de interés.* They charge you 5% interest. • **intereses** interest [sing] **3 por interés** (por conveniencia) out of self-interest **4 intereses** [pl] (de una persona, un grupo) interests
interés compuesto compound interest • interés simple simple interest • intereses creados vested interests

interesado¹, -a *adj* **1** (que tiene interés) interested • **estar interesado -a en (hacer) algo** to be interested in (doing) sth **2** (que busca el beneficio propio) selfish: *Son muy interesados* They're always thinking of their own interests.

interesado², -a *s* **1** (persona interesada) interested party (pl -ties): *Los interesados en participar, que levanten la mano.* Those interested in taking part, raise your hands. **2** (egoísta) selfish person (pl people): *Es un interesado.* He only thinks of his own interests.

interesante¹ *adj* interesting

interesante² *s* **hacerse el interesante** to try to draw attention to yourself

interesar *v* [I] **me interesa la historia/le interesan los deportes** I'm interested in history/he's interested in sports: *Me interesaría saber cuánto cuesta.* I'd be interested to know how much it costs.
—**interesarse** *v pron* **1 interesarse por algo** to be interested in sth: *Se interesó por la fotografía cuando estaba en la universidad.* He got interested in photography while he was in college. **2 interesarse por alguien** to ask after sb

interfaz *s* interface

interferencia *s* (en radio, teléfono) interference: *Hay muchas interferencias.* There's a lot of interference.

interferir *v* [I] **interferir en algo** to interfere with sth

interfón *s* intercom: *Llama por el interfón y yo bajo.* Call me on the intercom and I'll come down.

interino¹, -a *adj* (gobierno) interim; (cargo) temporary; (presidente, director) acting • **profesor -a interino -a** substitute teacher

interino², -a *s* (profesor) substitute teacher

interior¹ *s* **1** (parte interna) inside, interior (*más frml*) • **en el interior (de la casa/del vehículo)** inside (the house/the vehicle) **2** (de un país) **el interior** the interior **3** (de una persona) **en mi/su interior** deep down **4 interiores** [pl] (calzoncillos) underpants **5 interiores** [pl] (ropa interior) underwear [U] **6 interiores** [pl] (en cine) studio takes ▶ DECORACIÓN de interiores

interior² *adj* **1** (de adentro) **la parte interior (de algo)** the inside (of sth) • **un bolsillo interior** an inside pocket • **una habitación interior** an inner room **2** (nacional – vuelo, política) domestic ▶ COMERCIO **interior**, ROPA **interior**

interjección *s* interjection

interlocutor, -a *s* **1** (en una conversación) **mi/su interlocutor** the person I/he was talking to **2** (en un debate) participant **3** (en una negociación) mediator

intermediar *v* [I] to mediate

intermediario, -a *s* intermediary (pl -ries)

intermedio¹, -a *adj* **1** (posición, punto, nivel) intermediate: *un curso de nivel intermedio* an intermediate class **2** (tamaño) medium • **de tamaño intermedio** medium-sized

intermedio² *s* **1** (en un espectáculo) intermission **2** (en una reunión, un curso) break
EXPRESIONES
por intermedio de alguien/algo through sb/sth

interminable *adj* endless • **se me/le hizo interminable** it seemed to go on forever

intermitente¹ *s* (de un coche) indicator • **poner el intermitente** to indicate

intermitente² *adj* **1** (sonido, lluvia, ruido) intermittent **2** (luz) flashing

internacional *adj* international

internado¹, -a *adj* (en un hospital) **estar internado -a** to be in the hospital: *Estará internada una semana.* She'll be in the hospital for a week.

internado² *s* (colegio) boarding school

internar *v* [T] (en un hospital) to admit: *Lo internaron el jueves.* He was admitted (to the hospital) on Thursday./He went into the hospital on Thursday. • *Tuvieron que internarlo de urgencia.* He had to be rushed to the hospital.
—**internarse** *v pron* (adentrarse) **internarse en algo** to go deep into sth

internauta *s* Internet user

Internet *s* the Internet: *¿Tienes Internet?* Do you have Internet access? • **en Internet** on the Internet • **bajar(se) algo de Internet** to download sth from the Internet • **conectarse a Internet** (por primera vez) to get connected to the Internet; (regularmente) to go on the Internet: *No puedo conectarme a Internet.* I can't get on the Internet. • **navegar por Internet** to surf the Net • **buscar algo en Internet** to look sth up on the Internet

interno¹, -a *adj* **1** (problema, hemorragia) internal **2** (patio) inner, interior

interno², -a *s* **1** (alumno) boarder **2** (médico) intern **3** (en una cárcel) inmate

interpelar *v* [T] to question

interponer *v* [T] **1** (poner) to place **2** (un recurso) to lodge; (una demanda) to bring
—**interponerse** *v pron* **interponerse entre dos personas** to come between two people • **interponerse en el camino de alguien** to get in sb's way

interpretación *s* **1** (de un texto, un hecho, un sueño) interpretation **2** (de una obra) performance; (de un personaje, un papel) portrayal **3** (traducción simultánea) interpreting

interpretar *v* [T] **1** (un hecho, un texto, un sueño) to interpret • **interpretar mal a alguien** to misinterpret sb **2** (un personaje, un papel) to play **3** (una obra musical, una canción) to perform

intérprete *s* **1** (actor, músico) performer **2** (traductor) interpreter

interrelación *s* interrelation

interrogación ▶ SIGNO de interrogación

interrogante *s* **1** (misterio) unsolved mystery **2** (pregunta) question

interrogar *v* [T] (a un detenido, un testigo) to question; (con amenazas) to interrogate

interrogatorio *s* (de un detenido, un testigo) questioning; (con amenazas) interrogation

interrumpir *v* **1** [I, T] (a una persona) to interrupt: *¿Interrumpo?* Am I interrupting? **2** [T] (una conversación, una clase, una actividad) to interrupt **3** [T] (el tráfico) to hold up **4** [T] (un programa de televisión, de radio) to interrupt **5** [T] (un viaje, unas vacaciones) to cut short

interrupción *s* interruption • **sin interrupción** without interruption
interrupción (voluntaria) del embarazo termination of pregnancy

interruptor *s* switch (pl -ches)

intersección *s* **1** (de calles) intersection **2** (en matemáticas) intersection

interurbano, -a *adj* (bus, transporte) long-distance; (tren) intercity

intervalo *s* **1** (de tiempo) interval: *con intervalos de cinco minutos* at five-minute intervals • **en el intervalo de diez minutos/dos meses** in the space of ten minutes/two months **2** (en el espacio) interval: *a intervalos regulares* at regular intervals

intervención *s* **1** (actuación) intervention **2 intervención (quirúrgica)** operation **3** (discurso formal) speech (pl -ches); (comentario) contribution **4** (de teléfono) tapping [U]

intervencionista *adj, s* interventionist

intervenir *v* **1** [I] (actuar) to intervene **2** [I] (tomar parte – en una conversación, un debate) to take part; (en una polémica) to get involved **3** [I] (interceder) to intercede: *Mi tío intervino a mi favor.* My uncle interceded on my behalf. **4** [T] (un teléfono) to tap: *Le intervinieron el teléfono.* His phone was tapped. **5** [T] (operar) **intervenir (quirúrgicamente) a alguien** to operate on sb

interventor, -a *s* (auditor) auditor

intestinal *adj* intestinal

intestino *s* intestine • **cáncer de intestino** bowel cancer
intestino delgado small intestine • intestino grueso large intestine

intimar *v* [I] to get close • **intimar con alguien** to get close to sb

intimidad *s* (privacidad) privacy • **en la intimidad** in private

intimidar *v* [T] (inspirar miedo) to intimidate; (con un arma) to threaten

íntimo, -a *adj* **1** (amigo) close **2** (tema, asunto) private **3** (ambiente) intimate **4** (fiesta) small **5** (relación, vínculo) close

intocable *adj* (tema, asunto) taboo

intolerable *adj* intolerable

intolerancia *s* intolerance

intolerante[1] *adj* intolerant

intolerante[2] *s* intolerant person (pl people)

intoxicación *s* **1** (causada por alimentos) food poisoning: *una intoxicación por comer ostras* food poisoning from eating oysters **2** (causada por drogas) intoxication **3** (causada por gases) poisoning

intoxicarse *v pron* **1** (por consumir alimentos en mal estado) to get food poisoning **2** (por sustancias, metales) to be poisoned

intranet *s* intranet

intranquilidad *s* **1** (preocupación) unease **2** (agitación) restlessness

intranquilo, -a *adj* **1** (preocupado) anxious **2** (inquieto) restless

intransigencia *s* intransigence

intransigente *s, adj* intransigent

intransitable *adj* impassable

intransitivo, -a *adj* intransitive

intrascendente *adj* insignificant

intratable *adj* (persona) difficult

intrauterino, -a *adj* ▶ DISPOSITIVO **intrauterino**

intravenoso, -a *adj* intravenous

intrépido, -a *adj* intrepid

intriga *s* **1** (curiosidad) suspense: *¡Qué intriga!* How intriguing! **2** (maquinación) intrigue

intrigante *adj* intriguing

intrigar *v* [T] **me/te intriga** I'm/you're intrigued: *Me intriga saber quién lo hizo.* I'm intrigued to know who did it.

intrincado, -a *adj* **1** (tejido, mecanismo) intricate; (problema, tema) complex **2** (red, laberinto) intricate

intrínseco, -a *adj* intrinsic

introducción *s* introduction

introducir *v* [T] **1** (un cambio, una medida) to introduce **2** (una moda, una costumbre) to introduce **3** (meter) to insert • **introducir algo en algo** to insert sth in sth **4** (en informática – datos, información) to enter
—**introducirse** *v pron* (en un lugar) to get in: *Se introdujeron en la joyería haciendo un agujero en la pared.* They got into the jewelry store by making a hole in the wall.

introductor, -a *s* **el introductor de algo** the person who introduced sth

introductorio, -a *adj* introductory

intromisión *s* interference • **intromisiones** interference

introvertido[1], -a *adj* introverted

introvertido[2], -a *s* introvert

intruso, -a *s* intruder

intuición *s* intuition • **tengo la intuición de que...** I have a feeling that...

intuir *v* [T] **intuir algo** to sense sth: *Intuyo que no les gustó.* I get the feeling they didn't like it.

intuitivo, -a *adj* intuitive

Inuit *adj* Inuit

inundación *s* flood

inundar *v* [T] **1** (con agua) to flood: *Las lluvias inundaron la región.* The rain caused flooding in the region. **2** (un lugar) to swamp: *Los turistas inundaban el centro de la ciudad.* The center of town was swarming with tourists. • **inundar el mercado (de algo)** to flood the market (with sth)
—**inundarse** *v pron* (casa, campos) to flood: *Se nos inundó la cocina.* Our kitchen flooded.

inusitado, -a *adj* unusual

inusual *adj* unusual

inútil[1] *adj* (cosa, persona) useless • **es inútil (insistir/que te quejes)** it's no use (nagging about it/complaining)

inútil[2] *s* **ser un/una inútil** to be useless

invadir *v* [T] **1** (un país, una región, un lugar) to invade **2** (estado de ánimo) to overcome • **me invadió una gran tristeza/alegría** I was overcome with great sadness/with joy

invalidar *v* [T] **1** (un argumento, una teoría, un acuerdo) to invalidate; (elecciones, una votación) to declare invalid **2** (un gol, una canasta) to disallow

invalidez *s* (física) disability
invalidez absoluta total disability • invalidez permanente permanent disability

inválido[1], -a *adj* (persona) disabled • **quedar inválido -a** to be left disabled

inválido[2], -a *s* disabled person (pl people) • **los inválidos** disabled people

invariable *adj* invariable

invasión *s* **1** invasion **2** (de terrenos) illegal occupation

invasor¹, -a *adj* invading

invasor², -a *s* invader

invencible *adj* (ejército) invincible; (equipo, jugador) unbeatable; (obstáculo) insurmountable

invención *s* **1** (acción) invention **2** (objeto inventado) invention **3** (mentira) fabrication: *Son invenciones suyas.* He's made it all up.

inventar *v* [T] **1** (algo nuevo) to invent **2** (algo falso) to make up
—**inventarse** *v pron* **inventarse algo** (una excusa) to make sth up

inventario *s* inventory (pl -ries) • **hacer (el) inventario** to do the stocktaking

inventiva *s* inventiveness • **tienes/tiene mucha inventiva** you're/he's very inventive

invento *s* invention

inventor, -a *s* inventor

invernadero *s* greenhouse ▶ **EFECTO invernadero**

invernal *adj* **1** (temporada, deportes, turismo) winter [solo ante s]: *la temporada invernal* the winter season **2** (frío) wintry: *Hacía un frío invernal.* It was wintry.

invernar *v* [I] to spend the winter

inverosímil *adj* implausible

inversión *s* (de tiempo, dinero) investment: *las inversiones extranjeras* foreign investment

inversionista *s* investor

inverso, -a *adj* **1 en sentido inverso** in the opposite direction • **en orden inverso** in reverse order • **hacer el camino inverso** to go back the way you came **2 a la inversa** the other way around

inversor, -a *s* investor

invertebrado, -a *s, adj* invertebrate

invertir *v* [T] **1** (dinero, tiempo, esfuerzos) **invertir algo en (hacer) algo** to invest sth in (doing) sth **2** (una tendencia, el orden) to reverse **3** (vaso) to turn upside down

investidura *s* **1** (asunción del cargo) investiture • **discurso/ceremonia de investidura** inauguration speech/ceremony **2** (carácter) office

investigación *s* **1** (policial) investigation • **investigación de/sobre algo** investigation into sth **2** (científica) research [U] • **una investigación sobre algo** a study of sth
investigación de mercado market research • Investigación y Desarrollo research and development

investigador, -a *s* researcher
investigador -a privado -a private detective

investigar *v* **1** [I, T] (un delito, un motivo) to investigate **2** [T] (a una persona, una empresa) **lo/los están investigando** he is/they are being investigated **3** [I, T] (estudiar) **investigar (sobre) algo** to carry out research into sth

investir *v* [T] **investir a alguien presidente/doctor honoris causa** to inaugurate sb as president/to award sb an honorary doctorate

inviable *adj* (no posible) unfeasible

invicto, -a *adj* (equipo, campeón) unbeaten

invidente¹ *adj* blind

invidente² *s* blind person (pl people) • **los invidentes** the blind

invierno *s* winter

inviolable *adj* inviolable

invisible *adj* invisible

invitación *s* **1** (acción) invitation • **hacer una invitación a alguien** to invite sb **2** (tarjeta) invitation

invitado¹, -a *s* guest

invitado², -a *adj* **músico -a/profesor -a invitado -a** guest musician/visiting professor • **estar invitado -a** to be invited

invitar *v* **1** [T] (convidar) **invitar a alguien a una fiesta/un cumpleaños** to invite sb to a party/a birthday party **2** [T] (pedir) to ask • **invitar a alguien a hacer algo** to ask sb to do sth • **invitar a alguien a salir** to ask sb out **3** [I, T] (pagar) **invito yo/invita la casa** it's on me/it's on the house • **invitar a alguien a algo** to buy sb sth

in vitro ▶ **FECUNDACIÓN in vitro**

invocar *v* [T] (un derecho) to invoke; (un argumento) to use

involucrar *v* [T] **involucrar a alguien en algo** to involve sb in sth
—**involucrarse** *v pron* to get involved

involuntario, -a *adj* involuntary

invulnerable *adj* invulnerable

inyección *s* injection • **darle/ponerle una inyección a alguien** to give sb an injection

inyectar *v* [T] **1** (un medicamento) to inject • **inyectarle algo a alguien** to give sb an injection of sth **2** (fondos, dinero) to inject
—**inyectarse** *v pron* **inyectarse algo** to inject yourself with sth

ion *s* ion

ionosfera *s* ionosphere

IPC *s* (abrev de **Índice de Precios al Consumo**) Retail Price Index

ir¹ *v* [I]

1	dirigirse
2	acudir
3	camino, carretera
4	extenderse
5	marchar
6	en deportes, juegos
7	en una lectura, un trabajo
8	apoyar
9	ubicarse
10	modo
11	vestir
12	hacer referencia
13	ser adecuado

1 DIRIGIRSE to go: *¿Adónde vas?* Where are you going? • *Este tren no va al aeropuerto.* This train doesn't go to the airport. • *Han ido a comprar bebidas.* They've gone to buy some drinks. • *Mañana vamos a ir a una fiesta.* We're going to a party tomorrow. • **ir al dentista/al médico** to go to the dentist's/the doctor's • **ir por algo/alguien** to go and get sth/sb: *Tengo que ir por mi hermana a la escuela.* I have to go get my sister from school.

2 ACUDIR to come: —*¡Tomás!* —*¡Voy!* "Tomás!" "Coming!"

3 CAMINO, CARRETERA to go: *Esta calle va a la plaza.* This road goes to the square. • *la carretera que va a León* the road to León

4 EXTENDERSE *El capítulo dos va de la página 20 a la 42.* Chapter two is from page 20 to 42. • *El plazo de inscripción va del 1 de marzo al 20 de abril.* The registration period is from March 1 to April 20.

5 MARCHAR to go: *¿Cómo van los estudios?* How are your studies going? • *¿Cómo va todo?* How are things? • *¿Cómo te va?* How are you? • *¿Cómo te fue en la prueba?* How did the test go? • **me va bien/mal** I'm doing okay/I'm not doing very well

6 EN DEPORTES, JUEGOS ¿cómo van? (en un partido) what's the score?; (en un juego, una carrera) who's winning? • **van empatados** (en un partido) they're tied; (en un concurso, una carrera) they're neck and neck • **ir primero/último** to be in the lead/to be last • **ir perdiendo** to be losing

7 EN UNA LECTURA, UN TRABAJO ir por el primer capítulo/el último ejercicio, ir en el primer capítulo/el

último ejercicio to be on the first chapter/the last exercise: *–¿Por dónde vas?* How far have you gotten? **8** **APOYAR** **irle a algo/alguien** to be a fan of sth/sb: *Le va al Toluca.* He is a fan of Toluca. **9** **UBICARSE** to go: *Estos libros van aquí.* These books go here. **10** **MODO** *El tren iba lleno.* The train was full. • *Va siempre muy maquillada.* She always wears a lot of make-up. **11** **VESTIR** **ir de traje/de negro** to wear a suit/to wear black **12** **HACER REFERENCIA** **ir por alguien** to go for sb: *Lo que dije va por todos ustedes.* What I said goes for all of you. **13** **SER ADECUADO** **ir (bien) con algo** to go (well) with sth: *El naranja no va con el rojo.* Orange doesn't go with red. • *Esa actitud no va con tu carácter.* That attitude isn't like you.

EXPRESIONES

ir y venir to go to and fro • **ni le va ni le viene (a)** (no le importa) he/she doesn't care one way or the other **(b)** (no le incumbe) it's none of his/her business • **¡qué le vamos/vas a hacer!** what can we/you do about it? • **vamos** come on: *Vamos, Claudia, no te enojes.* Come on Claudia, don't get angry. • **vamos a ver** let's see: *Vamos a ver qué es lo que han hecho.* Let's see what they've done. • *Vamos a ver, ¿qué pasó?* Now then, what happened? • **¡vaya!** : *¡Vaya, ya era hora!* Well, it was about time! • *¡Vaya que es tarde!* Come on, it's late!

—irse *v pron* **1** **DE UN LUGAR** to leave: *Se han ido.* They've left. • **irse de su casa/del país** to leave home/the country **2** **DESAPARECER** to go: *Se me ha ido el dolor de cabeza.* My headache has gone away. • *Esa mancha no se irá fácilmente.* It won't be easy to get that stain out. **3** **DINERO, TIEMPO, AÑOS** to go: *Se me ha ido todo el dinero del mes.* All the money I had for this month is gone. • *Los años se van volando.* The years fly by. **4** **SALIRSE** *El saco estaba roto y se ha ido todo el maíz.* The sack was split and all the corn spilled out. • *Se está yendo agua de esa tubería.* There's water leaking out of that pipe.

ir² *v aux* **1** (en el futuro) **ir a hacer algo** to be going to do sth: *Le voy a decir la verdad.* I'm going to tell him the truth. • *Nos íbamos a reunir el viernes.* We were going to meet on Friday. **2** (estar a punto) **ir a hacer algo** to be about to do sth: *Iba a llamarle y en ese momento sonó el teléfono.* I was about to call him when the phone rang. • *cuando iba a salir* just as I was about to leave **3** (en invitaciones) *¿Vamos a comer fuera?* Do you want to eat out? • *¿Por qué no vamos a dar un paseo?* Why don't we go for a walk? **4** (en órdenes) *¡Ve a lavarte las manos!* Go and wash your hands! **5** **ir haciendo algo** to be doing sth: *El enfermo va mejorando.* The patient is getting better. • *Vayan saliendo que enseguida voy.* You go on out, I'll be right with you.

ira *s* rage • **provocar la ira de alguien** to enrage sb

Irán Iran

iraní *s, adj* Iranian

Iraq, **Irak** Iraq

iraquí *s, adj* Iraqi

iris *s* iris (pl -ses)

Irlanda Ireland
    Irlanda del Norte Northern Ireland

irlandés¹, **-esa** *adj* Irish

irlandés², **-esa** *s* (persona) **irlandés** Irishman (pl -men) • **irlandesa** Irishwoman (pl -women) • **los irlandeses** the Irish

irlandés³ *s* (idioma) Gaelic, Irish

ironía *s* irony (pl -nies) • **con ironía** ironically • **es una ironía que...** it's ironic that...

irónico, **-a** *adj* (mirada, gesto) ironic; (comentario, sonrisa, persona) sarcastic

ironizar *v* [I] to be sarcastic • **ironizar sobre algo** to be sarcastic about sth

irracional *adj* irrational

irradiar *v* [T] (calor, luz, alegría) to radiate

irreal *adj* unreal

irrealizable *adj* (proyecto, plan) unworkable; (sueño) impossible

irreconciliable *adj* irreconcilable

irreconocible *adj* unrecognizable

irreemplazable (tb **irremplazable**) *adj* irreplaceable

irrefrenable *adj* **1** (entusiasmo, dinamismo) irrepressible **2** (ambición, deseo) uncontrollable

irregular *adj* **1** (que no sigue una regla) irregular: *un verbo irregular* an irregular verb **2** (poco uniforme – distribución, superficie, terreno) uneven; (actuación, lluvias) patchy **3** (ilegal) irregular: *Lleva seis meses en México en situación irregular.* He's been living as an illegal immigrant in Mexico for six months. **4** (en geometría) irregular

irregularidad *s* **1** (de un verbo) irregularity (pl -ties) **2** (de distribución, superficie, terreno) unevenness; (de actuación, lluvias) patchiness **3** (parte irregular) uneven spot **4** (contravencion) irregularity (pl -ties)

irrelevante *adj* insignificant • **ser irrelevante para algo** to be irrelevant to sth

irremediable *adj* (pérdida) irreparable; (error) irretrievable

irrenunciable *adj* (responsabilidad) that cannot be abdicated; (derecho) that cannot be waived

irreparable *adj* irreparable

irrepetible *adj* unique

irreprochable *adj* irreproachable

irresistible *adj* **1** (deseo, ganas) irresistible **2** (muy atractivo) irresistible

irresponsabilidad *s* **1** (falta de responsabilidad) irresponsibility **2** (dicho, acto) **ser una irresponsabilidad (hacer/decir algo)** to be irresponsible (to do/say sth)

irresponsable¹ *adj* irresponsible

irresponsable² *s* **ser un/una irresponsable** to be very irresponsible

irreverente *adj* irreverent

irreversible *adj* irreversible

irrevocable *adj* irrevocable

irrigación *s* **1** (riego) irrigation **2** (en medicina – del colon) irrigation; (sanguínea) circulation

irrigar *v* [T] **1** (un órgano) to supply with blood **2** (el colon) to irrigate

irrisorio, **-a** *adj* (precio, suma, aumento) derisory

irritable *adj* **1** (persona) irritable **2** (parte del cuerpo) irritable

irritación *s* **1** (enfado) irritation **2** (inflamación) irritation

irritar *v* [T] **1** (exasperar) to irritate **2** (los ojos, la piel) to irritate • **le/me irritó los ojos** it irritated his/my eyes **—irritarse** *v* **1** (enojarse) to get irritated **2** (piel, ojos) to get irritated • **se le/me irritaron los ojos** his/my eyes got irritated • **se le/me irritó la garganta** he/I got a sore throat

irrompible *adj* unbreakable

irrumpir *v* [I] **irrumpir en algo** (en una oficina, una reunión) to burst into sth

irrupción *s* (llegada abrupta) sudden arrival on the scene: *Protestan ante la irrupción de la policía en la universidad.* They are protesting about the police bursting into the university.

isla *s* island
    las Islas Británicas the British Isles

Islam *s* **el Islam** Islam

islámico, -a *adj* Islamic

islamismo *s* **el islamismo** Islamism, radical Islam

islamista[1] *adj* (integrista) Islamic extremist [solo ante s]: *un régimen islamista* an Islamic extremist regime

islamista[2] *s* (integrista) Islamic extremist

islandés[1], -esa *adj* Icelandic

islandés[2], -esa *s* (persona) Icelander

islandés[3] *s* (idioma) Icelandic

Islandia Iceland

islote *s* small island

isobara *s* isobar

isotónico, -a *adj* isotonic

isótopo *s* isotope

Israel Israel

israelí *s, adj* Israeli

israelita *adj* Jewish, Israelite

istmo *s* isthmus (pl -ses)

itacate *s* a package of food left over from a meal, that your host gives you to take home

Italia Italy

italiano[1], -a *adj* Italian

italiano[2], -a *s* (persona) Italian • **los italianos** the Italians

italiano[3] *s* (idioma) Italian

ítem *s* (elemento) item

itinerante *adj* (exposición) traveling; (corresponsal, embajador) roving

itinerario *s* route

IVA *s* (sigla de **Impuesto sobre el Valor Agregado**) **el IVA** VAT

izar *v* [T] (una bandera) to raise; (una vela) to hoist

izq. *adj* left

izquierda *s* **1** (lado) left • **a la izquierda** on the left: *la primera calle a la izquierda* the first street on the left • **doblar/dar vuelta a la izquierda** to turn left • **a la izquierda de algo** to the left of sth: *Está a la izquierda de la puerta.* It's to the left of the door. • **a la izquierda de alguien** on sb's left: *Se sentó a la izquierda de Marta.* She sat on Marta's left. • **el/la de la izquierda** the one on the left: *El de la izquierda es mi tío.* The one on the left is my uncle. • **de izquierda a derecha** from left to right **2 la izquierda** (la mano) your left hand: *Escribe con la izquierda.* He writes with his left hand. **3** (en política) left: *La izquierda se opuso.* The left objected. • **de izquierda** left-wing: *un partido de izquierdas* a left-wing party

izquierdo, -a *adj* **1** (mano, pie) left: *Se rompió el brazo izquierdo.* She broke her left arm. **2 en el/del lado izquierdo** on the left-hand side

Jj

J, j s J, j

ja *interj* **1** (imitando la risa) ha: *¡Ja, ja, ja!* Ha, ha, ha! **2** (para expresar burla, incredulidad) ha

jabalí, -lina s wild boar

jabalina s (en atletismo) javelin • **el lanzamiento de jabalina** the javelin

jabón s (para lavarse, fregar) soap
jabón de tocador toilet soap • jabón lavaplatos dishwashing liquid • jabón en polvo laundry detergent

jabonera s soap dish (pl -shes)

jacal s hut (made of adobe with a thatched roof)

jacinto s hyacinth

jacket s (para una muela) crown

jactarse *v pron* to brag • **jactarse de algo** to brag about sth

jacuzzi® s Jacuzzi (*marca reg*)

jade s jade

jadear *v* [I] to pant

jadeo s panting [U]

jaguar s jaguar

jai s chick

jailoso, -a *adj* snobbish

jalado, -a *adj* **1** (borracho) **estar jalado -a** to have had a few too many **2 jalado -a (de los pelos)** far-fetched

jalar *v* **1** [I,T] (tirar) to pull • **jalar (de) algo** to pull sth: *No me jales el pelo.* Don't pull my hair. • *Me jalaba del brazo con desesperación.* He was tugging desperately on my arm. • *Jaló una silla y se sentó a escuchar.* He pulled up a chair and sat down to listen. **2** [T] (agarrar) to take **3** [I] (funcionar) to work: *Esta impresora ya no jala.* This printer doesn't work any more. **4** [T] (convencer, influir) *Antes era buena alumna, pero ahora la jala su novio y no estudia.* She used to be a good student, but now all she thinks about is her boyfriend and doesn't do any work. **5** [I] (ir) to go: *En la segunda calle, jalas a la derecha.* You take the second street on the right. • **jalarle** to get a move on: *Jálale, que es tarde.* Get a move on, it's late. **6** [I] **no jalar con alguien** not to have anything to do with sb: *Sabes bien que no jalo con esa gente.* You know full well I don't get along with people like that.
—jalarse *v pron* **1** (emborracharse) to have a few too many **2** (exagerar) **jalársela** to be a drama queen

EXPRESIONES
jalarle a algo *¿Le jalas a un trago?* Would you like a drink? • *Ya sabes que no le jalo al heavy metal.* You know I'm not into heavy metal. • **jalar cada quien por su lado** to be in it for yourself: *Cada quien jala por su lado.* Everyone looks out for number one. • **jalar parejo** to pull together: *Tenemos que jalar parejo para lograrlo.* We have to pull together to achieve it.

jalea s jelly (pl -llies)
jalea real royal jelly

jaleo s **1** (confusión) chaos **2** (desorden) mess **3** (ruido) racket

EXPRESIONES
armar jaleo (a) (ruido) to make a racket **(b)** (alboroto) to cause a commotion

jalón s **1 arrancar algo de un jalón** to rip sth off: *Me arranqué la curita de un jalón.* I ripped the Band-Aid off. **2 leerse algo de un jalón** to read sth in one sitting • **dormir ocho/nueve horas de un jalón** to sleep through for eight/nine hours
jalón de orejas *darle un jalón de orejas a alguien* to give sb a talking-to

jalonearse *v pron* to jerk

Jamaica Jamaica

jamaica s (flor) hibiscus

jamaicano, -a s, *adj* Jamaican

jamás *adv* never; (con superlativos) ever: *Jamás pierde la paciencia.* He never loses his patience. • *la peor cerveza que haya bebido jamás* the worst beer I've ever drunk

jamón s ham: *un sandwich de jamón* a ham sandwich jamón crudo cured ham • jamón dulce, jamon cocido cooked ham • jamón serrano serrano ham

Japón Japan

japonés¹, -esa *adj* Japanese

japonés², -esa s (persona) **japonés** Japanese man (pl men) • **japonesa** Japanese woman (pl women) • **los japoneses** the Japanese

japonés³ s (idioma) Japanese

jaque s (en el ajedrez) check • **dar jaque a alguien** to put sb in check

EXPRESIONES
tener en jaque a alguien to cause sb anxiety
jaque mate checkmate

jaqueca s (migraña) migraine; (dolor de cabeza intenso) really bad headache

jarabe s syrup: *jarabe para la tos* cough mixture

jardín s **1** (de un lugar público) garden **2** (de una casa) yard **3** (en béisbol) **los jardines** the outfield ▶ ver ilustración en la página 1290
jardín botánico botanical garden • jardín central/derecho/izquierdo center/right/left field • jardín de niños, jardín infantil nursery school • jardín trasero backyard • jardín zoológico zoo

jardinera s **1** (en el balcón) planter; (en la ventana) window box (pl -xes) **2** (prenda de vestir) overalls [pl]

jardinería s gardening

jardinero, -a s **1** gardener **2** (en béisbol) outfielder

jarra s (para servir) jug

EXPRESIONES
con los brazos en jarras with hands on hips

jarro s jug

EXPRESIONES
caer como un jarro de agua fría to come as a shock: *El gol que les metieron en el primer minuto cayó como un jarro de agua fría.* The goal they conceded in the first minute took the wind out of their sails. • **echarle/arrojarle un jarro de agua fría a alguien** to spoil the party for sb

jarrón s vase

jartarse *v pron* **1** (aburrirse) **jartarse de algo/alguien** to get fed up with sth • **jartarse de hacer algo** to get fed up of doing sth **2** (gastarse) to squander: *Se jartó la herencia que le dejó el abuelo en mujeres.* He squandered the money his grandfather left him on women.

jartera s **1** (pereza) **me/nos da jartera** I/we don't feel like it: *Me da jartera salir.* I don't feel like going out. **2** (hastío, aburrimiento) **ser una jartera/dar jartera** to be a bore • **¡qué jartera de libro/partido!** what a boring book/game!

jarto, -a *adj* **1 estar jarto -a de algo/alguien** to be sick of sth/sb: *Estoy jarto del Gran Hermano.* I sick of Big Brother. • **estar jarto -a de hacer algo** to be sick of doing sth: *Ya estoy jarta de oírte quejándote.* I'm sick of listening to you complaining. **2** (aburrido – película, clase, libro) boring

jaspeado, -a *adj* (tela) mottled; (hoja) variegated; (roca) veined

jardín

gardening tools　herramientas de jardinería

shovel
pala

watering can
regadera

hose
manguera

clippers
tijeras de podar
(para setos)

rake
rastrillo

wheelbarrow
carretilla

trowel
desplantador

fork
horca, horqueta

lawnmower
cortadora de césped,
podadora de pasto

---

jaula s (para animales) cage

jauría s (de perros, lobos) pack

jazmín s jasmine

jazz s **el jazz** jazz: *una banda de jazz* a jazz band

jeans s [pl] (pantalón) jeans [pl]: *Me puse jeans y una camisa.* I put on some jeans and a T-shirt.

jefe, -a s **1** (en el trabajo) boss (pl -sses) **2** (de un partido, un sindicato) leader **3** (de una tribu) chief ▸ COMANDANTE en jefe, GENERAL en jefe, REDACTOR jefe
jefe -a de compras purchasing manager • Jefe -a de Estado head of state • jefe -a de estudios director of studies • jefe -a de gabinete leader of the cabinet • jefe -a de personal personnel manager • jefe -a de prensa senior press officer • jefe -a de policía chief of police • jefe -a de ventas sales manager

jején s biting midge

jengibre s ginger

jeque s sheikh

jerarquía s hierarchy (pl -chies)

jerárquico, -a adj hierarchical

jerez s sherry (pl -rries)

jerga s **1** (lenguaje) jargon • **la jerga carcelaria** prison slang **2** (trapo para limpiar) cloth **3** (trapo para el piso) floorcloth

jeringa s syringe

jeroglífico s **1** (símbolo, figura) hieroglyph **2 jeroglíficos** [pl] (sistema de escritura) hieroglyphics

Jesucristo s Jesus Christ

jesuita s, adj Jesuit

Jesús¹ s Jesus

Jesús² interj **1** (cuando alguien estornuda) bless you **2** (para expresar sorpresa) gosh

jet s (avión) jet

jeta s **1** (cara) face **2** (de enojo) scowl: *¡Cambia esa jeta!* Stop scowling!

jet-lag s jet lag

jet set s jet set

jicote s hornet

jilguero s goldfinch (pl -ches)

jincho, -a adj **1** (inculto) ignorant **2** (pálido) pale

jinete s rider

jirafa s (animal) giraffe

jirón s shred • **hecho -a jirones** in tatters

jitomate s tomato (pl -toes) • **una ensalada/una salsa de jitomates** a tomato salad/sauce

jockey s jockey

jocoque s curd

jocoso, -a adj (tono) jocular; (anécdota, occurencia) amusing

joda s (situación) nuisance: *¡Qué joda!* What a nuisance!

jogging s jogging • **hacer jogging** to go jogging

jojoba s jojoba

jojoto s **1** (granos) sweetcorn, corn **2** (mazorca) corncob

jolgorio s merrymaking

jonrón s home run

Jordania Jordan

jordano, -a s, adj Jordanian

jornada s **1** (día) day • **jornada (bursátil)** day's trading (on the stock exchange) **2** (de trabajo) **jornada (laboral)** **(a)** (en el día) (working) day **(b)** (en la semana) (working) week **3** (en una competición, un torneo) day **4 jornadas** [pl] (para tratar un tema) conference [sing]
jornada continua continuous working day with no lunch break

jornal s day's wages [pl] ▸ ver nota en SALARY

jornalero, -a s day laborer

joroba s (de una persona, un animal) hump: *Mi tío tenía una joroba.* My uncle was a hunchback.

jorobado¹, -a adj **1** (persona) hunchbacked **2** (situación, asunto) frigging tricky

jorobado², -a s hunchback

jorobar v **1** (fastidiar) **(a)** [I] to be a pain: *Déjate de jorobar.* Stop being a pain. **(b)** [T] to ruin things for: *Lo único que hace es jorobar a los demás.* All he does is ruin things for everyone else. **2** [T] (estropear – los planes, un proyecto) to mess up; (una máquina) to bust

—**jorobarse** *v pron* (estropearse) to bust: *Se jorobó el control remoto.* The remote's busted again.
EXPRESIONES
no (me) jorobes you're joking

joropo *s* a Venezuelan dance and music

jota *s* (naipe) jack
EXPRESIONES
no entender/saber ni jota not to understand/know a thing

joven[1] *adj* young • **de joven** when he/she was young

joven[2] *s* (varón) young man (pl men); (mujer) young woman (pl women) • **los jóvenes** young people

jovial *adj* cheerful

joya *s* **1** (alhaja) **una joya** a piece of jewelry • **joyas** jewelry [U]: *las joyas de la corona* the crown jewels **2** (persona o cosa valiosa) gem

joyería *s* jewelry store

joyero[1], -a *s* (persona) jeweler

joyero[2] *s* (caja) jewelry box (pl -xes)

juanete *s* bunion

jubilación *s* **1** (dinero) pension **2** (condición) retirement: *la edad de la jubilación* retirement age
jubilación anticipada early retirement

jubilado[1], -a *adj* retired

jubilado[2], -a *s* senior citizen

jubilarse *v pron* **1** (del trabajo) to retire **2** (faltar a clase) to cut class, to cut school

judaísmo *s* Judaism

judicial *adj* judicial ▶ **PODER judicial**

judío[1], -a *adj* Jewish

judío[2], -a *s* Jew

judo *s* judo • **hacer judo** to do judo

judoka *s* jukoka

juego *s* **1** (actividad recreativa) game **2** (partido) game **3** (por dinero) **el juego** gambling **4** (en tenis, squash) game **5** (conjunto) set • **un juego de toallas/de té** a set of towels/a tea set **6 los juegos** [pl] (tobogán, columpios) the swings; (en un parque de diversiones) the rides
EXPRESIONES
estar en juego to be at stake • **hacerle el juego a alguien** to play along with sb • **hacer juego (con algo)** to match (sth)
juego de ajedrez chess set • juego de azar game of chance • juego de cartas card game • juego de la oca a board game similar to chutes and ladders • juego de manos conjuring trick • juego de mesa board game • juego de computador, juego de computadora computer game • juego de palabras play on words • juego de pelota ball game • juego de rol, juego de fantasía role-playing game • juego limpio fair play • juegos malabares juggling [U] • Juegos Olímpicos Olympic Games • juego sucio foul play

juerga *s* **estar/andar de juerga** to be out partying • **irse/salir de juerga** to go out on the town

juerguista *s, adj* **ser (un/una) juerguista** to like to go out and have a good time

jueves *s* Thursday ▶ para ejemplos, ver VIERNES
Jueves Santo Maundy Thursday

juez, -a *s* judge
EXPRESIONES
no se puede ser juez y parte you can't be impartial if you're an interested party
juez de instrucción examining magistrate • juez de línea **(a)** (en fútbol, hockey) (hombre) linesman (pl -men); (mujer) lineswoman (pl -women) **(b)** (en tenis) line judge • juez de paz Justice of the Peace • juez de primera instancia examining magistrate • juez de silla umpire

jugada *s* **1** (en fútbol, baloncesto) play • **las mejores jugadas** the highlights **2** (en ajedrez) move
EXPRESIONES
hacerle una (mala) jugada a alguien to play a dirty trick on sb

jugador, -a *s* **1** (de un deporte, un juego) player • **un jugador de tenis/fútbol** a tennis player/a football player **2** (que tiene el vicio del juego) gambler

jugar *v*

1	actividad recreativa
2	deporte
3	por dinero
4	apostar
5	referido al turno en un juego
6	una carta
7	una ficha
8	entretenerse
9	desempeñar

1 ACTIVIDAD RECREATIVA [I,T] to play • **jugar (a las) cartas/(al) ajedrez** to play cards/chess • **jugar una partida de algo** to play a game of sth
2 DEPORTE [I,T] to play • **jugar (al) fútbol/baloncesto** to play soccer/basketball • **jugar contra/con alguien** to play sb • **jugar de delantero -a/defensa** to play as a forward/defender
3 POR DINERO [I] to gamble: *Sale todas las noches a jugar.* He goes out gambling every night. • **jugar (a la) ruleta/(al) bridge** to play roulette/bridge
4 APOSTAR [T] to bet: *Te juego una cerveza a que tengo razón.* I bet you a meal out that I'm right.
5 REFERIDO AL TURNO EN UN JUEGO [I] (en ajedrez, damas) to move; (en otros juegos de mesa) to play: *Me toca jugar a mí.* It's my turn.
6 UNA CARTA [T] to play
7 UNA FICHA [T] to move
8 ENTRETENERSE [I] to play: *Déjate de jugar con ese bolígrafo.* Stop playing with that pen.
9 DESEMPEÑAR [T] : *Jugó un rol fundamental en las negociaciones.* She played a key role in the negotiations.
EXPRESIONES
jugar limpio to play fair • **jugar sucio** to play dirty • **me/se la ha jugado** he was unfaithful to me/her ▶ **jugar con FUEGO, jugar una mala PASADA a alguien**
—**jugarse** *v pron*
1 APOSTAR to gamble away: *Se jugó el dinero de la herencia.* He gambled away his inheritance.
2 ARRIESGAR jugarse la vida/el empleo to risk your life/your job • **jugársela** to stick your neck out

jugarreta *s* dirty trick • **hacerle una jugarreta a alguien** to play a dirty trick on sb

jugo *s* **1** (de fruta) juice **2** (de la carne) juices [pl] **3** (gástrico, intestinal) juice
EXPRESIONES
sacarle (el) jugo a algo to get the most out of sth

jugoso, -a *adj* **1** (carne, fruta) juicy **2** (comentario, chisme) juicy **3** (negocio, contrato) lucrative; (comisión, beneficios) substantial

juguera *s* (para frutas) juicer; (para otros alimentos) blender

juguete *s* toy • **una moto/una pistola de juguete** a toy car/gun

juguetería *s* toy store

juguetón, -ona *adj* playful

juicio *s* **1** (en derecho) trial • **llevar a alguien a juicio** to take sb to court **2** (opinión) opinion • **a mi/su juicio** in my/her opinion
EXPRESIONES
perder el juicio to go out of your mind
juicio de valor value judgment • el Juicio Final the Last Judgment

julio *s* July ▶ para ejemplos, ver FEBRERO

J

junco s (planta, tallo) rush (pl -shes) • **una cesta/una esterilla de junco** a rush basket/mat

jungla s **1** (selva) jungle **2** (lugar lleno de peligros) jungle: *una jungla de asfalto* a concrete jungle

junio s June ▶ para ejemplos, ver **FEBRERO**

júnior adj **1** (junto a un nombre) Junior: *José Méndez júnior.* José Méndez Junior **2** (categoría deportiva – equipo, campeonato) youth [solo ante s]; (jugador, campeón) junior: *los campeonatos júnior* the youth championships

junquillo s (planta) jonquil

junta s **1** (reunión) meeting • **hacer una junta** to hold a meeting **2** (comisión) committee **3** (ensambladura) join **4** (pieza) gasket; (de manguera) connector **5** (espacio) joint
junta militar military junta • **junta de accionistas** shareholders' meeting • **junta directiva** **(a)** (de una empresa) board of directors **(b)** (de un partido) executive committee **(c)** (de un club) board • **junta electoral** electoral board

juntar v [T] **1** (acercar) to put together: *Juntamos las dos camas.* We put the two beds together. • **juntar algo con algo** to put sth together with sth **2** (firmas, alimentos) to collect **3** (dinero) **juntar dinero para algo** to save up for sth: *Estoy juntando dinero para una moto.* I'm saving up for a motorbike. • **juntar el dinero para algo** to get the money together for sth: *Ya han juntado el dinero para el viaje.* They've already gotten the money together for the trip. **4** (a familiares, amigos) to get together **5** (coleccionar) to collect
—**juntarse** v pron **1** (reunirse) to get together • **juntarse con alguien (a)** (en una ocasión concreta) to get together with sb **(b)** (tener trato con) to mix with sb **2** (acercarse) to move close together **3** (unirse) to meet: *Las dos carreteras se juntan a diez kilómetros de aquí.* The two roads meet ten kilometers from here.

juntillas ▶ a PIE **juntillas**

junto, -a adj together: *Fuimos juntos a la fiesta.* We went to the party together. • **demasiado/más juntos -as** too close together/closer together • **todos -as juntos -as** all together
todo junto (en el tiempo) all at the same time; (en el espacio) all together • **se escribe todo junto** it's written as one word

junto a prep next to: *una casa junto al mar* a house by the ocean

junto con prep together with

Júpiter s Jupiter

jurado¹ s [masc] **1** (en un juicio) jury (pl -ries) **2** (en un concurso) panel of judges

jurado² s [masc & fem] **1** (en un juicio) member of the jury **2** (en un concurso) judge

jurado³, -a adj **tenérsela jurada a alguien** to have it in for sb ▶ DECLARACIÓN **jurada**, VIGILANTE **jurado**

juramento s (promesa) oath • **prestar juramento** to take an oath • **bajo juramento** under oath

jurar v [T] **1** (prometer) to swear: *Me juró que era verdad.* He swore to me that it was true. • **te lo juro** I swear • **jurar hacer algo** to swear to do sth • **jurar por Dios/por sus hijos** to swear to God • **jurarle fidelidad a alguien (a)** (a un líder) to swear to be loyal to sb **(b)** (a un cónyuge, una pareja) to swear to be faithful to sb • **jurarle lealtad a algo/alguien** to swear allegiance to sth/sb • **jurar (la) bandera** to swear allegiance to the flag • **jurar venganza** to swear vengeance **2** (presidente, ministro) **jurar el/su cargo** to be sworn in

jurel s horse mackerel

jurídico, -a adj legal

jurisdicción s jurisdiction

jurisprudencia s **1** (antecedentes, doctrina) case law • **sentar/crear jurisprudencia** to set a legal precedent **2** (disciplina) jurisprudence

justamente adv **1** (precisamente) exactly: *Justamente por eso queremos ir.* That's exactly why we want to go. **2** (casualmente) just: *Justamente estaba a punto de llamarte.* I was just about to call you. **3** (con justicia) fairly

justicia s **1** (equidad) justice • **se hizo/se hará justicia** justice was done/will be done **2 la justicia** (el sistema) the law
en justicia in all fairness: *En justicia, merecían ganar.* In all fairness, they deserved to win. • **hacerle justicia a alguien** to give sb the recognition they deserve: *La foto no le hace justicia.* The photo doesn't do her justice. • **tomar la justicia por su mano, hacer justicia por mano propia** to take the law into your own hands

justificación s justification

justificado, -a adj **1** (con motivo) justified • **estar justificado -a** to be justified **2** (texto) justified

justificante s **1** (del médico) doctor's note **2** (de los padres) note from your parents **3** (de un gasto) receipt • **un justificante de compra** proof of purchase

justificar v [T] **1** (una actitud, un gasto) to justify **2** (fundamentar) to give reasons for: *Justifica la respuesta.* Give reasons for your answer. **3** (un texto) to justify
—**justificarse** v pron to justify your actions

justo¹, -a adj **1** (apropiado) right: *Me cuesta encontrar las palabras justas.* It's difficult to find the right words. • **en el momento justo/a la hora justa** at just the right moment/time **2** (exacto) exact: *Llegamos en una hora justa.* We got there in exactly an hour. • **la cantidad justa** the right amount **3** (apenas suficiente) **el dinero/tiempo justo** just enough money/time • **andar justo -a de tiempo** to have only just enough time • **ando justo -a/andamos justos -as de dinero** money is tight • **vivir con lo justo** to have just enough to live on **4** (de acuerdo con la justicia) fair: *No es justo.* It's not fair. **5** (pantalones, falda) tight: *Esa falda te queda muy justa.* That skirt is too tight for you.

justo² adv **1** (precisamente) just: *Justo por eso estoy preocupada.* That's just why I'm worried. • **justo en ese momento/justo cuando...** just at that moment/just as... • **justo ahora** right now • **justo delante/detrás** right in front/behind **2** (apenas) just: *Alcanzó justo.* It was just enough.

juvenil¹ adj **1** (empleo, cultura) youth [solo ante s]; (violencia, delincuencia) juvenile: *el desempleo juvenil* youth unemployment **2** (categoría deportiva) under-18s [solo ante s]: *el campeonato juvenil* the under-18s championship • **la selección juvenil** the under-18s **3** (aspecto, ropa) youthful: *Lleva ropa demasiado juvenil para su edad.* He wears clothes that look too young for his age.

juvenil² s (deportista) under-18

juventud s **1 la juventud** (los jóvenes) young people [pl] **2** (edad) youth • **en mi/su juventud** when I/she was young

juzgado s court

juzgar v [T] **1** (en derecho) to try • **juzgar a alguien por algo** to try sb for sth **2** (evaluar) to judge **3** (considerar) to consider • **juzgar algo oportuno/necesario** to consider sth appropriate/necessary
a juzgar por algo judging by sth

Kk

K, **k** s K, k

kaleidoscopio s kaleidoscope

kamikaze s 1 (suicida) suicide bomber 2 (persona temeraria) maniac

karaoke s 1 (actividad) karaoke 2 (aparato) karaoke machine 3 (establecimiento) karaoke bar

karate s karate • **hacer karate** to do karate

karateca s karate practitioner, karateka (*técn*)

karma s karma

kart s go-kart

karting s go-kart racing

kayac s 1 (embarcación) kayak 2 (actividad) kayaking • **hacer kayac** to go kayaking

kazajo¹, -a s (persona) Kazakh

kazajo² s (idioma) Kazakh

kazajo³, -a adj Kazakh

Kazajstán Kazakhstan

Kenia Kenya

keniano, -a s, adj Kenyan

kermés (tb **kermese**) s fair

kerosén (tb **kerosene**, **keroseno**) s kerosene

ketchup s ketchup

kg (abrev de **kilogramo**) kg

kilo s kilo

kilobyte s kilobyte

kilogramo s kilogram

kilometraje s mileage

canoe
canoa
kayak
kayac

kilómetro s kilometer

kilovatio s kilowatt

kimono s kimono

kinder s nursery school

kinesiólogo, -a s physical therapist

kiosco s 1 (puesto) stand 2 (en un parque, una plaza) shelter; (para orquesta) bandstand 3 **quiosco (de periódicos)** newstand

Kirguizistán Kyrgyzstan

kirguizo¹, -a s (persona) Kyrgyz

kirguizo² s (idioma) Kyrgyz

kirguizo³, -a adj Kyrgyz

kit s kit

kiwi s 1 (fruta) kiwi fruit 2 (ave) kiwi

klínex (tb **kleenex®**) s tissue, Kleenex® (pl -xes)

km (abrev de **kilómetro**) km

knock out s knockout

k.o., **K.O.** s KO • **dejar a alguien k.o.** to knock sb out • **ganar por k.o.** to win by a knockout

koala s koala bear

kotex® s sanitary napkin

kuchen s tart

kung-fu s kung fu • **hacer kung-fu** to do kung fu

Kuwait Kuwait

kuwaití s, adj Kuwaiti

L, l s L, l

l (abrev de **litro**) l

la¹ art ▸ EL, LOS

la² pron **1** (cuando se refiere a "ella") her: *La llevé a su casa.* I took her home. **2** (cuando se refiere a "usted") you: *¿La puedo ayudar?* Can I help you? **3** (cuando no se refiere a personas) it: *¿La vas a comprar?* Are you going to buy it? ▸ LOS

la³ s (nota musical) A

laberinto s **1** (de calles, pasillos) labyrinth **2** (en un parque) maze **3** (enredo, lío) maze

labia s smooth talk • **tener mucha labia** to be a very smooth talker

labial s lipstick

labio s lip • **pintarse los labios** to put some lipstick on: *No se pinta los labios.* She doesn't wear lipstick.
leer los labios to lipread • **morderse los labios** to bite your tongue • **no abrir/despegar los labios** not to say a word • **mis labios están sellados** my lips are sealed
labio leporino harelip

labor s **1** (actividad, tarea) work [U]: *labores de ayuda humanitaria* humanitarian aid work **2** (de costura) sewing; (de tejido) knitting
labor de zapa undermining: *la labor de zapa de la prensa* the press's attempts to undermine him • labores agrícolas farm work [U] • labores de la casa housework [U] • labores domésticas housework [U]

laborable adj working: *días laborables* working days

laboral adj (mercado, costos) labor [solo ante s]; (reforma, legislación) employment [solo ante s] • **experiencia laboral** work experience • **la precariedad laboral** job insecurity ▸ JORNADA laboral

laboratorio s laboratory (pl -ries)

laborioso, -a adj **1** (trabajador) hard-working **2** (trabajoso) laborious

laborista adj Labor

labrar v [T] **1** (la tierra – arar) to plow; (cultivar) to work **2** (la madera, la piedra) to carve **3** (un metal) to work; (una joya) to cut **4** (una reputación, un futuro) to carve out

laca s **1** (para el pelo) hairspray **2** (barniz) lacquer
laca de uñas nail polish

lacio, -a adj (pelo) straight: *Tiene el pelo lacio.* She has straight hair.

lacónico, -a adj laconic

lacra s scourge

lacre s sealing wax

lacrimógeno adj (película, telenovela) weepy ▸ BOMBA lacrimógena, GAS lacrimógeno

lactancia s **1** (hecho de amamantar) breastfeeding **2** (periodo) lactation **3** (forma de alimentación) **lactancia (materna)** breastfeeding • **lactancia (artificial)** bottle feeding

lácteo, -a adj dairy [solo ante s]: *productos lácteos* dairy products

lactosa s lactose

LADA (tb **clave Lada**) s (abrev de **Larga Distancia Automática**) area code

ladeado, -a adj (sombrero) at an angle; (cabeza) on one side; (sonrisa, nariz) crooked

ladera s mountainside

ladilla s (piojo) crab

lado s **1** (parte lateral) side: *el lado fresco de la casa* the cool side of the house • **a un lado/al otro lado** on one side/on the other side **2** (del cuerpo, de la cara) side • **de lado** on your side: *Acuéstese de lado.* Lie down on your side. **3** (en geometría) side
a/en ningún lado (con un verbo en forma negativa) anywhere; (con un verbo en forma afirmativa, más enfático) nowhere: *No lo encuentro por ningún lado.* I can't find it anywhere. • *No vamos a ningún lado.* We're going nowhere. • **a mi/tu lado** (para expresar posición) next to me/you; (en comparaciones) compared to me/you: *Estaba a mi lado.* She was next to me. • *A su lado, parece muy gordo.* He looks very fat compared to her. • **al lado de algo/alguien** (para expresar posición) next to sth/sb; (en comparaciones) compared to sth/sb: *La escuela queda al lado del parque.* The school is next to the park. • *Viven al lado de mi casa.* They live next door to me. • *Al lado de Diego es altísimo.* Compared to Diego he's very tall. • **la casa/la tienda de al lado** the house/store next door: *el vecino de al lado* the next-door neighbor • **dar/dejar de lado a alguien** to give sb the cold shoulder • **dejar a un lado algo** to leave sth aside • **cruzar algo de lado a lado** to go right across sth • **estar del lado de alguien** to be on sb's side • **de un lado a/para otro** all over the place • **pasar por el lado/al lado de alguien** to pass sb • **por otro lado** (a) (además) besides (b) (en contraste) on the other hand • **cada uno -a por su lado** (en forma independiente) independently: *Se marcharon cada uno por su lado.* They all went their separate ways. • **darle a alguien por su lado** to humor sb, to play along with sb • **por un lado... por otro (lado)...** on the one hand... on the other (hand)...: *Por un lado es útil, pero por otro no sé si vale lo que cuesta.* On the one hand it's useful, but on the other I'm not sure it's worth the money.

ladrar v [I] to bark • **ladrarle a alguien** to bark at sb

ladrido s bark • **ladridos** barking [U]

ladrillo s (para construir) brick: *una pared de ladrillos* a brick wall

ladrón¹, -ona s thief (pl thieves); (que entra a robar en una casa) burglar; (que atraca un banco o un negocio) robber ▸ ver nota en THIEF

ladrón² s (enchufe) adaptor

lagaña s sleep [U]: *Tienes una lagaña.* You have a little sleep in your eye. • *Tienes lagañas.* You have sleep in your eyes.

lagartija s **1** (animal) small lizard **2** (ejercicio) push-up

lagarto, -a s (animal) lizard

lago s lake: *el Lago Titicaca* Lake Titicaca

lágrima s tear
llorar a lágrima viva to cry your eyes out
lágrimas de cocodrilo crocodile tears

lagrimal s corner of your eye

lagrimear v [I] to water: *Me lagrimean los ojos.* My eyes are watering.

laguna s **1** (de agua dulce) pool; (de agua salada, junto al mar) lagoon **2** (en los conocimientos) gap; (en una ley) loophole • **tener lagunas** (en la memoria) to have memory lapses

laico, -a adj (estado, educación) secular; (organización, persona) lay

lamber v [T] (con la lengua) to lick: *El perro le lambió la mano.* The dog licked his hand.

lambón -ona (tb **lambiscón** -ona) s bootlicker

lamentable *adj* **1** (error, accidente) regrettable **2** (muy malo – comida, actuación, conducta) terrible • **en (un) estado lamentable** in a terrible state

lamentar *v* [T] (arrepentirse de) to be sorry about, to regret (*más frml*): *Ahora lamento habérselo dicho.* I'm sorry I told her now.

lo lamento (mucho) I'm (very) sorry
—**lamentarse** *v pron* **1** (quejarse) **lamentarse (de algo)** to complain (about sth) **2** (arrepentirse) to be sorry

lamento *s* (de pena) wail; (de dolor) moan; (de fastidio, contrariedad) groan

lamer *v* [T] to lick: *El perro le lamió la mano.* The dog licked his hand.

lamida *s* lick

lámina *s* **1** (ilustración) illustration **2** (de metal) sheet **3** (rodaja) slice

lámpara *s* **1** (de interior) lamp **2 lámpara (de calle)** streetlamp
lámpara de bajo consumo low-energy light bulb • lámpara de escritorio desk lamp • lámpara de pie floor lamp

lampiño, -a *adj* (pecho) hairless; (rostro) beardless

lana *s* **1** (fibra) wool • **un suéter de lana** a woolen sweater **2** (dinero) dough, cash: *¿Me prestas una lana?* Can you lend me some dough? • *No traigo nada de lana.* I don't have any cash on me.

lancha *s* (embarcación) boat
lancha de motor motorboat • lancha neumática rubber dinghy (pl -ghies) • lancha salvavidas lifeboat

langosta *s* **1** (crustáceo) lobster **2** (insecto) locust

langostino *s* jumbo shrimp

lanza[1] *s* [fem] (arma arrojadiza) spear; (en una justa) lance

lanza[2] *s* [masc] (ladrón) pickpocket, thief

lanzacohetes *s* rocket launcher

lanzadera *s* **lanzadera (espacial)** space shuttle

lanzado, -a *adj* **1** (demasiado familiar) forward; (seguro de sí mismo) assertive **2** (impetuoso) impetuous

lanzador, -a *s* **1** (en béisbol) pitcher **2 un lanzador de jabalina/disco/martillo** a javelin thrower/discus thrower/hammer thrower • **un lanzador de bala/peso** a shot putter

lanzagranadas *s* grenade launcher

lanzamiento *s* **1** (de un CD) release; (de un libro, un producto) launch (pl -ches) **2** (de un satélite, un misil) launch (pl -ches) **3** (en deporte – con la mano) throw; (con el pie) kick; (en béisbol) pitch (pl -ches) **4** (desalojo) eviction **5** (de una bomba) dropping
el lanzamiento de disco the discus • el lanzamiento de jabalina the javelin • el lanzamiento de martillo the hammer • el lanzamiento de bala, el lanzamiento de peso the shot put

lanzar *v* [T] **1** (con la mano – una pelota, una piedra) to throw • **lanzarle una pelota a alguien** to throw sb a ball • **lanzarle piedras a algo** to throw stones at sth **2** (un misil, un satélite) to launch; (una bomba) to drop **3** (un producto, un libro) to launch; (un CD) to release **4 lanzar un grito/una carcajada** to shout out/to burst out laughing **5** (en informática – un programa) to launch
—lanzarse *v pron* **1** to throw yourself • **lanzarse al agua** to jump into the water **2 lanzársele a alguien** to make a pass on sb, to hit on sb **3** (ir) to go: *¿Quién se lanza por los refrescos?* Who's going for the drinks?

Laos Laos

laosiano[1], **-a** *s* (persona) Lao

laosiano[2] *s* (idioma) Lao

laosiano[3], **-a** *adj* Lao

lapicera *s* **1** (para escribir) pen **2** (para guardar lápices, etc.) pencil case

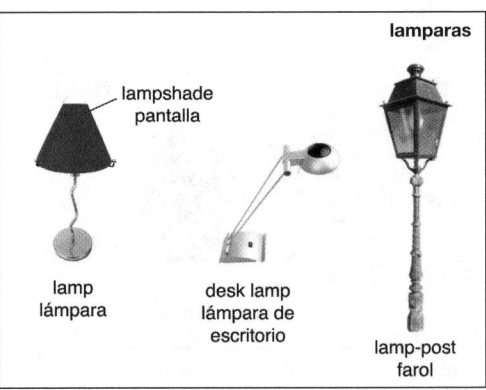

lamparas

lampshade
pantalla

lamp
lámpara

desk lamp
lámpara de escritorio

lamp-post
farol

lapicero *s* **1** (lápiz) pencil **2** (portaminas) mechanical pencil **3 lapicero (de tinta)** pen, ballpoint pen

lápida *s* gravestone

lapidar *v* [T] to stone

lapislázuli *s* lapis lazuli

lápiz *s* **1** (de mina, grafito) pencil • **lápices de colores** colored pencils • **un dibujo/un bosquejo a lápiz** a pencil drawing/sketch **2 lápiz (pasta)** pen, ballpoint pen
lápiz de labios lipstick • lápiz de cera crayon • lápiz (delineador) de ojos eyeliner

lapso *s* space: *En ese lapso, sucedieron muchas cosas.* Many things happened during that space of time. • **un lapso de tiempo** a space of time • **en un lapso de tres años/dos horas** in the space of three years/two hours

lapsus *s* slip • **tener un lapsus** to make a slip

laqueado, -a *adj* **1** (mueble, madera) lacquered **2** (pato, cerdo) glazed

larga a la larga (después de un tiempo) eventually; (a largo plazo) in the long run • **dar largas a algo/alguien** to put sb/sth off

largamente *adv* (hablar) at length: *una novela largamente esperada* a long-awaited novel • **ovacionar largamente a alguien** to give sb a lengthy ovation

largar *v* **1** [T] (una cuerda, un cable) to pay out: *Hay que largar más cuerda.* You need to pay out more rope. **2** [I] (en una carrera) to start **3** [T] (decir) to say • **largar insultos** to shout insults • **largarle un sermón a alguien** to give sb a lecture
—**largarse** *v pron* (irse) to beat it: *¡Lárguense de aquí!* Beat it! • *Mejor me largo.* I'd better be off. • **me largo** I'm off

largavistas *s* binoculars [pl]

largo[1], **-a** *adj* **1** (en longitud) long: *Tiene el pelo largo.* She has long hair. • **me/te queda largo -a** (una falda, un vestido) it's too long for me/you **2** (en duración) long: *un largo viaje* a long trip **3** (mucho) a lot of: *Vivió largos años en el exilio.* He spent many years in exile. • **tener una larga experiencia en algo** to have a lot of experience in sth **4** (indicando una cantidad superior a la mencionada) **una hora larga/dos kilómetros largos** a good hour/a good two kilometers ▶ **luces largas** (LUZ), **de larga** DURACIÓN

se me/nos hizo largo -a it dragged on

largo[2] *s* **1** (longitud) length • **¿cuánto tiene/mide de largo?** how long is it? • **tiene/mide dos metros de largo** it's two meters long **2** (en natación) length **3** (de tela) length

cortar algo a lo largo to cut sth lengthwise • **a lo largo del camino/del pasillo** along the road/the corridor • **a lo largo de la historia/de su vida** throughout history/his life • **a lo largo y a lo ancho del mundo/de la Patagonia** all over the world/the length and breadth of Patagonia • **ir/vestirse de largo** to wear a long dress • **largo y**

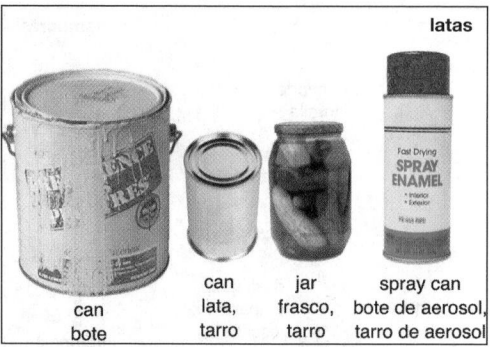

latas

| can
bote | can
lata,
tarro | jar
frasco,
tarro | spray can
bote de aerosol,
tarro de aerosol |

tendido at great length • **pasar de largo** (no detenerse) to go straight past • **tengo/tiene para largo** I'm/he's going to be a long time • **esto va para largo** this could go on for a while yet

largometraje s feature film

larguero s (de un arco) crossbar

laringe s larynx (pl -xes)

laringitis s laryngitis

larva s larva (pl larvae)

las art ▶ EL, LOS

lasaña s lasagna

lascivia s lewdness

lascivo, -a adj (gesto) lewd; (persona) lecherous

láser s laser ▶ IMPRESORA láser, RAYO láser

lástima s **ser una lástima** to be a shame: *Sería una lástima que lo perdieras.* It would be a shame if you lost it. • **¡(qué) lástima!** what a shame!: *¡Lástima que no hayas traído la cámara!* What a shame you didn't bring the camera! • **tenerle lástima a alguien** to feel sorry for sb: *Les tengo mucha lástima.* I feel very sorry for them. • **da lástima hacer algo** it's a shame to do sth: *Da lástima botar tanta comida.* It's a shame to throw away so much food. • **su aspecto da lástima** it's sad to see him looking like that • **la pobre me/le da lástima** I feel/he feels sorry for the poor girl • **me/le dio mucha lástima no poder ir** I/he was very sad not to be able to go

lastimadura s (leve) graze; (más severa) injury

lastimar v [T] **1** (físicamente) to hurt **2** (emocionalmente) to hurt
—**lastimarse** v pron to hurt yourself: *Me lastimé la rodilla.* I hurt my knee.

lastre s **1** (en una embarcación, un globo) ballast **2** (estorbo) burden

lata s **1** (de bebida) can **2** (de conservas) can • **de/en lata** canned: *duraznos de lata* canned peaches **3** (material) tin: *una caja de lata* a tin box **4** (fastidio) drag: *Es una lata.* It's a drag. • **dar (la) lata** to be a pain: *¡Ya deja de dar lata!* Stop being such a pain! • **darle (la) lata a alguien** to pester sb • **me/le da la lata hacer algo** it's a drag having to do sth **5** **lata (de hornear)** baking (tray)

latente adj latent

lateral[1] adj (puerta, entrada, calle) side [solo ante s]: *una puerta lateral* a side door

lateral[2] s **1** (en fútbol) fullback: *el lateral izquierdo/derecho* the left back/right back **2** (de una avenida) service road, frontage road

látex s latex: *guantes de látex* latex gloves

latido s beat

latigazo s lash (pl -shes)

látigo s whip

latín s Latin

latino[1], **-a** adj **1** (en sentido amplio) Latin: *los países latinos* Latin countries **2** (de Latinoamérica) Latin

American **3** (que vive en Estados Unidos) Latino

latino[2], **-a** s **1** (latinoamericano) Latin American **2** (que vive en Estados Unidos) Latino

Latinoamérica Latin America

latinoamericano, -a adj, s Latin American

latir v [I] **1** (corazón) to beat **2** (parecer) **me late que...** I get the feeling that...: *Me late que gana el 7.* I get the feeling number 7's going to win. **3** (parecer bien) –¿*Nos tomamos una cerveza? –Me late.* "Do you want to have a beer?" "Fine./OK." • ¿*Les late que el fin de semana nos vayamos a Cuernavaca?* How about going to Cuernavaca on the weekend?

latitud s latitude: *Está a 45 grados de latitud sur.* It's at 45 degrees south.

latón s brass

latoso, -a adj **1** (fastidioso) **ser latoso -a** to be a pain **2** (que aburre) boring

laúd s lute

laurel s **1** (en cocina) bay leaves [pl] • **una hoja de laurel** a bay leaf **2** (árbol) bay tree

lava s lava

lavable adj washable

lavabo s (recipiente con llave) sink

lavadero s **1** (habitación) laundry room **2** (recipiente con llave – para lavar la ropa, vajilla) sink

lavado s (tarea) washing: *Yo me ocupo del lavado y el planchado de la ropa.* I take care of the washing and ironing.
lavado de cerebro brainwashing [U] • **hacerle un lavado de cerebro a alguien** to brainwash sb • lavado de dinero money laundering • lavado de estómago stomach pumping [U]: *Le han hecho dos lavados de estómago.* He had his stomach pumped twice.

lavadora s washing machine
lavadora de carga frontal front-loading washing machine • lavadora de carga superior top-loading washing machine • lavadora de platos, lavadora de trastes dishwasher • lavadora secadora washer-dryer

lavamanos s (lavabo) sink

lavanda s lavender

lavandería s **1** (de autoservicio) laundromat; (con servicio de lavado) laundry (pl -dries) **2** (que hace limpieza en seco) dry cleaners **3** (en un hotel) **servicio de lavandería** laundry service

lavaplatos s **1** (electrodoméstico) dishwasher **2** (recipiente con llave) sink

lavar v [T] to wash • **lavar los platos/trastes** to do the washing-up • **lavar la ropa** to do the washing • **lavar algo a mano** to hand-wash sth • **lavar en seco** to dry-clean • **lavar y marcar** to shampoo and set
—**lavarse** v pron to wash • **lavarse las manos/la cara** to wash your hands/face • **lavarse la cabeza/el pelo** to wash your hair • **lavarse los dientes** to brush your teeth

lavativa s enema

lavatorio s (en el baño) sink

lavatrastes s (detergente) dishwashing liquid

lavavajillas s **1** (máquina) dishwasher **2** (detergente) dishwashing liquid

laxante s laxative

lazo s **1** (nudo decorativo) bow **2** (cinta) ribbon **3** (para atrapar potros) lasso **4** (vínculo) tie **5** (cuerda) rope • **lazo (de saltar)** jump rope • **saltar lazo** to jump rope

le pron (como objeto indirecto – cuando se refiere a "él") him; (cuando se refiere a "ella") her; (cuando se refiere a "usted") you; (cuando no se refiere a personas) it: *Le dije la verdad.* I told him the truth. • *Pregúntale dónde vive.* Ask him where he lives./Ask her where she lives. • *Le tomé muchas fotos.* I took a lot of photos of her. • *Se le mojó el pelo.* His hair got wet. • ¿*Quién le dijo eso?* Who told you that? • *Le dieron una mano de pintura.* They gave it a coat of paint.

leal *adj* **1** (amigo) loyal **2** (a principios, ideales) **ser leal a algo** to be faithful to sth **3** (animal) faithful

lealtad *s* **1** (de una persona) loyalty • **jurar lealtad a algo/alguien** to swear allegiance to sth/sb **2** (de un animal) faithfulness

lección *s* **1** (parte de un libro) lesson • **tomarle (la) lección a alguien** to test sb on the lesson **2** (clase) lesson: *una lección de piano* a piano lesson **3** (enseñanza) lesson: *Que esto te sirva de lección.* Let this be a lesson to you. • **aprender(se) la lección** to learn your lesson • **darle a alguien una lección** to teach sb a lesson

lechal *adj* suckling: *un cordero lechal* a suckling lamb

leche *s* (de mamífero) milk: *un vaso de leche* a glass of milk
leche condensada condensed milk • leche descremada skimmed milk • leche de soya soy milk • leche en polvo powdered milk • leche materna mother's milk • leche semidescremada 2% milk

lechería *s* dairy (pl -ries)

lecho *s* **1** (cama) bed: *en su lecho de muerte* on his deathbed **2** (de un río) bed

lechón *s* suckling pig

lechoza, lechosa *s* (fruto) papaya, pawpaw

lechuga *s* lettuce
EXPRESIONES
fresco -a como una lechuga as fresh as a daisy

lechuza *s* barn owl

lectivo, -a *adj* (día, horario) school [solo ante s]: *10 horas lectivas* 10 hours of lessons • **un día lectivo** a school day • **fuera del horario lectivo** outside school hours

lector¹, -a *s* **1** (de libros, periódicos) reader **2** (profesor) language assistant

lector² (tb **lectora**) *s* (aparato) reader
lector de CD-ROM CD-ROM drive • lector de código de barras bar-code scanner • lector de DVD DVD player • lector óptico de caracteres optical character reader

lectorado *s* post of language assistant

lectura *s* **1** (acción, actividad) reading: *Su hobby es la lectura.* Her hobby is reading. • **dar lectura a un comunicado/una propuesta** to read out a communiqué/a proposal **2** (interpretación) interpretation **3** **lecturas** [pl] (libros, revistas) reading material [U]; (para los estudios) reading [U]

leer *v* **1** [I, T] to read: *No sabe leer.* He can't read. • **leerle un cuento a alguien** to read sb a story • **leer en voz alta** to read out loud **2** [T] **leerle el pensamiento/la mente a alguien** to read sb's mind

legado *s* **1** (en derecho) legacy (pl -cies) **2** **legado cultural/artístico/musical** cultural/artistic/musical heritage

legajador *s* file

legal *adj* **1** (trámite, contrato, derechos) legal **2** (lícito, permitido) legal **3** (de confianza) decent

legalidad *s* **1** (cualidad) legality **2** (leyes) law

legalización *s* **1** (de una droga, un partido, el aborto) legalization **2** (de una firma, un documento) authentication

legalizar *v* [T] **1** (una droga, un partido, el aborto) to legalize **2** (una firma, un documento) to authenticate

legañas *s* [pl] sleep [U]: *Tienes legañas.* You have sleep in your eyes.

legar *v* [T] to leave • **legarle algo a alguien en testamento** to leave sth to sb in your will

legendario, -a *adj* legendary

legible *adj* legible

legión *s* **1** (cuerpo militar) legion **2** (gran número) **una legión de seguidores/enemigos** legions of supporters/enemies: *Sus críticos son legión.* She has many critics.
la Legión Extranjera the Foreign Legion

legionario, -a *s* **1** (de legión romana) legionary (pl -ries) **2** (de otras legiones) legionnaire

legionela *s* **1** (enfermedad) Legionnaire's disease **2** (bacteria) legionella bacterium (pl bacteria)

legislación *s* legislation

legislar *v* [I] to legislate

legislativo, -a *adj* legislative

legislatura *s* **1** (mandato) term **2** (año parlamentario) session

legitimidad *s* legitimacy

legítimo, -a *adj* **1** (legal – hijo, gobierno) legitimate; (propietario) rightful; (esposo) lawful **2** (justo, lícito) legitimate • **en legítima defensa** in self-defense • **estar en su legítimo derecho** to be within your rights **3** (auténtico – cuero, oro) real; (obra de arte) genuine

legua *s* league
EXPRESIONES
notarse/verse a la legua to be patently obvious

legumbres *s* [pl] **1** (lentejas, garbanzos) pulses **2** (verduras en general) vegetables

leída *s* reading • **darle/pegarle una leída a algo** to give sth a quick read through: *Le di una leída rápida.* I gave it a quick read through.

leitmotiv *s* leitmotif

lejanía *s* distance • **en la lejanía** in the distance

lejano, -a *adj* **1** (lugar) far-off • **un país lejano/una ciudad lejana** a far-off country/city **2** (época) distant • **en un futuro lejano** in the distant future **3** (pariente) distant
el Lejano Oeste the Far West • el Lejano Oriente the Far East

lejía *s* bleach

lejos *adv* (en el espacio) far: *¿Estamos lejos del aeropuerto?* Are we far from the airport? • *Es demasiado lejos para ir a pie.* It's too far to walk. • *Está bastante lejos.* It's a fairly long way. • *Viven lejos del centro.* They live a long way from the center of town.
EXPRESIONES
a lo lejos in the distance • **de lejos el mejor/el más barato** by far the best/the cheapest • **se nota/se ve de lejos** it's obvious • **desde lejos** from a distance: *Se puede escuchar la música desde lejos.* You can hear the music a long way off. • **ir demasiado lejos** to go too far • **lejos de arreglar la situación/ayudar...** far from making things better/helping... • **llegar lejos** to go far: *Si sigues así, no vas a llegar muy lejos.* You won't get very far if you carry on like that. • **no es ni de lejos tan bueno como ella** he's nowhere near as good as her

lelo¹, -a *adj* idiotic

lelo², -a *s* idiot

lema *s* **1** (norma) motto (pl -ttoes) **2** (eslogan) slogan **3** (de un diccionario) headword
lema publicitario advertising slogan

lempira *s* lempira

lencería *s* **1** (ropa interior) lingerie **2** (tienda) lingerie shop

lengua *s* **1** tongue • **sacarle la lengua a alguien** to stick your tongue out at sb **2** (idioma) language
EXPRESIONES
con la lengua afuera/de fuera puffing and panting • **darle a la lengua** to chatter • **morderse la lengua** to bite your tongue • **tirarle/jalarle (de) la lengua a alguien** to make sb talk
lengua materna mother tongue • lengua viperina malicious tongue

lenguado *s* sole

lenguaje s language: *el lenguaje de señas* sign language

lengüeta s **1** (del zapato) tongue **2** (de un instrumento musical) reed

lente s **1** lens (pl -ses) **2 lentes** [pl] glasses: *unos lentes* a pair of glasses • **usar lentes** to wear glasses
lente de contacto contact lens (pl -ses) • **lentes de cerca, lentes de leer** reading glasses • **lentes de sol, lentes oscuros** sunglasses • **lentes graduadas** prescription glasses

lenteja s lentil

lentejuela s sequin: *una blusa con lentejuelas* a sequined blouse

lentitud s slowness • **con lentitud** slowly

lento¹, -a adj slow ▸ **a CÁMARA lenta**

lento² adv slowly: *Camina muy lento.* He walks very slowly.

leña s firewood
<u>EXPRESIONES</u>
echar leña al fuego to add fuel to the fire • **hacer leña del árbol caído** to kick a man when he's down • **repartir leña (a alguien)** to dish it out (to sb)

leñador, -a s woodcutter

leño s log

Leo s Leo: *Soy Leo.* I'm a Leo.

león, -ona s **león** lion • **leona** lioness (pl -sses) • **león marino** sea lion

leopardo s leopard

leotardo s **1** (prenda para baile, gimnasia) leotard **2 leotardos** [pl] woolen tights

lepidóptero s lepidopteran • **los lepidópteros** butterflies and moths

lepra s leprosy

leproso, -a s leper

lerdo, -a adj slow

les pron (como objeto indirecto – cuando se refiere a "ellos", "ellas", personas o cosas) them; (cuando se refiere a "ustedes") you: *No les dije nada.* I didn't tell them anything. • *Pregúntales dónde viven.* Ask them where they live. • *Se les había muerto el abuelo.* Their grandfather had died. • *¿Quién les dijo eso?* Who told you that? • *Les dimos una mano de pintura.* We gave them a coat of paint.

lesbiana s lesbian

lesbianismo s lesbianism

lésbico, -a adj lesbian

lesera s **1** (acción o dichos estúpidos) silly thing: *No me vengas con leseras.* Don't bother me with such silly things. • *Déjate de leseras.* Stop being silly. • **decir leseras** to talk nonsense • **decir una lesera** to say something silly • **hacer leseras** to mess around • **¡qué lesera!** how silly! **2** (cosa sin importancia) silly little thing: *Se pelearon por una lesera.* They had an argument over some silly little thing.

lesión s injury (pl -ries)

lesionado, -a adj injured

lesionarse v pron to injure yourself: *Se lesionó la rodilla izquierda.* She injured her left knee.

leso¹, -a adj (poco inteligente) silly, stupid

leso², -a s (poco inteligente) fool • **hacerse el leso/la lesa** to act dumb

lesotense s, adj Lesothan

Lesoto Lesotho

letal adj lethal

letanía s **1** (oración) litany (pl -nies) **2** (retahíla) **una letanía de peticiones/quejas/errores** a long list of requests/a litany of complaints/a catalog of errors

letargo s **1** (inactividad – de una empresa, un país, una persona) stagnation; (de una economía) sluggishness **2** (somnolencia) lethargy **3** (hibernación) hibernation

letón¹, -ona s (persona) Latvian

letón² s (idioma) Latvian

letón³, -ona adj Latvian

Letonia Latvia

letra s **1** (del alfabeto) letter: *una palabra de cinco letras* a five-letter word **2** (caligrafía) handwriting: *Tiene buena letra.* She has neat handwriting. **3** (de una canción) lyrics [pl] **4 letras** [pl] (literatura) literature [U] **5 letras** [pl] (carrera, disciplina) arts: *Es licenciado en letras.* He's a liberal arts graduate. ▸ **al PIE de la letra**
letra de imprenta (en un formulario) block capitals [pl] • **letra mayúscula** capital letter • **letra minúscula** small letter

letrado, -a s lawyer

letrero s sign ▸ ver nota en SIGN
letrero de neón neon sign • **letrero luminoso** illuminated sign

letrina s latrine

letrista s lyricist

leucemia s leukemia

leucocito s leukocyte

levadizo, -a adj ▸ **PUENTE**

levadura s yeast

levantador, -a (tb **levantador -a de pesas**) s weightlifter

levantamiento s **1** (sublevación) uprising **2** (de una sanción, un embargo) lifting **3** (de un cadáver) removal
levantamiento de pesas weightlifting

levantar v [T]

1 alzar, elevar
2 construir
3 una prohibición, un embargo
4 protestas, rumores
5 sospechas
6 un cadáver

1 ALZAR, ELEVAR to lift: *Levantó la tapa de la caja.* She lifted the lid of the box. • **levantar una persiana** to pull a blind up • **levantar la mano (a)** (en el colegio) to put your hand up **(b)** (para llamar la atención de alguien) to raise your hand • **levantarle la mano a alguien** (para pegarle) to raise your hand to sb • **levantar los brazos/las cejas** to raise your arms/your eyebrows • **levantar la vista** to look up • **levantar a alguien en brazos** to pick sb up ▸ ver nota en LIFT
2 CONSTRUIR levantar una pared/un edificio to put up a wall/a building
3 UNA PROHIBICIÓN, UN EMBARGO to lift • **levantarle el castigo/la sanción a alguien** to let sb off
4 PROTESTAS, RUMORES to give rise to
5 SOSPECHAS to arouse
6 UN CADÁVER to remove ▸ **levantar la voz**
—**levantarse** v pron
1 DE LA CAMA to get up • **levantarse temprano** to get up early
2 PONERSE DE PIE to get up: *No se levantó de la silla en toda la tarde.* He didn't get up from his chair all afternoon.
3 DE LA MESA levantarse de la mesa to leave the table

levante s (hombre) guy; (mujer) chick
<u>EXPRESIONES</u>
estar de levante to be on the make • **ir/salir de levante** to go out to pick up girls/guys

levar v [T] **levar anclas** to weigh anchor

leve adj **1** (aumento, ascenso) slight **2** (herida, lesión) minor **3** (temblor, aroma) faint

levita s frock coat

levitar v [I] to levitate

léxico[1], -a *adj* lexical

léxico[2] *s* **1** (vocabulario) vocabulary (pl -ries) **2** (diccionario) lexicon

lexicografía *s* lexicography

lexicógrafo, -a *s* lexicographer

ley *s* law

EXPRESIONES

la ley del menor/mínimo esfuerzo the bare minimum: *El Toluca volvió a aplicar la ley del mínimo esfuerzo.* Toluca got by with doing the bare minimum again. • **con todas las de la ley** real: *un equipo con todas las de la ley* a real team • **ganar con todas las de la ley** to win fair and square • **hecha la ley, hecha la trampa** every law has its loophole • **la ley del embudo** one law for some and another for everyone else • **la ley del más fuerte** the survival of the fittest

ley de (la) ventaja advantage rate

leyenda *s* legend • **cuenta la leyenda que...** legend has it that...

liana *s* liana

liar *v* [T] **1** (atar) to tie up: *Lió los libros con un cordel.* He tied up the books with a piece of string. **2** (un cigarrillo) to roll

libanés[1], -esa *s* Lebanese man/woman • **los libaneses** the Lebanese

libanés[2], -esa *adj* Lebanese

Líbano (tb **el Líbano**) (the) Lebanon

libélula *s* dragonfly (pl -flies)

liberación *s* **1** (de la opresión) liberation: *la liberación femenina* women's lib **2** (de rehenes, presos) release

liberador[1], -a *adj* liberating

liberador[2], -a *s* liberator

liberal[1] *adj* **1** (en política) liberal **2** (tolerante) liberal

liberal[2] *s* (en política) liberal

liberalismo *s* liberalism

liberalización *s* **1** (de un mercado, un sector) deregulation **2** (de un precio, una tarifa) **la liberalización de precios** the removal of price controls **3** (de un sistema político, una ley) liberalization

liberalizar *v* [T] **1** (un mercado, un sector) to deregulate **2** (un precio, una tarifa) to remove controls on **3** (un sistema político, una ley) to liberalize

liberar *v* [T] **1** (a un preso, un rehén) to release **2** (un país, una ciudad) to liberate

—**liberarse** *v pron* **1** (de una tiranía, de la opresión) to free yourself • **luchar por liberarse** to fight for your freedom **2** **liberarse de una preocupación/una obligación** to free yourself of a worry/an obligation

Liberia Liberia

liberiano, -a *s, adj* Liberian

líbero *s* (en fútbol) sweeper

libertad *s* freedom • **tener libertad para hacer algo** to be free to do sth • **dejar/poner a alguien en libertad** to set sb free • **salir en libertad** to be released

EXPRESIONES

tomarse la libertad de hacer algo to take the liberty of doing sth • **tomarse libertades** to take liberties

libertad condicional parole • **en libertad condicional** on parole • libertad de prensa freedom of the press

Libia Libya

libidinoso, -a *adj* (comentario, acto) lewd; (persona) lecherous

libido *s* libido

libio, -a *s, adj* Libyan

Libra *s* Libra: *Soy Libra.* I'm a Libra.

libra *s* **1** (unidad de peso) pound **2** (moneda) pound

libra esterlina pound sterling

libramiento *s* (camino) beltway

librar *v* [T] **1** (liberar) **librar a alguien de algo** to free sb from sth **2** (un cheque) to draw

—**librarse** *v pron* **librarse de hacer algo** (de algo que no se quiere hacer) to get out of doing sth: *¿Cómo te libraste de ir a la conferencia?* How did you get out of going to the lecture? • **librarse de algo** (de algo desagradable) to escape sth: *Se libró de que lo castigaran.* He escaped punishment. • *Se libró de una muerte segura.* He escaped certain death.

libre *adj* **1** (sin limitaciones) free • **ser libre de hacer algo** to be free to do sth **2** (no preso) free • **dejar libre a alguien** to set sb free **3** (no ocupado – un asiento, un taxi) free **4** (sin ocupaciones) free: *¿Qué haces en tu tiempo libre?* What do you do in your free time? • **tener el día libre** to have the day off ► al AIRE libre, LUCHA libre, TIRO libre

EXPRESIONES

libre de impuestos tax-free

libre albedrío free will • libre mercado free market

librecambismo *s* free trade

librería *s* (tienda) bookstore

librero[1], -a *s* (persona) bookseller

librero[2] *s* (mueble) bookcase

libreta *s* notebook

libreta de ahorros savings account passbook • libreta de cheques checkbook

libreto *s* (guión) script; (de una ópera) libretto

libreto de cheques checkbook

libro *s* book • **un libro de historia/de Borges** a history book/a book by Borges

EXPRESIONES

ser (como) un libro abierto to be an open book

libro de bolsillo paperback • libro de consulta reference book • libro de quejas complaints book • libro de texto textbook • libro electrónico e-book

licencia *s* **1** (del trabajo) leave: *licencia sin goce de sueldo* unpaid leave • **estar de licencia** to be on leave **2** (documento) license **3** (de un producto) license

licencia de armas gun license • licencia de caza hunting permit • licencia de manejar, licencia de conducir driver's license • licencia poética poetic license

licenciado, -a *s* graduate • **ser licenciado -a en historia/psicología** to have a degree in history/psychology

licenciarse *v pron* to graduate • **licenciarse en sociología/física** to get a degree in sociology/physics: *Se licenció en Historia en la Universidad de Buenos Aires.* She got a degree in history from the University of Buenos Aires.

licenciatura *s* degree

liceo *s* (escuela secundaria) high school: *Ya ha terminado el liceo.* He's finished high school.

licitación *s* tender • **llamar a licitación para algo** to put sth out to tender: *Van a llamar a licitación para la realización de las obras.* They are going to put the work out to tender. • **presentarse a licitación** to put in a bid • **ganar una licitación** to win a bid

lícito, -a *adj* **1** (justo, razonable) right **2** (legal) lawful

licor *s* **1** (alcohol) spirits [pl] **2** (bebida alcóholica dulce) liqueur

licorera *s* (bar) bar

licra *s* Lycra®: *un short de licra* a pair of lycra shorts

licuado *s* milk shake, smoothie: *un licuado de durazno y leche* a peach milk shake

licuadora *s* (para frutas) juicer; (para otros alimentos) blender

licuar *v* [T] **1** (verdura, frutas) to juice **2** (en química, física) to liquefy

líder[1] *s* leader

líder[2] *adj* leading

liderar *v* [T] (un grupo) to lead; (la clasificación) to be top of

liderazgo (tb **liderato**) *s* **1** (de un partido, una organización) leadership: *dotes de liderazgo* leadership qualities **2** (en una carrera, clasificación) lead: *Mantienen su liderazgo en el mercado español.* They remain the market leader in Spain.

lidiar *v* **1** [T] (un toro) to fight **2** [I] **lidiar con algo/alguien** to contend with sth/sb

liebre *s* hare

donde menos se espera/piensa salta la liebre you never know what might happen

Liechtenstein Liechtenstein

liechtenstiano, -a *s, adj* Liechtensteiner

liendre, **liendra** *s* nit

lienza *s* (para pescar) fishing line

lienzo *s* (para pintura) canvas (pl -ses)

lifting *s* facelift • **hacerse un lifting** to have a facelift

liga *s* **1** (asociación) league **2** (en deportes) league: *Siguen en cabeza de la liga.* They are still top of the league. **3** (para medias) garter **4 liga (elástica)** rubber band **5** (en un sitio web) link

ligadura *s* **1** (cuerda, correa) bond **2** (compromiso, obligación) tie
ligadura de trompas tubal ligation (*técn*): *Le han hecho una ligadura de trompas.* She's had her tubes tied.

ligamento *s* ligament: *Sufrió una rotura de ligamentos.* She tore a ligament.

ligar *v* **1** [T] (unir – a personas, países) to bind **2** [I] (con un hombre, una mujer) to pick up: *Vino con la esperanza de ligar.* He came hoping to pick up a girl. • **irse/salir a ligar** to go out to pick girls/guys up
—**ligarse** *v pron* **ligarse a alguien** to score with sb

ligeramente *adv* (un poco) slightly • **presionar algo ligeramente** to press down lightly on sth

ligereza *s* **1** (levedad) lightness **2** (agilidad) agility **3** (rapidez) speed **4** (irresponsabilidad – al hablar) flippancy; (al actuar) rashness **5** (hecho irresponsable) rash thing to do; (dicho irresponsable) flippant thing to say

ligero[1], -a *adj* **1** (ropa, tela, comida) light: *un desayuno ligero* a light breakfast **2** (leve – acento, dolor, tartamudeo) slight **3** (rápido) fast **4** (indicando poco peso) light: *una maleta ligera* a light suitcase **5** (superficial – comedia, música) light **6** (sueño) **tener el sueño ligero** to be a light sleeper

a la ligera without thinking: *una decisión tomada a la ligera* a decision made without thinking

ligero[2] *adv* **1** (rápido) fast: *Camina un poco más ligero.* Walk a little faster. **2 comer/cenar ligero** to have a light meal/dinner

light *adj* **1** (bebida) diet; (mayonesa) low-calorie: *un refresco light* a diet soft drink **2** (cigarrillo) low-tar

ligue *s* **1** (hombre) guy; (mujer) chick **2 andar de ligue** to be on the make • **irse/salir de ligue** to go out to pick girls/guys up

liguero *s* suspender belt

liguilla *s* mini-league

lija *s* sandpaper [U] • **una lija** a piece of sandpaper • **pasarle la lija a algo** to sand sth down

lijadora *s* sander

lijar *v* [T] to sand down

lila *s* **1** (flor) lilac **2** (color) lilac

lima *s* **1** (herramienta) file **2** (fruta) lime
lima de uñas nail file • **lima limón** lemon and lime

limaduras *s* [pl] filings
limaduras de hierro iron filings

limar *v* [T] to file

—**limarse** *v pron* to file: *Se limó las uñas.* She filed her nails.

limbo *s* limbo

estar/vivir en el limbo to be/to live in a dream world

limitación *s* **1** (restricción) restriction: *sin limitación alguna* without any restriction **2 limitaciones** [pl] (de una persona) limitations

limitado, -a *adj* **1** (restringido) limited **2** (intelectualmente) limited

limitar *v* **1** [T] (restringir) to limit **2** [I] **limitar con Guatemala/Ecuador** to have a border with Guatemala/Ecuador
—**limitarse** *v pron* **se limitó a escuchar/cumplir con su obligación** he just listened/he just did as much as he had to

límite *s* **1** (máximo) limit: *el límite de velocidad* the speed limit • **no hay límite de edad/de tiempo** there is no age/time limit • **no tener límite** to know no limits • **sin límite** unlimited: *envío de SMS sin límite* unlimited text messaging **2** (de un territorio) boundary (pl -ries)

limítrofe *adj* (país, región) neighboring • **limítrofe con Bogotá/Honduras** on the edge of Bogotá/on the border with Honduras

limo *s* mud

limón *s* **1** (de limonero) lemon • **jugo/helado de limón** lemon juice/lemon ice cream **2** (lima) lime

limonada *s* lemonade

limonero *s* lemon tree

limosna *s* *Una limosna, por favor.* Can you spare me some change, please? • **pedir limosna** to beg • **dar limosna** to give money to beggars • **darle una limosna a alguien** to give sb some money

limpiabotas *s* shoeshine boy

limpiabrisas *s* windshield wipers [pl]

limpiador[1], -a *adj* (crema, leche) cleansing; (producto) cleaning

limpiador[2] *s* [masc] **1** (producto) cleaning product **2 limpiador (de parabrisas)** windshield wiper

limpiaparabrisas *s* (mecanismo) windshield wipers [pl]

limpiapiés *s* doormat

limpiar *v* [T] **1** (quitar la suciedad) to clean; (con un trapo, un pañuelo) to wipe • **limpiar algo en seco** to dry clean sth: *"Limpiar en seco"* "Dry clean only" **2** (pescado) to clean **3** (robar – una casa, un piso) to clean out: *Unos ladrones le han limpiado el piso.* Some burglars cleaned out his apartment. **4** (en el juego) to clean out
—**limpiarse** *v pron* **limpiarse la boca/la nariz** to wipe your mouth/nose

limpiavidrios[1] *s* [masc] (líquido) window-cleaning liquid

limpiavidrios[2] *s* [masc & fem] (persona – en un edificio) window cleaner

limpieza *s* **1** (acción) cleaning: *Han empezado las labores de limpieza en las playas.* They've begun cleaning up the beaches. • **la mujer/señora de la limpieza** the cleaner • **hacer la limpieza** to do the cleaning **2** (cualidad) cleanliness
limpieza de cutis facial • **limpieza en seco** dry cleaning • **limpieza étnica** ethnic cleansing

limpio[1], -a *adj* **1** (sin suciedad) clean **2 ganar 800/1.000 dólares limpios** to earn 800/1,000 dollars net

pasar algo en/a limpio to write sth out neatly

limpio[2] *adv* **jugar limpio** to play fair

limpión *s* dish towel

limusina *s* limousine

linaje *s* lineage

linaza *s* linseed

lince *s* (animal) lynx (pl -xes)

linchamiento s lynching

linchar v [T] to lynch

lindar v [I] **lindar con algo** to be next to sth

linde s boundary (pl -ries)

lindezas s [pl] insults

lindo, -a adj **1** (agradable) nice: *un lindo día* a nice day • *Sería lindo ir al cine.* It would be nice to go to the movies. • *¿Estuvo linda la fiesta?* Was it a good party? **2** (mujer, niño, cachorro) pretty, lovely: *Es muy linda de cara.* She has a pretty face. • *un lindo bebé* a pretty baby • *¡Qué perrito tan lindo!* What a beautiful dog! **3** (de aspecto, ropa) nice: *Me compré un abrigo lindísimo.* I bought a really nice coat. • *¡Qué linda estás!* You look really nice. • **te/le queda lindo -a (a)** (prenda de vestir) it looks nice on you/her **(b)** (corte de pelo) it suits you/her **4** (amable, simpático) nice: *Se ofreció a ayudarme. ¡Es tan lindo!* He offered to help me. He's so nice!

EXPRESIONES
divertirse/aburrirse de lo lindo to have a lot of fun/to be bored to tears • **trabajar de lo lindo** to work really hard

línea s

1	raya
2	renglón
3	de teléfono
4	de bus
5	de metro, tren
6	en Internet
7	figura
8	de productos

1 **RAYA** line • **en línea recta** in a straight line • **dirigirse en línea recta hacia algo** to head straight for sth **2** **RENGLÓN** line: *Dejen una línea.* Leave a line. **3** **DE TELÉFONO** line: *El señor Pérez lo espera en línea.* Mr Pérez is on the phone for you. • *Hay ruidos en la línea.* It's a bad line. **4** **DE BUS** route • **la línea 10/15** the number 10/15 bus **5** **DE METRO, TREN** line **6** **EN INTERNET** **en línea** online: *una enciclopedia en línea* an online encyclopedia • **hacer compras en línea** to shop online **7** **FIGURA** figure • **guardar/mantener la línea** to keep your figure **8** **DE PRODUCTOS** line: *Sacaron una nueva línea de cosméticos.* They've brought out a new line of cosmetics. **línea aérea** airline • **línea de meta, línea de llegada** finishing line • **línea de puntos, línea punteada** dotted line • **línea de salida** starting line

lineal adj **1** (dibujo, plano, diagrama) linear **2** (aumento, disminución) across-the-board **3** (relato, argumento) linear

linfa s lymph

linfático, -a adj lymphatic

linfocito s lymphocyte

linfoma s lymphoma

lingote s ingot

lingüista s linguist

lingüística s linguistics [+v en sing]

lingüístico, -a adj linguistic

lino s **1** (tela) linen • **una chaqueta/unos pantalones de lino** a linen jacket/a pair of linen pants **2** (planta) flax

linterna s flashlight

lío s **1** (problema) problem • **meterse en líos/en un lío** to get into trouble • **se armó/se va a armar un lío** there was trouble/there's going to be trouble **2** (confusión) **hacerse (un) lío** to get mixed up • **estar hecho -a un lío** to be all mixed up **3** (desorden) mess: *¡Qué lío hay aquí!* This is such a mess! **4** (pelea) row • **armar un lío** to kick up a fuss • **se armó un lío** there was a row

liposucción s liposuction

lipotimia s blackout: *Le dio una lipotimia.* He had a blackout.

liquen s lichen

liquidación s **1** (en una tienda) sale: *La tienda está de liquidación.* The store is having a sale. • **liquidación por cierre** closing-down sale **2** (de una deuda) settlement; (de un préstamo) paying off

liquidar v [T] **1** (en una tienda) **liquidar los artículos de tocador/los zapatos** to sell off toiletries/shoes: *Están liquidando la ropa de invierno.* Their winter clothes are on sale. **2** (una deuda) to settle; (un préstamo) to pay off **3** (matar) to kill **4** (a un empleado) to pay off

liquidez s (dinero disponible) cash

líquido¹, -a adj **1** (no sólido) liquid **2** (neto) net

líquido² s **1** (sustancia) liquid **2** (dinero disponible) cash **líquido amniótico** amniotic fluid

lira s (instrumento) lyre

lírica s (género literario) lyric poetry

lírico, -a adj lyric

lirio s iris (pl -ses)

lirismo s lyricism

lirón s dormouse (pl -mice)

EXPRESIONES
dormir como un lirón to sleep like a log

lisiado¹, -a adj crippled

lisiado², -a s cripple

liso, -a adj **1** (sin dibujos – tela, corbata, falda) plain **2** (pelo) straight: *Tiene el pelo liso.* She has straight hair. **3** (superficie) smooth ▶ **los 100 METROS lisos**

lista s **1** (enumeración) list: *No estás en la lista.* You're not on the list. • **hacer una lista (de algo)** to make a list (of sth) **2** (de alumnos) roll • **pasar lista** to take the roll **lista de boda, lista de regalos** wedding list • **lista de correo** (en Internet) mailing list • **lista de espera** waiting list • **lista de éxitos** **la lista de éxitos** the charts • **lista de la compra, lista del mandado** shopping list • **lista de precios** price list • **lista de reproducción** playlist • **lista negra** blacklist

listado s list

listo¹, -a adj **1** (inteligente) smart • **se pasa de listo -a** he's/she's too smart for his/her own good • **no te pases de listo -a** don't try and be smart **2** (preparado) ready • **estar listo -a** to be ready: *Estoy lista para salir.* I'm ready to go out. • **tener algo listo -a** to have sth ready • **¡preparados, listos, ya!** (tb **¡en sus marcas, listos, fuera!**) on your marks, get set, go!

listo² adv *Listo, ya he terminado.* Right, I've finished. • *Aprietas el botón de la derecha y listo.* You press the button on the right, and that's it.

listón s **1** **un listón (de madera)** a strip of wood **2** (en pruebas de salto) bar **3** (cinta) ribbon
EXPRESIONES
poner el listón muy alto to set a very high standard

litera s **1** (cada una de las camas) bunk: *la litera de abajo* the bottom bunk **2** (mueble) bunk bed: *Había diez literas en la habitación.* There were ten bunk beds in the room. **3** (en un tren) berth

literal adj literal

literario, -a adj literary

literato, -a s author

literatura s literature: *la literatura inglesa* English literature

litigio s **1** (pleito) lawsuit **2** (disputa) dispute • **en litigio** in dispute

litio s lithium

litografía s **1** (técnica) lithography **2** (grabado) lithograph

litoral¹ *adj* coastal

litoral² *s* coast ▶ ver nota en **SHORE**

litosfera *s* lithosphere

litro *s* liter

Lituania Lithuania

lituano¹, -a *s* (persona) Lithuanian

lituano² *s* (idioma) Lithuanian

lituano³, -a *adj* Lithuanian

liturgia *s* liturgy (pl -gies)

litúrgico, -a *adj* liturgical

lívido, -a *adj* (pálido) deathly pale

living *s* (habitación) living room

llaga *s* ulcer: *Tengo una llaga en la boca.* I have a mouth ulcer. ▶ **poner el DEDO en la llaga**

llama *s* **1** (de fuego) flame • **en llamas** on fire **2** (animal) llama

llamada *s* call • **llamada (telefónica)** (phone) call • **hacer una llamada** to make a call

llamada a cobro revertido, llamada con cobro revertido collect call • llamada de larga distancia long distance call • llamada en espera call waiting • llamada interurbana national call • llamada local local call • llamada por cobrar collect call • llamada urbana local call

llamamiento (tb **llamado**) *s* appeal: *un llamamiento a la huelga* a strike call • **hacer un llamamiento a la unidad/a la calma** to appeal for unity/calm

llamar *v* **1** [T] (para que alguien venga) to call: *Ya he llamado a la mesera.* I've already called the waitress. **2** [T] (por teléfono) to call: *Llámame mañana.* Call me tomorrow. • **llamar a la ambulancia/a los bomberos/a la policía** to call an ambulance/the fire department/the police ▶ ver nota en **PHONE** **3** [T] (con determinado nombre) to call: *Mi nombre es Victoria, pero todos me llaman Vicky.* My name is Victoria, but everyone calls me Vicky. **4** [I] (a la puerta – golpeando) to knock; (con el timbre) to ring • **llamar a la puerta/al timbre** to knock at the door/to ring the bell: *Están llamando a la puerta.* There's someone at the door. ▶ **llamar la ATENCIÓN**
—**llamarse** *v pron* to be called: *¿Cómo se llama esta playa?* What's this beach called? • **me llamo Pedro/se llama Elena** my name's Pedro/her name's Elena • **¿cómo te llamas/se llama?** what's your name/what's her name?: *¿Cómo se llama tu hermano?* What's your brother's name?

llamarada (tb **llamarón**) *s* burst of flame • **una llamarada solar** a solar flare

llamativo, -a *adj* striking

llano¹, -a *adj* **1** (terreno, superficie) flat **2** (persona, carácter) straightforward **3** (lenguaje, estilo) plain **4** (palabra) stressed on the penultimate syllable

llano² *s* (llanura) plain

llanta *s* **1** (de un carro) tire **2** (para flotar) rubber ring **3** llantas [pl] (en la cintura) spare tire
llanta de refacción spare wheel

llanto *s* crying [U]

llanura *s* plain

llave *s*

1	de la cerradura
2	de agua
3	del gas
4	herramienta
5	de un instrumento
6	corchete
7	de lucha libre, judo

1 **DE LA CERRADURA** key: *la llave de este cajón* the key to this drawer • **la llave del carro/coche** the car key • **la llave de la puerta de entrada** the front door key • **cerrar una puerta/un cajón con llave** (tb **echarle llave a una puerta/un cajón**) to lock a door/a drawer: *La puerta estaba cerrada con llave.* The door was locked. • **cerrar con llave** (tb **echar llave**) to lock up: *No te olvides de cerrar con llave.* Don't forget to lock up.
2 **DE AGUA** llave (de agua) faucet
3 **DEL GAS** tap • **la llave del gas** the gas tap
4 **HERRAMIENTA** wrench
5 **DE UN INSTRUMENTO** (de un clarinete, una flauta) key; (de una trompeta) valve; (de un órgano) stop
6 **CORCHETE** (ondulado) curly bracket; (recto) square bracket
7 **DE LUCHA LIBRE, JUDO** hold
llave de paso (del agua) stopcock • llave de sol treble clef • llave de fa bass clef • llave inglesa monkey wrench • llave maestra master key

llavero *s* keyring

llegada *s* arrival: *su llegada al país* her arrival in the country • **llegadas nacionales/internacionales** domestic/international arrivals

llegar *v* [I]

1	a un lugar
2	mensaje, paquete
3	primavera, vacaciones
4	alcanzar
5	lograr
6	ir, venir
7	servirse

1 **A UN LUGAR** to arrive: *Acaba de llegar.* He's just arrived. • **llegar a** (un país, una ciudad) to get to, to arrive in (*más frml*); (una casa, un aeropuerto, una estación) to get to, to arrive at (*más frml*): *El avión llega a Río a las siete.* The plane arrives in Rio at seven. • *cuando llegamos al hospital* when we got to the hospital • **llegar de** to get back from: *¿Cuándo llegan tus padres de Londres?* When do your parents get back from London? • **llegar tarde/temprano** to be late/early: *Llegamos diez minutos tarde.* We were ten minutes late. • *¿Por qué llegas tan temprano?* Why are you so early? • *Llegamos a tiempo para la película.* We got there in time for the movie. • **llegar primero -a/segundo -a** (a un lugar) to be the first/second to arrive; (en una carrera) to be first/second: *Llegó primero a la fiesta.* He was the first to arrive at the party. • *Javier llegó segundo.* Javier was second.
2 **MENSAJE, PAQUETE** no me llegó tu e-mail/la carta I never got your e-mail/the letter • **¿te llegaron los libros/te llegó mi tarjeta?** did you get the books/my card?
3 **PRIMAVERA, VACACIONES** to come: *Por fin ha llegado la primavera.* Spring has come at last.
4 **ALCANZAR** llegar a algo to reach sth: *La temperatura llegó a los cuarenta grados.* The temperature reached forty degrees. • *cuando llegaron a la cumbre* when they reached the summit • **llegar a un acuerdo/una decisión** to reach an agreement/a decision
5 **LOGRAR** llegar a ser/hacer algo to get to be/do sth: *Quiero llegar a jugar profesionalmente.* I want to get to play professionally. • *Llegó a tener una cadena de hoteles.* He ended up owning a chain of hotels. • *No llegué a contestar la última pregunta.* I didn't manage to answer the last question.
6 **IR, VENIR** llegarle a (hacer) algo ¿Le llegamos al reven de la prepa? What about going to the school prom? • *Si quieren llegarle a comer, los esperamos.* If you want to come and eat with us, we'll wait for you.
7 **SERVIRSE** llégale/lléguenle help yourself/help yourselves: *Lléguenle a los tacos antes de que se enfríen.* Help yourselves to tacos before they get cold.

llenar *v* **1** [T] (un recipiente) to fill • **llenar algo de algo** to fill sth with sth **2** [T] (completar) llenar una forma/un formulario to fill out a form, to fill in a form **3** [T] (cubrir) llenar algo de algo to cover sth with sth: *Llenaron las paredes de carteles.* They covered the walls with posters. **4** [I] (alimentos) to be filling: *La ensalada no llena.* Salad isn't filling.
—**llenarse** *v pron* **1** (lugar, recipiente) to fill up • **llenarse de algo** to fill with sth **2** (cubrirse) llenarse de algo to

get covered in sth: *Me llené de polvo.* I got covered in dust. **3** (de comida) to fill yourself up

lleno, -a *adj* **1** (lugar, recipiente) full: *No hables con la boca llena.* Don't talk with your mouth full. • **estar lleno -a de algo** to be full of sth **2** (cubierto) **lleno -a de algo** covered in sth: *una mesa llena de papeles* a table covered in papers **3** (satisfecho) **estar lleno -a** to be full: *No, gracias. Estoy lleno.* No thanks. I'm full. **4** de **lleno** *El sol me da de lleno en los ojos.* I have the sun right in my eyes. • *Se dedicó de lleno a estudiar.* She devoted herself totally to her studies. • **acertar de lleno** to be exactly right ▶ **LUNA llena**

llevadero, -a *adj* bearable

llevar *v* [T]

1	a un lugar
2	con el énfasis en la acción de transportar
3	con cantidades de tiempo
4	ropa, alhajas, anteojos
5	haber estado, haber hecho
6	en edad
7	comprar
8	cursar
9	ingredientes

1 A UN LUGAR to take, to bring ▶ Se usa **to bring** cuando se lleva algo al lugar en que se encuentra la persona con la que se está hablando: *No te olvides de llevar el pasaporte.* Don't forget to take your passport. • *Tengo que llevar a Emilia al médico.* I have to take Emilia to the doctor. • *Llévale esto a la maestra.* Take this to your teacher. • *Tengo que llevar la video a arreglar.* I have to take the video to be fixed. • *El domingo te llevo las fotos.* I'll bring you the photos on Sunday. • *Yo puedo llevar un pastel.* I can bring a cake. **2 CON EL ÉNFASIS EN LA ACCIÓN DE TRANSPORTAR** to carry: *Me ayudó a llevar las maletas.* He helped me carry the suitcases. • *Tengo que llevar todo esto al colegio todos los días.* I have to carry all this to school every day. **3 CON CANTIDADES DE TIEMPO** to take: *Me llevó horas decidirme.* It took me hours to decide. • *Los deberes me llevaron toda la tarde.* It took me all afternoon to do my homework. • *No lleva mucho tiempo.* It doesn't take long. **4 ROPA, ALHAJAS, ANTEOJOS** to wear: *No llevaba anteojos.* She wasn't wearing glasses. • **llevar algo puesto -a** to be wearing sth: *Llevaba puestos unos jeans negros.* He was wearing black jeans. **5 HABER ESTADO, HABER HECHO llevo escritas tres páginas/llevo leídos dos libros** I've written three pages/I've read two books ▶ En inglés se usan los tiempos perfectos: *Llevo una hora esperando.* I've been waiting for an hour. • *Lleva días sin hablarme.* He hasn't spoken to me for days. • *Llevamos tres años en este país.* We've been in this country for three years. **6 EN EDAD me lleva un mes/dos años** he's a month/two years older than me: *Le llevo tres años a mi hermana.* I'm three years older than my sister. **7 COMPRAR** *¿Qué va a llevar?* What can I get you? • *Voy a llevar el azul.* I'll take the blue one. **8 CURSAR llevar una materia** to do a subject, to take a subject: *Este año, vamos a llevar literatura mexicana.* This year we're going to do Mexican literature. **9 INGREDIENTES lleva huevos/mantequilla** it has eggs/butter in it
—**llevarse** *v pron* **1 IRSE CON** to take: *No te lleves mi paraguas.* Don't take my umbrella. • *Me voy a llevar el verde.* I'll take the green one. **2 UN SUSTO, UNA SORPRESA** to get: *Me llevé un susto tremendo.* I got a terrible scare. **3 AL HACER UNA CUENTA** to carry: *Tres por cuatro doce, me llevo una.* Three times four is twelve, carry one. **4 RELACIONARSE llevarse bien (con alguien)** to get along well (with sb): *¿Te llevas bien con tu prima?* Do you get along well with your cousin? • **llevarse mal**

(con alguien) not to get along (with sb): *Se llevan muy mal.* They don't get along at all.

llorar *v* **1** [I] (derramar lágrimas) to cry: *¿Por qué lloras?* Why are you crying? • **llorar por algo** to cry over sth • **llorar de alegría/risa/rabia** to cry with joy/laughter/anger • **ponerse/echarse a llorar** to start crying **2** [I] (ojos) to water • **me/te lloran los ojos** my/your eyes are watering **3** [T] **llorar la muerte de alguien** to mourn sb's death

el que no llora no mama if you don't ask you don't get

¿cry o weep?
cry es la traducción normal del verbo "llorar".
Para expresar oralmente la idea de "llorar mucho", se puede decir cry and cry: *I couldn't believe it – I just cried and cried.* weep es más común en el lenguaje escrito o literario: *James broke down and wept.*

lloriquear *v* [I] to snivel

llorón¹, -ona *adj* **ser muy llorón -ona** to cry a lot • **no seas llorón -ona** don't be such a crybaby ▶ **SAUCE llorón**

llorón², -ona *s* crybaby (pl -bies)

lloroso, -a *adj* tearful

llover *v* [I] **1** (caer agua) to rain • **llueve a cántaros/a mares** it's pouring, it's pouring down **2** (llegar) *Nos llueven las ofertas.* Offers are pouring in.

le llueve sobre mojado it never rains but it pours

llovizna *s* drizzle

lloviznar *v* [I] to drizzle

lluvia *s* **1** (de agua) rain **2** (de críticas) barrage; (de pedidos) flood; (de piedras) hail
lluvia ácida acid rain • **lluvia de estrellas** shower of shooting stars • **lluvia radiactiva** nuclear fallout

lluvioso, -a *adj* rainy

lo¹ *pron* **1** (cuando no se refiere a personas) it: *Me lo regaló.* She gave it to me. • *Ábrelo.* Open it. • *No lo sé.* I don't know. • *Me lo dijo Juan.* Juan told me. **2** (cuando se refiere a "él") him: *No lo conozco.* I don't know him. • *A Ricky no lo vi.* I didn't see Ricky. **3** (cuando se refiere a "usted") you: *Déjeme acompañarlo.* Let me come with you. • *¿Lo puedo ayudar?* Can I help you?

lo² *art* **1** *Lo barato dura poco.* Cheap things don't last long. • *Lo curioso es que nadie se dio cuenta.* The funny thing is nobody noticed. • *Lo de Pedro, ponlo aquí.* Put Pedro's things here. • **lo que** what: *No sabe lo que quiere.* He doesn't know what he wants. • *Haz lo que puedas.* Do what you can. **2** (en comparaciones) **de lo que** than: *Es más difícil de lo que crees.* It's more difficult than you think. **3** (cuán) how • **no sabes lo difícil/caro -a que es** you don't know how difficult/expensive it is **4** (en otras expresiones comparativas) **lo más rápido/fuerte que pude** as quickly/loud as I could • **lo más pronto posible** as soon as possible **5** (el asunto) *¿Te has enterado de lo de Javier?* Have you heard about Javier? • *Lo de ayer fue horrible.* What happened yesterday was terrible.

loable *adj* laudable

lobato *s* wolf cub

lobezno *s* wolf cub

lobo¹, -a *s* wolf (pl wolves)
el lobo feroz the big bad wolf • lobo de mar (marinero) sea dog • lobo marino sea lion

lobo², -a *adj* tacky

lóbrego, -a *adj* gloomy

lóbulo *s* (de la oreja) lobe

local¹ *adj* (del lugar) local • **el equipo local (a)** (el de la zona) the local team **(b)** (el que juega en su propio campo) the home team • **jugar de local** to play at home ▶ **ANESTESIA local**

local² *s* (de un comercio) premises [pl]: *un local más grande* bigger premises
local de videojuegos video arcade

localidad *s* **1** (entrada) ticket • **agotadas las localidades** sold out **2** (asiento) seat **3** (pueblo, población) town

localización *s* **1** (acción) placing: *La escasa visibilidad dificultó la localización del avión.* Poor visibility made it difficult to locate the plane. **2** (ubicación) location **3** (emplazamiento) site; (posición) position **4** (en informática) localization

localizar *v* [T] **1** (encontrar) to locate **2** (en informática) to localize

loción *s* lotion
loción capilar hair lotion • loción limpiadora cleansing lotion • loción para después de afeitarse after-shave • loción para el cuerpo body lotion

locker *s* locker

loco¹, -a *adj* **1** (demente) crazy • **volverse loco -a** to go crazy **2** (insensato) silly: *No seas loca.* Don't be silly. • **trabajar/correr como loco -a** to work/run like crazy • **divertirse como loco -a** to have a really great time • **gritar/reírse como loco -a** to shout/laugh your head off **3** (enamorado) **estar loco -a por alguien** to be crazy about sb **4 estar loco -a de alegría/contento -a** to be thrilled/delighted **5 no lo invito/no se lo presto ni loco -a** there's no way I'm inviting him/lending it to her • **¡ni loco -a!** (como respuesta) no way! **6** (para indicar que algo gusta mucho) **me/lo vuelven loco -a** I am/he is crazy about them **7 volver loco -a a alguien** to drive sb crazy **8 andar/estar como loco -a** **(a)** (atareado, estresado) to be going crazy **(b)** (apurado) to be in a mad rush

loco², -a *s* **loco** madman (pl -men) • **loca** madwoman (pl -women) • **los locos** crazy people
EXPRESIONES
hacerse el loco/la loca (fingir) to pretend you didn't hear/see

locomoción *s* locomotion

locomotor, -triz *adj* locomotive

locomotora *s* locomotive

locuaz *adj* talkative, loquacious (*más frml*)

locución *s* phrase

locura *s* **1** (enajenación) madness: *un ataque de locura* a fit of madness **2** (insensatez) **¡qué locura!** that's crazy! • **sería/fue una locura hacer eso** it would be/was crazy to do that • **hacer una locura/locuras** (algo disparatado) to do something crazy; (algo más grave) to do something stupid: *No hagas locuras.* Don't do anything stupid. **3 me/le gusta con locura** I'm/she's crazy about it • **le/las quiero con locura** I absolutely adore him/them

locutor, -a *s* (que da las noticias) news anchor; (que presenta programas) host; (que anuncia los programas) announcer

locutorio (tb **locutorio telefónico**) *s* public telephone facility

lodazal *s* quagmire

lodo *s* mud

logaritmo *s* logarithm

logia *s* (masónica) lodge

lógica *s* **1** (coherencia) logic: *Esto no tiene ninguna lógica.* There is no logic to this. **2** (ciencia) logic

lógico, -a *adj* **1** (normal) understandable; (como respuesta) of course **2** (relativo a la lógica) logical: *razonamiento lógico* logical reasoning

logística *s* logistics [+v en sing o pl]

logístico, -a *adj* logistic

logo (tb **logotipo**) *s* logo

logopeda *s* speech therapist

logopedia *s* speech therapy

logotipo (tb **logo**) *s* logo

lograr *v* [T] **1** (conseguir) to achieve; (obtener) to get • **lograr tu objetivo** to achieve your objective ▶ ver nota en CONSEGUIR **2 lograr hacer algo** to manage to do sth: *No logro entenderlo.* I can't understand it. • **lograr que alguien haga algo** to manage to get sb to do sth

logro *s* achievement

loma *s* hill

lombriz *s* worm
lombriz de tierra earthworm • lombriz intestinal tapeworm

lomo *s* **1** (de un animal) back • **a lomo de un caballo/un burro** on horseback/riding a donkey **2** (de un libro) spine **3 lomo (de cerdo)** pork loin

lona *s* **1** (tela) canvas • **un bolso de lona** a canvas bag • **una perezosa/tumbona de lona** a canvas deckchair **2** (para la playa) mat **3** (en boxeo) **la lona** the canvas

lonchera *s* lunch box (pl -xes)

londinense *s* Londoner

longaniza *s* seasoned cold pork sausage

longevidad *s* longevity

longevo, -a *adj* long-lived

longitud *s* **1** (largo) length • **¿cuánto tiene/mide de longitud?** how long is it? • **tiene/mide 2 metros de longitud** it's 2 meters long **2** (en geografía) longitude: *Dime la longitud y latitud de esta ciudad.* Tell me what longitude and latitude this town is at. • *Está a 73°50' de longitud oeste.* It's at 73°50' west.
longitud de onda wavelength

longitudinal *adj* lengthwise

lonja *s* **1** (de jamón, queso) slice; (de tocino) slice **2** (en la cintura) roll of fat

loquear *v* [I] to clown around, to fool around

loro *s* **1** (ave) parrot **2** (persona charlatana) chatterbox (pl -xes)
EXPRESIONES
hablar como un loro to talk nonstop • **repetir algo como un loro** to repeat sth parrot-fashion

los¹, las *art* the: *Nos comimos las fresas/los chocolates.* We ate the strawberries/the chocolates. • *Me gustan las fresas/los chocolates.* I like strawberries/chocolates. • *Las naranjas tienen vitamina C.* Oranges contain vitamin C. • *Los lunes juego al squash.* I play squash on Mondays. • *Tiene las orejas muy grandes.* He has very big ears. • *Se depila las cejas.* She plucks her eyebrows. • *Me puse los zapatos nuevos.* I wore my new shoes. • *¿Me enseñas los azules?* Can I see the blue ones? • *Las grandes son más caras.* The big ones are more expensive. • *Los de Francisco son mejores.* Francisco's are better.

los², las *pron* **1** (cuando no se refiere a personas): them: *Los tengo en casa.* I have them at home. • *Los vasos los guardamos aquí.* We keep the glasses here. **2** (cuando se refiere a "ellos" o "ellas") them: *No los conozco.* I don't know them. • *Las llevé al parque.* I took them to the park. **3** (cuando se refiere a "ustedes") you: *¿Las puedo ayudar?* Can I help you?

losa *s* **1** (del piso) flagstone **2** (de una tumba) gravestone

loseta *s* floor tile

lote *s* **1** (terreno) plot, plot of land, lot: *Tenemos un lote en Reñaca.* We have a plot of land in Reñaca. **2** (conjunto) batch (pl -ches): *Hemos recibido el primer lote de vacunas.* We've received the first batch of vaccine. **3** (de algo fabricado) batch (pl -ches) **4** (en una subasta) lot

lotería *s* **1** (sorteo) lottery (pl -ries) • **jugar a la lotería** to play the lottery **2** (premio) **sacarse la lotería** to win the lottery: *Si me sacara la lotería, me compraría una casa en el campo.* If I won the lottery, I'd buy a house in the country. **3** (de cartones) lotto • **jugar a la lotería** to play lotto

lotificación s division into lots

loza s **1** (material) china • **unos platos/unas tazas de loza** china plates/cups **2** (vajilla) crockery

LP s LP

lubina s sea bass (pl sea bass)

lubricante¹ s lubricant

lubricante² adj lubricating

lubricar v [T] to lubricate

lucha s **1** (combate, enfrentamiento) struggle: *la lucha armada* armed struggle • **la lucha contra/por algo** the fight against/for sth **2** (deporte) wrestling
lucha grecorromana Greco-Roman wrestling • **lucha libre** freestyle wrestling

luchador¹, -a adj **ser muy luchador -a** to have real fighting spirit

luchador², -a s **1** (deportista) wrestler **2** (persona que se esfuerza) fighter

luchar v [I] **1** to fight • **luchar contra/por algo** to fight against/for sth **2** (en deporte) to wrestle

lucidez s lucidity

lúcido, -a adj (persona) clear-thinking; (análisis, descripción) lucid

luciérnaga s (con alas) firefly (pl -flies); (sin alas) glow-worm

lucio s pike

lucir v **1** [T] (ropa) to wear **2** [I] (brillar) to shine **3** [I] (distinguirse) to look good: *El cuadro lucirá más en esa pared.* The picture will look better on that wall. **4** [I] (resultar provechoso) *Nuestro trabajo ha lucido muy poco.* We don't have much to show for our work.
—**lucirse** v pron **1** (presumir) to show off **2** (destacarse) to excel yourself • **lucirse con algo (a)** (hacerlo muy bien) to excel yourself with sth **(b)** (hacerlo muy mal) *Te luciste con esa respuesta.* That was a stupid answer, wasn't it?

lucrativo, -a adj lucrative

lucro s profit • **una organización/institución sin fines de lucro** a nonprofit organization

lúdico, -a adj **1** (actividades – para adultos) leisure [solo ante s]; (para niños) play [solo ante s]: *una amplia oferta lúdica* a wide range of leisure activities **2** (espíritu, ánimo) playful

ludo s Parcheesi® • **jugar ludo** to play Parcheesi

ludopatía s addiction to gambling

luego¹ adv **1** (más tarde) later: *Nos vemos luego.* I'll see you later. **2** (a continuación) then: *Se agrega la harina y luego la leche.* You add the flour and then the milk. **3** (en el espacio) then: *Primero está el teatro y luego la biblioteca.* First there's the theater and then the library. ▶ DESDE **luego**, HASTA **luego**

luego² conj therefore

lugar s **1** (sitio) place: *¡Qué lindo lugar!* What a beautiful place! • **en algún lugar** somewhere **2** (espacio) room: *No hay más lugar.* There's no more room. **3 en lugar de algo/alguien** instead of sth/sb • **en lugar de hacer algo** instead of doing sth **4 en mi/tu lugar** in my/your place • **yo en tu lugar** if I were you **5** (posición) **en primer/segundo lugar** (en una enumeración) firstly/secondly • **llegar en primer/segundo/último lugar** to come first/second/last
EXPRESIONES
dar lugar a algo to give rise to sth • **sin lugar a dudas** without doubt • **tener lugar** to take place

lugar común platitude • **lugar de nacimiento** place of birth • **lugar de trabajo** workplace

lugareño, -a s local person, local (*más coloq*)

lúgubre adj (lugar, habitación) gloomy; (expresión, pensamientos) gloomy; (aullido, voz) mournful

lujo s **1** luxury (pl -ries) • **darse el lujo de hacer algo** to allow yourself the luxury of doing sth • **un carro/un hotel de lujo** a luxury car/hotel **2 lujos** [pl] luxury items
EXPRESIONES
con todo lujo de detalles in great detail

lujoso, -a adj luxurious

lujuria s lust

lujurioso, -a adj lecherous

lumbago (tb **lumbalgia**) s lumbago [U]

lumbar adj lumbar

lumbre s (para calentarse) fire; (para cocinar) stove

luminoso, -a adj **1** (habitación, casa) bright **2** (letrero, cartel) illuminated; (esfera de reloj) luminous • **una fuente luminosa** a source of light

luminotecnia s lighting

luna s **1** (satélite) moon **2** (espejo) mirror
EXPRESIONES
estar en la luna to be miles away
luna creciente waxing moon • **luna de miel** honeymoon • **luna llena** full moon • **luna menguante** waning moon • **luna nueva** new moon • **luna tierna** new moon

lunar¹ adj lunar • **eclipse/año lunar** lunar eclipse/year

lunar² s **1** (en la piel) mole **2** (en una tela) polka dot

lunch s a light, mid-morning meal, especially one eaten at school or work

lunes s Monday ▶ para ejemplos, ver **VIERNES**

luneta s **1 luneta (trasera)** rear window • **luneta térmica** heated rear window **2** (en el teatro, el cine) orchestra seats [pl]

lupa s magnifying glass (pl -sses)

lúpulo s (producto, ingrediente) hop; (planta) hop plant

lustre s **1** (brillo) shine **2** (esplendor) luster

lustro s five-year period: *casi un lustro* almost five years

luto s mourning • **estar de luto** to be in mourning • **vestir de luto** to wear mourning

luxación s dislocation

Luxemburgo Luxembourg

luxemburgués, -esa s, adj Luxembourger

luz s **1** (dispositivo) light • **apagar la luz** to turn the light off, to switch the light off • **prender/encender la luz** to turn the light on, to switch the light on **2** (claridad) light: *No me tapes la luz.* Don't stand in my light. • **Hay demasiada luz.** It's too bright. • **a la luz del sol/de la luna** in the sunlight/moonlight **3** (corriente eléctrica) electricity: *Nos cortaron la luz.* Our electricity has been cut off. **4 luces** [pl] (en el pelo) highlights **5 luces** [pl] (inteligencia) **tener pocas luces** to be not very bright
EXPRESIONES
dar a luz to give birth • **dar a luz a un niño/una niña** to give birth to a baby boy/a baby girl • **sacar a la luz (a)** (algo escondido) to bring to light **(b)** (un libro) to bring out • **salir a la luz (a)** (un secreto) to come to light **(b)** (un libro) to come out
luces altas, luces largas high beams • **luces cortas** low beams • **luces de emergencia** emergency lights • **luces de freno** brake lights • **luces de posición** parking lights • **luz de bengala** sparkler

lycra® s Lycra®

Mm

M, m s M, m

m (abrev de **metro**) m

macabro, -a adj macabre

macana s (arma) billy club, nightstick

macarrones s [pl] (pasta) macaroni [+v en sing]

macarrónico, -a adj atrocious

macerar v [T] (en líquido) to soak

maceta s plant pot

macetero s flowerpot holder

machacar v [T] **1** (aplastar, pisar – ajo, frutos secos) to crush; (patatas) to mash **2** (insistir) **machacar algo** to go on about sth

machacón, -ona adj **1** (insistente) tiresome: *Es muy machacona.* She just goes on and on. **2** (repetitivo) monotonous

machera s **ser una machera** to be brilliant • **¡qué machera!** it's brilliant!

machete s machete

machetearse v pron **machetearse algo** to go over sth again and again: *Se lo machetea hasta que se lo aprende.* She goes over it again and again until she learns it.

machismo s male chauvinism

machista¹ adj sexist

machista² s male chauvinist

macho¹ adj **1** (de sexo masculino) male: *¿Es macho o hembra?* Is it male or female? **2** (viril) macho: *Se cree muy macho.* He thinks he's so macho. **3** (intenso, acentuado) *¡Qué cansancio tan macho!* I'm beat!

macho² s **1** (animal) male **2** (al dirigirse a alguien) buddy: *¡No te pases, macho!* Just watch it, buddy!

macizo¹, -a adj (sólido) solid

macizo² s (de montañas) massif

macro s (en informática) macro

macrobiótico, -a adj macrobiotic

macroeconomía s macroeconomics [+v en sing]

macroeconómico, -a adj macroeconomic

madeja s skein

madera s **1** (material) wood • **una silla/mesa de madera** a wooden chair/table **2** (para la construcción) lumber **3** (pedazo) piece of wood
EXPRESIONES
tocar madera to touch wood

maderero, -a adj lumber [solo ante s]

madero s (pieza) piece of lumber

madrastra s stepmother

madre s **1** (mamá) mother **2** (monja) mother
EXPRESIONES
¡madre mía! goodness!, good heavens! • **¡ni madres!** no way! • **valer algo madre(s)** *Me vale madres lo que tú digas.* I don't give a damn what you think.
madre biológica natural mother • madre soltera single mother • la madre patria the motherland • madre superiora mother superior

madreperla s (concha) mother-of-pearl

madreselva s honeysuckle

madriguera s (de animal) den; (de conejo) burrow; (de zorro) earth; (de liebre) form

madrina s **1** (de bautismo) godmother **2** (de boda) woman, often the groom's mother, who accompanies him during the wedding ceremony ▸ HADA madrina

madrugada s **a las dos/tres de la madrugada** at two/three in the morning • **hasta la madrugada** until the early hours of the morning • **de madrugada** very early in the morning

madrugador, -a adj **ser madrugador -a** to be an early riser: *No soy muy madrugador.* I'm not an early riser., I don't usually get up early in the morning.

madrugar v [I] to get up very early

madrugón s *El madrugón no valió la pena.* It wasn't worth getting up really early. • **darse un madrugón** to get up really early

madurar v **1** [I] (persona) to mature **2** [I] (fruto) to ripen **3** [T] (una idea, un proyecto) to develop

madurez s **1** (sensatez) maturity **2** (fase de la vida) maturity

maduro, -a adj **1** (fruto) ripe **2** (actitud) mature **3** (de edad) mature **4** (idea, proyecto) thought through

maestría s **1** (destreza) skill **2** (curso de posgrado) master's degree, master's

maestro¹, -a adj (muy importante) master [solo ante s] ▸ LLAVE maestra, OBRA maestra

maestro², -a s **1** (profesor) teacher **2** (figura importante) master: *Es un maestro del suspenso.* He is a master of suspense. **3** (compositor, director de orquesta) maestro **4** (indicando grado universitario) **ser maestro -a en algo** to have a master's degree in sth
maestro de ceremonias master of ceremonies

mafia s mafia • **la Mafia** the Mafia

mafioso¹, -a adj mafia [solo ante s]

mafioso², -a s **1** (miembro de la Mafia) member of the Mafia **2** (en el comportamiento) crook

magdalena s cupcake

magenta s, adj magenta

magia s (práctica) magic: *un truco de magia* a magic trick • **hacer magia** to do magic
magia negra black magic

mágico, -a adj **1** (fórmula, poción) magic **2** (palabras) magic **3** (poderes, mundo) magical ▸ VARITA mágica

magisterio s **1** (profesión) teaching • **ejercer el magisterio** to be a teacher **2** (conjunto de maestros) teachers

magistrado, -a s judge

magistral adj masterly

magistratura s **la magistratura** (los jueces) magistracy (pl -cies)

magma s magma

magnánimo, -a adj magnanimous

magnate s magnate: *un magnate del petróleo* an oil baron

magnesia s magnesia

magnesio s magnesium

magnético, -a adj magnetic

magnetismo s magnetism

magnetófono s tape recorder

magnicidio s assassination ▸ ver nota en MURDER

magníficamente adv magnificently

magnífico, -a adj **1** (edificio) magnificent **2** (actuación, espectáculo) wonderful **3** (idea, plan) marvelous

magnitud s **1** (alcance, importancia – de un desastre, una tragedia, un terremoto) magnitude; (de un problema, una epidemia) scale • **de gran magnitud** major **2** (en física, astronomía) magnitude

magno, -a *adj* (acontecimiento) major; (obra) great

magnolia *s* magnolia

mago *s* **1** (hechicero) wizard **2** (en un espectáculo) magician **3** (en una profesión) wizard: *un mago de las finanzas* a financial wizard

Magreb *s* Maghreb

magrebí *adj*, *s* Maghrebi

magro, -a *adj* (carne) lean

magulladura *s* bruise

magullar *v* [T] to bruise
—**magullarse** *v pron* to bruise yourself • **magullarse el brazo/la pierna** to bruise your arm/leg

magullón *s* bruise

mahometano, -a *s*, *adj* Muslim

maicena®, **maizena**® *s* cornstarch

mail *s* e-mail • **mandarle un mail a alguien** to e-mail sb

maillot *s* (de ciclista) jersey
maillot amarillo yellow jersey

maíz *s* **1** (como alimento) corn, sweetcorn **2** (planta) corn
maíz palomero (tb **maíz pira**) popcorn

maizal *s* cornfield

majadería *s* **decir majaderías** to talk nonsense • **decir una majadería** to say something silly • **¡qué majadería!** how stupid!

majadero[1], -a *adj* stupid

majadero[2], -a *s* idiot

majestad *s* **Su Majestad (a)** (hombre o mujer) Your Majesty **(b)** (hombre) His Majesty **(c)** (mujer) Her Majesty

majestuosidad *s* majesty

majestuoso, -a *adj* majestic

mal[1] *adv*, *adj*

> **1** insatisfactoriamente
> **2** incorrecto, incorrectamente
> **3** desagradablemente
> **4** insuficientemente
> **5** en lo físico, anímico
> **6** de aspecto, calidad

1 INSATISFACTORIAMENTE badly: *Dormí muy mal.* I slept very badly. • *Me fue mal en el examen.* I did badly on the test. • *un trabajo mal hecho* a job that hasn't been done well • **mal vestido -a/pagado -a** badly dressed/paid
2 INCORRECTO, INCORRECTAMENTE wrong: *Lo hice mal.* I did it wrong. • *Está mal escrito.* It's spelled wrong. • *Está mal hacer eso.* It's wrong to do that.
3 DESAGRADABLEMENTE oler/sonar mal to smell/sound bad
4 INSUFICIENTEMENTE ve/oye mal her sight/her hearing is bad
5 EN LO FÍSICO, ANÍMICO estar mal **(a)** (de salud) to be sick **(b)** (anímicamente) to feel down: *Estoy mal desde que nos peleamos.* I've been feeling down since we had that argument.
6 DE ASPECTO, CALIDAD no está mal he's/she's/it's not bad: *–¿Qué te parece? –No está mal.* "What do you think?" "It's not bad." ▶ **MALO**
EXPRESIONES
ir de mal en peor to go from bad to worse

mal[2] *s* **1 el mal** evil: *el bien y el mal* good and evil • **distinguir entre el bien y el mal** to tell the difference between right and wrong **2** (enfermedad) illness (pl -sses) **3** (problema) problem **4** (daño) harm: *No le deseo ningún mal.* I don't wish him any harm. ▶ **MENOS mal**
EXPRESIONES
hacerse mal to hurt yourself • **no hay mal que por bien**

no venga it's an ill wind that blows nobody any good • **tomarse algo a mal** to take sth the wrong way

malabares *s* ▶ **JUEGO**

malabarismo *s* **hacer malabarismos (a)** (en el circo) to juggle **(b)** (hacer algo complicado) to do a difficult balancing act

malabarista *s* juggler

malagua *s* jellyfish (pl jellyfish tb jellyfishes)

malaria *s* (enfermedad) malaria

Malasia Malaysia

malasio (tb **malayo**), -a *adj*, *s* Malaysian

malcriado[1], -a *adj* spoiled

malcriado[2], -a *s* **ser un malcriado/una malcriada** to be spoiled

malcriar *v* [T] to spoil

maldad *s* **1** (cualidad) evil **2** (acción) evil thing

maldecir *v* **1** [T] (a alguien, algo) to curse: *Maldigo la hora en que la conocí.* I curse the moment I met her. **2** [I] (quejarse) to curse • **maldecir de algo** to curse sth

maldición *s* (maleficio) curse

maldito, -a *adj* darned: *¡Este maldito computador!* This darned computer! • **¡maldita sea!** darn it!

maleable *adj* (metal, material) malleable

maleante *s* crook

malecón *s* seafront

maleducado[1], -a *adj* rude, bad-mannered

maleducado[2], -a *s* **ser un maleducado/una maleducada** to be very rude

maleficio *s* curse

maléfico, -a *adj* evil

malentendido *s* misunderstanding

malestar *s* **1** (físico) **sentir/tener malestar** to be feeling unwell: *Sentía un malestar general.* He was feeling generally unwell. **2** (inquietud) unease • **causar malestar** to cause unease

maleta *s* suitcase • **hacer/empacar la(s) maleta(s)** to pack • **desempacar/desarmar la(s) maleta(s)** to unpack

maletero *s* **1** (de un coche) trunk **2** (persona) porter

maletín *s* briefcase

malévolo, -a *adj* malicious

maleza *s* **1** (conjunto de arbustos) undergrowth **2** (hierbajo) weeds [pl]

malformación *s* malformation

malgastar *v* [T] to waste

malgeniado -a (tb **malgenioso -a**) *adj* **1** (como estado pasajero) **estar malgeniado -a** to be in a bad mood **2** (como característica permanente) bad-tempered

malhablado[1], -a *adj* foul-mouthed

malhablado[2], -a *s* **ser un malhablado/una malhablada** to have a foul mouth

malhechor, -a *s* criminal

malherido, -a *adj* seriously injured

malhumorado, -a *adj* **1** (como estado pasajero) **estar malhumorado -a** to be in a bad mood **2** (como característica permanente) bad-tempered

malicia *s* **1** (intención dañina) malice • **sin malicia** without malice **2** (picardía) mischief

malicioso, -a *adj* **1** (que contiene maldad) malicious **2** (pícaro) mischievous

maligno, -a *adj* **1** (tumor) malignant **2** (persona, sonrisa, carácter, intenciones) evil

malinchista *s* someone who prefers foreign things to Mexican ones

malintencionado, -a *adj* malicious

malinterpretar v [T] to misinterpret

malla s **1** (que cubre el torso) leotard **2** (red) mesh **3 mallas** [pl] (pantalón ajustado) leggings **4 mallas** [pl] (con pie – de bailarín, gimnasta) tights

mallones s [pl] leggings

malnacido¹, -a adj nasty

malnacido², -a s swine

malnutrido, -a adj malnourished

malo¹, -a adj **1** (persona, noticia, resultado, libro) bad: *Es muy mal alumno.* He's a very bad student. • *Tengo malas noticias.* I have some bad news. • *Es malo para la salud.* It's bad for your health. **2** (egoísta, severo) mean: *No seas mala y déjame ir.* Don't be mean, let me go. **3** (travieso) naughty: *¡No seas malo!* Don't be naughty! **4** (enfermo) sick: *No pude venir porque estaba malo.* I couldn't come because I was sick. • **ponerse malo -a** to become sick ▶ ver nota en ILL

EXPRESIONES
lo malo es que the problem is that • **¿qué tiene de malo?** what's wrong with that? • **¿qué tiene de malo decir la verdad/que no le guste el fútbol?** what's wrong with telling the truth/with him not liking football? mala hierba weed • mala palabra swear word • **mala pasada** dirty trick • **jugarle una mala pasada a alguien** to play a dirty trick on sb • mala pata bad luck • **malos tratos** abuse [+v en sing]

malo², -a s (en una película) bad guy: *un actor que siempre hace de malo* an actor who always plays the bad guy

malograr v [T] to ruin

maloliente adj smelly

malpensado¹, -a adj suspicious-minded • **ser muy malpensado -a (a)** (pensar mal de los demás) to have a really suspicious mind **(b)** (pensar obscenidades) to have a dirty mind

malpensado², -a s **ser un malpensado/una malpensada (a)** (pensar mal de los demás) to have a suspicious mind **(b)** (pensar obscenidades) to have a dirty mind

malsano, -a adj **1** (para la salud) unhealthy **2** (moralmente) unhealthy

malsonante adj rude

Malta Malta

malta s (cereal) malt

malteada s (malted) milk shake, malt

maltratado, -a adj battered

maltratador, -a s abuser

maltratar v [T] **1** (a una persona, un animal) to mistreat: *No maltrates a los gatitos.* Don't be rough with the kittens. **2** (un objeto) to mistreat

maltrato s ill-treatment

maltrecho, -a adj damaged: *la maltrecha imagen de la empresa* the company's battered image • *Salió maltrecho de una relación de cinco años.* He was in a bad way after a relationship that had lasted five years.

maluco, -a adj (enfermo) unwell: *No vino a trabajar porque se sintió maluco.* He didn't come to work because he felt unwell.

malva s (planta) mallow

malvado¹, -a adj wicked

malvado², -a s **ser un malvado/una malvada** to be wicked

malvavisco s marshmallow

malvender v [T] to sell off cheap

malversación (tb **malversación de fondos**) s embezzlement

malvivir v [I] to scrape a living: *Con ese dinero no te alcanza ni para malvivir.* You can't even make ends meet with that amount of money.

mama s breast: *cáncer de mama* breast cancer

mamá s mom

mamada s (tontería) ridiculous thing

mamadera s bottle, baby's bottle • **tomar la mamadera** to have a bottle

mamadera de gallo s leg-pulling

mamado, -a adj **1** (muy fuerte) strong **2** (cansado) exhausted

mamador de gallo, **mamadora de gallo** s **1** (mentiroso, incumplidor) cheat **2** (bromista) joker

mamagallista s joker

mamar v [I] **1 darle de mamar a un bebé** to breastfeed a baby **2 no mamar** not to breastfeed
EXPRESIONES
mamar gallo to cheat

mamario, -a adj (glándula) mammary; (tumor) breast [solo ante s]

mamarracho s (persona) useless specimen

mameluco s bodysuit

mamera s pain

mamey s **1** (sapote) mamey sapote, marmalade plum **2** (amarillo) mammee apple

mamífero s mammal

mamila s bottle, baby's bottle • **tomar la mamila** to have a bottle

mamografía s (proceso) mammography; (imagen) mammogram

mamón¹, -ona adj **1** (incumplidor) no-good **2** (aburridor) **ser mamón -ona** to be a drag

mamón², -ona s (persona incumplidora) time waster

mamotreto s **1** (edificio) monstrosity (pl -ties) **2** (objeto) huge great thing **3** (libro) great tome

mampara s screen

mamporro s punch (pl -ches)

mampostería s masonry: *muro de mampostería* masonry wall

mamut s mammoth

manada s **1** (de caballos, elefantes, búfalos) herd **2** (de lobos, perros, hienas) pack **3** (de leones) pride **4** (de delfines, ballenas) school **5** (de personas) herd
EXPRESIONES
ir en manada to go around in a pack

mánager s **1** (de artista, boxeador) manager **2** (de un equipo de béisbol) coach (pl -ches)

manantial s spring

manar v [I] to flow

mancha s **1** (de aceite, sangre) stain **2** (en la piel) mark **3** (de un animal) patch (pl -ches) **4** (en la reputación) stain
mancha de petróleo oil slick

manchado, -a adj **1** (de aceite, grasa) stained **2** (animal) spotted

manchar v **1** [T] **manchar el suelo/la alfombra** to get the floor/the carpet dirty **2** [I] (dejar mancha) to stain: *El aceite mancha.* Oil stains. **3** [T] (la reputación) to tarnish **4** [I] (bromear) **¡no manches!/¡no manchen!** you're kidding!
—**mancharse** v pron **1 mancharse la camisa/los pantalones** to get your shirt/your pants dirty **2 mancharse la ropa de tinta/aceite** to get ink/oil on your clothes

manco¹, -a adj **ser manco -a (a)** (de mano) to have only one hand **(b)** (de brazo) to have only one arm • **quedarse manco -a (a)** (de mano) to lose a hand **(b)** (de brazo) to lose an arm

manco², -a s **1** (de mano – hombre) man with only one hand; (mujer) woman with only one hand **2** (de brazo –

hombre) man with only one arm; (mujer) woman with only one arm

mancornas *s* [pl] cuff links

mancuerna *s* weight

mancuernas (tb **mancuernillas**) *s* [pl] cuff links

mandado¹ *s* **1 el mandado** (las compras) the shopping: *No le alcanza ni para el mandado.* She doesn't even have enough for the shopping. • **hacer el mandado** to do the shopping **2** (recado, encargo) errand • **hacer un mandado** to do an errand, to run an errand

mandado², **-a** *adj* unscrupulous: *Me invitó a comer y el muy mandado me hizo pagar.* He invited me out for food and the jerk made me pay.

mandamás *s* top guy

mandamiento *s* commandment

mandar *v*

1	enviar
2	hacer ir
3	tener el mando
4	recetar
5	lanzar
6	ordenar
7	hacer hacer

1 ENVIAR [T] to send: *Le mandé un e-mail.* I sent him an e-mail.

2 HACER IR [T] to send: *Lo mandaron a la cárcel.* He was sent to prison.

3 TENER EL MANDO [I] to be in charge: *Aquí mando yo.* I'm in charge here.

4 RECETAR [T] (medicamento) to prescribe; (acción) to recommend: *El médico le ha mandado que haga más ejercicio.* The doctor recommended that he get more exercise.

5 LANZAR [T] (en fútbol) to kick; (en tenis, golf) to hit: *Mandó la pelota fuera.* He kicked the ball out of play.

6 ORDENAR [T] to tell: *Yo hago lo que me mandan.* I do what I'm told. • **mandar a alguien que haga algo** to tell sb to do sth • **¿quién te manda...?** who asked you to...?

7 HACER HACER [T] **mandar (a) hacer algo** to have sth done: *Mandé a arreglar la televisión.* I had the TV fixed. • *Mandaron pintar la casa.* They had the house painted. • **mandar llamar a alguien** to send for sb

EXPRESIONES

mande **(a)** (dígame) yes?, what is it?: *–Quisiera hacer una pregunta. –Mande.* "I'd like to ask a question." "Yes?" **(b)** (para pedir repetición) pardon?, excuse me?: *–Es un coleóptero. –¿Mande?* "It's a coleopteran." "Pardon?"

—**mandarse** *v pron*

1 to overdo it: *No te mandes, deja algo para los demás.* Don't overdo it, leave some for the others.

2 mandarse (a) hacer/construir algo to have sth made/built

mandarín *s* (idioma) Mandarin

mandarina *s* mandarin

mandatario, **-a** *s* (jefe de estado) head of state

mandato *s* **1** (periodo) term of office **2** (orden) order • **bajo mandato de** under the mandate of

mandíbula *s* jaw

mandil *s* apron

mandioca *s* cassava

mando *s* **1** (autoridad) charge • **asumir el mando** to take charge • **tener el mando** to be in charge • **al mando de** (bajo la dirección de) under the command of: *tropas al mando de la OTAN* NATO troops • **estar al mando de una flota/de 5.000 hombres** to be in command of a fleet/of 5,000 soldiers **2** (autoridad militar, policial) senior officer: *Asistieron varios mandos policiales.* Several senior police were present. • **el alto mando** the high command **3** (control) control

mando a distancia remote control

mandolina *s* mandolin

mandón¹, **-ona** *adj* bossy

mandón², **-ona** *s* a bossy person (pl people)

mandonear *v* [T] **mandonear a alguien** to boss sb around

mandril *s* mandrill

manecilla *s* hand

manejable *adj* **1** (cámara, computador) easy to use; (carro) easy to drive **2** (persona) easily led

manejar *v* [T] **1** (conducir) to drive **2** (una máquina, una herramienta) to operate **3** (un arma) to handle **4** (un diccionario, una enciclopedia) to use **5** (datos, información) to handle **6** (a una persona) to manipulate: *Maneja a sus padres como quiere.* He has his parents completely under his thumb. **7** (una tienda, una empresa) to manage

—**manejarse** *v pron* **1** (arreglarse) to manage: *Nos tuvimos que manejar con poco dinero.* We had to manage with very little money. **2 manejarse (bien) en inglés/francés** like this/like that • en cierta manera to get by (all right) in English/French: *¿Puedes manejarte en inglés?* Can you get by in English? **3** (comportarse) **manejarse bien/mal** to be good/to misbehave

manejo *s* (de una máquina) operation; (de un computador, una cámara) use: *Me explicó el manejo de la impresora.* He explained to me how to use the printer. • *instrucciones de manejo* operating instructions

manera *s* **1** (modo) way • **a mi/tu manera** my/your way • **de esta/esa manera** like this/like that • **en cierta manera** in a way • **la mejor manera de hacer algo** the best way to do sth **2 maneras** [pl] (modales) **buenas/malas maneras** good/bad manners • **de buenas/malas maneras** courteously/rudely

EXPRESIONES

de cualquier manera **(a)** (de cualquier forma) any old way: *No lo hagas de cualquier manera, hazlo bien.* Don't just do it any old way, do it right. **(b)** (igual) anyway: *De cualquier manera, no lo voy a comprar.* I'm not going to buy it anyway. • **de manera que...** (de modo que) so... • **de ninguna manera** (como respuesta) I wouldn't hear of it! • **de ninguna manera lo voy a permitir/voy a aceptar** there is no way that I am going to allow it/agree • **de todas maneras** anyway • **no haber manera de hacer algo** *No hubo manera de despertarla.* We just couldn't wake her up. • *¡No hay manera de que esté callado!* We just can't get him to shut up! • **¡qué manera de llover/nevar!** look at that rain/snow!

manga¹ *s* [fem] (de una prenda de vestir) sleeve • **una blusa/un vestido sin mangas** a sleeveless blouse/dress • **una camisa de manga corta/larga** a short-sleeved/long-sleeved shirt • **en mangas de camisa** in my/your shirt sleeves ▸ **CORTE de mangas**

EXPRESIONES

sacarse algo de la manga to come up with sth • **tener manga ancha con alguien** to be soft on sb

manga pastelera piping bag

manga² *s* [masc] **el manga** manga comic books [pl]

manganeso *s* manganese

mango *s* **1** (de una herramienta, una sartén) handle **2** (fruta) mango **3** (mujer atractiva) stunner, babe; (hombre atractivo) hunk, babe

mangonear *v* [T] (mandar) to boss around: *Para de mangonearme.* Stop bossing me around.

manguera *s* hose

manía *s* **1** (extravagancia) **tener muchas manías** to have a lot of funny little ways **2** (costumbre) **tener la manía de hacer algo** to have the strange habit of doing sth: *Tengo la manía de tocarme el pelo.* I have this strange habit of touching my hair all the time. **3** (antipatía) **tenerle manía a alguien** to have it in for sb • **tenerle manía a algo** *Les tengo manía a estos zapatos.* I can't stand these shoes. **4** (afición exagerada) craze: *la manía de ir al gimnasio todos los días* the craze of going to the gym every day **5** (trastorno) mania

mano

The security guard caught him red-handed.
El guardia lo pescó in fragranti.
El guardia lo sorprendió con las manos en la masa.

manía persecutoria persecution complex (pl -xes)

maníaco[1], -a *adj* manic

maníaco[2], -a *s* maniac • **un maníaco/una maníaca sexual** a sex maniac • **ser un maníaco/una maníaca del orden/la limpieza** to be obsessed with neatness/cleanliness

maníaco-depresivo, -a *s* manic-depressive

maniático[1], -a *adj* fussy

maniático[2], -a *s Eres un maniático.* You're so fussy. • **ser un maniático/una maniática de algo** to be obsessed with sth

manicomio *s* mental hospital

manicura *s* manicure • **hacerse la manicura** (si lo hace otra persona) to have a manicure; (si lo hace uno mismo) to do your nails • **hacerle la manicura a alguien** to give sb a manicure

manicure *s* manicure • **hacerse manicure** (si lo hace otra persona) to have a manicure; (si lo hace uno mismo) to do your nails • **hacerle manicure a alguien** to give sb a manicure

manido, -a *adj* (frase) hackneyed; (argumento, tópico) overused

manierismo *s* mannerism

manifestación *s* **1** (de protesta) demonstration **2** (declaración) statement **3** (muestra) *Sus cuadros son una manifestación de su alegría de vivir.* His paintings show the happiness he felt to be alive. • *Las reglas prohíben cualquier manifestación de violencia.* The rules prohibit all forms of violence. • *Esta protesta es una manifestación de que el problema no está resuelto.* This protest is a sign that the problem has not been solved. • *24 horas tras la manifestación de los primeros síntomas* 24 hours after the appearance of the first symptoms

manifestante *s* demonstrator

manifestar *v* [T] **1** (expresar) to express **2** (mostrar) to show

—**manifestarse** *v pron* **1** (hacer una manifestación) to demonstrate **2** (expresarse) **manifestarse sobre algo** to give an opinion on sth • **manifestarse a favor de algo** to declare your support for sth • **manifestarse en contra de algo** to declare your opposition to sth **3** (mostrarse) to be apparent: *La dimensión real del problema comenzó a manifestarse meses después.* The true extent of the problem began to become apparent only months later.

manifiesto[1], -a *adj* (evidente) clear

manifiesto[2] *s* manifesto

EXPRESIONES
poner algo de manifiesto (revelar algo) to reveal sth; (hacer algo evidente) to make sth clear

manija *s* handle

maniobra *s* **1** (con un vehículo) maneuver **2** (acción astuta) ploy **3** **maniobras** [pl] (militares) maneuvers • **estar de maniobras** to be on maneuvers

maniobrar *v* [I,T] to maneuver

manipulación *s* **1** (de alimentos) handling **2** (de una noticia, las opiniones, una persona) manipulation

manipulador[1], -a *adj* manipulative

manipulador[2], -a *s* (de personas, noticias, opiniones) manipulator

manipular *v* [T] **1** (alimentos) to handle **2** (una noticia, las opiniones, a una persona) to manipulate

maniqueo, -a *adj* black and white: *un análisis maniqueo del conflicto* a black and white analysis of the conflict

maniquí *s* dummy (pl -mmies)

manirroto, -a *s, adj* **ser (un/una) manirroto -a** to be a spendthrift

manivela *s* crank

manjar *s* (delicia) delicacy (pl -cies)

mano *s*

1	parte del cuerpo
2	sin usar máquinas
3	cerca
4	lado
5	de pintura
6	en fútbol
7	en juegos de cartas

1 **PARTE DEL CUERPO** hand: *Me voy a lavar las manos.* I'm going to wash my hands. • *Van siempre cogidos de la mano.* They're always holding hands. • **darle la mano a alguien** (a) (tomar de la mano) to hold sb's hand (b) (como saludo) to shake hands with sb • **darse la mano** to shake hands • **¡arriba las manos!** hands up!
2 **SIN USAR MÁQUINAS** **hecho -a a mano** handmade • **tejido -a/cosido -a/bordado -a a mano** hand-knitted/hand-sewn/hand-embroidered • **escrito -a a mano** handwritten • **coser algo a mano** to sew sth by hand • **escribir algo a mano** to write sth by hand • **lavar algo a mano** to handwash sth
3 **CERCA** **tener algo a (la) mano** to have sth handy
4 **LADO** **a mano derecha/izquierda** on the right/left
5 **DE PINTURA** coat: *Le falta una segunda mano.* It needs another coat.
6 **EN FÚTBOL** handball
7 **EN JUEGOS DE CARTAS** hand • **ser mano** *Ahora soy mano yo.* It's my lead now.
EXPRESIONES
un robo/un atraco a mano armada an armed robbery • **agarrar a alguien con las manos en la masa** to catch sb red-handed • **agarrarle/tomarle la mano a algo** to get the hang of sth • **cambiar de manos** (de propietario) to change hands • **echar mano de algo** to make use of sth • **echarle una/la mano a alguien** to give sb a hand • **se me/le fue la mano (con algo), se me/le pasó la mano (con algo)** I/he got carried away (with sth) • **¡manos a la obra!** let's get down to work! • **llegar a las manos** to come to blows • **poner la mano en el fuego (por alguien)** to vouch for sb • **ropa/una bicicleta de segunda mano** second-hand clothes/a second-hand bicycle • **traerse algo entre manos** to be up to sth
mano de obra labor: *mano de obra barata* cheap labor • **mano derecha** (persona) right-hand man • **mano dura** (disciplina) firm hand: *Las autoridades anuncian mano dura contra los que beben y manejan.* The authorities announce that they are going to get tough on those who drink and drive.

manojo *s* **1** (de llaves) bunch (pl -ches) **2** (de flores, hierbas) bunch (pl -ches)
EXPRESIONES
estar hecho un manojo de nervios to be a bundle of nerves

manómetro *s* pressure gauge

manopla *s* (de béisbol) baseball glove, baseball mitt

manosear *v* [T] **1** (fruta, objeto) to handle **2** (a alguien) to touch up

manos libres *s* hands-free kit

manotazo *s* slap: *Dio un manotazo en la mesa.* She slapped her hand on the table. • **de un manotazo** with one swipe of your hand • **darle un manotazo a alguien** to slap sb

mansalva *adv* **a mansalva (a)** (en cantidad) loads of **(b)** (indiscriminadamente) indiscriminately

mansedumbre *s* (de una persona) meekness; (de un animal) docility

mansión *s* mansion

manso, -a *adj* **1** (animal – toro, vaca) docile; (perro, caballo) tame **2** (persona) gentle **3** (aguas) calm; (río) gently-flowing

manta *s* (de cama) blanket

manteca *s* (grasa) fat
  manteca de cacao cocoa butter • manteca de cerdo lard

mantel *s* tablecloth

mantelería *s* set of table linen

mantener *v* [T] **1** (dar alimento a) to support: *Tiene que mantener a cinco hijos.* She has five children to support. **2** (sujetar) to hold: *Mantén la cuerda en alto.* Hold the rope up. **3** (en un estado, una situación, una posición) to keep: *Mantengan los brazos en alto.* Keep your arms up. • **mantener algo abierto/cerrado** to keep sth open/closed • **mantener la calma** to keep calm • **mantener el orden** to maintain order • **mantener correspondencia con alguien** to correspond with sb • **mantener una conversación con alguien** to have a conversation with sb **4** (afirmar) to maintain: *Mantiene que es inocente.* He maintains that he is innocent. **5** (cumplir) to keep • **mantener su promesa/palabra** to keep your promise/word
  —mantenerse *v pron* **1** (en una situación, un estado) to stay: *Se mantiene muy joven.* She stays looking very young. • **mantenerse en forma** to keep in shape • **mantenerse en pie** to stand up • **mantenerse en su lugar** to stay in place • **mantenerse fiel/constante/estable** to remain faithful/constant/stable **2** (pagarse los gastos) to support yourself: *El sueldo no me alcanza para mantenerme.* I don't earn enough money to support myself. **3** (en un propósito) **mantenerse en su postura/decisión/opinión** to stick to your position/decision/opinion: *Me mantengo en mi intención de no volver.* I stick to my intention never to return.

mantenimiento *s* **1** (en buenas condiciones) maintenance **2** (continuación) *La guerrilla ha anunciado el mantenimiento del alto el fuego.* The guerrillas have announced that the ceasefire will continue. • *Se espera un mantenimiento de la demanda .* Demand is expected to continue at current levels. • *Esto muestra el mantenimiento del interés por su parte* This is evidence of their continued interest.

mantequilla *s* butter
  mantequilla de cacahuete, mantequilla de cacahuate peanut butter

mantilla *s* mantilla

mantis (tb **mantis religiosa**) *s* praying mantis (pl -ses)

manto *s* **1** (ropa) cloak **2** (de nieve) blanket **3** (de la Tierra) mantle: *el manto terrestre* the earth's mantle

mantón *s* shawl

mantra *s* mantra

manual[1] *s* **1** (de instrucciones) manual **2** (libro de texto) textbook: *el manual de geografía* the geography textbook
  manual de instrucciones instruction manual

manual[2] *adj* **1** (actividad, habilidad) manual: *un trabajo manual* a manual job **2** (que no es automático) manual: *cambio manual* manual gear change ▶ **TRABAJOS manuales**

manualidades *s* [pl] handicrafts • **hacer manualidades** to do handicrafts

manubrio *s* (de una bicicleta) handlebars [pl]

manufactura *s* **1** (producto) product **2** (actividad) manufacture

manuscrito[1], -a *adj* handwritten

manuscrito[2] *s* manuscript

manutención *s* maintenance

manzana *s* **1** (fruta) apple **2** (de casas) block • **dar una vuelta a la manzana** to go around the block
  manzana de Adán Adam's apple

manzanilla *s* **1** (infusión) camomile tea **2** (planta) camomile

manzano *s* apple tree

maña *s* **1** (habilidad) **tener/darse maña para algo** to be good at sth **2 mañas** [pl] (astucias) tricks: *Te conozco las mañas.* I know your tricks. **3 mañas** [pl] **tener muchas mañas** (caprichos) to be very finicky; (costumbres) to have a lot of funny little ways

mañana[1] *s* (parte del día) morning: *Me ha llamado esta mañana.* He called me this morning. • *Hago gimnasia todas las mañanas.* I do exercises every morning. • **en/por la mañana** in the morning • **los martes/domingos en/por la mañana** on Tuesday/Sunday mornings • **ayer/mañana/el lunes en/por la mañana** yesterday morning/tomorrow morning/on Monday morning • **a las dos/nueve de la mañana** at two/nine o'clock in the morning • **a la mañana siguiente** the next morning • **a media mañana** at mid-morning

mañana[2] *adv* (el día después de hoy) tomorrow: *¿Qué día es mañana?* What day is it tomorrow? • **¡hasta mañana!** see you tomorrow! • **el día de mañana** in the future • **mañana en/por la mañana** tomorrow morning • **mañana en/por la tarde (a)** (antes de las seis aproximadamente) tomorrow afternoon **(b)** (después de las seis aproximadamente) tomorrow evening • **mañana en/por la noche (a)** (antes de las ocho aproximadamente) tomorrow evening **(b)** (después de las ocho aproximadamentev) tomorrow night • **la fiesta/la reunión de mañana** the party/the meeting tomorrow ▶ **PASADO mañana**

mañoso, -a *adj* **1** (habilidoso) good with your hands **2** (tramposo) crafty, sly

mapa *s* map
EXPRESIONES
borrar algo/a alguien del mapa to wipe sth/sb off the face of the earth
  mapa de carreteras road map • mapa del tiempo weather map

mapache *s* raccoon

mapamundi *s* world map

maqueta *s* **1** (de un edificio, una ciudad) model **2** (musical) demo **3** (holgazán) idler

maquiavélico, -a *adj* Machiavellian

maquiladora *s* assembly plant, usually owned by a foreign multinational, close to the Mexico/US border

maquillador, -a *s* makeup artist

maquillaje *s* makeup

maquillar *v* [T] **1** (con maquillaje) to make up: *¿Te maquillo un poco?* Do you want me to put a little make-up on you? **2** (ocultar) to cover up: *Acusan al gobierno de maquillar la realidad.* They are accusing the government of covering up the real situation.
  —maquillarse *v pron* to put makeup on: *No se maquilla.* She doesn't wear makeup. • *Todavía no me he maquillado.* I haven't put my makeup on yet.

máquina *s* **1** (aparato) machine • **escribir a máquina** to type • **coser algo a máquina** to sew sth on the machine • **lavar algo a máquina** to machine-wash sth **2** (dispensador) machine **3** (locomotora) engine: *una máquina de vapor* a steam locomotive **4 máquina (de fotos)** camera
EXPRESIONES
a toda máquina (ir) at top speed; (trabajar) flat out
  máquina de afeitar electric razor • máquina de coser sewing machine • máquina de escribir typewriter •

marco

frame
marco

frames
montura,
armazón

picture frame
marco para fotos

---

máquina de vapor steam engine • **máquina tragamone-das** slot machine • **máquina traganíqueles** slot machine

maquinar *v* [T] to plot

maquinaria *s* **1** (conjunto de máquinas) machinery **2** (mecanismo) mechanism

maquinista *s* engineer

mar *s* **1** (masa de agua) sea: *el Mar Mediterrráneo* the Mediterranean • **hacerse a la mar** to set sail **2** (lugar de vacaciones) the beach ▸ **alta mar** (ALTO)
EXPRESIONES
llover/nevar a mares to pour with rain/to snow a blizzard • **un mar de** (mucho) lots of • **mar adentro** out to sea

maraca *s* maraca

maracuyá *s* passion fruit

maraña *s* **1** (de hilos, cabellos) tangle **2** (cosa intrincada) maze

marañón *s* cashew nut

maratón *s* marathon

maravilla *s* **1** wonder: *las siete maravillas del mundo* the seven wonders of the world **2 ser una maravilla** to be wonderful: *¡Es una maravilla!* It's wonderful! • **¡qué maravilla!** how wonderful • **¡qué maravilla de mujer/casa!** what an amazing woman/house! • **cantar/bailar a las mil maravillas** to sing/dance beautifully • **cocinar a las mil maravillas** to be wonderful cook: *El examen me salió a las mil maravillas.* The test went great.

maravillar *v* [T] to amaze
—**maravillarse** *v pron* to be amazed: *Me maravillo viendo la facilidad con que lo hace.* It amazes me how easily she does it.

maravilloso, -a *adj* **1** (muy bueno) wonderful **2** (prodigioso) miraculous

marca *s* **1** (de productos de limpieza, alimentos, desodorante) brand: *¿De qué marca es?* What brand is it? • **un reloj/unos jeans de marca** a designer watch/a pair of designer jeans **2** (de computadores, carros) make **3** (señal) mark **4** (en deportes) best: *No pudo superar su propia marca.* He couldn't beat his personal best. • *Logró en Oslo la segunda mejor marca mundial del año con 1:43,29.* She recorded the second best time this year in Oslo with 1:43:29. • *Su mejor marca es 172,5 kilos.* His personal best is 172.5 kilos. • **superar una marca mundial** to beat a world record
marca registrada registered trademark • marca patito non-brand, Mickey Mouse brand: *una computadora marca patito* a non-brand computer • marca registrada registered trade mark

marcado, -a *adj* **1** (destacado – diferencia, contraste, tendencia) marked; (acento, sabor) strong

marcador *s* **1** (dispositivo) scoreboard **2** (resultado) score: *El marcador final fue cinco-cero.* The final score was five-zero. **3** (puesto en fútbol) marker **4** (para escribir) felt-tip pen, marker • **marcador (de textos)** highlighter **5** (de temperatura, carga de la batería) indicator • **marcador (de kilometraje)** odometer

---

marcapasos *s* pacemaker

marcar *v*
1 al llamar por teléfono
2 señalar
3 dejar huella
4 mostrar
5 un gol, una canasta
6 a un jugador
7 en la peluquería

1 AL LLAMAR POR TELÉFONO [T] to dial • **marcar mal** to dial the wrong number
2 SEÑALAR [T] to mark
3 DEJAR HUELLA [T] to mark • **marcar a alguien para siempre** to mark sb for life
4 MOSTRAR [T] *El reloj marca la medianoche.* The clock says midnight. • *El termómetro marcaba 5 grados bajo cero.* The thermometer was showing 5 degrees below zero. • *¿Qué precio marca la etiqueta?* What's the price on the label?
5 UN GOL, UNA CANASTA [I,T] to score: *Lleva diez partidos sin marcar.* He hasn't scored in ten games.
6 A UN JUGADOR [T] to mark: *Lo marcaron durante todo el partido.* He was marked throughout the entire match.
7 EN LA PELUQUERÍA [I,T] to set
EXPRESIONES
marcar el ritmo/el compás **(a)** (en música) to beat the rhythm/beat time **(b)** (en sentido figurado) to set the pace

marcha *s* **1** (manifestación) march (pl -ches): *una marcha por la paz* a peace march **2** (composición musical) march (pl -ches) • **la marcha nupcial/fúnebre** the wedding/funeral march **3** (deporte) walk • **los 20/50 kilómetros marcha** the 20-kilometer/50-kilometer walk
EXPRESIONES
a toda marcha (ir) at top speed; (trabajar) flat out • **sobre la marcha** *Lo decidimos sobre la marcha.* We decided things as we went along. • *Iremos improvisando sobre la marcha.* We'll play it by ear. • **estar en marcha** **(a)** (motor) to be running; (aparato eléctrico) to be turned on **(b)** (vehículo – en movimiento) to be moving **(c)** (proyecto, plan) to be underway • **poner algo en marcha** **(a)** (un vehículo, un motor) to start sth; (un aparato eléctrico) to turn sth on **(b)** (un negocio, una empresa, una fábrica) to start sth up **(c)** (una iniciativa, un proyecto) to set sth in motion • **ponerse en marcha** (empezar un viaje) to set out

marchar *v* [I] **1** (funcionar) to go: *¿Cómo marchan tus cosas?* How are things going? • *Este negocio ya no marcha.* This business isn't working any more. **2** [I] (soldados, manifestantes) to march **3** [I] (hacer el servicio militar) to do your military service
—**marcharse** *v pron* to leave: *Me marcho.* I'm off. • **marcharse de casa** to leave home • **marcharse de un país/una ciudad** to leave a country/a city

marchitarse *v pron* to wilt

marchito, -a *adj* (flor, planta) wilted

marcial *adj* (ley) martial; (disciplina) military

marciano, -a *s, adj* Martian

marco *s* **1** (para un cuadro, foto) frame **2** (de una puerta, ventana) frame **3** (contexto) framework: *dentro del marco de la constitución* within the framework of the constitution • *La ciudad es un marco ideal para las conversaciones de paz.* The city is an ideal setting for the peace talks. **4** (portería) goal; (palo) goalpost

marea *s* tide • **está subiendo/bajando la marea** the tide is coming in/going out
marea alta high tide • marea baja low tide • marea negra oil slick

mareado, -a *adj* **estar/sentirse mareado -a** **(a)** (por la altura, por dar vueltas) to be/feel dizzy **(b)** (por haber tomado alcohol) to be tipsy **(c)** (con ganas de vomitar) to feel sick, to feel nauseated; (viajando en carro) to feel carsick; (viajando en barco) to feel seasick; (viajando en avión) to feel airsick

marear *v* [T] **marear a alguien (a)** (hacer sentir mal) to make sb feel sick **(b)** (molestar) to drive sb up the wall —**marearse** *v pron* **1** (por la altura, por dar vueltas) to get dizzy **2** (con ganas de vomitar) to feel sick, to feel nauseated; (viajando en carro) to get carsick; (viajando en barco) to get seasick; (viajando en avión) to get airsick

marejada *s* swell

maremoto *s* **1** (terremoto) underwater earthquake **2** (ola) tidal wave

mareo *s* **1 sentí/sintió un mareo** I/she felt dizzy **2** (al viajar) travel sickness [U]; (en carro) car sickness [U]; (en barco) sea sickness [U]; (en avión) air sickness [U]

marfil *s* ivory • **una caja/una figura de marfil** an ivory box/figure

marfilense *s, adj* Ivorian

margarina *s* margarine

margarita *s* daisy (pl -sies)

EXPRESIONES
darles/tirarles margaritas a los cerdos to cast pearls before swine

margen¹ *s* [masc] **1** (en un texto) margin • **al margen** in the margin • **dejar margen** to leave a margin **2 dejar a alguien al margen (de algo)** to leave sb out (of sth) • **quedarse/mantenerse al margen (de algo)** to keep out (of sth) **3** (en un negocio) margin
margen de ganancias profit margin • margen de error margin of error

margen² *s* [fem] (de un río) bank

marginación *s* exclusion

marginado¹, -a *adj* (una persona) marginalized; (una zona) deprived • **sentirse marginado -a** to feel marginalized

marginado², -a *s* **los marginados** deprived people

marginal *adj* **1** (secundario) minor **2** (movimiento, grupo) fringe [solo ante s] **3** (barrio, zona) deprived; (personas) socially excluded **4** (nota en un texto) marginal

marginalidad *s* social exclusion

marginar *v* [T] (excluir – a una persona) to exclude; (a un grupo social) to marginalize

mariachi¹ *s* mariachi

mariachi² *adj* clueless

maricada *s* **1** (cosa insignificante) little thing **2** (cosa sin valor) worthless piece of garbage

marido *s* husband

mariguana *s* marijuana

mariguano¹, -a *s* dopehead

mariguano², -a *adj* **estar mariguano -a** to be high on marijuana

marihuana *s* marijuana

marimacho *s* (mujer) butch woman (pl women); (niña) tomboy

marina *s* (conjunto de barcos) fleet
marina de guerra navy (pl -vies) • marina mercante merchant navy (pl -vies)

marinar *v* [I,T] to marinate

marinero, -a *s* sailor

EXPRESIONES
mejillones/almejas a la marinera moules/clams marinière

marino¹ *s* (militar) navy officer; (mercante) seaman (pl -men)

marino², -a *adj* **1** (brisa, aire) sea [solo ante s] **2** (fauna) marine ▶ AZUL **marino**

marioneta *s* **1** (muñeco) puppet **2 marionetas** [pl] (espectáculo) puppet show [+v en sing]

mariposa *s* **1** (insecto) butterfly (pl -flies) **2** (estilo de natación) butterfly • **nadar (estilo) mariposa, nadar de mariposa** to do the butterfly
mariposa de la luz, mariposa nocturna moth

mariposear *v* [I] **1** (revolotear) to hover **2** (coquetear) to flirt **3** (de un lugar, un trabajo a otro) to flit

mariquita *s* (insecto) ladybug

mariscal *s* marshal

mariscos *s* [pl] seafood [sing]: *Me encantan los mariscos.* I love seafood.

marisma *s* salt marsh

marítimo, -a *adj* (transporte, puerto, pesca) sea [solo ante s]; (ruta) shipping [solo ante s]: *un puerto marítimo* a sea port ▶ PASEO **marítimo**

marketing *s* marketing

marmita *s* cooking pot

mármol *s* (material) marble • **una mesa/una columna de mármol** a marble table/column

marmota *s* **1** (animal) marmot **2** (persona dormilona) sleepyhead

maroma (tb **marometa**) *s* somersault

marqués, -esa *s* **marqués** marquis (pl -ses) • **marquesa** marchioness (pl -sses)

marquesina *s* (alero) awning

marranada *s* (acción molesta o perjudicial) dirty trick

marrano¹, -a *s* **1** (animal) **marrano** pig, hog • **marrana** sow **2** (persona sucia) filthy pig **3** (persona ruin) swine **4** (en el juego, los negocios) dirty player

marrano², -a *adj* (sucio) filthy

marras de marras in question: *el novelista de marras* the novelist in question

marrón¹ *adj* brown

marrón² *s* **1** (color) brown **2** (en el pelo) curl
marrón glacé marron glacé, candied chestnut

marroquí *s, adj* Moroccan

marroquinería *s* **1** (técnica) leatherwork **2** (artículos) leather goods [pl]

Marruecos Morocco

marsopa *s* porpoise

marsupial *s* marsupial

marta *s* (animal) marten

Marte *s* Mars

martes *s* Tuesday ▶ para ejemplos, ver VIERNES

martillazo *s* blow with a hammer: *Le dio un martillazo en la frente que la mató.* He hit her on the forehead with a hammer and killed her. • *A las 7 de la mañana comenzaron los martillazos.* The hammering started at 7 in the morning. • **a martillazos** with a hammer

martillo *s* **1** (herramienta) hammer **2** (hueso) hammer **3** (en atletismo) hammer

martín pescador *s* kingfisher

mártir *s* martyr

martirio *s* **1** (por una creencia, una idea) martyrdom **2** (sufrimiento muy grande) torture

marxismo *s* Marxism

marxista *adj, s* Marxist

marzo *s* March ▶ para ejemplos, ver FEBRERO

más¹ *adv* **1** (comparativos) **más frío -a/caliente** colder/hotter • **más fácil/lindo -a** easier/prettier • **más difícil/complicado -a** more difficult/more complicated: *Es más inteligente que su hermano.* He's more intelligent than his brother. • *Mi hermana corre más rápido que yo.* My sister runs faster than I do. • **me gusta más** I prefer it: *Me gusta más el otro.* I prefer the other one. **2** (superlativos) **el más frío/caliente** the coldest/the hottest • **la más fácil/bonita** the easiest/the prettiest • **el más difícil/**

complicado the most difficult/the most complicated: *la juguetería más grande del mundo* the biggest toy store in the world • *la más responsable de las dos* the more responsible of the two • *el más alto de los dos* the taller of the two

EXPRESIONES
más bien (bastante) pretty: *Es más bien caro.* It's pretty expensive. • **más y más** more and more: *Tenía más y más dudas.* She had more and more doubts. • **más y más grande/caro -a** bigger and bigger/more and more expensive • **no... más (a)** (nunca más) never... again: *No lo vi más.* I never saw him again. **(b)** (ya no) not... anymore: *No te quiero más.* I don't love you anymore.

más² *adj* **1** (mayor cantidad, mayor número) more: *Necesito más dinero.* I need more money. **2** (con ciertos pronombres) **alguien/nadie/algo más** somebody/nobody/something else • **¿quién/qué/dónde más?** who/what/where else?: *¿Necesitas algo más?* Do you need anything else? • *No vino nadie más.* Nobody else came.

EXPRESIONES
de lo más elegante/inteligente very elegant/intelligent

más³ *pron* (mayor cantidad, mayor número) more: *Sírvete más.* Have some more. • *¿Quieres más?* Would you like some more? • **más de dos años/más de diez accidentes** more than two years/more than ten accidents

EXPRESIONES
de más *¿Tienes un lápiz de más?* Do you have a spare pencil? • *Hice sándwiches de más por si acaso.* I made extra sandwiches just in case. • **es más** in fact: *No tengo calor; es más, tengo un poco de frío.* I'm not hot; in fact, I'm a little bit cold. • **los más** (la mayoría) the majority • **más o menos** more or less • **ni más ni menos** no less • **por más que** no matter how much: *Por más que nos quejemos, las cosas no van a cambiar.* No matter how much we complain, things aren't going to change.

más⁴ *prep* plus: *Dos más dos son cuatro.* Two plus two is four.

más⁵ (tb **signo de más**) *s* plus sign

masa *s* **1** (para pan, pizza) dough; (para empanadas, tartaletas) pastry; (para crepes) batter; (para bizcochos, pasteles) mixture **2** (en física) mass **3** (de gente) crowd • **las masas** the masses **4** (cantidad) mass ▶ **con las MANOS en la masa**

EXPRESIONES
en masa en masse
masa atómica atomic mass • **masa crítica** (para ser rentable, productivo) critical mass • **masa encefálica** brain mass • **masa monetaria** money supply • **masa salarial** wage bill

masacre *s* massacre

masaje *s* massage • **darle/hacerle un masaje a alguien** to give sb a massage

masajista *s* (hombre) masseur; (mujer) masseuse

mascada *s* scarf (pl scarves), headscarf (pl -scarves)

mascar *v* [T] (chicle) to chew

máscara *s* **1** (para disfrazarse) mask **2** (para protegerse) mask **3** (para pestañas) mascara **4** (para ocultar los verdaderos propósitos, pensamientos) mask: *Se les ha caído la máscara.* They've been exposed. • **quitarse la máscara** to show your true colors

mascarilla *s* **1** (de cirujano) mask **2** (cosmético) face mask

mascota *s* **1** (animal) pet **2** (símbolo) mascot

masculino¹, -a *adj* **1** (para o de hombres) **moda/ropa masculina** men's fashion/clothes • **los individuales/dobles masculinos** the men's singles/doubles **2** (aspecto, actitud) masculine **3** (en biología) male **4** (en gramática) masculine

masculino² *s* (en gramática) masculine

masificado, -a *adj* **1** (por el uso multitudinario) overcrowded **2** (uniformizado) standardized: *una forma de vestir masificada* a standardized dress code

masilla *s* (para tapar agujeros) filler; (para sujetar cristales) putty [U]

masivo, -a *adj* **1** (destrucción, éxodo) mass: *un seguimiento masivo* a mass following • *la tala masiva de árboles* wholesale tree felling **2** (ataque, respuesta) massive: *un aumento masivo* a massive increase • *un éxito masivo* a huge success

masmelo *s* marshmallow

masón, -ona *s* Mason

masonería *s* Masonry

masoquismo *s* masochism

masoquista¹ *adj* masochistic

masoquista² *s* masochist

mastectomía *s* mastectomy (pl -mies)

master *s* Master's degree

masticable *adj* (caramelo) chewy; (comprimido, aspirina) chewable

masticar *v* [I,T] to chew

mástil *s* **1** (de una bandera) flagpole **2** (de una vela) mast

mastín *s* mastiff

mastodonte *s* **1** (mamífero) mastodon **2** (persona, entidad) giant; (edificio) huge building

masturbación *s* masturbation

masturbar *v* [T] to masturbate
—**masturbarse** *v pron* to masturbate

mata *s* (planta) bush (pl -shes)
mata de pelo mane

matadero *s* slaughterhouse

matado¹, -a *adj* **ser matado -a (a)** (ser muy estudioso) to be a grind, to be a nerd: *No seas tan matada.* Don't be such a grind. **(b)** (implicar mucho trabajo) to wear you out, to be a slog: *El negocio es bueno pero muy matado.* You can make a lot of money in this business, but it really wears you out.

matado², -a *s* grind, nerd

matador¹, -a *adj* (muy pesado o molesto – horario, trabajo) exhausting • **con un calor/frío matador** in the sweltering heat/freezing cold

matador², -a (tb **matador -a de toros**) *s* matador

matamoscas *s* **1** (utensilio) fly swatter **2** (insecticida) fly killer

matanza *s* **1** (de personas) massacre **2** (de animales) slaughter

matar *v* [T] **1** (a una persona, un animal) to kill: *¡Te voy a matar!* I'll kill you! • *Este dolor de cabeza me está matando.* This headache is killing me. • **matar a alguien a tiros** to shoot sb dead • **matar a alguien a golpes** to beat sb to death **2** (en juegos de naipes) to beat **3** (molestar mucho) to kill ▶ **matar dos PÁJAROS de un tiro**, **matar el HAMBRE**
—**matarse** *v pron* **1** (en un accidente) to be killed: *Se mató con la moto.* He was killed riding his motorbike. **2** (suicidarse) to kill yourself • **matarse de un tiro** to shoot yourself **3** (hacer un gran esfuerzo) to knock yourself out: *Se mató para entrar al equipo.* She really knocked herself out to get onto the team. • **me maté estudiando/cocinando** I studied like mad/I spent hours cooking • **matarse por alguien** to bend over backward for sb

matarratas *s* (veneno) rat poison

matasellos *s* postmark

matasuegras *s* party blow out

mate¹ *adj* (sin brillo) matt

mate² *s* (en ajedrez) mate ▶ **JAQUE**

EXPRESIONES
darle mate a algo to polish sth off: *Entre los dos le*

dieron mate a la botella. They polished the bottle off between the two of them. • **darle mate a alguien** (matarlo) to bump sb off

matemática, matemáticas *s* math, mathematics [+v en sing] (*más frml*)

matemático¹, -a *adj* (cálculo, problema) mathematical

matemático², -a *s* mathematician

materia *s* **1** (asignatura) subject **2** (tema, asunto) subject **3** (sustancia) matter
EXPRESIONES
en materia de algo on sth: *la legislación en materia de eutanasia* the legislation on euthanasia • *las necesidades en materia de vivienda* housing needs • **entrar en materia** to get started
materia gris gray matter • materia prima raw material

material¹ *s* **1** (materia) material ▶ ver nota en **TELA** **2** (información, documentación) material **3** (equipo, objetos) materials [pl], equipment
material bélico military equipment • materiales de construcción building materials • material de oficina **(a)** (muebles) office furniture **(b)** (equipos, objetos) office equipment • material escolar school materials • material genético genetic material • material informático **(a)** (datos) computer files **(b)** (equipos) computer equipment **(c)** (programas) software

material² *adj* (valor, ayuda, bien) material

materialismo *s* materialism

materialista¹ *adj* materialistic

materialista² *s* [masc & fem] **ser un/una materialista** to be very materialistic

materialista³ *s* [masc] **1** (camión) truck **2** (conductor) truck driver

materializar *v* [T] (proyecto, sueño) to make a reality
—**materializarse** *v pron* (propuesta, amenaza, sueño) to become a reality; (crisis, recuperación) to materialize

maternal *adj* (instinto, amor) maternal; (tono, consejos) motherly

maternidad *s* **1** (hospital) maternity hospital; (sala) maternity ward **2** (hecho de ser madre) motherhood

materno, -a *adj* **1** (abuelo, tío) maternal **2** (lengua, idioma) mother [solo ante s] **3** (sentimiento, amor) maternal ▶ **LACTANCIA materna**

matinal *adj* morning [solo ante s]: *las sesiones matinales de entrenamiento* the morning training sessions

matiz *s* **1** (de un color) shade **2** (de una palabra, una expresión) nuance **3** (de una voz) tone

matón *s* **1** (provocador) thug **2** (guardaespaldas) heavy (pl -vies)

matorral *s* **1** (matas) bushes [pl] **2** (terreno) scrubland

matraca *s* rattle

matriarcado *s* matriarchy (pl -chies)

matrícula *s* **1** (inscripción) enrollment **2** (lo que se paga) enrollment fees [pl] **3** (de un vehículo – número) license number; (placa) license plate

matricular *v* [T] (un coche) to register
—**matricularse** *v pron* **matricularse (en algo) (a)** (en un curso) to enroll (in sth) **(b)** (en la universidad, en un colegio) to enroll (in sth)

matrimonial *adj* (crisis, derecho) marital • **el enlace/la unión matrimonial de...** the marriage of... • **la separación matrimonial** separation • **la vida matrimonial** married life • **un fracaso/una ruptura matrimonial** a failed/broken marriage • **una agencia matrimonial** a marriage bureau

matrimonio *s* **1** (institución, estado) marriage • **contraer matrimonio** to get married **2** (ceremonia) wedding **3** (pareja) couple
matrimonio civil civil wedding • matrimonio eclesiástico church wedding

matriz *s* **1** (en matemáticas) matrix (pl matrices) **2** (en anatomía) womb **3** (empresa) parent company (pl -nies): *La matriz se encuentra en Francia.* The parent company is in France. **4** (molde) mold **5** (de un talonario) stub

matrona *s* midwife (pl -wives)

matutino, -a *adj* morning [solo ante s]: *un programa matutino dominical* a Sunday morning program

maullar *v* [I] to meow

maullido *s* meow: *Nos despertaron los maullidos del gato del vecino.* We were woken up by the neighbor's cat meowing.

mauriciano, -a *s, adj* Mauritian

Mauricio Mauritius

Mauritania Mauritania

mauritano, -a *s, adj* Mauritanian

mausoleo *s* mausoleum

maxilar *s* jaw, jawbone

máxima *s* (dicho) maxim

máxime *adv* especially

maximizar *v* [T] to maximize

máximo¹, -a *adj* (temperatura, velocidad) maximum; (galardón, autoridad) highest; (ejecutivo, representante) most senior: *el máximo goleador del campeonato* the top scorer of the championship • **ser el máximo responsable de algo (a)** (de una tarea, una gestión) to have ultimate responsibility for sth **(b)** (de un error) to bear ultimate responsibility for sth **(c)** (de una organización, un proyecto) to be the head of sth

máximo² *s* maximum
EXPRESIONES
al máximo as much as possible • **aprovechar/explotar algo al máximo** to make the most of sth, to exploit sth to the full (*más frml*) • **esforzarse al máximo (por hacer algo)** to do your utmost (to do sth) • **poner el volumen al máximo** to turn the volume right up • **como máximo (a)** (como mucho) at most **(b)** (como tarde) at the latest

maya¹ *adj* Mayan

maya² *s* (persona) Maya • **los mayas** the Maya

mayo *s* May ▶ para ejemplos, ver **FEBRERO**

mayonesa *s* mayonnaise

mayor¹ *adj*

1	en edad
2	de edad avanzada
3	más alto
4	más grande
5	principal, más importante
6	en música

1 EN EDAD (comparativo) older, elder (*más frml*); (superlativo – de más de dos) oldest, eldest (*más frml*); (superlativo – de dos) older, elder (*más frml*): *mi hermano mayor* my older brother/my elder brother • *el hijo mayor* the oldest/eldest son • *el mayor de la clase* the oldest/the eldest in the class • *el mayor de los primos* the oldest/eldest of the cousins • *El mayor es casado.* The older/elder of the two is married. • *Es mayor que tú.* She's older than you. • **ser mayor de edad** to be over 18 • **ser mayor de 18/21** to be over 18/21 • **los mayores de 18/21** over 18s/over 21s

2 DE EDAD AVANZADA (anciano) elderly; (maduro) older: *una señora mayor* an older lady • *Mi abuela es muy mayor.* My grandmother's very elderly.

3 MÁS ALTO (comparativo) higher; (superlativo) highest: *un número mayor que cinco* a number higher than five • *Tuvieron el mayor número de votos.* They got the highest number of votes.

4 MÁS GRANDE biggest, greatest (*más frml*): *uno de los mayores peligros* one of the greatest dangers

5 PRINCIPAL, MÁS IMPORTANTE biggest, largest (*más frml*): *los mayores bancos de Europa* the biggest banks in Europe • **la mayor parte de algo** most of sth: *La*

mayor parte del tiempo está sin hacer nada. Most of the time, she doesn't do anything.
6 EN MÚSICA major: *el concierto en mi bemol mayor* the concerto in E flat major

mayor² *s* **1** (adulto) adult; (hablando con niños) grown-up: *una película solo para mayores* an adults-only movie • *No interrumpas a los mayores.* Don't interrupt when grown-ups are talking. **2** (grado militar) major
EXPRESIONES
vender/comprar al por mayor to sell/to buy in bulk/to sell/to buy wholesale
mayor de edad adult: *Solo dejan entrar a los mayores de edad.* They only let you in if you're over 18.

mayordomo *s* (de una casa) butler

mayoreo *s* **vender/comprar al mayoreo** to sell/to buy in bulk, to sell/to buy wholesale

mayoría *s* **1** (parte mayor) majority: *Una amplia mayoría se opone a la proposición.* A large majority is opposed to the proposal. • **la mayoría de la gente/de mis amigos** most people/most of my friends, the majority of people/of my friends (*más frml*): *en la mayoría de los casos* in most cases/in the majority of cases • **la mayoría de las veces** most of the time **2** (en una votación) majority (pl -ties)
mayoría absoluta absolute majority • **mayoría de edad** the age of majority: *Me falta poco para la mayoría de edad.* I'll soon be of age. • **llegar a/alcanzar la mayoría de edad** to come of age, to reach the age of majority (*más frml*)

mayorista¹ *adj* **1** (comercio) wholesale **2** (sector, precio) wholesale

mayorista² *s* (comerciante) wholesaler

mayoritario, -a *adj* **1** (respaldo, sentimiento) of the majority **2** (partido, socio) majority [solo ante s]: *el partido mayoritario* the majority party

mayúscula¹ *adj* capital

mayúscula² *s* capital letter • **escribir algo en mayúsculas** to write sth in capitals • **escribirse con mayúscula** to be written with a capital letter

maza *s* **1** (para la carne) meat tenderizer; (del mortero) pestle **2** (arma, herramienta) mace **3** (aparato de gimnasia) Indian club

mazapán *s* marzipan

mazmorra *s* dungeon

mazo *s* **1** (de cartas) deck **2** (herramienta) mallet

mazorca *s* corncob

maître *s* maître d'

me *pron* **1** (como complemento directo o indirecto) me: *¿No me viste?* Didn't you see me? • *¿Me pasas la sal?* Could you pass the salt? • *Me escribe todos los meses.* He writes to me every month. • *Me sacó una foto.* He took a picture of me. • *Se me ha dañado el computador.* My computer has broken. • *Me robaron el carro.* My car was stolen. **2** (con valor reflexivo): *Me he cortado.* I've cut myself. • *Me compré un vestido precioso.* I bought myself a beautiful dress.

meada *s* **1** (acto de orinar) pee **2** (mancha) pee stain

meandro *s* meander

mear *v* [I] to pee
—**mearse** *v pron* **1** (orinarse) to wet yourself: *Se meó en la cama.* He wet the bed. **2 mearse (de risa)** to wet yourself (laughing)

meca *s* mecca ▸ **de la CECA a la meca**

mecánica *s* **1** (ciencia) mechanics [+v en sing]: *un curso de mecánica* a mechanics course **2** (funcionamiento) mechanics [pl] • **conocer/entender la mecánica de algo** to know/understand how sth works

mecánico¹, -a *adj* **1** (con máquinas) mechanical **2** (automático) mechanical ▸ **ESCALERA mecánica**

mecánico², -a *s* mechanic

mecanismo *s* **1** (de un ascensor, reloj, arma) mechanism **2** (funcionamiento) procedure
mecanismo de defensa defense mechanism

mecanización *s* mechanization

mecanizar *v* [T] to mechanize

mecano *s* Meccano (*marca reg*)

mecanografía *s* typing

mecanografiar *v* [T] to type

mecanógrafo, -a *s* typist

mecate *s* **1** (delgado) string **2** (grueso) rope

mecato *s* snack

mecedora *s* rocking chair

mecenas *s* patron

mecenazgo *s* patronage

mecer *v* [T] (a un bebé, un barco) to rock; (un árbol) to sway: *El viento mecía las ramas.* The branches swayed in the wind.
—**mecerse** *v pron* **1** (en una mecedora) to rock **2** (moverse – barco) to rock; (ramas) to sway

mecha *s* **1** (de un explosivo) fuse **2** (de una vela) wick **3 mechas** [pl] (pelo) hair [U]: *Me jaló de las mechas.* He pulled my hair. • **a toda mecha** at top speed

mechero *s* **1** (de laboratorio) burner **2** (encendedor) lighter

mechón *s* lock

medalla *s* medal
medalla de bronce **(a)** (objeto) bronze medal **(b)** (persona) bronze medalist • **medalla de oro** **(a)** (objeto) gold medal **(b)** (persona) gold medalist • **medalla de plata** **(a)** (objeto) silver medal **(b)** (persona) silver medalist

medallero *s* medals table

medallista *s* medalist

medallón *s* **1** (joya) medallion **2** (de carne, pescado) medallion

media *s* **1** (corta) sock **2** (hasta el muslo) stocking **3** (al dar la hora) **las dos/las cuatro y media** two thirty/four thirty, half past two/half past four **4** (promedio) average: *la media de edad* the average age **5 medias** [pl] (tb **medias pantalón**) pantyhose [+v en sing]

mediación *s* mediation

mediador, -a *s* mediator

mediados **1 a mediados de enero/del siglo diecinueve** around the middle of January/the nineteenth century **2 para/hasta mediados de** by/until the middle of

mediana *s* (de una autopista) median strip

medianamente *adv* reasonably

mediano, -a *adj* **1** (hablando de tamaño) medium-sized **2 de mediana estatura/de estatura mediana** of average height **3 de mediana edad** middle-aged

medianoche *s* (hora) midnight • **a medianoche** at midnight

mediante *prep* *Se sujeta mediante cuatro tornillos.* It is held in place by four screws. • *Pudieron adquirirlo mediante un préstamo.* They were able to buy it by taking out a loan. • *Mediante este procedimiento se obtienen mejores resultados.* You get better results using this procedure. • *Lo anunciaron mediante un comunicado.* It was announced in a press release.

mediar *v* [I] **1** (ir por la mitad) to be halfway through: *Mediaba diciembre cuando me quedé sin trabajo.* It was about halfway through December that I lost my job. **2** (entre dos cosas) *Media una gran distancia entre los dos pueblos.* The two towns are a long way apart. • *las relaciones culturales que mediaron entre Roma y Grecia en la antigüedad* the cultural relations between Ancient Rome and Greece **3** (entre dos fechas) *Mediaron tres meses entre las dos muertes.* There were three months between the two deaths. **4** (intervenir) to mediate **5** (interceder) **mediar por alguien** to intercede on behalf of sb

sin mediar palabra without saying a word

mediático, -a adj media [solo ante s]: *una campaña mediática* a media campaign

mediatizar v [T] to influence

medicación s medication

medicamento s medicine
medicamento genérico generic drug

medicar v [T] to treat
—**medicarse** v pron to treat yourself

medicina s **1** (ciencia, carrera) medicine **2** (medicamento) medicine
medicina forense forensic medicine • medicina preventiva preventive medicine • medicina alternativa alternative medicine

medicinal adj medicinal

medición s measurement

médico[1], -a adj **tratamiento médico** medical treatment • **un chequeo médico** a medical checkup • **una receta médica** a doctor's prescription

médico[2], -a s doctor • **ir al médico** to go to the doctor
médico de cabecera family doctor • médico de familia family doctor • médico forense forensic scientist • médico de guardia duty doctor

medida s **1** (dimensión) measurement • **tomar las medidas (de algo)** to take the measurements (of sth) • **tomarle las medidas a alguien** to take sb's measurements • **(hecho -a) a la medida (a)** (ropa) made to measure **(b)** (mueble) made to order • **a su medida** ideal **2** (unidad) measure: *pesos y medidas* weights and measures **3** (disposición) measure • **tomar medidas (para hacer algo)** to take measures (to do sth)
a medida que as

medieval adj medieval

medievo s Middle Ages

medio[1], -a adj **1 medio kilo/media página/media hora** half a kilo/half a page/half an hour • **dos/tres y medio -a** two/three and a half: *Tardó tres horas y media.* It took him three and a half hours. • **un paquete de medio kilo/un cartón de medio litro** a half-kilo package/a half-liter carton **2 a media mañana/tarde** midmorning/midafternoon **3** (promedio) average **4** (gran parte de) half: *Media ciudad acudió a la manifestación.* Half the city went on the demonstration. **5 hacer algo a medias (a)** (entre dos) *Lo compramos a medias.* We bought it between us. • **pagar algo a medias** to go halves on sth **(b)** (no por completo) to half-do sth: *Lo escuché a medias.* I half-listened to him. • *Te entendí a medias.* I half-understood you.

medio[2] adv **1** (por la mitad) half: *una botella medio vacía* a half-empty bottle **2** (no completamente) half: *Estaba medio dormida.* I was half asleep. **3** (un poco) fairly: *Empezó medio tarde.* It started fairly late.

medio[3] s **1** (centro) middle: *el carril del medio* the middle lane • **en (el) medio (a)** (en el centro) in the middle **(b)** (estorbando) in the way • **en (el) medio de algo** in the middle of sth **2** (manera) way • **por todos los medios** by every possible means • **por medio de** by means of **3** (entorno) environment • **en el medio rural/urbano** in the countryside/the city **4 medios** [pl] (recursos económicos) means • **carecer de/tener los medios para hacer algo** to lack/to have the means to do sth **5 medios** [pl] **los medios (de comunicación)** the media **6 medios** [pl] (sector, ámbito) circles
equivocarse de medio a medio to be completely mistaken
el medio ambiente the environment • medio campo midfield • medio de transporte means of transportation

medioambiental adj environmental

medioambiente s **el medioambiente** the environment

mediocampista s midfielder

mediocre adj mediocre

mediocridad s mediocrity

mediodía s midday • **al mediodía** at midday • **a la una/las dos del mediodía** at one/two o'clock in the afternoon

medioevo s Middle Ages

medir v **1** [T] (tomar la medida de) to measure **2** [I] **¿cuánto mides/mide?** how tall are you/is he? • **mide/mido 1 metro 65** she's/I'm 1 meter 65 tall • **¿cuánto mide de largo/ancho?** how long/wide is it? • **mide dos metros de largo/ancho** it's two meters long/wide **3** [T] (sopesar) to weigh up • **mide tus palabras/lo que dices** choose your words carefully/be careful what you say
—**medirse** v pron **1** (enfrentarse) **medirse con alguien** to take sb on **2** (probarse) **medirse unos zapatos/un abrigo** to try some shoes/a coat on

meditabundo, -a adj pensive

meditación s meditation

meditar v **1** [T] (reflexionar sobre) to think over: *Medítalo bien antes de contestar.* Think it over carefully before you reply. **2** [I] (reflexionar) to think • **meditar sobre algo** to think about sth **3** [I] (como ejercicio espiritual) to meditate

Mediterráneo s **el Mediterráneo** the Mediterranean

mediterráneo, -a adj Mediterranean

médium s medium

medrar v [I] (persona – socialmente) to get ahead; (económicamente) to prosper

médula s marrow: *un transplante de médula* a bone marrow transplant
hasta la médula through and through
médula espinal spinal cord • médula ósea bone marrow

medular adj bone-marrow, medullary (técn)

medusa s jellyfish (pl jellyfish o jellyfishes)

mega- pref mega-: *una megafiesta* a megaparty

megabyte s megabyte

megaconcierto s big concert

megafonía s public-address system

megáfono s megaphone

megahercio s megahertz

megalito s megalith

megalomanía s megalomania

megalómano, -a s, adj megalomaniac

megavatio s megawatt

mejilla s cheek

mejillón s mussel

mejor adj, adv **1** (comparativo) better • **mejor... que** better... than: *Es mejor alumno que su hermano.* He's a better student than his brother. **2** (superlativo entre muchos) best; (entre dos) better: *Sacó la mejor nota.* She got the best grade. • *¿Cuál de las dos es la mejor nadadora?* Which of the two is the better swimmer? • **el/la mejor... de** the best... in: *el mejor jugador del país* the best player in the country • **el mejor libro que he leído en mi vida/la mejor película que he visto en mi vida** the best book I've ever read/the best movie I've ever seen • **lo mejor** the best thing: *Lo mejor de todo es que es gratis.* The best thing of all is that it's free.
a lo mejor está enfermo/no le gusta maybe he's ill/maybe he doesn't like it • **hacer algo lo mejor posible** to do sth the best you can • **mejor dicho** or rather • **mejor que mejor** (tb **tanto mejor**) so much the better • **mejor espera/hazlo ahora** why don't you wait/do it now?

M

mejora s improvement

mejorable adj that could be improved on: aspectos francamente mejorables aspects that could definitely be improved on

mejorar v **1** [I,T] (progresar, hacer mejor) to improve **2** [I] (salud, tiempo) to get better
—**mejorarse** v pron to get better • ¡que te mejores! get well soon!

mejoría s improvement • **experimentar una mejoría** to show an improvement

melancolía s melancholy

melancólico, -a adj **1** (persona, carácter) gloomy **2** (mirada, canción) sad

melanina s melanin

melanoma s melanoma

Melate® s a state-organized lottery in which players choose their preferred six out of 47 numbers

melaza s molasses

melena s **1** (de una persona) long hair [U]: Átate la melena. Tie up your hair. • Tiene una melena larguísima. He has really long hair. **2** (de un león) mane

melenudo[1], -a adj long-haired

melenudo[2] s long-haired guy

mella s (rotura, hendidura – en un cuchillo, un machete) nick; (en una taza, un plato) chip

EXPRESIONES
hacer mella (en alguien) (a) (impresionar) to have an effect (on sb) **(b)** (causar prejuicio) to take its toll (on sb)

mellar v [T] **1** (hacer una mella en – un cuchillo, un machete) to nick; (una taza, un plato) to chip **2** (menoscabar – la moral, la confianza) to sap; (el entusiasmo) to diminish

mellizo, -a adj, s twin

melocotón s peach (pl -ches)

melocotonero s peach tree

melodía s tune

melódico, -a adj melodic

melodrama s **1** (obra de ficción) melodrama **2** (historia real) drama

melodramático, -a adj melodramatic

melómano, -a s music lover

melón s melon

membrana s membrane

membrete s letterhead

membrillo s **1** (fruta) quince **2** (dulce) quince paste

memez s (hecho, dicho) **decir memeces** to talk nonsense • **hacer memeces** to be stupid

memo[1], -a adj stupid

memo[2], -a s idiot

memorable adj memorable

memorándum s **1** (informe) memo, memorandum (pl memoranda) (más frml) **2** (diplomático) memorandum (pl memoranda)

memoria s **1** (de una persona) memory • **tener buena/mala memoria** to have a good/bad memory • **hacer memoria** to try to remember • **venir algo a la memoria** Ahora mismo no me viene su nombre a la memoria. I can't remember her name just now. **2** (de un computador) memory **3** **aprender/saber algo de memoria** to learn/know sth by heart **4** **memorias** [pl] (libro) memoirs **5** (informe) report ▶ **TARJETA de memoria**
memoria RAM RAM

memorizar v [T] to memorize

menaje s household goods [pl]
menaje de cocina kitchen equipment

mención s **1** (alusión) mention • **hacer mención de algo/alguien** to mention sth • **ser digno -a de mención** to be worth mentioning **2** (premio) **mención (honorífica)** honorable mention

mencionar v [T] to mention

mendicidad s begging

mendigar v **1** [I] (pedir limosna) to beg **2** [T] (pedir) to beg for: Mendigaba unas monedas. She begged for a few coins.

mendigo, -a s beggar

mendrugo s (de pan) crust

menear v [T] **1** (la cola – perro) to wag; (vaca, caballo) to swish **2** (las caderas) to wiggle **3** **menear la cabeza (a)** (para negar) to shake your head **(b)** (para afirmar) to nod your head **(c)** (con tristeza, desazón) to shake your head **4** (revolver) to stir **5** (apurar) **menearle** to get a move on: Menéale, que llegamos tarde. Get a move on, we're late. • **menearle a algo** to hurry sth up

meneo s **1** (de cola – de perro) wagging [U]; (de vaca, caballo) swishing [U] **2** (balanceo) shake; (de caderas) wiggle **3** (de la cabeza – para negar) nod; (para afirmar) nod; (con tristeza, desazón) shake

menester s (trabajo) activity (pl -ties)

mengano, -a s so-and-so

menguante adj (luna) waning ▶ **CUARTO menguante**

menguar v [I] (disminuir) to diminish

menhir s menhir

meninge s meninx (pl meninges)

meningitis s meningitis

menisco s cartilage, meniscus (técn)

menopausia s menopause

menor[1] adj, pron

1	en edad
2	más bajo
3	más mínimo
4	no importante
5	en música
6	en comercio

1 **EN EDAD** (comparativo) younger: Es menor que yo. He's younger than me./He's younger than I am.; (superlativo (de más de dos)) youngest: el menor de la clase the youngest in the class • el menor de los seis hermanos the youngest of the six brothers; (superlativo (de dos)) younger: la menor de las dos niñas the younger of the two girls • **ser menor de edad** to be under age • **ser menor de 18/21** to be under 18/21 • **los menores de 18/21** under 18s/under 21s

2 **MÁS BAJO** (comparativo) lower: a un precio menor at a lower price • un número menor de casos a smaller number of cases • un número menor que cinco a number below five; (superlativo) lowest: el menor número de votos the lowest number of votes

3 **MÁS MÍNIMO** slightest: No hizo el menor esfuerzo. He didn't make the slightest effort. • No tiene la menor importancia. It's not in the least important.

4 **NO IMPORTANTE** minor: un problema menor a minor problem

5 **EN MÚSICA** minor • **en do/re menor** in C/D minor

6 **EN COMERCIO** **vender/comprar al por menor** to sell/buy retail

menor[2] s menor (de edad) minor: Los menores de edad no pueden votar. Minors can't vote.

menos[1] adv, adj **1** (menor cantidad, menor número, comparativos) less: Aquí cuesta 10 pesos menos. It costs 10 pesos less here. • Tengo menos tiempo que tú. I have less time than you. • Fue menos doloroso de lo que me imaginaba. It was less painful than I had imagined. • Tardó menos de una hora. She took less than an hour.; (delante de sustantivo inglés en plural) fewer: Tienen menos asignaturas que nosotros. They have fewer subjects than us. • Éramos menos de 30. There were fewer than 30 of us. **2** (superlativos) least: *Es el menos difícil.* It's the least difficult. • *Eso es lo menos importante.* That's the least important thing.; (delante de sustantivo inglés en plural) fewest: *la redacción con menos faltas* the essay with fewest mistakes **3** (especialmente) especially: *No tengo ganas de ir, menos con este tiempo.* I don't feel like going, especially in this weather. • *No vamos a llegar a tiempo, y menos si vamos en tren.* We're not going to arrive on time, especially if we go by train.

EXPRESIONES
a menos que unless • **de menos** *Me diste tres pesos de menos.* You've given me three pesos too little. • *Hay cuatro sillas de menos.* We need four more chairs. • **¡menos mal!** just as well! • **nada menos** no less: *Me felicitó nada menos que el presidente.* I was congratulated by the President no less. • **no es/era para menos** *Me pidió perdón, y no era para menos.* He apologized, and quite right too. • **por lo menos/al menos** at least: *Por lo menos podrías ayudarme.* You could help me at least. • **hacer menos a alguien** to look down on sb

menos[2] *prep* **1** (excepto) except: *Fuimos todos menos Gabriel.* We all went except Gabriel. **2** (para dar la hora) **las diez menos veinte/las cuatro menos cuarto** twenty to ten/a quarter of four **3** (en matemáticas) minus: *¿Cuánto es 57 menos 15?* What's 57 minus 15?

menos[3] *s* (signo de) **menos** minus sign

menospreciar *v* [T] **1** (infravalorar) to underestimate **2** (tratar con desprecio, desdén – a una persona) to look down on; (la labor, los esfuerzos de alguien) to disparage

mensaje *s* **1** (en el contestador, una nota) message • **dejar(le) un mensaje (a alguien)** to leave a message (for sb) **2 mensaje (de texto)** text (message) • **mandarle un mensaje a alguien** to text sb

mensajería *s* (reparto de cartas y paquetes) **empresa de mensajería** courier firm • **servicio de mensajería** courier service
mensajería instantánea instant messaging

mensajero[1], -a *s* **1** (motorista) courier **2** (en otros contextos) messenger

mensajero[2], -a *adj* ▶ **PALOMA mensajera**

menso[1], -a *adj* stupid

menso[2], -a *s* idiot

menstruación *s* **1** (cada mes) period: *la primera menstruación* the first period **2** (proceso) menstruation

mensual *adj* **1** (que se repite cada mes) monthly **2** (válido durante un mes) monthly

mensualidad *s* **1** (dinero para gastos) monthly allowance **2** (a un ex-cónyuge) alimony **3** (del colegio, de un curso) monthly fee **4** (para un servicio) monthly payment **5** (de un club, gimnasio) monthly membership fee **6** (de un crédito, una compra) monthly installment • **comprar algo en mensualidades** to buy sth in monthly installments

menta *s* (planta, esencia) mint • **un caramelo de menta** a mint • **un té/una hoja de menta** a mint tea/leaf • **chicle de menta** mint chewing gum

mental *adj* mental • **un enfermo/una enfermedad mental** a mental patient/illness

mentalidad *s* mentality (pl -ties) • **tener una mentalidad abierta** to have an open mind • **tener una mentalidad cerrada/estrecha** to have a closed mind

mentalización *s* **1** (preparación mental) mental preparation **2** (concientización) *Tenemos que conseguir la mentalización de la sociedad sobre este problema.* We need to make people more aware of the problem.

mentalizar *v* [T] **1** (preparar la mente de) to prepare mentally **2** (hacer tomar conciencia) to make more aware —**mentalizarse** *v pron* to prepare yourself mentally • **mentalizarse de algo** to come to terms with sth: *Mentalízate de que va a ser un proceso largo.* You need to come to terms with the fact that it's going to be a long process.

mente *s* **1** (pensamiento) mind **2** (mentalidad) mind • **tener la mente abierta/cerrada** to be open-minded/narrow-minded **3 se me/le quedó la mente en blanco** my/his mind went blank • **quitarse algo de la mente** to get sth out of your head • **tener algo en mente** to have sth in mind • **venir a la mente** to come into your head

mentir *v* [I,T] to lie • **mentirle a alguien** to lie to sb
EXPRESIONES
miento I tell a lie: *Fue el lunes. No, miento, fue el martes.* It was Monday. No, I tell a lie, it was Tuesday.

mentira *s* **1** (no verdad) lie: *¡Eso es mentira!* That's a lie! • **decir una mentira** to tell a lie **2 parece mentira** it's hard to believe • **aunque parezca mentira** believe it or not **3 un revólver de mentira(s)** a pretend gun
mentira piadosa white lie

mentirijillas *s* [pl] **un revólver de mentirijillas** a pretend gun

mentiroso[1], -a *s* liar

mentiroso[2], -a *adj* **ser (muy) mentiroso -a** to tell (a lot of) lies

mentolado, -a *adj* mentholated

mentón *s* chin

mentor, -a *s* (educador) tutor

menú *s* **1** (de comidas) menu: *¿Me podría pasar el menú?* Could you pass me the menu? **2** (en informática) menu
menú del día set menu • menú desplegable pull-down menu • menú turístico tourist menu

menuda *s* (dinero) change: *No tengo menuda.* I don't have any change.

menudencias *s* [pl] (de pollo, res) giblets

menudeo *s* **vender/comprar al menudeo** to sell/buy retail

menudillos *s* [pl] (de pollo, res) giblets

menudo[1], -a *adj* **1** (persona) slight • **gente menuda** little people **2 ¡menudo lío/menuda sorpresa!** what a mess!/what a surprise! **3 a menudo** often

menudo[2] *s* **1** (platillo mexicano) offal **2** (estómago de res) tripe stew

meñique *s* little finger

meollo *s* heart • **ir al meollo del asunto** to get to the heart of the matter

meón[1], -a *s* **es un meón/una meona** (adulto) he/she has a weak bladder; (niño) he/she wets himself/herself a lot

meón[2], -a *adj* **es muy meón -ona** (adulto) he/she has a weak bladder; (niño) he/she wets himself/herself a lot

meramente *adv* simply

mercadería *s* goods [pl], merchandise

mercado *s* **1** (lugar) market **2** (compras) shopping • **hacer (el) mercado** to do the shopping **3** (en economía) market • **sacar algo al mercado** to bring sth onto the market
mercado común common market • mercado de valores stock exchange • mercado interno domestic market • mercado exterior foreign market • mercado laboral job market • mercado negro black market • mercado sobre ruedas street market

mercadotecnia *s* marketing

mercancía *s* goods [pl], merchandise (*más frml*)

mercante *adj* merchant

mercantil *adj* commercial

merced *s* **1 merced a** thanks to **2 estar a la merced de algo/alguien** to be at the mercy of sth/sb **3 tener la merced de hacer algo** to be so good as to do sth

mercenario, -a *s, adj* mercenary (pl -ries)

mercería *s* notions store

Mercurio *s* Mercury

mercurio *s* mercury

M

mesas

coffee table
mesa de centro

bedside table
mesita de noche,
buró

dining table
mesa de comedor

desk
escritorio

picnic table
mesa de picnic

pool table
mesa de billar

merecer *v* [T] to deserve
—**merecerse** *v pron* to deserve: *Te mereces algo mejor.* You deserve something better.

merecido¹, -a *adj* deserved • **tener algo (bien) merecido** to (thoroughly) deserve sth

merecido² *s* **darle a alguien su merecido** to give sb what they deserve • **recibir su merecido** to get what you deserve

merendar *v* [I] to have an afternoon snack

merendero *s* **1** (zona) picnic area **2** (bar) open-air snack bar

merengue *s* **1** (en repostería) meringue **2** (baile) merengue

merey *s* cashew nut

meridiano¹, -a *adj* (evidente) crystal-clear • **de forma meridiana** very clearly • **ser de una claridad meridiana** to be crystal clear

meridiano² *s* meridian

meridional *adj* southern

merienda *s* afternoon snack • **tomar la merienda** to have a snack

mérito *s* **1** (cualidad, logro) merit • **por mis/tus propios méritos** on my/your own merits • **tener (mucho) mérito** to be (highly) commendable **2** **hacer méritos** to be on your best behavior **3** **quitarle mérito a algo** to detract from sth • **quitarle mérito a alguien** to take credit away from sb

meritorio¹, -a *adj* worthy

meritorio², -a *s* unpaid trainee

merluza *s* hake (pl hake)

merma *s* **1** (disminución) reduction **2** (pérdida) loss: *sin merma de calidad* with no loss in quality

mermar *v* **1** [T] to reduce **2** [I] to decrease

mermelada *s* **1** (de ciruela, frambuesa) jam **2** (de naranja, limón) marmalade

mero¹, -a *adj* **1** (puro) mere: *un mero capricho* a mere whim • *Mira, la mera verdad es que no tengo dinero.* Look, to be totally honest I don't have any money. **2** (justo) *En la mera esquina está la librería.* The bookstore is right on the corner. • *A la mera hora se echó para atrás.* At crunch time he backed out.
el mero mero/la mera mera the boss, the head honcho

mero² *s* grouper

mero³ *adv* **1** **ya mero (a)** (por poco) nearly: *Ya mero y me caigo.* I nearly fell. **(b)** (pronto) soon: *Ya mero se hace de noche.* It'll be dark soon. • *Ya mero nos vamos.* We're just about to leave. **2** **aquí mero/allí mero** right here/right there

merodeador, -a *s* prowler

merodear *v* [I] to prowl

mes *s* **1** (del año) month • **dentro de un mes** within a month • **el mes pasado** last month • **el mes que viene** next month • **dos/tres veces por mes** twice/three times a month • **al mes de comprarlo/de llegar** a month after he bought it/I arrived • **por meses** monthly **2** **estar de tres/cuatro meses, tener tres/cuatro meses de embarazo** to be three/four months pregnant **3** (sueldo) month's salary: *Me deben dos meses.* They owe me two month's salary. **4** (alquiler) month's rent: *Hay que dar dos meses por adelantado.* You have to pay two month's rent in advance.

mesa *s* (de comedor, salón) table • **¡a la mesa!** lunch/dinner is ready! • **poner la mesa** to set the table • **levantar/recoger la mesa** to clear the table • **sentarse a la mesa** to sit down at the table
EXPRESIONES
la buena mesa good food • **encontrarse con/tener la mesa puesta** to have sth handed to you on a plate
mesa de billar pool table • mesa de centro coffee table • mesa de noche bedside table • mesa de operaciones operating table • mesa electoral (oficiales) voting-desk officials [pl] • mesa redonda round-table discussion

mesada *s* monthly allowance: *Dile a tu mamá que te aumente la mesada.* Tell your mom to increase your monthly allowance.

mesero, -a *s* **mesero** waiter • **mesera** waitress (pl -sses)

meseta *s* (en geografía) plateau (pl plateaus o plateaux)

Mesías Messiah

mesita de noche *s* bedside table

mesón *s* inn

mesonero, -a *s* **mesonero** waiter • **mesonera** waitress (pl -sses)

mestizaje *s* **1** (de razas) racial mix **2** (de culturas, estilos) mix

mestizo, -a *s* **mestizo** man/boy of mixed race • **mestiza** woman/girl of mixed race • **mestizos** people of mixed race

meta *s* **1** (objetivo) goal • **conseguir una meta** to achieve a goal • **fijarse una meta** to set yourself a goal **2** (en automovilismo, atletismo) finish line **3** (en fútbol) goal, goalmouth

metabolismo *s* metabolism

metacrilato *s* methacrylate

metafísica *s* metaphysics [U]

metafísico, -a *adj* metaphysical

metáfora *s* metaphor

metafórico, -a *adj* metaphorical

metal *s* **1** (material) metal • **un botón/una puerta de metal** a metal button/door **2** (en música) brass: *un grupo de metales* a brass band
metal precioso precious metal

metalenguaje *s* metalanguage

metálico¹, -a *adj* **1** (hecho de metal) metal **2** (como el metal) metallic **3** (en música) **un festival/un grupo metálico** a metal festival/band

metálico² *s* **pagar/abonar en metálico** to pay (in) cash

metalizado, -a *adj* metallic

metalúrgico, -a *adj* metallurgical

metamorfosis *s* metamorphosis (pl -phoses)

metano *s* methane

metástasis *s* metastasis (pl -tases)

meteorito *s* meteorite

meteoro *s* **1** (lluvia, rayo) atmospheric phenomenon (pl phenomena) **2** (cuerpo celeste) meteor

meteorología *s* meteorology

meteorológico, -a *adj* meteorological • **un mapa/un satélite meteorológico** a weather map/satellite

meteorólogo, -a s meteorologist

meter v

1 poner
2 con cuidado
3 bruscamente
4 dinero
5 involucrar
6 echarle ganas
7 en un carro

1 PONER [T] to put: *¿Dónde metiste mis llaves?* Where have you put my keys? • **meter a alguien en la cárcel** to put sb in prison
2 CON CUIDADO [T] to put, to insert (*más frml*): *Mete el disco en la lectora de DVD.* Insert the DVD in the player.
3 BRUSCAMENTE to stick: *Cuidado, que me vas a meter el dedo en el ojo.* Careful, you'll stick your finger in my eye.
4 DINERO [T] to put: *He metido el premio de la lotería en el banco.* I've put the lottery prize in the bank.
5 INVOLUCRAR to involve: *No lo metas en tus problemas.* Don't involve him in your problems. • *Mira el lío en el que me metiste.* Look at the mess you've gotten me into.
6 ECHARLE GANAS [I] **meterle** to go for it: *Si le metemos, seguro terminamos.* If we really go for it, I'm sure we can finish. • **meterle al acelerador** to put your foot down
7 EN UN CARRO [T] **meter primera/segunda** to put the car in first gear/second gear: *Metí primera para subir la cuesta.* I put the car in first gear to go up the hill.
—**meterse** v pron
1 ESTAR, ENTRAR (estar) to be; (entrar) to go: *¿Dónde se habrá metido mi marido?* Where can my husband be? • *Me metí en una tienda para no mojarme.* I went into a store to avoid getting wet. • *No sé dónde te metes para encontrar cosas así.* I don't know where you manage to find such things. • **meterse en la cama** to get into bed • **meterse en la tina** to get into the bathtub • **meterse en la ducha/la regadera** to get into the shower • **meterse en el agua** to go in the water: *No pienso meterme en el agua.* I'm not going in the water. • **meterse en un cuarto/en el baño** to go into a room/into the bathroom
2 LAS MANOS EN LOS BOLSILLOS **meterse las manos en los bolsillos** to put your hands in your pockets
3 EN EL OJO **se me/le metió algo en el ojo** I got something in my eye/she got something in her eye • **se me/le metió una piedra en el zapato** I got a stone in my shoe/he got a stone in his shoe
4 TENER UNA IDEA **se me/le metió en la cabeza que...** I got it into my head/she got it into her head that...
5 ENTROMETERSE to interfere: *No te metas.* Don't interfere.
6 INVOLUCRARSE **meterse en un lío/en problemas** to get into a fix/into trouble • **meterse en política** to get involved in politics
7 DEDICARSE **meterse a dar clases/estudiar música** to start teaching/studying music • **meterse de cura/monja** to become a priest/nun ▶ **meter un GOL**
8 CON ALGUIEN **meterse con alguien** to pick on sb: *No te metas conmigo.* Don't pick on me.

metiche[1] (tb **metete**) adj nosy

metiche[2] (tb **metete**) s busybody (pl -dies)

meticuloso, -a adj meticulous

metida de pata (tb **metedura de pata**) s ¡qué metida de pata! I really put my foot in my mouth!/she really put her foot in her mouth!

metido, -a adj **1 estar metido -a en algo (a)** (en una actividad) to be involved in sth **(b)** (en algo dudoso o ilegal) to be mixed up in sth **2 ser metido -a** to be a busybody, to be nosy

metódico, -a adj methodical

metodista s, adj methodist

método s **1** (sistema, organización) method • **un método de hacer algo** a method of doing sth **2** (manual) text-book: *un método de inglés* an English textbook **3** (de enseñanza) method
método anticonceptivo contraceptive method

metodología s methodology (pl -gies)

metodológico, -a adj methodological

metralla s shrapnel

metralleta s sub-machine gun

métrico, -a adj metric

metro s **1** (unidad) meter • **los 100 metros llanos/lisos** the 100 meters • **tener tres metros de altura/largo/ancho** to be three meters high/long/wide • **vender/comprar algo por metros** to sell/buy sth by the meter **2** (medio de transporte) metro, subway: *Fuimos en metro.* We went on the subway. **3** (cinta métrica) tape measure
metro cuadrado square meter • metro cúbico cubic meter

metrópoli (tb **metrópolis**) s **1** (ciudad) metropolis **2** (de una colonia) mother country

metropolitano, -a adj (área, transporte) metropolitan; (llamada) local

mexicano[1], -a adj Mexican

mexicano[2], -a s Mexican • **los mexicanos** (the) Mexicans

México Mexico

mezanine s mezzanine

mezcla s **1** (de sustancias, alimentos) mixture **2** (de colores, estilos) combination **3** (de cafés, tés) blend **4** (de razas, clases) mixture **5** (para construcción) mortar

mezclar v **1** [T] (juntar) to mix • **mezclar algo con algo** to mix sth up with sth **2** [T] (cafés, tés) to blend **3** [I] (con bebidas) to mix: *No quiero mezclar.* I don't want to mix my drinks.
—**mezclarse** v pron **1** (involucrarse) **mezclarse en algo** to get mixed up in sth **2** (alternar) **mezclarse con alguien** to mix with sb

mezclilla s (tela) denim: *una falda de mezclilla* a denim skirt

mezquindad s **1** (cualidad) meanness **2** (acto) nasty thing: *Eso que le hiciste fue una auténtica mezquindad.* What you did to him was really nasty.

mezquino, -a adj **1** (tacaño) mean **2** (malintencionado) nasty

mezquita s mosque

mi[1] adj my: *mi profesora* my teacher • *mis padres* my parents

mi[2] s (nota musical) E

mí pron **1** (no reflexivo) me: *¿Es para mí?* Is it for me? • *Dámelo a mí.* Give it to me. • *¿Y a mí qué?* So what? **2** (reflexivo) myself: *Me río de mí misma.* I laugh at myself.

miau s meow • **hacer miau** to meow

mico, -a s **1** (mono) monkey **2** (tortícolis) stiff neck **3** (en un proyecto) *Aprobaron el Plan de Desarrollo pero con muchos micos.* They approved the Development Plan, but with a lot of meaningless extras.

micro s **1** (grande) bus (pl -ses) **2** (tb **microbús**) (pequeño) minibus (pl -ses)

microbio s germ, microbe (*técn*)

microbiología s microbiology

microbusero, -a s bus driver

microchip s microchip

microcirugía s microsurgery

microclima s microclimate

microcosmos s microcosm

microcrédito s small loan

M

microeconomía s microeconomy

microelectrónica s microelectronics [U]

microfilm s microfilm

micrófono s microphone

microfútbol s five-a-side, five-a-side soccer

microondas s (horno) microwave

microorganismo s microorganism

microprocesador s microprocessor

microscópico, -a adj microscopic

microscopio s microscope
microscopio eléctronico electron microscope

miedo s 1 (temor) fear: el miedo a la oscuridad fear of the dark • **por miedo a algo** for fear of sth • **tener miedo** to be frightened • **tenerle miedo a algo/alguien** to be afraid of sth/sb • **agarrarle miedo a algo/alguien** to become afraid of sth/sb • **pasar miedo** to be scared • **me/te da miedo algo** I'm/you're scared of sth • **me/te da miedo hacer algo** I'm/you're scared to do sth • **¡qué miedo!** how frightening! • **estar muerto -a de miedo** to be scared to death • **temblar de miedo** to shake with fear 2 (preocupación) **tengo miedo de llegar tarde/perderme** I'm worried (that) I'll be late/I'll get lost: Tenía miedo de cortarme. I was worried I would cut myself. • **tengo miedo de que se enoje/se entere** I'm worried he'll get angry/he'll find out • **por miedo a equivocarme/llegar tarde** because I was afraid of being wrong/of being late
miedo escénico stage fright

miedoso[1], -a adj scared • **ser muy miedoso -a** to be easily frightened

miedoso[2], -a s coward

miel s honey
miel de caña molasses • miel de maple maple syrup

miembro s 1 (de una asociación, un grupo) member • **ser miembro de algo** to be a member of sth • **hacerse miembro de algo** to become a member of sth 2 (del cuerpo) limb
miembro viril penis

mientras[1] conj 1 (al mismo tiempo que) while: Siéntate mientras esperas. Sit down while you wait. 2 (todo el tiempo que) as long as: Aguanta mientras puedas. Put up with it as long as you can. 3 (con tal de que) as long as: mientras no llueva as long as it doesn't rain 4 (hasta que) until: Mientras no venga, no podemos empezar. We can't start until he arrives. 5 **mientras que** (para marcar oposición) whereas: A mí me gusta el tenis mientras que él prefiere el squash. I like tennis whereas he prefers squash.

mientras[2] adv (o **mientras tanto**) in the meantime: Y mientras ¿qué hago yo? And in the meantime, what am I supposed to do?

miércoles s Wednesday ▶ para ejemplos, ver **VIERNES**
miércoles de ceniza Ash Wednesday

miga s 1 **la miga (del pan)** the soft part (of the bread) 2 **migas** [pl] crumbs

EXPRESIONES
hacer buenas migas to get along well

migaja s 1 (miga) crumb 2 (de una herencia, un reparto) scrap

migraña s migraine

migratorio, -a adj 1 (movimiento, política) migration [solo ante s]: movimientos migratorios migration movements 2 (ave) migratory

mil[1] núm a thousand: más de mil alumnos over a thousand students • tres mil pesos three thousand pesos • varios miles de años several thousand years

mil[2] miles s [pl] thousands: miles de cosas que hacer thousands of things to do • **por miles** by the thousand • **miles y miles** thousands and thousands

milagro s 1 miracle • **hacer milagros** to work miracles 2 **no me maté/no me vio de milagro** it was a miracle I wasn't killed/he didn't see me

milagroso, -a adj miraculous

milenario[1], -a adj age-old

milenario[2] s millennium

milenio s millennium (pl -nnia)

milésima s thousandth: una milésima de segundo a millisecond

milésimo, -a adj thousandth • **una milésima parte** a thousandth

milibar s millibar

milicia s 1 (vida militar) **la milicia** the military 2 (grupo) militia

miligramo s milligram

mililitro s milliliter

milímetro s millimeter

militante[1] adj militant

militante[2] s member

militar[1] adj military ▶ SERVICIO **militar**

militar[2] s 1 (de tierra) soldier; (de marina) member of the navy; (de aire) member of the air force 2 **los militares** (las fuerzas armadas) the military

militar[3] v [I] 1 (estar afiliado) **militar en un partido** to be a member of a party 2 (durante la guerra) to fight

milla s mile

millar s thousand: millares de personas thousands of people

millón núm million • **un millón de pesos/tres millones de habitantes** a million pesos/three million inhabitants • **¡un millón de gracias!** thank you so much! • **millones de** (muchos) millions of: Tienen millones de problemas. They have millions of problems.

millonada s fortune • **ganar/costar una millonada** to earn/cost a fortune

millonario[1], -a adj **ser millonario -a** to be a millionaire/millionairess • **un empresario millonario/una empresaria millonaria** a millionaire businessman/businesswoman • **un contrato millonario** a contract worth millions

millonario[2], -a s **millonario** millionaire • **millonaria** millionairess (pl -sses)

millonésimo, -a adj millionth • **una millonésima parte** a millionth

milpa s cornfield

mimado, -a adj spoiled

mimar v [T] 1 (mostrarle cariño a) to make a fuss of 2 (malcriar) **mimar (demasiado) a alguien** to spoil sb

mimbre s wicker • **una silla/un cesto de mimbre** a wicker chair/basket

mimético, -a adj imitative

mímica s mime • **hacer mímica** to mime

mimo[1] s [masc] 1 (muestra de cariño) affection • **hacerle mimos a alguien** to be affectionate to sb 2 (cariño) **mimos** [pl] loving care [U] 3 (cuidado) care • **tratar algo con mimo** to treat sth with care 4 (espectáculo) mime

mimo[2] s [masc & fem] (persona) mime artist

mimoso, -a adj **soy/eres muy mimoso -a** I like/you like being cuddled

mina s 1 (de un lápiz) lead 2 (de mineral) mine • **una mina de carbón/oro** a coal/gold mine 3 (explosivo) mine 4 **ser una mina (de oro)** (un negocio) to be a gold mine; (una persona) to be worth his/her weight in gold

minar v [T] 1 (poner minas) to mine 2 (agujerear) to dig holes under 3 (la salud, la resistencia) to undermine

minarete s minaret

mineral[1] adj mineral ▶ AGUA **mineral**

mineral[2] s 1 (sustancia inorgánica) mineral 2 (de un metal) ore: mineral de hierro iron ore

mineralogía s mineralogy

minería s mining

minero[1], -a adj mining [solo ante s] • **el sector minero/la industria minera** the mining sector/industry

minero[2], -a s miner

miniatura s miniature • **un barco/avión en miniatura** a miniature ship/airplane

minibar s minibar

minifalda s miniskirt

minigolf s **1** (juego) miniature golf **2** (campo) miniature golf course

minimalismo s minimalism

minimalista adj minimalist

mínimamente adv slightly: *No está mínimamente preparado.* He's not the slightest bit prepared.

minimizar v [T] **1** (reducir) to minimize **2** (quitar importancia) to play down

mínimo[1], -a adj **1** (más bajo – salario, temperatura, edad) minimum: *No tengo la más mínima idea.* I don't have the faintest idea. **2** (insignificante – diferencia, esfuerzo) minimal: *Es sólo una mínima parte de lo que me deben.* That's just a very small part of what they owe me. • **hasta el más mínimo detalle** right down to the smallest detail **3 hacer lo mínimo** to do the bare minimum: *Eso es lo mínimo que podrías hacer.* It's the least you could do. • **en lo más mínimo** in the slightest: *No me preocupa en lo más mínimo.* It doesn't worry me in the slightest.

mínimo[2] s **1** (cantidad mínima) minimum • **como mínimo** at least: *Como mínimo, tiene 15 años.* He's at least 15. • **reducir algo al mínimo** to reduce sth as much as possible **2** (en la bolsa de valores) low

ministerial adj ministerial

ministerio, **Ministerio** s (en EU) Department; (en otros países) ministry (pl -tries): *Ministerio de Sanidad* Department of Health
Ministerio del Interior (en Gran Bretaña) Home Office; (en otros países) Ministry of the Interior • **Ministerio de Relaciones Exteriores** (en EU) State Department; (en otros países) Foreign Ministry

ministro, -a s (en EU) Secretary; (en otros países) minister: *Ministro de Defensa* Secretary of Defence
Ministro del Interior (en Gran Bretaña) Home Secretary; (en otros países) Minister of the Interior • **Ministro de Relaciones Exteriores** (en EU) Secretary of State; (en otros países) Foreign Minister ▶ **primer ministro** (PRIMERO)

minoría s minority (pl -tries): *las minorías étnicas* ethnic minorities • **estar en minoría** to be in the minority

minorista[1] adj retail: *el comercio minorista* the retail trade

minorista[2] s retailer

minoritario, -a adj minority [solo ante s]: *Es un deporte minoritario.* It's a minority sport.

minucia s minor detail

minuciosidad s meticulousness • **con minuciosidad** meticulously

minucioso, -a adj **1** (persona) meticulous **2** (informe, descripción) detailed

minúscula s small letter • **escribir algo con minúscula/en minúsculas** to write sth with a small letter/in small letters

minúsculo, -a adj **1** (muy pequeño) tiny **2** (letra) **con "a"/"c" minúscula** with a small "a"/"c"

minusvalía s disability (pl -ties)

minusválido[1], -a adj disabled

minusválido[2], -a s **1** disabled person **2 los minusválidos** people with disabilities

minusvalorar v [T] **1** (a un contrincante, un peligro, un desafío) to underestimate **2** (una contribución) to undervalue

minuta s (resumen) draft

minutero s minute hand

minuto s **1** (de una hora) minute • **a los cinco/diez minutos** five/ten minutes later • **guardar un minuto de silencio** to observe a minute's silence **2** (poco tiempo) minute: *Espera un minuto.* Wait a minute.

mío[1], -a pron **1 el mío/la mía** mine: *Este es tu paraguas. El mío es azul.* This is your umbrella. Mine is blue. **2 lo mío** my thing: *El inglés no es lo mío.* English isn't my thing. • **tú a lo tuyo y yo a lo mío** you mind your business and I'll mind mine **3 los míos** (familia) my family; (amigos) my friends: *Tú eres de los míos.* You're like me.

mío[2], -a adj mine: *Los bombones son míos.* The chocolates are mine. • **una amiga mía/un tío mío** a friend of mine/an uncle of mine

miope adj nearsighted

miopía s nearsightedness

mira s **1** (intención) intention **2** (de un rifle) sight • **estar con la mira puesta en algo** to have your sights set on sth **3 con miras a** with a view to

mirada s **1** (forma de mirar) **tener una mirada triste/inexpresiva** to have a sad/an expressionless look on your face • **tener la mirada perdida** to be staring into space • **bajar la mirada** to look down • **levantar la mirada** to look up • **echarle una mirada furiosa/maliciosa a alguien** to give sb a furious/spiteful look **2** (vistazo) look • **echarle una mirada a algo** to take a look at sth **3** (atención) **miradas** [pl] *Todas las miradas estaban puestas en el nuevo jugador.* All eyes were on the new player.

mirado, -a adj **bien mirado...** all things considered...

mirador s (de paisaje) viewpoint

miramiento s consideration: *Nos trató sin miramientos.* He treated us with no consideration. • **tener miramientos con alguien** to put yourself out for sb

mirar v

1	dirigir la vista
2	observar
3	una película, la televisión
4	buscar
5	comprobar
6	cuidar
7	orientarse

1 DIRIGIR LA VISTA [I] to look: *No mires todavía.* Don't look yet. • *-¿Desea algo? -Sólo estaba mirando, gracias.* "Can I help you?" "I'm just looking, thanks." • **mirar hacia arriba/abajo** to look up/down • **mirar por la ventana** to look out of the window ▶ ver nota en **LOOK**
2 OBSERVAR [T] to look at: *Me estaba mirando.* He was looking at me. • *¿Qué miran?* What are you looking at? • **mirar fijamente a alguien** to stare at sb • **mirar a alguien de arriba abajo** to look sb up and down • **mirar algo/a alguien de reojo** to look at sth/sb out of the corner of your eye
3 UNA PELÍCULA, LA TELEVISIÓN [T] to watch: *Estábamos mirando el partido.* We were watching the game.
4 BUSCAR [I] to look: *Mira en el primer cajón.* Look in the top drawer.
5 COMPROBAR [T] to check: *Mira que las ventanas estén cerradas.* Check that the windows are shut. • *Voy a mirar el correo.* I'm going to check my mail.
6 CUIDAR [I] **mirar por algo/alguien** to take care of sth/sb: *Siempre ha mirado por su familia.* He's always taken care of his family.
7 ORIENTARSE [I] **mirar al jardín/a la calle** to look out onto the garden/the street: *una habitación que mira al mar* a room with an ocean view
—**mirarse** v pron
1 EL PROPIO REFLEJO **mirarse en el espejo/al espejo** to look at yourself in the mirror

M

2 DOS O MÁS PERSONAS to look at each other: *Todos se miraron sorprendidos.* They all looked at each other in surprise.

EXPRESIONES
¡mira quién habla! look who's talking! • **ser de mírame y no me toques** to be very fragile • **mirándolo bien** thinking about it: *Mirándolo bien, es mejor que te vayas.* Thinking about it, it'd be better if you go. • **mira/miren que...** (en advertencias) *Mira que quema.* Careful, it's very hot. • *Miren que el examen es mañana.* Remember you have a test tomorrow. • **¡mira que...!** imagine...!: *¡Mira que no decirnos nada de la boda!* Imagine not saying anything to us about the wedding! • **mira que si...** Suppose...: *Mira que si no viene el bus...* Suppose the bus doesn't come.

mirilla *s* spyhole

mirlo *s* blackbird

mirón, -ona *s* **1** (espectador) onlooker **2** (acosador) voyeur

mirra *s* myrrh

misa *s* mass (pl -sses): *¿A qué hora es la misa?* What time is mass? • **ir a misa** to go to mass

misal *s* missal

misántropo, -a *s* misanthropist, misanthrope

miscelánea *s* mixture

misceláneo, -a *adj* miscellaneous

miserable¹ *adj* **1** (sueldo, cantidad) paltry **2** (muy pobre – persona) poor; (casa) squalid **3** (tacaño) mean **4** (triste, deprimente) miserable ▶ ver nota en **SAD**

miserable² *s* **1** (despreciable) wretch (pl -tches) **2** (tacaño) skinflint

miseria *s* **1** (pobreza) poverty • **vivir en la miseria** to live in poverty **2** (cantidad mínima) pittance • **ganar/pagar una miseria** to earn/pay a pittance **3** **miserias** [pl] (penas) hardships: *No me cuentes tus miserias.* Don't tell me all your troubles.

misericordia *s* mercy

misericordioso, -a *adj* merciful

mísero, -a *adj* **1** (sueldo, cantidad) paltry **2** (tacaño) mean **3** (muy pobre – casa, calle) squalid

misil *s* missile

misión *s* mission: *en misión humanitaria* on a humanitarian mission

misionero, -a *s* missionary (pl -ries)

mismamente *adv* just

mismo¹, -a *adj* **1** (igual) same • **el mismo nombre/la misma dirección** the same name/the same address: *Son del mismo color.* They are the same color. • *Nacimos el mismo día.* We were born on the same day. • *Tenemos la misma edad.* We are the same age. • **el mismo/la misma... que** the same... as: *Tenía el mismo vestido que yo.* She had the same dress as me. **2** (para intensificar) **lo vi yo mismo -a** I saw it myself • **tú mismo -a me lo contaste** you told me yourself • **lo llevó él mismo/ella misma** he took it himself/she took it herself • **lo vimos nosotros mismos/nosotras mismas** we saw it ourselves • **ustedes mismos -as me lo contaron** you told me yourselves • **lo llevaron ellos mismos/ellas mismas** they took it themselves • **por eso mismo** that's precisely why: *Por eso mismo tienes que ayudarla.* That's precisely why you have to help her.

mismo², -a *pron* **1** (igual) **el mismo/la misma** the same one: *Es el mismo que vimos ayer* It's the same one we saw yesterday. • **el mismo/la misma que...** the same one as...: *Eligió la misma que yo.* He chose the same one as me. **2 lo mismo** the same: *Cuesta lo mismo ir en tren que en avión.* It costs the same to go by train as to fly. • *Me pasó lo mismo.* The same thing happened to me. • **me/le da lo mismo** it's all the same to me/him: *Le da lo mismo ir hoy que mañana.* It's all the same to him whether he goes today or tomorrow. **3** (como referencia) *Nos leyó un texto, pero no nos dijo nada sobre la importancia del mismo.* He read a text, but he didn't say anything about the importance of it. • *Aquí tienes las fotos, pero no me preguntes el origen de las mismas.* Here are the photos, but don't ask me where they came from.

mismo³ *adv* **delante/detrás mismo** just in front/just behind: *delante mismo de la casa* just in front of the house • **acá mismo/ahí mismo** right here/right there: *Lo puse ahí mismo.* I put it right there. • **ahora/ya mismo** right away: *Ahora mismo lo llamo.* I'll phone him right away. • *¡Ven aquí ahora mismo!* Come here right now! • **hoy/mañana mismo** *Mañana mismo lo termino.* I'll finish it tomorrow. • *Me he enterado hoy mismo.* I only found out today.

misógino, -a *adj* misogynistic

miss *s* beauty queen: *Miss Colombia* Miss Colombia

misterio *s* mystery (pl -ries): *¿A qué viene tanto misterio sobre la fecha?* What's with all this secrecy about the date? • **una historia/una novela de misterio** a mystery

misterioso, -a *adj* mysterious

misticismo *s* mysticism

místico, -a *adj* mystical

mitad *s* **1** (parte) half (pl halves): *las dos mitades* the two halves • **la mitad** half: *Dale la mitad.* Give him half. • *Queda más de la mitad.* There's more than half left. • *Cuesta la mitad.* It costs half as much. • **la mitad de la gente/de las veces** half the people/half the time **2** (centro) middle: *No vayas por la mitad de la calle.* Don't drive down the middle of the street. • *Dejé el libro por la mitad.* I stopped reading the book halfway through. • **partir/cortar algo por la mitad** to cut sth in half **3** (en deportes) half (pl halves) • **la primera/segunda mitad** the first/second half

EXPRESIONES
a la mitad del año/de la película halfway through the year/the movie: *Tenemos vacaciones a la mitad del año.* We have a vacation halfway through the year. • **a mitad de camino** halfway there: *Hay un restaurante muy bueno a mitad de camino.* There's a very good restaurant halfway there. • *a mitad de camino entre Medellín y Bucaramanga* halfway between Medellín and Bucaramanga • **a mitad de precio** half-price: *Lo compré a mitad de precio.* I bought it half-price. • **mitad... y mitad...** half... and half...: *Es mitad blanco y mitad negro.* It's half black and half white. • **mitad y mitad** half and half: *Dividiremos los gastos mitad y mitad.* We'll split the costs half and half.

mítico, -a *adj* mythical

mitificar *v* [T] to idolize

mitigar *v* [T] **1** (el dolor, el sufrimiento) to relieve **2** (la miseria, una crisis) to alleviate; (el impacto) to lessen; (los efectos) to mitigate

mitin, mitín *s* (sindical) meeting

mito *s* **1** (historia) myth **2** (persona) legend: *un mito del rock* a rock legend

mitología *s* mythology (pl -gies)

mitológico, -a *adj* mythological

mitómano, -a *adj* **ser mitómano -a** to have a tendency to idolize people

mitote *s* **1** (alboroto festivo) **armar/organizar un mitote** to organize a huge celebration • **se armó un mitote** there were wild celebrations: *Hubieras visto el mitote que se armó.* You should have seen the celebrations. **2** (escándalo) **se armó el mitote** there was uproar, there was a huge commotion • **armar un mitote** to kick up a fuss, to make a commotion **3** (ceremonia religiosa) ancient Mexican indian religious ceremony that involves dancing around a fire to propitiate the gods of the harvest

mixto, -a *adj* **1** (de distintos elementos) mixed: *una ensalada mixta* a mixed salad **2** (para ambos sexos) mixed: *una escuela mixta* a co-ed school **3** (empresa, comité) joint: *una empresa mixta* a joint venture

mnemotécnico, -a *adj* mnemonic

mobiliario s furniture
  mobiliario urbano street furniture

mocasín s (zapato moderno) loafer; (zapato indio) moccasin

mochar v [T] **mochar algo** to chop sth off: *La máquina por poco le mocha el dedo.* The machine nearly chopped his finger off. • *Esa escena la mocharon.* They cut that scene.
  —**mocharse** v pron **mocharse con algo** to bribe sb with sth: *Nos mochamos con una lana para que nos dejaran entrar.* We bribed them with some cash so they'd let us in. • **mocharse con alguien** to bribe sb: *Te tienes que mochar con el portero.* You have to bribe the doorman.

mochila s (para el colegio) daypack; (para acampar) backpack

mochilero, -a s backpacker

moción s motion: *una moción de censura* a motion of no confidence

moco s **mocos** [pl] snot [U] • **tener mocos** to have a runny nose • **sonarse los mocos** to blow your nose
  EXPRESIONES
  llorar a moco tendido to cry your eyes out • **no es moco de pavo** it's not to be sneezed at

mocoso, -a s kid

moda s **1** (de ropa, diseño) fashion **2** **un restaurante/una playa de moda** a fashionable restaurant/beach • **un cantante/una actriz de moda** a trendy singer/actress • **estar de moda** to be in fashion • **estar (vestido -a) a la moda** to wear fashionable clothes • **ponerse de moda** to become fashionable • **pasado -a de moda** old-fashioned
  ▶ ver nota en **OLD-FASHIONED**

modal adj modal: *un verbo modal* a modal verb

modales s [pl] manners: *No tienes modales.* You have no manners.

modalidad s (modo) type: *una nueva modalidad de contratos* a new type of contract

modelar v [I,T] to model

modélico, -a adj model

modelo¹ s [masc & fem] **1** (maniquí) model **2** (de un pintor, escultor) model

modelo² s [masc] **1** (ejemplo) model: *Usa esta carta como modelo.* Use this letter as a model. **2** (persona a imitar) role model **3** (diseño de una prenda de vestir) style: *un modelo exclusivo* an exclusive design **4** (prenda de vestir) outfit **5** (de coche, moto) model

modelo³ adj model [solo ante s] • **una alumna/un padre modelo** a model student/father

módem s modem

moderación s moderation • **beber/comer con moderación** to drink/eat in moderation

moderado, -a adj **1** (temperatura, clima) moderate **2** (persona, partido) moderate

moderador, -a s chair • **hacer de moderador -a en un debate** to chair a debate

moderar v [T] **1** (los impulsos, las emociones) to control **2** (la velocidad) to reduce **3** (un debate) to chair

modernidad s modernity

modernismo s (en arte) Art Nouveau

modernista adj Art Nouveau [solo ante s]: *un arquitecto modernista* an Art Nouveau architect

modernización s modernization

modernizar v [T] (una institución, un sistema) to modernize
  —**modernizarse** v pron **1** (institución, sistema) to be modernized **2** (persona) to get with the times

moderno, -a adj **1** (contemporáneo, de hoy en día) modern: *la vida moderna* modern life **2** (no anticuado – persona, idea, aspecto) trendy **3** (que está de moda) fashionable

modestia s modesty • **falsa modestia** false modesty • **modestia aparte** even if I do say so myself: *Me quedó muy rico, modestia aparte.* It was delicious, even if I do say so myself.

modesto, -a adj modest

módico, -a adj (precio) reasonable; (sueldo, cantidad, aumento) modest

modificación s change: *Ha habido modificaciones en la ley.* There have been some changes to the law.

modificar v [T] **1** (cambiar) to change • **modificar genéticamente algo** to genetically modify sth **2** (en gramática) to modify

modismo s idiom

modista s dressmaker

modisto s fashion designer

modo s **1** (manera) way: *su modo de pensar* her way of thinking • **a mi/tu modo** my/your way: *Deja que lo haga a su modo.* Let him do it his way. • **de este/ese modo** like this/like that: *¡No grites de ese modo!* Don't shout like that! • **2 modos** [pl] **de buenos/malos modos** nicely/rudely **3** (en gramática) mood **4** (en informática) mode
  EXPRESIONES
  de cualquier modo (a) (sin poner atención) any which way: *Lo hiciste de cualquier modo.* You did it any old how. **(b)** (sea como sea) anyway, in any case: *De cualquier modo, no hubiéramos podido ir.* We wouldn't have been able to go anyway. • **de ningún modo lo voy a permitir/lo voy a aceptar** there's no way I'm going to allow it/I'm going to agree to it • **de todos modos** (igual) anyway • **ni modo** (no importa) never mind; (no importa tanto) it's not crucial; (qué remedio) that's too bad **modo de empleo** instructions for use [pl] • **modo de ser** nature

modorra s drowsiness: *Me está entrando una modorra.* I'm starting to feel drowsy.

modular¹ adj modular

modular² v [T] to modulate

módulo s **1** (de un mueble) unit: *El mueble del salón es de módulos.* The living-room furniture is modular. **2** (de nave espacial) module **3** (en enseñanza) module

mofa s mockery: *¡Déjate de mofas!* Stop making fun of people! • **hacer mofa de alguien** to make fun of sb

mofarse v pron **mofarse de algo/alguien** to make fun of sth/sb

mofeta s skunk

mofle s **1** (silenciador) muffler **2** (tubo) exhaust

moflete s chubby cheek

mogolla s roll, bread roll

moho s mold • **tener moho** to be moldy

mohoso, -a adj moldy

moisés s (cuna) bassinet; (portátil) carrycot

mojado¹, -a adj wet

mojado², -a s wetback

mojar v [T] **1** (accidentalmente) **mojar algo/a alguien** to get sth/sb wet: *¡Me has mojado!* You've gotten me wet! **2** (voluntariamente) to wet: *Moja el trapo antes de usarlo.* Wet the cloth before you use it. **3** (una galleta, el pan) to dunk; (papas fritas) to dip
  —**mojarse** v pron **1** (persona, ropa) to get wet • **se me/le mojó el pelo** my/her hair got wet **2** **mojarse la cara/los labios** to wet your face/your lips

mojigato¹, -a adj prudish

mojigato², -a s prude

mojón s **1** (señal) boundary stone **2** (de carretera) milestone

molcajete s mortar

Moldavia Moldova

moldavo¹, -a s (persona) Moldovan

M

moldavo² *s* (idioma) Moldovan

moldavo³, -a *adj* Moldovan

molde *s* **1** (para gelatina, flan, mousse) mold; (para hornear) baking tin • **un molde para gelatina/bizcocho** a Jell-O® mold/a cake pan **2** (para figuras, estatuas) mold **3** (modelo) **romper moldes** to break with tradition

moldear *v* [T] **1** (el hierro) to cast; (el barro) to mold **2 moldear la figura** to tone up your figure

moldura *s* molding

mole *s* **1** mass: *Estás hecho una mole.* You're enormous. **2** (salsa) a thick sauce made with different chilis and other spices **3** (platillo) chicken, turkey or pork stew made with this sauce

EXPRESIONES
es mi/tu (mero) mole it's my/your pet subject, it's my/your thing: *La historia del rock es su mero mole.* The history of rock music is his pet subject. • **darle a alguien en su (mero) mole** to get sb on to his/her pet subject

molécula *s* molecule

molecular *adj* molecular

moler *v* [T] **1** (café, pimienta, trigo) to grind; (carne) to mince **2** (molestar) to be a pain **3** (trabajar) to work **4 moler a alguien a palos** to beat sb up

molestar *v* **1** [T] (a alguien que está ocupado) to bother **2** [T] (ruido, olor, humo) to bother: *¿Te molesta la música?* Is the music bothering you? • **¿te/le molesta si...?** do you mind if...?: *¿Te molesta si abro la ventana?* Do you mind if I open the window? • **perdona que te/le moleste** I'm sorry to bother you **3** [T] (causar disgusto) to upset: *Le molestó que no la invitaran.* She was upset that they didn't invite her. **4** [T] (incomodar) **molestar a alguien** to cause sb discomfort: *Me molestaban los zapatos.* My shoes were uncomfortable. **5** [I] (importunar) to be a nuisance: *Deja de molestar.* Stop being a nuisance. • **"No molestar"** "Do not disturb" **6** [I] (irritar) to be annoying
—**molestarse** *v pron* **1** (antes de hacer algo) **no se moleste/no te molestes** don't worry: *No te molestes, me puedo servir yo.* Don't worry, I can help myself. • **ni se molestó en llamar/avisar** he didn't even bother to phone/to let us know **2** (disgustarse) to be upset: *Se molestó mucho por el comentario.* He was really upset about that comment.

molestia *s* **1** (incomodidad) inconvenience • **disculpe la molestia** sorry to bother you • **"Perdonen las molestias"** "Please excuse any inconvenience" • **no es ninguna molestia** it's no trouble at all • **si no es molestia** if it's not too much trouble **2** (causa de incomodidad) nuisance: *Los trámites son una molestia.* The procedure is a nuisance. **3** (trabajo) **tomarse la molestia de hacer algo** to take the trouble to do sth **4** (malestar) **tener/sentir una molestia** to feel some discomfort: *Tengo molestias en el estómago.* I feel some discomfort in my stomach.

molesto, -a *adj* **1** (que fastidia – ruido, tos) annoying; (dolor, sensación, zapatos) uncomfortable **2** (inoportuno) inconvenient **3** (disgustado) **estar molesto -a (por algo)** to be upset (about sth)

molido, -a *adj* **1** (café, pimienta) ground **2** (persona) **estar molido -a** to be shattered

molinillo *s* **1 un molinillo de café/pimienta** a coffee grinder/pepper mill • **un molinillo de carne** a grinder **2** (para batir) whisk **3** (para chocolate) a wooden kitchen utensil for frothing hot chocolate

molino *s* **1** (de harina) mill **2** (para café, especias) grinder, mill **3** (para moler carne) grinder
molino de agua water mill • **molino de viento** windmill

molleja *s* **1** (de ternera) sweetbread **2** (de ave) gizzard

mollera *s* (cabeza) head • **ser duro -a de mollera** (estúpido) to be dim; (obstinado) to be pigheaded

mollete *s* muffin

molusco *s* mollusk

momentáneo, -a *adj* **1** (muy breve) momentary **2** (pasajero) temporary

momento *s* **1** (periodo, lapso) moment: *Me voy a quedar sólo un momento.* I'm only going to stay for a moment. • **a cada momento** continually • **al momento** immediately • **en un momento** (referido al futuro) in a moment: *En un momento termino.* I'll be finished in a moment. • **de momento** (tb **por el momento**) for the moment • **estar pasando por un mal momento** to be going through a bad spell • **por momentos** by the minute • **¡un momento!** just a minute! **2** (instante puntual) **en ese momento** just then: *En ese momento llegó Daniel.* Just then Daniel arrived. • **en este momento** right now: *En este momento estoy ocupada.* I'm busy right now. • **en el momento menos pensado** when you least expect it • **a último momento** at the last moment • **de un momento a otro** any minute now • **en el momento** (inmediatamente) right away: *Si no lo hago en el momento, se me olvida.* If I don't do it right away, I forget. • **en el momento en que...** as soon as...: *En el momento en que llegue, avísame.* Let me know as soon as she arrives. • **hasta el momento** so far • **en todo momento** at all times • **en su momento** (pasado) at the time; (futuro) in due course: *Ya tuvieron ocasión de reclamar en su momento.* They had the opportunity to make a claim at the time. • *En su momento se les brindarán los datos.* You will be given the information in due course. **3** (ocasión) time • **estar atravesando momentos difíciles** to be going through difficult times • **los mejores momentos de mi vida/del partido** the best times of my life/the highlights of the game • **en algún momento** sometime **4 el actor/la película del momento** the actor/the movie of the moment • **la noticia del momento** the big news story of the day
momento cumbre peak

momia *s* mummy (pl -mmies)

mona *s* (borrachera) **agarrar la mona** to get plastered • **dormir la mona** to sleep it off

Mónaco Monaco

monada *s* (cosa bonita) *¡Qué monada de jarrón!* What a beautiful vase! • **ser una monada** to be beautiful

monaguillo *s* altar boy

monarca *s* monarch

monarquía *s* monarchy (pl -chies)

monárquico, -a *adj* **1** (ideas, partido, persona) monarchist **2** (país, régimen) monarchic

monasterio *s* monastery (pl -ries)

mondadientes *s* toothpick

moneda *s* **1** (pieza) coin: *una moneda de 50 centavos* a 50 cent coin **2** (unidad monetaria) currency (pl -cies): *La única moneda que aceptan es el dólar.* The only currency they take is the dollar.

EXPRESIONES
echar una moneda al aire (tb **echar una moneda a cara o cruz**, **echar una moneda a cara o sello**) to toss a coin • **pagar a alguien con la misma moneda** to pay sb back in kind
moneda única single currency

monedero *s* change purse

monegasco¹, -a *adj* Monagesque

monegasco², -a *s* person from Monaco

monería *s* (gracia) **hacer monerías** to be cute

monetario, -a *adj* monetary

mongol¹, -a *s* (persona) Mongolian

mongol² *s* (idioma) Mongolian

mongol³, -a *adj* Mongolian

Mongolia Mongolia

mongólico¹, -a *adj* **un hijo mongólico** a Down's syndrome child • **ser mongólico -a** to have Down's syndrome

M

mongólico², -a s Down's syndrome sufferer: *Había un mongólico en mi clase*. There was a boy with Down's syndrome in my class. • **ser un mongólico/una mongólica** to have Down's syndrome

mongolismo s Down's syndrome

monigote s **1** (dibujo) doodle of a person **2** (de papel) paper doll **3** (persona) puppet

monitor s (de computador) monitor

monitorizar v [T] to monitor

monitos s [pl] **1** (historietas) comic strips, funnies **2** (dibujos animados) cartoons

monja s nun

monje s monk

mono¹, -a s (animal) monkey

EXPRESIONES
aunque la mona se vista de seda, mona se queda you can't make a silk purse out of a sow's ear • **¿es que tengo monos en la cara?** do I have two heads or something?

mono² s **1** (de trabajo) overalls [pl]: *Llevaba puesto un mono*. He was wearing overalls. **2 monos** [pl] (historietas) comic strips, funnies **3 monos** [pl] **monos (animados)** cartoons **4** (muñeco) **mono (de peluche)** soft toy

mono³, -a adj **1** (rubio – pelo) fair, blond (hombre), blonde (mujer); (persona) fair-haired, blond (hombre), blonde (mujer): *Tiene el pelo mono*. He has fair hair. • *Es mona*. She's blonde. **2** (bonito) lovely

monóculo s monocle

monocultivo s monoculture

monogamia s monogamy

monógamo, -a adj monogamous

monográfico¹, -a adj special: *un número/programa monográfico* a special issue/a special

monográfico² s (programa) special; (revista) special issue

monolingüe adj monolingual

monolito s monolith

monólogo s **1** (discurso) monolog **2** (en teatro) soliloquy (pl -quies)

mononucleosis s mononucleosis

monopatín s **1** (sin manubrio) skateboard **2** (con manubrio) scooter

monoplaza adj single-seater

monopolio s monopoly (pl -lies)

monopolizar v [T] **1** (el comercio, la venta) to monopolize **2** (el poder) to monopolize

monosilábico, -a adj monosyllabic

monosílabo s monosyllable

monoteísmo s monotheism

monoteísta adj monotheistic

monotonía s monotony

monótono, -a adj monotonous

monovolumen s minivan

monóxido de carbono s carbon monoxide

monstruo s **1** (ser imaginario) monster **2** (persona extraordinaria) genius (pl -ses): *un monstruo del fútbol* a genius of soccer

monstruosidad s **1** (algo feo) monstrosity (pl -ties) **2** (algo cruel) atrocity (pl -ties)

monstruoso, -a adj **1** (feo) hideous **2** (cruel) atrocious

monta s **un cantante/un hotel de poca monta** a second-rate singer/hotel • **un asunto de poca monta** a minor matter • **un ladrón de poca monta** a petty thief

montacargas s service elevator

montado, -a adj **montado -a a caballo** on horseback • **montado -a en bicicleta** riding a bicycle

montador, -a s **1** (de máquinas, muebles) fitter **2** (de películas) editor

montaje s **1** (de una máquina, un carro) assembly **2** (en cine) editing **3** (en teatro) stage design **4** (farsa) set-up: *Su divorcio ha sido un montaje*. They staged their divorce. **5 montaje (fotográfico)** photomontage

montallantas s tire repair shop

montante s **1** (cantidad) total **2** (ventana) fanlight

montaña s **1** (un monte) mountain **2** (región montañosa) **la montaña** the mountains: *Este verano vamos a la montaña de vacaciones*. This summer we're spending our vacation in the mountains. • **un pueblo/un paisaje de montaña** a mountain village/landscape **3** (de ropa, libros) pile
montaña rusa roller coaster

montañero, -a s **1** (escalador) mountaineer **2** (campesino) mountaineer

montañismo s mountaineering

montañista s mountaineer

montañoso, -a adj mountainous

montar v **1** [I,T] (a caballo) to ride: *No sabe montar*. He can't ride. • **montar a caballo** to ride **2** [I] (con vehículos) **montar en bicicleta** to ride a bike: *¿Sabes montar en bicicleta?* Can you ride a bike? • **ir a montar en bicicleta** to go for a bike ride **3** [T] (una estantería, un andamio, una tienda de campaña) to put up **4** [T] (organizar) **montar un espectáculo/una obra** to put on a show/a play • **montar una empresa/un negocio** to set up a company/a business • **montar una campaña/una operación** to mount a campaign/an operation • **montar una fiesta** to throw a party • **montar una escena** to make a scene **5** [T] **montar guardia** to keep guard
—**montarse** v pron **1** (en un tren, un bus) to get on; (en un avión) to board **2** (en un caballo) **montarse a/en un caballo** to get on a horse, to mount a horse (*más frml*)

monte s **1** (montaña) mountain; (con nombres propios) Mount: *un monte muy alto* a very high mountain • **el monte Sinaí/Everest** Mount Sinai/Everest **2** (de árboles) woodland **3** (de arbustos) scrubland
monte bajo scrubland

montgomery s duffel coat, duffle coat

montículo s (natural) hillock; (hecho por el hombre) mound

montón s **1** (gran cantidad) **un montón de algo/montones de algo** lots of sth: *Tengo un montón de deberes*. I have lots of homework. • **a montones** (en cantidad) *Los animales se morían a montones*. Animals were dying in huge numbers. • *Había gente a montones*. There were lots of people. • **hace un montón de días/meses/años que no la veo** it's days/months/years since I saw her **2** (pila) pile **3 una modelo/un músico del montón** a very average model/musician

¿pile, heap o stack?
Estos tres sustantivos significan "montón".
pile es el más común para un montón, ordenado o no, de cosas del mismo tipo: *a pile of folded clothes* • *a pile of dirty dishes*
heap conlleva la idea de desorden: *a trash heap*
stack es un montón ordenado: *a stack of magazines*

montura s **1** (silla de montar) saddle **2** (de anteojos) frame

monumental adj (enorme) massive: *Fue un fracaso monumental*. It was a massive failure

monumento s monument
monumento a los caídos war memorial • monumento nacional national monument

monzón s monsoon

moño s **1** (de tela, cinta) bow • **hacer un moño** to tie a bow **2** (peinado) bun • **hacerse un moño** to put your hair up in a bun

moquear v [I] to have a runny nose

moqueo s runny nose

M

mora s (fruta) blackberry (pl -rries)

morada s abode

morado[1], **-a** adj (color) purple

morado[2] s 1 (color) purple 2 (en la piel) bruise

moral[1] adj moral

moral[2] s 1 (valores espirituales) morality: *la moral cristiana* Christian morality 2 (ánimo) morale: *Tiene la moral muy baja.* Her morale is very low. • **levantarle la moral a alguien** to cheer sb up

moraleja s moral

moralidad s morality

moralista adj moralistic

moratoria s moratorium

morbo s (curiosidad) morbid fascination: *Con tanto detalle no hacen más que alimentar el morbo del público.* So much detail just feeds the public's morbid fascination.

morboso, **-a** adj 1 (escabroso) morbid 2 (curioso – persona) morbid

morcilla s blood sausage

mordaz adj (crítica, comentario, sátira) scathing; (persona, estilo) caustic

mordaza s gag • **ponerle una mordaza a alguien** to gag sb

mordedura s bite

morder v 1 [I,T] (con los dientes) to bite 2 [T] (sobornar) to get a bribe from: *Me mordieron porque me pasé el alto.* I had to pay the guy off because I went through a red light.
—**morderse** v pron **morderse las uñas/la lengua** to bite your nails/your tongue

mordida s 1 (mordedura) bite 2 (soborno) bribe

mordisco s 1 (acción de morder) **darle/pegarle un mordisco a algo** to take a bite of sth 2 (trozo) bite

mordisquear v [T] to nibble

moreno[1], **-a** adj 1 (de pelo oscuro) **un muchacho moreno/una mujer morena** a dark-haired boy/woman • **ser moreno -a** to have dark hair 2 (de piel oscura) **una muchacha morena/un hombre moreno** a dark-skinned girl/man • **ser moreno -a** to be dark-skinned 3 (bronceado) **estar moreno -a** to be tanned • **ponerse moreno -a** to tan

moreno[2] s tan

moretón s bruise

morfina s morphine

morfología s morphology

moribundo, **-a** adj dying • **estar moribundo -a** to be dying

morirse v pron 1 (tb **morir**) to die: *cuando ella (se) murió* when she died • **morir(se) de un infarto/de cáncer** to die of a heart attack/of cancer • **morirse ahogado -a** to drown 2 (usado para dar énfasis) **morirse por algo** to be dying for sth, to be dying to have sth: *Se muere por una consola.* He's dying to have a game console. • **morirse por alguien** to be crazy about sb: *Se muere por tu hermana.* He's crazy about your sister. • **morirse de ganas de hacer algo** to be dying to do sth ▶ *morirse de hambre/de frío/de risa* etc. aparecen bajo *hambre, frío, risa,* etc.

mormón, **-ona** adj, s Mormon

moro[1], **-a** adj 1 (del norte de África) North African 2 (históricamente) Moorish 3 (musulmán) Muslim

moro[2], **-a** s 1 (del norte de África) North African 2 (históricamente) Moor 3 (musulmán) Muslim

EXPRESIONES
hay/no hay moros en la costa it's not safe/the coast is clear

morocho[1], **-a** adj 1 (de pelo oscuro) **un muchacho morocho/una mujer morocha** a dark-haired boy/a dark-haired woman • **ser morocho -a** to have dark hair 2 (de piel oscura) **una muchacha morocha/un hombre morocho** a dark-skinned girl/a dark-skinned man • **ser morocho -a** to be dark-skinned 3 (negro) black

morocho[2], **-a** s 1 (persona de pelo negro) **morocho** dark-haired man/boy • **morocha** dark-haired woman/girl, brunette 2 (persona de piel oscura) **morocho** dark-skinned man/boy • **morocha** dark-skinned woman/girl 3 (persona de raza negra) **morocho** black guy/boy • **morocha** black woman/girl

moronga s blood sausage

moroso, **-a** adj (cliente, inquilino) behind with your/his payments: *clientes morosos* customers who are behind with their payments

morral s 1 (que se lleva a la espalda) backpack 2 (que se cuelga del hombro) shoulder bag

morralla s (small) change: *¿Tienes morralla?* Do you have any change?

morro s (de perro, toro) nose

morrón s pepper

morsa s (animal) walrus (pl -ses)

morse s Morse code

mortadela s mortadella

mortaja s shroud

mortal[1] adj 1 (que causa la muerte) fatal 2 (no inmortal) mortal 3 (muy intenso, penoso) dreadful ▶ PECADO **mortal**, SALTO **mortal**

mortal[2] s mortal

mortalidad s mortality

mortandad s loss of life

mortero s 1 (para machacar) mortar 2 (arma) mortar 3 (en construcción) mortar

mortífero, **-a** adj deadly

mortificar v [T] (causar disgusto, molestias) to torment
—**mortificarse** v pron to torment yourself

mosaico s mosaic

mosca[1] s 1 (insecto) fly (pl flies) 2 (dinero) dough • **aflojar/soltar la mosca** to cough up
EXPRESIONES
parecer una mosca muerta to look very innocent • **por si las moscas** just in case • **¿qué mosca te/le picó?** what's gotten into you/him?

mosca[2] adj 1 **ponerse mosca** to get annoyed 2 **estar mosca** to be on the ball

moscarda s bluebottle

mosco s 1 (fly) (pl flies) 2 (mosquito) mosquito (pl -toes)

moscón s 1 (insecto) bluebottle 2 (persona pesada) creep

Moscú Moscow

mosquitero s 1 (en una cama) mosquito net 2 (para las ventanas) mosquito netting [U]

mosquito s mosquito

mostaza s mustard

mosto s grape juice

mostrador s 1 (en una tienda, un banco) counter 2 (en un bar) bar

mostrar v [T] 1 (hacer ver) to show • **mostrar algo a alguien** to show sb sth 2 (demostrar) to show: *¿Me muestras cómo se hace?* Can you show me how to do it? 3 (manifestar – interés, valentía) to show
—**mostrarse** v pron **mostrarse contento -a/crítico -a (con algo)** to be pleased (with sth)/to be critical (of sth) • **mostrarse interesado -a** to show an interest • **mostrarse simpático -a con alguien** to be nice to sb

mota s 1 (partícula) speck 2 (mancha pequeña) spot • **una blusa a motas (azules)** a blouse with (blue) spots 3 (mariguana) dope, grass, pot

mote s nickname • **ponerle un mote a alguien** to give sb a nickname

motilado s haircut

motilar v [T] to cut • **motilar a alguien** to cut sb's hair —motilarse v pron to have your hair cut

motín s (en una cárcel) riot; (en un barco) mutiny (pl -nies)

motivación s **1** (incentivo) motivation **2** (motivo, causa) reason

motivar v [T] **1** (incentivar) to motivate **2** (causar) to cause

motivo s **1** (causa) reason • **el motivo de algo** the reason for sth • **hacer algo sin (ningún) motivo** to do sth for no reason • **(un) motivo/motivos para hacer algo** a reason/ reasons to do sth: Yo no tengo motivo para quejarme. I have no reason to complain. **2** (dibujo) motif

EXPRESIONES

con motivo de algo because of sth

⚠ En la mayoría de los casos, **reason** va seguido de la preposición **for** (no of): *The main reason for (✗ of) my letter is… My reason for (✗ of) buying a car is…*

moto s **1** (vehículo) motorcycle • **andar en moto** to ride a motorcycle **2** (policía) traffic cop moto acuática jet-ski

motocicleta s motorcycle

motociclismo s motorcycling

motociclista s motorcyclist

motocross s motocross • **hacer motocross** to do motocross

motonáutica s speedboat racing

motor¹, -a adj motor [solo ante s]: *una discapacidad motora* a motor disability

motor² s **1** (de un carro, una moto) engine; (de una lavadora, una máquina de coser) motor; (de una heladera) compressor **2** (de la economía, el cambio) driving force

¿engine o motor?
engine se usa para el motor de un vehículo: *a jet engine* motor se usa para el motor de una máquina: *The lawnmower is powered by an electric motor.*

motosierra s chain saw

mouse s mouse (pl -es)

movedizo, -a adj (terreno, suelo) unstable

mover v **1** [I,T] (cambiar de lugar) to move: *Vamos a tener que mover la mesa.* We're going to have to move the table. • *No muevas ninguna ficha.* Don't move any of the pieces. • *Te toca mover.* It's your move. **2** [T] (agitar) to move: *Deja de mover la pierna.* Stop moving your leg. • **el perro/gato movía la cola** the dog was wagging its tail/the cat was twitching its tail **3** [I,T] (inducir) **mover a algo** to evoke sth: *Sus palabras movían a risa.* Her words evoked laughter. • **mover a alguien a hacer algo** to make sb do sth: *¿Qué la movió a actuar de esa forma?* What made her act like that? —moverse v pron **1** (cambiar de lugar) to move: *No se muevan de aquí.* Don't move from here. **2** (apurarse) to get a move on: *Vamos, muévete.* Come on, get a move on.

movida s **1** (asunto ilícito) illicit affair **2** (amante) lover

movido, -a adj **1** (agitado) hectic **2** (con discusiones) stormy **3** estar/salir movida to be blurred/to come out blurred

móvil s **1** (teléfono) cellphone: *Llámame al móvil.* Call me on my cell. • **número de móvil** cell number **2** (motivo) motive: *el móvil del crimen* the motive for the crime **3** (adorno) mobile

movilidad s mobility

movilización s **1** (protesta) demonstration **2** (de solda-dos) mobilization

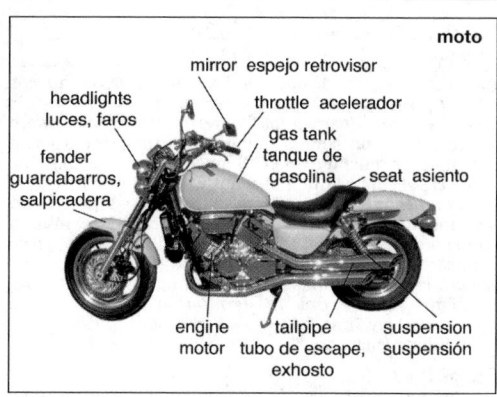

moto

mirror espejo retrovisor
headlights luces, faros
throttle acelerador
gas tank tanque de gasolina
fender guardabarros, salpicadera
seat asiento
engine motor
tailpipe tubo de escape, exhosto
suspension suspensión

movilizar v [T] **1** (recursos, votos) to mobilize **2** (solda-dos, tropas) to mobilize

movimiento s **1** (cambio de posición o lugar) move-ment: *un movimiento de la mano* a movement of the hand **2** (de un tren, un carro) motion: *El movimiento del tren me da sueño.* The motion of the train makes me sleepy. • **estar/ponerse en movimiento** to be/start mov-ing **3** una calle/una zona de mucho movimiento a very busy street/area **4** (político, social, artístico) move-ment **5** (de una obra musical) movement **6** (en una cuenta bancaria) transaction

moviola® s editing projector

Mozambique Mozambique

mozambiqueño, -a s, adj Mozambican

mozo, -a s **1** general assistant • **el mozo del supermer-cado** the supermarket delivery boy **2** (chico) **mozo** boy; (chica) • **moza** girl

mucama s chambermaid

muchacha (tb **muchacha del servicio**) s maid

muchacho, -a s **muchacho** boy • **muchacha** girl

muchedumbre s crowd

mucho¹ adv **1** (con verbos) a lot: *Los precios han subido mucho.* Prices have gone up a lot. • **me gusta/no me gusta mucho** I really like it/I don't like it very much • **trabaja/llueve mucho** he works hard/it's raining hard **2** (con comparativos) much • **mucho más/menos** much more/less • **mucho mejor/más alto** much better/taller

EXPRESIONES

mucho antes long before: *Se fueron mucho antes que nosotros.* They left long before we did. • **mucho después** much later

mucho², -a adj **1** (en oraciones afirmativas) a lot of • **mucho dinero/muchos problemas** a lot of money/ problems *Mucha gente piensa que…* Many people think that… • *Hubo mucha polémica.* There was a lot of con-troversy. **2** (en oraciones negativas – con sustantivos incontables) much; (con sustantivos contables) many: *No tenemos mucho tiempo.* We don't have much time. • *No tiene muchos amigos.* She doesn't have many friends. **3** (en preguntas – con sustantivos incontables) much; (con nombres contables) many; (cuando se espera respuesta afirmativa) a lot of: *¿Consume mucho alcohol?* Do you drink much alcohol? • *¿Había mucha gente?* Were there many people there? • *¿Recibiste muchos regalos?* Did you get a lot of presents? **4** mucho tiempo a long time: *Hace mucho tiempo que no lo veo.* I haven't seen him for a long time. • **hace mucho frío/calor** it's very hot/cold • **tener mucho calor/mucho frío/mucha hambre/mucha sed** to be very hot/cold/hungry/thirsty • **tener mucho sueño** to be very sleepy **5** (demasiado – con sustantivos incontables) too much; (con sustantivos contables) too many: *Es mucho dinero para un niño.* That's too much money for a child. • *Tienen muchos problemas para poder salir adelante rápidamente.* They have too many problems to be able to pull through quickly.

M

⚠ *My job causes me a lot of (✗ much) stress.*
We saw a lot of (✗ many) shooting stars.

mucho³, -a *pron* **1 muchos -as** many: *Fueron muchos los que le creyeron.* Many believed him. • *Muchas de las mujeres eran divorciadas.* Many of the women were divorced. • **son/somos muchos -as** there are a lot of them/us **2 mucho** (cantidad) much: *Mucho de lo que se dijo era mentira.* Much of what was said was untrue. • *Hay mucho por hacer.* There's a lot to be done. • **si no es mucho pedir** if it's not too much to ask **3 mucho** (tiempo) a long time; (dinero) a lot: *El regalo me costó mucho.* The present cost me a lot. • *Hemos tardado mucho en llegar.* It has taken us a long time to get here. • *¿Falta mucho para que termine la película?* Is the movie nearly finished? • *Se fueron hace mucho.* They left a long time ago.

EXPRESIONES
como mucho at most: *Nos quedaremos diez días, como mucho.* We'll stay for ten days at most. • **por mucho que** no matter how much: *Por mucho que insistas, no te voy a dejar ir.* No matter how much you ask me, I'm not going to let you go.

mucosidad *s* mucus

mucoso, -a *adj* mucous

muda *s* (ropa en general) change of clothes; (ropa interior) change of underwear

mudanza *s* move ▶ CAMIÓN de mudanzas

mudar *v* [T] (un bebé) to change • **mudarle los pañales a un bebé** to change a baby's diapers
—**mudarse** *v pron* **1 mudarse (de casa)** to move • **mudarse a Bogotá/al campo** to move to Bogotá/to the country • **mudarse de cuarto/oficina** to move to a different room/to move offices **2** (de ropa) to change your clothes • **mudarse de camisa/de vestido/de ropa** to change your shirt/dress/clothes

mudo¹, -a *adj* **1** (que no puede hablar) mute **2** (silencioso, callado) quiet **3 una película muda** a silent movie **4** (que no se pronuncia) silent: *En "lamb" la "b" es muda.* The "b" in "lamb" is silent.
EXPRESIONES
quedarse mudo -a (del susto, del asombro) to be speechless

mudo², -a *s* mute

mueble *s* **un mueble** a piece of furniture • **muebles** furniture [U]: *un mueble antiguo* a piece of antique furniture • *los muebles del dormitorio* the bedroom furniture

mueca *s* **1** (de dolor) grimace **2** (de burla) **hacer muecas** to make faces

muela *s* tooth (pl teeth) • **me/le duele una muela** I have/she has a toothache. • **sacarse una muela** to have a tooth pulled
muela cordal, muela del juicio wisdom tooth (pl teeth)

muelle *s* **1** (en un puerto) quay **2** (resorte) spring

muérdago *s* mistletoe

muerte *s* (fallecimiento) death ▶ CONDENADO a muerte, PENA de muerte
EXPRESIONES
luchar/pelear a muerte to fight to the death • **odiarse a muerte** to really loathe each other • **llevarse/darle a alguien un susto de muerte** to get the fright of your life/to give sb the fright of their life • **un bar/un hotel de mala muerte** a vile bar/hotel
muerte natural death from natural causes • **fallecer de muerte natural** to die from natural causes • muerte súbita **(a)** (de un bebé) crib death **(b)** (en fútbol) the golden goal **(c)** (en golf) sudden-death play-off **(d)** (en tenis) tiebreak • muerte violenta violent death

muerto¹, -a *adj* **1** (sin vida) dead **2** (muy cansado) beat **3** (con poca actividad) dead ▶ NATURALEZA muerta, PUNTO muerto
EXPRESIONES
estar muerto -a de frío/calor to be freezing cold/to be

boiling • **estar muerto -a de miedo** to be frightened to death • **estar muerto -a de risa** to be laughing your head off • **estar muerto -a de sed/de sueño** to be terribly thirsty/tired • **no tener donde caerse muerto -a** not to have two pennies to rub together

muerto², -a *s* (cadáver) dead body (pl -dies): *Encontraron un muerto en el río.* They found a dead body in the river. • **hubo más de 20 muertos/no hubo muertos** more than 20 people died/nobody died • **los muertos** the dead
EXPRESIONES
hacer el muerto/muertito to float on your back

muesca *s* **1** (ranura) groove **2** (marca) nick

muestra *s* **1** (señal, manifestación) sign: *una muestra de cariño* a sign of affection • **dar muestras de algo** to show signs of sth **2** (de una tela, un producto) sample **3** (para analizar) sample **4** (exposición) exhibition

muestrario *s* collection of samples

muestreo *s* sampling

mugido *s* moo: *los mugidos de la vacas* the mooing of the cows

mugir *v* to moo

mugre *s* **1** (suciedad) filth **2** (cosa de poca calidad) **ser una mugre** to be a piece of junk

mugriento, -a *adj* filthy

mugroso, -a *adj* **1** (sucio) filthy, grimy **2** (para expresar desprecio) dirty

mujer *s* **1** (persona de sexo femenino) woman (pl women) **2** (esposa) wife (pl wives)
mujer fatal femme fatale (pl femmes fatales) • mujer objeto sex object

mujeriego *adj* fond of the ladies: *Es muy mujeriego.* He's a real womanizer.

mula *s* **1** (animal) mule **2** (en dominó) double **3** (camión) 18 wheel truck **4** (para transportar drogas) mule

mulato, -a *s* **mulato** man of mixed race (pl men) • **mulata** woman of mixed race (pl women) • **los mulatos** people of mixed race

muleta *s* (para caminar) crutch (pl -ches) • **andar/caminar con muletas** to be on crutches

muletilla *s* pet phrase

mullido, -a *adj* soft

multa *s* fine: *una multa de 1.000 pesos* a 1,000 peso fine • **ponerle una multa a alguien** to fine sb

multar *v* [T] to fine

multicolor *adj* multicolored

multicultural *adj* multicultural

multiculturalidad *s* multiculturality

multidisciplinar *adj* multidisciplinary

multifamiliar *s* apartment building

multifunción *adj* multifunctional

multifuncionalidad *s* multifunctionality

multilateral *adj* multilateral

multilingüe *adj* multilingual

multimedia *adj* multimedia

multimillonario¹, -a *adj* **ser multimillonario -a** to be a multimillionaire • **un contrato multimillonario** a multi-million dollar contract

multimillonario², -a *s* multimillionaire

multinacional *s*, *adj* multinational

múltiple *adj* **1** multiple **2 múltiples** [pl] numerous: *El texto contiene múltiples errores.* The text contains numerous errors.

multiplicación *s* multiplication

multiplicar *v* **1** [I,T] (en matemáticas) to multiply • **multiplicar cinco por tres/nueve por ocho** to multiply five by three/nine by eight **2** [T] (aumentar) to increase • **multiplicar los esfuerzos** to put in more effort —multiplicarse *v pron* to multiply

múltiplo *s* (cantidad) multiple

multirracial *adj* multiracial

multitud *s* **1** (de personas) crowd: *Se perdió entre la multitud.* She disappeared among the crowd. **2 una multitud de casos/ocasiones** many cases/occasions

multitudinario, -a *adj* (manifestación, mitin) mass; (acto, desfile) well-attended; (concierto) packed

multiuso, multiusos *adj* multipurpose

mundano, -a *adj* **1** (terrenal, mundanal) worldly **2** (de la alta sociedad) society [solo ante s]: *los círculos mundanos* society circles

mundial¹ *adj* world [solo ante s] • **una gira/el campeón mundial** a world tour/the world champion • **fama mundial** worldwide fame

mundial² *s* (de fútbol) World Cup: *el Mundial del 82* the 1982 World Cup

mundialización *s* globalization

mundillo *s* world

mundo *s* **1** (planeta) world • **el río más ancho del mundo/todas las naciones del mundo** the widest river in the world/all the nations in the world • **el campeón del mundo** the world champion • **hacer un viaje alrededor del mundo** to go on a round-the-world trip • **artistas/obras de todo el mundo** artists/works from all over the world • **ser famoso/venderse en todo el mundo** to be famous/to be sold all over the world • **viajar/difundirse por todo el mundo** to travel all over the world/to spread across the world **2** (parte de la sociedad humana) world: *el mundo occidental* the Western world **3** (ambiente) world: *el mundo de los negocios* the world of business • **el mundo del espectáculo** show business

EXPRESIONES
hacer un mundo de algo to blow sth up out of all proportion • **no es nada del otro mundo** it's nothing special • **por nada del mundo** for anything: *No bailaría con él por nada del mundo.* I wouldn't dance with him for anything. • **se me/le cayó el mundo encima** my/his world fell apart • **tener mundo** to be worldy-wise • **todo el mundo** everyone: *Todo el mundo lo sabe.* Everyone knows. • **traer a alguien al mundo** to give birth to sb

munición *s* ammunition [U]

municipal *adj* **la biblioteca municipal/las elecciones municipales** the local library/elections • **el gobierno municipal** the town council • **un empleado municipal** a council worker

municipio *s* **1** (territorio) municipality (pl -ties) **2** (edificio) city hall

muñeca *s* **1** (parte del cuerpo) wrist **2** (juguete) doll

muñeco *s* (juguete – bebé, niña) doll; (soldado, de serie televisiva) figure
muñeco de felpa, muñeco de trapo cuddly toy • **muñeco de nieve** snowman (pl -men) • **muñeco de peluche** soft toy

muñequera *s* wristband

muñón *s* stump

mural *s* mural

muralla *s* wall

murciélago *s* bat

murmullo *s* (de voces, del agua) murmur; (de hojas) rustle

murmurar *v* **1** [I] (para no ser oído) to whisper: *Estuvieron murmurando todo el examen.* They whispered all through the test. **2** [I,T] (entre dientes) to mutter: *Murmuró algo, pero no le entendí.* He muttered something,

but I didn't understand him. **3** [I] (criticar) to gossip

muro *s* wall

musa *s* (de un creador, un artista) muse

musarañas *s* [pl] **mirar a/pensar en las musarañas** to daydream

musculatura *s* muscles [pl]

músculo *s* muscle

musculoso, -a *adj* **1** (persona) muscular **2** (brazo, pierna) muscular

museo *s* **1** (de historia, ciencias) museum **2** (de arte) gallery (pl -ries)
museo de arte art gallery (pl -ries)

musgo *s* moss (pl -sses)

música *s* music
EXPRESIONES
irse con la música a otra parte to go away
música ambiental piped music • **música clásica** classical music • **música de fondo** background music • **música electrónica** electronic music • **música en vivo** live music • **música pop** pop music

musical¹ *adj* musical: *una obra musical* a piece of music

musical² *s* musical

musicalidad *s* musicality

músico, -a *s* (persona) musician

musicoterapia *s* music therapy

musitar *v* [I,T] to mutter

muslo *s* **1** (de una persona) thigh **2** (de pollo, pavo) leg

mustio, -a *adj* (planta) wilted; (manzana, naranja) shriveled

musulmán, -ana *s, adj* Muslim

mutación *s* **1** (cambio, evolución) change **2** (en biología, informática) mutation

mutante¹ *adj* **1** (que cambia) changing **2** (en biología) mutant

mutante² *s* mutant

mutilación *s* mutilation

mutilado¹, -a *adj* (cadáver) mutilated • **resultar mutilado -a (por algo)** (una persona) to be crippled (by sth)

mutilado², -a *s* disabled person (pl people) • **un mutilado de guerra** a disabled veteran

mutis *s* (en teatro) exit
EXPRESIONES
hacer mutis (por el foro) (en teatro) to exit; (marcharse) to leave

mutismo *s* silence • **mantener un absoluto mutismo sobre algo** to say absolutely nothing about sth

mutuamente *adv* **1** (entre sí) each other: *Se acusan mutuamente de no hacer autocrítica.* They are accusing each other of not being self-critical. **2** (para ambos) mutually: *El acuerdo es mutuamente beneficioso.* The agreement is mutually beneficial.

mutuo, -a *adj* mutual • **de mutuo acuerdo** by mutual agreement

muy *adv* **1** (en alto grado) very: *Estamos muy contentos.* We're very happy. • **el muy estúpido/la muy terca** the silly/stubborn so-and-so **2** (demasiado) too: *Estos zapatos me quedan muy apretados.* These shoes are too tight. • **muy joven/cansado -a para hacer algo** too young/tired to do sth: *Ahora es muy tarde para salir.* It's too late to go out now.
EXPRESIONES
por muy... que... however... may...: *El fin no justifica los medios por muy noble que sea.* The end never justifies the means, however noble it may be.

Nn

N, n s N, n

nabo s turnip

nácar s mother-of-pearl • **un collar de nácar** a mother-of-pearl necklace

nacer v [I] **1** (persona) to be born: *¿En qué año naciste?* What year were you born? **2** (gato, perro) to be born; (pollito, patito) to hatch **3** (planta) to sprout **4** (río) to rise **5** (tener una aptitud) **nació para la música/para ser artista** he was born to be a musician/artist **6 nacer de algo** to spring from sth

nacido, -a *adj* **bien nacido -a** nice: *Es de bien nacido ser agradecido.* Nice people show their appreciation. • **mal nacido -a** evil

nacimiento s **1** (de una persona, un animal) birth **2** (de un río) source **3** (del pelo) hairline **4** (adorno navideño) Nativity scene

EXPRESIONES
es ciego/sordo de nacimiento he was born blind/deaf • **es colombiana/mexicana de nacimiento** she is Colombian/Mexican by birth

nación s nation

nacional *adj* **1** (de la nación) national: *la bandera nacional* the national flag **2** (mercado, vuelo) domestic

nacionalidad s nationality (pl -ties) • **una persona de nacionalidad belga** a Belgian citizen • **solicitar la nacionalidad mexicana/colombiana** to apply for Mexican/Colombian citizenship

nacionalismo s nationalism

nacionalista s, *adj* nationalist

nacionalización s nationalization

nacionalizar v [T] **1** (una persona) to grant citizenship to **2** (un recurso natural, una empresa) to nationalize —**nacionalizarse** v *pron* to become naturalized • **nacionalizarse francés/español** to become a French/Spanish citizen

Naciones Unidas s **las Naciones Unidas** the United Nations

naco[1], -a *adj* (de mal gusto) tacky, common

naco[2] s (puré) mashed potatoes [pl]

nada[1] *adv* at all: *No estoy nada satisfecha con los resultados.* I'm not satisfied at all with the results. • *No está nada bien.* She isn't well at all.

nada[2] *pron* **1** (ninguna cosa) nothing; (en negativas) anything: *–¿Qué pasó? –Nada.* "What happened?" "Nothing." • *sin hacer nada* without doing anything • *No comió casi nada.* She hardly ate anything. • *No me queda casi nada de dinero.* I have hardly any money left. **2** (poco) *Ganó por una nada.* He won by a hair's breadth. **3 la nada** nothing: *Empezó de la nada y logró triunfar.* He started from nothing and managed to become successful. • *De pronto, se encontraron en medio de la nada.* Suddenly, they found themselves in the middle of nowhere.

EXPRESIONES
de nada (fórmula de cortesía) you're welcome: *–Muchas gracias por tu ayuda. –De nada.* "Thank you for your help." "You're welcome." • **un golpe/corte de nada** a slight bump/cut • **una falla/un regalito de nada** a minor fault/a little something • **nada de eso/de lo que ha dicho** none of that/none of what she said • **no tengo nada de hambre/no queda nada de leche** I'm not at all hungry/there's no milk left • **nada de nada** nothing at

all: *No entendí nada de nada.* I didn't understand anything at all. • **nada más** *–¿Algo más? –Nada más, gracias.* "Anything else?" "No, that's all, thanks." • *No pidió nada más.* He didn't ask for anything else. • *Estuvimos una semana nada más.* We were only there for a week. • *No queda nada más que un poco de jamón.* All that's left is a little ham. • **nada más llegaron/nada más empezamos** as soon as they arrived/as soon as we started: *Nada más llegó, empezó a quejarse.* As soon as he arrived, he started complaining. • **nada menos que...** ...no less: *Se ganó nada menos que un millón de dólares.* She won a million dollars, no less. • *Sale nada menos que con Miss Mundo.* He's going out with Miss World, no less. • **no tener nada que ver** to have nothing to do with it: *No tuvieron nada que ver con el robo.* They had nothing to do with the robbery. • **no servir para nada** to be useless • **para nada** not at all: *–¿Te gustó? –Para nada.* "Did you like it?" "No, not at all." • *No hace frío, para nada.* It's not cold at all. • **por nada** for no reason at all: *Se ofende por nada.* He takes offense for no reason at all. • **y nada que** *Lo repite una y otra vez y nada que se lo aprende.* He repeats it over and over but he still can't learn it.

nadador, -a *s* swimmer

nadar v [I] to swim: *Le gusta mucho nadar.* He really likes swimming. • **ir a nadar** to go swimming

nadie *pron* **1** (ninguna persona) no one; (en negativas) not... anyone: *Nadie se dio cuenta.* No one realized. • *No vimos a nadie.* We didn't see anyone. • *¿Nadie quiere ir?* Doesn't anyone want to go? • *No vino casi nadie.* Hardly anyone came. **2** (persona insignificante) nobody: *Aquí no eres nadie, así que cállate.* You're nobody here so shut up.

EXPRESIONES
nadie más (ninguna otra persona) no one else; (en negativas) not... anyone else: *No ha llamado nadie más.* No one else phoned. • *No se lo digas a nadie más.* Don't tell anyone else.

nado s **cruzar un río/un lago a nado** to swim across a river/a lake
nado de dorso backstroke • **nado de mariposa** butterfly • **nado de pecho** breaststroke • **nado libre** free style

naftalina s mothballs [pl]

naipe s card • **jugar a los naipes** to play cards

nalga s **1** buttock **2 nalgas** [pl] bottom [sing]

nalgada s smack on the bottom • **darle unas nalgadas a alguien** to spank sb, to smack sb's bottom

Namibia Namibia

namibio, -a *s*, *adj* Namibian

nana s (mujer) nanny (pl -nnies)

nanotecnología s nanotechnology

napa s leather

napalm s napalm

naranja[1] *s* **1** (fruta) orange **2** (color) orange

naranja[2] *adj* orange

naranjada s orangeade

naranjo s orange tree

narcisista *adj* narcissistic

narciso s (flor – amarilla) daffodil; (blanca) narcissus (pl narcissi)

narco s drug trafficker

narcótico, -a *adj* narcotic

narcótico s narcotic

narcotraficante s drug trafficker

narcotráfico s drug trafficking

narigón, -ona *adj* **ser narigón -ona** to have a big nose • **un niño narigón/una mujer narigona** a boy/a woman with a big nose

nariz *s* **1** (en la cara) nose: *Tengo la nariz tapada.* I have a blocked nose. • **sonarse la nariz** to blow your nose **2** (olfato) sense of smell **3** (parte saliente) nose: *la nariz del avión* the airplane's nose

EXPRESIONES

asomar la nariz/las narices to show your face • **darse de narices con algo/alguien** to crash into sth/bump into sb • **empezó a reírse en mis narices** he started to laugh in my face • **se cerró la puerta en mis narices** the door shut in my face • **robarle algo a alguien en sus narices** to steal sth from right under sb's nose • **meter la nariz/las narices** to poke your nose in • **meter la nariz/las narices en algo** to poke your nose into sth • **no ver más allá de sus narices** to see no further than the end of your nose

narración *s* **1** (acción) narration **2** (relato) story (pl stories)

narrador, **-a** *s* narrator

narrar *v* [T] (una historia) to tell; (un documental) to narrate

narrativo, **-a** *adj* narrative

nasal *adj* nasal

nata *s* (sobre la leche hervida) skin

natación *s* swimming

natal *adj* home [solo ante s]: *mi pueblo natal* my home town

natalidad *s* birth rate • **control de la natalidad** birth control

nativo, **-a** *adj* native: *una hablante nativa de inglés* a native speaker of English

nato, **-a** *adj* born • **un deportista/un actor nato** a born sportsman/star

natura *s* nature

natural *adj* **1** (fenómeno, recurso, producto) natural **2** (fruta, verdura) fresh **3** (nativo) **es natural de Medellín/Cuernavaca** he's/she's from Medellín/Cuernavaca **4** (espontáneo – persona) natural **5** (lógico) **es natural que esté preocupado/triste** it's only natural that he should be worried/sad

EXPRESIONES

al natural (a) (sin condimentos ni elaboración) fresh **(b)** (sin maquillaje) with no make-up on

naturaleza *s* **1 la naturaleza** nature: *un amante de la naturaleza* a nature lover **2** (tipo, clase) nature: *problemas de esa naturaleza* problems of that nature **3** (temperamento) nature: *Es de naturaleza agresiva.* He has an aggressive nature.

EXPRESIONES

por naturaleza by nature
naturaleza muerta still life

naturalidad *s* **actuar/hablar con naturalidad** to act/talk naturally

naturalizarse *v pron* to become naturalized • **naturalizarse en Chile/Venezuela** to become a Chilean/Venezuelan citizen

naturalmente *adv* **1** (lógicamente) naturally **2** (de manera natural) naturally **3** (por supuesto) of course: *–¿Te gustaría venir? –¡Naturalmente!* "Would you like to come?" "Of course."

naturismo *s* **1** (estilo de vida natural) natural lifestyle **2** (nudismo) nudism

naturista *adj* **1** (tratamiento, dieta) natural **2** (playa) nudist

naufragar *v* [I] **1** (nave) to sink **2** (persona) to be shipwrecked

naufragio *s* shipwreck

náufrago, **-a** *s* shipwreck victim

Nauru Naur

nauruano¹, **-a** *s* (persona) Nauruan

nauruano² *s* (idioma) Nauruan

nauruano³, **-a** *adj* Nauruan

nauseabundo, **-a** *adj* nauseating

náuseas *s* [pl] nausea [U] (*técn*) • **provocar náuseas** to cause nausea • **sentir/tener náuseas** to feel sick • **me/le dio náuseas** it made me/him feel sick

náutico, **-a** *adj* nautical • **un club náutico/deportes náuticos** a yacht club/water sports

navaja *s* **1** (cortaplumas) penknife (pl -knives) **2** (arma) knife (pl knives) **3** (de afeitar) razor
navaja automática switchblade

navajazo *s* (golpe) stab; (herida) stab wound • **darle un navajazo a alguien** to stab sb • **recibir un navajazo** to be stabbed

naval *adj* naval

nave *s* **1** (embarcación) ship **2** (en arquitectura – central) nave; (lateral) aisle **3 nave (espacial)** spaceship **4** (para albergar instalaciones fabriles) bay, shop
nave industrial industrial premises [pl]

navegación *s* **1** (en barco, nave) navigation **2** (por Internet) surfing; (por un sitio) browsing • **navegación en la Web** web browsing

navegador *s* (en informática) browser

navegante *s* **1** (en barco, nave) navigator **2** (por Internet) Internet user

navegar *v* [I] **1** (en una embarcación) to sail • **ir a navegar** to go sailing **2 navegar por Internet/la Web** to surf the Net/to browse the Web • **navegar por un sitio (web)** to browse a website

Navidad *s* Christmas: *¡Feliz Navidad!* Merry Christmas! • **la Navidad/las Navidades** Christmas • **en Navidad** at Christmas ▶ ÁRBOL de Navidad

navideño, **-a** *adj* Christmas [solo ante s] • **un adorno/un mensaje navideño** a Christmas decoration/message

naviero, **-a** *adj* (compañía, industria) shipping

navío *s* ship

nazi *adj*, *s* Nazi

nazismo *s* Nazism

neblina *s* mist • **hay/había neblina** it's/it was misty

necedad *s* **1** (cualidad) stupidity **2** (dicho, hecho) stupid thing • **decir necedades** to talk nonsense

necesario, **-a** *adj* **1** necessary: *Tómense todo el tiempo necesario.* Take as much time as you need. • **ser necesario** *Llámame sólo si es absolutamente necesario.* Call me only if it is absolutely necessary. • *¿Es necesario que vayamos todos?* Do we all need to go? • *Va a ser necesario que vengas una hora antes.* You're going to have to come an hour earlier. • **no es necesario que vengas/que me quede** you don't need to come/I don't need to stay **2 lo necesario** *Tenemos todo lo necesario.* We have everything we need. • *La reunión duró más de lo necesario.* The meeting lasted longer than necessary.

neceser *s* (estuche) toilet bag; (maletín) vanity case

necesidad *s* **1** (requerimiento, urgencia) need: *Sentí la necesidad de abrazarlo.* I felt the need to hug him. • **tener necesidad de algo** to need sth **2 no hay necesidad de hacer algo** there's no need to do sth: *No hay necesidad de salir tan temprano.* There's no need to leave so early. • **no hay necesidad de que venga/de que se quede** there's no need for him to come/for her to stay **3** (cosa imprescindible) necessity (pl -ties): *Un celular no es una necesidad.* A cellphone is not a necessity. **4 necesidades** [pl] **pasar necesidades** to suffer hardship **5 necesidades** [pl] **hacer sus necesidades** (persona) to go to the toilet; (animal) to do its business

EXPRESIONES

de primera necesidad essential • **por necesidad** out of necessity

necesitado¹, **-a** *adj* poor

necesitado², **-a** *s* poor person (pl people) • **los necesitados** the poor

N

necesitar *v* [T] to need • **necesito que me acompañes/ que me hagas un favor** I need you to come with me/to do me a favor • **no necesitas gritar/quedarte** there's no need for you to shout/to stay • **necesitar algo** to need sth

necio¹, -a *adj* stupid

necio², -a *s* fool

necrológica *s* obituary (pl -ries)

necrópolis *s* necropolis

néctar *s* nectar

nectarina *s* nectarine

neerlandés¹, -esa *adj* Dutch

neerlandés², -esa *s* **neerlandés** Dutchman (pl -men) • **neerlandesa** Dutchwoman (pl -women)

neerlandés³ *s* (idioma) Dutch

nefasto, -a *adj* **1** (desastroso) disastrous **2** (muy malo) terrible **3** (personaje) evil

negación *s* **1** (de un problema, la realidad) denial **2** (en gramática) negative

negado, -a *s* (incapaz, inepto) useless person (pl people) • **es/eres un negado** he's/you're useless • **ser un negado/ una negada para algo** to be no good at sth

negar *v* [T] **1** (lo contrario de afirmar) to deny: *Nadie lo puede negar.* No one can deny it. **2** (no conceder) to refuse • **negarle algo a alguien** to refuse sb sth: *Le negaron el acceso al país.* He was refused entry into the country.
—**negarse** *v pron* to refuse • **negarse a hacer algo** to refuse to do sth

negativa *s* refusal • **negativa a hacer algo** refusal to do sth

negativo¹, -a *adj* **1** (respuesta, verbo) negative **2** (malo, perjudicial) negative • **tener un impacto negativo** to have a negative impact **3** (persona) negative **4** (indicando ausencia) negative: *El resultado de los estudios ha sido negativo.* The results of the research are negative. **5** (en matemáticas) negative

negativo² *s* (de una foto) negative

negligencia *s* negligence

negligente *adj* negligent

negociable *adj* negotiable • **no ser negociable** to be nonnegotiable

negociación *s* negotiation

negociador¹, -a *adj* negotiating

negociador², -a *s* negotiator

negociar *v* **1** [T] (condiciones, un acuerdo) to negotiate **2** [I] (comerciar) to do business: *China está empezando a negociar con todo el mundo.* China is starting to do business with everyone. • **negociar con/en algo** to trade in sth

negocio *s* **1** (transacción) deal: *Es un excelente negocio.* It's an excellent deal. • **hacer un buen/excelente negocio (con algo)** to do well/extremely well (out of sth) **2** (ramo de actividad) business: *el negocio de la música* the music business **3** (empresa) business (pl -sses) **4** (beneficio) profit • **hacer negocio** to make a profit **5 negocios** [pl] business [U]: *No soy buena para los negocios.* I'm no good at business. • **un viaje de negocios** a business trip • **una reunión/una junta de negocios** a business meeting

negrero, -a *s* slave driver

negrita *s* bold

negro¹, -a *adj* **1** (color) black **2** (clandestino – mercado) black **3** (policial) crime [solo ante s]: *Le apasiona la novela negra.* She loves crime novels. • **el cine negro** film noir ► **CAJA negra, HUMOR negro**

EXPRESIONES
pasarlas negras to have a rough time • **verse negro -a**

(para algo) to have a tough time (doing sth): *Se vio negra para convencerlo.* She had a tough time persuading him.

negro², -a *s* (persona) **negro** black man (pl men) • **negra** black woman (pl women) • **los negros** black people

negro³ *s* (color) black

nemotécnico, -a *adj* ► **MNEMOTÉCNICO**

nene, **nena** *s* **nene** boy • **nena** girl • **los nenes** the kids

nenúfar *s* water lily (pl -lies)

neocelandés -esa¹ (tb **neozelandés -esa**) *adj* New Zealand [solo ante s]: *el dólar neozlandés* the New Zealand dollar

neocelandés -esa² (tb **neozelandés -esa**) *s* New Zealander • **los neocelandeses** (the) New Zealanders

neoclasicismo *s* neoclassicism

neoclásico, -a *adj* (edificio, pintura) neoclassical

Neolítico *s* **el Neolítico** the Neolithic period

neolítico, -a *adj* Neolithic

neologismo *s* neologism

neón *s* neon • **carteles de neón** neon signs

neonatal *adj* neonatal

neonazi *adj*, *s* neo-Nazi

neopreno, **neoprene** *s* neoprene • **unas espinilleras de neopreno** some neoprene shin guards • **un traje de neopreno** a wet suit

neozelandés, -esa *adj*, *s* ► **NEOCELANDÉS**

Nepal Nepal

nepalés *s*, *adj* ► **NEPALÍ**

nepalí¹ *s* (persona) Nepalese man/woman • **the Nepalese** los nepalíes, los nepaleses

nepalí² *s* (idioma) Nepalese

nepalí³ *adj* Nepalese

nepotismo *s* nepotism

Neptuno *s* Neptune

nervio *s* **1** (del cuerpo) nerve **2** (de la carne) sinew: *Esta carne está llena de nervios.* This meat is full of gristle. **3 nervios** [pl] (estado mental) nerves: *¡Qué nervios!* I'm so nervous!

EXPRESIONES
me/le dio un ataque de nervios I/he became hysterical • **ponerle los nervios de punta a alguien** to get on sb's nerves: *Ese ruido me pone los nervios de punta.* That noise is getting on my nerves. • **ser puro nervio** to be full of nervous energy

nerviosismo *s* nervousness

nervioso, -a *adj* **1** (excitado, con nervios) nervous • **ponerse nervioso -a** to get nervous • **poner nervioso -a a alguien** to get on sb's nerves **2** (de los nervios) nervous: *el sistema nervioso central* the central nervous system

neto, -a *adj* net • **peso neto/ganancia neta** net weight/ profit: *Gana 8.000 pesos netos.* He earns 8,000 pesos net.

neumático *s* tire

neumonía *s* pneumonia

neurálgico, -a *adj*

neurocirugía *s* neurosurgery

neurocirujano, -a *s* neurosurgeon

neurólogo, -a *s* neurologist

neurona *s* nerve cell

neuronal *adj* neural

neurosis *s* neurosis (pl -roses)

neurótico¹, -a *adj* neurotic

neurótico², -a *s* neurotic

neurotransmisor *s* neurotransmitter

neutral *adj* neutral • **mantenerse neutral** to remain neutral

neutralidad *s* neutrality

neutralizar *v* [T] **1** (anular) to neutralize **2** (en química) to neutralize

neutro[1], **-a** *adj* **1** (color, sustancia) neutral **2** (en gramática) neuter

neutro[2] *s* (en un carro) neutral

neutrón *s* neutron

nevada *s* snowfall [U]: *Hubo una fuerte nevada.* It snowed heavily.

nevar *v* [I] to snow: *Aquí nunca nieva.* It never snows here.

nevera *s* fridge
nevera portátil cooler

nevería *s* ice-cream parlor

nexo *s* link

ni *conj* **1** ni... ni... neither... nor...; (después de otro negativo) either... or...: *No es ni gorda ni flaca.* She's neither fat nor thin. • *No se lo dije ni a Luis ni a Daniel.* I didn't tell either Luis or Daniel. **2** (para enfatizar la negación) even: *No quiero ni verlo.* I don't even want to see him. • *No tuve tiempo ni de desayunar.* I didn't even have time for breakfast. • **ni siquiera** not even: *Ni siquiera sé cómo se llama.* I don't even know what his name is. • *No me regaló ni siquiera un ramo de flores.* She didn't even buy me a bunch of flowers.

EXPRESIONES

¡ni que...! anyone would think...!: *¡Ni que hubieras visto un fantasma!* Anyone would think you'd seen a ghost! • **ni una flor/ni un árbol** not a single flower/not a single tree

Nicaragua Nicaragua

nicaragüense[1] *adj* Nicaraguan

nicaragüense[2] *s* Nicaraguan • **los nicaragüenses** the Nicaraguans

nicho *s* **1** (en el cementerio) a recess in a cemetery wall where remains are buried **2** (en un muro) niche
nicho de mercado market niche

nicotina *s* nicotine

nido *s* **1** (de un pájaro, un animal) nest • **un nido de pájaros/avispas** a bird's/wasp's nest **2** (de traficantes, delincuentes) den

niebla *s* fog: *Hay mucha niebla.* It's very foggy.

nieto, **-a** *s* (varón) **nieto** grandson; (cuando no se especifica el sexo) grandchild (pl -children) • **nieta** granddaughter • **nietos** grandchildren

nieve *s* **1** (fenómeno meteorológico) snow **2** (helado) sorbet **3 batir claras a (punto de) nieve** to beat egg whites until they are stiff

Níger Niger

Nigeria Nigeria

nigeriano, **-a** *s, adj* Nigerian

nigerino, **-a** *s, adj* Nigerois

nigromancia *s* necromancy

nihilista *adj* nihilistic

nimiedad *s* **1** (insignificancia) triviality **2** (cosa insignificante) trifle

nimio, **-a** *adj* trivial

ninfa *s* (en zoología) chrysalis (pl -ses)

ningún *adj, pron* ▶ **NINGUNO**

ningunear *v* [T] (no hacer caso a) to ignore; (tratar con desprecio) to look down your nose at

ninguno[1], **-a** *adj* (con verbo en afirmativo) no; (con verbo en negativo u otra negación) any: *No hay ningún peligro.* There's no danger. • *No tiene ningún sentido.* It makes no sense. • *sin ningún problema* without any trouble •

No cometió casi ninguna falta. She hardly made any mistakes. • *No fuimos a ningún concierto.* We didn't go to any concerts. • *No lo encuentro por ninguna parte.* I can't find it anywhere. • **en ningún momento** at no time ▶ **de ninguna MANERA**

ninguno[2], **-a** *pron* **1** (de más de dos personas o cosas) none; (con otro elemento negativo) any: *Tengo varias plumas pero ninguna funciona.* I have several pens but none of them works. • *No sé ninguna de estas canciones.* I don't know any of these songs. • *No conozco a ninguno de tus amigos.* I don't know any of your friends. **2** (de dos personas o cosas) neither; (con otro elemento negativo) either: *Ninguno de los dos es tonto.* Neither of them is stupid. • *No me gusta ninguna de las dos.* I don't like either of them. • *No leí ninguno de los artículos.* I didn't read either of the articles.

NIP *s* (abrev de **número de identificación personal**) PIN, PIN number

niñera *s* nanny (pl -nnies)

niñería *s* silly little thing

niñez *s* childhood

niño, **-a** *s* **1** (no adulto) **niño** (varón) boy; (cuando no se especifica el sexo) child (pl children) • **niña** girl • **niños** children: *un niño de cinco años* a five-year-old boy • *¡Niños, a comer!* Time for lunch, children! **2** (hijo) **niño** son • **niña** daughter • **niños** children: *Tiene tres niños.* She has three children.

EXPRESIONES

de niño -a as a child
niño -a de la calle street child (pl street children) • niño -a prodigio child prodigy (pl child prodigies)

níquel *s* nickel

niquelar *v* [T] to nickel-plate

níspero *s* medlar

nítido, **-a** *adj* (sonido, mensaje, distinción) clear; (imagen) sharp

nitrato *s* nitrate

nitrógeno *s* nitrogen

nitroglicerina *s* nitroglycerine

nivel *s* **1** (altura) level: *Está a 2.000 metros sobre el nivel del mar.* It's 2,000 meters above sea level. • **el nivel de(l) agua** the water level • **debajo del nivel de los ojos** below eye level **2** (calidad) standard: *Tiene muy buen nivel de inglés.* Her English is very good. **3** (grado) level: *El nivel de consumo está cayendo.* The level of consumption is going down.

EXPRESIONES

a nivel (a igual altura) level: *Comprueba que los anaqueles estén a nivel.* Make sure the shelves are level. • **a nivel internacional/mundial/nacional** internationally/worldwide/nationally: *Ha alcanzado fama a nivel internacional.* She's become internationally famous. • **a nivel intelectual/afectivo** intellectually/emotionally
nivel de vida standard of living

nivelar *v* [T] **1** (en posición horizontal) to level **2** (allanar) to level out **3** (diferencias) to even out: *Hay que nivelar los sueldos de los empleados y los ejecutivos.* Workers' pay needs to be brought more into line with that of management.

no[1] *adv* **1** (como respuesta) no: *–¿Te gusta? –No.* "Do you like it?" "No, I don't." • *–¿Sabes nadar? –No.* "Can you swim?" "No, I can't." **2** (referido a verbos, adverbios, frases) not: *No siempre.* Not always. • *No todos están de acuerdo.* Not everyone agrees. • *No está en el cajón.* It isn't in the drawer. • *No puedo abrirlo.* I can't open it. • *No me gusta el café.* I don't like coffee. • *¿No lo sabías?* Didn't you know? • *Es su hijo ¿no?* He's her son, isn't he? • *Te gusta ¿no?* You like him, don't you? **3** (sin valor negativo) *¿No me llevas?* Could you take me, please? • *No empiecen hasta que yo no llegue.* Don't start until I get there. ▶ **no OBSTANTE**

EXPRESIONES

¿a que no... ? *¿A que no sabes quién llamó?* You'll never guess who called. • *¿A que no te animas a saltar?* I bet

N

you don't dare jump. • **no ya... sino...** not only... but also...: *Han cuestionado no ya los resultados sino el procedimiento electoral mismo.* Questions have been raised not only about the results, but also about the election procedure itself.

no² *s* no: *un no rotundo* a resounding no

nobel *s* **1 Nobel** Nobel Prize • **el Nobel de literatura** the Nobel Prize for literature **2** (persona) Nobel Prize winner

noble¹ *adj* **1** (bueno, generoso) noble **2** (de la aristocracia) noble

noble² *s* (hombre) nobleman (pl -men); (mujer) noblewoman (pl -women): *los nobles* the nobility

nobleza *s* **1** (conjunto de nobles) nobility **2** (cualidad) nobility

nobuk *s* nubuck

nocaut *s* knockout

noche *s* (desde que anochece hasta las 21.00) evening; (desde las 21.00 hasta el amanecer) night: *La veo todas las noches en la clase de informática.* I see her every evening at our computer class. • *No pude dormir en toda la noche.* I couldn't sleep all night. • **a las ocho/ diez de la noche** at eight o'clock in the evening/ten o'clock at night • **en/por la noche** (antes de las 21.00) in the evening; (después de las 21.00) at night • **mañana/el sábado/ayer en/por la noche** (antes de las 21.00) tomorrow evening/Saturday evening/yesterday evening; (después de las 21.00) tomorrow night/Saturday night/ last night: *Siempre salimos los viernes por la noche.* We always go out on Friday night. • **esta noche** (antes de las 21.00) this evening; (después de las 21.00) tonight

EXPRESIONES
buenas noches (a) (al llegar a un sitio) good evening **(b)** (al despedirse) goodnight • **darle las buenas noches a alguien** to say goodnight to sb • **de la noche a la mañana** overnight • **de noche** at night: *No me gusta volver sola de noche.* I don't like coming home on my own at night. • **ya es de noche** it's already dark • **se hizo/se está haciendo de noche** it got dark/it's getting dark

Nochebuena *s* **la Nochebuena** Christmas Eve • **en Nochebuena** on Christmas Eve

nochero *s* (mesa de noche) bedside table

noción *s* **1** (idea) concept: *¿Tienes noción de lo que está pasando?* Do you have any idea what's happening? **2 nociones** [pl] (conocimientos) **tener nociones de algo** to have a basic knowledge of sth • **aprender las nociones básicas de algo** to learn the basics of sth

nocivo, **-a** *adj* harmful • **es nocivo -a para la salud** it damages your health

noctámbulo, **-a** *adj* (ave, animal) nocturnal • **ser noctámbulo -a** (una persona) to be a night owl

nocturno, **-a** *adj* **1 servicio/tren nocturno** night service/train • **visita/salida nocturna** night-time visit/ departure **2 animal nocturno** nocturnal animal ▶ **VIDA nocturna**

nodo *s* (en informática) node

nódulo *s* nodule

nogal *s* **1** (árbol) walnut tree **2** (madera) walnut: *una mesa de nogal* a walnut table

nómade¹ (tb **nómada**) *adj* nomadic

nómade² (tb **nómada**) *s* nomad

nomadismo *s* nomadism

nomás *adv* **1** (sólo) only, just: *Faltan cinco minutos nomás.* There are only five minutes to go./There are just five minutes to go. **2** (para expresar que no hay problema) *Pasa, nomás.* Come on in. • *Si quieres más, sírvete nomás.* If you want some more, just help yourself. • *Déjalo ahí, nomás.* Just leave it there. **3 así nomás** (de cualquier manera) any which way: *Esto está hecho así nomás.* This has been done any old how. **4 nomás (que) (a)** (tan pronto como) as soon as: *Nomás llegó se fue a dormir.* As soon as he got back he went to

bed. **(b)** (solo que) only, just: *Estoy bien, nomás que un poco cansado.* I'm fine, only I'm a little tired./I'm fine, just a little tired.

nombramiento *s* appointment

nombrar *v* [T] **1** (para un cargo) to appoint • **nombrar a alguien presidente/gerente** to appoint sb (as) president/ manager **2** (mencionar) to mention

nombre *s* **1** (de una persona, un lugar, una cosa) name: *¿Qué nombre le van a poner?* What are they going to call him? • **su nombre y apellidos** your full name **2** (sustantivo) noun **3** (prestigio) reputation • **un profesional de mucho nombre** a professional with a very good reputation

EXPRESIONES
a nombre de alguien in sb's name: *una reservación a nombre de Soriano* a reservation for Soriano • **en nombre de alguien** on behalf of sb • **no tener nombre** (ser digno de censura) to be disgraceful
nombre comercial trade name • **nombre común** common noun • **nombre de pila** first name • **nombre propio** proper noun • **nombre de usuario** user name

nomenclatura *s* nomenclature

nómina *s* **1** (lista de empleados) payroll • **estar en nómina** to be on the payroll **2** (sueldo) wages [pl]

nominación *s* nomination • **nominación a/para algo** nomination for sth: *su nominación al Óscar* his Oscar nomination

nominal *adj* **1** (valor, cargo) nominal **2** (en gramática) nominal

non *adj* odd

nonagenario, **-a** *adj* **ser nonagenario -a** to be in your nineties

nopal *s* (cactus, fruto) prickly pear

noquear *v* [T] **noquear a alguien** to knock sb out

norcoreano, **-a** *adj*, *s* North Korean

nórdico, **-a** *adj*, *s* northern European

noreste¹ (tb **nordeste**) *s* **1 Noreste** (tb **Nordeste**) north-east **2** (de un lugar) north-east **3** (viento) northeast wind

noreste² (tb **nordeste**) *adj* north-east

noria *s* (de agua) waterwheel

norirlandés¹, **-esa** *adj* Northern Irish

norirlandés², **-esa** *s* **norirlandés** Northern Irishman (pl -men) • **norirlandesa** Northern Irishwoman (pl -women) • **los norirlandeses** the Northern Irish

norma *s* **1** (regla) rule; (con fuerza de ley) regulation **2** (modelo) standard

normal¹ *adj* **1** (común) normal: *Tiene una vida normal.* She leads a normal life. • **normal y corriente** perfectly ordinary **2** (natural) natural: *Es normal que esté nerviosa.* It's only natural that she should be nervous. **3** (sin enfermedades) normal **4** (frecuente) usual: *Es normal que haya tráfico a esta hora.* It's usual for there to be traffic at this time. **5 lo normal** *Me cansé más de lo normal.* I got more tired than I normally do. • *Lo normal es que haga frío en esta época del año.* It's normal for it to be cold at this time of year. • **fuera de lo normal** out of the ordinary ▶ **GASOLINA normal**

normal² *s* [fem] **la Normal** a teacher training college for primary school teachers

normalidad *s* normality • **con normalidad** normally: *Los trenes funcionan con normalidad.* Trains are running normally.

normalización *s* **1** (de relaciones, una situación) normalization **2** (ajuste a las normas) standardization

normalizar *v* [T] **1** (volver a la normalidad) to restore to normal **2** (ajustar a las normas) to standardize

normalmente *adv* normally

normativa *s* regulations [pl]

noroeste¹ s **1 Noroeste** north-west **2** (de un lugar) north-west **3** (viento) north-west wind

noroeste² adj north-west

norte¹ s **1 Norte** north **2** (de un lugar) north • **al norte de algo** to the north of sth **3** (viento) northerly (pl -lies) **4** (punto de referencia) direction; (objetivo) aim

EXPRESIONES
perder el norte to lose your way

norte² adj north

Norteamérica 1 (América del Norte) North America **2** (Estados Unidos) America

norteamericano, -a adj, s **1** (de Norteamérica) North American **2** (de Estados Unidos) American

Noruega Norway

noruego¹, -a adj Norwegian

noruego², -a s (persona) Norwegian

noruego³ s (idioma) Norwegian

nos pron **1** (complemento directo o indirecto) us: *Llámanos mañana.* Call us tomorrow. • *Nos dio su dirección particular.* He gave us his home address. • *Nos eligieron a nosotras.* They chose us. • *Nos escribe todos los meses.* He writes to us every month. • *Nos tomó una foto.* He took a picture of us. • *Nos robaron el carro.* Our car was stolen. **2** (con partes del cuerpo, posesiones) our: *Vamos a cortarnos el pelo.* We're going to get our hair cut. • *Nos quitamos los abrigos.* We took our coats off. **3** (con valor recíproco) each other: *Nos queremos mucho.* We love each other very much. • *Nos llamamos todos los días.* We call each other every day. **4** (con valor reflexivo) *No nos tenemos que echar la culpa de lo que pasó.* We shouldn't blame ourselves for what happened. **5** (con verbos pronominales) *Todos hacemos cosas de las cuales nos arrepentimos después.* We all do things which we regret later. • *¡Vamos, vayámosnos de una vez!* Come on, let's go now!

nosotros, -as pron **1** (como sujeto) we: *Nosotros no estamos de acuerdo.* We don't agree. **2** (como predicado) us: *Fuimos nosotros, mamá.* It was us, Mom. **3** (tras preposiciones) us: *Nos lo regaló a nosotras.* He gave it to us. • *Siéntate con nosotros.* Sit with us. • *Se reían de nosotros.* They were laughing at us. **4** (en comparaciones) us: *Tienen más dinero que nosotros.* They have more money than us. • *Es menor que nosotras.* She's younger than us.

nostalgia s (del pasado) nostalgia; (de un lugar) homesickness • **sentir nostalgia de/por algo** to miss sth

nostálgico, -a adj (del pasado) nostalgic; (de un lugar) homesick

nota s **1** (marca) note: *El libro está lleno de notas a lápiz.* The book is full of notes written in pencil. **2** (calificación) grade: *Sacó una buena nota.* She got a good grade. **3** (anotación) note • **tomar notas** to take notes **4** (mensaje) note **5** (en periodismo) note **6** (en música) note

EXPRESIONES
dar la nota to draw attention to yourself
nota a pie de página footnote • **nota roja** crime report

notable adj **1** (destacado) remarkable **2** (diferencia, mejora) marked; (parecido) striking

notar v [T] **1** (darse cuenta de) to notice **2** (sentir) to feel **3** (encontrar) **te noto nervioso -a/triste** you seem nervous/sad
—**notarse** v pron **1** **se nota que está cansada/que no le gusta** you can tell she's tired/she doesn't like it: *No se notó.* You couldn't tell. **2** **se le notan los años/se le nota la cicatriz** you can see she's old/you can see his scar

notarial adj (autorizado por notario) notarial

notario, -a s notary (pl -ries)

noticia s **1** (novedad) news [+v en sing]: *¿Escuchaste la noticia?* Have you heard the news? • *Es una noticia*

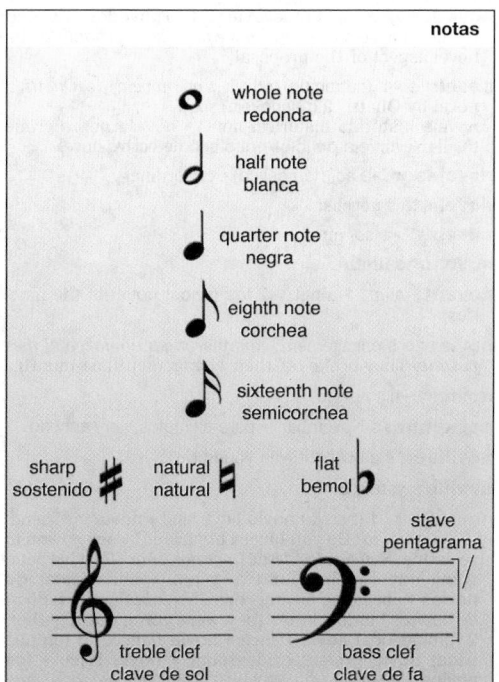

notas

○   whole note   redonda

♩ half note   blanca

♩ quarter note   negra

♪ eighth note   corchea

♬ sixteenth note   semicorchea

sharp   sostenido ♯   natural natural ♮   flat bemol ♭

stave pentagrama

treble clef   clave de sol   bass clef   clave de fa

maravillosa. That's wonderful news. • *Tengo una buena noticia para ti.* I have some good news for you. • *¿Hay noticias?* Is there any news? **2** (conocimiento) **no tener noticia de algo** not to know about sth: *No tenía noticia de tu visita.* I didn't know about your visit. **3 las noticias** [pl] (programa de radio o TV) the news: *las noticias de las ocho* the eight o'clock news • **en las noticias** on the news

EXPRESIONES
dar una noticia *Acaban de dar la noticia.* They've just announced it. • *Tengo una noticia que darte.* I have something to tell you. • *¿Quién le va a dar la noticia?* Who's going to tell her? • **no tengo/tenemos noticias de ella** I/we haven't heard from her: *¿Tienes noticias de Paco?* Have you heard from Paco?

noticiero s news [+v en sing]: *el noticiero de las ocho* the eight o'clock news • *Lo vi en el noticiero.* I saw it on the news.

notificación s (documento) notification

notificar v [T] to inform, to notify (*más frml*) • **notificarle algo a alguien** to inform sb of sth

notoriedad s fame

notorio, -a adj **1** (evidente) obvious **2** (conocido) well-known

novatada s **1** practical joke **2** (error de principiante) beginner's mistake

novato¹, -a adj novice [solo ante s]: *un conductor novato* a novice driver

novato², -a s **1** (principiante) novice **2** (en la universidad) freshman (pl -men) **3** (en el ejército) rookie

novecientos, -as núm nine hundred

novedad s **1** (noticia) news [+v en sing]: *–¿Alguna novedad?* "Any news?" • **tener novedades** to have some news **2** (algo nuevo) novelty (pl -ties): *Internet ya dejó de ser una novedad.* The Internet isn't a novelty any more. **3** (cambio) change: *Todo sigue igual, sin novedades.* Everything is the same, there's no change. **4 novedades** [pl] (CD, DVD) new releases; (modas) latest fashions

N

novedoso, -a *adj* **1** (nuevo) new **2 lo novedoso de algo** the novel aspect of sth: *lo novedoso de la propuesta* the novel aspect of the proposal

novela *s* **1** (narración) novel: *una novela de Onetti* a novel by Onetti **2** (telenovela) soap
novela histórica historical novel • novela negra crime thriller • novela policial/policiaca detective novel

novelesco, -a *adj* (fantástico) extraordinary

novelista *s* novelist

noveno¹, -a *adj* ninth

noveno² *s* ninth

noventa *núm* **1** ninety **2 los (años) noventa** the nineties

noviazgo *s* engagement: *Rompieron su noviazgo el mes pasado.* They broke off their engagement last month.

novicio, -a *s* novice

noviembre *s* November ▶ para ejemplos, ver FEBRERO

novillada *s* a bullfight with young bulls

novillo *s* young bull

novio, -a *s* **1** (pareja) **novio** boyfriend • **novia** girlfriend: *¿Tienes novio?* Do you have a boyfriend? • **ser novios** to be dating: *Son novios desde hace dos años.* They've been going out together for two years. • **andar/estar de novios** to be going out together: *No sabía que andaban de novios.* I didn't know they were going out together. **2** (prometidos) **novio** fiancé • **novia** fiancée **3** (en una boda) **novio** groom, bridegroom • **novia** bride • **los novios** the bride and groom: *¡Vivan los novios!* Long live the bride and groom!

nubarrón *s* dark cloud

nube *s* **1** (en la atmósfera) cloud **2** (de insectos, polvo, humo) cloud **3** (de personas) crowd **4** (en el ojo) film
EXPRESIONES
estar/vivir en las nubes to be/to live in a world of your own: *Vive en las nubes.* She lives in a world of her own. • **poner algo/a alguien por las nubes** to praise sth/sb to the skies

nublado, -a *adj* cloudy: *Está nublado.* It's cloudy.

nublarse *verb pron* **1** (cielo) to cloud over: *Se está empezando a nublar.* It's starting to cloud over. **2** (ojos, vista) to get blurred

nubosidad *s* cloudiness: *un día de nubosidad variable* a day with patchy cloud

nuboso, -a *adj* cloudy

nuca *s* back of the neck

nuclear *adj* nuclear ▶ CENTRAL nuclear, ENERGÍA nuclear, REFUGIO nuclear

nuclearización *s* nuclearization

núcleo *s* **1** (de un átomo, una oración) nucleus (pl nuclei) **2** (parte fundamental) core **3** (grupo) circle
núcleo de población population center • núcleo familiar family circle • núcleo rural village • núcleo urbano city center

nudillo *s* knuckle

nudismo *s* nudism

nudista *s, adj* nudist

nudo *s* **1** (atadura) knot • **hacer/deshacer un nudo** to tie/undo a knot **2** (en náutica) knot
EXPRESIONES
tener un nudo en la garganta to have a lump in your throat
nudo corredizo slipknot

nuera *s* daughter-in-law (pl daughters-in-law)

nuestro¹, -a *adj* our: *nuestro país* our country • *nuestros padres* our parents • **una amiga nuestra/unos amigos nuestros** a friend of ours/some friends of ours

nuestro², -a *pron* **el nuestro/la nuestra** ours: *El carro de ustedes es más grande que el nuestro.* Your car is bigger than ours. • **los nuestros (a)** (bando) our side: *Han ganado los nuestros.* Our side won. **(b)** (familia) our family • **lo nuestro (a)** (país, cultura) what is ours: *Defendemos lo nuestro.* We stand up for what is ours. **(b)** (relación) our affair: *Mis padres no saben lo nuestro.* My parents don't know about our affair.

nuevamente *adv* again

Nueva York New York

Nueva Zelanda New Zealand

nueve *núm* **1** (número, cantidad) nine **2** (en fechas) ninth

nuevo, -a *adj* **1** (sin usar) new: *¿Tu bicicleta es nueva?* Is your bike new? **2** (recién aparecido o formado) new: *Hay un niño nuevo en mi clase.* There's a new boy in my class. • *mis nuevas amigas* my new friends
▶ AÑO nuevo, LUNA nueva
EXPRESIONES
como nuevo -a (a) (carro, abrigo) as good as new **(b)** (persona) as good as new: *Estoy como nueva después de la siesta.* I feel as good as new after that nap. • **de nuevo** (otra vez) again: *Vamos a empezar de nuevo.* Let's start again.
nuevo -a rico -a *s* nouveau riche • nuevas tecnologías new technology [sing]

nuez *s* walnut
nuez de Adán Adam's apple • nuez de la India cashew nut • nuez moscada nutmeg

nulidad *s* (de un contrato, un matrimonio, una ley) invalidity

nulo, -a *adj* **1** (sin validez) invalid: *un contrato nulo* an invalid contract • *votos nulos* invalid votes **2** (sin capacidad) **ser nulo -a para algo** to be hopeless at sth: *Es nulo para los idiomas.* He's hopeless at languages. **3** (ninguno) no: *un objeto de escaso o nulo valor* an object of little or no value

núm. (abrev de **número**) no.

numeración *s* **1** (acción) numbering **2** (sistema) numbers [pl]
numeración arábiga Arabic numerals [pl] • numeración decimal decimal numbers [pl] • numeración romana Roman numerals [pl]

numeral *s, adj* numeral

numerar *v* [T] to number

numerario, -a *adj* **1** (profesor) permanent **2** (miembro, socio) permanent

número *s* **1** (dígito) number: *el número tres* number three **2** (de zapatos) size: *¿Qué número calzas?* What size do you take? **3** (cantidad) number: *un gran número de turistas* a large number of tourists **4** (de una revista) issue **5** (en gramática) number **6** (actuación) act
número confidencial PIN, PIN number • número de teléfono telephone number: *¿Cuál es tu número de teléfono?* What's your telephone number? • número impar odd number • número par even number • número primo prime number • número romano Roman numeral

numeroso, -a *adj* **1** large • **un grupo numeroso/una clase numerosa** a large group/a large class **2 numerosos -as** (muchos) many, numerous (*más frml*): *en numerosas ocasiones* on numerous occasions

numismática *s* numismatics [+v en sing]

nunca *adv* (en la mayoría de casos) never; (si hay otra negación en la oración) ever: *No voy nunca al teatro.* I never go to the theater. • *¿Tú nunca te equivocas?* Don't you ever make mistakes?
EXPRESIONES
casi nunca hardly ever, rarely: *Ahí no llueve casi nunca.* It hardly ever rains there. • **como nunca** like never before: *Cantó como nunca.* She sang like never before. • **más loca/cansada que nunca** crazier/more

tired than ever: *Lo hizo mejor que nunca.* He did it better than ever. • **más que nunca** more than ever: *Hoy me dolió más que nunca.* Today it hurt more than ever. • **nunca más** never again: *No lo vi nunca más.* I never saw him again. • *No vuelvas a pegarle nunca más.* Don't ever hit him again.

nupcial *adj* wedding [solo ante s]: *la ceremonia nupcial* the wedding ceremony

nutria *s* **1** (europea) otter **2** (americana) coypu

nutrición *s* nutrition

nutricionista *s* nutritionist

nutrido, -a *adj* **1** (abundante) large: *un nutrido grupo de periodistas* a large group of journalists **2** (alimentado) **bien nutrido -a** well-nourished • **mal nutrido -a** under-nourished

nutriente *adj* nutrient

nutrir *v* [T] to nourish

nutritivo, -a *adj* nutritious

nylon *s* ▶ **NAILON**

Ññ

Ñ, ñ *s*

ñáñaras *s* [pl] **me dan ñáñaras/siento ñáñaras** it sets my teeth on edge

ñapa *s* **darle algo a alguien de ñapa** to throw in sth extra for free: *Me dio unos caramelos de ñapa.* He threw in a few extra pieces of candy for free.

ñato, -a *adj* **ser ñato -a** to have a small nose • **un niño ñato/una mujer ñata** a boy/a woman with a small nose

ñoño[1], -a *adj* **1** (apocado) drippy **2** (insípido) pathetic

ñoño[2], -a *s* drip

ñu *s* gnu

Oo

O, o s O, o

o *conj* or: *¿Vienes o prefieres quedarte?* Are you coming or would you rather stay here? • **o... o** either... or: *Quiero ser o médico o biólogo.* I want to be either a doctor or a biologist. • *O me dejan jugar o me voy.* Either you let me play or I'm leaving.

oasis s oasis (pl oases)

obedecer v **1** [T] (cumplir) to obey: *No obedece a nadie.* He doesn't obey anybody. **2** [I] (responder) to respond: *Quería correr pero las piernas no le obedecían.* He wanted to run but his legs wouldn't respond. **3** [I] (ser consecuencia de) **obedecer a algo** to be the result of sth: *La crisis obedece a varios factores.* The crisis is the result of several factors.

obediencia s obedience

obediente *adj* obedient

obelisco s obelisk

obertura s overture

obesidad s obesity

obeso, -a *adj* obese

obispado s **1** (cargo) bishopric **2** (territorio) diocese **3** (edificio) bishop's palace

obispo s bishop

objeción s objection • **poner objeciones a algo** to object to sth

objeción de conciencia conscientious objection

objetar v [T] (rebatir) to object: *No tengo nada que objetar.* I have no objections.

objetividad s objectivity • **con objetividad** objectively

objetivo¹, -a *adj* objective: *Tienes que ser más objetivo.* You have to be more objective.

objetivo² s **1** (finalidad) objective, aim: *Su único objetivo es ganar.* Her only objective is to win. **2** (blanco) target **3** (de una cámara) lens (pl -ses)

> **¿aim, goal, objective o target?**
> Todos estos sustantivos quieren decir "objetivo".
> aim es la intención inmediata al hacer algo: *Our main aim is to find the child before dark.*
> goal suele ser un objetivo a más largo plazo: *Athletes set themselves personal goals.*
> objective es más formal y suele usarse en contextos políticos o económicos: *State your business objectives clearly.*
> target designa el resultado exacto que se persigue, normalmente una cifra: *The target for the telethon is $100,000.*

objeto s **1** (cosa) object **2** (finalidad) purpose, object **3 ser (el) objeto de algo** to be the victim of sth: *Fueron objeto de malos tratos.* They were victims of abuse.

objeto directo direct object • objeto indirecto indirect object • objetos perdidos lost property [sing]

objetor, -a s **objetor -a de conciencia** conscientious objector

oblicuo, -a *adj* oblique

obligación s **1** (deber) duty (pl -ties): *Es obligación de los padres.* It is the parents' duty. • **tener la obligación de hacer algo** to be obliged to do sth • **cumplir con sus obligaciones** to do your duty • **ser obligación** to be obligatory • **hacer algo por obligación** to do sth out of duty **2** (en finanzas) bond

obligaciones del Estado Government bonds

obligado, -a *adj* obliged • **estar/sentirse obligado -a a hacer algo** to be/to feel obliged to do sth

obligar v [T] to make: *Viene porque lo obligan.* He comes because they make him. • **obligar a alguien a hacer algo** to make sb do sth, to oblige sb to do sth (*más frml*): *Me obligó a hablar.* He made me talk.
—obligarse v pron **obligarse a hacer algo (a)** (forzarse) to force yourself to do sth **(b)** (comprometerse) to undertake to do sth

obligatorio, -a *adj* compulsory: *Es obligatorio usar el cinturón de seguridad.* It's compulsory to wear a seat belt.

oboe s oboe

obra s

1 pintura, escultura, libro
2 conjunto de creaciones
3 acción
4 algo en construcción
5 en una carretera
6 lugar en construcción

1 PINTURA, ESCULTURA, LIBRO work: *las obras completas de Borges* the complete works of Borges
2 CONJUNTO DE CREACIONES work: *la vida y la obra de Beethoven* the life and work of Beethoven
3 ACCIÓN deed • **ser obra de alguien** to be the work of sb
4 ALGO EN CONSTRUCCIÓN construction work: *La finalización de la obra está prevista para el mes próximo.* The construction work is scheduled to finish next month. • **estar en obra** to be having construction work done: *Estamos en obra en casa.* We're having building work done at home.
5 EN UNA CARRETERA obras [pl] roadwork [U]: *Había obras en la autopista.* There was roadwork on the freeway.
6 LUGAR EN CONSTRUCCIÓN building site: *El ingeniero está en la obra.*

obra benéfica **(a)** (organización) charity (pl -ties) **(b)** (acción) charity work • obra de arte work of art • obra de teatro play: *una obra de Lope* a play by Lope • obra maestra masterpiece

obrar v **1** [I] (actuar) to act • **obrar bien/mal** to behave well/badly **2** [I] (hallarse, estar) **obrar en poder/en manos de alguien** to be in sb's possession **3** [T] (producir) to work • **obrar milagros** to work miracles

obrero¹, -a s worker

obrero², -a *adj* working-class • **un barrio obrero** a working-class area

obscenidad s obscenity (pl -ties)

obsceno, -a *adj* obscene

obsequiar v [T] **obsequiarle algo a alguien** (un regalo) to give sb sth, to present sb with sth (*más frml*)

obsequio s gift

observación s **1** (examen) observation • **en observación** under observation: *Lo dejaron en observación.* He was kept under observation. **2** (comentario) comment • **hacerle una observación a alguien** to make a comment to sb, to make an observation to sb (*más frml*): *Me hizo varias observaciones.* He made several comments to me.

observador¹, -a *adj* observant

observador², -a s observer

observar v [T] **1** (mirar detenidamente) to watch: *Me observaba sin decir una palabra.* He watched me without saying a word. **2** (advertir) to notice, to observe (*más frml*): *No se observó ningún cambio.* No change was noticed. **3** (examinar) to observe: *Observamos el cielo con un telescopio.* We observed the sky with a telescope. **4** (obedecer) to observe: *Algunas empresas no observan la ley.* Some companies do not observe the law.

observatorio s observatory (pl -ries)

obsesión s obsession • **tener obsesión por/con algo** to be obsessed with sth: *Tiene obsesión por la limpieza.* He is obsessed with cleaning.

obsesionado, -a *adj* **estar obsesionado -a con algo/ alguien** to be obsessed with sth/sb

obsesionar *v* [T] **lo obsesiona/me obsesiona** he is/I am obsessed with: *Le obsesiona todo lo que tenga que ver con el fútbol.* He's obsessed with everything to do with soccer.
—obsesionarse *v pron* **obsesionarse con algo** to become obsessed with sth

obsesivo, -a *adj* obsessive • **ser un obsesivo/una obse-siva de algo** to be obsessed with sth: *Es un obsesivo de la limpieza y el orden.* He's obsessed with cleanliness and neatness.

obseso, -a s **ser un obseso/una obsesa de algo** to be obsessed with sth: *Mi hermana es una obsesa del tra-bajo.* My sister's obsessed with work.

obsidiana s obsidian

obsoleto, -a *adj* obsolete

obstaculizar *v* [T] **1** (una calle, un acceso) to block • **obstaculizar el paso/el tránsito** to block the way **2** (un acuerdo, un proceso, una tarea) to block

obstáculo s obstacle • **ponerle obstáculos a algo/ alguien** to put obstacles in the way of sth/in sb's way: *Nos han puesto muchos obstáculos.* They have put a lot of obstacles in our way. • **ser un obstáculo para...** *No fue un obstáculo para que se casaran.* It didn't stop them getting married.

obstante no obstante however

obstetricia s obstetrics [+v en sing]

obstinación s obstinacy

obstinado, -a *adj* obstinate

obstinarse *v pron* **obstinarse en algo/en hacer algo** to insist on sth/on doing sth

obstrucción s blockage, obstruction (*más frml*) • **obstrucción a la justicia** obstructing the law
obstrucción arterial arterial blockage • obstrucción intestinal intestinal obstruction

obstrucionismo s obstructionism

obtención s **facilitar la obtención de información/ visados** to make it easier to obtain information/visas

obtener *v* [T] to get, to obtain (*más frml*): *el partido que obtuvo la mayoría de los votos* the party which got the majority of the votes • **obtener información/permiso** to get information/permission, to obtain information/ permission (*más frml*) • **obtener un premio** to win a prize

obturador s shutter

obtuso, -a *adj* **1** (ángulo) obtuse **2** (persona) obtuse

obús s **1** (arma) howitzer **2** (proyectil) howitzer shell

obviamente *adv* obviously

obviedad s **1** (cualidad) obviousness **2** (dicho, hecho) obvious thing: *Parece una obviedad.* It seems obvious.

obvio, -a *adj* obvious: *La respuesta es obvia.* The answer is obvious. • *Es obvio que te quiere.* It's obvious that he loves you.

oca s goose (pl geese)

ocasión s **1** (momento) time: *En ocasiones como ésta, extraño a mi familia.* At times like this, I miss my family. • *Dejémoslo para otra ocasión.* Let's leave it for another time. • **en más de una ocasión** on more than one occasion • **en cierta ocasión** once **2** (circunstancia) occasion: *Iba vestida para la ocasión.* She was dressed for the occasion. • **con/en ocasión de** on the occasion of: *una fiesta con ocasión de su aniversario* a party on the occasion of his anniversary **3** (oportunidad) chance, opportunity • **darle ocasión a alguien para hacer algo** to give sb the chance to do sth: *No le des ocasión para criticarte.* Don't give her the opportunity

to criticize you. • **tener (la) ocasión de hacer algo** to get the chance to do sth: *No tuve ocasión de verla.* I didn't get the chance to see her.

EXPRESIONES
de ocasión second-hand: *vehículos de ocasión* second-hand cars • **(a) la ocasión la pintan calva** chances like this are far and few between

ocasional *adj* **1** (no habitual) occasional: *un trabajo ocasional* a casual job • *lluvias ocasionales* occasional showers • **de forma ocasional** occasionally **2** (casual) chance [solo ante s]: *un encuentro ocasional* a chance meeting

ocasionar *v* [T] to cause

ocaso s **1** (puesta de sol) sunset **2** (decadencia) decline

occidental *adj* (zona) western; (cultura, civilización, sociedad) Western: *la costa occidental* the west coast

occidentalizar *v* [T] to westernize
—occidentalizarse *v pron* to become westernized

occidente s **1** (oeste) west **2 Occidente** (conjunto de países) the West

oceánico, -a *adj* oceanic

océano s ocean
el océano Atlántico the Atlantic Ocean • el océano Índico the Indian Ocean • el océano Pacífico the Pacific Ocean

oceanografía s oceanography

oceanográfico, -a *adj* oceanographic

oceanógrafo, -a s oceanographer

ochenta *núm* **1** eighty **2 los (años) ochenta** the eight-ies

ocho *núm* **1** (número, cantidad) eight **2** (en fechas) eighth

ochocientos, -as *núm* eight hundred

ocio s spare time • **en mis/tus ratos de ocio** in my/your spare time

ocioso, -a *adj* idle

ocre s, *adj* ocher

octagonal *adj* octagonal

octágono s octagon

octano s octane

octavo[1], -a *adj* eighth
los octavos de final the last sixteen

octavo[2] s eighth

octeto s octet

octogenario, -a s, *adj* octogenarian

octogonal *adj* ▶ OCTAGONAL

octógono s ▶ OCTÁGONO

octubre s October ▶ para ejemplos, ver FEBRERO

ocular *adj* **1** (infección, irritación) eye [solo ante s]: *can-sancio ocular* eye strain **2** (inspección) visual
▶ GLOBO ocular, TESTIGO ocular

oculista s eye specialist, ophthalmologist (*técn*): *Tengo que ir al oculista.* I have to go and see an eye specialist.

ocultar *v* [T] to hide • **ocultarle algo a alguien** to hide sth from sb
—ocultarse *v pron* to hide

ocultismo s the occult

ocultista[1] *adj* occultist

ocultista[2] s occultist

oculto, -a *adj* hidden: *una cámara oculta* a hidden cam-era

ocupación s **1** (profesión) occupation: *nombre, direc-ción y ocupación* name, address and occupation **2** (actividad) activity (pl -ties): *la lectura es una de sus ocupaciones preferidas* reading is one of her favorite activities **3** (de un territorio, una ciudad, una fábrica) occupation **4** (de un hotel) occupancy

ocupacional *adj* occupational

ocupado, -a *adj* **1** (persona) busy: *Es una persona muy ocupada.* He's a very busy person. • **estar ocupado -a (con algo)** to be busy (with sth): *Van a estar ocupados con los preparativos de la fiesta.* They are going to be busy with preparations for the party. **2** (asientos) **estar ocupado -a** to be taken: *¿Este asiento está ocupado?* Is this seat taken? **3** (teléfono) **estar/dar ocupado** to be busy **4** (baño) occupied: *Está ocupado.* Is someone in there?

ocupante *s* occupant

ocupar *v* [T] **1** (espacio) to take up: *Esta mesa ocupa demasiado espacio.* This table takes up too much space. **2** (un territorio, una ciudad, una fábrica) to occupy **3** (un cargo) to hold: *Ocupa el cargo de gerente.* She holds the position of manager. **4** (en una lista, una clasificación) to be in: *Ocupa el primer lugar en la lista de ventas.* It's in first place on the sales list. **5** (dar empleo a) to employ: *El turismo ocupa al 9 por ciento de la población.* Tourism employs 9 percent of the population.
—**ocuparse** *v pron* **ocuparse de (hacer) algo** to take care of (doing) sth: *Yo me ocupo de la comida.* I'll take care of the food. • **ocuparse de alguien** to take care of sb, to look after sb: *¿Quién se ocupa del bebé?* Who takes care of the baby?

ocurrencia *s* **1** (dicho gracioso) witty remark • **¡tiene/tienes cada ocurrencia!** he says/you say the funniest things! **2** (idea) idea • **¡qué ocurrencia! (a)** (ingeniosa) what a good idea! **(b)** (disparatada) what were you/they thinking!

ocurrente *adj* witty

ocurrir *v* [I] to happen: *Podría ocurrir algo peor.* Something worse could happen. • *¿Qué ocurrió?* What happened? • *Ha ocurrido un accidente.* There has been an accident. • *Lo que ocurre es que ella se encuentra mal.* The thing is, she's not feeling well.
—**ocurrirse** *v pron* **se me/le ha ocurrido una idea** I've/he's had an idea: *A Lucas se le ocurrió una idea brillante.* Lucas had a brilliant idea. • **¿se te ocurre cómo/dónde...?** can you think how/where...?: *¿A alguien se le ocurre cómo arreglar esto?* Can anyone think how we can fix this? • **se me/le ocurrió que...** I/he thought that... • **¡ni se te ocurra!** don't even think about it!: *¡Ni se te ocurra contárselo a Sara!* Don't even think about telling Sara!

oda *s* ode

odiar *v* [T] to hate: *Odio el queso.* I hate cheese. • **odiar hacer algo** to hate doing sth: *Odio levantarme tan temprano.* I hate getting up so early.

odio *s* hatred • **tenerle odio a algo/alguien** to hate sth/sb

odioso, -a *adj* horrible

odisea *s* **1** (viaje) journey, odyssey (*más frml*) **2** (serie de peripecias) ordeal: *Conseguir un permiso de trabajo es toda una odisea.* Getting a work permit is a real ordeal.

odontología *s* dentistry

odontólogo, -a *s* dental surgeon

oeste¹ *s* west, West

oeste² *adj* west, western

ofender *v* [T] to offend: *No quería ofender a nadie.* I didn't mean to offend anyone.
—**ofenderse** *v pron* to take offense: *Se ofendió.* He took offense.

ofendido, -a *adj* offended

ofensa *s* insult

ofensiva *s* **1** (acción de ataque) offensive • **lanzar una ofensiva contra algo/alguien** to launch an offensive against sth/sb • **pasar a la ofensiva** to go on the offensive • **tomar la ofensiva** to take the offensive **2** (jugadores atacantes) offense

ofensivo, -a *adj* **1** (comentario, tono, gesto) offensive **2** (juego, equipo, táctica) offensive; (arma, guerra, capacidad) offensive

ofensor, -a *s* offender

oferta *s* **1** (ofrecimiento) offer: *Ha recibido una oferta para jugar en el extranjero.* He has received an offer to play abroad. • **hacerle una oferta a alguien** to make sb an offer: *Me han hecho una oferta muy atractiva.* They've made me a very attractive offer. **2** (producto más barato) offer: *Tienen muy buenas ofertas.* They have some very good offers. • **de/en oferta** on special offer: *Hay varios libros en oferta.* There are several books on special offer. • **precio de oferta** special offer price **3** (en economía) supply: *la oferta y la demanda* supply and demand
ofertas de empleo, ofertas de trabajo job vacancies

ofertar *v* [T] to offer

off ▶ **voz en off**

offset *s* offset

offside *s* offside • **estar en offside** to be offside: *Cuando metió el gol estaba en offside.* He was offside when he scored.

oficial¹ *adj* official: *la versión oficial* the official version

oficial² *s* officer: *un oficial del ejército* an army officer

oficialismo *s* **el oficialismo** the ruling party

oficiar *v* **1** [T] (sacerdote) to officiate at **2** [I] (actuar) **oficiar de algo** to act as sth, to officiate as sth (*más frml*)

oficina *s* **1** (lugar de trabajo) office: *Mi mamá está en la oficina.* My mom's at the office. • **en horario de oficina** during office hours **2** (en una institución) office: *Tiene que ir a la oficina de personal.* You have to go to the personnel office.
oficina de correos post office • **oficina de empleo** employment office • **oficina de información** information office • **oficina de turismo** tourist office

oficinista *s* office worker

oficio *s* **1** (trabajo manual) trade: *Su padre le enseñó el oficio.* His father taught him the trade. **2** (profesión) job: *¿Cuál es su oficio?* What is his job? **3** **de oficio** (abogado) duty

EXPRESIONES
sin oficio ni beneficio with no job and no money
oficio religioso religious service

oficioso, -a *adj* unofficial

ofimática *s* office automation

ofrecer *v* [T] **1** (proporcionar) to offer: *¿Qué te puedo ofrecer?* What can I offer you? • *Han ofrecido una recompensa de mil dólares.* They have offered a thousand dollar reward. **2** (presentar) to present: *Este recorrido ofrece alguna dificultad.* This route presents some difficulties. • **ofrecer resistencia** to offer resistance **3** (fiesta, comida) to hold: *Ofrecieron un banquete en su honor.* They held a banquet in his honor.
—**ofrecerse** *v pron* **1** **ofrecerse a/para hacer algo** to offer to do sth: *Se ofreció a cuidar a los niños.* She offered to take care of the children. **2** **¿qué se le ofrece?** can I get you anything?

ofrecimiento *s* offer

ofrenda *s* tribute: *una ofrenda floral* a floral tribute

oftalmología *s* ophthalmology

oftalmólogo, -a *s* ophthalmologist

ofuscación *s* confusion

ofuscar *v* [T] (trastornar) to blind
—**ofuscarse** *v pron* to get upset

ogro *s* ogre

oh *interj* oh

ohmio *s* ohm

oídas de oídas *Lo conozco de oídas.* I've heard of him. • *Solo habla de oídas.* He's only repeating what he's heard.

oído s **1** (órgano) ear: *Tápate los oídos.* Cover your ears. • **al oído** in my/her ear: *Se lo dije al oído.* I said it in his ear. **2** (sentido) hearing: *Los perros tienen el oído muy desarrollado.* Dogs have a highly developed sense of hearing. • **ser duro -a de oído** to be hard of hearing **3** (aptitud) **tener oído** (musical) to have a good ear: *No tengo oído.* I have no ear for music. • **tener oído para la música/los idiomas** to have a good ear for music/languages • **de oído** by ear: *Toca el piano de oído.* He plays the piano by ear.

EXPRESIONES
entrar por un oído y salir por el otro to go in one ear and out the other • **hacer oídos sordos (a algo)** to turn a deaf ear (to sth) • **ser todo -a oídos** to be all ears

oír v **1** (T, I) (percibir) to hear: *Oímos unos ruidos raros.* We heard some strange noises. • *No oí nada.* I didn't hear anything. • *No oía nada.* I couldn't hear anything. • *¿Me oían desde el fondo?* Could you hear me at the back? • **oír hablar de algo/alguien** to hear of sth/sb: *Jamás he oído hablar de él.* I've never heard of him. • **oír bien/mal** to hear well/badly: *No oigo bien.* I can't hear well. **2** (escuchar) to listen to: *Le gusta oír música.* He likes to listen to music. • *No me estás oyendo.* You aren't listening to me.

EXPRESIONES
como lo oyes believe it or not: *-¿Se casa? -Sí, como lo oyes.* "He's getting married?" "Yes, believe it or not." • **como quien oye llover** like water off a duck's back • **me van/me va a oír** they're/he's going to get an earful from me: *Esos niños me van a oír.* Those children are going to get an earful from me. • **¡oiga!** excuse me!: *Oiga ¿cuánto le debo?* Excuse me, how much do I owe you? • **¡oye!** hey!: *¡Oye, ven aquí!* Hey! Come here!

ojal s buttonhole

ojalá interj **1** (para expresar un deseo futuro) *¡Ojalá puedas venir!* I hope you can come! • *¡Ojalá no se enteren!* I hope they don't find out! • *-¿Crees que ganarán? –¡Ojalá!* "Do you think they will win?" "I really hope so!" **2** (para expresar un deseo irrealizable) *¡Ojalá lo supiera!* I wish I knew! • *¡Ojalá lo hubiera comprado!* I wish I'd bought it!

ojeada s glance • **darle/echarle una ojeada a algo** to take a quick look at sth

ojear v (T) to take a quick look at

ojeras s [pl] **tener ojeras** to have bags under your eyes, to have dark rings round your eyes

ojeriza s **tenerle ojeriza a alguien** to dislike sb • **tomarle/agarrarle ojeriza a alguien** to take a dislike to sb

ojeroso, -a adj **estar ojeroso -a** to have bags under your eyes, to have dark rings round your eyes

ojete s **1** (ano) anus **2** (en una prenda, un zapato) eyelet

ojo¹ s **1** (órgano) eye: *Tiene los ojos verdes.* She has green eyes. • *Cierra los ojos.* Close your eyes. **2** (criterio, idea) **tener ojo para algo** to have an eye for sth: *Tiene ojo para los negocios.* He has an eye for business. **3** (cuidado) care: *Pon mucho ojo porque puedes equivocarte.* Be very careful because you could make a mistake. • **tener ojo** to be careful: *Ten mucho ojo, que hay muchos carteristas.* Be really careful because there are a lot of pickpockets around. **4** (de una aguja) eye

EXPRESIONES
a ojo (de buen cubero) *A ojo, deben ser unos 80.* At a guess, I'd say there are about 80 of them. • *Hice el pastel a ojo.* I made the cake without measuring out the ingredients. • **echarle un ojo a algo** to take a look at sth, to have a look at sth: *Échale un ojo al arroz, no se vaya a pasar.* Take a look at the rice in case it's overcooked. • **tenerle echado el ojo a algo/alguien** to have your eye on sth/sb: *Le tengo echado el ojo a un DVD con cinco bocinas.* I have my eye on a DVD player with five speakers. • **salir/costar un ojo de la cara** to cost an arm and a leg • **no pegar ojo, no pegar un/el ojo** not to sleep a wink • **abrirle los ojos a alguien** to open sb's eyes: *Buscan abrirle los ojos a la población sobre el problema de los sin techo.* They aim to open people's

eyes to the problem of homelessness. • **no quitarle/sacarle los ojos de encima a algo/alguien** not to take your eyes off sth/sb: *No le quitaba los ojos de encima a tu hermana.* He didn't take his eyes off your sister. • **poner los ojos en blanco** to roll your eyes • **quedarse con el ojo cuadrado** to be absolutely amazed • **en un abrir y cerrar de ojos** in a flash • **ojo por ojo, diente por diente** an eye for an eye and a tooth for a tooth • **ojos que no ven, corazón que no siente** what somebody doesn't know won't hurt them
ojo de agua spring • **ojo de buey** porthole • **ojo de la cerradura** keyhole • **ojo mágico** (en una puerta) peephole • **ojo morado** black eye: *Le puse el ojo morado.* I gave him a black eye.

ojo² interj be careful, watch out: *¡Ojo, que está muy caliente!* Be careful, it's boiling! • *¡Ojo con el escalón!* Mind the step!

ojota s thongs [pl]

okapi s okapi

okupa s squatter

ola s **1** (del mar) wave: *Una ola me tiró.* I was knocked over by a wave. **2** (de asaltos, atentados, protestas) wave **3** (mirando un partido) **la ola** the wave • **hacer la ola** to do the wave
ola de calor heatwave • **ola de frío** cold spell

olán (tb **holán**) s flounce, frill

oleada s **1** (del mar) wave **2** (de asaltos, atentados, protestas) wave

oleaje s swell

óleo s **1** (material) oil • **pintar al óleo** to paint in oils **2** (cuadro) oil painting

oleoducto s oil pipeline

oler v **1** [I] (tener olor) to smell: *El guiso huele muy bien.* The stew smells really good. • **oler a algo** to smell of sth: *La casa huele a humedad.* The house smells of damp. **2** [T] (percibir) to smell: *Yo no huelo nada.* I can't smell anything. • *Se olía la sopa desde afuera.* You could smell the soup from outside.
—**olerse** v pron (sospechar) to have a feeling: *Me huelo que están planeando algo.* I have a feeling they're planning something.

olfatear v [T] **1** (oler) to sniff **2** (rastrear) to smell out • **olfatear una presa** to smell out a prey

olfato s **1** (sentido) smell **2** (intuición) **tener olfato para los negocios** to have a nose for business

oligarquía s oligarchy (pl -chies)

oligoelemento s trace element

olimpiada, **olimpíada** s **las Olimpiadas** the Olympics, the Olympic Games

olímpicamente adv (con altanería) *Ignora olímpicamente las críticas.* She takes absolutely no notice of criticism. • *Despreció olímpicamente a sus adversarios.* He showed utter contempt for his opponents.

olímpico, -a adj **1** (de las Olimpiadas) **un deporte olímpico** an Olympic sport • **el campeón/la campeona olímpica** the Olympic champion **2** (altivo) total: *un desprecio olímpico* utter contempt

olisquear v [T] to sniff

oliva s olive ▶ **ACEITE de oliva**

olivar s olive grove

olivo s (árbol) olive tree • **una rama de olivo** an olive branch

olla s pot ▶ ver ilustración en la página 1344
EXPRESIONES
ser una olla de grillos to be total chaos • **ser/destapar una olla podrida** to be riddled with corruption/to expose corruption • **estar en la olla (a)** (sin dinero) to be broke **(b)** (con graves problemas) to be in the soup
olla a presión, olla exprés pressure cooker

olmo s elm

ollas

muffin pan
molde para muffin

griddle
plancha (para cocinar)

lid
tapa

casserole dish
cacerola/fuente para horno

handle
asa

saucepan
olla, cacerola

frying pan/skillet
sartén

roasting pan
bandeja de horno

olor *s* smell: *¡Qué olor tan horrible!* What a horrible smell! • **tener olor a ajo/a naftalina** to smell of garlic/of mothballs • **tener olor a podrido/a humedad** to smell rotten/damp: *Toda la ropa tenía olor a humedad.* All the clothes smelled damp. • **aquí hay olor a gas/pescado** it smells of gas/fish in here: *En su habitación había olor a tabaco.* It smelled of cigarettes in his room.
olor corporal body odor

oloroso, -a *adj* scented

olote *s* cob, corncob

olvidadizo, -a *adj* forgetful

olvidado, -a *adj* forgotten

olvidar *v* [T] to forget: *Nunca lo voy a olvidar.* I'll never forget him.
—**olvidarse** *v pron* **1** (no recordar) to forget • **se me olvidó algo/me olvidé de algo** I've forgotten sth/about sth: *Se me ha olvidado la combinación.* I've forgotten the combination. • *No te olvides de la reunión.* Don't forget about the meeting. • *Se me había olvidado lo de tu alergia.* I had forgotten about your allergy. • **olvidarse de alguien** to forget about sb: *Ya se ha olvidado de él.* She's already forgotten about him. • **se me olvidó hacer algo/me olvidé de hacer algo** I forgot to do sth: *Se me olvidó comprar el pan.* I forgot to buy bread. • *No te olvides de llamarla.* Don't forget to call her. **2** (dejarse) **se me olvidó el paraguas/el abrigo** I left my umbrella/my coat behind.

¿forget o leave?
forget es el verbo general para "olvidar": *I forgot my passport.*
Cuando se especifica el lugar donde uno se ha dejado olvidado algo, se debe usar el verbo leave: *I left my passport at home.*

olvido *s* **1** (descuido) oversight: *Fue simplemente un olvido.* It was just an oversight. **2** (abandono) oblivion • **caer en el olvido** to fall into oblivion

Omán Oman

omaní *s, adj* Omani

ombligo *s* navel, belly button

EXPRESIONES
creerse el ombligo del mundo to think the world revolves around you

omega *s* omega

omelette *s* omelet, omelette: *omelette de queso* cheese omelet

omisión *s* omission

omitir *v* [T] to leave out, to omit (*más frml*): *No omitió ningún detalle.* He didn't leave out a single detail. • **omitir hacer algo** to fail to do sth: *Omitió mencionar que*

el servicio no estaba incluido. He failed to mention that service was not included.

ómnibus, omnibús *s* (urbano) bus (pl buses) • **en ómnibus** by bus, on the bus

omnipotencia *s* omnipotence

omnipotente *adj* omnipotent

omnipresencia *s* omnipresence

omnipresente *adj* omnipresent

omnisciente *adj* omniscient

omnívoro[1], -a *adj* omnivorous

omnívoro[2] *s* omnivore

omoplato (tb **omóplato**) *s* shoulder blade

ONG *s* (sigla de **Organización No Gubernamental**) NGO

once *núm* **1** (numero, cantidad) eleven **2** (en fechas) eleventh

oncología *s* oncology

oncológico, -a *adj* oncological

oncólogo, -a *s* oncologist

onda *s* **1** (en física) wave **2** (en el pelo) wave **3** (en el agua) ripple **4** (ambiente) *Ese lugar tiene muy buena onda.* That place is really cool. • *una disco con mucha onda* a really cool club

EXPRESIONES
buena/mala onda *Su familia es muy buena onda.* Her family is really great. • *Me pareció un lugar mala onda.* That place gave me bad vibes. • **tener (buena) onda con alguien** to get along with sb: *Tiene muy buena onda con sus padres.* He gets along very well with his parents. • *No tuvieron onda.* They didn't click. • **tener mala onda con alguien** not to get along with sb: *Tengo mala onda con mi primo.* I don't get along with my cousin. • **agarrarle la onda a algo** to get the hang of sth • **¿qué onda?** *¿Qué onda, güey?* How's things, buddy? • *¿Qué onda con la fiesta?* How was the party? • *¿Qué onda con Daniela?* How's it going with Daniela? • **¡qué buena onda!** great! • **¡qué mala onda!** what a bummer! • **me/lo saca de onda** it really bugs me/him: *Me saca de onda que te hable así.* It really bugs me when he speaks to you like that.
onda corta short wave • onda expansiva shock wave • onda larga long wave

ondear *v* **1** [I] (moverse) to flutter **2** [T] (mover) to wave

ondulación *s* undulation

ondulado, -a *adj* **1** (pelo) wavy **2** (terreno) undulating

ondulante *adj* **1** (movimiento, vuelo) undulating **2** (terreno, superficie) undulating

ondular *v* [T] (rizar) to curl
—**ondularse** *v pron* (rizarse) to go curly

ónice (tb **ónix**) *s* onyx

onírico, -a *adj* (mundo) dream-like

online *adj* online: *música online* online music

onomástico *s* **1** (día del santo) name day, saint's day **2** (cumpleaños) birthday

onomatopeya *s* onomatopoeia

onomatopéyico, -a *adj* onomatopoeic

onza *s* (unidad de peso) ounce

ONU *s* (sigla de **Organización de las Naciones Unidas**) la **ONU** the UN

OPA *s* (sigla de **Oferta Pública de Adquisición**) takeover bid
opa hostil hostile takeover bid

opaco, -a *adj* **1** (no transparente) opaque **2** (no brillante) dull

ópalo *s* opal

opción *s* **1** (elección) option: *No me dieron opción.* They didn't give me any option. **2** (derecho) right • **tener opción a algo** to have the right to sth • **con opción a**

compra with the right to buy   **3** (posibilidad) **darle opción a alguien** to give sb a chance: *No le dieron opción a Alemania en la final.* They didn't give Germany a chance in the final.
opción de compra call option

opcional *adj* optional

open *s* open • **un open de golf/tenis** a golf/tennis open tournament • **el Open de Estados Unidos** the US Open

ópera *s* opera

operación *s*   **1** (en cirugía) operation: *una operación de apéndice* an appendix operation   **2** (en finanzas, negocios) transaction   **3** (en matemáticas) operation   **4** (militar) operation
operación tortuga go-slow • operación hormiga form of protest in which those involved enter a site a few at a time, so as to avoid detection

operacional *adj* operational

operador, -a *s*   **1** (telefonista) operator   **2** (cámara) **operador** cameraman (pl cameramen) • **operadora** camerawoman (pl camerawomen)
operador -a turístico -a tour operator

operar *v* [T, I]   **1** (a un paciente) to operate: *Los médicos decidieron operar.* The doctors decided to operate. • **operar a alguien** *Lo van a operar.* They are going to operate on him. • *Me tienen que operar.* I have to have an operation. • **operar a alguien de algo** *Lo operaron de las amígdalas.* He had his tonsils out. • *La van a operar del corazón.* She is going to have heart surgery.   **2** [T] (cambios, mejoras) to bring about: *Esperan operar cambios importantes en la sociedad.* They are hoping to bring about significant changes in society.   **3** [I] (funcionar, actuar) to operate: *empresas que operan en Internet* companies that operate on the Internet
—**operarse** *v pron* to have an operation • **operarse de algo** *Mi abuela se ha operado de una hernia.* My grandmother's had a hernia operation.

operario, -a *s* worker

operativo[1] *s* operation • **un operativo de seguridad/de rescate** a security/rescue operation

operativo[2]**, -a** *adj*   **1** (beneficio, margen) operating: *un margen operativo del 10 por ciento* an operating margin of 10 percent   **2** (medidas, servicio) operational ► SIS-TEMA **operativo**

opereta *s* operetta

opinar *v*   **1** [T] (pensar) to think: *Opino lo mismo que tú.* I think the same as you.   **2** [I] (dar su opinión) to express your opinion: *Prefiero no opinar.* I prefer not to express my opinion.

opinión *s* opinion • **cambiar de opinión** to change your mind: *¿Por qué has cambiado de opinión?* Why have you changed your mind? • **en mi/su opinión** in my/his opinion: *¿Qué sería lo mejor en tu opinión?* What would be the best thing, in your opinion? • **tener buena/mala opinión de algo/alguien** to have a high/low opinion of sth/sb
la opinión pública public opinion

opio *s* (droga) opium

opíparo, -a *adj* sumptuous

oponente *s* opponent

oponer *v* [T] **oponer resistencia** to put up resistance
—**oponerse** *v pron* to object: *Nadie se ha opuesto hasta ahora.* Nobody has objected so far. • **oponerse a algo** **(a)** (declarar la oposición, interponerse) to oppose sth: *Se opusieron a la propuesta.* They opposed the proposal. **(b)** (estar en contra de) to be against sth: *Sus padres se oponían a que trabajara.* Her parents were against her working.

oportunamente *adv* at the right time

oportunidad *s*   **1** (ocasión) chance, opportunity (pl -ties): *Aproveché la oportunidad para pedirle que me devolviera el libro.* I took the opportunity to ask him for my book back. • *Le dieron otra oportunidad.* They gave her another chance. • **en más de una oportunidad**

on more than one occasion: *Se lo he dicho en más de una oportunidad.* I've told him on more than one occasion.   **2** (oferta) offer, bargain: *¡Oportunidad única! Celulares desde 50 dólares.* Amazing offer! Cell phones from 50 dollars. • **de oportunidad** on special offer, at a bargain price: *computadores portátiles de oportunidad* laptops at bargain prices

oportunismo *s* opportunism

oportunista[1] *adj* opportunistic

oportunista[2] *s* opportunist

oportuno, -a *adj* timely: *una visita muy oportuna* a very timely visit • *Llegó en el momento oportuno.* He arrived at just the right moment.

oposición *s*   **1** (resistencia, rechazo) opposition: *Hubo mucha oposición a la medida.* There was a lot of opposition to the measure.   **2** (en política) **la oposición** the opposition   **3** (para ocupar un cargo) competitive examinations for people who want public sector jobs

opositor, -a *s*   **1** (oponente) opponent   **2** (en unas oposiciones) a candidate who sits a competitive exam for a public sector job

opresión *s* oppression

opresivo, -a *adj* oppressive

opresor[1]**, -a** *adj* oppressive

opresor[2]**, -a** *s* oppressor

oprimido[1]**, -a** *adj* oppressed

oprimido[2]**, -a** *s* **los oprimidos** the oppressed

oprimir *v* [T]   **1** (someter) to oppress   **2** (una tecla, un botón) to press

optar *v* [I]   **1** (elegir) to choose • **optar por hacer algo** to choose to do sth: *Opté por quedarme callada.* I chose to keep quiet.   **2** (aspirar) **optar a algo** to aspire to sth: *Opta al cargo de presidenta.* She aspires to the presidency.

optativo, -a *adj* (asignatura, curso) optional

óptica *s*   **1** (tienda) optometrist's   **2** (disciplina) optics [+v en sing]   **3** (punto de vista) viewpoint

óptico[1]**, -a** *adj*   **1** (fenómeno, efecto) optical   **2** (mouse, sensor) optical ► FIBRA **óptica**, ILUSIÓN **óptica**

óptico[2]**, -a** *s* optometrist

optimismo *s* optimism: *Tenía mucho optimismo.* He was full of optimism.

optimista[1] *adj* optimistic

optimista[2] *s* optimist

optimizar *v* [T] to optimize

óptimo, -a *adj* optimum

optometrista *s* optometrist: *Tengo que ir al optometrista.* I have to go to the optometrist.

opuesto, -a *adj*   **1** (sentido, extremo) opposite: *Iba en sentido opuesto.* She was going in the opposite direction.   **2** (contradictorio – versiones, opiniones) conflicting   **3** (diferente – caso, efecto) opposite   **4** (en desacuerdo) **opuesto -a a algo** opposed to sth

EXPRESIONES
lo opuesto de algo the opposite of sth: *Hizo lo opuesto de lo que prometió.* He did the opposite of what he promised.

opulencia *s* opulence

opulento, -a *adj* opulent

oración *s*   **1** (en gramática) sentence   **2** (plegaria) prayer • **rezar una oración** to say a prayer

orador, -a *s* speaker

oral *adj* (examen, tradición) oral; (lenguaje) spoken

órale *interj*   **1** (para expresar sorpresa) wow!: *¡Órale, les ganaron 5–0!* Wow! They beat them 5–0!   **2** (para expresar acuerdo) okay, all right: *–¿Vamos al cine? –Órale.* "Do you want to go to the movies?" "Okay."   **3** (para animar a alguien) come on!: *¡Órale! ¡Sí puedes!* Come on! You can do it!

orangután *s* orangutan

órbita *s* **1** (de un planeta) orbit • **en órbita** in orbit **2** (del ojo) eye socket

orca *s* killer whale

órdago **de órdago** (muy bueno) fantastic; (muy grande) huge

orden[1] *s* [masc] **1** (lo contrario de desorden) order • **mantener el orden** to keep order • **poner algo en orden** (las ideas, la vida) to put sth in order; (un lugar) to tidy sth up **2** (secuencia) order • **en/por orden alfabético/ cronológico** in alphabetical/chronological order • **en orden ascendente/descendente** in ascending/ descending order • **en/por orden de importancia/ preferencia** in order of importance/preference **3** (social, natural) order

EXPRESIONES

del orden de around: *un presupuesto del orden de 40 millones de dólares* a budget of around 40 million dollars • **un destino turístico de primer/segundo orden** a first-rate/second-rate tourist destination • **un problema de primer/segundo orden** a major/minor problem • **de orden personal/ideológico** of a personal/ ideological nature • **en orden** (sin problemas) in order; (ordenado) neat: *Todo está en orden.* Everything's in order. • *La habitación estaba limpia y en orden.* The room was clean and neat. • **llamar al orden a alguien** to call sb to order • **sin orden ni concierto** chaotically orden del día agenda • el orden establecido the established order • orden público law and order

orden[2] *s* [fem] **1** (mandato) order • **darle una orden a alguien** to give sb an order • **cumplir/obedecer una orden** to obey an order • **tener orden de hacer algo** to have orders to do sth • **por orden de alguien** on sb's orders: *He venido por orden de la directora.* I've come on the principal's orders. • **estoy a sus órdenes** I'm at your service **2** (judicial) warrant • **una orden de registro/arresto** a search warrant/an arrest warrant **3** (religiosa) order

EXPRESIONES

estar a la orden del día to be the order of the day orden de pago payment order

ordenación *s* **1** (disposición) arranging; (planificación) planning **2** (de un sacerdote) ordination

ordenada *s* ordinate

ordenado, -a *adj* (persona, lugar) tidy

ordenamiento *s* (disposición) arranging; (planificación) planning

ordenanza *s* **1** (norma) regulations [pl] **2** (by) law **3** (empleado – hombre) office boy; (mujer) office girl

ordenar *v* [T] **1** (la habitación, la casa) to tidy; (los juguetes) to tidy away **2** (disponer) to arrange • **ordenar algo alfabéticamente/cronológicamente** to put sth in alphabetical/chronological order **3** (dar una orden) to order: *El juez ordenó el cierre de la discoteca.* The judge ordered the closure of the club. • **ordenarle a alguien que haga algo** to order sb to do sth **4** (a un sacerdote) to ordain
—**ordenarse** *v pron* (sacerdote) to be ordained

ordeñar *v* [T] to milk

ordinal[1] *adj* ordinal

ordinal[2] *s* ordinal, ordinal number

ordinario[1], -a *adj* **1** (de mala calidad – tela, zapatos) cheap **2** (persona, comportamiento – grosero) rude; (poco refinado en los modales) common: *¡No seas ordinario!* Don't be rude! • *gente muy ordinaria* vulgar people **3** (habitual) ordinary

EXPRESIONES

de ordinario usually: *No estaba tan tranquila como de ordinario.* She wasn't as quiet as she usually is.

ordinario[2], -a *s* **ser un ordinario/una ordinaria** (grosero) to be rude; (poco refinado en los modales) to be common

orégano *s* oregano

oreja *s* **1** (parte del oído) ear: *Tiene orejas grandes.* He has big ears. **2** (infiltrado) spy (pl spies) **3** (de una calle) ramp

orejera *s* **1** orejeras [pl] ear muffs **2** (en un gorro) ear flap

orejón, -ona *adj* with big ears • **ser orejón -ona** to have big ears

orfanato (tb **orfelinato**) *s* orphanage

orfebre *s* (de oro) goldsmith; (de plata) silversmith

orfebrería *s* **1** (obras – de oro) goldwork; (de plata) silverwork **2** (arte – de oro) goldsmithery; (de plata) silversmithery

orfeón *s* choral group

orgánico, -a *adj* **1** (residuos, proceso) organic **2** (alimento, huerta) organic

organigrama *s* (de una empresa) organization chart

organismo *s* **1** (en biología) organism **2** (cuerpo) system • **ser bueno -a/malo -a para el organismo** to be good/bad for the system **3** (organización) organization

organista *s* organist

organización *s* **1** (orden, planificación) organization **2** (entidad) organization • **una organización benéfica** a charity • **una organización sin fines de lucro** a non-profit organization, a not for profit organization organización no gubernamental a non-government organization

organizador[1], -a *s* organizer

organizador[2], -a *adj* (comité, entidad) organizing: *el comité organizador* the organizing committee

organizar *v* [T] **1** (un campeonato, una reunión) to organize **2** (ordenar) to organize **3** (una pelea, un escándalo) to cause
—**organizarse** *v pron* (persona) to get organized

órgano *s* **1** (del cuerpo) organ **2** (instrumento musical) organ

orgasmo *s* orgasm • **llegar al orgasmo** to reach orgasm

orgía *s* orgy (pl -gies)

orgullo *s* **1** (satisfacción) pride • **llenar a alguien de orgullo** to make sb very proud **2** (engreimiento) pride • **tragarse el orgullo** to swallow your pride **3** (persona) pride: *Es el orgullo de su familia.* He's the pride of his family.

orgulloso, -a *adj* **1** (satisfecho) proud • **estar orgulloso -a de algo/alguien** to be proud of sth/sb **2** (creído) proud

orientación *s* **1** (consejo) guidance **2** (tendencia) orientation **3** (especialización) specialty • **con orientacion en** specializing in **4** (de una casa, una habitación) **tener orientación norte/sur** to face north/south orientación profesional careers advice • orientación sexual sexual orientation

orientado, -a *adj* **1** (casa, habitación) **estar orientado -a hacia el norte/el sur** to face north/south **2** (dirigido, enfocado) **orientado -a a hacer algo** aimed at doing sth: *políticas orientadas a fomentar el desarrollo* policies aimed at promoting development

oriental[1] *adj* **1** (del este) eastern **2** (de los países asiáticos) Oriental

oriental[2] *s* (de un país asiático) Asian

orientar *v* [T] **1** (aconsejar) **orientar a alguien** to give sb guidance **2** (para llegar a un lugar) **orientar a alguien** to give sb directions **3** (colocar) **orientar algo hacia algo** to point sth toward sth **4** (encaminar, guiar) to direct

—**orientarse** *v pron* **1** (encontrar la dirección) to find your way: *No me oriento en la oscuridad.* I can't find my way in the dark. **2** (encaminarse) **orientarse a/hacia algo** to be aimed at sth

orientativo, -a *adj* (ejemplo) illustrative; (cifras, normas) for guidance

oriente *s* **1** (este) east **2 Oriente** (conjunto de países) the East
Oriente Medio the Middle East

orificio *s* hole: *un orificio de bala* a bullet hole • **los orificios de la nariz** the nostrils

origen *s* **1** (procedencia) origin: *colonos de origen europeo* colonists of European origin • **ser de origen humilde** to come from a humble background **2** (de un problema, una enfermedad) cause • **dar origen a algo** to give rise to sth **3** (de una tradición, una costumbre) origin **4 en sus orígenes** originally

original[1] *adj* **1** (novedoso) original: *un vestido muy original* a very original dress **2** (de origen, primitivo) original: *No es el texto original.* It's not the original text.

original[2] *s* original: *Hicieron tres copias del original.* They made three copies of the original.

originalidad *s* (cualidad) originality

originar *v* [T] to cause
—**originarse** *v pron* to start

originario, -a *adj* **ser originario -a de** to be originally from: *Es originario de Medellín.* He's originally from Medellín.

orilla *s* **1** (del mar, de un lago) shore • **la orilla del mar** the seashore • **a orillas del mar** by the sea ▶ ver nota en **SHORE 2** (de un río) bank • **la orilla del río** the riverbank • **a/en la orilla del río** on the banks of the river **3** (de un camino) side • **la orilla del camino** the roadside

orillarse *v* to pull over: *La camioneta negra, oríllese a la derecha.* The black van, pull over on the right, please.

orín *s* (óxido) rust

orina *s* urine

orinal *s* **1** (para niños) potty (pl -tties) **2** (en un hospital) bedpan

orinar *v* **1** [I] to urinate **2** [T] **orinar sangre** to pass blood
—**orinarse** *v pron* to wet yourself

ornamentación *s* **1** (actividad) decoration **2** (objetos) ornamentation

ornamental *adj* (para ornamentar) ornamental

ornitología *s* ornithology

ornitólogo, -a *s* ornithologist

oro *s* **1** (metal) gold • **un anillo/un reloj de oro** a gold ring/watch • **un anillo/un reloj bañado en oro** a gold-plated ring/watch **2** (medalla) gold **3 oros** [pl] one of the four suits in the Spanish pack of cards.
EXPRESIONES
un corazón/una oportunidad de oro a heart of gold/a golden opportunity • **la edad/el siglo de oro** the Golden Age • **prometer/pedir el oro y el moro** to promise the earth/ask for the moon • **no lo haría ni por todo el oro del mundo** I wouldn't do it for anything in the world

orografía *s* **1** (disciplina) orography **2** (conjunto de montes) mountains [pl]

orozuz *s* licorice

orquesta *s* **1** (de música clásica) orchestra • **una orquesta sinfónica/filarmónica** a symphony/philharmonic orchestra • **una orquesta de cámara** a chamber orchestra **2** (de jazz) band

orquídea *s* orchid

ortiga *s* nettle

ortodoncia *s* **1** (especialidad) orthodontics [+v en sing] **2** (tratamiento) orthodontic treatment

ortodoxo, -a *adj* **1** (en lo ideológico, religioso) orthodox • **poco ortodoxo -a** unorthodox **2** (relacionado con la iglesia cristiana) Orthodox

ortografía *s* spelling: *Tiene muy buena ortografía.* She's very good at spelling. ▶ **FALTA de ortografía**

ortográfico, -a *adj* spelling: *un error ortográfico* a spelling mistake

ortopedia *s* (técnica) orthopedics [+v en sing]

ortopédico, -a *adj* (zapato) orthopedic; (brazo, pierna) artificial

oruga *s* (larva) caterpillar

orujo *s* (residuo – de la uva) the residue left after pressing grapes; (de oliva) the residue left after pressing olives

orzuela *s* split ends [pl]

orzuelo *s* sty: *Me salió un orzuelo.* I got a sty.

osadía *s* **1** (cualidad) daring **2** (hecho, dicho) audacity • **tener la osadía de hacer algo** to have the audacity to do sth

osado, -a *adj* daring

oscilar *v* [I] **1** (temperatura, precio) **oscilar entre algo y algo** to range between sth and sth: *Las edades oscilan entre 15 y 18 años.* Their ages range between 15 and 18 years old. **2** (péndulo) to swing

oscuras a oscuras in the dark • **quedarse a oscuras** to be left in darkness • **dejar un lugar a oscuras** to leave somewhere in darkness

oscurecer *v* **1** [I] (anochecer) to get dark: *En verano oscurece más tarde.* It gets dark later in summer. **2** [T] (volver más oscuro) to darken
—**oscurecerse** *v pron* (cielo) to grow dark; (pelo, madera, cuero) to get darker: *Se me ha oscurecido el pelo.* My hair has gotten darker.

oscuridad *s* darkness • **en la oscuridad** in the dark • **tenerle miedo a la oscuridad** to be afraid of the dark

oscuro, -a *adj* **1** (color) dark • **verde/rojo oscuro** dark green/red **2** (sin luz) dark: *una noche oscura* a dark night • **está oscuro** it's dark **3** (confuso) obscure: *lenguaje oscuro* obscure language

óseo, -a *adj* bone [solo ante s]: *un tumor óseo* a bone tumor ▶ **MÉDULA ósea**

ósmosis *s* (en física) osmosis • **por osmosis** by osmosis

oso, -a *s* bear
EXPRESIONES
hacer el/un oso (quedar en ridículo) to make a fool of yourself • **¡qué oso!** how embarrassing!, how awful!
oso de peluche teddy bear • **la Osa Mayor** the Big Dipper • **la Osa Menor** the Little Dipper • **oso hormiguero** anteater • **oso panda** panda • **oso polar** polar bear

ostentación *s* ostentation • **hacer ostentación de algo** to flaunt sth

ostentoso, -a *adj* showy, ostentatious (*más frml*)

osteoporosis *s* osteoporosis

ostión *s* scallop

ostra *s* (molusco) oyster
EXPRESIONES
aburrirse como una ostra to be bored stiff

OTAN *s* (sigla de **Organización del Tratado del Atlántico Norte**) **la OTAN** NATO

otitis *s* ear inflammation • **tener otitis** to have an ear inflammation

otoñal *adj* (clima, paisaje) fall, autumn [solo ante s]: *una tarde otoñal* an autumn afternoon

otoño *s* fall, autumn

otorgar *v* [T] **1** (un premio, una beca) to award • **otorgarle algo a alguien** to award sb sth **2** (un permiso, un crédito, asilo) to grant • **otorgarle algo a alguien** to grant sb sth

otorrino, -a (tb **otorrinolaringólogo**) s ear, nose and throat specialist

otra *interj* (pidiendo un bis) encore

otro[1], -a *adj* **1** (precedido de artículo, posesivo o determinante) other: *el otro guante* the other glove • *mis otras amigas* my other friends • *Como muchas otras personas, no estoy de acuerdo con la decisión.* Like many other people, I don't agree with the decision. • *en muchos otros lugares* in many other places **2** (sin artículo ni posesivo – con un sustantivo contable en singular) another; (con un sustantivo contable en plural) other; (si el sustantivo plural va precedido de un número) another: *¿Quieres otro café?* Would you like another cup of coffee? • *la gente de otros países* people from other countries • *Vinieron otras tres niñas.* Another three girls came. • **otro día** another day • **otra cosa/persona** something/someone else; (en las formas interrogativa y negativa) anything/anyone else: *Te voy a contar otra cosa.* I'll tell you something else. • *Pregúntale a otra persona.* Ask someone else. • **otro lugar** somewhere else; (en las formas interrogativa y negativa) anywhere else: *Ponlo en otro lugar.* Put it somewhere else. **3** (siguiente) next: *Tienes que girar en la otra calle.* You have to turn into the next street. • **al otro día** the next day **4** (pasado) other • **el otro día** the other day

otro[2], -a *pron* (objeto, persona – en las formas interrogativa y negativa) another one: *¿Quieres otro?* Do you want another one? • *No quiero otra.* I don't want another one. • *La dejó por otra.* He left her for another woman. • *Pídeselo a alguna otra.* Ask someone else. • **el otro/la otra** the other one *Me gusta más el otro.* I like the other one better. • *Uno se quiere ir y el otro se quiere quedar.* One of them wants to go and the other one wants to stay. • **otros/otras** (en las formas interrogativa y negativa) any others: *Estos no me gustan. ¿Tienes otros?* I don't like these. Do you have any others? • *No tengo otros.* I don't have any others. • **los otros/las otras** the others: *Las otras son más baratas.* The others are cheaper. • *Los otros se fueron temprano.* The others left early. • **muchos otros/muchas otras** many others • **pareces/parece otro** you look/he looks like a different person

ovación s ovation

ovacionar *v* [T] **ovacionar a alguien** to give sb an ovation

oval *adj* oval

ovalado, -a *adj* oval

óvalo s oval

ovario s ovary (pl -ries)

oveja s sheep (pl sheep)

EXPRESIONES
la oveja negra (de la familia) the black sheep (of the family)

ovejero (tb **ovejero alemán**) s German shepherd, Alsatian

overbooking s overbooking

overol s (de trabajo) coveralls [pl], overalls [pl]

ovillo s ball

EXPRESIONES
hacerse un ovillo to curl up in a ball

ovino, -a *adj* sheep [solo ante s]: *ganado ovino* sheep

ovíparo, -a *adj* oviparous

ovni s (sigla de **objeto volador no identificado**) UFO

ovovivíparo, -a *adj* ovoviviparous

ovulación s ovulation

ovular *v* [I] to ovulate

óvulo s **1** (célula sexual) egg **2** (medicamento) pessary (pl -ries)

oxidación s (herrumbre) rusting; (en química) oxidation

oxidado, -a *adj* rusty

oxidante *adj* oxidizing

oxidarse *v pron* **1** (metal) to go rusty **2** (manzana, aguacate) to discolor; (aceite) to oxidize

oxigenación s oxygenation

oxigenado, -a *adj* ▶ AGUA **oxigenada**

oxígeno s oxygen

oyente s **1** (de radio) listener **2** (alumno) unregistered student • **asistir al curso de oyente** to sit in on classes

ozono s ozone ▶ AGUJERO de ozono, CAPA de ozono

P p

P, **p** s P, p

pabellón s **1** (en un hospital, una cárcel) wing; (en una exposición, una feria) pavilion **2** (bandera de un barco) flag **3 pabellón (auricular)** outer ear
pabellón de deportes gymnasium hall

pacer v [I, T] to graze

pachanga s **1** (fiesta, juerga) party (pl -ties) • **irse de pachanga** to go out on the town **2** (desorden) **ser una pachanga** to be total chaos

pachanguero, -a adj (música) catchy

pacheco¹, -a adj stoned

pacheco², -a s junkie

pachorra s lethargy

paciencia s patience • **¡paciencia!** be patient! • **tener paciencia (con alguien)** to be patient (with sb) • **perder la paciencia** to lose your patience • **se me/le acabó la paciencia** I've lost my/he's lost his patience

paciente s, adj patient

pacificación s pacification: *medidas para la pacificación de la región* measures designed to bring peace to the region • **plan/proceso de pacificación** peace plan/process

Pacífico s **el (océano) Pacífico** the Pacific (Ocean)

pacífico, -a adj **1** (solución, manifestación, grupo) peaceful **2** (persona) peace-loving

pacifismo s pacifism

pacifista adj, s pacifist

pacotilla **de pacotilla** second-rate

pactar v **1** [T] (acordar) to agree; (negociar) to negotiate **2** [I] (llegar a un acuerdo) to come to an agreement

pacto s agreement • **hacer un pacto** to make an agreement

paddle (tb **pádel**) s paddle tennis • **jugar (al) paddle** to play paddle tennis

padecer v **1** [T] (un dolor, una enfermedad, un trastorno) to have **2** [T] (un problema, una amenaza, una crisis) to suffer from; (discriminación, torturas) to suffer **3** [I] (sufrir) to suffer • **padecer de diabetes/epilepsia** to have diabetes/epilepsy • **padecer de dolores** to have pain

padecimiento s (de un problema, un dolor) suffering

padrastro s **1** (persona) stepfather **2** (piel) hangnail

padre¹ s **1** (papá) father: *el padre de Lucía* Lucía's father **2 padres** [pl] (padre y madre) parents: *Mis padres están divorciados.* My parents are divorced. **3** (sacerdote) Father: *el padre Andrés* Father Andrés

padre² adj great, cool: *Tu auto está muy padre.* Your car's really cool. • **¡qué padre!** that's great!

padrenuestro s Lord's Prayer • **rezar el padrenuestro** to say the Lord's Prayer • **rezar tres/cuatro padrenuestros** (como penitencia) to say three/four Our Fathers

padrino s **1** (de bautismo) godfather • **padrinos** (padrino y madrina) godparents **2** (de boda) the man who gives away the bride

padrón s (lista) electoral register; (censo) census (pl -ses)

paella s (plato) paella

pág. (abrev de **página**) p.

pagado, -a adj *Ya está todo pagado.* Everything's been paid for. • *un viaje con todos los gastos pagados* an all expenses paid trip

pagano, -a adj, s pagan

pagar v **1** [I, T] (una cuenta, el alquiler, una suma de dinero) to pay; (hablando de algo que se compra) to pay for: *Le pagué 500 pesos.* I paid him 500 pesos. • *Tenemos que pagar las bebidas.* We have to pay for the drinks. • *Se fue sin pagar.* He left without paying. • **pagar en efectivo** to pay cash • **pagar con tarjeta/con cheque** to pay by credit card/by check **2** [I, T] (por un trabajo) to pay: *¿Cuánto te pagan?* How much do they pay you? • *Todavía no me han pagado.* I still haven't been paid. **3** [T] (un favor) **pagarle algo a alguien** to repay sb for sth: *¿Cómo puedo pagarte esto?* How can I repay you for this? **4** [I, T] (por un delito, una falta) to pay for

me las pagarás/pagará you'll/he'll pay for this

pagaré s promissory note

página s (de un libro, un cuaderno) page: *Está en la página ocho.* It's on page eight.
las páginas amarillas® the Yellow Pages® • **página web** web page

paginación s pagination

pago¹, -a adj paid: *un viaje con todos los gastos pagos* an all expenses paid trip

pago² s (de un sueldo, una cuota) payment • **en un pago/en dos pagos** in one payment/in two payments
pago por evento pay per view

pagoda s pagoda

país s country (pl -tries)

paisaje s **1** (panorama, vista) scenery; (hablando de características geográficas) landscape: *¡Qué bonito paisaje!* What beautiful scenery! • **un paisaje de montaña** a mountain landscape **2** (cuadro) landscape

paisano, -a s **1** (del mismo país – hombre) fellow countryman; (mujer) fellow countrywoman • **paisanos** (hombres y mujeres) fellow countrymen and countrywomen **2** (del mismo pueblo, de la misma región – hombre) man from the same area; (mujer) woman from the same area • **paisanos** (hombres y mujeres) people from the same area

(vestido -a) de paisano (policía) (dressed) in plain clothes; (militar) (dressed) in civilian clothes: *un agente de paisano* a plain-clothes policeman

Países Bajos **los Países Bajos** the Netherlands

paja s **1** (material) straw • **un sombrero de paja** a straw hat • **un techo de paja** a thatched roof **2** (brizna) piece of straw: *Me ha entrado una paja en el ojo.* I've got a piece of straw in my eye. **3** (en un texto, en un examen) padding; (en un discurso) gab • **hablar paja** to waffle • **ser pura paja** to be all lies **4** (masturbación) **hacerle una/la paja a alguien** to jerk sb off • **hacerse una/la paja** to jerk off

mirar/ver la paja en el ojo ajeno to concentrate on sb else's mistakes rather than your own

pajar s barn

pajarería s (establecimiento) pet store

pajarita s (corbata) bow tie

pajarito s **me contó/dijo un pajarito que...** a little bird has told me that...

pájaro s **1** (ave) bird **2** (granuja) crafty devil

matar dos pájaros de un tiro to kill two birds with one stone • **no seas pájaro de mal agüero** stop imagining the worst
pájaro carpintero woodpecker

paje s **1** (criado) page **2** (en una boda) pageboy

pajita (tb **pajilla**) s (para beber) straw

pajizo, -a adj (color) straw-colored

Pakistán Pakistan

pakistaní *adj, s* Pakistani

pala *s* **1** (para recoger tierra, nieve) shovel; (para cavar) spade **2** (de un remo, una hélice) blade **3** (frontón) racketball
  pala mecánica excavator

palabra *s* **1** (término) word: *una palabra de seis letras* a six-letter word **2** (promesa) word: *Te doy mi palabra.* I give you my word. • **¡palabra!** I swear! • **cumplir con su palabra** to keep your word **3** (turno para hablar) **darle la palabra a alguien** to give sb the floor • **pedir la palabra** to ask for the floor • **tomar la palabra** to speak
  EXPRESIONES
  tomarle la palabra a alguien to keep sb to their word • **no cruzar palabra** not to say a word to one another • **un acuerdo de palabra** a verbal agreement • **un hombre/una mujer de palabra** a man of his word/a woman of her word • **un hombre/una mujer de pocas palabras** a man/woman of few words • **en pocas palabras** in a nutshell • **dirigirle la palabra a alguien** to speak to sb • **dejar a alguien con la palabra en la boca** to leave sb in mid-sentence • **quitarle/sacarle las palabras de la boca a alguien** to take the words right out of sb's mouth • **quedarse/dejar a alguien sin palabras** to be/leave sb speechless • **tener la palabra** to have the final say • **tener la última palabra** to have the last word • **no tengo palabras para...** I can't find the words to...
  palabras mayores serious stuff [U]

palabrería (tb **palabrerío**) *s* hot air

palabrota *s* swearword • **decir palabrotas** to swear

palacete *s* small palace

palacio *s* palace: *el palacio de Buckingham* Buckingham Palace
  palacio de congresos conference center • palacio de (los) deportes health club

paladar *s* **1** (parte de la boca) roof of the mouth, palate (*más frml*) **2** (capacidad de apreciar sabores) palate

palanca *s* **1** (barra) lever • **hacer palanca con algo** to use sth as a lever • **tirar de una palanca** to pull a lever **2** (tb **palancas**) (influencia) friends in the right places: *un puesto conseguido con palanca política* a post obtained by pulling a few political strings
  palanca de cambios, palanca de velocidades gearshift

palangana *s* washbasin

palco *s* **1** (en un teatro) box (pl -xes) **2** (tribuna) stand
  palco de honor royal box • palco presidencial president's box • palco VIP VIP box

Paleolítico *s* **el Paleolítico** the Paleolithic period

paleolítico, -a *adj* paleolithic

paleontología *s* paleontology

paleontólogo, -a *s* paleontologist

Palestina Palestine

palestino, -a *s, adj* Palestinian

paleta *s* **1** (de pintor) palette **2** (para la playa, el ping pong) bat **3** (de albañil) trowel **4** (de un ventilador, una hélice) blade **5** (golosina) lollipop **6** (helado) **paleta (helada)** Popsicle® **7** (diente) front tooth (pl teeth)

paliacate *s* bandanna

paliar *v* [T] (una crisis, un problema) to alleviate; (los efectos, un déficit) to reduce; (un dolor) to relieve

palidez *s* paleness

pálido, -a *adj* **1** (persona) pale: *Estás pálida.* You look pale. • **ponerse pálido -a** to go pale **2** (color) pale: *un vestido rosa/amarillo pálido* a pale pink/yellow dress **3** (luz, resplandor) pale

palillo *s* **1** (de dientes) toothpick **2** (de una batería) drumstick **3** (para comida oriental) chopstick
  EXPRESIONES
  estar como/hecho -a un palillo to be as thin as a rake

palito *s* ▶ PALILLO

paliza *s* **1** (golpes) **darle/pegarle una paliza a alguien** (a un niño) to smack sb; (a un adulto) to beat sb up **2** (derrota) thrashing • **darle una paliza a alguien** to thrash sb

palma *s* **1** (de la mano) palm **2** (árbol) palm tree
  EXPRESIONES
  conocer algo como la palma de la mano to know sth like the back of your hand • **batir palmas** to clap • **llevarse la(s) palma(s) (a)** (ser el mejor) to come out on top **(b)** (ser el peor) to win first prize: *Entre los vagos, tú te llevas las palmas.* You win first prize for laziness.

palmada *s* **1** (suave) pat • **una palmada en la espalda** a pat on the back **2** (como castigo) slap, smack • **darle/pegarle una palmada a alguien** to smack sb **3** (para marcar el compás) **dar palmadas** to clap • **dar una palmada/dos palmadas** to clap once/twice

palmarés *s* **1** (vencedores) list of winners **2** (historial) record

palmera *s* palm tree

palmeral *s* palm tree grove

palmípedo, -a *adj* web-footed

palmito *s* (comestible) palm heart

palmo *s* (medida) handspan
  EXPRESIONES
  quedarse con un palmo de narices to be let down • **conocer/registrar algo palmo a palmo** (exhaustivamente) to know sth inside out/to search sth from top to bottom

palo *s* **1** (trozo de madera) stick **2** (madera) **una cuchara de palo** a wooden spoon **3** (en fútbol – vertical) post; (horizontal) crossbar: *La pelota pegó en el palo.* The ball hit the goalpost. **4** (para jugar) **palo (de hockey)** (hockey) stick • **palo (de golf)** (golf) club **5** (de un tambor) drumstick **6** (de una escoba) handle • **palo de escoba** broomstick **7** (golpe) **moler a palos a alguien** to beat sb black and blue • **darle/pegarle un palo a alguien** to whack sb **8** (de la baraja) suit **9** (de una embarcación) mast
  EXPRESIONES
  estar como/hecho -a un palo to be as thin as a rake • **dar palos de ciego** to grope around in the dark
  palo mayor mainmast

paloma *s* (común) pigeon; (blanca) dove
  paloma de la paz dove of peace • paloma torcaz, paloma torcaza wood pigeon • paloma mensajera carrier pigeon

palomar *s* dovecote

palometa *s* (pez) derbio

palomilla *s* **1** (insecto) moth **2** (pandilla) gang

palomino *s* **1** (ave) baby pigeon **2** (caballo) palomino

palomita *s* **1** (en fútbol) diving save **2** (marca, signo) check: *Marca las respuestas correctas con una palomita.* Put a check mark by the correct answers. **3 palomitas (de maíz)** [pl] popcorn [U]

palpable *adj* **1** (que se puede tocar) palpable **2** (evidente, manifiesto) clear

palpar *v* [T] **1** (tocar) to feel **2** (percibir) to feel
  —**palparse** *v pron* (tocarse) **palparse las mamas/los testículos** to examine your breasts/testicles

palpitaciones *s* [pl] (del corazón) palpitations

palpitante *adj* **1** (corazón) pounding **2** (tema) burning

palpitar *v* [I] (latir) to beat; (más fuerte) to pound

pálpito *s* feeling, hunch: *Tengo el pálpito de que no va a venir.* I have a feeling he's not going to come.

palta *s* avocado

paludismo *s* malaria

palurdo¹, -a *adj* coarse

palurdo², -a *s* coarse person (pl people) • **ser un palurdo/una palurda** to be coarse

pamela *s* sun hat

pampa s pampas [pl]

pamplina s **pamplinas** [pl] (tonterías) nonsense [U]: *No me vengas con pamplinas.* Don't give me that nonsense.

pan s (alimento) bread [U]; (hogaza) loaf of bread (pl loaves); (panecillo) roll: *Hice pan.* I made some bread. • **el pan** bread • **un pan** a loaf of bread

EXPRESIONES
a pan y agua on bread and water • **ganarse el pan** to earn your living • **negarle el pan y la sal a alguien** to neglect sb • **compartir el pan y la sal** to share a meal together • **ser pan comido** to be dead easy
pan blanco white bread • **pan con mantequilla** bread and butter • **pan de caja, pan tajado** packaged sliced bread • **pan de centeno** rye bread • **pan (de) dulce** (bollos) pastries [pl] • **pan francés** French bread • **pan integral** whole wheat bread • **pan molido, pan rallado** breadcrumbs [pl] • **pan negro** brown bread • **pan tostado** toast: *un pan tostado* a piece of toast

pana s (rayada) corduroy • **una falda/un saco de pana** a corduroy skirt/jacket • **unos pantalones de pana** a pair of cords

panacea (tb **panacea universal**) s (solución) panacea

panaché s mixed vegetables [pl]

panadería s bakery (pl -ries)

panadero, -a s baker

panal s honeycomb

Panamá Panama

panameño, -a s, *adj* Panamanian

panamericano, -a *adj* Pan-American

pancarta s (de tela) banner; (rígida) placard

panceta s bacon

pancho s **hacer un pancho** to make a big fuss

pancito (tb **panecillo**) s bread roll

páncreas s pancreas

pancreatitis s pancreatitis

panda s **1** (de amigos) gang **2** (de delincuentes, criminales) gang; (de ignorantes, vagos) bunch (pl -ches) **3** (oso) panda

pandemia s pandemic

pandereta s tambourine

pandero s (instrumento) tambourine

pandilla s **1** (de amigos) gang **2** (de delincuentes, criminales) gang; (de ignorantes, vagos) bunch (pl -ches)

pandillero, -a s gang member

pando *adj* ▶ **PLATO**

panel, **pánel** s **1** (de expertos) panel **2** (prefabricado, de madera) panel **3** (tablón) board
panel de control, pánel de control control panel • **panel solar, pánel solar** solar panel

panera s bread basket

panfleto s political pamphlet

panga s ferry (pl -rries)

panhispánico, -a *adj* Pan-Hispanic

pánico s panic • **tenerle pánico a algo/alguien** to be terrified of sth/sb • **me da pánico viajar en avión/me dan pánico los murciélagos** I'm terrified of flying/of bats

panorama s **1** (vista) view **2** (perspectiva) outlook **3** (situación de conjunto) scene: *el panorama musical español* the Spanish music scene

panorámica s **1** (imagen) panoramic image; (vista) panoramic view **2** (en una filmación) panorama

panorámico, -a *adj* **1** (vista, techo) panoramic **2** (pantalla, televisor) widescreen

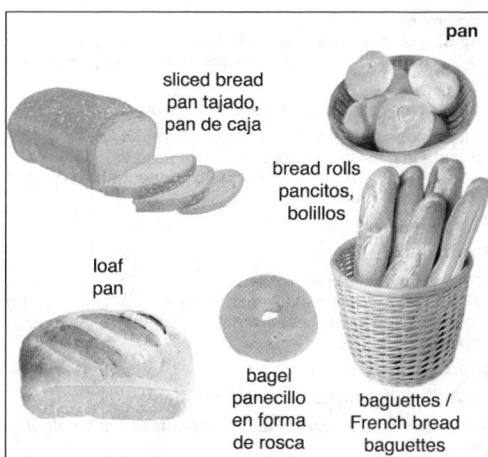

sliced bread
pan tajado,
pan de caja

pan

bread rolls
pancitos,
bolillos

loaf
pan

bagel
panecillo
en forma
de rosca

baguettes /
French bread
baguettes

panqué, **panque** s cake

panqueca s **1** (fina) crepe **2** (gruesa) pancake

panqueque s ▶ **PANQUECA**

pantaletas s [pl] panties

pantalla s **1** (de cine, televisión, computador) screen **2** (de una lámpara) shade, lampshade **3** (para encubrir) front **4** (para exhibirse) stage
pantalla plana flat screen • **pantalla táctil** touch screen

pantaloncillos s [pl] (prenda interior) underpants

pantalones (tb **pantalón**) s [pl] pants: *Llevaba pantalones negros.* He was wearing black pants. • *un pantalón de lino* a pair of linen pants ▶ **FALDA pantalón**
EXPRESIONES
llevar los pantalones to wear the pants
pantalones cortos shorts • **pantalones acampanados** flared pants • **pantalones de mezclilla** jeans

pantaloneta s shorts [pl] • **una pantaloneta** (some) shorts, a pair of shorts: *Se compró una pantaloneta azul.* He bought some blue shorts./He bought a pair of blue shorts.
pantaloneta de baño swimming trunks [pl]

pantano s **1** (ciénaga) marsh (pl -shes), swamp **2** (embalse) reservoir

pantanoso, -a *adj* marshy

panteón s vault
panteón familiar family vault

pantera s panther
pantera negra black panther

pantimedias s [pl] pantyhose [sing]

pantomima s **1** (representación teatral) pantomime **2** (farsa) farce; (acción fingida) play-acting

pantorrilla s calf (pl calves)

pants s [pl] **1** (conjunto deportivo) sweatsuit **2** (pantalones) sweatpants

pantufla s slipper

pantys, **panties** s [pl] **1** (medias) pantyhose [sing] **2** (calzones) panties

panza s (barriga) belly (pl -llies), stomach (*más frml*) • **tener panza** to have a big stomach • **echar panza** to get a paunch • **panza arriba** on your back

panzada s **darse/pegarse una panzada (de algo)** (al comer) to stuff yourself (with sth)

panzón, -ona *adj* potbellied

pañal s diaper, nappy (pl -ppies) • **cambiarle los pañales/el pañal a un bebé** to change a baby's diaper

paño s **1** (trapo) cloth **2** (tela) woolen cloth • **un abrigo/ pantalón de paño** a woolen coat/woolen pants

EXPRESIONES
en paños menores in your underwear
paño de cocina dish towel • **paño lenci** (tb **pañolenci**) felt

pañoleta s (para los hombros, la cabeza) shawl

pañuelo s **1** (para la nariz) handkerchief (pl -chieves) **2** (para la cabeza, el cuello) scarf (pl scarves)
pañuelo de papel (tb **pañuelo desechable**) tissue, Kleenex® (pl Kleenex)

Pap s ▶ PAPANICOLAU

Papa, papa s Pope

papa s (tubérculo) potato
papas a la francesa French fries • papas fritas **(a)** (cortadas en bastones) French fries **(b)** (de paquete) potato chips

papá s dad

papacito (tb **papasote**) s sweetie, honey

papada s double chin • **tener papada** to have a double chin

papagayo s (ave) parrot

papalote s (juguete) kite • **volar un papalote** to fly a kite

Papanicolau s Pap smear

Papá Noel s Santa Claus

paparazzi s paparazzi

papaya s papaya • **dar papaya a alguien** to give sb an opportunity

papel s **1** (material) paper • **una flor/un avión de papel** a paper flower/airplane • **un documento en papel** a hard copy **2** (hoja) sheet of paper; (pedazo) piece of paper: *El suelo estaba lleno de papeles*. There were papers all over the floor. **3** (de una golosina) wrapper **4** (rol) role • **hacer el papel de alguien** to play the part of sb • **hacer un papel principal/secundario** to play a leading/supporting role **5 papeles** [pl] (documentación) papers, documents (*más frml*)

EXPRESIONES
hacer un buen/mal papel to do well/badly
papel crepe, papel crepé crepe paper • papel cuadriculado graph paper • papel cuché glossy paper • papel (de) aluminio tinfoil, aluminum foil • papel de estraza, papel kraft brown paper • papel de lija sandpaper • papel (de) periódico newspaper • papel de regalo, papel para regalo wrapping paper • papel de baño, papel higiénico toilet paper • papel de seda tissue paper • papel maché papier-maché • papel milimetrado graph paper • papel moneda paper money • papel tapiz wallpaper

papeleo s paperwork; (cuando resulta excesivo) red tape

papelera s **1** (recipiente – en una casa, una oficina) wastepaper basket; (en la calle) litter basket **2** (fábrica) paper factory (pl -ries)
papelera de reciclaje recycling bin

papelería s stationery store

papelero¹, -a adj paper [solo ante s]: *la industria papelera* the paper industry

papelero² s ▶ PAPELERA

papeleta s **1 papeleta (electoral)** ballot paper **2** (para una rifa, un sorteo) ticket **3 salvarle la papeleta a alguien** to get sb off the hook

papelillo s (para carnaval) confetti: *papelillos de colores* colored confetti

papelón s (actuación) ridiculous performance; (asunto) ridiculous affair • **hacer un papelón** (tener una actuación ridícula) to make a fool of yourself

paperas s [pl] mumps

papi s dad, daddy (pl -ddies)

papila (tb **papila gustativa**) s tastebud

papilla s **1** (para bebés) baby food; (para enfermos) purée **2** (para estudios radiológicos) barium meal

EXPRESIONES
hacer papilla algo to smash sth • **hecho -a papilla** (destrozado) shattered

papiloma s papilloma

papiro s (lámina) papyrus (pl -ruses o -ri)

papiroflexia s origami

papista adj **ser más papista que el Papa** to be more Catholic than the Pope

papú¹ s (persona) Papuan, Papua New Guinean

papú² s (idioma) Papuan

papú³ adj Papuan, Papua New Guinean

Papua Nueva Guinea Papua New Guinea

paquete s **1** (bulto) package; (para enviar por correo) parcel **2** (de cigarrillos) pack; (de arroz, dulces, galletas) bag **3** (turístico) package: *un paquete de diez días en Nepal* a ten-day package tour in Nepal **4** (conjunto – de medidas, reformas) package; (de acciones) bundle **5** (de software) package

paquidermo s pachyderm

Paquistán Pakistan

paquistaní s, adj Pakistani

par¹ s **1** (de guantes, zapatos) pair • **un par de botas/calcetines** a pair of boots/socks **2** (dos o tres) couple: *hace un par de días* a couple of days ago • *un par de veces* a couple of times **3** (en golf) par

EXPRESIONES
a la par (en finanzas) at par • **a la par (de alguien/algo) (a)** (tb **a la par (que alguien/algo)**) (al mismo tiempo) at the same time (as sb/sth) **(b)** (al mismo nivel) on a par (with sb/sth) • **a pares** two by two • **estar abierto -a de par en par** to be wide open • **echar/jugar algo a pares y nones** to play odds and evens to decide sth • **sin par** unequaled

¿**pair** o **couple**?
pair designa dos cosas del mismo tipo que siempre se usan juntas: *a new pair of shoes*, o dos personas que hacen algo juntas: *a pair of dancers*
couple designa simplemente dos personas o cosas del mismo tipo: *a couple of stamps* • *a couple of kids*

par² adj ▶ NÚMERO **par**

para prep **1** (indicando objetivo, propósito, tiempo) for: *Esto es para ti.* This is for you. • *Lo necesito para mañana.* I need it for tomorrow. • *¿Para qué lo quieres?* What do you want it for? • *Fumar es malo para la salud.* Smoking is bad for your health. • *Está muy alta para su edad.* She's very tall for her age. • **para mí/él/ella que...** I think/he thinks/she thinks (that)...: *Para mí que se olvidó.* I think he must have forgotten. • **para que (a)** so (that): *Envuélvelo para que no se rompa.* Wrap it up so (that) it doesn't break. • *Te lo digo para que lo pienses.* I'm telling you so (that) you can think about it. **(b)** (cuando cambia el sujeto) *Te pago para que me ayudes.* I pay you to help me. • *Ponlo cerca del fuego para que se seque.* Put it near the fire to dry it. **(c)** (al dar la hora) **veinte para las diez/cinco para las cuatro** twenty to ten/five to four: *Son diez para las cinco.* It's ten to five. • **para hacer algo** to do sth: *Estoy listo para empezar.* I'm ready to start. • *Me llamó para invitarme.* He phoned to invite me. • **para no hacer algo** so as not to do sth: *Bajé el volumen para no despertarte.* I turned the volume down so as not to wake you up. **2** (indicando dirección) **para arriba/abajo** up/down • **para dentro/fuera** in/out

parábola s **1** (narración) parable **2** (curva) parabola

parabólica s satellite dish

parabrisas s windshield

paracaídas s parachute • **tirarse en paracaídas** to parachute

paracaidismo s parachuting

paracaidista s (militar) paratrooper; (deportista) parachutist

parachoques *s* fender

paracorto *s* shortstop

parada *s* **1** (hecho) **hacer una parada (a)** (en un viaje) to make a stop   **(b)** (en fútbol) to make a save   **2** (de bus) (bus) stop; (de taxi) a taxi stand

paradero *s* **1** (donde está una persona) whereabouts: *Se desconoce su paradero.* Her whereabouts are unknown. • *Está en paradero desconocido.* Nobody knows where he is.   **2** (de bus) (bus) stop; (de taxis) taxi stand

paradigma *s* (ejemplo, modelo) model, paradigm (*más frml*): *Es un paradigma de humildad.* He's a model of humility.

paradigmático, -a *adj* classic, paradigmatic (*más frml*)

paradisíaco, -a, **paradisiaco, -a** *adj* heavenly

parado, -a *adj* **1** (de pie) **estar parado -a** to be standing; (indicando cansancio) to be on your feet: *Estoy todo el día parada.* I'm on my feet all day • **viajar parado -a** to stand   **2** (levantado) **tengo/tienes el pelo parado** my/your hair is sticking up • **el perro tiene/tenía las orejas paradas** the dog has/had its ears pricked   **3** (sin funcionar) **estar parado -a (a)** (reloj) to have stopped   **(b)** (fábrica, economía) to be at a standstill

paradoja *s* paradox

paradójico, -a *adj* paradoxical

parador, -a (tb **parador en corto**) *s* shortstop

parafarmacia *s* parapharmacy (pl -cies)

parafina *s* paraffin wax

parafrasear *v* [I, T] to paraphrase

paráfrasis *s* paraphrase

paragolpes *s* fender

paraguas *s* umbrella

Paraguay Paraguay

paraguayo, -a *s, adj* Paraguayan

paragüero *s* umbrella stand

paraíso *s* **1** (lugar hermoso) paradise   **2 el paraíso** (tb **el Paraíso**) paradise   **3** (en un teatro) gallery (pl -ries)   **4** (árbol) China tree
    paraíso fiscal tax haven

paralela *s* **1** (línea) parallel line   **2 paralelas** [pl] (en gimnasia) parallel bars

paralelamente *adv* (al mismo tiempo) at the same time • **paralelamente a algo** in parallel with sth

paralelismo *s* parallel

paralelo¹, -a *adj* parallel • **correr paralelo -a a algo** to run parallel to sth

paralelo² *s* (en geografía) parallel

paralelogramo *s* parallelogram

paralimpiada *s* Paralympics [pl]

paralímpico, -a *adj* Paralympic

parálisis *s* **1** (afección) paralysis (pl -ses)   **2** (estancamiento) paralysis

paralítico, -a *adj* paralyzed • **quedarse/ser paralítico -a** to be left/to be paralyzed

paralización *s* **1** (de un brazo, una pierna) paralysis   **2** (detención) halting • **solicitar/exigir la paralización de algo** to ask for sth to be stopped/to demand that sth be stopped • **provocar la paralización de algo** to bring sth to a standstill

paralizar *v* [T] to paralyze
  —**paralizarse** *v pron* **1** (actividad, país) to come to a standstill   **2** (brazo, pierna) to be paralyzed

parámetro *s* **1** (factor, variable) factor   **2** (en matemáticas, informática) parameter

paramilitar *adj* paramilitary

páramo *s* moor • **el páramo** the uplands [pl]: *el páramo de Chisacá* the uplands of Chisacá

paraninfo *s* auditorium

paranoia *s* paranoia

paranoico¹, -a *adj* paranoid

paranoico², -a *s* paranoid person (pl -people)

paranormal *adj* paranormal

parapente *s* paragliding • **hacer parapente** to go paragliding

parapléjico¹, -a *adj* paraplegic • **quedar parapléjico -a** to be left paraplegic

parapléjico², -a *s* paraplegic

parapsicología *s* parapsychology

parapsicólogo, -a *s* parapsychologist

parar *v* **1** [I] (detenerse) to stop: *El bus no para aquí.* The bus doesn't stop here. • **parar de hacer algo** to stop doing sth   **2** [T] (detener) to stop: *Me paró para preguntarme por ti.* He stopped me to ask how you were.   **3** (alojarse) to stay: *Paramos en un hotel.* We stayed at a hotel.   **4** (hacer huelga) to go on strike: *El martes paran los maestros.* The teachers are going on strike on Tuesday.

ir a parar al hospital/a la cárcel to end up in hospital/in jail • **no parar** not to stop: *No he parado en todo el día.* I haven't stopped all day. • **sin parar** without stopping • **y para de contar** and that's it • **¡ya párale/párenle!** stop it!
  —**pararse** *v pron* **1** (ponerse de pie) to stand up: *Se paró para saludarme.* He stood up to greet me.   **2** (detenerse) to stop: *Me paré a mirar un cuadro.* I stopped to look at a painting.   **3** (dejar de funcionar) to stop: *Se me ha parado el reloj.* My watch has stopped.   **4** (levantarse de la cama) to get up: *Se para muy temprano.* She gets up very early.

pararrayos *s* lightning rod

parásito¹, -a *adj* parasitic

parásito² *s* **1** (organismo) parasite   **2** (persona) parasite

parasitología *s* parasitology

parasol *s* **1** (sombrilla) parasol   **2** (en un vehículo) sun visor

parcela *s* (terreno) plot of land

parche *s* **1** (remiendo) patch (pl -ches)   **2** (en un ojo) patch   **3** (en informática) patch   **4** (con medicamento) patch   **5** (solución provisional) patch • **ponerle parches a algo** to patch sth up
    parche curita Band-Aid®

parchís *s* Parcheesi® • **jugar (al) parchís** to play parcheesi

parcial¹ *s* class exam

parcial² *adj* **1** (reforma, vista, eclipse) partial   **2** (que toma partido) partial

parco, -a *adj* (sobrio) moderate; (escaso) meager • **ser parco -a en palabras** to be a man/woman of few words

pardillo *s* (pájaro) linnet

pardo, -a *adj* (tono) grayish brown; (ojos, oso) brown

parecer *v* **1** [v copul] (seguido de un adjetivo) to seem; (algo que se oye) to sound; (algo que se ve) to look: *Parece ridículo hacerlo otra vez.* It seems ridiculous to do it again. • *Lo que dice parece interesante.* What he says sounds interesting. • *Desde afuera parece enorme.* It looks huge from the outside.   **2** [v copul] (cuando hay un sustantivo en el predicado) to seem (like); (algo que se oye) to sound like; (algo que se ve) to look like: *Parece un tipo simpático.* He seems like a nice guy. • *Parece una buena idea.* It sounds like a good idea. • *Pareces un payaso.* You look like a clown. • *Esto parece mayonesa.* This looks like mayonnaise.   **3** [I] (seguido de una oración introducida por "que") *Parece que sabe lo que quiere.* He seems to know what he wants. • *Parece que no hay más entradas.* It seems there aren't any tickets left. • *Parece que ella lo ha dejado.* Apparently she's left him.   **4** [I] (expresando una impresión personal) **me/le**

parece I think/he thinks: *Me parece un poco caro.* I think it's a bit expensive. • *Me parece que ya se ha ido.* I think he's already left. • *¿Qué te pareció Cuba?* What did you think of Cuba? • *Me parece bien que no se lo digas.* I think you're right not to tell him. • *Le pareció mal su reacción.* She didn't like his reaction.

EXPRESIONES
al parecer (tb **según parece**) apparently
—**parecerse** *v pron* **1** (físicamente) to be alike: *No se parecen en nada.* They are not at all alike. • **parecerse a algo/alguien** to look like sth/sb **2** (en la personalidad) to be alike: *En eso nos parecemos.* We're both alike in that respect. • **parecerse a alguien** to be like sb

parecido¹, -a *adj* **1** (personas) **ser parecidos -as** to be alike • **ser (muy) parecido -a a alguien (a)** (físicamente) to look (a lot) like sb **(b)** (en la personalidad) to be (a lot) like sb **2** (objetos, gustos) similar • **parecido -a a algo** similar to sth

EXPRESIONES
algo parecido something like: *algo parecido a la seda* something like silk • **o algo parecido** or something like that • **bien parecido -a** good-looking

parecido² *s* (entre cosas) similarity (pl -ties); (entre personas) resemblance • **tener un gran parecido con alguien** to look very like sb

pared *s* **1** (de una casa, un edificio) wall **2** (de una montaña) face **3** (en fútbol) one-two

EXPRESIONES
contra la pared up against the wall • **de pared** wall [solo ante s]: *un reloj de pared* a wall clock • **estar que se sube por las paredes** to be hopping mad • **subirse por las paredes** to go up the wall
pared medianera party wall

paredón (tb **paredón de fusilamiento**) *s* wall for executions

pareja *s* **1** (dos personas) couple **2** (compañero o compañera) partner • **tener pareja** to have a partner **3** (en un baile, un juego) couple **4** (de una media, un guante) other one: *No encuentro la pareja del guante.* I can't find the other glove.

parejo, -a *adj* **1** (regular) even: *Este borde no está parejo.* This edge isn't even. **2** (partido, torneo) even: *Fue un partido muy parejo.* It was a very even game. **3** (imparcial) fair

EXPRESIONES
poner parejo -a a alguien (a) (regañarlo) to tear into sb **(b)** (pegarle) to clobber sb **(c)** (derrotarlo) to thrash sb, to wipe the floor with sb

parental *adj* (de los padres) parental

parentela *s* relations [pl]

parentesco *s* (vínculo familiar) relationship • **tener parentesco con alguien** to be related to sb

paréntesis *s* **1** (signo de puntuación) parenthesis (pl -ses); (signo matemático, lógico) parenthesis • **entre paréntesis** in parentheses **2** (pausa) break

pareo *s* sarong

pargo *s* sea bream

paria *s* **1** (en la India) pariah **2** (persona despreciada) pariah

parida *s* **una recién parida** a new mother

paridad *s* **1** (igualdad) equality **2** (entre monedas) parity

pariente, -a *s* relative: *¿Ustedes son parientes?* Are you related?

parihuela, parihuelas *s* stretcher

parir *v* (mujer, hembra) **(a)** [I] to give birth **(b)** [T] to give birth to

paritario, -a *adj* equal

párkinson *s* Parkinson's disease

parlamentario¹, -a *adj* parliamentary

parlamentario², -a *s* member of parliament

parlamento, Parlamento *s* **1** (órgano) parliament: *el Parlamento Europeo* the European Parliament **2** (edificio) parliament building

parlanchín¹, -ina *adj* talkative

parlanchín², -ina *s* chatterbox (pl -xes)

parlante *s* **1** (de una PC, un equipo) speaker **2** (en una estación, un aeropuerto) loudspeaker

parmesano *s* parmesan

paro *s* **1** (huelga) strike: *un paro de 24 horas* a 24-hour strike • **estar de/en paro** to be on strike: *los docentes en paro* the striking teachers **2** **paro (cardiaco)** cardiac arrest

EXPRESIONES
hacerle el paro a alguien to cover for sb, to help sb out
paro cívico community protest • paro general general strike

parodia *s* parody (pl -dies)

parodiar *v* [T] to parody

parón *s* sudden stop

parpadear *v* [I] **1** (persona) to blink **2** (luz) to flicker **3** (estrella) to twinkle

parpadeo *s* **1** (de ojos) blinking **2** (de la luz) flickering **3** (de las estrellas) twinkling

párpado *s* eyelid

parque *s* (zona verde) park
parque acuático water park • parque automovilístico the total number of vehicles on the road • parque de diversiones, parque de entretenciones amusement park • parque empresarial business park • parque industrial industrial area • parque nacional national park • parque temático theme park • parque zoológico zoo

parqué *s* **1** (de madera) parquet **2** (tb **parqués**) (juego) Parcheesi® • **jugar parqué** to play parcheesi

parqueadero *s* **1** (al aire libre) parking lot **2** (cubierto) parking garage **3** (espacio para parquear) parking space

parquear *v* [I,T] to park

parqueo *s* **1** (acción de parquear) parking **2** (lugar)
▶ PARQUEADERO

parquet *s* parquet: *suelo de parquet* parquet floor

parquímetro *s* parking meter

parra *s* vine

parrafada *s* **1** (sermón) sermon **2** (conversación) chat

párrafo *s* paragraph

parranda *s* **estar de parranda** to be out on the town • **salir/ir de parranda** to go out on the town

parricida *s* parricide

parricidio *s* parricide

parrilla *s* **1** (utensilio) grill; (para asar al aire libre) barbecue • **pollo/pescado a la parrilla** grilled chicken/fish **2** (en el techo de un automóvil) roof-rack **3** (con quemadores) hob **4** (que protege el radiador de un vehículo) grill
parrilla de salida starting grid

parrillada *s* **1** (plato) barbecue platter **2** (reunión) barbecue

párroco *s* parish priest

parroquia *s* **1** (iglesia) parish church (pl -ches) **2** (distrito) parish (pl -shes)

parroquial *adj* parish [s]: *hoja parroquial* parish newsletter

parroquiano, -a *s* parishioner

parsimonia *s* (lentitud) slowness; (flema) calmness

parsimonioso, -a *adj* (lento) slow; (flemático) calm

parte¹ *s* [fem]

1	porción
2	episodio, capítulo

3 de un texto, una obra
4 lugar
5 en un conflicto
6 genitales

1 PORCIÓN part: *Córtala en tres partes.* Cut it into three parts. • **la tercera/cuarta parte** a third/a quarter: *Pagó solo la cuarta parte.* He only paid a quarter of the total. • *más de tres cuartas partes de la población* over three quarters of the population • **la mayor parte de algo** most of sth: *la mayor parte del tiempo* most of the time

2 EPISODIO, CAPÍTULO part: *¿Viste la primera parte?* Did you see the first part? • *la segunda parte de "El señor de los anillos"* part two of "The Lord of the Rings"

3 DE UN TEXTO, UNA OBRA part: *Esa parte no la entendí.* I didn't understand that part. • *Algunas partes están en chino.* Parts of it are in Chinese.

4 LUGAR part: *en otras partes de la ciudad* in other parts of the city • **en/por todas partes** everywhere: *Los venden en todas partes.* They sell them everywhere. • *Me lo encuentro por todas partes.* I see him everywhere. • **no lo encuentro por ninguna parte** I can't find it anywhere. • **en/por cualquier parte** anywhere: *en cualquier parte del mundo* anywhere in the world • **en alguna parte** somewhere: *Tiene que estar en alguna parte.* It has to be somewhere.

5 EN UN CONFLICTO party (pl -ties): *un acuerdo entre las partes* an agreement between the parties concerned

6 GENITALES partes [pl] private parts
EXPRESIONES
de parte de alguien *¿De parte de quién?* Who's calling, please? • *Díselo de mi parte.* Tell him from me. • *Vino de parte de Susana.* Susana sent him. • **estar/ponerse de parte de alguien** to be on/to take sb's side: *Se puso de parte de Rocío.* He took Rocío's side. • *¿Ustedes de parte de quién están?* Whose side are you on? • **en parte** to a certain extent: *En parte tiene razón.* To a certain extent, he's right. • **formar/hacer parte de algo** to be a member of sth: *No forma parte del equipo.* He isn't a member of the team. • **no ir a ninguna parte** (no servir mucho) to go nowhere: *Hoy con esa plata no vas a ninguna parte.* That money won't go anywhere today. • **por mi/tu parte** for my/your part • **por otra parte** on the other hand • **por parte de padre/madre** on the father's/mother's side: *Somos primos por parte de madre.* We're cousins on my mother's side. • **tomar parte en algo** to take part in sth

parte de la oración part of speech • partes pudendas private parts

parte² *s* [masc] **1** (comunicado) report • **dar parte de algo (a)** to report sth: *Fue a la comisaría a dar parte del robo.* She went to the police station to report the theft. **(b) dar parte de enfermo -a** to call in sick **2** (multa) fine • **ponerle parte a alguien** to fine sb: *Me pusieron parte.* I was fined.

parte médico medical report • parte meteorológico weather report

partera *s* midwife (pl -wives)

parterre *s* parterre

partición *s* **1** (de territorio) partition **2** (de bienes, herencia) division

participación *s* **1** (en una actividad) participation: *Piden la participación de los padres.* They are asking for parents to take part. **2** (en una empresa) share **3** (en un mercado) share

participante¹ *s* **1** (en un concurso) contestant **2** (en una carrera) competitor **3** (en un debate) participant

participante² *adj* participating: *los equipos participantes* the participating teams

participar *v* **1** [I] (en una actividad) to take part, to participate (*más frml*): *Todos tienen que participar.* Everyone has to take part. • *Participó en un programa de la tele.* He took part in a TV show. **2** [I] (compartir) **participar de algo** to share sth **3** [I] (recibir) **participar**

de algo to share in sth **4** [I] (tener parte en) **participar en algo** to have a share in sth **5** [T] (comunicar) to inform

partícipe¹ *adj* **ser partícipe de algo** to have a share in sth • **hacer partícipe a alguien de algo** (compartir) to get sb to share sth: *Queríamos hacerlos partícipes de nuestra alegría.* We wanted to share our happiness with you.

partícipe² *s* participant

participio *s* participle
participio pasado past participle

partícula *s* **1** (pedazo) particle **2** (en lingüística) particle

particular¹ *adj* **1** (privado) private: *una profesora particular* a private tutor **2** (propio, específico) particular: *Tiene rasgos particulares que lo distinguen de los otros.* It has particular features which distinguish it from the others. **3** (raro, especial) unusual: *Tiene una voz muy particular.* She has a very unusual voice. ▶ **CLASES particulares**
EXPRESIONES
en particular in particular: *Europa en general, y Francia en particular* Europe in general and France in particular

particular² *s* [masc & fem] private individual

particular³ *s* [masc] matter • **sin otro particular** (en correspondencia) *Sin otro particular, se despide atentamente.* Yours sincerely.

particularidad *s* **1** (característica) characteristic **2 particularidades** [pl] details: *sin entrar en particularidades* without going into detail

particularizar *v* **1** [T] (distinguir) to characterize **2** [I] (personalizar) to specify
—**particularizarse** *v pron* **particularizarse por algo** to be characterized by sth

particularmente *adv* **1** (especialmente) particularly **2** (en particular) particularly

partida *s* **1** (de ajedrez, de naipes) game: *una partida de póker* a game of poker **2** (marcha) departure: *Se quedó muy triste después de su partida.* He was very sad after she left. • *Llegó la hora de la partida.* The time came to leave. **3** (de mercancías) consignment **4** (de dinero) allocation: *una partida de 11 millones de dólares* an allocation of 11 million dollars
EXPRESIONES
por partida doble twice over: *El grupo ha entrado en las listas de éxitos por partida doble.* The group has two hits in the current charts.
partida de nacimiento birth certificate

partidario¹, **-a** *adj* **ser partidario -a de (hacer) algo** to be in favor of (doing) sth

partidario², **-a** *s* supporter: *los partidarios del gobierno* government supporters

partidismo *s* bias

partidista *adj* biased

partido¹, **-a** *adj* split ▶ **JORNADA partida**

partido² *s* **1** (en deportes) game, match (pl -ches): *¿Cómo estuvo el partido?* How was the game? • *un partido de baloncesto* a basketball game • *un partido de tenis* a tennis match **2** (de cartas) game **3** (político) party (pl -ties): *un partido de izquierda* a left-wing party
EXPRESIONES
tomar partido por alguien to take sb's side: *Tomó partido por ella.* He took her side. • **sacar partido de algo** to take advantage of sth: *Tenemos que sacar partido de nuestra posición de líder del mercado.* We must take advantage of our position as market leader.
partido amistoso friendly (pl -lies) • partido de desempate play-off • partido de ida first leg; (en fútbol) away game • partido de vuelta second leg; (en fútbol) home game

partir *v* **1** [T] (romper) to break: *Lo partió en dos.* He broke it in two. **2** [T] (cortar) to cut: *Vamos a partir el pastel.* Let's cut the cake. • **partir algo en dos/tres** to cut sth in two/three • **partir algo por la mitad** to cut sth in half   **3** [T] (en matemáticas) to divide: *Diez partido por dos es igual a cinco.* Ten divided by two equals five. **4** [I] (irse) to leave: *Partieron a las 8 de la mañana.* They left at eight o'clock in the morning. **5** [I] (surgir) **partir de** to come from: *La idea partió de un grupo de alumnos.* The idea came from a group of students.

EXPRESIONES
a partir de **(a)** (con fechas, cantidades) from: *a partir de hoy* from today • *a partir de ahora* from now on • *Está abierto a partir de las 9.* It's open from nine o'clock. • *precios a partir de 10 dólares* prices from ten dollars **(b)** (usando) from: *Crea sus esculturas a partir de bloques de piedra.* She creates her sculptures from blocks of stone.
—**partirse** *v pron* **1** (romperse) to break: *Se partió con el peso.* It broke under the weight. • *Se partió en mil pedazos.* It smashed to pieces. • **partirse el brazo/la pierna** to break your arm/leg   **2** (dividirse) to split: *Después del pueblo, la carretera se parte en dos.* After the town, the road divides in two.   **3** (desternillarse) **partirse de risa** to fall about laughing

partitura *s* score

parto *s* **1** (nacimiento) birth   **2** (hecho, proceso) labor: *un parto difícil* a difficult labor • **estar de parto** to be in labor
parto prematuro premature birth

parturienta *s* **1** (durante el parto) woman in labor   **2** (después del parto) new mother

pasa *s* raisin
pasa de Corinto currant

pasable *adj* passable

pasabordo *s* boarding pass (pl -sses)

pasada *s* (repaso – con un trapo) wipe; (con la plancha) iron; (de pintura) coat: *Dale una pasada a la mesa.* Give the table a wipe. • *Voy a darle una pasada rápida al vestido.* I'm going to give the dress a quick iron.

EXPRESIONES
de pasada in passing: *Me lo dijo de pasada.* He told me in passing. • **jugarle una mala pasada a alguien** to play a dirty trick on sb: *Los nervios me jugaron una mala pasada.* My nerves really gave me a bad time.

pasadizo *s* passage

pasado[1], -a *adj* **1** (último) last • **el mes pasado/el año pasado/el lunes pasado** last month/last year/last Monday   **2** (en mal estado) bad: *Este yogur está pasado.* This yogurt is bad.   **3** (demasiado cocinado) overcooked: *Este arroz está pasado.* This rice is overcooked.   **4** (drogado) stoned

EXPRESIONES
pasado mañana the day after tomorrow

pasado[2] *s* **1** (época anterior) past: *Eso es parte del pasado.* That belongs to the past.   **2** (en gramática) past tense • **en pasado** in the past tense

pasador *s* **1** (para el pelo) barrette   **2** (de zapatos) shoelace, lace

pasaje *s* **1** (para viajar) ticket   **2** (viajeros) passengers [pl]   **3** (fragmento) passage   **4** (entre dos calles) passageway
pasaje de ida one-way ticket • **pasaje de ida y vuelta** round-trip ticket

pasajero[1], -a *s* passenger

pasajero[2], -a *adj* passing: *un dolor pasajero* a passing pain

pasamanos *s* banister

pasamontañas *s* balaclava

pasaporte *s* passport: *Tiene pasaporte italiano.* He has an Italian passport. • **sacarse el pasaporte** to get your passport

pasapurés *s* food mill

pasar *v*
   1 entrar
   2 circular
   3 ir más allá de
   4 ocurrir
   5 transcurrir
   6 terminar
   7 el tiempo, las vacaciones
   8 dar
   9 por teléfono
   10 en los estudios, en deportes
   11 copiar
   12 un trapo, una mano
   13 una película, un programa
   14 aprobar

1 **ENTRAR** [I] to come in: *¿Puedo pasar?* Can I come in?
2 **CIRCULAR** [I] to go by: *Pasó un niño en bicicleta.* A boy went by on his bike. • **pasar a buscar a alguien** to pick sb up: *Te paso a buscar a las siete.* I'll pick you up at seven. • **pasar por** **(a)** (circular) to go past • **el bus pasa por mi casa/el parque** the bus goes past my house/the park   **(b)** (para recoger o devolver algo) to stop in at • **pasar por la farmacia/biblioteca** to stop in at the pharmacy/library   **(c)** (para hacer una visita) **pasar por casa (de alguien)** to drop in (on sb): *Ayer pasé por la casa de Ale.* I dropped on Ale yesterday.   **(d)** (atravesar) to go through • **pasar por la puerta/una ventana** to go through the door/a window
3 **IR MÁS ALLÁ DE** [T] to go past: *¿Ya hemos pasado Envigado?* Have we gone past Envigado?
4 **OCURRIR** [I] to happen: *No sé qué pasó.* I don't know what happened. • **¿qué te/le pasó?** what happened to you/him? • **¿qué te/le pasa?** what's the matter with you/her?
5 **TRANSCURRIR** [I] to go by: *Ya pasaron dos meses.* Two months have gone by already.
6 **TERMINAR** [I] to be over • **ya pasó lo peor/la tormenta** the worst is over/the storm is over
7 **EL TIEMPO, LAS VACACIONES** [T] to spend: *Pasé dos meses en su casa.* I spent two months at her house. • *¿Dónde pasas las Navidades?* Where are you spending Christmas? • **pasarla bien/mal** to have a good/tough time
8 **DAR** [T] to pass: *¿Me pasas el azúcar?* Could you pass the sugar, please? • *Pásale el libro a Jorge.* Pass the book to Jorge, please.
9 **POR TELÉFONO** [T] to pass: *Le paso con el Sr. Galvarriato.* I'll put you through to Mr. Galvarriato. • *¿Me pasas con Laura?* Can you put Laura on? • *Te paso con Javier.* I'll pass you to Javier.
10 **EN LOS ESTUDIOS, EN DEPORTES** [I] *Pasó a tercero.* He's in third grade now. • *Pasaron a primera división.* They went up to the first division. • **pasar de año/nivel** to move up to the next grade/level
11 **COPIAR** [T] to copy: *Pásalo a un CD-ROM.* Copy it onto a CD-ROM.
12 **UN TRAPO, UNA MANO** [T] *Le pasé un trapo a la mesa.* I wiped the table with a dishrag • *Le pasó la mano por el pelo.* She ran her hand through his hair.
13 **UNA PELÍCULA, UN PROGRAMA** [T] to show: *Pasan una de Spielberg.* They're showing a Spielberg movie.
14 **APROBAR** [I,T] to pass: *Pasaron todos.* They all passed.

EXPRESIONES
hacerse pasar por alguien to pretend to be sb: *Se hizo pasar por médico.* He pretended to be a doctor. • **me pasa el rock/le pasan los deportes extremos** I'm really into rock music/he's really into extreme sports • **yo paso** –*Hay café hecho.* –*Yo paso.* "There's coffee made." "Not for me, thanks." • –*¿Quién viene a la piscina?* –*Yo paso.* "Who's coming to the pool?" "I'm going to pass on that."
—**pasarse** *v pron*
1 **SEGUIR DE LARGO** to go too far
2 **EXCEDERSE** **pasarse con la sal/la pimienta** to overdo the salt/pepper: *Se pasó con el whisky.* He had too much whiskey.
3 **COCINARSE DE MÁS** to overcook: *Se me pasó el arroz.* The rice has overcooked.

4 EL TIEMPO pasarse una hora/el día haciendo algo to spend an hour/the whole day doing sth: *Se pasa el día durmiendo.* He spends the whole day sleeping.

5 ACABARSE se me ha pasado el dolor/la fiebre the pain/my fever has gone: *Ya se le pasó el mal humor.* She's not in a bad mood any more. • *Se le ha pasado la borrachera.* He has sobered up.

6 OLVIDARSE se me pasó/se le pasó I forgot/she forgot

7 CREMA, BRONCEADOR to put on

pasarela s **1** (para subir a un barco) gangway **2** (puente) footbridge **3** (para desfiles de moda) catwalk

pasatiempo s **1** hobby (pl -bbies) **2 pasatiempos** [pl] puzzles

Pascua, pascua s **1** (de resurrección) Easter **2** (Navidad) Christmas • **¡felices Pascuas!** happy holidays!: *Felices pascuas y próspero año nuevo.* Merry Christmas and a happy New Year. **3** (fiesta judía) Passover

pase s **1** (de una pelota) pass (pl -sses): *un pase perfecto* a perfect pass • *Le dio un pase al delantero.* He passed the ball to the forward. **2** (a otro club) transfer **3** (autorización) pass (pl -sses): *Tenían pases para la rueda de prensa.* They had passes for the press conference. **4** (cambio de lugar) move **5** (en competición) *Con un empate garantizarán su pase a la siguiente fase.* A tie will guarantee them going through to the next stage. **6 pase (de conducción)** driver's license **7** (entrada) pass (pl -sses)
pase de abordar boarding card • **pase de modelos** fashion show • **pase de temporada** season ticket

paseante s passer-by (pl passers-by)

pasear v **1** [I] (a pie) to walk; (en bicicleta) to ride; (en carro) to drive: *Paseamos un rato por el centro.* We walked around town for a while. • **ir/salir a pasear (a)** (a pie) to go for a walk **(b)** (en bicicleta) to go for a ride **(c)** (en carro) to go for a drive **2** [I, T] (sacar de paseo a) **sacar a pasear a un perro** to take a dog out for a walk

paseo s **1** (a pie) walk; (en bicicleta) ride; (en carro) drive; (a caballo) ride: *un paseo por el parque* a walk in the park • *un paseo por la costa* a drive along the coast • **ir a dar un paseo/salir de paseo (a)** (a pie) to go for a walk **(b)** (en bicicleta) to go for a ride **(c)** (en carro) to go for a drive **(d)** (a caballo) to go for a ride **2** (avenida) avenue: *un paseo con bancos y palmeras* an avenue with benches and palm trees **3** (cosa fácil) walkover: *La final fue un paseo.* The final was a walkover.

mandar a alguien a paseo to tell sb to get lost
paseo marítimo promenade, seafront

pasillo s **1** (en una casa, un edificio) corridor **2** (en un teatro, un avión) aisle: *¿Prefiere pasillo o ventanilla?* Would you rather have an aisle seat or a window seat?

pasión s **1** (sentimiento) passion • **tener pasión por algo** to be passionate about sth, to have a passion for sth (*más frml*) **2 la Pasión** (de Cristo) the Passion

pasional adj (persona) passionate

pasiva s (en gramática) passive

pasividad s passiveness

pasivo, -a adj **1** (actitud, persona) passive **2** (oración) passive ▶ **VOZ pasiva**

pasmado, -a adj **dejar a alguien pasmado -a** to leave sb stunned • **quedarse pasmado -a** to be stunned

pasmoso, -a adj amazing

paso s

1	al caminar
2	de baile
3	en la vida
4	velocidad
5	lugar para pasar
6	transcurso
7	acción de pasar
8	en básquetbol

1 AL CAMINAR step • **dar un paso** to take a step: *Dio un paso atrás.* He took a step backward.

2 DE BAILE step: *¿Sabes este paso?* Do you know this step?

3 EN LA VIDA step: *Es un paso importante.* It's a big step.

4 VELOCIDAD rate: *A este paso no terminaremos ni mañana.* At this rate we won't even finish tomorrow. • **a paso de tortuga** at a snail's pace

5 LUGAR PARA PASAR ¡Abran paso, por favor! Make way, please! • *Está cortado el paso.* The road is cut off. • **abrirse paso** to make your way: *Se abrió paso hasta la primera fila.* He made his way to the front row.

6 TRANSCURSO con el paso de los días/los años as the days/years go by, as the days/years went by

7 ACCIÓN DE PASAR *No permiten el paso de camiones.* They don't allow trucks to go through. • *el paso de la corriente* the flow of the current

8 EN BÁSQUETBOL pasos [pl] traveling [U]

a un paso de aquí/de la catedral just down the road from here/the cathedral • **de paso (a)** (de camino) on your way: *Me queda de paso.* It's on my way. **(b)** (ya que estás, ya que estamos) while you're at it/while we're at it: *De paso, trae el periódico.* Get the newspaper, while you're at it. • **estar de paso** to be passing through: *Solo estoy de paso.* I'm just passing through. • **paso a paso** step by step: *Siguió las indicaciones paso a paso.* She followed the instructions step by step.
paso a nivel grade crossing • **paso a desnivel** overpass • **paso de cebra, paso de peatones** crosswalk • **paso subterráneo** underpass

pasta s **1** (fideos, ravioles) pasta **2** (mezcla espesa) paste **3 pasta (de zapatos)** (shoe) polish
pasta de dientes toothpaste

pastar v [I] to graze

pastel¹ s **1** (dulce) cake; (de frutas) tart; (cubierto de masa) pie: *un pastel de coco* a coconut cake ▶ ver nota en **TARTA 2** (salado) pie: *un pastel de carne* a meat pie **3** (pintura) pastel
pastel de bodas wedding cake • **pastel de cumpleaños** birthday cake

pastel² adj (color, tono) pastel

pastelería s (tienda) bakery (pl -ries)

pastelero, -a s confectioner

pasteurización s pasteurization

pasteurizado, -a adj pasteurized

pastiche s pastiche

pastilla s **1** (medicamento) pill, tablet **2** (dulce) piece of candy **3** (de jabón) bar
pastilla de menta mint

pastizal s pasture

pasto s **1** (hierba) grass **2** (lugar) pasture

pastor, -ora s **1** (de ovejas) **pastor** shepherd • **pastora** shepherdess (pl -sses) **2** (religioso) minister
pastor alemán German shepherd

pastoral¹ adj pastoral

pastoral² s pastoral letter

pastoso, -a adj (sustancia) soft

pata s **1** (de un mueble) leg: *Me di un golpe con la pata de la mesa.* I banged myself on the table leg. **2** (extremidad de un animal, un insecto) leg: *Tiene una pata rota.* It has a broken leg. • *¿Quieres pata o pechuga?* Do you want a leg or a breast? **3** (pie de un animal) paw: *Ensució todo con las patas.* He got everything dirty with his paws. **4** (pie de una persona) foot (pl feet): *¡Quita las patas de ahí!* Get your feet down from there! • **ir/venir a pata** to walk

andar/saltar a la pata coja to hop • **en cuatro patas** (persona) on all fours • **estirar la pata** to kick the bucket • **meter la pata** to put your foot in your mouth: *Siempre* *mete la pata*. He's always putting his foot in his mouth. • **patas (para) arriba** upside down: *Estaba todo patas arriba.* Everything was upside down. • **¡qué mala pata!** That's really unlucky! • **tener mala pata** to be unlucky patas de palo wooden leg • patas de gallo crow's feet

patada s kick • **darle una patada a algo/alguien** to kick sth/sb: *Me dio una patada.* He kicked me. • *Le di una patada a la mesa.* I kicked the table.
EXPRESIONES
andar/llevarse a patadas not to get along • **echar a alguien a patadas** to kick sb out • **en dos patadas** in two seconds

patalear v [I] **1** (en el agua) to kick **2** (por un berrinche) to stamp your feet

pataleo s (protesta) protest: *Siempre nos queda el derecho al pataleo.* We can always protest.

pataleta s (berrinche) tantrum: *Le dio una pataleta.* He had a tantrum.

patatús s **me/le dio un patatús** I/he had a fit

paté s paté

patear v [T] to kick
—patearse v pron **patearse toda la ciudad/todo el barrio** to traipse all over town/around the whole neighborhood

patentar v [T] to patent

patente¹ adj obvious

patente² s **1** (de un invento) patent • **tener la patente de algo** to have the patent on sth **2** (de un vehículo) license plate • **el número de la patente** the car license number

paternal adj fatherly

paternalismo s patronizing attitude

paternalista adj patronizing

paternidad s paternity

paterno, -a adj **abuelo paterno/abuela paterna** paternal grandfather/paternal grandmother: *mi abuela paterna* my paternal grandmother

patero, -a s bootlicker

patético, -a adj **1** (triste) moving **2** (lamentable) pathetic

patíbulo s scaffold

patico s duckling

patidifuso, -a adj stunned • **dejar patidifuso -a a alguien** to leave sb stunned • **me quedé/se quedó patidifuso** I/he was stunned

patilla s **1** (del pelo) sideburn **2** (de las gafas) arm **3** (fruta) watermelon

patín s skate; (con ruedas) roller skate; (para hielo) ice skate
EXPRESIONES
ir/venir a patín to walk
patín del diablo scooter • patines en línea Rollerblades®, in-line skates

patinador, -a s skater

patinaje s skating
patinaje artístico figure skating • patinaje sobre hielo ice skating

patinar v [I] **1** (con patines) to skate; (sobre ruedas) to rollerskate; (sobre hielo) to ice skate; (con patines en línea) to rollerblade • **ir a patinar** to go skating; (sobre ruedas) to go rollerskating; (sobre hielo) to go ice skating; (con patines en línea) to go rollerblading **2** (resbalar) to skid **3** (equivocarse) to slip up

patinazo s **1** (resbalón) skid • **dar un patinazo** to skid **2** (equivocación) slip

patineta s **1** (tabla) skateboard • **andar en patineta** to skateboard **2** (con manubrio) scooter

patinete s scooter

patio s **1** (en una casa) patio **2** (en una escuela) playground
patio de butacas stalls [pl]

patita s **poner a alguien de patitas en la calle** to kick sb out

patitieso, -a adj (asombrado) astonished • **dejar patitieso -a a alguien** to leave sb astonished • **me quedé/se quedó patitieso** I was/he was astonished

patito s duckling

patizambo, -a adj knock-kneed

pato¹, -a s (ave) duck

pato² s [masc] (bacinilla) potty (pl -tties)
EXPRESIONES
hacerse (el) pato to pretend not to notice, to pretend you haven't seen/heard • **hacer pato a alguien** to pull a fast one on sb • **pagar el pato** to take the blame

patochada s (hecho) stupid thing; (dicho) nonsense

patología s pathology (pl -gies)

patológico, -a adj **1** (de la patología) pathological **2** (enfermizo) pathological

patoso, -a adj, s **es (un) patosa/(una) patosa** he's/she's really clumsy

patota s (pandilla) gang

patotero¹, -a adj **ser patotero -a** to be a bully: *Es medio patotero.* He's kind of a bully.

patotero², -a s bully (pl -llies)

patraña s fabrication

patria s country (pl -tries), native land (*más liter*): *Pudieron regresar a su patria.* They were able to go back to their own country. • **morir por/defender la patria** to die for/defend your country
patria potestad custody ▶ MADRE **patria**

patriarca s patriarch

patriarcal adj patriarchal

patrimonio s **1** (bienes monetarios) assets [pl] **2** (bienes heredados) estate **3** (bienes de la colectividad) heritage: *La ciudad es Patrimonio Mundial de la Humanidad.* The city is a World Heritage Site.
patrimonio artístico artistic heritage • patrimonio cultural cultural heritage • patrimonio nacional national heritage • patrimonio natural natural heritage

patriota¹ adj patriotic

patriota² s patriot

patriótico, -a adj patriotic

patriotismo s patriotism

patrocinador, -a s sponsor

patrocinar v [T] to sponsor

patrocinio s sponsorship • **con el patrocinio de alguien** sponsored by sb

patrón¹, -ona s **1** (jefe) boss (pl -sses) **2** (santo) patron saint

patrón² s [masc] (en costura) pattern

patronal¹ s employers [pl]

patronal² adj **1** (de los empresarios) employer's [solo ante s]: *una organización patronal* an employers' organization **2** (del santo) **fiestas patronales** patron saint's festival [sing]

patronato s **1** (organización) trust **2** (consejo) board of trustees

patrono, -a s (santo) patron saint

patrulla s **1** (grupo de policías, soldados) patrol **2** (coche) police car
patrulla de caminos highway control

patrullar v [I,T] to patrol • **patrullar por una zona/un barrio** to patrol an area/a neighborhood

patrullera s **1** (embarcación) patrol boat **2** (coche) police car

paulatinamente *adv* gradually

paulatino, -a *adj* gradual

pausa *s* **1** (al hablar, al leer) pause **2** (en una actividad) break • **una pausa de 15/20 minutos** a 15-minute/20-minute break

EXPRESIONES
hacer una pausa (a) (al hablar, al leer) to pause **(b)** (en una actividad) to have a break

pausado, -a *adj* **1** (lento) deliberate **2** (tranquilo) calm

pauta *s* (indicación, guía) guideline

pavimentar *v* [T] to surface

pavimento *s* pavement, road surface

pavo[1] *s* [masc] (ave, carne) turkey
pavo real peacock

pavo[2]**, -a** *s* **1** (persona sosa) drip **2** (persona ingenua) sucker

pavonearse *v pron* to show off • **pavonearse de algo** to boast about sth

pavor *s* terror • **tenerle pavor a algo** to be terrified of sth

pavoroso, -a *adj* (incendio, terremoto) terrible; (escena, imagen) horrific

pay *s* pie

payasada *s* (farsa) farce • **hacer payasadas** to play the clown

payaso[1]**, -a** *s* **1** (artista) clown **2** (persona graciosa) clown

payaso[2]**, -a** *adj* **ser payaso -a** to be a clown

payo, -a *s* non-gypsy (pl -sies)

paz *s* **1** (ausencia de guerra) peace **2** (tratado) peace treaty (pl -ties) **3** (tranquilidad) peace and quiet: *En este lugar hay mucha paz.* This place is very peaceful and quiet. • **descansar en paz** to rest in peace

EXPRESIONES
dejar a alguien en paz to leave sb alone • **estar en paz** to be square • **que en paz descanse** (tb **paz en su tumba**) may he/she rest in peace • **hacer las paces** to make up

pazguato[1]**, -a** *adj* **1** (simple) foolish **2** (que se escandaliza) prudish

pazguato[2]**, -a** *s* **1** (simple) fool **2** (persona que se escandaliza) prude

PC (abrev de **personal computer**) PC

P.D. (abrev de **posdata**) P.S.

pe *s* **de pe a pa** from beginning to end

peaje *s* **1** (cantidad a abonar) toll **2** (lugar) tollgate ▶ **AUTOPISTA de peaje**

peatón, -ona *s* pedestrian

peatonal[1] *adj* (calle, puente, cruce) pedestrian

peatonal[2] *s* pedestrian street

peca *s* freckle

pecado *s* **1** (en religión) sin **2** (lástima) crime
pecado mortal mortal sin • **pecado original** original sin • **pecado venial** venial sin

pecador, -a *s* sinner

pecar *v* [I] **1** to sin **2 pecar de modesto -a/soberbio -a** to be too modest/proud

pecera *s* (rectangular) fish tank; (redonda) goldfish bowl

pecho *s* **1** (tórax) chest **2** (mama) breast • **dar el pecho a un bebé** to breastfeed a baby **3** (los dos senos) bust: *Tiene poco pecho.* She doesn't have much of a bust. **4** (en natación) breaststroke • **nadar de pecho** (tb **nadar (estilo) pecho**) to swim the breaststroke

EXPRESIONES
tomarse algo a pecho (a) (ofenderse) to take sth to heart **(b)** (con responsabilidad) to take sth seriously

pechuga *s* breast

pechugona *adj* busty

pecoso, -a *adj* freckly

pectina *s* pectin

pectoral[1] *adj* pectoral

pectoral[2] *s* (músculo, región) pectoral

peculiar *adj* (característico) characteristic

peculiaridad *s* distinctive feature

peda *s* **ponerse/agarrarse una peda** to get smashed

pedagogía *s* education

pedagógico, -a *adj* (métodos, experiencia) teaching [solo ante s]; (investigación, juego) educational: *los últimos métodos pedagógicos* the latest teaching methods

pedagogo, -a *s* **1** (especialista) educationalist **2** (enseñante) teacher

pedal *s* (de una bicicleta, un carro, un piano) pedal
pedal de embrague clutch pedal • **pedal de(l) freno** brake pedal • **pedal del acelerador** accelerator pedal

pedalear *v* [I] to pedal

pedaleo *s* pedaling

pedante[1] *adj* pretentious

pedante[2] *s* pretentious person (pl people)

pedantería *s* pretentiousness

pedazo *s* **1** (trozo) piece • **un pedazo de pan/tela/queso** a piece of bread/cloth/cheese • **hacer algo pedazos** (un objeto) to smash sth to pieces; (un papel, una tela) to tear sth to pieces; (en sentido figurado) to destroy sth • **hacerse pedazos** to smash to pieces ▶ ver nota en TROZO **2** (en insultos) **¡pedazo de animal/bruto!** you stupid idiot/jerk!

EXPRESIONES
caerse a pedazos (a) (persona) to be beat **(b)** (edificio, vehículo) to fall to pieces • **estar hecho -a pedazos** to be beat

pederasta *s* pedophile

pedernal *s* flint

pedestal *s* pedestal

EXPRESIONES
poner/tener a alguien en un pedestal to put/to have put sb on a pedestal

pedestre *adj* **1** (a pie) **carrera pedestre** foot race **2** (vulgar) pedestrian

pediatra *s* pediatrician

pediatría *s* pediatrics [+v en sing]

pediátrico, -a *adj* pediatric

pedicuro, -a *s* podiatrist

pedido *s* **1** (petición) request • **un pedido de ayuda/información** a request for help/information • **a pedido de alguien** at sb's request • **hacerle un pedido a alguien** to ask sb sth: *Quiero hacerte un pedido.* I want to ask you something. **2** (encargo) order • **hacer un pedido** to place an order

pedigrí, pedigree *s* **1** (de un animal) pedigree • **un perro/gato con pedigrí** a pedigreed dog/cat **2** (de una persona) track record

pedigüeño, -a *adj, s* **ser (un/una) pedigüeño -a** to be always asking for things

pedir *v*

1	solicitar
2	disculpa
3	cobrar
4	en un restaurante
5	encargar
6	mendigar

1 SOLICITAR [T] to ask for • **pedirle algo a alguien** to ask sb for sth: *Me ha pedido ayuda.* He's asked me for help. • **pedirle a alguien que haga algo** to ask sb to do

P

sth • **pedir permiso** to ask permission • **pedirle un favor a alguien** to ask sb a favor • **pedir la cuenta** to ask for the check ▶ ver nota en **ASK**

2 DISCULPA [T] **pedirle perdón/disculpas a alguien** to say sorry to sb, to apologize to sb (*más frml*)

3 COBRAR [T] **pedir 1000/2500 pesos por algo** to ask 1000/2500 pesos for sth: *¿Cuánto pide por la moto?* How much is he asking for the motorbike?

4 EN UN RESTAURANTE [I,T] to order: *¿Me pides un café?* Can you order me a cup of coffee?

5 ENCARGAR [T] to order: *He pedido el libro, llegará la semana que viene.* I've ordered the book. It'll be here next week.

6 MENDIGAR [I,T] **pedir (limosna)** to beg: *Hay mucha gente pidiendo.* There are a lot of people begging. ▶ **pedir algo** PRESTADO

EXPRESIONES
pedir la mano de alguien to ask for sb's hand in marriage

pedo¹ s **1** (ventosidad) fart • **tirarse un pedo** to fart **2** (borrachera) **ponerse/agarrarse un pedo** to get smashed • **llevar un pedo (encima)** to be smashed

pedo² *adj* (borracho) **estar pedo** to be smashed • **ponerse pedo** to get smashed

pedofilia s pedophilia

pedófilo¹, -a *adj* pedophiliac

pedófilo², -a s pedophile

pedrada s *Lo rompió de una pedrada.* He threw a stone at it and broke it. • *Recibió una pedrada en la cabeza.* She was hit on the head by a stone. • *Los echaron del campo a pedradas.* They threw stones at them and chased them off the field.

pedregal s piece of stony ground

pedregoso, -a *adj* stony

pedrería s precious stones [pl]

pedrisco s hail • **cae/caía pedrisco** it's/it was hailing

Pedro como Pedro por su casa as if you own the place

pedrusco s (piedra grande) lump of rock

peeling s face mask

peerse *v pron* to fart

pegadizo, -a *adj* (música) catchy

pegado, -a *adj* **pegado -a a algo (a)** (junto) *Mi casa está pegada a la de mi tía.* My house is right next to my aunt's. • *No me gusta el sofá pegado a la pared.* I don't like the sofa right up against the wall. • *Se pasa el día pegado a la televisión.* He spends the whole day glued to the television. **(b)** (con pegamento) glued to sth

pegajoso, -a *adj* **1** (superficie, mano) sticky **2** (calor, bochorno) sticky; (frío) clammy **3** (persona) clingy

pegamento (tb **pegante**) s glue

pegar *v*

1	golpear
2	a alguien
3	asestar
4	adherir
5	adherirse
6	contagiar
7	combinar
8	en informática
9	tener éxito

1 GOLPEAR [I] to hit: *La pelota pegó en el poste.* The ball hit the bar.

2 A ALGUIEN [T] to hit: *Le pegó en el ojo.* She hit him in the eye.; (cuando ocurre habitualmente) to beat: *Su padre le pega.* His father beats him.

3 ASESTAR [T] **pegarle un tortazo/una cachetada a alguien** to slap sb's face • **pegarle una patada a alguien** to kick sb • **pegarle un puñetazo a alguien** to punch sb • **pegarle una paliza a alguien** to beat sb up; (como castigo) to give sb a hiding

4 ADHERIR [T] to stick • **pegar algo a/en algo** to stick sth to/on sth

5 ADHERIRSE [I] to stick

6 CONTAGIAR [T] to give: *Me pegó la varicela.* She gave me chickenpox.

7 COMBINAR [I] (colores, estilos) to go together: *Esos colores no pegan.* Those colors don't go together. • **pegar con algo** to go with sth

8 EN INFORMÁTICA [I, T] to paste • **cortar y pegar** cut and paste

9 TENER ÉXITO [I] to be a hit ▶ **pegar un** ESTIRÓN, **pegar un** GRITO, **pegar un** SALTO, **pegar un** TIRO a alguien

—**pegarse** *v pron*

1 GOLPEARSE **pegarse en el codo/la cabeza** to hit your elbow/your head • **pegarse con/contra algo** to bump into sth

2 ENFRENTARSE to fight • **pegarse por conseguir algo** to fight to get sth

3 ADHERIRSE to stick: *Se han pegado las hojas.* The pages have stuck together.

4 TRANSMITIRSE *Se le pegó el acento argentino.* He's picked up an Argentinian accent. • *Se te va a pegar la gripe.* You'll catch my cold. • **se me pegó la canción** I can't get the song out of my head

5 JUNTARSE **pegársele a alguien** to latch on to sb: *Siempre se me pega ese pelmazo.* That bore always latches on to me.

pegatina s sticker

pegote s (de comida) sticky mess: *El arroz ha quedado un pegote.* The rice is a sticky mess.

peinado¹, -a *adj* **está/estaba bien peinado -a** his/her hair is/was neat and tidy

peinado² s (del cabello) hairstyle • **hacerse un peinado** (en la peluquería) to get your hair done

peinar *v* [T] **1** **peinar a alguien (a)** (con peine) to comb sb's hair; (con cepillo) to brush sb's hair **(b)** (en una peluquería) to do sb's hair **2** (a un animal) to groom **3** (una zona) to comb
—**peinarse** *v pron* **1** (con peine) to comb your hair; (con cepillo) to brush your hair **2** (en una peluquería) to get your hair done

peine s comb

peineta s decorative comb

peinilla s comb

p. ej. (abrev de **por ejemplo**) e.g.

peladilla s sugared almond

pelado¹, -a *adj* **1** (fruta) peeled **2 tengo la nariz pelada/tienes los hombros pelados** my nose is peeling/your shoulders are peeling **3** (sin dinero) broke

pelado², -a s (niño) kid

peladura s peel • **peladuras de limón/manzana/papa** lemon rind/apple peel/potato peelings

pelaje s **1** (de un gato, un oso) fur; (de un caballo, un perro) coat **2** (tipo, clase) sort

pelambrera s mop of hair

pelapapas s potato peeler

pelar *v* [T] **1** (una fruta, una papa) to peel **2** (langostinos, camarones) to peel **3** (un pollo, un pavo) to pluck **4** (cortar el pelo a) **pelar a alguien** to cut sb's hair **5** (dejar sin dinero a) to clean out **6** (un dulce) to unwrap **7** (hacerle caso a) • **no pelar a alguien** not to take any notice of sb: *Está triste porque Inés no lo pela.* He's sad because Inés doesn't take any notice of him.

EXPRESIONES
hace un frío que pela it's freezing
—**pelarse** *v pron* **1** (cortarse el pelo) to have your hair cut **2** (por demasiado sol) to peel: *Se me está pelando la nariz.* My nose is peeling. **3** (escaparse) to hightail it, to take off **4** (morirse) to kick the bucket

peldaño s **1** (de una escalera de mano) rung **2** (de la escalera de un edificio) step

pelea s **1** (discusión) row **2** (a golpes) fight

peleado, -a adj **estar peleado -a (con alguien)** (desde hace poco) to have had a row (with sb); (desde hace tiempo) not to be on speaking terms (with sb)

peleador[1], **-a** adj **1** (discutidor) argumentative **2** (que se mete en peleas) **ser peleador -a** to be always fighting: *Era muy peleador en el colegio.* He was always fighting at school.

peleador[2], **-a** s (boxeador) boxer

pelear v [I] **1** (discutir) to argue • **pelear con alguien** to argue with sb ▶ ver nota en ARGUE **2** (a golpes) to fight **3** (esforzarse) to struggle • **pelear por algo/por hacer algo** to struggle for sth/to do sth
—**pelearse** v pron **1** (discutir) to argue • **pelearse con alguien** to have an argument with sb • **pelearse por algo** to argue over sth **2** (a golpes) to fight • **pelearse con alguien** to have a fight with sb • **pelearse por algo** to fight over sth

pelele s **1** (persona débil) wimp **2** (títere, persona manipulada) puppet

peleón, -ona adj **1** (discutidor) argumentative **2** (que se mete en peleas) **ser peleón -ona** to be always fighting **3** (vino) rough

peleonero, -a adj **1** (que se mete en peleas) **ser peleonero -a** to be always fighting **2** (discutidor) argumentative

peletería s (tienda) furrier's

peletero, -a s furrier

peliagudo, -a adj tricky

pelícano s pelican

película s **1** (de cine) movie: *¿A qué hora dan la película?* What time is the movie on? **2** (fotográfica) film **3** (capa) film

EXPRESIONES
de película (a) (muy bueno) amazing **(b)** (muy bien) *Lo pasamos de película.* We had a fantastic time.
película de acción action movie • película de ciencia ficción science fiction movie • película de dibujos animados cartoon • película de miedo horror movie • película de suspenso thriller • película de terror horror movie • película del Oeste western • película muda silent movie

peliculero, -a adj (fantasioso) **ser muy peliculero -a** to have a very vivid imagination

peliculón s great movie

peligrar v [I] to be in danger

peligro s **1** (situación) danger: *Ya pasó el peligro.* The danger is over. • **estar en peligro/fuera de peligro** to be in danger/out of danger • **correr peligro** to be in danger • **correr (el) peligro de hacer algo** to run the risk of doing sth • **¡peligro de incendio!** (cartel) fire hazard • **hay/no hay peligro de algo** there is a danger/there is no danger of sth **2** (persona o cosa) **ser un peligro** to be dangerous

peligrosidad s dangerousness: *Con la niebla aumenta la peligrosidad de las carreteras.* The fog is making the roads increasingly dangerous. • **de alta/baja peligrosidad** highly dangerous/not very dangerous

peligroso, -a adj dangerous

pelirrojo[1], **-a** adj red-haired

pelirrojo[2], **-a** s (hombre) man with red hair; (chico) boy with red hair; (mujer) redhead: *un pelirrojo con bigote* a man with red hair and a mustache

pellejo s (piel) skin

EXPRESIONES
jugarse el pellejo to risk your neck • **salvar el pellejo** to save your skin • **si yo estuviera en tu/su pellejo...** if I were in your/his shoes...

pellizcar v [T] **1** (a una persona, una parte del cuerpo) to pinch **2** (quitar trozos pequeños de) to pick little bits off

pellizco s **1** (en la piel) pinch (pl -ches) • **darle un pellizco a alguien** to pinch sb: *Me dio un pellizco en el*

brazo. He pinched my arm. **2** (trozo pequeño) pinch (pl -ches)

pelmazo, -a adj, s **ser (un) pelmazo/(una) pelmaza (a)** (pesado) to be a pain **(b)** (aburrido) to be a bore

pelo s **1** (de una persona) hair • **cortarse el pelo** to have your hair cut • **tener el pelo largo/corto** to have long/ short hair **2** (de un animal) fur

EXPRESIONES
de pelos great, fantastic • **con pelos y señales** down to the last detail • **por un pelo/pelito** (tb **por el pelo**) by the skin of your teeth: *Se salvó por un pelo.* He escaped by the skin of his teeth. • **no tener pelos en la lengua** not to mince words • **no tener un pelo de tonto** to be no fool • **no verle el pelo a alguien** not to see sb's face: *Hace mucho que no lo vemos el pelo.* We haven't seen your face around here for ages. • **tomarle el pelo a alguien** to pull sb's leg • **se te/me ponen los pelos de punta** it sends shivers down your/my spine

pelón, -ona adj **1** (sin pelo) bald • **dejar pelón -ona a alguien** (rapar) to scalp sb **2** (con mucho pelo) hairy **3** (difícil, complicado) tricky, difficult

pelota[1] s [fem] (balón) ball • **una pelota de golf/tenis/ fútbol** a golf ball/tennis ball/football

EXPRESIONES
devolverle la pelota a alguien to give sb a taste of his/her own medicine • **echarle la pelota a alguien** to pass the buck to sb • **en pelota(s)** (desnudo) stark naked • **estar hasta las pelotas de algo/alguien** to have had it up to here with sth/sb • **hacerse pelotas** to get all mixed up
pelota vasca pelota

pelota[2] s [masc & fem] (imbécil) jerk

pelota[3] adj (imbécil) dumb

pelotazo s (golpe) *Rompió la ventana de un pelotazo.* He kicked the ball at the window and broke it. • *Me dieron un pelotazo en la cabeza.* I got hit on the head with a ball.

pelotear v [I] (en tenis) to knock around; (en fútbol) to kick a ball around

pelotera s (pelea) row • **armar/montar una pelotera** to kick up a stink

pelotón s **1** (en ciclismo) bunch, peloton (más técnico) **2** (en las fuerzas armadas) squad
pelotón de fusilamiento firing squad

peluca s wig

peluche s (muñeco) soft toy ▶ MUÑECO de peluche, OSO de peluche

peludo, -a adj **1** (persona, piernas) hairy **2** (animal) hairy; (de pelo suave) furry

peluquería s salon
peluquería de caballeros barber's • peluquería de señoras ladies' hairdresser's

peluquero, -a s hairdresser

peluquín s toupee

pelusa s **1** (de suciedad) fluff: *Aquí tienes una pelusita.* You have some fluff here. **2** (de un durazno) down

pelvis s pelvis (pl -ses)

pena s **1** (lástima) **ser una pena** to be a shame, to be a pity • **¡qué pena!** what a shame!, what a pity! • **dar pena** *Daba pena verla llorar así.* It was sad to see her cry like that. • *Me da pena botarlo.* It seems a shame to throw it away. **2** (tristeza) **tener/sentir pena (por algo)** to be/feel sad (about sth): *Tenemos mucha pena por lo que ha pasado.* We are very sad about what has happened. **3** (castigo) sentence **4** (vergüenza) **me/le da pena** I'm/ he's embarrassed: *Le da mucha pena pedir dinero prestado.* She's too embarrassed to ask to borrow money. • **pasar mucha pena** to be very embarrassed • **hacerle pasar pena a alguien** to embarrass sb: *No nos hagas pasar pena delante de ellos, por favor.* Don't embarrass us in front of them, please. • **¡qué pena! (a)** (cuando se está avergonzado) how embarrassing! **(b)** (para disculparse) I'm so sorry! **5 penas** [pl] (problemas) troubles

a duras penas (apenas) barely; (con dificultad) with great difficulty • **ahogar las penas** to drown your sorrows • **de pena** *El examen me salió de pena.* The test was terrible. • *Me cae de pena.* I can't stand her. • **merece/vale la pena** it's worth it • **merece/vale la pena hacer algo** it's worth doing sth • **sin pena ni gloria** without making much of an impression: *El equipo pasó por el Mundial sin pena ni gloria.* The team's performance in the World Cup was unexceptional.
pena capital death penalty • pena de muerte death penalty

⚠ Observa que **worth** va seguido de la forma **–ing**, no del infinitivo con *to*:
The festival is really worth seeing (✗ *to be seen*).
It's worth going (✗ *to go*) *there.*

penacho *s* **1** (de ave) crest **2** (adorno) plume

penal¹ *adj* **1** (de las penas) criminal: *antecedentes penales* criminal record **2** (código, reforma, sistema) penal; (tribunal, derecho) criminal

penal² *s* **1** prison **2** (tb **pénal**) (en fútbol) penalty (pl -ties) • **cometer un penal** to give away a penalty • **irse a penales** to be decided on penalties • **tirar/patear un penal** to take a penalty • **parar/atajar un penal** to save a penalty

penalidades *s* [pl] (penurias) hardship [sing]

penalización *s* (sanción) penalty (pl -ties)

penalizar *v* [T] **1** (imponer una sanción) to penalize **2** (judicialmente) to make punishable by law

pénalti, **penalty** *s* (en fútbol) penalty (pl -ties) • **cometer un pénalti** to give away a penalty • **irse a pénaltis** to be decided on penalties • **parar/atajar un pénalti** to save a penalty • **tirar/patear un pénalti** to take a penalty

penar *v* **1** [T] (castigar) to punish **2** [I] (sufrir) to suffer

penca sábila *s* aloe vera

pendejada *s* **1** (acción o dicho estúpidos) silly thing: *No me vengas con pendejadas.* Don't bother me with such silly things. • *Ya déjate de pendejadas.* Stop being silly. • **decir pendejadas** to talk nonsense • **decir una pendejada** to say something silly • **hacer una pendejada** to do something silly • **hacer pendejadas** to mess around • **¡qué pendejada!** how silly! **2** (cosa sin importancia) silly little thing: *Se pelearon por una pendejada.* They had an argument over a silly little thing.

pendejo¹, -a *adj* dumb

pendejo², -a *s* jerk

pendenciero¹, -a *adj* ¿Cómo *puedes ser tan pendenciero?* Why are you always looking for a fight?

pendenciero², -a *s* troublemaker

pender *v* [I] **1** (estar colgado) **pender de algo** to hang from sth **2** (cernirse) **pender sobre algo** to hang over sth

pendiente¹ *s* [masc] **1** (joya) earring **2** (preocupación) **estar con el pendiente** to feel a little worried • **tener a alguien con el pendiente** to keep sb waiting for news

pendiente² *s* [fem] (declive, cuesta) slope

pendiente³ *adj* **1** (sin resolverse) **estar/quedar pendiente** to be/to be left outstanding • **tener un asunto pendiente/unos asuntos pendientes** to have some unfinished business • **estar pendiente de aprobación/publicación** to be awaiting approval/to be due to be published **2** (atento) **estar pendiente de algo** *Estamos pendientes del tiempo para ver qué hacemos este fin de semana.* We're keeping an eye on the weather to see what we might do this weekend. • *Está pendiente del teléfono.* He's waiting for the phone to ring. • *No estés tan pendiente de lo que dicen los demás.* Don't be so concerned about what other people say.

pendular *adj* swinging, pendular (*más frml*)

péndulo *s* pendulum

pene *s* penis (pl -ses)

penetración *s* **1** (acción) penetration **2** (comprensión) insight

penetrante *adj* **1** (mirada) penetrating; (frío) biting; (olor) sharp **2** (sonido, voz, grito) piercing **3** (perspicaz) incisive

penetrar *v* **1** [I,T] (ingresar) to penetrate • **penetrar en un edificio/una fortaleza** to get into a building/a fortress • **penetrar en territorio enemigo** to advance into enemy territory • **penetrar en un mercado** to penetrate a market **2** [T] (sexualmente) to penetrate **3** [T] (comprender) to fathom

penicilina *s* penicillin

península *s* peninsula

peninsular *adj* **1** (de la península) peninsular **2** (de la península ibérica) *el español peninsular* peninsular Spanish

penique *s* penny • **dos/tres peniques** two/three pence

penitencia *s* **1** (en religión) penance • **hacer penitencia** to do penance **2** (en un juego) forfeit

penitenciaría *s* prison, penitentiary (pl -ries)

penitenciario, -a *adj* prison [solo ante *s*]: *el sistema penitenciario colombiano* the Colombian prison system

penitente *s* penitent

penoso, -a *adj* **1** (que da pena) sorry: *una situación penosa* a sorry situation **2** (muy malo) terrible: *El equipo tuvo una actuación penosa.* The team played terribly. **3** (que implica esfuerzo) arduous: *un viaje penoso* an arduous trip **4** (tímido) shy **5** (embarazoso) embarrassing **6** (triste) sad, painful

pensado, -a *adj* **1** **en el momento menos pensado** when you least expect it **2 tener pensado hacer algo** to be thinking of doing sth **3 bien pensado -a** (bien concebido – un plan, una decisión) well thought out; (un mueble, un aparato) well-designed • **mal pensado -a** (mal concebido) badly thought out • **ser mal pensado -a** (pensar mal) to have a suspicious mind

pensador, -a *s* thinker

pensamiento *s* **1** (lo que se piensa) thought • **adivinarle el pensamiento a alguien** to read sb's mind **2** (ideología) thinking **3** (flor) pansy (pl -sies)

pensar *v* **1** [I] (razonar) to think: *Piensa antes de contestar.* Think before you answer. • **pensar en algo/alguien** to think about sth/sb: *¡Tú no piensas más que en la comida!* You think about nothing but food! • *Pienso mucho en ti.* I think about you a lot. **2** [I] (considerar, tener en cuenta) **pensar en algo/alguien** to think of sth/sb: *Piensa en el futuro.* Think of the future. • *Solo piensa en sí misma.* She only thinks of herself. • **pensar mal de alguien/algo** to think the worst of sb/sth **3** [T] (opinar, creer) to think: *¿Tú qué piensas?* What do you think? • **pienso que sí/que no** (como respuesta) I think so/I don't think so **4** [T] (tener una intención) **pensar hacer algo** to intend to do sth

dar que pensar to be food for thought: *Sus palabras dan que pensar.* What he said is food for thought. • **¡no quiero ni pensarlo!** it doesn't bear thinking about! • **¡ni pensarlo!** no way! • **pensándolo bien** on second thoughts • **pensarlo** to think about it • **pensarlo (bien)** to think it over (carefully) • **¿qué te pensabas?** *Claro que no voy a decir, ¿qué te pensabas?* Of course I'm not going to say, what do you take me for?

pensativo, -a *adj* **estar muy pensativo -a** to be lost in thought • **quedarse pensativo -a** to become thoughtful

pensión *s* **1** (residencia) guesthouse **2** (jubilación) pension **3** (que se pasa a un ex cónyuge) maintenance
▶ PLAN de pensiones
pensión completa full board • pensión de jubilación retirement pension • pensión de viudedad widow's pension

pensionado, -a (tb **pensionista**) *s* (jubilado) pensioner

pensionarse *v pron* (jubilarse) to retire

pentágono *s* **1** (polígono) pentagon **2** (en béisbol) home plate **3 el Pentágono** the Pentagon

pentagrama *s* stave

pentatlón *s* pentathlon

Pentecostés *s* **1** (fiesta cristiana) Whitsun • **Domingo/Lunes de Pentecostés** Whit Sunday/Monday **2** (fiesta judía) Pentecost

penúltimo[1], **-a** *adj* second to last, penultimate (*más frml*): *Llegó penúltimo.* He came second to last. • *la penúltima hoja* the second to last page

penúltimo[2], **-a** *pron* **ser el penúltimo/la penúltima** to be second to last: *Era la penúltima de la lista.* She was second to last on the list.

penumbra *s* semi-darkness • **en penumbra** in semi-darkness

penuria *s* **1** (pobreza) poverty **2** (escasez) shortage
EXPRESIONES
pasar penurias to suffer hardship

peñasco *s* crag

peón *s* **1 peón (de albañil)** construction worker **2** (rural) farm worker **3** (en ajedrez) pawn

peonza *s* spinning top

peor[1] *adj, adv* **1** (comparativo) worse • **peor... que** worse... than • **peor que nunca** worse than ever **2** (superlativo) worst • **el/la peor... del mundo/de la ciudad** the worst... in the world/in town • **el/la peor... del año/de mi vida** the worst... of the year/of my life • **el peor libro que he leído en mi vida/la peor canción que he escuchado en mi vida** the worst book I've ever read/the worst song I've ever heard **3 ya ha pasado lo peor/pensé en lo peor** the worst is over/I feared the worst • **lo peor es que...** the worst thing is that... **4 peor para ti/él** that's your/his problem ▸ **MAL**
EXPRESIONES
en el peor de los casos if the worst comes to the worst • **peor que peor** so much the worse • **ser de lo peor** to be terrible • **y lo que es peor** and what is worse

peor[2] *s* **el/la peor** the worst

pepa *s* **1** (de uva, naranja) seed **2** (de durazno, ciruela) pit **3** (persona inteligente) **ser una pepa para algo** to be brilliant at sth

pepinillo *s* pickle: *pepinillos en vinagre* pickles in vinegar

pepino *s* cucumber
EXPRESIONES
me/le importa un pepino I/she couldn't care less

pepita *s* **1** (de melón, sandía) seed; (de uva) pip **2** (de oro) nugget

pequeñez *s* **1** (en tamaño) smallness: *Nos sorprendió la pequeñez de la cocina.* We were surprised at how small the kitchen was. **2** (tontería) silly little thing

pequeño[1], **-a** *adj* **1** (en tamaño) small • **me queda pequeño -a/le está pequeño -a** it's too small for me/it's too small for her • **en pequeño** in miniature **2** (en edad) little, small • **de pequeño -a** when I/he/she was little **3** (en importancia) small: *un pequeño problema* a small problem • *Me di un pequeño golpe en la cabeza.* I bumped my head a little. **4** (en duración) short: *Dimos una pequeña vuelta.* We went for a short stroll.
la pequeña empresa small businesses [pl]

pequeño[2], **-a** *s* **el pequeño/la pequeña** the youngest • **los pequeños** the little ones

pequeñoburgués, -esa *s, adj* petit bourgeois

pequinés *s* (perro) Pekinese

pera *s* (fruta) pear
EXPRESIONES
pedirle peras al olmo to ask the impossible • **ser una pera/perita en dulce** to be a gem

peral *s* pear tree

peralte *s* (en carretera) camber

percal *s* (tela) percale

percance *s* (accidente) minor accident; (contratiempo) hitch (pl -tches); (problema) problem • **sin percances** without mishap

per cápita *adj* per capita

percatarse *v pron* **percatarse de algo** (ver algo) to notice sth; (darse cuenta de algo) to realize sth

percebe *s* (crustáceo) goose barnacle

percepción *s* **1** (a través de los sentidos) perception **2** (con la inteligencia) perception **3** (de un dinero, una ayuda) receipt

perceptible *adj* **1** (a través de los sentidos) perceptible **2** (por la inteligencia) noticeable

perceptivo, -a *adj* sensory

percha *s* **1** (para el armario) coat hanger **2** (en una puerta, en la pared) coat hook **3** (de pie) coat stand **4** (para pájaros) perch (pl -ches)

perchero *s* **1** (de pared) coat rack **2** (de pie) coat stand

percibir *v* [T] **1** (a través de los sentidos) to perceive; (un olor) to smell; (un sonido) to hear **2** (con la inteligencia – darse cuenta) to realize; (detectar) to detect **3** (referido a cantidades) to receive

percusión *s* percussion

percusionista *s* percussionist

perdedor[1], **-a** *s* loser

perdedor[2], **-a** *adj* losing

perder *v*

1	un objeto, dinero
2	un partido, un campeonato
3	un bus, un tren, un avión
4	una oportunidad
5	moralmente
6	tiempo
7	tener un escape

1 UN OBJETO, DINERO [T] to lose: *Cada dos por tres pierdo las llaves.* I'm always losing my keys.
2 UN PARTIDO, UN CAMPEONATO [I,T] to lose: *Perdieron 3 a 2.* They lost 3–2. • **perder por un gol/dos puntos** to lose by a single goal/by two points • **no saber perder** to be a bad loser
3 UN BUS, UN TREN, UN AVIÓN [T] to miss
4 UNA OPORTUNIDAD [T] to miss • **perder la oportunidad de hacer algo** to miss the opportunity of doing sth
5 MORALMENTE [T] *Las drogas lo perdieron.* Drugs were his downfall.
6 TIEMPO [T] **perder (el) tiempo** to waste time
7 TENER UN ESCAPE [I, T] **la cubeta/la pluma pierde** the bucket/pen leaks, the bucket/pen has a leak • **la tubería pierde agua/la pluma pierde tinta** water is leaking from the pipe/the pen is leaking ink • **la llanta pierde (aire)** the tire is going down
—**perderse** *v pron*
1 EXTRAVIARSE to get lost: *Me perdí.* I got lost. • **se me/le perdió algo** I/he lost sth: *Se me perdió el bolígrafo.* I've lost my pen.
2 UNA PELÍCULA, UNA FIESTA, UNA OPORTUNIDAD to miss: *No sabes lo que te perdiste.* You don't know what you missed.
3 DESAPARECER to disappear: *Se perdió entre la multitud.* He disappeared into the crowd.
4 EN UNA CONVERSACIÓN, UN DISCURSO *Me he perdido, ¿podrías repetir tu argumento?* I'm lost, could you repeat your argument? • *Cuando hablan todos a la vez, me pierdo.* When they all talk at once, I get lost.

perdición *s* (ruina) ruin

pérdida *s* **1** (de pertenencias) loss (pl -sses) **2** (de dinero) loss (pl -sses) **3** (en sentido no material) loss **4** (muerte) loss **5 (ser) una pérdida de tiempo** (to be) a waste of time **6** (de gas, líquido) leak

P

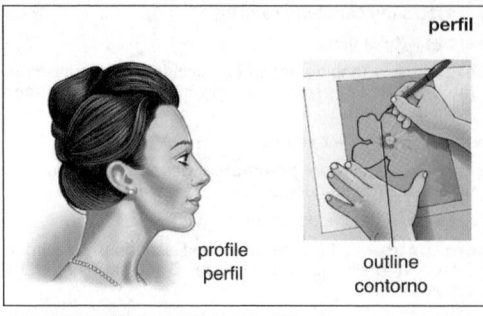

perfil

profile
perfil

outline
contorno

EXPRESIONES
no tiene pérdida you can't miss it

perdidamente *adv* **estar perdidamente enamorado -a de alguien** to be hopelessly in love with sb

perdido, -a *adj* **1** (extraviado) lost • **dar algo por perdido -a** to give sth up for lost **2** (que no comprende) lost: *Estoy muy perdida en inglés.* I'm completely lost in English. **3** (bala) stray **4** (para enfatizar) **es imbécil perdido** he's a complete idiot • **estaba borracha perdida** she was blind drunk ▸ **OBJETO**
EXPRESIONES
(ya) de perdida at least: *Ya de perdida déjame invitarte una cerveza.* Let me at least buy you a drink.

perdigón *s* pellet

perdiz *s* partridge
EXPRESIONES
fueron felices y comieron perdices and they lived happily ever after

perdón¹ *s* **1** (por una ofensa, un error) **pedir perdón (por algo)** to say you're sorry (for sth), to apologize (for sth) (*más frml*) • **pedirle perdón (por algo) a alguien** to say you're sorry to sb (for sth), to apologize to sb (for sth) (*más frml*) **2** (de un crimen) pardon; (de una deuda) writing-off
EXPRESIONES
con perdón if you'll pardon me saying so • **no tener perdón** to be unforgivable

perdón² *interj* **1** (para disculparse) sorry • **perdón por llegar tarde/por interrumpir** sorry I'm late/I'm sorry to interrupt **2** (para llamar la atención) excuse me: *Perdón ¿tiene hora?* Excuse me, do you have the time? **3** (cuando no se ha entendido bien) sorry?, excuse me?: *Perdón ¿cómo has dicho?* Sorry? What did you say?

perdonar *v* **1** [I,T] **perdona/perdone (a)** (para disculparse) I'm sorry **(b)** (para llamar la atención) excuse me • **perdonen que interrumpa/perdona que insista** I'm sorry to interrupt/I'm sorry to insist • **perdona que te moleste** sorry to bother you **2** [T] (a alguien) to forgive: *No le perdona que le haya mentido.* She can't forgive him for lying to her. **3** [T] (una deuda) to write off; (un castigo) to let off: *Te perdono, pero que no se repita.* I'll let you off, but don't do it again. • **le/les perdonaron la vida** they spared his life/their lives

perdonavidas *s* bully (pl -llies)

perdurable *adj* lasting

perdurar *v* [I] (relación, efecto) to last; (costumbre) to survive; (en el recuerdo) to live on

perecear *v* [I] to laze around

perecedero, -a *adj* **1** (alimento, producto) perishable **2** (sentimiento) transitory

perecer *v* [I] (morir) to die, to perish (*literario*)

peregrinación (tb **peregrinaje**) *s* pilgrimage • **ir en peregrinación** to go on a pilgrimage

peregrinar *v* [I] to make a pilgrimage

peregrino¹, -a *s* pilgrim

peregrino², -a *adj* (extraño) bizarre

perejil *s* parsley

perenne *adj* (planta) perennial; (árbol, arbusto) evergreen

perentorio, -a *adj* **1** (urgente) urgent **2** (definitivo) fixed

pereque *s* nuisance, bother • **poner pereque** to be a nuisance

pereza *s* (cualidad) laziness • **¡qué pereza!** I'm feeling so lazy! • **sentir pereza** to feel lazy • **me/le da pereza (hacer algo)** I/she can't be bothered (to do sth)

perezosa *s* (asiento) deck chair

perezoso¹, -a *adj* lazy

perezoso², -a *s* lazybones (pl lazybones)

perfección *s* perfection • **a la perfección** perfectly: *Te conozco a la perfección.* I know exactly what you're like.

perfeccionamiento *s* improvement: *un curso de perfeccionamiento* an advanced course

perfeccionar *v* [T] **1** (un idioma) to improve **2** (una técnica, un arte) to perfect

perfeccionista *s, adj* perfectionist

perfectamente *adv* **1** (muy bien) perfectly **2** (de acuerdo) fine

perfecto, -a *adj* **1** (inmejorable) perfect **2** (para enfatizar) *un perfecto caballero* a perfect gentleman • *un perfecto imbécil* a complete idiot **3** (en gramática) perfect

perfidia *s* treachery, perfidy (*literario*)

pérfido, -a *adj* treacherous, perfidious (*literario*)

perfil *s* **1** (de una persona) profile • **de perfil** *La veía de perfil.* I could see her profile. • *Ponte de perfil.* Stand sideways. • *una foto de perfil* a photo taken from the side **2** (de un vehículo, un barco) lines [pl]; (de una cordillera) outline **3** (características) profile • **mantener (un) perfil bajo** to keep a low profile

perfilar *v* [T] (un dibujo, los labios) to outline
—**perfilarse** *v pron* **1** to be outlined: *Los rascacielos de la capital se perfilaban en el horizonte.* The outline of the capital's skyscrapers could be seen on the horizon. **2** (aparecer) to begin to look like: *Se perfila como ganadora de las elecciones.* She is beginning to look like the winner of the elections.

perforación *s* **1** (de un terreno) drilling **2** (de un órgano) perforation

perforadora *s* drill

perfumado, -a *adj* (vela, pañuelo) scented

perfumar *v* [T] to perfume
—**perfumarse** *v pron* to put some perfume on

perfume *s* **1** (cosmético) perfume • **ponerse un poco de perfume** to put some perfume on • **usar perfume** to wear perfume **2** (de una flor) scent

perfumería *s* perfumery (pl -ries)

pergamino *s* parchment

pericia *s* skill

perico *s* **1** (ave) parakeet **2** (café) strong coffee with a dash of milk; (cuando se lo pide en un bar o restaurante) macchiato **3** (herramienta) monkey wrench (pl -ches) **4** (droga) coke, snow ▸ **HUEVOS pericos**

periferia *s* **la periferia** (de una ciudad) the outskirts [pl]

periférico¹, -a *adj* (zona, barrio) outlying; (país) peripheral

periférico² *s* **1** (en informática) peripheral **2** (carretera) beltway

perífrasis *s* periphrasis (*técn*)

perilla *s* **1** (barba) goatee **2** (de una puerta) door handle
EXPRESIONES
venir de perilla a alguien to be just what sb needs

perímetro *s* perimeter

periodicidad *s* frequency, periodicity (*técn*) • **de periodicidad mensual/anual** monthly/annual

periódico[1], -a *adj* periodic

periódico[2] *s* (diario) newspaper

periodismo *s* journalism

periodista *s* journalist
  periodista deportivo -a sports reporter • periodista gráfico -a press photographer

periodístico, -a *adj* (estilo, lenguaje) journalistic; (artículo, empresa) newspaper [solo ante s]

periodo (tb **período**) *s* **1** (lapso) period • **un periodo de tres meses/cinco años** a three-month/five-year period **2** (regla) period • **estar con el periodo/tener el periodo** to have your period
  periodo de prueba trial period

peripecia *s* adventure

periplo *s* **1** (viaje) long trip **2** (viaje por mar) voyage

periquete *s* **en un periquete** in no time

periquito *s* parakeet

periscopio *s* periscope

peritaje (tb **peritación**) *s* (de unos daños) assessment; (de una casa) survey

peritar *v* [T] (unos daños, el valor de algo) to assess; (una casa) to survey

perito, -a *s* expert
  perito -a agrícola agronomist

peritonitis *s* peritonitis

perjudicar *v* [T] to damage: *No la quiere perjudicar.* He doesn't want to damage her chances. • **salir perjudicado -a** to lose out: *Es el cliente el que sale perjudicado.* It's the customer who loses out.

perjudicial *adj* damaging • **ser perjudicial para algo** to damage sth

perjuicio *s* damage ▶ DAÑOS y perjuicios
EXPRESIONES
  en perjuicio de algo/alguien to the detriment of sth/sb • **ir en perjuicio de algo/alguien** to be detrimental to sth/sb

perjurar *v* [T] to swear: *Juró y perjuró que era inocente.* He swore to God that he was innocent.

perjurio *s* perjury

perla *s* pearl • **un collar/una pulsera de perlas** a pearl necklace/bracelet
EXPRESIONES
  venirle de perlas a alguien to be just what sb needs
  perla cultivada cultured pearl • perla natural natural pearl

permanecer *v* [I] **1** (en un estado) to remain **2** (en un lugar) to stay, to remain (*más frml*) **3** (estar) to be: *Permanece internado en el hospital.* He is still in the hospital.

permanencia *s* **1** (en un cargo, en el poder) *Con esa victoria, consiguieron la permanencia en primera división.* By winning that game, they managed to stay in the first division. • *La crisis hizo peligrar su permanencia en el poder.* The crisis jeopardized his chances of remaining in power. **2** (en un lugar) stay

permanente[1] *adj* permanent

permanente[2] *s* perm • **hacerse la permanente** (tb **hacerse (un) permanente**) to have a perm

permeabilidad *s* permeability

permeable *adj* permeable

permisible *adj* (límite, nivel) permissible; (conducta) acceptable

permisivo, -a *adj* permissive

permiso *s* **1** (autorización) permission • **pedir permiso (para hacer algo)** to ask permission (to do sth) • **darle permiso a alguien (para hacer algo)** to give sb permission (to do sth) **2** (documento oficial) permit; (autorización por escrito) written permission **3** (en el trabajo)

estar de permiso to be on leave • **pedir dos días/un mes de permiso** to ask for two days'/a month's leave **4** (adiós) bye
EXPRESIONES
  (con) permiso (a) (para abrirse paso) excuse me **(b)** (para entrar a un lugar) may I come in?
  permiso de conducir driver's license • permiso de trabajo work permit • permiso de residencia residence permit

permitido, -a *adj* **estar permitido -a** to be allowed: *Aquí no está permitido acampar.* Camping isn't allowed here.

permitir *v* [T] **1** (dejar hacer) **permitirle a alguien hacer algo** (tb **permitir que alguien haga algo**) to let sb do sth, to allow sb to do sth: *No permitas que te hable así.* Don't let him talk to you like that. • *Nos permitieron salir más temprano.* They allowed us to leave early. • **¿me permite (pasar)?** excuse me, please • **no se permite acampar/fumar** camping/smoking is not allowed; (en una señal) no camping/no smoking ▶ ver nota en ALLOW **2** (posibilitar) to allow, to enable • **permitir hacer algo** to allow you to do sth, to enable you to do sth: *un celular que permite enviar emails* a cell phone that allows you to send emails
EXPRESIONES
  ¿me permite el teléfono? Could I use the phone, please? • **si el tiempo lo permite** weather permitting: *El partido se jugará el domingo, si el tiempo lo permite.* The game will be played on Sunday, weather permitting.
  —**permitirse** *v pron* (libertades) to take; (gastos) to afford: *Se permite demasiadas libertades con sus empleados.* He takes too many liberties with his employees. • *Me permito recordarle que no pueden hacerse fotografías.* May I remind you that you can't take photographs. • *No podemos permitirnos más gastos.* We can't afford to spend any more. • **permitirse el lujo de hacer algo** to afford to do sth: *No podemos permitirnos el lujo de ir de vacaciones.* We can't afford to go on vacation.

permuta (tb **permutación**) *s* exchange

permutar *v* [T] **permutar algo por algo** to exchange sth for sth

pernicioso, -a *adj* damaging

perno *s* bolt

pernoctación *s* overnight stay

pero[1] *conj* **1** (indicando oposición) but: *Es muy bonito, pero muy caro.* It's really nice, but very expensive. • *Ella fue, pero yo no.* She went, but I didn't. **2** (indicando enojo, sorpresa) *¡Pero por favor, ten un poco de cuidado!* Be careful, will you! • *Pero ¿por qué no me lo dijiste?* Why didn't you tell me, for heaven's sake?
EXPRESIONES
  pero muy really: *Lo hizo bien, pero muy bien.* He did it well, really well. • **pero si** but: *Pero si ya hemos reservado, ¿cómo no vas a venir?* But we've already made a reservation. You've got to come.

pero[2] *s* (objeción) objection: *No puso ni un pero.* He didn't raise any objection.

perogrullada *s* cliché

perol *s* pan

peroné *s* fibula

perorata *s* sermon

peróxido *s* peroxide

perpendicular[1] *adj* **perpendicular a algo** at right angles to sth, perpendicular to sth (*técn*): *una calle perpendicular a la avenida* a street which crosses the avenue at right angles

perpendicular[2] *s* perpendicular

perpetrar *v* [T] to perpetrate

perpetuar *v* [T] to perpetuate

perpetuidad *s* **a perpetuidad** in perpetuity: *una descalificación a perpetuidad* a ban for life

perpetuo, -a *adj* **1** (estado, miedo) perpetual **2** (cargo, empleo) permanent ▶ **CADENA perpetua**

perplejidad *s* puzzlement

perplejo, -a *adj* puzzled, perplexed (*más frml*) • **dejar perplejo -a a alguien** to leave sb puzzled: *Sus palabras me dejaron perpleja.* I was puzzled by what she said. • **quedarse perplejo -a** to be puzzled, to be perplexed (*más frml*): *Se quedó perpleja.* She was puzzled.

perrera *s* **1** (lugar) dog pound **2** (vehículo) dogcatcher's van

perrilla *s* stye, sty (pl styes): *Me salió una perrilla.* I got a sty.

perrito *s* **1** (cachorro) puppy (pl -ppies) **2** (para tender la ropa) clothespin
perrito caliente hot dog

perro, -a *s* dog • **perro** dog • **perra** bitch: *los perros* dogs • *¿Es perro o perra?* Is it a dog or a bitch?

EXPRESIONES
llevarse como (el) perro y (el) gato to fight like cat and dog • **perro ladrador, poco mordedor** his bark's worse than his bite • **tratar a alguien como a un perro** to treat sb like dirt • **un día/humor de perros** a bad day/temper: *Estaba de un humor de perros.* He was in a bad mood.
perro caliente hot dog • perro callejero stray, stray dog • perro guardián guard dog • perro guía Seeing Eye dog • perro policía police dog • perro salchicha sausage dog, dachshund (*más frml*)

persecución *s* **1** (ideológica, religiosa) persecution **2** (por la policía) chase: *una escena de persecución* a chase scene • **ir en persecución de alguien** to be in pursuit of sb: *Iban en persecución del ladrón.* They were in pursuit of the thief.

perseguir *v* [T] **1** (intentar atrapar) to chase, to pursue (*más frml*): *un perro persiguiendo a un gato* a dog chasing a cat **2** (seguir con insistencia) to pursue: *Nos perseguían por todos lados.* We were being pursued everywhere we went. **3** (acosar) to pester: *La perseguía para que saliera con él.* He kept pestering her to go out with him. **4** (por razones ideológicas) to persecute

perseverancia *s* perseverance

perseverante *adj* persevering

perseverar *v* [I] (persona) to persevere

persiana *s* (que se enrolla) blind; (con postigos) shutter

persignarse *v pron* to cross yourself

persistencia *s* persistence

persistente *adj* persistent

persistir *v* [I] **1** (persona) to persist • **persistir en hacer algo** to persist in doing sth **2** (dolor, tos) to persist

persona *s* **1** (ser humano) person (pl people): *Es la persona indicada.* He's the right person. • *un grupo de seis o siete personas* a group of six or seven people • *Es muy buena persona.* He's very nice. • *Hay una persona que quiere hablar contigo.* There's somebody who wants to talk to you. • **por persona** per person **2** (en gramática) person: *la tercera persona* the third person

EXPRESIONES
en persona in person: *Quiso felicitarla en persona.* He wanted to congratulate her in person. • **ver a alguien en persona** to see sb in the flesh
persona física individual person • persona jurídica legal entity (pl -ties) • persona mayor **(a)** (adulto) grown-up **(b)** (anciano) elderly person (pl elderly people)

⚠ En la mayoría de los casos, el plural de **person** es **people**. Se usa **persons** en lenguaje formal u oficial, sobre todo escrito:
Work in groups of four people (✗ *persons*).
They are the most important people (✗ *persons*) *in our school.*

personaje *s* character: *el personaje principal* the main character

personal[1] *adj* personal: *mi opinión personal* my personal opinion • *Es un asunto personal.* It's personal.

personal[2] *s* (empleados) staff, personnel [pl] (*más frml*): *el personal de la empresa* the personnel • *Está cerrado por huelga de personal.* It's closed because the employees are on strike.

personalidad *s* **1** (carácter) personality (pl -ties) • **tener personalidad** to have character • **tener mucha personalidad** to have a strong personality **2** (celebridad) celebrity (pl -ties); (de la política, ciencia) important figure

personalismo *s* **1** (egoísmo) self-interest **2** (favoritismo) favoritism

personalizar *v* **1** [T] (una configuración, una función) to personalize **2** [I] (dar nombres) to name names: *Por favor, sin personalizar.* Without naming names, please.

personalmente *adv* **1** (en persona) in person: *Tengo que ir personalmente.* I have to go in person. **2** (al expresar opiniones) personally: *Personalmente, creo que es un disparate.* Personally, I think it's crazy.

personarse *v pron* **personarse en** to go in person to: *Tiene que personarse en la comisaría.* You have to go to the police station in person.

personificación *s* personification

personificar *v* [T] **1** (representar) to personify: *Es la valentía personificada.* He's bravery personified. **2** (a un animal) to represent

perspectiva *s* **1** (punto de vista) perspective: *Míralo desde otra perspectiva.* Look at it from a different perspective. **2** (de un dibujo, cuadro) perspective: *Le falta perspectiva.* It's not in perspective. **3** (de futuro) prospect: *perspectivas de trabajo* job prospects • **en perspectiva** in the pipeline: *¿Tienes algo en perspectiva?* Do you have anything in the pipeline?

perspicacia *s* astuteness

perspicaz *adj* astute

persuadir *v* [T] to persuade: *Me persuadió para que fuera con ellos.* He persuaded me to go with them. • *No te dejes persuadir.* Don't let yourself be persuaded.

persuasión *s* persuasion

persuasivo, -a *adj* persuasive

pertenecer *v* [I] **1** (ser propiedad de) **pertenecer a algo/alguien** to belong to sth/sb: *Esos terrenos pertenecen al Estado.* That land belongs to the State. **2** (ser integrante de) **pertenecer a algo** to be a member of sth, to belong to sth: *Pertenecen a un grupo terrorista.* They are members of a terrorist organization.

perteneciente *adj* **perteneciente a algo/alguien (a)** (propiedad de) belonging to sth/sb: *tierras pertenecientes a la Corona* land belonging to the Crown **(b)** (miembro de) from: *niños pertenecientes a diferentes colegios* children from different schools

pertenencia *s* **1** (hecho de pertenecer) *Eso es de mi pertenencia.* That belongs to me. **2 pertenencias** [pl] belongings

pértiga *s* pole ▶ **SALTO con pértiga**

pertinaz *adj* **1** (persona) stubborn **2** (sequía, lluvia) persistent

pertinente *adj* **1** (oportuno) appropriate: *Si lo considera pertinente...* If you think it's appropriate... **2** (correspondiente) relevant

perturbación *s* (cosa molesta) disturbance
perturbación del orden público breach of the peace

perturbado, -a *s* mentally disturbed person (pl people)

perturbador, -a *adj* (pesadilla) disturbing; (conducta) disruptive

perturbar *v* [T] **1** (el orden público, la paz) to disrupt **2** (a una persona) to disturb

Perú Peru

peruano, -a *s, adj* Peruvian

perversión s perversion
   perversión de menores corruption of minors

perverso, -a *adj* evil, perverse (*más frml*)

pervertido, -a s pervert: *Es un pervertido.* He's a pervert.

pervertidor, -a s
   pervertidor -a de menores child molester

pervertir *v* [T] **1** (a una persona) to pervert **2** (el lenguaje) to corrupt

pesa s **1** (pieza) weight **2** (en halterofilia) weight; (para cada mano) dumbbell • **hacer pesas** to do weight training **3** (balanza) scale

pesadez s **1** (en las piernas) heaviness: *Siento pesadez en las piernas.* My legs feel heavy. **2** (de la digestión) bloated feeling: *Siento pesadez de estómago.* I feel bloated. **3** (aburrimiento) tediousness: *¡Qué pesadez de conferencia!* What a tedious lecture!

pesadilla s nightmare: *Tuve una pesadilla horrible.* I had a horrible nightmare.

pesado[1], -a *adj* **1** (de mucho peso) heavy: *Esta maleta es muy pesada.* This suitcase is really heavy. **2** (molesto) **ser/hacerse pesado -a** to be a pain, to be a pain in the neck: *No seas tan pesada.* Stop being such a pain. **3** (comida) heavy • **me/le cayó pesado -a** it didn't agree with me/him: *El salmón me cayó pesado.* The salmon didn't agree with me. **4** (aburrido) boring **5** (tiempo, día) close: *Hoy está muy pesado.* It's very close today. **6** (dificultoso) hard: *Es un trabajo pesado* It's hard work. • *Se nos hizo pesado subir la cuesta.* It was hard work climbing the hill.

EXPRESIONES
tener el sueño pesado to be a heavy sleeper

pesado[2], -a s (persona molesta) pain, pain in the neck

pesadumbre s grief

pésame s **darle el pésame a alguien** to offer sb your condolences • **mi más sentido pésame** my deepest sympathies

pesar[1] *v* **1** [T] (tener un peso de) **pesar 100 gramos/50 kilos** to weigh 100 grams/50 kilos: *¿Cuánto pesas?* How much do you weigh? • *Pesa tres kilos.* It weighs three kilos. **2** [T] (en una balanza) to weigh: *Vamos a pesar las maletas.* Let's weigh the suitcases. **3** [I] (ser muy pesado) to be heavy: *Este bolso no pesa nada.* This bag isn't at all heavy. **4** [I] (arrepentirse) **me/le pesa mucho** I'm/he's really sorry: *¡Verás como te pesará!* You'll regret it, you know. • *No me pesa lo que le dije.* I'm not sorry about what I said to him. **5** [I] (en el ánimo) to weigh heavily: *¿No te pesa tanta responsabilidad?* Doesn't so much responsibility weigh heavily on you? • *Le pesan los años.* She feels her age. **6** [I] (tener influencia) **pesar en algo** to count for a lot in sth: *Su opinión pesa mucho en la empresa.* Her opinion counts for a lot in the company.

EXPRESIONES
pese a quien pese in spite of everything: *Pese a quien pese, lo conseguirá.* In spite of everything, he'll manage it.
—**pesarse** *v pron* to weigh yourself: *Se pesa todos los días.* She weighs herself every day.

pesar[2] s **1** (tristeza) sorrow: *La noticia causó mucho pesar.* The news caused a lot of sorrow. • *Manifestó su pesar por la situación.* He showed how sorry he was about the situation. **2** (arrepentimiento) regret: *Tiene un gran pesar por no haber ido.* She deeply regrets not having gone. • **a mi/su pesar** to my/his regret

EXPRESIONES
a pesar de eso/de la lluvia in spite of that/of the rain: *A pesar de los nervios, cantó bien.* He sang well, in spite of his nerves. • *A pesar de todo, lo pasamos bien.* In spite of everything, we had a good time. • **a pesar de estar cansado/de que lo sabía** even though he was tired/he knew: *a pesar de que nunca le había visto* even though I'd never seen him

pesca s **1** (actividad) fishing: *"Prohibida la pesca"* "No fishing" • **ir/salir de pesca** to go fishing **2** (peces) catch: *Tuvimos una buena pesca.* We had a good catch.
   pesca de altura deep-sea fishing • pesca de bajura coastal fishing

pescadería s fish market

pescadero, -a s fishmonger

pescadilla s young hake

pescado s **1** (como alimento) fish (pl fish): *No come pescado.* She doesn't eat fish. **2** (vivo) fish (pl fish): *pescaditos de colores* goldfish
   pescado azul oily fish

pescador, -a s **1** (profesional) **pescador** fisherman (pl -men) • **pescadora** fisherwoman (pl -women) **2** (como hobby) angler

pescar *v* **1** [I] to fish: *¿Te gusta pescar?* Do you like fishing? • **ir/salir a pescar** to go fishing **2** [T] (sardinas, atunes) to fish for; (una trucha, un salmón) to catch **3** (pillar) to catch: *La pescaron copiándose.* She was caught copying. **4** (una pulmonía, un resfriado) to catch

pescozón s whack • **darle un pescozón a alguien** to whack sb on the back of the neck

pescuezo s neck

pese a *prep* **pese a todo/a las críticas** despite everything/the criticism: *El partido se jugó pese a la lluvia.* The game went ahead despite the rain. • **pese a que no vinieron/no hubo tiempo** despite the fact that they didn't come/that there was no time

pesebre s **1** (en Navidad) Nativity scene **2** (para el ganado) stall

pesero, **pesera** s minibus (pl -ses)

pesimismo s pessimism

pesimista[1] *adj* pessimistic

pesimista[2] s pessimist

pésimo[1], -a *adj* terrible: *La película es pésima.* The movie is terrible.

pésimo[2] *adv* terribly

peso s

1 de un objeto, una persona
2 carga
3 balanza
4 pesadez
5 moneda
6 importancia

1 DE UN OBJETO, UNA PERSONA weight • **¿qué peso tiene?** how much does it weigh? • **bajar de peso, perder peso** to lose weight: *Ha bajado mucho de peso.* She's lost a lot of weight. • **aumentar de peso, ganar peso** to put on weight: *Creo que he aumentado de peso.* I think I've put on weight.

2 CARGA *No lleves tanto peso.* Don't carry so much. • *Es mucho peso para mí.* It's too heavy for me.

3 BALANZA scale, scales [pl]

4 PESADEZ fullness: *Siento un peso en el estómago.* My stomach feels full.

5 MONEDA peso • **no tengo ni un peso** I don't have a penny

6 IMPORTANCIA un argumento/una decisión de peso a weighty argument/decision • **un motivo de peso** a significant reason ► **LANZAMIENTO** de peso

EXPRESIONES
sacarse/quitarse un peso de encima to be a weight off your mind: *Me saqué un peso de encima.* That's a weight off my mind.
peso neto net weight • **peso pesado (a)** (en boxeo) heavyweight **(b)** (persona influyente) heavyweight

pespunte s backstitch

pesquero[1], -a *adj* fishing [solo ante s]: *la industria pesquera* the fishing industry

pesquero[2] s fishing boat

pesquisas *s* [pl] investigations

pestaña *s* eyelash (pl -shes)

EXPRESIONES
quemarse las pestañas to burn the midnight oil: *Se quema las pestañas estudiando hasta la madrugada.* He's burning the midnight oil studying.

pestañear *v* [I] to blink

EXPRESIONES
sin pestañear without blinking

pestañina *s* mascara

peste *s* **1** (epidemia) plague **2** (mal olor) stink: *¡Qué peste!* It stinks! **3** (persona) pain: *Ese niño es una peste.* That boy's a real pain. **4** (resfriado) cold

EXPRESIONES
echar pestes to curse • **echar pestes de alguien** to badmouth sb • **huir de alguien como de la peste** to run like mad from sb
peste cristal chicken pox • **la peste negra** the Black Death

pesticida *s* pesticide

pestilente *adj* stinking

pestillo *s* **1** (cerrojo) bolt • **echar el pestillo** to bolt the door **2** (de una cerradura) latch (pl -ches)

petaca *s* **1** (baúl) chest **2** (cesto) basket **3** (maleta) suitcase **4** (para bebida alcohólica) flask, hipflask

pétalo *s* petal

petaquita *s* ladybug

petardo *s* (explosivo) firecracker • **tirar petardos** to set off firecrackers

petición *s* **1** (acción) request • **una petición de ayuda/información** a request for help/information • **a petición de alguien** at sb's request: *Hubo una reunión a petición de los padres.* There was a meeting at the parents' request. **2** (escrito) petition: *Tienes que firmar la petición.* You must sign the petition.
petición de divorcio petition for divorce • **petición de mano** request for sb's hand in marriage

petirrojo *s* robin

petiso, -a *adj* (bajo) short

petit pois *s* pea

peto *s* **1** (prenda) overalls [pl], dungarees [pl] **2** (de un delantal) bib

pétreo, -a *adj* (mirada, semblante) stony

petrificado, -a *adj* petrified • **quedarse petrificado -a** to be petrified

petróleo *s* oil: *un pozo de petróleo* an oil well • *una lámpara de petróleo* an oil lamp

petrolero¹ *s* (barco) oil tanker

petrolero², -a *adj* oil: *la industria petrolera* the oil industry

petrolífero, -a *adj* oil [solo ante s] • **un pozo petrolífero** an oil well

petroquímico, -a *adj* petrochemical: *la industria petroquímica* the petrochemical industry

petunia *s* petunia

peyorativo, -a *adj* pejorative

pez *s* fish (pl fish)

EXPRESIONES
como pez en el agua in your element: *Se mueve como pez en el agua entre tanto famoso.* He's in his element among so many celebrities.
pez de colores goldfish (pl goldfish) • **pez espada** swordfish (pl swordfish)

pezón *s* nipple

pezuña *s* hoof (pl hooves or hoofs)

piadoso, -a *adj* **1** (compasivo) kind **2** (devoto) pious

pianista *s* pianist

piano *s* piano: *Julia sabe tocar el piano.* Julia can play the piano.
piano de cola grand piano

piar *v* [I] (pájaro) to chirp, to tweet; (pollito) to cheep

PIB *s* (abrev de **Producto Interior Bruto**) GDP

picada *s* **1** (para comer) nibbles [pl]: *Preparé una picada.* I've prepared some nibbles. **2** (punzada) shooting pain

EXPRESIONES
caer en picada (a) (avión) to nosedive **(b)** (precios, acciones) to plummet

picado¹, -a *adj* **1** (ajo, cebolla) chopped: *Añada una cebolla picada.* Add a chopped onion. **2** (con caries) decayed: *Tiene todos los dientes picados.* All his teeth are decayed. **3** (mar) rough **4** (muy interesado) *Me quedé picado con la novela que me prestaste.* I've really gotten into that novel you lent me. • *Es una serie muy buena, siempre te deja picada.* It's a really good series, it always leaves you wanting to know what happens next. ▶ **CARNE picada**

picado² *s* **caer en picado (a)** (avión) to nosedive **(b)** (precios, acciones) to plummet

picadura *s* **1** (de un mosquito, una víbora) bite **2** (de una abeja, una avispa) sting **3** (de tabaco) loose tobacco

picante *adj* **1** (comida) spicy, hot: *una salsa picante* a spicy sauce **2** (chiste) saucy **3** (comentario) spicy

picapica *s* **1** (que hace rascar) itching powder **2** (que hace estornudar) sneezing powder **3** (golosina) sherbet

picaporte *s* door handle

picar *v*

1	una cebolla, perejil
2	carne
3	comer
4	mosquito, víbora
5	abeja, avispa
6	dar picor
7	al comer
8	quemar
9	pez
10	curiosidad
11	rebotar
12	en una trampa

1 **UNA CEBOLLA, PEREJIL** [T] to chop
2 **CARNE** [T] to grind
3 **COMER** [I] *¿Quieres picar algo?* Do you want some nibbles? • *Llevo toda la tarde picando.* I've been snacking all afternoon.
4 **MOSQUITO, VÍBORA** [T] to bite: *Me picó un mosquito.* I was bitten by a mosquito.
5 **ABEJA, AVISPA** [T] to sting: *¿Dónde te picó?* Where did it sting you?
6 **DAR PICOR** [I] to be itchy: *Esta lana pica.* This wool is itchy. • **me pica la cabeza/le pica la espalda** my head/his back itches
7 **AL COMER** [I] to be hot: *Esta salsa pica mucho.* This sauce is really hot.
8 **QUEMAR** [I] **el sol pica/picaba muchísimo** the sun is/was really hot
9 **PEZ** [I] to bite
10 **CURIOSIDAD** [T] *¿No te pica la curiosidad?* Aren't you curious?
11 **REBOTAR** [I] to bounce: *Picó justo en la línea.* It bounced right on the line.
12 **EN UNA TRAMPA** [I] to fall for it: *Le cobré de más y picó.* I overcharged him and he fell for it.
—**picarse** *v pron*
1 **DIENTE** **se me ha picado un diente/una muela** I've got some decay in one of my teeth/back teeth
2 **MAR** to get choppy
3 **VINO** to go bad
4 **POR CORROSIÓN** to get rusty
5 **ENTUSIASMARSE** **picarse con algo** to really get into sth

6 **ENOJARSE** to be annoyed
7 **INYECTARSE** to shoot up

picardía s (de pícaro) cunning

pícaro[1], -a adj cunning: *Es muy pícaro.* He's very cunning.

pícaro[2], -a s **1** (pillo) rascal **2** (en literatura) rogue

picas s [pl] (en naipes) spades

picazón s itch (pl -ches)

pichear v [I, T] to pitch

pichel s pitcher

pichón s (de ave) baby pigeon

pick-up s (vehículo) pick-up truck

picnic s picnic • **ir de picnic** to go for a picnic

pico s **1** (de un pájaro) beak **2** (de una montaña) peak **3** (con la hora, edades, cantidades) **son las tres/las cinco y pico** it's just after three/five • **tiene 30 y pico/40 y pico** he's 30 something/40 something • **éramos 20/50 y pico** there were 20 odd/50 odd of us • **600 pesos/dólares y pico** 600 odd pesos/dollars **4** (herramienta) pick **5** (de una botella) lip • **tomar (algo) a pico de botella** to drink (sth) straight from the bottle
EXPRESIONES
cerrar el pico (callarse) to shut up ▶ **HORA pico**

picor s (picazón) itch (pl -ches) • **tengo picor en los ojos/la pierna** my eyes are itchy/my leg is itchy

picoso, -a adj hot: *una salsa picosa* a hot sauce

picota s **estar en la picota** to be in the dock • **poner en la picota a alguien/algo** to put sb in the dock/to call sth into question

picotazo s bite

picotear v **1** [T] (ave) to peck **2** [I,T] (persona – un alimento) to nibble

pictórico, -a adj pictorial

pie s **1** (de una persona) foot (pl feet) **2** (de una lámpara, una columna, una copa) base **3** (lugar junto a la base) **al pie de una montaña/las escaleras/un árbol** at the foot of a mountain/the stairs/a tree **4** **pie (de página)** bottom, foot (*más frml*) **5** (de una cama) foot **6** (debajo de un dibujo, una fotografía) caption
EXPRESIONES
al pie de la letra **(a)** (exactamente) to the letter **(b)** (literalmente) literally • **tomarse algo al pie de la letra** to take sth literally • **al pie del cañón** hard at work • **a pie** on foot • **ir a pie** to walk • **a pies juntillas** (creer, confiar) implicitly; (obedecer) without question • **buscarle tres pies al gato** to make things difficult • **caer de pie** to land on your feet • **dar pie a algo** to give rise to sth • **de a pie** (común) average • **el ciudadano/la gente de a pie** the man in the street • **de (los) pies a (la) cabeza** from head to toe • **de(s) de pie** (to be) standing • **ponerse de pie** to stand up • **estar en pie de guerra** **(a)** (país, ejército) to be on a war footing **(b)** (persona enojada) to be up in arms • **empezar con buen/mal pie** to get off to a good/bad start • **hago/no hace pie** I can/he can't touch the bottom • **levantarse con el pie izquierdo** to get up on the wrong side of the bed • **no tener ni pies ni cabeza** to make no sense whatsoever • **saber de qué pie cojea alguien** to know what sb's weaknesses are • **se me/le fue el pie** I/he slipped • **seguir en pie** **(a)** (plan, proyecto) to be still on **(b)** (oferta, promesa) to stand • **tener pie plano/los pies planos** to have flat feet
pie de atleta athlete's foot • **pie de foto** caption • **pie de imprenta** imprint

piedad s **1** (compasión) mercy • **tener piedad de alguien** to take pity on sb **2** (devoción religiosa) piety

piedra s **1** (material, pedazo) stone • **una casa/una pared de piedra** a stone house/wall **2** (de granizo) hailstone **3** (para un encendedor) flint **4** (en la vesícula, el riñón) stone
EXPRESIONES
colocar/poner la primera piedra **(a)** (en un edificio) to lay the foundation stone **(b)** (en un proyecto) to lay the foundations • **quedarse de piedra** to be stunned
piedra pómez pumice stone • piedra preciosa precious stone

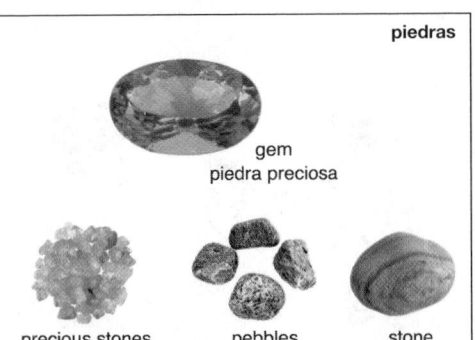

piedras

gem
piedra preciosa

precious stones
piedras preciosas

pebbles
guijarros, piedritas

stone
piedra

piel s **1** (de una persona) skin **2** (de un animal, con su pelo natural) fur: *piel de zorro* fox fur • **un abrigo/un gorro de piel** a fur coat/hat **3** (de duraznos, uvas, tomates) skin **4** (cuero) leather: *un sofá de piel* a leather sofa
EXPRESIONES
tener (la) piel de gallina (por el frío) to have goose bumps • **se me/le pone la piel de gallina** (por el miedo, la impresión) it sends shivers down my/his spine
piel roja redskin (*despec*)

pienso s (alimento) feed

pierde s **la película/el programa no tiene pierde** don't miss this movie/program

pierna s **1** (de persona) leg **2** (de animal) **una pierna de cerdo/cordero** a leg of pork/lamb
EXPRESIONES
dormir a pierna suelta to sleep like a log • **estirar las piernas** to stretch your legs • **hacer piernas** to exercise your legs

pieza s **1** (de un vehículo, una máquina) part **2** (de un rompecabezas, un juego) piece **3** (objeto, obra) piece **4** (pez) fish (pl fish); (animal) game animal **5** (obra teatral) play **6** (obra musical) piece **7** (habitación) bedroom
EXPRESIONES
quedarse de una pieza to be stunned
pieza de recambio spare part

pigmentación s pigmentation

pigmento s pigment

pigmeo, -a s (persona) pygmy (pl -mies)

pijama s pajamas [pl], pyjamas [pl]: *un pijama de seda* a pair of silk pajamas

pila s **1** (conjunto apilado) pile **2** (montón) **una pila de algo** (gran cantidad) loads of sth ▶ ver nota en **MONTÓN** **3** (batería) battery (pl -ries) • **un radio/un juguete a/de pilas** a battery-operated radio/toy
EXPRESIONES
ponerse las pilas **(a)** (darse prisa) to get a move on **(b)** (organizarse) to get your act together **(c)** (trabajar duro) to knuckle down
pila bautismal (baptismal) font • pila de agua bendita stoup

pilar s **1** (columna) pillar **2** (sostén) mainstay

Pilates s Pilates

píldora s pill • **la píldora (anticonceptiva)** the (contraceptive) pill
EXPRESIONES
dorarle la píldora a alguien to sweeten the pill for sb
píldora del día después morning-after pill

pillaje s **1** (por una multitud) looting **2** (por soldados) pillage

color in
colorear

pintar

paint
pintar

put make-up on
pintarse

pillar *v* [T] **1** (atrapar) to catch **2** (una enfermedad, un resfriado) to catch **3** (atropellar) **la pilló un coche/un camión** she was hit by a car/a truck
—**pillarse** *v pron* **pillarse los dedos/el pie con algo** to catch your fingers/your foot in sth

pillo¹, -a *adj* (niño) naughty; (adulto) crafty

pillo², -a *s* (niño) rascal; (adulto) rogue

pilo, -a *adj, s* **ser (un) pilo -a** to be a grind

pilón *s* (gran cantidad) **un pilón de algo** lots of sth

EXPRESIONES
de pilón (además) on top of that, as well • **darle algo a alguien de pilón** to throw in sth extra for free: *Me dio unos dulces de pilón.* He threw in a few extra pieces of candy for free.

piloncillo *s* brown sugar

pilotaje *s* **1** (de aviones) flying **2** (de carros de carreras) driving

pilotar, pilotear *v* [T] **1** (un avión) to fly **2** (un carro de carreras) to drive

piloto¹ *s* [masc & fem] **1** (de avión) pilot **2** (de un carro de carreras) driver
piloto automático automatic pilot

piloto² *s* [masc] **1** (señal luminosa) indicator light **2** (de un calentador, una estufa) pilot light

piloto³ *adj* **un plan/un proyecto piloto** a pilot plan/project

piltrafa *s* **1** (persona) wreck **2** (cosa) piece of junk; (carro) heap of junk

EXPRESIONES
estar hecho -a una piltrafa (a) (mueble, zapatos) to be falling to pieces **(b)** (persona) to be in a terrible state

pimentero *s* pepper shaker

pimentón *s* **1** (condimento en polvo) paprika **2** (fruto) pepper • **un pimentón rojo/verde** a red/green pepper

pimienta *s* pepper
pimienta blanca white pepper • pimienta negra black pepper

pimiento (tb **pimiento morrón**) *s* pepper • **un pimiento rojo/verde** a red/green pepper

pimpollo *s* rosebud

EXPRESIONES
estar hecho -a un pimpollo to look wonderful for your age

PIN *s* (código) PIN number

pin *s* badge

pinacoteca *s* art gallery (pl -ries)

pináculo *s* **1** (en arquitectura) pinnacle **2** (de la gloria, la fama) height • **en el pináculo de su carrera/la fama** at the height of his career/fame

pinar *s* pine wood

pincel *s* **1** (para pintar) paintbrush (pl -shes) **2** (para maquillarse) brush (pl -shes)

pincelada *s* **1** (en pintura) brush stroke **2** (toque) touch (pl -ches)

EXPRESIONES
darle las últimas pinceladas/la última pincelada a algo to put the finishing touches to sth

pinchadiscos *s* DJ

pinchar *v*

1	en un carro
2	un globo, una burbuja
3	poner una inyección a
4	picar
5	música
6	con el ratón del computador

1 EN UN CARRO [I] to have a flat

2 UN GLOBO, UNA BURBUJA [T] to burst

3 PONER UNA INYECCIÓN A [T] **pinchar a alguien** to give sb an injection

4 PICAR [I] to be scratchy: *Tu barba pincha.* Your beard is scratchy.

5 MÚSICA [I,T] to play: *¿Qué tipo de música pinchan?* What kind of music do they play? • **pinchar (discos)** DJ, to work as a DJ: *¿Dónde pinchas esta noche?* Where are you DJ-ing tonight? • *Pincho discos en un pub.* I work as a DJ in a pub.

6 CON EL RATÓN DEL COMPUTADOR [I] **pinchar (en/sobre algo)** to click (on sth)
—**pincharse** *v pron*

1 CON UNA AGUJA, UNA PUNTA to prick yourself • **pincharse el dedo/la mano (con algo)** to prick your finger/hand (on sth)

2 CARRO **se me/le pinchó una llanta** I/he had a flat

3 GLOBO to burst

4 DROGADICTO (consumir drogas) to be on drugs; (meterse una dosis) to shoot up

pinchazo *s* **1** (de una llanta) flat **2** (de una inyección, una espina) prick **3** (dolor) stabbing pain

pinche *s* (ayudante de cocina – muchacho) kitchen boy; (muchacha) kitchen maid

pincho *s* (punta) spike

pingajo *s* (persona) wreck; (cosa) worn thing: *un pingajo de suéter* a worn old sweater

ping pong *s* table tennis, Ping-Pong®

pingüino *s* penguin

pinitos *s* [pl] **1** (de un niño) first steps **2** (en una actividad) **hacer sus (primeros) pinitos en/con algo** to start out in sth

pino *s* **1** (árbol) pine tree **2** (madera) pine • **una mesa/un armario de pino** a pine table/wardrobe **3** (en boliche) pin

EXPRESIONES
en el quinto pino in the back of beyond

pinta *s* **1** (aspecto) look: *Mira la pinta que tiene Fede con ese sombrero.* What does Fede look like with that hat on! • **(no) me gusta la pinta de algo/alguien** I (don't) like the look of sth/sb **2** (o **pintas**) [pl] (despectivamente) *¡No vas a ir con esas pintas!* You're not going out looking like that! **3** (grafiti) piece of graffiti • **pintas** graffiti: *paredes llenas de pintas* walls covered in graffiti

EXPRESIONES
tener buena pinta to look good: *La carne tiene buena pinta.* The meat looks good. • *El proyecto tiene muy buena pinta.* The project looks very promising. • **tener mala pinta** not to look good: *El asunto tiene mala pinta.* This business doesn't look good. • **tener pinta de algo** to look like sth: *Tiene pinta de policía.* He looks like a cop.

pintada *s* piece of graffiti • **pintadas** graffiti: *paredes llenas de pintadas* walls covered in graffiti

pintado, -a *adj* **1** **estar pintado -a de azul/blanco** to be painted blue/white **2** (maquillado) made up: *Llevaba los ojos pintados.* He was wearing eye make-up.

que ni pintado -a perfect: *Ese vestido te queda que ni pintado.* That dress looks perfect on you.

pintalabios *s* lipstick

pintamonas *s* **1** (pintor) dauber **2** (persona poco importante) nobody (pl -dies)

pintar *v* **1** [I,T] (una pared, un mueble, un cuadro) to paint • **pintar al óleo/a la acuarela** to paint in oils/in watercolors • **pintar algo de blanco/verde** to paint sth white/green **2** [T] (colorear) to color in: *Dibujó una vaca y la pintó.* She drew a cow and colored it in. **3** [T] (describir) to describe: *un infierno tal como Dante lo pinta* an inferno as Dante describes it • *No era tan maravilloso como me lo habían pintado.* It wasn't as wonderful as people had told me. • *El cuadro que pintó no fue nada alentador.* The picture he painted was not at all encouraging. **4** [I] (empezar a mostrarse) to look: *Ninguna de las opciones pinta bien.* None of the alternatives is looking good. **5** [I] (ser triunfo) to be trumps: *Pintan corazones.* Hearts are trumps.
—**pintarse** *v pron* (maquillarse) to put make-up on: *Píntate un poco.* Put some make-up on. • *No se pinta.* She doesn't wear make-up. • *Me tengo que pintar.* I have to put my make-up on. • **pintarse los ojos** to put some eye make-up on • **pintarse los labios** to put some lipstick on • **pintarse las uñas** to paint your nails

pintarrajear *v* [T] **1** (con grafitis) to cover with graffiti **2** (maquillar en exceso) *Llevaba los ojos pintarrajeados de negro.* Her eyes were plastered with black eyeliner.
—**pintarrajearse** *v pron* (la cara) to plaster with make-up: *Se pintarrajeó los labios con un color chillón.* She plastered some garishly colored lipstick on.

pintaúñas *s* nail polish

pinto, -a *adj* **poner pinto -a (y regado -a) a alguien** to tear sb off a strip

pintor, -a *s* **1** (de paredes) painter **2** (artista) painter

pintoresco, -a *adj* **1** (atractivo) picturesque **2** (extraño) quirky

pintura *s* **1** (producto) paint • **darle una mano de pintura a algo** to give sth a coat of paint **2** (arte) painting **3** (cuadro) painting **4 pinturas** [pl] (para maquillarse) make-up
no puedo verlo/verla ni en pintura I can't stand the sight of him/her

pinza *s* **1** (para la ropa) clothespin **2** (en una falda, pantalón) dart **3** (de un cangrejo, una langosta) pincer **4 pinzas** [pl] (para depilar) tweezers **5 pinzas** [pl] (de cocina) tongs **6 pinzas** [pl] (herramienta) pliers
tomar algo con pinzas to take sth with a pinch of salt

piña *s* **1** (fruta) pineapple **2** (de un pino) pine cone

piñata *s* piñata

piñón *s* **1** (fruto seco) pine nut **2** (de una bicicleta) sprocket wheel

pío no decir ni pío not to say a word

piocha *s* **1** (barba) goatee **2** (distintivo) badge

piojo *s* louse (pl lice) • **tener piojos** to have lice

piojoso, -a *adj* **1** (sucio, miserable) lousy **2** (con piojos) lousy

piola *s* (de algodón) string

piolet *s* ice ax

piolín *s* (de algodón) string

pionero, -a *s* pioneer • **ser un pionero/una pionera en/de algo** to pioneer sth

pipa *s* **1** (para fumar) pipe • **fumar (en) pipa** to smoke a pipe **2** (de girasol) sunflower seed **3** (camión cisterna) tanker

pipeta *s* **1** (de laboratorio) pipette **2** (de gas) cylinder

pipí *s* pee • **hacer pipí** to take a pee

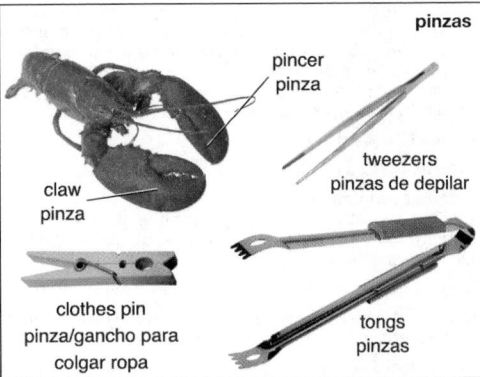

pinzas
pincer
pinza
tweezers
pinzas de depilar
claw
pinza
clothes pin
pinza/gancho para
colgar ropa
tongs
pinzas

pipocas *s* [pl] popcorn

pique *s* **1 irse a pique (a)** (barco) to sink **(b)** (proyecto) to fall through **(c)** (negocio) to go under **2** (rivalidad) rivalry

piqueta *s* pickax

piquete *s* **1** (de huelguistas) picket **2** (para comer) snack **3** (de una abeja, una avispa) sting; (de un mosco, una víbora) bite **4** (con una aguja) prick **5** (con el dedo) prod, poke **6** (de bebida alcohólica) shot

pirado[1], -a *adj* **estar pirado -a** to be nuts

pirado[2], -a *s* **ser un/una pirado -a** to be nuts

piragua *s* canoe

piragüismo *s* canoeing • **hacer piragüismo** to go canoeing

piragüista *s* canoeist

piramidal *adj* (estructura, forma) pyramid-shaped

pirámide *s* pyramid

piraña *s* piranha

pirarse *v pron* (volverse loco) to go out of your mind

pirata[1] *s* **1** (corsario) pirate **2** (de software, discos) pirate

pirata[2] *adj* **una copia pirata** a pirate copy • **un disco/una edición pirata** a pirate album/edition

piratear *v* [T] (juegos de computador, DVDs) to pirate

piratería *s* (de juegos de computador, DVDs) piracy

piriguín *s* (del sapo) tadpole

pirómano, -a *s* pyromaniac

piromusical *s* musical firework show

piropo *s* (a una persona conocida) compliment; (por la calle) saucy remark • **decirle un piropo a alguien** to pay sb a compliment

pirotecnia *s* (técnica) pyrotechnics [+v en sing]

pirotécnico, -a *adj* (material, aparato) explosive; (espectáculo) fireworks [solo ante s]: *Ofrecerán un espectáculo pirotécnico.* They will put on a fireworks display.

pirueta *s* pirouette • **hacer piruetas** to do pirouettes

pirulí (tb **piruleta**) *s* lollipop

pis *s* pee • **hacer pis** to pee: *Tengo ganas de hacer pis.* I need to pee.

pisada *s* (huella) footprint

pisapapeles *s* paperweight

pisar *v* **1** [T] (poner el pie sobre – un insecto, una chincheta) to step on; (una alfombra) to walk on; (el barro, un charco) to step in: *Pisé una cucaracha.* I stepped on a cockroach. • *Has pisado una caca de perro.* You've stepped in some dog doo. • **pisar a alguien** to step on sb's foot • **pisar el freno/el acelerador** to put your foot on the brake/the accelerator **2** [I] (al caminar) to tread **3** [T] (visitar, ir a) to set foot in: *No volveré a pisar tu casa.* I'll never set foot in your house again. **4** [T] (pisotear)

to walk all over: *No te dejes pisar por tus colegas.* Don't let your colleagues walk all over you. **5** [T] (al comprar algo) **pisar una computadora/un carro** to put a deposit down on a computer/a car
—**pisarse** *v pron* to go: *Es tarde. Me piso.* It's late. I'm going./I'm off. • **pisárselas** to run off

piscicultura *s* fish farming

piscifactoría *s* fish farm

piscina *s* swimming pool
piscina climatizada heated swimming pool • piscina cubierta indoor swimming pool • piscina olímpica Olympic-size swimming pool

Piscis *s* Pisces: *Es Piscis.* He's a Pisces./He's a Piscean.

pisco *s* **1** (ave) turkey **2** (bebida) liquor distilled from grapes, originally made in Pisco, Peru

piscolabis *s* snack

piso *s* **1** (de un edificio) floor • **una casa de dos pisos/un edificio de diez pisos** a two-story house/a ten-story building • **vivir en el primer/segundo piso** to live on the second/third floor **2** (suelo) floor: *Se sentó en el piso.* He sat down on the floor. **3** (suelo) floor **4** (capa) tier: *un pastel de tres pisos* a three-tier cake
piso franco safe house

pisotear *v* [T] **1** (pisar) to trample on: *El perro pisoteó las plantas.* The dog trampled all over the plants. **2** (maltratar) **pisotear a alguien** to walk all over sb **3** (tratar sin respeto) to trample on • **pisotear los derechos de alguien** to trample on sb's rights

pisotón *s* **darle un pisotón a alguien** to step on sb's foot

pispás **en un pispás** in no time at all

pista *s* **1** (indicio) clue: *Dame una pista.* Give me a clue. **2** (rastro) track: *La lluvia ha borrado todas las pistas.* The rain has washed away all the tracks. • **estar tras/sobre la pista de alguien** to be on sb's trail • **seguirle la pista a alguien** to be on sb's trail **3** **pista (de aterrizaje)** runway **4** **pista (de atletismo)** track **5** **pista (de baile)** (dance) floor **6** **pista (de carreras)** track, racetrack **7** **pista (de esquí)** (ski) slope **8** **pista (de patinaje)** (skating) rink **9** (en electrónica, informática) track

pistacho, pistache *s* pistachio

pistilo *s* pistil

pistola *s* **1** (arma) gun, pistol (*más frml, técn*) • **apuntarle a alguien con una pistola** to point a gun at sb **2** (para pintar) spray-gun • **pintar algo con pistola** to spray-paint sth **3** (secadora de pelo) hairdryer
pistola de agua water pistol

pistolera *s* (estuche) holster

pistolero *s* gunman (pl -men)

pistoletazo *s* gunshot
pistoletazo de salida **1** (en una carrera) starting signal **2** (de una campaña) opening shot

pistón *s* **1** (en mecánica) piston **2** (en un instrumento de viento) key

pita *s* (cordel) string

pitada *s* **1** (pitido) whistle **2** (en señal de desaprobación) booing

pitar *v* **1** [I] (en un vehículo) to sound your horn **2** [I,T] (hacer de árbitro) to referee • **pitar un partido/una final** to referee a game/a final **3** [T] **pitar un pénalti/una falta a alguien** to award a penalty/a foul against sb **4** [I] (tocar el pito) to blow your whistle **5** [T] (como protesta) to boo **6** [I] (tetera, olla express) to whistle **7** [I] (zumbar – los oídos) to ring; (un aparato eléctrico) to beep; (una alarma) to sound

EXPRESIONES
irse/salir pitando *Me tengo que ir pitando, tengo una reunión.* I must run, I have a meeting. • *Salieron pitando cuando vieron a la policía.* They were off like a shot when they saw the police.

pitcher *s* pitcher

pitido *s* **1** (de un silbato) whistle **2** (zumbido) whistling noise

pitillo *s* (para bebidas) straw

pito *s* **1** (silbato) whistle • **tocar el pito** to blow your whistle **2** (de un vehículo) horn • **tocar el pito** to sound your horn **3** (de marihuana) joint
EXPRESIONES
entre pitos y flautas what with one thing and another • **me/le importa un pito** I/he couldn't care less

pitón[1] *s* [masc] (de un toro) horn

pitón[2] *s* [masc & fem] (serpiente) python

pitonisa *s* (mujer adivina) fortune-teller

pitorrearse *v pron* **pitorrearse de alguien/algo** to make fun of sb/sth

pitorreo *s* joking • **tomarse algo/a alguien a pitorreo** to treat sth as a joke/not to take sb seriously

pívot *s* (en baloncesto) center

pivote *s* **1** (de una pieza) pivot **2** (en la calle) post

píxel *s* (en informática) pixel

piyama *s* pajamas [pl], pyjamas [pl]: *un piyama de seda* silk pajamas • *Compró una/un piyama azul.* He bought a pair of blue pajamas.

pizarra *s* **1** (material) slate **2** (para escribir con tiza) blackboard **3** (en béisbol) scoreboard
pizarra blanca whiteboard

pizarrón *s* board, blackboard: *Borra el pizarrón.* Wipe the board. • **pasar/salir al pizarrón** to go up to the blackboard

pizca *s* (de sal) pinch (pl -ches); (de azúcar, pimienta) little bit

pizpireto, -a *adj* (persona) perky

pizza *s* pizza

pizzería *s* pizzeria

placa *s* **1** (de metal) plate **2** (de vidrio) sheet **3** (con una inscripción) plaque: *una placa conmemorativa* a commemorative plaque **4** (de policía) badge **5** (de un vehículo – número) license number; (chapa) license plate **6** (para cocinar) hob
placa base motherboard • placa dental plaque • placa de red network card • placa de sonido sound card • placa de video video card

placebo *s* placebo

placenta *s* placenta

placentero, -a *adj* pleasant

placer *s* pleasure

placidez *s* peacefulness

plácido, -a *adj* **1** (tranquilo – vida, sueño) peaceful; (persona, mirada) placid; (río, lago) placid **2** (agradable) pleasant

plafón *s* **1** (para iluminación) flush-mounted ceiling light **2** (en el techo) ceiling rose

plaga *s* **1** (de insectos) plague **2** (abundancia molesta) invasion **3** (azote) scourge

plagado, -a *adj* **estar plagado -a de niños/turistas** to be swarming with children/tourists • **estar plagado -a de errores** to be full of mistakes

plagiar *v* [T] **1** (copiar) to plagiarize **2** (secuestrar) to kidnap

plagio *s* **1** (copia) **ser un plagio de algo** to be a copy of sth **2** (delito de copiar) plagiarism **3** (secuestro) kidnap, kidnapping

plan *s* (proyecto) plan • **tener planes** to have plans: *¿Tienes planes para esta noche?* Are you doing anything tonight? • **cambiar de planes** to change your plans
plan de choque emergency plan • plan de estudios syllabus (pl -ses) • plan de jubilación pension plan • plan de pensiones pension plan

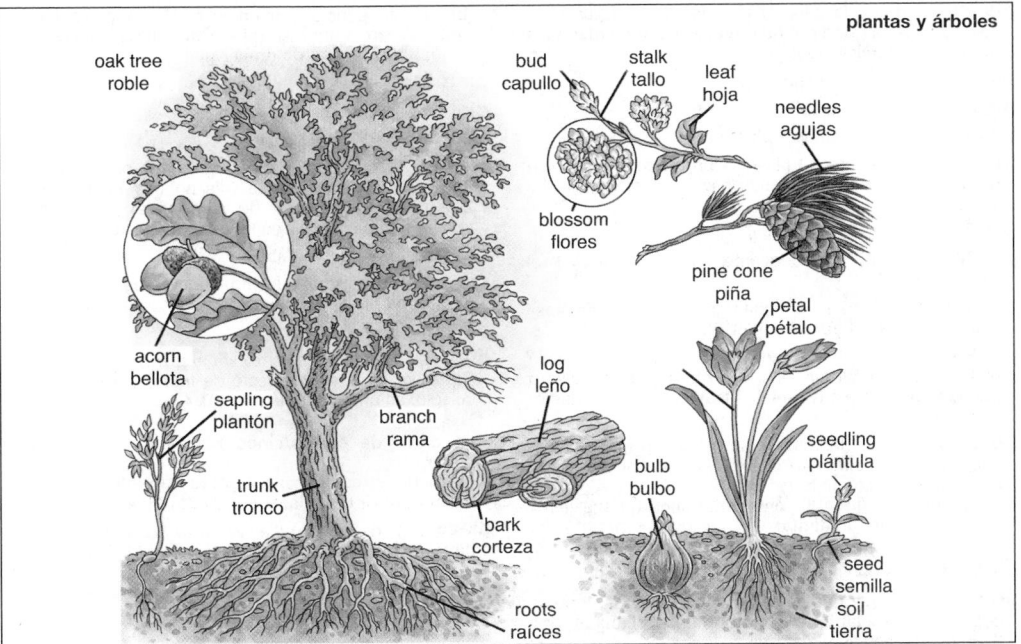

plantas y árboles

oak tree
roble

acorn
bellota

sapling
plantón

branch
rama

trunk
tronco

bark
corteza

roots
raíces

bud
capullo

stalk
tallo

leaf
hoja

blossom
flores

needles
agujas

pine cone
piña

petal
pétalo

log
leño

bulb
bulbo

seedling
plántula

seed
semilla

soil
tierra

---

plana ▶ **primera plana** (PRIMERO)

plancha s **1** (para planchar) iron **2** (para cocinar) griddle • **a la plancha** grilled: *pescado a la plancha* grilled fish **3** (lámina) sheet **4** (en fútbol) **hacerle/ponerle una plancha a alguien** to trip sb **5** (en natación) **hacer la plancha** to float on your back
plancha a vapor steam iron

planchar v **1** [T] (la ropa en general) to iron; (un pantalón, un traje) to press **2** [I] to do the ironing

planchazo s **1** (equivocación) clanger **2** (en el mar, la piscina) belly flop • **darse/pegarse un planchazo** to do a belly flop

plancton s plankton

planeador s glider

planear v **1** [T] (planificar) to plan **2** [I] (avión, ave) to glide

planeta s planet

planetario¹, -a adj **1** (de los planetas) planetary **2** (global) global

planetario² s planetarium

planicie s plain

planificación s planning
planificación familiar family planning • planificación urbanística town planning

planificar v [T] to plan

planilla s (formulario) form
planilla de cálculo spreadsheet • planilla de sueldos payroll

plano¹, -a adj (superficie) flat ▶ PIES planos

plano² s **1** (de una casa) plan **2** (de una ciudad, del metro) map **3** (aspecto, nivel) level • **en el plano personal/profesional** personally/professionally **4** (en cine) shot • **un plano corto/largo** a close-up/a long shot **5** (en geometría) plane ▶ **primer plano** (PRIMERO)
EXPRESIONES
de plano (a) (por completo, totalmente) *¿De plano no quieres ir?* Do you definitely not want to go? • *Yo de plano no entiendo.* I just don't understand. • **descartar algo de plano** to totally rule sth out • **equivocarse de plano** to get it completely wrong • **rechazar algo de plano** to reject sth outright **(b)** (directamente) straight:

Los focos les daban de plano en los ojos. The lights were shining straight into their eyes.

planta s **1** (vegetal) plant **2** (fábrica, instalación) plant **3** (de un edificio) floor
EXPRESIONES
de nueva planta completely new
planta baja first floor • planta del pie sole of your foot

plantación s plantation

plantado, -a adj **1 dejar plantado -a a alguien** to stand sb up **2** (sembrado) **un campo plantado de girasol/trigo** a field planted with sunflower/wheat

plantar v [T] **1** (plantas, árboles) to plant **2** (dar) *Le plantó una bofetada.* She gave him a slap in the face. • *Le plantó dos besos en las mejillas.* He planted two kisses on her cheek. **3** (a un novio) to dump; (no acudir a una cita) to stand up
—**plantarse** v pron (en juegos de cartas) to stick: *Se plantó en 19.* She stuck on 19.

planteamiento s **1** (enfoque) approach (pl -ches) **2** (exposición – de una novela, un guión) plot; (de un problema matemático) setting out

plantear v [T] **1** (exponer – un tema, un asunto) to outline • **plantearle algo a alguien** to raise sth with sb **2** (causar – un problema) to pose **3** (una ecuación, un problema matemático) to set out
—**plantearse** v pron **1** (considerar) to consider: *Nos planteamos si valía la pena.* We wondered whether it was worth the trouble. **2** (problema, dificultad) to come up, to arise (*más frml*)

plantel s **1** (de jugadores) squad **2** (empleados) staff: *el plantel de profesores* the teaching staff **3** (escuela) school, establishment; (instalaciones) block, complex (pl -xes)

planteo s **1** (enfoque) approach (pl -ches) **2** (exposición – de una novela, un guión) plot; (de un problema matemático) setting out

plantilla s **1** (de los zapatos) insole **2** (para dibujar, recortar) template **3** (en informática) template **4** (de empleados) staff **5** (de jugadores) squad **6** (bizcocho) lady finger

plantón s **1** (en una cita) **darle plantón a alguien** to stand sb up **2** (de protesta) demonstration

plaqueta s (célula) platelet

plasma *s* **1** (de la sangre) plasma **2** (en física, tecnología) plasma • **una pantalla/un televisor de plasma** a plasma screen/television

plasmar *v* [T] to give expression to

plástica *s* plastic arts [pl]

plástico¹, -a *adj* ▶ CIRUGÍA **plástica**

plástico² *s* **1** (material) plastic • **un envase/una bolsa de plástico** a plastic container/bag **2** (cubierta) plastic sheet

plastificado, -a *adj* laminated

plastificar *v* [T] **1** (un documento) to laminate **2** (el piso) to varnish

plastilina® *s* Plasticine® • **una figura/una bola de plastilina** a Plasticine figure/a ball of Plasticine

plata *s* **1** (metal) silver • **una bandeja/una pulsera de plata** a silver tray/bracelet • **una bandeja/una pulsera bañada en plata** a silver-plated tray/bracelet **2** (dinero) money

plataforma *s* **1** (tarima) platform **2** (de los zapatos) platform: *zapatos de plataforma* platform shoes **3** (de un partido político) platform
   plataforma continental continental shelf (pl shelves) • plataforma digital digital TV package • plataforma espacial space platform • plataforma petrolífera oil rig

platanero *s* (árbol) banana tree

plátano *s* **1** (fruta que se come cruda) banana; (que se come cocido) plantain **2** (árbol frutal) banana tree **3** (árbol ornamental) plane tree
   plátano macho plantain

platea *s* (en un teatro) orchestra, stalls [pl]

plateado, -a *adj* **1** (de color plata) silver: *un botón plateado* a silver button **2** (bañado en plata) silver-plated

platero *s* (para platos) dishrack

plática *s* **1** (conversación) talk **2** (conferencia) talk

platicador¹, -a *adj* talkative, chatty

platicador², -a *s* chatterbox (pl -xes)

platicar *v* **1** [I] (conversar) to talk, to chat • **platicar sobre/acerca de algo** to talk about sth • **platicar con alguien** to talk to sb **2** [T] (contar) **platicarle algo a alguien** to tell sb sth

platillo *s* **1** (comida) dish (pl -shes) **2** (de una batería) cymbal **3** (de una balanza) pan **4** (para una taza) saucer
   platillo volador flying saucer

platina *s* **1** (de un microscopio) slide **2** (de un casete) cassette deck **3** (de un tocadiscos) turntable

platino *s* (metal) platinum • **un anillo/un alambre de platino** a platinum ring/wire

plato *s*

1	pieza de vajilla
2	porción
3	parte de una comida
4	comida
5	de un tocadiscos
6	de una balanza

1 PIEZA DE VAJILLA plate; (de una taza) saucer • **lavar los platos** to do the dishes
2 PORCIÓN plateful: *Me comí dos platos de arroz.* I ate two platefuls of rice.
3 PARTE DE UNA COMIDA course • **el primer plato/plato principal** the first course/main course
4 COMIDA dish (pl -shes): *un plato típico de la región* a traditional dish of the region
5 DE UN TOCADISCOS turntable
6 DE UNA BALANZA pan
EXPRESIONES
pagar los platos rotos to carry the can • **ser plato de segunda mesa** to be second best
plato central main dish • plato de postre dessert plate • plato fuerte **(a)** (en una comida) main course

(b) (asunto principal) main attraction • plato hondo, plato sopero soup dish (pl -shes) • plato pando, plato llano, plato extendido dinner plate

plató *s* set

platón *s* serving dish (pl -shes)

platónico, -a *adj* platonic

playa *s* **1** (extensión de arena) beach (pl -ches): *No había nadie en la playa.* There was nobody on the beach. **2 la playa** (como lugar de vacaciones) the beach: *un apartamento en la playa* an apartment at the beach

playera *s* (camiseta) T-shirt

playero, -a *adj* (ropa, turismo, fútbol) beach [solo ante s]: *una toalla playera* a beach towel

playoff *s* play-off

plaza *s* **1** (espacio abierto) square: *la plaza del pueblo* the town square **2** (puesto de trabajo) post **3** (en un colegio, en un curso) place ▶ CAMA
   EXPRESIONES
   un carro de cuatro/cinco plazas a four-seater/five-seater car
   plaza de toros bullring • plaza vacante vacancy (pl -cies) • **cubrir una plaza vacante** to fill a vacancy

plazo *s* **1** (de tiempo) *Tienes plazo hasta el lunes.* You have until Monday • *El plazo vence el 31.* The deadline is the 31st. • *Nos dieron un plazo de diez días.* They gave us ten days. **2** (de dinero) installment • **comprar algo a plazos** to pay for sth in installments
   EXPRESIONES
   a largo/corto plazo (a) (con valor adverbial) in the long/short term **(b)** (cuando modifica a un sustantivo) long-term/short-term: *un objetivo a largo plazo* a long-term objective • **a plazo fijo** fixed-term: *un depósito a plazo fijo* a fixed-term deposit

pleamar *s* high tide

plebe *s* **la plebe** (en la historia) the common people [pl]; (uso peyorativo o humorístico) the plebs [pl]

plebeyo, -a *s*, *adj* plebeian

plebiscito *s* plebiscite

plectro *s* plectrum

plegable *adj* **una silla/una mesa plegable** a folding chair/table

plegaria *s* prayer

pleito *s* (judicial) lawsuit • **ganar/perder un pleito** to win/to lose a case • **poner un pleito a alguien** to take legal action against sb

plenario¹, -a *adj* plenary

plenario² *s* plenary session

plenitud *s* **1** (apogeo) peak • **en la plenitud de la vida/tu carrera** in the prime of life/at the height of your career **2** (cualidad de pleno) fulfillment • **estar en plenitud de facultades** to be in full possession of your faculties • **vivir con plenitud** to live life to the full

pleno, -a *adj* **1** **en pleno invierno/plena noche** in the middle of winter/the night • **en pleno centro** right in the center of town • **a plena luz del día** in broad daylight **2** (completo) full: *en pleno uso de sus facultades mentales* in full possession of his faculties

pletina *s* **1** (de un casete) cassette deck **2** (de un tocadiscos) turntable

pletórico, -a *adj* **1** (lleno) full • **pletórico -a de salud/felicidad/optimismo** bursting with health/happiness/optimism **2** (feliz, eufórico) ecstatic **3** (en plenas facultades) in top form

pleura *s* pleura

pliego *s* (hoja de papel) sheet of paper
   pliego de cargos list of charges • pliego de condiciones specifications

pliegue *s* **1** (en una tela, un papel, la piel) fold **2** (en una prenda) pleat **3** (en la corteza terrestre) fold

plinto *s* **1** (en gimnasia) box (pl -xes) **2** (en arquitectura) plinth

plisado, -a *adj* pleated

plomazo *s* (persona, cosa) bore

plomería *s* **1** (oficio) plumbing **2** (conductos, instalaciones) plumbing

plomero, -a *s* plumber

plomizo, -a *adj* (color) grayish; (cielo) leaden; (día) gray

plomo *s* **1** (metal) lead • **un caño/una pesa de plomo** a lead pipe/weight **2** (persona) **ser un plomo (a)** (pesado) to be a pain **(b)** (aburrido) to be a bore **3 plomos** [pl] (fusibles) fuses
EXPRESIONES
sin plomo lead-free

pluma *s* **1** (para escribir) **pluma (fuente)** fountain pen • **pluma (atómica)** ball-point pen **2** (de ave) feather • **un almohadón/una almohada de plumas** a feather cushion/pillow

plumaje *s* plumage

plumazo *s* **de un plumazo** at a stroke

plumero *s* feather duster

plumón *s* **1** (edredón) duvet **2** (plumas) down **3** (para escribir – de punta fina) felt-tip pen; (de punta gruesa) marker; (resaltador) highlighter **4** (anorak) down-filled anorak

plural[1] *s* plural • **la primera/segunda/tercera persona del plural** the first/second/third person plural • **en plural** in the plural

plural[2] *adj* (adjetivo, pronombre) plural

pluralidad *s* diversity: *la pluralidad lingüística* linguistic diversity • **una pluralidad de algo** a number of sth

pluralismo *s* pluralism

pluralista *adj* pluralist

pluricelular *adj* multicellular

pluricultural *adj* multicultural

pluridisciplinar *adj* multidisciplinary

plurilingüe *adj* multilingual

pluripartidista *adj* multiparty [solo ante s]

plus *s* bonus (pl -ses)

plusmarquista *s* record-holder

plusvalía *s* (aumento de valor) appreciation; (tras una venta) capital gain

Plutón *s* Pluto

plutonio *s* plutonium

p.m. (abrev de *post meridiem*) p.m.

PNB *s* (abrev de **Producto Nacional Bruto**) GNP

población *s* **1** (habitantes) population **2** (ciudad) town; (pueblo) village
población callampa shanty town

poblado[1], -a *adj* **1** (zona, territorio) populated **2** (barba, cejas) bushy

poblado[2] *s* settlement

poblador, -a *s* settler

poblar *v* [T] **1** (colonizar) to settle **2** (habitar) to live in **3** (llenar) **poblar algo de árboles/animales** to plant sth with trees/to stock sth with animals

pobre[1] *adj* **1** (sin dinero) poor **2** (que da lástima) poor • **¡pobre!/¡pobrecitos!** poor thing!/poor things! • **¡pobre de mí!** poor me! • **¡pobre de ti si/como...!** woe betide you if...! **3** (mediocre) poor

pobre[2] *s* **1** (necesitado) poor person • **los pobres** the poor **2** (mendigo) beggar **3** (persona que da lástima) **el pobre/la pobre** the poor thing

pobreza *s* **1** (miseria) poverty • **vivir en la pobreza** to live in poverty **2** (carencia) lack; (mediocridad) poverty

pócar *s* poker

poceta *s* (en el baño) toilet, toilet bowl

pocho, -a *adj* **1** (que vive en EU) Mexican-American **2** (americanizado) Americanized

pocilga *s* pigsty (pl -sties)

pocillo *s* (para café) coffee cup

pócima *s* **1** (poción) potion **2** (brebaje) concoction

poción *s* potion

poco[1], -a *adj* **1** (con sustantivos incontables) little, not much: *Hay poco tráfico.* There isn't much traffic. • *Hay muy poca leche.* There's very little milk. **2** (con sustantivos en plural) few, not many: *Había poca gente.* There weren't many people there. • *Quedan muy pocas entradas.* There are very few tickets left.

poco[2], -a *pron* **1** (cuando sustituye a sustantivos incontables) a little, not much: *No me gustó la pizza y comí muy poca.* I didn't like the pizza so I didn't have very much. **2** (cuando sustituye a sustantivos en plural) few, not many: *Pocos sobrevivieron el invierno.* Few survived the winter. • *Usa una sola hoja porque hay pocas.* Only take one sheet because there aren't very many. **3** (no mucho tiempo) *Lo vi hace poco.* I saw him not long ago. • *Falta poco para Navidad.* It's not long till Christmas. • *Has tardado poco.* You didn't take long. • **dentro de poco** soon: *Dentro de poco es mi cumpleaños.* It's my birthday soon.
EXPRESIONES
a poco *–Nos sacamos la lotería. –¡A poco!* "We won the lottery". "Wow!" • *¿A poco no la quieres? ¡Te la estoy regalando!* What do you mean, you don't want it? I'm giving it to you for free! • *¿A poco es tuyo?* Is it really yours? • **poco a poco** *Explícaselo poco a poco.* Explain it to her slowly. • *Poco a poco se fueron haciendo amigos.* Gradually they became friends. • *Lo fue haciendo poco a poco.* He did it little by little. • **por poco me caigo/me mata** I almost fell/he almost killed me: *No fue gol por poco.* It was almost a goal. • **un poco** a little bit, a little: *¿Me das un poco?* Can I have a little? • *Estaba un poco nerviosa.* She was a little nervous. • *Comí un poco de arroz.* I had a little bit of rice. • *Quédate un poco más.* Stay a little bit longer.

poco[3] *adv* **1** (cuando modifica a un verbo) not much: *Voy poco al teatro.* I don't go to the theater much. • *Estudié muy poco para la prueba.* I didn't study much for the test. • *Veo poco sin los anteojos.* I can't see very well without my glasses. • *Hablaron poco.* They didn't talk much. **2** (cuando modifica a un adjetivo) not very: *Es poco comunicativo.* He isn't very communicative. • *una chica poco atractiva* a somewhat unattractive girl • *Es muy poco saludable.* It's very unhealthy.

poda *s* **1** (acción) pruning **2** (temporada) pruning time

podadora (tb **podadora de pasto**) *s* lawnmower

podar *v* [T] (un árbol, una planta) to prune • **podar el pasto** to mow the lawn, to cut the grass

poder[1] *v aux* **1** (indicando posibilidad, capacidad) can, be able to: *No puedo terminarlo hoy.* I can't finish it today. • *Podríamos ir a la piscina.* We could go swimming. • *No podía caminar tan rápido.* I couldn't walk that fast. • *No podrá venir.* She won't be able to come. • *Hace tres meses que no puede jugar.* He hasn't been able to play for three months. • *Lo pude arreglar.* I managed to fix it./I was able to fix it. • *¿Pudiste entenderlo?* Did you manage to understand it?/Were you able to understand it? **2** (indicando permiso, peticiones) can, may (*más frml*): *¿Puedo sentarme aquí?* Can I sit here? • *¿Me podría decir la hora?* Could you tell me the time, please? • *¿Puedo pasar?* May I come in? • **no se puede/no se podía hacer algo** you aren't allowed/you weren't allowed to do sth: *No se puede pisar el césped.* You aren't allowed to walk on the grass. • *No se podía hablar durante las comidas.* You weren't allowed to talk during meals. **3** (indicando suposiciones, conjeturas) can: *No puede estar muy lejos.* It can't be very far away. • *No pudo haber sido ella.* It couldn't have been her. • **puede ser** maybe: *–¿Estará enojada? –Puede ser.*

"Do you think she's angry?" "Maybe." • *Puede ser que venga.* He may come. • *Puede ser que no lo haya entendido.* She may not have understood./Maybe she didn't understand. • **¡no puede ser!** that's impossible!

EXPRESIONES
a más no poder *Nos reímos a más no poder.* We laughed until we cried. • *Es tonto a más no poder.* You can't imagine how stupid he is. • *un tren lleno a más no poder* a jam-packed train • **no poder más** *Lo siento, no puedo más.* I'm sorry, I can't keep going. • *–¿Quieres helado? –No, gracias. No puedo más.* "Would you like some ice cream?" "No thanks, I'm full." • **no puedo/no puede con algo** I/he can't cope with sth: *No puede con el trabajo.* She can't cope with the work.

poder² *s* **1** (influencia, fuerza) power: *el poder de la prensa* the power of the press **2** (control, gobierno) power • **asumir/tomar el poder** to assume/seize power **3 poderes** [pl] (mágicos, extrasensoriales) powers **4** (notarial) power of attorney

EXPRESIONES
estar en poder de alguien (a) (ciudad, país) to be held by sb **(b)** (documento, cuadro) to be in the hands of sb • **el poder ejecutivo** the executive branch • **el poder judicial** the judiciary • **el poder legislativo** the legislature

poderío *s* power

poderoso, -a *adj* **1** (que tiene poder) powerful **2** (fuerte, efectivo) powerful **3** (ejército, flota) mighty

podio, pódium *s* podium

podología *s* podiatry

podólogo, -a *s* podiatrist

podredumbre *s* **1** (putrefacción) putrefaction **2** (inmoralidad, corrupción) corruption

podrido, -a *adj* **1** (fruta, pescado) rotten **2** (corrupto, inmoral) corrupt

EXPRESIONES
estar podrido -a de dinero to be loaded

poema *s* poem

poesía *s* **1** (poema) poem **2** (género) poetry

poeta *s* poet

poético, -a *adj* poetic

poetisa *s* poet

póker *s* **1** (juego) poker **2** (jugada en póker y dados) four of a kind • **un póker de ases/reyes** four aces/kings: *Tengo póker de ases.* I have four aces.

polaco¹, -a *adj* Polish

polaco², -a *s* Pole • **los polacos** (the) Poles

polaco³ *s* (idioma) Polish

polar¹ *adj* (clima, región) polar ► FORRO polar, OSO polar

polar² *s* (prenda de vestir) fleece

polaridad *s* polarity

polarización *s* **1** (de la luz) polarization **2** (de la sociedad, de un país) polarization **3** (de la atención, el interés) focusing

polarizar *v* [T] **1** (la luz) to polarize **2** (la sociedad, la gente) to polarize **3** (la atención, el interés) to focus —**polarizarse** *v pron* **1** (la sociedad) to become polarized **2** (la atención, el interés) to be focused

polea *s* pulley

polémica *s* controversy (pl -sies)

polémico, -a *adj* controversial

polemizar *v* [I] to argue

polen *s* pollen

poleo *s* **1** (planta) pennyroyal **2** (infusión) pennyroyal tea

polera *s* (camiseta) T-shirt

policía¹ *s* [masc & fem] (hombre) policeman (pl -men); (mujer) policewoman (pl -women) • **policías** (hombres o mujeres) police officers

policía² *s* [fem] **la policía** the police • **avisar/llamar a la policía** to call the police

policiaco, -a, policíaco -a *adj* **novela/serie policiaca** detective novel/series

policial¹ *adj* **protección/custodia policial** police protection/custody

policial² *s* (novela) detective story (pl -ries)

policlínica *s* general hospital

polícromo, -a *adj* polychrome

polideportivo *s* sports center, health club

poliedro *s* polyhedron

poliéster *s* polyester

poliestireno *s* polystyrene

polietileno *s* polyethylene

polifacético, -a *adj* **1** (artista, músico, producto) versatile **2** (obra) multi-faceted

poligamia *s* polygamy

polígamo, -a *adj* polygamous

políglota *s, adj* polyglot

polígono *s* **1** (figura geométrica) polygon **2** (terreno) development
   polígono de tiro 1 (para el recreo) shooting range **2** (del ejército) firing range • **polígono industrial** industrial park

polilla *s* moth

Polinesia Polynesia

polinesio, -a *s, adj* Polynesian

polinización *s* pollination
   polinización cruzada cross-pollination

polinomio *s* polynomial

polio *s* polio

poliomielitis *s* poliomyelitis

polipiel *s* synthetic leather

pólipo *s* polyp

politécnico, -a *adj* technical

politeísmo *s* polytheism

política *s* **1** (actividad, ciencia) politics [+v en sing] • **meterse en política** to get involved in politics **2** (estrategia, medidas) policy (pl -cies): *Es la política de la empresa.* It is company policy. • **política fiscal/social** fiscal/social policy • **política de empleo/inmigración** employment/immigration policy • **política interior/exterior** domestic/foreign policy

político¹, -a *adj* **1** (en política) political: *un partido político* a political party ► ASILO **2** (con tacto) tactful: *No fue muy político decir eso.* That wasn't very tactful. **3** (parientes) *mi familia política* my in-laws • *mi tío político* my uncle by marriage • *Es mi primo político.* He's married to my cousin.

político², -a *s* politician: *un político joven* a young politician

politizar *v* [T] to politicize

polivalente *adj* **1** (en educación) multipurpose **2** (persona) versatile **3** (vacuna) polyvalent

póliza (tb **póliza de seguro**) *s* (insurance) policy (pl -cies)

polizón *s* stowaway

pollera *s* (prenda) skirt

pollería *s* poultry store

pollito, -a (tb **polluelo -a**) *s* chick

pollo *s* (alimento) chicken: *pollo asado* roast chicken

polo *s* **1** (en geografía) pole **2** (en física) pole: *el polo negativo* the negative pole **3** (deporte) polo **4** (prenda de ropa) polo shirt **5** (atractivo) **un polo de atracción para los trabajadores/inversores extranjeros** a magnet for foreign workers/investors • **polo industrial/de desa-rrollo** industrial development/development area

EXPRESIONES
ser polos opuestos (personas) to be total opposites
el Polo Norte the North Pole • el Polo Sur the South Pole

pololear v [I] to be going out together, to be dating

pololo, -a s **pololo** boyfriend • **polola** girlfriend

Polonia Poland

polución s pollution

polvareda s **1** (nube de polvo) cloud of dust • **levantar una polvareda** to raise a cloud of dust **2** (escándalo) scandal; (polémica) controversy (pl -sies) • **levantar/ provocar una polvareda** to cause a storm of controversy

polvera s powder compact

polvo s **1** (tierra, suciedad) dust: *Los muebles estaban cubiertos de polvo.* The furniture was covered in dust. • **limpiar/quitar el polvo (de algo)** to dust (sth) **2** (en química, medicina) powder • **en polvo** (leche, cacao) powdered; (pimienta, canela) ground • **jabón/detergente en polvo** soap powder **3** (tb **polvos**) (para maquillarse) face powder • **ponerse polvo(s)** to powder your face

EXPRESIONES
estar hecho -a polvo (a) (cansado) to be beat **(b)** (deprimido) to be really down **(c)** (vehículo) to be a wreck **(d)** (mueble) to be falling to pieces • **hacer polvo a alguien (a)** (derrotar) to thrash sb **(b)** (provocar malestar) *A mí los productos lácteos me hacen polvo.* Dairy products make me feel horrible. • **hacer polvo algo** to wreck sth
polvo de hornear, polvo Royal® baking powder

pólvora s gunpowder

EXPRESIONES
correr/extenderse como la pólvora to spread like wildfire

polvoriento, -a adj dusty

polvorín s **1** (depósito) magazine **2** (zona de conflicto) powder keg

pomada s ointment

EXPRESIONES
hacer pomada algo to wreck sth, to ruin sth: *A él no le pasó nada, pero al carro lo hizo pomada.* He wasn't hurt, but the car was a write-off. • **hacer pomada a alguien** to wipe the floor with sb, to make mincemeat of sb

pomelo s grapefruit

pómez

pomo s **1** (de una puerta) knob **2** (tubo) tube **3** (de una espada) pommel

pompa s **1** (burbuja) bubble: *pompas de jabón* soap bubbles **2** (solemnidad) pomp **3** (nalga) bottom, backside
pompas fúnebres funeral [sing]

pompis s bottom, backside

pompón s pompom

pomposo, -a adj **1** (lenguaje, estilo) pompous; (nombre, título) grand **2** (monumento) magnificent; (ceremonia, banquete) grand **3** (persona) pompous

pómulo s **1** (mejilla) cheek **2** (hueso) cheekbone: *Tiene los pómulos salientes.* He has prominent cheekbones.

ponchadura s flat, flat tire

ponchar v to have a flat, to have a flat tire

ponche s (bebida) punch

poncho s poncho

ponderado, -a adj **1** (persona) level-headed **2** (análisis) balanced; (tono) measured **3** **el nunca bien ponderado/la nunca bien ponderada** the much-underrated: *la nunca bien ponderada clase media* the much-underrated middle classes

ponencia s (informe) paper • **presentar una ponencia** to give a paper

ponente s speaker

poner v [T]

1	colocar, añadir
2	escribir
3	un nombre
4	imponer
5	encender
6	instalar
7	programar
8	al manejar
9	aportar
10	abrir
11	indicando cambio emocional
12	obligar
13	suponer
14	huevos

1 COLOCAR, AÑADIR to put: *¿Dónde has puesto las llaves?* Where have you put the keys? • *No le he puesto sal a la ensalada.* I didn't put any salt in the salad.
2 ESCRIBIR to put: *Pon tu nombre aquí.* Put your name here. • *Puse lo que se me ocurrió.* I put the first thing that came into my mind.
3 UN NOMBRE *¿Qué nombre le pusieron?* What did they call him? • *Le vamos a poner María.* We're going to call her María.
4 IMPONER to give: *Les han puesto una multa de 100.000 pesos.* They got a 100.000 pesos fine. • *Hacerse respetar no significa poner castigos.* Commanding respect doesn't mean giving out punishments.
5 ENCENDER to put on • **poner el radio/la televisión** to put the radio/the TV on: *Pon música.* Put some music on. • **poner la calefacción/el aire acondicionado** to put the heating/the air conditioning on
6 INSTALAR **poner calefacción/aire acondicionado** to have heating/air conditioning put in: *Mañana nos ponen la calefacción.* They're putting the heating in tomorrow.
7 PROGRAMAR to set • **poner el despertador a las siete/las ocho** to set the alarm for seven/eight o'clock • **poner el reloj en hora/a cero** to set the time on the clock/to set the clock to zero
8 AL MANEJAR **poner primera/segunda** to put the car in first gear/second gear
9 APORTAR *Cada uno puso diez dólares.* Everyone gave ten dollars. • *Yo pongo las bebidas.* I'll supply the drinks.
10 ABRIR **poner una librería/un café** to open a bookstore/a café
11 INDICANDO CAMBIO EMOCIONAL to make • **poner triste/contento -a a alguien** to make sb sad/happy: *Me pusiste nerviosa.* You've made me nervous.
12 OBLIGAR to make • **poner a alguien a trabajar/ pensar** to make sb work/think: *Ahora me has puesto a pensar.* That's made me think.
13 SUPONER **ponle que...** suppose…: *Pon que no viene.* Suppose she doesn't come.
14 HUEVOS to lay: *La gallina puso un huevo.* The hen laid an egg.
—**ponerse** v pron
1 EN UNA POSICIÓN *Ponte derecho.* Sit up straight. • **ponerse delante/detrás de alguien** to stand in front of/behind sb • **ponerse juntos -as** to stand close together
2 VESTIRSE **ponerse la camisa/los anteojos** to put your shirt/your glasses on: *Se puso el abrigo y se fue.* She put her coat on and left. • *Ponte los zapatos.* Put your shoes on.
3 VESTIR **ponerse un vestido/el traje azul** to wear a dress/the blue suit: *¿Qué te vas a poner para la fiesta?* What are you going to wear to the party?
4 INDICANDO CAMBIO EMOCIONAL **ponerse triste/ contento -a** to be sad/happy: *Se puso contento cuando se lo dije.* He was happy when I told him. • *No te pongas nerviosa.* Don't be nervous. • *Se va a poner furioso.* He's going to be furious.

5 **COMENZAR** **ponerse a hacer algo** to start doing sth: *Se puso a gritar como una loca.* She started shouting her head off. • *Se puso a llover.* It started raining. • *En cuanto llegué, me puse a trabajar.* I started work as soon as I arrived.
6 **OCUPARSE** **ponerse con algo** to get down to sth: *Ahora me pongo con ello.* I'll get down to it now. • *Tengo que ponerme con la traducción.* I have to get started on the translation.
7 **SOL** to set: *¿A qué hora se pone el sol?* What time does the sun set?

poniente *s* west

ponqué *s* cake

pontificado *s* pontificate

pontificar *v* [I] to pontificate

pontífice *s* pontiff • **el Sumo Pontífice** the Supreme Pontiff

pony, **poni** *s* pony (pl -nies)

pool *s* **1** (juego) pool • **jugar (al) pool** to play pool **2** (de empresas, clientes) pool

pop *s* pop • **música/cantante/estrella pop** pop music/singer/star

popa *s* stern ▶ **marchar** VIENTO **en popa**

pope *s* **1** (en religión) priest **2** (de un partido, una empresa) top person; (de un movimiento) leading light

popis (tb **popoff**) *adj* posh

popote *s* (para beber) straw

populacho *s* **el populacho (a)** (la clase baja) the masses [pl] **(b)** (gente descontrolada) the mob

popular *adj* **1** (conocido, apreciado) popular: *un cantante muy popular* a very popular singer **2** (del pueblo) popular: *la cultura popular* popular culture • *la voluntad popular* the will of the people **3** (muy económico) affordable: *entradas a precios populares* tickets at affordable prices

popularidad *s* popularity

popularizar *v* [T] to make popular: *El grupo ha popularizado la música operática.* The group has made opera music popular.

populista *adj*, *s* populist

popurrí *s* **1** (composición musical) medley **2** (mezcla) potpourri

póquer *s* ▶ **PÓKER**

por¹ *prep*

1	a lo largo de
2	indicando una zona
3	una entrada o salida
4	indicando causa
5	indicando medio
6	indicando modo
7	indicando un cambio, una sustitución
8	indicando sentimientos
9	indicando finalidad
10	a favor de
11	indicando distribución
12	indicando tiempo
13	indicando acción futura
14	en matemáticas
15	indicando agente

1 **A LO LARGO DE** *Iba caminando por la calle.* She was walking down the street. • *Continúa por esa carretera abajo.* Carry on down that road.
2 **INDICANDO UNA ZONA** *Viajamos por todo el país.* We traveled all over the country. • *Lo he buscado por todas partes.* I've looked for it everywhere. • *Tiene que estar por aquí.* It must be around here somewhere.
3 **UNA ENTRADA O SALIDA** *¿Por dónde se entra?* Where's the entrance? • *Pase por aquí, por favor.* Come this way, please. • *Salimos por la puerta trasera.* We left by the back door.

4 **INDICANDO CAUSA** *Me regañaron por llegar tarde.* I got told off for being late. • *Eso te pasa por no atender.* That's what you get for not paying attention. • *Se suspendió por la lluvia.* It was called off because of the rain. • **¿por?** why?: *–Pues yo no iré.* *–¿Por?* "I'm not going." "Why?"
5 **INDICANDO MEDIO** **por correo** by mail • **por radio/por televisión** on the radio/on television
6 **INDICANDO MODO** *por orden alfabético* in alphabetical order • *Agrúpalos por tamaño.* Group them by size.
7 **INDICANDO UN CAMBIO, UNA SUSTITUCIÓN** *Cambié la pulsera por un collar.* I exchanged the bracelet for a necklace. • *Te cambio ese CD por este.* I'll trade you that CD for this one. • *Consiguió el pasaje por 500 dólares.* He got the ticket for 500 dollars. • *Yo firmé por ella.* I signed for her.
8 **INDICANDO SENTIMIENTOS** for: *lo que siento por ti* what I feel for you
9 **INDICANDO FINALIDAD** *Lo hizo por ayudar.* He did it to help. • *Haría cualquier cosa por ti.* I'd do anything for you.
10 **A FAVOR DE** *una marcha por la paz* a march for peace • **estar por la democracia/la libertad** to be in favor of democracy/freedom
11 **INDICANDO DISTRIBUCIÓN** *uno por persona* one per person • *cinco dólares por cabeza* five dollars per head • *100 kilómetros por hora* 100 kilometers an hour • *1.200 bits por segundo* 1,200 bits per second
12 **INDICANDO TIEMPO** **por la mañana/por la tarde** in the morning/in the afternoon: *Por la noche fuimos al teatro.* In the evening we went to the theater. • **los lunes por la mañana/el martes por la tarde** on Monday mornings/on Tuesday afternoon • **por aquel entonces/aquella época** at the time/around that time • **por aquellos días/años** around that time • **por abril/septiembre** around April/September: *Terminaremos por abril o mayo.* We'll finish around April or May.
13 **INDICANDO ACCIÓN FUTURA** **por hacer/pagar** to do/to pay: *¡Hay tanto por hacer!* There's so much to do still!
14 **EN MATEMÁTICAS** *Dos por tres son seis.* Two times three is six. • **multiplicar/dividir por dos** to multiply/to divide by two
15 **INDICANDO AGENTE** **escrito -a/compuesto -a por alguien** written/composed by sb

EXPRESIONES
por más que... no matter how much...: *Por más que insistas, no voy a ir.* No matter how much you insist, I'm not going. • **por mí/por ella** as far as I'm/she's concerned: *Por mí, hagan lo que quieran.* You can do what you want, as far as I'm concerned. • **por si** in case: *Llévate el paraguas por si llueve.* Take your umbrella in case it rains.

porcelana *s* porcelain • **un plato/una figura de porcelana** a porcelain plate/figure

porcentaje *s* percentage • **un alto/pequeño porcentaje** a high/small percentage: *una zona con un alto porcentaje de inmigrantes* an area with a high percentage of immigrants

porcentual *adj* percentage [solo ante s] • **punto/distribución porcentual** percentage point/distribution

porche *s* porch (pl -ches)

porcino, -a *adj* pig [solo ante s]: *carne porcina* pork

porción *s* **1** (de comida – ración) portion; (pedazo) piece: *una porción de pizza* a portion of pizza • *Me comí dos porciones de pastel.* I ate two pieces of cake. **2** (cantidad) proportion: *una pequeña porción de los usuarios* a small proportion of users **3** (parte) piece

pordiosero, -a *s* beggar

porfiar *v* [I] to persist • **porfiar en que...** to insist that...

pormenor *s* detail

porno *s* porn • **una película/revista porno** a porn movie/magazine

pornografía *s* pornography

pornográfico, -a *adj* pornographic

poro *s* pore

poroso, -a *adj* porous

poroto *s* bean
poroto verde green bean

por qué *pron* why: *¿Por qué me mentiste?* Why did you lie to me? • *–No me gustó. –¿Por qué?* "I didn't like it." "Why not?" • *¿Por qué no pedimos una pizza?* Why don't we order a pizza? • *No entiendo por qué no quieres ir.* I can't understand why you don't want to go.

porque *conj* because: *Llegué tarde porque perdí el tren.* I was late because I missed the train. • **porque sí/no** *–¿Por qué lo hiciste? –Porque sí.* "Why did you do it?" "Just because." • *–¿Por qué no vienes? –Porque no.* "Why don't you come?" "Because I just don't want to".

porqué *s* reason • **el porqué de algo** the reason for sth: *el porqué de la violencia* the reasons for violence

porquería *s* **1** (suciedad) filth **2** (basura) garbage: *Hay muchas personas que botan porquería a la calle.* There are a lot of people who throw trash on the streets. **3** (cosa de mala calidad) **ser una porquería** to be garbage: *El libro me pareció una porquería.* I thought the book was garbage. • **¡qué porquería de película/carro!** what a terrible movie!/what an awful car! **4 porquerías** [pl] junk [sing]: *Comes muchas porquerías.* You eat a lot of junk. **5** (acto malintencionado) dirty trick • **hacerle una porquería a alguien** to play a dirty trick on sb

porra *s* **1** (seguidores, aficionados) supporters [pl], fans [pl] **2** (de apoyo) chant; (de reconocimiento) cheer: *la porra del equipo* the team's chant • *¡Una porra para el cocinero!* Three cheers for the cook! • **echarle porras a alguien** (en deporte) to cheer sb on

porrazo *s* truncheon blow • **darse/pegarse un porrazo** *Me di un porrazo en la cabeza.* I banged my head. • *Se pegó un porrazo con la moto.* He had an accident on his motorbike.

porrista[1] *s* [masc & fem] (de un equipo) fan

porrista[2] *s* [fem] (animadora) cheerleader

porro *s* **1** (cigarrillo) joint • **fumar(se) un porro** to smoke a joint **2** (marihuana) pot

portaaviones *s* aircraft carrier

portabebés *s* (para llevar al bebé cargado) baby carrier; (para el automóvil) baby car seat

portabilidad *s* **1** (de un teléfono) flexibility **2** (de un computador) portability

portada *s* **1** (de un periódico) front page **2** (de una revista) cover **3** (de un libro) title page **4** (de un disco) sleeve

portaequipajes *s* **1** (baca) roof rack **2** (en un tren, un autocar) luggage rack **3** (maletero) trunk

portafolio, **portafolios** *s* briefcase

portal *s* **1** (vestíbulo) hall **2** (en Internet) portal

portamaletas *s* luggage compartment

portaminas *s* mechanical pencil

portamonedas *s* change purse

portaobjetos *s* slide

portapapeles *s* (en informática) clipboard

portar *v* [T] to carry
—**portarse** *v pron* to behave: *¿Cómo se portaron?* How did they behave? • *Se portó como un tonto.* He behaved like an idiot. • **portarse bien/mal** to behave/to misbehave, to be well/badly behaved: *Si no nos portamos bien, nos van a echar.* If we don't behave, they're going to throw us out. • *No puedes ir porque te has portado muy mal.* You can't go because you haven't been behaving. • **¡pórtate/pórtense bien!** behave yourself/ yourselves! • **portarse bien con alguien** to be good to sb: *Se portaron muy bien con nosotros.* They were very

good to us. • **portarse mal con alguien** to treat sb badly: *Me he portado muy mal contigo.* I've treated you very badly.

portarretratos *s* picture frame

portarrollos *s* **1** (para el baño) toilet paper holder **2** (para la cocina) paper towel holder

portátil[1] *adj* portable • **una grabadora/un radio portátil** a portable tape recorder/radio

portátil[2] *s* (computador) laptop

portavoz *s* (hombre) spokesman (pl -men); (mujer) spokeswoman (pl -women); (sin especificar el sexo) spokesperson (pl spokespersons o spokespeople)

portazo *s* **cerrar la puerta de un portazo** to slam the door • **dar un portazo** to slam the door

porte *s* **1** (traslado) transportation: *portes a toda Colombia* transportation throughout Colombia **2** (coste de envío) freight costs [pl] • **a portes debidos/pagados** freight collect/prepaid **3** (de una persona) bearing **4** (tamaño) size • **de gran porte** of considerable size

porteador, -a *s* bearer

portento *s* **1** (maravilla) marvel: *Ese jugador es un portento.* That player is a marvel. • **ser un portento de la informática/música** to be a computer wizard/a musical genius **2** (hecho asombroso) amazing sight

portentoso, -a *adj* phenomenal

portería *s* **1** (en fútbol, hockey) goal • **tirar a la portería** to shoot at the goal • **la portería contraria/rival** the opponents' goal ▶ SAQUE de portería **2** (en un edificio) super's office

portero, -a *s* **1** (de un edificio) super; (de un hotel) doorman (pl -men) **2** (en deportes) goalkeeper
portero eléctrico, portero automático entryphone

pórtico *s* **1** (entrada) portico **2** (galería) arcade

portorriqueño, -a *adj*, *s* ▶ PUERTORRIQUEÑO

Portugal Portugal

portugués[1], -esa *adj* Portuguese

portugués[2], -esa *s* (persona) **portugués** Portuguese man (pl men) • **portuguesa** Portuguese woman (pl women) • **los portugueses** the Portuguese

portugués[3] *s* (idioma) Portuguese

porvenir *s* future • **un buen/gran porvenir** a bright/great future • **tener mucho porvenir** to have excellent prospects • **sin porvenir** with no prospects

pos en pos de in pursuit of

posada *s* inn

posar *v* **1** [I] (para una foto) to pose **2** [T] (las manos, la cabeza) to rest **3** [T] (los ojos, la mirada) *Posó su mirada en el horizonte.* He let his gaze rest on the horizon.
—**posarse** *v pron* **1** (ave) to perch **2** (partículas) to settle

posavasos *s* coaster

posdata *s* postscript

pose *s* **1** (postura) pose **2** (actitud fingida) pose • **estar siempre haciendo poses** to be always posing • **ser pura pose** to be all for show

poseedor, -a *s* **1** (de una propiedad) owner **2** (de un título, una tarjeta) holder • **poseedor -a del récord/título** record-holder/title-holder • **ser poseedor -a de la verdad** to possess the truth

poseer *v* [T] **1** (cualidades, conocimientos) to have: *No posee la experiencia necesaria.* He doesn't have the necessary experience. **2** (dominar) **dejarse poseer por la música/el ritmo** to let the music/the rhythm take over **3** (propiedades, tierras) to own; (una fortuna) to have **4** (sexualmente) to have, to possess (*más frml*)

poseído, -a *adj* possessed • **poseído -a por el diablo/un espíritu** possessed by the Devil/a spirit • **poseído -a por el miedo/la pasión** overcome with fear/consumed with passion

posesión *s* **1** (hecho) possession • **tomar posesión de su cargo** to take up your post • **estar en posesión de un título/un certificado** to have a qualification/a certificate **2** (propiedad, territorio) possession: *las antiguas posesiones españolas en América* former Spanish possessions in America

posesionarse *v pron* to take up your post • **posesionarse como algo** to take up a post as sth: *Se posesionó como ministro.* He took up a post as a government minister.

posesivo, -a *adj* **1** (celoso) possessive **2** (en gramática) possessive

poseso, -a *s* **gritar/correr como un poseso/una posesa** to scream/run like crazy, to scream/run like one possessed (*más frml*)

posgrado *s* postgraduate course • **cursos/becas de posgrado** postgraduate courses/grants for postgraduate studies

posgraduado, -a *s* postgraduate

posguerra *s* post-war period

posibilidad *s* **1** (opción) possibility (pl -ties): *Hay varias posibilidades.* There are several possibilities. • **posibilidad/posibilidades de algo** *No todos tienen la posibilidad de viajar.* Not everyone has the chance to travel. • *Hay posibilidades de que ganen.* It's possible they could win. **2** (capacidad) **dentro de mis/sus posibilidades** as far as I'm/he's able: *Intentaré ayudarte, dentro de mis posibilidades.* I'll try to help you, as far as I'm able. **3 posibilidades** [pl] means: *No está al alcance de nuestras posibilidades.* It's beyond our means.

posibilitar *v* [T] to make possible: *Internet posibilita el acceso a todo tipo de información.* The Internet makes it possible to access all sorts of information.

posible *adj* possible: *una posible solución* a possible solution • *¿Es posible cambiar la fecha de regreso?* Is it possible to change the date of the return trip? • **es posible que vaya/gane** she may go/win: *Es posible que cambie de opinión.* He may change his mind. • **hice/hizo todo lo posible** I did everything I could/he did everything he could: *Va a hacer todo lo posible para ayudarnos.* She's going to do everything she can to help us.

EXPRESIONES

en lo posible as far as possible: *Evite, en lo posible, usar términos técnicos.* Avoid using technical terms, as far as possible. • **lo antes/más posible** as soon as possible/as much as possible: *Gastó lo menos posible.* He spent as little as possible. • *Ven lo más pronto posible.* Come as soon as you can. • *Intentó hacerlo lo mejor posible.* She tried to do it as well as she could.

posiblemente *adv* possibly: *–¿Lloverá? –Posiblemente.* "Is it going to rain?" "Possibly". • *Posiblemente tengamos que posponerlo.* We may have to postpone it.

posibles *s* [pl] means • **un hombre/una mujer de posibles** a man/a woman of means

posición *s* **1** (postura) position • **estar en posición horizontal/vertical** to be horizontal/vertical **2** (en un orden) place: *Llegó en tercera posición.* She finished in third place. **3** (punto de vista) position • **mi/tu posición sobre algo** my/your position on sth: *su posición sobre Irak* his position on Iraq **4** (en la sociedad) standing • **de buena posición** of high social standing: *una muchacha de buena posición* a girl of high social standing **posición adelantada** offside

posicionarse *v pron* to take a stand • **posicionarse a favor/en contra de algo** to take a stand in favor of/against sth

positivo, -a *adj* **1** (beneficioso) positive: *una actitud positiva* a positive attitude **2** (seguro) definite: *una mejoría positiva del paciente* a definite improvement in the patient's condition **3 dar/salir positivo -a** to be positive: *El análisis dio positivo.* The test was positive. **4** (en matemática) positive **5** (en física) positive

posmoderno, -a *adj* postmodern

posnatal *adj* postnatal

poso *s* **1** (de café o té) dregs [pl]; (de vino) sediment **2** (de tristeza, desconfianza) trace

posoperatorio¹, -a *adj* post-operative

posoperatorio² *s* post-operative period

posparto *s* postnatal period • **depresión/hemorragia posparto** postnatal depression/bleeding

posponer *v* [T] to postpone

pospretérito *s* conditional

posta *s* **a posta** on purpose: *Lo hizo a posta.* He did it on purpose.

postal¹ *s* postcard

postal² *adj* postal ▶ CÓDIGO **postal**, GIRO **postal**, TARJETA **postal**

postdata *s* postscript

poste *s* **1** (de madera, hormigón) post; (de teléfono) pole: *un poste de teléfonos* a telephone pole **2** (de una portería) post: *El balón pegó en el poste.* The ball hit the post.

póster *s* poster

postergar *v* [T] to postpone

posteridad *s* posterity • **para la posteridad** for posterity • **pasar a la posteridad** to be remembered in times to come

posterior *adj* **1** (en el tiempo) subsequent: *un descubrimiento posterior* a subsequent discovery • **posterior a algo** after sth: *el día posterior a su renuncia* the day after he resigned **2** (de atrás) **en la parte posterior de la casa/sala** at the back of the house/room

posterioridad *s* **con posterioridad** subsequently • **con posterioridad a algo** after sth

posteriormente *adv* subsequently

postigo *s* shutter

postín **de postín** posh: *un restaurante de postín* a fancy restaurant

postizo¹, -a *adj* false ▶ DENTADURA **postiza**, DIENTES **postizos**

postizo² *s* hairpiece

postor *s* bidder • **al mejor postor** to the highest bidder

postración *s* **1** (física) prostration **2** (económica, social) terminal decline **3** (emocional) deep depression **4** (postura corporal) prostration

postrado, -a *adj* **estar postrado -a** to be prostrate • **dejar postrado -a a alguien** (temporalmente) to confine sb to bed; (permanentemente) to leave sb bedridden: *El accidente lo dejó postrado en una silla de ruedas para siempre.* The accident confined him to a wheelchair for the rest of his life.

postrar *v* [T] **la gripe/el accidente lo había postrado en la cama** he was confined to bed with flu/as a result of the accident
—**postrarse** *v pron* to prostrate yourself

postre *s* dessert • **de postre** for dessert: *¿Qué hay de postre?* What's for dessert? • **a los postres** after the meal: *A los postres le pidieron que dijera unas palabras.* After the meal, he was asked to say a few words.

EXPRESIONES

a la postre in the end: *un gol que, a la postre, definió el partido* a goal that, in the end, decided the game

postulado *s* postulate

postular *v* [T] to put forward, to postulate (*más frml*)
—**postularse** *v pron* **postularse a la presidencia** to run for president • **postularse como candidato -a** to run as a candidate

póstumo, -a *adj* posthumous

postura *s* **1** (posición corporal) position: *una postura muy incómoda* a very uncomfortable position **2** (punto de vista) position: *Tu postura no es clara.* Your position isn't clear.

postural *adj* postural

posventa *s* after-sales • **atención/servicio posventa** after-sales care/service

potable *adj* (aceptable) decent ▶ AGUA **potable**

potaje *s* **1** (guiso) vegetable stew **2** (mezcla) mishmash: *un potaje de ideas* a mishmash of ideas

potasio *s* potassium

pote *s* (de vidrio) jar; (de plástico) pot

potencia *s* **1** (fuerza) power **2** (país poderoso) power: *una gran potencia mundial* a major world power **3** (en matemáticas) **a la quinta/décima potencia** to the power of five/ten **4** (en física) power

> EXPRESIONES
> **ser un asesino/un delincuente en potencia** to be a potential murderer/criminal

potencial[1] *adj* potential: *un cliente potencial* a potential customer

potencial[2] *s* **1** (capacidad) potential: *el potencial de Internet* the potential of the Internet **2 potencial (eléctrico)** (electric) potential

potenciar *v* [T] (el desarrollo, la inversión) to promote; (una capacidad, un talento) to foster; (una relación) to strengthen

potentado, -a *s* tycoon

potente *adj* powerful

potingue *s* **1** (brebaje) concoction **2** (cosmético) lotion • **potingues** lotions and potions

potrillo *s* foal

potro[1], -a *s* **potro** (macho) colt; (término genérico) young horse • **potra** filly (pl -llies)

potro[2] *s* [masc] **1** (en gimnasia) vaulting horse **2** (aparato de tortura) rack

poyete (tb **poyo**) *s* stone bench (pl -ches)

poza *s* **1** (de un río) pool **2** (charco) puddle

pozo *s* **1** (hoyo) hole: *Se cayó en un pozo.* She fell down a hole. • **hacer un pozo** to dig a hole **2** (de agua, de petróleo) well: *un pozo de petróleo* an oil well **3** (de un río) deep pool **4** (dinero en un juego) kitty (pl -tties) **5** (en juegos de cartas) pile

> EXPRESIONES
> **ser un pozo sin fondo** to be a bottomless pit
> pozo ciego, pozo negro septic tank

práctica *s* **1** (entrenamiento) practice: *Necesito un poco más de práctica.* I need a little more practice. • **tener práctica (en algo)** to have experience (in sth): *Cuando tengas práctica, te llevará apenas unos segundos.* When you have more experience, it'll only take you a few seconds. **2** (aplicación) • **en la práctica** in practice: *En la práctica es más complicado.* In practice, it's more complicated. • **poner algo en práctica** to put sth into practice: *Puso en práctica lo que había aprendido.* She put what she had learned into practice. **3** (costumbre) practice: *las prácticas religiosas* religious practices **4 prácticas** [pl] student teaching [U] • **hacer las prácticas (a)** (de profesorado) to do your teaching practice, to do your student teaching **(b)** (en medicina) to do an internship **(c)** (de otras carreras) work experience

practicable *adj* **1** (viable) practicable **2** (transitable) passable

prácticamente *adv* practically: *Es prácticamente imposible.* It's practically impossible.

practicante[1] *adj* (en religión) practicing: *Son católicos practicantes.* They are practicing Catholics.

practicante[2], -a *s* **1** (en deportes) **ser practicante de artes marciales/yoga** to do martial arts/yoga **2** (en educación) practitioner; (médico) intern; (enfermero) nurse

practicar *v* [T] **1** (ejercitar, ensayar) to practice: *Quiero ir para practicar mi inglés.* I want to go so that I can practice my English. **2** (un deporte, una actividad) to do: *¿Qué deportes practicas?* What sports do you do? • **practica la natación/el surf** he swims/surfs: *Practican el golf.* They play golf. **3** (ejercer) to practice • **practicar la medicina/el derecho** to practice medicine/law **4** (una religión, una costumbre) to practice • **practicar el catolicismo/el budismo** to be a practicing Catholic/Buddhist **5** (una operación) to perform

> ⚠ Cuando se habla de practicar deportes, en la mayoría de los casos no se usa "practice":
> *You can play* (✗ practice) *tennis/golf/football.*
> *You can go* (✗ practice) *skiing/swimming/walking/jogging.*
> *You can do* (✗ practice) *all kinds of sports at the health club.*

práctico, -a *adj* **1** (persona) practical **2** (objeto, instrumento, método) practical **3** (no teórico) practical: *una clase práctica de anatomía* a practical anatomy class

pradera *s* meadows [pl]

prado *s* meadow

pragmático, -a *adj* pragmatic

preaviso *s* notice: *con dos meses de preaviso* with two months' notice • **sin preaviso** without notice

precalentamiento *s* (en deportes) warm-up

precario, -a *adj* **1** (inestable – situación, salud) precarious; (empleo) insecure; (economía) unstable **2** (vivienda, barrio) poor

precaución *s* **por precaución** to be on the safe side, as a precaution (*más frml*): *Tomó el medicamento por precaución.* He took the medicine as a precaution. • **tener la precaución de hacer algo** to take the precaution of doing sth: *Tuve la precaución de sacarle una fotocopia.* I took the precaution of making a photocopy. • **con precaución** carefully: *Conduzca con precaución.* Drive carefully. • **tomar precauciones** to take precautions: *Tomamos las precauciones necesarias.* We took the necessary precautions.

precavido, -a *adj* cautious

precedente[1] *adj* previous: *en el año precedente* in the previous year

precedente[2] *s* precedent • **sentar (un) precedente** to set a precedent • **sin precedentes** unprecedented: *un caso sin precedentes* an unprecedented case

preceder *v* [T] **preceder a algo** to precede sth: *En inglés el adjetivo precede al sustantivo.* In English, the adjective precedes the noun.

precepto *s* precept

preciado, -a *adj* prized

preciarse *v* *pron* **preciarse de hacer algo** to pride yourself on doing sth: *Se precian de tener los precios más bajos del mercado.* They pride themselves on having the lowest prices on the market. • **que se precie** (persona) self-respecting; (sociedad) civilized: *Todo negocio que se precie ya está presente en Internet.* Any business worthy of the name has an Internet presence now.

precinto *s* seal

precio *s* **1** (en dinero) price: *el precio del petróleo* the price of oil • **¿qué precio tiene?** how much is it?: *¿Qué precio tiene esta camisa?* How much is this shirt? • **a precio de costo** at cost price **2** (sacrificio) price: *Pagó un precio muy alto por su rebeldía.* She paid a very high price for her rebelliousness. • **a cualquier precio** at any price

> EXPRESIONES
> **no tener precio** to be priceless

preciosidad *s* **ser una preciosidad** to be beautiful: *Tiene una niña que es una preciosidad.* She has a beautiful little girl. • **¡qué preciosidad de casa/playa!** what a beautiful house/fantastic beach!

precioso, -a *adj* beautiful ▶ PIEDRA **preciosa**

precipicio s precipice

precipitación s **1** (prisa) haste • **con/sin precipitación** hastily/calmly: *Conviene discutirlo sin precipitación.* It needs discussing calmly. **2** (de lluvia, nieve) precipitation (*técn*): *No habrá precipitaciones.* It won't rain. • *Se prevén precipitaciones de nieve por la tarde.* Snow is forecast for the afternoon.

precipitado, -a *adj* (decisión, respuesta) hasty

precipitar v [T] (causar) to precipitate: *la crisis que precipitó la guerra civil* the crisis which precipitated the civil war
—**precipitarse** v pron **1** (al actuar) to be hasty: *No te precipites.* Don't rush into things. **2** (caerse) to plunge: *El camión se precipitó por el acantilado.* The truck plunged over the cliff.

precisamente adv precisely: *Eso es precisamente lo que iba a decir.* That's precisely what I was going to say. • *¿Tiene que ser precisamente ahora?* Does it have to be right now? • **no es precisamente barato/original** it's not exactly cheap/original

precisar v **1** [I,T] (necesitar) to need: *Se precisa mucha paciencia para trabajar con niños.* You need a lot of patience to work with children. • **precisar de algo** to need sth: *La medicina actual precisa de tecnología de punta.* Modern medicine needs the latest technology. **2** [T] (especificar) to specify

precisión s (exactitud) precision • **con precisión (a)** (medir, disparar) accurately **(b)** (decir, saber) exactly, precisely • **de precisión** precision [solo ante s]: *un rifle de precisión* a precision rifle

preciso, -a adj **1** (exacto) precise: *instrucciones precisas* precise instructions • *Tienes que ser más preciso.* You have to be more precise. **2** (nítido) clearly-defined: *un dibujo de líneas precisas* a drawing with clearly-defined lines • *imágenes precisas de alta calidad* sharp, high-quality images **3** (para intensificar) precise: *Llegó en ese preciso momento.* She arrived at that precise moment. **4** (necesario) **es preciso esperar/ponerse de acuerdo** we need to wait/reach an agreement • **es preciso que lo sepa/que esté presente** he must be told/be present

precocidad s precocity

precocido, -a (tb **precocinado, -a**) adj pre-cooked

precolombino, -a adj pre-Columbian

preconcebido, -a adj (idea) preconceived

precontrato s pre-contract

precoz adj **1** (niño) precocious **2** (desarrollo) precocious • **embarazo precoz** teenage pregnancy **3** (en las primeras fases) **diagnóstico/detección precoz** early diagnosis/detection

precursor, -a s precursor

predador, -a adj predatory

predecesor, -a s predecessor

predecible adj predictable

predecir v [T] to predict • **predecirle el futuro a alguien** to tell sb's fortune

predestinado, -a adj **predestinado -a a algo** destined for sth: *Estaba predestinado a la carrera militar.* He was destined for a military career. • **predestinado -a a ser/hacer algo** destined to be/to do sth

predicado s (en gramática) predicate

predicador, -a s preacher

predicar v **1** [I,T] (en religión) to preach • **predicar con el ejemplo** to practice what you preach **2** [T] (una idea, un sentimiento) to preach

predicción s prediction

predilecto, -a adj favorite: *su hijo predilecto* his favorite son

predio s **1** (terreno) land: *en los predios de la universidad* on university land **2** (local) premises [pl]

predisposición s predisposition • **tener predisposición al cáncer/a la depresión** to have a predisposition to cancer/depression, to be predisposed to cancer/depression • **tener predisposición a hacer algo** to have a tendency to do sth

predispuesto, -a adj **predispuesto -a a algo** prone to sth: *un paciente predispuesto a la hipoglucemia* a patient prone to hypoglycemia • **predispuesto -a a hacer algo** prepared to do sth, predisposed to do sth (*más frml*): *Iban predispuestos a creerle.* They were prepared to believe him.

predominante adj predominant

predominar v [I] to predominate: *En el disco predominan los ritmos latinos.* Latin rhythms predominate on this record.

predominio s predominance: *el predominio de la razón sobre la fuerza* the predominance of reason over force

preescolar¹ adj preschool [solo ante s] • **educación/edad preescolar** preschool education/age

preescolar² s nursery school, preschool

preestablecido, -a adj pre-established

preestreno s preview

prefabricado, -a adj prefabricated

prefacio s preface

preferencia s **1** (predilección) preference: *su preferencia por la música tecno* his preference for techno music • **tiene preferencia por María/por los niños** María is her favorite/the boys are her favorites **2** (prioridad) **dar preferencia a algo/alguien** to give priority to sth/sb • **tener preferencia** (en el tránsito) to have right of way • **tener preferencia (sobre algo/alguien)** to have priority (over sth/sb): *Tendrán preferencia los pasajeros con niños.* Priority will be given to passengers with children.

preferencial adj preferential

preferible adj preferable • **preferible a algo** preferable to sth: *Cualquier cosa es preferible a pasar la semana con ellos.* Anything is preferable to spending the week with them. • **es preferible esperar/volver** it would be better to wait/go back • **es preferible que vengas mañana/que te quedes** it would be better if you came tomorrow/if you stayed

preferiblemente adv preferably

preferido¹, -a adj favorite: *Es mi comida preferida.* It's my favorite food.

preferido², -a s favorite: *la preferida de la maestra* the teacher's favorite

preferir v [T] **1** (indicando una preferencia) to prefer: *Prefiero el azul.* I prefer the blue one. • **preferir algo a algo** to prefer sth to sth: *Prefiero esta profesora a la del año pasado.* I prefer this teacher to the one we had last year. • **preferir hacer algo (a)** (en general) to prefer to do sth: *Prefiero desayunar temprano.* I prefer to have breakfast early. **(b)** (en una ocasión determinada) *Prefiero ir en tren.* I'd rather go by train. • **preferir que alguien haga algo** *Prefiero que no le invites.* I'd rather you didn't invite him. **2** (indicando una decisión tomada) to choose: *Prefirieron quedarse en casa.* They chose to stay at home.

prefijo s **1** (en lingüística) prefix (pl -xes) **2** (en teléfonos) area code

pregón s (de una fiesta) opening speech (pl -ches)

pregonar v [T] to proclaim: *No hace falta que lo pregones a los cuatro vientos.* You don't have to shout it from the rooftops. • **pregonar las virtudes/excelencias de algo** to extol the virtues of sth

pregunta s question • **hacer una pregunta** to ask a question: *¿Puedo hacer una pregunta?* Can I ask a question? • **hacerle una pregunta a alguien** to ask sb a question: *Quiero hacerte unas preguntas.* I have some questions to ask you.

pregunta capciosa trick question • **pregunta retórica** rhetorical question

preguntar v [T] (indagar) to ask: *Voy a preguntar dónde está la biblioteca.* I'm going to ask where the library is. • *Preguntemos el precio de la habitación.* Let's ask how much a room costs. • **preguntarle algo a alguien** to ask sb sth: *Me preguntó quién era.* She asked me who I was. • *Pregúntame lo que quieras.* Ask me whatever you want. • **preguntarle la lección a alguien** to test sb on a topic • **preguntar por algo** to ask about sth, to inquire about sth (*más frml*): *Fui a preguntar por los cursos de inglés.* I went to ask about the English classes. • **preguntar por alguien (a)** (buscándolo) to ask for sb: *Preguntan por Juan.* Somebody is asking for Juan. **(b)** (para saber cómo está) to ask after sb: *Me preguntó por ti.* He asked after you.
—**preguntarse** v pron to wonder: *Me pregunto qué habrá pasado.* I wonder what's happened.

preguntón[1], **-ona** adj **1** (entrometido) nosy **2** (inquisitivo) inquisitive

preguntón[2], **-ona** s (persona entrometida) nosy person (pl people): *Me fastidian los preguntones.* Nosy people get on my nerves.

prehispánico, **-a** adj pre-Hispanic

prehistoria s prehistory

prehistórico, **-a** adj prehistoric

preinscripción s pre-enrolment

prejubilación s early retirement

prejubilar v [T] to give early retirement to
—**prejubilarse** v pron to take early retirement

prejuiciado, **-a** adj prejudiced

prejuicio s prejudice: *Es una persona con muchos prejuicios.* He's very prejudiced.

prejuicioso, **-a** adj prejudiced

prejuzgar v [T] to prejudge

preliminar[1] adj preliminary

preliminar[2] s (partido) qualifier

preludio s **1** (principio, introducción) prelude • **preludio de algo** prelude to sth **2** (obra musical) prelude

premamá adj maternity [solo ante s]: *ropa premamá* maternity wear

prematrimonial adj (acuerdo) prenuptial; (relaciones) premarital

prematuro, **-a** adj **1** (bebé) premature **2** (muerte) early **3** (conclusiones) premature

premeditación s premeditation

premeditado, **-a** adj premeditated

premenstrual adj premenstrual

premiado, **-a** adj **1** (escritor, película) award-winning; (novela) prize-winning: *la actriz premiada* the award-winning actress **2** (en la lotería) winning: *el número premiado* the winning number

premiar v [T] **1** (con un premio, un galardón) to give an award to: *Lo premiaron por segunda vez.* He received an award for the second time. • **premiar un libro/una película** to give an award to a book/a movie: *Su novela fue premiada.* Her novel won an award. **2** (recompensar) to reward: *Lo premiaron con un ascenso.* They rewarded him with a promotion.

premio s **1** (galardón) prize • **darle un premio a alguien** to award sb a prize: *Le dieron un premio por su actuación.* He was awarded a prize for his performance. **2** (en la lotería) prize **3** (recompensa) reward
premio gordo jackpot • premio consuelo, premio de consolación consolation prize

premisa s (en un razonamiento) premise

premonición s premonition

premonitorio, **-a** adj (señal) warning [solo ante s]; (palabras, sueño) prophetic: *No quisieron ver las señales premonitorias.* They chose to ignore the warning signs.

premura s haste • **con premura** swiftly

prenatal adj antenatal

prenda s **1** **prenda (de vestir)** garment, item • **prendas delicadas/de moda** delicate/fashion items **2** (garantía) security **3** **prendas** [pl] (juego) forfeits
EXPRESIONES
no soltar prenda not to give anything away
prendas de lana woolens • prendas íntimas underwear [U]

prendarse v pron **prendarse de algo/alguien** to fall in love with sth/sb

prendedor s **1** (alhaja) brooch (pl -ches) **2** (de lata, con inscripciones) pin

prender v **1** [T] (un cigarrillo, el fuego) to light • **prenderle fuego a algo** to set fire to sth: *Le prendieron fuego al granero.* They set fire to the barn. **2** [T] (el televisor, la luz) to turn on, to switch on: *Prende el radio.* Turn the radio on. **3** [I,T] (arrancar) to start: *Mi carro no prende.* My car won't start. • *Prendió el carro y se fue.* She started the car and drove off. **4** [I] (empezar a arder) to catch fire: *Esta madera no prende.* This wood won't catch fire. **5** [T] (con alfileres) to pin; (con un broche) to fasten **6** [T] (apresar) to catch **7** [I] (planta) to take root

prendido, **-a** adj **1** (luz, televisor) **estar prendido -a** to be on: *La luz de la cocina estaba prendida.* The kitchen light was on. • **dejar algo prendido -a** to leave sth on: *¿Quién dejó la televisión prendida?* Who left the TV on? **2** (animado) *La fiesta estuvo súper prendida.* The party was a real blast. • *Es un cuate bien prendido.* He's a real live wire. **3** (enojado) mad

prensa s **1** **la prensa** (los periodistas) the press; (los periódicos) the papers, the newspapers (*más frml*) **2** (aparato) press (pl -sses)
EXPRESIONES
tener buena/mala prensa to have a good/a bad press
la prensa amarilla/amarillista the tabloid press • la prensa del corazón gossip magazines [pl]

prensar v [T] (uvas, aceitunas) to press; (basura) to crush

preñada adj (hembra) pregnant

preñar v [T] (una vaca, una yegua) to impregnate • **preñar a una mujer** to get a woman pregnant

preocupación s worry (pl -rries), concern (*más frml*): *Tiene muchas preocupaciones.* He has a lot of worries. • *Crece la preocupación por la salud del presidente.* There is growing concern over the president's health.

preocupado, **-a** adj worried, concerned (*más frml*) • **estar preocupado -a por algo/alguien** to be worried about sth/sb, to be concerned about sth/sb (*más frml*): *Estoy preocupada por la abuela.* I'm worried about Grandma.

preocupante adj worrying

preocupar v [T] **1** (inquietar) to worry, to concern (*más frml*): *No se lo dije para no preocuparla.* I didn't tell her because I didn't want to worry her. • **me/le preocupa** I'm/he's worried, I'm/he's concerned (*más frml*): *Nos preocupa que no hayan vuelto todavía.* We're worried that they haven't come back yet. • *Me preocupan sus notas.* I'm concerned about his grades. **2** (importar) **lo que me/le preocupa** what I'm/she's interested in: *Lo único que le preocupa es el dinero.* All he's interested in is money.
—**preocuparse** v pron **1** (inquietarse) to worry: *No te preocupes.* Don't worry. • **preocuparse por algo/alguien** to worry about sth/sb: *Se preocupa por cualquier cosa.* She worries about the slightest thing. **2** (poner interés) **preocuparse de/por hacer algo** *Tú preocúpate de conseguir el dinero.* You just worry about getting the money. • *No se preocupó ni siquiera de hacer la comida.* He didn't even bother cooking a meal.

preolímpico, **-a** adj **una competencia preolímpica** an Olympic qualifying competition

preoperatorio, -a *adj* pre-operative: *pruebas preoperatorias* pre-operative tests

prepa *s* ▶ PREPARATORIA

prepago ▶ TARJETA **prepago**

preparación *s* **1** (trabajo anterior) preparation: *Llevó meses de preparación.* It took months of preparation. **2** (conocimientos) **tener mucha preparación** to be well qualified

preparado, -a *adj* **1** (listo) ready: *Ya está todo preparado.* Everything's ready. **2** (para un examen, una entrevista) well prepared: *Están muy bien preparados.* They are very well prepared.

EXPRESIONES
preparados, listos, ... ¡ya! get ready, get set, go!

preparador, -a *s* coach (pl -ches)
preparador -a físico -a coach (pl -ches)

preparar *v* [T] **1** (elaborar) to prepare: *Está preparando el informe.* She's preparing the report. • *Subí a prepararle una habitación.* I went up to get a room ready for her. • **preparar la comida/el desayuno** to make lunch/breakfast, to fix lunch/breakfast: *¿Quién va a preparar la comida?* Who's going to make lunch? **2** (poner en condiciones) to prepare: *Prepara a tu esposa antes de decirle lo que ocurrió.* Prepare your wife before you tell her what happened. **3** (entrenar – para una profesión) to train; (para un partido) to coach: *El entrenador que preparó al equipo se marchará.* The manager who coached the team is leaving.
—**prepararse** *v pron* to get ready: *Prepárate que nos vamos enseguida.* Get ready, we're leaving in a minute. • **prepararse para algo (a)** (arreglarse) to get ready for sth: *Nos estábamos preparando para la fiesta.* We were getting ready for the party. **(b)** (para un examen, un partido) to prepare for sth: *Se está preparando para el examen de inglés.* She's preparing for her English test. **(c)** (anímicamente) to prepare yourself for sth: *Prepárense para una sorpresa.* Prepare yourselves for a surprise.

preparativos *s* [pl] preparations • **los preparativos de la boda/de la fiesta** preparations for the wedding/the party

preparatoria *s* la preparatoria mexicana equivale aproximadamente al **senior high school** estadounidense

preparatorio, -a *adj* (curso) preparatory; (trabajo, documento) preliminary

preponderante *adj* (factor, estilo) predominant

preposición *s* preposition

preposicional *adj* prepositional

prepotencia *s* high-handedness

prepotente *adj* high-handed

prepucio *s* foreskin

prerrogativa *s* prerogative

presa *s* **1** (de caza) prey **2** (embalse) reservoir **3** (muro, dique) dam **4** (de pollo, pavo) piece
EXPRESIONES
ser presa del pánico/terror to be seized with panic/terror

presagiar *v* [T] **1** (ser indicio de) to presage **2** (anunciar, vaticinar) to predict

presagio *s* omen • **un buen/mal presagio** a good/bad omen

prescindir *v* [I] **1** (privarse) **prescindir de algo/alguien** to do without sth/sb: *No puedo prescindir de mis amigos.* I can't do without my friends. **2** (omitir) **prescindir de algo** to dispense with sth: *Hazme el favor de prescindir de los detalles.* Do me a favor and dispense with the details.

prescribir *v* [T] (un medicamento) to prescribe

prescripción *s* (receta) prescription

preselección *s* shortlisting process • **hacer una preselección de candidatos/solicitudes** to shortlist candidates/applications

preseleccionar *v* [T] to shortlist

presencia *s* **1** (asistencia) presence • **en presencia de alguien** in front of sb, in the presence of sb (*más frml*): *Lo dijo en presencia de todos.* He said it in front of everybody. • *Debe firmarse en presencia de dos testigos.* It must be signed in the presence of two witnesses. **2** (existencia) presence **3** (aspecto) **buena presencia** a well-dressed , stylish appearance: *Piden buena presencia.* They want someone with a stylish appearance.

presencial *adj* (en persona) *cursos en régimen presencial o a distancia* class-based or remote courses • *Las pruebas serán presenciales.* Tests must be done in person.

presenciar *v* [T] to witness

presentable *adj* presentable

presentación *s* **1** (manera de presentar) presentation: *La presentación es muy importante.* Presentation is very important. **2** (acto de presentar – a una persona) introduction: *una carta de presentación* a letter of introduction • **hacer las presentaciones** to do the introductions **3** (de un libro, un producto) launch (pl -ches) **4** (exposición) presentation • **hacer una presentación** to give a presentation: *Tengo que hacer una presentación del proyecto.* I have to give a presentation on the project. **5** (apariencia de una persona) **buena presentación** a presentable appearance: *Piden buena presentación.* They want someone with a presentable appearance.

presentador, -a *s* **1** (de un premio) presenter **2** (de un informativo) news anchor **3** (de un programa televisivo) host

presentar *v* [T]

1 a una persona
2 un documento, una solicitud
3 una propuesta, un plan
4 un libro, un producto
5 un programa, el informativo
6 una queja

1 A UNA PERSONA to introduce • **presentarle alguien a alguien** to introduce sb to sb: *Me presentó a sus padres.* She introduced me to her parents. • **te presento a Javier/Diego** this is Javier/Diego, I'd like you to meet Javier/Diego (*más frml*): *Te presento a mi amiga Paula.* This is my friend Paula. • *Le presento al Sr. López.* I'd like you to meet Mr. López.
2 UN DOCUMENTO, UNA SOLICITUD to submit: *¿Hasta cuándo puedo presentar la solicitud?* When does the application have to be in by?
3 UNA PROPUESTA, UN PLAN to put forward: *Van a presentar un nuevo plan.* They are going to put forward a new plan.
4 UN LIBRO, UN PRODUCTO to launch
5 UN PROGRAMA, EL INFORMATIVO to present
6 UNA QUEJA to make • **presentar una queja/excusas** to make a complaint/an apology ▶ **presentar una DENUNCIA**
—**presentarse** *v pron*
1 A UN EXAMEN **presentarse (a un examen)** to take a test: *No me voy a presentar.* I'm not going to take the test.
2 EN POLÍTICA **presentarse a las elecciones** to run for election
3 APARECER to turn up
4 OPORTUNIDAD, OCASIÓN to arise: *Se lo diré en cuanto se presente la oportunidad.* I'll tell him as soon as I get the chance.
5 OFRECERSE **presentarse voluntario -a para algo** to volunteer for sth

⚠ *She introduced her husband to me* (✗ *introduced me her husband*).

Please can you introduce me to your boss? (✗ introduce me your boss)

presente¹ adj **1** (persona) present • **estar presente** to be here, to be there, to be present (más frml): *Estamos todos presentes.* We're all here. • *Yo no estaba presente cuando lo dijo.* I wasn't there when he said it. • *No estuvo presente en la reunión.* He wasn't present at the meeting. **2** (actual) present: *en el momento presente* at the present moment **3** (este) **el presente capítulo/la presente misiva** this chapter/letter

tener algo presente to bear sth in mind: *Lo tendré presente para la próxima vez.* I'll bear it in mind for next time.

presente² s **1** (momento actual) present: *Debemos vivir en el presente.* We must live in the present. **2** (tiempo verbal) present tense

presente³ interj here, present (más frml): —*¿Pedro Carmona?* —*¡Presente!* "Pedro Carmona?" "Here!"

presentimiento s **tener el presentimiento de que…** to have a feeling that…: *Tengo el presentimiento de que me va a llamar.* I have a feeling that he's going to call me.

presentir v [T] (un peligro, un desastre) to sense • **presentir que…** to have the feeling that…

preservar v [T] (la calidad, el patrimonio) to preserve • **preservar algo/a alguien de algo** to protect sth/sb from sth: *Las obras fueron preservadas de los saqueos.* The works were protected from looting.

preservativo s condom

presidencia s **1** (de un país) presidency (pl -cies) **2** (de una empresa) chairmanship, presidency (pl -cies)

presidencial adj presidential

presidenciales s [pl] presidential elections

presidencialista adj presidential: *un régimen presidencialista* a presidential regime

presidente, -a s **1** (de un país, un gobierno) president **2** (de una organización, un club) **presidente** chairman (pl -men), chairperson • **presidenta** chairwoman (pl -women), chairperson **3** (de una empresa) **presidente** chairman (pl -men), president • **presidenta** chairwoman (pl -women), president

presidio s **1** (cárcel) prison **2** (pena) imprisonment

presidir v [T] **1** (un país) to be president of **2** (una empresa, una institución) to be the chairman of, to be the chairwoman of, to be the president of **3** (un acto, una inauguración) to preside at

presión s **1** (sobre una persona, un gobierno) pressure: *Tengo muchas presiones.* I'm under a lot of pressure. **2** (compresión) pressure: *Cierre la tapa con una ligera presión.* Press lightly to close the lid. **3 presión (atmosférica)** atmospheric pressure **4 presión (arterial)** blood pressure • **tener la presión alta/baja** to have high/low blood pressure

presionar v [T] **1** (a una persona) to pressure: *No la presiones.* Don't pressure her. • *Me presionan para que se lo diga.* They're pressuring me to tell him. **2** (apretar) to press: *Presione el botón para liberar la tapa.* Press the button to open the lid.

preso¹, -a adj imprisoned: *Estuvo tres años preso.* He was imprisoned for three years. • **meter/poner preso -a a alguien** to put sb in prison • **llevar preso -a a alguien** to arrest sb

preso², -a s prisoner
    preso -a **político** -a political prisoner

prestación s **1** (renta) welfare; (servicio) service: *prestaciones sanitarias* health services • *realizar una prestación social* to do community service • **prestación por desempleo/maternidad** unemployment/maternity compensation: *Recibe una prestación por viudedad.* She receives a widow's pension. **2** (provisión) provision

prestado, -a adj (libro, bicicleta) borrowed • **ser prestado -a** *Es prestado.* I borrowed it./It's borrowed. • *El disfraz*

---

era prestado. She had borrowed the costume. • **pedirle algo prestado -a a alguien** to borrow sth if you can borrow sth; (tomar) to borrow sth: *Le pedí prestada la bici.* I asked him if I could borrow his bike. • *Le pedí prestada la bici y me fui hasta la playa.* I borrowed his bike and rode down to the beach.

ir/vestir de prestado to wear borrowed clothes • **vivir de prestado** to live off somebody else

prestamista s moneylender

préstamo s loan • **pedir un préstamo** to ask for a loan, to apply for a loan (más frml) • **darle/concederle un préstamo a alguien** to give sb a loan

prestar v [T] (dinero, la bicicleta, un libro) to lend: *Le presté el dinero que necesitaba.* I lent him the money he needed. • *Pídele que te preste el diccionario.* Ask him to lend you his dictionary. • *¿Me prestas este CD?* Can I borrow this CD?/Will you lend me this CD? ▸ **prestar** ATENCIÓN
    —**prestarse** v pron **1** (la ropa, cosas) **nos prestamos la ropa/los libros** we borrow each other's clothes/books **2** (dar motivo a) **se presta a malentendidos/a confusión** it could be misinterpreted/it could lead to confusion **3** (ofrecerse) **prestarse a hacer algo** to offer to do sth, to volunteer to do sth

prestidigitador, -a s conjuror

prestigio s prestige • **un profesional/una universidad de prestigio** a prestigious professional/university

prestigioso, -a adj prestigious

presumido, -a adj **1** (coqueto) vain **2** (creído) conceited

presumir v **1** (hacer alarde) **(a)** [I] to show off • **presumir de algo** to boast about sth: *Presume de ser amigo de la actriz.* He boasts about being a friend of the actress. • *Pueden presumir de tener los mejores jugadores.* They can boast of having the best players. **(b)** [T] **presumirle algo a alguien** to show sth off to sb: *Nos presumió su nueva computadora.* He showed off his new computer to us. **2** [T] (suponer) to presume

presunción s **1** (suposición) presumption **2** (jactancia) presumptuousness

presunto, -a adj alleged: *el presunto asesino* the alleged killer

presuntuoso, -a adj (presumido) conceited

presuponer v [T] **1** (dar por cierto) to assume **2** (implicar) to presuppose

presuposición s assumption

presupuestar v **1** (estimar el costo de) **(a)** [T] to give an estimate for, to estimate • **presupuestar algo en algo** *Han presupuestado las obras en 50.000 dólares.* They have estimated that the work will cost 50,000 dollars. **(b)** [I] to budget **2** [T] (incluir en el presupuesto) to budget for: *Han presupuestado los fondos para una guardería.* Funding for a nursery has been budgeted.

presupuesto s **1** (dinero disponible) budget: *Me pasé del presupuesto.* I went over budget. **2** (para obras) estimate: *Le pedí un presupuesto al carpintero.* I asked the carpenter for an estimate. **3** (plan de gastos) budget: *Les aprobaron el presupuesto.* Their budget has been approved. **4** (suposición) assumption

pretemporada s pre-season

pretencioso, -a adj pretentious

pretender v [T] **1** (querer) to want: *No sé qué es lo que pretenden.* I don't know what it is they want. • **pretender algo de alguien** to expect sth of sb: *No pueden pretender eso de nosotros.* They can't expect that of us. **2** (intentar) **pretender hacer algo** to try to do sth: *los objetivos que pretenden alcanzar* the objectives they are trying to achieve

pretensiones s [pl] **tener pretensiones** to be pretentious: *Tiene muchas pretensiones.* She's very pretentious. • **sin pretensiones** unpretentious: *una película sin pretensiones* an unpretentious movie

pretérito s preterite
el pretérito indefinido the simple past, the preterite (*técn*) • el pretérito perfecto the present perfect • el pretérito pluscuamperfecto the pluperfect

pretexto s excuse, pretext (*más frml*) • **con el pretexto de** on the pretext of: *Entró con el pretexto de llevarle un café.* She went in on the pretext of taking him a cup of coffee. • **un pretexto para hacer algo** an excuse for doing sth: *Siempre tiene algún pretexto para no estudiar.* She always has some excuse for not studying.

pretina s waistband

preuniversitario, -a adj pre-university [solo ante s]: *un curso preuniversitario* a pre-university class

prevalecer v [I] to prevail • **prevalecer sobre algo** to prevail over sth

prevención s (de una enfermedad, un accidente) prevention

prevenido, -a adj well-prepared

prevenir v [T] **1** (una enfermedad, un accidente) to prevent: *un producto para prevenir la caries dental* a product to prevent tooth decay **2** (un acontecimiento, una crisis) to foresee **3** (informar) to warn • **prevenir a alguien de algo** to warn sb of sth: *Nos previno de los riesgos.* He warned us of the risks.
—**prevenirse** v pron **prevenirse de/contra algo** to take preventive measures against sth

preventiva s yellow light: *Me pasé la preventiva.* I ran a yellow light.

preventivo, -a adj (medidas, tratamiento) preventive

prever v [T] **1** (anticipar) to anticipate: *No previmos que pudiera pasar esto.* We didn't anticipate that this might happen. **2** (proyectar) to plan for: *Han previsto posibles pérdidas.* They have planned for possible losses.

previamente adv (de antemano) beforehand; (antiguamente) previously

previo, -a adj **1** (anterior) previous: *Piden experiencia previa.* They require previous experience. **2** (condicionado a) subject to: *previo pago de la tarifa* subject to payment of the fee ► sin previo AVISO

previsible adj predictable

previsión s **1** (del tiempo, de ventas) forecast **2** (anticipación) foresight

previsor, -a adj (que toma medidas) well-prepared; (que anticipa) far-sighted

previsto, -a adj **1** (proyectado) planned • **estar previsto -a** to be planned: *Su visita está prevista para mañana.* Her visit is planned for tomorrow. • *Todo salió como estaba previsto.* Everything turned out as planned. • **tener algo previsto -a** to have sth planned: *Tienen previstos varios viajes.* They have several trips planned. • **tener previsto hacer algo** to plan to do sth **2** (anticipado – problema) anticipated; (resultado) predicted

prima s **1** (sobresueldo) bonus (pl -ses) **2** (de un seguro) premium

primacía s dominance • **primacía de algo sobre algo** precedence of sth over sth

primar v [I] (prevalecer) to prevail

primaria s elementary education: *Hizo toda la primaria en el mismo colegio.* She went to the same school for all her elementary education. • *Todavía está en primaria.* She's still in elementary school.

primario, -a adj **1** (esencial) primary • **enseñanza/atención primaria** primary education/care **2** (primitivo, elemental) basic • **las necesidades primarias** the basic needs ► ESCUELA primaria

primate s primate

primavera s **1** (estación) spring **2 primaveras** [pl] (años) years • **tiene quince/veinte primaveras** she is fifteen/twenty years old **3** (planta) primrose

la primavera de la vida the prime of life

primaveral adj (flores, modas) spring [solo ante s]; (clima) spring-like: *una tarde primaveral* a spring afternoon

primer adj, adv, pron ► PRIMERO

primera s **1** (velocidad) first gear: *Pon primera.* Put it in first. **2** (en un avión, tren) first class: *Este es el vagón de primera.* This is the first-class car. • **viajar en primera** to travel first class **3** (tb **primera división**) (en fútbol) First Division: *Juega en primera.* He plays in the First Division.
a la primera first time: *Lo hizo bien a la primera.* She did it right first time. • **un jugador/cantante de primera** a first-rate player/singer

primeramente adv first of all

primero¹, -a adj **1** (en el tiempo, orden) first: *la primera vez* the first time • *el primer capítulo* the first chapter **2** (principal) main: *La calidad es nuestra primera meta.* Quality is our main aim.
primera clase first class: *Me gustaría viajar en primera clase.* I'd like to travel first class. • primera dama First Lady • primera fila front row • primera plana front page • primer -a ministro -a Prime Minister • primeros auxilios first aid [sing] • primer plano close-up ► primera COMUNIÓN

primero², -a pron **1** (en el tiempo o espacio) el **primero/la primera** the first, the first one • los **primeros/las primeras** the first, the first ones: *Fue la primera en darse cuenta.* She was the first one to realize. • *Fueron los primeros en llegar.* They were the first to arrive. • *Los últimos discos son mejores que los primeros.* The latest records are better than the first ones. • **llegar (de) primero/primera** to come first • **ser el primero/la primera de la clase** to be top of the class **2** (en fechas) first • **el 1° de mayo/septiembre** May/September 1st

primero³ adv **1** (en primer lugar) first: *Primero me quiero lavar las manos.* I want to wash my hands first. • *Primero leamos las instrucciones.* Let's read the instructions first. **2** (preferentemente) rather: *Primero muerto que vencido.* I'd rather die than be beaten.

primicia s scoop: *como primicia mundial* as a world exclusive

primitivo, -a adj **1** (en historia) primitive: *el hombre primitivo* primitive man **2** (poco evolucionado) primitive: *una tribu primitiva* a primitive tribe **3** (original, originario) original: *los primitivos habitantes de la zona* the original inhabitants of the area

primo¹, -a s (familiar) cousin: *Somos primos.* We're cousins.
primo -a hermano -a first cousin • primo -a segundo -a second cousin

primo², -a adj ► MATERIA prima, NÚMERO primo

primogénito, -a s first-born

primor s **1** (cosa bien hecha) **es un primor** it's a beauty **2** (persona) angel: *¡Qué primor de bebé!* What a gorgeous baby!
que es un primor really well: *El proyecto avanza que es un primor.* The project is coming along beautifully.

primordial adj (objetivo) prime; (papel) fundamental; (función) essential

princesa s princess (pl -sses): *la princesa Leonor* Princess Leonor

principal adj **1** (de mayor importancia) main: *el principal problema* the main problem **2 lo principal** the main thing: *Lo principal es que estás bien.* The main thing is that you're all right.

principalmente adv mainly

príncipe s **1** prince: *el príncipe Guillermo* Prince William **2 los príncipes** [pl] (príncipe y princesa) the prince and princess
príncipe azul Prince Charming • **príncipe heredero** crown prince

principesco, -a adj (magnífico, lujoso) princely

principiante, -a s beginner

principio s **1** (inicio) beginning: *Empieza por el principio.* Start at the beginning. • **a principios de mes/año** at the beginning of the month/year • **al principio** (en un primer momento) at first; (de una película, un cuento) at the beginning: *Al principio no me gustaba.* I didn't like him at first. • **desde el principio** from the beginning **2** (punto de origen) beginning: *La tienda está al principio de la calle.* The store is at the beginning of the street. **3** (ideal, valor) principle: *una persona sin principios* somebody without principles • **en principio** in principle: *En principio, estoy de acuerdo.* I agree in principle. • *En principio, llegan mañana.* In theory, they're arriving tomorrow. • **por principio** on principle: *No pienso hacerlo por principio.* I don't intend to do it on principle. **4** (en una doctrina, una teoría) law: *el principio de inercia* the law of inertia **5** (plato) appetizer

prioridad s priority (pl -ties) • **darle prioridad a algo** to give sth priority • **tener prioridad** (en el tráfico) to have right of way • **tener prioridad (sobre algo/alguien)** to have priority (over sth/sb)

prioritario, -a s (tarea, grupo) priority [solo ante s]: *tratamiento prioritario* priority treatment • **un objetivo prioritario** a prime objective • **ser prioritario -a** to be a priority

prisa s **1** hurry: *No hay prisa.* There's no hurry. • **a/de prisa** fast: *No leas tan a prisa que no entiendo nada.* Don't read so fast, I can't understand a thing. • **a toda prisa** as quickly as possible • **correr prisa** to be urgent: *¿Te corre mucha prisa?* Is it very urgent? • **darse prisa** to hurry up: *Date prisa o llegaremos tarde.* Hurry up or we'll be late. • **de prisa y corriendo** in a rush: *Lo hice de prisa y corriendo.* I did it in a rush. • *Salimos de prisa y corriendo para la estación.* We rushed off to the station. • **meterle prisa a alguien** to hurry sb • **tener prisa** to be in a hurry: *Tengo mucha prisa.* I'm in a great hurry. **2 prisas** [pl] (apremio) *Con las prisas se me olvidó el boleto.* In the rush I forgot my ticket.

prisión s prison • **condenar a alguien a tres/siete años de prisión** to sentence sb to three/seven years in prison

prisionero, -a s prisoner
prisionero -a de guerra prisoner of war

prisma s **1** (en geometría) prism **2** (perspectiva) perspective • **desde un prisma económico/diferente** from an economic/a different perspective

prismáticos s [pl] binoculars

privacidad s privacy

privación s **1** deprivation: *La privación del sueño es una forma de tortura.* Sleep deprivation is a form of torture. **2 privaciones** [pl] hardship [U]: *Han sufrido grandes privaciones en estos años.* They have suffered great hardship in recent years.

privado, -a adj **1** (íntimo) private • **en privado** in private: *Necesito hablar con usted en privado.* I need to talk to you in private. **2** (colegio, clínica) private ▶ DETECTIVE **privado**

privar v **1** [T] (de derechos, privilegios) **privar a alguien de algo** to deprive sb of sth **2** [I] (tener aceptación general) to be all the rage
—**privarse** v pron **privarse de algo** to deprive yourself of sth

privatización s privatization

privatizar v [T] to privatize

privilegiado¹, -a adj **1** (aventajado) privileged: *las clases privilegiadas* the privileged classes **2** (extraordinario) exceptional: *un cerebro privilegiado* an exceptional mind

privilegiado², -a s **ser un privilegiado/una privilegiada** to be very privileged • **los privilegiados** the privileged

privilegiar v [T] (una persona, un grupo) to favor; (las necesidades, los intereses) to put first: *Privilegiaremos las necesidades de los niños.* We will put the children's needs first.

privilegio s privilege

pro s **los pros y los contras** the pros and cons
EXPRESIONES
en pro de for: *su trabajo en pro de la paz* their work for peace

proa s **1** (de un barco) bow **2** (de un avión) nose

probabilidad s **1** (chance) chance: *¿Hay alguna probabilidad?* Is there any chance? • **tener pocas/muchas probabilidades de hacer algo** to have little chance/a good chance of doing sth: *Tiene muchas probabilidades de salir seleccionado.* He has a good chance of being selected. • *¿Qué probabilidades tiene?* What are his chances? **2** (en matemáticas) probability (pl -ties)

probable adj likely, probable (más frml) • **ser/parecer probable** to be/seem likely: *–¿Se van de viaje? –Es probable.* "Are you going away?" "Probably." • **ser/parecer poco probable** to be/to seem unlikely • **es probable que venga/gane** she'll probably come/win: *Es probable que llueva.* It will probably rain. • *Es muy probable que vuelva a suceder.* It's very likely to happen again. • *Es probable que no haya entendido.* He probably didn't understand. • **lo más probable es que vuelva/que se haya olvidado** he'll probably come back/he probably forgot

probablemente adv probably

probador s fitting room

probar v **1** [T] (una comida, una bebida) to taste: *Prueba la salsa a ver qué te parece.* Taste the sauce and see what you think. **2** [T] (comer o beber) *Nunca he probado los dátiles.* I've never tried dates. • *No prueba ni gota de alcohol.* He never drinks a drop of alcohol. **3** [I] (intentar) to try: *Probemos de nuevo.* Let's try again. • **probar (a) hacer algo** to try doing sth: *Prueba a hacerlo otra vez.* Try doing it again. **4** [T] (demostrar) to prove: *Nunca probaron esa teoría.* That theory has never been proved. **5** [T] (un aparato) to try out: *Pruébalo antes de comprarlo.* Try it out before you buy it.
—**probarse** v pron to try on • **probarse una falda/unos anteojos** to try on a skirt/a pair of glasses: *¿Me puedo probar estos pantalones?* Can I try on these pants?

probeta s test tube

problema s **1** (dificultad, inconveniente) problem, trouble [U]: *Tengo un problema.* I have a problem. • *No hay problema.* It's no problem. • *El problema es que queda muy lejos.* The problem is it's a long way away. • *Hice los ejercicios sin ningún problema.* I did the exercises without any trouble. • *Tuve muchos problemas para llegar.* I had a lot of trouble getting here. **2** (en matemáticas) problem
EXPRESIONES
hacerse problema to worry

problemático, -a adj (relación) problematic; (situación, niño) difficult

procaz adj lewd

procedencia s origin • **de procedencia desconocida** of unknown origin • **país/lugar de procedencia** country/place of origin

procedente adj **procedente de Nueva York/Los Ángeles** from New York/Los Ángeles: *un avión procedente de Nueva York* a plane from New York

proceder v [I] **1 proceder de Italia/Japón** to come from Italy/Japan **2** (comportarse) to act: *Es importante proceder correctamente.* It is important to act correctly. **3** (pasar a hacer) **proceder a hacer algo** to proceed to do sth

procedimiento s procedure

prócer s national hero (pl -roes)

procesador s **1** processor **2** (tb **procesador de alimentos**) food processor
procesador de textos word processor

procesadora (tb **procesadora de alimentos**) s food processor

procesal adj (garantías, situación) legal; (derecho) procedural

procesamiento s **1** (en informática) processing **2** (en derecho) prosecution
procesamiento de textos word processing

procesar v [T] **1** (en derecho) to try **2** (en informática) to process **3** (alimentos, materiales) to process

procesión s **1** (acto religioso) procession **2** (sucesión de carros, personas) procession
EXPRESIONES
la procesión va por dentro underneath it all he/she is suffering

proceso s **1** (evolución) process (pl -sses): *un proceso de cambio* a process of change **2** (judicial) proceedings [pl]
proceso de paz peace process

proclamación s **1** (de un monarca) proclamation; (de un candidato) declaration **2** (de una república) declaration

proclamar v [T] **1** to proclaim • **proclamar a alguien rey/el ganador** to proclaim sb king/the winner **2** (anunciar el inicio de) to declare **3** (anunciar públicamente) to declare, to proclaim (*más frml*): *Proclamó su inocencia.* He proclaimed his innocence

proclive adj **proclive a (hacer) algo** *Las personas proclives a la hipertensión deben evitar la sal.* People with a tendency to high blood pressure should avoid salt. • *No soy proclive a sacar conclusiones precipitadas.* I don't tend to rush to conclusions.

procreación s procreation

procurador, -a s attorney

procurar v [T] **1** (intentar) to try • **procurar hacer algo** to try to do sth: *Procuren ayudarlo.* Try to help him. • **procurar que** to make sure that: *Procura que nadie te vea al salir.* Try and make sure that nobody sees you leave. **2** (proporcionar) to provide

prodigar v [T] to lavish: *Siempre les prodigó sus atenciones.* He always lavished attention on them.

prodigio s **1** (suceso extraordinario) miracle **2** (persona o cosa excepcional) prodigy (pl -gies) ▶ NIÑO **prodigio**

prodigioso, -a adj (fuerza) phenomenal; (memoria, capacidad) prodigious

pródigo, -a adj **1** **pródigo -a en cambios/acontecimientos** full of changes/very eventful **2** (generoso) generous

producción s **1** (en la industria) production: *la producción de petróleo* oil production • *un aumento de la producción* an increase in production **2** (total producido) production: *El país ha duplicado la producción de gas.* The country has doubled its production of gas. • *Parte de la producción de frutas se destinará a la exportación.* A proportion of the fruit produced will go for export. **3** (en agricultura) production: *la producción de cereales* cereal production **4** (de una película, un programa) production

producir v [T] **1** (país, empresa) to produce: *un país que produce trigo* a wheat-producing country **2** (elaborar, crear) to produce **3** (causar) to cause: *Produjo muchos problemas.* It caused a lot of problems. **4** (en cine, televisión) to produce
—**producirse** v pron to take place: *Se ha producido un accidente.* There has been an accident.

productividad s **1** (cualidad de productivo) productivity **2** (en economía) productivity

productivo, -a adj **1** (que produce) productive **2** (útil) productive

producto s **1** (lo producido) product: *productos de mala calidad* poor-quality products **2** (resultado) **ser (el) producto de algo** to be the product of sth: *el producto de nuestro esfuerzo* the product of our efforts
productos agrícolas farm produce [U] • producto de belleza beauty product • productos derivados by-products • producto interno bruto gross domestic product

productor¹, -a s **1** (en cine, televisión) producer **2** (en la industria, agricultura) producer

productor², -a adj **un país productor de petróleo** an oil-producing country

productora s production company (pl -nies)

proeza s feat: *Fue toda una proeza.* It was quite a feat.

profanar v [T] to desecrate

profano, -a adj **1** (no sagrado) profane **2** (sin conocimientos) *Es profano en el tema.* He doesn't know anything about the subject. • *el lector profano* the lay reader

profecía s prophesy (pl -sies)

profesar v [T] **1** (una fe) to profess; (una religión) to follow **2** (admiración, respeto) to have

profesión s profession

profesional¹ adj **1** (en deporte) professional: *un jugador profesional* a professional player **2** (en la manera de actuar) professional: *Es muy profesional.* He's very professional.

profesional² s **1** (que ejerce una profesión) professional **2** (persona especializada) professional

profesionista s professional

profesor, -a s **1** (en la escuela, de piano) teacher: *la profesora de inglés* the English teacher **2** (en la universidad) professor **3** (de natación, tenis) coach (pl -ches)

profesorado s **1** (de un país) teachers [pl]: *mejoras salariales para el profesorado* increased pay for teachers **2** (de una institución educativa) faculty (pl -ties)

profeta, -isa s (profeta), prophet (profetisa), prophetess

profundidad s (de un lago, una piscina, una caja) depth • **tener 30 centímetros/10 metros de profundidad** to be 30 centimeters/10 meters deep • **¿qué profundidad tiene?** how deep is it?
EXPRESIONES
estudiar/analizar algo en profundidad to study/to analyze sth in depth

profundo, -a adj **1** (piscina, río) deep: *Es un río poco profundo.* It's not a very deep river. **2** (herida, corte) deep **3** (sueño, tristeza, amor) deep • **tener el sueño profundo** to be a heavy sleeper **4** (difícil de comprender – pensamiento) profound; (concepto, idea) complex **5** (conocimientos) in-depth: *Tiene profundos conocimientos del tema.* He has an in-depth knowledge of the subject.

programa s

1	de televisión, radio
2	en informática
3	de una asignatura, una carrera
4	de actividades
5	folleto
6	de una lavadora, un lavavajillas

1 DE TELEVISIÓN, RADIO program: *mi programa preferido* my favorite program

2 EN INFORMÁTICA program: *un programa de hojas de cálculo* a spreadsheet program

3 DE UNA ASIGNATURA, UNA CARRERA syllabus (pl -ses): *el programa de matemáticas* the syllabus for the math class

4 DE ACTIVIDADES schedule: *un programa muy apretado* a very busy schedule

5 FOLLETO program

6 DE UNA LAVADORA, UN LAVAVAJILLAS program
programa de concursos game show

programación *s* **1** (en informática) programming: *un curso de programación* a programming course **2** (de la televisión, radio) programs [pl], shows [pl]

programador[1], **-a** *s* (en informática) programmer

programador[2] *s* [masc] (aparato) programmer

programar *v* **1** [I,T] (en informática) to program **2** [T] (una lavadora, una videocasetera) to program, to set **3** [T] (planear) to plan **4** [T] (incluir en la programación) to schedule: *Han programado una serie de charlas.* They've scheduled a series of talks.

progresar *v* [I] (mejorar) to make progress: *Está progresando mucho en matemáticas.* She's making a lot of progress in math.

progresista *s*, *adj* progressive

progreso *s* progress [U]: *los enormes progresos de la ciencia* the great progress in science • **hacer progresos** to make progress: *Está haciendo muchos progresos en el colegio.* She's making a lot of progress at school.

prohibido, -a *adj* **1 estar prohibido -a** to be forbidden, to be prohibited (*más frml*): *Está prohibido el uso de teléfonos celulares.* The use of cell phones is forbidden. • *Está prohibido comer aquí.* You're not allowed to eat in here. **2** (libro, partido político) banned: *una droga prohibida* a banned drug

EXPRESIONES
"**prohibido estacionar**", "**prohibido parquear**" "no parking" • "**prohibido arrojar basura**" "no dumping" • "**prohibido fijar carteles**" "stick no bills" • "**prohibido fumar**" "no smoking"

prohibir *v* [T] **1** (no permitir) to forbid • **prohibirle a alguien hacer algo/que haga algo** not to allow sb to do sth, to forbid sb to do sth (*más frml*): *Nos han prohibido jugar fútbol en el recreo.* We're not allowed to play soccer at recess. • *Les prohibieron hablar de política.* They weren't allowed to talk about politics. • *Te prohíbo que lo llames.* I forbid you to call him. • **prohibirle a alguien algo** *El médico le prohibió el alcohol.* The doctor told him not to drink alcohol. • *Le prohibieron la entrada al país.* He was not allowed to enter the country. **2** (mediante una ley) to ban, to prohibit (*más frml*): *Prohibieron la pirotecnia en las calles.* They have banned setting off of fireworks in the streets.

prohibitivo, -a *adj* (precio) prohibitive

prójimo *s* **el amor al prójimo** love for your fellow man • **ayudar al prójimo** to help others

prólogo *s* prologue

prolongar *v* [T] **1** (en el tiempo – plazo) to extend; (vida, estancia) to prolong: *Han prolongado el plazo de inscripción.* They have extended the enrollment period. **2** (una carretera) to extend
—**prolongarse** *v pron* (en el tiempo) to go on: *La fiesta se prolongó hasta la madrugada.* The party went on until the early hours of the morning.

promedio *s* **1** average • **un promedio de siete horas/cinco kilos** an average of seven hours/five kilos: *Duermo un promedio de siete horas diarias.* I sleep an average of seven hours a day. • **como/en promedio** on average **2** (de calificaciones) average grade • **tener un promedio de 7/8** to have an average grade of 7/8

promesa *s* **1** (acción) promise • **hacer/cumplir una promesa** to make/to keep a promise **2** (persona, cosa) hope: *Es la joven promesa del fútbol mexicano.* He is the young hope of Mexican soccer.

prometedor, -a *adj* promising

prometer *v* **1** [T] (dando su palabra) to promise • **prometer hacer algo** to promise to do sth: *Prometió ayudarlos.* He promised to help them. • **prometerle algo a alguien** to promise sb sth: *Me prometió que lo iba a hacer hoy.* He promised me that he was going to do it today. • *Te lo prometo.* I promise you. **2** [I] (mostrar talento) to show promise: *El niño promete como futbolista.* The boy shows promise as a soccer player.

prometido, -a *s* **prometido** fiancé • **prometida** fiancée

promoción *s* **1** (publicidad) promotion **2** (oferta) promotion: *una promoción especial* a special promotion • **en promoción** on special offer **3** (grupo de alumnos) class: *la promoción del 2003* the class of 2003 • *Son de la misma promoción del instituto.* They left school in the same year. **4** (ascenso) promotion **5** (mejora de las condiciones) promotion • **medidas para la promoción de la salud/igualdad** measures to promote health/equality

promocionar *v* [T] to promote

promover *v* [T] **1** (el desarrollo, las buenas relaciones) to promote **2** (una revuelta, escándalos) to instigate **3** (ascender) to promote

pronombre *s* pronoun

pronosticar *v* [T] **1** (lluvia, mal tiempo) to forecast **2** (un resultado, un suceso) to predict

pronóstico *s* **1 pronóstico (del tiempo)** (weather) forecast: *¿Has oído el pronóstico?* Have you heard the forecast? **2** (de un resultado, un suceso) prediction **3** (en medicina) prognosis (pl -ses)

pronto[1] *adv* **1** (en poco tiempo) soon: *Volveremos pronto.* We'll be back soon. • **lo más pronto posible** as soon as possible **2** (antes de lo oportuno) too soon: *Es pronto para arriesgar una opinión.* It's too soon to venture an opinion. **3** (rápido) quick: *¡Ven aquí, pronto!* Come here, quick!

EXPRESIONES
de pronto suddenly: *De pronto se puso a llorar.* She suddenly started crying. • **¡hasta pronto!** see you soon! • **por lo pronto** in the meantime

pronto[2], **-a** *adj* **1** (rápido – recuperación, solución) speedy; (respuesta) prompt; (mejoría) rapid: *Le deseamos una pronta recuperación.* We wish you a speedy recovery. **2** (preparado) ready: *Siempre está pronta a echar una mano.* She's always ready to lend a hand.

pronunciación *s* pronunciation: *Tiene muy buena pronunciación.* His pronunciation is very good.

pronunciamiento *s* **1** (resolución, declaración) pronouncement **2** (alzamiento militar) uprising

pronunciar *v* [T] **1** (una palabra) to pronounce: *¿Cómo pronuncias tu apellido?* How do you pronounce your last name? **2** (ante un público – un discurso) to make; (una conferencia) to give **3** (articular) to say
—**pronunciarse** *v pron* (opinar) to comment, to pronounce (*más frml*): *El tribunal no se ha pronunciado.* The court has made no pronouncement. • **pronunciarse sobre algo** to comment on sth • **pronunciarse a favor/en contra de algo** to declare yourself in favor of/against sth

propaganda *s* **1** (política) propaganda ▶ Este término indica que la propaganda se considera deshonesta, tendenciosa: *una campaña de propaganda destinada a sembrar el terror* a propaganda campaign aimed at spreading terror **2** (publicitaria) advertising: *Gastan millones en propaganda para sus productos.* They spend millions on advertising their products. **3** (anuncio publicitario) ad **4** (no solicitada – que se recibe por correo) junk mail; (que se recibe por e-mail) spam **5 hacer(le) propaganda (a un producto)** to advertise (a product): *No se mencionan marcas para no hacer propaganda.* No brands are mentioned, so as not to advertise anything.

propaganda electoral election campaigning

propagarse *v pron* **1** (enfermedad) to spread **2** (especie, hierbas) to propagate **3** (ideas) to spread

propenso, -a *adj* **propenso -a a algo/a hacer algo** prone to sth/to do sth: *Es un niño muy propenso a las enfermedades.* The child is very prone to illness.

propicio, -a *adj* (apropiado) suitable; (favorable) favorable: *No se presentó una ocasión propicia.* A suitable opportunity did not arise. • **propicio -a para (hacer) algo** *Era el momento propicio para darle la noticia.* It was the right moment to tell her the news. • *un ambiente propicio para el crecimiento* a favorable climate for growth

propiedad s 1 (posesión) property • **ser propiedad de alguien** to be sb's property: *Es propiedad del colegio.* It is the school's property. • **ser de mi/su propiedad** to be my/his property: *Esto es de mi propiedad.* This is my property. 2 (casa, terreno) property (pl -ties) 3 (característica, cualidad) property (pl -ties)
propiedad privada private property

propietario, -a s owner

propina s tip • **dejarle propina a alguien** to leave sb a tip: *Le dejaron cinco dólares de propina.* They left her a five dollar tip. • **darle propina a alguien** to give sb a tip

propio, -a adj 1 (de uno) **con mis/tus propios ojos** with my/your own eyes • **en mi/su propia casa** in my/his own house: *Se lo dijo en su propia cara.* She said it to his face. • **tener casa propia** to have your own house: *¿Tienes carro propio?* Do you have your own car? 2 (típico) **ser propio de alguien** to be typical of sb: *Hablar mal de todos es muy propio de ella.* Running everybody down is typical of her. 3 (mismo) **el propio presidente/la propia reina** the president himself/the queen herself • **los propios actores** the actors themselves 4 (conveniente, adecuado) appropriate: *Esas palabras no son propias de una niña.* That is not an appropriate way for a young girl to speak. ▶ **AMOR propio, en DEFENSA propia, en sus propias NARICES, NOMBRE propio**

EXPRESIONES
hacer lo propio to do the same: *Se fue sin saludar y yo hice lo propio.* He left without saying goodbye and so did I. • **lo propio es/sería...** the right thing to do is/would be...: *Lo propio sería esperar.* The right thing to do would be to wait.

proponer v [T] 1 (un plan, una idea) to suggest, to propose (*más frml*): *Propongo que vayamos en mi carro.* I suggest we go in my car. • **proponerle algo a alguien** to suggest sth to sb, to propose sth to sb (*más frml*): *Me propuso una idea.* He suggested an idea. • *Me propuso que me quedara en su casa.* He suggested I stay at his house. • *Nos propuso viajar todos juntos.* He proposed that we all travel together. 2 (para un cargo, un empleo) to put forward: *Han propuesto tres candidatos.* They have put forward three candidates. • **proponer a alguien para algo** to put sb forward for sth
—**proponerse** v pron **proponerse hacer algo** to make up your mind to do sth: *Me he propuesto estudiar mucho.* I've made up my mind to work hard. • **logré lo que me propuse** I achieved what I set out to do

⚠ *I suggested to her that she change her lifestyle* (✗ *suggested her to change her life*).
The doctor suggested that I stop (✗ *suggested me to stop*) *smoking.*

Observa que cuando se trata de sugerir algo a alguien en lenguaje informal no suele usarse *suggest*:
✔ **Why don't you** *visit the Getty Museum?* (= *May I suggest that you visit the Getty Museum = muy formal*)
✔ **Have you thought about** *going to the Museum of Modern Art?*
✔ **I think you should** *take a bus.*
✔ **It's a good idea** *to learn about your own country.*

proporción s 1 (relación) proportion • **en proporción** in relative terms: *En proporción, ganaba más antes.* I was earning more before, in relative terms. • **en proporción a algo** in proportion to sth: *gastos en proporción directa al consumo* costs in direct proportion to use 2 **proporciones** [pl] proportions: *un edificio de grandes proporciones* a building of large proportions • *Se trata de un escándalo de proporciones extraordinarias.* This is a scandal of monumental proportions.

proporcional adj proportional • **ser directamente/inversamente proporcional a algo** to be directly/inversely proportional to sth

proporcionar v [T] 1 (brindar) to provide • **proporcionarle algo a alguien** to provide sb with sth: *Nos proporcionaron toda la información necesaria.* They provided us with all the necessary information. 2 (conferir)

proporcionarle algo a algo to lend sth to sth: *Su intervención le proporcionó equilibrio al debate.* His remarks lent balance to the debate.

proposición s 1 (propuesta) proposal • **hacerle una proposición a alguien** to propose sth to sb 2 (en gramática) clause

propósito s 1 (motivo) purpose: *¿Cuál es el propósito de su visita?* What is the purpose of your visit? 2 (intención) intention: *Tiene buenos propósitos.* His intentions are good. • **tener el propósito de hacer algo** to intend to do sth: *Tenía el propósito de conocer muchos países.* She intended to go and see many different countries. • **con el propósito de hacer algo** with the intention of doing sth: *Se fue a la ciudad con el propósito de conseguir trabajo.* She went to the city with the intention of finding work.

EXPRESIONES
a propósito (a) (deliberadamente) on purpose: *Lo hizo a propósito.* He did it on purpose. **(b)** (por cierto) by the way: *A propósito ¿cómo estuvo el concierto?* By the way, how was the concert? • **a propósito de algo** with regard to sth: *A propósito de la violencia doméstica...* With regard to domestic violence... • *Lo citaron a declarar a propósito del incidente.* He was called to give evidence in connection with the incident.

propuesta s proposal

prórroga s (de un plazo) extension: *Nos dieron una prórroga.* They've given us an extension.

prosa s prose

proscribir v [T] (prohibir) to ban

proscrito, -a s exile

prosperar v [I] 1 (tener éxito) to succeed 2 (país, economía) to prosper

próspero, -a adj prosperous: *¡Un próspero Año Nuevo!* A prosperous New Year!

prostituta s prostitute

protagonista s 1 (de un cuento, una novela) main character: *El protagonista es un niño de 11 años.* The main character is an 11-year-old boy. 2 (de una película, obra de teatro) lead • **ser el/la protagonista** to play the lead: *¿Quién es la protagonista?* Who plays the female lead? 3 (en un acontecimiento) **ser el/la protagonista de/en algo** to play a leading role in sth

protagonizar v [T] 1 (una película, una obra de teatro) to star in, to play the lead in 2 (un acontecimiento) to play a leading role in

protección s protection
protección civil civil defense

protector s 1 **protector (solar)** sunscreen: *Necesito un protector más fuerte.* I need a higher-factor sunscreen. 2 **protector (bucal)** gumshield

proteger v [T] to protect • **proteger a alguien de algo** to protect sb from sth
—**protegerse** v pron **protegerse de algo** to protect yourself from sth

protegido, -a s protegido protégé • protegida protégée

proteína s protein

protesta s protest
EXPRESIONES
en protesta por algo in protest at sth

protestante¹ adj Protestant: *una iglesia protestante* a Protestant church • **ser protestante** to be Protestant

protestante² s Protestant

protestar v [I] 1 (quejarse) to complain • **protestar por algo** to complain about sth: *Siempre protesta por la comida.* He always complains about the food. 2 (exponer oposición, disconformidad) to protest • **protestar contra algo** to protest against sth

protocolo s 1 (normas de etiqueta) protocol 2 (en informática) protocol 3 (acta) protocol

prototipo s **1** (modelo, símbolo) archetype • **es el prototipo del buen alumno/padre de familia** he is the archetypal good student/family man **2** (de un carro, un computador) prototype

provecho s benefit

EXPRESIONES

¡buen provecho! enjoy your meal! • **sacarle provecho a algo** to make the most of sth: *Tienes que sacarle provecho a esta oportunidad.* You have to make the most of this opportunity. • **sacar provecho de algo** to get something out of sth: *No saqué ningún provecho del curso.* I didn't get anything out of the class. • **una persona/un ciudadano de provecho** a useful member of society

proveedor, **-a** s supplier
   proveedor de Internet Internet Service Provider

proveer v [T] **proveer a alguien de algo** to supply sb with sth
   —**proveerse** v pron **proveerse de algo** to get sth, to obtain sth (*más frml*): *proveerse de todo lo necesario* to get everything you need

provenir v [I] **provenir de Francia/del extranjero** to come from France/from abroad: *La información provenía de una fuente no identificada.* The information came from an unidentified source.

proverbial adj proverbial: *Recibió las críticas con su proverbial buen humor.* She took the criticism with her proverbial good humor.

proverbio s proverb

provincia s **1** (por oposición a la capital) **(la) provincia** the provinces: *Viven en la provincia.* They live in the provinces. • *Es una ciudad de provincia.* It's a provincial town. **2** (división administrativa) province

provinciano, **-a** adj **1** (de miras estrechas) provincial **2** (de la provincia) provincial

provisional adj provisional

provisorio, **-a** adj provisional

provocar v [T] **1** (causar) to cause: *Las fuertes lluvias provocaron inundaciones.* The heavy rain caused flooding. **2** (molestar) to provoke: *No provoques a tu hermana.* Don't provoke your sister. **3** (gustar, antojarse) **me provoca un café/un helado** I feel like a cup of coffee/an ice cream: *¿Te provoca un café?* Do you feel like a cup of coffee? • *Me provoca ir a nadar.* I feel like going for a swim. **4** (sexualmente) to come on to: *Estuvo toda la noche provocándome.* He was coming on to me all evening.

provocativo, **-a** adj **1** (insinuante) provocative **2** (atractivo) attractive

proximidad s **1** (en el tiempo, espacio) nearness **2 proximidades** [pl] **en las proximidades del estadio/de la estación** in the vicinity of the stadium/the station

próximo, **-a** adj **1** (en el espacio) next: *Bájese en la próxima estación.* Get off at the next station. • *En el próximo semáforo doble a la derecha.* Turn right at the next traffic lights. **2** (en el tiempo) next: *Eso lo dejamos para la próxima vez.* We'll leave that for next time. • **el próximo lunes/martes** next Monday/Tuesday • **el próximo año/mes** next year/month: *Vamos a esperar hasta el próximo año.* We're going to wait until next year.

proyección s **1** (de una película) showing; (de diapositivas) show **2** (alcance, importancia) **un jugador/una cantante de proyección internacional** an international player/singer

proyectar v [T] **1** (en una pantalla – una película, unas diapositivas) to show **2** (hacer visible – una imagen) to project; (una sombra) to cast **3** (planear) to plan: *el viaje que habían proyectado juntos* the trip they had planned together **4** (en arquitectura) to design **5** (lanzar con fuerza) to throw

proyectil s projectile

proyecto s **1** (plan) plan: *¿Qué proyectos tienes para el año que viene?* What are your plans for next year? **2** (trabajo) project: *el equipo que trabaja en este proyecto* the team working on this project **3** (en arquitectura) planning and design
   proyecto de ley bill

proyector s **1** (de cine, de diapositivas) projector **2** (lámpara) spotlight **3 proyector (de transparencias)** overhead projector

prudencia s **1** (cuidado) care • **hacer algo con prudencia** to do sth carefully: *Manejen con prudencia.* Drive carefully. **2** (sensatez) good sense, prudence (*más frml*)

prudente adj **1** (sensato) sensible, prudent (*más frml*): *Es una decisión prudente.* It's a sensible decision. **2** (moderado, suficiente) reasonable: *Espere un tiempo prudente.* Wait a reasonable length of time. **3** (que actúa con precaución) careful: *Sé prudente cuando cruces la calle.* Be careful when you cross the road.

prueba s

1	examen
2	en un juicio
3	testimonio, indicio
4	en deportes
5	experimento, ensayo
6	en tipografía
7	en matemáticas

1 EXAMEN test

2 EN UN JUICIO piece of evidence • **pruebas** evidence [U]: *Encontraron una nueva prueba.* They found a new piece of evidence. • *No hay pruebas de que sea culpable.* There is no evidence that he's guilty. • *Tenemos pruebas contra él.* We have evidence against him.

3 TESTIMONIO, INDICIO proof • **ser prueba de algo** to be proof of sth: *Esto es prueba de que algo anda mal.* This is proof that something is wrong. • **una prueba de amistad/cariño** proof of your friendship/affection: *Se lo di como una prueba de amistad.* I gave it to her as proof of my friendship.

4 EN DEPORTES event

5 EXPERIMENTO, ENSAYO test: *una prueba de laboratorio* a laboratory test

6 EN TIPOGRAFÍA **pruebas** [pl] proofs • **corregir las pruebas de algo** to proofread sth

7 EN MATEMÁTICAS **hacer la prueba de una multiplicación/división** to check a multiplication/division is correct ▶ CORRECCIÓN de pruebas

EXPRESIONES

a prueba on trial: *Le tienen a prueba.* He's on trial. • *Nos dejaron el carro a prueba durante cinco días.* They let us have the car on trial for five days. • **a prueba de balas/bombas** bullet-proof/bomb-proof • **a prueba de fallas/errores** infallible: *un sistema a prueba de fallas* an infallible system • **a las pruebas me remito** the facts speak for themselves • **en prueba de algo** as a token of sth: *Reciba este homenaje en prueba de nuestra admiración.* Please accept this tribute as a token of our admiration. • **poner algo a prueba** to test sth: *No pongas a prueba mi paciencia.* Don't try my patience.
   prueba de ADN DNA test • prueba de embarazo pregnancy test • prueba de sonido sound check • prueba nuclear nuclear test

¿test o trial?
test quiere decir prueba en general: *a DNA test* • *a nuclear test*
trial es la prueba de algo nuevo entre un número limitado de personas para comprobar su efectividad: *trials of a new anti-cancer drug*

psicoanálisis s psychoanalysis

psicoanalista s psychoanalyst

psicología s psychology

psicológico, **-a** adj psychological

psicólogo, **-a** s psychologist

psicópata s psychopath

psicosis *s* **1** (enfermedad) psychosis (pl -ses) **2** (obsesión) obsessive fear
psicosis colectiva mass psychosis

psiquiatra *s* psychiatrist

psiquiatría *s* psychiatry

psiquiátrico¹, -a *adj* psychiatric

psiquiátrico² (tb **hospital psiquiátrico**) *s* psychiatric hospital

púa *s* **1** (de un erizo) spine **2** (de un peine) tooth (pl teeth) **3** (para la guitarra) plectrum

pubertad *s* puberty

publicación *s* **1** (libro, revista) publication **2** (acción) publication

publicar *v* [T] **1** (un libro, un artículo) to publish **2** (una noticia) to announce **3** (un secreto, un rumor) to spread around

publicidad *s* **1** (avisos) commercials [pl]: *En este canal hay mucha publicidad.* There are a lot of commercials on this channel. **2** (aviso) advertisement: *una publicidad de shampú* an advertisement for shampoo **3** (actividad) advertising: *Tienen que invertir en publicidad.* They have to invest in advertising. • **hacer publicidad** to advertise: *Hacen publicidad en los periódicos.* They advertise in the papers. • **hacerle publicidad a un producto/una empresa** to promote a product/a company ▸ AGENCIA de publicidad **4** (estudios) advertising: *Estudia publicidad.* She's studying advertising **5** (difusión) publicity: *un escándalo que tuvo mucha publicidad* a scandal that received a lot of publicity
publicidad subliminal subliminal advertising

publicista *s* **1** (de una agencia de publicidad) advertising executive **2** (de un cantante, una estrella) publicist

publicitario¹, -a *adj* ▸ CAMPAÑA publicitaria

publicitario², -a *s* ▸ PUBLICISTA

público¹, -a *adj* **1** (de la comunidad) public • **el transporte público/la salud pública** public transportation/public health **2** (estatal) **la deuda pública** the national debt • **el sector público** the public sector • **un organismo público** a government body **3** (conocido por todos) public **4** (importante) **un personaje público** a public figure ▸ COLEGIO público, ESCUELA pública, relaciones públicas (RELACIÓN), TELÉFONO público

público² *s* **1** (en un cine, teatro) audience **2** (de un espectáculo deportivo) crowd **3 el público** (la gente) the public • **abierto/cerrado al público** open/closed to the public • **el gran público** the general public: *autores desconocidos para el gran público* authors unknown to the general public

EXPRESIONES
en público in public: *No le gusta hablar en público.* She doesn't like speaking in public.

puchero *s* **1** a type of stew made with meat and vegetables **2** (gesto) **hacer pucheros** to pout

pucho *s* **1** (cigarrillo) smoke **2** (colilla) cigarette butt, cigarette end

pudrirse *v pron* **1** (frutas, verduras) to go bad: *Se pudrieron las naranjas.* The oranges went bad. **2** (cosecha) to rot **3** (en el abandono, el olvido) to rot: *Esos asesinos se pudrirán en la cárcel.* Those murderers will rot in jail.

pueblo *s* **1** (nación, grupo étnico) people: *todos los pueblos del mundo* all the peoples of the world **2 el pueblo** (conjunto de habitantes) the people: *un gobierno elegido por el pueblo* a government elected by the people • *el pueblo mexicano* the Mexican people **3** (localidad rural pequeña) village; (más grande) town **4** (clase social) people: *Jamás se alejó del pueblo.* He never distanced himself from the people.

puente *s* **1** (sobre un río) bridge **2** (del jardín) gate **3** (sobre una carretera, una avenida) bridge **4** (en odontología) bridge **5** (entre días festivos) working day(s) between a weekend and a public holiday, which can be taken off to create a longer break **6** (de un barco) **el**

puente (de mando) the bridge
puente aéreo (servicio) shuttle service; (un vuelo en particular) shuttle: *el puente aéreo Buenos Aires-Montevideo* the Buenos Aires-Montevideo shuttle service • *Tomó el puente aéreo de las tres.* He took the three o'clock shuttle. • **puente colgante** suspension bridge • **puente levadizo** drawbridge

puerco¹, -a *s* **1** (animal) **puerco** pig, hog • **puerca** sow **2** (persona sucia) filthy pig **3** (persona ruin) **puerco** swine • **puerca** cow
puerco espín porcupine

puerco² *s* [masc] (carne) pork: *No come puerco.* He doesn't eat pork.

puerco³, -a *adj* (sucio) filthy

puerro *s* leek

puerta *s* **1** (de una casa, un carro) door; (en una valla, un muro) gate • **en la puerta** (de una casa) at the door: *Te espero en la puerta.* I'll wait for you at the door. • **en la puerta del teatro/de la escuela** outside the theater/school entrance • **tocar la puerta/llamar a la puerta** to knock at the door • **acompañar a alguien a la puerta** to see sb to the door **2 puerta (de embarque)** (departure) gate

EXPRESIONES
a las puertas de on the threshold of: *Está a las puertas de la fama.* He is on the threshold of fame. • **a puerta cerrada** behind closed doors • **cerrarle la puerta/las puertas a algo** to close the door on sth • **cerrarle la puerta/las puertas a alguien** to put paid to sb's hopes • **entrar/volver por la puerta grande** to make a triumphant entrance/return
puerta corrediza sliding door • **puerta de entrada** front door • **puerta giratoria** revolving door

¿door o gate?
La puerta de una casa, habitación o vehículo es door: *the bedroom door* • *the car door*
La puerta situada en una valla, muro o tapia es gate: *the school gates* • *the garden gate*

puerto *s* **1** (de mar, de río) port **2** (de un computador) port
puerto deportivo marina • **puerto pesquero** fishing port

Puerto Rico Puerto Rico

puertorriqueño, -a *s*, *adj* Puerto Rican

pues *conj* **1** (indicando consecuencia) then: *¿Estás lista? Pues vámonos.* Are you ready? Let's go, then. **2** (indicando vacilación, énfasis) well: *Pues mira, no está nada mal.* Well, it's not bad at all. • *–¿Dónde? –Pues no lo sé.* "Where?" "I don't know!" **3** (indicando causa) because

puesta *s*
puesta a punto tuning: *Este carro necesita una puesta a punto.* This car needs a tune-up. • **puesta de sol** sunset • **puesta en escena** production • **puesta en marcha 1** (de un proyecto, de medidas) start-up **2** (de una iniciativa) setting up

puestero, -a *s* stallholder

puesto¹ *s*

1 empleo
2 en un mercado, una feria
3 en una cola
4 en una clasificación
5 en fútbol, básquetbol
6 lugar

1 EMPLEO job: *Tiene un puesto muy bueno.* He has a very good job. ▸ ver nota en JOB
2 EN UN MERCADO, UNA FERIA stand
3 EN UNA COLA place: *¿Me guardas el puesto?* Will you keep my place for me?
4 EN UNA CLASIFICACIÓN place: *Llegamos en segundo puesto.* We finished in second place.
5 EN FÚTBOL, BÁSQUETBOL position: *¿En qué puesto juegas?* What position do you play?

6 LUGAR place: *¡Todos a sus puestos!* Everyone to their places!

puesto², -a *adj* **1** (vestido) **con el sombrero puesto/los guantes puestos** with your hat on/your gloves on: *Se fue a la cama con los zapatos puestos.* She went to bed with her shoes on. • **tener/traer puesto un vestido/abrigo** to be wearing a dress/a coat: *¿Qué tenía puesto?* What was she wearing? • **tener los anteojos puestos, tener/traer los lentes puestos** to have your glasses on • **tener las lentes de contacto puestas** to have your contact lenses in • **dejarse algo puesto -a** to keep sth on: *Me dejé la chaqueta puesta.* I kept my jacket on. **2** (arreglado) **la mesa está/estaba puesta** the table is/was set

puesto³ puesto que *conj* since

puf¹ *s* pouffe

puf² *interj* **1** (de asco) ugh **2** (de cansancio) phew

pujante *adj* (economía, empresa) thriving

pujanza *s* strength

pulcro, -a *adj* **1** (limpio) clean **2** (ordenado) neat

pulga *s* flea: *Me picó una pulga.* I've been bitten by a flea.
EXPRESIONES
tener malas/pocas pulgas to be bad-tempered

pulgada *s* inch (pl -ches): *un monitor de 17 pulgadas* a 17-inch monitor

pulgar *s* thumb

pulir *v* [T] **1** (el piso) to polish **2** (un trabajo) to polish up —**pulirse** *v pron* **pulirse con algo** to excel yourself with sth: *Se pulió con los arreglos florales.* She excelled herself with the flower arrangements.

pulla *s* cutting remark • **lanzar una pulla** to make a cutting remark

pullman, **pulman** *s* (vehículo) bus

pulmón *s* **1** (órgano) lung **2** (de una ciudad) lungs [pl]
EXPRESIONES
a todo/pleno pulmón at the top of your voice

pulmonar *adj* lung [solo ante s], pulmonary (técn): *una infección pulmonar* a lung infection • *enfermedades pulmonares* lung diseases

pulmonía *s* pneumonia

pulóver *s* sweater

pulpa *s* pulp

pulpo *s* octopus (pl -ses)

pulque *s* an alcoholic drink based on fermented agave or maguey juice

pulsación *s* **1** (latido) beat **2** (en un teclado) keystroke

pulsar *v* [T] **1** (una tecla, un botón) to press; (un timbre) to ring **2** (en música) to pluck **3** (la opinión pública) to sound out

pulsera *s* **1** (brazalete) bracelet **2** (de un reloj) strap, band ▸ **RELOJ de pulsera**

pulso *s* **1** (latidos) pulse • **tomarle el pulso a alguien** to take sb's pulse **2** (firmeza de la mano) **tener pulso** to have a steady hand **3** (prueba) arm-wrestling contest • **echar un pulso** to arm-wrestle
EXPRESIONES
ganarse algo a pulso to win sth through your own efforts

puma *s* puma

punk *s*, *adj* punk

punta *s* **1** (de un cuchillo, un zapato) point **2** (de un lápiz) point • **sacar punta a un lápiz** to sharpen a pencil **3** (de la lengua, de un dedo) tip **4** (de una cuerda, un hilo) end **5** (de un pañuelo, una sábana) corner **6** (de un lugar) end: *Está en la otra punta del edificio.* It's at the other end of the building. **7** (en un campeonato, un torneo) first place: *Hay tres equipos en la punta.* There are three teams sharing first place. **8** (en fútbol) striker: *Juega de punta.* He's a striker.

EXPRESIONES
de punta a punta from one end to the other: *Recorrí la isla de punta a punta.* I traveled across the island from one end to the other. • **de punta en blanco** dressed up to the nines • **de puntas/en puntas de pie** on tiptoe • **entrar/salir de puntas** to tiptoe in/out • **lo tengo/lo tenía en la punta de la lengua** it's/it was on the tip of my tongue

puntada *s* **1** (al coser) stitch (pl -ches) **2** (ocurrencia) witty remark

puntaje *s* **1** (en una evaluación, un concurso) score: *un puntaje muy bajo* a very low score **2** (en deportes) score: *la gimnasta con el puntaje más alto* the gymnast with the highest score

puntapié *s* kick • **darle un puntapié a algo/alguien** to kick sth/sb

puntería *s* **tener buena/mala puntería** to be a good/bad shot

puntiagudo, -a *adj* pointed

puntilla *s* **1** (encaje) lace edging **2** (arma) dagger
EXPRESIONES
en/de puntillas on tiptoe: *Entramos caminando de puntillas.* We tiptoed in. • **darle la puntilla a alguien/algo** to be the final nail in sb's/sth's coffin

punto *s*

1 marca, señal
2 al final de una oración
3 de una letra, abreviatura
4 lugar
5 en un examen
6 en un torneo, juego
7 cuestión, ítem
8 en geometría
9 en una herida

1 MARCA, SEÑAL dot: *El barco parecía un punto en el horizonte.* The ship looked like a dot on the horizon.

2 AL FINAL DE UNA ORACIÓN period ▸ **DOS puntos**

3 DE UNA LETRA, ABREVIATURA dot: *punto com* dot com

4 LUGAR place: *en muchos puntos del país* in many places in the country

5 EN UN EXAMEN point: *¿Cuántos puntos vale esta pregunta?* How many points is this question worth? • *Me descontó puntos por las faltas de ortografía.* She took points off because I made spelling mistakes.

6 EN UN TORNEO, JUEGO point: *Ganamos por tres puntos.* We won by three points. • **ganar por puntos** to win on points

7 CUESTIÓN, ÍTEM point: *En ese punto discrepamos.* We disagree on that point.

8 EN GEOMETRÍA point

9 EN UNA HERIDA stitch (pl -ches): *Mañana me quitan los puntos.* I'm having the stitches out tomorrow.
EXPRESIONES
batir claras a punto de nieve/turrón to beat egg whites until they are stiff • **en su/a punto** (carne) medium rare: *El filete me gusta a punto.* I like my steak medium rare. • **estar a punto de hacer algo** (estar por hacer algo) to be about to do sth: *Estaba a punto de salir.* I was about to go out. • **estuve a punto de llamarlo/irme** I nearly called him/left • **hasta cierto punto** up to a point: *Hasta cierto punto tiene razón.* He's right, up to a point. • **las tres/cuatro en punto** exactly three/four o'clock, three/four o'clock on the dot: *Son las nueve en punto.* It's exactly nine o'clock. • *Llegaron a las siete en punto.* They arrived at seven o'clock on the dot. • **y punto** and that's that: *Haz lo que yo digo y punto.* You do what I say and that's that.
punto cardinal cardinal direction • punto débil weak point • punto de ebullición boiling point • punto de vista point of view: *Desde mi punto de vista…* From my point of view… • punto fuerte strong point • punto muerto **(a)** (en la caja de cambios) neutral **(b)** (en una situación) deadlock • punto negro (en la piel) blackhead •

punto y aparte new paragraph • punto y coma semicolon • punto (y) seguido period • puntos suspensivos ellipsis (pl ellipses); (en lenguaje hablado) dot, dot, dot

puntuación s **1** (de un texto) punctuation **2** (en una prueba) grade ▶ SIGNO de puntuación

puntual adj **1** (que llega a tiempo) punctual: *Es muy puntual.* He's very punctual. • *Trata de ser puntual.* Try to be on time. **2** (exacto) detailed **3** (específico, bien determinado – caso) isolated; (tema, cuestión) specific

puntualidad s punctuality

puntuar v **1** [T] (un texto) to punctuate **2** [I,T] (calificar) to grade **3** [I] (obtener puntos) to score **4** [I] (entrar en un cómputo) to count

puntudo, -a adj pointed

punzada s (dolor) stabbing pain

puñado s handful: *un puñado de sal* a handful of salt

puñal s dagger

puñalada s **1** (acción) **darle una puñalada a alguien** to stab sb • **matar a alguien a puñaladas** to stab sb to death **2** (herida) stab wound

puñetazo s punch (pl -ches) • **darle un puñetazo a alguien (en el estómago/la nariz)** to punch sb (in the stomach/on the nose)

puño s **1** (mano cerrada) fist **2** (de una manga) cuff **3** (de un bastón, una herramienta) handle **4** (de una espada) hilt

EXPRESIONES

tener a alguien en un puño to have sb where you want them

pupila s (del ojo) pupil

pupilente s contact lens: *Usa pupilentes.* She wears contact lenses.

pupitre s desk

purasangre s thoroughbred

puré s **1** (de papas) mashed potato **2 puré de calabaza/zanahorias** pumpkin/carrot purée

EXPRESIONES

hacer puré a alguien to wear sb out: *Andar tanto me ha hecho puré.* All that walking has worn me out.

pureza s purity

purga s **1** (medicina) purgative **2** (por motivos políticos) purge

purgatorio s (en religión) **el Purgatorio** Purgatory

purificar v [T] to purify
—**purificarse** v pron to purify yourself

puritano¹, -a adj puritanical

puritano², -a s puritan

puro¹, -a adj **1** (no contaminado o mezclado) pure: *agua pura* pure water • *Es de lana pura.* It's pure wool. • *un fox terrier puro* a purebred fox terrier **2** (casto) pure **3** (solamente) **había puras mujeres/puros niños** there were only women/children **4** (mero) sheer: *Lo hice por puro gusto.* I did it for the sheer pleasure of it. • *Lo hizo de puro egoísta que es.* He did it out of sheer selfishness. • *Lo vi de pura casualidad.* I saw it by pure chance. **5** (para enfatizar) *Es la pura verdad.* It's the honest truth. • *Es puro cuento.* It's completely untrue. • *La trata a puro golpe.* He's always hitting her.

puro² s (cigarro) cigar

púrpura s purple

purpurina s glitter

pus s pus

puzzle s jigsaw puzzle

Qq

Q, q s Q, q

Qatar Qatar

qatarí s, adj Qatari

quásar s quasar

que¹ conj

1 en proposiciones sustantivas
2 en expresiones de deseo, peticiones o sugerencias
3 en órdenes y deseos
4 indicando motivo
5 en comparaciones
6 indicando consecuencia

1 EN PROPOSICIONES SUSTANTIVAS that: *Dijo que hacía frío.* She said that it was cold. ▶ **that** se suele omitir en el lenguaje hablado: *Creo que tiene razón.* I think he's right.
2 EN EXPRESIONES DE DESEO, PETICIONES O SUGERENCIAS *Quiero que vengas.* I want you to come. • *Me pidió que me quedara.* She asked me to stay. • *Me aconsejó que esperara.* She advised me to wait.
3 EN ÓRDENES Y DESEOS *Que te mejores.* I hope you get better soon. • *Que te vaya bien en el examen.* Good luck on the test. • *Los que quieran ir, que levanten la mano.* All those who want to go, raise your hands. • *Si no le gusta, que se vaya.* If he doesn't like it, he can leave.
4 INDICANDO MOTIVO *Abrígate, que hace frío.* Wrap up warm. It's cold. • *Cuidado, que te puedes caer.* Be careful you don't fall.
5 EN COMPARACIONES than: *Es más lindo que el otro.* It's nicer than the other one. • *Come más que yo.* He eats more than I do. • **más/menos de lo que creía** more/less than I thought
6 INDICANDO CONSECUENCIA that: *Estaba tan cansada que me quedé dormida.* I was so tired I fell asleep.
EXPRESIONES
a que te caes/a que termino antes que tú I bet you fall/I bet I'll finish before you

que² pron **1** (en función de sujeto – persona) who; (cosa) that: *la niña que vino ayer* the girl who came yesterday • *la novela que ganó el premio* the novel that won the prize **2** (en función de complemento) ▶ Generalmente se omite, aunque es posible traducirlo como **that** si se refiere a cosas: *Ese es el muchacho que me gusta.* That's the boy I like. • *el programa del que hablábamos* the program (that) we were talking about ▶ **Lo/la que**

qué pron, adj, adv **1** (en preguntas directas e indirectas) what: *¿Qué dijo?* What did she say? • *No sé qué decirle.* I don't know what to say to her. • *¿De qué color es?* What color is it? • *No sé qué año era.* I don't know what year it was. • *¿De qué se ríen?* What are you laughing at? • *Le pregunté para qué era.* I asked him what it was for. ▶ Cuando la gama de opciones es limitada, se usa **which** en lugar de **what**: *¿Qué color prefiere?* Which color do you prefer? • *Me preguntó qué sabor quería.* She asked me which flavor I wanted. **2** (en exclamaciones – con sustantivo singular) what a; (con sustantivo plural o incontable) what; (con adjetivo) how: *¡Qué casualidad!* What a coincidence! • *¡Qué flores más preciosas!* What beautiful flowers! • *¡Qué gracioso!* How funny! • *¡Qué mala suerte!* What bad luck! • *¡Qué suerte!* How lucky!
EXPRESIONES
¿a qué estamos hoy? what's the date today? • **¿qué? (a)** (para pedir que se repita lo dicho) sorry?, pardon? (más frml): *¿Qué? No te oí bien.* Sorry? I didn't hear you.

(b) (para expresar incredulidad) what?: *–Se casa Paula. –¿Qué?* "Paula's getting married." "What?" • **¿qué tal?** how are you?: *Hola ¿qué tal?* Hello, how are you? • **¿qué tal Juan/la película?** how is Juan/how was the movie?: *¿Qué tal el libro? ¿Te gusta?* How's the book? Are you enjoying it? • **¿qué tan grande/alto -a...?** how big/tall...? • **¿y qué?** (para expresar indiferencia) so what?: *–Ya es tarde. –¿Y qué?* "It's late." "So what?"

quebrada s gorge

quebradero (tb **quebradero de cabeza**) s headache: *Si vendes la casa te ahorrarás quebraderos de cabeza.* You'll save yourself a few headaches if you sell the house.

quebradizo, -a adj (que se quiebra) brittle

quebrado¹, -a adj **1** (fundido) bankrupt: *una empresa quebrada* a bankrupt company • **está quebrado/están quebrados** he's gone bankrupt/they've gone bankrupt **2** (pelo) wavy

quebrado² s (en matemáticas) fraction

quebrantamiento s (de una ley) breaking; (de un contrato) breach

quebrantar v [T] **1** (debilitar – la voluntad, la resistencia) to break; (la salud) to ruin **2** (una ley, una promesa) to break

quebranto s (perjuicio) blow

quebrar v **1** [T] (romper) to break **2** [I] (arruinarse) to go bankrupt: *Su empresa quebró.* His company went bankrupt. **3** [I] (girar) **quebrar a la derecha/izquierda** to turn right/left
—**quebrarse** v pron to break • **quebrarse una pierna/un brazo** to break a leg/an arm

quechua s, adj Quechua

quedar v [I]

1 haber todavía
2 faltar
3 estar situado
4 concertar una cita, acordar
5 ropa
6 indicando aspecto
7 indicando comportamiento
8 resultar en un estado
9 terminar

1 HABER TODAVÍA to be left, to remain (más frml): *No queda leche.* There's no milk left • *Me quedan tres dólares.* I have three dollars left. • *Ya no queda nada de la antigua ciudad.* Nothing remains of the old city now.
2 FALTAR *¿Cuántos kilómetros quedan?* How many kilometers are there to go? • *Todavía me quedan dos capítulos.* I still have two chapters to go. • *Queda todo esto por planchar.* All this still has to be ironed.
3 ESTAR SITUADO to be: *Queda muy cerca de aquí.* It's very near here.
4 CONCERTAR UNA CITA, ACORDAR *¿A qué hora quedaron?* What time did you arrange to meet? • **quedar en (hacer) algo** *¿Al final en qué quedaron?* What did you decide in the end? • *Quedamos en pasar a buscarlos.* We said we would go and pick them up.
5 ROPA to fit: *Te queda perfecto.* It fits you perfectly. • *Esto no me queda bien.* This doesn't fit me. • *¿Cómo te queda?* Does it fit you? • **me queda chico -a/grande** it's too small/big for me: *Esos pantalones te quedan cortos.* Those pants are too short for you.
6 INDICANDO ASPECTO to look: *Queda horrible pintado de verde.* It looks terrible painted green. • **te queda bien/mal** it suits you/it doesn't suit you: *No le queda bien el negro.* Black doesn't suit her. • *Te queda fantástico el vestido.* You look great in that dress.
7 INDICANDO COMPORTAMIENTO quedar bien/mal *Lo hace para quedar bien con la familia.* He does it to make a good impression on the family. • *Me hizo quedar mal.* He made me look bad. • *Tengo que ir, no quiero quedar mal con Juliana.* I have to go, I don't want to let Juliana down. • *Queda mal no llevar nada*

cuando te invitan a comer. It's bad manners not to take something when you're invited to lunch. • **quedé como un egoísta/una estúpida** I ended up looking selfish/looking like an idiot.

8 RESULTAR EN UN ESTADO *El pastel te quedó muy rico.* The cake was delicious. • *Las cortinas le quedaron muy bien.* She did a good job on the curtains. • *El coche quedó destrozado.* The car was written off. • *El edificio quedó en ruinas.* The building was left in ruins.

9 TERMINAR *¿Dónde nos quedamos en la clase pasada?* How far did we get in the last class? • *Nos quedamos en el último capítulo.* We got as far as the last chapter.

—**quedarse** *v pron*

1 PERMANECER to stay: *Vayan, yo me quedo.* You go, I'm staying. • *Quédate aquí.* Stay here. • **quedarse a hacer algo** *Se quedaron a almorzar.* They stayed for lunch. • *¿Te quieres quedar a dormir?* Would you like to stay the night? • **quedarse haciendo algo** *Me quedé toda la noche estudiando.* I spent the whole night studying. • *Se quedó mirándome.* She stood there watching me. • *Se quedó arreglando la bicicleta.* He stayed behind fixing his bike.

2 EN DETERMINADO ESTADO **quedarse triste/preocupado -a** to be sad/worried: *Se quedó contenta con el resultado.* She was pleased with the result. • **quedarse calvo -a/sordo -a** to go bald/deaf: *Se está quedando ciego.* He's going blind.

3 GUARDAR, RETENER **quedarse con algo/quedarse algo (a)** (conservarlo) to keep sth: *Quédatelo si quieres.* Keep it if you like. • *Se quedó con mi libro.* She kept my book. **(b)** (elegirlo) to choose sth: *No sé con cuál quedarme.* I don't know which one to keep.

4 SEGUIR TENIENDO **quedarse con hambre/sed** to be still hungry/thirsty: *¿Te has quedado con hambre?* Are you still hungry? • *Todavía me quedé con sueño.* I'm still sleepy.

5 NO TENER **quedarse sin algo** to run out of sth: *Nos quedamos sin café.* We've run out of coffee. • *Se van a quedar sin tiempo para terminar.* They're going to run out of time to finish. • *Se va a quedar sin amigos.* She won't have any friends left. ▶ **quedarse EMBARAZADA, quedarse QUIETO**

quedito *adv* **1** (con poco volumen) quietly: *Hablen quedito.* Talk quietly. **2** (con poca fuerza) softly, gently

quehacer *s* **1** (trabajo) work [U]: *Son los protagonistas del quehacer educativo.* They are the leading figures in the business of education. **2** (limpiar y ordenar) housework, household chores [pl] **3** (tarea) task: *Tiene demasiados quehaceres.* She has too much to do. • **quehaceres domésticos/cotidianos** household chores/day-to-day business

queja *s* complaint • **presentar una queja** to make a complaint

quejarse *v pron* **1** (expresar disconformidad) to complain • **quejarse de/por algo** to complain about sth: *No te puedes quejar de la nota.* You can't complain about your grade. • *Deja de quejarte por todo.* Stop complaining about everything. **2** (de dolor, pena) to moan

quejido *s* (de dolor) moan

quema *s* **1** (acción) burning **2** (incendio) fire

quemado, -a *adj* **1** (por el fuego o el calor) burned: *La comida está quemada.* The food's burned. • *Hay olor a plástico quemado.* I can smell burned plastic. • *Huele a quemado.* I can smell burning. **2** (bronceado) tanned **3** el bombillo/el fusible está quemado the light bulb/the fuse has blown **4** (por exceso de sol) sunburned: *Tienes la nariz muy quemada.* Your nose is very sunburned.

quemador *s* (a gas) burner; (eléctrico) hotplate, burner
quemador de CD CD burner

quemadura *s* burn • **una quemadura de primer/segundo/tercer grado** a first-/second-/third-degree burn
quemaduras del sol sunburn [U]

quemar *v* **1** [T] (con fuego, con calor) to burn; (con un líquido caliente) to scald: *Quemé el mantel con el cigarrillo.* I burned the tablecloth with my cigarette. **2** [I] (estar muy caliente) to be very hot: *Cuidado, la leche quema.* Be careful, the milk's very hot. • *La arena quema.* The sand burns your feet. **3** [T] (un CD) to burn **4** [T] **quemar grasas/calorías** to burn off fat/calories: *ejercicios para quemar calorías* exercises that burn off calories

—**quemarse** *v pron* **1** (persona – con fuego, con un objeto caliente) to burn yourself; (con un líquido caliente) to scald yourself: *Me quemé con el vapor.* I scalded myself in the steam. • **quemarse la mano/el brazo (a)** (con fuego, con un objeto caliente) to burn your hand/arm: *Me quemé el brazo con la plancha.* I burned my arm on the iron. **(b)** (con un líquido caliente) to scald your hand/arm **2** (por exceso de sol) to get burned: *Ponte protector para no quemarte.* Put some sunscreen on so you don't get burned. • **me quemé los hombros/la nariz** my shoulders/nose got burned **3** (broncearse) to tan, to get a tan: *Se quema enseguida.* She tans very quickly. • **me quemé la espalda/las piernas** my back/my legs tanned, I got a tan on my back/my legs **4** (mantel, camisa) to get scorched: *Se me quemó el puño de la camisa.* My shirt cuff got scorched. **5** (ser destruido por el fuego – casa, edificio, bosque) to burn down **6** (pollo, tostadas) to burn: *Se me quemó el pastel.* I burned the cake. **7** (fusible) to blow

quemarropa a quemarropa at point-blank range: *disparar a quemarropa* to shoot at point-blank range

quemazón *s* (ardor) burning sensation

quena *s* a traditional Andean recorder, usually made of wood or a hollowed-out reed

querella *s* **1** (en derecho) action • **presentar una querella contra algo/alguien** to take legal action against sth/sb: *Han presentado una querella contra la fábrica.* They have taken legal action against the factory. **2** (disputa) dispute

querer *v*

1	desear
2	tratar
3	estar dispuesto
4	en ofrecimientos y peticiones
5	amar
6	estar próximo a

1 DESEAR [T] to want: *Quiere un helado.* He wants an ice cream. • *Queremos ir a la playa.* We want to go to the beach. • *Quería quedarse.* He wanted to stay. • **querer que alguien haga algo** to want sb to do sth: *Quiero que vengas.* I want you to come. • *Quería que la pasara a buscar.* She wanted me to go and pick her up.

2 TRATAR [T] to try: *Quisieron engañarnos.* They tried to deceive us.

3 ESTAR DISPUESTO [I,T] *Le dije que venga, pero no quiere.* I told him to come, but he doesn't want to. • *No me quiso ayudar.* He wouldn't help me.

4 EN OFRECIMIENTOS Y PETICIONES [T] **¿quieres/quiere café?** do you want/would you like some coffee? *¿Qué quieren hacer este fin de semana?* What do you want to do this weekend? • *Quisiera hablar con María.* I'd like to speak to María.

5 AMAR [T] to love: *Te quiero.* I love you.

6 ESTAR PRÓXIMO A [I, impers] **parece que quiere llover/mejorar** it looks like it's going to rain/clear up

EXPRESIONES

como/cuando/lo que quieras however/whenever/whatever you like: *–¿Qué hacemos? –Lo que quieras.* "What do we want to do?" "Whatever you like." • *Cuando quieras nos vamos.* We can go whenever you're ready. • **¿qué quieres?/¿qué quieres que le haga?** what am I supposed to do?: *Me pagan mal, pero ¿qué quieres que le haga?* I don't get paid much, but what am I supposed to do? • **querer decir** to mean: *¿Qué quiere decir "TCP/IP"?* What does "TCP/IP" mean? • *¿Qué quieres decir con eso?* What do you mean by that? • **queriendo** on purpose: *Lo hiciste queriendo.* You did it on purpose. • **sin querer** *Perdón, fue sin querer.* Sorry, it was an accident. • *Lo rompí sin querer.* I accidentally broke it. • *–Lo has ofendido. –Fue sin querer.* "You offended him." "I didn't mean to."

—**quererse** *v pron*
to love each other: *Se quieren mucho.* They love each other very much.

querido, -a *adj* **1** (amado) dear: *un amigo muy querido* a very dear friend **2** (en cartas) dear: *Querido diario:* Dear diary, ▶ SER querido

querosén, **querosene** *s* kerosene

quesadilla *s* a folded tortilla filled with cheese, mushrooms, etc. and served hot

quesería *s* cheese store

queso *s* cheese: *un sándwich de queso* a cheese sandwich
queso crema cream cheese • **queso rallado** grated cheese

quetzal *s* (moneda) quetzal

quicio *s* **sacar a alguien de quicio** to drive sb crazy: *Este tráfico me saca de quicio.* This traffic drives me crazy. • **estar fuera de quicio** to be furious, to be hopping mad

quid *s* **el quid de la cuestión** the crux of the matter

quiebra *s* bankruptcy (pl -cies) • **en quiebra** bankrupt: *Están en quiebra.* They're bankrupt.

quien *pron* **1** (tras una preposición) ▶ Se suele omitir en inglés hablado. En usos formales, se puede usar **whom**: *el muchacho con quien salía* the boy she used to go out with • *las personas de quienes te hablé* the people I talked to you about • *La nota está dirigida a quien pueda interesarle.* The note is addressed to whom it may concern. **2** (como sujeto) who: *Es usted quien tiene que decidir.* It's you who has to decide. ▶ Cuando lo precede un negativo, se usa una construcción con **no one** o **nobody**, o una construcción con verbo en forma negativa y **anyone** o **anybody**: *No hay quien le gane.* Nobody can beat him. • *No tengo quien me lleve.* I don't have anyone to take me. **3** (cualquier persona) whoever: *Díselo a quien quieras.* Tell whoever you like. • *Sea quien sea, es un imbécil.* He's an idiot, whoever he is.

quién *pron* **1** (en preguntas directas e indirectas y en exclamaciones) who: *¿Quién es?* Who is it? • *Pregúntale para quién es.* Ask him who it's for. • *–¿Qué quiere? –¡Quién sabe!* "What does he want?" "Who knows!" • *¿De quién están hablando?* Who are they talking about? ▶ En inglés formal, se puede usar **whom**: *¿A quiénes se refiere el informe?* To whom does the report refer? **2 de quién/quiénes** whose: *¿De quién es este lápiz?* Whose is this pencil? • *No sabía de quién era.* She didn't know whose it was.

quienquiera *pron* whoever

quieto, -a *adj* (sin moverse) still • **estarse/quedarse quieto -a** to be/keep still: *¡Quédate quieto!* Keep still!

quietud *s* (ausencia de movimiento) stillness

quihubo (tb **quihúbole**) *interj* **1** (como saludo) hi: *Quihubo, ¿cómo estás?* Hi, how's things? **2** (expresando sorpresa) hey!: *¡Quihubo! ¿Y mi cartera?* Hey! Where's my purse?

quijada *s* jaw

quilate *s* carat • **oro de 18/24 quilates** 18-carat gold/24-carat gold

quilla *s* keel

quimera *s* (sueño imposible) pipedream, chimera (*más frml*)

quimérico, -a *adj* fanciful

química *s* chemistry

químico[1], -a *adj* chemical

químico[2], -a *s* chemist: *Es químico.* He's a chemist.

quimioterapia *s* chemotherapy

quimono *s* kimono

quince *núm* **1** (número, cantidad) fifteen **2** (en fechas) fifteenth

quinceañero, -a *s* (adolescente) teenager

quincena *s* two weeks [pl]: *la segunda quincena de enero* the second two weeks in January

quincenal *adj* **1** (cada quince días) bimonthly **2** (que dura quince días) two-week [solo ante s]: *El curso es quincenal.* It's a two-week course.

quincuagésimo, -a *adj* fiftieth

quiniela *s* a national competition where people win money for guessing the soccer results correctly

quinientos, -as *núm* five hundred

te lo he dicho/te lo he pedido quinientas veces I've told you/asked you hundreds of times

quinquenal *adj* **1** (cada cinco años) five-yearly: *informes quinquenales* five-yearly reports **2** (que dura cinco años) five-year [solo ante s] • **un plan/contrato quinquenal** a five-year plan/contract

quinquenio *s* five-year period

quinta *s* (casa) villa

quintaesencia *s* quintessence • **ser la quintaesencia de algo** to be the quintessence of sth

quinteto *s* quintet

quintillizo, -a *s* quintuplet

Quintín se armó la de San Quintín all heck broke loose

quinto, -a *núm* fifth

quíntuple *adj* **1** (de cinco elementos) fivefold: *un quíntuple aumento* a fivefold increase • **el quíntuple campeón** the five-times champion **2** (cinco veces mayor) **una dosis/cantidad quíntuple de algo** five times the dose/amount of sth

quiosco *s* **1** (puesto) stand **2** (en un parque, una plaza) shelter; (para orquesta) bandstand **3 quiosco (de periódicos)** newsstand

quiosquero, -a *s* news vendor

quirófano *s* operating room

quiromancia *s* palmistry

quiromasaje *s* massage

quiromasajista *s* (hombre) masseur; (mujer) masseuse

quiropráctico, -a *s* chiropractor

quirúrgico, -a *adj* surgical

quisquilloso, -a *adj* **1** (susceptible) touchy: *No seas tan quisquillosa.* Don't be so touchy. **2** (exigente) fussy

quiste *s* (en medicina) cyst

quístico, -a *adj* cystic

quitaesmalte *s* nail polish remover

quitamanchas *s* stain remover

quitar *v* [T] **1** (retirar) *Quita los pies de la mesa.* Take your feet off the table. • *Quitemos todos los cuadros.* Let's take all the pictures down. • *Tuvimos que quitar la alfombra.* We had to take the carpet up. • **quitarle algo a algo** *Quítale el precio al libro.* Take the price off the book. **2** (sacar) **quitarle algo a alguien** to take sth away from sb: *No le quites el juguete a María.* Don't take María's toy from her. • **quitarle el abrigo/los zapatos a alguien** to take sb's coat/shoes off **3** (en matemática) **quitarle algo a algo** to take sth away from sth, to subtract sth from sth (*más frml*): *A eso quítale 15.* Take 15 away from that. **4** (eliminar) to take away: *La aspirina me quitó el dolor.* The aspirin took the pain away. • *No le puedo quitar la mancha a la camisa.* I can't get the stain out of the shirt. • **el café no quita la sed/el hambre** coffee doesn't quench your thirst/stop you feeling hungry **5 quitando** apart from: *Quitando unas ardillas, no vimos ningún otro animal.* We didn't see any animals apart from a few squirrels.

—**quitarse** *v pron* **1** (la ropa) **quitarse los zapatos/el abrigo** to take your shoes/coat off **2** (desaparecer –

mancha) to come out: *No se quitaron las manchas.* The stains didn't come out. • **quitársele algo a alguien** *¿Se te ha quitado el dolor de cabeza?* Is your headache gone? • *Cuando vio a su madre, se le quitó el miedo.* When he saw his mother, he wasn't afraid any more. • *No se me quita la tos.* I can't get rid of this cough. **3** (moverse) **quítate de ahí/de en medio** get away from there/get out of the way

EXPRESIONES
de quita y pon detachable

quizás, quizá *adv* perhaps, maybe: *Quizás fue un error.* Perhaps it was a mistake. • *Quizás venga con la novia.* He may bring his girlfriend.

quórum *s* quorum

Rr

R, r s R, r

rabadilla s tailbone

rábano s radish (pl -shes)
> **EXPRESIONES**
> **me/le importa un rábano** I/he couldn't care less

rabia s **1** (enfado) **me/le da rabia** *Me da rabia que se salga siempre con la suya.* It annoys me that he always gets his own way. • *Me dio rabia que no me contestara.* I was annoyed that he didn't answer. • **¡qué rabia!** how annoying! **2** (odio, antipatía) **tenerle rabia a alguien** to have it in for sb **3** (enfermedad) rabies [U]

rabiar v [I] **hacer rabiar a alguien** to annoy sb: *No hagas rabiar a tu hermana.* Don't annoy your sister.
> **EXPRESIONES**
> **a rabiar** *La aplaudieron a rabiar.* They applauded her like mad.

rabieta s tantrum • **me/le dio una rabieta** (a un niño) I/he threw a tantrum; (a un adulto) I/he went nuts

rabillo s **con/por el rabillo del ojo** out of the corner of your eye

rabino, -a s rabbi

rabioso, -a adj **1** (furioso) furious, mad **2** (perro) rabid
> **EXPRESIONES**
> **de rabiosa actualidad** very topical: *una noticia de rabiosa actualidad* a very topical news item

rabo s **1** (de un animal) tail **2** (de una manzana, una pera) stalk
> **EXPRESIONES**
> **con el rabo entre las piernas** with your tail between your legs

racha s **1** (de enfermedades, accidentes) spate; (de éxitos, derrotas) string • **una racha de buena/mala suerte** a run of good/bad luck • **estar pasando por una buena/mala racha** to be going through a good/bad patch • **tener una racha ganadora/perdedora** to be on a winning/losing streak **2 racha (de viento)** gust (of wind)

racial adj racial

racimo s (de uvas) bunch (pl -ches)

raciocinio s (razón) reason

ración s (de comida) portion, helping

racional adj rational

racionalidad s rationality

racionalista adj rationalist

racionalizar v [T] **1** (los gastos) to rationalize **2** (una experiencia, una situación) to rationalize **3** (una estructura) to streamline, to rationalize

racionamiento s rationing

racionar v [T] (los víveres, el combustible) to ration

racismo s racism

racista adj, s racist

radar s radar

radiación s radiation

radiactividad s radioactivity

radiactivo, -a adj radioactive

radiador s **1** (para calefacción) radiator **2** (de un carro) radiator

radiante adj **1** (día, luz) bright • **hay/había un sol radiante** it's/it was beautifully sunny **2** (sonrisa, cara) radiant • **estar radiante de felicidad** to be glowing with happiness

radiar v [T] **1** (un tumor, un linfoma) to treat with radiation **2** (por la radio) to broadcast on the radio

radicado, -a adj **estar radicado -a en México/Bogotá** to be based in Mexico/Bogotá

radical¹ adj (cambio, medida) radical

radical² s **1** (en química) radical **2** (en matemáticas) square root sign **3** (en lingüística) root
> radicales libres free radicals

radicalismo s radicalism

radicalizar v [T] to radicalize
> —**radicalizarse** v pron (partido, persona, postura) to become more radical; (conflicto) to intensify

radicar v [I] **1 radicar en algo** to lie in sth, to stem from sth **2** to be based, to live: *una muestra de pintores que radican en México* an exhibition of artists based in Mexico
> —**radicarse** v pron **radicarse en Santiago de Chile/Venezuela** to settle in Santiago de Chile/Venezuela

radio¹ s [masc o fem] **1** (aparato) radio: *Prende la radio.* Turn the radio on. **2** (sistema) radio • **en el/la radio, por el/la radio** on the radio: *Lo han dicho en el radio.* They said it on the radio. **3** (emisora) radio station

radio² s [masc] **1** (de una circunferencia) radius (pl radii) • **en un radio de 10/20 kilómetros** within a 10/20 kilometer radius **2** (de una llanta) spoke **3** (en química) radium
> radio de acción **1** (área de influencia – de una empresa, una organización) area of operation **2** (de un avión, un misil) range

radioactividad s ▶ RADIACTIVIDAD

radioactivo, -a adj ▶ RADIACTIVO

radioaficionado, -a s radio ham

radiocasetera s radio cassette player

radiodifusión s radio broadcasting, radio: *una empresa de radiodifusión* a radio company

radiofónico, -a adj radio [solo ante s]: *un programa radiofónico* a radio program

radiofrecuencia s radio frequency (pl -cies)

radiografía s X-ray (pl X-rays) • **hacerse una radiografía** to have an X-ray: *una radiografía de tórax* a chest X-ray

radio reloj s clock radio

radioterapia s radiotherapy

radioyente s listener

ráfaga s **1 una ráfaga de ametralladora** a burst of machine-gun fire **2** (de viento) gust **3** (de luz) flash (pl -shes)

rafia s raffia • **un bolso/un sombrero de rafia** a raffia bag/a straw hat

rafting s white-water rafting • **hacer/practicar rafting** to go white-water rafting

raído, -a adj worn-out: *una camisa raída* a worn-out shirt

raigambre s roots [pl]: *un pueblo de raigambre mesoamericana* a people with Mesoamerican roots • **de honda raigambre democrática/cristiana** with a long democratic/Christian tradition

raíz s **1** (de una planta) root **2** (origen, causa) root • **ir a la raíz del problema** to get to the root of a problem **3** (de un pelo, un diente) root
> **EXPRESIONES**
> **a raíz de algo** as a result of sth • **atacar un problema de raíz** to tackle the root cause of a problem • **arrancar un mal/atacar la injusticia de raíz** to root out a problem/fraud • **echar raíces** to put down roots
> raíz cuadrada square root • raíz cúbica cube root

raja s **1** (en una pared, un jarrón) crack **2** (herida) gash (pl -shes) **3** (de chile) slice, silver **4** (de canela) stick

rajadura s crack

rajar v **1** [T] (con una navaja, un cuchillo) to slash **2** [T] (rayar) to scratch **3** [T] (en un examen) **me/lo rajaron** I/he failed, I/he flunked: *Lo rajaron en química.* He failed chemistry. **4** [I] (ir con el chisme) to tell, to spill the beans **5** [I,T] (hablar mal) **rajar algo/a alguien** (tb **rajar de algo/alguien**) to run sth/sb down **6** [T] (una tela, una prenda) to rip
—**rajarse** v pron **1** (vidrio, plato) to crack **2** (en un examen) **me rajé/se rajó** I/he failed, I/he flunked **3** (echarse atrás) to back out: *No te irás a rajar ahora ¿no?* You're not going to back out now, are you? • **yo me rajo** count me out: *Si van a dormir allá, yo me rajo.* If you're going to spend the night there, count me out.

rajatabla **a rajatabla** to the letter

ralentización s slowdown

ralentizar v [T] to slow down
—**ralentizarse** v pron to slow down

rallado, -a adj (zanahoria, chocolate, queso) grated ▶ **coco rallado**

rallador s grater

ralladura s **ralladura de limón/naranja** grated lemon/orange rind

rallar v [T] to grate

rally s rally (pl -llies)

ralo, -a adj **1** (pelo) thin; (barba) sparse; (bigote) wispy **2** (bosque) sparse; (árbol) spindly; (arbusto) scrubby

RAM s RAM

rama s **1** (de un árbol) branch (pl -ches) **2** (de una ciencia) branch (pl -ches)
EXPRESIONES
andarse/irse por las ramas to beat around the bush

ramadán s Ramadan

ramal s (de una carretera) branch road; (de un ferrocarril, de metro) branch line

ramalazo s **un ramalazo de locura/lucidez** a moment of madness/lucidity

rambla s (calle) boulevard

ramera s prostitute

ramificación s **1** (de un suceso, un asunto) ramification **2** (de una organización) branch (pl -ches)

ramificarse v pron to branch out

ramillete s **1** (de flores) small bunch (pl -ches) **2** (grupo selecto) set • **un ramillete de servicios/canciones** a range of services/a set of songs: *La facultad les ofrece a los estudiantes un ramillete de opciones.* The faculty offers students a set of options.

ramita s twig

ramo s **1** (de flores) bunch (pl -ches); (más elaborado) bouquet: *un ramo de rosas* a bunch of roses • *el ramo de la novia* the bride's bouquet **2** (en la industria) industry (pl -ries); (en el comercio) business (pl -sses): *el ramo textil* the textile industry

rampa s ramp
rampa de acceso access ramp • **rampa de lanzamiento** launch pad

rampla s **1** (rampa) ramp **2** (acoplado) trailer: *Vendo camión con rampla en excelente estado.* Truck with trailer for sale in excellent condition.

ramplón, -ona adj second-rate, trashy: *televisión ramplona* trashy TV

rana s frog

ranchería s a small, isolated settlement

ranchero[1], -a s (hacendado) rancher, farmer

ranchero[2], -a adj shy ▶ **HUEVO**

rancho s **1** (granja) ranch (pl -ches) **2** (vivienda precaria) shack **3** (alimentos enlatados) luxury canned goods
EXPRESIONES
hacer/poner rancho aparte (entre compañeros) to form a clique; (en política) to form a splinter group

rancio, -a adj **1** (mantequilla, aceite) rancid • **saber a rancio** to taste rancid **2** (pan) stale **3** (vino) mellow **4** (antiguo) old-established **5** (anticuado) out-dated
EXPRESIONES
oler a rancio to smell musty

rango s (jerarquía) rank • **un oficial/funcionario de alto rango** a high-ranking officer/official

ranking, ránking s **1** (en deportes) rankings [pl] **2** (en música) charts [pl]

ranura s **1** (para monedas, tarjetas) slot **2** (de una puerta, una ventana) gap

rap s rap • **hacer/cantar rap** to rap

rapado, -a adj **1** (pelo) cropped; (cabeza) shaven **2** (persona) shaven-headed ▶ **CABEZA rapada**

rapar v [T] **rapar a alguien** to cut sb's hair really short • **raparle la cabeza/el pelo a alguien** to shave sb's head/to crop sb's hair
—**raparse** v pron **raparse (el pelo)** to have your hair cropped • **raparse la cabeza** to shave your head

rapaz adj

rape **al rape** really short: *Me gusta llevar el pelo al rape.* I like my hair really short.

rápidamente adv quickly

rapidez s speed: *la rapidez de las comunicaciones a través de Internet* the speed of communication via the Internet • *¿Terminaste? ¡Qué rapidez!* Have you finished? That was quick! • **con rapidez** quickly

rápido[1], -a adj **1** (de corta duración) quick: *Dale una revisada rápida.* Have a quick look at it. **2** (veloz) fast: *un carro muy rápido* a very fast car **3** (listo) quick: *Es rápida para los números.* She's quick with numbers.

¿fast, quick o rapid?
Frecuentemente no son intercambiables.
fast se aplica a lo que puede desplazarse a gran velocidad: *She likes fast cars.* • *the fastest runner in the world*
quick se refiere a acciones o movimientos que se realizan en muy poco tiempo: *I had to make a quick decision.* • *I'll just take a quick shower.*
rapid es propio del lenguaje formal o escrito, y se aplica principalmente a procesos: *rapid change* • *a rapid recovery*

rápido[2] adv quickly, fast: *Vino muy rápido.* She came really quickly. • *No comas tan rápido.* Don't eat so fast.

¿fast o quickly?
Ambos expresan "movimiento a gran velocidad", pero quickly se usa especialmente para referirse a alguien que recorre una distancia corta apresuradamente: *Richard ran quickly down the stairs.*

rápido[3] interj quick, hurry up: *¡Rápido, que se va el tren!* Quick! The train's about to leave!

rápido[4] s **1** (tren) express, express train **2 rápidos** [pl] (de un río) rapids

rapiña s pillage ▶ **AVE de rapiña**

raponazo s mugging

raponero, -a s mugger

rappel, rapel, rápel s (deporte) rappelling • **hacer/practicar rappel** to rappel, to go rappelling

rapsodia s rhapsody (pl -dies)

raptar v [T] **1** (para pedir un rescate) to kidnap **2** (con propósitos sexuales) to abduct

rapto s **1** (secuestro) kidnapping **2** (con fines sexuales) abduction **3** (ataque) **en un rapto de locura/furia** in a fit of madness/rage

raptor, -a s **1** (para pedir un rescate) kidnapper **2** (con propósitos sexuales) abductor

raqueta s **1** (de tenis, squash) racket, racquet **2** (de tenis de mesa) paddle

raquetazo s **1** (golpe) *Le pegó un raquetazo en la cabeza.* She whacked him on the head with her racket. **2** (en el tenis, el squash) shot: *un excelente raquetazo de la tenista colombiana* an excellent shot from the Colombian tennis player

raquítico, -a *adj* **1** (que está muy delgado) weedy **2** (muy débil – árbol, cultivos) spindly; (industria) feeble **3** (con raquitismo) with rickets **4** (muy escaso) measly

raquitismo s rickets [pl]

raramente *adv* (con poca frecuencia) rarely

rareza s **1** (de una persona) quirk: *Estoy acostumbrada a sus rarezas.* I'm used to his quirks. **2** (cosa poco común) rarity (pl -ties): *Este disco es una rareza.* This record is a rarity. **3** (cualidad) rarity

raro, -a *adj* **1** (extraño) strange, odd: *Es un poco raro.* He's a little strange. • *una falda rara* an odd skirt • *¡Qué raro que no vino!* It's strange that she didn't come. **2** (poco frecuente) rare: *Son raros los casos de ese tipo.* Cases like that are rare. • **es raro que llueva/nieve** it rarely rains/snows ▶ BICHO **raro**

rara vez rarely: *Muy rara vez lo veo.* I very rarely see him.

¿strange, odd, funny o weird?
Para las cosas o personas extrañas hay varios adjetivos en inglés. El más común es strange: *a strange dream*
odd también se usa mucho con el mismo sentido: *They're an odd couple.*
funny es un termino coloquial: *What's that funny smell?*
weird es un término más coloquial y enfático: *a weird experience*
rare se usa para lo que es poco común: *rare stamps* y no se debe confundir con otros significados de "raro"

ras 1 a(l) ras de la tierra/del suelo *El cable iba al ras de la tierra.* The cable went along the ground. • *Pasó volando a ras del suelo.* It flew past very low. **2 una cuchara/cucharadita al ras** a level tablespoon/ teaspoonful

rasante *adj a una altura casi rasante* at very low altitude • *una toma rasante* a very low-angle shot

rascacielos s skyscraper

rascar v [T] **1** (con las uñas) to scratch: *¿Me rascas la espalda?* Can you scratch my back? **2** (con un utensilio) to scrape • **rascar la pintura** to scrape off the paint
—**rascarse** v pron **1** to scratch • **rascarse la cabeza/la nariz** to scratch your head/nose **2** (emborracharse) to get plastered

rasgado, -a *adj* almond [solo ante s], almond-shaped: *ojos rasgados* almond eyes

rasgadura s tear

rasgar v [T] to tear
—**rasgarse** v pron to tear: *Se me rasgó el jean.* My jeans have torn.

rasgo s **1** (característica) characteristic: *¿Cuáles son los rasgos del Romanticismo?* What are the characteristics of Romanticism? • **un rasgo de la personalidad** a personality trait **2 rasgos** [pl] features: *Tiene rasgos delicados.* She has delicate features.

a grandes rasgos *Me lo explicó a grandes rasgos.* She explained it to me in broad terms. • *Se agrupan, a grandes rasgos, en tres categorías.* Broadly speaking, they are grouped into three categories.

rasguear v [T] to strum

rasguñadura s scratch (pl -ches)

rasguñar v [T] to scratch

rasguño s scratch (pl -ches): *Salió sin un rasguño.* She came away without a scratch.

rasguñón s scratch (pl -ches)

raso[1], -a *adj* **1** (medida) **una cucharada rasa** a level tablespoon **2** (disparo, remate) low-level

al raso out in the open ▶ SOLDADO **raso**

raso[2] s satin • **un camisón/un vestido de raso** a satin nightgown/dress

raspadura s **1** (en un carro, un mueble) scratch (pl -ches) **2 raspadura de naranja/limón** orange/lemon zest

raspar v **1** [T] (con un utensilio) to scrape • **raspar la pintura/el barro** (para quitarlo) to scrape the paint/the mud off **2** [I] (barba) to scratch; (tela) to be rough
—**rasparse** v pron to scrape yourself: *Me raspé con la pared.* I scraped myself on the wall. • **rasparse el codo/la rodilla** to scrape your elbow/knee

raspón s graze

rasposo, -a *adj* **1** (piel, superficie) rough **2** (voz) husky

rasta *adj, s* Rasta

rastras a rastras *Llevaba una maleta a rastras.* She was dragging a suitcase along. • *Irás aunque te tenga que llevar a rastras.* You're going even if I have to drag you kicking and screaming. • *una pareja con un niño a rastras* a couple with a kid in tow • *Los soldados avanzaban a rastras.* The soldiers crawled forward.

rastreador, -a *adj*

rastrear v [T] **1** (seguir el rastro de) to track down **2** (una zona, un lugar) to search, to comb **3** (buscador, programa) to search

rastreo s **1** (de una zona) search (pl -ches) **2** (buscando información) search (pl -ches)

rastrero, -a *adj* **1** (persona, comportamiento) despicable **2** (planta) creeping

rastrillo s **1** (herramienta) rake **2** (para rasurarse) razor

rastro s **1** (pista) trail: *Le perdimos el rastro.* We lost his trail. **2** (señal) sign: *No había rastros de violencia.* There were no signs of violence. • **sin dejar rastro** without a trace: *Desapareció sin dejar rastro.* She disappeared without a trace.

rastrojo s (residuo) stubble

rasuradora (tb **rasuradora eléctrica**) s (electric) razor, (electric) shaver

rasurar v [T] **1** (cortar al ras) to shave **2** (quitar) *Me rasuraron todo lo que traía.* They cleaned me out.
—**rasurarse** v pron to shave

rata[1] s [fem] rat

rata[2] s [masc & fem] **1** (ladrón) petty thief (pl thieves) **2** (mala persona) mean pig

ratero, -a s petty thief (pl thieves); (carterista) pickpocket

raticida s rat poison

rato s while: *Quédate un rato conmigo.* Stay with me for a while. • **hace un rato** a while ago: *Salió hace un rato.* She went out a while ago. • **dentro de un rato** in a while: *Te llamo dentro de un rato.* I'll call you in a while.

a cada rato all the time • **a ratos** *A ratos me quedaba dormida.* I kept nodding off. • *A ratos salía el sol.* The sun came out from time to time. • **al rato** after a while: *Al rato volvió con un amigo.* A little while later, he returned with a friend. • **pasar el rato** to pass the time • **pasar un mal rato** to go through a tough time • **tengo/ tienen para rato** I'm going to/they're going to be some time • **tener/ir algo para rato** *Tiene para rato que lo esperamos.* We've been waiting for him for some time.

ratón s **1** (animal) mouse (pl mice) **2** (del computador) mouse (pl mouses, mice)
ratón de biblioteca bookworm • **el ratón Pérez** the tooth fairy

ratonera s **1** (madriguera) mousehole **2** (para cazar ratones) mousetrap **3** (trampa) trap

raudal *s* **a raudales** *Llovía a raudales.* The rain was coming down in torrents. • *El sol entraba a raudales por la ventana.* The sun streamed in through the window.

ravioles *s* [pl] ravioli [+ v sing o pl]: *Los ravioles estaban fríos.* The ravioli was cold.

raya *s*

> 1 línea
> 2 en el pelo
> 3 signo ortográfico
> 4 del pantalón
> 5 de droga
> 6 pez

1 LÍNEA line • **hacer una raya** to draw a line • **unas cortinas/una camisa a rayas** striped curtains/a striped shirt
2 EN EL PELO part: *Tienes torcida la raya.* Your part's not straight. • **hacerse la raya al medio/al costado, hacerse la raya en medio/de lado** to part your hair in the middle/to have a side part
3 SIGNO ORTOGRÁFICO dash (pl -shes)
4 DEL PANTALÓN crease
5 DE DROGA line: *una raya de cocaína* a line of coke
6 PEZ ray
EXPRESIONES
mantener algo/a alguien a raya to keep sth/sb under control • **pasarse de la raya** to go too far

rayado, -a *adj* **1** (disco) scratched **2** (con rayas – papel) lined; (tela) striped

rayar *v* [l,T] to scratch: *Rayaste el piso con los patines.* You've scratched the floor with your skates. • *Este trapo no raya.* This cloth won't scratch.
—**rayarse** *v pron* to get scratched

rayitos *s* [pl] (en el pelo) highlights • **hacerse rayitos** to have highlights put in

rayo *s* **1** (de luz) ray: *un rayo de sol* a ray of sunlight **2** (durante una tormenta) flash of lightning, lightning [U]: *Cayó un rayo en el árbol.* The tree was struck by lightning.
EXPRESIONES
entrar/salir/pasar como un rayo to shoot in/to shoot out/to fly by • **oler/saber a rayos** to smell/taste foul • **¡que te parta un rayo!** get lost! • **ser un rayo** to be really quick
rayo láser laser beam • **rayos catódicos** cathode rays • **rayos infrarrojos** infrared rays • **rayos ultravioleta** ultraviolet rays • **rayos X** X-rays

rayón *s* rayon

rayuela *s* hopscotch • **jugar a la rayuela** to play hopscotch

raza *s* **1** (de una persona) race **2** (de un perro, un gato) breed: *¿De qué raza es?* What breed is it? • **un perro/un gato de raza** a pedigreed dog/cat

razón *s* **1 tener razón** to be right: *Tienes razón, no debería habérselo dicho.* You're right, I shouldn't have told her. • **no tener razón** to be wrong: *No tienes razón, el libro es de Eva.* You're wrong, the book is Eva's. • **darle la razón a alguien** to admit that sb is right: *Al final me dio la razón.* In the end he admitted I was right. **2** (causa) reason: *Te llamó por alguna razón.* She must have called you for a reason. **3** (cordura) **perder la razón** to lose your mind • **hacer entrar en razón a alguien** to make sb see reason **4** (capacidad de pensar) reason **5** (mensaje) message
EXPRESIONES
a razón de at a rate of • **¡con razón…!** no wonder…!: *¡Con razón me parecía conocido!* No wonder he looked familiar!
razón de Estado reasons of state [pl] • **razón social** registered name

razonable *adj* reasonable

razonado, -a *adj* reasoned: *una respuesta/propuesta razonada* a reasoned reply/proposal

razonamiento *s* reasoning

razonar *v* **1** [l] (pensar) to think **2** [T] (justificar) to give reasons for: *Razona tu respuesta.* Give reasons for your answer.

re *s* (nota musical) D

reabrir *v* [T] to reopen

reacción *s* reaction
reacción en cadena chain reaction

reaccionar *v* [l] to react: *¿Cómo reaccionó?* How did he react?

reaccionario[1], -a *adj* reactionary

reaccionario[2], -a *s* reactionary (pl -ries)

reacio, -a *adj* **ser/mostrarse reacio -a a hacer algo** to be reluctant to do sth

reactivar *v* [T] to revive

reactor *s* **1** (para la producción de energía) reactor **2** (avión) jet **3** (motor) engine, jet engine
reactor nuclear nuclear reactor

readmisión *s* (de un alumno) readmission; (de un trabajador) reinstatement

readmitir *v* [T] (a un alumno) to readmit; (a un trabajador) to reinstate

reafirmar *v* [T] to reaffirm
—**reafirmarse** *v pron* **reafirmarse en algo** to stand by sth

reagrupar *v* [T] to regroup

reajuste *s* (de precios, salarios) adjustment
reajuste de personal staff reduction

real *adj* **1** (de la realidad) real: *el mundo real* the real world • *en la vida real* in real life • *Es una historia real.* It's a true story. **2** (de la realeza) royal: *la familia real* the royal family

realce *s* **darle realce a algo** to add importance to sth

realeza *s* royalty

realidad *s* reality (pl -ties): *Tienes que aceptar la realidad.* You have to accept reality.
EXPRESIONES
en realidad actually: *En realidad, es bastante caro.* It's actually pretty expensive. • **hacerse realidad** to come true: *Sus sueños se hicieron realidad.* Her dreams came true. • **la realidad es que…** the fact is…
realidad virtual virtual reality

realismo *s* realism

realista *adj* realistic

reality show *s* reality show

realización *s* **1** (de un congreso, un festival) organization: *La realización del congreso correrá a cargo de la universidad.* The university will be responsible for organizing the conference. • **encargarse de la realización de un proyecto/un concierto** to be responsible for implementing a project/putting on a concert **2** (de una operación, un experimento) carrying out: *El gobierno no ha autorizado la realización de los experimentos.* The government has not given authorization for the experiments to be carried out. **3** (de un sueño, una fantasía) fulfillment: *Este viaje supone la realización de un sueño.* This trip is a dream come true. **4** (venta a bajo precio) sale: *realización de la ropa de invierno* sale of winter clothing

realizado, -a *adj* **sentirse realizado -a** to feel fulfilled

realizador, -a *s* director

realizar *v* [T] **1** (hacer – un festival, un congreso) to hold; (un viaje) to make; (una operación, un experimento) to perform; (un trabajo, un proyecto) to do • **realizar una investigación/una encuesta** to carry out an investigation/a survey **2** (cumplir – un sueño, una fantasía) to fulfill
—**realizarse** *v pron* **1** (hacerse realidad) to come true: *Este es un sueño que se ha realizado.* It's a dream come

true.   **2** (como persona) to fulfill yourself • **realizarse profesionalmente** to fulfill your career potential

realmente *adv* really: *No se sabe lo que pasó realmente.* Nobody knows what really happened. • *Realmente no me interesa.* I'm really not interested. • *Realmente, creo que no tienes razón.* I honestly think you're wrong.

realzar *v* **1** (destacar – la belleza, unas cualidades) to bring out; (los logros) to highlight   **2** (dar grandeza a) to add importance to: *Su presencia realzó el acto.* His presence added importance to the event.

reanimación *s* (de un paciente) resuscitation

reanimar *v* [T] **reanimar a alguien (a)** (tras un desmayo) to bring sb around: *No le podían reanimar.* They couldn't bring him around.   **(b)** (tras un accidente, una operación) to revive sb   **(c)** (devolverle las fuerzas a) to revive sb: *Un té caliente te reanimará.* A hot cup of tea will revive you.   **(d)** (alegrarlo) to cheer sb up
—**reanimarse** *v pron* **1** (recobrar las fuerzas) to get your strength back   **2** (recobrar el conocimiento) to come around   **3** (alegrarse) to cheer up

reanudación *s* resumption

reanudar *v* [T] to resume
—**reanudarse** *v pron* to resume

reaparecer *v* [I] **1** (persona perdida, problema) to reappear   **2** (cantante, actor) to make a comeback

reaparición *s* **1** (de persona perdida, problema) reappearance   **2** (de cantante, actor) comeback

rearme *s* rearmament

reata *s* (de saltar) jump rope • **brincar la reata** to jump rope

reavivar *v* [T] **1** (el fuego) to rekindle   **2** (el interés, el odio) to rekindle

rebaja *s* **1** (descuento) discount • **hacerle (una) rebaja a alguien** to give sb a discount • **pedir rebaja** to ask for a discount   **2** (reducción) cut: *una rebaja en los sueldos* a wage cut

rebajado, -a *adj* reduced: *entradas a precios rebajados* reduced-price tickets

rebajar *v* [T] **1** (un precio, un producto) to reduce: *Han rebajado toda la ropa de invierno.* They've reduced all winter clothing. • *Me lo rebajó a $1.500.* He reduced it to $1,500 for me. • *Le rebajo 500 pesos.* I'll give you 500 pesos off. • **rebajarle el 10 por ciento/el 20 por ciento a alguien** to give sb 10 percent/20 percent off   **2** (una condena, un castigo) to reduce: *Le han rebajado la condena de 15 años a 10.* His sentence has been reduced from 15 to 10 years.   **3** (diluir – un líquido) to dilute; (la pintura) to thin
—**rebajarse** *v pron* **rebajarse a hacer algo (a)** (actuar con poca dignidad) to stoop to doing sth   **(b)** (humillarse) to lower yourself to doing sth • **rebajarse ante alguien** (humillarse) to grovel to sb

rebanada *s* (de pan, jamón) slice; (de tocino) rasher: *una rebanada de pan* a slice of bread

rebanar *v* [T] (el pan) to slice

rebaño *s* **1** (de ovejas) flock   **2** (de cabras, ganado) herd

rebasar *v* [T] **1** (a un carro, un corredor) to pass: *Lo rebasó en la última curva.* He passed him on the last bend.   **2** (exceder) to go over, to exceed (*más frml*): *La inflación rebasó el 5 por ciento.* Inflation went over 5 percent. • *Me multaron por rebasar la velocidad máxima permitida.* I was fined for speeding.   **3** (superar, aventajar) **rebasar a alguien en edad/altura** to be older/taller than sb

rebatir *v* [T] to refute

rebelarse *v pron* to rebel • **rebelarse contra algo** to rebel against sth

rebelde[1] *adj* **1** (espíritu, joven) rebellious   **2** (desobediente) disobedient   **3 un grupo/ejército rebelde** a rebel group/army   **4** (pelo) unmanageable   **5** (mancha) stubborn

rebelde[2] *s* rebel

rebeldía *s* rebelliousness

rebelión *s* rebellion

rebobinar *v* [T] to rewind

rebosante *adj* **rebosante de alegría/salud** bursting with joy/glowing with health

rebosar *v* [I] to overflow • **rebosar de alegría** to be bursting with joy • **rebosar de salud** to be glowing with health

rebotar *v* [I] **1** (pelota) to rebound: *Rebotó en el poste.* It rebounded off the post.   **2** (correo electrónico) to bounce back   **3** (cheque) to bounce
—**rebotarse** *v pron* to be cross

rebote *s* **1** (de pelota) bounce   **2** (en básquet) rebound

rebozado, -a *adj* (con pan rallado) in breadcrumbs; (con huevo y harina) in batter

rebozar *v* [T] to coat

rebrotar *v* [I] **1** (planta) to sprout new shoots   **2** (fenómeno) to re-emerge: *La violencia rebrotó.* There were renewed outbreaks of violence.

rebrote *s* **1** (de planta) shoot   **2** (de fenómeno) re-emergence; (de violencia) renewed outbreak

rebullir *v* [T] to stir

rebuscado, -a *adj* (argumento) far-fetched; (lenguaje) fancy

rebuscarse *v pron* **rebuscárselas** to get by, to make ends meet

rebuznar *v* [I] to bray

rebuzno *s* bray, braying [U]

recabar *v* [T] **1** (información) to gather   **2** (una opinión, apoyo) to seek

recadero, -a *s* messenger

recado *s* (mensaje) message: *Te dejé un recado en el contestador.* I left you a message on your answering machine. • **darle un recado a alguien** to give sb a message

recaer *v* [I] **1** (responsabilidad, peso) **recaer sobre alguien** to rest with sb   **2** (premio) **recaer sobre alguien** to go to sb   **3** (enfermo) to have a relapse   **4** (alcohólico, toxicómano) to relapse • **recaer en la bebida/en la droga** to be drinking again/to be back on drugs

recaída *s* relapse • **tener una recaída** to have a relapse

recalcar *v* [T] to stress

recalcitrante *adj* recalcitrant

recalentar *v* [T] **1** (la comida) to reheat   **2** (un motor) to overheat
—**recalentarse** *v pron* (motor) to overheat

recámara *s* **1** (habitación) bedroom: *Esta es la recámara de los niños.* This is the children's bedroom.   **2** (muebles) bedroom suite: *una recámara de caoba* a mahogany bedroom suite   **3** (de arma) chamber

recamarera *s* (en un hotel) chambermaid

recambio *s* (para un carro, un electrodoméstico) spare part

recapacitar *v* [I] to reconsider: *Espero que recapacites.* I hope you will reconsider. • **recapacitar sobre algo** to think sth over

recapitulación *s* summary (pl -ries)

recapitular *v* [T] to summarize, to recapitulate (*más frml*)

recargable *adj* **1** (pilas, batería) rechargeable   **2** (encendedor) refillable

recargado, -a *adj* (estilo, decoración) ornate

recargar *v* [T] **1** (volver a cargar – una batería, un celular) to recharge; (un encendedor) to refill; (un arma) to reload   **2** (poner en exceso – la decoración) to overdo   **3** (apoyar) **recargar algo en algo** to lean sth against sth: *Recarga la escalera en la pared.* Lean the ladder against the wall. •

Recargue la cabeza en el respaldo de la silla. Rest your head on the back of the seat.

EXPRESIONES

recargar las pilas to recharge your batteries

—**recargarse** *v pron* **1** (batería, celular) to recharge **2 recargarse en/contra algo** to lean on/against sth: *Se recargó en el mostrador.* He leaned on the counter.

recargo *s* surcharge • **un recargo de $100/del 10 por ciento** a $100/10 percent surcharge • **sin recargo** with no surcharge

recatado, -a *adj* (pudoroso) modest

recato *s* (pudor) modesty

recauchutado¹, -a *adj* remolded

recauchutado² *s* remold

recaudación *s* **1** (dinero) takings [pl]: *la recaudación del día* the day's takings **2** (acción) collection: *la recaudación de impuestos* tax collection

recaudador, -a *s* collector: *recaudador de impuestos* tax collector

recaudar *v* [T] (dinero, fondos) to raise; (impuestos) to collect

recaudo *s* **a buen recaudo** in a safe place

recelar *v* **1** [T] to suspect **2** [I] **recelar de algo/alguien** to be suspicious of sth/sb

recelo *s* suspicion • **con recelo** suspiciously

receloso, -a *adj* suspicious

recepción *s* **1** (en un hotel, una oficina) reception **2** (ceremonia, fiesta) reception • **ofrecerle una recepción a alguien** to give a reception for sb **3** (de radio, televisión) reception

recepcionista *s* receptionist

receptáculo *s* receptacle

receptividad *s* receptiveness

receptivo, -a *adj* receptive

receptor¹, -a *adj* receiving: *un aparato receptor* a receiving device

receptor² *s* [masc] (aparato) receiver

receptor³, -a *s* (persona) recipient

recesión *s* recession

receta *s* **1** (de cocina) recipe • **la receta de algo** the recipe for sth: *la receta del éxito* the recipe for success **2** (de medicamentos) prescription: *El doctor me hizo una receta.* The doctor wrote me out a prescription. • **con receta** on prescription

recetar *v* [T] to prescribe • **recetarle algo a alguien** to prescribe sb sth

recetario *s* recipe book

rechazar *v* [T] **1** (una propuesta, una solicitud) to reject; (una invitación) to turn down: *Rechazaron nuestra propuesta.* They rejected our proposal. • *una oferta que no pude rechazar* an offer I couldn't refuse • *Tuvimos que rechazar su invitación.* We had to turn down their invitation. **2** (un ataque, una ofensiva) to repel **3** (una pelota) to parry **4** (declaraciones, un rumor) to deny **5** (un órgano trasplantado) to reject

rechazo *s* **1** (de una persona) rejection • **me causa/me provoca rechazo** I find him/it disagreeable **2** (de una propuesta, una oferta) rejection **3** (de un órgano trasplantado) rejection

rechinar *v* [I] **1** (puerta) to creak **2** (violín) to screech **3** (dientes) to grind • **me/le rechinan los dientes** I grind my teeth/he grinds his teeth

rechinido *s* **1** (de una puerta) creaking, squeaking **2** (de un violín) screeching

rechoncho, -a *adj* chubby

rechupete **estar de rechupete** to be delicious

recibidor *s* entrance hall

recibimiento *s* (acogida) welcome; (recepción) reception

recibir *v* [T] **1** (una carta, un e-mail, un regalo) to get, to receive (*más frml*): *¿Recibiste la postal que te mandé?* Did you get the postcard I sent you? • *¿Recibiste muchos regalos?* Did you get many presents? **2 recibir un premio** to be awarded a prize **3** (a una persona – ir a esperar) to meet; (dar la bienvenida a) to welcome; (atender) to see: *Vinieron a recibirnos al aeropuerto.* They came to meet us at the airport. • *La recibió con un abrazo.* She welcomed her with a hug. • *El gerente no quiso recibirme.* The manager refused to see me. **4** (una señal, una emisión) to receive: *Aquí no se recibe el Canal 5.* We don't get Channel 5 here. • *B4, ¿me recibe?* B4, are you receiving me? **5** (un golpe, una amenaza) to get, to receive (*más frml*): *Recibí un golpe en la cabeza.* I received a blow on the head. • *Recibió un tiro en el brazo.* He was shot in the arm. ▶ **recibir** SEPULTURA

EXPRESIONES

recibe un abrazo de best wishes • **reciba un cordial saludo** Yours sincerely

—**recibirse** *v pron* to graduate: *Me recibo a fin de año.* I graduate at the end of this year. • **recibirse de médico/abogada** to qualify as a doctor/lawyer

recibo *s* **1** (cuenta) bill: *el recibo del teléfono* the telephone bill **2** (comprobante) receipt

EXPRESIONES

acusar recibo de algo to acknowledge receipt of sth

reciclable *adj* recyclable

reciclado¹, -a *adj* recycled

reciclado² *s* recycling

reciclaje *s* recycling

reciclar *v* [T] to recycle

—**reciclarse** *v pron* to update your skills

recién *adv* **1** (con participios) recently: *recién publicado* recently published • **recién hecho -a** (café, sopa) freshly made; (pan) freshly baked: *una casa recién pintada* a newly painted house • *"recién pintado"* "wet paint" • *Está recién operada.* She's just had an operation. • *Tiene 18 años recién cumplidos.* He's just turned 18. • *Estaba recién bañado.* I had just taken a bath. **2** (apenas) only: *Me lo devolvió recién ayer.* She only gave it back to me yesterday. • *Recién son las cinco.* It's only five o'clock. • *Recién estará listo la semana que viene.* It won't be ready until next week. **3** (acciones recientes) *Recién se levanta.* He's just gotten up. • *Recién habíamos salido.* We had just left.

recién casado -a newlywed • **recién llegado -a** newcomer • **recién nacido -a** newborn baby (pl -bies)

reciente *adj* **1** (suceso) recent • **de reciente aparición/construcción** recently published/newly built **2** (huellas) fresh

recinto *s* enclosure: *Los metieron a todos en un recinto cerrado.* They put everyone in an enclosed area.

recio, -a *adj* robust

recipiente *s* container

reciprocidad *s* reciprocity

recíproco, -a *adj* reciprocal

recital *s* **1** (de música) recital • **dar un recital** to give a recital **2** (de poesía) reading

recitar *v* [T] (una poesía, la lección) to recite

reclamación *s* complaint

reclamar *v* **1** [I] (quejarse) to complain: *Fui a la tienda a reclamar.* I went to the store to complain. • **reclamar por algo** to complain about sth **2** [T] (exigir) to demand: *Reclamamos justicia.* We demand justice. **3** [T] (pedir) to claim: *Los indígenas reclaman sus tierras.* The indigenous people are claiming their land. **4** [T] (hacer necesario) to require: *Este problema reclama mi atención.* This problem requires my attention.

reclamo *s* **1** (queja) complaint **2** (de un derecho) demand

reclinable *adj* **un asiento/un respaldo reclinable** a reclining seat/back

reclinar *v* [T] **1** (un asiento) to recline **2** (la cabeza) to lay: *Reclinó su cabeza sobre mi hombro.* He laid his head on my shoulder.
—**reclinarse** *v pron* to lean back: *Se reclinó en la butaca.* He leaned back in the armchair.

recluir *v* [T] (en la cárcel) to imprison; (en un psiquiátrico) to commit
—**recluirse** *v pron* to shut yourself away

reclusión *s* (en una cárcel) imprisonment; (en un psiquiátrico) committal

recluso, -a *s* prisoner, inmate

recluta *s* **1** (voluntario) recruit **2** (en el servicio militar) conscript, draftee

reclutamiento *s* **1** (de soldados, empleados, voluntarios) recruitment **2** (para el servicio militar) conscription, the draft

reclutar *v* [T] **1** (soldados, empleados, voluntarios) to recruit **2** (para el servicio militar) to conscript, to draft

recobrar *v* [T] **1** (la salud, la memoria) to regain • **recobrar el conocimiento** to regain consciousness **2** (la confianza, la libertad) to get back, to recover (*más frml*) **3** (dinero, posesiones, territorios) to recover

recodo *s* bend • **en un recodo del camino/de la carretera** at a bend in the path/road

recogedor *s* dustpan

recogepelotas *s* (chico) ball boy; (chica) ball girl

recoger *v*

1	del suelo
2	la basura, el correo, el equipaje
3	buscar
4	cortar
5	ordenar
6	juntar
7	huérfanos, animales abandonados

1 **DEL SUELO** [T] to pick up: *Recogió un papel que se le había caído.* He picked up a piece of paper that he'd dropped.
2 **LA BASURA, EL CORREO, EL EQUIPAJE** [T] to collect: *¿Dónde se recoge el equipaje?* Where do you go to collect your luggage?
3 **BUSCAR** [T] to pick up: *Nos recogieron en taxi.* They picked us up in a taxi.
4 **CORTAR** [T] (flores, aceitunas, fresas) to pick; (el trigo) to harvest • **recoger la cosecha** to harvest crops
5 **ORDENAR** **(a)** [T] (la casa, el cuarto, la cocina) to straighten; (juguetes) to put away; (ropa) to pick up: *Recojan todos los juguetes.* Put all your toys away. • **recoger la mesa** to clear the table **(b)** [I] to clean up
6 **JUNTAR** [T] (información) to gather, to collect; (firmas, fondos) to collect; (opiniones) to obtain
7 **HUÉRFANOS, ANIMALES ABANDONADOS** [T] to take in
—**recogerse** *v pron*
  CABELLO **recogerse el pelo** (en un moño, un chongo) to put your hair up in a bun; (en una cola de caballo) to tie your hair back in a ponytail

recogido, -a *adj* **1** (en un moño, un chongo) up; (en una cola de caballo) tied back: *Lleva el pelo recogido.* She wears her hair tied back. **2** (adoptado) adopted

recolección *s* **1** (de cereales) harvest; (de algodón) picking: *Los pueblos nómadas vivían de la recolección.* Nomadic peoples lived from hunting and gathering. **2** (de basura, residuos) collection
  recolección de firmas petition

recolectar *v* [T] **1** (fondos) to raise **2** (firmas, datos) to collect **3** (fruta, hortalizas) to pick; (cereales, algodón) to harvest

recomendación *s* **1** (consejo) recommendation • **por recomendación de alguien** on sb's recommendation: *Lo leí por recomendación de una amiga.* I read it on a

friend's recommendation. **2** (para un trabajo) recommendation: *una carta de recomendación* a letter of recommendation • **conseguir un puesto por recomendación de alguien** to be recommended for a job by sb

recomendado, -a *adj* **1** (envío postal) registered • **mandar una carta recomendada** to send a letter by registered mail **2** (persona) recommended **3** (precio, dosis, método) recommended

recomendar *v* [T] **1** (aconsejar) to recommend: *El médico ha recomendado reposo.* The doctor has recommended rest. • **recomendarle algo a alguien** to recommend sth to sb: *María me recomendó este restaurante.* María recommended this restaurant to me. • *Me recomendaron a una profesora de inglés buenísima.* I was recommended an excellent English teacher. • *¿Vender el departamento? No te lo recomiendo.* Sell your apartment? I wouldn't recommend it. • **recomendarle a alguien que haga algo** to advise sb to do sth: *Me recomendó que no tomara sol.* He advised me not to sunbathe. ▶ ver nota en **RECOMMEND** **2** (para un trabajo) to recommend

recompensa *s* reward • **en/como recompensa por algo** as a reward for sth • **ofrecer una recompensa** to offer a reward

recompensar *v* [T] **recompensar a alguien (por algo)** to reward sb (for sth)

reconciliación *s* reconciliation

reconciliarse *v pron* to be reconciled • **reconciliarse con alguien** to make up with sb

reconfortante *adj* (sopa, noticia) comforting; (baño) soothing

reconfortar *v* [T] to comfort: *Una sopa caliente te reconfortará.* Some hot soup will make you feel better.

reconocer *v* [T] **1** (conocer) to recognize: *No la reconocí.* I didn't recognize her. **2** (identificar) to identify: *Un testigo reconoció al agresor.* A witness identified the attacker. • **reconocer un cadáver** to identify a body **3** (admitir) to admit: *Reconozco que me equivoqué.* I admit I made a mistake. **4** (a un paciente) to examine **5** (a un hijo) to recognize **6** (un derecho, a un estado, a un gobierno) to recognize
EXPRESIONES
reconocer el terreno to reconnoiter

reconocible *adj* recognizable

reconocimiento *s* **1** (para un trabajo) medical; (de rutina) checkup • **hacerse un reconocimiento (médico)** to have a medical, to have a checkup **2** (agradecimiento) recognition • **en reconocimiento a/por algo** in recognition of sth **3** (de un cadáver, un delincuente) identification **4** (con fines bélicos) reconnaissance • **misión/aviones de reconocimiento** reconnaissance mission/aircraft
  reconocimiento de voz voice recognition

reconsiderar *v* [T] to reconsider

reconstrucción *s* **1** (de un edificio, una ciudad) rebuilding, reconstruction **2** (de un hecho, una escena) reconstruction

reconstruir *v* [T] **1** (un edificio, una ciudad) to rebuild **2** (un hecho, una escena) to reconstruct

reconversión *s* restructuring
  reconversión industrial industrial restructuring • reconversión profesional retraining • reconversión tecnológica introduction of new technology

recopilación *s* **1** (de información, datos) gathering, collection **2** (libro – de artículos, recetas) collection; (de poemas, cuentos) anthology (pl -gies) **3** (disco) compilation

recopilar *v* [T] **1** (datos, información, recetas) to gather, to collect **2** (poemas, artículos, canciones) to gather together

recopilatorio[1], -a *adj* compilation [solo ante s]: *un disco recopilatorio* a compilation album

R

recopilatorio² s compilation album

récord¹ s record • **tener un récord** to hold a record: *Tiene el récord de salto en largo.* He holds the long jump record. • **batir/romper un récord** to break a record

récord² adj record [solo ante s] • **en un tiempo récord** in record time

recordar v **1** [I,T] (cosas pasadas) to remember: *No recuerdo dónde fue.* I can't remember where it was. • *Recuerdo que llovía.* I remember it was raining. • *No recuerdo bien.* I don't really remember. • **recordar haber hecho algo** to remember having done sth: *No recordaba haberlo leído.* He didn't remember having read it. **2** [T] (para no olvidar) **recordarle algo a alguien** to remind sb about sth: *Recuérdamelo, no se me vaya a olvidar.* Remind me about it in case I forget. • **recordarle a alguien que haga algo** to remind sb to do sth: *Recuérdale que compre el pan.* Remind him to get the bread. • **recordarle a alguien que...** to remind sb that...: *Me recordó que tenía que llamarte.* She reminded me that I had to call you. **3** [T] (por la semejanza) **me/le recuerda a...** it reminds me/him of...: *Me recuerda a su tío.* He reminds me of his uncle.

EXPRESIONES

¡no me lo recuerdes! don't remind me! • **si mal no recuerdo** if I remember correctly

⚠ *The smell of coffee reminded her of (✗ to) her childhood.*

recordatorio s small card given out after a funeral, first communion, etc.

recorrer v [T] **1** (de viaje) **recorrer un país/una zona** to travel around a country/an area: *Queremos recorrer Nueva Inglaterra.* We want to travel around New England. **2** (de visita, de paseo) **recorrer una ciudad/un barrio** to walk around a city/an area: *No se puede recorrer la ciudad en una mañana.* You can't go around the whole city in one morning. • **recorrer una exposición/un museo** to see an exhibition/to visit a museum **3 recorrer una ciudad en coche** to drive around a city **4** (distancias) to do, to cover: *Recorrió los 10 km a pie.* He did the 10 km on foot. **5 recorrer algo con la mirada** (una página) to scan sth, to cast your eye over sth; (un lugar) to cast your eye around sth

recorrido s **1** (de un tren, un bus, una carrera) route **2** (por una ciudad, un país) trip; (por un museo, unas instalaciones) tour **3** (de un cartero, en golf) round
recorrido virtual virtual tour

recortable¹ adj cut-out

recortable² s cutout

recortar v [T] **1** (una foto, un artículo, un cupón) to cut out **2** (los gastos, un presupuesto, el personal) to cut **3** (el pelo, la barba) to trim • **recortar las puntas** to trim the ends of your hair

recorte s **1** (de periódicos, revistas) clipping: *recortes de periódicos* press cuttings **2** (de gastos, del presupuesto) cut: *recortes de personal* staff cuts

recostarse v pron to lie down: *Se recostó en el sofá.* He lay down on the sofa.

recrear v [T] (el ambiente, una historia) to recreate
—recrearse v pron **recrearse haciendo algo** to enjoy yourself doing sth • **recrearse en/con algo** to take pleasure in sth

recreativo, -a adj recreational

recreo s (en la escuela) recess (pl -sses): *un recreo de 20 minutos* a 20-minute break • *En el recreo juegan al fútbol.* They play soccer during recess.

recriminar v [T] to reproach • **recriminarle algo a alguien** to reproach sb for sth

recta s (en geometría) straight line
recta final **(a)** (en carreras) home straight **(b)** (de un proceso, un proyecto) final stages [pl]

rectangular adj rectangular

rectángulo s rectangle

rectificación s correction

rectificar v [T] (un error) to correct, to rectify (*más frml*); (declaraciones, una decisión) to amend; (la política, un presupuesto) to adjust

recto¹, -a adj **1** (línea, camino) straight **2** (persona) principled; (conducta) upright ▶ ÁNGULO **recto**

recto² s rectum

rector, -a s (de universidad) president

rectorado s **1** (oficina) president's office **2** (cargo) presidency (pl -cies)

recuadro s box (pl -xes)

recubrir v [T] **recubrir algo de/con algo** to cover sth with sth

recuento s count • **hacer un recuento de algo** to count sth
recuento de espermatozoides sperm count • recuento de votos counting of the votes

recuerdo s **1** (en la memoria) memory (pl -ries): *Tengo un mal recuerdo de ese día.* I have bad memories of that day. • *No tengo ningún recuerdo de esa época.* I have no memory of that time. • **traerle buenos/malos recuerdos a alguien** to bring back bad/good memories for sb **2** (objeto) souvenir • **de recuerdo** as a souvenir • **un recuerdo de familia** (objeto pequeño) a family keepsake; (objeto valioso) an heirloom **3 recuerdos** [pl] (saludos) regards • **darle/mandarle recuerdos a alguien** to give/send your regards to sb: *Mi madre te manda recuerdos.* My mother sends her regards.

recuperación s **1** (de un enfermo, un accidentado) recovery (pl -ries) **2** (de una materia) retake: *un examen de recuperación* a retake **3** (de la economía) recovery (pl -ries)
recuperación de datos data recovery • recuperación de información information retrieval

recuperar v [T]

1	dinero, posesiones, territorios
2	la memoria, la vista
3	la calma, el buen humor, la confianza
4	el tiempo
5	un examen, una materia
6	archivos, datos

1 DINERO, POSESIONES, TERRITORIOS to recover

2 LA MEMORIA, LA VISTA to regain, to recover • **recuperar el conocimiento** to regain consciousness

3 LA CALMA, EL BUEN HUMOR, LA CONFIANZA to regain: *Tenemos que recuperar la calma.* We must regain our composure.

4 EL TIEMPO to make up: *Tengo que recuperar los días que falté a clase.* I have to make up the days I missed school.

5 UN EXAMEN, UNA MATERIA to retake: *Voy a recuperar matemática en septiembre.* I'll retake my math class in September.

6 ARCHIVOS, DATOS to recover
—recuperarse v pron
DE UNA LESIÓN, UNA SORPRESA to recover: *Esperemos que se recupere pronto.* Let's hope she recovers soon. • **recuperarse de una enfermedad/una operación** to recover from an illness/an operation • **recuperarse de un susto** to get over a fright

recurrir v **1** [I] (buscar ayuda) **recurrir a alguien** to turn to sb: *No sé a quién recurrir.* I don't know who to turn to. • **recurrir a un profesional/un experto** to enlist the services of a professional/an expert • **recurrir a algo** (como solución) to turn to sth; (en último extremo) to resort to sth • **recurrir al alcohol** to turn to alcohol • **recurrir a la violencia/la fuerza** to resort to violence/force **2** (en derecho) **(a)** [T] **recurrir una sentencia** to appeal against a sentence **(b)** [I] to appeal

recurso s **1** (solución) option: *No te queda otro recurso.* You have no other option. • **como último recurso** as a last resort **2** (en derecho) appeal • **presentar un recurso (contra algo)** to appeal (against sth) **3 recursos** [pl] (de

un país, una empresa) resources **4 recursos** [pl] (bienes, patrimonio) means; (capacidades) resources: *una familia sin recursos* a family with no means of support • **ser un hombre/una mujer de recursos** to be a resourceful man/woman
recurso de amparo appeal for legal protection • recurso de apelación appeal against sentence • recursos humanos **(a)** (personal) human resources **(b)** (tb **Recursos Humanos**) (departamento, curso) Human Resources • recursos naturales natural resources

red *s*

> **1** en informática
> **2** Internet
> **3** para pescar
> **4** en tenis
> **5** de vías, carreteras, tuberías
> **6** de tiendas, sucursales
> **7** de espías, traficantes

1 **EN INFORMÁTICA** network • **estar en red** to be networked: *Nuestros computadores están en red.* Our computers are networked.
2 **INTERNET la Red** the Net: *Lo encontré en la Red.* I found it on the Net. • **navegar por la red** to surf the Net
3 **PARA PESCAR** net
4 **EN TENIS la red** the net: *La pelota tocó la red.* The ball touched the net.
5 **DE VÍAS, CARRETERAS, TUBERÍAS** network • **la red ferroviaria/de carreteras** the rail/road network • **la red eléctrica** the electricity supply • **enchufar algo a la red (eléctrica)** to plug sth in to the electricity supply
6 **DE TIENDAS, SUCURSALES** chain
7 **DE ESPÍAS, TRAFICANTES** network, ring
EXPRESIONES
caer en las redes de alguien to fall into sb's clutches

redacción *s* **1** (trabajo escrito) essay • **hacer una redacción sobre algo** to write an essay on sth **2** (de un periódico) editorial department **3** (hecho o manera de redactar) *La redacción es pésima.* It is very badly written. • *Tiene mala redacción.* She can't write. • *Le encargaron la redacción de la ley.* He was charged with drafting the law.

redactar *v* [I,T] to write: *Redacta muy bien.* She writes very well.

redactor, -a *s* editor
redactor -a jefe editor-in-chief (pl editors-in-chief)

redada *s* raid: *una redada policial* a police raid • **hacer una redada** to carry out a raid

redil *s* fold
EXPRESIONES
volver al redil to return to the fold

redoble *s* roll, beating • **un redoble de tambor** a drum-roll

redomado, -a *adj* **un -a hipócrita/idiota redomado -a** a complete hypocrite/idiot

redonda *s* **1 en 100 m/5 km a la redonda** within a 100-meter/5-kilometer radius: *No había un árbol en varios kilómetros a la redonda.* There wasn't a tree for miles around. **2** (en música) whole note

redondear *v* [T] (cifras, cantidades – hacia arriba) to round up; (hacia abajo) to round down: *2,9 se puede redondear a 3.* 2.9 can be rounded up to 3.
EXPRESIONES
digamos diez/cien pesos, para redondear let's call it a round ten/hundred pesos

redondel *s* circle

redondeo *s* (hacia arriba) rounding up; (hacia abajo) rounding down

redondo, -a *adj* **1** (circular) round: *una cara redonda* a round face ▶ **MESA redonda 2** (excelente) great: *un negocio redondo* a great deal • **salir redondo** to work out very well **3 en números redondos** in round numbers **4 viaje redondo** round trip: *El viaje redondo le sale mil*

dólares. The round trip will cost you a thousand dollars. • **un pasaje/un boleto redondo** a round-trip ticket
EXPRESIONES
caer redondo -a/redondito -a (en una trampa, un engaño) to fall right into it: *Cayó redondo en la trampa.* He fell right into the trap.

reducción *s* reduction: *la reducción de gastos* the reduction in spending • *una reducción salarial* a pay cut

reducido, -a *adj* (espacio, tamaño, grupo) small: *un producto de precio reducido* a low-priced product

reducir *v* [T] **1** (hacer menor) to reduce • **reducir la velocidad** to reduce your speed • **reducir algo a algo** to reduce sth to sth: *Redujeron el número de empleados a 4.000.* They reduced the number of employees to 4,000. • **reducir algo en un 30%/50%** to reduce sth by 30%/50% **2** (una salsa, un jugo) to reduce **3** (en matemáticas) **reducir algo a algo** to convert sth to sth: *reducir un metro a centímetros* to convert a meter to centimeters **4** (destruir) **reducir un edificio a escombros/cenizas** to reduce a building to rubble/ashes
—**reducirse** *v pron* **1** (disminuir) to go down: *Se redujo el número de pacientes.* The number of patients went down. • **reducirse en un 30%/10%** to go down by 30%/10% **2** (limitarse) **reducirse a algo/a hacer algo** to come down to sth/to doing sth: *Todo se reduce a una cuestión económica.* It all comes down to a question of money.

redundancia *s* redundant expression, tautology (pl -gies) • **valga la redundancia** if you'll excuse the repetition

redundante *adj* (estilo, discurso) repetitious; (comentario) redundant

redundar *v* [I] **redundar en algo** to lead to sth • **redundar en beneficio de algo/alguien** to be to sth's/sb's advantage

reedición *s* **1** (nueva edición) new edition **2** (reimpresión) reprint

reeditar *v* [T] **1** (un libro – con cambios) to republish; (reimprimiendo) to reprint **2** (un disco) to reissue

reelección *s* re-election

reelegir *v* [T] to re-elect: *Lo reeligieron presidente.* He was re-elected president.

reembolso *s* (de gastos) reimbursement; (de un pago, un depósito, una fianza) refund
EXPRESIONES
contra reembolso cash on delivery • **pagar/enviar algo contra reembolso** to pay for/send sth cash on delivery

reemplazar *v* [T] **1 reemplazar algo (con/por algo)** to replace sth (with sth): *Reemplazar el sustantivo por un pronombre.* Replace the noun with a pronoun. **2 reemplazar a alguien (a)** (permanentemente) to replace sb **(b)** (temporalmente) to stand in for sb

reencarnación *s* reincarnation

reencarnarse *v pron* **reencarnarse en algo/alguien** to be reincarnated as sth/sb

reencauchar *v* [T] (una llanta) to retread

reencontrarse *v pron* **reencontrarse con alguien** to meet sb again

reencuentro *s* reunion

reenviar *v* [T] to forward

reestrenar *v* [T] (una película) to re-release; (una obra de teatro) to revive

reestreno *s* (de una película) re-release; (de una obra de teatro) revival

reestructurar *v* [T] to restructure

refacción *s* **1** (pieza de repuesto) part, spare part **2** (de una casa) refurbishment

refaccionar *v* [T] (una casa, un baño) to renovate a house/a bathroom

refajo *s* (bebida) shandy (pl -dies)

R

referencia s **1** (mención) reference • **hacer referencia a algo** to refer to sth: *No hizo ninguna referencia a su pasado.* He didn't make any reference to his past. **2** (remisión – en un escrito) reference; (en un diccionario) cross-reference **3 referencias** [pl] (para un trabajo) references • **pedirle referencias de alguien a alguien** to take up sb's references with sb

EXPRESIONES

con referencia a algo with reference to sth: *Con referencia a su carta del 15 de diciembre...* With reference to your letter of December 15...

referéndum s referendum • **hacer/realizar un referéndum (sobre algo)** to hold a referendum (on sth) • **someter algo a referéndum** to put sth to a referendum

referente adj **todo lo referente a algo** everything relating to sth • **en lo referente a algo** *Es muy responsable en lo referente al trabajo.* He's very responsible as far as work is concerned.

réferi, referí s referee

referirse v pron **referirse a algo/alguien** to mean sth/sb, to refer to sth/sb: *¿A quién te refieres?* Who do you mean? • **en/por lo que se refiere a...** as far as... is concerned: *un libro magnífico en lo que se refiere a información* an excellent book as far as information is concerned

refilón **de refilón** out of the corner of your eye

refinado, -a adj (persona, modales, ambiente) refined

refinar v [T] **1** (petróleo, aceite, azúcar) to refine **2** (modales, gustos) to refine **3** (en Internet) **refinar una búsqueda** to refine a search

refinería s refinery (pl -ries)

reflectante adj reflective

reflector s floodlight

reflejar v [T] to reflect
—**reflejarse** v pron to be reflected: *Su cara se reflejaba en el agua.* Her face was reflected in the water.

reflejo s **1** (imagen) reflection **2** (brillo) glint: *el reflejo del sol* the glint of the sunlight **3 reflejos** [pl] (reacciones) reflexes: *Tiene muy buenos reflejos.* He has very good reflexes. **4 reflejos** [pl] (en el pelo) highlights • **hacerse reflejos** to have highlights put in

reflexión s **1** (meditación) reflection: *Su obra invita a la reflexión.* His work gives food for thought. • **sin reflexión (previa)** without thinking **2** (razonamiento) reflection • **hacer una reflexión (sobre algo)** to comment (on sth) **3** (de la luz, una onda) reflection

reflexionar v [I] to think: *Actúa sin reflexionar.* He acts without thinking. • **reflexionar sobre algo** to think about sth, to reflect on sth (*más frml*)

reflexivo, -a adj **1** (persona, carácter) thoughtful **2** (en gramática) reflexive

reflexología s reflexology

reflotar v [T] (una empresa, un negocio) to relaunch

reflujo s ebb tide

reforestación s reforestation

reforestar v [T] to reforest

reforma s **1** (de un sistema, una ley) reform **2 hacer reformas en una casa/en la cocina** to renovate a house/the kitchen, to refurbish a house/the kitchen (*más frml*) • **necesitar reformas** to need renovating, to need refurbishing (*más frml*) • **cerrado por reformas** closed for refurbishment **3 la Reforma** (en historia) the Reformation
reforma agraria agrarian reform

reformador, -a s reformer

reformar v [T] **1** (una casa, el baño) to renovate, to refurbish (*más frml*): *Van a reformar su casa.* They are going to renovate their house. **2** (una ley, un sistema) to reform
—**reformarse** v pron to mend your ways, to reform (*más frml*)

reformatorio s juvenile correction facility (pl -ties)

reformista s, adj reformist

reforzar v [T] **1** (hacer más fuerte) to reinforce **2** (intensificar) to increase: *Reforzaron la seguridad en los aeropuertos.* They have increased security at airports.

refractario, -a adj (material) heat-resistant: *una fuente refractaria* an ovenproof dish

refrán s saying: *como dice el refrán* as the saying goes

refregar v [T] (frotar) to rub

refrenar v [T] to restrain

refrendar v [T] **1** (una decisión, una victoria, unas declaraciones) to endorse **2** (un documento) to endorse

refrescante adj refreshing

refrescar v **1** [I] (temperaturas, tiempo) to get cooler: *Por la noche refrescó bastante.* It got a lot cooler when night fell. **2** [T] (los conocimientos) to refresh • **refrescarle la memoria a alguien** to refresh sb's memory
—**refrescarse** v pron (persona) to cool off: *Me voy al agua a refrescarme un poco.* I'm going for a swim to cool off a bit.

refresco s **1** (gaseosa) soft drink, drink **2 un refresco de naranja/limón** an orange/a lemon drink

refriega s **1** (batalla) skirmish (pl -shes) **2** (pelea) scuffle

refrigeración s **1** (de comestibles) refrigeration **2** (sistema – en un motor) cooling system; (en un local, una oficina) air-conditioning system

refrigerado, -a adj **1** (alimentos) refrigerated **2** (local, oficina) air-conditioned

refrigerador, refrigeradora s fridge, refrigerator (*más frml*)

refrigerante¹ adj cooling

refrigerante² s coolant

refrigerar v [T] **1** (alimentos) to refrigerate **2** (un local, una oficina) to air-condition

refrigerio s light refreshments [pl]: *En el descanso se servirá un refrigerio.* Light refreshments will be served during the break.

refrito s **1** (salsa) base for a sauce made with fried onions and garlic **2** (novela, serie) rehash (pl -shes)

refuerzo s **1** reinforcement **2 refuerzos** [pl] reinforcements

refugiado, -a s refugee

refugiar v [T] (dar refugio a) to shelter
—**refugiarse** v pron **1** (por razones políticas, ideológicas) to take refuge: *Se refugiaron en la embajada.* They took refuge in the embassy. **2 refugiarse del viento/de la lluvia** to shelter from the wind/rain **3 refugiarse en la bebida** to seek refuge in drink

refugio s (protección) shelter • **buscar refugio en algo** to seek refuge in sth
refugio de montaña mountain refuge • refugio nuclear nuclear shelter, nuclear bunker

refunfuñar v [I] to grumble

refutar v [T] to refute

regadera s **1** (para regar) watering can **2** (utensilio para bañarse) shower **3** (lugar para bañarse) shower

regaderazo s shower: *un regaderazo rápido* a quick shower • **darse/echarse un regaderazo** to take a shower

regadío s irrigated land • **cultivos de regadío** irrigated crops • **tierras de regadío** irrigated land [U]

regalado, -a adj **1 estar regalado -a** to be a steal: *Las fresas están regaladas.* Strawberries are a steal./They're virtually giving strawberries away. • **los tenían/los compró regalados** they/he got them for next to nothing • **a precios regalados** at rock-bottom prices, really cheap **2** (examen, prueba) **estar regalado -a** to be a piece of cake

regalar *v* [T] **1** (dar) to give • **regalarle algo a alguien** to give sb sth: *Mis abuelos me regalaron una bicicleta.* My grandparents gave me a bicycle. • *¿Qué te regaló tu novio?* What did your boyfriend give you? • *¿Qué te regalaron para tu cumpleaños?* What did you get for your birthday? • *Si lo quieres, te lo regalo.* If you want it, you can have it. **2** (cuando no se menciona el recipiente) to give away: *Tenía muchos libros pero los regalé todos.* I had a lot of books but I gave them all away. **3** (vender muy barato) to sell cheaply: *En esa tienda regalan los DVDs.* DVDs are really cheap in that store.

regalo *s* **1** (obsequio) present • **hacerle un regalo a alguien** to give sb a present: *Le quiero hacer un regalo.* I want to give her a present. • *Me hicieron muchos regalos.* I got a lot of presents. • **de regalo** as a present: *Te he traído unas flores de regalo.* I've brought you some flowers as a present. • **un póster/libro/CD de regalo** a free poster/book/CD **2** (placer) joy • **ser un regalo para los oídos/la vista** to be a joy to hear/to see ▶ **PAPEL de regalo**
regalo de cumpleaños birthday present • regalo de Navidad Christmas present

regañadientes a regañadientes reluctantly

regañar *v* [T] (reñir) to tell off • **regañar a alguien (por algo)** to tell sb off (for sth): *Nos regañaron por romper el jarrón.* We were told off for breaking the vase.

regar *v* [T] (las plantas) to water
regarla to put your foot in your mouth: *Me parece que la regué.* I think I put my foot in my mouth.

regata *s* **1** (de embarcaciones) boat race; (de yates) yacht race **2** (serie de carreras) regatta

regatear *v* **1** (precios) **(a)** [I] to haggle **(b)** [T] to haggle over • **regatear el precio** to haggle over the price **2** [T] (escamotear) **no regatear esfuerzos** to spare no effort

regateo *s* haggling

regazo *s* lap

regencia *s* regency (pl -cies)

regeneración *s* regeneration

regenerar *v* [T] to regenerate

regente *s* regent

reggae *s* reggae

regidor, -a *s* (funcionario municipal) town councilor

régimen *s* **1** (dieta) diet • **hacer régimen** to be on a diet • **ponerse a régimen** to go on a diet • **seguir un régimen** to follow a diet **2** (gobierno) regime **3** (de lluvias) pattern
régimen de vida lifestyle

regimiento *s* regiment

región *s* region

regional *adj* regional

regionalismo *s* (palabra, expresión) regional variant

regir *v* **1** [T] (un país) to govern, to rule; (una empresa) to run **2** [T] (en gramática) to take • **regir (el) subjuntivo** to take the subjunctive **3** [I] (estar vigente) to be in force

registrado, -a *adj* (envíos postales) registered • **mandar una carta registrada** to send a letter by registered mail

registradora *adj* ▷ **CAJA registradora**

registrar *v* [T] **1** (examinar) to search: *Le registraron la casa.* They searched his house. • **registrar un cajón/un armario** to go through a drawer/a cupboard **2** (despachar) **registrar las maletas/el equipaje** to check in your luggage (un cambio, temperaturas) to register **4** (inscribir – un nombre, un nacimiento) to register
—**registrarse** *v pron* **1** (suceder) *No se han registrado cambios significativos en el estado del paciente.* There has been no significant change in the patient's condition. • *Se han registrado vientos huracanados por el norte.* Hurricane force winds have been recorded in the north. **2** (en un hotel) to check in: *Tengo que registrarme.* I have to check in. **3** (inscribirse) to register

registro *s* **1** (libro) register **2 llevar un registro de algo** to keep a record of sth **3 registro (policial)** police search (pl -ches) **4** (en una base de datos) record **5** (forma de expresarse) register: *un registro formal* a formal register
registro civil registry (pl -ries) • registro de la propiedad land record

regla *s* **1** (útil) ruler **2** (norma) rule: *las reglas del juego* the rules of the game **3** (menstruación) period • **tener la regla** to have your period
en regla in order: *Tengo todos los papeles en regla.* All my papers are in order. • **por regla general** generally, as a rule
regla de tres rule of three

reglamentar *v* [T] to regulate

reglamentario, -a *adj* **el uniforme reglamentario/la pelota reglamentaria** the regulation uniform/ball: *un campo de tamaño reglamentario* a regulation size field • **el tiempo reglamentario** (en fútbol) normal time

reglamento *s* rules [pl], regulations [pl]: *el reglamento del colegio* the school rules
trabajar a reglamento to work to rule

regocijarse *v pron* **regocijarse de/con algo** to revel in sth

regodearse *v pron* **regodearse de/con algo** to gloat over sth

regresar *v* **1** [T] (devolver) **regresarle algo a alguien** to give sth back to sb: *Te los regreso mañana.* I'll give them back to you tomorrow. • **regresar algo a su lugar** to put sth back (in its place) • **regresar los libros a la biblioteca** to take your library books back, to take your books back to the library **2** [I] (ir) to go back, to return (*más frml*); (venir) to come back, to return (*más frml*): *No regresaremos más tarde de las 12.* We won't be back later than 12. • **regresar a casa** to go home
—**regresarse** *v pron* to return: *Se regresaron en barco.* They returned by boat.

regreso *s* (vuelta) return: *el viaje de regreso* the return trip • **de/durante el regreso a...** on the way back to... • **estar de regreso (de Europa/de las vacaciones)** to be back (from Europe/from your vacation) • **a mi/su regreso** when I/you get back
regreso a clases return to school

reguero *s* (de agua, sangre) trickle
como un reguero de pólvora like wildfire

regulable *adj* adjustable

regulación *s* **1** (de una actividad, de la economía, de los precios) regulation: *la regulación del sector privado* regulation of the private sector **2** (de temperatura, luminosidad) control
regulación de empleo staff cuts [pl], redundancy (*más frml*)

regulador[1], -a *adj* **el consejo/organismo regulador** the regulatory board/body

regulador[2] *s* regulator, control

regular[1] *adj* **1** (no muy bueno) not great: *Como cantante es regular.* He's not a great singer. **2** (en gramática) regular **3** (uniforme) regular: *a intervalos regulares* at regular intervals

regular[2] *adv La redacción me salió regular.* My essay was just about okay. • *–¿Cómo te fue? –Regular.* "How did it go?" "So-so."

regular[3] *v* [T] **1** (controlar) to regulate **2** (un mecanismo, la altura) to adjust

regularidad *s* regularity • **con regularidad** regularly

regularización *s* (de inmigrantes, trabajadores) regularization

regularizar *v* [T] **1 regularizar a los inmigrantes/trabajadores extranjeros** to regularize the position of

relámpago

immigrants/foreign workers **2** (una situación) to restore

rehabilitación s **1** (de un delincuente, un drogadicto) rehabilitation **2** (de la espalda, un enfermo) rehabilitation ▶ CLÍNICA **de rehabilitación**

rehabilitar v [T] **1** (un delincuente, un drogadicto) to rehabilitate **2** (la espalda, un enfermo) to rehabilitate

rehacer v [T] to redo: *Tengo que rehacer el trabajo.* I have to redo the work.
EXPRESIONES
rehacer la vida to rebuild your life

rehén s hostage • **tomar a alguien como rehén** to take sb hostage: *Tomaron a los niños como rehenes.* They took the children hostage.

rehilete s pinwheel

rehogar v [T] to fry lightly: *Rehogue las cebollas.* Fry the onions lightly.

rehusar v [T] to refuse: *No pudimos rehusar su petición.* We couldn't refuse his request. • **rehusar hacer algo** to refuse to do sth: *Rehusó hablar conmigo.* He refused to speak to me.

reimplantar v [T] **1** (una ley, una institución) to reintroduce **2** (un dedo, una mano) to reattach

reimpresión s (hecho) reprinting; (edición) reprint

reina s **1** (monarca) queen: *la reina Sofía* Queen Sofía **2** (en las cartas, el ajedrez) queen ▶ ABEJA **reina**

reinado s reign • **bajo/durante el reinado de** in/during the reign of

reinar v [I] to reign

reincidente¹ *adj* **un delincuente/conductor reincidente** a criminal/driver who reoffends • **ser reincidente** to be a repeat offender

reincidente² s repeat offender

reincidir v [I] (delincuente, conductor) to reoffend • **reincidir en un delito** to commit a crime again

reincorporación s (a un trabajo – tras una licencia, vacaciones) return; (tras un despido) reinstatement

reincorporar v [T] (a un trabajador) to reinstate
—**reincorporarse** v pron (al trabajo – tras una licencia, vacaciones) to go back to work, to return to work (*más frml*); (tras un despido) to be reinstated

reiniciar v [T] (un computador) to reboot

reinicio s (en informática) restart

reino s kingdom
el reino animal the animal kingdom • el reino de los cielos the kingdom of Heaven • el reino vegetal the plant kingdom

Reino Unido el Reino Unido the United Kingdom

reinserción s **reinserción (social)** reintegration (into society)

reinsertar v [T] **reinsertar a delincuentes/drogadictos** to reintegrate offenders/drug addicts into society

reintegro s (reembolso) refund

reír v [I] to laugh • **hacer reír a alguien** to make sb laugh: *Tu hermano me hace reír mucho.* Your brother really makes me laugh. ▶ ver nota en LAUGH

—**reírse** v pron to laugh • **reírse de algo/alguien** to laugh at sth/sb: *No te rías de mí.* Don't laugh at me. • *¿De qué te ríes?* What are you laughing at? • **reírse a carcajadas** to laugh your head off

reiterado, -a *adj* repeated

reivindicación s **1** (de una mejora) demand; (de un derecho) claim • **atender las reivindicaciones de los terroristas/manifestantes** to meet the terrorists'/protesters' demands **2** (de un atentado) *Todavía no se ha recibido una reivindicación del atentado.* No one has yet claimed responsibility for the attack.

reivindicar v [T] **1** (una mejora) to demand; (un derecho) to claim **2** (un atentado) to claim responsibility for

reja s **1** (de barras verticales) railings [pl] **2** (de barras cruzadas) grille
EXPRESIONES
entre/tras las rejas behind bars

rejilla s **1** (de un desagüe) drain cover **2** (de ventilación, del radiador de un vehículo) grille

rejuvenecer v **1** [T] **rejuvenecer a alguien** to make sb look/feel younger, to rejuvenate sb (*más frml*): *Ese vestido te rejuvenece.* That dress makes you look younger. • *Unas buenas vacaciones te rejuvenecerán.* You'll feel rejuvenated after a good vacation. **2** [I] to be rejuvenating: *Hacer ejercicio rejuvenece.* Exercise keeps you young.

relación s **1** (entre temas, ideas) connection, link • **no tener ninguna relación con algo** not to be connected with sth, not to be linked to sth **2** (entre personas) relationship: *Tiene una mala relación con sus padres.* She doesn't have a good relationship with her parents. **3 con relación a/en relación con (a)** (con respecto a) about, with regard to (*más frml*): *Te quería hacer un comentario con relación a tu prueba.* I wanted to say something to you about your test. **(b)** (en comparación con) compared to: *En relación con el año pasado, estamos peor.* Compared to last year, we're worse off. **4 relaciones** [pl] relations: *las relaciones entre los dos países* relations between the two countries • **tener buenas/malas relaciones con alguien** to be on good/bad terms with sb **5 relaciones** [pl] (tb **relaciones sexuales**) sexual relations • **tener relaciones (sexuales)** to have sex **6** (lista) list
relación calidad-precio value for money • relaciones prematrimoniales pre-marital sex [U] • relaciones públicas public relations

relacionado, -a *adj* **estar relacionado -a con algo** to be linked to sth, to be related to sth (*más frml*): *Le fascina todo lo relacionado con los animales.* He is fascinated by anything to do with animals.

relacionar v [T] to relate, to link • **relacionar algo con algo** to link sth to sth, to relate sth to sth (*más frml*)
—**relacionarse** v pron **1** (estar relacionado) **relacionarse con algo** to be linked with sth, to be related to sth (*más frml*): *Este caso se relaciona con los anteriores.* This case is related to the earlier ones. **2 relacionarse con alguien** to mix with sb: *Tienes que relacionarte con gente de tu edad.* You should mix with people your own age.

relajación s relaxation • **hacer relajación** to relax

relajado, -a *adj* relaxed

relajante *adj* relaxing

relajar v [T] to relax: *Un baño caliente me relaja.* A hot bath helps me relax.
—**relajarse** v pron to relax

relajo s **1** (confusión) **ser un relajo** to be chaos: *Cuando llegamos al aeropuerto, aquello era un relajo.* It was chaos at the airport when we got there. • **se armó un relajo tremendo/espantoso** all heck broke loose **2** (desorden) mess **3 echar relajo (a)** (divertirse) to have fun: *Nos pasamos la noche echando relajo.* We had fun all evening. **(b)** (perder el tiempo) to fool around **(c)** (hacer tonterías) to fool around

relamerse v pron to lick your lips

relámpago s flash of lightning: *Fue un relámpago.* It was a flash of lightning. • *truenos y relámpagos* thunder and lightning

como un relámpago quick as a flash

relanzar v [T] to relaunch

relatar v [T] to tell • **relatarle un cuento/una anécdota a alguien** to tell sb a story/an anecdote • **relatar un partido** to commentate on a game

relativamente adv relatively

relativizar v [T] to put into perspective

relativo, -a adj **1** (no absoluto) relative **2** (bastante) **de relativa importancia/urgencia** relatively important/urgent • **con relativa facilidad** relatively easily **3** (relacionado) **relativo -a a** relating to • **lo relativo a algo** *Todo lo relativo a la fiesta ya está listo.* Everything for the party is ready now. • *Solo le interesa lo relativo al fútbol.* He's only interested in things to do with soccer. **4** (pronombre) relative

relato s **1** (cuento) story (pl -ries): *un libro de relatos* a story book **2** (de un hecho) account: *el relato de su viaje* the account of his trip

relax s relaxation

releer v [T] to reread

relegar v [T] to relegate • **relegar algo a un segundo plano** to push sth into the background • **relegar algo/a alguien al olvido** to consign sth/sb to oblivion

relente s cold night air

relevancia s importance

relevante adj important

relevar v [T] **1** (sustituir) to relieve **2** (destituir) to dismiss • **relevar a alguien de un cargo** to relieve sb of his/her post

relevista s relay runner

relevo s **1** (sustituto) relief **2** (competición) **relevos** [pl] relay, relay race ► **carrera de RELEVOS**

relicario s **1** (de un santo) reliquary (pl -ries) **2** (medalla) locket

relieve s **1** (en arte) relief: *un alto relieve* a high relief • *un bajo relieve* a bas-relief • **en relieve** in relief **2** (de una región) topography **3** (importancia) prominence, significance

poner algo de relieve to highlight sth

religión s religion

religioso, -a adj religious: *sus creencias religiosas* their religious beliefs

relinchar v [I] to neigh

reliquia s **1** (de santo) relic **2** (cosa antigua) heirloom

rellano s landing

rellenar v [T] **1** (un pollo, una berenjena, un tomate) to stuff **2** (un pastel) to fill

rellenito, -a adj (gordito) plump

relleno¹, -a adj **1** (pollo, berenjena) stuffed: *tomates rellenos* stuffed tomatoes • **relleno -a de algo** stuffed with sth: *aceitunas rellenas de anchoas* olives stuffed with anchovies **2** (pastel, galletas, chocolates) **relleno -a de algo** filled with sth: *chocolates rellenos de coco* chocolates filled with coconut • *galletas rellenas de chocolate* cookies with a chocolate filling

relleno² s **1** (para pollo, tomates, berenjenas) stuffing **2** (de un pastel, una galleta) filling **3** (de un cojín, un colchón) stuffing

reloj s **1** (de pulsera) **reloj (de pulsera)** watch (pl -ches): *Tienes el reloj atrasado.* Your watch is slow. **2** (de pared, de mesa) clock **3 hacer algo/trabajar contra reloj** to do sth/work against the clock
reloj de arena hourglass (pl -sses); (en cocina) egg timer • reloj biológico biological clock • reloj de pared wall

clock • reloj de pie grandfather clock • reloj de sol sun dial • reloj despertador alarm clock • reloj digital digital watch

relojería s (tienda) watchmaker's shop

relojero, -a s **1** (de relojes de pulsera) watchmaker **2** (de relojes de pared, mesa) clockmaker

reluciente adj **1** (muy limpio) sparkling clean, spotless **2** (pelo, piel) shiny **3** (metal) gleaming

relucir v [I] **1** (de limpio) to be sparkling clean, to be spotless: *El baño relucía de limpio.* The bathtub was sparkling clean. **2** (pelo, zapatos, estrellas) to shine **3** (metales) to gleam

sacar a relucir algo to bring sth up: *Sacó a relucir el tema de la herencia.* She brought the inheritance up. • **salir a relucir** to come up

remache s stud

remanente s (sobrante) surplus

remangarse v pron **remangarse (la camisa/el suéter)** to roll your sleeves up • **remangarse los pantalones** to roll your pants up

remanso s pool • **un remanso de paz** an oasis of peace

remar v [I] **1** (en bote) to row **2** (en canoa, en kayak) to paddle

remarcar v [T] **1** (recalcar) to highlight • **remarcar la importancia/la necesidad de algo** to stress the importance of sth/the need for sth **2** (hacer que quede claro) to point out

remasterizar v [T] to remaster

rematadamente adv extremely: *¡Es rematadamente idiota!* She's a complete idiot! • **rematadamente mal** atrociously

rematado, -a adj complete: *Es un idiota rematado.* He's a complete idiot.

rematar v **1** [I] (en deportes) to shoot: *Remató al poste.* He hit the post. • *Remató de cabeza.* He scored with a header. **2** [T] (subastar) to auction: *Van a rematar la casa.* The house is going to be auctioned. • **se remató en $200/$3.000** it was sold for $200/$3,000 **3** [T] (vender muy barato) to sell off: *Están rematando todo.* They are selling everything off. **4** [T] (terminar de matar) to finish off **5** [I] (terminar) **rematar en algo** to end in sth

remate s **1** (en deportes) shot: *un remate a puerta* a shot at goal • *un remate de cabeza* a header **2** (subasta) auction **3 estar loco -a de remate** to be stark raving mad

remediar v [T] **1** (solucionar) to sort out, to remedy (*más frml*): *Hay que buscar la forma de remediar la situación.* We have to find a way of sorting out the situation. **2** (evitar) to avoid • **no lo puedo remediar** I can't help it • **si nadie lo remedia** if no one does anything about it

remedio s **1** (medicamento) medicine: *¿Tomaste el remedio?* Have you taken your medicine? **2** (cura, tratamiento) remedy (pl -dies): *un remedio casero* a home remedy **3** (solución) solution: *La situación ya no tiene remedio.* There's nothing anyone can do about the situation.

no hay/no tenemos más remedio there's no choice • **no hay más remedio que hacer algo** I/we have no choice but to do sth: *No hay más remedio que decírselo.* We have no choice but to tell him. • **no tienes/tiene remedio** you're/he's hopeless • **¡qué remedio!** what else can I/we do? • **es/fue peor el remedio que la enfermedad** it only makes/made things worse

remendar v [T] **1** (poniendo remiendos a) to mend, to patch **2** (zurciendo) to darn

remendón, -ona adj ► **ZAPATERO remendón**

remesa s consignment

remiendo s **1** (de tela, cuero) patch (pl -ches) **2** (reparación) temporary repair

remilgado, -a *adj* fussy

remilgo *s* **no andarse con remilgos** (al comer) not to be fussy; (al decir algo) not to mince your words: *No se anda con remilgos a la hora de criticar a sus jefes.* He doesn't mince his words when it comes to criticizing his bosses. • **sin remilgos** unscrupulously

reminiscencia *s* memory (pl -ries)

remisión *s* (en un texto) reference

<u>EXPRESIONES</u>
sin remisión (inevitablemente) for sure

remite *s* **1** (datos) return address **2** (persona) sender

remitente *s* **1** (datos) return address **2** (persona) sender

remitir *v* [T] **1** (enviar) to send • **remitirle algo a alguien** to send sth to sb, to send sb sth **2** (en un texto) to refer to • **remitir a alguien a una página/un capítulo** to refer sb to a page/a chapter
—remitirse *v pron* **remitirse a algo** (referirse) to refer to sth

remo *s* **1** (de un bote) oar **2** (de un kayak, una canoa) paddle **3** (deporte) rowing: *un club de remo* a rowing club

remodelación *s* (de un edificio) redesign

remodelar *v* [T] (un edificio) to redesign

remojado, -a *adj* **remojado -a en algo** soaked in sth: *pan remojado en leche* bread soaked in milk

remojar *v* [T] (mojar) to soak

remojo *s* **estar en remojo** to be soaking • **poner/dejar algo en remojo** to put/leave sth to soak: *Puse las lentejas en remojo.* I put the lentils to soak.

remojón *s* **darse un remojón (a)** (en la piscina, el mar) to take a dip **(b)** (bajo la lluvia) to get soaked

remolacha *s* beet
remolacha azucarera sugar beet

remolcador *s* tug

remolcar *v* [T] to tow

remolino *s* **1** (en el pelo) cowlick **2** (de viento) swirl of wind **3** (en el agua) eddy (pl eddies)

remolón, -ona *s* **hacerse el remolón** to be a slacker

remolonear *v* [I] **1** (holgazanear) to laze around: *Se pasa el día remoloneando sin hacer nada.* He spends his day lazing around doing nothing. **2** (evitar trabajar) to slack off: *No remolonees y ponte a estudiar.* Stop slacking off and get going on your homework.

remolque *s* **1** (detrás de un vehículo) trailer **2** (grúa) tow truck

<u>EXPRESIONES</u>
a remolque (a) llevar a remolque to tow **(b)** (obligado) reluctantly

remontar *v* [T] **1** (un río, una colina) to go up **2** (superar – un obstáculo, una situación) to get over; (una desventaja) to overcome **3** (en deportes) **remontar un partido** to turn a game around **4 remontar el vuelo** to take flight
—remontarse *v pron* **remontarse a algo** to go back to sth: *una leyenda que se remonta al siglo XVIII* a legend going back to the eighteenth century

remorder *v* ▶ **remorder la CONCIENCIA**

remordimiento *s* remorse [U] • **tener/sentir remordimientos (de conciencia)** to feel guilty, to feel remorse (*más frml*)

remotamente *adv* (pensar, parecerse) vaguely • **ni remotamente** not even remotely: *No se interesó ni remotamente en el asunto.* She wasn't even remotely interested in the matter.

remoto, -a *adj* **1** (lugar, posibilidad) remote **2 no tengo/no tiene ni la más remota idea** I don't have/he doesn't have the faintest idea ▶ **CONTROL remoto**

remover *v* [T] **1** (un café, una salsa) to stir **2** (una ensalada) to toss **3 remover la tierra** to turn the soil over • **remover los escombros** to go through the rubble

remuneración *s* remuneration

renacentista *adj* **un pintor/una obra renacentista** a Renaissance painter/work

renacer *v* [I] **1** (persona) to come back to life **2** (confianza, miedo) to grow again; (interés) to revive

Renacimiento *s* **el Renacimiento** the Renaissance

renacuajo *s* (de rana) tadpole

renal *adj* kidney [solo ante s], renal (*más frml*): *un transplante renal* a kidney transplant ▶ **CÓLICO renal**

rencilla *s* quarrel

renco, -a *adj* **ser renco -a** to have a limp, to walk with a limp • **un caballo/perro renco** a lame horse/dog

rencor *s* resentment: *Estaba lleno de rencor.* He was full of resentment. • **con rencor** resentfully, grudgingly • **guardarle rencor a alguien (por algo)** to bear sb a grudge (for sth): *No le guardo rencor por lo que me hizo.* I don't bear him a grudge for what he did to me.

rencoroso, -a *adj* resentful

rendición *s* surrender

rendido, -a *adj* exhausted

rendija *s* gap

rendimiento *s* performance • **funcionar/operar a pleno rendimiento** (máquina, fábrica) to operate at full capacity

rendir *v*

1	alimentos
2	sueldo
3	ser provechoso
4	persona, equipo
5	negocio
6	responder de
7	ofrecer
8	un examen

1 **ALIMENTOS** [I,T] **rendir mucho** to go a long way: *El arroz rinde mucho.* Rice goes a long way. • **rinde dos platos/tres porciones** there is enough for two people/three servings

2 **SUELDO** [I] **no me/le rinde el sueldo** my/his salary doesn't go far enough

3 **SER PROVECHOSO** [I] **me/le rindió la mañana** I/he got a lot done in the morning

4 **PERSONA, EQUIPO** [I] to perform: *El equipo no rindió como se esperaba.* The team didn't perform as well as expected. • *Rindo más trabajando desde casa.* I work a lot better from home.

5 **NEGOCIO** [I] to be profitable

6 **RESPONDER DE** [T] **rendir cuentas (de algo)** to account (for sth): *Rindió cuentas de todo lo que gastó.* He accounted for everything he spent. • *No tengo que rendirle cuentas a nadie.* I don't have to account to anyone.

7 **OFRECER** [T] **rendir culto a algo/alguien** to worship sth/sb • **rendirle homenaje a alguien** to pay tribute to sb: *Sus fans le rindieron homenaje.* His fans paid tribute to him.

8 **UN EXAMEN** [T] to take
—rendirse *v pron*

1 **DARSE POR VENCIDO** to give up: *No lo sé. Me rindo.* I don't know. I give up.

2 **EJÉRCITO** to surrender

renegado, -a *adj*, *s* **ser (un) renegado/(una) renegada** to have lost your faith

renegar *v* [I] **1 renegar de algo** to turn your back on sth, to renounce sth (*más frml*): *No va a renegar de sus ideas.* She's not going to turn her back on her ideas. • *Renegó de su religión.* He renounced his religion. **2** (refunfuñar) to grumble

renglón *s* line

<u>EXPRESIONES</u>
a renglón seguido immediately afterward

rengo, -a *adj* ▶ **RENCO**

renguear v [I] to limp: *Venía rengueando.* He was limping.

reno s reindeer (pl reindeer)

renombrado, -a adj well-known, famous

renombre s **de renombre** well-known, famous

renovable adj renewable

renovación s **1** (de un contrato, un documento) renewal: *La renovación del pasaporte se puede hacer por correo.* Passports can be renewed by mail. **2** (de un edificio, una casa) renovation, refurbishment

renovador, -a adj **1** (artista, diseñador) innovative **2** (político) reformist

renovar v [T] **1** (un documento, un contrato) to renew **2** (una casa, un edificio) to renovate, to refurbish

renquear v [I] (cojear) to limp

renta s **1** (alquiler) rent **2** (ingreso) income • **vivir de (las) rentas** to live off a private income ▶ DECLARACIÓN **de la renta**, IMPUESTO **sobre la renta**
renta per cápita per capita income

rentabilidad s profitability

rentabilizar v [T] **1** (hacer rentable) to make a profit on: *Queremos rentabilizar el dinero invertido.* We want to make a profit on our investment. **2** (el tiempo, un esfuerzo) to make the most of, to reap the benefit of (*más frml*)

rentable adj profitable: *Es un negocio rentable.* It's a profitable business. • **salir rentable** to be financially viable

rentar v [T] **1** (tomar en alquiler – una vivienda) to rent; (una bicicleta, un vehículo, ropa) to rent; (un video, un DVD) to get out, to rent: *El verano pasado rentamos una casa en Acapulco.* Last summer we rented a house in Acapulco. • *¿Rentamos una película para esta noche?* Want to rent a movie for tonight? **2** (dar en alquiler – una vivienda) to rent out; (una bicicleta, un vehículo, ropa) to rent out; (un video, un DVD) to rent out: *¿Alquilan bicicletas?* Do you rent out bicycles? • *Me fui a vivir con mis padres y renté el apartamento.* I moved in with my parents and rented out my apartment. • **se renta** for rent

renuncia s resignation • **entregar/presentar la renuncia** to hand in your resignation

renunciar v [I] **1** (dimitir) to resign • **renunciar a su cargo/puesto** to resign from your post **2** (abandonar) **renunciar a algo** to give up sth, to relinquish sth (*más frml*) • **renunciar a una herencia/un premio** to give up an inheritance/a prize

reñido, -a adj **1** (concurso, elección) close: *un partido muy reñido* a very close game **2 estar reñido -a con algo** to be incompatible with sth • **no estar reñido -a con algo** *La belleza no está reñida con la inteligencia.* Beauty and intelligence are not mutually exclusive.

reñir v [I] (discutir) to quarrel: *Hemos reñido por una tontería.* We quarreled over a stupid little thing. ▶ ver nota en ARGUE

reo, -a s **1** (persona acusada) defendant **2** (persona condenada) prisoner

reojo **mirar algo/a alguien de reojo** to look at sth/sb out of the corner of your eye: *La estaba mirando de reojo.* He was looking at her out of the corner of his eye.

reorganizar v [T] to reorganize

reparación s repair: *La reparación del televisor tardará una semana.* The television will take a week to repair. • **estar en reparación** to be being repaired ▶ TALLER **de reparaciones**

reparador, -a adj (sueño, descanso) refreshing; (efecto) restorative

reparar v **1** [T] (arreglar) to repair ▶ ver nota en ARREGLAR **2** [I] **reparar en algo (a)** (notar) to notice sth **(b)** (reflexionar) to consider sth • **no reparar en gastos** to spare no expense

reparo s (objeción) objection • **poner reparos a algo** to raise objections to sth

repartidor, -a s (de un supermercado, una tienda) **repartidor** delivery man (pl men), delivery boy • **repartidora** delivery woman (pl women), delivery girl

repartir v **1** [T] (distribuir) to hand out, to distribute (*más frml*): *El profesor repartió las fotocopias.* The teacher handed out the photocopies. **2** [T] (dividir) to share, to split: *Repartió su dinero entre sus hijos.* He shared his money between his children. **3** [T] (distribuir) to deliver: *Reparte pizzas.* He delivers pizzas. **4** [T] (asignar) to give out, to assign (*más frml*): *Repartió los papeles de la obra.* She gave out the parts in the play. **5** [I, T] (en juegos de cartas) to deal: *Reparte tres cartas a cada uno.* Deal three cards each. • *¿Quién reparte?* Whose deal is it?
—**repartirse** v pron **repartirse algo** to share sth out between you: *Se repartieron el dinero.* They shared the money out between them.

reparto s **1** (de mercaderías) delivery (pl -ries) **2** (en partes) distribution **3** (de actores) cast
reparto a domicilio home delivery (pl -ries) • reparto de beneficios profit sharing [U]

repasar v [T] **1** (volver a estudiar) to review: *Todavía me falta repasar todo.* I still have to review everything. **2** (volver a mirar) to check: *Quisiera repasar estas cuentas.* I'd like to check these figures. **3** (coser, remendar) to mend **4** (planchar) to iron

repaso s **1** (para un examen) review • **hacer un repaso de algo** to review sth: *Dieron un repaso a todo el programa.* They revised the whole curriculum. **2** (de control, inspección) check **3 darle un repaso a algo (a)** (planchar) to give sth a quick iron **(b)** (limpiar) to give sth a quick clean

repatriación s repatriation

repatriado[1], -a adj repatriated

repatriado[2], -a s **los repatriados** people who have been repatriated

repatriar v [T] to repatriate

repelar v [I] to complain • **repelar por algo** to complain about sth: *Por todo repelan.* They complain about everything.

repelente[1] adj (que da asco – lugar, olor) disgusting

repelente[2] s repellent • **repelente de insectos/mosquitos** insect/mosquito repellent

repeler v **1** [T] (un ataque, una agresión) to repel **2** [I] (desagradar) **esa chica me/le repele** I find/he finds that girl repulsive

repensar v [T] to rethink

repente **de repente** suddenly: *De repente se cortó la luz.* The electricity suddenly went off.

repentino, -a adj sudden

repercusión s **1** (consecuencias) repercussion • **tener repercusión en algo** to affect sth, to have repercussions on sth (*más frml*) **2** (trascendencia) impact

repercutir v [I] **repercutir en algo** to affect sth, to have repercussions on sth

repertorio s repertoire

repetición s **1** (de una pregunta, un hecho) repetition **2** (de un programa) repeat **3 repetición (de la jugada)** replay, instant replay

repetido, -a adj **1** (reiterado) repeated: *Te lo dije repetidas veces.* I've told you time and again. **2** (duplicado) **tener algo repetido -a** (un libro, un CD) to have two copies of sth

repetidor[1], -a s student who has to redo a subject or school year

repetidor[2] s [masc] relay station

repetir v **1** [T] (volver a decir) to repeat: *¿Me repites la pregunta?* Could you repeat the question? **2** [T] (volver a hacer) to do again, to redo (*más frml*): *Me dijo que*

repitiera el ejercicio. He told me to do the exercise again. **3** [I, T] (un grado, un año) to repeat: *Repitió quinto grado.* He repeated fifth grade. **4** (en una comida) **(a)** [I] to have a second helping: *¿Puedo repetir?* Can I have a second helping? **(b)** [T] to have a second helping of: *Quería repetir postre.* She wanted a second helping of dessert. **5 (a)** [I] to make you burp: *El ajo repite.* Garlic makes you burp. **(b)** [T] **repito el ajo/la cebolla** garlic/onion makes me burp
—**repetirse** *v pron* **1** (volver a suceder) to repeat itself: *La historia se repite.* History repeats itself. • **¡que no se repita!** don't let it happen again! **2** (persona) to repeat yourself: *Te repites mucho.* You repeat yourself a lot.

repetitivo, -a *adj* repetitive

repicar *v* [I, T] to ring

repique *s* ringing

repisa *s* (estante) shelf (pl shelves); (de una chimenea) mantelpiece; (de una ventana) windowsill

replantear *v* [T] (un asunto, una situación, un problema) to bring up again, to raise again (*más frml*): *Tengo que replantearle el tema.* I'll have to bring up the subject with him again.
—**replantearse** *v pron* (un asunto, una situación, un problema) to think about again, to rethink: *Me lo voy a tener que replantear.* I'll have to think about it again.

replegar *v* [T] **1** (las alas) to fold **2** (unos manifestantes, una marcha) to move back
—**replegarse** *v pron* **1** (tropas) to withdraw **2 replegarse en sí mismo** to withdraw into yourself

repleto, -a *adj* **1** (de gente) packed: *El estadio estaba repleto.* The stadium was packed. **2** (de cosas) full: *El cajón está repleto de papeles.* The drawer is full of papers.

réplica *s* **1** (respuesta) reply (pl -plies); (más agresiva) retort **2** (copia) replica

replicar *v* **1** [T] (responder) to reply; (con agresividad) to retort **2** [I] (con insolencia) to answer back: *Hazlo ahora mismo, y sin replicar.* Do it right now, and don't argue.

repliegue *s* (de tropas) withdrawal

repoblación *s* **1** (con personas) repopulation **2** (con peces) restocking **3** (con animales) repopulation **4** (con árboles) replanting
  repoblación forestal reforestation

repoblar *v* [T] **1** (con personas) to repopulate **2** (con peces) to restock **3** (con animales) to repopulate **4** (con árboles) to replant

repollito (tb **repollito de Bruselas**) *s* Brussels sprout

repollo *s* cabbage

reponer *v* [T] **1** (reemplazar, sustituir) to replace **2 reponer fuerzas/energías** to get your strength/energy back **3 reponer una serie de TV** to show a TV series again • **reponer una obra de teatro** to put on a play again
—**reponerse** *v pron* to recover • **reponerse de algo (a)** (de una enfermedad) to get over sth, to recover from sth (*más frml*) **(b)** (de una sorpresa, un problema) to get over sth: *No puede reponerse de la derrota.* She can't get over the defeat.

reportaje *s* **1** (en la televisión, la radio) report **2** (artículo periodístico) article, feature **3** (entrevista) interview • **un reportaje a alguien** an interview with sb • **hacerle un reportaje a alguien** to interview sb
  reportaje gráfico illustrated feature

reportar *v* [T] **1** (un robo, un accidente) to report: *Sus familiares lo reportaron como desaparecido.* His family reported his disappearance. **2 reportar a alguien (a la dirección)** to report sb (to the principal): *Lo reportaron porque volvió a llegar tarde.* He was reported to the principal because he was late again. **3** (en la prensa) to report
—**reportarse** *v pron* **1** (reprimirse) to control yourself **2** (comunicarse) to send word: *Se reportó desde Mérida, todo bien.* We've had word from Mérida, everything's okay.

reporte *s* **1** (informe) report **2** (de calificaciones) report card **3** (disciplinario) warning

reportero, -a *s* reporter
  reportero gráfico press photographer

reposabrazos *s* armrest

reposacabezas *s* headrest

reposado, -a *adj* (vida, lugar) quiet; (persona, tono) calm; (paso, actividad) gentle: *un trabajo reposado* a job that isn't too demanding

reposapiés *s* footrest

reposar *v* **1** [I] (descansar) to rest **2** [I] (en cocina) to stand • **dejar reposar algo** to let sth stand: *Deja reposar la mezcla cinco minutos.* Let the mixture stand for five minutes. **3** [T] (apoyar) to rest, to lean: *Reposa la cabeza en la almohada.* Rest your head on the pillow. **4** [T] **reposar la comida** to let your food digest **5** [I] (yacer) to lie

reposición *s* **1** (de una serie, una película) rerun **2** (obra de teatro) revival **3** (de productos, objetos) replacement

reposo *s* **1** (descanso) rest • **hacer reposo** to rest: *Le dijo que hiciera reposo.* He told her to rest. **2** (en cocina) **dejar algo en reposo** to let sth stand

repostar *v* [I,T] **1 repostar (gasolina)** to fill up (with gas) **2** (avión, barco) to refuel • **repostar combustible** to refuel

repostería *s* **1** (tienda) cake shop **2** (productos) cakes and pastries [pl]: *Tienen muy buena repostería.* They have very good cakes and pastries. **3** (actividad) *Me gusta la repostería.* I like making cakes and pastries.

reprender *v* [T] to tell off, to reprimand (*más frml*)

represa *s* dam

represalia *s* reprisal • **en represalia por** in retaliation for, in reprisal for • **tomar represalias** to take reprisals

representación *s* **1 en representación de algo/alguien** on behalf of sth/sb: *Vengo en representación de mis compañeros.* I'm here on behalf of my colleagues. **2** (de una obra) performance **3** (delegación) delegation **4** (símbolo) representation, symbol • **ser la representación de algo** to represent sth
  representación proporcional proportional representation

representante *s* **1** (delegado) representative **2 representante (artístico)** agent
  representante comercial sales rep, sales representative (*más frml*) • representante sindical trade union representative

representar *v* [T]

1	un papel
2	poner en escena
3	a una persona, una organización
4	aparentar
5	simbolizar
6	significar
7	mostrar, describir

1 UN PAPEL to play: *Representó el papel del mago.* He played the part of the wizard.
2 PONER EN ESCENA representar una obra to put on a play
3 A UNA PERSONA, UNA ORGANIZACIÓN to represent: *Nos quiere representar.* He wants to represent us.
4 APARENTAR to look: *No representa la edad que tiene.* He doesn't look his age.
5 SIMBOLIZAR to represent, to stand for: *El rojo representa el peligro.* Red stands for danger.
6 SIGNIFICAR to mean: *Representas mucho para mí.* You mean a lot to me.
7 MOSTRAR, DESCRIBIR to depict: *Este libro lo representa como un tirano despiadado.* This book depicts him as a ruthless tyrant.

representatividad *s* representativeness: *un resultado que puso en duda la representatividad del grupo* a result which has cast doubts on how representative the group is • *una adecuada representatividad del partido* adequate representation of the party

representativo, -a *adj* **1** (característico) typical • **ser representativo -a de algo** to be typical of sth **2** (significativo, importante) representative

represión *s* repression

represivo, -a *adj* repressive

reprimenda *s* reprimand • **recibir una reprimenda por algo** to be reprimanded for sth

reprimido, -a *s* **ser un reprimido/una reprimida** to be very repressed

reprimir *v* [T] **1** (una manifestación, una rebelión) to suppress **2** (a manifestantes, huelguistas) to crush **3** (una emoción, un deseo) to suppress, to contain • **reprimir las lágrimas** to hold back your tears • **reprimir la risa** to contain your laughter
—**reprimirse** *v pron* to restrain yourself, to hold yourself back

reprobable *adj* reprehensible

reprobación *s* censure

reprobar *v* [I,T] (hablando de un examen, una asignatura) to fail: *Reprobé otra vez.* I failed again. • *Voy a reprobar química si no estudio.* I'm going to fail chemistry if I don't do some work. • **me reprobaron en francés/lo reprobaron en historia** I failed French/he failed history

reprochable *adj* reproachable

reprochar *v* [T] to reproach • **reprocharle algo a alguien** to reproach sb for sth: *Me reprochó que no la hubiera llamado.* She reproached me for not calling her.
—**reprocharse** *v pron* **reprocharse algo** to reproach yourself for sth: *Todavía me lo reprocho.* I still reproach myself for it.

reproche *s* reproach (pl -ches) • **hacerle reproches a alguien** to reproach sb

reproducción *s* **1** (de audio, imágenes) reproduction **2** (de un cuadro, un mueble) reproduction **3** (en biología) reproduction
reproducción asexual asexual reproduction • reproducción asistida assisted reproduction: *una clínica de reproducción asistida* a fertility clinic • reproducción sexual sexual reproduction

reproducir *v* [T] **1** (copiar) to reproduce: *La nueva edición reproduce el texto original.* The new edition reproduces the original text. **2** (una escena, una época) to recreate: *Ha querido reproducir la atmósfera de la época.* He wanted to recreate the period atmosphere. **3** (audio, imágenes) to play, to play back: *un programa que reproduce música* a program that plays music **4** (repetir) to repeat: *Ha dicho cosas que prefiero no reproducir.* He said things I'd rather not repeat.
—**reproducirse** *v pron* to reproduce

reproductor[1], -a *adj* **1** (función, capacidad) reproductive **2 un dispositivo reproductor de audio/video** an audio player/a video recorder ▶ APARATO **reproductor**

reproductor[2] *s* player
reproductor de DVD DVD player • reproductor de MP3 MP3 player

reprografía *s* reprographics [+v en sing]: *un servicio de reprografía* a copying service

reptar *v* [I] (serpiente) to slither; (cocodrilo) to crawl

reptil *s* reptile

república *s* republic

República Checa la República Checa the Czech Republic

República Democrática del Congo la República Democrática del Congo Democratic Republic of Congo

República Dominicana la República Dominicana the Dominican Republic

republicano, -a *adj*, *s* republican

repudiar *v* [T] to repudiate

repudio *s* condemnation

repuesto *s* **1** (para carros, aparatos) part, spare part **2** (para un bolígrafo, una pluma) refill
EXPRESIONES
de repuesto spare: *pilas de repuesto* spare batteries • *un par de calcetines de repuesto* a spare pair of socks

repugnancia *s* revulsion, disgust • **sentir repugnancia por/hacia algo** to find sth repulsive • **me/le produce repugnancia** it disgusts me/him • **mirar/rechazar algo con repugnancia** to look at/reject sth in disgust

repugnante *adj* **1** (olor, sabor) disgusting: *un olor repugnante* a disgusting smell **2** (que causa rechazo moral) disgusting, repugnant (*más frml*)

repugnar *v* [I] **me/le repugna (a)** (en lo físico) I find/she finds it disgusting **(b)** (en lo moral) I find/she finds it repugnant

repulsa *s* condemnation • **expresar su repulsa a algo** to express your condemnation of sth

repulsión *s* **1** (asco) repulsion • **me/le da repulsión** I find/he finds it repulsive **2** (rechazo) repugnance: *El tema produce repulsión entre el público.* The public finds the subject repugnant.

repulsivo, -a *adj* repulsive, repugnant (*más frml*)

repuntar *v* [I] (economía) to recover, to pick up; (precios) to rise, to pick up

repunte *s* (de la economía) recovery (pl -ries); (de los precios) rise: *un repunte del 16,6% en las ventas* a rise in sales of 16.6%

reputación *s* reputation: *Tiene reputación de ser honesto.* He has a reputation for being honest. • **tener buena/mala reputación** to have a good/bad reputation

reputado, -a *adj* well-known

requerimiento *s* request • **a requerimiento de alguien** at sb's request
requerimiento judicial court order • requerimiento notarial summons (pl summonses)

requerir *v* [T] **1** (necesitar) to require, to need: *La situación requiere mucho cuidado.* The situation requires a great deal of care. **2** (pedir) to request: *Han requerido mis servicios varias veces.* They have requested my services several times. **3** (exigir) to require: *Se requiere identificación.* ID is required. • **requerir la presencia de alguien** (en un juicio) to summon sb to appear in court

requesón *s* curd cheese

requete- *pref* really: *requetelinda* really pretty • *requetebién* brilliantly

réquiem *s* requiem

requisar *v* [T] (registrar) to search: *Nos requisaron al entrar.* We were searched as we went in.

requisito *s* requirement: *los requisitos para obtener una beca* the requirements for obtaining a grant • **cumplir con los requisitos (para algo)** to meet the requirements (for sth)

res *s* **1** animal • **reses** (sin especificar el número) cattle; (al especificar el número) head of cattle: *las reses afectadas por la fiebre aftosa* the cattle affected by foot and mouth disease • *Tienen 650 reses.* They have 650 head of cattle. **2** (tb **carne de res**) beef

resaca *s* (por haber bebido mucho) hangover

resaltador *s* highlighter

resaltar *v* **1** [T] (enfatizar) to emphasize, to stress: *Resaltó la importancia de la reunión.* He stressed the importance of the meeting. **2 (a)** [I] (destacarse) to stand out: *El rojo resalta sobre el fondo gris.* The red stands out against the gray background. **(b)** [T] (hacer más visible) to highlight: *Resalté las palabras que no conozco.* I've highlighted the words I don't know. • **hacer resaltar algo** to highlight sth

resarcir *v* [T] to compensate • **resarcir a alguien de/por algo** to compensate sb for sth

—**resarcirse** *v pron* to get compensation, to be compensated • **resarcirse de algo (a)** (de una pérdida) to be compensated for sth, to get compensation for sth **(b)** (de una decepción) to make up for sth

resbaladilla *s* (en un parque) slide

resbaladizo, **-a** *adj* (suelo, asfalto) slippery

resbalar *v* [I] (deslizarse – carro, moto) to skid; (persona) to slip • **resbalar por la frente/el vidrio** to trickle down your forehead/the windowpane: *Unas gotas de lluvia resbalaban por el vidrio.* Some raindrops trickled down the windowpane.
—**resbalarse** *v pron* **1** to slip: *Se resbaló en el suelo mojado.* She slipped on the wet floor. • **se me/le resbaló algo** sth slipped out of my/his hand **2 se le resbala** he/she doesn't care

resbalón *s* (hecho de resbalarse) slip • **dar/pegarse un resbalón** to slip

resbaloso -a *adj* **1** (piso) slippery **2** (persona) flirty

rescatar *v* [T] **1** (salvar) to rescue: *Los rescataron a tiempo.* They were rescued in time. **2** (de la ruina, del olvido) to rescue, to save **3** (el dinero) to withdraw

rescate *s* **1** (dinero) ransom: *un rescate de un millón de dólares* a million-dollar ransom **2** (salvataje) rescue: *una operación de rescate* a rescue operation

rescindir *v* [T] to cancel, to rescind (*más frml*)

rescisión *s* termination

resecar *v* [T] to make dry: *El frío me reseca los labios.* The cold makes my lips dry.
—**resecarse** *v pron* to go dry, to dry out

reseco, **-a** *adj* **1** (piel, labios) very dry: *Tengo los labios resecos.* My lips are very dry. **2** (tierra) parched

resentido, **-a** *adj*, *s* **ser (un) resentido/(una) resentida** to be resentful

resentimiento *s* resentment

resentirse *v pron* **1** (decaer – salud) to deteriorate; (trabajo, negocio, demanda) to suffer **2** (sentir dolor, molestias) **resentirse de una operación/una caída** to be feeling the effects of an operation/a fall

reseña *s* (crítica) review

reseñar *v* [T] **1** (un libro, una película) to review **2** (hacer mención de) to point out • **cabe reseñar que...** it should be pointed out that..., we should point out that...

reserva¹ *s* [fem]

1	objeción, duda
2	en un restaurante, un hotel
3	en el ejército
4	para la fauna y la flora
5	en deportes
6	de gasolina
7	de bienes, recursos
8	en el cuerpo humano

1 OBJECIÓN, DUDA reservation • **con reservas** with some reservations • **sin reservas (a)** (aceptar, apoyar) unreservedly: *Lo apoyaron sin reservas.* They gave him their unreserved support. **(b) hablar sin reservas** to speak freely, to be honest
2 EN UN RESTAURANTE, UN HOTEL reservation: *No tenemos reserva.* We haven't made reservations. • **hacer una reserva** to book, to make a reservation (*más frml*): *Se puede hacer la reserva por Internet.* You can book on the Internet.
3 EN EL EJÉRCITO reserve • **pasar a la reserva** to be posted to the reserve
4 PARA LA FAUNA Y LA FLORA reserve: *una reserva natural* a nature reserve
5 EN DEPORTES reserves [pl], reserve team
6 DE GASOLINA reserve (tank)
7 DE BIENES, RECURSOS reservas [pl] reserves: *reservas de petróleo* oil reserves
8 EN EL CUERPO HUMANO reservas [pl] reserves

de reserva spare: *Trae una raqueta de reserva.* Bring a spare racket.

reserva² *s* [masc] (vino) wine which has been aged for at least three years

reserva³ *s* [masc & fem] (jugador) reserve

reservación *s* **1** (en un restaurante, un hotel) reservation: *¿Tienen reservación?* Do you have a reservation?/ Have you booked? • **hacer una reservación** to make a reservation: *Puedes hacer la reservación por Internet.* You can make the reservation over the Internet. **2** (territorio) reservation

reservado, **-a** *adj* **1** (mesa, habitación) reserved: *Esta mesa está reservada.* This table is reserved. **2** (información, zona) restricted **3** (carácter, persona) reserved: *Es muy reservada.* She's very reserved.

reservar *v* **1** [I,T] (en un restaurante, un hotel) to reserve: *¿Reservaste?* Have you made a reservation? • **reservar mesa/una habitación** to reserve a table/a room **2** [T] (guardar, apartar) to put aside: *Reserva algo de dinero.* Put some money aside.
—**reservarse** *v pron* **1** (callar) **reservarse la opinión** to reserve judgement **2** (para otro momento) to save yourself: *Resérvate para esta noche.* Save yourself for tonight.

reservista *s* reservist

resfriado¹, **-a** *adj* **estar (muy) resfriado -a** to have a (bad) cold

resfriado² *s* cold: *Tengo un resfriado espantoso.* I have a horrible cold.

resfriarse *v pron* to catch a cold

resfrío *s* cold: *Tengo un resfrío espantoso.* I have a horrible cold.

resguardar *v* [T] to protect
—**resguardarse** *v pron* to shelter • **resguardarse del viento/de la lluvia** to shelter from the wind/the rain

resguardo *s* **al resguardo del viento/de las bombas** out of the wind/safe from the bombs

residencia *s* **1** (en un país, una ciudad) residency: *durante su residencia en Medellín* while she was living in Medellín • **fijar su residencia en Baja California/Europa** to take up residence in Baja California/Europe **2** (casa) residence **3** (en la carrera de medicina) residency (pl -cies), internship
residencia de ancianos old people's home • **residencia de estudiantes** dormitory (pl -ries)

residencial *adj* residential

residente *s* **1** (habitante) resident **2** (médico) intern

residir *v* [I] **1** (habitar) to reside **2** (radicar) **residir en algo** to lie in sth: *El problema reside en la falta de disciplina.* The problem lies in the lack of discipline.

residual *adj* residual ▸ **AGUAS residuales**

residuos *s* [pl] waste [U]
residuos nucleares nuclear waste [U] • **residuos tóxicos** toxic waste [U]

resignación *s* resignation: *Lo aceptó con resignación.* He accepted it with resignation.

resignarse *v pron* to resign yourself: *Al final me resigné.* In the end I resigned myself to it. • **resignarse a (hacer) algo** to resign yourself to (doing) sth: *Me resigné a hacer lo que me piden.* I've resigned myself to doing what they ask.

resina *s* resin

resistencia *s* **1** (de una persona) **resistencia (física)** stamina: *Tiene mucha resistencia.* He has a lot of stamina. **2** (de un material) strength **3** (oposición) resistance: *resistencia a la autoridad* resistance to authority **4** (de una plancha) element **5** (en física) resistance

resistente *adj* (material, objeto) tough, strong • **ser resistente al agua/al calor** to be water-resistant/heat-resistant • **una planta/una especie resistente al frío** a hardy plant/species

resistir *v* [T] to take, to withstand (*más frml*): *¿Resiste tanto peso?* Can it take that much weight? • *Esta planta no resiste el frío.* This plant can't withstand the cold. • *No resisto más.* I can't take any more. • **resistir la tentación de hacer algo** to resist the temptation to do sth
—**resistirse** *v pron* **resistirse a hacer algo** *Se resiste a aceptar la verdad.* He's unwilling to accept the truth. • *Se resiste a hacer los deberes.* She has to be pushed to do her homework.

resolución *s* **1** (de un problema) solution; (de una ecuación) solution; (de un conflicto) resolution: *el proceso de resolución de conflictos* the process of conflict resolution **2** (de una imagen) resolution: *un monitor de alta resolución* a high-resolution monitor **3** (decisión) decision: *su resolución de dimitir* her decision to resign **resolución judicial** court ruling

resolver *v* [T] **1** (un problema, un caso, una ecuación) to solve; (un conflicto, una situación) to resolve: *El caso nunca se resolvió.* The case was never solved. **2** (decidir) to decide: *¿Qué resolviste?* What have you decided? • **resolver hacer algo** to decide to do sth: *Al final resolví dejarlo como estaba.* In the end I decided to leave it as it was.

resonancia *s* **1** (de una noticia, un suceso) impact **2** (en física) resonance
resonancia magnética magnetic resonance

resonante *adj* **un éxito/triunfo resonante** a resounding success/victory

resonar *v* [I] **1** (voz, risas) to echo **2** (persistir en la memoria – palabras, nombres) to echo: *Sus advertencias aún resuenan en nuestros oídos.* His warnings are still ringing in our ears.

resoplar *v* [I] (persona) to puff and pant; (caballo) to snort

resorte *s* **1** (muelle) spring **2** (medio) means: *como resorte político* as a political means

resortera *s* slingshot

respaldar *v* [T] **1** (una propuesta, a una persona) to support, to back **2** (en computación – un archivo, un documento) to back up

respaldo *s* **1** (apoyo) support, backing **2** (de un asiento) back **3** (en computación) back-up

respectar *v* [I] **en/por lo que respecta a algo** as regards sth, as far as sth is concerned • **en/por lo que a mí respecta** as far as I'm concerned

respectivo, -a *adj* respective

respecto *s* **1 al respecto** about it: *No quiero escuchar ni una palabra al respecto.* I don't want to hear a single word about it. **2 con respecto a algo** with regard to sth: *la posición del comité respecto a este asunto* the committee's position with regard to this matter • **respecto al 2000/al año anterior** in relation to 2000/the previous year

respetable[1] *adj* **1** (familia, anciana) respectable; (opinión, creencia) valid **2** (número, cifra) substantial

respetable[2] *s* **el respetable** (en un teatro) the audience; (en un estadio, una corrida) the crowd

respetar *v* [T] **1** (a una persona) to respect **2** (una regla, una ley) to obey: *No respetó las reglas del juego.* He didn't obey the rules of the game. **3** (una decisión, una opinión) to respect

respeto *s* **1** (consideración) respect • **el respeto a la tradición/los mayores** respect for tradition/for your elders • **tenerle respeto a alguien** to have respect for sb: *No le tienen respeto.* They have no respect for him. • **faltarle al/el respeto a alguien** to be rude to sb, to be disrespectful to sb (*más frml*): *¡No me faltes al respeto!* Don't be so rude! • **ganar el respeto de alguien** to earn

sb's respect • **perder el respeto de alguien** to lose sb's respect • **por respeto a alguien** out of respect for sb, out of consideration for sb **2** (miedo) **tenerle respeto a algo** to be wary of sth: *Le tengo mucho respeto al agua.* I'm very wary of water. ▸ **FALTA de respeto**
EXPRESIONES
campar por sus respetos to do as you please • **con todo respeto** with all due respect

respetuoso, -a *adj* respectful • **ser respetuoso -a con alguien** to treat sb with respect

respingado, -a *adj* **tener (la) nariz respingada** to have a turned-up nose, to have a snub nose

respingo *s* **dar un respingo** to jump: *Me hizo dar un respingo.* It made me jump.

respiración *s* breathing • **contener la respiración** to hold your breath
respiración artificial artificial respiration • respiración (de) boca a boca mouth-to-mouth resuscitation, the kiss of life: *Le hicieron respiración boca a boca.* He was given mouth-to-mouth resuscitation.

respiradero *s* ventilation shaft

respirador (tb **respirador artificial**) *s* ventilator

respirar *v* **1 (a)** [I] (función vital) to breathe • **respirar hondo** to breathe deeply • **respirar por la nariz** to breathe through your mouth/nose **(b)** [T] (aire puro, humo) to breathe, to breathe in **2** [I] (sentirse aliviado) **respirar (tranquilo -a)** to breathe easy, to relax **3** [I] (descansar) to have a break
EXPRESIONES
no me/le deja respirar he never gives me/him a moment's peace • **no poder (ni) respirar** to be rushed off your feet

respiratorio, -a *adj* respiratory • **problemas respiratorios/enfermedades respiratorias** respiratory problems/diseases

respiro *s* **1** (descanso) break: *Necesito un respiro.* I need a break. **2** (alivio) relief: *¡Qué respiro!* What a relief!
EXPRESIONES
no darle respiro a alguien not to give sb a moment's peace • **proporcionarle un respiro económico a alguien** to give sb a financial breathing space

resplandecer *v* [I] to shine

resplandeciente *adj* **1** (sol) brilliant; (día) beautiful **2** (rostro, sonrisa) radiant, beaming

resplandor *s* **1** (del sol) brightness **2** (de una luz) gleam

responder *v* **1 (a)** [T] (una pregunta, a una persona) to answer: *Responde las siguientes preguntas.* Answer the following questions. • *No me respondió.* He didn't answer me. • **responder que…** to reply that…: *Respondió que no le interesaba.* He replied that he wasn't interested. **(b)** [I] to answer, to reply • **responder a una carta/una invitación** to reply to a letter/an invitation, to answer a letter/an invitation **2** [I] (reaccionar) to respond: *Respondieron con una huelga.* They responded with a strike. **3** [I] (hacerse responsable) **responder de/por alguien** to answer for sb: *Yo no respondo por él.* I can't answer for him. **4** [I] **responder a una descripción/a los hechos** to fit a description/to correspond to the facts

responsabilidad *s* **1** (obligación) responsibility (pl -ties) **2** (culpabilidad) responsibility **3** (cualidad) sense of responsibility: *No tiene ninguna responsabilidad.* He shows no sense of responsibility.

responsabilizar *v* [T] **responsabilizar a alguien (de algo)** to hold sb responsible (for sth)
—**responsabilizarse** *v pron* **responsabilizarse de algo (a)** (aceptar responsabilidad) to accept responsibility for sth **(b)** (encargarse de) to take responsibility for sth

responsable[1] *adj* **1** (serio) responsible: *Es muy responsable.* She's very responsible. **2** (culpable) **ser/sentirse responsable (de algo)** to be/to feel responsible (for sth): *Me siento responsable de lo que pasó.* I feel responsible for what happened. • *Somos responsables de ellos mientras no vuelvan sus padres.* We're responsible for them until their parents return. • **hacerse responsable de algo** to accept responsibility for sth ▶ ver nota en **RESPONSIBLE**

responsable² s **1** (de un delito) **el/la responsable** the person responsible, the culprit: *Están buscando a los responsables.* They are looking for the people responsible. • **el responsable del secuestro/del robo** the kidnapper/the robber **2** (encargado) **el responsable del departamento/de seguridad** the person in charge of the department/of security

respuesta s **1** (a una pregunta, a una persona) answer, reply (pl -lies): *Su respuesta me sorprendió.* I was surprised by his reply. **2** (en un ejercicio) answer: *Elige la respuesta correcta.* Choose the correct answer. **3** (reacción) response: *una respuesta positiva* a positive response

resquebrajarse v pron **1** (muro, hielo) to crack **2** (sociedad, relación) to crumble, to break down: *El mundo capitalista se está resquebrajando.* The capitalist world is beginning to crumble.

resquemor s **1** (disgusto) bad feeling • **generar/provocar resquemor** to cause/create bad feeling **2** (resentimiento) resentment: *un profundo resquemor* a deep resentment • **responder/decir con resquemor** to reply/say resentfully

resquicio s **1** (abertura) gap, crack **2 un resquicio de esperanza/duda** a glimmer of hope/a hint of doubt **3** (oportunidad) opportunity (pl -ties)

resta s subtraction • **hacer una resta** to do a subtraction problem

restablecer v [T] (relaciones) to re-establish • **restablecer el orden/el equilibrio** to restore order/the balance —**restablecerse** v pron **1** (recuperarse) to recover **2** (reiniciarse) to resume: *Se restableció el servicio de energía eléctrica en todos los municipios.* The electricity supply was restored to all areas.

restablecimiento s (de unas relaciones, de la paz) restoration; (de contactos) re-establishment: *un primer paso para el restablecimiento de la paz en la región* a first step toward restoring peace in the region

restante adj **1** (sobrante) remaining: *el porcentaje restante* the remaining percentage **2 lo restante** the rest

restar v **1** [T] (en matemáticas) to subtract • **restarle algo a algo** to subtract sth from sth, to take sth away from sth: *A eso réstale 15.* Subtract 15 from that. **2** [I] (quedar) to remain: *lo que resta del año* the remainder of the year **3** [T] (quitar) **restarle importancia a algo** to play down the importance of sth, to detract from sth (*más frml*)

restauración s **1** (de un cuadro, un mueble) restoration **2** (de un sistema de gobierno) restoration

restaurador, -a s (de cuadros, libros) restorer

restaurante s restaurant

restaurar v [T] (un cuadro, un mueble) to restore

restiramiento facial s facelift

restitución s return, restitution (*más frml*)

restituir v [T] **1** (devolver) to return **2** (a un puesto) to reinstate

resto s **1** (lo que queda) rest: *el resto del mundo* the rest of the world • *¿Dónde está el resto?* Where is the rest? **2** (en una división) remainder **3 restos** [pl] (de comida) leftovers: *Nos comimos los restos.* We ate the leftovers. **4 restos** [pl] (de un edificio) remains; (de un naufragio, un avión siniestrado) wreckage [U] **5 restos (mortales)** remains

EXPRESIONES
echar el resto to give it your all: *Los muchachos echaron el resto en el segundo tiempo.* The boys gave it their all in the second half.

restregar v [T] (una mancha, el piso) to scrub —**restregarse** v pron **restregarse los ojos/las manos** to rub your eyes/your hands

restricción s restriction

restrictivo, -a adj (medida, política) restrictive

restringir v [T] to restrict

resucitar v **1** [I] (en religión) to rise from the dead **2** [T] (a un enfermo, un accidentado) to resuscitate

resuelto, -a adj (persona) determined

resulta a/de resultas (de algo) as a result (of sth): *Murió a resultas de una caída.* He died as a result of a fall. • *No hubo acuerdo y, de resultas de ello, continuó la huelga.* There was no agreement and, as a result, the strike continued.

resultado s **1** (de un análisis) result; (de un examen) grade: *Me dieron los resultados.* I got my grades. **2** (efecto) result: *Es el resultado de mucho esfuerzo.* It is the result of a great deal of effort. **3** (de un partido) **resultado (final)** (final) score
EXPRESIONES
dar resultado to work: *El truco dio resultado.* The trick worked.

resultante adj resulting: *el grupo resultante de la fusión* the group resulting from the merger

resultar v **1** [I] (funcionar) to work: *El plan no resultó.* The plan didn't work. **2** [v copul] (parecer) **me resulta difícil/interesante/raro** I find it difficult/interesting/strange: *Me resulta más fácil hacerlo sola.* I find it easier to do it on my own. **3** [v copul] (quedar) **resultar herido -a/dañado -a** to be injured/damaged **4** [v copul] (salir) **resulta caro -a/barato -a** it works out expensive/cheap: *Al final resultó muy barato.* In the end it worked out very cheap. • **resultar bien/mal** to turn out well/badly: *La operación no resultó bien.* The operation wasn't a success. **5** [I] (ocurrir) **resultar de algo** to come of sth: *No sé qué resultará de todo esto.* I don't know what will come of all this.
EXPRESIONES
ahora resulta que... now it seems...: *Ahora resulta que yo tengo la culpa.* Now it seems it's my fault. • **resulta que...** (para introducir una historia) so...: *Resulta que entro al bar y...* So, I go into the bar and... • **resultó ser pariente de ella/amigo de Pablo** he turned out to be related to her/a friend of Pablo's

resumen s (síntesis) summary (pl -ries) • **hacer un resumen de algo** to do a summary of sth, to summarize sth
EXPRESIONES
en resumen in short

resumir v [T] (hacer un resumen de) to summarize; (cortar) to cut down: *Resuman el texto en una carilla.* Summarize the text on one side of a page. • *¿Puedes resumir esto un poco?* Can you cut this down a little?

resurgimiento s **1** (reaparición) resurgence **2** (recuperación) recovery (pl -ries), upturn

resurgir v [I] **1** (reaparecer) to re-emerge **2** (volver a tener fuerza – moda, economía) to enjoy a revival

resurrección s resurrection

retacar v [T] (una maleta, una bolsa) to cram full; (un lugar, un local) to pack out, to cram —**retacarse** v pron to stuff yourself: *Se retacaron de chocolates.* They stuffed themselves with chocolates.

retaguardia s **1** (parte de unas tropas) rearguard **2 en la retaguardia** in the background **3** (en fútbol) defense

retahíla s string: *una retahíla de acusaciones* a string of accusations

retama s broom [U]

retar v [T] **1** (reprender) **retar a alguien (por algo)** to tell sb off (for sth) **2** (desafiar) **retar a alguien a algo** to challenge sb to sth: *Me retó a una partida de ajedrez.* He challenged me to a game of chess.

retardado, -a adj ▶ **EFECTO**

retazo s **1** (parte aislada) fragment, snippet **2** (de tela) piece of material

retén s **1** (de bomberos) team **2** (de soldados) squad

retención *s* **1** (de líquidos, de humedad) retention **2** (de personal, clientes) retention: *una política de retención de clientes* a policy for retaining customers **3** (descuento) deduction **4** (de datos) holding: *la obligación de retención de datos* the obligation to hold information

retener *v* [T] **1** (recordar) to remember **2** (quedarse con) to keep: *Nos retuvieron la documentación.* They kept our papers. **3** (descontar) to deduct: *Le retuvieron el 15% del total.* They deducted 15% from the total amount. **4** (conservar) to retain: *la capacidad de retener agua* the ability to retain water **5** (impedir ir) to detain

reticencia *s* (reserva) reservations [pl] • **reticencia a hacer algo** reluctance to do sth
EXPRESIONES
con reticencia(s) (a) (con desconfianza) warily **(b)** (con reservas) with reservations • **sin reticencia(s)** without reserve

reticente *adj* **1** (reacio) reluctant: *Se han mostrado reticentes a aceptar nuestra proposición.* They were reluctant to accept our proposal. **2** (desconfiado) wary

retina *s* retina

retirada *s* **1** (de tropas, un ejército) retreat **2** (de una competencia) withdrawal

retirado, -a *adj* **1** (jubilado) retired **2** (lugar) remote **3** (vida) solitary

retirar *v* [T]

1 alejar
2 dinero, depósitos
3 recoger
4 quitar
5 dejar de dar
6 las tropas
7 de circulación, del mercado
8 una denuncia, una demanda

1 ALEJAR retirar la mesa/la cama de la pared to move the table/bed away from the wall
2 DINERO, DEPÓSITOS to withdraw: *Quisiera retirar $1.000 de mi cuenta.* I'd like to withdraw $1,000 from my account.
3 RECOGER to pick up: *Puede retirar las entradas en la taquilla.* You can pick up the tickets at the box office. • *¿Quién va a retirar los platos de la mesa?* Who's going to clear the plates from the table?
4 QUITAR retirarle el pasaporte/el permiso de residencia a alguien to take away sb's passport/residence permit
5 DEJAR DE DAR to withdraw: *Nos han retirado su apoyo.* They've withdrawn their support for us. • **retirarle la palabra/el saludo a alguien** to stop speaking to sb
6 LAS TROPAS to withdraw
7 DE CIRCULACIÓN, DEL MERCADO to withdraw
8 UNA DENUNCIA, UNA DEMANDA to withdraw: *Retiro lo dicho.* I take back what I said.
—**retirarse** *v pron*
1 DE UNA ACTIVIDAD, UNA PROFESIÓN to retire: *Se retiró a los 60 años.* He retired at 60.
2 ALEJARSE to move away: *Retírate de la ventana.* Move away from the window.
3 ABANDONAR retirarse (de un torneo/un campeonato) to pull out (of a tournament/a championship), to withdraw (from a tournament/a championship) (*más frml*) • **retirarse de las negociaciones/de un debate** to withdraw from the talks/from a debate
4 EJÉRCITO, TROPAS to retreat

retiro *s* **1** (de una profesión, una actividad) retirement **2** (pensión) pension **3** (de dinero) withdrawal **4 retiro (espiritual)** (spiritual) retreat

reto *s* challenge

retocar *v* [T] **1** (una fotografía, un dibujo) to retouch **2** (un texto) to make a few small changes to
—**retocarse** *v pron* **retocarse el maquillaje** to touch up your makeup

retoño *s* **1** (de una planta) shoot **2** (hijo) kid

retoque *s* small touch (pl -ches): *Con unos pequeños retoques quedará perfecto.* It just needs a few small touches and it will be perfect. • **darle los últimos retoques a algo** to put the finishing touches to sth
retoque fotográfico photo retouching

retorcer *v* [T] **1** (un alambre, un pañuelo) to twist • **retorcerle el brazo/la muñeca a alguien** to twist sb's arm/wrist **2** (ropa lavada) to wring
EXPRESIONES
retorcerle el pescuezo a alguien to wring sb's neck
—**retorcerse** *v pron* **retorcerse de dolor** to writhe in pain

retorcido, -a *adj* **1** (alambre, tronco) twisted **2** (mente, sentido del humor) warped; (persona) twisted **3** (lenguaje, estilo) convoluted

retorcijón (tb **retorcijón de estómago**) *s* stomach cramp: *Tengo retorcijones.* I have stomach cramps.

retórica *s* **1** (arte) rhetoric **2** (palabrería) rhetoric

retórico, -a *adj* rhetorical

retornable *adj* returnable: *un envase no retornable* a non-returnable bottle

retorno *s* return • **a su retorno** on his/her return

retortijón (tb **retortijón de estómago**) *s* stomach cramp: *Tengo retortijones.* I've got stomach cramps.

retractarse *v pron* to take back what you said, to retract (*más frml*): *Me retracto.* I take back what I said. • **retractarse de una acusación/una promesa** to withdraw an accusation/to go back on a promise

retraído, -a *adj* reserved

retrasado, -a *adj* **1 estar/venir/ir retrasado -a** (tren) to be running late; (vuelo) to be delayed: *Todos los trenes venían retrasados.* All the trains were running late. **2** (en el estudio, en el trabajo) **ir retrasado -a (con algo)** to be behind (with sth): *Vamos un poco retrasados.* We're a little behind. **3** (sociedad, país) backward

retrasar *v* [T] **1** (un reloj) to put back: *Hoy tenemos que retrasar el reloj una hora.* Clocks have to be put back one hour today. **2** (posponer – un partido, una reunión) to postpone: *Han tenido que retrasar el viaje.* They've had to postpone their trip.
—**retrasarse** *v pron* **1** (llegar tarde) to be late, to be delayed: *Me retrasé por culpa del tráfico.* I was late because of the traffic. • *El vuelo se retrasó.* The flight is delayed. **2** (en el trabajo, los estudios) to fall behind: *Me retrasé con el trabajo.* I've fallen behind with work. **3** (reloj) to be slow, to lose time: *Mi reloj se retrasa dos minutos.* My watch is two minutes slow. **4** (en un pago) to fall behind • **retrasarse en el pago de la renta/de la hipoteca** to fall behind with the rent/the mortgage payments

retraso *s* **1** (para una cita, un viaje) delay: *Perdón por el retraso.* I'm sorry about the delay. • **llegar/salir con retraso** to arrive/leave late: *Llegaron con una hora de retraso.* They arrived an hour late. • **empezar con retraso** to start late: *Siempre empiezan con retraso.* They always start late. **2** (de un tren, un avión) **estar/venir/ir con retraso** (tren) to be running late; (vuelo) to be delayed: *Todos los trenes venían con retraso.* All the trains were running late. **3** (en el trabajo) **tener un retraso de un mes/dos meses** to be one month/two months behind schedule **4** (de una sociedad, un país) backwardness **5 retraso (mental)** backwardness
retraso escolar *El porcentaje de retraso escolar anda por el 42%.* The percentage of children who are falling behind at school is around 42%.

retratar *v* [T] **1** (pintar – a una persona) to paint a portrait of **2** (fotografiar) to take a photo of, to photograph **3** (describir) to portray

retrato *s* **1** (pintura) portrait **2** (foto) photograph, photo **3** (descripción) portrayal

R

EXPRESIONES
ser el vivo retrato de alguien to be the spitting image of sb
retrato hablado composite

retrete *s* toilet

retribución *s* (remuneración) pay, remuneration (*más frml*)
retribución salarial salary (pl -ries)

retribuir *v* [T] to pay, to remunerate (*más frml*)

retro *adj* retro

retroactivo, -a *adj* retrospective, retroactive: *cláusulas retroactivas de revisión salarial* backdated pay settlements • **con carácter/efecto retroactivo** retroactively

retroalimentación *s* feedback

retroceder *v* [I] **1** (ir hacia atrás) to go back: *Nos perdimos y tuvimos que retroceder.* We got lost and had to go back. **2** (ante una dificultad) to back down: *No retrocede ante nada.* She doesn't back down from anything. **3** (en valor) to fall: *El peso retrocedió cinco centavos ante el dólar.* The peso fell five cents against the dollar. **4** (en una clasificación) to go down

retroceso *s* **1** (en los precios) fall; (en la economía) downturn **2** (en una clasificación) drop **3** (en la salud) deterioration • **sufrir un grave retroceso** to deteriorate badly **4** (marcha atrás) step backward: *Las medidas suponen un retroceso para el partido.* The measures are a step backward for the party. • **sufrir un retroceso** to suffer a setback **5** (de un arma) recoil **6** (en un teclado) backspace

retrógrado, -a *adj* reactionary

retroproyector *s* overhead projector

retrospectiva *s* **1** (de cuadros, películas) retrospective **2 en retrospectiva** in retrospect

retrospectivo, -a *adj* retrospective • **echar una mirada retrospectiva a algo** to look back at/on sth

retrovisor *s* ▶ **ESPEJO**

retumbar *v* [I] **1** (música) to resound; (trueno) to boom **2** (voz, pasos) to echo

reumático, -a *adj* rheumatic

reumatismo *s* rheumatism

reunificación *s* reunification

reunificar *v* [T] to reunify
—**reunificarse** *v pron* to reunify

reunión *s* **1** (de amigos, familiares) reunion: *¿Fuiste a la reunión de antiguos alumnos?* Did you go to the school reunion? • **una reunión familiar** a family reunion, a family gathering **2** (de trabajo) meeting: *Está en una reunión.* He's in a meeting.

reunir *v* [T] **1** to gather together, to get together • **reunir a un grupo de alumnos/a los miembros de un equipo** to get a group of students/the members of a team together: *Nos reunió antes del partido.* He gathered us together before the game. **2 reunir datos/información** to gather information **3 reunir ciertas condiciones/ciertos requisitos** to meet certain conditions/requirements: *No reúne los requisitos para el puesto.* He does not meet the requirements for the post.
—**reunirse** *v pron* to meet: *Nos vamos a reunir a las 7.* We're going to meet at 7. • **reunirse con alguien** to meet sb: *Se reunió con nosotros para hablar sobre el tema.* He met us to talk about the issue.

revalidar *v* [T] (un título universitario) to validate; (un pasaporte) to renew

revalorización *s* **1** (de una divisa) revaluation **2** (de un terreno, una casa) increase in value

revalorizar *v* [T] **1** (una divisa) to revalue **2** (un terreno, una casa) to increase the value of
—**revalorizarse** *v pron* **1** (divisa) to be revalued **2** (terreno, casa) to increase in value

revancha *s* **1** (en box) rematch (pl -ches); (en fútbol, básquetbol) rematch (pl -ches), return game: *un partido de revancha* a return game **2** (en juegos de cartas, de mesa) *Te juego la revancha.* Let's play another game to see if we can get even. **3** (venganza) **tomarse la revancha** to get your own back: *Quería tomarse la revancha.* He wanted to get his own back.

revanchismo *s* vengefulness • **actuar por revanchismo** to be vengeful, to act out of vengeance

revelación *s* **1** (de un secreto) disclosure **2** (sensación, éxito) revelation

revelado *s* developing
revelado digital digital developing

revelador, -a *adj* revealing • **ser revelador -a de algo** to say a lot about sth

revelar *v* [T] **1** (una foto, una película) to develop: *Llevé los rollos a revelar.* I took the films to be developed. • *¿Cuánto cuesta revelar un rollo?* How much does it cost to have a film developed? **2** (un secreto) to reveal **3** (mostrar) to show: *Su mirada revela una gran tristeza.* His expression shows great sadness.
—**revelarse** *v pron* **revelarse como algo** to show yourself to be sth: *Se reveló como una gran violinista.* She showed herself to be a great violinist.

revender *v* [T] **1** (artículos, bienes, acciones) to resell **2** (entradas) to scalp

reventa *s* (de entradas) ticket scalping: *Las compré en la reventa.* I bought them from a ticket scalper. • *Queda prohibida su reventa.* Resale prohibited./Not for resale.

reventar *v* **1** [I,T] to burst, pop: *Las tuberías reventaron.* The pipes burst. • *No le revientes el globo a tu hermana.* Don't pop your sister's balloon. **2** [I] (por comer) to pop: *Si no paras de comer vas a reventar.* If you don't stop eating you'll pop. **3** [T] **me/le revienta** it makes me/her mad: *Me revienta que nos traten como a niños.* It makes me mad when they treat us like children. **4** [I] **reventar de ganas de hacer algo** to be bursting to do sth, to be dying to do sth: *Reviento de ganas de decírselo.* I'm dying to tell him.
—**reventarse** *v pron* **1** (globo, llanta, tuberías) to burst, pop: *Se me reventó la ampolla.* My blister popped. **2** (ir de juerga, excederse) to go out on the town **3 reventarse los granos** to squeeze your zits

reventón *s* (fiesta) party (pl -ties)

reverencia *s* **1** (inclinación) bow; (doblando las rodillas) curtsy (pl -sies) • **hacer una reverencia** to bow, to curtsy **2** (veneración) reverence

reverendo, -a *adj* reverend

reversa *s* **meter (la) reversa** (tb **echar reversa**) to put the car/truck etc. into reverse

reversible *adj* reversible

reverso *s* **1** (de una moneda, una medalla) reverse **2** (de un sobre, una tarjeta, una hoja) back

revertido ▶ **COBRO REVERTIDO**

revés *s* **1 al revés (a)** (con la parte de adentro hacia afuera) inside out: *Tienes el suéter puesto al revés.* You have your sweater on inside out. **(b)** (con la parte de atrás hacia adelante) backward: *Se puso los pantalones al revés.* She put her pants on backward. **(c)** (con lo de arriba hacia abajo) upside down: *El cuadro está al revés.* The picture is upside down. **(d)** (al contrario) the other way around: *Es al revés: él le pegó a ella.* It's the other way around: he hit her. **(e)** (mal) wrong: *Entiende todo al revés.* He always gets everything wrong. • **salir al revés** to go wrong: *Nos salió todo al revés.* It all went wrong for us. **2** (en tenis) backhand **3** (de una tela) wrong side **4** (contratiempo) setback • **sufrir un revés** to suffer a setback

revestimiento *s* **1** (exterior – de un suelo) covering; (de una fachada) siding, facing; (de una sartén) coating, surface **2** (interior) lining

revestir *v* [T] **1** (cubrir) **revestir algo con/de algo** (exterior) to cover sth with sth; (interior) to line sth with sth

2 revestir gravedad/importancia to be serious/important: *Sus heridas no revisten gravedad.* Her injuries are not serious.

revisar *v* [T] **1** (un texto) to check, to look through: *Espere que lo revise.* Let me just check it. **2** (una máquina) to check over: *Va a venir alguien a revisar el computador.* Someone is coming to check the computer over. **3** (un carro) to service **4** (un paciente) to examine **5 revisarle el bolso/la maleta a alguien** to search sb's bag/suitcase

revisión *s* **1** (de un texto, un trabajo) checking: *Me falta una última revisión.* I need to do one last check. **2 revisión (médica) (a)** (para un trabajo) medical, medical examination **(b)** (de rutina) checkup **3** (de un vehículo) service • **hacerle la revisión al carro** to have the car serviced, to take the car in for a service

revista *s* **1** (publicación general) magazine; (científica, profesional) journal: *una revista de moda* a fashion magazine • *una revista de medicina* a medical journal **2** (inspección) review • **pasar revista a las tropas** to review the troops **3** (espectáculo) revue
revista electrónica **(a)** (de interés general) electronic magazine, e-zine **(b)** (científica, profesional) electronic journal • revista de historietas comic book • revista de monos comic book

revistero *s* magazine rack

revivir *v* **1** [T] (recordar) to relive: *Le hizo revivir el pasado.* It made him relive the past. **2** [I] (recuperar vigor) to revive

revocar *v* [T] **1** (una sentencia, un mandato) to revoke **2** (una pared, una fachada) to render

revolcarse *v pron* to roll around: *Se estaban revolcando en la arena.* They were rolling around in the sand.

revolcón *s* **1** (caída) fall • **sufrir un revolcón** to have a fall **2** (cambio) drop

revolotear *v* [I] to fly around

revoltijo *s* jumble

revoltoso, -a *adj* **1** (niño) naughty **2** (soldado, estudiante, obrero) rebellious

revolución *s* **1** (en política) revolution **2** (cambio brusco) revolution: *la revolución tecnológica* the technology revolution **3** (en mecánica) revolution

revolucionar *v* [T] to revolutionize

revolucionario[1], -a *adj* **1** (en política, sociedad) revolutionary **2** (innovador) revolutionary

revolucionario[2], -a *s* revolutionary (pl -ries)

revolver *v* **1** [T] (una salsa, un líquido) to stir; (una ensalada) to toss **2** (buscando algo) **(a)** [T] **revolver todos los cajones/los clósets** to go through all the drawers/closets • **revolverle el escritorio/los cajones a alguien** to rummage through sb's desk/drawers: *¿Quién me ha estado revolviendo los papeles?* Who's been rummaging through my papers? • **revolver toda la casa** to turn the whole house upside down **(b)** [I] **revolver en algo** to go through sth, to rummage through sth: *La encontré revolviendo en mis cosas.* I found her going through my things. • *Es mejor no revolver en el pasado.* It's best not to rake up the past. **3** [T] (dar náuseas a) **me/le revuelve el estómago** it turns my/her stomach —revolverse *v pron* **1** (moverse – en la cama) to toss and turn; (en la silla) to fidget **2** (confundirse – palabras, sentimientos) to get all mixed up

revólver *s* revolver

revuelo *s* stir: *Sus palabras causaron mucho revuelo.* His words caused a great stir. • **armar/causar revuelo (a)** (de emociones) to cause a stir **(b)** (de acciones) to cause a commotion

revuelta *s* (protesta) riot

revuelto, -a *adj* **tienes/tiene el pelo revuelto** your/his hair is all messy ▶ ESTÓMAGO revuelto, HUEVOS revueltos

rey *s* **1** (monarca) king: *el rey Juan Carlos* King Juan Carlos **2** (en las cartas, el ajedrez) king **3 los reyes** [pl] (el rey y la reina) the King and Queen: *los reyes de España* the King and Queen of Spain **4 Reyes** [pl] (festividad) Epiphany [U], Twelfth Night [U] ▶ En el mundo anglosajón no se celebra el día de Reyes de la misma manera que en nuestros países. El calendario religioso es el mismo, pero no es tradicional recibir los regalos ese día, sino el día de Navidad. Si quieres explicar nuestra tradición, di *The Three Kings bring people presents on Twelfth Night (January 6th), the day when the Three Wise Men brought gifts for the baby Jesus: ¿Qué te van a regalar los reyes?* What are you getting for Christmas?/What's Santa bringing you?

reyerta *s* brawl

rezagado, -a *adj* **quedarse rezagado -a** to fall behind

rezagarse *v pron* to fall behind

rezar *v* **1** [I] to pray • **rezar por algo/alguien** to pray for sth/sb **2** [T] **rezar un padrenuestro/un avemaría** to say the Lord's Prayer/a Hail Mary

rezo *s* **1** (acción) praying, recitation (*más frml*) **2** (oración) prayer

rezongar *v* [I] (refunfuñar) to grumble

rezumar *v* [T] **1** (dejar salir) to ooze • **rezumar humedad** to let damp through **2** (dejar translucir) to exude, to ooze

ría *s* estuary (pl -ries)

riachuelo *s* stream, brook

riada *s* flood

ribera *s* bank, banks [pl]: *en la ribera del Río Sacramento* along the banks of the Sacramento

ribete *s* trimming

rico[1], -a *adj* **1** (con dinero) rich: *una familia rica* a rich family • **hacerse rico -a** to get rich ▶ ver nota en RICH **2** (sabroso) delicious: *El pollo estaba muy rico.* The chicken was delicious. **3** (fértil) rich: *las ricas tierras del sur* the rich land in the south **4** (abundante) rich: *Tiene un vocabulario muy rico.* She has a very rich vocabulary. • **rico -a en algo** rich in sth: *un alimento rico en proteínas* a food that is rich in protein

rico[2], -a *s* (persona adinerada – hombre) rich man (pl men); (mujer) rich woman (pl women): *Se casó con un rico.* She married a rich man. • **los ricos** the rich, rich people: *la brecha entre los ricos y los pobres* the gap between the rich and the poor ▶ NUEVO rico

ricura *s* *¡Qué ricura de bebé!* What a cute baby!

ridiculez *s* **ser una ridiculez** to be ridiculous, to be absurd: *Es una ridiculez tratar de ocultárselo.* It's ridiculous to try and hide it from him. • **decir ridiculeces** to talk nonsense: *No digas ridiculeces.* Don't talk nonsense. • **¡qué ridiculez!** that's ridiculous!

ridiculizar *v* [T] to ridicule

ridículo[1], -a *adj* ridiculous: *Me parece ridículo.* I think it's ridiculous. • *¡No seas ridícula!* Don't be ridiculous!

ridículo[2] *s* ridicule: *Le tiene miedo al ridículo.* She's frightened of looking stupid. • **hacer el ridículo** to make a fool of yourself • **dejar/poner a alguien en ridículo** to make sb look stupid • **quedar en ridículo** to look stupid

riego *s* **1** (de cultivos) irrigation **2** (de una planta, del césped) watering
riego sanguíneo blood flow, blood circulation

riel *s* **1** (de una cortina) rail **2** (de ferrocarril) rail

riendas *s* [pl] reins • **tomar las riendas de algo** to take charge of sth, to take control of sth • **llevar las riendas de algo** to be in charge of sth, to be at the helm of sth

riesgo *s* risk • **correr un riesgo** to take a risk • **correr el riesgo de...** to run the risk of...: *Corremos el riesgo de perder el tren.* We run the risk of missing the train.
EXPRESIONES
¡ni riesgos! no way!

riesgoso, -a *adj* risky

rifa s **1** (sorteo) raffle: *Lo ganamos en una rifa.* We won it in a raffle. **2** (número) raffle ticket: *¿Me compras una rifa?* Will you buy me a raffle ticket?

rifar v [T] to raffle: *Vamos a rifar diez CD.* We're going to raffle ten CDs.

rifle s rifle

rigidez s **1** (de un material, del cuerpo) stiffness, rigidity (*más frml*) **2** (de una persona) inflexibility

rígido, -a adj **1** (material, cuerpo) stiff, rigid (*más frml*) **2** (persona) inflexible

rigor s **1** (de un castigo, una disciplina) harshness **2** (de un análisis, un estudio) rigor, thoroughness **3** (del clima) harshness **4 de rigor** (consabido) usual; (obligado) de rigueur: *Nos hizo las preguntas de rigor.* He asked us the usual questions. • **ser de rigor** to be essential, to be de rigueur (*más frml*)

riguroso, -a adj **1** (castigo, sentencia) severe, harsh **2** (análisis, estudio) rigorous, thorough: *un informe muy riguroso* a very thorough report **3** (clima) harsh

rima s rhyme

rimar v [I] to rhyme

rimbombante adj (lenguaje) high-flown; (estilo) bombastic

rímel, rimmel s mascara • **ponerse rímel** to put mascara on • **usar rímel** to wear mascara

rin s (de una rueda) rim

rincón s **1** (esquina) corner: *Hay una lámpara en el rincón.* There's a lamp in the corner. **2** (lugar) *Busqué por todos los rincones.* I looked everywhere. • *Conoce cada rincón del país.* She knows the country like the back of her hand.

ring s (en boxeo) ring ▶ ver nota en **PHONE**

rinitis s rhinitis [+v en sing]
   rinitis alérgica hay fever

rinoceronte s rhino, rhinoceros (pl rhinoceroses, rhinoceros)

riña s **1** (discusión) row **2** (pelea) fight

riñón s **1** (órgano) kidney **2** (como alimento) kidney **3 riñones** [pl] (zona lumbar) lower back: *Me duelen los riñones.* My lower back hurts.

riñonera s fanny pack

río s river: *Comimos a la orilla del río.* We had lunch on the riverbank.

ripio s gravel: *un camino de ripio* a gravel road

riqueza s **1** (dinero, bienes) wealth [U] **2** (abundancia) richness
   riquezas naturales natural resources

risa s laugh: *Tiene una risa contagiosa.* She has an infectious laugh. • **risas** laughter [U]: *Se oían las risas de los niños.* You could hear the children's laughter./You could hear the children laughing. • **¡qué risa!** what a laugh! • **me/le da risa** it makes me/him laugh, I think/he thinks it's funny: *¿No te da risa?* Don't you think it's funny? • **me/te dio (la) risa** I/you couldn't help laughing: *Me dio la risa cuando se cayó.* I couldn't help laughing when he fell down. • **morirse de (la) risa** to die laughing, to be in stitches: *Nos moríamos de risa oyéndola.* We were in stitches, listening to her. • **tomarse algo a risa** to treat sth as a joke

risco s crag

risotada s roar of laughter • **soltar/largar una risotada** to roar with laughter

ristra s string: *una ristra de ajos/cebollas* a string of garlic/onions • *Soltó una ristra de palabrotas.* He let fly a torrent of abuse.

risueño, -a adj **1** (persona, carácter) cheerful **2** (futuro, porvenir) bright

rítmico, -a adj rhythmic

ritmo s **1** (compás) rhythm • **al ritmo de la música/los tambores** in time to the music/the drums, to the beat of the music/the drums • **seguir el ritmo** to follow the beat, to keep time **2** (velocidad) rate: *el ritmo de crecimiento de la población* the rate of population growth • **a este ritmo...** at this rate...: *A este ritmo no vamos a acabar nunca.* At this rate we'll never finish.
   ritmo cardiaco heart rate • ritmo de vida pace of life

rito s **1** (en religión) rite **2** (costumbre) ritual

ritual s, adj ritual

rival s, adj rival

rivalidad s rivalry (pl -ries)

rivalizar v [I] to compete • **rivalizar con alguien por algo** to compete with sb for sth • **rivalizar en belleza/velocidad** to rival each other in beauty/speed

rizado, -a adj **1** (pelo) curly **2** (mar) choppy

rizador s curler

rizar v [T] (el pelo) to curl
   —**rizarse** v pron **rizarse el pelo** to curl your hair

rizo s curl

robar v **1 (a)** [T] (un objeto, un carro) to steal • **robarle algo a alguien** to steal sth from sb: *Le había robado el dinero a una compañera.* She had stolen the money from a classmate. • *Me robaron la bicicleta ayer.* I had my bike stolen yesterday. • **robarle a alguien** to rob sb: *¡Me han robado!* • *—Me costó 5.000 pesos. —¡Te robaron!* "It cost me 5,000 pesos." "You were robbed!" • *¡Nos robaron el partido!* We were robbed of that game! **(b)** [I] to steal: *Lo pescaron robando.* He was caught stealing. **2** (en una casa, un edificio) **(a)** [T] to burglarize: *Nos han robado dos veces.* We've been burglarized twice. **(b)** [I] **entrar a robar en algo** to break into sth: *Habían entrado a robar en el colegio.* Someone had broken into the school. **3** [T] (un banco) to rob: *Estaban planeando robar un banco.* They were planning to rob a bank. **4** [I,T] (en juegos) to pick up: *Te toca robar.* It's your turn to pick up. • **robar una carta** to pick up a card **5** [T] (tiempo) to take up: *Cuidar de los niños me roba mucho tiempo.* Taking care of the children takes up a lot of my time. • *Le voy a robar solo un minuto.* I'll only take a minute of your time.

⚠ *That girl has stolen* (✗ robbed) *my heart.*
The door was open and my television had been stolen (✗ robbed).
✔ *She has robbed me of my happiness.*
✔ *Call the police! I've been robbed.*

roble s **1** (árbol) oak **2** (madera) oak

EXPRESIONES
estar/ser fuerte como un roble to be as strong as an ox

robo s **1** (en un banco, una tienda) robbery (pl -ries): *el carro que habían usado para el robo* the car they had used for the robbery **2** (en una casa, una oficina) burglary (pl -ries): *En este barrio hay muchos robos.* There are a lot of burglaries in this area. **3** (de un objeto, un carro, a una persona) theft: *Denunciaron el robo de la bicicleta.* They reported the theft of the bicycle./They reported that the bicycle had been stolen. **4** (estafa) **ser un robo** to be daylight robbery, to be a rip-off • **¡qué robo!** what a rip-off!
   robo a mano armada armed robbery

robot s robot

robótica s robotics [+v en sing]

robustecer v [T] to strengthen
   —**robustecerse** v pron to become stronger

robustecimiento s strengthening

robusto, -a adj robust

roca s rock

rocambolesco, -a adj (historia, aventura) bizarre, incredible

roce s **1** (enfrentamiento) clash (pl -shes) • **tener un roce con alguien** to clash with sb: *Tuvo varios roces con el*

jefe. He clashed with his boss several times. **2** (de un zapato, de una prenda) rubbing: *El roce del zapato me hizo una herida*. I have a sore spot where my shoe's been rubbing. **3** (marca – en una prenda, una pared) mark; (en un carro) scratch (pl -tches)

rociar *v* [T] (con agua) to spray • **rociar a alguien con algo** to spray sb with sth

rocío *s* dew

rock *s* rock

rock and roll *s* rock and roll

rockero[1], -a *s* **1** (músico) rock musician **2** (fan) rock fan

rockero[2], -a *adj* rock [solo ante s]: *una banda rockera* a rock band

rococó *s, adj* rococo

rocoso, -a *adj* rocky

rodaballo *s* turbot

rodada *s* wheel size: *una bicicleta rodada 24* a bike with a 24-inch wheel

rodadero *s* **1** (en un parque) slide **2** (en una piscina) chute, water slide

rodaja *s* slice: *una rodaja de piña* a slice of pineapple • **cortar algo en rodajas** to slice sth, to cut sth into slices

rodaje *s* (de una película) shooting

rodamiento *s* bearing
rodamiento de bolas ball bearing

rodante ▶ **CASA rodante**

rodar *v* **1** [I] (moverse) to roll: *Rodó por la escalera*. She rolled down the stairs. • *La moneda rodó por la mesa*. The coin rolled across the table. **2** [T] (filmar) to shoot

rodear *v* [T] **1** (ponerse o estar alrededor de) to surround: *La policía rodeó la casa*. The police surrounded the house. • *Un bosque rodea la casa*. The house is surrounded by woodland. **2** (dar la vuelta alrededor de) to go around: *Tuvimos que rodear el lago*. We had to go around the lake. **3 la gente que te/lo rodea** the people around you/him
—**rodearse** *v pron* **rodearse de algo/alguien** to surround yourself with sth/sb

rodeo *s* **1 dar un rodeo** to make a detour **2** (doma) rodeo
andarse con rodeos to beat about the bush

rodilla *s* knee: *Me lastimé la rodilla*. I hurt my knee. • **estar de rodillas** to be kneeling, to be kneeling down • **ponerse de rodillas** to kneel, to kneel down
pedirle a alguien de rodillas (que haga algo) to beg sb (to do sth): *Te pido de rodillas que me escuches*. I beg you to listen to me.

rodillazo *s* **darle un rodillazo a alguien** to knee sb: *Le dio un rodillazo en el estómago*. He kneed him in the stomach.

rodillera *s* (para proteger) knee pad

rodillo *s* **1 rodillo (de amasar)** rolling pin **2** (para pintar) roller **3** (de un mecanismo) roller

roedor *s* rodent

roer *v* [T] **1** (cortar con los dientes) to gnaw **2** (mordisquear) to nibble

rogar *v* **1** [T] (en fórmulas de cortesía) *Le ruego que me perdone*. Please forgive me. **2** [T] (suplicar) to beg: *Le rogó que se quedara*. She begged him to stay. **3** [I] (rezar) to pray: *Le rogaba a Dios que el niño se mejorara*. She prayed to God that the child would get better.
hacerse (de/del) rogar to play hard to get • **roguemos que no llueva/que no se dé cuenta** let's hope it doesn't rain/he doesn't realize • **se ruega silencio** silence, please

rojizo, -a *adj* reddish

rojo[1], -a *adj* **1** (color) red: *unas rosas rojas* some red roses • *labios rojos* red lips **2** (punto de cocción de la carne) rare ▶ **TARJETA roja**
al rojo vivo (muy caliente) red-hot • **ponerse rojo -a** (de vergüenza) to blush, to turn red

rojo[2] *s* red: *¿Te gusta el rojo?* Do you like red? • **rojo oscuro/vivo** dark/bright red

rol *s* role ▶ **JUEGO de rol**

rollizo, -a *adj* (niño, mujer) plump; (bebé) chubby

rollo *s* **1** (de papel, alambre) roll **2** (de película) reel **3** (de fotos) roll **4** (cosa pesada) **ser un rollo** (persona, tarea) to be a pain; (película) to be really boring **5** (perorata, discurso) **echarle/tirarle un rollo a alguien** *Nos echó un rollo de dos horas y no dijo nada*. He went on and on at us for two hours and said nothing. • *Nos tiró un rollo porque llegamos tarde*. He gave us a lecture for arriving late. **6** (de gordura) roll of fat • **tener rollos** (en general) to be fat; (en la cintura) to have a spare tire
rollo de cocina roll of paper towels • **rollo de papel higiénico** toilet roll

romance *s* romance

románico[1], -a *adj* **1** (arte, arquitectura) Romanesque **2** (lengua) Romance

románico[2] *s* Romanesque

romano, -a *adj, s* Roman • **los romanos** the Romans

romanticismo *s* romanticism

romántico, -a *s, adj* romantic

rombo *s* **1** (forma) diamond: *un diseño de rombos* a diamond pattern **2** (en geometría) rhombus (pl rhombuses)

romería *s* pilgrimage to a local shrine followed by a fiesta

romero *s* rosemary

romo, -a *adj* blunt

rompecabezas *s* jigsaw, jigsaw puzzle • **armar un rompecabezas** to do a jigsaw

rompecorazones *s* heartbreaker

rompehielos *s* icebreaker

rompeolas *s* breakwater

romper *v*

1	una taza, un juguete, un aparato
2	un papel, una tela
3	una promesa
4	acabar
5	ponerse
6	comenzar
7	olas
8	en tenis

1 UNA TAZA, UN JUGUETE, UN APARATO [T] to break: *Rompí un plato sin querer*. I accidentally broke a plate. • *¡Me has roto la cámara!* You've broken my camera! • **romper algo en pedazos** to smash sth to pieces

2 UN PAPEL, UNA TELA [T] (rasgar) to tear; (en varios pedazos) to tear up: *El gato ha roto la cortina*. The cat has torn the curtain. • *Rompió la carta*. She tore the letter up.

3 UNA PROMESA [T] to break: *Rompiste tu promesa*. You broke your promise.

4 ACABAR [I] **romper con alguien** to split up with sb: *Rompió con su novio*. She split up with her boyfriend. • **romper con la tradición** to break with tradition • **romper relaciones diplomáticas** to break off diplomatic relations

5 PONERSE [I] **romper a hacer algo** *Rompió a llorar*. She burst into tears. • *Rompí a reír*. I burst out laughing.

6 COMENZAR [I] **al romper el día** at daybreak

7 OLAS [I] to break

8 EN TENIS [T] **romper el servicio de alguien** to break sb's serve ▶ **romper FILAS**
—**romperse** *v pron*

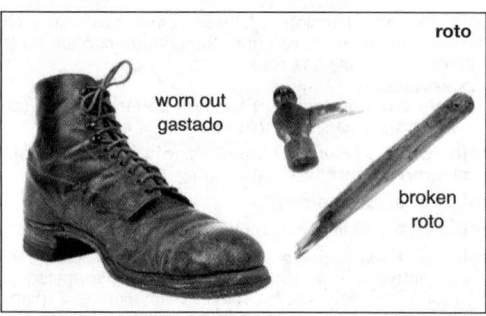

worn out
gastado

roto

broken
roto

1 TAZA, VASO to break: *Se me rompieron los anteojos.* My glasses broke. • *Se rompió en mil pedazos.* It smashed to pieces.
2 TELA, PAPEL to tear: *Se le rompió la falda.* Her skirt tore.
3 UN HUESO **romperse un brazo/una pierna** to break your arm/leg: *Se rompió un brazo jugando al rugby.* He broke his arm playing rugby.

rompevientos s windbreaker

ron s rum

roncar v [I] to snore

roncha s (por picadura) bite; (bulto) spot, raised bump; (sarpullido) rash: *Le salieron unas ronchas.* He came out in a rash.

ronco, -a adj **1** (de gritar, dolor de garganta) hoarse: *Al día siguiente estábamos todos roncos.* We were all hoarse the next day. • **quedarse ronco -a** to lose your voice **2** (voz) husky: *una cantante de voz ronca* a singer with a husky voice

ronda s **1** (de un torneo, campeonato) round: *Perdieron en la primera ronda.* They lost in the first round. **2** (de vigilancia) patrol • **hacer la ronda** to patrol **3** (de negociaciones) round **4** (de bebidas) round: *Nos invitó a otra ronda de cerveza.* She bought us another round of beers. • **pagar una ronda** to buy a round **5** (rueda de personas) *Se tomaron de la mano para bailar en ronda.* They held hands to dance in a circle.

rondar v **1** [I] (merodear) to lurk around: *Hay alguien rondando afuera.* There's someone lurking around outside. **2** [T] (aproximarse a) *pérdidas que rondan los 5 millones* losses of around 5 million • **andar rondando los treinta/los cuarenta** to be around thirty/forty **3** [T] (idea, pensamiento) *Me anda rondando la idea de abrir una tienda de informática.* I'm toying with the idea of opening a computer store.

ronquera s hoarseness • **tener ronquera** to be hoarse

ronquido s snore: *un ronquido fuertísimo* a very loud snore • **ronquidos** snoring [U]: *No pude dormir con tus ronquidos.* I couldn't sleep because of your snoring.

ronronear v [I] to purr

ronroneo s purring

roña s [fem] filth; (acumulada) grime

roñoso[1], -a adj **1** (tacaño) stingy **2** (mugriento) filthy; (con mugre acumulado) grimy

roñoso[2], -a s skinflint

ropa s clothes [pl]: *Me tengo que comprar ropa.* I need to buy some clothes. • **ponerse la ropa** to put your clothes on, to get dressed • **quitarse la ropa** to take your clothes off, to get undressed
ropa blanca whites [pl] • ropa de abrigo warm clothes [pl] • ropa de cama bed linen • ropa de color coloreds [pl] • ropa de diseño designer clothes [pl] • ropa de invierno winter clothes [pl] • ropa deportiva sportswear • ropa interior underwear • ropa sucia dirty clothes [pl], dirty washing

ropero s **1** (armario) wardrobe, closet **2** (perchero de pie) coat stand **3** (perchero de pared) coat rack

ropón s housecoat

roquero, -a s, adj ▶ ROCKERO

rosa[1] adj (color) pink • **un lápiz de labios/una falda rosa** a pink lipstick/skirt

rosa[2] s [masc] (color) pink: *¿Hay en rosa?* Do you have it in pink? • **rosa claro/brillante** pale/bright pink

rosa[3] s [fem] (flor) rose: *un ramo de rosas* a bunch of roses
rosa de los vientos compass rose

rosáceo, -a adj pinkish

rosado[1], -a adj **1** (color) pink **2** (vino) rosé

rosado[2] s rosé

rosal s rose bush (pl -shes)

rosaleda s rose garden

rosario s **1** (oración) rosary (pl -ries) • **rezar el rosario** to say the rosary **2** (objeto) rosary (pl -ries) **3** (serie) string • **un rosario de insultos/desgracias** a string of insults/a catalog of disasters

rosbif s roast beef

rosca s **1** (de un tornillo, una tuerca) thread • **una tapa/un tapón de rosca** a screw top **2** (para comer – pan) ring-shaped roll; (galleta) ring-shaped cookie; (pastel) ring-shaped cake

EXPRESIONES
hacerse rosca to try and get out of it: *No te hagas rosca, ahora invítanos a comer.* Don't try and get out of it, now you can ask us out for a meal. • **pasarse de rosca** to go too far
rosca de Reyes a ring-shaped cake eaten at Epiphany on 6th January

rosticería s a store that sells hot rotisserie chickens

rostizado, -a adj roasted on a spit: *pollo rostizado* rotisserie chicken

rostro s (cara) face

rotación s rotation
rotación de cultivos crop rotation

rotar v [I] to rotate

rotativo[1], -a adj **1** (que gira) rotary **2** (alternado) rotating: *La presidencia del organismo tiene carácter anual y rotativo.* The presidency of the organization changes annually on a rotating basis.

rotativo[2] s newspaper

rotatorio, -a adj **1** (que gira) rotary **2** (alternado) rotating: *La presidencia del organismo tiene carácter anual y rotatorio.* The presidency of the organization changes annually on a rotating basis.

roto, -a adj (partido) broken; (gastado) worn out; (rasgado) torn: *Ten cuidado con los vidrios rotos.* Be careful with the broken glass. • *Tenía los zapatos rotos.* His shoes were worn out. • *Tenía el pantalón roto en la rodilla.* His pants were torn at the knee. • *El sobre estaba roto.* The envelope was torn.

rotonda s (plaza) traffic circle

rótula s kneecap

rotulador s felt-tip pen

rotular v [T] **1** **rotular una calle/una carretera** to put up street/road signs **2** (etiquetar) to label

rótulo s **1** (título) heading **2** (cartel) sign **3** (etiqueta) label; (para regalos) tag
rótulo autoadhesivo sticky label

rotundo, -a adj **1** **un éxito rotundo** a huge success • **un fracaso rotundo** a total failure **2** **un "no" rotundo** an emphatic "no"

rotura s **sufrir una rotura de fémur/cadera** to break your femur/hip: *El estallido causó la rotura de los vidrios.* The explosion caused the glass to break.
rotura de ligamentos *No jugará durante seis meses por una rotura de ligamentos.* He can't play for six months because he's torn some ligaments.

round point s traffic circle

rozadura *s* sore spot: *Estos zapatos me hacen rozaduras.* These shoes rub my feet.

rozamiento *s* **1** (de zapatos, objetos) rubbing **2** (en física) friction

rozar *v* [T] **1** (tocar) *La pelota pasó rozando el palo.* The ball shaved the post. • *Su mano rozó la mía.* Her hand brushed against mine. • *El carro pasó rozándonos.* The car just scraped past us. **2** (dejando una marca) to scratch **3** (ropa) to rub: *El cuello de la camisa le rozaba.* His shirt collar was rubbing his neck. • *Me rozan los zapatos.* My shoes are rubbing. **4** (estar cerca de) to verge on: *Las pérdidas rozan los dos millones.* The losses are verging on two million. • **rozar los treinta/cuarenta/cincuenta** to be nearly thirty/forty/fifty —**rozarse** *v pron* (bebé) to get diaper rash

ruana *s* ruana ▶ En el mundo anglosajón la ruana existe pero no es muy conocida. Si quieres explicar qué es, di *it's an open-fronted poncho.*

Ruanda Rwanda

ruandés¹, -esa *s* (persona) Rwandan

ruandés² *s* (idioma) Rwanda

ruandés³, -esa *adj* Rwandan

rubeola, rubéola *s* German measles [+v en sing]

rubí *s* ruby (pl -bies)

rubio¹, -a *adj* **1** (pelo) fair, blond, blonde: *Tiene el pelo rubio.* He has fair hair./He has blond hair. • *Se tiñó de rubia.* She dyed her hair blonde. **2** (persona) fair-haired, blond, blonde: *una chica rubia* a fair-haired girl/a blonde girl • *Es rubio.* He has fair hair./He has blond hair. ▶ CERVEZA rubia, TABACO rubio

rubio², -a *s* rubio fair-haired boy/man, boy/man with blond hair • **rubia** blonde, fair-haired girl/woman: *una rubia preciosa* a beautiful blonde • *Le gustan los rubios.* She likes blond men.
rubia oxigenada peroxide blonde • rubia platino, rubia platinada platinum blonde

rubor *s* (maquillaje) blush

ruborizarse *v pron* to blush

rúbrica *s* **1** (en la firma) flourish (pl -shes) **2** (firma) signature **3** (acción de firmar) signing: *la rúbrica de un acuerdo* the signing of an agreement

ruco¹, -a *s* oldie

ruco², -a *adj* old, decrepit

rudeza *s* roughness

rudimentario, -a *adj* rudimentary

rudimentos *s* [pl] rudiments

rudo, -a *adj* **1** (tosco) rough **2** (fuerte) hard: *un rudo golpe* a hard blow

rueda *s* **1** (de un vehículo, un engranaje) wheel: *las ruedas de la bicicleta* the bicycle wheels **2** (llanta) tire
EXPRESIONES
ir sobre ruedas to go smoothly
rueda de la fortuna Ferris wheel • rueda de molino millstone • rueda dentada cogwheel • rueda de prensa press conference • rueda de repuesto spare wheel • rueda de reconocimiento line-up

ruedo *s* **1** (de toros) ring, bullring **2** (dobladillo) hem

ruego *s* request, plea • **ruegos y preguntas** any other business

rufián *s* villain

rugby *s* rugby • **jugar (al) rugby** to play rugby

rugido *s* roar

rugir *v* [I] **1** (animal) to roar **2** (persona) to bellow **3** (motor) to roar **4** (estómago) **me/te rugen las tripas** my/your stomach's rumbling

rugosidad *s* **1** (cualidad) roughness **2** (arruga) wrinkle

rugoso, -a *adj* (papel, pared) rough; (piel) wrinkled

ruibarbo *s* rhubarb

ruido *s* noise • **hacer ruido** to make a noise: *Hizo un ruido raro.* It made a funny noise. • *No hagan tanto ruido.* Don't make so much noise. • *Este motor hace mucho ruido.* This engine is very noisy. ▶ ver nota en SOUND

ruidoso, -a *adj* noisy

ruin *adj* **1** (despreciable) despicable **2** (tacaño) stingy

ruina *s* **1** (económica) ruin • **estar en la ruina** to be ruined, to be in dire straits • **ir a la ruina** (negocio, empresa) to go under **2** (perdición) ruin: *El juego fue su ruina.* Gambling was the ruin of him. **3 ruinas** [pl] ruins: *las ruinas de Pompeya* the ruins of Pompeii • **estar en ruinas** to be in ruins

ruinoso, -a *adj* **1** (negocio, empresa) financially disastrous, ruinous (*más frml*) **2** (edificio, puente) dilapidated

ruiseñor *s* nightingale

ruleta *s* roulette • **jugar a la ruleta** to play roulette
ruleta rusa Russian roulette

rulo *s* (para el pelo) curler, roller

Rumania, Rumanía Romania

rumano¹, -a *s* (persona) Romanian

rumano² *s* (idioma) Romanian

rumano³, -a *adj* Romanian

rumba *s* **1** (baile) rumba **2** (fiesta) party (pl -ties) • **irse de rumba** to go out on the town

rumbo *s* course • **cambiar de rumbo (a)** (barco, avión) to change course **(b)** (vida, país) to change direction • **ir con rumbo a...** to be bound for...: *El barco iba con rumbo a Lisboa.* The ship was bound for Lisbon. • **salir/partir rumbo a...** to set off for...: *Partieron rumbo a la ciudad.* They set off for town. • **caminar sin rumbo fijo** to wander aimlessly

rumboso, -a *adj* very generous

rumiante *s*, *adj* ruminant

rumiar *v* **1** [I] (vaca) to chew the cud **2** [T] (masticar) to chew **3** [T] (pensar) to chew over, to ponder (*más frml*)

rumor *s* **1** (noticia) rumor • **corren/corrían rumores de que...** there are/there were rumors that... **2** (ruido) murmur

rumorearse, rumorarse *v pron* **se rumorea que...** it is rumored that...

rupestre *adj* (arte) cave [solo ante s]: *pintura rupestre* cave painting

ruptura *s* **1** (de relaciones amorosas) break-up; (de un matrimonio) breakdown **2** (de relaciones diplomáticas) breaking off; (de negociaciones) breakdown **3** (con el pasado) break **4** (de un contrato) breaking: *La ruptura del contrato conlleva una fuerte multa.* Breaking the contract carries a hefty fine.

rural *adj* rural ▶ TURISMO rural

Rusia Russia

ruso¹, -a *s* (persona) Russian

ruso² *s* (idioma) Russian

ruso³, -a *adj* Russian

rústico, -a *adj* rustic

ruta *s* **1** (recorrido) route **2** (línea de acción) path ▶ HOJA de ruta
ruta turística scenic route

rutina *s* routine • **una visita/un procedimiento de rutina** a routine visit/procedure

rutinario, -a *adj* **1** (actividad, tarea) routine [solo ante s]: *una inspección rutinaria* a routine inspection **2** (persona) *Es muy rutinario.* He likes his routine.

Ss

S, s *s* S, s

S.A. (abrev de **Sociedad Anónima**) Inc

sábado *s* Saturday ► para ejemplos, ver **VIERNES**
Sábado Santo Easter Saturday

sabana *s* savannah

sábana *s* sheet
EXPRESIONES
se me/le pegaron las sábanas I/she overslept
sábana ajustable, sábana de cajón fitted sheet •
sábana plana flat sheet

sabañón *s* chilblain

sabático, -a *adj*

sabelotodo *s* know-it-all

saber *v* **1** [I, T] (tener conocimientos) to know: *No sé.* I
don't know. • *Él sabe la respuesta.* He knows the
answer. • *No sabe qué hacer.* She doesn't know what to
do. • *De haberlo sabido antes, te habría avisado.* If I'd
known before, I would have told you. • **saber de algo** to
know of sth: *Sé de un lugar donde se compra muy
barato.* I know of a place where everything's really
cheap. • **saber mucho/no saber nada de algo** to know a
lot/not to know anything about sth: *No sé nada del tema.*
I don't know anything about it. • *Sabe mucho de computación.* He knows a lot about computers. • **saber
poco de algo** not to know much about sth: *Sabemos
poco de lo que pasó.* We don't know much about what
happened. **2** [T] (tener habilidad) **sé cantar/conducir/
nadar** I can sing/drive/swim: *No sabe andar en bicicleta.*
She can't ride a bike. • *Me dijo que sabía tocar la
guitarra.* He told me he could play the guitar. **3** [T]
(enterarse de) to hear: *Llámame en cuanto sepas algo.*
Call me as soon as you hear anything. • **saber (algo) de
alguien** *¿Sabes algo de Sergio?* Have you heard from
Sergio? **4** [I] (tener sabor) to taste: *¡Sabe muy bueno!* It
tastes really good! • **saber a algo** to taste of sth: *A mí
me sabe a chocolate.* I think it tastes like chocolate. •
saber bien/mal to taste good/bad
EXPRESIONES
a saber (es decir) namely • **no querer saber nada de
algo/alguien** not to want to have anything to do with
sth/sb: *No quería saber nada de su ex.* She didn't want
to have anything to do with her ex. • **no se qué** some ...
or other: *Me comentó no se qué problema.* He mentioned
some problem or other. • **para que lo sepas** for your
information: *Yo no tuve nada que ver, para que lo sepas.*
For your information, I had nothing to do with it. • **que
yo sepa** as far as I know: *Que yo sepa no.* Not as far as I
know. • **sabérselas todas** to know every trick in the
book • **quién sabe** who knows • **¿sabes?** (como muletilla)
you know: *Es mi hermana, ¿sabes?* She's my sister, you
know. • **¡sepa (la bola)!** no idea! • **si puede saberse**
might I ask?: *¿Y con quién vas? Si puede saberse.* And
who are you going with, might I ask? • **¿yo qué sé?**
how should I know? • **vaya (usted) a saber/vete (tú) a
saber** who knows: *Vaya a saber qué le habrá dicho.* Who
knows what he told her.
—**saberse** *v pron* **1** (una lección, una canción) to know:
¿Te la sabes? Do you know it? **2** (tener información) *¿Se
sabe si ha habido sobrevivientes?* Do we know if there
were any survivors? • *Todavía no se sabe qué provocó el
accidente.* It is still not known what caused the accident. • **nunca se sabe** you never know

sabiduría *s* **1** (prudencia) good judgment **2** (conocimientos) knowledge

sabiendas a sabiendas (con conocimientos) knowingly;
(deliberadamente) deliberately: *los que mienten a sabiendas para conseguir un puesto* people who deliberately
lie to get a job • **a sabiendas de que** (sabiendo que)
knowing full well that

sabihondo, -a *s* know-it-all

sabio[1], -a *adj* wise

sabio[2], -a *s* **sabio** wise man • **sabia** wise woman

sablazo *s* (pedir dinero) **darle un sablazo a alguien** to
scrounge money from sb

sable *s* saber

sabor *s* **1** (gusto natural) taste: *un sabor desagradable* an
unpleasant taste • *Tiene un sabor amargo.* It tastes
bitter. • **tener sabor a ajo/café** to taste of garlic/coffee
2 (variedad de gustos de un producto) flavor: *¿Qué
sabores hay?* What flavors are there? • **helado con
sabor a fresa** strawberry-flavored ice cream **3** (estilo)
flavor: *una película de sabor clásico* a film with a classical flavor
EXPRESIONES
dejar un buen sabor de boca to go down well • **dejar un
mal sabor de boca** to leave a bad taste in your mouth

saborear *v* [T] to savor

sabotaje *s* sabotage

saboteador, -a *s* saboteur

sabotear *v* [T] to sabotage

sabroso, -a *adj* **1** (comida) tasty **2** (noticia, comentario)
juicy

sacacorchos *s* corkscrew

sacapuntas *s* pencil sharpener

sacar *v*

1	de adentro de algo
2	retirar
3	extraer
4	hacer
5	comprar
6	conseguir
7	calificaciones
8	poner en venta, en circulación
9	de diferencia, ventaja
10	solucionar
11	en tenis, voleibol
12	en fútbol
13	pedir
14	mencionar

1 **DE ADENTRO DE ALGO** [T] to take out: *Sacó la cartera.* He took out his wallet. • *Saqué el perro a pasear.* I
took the dog out for a walk. • *¿Sacaste la basura?* Have
you put the garbage out? • **sacar algo de algo** to take
sth out of sth: *Sacó los libros de la mochila.* He took the
books out of his backpack. • **sacar la lengua/la mano**
to stick your tongue out/your hand out: *No me saques la
lengua.* Don't stick your tongue out at me.
2 **RETIRAR** [T] to take out, to withdraw (*más frml*):
Acabo de sacar 200 dólares del cajero. I've just taken 200
dollars out of the ATM. • *¿Cuánto has sacado de la
cuenta?* How much have you withdrawn from the
account?
3 **EXTRAER** [T] to take: *Le sacaron sangre.* They took
some blood from him. • *Me tienen que sacar una muela.*
I have to have a tooth pulled.
4 **HACER** [T] (una foto) to take; (una fotocopia) to make:
¿Me podrías sacar una foto? Could you take a photo of
me?
5 **COMPRAR** [T] to get: *Yo saco las entradas.* I'll get the
tickets.
6 **CONSEGUIR** [T] to get: *¿De dónde has sacado eso?*
Where did you get that? • *Todavía no ha sacado el
pasaporte.* He still doesn't have his passport. • **sacarle
algo a alguien** to get sth out of sb • **sacar un/el empate**
to tie
7 **CALIFICACIONES** [T] to get: *¿Qué sacaste en el examen?* What did you get on the test?

8 PONER EN VENTA, EN CIRCULACIÓN [T] **sacar un producto** to bring out a product • **sacar una estampilla nueva/un timbre nuevo** to issue a new stamp
9 DE DIFERENCIA, VENTAJA [T] *Me saca tres años.* He's three years older than me. • *Le saco una cabeza.* I'm a head taller than her. • *Le saca dos vueltas.* He's two laps ahead of him.
10 SOLUCIONAR [T] *¿Sacaste el problema?* Did you solve the problem? • *No pude sacar las palabras cruzadas.* I couldn't do the crossword.
11 EN TENIS, VOLEIBOL [I,T] to serve
12 EN FÚTBOL **(a)** [I] to kick off • **sacar de banda/esquina** to take a throw-in/a corner **(b)** [T] **sacar una falta** to take a free kick • **sacar un córner** to take a corner
13 PEDIR [T] **sacar a bailar a alguien** to ask sb to dance
14 MENCIONAR [T] **lo sacaron en la tele/el periódico** it was on TV/in the paper
—sacarse *v pron*
1 UN DOCUMENTO to get: *Me tengo que sacar el pasaporte.* I need to get a passport.
2 DE ADENTRO DE ALGO **sacarse algo de algo** to take sth out of sth: *Se sacó las manos de los bolsillos.* He took his hands out of his pockets.
3 GANARSE to win: *Se sacó la lotería.* He won the lottery. • *Se sacaron el primer premio.* They won first prize.

EXPRESIONES
¡sácate/sáquense! **(a)** get out (of here): *¡Sácate de aquí, perro condenado!* Get out, you stupid dog! • *Sáquense todos al jardín.* Go out into the yard, all of you. **(b)** (expresando inconformidad) forget it!: *Sácate, yo no voy, hace mucho frío.* Forget it, I'm not going, it's too cold.

sacarina *s* saccharin

sacerdote *s* priest

sacerdotisa *s* priestess (pl -sses)

saciar *v* [T] **1** (el hambre) to satisfy **2** (la sed) to quench **3** (la curiosidad) to satisfy **4** (la ambición) to fulfill

saciedad *s* **hasta la saciedad** (repetir) ad nauseam

saco *s* **1** (prenda de tela) jacket: *Vino de saco y corbata.* He came in a jacket and tie. **2** (prenda tejida) cardigan **3** (para llevar cosas – grande) sack; (pequeño) bag: *un saco de patatas* a sack of potatoes

EXPRESIONES
caer en saco roto to fall on deaf ears • **meter algo/a alguien en el mismo saco** to lump sth/sb together
saco de dormir sleeping bag

sacramento *s* sacrament

sacrificar *v* [T] **1** (renunciar a) to give up: *Sacrificó su carrera por la familia.* She gave up her career for her family. **2** (un animal – por enfermedad) to put down: *Tuvieron que sacrificar al caballo.* The horse had to be put down.
—sacrificarse *v pron* to make sacrifices

sacrificio *s* **1** (privación) sacrifice: *Lo logró con mucho sacrificio.* It took a great deal of sacrifice to achieve it. • **hacer sacrificios** to make sacrifices **2** (a los dioses) sacrifice

sacrilegio *s* sacrilege

sacristán *s* sacristan

sacristía *s* sacristy (pl -ties)

sacudida *s* **1** (eléctrica) shock: *Cuando lo toqué me dio una sacudida.* I got an electric shock when I touched it. **2** (agitación) shake • **darle una sacudida a algo** to give sth a shake **3 sacudida (sísmica)** tremor

sacudidor *s* feather duster

sacudir *v* [T] **1** (agitar) to shake: *El viento sacudía las ramas.* The wind shook the branches. • *Sacudió la cabeza.* He shook his head. • **sacudirle el polvo a algo** to dust sth **2** (pegar) **sacudir a alguien** to give sb a hiding **3** (alterar) to shake: *La noticia los sacudió a*

todos. They were all shaken by the news.
—sacudirse *v pron* **sacudirse el abrigo/la ropa** to brush your coat/clothes off

sacudón *s* **1** (eléctrico) shock: *Cuando lo toqué me dio un sacudón.* I got an electric shock when I touched it. **2** (agitación) shake • **darle una sacudón a algo** to give sth a shake **3** (de un vehículo) jolt **4** (sísmico) tremor

sádico[1], -a *adj* sadistic

sádico[2], -a *s* sadist

safari *s* safari • **ir de safari** to go on safari
safari fotográfico photo safari

sagacidad *s* shrewdness

sagaz *adj* shrewd

Sagitario *s* Sagittarius: *Es (de) Sagitario.* He's a Sagittarius./He's a Sagittarian.

sagrado, -a *adj* (lugar, ciudad) sacred
el Sagrado Corazón the Sacred Heart • la Sagrada Familia the Holy Family • las Sagradas Escrituras the Holy Scriptures

sagrario *s* tabernacle

sajón, -ona *adj* Saxon

sal *s* **1** (sustancia) salt: *¿Me pasas la sal?* Could you pass the salt, please? **2** (gracia) flair
EXPRESIONES
echarle la sal a algo/alguien to put a jinx on sth/sb
sal común, sal de cocina cooking salt • sales de baño bath salts • sal fina, sal de mesa table salt

sala *s* **1** (habitación) room: *la sala de lectura* the reading room **2** (en un hospital) ward: *Está en la sala de pediatría.* She's in the pediatric ward. **3** (de cine) screen: *La dan en la sala 2.* It's on screen 2.
sala de abordar, sala de embarque departure lounge • sala de espera waiting room • sala de estar living room • sala de expulsión delivery room • sala de fiestas banqueting room • sala de operaciones operating room • sala de partos delivery room • sala de profesores staff room

salado, -a *adj* **1** (con demasiada sal) salty **2** (no dulce) salty: *Prefiero las cosas saladas.* I prefer salty things./I prefer things that aren't sweet. **3** (con gracia) charming: *¡Qué niña tan salada!* What a charming girl! ▶ AGUA salada
EXPRESIONES
maníes/cacahuates salados salted peanuts • **estar salado -a (a)** (con mala suerte) to be very unlucky **(b)** (que trae mala suerte) to be jinxed

salamandra *s* salamander

salamanquesa *s* gecko (pl geckos tb geckoes)

salami, **salame** *s* salami

salarial *adj* pay [solo ante s], wage [solo ante s] • **aumento/incremento salarial** pay raise • **acuerdo/revisión salarial** wage agreement/review

salario *s* (mensual) salary; (semanal, diario) wage ▶ ver nota en **SALARY**
salario mínimo minimum wage

⚠ **Salary** se usa solamente cuando se refiere a un trabajo formal:
At the age of 7 he sold newspapers on the street, but the pay (✗ salary) was very low.

salchicha *s* sausage • **salchicha (de Frankfurt)** (para perros calientes) frankfurter, wiener

salchichón *s* salami

salchichonería *s* delicatessen

saldo *s* **1 saldos** [pl] (rebajas) sales **2** (objeto rebajado) clearance item: *saldos de la temporada anterior* clearance items from the previous season **3** (de una cuenta bancaria) balance **4** (resultado) **dejar un saldo de ocho muertos/15 detenidos** to leave eight people dead/to end in 15 arrests

salero *s* **1** (para la sal) salt shaker **2** (gracia) flair

salida s

1 lugar por donde salir
2 en una carrera
3 de un avión
4 momento
5 solución
6 paseo
7 ocurrencia
8 de un producto
9 prenda

1 LUGAR POR DONDE SALIR way out, exit (*más frml*): *¿Dónde está la salida?* Where's the way out? • **a la salida de la oficina/del metro** outside the office/subway: *Nos vemos a la salida.* I'll meet you outside.

2 EN UNA CARRERA start • **dar la salida a una carrera** to start a race

3 DE UN AVIÓN departure: *la salida del vuelo BA141* the departure of flight BA141

4 MOMENTO a la salida del colegio/trabajo after school/work

5 SOLUCIÓN solution: *No hay otra salida.* There's no other solution.

6 PASEO una salida al cine/al parque a trip to the movies/to the park

7 OCURRENCIA ¡qué buena salida! That was very funny.

8 DE UN PRODUCTO tener/no tener salida to sell well/not to sell well

9 PRENDA salida (de baño) bathrobe

salida de emergencia emergency exit • salida de incendios fire escape • salida del sol sunrise • salida nula false start

salido, -a *adj* (ojos) bulging; (rasgos) prominent: *dientes salidos* buck teeth

saliente s ledge

salina s (al lado del mar) salt marsh; (mina) salt mine

salinidad s salinity

salino, -a *adj* saline

salir v [I]

1 pasar afuera
2 irse
3 como esparcimiento, en pareja
4 resultar
5 oportunidad, trabajo
6 resolver
7 surgir
8 aparecer
9 manchas
10 sol, estrellas
11 combinar
12 costar
13 corresponder
14 parecerse
15 proceder de
16 decir

1 PASAR AFUERA (ir) to go out; (venir) to come out: *No salgas sin paraguas.* Don't go out without an umbrella. • *Salió a recibirnos.* She came out to welcome us. • **salir al jardín/al balcón** to go out into the garden/onto the balcony • **salir de una casa/una habitación** (ir) to go out of a house/a room; (venir) to come out of a house/a room • **salir por una ventana/la salida de incendios** to get out through a window/the fire exit • **al salir** on my/his way out: *Me dió la mano al salir.* He shook my hand on the way out.

2 IRSE to leave: *Salieron temprano para la costa.* They left early for the coast. • *Salimos de Cartagena a las cuatro.* We left Cartagena at four o'clock. • *El avión sale a las dos.* The plane leaves at two. • **salir del colegio/del trabajo** to leave school/work

3 COMO ESPARCIMIENTO, EN PAREJA to go out: *¿Salimos el sábado?* Do you want to go out on Saturday? • *Está saliendo con Javier.* She's going out with Javier.

4 RESULTAR salir bien/mal to go well/not to go well: *La fiesta salió bien.* The party went well. • *El postre te salió muy rico.* The dessert you made was delicious. • *La raya me salió torcida.* My part's not straight.

5 OPORTUNIDAD, TRABAJO to come up: *Le ha salido un trabajo en Londres.* A job has come up for him in London./He's gotten a job in London.

6 RESOLVER no me sale el ejercicio/el crucigrama I can't do the exercise/the crossword: *No me sale la pronunciación.* I can't get the pronunciation right.

7 SURGIR (agua, sangre) to come out; (diente) to cut: *Salía agua por todos lados.* Water was coming out everywhere. • **salirle algo a alguien** *Me ha salido un grano.* I have a zit. • *Le salía sangre de la herida.* Her wound was bleeding.

8 APARECER (revista, CD) to come out: *¿Cuándo sale el próximo número?* When is the next issue coming out? • **salir por la tele/en los periódicos** to be on TV/in the papers

9 MANCHAS to come out: *No creo que salga.* I don't think it will come out.

10 SOL, ESTRELLAS to come out: *No salió el sol.* The sun didn't come out.

11 COMBINAR to go together • **salir con algo** to go with sth

12 COSTAR salir caro/por 100 dólares to work out expensive/at 100 dollars: *¿En cuánto sale?* How much is it?

13 CORRESPONDER salir a dos/seis cada uno to work out at two/six each

14 PARECERSE salir a alguien to take after sb

15 PROCEDER DE salir de alguien to be sb's idea: *¡No creo que saliese de él!* I don't believe it was his idea!

16 DECIR salir con algo to say sth: *¡Ahora no me salgas con eso!* Don't say that now!

—**salirse** v pron

1 DESPRENDERSE to come off: *Se me salió un botón.* My button came off.

2 DE CIERTOS LÍMITES salirse de la carretera to go off the road • **salirse del campo** to go out of play

3 IRSE salirse del cine/estadio to leave the movie theater/the stadium

4 LÍQUIDO, GAS to leak out

5 CAFETERA, PLUMA to leak

6 AL HERVIR to boil over

EXPRESIONES

salirse con la suya to get your own way: *una mujer rica y acostumbrada a salirse con la suya* a wealthy woman used to getting her own way

saliva s saliva

EXPRESIONES

gastar saliva to waste your breath • **tragar saliva** to bite your tongue

salmo s psalm

salmón s **1** (pescado) salmon **2** (color) salmon-pink

salmón ahumado smoked salmon

salmonela (tb **salmonelosis**) s salmonella

salmonete s red mullet

salmuera s brine

salón s **1** (en una casa particular) living room **2** (exposición) show, fair: *el Salón del Automóvil* the motor show **3** (en un hotel, un aeropuerto) lounge **4 salón (de clases)** classroom

salón de actos assembly hall • salón de belleza beauty salon • salón de fiestas dance hall

salpicadera s fender

salpicadero s dashboard

salpicadura s (mancha) stain

salpicar v **1** [I,T] (agua) to splash; (aceite caliente) to spit: *¡Me estás salpicando!* You're splashing me! • *No te acerques al aceite, que salpica.* Don't go near the hot oil, it might spit. **2** [T] (con agua) to splash • **salpicar algo con barro/de sangre** to splatter sth with mud/

blood **3** [T] (con anécdotas, referencias) **salpicar algo con algo** to pepper sth with sth: *un artículo salpicado con citas* an article peppered with quotes
—salpicarse *v pron* **salpicarse la camisa con vino/el vestido con aceite** to get wine on your shirt/oil on your dress

salpicón *s* (comida) a dish of finely chopped meat, fish or seafood cooked with oil and vinegar

salpimentar *v* [T] to season with salt and pepper

salpullido *s* rash (plural -shes) • **me/le salió un salpullido** I/he came out in a rash

salsa *s* **1** (para las comidas) sauce **2** (baile) salsa
EXPRESIONES
en su salsa in your element
salsa bechamel, salsa blanca white sauce • **salsa golf** Thousand Island dressing • **salsa mayonesa** mayonnaise • **salsa rosa** Thousand Island dressing • **salsa de tomate (a)** (casera) tomato sauce **(b)** (de fábrica) ketchup

salsamentaria *s* delicatessen

salsera *s* sauce boat

saltador, -a *s* jumper
saltador de altura high jumper • **saltador de longitud** long jumper • **saltador de pértiga** pole vaulter

saltamontes *s* grasshopper

saltar *v*

1	brincar
2	con un pie
3	pasar
4	omitir
5	aceite
6	alarma
7	fusibles
8	reaccionar

1 BRINCAR [I,T] to jump: *Saltó y atrapó la pelota.* He jumped and caught the ball. • **saltar un muro/una cerca** to jump over a wall/a fence: *Iban saltando los charcos.* They were jumping over the puddles. • **saltar de alegría** to jump for joy • **saltar al campo** to run onto the field
2 CON UN PIE [I] to hop
3 PASAR [I] to jump: *Salta de un tema a otro.* She jumps from one subject to another.
4 OMITIR [T] to leave out: *Me he saltado dos párrafos.* I left two paragraphs out.
5 ACEITE [I] to spit
6 ALARMA [I] to go off
7 FUSIBLES [I] to blow
8 REACCIONAR [I] to fly of the handle
EXPRESIONES
saltar a la vista to hit you in the eye
—saltarse *v pron*
1 OMITIR (sin querer) to miss; (a propósito) to skip: *Te has saltado un párrafo.* You've skipped a paragraph. • *Sáltate un renglón.* Skip a line.
2 SALIRSE to chip off: *Se saltó la pintura.* The paint has chipped off.

saltear *v* [T] (freír) to sauté
—saltearse *v pron* (sin querer) to miss; (a propósito) to skip: *Te salteaste un párrafo.* You skipped a paragraph. • *Saltéate un renglón.* Skip a line.

saltimbanqui *s* acrobat

salto *s* **1** (acción) jump • **dar/pegar un salto** to jump: *Pegó un salto impresionante.* He jumped incredibly high. • *Daba saltos de alegría.* She was jumping for joy. • **levantarse de un salto** to jump up • **subirse a una pared/a una mesa de un salto** to jump onto a wall/a table • **bajarse de una pared/de una mesa de un salto** to jump off a wall/a table **2 salto (de agua)** waterfall
▶ **TRIPLE salto**
salto con pértiga, salto con garrocha pole vault • salto de altura high jump • salto de cama robe • salto de

longitud long jump • salto (en) alto high jump • salto (en) largo long jump • salto mortal somersault

saltón, -ona *adj* bulging

salubre *adj* healthy

salud¹ *s* **1** health • **ser bueno -a/malo -a para la salud** to be good/bad for your health • **estar bien/mal de salud** to be in good/poor health **2 saludes** [pl] **(dale) saludes a Pedro/a tu madre** say hello to Pedro/to your mother from me, give my regards to Pedro/to your mother (*más frml*) • **te manda saludes mi hermano/Gustavo** my brother/Gustavo says hello, my brother/Gustavo sends his regards (*más frml*)
EXPRESIONES
¡a tu/su salud! good health!
salud pública public health

salud² *interj* **1** (al brindar) cheers **2** (cuando alguien estornuda) bless you

saludable *adj* healthy

saludar *v* **1** (en general) **(a)** [I] to say hello: *Pasó sin saludar.* He walked past without saying hello. **(b)** [T] to say hello to, to greet • **saludar a alguien con la mano** to wave to sb: *Lo saludé con la mano desde el tren.* I waved to him from the train. • **saluda a Pedro/a tu madre de mi parte** say hello to Pedro/to your mother from me, give my regards to Pedro/to your mother (*más frml*) **2** [T] (en una carta) **lo saluda atentamente** (tb **saludamos a Ud. atentamente**) yours sincerely, sincerely (yours)
—saludarse *v pron* to say hello to each other • **saludarse con un beso/un abrazo** they greeted each other with a kiss/a hug

saludo *s* **1** **(dale/mándale) saludos a Pedro/a tu madre** say hello to Pedro/to your mother from me, give my regards to Pedro/to your mother (*más frml*) • **te manda saludos mi hermano/Gustavo** my brother/Gustavo says hello, my brother/Gustavo sends his regards (*más frml*) **2** (acto de saludar) greeting **3** (en una carta) **un saludo afectuoso** yours sincerely, sincerely (yours)

salva *s* **1** (de cañonazos) salvo: *veinte salvas de honor* a twenty-gun salute **2 una salva de aplausos** a burst of applause

salvación *s* **1** (espiritual) salvation **2** (de un riesgo, un peligro) salvation

salvado *s* bran

Salvador El Salvador El Salvador

salvador, -a *s* savior

salvadoreño, -a *s, adj* Salvadorean

salvaguardar *v* [T] to safeguard

salvaguardia *s* defense

salvajada *s* **1** (atrocidad) atrocity • **cometer una salvajada** to commit an atrocity **2** (agravio) outrage • **ser una salvajada** to be an outrage

salvaje¹ *adj* **1** (animal) wild **2** (tribu) savage **3** (asesinato, atentado) brutal ▶ **HUELGA salvaje**

salvaje² *s* (persona violenta) animal: *Son unos salvajes.* They are animals.

salvamanteles *s* hot pad

salvamento *s* rescue

salvapantallas *s* screensaver

salvar *v* [T] **1** (de la muerte) to save: *Lo salvaron los bomberos.* The firemen saved him. • **salvarle la vida a alguien** to save sb's life **2** (de un peligro, un aburrimiento) to save: *Me salvaste de tener que saludarlo.* You saved me from having to say hello to him. **3** (una valla, una barrera) to clear **4** (recorrer) to do: *Salvó los 100 metros en menos de 10 segundos.* He did the 100 meters in less than 10 seconds.
—salvarse *v pron* **1** (de un peligro) to survive: *Me salvé de casualidad.* I survived by pure chance. • **¡sálvese quien pueda!** every man for himself! **2** (de una crítica) *De la clase el único que se salva es Pepe.* The only one in

the class who's any good is Pepe. • *Se salva porque tiene una linda sonrisa.* His only saving grace is that he has a nice smile.

salvavidas *s* **1** (llanta de hule) life belt **2** (persona) life guard ▶ BOTE **salvavidas**, CHALECO **salvavidas**

salvo¹ *prep* except: *Vinieron todos salvo Nicolás.* They all came except Nicolás. • **salvo que llueva/haya huelga** unless it rains/there's a strike: *No vayas, salvo que te paguen.* Don't go unless they pay you. • **salvo error u omisión** errors and omissions excepted

salvo², -a *adj* **estar/encontrarse a salvo** to be safe: *Aquí estamos a salvo.* We're safe here. • **ponerse a salvo** to seek safety • **poner algo a salvo** to put sth in a safe place • **poner a alguien a salvo** to get sb to safety ▶ SANO y **salvo**

salvoconducto *s* safe conduct

samba *s* samba

sambenito *s* **colgar/poner a alguien el sambenito de algo** to brand sb sth

Samoa Samoa

samoano¹, -a *s* (persona) Samoan

samoano² *s* (idioma) Samoan

samoano³, -a *adj* Samoan

San *adj* **San Pedro/Pablo** St. Peter/Paul

sanar *v* [I] **1** (persona) to get better **2** (herida, tobillo) to heal

sanatorio *s* hospital

sanción *s* **1** (en deportes) suspension • **recibir una sanción** to be suspended **2** (castigo) punishment **3** (de una ley) sanction

sancionable *adj* punishable • **una falta/infracción sancionable con multa de 100 dólares** an offense punishable by a fine of 100 dollars

sancionar *v* [T] **1** (a un jugador) to suspend **2** (una ley) to sanction

sandalia *s* sandal

sandez *s* stupid thing • **decir sandeces** to talk nonsense

sandía *s* watermelon

sandwich, **sánduche** *s* sandwich (pl -ches): *un sandwich de jamón y queso* a ham and cheese sandwich

saneamiento *s* cleaning: *el saneamiento de las calles* street cleaning

sanear *v* [T] (un río, las calles) to clean up

sangrar *v* **1** [I] to bleed • **me sangra el dedo/la rodilla** my finger/knee is bleeding • **me sangra la nariz** I have a nose bleed **2** [T] (texto, párrafo) to indent

sangre *s* blood • **me/le sale sangre de la nariz** my/his nose is bleeding • **donar sangre** to give blood
EXPRESIONES
chuparle la sangre a alguien to bleed sb dry • **hacerse mala sangre** to get annoyed • **llevar/traer algo en la sangre** to have sth in your blood • **no llegó la sangre al río** nothing serious happened • **no tener sangre en las venas** to have no life in you • **sudar sangre** to bust a gut, to sweat blood
sangre azul blue blood • **sangre fría** coolness, sang-froid (*más frml*) • **a sangre fría** in cold blood • **sangre nueva** new blood

sangría *s* **1** (bebida) sangria **2** (de dinero) drain; (de votos) loss; (de trabajadores, capitales) exodus **3** (de un texto, un párrafo) indentation

sangriento, -a *adj* bloody

sangrón, -ona *adj* **1** (persona) mean, nasty **2** (chiste) unfunny, not funny

sanguijuela *s* **1** (gusano) leech (pl -ches) **2** (persona) bloodsucker

sanguinario, -a *adj* bloodthirsty

sanguíneo, -a *adj* blood [solo ante s]: *presión sanguínea* blood pressure ▶ GRUPO **sanguíneo**, RIEGO **sanguíneo**, TORRENTE **sanguíneo**

sanidad *s* (servicios) health services [pl]
sanidad privada private health care • **sanidad pública** public health service

sanitario¹, -a *adj* health [solo ante s]: *el sistema sanitario* the health system • *un centro sanitario* a health center • *condiciones sanitarias* health and safety requirements

sanitario², -a *s* (trabajador) health worker

sanitario³ *s* **1** (cuarto de baño) toilet **2 sanitarios** [pl] (instalaciones en el baño) bathroom fittings

sano, -a *adj* **1** (persona, vida, dieta) healthy **2** (bueno para la salud) good for you: *No es sano comer tanta carne.* It isn't good for you to eat so much meat. **3** (en sentido moral) wholesome: *una manera sana de divertirse* a wholesome form of entertainment
EXPRESIONES
sano -a y salvo -a safe and sound

sanseacabó *interj* **¡y sanseacabó!** and that's an end to it!

Santa Claus *s* Santa Claus

santalucense *s*, *adj* St. Lucian

Santa Lucía St. Lucia

santiamén **en un santiamén** in no time at all

santidad *s* **1** (cualidad) saintliness **2 Su Santidad** His/Your Holiness

santiguarse *v pron* to cross yourself

Santísimo *s* **el Santísimo** the Holy Eucharist

santo¹, -a *adj* **1** (sagrado) holy: *un lugar santo* a holy place **2** (con un nombre) Saint [solo ante s]: *santa Catalina* Saint Catherine **3** (uso enfático) *todo el santo día* all day long
EXPRESIONES
hacer su santa voluntad to do exactly as you please

santo², -a *s* **1** (de la iglesia) Saint **2** (persona buena) saint: *Esa chica es una santa.* That girl is a saint.
EXPRESIONES
¿a santo de qué...? why on earth...?: *¿A santo de qué me dices esto ahora?* Why on earth are you telling me this now? • **se me/le fue el santo al cielo** it completely went out of my mind

santo³ *s* (onomástica) name day
EXPRESIONES
santo y seña password

santuario *s* **1** (templo) shrine **2** (refugio) sanctuary

saña *s* **con saña** viciously

sapear *v* [T] to tell on, to snitch on: *Si no me compras un helado, te sapeo.* If you don't buy me an ice cream cone I'll tell on you.

sapo *s* **1** (animal) toad **2** (delator) snitch
EXPRESIONES
echar sapos y culebras (por la boca) to hurl abuse • **tragarse un sapo** to swallow your pride

saque *s* **1** (en tenis, voleibol) serve **2** (en fútbol) (al iniciarse el juego, tras un gol) kick-off; (desde la portería) goal kick • **saque (de banda)** throw-in • **saque (de esquina)** corner, corner kick • **saque (de portería)** goal kick

saquear *v* [T] **1** (una tienda) to loot **2** (una ciudad) to loot; (en tiempos históricos) to sack

saqueo *s* **1** (de una tienda) looting **2** (de un pueblo, una ciudad) looting; (en tiempos históricos) sacking

sarampión *s* measles [+v en sing]

sarape *s* serape

sarcasmo *s* sarcasm

sarcástico, -a *adj* sarcastic

sarcófago s sarcophagus (pl sarcophagi, sarcophaguses)

sardina s sardine

como sardinas en lata packed in like sardines

sardinel s **1** (del andén) curb **2** (en una calle o carretera) median strip

sardino, -a s kid

sargento s sergeant

sari s sari

sarmiento s vine shoot

sarna s **1** (en un animal) mange **2** (en una persona) scabies

sarnoso, -a adj (animal) mangy

sarpullido s rash (pl -shes) • **me/le ha salido un sarpullido** I/he came out in a rash

sarro s (en los dientes) plaque

sarta s string: *una sarta de perlas* a string of pearls • **una sarta de estupideces/tonterías** a load of nonsense • **una sarta de mentiras** a pack of lies

sartén s frying pan

tener la sartén por el mango to have the upper hand

sastre s (persona) tailor

sastrería s **1** (establecimiento) tailor's **2** (oficio) tailoring

Satán (tb **Satanás**) s Satan

satánico, -a adj **1** (relativo a Satán) satanic **2** (diabólico) devilish, demonic

satélite s satellite • **vía satélite** by satellite: *Se transmitió vía satélite.* It was broadcast by satellite. • *televisión vía satélite* satellite TV
satélite artificial artificial satellite • satélite de telecomunicaciones telecommunications satellite • satélite metereológico weather satellite

satén, **satín** s satin • **un camisón/un vestido de satén** a satin nightgown/dress

sátira s satire

satírico, -a adj satirical

satirizar v [T] to satirize

satisfacción s satisfaction [U]: *Le dio una gran satisfacción recibir el premio.* It gave her great satisfaction to receive the award. • *Han acogido la propuesta con satisfacción.* They are satisfied with the proposal.

satisfacer v [T] **1** (contentar) to satisfy: *Tratamos de satisfacer al cliente.* We try to keep our customers satisfied. • *Esa explicación no me satisface.* I'm not satisfied with that explanation. **2** (un deseo, una necesidad) to satisfy **3** (requisitos, condiciones) to meet, to satisfy (*más frml*)

satisfactorio, -a adj satisfactory

satisfecho, -a adj **1** (conforme) satisfied • **estar satisfecho -a con algo** to be satisfied with sth • **darse por satisfecho -a (con algo)** to be fairly happy (with sth) **2** (contento) pleased • **estar satisfecho -a con algo** to be pleased with sth **3** (por haber comido suficiente) **gracias, estoy satisfecho -a** thank you, I've had enough • **quedarse satisfecho -a** to be full **4 satisfecho -a de sí mismo** self-satisfied

saturación s **1** (en química, física) saturation **2** (de un mercado) saturation, flooding • **llegar a la saturación** (mercado) to reach saturation level **3** (de una red) overload **4** (de una cárcel, un hospital) overcrowding

hasta la saturación ad nauseam

saturado, -a adj **1** (compuesto químico) saturated **2** (mercado) saturated, flooded **3** (red) overloaded; (línea telefónica) busy: *una red saturada por los correos basura* a network overloaded with junk mail **4** (cárcel,

hospital) overcrowded **5** (persona) **estar saturado -a de trabajo** to be overloaded with work

saturar v [T] **1** (en química, física) to saturate **2** (un mercado) to saturate, to flood **3** (una red, un sistema) to overload; (líneas telefónicas) to jam **4** (una cárcel, un hospital) to overcrowd

Saturno s Saturn

sauce s willow
sauce llorón weeping willow

saudí s, adj Saudi Arabian

sauna s sauna

savia s (de una planta) sap
savia nueva new blood: *la savia nueva del rock* the new blood in rock music

saxo (tb **saxofón**) s saxophone

saxofonista s saxophonist

sazonar v [T] to season

schop s **1** (cerveza) beer **2** (jarro) beer mug

se pron

1 complemento indirecto
2 reflexivo
3 recíproco
4 pasivo
5 impersonal
6 en instrucciones

1 COMPLEMENTO INDIRECTO (a él) to him; (a ella) to her; (a usted, a ustedes) to you; (a ellos, a ellas) to them: *Se lo di.* I gave it to him. • *Se lo expliqué.* I explained it to her. • *Se lo envié ayer.* I sent it to you yesterday. • *Ya se lo dije.* I've already told them.
2 REFLEXIVO ► Cuando *se* forma parte de un verbo reflexivo, hay que buscar la traducción bajo el verbo correspondiente, p. ej. *acordarse* **to remember**, *caerse* **to fall**, etc.: *No se acuerda.* He can't remember. • *Se cayó de la mesa.* It fell off the table. ► En algunos casos se usan los pronombres reflexivos para traducir *se*, p. ej. **himself** cuando se trata de *él*, **herself** cuando se trata de *ella*, etc.: *Se cortó otro pedazo de pastel.* He cut himself another piece of cake. • *Cuidado, se puede hacer daño.* Careful, you might hurt yourself.
3 RECÍPROCO each other: *Se miraron.* They looked at each other. • *No se soportan.* They can't stand each other.
4 PASIVO se dice/cree que... it is said/thought that... *Se tradujo a varios idiomas.* It was translated into several languages. • *Se habla inglés.* English spoken.
5 IMPERSONAL *Antes se vivía bien aquí.* You used to be able to live well here. • *¿Se celebra el carnaval en Estados Unidos?* Do people celebrate Carnival in the United States?
6 EN INSTRUCCIONES ► Se usa el imperativo o el sujeto **you**: *Se corta por la línea de puntos.* Cut along the dotted line./You cut along the dotted line. • *¡No se le grita así a la gente!* Don't shout at people like that!/You don't shout at people like that!

sebáceo, -a adj sebaceous

seborrea s seborrhea

secadero s drying area

secador s **1 secador (de pelo)** hairdryer: *¿Me prestas el secador?* Can I borrow your hairdryer? **2** (para los platos) dish towel

secadora s **1** (para la ropa) dryer, tumble dryer **2 secadora (de pelo)** hairdryer: *¿Me prestas la secadora?* Can I borrow your hairdryer?

secano s dry land • **de secano** (terreno, finca, cultivo) unirrigated

secar v [I,T] **1** (los platos) to dry, to wipe **2** (el suelo, la ropa) to dry • **dejar secar algo** to leave sth to dry: *Déjelo secar unas dos horas.* Leave it to dry for about two hours. • **poner algo a secar (a)** (en el suelo, en una

superficie) to put sth out to dry **(b)** (la ropa) to hang sth out to dry
—**secarse** *v pron* **1** (persona) to dry yourself: *Sécate con la toalla.* Dry yourself with the towel. • **secarse la cara/el pelo** to dry your face/hair **2** (ropa, pintura) to dry: *Esta camisa se seca enseguida.* This shirt dries very quickly. **3** (planta) to dry up: *Se secó la azalea.* The azalea has dried up.

sección *s* **1** (en una empresa, un negocio) department: *Trabaja en la sección de juguetes.* She works in the toy department. **2** (en un periódico) section: *la sección de deportes* the sports section **3** (en geometría) section **4** (en el ejército) unit
sección transversal cross-section • **Sección Amarilla®** Yellow Pages®

seco , -a *adj*

1	ropa, toalla
2	piel, pelo
3	pollo, pastel
4	persona
5	clima
6	ruido, golpe

1 ROPA, TOALLA dry: *Tu camisa ya está seca.* Your shirt is dry already.

2 PIEL, PELO dry: *Tengo la piel muy seca.* My skin is very dry.

3 POLLO, PASTEL estar/quedar seco -a to be/to turn out dry

4 PERSONA curt: *Estuvo muy seca conmigo.* She was very curt with me.

5 CLIMA dry

6 RUIDO, GOLPE sharp: *Se oyó un ruido seco.* There was a sharp noise. ▶ **FRUTA seca**

EXPRESIONES
a secas *¿Se llama Ana María o Ana a secas?* Is she called Ana María or just Ana? • **frenar/parar en seco** to brake sharply/to stop dead • **parar a alguien en seco** to stop sb in their tracks • **me tiene seco -a** (aburrido, fastidiado) I'm fed up with him/her

secreción *s* secretion

secretaría *s* **1** (administración) administration department; (en un instituto) Administration **2** (sección de un ministerio) department: *la Secretaría de Turismo* the Tourism Department **3** (tb **Secretaría**) (sección del poder ejecutivo en México) ministry (pl -ies); (en EU y Gran Bretaña) Department

secretariado *s* **hacer (un curso de) secretariado** to do a secretarial course

secretario, -a *s* **1** (asistente) secretary (pl -ries) **2** (en un ministerio) secretary (pl -ies) **3** (tb **Secretario -a**) (en el poder ejecutivo mexicano) minister; (en EU y Gran Bretaña) Secretary (pl -ies)
secretario -a de dirección, secretario -a ejecutivo -a executive secretary • **secretario -a de Estado** under-secretary

secreto¹, -a *adj* secret: *un código secreto* a secret code

secreto² *s* secret: *Es un secreto.* It's a secret. • **contarle un secreto a alguien** to tell sb a secret • **guardar un secreto** to keep a secret • **en secreto** in secret
secreto a voces open secret • **secreto de Estado** state secret • **secreto profesional** professional secrecy

secta *s* sect

sectario, -a *adj* sectarian

sector *s* **1** (de la economía) sector: *el sector industrial* the industrial sector **2** (de la sociedad) sector: *los sectores con menos recursos* the poorest sectors **3** (zona) area

secuaz *s* henchman (pl -men)

secuela *s* **1** (de una enfermedad) consequence **2** (de un libro, una película) sequel

secuencia *s* sequence

secuestrador, -a *s* **1** (de una persona) kidnapper **2** (de un avión) hijacker

secuestrar *v* [T] **1** (a una persona) to kidnap **2** (un avión) to hijack

secuestro *s* **1** (de una persona) kidnapping **2** (de un avión) hijacking

secundar *v* [T] to support

secundaria *s* **1** (estudios) secondary education **2** (escuela) high school: *¿Cuándo terminas la secundaria?* When do you finish high school?

secundario, -a *adj* secondary

sed *s* (ganas de beber) thirst • **tener sed** to be thirsty • **dar sed** to make you thirsty: *La caminata me dio sed.* The hike made me thirsty. • **quitarle la sed a alguien** to quench your thirst

seda *s* silk • **un pañuelo/un vestido de seda** a silk scarf/dress
seda dental dental floss

sedal *s* fishing line

sedante *s*, *adj* sedative

sedar *v* [T] to sedate

sede *s* **1** (de un evento) site: *la sede del Mundial* the site for the World Cup • **ser la sede del Mundial/de las Olimpíadas** to host the World Cup/the Olympic Games **2** (de una institución) headquarters [+v en sing]; (de una universidad) campus: *la sede del club/del partido* the club/party headquarters **3** (diócesis) see

sedentario, -a *adj* sedentary

sediento, -a *adj* **1** thirsty **2 sediento -a de sangre/venganza/justicia** thirsting for blood/revenge/justice

sedimentarse *v pron* to settle

sedimento *s* sediment

sedoso, -a *adj* silky

seducción *s* seduction

seducir *v* [T] **1** (conquistar) to seduce: *Trató de seducirla.* He tried to seduce her. **2** (atraer) to tempt: *Me seduce la idea.* I'm tempted by the idea.

seductor, -a *adj* **1** (persona, mirada, voz) seductive **2** (propuesta, oferta) tempting

segadora *s* **1** (de hierba, heno) mower **2** (de mies) harvester

segar *v* [T] **1** (la hierba, el heno) to mow **2** (la mies) to cut **3** (acabar con) **segar las esperanzas/ilusiones de alguien** to dash sb's hopes • **segar la vida de alguien** to claim the life of sb: *La explosión segó la vida de 15 personas.* The explosion claimed the lives of 15 people.

seglar¹ *adj* lay

seglar² *s* (hombre) layman (pl -men); (mujer) laywoman (pl -women)

segmentar *v* [T] to segment

segmento *s* **1** (de la economía, la sociedad, una organización) sector **2** (en geometría) segment **3** (de un gusano, un insecto) segment
segmento de mercado market sector • **segmento de población** segment of the population

segregar *v* [T] **1** (separar, marginar) to segregate **2** (secretar) to secrete

seguidamente *adv* then, next

seguidilla *s* (sucesión) series

seguido¹, -a *adj* **1** (consecutivo) in a row • **tres días seguidos/cuatro veces seguidas** three days in a row/four times in a row: *Es el cuarto partido seguido que gana.* It's the fourth game in a row that he's won. **2 seguido -a de/por algo/alguien** followed by sth/sb: *Entró seguido de su amigo.* He came in followed by his friend.

seguido² *adv* (con frecuencia) often: *Vamos bastante seguido al teatro.* We go to the theater fairly often. •

¿qué tan seguido...? how often...?: *¿Qué tan seguido van al club?* How often do you go to the club?

todo seguido straight on

seguidor, -a *s* **1** (de un movimiento político, filosófico, artístico) follower **2** (de un equipo deportivo) supporter **3** (de un cantante, un grupo musical) fan

seguimiento *s* **1** (de un proyecto, un proceso) monitoring **2** (de un paciente, un alumno) monitoring

seguir *v*

1	ir detrás de
2	venir después
3	una carrera
4	explicaciones, conversaciones
5	instrucciones, un consejo
6	una serie de tv, radio
7	continuar con una actividad
8	continuar por un camino
9	continuar en un estado, un lugar
10	ser el próximo

1   **IR DETRÁS DE** [T] to follow: *Te sigo en la bicicleta.* I'll follow you on my bike.

2   **VENIR DESPUÉS** [I] to follow: *Lee lo que sigue.* Read what follows.

3   **UNA CARRERA** [T] to study: *Sigue abogacía.* She's studying law.

4   **EXPLICACIONES, CONVERSACIONES** [T] to follow: *¿Me sigues?* Do you follow me?

5   **INSTRUCCIONES, UN CONSEJO** [T] to follow: *Seguí tu consejo.* I followed your advice.

6   **UNA SERIE DE TV, RADIO** [T] to follow: *Seguí el juicio por la tele.* I followed the trial on TV.

7   **CONTINUAR CON UNA ACTIVIDAD** [I] **seguir haciendo algo** to carry on doing sth: *Siguieron cantando.* They carried on singing. • **seguir con algo** to carry on with sth: *Sigue con el cuento.* Carry on with the story. • **seguir adelante (con algo)** to go ahead (with sth): *Siguieron adelante con el plan.* They went ahead with the plan.

8   **CONTINUAR POR UN CAMINO** [I] to go on, to carry on: *Siga por esta calle.* Carry on down this street. • *Seguimos hasta Isla Negra.* We went on as far as Isla Negra.

9   **CONTINUAR EN UN ESTADO, UN LUGAR** [I] **sigue enferma/enojada/en Chicago** she's still sick/angry/in Chicago: *Sigo sin entender.* I still don't understand. –*¿Como sigue Manuel?* –*Está mejor.* "How's Manuel?" "He's better."

10   **SER EL PRÓXIMO** [I] to be next: *¿Quién sigue?* Who's next?

según¹ *prep* **1** (de acuerdo con) according to: *Según Iván, el examen es el lunes.* According to Iván, the test is on Monday. **2** (dependiendo de) depending on: *según lo que te diga* depending on what he tells you • –*¿Te vas a quedar?* –*Según cómo me sienta.* "Are you going to stay?" "It depends how I feel."

según parece apparently: *Según parece, se van a separar.* Apparently, they're going to separate.

según² *adv* it depends: *Nos puede ir bien o mal, según.* It could go well or badly for us, it depends.

según³ *conj* **1** (a medida que) as: *Firmen la hoja según vayan entrando.* Sign the sheet as you go in. **2** (tal y como) as: *Lo haré según me digan.* I'll do as I'm told.

segunda *s* **1** (velocidad) second gear: *Pon (la) segunda.* Put it into second gear. **2** (en el tren) second class, standard class, coach: *Saqué boletos en segunda.* I got standard-class tickets. • **viajar en segunda** to travel second class

de segunda *ciudadanos de segunda* second-class citizens • *papas de segunda* grade 2 potatoes

segundero *s* second hand

segundo¹, -a *núm* second: *el segundo capítulo del libro* the second chapter of the book

segundo² *s* **1** (momento) second: *Espera un segundo.* Wait a second. • *Lo hizo en un segundo.* He did it in no time at all. **2** (unidad de tiempo) second **3** (plato) main course, entrée

seguramente *adv* probably: *Seguramente iremos a la playa.* We'll probably go to the beach.

seguridad *s* **1** (certeza) certainty: *No hay seguridad de que pueda jugar.* There's no certainty that he'll be able to play. • **con seguridad** for certain: *No sabemos con seguridad a qué hora llegan.* We don't know for certain what time they are arriving. • **con toda seguridad** for certain: *Sé con toda seguridad que vendrán.* I know for certain that they will come. • **para más seguridad** to be on the safe side: *Para más seguridad envíame el mensaje de nuevo.* Send me the email again, to be on the safe side. • **tener la seguridad de que...** to be sure (that)...: *Tengo la seguridad de que está mintiendo.* I'm sure he's lying. **2** (falta de peligro) safety: *Por su seguridad, use el cinturón.* For your safety, please wear your seatbelt. **3** (contra delitos) security: *medidas de seguridad* security measures **4** **seguridad (en sí mismo -a)** self confidence: *Le falta seguridad.* She lacks self confidence. ▶ **CINTURÓN de seguridad**
seguridad en el trabajo safety at work • **seguridad pública** public safety • **seguridad social** social security • **seguridad vial** road safety

seguro¹, -a *adj*

1	convencido
2	sin riesgo
3	con confianza en sí mismo
4	definitivo, indudable
5	fiable
6	estable

1   **CONVENCIDO** **estar seguro -a** to be sure: –*¿Era ella?* – *Sí, estoy seguro.* "Was it her?" "Yes, I'm sure it was." • **estar seguro -a de algo** to be sure of sth: *No estoy segura de nada.* I'm not sure of anything. • **estar seguro -a de que...** to be sure (that)...: *Estoy segura de que me va a llamar.* I'm sure he's going to phone me.

2   **SIN RIESGO** safe: *¿Es seguro salir a esta hora?* Is it safe to go out at this time? • **sentirse seguro -a** to feel safe • **ir sobre seguro** to play safe

3   **CON CONFIANZA EN SÍ MISMO** **seguro -a (de sí mismo -a)** self-confident

4   **DEFINITIVO, INDUDABLE** definite: *una fecha segura* a definite date • **no es seguro** it's not definite • **dar algo por seguro -a** to think sth is certain: *La prensa da por seguro un triunfo del gobierno.* The press think a government victory is certain. • **ten/tenga por seguro que...** you can be certain (that)...

5   **FIABLE** reliable: *un método anticonceptivo seguro* a reliable contraceptive method

6   **ESTABLE** secure: *un trabajo seguro* a secure job

seguro² *adv* **saber algo seguro** to know sth for certain • **seguro que no viene/que apruebas** I bet he won't come/you'll pass • **¡seguro que sí!** of course! • **¡seguro que no!** of course not! • **¿seguro que...?** are you sure...? • **a buen seguro** certainly

seguro³ *s* **1** (indemnización) insurance [U] **2** (traba – de un arma) safety catch; (de la puerta de un vehículo) lock • **ponerle el seguro a una puerta** (de un vehículo) to lock the door
seguro a/contra terceros third party insurance [U] • **seguro a/contra todo riesgo** fully comprehensive insurance • **seguro de accidentes** accident insurance • **seguro de asistencia en viaje** travel insurance • **seguro de desempleo** unemployment benefit • **seguro de hogar** buildings and contents insurance • **seguro de viaje** travel insurance • **seguro de vida** life insurance: *Sacó un seguro de vida.* He took out life insurance. • **seguro médico** medical insurance

seibó *s* sideboard

seis *núm* **1** (número, cantidad) six **2** (en fechas) sixth

seiscientos, -as *núm* six hundred

selección *s* **1** (tb **seleccionado**) (equipo) team: *la selección alemana* the German team • **la selección (nacional)** the national side • **jugar en la selección** to play for Colombia/Argentina **2** (elección) selection: *una buena selección de textos* a good selection of texts
selección natural natural selection

seleccionador, -a *s* **seleccionador (nacional)** manager • **el seleccionador español/brasileño/inglés** the Spanish/Brazilian/England manager

seleccionar *v* [T] to select

selectivo, -a *adj* selective

selecto, -a *adj* select

selector *s* selector

selenio *s* selenium

sellar *v* [T] **1** (con un sello de goma) to stamp **2** (cerrar) to seal **3** (una puerta) to seal **4** (un pacto, un acuerdo) to seal

sello *s* **1** (en un documento) stamp **2** (utensilio de goma) stamp **3 sello (discográfico)** (record) label **4** (carácter) hallmark: *Una escena que lleva el sello del director.* A scene which has the director's hallmark on it.
sello de correos postage stamp • sello independiente independent label

selva *s* jungle: *Talaron parte de la selva.* They cut down part of the jungle. • **la selva (tropical)** the (tropical) rainforest
selva virgen virgin forest

semáforo *s* lights [pl], traffic lights [pl]: *Gire a la derecha en el semáforo.* Turn right at the lights. • *En la esquina hay un semáforo.* There are some traffic lights on the corner. • **el semáforo estaba (en) rojo/verde/amarillo** the traffic lights were red/green/yellow • **pasar un semáforo en rojo** to go through a red light, to run a red light

semana *s* week: *Llovió toda la semana.* It rained all week. • **la semana que viene** next week • **la semana pasada** last week • **faltan dos/tres semanas para...** there are two/three weeks to go till... • **una vez/dos veces por semana** once/twice a week • **tres/cuatro veces por semana** three/four times a week • **entre semana** during the week: *Entre semana no hay nadie.* There is nobody there during the week. ▶ **FIN de semana**
Semana Santa (en religión) Easter, Holy Week (*más frml*); (vacaciones) spring break: *¿Dónde van en Semana Santa?* Where are you going for Easter? • semana laboral workweek

semanal *adj* **1** (edición, reunión) weekly **2** (por semana) **tres/cuatro horas semanales** three/four hours a week

semanario *s* weekly, weekly paper

semblante *s* (expresión) face • **un semblante alegre/enfurecido/serio** a happy/angry/serious face

semblanza *s* profile

sembrado *s* field sown with crops

sembrar *v* [T] **1** (semillas, un campo) to sow; (plantas) to plant **2** (el pánico, la duda) to sow; (la división) to cause • **sembrar (la) cizaña** to sow discord
EXPRESIONES
quien siembra vientos, recoge tempestades you reap what you sow

semejante *adj* **1** (parecido) similar • **semejante a algo** similar to sth **2** (para enfatizar) **semejante estupidez/grosería** *¿Cómo se te ocurre decir semejante estupidez?* How could you say something so stupid? • *Nunca haría algo semejante.* She would never do anything like that.

semejanza *s* similarity • **a semejanza de** in the same way as

semen *s* semen

semental *s* stud

semestral *adj* **1** (que sucede cada seis meses – informe) six-monthly, biannual (*más frml*); (reunión) twice-yearly; (pago) half-yearly: *una revista semestral* a journal published every six months **2** (que dura seis meses) six-month [solo ante s]: *un abono semestral para el metro* a six-month season ticket for the subway

semestralmente *adv* every six months

semestre *s* **1** (seis meses) six months [pl]: *los resultados del primer semestre* the results for the first six months **2** (en la universidad) semester

semi- *pref* semi-

semicircular *adj* semicircular

semicírculo *s* semicircle

semicircunferencia *s* semicircumference

semiconductor *s* semiconductor

semidesértico, -a *adj* semi-desert

semidiós, -osa *s* demigod

semifinal *s* semifinal

semifinalista *s* semifinalist

semiinconsciente *adj* semiconscious

semilla *s* **1** (de una planta) seed; (de una uva, una manzana) pip: *semillas de amapola* poppy seeds **2** (origen) seeds [pl] • **la semilla del conflicto/de la democracia** the seeds of conflict/of democracy

semillero *s* **1** (para semillas) seedbed **2** (de talentos, terroristas) breeding ground **3** (de problemas, odio) breeding ground

seminario *s* **1** (curso) seminar **2** (para formación de sacerdotes) seminary (pl -ries)

seminarista *s* seminarist

semiótica *s* semiotics [sing]

semitono *s* semitone

sémola *s* semolina

senado *s* senate

senador, -a *s* senator

sencilla *s* (dinero) change, loose change: *¿Tienes sencilla?* Do you have change?

sencillamente *adv* **1** (francamente) simply: *Sencillamente, él es el mejor candidato.* He's simply the best candidate. **2** (con sencillez) simply • **vestir/vivir sencillamente** to dress/live simply **3** (con facilidad) easily

sencillez *s* **1** (ausencia de complicación) simplicity **2** (sobriedad) simplicity **3** (de una persona) unassuming manner: *Me gustó su sencillez.* I liked his unassuming manner.

sencillo¹, -a *adj* **1** (fácil) simple: *un ejercicio muy sencillo* a very simple exercise **2** (sobrio) simple: *un vestido sencillo* a simple dress **3** (persona) unassuming: *un hombre muy sencillo* a very unassuming man

sencillo² *s* **1** (disco) single **2** (dinero) change, loose change: *¿Tienes sencillo?* Do you have change?

senda *s* **1** (camino) path **2** (para bicicletas) bicycle path

senderismo *s* hiking

senderista *s* hiker

sendero *s* path

sendos, -as *adj* *Recibieron sendos premios por sus películas.* They each received awards for their movies.

Senegal Senegal

senegalés¹, -esa *s* **senegalés** Senegalese man • **senegalesa** Senegalese woman • **los senegaleses** the Senegalese

senegalés², -esa *adj* Senegalese

senil *adj* senile ▶ **DEMENCIA senil**

senilidad *s* senility

sénior¹ *adj* **1** (en deporte) senior **2** (padre) Senior: *Jaime García sénior* Jaime García, Senior

sénior[2] *s* (en deporte) senior

seno *s* **1** (de mujer) breast **2** (interior) heart • **en el seno de algo** in the heart of sth **3** (en matemáticas) sine **4** (en anatomía) sinus
el seno familiar the bosom of the family

sensación *s* **1** (percepción física, sentimiento) feeling: *una sensación de cansancio* a feeling of tiredness • **me/le da la sensación de que...** I have/he has the feeling that...: *Me da la sensación de que ya he estado aquí.* I have the feeling that I've been here before. **2** (éxito) sensation: *la sensación del verano pasado* the sensation of last summer • **causar/hacer sensación** to cause a sensation: *La obra causó sensación.* The play caused a sensation.

sensacional *adj* sensational

sensacionalismo *s* sensationalism

sensacionalista *adj* sensationalist

sensatez *s* good sense

sensato, -a *adj* sensible: *una decisión sensata* a sensible decision

sensibilidad *s* **1** (física) feeling: *No tiene sensibilidad en los dedos.* He has no feeling in his fingers. **2** (emotiva) sensitivity

sensibilizar *v* [T] (concienciar) **sensibilizar a alguien de/sobre algo** to raise sb's awareness of sth

sensible *adj* **1** (emotiva o físicamente) sensitive: *un niño muy sensible* a very sensitive boy • *para piel sensible* for sensitive skin • **ser sensible a algo** to be sensitive to sth: *Es muy sensible a las críticas.* He's very sensitive to criticism. • *El dispositivo es sensible al menor movimiento.* The device is sensitive to the slightest movement. **2** (que se siente) noticeable: *un sensible aumento de la temperatura* a noticeable increase in temperature

⚠ *Her sensitive (✗ sensible) heart was broken.*

sensor *s* sensor

sensorial *adj* sensory

sensual *adj* sensual

sensualidad *s* sensuality

sentada *s* sit-in • **hacer una sentada** to stage a sit-in

EXPRESIONES
de una sentada in one go

sentadilla *s* squat

sentado, -a *adj* **estar sentado -a** to be sitting: *Estaba sentada a mi lado.* She was sitting beside me. • **me quedé/se quedó sentado -a** I/he didn't get up: *Quédense sentados, por favor.* Please remain seated.
EXPRESIONES
dar algo por sentado to take sth for granted: *No podemos dar nada por sentado.* We can't take anything for granted. • **dejar sentado algo** to make sth clear

sentar *v* **1** [T] (en un asiento) to sit: *Lo sentaron al lado de Gina.* They sat him beside Gina. **2** [I] (color, vestido) **te sienta bien/mal** it suits you/it doesn't suit you: *No le sienta bien el negro.* Black doesn't suit her. • *Te sienta fenomenal el vestido.* You look great in that dress. **3** [I] (acción, comentario) **me sentó mal lo que me dijo/lo que hizo** I was upset by what he said/what he did **4** [I] (comida, bebida) **el café/el vino me sienta mal** coffee/wine doesn't agree with me **5** [I] (descanso, vacaciones) **la siesta me sentó bien/unas vacaciones te sentarán bien** the nap did me good/a vacation will do you good: *Me sentó bien el cambio de clima.* The change of climate did me good.
EXPRESIONES
sentar precedente to set a precedent
—**sentarse** *v pron* **1** (dejar de estar de pie) to sit down: *Siéntate, por favor.* Sit down, please. • *Me senté a escribirle un correo electrónico.* I sat down to write her an e-mail. ▶ Cuando el énfasis no está en la acción de sentarse, a menudo se omite **down**: *Siéntate a mi lado.* Sit next to me. • *Como hacía calor, nos sentamos fuera.* Since it was hot, we sat outside. • **sentarse a la mesa**

to sit at the table **2** (incorporarse) to sit up: *Se sentó para tomar la medicina.* She sat up to take her medicine.

sentencia *s* (judicial) sentence • **dictar sentencia** to pass sentence
sentencia de muerte death sentence

sentenciar *v* [T] (a un acusado) **sentenciar a alguien a diez/veinte años de prisión** to sentence sb to ten/twenty years in prison

sentido[1] *s* **1** (vista, oído) sense: *los cinco sentidos* the five senses • **un sexto sentido** a sixth sense **2** (significado) sense: *en el sentido estricto de la palabra* in the strict sense of the word • *en sentido literal/figurado* in the literal/figurative sense • **de doble sentido** with a double meaning • **tener sentido (a)** (tener significado) to make sense: *Las instrucciones no tienen sentido.* The instructions don't make sense. **(b)** (ser útil, lógico) *No tiene sentido seguir insistiendo.* There's no point in keeping on trying. • *¿Tiene sentido perder más tiempo con esto?* Is there any point in wasting more time on this? • **sin sentido (a)** (irracional) senseless: *un asesinato sin sentido* a senseless murder **(b)** (sin significado) meaningless • **verle el sentido a algo** to see the point of sth: *No le veo el sentido a lo que hizo.* I can't see the point of what she did. **3** (aspecto) **en ese/este sentido** in that/this respect: *En ese sentido es mejor el nuestro.* In that respect, ours is better. • **en cierto sentido** in a sense • **en el sentido de que...** in the sense that... **4** (dirección) direction • **ir en sentido contrario** to be going in the opposite direction • **de doble sentido** two-way • **de sentido único** one-way • **en el sentido de las agujas del reloj** clockwise • **en el sentido contrario al de las agujas del reloj** counter-clockwise **5** (conocimiento) consciousness • **perder/recobrar el sentido** to lose/regain consciousness • **estar sin sentido** to be unconscious
sentido común common sense • sentido del humor sense of humor

sentido[2], **-a** *adj* heartfelt

sentimental[1] *adj* **1** (del sentimiento) sentimental **2** (que se emociona) sentimental • **ponerse sentimental** to get all sentimental **3** (amoroso) **relación sentimental** relationship ▶ CONSULTORIO **sentimental**

sentimental[2] *s Es un sentimental.* He's very sentimental.

sentimiento *s* feeling: *un sentimiento de culpa* a feeling of guilt • **te/le acompaño en el sentimiento** my sincere condolences • **dejarse llevar por los sentimientos** to let your feelings get the better of you • **no tener sentimientos** to have no feelings • **tener buenos sentimientos** to be kind-hearted

sentir *v* **1** [T] (una emoción) to feel: *No sabes el alivio que sentí.* You can't imagine the relief I felt. • *lo que siento por ti* what I feel for you • **sentir miedo/alegría** to be afraid/happy: *Sintió mucho miedo.* She was very afraid. **2** [T] (una sensación física) to feel: *Sintió algo frío en la espalda.* He felt something cold on his back. • **siento calor/frío** I'm hot/cold **3** [T] (palpar, tocar) to feel: *Siente lo suave que es.* Feel how soft it is. **4** [T] (lamentar) **lo siento** I'm sorry • **lo siento en el alma** I'm deeply sorry • **siento mucho lo que pasó/lo de tu abuelo** I'm very sorry about what happened/about your grandfather: *Sentí mucho no poder ir a verte.* I was very sorry not to be able to go and see you. • **siento que...** I'm sorry...: *Siento que no puedan venir.* I'm sorry they can't come. • **siento mucho comunicarle que...** I regret to inform you that... **5** [T] (presentir) to sense: *Siento que algo malo va a ocurrir.* I have a feeling something bad is going to happen.
—**sentirse** *v pron* **1** (considerarse) to feel: *Se siente superior.* He feels superior. • *Nos sentimos culpables.* We feel guilty. **2** (encontrarse) to feel: *Me siento genial.* I feel terrific. • *¿Te sientes mejor?* Are you feeling better? • *Laura se siente mal.* Laura's not feeling well. • **sentirse como en casa** to feel at home **3** (ofenderse) to be hurt, to be offended

sentón *s* **caerse de sentón/darse un sentón** to fall on your backside

seña s **1** (gesto, ademán) sign • **entenderse/ comunicarse por señas** to communicate by sign language • **hacerle señas a alguien** (para que haga algo) to signal to sb: *Nos hizo señas de que lo siguiéramos.* He signaled to us to follow him. ▶ ver nota en SIGNAL **2** (marca) mark: *Hizo una seña en el margen.* He put a mark in the margin.

EXPRESIONES

dar señas de algo to show signs of sth: *Los jugadores ya están dando señas de cansancio.* The players are already showing signs of getting tired. • **para/por más señas** to be more specific

señal s

1 indicio
2 gesto, seña
3 marca
4 de tráfico
5 de un contestador
6 de un teléfono
7 en televisión, cable
8 dinero

1 **INDICIO** sign: *Eso es señal de que está contento.* That's a sign that he's happy. • **en señal de protesta** in protest • **en señal de amistad/respeto** as a token of friendship/respect • **buena/mala señal** a good/bad sign

2 **GESTO, SEÑA** signal ▶ ver nota en SIGNAL

3 **MARCA** mark: *Hizo una señal en el margen.* He put a mark in the margin.

4 **DE TRÁFICO** sign: *No respeta las señales.* He ignores the signs.

5 **DE UN CONTESTADOR** beep: *Deje su mensaje después de la señal.* Please leave your message after the beep.

6 **DE UN TELÉFONO** tone

7 **EN TELEVISIÓN, CABLE** signal: *No recibimos bien la señal.* We don't get very good reception.

8 **DINERO** deposit • **dejar una señal** to leave a deposit
señal de alarma alarm • la señal de la cruz the sign of the cross • señal de ocupado busy signal • señal de socorro distress signal • señal de tránsito traffic sign • señales de humo smoke signals

señalado, -a *adj* (un día, una ocasión) special

señalador s (de libros) bookmark

señalar v [T] **1** (marcar) to mark: *Lo señaló con una cruz.* He marked it with a cross. **2** (advertir, destacar) to point out: *Quiero señalar un par de cosas.* I want to point out a couple of things. **3** **señalar algo/a alguien con el dedo** to point at sth/sb: *Me señaló con el dedo.* She pointed at me. **4** (mostrar) to show: *El termómetro señala 30 grados.* The thermometer is showing 30 degrees. • *El reloj señalaba las diez.* The clock said ten. **5** (fijar) to fix

señalización s **1** (señales) road signs **2** (colocación de señales) signposting

señalizar v [T] (con señales de tráfico) to signpost

Señor s **el Señor/Nuestro Señor** (Dios) the Lord/Our Lord

señor¹ , -ora s

1 persona
2 delante de un apellido
3 para dirigirse a alguien sin usar su apellido
4 esposa
5 para llamar la atención de alguien
6 persona noble
7 para enfatizar

1 **PERSONA** señor man (pl men), gentleman (pl -men) (*más frml*) • señora woman (pl women), lady (pl -dies) (*más frml*): *el señor de bigote* the gentleman with the mustache • *la señora que vive enfrente* the lady who lives opposite

2 **DELANTE DE UN APELLIDO** señor Mr. • señora Mrs. ▶ Muchas mujeres hoy en día prefieren el uso de **Ms.**, que no hace distinción de estado civil • los señores Mr.

and Mrs.: *los señores Oreiro* Mr. and Mrs. Oreiro: *el señor Hernández* Mr. Hernández • *la señora Lago* Mrs. Lago

3 **PARA DIRIGIRSE A ALGUIEN SIN USAR SU APELLIDO** señor sir • señora Madam: *Muy señor mío:* Dear Sir, • *Muy señora mía:* Dear Madam, • *Señoras y Señores* Ladies and gentlemen • *¿En qué le puedo ayudar, señor?* How can I help you, sir? • *¿Qué desean, señoras?* What can I get you, ladies?

4 **ESPOSA** señora wife (pl wives): *la señora de Juan* Juan's wife

5 **PARA LLAMAR LA ATENCIÓN DE ALGUIEN** excuse me: *Señor, se le ha caído la cartera.* Excuse me, you've dropped your wallet.

6 **PERSONA NOBLE** señor gentleman (pl -men) • señora lady (pl -dies)

7 **PARA ENFATIZAR** *Sí, señor, fui yo el que tuvo la idea.* You bet it was my idea! • *No señora, yo no le conté nada.* No way! I never told her anything.
señor de la guerra warlord • señora de la limpieza cleaning lady (pl -dies)

señor² , -ora *adj* **1** (excelente) amazing: *Se han comprado una señora casa.* They've bought an amazing house. **2** (grande) some: *Me diste un señor susto.* That was some fright you gave me.

señor³ *interj* Lord: *¡Señor, qué frío hace!* Lord, it's freezing!

Señora s **Nuestra Señora** (la Virgen) Our Lady

señoría s **su señoría (a)** (dirigido a un juez) your Honor **(b)** (dirigido a un diputado) the Honorable member

señorial *adj* (muebles) elegant; (casa) stately

señorita s **1** (mujer joven) lady (pl -dies): *¿Puedes atender a esa señorita?* Could you serve that lady? **2** (con el apellido de soltera) Miss; (sin hacer distinción de estado civil) Ms: *la señorita Gómez* Miss Gómez **3** (para llamar la atención de alguien) excuse me: *Señorita, se le ha caído esto.* Excuse me, you've dropped this. **4** (para dirigirse a la profesora) *la señorita Cobo* Miss Cobo ▶ Para dirigirse a la profesora, los norteamericanos siempre utilizan el apellido después de **Miss**, por ej.: Miss Garcia

señorito s **1** (joven rico) rich kid **2** (persona refinada) little Lord Fauntleroy **3** (hijo del señor) master

señuelo s **1** (para atraer) bait **2** (para cazar) decoy

separación s **1** (de una pareja, un matrimonio) break-up; (legal) separation **2** (de una familia, amigos) separation **3** (distancia) space
separación de bienes division of property • separación de poderes separation of powers • separación matrimonial separation

separadamente *adv* separately

separado¹ , -a *adj* **1** (persona) separated: *Es separado.* He's separated. • **estar separado -a de alguien** to be separated from sb **2** (vidas, camas, mesas) separate: *Duermen en cuartos separados.* They sleep in separate rooms.

EXPRESIONES

por separado separately

separado² **-a** s separado separated man • separada separated woman • los separados separated people

separador s (de carpeta) divider

separar v [T] **1** (estar en medio de) to separate: *El río separa las dos ciudades.* The river separates the two cities. **2** (dividir) **separar algo de algo** to separate sth from sth: *Separe la yema de la clara.* Separate the yolk from the white. **3** (alejar) to separate: *Quiso separarlos y le dieron un golpe.* He tried to separate them and got punched. • **separar algo de algo** to move sth away from sth: *Separa el pupitre de la pared.* Move the desk away from the wall. **4** (destituir) **separar a alguien de un cargo** to relieve sb of their post

—**separarse** v *pron* **1** (pareja) to split up; (legalmente) to separate: *Sus padres se separaron.* Her parents have split up./Her parents have separated. • **separarse de**

alguien to split up with sb: *Me separé de Luis.* I split up with Luis. **2** (banda, grupo musical) to split up: *¿Cuándo se separaron los Beatles?* When did the Beatles split up? **3** (dividirse) *Nos separamos al entrar y no los volví a ver.* We split up when we went in and I didn't see them again. • *No nos separamos en toda la noche.* We were together all evening. • **separarse de algo/alguien** *No se separa de su celular.* He's never off his cell phone. • *No te separes de los demás.* Stay with the others. • *Se separó del grupo y se perdió.* He got split up from the group and got lost. **4** (independizarse) **separarse de algo** to break away from sth

separatismo *s* separatism

separatista *s, adj* separatist

separo *s* cell

sepelio *s* burial, interment (*más frml*)

sepia¹ *s* **1** (molusco) cuttlefish (pl -fish) **2** (color) sepia

sepia² *adj* (color) sepia

septentrional *adj* northern

séptico, -a *adj* septic

septiembre *s* September ▸ para ejemplos, ver **FEBRERO**

séptimo¹ *s* (séptima parte) seventh
el séptimo arte cinema, the movies

séptimo², -a *núm* seventh

septuagésimo, -a *adj* seventieth

sepulcral *adj* **1** (silencio) deathly **2** (voz) sepulchral, lugubrious

sepulcro *s* tomb

sepultar *v* [T] **1** (enterrar) to bury **2** (cubrir) to bury: *un pueblo sepultado por el barro* a village buried in the mud

sepultura *s* **1** (tumba) tomb **2** (entierro) **darle sepultura a alguien** to bury sb • **recibir sepultura** to be buried

sepulturero, -a *s* gravedigger

sequedad *s* **1** (de aire, de la piel) dryness **2** (antipatía) brusqueness

sequía *s* drought

séquito *s* entourage

ser¹ *v* [v copul] to be: *Es alto y moreno.* He's tall and dark-haired. • *Hoy es martes.* Today is Tuesday. • *La fiesta fue en la casa de Alicia.* The party was at Alicia's. • *Soy yo, ábreme.* It's me, open the door. • *Somos amigas.* We're friends. ▸ Delante de un sustantivo singular hay que usar artículo: *Es arquitecta.* She's an architect. • *Es madre de dos hijos.* She's the mother of two children. • **¿cómo es tu novio/tu casa?** what's your boyfriend/your house like?: *¿Cómo era el hotel?* What was the hotel like? • **me es difícil/imposible** it's difficult/impossible for me: *Le fue imposible venir antes.* It was impossible for her to come earlier. • **somos cinco/ocho** there are five/eight of us: *Eran unos veinte.* There were about twenty of them. • **si yo fuera tú/él** if I were you/him: *Si yo fuera tú, no le hablaría nunca más.* If I were you, I'd never speak to him again. • **es de Pilar/era de mi abuelo** it's Pilar's/it was my grandpa's: *Los CD son de mi primo.* The CDs are my cousin's. • **es de Chile/Maracaibo** he's from Chile/Maracaibo: *¿De dónde eres?* Where are you from? • **es de madera/de metal** it's made of wood/metal • **es para matarlo/para llorar** *¿Eso hizo? Es para matarlo.* He did that? He should be shot. • *Era como para llorar.* It made you want to cry. • **es de día/noche** it's daytime/nighttime

EXPRESIONES

a no ser que unless: *Quédate con él, a no ser que prefieras este.* Keep it, unless you prefer this one. • **de no ser por/si no fuera por** *De no ser por ella, me quedaría.* If it weren't for her, I would stay. • *Si no fuera por tu ayuda, no hubiera ganado.* If it hadn't been for your help, I wouldn't have won. • **érase una vez...** once upon a time there was... • **es que...** *Es que no me gusta.* The thing is, I don't like it. • **no es para menos** for good reason • **no vaya a ser que** *Díselo, no*

vaya a ser que se enfade. Tell him, he might get mad otherwise. • **o sea** *O sea que te perdiste.* So you got lost. • *No es que no me guste, o sea...* It isn't that I don't like it, I mean... • *los dueños de la tienda, o sea los Plaza* the owners of the shop, that is the Plazas • **por algo será** it must be for some reason: *Si ha cortado con él, por algo será.* If she's split up with him, it must be for some reason. • **sea lo que sea** whatever it is • **será idiota/inútil** what an idiot!/how useless!

ser² *s* being: *seres extraterrestres* extraterrestrial beings ser humano human being • ser querido loved one • ser vivo living being

Serbia Serbia

serbio¹, -a *s* (persona) Serb

serbio² *s* (idioma) Serbian

serbio³, -a *adj* Serbian

serbocroata *s* Serbo-Croat

serenarse *v pron* to calm down

serenata *s* serenade • **cantarle una serenata a alguien** to serenade sb

EXPRESIONES

dar la serenata a alguien (molestar) to nag sb

serenidad *s* calm • **con serenidad** calmly

sereno, -a *adj* **1** (persona, cielo, noche) calm **2** (sobrio) sober

serial¹ *s* **1** (de capítulos independientes) series (pl series); (con capítulos sucesivos) serial; (novela) soap **2** (para instalar software) serial number

serial² *adj* ▸ **ASESINO -A serial**

serie *s* **1** (de televisión) series (pl series): *una serie dramática* a drama series **2** (conjunto) series (pl series): *una serie de problemas* a series of problems **3** airbag/aire acondicionado de serie airbag/air conditioning as standard **4** producir algo en serie to mass-produce sth • producción en serie mass production ▸ **ASESINO en serie**

EXPRESIONES

fuera de serie out of this world: *Desde lo alto se divisa una vista fuera de serie.* The view from the top is out of this world. • **ser un fuera de serie** to be in a class of your own

seriedad *s* **1** (calidad) seriousness **2** (responsabilidad) **actuar con seriedad** to behave responsibly: *Trabaja con seriedad.* He is very responsible in his work. • **tomarse algo con seriedad** to take sth seriously **3** (de un problema) seriousness **4** (de una empresa) reliability • **¡qué falta de seriedad!** how unreliable!

serio, -a *adj* **1** (no risueño) serious: *una niña muy seria* a very serious girl • *¿Por qué estás tan serio?* Why are you so serious? **2** (grave) serious: *Por suerte, no fue nada serio.* Luckily, it wasn't serious. **3** (empresa, publicación) reputable

EXPRESIONES

en serio *–Ganamos. –¿En serio?* "We won." "Really?" • *¿Me lo dices en serio?* Are you serious? • *Te llamó, en serio.* He called you, honestly. • *Tienes que ponerte a estudiar en serio.* You have to get down to some serious studying. • *En serio, ¿no te pasa nada?* Are you sure nothing's wrong? • **ir en serio** to be serious: *Voy en serio, ¡nos casamos!* I'm serious, we're getting married! • **tomarse algo en serio** to take sth seriously

sermón *s* **1** (en la iglesia) sermon **2** (de un padre, un profesor) lecture • **echarle un sermón a alguien** (para advertir) to give sb a lecture; (para reprender) to give sb a talking-to

sermonear *v* [T] **sermonear a alguien** (para advertir) to give sb a lecture; (para reprender) to give sb a talking-to

seropositivo, -a *adj, s* HIV-positive • **los seropositivos** people who are HIV-positive

serpentina *s* streamer

serpiente s snake
  serpiente de cascabel rattlesnake • serpiente pitón python

serranía s mountain range, mountains [pl]: *la serranía de Yariguíes* the mountains of Yariguíes • *los pueblos de la serranía* the mountain villages

serrano, -a *adj* (de la sierra) mountain [solo ante s]: *un pueblo serrano* a mountain village ▶ **JAMÓN serrano**

serrar *v* [T] to saw

serrín s sawdust

serruchar *v* [T] (madera, una tabla) to saw

serrucho s **1** (herramienta) saw **2** (dinero) bribe; (acción) bribery

servicial *adj* helpful

servicio s

1	de una persona, una empresa
2	en deportes
3	ayuda, trabajo
4	sector
5	sirvientes
6	utensilios
7	que se le hace a un vehículo

1 DE UNA PERSONA, UNA EMPRESA service: *No tienen un buen servicio.* Their service is not good. • *un buen servicio de trenes* a good train service
2 EN DEPORTES serve • **romperle el servicio a alguien** to break sb's serve
3 AYUDA, TRABAJO servicios [pl] services: *Nos ha ofrecido sus servicios.* He has offered us his services.
4 SECTOR servicios [pl] services • **el sector servicios** the service sector
5 SIRVIENTES servicio (doméstico) domestic service
6 UTENSILIOS servicio (de mesa) place setting
7 QUE SE LE HACE A UN VEHÍCULO service

EXPRESIONES
al servicio de alguien at sb's service: *Estamos a su servicio.* We are at your service. • **estar de servicio** to be on duty • **escalera/puerta de servicio** service stairs/tradesman's entrance
servicio a domicilio home delivery (service) • servicio de inteligencia intelligence service • servicio militar military service • servicio secreto secret service • servicios mínimos essential services, skeleton service [sing] • servicios sociales social services

servido, -a *adj* **darse por bien servido -a** to consider yourself lucky: *Date por bien servida si no pierdes el trabajo.* Consider yourself lucky if you don't lose your job.

servidor[1] s **1** (computador) server **2** (aplicación, programa) server
servidor de aplicaciones application server • servidor de archivos file server • servidor de correo mail server • servidor Web Web server

servidor[2], -a s **(un) servidor/(una) servidora** yours truly

servil *adj* (actitud, persona) servile

servilleta s napkin: *Límpiate con la servilleta.* Wipe yourself with the napkin.
servilleta de papel paper napkin

servilletero s napkin ring

servir *v* **1** [I] (ser útil) to be useful: *No lo botes. Aún puede servir.* Don't throw it away. It could still be useful. • *Gracias por tus consejos, me han servido mucho.* Thanks for your advice, it was very useful. • *–Necesito otro ayudante. –¿Sirvo yo?* "I need another helper." "Will I do?" • *Este destornillador no sirve.* This screwdriver is no good. • *La mesa ya no me sirve.* The table's no use to me any more. • **servir para algo** *¿Para qué sirve esto?* What's this for? • *No sirve para las manchas de aceite.* It doesn't work on oil stains. • *Sirvió para que se diera cuenta.* It made her realize. • *¿Esto te sirve para algo?* Is this any use to you? • *Este abrelatas no sirve para nada.* This can opener is useless. • **servir de algo**

Esto puede servir de tapa. This can be used as a lid. • *Nos va a servir de excusa.* We can use it as an excuse. • *¿De qué sirve llorar?* What's the use of crying? • *No sirve de nada que te disculpes ahora.* It's no use apologizing now. • **servirle de ejemplo/lección a alguien** to be an example/a lesson to sb: *Que te sirva de lección.* Let that be a lesson to you. **2** [I,T] (comida, bebida) to serve; (en un vaso) to pour: *¿Quién sirve?* Who's going to serve? • *Sirvieron champán.* They served champagne. • *Me sirvió otro whisky.* He poured me another whiskey. **3** [I] (tener habilidad) **no sirvo para los deportes/para mentir** I'm no good at sports/at lying **4** [T] (atender, ayudar) to serve: *la mesera que nos sirvió* the waitress who served us • *¿En qué puedo servirle?* How can I help you? **5** [T] (entregar) to deliver • **servir algo a domicilio** to deliver sth to your home **6** [I] (en las Fuerzas Armadas) to serve

—**servirse** *v pron* (comida, bebidas) to help yourself, to serve yourself: *Sírvanse, por favor.* Please help yourselves. • **servirse algo** to help yourself to sth: *Sírvete más papas.* Help yourself to more potatoes. • **servirse algo de beber** to help yourself to sth to drink; (en un vaso) to pour yourself a drink: *Me serví otro vaso de jugo.* I've poured myself another glass of juice.

servodirección s power steering

servofreno s power-assisted brakes

sésamo s sesame

sesenta *núm* **1** sixty **2 los (años) sesenta** the sixties

sesentón[1], -ona *adj* in your sixties: *una mujer sesentona* a woman in her sixties • *un grupo de sesentones* a group of people in their sixties

sesentón[2], -ona s **sesentón** man in his sixties • **sesentona** woman in her sixties

sesgado, -a *adj* (información, visión) biased

sesgo s **1** (rumbo, dirección) direction: *un cambio de sesgo* a change of direction • **tomar un sesgo inesperado/negativo** to take an unexpected turn/a turn for the worse **2** (punto de vista) bias: *un marcado sesgo machista* a marked chauvinist bias

EXPRESIONES
al sesgo on the slant

sesión s **1** (reunión) session • **sesión (bursátil)** trading session **2** (de cine) showing: *¿A qué hora empieza la primera sesión?* What time is the first showing? • *la sesión de las 8* the 8 o'clock showing **3** (de una terapia, un curso) session: *una sesión fotográfica* a photographic session
sesión continua continuous performance • sesión parlamentaria parliamentary session

seso s **1** (cerebro, inteligencia) brains [pl]: *Tiene poco seso.* He doesn't have much in the way of brains. • **devanarse los sesos** to rack your brains **2** (en cocina) sesos [pl] brains

EXPRESIONES
sorber el seso a alguien to brainwash sb

set s **1** (conjunto) set: *un set de herramientas* a set of tools **2** (en tenis) set; (en voleibol) game **3** (plató) set **4** (tb **DJ set**) set

seta s mushroom

setecientos, -as *núm* seven hundred

setenta *núm* **1** seventy **2 los (años) setenta** the seventies

setentón[1], -ona *adj* in your seventies: *una mujer setentona* a woman in her seventies • *un grupo de setentones* a group of people in their seventies

setentón[2], -ona s **setentón** man in his seventies • **setentona** woman in her seventies

setiembre s September ▶ para ejemplos, ver **FEBRERO**

seto s hedge

seudónimo s pseudonym

severidad s **1** (de una sanción, una declaración) severity, harshness • **con severidad** severely, harshly **2** (de una afección) seriousness; (de un golpe) severity

severo, -a adj **1** (padre, profesor) strict: *Sus padres son muy severos.* Her parents are very strict. **2** (juez, jurado) severe **3** (tono, sanción) severe, harsh **4** (clima) harsh **5** (fuerte) severe: *un golpe severo a la cabeza* a severe blow to the head

seviche s a dish consisting of raw fish marinated in lemon or lime juice

sexagenario, -a adj, s sexagenarian

sexagésimo, -a núm sixtieth

sexismo s sexism

sexista adj sexist

sexo s **1** (género) sex (pl sexes) **2** (relaciones sexuales) sex: *una escena de sexo* a sex scene • **practicar/tener sexo** to have sex
sexo anal anal sex • sexo oral oral sex

sexología s sexology

sexólogo, -a s sexologist

sexto¹, -a núm sixth

sexto², -a s (sexta parte) sixth

sexual adj sexual ▶ EDUCACIÓN sexual, relaciones sexuales (RELACIÓN)

sexualidad s sexuality

sexy adj **1** (chica, hombre) sexy **2** (vestido, voz) sexy

seychellense, seychelense s, adj Seychellois

Seychelles las (islas) Seychelles the Seychelles

shampoo, shampú s shampoo

shopping s (centro comercial) mall, shopping mall

short s shorts [pl], pair of shorts: *Traía puesto un short azul.* He was wearing blue shorts./He was wearing a pair of blue shorts.

shorts s [pl] shorts, pair of shorts: *Tenía puestos unos shorts rojos.* He was wearing red shorts./He was wearing a pair of red shorts. • *unos shorts de algodón* a pair of cotton shorts

show s (en televisión, en teatro) show

si¹ conj

1 condicional
2 en interrogativas indirectas
3 con opciones, alternativas
4 en sugerencias
5 en protestas
6 en oraciones enfáticas

1 CONDICIONAL if: *Si no te gusta, lo puedes cambiar.* If you don't like it, you can change it. • *Si lo supiera, te lo diría.* If I knew, I would tell you. • *Si me lo hubieras pedido, te habría ayudado.* If you had asked me, I would have helped you.
2 EN INTERROGATIVAS INDIRECTAS if, whether: *Le pregunté si estaba cansado.* I asked him if he was tired.
3 CON OPCIONES, ALTERNATIVAS whether: *No sabía si irse o quedarse.* He didn't know whether to go or stay.
4 EN SUGERENCIAS what if: *¿Y si le cuentas la verdad?* What if you tell him the truth?
5 EN PROTESTAS but: *¡Si me lo prometiste!* But you promised!
6 EN ORACIONES ENFÁTICAS *¡Si serás torpe!* You clumsy thing! • *¡Si serán ladrones!* What thieves! • **mira si es lista/fácil** you can see she's clever/it's easy
▶ si ACASO

EXPRESIONES
como si supiera/pudiera as if he knew/could: *Me miraba como si me quisiera decir algo.* She was looking at me as if she wanted to tell me something • **si no** (de otra manera) otherwise: *Estudia, si no, no aprobarás.* Study hard, otherwise you won't pass. • **si (por lo menos)** if only: *¡Si me hubieras avisado!* If only you'd told me!

si² s (nota musical) B

sí¹ adv **1** (afirmación) yes ▶ A menudo se repite el auxiliar o modal en la respuesta o se añade **please** o **thank you** ya que sí a secas sería considerado de mala educación: *–¿Tienes frío? –Sí.* "Are you cold?" "Yes, I am." • *–¿Ya ha terminado? –Sí.* "Have you finished?" "Yes, thank you." • *–¿Te sirvo más? –Sí.* "Would you like some more?" "Yes, please." • **creo que sí** I think so • **decir que sí** to say yes **2** (sustituyendo a una proposición) *–¿No quieres helado? –Yo sí.* "Don't you want any ice cream?" "I do." • *Yo no puedo ir pero tú sí.* I can't go but you can. **3** (para enfatizar) *–No puedes. –Sí que puedo.* "You can't." "Oh yes, I can!" • *Ellos sí que tienen problemas.* They really do have problems. • *Sí que lo vi.* I did see him.

EXPRESIONES
a que sí I bet I can: *–¿A que no te la acuerdas de memoria? –¡A que sí!* "I bet you can't remember it all." "I bet I can!" • **eso sí** but: *Eso sí, los platos los lavas tú.* But you do the dishes. • **¡eso sí que no!** absolutely not! • **hacer algo porque sí** to do sth for the sheer hell of it • **(pues) porque sí** why not?: *–¿Por qué lo compraste? –Porque sí.* "Why did you buy it?" "Why not?" • *–¿Por qué quieres uno nuevo? –Pues, porque sí.* "Why do you want a new one?" "I just do."

sí² pron **1** (singular) **sí (mismo -a) (a)** himself, herself, itself: *Se dio cuenta por sí mismo.* He realized by himself. • *Se ríe de sí misma.* She laughs at herself. • *El argumento en sí mismo no es interesante.* The plot is not interesting in itself. **(b)** (impersonal) yourself, oneself (más frml): *Uno tiene que creer en sí mismo.* You have to believe in yourself. **2** (plural) **sí (mismos -as)** (ellos, ellas) themselves; (ustedes) yourselves: *No piensan más que en sí mismos.* They only think of themselves. ▶ VOLVER en sí

EXPRESIONES
de por sí/en sí in itself: *un trabajo de por sí aburrido* a job which in itself is boring

sí³ s **1** (afirmación) yes: *un sí rotundo* a resounding yes • **dar el sí** (afirmar) to say yes; (en una boda) to say I do **2** (en una votación) **síes** [pl] votes in favor

siamés¹, -a adj **1** (gato) Siamese **2** (hermano) Siamese

siamés², -a s **1** (gato) Siamese cat **2** (hermano) Siamese twin

sibarita s sybarite

sicario s hired killer, hitman (pl -men)

sida, SIDA s **(el) sida** AIDS [sing]: *Tiene sida.* He has AIDS.

sideral adj (cifra) astronomical: *una diferencia sideral* a yawning gulf

siderurgia s iron and steel industry

siderúrgica s (empresa) iron and steel company (pl -nies); (fábrica) iron and steel works [+v en sing]

siderúrgico, -a adj iron and steel [solo ante s]: *la industria siderúrgica* the iron and steel industry

sidra s cider

siega s **1** (de cereales) harvesting; (de hierba) cutting, mowing **2** (época) harvest

siembra s sowing

siempre adv always: *Siempre está de buen humor.* He's always in a good mood. • *Siempre viene solo.* He always comes on his own. ▶ ver nota en ALWAYS

EXPRESIONES
como siempre as usual: *Sacó la mejor nota, como siempre.* She got the best grades, as usual. • **el lugar/la hora de siempre** the usual place/time • **quedarse/irse para siempre** to stay/go for good, to stay/go forever: *Le dije adiós para siempre.* I said goodbye to her forever. • **siempre que (a)** (cada vez que) whenever: *Procuro ayudarla siempre que puedo.* I try to help her whenever I can. **(b)** (tb **siempre y cuando**) as long as: *El partido es el sábado, siempre y cuando no llueva.* The game is on Saturday, as long as it doesn't rain.

S

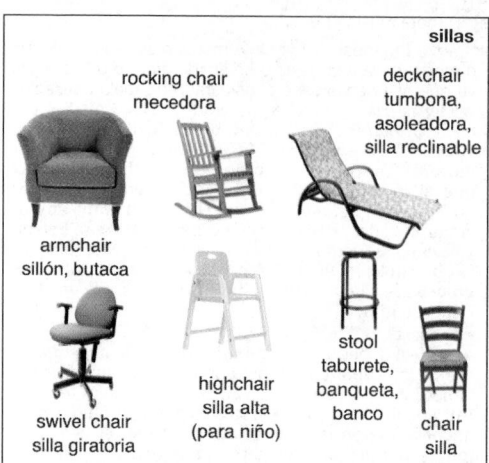

sillas

rocking chair
mecedora

deckchair
tumbona,
asoleadora,
silla reclinable

armchair
sillón, butaca

swivel chair
silla giratoria

highchair
silla alta
(para niño)

stool
taburete,
banqueta,
banco

chair
silla

S

sien *s* temple

sierra *s* **1** (herramienta) saw **2** (cadena montañosa) mountain range, mountains [pl]: *la sierra de Santa Marta* the Santa Marta mountains **3** (monte) mountain • sierra eléctrica power saw • sierra mecánica power saw

Sierra Leona Sierra Leone

sierraleonés, -esa *s, adj* Sierra Leonean

siesta *s* siesta, nap • **dormir/echarse/hacer la siesta** to take a siesta, to take a nap

siete *núm* **1** (número, cantidad) seven **2** (en fechas) seventh

sietemesino, -a *adj* un niño sietemesino a baby born two months premature

sífilis *s* syphilis

sifón *s* **1** (botella) siphon **2** (tubería) U-bend **3** (para extraer líquido) siphon

sigilo *s* **1** (silencio) stealth • **entrar/moverse con sigilo** to creep in/move stealthily **2** (secreto) secrecy • sigilo profesional professional secrecy

sigiloso, -a *adj* **1** (silencioso) stealthy **2** (reservado) secretive

sigla *s* (abreviatura) acronym • **ser las siglas de algo** to be the acronym for sth

siglo *s* **1** (cien años) century (pl -ries): *el siglo XXI* the 21st century **2** (mucho tiempo) **un siglo** (tb **siglos**) ages: *Me ha llevado siglos acabarlo.* It took me ages to finish.

EXPRESIONES

hace siglos que no la veo/que no salimos, hace un siglo que no la veo/que no salimos I haven't seen her for ages/we haven't been out for ages

signatario, -a *s, adj* signatory

significación *s* **1** (significado) meaning **2** (importancia) significance

significado *s* meaning

significante *s* signifier

significar *v* [T] **1** (querer decir) to mean: *¿Qué significa "smart"?* What does "smart" mean? **2** (tener importancia) to mean: *Lo material no significa nada para él.* Material things mean nothing to him.

significativo, -a *adj* **1** (importante) significant **2** (con significado) significant

signo *s* **1** (símbolo, representación) sign • **el signo de más/menos** the plus/minus sign **2** (señal) sign: *Es un signo de egoísmo.* It's a sign of selfishness. • *La economía comienza a dar signos de recuperación.* The economy is beginning to show signs of recovery. **3** (en el horóscopo) **signo (del zodíaco)** sign (of the zodiac), star sign: *los nacidos bajo el signo de Leo* those born under the sign of Leo • **¿(de) qué signo eres/es?** what

star sign are you/is he? **4 signo (lingüístico)** linguistic sign

signo de admiración exclamation point • signo de interrogación question mark • signo de puntuación punctuation mark

siguiente¹ *adj* following: *al día siguiente* the next day • *Hagan los siguientes ejercicios:...* Do the following exercises:...

siguiente² *s* **el/la siguiente** the next one: *¡(Que pase) el siguiente!* Next! • *Nos bajamos en la siguiente.* We're getting off at the next one.

sílaba *s* syllable

silbar *v* [I, T] (con la boca, un silbato) to whistle • **silbarle a alguien** (en señal de desaprobación) to boo sb ▸ En los países anglosajones se suele silbar (**to whistle**) para expresar aprobación.

silbatina *s* booing ▸ ver nota en SILBAR

silbato *s* **1** (pito) whistle • **tocar el silbato** to blow the whistle **2** (del tren) whistle

silbido *s* **1** (de una persona) whistle; (para abuchear a alguien) boo **2** (del viento) whistling **3** (de una serpiente) hiss **4** (al respirar) wheezing

silenciador *s* **1** (de un vehículo) muffler **2** (de un arma) silencer

silenciar *v* [T] **1** (a una persona) to silence **2** (una noticia, una información) to hush up

silencio *s* **1** (falta de ruido) silence • **¡silencio!** silence! • **en silencio** in silence • **guardar silencio** to keep quiet, to remain silent (*más frml*) **2** (en música) rest

silencioso, -a *adj* silent, quiet: *Se quedaron silenciosos por unos segundos.* They fell silent for a few seconds. • *¿Porqué estará tan silenciosa hoy?* I wonder why she's so quiet today? • **una revolución/manifestación silenciosa** a silent revolution/protest • **vehículos/electrodomésticos silenciosos** quiet vehicles/appliances

sílfide *s* **1** (mujer esbelta) *Es una sílfide.* She's got a really sylph-like figure. **2** (genio) sylph

silicato *s* silicate

silicio *s* silicon

silicón *s* silicone

silicona *s* silicone

silla *s* **1** chair: *Siéntate en esa silla.* Sit on that chair. **2 silla (de montar)** saddle

silla de bebé (en el carro) baby seat • silla de niño (en el carro) child seat • silla de playa beachchair • silla de ruedas wheelchair • silla eléctrica electric chair • silla giratoria swivel chair • silla reclinable reclining chair

sillín *s* (de una bicicleta) saddle

sillón *s* **1** (para una persona) armchair, chair • **en un sillón** in an armchair, in a chair: *Estaba dormido en su sillón.* He was asleep in his armchair. **2** (sofá) couch, sofa • **en el sillón** on the sofa

silogismo *s* syllogism

silueta *s* **1** (figura) figure: *Hace régimen para mantener la silueta.* She diets to keep her figure. **2** (contorno) outline; (vista a contraluz) silhouette

silvestre *adj* wild

sima *s* pit

simbiosis *s* **1** (entre organismos) symbiosis **2** (fusión, unión) symbiosis

simbiótico, -a *adj* symbiotic

simbólico, -a *adj* **1** (valor, gesto) symbolic **2** (significado, lenguaje) symbolic **3** (personaje, imagen) symbolic

simbolismo *s* **1** (significado) symbolism **2** (conjunto de símbolos) symbolism **3** (movimiento artístico) Symbolism

simbolizar *v* [T] to symbolize, to be a symbol of

símbolo s **1** (signo, figura) symbol: *el símbolo de la paz* the symbol of peace **2** (en ciencias) symbol
símbolo químico chemical symbol

simetría s symmetry (pl -tries)

simétrico, -a *adj* symmetrical

símil s **1** (comparación) comparison • **establecer un símil** to draw a comparison **2** (en literatura) simile

similar *adj* similar • **ser similar a algo** to be similar to sth

similitud s similarity (pl -ties) • **guardar/tener similitudes (con algo)** to have similarities (to sth)

simio s ape

simpatía s **1** (afecto, inclinación) **tener/sentir simpatía por alguien** to like sb: *No sentía ninguna simpatía por él.* She didn't like him at all. • **ganarse la simpatía/las simpatías de alguien** to win sb's affection: *Se ha ganado la simpatía del público.* She has won public affection. **2** (de una persona) friendly nature: *su gran simpatía* her really friendly nature **3** **simpatías** [pl] (apoyo, adhesión) sympathies • **contar con las simpatías de alguien** to have sb's support

simpático, -a *adj* **1** (agradable) nice: *Es un niño muy simpático.* He's a very nice boy. • **me cae simpático -a** I like him/her: *Tu hermana me ha caído muy simpática.* I really liked your sister. • **hacerse el simpático/la simpática** to try and be nice **2** (gracioso) amusing

simpatizante s **1** (de una ideología, un partido) supporter: *los simpatizantes del ex dictador* supporters of the ex-dictator **2** (de una banda, un equipo) fan

simpatizar v [I] **simpatizar (con alguien)** to hit it off (with sb): *Simpatizó con ella de entrada.* He hit it off with her from the start. • **simpatizar con algo** to sympathize with sth: *Es una idea con la que no simpatizo.* It's not an idea that I sympathize with.

simple¹ *adj* **1** (sencillo) simple: *Es un ejercicio muy simple.* It's a very simple exercise. **2** (mero) simple: *Fue una simple pregunta.* It was just a simple question. • *Nos discriminan por el simple hecho de ser mujeres.* We're discriminated against simply because we're women. **3** (oración, forma) simple **4** (elemento, sustancia) simple **5** (tonto, ingenuo) simple ▶ **a simple VISTA**

simple² s simpleton

simplemente *adv* **1** (nada más que) just: *Eso es simplemente una tontería.* That's just stupid. • *Simplemente, no tengo ganas.* I just don't feel like it. **2** (de manera simple) simply

simpleza s **1** (necedad) simple-mindedness **2** (nimiedad) silly little thing: *No discutan por simplezas.* Don't argue over silly little things. **3** (sencillez) simplicity

simplicidad s simplicity

simplificación s simplification

simplificar v [T] **1** (hacer más fácil) to simplify **2** (en matemáticas) to simplify

simposio s symposium

simulación s simulation

simulacro s **un simulacro de incendio/atentado** a fire drill/a mock attack

simulador s simulator

simular v [T] **1** (fingir) to pretend • **simular hacer algo** to pretend to do sth: *Simuló no saber nada.* She pretended she didn't know anything. **2** (hacer que parezca real) to simulate

simultaneidad s simultaneity

simultáneo, -a *adj* simultaneous

sin *prep* without: *una pareja sin hijos* a couple without children • *Me encontré allí sin dinero y sin boleto.* I found myself there with no money and no ticket. • **tomo el café sin azúcar/leche** I don't take sugar/milk in my coffee • **comemos sin sal** we don't have salt in our food • **sin hablar/quejarse** without speaking/

complaining • **sin que él se entere/se dé cuenta** without him finding out/realizing: *Se fue sin que nadie la viera.* She left without anyone seeing her.
▶ **sin EMBARGO**

EXPRESIONES
está sin hacer/pintar it hasn't been done/painted: *Tu camisa está sin planchar.* Your shirt hasn't been ironed. • **estar sin trabajo** to be out of work

sinagoga s synagogue

sin alcohol ▶ **BEBIDA sin alcohol**, **CERVEZA sin alcohol**

sinceramente *adv* **1** (para serte sincero) to be honest: *Sinceramente, no tengo ganas de ir.* To be honest, I don't feel like going. **2** (con sinceridad) sincerely: *Te lo digo sinceramente.* I'm being sincere.

sincerarse v [I] to speak freely • **sincerarse con alguien** to be honest with sb

sinceridad s sincerity • **con sinceridad** sincerely • **con toda sinceridad** to be quite honest, in all sincerity (*más frml*)

sincero, -a *adj* sincere • **para serte sincero -a** to be honest with you

sincopado, -a *adj* syncopated

síncope s loss of consciousness, syncope (*técn*) • **casi me/le dio un síncope** I/she nearly fainted
síncope cardiaco cardiac arrest

sincronizar v [T] to synchronize

sindical *adj* union [solo ante s], trade union [solo ante s]: *un líder sindical* a union leader

sindicalismo s **1** (sistema) unionism **2** (movimiento) union movement

sindicalista s union member

sindicato s union, labor union

síndrome s syndrome
síndrome de abstinencia withdrawal symptoms [pl] • **síndrome de Down** Down's syndrome • **síndrome de inmunodeficiencia adquirida** acquired immune deficiency syndrome

sine qua non *adj* **ser condición sine qua non** to be a sine qua non

sinfín s **un sinfín de problemas/aventuras** endless problems/countless adventures

sinfonía s symphony (pl -nies)

sinfónica s symphony orchestra

sinfónico, -a *adj* symphonic ▶ **ORQUESTA sinfónica**

Singapur Singapore

singapurense s, *adj* Singaporean

singular¹ *adj* **1** (único) unique **2** (raro) strange **3** (en gramática) singular

singular² s singular • **en singular** in the singular

siniestrado¹, -a *adj* **el vehículo/coche siniestrado** the vehicle/car involved in the accident

siniestrado², -a s victim

siniestralidad s accident rate
siniestralidad laboral accidents in the workplace [pl]

siniestro¹, -a *adj* **1** (malvado) sinister **2** (funesto) fateful

siniestro² s **1** (accidente) accident **2** (incendio) fire **3** (desastre) disaster
siniestro total write-off

sinnúmero s **un sinnúmero de problemas/aventuras** endless problems/countless adventures

sino¹ *conj* **1** (indicando contraposición) but: *No es azul sino verde.* It's not blue but green./It's green, not blue. • *No fue sólo mi culpa sino de todos.* It wasn't just my fault but everybody's. • **no solo... sino (también)...** not only... (but) also...: *Invitamos no solo a nuestros amigos sino también a los de los niños.* We invited not only our friends but also the children's. ▶ Cuando **not only** va seguido de una frase verbal, se invierte el orden de sujeto y verbo: *No solo es guapo, sino también muy simpático.* Not only is he good-looking, he's also very nice. **2** (solamente) only: *No hay nada que hacer sino esperar.* All we can do is wait./The only thing we can do is wait. • **¿quién sino tú/Carmen?** who else but you/Carmen?

sino² *s* (destino) fate

sinónimo¹ *s* synonym

sinónimo², -a *adj* synonymous • **ser sinónimo de algo** to be synonymous with sth

sinopsis *s* synopsis (pl -ses)

sinóptico, -a *adj* ▶ CUADRO sinóptico

sin plomo ▶ GASOLINA sin plomo

sinrazón *s* senselessness

sinsentido *s* **la guerra/propuesta es un sinsentido** the war is senseless/the proposal doesn't make any sense

sinsonte *s* mockingbird

sintáctico, -a *adj* syntactical

sintagma *s* phrase
sintagma nominal noun phrase • sintagma verbal verb phrase

sintaxis *s* syntax

síntesis *s* **1** (resumen) summary (pl -ries) • **en síntesis** in short **2** (en química) synthesis

sintético, -a *adj* **1** (fibra, material, cuero) synthetic **2** (breve) concise

sintetizador *s* synthesizer

síntoma *s* **1** (de enfermedad) symptom **2** (de un proceso) sign: *La falta de respuesta es un síntoma de debilidad política.* The lack of response is a sign of political weakness.

sintonía *s* **1** (sintonización) tuning **2** (entendimiento) accord • **estar en sintonía con algo** to be in tune with sth

sintonizador *s* (para televisión digital) digital receiver

sintonizar *v* [I, T] (una emisora) **sintonizar (con) una emisora de radio** to tune in to a radio station **2** [I] (con una persona) **sintonizar con alguien** to be in tune with sb

sinuoso, -a *adj* **1** (carretera, camino) winding **2** (movimiento) sinuous

sinusitis *s* sinusitis

sinvergüenza¹ *s* **1** (pillo, niño descarado) rascal **2** (estafador) crook **3** (canalla) rogue

sinvergüenza² *adj* **1** (niño) sassy: *¡No seas sinvergüenza!* Don't be sassy! **2** (estafador) *¡Qué sinvergüenzas son!* They're a bunch of crooks!

siquiera *adv* **1** (al menos) at least: *Necesitaría siquiera dos días.* I would need at least two days. **2** (en frases negativas) even: *No nos ofreció siquiera un vaso de agua.* She didn't even offer us a glass of water. • **ni (tan) siquiera** not even: *Ni siquiera me miró.* He didn't even look at me. • **sin siquiera** without even: *Se fue sin siquiera despedirse.* He went without even saying goodbye.

sirena *s* **1** (alarma) siren **2** (en cuentos infantiles) mermaid; (personaje mitológico) siren

Siria Syria

sirio, -a *s*, *adj* Syrian

sirvienta *s* maid
sirvienta de planta live-in maid • sirvienta de entrada por salida maid who lives out

sirviente, -a *s* servant

sisa *s* (en la manga) armhole: *Me tira la sisa.* It's tight around the arms.

sísmico, -a *adj* seismic

sismógrafo *s* seismograph

sistema *s* **1** (conjunto de principios) system: *un sistema político* a political system • *el sistema nervioso* the nervous system **2** method: *Memorizar no es un sistema de estudio aconsejable.* Learning by heart is not a recommended method of study. **3** (en biología) system • **el sistema nervioso/digestivo** the nervous/digestive system ▶ ANALISTA de sistemas
sistema educativo education system • sistema fiscal tax system • sistema métrico (decimal) metric system • sistema montañoso mountain range • sistema operativo operating system • sistema periódico periodic table • sistema solar solar system

sistemático, -a *adj* **1** (según un sistema) systematic: *de forma sistemática* systematically **2** (metódico) methodical **3** (reiterado) systematic: *Su falta de cooperación sistemática...* Her systematic lack of cooperation... • **es sistemático** it never fails

sitiar *v* [T] (una ciudad, un castillo) to besiege

sitio *s* **1** (espacio) room: *No hay más sitio.* There's no more room. • *Este sofá ocupa mucho sitio.* This sofa takes up a lot of space. • **hacer sitio** to make room **2** (lugar) place: *Puso cada cosa en su sitio.* She put everything in its place. • *Ese no es sitio para niños.* That's no place for children. • **en algún sitio** somewhere • **en cualquier sitio** anywhere • **en ningún sitio** anywhere: *No lo he encontrado en ningún sitio.* I couldn't find it anywhere. • **en otro sitio** somewhere else • **en todos los sitios** everywhere **3** (en Internet) **sitio (web)** site, website **4** (militar) siege

EXPRESIONES
poner a alguien en su sitio to put sb in his/her place
sitio de taxis taxi stand, cab stand

situación *s* **1** (circunstancias) situation: *la situación económica* the economic situation **2** (posición social) situation • *su situación económica* their financial situation • **tener una buena situación** to be well-off
situación límite critical situation

situado, -a *adj* (en un lugar) located: *Está situado en el centro de la ciudad.* It is located in the city center. • **bien/mal situado -a** well/badly situated: *La casa está muy bien situada.* The house is very well situated.

situar *v* [T] **1** (en un lugar) to put, to place (*más frml*) **2** (en una situación) to put: *Su última victoria los sitúa en la segunda posición de la clasificación.* Their latest win puts them second in the league. **3** (localizar) to locate: *Sitúa París en el mapa.* Locate Paris on the map. **4** (ambientar) to set: *El autor sitúa la acción a comienzos de la guerra.* The author sets the story at the beginning of the war.
—situarse *v pron* **1** (tomar posición) to take up position **2** (ambientarse) to be set: *La novela se sitúa a finales del siglo XIX.* The novel is set at the end of the 19th century. **3** (saber dónde uno está) to get your bearings **4** (ubicarse) to be: *Con su última victoria se han situado en el primer lugar de la clasificación.* After their latest win they are top of the league.

skate *s* **1** (actividad) skateboarding **2** (patineta) skateboard

slip *s* (calzoncillo) underpants [pl], pants [pl]

S.M. (abrev de **Su Majestad**) HM

smog *s* smog

smoking *s* tuxedo

so¹ *interj* whoa: *¡So, caballo!* Whoa!

so² *prep* **1 so pena de muerte/recibir una multa** on pain of death/at the risk of getting a fine **2 so pretexto de hacer algo** on the pretext of doing sth

sobaco *s* armpit

sobar *v* [T] **1** (toquetear – un objeto) to finger; (a una persona) to paw: *No te sobes la herida.* Don't keep touching your wound. **2** (acariciar) to stroke: *Al gato le gusta que le soben la cabeza.* The cat likes having his head stroked. **3** (restregar) to rub: *Sóbate la pierna con este ungüento.* Rub your leg with this ointment.

soberanamente adv Me aburrí soberanamente. I was bored stiff.

soberanía s sovereignty • **soberanía nacional/popular** national/popular sovereignty

soberano[1], -a s sovereign

soberano[2], -a adj **1** (independiente) sovereign **2** (extraordinario) Eso es una soberana tontería. That is complete and utter nonsense. • Nos dieron una soberana paliza. We were well and truly thrashed.

soberbia s (arrogancia) arrogance; (orgullo) pride

soberbio, -a adj **1** (arrogante) arrogant; (orgulloso) proud **2** (magnífico) magnificent

sobornar v [T] to bribe

soborno s **1** (delito) bribery: Fue acusado de soborno. He was accused of bribery. **2** (dinero, regalo) bribe: Se negó a aceptar el soborno. He refused to accept the bribe.

sobra s **sobras** [pl] leftovers

EXPRESIONES
estar de sobra to be in the way: Vi que estaba de sobra y me fui. I felt in the way so I left. • **hay tiempo/sitio de sobra** there's plenty of time/room: Había comida de sobra para todos. There was plenty of food for everyone. • **saber algo de sobra** to know sth full well: Saben de sobra que está mal. They know full well that it's wrong.

sobrado, -a adj (más que suficiente) **tener sobrada capacidad/experiencia** to have more than enough capacity/to have plenty of experience

EXPRESIONES
estar/andar sobrado -a (de algo) La ciudad está sobrada de atracciones turísticas. The city has a wealth of tourist attractions. • El ministerio está sobrado de fondos. The ministry has plenty of money. • **pasar sobrado -a** to pass easily: Pasó inglés sobrado. He passed English easily.

sobrante adj remaining: Escurra el agua sobrante. Drain the excess water. • El material sobrante se recicla. The leftover material is recycled.

sobrar v [I] **1** (quedar) to be left over: Sobró mucha comida. There was a lot of food left over. • Le sobraron cinco dólares. He had five dollars left over. **2** (haber más de lo necesario) Me sobra una entrada. I have a spare ticket. • Sobra tiempo. There's plenty of time. • Le sobran un par de kilos. He is a couple of kilos overweight. • Le sobran motivos. He has plenty of reasons. • Sobra comida. There's too much food. • **con diez dólares/una semana, sobra** ten dollars/one week is more than enough **3** (estar de más) Ese adorno sobra. Quítalo. That ribbon is too much. Take it off. • Como sobraba, me marché. As I was in the way, I left.

sobre[1] prep

1	encima de
2	por encima de
3	acerca de
4	alrededor de
5	en dirección a
6	indicando poder, influencia

1 ENCIMA DE on: Lo dejó sobre el escritorio. He left it on the desk.

2 POR ENCIMA DE over: un puente sobre el río a bridge over the river • Se puso una cobija sobre las piernas. She put a blanket over her legs. • **sobre el nivel del mar** above sea level

3 ACERCA DE about: No habló sobre eso. He didn't talk about that.

4 ALREDEDOR DE about • **sobre la una/las cuatro** at about one/four: Llegaremos sobre las doce. We'll arrive at about twelve. • **sobre cien/doscientos** about a hundred/two hundred: Debía haber sobre cien manifestantes. There must have been about a hundred demonstrators.

5 EN DIRECCIÓN A on: Los manifestantes marcharon sobre la capital. The demonstrators marched on the capital.

6 INDICANDO PODER, INFLUENCIA Manda sobre todo el departamento. She's in charge of the whole department. • Ejerce un fuerte dominio sobre ella. He holds great power over her.

EXPRESIONES
sobre todo **(a)** (ante todo) above all: Era ligero, rápido y, sobre todo, barato. It was light, fast and, above all, cheap. **(b)** (especialmente) especially: Llovió mucho, sobre todo en el sur. It rained a lot, especially in the south.

sobre[2] s **1** (para cartas) envelope: Sacó la carta del sobre. She took the letter out of the envelope. **2** (de azúcar, medicamento) sachet; (de sopa) envelope: sopa de sobre an envelope of soup

sobrealimentar v [T] to overfeed

sobrecama s bedspread

sobrecarga s **1** (eléctrica) surge **2** (de trabajo) sobrecarga de trabajo excessive workload

sobrecargar v [T] **1** (con peso) to overload **2** (de trabajo) to overload

sobrecargo s (en avión) flight attendant

sobrecogedor, -a adj **1** (que impresiona) overwhelming **2** (que asusta) startling

sobrecoger v [T] **1** (impresionar) to take aback, to overcome (más frml) **2** (asustar) to startle
—**sobrecogerse** v pron **1** (impresionarse) to be taken aback, to be overcome (más frml): Nos sobrecogimos al ver las imágenes del atentado. We were taken aback when we saw the pictures of the terrorist attack. **2** (asustarse) to be startled

sobrecubierta s dust jacket, dust cover

sobrecupo s overcrowding

sobredosis s overdose

sobreentenderse, sobrentenderse v pron **se sobreentiende que...** it goes without saying that...

sobreestimar, sobrestimar v [T] to overestimate

sobrellevar v [T] to bear

sobremanera adv really, extremely • **me importa/molesta sobremanera que...** I'm extremely surprised that.../it really bothers me that...

sobremesa s **1** (periodo del día) the period after lunch when people sit around chatting or watching television **2** (en la programación) the television programs shown in the early afternoon

sobrenatural adj supernatural

sobrenombre s nickname

sobrentenderse v pron ▶ SOBREENTENDERSE

sobrepasar v [T] **1** (exceder) to exceed: El volumen de sus ventas sobrepasa los diez millones. Their turnover exceeds ten million. **2** (superar – a un oponente) to beat • **esto me/le sobrepasa** this is beyond me/him • **sobrepasar a alguien en altura/inteligencia** to be taller/more intelligent than sb

sobrepeso s **1** (de una persona) las personas con sobrepeso people who are overweight **2** (de equipaje) excess weight

sobreponerse v pron (superar) **sobreponerse a algo** to get over sth, to overcome sth (más frml)

sobreprecio s surcharge

sobresaliente adj outstanding

sobresalir v [I] **1** (distinguirse) to stand out: un diseñador que sobresale por su originalidad a designer who stands out because of his originality • **sobresalir en los deportes/idiomas** to excel at sports/languages **2** (elevarse) to rise up: La cúpula sobresale entre los techos de la ciudad. The dome rises up from among the rooftops of the city. **3** (de una superficie vertical) to stick out, to protrude (*más frml*): *Sobresale unos dos centíme-tros.* It sticks out a couple of centimeters.

sobresaltar *v* [T] **sobresaltar a alguien** to make sb jump, to startle sb (*más frml*): *El timbre me sobresaltó.* The bell made me jump.
—**sobresaltarse** *v pron* to jump, to be startled (*más frml*): *Me sobresalté al oír el ruido.* I jumped when I heard the noise.

sobresalto *s* **producirle un sobresalto a alguien** to make sb jump, to startle sb • **llevarse/tener un sobresalto** to jump, to be startled (*más frml*)

sobreseimiento *s* dismissal

sobrestimar *v* ▶ SOBREESTIMAR

sobresueldo *s* bonus

sobretiempo *s* overtime

sobretodo *s* (abrigo) overcoat

sobrevalorar *v* [T] to overrate

sobreviviente *s* survivor

sobrevivir *v* [I] **1** (vivir después) to survive: *No sobre-vivió nadie.* Nobody survived. • **sobrevivir a alguien** to outlive sb, to survive sb (*más frml*): *Sobrevivió a sus hijos.* She outlived her children. • **sobrevivir a algo** to survive sth: *Sobrevivió a las dos guerras.* He survived the two wars. **2** (vivir con poco) **sobrevivir con algo** to survive on sth: *Sobrevivía con lo poco que encontraba en las calles.* He survived on what little he found on the streets.

sobrevolar *v* [T] to fly over

sobriedad *s* (moderación) moderation, sobriety (*más frml*)

sobrino, -a *s* **sobrino** nephew • **sobrina** niece • **sobrinos** (varones y mujeres) nephews and nieces: *¿Cuántos sobri-nos tienes?* How many nephews and nieces do you have?

sobrio, -a *adj* **1** (color, decoración) understated, modest **2** (no ebrio) sober

socarrón, -ona *adj* (persona) sarcastic; (comentario, son-risa, tono) sardonic

sociable *adj* sociable

social *adj* social ▶ ASISTENTE social, CAPITAL social, CIEN-CIAS SOCIALES, SEGURIDAD social

socialdemocracia *s* social democracy

socialdemócrata[1] *adj* social democratic

socialdemócrata[2] *s* social democrat

socialismo *s* socialism

socialista *s, adj* socialist

sociedad *s* **1** (comunidad) society (*pl* -ties): *las socie-dades modernas* modern societies **2** (organización, agrupación) society (*pl* -ties): *una sociedad cultural* a cultural society **3** (empresa) company (*pl* -nies) ▶ **alta sociedad** (ALTO)
sociedad anónima public corporation • sociedad limi-tada limited corporation • la sociedad de consumo the consumer society

socio, -a *s* **1** (de un club, una biblioteca) member: *Soy socia de su club de fans.* I'm a member of his fan club. • **hacerse socio -a (de algo)** to join (sth): *Se hizo socia de la biblioteca.* She joined the library. **2** (en negocios) partner
socio -a capitalista silent partner

sociocultural *adj* sociocultural

socioeconómico *adj* socioeconomic

sociología *s* sociology

sociológico, -a *adj* sociological

sociólogo, -a *s* sociologist

socket *s* light socket

socorrer *v* [T] to help

socorrido, -a *adj* handy

socorrismo *s* (de primeros auxilios) first aid

socorrista *s* (de primeros auxilios) first-aider

socorro[1] *s* help • **acudir en socorro de alguien** to come to sb's aid • **pedir socorro** to call for help

socorro[2] *interj* help: *¡Socorro! Me quedé encerrada.* Help! I'm shut in.

sódico, -a *adj* ▶ CLORURO sódico

sodio *s* sodium

soez *adj* vulgar, crude

sofá *s* sofa
sofá cama sofa-bed

sofisticación *s* sophistication

sofisticado, -a *adj* sophisticated

sofocante *adj* stifling • **hace/hacía un calor sofocante** it's/it was stifling

sofocar *v* [T] **1 sofocar un incendio** to put out a fire • **sofocar las llamas** to smother the flames **2 sofocar una revuelta/una protesta** to put down a revolt/a protest
—**sofocarse** *v pron* (de calor, por falta de aire) to suffo-cate

sofocón *s* **1** (sensación de ahogo) breathlessness **2** (sensación de calor) stifling heat **3** (disgusto) **pasar un sofocón** to get very upset

sofreír *v* [T] to fry gently

software *s* software [U]: *Se necesita un software espe-cial.* It requires special software. • *Es un problema de software.* It's a software problem. ▶ PAQUETE de soft-ware

soga *s* (cuerda) rope • **jugar/saltar a la soga** to jump rope, to skip rope
EXPRESIONES
estar con la soga al cuello to be in deep trouble

soja *s* soy

sol *s* **1** (astro) sun • **hacer/haber sol** to be sunny: *Hoy hace mucho sol.* It's very sunny today. • **una mañana/tarde de sol** a sunny morning/afternoon • **al sol** in the sun: *No te pongas al sol a mediodía.* Don't go out in the sun at noon. • *No lo dejes al sol.* Don't leave it in the sun. • **tomar (el) sol** to sunbathe: *Estaban tomando el sol en la playa.* They were sunbathing on the beach. **2** (nota musical) G **3** (persona) **ser un sol** to be an angel ▶ ANTEOJOS de sol, LENTES de sol, PUESTA de sol, RELOJ de sol, SALIDA del sol
EXPRESIONES
arrimarse al sol que más calienta to know which side your bread is buttered on • **no despegarse de alguien ni a sol ni a sombra** not to leave sb alone for one minute • **trabajar de sol a sol** to work from dawn till dusk

solamente *adv* ▶ SOLO

solapa *s* **1** (de una chaqueta) lapel **2** (de una sobrecu-bierta) flap

solapado, -a *adj* (persona, mirada) sly; (guerra, negocio) underhand

solar[1] *adj* solar • **eclipse/radiación solar** solar eclipse/radiation ▶ ENERGÍA solar, PROTECTOR solar, SISTEMA solar, TECHO solar

solar[2] *s* (terreno) piece of land, lot; (detrás de una casa) backyard

solárium *s* **1** (terraza) sun terrace **2** (artefacto) solarium

soldado *s* soldier
soldado raso private

soldador[1] (tb **soldadora**) *s* (aparato – con estaño) sol-dering iron; (con soplete) welding torch (*pl* -ches); (con arco) arc welder

soldador[2], **-a** *s* (persona) welder

soldar *v* [T] **1** (con estaño) to solder **2** (con soplete, al arco) to weld
—**soldarse** *v pron* (hueso) to knit together

soleado, -a *adj* sunny

soledad s **1** (sentimiento) loneliness: *La soledad lo está matando.* The loneliness is killing him. **2** (hecho de estar solo) solitude • **vivir en soledad** to live in solitude • **me gusta/no me gusta la soledad** I like/I don't like being alone

solemne adj **1** (acto, sesión) formal, solemn (*más frml*) **2** (juramento, promesa) solemn **3** (lenguaje, tono) solemn

solemnidad s **1** (de un acto, una sesión) formality, solemnity (*más frml*) **2** (acto solemne) ceremony (pl -nies)

soler v [I] **1** (en el presente) *Suele venir por la mañana.* She usually comes in the morning. • *No solemos salir entre semana.* We don't usually go out during the week. **2** (en el pasado) *Solían trabajar juntos.* They used to work together.

solera s (de la acera) curb

solfear v [T] to sing a tune using the syllables "do, re, mi, etc."

solfeo s **1** (técnica) tonic sol-fa **2** (estudios) music theory: *Estoy en tercero de solfeo.* I'm in my third year of music theory.

solicitante s applicant

solicitar v [T] **1** (pedir) to request: *Solicitó que le permitieran hacer el examen más tarde.* He requested to be allowed to take the test later. • *Solicite información en el 111.* For information, dial 111. • **solicitarle algo a alguien** to ask sb for sth, to request sth from sb (*más frml*) ▶ ver nota en **ASK** **2** (un trabajo, una beca) to apply for: *Solicitaron un préstamo al banco.* They applied for a loan from the bank.

solicitud s **1** (formulario) application form: *Tengo que llenar la solicitud.* I have to fill out the application form. **2** (petición) application

solidaridad s solidarity • **en solidaridad con alguien** in solidarity with sb

solidario, -a adj (persona) caring, supportive • **ser solidario -a con alguien** to support sb • **un gesto/acto solidario** an act of solidarity

solidarizarse v pron **solidarizarse con algo/alguien** to show your solidarity with sth/sb, to show your support for sth/sb

solidez s **1** (de un terreno) firmness; (de un edificio) solidity **2** (de economía, empresa) strength

solidificarse v pron to solidify

sólido[1], **-a** adj **1** (no líquido) solid **2** (estructura) solid; (mesa) strong **3** (relación) stable **4** (conocimientos, principios) sound

sólido[2] s solid

solista[1] s soloist

solista[2] adj solo: *un álbum solista* a solo album

solitario[1], **-a** adj **1** (persona, vida) solitary • **ser solitario -a** to be a loner **2** (lugar) deserted

en solitario solo: *Es su primer álbum en solitario.* It's his first solo album.

solitario[2] s **1** (juego de cartas) solitaire • **hacer solitarios** to play solitaire **2** (diamante) solitaire

sollozar v [I] to sob

sollozo s sob • **decir algo entre sollozos** to sob sth out: *Nos contó entre sollozos lo que le había pasado.* She sobbed out what had happened to her. • *–No he sido yo–, dijo entre sollozos.* "It wasn't me," he sobbed.

solo[1], **-a** adj **1** (sin compañía) alone, on your own: *Vino solo.* He came alone. • *No me gusta dejar a los chicos solos.* I don't like leaving the children on their own. • **hablar solo -a** to talk to yourself: *¿Está hablando sola?* Is she talking to herself? • **es para mí/ti solo -a** it's just for me/you • **tener algo para uno solo -a** to have sth to yourself: *Teníamos toda la playa para nosotros solos.* We had the whole beach to ourselves. **2** (que desea compañía) lonely: *Se siente muy solo.* He feels very

lonely. **3** (sin ayuda) by yourself: *Lo hicimos nosotros solos.* We did it by ourselves. **4** (sin acompañamiento) **café/té solo** black coffee/tea: *¿Tomas el café solo o con leche?* Do you take your coffee black or with milk? • **un whisky solo** a neat whiskey **5** (único) *Le vimos una sola vez.* We only saw him once. • *Hay un solo problema.* There's just one problem. • *No sacó ni una sola foto.* He didn't take a single photo.

a solas alone: *Tengo que hablar contigo a solas.* I have to talk to you alone.

solo[2] s (en música) solo • **un solo de batería/guitarra** a drum/guitar solo

solo[3], **sólo** adv only, just: *La fiesta es solo para socios.* The party is for members only. • *Solo quería hacerte una pregunta.* I just wanted to ask you something. • **me río/me dan escalofríos solo de pensarlo** just thinking about it makes me laugh/shudder • **solo que...** it's just that...: *Me gustaría ir, solo que estoy cansada.* I'd like to go, it's just that I'm tired. • **no solo... sino...** not only... but...: *No solo no me ayudó, sino que me estuvo molestando.* Not only did he not help me, but he was a nuisance.

solomillo (tb **solomo**) s fillet: *un filete de solomillo* a fillet steak

solsticio s solstice • **solsticio de invierno/verano** winter/summer solstice

soltar v [T]

1 dejar de agarrar
2 dejar libre
3 dar
4 aflojar
5 desenrollar
6 decir
7 dejar de apretar

1 DEJAR DE AGARRAR to let go • **soltar algo/a alguien** to let go of sth/sb: *¡Suelta eso!* Let go of that! • *¡Suéltame!* Let go of me!

2 DEJAR LIBRE (a un sospechoso) to release: *Lo soltaron por falta de pruebas.* He was released due to lack of evidence. • **soltar a un perro (a)** (quitarle la correa) to let a dog off the leash **(b)** (dejarlo salir) to let a dog out

3 DAR to let out • **soltar un suspiro/un grito** to let out a sigh/a scream • **soltar una carcajada** to burst out laughing • **soltarle un puñetazo/una patada a alguien** to punch/kick sb

4 AFLOJAR (un nudo, un cordón) to loosen

5 DESENROLLAR (un cable, una cuerda) to let out: *Suelta más cuerda.* Let some more rope out.

6 DECIR **soltarle un discurso/sermón a alguien** to give sb a lecture: *Me soltó que me fuera a paseo.* He turned around and told me to get lost.

7 DEJAR DE APRETAR **soltar el freno/el embrague** to release the brake/the clutch • **no sueltes el embrague/el botón del ratón** keep your foot on the clutch/keep the mouse button pressed down ▶ **soltar** AMARRAS

—**soltarse** v pron

1 DEJAR DE AGARRARSE **soltarse (de algo)** to let go (of sth): *No se quería soltar de mi mano.* She wouldn't let go of my hand.

2 LIBERARSE to get free: *Forcejeó para soltarse.* He struggled to get free.

3 DESPRENDERSE to come off: *Se ha soltado la correa.* The strap has come off.

4 DESHACERSE (cuerda, nudo) to come undone: *Se soltó la cuerda y se cayó la hamaca.* The rope came undone and the hammock fell down.

5 DESINHIBIRSE *Ya se ha soltado un poco más con el alemán.* He's become a little more confident in German now. • *Es tímido y le cuesta soltarse.* He's shy and he finds it hard to talk to people. • **soltarse a hacer algo** to feel confident doing sth: *Todavía no me he soltado a ir en bici.* I still don't feel confident riding a bike.

6 NO ATARSE **soltarse el pelo** to let your hair down

S

soltero¹, -a *adj* single • **quedarse soltero -a** to stay single ▶ DESPEDIDA de soltero, MADRE soltera

soltero², -a *s* **soltero** single man (pl men), bachelor • **soltera** single woman (pl women) • **los solteros** (solteros y solteras) single people

solterón, -ona *s* **solterón** confirmed bachelor • **solterona** spinster

soltura *s* **1** (al expresarse) fluency • **hablar con soltura** to speak fluently **2** (al moverse) ease

soluble *adj* (sustancia) soluble • **soluble en agua** water-soluble

solución *s* **1** (de un problema) solution • **una solución a algo** a solution to sth: *Tenemos que buscar una solución a la situación.* We have to find a solution to the problem. **2** (de un juego, un crucigrama) solution **3** (en química) solution
solución limpiadora cleaning solution

solucionar *v* [T] to solve
—**solucionarse** *v pron* to get sorted out: *Se va a solucionar enseguida.* It will soon get sorted out. • *El problema se solucionó solo.* The problem sorted itself out. • **gritando/insultando no se soluciona nada** shouting/being insulting won't solve anything

solvencia *s* (económica) solvency

solventar *v* [T] to resolve

solvente¹ *adj* **1** (económicamente) solvent **2** (de confianza) reliable: *fuentes solventes* reliable sources

solvente² *s* solvent

somalí¹ *s* (persona) Somali

somalí² *s* (idioma) Somali

somalí³ *adj* Somali

Somalia Somalia

sombra *s* **1** (lugar sin sol) shade: *Nos sentamos en la sombra.* We sat down in the shade. • *Este árbol da mucha sombra.* This tree gives a lot of shade. • **a la sombra (de algo)** in the shade (of sth) ▶ ver nota en SHADOW **2** (silueta proyectada) shadow: *la sombra de Peter Pan* Peter Pan's shadow **3** (para ojos) eyeshadow **4** (atisbo) hint, shadow: *No hay ninguna sombra de duda sobre su participación en el atentado.* There isn't a shadow of a doubt that he was involved in the attack.
EXPRESIONES
a la sombra (en la cárcel) inside • **hacerle sombra a alguien** to put sb in the shade: *Nadie le hace sombra.* Nobody can put him in the shade. • **no es (ni) la sombra de lo que fue** he's a shadow of his former self • **desconfío hasta de mi propia sombra** I can't trust anyone • **tener mala sombra** (ser malintencionado) to be nasty
sombra de ojos eyeshadow • **sombras chinescas** shadow puppets

⚠ *I saw a shadow (✗ shade) on the bedroom wall, but no one was there.*

sombreado, -a *adj* (lugar) shady

sombrear *v* [T] (dibujo, pintura) to shade in

sombrero *s* hat • **ponerse/quitarse el sombrero** to put your hat on/to take your hat off • **usar sombrero** to wear a hat
EXPRESIONES
quitarse el sombrero ante alguien to take your hat off to sb
sombrero de copa top hat • **sombrero de paja** straw hat • **sombrero hongo** derby

sombrilla *s* **1** (para la playa) beach umbrella **2** (en un café, un restaurante) sunshade **3** (de señora) parasol

sombrío, -a *adj* **1** (oscuro) gloomy, dark **2** (triste – expresión, mirada) somber; (período) dark **3** (pesimista) gloomy: *El panorama económico es sombrío.* The economic outlook is gloomy.

somero, -a *adj* (análisis, descripción, estudio) brief

someter *v* [T] **1 someter algo/a alguien a algo** to subject sth/sb to sth: *Fue sometido a humillaciones.* He was subjected to humiliation. • *Sometieron el aeropuerto a un fuerte bombardeo.* The airport was subjected to heavy bombing. **2 someter algo a votación** to put sth to the vote • **someter algo a debate** to debate sth **3** (dominar) to subjugate
—**someterse** *v pron* **1** (exponerse) **someterse a un tratamiento/una operación** to undergo treatment/an operation **2** (subordinarse) **someterse a algo/alguien** to submit to sth/sb **3** (rendirse) to surrender

sometimiento *s* (a una autoridad) submission; (a un proceso) subjection: *años de sometimiento a los malos tratos* years of being subjected to abuse

somier *s* bed base

somnífero *s* sleeping pill

somnolencia *s* (por cansancio) sleepiness; (a causa de un medicamento) drowsiness • **producir somnolencia** to make you sleepy, to cause drowsiness: *El exceso de calor puede producir somnolencia.* Too much heat can make you sleepy.

somnoliento, -a *adj* (por cansancio) sleepy; (a causa de un medicamento) drowsy

son *s* **1** (ritmo) **al son de la música/las guitarras** to the strains of the music/the guitars **2** (ánimo) **venir en son de paz/guerra** to come in peace/to be on the warparth • **decir algo en son de broma** to say sth jokingly, to say sth as a joke

sonado, -a *adj* **1** (divulgado) much talked-about • **ser muy sonado -a** to be much talked-about **2** (loco) **estar sonado -a** to be soft in the head

sonajero (tb **sonaja**) *s* rattle

sonambulismo *s* sleepwalking

sonámbulo¹, -a *adj* **ser sonámbulo -a** to walk in your sleep

sonámbulo², -a *s* sleepwalker

sonante *adj* ▶ CONTANTE y sonante

sonar *v* [I]

1 timbre, campana
2 música, instrumento
3 resultar conocido
4 parecer
5 pronunciarse
6 la nariz, los mocos

1 TIMBRE, CAMPANA to ring: *Está sonando el teléfono.* The phone's ringing. • *No sonó el despertador.* The alarm didn't go off.
2 MÚSICA, INSTRUMENTO to sound: *¡Qué bien suena esa guitarra!* That guitar sounds really good!
3 RESULTAR CONOCIDO to ring a bell, to sound familiar • **me suena el nombre/el título** the name/title sounds familiar: *¿Te suena esta canción?* Do you know this song?
4 PARECER suena a chiste/excusa to sound like a joke/an excuse • **me suena bien/mal** it sounds good/doesn't sound very good
5 PRONUNCIARSE (letra) to be pronounced; (palabra) to sound: *Se escribe como suena.* It's written as it sounds.
6 LA NARIZ, LOS MOCOS [T] **sonarle la nariz a alguien** to wipe sb's nose
EXPRESIONES
así como suena just like that: *Y me dio una bofetada, así como suena.* And she slapped me, just like that.
—**sonarse** *v pron*
1 sonarse la nariz to blow your nose
2 sonarse a alguien (a) (pegarle) to hit sb **(b)** (ganarle) to beat sb

sónar, **sonar** *s* sonar

sonata *s* sonata

sonda *s* **1** (para medir la profundidad) sounding line **2** (perforadora) bore, drill **3** (médica) catheter **4 sonda (espacial)** (space) probe

sondar v [T] **1** (la profundidad) to sound, to take a sounding of **2** (el terreno, el subsuelo) to sink a borehole into **3** (en médicina) to insert a catheter in

sondear v [T] **1** (una persona, una opinión) to sound out: *Me ha estado sondeando para saber qué opino.* She has been sounding me out to see what I think. **2** ▶ SONDAR

EXPRESIONES

sondear el terreno to see how the land lies

sondeo s poll
sondeo de opinión opinion poll

sonido s sound ▶ BARRERA **del sonido** ▶ ver nota en SOUND

soniquete s drone

sonorización s (de una película) recording of the sound-track

sonorizar v [T] **1 sonorizar una película** to add the soundtrack to a movie **2 sonorizar una habitación/un espacio** to install a sound system in a room/a site

sonoro, **-a** adj **1** (del sonido) sound [solo ante s]: *oscilaciones sonoras* sound waves **2** (que resuena) loud, resounding (*más frml*): *una sonora carcajada* a loud guffaw **3** (película) talking: *el cine sonoro* talking pictures **4** (en fonética) voiced ▶ BANDA sonora

sonreír v [I] **1** (reír) to smile • **sonreírle a alguien** to smile at sb **2** (ser favorable) *La vida siempre le ha sonreído.* Life has always been good to him. • **le sonrió la fortuna** fortune smiled on him/her

¿smile, grin, beam o smirk?
Aunque "sonreír" es básicamente smile, hay otros verbos afines.
grin denota una amplia sonrisa: *She grinned at me from across the room.*
beam indica una sonrisa sobre todo de felicidad u orgullo: *Grandad beamed at us proudly.*
smirk, en cambio, indica una sonrisa malévola o arrogante: *What are you smirking at?*

sonriente adj smiling • **estar sonriente** to look happy

sonrisa s smile

EXPRESIONES
con una sonrisa de oreja a oreja grinning from ear to ear

sonrojarse v pron to blush

sonrojo s **provocarle sonrojo a alguien** to make sb blush

sonsacar v [T] **sonsacarle algo a alguien** to get sth out of sb

soñado, **-a** adj (casa, coche, trabajo) dream [solo ante s]: *Finalmente consiguió comprar su casa soñada.* She finally managed to buy her dream house.

soñador, **-a** adj, s dreamer • **ser muy soñador -a** to be a real dreamer

soñar v [I,T] **1** (al dormir) to dream: *Soñé que me casaba.* I dreamed that I was getting married. • *¿Qué soñaste?* What did you dream about? • **soñar con algo/alguien** to dream about sth/sb • **¡que sueñes con los angelitos!** sweet dreams! **2** (desear) **soñar (con) algo** to dream of sth: *Esto es lo que siempre he soñado.* This is what I've always dreamed of. • *Sueña con viajar a Tahití.* She dreams of going to Tahiti.

EXPRESIONES
ni lo sueñes (tb **ni soñarlo**) don't even think about it! • **soñar despierto -a** to daydream

sopa s soup: *Tómate la sopa.* Drink your soup. • **sopa de pescado/verdura** fish/vegetable soup

EXPRESIONES
hecho -a (una) sopa soaked to the skin • **hasta en la sopa** absolutely everywhere: *Me lo encuentro hasta en la sopa.* I run into him absolutely everywhere.
sopa de letras **(a)** (comida) alphabet soup **(b)** (pasatiempo) wordsearch (pl -ches)

sopapo s **1** (golpe) slap • **darle un sopapo a alguien** to slap sb **2** (utensilio) sink plunger

sopear v [T] **sopear el pan en el café/el chocolate** to dunk your bread in your coffee/hot chocolate

sopera s soup tureen

sopero, **-a** adj soup [solo ante s]: *plato sopero* soup plate

sopesar v [T] (una propuesta, un asunto) to consider • **sopesar los pros y los contras de algo** to weigh up the pros and cons of sth

sopetón **de sopetón** all of a sudden, out of the blue

soplar v

1	con la boca
2	viento, aire
3	robar
4	susurrar
5	beber
6	acusar, delatar

1 **CON LA BOCA** [I,T] to blow: *Sopla más fuerte.* Blow harder. • **soplar la sopa/el té**, **soplarle a la sopa/el té** to blow on your soup/your tea • **soplar las velas/velitas**, **soplarle a las velitas** to blow out the candles
2 **VIENTO, AIRE** [I] to blow: *Soplaba un aire fresco.* A cool breeze was blowing. • *Sopla mucho viento.* It's very windy.
3 **ROBAR** [T] **soplarle algo a alguien** to swipe sth from sb: *Le soplaron la cartera en el metro.* He had his wallet swiped on the subway.
4 **SUSURRAR** [T] to whisper: *Le sopló la respuesta.* She whispered the answer to him.
5 **BEBER** [I] to knock it back
6 **ACUSAR, DELATAR** [T] *Le habían soplado a la policía lo de la droga.* They'd squealed to the police, telling them about the drugs.
—**soplarse** v pron
AGUANTAR to sit through: *Nos soplamos todos los discursos al rayo de sol.* We sat through all the speeches in the heat of the sun.

soplete s blowtorch (pl -ches)

soplido s blow • **apagar las velas/velitas de un soplido** to blow the candles out in one try

soplillo s

soplo s **1** (de aire) puff • **apagar las velas/velitas de un soplo** to blow the candles out in one try **2** (instante) **como/en un soplo** in a flash: *La cerveza desapareció en un soplo.* The beer went in a flash. • *El último año se me pasó como un soplo.* The past year has flown by. **3** (en el corazón) murmur

soplón, **-ona** s **1** (de la maestra, los padres) snitch (pl -ches), tattletale **2** (de la policía, las autoridades) informer, snitch

soponcio s **1** (desmayo) **me/le va a dar un soponcio** I'm/he's going to pass out **2** (ataque de nervios) **me/le va a dar un soponcio** I'll/she'll have a fit

sopor s drowsiness

soporífero, **-a** adj **1** (que produce sueño) soporific **2** (aburrido) deadly dull

soportable adj bearable

soportal s **1** (en un edificio) porch (pl -ches) **2 soportales** [pl] arcade [sing]

soportar v [T] **1** (tolerar) to stand, to bear: *No soporto verte llorar.* I can't bear to see you cry. • *¿Cómo puedes soportar este ruido?* How can you stand this noise? **2** (sostener) to support: *Puede soportar un peso de cien kilos.* It can support a weight of one hundred kilos.

soporte s **1** (medio) format • **en soporte electrónico** in electronic format **2** (apoyo) support **3** (de una repisa, un anaquel) bracket
soporte técnico technical support

soprano s soprano

sor s sister: *sor Inés* Sister Inés

sorber v [T] to sip; (ruidosamente) to slurp: *No hagas ruido al sorber la sopa.* Don't slurp your soup.

sorbete s **1** (postre, refresco) sorbet **2** (para beber) straw

sorbo s sip • **beber algo a sorbos** to sip sth

sordera s deafness

sordidez s **1** (suciedad) squalor **2** (indecencia) sordidness

sórdido, -a adj **1** (sucio) squalid **2** (indecente) sordid

sordo¹, -a adj **1** (persona) deaf: *¿Estás sorda? Te estoy hablando.* Are you deaf? I'm talking to you. • **quedarse sordo -a** to go deaf: *Se quedó sordo muy joven.* He went deaf when he was very young. **2** (ruido, golpe) dull **3** (en fonética) voiceless
EXPRESIONES
ser sordo -a como una tapia to be as deaf as a post

sordo², -a s deaf person (pl people)
EXPRESIONES
hacerse el sordo/la sorda to pretend you didn't hear

sordomudo¹, -a adj deaf and dumb: *Es sordomudo de nacimiento.* He was born deaf and dumb.

sordomudo², -a s deaf mute

soriasis s psoriasis

sorna s (ironía) sarcasm; (burla) mockery • **con sorna** sarcastically, mockingly

soroche s altitude sickness

sorprendente adj surprising

sorprender v [T] **1** (causar sorpresa a) to surprise: *Ya nada me sorprende.* Nothing surprises me anymore. • *Me sorprende que no lo sepas.* I'm surprised you don't know. • *Me sorprendió su actitud.* I was surprised at her attitude. **2** (tomar desprevenido) to catch: *La lluvia nos sorprendió a mitad de camino.* We got caught in the rain half way there. **3** (atrapar) to catch • **sorprender a alguien haciendo algo** to catch sb doing sth
—**sorprenderse** v pron to be surprised: *No te sorprendas si viene con otra muchacha.* Don't be surprised if he comes with another girl.

sorpresa s **1** (impresión) surprise • **darle una sorpresa a alguien** to surprise sb • **llevarse una sorpresa** to get a surprise: *Se llevó una sorpresa cuando me vio.* He got a surprise when he saw me. • **¡qué sorpresa!** what a surprise! **2** (objeto) surprise: *Tengo una sorpresa para ti.* I've got a surprise for you. ▶ **FACTOR sorpresa**
EXPRESIONES
tomar a alguien por/de sorpresa to take sb by surprise • **caerle a alguien de sorpresa** to drop in on sb unannounced

sorpresivo, -a adj **1** (inesperado) unexpected **2** (sorprendente) surprising

sortear v [T] **1** (rifar) to raffle: *Sortean una bicicleta.* They're raffling a bicycle. • *¿Qué número salió sorteado?* What number was drawn? • **sortear el primer/tercer premio** to hold the draw for the first/third prize **2** (evitar – un bache, un obstáculo) to negotiate; (una dificultad, un problema) to get around

sorteo s **1** (rifa) raffle, draw: *Lo gané en un sorteo.* I won it in a raffle. **2** (acción de sortear) draw: *el próximo sorteo de la lotería* the next lottery draw • *el sorteo de los grupos del mundial* the draw for the World Cup groups • **por sorteo** by drawing lots: *Los cargos se asignan por sorteo.* The positions are assigned by drawing lots.

sortija s ring: *una sortija de esmeraldas* an emerald ring

sortilegio s (hechizo) spell

SOS s SOS • **lanzar/mandar un SOS** to send an SOS

sosa s soda
sosa cáustica caustic soda

sosegado, -a adj (persona) calm; (vida, ritmo) quiet

soslayar v [T] (un problema, una situación) to get around; (una pregunta, una idea) to sidestep

soslayo s **mirar a alguien de soslayo** to look at sb out of the corner of your eye • **una mirada de soslayo** a sidelong glance

soso, -a adj **1** (sin sabor) tasteless, bland **2** (sin sal) **la sopa/la carne está sosa** the soup/the meat needs more salt **3** (aburrido) dull

sospecha s suspicion • **levantar sospechas** to arouse suspicion • **tener la sospecha de que...** to suspect (that)...

sospechar v **1** [T] to suspect: *Sospecho que ya se ha ido.* I suspect he has already left. **2** [I] **sospechar de alguien** to be suspicious of sb
—**sospecharse** v pron **ya me/se lo sospechaba** I/he thought as much

sospechoso¹, -a adj suspicious: *una actitud sospechosa* a suspicious attitude • **ser sospechoso -a de algo** to be suspected of sth

sospechoso², -a s suspect: *Es el principal sospechoso.* He is the prime suspect.

sostén s **1** (apoyo) means of support: *Su madre es el único sostén de la familia.* His mother is the family's only means of support. **2** (soporte) support **3** (prenda) bra

sostener v [T] **1** (tener) to hold: *Sostenme esto un momento.* Hold this for me a moment. **2** (soportar) to support: *Las vigas sostienen el techo.* The beams support the roof. **3** (una opinión, una idea) to maintain: *Sostiene que hay una solución.* He maintains that there is a solution. **4** (una conversación, una discusión) to have **5** (sustentar) to support: *Tiene que sostener a sus padres y sus hermanos.* He has to support his parents and brothers and sisters.
EXPRESIONES
sostenerle la mirada a alguien to hold sb's gaze
—**sostenerse** v pron **1** (agarrarse) **sostenerse de algo** to hold on to sth **2** (mantenerse) **sostenerse en pie** to stand **3** (sustentarse) to survive: *La familia se sostiene con lo que gana la madre.* The family survives on what the mother earns.

sostenibilidad s sustainability

sostenible adj (desarrollo, gestión) sustainable; (teoría) tenable

sostenido¹ adj **1** (en música) sharp • **mi/fa sostenido** E/F sharp **2** (constante) sustained

sostenido² s sharp

sota s a jack in the Spanish pack of cards

sotana s cassock

sótano s (planta, vivienda) basement; (para guardar trastos, vino) cellar

sotavento a sotavento to leeward

soterrado, -a adj (oculto – crítica, amenaza) veiled

sotobosque s undergrowth

souvenir s souvenir

soya s soy

spam s spam

sport adj casual: *una camisa sport* a casual shirt • **estar (vestido -a) de sport** to be casually dressed

spot s spot (publicitario) commercial

spray s **1** (aerosol) spray • **un desodorante en spray** a spray deodorant **2** (para el pelo) hairspray

sprint s sprint

sprintar v [I] to sprint

squash s squash • **jugar (al) squash** to play squash

Sr. (abrev de **señor**) Mr. ▶ **SEÑOR**

Sra. (abrev de **señora**) Mrs., Ms. ▶ **SEÑORA**

Sri Lanka Sri Lanka

Srta. (abrev de **señorita**) Miss, Ms. ▶ **SEÑORITA**

stand s stand

standing *s* status, standing • **de alto standing** (viviendas) luxury [solo ante *s*]; (empresas, clientes) prestigious: *viviendas de alto standing* luxury housing • *un establecimiento de alto standing* a highly-regarded establishment

stop *s* stop sign

striptease *s* striptease

su *adj*

> 1 de él
> 2 de ella
> 3 de ellos, ellas
> 4 de usted, ustedes
> 5 de una cosa, un animal
> 6 de alguien indefinido
> 7 para enfatizar

1 DE ÉL his: *Me prestó sus libros.* He lent me his books.
2 DE ELLA her: *Está en su escritorio.* It's on her desk.
3 DE ELLOS, ELLAS their: *Ese es su gato.* That's their cat. • *los problemas y sus soluciones* problems and their solutions
4 DE USTED, USTEDES your: *¿Dónde están sus maletas?* Where are your suitcases?
5 DE UNA COSA, UN ANIMAL its; (de un mascota) his, her: *el banco y sus clientes* the bank and its customers • *una gata con sus gatitos* a cat with her kittens
6 DE ALGUIEN INDEFINIDO their: *Que cada uno lleve sus cosas.* Each person should take their own things.
7 PARA ENFATIZAR *Tendrá sus setenta años.* He must be at least seventy.

suave *adj* **1** (al tacto) soft: *Tiene la piel suave.* She has soft skin. **2** (comidas, bebidas – no picante) mild; (vino, licor) smooth; (no duro – carne) tender; (pan) soft **3** (música) soft **4** (voz – dulce, delicada) gentle; (no fuerte) soft **5** (clima, temperatura) mild **6** (brisa) gentle **7** (movimiento, gesto) smooth, gentle **8** (calmante) mild
EXPRESIONES
¡suave! (expresando agrado, conformidad) cool!

suavidad *s* **1** (de la piel, de una tela) softness **2** (de una voz) softness, gentleness **3** (del clima, la temperatura) mildness **4** (de un movimiento, un gesto) smoothness, gentleness

suavizante *s* **1** (para la ropa) fabric softener, fabric conditioner **2** (para el pelo) conditioner

suavizar *v* [T] **1** (las manos, la piel) to soften **2** (el pelo) to condition **3** (la ropa) to make soft: *productos para suavizar la ropa* products to make your clothes feel soft **4** (un color) to tone down **5** (una sanción, una postura) to soften

suazi¹ *s* (persona) Swazi

suazi² *s* (idioma) Swazi

suazi³ *adj* Swazi

Suazilandia Swaziland

suba *s* (aumento) increase, rise

subacuático, -a *adj* underwater: *mundo subacuático* underwater world

subalterno, -a *s* **1** (subordinado) subordinate **2** (empleado no cualificado) unqualified worker

subasta *s* **1** (venta pública) auction • **sacar algo a subasta** to put sth up for auction • **salir a subasta** to come up for auction **2** (de una obra, un servicio) invitation to tender • **sacar algo a subasta** to put sth out to tender

subastar *v* [T] **1** (un cuadro, una antigüedad) to auction **2** (un contrato, una obra) to put out to tender

subcampeón, -ona *s* runner-up (pl runners-up): *Salimos subcampeones.* We were runners-up.

subconjunto *s* (en matemáticas) subset

subconsciente *s*, *adj* subconscious

subcontratar *v* [T] to subcontract

subcutáneo, -a *adj* subcutaneous

subdesarrollado, -a *adj* (país) underdeveloped

subdesarrollo *s* underdevelopment

subdirector, -a *s* **1** (de una empresa) deputy director **2** (de un periódico, una revista) deputy editor

súbdito, -a *s* subject

subdividir *v* [T] to subdivide • **subdividir algo en algo** to subdivide sth into sth
—**subdividirse** *v pron* to be subdivided • **subdividirse en algo** to be subdivided into sth

subempleado, -a *adj* underemployed

subespecie *s* subspecies [+v en sing]

subestimar *v* [T] to underestimate

sube y baja (tb **subibaja**) *s* seesaw, teeter-totter

subida *s* **1** (pendiente) slope: *una subida pronunciada* a steep slope • **en subida** uphill: *El camino iba en subida.* The path went uphill. **2** (de una montaña) ascent: *La subida fue difícil.* It was a difficult ascent. **3** (aumento) increase, rise: *la subida de la gasolina* the increase in the price of gas

subido, -a *adj* (color) deep
EXPRESIONES
subido -a de tono (chiste) risqué

subidón *s* rush • **me/le dio un subidón** I/he got a real rush

subir *v*

> 1 ir hacia arriba
> 2 a un vehículo
> 3 precios, fiebre, temperaturas
> 4 radio, música, voz
> 5 engordar
> 6 llevar arriba
> 7 aumentar
> 8 a internet

1 IR HACIA ARRIBA [I,T] to go up; (venir hacia arriba) to come up: *Subió a dormir.* He went up to bed. • *Sube, que estoy en mi cuarto.* Come up, I'm in my room. • **subir las escaleras** to go up the stairs • **me/le cuesta subir las escaleras** I have/she has difficulty getting up stairs • **subir por las escaleras** to walk up the stairs: *Subimos los cinco pisos por las escaleras.* We walked up the five floors. • **subir una cuesta/montaña** to climb a hill/mountain
2 A UN VEHÍCULO [I] **subir (a un tren/a un bus)** to get on (a train/a bus) • **subir (a un carro/un taxi)** to get in (a car/a taxi) • **subir a un caballo/una bicicleta** to get on a horse/a bicycle
3 PRECIOS, FIEBRE, TEMPERATURAS [I] to go up: *Ha subido la leche.* Milk has gone up. • *Le subió la fiebre.* His fever went up.
4 RADIO, MÚSICA, VOZ [T] **subirle a la radio/la música, subir la radio/la música** to turn the radio/music up • **subirle la voz a alguien** to raise your voice to sb
5 ENGORDAR [I,T] **subir de peso** to put on weight • **subir un kilo/medio kilo** to put on a kilo/half a kilo
6 LLEVAR ARRIBA [T] **subir algo a/la la habitación** to take sth up to the attic/to your bedroom
7 AUMENTAR [T] **subir los precios** to put your prices up • **subirle el sueldo a alguien** to give sb a raise: *Me subieron el sueldo.* I got a raise.
8 A INTERNET [T] **subir algo (a un sitio)** to upload sth (to a site): *Puedes subir fotos a tu sitio.* You can upload photos to your website.
—**subirse** *v pron*
1 TREPAR **subirse a una mesa/a un muro** to get up onto a table/a wall: *Se subió a la silla.* He got up onto the chair. • **subirse a un árbol/a un tejado** to climb a tree/onto a roof
2 A UN VEHÍCULO **subirse (a un tren/a un bus)** to get on (a train/a bus): *Se subió en Plaza Garibaldi.* He got

on at Plaza Garibaldi. • **subirse (a un carro/un taxi)** to get in (a car/a taxi) • **subirse a un caballo/una bicicleta** to get on a horse/a bicycle

3 LOS CALCETINES, EL PANTALÓN to pull up

4 UN CIERRE to do up

súbito, -a *adj* sudden • **de súbito** suddenly, all of a sudden

subjetividad *s* subjectivity

subjetivo, -a *adj* subjective

subjuntivo *s* subjunctive

sublevarse *v pron* to rebel • **sublevarse contra alguien** to rebel against sb

sublime *adj* sublime

subliminal *adj* subliminal

submarinismo *s* scuba diving • **hacer submarinismo** to go scuba diving

submarinista *s* **1** (deportista) scuba diver **2** (tripulante de submarino) submariner

submarino[1], -a *adj* (paisaje, corriente) underwater: *el mundo submarino* the underwater world ► CAZA **submarina**

submarino[2] *s* submarine

submundo *s* underworld • **el submundo de la droga/prostitución** the drugs/prostitution underworld

subnormal[1] *adj* (como insulto) moronic

subnormal[2] *s* (como insulto) moron

suboficial *adj* non-commissioned officer

subordinación *s* subordination

subordinado[1], -a *adj* **1** (personal) junior, subordinate (*más frml*) **2** (en gramática) subordinate

subordinado[2], -a *s* subordinate

subproducto *s* **1** (de un proceso industrial) by-product **2** (literario, cinematográfico, televisivo) spin-off

subrayar *v* [T] **1** (con una línea) to underline **2** (enfatizar) to emphasize

subsanar *v* [T] **1** (un error) to correct, to rectify (*más frml*) **2** (una falla) to put right, to rectify (*más frml*) **3** (un problema) to remedy **4** (un daño, un desperfecto) to repair

subsecretario, -a *s* undersecretary

subsidio *s* subsidy (pl -dies)
subsidio de desempleo unemployment compensation

subsistencia *s* **1** (hecho de subsistir) subsistence **2 subsistencias** [pl] essentials

subsistir *v* [I] **1** (mantener la vida) to survive **2** (seguir existiendo) *El problema subsiste.* The problem still exists. • *viejas costumbres que todavía subsisten* old customs that still survive

subsuelo *s* subsoil

subterfugio *s* subterfuge

subterráneo, -a *adj* underground, subterranean (*más frml*)

subtitulado, -a *adj* with subtitles, subtitled

subtítulo *s* **1** (de una película) subtitle **2** (en un texto) subheading

subtropical *adj* subtropical

suburbano, -a *adj* suburban

suburbio *s* **1** (barrio) area, suburb **2** (barrio pobre) poor area, poor neighborhood **3 suburbios** [pl] **los suburbios** the outskirts • **en los suburbios de Caracas/Nueva York** on the outskirts of Caracas/New York

subvención *s* subsidy (pl -dies)

subvencionar *v* [T] to subsidize

subversivo, -a *adj* subversive

subyacente *adj* underlying

succionar *v* [T] **1** (chupar) to suck **2** (el agua, el aire) to suck up

sucedáneo *s* substitute

suceder *v* **1** [I] (ocurrir) to happen: *Que no vuelva a suceder.* Don't let it happen again. • *No te preocupes, suele suceder.* Don't worry, these things happen. • **¿qué sucede?** what's going on? • **¿qué te/le sucede?** what's the matter with you/him? • **suceda lo que suceda** come what may **2** [T] (en un puesto, un cargo) **suceder a alguien (en algo)** to succeed sb (in sth): *Lo sucedió en el cargo.* She succeeded him in the post. **3** [T] (ir a continuación de) **suceder a algo** to follow sth

sucesión *s* **1** (serie) succession: *una sucesión de imágenes* a succession of images **2** (a un trono, a un cargo) succession **3** (herencia) estate **4** (descendencia) heirs [pl] • **morir sin sucesión** to die without issue (*técn*)

sucesivamente *adv* **y así sucesivamente** and so on

sucesivo, -a *adj* (generaciones, victorias) successive • **dos meses/años sucesivos** two months/years in a row

EXPRESIONES
en lo sucesivo in future, from now on

suceso *s* **1** (acontecimiento) event: *un trágico suceso* a tragic event **2** (delito) crime; (accidente) incident **3 sucesos** [pl] (en un periódico) accident and crime reports

sucesor, -a *s* successor

suciedad *s* dirt

sucio[1], -a *adj* **1** (no limpio) dirty: *Tienes las manos sucias.* Your hands are dirty. **2** (fácil de ensuciar) *Las camisas blancas son muy sucias.* White shirts really show the dirt. **3** (color) dusty • **un rosa/blanco sucio** a dusty pink/an off-white **4** (deshonesto) **negocios sucios** shady business **5** (obsceno) foul, dirty: *Usa un lenguaje muy sucio.* He uses really foul language. ► JUEGO **sucio**

EXPRESIONES
en sucio in rough

sucio[2] *adv* **jugar sucio** to play dirty

suculento, -a *adj* **1** (sabroso) tasty, succulent (*más frml*) **2** (sustancioso) juicy: *un contrato suculento* a juicy contract **3** (muy interesante) juicy: *una noticia suculenta* a juicy piece of news

sucumbir *v* [I] **1** (ceder, rendirse) to succumb • **sucumbir a un ataque** to succumb to an attack • **sucumbir a/ante la tentación** to succumb to temptation • **sucumbir a/ante los encantos de alguien** to succumb to sb's charms **2** (morir) to perish

sucursal *s* branch (pl -ches)

sudadera *s* **1** (equipo deportivo) sweatsuit **2** (suéter) sweatshirt

Sudáfrica South Africa

sudafricano, -a *s, adj* South African

Sudamérica South America

sudamericano, -a *adj, s* South American • **los sudamericanos** South Americans, the South Americans

Sudán Sudan

sudanés[1], -esa *s* Sudanese man/woman • **los sudaneses** the Sudanese

sudanés[2], -esa *adj* Sudanese

sudar *v* **1** [I] (transpirar) to sweat: *Le sudaban las manos.* His hands were sweating. **2** [T] (empapar) *Ha sudado las sábanas con tanta fiebre.* His sheets are drenched in sweat because he has such a fever. **3** [I] (esforzarse) to work your guts out: *He sudado para aprobar las matemáticas.* I worked my guts out to pass mathematics. ► **sudar la** CAMISETA, **sudar la** GOTA **gorda**, **sudar** SANGRE

EXPRESIONES
me/se la suda I/he couldn't give a damn • **sudar a chorros/mares** to be dripping in sweat

sudeste[1] *s* southeast

sudeste² *adj* southeast, southeastern

sudoeste¹ *s* southwest

sudoeste² *adj* southwest, southwestern

sudor *s* sweat: *Llegó bañado en sudor.* He arrived bathed in sweat.
EXPRESIONES
me/le entra sudor frío (al pensar en algo) I go/she goes into a cold sweat (thinking about sth)
sudor frío cold sweat

sudoroso, -a *adj* sweaty

Suecia Sweden

sueco¹, -a *adj* Swedish

sueco², -a *s* Swede • **los suecos** Swedes, the Swedes

sueco³ *s* (idioma) Swedish

suegro, -a *s* **suegro** father-in-law (pl fathers-in-law) • **suegra** mother-in-law (pl mothers-in-law) • **suegros** (suegro y suegra) in-laws, mother- and father-in-law: *Vive con sus suegros.* She lives with her in-laws.

suela *s* (de un zapato) sole: *mocasines con suela de caucho* moccasins with rubber soles/rubber-soled moccasins
EXPRESIONES
no llegarle a alguien ni a la suela del zapato not to be a patch on sb

sueldo *s* (mensual) salary (pl -ries); (semanal) wages [pl]
EXPRESIONES
a sueldo *Es un asesino a sueldo.* He's a contract killer. • **estar/trabajar a sueldo** to be an employee

suelo *s* **1** **el suelo** (de una habitación) the floor; (en el exterior) the ground: *No dejen todo tirado por el suelo.* Don't leave everything lying around on the floor. **2** (de un país) soil: *en suelo italiano* on Italian soil **3** (de la corteza terrestre) soil: *suelo calizo* limy soil
EXPRESIONES
tienen al ánimo/la moral por los suelos they're feeling really down/their morale is at rock bottom

⚠ *people sitting on the ground (✗ floor) outside the school gates*

suelto¹, -a *adj*

1	pelo
2	libre, no encerrado
3	ropa
4	dinero
5	no sujeto
6	no empaquetado

1 **PELO** **llevar el pelo suelto** to wear your hair down: *Le queda mejor el pelo suelto.* She looks better with her hair down.
2 **LIBRE, NO ENCERRADO** **andar suelto -a** to be on the loose: *Estos delincuentes andan sueltos.* These criminals are on the loose. • **estar suelto -a** (perro) to be loose, to be off the leash
3 **ROPA** loose-fitting: *un vestido suelto* a loose-fitting dress
4 **DINERO** *¿Llevas dinero suelto?* Do you have any loose change?
5 **NO SUJETO** loose: *unas hojas sueltas* some loose sheets of paper
6 **NO EMPAQUETADO** in bulk • **vender algo suelto** to sell sth in bulk: *¿Tiene aceitunas sueltas?* Do you sell olives loose?
EXPRESIONES
estar/andar suelto -a (del estómago) to have an upset stomach

suelto² *s* change, loose change

sueño *s* **1** (ganas de dormir) **tener sueño** to be sleepy: *Tengo mucho sueño.* I'm very sleepy. • **me/te da sueño** it makes me/you sleepy: *Ver la tele me da sueño.* Watching TV makes me sleepy. • **conciliar el sueño** to get to sleep **2** (lo que se sueña) dream: *Tuve un sueño muy raro.* I had a very strange dream. **3** (deseo, ilusión) dream: *un sueño hecho realidad* a dream come true

EXPRESIONES
echarse un sueño/sueñito to have a nap • **en sueños** in a dream • **estar muerto/caerse de sueño** to be asleep on your feet • **oír algo/hablar entre sueños** to hear sth/talk in your sleep • **quitarle el sueño a alguien (a)** (impedir dormir) to keep sb awake: *El té me quita el sueño.* Tea keeps me awake. **(b)** (preocupar) *Sus amenazas no me quitan el sueño.* I'm not losing any sleep over his threats. • **tener el sueño atrasado** to need to catch up on sleep • **tener el sueño ligero/pesado** to be a light/heavy sleeper
sueño dorado life's dream • **sueño húmedo** wet dream

suero *s* **1** (de la sangre) serum **2** (de la leche) whey **3** (solución salina) drip, saline solution (*técn*) **4** (para inmunizar) serum
suero fisiológico saline solution

suerte¹ *s* **1** (fortuna) luck: *Es cuestión de suerte.* It's a question of luck. • **tener suerte/no tener suerte** to be lucky/to be unlucky: *Tuve mucha suerte.* I was very lucky. • **tener buena/mala suerte** to be lucky/unlucky • **tener la suerte de...** to be lucky enough to...: *Tuvo la suerte de conocerle.* She was lucky enough to meet him. • **desearle suerte a alguien** to wish sb luck: *Deséame suerte para mañana.* Wish me luck for tomorrow. • **traer suerte** to bring good luck **2** (destino) fate
EXPRESIONES
con suerte with any luck • **echar algo a suerte(s)** to draw lots for sth • **por suerte** luckily, fortunately (*más frml*): *Por suerte no se dio cuenta.* Luckily, she didn't realize. • **probar suerte** to try your luck: *¿Quieres probar suerte?* Do you want to try your luck? • **ser una suerte** to be lucky: *Fue una suerte que no vinieras.* It was lucky you didn't come. • **¡qué mala suerte!** what bad luck! • **¡qué suerte que...! (a)** (qué buena suerte) it was lucky...: *¡Qué suerte que lo encontraras!* It was lucky you found it. **(b)** (menos mal) it's a good thing...: *¡Qué suerte que me avisaste!* It's a good thing you told me!

suerte² *interj* good luck

suertudo¹, -a *adj* lucky

suertudo², -a *s* lucky person

suéter *s* **1** (cerrado) sweater **2** (abierto, con botones) cardigan

suficiente *adj, pron* enough: *Hay suficiente comida.* There's enough food. • *Es suficiente, gracias.* That's enough, thanks. • *No compres más, tenemos suficientes.* Don't buy any more, we have enough.

suficientemente *adv* enough, sufficiently • **es lo suficientemente grande/fácil/fuerte** it's big/easy/strong enough

sufijo *s* suffix (pl -xes)

sufragar *v* [T] (pagar) to meet the cost of

sufragio *s* **1** (sistema) suffrage **2** (voto) vote
sufragio universal universal suffrage

sufrido, -a *adj* **1** (persona) long-suffering **2** (color) *El marrón es un color muy sufrido.* Brown doesn't show the dirt. **3** (victoria) hard-earned

sufrimiento *s* suffering

sufrir *v* **1** [I] (padecer) to suffer: *La hizo sufrir.* He made her suffer. **2** [I] **sufrir del corazón/estómago** to have heart trouble/problems with your stomach **3** [T] (tener, padecer) **sufrir un accidente/un ataque al corazón** to have an accident/a heart attack **4** [T] (tolerar) to bear **5** [T] (una derrota) to suffer **6** [T] (cambios) to undergo

⚠ Con el sentido de "aguantar", "sufrir" no suele traducirse por "suffer":
The education system is not very good, but we have to put up with it (✗ suffer it).
I've always done the cooking, but I can't stand it (✗ suffer it) any longer.

sugerencia *s* suggestion • **hacer una sugerencia** to make a suggestion: *¿Puedo hacer una sugerencia?* Can I make a suggestion?

S

sugerente *adj* **1** (texto, título, cuadro) evocative **2** (sonrisa, mirada) suggestive; (vestido) revealing

sugerir *v* [T] **sugerirle algo a alguien** to suggest sth to sb: *Hizo lo que le sugerí.* He did what I suggested. • **sugerir que…** *Sugiero que sigamos mañana.* I suggest we continue tomorrow. • *Sugirió que esperáramos un par de días.* He suggested we wait a few days. • **sugerirle a alguien que haga algo** *Te sugiero que se lo preguntes.* I suggest you ask him. • *Me sugirió que le cambiara el título.* He suggested I change the title. ▸ ver nota en PROPONER

sugestión *s* suggestion • **tener mucho/un gran poder de sugestión** to have great powers of suggestion

sugestionado, -a *adj* **está sugestionado -a con que…** he's got it into his head/she's got it into her head that…: *Está sugestionada con que es un mal presagio.* She's gotten it into her head that it's a bad omen.

sugestionar *v* [T] **sugestionar a alguien** to put ideas into sb's head
—**sugestionarse** *v pron* to get an idea in your head

suiche *s* switch (plural -ches)

suicida¹ *adj* **1** (terrorista, atentado) suicide [solo ante s]: *un piloto suicida* a suicide pilot **2** (conducta, ideas) suicidal

suicida² *s El psiquiatra la trató como a una suicida.* The psychiatrist treated her as a potential suicide case. • *los suicidas* people who commit suicide

suicidarse *v pron* to commit suicide

suicidio *s* suicide

suite *s* **1** (en un hotel) suite **2** (composición musical) suite **3** (en informática) suite
suite nupcial bridal suite

Suiza Switzerland

suizo¹, -a *adj* Swiss

suizo², -a *s* Swiss man/woman • **los suizos** the Swiss

sujetar *v* [T] **1** (agarrar) to hold: *Sujeta esto.* Hold this. • *Sujétalo bien.* Hold it tight. **2** (asegurar) to hold in place; (con alfileres, chinches) to pin; (con un clip) to clip together; (con tornillos) to screw: *las correas que sujetan la carga* the straps that hold the load in place • *Sujeta los papeles con un clip.* Clip the papers together. • *Lo sujetó con alfileres.* He pinned it in place. • *Se sujeta a la pared con tornillos.* It is screwed to the wall. • **sujetar algo a algo** to fasten sth to sth
—**sujetarse** *v pron* **1** (agarrarse) to hold on: *Sujétate fuerte.* Hold on tight. **2** (el pelo) *Se sujetó el pelo con una goma.* She tied her hair with a rubber band. • *Sujétate el flequillo con un clip.* Clip your bangs back.

sujeto¹, -a *adj* **1** (seguro) secure: *Quedó bien sujeto.* It was very secure. **2** (fijo) fastened • **sujeto -a a la pared con chinches/tornillos** pinned/screwed to the wall **3** (sometido) **estar sujeto -a a cambios/subidas** to be subject to change/price increases

sujeto² *s* **1** (individuo) individual **2** (en gramática) subject
sujeto pasivo taxpayer

sulfato *s* sulfate

sulfúrico, -a *adj* sulfuric ▸ ÁCIDO **sulfúrico**

sultán, -ana *s* **sultán** sultan • **sultana** sultana

suma *s* **1** (cálculo) addition: *Esta suma está mal.* This addition isn't right. • *Haz la suma con la calculadora.* Add it up on your calculator. **2 suma (de dinero)** sum (of money), amount (of money): *sumas inferiores a los mil pesos* sums of less than a thousand pesos

en suma in short

sumamente *adv* extremely

sumar *v* **1** [I,T] (hacer una suma) to add: *Está aprendiendo a sumar.* He's learning to add. • **sumar dos más dos/54 más 32** to add two and two/54 and 32 **2** [T] (dar un total de) to add up to: *Los gastos suman más de 500 dólares.* The costs add up to more than 500 dollars.
—**sumarse** *v pron* **sumarse a algo/a alguien** to join sth/sb

sumario *s* **1** (en derecho) preliminary investigation • **instruir un sumario** to carry out a preliminary investigation **2** (de una revista, un libro) contents [pl]

sumergible *adj* (reloj, cámara) waterproof

sumergir *v* [T] to immerse
—**sumergirse** *v pron* to submerge

sumidero *s* drain

suministrar *v* [T] to supply • **suministrarle algo a alguien** to supply sb with sth: *No nos suministraron toda la información.* They didn't supply us with all the information.

suministro *s* **1** supply: *Han restablecido el suministro eléctrico.* They have restored the electricity supply. **2 suministros** [pl] supplies

sumir *v* [T] **sumir a alguien en la tristeza/la depresión/la pobreza** to plunge sb into sadness/depression/poverty
—**sumirse** *v pron* **sumirse en la tristeza/la depresión** to be plunged into sadness/depression

sumisión *s* **1** (acción) submission **2** (actitud) submissiveness

sumiso, -a *adj* submissive

sumo¹, -a *adj* **1** (muy grande) great: *de suma importancia* of great importance **2** (supremo) supreme: *la suma autoridad* the highest authority
a lo sumo at most
el Sumo Pontífice the Supreme Pontiff • **sumo sacerdote** high priest

sumo² *s* (deporte) sumo wrestling

suntuoso, -a *adj* magnificent

supeditar *v* [T] **supeditar algo a algo** to make sth subject to sth: *Supeditan su apoyo económico al fin de la violencia.* Their economic aid is subject to an end to the violence.
—**supeditarse** *v pron* **supeditarse a algo** to be bound by sth: *No quiere supeditarse a un horario.* He doesn't want to be bound by a timetable.

súper¹ *s* supermarket

súper² *adv* really: *Estoy súper contento.* I'm really happy.

superación *s* **1** (de un problema) *métodos para la superación de un complejo de inferioridad* methods for overcoming an inferiority complex **2 la superación de una prueba/una meta** passing a test/achieving a target
superación personal personal improvement

superar *v* [T] **1** (un problema, un complejo) to get over, to overcome (*más frml*): *un trauma difícil de superar* a trauma that's difficult to get over **2** (exceder) to exceed: *temperaturas que superaron los 40 grados* temperatures which exceeded 40 degrees **3** (ganar a) to beat: *Superó a su rival.* He beat his rival.
—**superarse** *v pron* (progresar) to better yourself: *Estudia para superarse.* She is studying to better herself.

superávit *s* surplus

superdotado, -a *adj, s* gifted: *clases para superdotados* classes for gifted children • **ser un superdotado/una superdotada para algo** to be gifted at sth

superficial *adj* **1** (frívolo) superficial **2** (herida, corte) superficial

superficie *s* **1** (del mar, de una mesa) surface • **salir a la superficie** (buzo, problemas) to come to the surface **2** (área) area

superfluo, -a *adj* (gastos) unnecessary; (detalles) superfluous

superior[1] *adj* **1** (mejor) **superior (a algo)** better (than sth), superior (to sth) (*más frml*): *El libro es muy superior a la película.* The book is much better than the movie. **2** (mayor, más alto) **superior (a algo)** higher (than sth): *precios superiores a los normales* higher prices than normal • *cualquier número superior a diez* any number above ten **3** (de más arriba) **el labio/la mandíbula superior** the upper lip/jaw • **la parte superior** the top, the upper part (*más frml*)

superior[2] *s* superior: *Habló con sus superiores.* He spoke to his superiors.

superioridad *s* superiority • **un aire de superioridad** an air of superiority • **un tono/una mirada de superioridad** a superior tone/look

superlativo, -a *s, adj* superlative

supermercado *s* supermarket

superpoblación *s* **1** (de un país, una zona) overpopulation **2** (de una ciudad) overcrowding

superpoblado, -a *adj* **1** (país, zona) overpopulated **2** (ciudad) overcrowded

superpotencia *s* superpower

supersónico, -a *adj* supersonic

superstición *s* superstition

supersticioso, -a *adj* superstitious

supervisar *v* [T] to supervise

supervisión *s* supervision

supervisor, -a *s* supervisor

supervivencia *s* survival

superviviente *s* survivor

suplantar *v* [T] **suplantar a alguien** (de manera fraudulenta) to pass yourself off as sb: *Fue detenido por suplantar la identidad de otro hombre.* He was arrested for passing himself off as someone else.

suplementario, -a *adj* (esfuerzo, ayuda) extra; (coste, medidas) additional

suplementero, -a *s* news vendor

suplemento *s* **1** (de un periódico, una revista) supplement **2** (de vitaminas, minerales) supplement

suplencia *s* **1 hacer una suplencia (a)** (profesor) to do substitute teaching **(b)** (médico) to substitute for a doctor **2** (en fútbol) substitution

suplente[1] *adj* (en deporte) reserve [solo ante s] • **portero/equipo suplente** reserve goalkeeper/team

suplente[2] *s* **1** (de un médico) locum **2** (de un profesor) substitute teacher **3** (de un futbolista) substitute **4** (de un actor) understudy

súplica *s* plea

suplicar *v* [T] **suplicarle a alguien que haga algo** to beg sb to do sth: *Le supliqué que me escuchara.* I begged him to listen to me. • **te lo suplico** I beg you

suplicio *s* **1** (sufrimiento físico) torture: *Hacer abdominales es un suplicio.* Doing sit-ups is torture. **2** (sufrimiento mental) nightmare: *Este ruido es un auténtico suplicio.* This noise is an absolute nightmare. **3** (en épocas pasadas – tortura) torture; (ejecución) execution

suplir *v* [T] **1** (reemplazar – en un empleo) to stand in for; (en deporte, en recetas) to replace: *Tuvo que suplir a su jefe.* He had to stand in for his boss. **2** (compensar) to make up for • **suplir algo con algo** to make up for sth with sth: *Suple su falta de inteligencia con astucia.* He makes up for his lack of intelligence with cunning.

suponer *v* [T] **1** (imaginar) to suppose: *Supongo que ya te lo habrá dicho.* I suppose he's already told you. • **supongo que sí** I suppose so • **supongo que no** I suppose not, I don't suppose so • **Ya lo suponía.** I thought as much. • **se supone que viene a las cuatro/que empieza mañana** he's supposed to come at four/to start tomorrow • **como es/era de suponer** as you might expect/as might be expected • **nada hacía suponer que...** there was nothing to suggest that... • **supón/**

supongamos que... suppose...: *Supón que te quedes sin empleo.* Suppose you lost your job. **2** (implicar) to mean, to involve: *Supone mucho trabajo extra.* It means a lot of extra work.

> ⚠ Con el sentido de "implicar", "suponer" no suele traducirse por *suppose*:
> *Marie, what does it mean* (✗ *suppose*) *to be a woman?*
> *This involves* (✗ *supposes*) *a huge increase in costs.*

suposición *s* supposition

supositorio *s* suppository (pl -ries)

supremacía *s* supremacy

supremo, -a *adj* supreme

supresión *s* **1** (en un texto) deletion **2** (de gastos) cuts [pl]: *El informe recomienda la supresión de gastos.* The report recommends cuts in spending. **3** (de impuestos, leyes) abolition **4** (de empleos) axing **5** (de obstáculos) removal

suprimir *v* [T] **1** (un párrafo, una palabra) to delete **2** (gastos) to cut **3** (impuestos, leyes) to abolish **4** (empleos) to ax **5** (obstáculos) to remove

supuesto, -a *adj* (presunto) alleged: *el supuesto asesino* the alleged murderer

> **EXPRESIONES**
> **en el supuesto caso de que no venga/de que se pierda** supposing he doesn't come/he gets lost • **por supuesto** of course: *–¿Me ayudas? –Por supuesto.* "Can you help me?" "Of course." • *Por supuesto que voy.* Of course I'm going. • **por supuesto que no** of course not • **por supuesto que sí** of course: *–¿Vendrás a la fiesta? –Por supuesto que sí.* "Are you coming to the party?" "Of course I am." • **dar algo por supuesto** to take sth for granted

supurar *v* [I] to weep, to suppurate (*más frml*)

sur[1] *s* south, South • **en el sur** in the south • **en el sur de Chile/del país** in the south of Chile/the country • **al sur de Monterrey** to the south of Monterrey • **del sur** *la costa del sur* the south coast • **un viento del sur** a southerly wind

sur[2] *adj* (costa) south [solo ante s]; (zona, región) southern; (viento, dirección) southerly: *la costa sur* the south coast

Suráfrica ▶ SUDÁFRICA

surafricano *s, adj* **▶ SUDAFRICANO**

Suramérica ▶ SUDAMÉRICA

suramericano *adj, s* **▶ SUDAMERICANO**

surcoreano, -a *adj* South Korean • **los surcoreanos** the South Koreans

surcoreano, -a *s* South Korean man/woman

sureste[1] *s* southeast

sureste[2] *adj* southeast [solo ante s], southeastern: *la costa sureste* the southeast coast

surf, surfing *s* surfing: *Es campeón de surf.* He's a surfing champion. • **hacer surf** to surf • **ir a hacer surf** to go surfing

surfear *v* [I,T] **1** to surf • **ir a surfear** to go surfing **2 surfear (por) la red** to surf the Net

surfista (tb **surfer**) *s* surfer

surgir *v* [I] **1** (problema, tema) to come up, to arise (*más frml*): *Ha surgido un problema.* A problem has come up. **2 surgir de algo** to come from sth: *¿De dónde surgió la idea?* Where did the idea come from?

Surinam Suriname

surinamés[1], -**esa** *s* **surinamés** Surinamese man • **surinamesa** Surinamese woman • **los surinameses** the Surinamese

surinamés[2], -**esa** *adj* Surinamese

suroeste[1] *s* southwest

suroeste[2] *adj* southwest [solo ante s], southwestern: *la costa suroeste* the southwest coast

suroriente *s* ▶ SURESTE

surrealismo *s* surrealism

surrealista[1] *adj* **1** (artista, pintura, literatura) surrealist **2** (situación, conversación) surreal

surrealista[2] *s* surrealist

surtido[1], -a *adj* **1** (variado) assorted: *bombones surtidos* assorted chocolates **2** (abastecido) **una librería/una juguetería bien surtida** a well-stocked bookstore/toy store

surtido[2] *s* selection: *Tienen un gran surtido de raquetas.* They have a wide selection of rackets.

surtidor *s* **1** (de gasolina) gas pump **2** (de una fuente) jet

surtir *v* [T] (proveer) to supply • **surtir de algo a alguien** to supply sb with sth ▶ **surtir** EFECTO

susceptibilidad *s* **susceptibilidad a algo** susceptibility to sth

susceptible *adj* touchy: *No seas tan susceptible.* Don't be so touchy.

suscitar *v* [T] (polémica, críticas) to cause, to spark off; (interés) to spark; (sospechas) to arouse; (dudas, esperanzas) to raise: *medidas que ya han suscitado críticas* measures which have already sparked off criticism

suscribirse *verb pron* to subscribe • **suscribirse a una revista/una lista de correo** to subscribe to a magazine/a mailing list

suscripción *s* subscription • **una suscripción a algo** a subscription to sth • **contratar/cancelar una suscripción** to take out/cancel a subscription

suscriptor, -a *s* subscriber

susodicho, -a *adj* above-mentioned

suspender *v* **1** [T] (cancelar) to suspend: *Hubo que suspender el partido.* The game had to be suspended. **2** [T] (aplazar – un viaje, un concierto) to postpone **3** [T] (a un empleado, un jugador) to suspend: *Lo suspendieron por quince días.* He was suspended for two weeks. **4** [T] (colgar) to hang: *una cuerda suspendida de dos ganchos* a string hanging from two hooks **5** [I,T] (un examen, una asignatura) to fail • **me suspendieron en francés/lo suspendieron en historia** I failed French/he failed history

suspensión *s* **1** (de un viaje, un concierto, un partido – cancelación) cancellation; (detención provisional) suspension; (aplazamiento) postponement **2** (de una sanción, una condena) suspension **3** (de un servicio, un tratamiento) suspension **4** (de un jugador, un empleado) suspension **5** (en un vehículo) suspension **6** (mezcla) suspension • **en suspensión** in suspension

suspensión de pagos temporary receivership • suspensión delantera front suspension • suspensión trasera rear suspension

suspenso *s* **1** (expectación) suspense • **mantener el suspenso** to hold the suspense • **dejar a alguien en suspenso** to leave sb in suspense **2** (en examen) fail • **poner un suspenso a alguien** to fail sb • **sacar un suspenso** to fail ▶ PELÍCULA de suspenso

suspensores *s* [pl] (para pantalones) suspenders

suspicaz *adj* distrustful

suspirar *v* [I] **1** (dar suspiros) to sigh **2** (desear) **suspirar por algo/alguien** to long for sth/sb

suspiro *s* sigh: *un suspiro de alivio* a sigh of relief

sustancia *s* **1** (materia) substance **2** (valor nutritivo) nourishment **3** (de una novela, un discurso, un comentario) substance

sustancial *adj* substantial

sustancioso, -a *adj* **1** (alimento, plato) nourishing **2** (ventaja, aumento, ganancias) substantial

sustantivo *s* noun

sustentabilidad *s* sustainability

sustentar *v* [T] (una tesis, una teoría) to support, to sustain (*más frml*)

sustitución *s* **1** (provisional) substitution • **en sustitución de algo/alguien** as a substitute for sth/sb: *Entró en sustitución de López.* He came on as a substitute for López. **2** (permanente) replacement

sustituir *v* [T] **1** (una cosa) to replace: *Y el DVD después será sustituido por otra cosa.* And later DVDs will be replaced by something else. • **sustituir la mantequilla por aceite/el azúcar por miel** to substitute oil for the butter/honey for the sugar **2** (a una persona – provisionalmente) to stand in for sb; (permanentemente) to replace: *Lucas va a sustituir a Diego.* Lucas will stand in for Diego. • *Ella lo va a sustituir cuando se jubile.* She is going to replace him when he retires.

sustituto[1], -a *adj* (madre, familia) foster

sustituto[2], -a *s* (provisional) substitute; (permanente) replacement

susto *s* fright • **darle un susto a alguien** to frighten sb: *Me has dado un susto tremendo.* You really frightened me. • **darse/llevarse un susto** to feel frightened: *¡Qué susto me di!* I felt really frightened!

EXPRESIONES

caerse/morirse del susto to get the fright of your life • **no ganar para sustos** *Este año no ganamos para sustos.* It's just one thing after another this year.

susurrar *v* [I, T] to whisper: *Le susurró algo al oído.* He whispered something in her ear.

susurro *s* whisper

sutil *adj* subtle

sutileza *s* subtlety

sutura *s* suture

suyo[1], -a *adj* (de él) his; (de ella) hers; (de usted, de ustedes) yours; (de ellos, de ellas) theirs: *Señor López, esto es suyo.* Mr. López, this is yours. • *Blanca dice que este CD es suyo.* Blanca says this CD is hers. • **un amigo suyo/unos parientes suyos** a friend of his/some relatives of theirs

suyo[2], -a *pron* **1 el suyo/la suya (a)** (de él) his **(b)** (de ella) hers **(c)** (de usted, ustedes) yours **(d)** (de ellos, ellas) theirs: *¿Usted me podría dejar el suyo?* Could you lend me yours? • *Luis ya se ha llevado los suyos.* Luis has already taken his. **2 los suyos** (la familia) his/her/their family: *Va a cenar con los suyos.* He's having dinner with his family.

EXPRESIONES

está/están haciendo de las suyas she's up to her usual tricks/they're up to their usual tricks

Tt

T, t s T, t

tabaco s (planta, producto) tobacco
   tabaco negro, tabaco oscuro dark tobacco • tabaco rubio Virginia tobacco

tabaquismo s nicotine addiction

tabasco® s Tabasco®

taberna s bar

tabique s **1** (pared delgada) partition wall **2** (ladrillo) brick

tabla s **1** (de madera) board; (en andamios) plank; (del piso) floorboard **2** (lista, índice) table: *Escriban los datos en una tabla.* Put the data in a table. **3 tabla (de multiplicar)** times table, (multiplication) table (*más frml*) • **la tabla del dos/tres** the two times/three times table **4 tablas** [pl] (en ajedrez) **hacer tablas, quedar (en) tablas (a)** (jugadores) to tie **(b)** (partida) to end in a tie
   tabla de picar cutting board • tabla de planchar ironing board • tabla de posiciones table • tabla de salvación salvation • tabla de surf surfboard • tabla de windsurf sailboard • tabla periódica periodic table

tablado s **1** (de un teatro) stage **2** (para oradores, actos públicos) platform

tableado, -a *adj* (falda, vestido) pleated

tablero s **1** (de un juego de mesa) board **2** (tb **tablero de mandos**) (de un vehículo) dashboard; (de un avión) instrument panel **3** (de dibujo, arquitectura) drawing board **4 tablero (de anuncios)** bulletin board **5** (en un salón de clases) blackboard • **pasar/salir al tablero** to go up to the blackboard
   tablero de ajedrez chessboard

tableta s **1** (medicamento) tablet, pill **2** (en informática) tablet **3** (de chocolate) bar
   tableta gráfica graphics tablet

tablilla s (de chocolate) bar

tablón s **1** (tabla) plank **2 tablón (de anuncios)** bulletin board

tabú s, *adj* taboo

tabulador s tab, tabulator (*más frml*)

taburete s (sin respaldo) stool

TAC (abrev de **Tomografía Axial Computarizada**) CAT scan

tacañería s stinginess

tacaño, -a *adj*, s stingy: *Es un tacaño.* He's stingy.

taca-taca s baby walker

tachadura s crossing out (pl crossings out)

tachar v [T] **1** (una palabra, un nombre) to cross out: *Tachó lo que había escrito.* She crossed out what she had written. **2** (calificar) **tachar a alguien de algo** to call sb sth: *Lo tacharon de ignorante.* They called him ignorant.

tache s **1** (adorno) stud: *una chaqueta de cuero con taches* a leather jacket with studs **2** (de un zapato de fútbol) cleat **3** (en un escrito) crossing out (pl crossings out)

tacho (tb **tacho de basura**) s (en la cocina) trash can; (para la recolección de residuos) garbage can; (en un lugar público) garbage can: *Tíralo al tacho.* Throw it in the trash can.

tachón s crossing out (pl crossings out)

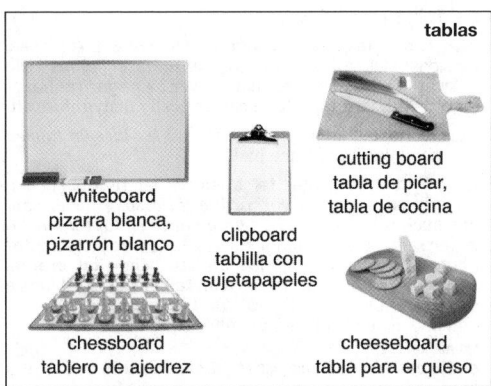

tablas

whiteboard
pizarra blanca, pizarrón blanco

clipboard
tablilla con sujetapapeles

cutting board
tabla de picar, tabla de cocina

chessboard
tablero de ajedrez

cheeseboard
tabla para el queso

tachuela s **1** (clavo) thumbtack **2** (adorno) stud

tácito, -a *adj* tacit

taciturno, -a *adj* **1** (triste) gloomy **2** (poco hablador) quiet, taciturn (*más frml*)

tacle s tackle

taclear v [I, T] to tackle

taco s **1** (ataque en fútbol) tackle • **patear la pelota de taco** to backheel the ball **2** (para tornillo) Rawl® **3** (de un zapato de fútbol) cleat **4** (de billar) cue **5** (plato mexicano) taco • **echarse un taco** to have a taco **6** (embotellamiento) **taco (de tráfico)** traffic jam **7** (tacón) heel • **zapatos/botas de taco (alto)** high-heeled shoes/boots • **zapatos/botas de taco bajo** low-heeled shoes/boots

tacón s **1** (de un zapato) heel • **zapatos/botas de tacón (alto)** high-heeled shoes/boots • **zapatos/botas de tacón bajo** low-heeled shoes/boots **2 tacones** [pl] high heels: *No sabe caminar con tacones.* She can't walk in high heels.

táctica s tactics [pl]: *Decidieron cambiar de táctica.* They decided to change tactics.

táctico, -a *adj* tactical

táctil *adj* tactile

tacto s **1** (sentido) touch: *el sentido del tacto* the sense of touch **2** (cualidad) feel: *Este material tiene un tacto muy suave.* This material has a very soft feel. • **ser suave/áspero al tacto** to be soft/rough to the touch **3** (cuidado, delicadeza) tact • **tener mucho tacto** to be very tactful • **tener poco tacto** not to be very tactful, to be really tactless: *Demostró una gran falta de tacto.* She was really tactless.

taekwondo s taekwondo

tagalo s, *adj* Tagalog

taichí, tai chi s tai chi

tailandés[1], -esa s (persona) Thai

tailandés[2] s (idioma) Thai

tailandés[3], -esa *adj* Thai

Tailandia Thailand

taimado, -a *adj* (malhumorado) sulky • **andar taimado -a** to be sulky

Taiwán, Taiwan Taiwan

taiwanés[1], -esa s **taiwanés** Taiwanese man • **taiwanesa** Taiwanese woman • **los taiwaneses** the Taiwanese

taiwanés[2], -esa *adj* Taiwanese

tajada s **1** (de carne, de melón) slice: *Cortó la sandía en tajadas.* He cut the watermelon into slices. • **cortar algo en tajadas** to cut sth into slices, to slice sth **2** (parte correspondiente) share • **sacar tajada** to get your share: *Todos quieren sacar tajada.* Everyone wants to get their share. • **quedarse con/sacar la mejor tajada** to get the biggest share

tajalápiz *s* pencil sharpener

tajante *adj* (respuesta, condena) categorical; (órdenes, medidas) strict: *Respondió con un tajante "jamás".* He answered with a categorical "never." • **negar/rechazar algo de manera tajante** to categorically deny/refuse sth

tajo *s* (corte) cut; (más profundo) gash: *Me hice un tajo en la rodilla.* I cut my knee badly.

tal¹ *adj* **1** (semejante) **tal cosa/de tal modo** such a thing/in such a way: *Nunca dije tal cosa.* I never said any such thing. • *Nunca lo había visto en tal estado.* I'd never seen him in such a state. • **tal comportamiento/ actitud** such behavior/such an attitude • **tal era mi sorpresa** I was so surprised **2 un tal Iván/una tal Laura** someone called Iván/Laura: *Te llamó un tal Gabriel.* Someone called Gabriel telephoned for you.

EXPRESIONES
en tal caso in that case • **ser tal para cual** to be two of a kind

tal² *adv* **tal (y) como me lo había imaginado/como dijo Pedro** just as I had imagined/just as Pedro said

EXPRESIONES
con tal de just as long as: *No importa cuándo, con tal de que me lo devuelvas.* I don't mind when, just as long as you return it. • **tal cual** exactly: *Lo dejé tal cual estaba.* I left it exactly as it was. • **tal vez** maybe, perhaps: *–¿Irás a la fiesta? –Tal vez.* "Are you going to the party?" "Maybe." • *Tal vez lo sepas.* Perhaps you know. • **tal vez sí** maybe • **tal vez no** maybe not

tala *s* felling

taladradora *s* (herramienta) drill

taladrar *v* [T] **1** (agujerear) to drill a hole in **2** (molestar) **taladrar los oídos** to pierce your eardrums

taladro *s* (herramienta) drill

talante *s* **1** (estado de ánimo) mood **2** (disposición) willingness • **de buen/mal talante** willingly/unwillingly **3** (carácter) nature • **de talante progresista/ conservador** of a progressive/conservative nature

talar *v* [T] (un árbol) to cut down

talco *s* **1** (polvos) talcum powder **2** (mineral) talc ▶ POLVOS DE TALCO

talega, **talego** *s* bag

talento *s* **1** (inteligencia) talent • **tener talento** to be talented **2** (para una actividad) talent • **tener talento para algo** to have a talent for sth • **tiene mucho talento como guitarrista/actor** he's a very talented guitarist/ actor • **un escritor/una cantante con talento** a talented writer/singer **3** (persona) **ser un/una talento** to be very talented: *un concurso para jóvenes talentos* a competition for young talent

talentoso, **-a** *adj* talented

talibán *adj*, *s* taliban

talismán *s* good-luck charm, talisman (*más frml*)

talla *s* **1** (de ropa, calzado) size: *¿Tiene una talla más grande?* Do you have a larger size? • **¿qué talla usa?** what size do you wear?: *¿Qué talla usa tu hermano?* What size does your brother wear? • **¿qué talla de camisa/pantalones usas?** what size shirt/pants do you wear? • **una camisa de la talla 40** a size 40 shirt **2** (estatura) height • **de mucha/poca talla** tall/short **3** (escultura) carving **4** (acción – de madera) carving; (de piedra) sculpting; (de piedras preciosas) cutting

EXPRESIONES
dar la talla to measure up: *No da la talla para el puesto.* He doesn't measure up to the job.

tallar *v* [T] **1** (madera) to carve; (piedra) to sculpt; (una piedra preciosa) to cut: *un diamante sin tallar* an uncut diamond **2** (la ropa, el piso) to scrub **3** (apretar) *Esta camisa me talla mucho.* This shirt is too tight (on me).

tallarines *s* [pl] tagliatelle [U]

talle *s* **1** (cintura) waist **2** (medida) the measurement from the neck to the waist

taller *s* **1 taller (mecánico)** (tb **taller (de reparaciones)**) garage: *Llevó el coche al taller.* He took the car to the garage. **2** (de un carpintero) workshop **3** (literario, de teatro) workshop: *un taller de teatro* a theater workshop **4** (de un pintor, escultor) studio

tallo *s* stem

talón *s* **1** (del pie) heel **2** (de un calcetín, un zapato) heel **3** (de un cheque) counterfoil

EXPRESIONES
pisarle los talones a alguien to be hot on sb's heels
talón de Aquiles Achilles' heel

talonario *s* **1 talonario (de cheques)** checkbook **2** (de entradas, recibos) book

talud *s* slope
talud continental continental slope

tamal *s* tamal

tamaño¹ *s* size: *Quiero un tamaño más grande.* I want a larger size. • *Son del mismo tamaño.* They are the same size. • **¿de qué tamaño es?** what size is it? • **de gran tamaño** large, big • **de pequeño tamaño** small • **del tamaño de una nuez/una sandía** the size of a walnut/ watermelon
tamaño carnet passport-sized: *dos fotografías tamaño carnet* two passport-sized photographs • **tamaño familiar** family-size: *un envase de tamaño familiar* a family-size pack • **tamaño natural** *una estatua de tamaño natural* a life-sized statue

tamaño², **-a** *adj* such: *Nunca diría tamaña tontería.* I'd never say such a stupid thing.

tambalearse *v pron* **1** (borracho) to stagger **2** (objeto) to wobble **3** (gobierno, economía) to totter

también *adv* too, also, as well: *Yo también estoy cansada.* I'm tired too./I'm tired as well. • *¿Juan también vino?* Did Juan come too? • *También habla francés.* She speaks French too./She also speaks French. • **yo/nosotros/ellos también** ▶ Las frases como *yo también*, *Pablo también*, etc., se traducen usando **so** seguido por un modal o auxiliar y el sujeto. Si el verbo de la oración no es modal ni auxiliar, se usa la forma correspondiente de **to do**: *Yo estoy aburrida y Gabriel también.* I'm bored and so is Gabriel. • *–Tengo hambre. –Yo también.* "I'm hungry." "Me too./So am I." • *–Carmen sabe nadar. –Yo también.* "Carmen can swim." "So can I." • *–Ellos jugaron muy bien. –¡Nosotros también!* "They played very well." "So did we!"

EXPRESIONES
y también... no wonder...: *Y también, con lo que le dijiste...* No wonder, after what you said to him...

¿also, too o as well?
as well es la más formal de las tres y la que suele usarse en lenguaje escrito.
too y **also** son más comunes que **as well** en el lenguaje informal y oral.
También se diferencian por su posición: **too** y **as well** no se usan al inicio de la oración, mientras que **also** no suele ir al final.

tambor *s* **1** (instrumento) drum: *Toca el tambor.* He plays the drum. **2** (de una lavadora) drum **3** (de un arma) cylinder

tamiz *s* **1** (cedazo) sieve • **pasar algo por el tamiz** to sieve sth **2** (selección) selection process • **pasar por el tamiz de la censura/del comité** to go through the censors/to be put to the committee

tamizar *v* [T] **1** (la harina, el azúcar) to sift; (la salsa, el puré) to sieve; (la tierra) to riddle **2** (información) to sift

tampax® *s* tampon, Tampax®

tampoco *adv* **1** (indicando negación) not... either: *A mí tampoco me gusta.* I don't like it either. • *¿Tú tampoco quieres ir?* Don't you want to go either? • *Mi hermana tampoco aprobó.* My sister didn't pass either. **2** (en respuestas directas) **yo/él/Luisa tampoco** ▶ Estas frases se traducen usando **neither** o **nor** seguido por un modal o auxiliar y el sujeto. Si el verbo de la oración no es modal ni auxiliar, se usa la forma correspondiente de **to do**: –*Yo no tomo café.* –*Yo tampoco.* "I don't drink coffee." "Neither do I./Me neither." • –*Yo no puedo ir.* –*Nosotros tampoco.* "I can't go." "Neither can we." • *Elena no estaba y Pedro tampoco.* Elena wasn't there and neither was Pedro. **3** (uso enfático) *Tampoco es para tanto.* It's not that big a deal.

tampón *s* **1** (para la menstruación) tampon **2** (almohadilla) ink pad **3** (sello) stamp

tan *adv* **1** (indicando el grado – con adjetivos y adverbios) **tan despacio/tan aburrido -a (que…)** so slowly/so boring (that…): *Era tan aburrido que me dormí.* It was so boring that I went to sleep.; (tras sustantivos contables en singular) **un muchacho tan bueno/una muchacha tan dulce (que…)** such a good boy/such a sweet girl (that…); (tras sustantivos incontables o plurales) **un tiempo tan fantástico/unas flores tan preciosas (que…)** such wonderful weather/beautiful flowers (that…): *¡Tocan una música tan bonita!* They play such beautiful music! **2** (en exclamaciones – con contables en el singular) **¡qué niño tan tonto/alto!** what a silly/tall boy!; (con incontables o plurales) **¡qué tiempo tan maravilloso/horrible!** what beautiful/terrible weather! **¡qué ideas tan raras/ridículas!** what strange/ridiculous ideas! **3** (en comparaciones) **tan... como... as... as...:** *Es tan guapo como su hermano.* He's as good-looking as his brother. • *No es tan caro como dicen.* It's not as expensive as people say.

tan solo only: *Tan solo quería verle.* I only wanted to see him.

tanda *s* **1** (serie) round: *una tanda de experimentos* a round of experiments **2** (de personas) group: *la primera tanda de invitados* the first group of guests

tándem *s* **1** (bicicleta) tandem **2** (dos personas) pair

tanga *s* g-string, tanga

tangencial *adj* **1** (coordenada, línea) tangential **2** (discusión, asunto) incidental

tangente *s* tangent

salirse/irse por la tangente to change the subject

tangerina *s* tangerine

tangible *adj* tangible

tango *s* tango

tanque *s* **1** (depósito) tank **2 tanque (de gasolina)** (gas) tank **3** (de guerra) tank

tanqueta *s* armored vehicle

tantas *s* **las tantas** [pl] very late: *Llegué a casa a las tantas.* I got home very late. • *Nos quedamos viendo la tele hasta las tantas.* We stayed up watching TV till very late. • **a las tantas de la madrugada** in the early hours of the morning • **a las tantas de la noche** very late at night

tantear *v* [T] **1** (para obtener información) to sound out: *La voy a tantear a ver si es posible.* I'll sound her out to see if it's possible. **2** (con las manos) to feel your way: *Iba tanteando en la oscuridad.* He felt his way along in the darkness.

tantear el terreno to see how the land lies

tanteo *s* (cálculo) rough estimate

tanto¹, -a *adj, pron* (indicando cantidad – con sustantivo inglés en singular) so much: *¡Ganó tanto dinero!* He won so much money! • *Engorda mucho, no le des tanto.* It's very fattening, don't give him so much.; (con sustantivo inglés en plural) so many: *No sabía que tenían tantos problemas.* I didn't know they had so many problems. • *Te pedí un par de revistas, no hacía falta traer tantas.* I asked you for a couple of magazines; there was no need to bring so many. • **tanto -a... que...** so much/so many... (that)...: *Tienen tanto dinero que viajan siempre en primera.* They have so much money that they always travel first class. • *Había tanta gente que no*

pudimos entrar. There were so many people that we couldn't get in. • *¡Hace tanto calor!* It's so hot! • **tanto -a... como...** as much/as many… as…: *Necesito tanto como ella.* I need as much as her. • *No tiene tantos amigos como tú.* She doesn't have as many friends as you. • –*¿Vinieron muchos invitados?* –*No tantos como esperábamos.* "Did a lot of people come?" "Not as many as we were expecting." • **hace tanto calor/frío** it's so hot/cold • **tener tanta suerte/hambre** to be so lucky/hungry: *No tengo tanto frío como ayer.* I'm not as cold as yesterday.

no es para tanto it's not that bad: *No llores, no es para tanto.* Don't cry. It's not that bad. • **por lo tanto** therefore: *No has terminado los deberes. Por lo tanto no sales.* You haven't finished your homework, therefore you're not going out. • **treinta/cuarenta y tantos** thirty/forty something: *Tiene treinta y tantos años.* She's thirty something.

tanto² *adv* **1** (indicando cantidad) **tanto… (que…)** so much… (that…): *¡Come tanto!* He eats so much! • *Habla tanto que te marea.* He talks so much that he makes you dizzy. **2** (indicando tiempo) *Hace tanto que no le veo.* It's so long since I saw him. • *No tardó tanto.* She didn't take that long. **3** (indicando frecuencia) that often: *No voy tanto al cine.* I don't go to the movies that often.

otro tanto the same: *Su padre es un tacaño, y él, otro tanto.* His father's stingy and he's just the same. • *Denunció a su marido a la policía; yo habría hecho otro tanto.* She reported her husband to the police; I'd have done the same.

tanto³ *s* **1** (gol) goal **2** (en baloncesto, squash) point
al tanto de algo up to date with sth: *Ya estoy al tanto de todo.* I'm up to date with everything. • *Tenme al tanto de lo que pasa.* Keep me up to date with what is happening. • **un tanto** a little bit, somewhat: *Mi jefe es un tanto antipático.* My boss is somewhat unpleasant. • *Eres un tanto exagerado.* You do exaggerate a little. • **un tanto así** about this much: *Me falta un tanto así para terminar el libro.* I have about this much to go to finish the book. • *Córtame un tanto así.* Cut me off about this much.

un tanto por ciento a percentage

Tanzania Tanzania

tanzano, -a *s, adj* Tanzanian

tañer *v* [T] (campanas) to toll

taoísmo *s* Taoism

taoísta *adj* Taoist

tapa *s* **1** (de una caja, una olla) lid **2** (de un libro) cover • **un libro de tapas duras/blandas** a hardback/paperback book **3** (de una revista) cover **4** (de una botella) top **5** (de una muela) filling
levantarle/volarle la tapa de los sesos a alguien to blow sb's brains out

tapa a rosca, tapa de roscas screw top

tapabarros, tapabarro *s* fender

tapacubos *s* hubcap

tapadera *s* **1** (de una caja, una olla) lid **2** (de negocio ilegal) front

tapadillo de tapadillo on the sly

tapado, -a *adj* **1** (caños, desagüe) blocked, blocked up **2 tengo la nariz tapada/los oídos tapados** my nose is blocked/my ears are blocked

tapar *v* [T]

1	cubrir
2	una olla, una caja
3	una botella
4	la visión, la luz
5	en la cama

6 obstruir
7 un agujero, un desagüe

1 **CUBRIR** to cover: *Lo tapé con una sábana.* I covered it with a sheet.
2 **UNA OLLA, UNA CAJA** to put the lid on: *Tápala y deja que hierva.* Put the lid on it and leave it to boil.
3 **UNA BOTELLA** to put the cap on: *Tápala para que no se le vaya el gas.* Put the top on it so that it doesn't lose its fizz.
4 **LA VISIÓN, LA LUZ** *Muévete que me estás tapando.* Move over a little, you're blocking my view. • *No me tapes el televisor.* Don't stand in front of the television. • *Me estás tapando la luz.* You're in my light. • *No lo vi porque me tapaba un árbol.* I didn't see him because there was a tree in the way.
5 **EN LA CAMA** to tuck in: *Tapó al bebé.* She tucked the baby in.
6 **OBSTRUIR** to block: *Había un carro que tapaba la salida.* There was a car blocking the way out.
7 **UN AGUJERO, UN DESAGÜE** to plug up: *Tapa el agujero para que no salga el agua.* Plug up the hole so the water doesn't come out.
—**taparse** *v pron*
1 **CUBRIR** **taparse la boca/la cara** to cover your mouth/your face: *Se tapó la cara con las manos.* She covered her face with her hands. • *Se tapó los oídos.* He covered his ears.
2 **EN LA CAMA** to cover yourself up: *Me tapé con una manta.* I covered myself up with a blanket. • *Tápate que hace frío.* Get under the covers, it's cold.
3 **OBSTRUIRSE** (caño, desagüe) to get blocked • **se me tapó la nariz/se me taparon los oídos** my nose/ears got blocked

taparrabos *s* (de indígena) loincloth

tapete *s* **1** (alfombra – grande) carpet; (pequeña) rug; (para limpiarse los pies) doormat **2** (sobre una mesa) runner
EXPRESIONES
estar sobre el tapete to be on the table • **poner algo sobre el tapete** to put sth on the table

tapia *s* **1** (cerco) fence **2** (muro) wall
EXPRESIONES
ser/estar más sordo -a que una tapia to be as deaf as a doorknob

tapiar *v* [T] **1** (un hueco) to brick up: *Tapiaron la ventana.* They bricked up the window. **2** (un terreno) to put a wall around: *Tapiaron la finca.* They put a wall around the property.

tapicería *s* **1** (taller) upholsterery store **2** (de un carro) upholstery

tapicero, -a *s* upholsterer

tapioca *s* tapioca

tapiz *s* tapestry (pl -tries) ▶ **PAPEL tapiz**

tapizado *s* upholstery

tapizar *v* [T] **1** (sillón, carro) to upholster **2** (pared, cuarto) to wallpaper

tapón *s* **1** (de un lavabo, una bañera) plug **2** (para botellas) top, cap; (de corcho) cork, cap: *Ponle el tapón para que no se vaya el gas.* Put the cap on so that it doesn't lose its fizz. **3** (para los oídos) earplug **4** (en los oídos) **tapón (de cera)** earwax [U]: *Se me ha formado un tapón en un oído.* My ear's blocked up with wax. **5** (en básquetbol) block **6** (en un carro) hubcap **7** (de un zapato de fútbol) cleat
tapón de rosca screw top

taponar *v* [T] **1** (un agujero) to stop up **2** (obstruir) to block
—**taponarse** *v pron* (tubería, desagüe, arteria) to get blocked

tapujo *s* **sin tapujos** openly

taquete *s* Rawl®

taquicardia *s* tachycardia

taquigrafía *s* shorthand

taquígrafo, -a *s* shorthand writer

taquilla *s* **1** (en un teatro, un cine) box office **2** (en un estadio, una estación) ticket office **3** (en un banco, una oficina) window **4** (recaudación) takings [pl] • **ser un éxito de taquilla** to be a box-office success

taquillero¹, -a *adj* **un actor/cantante taquillero** a actor/singer who is a big draw • **una película taquillera** a box-office hit

taquillero², -a *s* **1** (en un cine, una estación) ticket seller **2** (en un banco, una oficina) clerk

taquito *s* **de taquito** (en fútbol) with a backheel: *Hizo el gol de taquito.* He scored with a backheel.

tara *s* **1** (defecto) defect **2** (peso) tare

tarado¹, -a *adj* stupid

tarado², -a *s* idiot

tarántula *s* tarantula

tararear *v* [I, T] to hum

tardanza *s* lateness: *Pidió perdón por la tardanza.* He apologized for being late.

tardar *v* [I] **1** (indicando cantidad determinada) to take: *¿Cuánto tarda el tren en llegar a Chicago?* How long does the train take to get to Chicago? • **¿cuánto tardó/tardaste?** how long did it take him/you?: *¿Cuánto tardaste en terminarlo?* How long did it take you to finish it? • **tardé una hora/dos horas en hacer algo** it took me an hour/two hours to do sth: *Tardó diez minutos en arreglarlo.* It took him ten minutes to fix it. • **se tarda una hora/un día** it takes an hour/a day: *Se tarda una hora en llegar hasta la frontera.* It takes an hour to get to the border. **2** (indicando mucho tiempo) to be long: *No tardes.* Don't be long. • **no tardo nada** I won't be a minute. • **tardar en hacer algo** to take a long time to do sth: *El bus tarda bastante en llegar.* The bus takes a fairly long time to get there. • *Tardaron en devolverlo.* They took a long time to return it.
EXPRESIONES
a más tardar at the latest: *Llegaremos a las nueve, a más tardar.* We'll arrive by nine at the latest.

tarde¹ *s* (hasta las cuatro o cinco) afternoon; (a partir de las cinco o seis) evening: *Estuvimos en la playa toda la tarde.* We were at the beach all afternoon. • **a las cuatro/siete de la tarde** at four in the afternoon/at seven in the evening • **por/en la tarde** in the afternoon, in the evening • **ayer/mañana/el lunes por la tarde** (tb **ayer/mañana/el lunes en la tarde**) yesterday/tomorrow/Monday afternoon, yesterday/tomorrow/Monday evening
EXPRESIONES
buenas tardes good afternoon, good evening • **de tarde en tarde** from time to time: *Me lo encuentro de tarde en tarde.* I bump into him from time to time.

tarde² *adv* (no temprano) late: *Se levantan tarde.* They get up late. • *Date prisa, que es tarde.* Hurry up, it's late. • **llegar tarde** to be late: *Vamos a llegar tarde.* We're going to be late. • *Llegamos tarde al colegio.* We were late for school. • **se está haciendo tarde** it's getting late • **se me/le hizo tarde** it got late: *Se me hizo tarde y no pude ir al súper.* It got late and I couldn't go to the supermarket.
EXPRESIONES
tarde o temprano sooner or later: *Tarde o temprano se va a dar cuenta.* Sooner or later he's going to realize. • **como muy tarde** at the latest: *Llegaremos a las nueve, como muy tarde.* We'll arrive by nine at the latest.

tardío, -a *adj* **1** (que llega tarde) late **2** (fruto) late **3** (fase) late

tarea *s* **1** (trabajo) task: *una tarea muy sencilla* a very simple task **2** (función, deber) job: *Tu tarea es cuidar a los niños.* Your job is to take care of the children. **3** (del colegio) homework: *¿Tienes tarea?* Do you have any homework? • **hacer la tarea** to do your homework las tareas de la casa, las tareas domésticas the housework [sing]

tarifa s **1** (de transportes) fare: *la tarifa aérea* the air fare **2** (del gas, la electricidad) prices [pl], rates [pl]: *Acaban de subir la tarifa eléctrica.* They've just put electricity prices up.
tarifa de precios price list • tarifa plana, tarifa única flat rate • **tarifa nocturna** night rate • **tarifa reducida** cheap rate

tarima s (plataforma) platform

tarjeta s **1** (de visita, de felicitación) card **2 tarjeta (postal)** postcard **3 tarjeta (de crédito)** credit card: *¿Puedo pagar con tarjeta?* Can I pay by credit card?
tarjeta amarilla yellow card: *El árbitro le sacó la tarjeta amarilla.* The referee showed him the yellow card. • tarjeta bancaria bank card • tarjeta de débito debit card • tarjeta de embarque boarding pass (pl -sses) • tarjeta de memoria memory card • tarjeta de Navidad Christmas card • tarjeta (de) prepago, tarjeta prepaga prepaid card • tarjeta de sonido sound card • tarjeta de visita calling card • tarjeta gráfica graphics card • tarjeta inteligente smart card • tarjeta roja red card • tarjeta telefónica phonecard

tarot s tarot

tarro s **1** (de vidrio) jar: *un tarro de mayonesa* a jar of mayonnaise **2** (de lata) can **3** (para café) mug **4** (para cerveza) glass (pl -sses)

tarta s **1** (dulce – sin masa por encima) tart; (con masa por encima) pie: *tarta de frambuesas* raspberry tart • **tarta de manzana** (sin masa por encima) apple tart; (con masa por encima) apple pie **2** (salada) quiche • **tarta de cebolla/de atún** onion/tuna quiche

¿cake, pie o tart?
Estas palabras suelen confundirse.
Si la tarta es blanda con una base de bizcocho, se llama cake: *a chocolate cake.*
Si es de frutas y tiene una base de masa, se llama tart: *a lemon tart.*
Si va recubierta de masa y rellena de frutas, se llama pie: *an apple pie.*

tartamudear v [I] to stammer

tartamudo[1], **-a** adj ser tartamudo -a to have a stammer: *Es tartamuda.* She has a stammer. • **una niña tartamuda/un hombre tartamudo** a girl/a man with a stammer

tartamudo[2], **-a** s stammerer: *los tartamudos* people with a stammer

tarugo s **1** (de madera) block **2** (torpe) blockhead

tasa s **1** (índice) rate **2** (impuesto) tax
tasa aeroportuaria airport tax (pl -xes) • tasa de desempleo unemployment rate • tasa de inflación rate of inflation • tasa de mortalidad mortality rate • tasa de natalidad birth rate • tasa de aeropuerto airport tax (pl -xes)

tasación s valuation

tasador, -a s (persona) valuer

tasar v [T] to value: *Tasaron el cuadro en 10.000 dólares.* The painting was valued at 10,000 dollars.

tatarabuelo, -a s **tatarabuelo** great-great-grandfather • **tatarabuela** great-great-grandmother • **tatarabuelos** (tatarabuelo y tatarabuela) great-great-grandparents

tataranieto, -a s **tataranieto** great-great-grandson • **tataranieta** great-great-granddaughter • **tataranietos** (tataranieto y tataranieta) great-great-grandchildren

tatuaje s tattoo • **hacerse un tatuaje** to have a tattoo done: *Se hizo un tatuaje en el brazo.* She had a tattoo done on her arm.

tatuar v [T] to tattoo: *Le han tatuado una serpiente en el brazo.* He's had a snake tattooed on his arm.
—tatuarse v pron **se ha tatuado un corazón/un tigre** he's had a tattoo done of a heart/tiger

taurino, -a adj bullfighting [solo ante s] • **la temporada taurina** the bullfighting season • **los aficionados taurinos** bullfighting enthusiasts • **el mundo taurino** the world of bullfighting

tarjetas
Christmas cards
tarjetas de Navidad
credit card
tarjeta de crédito

Tauro s Taurus: *Soy (de) Tauro.* I'm a Taurus./I'm a Taurean.

tauromaquia s bullfighting

taxi s taxi: *Vino en taxi.* She came by taxi. • **tomar un taxi** to take a taxi • **ir en taxi** to go by taxi

taxidermista s taxidermist

taxímetro s taximeter

taxista s taxi driver

Tayikistán Tajikstan

taza s **1** (recipiente) cup: *una taza de porcelana* a porcelain cup • **una taza de té/café** (recipiente) a teacup/a coffee cup: *Me lo sirvió en una taza de té.* She served it in a teacup. ▶ ver nota en **CUP 2** (contenido) cup: *Añade una taza de arroz.* Add a cup of rice. • **una taza de té/café** (bebida) a cup of tea/a cup of coffee: *Me ofreció una taza de café.* She offered me a cup of coffee. **3** (del inodoro) toilet bowl

⚠ A **coffee/tea cup** designa una taza de café o té, pero que puede estar vacía.
A **cup of coffee/tea** hace referencia a una taza llena de café o té, o al contenido en sí.

tazón s bowl

te pron **1** (complemento directo) you: *No te veo.* I can't see you. **2** (complemento indirecto) you: *Te mandé un mail.* I sent you an e-mail. • *Te lo dio a ti.* She gave it to you. • *¿Te escribió Luis?* Has Luis written to you? • *¿Se te ha perdido el reloj?* Have you lost your watch? **3** (con valor reflexivo) yourself: *¿Te lastimaste?* Have you hurt yourself? • *Esto es para que te compres lo que quieras.* This is for you to buy whatever you want.

té s **1** (infusión) tea: *No me gusta el té.* I don't like tea. **2** (taza de té) cup of tea: *¿Quieres un té?* Would you like a cup of tea? **3** (merienda) tea • **tomar el té** to have tea
té con leche tea: *Me tomé un té con leche.* I had a cup of tea. • té con limón lemon tea • té de hierbas herbal tea • té helado iced tea

teatral adj **1** (del teatro) theater: *un director teatral* a theater director • *una representación teatral* a stage show • *un autor teatral* a playwright **2** (exagerado) theatrical: *No le hagas caso, es muy teatral.* Take no notice of him, he's very theatrical.

teatrero, -a adj (exagerado) theatrical: *Es muy teatrero.* He's very theatrical.

teatro s **1** (edificio, espectáculo) theater: *Tengo entradas para el teatro.* I have theater tickets. • *El teatro estaba repleto.* The theater was packed. **2** (arte dramático) drama: *En el colegio hacemos teatro.* We do drama at school. **3** (fingimiento) play-acting: *No le hagas caso, es puro teatro.* Take no notice of him, it's just play-acting. • **hacer teatro** to be a drama queen ▶ OBRA de teatro

techo s **1** (cielorraso) ceiling **2** (exterior) roof **3** (de un vehículo) roof **4** (hogar) roof: *Buscamos un techo bajo el cual poder alojarnos hoy.* We're looking for a roof for the night. • **los sin techo** the homeless **5** (límite) ceiling: *El partido alcanzó su techo en las últimas elecciones.* The party hit its ceiling at the last election. • **tocar**

techo to peak: *El precio del petróleo tocó techo el viernes pasado.* Oil prices peaked last Friday.
techo solar sunroof

techumbre s roof

tecla s key • **apretar/pulsar una tecla** to press a key
tecla (de) suprimir delete key • tecla de control control key • tecla de función function key • tecla (de) mayúsculas shift key • tecla de retorno return key

tecladista s (músico) keyboard player

teclado s **1** (para escribir) keyboard **2** (en música) **teclado (eléctrico)** (electric) keyboard
teclado numérico number keypad

teclear v **1** [T] to type, to key in: *Teclee su contraseña.* Type your password. **2** [I] to type

teclista s (músico) keyboard player

técnica s **1** (tecnología) technology (pl -gies): *los adelantos de la técnica* technological advances **2** (método, destreza) technique: *Le falta técnica.* He has poor technique.

tecnicismo s (palabra) technical term

técnico[1], -a *adj* technical ▶ DIRECTOR **técnico**, ESCUELA **técnica**

técnico[2], -a s **1** (persona que repara electrodomésticos) engineer **2** (en una fábrica, un laboratorio) technician **3** (entrenador) coach (pl -ches)
técnico -a de sonido sound engineer

tecno s techno

tecnología s technology (pl -gies): *las nuevas tecnologías* new technologies
tecnología de punta cutting-edge technology (pl -gies)

tecnológico, -a *adj* technological

tecolote s owl

teflón s teflon

teja s tile

tejado s roof

tejer v [I,T] **1** (con agujas) to knit: *¿Sabes tejer?* Can you knit? **2** (en un telar) to weave **3** (araña) to spin

EXPRESIONES
tejer una mentira to spin a yarn • **tejer un complot/una intriga** to weave a plot

tejido s **1** (labor) knitting **2** (tela) material, fabric (*más frml*) • **un tejido sintético** synthetic material • **un tejido de algodón** cotton **3** (en anatomía) tissue **4** (estructura) fabric: *el tejido industrial* the industrial fabric
tejido óseo bone tissue

tejo s **echar/tirar los tejos a alguien** to give sb the come-on

tejocote s Mexican hawthorn

tejón s **1** (mustélido) badger **2** (prociónido) coati

tela s **1** (tejido) material, fabric (*más frml*): *¿Cuánta tela necesitamos?* How much material do we need? • *un catálogo de telas* a fabric swatch book • **un bolso/una gorra de tela** a cloth bag/cap **2** (lienzo) canvas (pl -ses) **3** (membrana) membrane

EXPRESIONES
estar en tela de juicio to be in doubt • **poner algo en tela de juicio** to question sth • **haber tela de donde cortar** *Todavía hay mucha tela de donde cortar en relación con ese asunto.* There's a lot that could still be said about that.
tela de araña spider's web • tela metálica chicken wire

¿material, fabric o cloth?
material designa la tela para cualquier fin: ropa, cortinas, tapicería, etc.: *curtain material*
fabric es un término algo más formal y frecuentemente designa tela para ropa: *I want to buy some fabric to make a skirt.*
cloth es similar a fabric, pero no es contable y se refiere generalmente a tejidos naturales: *cotton cloth*

telar s (máquina) loom

telaraña (tb **tela de araña**) s (habitada por una araña) spiderweb; (en un sitio sucio) cobweb: *El ático está lleno de telarañas.* The attic is full of cobwebs.

tele s **1** (televisión) **la tele** TV • **en la tele** on TV: *¿Qué dan en la tele esta noche?* What's on TV tonight? • **mirar/ver (la) tele** to watch TV • **salir por la tele** to be on TV **2** (televisor) TV ▶ TELEVISIÓN

teleadicto, -a s, *adj* TV addict

telebasura s trash TV

telecomedia s sitcom

telecomunicaciones s [pl] telecommunications

teledirigido, -a *adj* (vehículo) remote-controlled; (misil) guided

teleférico s cable car

telefonazo s **darle/pegarle un telefonazo a alguien** to give sb a call

telefonear v [I,T] to phone, to telephone (*más frml*) ▶ ver nota en PHONE

telefonía s telephony
telefonía fija fixed telephony • telefonía móvil mobile telephony

telefonista s telephone operator

teléfono s **1** (aparato, sistema) telephone, phone: *El teléfono está descompuesto.* The telephone isn't working. • **hablar por teléfono (con alguien)** to be on the phone (to sb): *Se pasa el día hablando por teléfono.* She spends all day on the phone. • *No me gusta hablar por teléfono.* I don't like talking on the phone. • **atender/contestar el teléfono** to answer the phone • **llamar a alguien por teléfono** to call sb, to phone sb: *Llámame por teléfono.* Call me./Phone me. ▶ ver nota en PHONE **2** (número) phone number: *¿Me das tu teléfono?* Can you give me your phone number?
teléfono fijo landline • teléfono inalámbrico cordless phone • teléfono celular cell phone • teléfono público pay phone

telégrafo s telegraph

telegrama s telegram

telemaratón s telethon

telenovela s soap opera

teleobjetivo s telephoto lens

telepatía s telepathy • **parece/será que tenemos telepatía** we must be telepathic

telepático, -a *adj* telepathic

telera s roll, bread roll

telescópico, -a *adj* **1** (del telescopio) telescopic **2** (antena, brazo) telescopic

telescopio s telescope

teleserie s TV series [sing]

telesilla s chairlift: *Subimos en el telesilla.* We went up on the chairlift.

telespectador s viewer

teletexto s Teletext

teletienda s (canal) TV shopping channel; (programa) TV shopping program

teletipo s **1** (aparato) Teletype® **2** (mensaje) Teletype®

teletrabajador, -a s teleworker

televenta s teleshopping

televidente s viewer

televisar v [T] to televise

televisión s **1** (medio) television, TV: *Lo vi en televisión.* I saw it on TV. • *Vamos a salir por televisión.* We're going to be on television. • **dar algo en la televisión** to show sth on television: *¿Qué dan hoy en la televisión?* What's on television today? • **salir por (la) televisión** to be on television • **mirar/ver (la) televisión** to watch television **2** (aparato) television, TV • **prender/**

apagar la televisión to turn the television on/off
televisión de plasma plasma television, plasma TV •
televisión digital terrestre digital terrestrial television,
DTT • televisión por cable cable television • televisión
satelital, televisión por satélite satellite television

televisivo, -a *adj* television [solo ante s], TV [solo ante s]: *una serie televisiva* a television series

televisor *s* television, TV
televisor de plasma plasma television, plasma TV

telón *s* curtain • **bajar/subir el telón** to lower/raise the curtain: *Bajó el telón.* The curtain came down.
telón de fondo background

telonero, -a *s* (grupo) support band; (cantante) supporting artist

tema *s* **1** (asunto) subject: *¿Cómo surgió el tema?* How did the subject come up? • *Nos quedaron varios temas pendientes.* A number of matters remained unresolved. • *Está muy preocupada por el tema de la operación.* She's very worried about the operation. • **cambiar de tema** to change the subject • **sacar un tema** to bring a subject up: *¿Quién sacó el tema?* Who brought the subject up? • **tener tema para rato** to have a lot to talk about: *Con la política tenemos tema para rato.* Politics gives us a lot to talk about. **2** (de una asignatura, un temario) topic: *¿Qué temas entran en el examen?* What topics does the test cover? **3** (canción) track: *el primer tema del CD* the first track on the CD **4** (en arte, literatura, música) theme: *el tema central de la novela* the key theme of the novel ▸ ver nota en **SUBJECT**

temario *s* list of topics

temático, -a *adj* thematic ▸ **PARQUE temático**

temblar *v* [I] **1 temblar (de frío)** to shiver (with cold) ▸ ver nota en **SHAKE 2 temblar (de miedo)** to tremble (with fear): *Abrí la puerta temblando de miedo.* I opened the door, trembling with fear. • **me temblaban las piernas/las manos** my legs/hands were shaking • **me temblaba la voz** my voice was trembling **3** (casa, tierra) to shake

temblor *s* **1** (de frío) shivering **2** (de miedo, de nervios) shaking, trembling: *Noté un ligero temblor en sus manos.* I noticed his hands were shaking a little. **3 temblor (de tierra)** (earth) tremor

tembloroso, -a *adj* **1** (por el frío) shivering **2** (por el miedo, los nervios) trembling

temer *v* **(a)** [T] **temerle a algo/alguien** to be afraid of sth/sb, to fear sth/sb (*más frml*): *No le teme a la muerte.* He isn't afraid of death. • *Todos le temían.* He was feared by everyone. **(b)** [I] **temer por algo/alguien** to fear for sth/sb: *Temo por ellos.* I fear for them. • *Temían por sus vidas.* They feared for their lives. • **no temas** (no te preocupes) don't worry; (no tengas miedo) don't be afraid
—**temerse** *v pron* **me temo que no puedo/que no aprobó** I'm afraid I can't/he didn't pass

temeridad *s* **1** (cualidad) recklessness **2** (hecho) **sería una temeridad por mi/su parte** that would be a bit rash of me/him

temeroso, -a *adj* frightened • **temeroso de algo/alguien** afraid of sth/sb

temible *adj* fearsome

temor *s* fear: *Se confirmaron sus peores temores.* Their worst fears were realized. • **el temor al fracaso/dolor** fear of failure/pain • **por temor a algo** for fear of sth: *No fui por temor a perderme.* I didn't go for fear of getting lost.

témpano *s* (de hielo) ice floe

EXPRESIONES

ser un témpano (persona) to be a cold fish

témpera *s* tempera

temperamental *adj* (que cambia) temperamental; (fuerte) spirited

temperamento *s* **1** (personalidad) temperament **2** (carácter enérgico, vivo) character, spirit • **tener mucho temperamento** to have a strong character

temperatura *s* **1** (del ambiente) temperature: *Hace una temperatura de veinte grados.* The temperature is twenty degrees. • *Han subido las temperaturas.* The temperature has gone up. • **a temperatura ambiente** at room temperature **2** (fiebre) temperature • **tomarle la temperatura a alguien** to take sb's temperature • **tener temperatura** to have a temperature

tempestad *s* storm

templado, -a *adj* **1** (clima) mild, temperate (*técn*) **2** (leche, sopa) warm

templanza *s* moderation

templar *v* [T] **1** (enfriando) to cool down, to cool: *Templa la leche.* Cool the milk down. **2** (calentando) to warm up, to warm **3** (el acero) to temper **4** (calmar) **templar los ánimos a/de alguien** to calm sb down **5** (en música – un instrumento, una cuerda) to tune

temple *s* **1** (fortaleza de ánimo) nerves [pl] • **tener temple** to have nerves of steel **2** (en pintura) tempera **3** (cuadro) tempera

templo *s* **1** temple: *un templo griego* a Greek temple **2** (cristiano) church

temporada *s* **1** (en turismo, moda, espectáculos) season: *la temporada primavera-verano* the spring-summer season • *la temporada turística* the tourist season • **ropa/fruta de temporada** seasonal clothes/fruit • **en temporada** (en turismo) during the high season: *Es difícil conseguir pasajes en temporada.* It's difficult to get tickets during the high season. **2** (de fútbol) season: *los campeones de esta temporada* this season's champions **3** (periodo) **una temporada** a while: *Viví una temporada en Londres.* I lived in London for a while.
temporada alta high season • temporada baja low season • temporada de caza hunting season

temporal[1] *s* storm

EXPRESIONES

capear el temporal to weather the storm
temporal de lluvia rainstorm • temporal de nieve snowstorm, blizzard • temporal de viento gale

temporal[2] *adj* temporary

temporizador *s* timer

temprano *adv* early • **despertarse/levantarse/acostarse temprano** to wake up/get up/go to bed early: *Llegó más temprano que de costumbre.* She arrived earlier than usual.

tenacidad *s* tenacity

tenaz *adj* **1** (persona) determined, tenacious **2** (mancha) stubborn

tenazas *s* [pl] **1** (herramienta) pliers: *Necesito unas tenazas.* I need a pair of pliers. **2** (de un crustáceo) pincers

tendedero *s* (cuerda) clothesline; (portátil) clothes horse

tendencia *s* **1** (propensión) tendency (pl -cies): *Los precios tienen tendencia a subir.* Prices tend to rise. • **tener tendencia a engordar/deprimirse** to have a tendency to put on weight/to get depressed **2** (corriente) trend: *Es una tendencia mundial.* It is a worldwide trend. • **tendencia al alza/a la baja** upward/downward trend **3** (en moda) trend; (en arte) school: *las últimas tendencias de la moda* the latest fashion trends

tender *v* **1** [T] **tender la ropa (a)** (al aire libre) to hang the laundry out **(b)** (adentro) to hang the laundry up to dry **2** [T] (extender) to lay: *Tendió la toalla en el césped.* She lay the towel on the grass. **3** [I] (tener tendencia a) **tender a hacer algo** to tend to do sth: *Tiende a exagerar.* He tends to exaggerate. • *El viento tenderá a amainar.* The wind will tend to drop. **4** [T] (preparar) **tenderle una emboscada a alguien** to lay an ambush for sb • **tenderle una trampa a alguien** to set a trap for sb: *Nos tendió una trampa.* They set a trap for us. **5** [T]

(armar) **tender la cama** to make the bed **6** [T] (un puente) to build; (un cable) to lay
—**tenderse** v pron (tumbarse) to lie down: *Se tendió en el sofá.* He lay down on the sofa.
EXPRESIONES
tenderle la mano a alguien (físicamente o como apoyo) to lend sb a hand

tenderete s stall

tendero, -a s storekeeper

tendido s **1** (cables) power lines **2** (en una plaza de toros) front rows

tendón s tendon
tendón de Aquiles **1** (en anatomía) Achilles' tendon **2** (punto débil) Achilles' heel: *Las matemáticas son mi tendón de Aquiles.* Math is my Achilles' heel.

tenebroso, -a adj **1** (bosque, casa) dark, gloomy **2** (el futuro) dismal, gloomy

tenedor s (cubierto) fork

tener[1] v [T] ▶ Para expresiones como **tener ganas**, **tener confianza**, etc. ver el sustantivo o la otra palabra correspondiente.

1 indicando posesión
2 indicando relación
3 indicando una actividad
4 parir
5 indicando edad
6 indicando una sensación
7 indicando medidas
8 con adjetivos o participios
9 sostener

1 INDICANDO POSESIÓN to have ▶ En inglés se usa el artículo indefinido con objetos contables: **tener carro/celular/computador** to have a car/a cell phone/a computer: *No tengo bicicleta.* I don't have a bike. • *¿Tienes perro?* Do you have a dog? ▶ En inglés no se usa el artículo definido con objetos incontables: **tener el pelo lacio/la piel delicada** to have straight hair/sensitive skin
2 INDICANDO RELACIÓN to have: *Tengo tres hermanas.* I have three sisters. • *Tiene cinco hijos.* She has five children.
3 INDICANDO UNA ACTIVIDAD to have: *Tenemos la tarde libre.* We have the afternoon off. • *La semana pasada tuvimos dos pruebas.* We had two tests last week. • **tener cita/hora con el dentista** to have a dentist's appointment
4 PARIR to have: *Tuvo una niña.* She had a little girl.
5 INDICANDO EDAD to be: *Tengo catorce años.* I'm fourteen years old. • *¿Cuántos años tiene Juan?* How old is Juan?
6 INDICANDO UNA SENSACIÓN to be • **tener hambre/sed/frío** to be hungry/thirsty/cold
7 INDICANDO MEDIDAS to be: *Tiene varios metros de largo.* It's several meters long. • *¿Cuánto tiene de ancho?* How wide is it?
8 CON ADJETIVOS O PARTICIPIOS **tener las uñas sucias/los pantalones rotos** to have dirty nails/torn pants: *¿Tienes el celular apagado?* Is your cell phone switched off?
9 SOSTENER to hold: *Ten esto un momentito.* Hold this a minute.
EXPRESIONES
te lo tengo dicho I've told you before: *Te lo tengo dicho que no vayas con esa gente.* I've told you before not to mix with people like that. • **tener a alguien por algo** to think sb is sth, to consider sb to be sth (más frml): *Lo tengo por buena persona.* I think he's a nice person. • **tener pensado hacer algo** to plan to do sth: *Hoy no teníamos pensado salir.* We hadn't planned to go out today. • **tener algo presente** to remember sth, to bear sth in mind: *Lo tendré muy presente.* I'll bear it very much in mind. • *Tengan presente lo que les dije.* Remember what I told you. • **no tenerlas todas consigo** not to be entirely sure about sth • **tener que ver** *Eso no tiene nada que ver.* That's got nothing to do with it./That has nothing to do with it. • *¿Y eso qué tiene que*

ver? What's that got to do with it?/What does that have to do with it? • **¿qué tiene?** what's wrong with that?: *–Se levantó a las once. –¿Y qué tiene?* "He got up at eleven o'clock." "And what's wrong with that?"

tener[2] v aux **tener que (a)** (indicando obligación, necesidad) to have to: *Lo tuvimos que arreglar.* We had to fix it. • *Tenemos que estar ahí a las ocho.* We have to be there at eight o'clock. • *No tengo que hacerlo hoy.* I don't have to do it today. • *¿Te tienes que quedar?* Do you have to stay? **(b)** (en recomendaciones) must, should, ought to (más frml): *Tienes que escuchar este CD.* You must listen to this CD./You should listen to this CD. **(c)** (haciendo conjeturas o expresando certeza) must: *Tiene que estar aquí.* It must be here. • *Tienes que haberla visto.* You must have seen her.

teniente s lieutenant
teniente coronel lieutenant colonel • teniente general lieutenant general

tenis s **1** (deporte) tennis • **jugar tenis** to play tennis **2** [pl] (calzado – para jugar al tenis) tennis shoes; (zapatillas deportivas) sneakers • **tenis (de lona)** canvas shoe
tenis de mesa table tennis

tenista s tennis player

tenor s (cantante) tenor

tensar v [T] **1** (un cable, una cuerda) to tauten **2** (los músculos) to tense **3** (las relaciones, el ambiente) to strain
—**tensarse** v pron (situación) to become strained

tensión s **1** (entre personas, en el ambiente) tension: *un clima de mucha tensión* a very tense atmosphere • **estar en tensión** to be tense: *Estuvimos todo el tiempo en tensión.* We were tense all the time. **2** (estrés) stress: *Estamos todos con mucha tensión.* We are all under a lot of stress. **3** (de una cuerda) tension **4 tensión (arterial)** blood pressure • **tener la tensión alta/baja** to have high/low blood pressure **5** (en electricidad) voltage: *un cable de alta tensión* a high-voltage cable

tenso, -a adj **1** (persona, ambiente) tense: *Estás demasiado tensa.* You're too tense. • **ponerse tenso -a** to become tense **2** (cuerda, cable) taut

tentación s temptation • **tener la tentación de hacer algo** to be tempted to do sth: *Tuve la tentación de decírselo.* I was tempted to tell her. • **ser una tentación** to be tempting: *Los chocolates son una tentación.* Chocolates are tempting.

tentáculo s tentacle

tentador, -a adj tempting

tentar v [T] **1** (atraer) to tempt: *¡No me tientes!* Don't tempt me! • *La idea me tienta.* I'm tempted by the idea. • **dejarse tentar** to give in to temptation **2** (tocar) to feel

tentempié s snack

tenue adj **1** (color, sonido, luz) soft **2** (diferencia, recuperación) slight

teñir v [T] (una prenda, el pelo) to dye • **teñir algo de azul/verde** to dye sth blue/green • **teñirle el pelo a alguien de rubio/negro** to dye sb's hair blonde/black
—**teñirse** v pron **me he teñido/se ha teñido (el pelo)** I've dyed my hair/she's dyed her hair • **me teñí (el pelo) de rubio/negro** I dyed my hair blonde/black

teología s theology
teología de la liberación liberation theology

teólogo, -a s theologian

teorema s theorem

teoría s **1** (conocimiento abstracto) theory **2** (hipótesis) theory (pl -ries)
EXPRESIONES
en teoría in theory

teórico, -a adj theoretical

teorizar v [I] to theorize • **teorizar sobre algo** to theorize about sth

tepache s a drink made from fermented pineapple juice, sugar and water

tequila s tequila

terapeuta s therapist

terapéutico, -a adj therapeutic

terapia s **1** (tratamiento médico) treatment: *Respondió bien a la terapia.* She responded well to the treatment. **2** (psicoterapia) therapy • **hacer terapia** to be in therapy, to have therapy
terapia de grupo group therapy • **terapia intensiva** intensive care • **terapia ocupacional** occupational therapy

tercer núm ▶ TERCERO

tercera s (de la caja de cambios) third gear, third: *Puse tercera.* I put it into third.

tercermundista adj third-world [solo ante s]: *los países tercermundistas* third-world countries

tercero, -a núm third
EXPRESIONES
la tercera es la vencida third time lucky
la tercera edad s senior citizens: *personas de la tercera edad* senior citizens • **el Tercer Mundo** the Third World

terciar v [I] **1** (mediar) to mediate **2** (intervenir) to intervene **3** (ladear) to tilt: *Llevaba el sombrero terciado.* He was wearing his hat tilted.
—**terciarse** v pron (ocasión) to arise: *Pueden cantar y bailar, si se tercia.* You can sing and dance, if the opportunity arises.

tercio s (tercera parte) third

terciopelo s velvet • **un vestido/una falda de terciopelo** a velvet dress/skirt

terco, -a adj, s **ser (un) terco/(una) terca** to be very stubborn

tergiversar v [T] to twist

termal adj (aguas, baño) thermal

termas s [pl] thermal spa [sing]

térmico, -a adj **1** (energía) thermal • **una subida térmica** a rise in temperature: *un descenso en el nivel térmico del mar* a fall in sea temperature **2** (bolsa, tejido, aislante) thermal

terminación s (de una palabra) ending

terminal[1] adj **1** (enfermedad, cáncer) terminal • **un enfermo/una enferma terminal** a terminally-ill patient **2** (fase, etapa) final

terminal[2] s [fem] **1 terminal (de autobuses)** bus station **2** (de un aeropuerto) terminal

terminal[3] s [masc & fem] (en informática) terminal

terminantemente adv (prohibir) strictly; (oponerse) categorically: *Está terminantemente prohibido fumar.* Smoking is strictly forbidden.

terminar v **1** [I,T] (acabar) to finish: *¿Cuándo terminan las clases?* When does school finish? • *las palabras que terminan en "r"* words that end in "r" • **terminar de hacer algo** to finish doing sth **2** [I] (llegar a su fin de una manera determinada) **terminar haciendo algo** to end up doing sth • **terminar por hacer algo** to end up doing sth • **terminar en el hospital/en el suelo** to end up in the hospital/on the ground **3** [I] (poner fin) **terminar con algo** *Termino con esto y te ayudo.* I'll finish this, then I'll help you. • *Hay que terminar con la corrupción.* We have to put an end to corruption. **4** [I] (romper) **terminar con alguien** to finish with sb
—**terminarse** v pron **1** (consumirse) **se terminó el azúcar/la leche** there isn't any sugar/milk left • **se terminaron las galletas/los chocolates** there aren't any cookies/chocolates left • **se me/le terminó el dinero** I/he ran out of money **2** (llegar a su fin) **se terminaron las vacaciones/se terminó la fiesta** the vacation is over/the party's over
EXPRESIONES
no termino/termina de hacer algo I/he just can't do sth

• **terminar bien** (historia, situación) to end well • **terminar primero -a/segundo -a** to come first/second • **terminar mal (a)** (asunto cuestión) to end badly; (historia) to have a sad ending **(b)** (persona) to come to a bad end

término s **1** (palabra) term **2** (fin) end • **dar/poner término a algo** to end sth
EXPRESIONES
en buenos/malos términos (con alguien) on good/bad terms (with sb) • **en el término de diez días/un mes** in ten days/a month • **en primer/segundo término (a)** (en una enumeración) in the first/second place **(b)** (en el espacio) in the foreground/background • **en último término** (como última salida) as a last resort • **por término medio** on average

termita s termite

termo s Thermos® (pl -ses), Thermos® flask

termómetro s thermometer • **ponerle el termómetro a alguien** to take sb's temperature

termostato s thermostat

ternera s (de vaca) beef; (de animal más joven) veal: *un filete de ternera* a steak

ternero, -a s (animal) calf (pl calves)

ternura s tenderness • **con ternura** tenderly

terquedad s stubbornness

terracota s (arcilla) terracotta

terraplén s **1** (pendiente natural) bank **2** (hecho por el hombre) embankment

terráqueo, -a adj ▶ GLOBO **terráqueo**

terrateniente s landowner

terraza s **1** (balcón) balcony (pl -nies) **2** (azotea) roof terrace **3** (de un bar) *No hay sitio en la terraza.* There's no room outside. **4** (en agricultura) terrace

terremoto s earthquake

terrenal adj earthly

terreno s **1** (parcela) plot of land: *unos terrenos* some land **2** (tierra, suelo) land: *mucho terreno* a lot of land **3** (orografía) terrain: *el terreno irregular de la zona* the irregular terrain of the area **4** (ámbito) field: *el terreno de la ciencia* the field of science
EXPRESIONES
allanar/preparar el terreno (para algo) to prepare the ground (for sth) • **ganar/perder terreno** to gain/lose ground • **sobre el terreno (a)** (en el lugar de los hechos) on the spot; (en el campo de batalla) on the ground **(b)** (durante el desarrollo de un hecho) as I/you/we go along: *Iré decidiendo sobre el terreno.* I'll decide as we go along.
terreno abonado fertile ground

terrestre adj **1** (atmósfera, superficie) of the earth **2** (transporte, animal, planta) land **3** (invasión, fuerza) ground **4** (televisión) terrestrial ▶ CORTEZA **terrestre**

terrible adj **1** (extraordinario) terrible • **tengo un cansancio/un sueño terrible** I'm terribly tired/sleepy **2** (muy malo) terrible **3** (niño) **ser terrible** to be a little terror **4** (trágico – accidente, situación) terrible

territorial adj territorial

territorio s territory (pl -ries) • **en todo el territorio nacional** throughout the country

terrón s (de azúcar) lump

terror s **1** (miedo intenso) terror • **tenerle terror a algo/alguien** to be terrified of sth/sb • **me/le da terror** I'm/he's terrified of it: *Me da terror de solo pensarlo.* The mere thought of it terrifies me. • **una película/una novela de terror** a horror movie/story **2** (persona) **ser el terror de la escuela/la ciudad** to be the terror of the school/the town

terrorífico, -a adj (que causa terror) terrifying

terrorismo s terrorism

terrorista *adj, s* terrorist • **un atentado/una organiza-ción terrorista** a terrorist attack/organization
terrorista suicida suicide bomber

terso, -a *adj* (liso) smooth

tertulia *s* (reunión) gathering

tesina *s* dissertation

tesis *s* **1** (para un título de posgrado) thesis (pl -ses) **2** (opinión) theory (pl -ries)
tesis doctoral doctoral thesis

tesorería *s* **1** (oficina) treasury **2** (fondos) liquid assets

tesorero, -a *s* treasurer

tesoro *s* **1** (dinero, joyas) treasure **2 tesoro (público)** (tb **Tesoro (Público)**) the Treasury

test *s* test ▶ ver nota en **PRUEBA**

testamento *s* will • **hacer testamento** to make a will
testamento vital living will

testarudo, -a *adj* stubborn

testículo *s* testicle

testificar *v* [I] (declarar) to give evidence

testigo[1] *s* [masc & fem] **1** (de un crimen, un accidente) witness (pl -sses) • **ser testigo de algo** to witness sth **2** (de una boda) witness
testigo de cargo witness for the prosecution • testigo de descargo witness for the defense • testigo ocular eyewitness

testigo[2] *s* [masc] (en deportes) baton

testimonio *s* (declaración) evidence • **dar/prestar testimonio** to give evidence ▶ **FALSO testimonio**

testosterona *s* testosterone

teta *s* (de una mujer) tit
EXPRESIONES
darle la teta a alguien to breast-feed sb

tétanos *s* tetanus: *la vacuna contra el tétanos* the tetanus vaccine

tetera *s* **1** (para hacer té) teapot **2** (para hervir agua) kettle

tetero *s* (biberón) bottle, baby's bottle

tetilla *s* (de un hombre) nipple

tetina *s* teat

tetrabrik *s* carton

tetraedro *s* tetrahedron

tetrapléjico, -a *adj* quadriplegic

tétrico, -a *adj* gloomy

textil *adj* textile

texto *s* text ▶ **LIBRO de texto**

textual *adj* **1** (de un texto) textual **2** (literal) exact

textualmente *adv* exactly: *Lo citó textualmente.* She quoted his exact words. • *Dijo textualmente: "yo no he sido".* His exact words were: "it wasn't me."

textura *s* texture

tez *s* complexion • **de tez morena/blanca** dark-skinned/fair-skinned

ti *pron* **1** (no reflexivo) you: *Esto es para ti.* This is for you. **2** (reflexivo) yourself: *¿Te estás riendo de ti mismo?* Are you laughing at yourself?

tianguis *s* (grupo de puestos) market: *Los lunes hay tianguis.* There is a market on Mondays.

Tíbet (el) Tíbet Tibet

tibetano[1], -a *s* (persona) Tibetan

tibetano[2] *s* (idioma) Tibetan

tibetano[3], -a *adj* Tibetan

tibia *s* tibia

tibio, -a *adj* **1** (desagradablemente templado) lukewarm; (agradablemente templado) warm **2** (poca entusiasta – acogida) lukewarm

tiburón *s* shark

tic *s* tic

ticket *s* (recibo) receipt
ticket de compra receipt

tictac *s* tick-tock • **hacer tictac** to go tick-tock

tiempo *s*

1	minutos, horas, años
2	hablando del clima
3	de un partido
4	época
5	de un verbo
6	en una carrera, una competencia
7	hablando de bebidas

1 MINUTOS, HORAS, AÑOS time • **tener tiempo para algo/para hacer algo** to have time for sth/to do sth • **todo el tiempo** all the time: *Me llama todo el tiempo.* She keeps calling me all the time. • **ahorrar/perder tiempo** to save/waste time • **al poco tiempo** soon afterwards • **me/le llevó mucho tiempo** it took me/her a long time • **hace tiempo que vive aquí/trabaja en Dallas** he's been living here/working in Dallas for a long time • **hace tiempo que no lo veo/no voy a la iglesia** I haven't seen him/I haven't been to church for a long time • **fue/pasó hace tiempo** it was/it happened a long time ago • **¿cuánto tiempo hace que se casaron/no los ves?** how long is it since they got married/you saw them?
2 HABLANDO DEL CLIMA weather: *Tuvimos un tiempo malísimo.* We had awful weather.
3 DE UN PARTIDO half • **en el primer/segundo tiempo** in the first/second half
4 ÉPOCA tiempos [pl] times • **en tiempos de guerra** in times of war • **en tiempos de paz** in peacetime, in times of peace • **en los últimos tiempos** recently
5 DE UN VERBO tense
6 EN UNA CARRERA, UNA COMPETENCIA time
7 HABLANDO DE BEBIDAS al tiempo at room temperature, unchilled: *un agua mineral al tiempo* a mineral water at room temperature
EXPRESIONES
al mismo tiempo at the same time • **antes de tiempo** early • **a tiempo** on time • **poner el reloj a tiempo** to set your watch to the right time • **con el tiempo** with time • **con tiempo** in good time • **darle tiempo a alguien** (conceder tiempo) to give time to sb • **darle tiempo a alguien para algo/para hacer algo** (tener tiempo suficiente) to have time for sth/to do sth • **dar tiempo al tiempo** to give sth time • **el tiempo es oro** time is money • **estar a tiempo** to have time • **estar a tiempo de hacer algo** to be still in time to do sth: *Estás a tiempo de llamarlo.* You're still in time to call him. • **de un tiempo a esta parte** recently • **ganar tiempo** to save time • **hacer tiempo** to while away the time • **ponerle al mal tiempo buena cara** to put a brave face on things • **¿qué tiempo tiene?** (referido a un niño) how old is he/she? • **trabajar a tiempo completo/parcial** to work full-time/part-time • **un empleo a tiempo completo/parcial** a full-time/part-time job • **un tiempo** a while: *Estuvieron un tiempo sin hablarse.* They didn't talk to each other for a while.
tiempo de descuento, tiempo de reposición injury time, stoppage time • tiempo libre free time • tiempo suplementario, tiempo extra overtime • tiempo fuera time-out

a tiempo: ¿on time o in time?
on time quiere decir "con puntualidad": *The meeting starts at 10 – try to be on time.*
in time significa "con tiempo suficiente": *If I get home in time, I'll take you swimming.*

tienda *s* **1** (comercio) store • **ir de tiendas** to go shopping **2 tienda (de campaña)** tent • **montar una tienda** to put a tent up **3** (para bailar, beber) bar (with music and dancing)
tienda de comestibles, tienda de abarrotes grocery

store • **tienda de deportes** sporting goods store • **tienda departamental** department store • **tienda de regalos** gift shop

tienta **andar/ir a tientas** to feel your way • **buscar algo a tientas** to feel around for sth

tiento s tact • **con tiento** carefully • **andarse/ir con tiento** to tread carefully

tierno, -a adj **1** (no duro) tender **2** (persona) sweet: ¡Qué tierno! Isn't he sweet!

tierra s

1 materia
2 suelo
3 por oposición a mar, aire
4 polvo
5 planeta
6 terrenos
7 país, lugar natal
8 en física

1 MATERIA soil: la tierra de las macetas the soil in the flowerpots • **un camino/una calle de tierra** a dirt road/track

2 SUELO soil: Esta tierra es muy fértil. This soil is very fertile.

3 POR OPOSICIÓN A MAR, AIRE land: un viaje por tierra a trip by land

4 POLVO dust: Los libros estaban llenos de tierra. The books were covered in dust.

5 PLANETA la tierra/la Tierra the Earth

6 TERRENOS tierras [pl] land [sing]: Tuvieron que vender sus tierras. They had to sell their land.

7 PAÍS, LUGAR NATAL homeland: la música de mi tierra music from my homeland

8 EN FÍSICA earth • **una conexión a tierra/una toma de tierra** an earth ▶ CABLE a tierra

EXPRESIONES
echar algo por tierra to ruin sth • **echarle tierra a alguien** to badmouth sb • **tomar tierra (a)** (aterrizar) to land **(b)** (embarcación) to put in to port
tierra caliente tropical lowlands [pl] • tierra de nadie no-man's land • tierra firme dry land • tierra fría the highlands [pl]

tieso, -a adj (rígido) stiff

tifo, tifus s typhoid, typhoid fever

tifoideo, -a adj ▶ FIEBRE tifoidea

tifón s typhoon

tigre, -esa s tigre tiger • **tigresa** tigress (pl -sses)

tijera s **1** (tb **tijeras** [pl]) (instrumento) scissors • **una(s) tijera(s)** a pair of scissors **2** (en fútbol) scissor kick
EXPRESIONES
cortar algo a tijera to cut sth using scissors • **cortado -a con/por la misma tijera** cut from the same cloth • **una silla/una escalera de tijera** a folding chair/folding step-ladders
tijeras de podar secateurs

tila s (infusión) lime flower tea

tildar v [T] **tildar a alguien de ignorante/inútil** to brand sb as being stupid/useless

tilde s **1** (acento) accent • **llevar tilde** to have an accent **2** (de la "ñ") tilde

tiliches s [pl] junk [sing], odds and ends: Deberías tirar todos estos tiliches. You should throw all that junk out.

timador, -a s swindler

timar v [T] **1 timar a alguien** to rip sb off **2 timarle algo a alguien** to con sb out of sth • **¡te han timado!** you've been conned!

timbal s (instrumento) kettledrum • **los timbales** the timpani

timbre s **1** (de correos) stamp **2** (aparato) bell • **tocar el timbre** to ring the bell **3** (de un sonido, una voz) timbre

timidez s shyness

tímido, -a adj shy

timo s (robo) rip-off; (engaño) con

timón s rudder • **estar al timón** to be at the helm

timonel s (de una embarcación – hombre) helmsman (pl helmsmen); (mujer) helmswoman (pl helmswomen)

timorense[1] s East Timorese man/woman • **los timorenses** the East Timorese

timorense[2] adj East Timorese

Timor Oriental East Timor

tímpano s (del oído) eardrum

tina s (de baño) bathtub

tinaja s large earthenware jar

tiniebla, tinieblas s darkness

tino s **1** (puntería) marksmanship **2** (juicio) judgment • **con buen/mucho tino** sensibly

tinta s ink • **escribir algo con tinta** to write sth in ink
EXPRESIONES
cargar las tintas to exaggerate
tinta china Indian ink

tintero s **dejar algo en el tintero** not to mention sth: Hemos dejado varios temas en el tintero. There are several issues that we didn't mention.

tinto s **1** (vino) red wine **2** (café) black coffee

tintorería s dry cleaner's

tintura s **1** (producto) hair dye **2** (acción de teñirse el pelo) **hacerse la tintura** to have your hair dyed

tío, -a s (pariente) **tío** uncle • **tía** aunt • **tíos** (tío y tía) aunt and uncle: Vivo con mis tíos. I live with my aunt and uncle. • **el tío Carlos/la tía Marta** Uncle Carlos/Aunt Marta

tiovivo s merry-go-round, carousel

típex s correction fluid

típico, -a adj **1** (característico) typical **2** (tradicional) traditional: el traje típico de la región the traditional regional costume

⚠ Con el sentido de "tradicional", "típico" no se traduce por "typical":
Every year in July there is a traditional (✗ typical) festival.
I know a good restaurant which serves local/regional (✗ typical) food.

tiple s soprano

tipo s **1** (clase) kind • **todo tipo de gente/problemas** all kinds of people/problems **2** (figura – de mujer) figure; (de hombre) body (pl -dies) **3** (persona) **tipo** guy • **tipa** woman; (más joven) girl
EXPRESIONES
no es mi/su tipo he/she isn't my/her type
tipo de cambio exchange rate • tipo de interés interest rate

tipografía s typography

tipología s typology

tiquete s **1** (de avión, tren) ticket: Ya he sacado el tiquete. I've already bought my ticket. • Incluye tiquete aéreo y hotel. Airfares and hotel are included. **2** (recibo, boleta) receipt: Conserve el tiquete. Keep your receipt. **3 tiquete (de entrada)** (entrance) ticket
tiquete de ida one-way ticket • tiquete de ida y regreso round-trip ticket

tira[1] s [fem] **1** (de tela, papel) strip • **cortado -a en tiras** cut into strips **2** (de un zapato) strap **3** (historieta) comic strip **4 la tira** (la policía) the cops

tira[2] s [masc & fem] (policía) cop

tirabuzón s **1** (para botellas) corkscrew **2** (rizo) corkscrew curl

tirada s (ejemplares) print run
EXPRESIONES
de una tirada in one go

tiradera s taunt: *Te lo digo por tiradera, no te enojes.* I'm teasing you, don't get angry.

tiradero s **1 tiradero (de basura)** garbage dump **2** (revoltijo, desorden) total mess: *La cocina era un tiradero.* The kitchen was a total mess.

tirado, -a adj **tirado -a en el suelo/la cama** lying on the floor/the bed: *Deja las cosas tiradas por toda la casa.* She leaves things lying around all over the house.

EXPRESIONES

estar tirado -a (barato) to be really cheap; (fácil) to be really easy • **no estar tan tirado -a (a la calle)** to be in pretty good shape

tirador¹, -a s (persona) **tirador** marksman (pl -men) • **tiradora** markswoman (pl -women) • **ser un buen tirador/una buena tiradora** to be a good shot

tirador² s [masc] **1** (de un cajón) handle **2** (para arrojar piedras) slingshot

tiraje s **1** (de un periódico) circulation **2** (de un libro) print run

tiralíneas s drawing pen

tiramisú s tiramisu

tiranía s tyranny

tiránico, -a adj tyrannical

tirano, -a s tyrant

tirante¹ adj **1** (cuerdas, cables) taut **2** (relaciones, situaciones) tense

tirante² s **1** (de un vestido) strap **2 tirantes** [pl] (para pantalones) suspenders

tirantez s **1** (en las relaciones) tension, strain **2** (de una cuerda) tautness, tightness

tirar v

   1 arrojar
   2 dejar caer
   3 derramar
   4 verter
   5 deshacerse de
   6 malgastar
   7 derribar, tumbar
   8 disparar
   9 explosivos
   10 hacia uno
   11 en juegos
   12 atraer
   13 quedar chico, corto
   14 tender a

1 ARROJAR [I,T] to throw • **tirarle algo a alguien (a)** (para pasárselo) to throw sb sth, to throw sth to sb: *Le tiré las llaves.* I threw him the keys./I threw the keys to him. **(b)** (para agredir) to throw sth at sb: *Le tiró una piedra.* She threw a stone at him. ▶ ver nota en **PULL**

2 DEJAR CAER [T] **tirar algo al suelo** to drop sth on the ground

3 DERRAMAR [T] **tirar algo encima de algo/alguien** to spill sth on sth/over sb

4 VERTER [T] **tirar algo encima de algo/alguien** to pour sth over sth/sb

5 DESHACERSE DE [T] **tirar algo (a la basura)** to throw sth away

6 MALGASTAR [T] **tirar el dinero (en algo)** to waste money (on sth)

7 DERRIBAR, TUMBAR [T] **tirar algo/a alguien** to knock sth/sb down • **tirar abajo un edificio/una puerta** to knock a building/a door down

8 DISPARAR [I,T] to shoot • **tirar un tiro/dos tiros** to fire a shot/two shots

9 EXPLOSIVOS [T] **tirar una bomba/una granada** to drop a bomb/throw a grenade • **tirar cohetes/petardos** to let off rockets/firecrackers

10 HACIA UNO [I] **tirar de algo** to pull sth • **tirarle del pelo/de la manga a alguien** to pull sb's hair/sleeve

11 EN JUEGOS [I,T] to throw: *¿A quién le toca tirar los dados?* Whose turn is it to throw the dice?

12 ATRAER [T] **me/le tira la literatura/la cocina** I/he like(s) literature/cooking

13 QUEDAR CHICO, CORTO [I] **la blusa me tira de la sisa/los pantalones me tiran de la entrepierna** the blouse is pulling under the arms/the pants are pulling at the crotch

14 TENDER A [I] **tirar a algo** to be attracted to sth: *Su hijo tira a músico.* Her son wants to become a musician.

EXPRESIONES

azul tirando a verde/marrón tirando a rojo greenish blue/reddish brown • **ir tirando** –*¿Qué tal estás?* –*Voy tirando.* "How're you doing?" "Not too bad." • **tira y afloja** *Después de varios días de tira y afloja, se han puesto de acuerdo.* They have come to an agreement after several days of toing and froing.

—tirarse v pron

1 LANZARSE, ARROJARSE tirarse al agua/al río to jump into the water/the river; (de cabeza) to dive into the water/the river • **tirarse de un tercer piso/por la ventana** to jump from the third floor/out of the window • **tirarse en paracaídas** (para salvarse) to parachute; (como deporte) to do a parachute jump

2 TUMBARSE to lie down

3 DERRAMARSE tirarse algo encima *Me tiré el café encima.* I spilled the coffee in my lap/over my shirt, etc. • *No te tires la sopa encima.* Don't spill your soup down your front/on your pants, etc.

4 ECHAR A PERDER *Te tiraste el negocio por llegar tarde.* You lost the business because you arrived late.

EXPRESIONES

tirárselas de algo to boast about sth

tiritar v [I] to shiver • **tiritar de frío** to shiver with cold ▶ ver nota en **SHAKE**

tiro s **1** (disparo) shot; (señal que deja) bullet hole; (herida) bullet wound: *Lo mataron de un tiro en la cabeza.* They killed him with a shot to the head. • **pegarle un tiro a alguien** to shoot sb • **pegarse un tiro** to shoot yourself **2** (en fútbol, básquet) shot: *Erró el tiro.* He missed the shot. **3** (de un pantalón) waist • **pantalones de tiro bajo/alto** low-waisted/high waisted pants

EXPRESIONES

a tiro (a) (de un arma) within range **(b)** (de su alcance) within your reach • **de a tiro** absolutely: *Y si de a tiro no hago nada?* And what if I do absolutely nothing? • *Magalí es de a tiro floja.* Magalí is downright lazy. • **un animal/una mula de tiro** draft animal/mule • **errar el tiro** (al disparar) to miss the target; (al hablar o actuar) to get it wrong • **ni a tiros** no way: *No vuelvo a invitarla ni a tiros.* No way am I inviting her again. • **me/le salió el tiro por la culata** the plan backfired on me/him • **saber/no saber por dónde van los tiros** to know/not to know what's going on

tiro al blanco target shooting • **tiro de gracia** coup de grace • **tiro con arco** archery • **tiro de esquina** corner • **tiro libre (a)** (en fútbol) free kick **(b)** (en básquet) free throw

tiroides adj, s thyroid

tirón s **1** (acción) pull • **darle un tirón a algo** to pull sth • **arrancar algo de un tirón** to rip sth off • **darle un tirón de pelo a alguien** to pull sb's hair **2** (de un carro, una moto) **dar tirones** to jerk **3** (en un músculo) pull

EXPRESIONES

dormir ocho/nueve horas de un tirón to sleep through for eight/nine hours • **leerse algo de un tirón** to read sth in one sitting

tirón de orejas telling off

tiroteo s (entre dos bandos, dos personas) shoot-out

tirria s **tomarle tirria a algo/alguien** to take a dislike to sth/sb • **tenerle tirria a algo/alguien** to not be able to stand sth/sb

tisana s infusion

titanio s titanium

títere s **1** (muñeco) puppet **2 títeres** [pl] (espectáculo) puppet show

EXPRESIONES
no dejar títere con cabeza to spare nobody

tití s capuchin monkey
EXPRESIONES
ponerse como un tití to be furious

titipuchal s **un titipuchal de algo** loads of sth: *Tiene un titipuchal de dinero.* He has loads of money.

titiritero, -a s (que maneja títeres) puppeteer

titubear v [I] (dudar) to hesitate • **no titubear en hacer algo** not to hesitate in doing sth • **sin titubear** without hesitation

titubeo s hesitation • **sin titubeos** without hesitation

titulación s qualifications [pl]

titulado, -a adj (persona) qualified: *Es abogada titulada.* She's a qualified lawyer.

titular¹ adj **un -a profesor -a titular** a tenured professor • **el equipo titular** the first team

titular² s [masc] (en un diario) headline

titular³ s [masc & fem] **1 el/la titular de la cuenta/del pasaporte** the account-holder/passport-holder **2** (en deportes) first-team player

titular⁴ v [T] (una novela, un poema) to call
—**titularse** v pron **1** (tener como título) to be titled: *¿Cómo se titula la obra?* What's the title of the play? **2** (obtener un título académico) to graduate • **titularse de sociólogo -a/físico -a** to graduate in sociology/physics, to get a degree in sociology/physics

título s **1** (de una novela, una película) title: *un título muy sugerente* a very suggestive title • *el título del capítulo* the chapter title • **sin título** untitled **2** (en deportes) title: *el título europeo* the European title **3** (en educación) qualification: *Estudia para obtener un título.* He's studying for a qualification. • **obtener el título de médico/abogado** to qualify as a doctor/lawyer, to get a degree in medicine/law • **tener/no tener títulos** to have/not to have qualifications: *No tiene los títulos necesarios.* He doesn't have the necessary qualifications. **4 título (nobiliario)** title: *Le han otorgado el título de baronesa.* She's been given the title of baroness. **5** (condición) **a título personal** in a personal capacity: *Este comentario lo hago a título personal.* This comment is my personal opinion. • **a título de amigo** as a friend • **a título póstumo** posthumously
título académico academic qualification • **título de propiedad** title deed • **título universitario** university degree

tiza s **1** (trozo, barra) piece of chalk: *Necesito una tiza.* I need a piece of chalk. **2** (material) chalk: *Lo escribieron con tiza.* They wrote it in chalk.

tizón s (palo) half-burned stick

tlaconete s (babosa) slug

tlacuache s possum

tlapalería s hardware store

toalla s **1** towel: *toalla de baño* bath towel **2 toalla (femenina)** sanitary napkin
EXPRESIONES
arrojar/tirar la toalla to throw in the towel

toallero s towel rail

tobillera s (venda) ankle support

tobillo s ankle: *Me he torcido el tobillo.* I've twisted my ankle.

tobo s **1 tobo (de basura)** trash can, garbage can **2** (balde) bucket

tobogán s **1** (en un parque) slide • **tirarse por un tobogán** to go down a slide **2** (en una piscina, alberca) water chute, flume

tocadiscos s record player

tocado¹, -a adj (loco) soft • **estar tocado -a** to be soft in the head

tocado² s [masc] (adorno) hair-do

tocador s **1** (mueble) dressing table **2** (habitación) dressing room

tocante adj **en lo tocante a...** with regard to..., as far as... is concerned: *en lo tocante a crecimiento económico* as far as economic growth is concerned

tocar v

1 con las manos
2 un instrumento, música
3 indicando un turno
4 en suerte, en un reparto
5 un timbre, una campana
6 llamar
7 estar en contacto con
8 ser el momento de
9 abordar

1 CON LAS MANOS [T] to touch; (palpar) to feel: *¡No toques nada!* Don't touch anything! • *Tócalo a ver si está seco.* Feel it and see if it's dry.
2 UN INSTRUMENTO, MÚSICA [I, T] to play: *Esta noche tocamos.* We're playing tonight. • *Toca muy bien el saxo.* He plays the sax very well. • *Tocaron el himno nacional.* They played the national anthem.
3 INDICANDO UN TURNO [I] **tocarle a alguien (hacer algo)** to be sb's turn (to do sth): *Me toca a mí.* It's my turn. • *¿A quién le toca cocinar?* Whose turn is it to cook?
4 EN SUERTE, EN UN REPARTO [I] **me tocó el pedazo más pequeño/la habitación más grande** I got the smallest piece/the biggest room: *Me tocó una habitación con balcón.* I got a room with a balcony. • *¿Qué profesora te tocó?* Which teacher did you get?
5 UN TIMBRE, UNA CAMPANA [T] to ring: *Toqué tres veces el timbre.* I rang the bell three times. • **tocar el claxon/el pito/la bocina** to sound your horn
6 LLAMAR [I] **tocar a la puerta** to knock on the door: *Están tocando a la puerta.* There's someone at the door.
7 ESTAR EN CONTACTO CON [I] to be touching: *La mesa toca la pared.* The table is touching the wall.
8 SER EL MOMENTO DE [I] *La próxima semana toca ir al dentista.* We have to go to the dentist next week. • *Mañana toca arroz.* It's rice tomorrow.
9 ABORDAR [T] **tocar un tema/un asunto (a)** (sacarlo) to bring a subject up **(b)** (tratarlo) to touch on a subject: *Tocamos varios temas.* We touched on various subjects. ▶ **tocar** FONDO, **tocar** MADERA

tocayo, -a s namesake: *su famoso tocayo* his famous namesake • **es tocayo tuyo/tocaya tuya** he/she has the same name as you: *Somos tocayos.* We have the same name.

tocineta s bacon: *una tira de tocineta* a slice of bacon

tocino s bacon

tocólogo, -a s obstetrician

todavía adv **1** (indicando tiempo – en oraciones negativas) yet; (en oraciones afirmativas) still: *Todavía no he terminado.* I haven't finished yet. • *¿Todavía no se han ido?* Haven't they gone yet? • *Todavía estoy esperando.* I'm still waiting. • *¿Todavía estás aquí?* Are you still here? • **todavía no** not yet: *–¿Has acabado? –Todavía no.* "Have you finished?" "Not yet." **2** (en comparaciones) even: *Este grupo es todavía mejor.* This band is even better. **3** (igual) still: *¿Lo llevan en coche y todavía se queja?* He gets driven and he still complains?

todo¹, -a adj **1** (con sustantivos contables en singular) all, whole • **todo el pastel/toda la escuela** the whole cake/the whole school, all the cake/all the school: *Se comieron toda la pizza.* They ate the whole pizza. • **todo el día/toda la semana** the whole day/the whole week, all day/all week: *Se quedó todo el día.* She stayed all day. **2** (con sustantivos en plural o incontables) all: *Ganamos todos los partidos.* We won all the games. • *Todo el trabajo lo hice yo.* I did all the work. • **en todo el mundo/en toda Colombia** in the whole world/in the whole of Colombia **3** (en expresiones de frecuencia) every • **todos los días/todas las semanas** every day/every week: *Lo veo todos los domingos.* I see him every

Sunday.   **4** (verdadero) real • **ser todo un hombre/toda una mujer** to be a real man/woman

EXPRESIONES

a todo esto (por cierto) by the way

todo², -a *pron* **1** (en singular) all; (todas las cosas) everything: *Cómetelo todo.* Eat it all up. • *Me lo contó todo.* She told me everything. • *Todo estaba sucio.* Everything was dirty. • *todo lo que compré* everything I bought **2** (en plural) all: *Cuenta las piezas a ver si están todas.* Count the pieces to see if they're all there. • *A todas les gusta el mismo muchacho.* They all like the same boy. ▸ ANTE **todo**, DESPUÉS de **todo**, SOBRE **todo**

EXPRESIONES

con todo (sin embargo) all the same, even so • **con todo y todo** even then: *Le entregué todos los trabajos y con todo y todo me reprobó.* I handed in all the assignments but even then he failed me. • **con todo y...** *Con todo y sus influencias fue a dar al bote.* In spite of all his connections he ended up in jail. • *Con todo y que le pedimos permiso luego nos castigó.* Even though we asked permission, he punished us afterward. • **de todo** *Venden de todo.* They sell all kinds of things. • *Come de todo.* He'll eat anything. • *Tiene de todo.* She has everything. • **del todo** totally: *No está del todo convencida.* She isn't totally convinced. • **estar en todo** to think of everything: *Es increíble la capacidad que tiene para estar en todo.* It's incredible how she manages to think of everything. • **y todo** *El precio incluye el alquiler del equipo, con esquíes y todo.* The price includes equipment rental, even with skis and everything.

todo³ *adv* all • **estar todo sucio/todo roto** to be all dirty/all broken • **seguir todo recto/seguido** to keep going straight ahead/on

todopoderoso¹, -a *adj* all-powerful

todopoderoso² *s* **el Todopoderoso** the Almighty

todoterreno *s* four-wheel-drive

toga *s* **1** (de juez) robes [pl] **2** (de catedrático) gown

Togo Togo

togolés¹, -esa *s* **togolés** Togolese man • **togolesa** Togolese woman • **los togoleses** the Togolese

togolés², -esa *adj* Togolese

tolda *s* tent

toldo *s* awning

tolerancia *s* tolerance

tolerante *adj* tolerant

tolerar *v* [T] **1** (aguantar) to put up with, to tolerate (*más frml*): *Esto no lo voy a tolerar.* I won't put up with this. • **no lo/la tolero** I can't stand him/her **2** (permitir) to allow: *La madre le tolera cualquier cosa.* Her mother lets her get away with anything. **3** (un tratamiento, un medicamento) to tolerate (*técn*): *Está tolerando bien el tratamiento.* His body is reacting well to the treatment. • *personas que no toleran el gluten* people who have a gluten intolerance • *Esa planta no tolera muy bien la luz del sol.* The plant doesn't like direct sunlight.

toma *s* **1** (en cine, TV) take: *La toma no salió bien.* The take didn't come out well. **2** (de corriente) socket, outlet **3** (de un medicamento) dose: *una toma diaria* a daily dose **4** (de leche, de un alimento) feed **5** (de una ciudad, un edificio) capture

toma de posesión (de un ministro) swearing in; (de un presidente) inauguration • **toma de agua** water inlet • **toma de gas** gas inlet • **toma de conciencia** awareness raising: *una campaña que permita la toma de conciencia sobre el problema* a campaign to raise awareness of the problem • **toma de rehenes** hostage taking • **toma de posición** stance • **toma de decisiones** decision making • **toma de tierra** (en electricidad) earth

tomadura de pelo (tb **tomada de pelo**) *s* joke

tomar *v*

  1 un taxi, un bus
  2 asir
  3 beber

  4 comer
  5 un medicamento
  6 clases
  7 una noticia
  8 considerar

1   **UN TAXI, UN BUS**   [T] to take: *Tomamos un taxi.* We took a taxi. • *Tienes que tomar el 121.* You need to take the 121.

2   **ASIR**   [I,T] to take: *Toma tu bici, ya no la quiero.* Take your bike, I don't want it any more. • **toma/tomen** here you go: *Toma, te lo presto.* Here you go, you can borrow it. • *Tomen, les regalo esto.* Here you go, you can have this.

3   **BEBER**   [T] to drink, to have: *Tienes que tomar mucha agua.* You must drink a lot of water. • *Tomé dos vasos de leche.* I had two glasses of milk. • **tomar algo** *¿Quieres tomar algo?* Do you want a drink? • *Salimos a tomar algo.* We went out for a drink.

4   **COMER**   [T] to have • **tomar un helado** to have an ice cream cone • **tomar el desayuno/el té** to have breakfast/tea • **tomar la sopa** to eat your soup

5   **UN MEDICAMENTO**   [T] to take

6   **CLASES**   [T] to take, to have: *Está tomando clases de piano.* She's taking piano lessons.

7   **UNA NOTICIA**   [T] to take: *¿Cómo se lo tomaron?* How did they take it? • *Se lo tomó muy bien.* He took it very well.

8   **CONSIDERAR**   [T] to take: *No me gusta que me tomen por idiota.* I don't like being taken for a fool. ▸ **tomar** MEDIDAS, **tomar una** DECISIÓN, **tomar el** SOL

EXPRESIONES

tomarla con alguien to have it in for sb

—**tomarse** *v pron*

1   **BEBER**   to drink, to have: *Me tomé una cerveza.* I had a beer.

2   **COMER**   to have • **tomarse un helado** to have an ice cream cone • **tomarse la sopa** to eat your soup

3   **UN MEDICAMENTO**   to take

4   **VACACIONES, TIEMPO**   to take: *Tómate un par de días para decidirlo.* Take a couple of days to think about it. • **tomarse unas vacaciones/un día libre** to take a vacation/a day off

⚠ Cuando se trata de comer o beber algo "tomar" a menudo se traduce por **have**:
I have (✗ *take*) *breakfast at 10 a.m.*
Let's have (✗ *take*) *a cup of coffee.*
We'll have (✗ *take*) *dinner in a restaurant.*

tomata *s* drinking session

tomate *s* (fruto) tomato (pl -toes) • **una ensalada/una salsa de tomate** a tomato salad/sauce

EXPRESIONES

ponerse rojo -a/colorado -a como un tomate to turn as red as a beet

tómbola *s* draw

tomillo *s* thyme

tomo *s* volume: *una enciclopedia en diez tomos* an encyclopedia in ten volumes

ton **sin ton ni son** for no reason

tonalidad *s* **1** (de color) tone, tonality (*más frml*) **2** (de sonido) key, tonality (*más frml*)

tonel *s* barrel

EXPRESIONES

estar como un tonel to be like an elephant

tonelada *s* ton
  tonelada métrica metric ton, tonne

tonelaje *s* tonnage

tóner *s* toner

Tonga Tonga

tongano¹, -a *s* (persona) Tongan

tongano² *s* (idioma) Tongan

tongano³, -a *adj* Tongan

tongo s (en una pelea, elecciones) *Acusan a los jurados del concurso de tongo.* The judges are being accused of rigging the competition. • **hubo/ha habido tongo** it was rigged

tónica s tonic water

tónico[1], -a *adj* (vocal, sílaba) stressed, tonic

tónico[2] s tonic

tonificar *v* [T] (los músculos) to tone up; (la piel) to tone

tono s **1** (de un color) shade: *¿Lo tienen en un tono más claro?* Do you have it in a lighter shade? **2** (de un sonido, una voz) tone: *No me hables en ese tono.* Don't talk to me in that tone of voice. • *Me lo dijo en tono de burla.* She said it to me mockingly. • *un tono amenazante* a menacing tone **3** (del teléfono) beep: *Espera hasta que oigas el tono.* Wait till you hear the beep. • *No hay tono.* The line is dead. **4** (en música) key

EXPRESIONES

a tono matching • **a tono con algo** in keeping with sth: *una ley a tono con la época* a law that is in keeping with the times • **poner algo a tono** to get sth in shape • **estar/ponerse a tono (con algo)** to be/to get in line (with sth) • **darse tono** to be out of place • **estar fuera de tono** to be out of place • **subir de tono** (pelea, discusión) to intensify • **subido -a de tono (a)** (chiste) risqué **(b)** (película) racy

tono mayor major key • tono menor minor key • tono muscular muscle tone

tontear *v* [I] **1** (hacerse el tonto) to mess around: *Deja ya de tontear y ponte a trabajar.* Stop messing around and get on with your work. **2** (coquetear) **tontear con alguien** to flirt with sb

tontería s **1** (acción o dicho estúpidos) silly thing: *No me vengas con tonterías.* Don't bother me with such silly things. • *Déjate ya de tonterías.* Stop being silly. • **decir tonterías** to talk nonsense • **decir una tontería** to say something silly • **hacer una tontería** to do something silly • **hacer tonterías** to mess around • **¡qué tontería!** how silly! **2** (cosa sin importancia) silly little thing: *Se pelearon por una tontería.* They had an argument over some silly little thing. • *Cómprale una tontería.* Just buy her something little.

tonto[1], -a *adj* silly, stupid

tonto[2], -a s fool

EXPRESIONES

hacer el tonto/la tonta to mess around, to play the fool • **hacerse el tonto/la tonta** to act dumb

topacio s topaz

toparse *v pron* **toparse con alguien** to bump into sb: *Me topé con ella en el centro.* I bumped into her in town. • **toparse con algo** to come across sth: *Recorriendo la Web, me topé con esta página.* I came across this page when I was surfing the Web. • **toparse con dificultades/problemas** to come up against difficulties/problems

tope s **1** (límite) limit: *el tope de edad* the age limit • *la fecha tope para entregar la solicitud* the deadline for handing in the application **2** (para una puerta) doorstop **3** (en una cocina) counter **4** (cabezazo) **darse un tope con algo/alguien** to bump into sth/sb: *Me di un tope con el marco de la puerta.* I bumped into the doorframe. • **darle un tope a alguien** to headbutt sb **5** (para el tráfico) speed bump

EXPRESIONES

a tope (lleno) packed: *El bar estaba a tope.* The bar was packed. • **darse topes (contra la pared)** to kick yourself: *Estaba que se daba topes contra la pared.* He was kicking himself. • **trabajar a tope** to work flat out • **con la música a tope** with music blaring out

tópico s cliché

topless s **el topless** (en la playa) topless sunbathing: *El topless no está permitido en esta playa.* Topless sunbathing is not allowed on this beach. • **en topless** topless

top-model s top model

topo s **1** (animal) mole **2** (infiltrado) mole

topografía s topography

topónimo s place name

toque s **1** (detalle) touch (pl -ches): *un toque de humor* a touch of humor • **un toque personal/profesional** a personal/professional touch • **darle los últimos toques a algo** to put the finishing touches to sth **2** (en fútbol) pass (pl -sses) **3** (eléctrico) shock: *Me dio un toque cuando lo enchufé.* I got a shock when I plugged it in. **4** (cigarro de marihuana) joint **5** (de cocaína) snort

EXPRESIONES

darle un toque de atención a alguien to give sb a warning

toque de queda curfew

toquetear *v* [T] **1** (una cosa) to fiddle with **2** (a una persona) to touch up, to grope

torácico, -a *adj* thoracic: *cavidad torácica* thoracic cavity ▶ CAJA **torácica**

tórax s thorax (pl -xes): *una radiografía de tórax* a chest x-ray

torbellino s **1** (de viento) whirlwind **2** (persona) **ser un torbellino** to be a bundle of energy

torcedura s sprain

torcer *v* **1** [T] (doblar) to twist • **torcerle el brazo/la muñeca a alguien** to twist sb's arm/wrist: *Me torció el brazo.* He twisted my arm. **2** [I] (girar) to turn • **torcer a la derecha/a la izquierda** to turn right/left

—**torcerse** *v pron* (doblar) **me torcí el tobillo/la muñeca** I twisted my ankle/wrist

torcido, -a *adj* crooked: *Tiene la nariz torcida.* He has a crooked nose. • **estar torcido -a** to be crooked: *El cuadro está torcido.* The picture is crooked.

torear *v* **1** [I, T] (con toros) to fight • **torear un novillo/un toro** to fight a young bull/a bull **2** [T] (esquivar) to avoid

torero, -a s bullfighter

tormenta s (tempestad) storm: *Viene una tormenta.* There's a storm brewing.

tormenta de arena sandstorm • tormenta de nieve snowstorm

tormento s **1** (tortura) torture, torment **2 ser un tormento (a)** (cosa) to be torture: *Este ruido es un tormento.* This noise is torture. **(b)** (persona) to be the bane of your life: *Los hijos del vecino son un tormento.* The neighbor's children are the bane of my life.

tormentoso, -a *adj* **1** (tiempo, cielo) stormy **2** (relación, reunión, romance) stormy

tornado s tornado

tornarse *v pron* to become: *Con el tiempo, el problema se tornó muy complicado.* The problem became very complicated as time went on.

torneado, -a *adj* (brazos, piernas, muslos) toned

torneo s tournament: *un torneo de ajedrez* a chess tournament

tornillo s screw

EXPRESIONES

le/te falta un tornillo he has/you have got a screw loose

torniquete s **1** (en una herida) tourniquet **2** (en una entrada) turnstile

torno s **1** (de un dentista) drill **2** (de un carpintero) lathe **3** (de un alfarero) wheel, potter's wheel

EXPRESIONES

en torno a (a) (alrededor de) around: *Los policías se colocaron en torno al edificio.* The police took up a position around the building. **(b)** (aproximadamente) around: *El precio suele estar en torno a los 500 pesos.* The price is usually around 500 pesos. **(c)** (sobre) about: *un debate en torno a la legalidad de la guerra* a debate about the legality of the war

toro s **1** (animal) bull **2 los toros** (el espectáculo) bullfighting: *No me gustan los toros.* I don't like bullfighting. • **ir a los toros** to go to a bullfight

T

EXPRESIONES
agarrar al toro por los cuernos to take the bull by the horns
toro de lidia fighting bull

toronja s grapefruit (pl grapefruit, grapefruits)

torpe adj **1** (al moverse) clumsy: *¡Qué torpe eres!* You're so clumsy! **2** (poco inteligente) slow: *Siempre había sido el más torpe de la clase.* He'd always been the slow one in the class.

torpedear v [T] (una embarcación) to torpedo

torpedo s (proyectil) torpedo

torre s **1** (de un castillo, una iglesia) tower **2** (edificio) high-rise: *una torre de quince pisos* a fifteen-storey building **3** (en ajedrez) castle, rook
EXPRESIONES
darle en la torre a algo/alguien to hit sb/sth where it hurts
torre de alta tensión pylon • **torre de Babel** Tower of Babel • **torre de control** control tower

torrencial adj torrential

torrente s **1** (de agua) torrent **2** (de cartas, críticas, reclamaciones) avalanche **3 torrente (sanguíneo/ circulatorio)** bloodstream

torreón s tower

torreta s turret

tórrido, -a adj **1** (aire, noche, verano) scorching, torrid (*más frml*) **2** (romance) torrid

torrija s French toast

torso s torso

torta s **1** (dulce) cake **2** (con pan) roll, sandwich (pl -ches)

tortazo s **1** (bofetada) slap • **darle un tortazo a alguien** to give sb a good slap **2** (choque) crash: *Se pegó un tortazo con la moto.* He had a crash on his motorbike.

tortícolis s **tener tortícolis** to have a stiff neck

tortilla s **1** (con huevo batido) omelet: *una tortilla de queso* a cheese omelet **2** (para tacos) tortilla: *una tortilla de harina* a flour tortilla
tortilla de papas, tortilla (a la) española Spanish omelet • **tortilla francesa** French omelet

tórtola s turtledove

tortolito, -a s lovebird

tortuga s **1** (de tierra) tortoise **2** (de mar) turtle **3** (de agua dulce) terrapin
EXPRESIONES
a paso de tortuga at a snail's pace

tortuoso, -a adj **1** (camino, carretera) winding **2** (negociación, proceso) tortuous

tortura s torture: *Confesó bajo tortura.* He confessed under torture. • **ser una tortura** to be torture: *Esta música es una tortura.* This music is torture.

torturador, -a s torturer

torturar v [T] **1** (físicamente) to torture **2** (mentalmente) to torment
—**torturarse** v pron to torture yourself: *¡No te tortures!* Don't torture yourself!

tos s cough • **tener tos** to have a cough: *Tengo mucha tos.* I have a bad cough.
tos ferina whooping cough

toser v [I] to cough

tostada s **1** (de pan) piece of toast: *Me comí tres tostadas con mantequilla.* I had three pieces of toast with butter. • **tostadas** [pl] toast [U]: *¿Quieren más tostadas?* Would you like some more toast? **2** slow-baked and fried tortilla, often eaten with refried beans, meat or chicken and tomato, cheese, avocado and chili sauce

tostado, -a adj **1** (color) dark, deep **2** (pan, almendras) toasted

tostadora, **tostador** s toaster

tostar v [T] **1** (pan, almendras) to toast **2** (café) to roast **3** (cara, brazos, persona) to tan
—**tostarse** v pron to get a tan, to go brown: *Se me ha tostado la cara.* My face has gotten a tan. • *Viajó a las playas de México para tostarse al sol.* She went to the beach in Mexico to get a tan.

total[1] s **1** (resultado) total: *Escribe el total aquí.* Write the total here. **2 el total de los alumnos/la población** all of the students/the whole population: *Representa el 30 por ciento del total de las exportaciones nacionales.* It represents 30 percent of all the country's exports. **3 un total de setenta/cien** a total of seventy/one hundred
EXPRESIONES
en total altogether: *En total éramos unas veinte personas.* There were about twenty of us altogether.

total[2] adj **1 número/costo total** total number/cost: *El costo total fue superior a lo previsto.* The total cost was higher than anticipated. • *El precio total es de $1.000.* Altogether it comes to $1,000. **2 un fracaso/un éxito total** a total failure/a complete success

total[3] adv **1** (después de todo) after all: *Total, no tienes nada que hacer.* After all, you don't have anything to do. **2** (en conclusión) so: *Total, que acabamos no entrando al museo.* So, we ended up not going to the museum.

totalidad s **la totalidad de los alumnos/de la población** all the students/the whole population • **en su totalidad** all: *Los trabajadores de la mina son en su totalidad inmigrantes extranjeros.* The miners are all foreign immigrants. • *Comparto sus críticas casi en su totalidad.* I agree with almost all of her criticisms.

totalitario, -a adj totalitarian

tóxico, -a adj toxic

toxicomanía s drug addiction

toxicómano[1], -a s drug addict

toxicómano[2], -a adj addicted to drugs: *madres toxicómanas* mothers addicted to drugs

toxina s toxin

tozudez s stubbornness

tozudo, -a adj, s stubborn • **ser (un) tozudo/(una) tozuda** to be so stubborn

traba s **1 ponerle trabas a algo/alguien** to put obstacles in the way of sth/in sb's way **2** (por el consumo de marihuana) high

trabado, -a adj (drogado) stoned

trabajado, -a adj (elaborado) well thought out: *un proyecto muy trabajado* a very well thought out project

trabajador[1], -a adj hard-working

trabajador[2], -a s worker
trabajador -a **autónomo** -a self-employed person • **trabajador** -a **por cuenta ajena** employee • **trabajador** -a **por cuenta propia** self-employed person

trabajar v **1** [I] (persona) to work: *¿Dónde trabaja?* Where does he work? • *Trabaja en una librería.* She works in a bookstore. • *Trabaja de noche.* He works nights. • **trabajar mucho/tanto** to work very hard/so hard: *No trabajes tanto.* Don't work so hard. • **trabajar bien/mal** to be a good/bad worker • **trabajar de/como algo** to work as sth: *Está trabajando de taxista.* He's working as a cab driver. • *¿De qué trabajas?* What do you do? • **trabajar en publicidad/diseño** to work in advertising/design • **trabajar por cuenta propia/cuenta ajena** to be self-employed/an employee • **trabajar a tiempo completo/parcial** to work full-time/part-time • **trabajar por horas** to work by the hour **2** [I] (funcionar) to work: *un servidor que trabaja ininterrumpidamente* a server that runs continuously **3** [I] (actuar) to be: *Ha trabajado en varias películas de terror.* She's been in several horror movies. **4** [T] (la tierra, el cuero) to work

trabajo s

1 empleo
2 lugar
3 esfuerzo
4 tarea
5 de un artista, un escritor
6 para la escuela

1 EMPLEO job, work [U] • **buscar trabajo** to look for a job, to look for work [U] • **estar sin trabajo** to be out of work, to not have a job • **quedarse sin trabajo** to lose your job: *Se ha quedado sin trabajo.* She's lost her job.
▶ ver nota en JOB

2 LUGAR **el trabajo** work: *Está en el trabajo.* She's at work. • *Te paso a buscar al trabajo.* I'll pick you up from work.

3 ESFUERZO **dar/costar trabajo** to be hard work: *Cuesta trabajo empezar de nuevo.* It's hard work starting all over again. • *Cuesta trabajo planchar camisas.* Ironing shirts is hard work. • **me/le da trabajo** I find/he finds it hard: *Le da trabajo entenderlo.* She finds it hard to understand. • **me dio trabajo hacerlo/pintarlo** it was hard work making it/painting it: *Nos dio mucho trabajo convencerlo.* It was very hard work persuading him. • **tomarse el trabajo de hacer algo** to take the trouble to do sth

4 TAREA job: *Hizo un muy buen trabajo.* He did a very good job.

5 DE UN ARTISTA, UN ESCRITOR work: *El trabajo de Miró es conocido en el mundo entero.* Miró's work is known all over the world.

6 PARA LA ESCUELA essay; (de más alcance, duración) project • **un trabajo sobre algo** an essay on sth, a project on sth: *un trabajo sobre los Incas* a project on the Incas

EXPRESIONES
ser un trabajo de chinos to be a really difficult job • trabajo de campo fieldwork • trabajo en equipo teamwork • trabajo social social work • trabajo temporal temporary work • trabajo voluntario voluntary work • trabajos forzados hard labor [U] • trabajos manuales handicrafts

⚠ Al solicitar un trabajo, la palabra **job** puede parecer demasiado informal, sobre todo en lenguaje escrito (cartas, impresos):
I am writing to apply for the post (✗ job) of Chief Legal Secretary.

trabajoso, -a adj laborious

trabalenguas s tongue twister

trabar v [T] **trabar amistad con alguien** to become friends with sb
—**trabarse** v pron **1** (atascarse) to jam: *Se trabó la puerta.* The door has jammed. • *Se le trabó el cinturón de seguridad.* Her safety belt jammed. **2 se me/le traba la lengua** I get/she gets tongue-tied

tracción s (de vehículo) drive, traction (técn)
tracción en/a las cuatro ruedas four-wheel drive • tracción delantera front-wheel drive • tracción trasera rear-wheel drive

tractomula s trailer

tractor s tractor

tradición s tradition: *una tradición familiar* a family tradition

tradicional adj traditional

traducción s translation • **hacer una traducción** to do a translation • **una traducción del español al inglés** a translation from Spanish into English
traducción directa translation into your native language, direct translation (técn) • traducción inversa translation into a foreign language, indirect translation (técn) • traducción simultánea simultaneous translation

traducir v [I, T] to translate • **traducir del inglés al español** to translate from English into Spanish

traductor, -a s translator
traductor -a público -a official translator

traer v [T] **1** (trasladar) to bring: *¿Trajiste el cepillo de dientes?* Did you bring your toothbrush? • *Traje algunos CDs.* I've brought a few CDs. • *¿Quién te trajo?* Who brought you? • **traerle algo a alguien** to bring sb sth: *Te traje un ramo de flores.* I've brought you a bunch of flowers. **2** (causar) to cause: *Esto te va a traer problemas.* This is going to cause you problems. **3** (contener) to have: *El libro trae un glosario al final.* The book has a glossary at the end.

EXPRESIONES
traerla con/contra alguien to have it in for sb: *El profesor la trae conmigo.* The teacher has it in for me.

traficante s dealer: *un traficante de esclavos* a slave trader
traficante de armas arms dealer • traficante de drogas drug dealer

traficar v [I] **traficar con/en algo** to deal in sth, to traffic in sth

tráfico s **1** (de vehículos) traffic: *Hay mucho tráfico.* There's a lot of traffic. **2** (comercio) trade: *el tráfico ilegal de armas* the illegal arms trade • *el tráfico de drogas* drug trafficking

traga s **tener una traga (por/de alguien)** to be crazy (about sb)

tragaluz s skylight

tragamonedas s slot machine

tragar v **1** (ingerir) [I,T] to swallow: *Me duele cuando trago.* It hurts when I swallow. • *Tragué agua mientras nadaba.* I swallowed some water while I was swimming. **2** (soportar) [T] **no lo/las trago** I can't stand him/them **3** (comer mucho) [I] to eat a lot: *No se puede creer lo que traga.* You wouldn't believe how much he eats.
—**tragarse** v pron **1** (ingerir) to swallow: *Me lo tragué entero.* I swallowed it whole. **2** (una mentira, un cuento) to fall for: *No me lo tragué.* I didn't fall for it. **3** (soportarse) to stand each other: *No se tragan.* They can't stand each other. **4** (aguantar – una película, un discurso) to sit through; (un libro) to get through: *Me tuve que tragar toda la película.* I had to sit through the whole movie. ▶ **tragarse el** ORGULLO

tragedia s tragedy (pl -dies): *una tragedia humanitaria* a humanitarian tragedy

trágico, -a adj tragic: *un accidente trágico* a tragic accident

tragicomedia s tragicomedy

trago s **1** (sorbo) sip: *¿Me das un trago de tu jugo?* Can I have a sip of your juice? • **tomarse algo de un trago** to drink sth in one gulp **2** (bebida alcohólica) drink: *¿Quieres un trago?* Do you want a drink? • **tomar/echarse un trago** to have a drink **3** (situación difícil – periodo) tough time; (disgusto) blow • **pasar un mal trago** to go through a rough time

tragón¹, -ona adj greedy

tragón², -ona s greedy pig

traición s **1** (a un amigo, a los principios) betrayal, treachery [U]: *Fue una traición.* It was treachery. • **a traición** treacherously: *Lo mataron a traición.* He was treacherously murdered. • *Lo atacaron a traición.* He was attacked from behind. **2 traición (a la patria)** treason • **alta traición** high treason

¿betrayal, treachery o treason?
betrayal es la traducción normal de "traición"
treachery es especialmente la que se realiza con engaños: *the treachery of those who plotted against the king*
treason es un crimen de traición a la patria o al Estado: *He was accused of high treason.*

traicionar v [T] **1** (a alguien, a un país) to betray **2** (delatar) to give away: *Su acento lo traicionaba.* His accent gave him away. **3 me/te traicionaron los nervios** my/your nerves let me/you down

traicionero, -a adj treacherous

traidor¹, -a s traitor

traidor², -a *adj* treacherous

tráiler *s* **1** (camión) semitrailer **2** (para vacaciones) motor home, trailer **3** (de una película) trailer

trailero, -a *s* trucker

traílla *s* (de perro) leash

traje *s* **1** (conjunto) suit: *Llevaba un traje gris.* He was wearing a gray suit. **2** (de un país, de época) costume • **traje de baño** **(a)** (de mujer) swimsuit **(b)** (de hombre) trunks [pl], swimming trunks [pl] • **traje de buceo** wet suit • **traje de gala** formal dress • **traje de luces** bullfighter's costume • **traje de neopreno** wet suit • **traje de noche** evening dress • **traje de novia** wedding dress • **traje espacial** space suit

trama *s* (de un relato) plot

tramar *v* [T] to plot: *¿Qué están tramando?* What are you plotting?

tramitación *s* processing

tramitar *v* [T] to process

trámite *s El trámite es complicado.* It is a complicated process. • *El trámite es personal.* It is something you have to do in person. • **hacer trámites** *Estoy haciendo los trámites para conseguir la doble nacionalidad.* I'm in the process of applying for dual nationality. • *Tuve que hacer muchos trámites.* I had to do a lot of paperwork.

tramo *s* **1** (de una carretera, una calle) stretch (pl -ches) **2** (de una escalera) flight

trampa *s* **1** (engaño) trap • **caer en una trampa** to fall into a trap • **tenderle una trampa a alguien** to set a trap for sb **2** (en el juego) cheating • **hacer trampa** to cheat **3** (para cazar) trap • **poner una trampa** to set a trap

trampolín *s* **1** (en una piscina) diving board • **tirarse/aventarse de un trampolín** to dive off a diving board **2** (en gimnasia) springboard **3** (para saltos de esquí) ski jump **4** (para conseguir algo) springboard: *un trampolín político* a political springboard • **ser un trampolín para algo** to be a springboard for sth

tramposo, -a *adj, s* **ser (un) tramposo/(una) tramposa** to be a cheat

trancazo *s* **1** (golpe) blow • **darle/soltarle un trancazo a alguien** to sock sb one • **agarrar a alguien a trancazos** to lay into sb, to start punching sb **2** (en un vehículo) **darse un trancazo** to have a smash-up **3** (golpe anímico) blow: *Fue un trancazo del que nunca se recuperó.* It was a blow from which he never recovered.

trance *s* **1** (situación difícil) terrible situation • **pasar por un trance** to go through a terrible situation • **pasar por el trance de...** *No me gustaría pasar por el trance de ser secuestrado.* I wouldn't like to go through being kidnapped. **2** (éxtasis) trance • **entrar en trance** to go into a trance

trancón *s* traffic jam

tranquilidad *s* peace and quiet: *Necesito un poco de tranquilidad.* I need a little peace and quiet. • *¡Qué tranquilidad!* How peaceful! • **ser una tranquilidad** to be reassuring: *Es una tranquilidad saber que están con mi madre.* It is reassuring to know that they are with my mother. • **con tranquilidad** calmly • **mantener la tranquilidad** to keep calm

tranquilizante *s* (sedante) tranquilizer

tranquilizar *v* [T] **tranquilizar a alguien (a)** (agitado, nervioso) to calm sb down: *No pude tranquilizarla.* I couldn't calm her down. **(b)** (preocupado) *La noticia las tranquilizó.* The news reassured them. • *Me tranquiliza saber que no está enojada conmigo.* It's reassuring to know that she isn't angry with me.
—**tranquilizarse** *v pron* to calm down: *¡Tranquilízate!* Calm down!

tranquilo , -a *adj*

1 solo
2 sin nervios
3 sin preocupación
4 sin molestias
5 barrio, calle, playa
6 mar, agua

1 SOLO déjalo tranquilo/déjala tranquila leave him/her alone: *¡Déjame tranquila!* Leave me alone!

2 SIN NERVIOS ser tranquilo -a (hombre, mujer) to be calm; (niño, bebé) to be quiet • **estar tranquilo -a** to be nice and quiet: *Estaban muy tranquilas escuchando música.* They were nice and quiet listening to music.

3 SIN PREOCUPACIÓN estar tranquilo -a *No voy a estar tranquila hasta que no me llame.* I won't be able to relax until he calls me. • **quédate tranquilo -a** don't worry: *Quédate tranquila que yo me ocupo.* Don't worry, I'll see to it. • **me quedé/se quedó más tranquilo -a** I/he felt happier: *¿Estás más tranquila?* Are you happier now?

4 SIN MOLESTIAS hacer algo tranquilo -a *Habla tranquila que nadie nos oye.* You can speak freely, no one can hear. • *Es temprano, podemos desayunar tranquilos.* It's early. We can have a relaxed breakfast. • *Vamos a mi habitación, que así podemos estudiar tranquilos.* Let's go up to my room so we can study in peace.

5 BARRIO, CALLE, PLAYA quiet

6 MAR, AGUA calm

transa¹ *s Estaban todos metidos en la transa.* They were all involved in the scam. • *Sus transas son del dominio público.* His dirty deals are public knowledge. • *mafias que viven de la transa* gangsters who make a living from bribery and corruption • *La pelea fue una transa.* The fight was a fix.

transa² *adj* **ser muy transa** to be crooked: *Es un árbitro bien transa.* That referee's as crooked as they come.

transacción *s* transaction

transar *v* [T] (a una persona) to con • **transarle algo a alguien** *Me transaron los CDs que llevaba en el coche.* They swiped the CDs I had in the car. • *Me transaron cincuenta pesos al darme el cambio.* They cheated me out of fifty pesos when they gave me the change.

transatlántico¹ *s* ocean liner

transatlántico², -a *adj* transatlantic

transbordador (tb **transbordador espacial**) *s* space shuttle

transbordar *v* (en el metro) to change; (en un aeropuerto) to change planes

transbordo *s* **hacer transbordo (a)** (en un aeropuerto) to change planes: *Tenemos que hacer transbordo en París.* We have to change planes in Paris. **(b)** (en el metro, tren) to change

transcribir *v* [T] to transcribe

transcripción *s* transcription

transcurrir *v* [I] **1** (tiempo, días) to pass: *Habían transcurrido varios días.* Several days had passed. **2** (acción) to take place: *La acción transcurre en La Habana.* The action takes place in Havana. • *una novela que transcurre en el siglo XIX* a novel which is set in the 19th century **3** (viaje) to go off: *La primera parte del viaje transcurrió sin problemas.* The first part of the trip went off without any problems.

transcurso *s* **1** (paso) passing: *Una situación que se ha ido deteriorando con el transcurso del tiempo.* A situation which has gotten worse with the passing of time. **2 en el transcurso del año/de la entrevista** during the year/the interview

transeúnte *s* passer-by (pl passers-by)

transexual *adj, s* transsexual

transferencia *s* transfer • **hacer una transferencia** to transfer money
transferencia bancaria bank transfer

transferir *v* [T] (dinero) to transfer

transformación *s* transformation

transformador *s* transformer

transformar v [T] **1** (convertir) **transformar algo en algo** to turn sth into sth: *Transformé la habitación en una oficina.* I've turned the room into an office. **2** (cambiar de forma radical) to transform: *Los computadores han transformado nuestra forma de vida.* Computers have transformed our way of life.
—**transformarse** v pron **1** (convertirse) **transformarse en algo/alguien** to turn into sth/sb: *En unas semanas, el gusano se transformará en mariposa.* In a few weeks, the caterpillar will turn into a butterfly. • *De mayor, se transformó en una belleza.* She grew up to be very beautiful. **2** (cambiar) to change completely: *Se le transformó la cara.* Her expression changed completely.

transfusión s transfusion
transfusión sanguínea, transfusión de sangre blood transfusion

transgénico[1], -a adj genetically modified, GM [solo ante s]

transgénico[2], -a s **transgénicos** [pl] GM foods

transición s transition: *la transición a la democracia* the transition to democracy • **gobierno/periodo de transición** transitional government/period

transigente adj tolerant

transigir v [I] **1** (ceder) to compromise • **transigir en algo** to agree to sth **2** (consentir) **transigir con algo** to tolerate sth

transistor s transistor

transitable adj passable • **la carretera es/no es transitable** the road is/isn't passable

transitar v [I] **transitar por el centro/las calles** to go through the center/along the streets

transitivo, -a adj transitive

tránsito s **1** (tráfico) traffic **2** (paso) transit • **en tránsito** in transit: *pasajeros en tránsito* passengers in transit

transmisión s **1** (de un programa) broadcast **2** (de una enfermedad) transmission **3** (de un vehículo) transmission

transmisor[1], -a adj *aparato transmisor* transmitter • *el mosquito transmisor de la malaria* the mosquito that carries malaria

transmisor[2] s transmitter

transmitir v [T] **1** (por radio, televisión) to broadcast: *Lo transmiten en directo.* They're broadcasting it live. **2** (una enfermedad) to transmit: *el mosquito que transmite la malaria* the mosquito that transmits malaria **3** (una señal) to transmit **4** (un mensaje, unas palabras) to convey; (una tradición) to hand down: *Transmítale mis condolencias.* Please convey my condolences to her. • *una tradición transmitida de padres a hijos* a tradition handed down from father to son
—**transmitirse** v pron (una enfermedad) to be transmitted: *una enfermedad que se transmite por contacto sexual* a sexually transmitted disease

transparencia s **1** (de tela, líquido, cristal) transparency **2** (de proceso, actuación, intenciones) openness, transparency (*más frml*): *la transparencia del proceso electoral* the openness of the electoral process **3** (lámina) transparency (pl -cies)

transparentarse v pron **1** (ser transparente) **este vestido/esta blusa se transparenta** you can see through this dress/this blouse **2** (verse) **se te transparenta el brasier** your bra shows through your top

transparente adj **1** (tela, prenda de vestir) see-through **2** (agua, vidrio) transparent **3** (actuación, proceso, intenciones) transparent

transplante s ▶ TRASPLANTE

transportador s (para medir ángulos) protractor

transportar v [T] to transport

transporte s **1** (de pasajeros) transportation **2** (de mercancías) transportation ▶ MEDIO de transporte

transporte escolar school buses [pl] • **transporte público** public transportation

transportista s carrier

transversal[1] adj (perpendicular) transverse: *un corte transversal* a cross section • **una calle transversal a otra** a street that crosses another, cross street

transversal[2] s (calle) cross street: *Vivo en una transversal de la Avenida Diagonal.* I live in a street that crosses the Avenida Diagonal.

tranvía s streetcar

trapeador s mop

trapear v [T] to wipe, to mop

trapecio s **1** (en un circo) trapeze **2** (en geometría) trapezium

trapecista s trapeze artist

trapo s **1** (para limpiar en general) cloth; (franela) dustcloth • **pasarle un trapo a algo (a)** (un trapo húmedo) to give sth a wipe: *Pásale un trapo a la mesa.* Give the table a wipe. **(b)** (para quitar el polvo) to dust sth: *Voy a pasarles un trapo a los muebles.* I'm going to dust the furniture. **2** (trozo de tela) rag

EXPRESIONES
a todo trapo (a) (gastando mucho) in style: *Lo celebraron a todo trapo.* They celebrated in style. **(b)** (con mucho volumen) full blast: *Siempre tiene el televisor a todo trapo.* He always has the TV on full blast. **(c)** (muy rápido) at top speed: *Iban por la carretera a todo trapo.* They were going along the road at top speed. • **estar/quedar hecho -a un trapo** to be beat: *Estoy hecha un trapo de tanto trabajar.* I'm exhausted with all this work. • **lavar los trapos sucios** to wash your dirty linen in public • **poner a alguien como un trapo (de cocina)** to lay into sb: *La puso como un trapo delante de su novio.* He really laid into her in front of her boyfriend.
trapo de (la) cocina dish towel

tráquea s trachea

traqueotomía s tracheotomy

traquetear v [I] to rattle

traqueteo s rattling

tras prep **1** (después de) after: *día tras día* day after day **2** (detrás de) behind: *Se escondió tras la puerta.* He hid behind the door. **3** (en busca de) **andar tras algo/alguien** to be after sth/sb • **andar tras la pista de alguien** to be on sb's trail

trasbocar v **(a)** [I] to be sick **(b)** [T] to throw up: *Me cayó mal y lo trasboqué todo.* It didn't agree with me and I threw it all up.
—**trasbocarse** v pron to be sick, to throw up

trascendencia s importance, significance

trascendental adj **1** (muy importante) vitally important: *un momento trascendental en la historia de México* a moment of vital importance in Mexico's history **2** (en filosofía) transcendental

trascender v [I] to become known: *La noticia de su divorcio no llegó a trascender públicamente.* News of their divorce never became public. • **trascender a los medios de comunicación** to leak out to the press • **trascender a la opinión pública** to become public knowledge

trasero[1], -a adj **la puerta trasera/el asiento trasero** the back door/seat • **la parte trasera de la casa/del carro** the back of the house/car

trasero[2] s (de una persona) bottom, backside

trasfondo s background: *el trasfondo de la crisis* the background to the crisis • *con un trasfondo político* with a political undertone • *un trasfondo trágico/de tristeza* a tragic/sad note

trasladar v [T] **1** (mudar) to move: *Nos trasladaron al edificio nuevo.* We were moved into the new building. **2** (llevar) to take: *Los accidentados fueron trasladados al hospital.* The injured were taken to the hospital. **3** (a un empleado) to transfer: *Lo han trasladado a Cuernavaca.* He has been transferred to Cuernavaca. **4** (una fecha, una reunión) to move: *Han trasladado la reunión a la próxima semana.* The meeting has been moved to next week.

traslado s **1** (mudanza) move **2** (de un empleado) transfer: *Pidió el traslado.* He asked for a transfer.

traslúcido, -a *adj* translucent

traslucir *v* [T] to reveal
—**traslucirse** *v pron* to be apparent: *En sus palabras se traslucía la tristeza que sentía.* The sadness he felt was apparent in what he said.

trasluz s **al trasluz** against the light • **mirar algo al trasluz** to hold sth up against the light

trasmano s **a trasmano** out of the way: *La tienda me queda a trasmano.* The store is out of my way.

trasnochado, -a *adj* (ideas) outdated

trasnochador, -a *adj, s* **ser (un) trasnochador/(una) trasnochadora** to like staying up late, to be a night owl: *Es muy trasnochador.* He likes staying up late.

trasnochar *v* [I] to stay up late: *No le gusta trasnochar.* He doesn't like staying up late.

traspapelar *v* [T] to mislay
—**traspapelarse** *v pron* to get mislaid: *Se me ha traspapelado la copia del contrato.* I've mislaid the copy of the contract.

traspasar *v* [T] **1** (perforar) to go through: *La bala le traspasó el corazón.* The bullet went through his heart. **2** (cruzar) to cross: *Traspasamos el arroyo caminando sobre un tronco.* We crossed the stream by walking over a tree trunk. **3** (sobrepasar) to go beyond **4** (transferir) to sell: *Queremos traspasar la tienda.* We want to sell the store.

traspaso s (de negocio, tienda) sale

traspié s **1** (revés) slip-up: *el único traspié en su carrera* the only slip-up of his career **2** (resbalón) **dar un traspié** to trip up

trasplantar *v* [T] **1** (un órgano) to transplant: *Le trasplantaron el hígado.* He had a liver transplant. **2** (una planta) to transplant

trasplante s (de un órgano) transplant • **un transplante de riñón/corazón** a kidney/heart transplant

traste s **1** (de una guitarra) fret **2 trastes** [pl] dishes, pots and pans • **lavar los trastes** to wash the dishes
EXPRESIONES
dar al traste con algo to put paid to sth • **irse al traste** to fall through: *El plan se fue al traste.* The plan fell through.

trastearse *v pron* to move: *Este año ya se han trasteado dos veces.* They've already moved twice this year.

trasteo s move ▸ **CAMIÓN**

trastero s kitchen cupboard

trastienda s (de tienda) backroom

trasto s (cosa inútil) piece of junk: *El cuarto estaba lleno de trastos.* The room was full of junk.

trastocar *v* [T] (planes) to upset

trastornar *v* [T] **1** (perturbar) to devastate: *La noticia de su muerte la trastornó por completo.* She was devastated by the news of his death. **2** (obligar a cambiar) to disrupt: *La nieve trastornó nuestros planes.* The snow disrupted our plans.

trastorno s **1** (de salud) disorder • **un trastorno nervioso/físico/mental** a nervous/physical/mental disorder **2** (molestia) trouble • **causarle/ocasionarle trastornos a alguien** to inconvenience sb: *No me causa ningún trastorno.* It's no trouble for me.
trastorno alimentario eating disorder

trata s trade: *la trata de esclavos* the slave trade
trata de blancas white-slave trade

tratable *adj* **ser muy/poco tratable** to be/not to be very easy to get along with

tratado s treaty (pl -ties): *un tratado de paz* a peace treaty

tratamiento s **1** (en medicina) treatment • **hacer un tratamiento** to undergo treatment **2** (de agua, de un material) treatment **3** (de un asunto) treatment: *No me gusta el tratamiento que el autor hace del tema.* I don't like the author's treatment of the subject. **4** (título de persona) form of address

tratar *v*

1	intentar
2	a una persona, un animal
3	calificar
4	tener relación
5	a un paciente, una enfermedad
6	llamar
7	un tema, un problema
8	el agua, un material

1 INTENTAR [I] **tratar de hacer algo** to try to do sth: *Estoy tratando de ahorrar.* I'm trying to save up. • **tratar de que...** to try and make sure (that)...: *Traten de que alcance para todos.* Try and make sure there's enough to go around.
2 A UNA PERSONA, UN ANIMAL [T] to treat: *Nos trataron muy bien.* They treated us very well. • *Tienes que saber cómo tratarla.* You have to know how to deal with her.
3 CALIFICAR [I] **tratar a alguien de idiota/ignorante** to call sb stupid/ignorant
4 TENER RELACIÓN [I] **tratar con alguien** to deal with sb: *Tiene que tratar con todo tipo de gente.* She has to deal with all sorts of people.
5 A UN PACIENTE, UNA ENFERMEDAD [T] to treat
6 LLAMAR [I] **tratar a alguien de tú/usted** to use the "tú"/"usted" form when talking to sb: *Quiere que la traten de usted.* She wants to be addressed with the polite form "usted".
7 UN TEMA, UN PROBLEMA [T] to deal with
8 EL AGUA, UN MATERIAL [T] to treat: *Tratan el agua con cloro.* They treat the water with chlorine.
—**tratarse** *v pron*
1 VERSAR ACERCA DE, SER CUESTIÓN DE (a) **tratarse de algo** to be about sth: *¿De qué se trata?* What's it about? (b) **tratarse de algo** to be a question of sth: *No se trata de vengarse.* It's not a question of getting revenge.
2 SOCIALMENTE tratarse con alguien to have contact with sb: *No se trata con sus primos.* She doesn't have any contact with her cousins.

trato s **1** (pacto) deal • **hacer un trato** to make a deal: *Vamos a hacer un trato.* Let's make a deal. • **¡Trato hecho!** It's a deal! **2** (tratamiento) treatment: *el trato que recibimos* the treatment we received • **malos tratos** ill-treatment [U] **3** (contacto) **ser de trato fácil/difícil** to be easy/difficult to get along with • **(no) tener trato con alguien** (not) to see sb: *Casi no tengo trato con ellos.* I hardly see them.
trato preferencial preferential treatment

trauma s trauma: *Sufrió un trauma en su infancia.* He had a traumatic experience in his childhood.

traumático, -a *adj* traumatic

traumatismo s injury
traumatismo craneal head injury

traumatizar *v* [T] to traumatize: *La experiencia lo ha traumatizado.* He was traumatized by the experience.

traumatología s **1** (departamento) orthopedics department, trauma unit **2** (disciplina) orthopedics [+v en sing], trauma

traumatólogo, -a s orthopedic surgeon

través a través de (a) (por medio de) through: *Nos enteramos a través de un amigo de Pablo.* We found out through a friend of Pablo's. • *Nos comunicamos a través de Internet.* We communicate via the Internet.

(b) (atravesando) through: *Fuimos a través del bosque.* We went through the forest. **(c)** (en el tiempo) through: *un viaje a través del tiempo* a trip through time • *el zapato a través de los siglos* shoes through the centuries

travesaño *s* (de un arco, en deportes) crossbar

travesía *s* (por mar) crossing

travesti *s* transvestite

travesura *s* prank • **hacer una travesura** to play a prank • **hacer travesuras** to get up to mischief: *No hagan más travesuras.* Don't get up to any more mischief.

travieso, -a *adj* naughty

trayecto *s* **1** trip: *Durmió durante todo el trayecto.* She slept throughout the whole trip. • **en el trayecto** on the way **2** (de un bus) route

trayectoria *s* **1** (de un proyectil, un balón) trajectory **2** (de una persona) career; (de una empresa) history: *Comenzó su trayectoria profesional como periodista en 1970.* She began her professional career as a journalist in 1970.

traza *s* **llevar/dar trazas de algo** to look as if it's going to do sth: *Tiene trazas de convertirse en un éxito de ventas.* It looks as if it's going to be a bestseller. • *La situación no lleva trazas de mejorar.* The situation doesn't look as if it's going to improve.

trazado *s* (de una carretera, una vía de tren) route

trazar *v* [T] **1** (una línea) to draw **2** (un plan, un proyecto) to draw up

trazo *s* (línea, raya) line

trébol *s* **1** (planta) clover: *un trébol de cuatro hojas* a four-leaf clover **2 tréboles** [pl] (en naipes) clubs

trece *núm* **1** (número, cantidad) thirteen **2** (en fechas) thirteenth

mantenerse/seguir en sus trece to stick to your guns

trecho *s* stretch: *Ese trecho lo hicimos en bicicleta.* We biked that stretch. • **un buen trecho** quite a way: *Todavía falta un buen trecho para llegar.* There's still quite a way to go before we get there.

tregua *s* truce • **declarar/romper una tregua** to declare/break a truce

sin tregua (a) (luchar, trabajar) without respite, relentlessly: *Combatieron sin tregua.* They fought without respite. **(b)** (lucha, trabajo) relentless: *una persecución sin tregua* a relentless persecution

treinta *núm* **1** (número, cantidad) thirty **2** (en fechas) thirtieth **3 los (años) treinta** the thirties

treintañero, -a *adj, s* thirty-something: *una mujer treintañera* a thirty-something woman, a woman in her thirties • *un treintañero* a thirty-something man, a man in his thirties

treintena *s* **una treintena de personas/países/empresas** about thirty people/countries/companies

tremendo, -a *adj* **1** (terrible) terrible: *un dolor tremendo* a terrible pain **2** (extraordinario, enorme) tremendous: *Hicimos un esfuerzo tremendo.* We made a tremendous effort. **3** (travieso) *Estos niños son tremendos.* These kids are something else.

trémulo, -a *adj* **1** (luz) flickering **2** (voz) trembling

tren *s* train: *el tren de las 10* the 10 o'clock train • *¿A qué hora sale el tren?* What time does the train leave? • **ir en tren** to go by train: *Vamos a ir en tren.* We're going by train. • **tomar un tren** to take a train, to catch a train; (no perderlo) to catch a train: *Tomamos un tren que no paraba ahí.* We took a train that didn't stop there. • *A ver si podemos tomar el tren de las 8.* Let's see if we can catch the 8 o'clock train. • **perder un tren** to miss a train
tren bala high-speed train • **tren de aterrizaje** undercarriage • **tren de carga** freight train

tribuna
grandstand
tribuna

trenza *s* braid: *Antes usaba trenzas.* I used to wear my hair in braids. • **hacerse trenzas/una trenza** to braid your hair • **hacerle trenzas/una trenza a alguien** to braid sb's hair ▶ ver nota en **PONYTAIL**

trepador, -a *adj* climbing: *una planta trepadora* a climbing plant

trepar *v* [I] to climb
—**treparse** *v pron* **treparse a un árbol** to climb a tree • **treparse al techo/a un muro** to climb up onto the roof/a wall

tres *núm* **1** (número, cantidad) three **2** (en fechas) third
de tres al cuarto second-rate: *Me regalaron un reloj de tres al cuarto.* They gave me a second-rate watch. • **ni a la de tres** for the life of me/him/her etc.: *No consigo encender el coche ni a la de tres.* I can't for the life of me get this car to start. • **tres cuartos de lo mismo** just the same: *Él es un tacaño, y su madre, tres cuartos de lo mismo.* He's stingy and his mother's just the same. **tres en raya** tic-tac-toe

trescientos, -as *núm* three hundred

treta *s* trick

triangular *adj* triangular

triángulo *s* triangle

tribu *s* tribe • **las tribus urbanas** urban tribes

tribuna *s* **1** (para hacer discursos) rostrum **2** (para presenciar un acto) platform **3** (en un estadio) stand **4** (hípica, atletismo) grandstand

tribunal *s* **1** (de justicia) court • **acudir a los tribunales** to go to court **2** (de un examen) panel
Tribunal de Cuentas National Audit Office • **Tribunal Supremo** high court

tributo *s* **1** (impuesto) tax **2** (homenaje) tribute • **rendirle tributo a alguien** to pay tribute to sb

tríceps *s* triceps

triciclo *s* tricycle

tridimensional *adj* 3-D, three-dimensional (*más frml*)

trienio *s* (periodo) three years

trifulca *s* row: *El mitin acabó en trifulca.* The rally ended in an argument.

trigésimo, -a *adj* thirtieth

trigo *s* wheat

trigonometría *s* trigonometry

trilingüe *adj* trilingual

trillado, -a *adj* (tema, asunto) hackneyed

trillizos, -as *s* [pl] triplets

trilogía *s* trilogy

trimestral *adj* quarterly

trimestre *s* **1** (tres meses) quarter: *el último trimestre del año* the last quarter of the year **2** (en la enseñanza) term

trinar *v* [I] (pájaro) to sing
está que trina he's/she's fuming

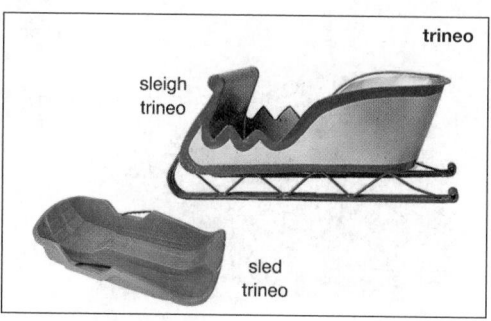

sleigh
trineo

trineo

sled
trineo

trinchar v [T] to carve

trinchera s trench (pl -ches)

trineo s **1** (tirado por perros) sled **2** (tirado por caballos o renos) sleigh **3** (para jugar) sled

trinidad s **la Santísima Trinidad** the Holy Trinity

Trinidad y Tobago Trinidad and Tobago

trinidense s, adj Trinidadian

trino s **1** (de pájaro) song **2** (en música) trill

trío s **1** (de personas, cosas, instrumentos) trio: *Forman un trío inseparable.* The three of them are inseparable. **2** (de cartas) three of a kind • **un trío de ases/reyes** three aces/kings

tripas s [pl] **1** (estómago) stomach [sing]: *Me dolían las tripas.* I had a stomachache. **2** (vísceras) insides

EXPRESIONES
echar las tripas to throw up • **hacer de tripas corazón** to pluck up courage • **se me revuelven las tripas** it makes me sick

triple¹ s **1 el triple (que alguien)** three times as much (as sb): *Ella gana el triple.* She earns three times as much. • *Tú comes el triple que yo.* You eat three times as much as me. • **el triple de dinero/de trabajo** three times as much money/work • **el triple de gente/alumnos** three times as many people/students • **el triple de alto -a/rápido -a** three times as high/fast **2** (enchufe) three-way adapter **3** (sandwich) double-decker

triple² adj triple
triple salto triple jump

triplicado s **por triplicado** in triplicate

triplicar v [T] to triple
—**triplicarse** v pron to triple

trípode s tripod

tríptico s **1** (folleto) leaflet **2** (pintura) triptych

tripulación s crew

tripulante s crew member, member of the crew

tripular v [T] **1** (un avión) to fly **2** (un barco) to sail

triques s [pl] junk [sing], odds and ends

triquiñuela s trick

tris s **estar en un tris de...** to be within a hair's breadth of...

triste adj **1** (película, noticia) sad: *Es triste que ya no se pueda hacer nada.* It's a pity that nothing can be done any more. • **estar/sentirse triste** to be/feel sad: *Está muy triste.* He's very sad. • **ponerse triste** to be sad: *Se puso muy triste cuando se enteró.* She was very sad when she heard about it. **2** (paisaje, ciudad) gloomy **3** (mísero) miserable: *No me dejaron ni una triste galleta.* They didn't even leave me one miserable cookie. ▶ ver nota en **SAD**

tristeza s sadness • **me/le da tristeza** it saddens me/him: *Me da tristeza verlo así.* It saddens me to see him like that.

tristón, -ona adj rather sad

triturador, trituradora s **triturador (de basura)** waste-disposal unit
triturador de papel shredder

triturar v [T] **1** (la basura, piedras, cereales) to grind **2** (la carne) to mince **3** (papel, documentos) to shred

triunfador¹, -a adj winning: *la película triunfadora* the winning movie

triunfador², -a s winner

triunfal adj **1** (arco, marcha) triumphal **2** (carrera, gira, regreso) triumphant

triunfalismo s over-confidence • **sin triunfalismos** without gloating

triunfar v [I] **1** (ganar) to triumph • **triunfar en algo** win sth • **triunfar sobre alguien** to defeat sb: *Triunfaron sobre los visigodos.* They defeated the Visigoths. • **triunfar sobre algo** to triumph over sth: *El bien triunfó sobre el mal.* Good triumphed over evil. **2** (tener éxito) to succeed: *Vamos a triunfar.* We are going to succeed. • *un grupo que también ha triunfado en Europa* a band that has also been successful in Europe

triunfo s **1** (victoria) victory (pl -ries); (en deporte) win: *El triunfo fue para el otro equipo.* The other team won. **2** (éxito) success (pl -sses), triumph **3** (en naipes) trump: *Mato con un triunfo.* I'll trump that.
EXPRESIONES
ser/costar un triunfo to be a huge effort: *Convencerla fue un triunfo.* It was a huge effort to convince her.

trivial adj trivial

trivializar v [T] to trivialize

triza s **hacer trizas algo (a)** (un jarrón, una ventana) to smash sth to pieces **(b)** (el papel) to tear sth to shreds **(c)** (los sueños, las esperanzas) to shatter sth • **hacer trizas a alguien (a)** (al enemigo, al ejército) to crush sb **(b)** (a un rival, un jugador) to demolish sb

trocear v [T] to cut into pieces: *pelado y troceado* peeled and cut into pieces

troche a **troche y moche** left and right: *Lanzó insultos a troche y moche.* He insulted people left and right.

trofeo s trophy (pl -phies)

troglodita s **1** (hombre prehistórico) caveman (pl cavemen); (mujer prehistórica) cavewoman (pl cavewomen), troglodyte (*más frml*) **2** (bestia) brute

tromba s **tromba (de agua)** downpour
EXPRESIONES
entrar en tromba to rush in: *Los fans entraron en tromba en el hotel.* The fans rushed into the hotel.

trombón s trombone

trompa s **1** (de un elefante) trunk **2** (instrumento) horn **3** (de un avión) nose

trompada s punch (pl -ches) • **darle/pegarle una trompada a alguien** to punch sb: *Me pegó una trompada en la nariz.* He punched me on the nose. • **agarrarse a trompadas** to start punching each other

trompeta¹ s [fem] (instrumento) trumpet

trompeta² s [masc & fem] (músico) trumpet player

trompetista s trumpet player

trompo s top, spinning top

tronar v **1** [I] (haber truenos) to thunder: *Estuvo tronando toda la noche.* It was thundering all night. **2** [I] (al estallar – cohete) to go off; (globo) to go bang **3** [T] (hacer estallar – un globo) to burst; (un cohete) to let off **4** [I] (terminar una relación) **tronar (con alguien)** to split up (with sb), to break up (with sb): *Tronamos hace un mes.* We split up a month ago. **5** [T] (reprobar) to fail: *Troné geografía.* I failed geography. • *El de química me tronó.* The chemistry teacher failed me.
—**tronarse** v pron **1** (dejar de funcionar) to break: *Se tronó el módem.* The modem's broken. **2 tronárselas** to smoke pot, to smoke dope

tronco s **1** (de un árbol) trunk **2** (madera para quemar) log **3** (parte del cuerpo) torso

EXPRESIONES
dormir como un tronco to sleep like a log

trono s **1** (asiento) throne **2 el trono** (cargo) the throne: *el heredero del trono* the heir to the throne • **subir al trono** to come to the throne

tropa s troop: *las tropas enemigas* the enemy troops

tropezar v [I] **1** (con el pie) ▶ TROPEZARSE **2** (encontrar por casualidad) ▶ TROPEZARSE **3** (con estorbo, oposición) **tropezar con algo** to come up against sth: *La propuesta tropezó con la oposición de mis compañeros.* My colleagues objected to the proposal.
—**tropezarse** v pron **1** (con el pie) to trip: *Se tropezó y se cayó.* He tripped and fell. • **tropezarse con una piedra/una rama** to trip over a stone/a branch etc. • **tropezarse con el escalón** to trip on the step **2** (encontrarse) **tropezarse con alguien** to bump into sb: *Me tropecé con ella en el supermercado.* I bumped into her at the supermarket.

tropezón s (con los pies) **darse un tropezón (con algo)** to trip (over sth)

tropical adj tropical

trópico s **1** (región) tropics [pl]: *la vegetación del trópico* tropical vegetation **2** (línea) tropic
el trópico de Cáncer the tropic of Cancer • *el trópico de Capricornio* the tropic of Capricorn

tropiezo s **1** (con los pies) **dar un tropiezo** to trip **2** (contratiempo) hitch: *No nos surgió ningún tropiezo en todo el viaje.* The whole trip went without a hitch. **3** (desliz) slip-up

trotamundos s globetrotter

trotar v [I] (caballo) to trot

trote s (de caballo) trot: *Se oyó el trote de un caballo.* We heard a horse trotting along. • **ir al trote** to trot

EXPRESIONES
tener a alguien al trote to keep sb on a tight rein

trozo s piece: *un trozo de pan* a piece of bread • *Córtalo en trozos.* Cut it into pieces.

¿**piece, chunk, scrap o lump?**
piece es el término más general: *a piece of cake*
chunk es un trozo grande: *a chunk of cheese*
scrap es un trocito sobrante de papel, tela o comida: *I wrote down her address on a scrap of paper.*
lump es un trozo de forma irregular: *lumps of coal*

trucar v [T] **1** (una foto) to doctor **2** (un motor, un vehículo) to soup up

trucha s trout (pl trout)

truco s **1** (de magia) trick: *un truco con cartas* a card trick • **hacer un truco** to do a trick **2** (método) trick: *El truco está en introducir la llave con suavidad.* The trick is to put the key in gently.

trueno s thunder [U]: *¿Eso fue un trueno o un avión?* Was that thunder or a plane? • *Le asustan los truenos.* She's frightened of thunder.

trueque s exchange

trufa s **1** (de chocolate) truffle **2** (hongo) truffle

try s (en rugby) try (pl tries) • **hacer un try** to score a try • **convertir un try** to convert a try

tu adj your: *Este es tu lápiz.* This is your pencil. • *Vi a tus padres.* I saw your parents.

tú pron you: *Tú sabrás.* That's up to you. • *¿Eres tú?* Is that you? • **hablar/tratar de tú a alguien** to use the "tú" form when talking to sb

tubérculo s tuber

tuberculosis s tuberculosis

tubería s pipe

tubo s **1** (cilindro) tube **2** (de dentífrico) tube **3** (caño) pipe **4** (para el pelo) curler
tubo de desagüe drainpipe • **tubo de ensayo** test tube •

tubo de escape exhaust, exhaust pipe • **tubo fluorescente** fluorescent tube

tuerca s nut

tuerto, -a adj **quedarse tuerto -a** to lose an eye • **ser tuerto -a** to be blind in one eye

tuétano s **hasta el tuétano** to the core: *Es inglés hasta los tuétanos.* He's English to the core.

tufo s (hedor) stench

tugurio s **1** (vivienda) shepherd's hust **2** (barrio) **tugurios** [pl] shanty town

tulipán s tulip

tumba s (fosa) grave; (mausoleo) tomb: *las tumbas de los faraones* the tombs of the Pharaohs

EXPRESIONES
cavar su propia tumba to dig your own grave • **ser una tumba** to keep your mouth shut

tumbar v [T] **1** (derribar) **(a)** (a propósito) to knock down **(b)** (por accidente) to knock over **2** (estafar, engañar) to rip off **3** (alterar) *La gripa me tumbó.* The flu knocked me sideways.
—**tumbarse** v pron to lie down

tumbo s **dar tumbos (a)** (coche, avión) to jolt **(b)** (en la vida) *He dado muchos tumbos en la vida.* Things haven't always been easy for me.

tumbona s sun lounger

tumor s tumor • **un tumor benigno/maligno** a benign/malign tumor

tumulto s **1** (alboroto) commotion **2** (disturbios) disturbance **3** (multitud) crowd: *Conseguí abrirme paso entre el tumulto.* I managed to make my way through the crowd.

tuna s prickly pear

tunecino, -a s, adj Tunisian

túnel s tunnel

Túnez Tunisia

túnica s tunic

tuntún al tuntún (al azar) off the top of your head; (sin reflexión) thoughtlessly: *Elige un mes al tuntún.* Pick a month off the top of your head.

tupido, -a adj (vegetación) dense; (cejas) bushy

turba s (muchedumbre) mob

turbante s turban

turbina s turbine

turbio, -a adj **1** (líquido) cloudy; (río) muddy, turbid (*más frml*) **2** (asunto, negocio) shady **3** (vista) blurred

turbo[1] adj (motor) turbo

turbo[2] s turbocharger

turbulencia s **1** (en un vuelo) turbulence: *Pasamos por una zona de turbulencias.* We hit a patch of turbulence. **2** (del agua) turbulence **3** (en la política) turbulence

turbulento, -a adj **1** (mar, aguas) turbulent **2** (relación) stormy **3** (situación) troubled

turco[1], -a s (persona) Turk

turco[2] s (idioma) Turkish

turco[3], -a adj Turkish

turcomano[1], -a s (persona) Turkmen

turcomano[2] s (idioma) Turkmen

turcomano[3], -a adj Turkmen

turismo s **1** (actividad) tourism: *Viven del turismo.* They make their living from tourism. • **hacer turismo** (por una ciudad) to go sightseeing; (por un país) to tour **2** (viajeros) tourists [pl]: *Ha aumentado el turismo este año.* There are more tourists this year.
turismo rural rural tourism

turista s tourist

turístico, -a *adj* (zona, destino, industria) tourist [solo ante s]: *una atracción turística* a tourist attraction • **ser/no ser muy turístico -a** to be/not to be very touristy: *No es una región muy turística.* It's not a very touristy area. ▶ OPERADOR turístico

Turkmenistán Turkmenistan

turnarse *v pron* to take turns • **turnarse para hacer algo** to take turns to do sth

turno *s* **1** (vez) turn: *Es tu turno.* It's your turn. • **hacer algo por turnos** to take turns to do sth **2** (en un juego) go, turn • **tocarle el turno a alguien** to be sb's turn: *¿A quién le toca el turno?* Whose turn is it? **3** (en el trabajo) shift: *Hago el turno de la noche.* I'm on the night shift. **4** (para el médico, la peluquería) appointment: *Tengo turno en la peluquería.* I have an appointment at the hair salon.

EXPRESIONES

de turno (a) (de guardia) on duty: *¿Quién estaba de turno?* Who was on duty? • *Me atendió el médico de turno.* I was seen by the duty doctor. **(b)** (habitual) usual: *Nunca falta el líder de turno que se pone a dirigir.* There's always some leader of the moment who starts running the show. • **turno de día** day shift • **turno de noche** night shift • **turno de preguntas** question time

turquesa¹ *adj* turquoise

turquesa² *s* **1** (color) turquoise **2** (piedra) turquoise

Turquía Turkey

turrón *s* a type of nougat, sold in slabs and usually eaten at Christmas

tutear *v* [T] **tutear a alguien** to use the familiar "tú" form when talking to sb: *Quiere que la tuteemos.* She wants us to use the "tú" form when we talk to her.
—**tutearse** *v pron* to use the "tú" form when talking to each other

tutela *s* **1** (de un menor) custody, guardianship: *El padre tiene la tutela del niño.* The father has custody of the child. **2** (cuidado) care: *Los papeles están bajo su tutela.* The papers are in their care.

tutor, -a *s* **1** (de un menor) guardian **2** (en la universidad) tutor

Tuvalu Tuvalu

tuvaluano¹, -a *s* (persona) Tuvaluan

tuvaluano² *s* (idioma) Tuvaluan

tuvaluano³, -a *adj* Tuvaluan

tuyo¹, -a *pron* **el tuyo/la tuya/los tuyos/las tuyas** yours: *El tuyo es el verde.* Yours is the green one. • *Los tuyos están rotos.* Yours are broken. • **lo tuyo** *¿Saben ya lo tuyo?* Do they know about you already? • *Pon aquí todo lo tuyo.* Put all your things here. • **los tuyos** your family: *¿Tienes noticias de los tuyos?* Have you heard from your family?

tuyo², -a *adj* yours: *Estos libros son tuyos.* These books are yours. • **una amiga tuya/un tío tuyo** a friend of yours/an uncle of yours

Uu

U, u s U, u

ubicación s **1** (de un edificio, un terreno) location: *Las oficinas tienen una nueva ubicación.* They've relocated their offices. **2** (disposición) position: *la ubicación de las piezas en el tablero* the position of the pieces on the board

ubicado, -a *adj* (en un lugar) located: *Está ubicado en el centro de la ciudad.* It is located downtown. • **bien/mal ubicado -a** well/badly situated: *La casa está muy bien ubicada.* The house is very well situated.

ubicar v [T] **1** (identificar, reconocer) to place: *Perdóname, pero no te ubico.* Sorry, I can't place you. **2** (localizar) to locate: *No lo podemos ubicar por ningún lado.* We can't locate him anywhere. **3** (poner, colocar) to place, to put: *Ubicó las piezas sobre el tablero.* He placed the pieces on the board. **4** (saber dónde está) **¿ubicas la farmacia/la biblioteca?** do you know where the drugstore/the library is?
—**ubicarse** v **1** (orientarse) to find your way around: *Me ubiqué enseguida en París.* I soon found my way around in Paris. **2** (ponerse, colocarse) *Se ubicó en la primera fila.* He sat in the front row.

ubre s udder

Ucrania Ukraine

ucraniano[1], -a s (persona) **ucraniano** Ukranian man • **ucraniana** Ukranian woman

ucraniano[2] s (idioma) Ukranian

ucraniano[3], -a *adj* Ukranian

uf *interj* **1** (de alivio) phew: *¡Uf! ¡Menos mal!* Phew! It's just as well! **2** (de cansancio) phew: *¡Uf, estoy muerta!* Phew! I'm beat!

ufano, -a *adj* **1** (contento) pleased: *Se mostraron muy ufanos con los resultados.* They were very pleased with the results. **2** (orgulloso) conceited: *Se puso muy ufano con el premio.* He was very conceited after winning the prize.

ufología s study of UFOs, ufology (*más frml*)

Uganda Uganda

ugandés, -esa s, *adj* Ugandan

úlcera s ulcer

últimamente *adv* lately, recently: *Últimamente siempre está de mal humor.* He's always in a bad mood lately.

ultimar v [T] **1** (los detalles, un plan) to finalize: *Estamos ultimando los preparativos de la fiesta.* We're making the final preparations for the party. **2** (un acuerdo) to finalize

ultimátum s ultimatum (pl ultimatums): *Les han dado un ultimátum.* They have been given an ultimatum.

último[1], -a *adj* **1** (final) last: *Me comí la última galleta.* I ate the last cookie. • **a última hora/a último momento** at the last minute • **en último caso/en última instancia** as a last resort/in the final analysis: *En último caso, pediría un préstamo.* As a last resort, I'd ask for a loan. • **por última vez** last: *¿Cuándo lo viste por última vez?* When did you last see him? **2** (más extremo – de arriba de todo) top • **el último piso** the top floor; (de abajo de todo) bottom • **el último cajón** the bottom drawer; (de atrás de todo) • **la última fila/puerta** the back row/the last door **3** (más reciente) latest: *las últimas noticias* the latest news • *Estoy leyendo su último libro.* I'm reading his latest book. • **en los últimos tiempos** recently: *¿Ha habido cambios en los últimos tiempos?* Have there

been any changes recently? • **en los últimos años/ meses** over the last few years/months ▶ **última** VOLUNTAD

¿last o latest?
last se aplica a lo que ocurrió más recientemente o precedió a lo actual: *our last vacation in Acapulco* • *my last job*
latest también significa "más reciente", pero implica la idea de novedad o modernidad: *the latest news* • *the latest fashions*

último[2], -a *pron* **1** (de un grupo, una serie) **el último/la última** the last one: *Este es el último.* This is the last one. • **ser el último/la última de la clase** to be bottom of the class **2** **lo último (a)** (lo más moderno) the latest thing: *Es lo último en informática.* It's the latest thing in computer technology. **(b)** (lo peor) the last thing: *Es lo último que me faltaba.* That's the last thing I needed. • **ser lo último** to be the limit: *¡Que espere que pague yo es lo último!* Expecting me to pay really is the limit!

EXPRESIONES
al último at the last minute • **estar/ir a la última** to wear the latest fashion • **por último** finally

ultraderecha s extreme right wing, far right • **ser de ultraderecha** to be very right-wing

ultraizquierda s extreme left wing, far left • **ser de ultraizquierda** to be very left-wing

ultraje s insult

ultraligero s (avioneta) microlight, microlight aircraft

ultraliviano s (avioneta) microlight, microlight aircraft

ultramar s **territorios de ultramar** overseas territories • **productos de ultramar** foreign products

ultranza **ser defensor a ultranza de algo** to be a die-hard defender of sth • **ser creyente/liberal a ultranza** to be a devout believer/a die-hard liberal

ultrasónico, -a *adj* ultrasonic

ultrasonido s **1** (examen) scan, ultrasound scan **2** (técnica) ultrasound

ultratumba s **vida de ultratumba** life after death • **voces de ultratumba** voices from beyond the grave

ultravioleta *adj* ultraviolet

umbilical ▶ CORDÓN

umbral s **1** (de una puerta) threshold **2** (de un siglo, de un cambio) threshold • **estar en los umbrales de algo** to be on the threshold of sth

un[1], -a *art* a: *Me puse una chaqueta.* I put on a jacket. ▶ Delante de un sonido vocálico se usa **an**: *una manzana* an apple • *una hora* an hour ▶ Delante de sustantivos como **uniform** y **university** se usa **a** porque su primer sonido es semivocálico.

un[2], -a *adj* ▶ UNO

unánime *adj* (decisión) unanimous; (esfuerzo) joint

unanimidad s unanimity: *Hubo una unanimdad total.* Everyone was unanimous. • **por unanimidad** unanimously

undécimo, -a *núm* eleventh

ungüento s ointment

únicamente *adv* only: *Únicamente está disponible en inglés.* It's only available in English.

unicelular *adj* single-cell, unicellular (*más frml*)

único[1], -a *adj* **1** (solo) only: *Es el único amigo que tiene.* He's the only friend she has. **2** (excepcional) unique: *Fue una experiencia única.* It was a unique experience. ▶ HIJO único

único[2], -a *pron* **el único/la única** the only one: *Fue el único que vino.* He was the only one who came. • **lo único** the only thing: *lo único que dijo* the only thing she said

unicornio s unicorn

unidad s **1** (medida) unit: *una unidad de tiempo* a unit of time **2** (en matemáticas, comercio) unit: *un paquete* de diez *unidades* a pack of ten • *Se venden por uni-dades.* They're sold separately. **3** (en un libro de texto) unit **4** (unión) unity: *falta de unidad* lack of unity **5 unidad (habitacional)** housing development

Unidad de Terapia Intensiva intensive care unit • unidad móvil (de televisión) outside broadcast unit

unido, -a *adj* **1** (familia, amigos) close: *una familia muy unida* a very close family • **estar muy unido -a a alguien** to be very close to sb **2** (para lograr un fin) united: *Unidos venceremos.* United we will overcome. • **estar unido -a a algo** to be linked to sth

unifamiliar *adj* **una casa/vivienda unifamiliar** a house

unificación *s* unification

unificar *v* [T] **1** (naciones, un partido) to unite **2** (una lengua, criterios) to standardize

uniforme¹ *s* uniform • **de uniforme** in uniform: *un soldado de uniforme* a soldier in uniform

uniforme² *adj* **1** (igual) uniform **2** (constante) constant

uniformidad *s* uniformity

unilateral *adj* (decisión) unilateral

unión *s* **1** (conjunto) combination: *la unión de varios elementos* the combination of various elements **2** (acción) *para la unión de las piezas* to join the pieces together **3** (juntura) joint: *Pierde agua por la unión.* It's leaking from the joint. **4** (entre personas) unity: *Hay falta de unión.* There is a lack of unity. **5** (organización) union: *una unión de comerciantes* a storekeepers' union **unión de hecho** common-law marriage • **la Unión Europea** the European Union

unir *v* [T] **1** (piezas, objetos) to join, to join together: *Tienes que unir las dos partes.* You have to join the two parts together. **2** (ciudades, pueblos) to link, to connect: *la carretera que une Monterrey con Ciudad Victoria* the road which links Monterrey to Ciudad Victoria **3** (una familia, un partido) to unite **4** (relacionar) to share • **la amistad/la pasión que nos une** the friendship/the passion we share

—**unirse** *v pron* (para lograr un objetivo) to join forces: *Se unieron para derrotar al enemigo común.* They joined forces to defeat the common enemy. • **unirse a algo/alguien** to join sth/sb

unisex *adj* unisex • **una peluquería/pantalones unisex** a unisex hairdresser's/unisex pants

unísono *s* **al unísono** in unison

unitalla *adj* one-size-fits-all, one-size: *una gorra unitalla* a one-size-fits-all hat

unitario, -a *adj* **1** (sistema, acuerdo, carácter) single, common: *Tienen un objetivo unitario.* They share a common objective. **2** (estructura, proyecto) unified **3** single • **costo/precio unitario** unit cost/price

universal *adj* **1** (general) universal: *el voto universal* universal suffrage **2** (mundial) **historia/literatura universal** world history/literature • **de fama universal** world-famous

universidad *s* university (pl -ties) • **ir a la universidad** to go to university

universitario¹, -a *adj* **un alumno/un curso universitario** a college student/course

universitario², -a *s* college student

universo *s* universe

uno¹, -a *núm* one: *Queda una sola galleta.* There's only one cookie left. • *Quiero uno, no dos.* I want one, not two.

uno², -a *adj, pron* **1** (uso numeral) one: *Elige uno, el que quieras.* Choose one, whichever one you want. • *un día de estos* one of these days • **uno por uno/una por una** one by one: *Los revisó uno por uno.* He checked them one by one. • **de uno -a** one at a time: *Entraron de a uno.* They came in one at a time. **2 unos/unas (a)** (algunos) some: *unas semanas antes* some weeks before • *Unos vienen y otros van.* Some come and others go.

(b) (en estimaciones) about: *Había unas dos mil perso-nas.* There were about two thousand people there.

¡a la una, a las dos, a las tres! ready, steady, go! • **ser uno de tantos/una de tantas** to be nothing special • **una de dos** it's one thing or the other: *Una de dos: o te callas o te vas.* It's one thing or the other: either you shut up or you go. • **una de las mías/de las tuyas** one of my/your usual tricks

uno³, -a *pron* (uso impersonal) you, one (*más frml*): *cuando uno pierde a un ser querido* when one loses a loved one • **uno mismo** yourself, oneself (*más frml*): *Es mejor no hablar de uno mismo.* It's best not to talk about yourself.

untar *v* [T] **1** (en cocina) to spread • **untar una tostada con mantequilla/el pan con mayonesa** to spread butter on a piece of toast/mayonnaise on a piece of bread • **untar un molde con mantequilla/aceite** to grease a tin with butter/oil **2** (con crema) **untar algo/a alguien con una crema/un ungüento** to put some cream/ointment on sth/sb

untarle la mano a alguien to bribe sb

uña *s* nail: *Se me quebró una uña.* I've broken a nail. • **uña de la mano/del pie** fingernail/toenail: *Córtate las uñas de los pies.* Cut your toenails. • **comerse/morderse las uñas** to bite your nails • **hacerse las uñas (a)** (uno mismo) to do your nails **(b)** (en un salón de belleza) to have your nails done, to have a manicure

sacar/enseñar las uñas to turn nasty • **ser uña y mugre, ser uña y carne** to be as thick as thieves

uña enterrada, uña encarnada ingrown toenail

uranio *s* uranium

Urano *s* Uranus

urbanismo *s* city planning

urbanista *s* city planner

urbanístico, -a *adj* **1** (planes, desarrollo) urban **2** (legislación, normativa) planning

urbanización *s* **1** (viviendas) housing development **2** (proceso) development

urbanizar *v* [T] to develop • **sin urbanizar** *terrenos sin urbanizar* undeveloped land

urbano, -a *adj* urban

urdir *v* [T] **1** (un plan, una trampa) to devise **2** (una mentira) to concoct

uretra *s* urethra

urgencia *s* **1** (premura, apuro) urgency: *la urgencia de la situación* the urgency of the situation • **con urgencia** urgently: *Lo necesitan con urgencia.* They need it urgently. **2** (emergencia) emergency (pl -cies): *un caso de urgencia* an emergency **3 urgencias** [pl] (en un hospital) Emergency Room, ER

urgente *adj* **1** (respuesta, mensaje) urgent: *un mensaje urgente* an urgent message • *Necesito una respuesta urgente.* I need an answer urgently. • **ser urgente hacer algo** *Es urgente encontrar una solución.* A solution urgently needs to be found. **2** (carta, paquete) express

urgir *v* [I] *No me urge.* There's no rush. • **urgir hacer algo** *Urge convocar una reunión.* We need to call a meeting as soon as possible.

urna *s* **1** (para votar) ballot box (pl -xes) • **acudir a las urnas** (persona) to vote; (país) to go to the polls **2** (para cenizas) urn

urólogo, -a *s* urologist

urraca *s* magpie

urticaria *s* nettle rash

Uruguay Uruguay

uruguayo, -a *s, adj* Uruguayan

urzuela *s* (en el cabello) split ends [pl]

usado, -a *adj* **1** (de segunda mano) second-hand • **libros usados/ropa usada** second-hand books/clothes • **carros usados** used cars, second-hand cars **2** (utilizado) used: *un sistema muy usado* a much-used system **3** (gastado) worn

usanza *s* **a la antigua usanza** in the old style

usar *v* **1** [T] (utilizar, emplear) to use: *¿Qué método usaste?* What method did you use? **2** [T] (ropa, accesorio, perfume) to wear: *Nunca usa falda.* She never wears a skirt. **3** [T] (barba, bigote) to have: *Usa barba.* He has a beard. **4** [I] **usar de algo** to use sth: *Usó de todo su ingenio.* She used all her ingenuity.

EXPRESIONES
se usa el negro/la falda corta black is in fashion/short skirts are in fashion

uslero *s* rolling pin

uso *s* **1** (utilización) use: *instrucciones de uso* instructions for use • **de uso cotidiano** of everyday use • **hacer uso de algo** to make use of sth **2** (de la ropa, de accesorios) wear: *Este saco casi no tiene uso.* This jacket has hardly been worn. • *Es obligatorio el uso del cinturón de seguridad.* It is compulsory to wear a seatbelt.

EXPRESIONES
en uso in use • **fuera de uso** out of use • **tener uso de razón** (un adulto) to be able to reason; (un niño) to have reached the age of reason

usted *pron* you

ustedes *pron* [pl] you

usual *adj* usual: *No es usual ver algo así.* It's unusual to see something like that.

usuario, -a *s* user

usura *s* usury: *Viven de la usura.* They make a living as loan sharks.

usurero, -a *s* **1** (prestamista) loan shark, usurer (*más frml*) **2** (aprovechado) *¡Son unos usureros!* They really rip you off!

usurpar *v* [T] to usurp

utensilio *s* (de cocina) utensil

uterino, -a *adj* uterine

útero *s* womb, uterus (*técn*)

útil *adj* useful: *consejos útiles* useful advice • *Me resultó sumamente útil.* I found it very useful.

utilería *s* (en cine, teatro) props [pl]

útiles *s* [pl] **1** tools: *útiles de trabajo* tools of the trade • *útiles de cocina* kitchen equipment **2 útiles (escolares)** (school) equipment [U]

utilidad *s* **1** use: *No le veo la utilidad.* I don't see what use it is. • **de utilidad pública** for public use: *un servicio de utilidad pública* a public service • **ser de utilidad** to be useful **2** (en negocios) profit: *La empresa tiene un buen margen de utilidad.* The company has a good profit margin.

utilización *s* use

utilizar *v* [T] to use

utopía *s* utopia

utópico, -a *adj* utopian

uva *s* grape: *un racimo de uvas* a bunch of grapes **uva blanca** white grape • **uva negra** black grape • **uva pasa** raisin

Uzbekistán Uzbekistan

uzbeko[1], -a *s* (persona) Uzbek

uzbeko[2] *s* (idioma) Uzbek

uzbeko[3], -a *adj* Uzbek

V v

V, v s V, v

vaca s **1** (animal) cow **2** (de dinero) joint bet: *Hicimos una vaca para la lotería.* We joined forces and put some money on the lottery together.

EXPRESIONES

estar como una vaca to be as fat as a pig • **las vacas flacas** the lean years • **las vacas gordas** the years of plenty

vaca lechera dairy cow • **vaca loca** mad cow disease: *la enfermedad de las vacas locas* mad cow disease

vacacionar v [I] to vacation, to spend your vacation

vacaciones s [pl] vacation [sing]: *Necesito unas vacaciones.* I need a vacation. • **ir/irse de vacaciones** to go on vacation: *¿Dónde fueron de vacaciones?* Where did you go on vacation? • **estar de vacaciones** to be on vacation • **vacaciones de verano/Semana Santa** summer/Easter holidays

vacacionista s vacationer

vacante¹ s vacancy (pl -cies): *No hay vacantes.* There are no vacancies.

vacante² adj vacant: *El puesto está vacante.* The post is vacant.

vaciar v [T] **1** to empty: *Me ordenó vaciar la maleta.* He ordered me to empty the suitcase. • **vaciar algo en algo** to empty sth into sth: *Vació la botella en el río.* He emptied the bottle into the river. **2** (reprender) to tell off: *El profesor nos vació por habernos ido antes de hora.* The teacher told us off for leaving before the end.

—**vaciarse** v pron **1** (recipiente, botella) to empty: *Va a tardar un rato en vaciarse.* It's going to take a while to empty. **2** (suéter) to lose its shape

vacilar v **1** [I] (dudar) to hesitate • **sin vacilar** without hesitation: *Nos contestó sin vacilar.* She answered us without hesitation. • **no vacilar en hacer algo** not to hesitate to do sth: *No vaciló en decírselo.* She didn't hesitate to tell him. **2** [I] (bromear) to kid, to kid around: *Lo dije por vacilar.* I was just kidding. **3** [T] (a una persona) to tease

—**vacilarse** v pron **vacilarse a alguien** to pull sb's leg

vacilón, -ona adj, s tease, joker • **ser vacilón/vacilona** to be a kind of a joker

vacío¹, -a adj **1** (recipiente, habitación, cine) empty **2** (vida, persona) empty: *una vida vacía* an empty life

vacío² s **1 el vacío (a)** (el abismo) the void: *Se cayó al vacío.* He fell into the void. **(b)** (la nada) space: *Miraba al vacío.* He was staring into space. **2** (en física) vacuum • **café/té envasado al vacío** vacuum-packed coffee/tea

EXPRESIONES

caer en el vacío to fall on deaf ears • **hacerle el vacío a alguien** to give sb the cold shoulder

vacío de poder power vacuum

vacuna s vaccine • **ponerse/darse una vacuna contra la hepatitis/el sarampión** to be vaccinated against hepatitis/measles, to have a hepatitis/measles vaccination

vacunación s vaccination

vacunar v [T] to vaccinate

—**vacunarse** v pron to be vaccinated, to have a vaccination: *Se vacunó contra el tétanos.* She had a tetanus vaccination.

vacuno, -a adj ▶ GANADO **vacuno**

vadear v [T] (un río, un arroyo) to ford

vado s (en un río) ford

vagabundear v [I] **1** (vagar) to wander: *Ayer estuvimos vagabundeando por el centro.* We wandered around town yesterday. **2** (vivir de vagabundo) to live as a tramp

vagabundo, -a s tramp

vagancia s laziness

vagina s vagina

vaginal adj vaginal

vago¹, -a adj **1** (perezoso) lazy: *No seas vago.* Don't be lazy. **2** (poco preciso) vague: *Las instrucciones eran muy vagas.* The instructions were very vague.

vago², -a s **ser un vago/una vaga** to be lazy *los vagos de la clase* the lazy ones in the class

vagón (tb **vagón de pasajeros**) s (passenger) car: *el vagón de primera* the first-class car

vagón de carga freight car • **vagón restaurante** dining car

vagoneta s (vehículo) van

vaguear v [I] to laze around

vaho s **1** (vapor) steam **2 vahos** [pl] steam inhalations

vaina s **1** (vegetal) green bean; (la parte externa) pod **2** (de una espada) scabbard; (de un puñal) sheath **3** (cosa) thing: *¿Cómo se llama esta vaina?* What's this thing called? • *¿Cómo va la vaina?* How's things? **4** (expresando contrariedad) drag, pain: *¡Qué vaina!* What a drag!

vainilla s **1** (sabor, esencia) vanilla: *helado de vainilla* vanilla ice cream **2** (bizcocho) lady finger

vainita s green bean

vaivén s **1** (de un barco) rocking **2** (de un péndulo, un columpio) swinging **3** (de la gente, la multitud) toing and froing **4 vaivenes** [pl] (variaciones) ups and downs: *los continuos vaivenes del mercado* the continuous ups and downs of the market

vajilla s **1** (platos, tazas) crockery [U], dishes [pl]: *Lavó toda la vajilla.* He washed all the dishes. **2** (juego de platos) dinner service

vale s coupon: *un vale por dos helados* a coupon for two ice cream cones

vale de comida meal voucher • **vale de descuento** discount voucher

valenciana s cuff

valentía s courage: *Tuvo mucha valentía.* He was very courageous.

valer v

1	costar
2	tener determinado valor
3	tener mérito, dotes
4	ser válido
5	suponer
6	estar permitido
7	equivaler
8	importar

1 COSTAR [T] to cost: *Valía doscientos dólares.* It cost two hundred dollars. • **¿cuánto/qué vale?** how much is it?, how much does it cost?: *¿Cuánto vale la entrada?* How much are the tickets?

2 TENER DETERMINADO VALOR [T] to be worth: *Cada respuesta vale cinco puntos.* Each answer is worth five points.

3 TENER MÉRITO, DOTES [I] to be great: *Su hijo vale mucho.* Her son is really great. • **no valer nada (a)** (persona) to be nothing to look at: *–¿Es guapo? –No, no vale nada.* "Is he good-looking?" "No, he's nothing to look at." **(b)** (novela, película) to be no good: *Esas pinturas no valen nada.* Those paintings are no good.

4 SER VÁLIDO [I] to be valid: *Este carnet ya no vale.* This card is no longer valid.

5 SUPONER [T] *Su irresponsabilidad le ha valido muchos disgustos.* Being irresponsible has caused him a lot of trouble. • *El gol les valió la victoria.* The goal won them the game. • *Esto te valdrá un buen castigo.* You'll be severely punished for this.

6 ESTAR PERMITIDO [I] **no vale copiar/pisar la raya** you're not allowed to copy/to go over the line • **¡no vale!** that's not fair!: *No vale corregirse.* You're not allowed to change your mind.

7 EQUIVALER [I] **valer por algo** to be worth sth: *Tu madre vale por dos.* Your mother is worth her weight in gold. • *Cada cupón vale por una entrada.* Each coupon is worth one entrance ticket.

8 IMPORTAR [I,T] **me/le vale** I/he couldn't care less: *Me vale lo que piense ella.* I couldn't care less what she thinks. • *Me vale gorro que sea el hijo del director.* I don't give a darn if he's the principal's son.

EXPRESIONES

hacerse valer to assert yourself • **hacer valer algo** (derechos, autoridad) to assert sth: *Hizo valer su experiencia.* She made her experience count for sth. • **más te vale/más le vale** you'd better/she'd better: *–Te lo cuidaré. –¡Más te vale!* "I'll take care of it." "You'd better!" • **más vale decirle la verdad/que nos demos prisa** we'd better tell him the truth/hurry up • **no hay excusa/protesta que valga** there's no excuse/there's no point complaining • **valga la expresión** for want of a better word

—**valerse** *v pron*

1 DESENVOLVERSE valerse por sí mismo -a to take care of yourself

2 HACER USO valerse de algo to use sth: *Se valió de todo su encanto para convencerlo.* She used all her charms to persuade him.

3 ESTAR PERMITIDO no se vale copiar/pisar la raya you're not allowed to copy/to go over the line • **¡no se vale!** that's not fair!: *No se vale corregirse.* You're not allowed to change your mind.

validez *s* validity • **tener validez** to be valid: *Tiene una validez de 10 años.* It's valid for 10 years. • **dar validez a algo** to validate sth

válido, -a *adj* valid: *promoción válida hasta fin de mes* offer valid until the end of the month

valiente¹ *adj* **1** (persona, decisión) brave **2** (uso enfático) *¡Valiente estupidez!* How stupid can you get! • *¡Valiente excusa te has buscado!* That's a fine excuse you've come up with!

valiente² *s* (hombre) brave man; (mujer) brave woman • **hacerse el/la valiente** to act tough

valija *s*
valija diplomática diplomatic pouch

valioso, -a *adj* valuable

valla *s* **1** (en atletismo) hurdle **2** (cerca) fence **3** (en fútbol) goal **4 valla (publicitaria)** billboard

vallar *v* [T] to fence off

valle *s* valley

vallenato *s* vallenato

vallista *s* hurdler

valor *s* **1** (monetario, sentimental) value: *joyas sin valor* jewels of no value • *Ha aumentado el valor de la propiedad.* Property prices have gone up. • **por valor de miles de pesos/de dos millones de dólares** worth thousands of pesos/two million dollars • **de valor** (joyas, artículos) valuable: *objetos de valor* valuables **2** (valentía) courage: *Me falta valor para decírselo.* I don't have the courage to tell him. • **armarse de valor** to pluck up courage **3 valores** [pl] (morales) values: *Es un problema de valores.* It's a question of values. **4 valores** [pl] (financieros) securities: *el mercado de valores* the securities market **5 valores** [pl] (pertenencias) valuables

valoración *s* (evaluación) assessment • **hacer una valoración de algo** to assess sth

valorar *v* [T] **1** (evaluar) to value, to appreciate: *Valoro mucho nuestra amistad.* I really value our friendship. **2** (tasar – viviendas, terrenos, joyas) to value; (daños, pérdidas) to assess: *Le han valorado el apartamento en 220.000 dólares.* They've valued his apartment at 220,000 dollars. • *Todavía no han valorado los daños provocados por el temporal.* They have yet to assess the damage caused by the storm.

vals *s* waltz (pl -zes)

válvula *s* **1** (dispositivo) valve: *Al carro le falla una válvula.* The car has a broken valve. **2** (del corazón) valve
válvula de escape **(a)** (de un motor) exhaust valve **(b)** (para desahogarse) means of escape • válvula de seguridad safety valve

vamos *interj* ▶ IR

vampiresa *s* femme fatale (pl femmes fatales)

vampiro *s* **1** (personaje) vampire **2** (animal) vampire bat

vanagloriarse *v pron* to boast • **vanagloriarse de algo** to boast about sth

vandálico, -a *adj* (actos, comportamiento) loutish: *un grupo vandálico* a group of vandals

vandalismo *s* vandalism

vándalo, -a *s* vandal

vanguardia *s* **1** (artística, ideológica) avant-garde: *un escritor de vanguardia* an avant-garde writer • **estar/ir a la vanguardia de algo** to be at the forefront of sth, to be in the vanguard of sth (*más frml*): *países que están a la vanguardia de la investigación* countries at the forefront of research • *Esta marca está a la vanguardia de la moda.* This brand is at the cutting edge of fashion. **2** (militar) vanguard

vanguardista¹ *adj* avant-garde

vanguardista² *s* avant-gardist

vanidad *s* vanity

vanidoso, -a *adj* vain

vano **1** (intento, esperanza, ilusión) vain **2** (palabras, promesas) empty
EXPRESIONES
en vano in vain: *Todo fue en vano.* It was all in vain.

vapor *s* **1** (de agua) steam • **cocinar algo al vapor** to steam sth • **un pescado/unas espinacas al vapor** steamed fish/spinach • **una plancha/locomotora a vapor** a steam iron/train **2** (emanación) vapor: *vapores tóxicos* toxic vapors **3** (embarcación) steamship

vaporizador *s* **1** (de perfume, desodorante) spray: *un desodorante en vaporizador* a spray deodorant **2** (de medicamento) spray, vaporizer (*técn*)

vaporoso, -a *adj* diaphanous

vapulear *v* [T] **1** (golpear) to beat up **2** (criticar) to trash

vaquero *s* **1** (tb **vaqueros**) (prenda) jeans [pl]: *Llevaba un vaquero negro.* She was wearing black jeans. **2** (persona) cowboy: *una película de vaqueros* a cowboy movie

vara *s* **1** (palo, rama) stick **2** (tallo) stem, stalk
vara de medir yardstick

varado, -a *adj* **1** (que no se puede mover) **estar/quedar varado -a** (embarcación) to be/run aground; (ballena, delfín) beached **2** (turista, avión) stranded **3** (averiado – vehículo) broken down

varapalo *s* crushing defeat

vararse *v pron* (averiarse – vehículo) to break down; (televisor, nevera) to break

variable¹ *adj* **1 ser variable** (horario, precio) to vary: *El precio es variable.* The price varies. **2** (carácter) moody, changeable **3** (tiempo) changeable **4** (renta, interés) variable

variable² *s* variable

variación *s* **1** (cambio) variation: *grandes variaciones de precio* big variations in price • **variaciones sobre el**

vasos

mug
jarra

tumbler
vaso

plastic cup
vaso de plástico

champagne flute
copa de champaña

wine glass
copa de vino

mismo tema variations on a theme **2** (en música) variation **3** (en matemáticas) variation

variado, **-a** *adj* **1** (diverso) varied: *una dieta muy variada* a very varied diet **2** (surtido) assorted: *galletas variadas* assorted biscuits

variante *s* **1** (de un virus médico, informático) variant **2** (de una palabra, una lengua) variant

variar *v* **1** [I] (ser diferente) to vary: *El precio varía según el modelo.* The price varies according to the model. **2** [T] (cambiar) to change: *Tendremos que variar los planes.* We'll have to change our plans. **3** [T] (dar variedad a) to vary: *Tienes que variar más tu dieta.* You need to eat a more varied diet.

EXPRESIONES
para variar for a change: *¿Por qué no vamos a otro sitio para variar?* Why don't we go somewhere else for a change?

varicela *s* chickenpox

variedad *s* variety (pl -ties): *Tenemos una gran variedad de platos.* We have a wide variety of dishes.

varilla *s* **1** (barra larga) rod **2** (de un paraguas) spoke **3** (de un abanico) rib
varilla del aceite dipstick

varios[1], **-as** *adj* **1** (más de uno) several: *Tengo varios libros sobre el tema.* I have several books on the subject. **2** (diversos) various: *Probé varios métodos.* I tried various methods.

varios[2], **-as** *pron* several: *Se probó varios pero no le gustó ninguno.* She tried on several but didn't like any of them.

varita (tb **varita mágica**) *s* magic wand

variz *s* varicose vein

varón[1] *adj* male: *su primer hijo varón* her first male child

varón[2] *s* (niño) boy; (hombre) man, male: *Tienen tres hijos, dos mujeres y un varón.* They have three children, two girls and a boy.

varonil *adj* **1** (hombre) manly, virile (*más frml*); (voz, colonia) masculine **2** (mujer) mannish, masculine

vasco[1] *s* (idioma) Basque

vasco[2], **-a** *adj* Basque

vasco[3], **-a** *s* Basque

vasectomía *s* vasectomy

vaselina® *s* (sustancia) Vaseline®

vasija *s* vessel

vaso *s* **1** (recipiente, contenido) glass (pl -sses): *He roto un vaso.* I've broken a glass. • *¿Me da un vaso de agua, por favor?* Could I have a glass of water, please? • **un vaso de vino** (recipiente) a wine glass; (contenido) a glass of wine • **un vaso de plástico/papel** a plastic/paper cup ► ver nota en CUP **2** (en anatomía) vessel

EXPRESIONES
ahogarse en un vaso de agua to make a mountain out of a molehill
vaso sanguíneo blood vessel

vasto, **-a** *adj* vast

Vaticano el Vaticano the Vatican

vaticano, **-a** *adj* Vatican

vatio *s* watt

vaya *interj* ► IR

vecinal *adj* **1** (junta) neighborhood [solo ante s]; (comunidad) local: *protestas vecinales* protests from local residents **2** (camino, carretera) local community

vecindad *s* **1** (vecinos) neighborhood **2** (relación vecinal) neighborliness **3** (alrededores) vacinity **4** (conjunto de viviendas) tenement

vecindario *s* **1** (lugar) area, neighborhood **2** (residentes) neighborhood

vecino[1], **-a** *s* **1** (de casa, calle) neighbor: *una vecina mía* a neighbor of mine **2** (residente – de un barrio) resident; (de un pueblo) inhabitant

vecino[2], **-a** *adj* neighboring: *un país vecino* a neighboring country

vector *s* vector

veda *s* **1** (prohibición) ban • **levantar la veda** (de temporada) to end the closed season; (en general) to lift the ban **2** (periodo) closed season

vedar *v* [T] to ban

vedette *s* cabaret star

vegetación *s* vegetation

vegetal[1] *s* vegetable: *¿Es un animal o un vegetal?* Is it an animal or a vegetable?

vegetal[2] *adj* vegetable [solo ante s] • **grasas/aceites vegetales** vegetable fats/oils ► REINO **vegetal**

vegetariano, **-a** *s*, *adj* vegetarian: *una dieta vegetariana* a vegetarian diet • **ser vegetariano -a** to be a vegetarian

vegetativo, **-a** *adj* vegetative

vehemencia *s* vehemence

vehemente *adj* vehement

vehículo *s* **1** (medio de transporte) vehicle **2** (transmisor – de una enfermedad) carrier; (de ideas, sentimientos) vehicle

veinte *núm* **1** (número, cantidad) twenty **2** (en fechas) twentieth **3** **los (años) veinte** the twenties

veinteañero, **-a** *adj*, *s* twenty-something: *una chica veinteañera* a twenty-something woman/a woman in her twenties • *un veinteañero* a twenty-something man/a man in his twenties

veintena *s* **una veintena de** twenty: *una veintena de heridos* twenty injured

veinticinco *núm* twenty-five

veinticuatro *núm* twenty-four

veintidós *núm* twenty-two

veintinueve *núm* twenty-nine

veintiocho *núm* twenty-eight

veintiséis *núm* twenty-six

veintisiete *núm* twenty-seven

veintitrés *núm* twenty-three

veintiuno, **-a** *núm* twenty-one

vejez *s* old age

vejiga *s* bladder

vela *s* **1** (para iluminar) candle • **encender/prender una vela** to light a candle • **apagar una vela** to blow out a candle • **a la luz de las velas** by candlelight: *una cena a la luz de las velas* a candlelight dinner **2** (de un barco) sail: *Izaron las velas.* They raised the sails. **3** (deporte) **la vela** sailing: *Practica la vela.* She goes sailing.

a toda vela (navegar) under full sail • **pasar la noche en vela** to have a sleepless night • **quedarse a dos velas (a)** (sin dinero) to be broke: *A final de mes nos quedamos a dos velas.* We're broke by the end of the month. **(b)** (sin comprender algo) to be completely lost • **¿quién te ha dado vela en este entierro?** who asked your opinion?

velada s evening

velador s **1** (mesa) night table, bedside table **2** (lámpara) bedside lamp

veladora s **1** (de cera) candle **2** (lámpara) bedside lamp

velar v **1** [T] (a un difunto) to keep vigil over **2** [T] (a un enfermo) to be at the bedside of: *Lleva varias noches velando a su padre en el hospital.* She has been at her father's bedside in the hospital for several nights. **3** [T] (una película) to expose to the light **4** [I] **velar por algo/alguien** to take care of sth/sb
—**velarse** v pron (película) to be exposed to the light

velatorio (tb **velorio**) s wake

velcro® s Velcro®

velear v [I] to sail • **ir a velear** to go sailing

velero s sailboat

veleta[1] s [fem] weathervane

veleta[2] s [masc & fem] **ser un/una veleta** to be fickle

vello s hair
vello facial facial hair • vello púbico pubic hair

velludo, -a adj hairy

velo s veil: *el velo de la novia* the bride's veil
correr/echar un tupido velo (sobre algo) to draw a veil over sth
velo del paladar soft palate

velocidad s **1** (de la luz, al moverse) speed: *la velocidad del sonido* the speed of sound • *¿A qué velocidad vamos?* What speed are we traveling at? • **a toda velocidad** *El carro huyó a toda velocidad.* The car made off at top speed. • *Terminamos los deberes a toda velocidad.* We rushed through our homework. • **reducir la velocidad** to slow down **2** (de un motor) gear
velocidad de crucero cruising speed • velocidad punta top speed

velocímetro s speedometer

velocista s sprinter

velódromo s cycle track, velodrome (*más frml*)

velorio s wake

veloz adj fast

vena s vein • **abrirse/cortarse las venas** to slash your wrists
darle a alguien la vena *Es callada, pero cuando te da la vena no para de hablar.* She's quiet, but boy can she talk when she gets the urge. • **estar en vena** to be in top form: *Es un gran jugador cuando está en vena.* He's a great player when he's in top form. • *Etoo está en vena goleadora.* Etoo is on a goal-scoring streak
vena yugular jugular vein

venado s **1** (animal) deer **2** (carne) venison

vencedor[1], -a s **1** (en una guerra) victor **2** (en una competición) winner

vencedor[2], -a adj **1** (ejército) victorious **2** (equipo) winning

vencer v
1 derrotar
2 salir vencedor
3 garantía, plazo
4 pago
5 sueño, cansancio
6 medicamento, alimento

1 **DERROTAR** [T] (en una batalla, una guerra) to defeat; (en un deporte) to beat, to defeat: *El Olimpo venció a su rival 2 a 1.* Olimpo beat their opponents 2–1.
2 **SALIR VENCEDOR** [I] to win, to be victorious (*más frml*): *Venció el equipo paraguayo.* The Paraguayan team won. • *Venció el ejército aliado.* The allied army was victorious.
3 **GARANTÍA, PLAZO** [I] to expire: *¿Cuándo vence el plazo de entrega?* When is the deadline?
4 **PAGO** [I] to be due: *La cuota del club vence el 10.* The club membership is due by the tenth.
5 **SUEÑO, CANSANCIO** [T] **me venció el sueño/el cansancio** sleep/tiredness overcame me
6 **MEDICAMENTO, ALIMENTO** [T] to pass its expiration date: *Este yogur ya venció.* This yogurt has passed its expiration date.
—**vencerse** v pron
1 **GARANTÍA, PLAZO** to expire: *Ya se ha vencido la garantía.* The guarantee has expired. • **se me venció el pasaporte/el carnet** my passport/identity card has expired
2 **MEDICAMENTO, ALIMENTO** to pass its expiration date

vencido, -a adj **1** (plazo, garantía) expired **2** (alimento, medicamento) past its expiration date
darse por vencido -a to give up: *No nos dimos por vencidos.* We didn't give up.

vencimiento s **1** (de una deuda, un pago) due date: *¿Cuál es la fecha de vencimiento de la hipoteca?* When does the mortgage reach its term? **2** (de un contrato) expiration

venda s bandage

vendaje s bandages [pl], dressing

vendar v [T] **1** to bandage • **tenía el pie vendado/la mano vendada** my foot/hand was bandaged **2** **vendarle los ojos a alguien** to blindfold sb

vendaval s gale: *Soplaba un vendaval.* It was blowing a gale.

vendedor, -a s **vendedor** salesman (pl -men) • **vendedora** saleswoman (pl -women)
vendedor -a ambulante street vendor

vender v **1** [I, T] (por dinero) to sell: *Vendimos el barco.* We sold the boat. • *un autor que vende bien* an author who sells well • **venderle algo a alguien** to sell sth to sb, to sell sb sth: *Le vendí una entrada a Luis.* I sold a ticket to Luis. • **vender algo a 20/300 pesos** to sell sth at 20/300 pesos • **vender algo por docenas/por kilos** to sell sth by the dozen/by the kilo **2** [T] (traicionar) to betray: *Nos ha vendido.* He's betrayed us.
"se vende" "for sale" • **se vende en todas las librerías/en todos los quioscos** it is on sale in all bookstores/at all newsstands • **vender algo caro -a** *El equipo vendió cara la derrota.* It wasn't easy to beat the team.
—**venderse** v pron **1** (a cambio de una acción indigna) to sell out: *No nos vamos a vender.* We're not going to sell out. **2** (autopromocionarse) to sell yourself: *Sabe venderse.* He knows how to sell himself.

vendimia s grape harvest

veneno s **1** (sustancia venenosa) poison **2** (de una serpiente) venom

venenoso, -a adj poisonous

veneración s **1** (gran admiración) reverence **2** (culto) worship, veneration (*más frml*)

venerar v [T] **1** (reverenciar) to revere **2** (rendir culto a) to worship

venéreo, -a adj

venezolano[1], -a adj Venezuelan

venezolano[2], -a s Venezuelan • **los venezolanos** (the) Venezuelans

Venezuela Venezuela

venganza s revenge

vengar v [T] to avenge: *Quieren vengar la muerte del hermano.* They want to avenge their brother's death.
—**vengarse** v pron to get your revenge • **vengarse de/por algo** (de un daño, un agravio) to get your revenge for sth; (de una broma) to get sb back for sth: *Me voy a vengar de la broma que me han gastado.* I'm going to get them back for the joke they played on me. • *Me voy a vengar de lo que me hizo.* I'm going to get back at him for what he did to me. • **vengarse de alguien** (por un daño, un agravio) to take revenge on sb; (por una broma) to get sb back for sth

vengativo, -a adj vindictive

venial adj ▶ PECADO **venial**

venida s (llegada – de gente, tropas) arrival; (religiosa) coming: *la venida de Jesucristo* the coming of Jesus Christ

venidero, -a adj coming • **en los meses/años venideros** in the coming months/in years to come • **generaciones venideras** future generations

venir¹ v [I]

1 acercarse
2 con adjetivos
3 sobrevenir
4 ser disponible
5 a la mente
6 proceder

1 ACERCARSE to come: *Ven aquí.* Come here. • *Ahora vengo.* I'm coming. • *Ahí viene el tren.* Here comes the train. • *El vuelo viene con retraso.* The flight is delayed. • *Vino con su madre.* He came with his mother. • *Me vino a buscar.* He came to get me. • *¿Viniste en carro?* Did you come by car?

2 CON ADJETIVOS to be: *Vengo muerta de hambre.* I'm starving. • *Vino contenta del examen.* She was pleased with how the test went.

3 SOBREVENIR *me vino el hambre/el sueño* I started feeling hungry/sleepy: *Me vino un dolor de cabeza terrible.* I got a terrible headache. • *Me vinieron unas ganas de llorar.* I really felt like crying. • *Nos vino un ataque de risa.* We dissolved into fits of laughter.

4 SER DISPONIBLE to come, to be available in (*más frml*) • **venir en rojo/español** to come in red/Spanish

5 A LA MENTE to come: *Me vino una idea anoche.* I got an idea last night. • *No me viene el nombre del actor.* I can't think of the actor's name.

6 PROCEDER **venir de algo** to come from sth: *Viene del griego.* It comes from Greek. ▶ **venir a** CUENTO, **venirse ABAJO**

¿a qué viene...? what's with...?: *¿A qué viene esa cara?* What's with the long face? • **venir bien/mal** *¿Te viene bien el viernes?* Is Friday OK for you? • *Tu regalo me vino muy bien.* Your present was just what I needed. • *Esa hora me viene muy mal.* That's a really inconvenient time for me. • **no me vengas con excusas/quejas** I don't want to hear any excuses/complaints • **el martes/la semana que viene** next Tuesday/next week
—**venirse** v pron

1 LLEGAR to come: *¿Cuándo te viniste a vivir a Bogotá?* When did you come to live in Bogotá?
2 VOLVER to come back: *Tuvimos que venirnos antes.* We had to come back sooner.

venir² v aux **1** (con gerundio) **venir haciendo algo** to have been doing sth: *Lo vengo diciendo desde hace meses.* I've been saying that for months. • *Lo venía observando desde hacía tiempo.* I had been watching him for some time. **2** (con infinitivo) **venir a hacer algo** *Estos resultados vienen a significar que ha habido mejoras.* These results basically mean that there have been improvements. • *Todo junto vino a costar 1.000 dólares.* Altogether it came to 1,000 dollars. • **venir a ser algo** to amount to sth: *Eso viene a ser lo mismo.* That amounts to the same thing.

venta s (en comercio) sale

de venta available, on sale • **estar en venta** to be for sale • **poner algo en venta** to put sth up for sale • **salir a la venta** to go on sale
venta ambulante street trading • **venta al por mayor** wholesale • **venta al por menor** retail

ventaja s **1** (beneficio) advantage: *Tiene la ventaja de ser gratis.* It has the advantage of being free. • **sacar ventaja (de algo)** to take advantage (of sth) **2** (en una carrera, una competición) lead: *Tienen seis puntos de ventaja.* They're six points in the lead. • *Te doy ventaja.* I'll give you a head start. • *Juega con ventaja.* He has an unfair advantage. • **llevarle ventaja a alguien (a)** (en una carrera, una encuesta) to be ahead of sb, to have a lead over sb: *Le lleva mucha ventaja en las encuestas.* He is a long way ahead of him in the polls. **(b)** (tener superioridad) to have an advantage over sb: *Me lleva mucha ventaja.* He has a real advantage over me. **3** (en tenis) advantage

ventajoso, -a adj (condiciones, trato, posición) favorable: *un precio más ventajoso* a better price

ventana s **1** (abertura) window: *Miró por la ventana.* She looked out of the window. **2** (en informática) window

ventanal s window, picture window

ventanilla s **1** (de un vehículo) window: *Baja la ventanilla.* Wind the window down. **2** (en un banco, una oficina) window; (en un cine, un teatro) box office

ventear v [I] **ventear mucho/muy fuerte** to be very windy: *En esta playa ventea mucho.* It's very windy on this beach.

ventilación s ventilation

ventilador s (aparato) fan: *Pon el ventilador.* Switch the fan on.
ventilador de techo ceiling fan

ventilar v [T] **1** (una habitación, una casa) to air, to ventilate **2** (una manta, un abrigo) to air **3** (un asunto, un negocio) to discuss **4** (hacer público) to air • **ventilar las emociones/opiniones** to air your feelings/opinions
—**ventilarse** v pron **1** (habitación, casa) to air **2** (persona) **salir a ventilarse** to go out for some fresh air

ventisca s **1** (tormenta) blizzard: *una ventisca de nieve* a snowstorm **2** (viento) gale: *Hace ventisca.* It's incredibly windy.

ventosa s (pieza cóncava) suction pad

ventosidad s wind

ventoso, -a adj windy: *un otoño ventoso* a windy fall

ventresca s belly

ventrículo s (del corazón) ventricle

ventrílocuo, -a s ventriloquist

ventura s **1** (felicidad) happiness: *Les deseo un año nuevo lleno de venturas.* I wish you a New Year full of happiness. **2** (suerte) luck, good fortune (*más frml*) • **tener la ventura de hacer algo** to be fortunate enough to do sth

ir/andar a la ventura to go wherever luck takes you

Venus s Venus

ver v [T]

1 percibir
2 visitar
3 la televisión, un programa
4 consultar
5 considerar
6 notar

1 PERCIBIR to see: *Ayer vi a tu primo.* I saw your cousin yesterday. • *Yo ya había visto la película.* I'd already seen the movie. • *Ve a ver qué pasa.* Go and see what's going on. • *No te he visto entrar.* I didn't see you come in. • *Los vimos fumando en el baño.* We saw them smoking in the toilet. ▶ *Cuando expresa la facultad de ver, se añade el verbo* **can** *o* **could**: *No se veía nada.* You couldn't see a thing. • *¿Ves algo?* Can you see anything? • *No veo muy bien sin anteojos.* I can't see very well without my glasses. ▸ ver nota en **SEE**

2 VISITAR to see: *¿Cuándo vas a venir a vernos?* When are you going to come and see us?

3 LA TELEVISIÓN, UN PROGRAMA to watch: *Estaban viendo la tele.* They were watching TV. • *¿Vemos el partido?* Do you want to watch the game?

4 CONSULTAR to see: *¿Has visto al médico?* Have you seen a doctor?

5 CONSIDERAR to see: *No le veo nada de malo.* I don't see anything wrong with it.

6 NOTAR no le veo la gracia/solución I can't see what's funny about it/I can't see the solution • **lo veo cansado/preocupado** he looks tired/worried ▸ **TENER** que ver

EXPRESIONES
a ver *A ver si puedes.* Let's see if you can. • *¿A ver lo que has comprado?* Can I see what you've bought? • *A ver si ayudas un poco a tu madre.* It would be nice to see you help your mother a little. • *A ver, ¿quién está primero?* Okay, who's first? • **¿habráse visto?** would you believe it? • **¿has/ha visto?** you see?: *¿Ha visto? Yo tenía razón.* You see? I was right. • **hasta más ver** see you soon • **hay/había que ver** *Hay que ver lo contento que está.* He's so happy! • *¡Había que ver lo que le dijo!* The things he said to her! • **eso está por ver(se)** that remains to be seen • **no lo/la puedo ver** I can't stand him/her • **no se pueden ver** they can't stand each other • **¡vas/van a ver!** *¡Van a ver cuando los pille!* They're going to catch it when I get hold of them! • **verás/verá usted** you see: *Verás, estaba por salir de casa cuando sonó el timbre.* You see, I was about to go out when the bell rang. • **ya veo** *Ya veo a lo que te refieres.* I see what you mean. • *–Se me ha manchado. –Sí, ya lo veo.* "It got dirty." "So I see." • **(ya) veremos** we'll see: *Veremos cuando llegue Rosa.* We'll see when Rosa gets here.

—**verse** *v pron*

1 REUNIRSE to see each other: *Se ven muy a menudo.* They see each other fairly often. • *Nos vemos el sábado.* See you on Saturday. • **verse con alguien** to see sb

2 NOTÁRSELE se te ve el brasier/el tirante your bra/your strap is showing

3 IMAGINARSE to see yourself: *Ya se ve en las pasarelas.* She can already see herself on the catwalk.

4 HALLARSE to find yourself: *Me vi en una situación muy violenta.* I found myself in a very awkward situation. • *Me he visto obligada a buscar otra solución.* I've had to try and find another solution.

EXPRESIONES
me/se lo veía venir I/she could see it coming • **eso está por verse** that remains to be seen

vera *s* (orilla) **a la vera del río** on the riverbank • **a la vera de un camino** at the roadside
EXPRESIONES
a la vera de algo/alguien beside sth/sb

veracidad *s* veracity

veraneante *s* vacationer

veranear *v* [I] **veranear en la playa/en el campo** to spend your summer vacation at the beach/in the country

veraneo *s* summer vacation • **ir/estar de veraneo** to go/to be on your summer vacation

veraniego, -a *adj* summer [solo ante s]: *la temporada veraniega* the summer season

verano *s* summer: *ropa de verano* summer clothes

veras de veras really: *De veras, es que me tengo que ir.* I've really got to go. • *Si la conocieras de veras, no dirías eso.* If you really knew her, you wouldn't say that. • **decir algo de veras** to really mean sth: *¿Lo ha dicho de veras?* Did he really mean it?

verbal *adj* verbal: *la comunicación verbal* verbal communication • *un acuerdo verbal* a verbal agreement

verbena *s* (planta) verbena

verbo *s* verb
verbo auxiliar auxiliary verb • **verbo copulativo** copulative verb • **verbo intransitivo** intransitive verb • **verbo transitivo** transitive verb

verdad *s* truth • **decir la verdad** to tell the truth • **ser verdad** to be true: *Era verdad que tenía novia.* It was true that he had a girlfriend. • **una verdad a medias** a half-truth

EXPRESIONES
a decir verdad to tell you the truth: *A decir verdad, no me gusta demasiado.* To tell you the truth, I don't really like it. • **de verdad (a)** (real) real: *Son brillantes de verdad.* They are real diamonds. **(b)** (realmente) really: *¿De verdad crees que se olvidó?* Do you really think he forgot? • **decir algo de verdad** to mean sth: *¿Me lo dices de verdad?* Do you really mean it? • *Me tiene harta, te lo digo de verdad.* I mean it. I'm fed up with him. • **en verdad** really: *En verdad, hubiese querido que las cosas fueran distintas.* I would really have liked things to be different. • **la verdad,...** to be honest,...: *La verdad, no te queda bien.* To be honest, it doesn't suit you. • **...¿verdad?** *Es bonito, ¿verdad?* It's nice, isn't it? • *Vienes a la fiesta, ¿verdad?* You're coming to the party, aren't you?

verdaderamente *adv* (para enfatizar) really: *Escribe verdaderamente bien.* She writes really well.

verdadero, -a *adj* **1** (real, no falso) true: *La historia es verdadera.* It's a true story. • *Esa no es la verdadera razón.* That isn't the real reason. **2** (para enfatizar) real: *Fue un verdadero desastre.* It was a real disaster. • *Nos llevamos una verdadera desilusión.* We were really disappointed.

verde¹ *adj* **1** (color) green • **verde oliva/esmeralda** olive/emerald green **2** (fruta) green, unripe • **estar verde** not to be ripe: *Las ciruelas estaban verdes.* The plums weren't ripe. **3** (césped, zona) green: *las zonas verdes de la ciudad* the green areas of the city **4** (en el semáforo) green: *El semáforo estaba en verde.* The lights were green. ▸ **VIEJO** verde

verde² *s* **1** (color) green: *Mi color preferido es el verde.* My favorite color is green. **2** (ecologista) **los verdes** the Greens

verdoso, -a *adj* greenish

verdugo *s* (en una ejecución) executioner

verdulería *s* fruit and vegetable store

verdura *s* vegetable: *frutas y verduras* fruit and vegetables • **sopa/tortilla de verduras** vegetable soup/omelet

vereda *s* (camino) track, path
EXPRESIONES
meter/poner en vereda a alguien to bring sb into line: *Nadie ha podido meterlo en vereda.* No one has been able to bring him into line.

veredicto *s* verdict

vergonzoso, -a *adj* **1** (tímido) shy: *Ven a bailar, no seas vergonzosa.* Go on, dance, don't be shy. **2** (actitud, comportamiento) shameful, disgraceful

vergüenza *s* **1** (por timidez) embarrassment • **me/le da vergüenza** I'm/he's embarrassed: *Me da vergüenza preguntarle.* I'm too embarrassed to ask her. • **pasar vergüenza** to be embarrassed • **hacerle pasar vergüenza a alguien** to embarrass sb • **¡qué vergüenza!** it is/was so embarrassing! • **sentir vergüenza ajena** to feel embarrassed for sb **2** (humillación) shame: *Debería darte vergüenza.* You should be ashamed of yourself. • **no tienes/no tiene vergüenza** you have/she has no shame • **¡qué poca vergüenza!** you/he/they should be ashamed! **3** (escándalo) disgrace: *Es una vergüenza que les paguen tan poco.* It's a disgrace that they're paid so little. • *Es la vergüenza de nuestra familia.* He's a disgrace to our family.

verídico, -a *adj* true

verificación *s* (de un vehículo) smog check

verificar *v* [T] **1** (una información, un dato) to check, to verify (*más frml*) **2** (un vehículo) to do a smog check on

verja s **1** (portón) gate **2** (rejas) railings [pl]

vernáculo, -a adj vernacular

verosímil adj **1** (historia, información) credible, plausible **2** (probable) likely: *Es poco verosímil que esto suceda.* It's not very likely that this will happen.

verruga s wart

versátil adj **1** (adaptable) versatile: *Es una actriz muy versátil.* She is a very versatile actress. **2** (inconstante) fickle: *Es demasiado versátil.* He's too fickle.

versículo s (en textos sagrados) verse

versión s **1** (de un hecho) version: *Dieron versiones contradictorias.* They gave conflicting versions. **2** (de una película, un libro) version; (de una canción) cover, cover version • **en versión original** in the original version **3** (de un programa informático) version

verso s **1** (de un poema, una canción) verse **2** (género literario) verse: *Está escrito en verso.* It's written in verse.

vértebra s vertebra (pl -brae)

vertebrado s vertebrate

vertebral adj ▶ **COLUMNA vertebral**

vertedero s (basurero) dump

verter v [T] **1** (echar) to pour **2** (derramar) to spill: *He vertido café sobre el mantel.* I've spilled coffee on the tablecloth. **3** (residuos) to dump
—**verterse** v pron (derramarse) to spill: *Se ha vertido el aceite sobre la cocina.* The oil's spilled over the stove.

vertical¹ adj (línea, posición) vertical

vertical² s **1** (línea) vertical line **2** (en gimnasia) handstand • **hacer la vertical** to do a handstand

vértice s **1** (de un ángulo, un poliedro) vertex (pl vertices) **2** (de una pirámide, un cono) apex (pl -xes)

vertido s **1** (residuo) waste **2** (hecho) dumping

vertiente s **1** (aspecto) aspect: *Desde la vertiente económica,...* From an economic aspect,... **2** (de una montaña, un tejado) slope **3** (de ríos) river bed

vertiginoso, -a adj (rapidez, ritmo) dizzying; (crecimiento) phenomenal; (descenso) dramatic

vértigo s (trastorno) vertigo • **tener vértigo/sufrir de vértigo** to suffer from vertigo • **me/le da vértigo** it makes me/him feel dizzy: *Me da vértigo mirar hacia abajo.* Looking down makes me feel dizzy.

vesícula (tb **vesícula biliar**) s gall bladder

vespa® s scooter

vespertino, -a adj evening [solo ante s]: *en horario vespertino* in the evening

vespino® s moped

vestíbulo s **1** (de un teatro) foyer **2** (de un hotel) lobby (pl -bbies), foyer **3** (de una vivienda) hall

vestido¹, -a adj dressed: *¿Estás vestida?* Are you dressed? • *Estaba vestida de rojo.* She was dressed in red. • *Iba vestida informal.* She was dressed casually.

vestido² s **1** (de mujer) dress (pl -sses) **2** (vestimenta) clothes [pl], clothing [U]: *gastos de vestido y alimentos* clothes and food expenses **3** (de hombre) suit
vestido de noche evening dress • **vestido de novia** wedding dress • **vestido largo** long dress

vestidor s **1** (en una tienda) fitting room, dressing room **2** (en una vivienda) walk-in closet **3** (en un estadio, un gimnasio, una alberca) locker room

vestier s **1** (en un estadio, un gimnasio, una piscina) locker room **2** (en una vivienda) walk-in closet

vestigio s **1 vestigios** [pl] (restos) remains: *vestigios arqueológicos* archeological remains **2** (indicio) trace

vestimenta s clothes [pl], clothing [U]

vestir v **1** [I,T] (poner o llevar ropa) to dress: *Vistió al bebé.* He dressed the baby. • *Viste muy bien.* She dresses very well. • **vestir de rojo/blanco** to wear red/black • **vestir de invierno/verano** to wear winter/summer

clothes • **vestir de moda** to dress fashionably **2** (ser elegante) to look stylish: *El negro viste mucho.* Black looks really stylish.
—**vestirse** v pron **1** (ponerse ropa) to get dressed: *Nos estábamos vistiendo.* We were getting dressed. **2** (de determinada manera) to dress: *Se viste muy bien.* She dresses really well. • **vestirse de blanco/negro** to wear white/black **3** (disfrazarse) to dress up • **vestirse de pirata/mariposa** to dress up as a pirate/a butterfly

EXPRESIONES
pantalones/zapatos de vestir dress pants/shoes

vestón s jacket

vestuario s **1** (de una obra de teatro) costumes [pl] **2** (ropa) wardrobe • **renovar el vestuario** to update your wardrobe **3** (en un gimnasio, una piscina) locker room; (en un teatro) dressing room

veta s (en la madera) grain; (en el mármol, en una roca) vein; (en el jamón, la carne) streak

vetar v [T] (no aprobar) to veto

veterano, -a adj, s veteran: *veteranos de guerra* war veterans • *una jugadora veterana* a veteran player

veterinaria s veterinary science

veterinario, -a s veterinarian: *Llevé a la gata al veterinario.* I took the cat to the veterinarian.

veto s **1** (a una ley, una resolución) veto **2** (prohibición) ban

vez s (ocasión) time: *Esta vez ten más cuidado.* Be more careful this time. • *La próxima vez que lo vea, se lo digo.* Next time I see him, I'll tell him. • *Voy dos veces por semana.* I go twice a week. • *Ya te lo he dicho mil veces.* I've told you a thousand times. • **cada vez** every time • **otra vez (a)** (nuevamente) again: *Ahí viene otra vez.* Here he comes again. **(b)** (otra ocasión) another time: *Eso lo dejamos para otra vez.* We'll leave that for another time. • **pocas veces** rarely • **rara vez** rarely • **una vez** once: *La vi una sola vez.* I only saw her once.

EXPRESIONES
a la vez (al unísono) all at once • **de vez en cuando** occasionally: *De vez en cuando me trae flores.* Occasionally, he brings me flowers. • **a veces** sometimes: *A veces la veo en el club.* I sometimes see her at the club. • **a mi/su vez** in turn • **cada vez más** more and more: *Cada vez lo quiero más.* I love him more and more. • **cada vez más feo -a/más gordo -a** uglier and uglier/fatter and fatter: *Está cada vez más delgada.* She's getting thinner and thinner. • **de una vez** (con una sola acción) in one go • **de una vez (por todas)** (tb **de una buena vez**) once and for all • **en vez de (hacer) algo** instead of (doing) sth: *Traje sidra en vez de vino.* I've brought hard cider instead of wine. • **había/érase una vez** once upon a time • **hacer las veces de algo/alguien** to serve as sth/to act as sb: *El colchón hace las veces de sofá.* The mattress serves as a couch. • **por una vez** for once: *Por una vez se portó bien.* For once he behaved himself. • **tal vez** maybe, perhaps: *Tal vez tengas razón.* Maybe you're right. • **una vez (que)** once: *Una vez que hayas terminado, avísame.* Let me know once you've finished.

vía¹ s **1** (ruta, camino) route, road: *la principal vía de acceso a la ciudad* the main road leading into the city **2** (del tren) railroad track: *Cruzaron la vía.* They crossed the track. **3 vías** [pl] (respiratorias, urinarias) tract [sing]: *una infección de las vías urinarias* an infection of the urinary tract

EXPRESIONES
dar vía libre a/para algo to leave the way open for sth • **dar vía libre para hacer algo** to give the go-ahead to do sth • **de vía estrecha/angosta** (ferrocarril, tren) narrow-gauge • **estar/haber entrado en vía muerta** to have reached an impasse • **en vías de algo** in the process of sth: *Está en vías de solucionarse.* It is in the process of being resolved. • *países en vías de desarrollo* developing countries • **por la vía rápida** the quickest way possible • **por vía aérea** by air • **por la vía diplomática/de la violencia** through diplomatic

channels/violence • **por vía oral/intravenosa** orally/intravenously
vía de agua leak • **vía de comunicación** (camino) road link • **la Vía Láctea** the Milky Way • **la vía pública** the public highway • **vía rápida** express route

vía² *prep* via: *Voló a Londres vía París.* He flew to London via Paris. ▶ **vía SATÉLITE**

viabilidad *s* (de un proyecto, una operación) feasibility, viability

viable *adj* (realizable) feasible, viable: *un proyecto viable* a viable project

viaducto *s* viaduct

viajante (tb **viajante de comercio**) *s* traveling salesman

viajar *v* [I] to travel: *Viajó a Japón.* He traveled to Japan. • **viajar en tren/avión** to travel by train/plane

viaje *s* **1** (trayecto) trip; (recorrido rutinario) trip; (por mar) voyage: *un viaje al extranjero* a trip abroad • *los viajes de Colón* the voyages of Columbus • *Es un viaje muy corto.* It's a very short trip. • **estar de viaje** to be away • **irse/salir de viaje** to go away • **¡buen viaje!** have a good trip! **2** (por drogas) trip **3** (para llevar algo) trip: *Hicimos tres viajes con las cajas.* We made three trips with the boxes. **4** (carga) consignment

EXPRESIONES
de un solo viaje in one go: *Se tomó el ron de un solo viaje.* He drank his rum in one gulp.
viaje de fin de curso end-of-year trip • **viaje de ida** outward trip • **viaje de negocios** business trip • **viaje de novios** honeymoon • **viaje de placer** pleasure trip, vacation • **viaje organizado** package tour • **viaje de vuelta** return trip

¿trip, journey, voyage, drive, tour o travel?
En inglés hay bastantes términos que significan "viaje".
trip es un viaje de ida y vuelta a un sitio para visitarlo: *She's on a business trip in China.*
journey es una palabra formal que se utiliza para un viaje largo y complicado: *They arrived in Nice after an eight-hour journey by car.*
voyage es un largo viaje en barco: *The voyage to Australia was long and dangerous.*
drive es un viaje en coche: *a pleasant drive along the coast*
tour es un viaje turístico a varios lugares: *a bus tour of the Rockies*
travel es incontable y se refiere al hecho de viajar: *Her job involves a lot of travel.*

viajero, -a *s* **1** (turista) traveler **2** (pasajero) passenger

vial *adj* road [solo ante s]: *la seguridad vial* road safety

vianda *s* **1** (para el mediodía) sack lunch; (merienda) snack: *Me traje una vianda.* I brought a sack lunch./I brought a snack. **2** (tubérculo) root vegetable

viáticos *s* [pl] (gastos de viaje) traveling expenses

víbora *s* **1** (serpiente) snake: *Le picó una víbora.* A snake bit him. **2** (mujer malévola) spiteful cow
víbora de cascabel rattlesnake

vibra, vibras *s* vibes: *Me da buenas vibras.* She gives me good vibes.

vibración *s* **1** (hecho) vibration **2** **vibraciones** [pl] vibes: *Me da buenas vibraciones.* She gives me good vibes.

vibrador *s* vibrator

vibrar *v* [I] **1** (moverse) to vibrate **2** (voz) to shake

vicario, -a *s* vicar
vicario general castrense army chaplain

vicedirector, -a *s* (de una escuela) vice-principal; (de una empresa, un organismo) deputy director

vicepresidencia *s* (de gobierno) vice-presidency; (de una empresa, una organización) vice-presidency

vicepresidente, -a *s* (de gobierno) vice-president; (de una empresa, una organización) vice-president

vicesecretario, -a *s* deputy secretary

viceversa *adv* vice versa

viciado, -a *adj* (aire, ambiente) polluted

vicio *s* **1** (mala costumbre) bad habit **2** (corrupción) vice: *Tiene el vicio del juego.* He's addicted to gambling.

EXPRESIONES
hacer algo de vicio (sin motivo) to do sth just for the sake of it: *Se queja de vicio.* She complains just for the sake of it.

vicioso, -a *adj* **ser vicioso -a** to have bad habits ▶ **CÍRCULO vicioso**

vicisitudes *s* [pl] **1** (desgracias) mishaps **2** (avatares) ups and downs, vicissitudes (*más frml*): *las vicisitudes de la vida* the vicissitudes of life

víctima *s* victim: *las víctimas de las inundaciones* the flood victims • *No hubo víctimas.* There were no casualties. • **ser víctima de algo** to be the victim of sth: *Fue víctima de un robo.* He was the victim of a robbery. • **víctima (mortal)** fatality
EXPRESIONES
hacerse la víctima to play the victim

victoria *s* victory (pl -ries), win
EXPRESIONES
cantar victoria to claim victory, to start celebrating: *No cantes victoria.* Don't start celebrating yet.

victorioso, -a *adj* victorious • **salir victorioso -a (de algo)** to win (sth), to emerge victorious (from sth) (*más frml*)

vicuña *s* vicuna

vid *s* vine

vida *s* **1** (existencia) life (pl lives) • **llevar una vida activa/dura** to lead an active/a hard life ▶ ver nota en **LIFE** **2** (vitalidad) life: *Es una muchacha llena de vida.* She is full of life.
EXPRESIONES
a/de vida o muerte life and death: *Fue una operación a vida o muerte.* The operation was a matter of life and death. • *un asunto de vida o muerte* a matter of life and death • **con vida** alive: *Le encontraron con vida.* They found him alive. • **costarle la vida a alguien** to cost sb his/her life: *un accidente que costó la vida a seis personas* an accident that cost the lives of six people • **dar la vida por algo/alguien** to give your life for sth/sb • **darse la buena/gran vida** to live the life of Riley • **de por vida** for life • **de toda la vida** *Somos amigas de toda la vida.* We've been friends for years. • **en la vida** never: *En la vida me lo hubiera imaginado.* I would never have imagined it. • **en vida** in your lifetime: *Nunca vio sus obras impresas en vida.* He never saw his works published in his lifetime. • *quienes lo conocieron en vida* those who knew him when he was alive • **ganarse la vida** to earn your living • **hacerle la vida imposible a alguien** to make sb's life impossible • **¡mi vida!** darling! • **para toda la vida** for life • **perder la vida** to lose your life • **¿qué es de tu vida?** how are you?, how've you been? • **quitarse la vida** to take your own life • **sin vida** lifeless, dead: *el cuerpo sin vida de una niña* the dead body of a girl • **tener siete vidas (como los gatos)** to have nine lives • **¡toda la vida!** (sin duda) *–Yo prefiero ir a Oaxaca. –¡Toda la vida!* "I'd rather go to Oaxaca." "No contest!" • **vida y milagros** life story (pl -ries)
vida cotidiana daily life, everyday life • **vida diaria** daily life • **vida familiar** family life • **vida nocturna** nightlife • **vida sexual** sex life • **vida social** social life • **vida útil** useful life

vidente *s* clairvoyant

video¹ *s* [masc] **1** (grabación) video: *Vimos el video de la fiesta.* We watched the video of the party. **2** (tb videoclub) video store **3** (sistema) video: *Ya ha salido en video.* It's already out on video.

video² (tb **videocasetera**) *s* [fem] VCR

videocámara *s* camcorder, video camera

videocasetera *s* VCR: *No sé programar la videocasetera.* I don't know how to program the VCR.

videoclip s video, music video

videoclub s video store

videoconferencia s **1** (acción) videoconferencing **2** (sesión) videoconference

videoconsola s games console

videojuego s video game

videoteca s (colección) video library

videovigilancia s video surveillance

vidriera s **1** (ventana) window **2** (puerta) glass door **3** (de colores) stained-glass window **4** (tienda) glass installer **5** (escaparate) shop window

vidrio s **1** (material) glass: *Es de vidrio.* It's made of glass. • **una botella de vidrio** a glass bottle **2** (lámina) pane: *un vidrio de la ventana* a window pane **3** (fragmento) piece of glass

vieira s scallop

vieja s **1** (mujer, muchacha) girl: *¡Qué vieja tan bonita!* What a pretty girl **2** (esposa) old lady; (novia) girl

viejo¹, -a *adj* (persona, ropa, casa) old: *Tiene un televisor muy viejo.* He has a very old television. • *Son viejos amigos.* They are old friends. • **estar viejo -a** (en apariencia) to look old; (a nivel psíquico) to be old: *¡Qué vieja está!* She's looking really old! • *Ya estoy viejo para estas cosas.* I'm too old for that kind of thing. • **hacerse viejo -a** to get old • **morir de viejo -a** to die of old age

viejo², -a s viejo old man (pl men) • **vieja** old woman (pl women) • **viejos** old people
Viejo Pascuero Santa Claus • viejo verde dirty old man (pl men)

vienesa s frankfurter, wiener

viento s **1** (aire) wind: *Soplaba un viento fuerte.* A strong wind was blowing. • *el viento del norte* the north wind • **hace/hacía viento, hay/había viento** it's/it was windy • **con el viento en contra** with the wind against you, into the wind **2** (de una tienda de campaña) guy rope **3** (tb **vientos**) (en una orquesta) wind section

EXPRESIONES
gritar algo a los cuatro vientos to shout sth from the rooftops • **contra viento y marea** against all odds • **ir/marchar viento en popa** to be going very well

vientre s **1** (abdomen) stomach, abdomen (*más técnico*) **2** (útero) womb

EXPRESIONES
mover el/ir de vientre to move your bowels

viernes s Friday: *Es viernes.* It's Friday. • *Abrimos de lunes a viernes.* We're open Monday to Friday. • *la reunión del viernes* the meeting on Friday • *¿Dónde has metido el periódico del viernes?* Where have you put Friday's paper? • **el viernes** on Friday: *Nos vemos el viernes.* I'll see you on Friday. • **los viernes** on Fridays: *Los viernes no trabaja.* She doesn't work Fridays. • **el viernes pasado** last Friday • **el viernes que viene** (tb **el viernes próximo**) next Friday • **todos los viernes** (tb **cada viernes**) every Friday • **cada dos viernes** (tb **un viernes sí y otro no**) every other Friday • **el viernes por la mañana/tarde/noche, el viernes en la mañana/tarde/noche** on Friday morning/afternoon/night • **este viernes** this Friday • **viernes 14 de abril** Friday April 14 • **cae en viernes** it's on a Friday, it falls on a Friday
Viernes Santo Good Friday

Vietnam Vietnam

vietnamita¹ s (persona) Vietnamese man/woman • **los vietnamitas** the Vietnamese

vietnamita² s (idioma) Vietnamese

vietnamita³ adj Vietnamese

viga s **1** (de madera) beam **2** (de hierro) girder

vigencia s (de una ley, una norma) validity; (de un contrato) term: *un tema de mucha vigencia* a very current topic • **entrar en vigencia** (ley) to come into force; (acuerdo, contrato) to come into effect • **tener vigencia** (ley) to be in force; (acuerdo, contrato) to be valid

vigente *adj* (ley, norma) current, currently in force: *el sistema vigente* the current system • **la ley/la tradición sigue vigente** the law is still in force/the tradition is still observed

vigésimo, -a *núm* twentieth

vigía s lookout

vigilancia s **1** (de un lugar, un acontecimiento) security: *Una empresa privada se encarga de la vigilancia de la fiesta.* A private company will take care of security at the party. • **estar bajo vigilancia** to be under surveillance **2** (conjunto de personas) security: *Había mucha vigilancia en torno al aeropuerto.* There was a lot of security around the airport.

vigilante¹ s security guard

vigilante² adj vigilant, watchful

vigilar v **1** [T] (observar) to watch: *¿Me podría vigilar la maleta un minuto?* Could you watch my suitcase for me a minute? • *Me parece que nos están vigilando.* I think we're being watched. • **vigilar que...** to watch (that)...: *Vigila que los niños no entren en la cocina.* Watch the children don't go in the kitchen. **2** (un edificio, una frontera, a un prisionero) to guard: *Dos soldados vigilaban la entrada.* Two soldiers guarded the entrance. **3** [T] (un examen) to proctor **4** [I] (montar guardia) to keep watch

vigilia s **1** (estado) wakefulness: *He pasado dos noches de vigilia.* I've had two sleepless nights. **2** (sin comer carne) **hacer vigilia** to abstain from eating meat **3** (en religión – víspera) eve; (vela) vigil

vigor s (fuerza) vigor

EXPRESIONES
estar/entrar en vigor to be in force/to come into force

vil *adj* (indigno) despicable • **el vil metal** filthy lucre

villa s **1** (pueblo) town **2** (casa) villa
villa olímpica Olympic village

villancico s Christmas carol

villano, -a s villain

vilo **estar en vilo** to be on tenterhooks • **mantener/tener a alguien en vilo** to keep sb on tenterhooks

vinagre s vinegar

vinagrera s **1** (recipiente) vinegar bottle **2** **vinagreras** [pl] (el juego) cruet

vinagreta s vinaigrette

vincha s headband

vinculación s links [pl]: *su vinculación con el grupo terrorista* his links with the terrorist group

vinculante *adj* binding

vincular v [T] **1** (unir) to link: *Hay muchas cosas que me vinculan a ellos.* There are many things that link us together. • **vincular algo a/con algo** to link sth to/with sth **2** (obligar) to be binding on: *La decisión vincula a todos los miembros.* The decision is binding on all members.

vínculo s **1** (lazo) bond **2** (en informática) link: *un vínculo a otra página* a link to another page
vínculos de parentesco family ties

vinícola, **vitivinícola** adj (sector, empresa) wine [solo ante s]: *la industria vinícola* the wine industry (región, país) wine-producing

vinicultor, -a s wine producer

vino s wine: *¿Quieres vino?* Would you like some wine? • *Tomaré un vino.* I'll have a glass of wine. • **una botella/un vaso de vino** a bottle/a glass of wine
vino blanco white wine • vino de la casa house wine • vino de mesa table wine • vino rosado rosé • vino tinto red wine

viña s vineyard

viñedo s vineyard

viñeta s (cuadro) cartoon; (serie de dibujos) cartoon strip

viola *s* viola

violación *s* **1** (de una persona) rape **2** (de una ley, una regla) infringement, violation

violador *s* rapist

violar *v* [T] **1** (a una persona) to rape **2** (una ley) to break **3** (profanar) to violate

violencia *s* violence
violencia callejera street violence • violencia doméstica domestic violence

violento, -a *adj* **1** (persona, actitud) violent **2** (situación, momento) awkward: *Me resulta violento decírselo.* I feel awkward having to tell him.

violeta[1] *adj* purple

violeta[2] *s* **1** (flor) violet **2** (color) purple

violín *s* violin

violinista *s* violinist

violoncelista, violonchelista *s* cellist

violoncelo, violonchelo *s* cello

VIP *s* VIP: *la zona vip* the VIP area

virar *v* [I] **1** (vehículo, conductor) to swerve **2** (embarcación) to put about

virgen[1] *adj* **1** (persona) **ser virgen** to be a virgin **2** (cassette, CD) blank **3** (tierra, selva) virgin **4** (lana) pure; (aceite) virgin

virgen[2] *s* **la Virgen (María)** the Virgin (Mary)

virginidad *s* virginity • **perder la virginidad** to lose your virginity

Virgo *s* Virgo: *Soy (de) Virgo.* I'm a Virgo.

viril *adj* (aspecto, gesto) masculine, manly ▶ MIEMBRO viril

virilidad *s* manliness

virtual *adj* **1** (potencial) **ser el virtual ganador** to be the potential winner **2** (en informática) virtual ▶ REALIDAD virtual

virtud *s* **1** (cualidad positiva) virtue **2** (capacidad) property (pl -ties), power: *las virtudes curativas de una hierba* the curative properties of a herb
EXPRESIONES
en virtud de algo in accordance with sth, by virtue of sth (*más frml*) • **tener la virtud de hacer algo** to have the ability to do sth

virtuoso[1], -a *adj* **1** (dotado de virtudes) virtuous **2** (experto) virtuoso [solo ante s]: *un virtuoso guitarrista* a virtuoso guitarist

virtuoso[2], -a *s* virtuoso

viruela *s* smallpox

virulento, -a *adj* virulent

virus *s* **1** (de una enfermedad) virus (pl -ses) **2** (en informática) virus (pl -ses)
virus de (la) inmunodeficiencia humana human immunodeficiency virus

viruta *s* shaving

visa *s* visa

vis a vis[1] *s* (en la cárcel) face to face visit

vis a vis[2] *adv* face to face

visceral *adj* **1** (instinto, sentimiento) gut [solo ante s]: *una reacción visceral* a gut reaction; (odio, miedo) visceral **2** (persona) **ser visceral** to always follow your gut feeling

vísceras *s* [pl] **1** (órganos del cuerpo) entrails [pl], viscera [pl] [técn] **2** (como comida) offal

viscoso, -a *adj* viscous

visera *s* **1** (de una gorra) visor **2** (gorra) cap **3** (que cubre los ojos) eye shade **4** (en un vehículo) sun visor

visibilidad *s* visibility

visible *adj* visible

visillo *s* net curtain

visión *s* **1** (vista) sight: *Tiene problemas de visión.* He has problems with his sight. **2** (intuición) vision: *Tiene visión para los negocios.* He has a good feel for business. • **tener visión de futuro** to have an eye on the future **3** (punto de vista) view: *Tiene una visión muy clara del futuro.* She has a very clear view of the future. **4** (alucinación) vision • **ver visiones** to see things: *Estás viendo visiones.* You're seeing things.

visionario[1], -a *adj* visionary

visionario[2], -a *s* visionary (pl -ries)

visita *s* **1** (a un amigo, a un enfermo) visit: *Gracias por la visita.* Thanks for coming to see me. • **estar de visita** to be visiting • **hacerle una visita a alguien** to pay sb a visit, to visit sb: *A ver cuándo nos haces una visita.* When are you going to come and visit us then? **2** (persona) visitor: *Llegó una visita.* A visitor arrived. • **tener visita(s)** (una persona) to have a visitor; (más de una persona) to have visitors: *No entré porque vi que tenían visita.* I didn't go in because I could see they had visitors. **3** (a página web) hit
visita guiada guided tour • visita relámpago flying visit

visitante[1] *s* **1** (de un país, de un museo) visitor **2** (en Internet) visitor

visitante[2] *adj* **el equipo visitante** the away team, the visitors • **ganar de visitante** to win away, to win on the road • **jugar de visitante** to play away from home, to play on the road

visitar *v* [T] **1** (a un amigo, un familiar) to visit: *Fuimos a visitarlas.* We went to visit them. **2** (una ciudad, un lugar) to visit, to go and see: *Visitamos unas ruinas mayas.* We visited some Mayan ruins. • *¿Se puede visitar el lugar?* Can you go and see the place? **3** (a un paciente) to visit: *El médico me visita todas las semanas.* The doctor visits me every week.

vislumbrar *v* [T] **1** (ver) to make out, to discern (*más frml*) ▶ ver nota en SEE **2** (percibir) to begin to see

viso *s* con visos de algo *unas negociaciones con visos de éxito* talks that look likely to succeed • **tener visos de algo/de hacer algo** to look likely to do sth: *un enfrentamiento que tiene visos de acabar en los tribunales* a confrontation that looks likely to end up in court • **no tener visos de hacer algo** to show no signs of doing sth: *una polémica que no tiene visos de amainar* a controversy that shows no signs of dying down

visón *s* mink

visor *s* **1** (en una cámara) viewfinder **2** (en un arma) sight

víspera *s* **la víspera del examen/de la boda** the day before the test/the wedding • **en vísperas de las elecciones** just before the elections, on the eve of the elections (*más frml*)

vista *s* **1** (sentido) sight: *el sentido de la vista* the sense of sight • *Tengo que revisarme la vista.* I must have an eye test. • **estar bien/mal de la vista** to have good/poor eyesight • **perder la vista** to lose your sight • **ser corto -a de vista** to be nearsighted **2** (panorama) view: *Hay una vista preciosa.* There is a beautiful view. • **con vista al mar** with a sea view • **con vista a las montañas** with a view of the mountains **3** (mirada) **bajar/levantar la vista** to look down/up: *Bajó la vista.* He looked down.
EXPRESIONES
a la vista (a) (visible) visible: *No dejes la cartera a la vista.* Don't leave your wallet where it can be seen. **(b)** (en perspectiva) in view, coming up: *Tenemos varios proyectos a la vista.* We have several projects in view. • **a la vista de** in full view of: *La discusión se produjo a la vista de todo el mundo.* The argument happened in full view of everyone. • **a primera/simple vista** at first sight: *A primera vista, me parece una propuesta interesante.* At first sight, it seems an interesting proposal. • **a vista de pájaro** *Caracas a vista de pájaro* a bird's-eye view of Caracas • **conocer a alguien de vista** to know sb by sight • **con vistas a hacer algo** with a view to doing sth • **en vista de las circunstancias/de lo que ha**

pasado in view of the circumstances/of what has happened • **en vista de que...** seeing that..., in view of the fact that... (*más frml*) • **hacer la vista gorda** to turn a blind eye • **¡hasta la vista!** see you! • **no quitarle la vista de encima de algo/alguien** not to take your eyes off sth/sb • **perder algo/a alguien de vista** to lose sight of sth/sb • **perderse de vista** to be lost from sight • **salta/saltaba a la vista que...** it is/it was obvious that... • **volver la vista atrás** to look back
vista cansada far-sightedness • vista de lince eagle eyes • **tener vista de lince** to have eyes like a hawk

vistazo *s* quick look, glance • **darle/echarle un vistazo a algo** to take a quick look at sth

visto, -a *adj* **1 estar bien visto** (cosa, acción) to be considered a good thing; (person) to be well thought of • **estar mal visto/no estar bien visto** to be frowned upon **2 está muy visto -a** (abundar) to be very common, to be everywhere; (no ser original) to have been around a long time: *El rosa está muy visto este verano.* Everyone is wearing pink this summer./Pink's everywhere this summer. • *Ese truco está muy visto.* Everyone knows that trick./That trick's been around a long time.
EXPRESIONES
está visto que... it's clear that...: *Está visto que no le vamos a poder convencer.* It's clear that we aren't going to be able to persuade him. • **nunca visto** it's unheard of: *Nunca visto, la gasolina bajó de precio.* The price of gas has gone down; it's unheard of. • **por lo visto** (según parece) apparently; (por lo que yo veo) from the look of things: *Por lo visto no van a venir.* Apparently, they are not coming. • *Por lo visto te gusta el rock.* From the look of things, you like rock music.
visto bueno *s* approval • **dar el visto bueno a algo/alguien** to give sth/sb your approval

vistoso, -a *adj* **1** (objeto) eye-catching **2** (color, tono) striking **3** (actuación, juego) impressive

visual[1] *adj* visual

visual[2] *s* line of sight

visualizar *v* [T] **1** (imaginar) to visualize **2** (mostrar en una pantalla) to display **3** (ver en una pantalla) to see

vital *adj* **1** (de la vida) life [solo ante s]: *el ciclo vital de una planta* the life cycle of a plant **2** (muy importante) vital • **de vital importancia** vitally important **3** (que tiene vitalidad) dynamic

vitalicio, -a *adj* **1 socio vitalicio** life member • **presidente/senador vitalicio** president/senator for life **2 una renta/pensión vitalicia** an annuity/a life pension

vitalidad *s* vitality

vitamina *s* vitamin

vitamínico, -a *adj* vitamin [solo ante s]: *complejo vitamínico* vitamin complex

vitivinicultor, -a *s* wine producer

vitorear *v* [T] to cheer

vitral *s* stained-glass window

vitrina *s* **1** (mueble) glass cabinet **2** (de una tienda) window, store window • **ir a ver/mirar vitrinas** to go window-shopping

vitrinear *v* to window-shop • **ir/salir a vitrinear** to go window-shopping

vitro *s* **fecundación in vitro** in vitro fertilization

vitrocerámica *s* ceramic

vitrocerámico, -a *adj* **una placa vitrocerámica** a ceramic glass cooktop

viudez *s* **1** (de hombre) widowerhood **2** (de mujer) widowhood

viudo[1]**, -a** *s* viudo widower • viuda widow

viudo[2]**, -a** *adj* **ser viudo** to be a widower • **ser viuda** to be a widow • **quedarse viudo -a** to be widowed

viva *interj* hooray: *¡Vivan los novios!* Hooray for the bride and groom! • **¡Viva Pedro/María!** three cheers for Pedro/María!

vivac *s* bivouac • **hacer vivac** to camp out in the open, to bivouac

vivacidad *s* liveliness, vivacity (*más frml*)

vivencia *s* (experiencia) experience

víveres *s* [pl] provisions

vivero *s* **1** (de plantas) nursery (pl -ries) **2** (de peces) fish farm
vivero de camarón prawn farm

vividor, -a *s* **ser un vividor/una vividora** to be a parasite

vivienda *s* **1** (casa, apartamento) home **2** (alojamiento) housing: *problemas de vivienda* housing problems • *Están buscando vivienda.* They are looking for somewhere to live.
viviendas sociales government-subsidized housing [U]

vivir *v* **1** [I] (en un lugar, un tiempo) to live: *Vive en Londres.* He lives in London. • *Vivió en el siglo XVIII.* She lived in the 18th century. • *Viven juntos.* They live together. • *Vivo sola.* I live on my own. • **vivir bien** to live well • **saber vivir** to know how to live **2** [I] (estar vivo) to be alive: *No sé si vive todavía.* I don't know if she's still alive. **3** [I] (subsistir) to live on: *Les alcanza justo para vivir.* They have just enough to live on. • **vivir de algo** to live on sth: *¿De qué viven?* What do they live on? • **vivir al día** to live from hand to mouth **4** [T] (experimentar) **vivir la guerra/momentos difíciles** to live through the war/to experience difficult times **5** [I] (perdurar) to live on: *Todavía viven en mi memoria esos recuerdos felices.* Those happy memories still live on in my mind.
EXPRESIONES
vivir durmiendo/cantando to do nothing but sleep/sing: *Vive hablándome de ti.* He does nothing but talk about you. • **no dejar vivir a alguien** to not leave sb in peace • **de mal vivir** unsavory: *gente de mal vivir* unsavory characters • **vivir para ver** who would have thought it?

vivo[1]**, -a** *adj* **1** (con vida) living: *los seres vivos* living beings • *Le quedan pocos parientes vivos.* He has few living relatives. • **estar vivo -a** to be alive • **vivo -a o muerto -a** dead or alive **2** (inteligente, despierto) clever **3** (color) bright **4** (deseo) strong; (interés) keen
EXPRESIONES
un concierto/una actuación en vivo a live concert/performance • **transmitir/pasar algo en vivo** to broadcast sth live

vivo[2]**, -a** *s* **1 los vivos y los muertos** the living and the dead **2 hacerse el vivo/la viva** to try to be smart: *Se quiso hacer el vivo con el precio.* He tried to be smart and raise the price.

vizconde, -esa *s* vizconde viscount • vizcondesa viscountess

vocabulario *s* vocabulary (pl -ries) • **ampliar el vocabulario** to expand your vocabulary

vocación *s* vocation • **me/le falta vocación** I don't/she doesn't have a vocation for it • **tener vocación (de algo)** to have a vocation (for sth)

vocacional *s* technical college

vocal[1] *s* [fem] (letra) vowel

vocal[2] *s* [masc & fem] (de una asociación) member

vocal[3] *adj* vocal ▶ CUERDAS vocales

vocálico, -a *adj* vowel [solo ante s]: *un sonido vocálico* a vowel sound

vocalista *s* vocalist

vocalizar *v* [I] to pronounce your words, to enunciate (*más frml*)

voceador, -a *s* street newspaper seller

vocerío *s* shouting

vodka *s* vodka

volado[1]**, -a** *adj* **salir volado -a** to dash off, to rush off: *Salimos volados para el hospital.* We dashed off to the hospital./We rushed off to the hospital.

volado[2] *s* **echar un volado** to toss/flip a coin

volador, -a *adj* flying

voladura *s* blowing up

volandas en volandas *Levantó a su hija en volandas.* He lifted his daughter up in the air.

volantazo *s* **dar un volantazo** to swerve sharply

volante *s* **1** (de un vehículo) steering wheel • **estar/ir al volante** to be driving, to be at the wheel **2** (folleto) leaflet: *Repartía volantes.* He was handing out leaflets. **3** (en fútbol) midfielder • **jugar de volante izquierdo/derecho** to play on the left/right in midfield **4** (automovilismo) motor racing: *un as del volante* an excellent driver **5** (piloto) race car driver **6** (en una prenda) frill

volantín *s* kite • **encumbrar un volantín** to fly a kite

volar *v*

1	ave, avión, persona
2	tiempo
3	viajar en avión
4	rápidamente
5	remontar
6	hacer explotar
7	desaparecer

1 AVE, AVIÓN, PERSONA [I] to fly: *El avión volaba muy bajo.* The plane was flying very low. • **volar en avión** to fly

2 TIEMPO [I] to fly: *¡Cómo vuela el tiempo!* Doesn't time fly!

3 VIAJAR EN AVIÓN [I] to fly: *Prefiero el tren a volar.* I'd rather go by train than fly.

4 RÁPIDAMENTE [I] **volando** *¡Ven aquí volando!* Come here quick! • *Vístete volando que llegamos tarde.* Get dressed quickly or we'll be late. • **pasar volando** to fly by: *La tarde se me pasó volando.* The afternoon flew by. • **salir volando** to dash off: *Tuvimos que salir volando.* We had to dash off.

5 REMONTAR [T] **volar una cometa, volar un papalote** to fly a kite

6 HACER EXPLOTAR [T] to blow up

7 DESAPARECER [I] to vanish: *Los caramelos volaron en un segundo.* The candy vanished in seconds.
—**volarse** *v pron*
to blow away: *Se le voló el paraguas.* Her umbrella blew away.

volátil *adj* **1** (situación, mercado) volatile **2** (sustancia) volatile

volcán *s* volcano (pl -noes)

EXPRESIONES
estar (sentado -a) sobre un volcán to be sitting on a time bomb

volcánico, -a *adj* volcanic

volcar *v* **1** [T] (voltear) to knock over • **volcar un vaso/una botella** to knock a glass/a bottle over **2** [T] (derramar) to spill: *Volqué vino en el mantel.* I spilled wine on the tablecloth. **3** [T] (carga) to dump **4** [I] (vehículo) to overturn
—**volcarse** *v pron* **1** (derramarse) to spill: *Se me volcó la leche.* The milk spilled. **2** (vehículo) to overturn **3** (embarcación) to capsize **4 volcarse a (hacer) algo** to spill out into sth to do sth: *La gente se volcó a las calles para protestar.* People spilled out into the street to protest.

volea *s* volley

voleibol *s* volleyball • **jugar al voleibol** to play volleyball

voleo *s* **a voleo** (al azar) at random: *Di un número a voleo.* I gave a random number.

voleyplaya, **voleiplaya** *s* beach volleyball

volqueta, **volquete** *s* dump truck

voltaje *s* voltage

voltear *v* [T] **1** (invertir) to turn over: *Voltea el bistec.* Turn the steak over. **2** [T] (volcar) to knock over: *Volteó la silla.* She knocked the chair over. **3 voltear la**

página to turn the page **4 voltear a la derecha/izquierda** to turn right/left
—**voltearse** *v pron* **1** (volverse) to turn around: *Se volteó para ver quién era.* She turned around to see who it was. **2** (vehículo) to overturn

voltereta *s* somersault • **dar una voltereta** to do a somersault

voltio *s* (unidad) volt

voluble *adj* (persona) changeable

volumen *s* **1** (de un sonido, un ruido) volume • **a todo volumen** full blast: *La música estaba a todo volumen.* The music was playing full blast. • **bajarle/subirle el volumen a algo** to turn sth down/up **2** (tamaño) size • **de gran volumen** large, bulky: *un paquete de gran volumen* a very large package **3** (en física) volume **4** (de una enciclopedia, una obra) volume

voluminoso, -a *adj* voluminous

voluntad *s* **1** (tenacidad) will: *una voluntad de hierro* a will of iron • *Lo hice por mi propia voluntad.* I did it of my own free will. • *Le falta voluntad.* He lacks willpower. **2** (deseo) wishes [pl]: *Quiero respetar su voluntad.* I want to respect his wishes. • **lo dijo/lo hizo sin voluntad de ofender** he didn't mean to offend anyone • **la última voluntad** (deseo) last wishes [pl]; (testamento) will, last will and testament (*más frml*) • **buena voluntad** good will

EXPRESIONES
a voluntad at will

voluntariado *s* **1** (actividad) voluntary work **2** (voluntarios) voluntary workers [pl]

voluntario[1], -a *adj* voluntary

voluntario[2], -a *s* volunteer: *Necesito un voluntario.* I need a volunteer. • **ofrecerse/presentarse (como) voluntario -a** to volunteer

voluntarioso, -a *adj* willing

voluptuoso, -a *adj* sensual, voluptuous (*más frml*)

volver *v* **1** [I] (ir o venir de nuevo) (ir) to go back; (venir) to come back; (estar de vuelta) to be back: *Tuve que volver a mi casa solo.* I had to go back home on my own. • *Vuelvan pronto.* Come back soon. • *Ahora mismo vuelvo.* I'll be back shortly. • **volviendo del trabajo/del colegio** on the way back from work/school **2** [I] (repetir) **volver a hacer algo** to do sth again: *No vuelvas a hacerlo.* Don't do it again. • *No volví a verlo nunca más.* I never saw him again. **3** [T] (convertir en) to make: *Tanta injusticia lo volvió resentido.* So much injustice made him resentful. • **volver loco -a a alguien** to drive sb crazy **4** [I] (recobrar el conocimiento) **volver en sí** to come to **5** [I,T] (vomitar) **volver (el estómago)** to be sick: *Los caballitos me dieron ganas de volver.* The merry-go-round made me feel sick.
—**volverse** *v pron* **1** (regresar) to go back: *Se quiere volver a su casa.* She wants to go back home. • *Nos volvimos a mitad de camino.* We turned back half way. **2** (voltearse) to turn round **3** (convertirse en) **volverse egoísta/tacaño -a** to become selfish/mean: *Me volví más tolerante.* I became more tolerant. • **volverse loco -a** to go crazy

EXPRESIONES
volverse atrás to change your mind: *Me lo prometió, pero luego se volvió atrás.* He promised me, but then he changed his mind.

vomitar *v* (a) [I] to be sick, to vomit (*más frml*): *¿Ha vomitado?* Has he been sick? • **darle ganas de vomitar a alguien** *Me están dando ganas de vomitar.* I think I'm going to be sick. • **tener ganas de vomitar,** to feel sick, to feel nauseous (*más frml*): *Tengo ganas de vomitar.* I feel sick. (b) [T] to throw up: *Vomité todo lo que había comido.* I threw up everything I had eaten.

vomitivo, -a *adj* (repugnante) nauseating

vómito *s* **1** (acto) vomiting • **tener vómitos** to be vomiting **2** (sustancia) vomit

voracidad *s* voracity

voraz *adj* **1** (que come mucho) voracious: *Tiene un apetito voraz.* He has a voracious appetite. **2** (fuego, incendio) raging

vos *pron* you

vosear *v* to use "vos" instead of "tú"

votación *s* vote: *Perdimos la votación.* We lost the vote. • **someter algo a votación** to put sth to a vote
votación a mano alzada show of hands • votación secreta secret ballot

votante *s* voter

votar *v* **1** (emitir un voto) **(a)** [I] to vote • **votar por alguien** to vote for sb: *¿Por quién vas a votar?* Who are you going to vote for? • **votar a favor de/en contra de algo** to vote for/against sth • **votar en blanco** to return a blank ballot paper • **votar por correo** to vote by mail **(b)** [T] **votar algo/a alguien** to vote for sth/sb **2** [T] (una ley, una moción) to pass

voto *s* **1** (en elecciones) vote: *Ganamos por 50 votos.* We won by 50 votes. **2** (promesa) **hacer votos de castidad/pobreza** to take a vow of chastity/poverty
voto de calidad deciding vote • voto de censura vote of no confidence • voto de confianza vote of confidence • voto en blanco blank ballot paper • voto por correo absentee vote • voto útil (estrategia) tactical voting; (acto puntual) tactical vote

vox pópuli *s* **ser vox pópuli** to be common knowledge

voyeur *s* voyeur

voyeurismo *s* voyeurism

voz *s* **1** (sonido) voice: *Me quedé sin voz.* I lost my voice. • *Tiene una voz muy bonita.* She has a beautiful voice. • **tener voz de pito** to have a squeaky voice • **tener la voz ronca/tomada** to be hoarse **2** (tono) **en voz alta** out loud: *Léelo en voz alta.* Read it out loud. • **en voz baja** *¡Shhh! ¡Hablen en voz baja!* Shhh! Keep your voices down! • *Me lo dijo en voz baja.* She told me in a low voice.

EXPRESIONES
a voz en cuello at the top of your voice • **corre la voz de que...** rumor has it that... • **levantarle la voz a alguien** to raise your voice to sb • **llevar la voz cantante** to call the shots • **no tener ni voz ni voto** to have no say
voz activa active voice • voz de alarma alarm: *dar la voz de alarma* to raise the alarm • voz en off voiceover • voz pasiva passive voice

vudú *s* voodoo

vuelco *s* **1** (de un vehículo) overturning: *El hielo sobre la carretera provocó el vuelco del bus.* Ice on the road made the bus overturn. • **dar un vuelco** to overturn **2** (cambio) **dar un vuelco** to change completely • **sufrir un vuelco** to make a U-turn

EXPRESIONES
me dio un vuelco el corazón my heart missed a beat

vuelo *s* **1** (de un avión) flight: *Son doce horas de vuelo.* It's a twelve-hour flight. **2** (viaje) flight: *¿A qué hora sale tu vuelo?* What time does your flight leave? • *¿A qué hora llega el vuelo de Londres?* What time does the flight from London arrive? **3** (de un ave) flight **4** (de una falda) **tener mucho vuelo** to be very full

EXPRESIONES
levantar (el) vuelo (a) (echarse a volar) to fly up into the air **(b)** (mejorar) to do better, to pick up • **cazar/captar algo al vuelo** to grasp sth quickly
vuelo chárter charter flight • vuelo espacial space flight • vuelo internacional international flight • vuelo nacional, vuelo doméstico domestic flight • vuelo regular scheduled flight • vuelo sin escalas direct flight

vuelta *s* **1** (regreso) return: *la vuelta de los exiliados* the return of the exiles • **¡hasta la vuelta!** see you again! • **de vuelta** back: *el camino de vuelta* the way back • *Quiero estar de vuelta en casa a las 4.* I want to be back home by 4 o'clock. • **a la vuelta (a)** (al regresar) when I/we get back: *A la vuelta podemos hablar.* We can talk when we get back. • *Te llamo a la vuelta de las vacaciones.* I'll call you when I get back from vacation. **(b)** (en el camino de regreso) on the way back: *A la vuelta tuvimos un pinchazo.* We had a flat on the way back. **(c)** (muy cerca) **a la vuelta de mi casa/del parque** just around the corner from my house/from the park **2** (viaje) round-trip ticket: *La vuelta cuesta lo mismo que la ida.* A round-trip ticket costs the same as a one-way. ▶ BOLETO de ida y vuelta, PASAJE de ida y vuelta **3** (en una carrera) lap **4** (en elecciones, un campeonato) round: *La segunda vuelta de las elecciones será la próxima semana.* The second round of the election is next week. ▶ PARTIDO de vuelta

EXPRESIONES
dar vueltas (a) (girar) to go around **(b)** (en carro) to drive around • **dar una vuelta** (a pie) to go for a walk; (en carro) to go for a drive; (en bicicleta) to go for a ride: *Nos vamos a dar una vuelta por el centro.* We're going to go into town for a while. • **darle la vuelta a algo** to turn sth over: *Dale la vuelta al filete.* Turn the steak over. • **darse (la) vuelta (a)** (girar) to turn around: *Se dio vuelta para mirarla.* He turned around to look at her. **(b)** (en posición horizontal) to turn over: *Date la vuelta. Estás roncando.* Turn over. You're snoring. • **darle vueltas a algo** (pensando) to think about sth: *Cómpralo, no le des más vueltas.* Don't think about it any more, just buy it. • **darle cien vueltas a algo/alguien** to be way better than sth/sb: *Mi celular le da cien vueltas al tuyo.* My cell phone is way better than yours. • **dar la vuelta al mundo** to go around the world • **dar media vuelta** (volverse) to turn back: *Como empezó a llover, nos dimos media vuelta.* As it started raining, we turned back. • **a la vuelta de mi casa/del parque** just around the corner from my house/the park • **a la vuelta de la esquina** just around the corner • **de vuelta** (otra vez) again: *Tienes que hacerlo de vuelta.* You've got to do it again. • **a vuelta de correo** by return of mail • **no hay/tiene vuelta de hoja** there's no two ways about it • **poner a alguien de vuelta y media** to run sb down
vuelta ciclista tour • vuelta de calentamiento warm-up lap • vuelta de campana **(a)** (de un vehículo) overturning: *El coche dio una vuelta de campana.* The car overturned. **(b)** (en gimnasia) forward roll, somersault • vuelta olímpica lap of honor

vueltas *s* [pl] ▶ VUELTO

vuelto *s* change: *Me dio mal el vuelto.* He gave me the wrong change.

vulcanizadora *s* tire store

vulcanizar *v* [T] to repair, to vulcanize

vulgar *adj* **1** (grosero) vulgar: *palabras vulgares* vulgar words **2** (común) ordinary: *un vulgar empleado de oficina* an ordinary office worker **3** (al censurar a alguien) common: *Es un vulgar ladrón.* He's a common thief.

vulgaridad *s* **1** (cualidad) vulgarity **2** (cosa, palabra) *No digas vulgaridades.* Don't be so vulgar. • *Presumir de tu sueldo es una vulgaridad.* Boasting about your salary is vulgar.

vulnerable *adj* vulnerable

vulnerar *v* [T] **1** (una ley) to violate **2** (el honor) to offend; (la imagen, la reputación) to damage; (la intimidad) to invade

vulva *s* vulva

W, w *s* W, w

wafle, **waffle** *s* waffle

waflera *s* waffle iron

walkie-talkie *s* walkie-talkie

walkman® *s* Walkman®

waterpolo *s* water polo

web *s* **1** (página web) web page: *una web sobre hoteles en Francia* a web page on hotels in France • *Tengo una web personal.* I have my own web page. **2 la Web** the Web: *Búscalo en la Web.* Look it up on the Web. ▶ **PÁGINA web**

webcam *s* webcam

western *s* western

whisky *s* whiskey (pl -kies) whisky escocés Scotch, Scotch whiskey

windsurf *s* windsurfing • **ir a hacer windsurf** to go windsurfing ▶ **TABLA de windsurf**

windsurfista *s* windsurfer

X, x *s* X, x

xenofobia *s* xenophobia

xenófobo¹, -a *adj* xenophobic

xenófobo², -a *s* xenophobe

xenón *s* xenon

xilófono, xilofón *s* xylophone

Y, y *s* Y, y

y *conj* **1** (copulativa) and: *Tengo un hermano y una hermana.* I have a brother and a sister. ▶ En inglés no se usa una conjunción sino una coma entre dos adjetivos que preceden a un sustantivo, salvo si se trata de colores: *Tiene el pelo largo y liso.* She has long, straight hair. • *la camiseta azul y roja del equipo* the team's red and blue shirt **2** (al decir la hora) **la una/las cuatro y media** half past one/half past four, one thirty/four thirty • **las**

dos/las diez y cuarto quarter after two/ten • **las once y diez/las siete y veinte** ten after eleven/twenty after seven **3** (en números) *noventa y ocho* ninety-eight • *cuarenta y cuatro* forty-four **4** (en preguntas) *Yo no voy ¿y tú?* I'm not going, what about you? • *¿Y cómo has llegado?* So how did you get here? • *¿Y si se hubieran perdido?* And what if they had gotten lost? • *¿Y tu hijo, qué tal está?* And how's your son? • *¿Y si nos quedáramos en casa?* How about staying in? • **¿y qué?** so what?: *Me equivoqué ¿y qué?* I made a mistake! So what?

ya¹ *adv* **1** (indicando el presente o el pasado) already: *Ya se lo he dicho.* I've already told him. • *Ya habíamos visto las fotos.* We had already seen the photos. • *Ya tiene tres nietos.* She already has three grandchildren. • *Ya lo sabemos.* We already know. • *¡Ya se lo ha comido!* He's eaten it already! **2** (en oraciones interrogativas) yet; (indicando sorpresa) already: *¿Ya has terminado?* Have you finished yet? • *¿Ya estás cansada?* Are you tired already? • – *¡He acabado!* –*¿Ya?* "I've finished!" "Already?" **3** (en oraciones negativas) any more, no longer (*más frml*): *Ya no viven aquí.* They don't live here any more. • *El señor Galindo ya no trabaja aquí.* Mr. Galindo no longer works here. **4** (ahora) now: *Ya vienen para aquí.* They're on their way. • *Sí, ya entiendo.* Yes, I understand. • **¡ya voy!** I'm coming! • **desde ya** as of now, right now **5** (indicando el futuro) *Ya te lo diré algún día.* I'll tell you some day. • *Ya aprenderá.* He'll learn. • *Ya salgo.* I'll be out in a minute. • *Ya veremos.* We'll see. **6** (sí) yes: *Ya, pero no está bien.* Yes, I know, but it's not right.

EXPRESIONES

¡ya está! that's it!: *¡Ya está! Hemos acabado.* That's it! We're finished. • **y ya** and that's an end to it: *Dijo que no y ya.* He said no and that's an end to it. • **ya está bien** that's enough: *Ya está bien de tanta mentira.* That's enough of your lies.

⚠ Observa que cuando "ya" expresa tiempo, puede traducirse de varias formas y solo en algunos casos su traducción correcta es **already**:
Tom hasn't come out yet (✗ *already*).
English is no longer (✗ *is not already*) *a problem for me.*

ya² *conj* **ya que** since: *Ya que estás aquí, te voy a enseñar algo.* Since you're here, I'm going to show you something.

yacer *v* [I] **1** (en el suelo) to lie **2** (estar enterrado) to lie

yacimiento *s* **1** (de minerales) deposit **2** (en arqueología) site
yacimiento arqueológico archeological site • yacimiento petrolífero oilfield

yanqui¹ *adj* Yankee

yanqui² *s* Yank

yarda *s* yard

yate *s* yacht

yegua *s* mare

yema *s* **1** (del huevo) yolk, egg yolk **2 la yema del dedo** the tip of your finger **3** (dulce) small round sweet made from egg yolk and sugar

Yemen Yemen

yemení *s*, *adj* Yemeni

yen *s* yen

yerba *s* **1** (marihuana) pot **2** ▶ **HIERBA**

yerbabuena *s* mint

yermo¹, -a *adj* **1** (no cultivado) barren **2** (no habitado) uninhabited

yermo² *s* (terreno) wasteland

yerno *s* son-in-law (pl sons-in-law)

yesca *s* tinder

yeso *s* **1** (para un hueso roto) plaster **2** (en construcción) plaster

Yibuti Djibouti

yibutiense *s*, *adj* Djiboutian

yo *pron* **1** (como sujeto) I: *Yo me quedo.* I'm staying. • *Juan no lo sabe, pero yo sí.* Juan doesn't know, but I do. • *–¿Quién viene? –Yo no.* "Who's coming?" "Not me." • **fui/soy yo** It was/it's me. **2** (en comparaciones) me: *Es más alta que yo.* She's taller than me. • *Sabes más que yo.* You know more than I do./You know more than me.

EXPRESIONES
yo de ti (tb **yo que tú**) if I were you: *Yo de ti, no iba.* If I were you, I wouldn't go.

yodo *s* iodine

yoga *s* yoga • **hacer yoga** to do yoga

yogui *s* yogi

yogur (tb **yoghurt**) *s* yogurt • **un yogur de vainilla/fresa** vanilla/strawberry yogurt
yogur descremado low-fat yogurt • **yogur entero** full-fat yogurt • **yogur líquido, yogur para beber** drinking yogurt • **yogur natural** natural yogurt

yogurtera *s* yogurt maker

yonqui *s* junkie

yoyo, **yoyó** *s* yo-yo

yuca *s* **1** (planta) yucca **2** (alimento) cassava, manioc

yudo *s* judo • **hacer yudo** to practice judo

yudoca *s* a person who does judo

yugo *s* yoke

Yugoslavia Yugoslavia

yugoslavo, -a *s*, *adj* Yugoslavian, Yugoslav

yugular *s* jugular

yunque *s* **1** (de hierro) anvil **2** (en el oído) anvil

yupi *interj* yippee

yuppie *s* yuppie

yuxtaponer *v* [T] to juxtapose

yuxtaposición *s* juxtaposition

Zz

Z, z *s* Z, z

zacate *s* **1** (para el baño) loofah **2** (para los trastes) scourer **3** (forraje) hay

zafar *v* [T] (desatorar) to free, to get out
—**zafarse** *v pron* **1** (soltarse – persona) to free yourself, to get free; (pieza) to come off **2** (hablando de una obligación o compromiso) **me zafé/no me pude zafar** I got out of it/I couldn't get out of it • **zafarse de algo** to get out of sth: *No me pude zafar de ir a la conferencia.* I couldn't get out of going to the lecture. **3 zafarse el cinturón/el nudo de la corbata** to loosen your belt/your tie **4 se me zafó el hombro/el codo** I dislocated my shoulder/my elbow **5 se le/te zafó un tornillo** he's/you've got a screw loose **6 se me/le zafó** I/she accidentally let slip: *Se le zafó lo de la fiesta sorpresa.* She accidentally let slip that there was going to be a surprise party./She let the cat out of the bag about the surprise party. **7 ¡(yo) zafo!** *Yo zafo, le toca ir a otro.* There's no way I'm going, it's somebody else's turn. • *Si van a acampar, yo zafo.* If you're going camping, count me out.

zafarrancho *s* **1** (limpieza general) cleaning **2** (en el ejército) **¡zafarrancho de combate!** action stations!

zafiro *s* sapphire

zaga *s* **a la zaga de algo/alguien** to be behind sth/sb: *Están a la zaga de Francia en producción de vino.* They're just behind France in producing wine. • *a la zaga solo de Estados Unidos* second only to the United States • **no irle en/a la zaga** to be pretty good too: *Julia juega muy bien al básquet, pero Ana no le va a la zaga.* Julia is a very good basketball player, and Ana's pretty good too.

zaguán *s* hallway

zaguero, -a *s* back
zaguero central center back

Zaire Zaire

zaireano, -a *adj*, *s* Zairean

zalamero, -a *adj* fawning

Zambia *s* Zambia

zambiano, -a *s*, *adj* Zambian

zambo, -a *adj* knock-kneed

zambomba *s* a type of drum traditionally played at Christmas

zambullida *s* **darse una zambullida** to have a dip

zambullirse *v pron* **1** (en el agua) to dive: *Nos zambullimos en la piscina.* We dived into the pool. **2** (en una actividad) to immerse yourself: *Por las tardes se zambulle en la lectura.* In the afternoon he immerses himself in reading.

zamparse *v pron* to wolf down: *Se zampó un melón él solito.* He wolfed down a whole melon by himself.

zanahoria *s* carrot • **ensalada/sopa de zanahoria** carrot salad/soup

zancada *s* stride • **andar a zancadas** to stride along
EXPRESIONES
en dos zancadas in two shakes

zancadilla *s* **1** (con la pierna) **hacerle/ponerle una zancadilla a alguien** to trip sb up **2** (para perjudicar) **hacerle/ponerle una zancadilla a alguien** to stab sb in the back

zanco *s* stilt

zancudo[1] *s* mosquito (pl -tos or -toes): *Me picaron los zancudos.* I've been bitten by mosquitos.

zancudo[2], -a *adj* (ave) wading

zángano[1], -a *s* (persona) **ser un zángano/una zángana** to be a lazybones

zángano[2] *s* [masc] (insecto) drone

zanja *s* ditch (pl -ches) • **abrir/cavar una zanja** to dig a ditch

zanjar *v* [T] (un asunto, una discusión) to settle: *Zanjaron la cuestión con un apretón de manos.* They settled the matter with a handshake.

zapador, -a *s* sapper

zapallo *s* a type of green-skinned pumpkin or squash
zapallo italiano zucchini

zapata *s* (de un freno) brake shoe

zapatazo *s* **de un zapatazo** *Mató el mosquito de un zapatazo.* He killed the mosquito with a swipe of his shoe.

zapateado *s* zapateado

zapatear *v* [I] **1** (para protestar) to stamp your feet **2** (bailando) to do a zapateado

zapatería *s* **1** (tienda) shoe store **2** (taller) shoe repairer's

zapatero, -a *s* shoemaker: *Tengo que llevar las botas al zapatero.* I have to take my boots to be repaired.
EXPRESIONES
zapatero a tus zapatos Don't meddle in things you don't know.
zapatero remendón cobbler

zapatilla *s* **1** (deportiva) sneaker **2** (de lona, para la playa) canvas shoe **3** (alpargata) espadrille **4** (de tacón) court shoe
zapatilla de baile, zapatilla de ballet ballet shoe • zapatillas deportivas sneakers

zapato *s* shoe
zapato de fútbol soccer cleat • zapato de tacón high-heeled shoe • zapato de tacón bajo, zapato de piso flat shoe

zapear *v* [I] to channel surf

zapping *s* **hacer zapping** to channel surf

zar *s* tsar

zarandear *v* [T] to shake

zarape *s* ▶ SARAPE

zarina *s* tsarina

zarpa *s* (de animal) paw

zarpar *v* [I] (barco) to set sail: *El crucero zarpó rumbo a Cartagena.* The cruiser set sail for Cartagena.

zarza *s* bramble

zarzal *s* bramble patch (pl -es)

zarzamora *s* blackberry (pl -rries)

zarzo *s* loft

zas *interj* (indicando acción repentina o sorpresa) *Enchufé la tele y ¡zas! se cortó la luz.* I plugged the TV in and the electricity went off, just like that! • *Y justo dos días después ¡zas! se casan.* And just two days later they get married, just like that.

zen *s* Zen

zigzag *s* zigzag • **una carretera/un camino en zigzag** a winding road/path

zigzaguear *v* [I] to zigzag: *Cruzó la calle zigzagueando.* He zigzagged across the road.

Zimbabue, Zimbabwe Zimbabwe

zimbabuense, zimbabwense *s, adj* Zimbabwean

zinc *s* zinc • **un techo/una plancha de zinc** a zinc roof/sheet

zíper, zipper *s* zipper • **subirse el zíper** to zip up your zipper: *Súbeme el zíper, por favor.* Can you zip up my zipper, please? • *Se subió el zíper de la falda.* She zipped up the zipper on her skirt. • **bajarse el zíper** to undo your zipper: *No me puedo bajar el zíper.* I can't undo my zipper.

zócalo *s* **1** (de una pared) baseboard **2** (plaza) main square

zoclo *s* (de una pared) baseboard

zoco *s* souk

zodíaco, zodiaco *s* zodiac: *los signos del zodíaco* the signs of the zodiac

zombi *s* zombie

zona *s* **1** (área) area: *En esta zona no hay tiendas.* There are no stores in this area. • *la zona norte del país* the north of the country • *el mejor hotel de la zona* the best hotel in the area **2** (climática) zone: *una zona templada* a temperate zone **3** (en un torneo) group **4** (en básquet) key
zona comercial shopping mall • zona de conflicto war zone • zona de fumadores smoking area • zona de no fumadores no-smoking area • zona erógena erogenous zone • zona franca duty-free zone • zona residencial residential area • zonas verdes green spaces

zoo *s* zoo

zoología *s* zoology

zoológico[1], -a *adj* zoological ▶ JARDÍN **zoológico**, PARQUE **zoológico**

zoológico[2] *s* zoo

zoólogo, -a *s* zoologist

zoom *s* zoom lens

zopilote *s* vulture, black vulture

zorra *s* **1** (animal macho) fox (pl -xes); (animal hembra) vixen **2** (carro) cart

zorrillo *s* ▶ ZORRINO

zorrino *s* skunk

zorro[1], -a *s* **1** (animal) **zorro** fox (pl -xes) • **zorra** vixen: *la caza del zorro* fox hunting **2** (persona astuta) wily old fox (pl -xes)

zorro[2] *s* [masc] (piel) fox fur

zorzal *s* thrush (pl -shes)

zozobrar *v* [I] **1** (barco) to founder **2** (empresa) to go under; (plan) to founder: *El proceso de paz está zozobrando.* The peace process is breaking down.

zueco *s* clog

zumbar *v* **1** [I] (insecto) to buzz **2** [I] (máquina, ventilador) to hum **3** [I] (oídos) **me/le zumban los oídos** my/his ears are buzzing • **le deben estar zumbando los oídos** (cuando se habla mal de alguien) his/her ears must be burning **4** [T] (derrotar) **zumbar(se) a alguien** to cream sb: *Se lo zumbaron en la primera ronda.* He was creamed in the first round. • *Nos zumbaron bien y bonito.* We were well and truly creamed.

zumbido *s* **1** (de un insecto) buzzing **2** (en los oídos) ringing **3** (de máquina, ventilador) humming

zumo *s* juice • **zumo de manzana** apple juice

zurcir *v* [T] to darn

zurda *s* **1** (pierna) left foot: *Metió un gol con la zurda.* He scored with his left foot. **2** (mano) left hand

zurdazo *s* left-footed shot

zurdo[1], -a *adj* **1** (persona) left-handed; (futbolista) left-footed: *Soy zurda.* I'm left-handed. **2** (mano, pierna) left

zurdo[2], -a *s* left-handed person

zurra *s* beating: *Recibió una zurra por desobediente.* She got a beating for being disobedient. • **darle una zurra a alguien** to beat sb

zurrar *v* [T] to beat

zutano, -a *s* so-and-so

Z

Verbos irregulares

Verbos	Pasado	Participio
abide	abided, abode	abided
arise	arose	arisen
awake	awoke	awoken
babysit	babysat	babysat
be	(ver entrada en el diccionario)	
bear	bore	borne
beat	beat	beaten
become	became	become
befall	befell	befallen
beget	begot (tb begat *biblical*)	begotten
begin	began	begun
behold	beheld	beheld
bend	bent	bent
beseech	besought, beseeched	besought, beseeched
beset	beset	beset
bet	bet	bet
bid	bade, bid	bid, bidden
bind	bound	bound
bite	bit	bitten
bleed	bled	bled
bless	blessed, blest	blessed, blest
blow	blew	blown
bottle-feed	bottle-fed	bottle-fed
break	broke	broken
breast-feed	breast-fed	breast-fed
breed	bred	bred
bring	brought	brought
broadcast	broadcast	broadcast
browbeat	browbeat	browbeaten
build	built	built
burn	burned, burnt	burned, burnt
burst	burst	burst
buy	bought	bought
can	(ver entrada en el diccionario)	
cast	cast	cast
catch	caught	caught
choose	chose	chosen
cleave	cleaved, cleft, clove	cleaved, cloven, cleft
cling	clung	clung
come	came	come
cost	cost	cost
could	(ver entrada en el diccionario)	
creep	crept	crept
cut	cut	cut
deal	dealt /dɛlt/	dealt /dɛlt/
dig	dug	dug
dive	dived, dove	dived
do	did	done
draw	drew	drawn
dream	dreamed, dreamt	dreamed, dreamt
drink	drank	drunk
drive	drove	driven
dwell	dwelt, dwelled	dwelt, dwelled
eat	ate	eaten

Verbos	Pasado	Participio
fall	fell	fallen
feed	fed	fed
feel	felt	felt
fight	fought	fought
find	found	found
fit	fit, fitted	fit, fitted
flee	fled	fled
fling	flung	flung
fly	flew	flown
forbid	forbade	forbidden
force-feed	force-fed	force-fed
forecast	forecast, forecasted	forecast
foresee	foresaw	foreseen
foretell	foretold	foretold
forget	forgot	forgotten
forgive	forgave	forgiven
forego	forewent	foregone
forgo	forwent	forgone
forsake	forsook	forsaken
forswear	forswore	forsworn
freeze	froze	frozen
gainsay	gainsaid	gainsaid
get	got	gotten
give	gave	given
go	went	gone
grind	ground	ground
grow	grew	grown
hamstring	hamstrung	hamstrung
hang	hung	hung
have	had	had
hear	heard	heard
heave	heaved, hove	heaved, hove
hew	hewed	hewed, hewn
hide	hid	hidden, hid
hit	hit	hit
hold	held	held
hurt	hurt	hurt
input	inputted, input	inputted, input
inset	inset	inset
interbreed	interbred	interbred
interweave	interwove	interwoven
keep	kept	kept
kneel	knelt, kneeled	knelt, kneeled
knit	knitted, knit	knitted, knit
know	knew	known
lay	laid	laid
lead	led	led
leap	leapt, leaped	leapt, leaped
leave	left	left
lend	lent	lent
let	let	let
lie	lay	lain
light	lit, lighted	lit, lighted
lose	lost	lost

Verbos	Pasado	Participio
make	made	made
may	(ver entrada en el diccionario)	
mean	meant	meant
meet	met	met
might	(ver entrada en el diccionario)	
miscast	miscast	miscast
mishear	misheard	misheard
mislay	mislaid	mislaid
mislead	misled	misled
misread	misread /ˌmɪsˈrɛd/	misread /ˌmɪsˈrɛd/
misspell	misspelled	misspelled
misspend	misspent	misspent
mistake	mistook	mistaken
misunderstand	misunderstood	misunderstood
mow	mowed	mown, mowed
offset	offset	offset
outbid	outbid	outbid
outdo	outdid	outdone
outgrow	outgrew	outgrown
outrun	outran	outrun
outsell	outsold	outsold
outshine	outshone	outshone
overcome	overcame	overcome
overdo	overdid	overdone
overeat	overate	overeaten
overhang	overhung	overhung
overhear	overheard	overheard
overlay	overlaid	overlaid
overpay	overpaid	overpaid
override	overrode	overridden
overrun	overran	overrun
oversee	oversaw	overseen
overshoot	overshot	overshot
oversleep	overslept	overslept
overspend	overspent	overspent
overtake	overtook	overtaken
overthrow	overthrew	overthrown
partake	partook	partaken
pay	paid	paid
plead	pleaded, pled	pleaded, pled
proofread	proofread	proofread
prove	proved	proved, proven
put	put	put
quit	quit	quit
read	read /rɛd/	read /rɛd/
rebuild	rebuilt	rebuilt
recast	recast	recast
redo	redid	redone
relay	relaid	relaid
remake	remade	remade
rend	rent	rent
repay	repaid	repaid
rerun	reran	rerun
resell	resold	resold
reset	reset	reset
resit	resat	resat

Verbos	Pasado	Participio
retell	retold	retold
rethink	rethought	rethought
rewind	rewound	rewound
rewrite	rewrote	rewritten
rid	rid	rid
ride	rode	ridden
ring	rang	rung
rise	rose	risen
run	ran	run
saw	sawed	sawn, sawed
say	said	said
see	saw	seen
seek	sought	sought
sell	sold	sold
send	sent	sent
set	set	set
sew	sewed	sewn, sewed
shake	shook	shaken
shall	(ver entrada en el diccionario)	
shear	sheared	shorn, sheared
shed	shed	shed
shine	shone	shone
shit	shit, shat	shit, shat
shoe	shod	shod
shoot	shot	shot
should	(ver entrada en el diccionario)	
show	showed	shown, showed
shrink	shrank, shrunk	shrunk
shut	shut	shut
sing	sang	sung
sink	sank, sunk	sunk
sit	sat	sat
slay	slew	slain
sleep	slept	slept
slide	slid	slid
sling	slung	slung
slink	slunk	slunk
slit	slit	slit
smite	smote	smitten
sneak	sneaked, snuck	sneaked, snuck
sow	sowed	sown, sowed
speak	spoke	spoken
speed	sped, speeded	sped, speeded
spend	spent	spent
spill	spilled, spilt	spilled, spilt
spin	spun	spun
spit	spat, spit	spat, spit
split	split	split
spoon-feed	spoon-fed	spoon-fed
spotlight	spotlighted, spotlit	spotlighted, spotlit
spread	spread	spread
spring	sprang, sprung	sprung
stand	stood	stood
steal	stole	stolen
stick	stuck	stuck
sting	stung	stung
stink	stank, stunk	stunk

Verbos	Pasado	Participio
strew	strewed	strewn, strewed
stride	strode	stridden
strike	struck	struck
string	strung	strung
strive	strove, strived	striven, strived
sublet	sublet	sublet
swear	swore	sworn
sweep	swept	swept
swell	swelled	swollen
swim	swam	swum
sweep	swept	swept
swell	swelled	swollen
swim	swam	swum
swing	swung	swung
take	took	taken
teach	taught	taught
tear	tore	torn
tell	told	told
think	thought	thought
thrive	thrived, throve	thrived
throw	threw	thrown
thrust	thrust	thrust
tread	trod	trodden, trod
unbend	unbent	unbent
undergo	underwent	undergone
underlie	underlay	underlaid
underpay	underpaid	underpaid
undersell	undersold	undersold
understand	understood	understood
undertake	undertook	undertaken
underwrite	underwrote	underwritten
undo	undid	undone
unwind	unwound	unwound
uphold	upheld	upheld
upset	upset	upset
wake	woke	woken
waylay	waylaid	waylaid
wear	wore	worn
weave	wove	woven
wed	wedded, wed	wedded, wed
weep	wept	wept
wet	wetted, wet	wetted, wet
win	won	won
wind /waind/	wound	wound
withdraw	withdrew	withdrawn
withhold	withheld	withheld
withstand	withstood	withstood
would	(ver entrada en el diccionario)	
wreak	wreaked, wrought	wreaked, wrought
wring	wrung	wrung
write	wrote	written

Números

Cómo se dicen los números

Números mayores de 20

21	twenty-one
22	twenty-two
32	thirty-two
99	ninety-nine

Números mayores de 100

101	a/one hundred (and) one
121	a/one hundred (and) twenty-one
200	two hundred
232	two hundred (and) thirty-two
999	nine hundred (and) ninety-nine

Números mayores de 1.000

1.001	a/one thousand (and) one
1.121	one thousand one hundred (and) twenty-one
2.000	two thousand
2.232	two thousand two hundred (and) thirty-two
9.999	nine thousand nine hundred (and) ninety-nine

Números ordinales

20th	twentieth
21st	twenty-first
25th	twenty-fifth
90th	ninetieth
99th	ninety-ninth
100th	hundredth
101st	hundred and first
225th	two hundred (and) twenty-fifth

Fechas

1624	sixteen twenty-four
1903	nineteen-oh-three
1987	nineteen eighty-seven

Qué representan algunos números

Los números se suelen usar solos para indicar lo siguiente:

Precio
It costs eight seventy-five (=8 dollars 75 cents: $8.75).

Tiempo
We left at two twenty-five (=25 minutes after 2 o'clock).

Edad
She's forty-six (=46 years old). | *He's in his sixties* (=between 60 and 69 years old).

Talla
This shirt is a sixteen (=size 16).

Temperatura
The temperature fell to minus fourteen (=−14°). | *The temperature was in the mid-thirties* (=about 34–36°).

Resultado de un partido
He won the first set six-three (=by six games to three 6–3).

Algo que lleva escrito el número mencionado
She played two nines and an eight (=playing cards marked with these numbers).

Un grupo o conjunto compuesto por el número mencionado
The teacher divided us into fours (=groups of 4). | *You can buy cigarettes in tens or twenties* (=in packs containing 10 or 20).

Números y gramática

Los números pueden usarse como:

Determinantes
Five people were hurt in the accident. | *The three largest companies in the US.* | *Several hundred cars.*

Pronombres
We invited a lot of people but only twelve came/only twelve of them came. | *Do exercise five on page nine.*

Sustantivos
Six can be divided by two and three. | *Three twos make six.*